W0096166

Beck'sches Prozessformularbuch

Beck'sches Prozessformularbuch

Herausgegeben von

Prof. Dr. Horst Locher

Rechtsanwalt in Reutlingen

Dr. Peter Mes

Rechtsanwalt in Düsseldorf

Bearbeitet von

Dr. Klaus Anschütz, Rechtsanwalt in Mannheim; *Wilfrid Antusch,* Richter am Oberlandesgericht a.D., München; *Friedrich Böhmer,* Vorsitzender Richter am Oberlandesgericht Hamm; *Dr. Helmut Büchel,* Vorsitzender Richter am Hanseatischen Oberlandesgericht; *Dr. Hans Goll,* Rechtsanwalt in Karlsruhe; *Dr. Annegret Harz,* Rechtsanwältin in München; *Dr. Friedrich Ludwig Hausmann,* Rechtsanwalt in Berlin; *Friedrich Irschlinger,* Rechtsanwalt in Mannheim; *Edgar Isermann,* Präsident des Oberlandesgerichts Braunschweig; *Prof. Dr. Heribert Johlen,* Rechtsanwalt in Köln; *Dr. Matthias Karl, LL. M.,* Rechtsanwalt in Stuttgart; *Dr. Wolfgang Koeble,* Rechtsanwalt in Reutlingen; *Prof. Dr. Horst Locher,* Rechtsanwalt in Reutlingen; *Dr. Ulrich Locher,* Rechtsanwalt in Reutlingen; *Dr. Thomas Lübbig,* Rechtsanwalt in Berlin; *Dr. Peter Mes,* Rechtsanwalt in Düsseldorf; *Dr. Joachim Mewing,* Rechtsanwalt in Hamburg; *Dr. Hans-Joachim Prieß, LL. M.,* Rechtsanwalt in Berlin; *Dr. Ekkehart Reinelt,* Rechtsanwalt in München; *Dr. Heino Rück,* Rechtsanwalt in Mannheim, *Dr. h. c. Günter Schaub,* Vorsitzender Richter am Bundesarbeitsgericht a.D.; *Prof. Dr. Rolf A. Schütze,* Rechtsanwalt und Notar in Stuttgart; *Klaus Sedelmeier,* Rechtsanwalt in Stuttgart; *Prof. Dr. Siegbert F. Seeger,* Präsident des Niedersächsischen Finanzgerichts; *Christiane Strahl,* Rechtsanwältin in München; *Dr. Hans Gottfried Strohm,* Rechtsanwalt in München; *Dr. Klaus Wilde,* Vizepräsident des Landessozialgerichts Niedersachsen-Bremen; *Prof. Dr. Rüdiger Zuck,* Rechtsanwalt in Stuttgart

9., neu bearbeitete und erweiterte Auflage

Verlag C.H. Beck, München 2003

Verlag C. H. Beck im Internet:
beck.de

ISBN 3 406 49577 X

Wilhelmstraße 9, 80801 München
Satz und Druck: Druckerei C. H. Beck, Nördlingen
(Adresse wie Verlag)

Gedruckt auf säurefreiem, alterungsbeständigem Papier
(hergestellt aus chlorfrei gebleichtem Zellstoff)

Vorwort zur 9. Auflage

Die 8. Auflage des Beck'schen Prozessformularbuchs ist im Sommer 1998 erschienen. Seitdem ist der Gesetzgeber in einem Umfang tätig gewesen, wie er selten im Zusammenhang mit einer Vorauflage von Autoren, Herausgebern und Verlag bewältigt werden musste. Aus der Vielzahl der in der Legislaturperiode 1998 bis 2002 erlassenen Gesetze sollen lediglich die folgenden herausgehoben werden:

- Schuldrechtsmodernisierungsgesetz (BGBl. 2001, I. S. 3138)
- Gesetz zur Reform des Zivilprozesses (BGBl. 2001, I. S. 1887)
- Gesetz zur Anpassung von Formvorschriften des Privatrechts an den modernen Rechtsgeschäftsverkehr (BGBl. 2001, I. S. 1542)
- Mietrechtsreformgesetz (BGBl. 2001, I. S. 1149)
- Gesetz zur Umstellung des Kostenrechts auf Euro (BGBl. 2001, I. S. 751)
- Lebenspartnerschaftsgesetz (BGBl. 2001, I. S. 266)
- Wertpapiererwerbs- und Übernahmegesetz (BGBl. 2001, I. S. 3822)
- Transparenz- und Publizitätsgesetz (BGBl. 2002, I. S. 2681)
- Gesetz zur Modernisierung des Stiftungsrechts (BGBl. 2002, I. S. 2834)
- OLG-Vertretungsänderungsgesetz (BGBl. 2002, I. S. 2850)
- Gesetz zur Neuregelung der geringfügigen Beschäftigungsverhältnisse (BGBl. 1999, I. S. 388)
- Gesetz über Fernabsatzverträge und andere Fragen des Verbraucherrechts sowie zur Umstellung von Vorschriften auf Euro (BGBl. 2000, I. S. 897)
- Zweites Gesetz zur Änderung der Finanzgerichtsordnung und anderer Gesetze (BGBl. 2000, I. S. 1757)
- Zweites Gesetz zur Änderung schadensersatzrechtlicher Vorschriften (BGBl. 2002, I. S. 2674)
- Gesetz zur Reform des Betriebsverfassungsgesetzes (BGBl. 2001, I. S. 1852)
- Gesetz über Teilzeitarbeit und befristeter Arbeitsverträge (BGBl. 2000, I. S. 1966)
- Gesetz zur Bereinigung des Rechtsmittelrechts im Verwaltungsprozess (7. WGO-Novelle) (BGBl. 2001, I. S. 3987).

Alle vorstehend bezeichneten neuen Gesetze und Gesetzesänderungen sind in der Neuauflage berücksichtigt. Sie haben zu teilweise tiefgreifenden Inhaltsänderungen der Formulare und Textbeispiele geführt. Ebenso berücksichtigt sind Rechtsänderungen auf europäischer Ebene. Als ein Beispiel wird die Verordnung (EG) Nr. 44/2001 über die gerichtliche Zuständigkeit und die Anerkennung und Vollstreckung von Entscheidungen in Zivil- und Handelssachen vom 22. Dezember 2000 angeführt, die zum 1. März 2002 in Kraft getreten ist und die das bisher geltende EuGVÜ ersetzt. Darüber hinaus ist der ständigen Fortentwicklung von Rechtsprechung und Schrifttum auf sämtlichen Gebieten des Beck'schen Prozessformularbuchs ebenfalls umfassend Rechnung getragen worden.

Die 9. Auflage ist inhaltlich gegenüber der Vorauflage um die Rechtsgebiete des Reiserechts (II. D.) und des Vergaberechts (II. M.) erweitert worden. Beide Rechtsgebiete sind von entscheidender und wachsender praktischer Bedeutung.

Der Kreis der Autoren hat sich erweitert. Neu hinzugetreten ist Herr Edgar Isermann, Präsident des Oberlandesgerichts Braunschweig, der den neuen Teil „Reiserecht" bearbeitet. Ebenfalls neu im Autorenteam ist Herr Rechtsanwalt Dr. Friedrich-Ludwig Hausmann, der gemeinsam mit Herrn Rechtsanwalt Dr. Prieß den neuen Bereich „Vergaberecht" bearbeitet. Ebenfalls an die Seite des Herrn Dr. Prieß ist ein weiterer Autor getreten, nämlich Herr Rechtsanwalt Dr. Thomas Lübbig, der mit ihm den Teil zum Rechtsschutz vor den europäischen Gerichten verfasst hat. Anstelle des ausgeschiedenen Herrn Rechtsanwalt Dr. Helmuth Lutz wird in der 9. Auflage das Kartellrecht nunmehr von Herrn Rechtsanwalt Dr. Matthias Karl bearbeitet. Gemeinsam mit Herrn Rechtsanwalt Dr. Reinelt hat Frau Rechtsanwältin Christiane Strahl die Kapitel „Mandatsverhältnis“ (I. A.) und „Einstweilige Verfügung und Arrest“ (I. R.) gestaltet. Verlag und Herausgeber schätzen sich glücklich, die vorstehend bezeichneten Autoren gewonnen zu haben.

Auch für diese Auflage gilt, dass in ihr Verbesserungsvorschläge und Anregungen berücksichtigt sind, die die Herausgeber und Autoren aus den Kreisen der Benutzer erhalten haben. Dafür sind sie dankbar und hoffen ein weiteres Mal auf ein wohlwollendes wie auch kritisches Interesse.

Im Oktober 2002 *Horst Locher* *Peter Mes*

Vorwort zur 1. Auflage

Prozess und Prozessrecht dienen der Verwirklichung des materiellen Rechts. Die zunehmende Spezialisierung des materiellen und des Prozessrechts sowie die Ausformung bestimmter spezifischer prozessualer Gestaltungsformen für Sondermaterien des Rechts erschweren einen zuverlässigen Überblick über die materiellen und prozessualen Besonderheiten der einzelnen Rechtsgebiete und eine sichere Geltendmachung der jeweiligen Ansprüche. Vielfach treten daher Hemmungen und Verzögerungen der Rechtsverwirklichung nur deshalb ein, weil es dem Rechtsuchenden, insbesondere auch seinem anwaltlichen Vertreter Schwierigkeiten bereitet, Klagen, Anträge und Rechtsbehelfe entsprechend den materiell- und prozessrechtlichen Notwendigkeiten zu gestalten und zu formulieren. Hier unternehmen Verlag, Verfasser und Herausgeber mit Vorlage dieses Prozessformularbuchs den Versuch, dem Prozesspraktiker Hilfestellung zu leisten. Um es dem Benutzer zu ermöglichen, auch Prozesse in nicht vertrauten Rechtsmaterien sachgerecht zu führen, stellen Richter und Anwälte ihr Erfahrungswissen zur Verfügung. In dem hier vorgelegten Prozessformularbuch sind Vorschläge zur Formulierung und Gestaltung von Klagen, Anträgen und Rechtsbehelfen für den Zivil-, den Arbeitsgerichts-, den Verwaltungsgerichts-, den Sozialgerichts- und den Finanzgerichtsprozess enthalten. Des Weiteren sind Anträge und Rechtsbehelfe zum Verfassungsrecht behandelt. Da nicht nur der Feststellung des materiellen Rechts im Prozess Bedeutung zukommt, sondern in gleichem Maße die Fragen der Vermeidung eines Prozesses und die der Durchsetzung von gerichtlichen Entscheidungen in der Praxis hohen Rang haben, sind – soweit möglich – insbesondere auch Formularvorschläge für die vorprozessuale und außergerichtliche Behandlung eines Streitfalles und Anträge und Rechtsbehelfe des Zwangsvollstreckungs- sowie des gesamten Insolvenzrechts aufgenommen. Die Formularvorschläge enthalten, soweit erforderlich, auch den dazugehörigen Tatsachenvortrag und die rechtliche Begründung. Die den Formularen beigefügten Anmerkungen sollen die zum Verständnis notwendigen prozessualen und materiellen Gesichtspunkte darlegen und alternative Gestaltungsformen aufweisen, darüber hinaus aber auch weiterführende Literatur vermitteln. Es versteht sich von selbst, dass die Fülle der in der Prozesspraxis zu meisternden Tatbestände in einem Prozessformularbuch auch nicht annähernd erschöpfend behandelt werden kann. Der Benutzer ist deshalb gehalten, anhand der in diesem Buch niedergelegten Gestaltungsvorschläge in eigener Verantwortung die angemessene Formulierung zu finden.

Das vorliegende Prozessformularbuch stellt ein Pendant zum „Beck'schen Formularbuch zum Bürgerlichen, Handels- und Wirtschaftsrecht" dar. Die Herausgeber danken allen Autoren für ihre Mitarbeit und dem Verlag für die Betreuung bei der Herstellung des Werkes. Für Anregungen und Verbesserungsvorschläge sind Herausgeber, Verfasser und Verlag dankbar.

Im August 1980 *Horst Locher* *Peter Mes*

Inhaltsverzeichnis

Vorwort zur 9. Auflage V
Vorwort zur 1. Auflage VII
Bearbeiterverzeichnis XXXI
Abkürzungsverzeichnis XXXIII

I. Das allgemeine Zivilprozessverfahren

A. Mandatsverhältnis

1. Bitte um Mandatsübernahme 1
2. Mandatsübernahmebestätigung 4
3. Honorarvereinbarung 5
4. Haftungsbeschränkungsvereinbarung 6
5. Kündigung des Mandatsverhältnisses durch den Anwalt und Anzeige der Niederlegung 9
6. Mediationsvertrag 10
7. Beratungshilfe 14
8. Abrechnung Räumungsklage/gesonderter Räumungsfristantrag Abrechnung außergerichtlicher Tätigkeit (Kündigung) 19
9. Abrechnung Verfügungsverfahren, Vergleich über die Hauptsache unter Einbeziehung anderer Gegenstände 20
10. Abrechnung Prozessbevollmächtigter/Terminsvertreter nach Versäumnisurteil bei Vergleich über nicht rechtshängige Gegenstände 23
11. Kostenfestsetzung nach § 19 BRAGO 27

B. Mahnverfahren

1. Antrag auf Erlass eines Mahnbescheides durch das Amtsgericht 29
2. Widerspruch gegen Mahnbescheid 39
3. Antrag auf Erlass des Vollstreckungsbescheides 42
4. Einspruch gegen Vollstreckungsbescheid 45
5. Urkunden-, Wechsel- und Scheck-Mahnbescheid 47
6. Widerspruch gegen Urkunden-, Wechsel- und Scheck-Mahnbescheid 49
7. Anspruchsbegründung nach Widerspruch und Überleitung in das streitige Verfahren 50
8. Anspruchsbegründung nach Einspruch gegen Vollstreckungsbescheid 53
9. Antrag auf Verwerfung des Einspruchs gegen Vollstreckungsbescheid 54

C. Prozesskostenhilfe

1. Antrag des Klägers auf Bewilligung von Prozesskostenhilfe und Beiordnung eines Rechtsanwalts 57
2. Antrag des Beklagten auf Bewilligung von Prozesskostenhilfe und Beiordnung eines Rechtsanwalts 64
3. Antrag des Berufungsklägers auf Prozesskostenhilfe und Beiordnung eines Rechtsanwalts 65
4. Antrag auf Änderung der Ratenzahlungsanordnung 69
5. Sofortige Beschwerde gegen den Änderungsbeschluss nach § 120 Abs. 4 ZPO 70
6. Antrag auf Beiordnung eines Rechtsanwalts für eine auswärtige Beweisaufnahme 72
7. Antrag auf einstweilige Anordnung zur Leistung eines Prozesskostenvorschusses 73
8. Sofortige Beschwerde gegen die Ablehnung der Prozesskostenhilfe 75

D. Klageerhebung

1. Grundmuster einer Klageschrift mit Begründung (Zahlungsklage an das Landgericht mit Anregung eines frühen ersten Termins und Einverständnis mit Übertragung auf den Einzelrichter) ... 79
2. Grundmuster einer Klageschrift mit Begründung (Zahlungsklage an das Landgericht, Kammer für Handelssachen, mit Anregung des schriftlichen Vorverfahrens) ... 87
3. Positive Feststellungsklage ... 91
4. Leistungsklage mit unbeziffertem Antrag, verbunden mit Feststellungsklage ... 94
5. Klage auf Vornahme einer Handlung ... 99
6. Klage auf Unterlassung ... 100
7. Klage auf Herausgabe mit Fristsetzung und Schadensersatz ... 103
8. Klage auf Abgabe einer Willenserklärung ... 105
9. Klage auf Duldung ... 107
10. Klage auf künftige Leistung ... 108
11. Stufenklage ... 109
12. Teilklage ... 114
13. Zwischenfeststellungsklage ... 116

E. Klageerwiderung

1. Vertretungsanzeige mit Ankündigung der Anträge bei frühem ersten Termin ... 118
2. Vertretungs- und Verteidigungsanzeige bei schriftlichem Vorverfahren ... 119
3. Vertretungsanzeige und Teilanerkenntnis unter Protest gegen die Kosten bei schriftlichem Vorverfahren ... 120
4. Materielle Klageerwiderung (Grundmuster mit Begründung) ... 122
5. Widerklage und Drittwiderklage ... 126
6. Prozessaufrechnung und Hilfswiderklage ... 129
7. Negative Feststellungsklage gegenüber Teilklage ... 132
8. Schiedseinrede ... 133

F. Zustellungen, Fristen und Termine

1. Antrag auf Wiedereinsetzung bei Versäumung der Einspruchsfrist ... 135
2. Antrag auf Wiedereinsetzung bei Versäumung der Berufungsfrist ... 140
3. Antrag auf öffentliche Zustellung von Klageschrift und Ladung ... 143
4. Antrag auf Zustellung im Ausland und Festsetzung der Einlassungsfrist ... 145
5. Antrag auf Fristverlängerung ... 146
6. Antrag auf Absehen von der Güteverhandlung nach § 278 ZPO ... 148
7. Antrag auf Terminsverlegung bei Terminskollision ... 150
8. Antrag auf Terminsverlegung in der Ferienzeit ... 151
9. Antrag auf Berichtigung des Protokolls ... 152
10. Antrag auf Protokollberichtigung wegen rechtlichen Hinweises ... 154
11. Antrag auf Erklärungsfrist nach § 283 ZPO ... 156
12. Antrag auf Wiedereröffnung der mündlichen Verhandlung ... 157

G. Versäumnisverfahren/Entscheidung nach Lage der Akten

1. Antrag auf Versäumnisurteil gegen den Beklagten ... 159
2. Antrag auf Erlass eines Versäumnisurteils im schriftlichen Vorverfahren ... 162
3. Antrag auf Versäumnisurteil gegen den Kläger ... 163
4. Sofortige Beschwerde gegen die Zurückweisung des Antrags auf Versäumnisurteil ... 164
5. Einspruch gegen Versäumnisurteil mit Antrag auf Einstellung der Zwangsvollstreckung 166
6. Antrag auf zweites Versäumnisurteil ... 171
7. Antrag auf Verwerfung des unzulässigen Einspruchs durch Urteil ohne mündliche Verhandlung ... 173
8. Entscheidung nach Lage der Akten ... 174

H. Beweisverfahren

1. Antrag auf Vernehmung von Zeugen ... 177
2. Entschuldigung des nicht erschienenen Zeugen mit Antrag auf Aufhebung des Ordnungsmittelbeschlusses ... 182

3. Antrag auf Entscheidung über Zeugnisverweigerungsrecht 184
4. Antrag auf Sachverständigengutachten 186
5. Antrag auf mündliche Vernehmung des Sachverständigen nach schriftlichem Gutachten mit Antrag auf Ortsbesichtigung 189
6. Ablehnung des Sachverständigen und Antrag auf Einholung eines weiteren Gutachtens 191
7. Urkundenbeweisantritt mit Antrag auf Vorlegung der Urkunde 195
8. Antrag auf Vorlegung der Urkunde durch Dritte 197
9. Antrag auf Parteivernehmung und Anhörung der eigenen Partei 199
10. Antrag im selbstständigen Beweisverfahren 201
11. Gegenantrag im selbstständigen Beweisverfahren 206
12. Antrag auf Klageerhebung im selbstständigen Beweisverfahren und Kostenantrag des Gegners 208

I. Besonderheiten bezüglich des Gerichts

1. Antrag auf Verweisung an die Kammer für Handelssachen 211
2. Antrag auf Verweisung bei örtlicher Unzuständigkeit 213
3. Antrag auf Verweisung wegen sachlicher Unzuständigkeit 216
4. Antrag auf Vorabentscheidung über die Zulässigkeit des Rechtswegs mit Hilfsantrag auf Verweisung 217
5. Antrag auf Bestimmung des zuständigen Gerichts 219

J. Besonderheiten bezüglich der Parteien

1. Prozessführungsbefugnis (gewillkürte Prozessstandschaft) 223
2. Streitverkündung 225
3. Beitritt eines Nebenintervenienten 228
4. Antrag auf Parteiberichtigung 231
5. Antrag auf Parteiwechsel 232
6. Parteierweiterung (subjektive Klageerweiterung) 235

K. Besonderheiten bezüglich des Streitgegenstandes

1. Klageänderung 237
2. Klageerhöhung (Erweiterung des Klageantrags) 239
3. Antragsänderung (Zahlung statt Herausgabe) 241
4. Eventuelle Klagenhäufung (Klageerweiterung durch Hilfsantrag) 242
5. Uneigentliche eventuelle Klagenhäufung (Klage auf Herausgabe mit Fristsetzung und Schadensersatz) 244

L. Anträge und Erklärungen im Prozessverlauf

1. Antrag auf Aussetzung des Rechtsstreits wegen Strafverfahrens 245
2. Antrag auf Aussetzung des Rechtsstreits bei Tod einer Partei 247
3. Anzeige der Aufnahme des Rechtsstreits durch die Erben 248
4. Antrag auf Erlass eines Teilurteils 249
5. Antrag auf Erlass eines Grundurteils 251
6. Antrag auf Erlass eines Vorbehaltsurteils bei Aufrechnung 253
7. Ablehnung eines Richters wegen Besorgnis der Befangenheit 255

M. Beendigung des Prozesses durch Parteiprozesshandlungen

1. Antrag auf Protokollierung eines Vergleichs 261
2. Anwaltsvergleich 265
3. Vergleich auf schriftlichen Vorschlag des Gerichts 268
4. Zurücknahme der Klage 270
5. Zustimmung des Beklagten zur Klagerücknahme und Kostenantrag 272
6. Verzicht 274
7. Antrag des Beklagten auf Verzichtsurteil 274
8. Anerkenntnis unter Verwahrung gegen die Kosten 275
9. Antrag auf Anerkenntnisurteil 278

10. Erledigungserklärung des Klägers 280
11. Übereinstimmende Erledigungserklärung (Anschließungserklärung des Beklagten) 282
12. Zurücknahme der Klage bei Erledigung vor Rechtshängigkeit 284
13. Einseitige Erledigungserklärung des Klägers 286

N. Anträge zum Urteil

1. Antrag auf Berichtigung des Urteils 289
2. Antrag auf Berichtigung der Parteibezeichnung 291
3. Antrag auf Urteilsergänzung 293
4. Antrag auf Berichtigung des Tatbestandes verbunden mit Antrag auf Urteilsergänzung 295
5. Rüge der Verletzung rechtlichen Gehörs 297
6. Antrag auf Hinausschiebung der Urteilszustellung 300

O. Rechtsmittel und Rechtsbehelfe

1. Berufungsschrift 301
2. Berufungsbegründungsschrift 307
3. Anschlussberufung 312
4. Berufungserwiderung 315
5. Revisionsschrift 317
6. Sofortige Beschwerde 320
7. Gegenvorstellung 321

P. Klagen betreffend die Urteilswirkung

1. Nichtigkeitsklage 324
2. Restitutionsklage 326
3. Klage gemäß § 826 BGB 328
4. Abänderungsklage gemäß § 323 ZPO 330
5. Klage auf Anerkennung eines ausländischen Urteils 332

Q. Urkunden-, Wechsel- und Scheckprozess

1. Klage im Urkundenprozess 335
2. Klageerwiderung im Urkundenprozess 338
3. Klage im Wechselprozess gegen Annehmer, Aussteller und Indossanten 341
4. Klageerwiderung im Wechselprozess 344
5. Klage im Scheckprozess gegen Aussteller 347
6. Abstehen vom Urkundenprozess (Wechselprozess) 349
7. Fortsetzung des Rechtsstreits nach Vorbehaltsurteil durch den Beklagten 351
8. Fortsetzung des Rechtsstreits nach Vorbehaltsurteil durch den Kläger 353

R. Arrest und einstweilige Verfügung

1. Antrag auf dinglichen Arrest und Arrestpfändung 355
2. Antrag auf persönlichen Arrest 358
3. Antrag auf Aufhebung des Arrestes wegen veränderter Umstände 359
4. Antrag auf Erlass einer auf Sicherung eines Herausgabeanspruchs gerichteten einstweiligen Verfügung 361
5. Antrag auf Ladung zum Rechtfertigungsverfahren 364
6. Widerspruch gegen einstweilige Verfügung 364
7. Antrag auf Erlass einer auf Sicherung gerichteten Verfügung mit Grundbucheintragung 366
8. Antrag auf Erlass einer Sicherungsverfügung, gerichtet auf Erwerbsverbot und Eintragung eines Widerspruchs 368
9. Antrag auf Erlass einer Regelungsverfügung 368
10. Antrag auf Erlass einer auf Leistung gerichteten einstweiligen Verfügung 370
11. Antrag auf Erlass einer Unterlassungsverfügung auf Abgabe einer Erklärung 372
12. Antrag auf Erlass einer Unterlassungsverfügung auf Vornahme einer Handlung 375
13. Schutzschrift zur Verhinderung des Erlasses einer einstweiligen Verfügung 378

S. Schiedsgerichtsverfahren

1. Aufforderung zur Bezeichnung eines Schiedsrichters 381
2. Aufforderung zur Bezeichnung eines Schiedsrichters durch einen Dritten 383
3. Antrag auf Ernennung abweichend von der vereinbarten Ernennungsregelung durch das Gericht 384
4. Ablehnung eines Schiedsrichters 385
5. Einrede des Schiedsvertrages 387
6. Antrag auf einstweiligen Rechtsschutz 388
7. Klageschrift im schiedsgerichtlichen Verfahren 389
8. Antrag auf eidliche Vernehmung eines Zeugen im Schiedsverfahren 392
9. Schiedsvergleich als Schiedsspruch mit vereinbartem Wortlaut 393
10. Antrag auf Vollstreckbarerklärung des Schiedsspruchs 394
11. Entscheidung über die Höhe der Kosten des schiedsrichtlichen Verfahrens 396
12. Rechtsbeschwerde gegen Vollstreckbarerklärung des Schiedsspruchs 397
13. Klage auf Aufhebung des Schiedsspruchs 398

T. Internationales Zivilprozessrecht

1. Antrag auf Ausländersicherheit 401
2. Antrag auf Zustellung im Ausland 402
3. Antrag auf Erlass einer einstweiligen Verfügung gegen ausländisches Beweisersuchen ... 404
4. Klage auf Vollstreckbarerklärung eines ausländischen Urteils nach §§ 722 f. ZPO 406
5. Klage auf Feststellung der Anerkennung eines ausländischen Urteils 409
6. Antrag auf Klauselerteilung für ein ausländisches Urteil nach der VO (EG) Nr. 44/2001 411
7. Antrag auf Klauselerteilung für ein ausländisches Urteil nach EuGÜbK und LugÜ 413
8. Beschwerde gegen die Entscheidung über den Antrag auf Klauselerteilung nach Art. 43 EuGVVO 415
9. Beschwerde gegen die Ablehnung der Klauselerteilung nach Art. 40 EuGÜbK/LugÜ 417
10. Beschwerde gegen die Klauselerteilung nach Art. 36 EuGÜbK/LugÜ 418
11. Rechtsbeschwerde nach Artt. 44 EuGVVO, 37 EuGÜbK/LugÜ 419
12. Antrag auf Anerkennung einer ausländischen Entscheidung nach Art. 14 Abs. 3 VO (EG) Nr. 1347/2000 421
13. Antrag auf Anerkennung einer ausländischen Ehescheidung nach Art. 7 § 1 FamRÄndG 423
14. Antrag auf gerichtliche Entscheidung gegen die Feststellung der LJV nach Art. 7 § 1 FamRÄndG 425
15. Antrag auf Vollstreckbarerklärung eines ausländischen Schiedsspruchs nach § 1061 ZPO 426
16. Klage auf Vollstreckbarerklärung eines ausländischen Exequaturfurteils betreffend einen ausländischen Schiedsspruch 429

II. Klagen und Anträge im Zivilprozess zu ausgewählten Gebieten des materiellen Rechts (einschließlich Anträge zum Kartellrecht)

A. Kaufrecht

1. Kaufpreisklage 433
2. Klage des Verkäufers auf Abnahme der Kaufsache bei Widerruf eines Haustürgeschäfts 435
3. Klage auf Lieferung der Kaufsache 436
4. Klage auf Nacherfüllung durch Mangelbeseitigung 438
5. Die Mängelklage des Käufers (Klage auf Rückgewähr des Kaufpreises bei Rücktritt) 440
6. Klage auf Minderung des Kaufpreises 442
7. Klage auf Schadensersatz wegen zu geringer Grundstücksfläche 443

B. Mietrecht

1. Klage des Vermieters auf Mietzahlung 447
2. Klage des Vermieters auf Zustimmung zur Mieterhöhung bei nicht preisgebundenem Wohnraum 450

3. Klage des Vermieters auf Betriebskostennachzahlung bei Geschäftsraummiete 454
4. Klage auf Räumung von Wohnraum wegen Zahlungsrückstandes 457
5. Klage auf Räumung bei gewerblichem Zwischenmietverhältnis gegen Endmieter nach beendetem gewerblichen Zwischenmietverhältnis 461
6. Klage des Vermieters auf Duldung baulicher Veränderungen bei Wohnraum 463
7. Klage des Vermieters auf Räumung eines gewerblich genutzten Lagerplatzes mit darauf errichteter Lagerhalle 466
8. Klage des Mieters auf Rückzahlung der Kaution 468
9. Sofortiges Anerkenntnis des Räumungsanspruchs und Antrag des Mieters auf Gewährung einer Räumungsfrist nach § 721 ZPO für Wohnraum 472
10. Antrag des Mieters auf Ergänzung des Urteils bezüglich einer Räumungsfrist 474
11. Antrag des Mieters auf Verlängerung der Räumungsfrist 474
12. Antrag des Mieters auf Gewährung einer Räumungsfrist bei Räumungsvergleich 475
13. Sofortige Beschwerde gegen Beschluss des Amtsgerichts auf Bewilligung (Verlängerung) von Räumungsfrist 476
14. Antrag auf Vollstreckungsschutz nach § 765 a ZPO 477

C. Werkvertragsrecht

1. Klage auf Mängelbeseitigung vor Abnahme 481
2. Klage auf Vorschuss für Kosten der Mängelbeseitigung nach VOB 483
3. Schadensersatzklage nach §§ 281, 636 BGB gegen Bauunternehmer 486
4. Klage wegen Verzögerungsschadens gegen einen VOB-Unternehmer 489
5. Minderungsklage eines Auftraggebers gegen einen Architekten 491
6. Rückgewährklage eines Wohnungseigentümers 493
7. Schadensersatz- und Feststellungsklage gegen Werkunternehmer (Vermessungsingenieur) 496
8. Feststellungsklage wegen Baumängeln 498
9. Klage auf Abnahme einer Bauleistung 500
10. Klage auf Erstattung der Selbstbeseitigungskosten und der erforderlichen Aufwendungen eines Wohnungseigentümers wegen Mängeln des Gemeinschaftseigentums 501
11. Klage einer Wohnungseigentümergemeinschaft auf Geltendmachung von Schadensersatzansprüchen 503
12. Feststellungsklage des Werkunternehmers auf gesamtschuldnerischen Haftungsausgleich gegen einen Architekten 505
13. Vergleich im Prozess zwischen Auftraggeber und einem gesamtschuldnerisch mit einem Bauunternehmer für einen Mangel haftenden Architekten 507
14. Vergütungsklage eines Bauunternehmers bei Vereinbarung der VOB 508
15. Honorarklage eines Architekten 510
16. Antrag im selbstständigen Beweisverfahren wegen Baumängeln 513
17. Antrag auf Erlass einer einstweiligen Verfügung in Bausachen 517
18. Klage auf Vertragsstrafe für nicht rechtzeitig erbrachte Bauleistungen 518

D. Reisevertragsrecht

1. Geltendmachen von Reisemängeln 521
2. Klage gegen das Reisebüro 527
3. Klage wegen mängelbehafteter Ferienwohnung im Ausland 531
4. Klage wegen Reisepreisminderung (§ 651 d BGB) und Schadensersatzes (§ 651 f Abs. 1 BGB) 534
5. Klage auf Entschädigung wegen erheblichen Reisemangels (Kündigung § 651 e BGB, vertane Urlaubszeit § 651 f Abs. 2 BGB) 541
6. Klage wegen Schadensersatzes und Schmerzensgeldes (§§ 823, 831, 253 BGB) 548

E. Unerlaubte Handlung, Gefährdungshaftung, Verkehrsunfälle

1. Klage auf Schadensersatz kombiniert mit Feststellungsantrag 552
2. Klage wegen Verkehrssicherungspflichtverletzung 554
3. Die sog. vorbeugende Unterlassungsklage (actio quasi negatoria) 557
4. Klage auf Widerruf (Rücknahme) kreditgefährdender Äußerungen (§ 824 BGB) 559

5. Klage bei Beschädigung oder Verletzung durch Gebäude (§ 836 BGB) ... 561
6. Klage auf Geldrente (§ 843 BGB) ... 563
7. Klage auf Schadensersatz in Form einer Geldrente wegen Tötung des Unterhaltspflichtigen (§ 844 Abs. 2 BGB) ... 566
8. Klage auf Schmerzensgeld, Schmerzensgeldrente und Feststellung hinsichtlich des künftigen immateriellen und materiellen Schadens ... 572
9. Erstes außergerichtliches Schreiben bei Verkehrsunfall ... 577
10. Anspruchsschreiben an gegnerische Haftpflichtversicherung bei Verkehrsunfall (Reparaturkostenfall) ... 580
11. Schreiben an den zuständigen Polizeiverkehrsdienst ... 587
12. Schreiben an die Haftpflichtversicherung des Mandanten ... 587
13. Verkehrsunfallklage bei Alleinverschulden des Gegners (Totalschadenfall) ... 588
14. Verkehrsunfallklage bei Mitverschulden ... 594
15. Verkehrsunfallklage bei Mitverschulden nach Inanspruchnahme der Kaskoversicherung (Quotenvorrecht) ... 595
16. Verkehrsunfallklage aus Gefährdungshaftung ... 597
17. Vergleich (Abfindungsvergleich) mit dem Haftpflichtversicherer ... 599

F. Besonderes Schuldrecht

1. Klage auf Auskunft und Rechenschaft bei Auftrag und Geschäftsbesorgung (§§ 666, 675 BGB) ... 603
2. Klage des Bürgen auf Befreiung von der Bürgschaft (§ 775 BGB) ... 605
3. Klage auf Gewährung von Einsicht in eine Urkunde (§ 810 BGB) ... 606
4. Klage auf Herausgabe einer Bürgschaftsurkunde ... 607
5. Klage auf Bewilligung der Freigabe eines hinterlegten Betrags ... 609

G. Sachenrecht

1. Klage auf Herausgabe nach § 861 BGB ... 613
2. Klage auf Beseitigung einer Besitzstörung nach § 862 BGB ... 614
3. Einstweilige Verfügung auf Eintragung einer Vormerkung zur Sicherung einer Bauhandwerker-Sicherungshypothek ... 615
4. Klage des Vormerkungsberechtigten nach § 888 BGB auf Zustimmung zur Eintragung bzw. Löschung ... 621
5. Klage auf Grundbuchberichtigung nach § 894 BGB ... 622
6. Einstweilige Verfügung auf Eintragung eines Widerspruchs gegen die Richtigkeit des Grundbuchs (§ 899 BGB) ... 623
7. Klage auf Einräumung eines Notwegs (§ 917 BGB) ... 625
8. Auflassungsklage ... 626
9. Herausgabeklage nach § 985 BGB ... 628
10. Beseitigungsklage nach § 1004 BGB ... 629
11. Unterlassungsklage nach § 1004 BGB ... 631
12. Hypothekenklage nach § 1147 BGB ... 632

H. Wohnungseigentumsrecht

1. Antrag einer Wohnungseigentümergemeinschaft nach § 43 Abs. 1 Nr. 1 WEG gegen einen Wohnungseigentümer auf Erfüllung seiner sich aus der Gemeinschaft ergebenden Pflichten (hier: Beseitigung eines gemeinschaftswidrigen Zustands) ... 635
2. Antrag eines Verwalters in Verfahrensstandschaft für eine Wohnungseigentümergemeinschaft gegen säumige Wohnungs(mit-)eigentümer wegen Wohngeldforderung ... 642
3. Antrag auf Erlass eines Mahnbescheids (Verfahren nach § 46 a WEG) ... 648
4. Antrag eines Wohnungseigentümers auf Leistung von Schadensersatz (Alternative: ... auf Unterlassung) gegen einen anderen Wohnungseigentümer ... 655
5. Antrag auf Ungültigerklärung (Anfechtung) eines Beschlusses einer Eigentümerversammlung nach § 43 Abs. 1 Nr. 4 WEG mit Wiedereinsetzungsantrag entsprechend § 22 Abs. 2 FGG ... 659
6. Antrag einer Wohnungseigentümergemeinschaft nach § 43 Abs. 1 Nr. 2 WEG gegen einen abberufenen Verwalter auf Herausgabe der Verwalterunterlagen und Rechnungslegung mit einstweiliger Anordnung gemäß § 44 Abs. 3 WEG ... 666

7. Antrag auf Feststellung des Fehlens eines Verwalters und auf Bestellung eines Verwalters nach §§ 26 Abs. 3, 43 Abs. 1 Nr. 3 WEG ... 671
8. Beschwerde (bzw. weitere Beschwerde) gegen einen Beschluss des Amtsgerichts (bzw. Landgerichts) ... 675
9. Klage auf Entziehung des Wohnungseigentums nach §§ 18, 19 WEG ... 678

I. Familiensachen; Lebenspartnerschaftssachen

Kindschaftssachen und Kindesunterhalt

1. Vaterschaftsanfechtung ... 684
2. Klage auf Feststellung der Vaterschaft und Kindesunterhalt ... 686
3. Antrag auf Kindesunterhalt nach Regelbeträgen (streitiges Verfahren) ... 690
4. Abänderungsklage gegen Unterhaltstitel ... 693

Ehesachen, insbesondere Scheidung

5. Eheaufhebungsklage ... 696
6. Antrag auf streitige Härtescheidung (auch bei Getrenntleben von weniger als 1 Jahr) ... 699
7. Antrag auf einverständliche Scheidung (Getrenntleben von mindestens 1 Jahr) ... 703
8. Antrag auf streitige Scheidung (Getrenntleben ab 1 Jahr) ... 707
9. Klage auf streitige Scheidung (hier: Einwendungen des Antragsgegners) ... 712

Andere Familiensachen

10. Antrag auf Regelung der elterlichen Sorge ... 718
11. Antrag auf Regelung des Umgangs mit Kindern ... 721
12. Antrag (Stufenklage) auf Ehegatten- und Kindesunterhalt nach Scheidung ... 724
13. Erwiderung auf eine Klage wegen Unterhalt ... 730
14. Klage auf Zustimmung zum begrenzten Real-Splitting ... 735
15. Antrag auf Zugewinnausgleich (Stufenklage) ... 737
16. Antrag auf Zuteilung von Ehewohnung und Hausrat ... 740
17. Versorgungsausgleich – Antrag auf Nichtstattfinden und Genehmigung einer Vereinbarung nach § 1587 o BGB ... 744
18. Versorgungsausgleich – Antrag auf Ausschluss wegen Unbilligkeit ... 750
19. Versorgungsausgleich – Antrag auf Herabsetzung ... 752
20. Versorgungsausgleich – Antrag auf anderweitige Regelung ... 754
21. Versorgungsausgleich – Antrag auf schuldrechtliche Regelung (VAHRG) ... 756
22. Anträge in Lebenspartnerschaftssachen ... 759

Einstweilige Regelungen

23. Antrag auf einstweilige Anordnung wegen Prozesskostenvorschuss ... 762
24. Antrag auf vorläufige Anordnung wegen elterlicher Sorge und Herausgabe eines Kindes ... 766
25. Antrag auf einstweilige Anordnung wegen Getrenntlebens, Ehewohnung und persönlichen Gebrauchsgegenständen ... 769
26. Antrag auf einstweilige Anordnung wegen Kindes- und Ehegatten-Getrenntleben-Unterhalt ... 772

Rechtsbehelfe, insbesondere Rechtsmittel

27. Antrag auf Abänderung und mündliche Verhandlung über einstweilige Anordnung ... 775
28. Negative Feststellungsklage bei Fortbestand einstweiliger Anordnung ... 778
29. Sofortige Beschwerde gegen FGG-eAO ... 780
30. Berufung gegen Verbundurteil ... 783
31. Berufungsbeschwerde gegen FGG-Entscheidung ... 787

J. Erbrecht

1. Klage auf Feststellung des Erbrechts (Nichtigkeit eines Testamentes) ... 791
2. Stufenklage auf Auskunft, Feststellung des Erbrechts und Herausgabe des Nachlasses .. 792
3. Klage auf Feststellung des Erbrechts nach Anfechtung eines Testamentes ... 794
4. Anfechtungsklage wegen Erbunwürdigkeit ... 796
5. Klage des Pflichtteilsberechtigten auf Auskunft (Entziehung des Pflichtteils) ... 797
6. Stufenklage auf Auskunft, eidesstattliche Versicherung und Zahlung des Pflichtteils 798

7. Klage gegen den Beschenkten wegen eines Pflichtteilsergänzungsanspruches 800
8. Klage des Erben gegen den beschenkten Pflichtteilsberechtigten auf Herausgabe des Geschenkes 802
9. Klage auf Erfüllung eines Vermächtnisses 804
10. Klage des Erben bei einem Vertrag zugunsten eines Dritten auf den Todesfall 805
11. Erbauseinandersetzungsklage 806
12. Klage des Vorerben gegen den Nacherben auf Einwilligung in eine Grundstücksveräußerung 808
13. Klage des Nacherben gegen einen beschenkten Dritten auf Einwilligung in eine Grundbuchberichtigung 809
14. Klage eines Miterben auf Erfüllung einer Nachlassforderung 811
15. Klage gegen Miterben auf Erfüllung einer Nachlassverbindlichkeit bei Testamentsvollstreckung 812
16. Antrag auf Erteilung eines Erbscheins bei gesetzlicher Erbfolge 813
17. Antrag auf Erteilung eines gemeinschaftlichen Erbscheins bei testamentarischer Erbfolge 814
18. Antrag auf Erteilung eines Erbscheins bei Vor- und Nacherbfolge 815
19. Antrag auf Einziehung eines unrichtigen Erbscheins 816
20. Antrag eines Nachlassgläubigers auf Erteilung eines Erbscheins 817
21. Antrag auf Erteilung eines gegenständlich beschränkten Erbscheins 818
22. Antrag auf Erteilung eines Doppelerbscheins 819

K. Gesellschaftsrecht

1. Auflösungsklage nach § 133 HGB 821
2. Ausschließungsklage nach § 140 HGB 824
3. Geschäftsführungsbefugnis- und Vertretungsmachtentziehungsklage nach §§ 117, 127 HGB 827
4. Antrag auf Erlass einer einstweiligen Verfügung zur vorläufigen Entziehung der Geschäftsführungsbefugnis und Vertretungsmacht nach §§ 117, 127 HGB, §§ 935 ff. ZPO 830
5. Klage auf Bilanzmitteilung nach § 166 HGB 832
6. Klage des ausgeschiedenen Gesellschafters auf Abfindung nach §§ 161 Abs. 2, 105 Abs. 3 HGB, § 738 BGB 833
7. Klage auf Mitwirkung bei der Eintragung einer offenen Handelsgesellschaft nach §§ 108, 16 HGB 836
8. Klage gegen einen Gesellschafter nach §§ 176, 128 HGB 837
9. Klage auf Aufwendungsersatz eines Gesellschafters nach § 110 HGB 840
10. Klage auf Unterlassung von Wettbewerb nach § 112 HGB 842
11. Klage gegen einen handelnden Gründer einer GmbH nach § 11 Abs. 2 GmbHG 844
12. Klage auf Nachschuss gegen einen GmbH-Gesellschafter nach § 26 GmbHG 846
13. Klage auf Zahlung nach § 135 InsO 847
14. Anfechtungsklage und positive Beschlussfeststellungsklage bei der GmbH 851
15. Antrag auf Feststellung nach §§ 51 a, 51 b GmbHG 854
16. Klage auf Ausschluss eines Gesellschafters einer GmbH 857
17. Klage auf Auflösung einer GmbH nach § 61 GmbHG 859
18. Antrag auf Bestellung eines Vorstandes nach § 85 AktG 861
19. Antrag auf Abberufung eines Aufsichtsratsmitgliedes nach § 103 AktG 863
20. Antrag auf Ergänzung des Aufsichtsrats nach § 104 AktG 864
21. Antrag im Auskunftserzwingungsverfahren nach § 132 AktG 866
22. Aktienrechtliche Anfechtungsklage nach § 246 AktG 870
23. Aktienrechtliche Nichtigkeitsklage nach § 249 AktG 873
24. Antrag auf gerichtliche Feststellung des angemessenen Ausgleichs und der angemessenen Abfindung nach §§ 304, 305 AktG 875
25. Antrag auf Feststellung der Unbedenklichkeit nach § 16 Abs. 3 UmwG 878
26. Klage auf Schadensersatz nach § 37b Abs. 1 Nr. 1 WpHG 884

L. Kartellrecht

Verwaltungsverfahren

1. Anmeldung eines Konditionenkartells (§ 2 Abs. 2 GWB) 889
2. Anmeldung eines Normen- oder Typenkartells (§ 2 Abs. 1 GWB) 891

3. Anmeldung eines Spezialisierungskartells (§ 3 GWB) 892
4. Anmeldung eines Mittelstandskartells (§ 4 Abs. 1 GWB) 894
5. Anmeldung einer Einkaufskooperation (§ 4 Abs. 2 GWB) 896
6. Anmeldung von Normen- oder Typenempfehlungen (§ 22 Abs. 3 Nr. 1 GWB) 897
7. Anmeldung von Empfehlungen für Geschäfts-, Lieferungs- und Zahlungsbedingungen (§ 22 Abs. 3 Nr. 2 GWB) 899
8. Anmeldung eines Beschlusses einer Vereinigung von Erzeugervereinigungen (§ 28 Abs. 1 S. 1 GWB) 900
9. Anmeldung eines Kartellvertrages von Versicherungsunternehmen (§ 29 Abs. 4 GWB) .. 901
10. Freistellungsantrag für ein Strukturkrisenkartell (§ 6 GWB) 902
11. Freistellungsantrag für ein Rationalisierungskartell (§ 5 Abs. 1 GWB) 904
12. Freistellungsantrag für ein Rationalisierungskartell mit Preisabreden oder gemeinsamen Beschaffungs- oder Vertriebseinrichtungen (§ 5 Abs. 2 GWB) 906
13. Freistellungsantrag für ein Kartell, das nicht von §§ 2 bis 6 GWB erfasst ist („Sonstiges Kartell" § 7 Abs. 1 GWB) 906
14. Antrag auf Verlängerung der Freistellung vom Kartellverbot (§ 10 Abs. 5 S. 1 GWB) ... 908
15. Antrag auf Ministererlaubnis für ein Sonderkartell (§ 8 GWB) 909
16. Antrag, die Aufnahme eines Unternehmens in eine Wirtschaftsvereinigung anzuordnen (§ 20 Abs. 6 iVm. § 32 GWB) 910
17. Antrag auf Anerkennung von Wettbewerbsregeln (§ 24 GWB) 911
18. Anmeldung eines Zusammenschlussvorhabens (§ 39 Abs. 2 GWB) 912
19. Anzeige eines vollzogenen Zusammenschlusses (§ 39 Abs. 6 GWB) 917
20. Erlaubnisantrag für einen Zusammenschluss (§ 42 GWB) 918
21. Beiladungsantrag (§ 54 Abs. 2 Nr. 3 GWB) 920
22. Antrag auf Erlass einer einstweiligen Anordnung (§ 60 GWB) 922
23. Anfechtungsbeschwerde an das OLG (§ 63 Abs. 1 S. 1 GWB) 923
24. Verpflichtungsbeschwerde an das OLG (§ 63 Abs. 3 S. 1 GWB) 928
25. Antrag an das OLG, die aufschiebende Wirkung einer Beschwerde anzuordnen (§ 65 Abs. 3 S. 3 GWB) 930
26. Antrag an das OLG, die aufschiebende Wirkung einer Beschwerde wiederherzustellen (§ 65 Abs. 3 S. 1 GWB) 931
27. Antrag an das OLG, eine einstweilige Anordnung zu erlassen (§ 64 Abs. 3 iVm. § 60 GWB) 933
28. Nichtzulassungsbeschwerde an den BGH (§ 75 GWB) 934
29. Rechtsbeschwerde an den BGH (§ 74 GWB) 935

Verfahren in Bürgerlichen Rechtsstreitigkeiten

30. Klage auf Belieferung gem. § 20 Abs. 2 GWB bei der Kartellkammer des Landgerichts (§§ 87, 89 GWB) 937
31. Berufung an den Kartellsenat des OLG (§ 91 GWB) 942
32. Revision an den Kartellsenat des BGH (§ 94 Abs. 1 Nr. 3 GWB) 943

M. Vergaberecht

1. Rüge gem. § 107 Abs. 3 GWB 945
2. Nachprüfungsantrag an die Vergabekammer 947
3. Antrag auf Beiladung gemäß § 109 GWB 956
4. Antrag auf Aufhebung des Suspensiveffekts gem. § 115 Abs. 2 S. 1 GWB 959
5. Sofortige Beschwerde zur Wiederherstellung des Suspensiveffekts gem. § 115 Abs. 2 S. 2 GWB 965
6. Sofortige Beschwerde gemäß §§ 116 ff. GWB und Antrag auf Verlängerung des Suspensiveffektes gemäß § 118 Abs. 1 S. 3 GWB 969
7. Antrag auf Vorabentscheidung über den Zuschlag gem. § 121 GWB 980

N. Gesetz gegen den unlauteren Wettbewerb

1. Wettbewerbsrechtliche Abmahnung 985
2. Schutzschrift 997
3. Antrag auf Erlass einer einstweiligen Verfügung wegen irreführender Werbung und unerlaubter Bezugnahme 1002

4. Wettbewerbsrechtliches Abschlussschreiben 1011
5. Formeller Widerspruch gegen eine einstweilige Verfügung 1016
6. Widerspruch mit Anträgen und Widerspruchsbegründung 1017
7. Kostenwiderspruch 1019
8. Widerspruch mit Ankündigung der Abgabe einer strafbewehrten Unterlassungsverpflichtungserklärung 1023
9. Wettbewerbsrechtliche Klage wegen Alleinstellungswerbung 1025
10. Antrag auf Erlass einer einstweiligen Verfügung wegen unzulässiger Sonderveranstaltung 1032
11. Anrufung der Einigungsstelle 1037
12. Vergleich in einer wettbewerbsrechtlichen Angelegenheit 1039
13. Anregung des Beklagten, den Rechtsstreit gemäß Art. 234 EG-Vertrag dem Europäischen Gerichtshof zur Vorabentscheidung vorzulegen 1041

O. Patent-, Gebrauchsmuster-, Geschmacksmuster-, Kennzeichen- und Urheberrecht

Patent- und Gebrauchsmusterrecht

1. Abmahnung wegen Patentverletzung 1045
2. Abmahnung wegen Patentverletzung unter gleichzeitiger Übersendung eines Klageentwurfes 1057
3. Patentverletzungsklage 1060
4. Formelle Klageerwiderung in einer Patentverletzungsstreitigkeit 1074
5. Materielle Klageerwiderung mit Aussetzungsantrag in einer Patentverletzungsstreitigkeit 1076
6. Patentnichtigkeitsklage 1080
7. Klage wegen Patentberühmung 1086
8. Hinweis auf das Bestehen eines Gebrauchsmusters 1087
9. Gebrauchsmusterverletzungsklage 1089
10. Formelle Klageerwiderung auf eine Gebrauchsmusterverletzungsklage 1097
11. Materielle Klageerwiderung auf eine Gebrauchsmusterverletzungsklage mit Aussetzungsantrag 1097
12. Gebrauchsmusterlöschungsantrag 1098

Geschmacksmusterrecht

13. Abmahnung wegen Verletzung eines Geschmacksmusters 1101
14. Geschmacksmusterverletzungsklage 1109
15. Formelle Klageerwiderung in einer geschmacksmusterrechtlichen Auseinandersetzung .. 1118
16. Materielle Klageerwiderung in einer geschmacksmusterrechtlichen Streitigkeit 1119
17. Klage wegen Geschmacksmusterberühmung 1122

Kennzeichenrecht

18. Markenverletzungsklage und Klage auf Löschung einer nichtigen Marke 1124
19. Antrag auf Erlass einer einstweiligen Verfügung wegen Markenverletzung auf Unterlassung, Auskunft und Vernichtung 1137
20. Klage wegen Verletzung eines Unternehmenskennzeichens 1145
21. Schadensersatzhöheklage wegen Markenverletzung 1152
22. Eintragungsbewilligungsklage 1155

Urheberrecht

23. Urheberrechtsverletzungsklage 1158

P. Presserecht

1. Gegendarstellung 1165
2. Aufforderungsschreiben zum Abdruck einer Gegendarstellung 1168
3. Ablehnung der Veröffentlichung einer Gegendarstellung 1169
4. Antrag auf Anordnung der Veröffentlichung einer Gegendarstellung 1169
5. Antrag auf Zurückweisung eines Antrags auf Veröffentlichung einer Gegendarstellung 1171

6. Zwangsvollstreckung ... 1172
7. Unterlassungsanspruch – vorprozessuale Abmahnung ... 1173
8. Unterlassungsanspruch – Verpflichtungserklärung ... 1174
9. Schutzschrift ... 1175
10. Antrag auf Unterlassungsverfügung ... 1176
11. Zwangsvollstreckung ... 1177
12. Abschlussschreiben ... 1178
13. Widerruf (Rücknahme, Richtigstellung, Klarstellung) ... 1179
14. Eingeschränkter Widerruf ... 1179
15. Distanzierung ... 1180
16. Berichtigende Ergänzung ... 1180
17. Nachträgliche Ergänzung ... 1181
18. Vorläufiger Widerruf ... 1181
19. Klage auf Unterlassung, Widerruf, Schadenersatzfeststellung und Zahlung immateriellen Schadens ... 1182
20. Klageerwiderung ... 1184

Q. AGB-Recht

1. AGB-rechtliche Abmahnung ... 1187
2. Antrag auf Erlass einer einstweiligen Verfügung wegen Verstoßes gegen AGB-rechtliche Bestimmungen ... 1190
3. Unterlassungsklage nach dem AGB-Recht ... 1192
4. Klage auf Unterlassung und Widerruf gegen Empfehler von AGB-rechtswidrigen AGB ... 1194
5. Negative Feststellungsklage des Verwenders ... 1195
6. Beitritt einer Empfehlerin als Nebenintervenientin ... 1197

III. Zwangsvollstreckung, Anfechtungsgesetz, Insolvenzordnung

A. Allgemeines Vollstreckungsrecht

Allgemeine Vollstreckungsvoraussetzungen

1. Anträge auf Notfrist- und Rechtskraftzeugnis und auf einfache Vollstreckungsklausel (§§ 706, 724 ZPO) ... 1199
2. Klage auf Vollstreckbarkeit eines ausländischen Urteils (§§ 722, 723 ZPO, nur Verweisung) ... 1200
3. Antrag auf Klauselerteilung bei bedingter Leistung etc. (§ 726 Abs. 1 ZPO) ... 1200
4. Antrag auf Klauselerteilung für und gegen Rechtsnachfolger (§§ 727–729 ZPO) ... 1202
5. Klage auf Klauselerteilung (§ 731 ZPO) ... 1203
6. Zustellungsauftrag an Gerichtsvollzieher ... 1205
7. Antrag auf weitere vollstreckbare Ausfertigung (§ 733 ZPO) ... 1206
8. Antrag auf Rubrumsberichtigung (§§ 319, 727 ZPO) ... 1208
9. Antrag auf Urkundenerteilung für Gläubiger (§ 792 ZPO) ... 1209
10. Antrag auf Festsetzung von Vollstreckungskosten (§ 788 Abs. 2 ZPO) ... 1210
11. Antrag auf richterliche Durchsuchungsanordnung für Schuldnerwohnung (§ 758 a ZPO) ... 1212

Rechtsbehelfe in der Zwangsvollstreckung

12. Erinnerung gegen Erteilung der Vollstreckungsklausel (§ 732 ZPO) mit Antrag auf einstweilige Einstellung ... 1214
13. Allgemeiner Vollstreckungsschutzantrag (§ 765 a ZPO) ... 1215
14. Erinnerung gegen Gerichtsvollziehermaßnahmen (§ 766 ZPO) ... 1217
15. Erinnerung gegen Vollstreckungsgerichtsmaßnahmen (§ 766 ZPO) ... 1219
16. Vollstreckungsabwehrklage mit Antrag auf einstweilige Einstellung (§ 767 ZPO) ... 1220
17. Antrag auf einstweilige Einstellung an Vollstreckungsgericht (§ 769 Abs. 2 ZPO) ... 1223
18. Vollstreckungsabwehrklage gegen Vollstreckungsklausel (§ 768 ZPO) ... 1224
19. Drittwiderspruchsklage (§§ 771–774 ZPO) ... 1226
20. Erinnerung bei dinglicher Gläubigersicherung (§ 777 ZPO) ... 1228

21. Klage auf vorzugsweise Befriedigung (§ 805 ZPO) 1229
22. Sofortige Beschwerde (§ 793 ZPO) 1231

Sonstiges

23. Klage auf Schadensersatz wegen vorläufiger Vollstreckung (§ 717 Abs. 2 ZPO) 1232

B. Zwangsvollstreckung wegen Geldforderungen

Zwangsvollstreckung in bewegliche Sachen

1. Vollstreckungsauftrag mit Varianten (§ 754 ZPO), insbesondere kombiniert mit Antrag auf Abnahme der eidesstattlichen Versicherung 1236
2. Vollstreckungsauftrag bei Sonderfällen (§§ 720 a, 751, 756 ZPO) 1241
3. Antrag auf Gestattung der Austauschpfändung (§ 811 a ZPO) 1242
4. Antrag des Schuldners auf Aussetzung der Verwertung (§ 813 b ZPO) 1244
5. Antrag auf andere Verwertung (§ 825 ZPO) 1245

Zwangsvollstreckung in Geldforderungen

6. Pfändungs- und Überweisungsantrag (§§ 829, 835 ZPO) 1247
7. Vorpfändung (§ 845 ZPO) 1250
8. Überweisungsantrag bei verbrieften Forderungen (§§ 831, 835 ZPO) 1252
9. Pfändungsantrag bei Hypotheken und Grundschulden (§ 830 ZPO) 1253
10. Pfändungsantrag bei Sozialleistungen (§ 54 SGB I) 1256
11. Pfändungsantrag auf Steuererstattungsansprüche (§ 46 AO) 1257
12. Pfändungsantrag auf Kontoguthaben und sonstige Ansprüche gegen Banken pp. 1259
13. Pfändungsantrag auf GmbH-Stammeinlage 1262
14. Pfändungsantrag auf sonstigen Geldforderungen 1263
15. Antrag auf andere Verwertung (§ 844 ZPO) 1265
16. Klage nach § 856 ZPO auf Hinterlegung durch Drittschuldner 1266

Insbesondere: Vollstreckung in laufende Bezüge

17. Pfändungsantrag bei Arbeitseinkommen (§§ 850 ff. ZPO) 1268
18. Pfändungsantrag auf bedingt pfändbare Bezüge (§ 850 b ZPO, Taschengeldanspruch) .. 1270
19. Antrag auf Nichtberücksichtigung von Unterhaltsberechtigten (§ 850 c Abs. 4 ZPO) 1271
20. Pfändungsantrag bei Forderung aus unerlaubter Handlung (§ 850 f Abs. 2 ZPO) 1273
21. Schuldnerantrag auf Erhöhung des Pfandfreibetrages (§ 850 f Abs. 1 ZPO) 1274
22. Schuldnerantrag im Sonderfall (§ 850 i ZPO) 1275
23. Schuldnerantrag gegen Kontenpfändung (§ 850 k ZPO) 1276
24. Klage gegen Drittschuldner auf Arbeitslohn 1278

Zwangsvollstreckung in sonstige Rechte

25. Pfändungsantrag bei drittschuldnerlosem Recht (§ 857 Abs. 2 ZPO) 1280
26. Pfändungsantrag bei Gemeinschafts-, Gesellschafts- oder Genossenschaftsanteilen 1282
27. Pfändungsantrag bei Herausgabeanspruch (§§ 846 ff. ZPO) 1285
28. Pfändung von Anwartschaften an beweglichen Sachen und Grundstücken 1287
29. Pfändung von Rückübertragungsansprüchen bei nicht- oder teilvalutierenden Grundschulden 1288

Verteilungsverfahren

30. Widerspruch gegen den Teilungsplan (§ 876 ZPO) 1290
31. Widerspruchsklage gegen beteiligte Gläubiger (§ 878 ZPO) 1291

Zwangsvollstreckung in das unbewegliche Vermögen: Zwangshypothek

32. Antrag auf Eintragung einer Zwangshypothek bei Grundstück, Erbbaurecht, Wohnungseigentum (§ 867 ZPO) 1293

Zwangsversteigerung

33. Zwangsversteigerungsantrag für Grundstück, Erbbaurecht, Wohnungseigentum 1295
34. Antrag auf Zwangsversteigerungsbeitritt 1298
35. Antrag auf Einstellung der Zwangsversteigerung 1299
36. Beschwerde gegen Verkehrswertfestsetzung (§ 74 a Abs. 5 S. 3 ZVG) 1301
37. Antrag auf Aufhebung der Beschlagnahme von Zubehör (§ 37 Nr. 5 ZVG) 1302

38. Antrag auf abweichende Versteigerungsbedingungen (§ 59 ZVG) 1304
39. Beschwerde gegen Zuschlagsbeschluss 1305
40. Vereinbarung des Bestehenbleibens (§ 91 Abs. 2 ZVG) 1306

Zwangsverwaltung

41. Zwangsverwaltungsantrag 1307
42. Räumungsantrag nach § 149 Abs. 2 ZVG 1308
43. Klage auf Planänderung (§ 159 ZVG) 1309

Teilungsversteigerung und ähnliche Verfahren

44. Teilungsversteigerungsantrag 1311

C. Zwangsvollstreckung wegen sonstiger Ansprüche

Herausgabe von Sachen

1. Vollstreckungsauftrag wegen Herausgabe beweglicher Sachen (§ 883 Abs. 1 ZPO) 1314
2. Vollstreckungsauftrag wegen Räumung (§ 885 ZPO) 1315

Vornahme vertretbarer Handlungen

3. Antrag auf Gestattung der Ersatzvornahme und Leistung eines Kostenvorschusses (§ 887 ZPO) 1316

Vornahme unvertretbarer Handlungen

4. Antrag auf Festsetzung von Zwangsmitteln (§ 888 ZPO) 1318

Erzwingung von Unterlassungen und Duldungen

5. Ordnungsmittelantrag (§ 890 ZPO) 1320

D. Das Verfahren zur Abgabe der eidesstattlichen Versicherung

1. Antrag auf Abnahme der Offenbarungsversicherung (§§ 807, 900 ZPO) 1324
2. Ergänzung der eidesstattlichen Versicherung 1327
3. Wiederholte eidesstattliche Versicherung (§ 903 ZPO) 1328
4. Widerspruch des Schuldners (§ 900 Abs. 4 ZPO) 1330
5. Verhaftungsauftrag (§ 909 ZPO) 1332
6. Schuldnerantrag auf Löschung im Schuldnerverzeichnis (§ 915 a ZPO) 1333

E. Besonderheiten der Arrest- und Verfügungsvollstreckung

1. Pfändungsantrag bei Sicherungsverfügung mit Vereinbarung von Sequestration 1336
2. Arrestpfändung in eingetragenes Schiff (§ 931 ZPO) 1338
3. Antrag auf Arresthypothek (§ 932 ZPO) 1339

F. Anfechtungsgesetz und Insolvenzrecht

Anfechtung

1. Anfechtungsankündigung durch einfaches Schreiben 1341
2. Gläubigeranfechtung durch Klage auf Duldung der Zwangsvollstreckung in eine Forderung 1342
3. Gläubigeranfechtung durch Klage auf Zahlung anfechtbar abgetretener Forderung 1346
4. Gläubigeranfechtung durch Klage auf Duldung der Zwangsvollstreckung in ein Grundstück 1348
5. Geltendmachung des Anfechtungsanspruches im Wege der Einrede 1351
6. Geltendmachung des Anfechtungsrechts durch Replik 1353
7. Arrestantrag wegen drohender Vereitelung eines Anfechtungsanspruchs 1354
8. Anfechtungsklage im Wege der Stufenklage 1355
9. Anfechtung im Wege einer einstweiligen Verfügung 1357
10. Antrag des Schuldners auf Eröffnung des Insolvenzverfahrens 1360
11. Antrag eines Gläubigers auf Eröffnung des Insolvenzverfahrens 1362
12. Antrag auf Eröffnung des Insolvenzverfahrens über das Vermögen einer Kommanditgesellschaft wegen drohender Zahlungsunfähigkeit und Anordnung der Eigenverwaltung 1365

13. Antrag eines Gläubigers auf Aufhebung der Eigenverwaltung 1367
14. Antrag eines Gläubigers auf Ladung des Geschäftsführers der Schuldnerin zur Abgabe der eidesstattlichen Versicherung 1369
15. Anmeldung einer Insolvenzforderung zur Insolvenztabelle 1372
16. Anmeldung einer Ausfallforderung durch einen ab- und aussonderungsberechtigten Gläubiger 1376
17. Schadensersatzklage gegen den Insolvenzverwalter 1382
18. Klage auf Feststellung einer streitig gebliebenen Insolvenzforderung 1386
19. Aufnahme eines unterbrochenen Rechtsstreits durch den Gläubiger gegen den Insolvenzverwalter 1389
20. Klage eines Massegläubigers bei Unzulänglichkeit der Masse 1393

IV. Der Arbeitsgerichtsprozess

A. Leistungsklagen der Arbeitnehmer mit den häufigsten Beklagtenformen im Rubrum

1. Zahlungsklage wegen rückständigen Lohnes und fehlerhafter Eingruppierung, auch im öffentlichen Dienst 1399
2. Klage gegen Einzelkaufmann auf Über- und Mehrarbeitsstundenvergütung 1404
3. Klage gegen einen Freiberufler auf Vergütungsfortzahlung bei Arbeitsverhinderung und im Krankheitsfalle 1406
4. Klage des Arbeiters gegen einen Sachverständigen wegen Vergütungsfortzahlung bei Kur und Krankheit 1410
5. Klage gegen Gesellschaft bürgerlichen Rechtes auf Urlaubsabgeltung 1413
6. Stufenklage gegen Firma auf Erteilung einer Abrechnung und Auszahlung verdienter Provision 1414
7. Stufenklage auf Erteilung einer Akkordabrechnung und Zahlung gegen Arbeitsgemeinschaft 1417
8. Klage auf Zahlung einer Karenzentschädigung gegen eine OHG 1419
9. Klage auf Feststellung der Ruhegeldverpflichtung und Zahlung von Ruhegeld gegen eine KG 1421
10. Feststellungsklage gegen eine Unterstützungskasse wegen einer unverfallbaren Versorgungsanwartschaft bei Anrechnung von Vordienstzeiten 1423
11. Anspruch auf betriebliche Altersversorgung durch Entgeltumwandlung 1427
12. Beitragsorientierte betriebliche Altersversorgung 1430
13. Klage gegen eine GmbH auf Anpassung des Ruhegeldes 1431
14. Klage gegen eine GmbH & Co KG auf Dokumentation der Ruhegeldanwartschaft 1436
15. Schadensersatzklage gegen eine Gemeinde wegen Verletzung der Beratungs- und Belehrungspflicht über die Altersversorgung 1438
16. Ansprüche des Arbeitnehmers wegen Verletzung des Grundsatzes der Gleichbehandlung und der Lohngleichheit 1439
17. Klage des Arbeitnehmers wegen Geschlechtsdiskriminierung 1444
18. Klage wegen sexueller Belästigung 1447
19. Ansprüche des Arbeitnehmers aus betrieblicher Übung 1450
20. Klage wegen fehlerhafter Ausübung des Direktionsrechtes 1452

B. Klagen des Arbeitnehmers und Klageentgegnungen im Zusammenhang mit Beendigung des Arbeitsverhältnisses

1. Kündigungsschutzklage des Arbeitnehmers gegen eine AG 1455
2. Kündigungsschutzklage, Klage aus Annahmeverzug und auf Weiterbeschäftigung gegen eingetragene Genossenschaft 1466
3. Kündigungsschutzklage und Antrag auf nachträgliche Zulassung 1471
4. Klageentgegnung bei Kündigung aus personenbedingten Gründen 1473
5. Klageentgegnung bei Kündigung aus verhaltensbedingten Gründen 1477
6. Kündigung aus betriebsbedingten Gründen 1480
7. Replik wegen fehlerhafter sozialer Auswahl 1483
8. Kündigungsschutzklage mit Antrag auf Auflösung des Arbeitsverhältnisses 1486

9. Kündigungsschutzklage bei Änderungskündigung 1488
10. Feststellungsklage wegen Unwirksamkeit einer Teilkündigung 1493
11. Klagebeantwortung bei außerordentlicher Kündigung 1495
12. Klage bei befristetem Arbeitsverhältnis 1498
13. Anrufung des Arbeitsgerichts bei auflösend bedingtem Arbeitsvertrag 1500
14. Kündigungsschutzklage bei besonderem Kündigungsschutz 1502
15. Klage eines Arbeitnehmers im Insolvenzverfahren 1503
16. Vergleich wegen Beendigung des Arbeitsverhältnisses 1505
17. Klage auf Herausgabe der Arbeitspapiere und Erteilung eines Zeugnisses 1508

C. Anträge und Klagen des Arbeitgebers

1. Klage auf Unterlassung von Wettbewerb vor und nach Beendigung des Arbeitsverhältnisses 1511
2. Schadensersatzklage des Arbeitgebers (Verkehrsunfall) 1512
3. Schadensersatzklage des Arbeitgebers (Mankohaftung) 1516
4. Schadensersatzklage des Arbeitgebers wegen Vertragsbruch des Arbeitnehmers 1517
5. Antrag des Arbeitgebers an Behörden auf Zustimmung zur Kündigung 1518
6. Klage des Arbeitgebers wegen Widerrufs eines Ruhegeldes auf Grund wirtschaftlicher Notlage 1520
7. Drittschuldnerklage nach § 850 h ZPO 1521

D. Rechtsbehelfe und Rechtsmittel im Arbeitsgerichtsverfahren

1. Einspruch gegen ein Versäumnisurteil des Arbeitsgerichts 1525
2. Rechtsmittel wegen Verwerfung eines Einspruches gegen ein Versäumnisurteil 1526
3. Abhilfe wegen Verletzung des rechtlichen Gehörs 1528
4. Rechtsmittel wegen Verwerfung einer Berufung 1530
5. Sofortige Beschwerde gegen Beschluss über die Zulässigkeit des Rechtswegs 1532
6. Berufung und Berufungsbegründung 1534
7. Berufungsbeantwortung 1544
8. Nichtzulassungsbeschwerde wegen Divergenz 1546
9. Nichtzulassungsbeschwerde wegen grundsätzlicher Bedeutung und fehlerhafter Tarifauslegung 1551
10. Revision mit Aufklärungs- und Beweisrügen 1555
11. Rechtsbeschwerde 1561

E. Beschlussverfahren

1. Antrag auf Bestellung eines Wahlvorstandes zur Betriebsratswahl 1563
2. Wahlanfechtung einer Betriebsratswahl 1564
3. Verfahren zur Erstattung von Lohn oder Schulungskosten bei Betriebsratsschulung (§§ 37 Abs. 6, 40 BetrVG) 1567
4. Antrag auf Freistellung eines Betriebsratsmitgliedes zur Schulungsveranstaltung 1570
5. Antrag auf Freistellung und Kostenerstattung für die Beschaffung von Hilfsmaterial 1572
6. Antrag auf Auflösung des Betriebsrates oder Ausschluss eines Betriebsratsmitgliedes 1573
7. Antrag auf Ersetzung der Zustimmung des Betriebsrates nach §§ 99, 100 BetrVG 1576
8. Anträge des Betriebsrates bei personeller Mitwirkung 1579
9. Antrag auf Ersetzung der Zustimmung des Betriebsrates zur Kündigung oder Versetzung eines Betriebsratsmitgliedes (§ 103 BetrVG) 1580
10. Antrag des Arbeitgebers auf Entbindung von der Weiterbeschäftigung eines Jugend- und Auszubildendenvertreters 1583
11. Klage des Jugend- und Auszubildendenvertreters auf Weiterbeschäftigung nach Beendigung des Ausbildungsverhältnisses 1586
12. Gerichtliche Zustimmung zur Durchführung einer Betriebsänderung 1587
13. Beschlussverfahren zum Kündigungsschutz 1589
14. Feststellung der Unwirksamkeit eines Sozialplanes und des Spruches einer Einigungsstelle 1591
15. Beschlussverfahren über Umfang und Grenzen des Mitbestimmungsrechtes des Betriebsrates 1594

16. Vorabentscheidungsverfahren über Umfang des Mitbestimmungsrechts und Zuständigkeit einer Einigungsstelle 1596
17. Verbot der Einführung von Kurzarbeit (einstweilige Verfügung in Beschlussverfahren) 1598
18. Unterlassungsanspruch gegen tarifwidrige Betriebsvereinbarung 1600
19. Antrag auf Errichtung einer Einigungsstelle 1602
20. Anhang: Honoraranspruch des Rechtsanwaltes 1604

F. Rechtsmittel im Beschlussverfahren

1. Beschwerde 1607
2. Nichtzulassungsbeschwerde (§ 92 a ArbGG) 1610
3. Rechtsbeschwerde 1612

G. Vorabentscheidungsverfahren beim Europäischen Gerichtshof

1. Beschluss 1615

V. Das Verwaltungsstreitverfahren

A. Außergerichtliche Rechtsbehelfe und sonstige Rechtshandlungen

1. Anregungen zum Entwurf eines Flächennutzungsplanes 1623
2. Geltendmachung von Verfahrens- und Formfehlern eines Bebauungsplanes 1625
3. Geltendmachung eines Planungsschadens 1627
4. Widerspruch gegen einen belastenden Verwaltungsakt (Baurecht) 1629
5. Antrag auf Erstattung der Kosten eines isolierten Vorverfahrens 1630
6. Antrag auf Wiederaufgreifen eines Verfahrens (Abgabenrecht) 1632

B. Klageverfahren erster Instanz

1. Anfechtungsklage (Erschließungsbeitragsrecht) 1634
2. Anfechtungsklage gegen einen Widerspruchsbescheid (Kündigungsschutz) 1638
3. Verpflichtungsklage (Baurecht) 1639
4. Untätigkeitsklage (Handwerksrecht) 1641
5. Bescheidungsklage (Beamtenrecht) 1643
6. Kombinierte Anfechtungs- und Verpflichtungsklage (Asylrecht) 1645
7. Kombinierte Anfechtungs- und Bescheidungsklage (Wehrpflichtrecht) 1652
8. Feststellungsklage (Wegerecht) 1654
9. Allgemeine Leistungsklage (Erschließungsvertrag) 1655
10. Antrag auf gerichtliche Entscheidung (Personalvertretungsrecht) 1657
11. Antrag auf gerichtliche Entscheidung (Kammer für Baulandsachen) 1658
12. Klageerwiderung (Erschließungsbeitragsrecht) 1661
13. Fortsetzungsfeststellungsantrag (Baurecht) 1662
14. Kostenantrag nach Erledigung der Hauptsache 1664
15. Antrag auf Beiladung (Immissionsschutzrecht) 1665

C. Rechtsmittel

1. Berufung (§§ 124 ff. VwGO) 1667
2. Antrag auf Zulassung der Berufung (§ 124 a VwGO) 1668
3. Begründung des Antrages auf Zulassung der Berufung 1669
4. Berufungsbegründung (§ 124 a VwGO) 1672
5. Anschlussberufung (§ 127 VwGO) 1674
6. Revision (§§ 132 ff. VwGO) 1675
7. Revisionsbegründung 1676
8. Beschwerde gegen die Nichtzulassung der Revision (§ 133 VwGO) 1679
9. Begründung der Revisionsnichtzulassungsbeschwerde wegen grundsätzlicher Bedeutung (§ 132 Abs. 2 Nr. 1 VwGO) 1680
10. Begründung der Revisionsnichtzulassungsbeschwerde wegen Abweichung (§ 132 Abs. 2 Nr. 2 VwGO) 1682

11. Begründung der Revisionsnichtzulassungsbeschwerde wegen eines Verfahrensmangels (§ 132 Abs. 2 Nr. 3 VwGO) 1683
12. Antrag auf Zulassung der Sprungrevision (§ 134 VwGO) 1685
13. Beschwerde nach der VwGO (§§ 146 ff. VwGO) 1686
14. Begründung der Beschwerde (§ 146 Abs. 4 VwGO) 1687

D. Vorläufiger Rechtsschutz

Anträge nach § 80 VwGO

1. Antrag an die Behörde auf Aussetzung der Vollziehung (Abgabenrecht) 1689
2. Antrag auf Anordnung der aufschiebenden Wirkung der Anfechtungsklage (Abgabenrecht) 1690
3. Antrag auf Wiederherstellung der aufschiebenden Wirkung des Widerspruchs (Entziehung der Fahrerlaubnis) 1692
4. Antrag auf Wiederherstellung der aufschiebenden Wirkung des Widerspruchs und Aufhebung der Vollziehung (Bauordnungsrecht) 1695
5. Antrag auf Aufhebung der Anordnung der aufschiebenden Wirkung (§ 80 Abs. 7 VwGO – Abgabenrecht) 1697

Anträge nach § 123 VwGO

6. Antrag auf Erlass einer Sicherungsanordnung (§ 123 Abs. 1 S. 1 VwGO) 1699
7. Antrag auf Erlass einer Regelungsanordnung (§ 123 Abs. 1 S. 2 VwGO – Hochschulzulassung) 1701

E. Anträge und Rechtsbehelfe bei Verwaltungsakten mit Doppelwirkung (Baurecht)

Rechtsschutz des Dritten

1. Widerspruch gegen eine Baugenehmigung 1707
2. Anfechtungsklage gegen eine Baugenehmigung 1708
3. Antrag an die Behörde auf Außervollzugsetzung einer Baugenehmigung und Stilllegung der Baustelle (§ 80 a Abs. 1 Nr. 2 VwGO) 1710
4. Antrag an das Verwaltungsgericht auf Aussetzung der Vollziehung der Baugenehmigung und Stilllegung der Baustelle (alternativ: auf Anordnung der aufschiebenden Wirkung) (§ 80 a Abs. 3 VwGO) 1711

Anträge und Rechtsbehelfe des Begünstigten

5. Antrag an die Behörde auf Anordnung der sofortigen Vollziehung (§§ 80 a Abs. 1 Nr. 1, 80 Abs. 2 Nr. 4 VwGO – Immissionsschutzrecht) 1714
6. Antrag an das Verwaltungsgericht auf Anordnung der sofortigen Vollziehung (§§ 80 a Abs. 3 S. 1 mit Abs. 1 Nr. 1, 80 Abs. 2 Nr. 4 VwGO – Immissionsschutzecht) 1716
7. Antrag auf Abänderung einer Stilllegungsverfügung (§ 80 Abs. 3 VwGO – Baurecht) 1717
8. Klage gegen einen die Genehmigung aufhebenden Widerspruchsbescheid (§§ 68 Abs. 1 S. 2 Nr. 2, 78 Abs. 2 VwGO) 1719

F. Anträge im Vollstreckungsverfahren

1. Antrag auf Vollstreckung zugunsten der öffentlichen Hand (§ 169 VwGO) 1721
2. Antrag auf Vollstreckung gegen die öffentliche Hand wegen einer Geldforderung (§ 170 VwGO) 1723
3. Antrag auf Vollstreckung gegen eine Behörde aus einem Verpflichtungsurteil (§ 172 VwGO) 1724
4. Antrag auf Vollstreckung aus einem verwaltungsgerichtlichen Vergleich (§ 168 Abs. 1 Nr. 3 VwGO) 1726
5. Vollstreckungsabwehrklage und Antrag auf einstweilige Einstellung (Baurecht) 1727

G. Normenkontrollverfahren nach § 47 VwGO

1. Antrag auf Normenkontrolle 1730
2. Antrag auf Erlass einer einstweiligen Anordnung (§ 47 Abs. 6 VwGO) 1734

VI. Verfassungsrecht

1. Verfassungsbeschwerde gegen Zivilgerichtsurteil (Art. 5 Abs. 1 GG) 1739
2. Verfassungsbeschwerde gegen Strafgerichtsurteil (Art. 19 Abs. 4, 101 Abs. 1, 103 Abs. 1 GG) 1743
3. Verfassungsbeschwerde gegen Verwaltungsgerichtsurteil (Wesentlichkeitstheorie/Art. 14 Abs. 1 GG) 1745
4. Verfassungsbeschwerde gegen Sozialgerichtsurteil (Sozialstaatsprinzip/Art. 3 Abs. 1 GG) 1747
5. Verfassungsbeschwerde gegen Finanzgerichtsurteil (Art. 6 Abs. 1 GG) 1749
6. Verfassungsbeschwerde gegen Arbeitsgerichtsurteil (Art. 2 Abs. 1, 20 Abs. 3 GG – richterliche Rechtsfortbildung) 1751
7. Verfassungsbeschwerde wegen Verstoß gegen den Grundsatz rechtlichen Gehörs (Art. 103 Abs. 1 GG) 1753
8. Verfassungsbeschwerde gegen Zwischenentscheidung (Art. 103 Abs. 3 GG) 1756
9. Verfassungsbeschwerde gegen Gesetz (Unterlassen des Gesetzgebers/Art. 33 Abs. 5 GG) 1757
10. Verfassungsbeschwerde gegen Gesetz (Art. 12 Abs. 1 GG) 1760
11. Verfassungsbeschwerde gegen Gesetz (Art. 3 Abs. 1 GG) 1761
12. Verfassungsbeschwerde gegen Gesetz (Art. 2 Abs. 1, 20 GG – Rückwirkungsverbot) 1763
13. Antrag auf Erlass einer einstweiligen Anordnung 1765
14. Antrag auf Durchführung eines konkreten Normenkontrollverfahrens nach Art. 100 GG 1767
15. Vollmacht 1769
16. Ablehnungsgesuch 1770
17. Antrag auf Festsetzung des Gegenstandswerts 1771
18. Antrag auf Kostenfestsetzung 1772

VII. Der Finanzgerichtsprozess einschließlich des außergerichtlichen Vorverfahrens

Einspruch

1. Einspruch gegen einen Einkommensteuerbescheid mit Festsetzung von Vorauszahlungen, verbunden mit einem Antrag auf Aussetzung der Vollziehung und einstweiliger Stundung 1775
2. Einspruch gegen einen Bescheid über gesonderte und einheitliche Feststellung von Einkünften einer (gewerblich tätigen) Mitunternehmerschaft verbunden mit einem Antrag auf Aussetzung der Vollziehung unter Ausschluss von Sicherheitsleistung 1781
3. Einspruch gegen einen Bescheid über gesonderte und einheitliche Feststellung von Einkünften einer freiberuflichen Mitunternehmerschaft 1784
4. Einspruch gegen einen Grunderwerbsteuerbescheid 1785
5. Einspruch gegen einen Erbschaftsteuerbescheid 1786
6. Einspruch gegen Haftungsbescheid („Betriebsübernahme“) 1787
7. Einspruch gegen die Ablehnung eines Erlassantrags 1789
8. Untätigkeitseinspruch 1791

Klage

9. Klage gegen einen Einkommensteuerbescheid 1792
10. Antrag auf Aussetzung der Vollziehung neben einer Klage gegen einen Einkommensteuerbescheid (zu Form. VII. 9) 1798
11. Klage gegen einen Umsatzsteuerbescheid 1800
12. Antrag auf Aussetzung der Vollziehung eines Umsatzsteuerbescheids (mit Abweichung von Form. VII. 11) 1801
13. Klage gegen einen Bescheid über einheitliche und gesonderte Feststellung von Einkünften aus Gewerbebetrieb („Verlustfeststellungsbescheid“) 1803
14. Antrag auf Aussetzung der Vollziehung neben einer Klage gegen einen Verlustfeststellungsbescheid (zu Form. VII. 13) 1805
15. Klage auf Erlass eines „Verlustfeststellungsbescheids“ 1806

16. Antrag auf vorläufige Verlustfeststellung im Wege der Aussetzung der Vollziehung (zu Form. VII. 15) 1808
17. Klage auf Gewährung von Kindergeld 1810
18. Klageänderung gemäß § 68 FGO nach Änderung des angefochtenen Verwaltungsaktes 1812
19. Erklärung zur Erledigung der Hauptsache und Kostenantrag 1814
20. Antrag auf Berichtigung eines Urteils wegen offenbarer Unrichtigkeit 1815
21. Antrag auf Berichtigung eines Urteilstatbestands 1817
22. Antrag auf Ergänzung eines Urteils 1818

Beschwerde im finanzgerichtlichen Verfahren

23. Beschwerde gegen die Zurückweisung eines Gesuchs auf Ablehnung eines Richters 1820
24. Beschwerde gegen die Nichtzulassung der Revision (Zulassung wegen grundsätzlicher Bedeutung) 1823
25. Beschwerde gegen die Nichtzulassung der Revision (Zulassung wegen mangelnder Sachaufklärung) 1826
26. Beschwerde gegen die Nichtzulassung der Revision (Zulassung wegen Verletzung des rechtlichen Gehörs) 1828

Revision

27. Einlegung der Revision – Antrag auf Verlängerung der Revisionsbegründungsfrist 1830
28. Begründung der Revision – Rüge der Verletzung materiellen Rechts 1832
29. Begründung der Revision – Rüge mangelnder Sachaufklärung 1834
30. Begründung der Revision – Rüge der Verletzung des Rechts auf Gehör 1836
31. Begründung der Revision – Rüge, dass die Entscheidung nicht mit Gründen versehen ist 1838

Kostenfestsetzung und Prozesskostenhilfe

32. Antrag auf Kostenfestsetzung für Klage- und Revisionsverfahren 1840
33. Antrag auf Prozesskostenhilfe 1844
34. Antrag auf Festsetzung der Vergütung des beigeordneten Rechtsanwalts/Steuerberaters für das Klageverfahren 1846
35. Antrag auf Festsetzung der Vergütung des beigeordneten Rechtsanwalts/Steuerberaters für das Klageverfahren gegenüber dem unterlegenen Gegner 1848

VIII. Der Sozialgerichtsprozess

Vorverfahren (§§ 77 ff. SGG)

1. Widerspruch (gegen Feststellung einer Sperrzeit) 1851

Klage (Klagearten)

2. Isolierte Anfechtungsklage – § 54 Abs. 1 SGG – (Klage gegen Entziehung einer Verletztenrente) 1854
3. Isolierte Leistungsklage – § 54 Abs. 5 SGG – (Erstattungsstreit zwischen Leistungsträgern) 1861
4. Verpflichtungsklage – § 54 Abs. 1 SGG – (Klage auf Rehabilitationsleistungen des Rentenversicherungsträgers) 1863
5. Untätigkeitsklage – § 88 SGG – 1865
6. Anfechtungs- und Leistungsklage – § 54 Abs. 4 SGG – mit Übersicht über die Sozialleistungsansprüche 1867
7. Anfechtungs- und Leistungsklage – § 54 Abs. 4 SGG – (Beispiel: Klage auf Verletztenrente nach bindendem Ablehnungsbescheid) 1872
8. Feststellungsklage – § 55 SGG – (Klage auf Feststellung des zuständigen Sozialversicherungsträgers) 1874
9. Anfechtungs-, Feststellungs- und Leistungsklage – §§ 54 Abs. 4, 55 Abs. 1 Nr. 3 SGG – (Klage auf Feststellung von Unfallfolgen und Verletztenrente) 1877

Berufung (§§ 143 ff. SGG)

10. Berufung (Klage auf Rente wegen teilweiser Erwerbsminderung bei Berufsunfähigkeit) 1881
11. Nichtzulassungsbeschwerde (Erstattung der Kosten für ein Hilfsmittel der gesetzlichen Krankenversicherung) 1885

Revision (§§ 160ff. SGG)

12. Nichtzulassungsbeschwerde – Einlegung zur Fristwahrung 1888
13. Begründung der Nichtzulassungsbeschwerde (allgemeine Hinweise) – grundsätzliche Bedeutung 1890
14. Begründung der Nichtzulassungsbeschwerde – Divergenz – 1893
15. Begründung der Nichtzulassungsbeschwerde – Verfahrensmangel – (Rüge der Verletzung des rechtlichen Gehörs und der Amtsermittlungspflicht) 1895
16. Revisionsschrift 1898
17. Revisionsbegründung 1900

Wiederaufnahme des Verfahrens (§§ 179ff. SGG)

18. Wiederaufnahmeklage 1904

Beschwerde (§§ 172ff. SGG)

19. Beschwerde (Beschwerde gegen Verhängung eines Ordnungsgeldes) 1905

Sonstige Anträge

20. Antrag auf mündliche Verhandlung nach Gerichtsbescheid – § 105 Abs. 2 S. 2 SGG – .. 1907
21. Beweisantrag – §§ 103, 160 Abs. 2 Nr. 3 SGG – 1908
22. Antrag auf Anhörung eines bestimmten Arztes – § 109 SGG – 1912
23. Beiladungsantrag – § 75 SGG – 1915
24. „Antrag" auf Verweisung – § 98 SGG – 1917
25. Antrag auf Prozesskostenhilfe – § 73a SGG – 1919
26. Zustimmung zur Entscheidung ohne mündliche Verhandlung – § 124 Abs. 2 SGG – 1922

Vorläufiger Rechtsschutz

27. Vorläufiger Rechtsschutz (Beispiel 1: Antrag auf Aussetzung der Vollziehung nach § 86b Abs. 1 SGG – Anfechtungssache) 1923
28. Vorläufiger Rechtsschutz (Beispiel 2: Antrag auf Erteilung einer Arbeitserlaubnis im Wege der einstweiligen Anordnung gemäß § 86b Abs. 2 SGG – Vornahmesache) 1926

Kostenanträge

29. Antrag auf Kostenentscheidung durch Beschluss – § 193 Abs. 1 S. 3 SGG – 1930
30. Antrag auf Kostenfestsetzung – § 197 SGG – 1932

IX. Rechtsschutz vor den Gerichten der Europäischen Union

1. Anregung an das Gericht, einen Rechtsstreit auszusetzen und dem Europäischen Gerichtshof gemäß Art. 234 EG zur Vorabentscheidung vorzulegen 1935
2. Nichtigkeitsklage gegen einen Rechtsakt der Europäischen Gemeinschaft gemäß Art. 230 Abs. 4 EG 1943
3. Klage wegen Untätigkeit gemäß Art. 232 EG 1955
4. Anspruchsschreiben an die Europäische Kommission (Haftung für legislatives Unrecht) 1959
5. Anspruchsschreiben an die Europäische Kommission (Haftung für administratives Unrecht) 1965
6. Klageschrift (Haftung für legislatives Unrecht) gemäß Art. 235 iVm. Art. 288 Abs. 2 EG... 1967
7. Beschwerde gemäß Art. 90 Abs. 2 Beamtenstatut (BSt) 1970
8. Dienstrechtliche Klage gemäß Art. 236 EG 1974
9. Klage auf Grund einer Schiedsklausel gemäß Art. 238 EG 1980
10. Klagebeantwortung auf eine Schiedsklage der Europäischen Kommission 1983
11. Antragsschrift (Aussetzung des Vollzugs/Erlass einstweiliger Anordnung) gemäß Art. 242, 243 EG 1985
12. Rechtsmittel gegen Entscheidung des Gerichts erster Instanz gemäß Art. 225 EG zum EuGH 1992
13. Antragsschrift Streithilfe nach Art. 115, 116 EuG-Verfahrensordnung 2001
14. Drittwiderspruchsklage gemäß Art. 39 EuGH-Satzung (EG), Art. 40 EuGH-Satzung (EA), Art. 97 EuGH-Verfahrensordnung/Art. 123 EuG-Verfahrensordnung 2005

Inhalt

15. Antrag auf Urteilsberichtigung gemäß Art. 66 EuGH-Verfahrensordnung/Art. 84 EuG-Verfahrensordnung 2009
16. Antrag auf Auslegung eines Urteils gemäß Art. 40 EuGH-Satzung (EG); Art. 41 EuGH-Satzung (EA); Art. 102 EuGH-Verfahrensordnung, Art. 129 EuG-Verfahrensordnung 2012
17. Antrag auf Wiederaufnahme des Verfahrers gemäß Art. 41 EuGH-Satzung (EG), Art. 42 EuGH-Satzung (EA); Art. 98 ff. EuGH-Verfahrensordnung/Art. 125 EuG-Verfahrensordnung 2015
18. Antrag auf Kostenfestsetzung gemäß Art. 74 EuGH-Verfahrensordnung/Art. 92 EuG-Verfahrensordnung 2020
19. Hinweise für die Prozessvertreter 2024

Sachregister 2025

Bearbeiter der 9. Auflage

Dr. Klaus Anschütz	II. K.	Gesellschaftsrecht (zusammen mit Dr. Heino Rück)
Wilfrid Antusch	II. H.	Wohnungseigentumsrecht
Friedrich Böhmer	II. J.	Erbrecht
Dr. Helmut Büchel	I. B.	Mahnverfahren
	I. C.	Prozesskostenhilfe
	I. D.	Klageerhebung
	I. E.	Klageerwiderung
	I. F.	Zustellungen, Fristen und Termine
	I. G.	Versäumnisverfahren / Entscheidung nach Lage der Akten
	I. H.	Beweisverfahren
	I. I.	Besonderheiten bezüglich des Gerichts
	I. J.	Besonderheiten bezüglich der Parteien
	I. K.	Besonderheiten bezüglich des Streitgegenstandes
	I. L.	Anträge und Erklärungen im Prozessverlauf
	I. M.	Beendigung des Prozesses durch Parteiprozesshandlungen
	I. N.	Anträge zum Urteil
	I. Q.	Urkunden-, Wechsel- und Scheckprozess
Dr. Hans Goll	I. O.	Rechtsmittel und Rechtsbehelfe
	I. P.	Klagen betreffend die Urteilswirkung
Dr. Annegret Harz	II. B.	Mietrecht
Dr. Friedrich Ludwig Hausmann	II. M.	Vergaberecht (zusammen mit Dr. Hans-Joachim Prieß)
Edgar Isermann	II. D.	Reiserecht
Friedrich Irschlinger	III. F.	Anfechtungsgesetz und Insolvenzrecht
Prof. Dr. Heribert Johlen	V. A.	Außergerichtliche Rechtsbehelfe und sonstige Rechtshandlungen
	V. B.	Klageverfahren erster Instanz
	V. C.	Rechtsmittel
	V. D.	Vorläufiger Rechtsschutz
	V. E.	Anträge und Rechtsbehelfe bei Verwaltungsakten mit Drittwirkung (Baurecht)
	V. F.	Anträge im Vollstreckungsverfahren
	V. G.	Normenkontrollverfahren nach § 47 VwGO
Dr. Matthias Karl	II. L.	Kartellrecht
Dr. Wolfgang Koeble	II. A.	Kaufrecht
	II. E.	Unerlaubte Handlung, Gefährdungshaftung, Verkehrsunfälle
	II. F.	Besonderes Schuldrecht
	II. G.	Sachenrecht (jeweils zusammen mit Dr. Ulrich Locher)

Bearbeiter

Prof. Dr. Horst Locher	I. S.	Schiedsgerichtsverfahren
	II. C.	Werkvertragsrecht
	II. Q.	AGB-Gesetz
Dr. Ulrich Locher	II. A.	Kaufrecht
	II. E.	Unerlaubte Handlung, Gefährdungshaftung, Verkehrsunfälle
	II. F.	Besonderes Schuldrecht
	II. G.	Sachenrecht (jeweils zusammen mit Dr. Wolfgang Koeble)
Dr. Thomas Lübbig	IX.	Rechtsschutz vor den Gerichten der Europäischen Union (zusammen mit Dr. Hans-Joachim Prieß)
Dr. Peter Mes	II. M.	Gesetz gegen den unlauteren Wettbewerb
	II. N.	Patent-, Gebrauchsmuster-, Geschmacksmuster-, Kennzeichen- und Urheberrecht
Dr. Joachim Mewing	III. A.	Allgemeines Vollstreckungsrecht
	III. B.	Zwangsvollstreckung wegen Geldforderungen
	III. C.	Zwangsvollstreckung wegen sonstiger Ansprüche
	III. D.	Das Verfahren zur Abgabe der eidesstattlichen Versicherung
	III. E.	Besonderheiten der Arrest- und Verfügungsvollstreckung
Dr. Hans-Joachim Prieß	II. M.	Vergaberecht (zusammen mit Dr. Friedrich Ludwig Hausmann)
	IX.	Rechtsschutz vor den Gerichten der Europäischen Union (zusammen mit Dr. Thomas Lübbig)
Dr. Ekkehart Reinelt	I. A.	Mandatsverhältnis (zusammen mit Christiane Strahl)
	I. R.	Einstweilige Verfügung und Arrest (zusammen mit Christiane Strahl)
Dr. Heino Rück	II. K.	Gesellschaftsrecht (zusammen mit Dr. Klaus Anschütz)
Dr. h. c. Günter Schaub	IV.	Der Arbeitsgerichtsprozess
Prof. Dr. Rolf A. Schütze	I. T.	Internationales Zivilprozessrecht
Klaus Sedelmeier	II. P.	Presserecht
Prof. Dr. Siegbert Seeger	VII.	Der Finanzgerichtsprozess einschließlich des außergerichtlichen Vorverfahrens
Christiane Strahl	I. A.	Mandatsverhältnis (zusammen mit Dr. Ekkehart Reinelt)
	I. R.	Arrest und einstweilige Verfügung (zusammen mit Dr. Ekkehart Reinelt)
Dr. Hans Gottfried Strohm ..	II. I.	Familien- und Kindschaftssachen
Dr. Klaus Wilde	VIII.	Der Sozialgerichtsprozess
Prof. Dr. Rüdiger Zuck	VI.	Verfassungsrecht

Abkürzungsverzeichnis

a.	auch
aA.	andere Ansicht
aaO.	am angegebenen Ort
abgedr.	abgedruckt
abl.	ablehnend
ABl.	Amtsblatt
Abs.	Absatz
Abschn.	Abschnitt
Abt.	Abteilung
abw.	abweichend
AcP	Archiv für die civilistische Praxis (Band u. Seite)
Adler/Düring/Schmaltz	Adler/Düring/Schmaltz ua., Rechnungslegung und Prüfung der Unternehmen, 5. Aufl. 1987 ff. (§§, Tz.)
ADSp	Allgemeine Deutsche Spediteurbedingungen
AdV.	Aussetzung der Vollziehung
aE.	am Ende
Änd.	Änderung
ÄndG	Gesetz zur Änderung
aF.	alte Fassung
AfA	Absetzung für Abnutzung
AFG	Arbeitsförderungsgesetz
AfP	Archiv für Presserecht
AG	Aktiengesellschaft; Die Aktiengesellschaft (Jahr u. Seite); Amtsgericht; Ausführungsgesetz
AGB	Allgemeine Geschäftsbedingungen
AGBG	Gesetz zur Regelung des Rechts der Allgemeinen Geschäftsbedingungen
AgrarR	Zeitschrift für das gesamte Recht der Landwirtschaft, der Agrarmärkte und des ländlichen Raumes (Jahr u. Seite)
AktG	Aktiengesetz
AktO	Aktenordnung
allg.	allgemein
allgM.	allgemeine Meinung
Alt.	Alternative
Altendorf	Altendorf, Das vorläufige Verfahren, 2. Aufl. 1979
aM.	anderer Meinung
amtl.	amtlich
ANBA	Amtliche Nachrichten der Bundesanstalt für Arbeit
AnfG	Anfechtungsgesetz
Anh.	Anhang
AngKG	Gesetz über die Fristen für die Kündigung von Angestellten
Anm.	Anmerkungen
AnwBl.	Anwaltsblatt (Jahr u. Seite)
Anz.	Anzeiger
AO	Anordnung
AO 1977	Abgabenordnung vom 16. März 1976 (BGBl. I 1976, 613)
AOAnpG	Gesetz zur Anpassung von Gesetzen an die Abgabenordnung
AP	Arbeitsrechtliche Praxis, Nachschlagewerk des Bundesarbeitsgerichts (Jahrgang u. Seite; seit 1954 Gesetzesstelle u. Entscheidungsnr.)
ArbG	Arbeitgeber; Arbeitsgericht
ArbGG	Arbeitsgerichtsgesetz

Abkürzungen

ArbN	Arbeitnehmer
ArbPlSchG	Arbeitsplatzschutzgesetz
ArbRSamml.	Arbeitsrechtssammlung mit Entscheidung des Reichsarbeitsgerichts, der Landesarbeitsgerichte und Arbeitsgerichte (Band u. Seite)
ArbuR	Arbeit und Recht
ArchPR	Archiv presserechtlicher Entscheidungen
arg.	argumentum (siehe zum Beweis)
Art.	Artikel
AsylVfG	Asylverfahrensgesetz
ATV	Allgemeine technische Vorschriften für Bauleistungen
AÜG	Gesetz zur Regelung der gewerbsmäßigen Arbeitnehmerüberlassung
Aufl.	Auflage
AusfG	Ausführungsgesetz
AuslG	Ausländergesetz
AVG	Angestelltenversicherungsgesetz
AVO	Ausführungsverordnung
AVO (RHeimStG)	Ausführungsverordnung zum Reichsheimstättengesetz
AWD	Außenwirtschaftsdienst des Betriebs-Beraters
Az.	Aktenzeichen
AZO	Arbeitszeitordnung
B	Bundes-
Bärmann/Pick	Bärmann/Pick, Wohnungseigentumsgesetz, 15. Aufl. 2001
Bärmann Praxis	Bärmann/Seuß, Praxis des Wohnungseigentums, 4. Aufl. 1996
Bad.-Württ.	Baden-Württemberg
BAG	Bundesarbeitsgericht, auch Entscheidungen des Bundesarbeitsgerichts
BAGGS	Bundesarbeitsgericht Großer Senat
BAnstArb.	Bundesanstalt für Arbeit
BAnz.	Bundesanzeiger
Bassenge/Herbst	Bassenge/Herbst, FGG/RpflG, 8. Aufl. 1999
BAT	Bundesangestelltentarifvertrag
BauGB	Baugesetzbuch
Baumbach/Hopt	Baumbach/Hopt, Handelsgesetzbuch, 30. Aufl. 2000
Baumbach/Hefermehl	Baumbach/Hefermehl, Wechselgesetz und Scheckgesetz, 22. Aufl. 2000; in Teil II. K.: Wettbewerbsrecht, 22. Aufl. 2001; in Teil II. O.: Warenzeichenrecht und Internationales Wettbewerbs- und Zeichenrecht, 12. Aufl. 1985
Baumbach/Hueck GmbHG	Baumbach/Hueck, GmbH-Gesetz, 17. Aufl. 2000 (§§, Anm.)
Baumbach/Hueck AktG	Baumbach/Hueck, Aktiengesetz, 14. Aufl. 2000 (§§, Rdn.)
Baumbach/Lauterbach/Albers/Hartmann	Baumbach/Lauterbach/Albers/Hartmann, Zivilprozessordnung, 60. Aufl. 2001
Baumgärtel	Baumgärtel, Wesen und Begriff der Prozesshandlung einer Partei im Zivilprozess, 1957
baupol.	baupolizeilich
Baur/Stürner	Baur/Stürner, Lehrbuch des Sachenrechts, 17. Aufl. 1998
BauR	Baurecht (Jahr u. Seite)
BaWüAGBGB	baden-württembergisches Ausführungsgesetz zum BGB
Bay	bayerisch, Bayern
BayObLG	Bayerisches Oberstes Landesgericht, auch Entscheidungssammlungen in Zivilsachen
BayVBl.	Bayerisches Verwaltungsblatt
BB	Betriebs-Berater (Jahr u. Seite)
BBG	Bundesbeamtengesetz
BBiG	Berufsbildungsgesetz
Bd.	Band
BeamtVG	Beamtenversorgungsgesetz

BEG	Bundesentschädigungsgesetz
begl.	beglaubigt
Begr.	Begriff, Begründung
Beil.	Beilage
BekM.	Bekanntmachung
Benkard/Bearbeiter	Benkard, Patentgesetz, Gebrauchsmustergesetz, 9. Aufl. 1993
Ber.	Berufung
Bergerfurth	Bergerfurth, Der Ehescheidungsprozess und die anderen Eheverfahren, 12. Aufl. 2000
bes.	besonders
Beschl.	Beschluss
Beschw.	Beschwerde
bestr.	bestritten
BestVerz.	Bestandsverzeichnis
Betr.	Der Betrieb (Jahr u. Seite)
BetrAVG	Gesetz zur Verbesserung der betrieblichen Altersversorgung
BetrVG	Betriebsverfassungsgesetz
Bette	Bette, Das Factoringgeschäft, 1973
BeurkG	Beurkundungsgesetz
BeurkÄndG	Beurkundungsänderungsgesetz
BewG	Bewertungsgesetz
BFH	Bundesfinanzhof, auch Sammlung der Entscheidungen und Gutachten des Bundesfinanzhofs (Band u. Seite)
BFH – EntlastG	Gesetz zur Entlastung des Bundesfinanzhofs vom 8. Juli 1975 (BGBl. I 1975, 1861)
BG	Beamtengesetz (der Länder)
BGB	Bürgerliches Gesetzbuch
BGBl.	Bundesgesetzblatt
BGH	Bundesgerichtshof, auch Entscheidungen in Zivilsachen
BGHZ	Entscheidungen des Bundesgerichtshofs in Zivilsachen
BImSchG	Bundesimmissionsschutzgesetz
BinnSchG	Binnenschifffahrtsgesetz
BiRiLiG	Bilanzrichtliniengesetz
BKartA	Bundeskartellamt
BKGG	Bundeskindergeldgesetz
Bl.	Blatt
BlGBW	Blätter für Grundstücks-, Bau- und Wohnrecht (Jahr u. Seite)
BMF	Bundesminister(ium) der Finanzen
BMinG	Bundesministergesetz
BMinJ	Bundesministerium der Justiz
BMT-G	Bundesmanteltarifvertrag gemeindlicher Verwaltungen und Betriebe
BMWi	Bundesminister(ium) für Wirtschaft
BNotK	Bundesnotarkammer
BNotO	Bundesnotarordnung
Böttcher/Zartmann/Faut	Böttcher/Zartmann/Faut, Stille Gesellschaft und Unterbeteiligung, 4. Aufl. 1985
Borgmann/Haug	Borgmann/Haug, Anwaltshaftung, 3. Aufl. 1995
Boruttau/Fischer/Sack/ Viskorf GrEStG	Boruttau/Fischer/Sack/Viskorf, Grunderwerbsteuergesetz, 15. Aufl. 2002 (§§, Rdn.)
BPersVG	Bundespersonalvertretungsgesetz
BPflVO	Bundespflegesatzverordnung
BRAO	Bundesrechtsanwaltsordnung
BRAGO	Bundesrechtsanwaltsgebührenordnung
BR-Drucks.	Bundesrat-Drucksache
Breithaupt	Breithaupt, Sammlung von Entscheidungen aus dem Sozialrecht
BremGBl.	Gesetzblatt (Bremen)
BRRG	Beamtenrechtsrahmengesetz
BRS	Baurechtsammlung

BSG	Bundessozialgericht, auch Sammlung der Entscheidungen (Band u. Seite)
BSHG	Bundessozialhilfegesetz
BSozG	Bundessozialgericht
Bsp.	Beispiel(e)
BStBl.	Bundessteuerblatt (II/III)
BT	Bundestag
BT-Drucks.	Bundestag-Drucksache
Buchst.	Buchstabe
Bülow/Böckstiegel	Bülow/Böckstiegel/Geimer/Schütze, Der Internationale Rechtsverkehr in Zivil- und Handelssachen, 3. Aufl. (Stand: 2002)
Büro	Das Juristische Büro (Jahr u. Seite)
BUrlG	Bundesurlaubsgesetz
II. BV	VO über wohnungswirtschaftliche Berechnungen (zweite Berechnungsverordnung)
BayVBl.	Bayerische Verwaltungsblätter (Jahr u. Seite)
BVerfG	Bundesverfassungsgericht
BVerfGE	Entscheidungen des Bundesverfassungsgerichts
BVerfGG	Bundesverfassungsgerichtsgesetz
BVerwG	Bundesverwaltungsgericht
BVerwGE	Bundesverwaltungsgerichtsentscheidungen
BVFG	Bundesvertriebenengesetz
BVG	Bundesversorgungsgesetz
BVSG-Saarland	Gesetz Nr. 768 über einen Bergmannsversorgungsschein im Saarland
BVSG-Niedersachsen	Gesetz über einen Bergmannsversorgungsschein im Lande Niedersachsen
BVSG-NRW	Gesetz über einen Bergmannsversorgungsschein in NRW
BWNotZ	Mitteilungen aus der Praxis. Zeitschrift für das Notariat in Baden-Württemberg (Jahr u. Seite)
bzgl.	bezüglich
BZRG	Bundeszentralregister
bzw.	beziehungsweise
ca.	circa
Co.	Companie
DAG	Deutsche Angestelltengewerkschaft
DAVorm.	Der Amtsvormund (Jahr u. Seite)
DBG	Deutsches Beamtengesetz
DDR	Deutsche Demokratische Republik
DE-AS	Deutsche Auslegeschrift
DE-BP	Deutsches Bundespatent
DE-GM	Deutsches Bundesgebrauchsmuster
DE-OS	Deutsche Offenlegungsschrift
Demharter	Demharter, Grundbuchordnung, 24. Aufl. 2001
DE-PS	Deutsche Patentschrift
dergl.	dergleichen
ders.	derselbe
DGB	Deutscher Gewerkschaftsbund
DGVZ	Deutsche Gerichtsvollzieherzeitung (Jahr u. Seite)
dh.	das heißt
DIN	Deutsche Industrienorm
dingl.	dinglich
Dipl.-Ing.	Diplom-Ingenieur
DJ	Deutsche Justiz (Jahr u. Seite)
DM	Deutsche Mark
DNotZ	Deutsche Notar-Zeitschrift (Jahr u. Seite)
DNotZBayB	Bayerische Beilage zur Deutschen Notarzeitschrift

DÖV	Die Öffentliche Verwaltung
DONot	Dienstordnung für Notare
DR	Deutsches Recht (Jahr u. Seite)
DRiG	Deutsches Richtergesetz
DRiZ	Deutsche Richterzeitung (Jahr u. Seite)
DRZ	Deutsche Rechtszeitschrift (Jahr u. Seite)
DVBl.	Deutsches Verwaltungsblatt
DVO	Durchführungsverordnung
DWW	Deutsche Wohnungswirtschaft (Jahr u. Seite)
e.	eines
EA	Einstweilige Anordnung
Ebenroth/Boujong/Joost	Ebenroth/Boujong/Joost, Handelsgesetzbuch, 2001
ebd.	ebenda
Ebersbach Stiftung	Ebersbach, Handbuch des deutschen Stiftungsrechts, 1972
EDV	Elektronische Datenverarbeitung
EFG	Entscheidungen der Finanzgerichte
EG	Einführungsgesetz; Europäische Gemeinschaft
EGAO	Einführungsgesetz zur Abgabenordnung
EGBGB	Einführungsgesetz zum Bürgerlichen Gesetzbuch
EGGVG	Einführungsgesetz zum Gerichtsverfassungsgesetz
eGmbH	Eingetragene Genossenschaft mit beschränkter Haftung
EGZVG	Einführungsgesetz zum Zwangsversteigerungsgesetz
EheG	Ehegesetz
EheRG	Gesetz zur Reform des Ehe- und Familienrechts
Einf.	Einführung
Einl.	Einleitung
einschl.	einschließlich
einstw.	einstweilig
elterl.	elterliche
EntlG	Entlastungsgesetz
entspr.	entsprechend, entspricht
EP	Europäisches Patent
E-PS	Europäische Patentschrift
EPÜ	Europäisches Patentübereinkommen
ER	Einzelrichter
ErbbauVO	Verordnung über das Erbbaurecht
ErbbRVO	Verordnung über das Erbbaurecht
ErbStDVO	Erbschaftsteuerdurchführungsverordnung
ErbStG	Erbschaftsteuer- und Schenkungsteuergesetz
Erman/Bearbeiter	Erman, Handkommentar zum Bürgerlichen Gesetzbuch, 10. Aufl. 2000 (§§, Rdn.)
EStDV	Einkommensteuerdurchführungsverordnung
EStG	Einkommensteuergesetz
EStR	Einkommensteuerrichtlinien
etc.	et cetera
EuGH	Gerichtshof der Europäischen Gemeinschaften
EuGÜbk	Übereinkommen der Europäischen Gemeinschaft über die gerichtliche Zuständigkeit und die Vollstreckung gerichtlicher Entscheidungen in Zivil- und Handelssachen (BGBl. 1972 II S. 774)
eV.	eingetragener Verein
EV	Einigungsvertrag vom 31. 8. 1990 (BGBl. II S. 889); Eigentumsvorbehalt
evtl.	eventuell
EWG	Europäische Wirtschaftsgemeinschaft
EWGV	Vertrag zur Gründung der Europäischen Wirtschaftsgemeinschaft
Eyermann/Fröhler	Eyermann/Fröhler, Verwaltungsgerichtsordnung, 11. Aufl. 2000 (§§, Rdn.)
EzA	Stahlhacke, Entscheidungen zum Arbeitsrecht

Abkürzungen

f.	folgend
Fa.	Firma
FA	Finanzamt
FamRÄndG	Familienrechtsänderungsgesetz
FamRZ	Zeitschrift für das gesamte Familienrecht (Jahr u. Seite)
ff.	folgende
FG	Finanzgericht
FGG	Gesetz über die Angelegenheiten der freiwilligen Gerichtsbarkeit
FGO	Finanzgerichtsordnung
FGO-E	Entwurf eines Gesetzes zur Änderung der Finanzgerichtsordnung, Bundestagsdrucksache 12/1061 vom 14. 8. 1991
Finkelnburg/Jank	Finkelnburg/Jank, Vorläufiger Rechtsschutz im Verwaltungsverfahren, 4. Aufl. 1998
Fitting/Kaiser/Heither/ Engels/Schmidt BetrVG	Fitting/Kaiser/Heither/Engels/Schmidt, Betriebsverfassungsgesetz mit Wahlordnung, 21. Aufl. 2002 (§§, Rdn.)
Fitting/Wlotzke/Wißmann MitbestG	Fitting/Wlotzke/Wißmann, Mitbestimmungsgesetz, 2. Aufl. 1978 (§§, Rdn.)
FlNr.	Flurnummer
Flume	Flume, Allgemeiner Teil des bürgerlichen Rechts, Bd. I, 1. Teil, Die Personengesellschaft, 1977
FlSt.	Flurstück
FlStNr.	Flurstücknummer
Fn.	Fußnote
fob	free on board (frei an Bord)
FRG	Fremdrentengesetz
FR-PS	Französische Patentschrift
Form.	Formular
Fußn.	Fußnote
von Gamm	von Gamm, Gesetz gegen den unlauteren Wettbewerb, 3. Aufl. 1993; Geschmacksmustergesetz, 2. Aufl. 1989
GAnwZ	Bayerische Geschäftsanweisung für Zivilsachen
GB	Grundbuch
GBO	Grundbuchordnung
GB-PS	Britische Patentschrift
GBVfg	Allgemeine Verfügung über die Einrichtung und Führung des Grundbuchs
geb.	geboren
GebrMG	Gebrauchsmustergesetz
gem.	gemäß
GemSOGB	Gemeinsamer Senat der Obersten Gerichtshöfe des Bundes
GenG	Genossenschaftsgesetz
GerNov	Gerichtsstandnovelle
Gerold/Schmidt BRAGO	Gerold/Schmidt/v. Eicken/Madert, BRAGO, Kommentar, 15. Aufl. 2001
GerVollz.	Gerichtsvollzieher oder Der Gerichtsvollzieher (Jahrgang u. Seite)
Ges.	Gesetz
GesBl.	Gesetzblatt
Geßler/Hefermehl	Geßler/Hefermehl/Eckardt/Kropff, Aktiengesetz, 1974 ff. 2. Aufl. Münchener Kommentar zum AktG (§§, Rdn.)
GeschmMG	Geschmacksmustergesetz
GewA	Gewerbearchiv (Jahr u. Seite)
GewO	Gewerbeordnung
GewStG	Gewerbesteuergesetz
gez.	gezeichnet
GG	Grundgesetz
ggf.	gegebenenfalls

GKG .... Gerichtskostengesetz
GK-MitbestG/Bearbeiter ...... Gemeinschaftskommentar zum Mitbestimmungsgesetz, herausgegeben von Fabricius u. a., Loseblatt, Stand 2002 (§§, Rdn.)
GleichberG .... Gleichberechtigungsgesetz
Glomb .... Glomb, Finanzierung durch Factoring, 1969
GmbH .... Gesellschaft mit beschränkter Haftung
GmbHG .... Gesetz betr. die Gesellschaften mit beschränkter Haftung
GmbHRdsch. .... Rundschau für GmbH (Jahr u. Seite)
GO .... Geschäftsordnung, Gemeindeordnung
GOA .... Gebührenordnung für Architekten
von Godin/Wilhelmi AktG ... von Godin/Wilhelmi, Aktiengesetz, 4. Aufl. 1971 (§§, Anm.)
Göppinger .... Göppinger, Vereinbarungen anlässlich der Ehescheidung, 7. Aufl. 1997
GrdstVG .... Grundstückverkehrsgesetz
Grdz. .... Grundzüge
GrESt .... Grunderwerbsteuer
GrEStDV .... Durchführungsverordnung zum Grunderwerbsteuergesetz
GrEStEigWoG .... Gesetz zur Grunderwerbsteuerbefreiung beim Erwerb von Einfamilienhäusern, Zweifamilienhäusern und Eigentumswohnungen v. 11. 7. 77, BGBl. I 1218
GrEStG .... Grunderwerbsteuergesetz
Großkomm. AktG/Bearbeiter .... Gadow/Heinichen, Aktiengesetz, Großkomm., 3. Aufl. 1970/1975 (§§, Anm.)
Großkomm. HGB/Bearbeiter Staub, Handelsgesetzbuch, Großkommentar, 4. Aufl. 1983 ff. (§§, Anm.)
Grunsky .... Grunsky, Arbeitsgerichtsgesetz, 7. Aufl. 1995
GRUR (Int.) .... Gewerblicher Rechtsschutz und Urheberrecht (Jahr u. Seite) – (Internationale Ausgabe)
GrZS .... Großer Senat in Zivilsachen
GS .... Großer Senat
GStW .... Gebührenstreitwert
GVBl. .... Gesetz- und Verordnungsblatt
GVG .... Gerichtsverfassungsgesetz
GVGA .... Geschäftsanweisung für Gerichtsvollzieher
GVKostG .... Gerichtsvollzieherkostengesetz
GV NW .... Gesetz- und Verordnungsblatt für das Land Nordrhein-Westfalen
GVO .... Gerichtsvollzieherordnung
GWB .... Gesetz gegen Wettbewerbsbeschränkungen

hA. .... herrschende Auffassung
Hachenburg/Bearbeiter .... Hachenburg, Kommentar zum Gesetz betreffend die Gesellschaften mit beschränkter Haftung, 8. Aufl. 1989 ff. (§§, Rdn.)
HaftPflG .... Haftpflichtgesetz
Halbs. .... Halbsatz
HandwO .... Handwerksordnung
Hartmann .... Hartmann/Albers, Kostengesetze, KurzKomm., 31. Aufl. 2001
HausratsVO .... Hausratsverordnung
Hdb. .... Handbuch
Hdb. AG/Bearbeiter .... Nirk/Brezing/Reuter/Bächle, Handbuch der Aktiengesellschaft, Loseblatt, 2. Aufl. Stand 2000 (Rdz., röm. Ziff., arab. Ziff.)
Hdb. GmbH/Bearbeiter .... Eder/Tillmann, Handbuch der GmbH, Loseblatt (Stand 2001) (Rdz., röm. Ziff., arab. Ziff.)
Hdb. PersGes./Bearbeiter ..... Westermann/Scherpf/Sigloch ua., Handbuch der Personengesellschaften, Loseblatt, Stand 1994 (Rdz., röm. Ziff., arab. Ziff.)
Hennerkes/Binz .... Hennerkes/Binz, Die GmbH & Co, 8. Aufl. 1992
Herrmann/Heuer/Raupach ... Herrmann/Heuer/Raupach, Einkommensteuer- und Körperschaftsteuergesetz, Loseblatt, Stand 2002 (§§ EStG, KStG u. Nebengesetze, Rdn.)

Hesselmann GmbH & Co. ...	Hesselmann/Tillmann, Handbuch der GmbH & Co., 18. Aufl. 1997 (Rdz.)
Heymann/Kötter HGB	Heymann/Kötter, Handelsgesetzbuch, 4. (21. Gesamt-)Aufl. 1971 (§§, Anm.)
HFR	Höchstrichterliche Finanzrechtsprechung
HGB	Handelsgesetzbuch
Hillach/Rohs	Hillach/Rohs, Handbuch des Streitwertes in Zivilsachen, 9. Aufl. 1995
hins.	hinsichtlich
hL.	herrschende Lehre
hM.	herrschende Meinung
HOAI	Verordnung über die Honorare für Leistungen der Architekten und Ingenieure (Honorarordnung für Architekten und Ingenieure) vom 4. 3. 1991 (BGBl. I 533)
HöfeO	Höfeordnung
HöfeVfO	Verfahrensordnung für Höfesachen
Hoffmann/Lehmann/Weinmann MitbeStG	Hoffmann/Lehmann/Weinmann, Mitbestimmungsgesetz Kommentar, 1978 (§§, Rdn.)
HReg.	Handelsregister
HRR	Höchstrichterliche Rechtsprechung (Jahr u. Nr.)
HRV	Handelsregisterverfügung
Hueck Gesellschaftsrecht	Hueck, Gesellschaftsrecht, 19. Aufl. 1991
Hueck KSchG	Hueck, Kündigungsschutzgesetz, 13. Aufl. 2002
Hueck OHG	Hueck, Das Recht der offenen Handelsgesellschaft, 4. Aufl. 1971
Hüffer	Hüffer, Aktiengesetz, 5. Aufl. 2002
HUÜ	Haager Übereinkommen über das auf Unterhaltsverpflichtungen gegenüber Kindern anzuwendende Recht (1956); Haager Übereinkommen über das auf Unterhaltspflichten anzuwendende Recht (1973)
HZPA (HZPrAbk)	Haager Zivilprozessabkommen (1905)
HZPÜ	Haager Übereinkommen über den Zivilprozess (1954)
IAO	Internationale Arbeitsorganisation
idÄnd.	in der Änderung
idF.	in der Fassung
idR.	in der Regel
IG	Industrie-Gewerkschaft
IHK	Industrie- und Handelskammer
iL.	in Liquidation
InfAuslR	Informationsbrief Ausländerrecht (Jahr u. Seite)
info also	Informationen zum Arbeitslosenrecht (Jahr u. Seite)
insbes.	insbesondere
IPrax	Praxis des Internationalen Privat- und Verfahrensrechts (Jahr u. Seite)
iRd.	im Rahmen des
iS.	im Sinne
iSd.	im Sinne des, der
iSv.	im Sinne von
iÜ.	im Übrigen
iVm.	in Verbindung mit
iW.	in Worten
JArbSchG	Gesetz zum Schutze der arbeitenden Jugend (Jugendarbeitsschutzgesetz)
Jauernig	Jauernig, Zivilprozessrecht, 27. Aufl. 2002; Zwangsvollstreckungsrecht, 21. Aufl. 1999
JBeitrO	Justizbeitreibungsordnung
jew.	jeweils

JFG .... Jahrbuch für Entscheidungen in Angelegenheiten der Freiwilligen Gerichtsbarkeit und des Grundbuchrechts
JMBl. .... Justizministerialblatt
JR .... Juristische Rundschau (Jahr u. Seite)
jur. .... juristisch
JurA .... Juristische Analysen (Jahr u. Seite)
JuS .... Juristische Schulung (Jahr u. Seite)
Justiz .... Die Justiz (Jahr u. Seite)
JVBl. .... Justizverwaltungsblatt (Jahr u. Seite)
JW .... Juristische Wochenschrift (Jahr u. Seite)
JZ .... Juristen-Zeitung (Jahr u. Seite)

KAG .... Kommunalabgabengesetz
Kallmeyer/Bearbeiter .... Kallmeyer, Umwandlungsgesetz, 2. Aufl. 2001
Kalsbach .... Kalsbach, Standesrecht des Rechtsanwalts, 1956
KapErhG .... Gesetz über steuerrechtliche Maßnahmen bei Erhöhung des Nennkapitals aus Gesellschaftsmitteln und bei Überlassung von eigenen Aktien an Arbeitnehmer
Kapp ErbStG .... Kapp, Kommentar zum Erbschaftsteuer- und Schenkungsteuergesetz (Loseblattsammlung), Stand 2002
KassKomm. .... Kasseler Kommentar Sozialversicherungsrecht (Stand 2002)
kath. .... katholisch
Keidel/Kuntze/Winkler .... Keidel/Kuntze/Winkler, Freiwillige Gerichtsbarkeit. Kommentar, 14. Aufl. 1992/1999 (§§ FGG bzw. BeurkG)
Keidel/Schmatz/Stöber .... Keidel/Schmatz/Stöber, Registerrecht, 5. Aufl. 1991
Kfb .... Kostenfestsetzungsbeschluss
KfH .... Kammer für Handelssachen
Kfv .... Kostenfestsetzungsverfahren
Kfz .... Kraftfahrzeug
KG .... Kammergericht; Kommanditgesellschaft
KGaA .... Kommanditgesellschaft auf Aktien
KGJ .... Jahrbuch für Entscheidungen des Kammergerichts
KHG .... Krankenhausfinanzierungsgesetz
KJHG .... Kinder- und Jugendhilfegesetz
kläger. .... klägerisch(es)
KMK-HSchR-NF .... Kultusministerkonferenz, Sammlung hochschulrechtlicher Entscheidungen, neue Fassung
KnAT .... Knappschafts-Angestelltentarifvertrag
Knobbe-Keuk .... Knobbe-Keuk, Bilanz und Unternehmenssteuerrecht, 9. Aufl. 1993
KO .... Konkursordnung
Kölner Komm. AktG/Bearbeiter .... Kölner Kommentar zum Aktiengesetz, herausgegeben von Zöllner, 1971/1986 ff. (§§, Rdn.)
Komm. .... Kommentar
KonsG .... Konsulargesetz
Kopp .... Kopp, Verwaltungsgerichtsordnung, 10. Aufl. 1994 (§§, Rdn.); Verwaltungsverfahrensgesetz, 5. Aufl. 1991 (§§, Rdn.)
Korintenberg/Lappe/Bengel KostO .... Korintenberg/Lappe/Bengel/Reimann, Kostenordnung, Kommentar, 15. Aufl. 2002
KostO .... Kostenordnung
KOV .... Die Kriegsopferversorgung (Jahr u. Seite)
Krasney/Udsching .... Krasney/Udsching, Handbuch des sozialgerichtlichen Verfahrens, 3. Aufl. 2002
KR-Bearb. .... Becker/Etzel/Fischermeier/Friedrich/Bader, Gemeinschaftskommentar zum Kündigungsschutzgesetz und sonstigen kündigungsschutzrechtlichen Vorschriften, 6. Aufl. 2002
KRG .... Kontrollratsgesetz
KRsp. .... Rechtsprechung zum Kostenrecht, Entscheidungssammlung

KSchG	Kündigungsschutzgesetz
KStG	Körperschaftsteuergesetz
KStZ	Kommunale Steuer-Zeitschrift (Jahr u. Seite)
KTS	Konkurs-, Treuhand- und Schiedsgerichtswesen (Jahr u. Seite)
Küppersbusch	Küppersbusch, Ersatzansprüche bei Personenschäden, 6. Aufl. 2000
Kummer	Kummer, Das sozialgerichtliche Verfahren, 1996
Kunigk, Anwaltshonorar	Kunigk, Das Anwaltshonorar, 1978
KV	Kostenverzeichnis (Anlage zum GKG)
KVStDV	Kapitalverkehrsteuer-Durchführungsverordnung
KVStG	Kapitalverkehrsteuergesetz
LAG	Landesarbeitsgericht; Lastenausgleichsgesetz
Lange/Wulff/ Lüdtke-Handjery	Lange/Wulff/Lüdtke-Handjery, Höfeordnung, 10. Aufl. 2000
lfd.	laufend
LG	Landgericht
Lgb.	Lagebuchnummer
lit.	litera (= Buchstabe)
Lit.	Literatur
LJM	Landesjustizministerium
LJV	Landesjustizverwaltung
LKartB	Landeskartellbehörde
LKV	Landes- und Kommunalverwaltung (Jahr u. Seite)
LM	Das Nachschlagewerk des Bundesgerichtshofs in Zivilsachen, herausgegeben von Lindenmaier und Möhring (Gesetzesstelle u. Entscheidungsnr.)
LohnFzG	Lohnfortzahlungsgesetz
LPachtG	Landpachtgesetz
LPG	Landespressegesetz
LSG	Landessozialgericht
LStDVO	Lohnsteuerdurchführungsverordnung
LStR	Lohnsteuerrichtlinien
LuftfzRG	Gesetz über Rechte an Luftfahrzeugen
LuftVG	Luftverkehrsgesetz
Lutter	Lutter, Umwandlungsgesetz, 2. Aufl. 2000
Lutter/Hommelhoff	Lutter/Hommelhoff, GmbH-Gesetz, 15. Aufl. 2000
LVwVfG	Landesverwaltungsverfahrensgesetz
LwErbR	Landwirtschaftserbrecht
LwVG	Gesetz über das Verfahren in Landwirtschaftssachen
m.	mit
MaBV	Makler- und BauträgerVO
Madert	Der Gegenstandswert in bürgerlichen Rechtsangelegenheiten, 4. Aufl. 1998
MB	Mahnbescheid
MDE	Minderung der Erwerbsfähigkeit
MDR	Monatsschrift für Deutsches Recht (Jahr u. Seite)
ME	Miteigentum
MedR	Medizinrecht (Jahr u. Seite)
Meilicke/Meilicke Mitbest G	Meilicke/Meilicke, Kommentar zum Mitbestimmungsgesetz 1976, 2. Aufl. 1976 (§§, Rdn.)
Meyer-Ladewig SGG	Meyer-Ladewig, Sozialgerichtsgesetz, Kommentar, 7. Aufl. 2002
MHRG	Gesetz zur Regelung der Miethöhe
MietRÄndG	Mietrechtsänderungsgesetz
Min.	Ministerium
Mio.	Millionen
MitbestG	Gesetz über die Mitbestimmung der Arbeitnehmer

MittBayNot .... Mitteilungen des Bayerischen Notarvereins, der Notarkasse und der Landesnotarkammer Bayern (Jahr u. Seite)
MittRhNotK .... Mitteilungen der Rheinischen Notarkammer
MiZi .... Anordnung über Mitteilungen in Zivilsachen vom 1. 10. 1967
MMV .... Mustermietvertrag
MTV .... Manteltarifvertrag
MünchKommBGB/Bearbeiter Münchener Kommentar zum Bürgerlichen Gesetzbuch, Bd. 5, 4. Aufl. 2001 ff. (§§, Rdn.)
MuSchG .... Gesetz zum Schutz der erwerbstätigen Mutter
mwN. .... mit weiteren Nachweisen
MWSt .... Mehrwertsteuer

Nachf. .... Nachfolger
Nachw. .... Nachweise
NÄG .... Namensänderungsgesetz
NBildUG .... Niedersächsisches Gesetz über den Bildungsurlaub für den Arbeitnehmer
NdsRpfl. .... Niedersächsische Rechtspflege (Jahr u. Seite)
nF. .... neue Fassung
Niesel .... Niesel, Der Sozialgerichtsprozess, eine Einführung mit Schriftsatzmustern, 3. Aufl. 1996
Nikisch .... Nikisch, Zivilprozessrecht, Lehrbuch, 2. Aufl. 1952
NJW .... Neue Juristische Wochenschrift
NJW-RR .... Neue Juristische Wochenschrift – Rechtsprechungs-Report Zivilrecht (Jahr u. Seite)
NMV .... Neubaumietenverordnung
Nr. .... Nummer
NRW .... Nordrhein-Westfalen
NStZ .... Neue Zeitschrift für Strafrecht (Jahr u. Seite)
NTS .... Nato-Truppenstatut
NVwZ .... Neue Zeitschrift für Verwaltungsrecht (Jahr u. Seite)
NVwZ-RR .... Neue Zeitschrift für Verwaltungsrecht Rechtsprechungs-Report Verwaltungsrecht (Jahr u. Seite)
NWB .... Neue Wirtschaftsbriefe
NWVBl. .... Nordrhein-Westfälische Verwaltungsblätter (Jahr u. Seite)
NZA .... Neue Zeitschrift für Arbeits- und Sozialrecht (Jahr u. Seite)
NZB .... Nichtzulassungsbeschwerde
NZS .... Neue Zeitschrift für Sozialrecht (Jahr u. Seite)

o. .... oben
oa. .... oben angegeben(en)
oä. .... oder ähnlich
Odersky .... Odersky, Nichtehelichengesetz, 4. Aufl. 1978
ÖTV .... Gewerkschaft Öffentliche Dienste, Transport u. Verkehr
OFD .... Oberfinanzdirektion
OGHbrZ .... Oberster Gerichtshof für die britische Zone
OHG .... offene Handelsgesellschaft
OLG .... Oberlandesgericht
OLGZ .... Entscheidungen der Oberlandesgerichte in Zivilsachen
OVG .... Oberverwaltungsgericht

p. a. .... pro anno
Palandt/Bearbeiter .... Palandt, Bürgerliches Gesetzbuch, 61. Aufl. 2002 (§§, Anm.)
PatAnwO .... Patentanwaltsordnung
PatG .... Patentgesetz
Paulick .... Paulick/Blaurock, Handbuch der stillen Gesellschaft, 5. Aufl. 1997
PersGes. .... Personengesellschaft
PflVersG .... Pflichtversicherungsgesetz

phG .... persönlich haftender Gesellschafter
pol. .... polizeilich
Pos. .... Position
ppa. .... per procura
ProzBev. .... Prozessbevollmächtigte(r)
PStG .... Personenstandsgesetz

RA .... Rechtsanwalt
RabelsZ .... Rabels Zeitschrift für ausländisches und internationales Privatrecht
Raiser MitbestG .... Raiser, Mitbestimmungsgesetz nebst Wahlordnungen, 2. Aufl. 1984 (§§, Rdn.)
RAL .... Reichsausschuss für Lieferbedingungen
RBerG .... Rechtsberatungsgesetz
RdA .... Recht der Arbeit (Jahr u. Seite)
RdL .... Recht der Landwirtschaft (Jahr u. Seite)
Rdn. .... Randnummer
Rdz. .... Randziffer
Redeker/von Oertzen .... Redeker/von Oertzen, Verwaltungsgerichtsordnung, 13. Aufl. 2000 (§§, Rdn.)
RegEntw. .... Regierungsentwurf
RegNr. .... Registernummer
Reichert .... Reichert, Handbuch des Vereins- und Verbandsrechts, 8. Aufl. 2001 (Rdz.)
Reinhardt .... Reinhardt/Schultz, Gesellschaftsrecht, 2. Aufl. 1981
Rev. .... Revision
RG .... Reichsgericht
RGBl. .... Reichsgesetzblatt
RGRK/Bearbeiter .... BGB-Kommentar, herausgegeben von Reichsgerichtsräten und Bundesrichtern, 12. Aufl. 1974 ff. (§§, Rdz.)
RGZ .... Entscheidungen des Reichsgerichts in Zivilsachen
RHeimStG .... Reichsheimstättengesetz
Richardi BetrVG .... Richardi, Betriebsverfassungsgesetz, 8. Aufl. 2002 (§§, Rdn.)
Riedel/Sußbauer BRAGO .... Riedel/Sußbauer, Bundesgebührenordnung für Rechtsanwälte, 8. Aufl. 1999
RIW/AWD .... Recht der internationalen Wirtschaft, Außenwirtschaftsdienst des „Betriebs-Berater" (Jahr u. Seite)
RMBeschrG .... Rechtsmittelbeschränkungsgesetz
Rohs/Wedewer KostO .... Rohs/Wedewer, Kostenordnung, Loseblatt-Kommentar, Stand 2002
Rosenberg .... Rosenberg, Lehrbuch des deutschen Zivilprozessrechts, 9. Aufl. 1961
Rosenberg/Schwab/Gottwald Rosenberg/Schwab/Gottwald, Zivilprozessrecht, 15. Aufl. 1993
Rosenberg/Gaul/Schilken .... Rosenberg/Gaul/Schilken, Zwangsvollstreckungsrecht, 11. Aufl. 1997
Roth/Altmeppen .... Roth/Altmeppen, GmbH-Gesetz, Kommentar, 3. Aufl. 1997 (§§, Anm.)
Rpfleger .... Der Deutsche Rechtspfleger (Jahr u. Seite)
RPflG .... Rechtspflegergesetz
RRG .... Rentenreformgesetz
Rspr. .... Rechtsprechung
RsprEinhG .... Gesetz zur Wahrung der Einheitlichkeit der Rechtsprechung der Obersten Gerichtshöfe des Bundes vom 19. Juni 1968 (BGBl. I 1968, 661)
RU .... Regelunterhalt
RuStAG .... Reichs- und Staatsangehörigkeitsgesetz
RVO .... Reichsversicherungsordnung

S. .... Satz; Seite
s. .... siehe

SAE .... Sammlung arbeitsrechtlicher Entscheidungen (Jahr u. Seite)
Sauter/Schweyer/Waldner ..... Sauter/Schweyer/Waldner, Der eingetragene Verein, 17. Aufl. 2001
SchadErsAnspr. .... Schadensersatzanspruch
Schaub ArbR-Formb. .... Schaub, Arbeitsrechtliche Formularsammlung und Arbeitsgerichtsverfahren, 7. Aufl. 1999
Schaub ArbR-Hdb. .... Schaub, Arbeitsrechts-Handbuch, 10. Aufl. 2002
ScheckG .... Scheckgesetz
SchiffsR .... Schiffsrecht
SchiffsRegR .... Schiffsregisterrecht
SchiffsRegO .... Schiffsregisterordnung
Schlegelberger/Bearbeiter ..... Schlegelberger, Handelsgesetzbuch Kommentar, bearb. v. Geßler, Hefermehl, Hildebrand, Schröder, 5. Aufl. 1973 ff. (§§, Rdn.)
Schmidt-Futterer .... Schmidt-Futterer, Mietrecht Großkommentar, 7. Aufl. 1999
Schneider/Herget .... Schneider/Herget, Streitwert-Kommentar, 11. Aufl. 1996
Schönle/Hopt .... Schönle/Hopt, Bank- und Börsenrecht, 3. Aufl. 1989
Schoch/Schmidt-Aßmann/Pietzner .... Schoch/Schmidt-Aßmann/Pietzner, VwGO-Kommentar (Stand 2002)
Scholz/Bearbeiter .... Scholz/Emmerich, Kommentar zum GmbH-Gesetz, 8. Aufl. 1995, 9. Aufl. 2000 (§§, Rdn.)
Scholz/Fischer GmbHG .... Scholz/Fischer, Klein-Kommentar zum GmbH-Gesetz, 8. Aufl. 1977 (§§, Anm.)
Schrader/Steinert .... Schrader/Steinert, Zwangsvollstreckung in das bewegliche Vermögen, 7. Aufl. 1994
Schwab .... Schwab/Walter, Schiedsgerichtsbarkeit, 6. Aufl. 2000
Schwab .... Schwab/Walter, Der Streitgegenstand im Zivilprozess, 1954
SchwBG .... Schwerbehindertengesetz
SE .... Sondereigentum
SeemG .... Seemannsgesetz
SG .... Sozialgericht
SGb .... Die Sozialgerichtsbarkeit (Jahr u. Seite)
SGB .... Sozialgesetzbuch
SGG .... Sozialgerichtsgesetz
SGV NW .... Sammlung des bereinigten Gesetz- und Verordnungsblattes für das Land Nordrhein-Westfalen
SJZ .... Süddeutsche Juristenzeitung (Jahr u. Seite)
so. .... siehe oben
Soergel/Bearbeiter .... Soergel/Siebert, Kommentar zum Bürgerlichen Gesetzbuch 13. Aufl. 1999
sog. .... sogenannt
SozR .... Sozialrecht, Rechtsprechung und Schrifttum, bearbeitet von den Richtern des Bundessozialgerichts; Zitierweise der bisher vorliegenden drei Ausgaben:
a) Zeit bis 31. 12. 1973: zB. BSG SozR Nr. 2 zu § 160 SGG;
b) Zeit vom 1. 1. 1974 bis 31. 12. 1989: zB. BSG SozR 1500 § 160 Nr. 2;
c) ab 1. 1. 1990: zB. SozR 3 – 1500 § 160 Nr. 2.
Sp. .... Spalte
spät. .... spätestens
städt. .... städtisch(e)
Stahlhacke .... Stahlhacke/Preis/Vossen, Kündigung und Kündigungsschutz im Arbeitsverhältnis, 8. Aufl. 2002
Standesamt .... Das Standesamt (Jahr u. Seite)
Staudinger/Bearbeiter .... Staudinger, Kommentar zum Bürgerlichen Gesetzbuch, 13. Aufl. 1993 ff. (§§, Rdn.)
Stöber .... Stöber, Forderungspfändung, 13. Aufl. 2002
Stöber/Zeller .... Stöber/Zeller, Zwangsvollstreckung in das unbewegliche Vermögen, 7. Aufl. 1999

Stein/Jonas/Bearbeiter .... Stein/Jonas, bearbeitet von Pohle, Grunsky, Leipold, Münzberg, Schlosser und Schumann, Kommentar zur ZPO, 20. Aufl. 1977ff., zT. 21. Aufl. 1993ff.
StPO .... Strafprozessordnung
streitgen. .... streitgenössisch
str. .... strittig
stRspr. .... ständige Rechtsprechung
StrVollzG .... Strafvollzugsgesetz
StVG .... Straßenverkehrsgesetz
StVO .... Straßenverkehrsordnung
StVZO .... Straßenverkehrs-Zulassungs-Ordnung
su. .... siehe unten
Sudhoff GmbH .... Sudhoff, Der Gesellschaftsvertrag der GmbH, 8. Aufl. 1992
Sudhoff GmbH & Co. .... Sudhoff, Der Gesellschaftsvertrag der GmbH & Co., 5. Aufl. 2000
Sudhoff Personengesellschaften .... Sudhoff, Der Gesellschaftsvertrag der Personengesellschaften, 7. Aufl. 1999
SVG .... Soldatenversorgungsgesetz

teilw. .... teilweise
Thomas/Putzo .... Thomas/Putzo, Zivilprozessordnung, 24. Aufl. 2002 (§§, Anm.)
TÜV .... Technischer Überwachungsverein
TVG .... Tarifvertragsgesetz
Tz. .... Textziffer

u. .... unten; und
ua. .... unter anderem
uä. .... und ähnliche
UÄndG .... Unterhaltsänderungsgesetz
UB .... Unbedenklichkeitsbescheinigung
Überbl. .... Überblick
Übers. .... Übersicht
Ulmer/Brandner/Hensen AGBG .... Ulmer/Brandner/Hensen, Kommentar zum AGBG, 9. Aufl. 2001
UmstG .... Umstellungsgesetz
UmwG .... Umwandlungsgesetz
UmwStG .... Umwandlungssteuergesetz
unstr. .... unstreitig
UnterhRAbändG .... Gesetz zur vereinfachten Abänderung von Unterhaltsrenten
UPR .... Umwelt- und Planungsrecht (Jahr u. Seite)
UrhG .... Urheberrechtsgesetz
UR .... Urkundenrolle
URNr. .... Urkundenrollennummer
Urt. .... Urteil
UStG .... Umsatzsteuergesetz
usw. .... und so weiter
uU. .... unter Umständen
UWG .... Gesetz gegen den unlauteren Wettbewerb

v. .... von
VAHRG .... Gesetz zur Regelung von Härten im Versorgungsausgleich
VB .... Vollstreckungsbescheid
VerBAV .... Veröffentlichungen des Bundesaufsichtsamtes für das Versicherungswesen
VereinfNov .... Gesetz zur Vereinfachung und Beschleunigung gerichtlicher Verfahren (Vereinfachungsnovelle)
VerfGH .... Verfassungsgerichtshof
VerglO .... Vergleichsordnung
VerlG .... Verlagsgesetz

VermBildG	Vermögensbildungsgesetz
VersAufsG	Versicherungsaufsichtsgesetz
VerschG	Verschollenheitsgesetz
VersR	Versicherungsrecht (Jahr u. Seite)
VersU	Versäumnisurteil
VG	Verwaltungsgericht
VGFGEntlastG	Gesetz zur Entlastung der Gerichte in der Verwaltungs- und Finanzgerichtsbarkeit vom 31. März 1978 (BGBl. I 1978, 446)
VGH	Verwaltungsgerichtshof
vgl.	vergleiche
vH.	vom Hundert
VO	Verordnung
VOB	Verdingungsordnung für Bauleistungen
VOL	Verdingungsordnung für Leistungen – ausgenommen Bauleistungen
vollst.	vollständig
Vorbem.	Vorbemerkung
VR	Vereinsregister
VRS	Verkehrsrechtliche Sammlung
VU	Versäumnisurteil
vT.	von Tausend
VVaG	Versicherungsverein auf Gegenseitigkeit
VVG	Gesetz über den Versicherungsvertrag
VW	Versicherungswirtschaft
VwGO	Verwaltungsgerichtsordnung
VwVfG	Verwaltungsverfahrensgesetz
VwVG	Verwaltungsvollstreckungsgesetz
VwZG	Verwaltungszustellungsgesetz
VZS	Vereinigte Zivilsenate
WährG	Währungsgesetz
Warn	Warneyer, Rechtsprechung des RG oder BGH (Jahr u. Nummer)
WDR	Westdeutscher Rundfunk
WE	Wohnungseigentum
WeinWiG	Weinwirtschaftsgesetz
WEG	Wohnungseigentumsgesetz
WG	Wechselgesetz
WGB	Wohnungsgrundbuch
Wieczorek/Bearbeiter	Wieczorek, Zivilprozessordnung und Nebengesetze, Kommentar, 3. Aufl. 1994 ff.
WKSchG	Wohnraumkündigungsschutzgesetz
WM	Wohnungswirtschaft und Mietrecht (Jahr u. Seite)
WoBindG	Wohnungsbindungsgesetz
WohnbauG	Wohnungsbaugesetz
WoModG	Wohnungsmodernisierungsgesetz
WPflG	Wehrpflichtgesetz
WPM	Wertpapier-Mitteilungen (Jahr u. Seite)
WRP	Wettbewerb in Recht und Praxis (Jahr u. Seite)
von Wulffen	von Wulffen, SGB X, Kommentar, 4. Aufl. 2002
WuW/E	Wirtschaft und Wettbewerb. Entscheidungssammlung zum Kartellrecht
WZG	Warenzeichenrecht
ZAbkNTS	Zusatzabkommen zum Nato-Truppenstatut
zB.	zum Beispiel
ZBR	Zeitschrift für Beamtenrecht (Jahr u. Seite)
ZbR	Zurückbehaltungsrecht
Zeller/Stöber	Zeller/Stöber, Zwangsversteigerungsgesetz, Kurzkommentar, 15. Aufl. 1996
ZfA	Zeitschrift für Arbeitsrecht (Jahr u. Seite)

ZfBR	Zeitschrift für deutsches und internationales Baurecht (Jahr u. Seite)
ZGR	Zeitschrift für Unternehmens- und Gesellschaftsrecht (Jahr u. Seite)
z. Hd.	zu Händen
ZHR	Zentralblatt für Handelsrecht (Jahr u. Seite)
Ziff.	Ziffer
ZIP	Zeitschrift für die gesamte Insolvenzpraxis
ZMR	Zeitschrift für Miet- und Raumrecht (Jahr u. Seite)
Zöller/Bearbeiter	Zöller, Kommentar zur ZPO, 22. Aufl. 2001
ZPO	Zivilprozessordnung
ZRHO	Rechtshilfeordnung in Zivilsachen
ZSEG	Gesetz über die Entschädigung von Zeugen und Sachverständigen
zT.	zum Teil
zus.	zusammen
ZSEG	Zeugen- und Sachverständigen-Entschädigungs-Gesetz
ZVG	Zwangsversteigerungsgesetz
ZZP	Zeitschrift für Zivilprozess (Band u. Seite)
zZt.	zur Zeit

I. Das allgemeine Zivilprozessverfahren

A. Mandatsverhältnis

1. Bitte um Mandatsübernahme

Sehr geehrter Herr Kollege,

ich bitte Sie darum, ein Mandat der von mir ständig vertretenen Firma A zu übernehmen.[1] Diese wurde von der Firma B mit der in Kopie anliegenden Klage überzogen. Das wirksam als zuständig vereinbarte Landgericht ...... hat Termin auf ...... bestimmt und eine Frist zur Klageerwiderung bis ...... gesetzt. In der Anlage füge ich einen Entwurf für die Klageerwiderung bei mit der Bitte um Überprüfung, ggf. Ergänzung nach Ihrem Ermessen und Einreichung bei Gericht. Die Korrespondenz bitte ich mit mir zu führen[2]. Für eine Bestätigung der Übernahme des Mandats wäre ich dankbar[3]. Sollten Sie an der Übernahme oder Durchführung des Mandats verhindert sein, bitte ich Sie, das Mandat einem geeigneten Kollegen weiterzugeben[4].

Rechtsanwalt

Anmerkungen

1. Mit der Aufhebung des Lokalisierungsgrundsatzes gilt die uneingeschränkte Postulationsfähigkeit aller in der BRD zugelassener Rechtsanwälte vor allen erstinstanzlichen Gerichten.

Die vollständige Mandatsübertragung in Abgrenzung zur bloßen Übertragung der Vertretung in der mündlichen Verhandlung durch den Hauptbevollmächtigten gegenüber einem unterbevollmächtigten Rechtsanwalt an einen postulationsfähigen Kollegen ist daher – abgesehen von den für Revisionsverfahren vor dem BGH geltenden Besonderheiten – nur noch für Streitigkeiten vor einem Oberlandesgericht, an dem der Vertrauensanwalt nicht zugelassen ist, erforderlich. Begrifflich wird der Vertrauensanwalt durch die Mandatsübertragung zum Verkehrs- oder (synonym) Korrespondenzanwalt.

Nachdem das Bundesverfassungsgericht die Unvereinbarkeit des § 25 BRAO mit Art. 12 Abs. 1 GG festgestellt hat (BVerfG, NJW 2001, 353 ff., vgl. Anm. Schönfelder Ergänzungsband zu § 25 BRAO), können ab dem 1. 1. 2002 bisher nur (d. h. singulär) bei den Oberlandesgerichten zugelassene Rechtsanwälte auf Antrag zugleich bei den für den Sitz der Kanzlei zugelassenen Amts- und Landgerichten zugelassen werden. Die Vorschrift des § 25 BRAO fand noch bis zum 30. 6. 2002 Anwendung. Die bisher allein erstinstanzlich zugelassenen Rechtsanwälte können frühestens zum 1. 7. 2002 am OLG zugelassen werden (BVerfG aaO.), sofern die übrigen Voraussetzungen (§ 20 Abs. 1 Nr. 2 BRAO) gegeben sind.

§ 226 Abs. 2 BRAO ist ab dem 1. 7. 2002 hinsichtlich der Beschränkung der Simultanzulassung auf die dort genannten Länder gegenstandslos. Bei entsprechender Zulassung bei dem zuständigen Oberlandesgericht kann somit der erstinstanzlich tätige Anwalt auch in den Bundesländern, in denen dies bisher nicht möglich war, das Verfahren auch in zweiter Instanz weiterhin betreuen.

Das Bundesjustizministerium hat außerdem einen Referentenentwurf vorgelegt, wonach auch die lokalen Beschränkungen für OLG-Anwälte beseitigt werden sollen. Wenn dieser Entwurf in Kraft treten sollte, sind Oberlandesgerichtsanwälte bundesweit vor den Oberlandesgerichten postulationsfähig (Referentenentwurf eines Gesetzes zur Änderung des Rechts der Vertretung durch Rechtsanwälte vor den Oberlandesgerichten vom 13. 8. 2001).

Gemäß § 26 Nr. 1 EGZPO gilt außerdem ein bei einem Landgericht zugelassener Rechtsanwalt als bei dem Oberlandesgericht zugelassen, sofern es sich um Berufungen und Beschwerden gegen Entscheidungen der Amtsgerichte handelt, die vor dem 1. 1. 2008 eingelegt werden und nicht familiengerichtliche Entscheidungen zum Gegenstand haben.

2. a. Der Korrespondenzanwalt, der das Mandat vermittelt, verdient lediglich die Korrespondenzgebühr des § 52 BRAGO, und zwar auch dann, wenn er (wie in der Praxis häufig) die Schriftsätze vorfertigt. Eine Prozessgebühr kann der Verkehrsanwalt daneben nicht verlangen, wohl aber eine Vergleichsgebühr, wenn er beim Abschluss eines Vergleichs mitgewirkt hat.

b. Haupt- und Unterbevollmächtigter werden gebührenrechtlich wie folgt behandelt: Der Hauptbevollmächtigte erhält für die Fertigung der Schriftsätze eine volle Prozessgebühr (§§ 11, 31 Abs. 1 Nr. 1 BRAGO), während dem Unterbevollmächtigten für die Vertretung in streitiger mündlicher Verhandlung eine volle Verhandlungsgebühr (§§ 11, 31 Abs. 1 Nr. 2 BRAGO) zusteht (bei nichtstreitiger Verhandlung bzw. bei Anträgen nur zur Prozess- oder Sachlage vgl. § 33 Abs. 1 und 2 BRAGO).

Da beide Rechtsanwälte sich sowohl mit dem schriftsätzlichen Vortrag wie mit dem Gang der mündlichen Verhandlung zu befassen haben, erhält der Hauptbevollmächtigte zusätzlich $^{5}/_{10}$ der dem Unterbevollmächtigten zustehenden Verhandlungs- bzw. Erörterungsgebühr, mindestens jedoch $^{3}/_{10}$ einer vollen Gebühr (§ 33 Abs. 3 S. 1 BRAGO). Nimmt der Hauptbevollmächtigte zusammen mit dem Unterbevollmächtigtem die mündliche Verhandlung wahr und verhandelt der Hauptbevollmächtigte ebenfalls streitig zur Sache, so geht die Gebühr des § 33 Abs. 3 S. 1 BRAGO vollständig in der dann verdienten Verhandlungs- bzw. Erörterungsgebühr des § 31 Abs. 1 Nr. 2 bzw. Nr. 4 BRAGO auf (§ 33 Abs. 3 S. 2 BRAGO).

Daneben können bei beiden Anwälten Beweis- und Vergleichsgebühren anfallen, je nachdem, ob sich in ihrer Tätigkeit der Gebührentatbestand verwirklicht hat.

c. Eine Vereinbarung über die interne Teilung der angefallenen Gebühren ist sowohl im Verhältnis Korrespondenz-/Prozessanwalt, als auch zwischen Haupt- und Unterbevollmächtigten zulässig und in Fällen, in welchen der Korrespondenzanwalt die Schriftsätze stempelfertig liefert, verbreitet und üblich. Hierin liegt keine unzulässige Gewährung eines finanziellen Vorteils für die Vermittlung eines Auftrages gemäß § 49b Abs. 3 Satz 1 BRAO. Gemäß § 49b Abs. 3 S. 2 und 3 BRAO darf eine über § 52 BRAGO hinausgehende Tätigkeit eines anderen Rechtsanwalts angemessen honoriert werden, sofern die Honorierung der Verantwortlichkeit und dem Haftungsrisiko der beteiligten Rechtsanwälte und den sonstigen Umständen Rechnung trägt. Die Vereinbarung einer Gebührenteilung darf jedoch gemäß § 49b Abs. 3 S. 4 BRAO nicht zur Voraussetzung einer Mandatserteilung gemacht werden. Unzulässig ist die Vereinbarung einer Gebührenteilung jedoch für Rechtsanwälte, die singulär an einem Oberlandesgericht zugelassen sind sowie für Rechtsanwälte, die ausschließlich beim Bundesgerichtshof zugelassen sind (vgl. § 49b Abs. 3 S. 6 BRAO).

Eine Gebührenteilungsvereinbarung zwischen Verkehrs- und Prozessanwalt ist bei Fehlen einer entsprechenden Vereinbarung dahin auszulegen, dass der Prozessbevollmächtigte die Hälfte der entstandenen Gebühren erhält und nur den verbleibenden Rest der tatsächlich eingegangenen Gebühren an den Verkehrsanwalt abführen muss (LG Göttingen, NJW-RR 1997, 1150).

In Fällen, in denen (anders als in obigem Beispiel) zwischen Mandant und Terminsvertreter kein Vertragsverhältnis begründet wird, weil der Prozessbevollmächtigte den Auftrag zur Terminswahrnehmung im eigenen Namen erteilt, sollen Absprachen, wonach intern nur die tatsächlich festsetzbaren Kosten abgerechnet werden können, zulässig sein. Erhält der Terminsvertreter hiernach weniger als die in § 53 BRAGO vorgesehenen Gebühren, so stellt dies keinen Verstoß gegen § 49b BRAO dar (BGH NJW 2001, 753ff.).

Hingegen in Fällen der Mandatsübertragung durch die Partei (vertreten durch deren Vertrauensanwalt) dürften derartige Absprachen bzw. diesbezügliche Angebote gegen § 1 UWG i.V.m. § 49b Abs. 1 S. 1 BRAO verstoßen und begründen somit auch die Gefahr einer wettbewerblichen Abmahnung.

d. Für Rechtsanwälte, die ihre Kanzlei ausschließlich oder zusätzlich in einem neuen Bundesland eingerichtet haben, ermäßigen sich die Gebühren nach BRAGO um 10%. Diese Regelung verstößt nicht gegen den Gleichbehandlungsgrundsatz des Art. 3 Abs. 1 GG (VerfGH Berlin, AnwBl 1997, 123).

Das Gleiche gilt für die Tätigkeit von Rechtsanwälten, deren Kanzleisitz in einem alten Bundesland liegt, wenn diese im Auftrag eines Beteiligten tätig werden, der seinen Wohnsitz oder Sitz in den neuen Bundesländern hat und der Rechtsanwalt vor Gerichten oder Behörden tätig wird, die ihren Sitz im Bereich eines neuen Bundeslandes haben (Einigungsvertrag vom 31. 8. 1990 i.V.m. § 1 ErmäßigungssatzAnpassungsVO vom 15. 4. 1996).

Der Bundestag jedoch hat mit Zustimmung des Bundesrates die Abschaffung des Gebührenabschlages für den Beitrittsteil des Landes Berlin beschlossen (Anwaltsblatt 2002, 167).

e. Die Rechtsprechung zu der Frage, inwieweit die durch die Einschaltung mehrere Anwälte verursachten Kosten nach § 91 ZPO erstattungsfähig sind, ist heillos zersplittert. Oftmals wird die Notwendigkeit der Einschaltung eines anderen Anwalts mit dem Argument, der Anwalt hätte den Termin selbst wahrnehmen können (vor Amts- oder Landgerichten) oder die Partei hätte unmittelbar einen Anwalt am Gerichtssitz beauftragen können, verneint. Als Konsequenz dieser Argumentation werden teilweise diejenigen Kosten erstattet, die nach § 28 BRAGO angefallen wären („fiktive Reisekosten"), bzw. die Kosten einer Informationsreise der Partei und der hierfür erforderliche Zeitaufwand (welcher nach §§ 1, 3 ZSEG ermittelt wird) in Ansatz gebracht. Teilweise wird die Erstattung solcher Kosten der Partei abgelehnt, da nach Auffassung einiger Gerichte insbesondere einer kaufmännisch gewandten Partei die schriftliche Information eines auswärtigen Anwalts zugemutet werden könne.

Der Vertrauensanwalt ist daher unbedingt gehalten, zumindest den nicht prozeßkundigen Mandanten vor Einschaltung eines Prozessanwalts in der Berufungsinstanz bzw. in Fällen der Erteilung einer Untervollmacht bereits bei Mandatserteilung auf die Entstehung nicht unerheblicher und auch im Falle des gänzlichen Obsiegens nicht oder nur teilweise abwälzbarer Mehrkosten hinzuweisen. Insbesondere an die Annahme eines stillschweigenden Abschlusses eines Verkehrsanwaltsvertrages für die Berufungsinstanz sind hohe Anforderungen zu stellen (OLG Koblenz, NJW-RR 1993, 695ff.).

Sofern Prozesskostenhilfe bewilligt wurde, ist der erstinstanzliche Anwalt außerdem zu dem Hinweis verpflichtet, dass die Tätigkeit als Verkehrsanwalt nicht von der PKH-Bewilligung gedeckt ist (OLG Dresden DR 1940, 876).

Unterlässt der Anwalt eine entsprechende rechtzeitige Aufklärung, so kann er wegen unvollständiger Beratung seinen Gebührenanspruch auf dem Regresswege verlieren.

3. Erst mit dem rechtzeitigen Eingang dieser Bestätigung ist der Korrespondenzanwalt von der Haftung für die Versäumung der Klageerwiderungsfrist oder der Terminswahrnehmung frei. Der Verkehrsanwalt und der Prozessbevollmächtigte haben getrennte Aufgabenkreise, sie stehen zum Mandanten nicht in einem Gesamtschuldverhältnis. Jeder Anwalt kann davon ausgehen, dass der andere die ihm obliegenden Aufgaben erfüllt (*Borkmann/Hauk*, Anwaltshaftung, 3. Auflage 1995, § 37, RdNr. 36; vgl. auch BGH NJW 1988, 1079; OLG Frankfurt am Main, Anwaltsblatt 1985, 37, 38).

Eine Pflichtverletzung des Korrespondenzanwalts im Rahmen der Vorfertigung der Schriftsätze ist allerdings nicht schon deshalb zu verneinen, weil er mangels Zulassung bei dem Berufungsgericht die Prozessvertretung in andere Hände legen musste.

Zwar hat für ordnungsgemäßes prozessuales Handeln gegenüber dem Prozessgericht nur der Prozessbevollmächtigte einzustehen, der Korrespondenzanwalt ist aber trotzdem neben dem unterzeichnenden Prozessbevollmächtigten für den Inhalt der von ihm entworfenen Schriftsätze verantwortlich (BGH, Urteil vom 29. 11. 2001 – IX ZR 389/98).

Der Hauptbevollmächtigte haftet im Übrigen auch im Falle der Erteilung einer Untervollmacht an einen auswärtigen Kollegen nicht für Fehler des Unterbevollmächtigten. Der Unterbevollmächtigte hat seine anwaltlichen Leistungen nicht gegenüber dem Hauptbevollmächtigten zu erbringen, sondern unmittelbar gegenüber dem Mandanten (*Hastan,* a.a.O., S. 85 mwN.).

4. Dieser gängige Zusatz erscheint insbesondere dann zweckmäßig, wenn der Vertrauensanwalt der Partei den zu beauftragenden Anwalt nicht kennt und nur aus dem Anwaltsverzeichnis entnommen hat. Jeder Anwalt kann aus tatsächlichen oder rechtlichen Gründen an der Übernahme oder Durchführung des Mandats verhindert sein, beispielsweise wegen Interessenkollision (vgl. § 43a Abs. 4 BRAO).

2. Mandatsübernahmebestätigung

Sehr geehrter Herr Kollege,

ich bestätige dankend die Übernahme des Mandats.[1] Die Klageerwiderung wurde heute eingereicht. Der Schriftsatz hat das Datum vom ...... erhalten.[2] Den Termin am ...... werde ich wahrnehmen und berichten. Das beigefügte Vollmachtsformular erbitte ich durch die Partei rechtsverbindlich unterzeichnet zurück.[3] Für die Vermittlung eines Gebührenvorschusses in Höhe von ...... wäre ich dankbar.[4]

Anmerkungen

1. Anders als dem Notar steht es dem Rechtsanwalt grundsätzlich frei, ob er einen Auftrag annehmen will oder nicht (vgl. *Borgmann/Haug* § 12 Rdn. 36; Ausnahme: § 48 BRAO). Erst mit dem Zugang der Mandatsbestätigung beim bevollmächtigten Korrespondenzanwalt kommt der Mandatsvertrag zwischen der Partei und dem Prozessbevollmächtigten zustande. Der Rechtsanwalt kann sich allerdings schadensersatzpflichtig machen, wenn er den Auftrag nicht annehmen will und die Ablehnung nicht unverzüglich erklärt (§ 44 BRAO).

2. Dieser Hinweis an den Verkehrsanwalt ist dringend zu empfehlen, damit dieser bei der Fertigung künftiger Schriftsätze oder bei sonstigen Bezugnahmen über die Datierung des ersten Schriftstückes im Bilde ist. In der Regel wird ohnehin der vollständige Schriftsatz zur Kenntnis übermittelt.

3. Für die Fassung der Prozessvollmachtsformulare kann auf die im Handel erhältlichen Vordrucke verwiesen werden. Die Vorlage einer Prozessvollmacht durch den Anwalt ist im Prozess seit der Änderung des § 88 ZPO durch die Vereinfachungsnovelle vom 3. 12. 1976 (BGBl. I S. 3281) die Ausnahme. Sie wird – auch im Amtsgerichtsprozess – nur auf Vollmachtsrüge des Gegners verlangt. Auch im Scheidungsverfahren wird

die Vollmacht nicht von Amts wegen geprüft. Der Bevollmächtigte bedarf jedoch einer besonderen auf das Verfahren gerichteten Vollmacht (§ 609 ZPO). In jedem Fall ist es für den Prozessbevollmächtigten zweckmäßig, sich eine unterzeichnete Vollmacht zu den Akten zu nehmen.

4. Der Gebührenvorschuss wird üblicherweise in Höhe von $^{10}/_{10}$ bis $^{20}/_{10}$ der jeweiligen Anwaltsgebühr zuzüglich evtl. verauslagter Gerichtskosten erhoben (Rechtsgrundlage: § 17 BRAGO).

Für die Gebühren des Prozessbevollmächtigten haftet der Korrespondenzanwalt weder zivilrechtlich, noch ist er insoweit berufsrechtlich gegenüber dem Prozessbevollmächtigten gehalten, für dessen Kosten einzustehen. Anders ist es nach internationalen Standesregeln. Die Standesregeln der Rechtsanwälte der Europäischen Gemeinschaft (vgl. hierzu BRAK-Mitteilungen 1996, 245) sehen in 5.7. vor, dass der Rechtsanwalt, der sich nicht darauf beschränkt, seinem Mandanten einen ausländischen Kollegen zu benennen oder das Mandat zu vermitteln, sondern eine Angelegenheit einem ausländischen Kollegen überträgt oder diesen um Rat bittet, persönlich dann zur Zahlung des Honorars verpflichtet wird, wenn Zahlungen vom Mandanten nicht erlangt werden können. Hiervon können allerdings von Anfang an abweichende Vereinbarungen getroffen werden.

3. Honorarvereinbarung[1]

In der Angelegenheit: . . . . . .
vereinbaren die Rechtsanwälte: . . . . . .
mit Firma . . . . . .
vertreten durch . . . . . .
mit Herrn/Frau/. . . . . .
folgendes:

Für die Vertretung im laufenden Rechtszuge[2] ist – neben den gesetzlichen Gebühren – anstatt der gesetzlichen Gebühren – ein Honorar von EUR . . . . . .[3] (in Worten: EUR . . . . . .) zuzüglich gesetzlicher Mehrwertsteuer = EUR . . . . . . zur Zahlung vereinbart, das nach Beendigung des Auftrags fällig ist. Auslagen, Reisekosten und dgl. sind daneben gesondert zu zahlen.[4] Für jeden Tag der Abwesenheit von . . . . . . erhalten die Anwälte, wenn die Reise im Interesse des Klienten liegt, ...
Für die Gebührenberechnung ist der vom Gericht festgesetzte Streitwert, mindestens jedoch ein Streitwert von EUR . . . . . . maßgebend.[5]
Wird ein Verfahren in einer weiteren Instanz anhängig, so bleibt das Honorar hierfür einer weiteren Vereinbarung vorbehalten.
Herrn/Frau . . . . . . ist bekannt, dass diese Vereinbarung von der gesetzlichen Gebührenregelung abweicht und dass im Falle des vollständigen oder teilweisen Obsiegens im gerichtlichen Verfahren eine Erstattungsfähigkeit nur im Rahmen der gesetzlichen bzw. gerichtlich festgesetzten Gebühren gegeben ist.[6]

Ort, Datum

Unterschrift des Klienten **Rechtsanwalt**

Anmerkungen

1. Wenn der Rechtsanwalt ohne Rechtsgrundlage erhöhte Gebühren fordert, macht er sich strafbar (§ 352 StGB). § 49b BRAO regelt ausdrücklich, dass es grundsätzlich unzulässig ist, geringere Gebühren und Auslagen zu vereinbaren oder zu fordern, als es der BRAGO entspricht. Diese Regelung wird durch die Berufsordnung in deren § 21 ergänzt, wonach das Verbot, geringere als die gesetzlichen Gebühren zu fordern oder zu vereinbaren, auch im Verhältnis zu Dritten gilt, die es an Stelle des Mandanten oder neben diesem übernehmen, die Gebühren zu bezahlen. Insbesondere ist die Vereinbarung eines Erfolgshonorars oder eines Teils des erstrittenen Betrages als Honorar unzulässig (§ 49b Abs. 2 BRAO). In Einzelfällen kann besonderen Umständen wie der Bedürftigkeit des Auftraggebers durch Ermäßigung oder Erlass im Nachhinein Rechnung getragen werden (§ 49b Abs. 1 S. 2 BRAO.). Nach § 3 BRAGO können höhere als die gesetzlichen Gebühren jedoch vereinbart werden. Wirksamkeitserfordernis: Schriftform. Der Honorarschein darf keine anderen Erklärungen enthalten (§ 3 Abs. 1 BRAGO).

2. Eine Honorarvereinbarung ist sowohl in gerichtlichen als auch in außergerichtlichen Fällen möglich. Sinnvoll kann auch eine Honorarvereinbarung sein, die sich auf die Beratungstätigkeit beschränkt und für etwa erforderliche forensische Tätigkeiten eine Abgeltung nach den gesetzlichen Gebühren vorsieht.

3. Außer einer Pauschale kommt bei außergerichtlichen Tätigkeiten auch die Vereinbarung eines Zeithonorars in Betracht. In diesem Fall ist die exakte Erfassung der jeweils aufgewendeten Zeiteinheiten und die genaue Beschreibung der in diesen Zeiteinheiten geleisteten Tätigkeit unerlässlich.

4. Eine Gebührenvereinbarung kann auch hinsichtlich der Auslagenpauschale, der Reisekosten etc. mit gegenüber der BRAGO erhöhten Sätzen getroffen werden (argumentum e contrario aus § 49b Abs. 1 BRAO).

5. Möglich ist auch die Vereinbarung eines höheren Streitwertes, aus dem dann die gesetzlichen Gebühren errechnet werden (vgl. *Kunigk* Anwaltshonorar S. 23).

6. Da jedenfalls gegenüber dem prozeßunkundigen Mandanten von einer entsprechenden Aufklärungspflicht auszugehen ist, empfiehlt sich die Dokumentation in der Honorarvereinbarung. Dies dürfte als klarstellender Zusatz auch mit § 3 Abs. 1 BRAGO vereinbar sein.

4. Haftungsbeschränkungsvereinbarung

Vertrag über Haftungsbegrenzung[1]
zwischen

Herrn/Frau/Firma . . . . . .

und

den Rechtsanwälten . . . . . .

wird folgendes vereinbart:

1. Zwischen Herrn/Frau/Firma . . . . . . und Herrn/Frau/Firma . . . . . . haben Verhandlungen über den Abschluss eines Mietvertrags stattgefunden. Der Vertragsinhalt als Ergebnis dieser Verhandlungen wurde den Rechtsanwälten zur Ausarbeitung der rechtlichen Umsetzung übergeben. Für die Erstellung des Mietvertrags sind allein die den Rechtsanwälten mitgeteilten Verhandlungsergebnisse maßgeblich.[2]

2. Die Parteien kommen überein, dass die Haftung der Rechtsanwälte für etwaige Berufsversehen im Rahmen der Wahrnehmung vorstehenden Auftrags auf EUR 1.000.000,00[3] beschränkt wird, soweit die Haftung nicht auf Vorsatz oder grober Fahrlässigkeit beruht.[4]

3. Das Gleiche gilt für die fehlerhafte Anwendung ausländischen Rechts.[5]

4. Ansprüche gegen die Rechtsanwälte verjähren in drei Jahren ab Entstehung des Anspruchs, spätestens jedoch ab Beendigung des Mandats.[6]

5. Sollten einzelne Bestimmungen dieser Vereinbarung ganz oder teilweise unwirksam sein, so wird hiervon die Wirksamkeit dieser Vereinbarung im Übrigen nicht berührt.[7]

......, den ......

....
Mandant[8] Rechtsanwälte[9]

Anmerkungen

1. Die inhaltliche Zulässigkeit einer Haftungsbegrenzungsvereinbarung richtet sich nach § 51a Abs. 1 BRAO. Eine Vereinbarung über die Beschränkung der Haftung in personeller Hinsicht auf den sachbearbeitenden Rechtsanwalt einer Sozietät bedarf einer gesonderten Zustimmungserklärung des Mandanten gem. § 51a Abs. 2 BRAO. Bei Partnerschaftsgesellschaften besteht eine derartige Haftungskonzentration auf den bearbeitenden Rechtsanwalt (und das Gesellschaftsvermögen) von Gesetzes wegen gem. § 8 Abs. 2 PartGG.

Bei Mandaten mit außergewöhnlich hohen Gegenstandswerten besteht im Übrigen auch die Möglichkeit, das einzelne Mandat mit höheren Haftpflichtversicherungssummen zu versichern, wobei in der Praxis die Mandanten häufig die höheren Prämien ganz oder zum Teil übernehmen.

2. Die Haftungsbegrenzung kann sich nur auf ein konkretes Mandat beziehen. Dieses muss daher gegenüber anderen Aufträgen abgegrenzt werden. Eine Haftungsbeschränkung kann sich letztlich auch durch eine Eingrenzung des Mandats selbst ergeben, als eine Beratungspflicht grundsätzlich nur in den Grenzen des – hier ausnahmsweise beschränkt als Werkvertrag – erteilten Auftrags besteht. So kann die anwaltliche Tätigkeit beispielsweise auf die Erstellung eines Vertrags unter Zugrundelegung eines bestimmten Verhandlungsergebnisses der Parteien eingeschränkt werden mit der Folge, dass eine weitergehende Sachverhaltsaufklärung nicht zum anwaltlichen Pflichtenkreis gehört (vgl. BGH NJW 1996, 2929 [2931]). Möglich ist auch die Beschränkung des Mandats auf die Prozessvertretung (vgl. BGH NJW 1993, 2045) sowie die Prüfung von Restitutionsansprüchen wegen einer bestimmten Vermögensposition (vgl. BGH NJW 1998, 3050). Für die Erteilung eines unbeschränkten Auftrags ist im Streitfall der Mandant beweispflichtig (vgl. BGH NJW 1996, 2929 [2931]). Die Beratungspflicht des Rechtsanwaltes erstreckt sich allerdings auch bei eingeschränkten Mandaten auf offenkundige Gefahren, die zwar außerhalb des Mandats liegen, aber mit ihm in genügend engen Zusammenhang stehen (vgl. Borgmann NJW 2000, 2953 ff).

Keinesfalls möglich ist eine „Rahmen-Haftungsbegrenzung“ für eine Vielzahl von Aufträgen eines Mandanten: Während diese bei § 51a Abs. 1 Nr. 1 BRAO am Einzelfallerfordernis scheitert, wird es für § 51a Abs. 1 Nr. 2 BRAO regelmäßig an einer Einbeziehung der Haftungsbeschränkung im Zusammenhang mit dem konkreten Einzelmandat fehlen (vgl. Palandt Ergänzungsband Heinrichs, § 305 Rn. 30).

3. Das Transparenzgebot des § 307 Abs. 1 S. 2 BGB erfordert die Angabe des Haftungsbetrags.

4. Keinen Wirksamkeitsbedenken unterliegt obige Haftungsbegrenzung durch Allgemeine Geschäftsbedingungen auf den vierfachen Betrag der Mindestversicherungssumme für Fälle leichter Fahrlässigkeit, sofern entsprechender Versicherungsschutz besteht.

Da eine klare Grenzziehung zwischen einfacher und grober Fahrlässigkeit kaum möglich ist und in der Rechtsprechung teilweise anwaltsfeindliche Tendenzen festzustellen sind (vgl. Nachweise bei Reinelt ZAP Fach 23, S. 491), besteht ein praktisches Bedürfnis dafür, die Haftung auch für ein „grob fahrlässiges“ Anwaltsverschulden ausschließen zu können. Außerhalb allgemeiner Geschäftsbedingungen erlaubt dies § 51 a Abs. 1 Nr. 1 BRAO „im Einzelfall“ durch schriftliche Vereinbarung mit dem Mandanten. In einer Einzelfallvereinbarung kann die Haftung auf die Höhe der Mindestversicherungssumme (EUR 250.000,00 gem. § 51 Abs. 4 BRAO, EUR 2.500.000,00 bei Rechtsanwaltsgesellschaften i. S. d. § 59 c Abs. 1 BRAO gem. § 59 j Abs. 2 S. 1 BRAO) beschränkt werden.

§ 51 a Abs. 1 Nr. 1 BRAO ist sinnvollerweise so auszulegen, dass die Haftungsbeschränkung als sog. Einmalbedingung (zum Begriff vgl. Palandt Ergänzungsband a. a. O., § 310 Rn. 15) abzufassen ist. Einmalbedingungen sind vorformulierte Vertragsbedingungen, die nur zur einmaligen Verwendung bestimmt sind und damit begrifflich keine allgemeinen Geschäftsbedingungen darstellen (§ 305 Abs. 1 S. 1 BGB). Hierzu ist es – sowohl gegenüber einem Unternehmer wie im Ergebnis gegenüber einem Verbraucher als Verwendungsgegner – ausreichend, die Haftungsbeschränkungsvereinbarung streng bezogen auf die Besonderheiten des konkreten Mandats abzufassen (vgl. BGH NJW-RR 2002, 13). Um den Einzelfallcharakter einer solchen Vereinbarung herauszustellen, empfiehlt es sich, den Hintergrund, die Interessenlage und sonstige Motive für die Haftungsbeschränkung darzulegen. Gründe für eine Haftungsbegrenzung können beispielsweise sein: der außergewöhnlich komplexe Sachverhalt, die besonders schwierige rechtliche Materie, Bezüge zu ausländischen Rechtsordnungen, der hohe Gegenstandswert, eine besondere Eilbedürftigkeit oder sonstige besondere Risiken der Rechtssache. In jedem Fall verbietet es sich, eine solchermaßen abgefasste Haftungsbeschränkungsvereinbarung für andere Mandate, erst recht, standardisierte Haftungsvereinbarungen zu verwenden, da dann eine Vereinbarung „im Einzelfall“ nicht mehr vorliegt.

Obwohl Allgemeine Geschäftsbedingungen nicht vorliegen, würde eine Haftungsbeschränkung durch Einmalbedingung gegenüber einem Verbraucher als Verwendungsgegner gem. § 310 Abs. 3 Nr. 2 grundsätzlich einer AGB-Inhaltskontrolle unterliegen, sofern dieser nachweisen kann, dass er keine reale Möglichkeit hatte, den Vertragsinhalt nach seinen Vorstellungen zu ändern. Da § 51 a Abs. 1 Nr. 1 BRAO jedoch eine Erlaubnisnorm darstellt (vgl. *Palandt* Ergänzungsband aaO., § 307 Rdn. 67 und 137) findet eine Inhaltskontrolle ausnahmsweise doch nicht statt. Durch die Rechtsprechung ist dieses Verständnis des § 51 a Abs. 1 Nr. 1 BRAO allerdings nicht abgesichert, weswegen es – als sicherster Weg in eigenen Angelegenheiten – ratsam sein kann, den Mandanten über die Rechtsfolgen einer Haftungsbegrenzung nachweisbar zu belehren Damit entfällt zumindest der Beweis des ersten Anscheins für eine fehlende Einflussmöglichkeit auf den Haftungsvereinbarungsinhalt wegen mangelnder Rechtskenntnis (vgl. *Palandt* Ergänzungsband aaO., § 310 Rdn. 17 a. E.).

§ 51 a Abs. 1 Nr. 1 BRAO kann auch so ausgelegt werden, dass unter „Vereinbarung im Einzelfall“ eine Individualvereinbarung gem. § 305 Abs. 1 S. 2 BGB zu verstehen ist. Für das Vorliegen einer Individualvereinbarung müsste der Rechtsanwalt seine Haftungsbeschränkungsvereinbarung als einen „gesetzesfremden Kerngehalt“ ernsthaft zur Disposition gestellt haben, während umgekehrt der Verwendungsgegner die reale Möglichkeit hätte erhalten müssen, den Inhalt der Vereinbarung nach seinen Wünschen zu modifizieren (st. Rspr., zuletzt BGH NJW 2000, 1100). Diese Einwirkungsmöglichkeit hätte der Rechtsanwalt bei Vorliegen Allgemeiner Geschäftsbedingungen – was bei gedrucktem Klauselwerk prima facie angenommen wird (vgl. BGHZ 118, 238) – zu beweisen (vgl. BGH NJW 1998, 2600), woran wiederum strenge Anforderungen zu stellen sind (vgl. *Palandt* Ergänzungsband aaO., § 305 Rdn. 24). Ein solcher Nachweis wird dem Anwalt kaum gelingen (vgl. Palandt Ergänzungsband aaO., § 305 Rdn. 18 ff.).

Könnte eine Haftungsbeschränkung „im Einzelfall“ ausschließlich durch Individualvereinbarung getroffen werden, bliebe § 51 a Abs. 1 Nr. 1 BRAO letztlich ohne praktischen Anwendungsbereich. Gegen das Erfordernis einer Individualvereinbarung spricht jedoch, dass es sich bei § 51 a Abs. 1 Nr. 1 BRAO gerade nicht um einen gesetzesfremden Inhalt handelt, sondern vielmehr um eine gegenüber den § 305 ff. BGB spezielle Regelung im Bereich der Anwaltshaftung.

Außerhalb § 51a BRAO stehende Haftungsverkürzungen (z.B. Vereinbarung über den Ausschluss der Haftung für Büropersonal, Modifizierung der Aufbewahrungspflicht gem. § 50 Abs. 2 S. 1 BRAO) unterliegen zunächst als Einmalbedingung gegenüber Verbrauchern wegen § 310 Abs. 3 Nr. 2 BGB, im Übrigen als Allgemeine Geschäftsbedingungen einer Inhaltskontrolle nach § 307 Abs. 1 und 2 BGB (bei Unternehmern) bzw. nach § 307ff. BGB (bei Verbrauchern). An die Wirksamkeit über § 51a BRAO hinausgehender Haftungsprivilegierungen werden daher hohe Anforderungen zu stellen sein.

5. Ein im Ergebnis vollständiger Haftungsausschluss auch in Ausnahmefällen, wie z.B. bei der Anwendung ausländischem Rechts, ist ein § 51a BRAO gesetzesfremder Inhalt und damit – zumindest gegenüber einem Verbraucher – faktisch nicht wirksam vereinbar.

6. Auf den ersten Blick wiederholt die Klausel bezüglich der Verjährungsfrist nur die gesetzliche Regelung des § 51b BRAO, wonach die Verjährung drei Jahre ab Entstehung des Anspruches, spätestens drei Jahre ab Beendigung des Mandats endet. Da der Rechtsanwalt jedoch nach ständiger Rechtsprechung als verpflichtet angesehen wird, über die laufende Verjährungsfrist und die Möglichkeit der Fristwahrung vor Ablauf zu belehren mit der Folge, dass ein sekundärer Regressanspruch entsteht, der wiederum erst drei Jahre danach verjährt, könnte die Klausel unter Umständen rechtliche Relevanz erhalten, wenn man sie so interpretiert, dass damit der sekundäre Regressanspruch tangiert wird. Eine Verkürzung der in § 51b BRAO geregelten Verjährung ist in allgemeinen Geschäftsbedingungen unwirksam (NJW 1986, 1171); dies dürfte auch für den Ausschluss des Sekundäranspruchs gelten, da dieser sich ebenfalls nach der gesetzlichen Vorschrift des § 51b BRAO richtet.

7. Da die Rechtsprechung bei Haftungsbeschränkungsvereinbarungen unwirksame Klauseln nicht auf den Inhalt einer an sich noch zulässigen Gesamtvereinbarung reduziert, sondern die Klauseln insgesamt als unwirksam behandelt, empfiehlt sich die Vereinbarung einer salvatorischen Klausel (gegen deren AGB-Verwendung allerdings ebenfalls Bedenken erhoben werden, vgl. *Grziwotz* ZfJR 2001, 1033, OLG Celle WM 1994, 393, dazu Reinelt Sonderheft der ZAP 2002, 52, 58).

8. Für eine Haftungsbeschränkung durch allgemeine Geschäftsbedingungen (§ 51a Abs. 1 Nr. 2 BRAO) erforderlich ist deren Einbeziehung gem. § 305 Abs. 2 BGB. Diese erfolgt – nicht zuletzt aus Beweisgründen – durch Unterzeichnung des Mandanten.

9. Soll eine Haftungsbeschränkung für den Einzelfall getroffen werden (§ 51a Abs. 1 Nr. 1 BRAO), ist das Schriftformerfordernis des § 126 Abs. 2 BGB einzuhalten. Dazu bedarf es grundsätzlich der Unterzeichnung durch den Mandanten und den Rechtsanwalt auf derselben Urkunde.

5. Kündigung des Mandatsverhältnisses durch den Anwalt und Anzeige der Niederlegung

Sehr geehrter Herr ......,

nachdem Sie mein Vorschussersuchen bis heute trotz Mahnung ignoriert haben, sehe ich mich nicht in der Lage, für Sie weiter tätig zu sein. Ich lege daher das Mandat nieder[1]. Die Niederlegung habe ich gegenüber dem Landgericht ...... angezeigt[2]. Ich weise noch einmal darauf hin, dass Termin zur mündlichen Verhandlung ansteht am ...... Ich werde diesen Termin nicht wahrnehmen. Sofern für Sie kein anderer Anwalt auftritt, müssen Sie mit dem Erlass eines Versäumnisurteils gegen sich rechnen.

Mit freundlichen Grüßen

Rechtsanwalt

Anmerkungen

1. Die Kündigung des Mandats mit der Folge der Beendigung des Geschäftsbesorgungsvertrages zwischen Mandanten und Anwalt ist jederzeit möglich. Kündigt der Anwalt ohne wichtigen Grund zur Unzeit, macht er sich nach § 627 Abs. 2 BGB unter Umständen schadensersatzpflichtig (vgl. im Einzelnen zum Vorliegen eines wichtigen Grundes: *Borgmann/Haug* § 15 Rdn. 102ff). Wenn die Kündigung nicht zur Unzeit geschieht, also so, dass sich der Mandant rechtzeitig einen anderen Anwalt suchen und diesen mit seiner Terminswahrnehmung oder anderen notwendigen Prozesshandlungen beauftragen kann, kann die Kündigung nach § 627 BGB auch ohne wichtigen Grund erfolgen (zum Gebührenanspruch in diesen Fällen vgl. §§ 628 BGB, 13 Nr. 4 BRAGO, *Gerold/Schmidt* BRAGO § 13 Rdn. 59ff.).

2. Zu unterscheiden von der Kündigung des Mandatsverhältnisses (zugangsbedürftige Willenserklärung) ist die Mitteilung des Rechtsanwalts an das Gericht von der erfolgten Mandatsbeendigung. Die Kündigung des Mandatsverhältnisses führt auch bei Anzeige an das Gericht im Parteiprozess noch nicht zum Erlöschen der Prozessvollmacht; diese bleibt vielmehr wirksam, bis dem Gericht und dem Gegner die Bestellung eines anderen Anwalts angezeigt wird (§ 87 ZPO). Bis dahin sind Zustellungen wirksam und vom bisherigen Anwalt entgegenzunehmen (§ 176 ZPO).

Bis zur vollständigen Zahlung der Kosten kann der Rechtsanwalt grundsätzlich die Handakten zurückhalten (§ 50 Abs. 3 BRAO). Nach § 50 Abs. 3 S. 2 BRAO darf das Zurückbehaltungsrecht jedoch nicht geltend gemacht werden, soweit die Vorenthaltung der Handakten oder einzelner Schriftstücke nach den Umständen unangemessen wäre (*Kalsbach* § 39 III; *Hartstang*, S. 506). Ergänzt wird diese Vorschrift durch die Berufsordnung in § 17. Danach kann einem berechtigten Interesse des Mandanten auf Herausgabe der Akten bei Geltendmachung eines Zurückbehaltungsrechts dadurch Rechnung getragen werden, dass dem Mandanten Kopien überlassen oder – falls erforderlich – Originale an einen vom Mandanten zu beauftragenden Rechtsanwalt zu treuen Händen herausgegeben werden.

6. Mediationsvertrag

zwischen

Konfliktbeteiligtem zu 1) ......

und

Konfliktbeteiligtem zu 2) ......

und

Mediator ......

1. Unter den Konfliktbeteiligten ist es zu Auseinandersetzungen im Zusammenhang mit dem Nachlass der Eltern der Beteiligten gekommen. Die Konfliktbeteiligten sind als Abkömmlinge gesetzliche Erben nach dem Tode ihrer Mutter, welche von dem vorverstorbenen Vater der Konfliktparteien testamentarisch als Alleinerbin eingesetzt wurde. Die Mutter der Konfliktparteien hat 5 Jahre vor ihrem Tod unentgeltlich ein Grundstück auf den Konfliktbeteiligten zu 1) übertragen. Dieses Grundstück bildete den Großteil des Vermögens der Mutter der Konfliktparteien. Gegenstand der Auseinandersetzung unter den Parteien ist der Ausgleich dieser Zuwendung im Verhältnis der Konfliktparteien. Weitere gesetzliche Erben sind nicht vorhanden.

Die Konfliktbeteiligten bilden eine Erbengemeinschaft. Abgesehen von der Frage des Ausgleichs im Hinblick auf das dem Konfliktbeteiligten zu 1) zugewendete Grundstück, bestehen über die Auseinandersetzung der Erbengemeinschaft keine Meinungsverschiedenheiten.[1]

2. Die Konfliktparteien sind übereingekommen, diesen Streit kooperativ und eigenverantwortlich zu lösen. Der Mediator wird die Konfliktparteien bei den Verhandlungen sowie der Festlegung auf ein durch die Parteien erarbeitetes Ergebnis als neutraler Dritter professionell unterstützen. Das von den Konfliktparteien gefundene Ergebnis liegt allein in deren Verantwortungsbereich.[2]
3. Die Konfliktparteien erkennen die Verfahrensregeln des Mediationsverfahrens an, sie werden sich insbesondere bemühen, in jedem Verfahrensstadium lösungsorientiert, fair und offen miteinander zu verhandeln.[3]
4. Die Konfliktparteien verpflichten sich gegenseitig, sämtliche von der jeweils anderen Konfliktpartei in dem Mediationsverfahren erlangte Kenntnisse vertraulich zu behandeln und für den fall des Scheiterns der Verhandlungen nicht in einer streitigen Auseinandersetzung zu verwenden. Dies gilt auch für Schriftstücke, welche im Zuge des Mediationsverfahrens erstellt wurden. Insbesondere wird auch keine Konfliktpartei den Mediator als Zeuge oder Gutachter in einem gerichtlichen Verfahren benennen.[4]
5. Der Mediator verpflichtet sich zu uneingeschränkter Neutralität.[5]
6. Der Mediationsvertrag kann jederzeit von jeder Partei gekündigt werden.[6]
7. Das Honorar des Mediators beträgt pro Zeitstunde EUR ...... zzgl. Mehrwertsteuer. Mit diesem Honorar ist die Vor- und Nachbereitung der Sitzungen durch den Mediator mit abgegolten. Der Honoraranspruch wird nach jeder Sitzung fällig.[7]
   Etwa entstehende Auslagen sind daneben gesondert zu ersetzen.
   Das Honorar ist von den Konfliktparteien je zur Hälfte zu tragen.[8]
8. Die Konfliktparteien verpflichten sich zur Zahlung eines Vorschusses in Höhe von EUR ......, also je EUR ...... bis zum ......[9]

...... den ......

....
(Konfliktbeteiligter zu 1)) (Konfliktbeteiligter zu 2))

......
Mediator

Vorbemerkung

Das Beispiel schafft die rechtliche Grundlage für eine kooperative außergerichtliche Streitbeilegung. Ein Mediationsverfahren ist ein flexibles Streitbeilegungsverfahen, das von einem Mediator unterstützt wird. Mediationen sind vor allem für Beteiligte sinnvoll, die – insbesondere auf Grund familiärer Beziehungen oder vertraglicher Dauerschuldverhältnisse – dauerhaft aneinander gebunden sind, da ein Mediationsverfahren die Möglichkeit einer von beiden Parteien akzeptierten und damit dauerhaft tragfähigen Konfliktlösung ermöglichen soll.

Vorteil gegenüber einem gerichtlichen Vorgehen ist außerdem die bessere Steuerbarkeit und Überschaubarkeit der Verfahrensdauer sowie der Verfahrenskosten. Dem steht gegenüber, dass das Mediationsverfahren in jeder Phase auf die Kooperationsbereitschaft der Parteien angewiesen ist und somit jederzeit scheitern kann. Dann erweist sich der hierfür betriebene Aufwand als sinnlos; in vielen Fällen muss doch noch ein gerichtliches Verfahren eingeleitet werden.

Ein Mediationsverfahren eignet sich daher nur für Konfliktparteien, die nicht nur über ein Mindestmaß an Kooperationsbereitschaft verfügen, sondern auch in der Lage sind, ihre Interessen eigenverantwortlich wahrzunehmen. Seiner Struktur nach ist nämlich das Verfahren darauf angelegt, dass der entstandene Konflikt durch die Parteien selbst gelöst wird, diese insbesondere selbstständig Ideen zur Konfliktlösung entwickeln. Dem Mediator kommt dabei eine neutrale Rolle zu, die sich im Wesentlichen auf die Gewährleistung eines fairen, zielorientierten Verfahren beschränkt (vgl. *Haft,* Verhandlung und Mediation, 2. A., S. 251). Dementsprechend tragen auch die Konfliktparteien die volle Verantwortung für die von ihnen gefundene Lösung des Konflikts. Das Mediationsverfahren lässt sich in verschiedene Phasen einteilen, welche in der einschlägigen Literatur nicht einheitlich bezeichnet werden, jedoch im Wesentlichen folgende Schritte beinhalten:

1. Einleitungsphase

Die Einleitungsphase dient vor allem dazu, die Konfliktparteien zur außergerichtlichen Streitbeilegung zu motivieren. Außerdem wird der bisherige Stand der Dinge festgehalten und es werden die gemeinsamen für beiden Seiten verbindlichen Verfahrensgrundsätze festgelegt. Für die Parteien ist dies vor allem ein fairer und offener Umgang miteinander sowie die beiderseitige Bereitschaft zu einem lösungsorientierten Vorgehen. Die Verfahrensgrundsätze sollten schriftlich festgehalten werden. Der Anwaltsmediator sollte außerdem bereits in dieser Phase die verschiedenen Formen der Beendigung des Mediationsverfahrens ansprechen (beispielsweise eine vollstreckbare oder bestimmten Formerfordernissen entsprechende Vereinbarung oder ein bloßes Memorandum oder ein rechtsverbindlicher Vergleich) und über die unterschiedlichen Vorgehensweisen belehren (*Heussler/Koch,* Mediation in der Anwaltspraxis, S. 278).

2. Informationsphase

In der Informationsphase erhalten beide Seiten Gelegenheit, in „Eröffnungsplädoyers" ihre Sicht der Dinge umfassend darzustellen und ihre Position zu konkretisieren, aber auch ihre Gefühlslage zum Ausdruck zu bringen. Die Rolle des Mediators in dieser Phase beschränkt sich im Wesentlichen darauf, die Konfliktparteien gleichmäßig zu Wort kommen zu lassen.

3. Interessenphase

In der Interessenphase sollen die Parteien mit Hilfe des Mediators die hinter ihren Positionen stehenden wirtschaftlichen, ideellen und sonstigen Interessen formulieren.

4. Brainstormingphase

Stehen die Interessen der Parteien hinter den Positionen fest, können Ideen zur Konfliktlösung gesammelt werden. Dabei geht es im ersten Schritt nur darum, möglichst viele Ideen zu sammeln, die zunächst nicht bewertet werden. Erst wenn sämtliche Ideen fixiert sind, werden diese danach gewichtet, inwieweit sie die jeweiligen Interessen berücksichtigen und eine dauerhafte Lösung ermöglichen.

5. Einigungsphase

Die Einigungsphase dient dazu, das Verhandlungsergebnis und die Schritte zur Umsetzung der Konfliktlösung festzuhalten – entweder in einem Memorandum oder in einem rechtsverbindlichen Vergleich. Der Anwaltsmediator hat auf die rechtliche Umsetzbarkeit der Vereinbarung zu achten.

6. Umsetzungsphase

Insbesondere bei mehreren Schritten zur Konfliktlösung sollte eine Zwischenbilanz gezogen werden zur Überprüfung der Tragfähigkeit der gefundenen Lösung. Eventuell kann eine Anpassung des Ergebnisses vorgenommen werden.

Anmerkungen

1. Die Darstellung des Konfliktes darf keinesfalls einseitig die Interessen und Ziele einer Konfliktpartei berücksichtigen, sondern muss neutral abgefasst sein. Obwohl die Darstellung des Konfliktstoff deshalb oft Schwierigkeiten bereitet, sollte eine möglichst genaue Erfassung im eigenen Interesse des Anwaltsmediators erfolgen. Der Mediationsvertrag ist nämlich als Vertrag mit einem Rechtsanwalt einzuordnen, § 18 der Berufsordnung, mit der Folge, dass die Tätigkeit des Rechtsanwaltes auch bei der Durchführung von Mediationen den Regeln des anwaltlichen Berufsrechts unterliegt (*Henssler/Koch,* Mediation in der Anwaltspraxis, S. 273).

So hat sich auch der Mediator unverzüglich darüber zu erklären, wenn er den Auftrag ablehnen will, § 44 BRAO. Teilweise wird sogar eine über § 44 BRAO hinausgehende Pflicht angenommen, die Parteien gegebenenfalls darauf hinzuweisen, dass der Vorgang nicht mediationstauglich sei (*Henssler/Koch,* Mediation in der Anwaltspraxis, S. 275). In Anlehnung an die Entscheidung BGH NJW 1990, 2127, welche sich auf die Verpflichtung des Rechtsanwaltes, unter bestimmten Umständen von einem Schiedsgerichtsverfahren abzuraten bezieht, ist auch im Rahmen eines Mediationsvertrages in bestimmten Fällen von einer Pflicht auszugehen, die Beschreitung des Rechtsweges anzuraten. Stellt sich die Mediationsuntauglichkeit erst nach Annahme des Auftrages heraus, so ist hierüber ebenfalls sofort zu belehren; ein Schaden aus fehlender Belehrung kann insbesondere dadurch entstehen, dass Ansprüche zwischenzeitlich verfristen (aaO., S. 276). Der Anwaltsmediator hat daher immer auch zu prüfen, welche rechtlichen Belange der Parteien berührt sein können. Die sorgfältige Erfassung des Streitstoffes, um einerseits sämtliche betroffene Aspekte zu bedenken und andererseits den Gegenstand des Mediationsverfahrens einzugrenzen, ist daher im eigenen Interesse geboten. Sonst besteht beispielsweise die Gefahr, dass eine Partei später behauptet, sie hätte den Weg der Mediation gar nicht erst beschritten, wenn sie gewusst hätte, dass weitere, nicht in dem Mediationsvertrag aufgeführte Dinge regelungsbedürftig wären (aaO., S. 277).

2. Die Darstellung der Rollenverteilung im Rahmen des Mediationsverfahrens dient einerseits zur Festlegung des Pflichtenkreises des Mediators, anderseits soll den Konfliktparteien insbesondere der Grundsatz der Eigenverantwortlichkeit nochmals bewusst gemacht werden, um falsche Vorstellungen über die Struktur des Mediationsverfahrens auszuräumen.

3. Die Niederlegung der zentralen Verhaltensregeln für die Konfliktparteien ist ein erster verbindlicher Schritt auf dem Weg zur Einigung und deren Basis.

4. Diese gegenseitige Verpflichtung soll die Offenheit der Konfliktparteien im Umgang miteinander fördern; keine Seite soll Nachteile im Falle des Scheiterns des Mediationsverfahrens befürchten müssen. Ein Mediator, der als Anwalt zugelassen ist, wird sich im Fall der Zuwiderhandlung auf seine Schweigepflicht berufen können. Jedenfalls kann einer Zeugenbenennung der Arglisteinwand entgegengehalten werden.

5. Die Parteien können zur Wahrung ihrer Einzelinteressen, insbesondere auch zur Vermittlung der notwendigen rechtlichen Informationen, Beratungsanwälte einschalten. Der Mediator hingegen muss sich laufend um Neutralität bemühen, um das Vertrauen beider Parteien zu erwerben und zu erhalten. Dazu gehört vor allem die Gleichbehandlung der Parteien und Zurückhaltung in der Sache (*Haft,* Verhandlung und Mediation, 2. A., S. 249).

6. Die jederzeitige Beendigung der Mediation auf Wunsch eines Beteiligten ist dringend zu empfehlen, da das gesamte Verfahren auf Freiwilligkeit beruht. Auch sollte der Mediator mit Blick auf seine Neutralitätsverpflichtung nicht von der rechtlichen Möglichkeit der Einräumung von Kündigungsfristen Gebrauch machen (*Henssler/Koch,* Mediation in der Anwaltspraxis, S. 252).

7. Da der erforderliche Zeitaufwand in der Regel nicht absehbar ist, empfiehlt sich ein Stundenhonorar. Die Vor- und Nachbereitung der Sitzungen kann selbstverständlich auch gesondert vergütet werden. Da der Zeitpunkt der Beendigung des Mediationsvertrages nicht festgelegt ist, empfiehlt sich eine Fälligkeitsregelung.

8. Denkbar ist auch eine gesamtschuldnerische Verpflichtung der Konfliktparteien. dies dürfte jedoch in Anbetracht des Konfliktes nicht sachgerecht sein.

9. Ein Vorschuss dient nicht nur der Absicherung des Mediators, sondern erhöht auch die Motivation der Konfliktparteien, das Mediationsverfahren zu einem erfolgreichen Abschluss zu bringen.

7. Beratungshilfe

Stempel des Rechtsanwalts

....
Geschäftsnummer des Amtsgerichts

Eingangsstempel des Amtsgerichts

An das
Amtsgericht ......[1]

......
Postleitzahl, Ort

Die Beratungshilfe wird beantragt von (Name, Vorname, ggf. Geburtsname)	Beruf, Erwerbstätigkeit	Geburtsjahr	Familienstand
Anschrift (Straße, Hausnummer, Postleitzahl, Wohnort)	Tagsüber telefonisch erreichbar unter Nr.		

(A) Es wird Beratungshilfe in folgender Angelegenheit beantragt:[2]

(B) Eine Rechtsschutzversicherung tritt für den vorliegenden Fall nicht ein.

Eine andere Möglichkeit, kostenlose Beratung und Vertretung in Anspruch zu nehmen (z.B. als Mitglied eines Mietvereins, einer Gewerkschaft oder einer anderen Organisation) besteht in dieser Angelegenheit nicht.[3]

Wenn Sie laufende Leistungen zum Lebensunterhalt nach dem Bundessozialhilfegesetz beziehen und den letzten Bescheid des Sozialamtes beifügen, sind Angaben zu (C) und (G) entbehrlich, sofern das Gericht nicht etwas anderes anordnet.

(C) Meine monatlichen Einkünfte belaufen sich auf brutto: ...... EUR, netto: ...... EUR

Mein Ehegatte oder Lebenspartner hat monatliche Einkünfte von netto: ...... EUR

(D)

Die Wohnkosten für die von mir gemeinsam mit ...... Personen bewohnte Wohnung in Größe von ...... m^2 betragen monatlich insgesamt ...... EUR.

(E)

Angehörige, denen Sie Unterhalt gewähren		Geburtsdatum	Familienverhältnis (z. B. Ehegatte, Lebenspartner, Kind, Schwiegermutter)	Wenn Sie den Unterhalt ausschließlich durch Zahlung gewähren: Monatsbeitrag in EUR	Haben die Angehörigen eigene Einnahmen? (z. B. Ausbildungsvergütung, Unterhaltszahlungen vom anderen Elternteil)	
Name, Vorname (Anschrift nur, wenn sie von Ihrer Anschrift abweicht)						
1					Nein ☐	Ja, EUR mtl. netto ......
2					Nein ☐	Ja, EUR mtl. netto ......
3					Nein ☐	Ja, EUR mtl. netto ......
4					Nein ☐	Ja, EUR mtl. netto ......
5					Nein ☐	Ja, EUR mtl. netto ......

(F)

Ist Vermögen vorhanden?	☐ Nein ☐ Ja, in diesem Fall bitte nachstehende weitere Angaben:

		Verkehrswert oder Guthabenbetrag
Grundvermögen ☐ Nein ☐ Ja	Bezeichnung nach Lage, Größe, Nutzungsart	
Bank-, Spar-, Bausparguthaben, Wertpapiere ☐ Nein ☐ Ja	Bezeichnung der Bank, Sparkasse oder des sonstigen Kreditinstituts Bei Bausparguthaben bitte Auszahlungstermin und Verwendungszweck angeben	
Sonstige Vermögenswerte (einschließlich Bargeld); Haushalt, Kleidung, Berufsgegenstände, soweit nicht Luxus, bleiben außer Betracht	Bezeichnung des Gegenstandes	
Verbindlichkeiten (bitte nur ausfüllen, wenn Vermögenswerte angegeben)		Restbetrag in EUR
Art der Verbindlichkeit, Bezeichnung des Gläubigers, Verwendungszweck		

(G)

Als besondere Belastung mache ich geltend: Besondere Belastung (z. B. Mehrausgaben für körperbehinderte Angehörige) bitte begründen. Die Angaben sind zu belegen.[4]

In der Angelegenheit, für die ich Beratungshilfe beantrage, ist mir bisher Beratungshilfe weder gewährt noch durch das Amtsgericht versagt worden.

Ein gerichtliches Verfahren war oder ist nicht anhängig.

Ich versichere, dass meine Angaben vollständig und wahr sind.

Belege zu folgenden Angaben haben vorgelegen:

☐ Bewilligungsbescheid für laufende Hilfe zum Lebensunterhalt
☐ Einkünfte
☐ Sonstiges:

. . . .

Das Hinweisblatt zu diesem Vordruck habe ich erhalten. ....

Ort, Datum **Ort, Datum**

....

....

(Unterschrift des Antragstellers) (Unterschrift des Rechtspflegers/Rechtsanwalts)

Anmerkungen

1. Zuständig für die Entscheidung über den Antrag auf Gewährung von Beratungshilfe ist das Amtsgericht, in dessen Bezirk der Rechtsuchende seinen allgemeinen Gerichtsstand hat, § 4 Abs. 1 S. 1 BerHG. Der Antrag kann mündlich oder schriftlich gestellt werden, § 4 Abs. 2 S. 1 BerHG. Die Amtsgerichte händigen Antragsformulare aus, welche im Wesentlichen dem Beispiel entsprechen.

2. Aus der Sachverhaltsdarstellung muss hervorgehen, dass Hilfe für die Wahrnehmung von Rechten beantragt wird und es sich also nicht um einen Fall allgemeiner Lebensberatung handelt. Beratungshilfe kommt in Betracht für die außergerichtliche Wahrnehmung von Rechten sowie im obligatorischen Güteverfahren nach § 15a EG-ZPO, § 1 Abs. 1 BerHG. Sie wird für die Wahrnehmung von Rechten in Angelegenheiten des Zivilrechts einschließlich arbeitsrechtlicher Sachen, des Verwaltungsrechts, des Verfassungsrechts sowie des Sozialrechts gewährt, § 2 Abs. 2 BerHG. Beratungshilfe kann auch im Zusammenhang mit einem Insolvenzverfahren gewährt werden, insbesondere zu der Frage, ob und wie ein Insolvenzantrag zu stellen ist (*Haarmeyer/Wutzke/Förster,* Handbuch zur Insolvenzordnung, 3. A., S. 195). Für Personen, die eine Restschuldbefreiung nach den §§ 286ff. InsO erlangen können, finden die §§ 4a)–d) InsO Anwendung, wonach die Kosten des Insolvenzverfahrens bis zur Restschuldbefreiung gestundet werden können. Die Stundung umfasst auch die im vorläufigen Insolvenzverfahren und im Schuldenbereinigungsplanverfahren entstandenen Auslagen, § 4a) Abs. 1 S. 2, 3 InsO. In Straf- und Ordnungswidrigkeitssachen wird lediglich Beratung gewährt, nicht jedoch Vertretung durch einen Rechtsanwalt, § 2 Abs. 2 S. 2 BerHG.

Soweit es erforderlich ist, im Gesamtzusammenhang auch auf andere Rechtsgebiete einzugehen, wird auch insoweit Beratungshilfe gewährt, § 2 Abs. 2 S. 3 BerHG. Beratungshilfe kann auch im Rahmen eines Prozesskostenhilfebewilligungsverfahrens, insbesondere zur Einreichung eines PKH-Antrages, gewährt werden. Ausgeschlossen ist Beratungshilfe in Angelegenheiten, in denen das Recht anderer Staaten anzuwenden ist, wenn der Sachverhalt keinen Inlandsbezug aufweist, § 2 Abs. 3 BerHG. Der persönliche Anwendungsbereich der Beratungshilfe erstreckt sich auch auf juristische Personen.

3. Voraussetzung für die Gewährung von Beratungshilfe ist, dass dem Rechtsuchenden keine anderen Möglichkeiten zur Erlangung einer Hilfe zur Verfügung stehen, deren Inanspruchnahme ihm zumutbar ist, § 1 Abs. 1 Nr. 2 BerHG sowie, dass die Wahrnehmung der Rechte nicht mutwillig ist, § 1 Abs. 1 Nr. 3 BerHG. Die Inanspruchnahme anderweitiger Hilfe ist insbesondere dann zumutbar, wenn eine Beratung durch Vereine, Verbände, Gewerkschaften, deren Mitglied der Rechtsuchende ist, erfolgen kann. Außerdem hat der Rechtsuchende sich vorrangig an die zuständige Behörde zu wenden, wenn diese zur Erteilung von Auskünften verpflichtet ist, z.B. bezüglich der Beratung in einer Asylangelegenheit im Hinblick auf die Stellung eines Folgeantrages (AG Westerburg, Beschluss vom 15. 1. 1999, NJW-RR 1999, 1448).

4. Der Rechtsuchende hat seine Bedürftigkeit darzulegen und glaubhaft zu machen. Diese liegt vor, wenn nach den Vorschriften der Zivilprozessordnung (ZPO) Prozesskostenhilfe ohne einen eigenen Beitrag zu den Kosten zu gewähren wäre, § 1 Abs. 2 BerHG. Bedürftig ist nicht, wer in der betreffenden Angelegenheit rechtsschutzversichert ist oder einen entsprechenden Barunterhaltsanspruch hat. Zur Glaubhaftmachung der Bedürftigkeit sind vorzulegen: Lohn-/Gehaltsabrechnung, Kontoauszüge, Nachweis über regelmäßige Zahlungen wie Miete etc., Nachweis über das Vermögen, insbesondere Immobilien. Die Vorlage eines aktuellen Sozialhilfebescheides ersetzt in der Regel sonstige Nachweise.

Anwaltspflichten

Die Tätigkeit des Anwalts besteht in Beratung und – soweit erforderlich – in Vertretung, § 2 Abs. 1 BerHG. Gemäß § 49a) BRAO ist der Anwalt zur Übernahme der Beratungshilfe verpflichtet. Nach § 16 Abs. 1 BO muss er außerdem bei begründetem Anlass auf die Möglichkeit von Beratungshilfe hinweisen. Verletzt er diese Hinweispflicht, so macht er sich schadenersatzpflichtig. Die Übernahme der Beratungshilfe kann im Einzelfall aus wichtigem Grund abgelehnt werden, § 49a) Abs. 1 S. 2 BRAO. Als wichtiger Grund in Betracht kommen beispielsweise: Krankheit, die Gründe des § 45 BRAO, Unmöglichkeit der Schaffung eines Vertrauensverhältnisses. Allgemeine Arbeitsüberlastung sowie die Tatsache, dass die Kanzlei sich mit dem gefragten Rechtsgebiet nicht befasst, dürften hingegen als wichtiger Grund nicht ausreichen (*Henssler/Prütting,* Bundesrechtsanwaltsordnung, § 49 a), Rdn. 7).

Die Ablehnung des Mandates ist gemäß § 44 BRAO unverzüglich zu erklären. Für eine Mandatsniederlegung ist ebenso wie für die Ablehnung des Mandates ein wichtiger Grund erforderlich, da anderenfalls der Zweck des § 49a) BRAO nicht erreicht werden könnte.

Liegen die Voraussetzungen der Gewährung von Beratungshilfe vor, so stellt das Amtsgericht, sofern es die Beratung nicht selbst vornimmt, einen Berechtigungsschein für eine Beratungshilfe durch einen Rechtsanwalt nach Wahl des Rechtsuchenden aus. Der Rechtsuchende kann auch unmittelbar einen Rechtsanwalt aufsuchen, § 7 BerHG, und den Antrag auf Beratungshilfe nachträglich stellen, § 4 Abs. 2 S. 4 BerHG. Allerdings handelt der Anwalt, der vor Beantragung von Beratungshilfe zunächst tätig wird im Hinblick auf seinen Vergütungsanspruch gegen die Staatskasse auf eigenes Risiko (LG Hannover, NJW-RR 2000, 1370). Will er dieses Risiko nicht eingehen, so muss er entweder selbst den Beratungshilfeantrag aufnehmen und die Bewilligungsvoraussetzungen prüfen oder aber den Rechtsuchenden vor Tätigwerden zwecks Ausstellung eines Berechtigungsscheines zunächst an das zuständige Amtsgericht verweisen.

Gebühren

Gegenüber dem Rechtsuchenden hat der Anwalt einen Gebührenanspruch in Höhe von 10 EUR, welchen er nach den Verhältnissen des Rechtsuchenden erlassen kann, § 8 S. 1 BerHG. Gebührenvereinbarungen mit dem Rechtsuchenden sind nichtig, § 8 Abs. 2 BerHG. Die – gegenstandswertunabhängige – Höhe der Gebühren ergibt sich aus den §§ 132, 133 BRAGO. Da bei hohen Gegenstandswerten das Haftungsrisiko in keinem Verhältnis zu den Gebührenansprüchen steht, sollte eine Haftungsbegrenzungsvereinbarung getroffen werden, vgl. Form. I. A. 4.

Ist der Gegner zur Erstattung der Kosten für die Vertretung verpflichtet, so hat er die vollen Gebühren zu bezahlen. Der Anspruch geht gemäß § 9 BerHG auf den Rechtsanwalt über.

8. Abrechnung Räumungsklage/gesonderter Räumungsfristantrag Abrechnung außergerichtlicher Tätigkeit (Kündigung)[1]

Streitwert Räumung: EUR 13.440,00[2]
Gegenstandswert Kündigung: EUR 13.440,00

Satz	Gebührenart	Tatbestand	
$^{10}/_{10}$	Prozessgebühr	§§ 31 I Nr. 1, 11 BRAGO	EUR 566,00
$^{10}/_{10}$	Verhandlungsgebühr	§§ 31 I Nr. 2, 11 BRAGO	EUR 566,00
$^{10}/_{10}$	Vergleichsgebühr	§§ 23 I 1, 11 BRAGO	EUR 566,00
	Auslagenpauschale	§ 26 S. 2 BRAGO	EUR 20,00
$^{7,5}/_{10}$	Geschäftsgebühr	§ 118 II 1 BRAGO[3]	EUR 424,50
	Auslagenpauschale	§ 26 S. 2 BRAGO[4]	EUR 20,00
	Zwischensumme		EUR 2.162,50
	Umsatzsteuer	§ 25 II BRAGO	EUR 346,00
	Gesamt		EUR 2.508,50

Streitwert Räumungsfristverfahren: EUR 3360,00[5]

Satz	Gebührenart	Tatbestand	
$^{5}/_{10}$	Räumungsfristgebühr	§§ 50, 31 I Nr. 1, 11 BRAGO[6]	EUR 108,50
	Auslagenpauschale	§ 26 S. 2 BRAGO	EUR 16,28
	Zwischensumme		EUR 124,78
	Umsatzsteuer	§ 25 II BRAGO	EUR 19,96
	Gesamt		EUR 144,74

Anmerkungen

1. Der Rechtsanwalt ist zunächst mit der (noch nicht abgerechneten) Kündigung eines Wohnraummietvertrags beauftragt. Der Mietvertrag läuft auf unbestimmte Zeit. Die Kaltmiete incl. Vorauszahlung auf verbrauchsunabhängige Betriebskosten beträgt monatlich EUR 1.220,00. Danach erhält der Rechtsanwalt den Auftrag, Räumungsklage zu erheben. Das Verfahren wird durch Vergleich unter Vereinbarung eines Räumungstermins beendet. Zwei Wochen vor dem vereinbarten Räumungstermin beantragt der Mieter eine Räumungsfrist von drei Monaten, die das Gericht durch Beschluss gewährt.

2. Nach § 16 Abs. 1 GKG ist der Betrag des einjährigen Entgelts die Obergrenze für den Gebührenstreitwert (der Zuständigkeitsstreitwert bemisst sich im Übrigen nach § 8 ZPO, was bei Wohnraummietverhältnissen die Zuständigkeit der Amtsgerichte jedoch nicht berührt, § 23 Nr. 2 lit. a) GVG).

Umstritten ist jedoch, was als „Entgelt" zugrunde zu legen ist. Hierzu werden in der Rechtsprechung drei Auffassung vertreten: Das OLG Köln (ZMR 1998, 697), das LG Flensburg (WuM 1998, 44), das LG Münster (ZMR 1997, 146), das LG Leipzig (WuM 1996, 234) und das OLG Rostock (MDR 1994, 628) legen die Nettokaltmiete zugrunde, während das OLG Düsseldorf (ZMR 1998, 692), das LG Kiel (WuM 1998, 45), das LG Berlin (GE 1993, 861) und das OLG Hamm (ZMR 1995, 359) die Bruttomiete als streitwertbestimmend ansehen; die hiermit übereinstimmende Entscheidung des OLG München (GE 1999, 44) ist ein „Ausreißer", die Münchener Praxis folgt der dritten Ansicht, wonach die Bruttomiete unter Abzug der verbrauchsabhängigen Kosten anzusetzen ist. Dieser Auffassung folgen auch der BGH (BGHZ 18, 168), das LG Saarbrücken (MDR 1994, 316), das LG Halle (WuM 1994, 531) und das LG Frankfurt a.M. (WuM 1993, 470).

3. Vereinzelt umstritten ist, ob mit einer außergerichtlichen Kündigung und nachfolgend beauftragter Räumungsklage eine (= dieselbe) Angelegenheit i. S. d. § 13 Abs. 2 S. 1 BRAGO gegeben ist, mit der Folge, dass die Geschäftsgebühr für die außergerichtliche Tätigkeit auf die Prozessgebühr im Räumungsrechtsstreit angerechnet werden müsste, § 118 Abs. 2 BRAGO. Das Vorliegen einer Angelegenheit i. S. d. § 13 Abs. 2 S. 1 BRAGO setzt kumulativ voraus, dass ein einheitlicher Auftrag gegeben ist, der Rechtsanwalt in einem einheitlichen Rahmen tätig wird (z. B. Geltendmachung der Ansprüche zweier Auftraggeber in einem Forderungsschreiben, dann nur Erhöhung nach § 6 BRAGO; bei auftragsgemäßer Geltendmachung mit getrennten Schreiben für den jeweiligen Auftraggeber liegen auch zwei Angelegenheiten vor) und eine innere Zusammengehörigkeit (z. B. Vielzahl von Abmahnungen gegen verschiedene Konzernunternehmen wegen eines Wettbewerbsverstoßes) vorliegt. Hier fehlt es schon an einer einheitlichen Beauftragung, weswegen eine Anrechnung nach § 118 Abs. 2 BRAGO unterbleibt.

4. Der Pauschsatz kann – wie vorliegend – in jeder gebührenrechtlichen Angelegenheit gesondert gefordert werden.

Sofern jedoch eine einheitliche Angelegenheit vorliegt (und damit nach § 118 Abs. 2 BRAGO eine Anrechnung der Geschäftsgebühr auf die Prozessgebühr erfolgt, aber auch in anderen Anrechnungsfällen, z. B. §§ 20 Abs. 1 S. 3, 38 Abs. 1 S. 2, 39 S. 2, 132 Abs. 2 S. 2 BRAGO), kann der Pauschsatz gem. § 26 S. 2 BRAGO auch nur einmal in Ansatz gebracht werden („in derselben Angelegenheit [...] jedoch höchstens 20 Euro"). Dies hat zur Folge, dass der Pauschsatz aus dem Gebührenaufkommen berechnet wird, das nach Anrechnung zusätzlich verbleibt: Bei einem Gegenstandswert von EUR 1100,00 hat der Rechtsanwalt beispielsweise eine Geschäfts- und eine Verhandlungsgebühr verdient, die nachfolgende Klage wird jedoch zurückgenommen. Außergerichtlich hat der Rechtsanwalt 2x EUR 63,75 (also EUR 127,50), im Rahmen des gerichtlichen Verfahrens eine Prozessgebühr i. H. v. EUR 85,00 verdient. Die Geschäftsgebühr geht in der Prozessgebühr auf (§ 118 Abs. 2 BRAGO), ihm verbleiben also EUR 85,00 + EUR 63,75 (die Verhandlungsgebühr wird nicht angerechnet!) = EUR 148,75. Hieraus 15% sind rechnerisch EUR 22,31, weswegen die Deckelung auf EUR 20,00 greift.

5. Für den Wert des Räumungsfristantrags ist gem. § 16 Abs. 1 GKG das Entgelt für die Dauer der beantragten Räumungsfrist maßgeblich.

6. Sofern der Antrag über die Gewährung einer angemessenen Räumungsfrist (bei Räumungsvergleichen nach § 794a Abs. 1 ZPO, sonst nach § 721 ZPO) vor Schluss der mündlichen Verhandlung gestellt wird und das Gericht auch hierüber entscheidet, liegt eine einheitliche, nicht gesondert abrechnungsfähige Angelegenheit vor.

Entscheidet das Gericht jedoch nach Abschluss des Räumungsrechtsstreits oder wird ein Räumungsfristantrag nach Abschluss eines Räumungsvergleichs gestellt, liegt eine i. S. v. § 50 BRAGO gesonderte Angelegenheit vor. Da ein Satz von $^{5}/_{10}$ festgelegt wird, im Übrigen eine Rechtsgrundverweisung auf § 31 BRAGO gegeben ist, kann wegen § 32 BRAGO eine Kürzung der Prozessgebühr auf $^{5}/_{20}$, wegen § 33 Abs. 1 und 2 BRAGO eine Kürzung der Verhandlungsgebühr auf $^{5}/_{20}$ eintreten.

9. Abrechnung Verfügungsverfahren, Vergleich über die Hauptsache unter Einbeziehung anderer Gegenstände[1]

Streitwert Verfügungsverfahren: EUR 46.000,00
Streitwert Hauptsacheverfahren: EUR 98.000,00[2]

Satz	Gebührenart	Tatbestand	Wert	
$^{10}/_{10}$	Prozessgebühr	§§ 40 I, 31 I Nr. 1, 11 BRAGO	EUR 46.000,00	EUR 1.046,00
$^{3}/_{10}$	Vollziehungsgebühr	§§ 59 I, 57, 58 BRAGO[3]	EUR 46.000,00	EUR 313,80

Satz	Gebührenart	Tatbestand	Wert	
5/10	Prozessgebühr	§§ 31 I Nr. 1, 31 II, 11 BRAGO[4]	EUR 98.000,00	EUR 677,00
10/10	Verhandlungsgebühr	§§ 40 I, 31 I Nr. 2, 11 BRAGO	EUR 46.000,00	EUR 1.046,00
10/10	Beweisgebühr	§§ 40 I, 31 I Nr. 3, 11 BRAGO[5]	EUR 46.000,00	EUR 1.046,00
10/10	Vergleichsgebühr	§§ 23 I 3, 11 BRAGO	EUR 46.000,00	EUR 1.046,00
10/10	Vergleichsgebühr	§§ 23 I 3, 11 BRAGO[6]	EUR 98.000,00	EUR 1.354,00
	Auslagenpauschale	§ 26 S. 2 BRAGO		EUR 20,00
	Zwischensumme			EUR 6.548,80
	./. Geschäftsgebühr (Abmahnung)	§ 118 II 1 BRAGO	EUR 46.000,00	EUR 784,50
	./. Geschäftsgebühr (Abschlusserklärung)	§ 118 II 1 BRAGO[7]	EUR 98.000,00	EUR 1.015,50
	Zwischensumme			EUR 4.748,80
	Umsatzsteuer	§ 25 II BRAGO		EUR 759,81
	Gesamt			EUR 5.408,61

Anmerkungen

1. Der Rechtsanwalt erhält zunächst den Auftrag, einen wettbewerbsrechtlichen Unterlassungsanspruch (Wert: EUR 46.000,00) außergerichtlich durch Abmahnung durchzusetzen. Da eine Unterlassungserklärung nicht abgegeben wird, erwirkt er nach Auftragserweiterung eine einstweilige Verfügung und vollzieht diese. Danach erhält er den Auftrag zur außergerichtlichen Geltendmachung der Hauptsache. Nachdem die Abschlusserklärung nicht abgegeben wird, erhält der Rechtsanwalt den Auftrag zur Hauptsacheklage, in der sowohl der Unterlassungsanspruch als auch ein Schadensersatzanspruch (Wert: EUR 52.000,00) geltend gemacht werden. Nach Widerspruch und Beweisaufnahme wird der Schadensersatzanspruch im Verfügungsverfahrens mitverglichen.

2. Mehrere Gegenstände werden nach § 7 Abs. 2 BRAGO zusammengerechnet. Gegenstand ist das Recht oder Rechtsverhältnis, auf das sich die Tätigkeit des Rechtsanwalts auf Grund seines Auftrags (= i. d. R. Angelegenheit i. S. d. § 13 Abs. 2 S. 1 BRAGO) bezieht.

3. Die Vollziehungsgebühr gem. §§ 59 Abs. 1, 57 BRAGO für die Bewirkung der Parteizustellung des Verfügungsbeschlusses (bzw. des Verfügungsurteils) wird nach vielfach vertretener Ansicht unter Heranziehung von § 37 BRAGO unterschiedslos mit der Geschäfts- bzw. Prozessgebühr abgegolten.

Richtig ist das nur hinsichtlich des Prozessbevollmächtigten des Vollziehungsgegners: Die Vollziehung führt bei diesem zu einer Zustellung einer gerichtlichen Entscheidung im Rahmen eines Erkenntnisverfahrens, was wegen § 37 Nr. 7 BRAGO als Empfangnahme einer Entscheidung und ihrer Mitteilung an den Auftraggeber mit der Geschäftsbzw. Prozessgebühr abgegolten wird.

Für den Rechtsanwalt, der die Vollziehung betreibt, entsteht jedoch neben dieser Gebühr auch eine Vollziehungsgebühr (vgl. *Zöller-Vollkommer,* ZPO, 23. Aufl., § 922 Rn. 20 Anm. 2c und § 928 Rdn. 9): § 37 BRAGO ist eine inhaltliche Ausfüllung der Begriffe „Angelegenheit“ und „Rechtszug“ i. S. v. § 13 Abs. 2 BRAGO durch eine (nicht abschließende) Aufzählung von Beispielen, was alles zu einem Rechtszug gehört und was somit durch § 31 BRAGO abgegolten wird. Aus § 58 Abs. 1 BRAGO (der über § 59 BRAGO für das Vollziehungsverfahren gilt) folgt, dass es sich bei der Vollziehung um eine gegenüber dem Erkenntnisverfahren eigenständige Angelegenheit i. S. v. § 13 Abs. 2 S. 1 BRAGO handelt (in deren Rahmen einzelne Maßnahmen nur ausnahmsweise wiederum eine eigene Angelegenheit bilden können, § 58 Abs. 3 BRAGO). Dann kann § 37 BRAGO nicht herangezogen werden, der nur für die eine Angelegenheit (Erkenntnisverfahren) Anwendung findet, nicht jedoch für eine andere (Vollziehungsverfahren).

4. Da hinsichtlich des (zusammengerechneten, § 7 Abs. 2 BRAGO) Hauptsacheanspruchs lediglich eine Einigung der Parteien zu Protokoll gegeben wird, vermindert sich die diesbezügliche Prozessgebühr wegen § 32 Abs. 2 BRAGO auf $^{5}/_{10}$. § 13 Abs. 2 S. 1 BRAGO greift nicht ein, da Verfügungs- und Hauptsacheverfahren unterschiedliche Angelegenheiten sind (s. o.).

§ 13 Abs. 3 BRAGO kommt auch für die aus EUR 46.000,– angefallene Prozessgebühr für die Geltendmachung des Unterlassungsanspruchs als Hauptsacheanspruch im Rahmen des einstweiligen Verfügungsverfahrens nicht zur Anwendung: Zwar liegen unterschiedliche Gebührensätze vor, diese fallen im Hinblick auf den Unterlassungsanspruch jedoch nicht für Teile eines Gegenstands, sondern für denselben Gegenstand – allerdings im Rahmen unterschiedlicher Angelegenheiten – an.

5. Die Entstehung einer Beweisgebühr im einstweiligen Verfügungsverfahren ist selten; wegen § 34 Abs. 1 BRAGO fällt – wie sonst auch – eine Beweisgebühr nicht an, wenn Urkunden, insbesondere eidesstattliche Versicherungen (auch des Prozessbevollmächtigten) vorgelegt werden. Soweit das Gericht jedoch eine Partei, einen Prozessbevollmächtigten oder einen Dritten zur Glaubhaftmachung anhört, entsteht die Beweisgebühr.

Ob dies auch dann noch richtig ist, wenn der Prozessbevollmächtigte eine bereits schriftsätzlich anwaltlich versicherte Tatsache in der mündlichen Verhandlung nochmals wiederholt (oder eidesstattlich zu Protokoll versichert), ist zu bezweifeln: Formal liegt eine Beweisaufnahme vor. Richtigerweise wird man jedoch davon ausgehen müssen, dass keine Beweisgebühr entstanden ist, weil es eigentlich nur um eine Bezugnahme auf Schriftstücke gemäß § 137 Abs. 3 S. 1 ZPO geht.

6. Wie bei den Prozessgebühren liegen unterschiedliche Angelegenheiten i. S. d. § 13 Abs. 2 S. 1 BRAGO auch hinsichtlich der Vergleichsgebühren vor: Erledigt wird auf der einen Seite der Verfügungs-Unterlassungsanspruch, auf der anderen Seite der Hauptsache-Unterlassungs- und Schadensersatzanspruch. Damit fallen auch die Gebühren gesondert an.

Da über den Hauptsacheanspruch ein gesondertes gerichtliches Verfahren anhängig ist, fällt nur eine volle Gebühr an, § 23 Abs. 1 S. 3, 1. HS BRAGO.

Nach § 23 Abs. 2 BRAGO entsteht die Vergleichsgebühr bei einem bedingten oder widerruflichen Vergleich erst mit dem Zeitpunkt, in dem der Vergleich bindend wird. Wird ein vor einem Gericht geschlossener Vergleich, der nicht in diesem Verfahren rechtshängige Gegenstände beinhaltet, wirksam widerrufen, verdient der Rechtsanwalt zwar keine Vergleichsgebühr, wohl aber verbleibt ihm die halbe Prozessgebühr nach §§ 32 Abs. 2, 31 Abs. 1 Nr. 1 BRAGO.

7. Das Vorliegen (auch außergerichtlich) unterschiedlicher Angelegenheiten i. S. v. § 13 Abs. 2 S. 1 BRAGO hinsichtlich Abmahnung und Abschlussschreiben hat zur Folge, dass jeweils Geschäftsgebühren nach § 118 Abs. 1 Nr. 1 BRAGO entstehen, die gem. § 118 Abs. 2 BRAGO auf die jeweiligen Prozessgebühren des Verfügungs- und Hauptsacheverfahrens anzurechnen sind.

Aus einem Gegenstandswert von EUR 46.000,– ist hiernach eine $^{7,5}/_{10}$-Geschäftsgebühr für die Abmahnung, aus einem Gegenstandswert von EUR 98.000,– eine $^{7,5}/_{10}$-Geschäftsgebühr für das Abschlussschreiben entstanden; Abmahnung und Abschlussschreiben sind im Übrigen regelmäßig erforderlich, um der Gefahr eines sofortigen Anerkenntnisses (§ 93 ZPO) zu entgehen.

Der Mittelsatz von $^{7,5}/_{10}$ ist nach vordringender Auffassung überholt, weil das Wettbewerbsrecht als Sondermaterie die Berechnung des Höchstsatzes rechtfertigt (beispielsweise anerkannt im Bezirk des OLG Köln). Sofern jedoch bereits mit der Abmahnung/Abschlussschreiben für den Fall der Nichtabgabe der Unterlassungserklärung/Abschlusserklärung schon ein Klageauftrag erteilt war, entstehen nicht mehr die Rahmengebühren des § 118 Abs. 1 BRAGO, sondern eine reduzierte Prozessgebühr: Dann nämlich ist die Abmahnung bzw. das Abschlussschreiben lediglich eine die Klage vorbereitende Maßnahme gem. § 37 Nr. 1 BRAGO, weswegen bei Abgabe der Unterlassungs- bzw. Abschlusserklärung gem. §§ 32 Abs. 1, 31 Abs. 1 Nr. 1 BRAGO nur eine $^{5}/_{10}$-Gebühr erstattet verlangt werden kann.

Obwohl Amtsgerichte vereinzelt anders entscheiden, ist der Empfänger einer berechtigten Abmahnung bzw. eines Abschlussschreibens nach ganz h. M. erstattungspflichtig für die Anwaltskosten (bzgl. Abmahnung vgl. BGH WRP 1991, 578 [579]; *Baumbach/Hefermehl*, Wettbewerbsrecht, 23. Aufl., Einl. UWG Rdn. 554; bzgl. Abschlussschreiben vgl. BGH GRUR 1973, 384 [385]). Aus Berufsrecht soll aber bei Abmahnungen unter Rechtsanwälten zu folgern sein, dass eine Abmahnung für den abgemahnten Kollegen kostenfrei bleibt.

10. Abrechnung Prozessbevollmächtigter/Terminsvertreter nach Versäumnisurteil bei Vergleich über nicht rechtshängige Gegenstände[1]

Terminsvertreter:

Satz	Gebührenart	Tatbestand	Gegenstandswert	Betrag
$^{9,5}/_{10}$	Prozessgebühr	§§ 53 S. 1, 31 I Nr. 1, 6 I 2, 11BRAGO[2, 3]	EUR 64.000,00	EUR 1.066,85
$^{10}/_{10}$	Verhandlungsgebühr	§§ 31 I Nr. 2, 11 BRAGO[4]	EUR 6.000,00	EUR 338,00
$^{5}/_{10}$	Verhandlungsgebühr	§§ 31 I Nr. 2, 33 I 1, 11, 38 II BRAGO[5]	EUR 6.000,00	EUR 169,00
$^{15}/_{10}$	Vergleichsgebühr	§§ 23 I 1, 13 III, 11 BRAGO[6]	EUR 64.000,00	EUR 1.684,50
	Auslagenpauschale	§ 26 S. 2 BRAGO[7]		EUR 20,00
	Zwischensumme			EUR 3.278,35
	Umsatzsteuer	§ 25 II BRAGO		EUR 524,54
	Gesamt			EUR 3.802,89

Prozessbevollmächtigter:

Satz	Gebührenart	Tatbestand	Gegenstandswert	Betrag
$^{19}/_{10}$	Prozessgebühr	§§ 31 I Nr. 1, 6 I 2, 11 BRAGO[8]	EUR 6.000,00	EUR 642,20
$^{9,5}/_{10}$	Prozessgebühr	§§ 31 I Nr. 1, 32 II, 6 I 2, 11 BRAGO[9]	EUR 58.000,00	EUR 1.066,85
$^{10}/_{10}$	Verhandlungsgebühr	§§ 31 I Nr. 2, 33 III 2, 11 BRAGO[10]	EUR 6.000,00	EUR 338,00
$^{3}/_{10}$	Verhandlungsgebühr	§§ 31 I Nr. 2, 33 I 1, 33 III 1, 11, 38 II BRAGO[11]	EUR 6.000,00	EUR 101,40
$^{15}/_{10}$	Vergleichsgebühr	§§ 23 I 1, 13 III, 11 BRAGO[12]	EUR 64.000,00	EUR 1.684,50
	Auslagenpauschale	§ 26 S. 2 BRAGO		EUR 20,00
	Kopien (79)	§ 27 I Nr. 3, II BRAGO i. V. m. Ziff. 9000 Nr. 1 Anl. 1 GKG[13]		EUR 29,35
	Dateien (3)	§ 27 I Nr. 4, II BRAGO i. V. m. Ziff. 9000 Nr. 2 Anl. 1 GKG[14]		EUR 7,50
	Übersetzung (35 Zeilen Fachtext)	§§ 670, 675 BGB i. V. m. § 17 III ZSEG[15]		EUR 105,00
	Fahrtkosten (760 km)	§ 28 II Nr. 1 BRAGO[16]		EUR 205,20
	Parkgebühren	§ 28 II Nr. 1 BRAGO		EUR 2,00
	Trinkgeld	§ 28 II Nr. 1 BRAGO[17]		EUR 4,60
	Abwesenheit (15 Std.)	§ 28 III 1, 1. HS BRAGO		EUR 56,00
	Zwischensumme			EUR 4.262,60
./.	Geschäftsgebühr (netto)	§ 118 II 1 BRAGO[18]		EUR 875,16
	Zwischensumme			EUR 3.387,44
	Umsatzsteuer	§ 25 II BRAGO[19]		EUR 541,99
	Gesamt			EUR 3.929,43

Anmerkungen

1. Nach bereits abgerechneter vorgerichtlicher Tätigkeit (Geschäfts- und Verhandlungsgebühr) ohne Klageauftrag über einen Gegenstandswert von EUR 64.000,– erhält der Prozessbevollmächtigte durch die Erbengemeinschaft A, B, C und D später den Auftrag zur Erhebung einer Teilklage über EUR 6.000,–. Aufgrund der Entfernung zum Streitgericht wird ein unterbevollmächtigter Terminsvertreter eingeschaltet. Es ergeht Versäumnisurteil im schriftlichen Verfahren. Nach Einspruch wird durch die im Termin auftragsgemäß zusammen anwesenden Unterbevollmächtigten und Prozessbevollmächtigten streitig über die Teilklage verhandelt, dann ein Gesamtvergleich über den rechtshängigen und in Höhe von EUR 58.000,– nicht rechtshängigen Teil geschlossen.

2. Eine Erbengemeinschaft besteht aus mehreren natürlichen Personen und stellt eine Auftraggebermehrheit i.S.v. § 6 BRAGO dar. Nach unrichtiger Auffassung tritt keine Erhöhung ein, wenn ein bereits durch den Erblasser beauftragter Rechtsanwalt durch die Erbengemeinschaft nach erfolgter Unterbrechung (§§ 239, 249 ZPO) gebeten wird, den Prozess fortzuführen. Es kommt für die Anwendung des § 6 BRAGO allein darauf an, für wie viele Personen der Rechtsanwalt auftragsgemäß tätig wird.

Ob jedoch ein Unterbevollmächtigter mehrere Auftraggeber hat, hängt davon ab, ob er allein durch den Prozessbevollmächtigten (dann keine Erhöhung) oder durch die Mandanten, i.d.R. vertreten durch den Prozessbevollmächtigten (dann Erhöhung), beauftragt worden ist.

Auch die Gebühr des § 53 BRAGO ist erhöhungsfähig. § 53 BRAGO enthält trotz des Wortlauts „erhält [...] eine halbe Prozessgebühr“ keinen festen Gebührensatz. Mit „Prozessgebühr“ i.S.v. § 6 Abs. 1 S. 2 BRAGO ist jedoch nicht allein § 31 Abs. 1 Nr. 1 BRAGO gemeint, sondern jede Gebühr, die das Gesetz als Prozessgebühr bezeichnet, weswegen auch die $^{5}/_{10}$-Prozessgebühr des § 53 BRAGO eine Erhöhung erfährt.

Nach § 6 Abs. 1 S. 2 2. HS erhöht sich nicht durchweg der Gebührensatz um $^{3}/_{10}$ (rechnerisch ist dies immer nur bei vollen Gebühren der Fall), Bezugspunkt für eine Erhöhung ist der Gebührenbetrag, hier eine $^{5}/_{10}$-Gebühr aus EUR 6.000,–, also EUR 561,50. $^{3}/_{10}$ aus EUR 561,50. So ergibt sich eine Erhöhung um EUR 168,45 je Auftraggeber, bei drei Auftraggebern also EUR 505,35. Der Gesamtbetrag von EUR 1.066,85 entspricht umgerechnet $^{9,5}/_{10}$ einer vollen Gebühr.

3. Auch dann, wenn hinsichtlich der in den Vergleich eingegangenen weiteren EUR 58.000,– lediglich eine Einigung der Parteien zu Protokoll gegeben wurde und diesbezüglich eine Reduzierung der Prozessgebühr nach § 32 Abs. 2 BRAGO einträte, verbleibt es allein bei der nach § 53 BRAGO reduzierten Prozessgebühr. § 32 BRAGO ist dann nicht anwendbar, wenn – wie bei § 53 BRAGO – eine Ermäßigung der vollen Gebühr auf Grund des geringeren Umfangs der Tätigkeit des Rechtsanwalts schon vorgenommen wurde. Da somit ein einheitlicher Gebührensatz gegeben ist, unterbleibt auch eine gesonderte Berechnung der Prozessgebühr im Hinblick auf die Teilwerte (EUR 6.000,– und EUR 58.000,–) nach § 13 Abs. 3 BRAGO.

4. § 53 S. 1 BRAGO muss nicht zitiert werden, weil dieser keine Verweisung auf § 31 Abs. 1 Nr. 2 bzw. Nr. 4 BRAGO enthält, sondern diese Gebührentatbestände nur klarstellend erwähnt.

5. Wegen der Säumnis der Gegenseite erhält der Terminsvertreter eine wegen § 33 Abs. 1 S. 1 BRAGO reduzierte Verhandlungsgebühr, die ihm nach Einspruch und erneuter Verhandlung auch verbleibt, § 38 Abs. 2 BRAGO.

6. Hier führt die Anwendung des § 13 Abs. 3 BRAGO dazu, dass die an und für sich aus EUR 6.000,– gem. § 23 Abs. 1 S. 3 BRAGO verdiente $^{10}/_{10}$-Vergleichsgebühr vollständig in der Höchstsatz-Gebühr gem. § 23 Abs. 1 S. 1 BRAGO aus dem Gesamtwert aufgeht ($^{15}/_{10}$ aus EUR 58.000,– + $^{10}/_{10}$ aus EUR 6000,– wird beschränkt auf $^{15}/_{10}$ aus EUR 64.000,–).

7. Ab einem Gebührenvolumen von EUR 133,32 und Anwendung des § 11 Abs. 2 S. 2 BRAGO greift die Obergrenze des Pauschsatzes von EUR 20,–.

8. § 6 Abs. 1 S. 2, 3. HS BRAGO, wonach mehrere Erhöhungen den Betrag zweier Gebühren nicht überschreiten dürfen, kann leicht mißverstanden werden. Mit der Vorschrift nicht gemeint ist eine absolute Gebührenbetragsgrenze in Höhe einer $^{20}/_{10}$-Gebühr, sondern eine Obergrenze für den Umfang der Erhöhung. Bei einer $^{10}/_{10}$-Ausgangsgebühr darf die erhöhte Gesamtgebühr (relevant bei mehr als sechs Auftraggebern) den Betrag einer $^{30}/_{10}$-Gebühr nicht übersteigen. Ist daher die Ausgangsgebühr niedriger, wird die Erhöhungsgrenze bei entsprechend zahlreicheren Auftraggebern erreicht, beispielsweise bei einer $^{5}/_{10}$-Ausgangsgebühr erst bei mehr als 13 Auftraggebern.

9. Da der nicht streitig verhandelte Teil von EUR 58.000,– durch den Vergleich als Einigung in das Protokoll aufgenommen wurde, fällt nur eine reduzierte (gleichwohl nach § 6 BRAGO erhöhungsfähige, vgl. Anm. 2) Prozessgebühr an. Diese – bzw. eine Geschäftsgebühr – fällt im Übrigen immer an, wenn auch eine Vergleichsgebühr entstanden ist, da die Vergleichsgebühr als reine Erfolgsgebühr immer eine gebührenauslösende allgemeine Verfahrenstätigkeit des Rechtsanwalts erfordert.

10. Eine „eigene" Verhandlungsgebühr fällt an, wenn der Prozessbevollmächtigte im Einverständnis mit den Mandanten die mündliche Verhandlung zusammen mit dem Terminsbevollmächtigten wahrnimmt und streitig verhandelt. Allerdings erhält er keinesfalls mehr als diese volle Gebühr, da die $^{5}/_{10}$-Gebühr des § 33 Abs. 3 S. 1 BRAGO für die Übertragung der mündlichen Verhandlung auf einen Kollegen vollständig in der selbst verdienten Verhandlungsgebühr aufgeht. Die Anrechnung erfolgt im Übrigen auch, wenn der Prozessbevollmächtigte den Termin zwar wahrnimmt, aber nicht streitig verhandelt: In diesem Fall erhält er von vornherein nur die $^{5}/_{10}$-Verhandlungsgebühr des § 33 Abs. 2 BRAGO, bei der es wegen § 33 Abs. 3 S. 2 BRAGO auch verbleibt, der Prozessbevollmächtigte also dasselbe verdient, was er ohnehin über § 33 Abs. 3 S. 1 BRAGO allein für die Übertragung der Vertretung in der mündlichen Verhandlung erhalten hätte.

11. Über § 33 Abs. 3 S. 1 BRAGO nimmt der Prozessbevollmächtigte auch an der dem Terminsvertreter wegen des Säumnistermins gesondert zustehenden Verhandlungsgebühr zur Hälfte teil. Rechnerisch ergäbe sich eine $^{2,5}/_{10}$-Gebühr, nach § 33 Abs. 3 S. 1, 2. HS BRAGO erhält der Prozessbevollmächtigte jedoch mindestens eine $^{3}/_{10}$-Gebühr.

12. Zur Gebührenbegrenzung durch § 13 Abs. 3 BRAGO vgl. Anm. 6.

13. Keiner Zustimmung bedürfen gemäß § 27 Abs. 1 Nr. 1 und 2 BRAGO gefertigte Kopien, bezüglich außerhalb dieser Voraussetzungen gefertigter Kopien muss das Einverständnis des Mandanten vorliegen. Es ist daher ratsam, den Mandanten schon bei Auftragserteilung zu befragen, ob er die Fertigung u.U. notwendig werdender zusätzlicher Ablichtungen wünscht. Für die Höhe der Pauschale verweist § 27 Abs. 2 BRAGO auf Ziff. 9000 Nr. 1 Anlage 1 GKG, wonach für die ersten 50 Seiten je Seite EUR 0,50, für jede weitere Seite EUR 0,15 anzusetzen sind.

14. Neu ist die Ersatzfähigkeit für die Überlassung elektronisch gespeicherter Dateien, anstelle von Ablichtungen nach § 27 Abs. 1 Nr. 2 und 3 BRAGO. Ungeachtet der Größe und Anzahl der hierdurch abgebildeten Einzeldokumente wie des Übertragungswegs sind je Datei EUR 2,50 ansatzfähig. Ein praktischer Anwendungsbereich ist gegeben für eingescannte Dokumente, die als Grafikdatei mittels E-Mail-Anhang oder per Post auf einer CD-ROM bzw. DVD verschickt werden, aber auch für Textverarbeitungs- bzw. „pdf"-Dateien. Die Pauschale wird jedoch nur selten angemessen sein: Sie ist viel zu niedrig für eine große Datei (die u.U. erst noch durch den Zwischenschritt des Einscannens erstellt werden muss) auf einem vergleichsweise teuren Datenträger (DVD/CD-ROM) und viel zu hoch für eine Textverarbeitungsdatei, die per E-Mail verschickt wird.

15. Eine nicht gesondert zu vergütende Anwaltstätigkeit ist gegeben, wenn der Rechtsanwalt bei der Beauftragung durch einen fremdsprachigen Mandanten dieselben Aufgaben wie bei einem deutschsprachigen Mandanten wahrnimmt. Keine Anwalts-, sondern eine Übersetzertätigkeit liegt vor, wenn der Rechtsanwalt beispielsweise Schriftsätze des Gegners oder Verlautbarungen des Gerichts in die Sprache des Mandanten übersetzt. Diese ist nach § 17 ZSEG zu vergüten. Umgekehrt kann der Rechtsanwalt bei Nichtbeherrschung der Fremdsprache erforderliche Dokumente übersetzen lassen und diese Auslagen vom Mandanten ersetzt verlangen.

16. Die Vergütung für die Benutzung des eigenen Kraftfahrzeugs ist nunmehr pauschal auf EUR 0,27/km festgelegt worden. Durch den Mandanten zu bezahlen sind die notwendigen, tatsächlich gefahrenen km von der Kanzlei bis zum Ziel und zurück. Zweckmäßigere, aber etwas längere Routen dürfen voll berechnet werden. Nach Errechnung der Gesamtkilometer angefangene km werden auf volle km aufgerundet.

Der Rechtsanwalt darf das für ihn bequemste und zeitlich günstigste Verkehrsmittel wählen und muss sich grundsätzlich nicht vorrechnen lassen, dass ein öffentliches Verkehrsmittel billiger gewesen wäre. Nur bei besonders großen Entfernungen und im Vergleich zu öffentlichen Verkehrsmitteln unverhältnismäßig hohen Kosten bedarf die Benutzung des eigenen Kraftfahrzeugs einer zusätzlichen Rechtfertigung (z.B. das Fahrzeug wird am Zielort für längere Zeit benötigt, Zeitersparnis). Fehlt diese, sind die Fahrtkosten nur bis zur Grenze der Kosten für ein im Wesentlichen hinsichtlich Zeitaufwand, Verfügbarkeit und Flexibilität vergleichbares öffentliches Verkehrsmittel ersatzfähig.

17. Auch andere zur Erreichung des Zwecks der Geschäftsreise notwendige Aufwendungen (z.B. Beförderungskosten für Akten und Geräte, Gepäckaufbewahrung, Kurtaxe, Reiseversicherung usw.) sind als Nebenkosten zu erstatten.

18. Zunächst waren aus einem Gegenstandswert von EUR 64.000,00 eine durch die drei Auftraggeber erhöhte Geschäfts- und Verhandlungsgebühr angefallen. Bei einem Ausgangssatz von $^{7,5}/_{10}$ beträgt die Erhöhung je Auftraggeber $^{22,5}/_{100}$, insgesamt ist also jeweils eine $^{142,5}/_{100}$ Gebühr i.H.v. EUR 1600,28 angefallen. Der Rechtsanwalt hat zunächst EUR 3.200,56 zzgl. Auslagen (diese – auch der Pauschsatz – fallen in jeder gebührenrechtlichen Angelegenheit an) und Umsatzsteuer verdient. Zur Anrechnung gebracht wird ausschließlich eine in einer Prozessgebühr ganz oder teilweise aufgehenden Geschäftsgebühr, die Verhandlungsgebühr verbleibt dem Rechtsanwalt endgültig.

Eine Anrechnung nach § 118 Abs. 2 S. 1 BRAGO erfolgt zunächst in Bezug auf die gerichtlich geltend gemachten EUR 6.000,–: Eine erhöhte $^{7,5}/_{10}$-Gebühr (= $^{142,5}/_{100}$) aus diesem Wert ergibt EUR 481,65, diese werden von der erhöhten vollen Prozessgebühr von EUR 642,20 in Abzug gebracht.

Eine weitere Anrechnung ist bezüglich der erhöhten halben Prozessgebühr aus EUR 58.000,– (= EUR 1.066,85) vorzunehmen. Dies geschieht dadurch, indem der Satz der erhöhten Geschäftsgebühr letztlich halbiert wird: Da eine prozessuale Tätigkeit nur im Umfang einer halben Gebühr gegeben war, kann im Ergebnis auch nur eine hälftige Anrechnung der außergerichtlichen Gebühr erfolgen. § 118 Abs. 2 BRAGO will nicht den Gebührensatzunterschied zwischen außergerichtlicher Tätigkeit (i.d.R. $^{7,5}/_{10}$) und prozessualer Tätigkeit (i.d.R. $^{10}/_{10}$) abschöpfen, sondern eine außergerichtliche Tätigkeit, soweit sie sich in einem gerichtlichen Verfahren wiederfindet. Die Rechnung sieht also wie folgt aus: $^{5}/_{10}$ (= entspricht dem Umfang der gerichtlichen Tätigkeit) × $^{142,5}/_{100}$ (= erhöhte Geschäftsgebühr, s.o.) aus EUR 58.000,– = EUR 800,14. Insgesamt anrechnen lassen muss sich der Rechtsanwalt daher EUR 481,65 + EUR 800,14 = EUR 1.281,79.

Dieser Ansatz berücksichtigt aber nicht, dass der Rechtsanwalt tatsächlich nicht jeweils eine erhöhte $^{7,5}/_{10}$-Gebühr aus EUR 6.000,– und EUR 58.000,– (zusammen im Betrag EUR 2081,93) verdient hat, sondern nur eine erhöhte $^{7,5}/_{10}$-Gebühr aus EUR 64.000,00 (und damit nur EUR 1.600,28). Hieraus folgt: Bei der Anrechnung auf Teilstreitwerte ist die Gebührendegression zu neutralisieren. Dies erfolgt dadurch, indem die tatsächlich verdienten EUR 1600,28 hinsichtlich des Streitwerts von EUR 6000,– zu $^{6}/_{64}$ (= EUR 150,03) und hinsichtlich des Streitwerts von EUR 58.000,– zu $^{58}/_{64}$ angerechnet werden (letztere Gebühr nur zur Hälfte, s.o., im Betrag also EUR 725,13). Insgesamt muss sich der Rechtsanwalt nur EUR 875,16 seiner Geschäftsgebühr anrechnen lassen, der Rest verbleibt ihm neben den gerichtlichen Gebühren.

19. Umsatzsteuerpflichtig sind alle Auslagen, da sie nach § 25 Abs. 3 i.V.m. §§ 26–28 BRAGO zur gesetzlichen Vergütung des Rechtsanwalts gehören.

11. Kostenfestsetzung nach § 19 BRAGO

**An das
Landgericht München I
– Zivilkammer –
Postfach**

80316 München

Aktenzeichen:

In Sachen

**......
Prozessbevollmächtigter: ......**

gegen

**......
Prozessbevollmächtigter: ......**

bitte ich, gemäß § 19 BRAGO die vom Kläger an den Unterzeichner nach § 19 BRAGO zu zahlenden Kosten wie folgt festzusetzen:

......

Ich bitte auszusprechen, dass der festzusetzende Betrag von der Einreichung des Gesuchs an mit 5% über dem Basiszinssatz zu verzinsen ist[2].

Das Mandatsverhältnis zum Kläger ist durch meine Kündigung des Anwaltsvertrages vom ...... – in Fotokopie in der Anlage – beendet. Der Kläger hat trotz mehrfachen Bitten keinen Kostenvorschuss bezahlt. Mit der Kündigung des Mandats habe ich die in Fotokopie anliegende Kostenrechnung an den Kläger übersandt.

Rechtsanwalt

Anmerkungen

1. Die Festsetzung der Gebühren nach § 19 BRAGO gegen den Auftraggeber ist nur für die gesetzliche Vergütung und erst nach Fälligkeit möglich. Diese tritt gemäß § 16 BRAGO mit der Beendigung des Auftrags ein. Spätestens gleichzeitig mit dem Antrag nach § 19 BRAGO muss eine den Vorschriften des § 18 BRAGO entsprechende Kostenberechnung eingereicht werden (vgl. *Gerold/Schmidt/v. Eichen/Madert* BRAGO § 19 Rdn. 24). Wenn der Mandant außerhalb des Gebührenrechts liegende Einwendungen erhebt (oder evtl. schon erhoben hat), wird die Festsetzung abgelehnt und der Anwalt muss den Gebührenanspruch ggf. einklagen.

Erst dann hat er auch ein Rechtsschutzbedürfnis für die Klage. Der Anwalt muss auf das Honorar Umsatzsteuer zahlen. Die vom Mandanten geleistete Umsatzsteuer kann er nicht als Vorsteuer abziehen *(Gerold/Schmidt/v. Eichen/Madert* BRAGO 12. Auflage § 19 Rdn. 16)

Sofern der Mandant auf die Kosten des Anwalts teilweise Zahlungen geleistet hat, ist dies im Kostenfestsetzungsgesuch anzugeben. Bereits getilgte Beträge sind nach § 19 Abs. 1 S. 2 BRAGO abzusetzen.

Sollte der Mandant nach Fälligkeit des Honoraranspruchs nach § 18 BRAGO Teilzahlungen vor Festsetzung der Kosten geleistet haben, hat der Rechtsanwalt mangels näherer Bestimmung die Möglichkeit, die Teilzahlung gemäß § 367 Abs. 1 BGB zunächst einmal auf – auch den Satz von 4% übersteigende – Verzugszinsen zu verrechnen und dann erst auf seine Vergütung, wenn der Auftraggeber dagegen im Kostenfestsetzungsverfahren keine Einwendungen erhebt.

2. Die Verzinsung der Gebührenforderung gegen den eigenen Mandanten wird auch im Rahmen des § 19 BRAGO nur auf Antrag ausgesprochen (vgl. *Gerold/Schmidt/ v. Eichen/Madert* BRAGO § 19 Rdn. 39). Sie richtet sich bei zivilprozessualen Verfahren nach § 19 Abs. 2 S. 3 BRAGO i. V. m. § 104 Abs. 1 S. 2 ZPO.

B. Mahnverfahren[1]

1. Antrag auf Erlass eines Mahnbescheides durch das Amtsgericht[2–5]

Antragsformular siehe Seite 30.

Schrifttum: Holch, Geändertes Mahnverfahren – neue Vordrucke, NJW 1991, 3177; *Salten,* Vordruckzwang und Formularwechsel, MDR 1995, 668; *ders.,* Zuständigkeiten im Mahnverfahren, MDR 1995, 448; *ders.,* Vorsicht: Kostenfalle im Mahnverfahren, MDR 1997, 612; *ders.,* Probleme bei Widerspruch und Einspruch im Mahnverfahren MDR 1998, 885; *ders.,* Die Bezeichnung der Hauptforderung im Mahnverfahren, MDR 1998, 1144; *Bracker,* Nochmals: Die Kosten im Mahnverfahren, MDR 1998, 139; *Wielgoß,* Prozeßkostenhilfe für das Mahnverfahren, NJW 1991, 2070; *Gureck,* Bedrucken von Mahnbescheiden mit Laser- und Tintenstrahldrucker, NJW 1998, 1457; *Zinke,* Streitfragen im Mahnverfahren, NJW 1983, 1081; *Fischer,* Antragsrücknahme im Mahnverfahren, MDR 1994, 124; *Liebheit,* Erledigung der Hauptsache im Mahnverfahren – Rücknahme eines Streitantrags, NJW 2000, 2235; *Fischer,* Antragsrücknahmen im Mahnverfahren und ihre Folgen, MDR 1994, 124; *ders.,* Problemausschnitte bei Zahlung des Schuldners im Laufe des Mahnverfahrens, MDR 1997, 706; *Nierwetberg,* Die Anhängigkeit im Mahnverfahren – maßgeblicher Zeitpunkt im Sinne des § 14 II RPflEntlG, NJW 1993, 3247; *Rudolph,* Verzugsschaden nach § 11 I VerbrKrG und gerichtliches Mahnverfahren, MDR 1996, 1; *Einhaus,* Die internationale Reichweite des deutschen Mahnverfahrens im Anwendungsbereich des EuGVÜ, AnwBl. 2000, 557; *Wagner,* Verfahrensrechtliche Probleme im Auslandsmahnverfahren, RIW 1995, 89; *K. Schmidt,* Mahnverfahren für Fremdwährungsforderungen, NJW 1989, 65; *Hök,* Das grenzüberschreitende Mahnverfahren, und das neue Anerkennungs- und Vollstreckungsausführungsgesetz, MDR 1988, 186; *Pfennig,* Zur Vorwirkung bei „Demnächst"-Zustellungen im Ausland, NJW 1989, 2172.

Anmerkungen

1. Das Mahnverfahren empfiehlt sich für die gerichtliche Geltendmachung von Zahlungsansprüchen in EUR, die voraussichtlich nicht bestritten werden. Es hat in der Zivilrechtspflege außerordentliche Bedeutung; pro Jahr werden in der Bundesrepublik mehr als 6.000.000 Mahnbescheide beantragt. Davon führen ca. 80% zu einem Vollstreckungsbescheid. Vorteile des Mahnverfahrens: Es führt schneller zu einem Titel, da es keine mündliche Verhandlung erfordert; es ist billiger als das Klageverfahren, da nur eine halbe Gerichtsgebühr erhoben wird (KV Nr. 1100) und zudem auch bei Streitwerten über EUR 5.000,– kein Anwaltszwang besteht; es ist einfacher, da nur ein Formular auszufüllen ist. Im Übrigen vermeidet der Gläubiger den Umweg über das Güteverfahren, soweit es nach Landesrecht gem. § 15 a EGZPO eingeführt ist; diese Ausnahme gilt sowohl für das Mahnverfahren selbst (§ 15 a Abs. 1 EGZPO) als auch für die Durchführung des streitigen Verfahrens (§ 15 a Abs. 2 Nr. 5 EGZPO), und unter Umständen auch dann, wenn die Klage im Streitverfahren erweitert wird (AG Halle NJW 2001, 2099). Unzulässig ist das Mahnverfahren in den folgenden fünf Fällen:

a) Der Anspruch beruht auf einem Verbraucherdarlehen nach §§ 491 ff. BGB mit einem Zinssatz von mehr als 12% über dem Basiszinssatz (§ 688 Abs. 2 Nr. 1).

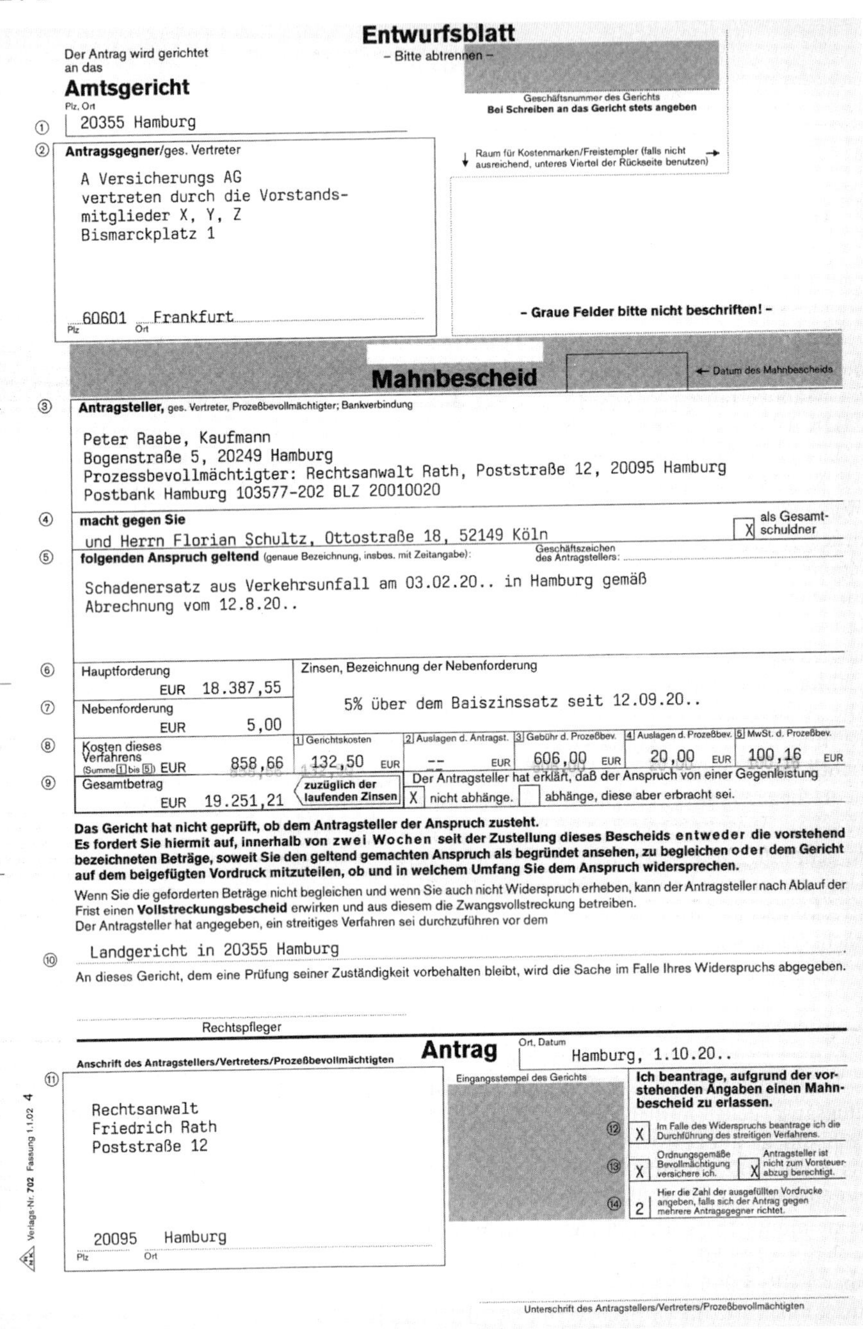

Entwurfsblatt
– Bitte abtrennen –

Der Antrag wird gerichtet an das
Amtsgericht
Plz, Ort
① 20355 Hamburg

Geschäftsnummer des Gerichts
Bei Schreiben an das Gericht stets angeben

② **Antragsgegner**/ges. Vertreter
A Versicherungs AG
vertreten durch die Vorstands-
mitglieder X, Y, Z
Bismarckplatz 1
Plz 60601 Ort Frankfurt

Raum für Kostenmarken/Freistempler (falls nicht ausreichend, unteres Viertel der Rückseite benutzen)

– Graue Felder bitte nicht beschriften! –

Mahnbescheid ← Datum des Mahnbescheids

③ **Antragsteller,** ges. Vertreter, Prozeßbevollmächtigter; Bankverbindung
Peter Raabe, Kaufmann
Bogenstraße 5, 20249 Hamburg
Prozessbevollmächtigter: Rechtsanwalt Rath, Poststraße 12, 20095 Hamburg
Postbank Hamburg 103577-202 BLZ 20010020

④ **macht gegen Sie**
und Herrn Florian Schultz, Ottostraße 18, 52149 Köln — [X] als Gesamtschuldner

⑤ **folgenden Anspruch geltend** (genaue Bezeichnung, insbes. mit Zeitangabe): Geschäftszeichen des Antragstellers:
Schadenersatz aus Verkehrsunfall am 03.02.20.. in Hamburg gemäß
Abrechnung vom 12.8.20..

⑥ Hauptforderung EUR 18.387,55 — Zinsen, Bezeichnung der Nebenforderung: 5% über dem Baiszinssatz seit 12.09.20..
⑦ Nebenforderung EUR 5,00

⑧ Kosten dieses Verfahrens (Summe 1 bis 5) EUR	1 Gerichtskosten	2 Auslagen d. Antragst.	3 Gebühr d. Prozeßbev.	4 Auslagen d. Prozeßbev.	5 MwSt. d. Prozeßbev.
858,66	132,50 EUR	-- EUR	606,00 EUR	20,00 EUR	100,16 EUR

⑨ Gesamtbetrag EUR 19.251,21 — zuzüglich der laufenden Zinsen — Der Antragsteller hat erklärt, daß der Anspruch von einer Gegenleistung [X] nicht abhänge. [ ] abhänge, diese aber erbracht sei.

Das Gericht hat nicht geprüft, ob dem Antragsteller der Anspruch zusteht.
Es fordert Sie hiermit auf, innerhalb von zwei Wochen seit der Zustellung dieses Bescheids entweder die vorstehend bezeichneten Beträge, soweit Sie den geltend gemachten Anspruch als begründet ansehen, zu begleichen oder dem Gericht auf dem beigefügten Vordruck mitzuteilen, ob und in welchem Umfang Sie dem Anspruch widersprechen.
Wenn Sie die geforderten Beträge nicht begleichen und wenn Sie auch nicht Widerspruch erheben, kann der Antragsteller nach Ablauf der Frist einen **Vollstreckungsbescheid** erwirken und aus diesem die Zwangsvollstreckung betreiben.
Der Antragsteller hat angegeben, ein streitiges Verfahren sei durchzuführen vor dem
⑩ Landgericht in 20355 Hamburg
An dieses Gericht, dem eine Prüfung seiner Zuständigkeit vorbehalten bleibt, wird die Sache im Falle Ihres Widerspruchs abgegeben.

Rechtspfleger

Antrag Ort, Datum: Hamburg, 1.10.20..

Anschrift des Antragstellers/Vertreters/Prozeßbevollmächtigten
⑪ Rechtsanwalt
Friedrich Rath
Poststraße 12
Plz 20095 Ort Hamburg

Eingangsstempel des Gerichts

Ich beantrage, aufgrund der vorstehenden Angaben einen Mahnbescheid zu erlassen.
⑫ [X] Im Falle des Widerspruchs beantrage ich die Durchführung des streitigen Verfahrens.
⑬ [X] Ordnungsgemäße Bevollmächtigung versichere ich. [X] Antragsteller ist nicht zum Vorsteuerabzug berechtigt.
⑭ 2 Hier die Zahl der ausgefüllten Vordrucke angeben, falls sich der Antrag gegen mehrere Antragsgegner richtet.

Verlags-Nr. 702 Fassung 1.1.02 4

Unterschrift des Antragstellers/Vertreters/Prozeßbevollmächtigten

b) Der Anspruch hängt noch von einer Gegenleistung ab (Vorleistung oder Zug-um-Zug-Leistung, nicht: Vorleistung des Antragsgegners), § 688 Abs. 2 Nr. 2 ZPO.
c) Der Mahnbescheid müsste öffentlich zugestellt werden, § 688 Abs. 2 Nr. 3 ZPO. Stellt sich dies erst nach Einleitung des Mahnverfahrens heraus, ist nach wohl überwiegender Meinung (OLG Frankfurt MDR 1987, 64 mwN., *Zöller/Vollkommer* § 688 Rdn. 8, aA. OLG Hamm, MDR 1999, 1523) eine Abgabe an das Streitgericht möglich, vor dem dann Klage zu erheben ist; auf diese Weise wird erreicht, dass der Kostenvorschuss nicht verloren ist und die Verjährung mit Einreichung des Mahnantrags nach § 167 Abs. 2 ZPO (bis 1. 7. 2002 nach § 693 Abs. 2 ZPO) gehemmt wird.
d) Der Anspruch geht auf Zahlung in ausländischer Währung, § 688 Abs. 1 ZPO, also nicht auf Zahlung in EURO. Der Gläubiger kann aber eine Fremdwährungsschuld für das Mahnverfahren in EURO umrechnen, auch dann wird die Verjährung durch Zustellung des Mahnbescheids unterbrochen (BGH NJW 1988, 1964).
e) Der Mahnbescheid müsste im Ausland zugestellt werden, § 688 Abs. 3 ZPO. Das Mahnverfahren kann dennoch eingeschlagen werden, wenn das Annerkennungs- und Vollstreckungsausführungsgesetz vom 19. 2. 2001 (AVAVG, BGBl. I, 288, abgedruckt bei *Zöller/Geimer* Anh. III) dies vorsieht. Nach § 32 AVAVG findet das Mahnverfahren statt, wenn die Zustellung in einem anderen Vertrags- und Mitgliedsstaat erfolgen muss. In diesem Fall kann der Anspruch auch auf Zahlung in ausländischer Währung gehen. Vertrags- und Mitgliedsstaaten sind die Länder des EuGVÜ, seit dem 1. 3. 2002 verdrängt durch die Verordnung (EG) Nr. 44/2001 (EuGVVO, *Zöller/Geimer* Anh. I), die Länder des Lugano-Übereinkommens vom 16. 9. 1988 (LugÜ, *Zöller/Geimer* Anh. I) sowie Israel. Damit kann ein Mahnbescheid, neben der Bundesrepublik, in folgenden Ländern zugestellt werden: Belgien, Dänemark, Finnland, Frankreich, Griechenland, Großbritannien, Irland, Island, Italien, Luxemburg, Niederlande, Norwegen, Österreich, Portugal, Schweden, Schweiz, Spanien sowie Israel. Das Mahnverfahren ist aber nicht zulässig für Ansprüche, die dem Haager Unterhaltsübereinkommen unterliegen (§ 39 AVAVG). Zu Besonderheiten des Verfahrens bei der Zustellung im Ausland vgl. *Zöller/Vollkommer* § 688 Rdn. 10 und BGH NJW 1999, 1871.

Das Mahnverfahren ist nicht zu empfehlen, wenn zu erwarten ist, dass der Gegner Widerspruch einlegt; Mahnverfahren und Überleitung in das streitige Verfahren sind umständlicher als die Verfahrenseinleitung durch Klagerhebung. Ist also mit einem Widerspruch zu rechnen, sollte gleich Klage erhoben werden, es sei denn, der Gläubiger will das nach Landesrecht vorgeschaltete Güteverfahren vermeiden.

2. Das Mahnverfahren ist auch für Ansprüche gegeben, die zur sachlichen Zuständigkeit der Arbeitsgerichte gehören. Hierfür ist ein spezieller an das Arbeitsgericht zu richtender Vordrucksatz zu benutzen (VO zur Einführung von Vordrucken für das arbeitsgerichtliche Mahnverfahren vom 15. 12. 1977, BGBl. I S. 2625). Zu den Abweichungen gegenüber §§ 688 ff. ZPO vgl. § 46 a ArbGG. Auch Zahlungsansprüche nach § 43 Abs. 1 WEG können im Wege des Mahnverfahrens geltend gemacht werden (§ 46 a WEG, auch hier gelten einige Abweichungen zu den §§ 688 ff. ZPO).

3. Die Benutzung des amtlichen Vordrucksatzes ist nach § 703 c Abs. 2 ZPO zwingend vorgeschrieben Ein per Telefax übermittelter Mahnantrag ist unzulässig (LG Hagen NJW 1992, 2036). Die Nichtbeachtung des Formularzwangs oder die Wahl eines falschen Formulars machen den Antrag unzulässig. Für das konventionelle, nicht maschinelle Mahnverfahren gilt die VO zur Einführung von Vordrucken für das Mahnverfahren vom 6. 5. 1977, BGBl. I, 693 i. d. F. der VO vom 17. 7. 1991, BGBl. I, 1547, geändert durch Art. 8 Abs. 4 Kostenrechtsänderungsgesetz 1994 v. 24. 6. 1994 mit Wirkung zum 1. 1. 1995, BGBl. I, 1362 und durch Art. 7 ZPO-ReformG v. 27. 7. 2001, BGBl. I, 1887. Für die in § 703 b ZPO vorgesehene maschinelle Bearbeitung des Mahnverfahrens durch das Gericht ist ein besonderer Vordruck eingeführt worden (VO vom 6. 6. 1978, BGBl. I S. 705; geändert durch VO v. 17. 7. 1991, BGBl. I, 1557 und Art. 8

Abs. 5 KostenRÄndG 1994). Die Vordrucke für das konventionelle Mahnverfahren müssen als Durchschreibsatz verwendet werden (AG Hamburg NJW 1997, 874). Die Automation ist inzwischen in den meisten OLG-Bezirken der alten Länder eingeführt, so

c) für Baden-Württemberg zentral beim AG Stuttgart,
d) für Bayern beim AG Coburg und AG Nürnberg,
e) für Berlin beim AG Wedding,
f) für Bremen beim AG Bremen,
g) für Hamburg beim AG Hamburg-Mitte,
h) für Hessen beim AG Hünfeld,
i) für Niedersachsen beim AG Hannover,
j) für Nordrhein-Westfalen beim AG Hagen und AG Euskirchen,
k) für Rheinland-Pfalz beim AG Mayen.,

jeweils für mehrere LG-Bezirke (vgl. *Baumbach/Lauterbach/Albers/Hartmann* § 703c Rdn. 5).

Bei diesen Mahngerichten ist zum Teil auch noch die konventionelle Bearbeitung möglich, zum Teil nur noch die maschinelle Bearbeitung. Die Zuständigkeitskonzentration erfasst auch Auslandsmahnverfahren nach § 703d ZPO (BGH NJW 1993, 2752). Soweit Firmen mit umfangreichem Inkasso ihrerseits das Mahnverfahren im Wege der maschinellen Datenverarbeitung betreiben wollen, ist dies im Rahmen der genannten Verordnungen möglich. Schwierigkeiten ergeben sich sowohl in Hinblick auf den zu verwendenden Durchschreibesatz als auch, bei maschineller Bearbeitung nach § 689 Abs. 1, 3 ZPO, in Zusammenhang mit der Datenübertragung. Hierzu sollten insbesondere Großantragsteller Vereinbarungen über den Datenträgeraustausch oder eine Onlineübertragung treffen. Zum genauen Stand der Konzentration, der maschinellen Bearbeitung und der Vordrucke in den einzelnen Ländern hat das Bundesjustizministerium ein Merkblatt entwickelt, das dort abgefordert werden kann.

4. Soll der Mahnbescheid in einem der Mitglieds- oder Vertragsstaaten nach § 1 AVAVG (vgl. Anm. 1c) zugestellt werden, ist die Benutzung des Vordrucksatzes zwar nicht vorgeschrieben, aber zweckmäßig. Allerdings sind in der Zeile vor Nr. ⑩ die Worte „in Ihrem allgemeinen Gerichtsstand“ zu streichen, die Zuständigkeit des deutschen Gerichts (zB. Unfallort gemäß § 20 StVG, Erfüllungsort gemäß § 269 BGB, Vereinbarung gemäß § 38 ZPO, jeweils in Verbindung mit den Vorschriften des EuGVVO bzw. des jeweiligen Übereinkommens), ist kurz zu begründen. Auch für Mahnbescheide, die nach Art. 32 des Zusatzabkommens zum Nato-Truppenstatut vom 1. August 1959 (BGBl. 1961 II S. 1183, 1218) zuzustellen sind, sind Vordrucke nicht eingeführt.

5. Der Mahnantrag ist sorgfältig und vollständig auszufüllen. Der Rechtspfleger hat den Antrag auf offensichtliche Fehler und Unstimmigkeiten bei den gesetzlich geforderten Angaben zu überprüfen und ihre Richtigstellung zu veranlassen (BGH NJW 1984, 242; *Zöller/Vollkommer* § 690 Rdn. 23). Unvollständige oder ungenaue Angaben führen – in der Praxis häufig – zu Nachfragen des Mahngerichts, die den Erlass des Mahnbescheides erheblich verzögern oder die Zurückweisung des Antrages zur Folge haben.

Konventionelles Mahnverfahren (nicht maschinelle Bearbeitung):
Das Muster Seite 30 betrifft einen konventionellen Mahnantrag. Der Durchschreibesatz enthält ein amtliches Vorblatt mit Erläuterungen zur Ausfüllung des Vordruckes. Die folgenden Anmerkungen ergänzen die Hinweise des Vorblattes und folgen seiner Nummerierung:

Zu ①: Die Angabe des zuständigen Gerichts ist gemäß § 690 Abs. 1 Nr. 2 ZPO zu treffen. Ausschließlich zuständig ist das Amtsgericht, bei dem der Antragsteller seinen allgemeinen Gerichtsstand (§§ 13, 17, 18 ZPO) hat, § 689 Abs. 2 S. 1 ZPO; das gilt auch dann, wenn für den Anspruch ein anderer ausschließlicher Gerichtsstand gegeben ist. Ein vom unzuständigen Gericht erlassener Mahnbescheid ist wirkungslos, er kann nicht Grundlage eines Vollstreckungsbescheids sein (BGH NJW 1990, 1119); Abgabe oder Verweisung sind nicht möglich. Wurde die Forderung durch die Zweigniederlassung einer juristischen Person begründet, so ist allein der Sitz der Hauptniederlassung maßgeblich (BGH NJW 1978, 321). Hat der Antragsteller im Inland keinen allgemeinen Gerichtsstand, so ist das Amtsgericht Berlin-Schöneberg zuständig (§ 689 Abs. 2 S. 2 ZPO). Dies gilt auch dann, wenn eine ausländische Firma in der Bundesrepublik eine Zweigniederlassung hat (BGH NJW 1991, 110); anders nur bei Niederlassungen ausländischer Versicherungsgesellschaften (BGH NJW 1979, 1785). Hat auch der Antragsgegner keinen allgemeinen Gerichtsstand im Inland, so ist für das Mahnverfahren das Amtsgericht zuständig, das für das streitige Verfahren – z.B. als Ort der unerlaubten Handlung gem. § 32 ZPO – zuständig sein würde (§ 703d Abs. 2 ZPO, vgl. BGH NJW 1981, 2647). Gegenüber Antragsgegnern aus EG-Staaten gelten nach der EuGVVO besondere Zuständigkeitsregeln (vgl. *Zöller/Vollkommer* § 703d Rdn. 2). Gesamtgläubiger mit unterschiedlichem allgemeinen Gerichtsstand können in entsprechender Anwendung des § 35 ZPO wählen, bei welchem ihrer Gerichte das Mahnverfahren durchgeführt werden soll (BGH NJW 1978, 321).

Zu ②: Vgl. § 690 Abs. 1 Nr. 1 ZPO. Hinsichtlich der Bezeichnung des Antragsgegners gilt das Gleiche wie für die Bezeichnung des Beklagten in der Klageschrift. Wichtig ist, dass bei Inanspruchnahme mehrerer Personen je ein eigener Formularsatz ausgefüllt werden muss und das Mahnverfahren unterschiedlich verlaufen kann. Regelmäßig wird es sich um Gesamtschuldner handeln, was in dem vorgesehenen Kästchen zu vermerken ist.

Zu ③: Vgl. § 690 Abs. 1 Nr. 1 ZPO. Der Antragsteller ist so zu bezeichnen wie der Kläger in der Klageschrift. Reicht der vorgesehene Raum für die Bezeichnung der gesetzlichen Vertreter nicht aus, können sie auf der Rückseite der Blätter 1–5 des Vordrucksatzes eingedruckt werden (§ 1 Abs. 3 Nr. 2 der Verordnung vom 6. 5. 1977, BGBl. I S. 693). Mehrere Gläubiger können einen ihnen gemeinsam zustehenden Anspruch mit einem Vordrucksatz geltend machen.

Zu ④: Vgl. die Anm. zu ②. Liegt keine Gesamtschuld vor, sollte jede Teilschuld in getrennten Mahnverfahren geltend gemacht werden.

Zu ⑤: Vgl. § 690 Abs. 1 Nr. 3 ZPO. Der geltend gemachte Anspruch ist so genau zu bezeichnen, dass der Antragsgegner erkennen kann, welcher genaue Anspruch gegen ihn erhoben wird, und einem späteren Vollstreckungsbescheid entnommen werden kann, welchen konkreten Anspruch dessen Rechtskraft umfasst (BGH NJW 1992, 1111; 1994, 323, 324; 1996, 2153; 2002, 520). Eine Angabe des Rechtsgrundes, aus dem der Anspruch hergeleitet wird, ist nicht geboten (BGH NJW 1991, 43, 44). Haupt- und Nebenforderungen sind gesondert und einzeln zu bezeichnen (§ 690 Abs. 1 Nr. 3 ZPO), Nebenforderungen dürfen also nicht einfach der Hauptforderung zugeschlagen werden. Umstritten ist die Frage, in welchen Grenzen der Rechtspfleger eine sachliche Prüfung des Anspruches vornehmen kann (vgl. BGH NJW 1981, 875). Der Antragsteller wird jedoch nicht damit rechnen können, dass der Rechtspfleger bei einem erkennbar nicht gegebenen oder zweifelhaften Anspruch einen Mahnbescheid erlässt; an geltend gemachten Inkassokosten hat die Rspr. mehrfach Anstoß genommen (OLG Karlsruhe NJW-RR 1987, 15; OLG Düsseldorf JZ 1987, 887; LG Stuttgart RPfleger 1989, 246; vgl. *Zöller/Vollkommer* § 691 Rdn. 1b m.w.N.). Offensichtliche Irrtümer kann der Rechtspfleger von Amts wegen berichtigen (BGH NJW 1984, 242), er ist aber bei automatisiertem Mahnverfahren nicht verpflichtet, Fehler von Hand zu korrigieren (LG Stuttgart NJW-RR 1994, 1280). In der Praxis führen insbesondere unberechtigte Nebenforderungen zu Zwischenverfügungen und Zurückweisungen, und zwar notwendig des gesamten Antrags (§ 691 Abs. 1 Nr. 2 ZPO).

Besondere Angaben sind für Ansprüche aus Verbraucherdarlehen nach §§ 491ff. BGB erforderlich (vgl. § 690 Abs. 1 Nr. 3 ZPO und die besonderen Ausfüllhinweise). Dem

Rechtspfleger obliegt die Prüfung, ob der Zinssatz mehr als 12% über dem Basiszinssatz liegt; dann hätte er den Antrag zurückzuweisen. Wegen des aufwändigeren Prüfungsverfahrens mag für solche Ansprüche die Erhebung einer Klage vorzuziehen sein (vgl. *Bülow* NJW 1991, 133).

Zu ⑥: Hier ist der genaue Betrag, bei mehreren Einzelposten ihre Summe, anzugeben. Ein unbezifferter Zahlungsantrag kann im Mahnverfahren nicht gestellt werden.

Zu ⑦: Bei höheren vorgerichtlichen Kosten, zB. wegen Inanspruchnahme eines Inkassoinstituts, empfiehlt sich ein erläuternder Hinweis in Feld Nr. ⑤.

Zu ⑧: An Gerichtskosten entsteht $^1/_2$ Gebühr (KV Nr. 1100). Der Mahnbescheid wird erst nach Zahlung des vom Antragsteller zu ermittelnden Betrages erlassen. Die Zahlung des Gerichtskostenvorschusses entfällt, wenn dem Antragsteller Prozesskostenhilfe bewilligt wurde (§ 65 Abs. 7 Nr. 1 GKG). Ein solcher Antrag kann auch für das Mahnverfahren gestellt werden; die Prüfung der Erfolgsaussicht durch den Rechtspfleger beschränkt sich hierbei auf die Frage, ob der Mahnbescheid auf Grund der Angaben im Antrag zu erlassen ist, der Anspruch selbst wird nicht geprüft (vgl. *Thomas/Putzo* Rdn. 12 vor § 688). Angesichts der Schwierigkeiten, die mit der Einleitung des Mahnverfahrens für einen Rechtsunkundigen verbunden sind, sollte auch die Beiordnung eines Rechtsanwalts möglich sein (aA. *Thomas/Putzo* aaO.). Die Höhe der Gebühr des Prozessbevollmächtigten ergibt sich aus § 43 BRAGO iVm. der Tabelle (Anlage zu § 11 BRAGO). Vertritt der Prozessbevollmächtigte mehrere Antragsteller (z.B. Eheleute), kann er die erhöhte Gebühr nach § 6 Abs. 1 BRAGO verlangen und mit dem Mahnbescheid geltend machen (vgl. *Gerold/Schmidt* BRAGO § 6 Rdn. 31).

Zu ⑨: Vgl. § 690 Abs. 1 Nr. 4 ZPO. Falls der Anspruch von einer noch nicht erbrachten Gegenleistung abhängig ist, also eine Zug-um-Zug-Verurteilung erfolgen müsste, ist das Mahnverfahren nicht zulässig.

Zu ⑩: Vgl. § 690 Abs. 1 Nr. 5 ZPO. Hier ist das sachlich (§ 23 GVG) und örtlich (§§ 13, 17, 18 ZPO) zuständige Gericht einzutragen. Ist das Landgericht zuständig, ist zu überlegen, ob der Anspruch vor die Kammer für Handelssachen gehört (vgl. Form. I. D. 2 Anm. 2), und das ggf. hinzuzufügen; ein entsprechender Antrag kann noch in der Anspruchsbegründung nachgeholt werden, allerdings nur in der Frist nach § 697 Abs. 1 ZPO (vgl. OLG Nürnberg Rpfleger 1995, 369; *Zöller/Vollkommer* § 690 Rdn. 18). Besteht ein ausschließlicher Gerichtsstand (zB. im Fall des § 29a ZPO), sollte das betreffende Gericht eingetragen werden; andernfalls droht eine Weiterverweisung mit späterer Kostenbelastung nach § 281 Abs. 3 S. 2 ZPO. Besteht ein besonderer oder vereinbarter Gerichtsstand und will der Antragsteller den Rechtsstreit nicht am Wohnsitzgericht des Antragsgegners führen, muss er bereits jetzt das zuständige andere Gericht bezeichnen. Nach Abgabe hat er keine Möglichkeit mehr, durch eine Weiterverweisung an das Gericht des besonderen oder vereinbarten Gerichtsstandes zu gelangen; er hat sein Wahlrecht nach § 35 ZPO verbraucht (BGH NJW 1993, 1273). Eine Ausnahme besteht nur für den Fall, dass beide Parteien übereinstimmend die Abgabe an ein anderes Gericht verlangen (§ 696 Abs. 1 S. 1, § 700 Abs. 3 S. 1 ZPO). Hat der Antragsteller offenkundig (§ 291 ZPO) missbräuchlich ein unzuständiges Gericht bezeichnet, zB. sein Wohnsitzgericht, liegt ein Grund vor, den Antrag zurückzuweisen; vorher ist ihm Gelegenheit zur Nachbesserung zu geben (§ 691 Abs. 1 S. 2 ZPO).

Bei Antragsgegnern mit unterschiedlichem Wohnsitz oder Sitz können unterschiedliche Gerichte zu bezeichnen sein. Meistens wird es jedoch einen gemeinsamen besonderen Gerichtsstand, zB. am Erfüllungsort, am Ort der unerlaubten Handlung oder des Verkehrsunfalls geben. Im Ausgangsfall konnte also der Antragsteller im Mahnantrag gegen den Versicherer und gegen den Kfz-Halter jeweils das Landgericht, in dessen Bezirk sich der Unfall ereignete, als Gericht des besonderen Gerichtsstand bezeichnen.

Zu ⑪: Hier ist der Antragsteller noch einmal unter seiner genauen Postanschrift anzugeben, damit ihm der Vordruck für den Vollstreckungsbescheidsantrag zugeleitet werden kann.

Zu ⑫: Vgl. § 696 Abs. 1 ZPO. Das streitige Verfahren wird nur auf Antrag durchgeführt, der regelmäßig bereits hier gestellt wird. Davon sollte der Antragsteller jedoch in Hinblick auf Kostennachteile absehen, die ihm nach der Praxis einiger Mahngerichte entstehen, wenn der Antragsgegner noch im Mahnverfahren zahlt und deshalb Widerspruch einlegt. Zwar kann der Antrag bis zum Beginn der mündlichen Verhandlung des Gegners zur Hauptsache zurückgenommen werden (§ 696 Abs. 4 ZPO) und, falls erforderlich, später erneut gestellt werden (OLG Düsseldorf MDR 1981, 766). Wenn aber Widerspruch eingelegt wird, hat der Antrag zur Folge, dass die dreifache Gebühr nach KV 1201 entsteht (*Salten* MDR 1997, 613; *Hartmann* KV 1210 Rdn. 5). Auch bei einer Rücknahme des Antrages oder des Widerspruchs vor Abgabe ermäßigt sich die Gebühr nur auf 1,0, nicht auf 0,5 (vgl. *Zöller/Vollkommer* Rdn. 20 vor § 688; OLG Düsseldorf NJW-RR 1998, 1077; OLG Bamberg JurBüro 1998, 653; aA. OLG München NJW-RR 1999, 944; OLG Stuttgart MDR 1999, 634; OLG Hamburg MDR 2001, 294; KG NJW-RR 2002, 432). In zahlreichen Fällen wurden Antragsteller mit einer halben Gebühr nachbelastet. Wird der Klageantrag erst in der Anspruchsbegründung reduziert, sollen die Gerichtskosten, wenn der Antrag auf Durchführung des streitigen Verfahrens vorher gestellt war, nach dem ursprünglichen Betrag zu berechnen sein (OLG Düsseldorf MDR 1997, 694). Auch deshalb empfiehlt es sich, den Antrag erst mit der Zahlung des weiteren Kostenvorschusses zu stellen.

Zu ⑬: Die Kästchen sind bei anwaltlicher Vertretung von Bedeutung.

Zu ⑭: Im Beispiel richten sich die Mahnanträge gegen zwei Antragsgegner; das ist hier kenntlich zu machen.

Maschinelles Mahnverfahren

Das Muster (Seite 36) gilt nur für die Gerichte, die das Mahnverfahren maschinell bearbeiten. Der Vordruck besteht aus einem zweiseitigen Formular mit einer Durchschrift, die beim Antragsteller verbleibt. Auf der Rückseite befinden sich Ausfüllhinweise, die unbedingt zu beachten sind. Da die ausgefüllten Vordrucke maschinell gelesen werden, ist es notwendig, die vorgegebenen Zeilen einzuhalten und deutlich zu schreiben, am besten mit Maschinenschrift. Andernfalls besteht die Gefahr des Datenverlustes. Der Antragsteller sollte um Vollständigkeit bemüht sein, um Rückfragen oder eine Zurückweisung des Antrags zu vermeiden. Im Übrigen sind im Wesentlichen die gleichen Punkte zu beachten wie bei der Ausfüllung des konventionellen Durchschreibesatzes. Es ergeben sich folgende Besonderheiten:

a) Der Vordruck unterscheidet auf Seiten der Antragsteller und der Antragsgegner zwischen natürlichen Personen und Firmen/juristischen Personen. Antragsteller können entweder zwei natürliche Personen oder eine Firma/juristische Person sein. Besondere Sorgfalt wird bei der Angabe des gesetzlichen Vertreters verlangt, zumal dessen Anschrift angegeben werden soll; hier genügt aber idR. die Firmenanschrift. Als besonders fehleranfällig hat sich die GmbH & Co.KG erwiesen; hier ist in Spalte 1 die KG, in Spalte 3 die Komplementär-GmbH und als gesetzlicher Vertreter deren Geschäftsführer einzutragen. Der Mahnbescheid kann mit dem Vordruck gegen zwei natürliche Personen, aber nur gegen eine juristische Person beantragt werden. Es ist also nicht möglich, eine GmbH & Co. KG und die Komplementär-GmbH mit dem Vordruck gemeinsam in Anspruch zu nehmen. Jedoch können weitere Antragsteller oder Antragsgegner auf einem gesonderten Blatt aufgeführt werden; dabei sollte sich der Antragsteller der Reihenfolge und Systematik des Vordrucks bedienen und das gesonderte Blatt fest mit dem Antrag verbinden.
b) Für die Bezeichnung der Hauptforderung enthalten die Hinweise zum Vordruck einen Katalog, der die in Frage kommenden Anspruchsgründe in Zahlen verschlüsselt. Die jeweilige Katalognummer ist in das vorgesehene Kästchen einzutragen, dazu zB. die Rechnung, die Rechnungsnummer und das Datum. Der Katalog ist nicht vollständig, sonstige Ansprüche können in der Zeile 36 eingetragen werden.

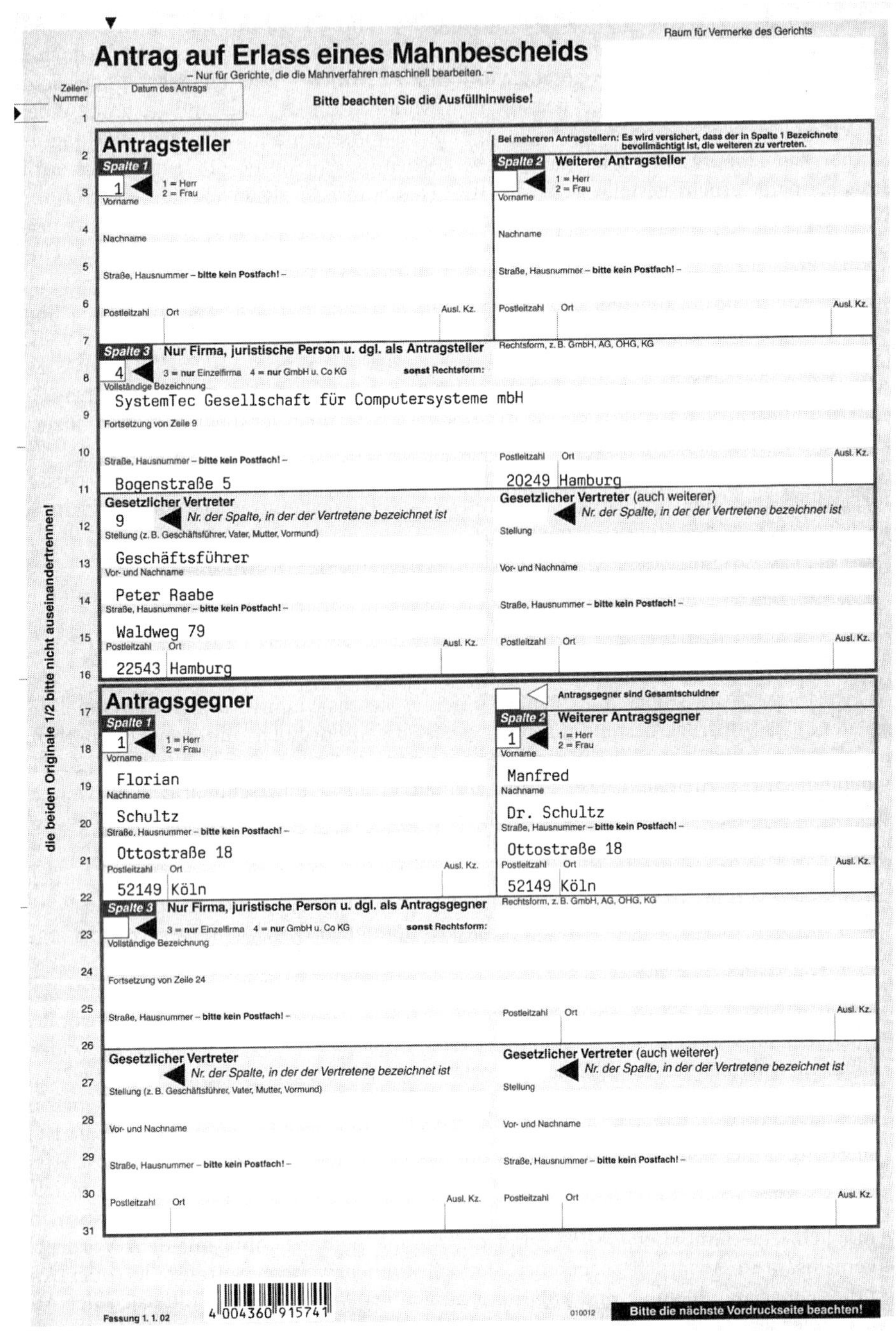

Raum für Vermerke des Gerichts

Antrag auf Erlass eines Mahnbescheids

– Nur für Gerichte, die die Mahnverfahren maschinell bearbeiten. –

Zeilen-Nummer

Datum des Antrags

Bitte beachten Sie die Ausfüllhinweise!

Antragsteller

Spalte 1
1 — 1 = Herr 2 = Frau
Vorname
Nachname
Straße, Hausnummer – **bitte kein Postfach!** –
Postleitzahl Ort Ausl. Kz.

Bei mehreren Antragstellern: Es wird versichert, dass der in Spalte 1 Bezeichnete bevollmächtigt ist, die weiteren zu vertreten.

Spalte 2 **Weiterer Antragsteller**
1 = Herr 2 = Frau
Vorname
Nachname
Straße, Hausnummer – **bitte kein Postfach!** –
Postleitzahl Ort Ausl. Kz.

Spalte 3 **Nur Firma, juristische Person u. dgl. als Antragsteller**
4 — 3 = **nur** Einzelfirma 4 = **nur** GmbH u. Co KG **sonst Rechtsform:**
Rechtsform, z. B. GmbH, AG, OHG, KG
Vollständige Bezeichnung
SystemTec Gesellschaft für Computersysteme mbH
Fortsetzung von Zeile 9
Straße, Hausnummer – **bitte kein Postfach!** –
Bogenstraße 5
Postleitzahl Ort Ausl. Kz.
20249 Hamburg

Gesetzlicher Vertreter
9 — *Nr. der Spalte, in der der Vertretene bezeichnet ist*
Stellung (z. B. Geschäftsführer, Vater, Mutter, Vormund)
Geschäftsführer
Vor- und Nachname
Peter Raabe
Straße, Hausnummer – **bitte kein Postfach!** –
Waldweg 79
Postleitzahl Ort Ausl. Kz.
22543 Hamburg

Gesetzlicher Vertreter (auch weiterer)
Nr. der Spalte, in der der Vertretene bezeichnet ist
Stellung
Vor- und Nachname
Straße, Hausnummer – **bitte kein Postfach!** –
Postleitzahl Ort Ausl. Kz.

Antragsgegner

Antragsgegner sind Gesamtschuldner

Spalte 1
1 — 1 = Herr 2 = Frau
Vorname
Florian
Nachname
Schultz
Straße, Hausnummer – **bitte kein Postfach!** –
Ottostraße 18
Postleitzahl Ort Ausl. Kz.
52149 Köln

Spalte 2 **Weiterer Antragsgegner**
1 — 1 = Herr 2 = Frau
Vorname
Manfred
Nachname
Dr. Schultz
Straße, Hausnummer – **bitte kein Postfach!** –
Ottostraße 18
Postleitzahl Ort Ausl. Kz.
52149 Köln

Spalte 3 **Nur Firma, juristische Person u. dgl. als Antragsgegner**
3 = **nur** Einzelfirma 4 = **nur** GmbH u. Co KG **sonst Rechtsform:**
Rechtsform, z. B. GmbH, AG, OHG, KG
Vollständige Bezeichnung
Fortsetzung von Zeile 24
Straße, Hausnummer – **bitte kein Postfach!** –
Postleitzahl Ort Ausl. Kz.

Gesetzlicher Vertreter
Nr. der Spalte, in der der Vertretene bezeichnet ist
Stellung (z. B. Geschäftsführer, Vater, Mutter, Vormund)
Vor- und Nachname
Straße, Hausnummer – **bitte kein Postfach!** –
Postleitzahl Ort Ausl. Kz.

Gesetzlicher Vertreter (auch weiterer)
Nr. der Spalte, in der der Vertretene bezeichnet ist
Stellung
Vor- und Nachname
Straße, Hausnummer – **bitte kein Postfach!** –
Postleitzahl Ort Ausl. Kz.

die beiden Originale 1/2 bitte nicht auseinandertrennen!

Fassung 1. 1. 02 4 004360 915741 010012 **Bitte die nächste Vordruckseite beachten!**

Bezeichnung des Anspruchs

I. Hauptforderung – siehe Katalog in den Hinweisen –

Katalog-Nr.	Rechnung/Aufstellung/Vertrag oder ähnliche Bezeichnung	Nr. der Rechng./des Kontos u. dgl.	Datum bzw. Zeitraum vom	bis	Betrag EUR
29	Abrechnung		12.8.20..		17.187,55
29	Schreiben		03.09.20..		1.200,00

Postleitzahl | Ort als Zusatz bei Katalog-Nr. 19, 20, 90 | Ausl. Kz. | Vertragsart als Zusatz bei Katalog-Nr. 28 — -Vertrag

Sonstiger Anspruch – nur ausfüllen, wenn im Katalog nicht vorhanden – mit Vertrags-/Lieferdatum/Zeitraum vom … bis …

Fortsetzung von Zeile 36 | vom | bis | Betrag EUR

Nur bei Abtretung oder Forderungsübergang:
Früherer Gläubiger – Vor- und Nachname, Firma (Kurzbezeichnung) | Datum | Seit diesem Datum ist die Forderung an den Antragsteller abgetreten/auf ihn übergegangen. | Postleitzahl | Ort | Ausl. Kz.

IIa. Laufende Zinsen

Zeilen-Nr. der Hauptforderung	Zinssatz %	oder % über Basiszinssatz	1 = jährl. 2 = mtl. 3 = tägl.	Betrag EUR nur angeben, wenn abweichend vom Hauptforderungsbetrag.	Ab Zustellung des Mahnbescheids, wenn kein Datum angegeben. ab oder vom	bis
		5%	1	17.187,55	13.09.20..	
		5%	1	1.200,00	03.10.20..	

IIb. Ausgerechnete Zinsen
Gemäß dem Antragsgegner mitgeteilter Berechnung für die Zeit vom | bis | Betrag EUR

III. Auslagen des Antragstellers für dieses Verfahren

Vordruck/Porto Betrag EUR	Sonstige Auslagen Betrag EUR	Bezeichnung
2,00		Formularkosten

IV. Andere Nebenforderungen

Mahnkosten Betrag EUR	Auskünfte Betrag EUR	Bankrücklastkosten Betrag EUR	Inkassokosten Betrag EUR	Sonstige Nebenforderung Betrag EUR	Bezeichnung
5,00					

Ein streitiges Verfahren wäre durchzuführen vor dem

[2] ◄ 1 = Amtsgericht, 2 = Landgericht, 3 = Landgericht – KfH, 6 = Amtsgericht – Familiengericht, 8 = Sozialgericht

in Postleitzahl Ort: 20355 Hamburg

[ ] ◁ Im Falle eines Widerspruchs beantrage ich die Durchführung des streitigen Verfahrens.

Prozessbevollmächtigter des Antragstellers

[1] ◄ 1 = Rechtsanwalt, 2 = Rechtsanwälte, 3 = Rechtsbeistand, 4 = Herr, Frau, 5 = Rechtsanwältin, 6 = Rechtsanwältinnen

Betrag EUR

Ordnungsgemäße Bevollmächtigung versichere ich.

Bei Rechtsanwalt oder Rechtsbeistand: Anstelle der Auslagenpauschale des § 26 BRAGO werden die nebenstehenden Auslagen verlangt, deren Richtigkeit versichert wird.

[ ] ◁ Der Antragsteller ist nicht zum Vorsteuerabzug berechtigt.

Vor- und Nachname: Friedrich Rath

Straße, Hausnummer – bitte kein Postfach! –: Poststraße 12

Postleitzahl: 20095 | Ort: Hamburg | Ausl. Kz.

Bankleitzahl: 20010020 | Konto-Nr.: 103577-202 | bei der/dem: Postbank Hamburg

Von **Kreditgebern (auch Zessionar)** zusätzlich zu machende Angaben bei Anspruch aus Vertrag, für den das Verbraucherkreditgesetz oder die §§ 491 bis 504 BGB gelten:

Zeilen-Nr. der Hauptforderung	Vertragsdatum	Effektiver Jahreszins	Zeilen-Nr. der Hauptforderung	Vertragsdatum	Effektiver Jahreszins	Zeilen-Nr. der Hauptforderung	Vertragsdatum	Effektiver Jahreszins

Geschäftszeichen des Antragstellers/Prozessbevollmächtigten

**An das
Amtsgericht
– Mahnabteilung –**

20355 Hamburg
Postleitzahl, Ort

Ich beantrage, einen Mahnbescheid zu erlassen und in diesen die Kosten des Verfahrens aufzunehmen.
Ich erkläre, dass der Anspruch von einer Gegenleistung

[ ] ◁ abhängt, diese aber bereits erbracht ist. [X] ◁ nicht abhängt.

Unterschrift des Antragstellers/Vertreters/Prozessbevollmächtigten

die beiden Originale 1/2 bitte nicht auseinandertrennen!

Fassung 1. 1. 02

Die im Vordruck vorgesehenen Rubriken sind nicht für alle Ansprüche geeignet; so zB. nicht für Rückforderungsansprüche aus längerer Vertragsbeziehung. Um der Rechtsprechung des BGH zur Hemmung der Verjährung bei ungenauer Bezeichnung (s. Anmerkung „Fristen und Rechtsmittel") Rechnung zu tragen, sollte ein solcher Anspruch nicht mit der Katalog-Nr. 37 bezeichnet werden, sondern in den Spalten 36 und 37 (sonstiger Anspruch) näher aufgeführt werden; bei Zweifeln ist zur Klage zu raten. Ähnliche Probleme können sich bei zusammengesetzten Ansprüchen ergeben, oder auch dann, wenn für den Anspruch noch keine endgültige Rechnung gelegt wurde, aber die Verjährung droht. Reicht der Raum für die Bezeichnung des Anspruchs nicht aus oder sollen mehr als drei Hauptforderungen geltend gemacht werden, kann der Antragsteller zur Ergänzung ein gesondertes Blatt benutzen; dieses Blatt ist fest mit dem Vordruck zu verbinden. Allerdings erfordert ein solches Zusatzblatt eine Bearbeitung durch das Mahngericht von Hand, was zu erheblichen Verzögerungen führen kann.

c) Haupt- und Nebenforderungen müssen auch hier gesondert und einzeln bezeichnet werden. Der Vordruck unterscheidet zwischen laufenden Zinsen und Zinsen, die als Betrag ausgerechnet werden; auch dieser Betrag ist gesondert auszuweisen, nicht zur Hauptforderung zu addieren.

d) Die Kosten des Prozessbevollmächtigten sind nicht einzutragen. Das geschieht durch das Mahngericht.

e) Die Unterschrift des Antragstellers oder seines Prozessbevollmächtigten ist zwingend erforderlich. Sie muss handschriftlich geleistet werden.

Kosten und Gebühren

Vgl. Anm. zu ⑧ und zu ⑫. Die im Mahnverfahren entstandene $^1/_2$ Gerichtsgebühr wird nach Überleitung in das streitige Verfahren angerechnet. Auch die Anwaltsgebühr für das Mahnverfahren wird auf die später entstehende Prozessgebühr angerechnet (§ 43 Abs. 2 BRAGO). Streitig war in der Rechtsprechung der Oberlandesgerichte, wann die Kosten des nur im Mahnverfahren tätigen Anwalts nach Abgabe an ein anderes Gericht und dadurch bedingtem Anwaltswechsel erstattungsfähig sind. Nach überwiegender Meinung kam es darauf an, ob der Antragsteller mit einem Widerspruch rechnen musste. Da seit 1. 1. 2000 die Postulationsfähigkeit nicht mehr von der Zulassung bei einem bestimmten Landgericht abhängt, kann der Anwaltswechsel nicht mehr mit fehlender Postulationsfähigkeit vor dem Streitgericht begründet werden. Daher ist fraglich, ob der Anwaltswechsel im Sinne von § 91 ZPO notwendig ist (dagegen OLG Brandenburg MDR 2001, 1135; OLG Düsseldorf Jur Büro 2001, 199; vgl. *Zöller/Herget* § 91 Rdn. 13 „Mahnverfahren").

Fristen und Rechtsmittel

Die Zustellung des Mahnbescheids wahrt Fristen und hemmt die Verjährung (§ 204 Abs. 1 Nr. 3 BGB). Diese Wirkung tritt nach § 167 ZPO (bis 1. 7. 2002 nach § 693 Abs. 2 ZPO) bereits mit der Einreichung des ordnungsgemäß ausgefüllten Mahngesuchs ein, vorausgesetzt dass dessen Zustellung demnächst erfolgt (hierzu BGH NJW 1995, 2230 u. 3380). Unbedingt erforderlich ist aber, dass der geltend gemachte Anspruch im Mahnantrag hinreichend individualisiert wird (vgl. die Beispiele BGH NJW 1992, 1111; 1994, 323, 324; 2002, 520), allerdings soll es genügen, einen Gesamtbetrag geltend zu machen, der später aufgegliedert wird (BGH NJW-RR 1996, 885); mehrere Einzelforderungen müssen aber hinreichend individualisiert werden (BGH MDR 2001, 346). Wird der Mahnantrag zurückgewiesen, tritt eine Hemmung nur ein, wenn innerhalb eines

Monats nach Zustellung des Beschlusses Klage eingereicht wird (§ 691 Abs. 2 ZPO). Im Übrigen gelten die gleichen Grundsätze wie bei Einreichung einer Klage (vgl. Form. I.D. 1 Anm. „Rechtsmittel und Fristen"; zur Auslandszustellung vgl. *Pfennig* NJW 1989, 2172). Anders als bei der Klageerhebung wird die Verjährung nicht schon durch Einreichung des Antrags beim unzuständigen Gericht gehemmt, es sei denn, dass er an das zuständige Gericht gerichtet war (BGH NJW 1990, 1368). Zu beachten ist auch, dass der Antragsteller nach Zustellung des Mahnbescheids nicht untätig sein darf: Die Hemmung endet, wenn das Mahnverfahren nach Widerspruch nicht betrieben wird (§ 204 Abs. 2 BGB, vgl. hierzu *Palandt/Heinrichs* § 204 Abs. 2 BGB; BGH MDR 1995, 1059); anders als nach früherem Recht entfällt die Hemmung nicht rückwirkend dadurch, dass kein Widerspruch eingelegt wird, der Antragsteller aber innerhalb der Frist des § 701 ZPO keinen Vollstreckungsbescheid beantragt. Ist eine Frist durch gerichtliche Geltendmachung zu wahren, sollte der Antragsteller unverzüglich die angeforderte Gerichtsgebühren einzahlen und die Anspruchsbegründung einreichen (vgl. BGH NJW 1991, 171 für die Konkursanfechtungsfrist).

Rechtsmittel bei Zurückweisung des Mahnantrags: sofortige Erinnerung des Antragstellers binnen einer Notfrist von zwei Wochen ab Zustellung des Beschlusses, § 11 Abs. 1 RPflG; im Ausnahmefall des § 691 Abs. 3 ZPO sofortige Beschwerde nach § 567 ZPO.

Bei Erlass des Mahnbescheids: einziger Rechtsbehelf des Antragsgegners ist der Widerspruch (Form. I.B. 2).

2. Widerspruch gegen Mahnbescheid[1,2]

Schrifttum: Fischer, Probleme bei Widerspruch und Einspruch im Mahnverfahren, MDR 1998, 885.

Anmerkungen

1. Das Beispiel betrifft einen Widerspruch im Mahnverfahren mit maschineller Bearbeitung. Zum Widerspruch im konventionellen Mahnverfahren s. Form. I.B.6.

Der Antragsgegner sollte auf den zugestellten Mahnbescheid reagieren, und zwar – je nach dem, ob er den Anspruch ganz oder teilweise für begründet hält – durch Zahlung oder Widerspruch. Andernfalls riskiert er einen Vollstreckungsbescheid, aus dem der Antragsteller sofort vollstrecken kann und durch den ihm weitere Kosten entstehen, insbesondere eine halbe Rechtsanwaltsgebühr gemäß § 43 Abs. 1 Nr. 3 BRAGO (im Ausgangsfall EUR 303,–); diese Kosten hätte er auch dann zu tragen, wenn er nach Einspruch gegen den Vollstreckungsbescheid den Rechtsstreit im Übrigen gewinnen sollte (§§ 700 Abs. 1, 344 ZPO). Zahlung oder Widerspruch müssen binnen 2 Wochen beim Antragsteller bzw. beim Gericht eingegangen sein; eine Fristüberschreitung ist allerdings unschädlich, wenn der Widerspruch noch eingeht, bevor der Vollstreckungsbescheid verfügt ist (§ 694 Abs. 1 ZPO; hierzu BGH NJW 1982, 888; 1983, 633). Ein vor Zustellung des Mahnbescheids eingelegter Widerspruch wird als wirkungslos angesehen (LG Oldenburg Rpfleger 1983, 117). Für die Überlegungen vor Einlegung des Widerspruchs sind zunächst die Hinweise auf der Rückseite der dem Antragsgegner zugestellten Ausfertigung des Mahnbescheids (Bl. 2 des Vordrucksatzes) zu beachten.

2. Mit dem Mahnbescheid wird dem Antragsgegner ein Vordruck zugestellt, der zweckmäßigerweise zur Einlegung des Widerspruchs benutzt werden sollte. Die Vordrucke unterscheiden sich, je nachdem ob der Mahnantrag maschinell oder konventionell bearbeitet wurde. Der Widerspruch kann allerdings auch auf andere Weise schriftlich oder zu

Mahnsache — Antragsteller: Vor- und Nachname/Firmenbezeichnung

Peter Meyerhof

gegen — Antragsgegner: Vor- und Nachname/Firmenbezeichnung

UMT Vertriebs GmbH

wegen

Zeilen-Nummer 1 — Datum des Widerspruchs | Geschäftsnummer des Amtsgerichts: 77 Bc 13587/XX

An das
Amtsgericht Hamburg
– Mahnabteilung –

22747 Hamburg

Hinweis für den Antragsgegner

Bitte überlegen Sie sorgfältig, ob Sie im Recht sind, und beachten Sie die Hinweise des Gerichts zum Mahnbescheid.

Widerspruch

Gegen den im Mahnbescheid geltend gemachten Anspruch erhebe ich Widerspruch.

2 [ ] Ich widerspreche dem Anspruch **insgesamt.**

3 [X] Ich widerspreche nur einem **Teil** des Anspruchs, und zwar

	der Hauptforderung wegen eines Teilbetrages von	den Zinsen	den laufenden Zinsen, soweit sie nachstehenden Zinssatz übersteigen	den Verfahrenskosten	den anderen Nebenforderungen wegen eines Betrages von
4	9.364,-- EUR einschließlich der auf diesen Teil der Hauptforderung entfallenden Zinsen und Verfahrenskosten.	[ ] insgesamt.	4 % jährlich	[ ] insgesamt.	EUR

Nur bei Änderung der Anschrift des Antragsgegners: Die Anschrift lautet richtig bzw. jetzt

5 Straße, Hausnummer – bitte kein Postfach! – | Postleitzahl | Ort | Ausl. Kz.

Gesetzlicher Vertreter des Antragsgegners Unterzeichnender erhebt den Widerspruch als gesetzlicher Vertreter des Antragsgegners.

6 Stellung (z. B. Geschäftsführer, Vater, Mutter, Vormund): Geschäftsführer | Straße, Hausnummer – bitte kein Postfach! –

7 Vor- und Nachname: Walter Gabriel | Postleitzahl | Ort | Ausl. Kz.

Prozessbevollmächtigter des Antragsgegners Unterzeichnender erhebt den Widerspruch als Prozessbevollmächtigter des Antragsgegners. **Ordnungsgemäße Bevollmächtigung wird versichert.**

8 [1] 1 = Rechtsanwalt, 2 = Rechtsanwälte, 3 = Rechtsbeistand, 4 = Herr, Frau, 5 = Rechtsanwältin, 6 = Rechtsanwältinnen

9 Vor- und Nachname: Dr. Andreas Ludwig

10 Straße, Hausnummer – bitte kein Postfach! –: Steinbauerstraße 12 | Postleitzahl: 50668 | Ort: Köln | Ausl. Kz.

11 Geschäftszeichen des Antragsgegners / Prozessbevollmächtigten

Bezeichnung des Absenders

Rechtsanwalt
Dr. Andreas Ludwig

12 **Unterschrift** des Antragsgegners bzw. seines ges. Vertreters oder Prozessbevollmächtigten

NWI1 /2 HH NWI1 /2R Fassung 1. 1. 02 blind

Bitte Hinweise zu diesem Vordruck beachten!

Protokoll der Geschäftsstelle des Mahngerichts erhoben werden (§§ 692 Abs. 1 Nr. 5, 694 ZPO). Die Vertretung durch einen Rechtsanwalt ist nicht erforderlich, auch wenn der Rechtsstreit später an das Landgericht abzugeben wäre. Der Antragsgegner kann den Widerspruch gem. § 697 Abs. 4 ZPO wieder zurücknehmen; dies hat zur Folge, dass der Antragsteller einen Vollstreckungsbescheid erwirken kann; für die Durchführung des streitigen Verfahrens fehlt dann das Rechtsschutzinteresse.

3. Wird nur wegen eines Teils des Anspruches Widerspruch eingelegt, muss der Antragsgegner damit rechnen, dass der Antragsteller wegen des übrigen Teils einen Vollstreckungsbescheid erwirkt; er sollte den nicht bestrittenen Teil der Fordeung zahlen, bevor ein solcher Antrag gestellt wird. Wichtig ist, dass der Widerspruch genau erkennen lässt, gegen welchen Teil des Hauptanspruches und der Nebenforderungen er sich richtet (vgl. BGH NJW 1983, 633); andernfalls wird der Widerspruch als unbeschränkt behandelt. Nimmt der Antragsteller mehrere Schuldner in Anspruch, zB. eine Gesellschaft und ihren Gesellschafter, muss deutlich werden, für wen der Widerspruch eingelegt wird (vgl. BGH MDR 2000, 1092).

4. Eine Begründung des Widerspruches ist nicht erforderlich. Sie kann allerdings zweckmäßig sein, um auf diesem Wege den Antragsteller auf Irrtümer in seiner Berechnung oder auf nicht berücksichtigte Zahlungen hinzuweisen. Allerdings enthält das Formular für den Widerspruch im maschinellen Verfahren keinen Raum für eine Begründung. Das Mahngericht prüft die Erheblichkeit der Widerspruchsbegründung nicht. Eine Begründung des Widerspruchs macht die spätere Erwiderung des Beklagten auf die Anspruchsbegründung im streitigen Verfahren nicht entbehrlich.

5. Der Antragsgegner kann im Widerspruch – oder auch später – seinerseits die Durchführung des streitigen Verfahrens beantragen (§ 696 Abs. 1 S. 1 ZPO). Dies empfiehlt sich, wenn der Antragsteller den Antrag nicht gestellt hat oder wenn er ein besonderes Interesse an einer schnellen Prozessführung hat, zB. wenn er einen Anscheinsbeweis widerlegen muss und sich hierbei auf Zeugen stützen will. Der Vordruck für das maschinelle Verfahren enthält allerdings keine Rubrik für diesen Antrag; er muss bei maschineller Bearbeitung gesondert gestellt werden.

6. Ein Widerspruch ohne Unterschrift wird als unwirksam angesehen (vgl. LG München NJW 1987, 1340; aA. *Zöller/Vollkommer* § 694 Rdn. 2; offen gelassen von BGH NJW 1987, 2588, 2589). Einlegung durch Telefax ist möglich.

Kosten und Gebühren

Der Rechtsanwalt erhält für die Erhebung des Widerspruches drei Zehntel der vollen, nach dem Widerspruchsbetrag zu berechnenden Gebühr (§ 43 Abs. 1 Nr. 2 BRAGO). Auch ein mit Gründen versehener Widerspruch löst keine höhere Gebühr aus. Beantragt der Rechtsanwalt zusätzlich die Abgabe an das Streitgericht zur Durchführung des streitigen Verfahrens – diesen Antrag kann auch der Antragsgegner stellen – oder verbindet er den Widerspruch mit einem Klageabweisungsantrag, soll ihm die volle Prozessgebühr zustehen (OLG Hamburg MDR 1994, 529; OLG Düsseldorf MDR 1993, 1247; *Hartmann* § 43 BRAGO Rdn. 15 m.w.N.). Die Widerspruchsgebühr wird auf die später entstehende Prozessgebühr angerechnet (§ 43 Abs. 2 BRAGO). Streitig ist die Frage, ob bei einem Anwaltswechsel die zusätzlich entstandene Widerspruchsgebühr erstattet wird, vgl. OLG München MDR 1993, 285; OLG Düsseldorf MDR 1995, 423; *Zöller/Herget,* § 91 Rdn. 13 „Mahnverfahren". Da der Anwaltswechsel nicht mehr durch die fehlende Zulassung am Streitgericht bedingt sein kann, dürfte die Frage eher zu verneinen sein als nach früherem Recht.

Fristen und Rechtsmittel

Will der Antragsgegner vermeiden, dass ein Vollstreckungsbescheid ergeht, muss er den Widerspruch binnen 2 Wochen nach Zustellung des Mahnbescheids einlegen. Der Widerspruch kann auch später noch erhoben werden, solange der Vollstreckungsbescheid nicht verfügt ist (§ 693 Abs. 1 S. 2 ZPO, vgl. Anm. 1). Ein danach eingelegter Widerspruch gilt als Einspruch gegen den Vollstreckungsbescheid (§ 693 Abs. 2 ZPO). Das gilt auch für einen rechtzeitigen Widerspruch, der vom Mahngericht übersehen wurde (BGH NJW 1983, 633). Bei Zustellung des Mahnbescheids im Ausland, aber im Geltungsbereich des AVAVG (vgl. Form. I.B.1. Anm. 1e), beträgt die Widerspruchsfrist nach § 32 Abs. 3 AVAVG einen Monat. Im Mahnverfahren vor dem Arbeitsgericht ist der Widerspruch binnen nur einer Woche einzulegen (§ 46a Abs. 3 ArbGG).

3. Antrag auf Erlass des Vollstreckungsbescheides[1, 2]

Schrifttum: vgl. zunächst die Hinweise zu Form. I.B.1.; *Börstinghaus u.a.*, Vollstreckungsbescheide über Partnerschaftsvermittlungshonorare, MDR 1995, 551; *Grün*, BGH und Zwangsvollstreckung aus „wucherähnlichem Vollstreckungsbescheid“, MDR 1991, 122.

Antragsformular siehe Seite 43.

Anmerkungen

1. Der Antrag ist regelmäßig an das Mahngericht zu richten, nicht an das Gericht, das für die Durchführung des streitigen Verfahrens zuständig ist. Es bestehen jedoch zwei Ausnahmen: Nimmt der Beklagte den Widerspruch zurück, nachdem der Rechtsstreit an das Prozessgericht abgegeben wurde (vgl. § 697 Abs. 4 ZPO) oder hatte der Beklagte nur hinsichtlich eines Teils Widerspruch eingelegt und ist der Rechtsstreit wegen dieses Teils abgegeben worden, so wird der Vollstreckungsbescheid vom Rechtspfleger des Prozessgerichts erlassen (§ 699 Abs. 1 S. 3 ZPO). In diesen Fällen kann der Vollstreckungsbescheid auch beim Landgericht zu beantragen sein. War das Gericht zum Erlass des Mahnbescheids unzuständig, kann es den Vollstreckungsbescheid nicht erlassen, aber die Mahnsache auch nicht verweisen; der Antragsteller muss dann beim zuständigen Mahngericht einen neuen Mahnbescheid beantragen (BGH MDR 1990, 222).

2. Der Antrag ist im konventionellen Verfahren mit dem ausgefüllten Formular Bl. 3 des Vordrucksatzes zu stellen (so das Beispiel Seite 43). Dieses Blatt wird dem Antragsteller mit der Zustellungsnachricht vom Mahngericht zurückgesandt. Im maschinellen Verfahren übersendet das Mahngericht dem Antragsteller mit der Zustellungsnachricht ein besonderes Formular, mit dem der Vollstreckungsbescheid zu beantragen ist. Es ist dem Antragsteller allerdings nicht verwehrt, in besonderen Fällen, etwa bei Verlust des Blattes oder wenn das Formular bereits für einen anderen Teil des Anspruchs benutzt wurde, den Antrag in anderer Form zu stellen; er muss dann aber die im Formular vorgesehenen Angaben enthalten, insbesondere die Erklärung, ob und welche Zahlungen auf den Mahnbescheid geleistet wurden (§ 699 Abs. 1 S. 2 ZPO). In jedem Fall ist der Antrag eigenhändig zu unterschreiben. Da der Vordruck Teil des Durchschreibesatzes ist, sind die meisten Angaben in ihm bereits enthalten. Vom Antragsteller sind jetzt noch die den Antrag auf Erlass eines Vollstreckungsbescheides betreffenden Felder ① bis ⑧ auszufüllen. Ausfüllhinweise hierzu finden sich auf der Rückseite des Blattes. Ergänzend ist auf folgendes hinzuweisen, wobei unterstellt wird, dass im Ausgangsfall kein Widerspruch eingelegt wurde:

Amtsgericht
Plz, Ort
20355 Hamburg

Geschäftsnummer des Gerichts
Bei Schreiben an das Gericht stets angeben

Datum des Vollstreckungsbescheids

Antragsgegner/ges. Vertreter
A Versicherungs AG
vertreten durch die Vorstandsmitglieder
X, Y, Z
Bismarckplatz 1

60601 Frankfurt
Plz Ort

Zustellungsnachricht an den Antragsteller.

In Ihrer Mahnsache ist dem Antragsgegner der Mahnbescheid an dem aus dem folgenden Vordruckteil ersichtlichen Tag zugestellt worden.

Prüfen Sie, nachdem die mit dem darauffolgenden Tag beginnende Zwei-Wochen-Frist abgelaufen ist, ob der Antragsgegner die Schuld beglichen hat.

Sollte das nicht der Fall sein und sollte auch nicht Widerspruch erhoben sein, können Sie den Erlaß des Vollstreckungsbescheids beantragen.

Verwenden Sie dazu bitte nur diesen Vordruck und beachten Sie die Hinweise auf der Rückseite.

Die Geschäftsstelle des Amtsgerichts

Vollstreckungsbescheid zum Mahnbescheid vom

zugestellt am 15.10.20..

Antragsteller, ges. Vertreter, Prozeßbevollmächtigter; Bankverbindung
Peter Raabe, Kaufmann
Bogenstraße 5, 20249 Hamburg
Prozessbevollmächtigter Rechtsanwalt Rath, Poststraße 12, 20095 Hamburg
Postbank Hamburg 103577-202 BLZ 20010020

macht gegen Sie
und Herrn Florian Schultz, Ottostraße 18, 52149 Köln — [X] als Gesamtschuldner

folgenden Anspruch geltend:
Geschäftszeichen des Antragstellers:

Schadenersatz aus Verkehrsunfall am 03.02.20.. in Hamburg gemäß
Abrechnung vom 12.08.20..

Hauptforderung EUR 18.387,55	Zinsen, Bezeichnung der Nebenforderung				
Nebenforderung EUR 5,00	5% über dem Basiszinssatz seit 12.09.20..				
Kosten dieses Verfahrens (Summe 1 bis 5) EUR 858,66	1 Gerichtskosten 132,50 EUR	2 Auslagen d. Antragst. .. EUR	3 Gebühr d. Prozeßbev. 606,00 EUR	4 Auslagen d. Prozeßbev. 20,00 EUR	5 MwSt. d. Prozeßbev. 100,16 EUR
Gesamtbetrag EUR 19.251,21	zuzüglich der laufenden Zinsen	Der Antragsteller hat erklärt, daß der Anspruch von einer Gegenleistung [X] nicht abhänge. [ ] abhänge, diese aber erbracht sei.			

Auf der Grundlage des Mahnbescheids ergeht Vollstreckungsbescheid
② wegen vorstehender Beträge — wegen ③

abzüglich gezahlter ④
EUR 8.898,77

Hinzu kommen folgende weitere Kostenbeträge ⑤

1 Auslagen d. Antragst.	2 Gebühr d. Prozeßbev.	3 Auslagen d. Prozeßbev.	4 MwSt. d. Prozeßbev.	insgesamt (Summe von 1 bis 4)	Die Kosten des Verfahrens sind ab Erlaß dieses Bescheids mit 5% über dem Basiszinssatz zu verzinsen.	Dieser Bescheid wurde dem Antragsgegner zugestellt am:
-- EUR	224,50 EUR	-- EUR	35,92 EUR	260,42 EUR	[X]	

Landgericht in 20355 Hamburg
Rechtspfleger

[ ] Antragst. [ ] ges. Vertr. [ ] Prozeßbev. wurde VB-Ausf. erteilt am:

Antrag ① Ort, Datum
Hamburg, den ...

Eingangsstempel des Gerichts

Ich beantrage, aufgrund der vorstehenden Angaben einen Vollstreckungsbescheid zu erlassen.

Der Antragsgegner hat geleistet
⑥ [ ] keine Zahlungen. [X] nur die oben angegebenen Zahlungen.
⑦ [ ] Die Zustellung des Bescheids soll vom Gericht veranlaßt werden.
⑧ [X] Ich beantrage, mir den Bescheid in Ausfertigung zur Zustellung im Parteibetrieb zu übergeben.

Verlags-Nr. 702 Fassung 1.1.02 4

Blatt 3: Zustellungsnachricht, Antrag und Urschrift

Unterschrift des Antragstellers/Vertreters/Prozeßbevollmächtigten

Zu ①: Der Antrag auf Erlass des Vollstreckungsbescheids kann nicht schon mit dem Mahnbescheidsantrag gestellt werden (§ 699 Abs. 1 S. 2 ZPO). Der Antrag ist erst nach Ablauf der Widerspruchsfrist zulässig und darf auch nicht vorher abgesandt werden (vgl. LG Stade NJW 1981, 2366; *Zöller/Vollkommer* § 699 Rdn. 3).

Zu ④: Hier sind die in der Zwischenzeit geleisteten Zahlungen einzutragen. Der Anwalt sollte seinem Mandanten unmißverständlich deutlich machen, dass eingehende Zahlungen unverzüglich mitgeteilt werden müssen. Das Datum der Zahlung ist, obwohl im Vordruck nicht vorgesehen, unbedingt anzugeben, da sonst der zu vollstreckende Zinsanspruch nicht berechnet werden kann.

Zu ⑤: Weitere Gerichtskosten entstehen nicht. An Anwaltskosten für den Antrag auf Erlass des Vollstreckungsbescheids entsteht eine $^{5}/_{10}$ Gebühr (§ 43 Abs. 1 Nr. 3 BRAGO), sie ist nach dem Wert der – hier verminderten – Hauptforderung, für die der Vollstreckungsbescheid beantragt wird, zu berechnen. Die Kostenbeträge sind im konventionellen Mahnverfahren vom Antragsteller einzutragen. Bei Rücknahme des Widerspruches erst im streitigen Verfahren können auch die dort zusätzlich entstandenen Anwaltskosten eingetragen werden (OLG München MDR 1997, 299).

Zu ⑥: Die Angabe ist gemäß § 699 Abs. 1 S. 2 ZPO notwendig. Fehlt sie, wird der Vollstreckungsbescheid nicht erteilt.

Zu ⑧: Das Gericht stellt den Vollstreckungsbescheid von Amts wegen zu (§ 699 Abs. 4 S. 1 ZPO), wenn der Antragsteller nichts anderes beantragt. Für Rechtsanwälte dürfte sich die Zustellung im Parteibetrieb empfehlen, um das Verfahren unter Kontrolle zu haben, den Zeitpunkt der Zustellung bestimmen zu können und um erforderlichenfalls gleichzeitig mit der Zustellung durch den Gerichtsvollzieher die Vollstreckung versuchen zu können. Durch die Beauftragung des Gerichtsvollziehers mit der Zustellung entsteht eine $^{3}/_{10}$ Gebühr (vgl. § 58 Abs. 2 Nr. 2 BRAGO). Eine öffentliche Zustellung ist, anders als beim Mahnbescheid, möglich (vgl. *Zöller/Vollkommer* § 699 Rdn. 16).

Kosten und Gebühren

Der Rechtsanwalt erhält für den Antrag auf Erlass des Vollstreckungsbescheids eine halbe Gebühr (§ 43 Abs. 1 Nr. 3 BRAGO). Diese Gebühr wird nicht auf die im nachfolgenden Streitverfahren entstehenden Gebühren angerechnet (§ 43 Abs. 2 BRAGO). Die Gebühr entsteht nicht, wenn der Antragsgegner rechtzeitig Widerspruch gegen den Mahnbescheid eingelegt hatte (vgl. OLG Hamburg MDR 1983, 142; str.), wohl aber, wenn der Vollstreckungsbefehl zu Unrecht nicht erlassen wird (OLG Hamburg MDR 2000, 356) oder wenn der Widerspruch zurückgenommen wurde.

Fristen und Rechtsmittel

Der Antrag darf frühestens 2 Wochen nach Zustellung des Mahnbescheids gestellt werden (s. Anm. 2 zu ①); er muss spätestens 6 Monate danach gestellt sein, sonst wird der Mahnbescheid wirkungslos, § 701 ZPO. Das Zustellungsdatum ist aus der Zustellungsnachricht des Mahngerichts ersichtlich.

Bei Zurückweisung des Antrags ist die sofortige Beschwerde nach § 11 Abs. 1 RPflG iVm. § 567 ZPO gegeben (vgl. *Zöller/Vollkommer* § 699 Rdn. 18). Das gilt auch bei teilweiser Zurückweisung wegen Absetzung geltend gemachter Kosten (vgl. *Zöller/Vollkommer* § 699 Rdn. 19). Gegen den erlassenen Vollstreckungsbescheid steht dem Antragsgegner nur der Einspruch zu.

4. Einspruch gegen Vollstreckungsbescheid[1–3]

An das
Amtsgericht Frankfurt
Mahnabteilung Hünfeld

Geschäfts-Nr.......

In der Mahnsache

Raabe gegen 1. A Versicherungs-AG
2. Schultz

wird gegen den Vollstreckungsbescheid vom ......, der Antragsgegnerin zu 1) zugestellt am ......,[4]

Einspruch

eingelegt.
Der Einspruch erfolgt gleichzeitig gemäß § 10 AKB im Namen unseres Versicherungsnehmers, des Antragsgegners zu 2), sofern gegen diesen gleichfalls ein Vollstreckungsbescheid ergangen sein sollte.
Außerdem wird beantragt,

die Zwangsvollstreckung aus dem Vollstreckungsbescheid ohne Sicherheitsleistung einzustellen.[5]

In Hinblick auf den Einstellungsantrag wird beantragt,

die Sache unverzüglich an das Landgericht Frankfurt abzugeben.[6]

Dieses Gericht wird gebeten, über den Einstellungsantrag sofort zu entscheiden.

Begründung:

Der Vollstreckungsbescheid hätte nicht ergehen dürfen, denn die Antragsgegnerin zu 1) hatte bereits eine Woche nach Zustellung des Mahnbescheids für sich und ihren Versicherungsnehmer Widerspruch eingelegt.

Beweis: anliegende Kopie der Durchschrift des Widerspruchs

Dieser Widerspruch ist offenbar bei Erlass des Vollstreckungsbescheids übersehen worden. Der Vollstreckungsbescheid ist daher iSd. § 719 Abs. 1 S. 2 ZPO gesetzwidrig ergangen, so dass die Zwangsvollstreckung ohne Sicherheitsleistung einzustellen ist.
Ihre sachlichen Einwendungen wird die Antragsgegnerin nach Abgabe des Rechtsstreits gegenüber dem Prozessgericht geltend machen, sobald der Antragsteller seinen Anspruch begründet haben wird.

(Unterschrift)[7]

Schrifttum: Fischer, Probleme bei Widerspruch und Einspruch im Mahnverfahren, MDR 1998, 885.

Anmerkungen

1. Vordrucke gem. § 703c ZPO für den Einspruch gegen einen Vollstreckungsbescheid sind bisher nicht eingeführt, das ist auch nicht beabsichtigt.

2. Es handelt sich um den Einspruch gegen den Vollstreckungsbescheid Form. I. B. 3, wobei unterstellt wird, dass – was in der Praxis leider vorkommt – der Widerspruch bei Erlass des Vollstreckungsbescheids übersehen wurde.

3. Für Frist (Notfrist von 2 Wochen ab Zustellung) und Form (Einspruchsschrift) des Einspruchs gegen einen Vollstreckungsbescheid gelten die Vorschriften für den Einspruch gegen ein Versäumnisurteil, § 700 Abs. 1 iVm. §§ 338 ff. ZPO (vgl. Form. I. G. 5). Der Einspruch kann auch hier vor der Zustellung eingelegt werden. Es bestehen jedoch folgende Besonderheiten:

a) Die Einspruchsfrist beginnt auch, wenn der Vollstreckungsbescheid im Wege der Parteizustellung (§ 699 Abs. 4 ZPO) zugestellt wird (OLG Koblenz NJW 1981, 408; vgl. *Zöller/Vollkommer* § 700 Rdn. 3).

b) Der Einspruch ist nicht beim Prozessgericht, sondern beim Mahngericht einzureichen, es sei denn, dass der Vollstreckungsbescheid vom Prozessgericht erlassen wurde (zB. bei Rücknahme des Widerspruchs nach Abgabe oder bei nur teilweisem Widerspruch, Abgabe und Vollstreckungsbescheid hinsichtlich des Restes, vgl. § 699 Abs. 1 S. 3 ZPO).

c) Der Einspruch bedarf keiner Begründung, § 340 Abs. 3 ZPO gilt nicht; die Einwendungen gegen den Anspruch braucht der Antragsgegner erst mit der Erwiderung auf die Anspruchsbegründung mitzuteilen.

d) Auch bei Streitwerten über EUR 5.000,– besteht kein Anwaltszwang, und zwar selbst dann nicht, wenn der Vollstreckungsbescheid durch das Landgericht (vgl. die zu a) genannten Fälle) erlassen wurde (str., vgl. *Thomas/Putzo* § 700 Rdn. 5).

Bei Zustellung im Ausland (vgl. § 183 ZPO) oder bei öffentlicher Zustellung (§§ 185 ff. ZPO) wird die Einspruchsfrist nach § 339 iVm. § 700 Abs. 1 ZPO durch das Gericht bestimmt. Im Mahnverfahren vor dem Arbeitsgericht beträgt die Einspruchsfrist nur eine Woche (§§ 46 a Abs. 1, 59 ArbGG).

4. Wenn der Vollstreckungsbescheid nicht von Amts wegen, sondern im Parteibetrieb zugestellt wurde, ist diese Mitteilung wichtig, denn sonst ist für das Gericht nicht zu erkennen, ob der Einspruch rechtzeitig eingelegt wurde. In diesem Fall empfiehlt es sich außerdem, Unterlagen, aus denen sich das Datum der Zustellung ergibt, also zB. den Zustellvermerk des Postbeamten auf dem übergebenen Schriftstück, miteinzureichen. Denn das Gericht wird die Zwangsvollstreckung nicht einstellen, wenn es den Einspruch für unzulässig hält.

5. Für die Einstellung der Zwangsvollstreckung gelten §§ 719, 707 iVm. § 700 Abs. 1 ZPO. Wie bei einem Versäumnisurteil kommt eine Einstellung ohne Sicherheitsleistung nur in den beiden in § 719 Abs. 1 S. 2 ZPO genannten Fällen, von denen hier der Erste vorliegt, oder im Fall des § 707 Abs. 1 S. 2 ZPO in Betracht. Nach hM. müssen die Voraussetzungen des § 707 Abs. 1 S. 2 ZPO nicht zusätzlich vorliegen (vgl. *Zöller/Herget* § 719 Rdn. 2, mwN., OLG Celle MDR 1999, 1345; wohl auch OLG Frankfurt NJW-RR 1998, 1450; aA. OLG Hamburg NJW 1979, 1464 und KG NJW 1984, 316 u. MDR 1985, 330). Im Fall des § 707 Abs. 1 S. 2 ZPO und im Fall der unverschuldeten Säumnis ist erforderlich, dass der Antragsgegner die Voraussetzungen glaubhaft macht (vgl. hierzu Form. I. G. 5). In allen anderen Fällen kann die Zwangsvollstreckung nur gegen Sicherheitsleistung eingestellt werden, wobei das Gericht überlegen wird, ob der Einspruch zulässig ist und in der Sache aussichtsreich erscheint. Wenn der Antragsgegner daher Einstellung der Zwangsvollstreckung beantragt und keiner der Sonderfälle des § 719 Abs. 1 S. 2 ZPO vorliegt, ist es immer zu empfehlen, die sachlichen Gründe für den Einspruch mitzuteilen (vgl. *Zöller/Herget* § 707 Rdn. 9). Ein Antrag, die Sicherheit durch Bankbürgschaft leisten zu können, braucht nicht gestellt zu werden; der Schuldner kann die Sicherheitsleistung auch ohne besonderen Ausspruch durch die Bürgschaft eines Kreditinstitutes erbringen (§ 108 Abs. 1 S. 2 ZPO). Über den Einstellungsantrag entscheidet nicht das Mahngericht, sondern – nach Abgabe – das Prozessgericht.

6. Weiteres Verfahren: Gemäß § 700 Abs. 3 S. 1 ZPO gibt das Gericht den Rechtsstreit an das im Mahnbescheid bezeichnete Gericht ab, das hierdurch an seine Zuständigkeit nicht gebunden ist. Der Antragsteller kann allerdings keine Verweisung mehr an das Gericht eines besonderen oder vereinbarten Gerichtsstandes erreichen, er hat sein Wahlrecht mit Ausfüllung des Mahnantrags verbraucht. Im Beispielsfall kommt eine Weiterverweisung des Rechtsstreits an das zuständige Amtsgericht in Betracht, wenn der Streitwert durch die Zahlung vor Erlass des Vollstreckungsbescheids unter EUR 5.000,– gesunken ist (§ 700 Abs. 3 iVm. § 696 Abs. 5 ZPO, vgl. *Thomas/Putzo* § 696 Rdn. 25). Von der Abgabe werden beide Parteien benachrichtigt. Nach der Abgabe wird das streitige Verfahren ähnlich wie nach Widerspruch gegen den Mahnbescheid eingeleitet (§ 700 Abs. 3–6 ZPO; vgl. Form. I. B. 9).

7. Der Einspruch muss handschriftlich unterzeichnet sein (BGH NJW 1987, 2588; a. A. *Zöller/Vollkommer* § 700 Rdn. 5 m. w. N.), sofern nicht eine der von der Rechtsprechung anerkannten Ersatzformen vorliegt (zB. Telefax, vgl. BGH aaO. 2589). Der Mangel der Unterschrift ist nicht heilbar.

Kosten und Gebühren

Mit Einlegung des Einspruchs wird die halbe Gerichtsgebühr nach KV Nr. 1005 fällig. Es besteht aber keine Vorschusspflicht. Der Rechtsanwalt ist, anders als bei Einlegung des Widerspruchs, nicht auf die 3/10-Gebühr nach § 43 Abs. 1 Nr. 2 BRAGO beschränkt. Auch wenn er nur mit der Einlegung des Einspruchs beauftragt ist, erhält eine volle Gebühr (OLG München MDR 1992, 617).

Fristen und Rechtsmittel

Der Einspruch muss in einer Frist von 2 Wochen ab Zustellung des Vollstreckungsbescheids eingelegt werden (§§ 700, 339 ZPO), vgl. iÜ. Anm. 3. Die Einspruchsfrist beginnt nur bei wirksamer Zustellung, die Zustellung an einen Prozessunfähigen ist wirksam (BGH NJW 1988, 2049). Bei unverschuldeter Fristversäumung kommt eine Wiedereinsetzung in Betracht (Form. I. F. 1).

5. Urkunden-, Wechsel- und Scheck-Mahnbescheid[1, 2]

Anmerkungen

1. Für Ansprüche, die gemäß § 592 ZPO durch Wechsel, Scheck oder andere Urkunden bewiesen werden können, stellt die Zivilprozessordnung in § 703 a ZPO ein besonderes Mahnverfahren zur Verfügung. Neben den üblichen Vorzügen des Mahnverfahrens bietet es die Möglichkeit, mit geringerem Kostenaufwand in das Nachverfahren des Urkundenprozesses zu gelangen, wenn der Antragsgegner seinen Widerspruch gem. § 703 a Abs. 2 Nr. 4 ZPO beschränkt. Allerdings sollte der Antragsteller, wenn mit einem unbeschränkten Widerspruch zu rechnen ist, überlegen, ob er nicht im Klageverfahren (vgl. Form. I. Q. 1, 3, 5) schneller zu einem Vorbehaltsurteil gemäß § 599 ZPO kommt, und dies gegenüber dem möglichen Kostenvorteil abwägen. Wählt der Antragsteller das Mahnverfahren, sind Wechsel, Scheck oder die sonstigen Urkunden nicht wie im Klageverfahren mit dem Mahnantrag einzureichen; dies geschieht erst später mit der Anspruchsbegründung. Aus Schecks, die keinen Vorlegungsvermerk tragen – fraglich auch bei Schecks, die im sog. beleglosen Scheckeinzugsverfahren der Banken geltend gemacht wurden – kann ein Scheckanspruch im streitigen Verfahren nicht erhoben werden (vgl. Form. I. Q. 5 Anm. 1).

Entwurfsblatt
– Bitte abtrennen –

Der Antrag wird gerichtet an das
Amtsgericht
Plz, Ort

Geschäftsnummer des Gerichts
Bei Schreiben an das Gericht stets angeben

① 18055 Rostock

② **Antragsgegner**/ges. Vertreter

Edith Buchholz
Hausfrau
Josephstraße 13

23966 Wismar
Plz Ort

Raum für Kostenmarken/Freistempler (falls nicht ausreichend, unteres Viertel der Rückseite benutzen)

– Graue Felder bitte nicht beschriften! –

Scheck

Mahnbescheid

← Datum des Mahnbescheids

③ **Antragsteller,** ges. Vertreter, Prozeßbevollmächtigter; Bankverbindung

Fa. Textil-Möller, Inhaberin Gisela Möller
Schweriner Straße 50
18069 Rostock

④ **macht gegen Sie** ☐ als Gesamtschuldner

⑤ **folgenden Anspruch geltend** (genaue Bezeichnung, insbes. mit Zeitangabe): Geschäftszeichen des Antragstellers:

Scheck der Deutschen Bank Nr. 2255809, ausgestellt am 01.05.20..
über EUR 2.850,--, zuzügl. Scheckunkosten EUR 14,25 und 1/3 % Provision EUR 9,50

⑥ Hauptforderung EUR 2.850,--

Zinsen, Bezeichnung der Nebenforderung

⑦ Nebenforderung EUR 23,75

2% über dem jeweiligen Basiszinssatz

⑧ Kosten dieses Verfahrens (Summe 1 bis 5) EUR 40,05

1 Gerichtskosten	2 Auslagen d. Antragst.	3 Gebühr d. Prozeßbev.	4 Auslagen d. Prozeßbev.	5 MwSt. d. Prozeßbev.
40,05 EUR	EUR	EUR	EUR	EUR

⑨ Gesamtbetrag EUR 2.913,80 **zuzüglich der laufenden Zinsen**

Der Antragsteller hat erklärt, daß der Anspruch von einer Gegenleistung
☒ nicht abhänge. ☐ abhänge, diese aber erbracht sei.

Das Gericht hat nicht geprüft, ob dem Antragsteller der Anspruch zusteht.
Es fordert Sie hiermit auf, innerhalb von zwei Wochen seit der Zustellung dieses Bescheids entweder die vorstehend bezeichneten Beträge, soweit Sie den geltend gemachten Anspruch als begründet ansehen, zu begleichen oder dem Gericht auf dem beigefügten Vordruck mitzuteilen, ob und in welchem Umfang Sie dem Anspruch widersprechen.
Wenn Sie die geforderten Beträge nicht begleichen und wenn Sie auch nicht Widerspruch erheben, kann der Antragsteller nach Ablauf der Frist einen **Vollstreckungsbescheid** erwirken und aus diesem die Zwangsvollstreckung betreiben.
Der Antragsteller hat angegeben, ein streitiges Verfahren sei durchzuführen vor dem

⑩

An dieses Gericht, dem eine Prüfung seiner Zuständigkeit vorbehalten bleibt, wird die Sache im Falle Ihres Widerspruchs abgegeben.

Rechtspfleger

Antrag

Ort, Datum: Rostock, den ...

Anschrift des Antragstellers/Vertreters/Prozeßbevollmächtigten

⑪

Fa. Textil-Möller
Inhaberin Gisela Möller
Schweriner Straße 50

18069 Rostock

Plz Ort

Eingangsstempel des Gerichts

Ich beantrage, aufgrund der vorstehenden Angaben einen Mahnbescheid zu erlassen.

⑫ ☒ Im Falle des Widerspruchs beantrage ich die Durchführung des streitigen Verfahrens.

⑬ ☐ Ordnungsgemäße Bevollmächtigung versichere ich. ☐ Antragsteller ist nicht zum Vorsteuerabzug berechtigt.

⑭ ☐ Hier die Zahl der ausgefüllten Vordrucke angeben, falls sich der Antrag gegen mehrere Antragsgegner richtet.

Unterschrift des Antragstellers/Vertreters/Prozeßbevollmächtigten

Verlags-Nr. 702 Fassung 1.1.02 4

2. Der beantragte Mahnbescheid ist in dem dafür vorgesehenen weißen Feld als Wechsel-, Scheck- oder Urkunden- Mahnbescheid zu bezeichnen. Nur wenn dies geschehen ist, gilt § 703a Abs. 2 Nr. 1–4 ZPO und ist eine Überleitung in den streitigen Urkundenprozess mit den sich für den Kläger ergebenden Vorteilen möglich. Die fehlende Bezeichnung im Mahnantrag ist nicht nachholbar. Das Beispiel betrifft einen konventionellen Mahnantrag für die nicht maschinelle Bearbeitung. Ein Scheckmahnbescheid kann jedoch auch im maschinellen Verfahren beantragt werden; einschlägig für die Scheckansprüche sind die Katalognummern 30–32. Ergänzend zu den amtlichen Ausfüllhinweisen und den Anmerkungen zum gewöhnlichen Mahnantrag (vgl. Form. I. B. 1) gelten für den Scheckmahnbescheid folgende Besonderheiten:

Zu ⑤: Die Urkunden, hier der Scheck, sollen im Antrag bezeichnet werden, § 703a Abs. 2 Nr. 2 ZPO; dieses Erfordernis ist Voraussetzung für den Erlass eines Scheckmahnbescheides (BGH NJW 2001, 305, 306). Die Bezeichnung sollte, wie Erfahrungen mit Mahngerichten zeigen, so genau wie möglich geschehen. Setzt sich der Anspruch aus mehreren Scheckforderungen zusammen, sind die einzelnen Schecks nach Nummern und Betrag zu bezeichnen (BGH a. a. O.); andernfalls wird auch die Verjährung nicht gehemmt. Die einzelnen Rückgriffsansprüche ergeben sich aus Art. 40, 45 ScheckG.

Zu ⑥: Die Hauptforderung geht nur auf Zahlung der Schecksumme, nicht der weiteren Scheckansprüche (§ 4 Abs. 2 ZPO analog; vgl. *Zöller/Herget* § 4 Rdn. 13).

Zu ⑦: Als vorgerichtliche Kosten können im Scheckprozess grundsätzlich nur Scheckkosten und Provision geltend gemacht werden, nicht aber weitere Nebenforderungen aus Verzug.

Zu ⑩: Im Wechsel- und Scheckprozess kann der Rechtsstreit nicht nur am allgemeinen Gerichtsstand des Beklagten geführt werden, sondern auch bei dem Gericht des Zahlungsortes (§ 603 ZPO i. Verb. m. Art. 1 Nr. 5 WG, Art. 1 Nr. 4 ScheckG). Zwischen mehreren zuständigen Gerichten hat der Antagsteller auch hier die Wahl.

6. Widerspruch gegen Urkunden-, Wechsel- und Scheck-Mahnbescheid[1, 2]

Anmerkungen

1. Diese Form des Widerspruchs ist nur gegenüber einem Mahnbescheid möglich, der ausdrücklich als Urkunden-, Wechsel- oder Scheck-Mahnbescheid bezeichnet ist, § 703a ZPO. Das Beispiel knüpft an das Form. I. B. 5 an.

2. Die Bedeutung des beschränkten Widerspruchs liegt darin, dass er den Parteien ermöglicht, schneller und billiger – nämlich ohne einen streitigen Urkundenprozess führen zu müssen – in das Nachverfahren gemäß § 600 ZPO zu gelangen. Der auf Antrag des Antragstellers zu erlassende Vollstreckungsbescheid ergeht unter dem Vorbehalt, dass dem Antragsgegner die Ausführung seiner Rechte im Nachverfahren vorbehalten bleibt, er entspricht damit dem Vorbehaltsurteil des § 599 ZPO. Der beschränkte Widerspruch empfiehlt sich für den Antragsgegner immer dann, wenn er im Urkundenprozess keine Einwendungen geltend machen will oder kann (vgl. hierzu Form. I. Q. 2).

3. Die Formulierung entspricht der Fassung des § 703a Abs. 2 Nr. 4 ZPO.

4. Weiteres Verfahren: Auf den beschränkten Widerspruch hin kann der Antragsteller nur einen Vorbehalts- Vollstreckungsbescheid beantragen. Die anschließende Überleitung in das streitige Verfahren erfordert keinen Einspruch des Antragsgegners, vielmehr hat jede Partei das Recht, die Durchführung des streitigen Verfahrens zu beantragen, was zur Abgabe gemäß § 696 Abs. 1 ZPO führt. Die Abgabe auf Antrag des Klägers

Anschrift des Antragsgegners/ges. Vertreters/Prozeßbevollmächtigten

Dr. Zenk und Partner
Rechtsanwälte
Schloßplatz 1
69117 Heidelberg

Geschäftsnummer des Gerichts
Bei Schreiben an das Gericht stets angeben

An das
Amtsgericht Mannheim

68163 Mannheim
Plz Ort

Hinweis für den Antragsgegner:
Bitte überlegen Sie sorgfältig, ob Sie im Recht sind, und beachten Sie die Hinweise auf der Rückseite des Mahnbescheids. Falls Sie Widerspruch erheben, senden Sie bitte Blatt 1 und 2 *dieses Vordrucks ausgefüllt und* unterschrieben *zurück.*

	Antragsteller (Name)	Antragsgegner (Name, Vorname)	Datum des Mahnbescheids
Mahnsache	Fa. Textil-Möller	Buchholz, Edith	30.5.19..

Gegen den Mahnbescheid erhebe ich Widerspruch [x] als Prozeßbevollmächtigter des Antragsgegners. Ordnungsgemäße Bevollmächtigung wird versichert. [ ] als gesetzlicher Vertreter des Antragsgegners.

Der Widerspruch richtet sich gegen
[x] den Anspruch insgesamt. [ ] den nachfolgend bezeichneten Teil des Anspruchs (bitte Teilbetrag der Hauptforderung/Nebenforderung/Zinsen/Kosten genau bezeichnen):

Der Widerspruch beschränkt sich auf den Antrag, der Beklagten die Ausführung ihrer Rechte im Nachverfahren vorzubehalten.[3,4]

Durchschrift/Abschrift für den Antragsteller füge ich bei.

Ort, Datum
Heidelberg, 10.6.19..

Dr. Zenk
Unterschrift des Antragsgegners/Vertreters/Prozeßbevollmächtigten

Blatt 1: Urschrift des Widerspruchs

setzt nach § 65 Abs. 1 S. 2 GKG voraus, dass dieser zunächst den weiteren Gerichtskostenvorschuss (bei unverändertem Streitwert 2,5 Gebühren, KV Nr. 1210) einzahlt, was ihm mit der Benachrichtigung vom Widerspruch aufgegeben wird. Der Beklagte kann ohne Kosten in den Urkundenprozess überleiten. Für das Nachverfahren nach Abgabe gilt § 600 ZPO entspr. (vgl. hierzu Form. I. Q. 7 und 8).

7. Anspruchsbegründung nach Widerspruch und Überleitung in das streitige Verfahren[1, 2]

An das
Landgericht Hamburg[3]
Geschäfts-Nr.......

In Sachen

Raabe
Prozessbevollmächtigter: Rechtsanwalt ......

gegen

1. A Versicherungs-AG

2. Schultz

Prozessbevollmächtigter: Rechtsanwalt ……

zeige ich innerhalb der gesetzten Frist[4] an, dass der Kläger im streitigen Verfahren durch mich vertreten wird. Es wird gebeten, einen baldigen Termin zur mündlichen Verhandlung zu bestimmen[5], in dem ich beantragen werde[6]:

1. Die Beklagten werden als Gesamtschuldner verurteilt, an den Kläger EUR 18.387,55 nebst 4% Zinsen seit dem 12. 8. 20.. und EUR 5,– vorgerichtlicher Kosten zu zahlen.
2. Die Beklagten tragen die Kosten des Rechtsstreits.
3. Das Urteil ist, notfalls gegen Sicherheitsleistung, vorläufig vollstreckbar.

Für den Fall, dass das Gericht das schriftliche Vorverfahren anordnet und die Beklagten nicht innerhalb der Frist ihre Verteidigungsbereitschaft erklären oder den Anspruch anerkennen, wird beantragt,

gegen den Beklagten ein Versäumnisurteil oder Anerkenntnisurteil ohne mündliche Verhandlung zu erlassen.

Einer Entscheidung der Sache durch den Einzelrichter stehen keine Gründe entgegen.[7]

Begründung:[8]

……

Schrifttum: Eith, Die Anspruchsbegründungsfrist des § 697 Abs. 1 ZPO – Folgen der Nichtbeachtung, MDR 1996, 1099.

Anmerkungen

1. Das Beispiel knüpft an den Mahnbescheid in Form. I.B. 1 an, wobei unterstellt wird, dass der Rechtsstreit auf den Widerspruch der Beklagten an das Landgericht Hamburg abgegeben wurde.

2. Legt der Antragsgegner gegen den Mahnbescheid Widerspruch ein, wird der Rechtsstreit nicht von Amts wegen, sondern nur auf Antrag einer der Parteien in das streitige Verfahren übergeleitet. Dieser Antrag wird vom Kläger regelmäßig bereits im Mahnantrag (Kästchen Nr. ⑫ des Vordrucks) gestellt. Eine Abgabe kommt nicht in Betracht, wenn der Mahnbescheid durch ein unzuständiges Amtsgericht erlassen wurde; der Antragsteller muss dann den Antrag zurücknehmen und beim zuständigen Mahngericht erneut stellen (BGH NJW 1990, 1119). Weitere Voraussetzung für die Abgabe auf Antrag des Klägers ist, dass dieser den weiteren Gerichtskostenvorschuss, bei unverändertem Streitwert also 2,5 Gebühren, einzahlt (§ 65 Abs. 1 S. 2 GKG iVm. KV Nr. 1210). Bei einer Reduzierung des Streitwertes sollen die Gebühren gleichwohl nach dem Betrag des Mahnbescheids einzuzahlen sein, wenn bereits im Mahnantrag der Antrag auf Durchführung des streitigen Verfahrens gestellt wurde (OLG Düsseldorf MDR 1997, 694). Diese Vorschusspflicht trifft nur den Kläger, nicht den Beklagten, der im Widerspruch oder später die Abgabe beantragt; er kann ohne Kosten in das streitige Verfahren überleiten. Die Abgabe an das im Mahnbescheid im Feld Nr. ⑩ bezeichnete Gericht wird den Parteien durch das Mahngericht formlos mitgeteilt, § 696 Abs. 1 S. 3 ZPO. Die Abgabe an ein anderes Gericht ist nur möglich, wenn die Parteien es vor Abgabe übereinstimmend beantragen (§ 696 Abs. 1 S. 1 ZPO). Das Prozessgericht fordert nach Eingang der Akten den Kläger auf, die Anspruchsbegründung einzureichen und hierzu – wenn der Rechtsstreit an ein Landgericht abgegeben wurde – einen dort zugelassenen Rechtsanwalt zu bestellen, § 697 Abs. 1 iVm. § 253 ZPO.

3. Die Anspruchsbegründung ist an das Prozessgericht zu richten. Allerdings ist es zT. üblich geworden, die Anspruchsbegründung bereits dem Mahngericht zu übermitteln und mit dem Antrag auf Abgabe und der Einzahlung des Vorschusses zu verbinden. Diese Handhabung kann zu einem schnelleren Verfahrensablauf führen und auch sonst zweckmäßig sein (vgl. Form. I.B. 8), zumal es im Landgerichtsprozess nicht mehr auf die Zulassung des Anwalts beim dortigen Gericht ankommt. Ist die an das Mahngericht gerichtete Anspruchsbegründung von der Partei selbst oder von einem nicht postulationsfähigen Anwalt verfasst, so genügt es, wenn der zugelassene Anwalt hierauf schriftsätzlich und mündlich Bezug nimmt (BGH NJW 1982, 2002); andernfalls muss es den Kläger auffordern, die Anspruchsbegründung durch einen zugelassenen Anwalt einzureichen (BGH NJW-RR 1994, 889).

4. Das Streitgericht setzt dem Antragsteller eine Frist von 2 Wochen, § 697 Abs. 1 ZPO.

5. Nach Eingang der Anspruchsbegründung verfährt das Gericht wie nach Eingang einer Klage (§ 697 Abs. 2 ZPO). Es kann nach § 275 ZPO einen frühen ersten Termin bestimmen oder nach § 276 ZPO das schriftliche Vorverfahren anordnen (vgl. Anm. 13 zu Form. I. D. 1). Die Vorschriften, die das Verfahren nach Eingang der Anspruchsbegründung anders regelten als nach Eingang der Klageschrift, sind seit dem 1. 4. 1991 außer Kraft.

6. Es empfiehlt sich schon aus Gründen der Kontrolle und besseren Übersicht, den Antrag auszuformulieren. Die bloße Ankündigung, den Antrag „aus dem Mahnbescheid" zu stellen, soll mangels Bestimmtheit nicht genügen (dagegen *Zöller/Vollkommer* § 697 Rdn. 2 m.w.N.). Zur Antragsfassung im Übrigen vgl. die Beispiele zur Klageschrift.

7. Eine Äußerung hierzu soll in entsprechender Anwendung des § 253 Abs. 3 ZPO enthalten sein.

8. Die Begründung des Anspruchs entspricht der in der Klageschrift. Sie muss vollständig sein und kann nicht durch Bezugnahme auf die Angaben im Mahnbescheid ergänzt werden. Zu Einwendungen im Widerspruch ist unter Beweisantritt Stellung zu nehmen.

Kosten und Gebühren

Vgl. zunächst Anm. 2. Zur Berechnung des weiteren Gerichtskostenvorschusses bei Streitwertänderung vgl. *Hartmann* KV Nr. 1201 Rdn. 23. Umstritten ist, wie sich die Streitwertreduzierung auf die Gerichtskosten auswirkt, ob nämlich auf die Stellung des Antrags auf Durchführung des streitigen Verfahrens abzustellen ist (so OLG Düsseldorf NJW-RR 1998, 1077; OLG Hamburg, MDR 1998, 1121) oder auf den Eingang der Akten beim Streitgericht (so OLG München MDR 1999, 508; OLG Stuttgart MDR 1999, 634). Zur Erstattungsfähigkeit der vor Abgabe entstandenen Anwaltsgebühren vgl. Form. I.B. 1.

Fristen und Rechtsmittel

Für den Beginn der vom Gericht gesetzten Zweiwochenfrist gilt § 270 S. 2 ZPO. Die Aufforderung bedarf nicht der förmlichen Zustellung, sondern geschieht durch Übersendung durch die Post. Als Tag des Zugangs gilt im Ortsbereich der folgende, im übrigen Bereich der zweite Werktag nach Übersendung der Aufforderung. Der Antragsteller braucht die nach § 697 Abs. 1 ZPO gesetzte Frist nicht einzuhalten, wenn er das Verfahren nicht weiterbetreiben will. Das Gericht trifft von sich aus keine Anordnung; nur auf Antrag des Antragsgegners kann ein Termin bestimmt werden (§ 697 Abs. 3). In diesem Fall wird dem Antragsteller noch einmal eine Frist zur Anspruchsbegründung gesetzt, die er dann unbedingt einhalten sollte. Andernfalls droht eine Zurückweisung seines Vorbringens nach § 296 Abs. 1 iVm. § 697 Abs. 3 S. 2 ZPO (OLG Nürnberg NJW-RR 2000, 445) oder eine Abweisung der Klage als unbegründet (*Zöller/Vollkommer* § 697 Rdn. 10) oder als unzulässig (LG Gießen NJW-RR 1995, 62).

Die Abgabe ist unanfechtbar (§ 696 Abs. 1 S. 3 ZPO).

8. Anspruchsbegründung nach Einspruch gegen Vollstreckungsbescheid[1, 2]

An das
Landgericht Hamburg
Geschäfts-Nr.......

In Sachen
......

zeige ich innerhalb der gesetzten Frist an, dass der Kläger im streitigen Verfahren durch mich vertreten wird. Es wird gebeten, einen baldigen Termin zur mündlichen Verhandlung zu bestimmen, in dem ich beantragen werde:

1. Der Vollstreckungsbescheid vom ...... wird aufrechterhalten[3].

2. Die Beklagten haben die weiteren Kosten des Rechtsstreits zu tragen.

3. Das Urteil ist vorläufig vollstreckbar.[4]

Einer Entscheidung der Sache durch den Einzelrichter stehen keine Gründe entgegen.

Begründung:

Zur Zulässigkeit des Einspruchs der Beklagten wird zunächst mitgeteilt, dass der Vollstreckungsbescheid am ...... zugestellt wurde. Die Zustellungsurkunde wird im Termin vorgelegt werden[5].
In der Sache wird zur Begründung des Anspruches Folgendes ausgeführt:[6] ......

Anmerkungen

1. Es handelt sich um das streitige Verfahren nach Einspruch gegen den Vollstreckungsbescheid, Form. I. B. 4.

2. Die Überleitung in das streitige Verfahren ist ähnlich geregelt wie die nach Widerspruch gegen den Mahnbescheid (vgl. Form. I. B. 7). Allerdings gibt das Mahngericht bei Einspruch gegen den Vollstreckungsbescheid die Sache, ohne dass es eines Antrags bedarf, an das im Mahnbescheid bezeichnete Gericht ab, § 700 Abs. 3 S. 1 ZPO. Auf übereinstimmenden Antrag der Parteien ist auch die Abgabe an ein anderes Gericht möglich. Es besteht keine Vorschusspflicht der Parteien gemäß § 65 GKG. Die Abgabe wird den Parteien formlos mitgeteilt, § 700 Abs. 3 iVm. § 696 Abs. 1 S. 3 ZPO. Dem Antragsteller wird die Einspruchsschrift von Amts wegen zugestellt (§ 340a ZPO). Für das Gericht, an das die Sache abgegeben wurde, gelten wiederum die Vorschriften des § 697 Abs. 1 und 4 ZPO. Auch wenn es der Beklagte ist, der sich gegen einen Titel wendet, muss zunächst der Kläger innerhalb der gesetzten Frist seinen Anspruch begründen. Bei Abgabe an ein Landgericht muss er hierfür einen dort zugelassenen Rechtsanwalt bestellen. Dies gilt auch, wenn der Rechtsstreit auf Grund einer vor Abgabe geleisteten Zahlung inzwischen zur sachlichen Zuständigkeit des Amtsgerichts gehören würde, es sei denn, das Landgericht verweist den Rechtsstreit nach Anhörung der Parteien ohne mündliche Verhandlung an das Amtsgericht.

3. Die Fassung des Antrags beruht auf §§ 700 Abs. 1, 343 S. 1 ZPO.

4. Für die Entscheidung über die vorläufige Vollstreckbarkeit gilt § 709 ZPO.

5. Das ist zweckmäßig, wenn der Vollstreckungsbescheid, wie im angenommenen Fall, nicht von Amts wegen, sondern im Parteibetrieb zugestellt wurde, der Tag der Zustellung, mit dem die Einspruchsfrist beginnt, sich also nicht aus der Gerichtsakte ergibt.

6. Die Anspruchsbegründung muss auch in diesem Fall einer Klageschrift entsprechen. Wenn der Beklagte im Termin nicht erscheint, kann ein zweites Versäumnisurteil nur ergehen, wenn der Anspruch mit der Anspruchsbegründung schlüssig vorgetragen und diese dem Beklagten rechtzeitig zugestellt wurde (§ 700 Abs. 6 ZPO).

Weiteres Verfahren: Spätestens nach Eingang der Anspruchsbegründung prüft das Gericht, ob der Einspruch form- und fristgerecht eingelegt wurde; andernfalls kann es ihn durch Urteil mit oder ohne mündliche Verhandlung als unzulässig verwerfen (§ 700 Abs. 1, 4, § 341 ZPO; vgl. Form. I. G. 7). Ist der Einspruch zulässig, bestimmt das Gericht nach § 700 Abs. 4 ZPO einen frühen ersten Termin (§ 275 ZPO) oder ordnet das schriftliche Vorverfahren an (§ 276 ZPO). Im letzteren Fall kann weder ein (zweites) Versäumnisurteil nach § 331 Abs. 3 ZPO noch ein Anerkenntnisurteil nach § 307 Abs. 2 ZPO ergehen (vgl. *Zöller/Vollkommer* § 700 Rdn. 13).

Fristen und Rechtsmittel

Geht die Anspruchsbegründung nicht innerhalb der gesetzten Frist ein, hat das Gericht unverzüglich Termin zu bestimmen. Gleichzeitig setzt es dem Antragsteller noch einmal eine Frist zur Anspruchsbegründung; diese Frist sollte unbedingt eingehalten werden, es droht sonst eine Zurückweisung des Vorbringens nach § 296 Abs. 1 ZPO (§ 700 Abs. 5 iVm. § 697 Abs. 3 S. 2 ZPO).

Die Abgabe ist unanfechtbar (§ 700 Abs. 3, § 696 Abs. 1 S. 3 ZPO).

9. Antrag auf Verwerfung des Einspruchs gegen Vollstreckungsbescheid[1]

An das
Landgericht Hamburg

In Sachen

......

wird beantragt,[2]

den Einspruch gegen den Vollstreckungsbescheid ohne mündliche Verhandlung als unzulässig zu verwerfen und dem Beklagten die Kosten des Einspruchs aufzuerlegen.

Begründung[3]

Der Vollstreckungsbescheid vom ...... wurde dem Beklagten am 1. 2. 20.. zugestellt, wie sich aus der anliegenden beglaubigten Abschrift der Zustellungsurkunde ergibt. Der Einspruch des Beklagten datiert vom 16. 2. 20.. und ist erst am 18. 2. 20.. bei Gericht eingegangen; er ist damit verspätet.

Anmerkungen

1. Ziel des Schriftsatzes ist es, eine Verwerfung des Einspruchs ohne mündliche Verhandlung zu erreichen (§ 700 Abs. 4, § 341 Abs. 2 ZPO). Die Entscheidung ergeht auch dann durch Urteil, nicht mehr durch Beschluss (§ 341 Abs. 2 ZPO). Der Antrag empfiehlt sich insbesondere, wenn der Kläger den Vollstreckungsbescheid selbst zugestellt hat. In diesem Fall kennt das Gericht das Zustellungsdatum nicht, kann also der Akte nicht entnehmen, dass der Einspruch verspätet ist und die Voraussetzungen für eine Entscheidung nach § 341 Abs. 2 ZPO gegeben sind.

Hat das Gericht bereits Termin bestimmt, kann gleichzeitig beantragt werden, den Termin aufzuheben, damit ohne mündliche Verhandlung entschieden werden kann. In jedem Fall hat das Gericht dem Beklagten Gelegenheit zur Stellungnahme zu geben. Bleibt der Termin bestehen, ist aber der Beklagte säumig, so kann kein zweites Versäumnisurteil ergehen; der Einspruch ist vielmehr durch ein normales (kontradiktorisches) Urteil zu verwerfen (BGH MDR 1995, 629).

2. Die Fassung des Antrags ergibt sich aus § 341 Abs. 2 S. 1 ZPO. Entscheidet das Gericht nach mündlicher Verhandlung, ist der gleiche Antrag zu stellen.

3. Der Kläger hat nur darzulegen, dass der Einspruch verspätet ist. Die Einspruchsfrist beträgt zwei Wochen und beginnt mit der Zustellung des Vollstreckungsbescheids (§ 700 Abs. 1 iVm. § 339 Abs. 1 ZPO). Entscheidend ist also das Zustellungsdatum, welches sich im Falle der Parteizustellung aus der Urkunde des Gerichtsvollziehers ergibt.

Kosten und Gebühren

Das Urteil löst keine weiteren Gerichtskosten aus. Rechtsanwaltsgebühren: vgl. § 38 BRAGO.

Fristen und Rechtsmittel

Das Urteil ist, auch wenn es ohne mündliche Verhandlung ergangen ist, mit den gewöhnlichen Rechtsmitteln anfechtbar.

C. Prozesskostenhilfe

1. Antrag des Klägers auf Bewilligung von Prozesskostenhilfe[1, 2] und Beiordnung eines Rechtsanwalts[3]

An das
Landgericht[4]

Antrag auf Prozesskostenhilfe[5] und Klageentwurf[6]

In der Sache

......

beantrage ich namens und in Vollmacht des Antragstellers[7],

1. dem Antragsteller für die erste Instanz Prozesskostenhilfe zu bewilligen[8],
2. dem Antragsteller zur vorläufig unentgeltlichen Wahrnehmung seiner Rechte den Unterzeichnenden als Rechtsanwalt beizuordnen[9].

Begründung:[10, 11]

1. Der Antragsteller ist nach seinen persönlichen und wirtschaftlichen Verhältnissen außerstande, die Kosten des beabsichtigten Rechtsstreits aufzubringen. Einzusetzendes Einkommen im Sinne von § 115 Abs. 1 ZPO ist nicht vorhanden, so dass er nicht durch monatliche Raten zu den Kosten beitragen kann. Auch eigenes Vermögen steht ihm nicht zur Verfügung. Dies ergibt die anliegende

   Erklärung des Antragstellers über seine persönlichen und wirtschaftlichen Verhältnisse vom ...... (Datum) (Anlage 1).

   Die erforderlichen Belege sind der Erklärung beigefügt.

2. Die beabsichtigte Klage hat hinreichende Aussicht auf Erfolg und ist auch nicht mutwillig. Hierzu wird auf den anliegenden

   Klageentwurf (Anlage 2)

verwiesen.

Sofern das Gericht weitere Darlegungen oder Beweisantritte für erforderlich hält, wird um eine Auflage gebeten.

Schrifttum: Schoreit/Dehn, Kommentar zum Beratungshilfe- und Prozeßkostenhilfegesetz, 5. Aufl. 1995; *Kalthoener/Büttner,* Prozeßkostenhilfe und Beratungshilfe, 2. Aufl. 1999; *Engels,* Prozeßkostenhilfe, 1990; *Friedrich,* Wie erhalte ich Prozeßkostenhilfe, NJW 1995, 617; *Burgard,* Berücksichtigung des Vermögens beim Antrag auf Prozeßkostenhilfe, NJW 1990, 3240; *Christl,* Rückwirkende Bewilligung von Prozeßkostenhilfe, MDR 1983, 537 u. 624; *Kummer,* Rückwirkung der Bewilligung von Prozeßkostenhilfe, Büro 1985, 161; *Schneider,* Beweisantizipation bei der Erfolgsprüfung im PKH-Verfahren, MDR 1987, 20; *Herget,* Die Vergütung des beigeordneten PKH-Anwalts, MDR 1985, 617; *Leser,* Prozeßkostenhilfe im arbeitsgerichtlichen Verfahren, NJW 1981, 791; *Wielgoß,* Prozeßkostenhilfe für das Mahnverfahren, NJW 1991, 2070; *Bobenhausen,* Prozeßkostenhilfe für die Zwangsvollstreckung, Rpfleger 1984, 394; *König,*

Prozesskostenhilfe im Verbraucherinsolvenzverfahren, NJW 2000, 2485, *Kaster,* Prozeßkostenhilfe für Verletzte und andere Berechtigte im Strafverfahren, MDR 1994, 1073; *Ruppert,* Prozeßkostenhilfe bei Nebenklage im Revisionsverfahren, MDR 1995, 556; *Saenger,* Sachliche Zuständigkeit für den Antrag auf Prozesskostenhilfe, MDR 1999, 850; *Pentz,* Keine Bewilligung von Prozeßkostenhilfe nach Erledigung der Hauptsache, NJW 1985, 1820; *Sieg,* Zum Rechtsschutz auf Staatskosten, NJW 1992, 2992; *Rönnebeck,* Streitgenossen – Prozeßkostenhilfe zum Billigtarif, NJW 1994, 2273; *Steinert,* Kostenschätzung im Prozeßkostenhilfeverfahren, NJW 1995, 642; *Lappe,* Volle Gerichtskostenfreiheit des unterlegenen Pkh-Beklagten, NJW 1999, 3173; *ders.,* Prozeßkostenhilfe bei mehreren Auftraggebern, MDR 1986, 113.

Anmerkungen

Vorbemerkung: Das Beispiel betrifft Prozesskostenhilfe für eine zivilgerichtliche Klage. Prozesskostenhilfe kann darüber hinaus für fast jedes Verfahren vor jedem Gericht bewilligt werden, sowohl für den Antragsteller als auch für den Antragsgegner. Das gilt für das selbstständige Beweisverfahren nach §§ 485 ff. ZPO (vgl. *Zöller/Herget* § 490 Rdn. 5), für die Zwangsvollstreckung, für Arrest und einstweilige Verfügung und nach wohl überwiegender Meinung auch für das Verbraucherinsolvenzverfahren (LG Göttingen NJW 1999, 2286, LG Konstanz NJW-RR 2000, 54, jeweils mwN.), jedenfalls für das Schuldenbereinigungsverfahren (LG Mainz NJW-RR 2000, 127). Im Strafverfahren kann gem. § 379 Abs. 3 StPO der Privatkläger (zur Frage der Beiordnung eines Anwalts hierfür BVerfG NJW 1983, 1599) und gem. § 385 Abs. 1 StPO auch der Nebenkläger (vgl. OLG Frankfurt NJW 1986, 2587) Prozesskostenhilfe erhalten. Für das Schiedsgerichtsverfahren ist Prozesskostenhilfe ausgeschlossen (OLG Stuttgart BauR 1983, 486), ist jedoch der Kläger außerstande, die erforderlichen Vorschüsse einzuzahlen, kann er die staatlichen Gerichte anrufen und dort Prozesskostenhilfe beantragen (vgl. *Sieg* NJW 1992, 2992). Für das Verfahren auf Aufhebung (§ 1059 ZPO) oder Vollstreckbarerklärung § 1060 ZPO) des Schiedsspruchs ist Prozesskostenhilfe möglich. Umstritten ist die Frage, ob bereits für das – oft langwierige und aufwändige – Bewilligungsverfahren Prozesskostenhilfe gewährt werden kann (vgl. *ThomasPutzo* § 114 Rdn. 1). Das wird überwiegend verneint (vgl. *Pentz* NJW 1982, 1269; OLG Hamm NJW 1983, 2335; BGH NJW 1984, 2106); wenn aber der Rechtsstreit im Bewilligungsverfahren durch Vergleich erledigt werden soll oder gem. § 118 Abs. 2 ZPO Zeugen oder Sachverständige vernommen werden, kann hierfür Prozesskostenhilfe und auch die Beiordnung eines Anwalts bewilligt werden (vgl. OLG Nürnberg NJW-RR 1998, 864; OLG Düsseldorf NJW-RR 1996, 838; OLG Köln FamRZ 1993, 1472; OLG München MDR 1987, 239; OLG Koblenz JurBüro 1991, 1645; OLG Bamberg FamRZ 1995, 939; offen gelassen von BGH aaO).

In folgenden Fällen kommt Prozesskostenhilfe nicht in Betracht:

a) wenn eine Rechtsschutzversicherung besteht (BGH MDR 1982, 126), auch nicht, wenn der Versicherer die Deckung wegen fehlender Erfolgsaussicht verweigert (vgl. BGH NJW-RR 1987, 1343); bei Bewilligung für ein Rechtsmittel entfällt die Bedürftigkeit erst mit der Deckungszusage (BGH NJW 1991, 109),

b) wenn, zB. im Arbeitgerichtsprozess, gewerkschaftlicher Rechtsschutz besteht (LAG Hamm NJW 1988, 1358; vgl. *Zöller/Philippi* § 115 Rdn. 61),

c) wenn der Antragsteller einen durchsetzbaren Unterhaltsanspruch auf einen Prozesskostenvorschuss gegen seine Eltern oder gegen seinen Ehegatten besitzt (vgl. OLG Jena FamRZ 1998, 1302; OLG Koblenz FamRZ 1997, 679; OLG München FamRZ 1996, 1021; OVG Münster NJW-RR 1999, 1235; *Knops,* NJW 1993, 1237); das gilt auch für volljährige Kinder (OLG Köln FamRZ 2000, 757; str.) nicht aber bei einer Klage auf Anfechtung der Ehelichkeit (OLG Frankfurt MDR 1983, 760; OLG Hamburg NJW-RR 1996, 1; aA. OLG Celle NJW-RR 1995, 6); manche Gerichte halten auch Großeltern für prozesskostenvorschusspflichtig (OLG Koblenz NJW-RR 1997, 263; aA *Zöller/Philippi* § 115 Rdn. 67 d); zwischen geschiedenen Eheleuten besteht kein Anspruch auf Prozesskostenvorschuss (BGH NJW 1984, 291; OLG Frankfurt FamRZ 1993, 1465), hingegen soll er gegenüber einem Lebensgefährten bestehen können (OLG Koblenz NJW-RR 1992, 1348); die Vorschusspflicht entfällt, wenn der Ehegatte selbst Prozesskostenhilfe beanspruchen könnte, sei es auch unter Ratenzahlung (BSG MDR 1994, 512; OLG Oldenburg MDR 1994, 618).

d) wenn die Prozesskosten das einsetzbare Vermögen und/oder 4 Monatsraten nicht übersteigen, § 115 Abs. 3 ZPO.

Einer juristischen Person kann Prozesskostenhilfe nur unter erheblich eingeschränkten Voraussetzungen gewährt werden, nämlich wenn auch die wirtschaftlich Beteiligten – das sind zB. die Gesellschafter, nicht aber die Kleinaktionäre – die Kosten nicht aufbringen können und wenn die Unterlassung der Rechtsverfolgung allgemeinen Interessen zuwiderlaufen würde, § 116 Nr. 2 ZPO (vgl. BGH NJW 1986, 2058; OLG München JurBüro 1986, 127; BGH NJW 1991, 702); im Konkurs der juristischen Person gelten die erleichterten Voraussetzungen des § 116 Nr. 1 ZPO (BGH NJW 1993, 135; 1994, 3170).

1. Für den Kläger ist es zweckmäßig, den Antrag auf Prozesskostenhilfe mit der Klageschrift zu verbinden; hierbei ist – was in der Praxis oft nicht beachtet wird und zu Rückfragen führt – deutlich zu machen, ob die Klage nur für den Fall der Bewilligung der Prozesskostenhilfe oder unabhängig davon erhoben sein soll (vgl. *Thomas/Putzo* § 117 Rdn. 2–4; BGH VersR 1978, 181). Die erste Möglichkeit hat den Vorteil, dass der Kläger die Rechtsauffassung des Gerichts „testen“ und sich die Erhebung der Klage noch überlegen kann, wenn das Gericht die Erfolgsaussicht verneint; hierdurch wird unnötiger Kostenaufwand vermieden und eine Verzögerung des Bewilligungsverfahrens bis zur Entscheidungsreife des Rechtsstreits (abschreckendes Beispiel zB. OLG Oldenburg NJW-RR 1991, 189) ausgeschlossen. Nach neuem Recht hemmt die „Veranlassung der Bekanntgabe“ des Antrags die Verjährung (§ 203 Nr. 14 BGB). Wie bei § 167 ZPO (früher § 270 Abs. 3 ZPO) tritt diese Wirkung bereits mit Einreichung des PKH-Antrags ein, wenn die Bekanntgabe, d.h. die förmliche Zustellung oder die formlose Zusendung, demnächst veranlasst wird (vgl. *Palandt/Heinrichs* § 204 Rdn. 32); diese Voraussetzungen dürften, ebenso wie bei § 167 ZPO, nur erfüllt sein, wenn das Gesuch vollständig ist und auch die Unterlagen nach § 117 ZPO enthält (OLG Brandenburg NJW-RR 1999, 1296; OLG Hamm NJW-RR 1999, 1678), das Prozesskostenhilfeverfahren vom Antragsteller auch gefordert wird und Verzögerungen nicht von ihm zu vertreten sind (vgl. BGH NJW 1987, 3120; NJW-RR 1991, 573). Die Zustellung des Gesuchs führt nicht zur Rechtshängigkeit, was wiederum für die Wahrung von Fristen, Prozesszinsen und den Abänderungszeitpunkt bei Klagen nach § 323 ZPO von Bedeutung sein kann. Bei Abänderungsklagen dürfte sich meist sofortige Klageerhebung empfehlen, da der Antrag auf Prozesskostenhilfe nicht der Erhebung der Klage iSd. § 323 Abs. 3 ZPO gleichsteht (str., vgl. *Thomas/Putzo* § 323 Rdn. 31 mwN.; OLG Bamberg NJW-RR 1992, 1413). Prozesskostenhilfe kann noch nach Klageerhebung bis zum Abschluss der jeweiligen Instanz beantragt werden, ihre Bewilligung ist jedoch rückwirkend nur bis zur formgerechten Antragstellung möglich (vgl. Anm. 7).

2. Die Bewilligung der Prozesskostenhilfe befreit den Kläger einstweilen von der Zahlung der Gerichtskosten und der Anwaltsgebühren (§ 122 ZPO). Er kann also eine Klage erheben, ohne einen Gerichtskostenvorschuss gem. § 65 GKG zu leisten; sein Rechtsanwalt hat keinen Gebührenanspruch gegen ihn, sondern gegen die Staatskasse (§§ 121ff. BRAGO). Die Partei ist außerdem von Vorschüssen für Zeugen, Sachverständigen etc. befreit. Die Prozesskostenhilfe erfasst auch notwendige Reisekosten der Partei (vgl. OLG Stuttgart MDR 1985, 852), die Vergleichsgebühr für einen außergerichtlichen

Vergleich (BGH NJW 1988, 494) und die Kosten eines Verkehrsanwaltes, wenn dieser nach § 121 Abs. 3 ZPO beigeordnet wurde. Jedoch bleibt der Partei ein nicht unerhebliches Risiko: sie muss, wenn sie unterliegt, dem Gegner dessen Kosten erstatten (§ 123 ZPO).

Ob die Partei im Bewilligungsbeschluss verpflichtet wird, monatliche Zahlungen zu den Prozesskosten zu leisten, ergibt sich aus § 115 Abs. 1 ZPO. Hierzu wird das einzusetzende Einkommen der Partei ermittelt, indem von ihren Einkünften die sich aus § 115 Abs. 1 S. 2 Nr. 1–4 ZPO ergebenden Beträge abgesetzt werden; die Höhe der nach Nr. 2 maßgebenden Beträge wird jährlich bekannt gemacht. Der verbleibende Differenzbetrag ist das einzusetzende Einkommen, aus dem sich bei Anwendung der nachstehenden Tabelle die Höhe der Monatsraten ergibt; die Zahl der Raten ist, unabhängig von der Zahl der Rechtszüge, auf 48 begrenzt.

Tabelle nach § 115 Abs. 1 S. 3 ZPO

einzusetzendes Einkommen (Euro)		eine Monatsrate von (Euro)
bis	15	0
	50	15
	100	30
	150	45
	200	60
	250	75
	300	95
	350	115
	400	135
	450	155
	500	175
	550	200
	600	225
	650	250
	700	275
	750	300
über	750	300 zuzüglich des 750 übersteigenden Teils des einzusetzenden Einkommens

Daneben hat die Partei ihr Vermögen zur Prozessführung einsetzen, soweit dies zumutbar ist (§ 115 Abs. 2 ZPO). Die Höhe der Raten und des Vermögensbeitrages setzt das Gericht mit der Bewilligung fest (§ 120 Abs. 1 ZPO). Bei der Bestimmung von Zahlungen aus dem Vermögen muss das Gericht deren genaue Höhe angeben und den Zeitpunkt der Zahlung festlegen (OLG Köln NJW-RR 2001, 644). Mit dem Tod der Partei erlischt die Prozesskostenhilfe (OLG Frankfurt NJW 1996, 776).

3. Im Anwaltsprozess ist der bedürftigen Partei, wenn ihr Prozesskostenhilfe bewilligt wird, ein Rechtsanwalt beizuordnen (§ 121 Abs. 1 ZPO). Üblicherweise wird bereits das Gesuch um Prozesskostenhilfe von einem Rechtsanwalt eingereicht, der hiermit zugleich seine Beiordnung beantragt. Im Amtsgerichtsprozess gilt § 121 Abs. 2 ZPO: das Gericht muss auf Antrag beiordnen, wenn die Gegenseite anwaltlich vertreten ist oder wenn es dem Gericht zur Wahrnehmung der Rechte sonst erforderlich scheint.

4. Das Gesuch ist beim Prozessgericht zu stellen; wenn es mit einer Klage verbunden ist, also bei dem Gericht, das für den Rechtsstreit örtlich und sachlich zuständig wäre (§ 117 Abs. 1 ZPO). Der Antrag kann auch vor der Geschäftsstelle eines jeden Amtsgerichts zu Protokoll abgegeben werden (§ 129a ZPO); das Amtsgericht leitet ihn an das zuständige Gericht weiter.

5. Zur Form des Gesuchs vgl. § 117 ZPO. Es handelt sich um einen bestimmenden Schriftsatz, der unterschrieben sein muss (BGH NJW 1994, 2097). Der Antrag kann auch per Telefax übermittelt werden, dann muss aber die Kopiervorlage unterzeichnet sein und auch die Unterschrift auf dem Fax wiedergegeben werden (BGH aaO.).

6. Will der Kläger nicht zugleich mit dem Antrag Klage erheben, kann er das zB. dadurch kennzeichnen, dass er – wie hier – die Klageschrift nur als Klageentwurf bezeichnet, dass er die Klageschrift nicht unterschreibt (wohl aber den Antrag), dass er Prozesskostenhilfe ausdrücklich für eine beabsichtigte Klage beantragt oder dass er erklärt, die Klage nur so weit zu erheben, wie Prozesskostenhilfe bewilligt wird (vgl. *Thomas/Putzo* § 117 Rdn. 3; *Zöller/Philippi* § 117, Rdn. 7). Bei gleichzeitiger Einreichung von Prozesskostenhilfegesuch und Klage muss der Kläger damit rechnen, dass das Gericht ohne Rückfrage die Zustellung der Klage und damit die Klageerhebung veranlassen wird, wenn er nicht deutlich und unmissverständlich zum Ausdruck gebracht hat, dass die Klage nur für den Fall der Prozesskostenhilfe als erhoben gelten soll (vgl. OLG Zweibrücken NJW-RR 2001, 1653; OLG München NJW-RR 1998, 205).

7. Für das Bewilligungsverfahren besteht auch beim Landgericht kein Anwaltszwang, so dass die Partei den Antrag selbst stellen kann.

8. Die Bewilligung erfolgt jeweils für eine Instanz ausschließlich der Zwangsvollstreckung (§ 119 ZPO). Eine rückwirkende Bewilligung ist, auch noch nach Beendigung des Rechtsstreits, möglich, jedoch nur bis zu dem Zeitpunkt, in dem ein formgerechter Antrag vorlag (BGH NJW 1982, 446; NJW 1985, 921; OLG Frankfurt NJW-RR 1995, 703; aA. OLG Oldenburg NJW-RR 1991, 189). Im Zweifel ist der Bewilligungsbeschluss auch so auszulegen (Zöller/Philippi § 119 Rdn. 40). Eine Rückwirkung auf diesen Zeitpunkt setzt aber voraus, dass die erforderlichen Unterlagen beigelegen haben (OLG Düsseldorf NJW 1991, 1186). Für die Zwangsvollstreckung muss die Prozesskostenhilfe gesondert beantragt werden, zuständig ist das Vollstreckungsgericht (BGH NJW 1979, 1048; vgl. *Zöller/Philippi* § 119 Rdn. 33). Die Bewilligung erfasst alle Vollstreckungshandlungen im Bezirk des Vollstreckungsgerichts (§ 119 Abs. 2 ZPO).

9. Wird der Antragsteller noch nicht anwaltlich vertreten, sollte er hier den Rechtsanwalt seiner Wahl bezeichnen; das Gericht muss diesen beiordnen, wenn Anwaltszwang besteht (§ 121 Abs. 1 ZPO). Das gilt auch im Parteiprozess, wenn die Vertretung durch einen Rechtsanwalt erforderlich erscheint oder wenn der Gegner durch einen Rechtsanwalt vertreten ist (§ 121 Abs. 2 ZPO). Diese Regelung ist verfassungskonform (BVerfG NJW 1988, 2597); es ist verfassungsrechtlich nicht geboten einer Seite einen Anwalt beizuordnen, wenn die andere Seite durch einen Behördenvertreter vertreten ist. Die Gerichte sind zT. recht kleinlich (zB. OLG München MDR 1999, 301); so wird die Beiordnung in Verfahren mit Amtsermittlung abgelehnt, auch wenn der Gegner anwaltlich vertreten ist (KG NJW-RR 2001, 900; OLG Hamm FamRZ 1984, 1245; OLG Nürnberg NJW-RR 1995, 388; dagegen OLG Hamm MDR 1997, 1153 für das FGG-Verfahren; BVerfG NJW 1997, 2103 für das sozialgerichtliche Verfahren; vgl. *Thomas/Putzo* § 121 Rdn. 6 mwN.). Zu bezeichnen ist nicht die Anwaltssozietät, sondern der einzelne Sozius (OLG Karlsruhe MDR 1992, 1138; *Zöller/Philippi* § 121 Rdn. 2). Nennt der Antragsteller keinen Rechtsanwalt, wählt das Gericht einen aus. Wohnt die Partei nicht am Ort des Prozessgerichts, kann ihr unter den Voraussetzungen des § 121 Abs. 4 ZPO zusätzlich ein Verkehrsanwalt beigeordnet werden; das geschieht insbesondere in Familiensachen (zB. OLG Brandenburg FamRZ 1999, 1357; OLG Hamm FamRZ 2000, 763). Will die Partei den ihr vertrauten ortsansässigen Anwalt, keinen Anwalt am Prozessgericht, beauftragen, kommt eine Beiordnung „zu den Bedingungen eines beim Prozessgericht zugelassenen Anwalts“ in Betracht (vgl. OLG Hamm MDR 2001, 832; *Zöller/Philippi* § 121 Rdn. 12f.).

10. Der Antragsteller hat hier durch Beifügung einer Erklärung über seine persönlichen und wirtschaftlichen Verhältnisse seine Bedürftigkeit darzulegen. Die Benutzung des durch VO v. 17. 10. 1994 (BGBl. I, 3001) eingeführten Vordrucks ist zwingend (§ 117 Abs. 4 ZPO). Die Tatsache, dass über das Vermögen des Antragstellers das Insolvenzverfahren eröffnet worden ist, macht die Ausfüllung des Vordrucks nicht entbehrlich (BGH NJW 2002, 2793). Dem Vordruck sind allgemeine Hinweise für die Erklärung sowie spezielle Ausfüllhinweise zu den einzelnen Rubriken beigefügt. Dort finden sich auch Angaben über die Art der einzureichenden Belege. Die Belege sind unbedingt einzureichen, da sonst die sofortige Zurückweisung des Antrags droht (vgl. OLG Oldenburg NJW 1981, 1793; weniger streng BGH VersR 1981, 59). Die Erklärung bedarf der Unterschrift; ihr Fehlen kann nach der Rechtsprechung des BGH (NJW 1986, 62) unschädlich sein. Auch sonst bleibt das unvollständige Ausfüllen des Vordrucks folgenlos, wenn die Lücken durch übersichtliche Belege geschlossen werden können (BGH aaO.). Die Instanzgerichte entscheiden zT. strenger (vgl. OLG Nürnberg NJW 1985, 1563). Ein Steuerbescheid für ein zurückliegendes Jahr, auch wenn es der Letzte ist, reicht nicht immer aus (BGH NJW-RR 1991, 637).

In drei Fällen ist der Vordruck ungeeignet, seine Benutzung daher nicht vorgeschrieben (§ 1 VO v. 17. 10. 1994):

1. für Anträge juristischer Personen iSd. § 116 ZPO,
2. für Unterhaltsprozesse eines minderjährigen unverheirateten Kindes,
3. für Vaterschaftsfeststellungsklagen eines unverheirateten nichtehelichen Kindes.

Ein Kind nach Nr. 2 u. 3 hat im Wege einer vereinfachten Erklärung nur darüber Angaben zu machen, wie es seinen Lebensunterhalt bestreitet, welche Einnahmen es im Monat durchschnittlich hat und dass es über Vermögen im Sinne des § 115 Abs. 2 ZPO nicht verfügt; es hat darüber hinaus, soweit es selbst oder sein gesetzlicher Vertreter davon Kenntnis hat, anzugeben, welche Einnahmen die ihm unterhaltspflichtigen Personen haben und über welches Vermögen diese verfügen (§ 2 VO v. 17. 10. 1994). Das Gericht kann die Benutzung des Vordrucks durch das Kind anordnen (§ 1 Abs. 3 VO).

Zur Berechnung des einzusetzenden Einkommens verweist § 115 Abs. 1 S. 3 Nr. 1 ZPO auf § 76 Abs. 2 u. 2a BSHG (abgedruckt bei *Zöller/Philippi* § 115 Rdn. 20, 25). Die nach Nr. 2 S. 1 abzuziehenden Beträge sind bis zum 30. 6. 2003 auf EUR 360,– für die Partei und ihren Ehegatten oder Lebenspartner und für jeden weiteren Unterhaltsberechtigten auf EUR 253,– festgesetzt. Wieweit der Antragsteller eigenes Vermögen für die Prozessführung einzusetzen hat, bestimmt sich nach § 88 BSHG (abgedruckt bei *Zöller/Philippi* § 115 Rdn. 48). Diese Vorschriften sind in den Ausfüllhinweisen zum Vordruck berücksichtigt. Auf Verlangen des Gerichts hat der Antragsteller die Angaben zu seinen wirtschaftlichen Verhältnissen glaubhaft zu machen (§ 118 Abs. 2 ZPO). Macht der Kläger ein fremdes Recht geltend, kommt es idR., aber nicht immer, auf die wirtschaftlichen Verhältnisse des Rechtsinhabers an (vgl. BGH NJW 1990, 1053; OLG Celle NJW 1987, 783). Bei Abtretung des Klageanspruches ist auf den Zessionar abzustellen, es sei denn, ein triftiger Grund für die Abtretung ist nicht zu erkennen (OLG Koblenz MDR 1999, 831; OLG Celle NJW-RR 1999, 579).

Die Erklärung wird einschließlich aller Belege in ein besonderes Beiheft, nicht in die Prozessakte selbst genommen. Sie dürfen dem Gegner nur mit Zustimmung der Partei zugänglich gemacht werden, wie § 117 Abs. 2 S. 2 ZPO jetzt ausdrücklich vorschreibt. Die gleiche Regelung gilt auch für die Teile der Beschlussgründe, die sich mit den persönlichen und wirtschaftlichen Verhältnissen befassen (§ 127 Abs. 1 S. 3 ZPO).

11. In dem Antrag ist das Streitverhältnis unter Angabe der Beweismittel so darzustellen, dass sich die hinreichende Erfolgsaussicht der Klage ergibt. Das geschieht am besten in Form einer Klageschrift (vgl. Form. I. D. 1), und auch inhaltlich nicht nur summarisch, denn nach Ablehnung der Prozesskostenhilfe hat eine nachgebesserte Klage auf eigene Kosten kaum je Erfolg. Der Antragsteller sollte auch vortragen, dass der Beklagte durch sein Verhalten Anlass zur Klageerhebung gegeben hat, da die Rechtsverfolgung sonst als mutwillig iSd. § 114 ZPO erscheinen kann; die Rechtsprechung nimmt Mutwilligkeit auch an, wenn die Vollstreckung auf Dauer aussichtslos ist (OLG Hamm NJW-RR 1999, 1737; OLG Düsseldorf NJW-RR 1998, 503; OLG Celle NJW 1997, 532). Die Erfolgsaussicht ist im Laufe des Verfahrens auf Verlangen des Gerichts glaubhaft zu machen (§ 118 Abs. 2 ZPO). Die Vernehmung von Zeugen und Sachverständigen ist idR. ausgeschlossen. Eine vorweggenommene Beweiswürdigung von Zeugenaussagen durch das Gericht ist nur in engen Grenzen zulässig (BGH NJW 1988, 267; BVerfG NJW 1997, 2745), aber in der Praxis nicht selten (zB. OLG Hamm, NJW-RR 2000, 1669; OLG Köln NJW-RR 1995, 1405; 2001, 791; OLG Koblenz NJW-RR 1992, 706, 707); wenn sich der Kläger zum Beweis nur auf eine Parteivernehmung des den Klagevortrag bestreitenden Gegners beruft, kann er nicht mit einer Bewilligung rechnen (vgl. OLG Köln NJW-RR 1997, 636). Nach der Rechtsprechung des BVerfG (NJW 1997, 2102; 2000, 2098) darf die Prüfung der Erfolgsaussicht nicht dazu führen, den eigentlichen Prozess in das Bewilligungsverfahren vorzuverlagern; schwierige und ungeklärte Rechtsfragen sollen nicht im PKH-Verfahren durchentschieden werden (so auch BGH NJW 1998, 82). Das BVerfG hat auch verschiedentlich beanstandet, dass die Instanzgerichte einen zu strengen Maßstab an die Erfolgsprüfung anlegen und damit nicht die Chancengleichheit der unterbemittelten Partei herstellen (BVerfG NJW 1991, 413; NJW 2000, 1936; NJW-RR 2002, 1069). Das Gericht kann die Parteien zur mündlichen Erörterung laden, nach dem Gesetz allerdings nur, wenn eine Einigung zu erwarten ist (§ 118 Abs. 1 S. 3 ZPO). Vor der Bewilligung erhält der Gegner rechtliches Gehör (§ 118 Abs. 1 S. 1 ZPO). Falls die Anhörung des Gegners zB. wegen besonderer Eilbedürftigkeit der Sache untunlich ist, sollte der Antragsteller darauf hinweisen.

Kosten und Gebühren

Das Bewilligungsverfahren ist gerichtsgebührenfrei; bei Ablehnung der Prozesskostenhilfe haftet der Antragsteller für entstandene Auslagen – zB. für Vernehmung von Zeugen oder Sachverständigen – nach § 49 GKG.

Die Rechtsanwaltsgebühren des § 31 Abs. 1 BRAGO entstehen im Bewilligungsverfahren jeweils zu $^{5}/_{10}$ (§ 51 BRAGO); sie sind auf die im späteren Prozess entstehenden Gebühren anzurechnen (§ 37 Nr. 3 iVm. § 13 Abs. 2 BRAGO). Kommt es zu einem Vergleich im Bewilligungsverfahren (§ 118 Abs. 1 S. 3 ZPO), erhält der Rechtsanwalt eine volle Gebühr nach § 23 BRAGO. Die Höhe der Gebühren des beigeordneten Rechtsanwalts ergibt sich aus § 123 BRAGO; die Höchstgebühr beträgt danach, auch bei Streitwerten über EUR 30.000,–, EUR 391, . Wird Prozesskostenhilfe bewilligt, kann der beigeordnete Anwalt Gebührenansprüche nicht gegen die Partei geltend machen; das gilt auch für Ansprüche, die vor der Beiordnung entstanden waren, soweit der Gebührentatbestand, was regelmäßig auch für die Prozessgebühr nach § 31 Abs. 1 Nr. 1 BRAGO gelten dürfte, nach der Beiordnung erneut verwirklicht wird. Wenn der Rechtsanwalt also schon vor seiner Beiordnung beauftragt war, kann er von seinem Mandanten die Differenz zwischen den bereits entstandenen gewöhnlichen Gebühren und den Gebühren nach § 123 BRAGO idR. nicht verlangen. Auf die Gebühren nach § 123 BRAGO steht ihm nach § 127 BRAGO ein Anspruch auf Vorschuss aus der Staatskasse zu.

Kostenerstattung: Im Bewilligungsverfahren entstandene Rechtsanwaltsgebühren des Gegners hat der Antragsteller, auch wenn die Prozesskostenhilfe abgelehnt wird, nicht zu erstatten (§ 118 Abs. 1 S. 4 ZPO), und zwar auch nicht nach Bewilligung der Prozesskostenhilfe und Unterliegen im Prozess (str., vgl. OLG Köln NJW 1975, 1286; *Thomas/Putzo* § 118 Rdn. 12). Hinsichtlich der Gerichtskosten trifft den Kläger keine Kostenerstattungspflicht; das gilt – entgegen einer jahrelangen früheren Praxis – auch für den mittellosen, im Prozess unterlegenen Beklagten (BVerfG NJW 1999, 3186); anders soll es bei Kostenaufhebung im Vergleich sein (OLG Nürnberg NJW 2000, 370). Auch im Übrigen ist hinsichtlich der Kostenerstattung aus der Sicht der obsiegenden und auch der unterliegenden Partei manches unklar (vgl. *Zöller/Philippi* § 118 Rdn. 27, 28). Fraglich ist auch, ob der Kostenerstattungsanspruch die Differenz zu den Wahlanwaltsgebühren erfasst (vgl. OLG Düsseldorf NJW-RR 1998, 287 mwN.).

Fristen und Rechtsmittel

Zur Unterbrechung und Hemmung von Verjährungsfristen vgl. Anm. 1. Das Prozesskostenhilfegesuch kann auch die Klagefrist nach § 12 Abs. 3 VVG wahren, wenn die Bekanntgabe an den Antragsgegner demnächst iSd. § 204 Abs. 1 Nr. 14 BGB veranlasst wird (vgl. BGH NJW 1987, 255).

Gegen die Bewilligung der Prozesskostenhilfe hat der Gegner kein Rechtsmittel (§ 127 Abs. 2 S. 1 ZPO); er kann lediglich Gegenvorstellungen erheben oder unter den Voraussetzungen des § 124 ZPO eine Aufhebung der Bewilligung beantragen. Die Staatskasse kann gegen die Bewilligung sofortige Beschwerde einlegen, aber nur mit der Behauptung, die Partei müsse nach ihren persönlichen und wirtschaftlichen Verhältnissen Zahlungen leisten (§ 127 Abs. 3 ZPO).

Dem Antragsteller steht, wenn die Bewilligung versagt wird, die sofortige Beschwerde zu (vgl. Form. I.C. 8). Das gilt auch, wenn er mit der Festsetzung der Raten nicht einverstanden ist, die Beiordnung seines Anwalts abgelehnt wurde etc.

2. Antrag des Beklagten auf Bewilligung von Prozesskostenhilfe[1] und Beiordnung eines Rechtsanwalts[2]

An das
Landgericht
Klageerwiderung und Antrag auf Prozesskostenhilfe[3]

In der Sache

……

zeige ich an, dass ich den Antragsgegner vertrete. Ich werde beantragen[4],

1. die Klage abzuweisen,
2. ……

Außerdem wird beantragt,[5]

dem Beklagten Prozesskostenhilfe für die Rechtsverteidigung zu gewähren und ihm den Unterzeichnenden als Rechtsanwalt beizuordnen.

Begründung:[6]

1. Dem Kläger steht der geltend gemachte Anspruch nicht zu. …… (ist auszuführen).
2. Zur Bewilligung der Prozesskostenhilfe reicht der Beklagte in der Anlage die Erklärung über seine persönlichen und wirtschaftlichen Verhältnisse

sowie die erforderlichen Belege ein

Die Erfolgsaussicht seiner Rechtsverteidigung ergibt sich aus den Ausführungen zu 1. Sofern das Gericht weitere Darlegungen oder Beweisantritte für erforderlich hält, wird um eine Auflage gebeten.

Anmerkungen

1. Dem Beklagten kann in gleicher Weise wie dem Kläger Prozesskostenhilfe gewährt werden, die Anmerkungen zum vorangehenden Formular gelten entsprechend. Er-

folgsaussicht für die Rechtsverteidigung besteht immer dann, wenn die Klage unschlüssig ist oder wenn der Beklagte das Vorbringen des darlegungs- und beweispflichtigen Klägers substantiiert bestritten hat, nicht aber dann, wenn er mit Nichtwissen bestreitet, ohne dass die Voraussetzungen des § 138 Abs. 4 ZPO vorliegen (OLG Celle NJW-RR 1997, 290). In der Praxis werden an die Erfolgsaussicht zuweilen geringere Anforderungen gestellt als beim Kläger (vgl. OLG Frankfurt MDR 1987, 61; *Zöller/Philippi* § 114 Rdn. 25 mwN.), auch um dem Kläger kein langwieriges Bewilligungsverfahren aufzunötigen. Die Rechtsverteidigung kann auch Erfolg versprechend sein, wenn der Beklagte unter Protest gegen die Kosten anerkennt (OLG OLG Hamm FamRZ 1993, 1344). Dem Antragsgegner im Scheidungsverfahren kann Prozesskostenhilfe nicht mangels Erfolgsaussicht versagt werden, da seine Beteiligung notwendig ist (OLG Bamberg, NJW-RR 1995, 5; *Zöller/Philippi* § 114 Rdn. 43). Im Vaterschaftsfeststellungsprozess wird die Rechtsverteidigung nur dann als Erfolg versprechend angesehen, wenn der Beklagte ernsthafte Zweifel an seiner Vaterschaft darlegen kann (OLG Hamburg, NJW-RR 2000, 1605; aA. OLG Karlsruhe NJW-RR 1999, 1456).

2. Die Beiordnung eines Rechtsanwalts ist im landgerichtlichen Verfahren zwingend, sollte aber auch im Amtsgerichtsprozess vor allem beantragt werden, wenn der Kläger durch einen Rechtsanwalt vertreten wird (vgl. § 121 Abs. 2 ZPO).

3. Klageerwiderung und Antrag auf Prozesskostenhilfe werden idR. so miteinander verbunden, dass der Beklagte bereits jetzt auf die Klage erwidert und hierfür Prozesskostenhilfe beantragt. Etwas anderes gilt, wenn der Beklagte im Anwaltsprozess noch nicht anwaltlich vertreten ist und daher nur das Gesuch einreichen, nicht auf die Klage wirksam erwidern kann.

4. Zu den Anträgen des Beklagten vgl. Form. I.E. 1, 2.

5. Vgl. Anm. 8, 9 zum vorangehenden Formular.

6. Der Beklagte legt die Erfolgsaussicht seiner Rechtsverteidigung, auch wenn er noch nicht formell auf die Klage erwidert, am besten in einer der Klageerwiderung nach §§ 130, 277 ZPO entsprechenden Weise dar (vgl. Form. I.E. 4). Zur Erklärung über seine persönlichen und wirtschaftlichen Verhältnisse vgl. Form. I.C. 1 Anm. 10.

Kosten und Gebühren

Vgl. die Hinweise zu Form. I.C. 1.

3. Antrag des Berufungsklägers auf Prozesskostenhilfe und Beiordnung eines Rechtsanwalts[1]

An das
Oberlandesgericht[2]

Antrag auf Prozesskostenhilfe[3]

In der Sache

……

ist der Beklagte durch Urteil des Landgerichts …… vom ……, Geschäfts-Nr.……, zugestellt am ……, zur Zahlung von EUR …… verurteilt worden, wie sich aus der beigefügten beglaubigten Abschrift des Urteils ergibt[4]. Der Beklagte beabsichtigt, gegen dieses Urteil Berufung einzulegen, sieht sich jedoch nicht in der Lage, die Kosten für das

Rechtsmittelverfahren aus eigenen Mitteln aufzubringen. Aus diesem Grund wird beantragt,

> **dem Beklagten Prozesskostenhilfe für den zweiten Rechtszug zu bewilligen und ihm den Unterzeichnenden als Prozessbevollmächtigten beizuordnen[5].**

Der Beklagte reicht außerdem eine Erklärung über seine persönlichen und wirtschaftlichen Verhältnisse vom ...... mit den erforderlichen Belegen ein. Eine entsprechende Erklärung hat der Beklagte bereits in erster Instanz vorgelegt; seine persönlichen und wirtschaftlichen Verhältnisse sind unverändert[6].

Die hinreichende Erfolgsaussicht ergibt sich aus dem anliegenden Entwurf der Berufungsbegründung[7].

Der Beklagte beabsichtigt, nach Entscheidung des Senats über die Prozesskostenhilfe einen Antrag auf Wiedereinsetzung zu stellen[8].

Anmerkungen

1. Prozesskostenhilfe wird nur für eine Instanz bewilligt; sie muss für das Rechtsmittelverfahren – ohne Rücksicht auf den Prozessausgang – erneut beantragt werden (§ 119 ZPO). Der Rechtsmittelkläger hat, ähnlich wie im Falle der Klageerhebung, die Möglichkeit, das Rechtsmittel einzulegen und hierfür zugleich Prozesskostenhilfe zu beantragen (vgl. BGH NJW-RR 1987, 376) oder (so das Beispiel) zunächst nur den Antrag auf Prozesskostenhilfe für ein beabsichtigtes Rechtsmittel zu stellen. Dies bietet den Vorteil, die Rechtsauffassung des Rechtsmittelgerichts zu erfahren, ohne das volle Kostenrisiko zu tragen. Auch kann der Antrag noch durch den erstinstanzlichen Rechtsanwalt gestellt werden, während die Berufung, wenn sie mit dem Antrag verbunden wird, durch einen beim Berufungsgericht zugelassenen Rechtsanwalt eingelegt werden muss (vgl. BGH VersR 1981, 577). Allerdings wird nach § 520 ZPO nF. auch die Berufungsbegründungsfrist bereits mit der Zustellung des Urteils in Lauf gesetzt, diese Frist kann also ablaufen, obgleich ein Antrag auf Prozesskostenhilfe für die Berufung gestellt und ohne dass Berufung eingelegt wurde. Hingegen bedeutet es in Hinblick auf die Berufungsfrist kein Risiko, dass das Gericht über den Antrag auf Prozesskostenhilfe regelmäßig erst nach ihrem Ablauf (§ 516 ZPO: 1 Monat) entscheiden wird, denn wenn eine Partei aus finanziellen Gründen die Berufung nicht durchführen kann und deshalb die Berufungsfrist versäumt, hat sie einen Anspruch auf Wiedereinsetzung (vgl. Form. I.F. 2); das gilt auch dann, wenn ihr die Prozesskostenhilfe mangels Erfolgsaussicht des Rechtsmittels versagt wird (st.Rspr., vgl. BGH NJW 1999, 2823). Allerdings muss der Antragsteller vernünftigerweise annehmen dürfen, dass er zur rechtzeitigen Berufungseinlegung finanziell nicht in der Lage ist und er die wirtschaftlichen Voraussetzungen hierfür ordnungsgemäß dargetan hat (BGH NJW 1997, 1078; 2001, 2720, 2721; 2002, 2793); hier liegt ein Risiko. Wurde der Partei bereits für den ersten Rechtszug Prozesskostenhilfe bewilligt, kann sie allerdings bei im Wesentlichen gleichen Angaben zu den Vermögensverhältnissen erwarten, dass auch das Gericht des zweiten Rechtszuges sie als bedürftig ansehen wird (BGH NJW-RR 2000, 1387).

Beschränkt sich der Berufungskläger auf den Prozesskostenhilfeantrag, muss er drei Fristen beachten: Zum einen muss der Antrag innerhalb der Berufungsfrist – auch noch am letzten Tag (BGH NJW 1987, 440, 441; NJW 1994, 2097) – gestellt werden; das Gesuch muss vollständig sein (vgl. BGH NJW 2001, 2720, 2721; 1997, 1078 mwN.: sonst bei Ablehnung der Prozesskostenhilfe keine Wiedereinsetzung) und beim zuständigen Gericht (BGH NJW 1987, 440) eingereicht werden. Zum anderen muss nach Kenntnis der Entscheidung über die Prozesskostenhilfe die Wiedereinsetzungsfrist (§ 234 Abs. 1 ZPO: 2 Wochen) eingehalten werden (vgl. Form. I.F. 2 Anm. 2). Zum Dritten muss die Partei die Begründungsfrist nach § 520 Abs. 2 ZPO beachten. Hier wirkt es sich misslich aus, dass die Berufungsbegründungsfrist nicht mehr an die Einlegung der Berufung, sondern an die Zustellung des Urteils geknüpft ist. In der Praxis wird die Frist daher, wenn das Berufungsgericht über die Prozesskostenhilfe entscheidet, idR. bereits abgelaufen sein. Allerdings hat der Antragsteller die Möglichkeit, eine Verlängerung der Frist nach § 520 Abs. Abs. 2 ZPO zu erreichen, ohne Einwilligung des Gegners allerdings nur einmal um einen Monat. Ob ein solcher Antrag zur Wahrung der Rechte erforderlich ist, ist zweifelhaft, denn es macht keinen Sinn, die Berufungsbegründungsfrist zu verlängern, wenn noch nicht einmal die Berufung eingelegt ist. Überdies müsste der Verlängerungsantrag durch einen beim Berufungsgericht zugelassenen Anwalt gestellt werden (*Zöller/Gummer* § 520 Rdn. 16), den die bedürftige Partei aber noch nicht zu beauftragen braucht. Sicherheitshalber sollte der Antrag aber gestellt werden, denn es ist nicht auszuschließen, dass das Berufungsgericht sich auf einen anderen Standpunkt stellt. Soweit erforderlich sollte, wenn auch die verlängerte Frist abzulaufen droht, versucht werden, die Einwilligung des Gegners zu einer weiteren Verlängerung zu erreichen. In jedem Fall soll nach der Vorstellung des Gesetzgebers auch eine Wiedereinsetzung gegen die Versäumung der Berufungsbegründungsfrist möglich sein, wenn über die Prozesskostenhilfe erst nach deren Ablauf entschieden wird (vgl. *Hannich/Meyer-Seitz* § 520 Rdn. 8 ff.). Dieser Wiedereinsetzungsantrag müsste dann zugleich mit dem Antrag auf Wiedereinsetzung gegen die Versäumung der Berufungsfrist gestellt und die Berufung müsste dann wohl auch innerhalb der Wiedereinsetzungsfrist begründet werden (vgl. *Schumann/Kramer,* Rdn. 579 ff.). Nach der Rechtsprechung des BGH zum alten Berufungsrecht reichte jedenfalls die Stellung eines Verlängerungsantrages zur Fristwahrung nicht aus (vgl. BGH MDR 1995, 522; NJW 1999, 3051; *Ganter* NJW 1994, 164 mwN.); denn nach § 236 Abs. 2 ZPO ist die versäumte Prozesshandlung selbst nachzuholen. Damit hätte der Antragsteller nach neuem Recht nur zwei Wochen Zeit, um einen Anwalt für die Berufung zu beauftragen, die Berufung einzulegen und sie zu begründen. Es ist zu erwarten, dass die Rechtsprechung im Interesse der Chancengleichheit der bedürftigen Partei zu einer längeren Frist gelangen wird, vor einer zuverlässigen Klärung dieser Frage sollte der Anwalt hierauf aber nicht vertrauen.

Wegen dieser ungeklärten Probleme kann es sich zZt. empfehlen, die Berufung bereits mit dem Prozesskostenhilfeantrag zu verbinden. Ein solches Vorgehen kann auch unter taktischen Gesichtspunkten günstiger sein, weil es eher die Überzeugung vermittelt, dass die Partei an den Erfolg ihres Rechtsmittels glaubt. Auch bei gleichzeitiger Einlegung der Berufung wird der Antragsteller regelmäßig in die Situation geraten, dass über den Antrag nicht vor Ablauf der Berufungsbegründungsfrist entschieden wird. Er hat also, unabhängig von der Bewilligung der PKH, entweder die Berufung innerhalb der gesetzlichen Frist zu begründen oder einen Antrag auf Fristverlängerung nach § 520 Abs. 2 ZPO zu stellen. Nach der Rechtsprechung zum alten Berufungsrecht entbindet die Mittellosigkeit seiner Partei den Rechtsanwalt, der bereits Berufung eingelegt hat, nicht von der Verpflichtung, die Verlängerung der Berufungsbegründungsfrist zu beantragen, solange noch nicht über den Prozesskostenhilfeantrag entschieden ist (BGH NJW 1999, 3271); ob hieran festgehalten wird, ist noch nicht abzusehen. Wenn der Antragsteller nicht rechtzeitig die Einwilligung des Gegners für eine weitere Verlängerung erreichen kann, sollte er die Berufung vor Fristablauf begründen. Zwar ist es wahrscheinlich, dass ihm nach der PKH-Entscheidung, sei sie günstig oder ungünstig, Wiedereinsetzung für die Berufungsbegründungsfrist gewährt werden kann, auch zu dieser Frage fehlt es zZt. noch an Rechtsprechung. Wenn der Anwalt bereits den Prozesskostenhilfeantrag begründet hat, dürfte die Begründung der Berufung im Übrigen keinen übermäßigen Aufwand bedeuten.

2. Wird Prozesskostenhilfe für ein Rechtsmittelverfahren beantragt, ist das jeweilige Rechtsmittelgericht zuständig. Auch der Partei selbst wird zugemutet, sich danach zu erkundigen, welches Gericht das ist; sendet sie das Gesuch an ein falsches Gericht, kann ihr später keine Wiedereinsetzung gewährt werden (BGH MDR 1987, 315). Allerdings gilt auch hier § 129a ZPO: Die Partei kann den Antrag vor der Geschäftsstelle eines jeden Amtsgerichts zu Protokoll abgegeben werden. Anwaltszwang besteht nicht.

3. Das Beispiel geht davon aus, dass der Beklagte in 1. Instanz verurteilt wurde und für die Berufung Prozesskostenhilfe begehrt. Hätte der Gegner Berufung eingelegt, wäre dem Berufungsbeklagten ohne weitere Prüfung der Erfolgsaussichten Prozesskostenhilfe zu bewilligen (§ 119 S. 2 ZPO; Ausnahmen vgl. *Thomas/Putzo* § 119 Rdn. 13). Will der Antragsteller, wie im Beispiel, zunächst nur den Antrag auf Prozesskostenhilfe stellen, sollte er sich hüten, den Antrag als Berufung zu bezeichnen oder ihm ein als Berufung bezeichnetes und unterschriebenes Schriftstück beizufügen; die Rechtsprechung verlangt jeden vernünftigen Zweifel ausschließende Erklärungen, wenn die Berufung gleichwohl nicht eingelegt sein soll (BGH NJW-RR 2000, 879; NJW 1988, 2056).

4. Der Rechtsstreit ist genau zu bezeichnen. Die Übersendung des Urteils kann sich empfehlen (vgl. § 518 Abs. 3 ZPO). Das Zustellungsdatum ist für die Berechnung der Berufungsfrist, die eingehalten sein muss, wichtig.

5. Vgl. Form. I. C. 1 Anm. 9. Es kommt nur die Beiordnung eines beim Rechtsmittelgericht zugelassenen Anwalts in Betracht.

6. Grundsätzlich muss der Antragsteller die Erklärung in der 2. Instanz erneut abgeben, auch wenn dies bereits in der 1. Instanz geschehen ist und er dort Prozesskostenhilfe erhalten hat. Das gilt jedenfalls, wenn sich seine Verhältnisse verändert haben (BGH VersR 1981, 61). Fraglich ist, ob eine Bezugnahme verbunden mit der Erklärung ausreicht, dass die persönlichen und wirtschaftlichen Verhältnisse unverändert sind. Nach der Rechtsprechung des Bundesgerichtshofs darf in der Rechtsmittelinstanz die Vorlage einer ordnungsgemäß ausgefüllten Vordruckerklärung nur dann durch die Bezugnahme auf einen in der Vorinstanz vorgelegten Vordruck ersetzt werden, wenn zugleich unmissverständlich mitgeteilt wird, dass seitdem keine Änderungen eingetreten sind (BGH NJW 2001, 2720; 1997, 1078). Die Instanzrechtsprechung ist zT. strenger (vgl. OLG Oldenburg NJW 1981, 1793). Da es für den Antragsteller darum geht, innerhalb der Berufungsfrist einen vollständigen Antrag zu stellen (vgl. Anm. 1 aE.), sollte er sicherheitshalber eine neue Erklärung einreichen und auch die Belege beifügen; das gilt vor allem, wenn die alte Erklärung längere Zeit zurückliegt.
Bewilligt das Berufungsgericht Prozesskostenhilfe unter Anordnung von Ratenzahlungen, so wird damit die Ratenzahlungsanordnung der Vorinstanz gegenstandslos (BGH NJW 1983, 944).

7. Es ist zweckmäßig, die Erfolgsaussichten in Form einer Berufungsbegründungsschrift darzulegen, die später ohnehin erforderlich wird. Zum Inhalt vgl. Form. I. O. 2.

8. Vgl. hierzu Form. I. F. 2.

Kosten und Gebühren

Vgl. die Hinweise zu Form. I. C. 1. Im Rechtsmittelverfahren erhöhen sich die Gebühren gem. § 11 Abs. 1 S. 4, 5 BRAGO.

Fristen und Rechtsmittel

Der Antrag muss vollständig innerhalb der Berufungsfrist (idR. 1 Monat nach Zustellung des Urteils, § 517 ZPO) gestellt sein, vgl. Anm. 1. Wird der Antrag nicht mit der Berufung verbunden, muss der Berufungskläger nach Bewilligung oder Ablehnung der Prozesskostenhilfe die Wiedereinsetzungsfrist beachten (vgl. Form. I. F. 2 Anm. 2). Außerdem muss der Antragsteller auf die Einhaltung der Berufungsbegründungsfrist oder ihre Verlängerung achten; die Berufungsbegründungsfrist läuft ohne Rücksicht auf den PKH-Antrag und den späteren Wiedereinsetzungsantrag (BGH NJW 1989, 1155; vgl. Anm. 1).

Gegen die Ablehnung der Bewilligung durch das Berufungsgericht ist kein Rechtsmittel gegeben (§ 127 Abs. 2 S. 2 ZPO).

4. Antrag auf Änderung der Ratenzahlungsanordnung[1]

An das
Landgericht[2]

In der Sache

……

wird beantragt[3],

> **den Bewilligungsbeschluss vom …… mit Wirkung vom 31. 12. 20.. insoweit zu ändern, als dem Kläger die Zahlung monatlicher Raten auferlegt wurde.**

Begründung:[4]

Mit Beschluss vom …… hat die Kammer dem Kläger Prozesskostenhilfe unter Zahlung monatlicher Raten von EUR 95,– bewilligt. Seit dem 31. 12. 20.. haben sich die wirtschaftlichen Verhältnisse des Klägers entscheidend verschlechtert. Sein damaliger Arbeitgeber hat ihn zum 31. 12. 20.. entlassen. Der Kläger bezieht seitdem Arbeitslosengeld in Höhe von monatlich EUR 800,–, wie sich aus dem in Kopie beigefügten

> **Bescheid vom ……**

ergibt. In Hinblick auf die bestehenden Unterhaltsverpflichtungen und die unveränderten sonstigen Belastungen hat der Kläger daher nach der Tabelle keinen Beitrag zu den Prozesskosten zu leisten.
Der Kläger geht davon aus, dass bis zur Entscheidung über den Antrag keine Raten zu zahlen sind; er wäre hierzu auch außerstande.
Sollte das Gericht eine neue Erklärung gem. § 117 Abs. 2 ZPO für erforderlich halten, wird um einen Hinweis gebeten.

Rechtsanwalt

Anmerkungen

1. Nach § 120 Abs. 4 ZPO kann die Partei bei einer Verschlechterung ihrer wirtschaftlichen Verhältnisse eine Änderung des Beschlusses beantragen (vgl. *Thomas/Putzo* § 120 Rdn. 11). Diesem Antrag hat das Gericht unter Beachtung der Tabelle in § 115 Abs. 1 S. 3 ZPO zu entsprechen. Voraussetzung ist, dass sich die wirtschaftliche Situation nach Stellung des ursprünglichen Antrages so verändert hat, dass nach der Tabelle eine geringere Rate zu zahlen ist. Beruht die Veränderung auf der Erhöhung der nach § 115 Abs. 1 S. 3 Nr. 2 ZPO n.F. jährlich bekannt gemachten Beträge (vgl. Form. I. C. 1 Anm. 10), ist sie nur dann zu berücksichtigen, wenn sie zu einem Wegfall der Ratenzahlung führt (§ 120 Abs. 4 S. 1 Halbs. 2 ZPO). Nicht der Antrag nach § 120 Abs. 4 ZPO, sondern die Beschwerde nach § 127 Abs. 2 ZPO ist der richtige Weg, wenn das Gericht im Bewilligungsbeschluss zu Unrecht Raten angeordnet oder die Raten zu hoch angesetzt hat.

Der Antrag kann und sollte auch gestellt werden, wenn der Partei gem. § 124 Nr. 4 ZPO bereits die Prozesskostenhilfe wegen Nichtzahlung der Raten entzogen oder die Entziehung angedroht wurde.

2. Zuständig ist das Gericht, das den Bewilligungsbeschluss erlassen hat. Die Entscheidung wird vom Rechtspfleger des Prozessgerichts getroffen; ob das auch noch nach Rechtskraft gilt, ist streitig (vgl. *Thomas/Putzo* Rdn. 10; *Zöller/Philippi* § 120 Rdn. 27).

3. Der Antrag hat – je nach Sachlage – zum Ziel, eine Herabsetzung der Raten zu erreichen oder die Ratenzahlungsanordnung ganz zu beseitigen. Das Gericht kann die Aufhebung oder die Herabsetzung rückwirkend bis zum Eintritt der Veränderung aussprechen; eine Rückwirkung bis zum Zeitpunkt des ursprünglichen Beschlusses ist nicht zulässig (vgl. *Thomas/Putzo* § 120 Rdn. 11).

4. Hier hat die Partei zu begründen und zu belegen, dass sich ihre wirtschaftliche Situation verschlechtert hat. Die Einreichung einer neuen Erklärung gem. § 117 Abs. 2 ZPO dürfte nicht erforderlich sein, wenn die Partei die Veränderung in geeigneter Weise belegt (zB. durch Bescheid über Arbeitslosengeld, Arbeitslosenhilfe, Sozialhilfe, durch neue Lohn- oder Gehaltsbescheinigungen, durch Nachweis weiterer Unterhaltsberechtigter etc.) und im Übrigen erklärt, dass sich gegenüber den früheren Angaben nichts geändert hat. Ein Problem kann daraus entstehen, dass die Ratenzahlungsanordnung bis zur Entscheidung fortbesteht, dem Kläger also bei Nichtzahlung eine Entziehung gem. § 124 Nr. 4 ZPO drohen kann. Jedoch wird der gem. § 20 Nr. 4c RPflG für die Entziehung zuständige Rechtspfleger mit seinem Beschluss warten, bis über den Antrag entschieden ist (vgl. *Zöller/Philippi* § 124 Rdn. 19a); ein anderes Verfahren wäre rechtswidrig und mit der Beschwerde angreifbar.

Kosten und Gebühren

Gerichtskosten entstehen nicht. Für die Rechtsanwaltsgebühren gilt § 51 BRAGO.

Fristen und Rechtsmittel

Der Antrag ist zulässig, solange noch Raten zu begleichen sind, also auch nach rechtskräftigem Abschluss des Verfahrens (vgl. § 120 Abs. 4 S. 3 ZPO; OLG Köln MDR 1994, 1045); die in älteren Entscheidung zT. vertretene abweichende Ansicht beruht auf der Gesetzeslage vor Einfügung des § 120 Abs. 4 ZPO).

Gegen den ganz oder zT. ablehnenden Beschluss des Rechtspflegers ist die sofortige Beschwerde nach §§ 127 Abs. 2 S. 2, 567 ZPO gegeben. Der Gegner hat kein Beschwerderecht.

5. Sofortige Beschwerde gegen den Änderungsbeschluss nach § 120 Abs. 4 ZPO[1]

An das
Landgericht

In der Sache

......

hat der Rechtspfleger mit Beschluss vom ...... angeordnet, dass der Kläger die nach dem Vergleich vom ...... von ihm zu tragenden Prozesskosten an die Staatskasse zu zahlen hat. Gegen diesen Beschluss wird

sofortige Beschwerde[2]

eingelegt.

Begründung[3]

Es ist zutreffend, dass der Kläger vom Beklagten den nach dem vor der Kammer geschlossenen Vergleich zu zahlenden Betrag von EUR 5.000,– inzwischen erhalten hat. Damit ist aber keine Änderung der Verhältnisse im Sinne des § 120 Abs. 4 ZPO eingetreten.

1. **Bei dem Vergleichsbetrag handelt es sich um ein dem Kläger zustehendes Schmerzensgeld, das nicht zu dem nach § 115 Abs. 2 ZPO für die Prozessführung einzusetzenden Vermögen gehört.**
2. **Darüber hinaus hat der Rechtspfleger nicht berücksichtigt, dass der verlangte Geldbetrag nach § 115 Abs. 2 ZPO iVm. § 88 Abs. 2 BSHG zum Schonvermögen zählt. Dem Kläger steht ein Freibetrag von EUR 2.301,– zu (§ 88 Abs. 2 Nr. 8 BSHG), der sich um jeweils EUR 256,- für seine Ehefrau und seine beiden Kinder erhöht. Den Restbetrag benötigt der Kläger dringend, um eine notwendige Reparatur seines PKW, auf den er beruflich angewiesen ist, durchführen zu können (§ 88 Abs. 2 Nr. 4 BSHG). Ein Kostenvoranschlag liegt an.**

Rechtsanwalt

Anmerkungen

1. Eine Änderung zum Nachteil der Partei kann nach § 120 Abs. 4 ZPO zum Inhalt haben, dass
- die festgesetzten Raten erhöht werden,
- erstmals Raten festgesetzt werden,
- der aus dem Vermögen zu zahlende Betrag erhöht wird,
- erstmals ein Betrag aus dem Vermögen zu zahlen ist.

Das Beispiel betrifft den letztgenannten Fall; es knüpft an die Praxis der Gerichte an, eine Zahlung auf die von der Partei zu tragenden Prozesskosten anzuordnen, nachdem sie die Klageforderung ganz oder zum Teil realisiert hat. Eine solche Situation kann insbesondere bei teilweisem Erfolg im Urteil oder im Vergleich eintreten, auch – wie im Beispiel – bei einem Vergleich im Bewilligungsverfahren. Insbesondere wenn dem Kläger vor dem Vergleichsabschluss Prozesskostenhilfe ohne Einschränkung bewilligt wurde, aber Gebühren nach dem Vergleich nicht mehr entstehen können, führt die Änderung praktisch zu einer rückwirkenden Aufhebung der Bewilligung. Gleichwohl wird eine solche Anordnung grundsätzlich für zulässig gehalten (vgl. KG MDR 1990, 450; OLG Zweibrücken MDR 1997, 885; OLG Celle MDR 2001, 230; *Zöller/Philippi* § 120 Rdn. 24); das gilt auch bei einem Abfindungsvergleich im Kündigungsschutzprozess (LAG Nürnberg MDR 2000, 588).

2. Gegen den Beschluss des Rechtspflegers ist nach § 11 Abs. 1 RPflG das nach den allgemeinen Verfahrensvorschriften zulässige Rechtsmittel gegeben. Das ist nicht mehr die Erinnerung, sondern die sofortige Beschwerde nach §§ 127 Abs. 2 S. 2, 567 ZPO (vgl. *Zöller/Philippi* § 127 Rdn. 24).

3. Die Beschwerde ist damit zu begründen, dass keine wesentliche Änderung der maßgebenden persönlichen und wirtschaftlichen Verhältnisse eingetreten ist. Sie kann nach herrschender Ansicht nicht mehr darauf gestützt werden, dass Zahlungen auf Grund des Vergleiches (oder Prozesses), für den Prozesskostenhilfe bewilligt wurde, nicht zu berücksichtigen sind (vgl. Thomas/Putzo § 115 Rdn. 18). Die Partei kann sich aber immer darauf berufen, dass das erworbene Vermögen nicht verwertbar im Sinne von § 88 BSHG ist. Schmerzensgeld zählt, wie aus analoger Anwendung von § 77 Abs. 2 BSHG gefolgert wird, regelmäßig nicht zu dem nach § 115 Abs. 2 ZPO einzusetzenden Vermögen (hM., vgl. *Zöller/Philippi* § 115, Rdn. 59 mwN.; *Thomas/Putzo* § 115 Rdn. 21; aA.

OLG Jena MDR 2000, 852). Darüber hinaus bleibt ein Freibetrag von zumindest EUR 2.301,– nach § 88 Abs. 2 Nr. 8 BSHG immer unangetastet; dieses Schonvermögen erhöht sich für jeden Unterhaltsberechtigten um EUR 256,– (vgl. *Zöller/Philippi* § 115 Rdn. 57). Für einen Nachzahlungsbeschluss ist weiter erforderlich, dass die Freigrenze nicht nur unerheblich überschritten wird (OLG Celle MDR 2001, 230). Geldbeträge, die zur Instandhaltung von für die Erwerbstätigkeit notwendigen Gegenständen erforderlich sind, brauchen gleichfalls nicht eingesetzt zu werden (§ 88 Abs. 2 Nr. 4, auch § 76 Abs. 2 Nr. 4 BSHG). Es kann sich auch empfehlen, den über die Freigrenze hinausgehenden Betrag zur Anschaffung angemessenen Hausrats (§ 88 Abs. 2 Nr. 3) oder zur Rückführung von fälligen Krediten zu verwenden. Die erneute Kreditaufnahme kann vom Gericht kaum verlangt werden; in Betracht käme, wegen des von Zins- und Tilgungsleistungen entlasteten Einkommens, wohl nur eine Erhöhung/erstmalige Festsetzung von Raten, wobei sich die Partei günstiger stehen dürfte. Gibt allerdings die Partei in Kenntnis des Abänderungsverfahrens die erlangten Vermögenswerte weg, indem sie damit nicht vorrangige anderweitige Verbindlichkeiten tilgt, so muss sie sich so behandeln lassen, als stünden ihr die Mittel noch zur Verfügung (OLG Zweibrücken MDR 1997, 885). Darüber hinaus kann die Partei versuchen, eine besondere Härte nach § 88 Abs. 3 BSHG geltend zu machen.

Fristen und Rechtsmittel

Die sofortige Beschwerde ist fristgebunden (§ 569 Abs. 1 ZPO). Die Frist beträgt nach § 127 Abs. 2 S. 3 ZPO einen Monat; sie beginnt mit Bekanntgabe des Änderungsbeschlusses.

6. Antrag auf Beiordnung eines Rechtsanwalts für eine auswärtige Beweisaufnahme[1]

An das
Landgericht[2]

In der Sache

……

wird beantragt[3],

> **dem Beklagten zur Wahrnehmung des vor dem ersuchten Richter stattfindenden Termins zur Beweisaufnahme den dort zugelassenen Rechtsanwalt R beizuordnen.**

Begründung:[4]

Die den Rechtsstreit entscheidende Beweisaufnahme soll gem. Beschluss des Gerichts vom …… im Wege der Rechtshilfe vor dem Amtsgericht X stattfinden. Dem Kläger selbst ist es aus zeitlichen und finanziellen Gründen nicht möglich und zumutbar, diesen Termin wahrzunehmen. Der Prozessbevollmächtigte des Klägers sieht sich angesichts der großen Entfernung und wegen anderer Termine gleichfalls außerstande, den Kläger dort zu vertreten; das wäre auch weit unwirtschaftlicher als die Beauftragung eines dortigen Rechtsanwalts. Die Beiordnung erscheint auch deswegen sachgerecht, weil damit zu rechnen ist, dass die Gegenseite einen Unterbevollmächtigten beauftragen wird.
Um eine baldige Entscheidung wird gebeten, damit der dortige Rechtsanwalt rechtzeitig beauftragt und informiert werden kann.

Anmerkungen

1. Vgl. § 121 Abs. 3 ZPO. Die Parteien haben das Recht, sich durch einen Rechtsanwalt im Beweistermin vor dem ersuchten Richter vertreten zu lassen. Wenn besondere Umstände dies erfordern (vgl. *Zöller/Philippi* § 121 Rdn. 19), kann der bedürftigen Partei hierzu ein besonderer Rechtsanwalt beigeordnet werden. Voraussetzung ist, dass der Partei Prozesskostenhilfe bewilligt und ihr bereits ein Rechtsanwalt beigeordnet wurde.

2. Zuständig ist das Prozessgericht, nicht etwa das Rechtshilfegericht.

3. Die Partei sollte im Antrag einen bestimmten Rechtsanwalt vorschlagen, um dem Gericht die Auswahl zu ersparen und die Entscheidung zu beschleunigen.

4. Hier sind die besonderen Umstände, die die Beiordnung erfordern, darzulegen.

Kosten und Gebühren

Der beigeordnete Rechtsanwalt erhält je eine $^{5}/_{10}$ Prozess- und Beweisgebühr (§ 54 BRAGO). Diese Gebühr und seine Auslagen sind notwendig iSd. § 91 ZPO und damit erstattungsfähig, wie sich aus der Tatsache der Beiordnung ergibt (aA. Für die Beiordnung eines Verkehrsanwalts OLG Koblenz NJW-RR 1999, 727).

Fristen und Rechtsmittel

Sofortige Beschwerde gem. § 127 Abs. 2 ZPO.

7. Antrag auf einstweilige Anordnung zur Leistung eines Prozesskostenvorschusses[1]

An das
Amtsgericht
– Familiengericht[2] –

Antrag auf einstweilige Anordnung

In der Unterhaltssache
des minderjährigen Peter Schmidt, vertreten durch seine Mutter Lore Schmidt,

Prozessbevollmächtigter: Rechtsanwalt ......

gegen

Herrn Hans Schmidt ......

beantrage ich namens und in Vollmacht des Antragstellers,
dem Antragsgegner im Wege der einstweiligen Anordnung gem. § 127a ZPO aufzugeben, für die gleichzeitig eingereichte Klage einen Prozesskostenvorschuss in Höhe von EUR ...... an den Antragsteller zu leisten[3].

Begründung:[4]

Der Beklagte ist der eheliche Vater des Klägers. Die Ehe ist geschieden, das Sorgerecht steht gemäß

Beschluss vom ...... (Anlage 1)

der Mutter zu. Der Beklagte ist durch

Scheidungsvergleich vom ...... (Anlage 2)

verpflichtet worden, für das Kind EUR ...... monatlich zu zahlen. Sein damaliges Einkommen betrug EUR ...... Inzwischen ist der Beklagte in seiner Firma zum Prokuristen aufgestiegen und verdient lt. anliegender

Verdienstbescheinigung vom ...... (Anlage 3)

EUR ...... Der Antragsteller, der ohne weiteres Einkommen und ohne Vermögen ist, reicht gegen den Antragsgegner gleichzeitig eine Abänderungsklage ein, mit der er eine monatliche Zahlung von insgesamt EUR ...... begehrt. Der Antragsgegner hat eine erhöhte Zahlung mit

Schreiben vom ...... (Anlage 4)

verweigert.
Für den erforderlichen Rechtsstreit steht dem Kläger ein Anspruch auf einen Prozesskostenvorschuss zu, der sich wie folgt berechnet. ......[5]

Rechtsanwalt

Anmerkungen

1. Das Beispiel betrifft nur die einstweilige Anordnung gem. § 127a ZPO, der anwendbar ist, soweit §§ 620 Nr. 9, 621f ZPO nicht eingreifen, also im Wesentlichen bei Unterhaltssachen nichtehelicher und ehelicher Kinder, die nicht Folgesachen sind (vgl. *Zöller/Philippi* § 621f Rdn. 1, 2), aber auch bei Unterhaltsansprüchen der Ehegatten untereinander (BGH NJW 1980, 1392; vgl. *Zöller/Philippi* § 621f Rdn. 4). § 127a ZPO gilt ferner nur für Unterhaltsklagen, nicht für andere Klagen des Unterhaltsberechtigten. Da ihm, wenn er einen Anspruch auf einen Prozesskostenvorschuss hat, Prozesskostenhilfe versagt sein kann (vgl. *Thomas Putzo* § 114 Rdn. 10), empfiehlt sich dieser vereinfachte Weg, zumal an die Erfolgsaussichten der Klage oft geringere Anforderungen gestellt werden als nach § 114 ZPO. Zu beachten ist, dass der Antrag erst zulässig ist, wenn die Unterhaltssache anhängig ist oder ein Gesuch auf Prozesskostenhilfe eingereicht wurde (§ 127a Abs. 2 S. 2 iVm. § 620a Abs. 2 ZPO). Es ist also zweckmäßig, die Unterhaltsklage, wenn sie nicht schon anhängig ist, gleichzeitig ohne Zahlung eines Gerichtskostenvorschusses einzureichen. Daneben hat der Antragsteller die Möglichkeit, eine selbstständige Klage auf Zahlung eines Prozesskostenvorschusses zu erheben (BGH NJW 1979, 1508). Der Anspruch auf den Prozesskostenvorschuss selbst ergibt sich nicht aus § 127a ZPO, sondern aus dem Unterhaltsrecht, nämlich für Ehegatten aus § 1360a Abs. 4 BGB (vgl. *Palandt/Brudermüller* § 1360a Rdn. 7), bei Getrenntleben in Verbindung mit § 1361 Abs. 4 BGB, für Kinder aus § 1610 BGB (vgl. *Palandt/Diederichsen* § 1610 Rdn. 13–15); er besteht nicht zwischen geschiedenen Ehegatten (BGH NJW 1984, 291). Ausnahmsweise soll auch der Unterhaltskläger verpflichtet sein, dem anderen Ehegatten einen Prozesskostenvorschuss zu leisten (OLG Zweibrücken NJW-RR 1999, 796). Nach Beendigung des Prozesses kann die Zahlung eines Prozesskostenvorschusses nicht mehr verlangt werden (BGH NJW 1985, 2265).

Das Verfahren der einstweiligen Anordnung bestimmt sich nach den Vorschriften der §§ 620 a–g ZPO (§ 127a Abs. 2 S. 2 ZPO).

2. Zuständig ist nach § 620a Abs. 4 ZPO iVm. § 127a Abs. 2 S. 2 ZPO das Gericht des ersten Rechtszuges der Unterhaltssache, hier also gem. § 621 Nr. 4 ZPO das Familiengericht (vgl. *Zöller/Philippi* § 621f Rdn. 14). Wird der Kostenvorschuss für das Rechtsmittelverfahren verlangt, ist das Oberlandesgericht zuständig (§ 620a Abs. 4 S. 3 ZPO, vgl. BGH NJW 1981, 2305).

3. Im Antrag ist der Betrag des verlangten Prozesskostenvorschusses zu beziffern.

4. Hier ist vorzutragen, dass eine unter § 127a ZPO fallende Unterhaltsklage anhängig ist, und darzulegen, dass dem Antragsteller der Anspruch auf einen Prozesskostenvorschuss nach materiellem Recht zusteht, wozu auch die Darlegung gehört, dass die Unterhaltsklage nicht mutwillig oder aussichtslos ist (näher hierzu *Palandt/Brudermüller* § 1360a Rdn. 15; *Palandt/Diederichsen* § 1610 Rdn. 15). Nach neuerer Rechtsprechung des Bundesgerichtshofs (BGH NJW 2001, 1646) ist entgegen der vorher überwiegenden Meinung für den Prozesskostenvorschuss in gleicher Weise wie bei der Prozesskostenhilfe auf die hinreichende Erfolgsaussicht abzustellen.

5. Der Kostenvorschuss erfasst die Gerichts- und Rechtsanwaltskosten sowohl für die beabsichtigte Klage (zunächst jedenfalls drei Gerichtsgebühren und zwei Rechtsanwaltsgebühren) als auch für die einstweilige Anordnung (vgl. *Palandt/Diederichsen* § 1360a Rdn. 17).

Kosten und Gebühren

Für das Verfahren entsteht keine Gerichtsgebühr, für die Entscheidung $^1/_2$ Gebühr (KV Nr. 1700). Für den Rechtsanwalt entstehen gem. § 41 Abs. 1a BRAGO die Gebühren des § 31 Abs. 1 BRAGO; maßgeblich für den Streitwert ist der Betrag des begehrten Vorschusses.

Fristen und Rechtsmittel

Die Entscheidung ist unanfechtbar, § 127a Abs. 2 ZPO.

8. Sofortige Beschwerde gegen die Ablehnung der Prozesskostenhilfe[1]

An das
Landgericht [2]

Sofortige Beschwerde[3]

In der Sache
......
wird für den Kläger gegen die die Prozesskostenhilfe ablehnende Entscheidung der Kammer

sofortige Beschwerde

eingelegt mit dem Antrag,

1. **dem Kläger für die erste Instanz rückwirkend auf den Zeitpunkt der Antragstellung Prozesskostenhilfe zu gewähren[4]**
2. **den Unterzeichnenden als Rechtsanwalt beizuordnen[5].**

Begründung[6]:

1. **Das Gericht hätte die hinreichende Erfolgsaussicht der Klage nicht verneinen dürfen. Es hat das Klagevorbringen tatsächlich und rechtlich unzutreffend gewürdigt ...... (ist auszuführen).**
2. **Da der Rechtsstreit in der Hauptsache weiter betrieben wird und inzwischen weitere Kosten angefallen sind, hat der Kläger ein Interesse daran, dass ihm die Prozesskostenhilfe mit Rückwirkung auf den Zeitpunkt der Antragstellung bewilligt wird. Das**

ist geboten, weil der Antrag formgerecht gestellt wurde und die erforderlichen Unterlagen beigefügt waren (BGH NJW 1982, 446).

Rechtsanwalt

Anmerkungen

1. Dem Formular liegt der Sachverhalt zugrunde, dass die Prozesskostenhilfe im Laufe des Rechtsstreits beantragt und versagt wurde, der Prozess aber weiter betrieben wird.

Die Beschwerde ist gem. § 127 Abs. 2 ZPO statthaft gegen die ablehnende Entscheidung der ersten Instanz, gegen den bewilligenden Beschluss nur, soweit er die Anordnung von Monatsraten oder Zahlungen aus dem Vermögen enthält, eine Beiordnung ablehnt oder den Antragsteller sonstwie beschwert; sie ist auch statthaft, wenn Prozesskostenhilfe entgegen dem Antrag nicht rückwirkend gewährt wurde (OLG München MDR 1987, 240). Für das Beschwerderecht der Staatskasse gilt § 127 Abs. 3 ZPO. Auch wenn die Prozesskostenhilfe erst mit dem Urteil abgelehnt wurde, ist nur die Beschwerde gegeben. Sie ist immer erforderlich, wenn der Antragsteller noch keine Klage erhoben hat, sich aber mit dem ablehnenden Beschluss nicht zufrieden geben will. Ist bereits Klage erhoben, hat der Kläger zwei Möglichkeiten: Er kann die voraussichtlich ungünstige Entscheidung der ersten Instanz abwarten und später Prozesskostenhilfe für die Berufung beantragen, oder er kann – wie vorgeschlagen – Beschwerde einlegen, auf diese Weise schon jetzt die Auffassung des Berufungsgerichts erkunden und evtl. noch eine Gebührenbefreiung für die erste Instanz erwirken. Wird die Berufungssumme nicht erreicht, ist die Beschwerde ausgeschlossen, soweit das Gericht nicht die persönlichen und wirtschaftlichen Verhältnisse für die Bewilligung verneint hat (§ 127 Abs. 2 S. 2, 2. Halbs. ZPO). Die Partei hat dann nur noch die Möglichkeit, Gegenvorstellung zu erheben. Ein Beschwerdewert hinsichtlich der Kosten gem. § 567 Abs. 2 ZPO braucht nicht erreicht zu sein (vgl. *Zöller/Philippi* § 127 Rdn. 30). Mit der Beschwerde kann der Antragsteller erreichen, dass ihm Prozesskostenhilfe rückwirkend gewährt wird, und zwar bis auf den Zeitpunkt, an dem der Antrag formgerecht und vollständig gestellt wurde (vgl. BGH NJW 1982, 446; NJW 1985, 921; *Zöller/Philippi* § 119 Rdn. 39). Auch nach Abschluss der Instanz kann eine Beschwerde noch zulässig sein (vgl. *Zöller/Philippi* § 127 Rdn. 49f.). Das gilt insbesondere in dem leider häufigen Fall, dass das Gericht erst zusammen mit der Hauptsache über den Prozesskostenhilfeantrag entschieden hat (vgl. OLG Brandenburg MDR 1999, 54). Die Beschwerde soll allerdings unzulässig sein, wenn das seine Klage abweisende Urteil bereits rechtskräftig geworden ist (OLG Köln MDR 1994, 950; OLG Frankfurt, MDR 1998, 494; OLG Karlsruhe NJW-RR 2000, 1680; aA. OLG Karlsruhe NJW-RR 2001, 656).

Die Beschwerde kann auch statthaft sein, wenn sich das Gericht mit der Entscheidung über den Antrag über Gebühr Zeit lässt (vgl. OLG Celle MDR 1985, 591 mwN.), nach überwiegender Meinung aber nur wenn das Gericht die Entscheidung so verzögert, dass dies der Ablehnung gleichkommt (KG MDR 1998, 64; OLG Hamburg, NJW-RR 1989, 1022; vgl. *Zöller/Philippi* § 127 Rdn. 11). Auch gegen eine Beweisaufnahme im Prüfungsverfahren, die die Beweisaufnahme im Hauptverfahren praktisch vorwegnimmt, kann eine Beschwerde statthaft sein, wenn sie im Ergebnis wie die Versagung von Prozesskostenhilfe wirkt (OLG Köln MDR 1999, 444).

2. Die Beschwerde ist entweder bei dem Gericht einzulegen, das die Prozesskostenhilfe versagt hat, oder beim Beschwerdegericht (§ 569 Abs. 1 S. 1 ZPO); es empfiehlt sich die Einlegung beim Gericht der Vorinstanz, das ohnehin nach über die Abhilfe nach § 572 ZPO zu entscheiden hat. Anwaltszwang besteht nicht (§ 569 Abs. 3 Nr. 2 ZPO).

3. Die Beschwerde wird durch Einreichung einer Beschwerdeschrift erhoben, die den Formalien des § 569 Abs. 2 ZPO genügen muss; sie kann aber auch zu Protokoll der Geschäftsstelle erklärt werden (§ 569 Abs. 3 ZPO). Sie ist als sofortige Beschwerde fristgebunden, aber abweichend von § 569 Abs. 1 S. 1 ZPO in einer Frist von einem Monat zu erheben (§ 127 Abs. 2 S. 3 ZPO). Die Frist beginnt mit der Zustellung der ablehnenden Entscheidung oder mit deren Verkündung im Termin (§ 569 Abs. 1 S. 2 ZPO). Es handelt sich um eine Notfrist, im Falle einer Versäumung bleibt also die Wiedereinsetzung nach §§ 233ff. ZPO. IdR. hat die Beschwerde einen Stillstand des Prozesses zur Folge, da die Akten dem Beschwerdegericht übersandt werden.

4. Sofern bereits ein Urteil erlassen wurde und damit die Kosten und Gebühren im Wesentlichen entstanden sind, hat die Beschwerde nur Sinn, wenn sie zu einer rückwirkenden Bewilligung führt (vgl. Anm. 1aE.). In einem solchen Fall kann es sich für den Antragsteller zusätzlich empfehlen, gleichzeitig oder jedenfalls vor Ablauf der Rechtsmittelfrist Prozesskostenhilfe für die Berufung zu beantragen.

5. Wenn das Beschwerdegericht den vorinstanzlichen Beschluss abändert, ist es auch befugt, den von der Partei gewählten Rechtsanwalt beizuordnen (OLG Köln MDR 1983, 323, 324), es kann die Beiordnung aber auch der Vorinstanz überlassen (OLG Karlsruhe MDR 1992, 1178). Beiordnung eines Anwalts und Bewilligung der Prozesskostenhilfe für das Beschwerdeverfahren sind hingegen unzulässig (vgl. OLG Nürnberg NJW 1982, 288; OLG Karlsruhe JurBüro 1994, 606 mwN.).

6. Hier hat die Partei die Gründe darzulegen, aus denen sich, im Gegensatz zur Auffassung im angefochtenen Beschluss, die hinreichende Erfolgsaussicht ergibt. Der Antragsteller kann seine Beschwerde auch auf neues Vorbringen stützen. Allerdings wird die Ansicht vertreten (vgl. OLG Karlsruhe MDR 1989, 918), dass in einem solchen Fall das Rechtsschutzinteresse fehle, weil ein neuer Prozesskostenhilfeantrag gestellt werden könne. Diese Ansicht ist falsch, denn das erstinstanzliche Gericht hatte ja im Abhilfebeschluss die Möglichkeit, unter Berücksichtigung des neuen Vorbringens anders zu entscheiden, ist jedoch bei seiner Ablehnung geblieben.

Kosten und Gebühren

Für das Beschwerdeverfahren entsteht eine Gerichtsgebühr von EUR 25,–, jedoch nur, wenn die Beschwerde verworfen oder zurückgewiesen wird (KV Nr. 1956). Der Rechtsanwalt erhält $^{5}/_{10}$ der in § 31 Abs. 1 BRAGO bestimmten Gebühren (§ 61 Abs. 1 Nr. 1 BRAGO). Eine Kostenerstattung findet auch für den Gegner nach der ausdrücklichen Anordnung in § 127 Abs. 4 ZPO nicht statt. Dennoch ist die Frage streitig, ob die in der Hauptsache obsiegende Partei oder auch ihr obsiegender Gegner die Beschwerdekosten im Kostenfestsetzungsverfahren des Hauptprozesses geltend machen können. Die wohl überwiegende Meinung hält eine Erstattung der Kosten des erfolgreichen Beschwerdeführers, der auch im Hauptverfahren obsiegt, nicht für möglich (OLG Hamburg MDR 2002, 910; OLG München NJW-RR 2001, 1437; OLG Koblenz MDR 1995, 101; vgl. im Übrigen zur Kostenerstattung Form. I.C.1 Anm. „Kosten und Gebühren"; *Zöller/Philippi* § 118 Rdn. 26–28 mwN.).

Fristen und Rechtsmittel

Die Beschwerde ist innerhalb einer Notfrist von einem Monat einzulegen, die mit der Zustellung der Entscheidung beginnt (vgl. Anm. 1).

Gegen die Beschwerdeentscheidung ist grundsätzlich die Rechtsbeschwerde nach § 574 ZPO gegeben, allerdings nur, wenn das Beschwerdegericht sie zugelassen hat (§ 574 Abs. 1 Nr. 2 ZPO). Die Zulassung wiederum setzt nach § 574 Abs. 3 ZPO voraus, dass die Rechtssache grundsätzlich Bedeutung hat oder der Fortbildung des Rechts oder der Sicherung einer einheitlichen Rechtsprechung dient. In diesen Fällen müsste das Gericht aber bereits dem Prozesskostenhilfeantrag stattgeben, so dass eine Zulassung der Rechtsbeschwerde kaum einmal vorkommen wird. Dem Antragsteller bleibt dann nur noch eine Gegenvorstellung. In seltenen Ausnahmefällen, bei „greifbarer Gesetzeswidrigkeit", hat die Rechtsprechung eine weitere Beschwerde zum BGH zugelassen (vgl. BGH NJW 1993, 135; 1997, 3318; 1999, 1404).

D. Klageerhebung

1. Grundmuster einer Klageschrift mit Begründung (Zahlungsklage an das Landgericht mit Anregung eines frühen ersten Termins und Einverständnis mit Übertragung auf den Einzelrichter)

An das
Landgericht
München I, Zivilkammer[1]

Klage

der Kommanditgesellschaft in Firma Meyer & Wittrock, vertreten durch den persönlich haftenden Gesellschafter Hans Meyer[2], Feldstraße 1, 80355 München[3],

Klägerin

Prozessbevollmächtigter: Rechtsanwalt ......

gegen

den Werbegrafiker Peter Meister[4], Karlstraße 9, 80801 München,

Beklagter

Prozessbevollmächtigter: Rechtsanwalt ......[5]

wegen Kaufpreis[6]

Streitwert: EUR 12.000,–[7]

Namens und in Vollmacht der Klägerin erhebe ich Klage und werde beantragen:

1. Der Beklagte wird verurteilt, an die Klägerin EUR 12.000,– nebst 9,5% Zinsen seit dem 2. 4. 20 .. zu zahlen[8].
2. Der Beklagte trägt die Kosten des Rechtsstreits[9].
3. Das Urteil ist notfalls gegen Sicherheitsleistung vorläufig vollstreckbar[10],

hilfsweise für den Fall des Unterliegens,

Vollstreckungsschutz[11].

Vorab wird beantragt,

von einer Güteverhandlung abzusehen, weil bereits ein erfolgloser Güteversuch stattgefunden hat[12].

Die Bescheinigung der Kfz-Schlichtungsstelle der Handwerkskammer ...... liegt bei.

Im Übrigen wird angeregt, einen frühen ersten Termin zu bestimmen[13]. Sofern das Gericht das schriftliche Vorverfahren anordnet, wird für den Fall der Fristversäumnis oder des Anerkenntnisses beantragt,

den Beklagten durch Versäumnisurteil oder Anerkenntnisurteil ohne mündliche Verhandlung zu verurteilen[14].

Mit einer Entscheidung der Sache durch den Einzelrichter ist die Klägerin einverstanden[15].

Begründung:[16]

Die Klägerin, die einen Im- und Export betreibt, verlangt vom Beklagten den restlichen Kaufpreis für einen gebrauchten Firmenwagen. Auf eine Annonce der Klägerin suchte der Beklagte den Betrieb der Klägerin am 13. 2. 20 .. auf und ließ sich von deren Fahrer, Herrn A, das Fahrzeug vom Typ Daimler-Benz ML 320, amtl. Kennzeichen ......, vorführen. Nach einer Probefahrt entschloss sich der Beklagte zum Kauf und unterzeichnete einen von Herrn A vorbereiteten Kaufvertrag.

Beweis: Kaufvertrag vom 13. 2. 20 ..[17] – Anlage 1 –[18]

Nach dem Vertrag betrug der Kaufpreis EUR 20.000,–, hiervon waren bei Übergabe EUR 8000,– zu zahlen, die restlichen EUR 12.000,– wurden bis zum 1. 4. 20 .. gestundet.

Beweis: Kaufvertrag (Anlage 1)

Der Wagen wurde am 14. 2. 20 .. auf den Beklagten zugelassen und ihm gegen Zahlung von EUR 8.000,– übergeben[19]. Den Restbetrag von EUR 12.000,– hat der Beklagte trotz Mahnschreiben vom 5. 4. und 30. 4. 20 .., die als

Anlagen 2 und 3[20]

überreicht werden, nicht beglichen.
Der Beklagte wird vermutlich einwenden[21], dass der Wagen mangelhaft sei. Hiermit kann der Beklagte jedoch nicht gehört werden, denn er hat das Fahrzeug kraft ausdrücklicher vertraglicher Vereinbarung „gekauft wie besehen und unter Ausschluss jeglicher Gewährleistung".

Beweis: Kaufvertrag (Anlage 1)

Damit scheiden Gewährleistungsansprüche aus. Vorsorglich wird aber schon jetzt bestritten, dass der Wagen bei Übergabe Mängel aufwies, die über einen normalen Verschleiß hinausgingen. Im Übrigen waren dem Beklagten Alter und Zustand des Fahrzeugs bekannt; denn er hat in Anwesenheit des Fahrers Herrn A Karosserie und Motor sorgfältig untersucht und sich auch den Kraftfahrzeugbrief und den Kraftfahrzeugschein zeigen lassen. Zusicherungen über den Zustand des Fahrzeugs sind nicht abgegeben worden.

Beweis: Zeugnis des Angestellten A (ladungsfähige Anschrift)

Der Zinsanspruch steht der Klägerin als Verzugsschaden zu.[22] Der Beklagte befindet sich seit dem 1. 4. 20 .., dem vereinbarten Zahlungsdatum, in Verzug. Die Klägerin nimmt seit dieser Zeit ständig Bankkredit in einer die Klagforderung übersteigenden Höhe zu einem Zinssatz von mindestens 9,5% in Anspruch,

Beweis: anliegende Zinsbescheinigung der X-Bank (Anlage 4)

den sie um den eingeklagten Betrag zurückgeführt hätte. Zumindest stehen der Klägerin nach § 288 Abs. 1 BGB Zinsen in Höhe von 5% über dem Basiszinssatz zu.
Beglaubigte und einfache Abschrift liegen an[23].

Rechtsanwalt[24]

Schrifttum: Michel, Der Schriftsatz des Anwalts im Zivilprozess, 5. Aufl. 2000; *Rinsche,* Prozesstaktik, 1987; *Schellhammer,* Zivilprozessreform und erste Instanz, MDR 2001, 1081; *Doms,* Neue ZPO – Umsetzung in der anwaltlichen Praxis, NJW 2002, 779; *Hannich/Meyer-Seitz,* ZPO-Reform 2002, München 2002; *Franzen,* Vermeidbare Prozesse, NJW 1982, 1854; *Kiesel,* Das Gesetz zur Beschleunigung fälliger Zahlungen. NJW 2000, 1673; *Seutemann,* Anforderungen an den Sachvortrag der Parteien, MDR 1997, 615; *Treffer,* Die Wahl der richtigen Verfahrensart, MDR 1999, 721; *Lange,* Der frühe erste Termin als Vorbereitungstermin, NJW 1986, 1728; *Kunz-Schmidt,* Unterschriftserfordernis für bestimmende Schriftsätze im Zivilprozess, NJW 1987, 1298; *Zimmermann,* Der Zins im Zivilprozess, JuS 1991, 229; *Petershagen,* Der neue Basiszinssatz der ZPO, NJW 2002, 1455; *Kleffmann,* Die ladungsfähige Anschrift der Parteien als Erfordernis ordentlicher Klageerhebung, NJW 1989, 1142.

Anmerkungen

1. Die genaue Bezeichnung des Gerichts gehört zu den Formalien der Klageschrift, § 253 Abs. 2 Nr. 1 ZPO. Seit 1. 1. 2002 liegt die Zuständigkeitsgrenze zwischen Amts- und Landgericht bei EUR 5.000,– (§ 23 Nr. 1 GVG). Der Kläger sollte besonders prüfen, ob der Anspruch nicht zur Zuständigkeit der Kammer für Handelssachen gehört (vgl. Form. I. D. 2), und in diesem Fall seinen Antrag, den Rechtsstreit dort zu verhandeln, bereits in der Klageschrift stellen (§ 96 Abs. 1 GVG). Sofern der Geschäftsplan eines Landgerichts bestimmte Klagen besonderen Kammern zuweist (zB. Wettbewerbssachen, Verkehrszivilsachen, Bausachen), sollte in der Klageschrift deutlich gemacht werden, dass die Klage vor diese Kammer gehört. Die Annahmestelle des Landgerichts ist oft nicht in der Lage, dies zu erkennen, was zu zeitraubenden Abgaben innerhalb des Gerichts führt.

2. Besondere Sorgfalt ist auf die Bezeichnung der Parteien zu verwenden; eine unzureichende Bezeichnung kann zu Schwierigkeiten in der Zwangsvollstreckung führen. Es gilt § 130 Nr. 1 ZPO. Bei juristischen Personen ist die Angabe der „gesetzlichen Vertreter“ erforderlich, es sind also bei einer GmbH der Geschäftsführer (namentliche Benennung nach BGH NJW 1993, 2811, 2813 nicht notwendig, aber gleichwohl ratsam), bei einer Aktiengesellschaft und bei einem Verein die Vorstandsmitglieder, bei einer OHG oder KG die persönlich haftenden Gesellschafter aufzuführen. Sollen ein Kaufmann unter seiner Firma (§ 17 Abs. 2 HGB), eine Handelsgesellschaft oder eine juristische Person verklagt werden, ist unbedingt zu empfehlen, die genaue Firmenbezeichnung und die Namen des Inhabers bzw. der gesetzlichen Vertreter vorher durch eine Auskunft beim Handelsregister festzustellen (bei Vereinen entsprechend im Vereinsregister, bei Genossenschaften im Genossenschaftsregister). Stellt sich später heraus, dass die Bezeichnung unrichtig oder unvollständig war, kann sie von Amts wegen oder auf Antrag berichtigt werden (vgl. Form. I. J. 4).

3. Der Kläger muss seine ladungsfähige Anschrift angeben; verweigert er dies ohne zureichenden Grund, ist die Klage unzulässig (vgl., auch zu Ausnahmen, BGH NJW 1988, 2114; BVerwG NJW 1999, 2608; BFH NJW 2001, 1158; *Kleffmann* NJW 1989, 142; einschränkend *Zöller/Greger* § 253 Rdn. 8). Diese Anforderung der Rechtsprechung bedeutet keinen Verfassungsverstoß (BVerfG NJW 1996, 1272).

4. Von der genauen und zutreffenden Bezeichnung des Beklagten hängen die Zustellung der Klage und später die Vollstreckung ab. Es gilt das in Anm. 2 Gesagte entsprechend. Als Anschrift des Beklagten kann uU. auch seine Arbeitsstelle genügen (BGH NJW 2001, 885).

5. Sofern in der vorprozessualen Korrespondenz ein Rechtsanwalt seine Zustellungsbevollmächtigung für den Gegner mitgeteilt hat, ist er hier aufzuführen.

6. Eine Kurzbezeichnung des Streitgegenstandes in dieser Weise ist üblich, allerdings nicht notwendig (zB. Schadensersatz, Unterhalt, Auskunft, Herausgabe etc.).

7. Die Angabe des Streitwertes soll enthalten sein, da hiervon die sachliche Zuständigkeit und die Höhe des Gerichtskostenvorschusses abhängen, vgl. § 253 Abs. 3 ZPO. Ist durch die Klageerhebung eine Frist zu wahren, sollte der Streitwert unbedingt angegeben werden, da sich sonst die Klagezustellung zurechenbar verzögern kann (§§ 167 ZPO, früher 270 Abs. 3 ZPO, vgl. BGH NJW 1994, 1073). Bei Klagen auf Zahlung einer bestimmten Geldsumme ist die Angabe nicht erforderlich, aber üblich.

8. Das Fehlen eines bestimmten Antrages (§ 253 Abs. 2 Nr. 2 ZPO) macht die Klage unzulässig. Die Formulierung ist bei Zahlungsklagen unproblematisch, Schwierigkeiten können sich aber zB. bei Klagen auf Herausgabe, Vornahme einer Handlung oder Feststellung ergeben.

9. Über die Kosten entscheidet das Gericht auch ohne Antrag (§ 308 Abs. 2 ZPO), der Kostenantrag ist jedoch allgemein üblich. Für den Fall einer späteren Erledigung der Hauptsache kann er Bedeutung erlangen.

10. Auch über die vorläufige Vollstreckbarkeit hat das Gericht ohne Antrag zu erkennen; dieser Antrag ist nur eine Anregung an das Gericht. Besondere Anträge des Gläubigers nach §§ 710, 711 S. 3 ZPO, das Urteil ohne Sicherheitsleistung für vorläufig vollstreckbar zu erklären, sind zweckmäßigerweise bereits in der Klageschrift zu stellen; sie müssen gem. § 714 ZPO jedenfalls vor Schluss der mündlichen Verhandlung gestellt sein. Allerdings versprechen die Anträge nur Erfolg, wenn die tatsächlichen Voraussetzungen glaubhaft gemacht werden. Im angenommenen Fall wäre das Urteil für den Kläger im Fall des Obsiegens nur gegen Sicherheitsleistung vorläufig vollstreckbar, da der Gegenstand der Verurteilung den Betrag von EUR 1.250,– übersteigen würde (§§ 708 Nr. 11, 709 ZPO).

Will der Kläger seine Sicherheitsleistung nicht durch Hinterlegung, sondern durch Bankbürgschaft erbringen, ist dies nach § 108 S. 2 ZPO n. F. ohne gerichtliche Bestimmung möglich; die Sicherheitsleistung kann durch die schriftliche, unwiderrufliche, unbedingte und unbefristete Bürgschaft eines im Inland zum Geschäftsbetrieb befugten Kreditinstituts geleistet werden. Auch die Bürgschaft der Bank eines EU-Staates kann geeignet sein (OLG Hamburg NJW 1995, 2859; vgl. *Zöller/Herget* § 108 Rdn. 7); hierzu bedarf es aber einer besonderen gerichtlichen Anordnung. Zur Übergabe oder Zustellung der Bürgschaftsurkunde an den Gegner vgl. *Zöller/Herget* § 108 Rdn. 11; *Thomas/Putzo* § 108 Rdn. 13, jeweils mit Nachw. Manche Gerichte ordnen die gerichtliche Hinterlegung der Bürgschaftsurkunde an. Die Bürgschaft muss gegenüber der Bank verzinst werden, die dadurch entstandenen Kosten sind Prozesskosten, also von der unterliegenden Partei zu tragen (OLG München, MDR 1999, 1525, str.), nach aA. Handelt es sich um Kosten der Zwangsvollstreckung (vgl. *Zöller/Stöber* § 788 Rdn. 5). Zur Rückgabe der Bürgschaft vgl. BGH NJW 1979, 417; ist der Anlass für die Sicherheitsleistung entfallen, sollte die Bürgschaftsurkunde unverzüglich vom Gegner zurückgefordert werden (BGH NJW 1990, 2129). Möglich ist es auch, den Austausch einer beigebrachten Prozessbürgschaft gegen die gleichwertige eines anderen Kreditinstitutes zu fordern (BGH NJW 1994, 1351). Entscheidungen über Art und Höhe der Sicherheitsleistung sind (eingeschränkt) anfechtbar, vgl. *Thomas/Putzo* § 108 Rdn. 17 Abs. 11. Für den Fall seines Unterliegens kann der Kläger den Schutzantrag nach § 712 ZPO (auch Antrag auf „Befugung“ genannt) stellen. Hierzu ist Glaubhaftmachung der tatsächlichen Voraussetzungen erforderlich, § 714 Abs. 2 ZPO. Nach § 714 Abs. 1 ZPO kann der Antrag nur bis zum Schluss der mündlichen Verhandlung gestellt werden; wird der Antrag in erster Instanz versäumt, ist streitig, ob er noch in der Berufungsinstanz nachgeholt werden kann (so zB. OLG Stuttgart MDR 1998, 858; *Thomas/Putzo* § 714 Rdn. 5; aA. KG MDR 2000, 478; differenzierend OLG Hamburg MDR 1994, 1246; vgl. *Zöller/Herget* § 714 Rdn. 1). Umstritten ist weiter, ob die Versäumung des Antrags in erster Instanz auch einem Einstellungsantrag nach §§ 707, 719 Abs. 1 ZPO entgegensteht (vgl. KG MDR 2000, 1455; *Zöller/Herget* § 719, Rdn. 3 mwN.). Wegen dieser unsicheren Rechtslage sollte der Antrag nach § 714 ZPO unbedingt im ersten Rechtszug gestellt werden.

12. Mit § 278 Abs. 2 ZPO hat der Gesetzgeber angeordnet, dass der mündlichen Verhandlung zum Zwecke der gütlichen Beilegung des Rechtsstreits eine Güteverhandlung vorauszugehen hat. Sowohl der frühe erste Termin (§§ 272 Abs. 2, 275 ZPO) als auch der Haupttermin nach schriftlichem Vorverfahren (§§ 272 Abs. 1, 276 ZPO) haben regelmäßig damit zu beginnen und werden erst bei Erfolglosigkeit mit der streitigen mündlichen Verhandlung fortgesetzt (§ 279 Abs. 1 ZPO). Diese vorgeschaltete Güteverhandlung, zu der die Parteien persönlich geladen und angehört werden, bedeutet für Anwälte, Gericht und Parteien zeitraubenden, vergeblichen Aufwand, wenn eine gütli-

che Einigung von vornherein nicht in Betracht kommt. In einem solchen Fall sollten die Parteien dies dem Gericht rechtzeitig vor dem Termin anzeigen und beantragen, von einer Güteverhandlung und ggf. auch von der Anordnung des persönlichen Erscheinens abzusehen. § 278 Abs. 2 S. 1 ZPO sieht diese Möglichkeit vor, wenn bereits ein Einigungsversuch vor einer außergerichtlichen Gütestelle stattgefunden hat. Das betrifft vor allem Bagatellstreitigkeiten (vermögensrechtliche Streitigkeiten bis EUR 750,–, Nachbarstreitigkeiten und Streitigkeiten wegen Ehrverletzung), für die der Landesgesetzgeber nach § 15 a ZPO bestimmt hat, dass die Erhebung der Klage erst zulässig ist, wenn ein außergerichtlicher Einigungsversuch bei einer anerkannten Gütestelle stattgefunden hat. Die meisten Länder haben entsprechende Gesetze verabschiedet oder geplant (vgl. *Zöller/Gummer* § 15 a EGZPO Rdn. 27). In Betracht kommen aber auch freiwillige Einigungsversuche in anderen Streitigkeiten oder bei sonstigen Gütestellen, die eine Streitbeilegung betreiben, zB. bei Schlichtungsstellen von Verbänden oder Kammern oder auch vor einem Notar (vgl. *Hannich/Meyer-Seitz* §§ 278, 279 Rdn. 12). Die Bescheinigung über den erfolglosen Einigungsversuch hat der Kläger mit der Klage einzureichen (§ 15 a Abs. 1 S. 2 EGZPO für das dort vorgesehene Verfahren).

Zum Absehen von der Güteverhandlung bei erkennbarer Aussichtslosigkeit vgl. Form. I. F. 6.

13. Ob das Gericht einen frühen ersten Termin oder das schriftliche Vorverfahren anordnet, liegt in seinem Ermessen (§ 272 Abs. 2 ZPO). Das Gericht wird jedoch die Anregung des Klägers beachten. Die Verfahrensart ist unabhängig davon, ob der Rechtsstreit durch die Kammer oder den Einzelrichter verhandelt wird. In der Praxis wird vom schriftlichen Vorverfahren weniger Gebrauch gemacht, die Verfahrensart kann aber von Kammer zu Kammer und auch innerhalb einer Kammer unter den Einzelrichtern unterschiedlich sein. Der frühe erste Termin empfiehlt sich für den Kläger immer dann, wenn abzusehen ist, dass sich der Rechtsstreit ganz oder zum Teil im ersten Termin erledigt, wenn er einen gerichtlichen Vergleich in der Güteverhandlung nach § 278 ZPO anstrebt, wenn er an einer baldigen Erörterung des Rechtsstreits mit dem Gericht interessiert ist, wenn der Streit bereits durch ein vorgeschaltetes Prozesskostenhilfeverfahren geklärt ist oder wenn die Vorbereitung des Rechtsstreits durch ein schriftliches Vorverfahren aus anderen Gründen überflüssig erscheint (vgl. *Thomas/Putzo* § 272 Rdn. 4). Wenn allerdings bekannt ist, dass beim angerufenen Landgericht Termine erst nach Monaten stattfinden, kann ein schriftliches Vorverfahren wegen der Möglichkeit, ohne Termin ein Versäumnisurteil oder Anerkenntnisurteil zu erwirken, günstiger sein. Andererseits birgt das schriftliche Vorverfahren bei streitigem Prozessverlauf stets die Gefahr der Verschleppung. Zur Prozessförderungspflicht der Parteien für den frühen ersten Termin vgl. BGH NJW 1983, 575. Bei Wahl eines frühen ersten Termins können sich die Parteien nicht darauf verlassen, dass noch ein weiterer Haupttermin stattfinden wird (BGH aaO. u. NJW 1987, 499), anders aber, wenn es sich ersichtlich um einen Durchlauftermin handelt (BVerfG NJW 1985, 1149; BGH NJW 1987, 500; BayVerfGH NJW 1990, 502).

14. Diese Anträge können bereits in der Klage gestellt werden (§ 307 Abs. 2 S. 2, § 331 Abs. 3 S. 2 ZPO). Das sollte, auch wenn der Kläger einen frühen ersten Termin anregt, stets geschehen; denn ordnet das Gericht dennoch das schriftliche Vorverfahren an, würde ein weiterer Schriftsatz erforderlich, was die Entscheidung verzögert.

15. Die Erklärung ist gemäß § 253 Abs. 3 ZPO erforderlich. Eine Übertragung der Sache durch die Zivilkammer auf den Einzelrichter gem. § 348 a ZPO („obligatorischer Einzelrichter“) ist nur noch erforderlich, wenn dieser ein Richter auf Probe ist oder wenn es sich um eine Spezialkammer handelt, der im Geschäftsverteilungsplan Streitigkeiten aus den in § 348 Abs. 1 Nr. 2 ZPO Sachgebieten zugewiesen sind. In allen anderen Fällen entscheidet regelmäßig ein Mitglied der Kammer als Einzelrichter („originärer Einzelrichter“). Nur in den besonderen Ausnahmefällen nach § 348 Abs. 3 ZPO kommt eine Übernahme durch die Kammer in Betracht. Eine Verhandlung und Entscheidung durch die Kammer empfiehlt sich über die in § 348 Abs. 3 ZPO genannten Fälle (besondere Schwierigkeit, grundsätzliche Bedeutung) hinaus, wenn der Sachverstand oder die Autorität der ganzen Kammer, insbesondere des Vorsitzenden, wünschenswert sind, um zB. mit schwierigen Parteien zu verhandeln, eine komplizierte Beweisaufnahme und Beweiswürdigung durchzuführen oder Fragen von existentieller Bedeutung für die Parteien zu entscheiden. Bei entsprechenden Anträgen ist allerdings zu berücksichtigen, dass ein Haupttermin vor dem Einzelrichter meist schneller zu erreichen ist als vor der Kammer. In den Fällen des § 348a ZPO wird der frühe erste Termin oft noch vor der Kammer stattfinden, da die Einzelrichtererklärung des Beklagten nach § 277 Abs. 1 S. 2 ZPO im Zeitpunkt der Terminierung noch nicht vorliegt. Will der Kläger keine Verhandlung vor dem Einzelrichter oder strebt er eine Übernahme durch die Kammer an, sollte er seine Gründe darlegen. Die Übertragen auf den Einzelrichter oder die Übernahme durch die Kammer stehen aber im Ermessen der Kammer. Deren Entscheidung ist unanfechtbar (§ 348 Abs. 2, 4, § 348a Abs. 3 ZPO), sie kann auch nicht mit der Berufung angegriffen werden.

16. Die Klagebegründung muss die bestimmte Angabe des Gegenstandes und des Grundes des erhobenen Anspruches enthalten, die zur Begründung der Anträge dienenden tatsächlichen Verhältnisse angeben und die Beweismittel, derer sich der Kläger zum Nachweis tatsächlicher Behauptungen bedienen will, bezeichnen (§ 253 Abs. 2 Nr. 2 iVm. § 130 Nr. 3, 5 ZPO). Hierzu ist es zweckmäßig, dass der Kläger die materiellrechtliche Anspruchsgrundlage (hier § 433 Abs. 2 BGB) zum Ausgangspunkt nimmt und zu deren Tatbestandsmerkmalen (Kaufvertrag einschließlich Vereinbarung des Kaufpreises) die erforderlichen Tatsachen vorträgt. Dabei genügt nicht die bloße Rechtsbehauptung, dass die Parteien einen Kaufvertrag geschlossen haben, vielmehr ist zur Schlüssigkeit näher darzulegen, wann, zwischen welchen Personen und auf welche Weise dies geschehen ist (Substantiierungspflicht, vgl. näher BGH NJW 1984, 310; 1984, 2888; WM 1985, 736; NJW 1991, 2707, 2709; NJW-RR 1993, 189). Genauer Sachvortrag und entsprechende Beweisanträge sind insbesondere ratsam, soweit die Darlegungs- und Beweislast beim Kläger liegt (hierzu grundsätzlich BGH NJW 1986, 2426, 2427; 1997, 128, 129) oder sich die Tatsache innerhalb seines eigenen Wahrnehmungsbereiches ereignet hat (BGH NJW 1996, 1826, 1827; MDR 1999, 440 und 1371; 2000, 592). Vom nicht darlegungspflichtigen Prozessgegner kann ein substantiiertes Bestreiten nur gefordert werden, wenn dem Behauptenden eine weitere Substantiierung nicht möglich oder nicht zumutbar ist, während jener alle wesentlichen Tatsachen kennt und es ihm zumutbar ist, nähere Angaben zu machen (vgl. BGH NJW 1999, 714 unter II 2 mwN.; MDR 2001, 1249). Für den Kläger ist es grundsätzlich ausreichend, wenn er Tatsachen vorträgt, die in Verbindung mit einem Rechtssatz geeignet sind, das geltend gemachte Recht als in seiner Person entstanden erscheinen zu lassen; genügt das Parteivorbringen diesen Anforderungen an die Substantiierung, so kann der Vortrag weiterer Einzeltatsachen nur verlangt werden wenn diese, insbesondere im Hinblick auf das Vorbringen des Gegners, für die Rechtsfolgen von Bedeutung sind (st.Rspr., zB. BGH NJW-RR 1998, 1409; NJW 1999, 1859, 1860; MDR 1999, 1371). Der Kläger darf auch nur vermutete Tatsachen behaupten und unter Beweis stellen, wenn er zuverlässiges Wissen anders nicht erlangen kann (BGH NJW-RR 1988, 1529, NJW 1995, 1160 u. 2111). Es empfiehlt sich, die klagebegründenden Tatsachen in historischer Reihenfolge darzustellen. Eine rechtliche Qualifizierung des Anspruches ist nicht erforderlich. Rechtsausführungen sind nicht notwendig und häufig auch überflüssig. Soweit die Parteien nicht besonderen Anlass haben, das Gericht von einer bestimmten Rechtsansicht zu überzeugen, und es nicht um Rechtsfragen von grundsätzlicher Bedeutung oder um Spezialfragen geht, sollten sie sich auf kurze Hinweise, ggf. unter Angabe einschlägiger Rechtsprechung und Literatur, beschränken.

17. Die Beweismittel sind gemäß § 130 Nr. 5 ZPO zu bezeichnen, spätere Nachholung ist möglich (BVerfG NJW 1993, 1319). Urkunden sind nicht nur zu bezeichnen, sondern vorzulegen (§ 420 ZPO). Es genügt die Einreichung einer Kopie, das Original sollte jedoch im Termin vorgelegt werden können.

18. Es ist zweckmäßig, dass die Parteien ihre Anlagen unterschiedlich bezeichnen, zB. der Kläger mit Zahlen, der Beklagte mit Buchstaben oder der Kläger mit K 1, 2 …… und der Beklagte mit B 1, 2 ……

19. Die Übergabe der Kaufsache ist keine Anspruchsvoraussetzung, in Hinblick auf die zur Zug-um-Zug-Verurteilung führende Einrede des nichterfüllten Vertrages und als maßgeblicher Zeitpunkt für den Beginn der Sachmängelhaftung sollte sie jedoch bei Kaufpreisklagen stets vom Kläger vorgetragen werden.

20. Es ist zu empfehlen, nicht nur Mahnschreiben, sondern die gesamte prozesserhebliche Korrespondenz dem Gericht vorzulegen.

21. Ob der Kläger bereits in der Klageschrift auf mögliche Einwendungen des Beklagten eingehen soll, ist Frage des Einzelfalls. Wenn dessen Einwendungen jedoch abzusehen sind, kann dadurch eine schriftsätzliche Entgegnung auf die Klageerwiderung entbehrlich werden und zur Straffung des Prozesses beigetragen werden; dies kann auch den Beklagten veranlassen, seinen Standpunkt zu überdenken. Zudem wird dem Gericht eine gezielte Vorbereitung des Rechtsstreits erleichtert. In jedem Fall sollte der Kläger bereits zum Zeitpunkt der Klageerhebung wissen, was er auf die Einwendungen des Beklagten erwidern will und welche (Gegen-)Beweise ihm zur Verfügung stehen, und die erforderlichen Informationen hierzu gesammelt haben. Denn die Klageerwiderung kann Anlass zu einer weiteren Aufgliederung und Ergänzung der Sachdarstellung bieten (BGH NJW 1986, 1826, 1827) und er kann nicht damit rechnen, dass das Gericht ihm zur Entgegnung auf die Klageerwiderung mehr als zwei Wochen Zeit gibt. Im angenommenen Fall dient das Vorbringen des Klägers dazu, Gewährleistungsansprüche wegen vertraglicher Vereinbarung (§ 444 BGB) auszuschließen und Kenntnis des Käufers (§ 442 BGB) zu behaupten.

22. Dem Kläger stehen in jedem Fall Verzugszinsen in Höhe von 5% über dem Basiszinssatz nach § 288 Abs. 1 BGB ab Verzugsbeginn zu. Der Basiszinssatz beträgt nach § 247 Abs. 1 BGB 3,62 %, verändert sich aber jeweils zum 1. 1. und 1. 7. eines Jahres; für die Zeit vom 1. 1. 2002 – 30. 6. 2002 beträgt er 2,57 %, vom 1. 7. 2002 – 31. 12. 2002 2,47 % (näher zu den wechselnden Zinssätzen *Petershagen* NJW 2002, 1455; *Meier/Grünebaum* MDR 2002, 748). Der Kläger kann jedoch nach § 288 Abs. 4 BGB einen weitergehenden Verzugsschaden wegen Inanspruchnahme eines Bankkredites geltend machen. Zum Beleg dieses Zinsschadens, der meist höher liegt als 5% über dem Basiszinssatz, sollte bereits in der Klageschrift, und nicht erst auf Bestreiten des Beklagten, eine Zinsbescheinigung der Bank eingereicht werden. Ob der Kläger auch ohne nähere Darlegung einen höheren Zinssatz verlangen kann, ist fraglich (vgl. *Gelhaar* NJW 1981, 859 mwN.). Nach der Rechtsprechung des Bundesgerichtshofs (NJW 1984, 371) braucht der Zahlungsverzug des Schuldners nicht für die Kreditaufnahme ursächlich zu sein; es genügt also, eine Kreditaufnahme in Höhe der Klageforderung darzulegen. Wenn der Beklagte bestreitet, ist, jedenfalls bei Nichtkaufleuten, eine nähere Darlegung erforderlich (BGH NJW-RR 1991, 1406; vgl. *Palandt/Heinrichs* § 288 Rdn. 7).

Bei wechselnder Höhe der Kreditzinsen kann der Antrag wie folgt lauten:

„… nebst Zinsen in Höhe von
9,5% vom 2. 4. 20 .. bis zum 31. 5. 20 ..
10% vom 2. 4. 20 .. bis zum 3. 8. 20 ..
10,5% seit dem 4. 8. 20 .. zu zahlen."

Da dem Kläger Verzugszinsen jedenfalls nach § 288 Abs. 1 BGB zustehen, dürfte auch der Zusatz „mindestens aber in Höhe von 5% über dem Basiszinssatz seit dem 2. 4. 20 .." hinreichend bestimmt und damit zulässig sein. Erfahrungen mit einem solchen

Antrag sind allerdings bisher nicht bekannt. Nicht erforderlich ist es, die Höhe des Basiszinssatzes anzugeben.

Bei mehreren Forderungen mit unterschiedlichem Verzugsbeginn oder bei zu berücksichtigenden Teilzahlungen kann der Zinsantrag lauten:

„... nebst Zinsen in Höhe von 9,5%
auf EUR 20.000,– vom 3. 8. 20 .. bis 31. 3. 20 ..,
auf EUR 14.000,– vom 1. 4. 20 .. bis 20. 7. 20 ..,
auf EUR 10.000,– vom 21. 7. 20 .. bis 30. 11. 20 ..,
und auf DM 5.000,– seit dem 1. 12. 20 .. zu zahlen."

23. Die Klageschrift selbst kommt zur Gerichtsakte. Für jeden Beklagten hat der Kläger eine beglaubigte Abschrift der Klageschrift beizufügen, die dem oder den Beklagten gemäß § 271 ZPO zugestellt wird (§ 253 Abs. 5 ZPO). Auch die Anlagen zur Klageschrift sind in der erforderlichen Zahl beizufügen, es sei denn, sie liegen dem Gegner bereits in Urschrift oder in Abschrift vor (§ 133 Abs. 1 ZPO). In Anwaltsprozessen ist es üblich, außer den beglaubigten Abschriften jeweils eine einfache Abschrift beizufügen.

24. Die Klageschrift muss von einem beim jeweiligen Landgericht zugelassenen Rechtsanwalt unterschrieben sein. Zur Bedeutung der Unterzeichnung „i. V." und „i. A." vgl. BGH NJW 1988, 210. Die Unterschrift selbst muss Mindestanforderungen genügen, dh. erkennen lassen, dass sie aus Buchstaben zusammengesetzt ist und individuelle Züge trägt, BGH NJW 1989, 588 mwN.; großzügiger BGH NJW 1992, 243; 1997, 3380; vgl. auch BAG NJW 1988, 2822; BFH NJW 1987, 343; *Thomas/Putzo* § 129 Rdn. 8. Das Gericht darf aber die Unterschrift eines Rechtsanwalts, die es längere Zeit nicht beanstandet hat, nicht ohne Hinweis als unzureichend ansehen (BVerfG NJW 1988, 2787). Ein Handzeichen, das erkennbar nur eine Namensabkürzung (Paraphe) darstellt, genügt nicht (BGH NJW 1994, 55). Inzwischen können auch bestimmende Schriftsätze formwirksam durch elektronische Übertragung einer Textdatei mit eingescannter Unterschrift des Prozessbevollmächtigten auf ein Faxgerät des Gerichts übermittelt werden (Gemeinsamer Senat der obersten Gerichtshöfe des Bundes, NJW 2000, 2340).

Kosten und Gebühren

Die Klage wird erst nach Einzahlung des Gerichtskostenvorschusses (drei Gebühren nach KV Nr. 1210) zugestellt, § 65 GKG. Die Gerichtskasse fordert den Vorschuss für die eingereichte Klage an. Der Kläger kann den Vorschuss auch selbst berechnen und entweder bei der Gerichtskasse (die den Empfang auf der Klageschrift quittiert) einzahlen oder in Gerichtskostenmarken entrichten. In den Fällen des § 65 Abs. 7 GKG entfällt die Vorschusspflicht; das gilt insbesondere, wenn dem Kläger Prozesskostenhilfe bewilligt wurde oder er glaubhaft macht, dass ihm die alsbaldige Zahlung aus besonderen Gründen nicht möglich ist (§ 65 Abs. 7 Nr. 3 GKG).

Für das Gericht entsteht im Klageverfahren je Instanz eine dreifache Gebühr (KV Nr. 1210), die sich bei nichtstreitiger Beendigung auf eine Gebühr ermäßigen kann (KV Nr. 1211). Auslagen für Zustellungen werden nur noch erhoben, soweit sie EUR 50,– pro Instanz überschreiten (KV Teil 9 vor Nr. 9000). Für die Rechtsanwälte fallen idR. bis zu drei Gebühren an, nämlich die Prozessgebühr gem. § 31 Abs. 1 Nr. 1 BRAGO, die Verhandlungsgebühr oder die Erörterungsgebühr gem. § 31 Abs. 1 Nr. 2, 4 BRAGO (vgl. § 31 Abs. 2) und die Beweisgebühr gem. § 31 Abs. 1 Nr. 3 BRAGO. Zusätzlich kann eine Vergleichsgebühr entstehen (§ 23 BRAGO). Die Güteverhandlung löst keine zusätzlichen Rechtsanwaltsgebühren aus; eine Verhandlungsgebühr kann nicht entstehen, regelmäßig fällt aber eine Erörterungsgebühr an, die auf die spätere Verhandlungsgebühr anzurechnen ist. Die Höhe der Gerichts- und Rechtsanwaltsgebühren richtet sich nach dem Streitwert (§ 11 Abs. 2 GKG; § 7 BRAGO). Der genaue Betrag ergibt sich aus den Gebührentabellen (Anlage 2 zum GKG bzw. Anlage zu § 11 BRAGO). Sämtliche Prozesskosten – einschließlich der Auslagen für Zeugen und Sachverständige etc. – fallen idR. der unterliegenden Partei zur Last (§ 91 ZPO), die dem siegreichen Gegner dessen Kosten zu erstatten hat.

Fristen und Rechtsmittel

Prozessuale Fristen sind für die Klageerhebung nicht zu beachten. Jedoch können materielle Fristen (Verjährungsfristen, Ausschlussfristen) einzuhalten sein. Zu deren Wahrung genügt die Einreichung der Klageschrift bei Gericht, wenn die Zustellung, gemessen am Tag des Fristablaufs (BGH NJW 1995, 2230), „demnächst" (hierzu BGH NJW 1986, 1347; NJW 1993, 2320) erfolgt, § 167 ZPO (§ 270 Abs. 3 ZPO aF.). Kann die Klage nicht mehr vor Fristablauf zugestellt werden, muss der Kläger aber alles tun, um eine nicht nur geringfügige Verzögerung der Zustellung zu vermeiden (vgl. BGH NJW 1992, 1820; NJW 1994, 1073; NJW-RR 1995, 254); er sollte insbesd. den Gerichtskostenvorschuss bereits mit Klageeinreichung oder doch unverzüglich nach Aufforderung (nach BGH NJW 1986, 1347 und 1993, 2811 ausreichend) leisten, die Parteien genau bezeichnen (zustellungsfähige Anschrift des Beklagten!; vgl. BGH NJW 1992, 1820, 1822) und die sonstigen Formalien erfüllen. Die lange Dauer einer Zustellung im Ausland geht nicht zu seinen Lasten (BGH NJW 1988, 411; vgl. *Pfennig* NJW 1989, 2172). Grundsätzlich hemmt die Klage die Verjährung nur hinsichtlich des Streitgegenstandes, nicht hinsichtlich weiterer Teilbeträge (BGH NJW 1988, 1854) oder weiterer Schäden, auch wenn diese erst später entstehen (vgl. – auch zu Ausnahmen – BGH NJW 1988, 965).

Kein Rechtsmittel gibt es gegen die Entscheidung des Gerichts, das Verfahren des frühen ersten Termins oder des schriftlichen Vorverfahrens einzuschlagen, vgl. KG MDR 1985, 416; *Thomas/Putzo* § 272 Rdn. 2. Terminiert das Gericht aber gar nicht oder so spät, dass es einer Versagung des Rechtsschutzes gleichkommt, oder kommt es sonst zu einem Verfahrensstillstand, ist die sofortige Beschwerde zulässig (vgl. *Zöller/Stöber* § 216 Rdn. 11; OLG Karlsruhe NJW 1984, 985; OLG Hamburg NJW-RR 1989, 1022). Zur Anfechtbarkeit der Übertragung auf den Einzelrichter vgl. Anm. 14 aE.

2. Grundmuster einer Klageschrift mit Begründung (Zahlungsklage an das Landgericht, Kammer für Handelssachen, mit Anregung des schriftlichen Vorverfahrens)

An das
Landgericht[1]
Kammer für Handelssachen[2]

Klage

der eingetragenen Firma Druckerei X,
Inhaber X …… (vollständiger Name und Firmenanschrift)
Prozessbevollmächtigter: Rechtsanwalt ……

gegen

1. **die Druckerei Y KG, vertreten durch den persönlich haftenden Gesellschafter Y (vollständiger Name und Firmenanschrift)**
2. **den persönlich haftenden Gesellschafter der Beklagten zu 1), den Kaufmann Y (vollständiger Name und Firmen- oder Privatanschrift)[3]**

wegen Werklohn

Streitwert: EUR 17.250,–

Namens und in Vollmacht der Klägerin erhebe ich Klage und werde beantragen:

1. Die Beklagten werden wie Gesamtschuldner[4] verurteilt, an die Klägerin EUR 17.250,– nebst 5% Zinsen über dem Basiszinssatz seit dem 1. 4. 20 ..[5] zu zahlen.
2. Die Beklagten tragen die Kosten des Rechtsstreits.
3. Das Urteil ist notfalls gegen Sicherheitsleistung vorläufig vollstreckbar.

Es wird angeregt, das schriftliche Vorverfahren[7] anzuordnen. Für den Fall der Fristversäumung oder des Anerkenntnisses wird beantragt,

gegen den Beklagten ein Versäumnisurteil oder ein Anerkenntnisurteil ohne mündliche Verhandlung zu erlassen[8].

Mit einer Entscheidung durch den Vorsitzenden ist die Klägerin einverstanden[9].

Begründung:[10]

Die Klägerin hatte in längerer Geschäftsbeziehung für die Beklagte zu 1) Druckaufträge ausgeführt. Im Januar 20 .. hatte die Beklagte zu 1) von einem ihrer Kunden, der Firma F, den Auftrag, 10.000 Werbeprospekte herzustellen. Aus Kapazitätsgründen war die Beklagte zu 1) nicht in der Lage, diesen Auftrag selbst auszuführen. Ihr Prokurist Herr P rief daher den Inhaber der Klägerin am 15. 2. 20 .. an und fragte, ob die Klägerin diesen Auftrag für sie übernehmen könne. Nachdem der Inhaber der Klägerin wegen der kurzen Frist zunächst abgelehnt hatte, erklärte er sich auf das Drängen des P schließlich hierzu bereit. Herr P überbrachte dem Inhaber der Klägerin noch am selben Tag die Druckunterlagen. Hierbei wurde zwischen beiden, in Anwesenheit des Angestellten Herrn A der Klägerin, ein Preis von EUR 1.500,– pro 1.000 Stück zuzüglich MWSt vereinbart.

Beweis: Zeugnis des Angestellten Herrn A (ladungsfähige Anschrift)

Die Auslieferung sollte am 28. 2. 20 .. unmittelbar an den Kunden der Beklagten zu 1) erfolgen.

Beweis: wie vor.

Am 28. 2. 20 .. lieferte die Klägerin die Ware vertragsgemäß aus, auf dem Lieferschein wurde vom Kunden der Beklagten zu 1) ordnungsgemäßer Empfang bescheinigt.

Beweis: Lieferschein vom 28. 2. 20 ..
(Anlage 1)

Unter dem 1. 3. 20 .. erteilte die Klägerin der Beklagten zu 1) ihre entsprechend der vereinbarten Vergütung aufgemachte Rechnung.

Beweis: Rechnung vom 1. 3. 20 ..
(Anlage 2)

Die Beklagte zu 1) weigert sich zu Unrecht, die Rechnung zu begleichen. Sie hat in der vorprozessualen Korrespondenz zum einen eingewandt[11], nicht sie, sondern ihr Kunde, die Firma F, sei Vertragspartner der Klägerin geworden, die Klägerin müsse sich also an die Firma F wenden. Dies widerspricht jedoch den vertraglichen Vereinbarungen, denn der Prokurist der Beklagten zu 1) brachte mit keinem Wort zum Ausdruck, dass der Auftrag im Namen und mit Vollmacht für diese Firma erteilt werde.

Beweis (unter Protest gegen die Beweislast)[12]: Zeugnis des Herrn A, bereits benannt

Die Beklagte zu 1) hat zum anderen geäußert, dass der Preis überhöht sei. Dies ist unerheblich, da die Vergütung, wie bereits unter Beweis gestellt ist, vereinbart wurde, ist

aber im Übrigen auch unzutreffend. Vorsorglich bezieht sich die Klägerin zum Beweis dafür, dass die berechnete Vergütung üblich und angemessen ist[13], auf das

Gutachten eines Sachverständigen.

In einem ihrer Schreiben hat sich die Beklagte zu 1) außerdem auf Mängel berufen, diese Rüge war jedoch verspätet und unspezifiziert. Im Übrigen sind die Prospekte von der Klägerin einwandfrei hergestellt und übergeben worden.

Beweis: 1. Augenschein
2. Gutachten eines Sachverständigen.

Die zwischen den Parteien über diese Punkte gewechselten Schreiben werden zur Information des Gerichts als

Anlage 3 (Schreiben der Klägerin vom ......),
Anlage 4 (Schreiben der Beklagten zu 1) vom ......),
Anlage 5 (Schreiben der Klägerin vom ......)

eingereicht. Mit Schreiben vom ......

Anlage 6

setzte die Klägerin der Beklagten zu 1) eine letzte Zahlungsfrist zum 1. 11. 20 ..
Der Beklagte zu 2) haftet der Klägerin für die Forderung gegen die Beklagte zu 1) gemäß §§ 161 Abs. 2, 128 HGB.
Der Zinsanspruch ergibt sich aus Verzug; denn die Beklagte hat nicht binnen 30 Tagen nach Zugang der Rechnung (1. 3. 20 ..) geleistet (§§ 286 Abs. 3, 288 BGB)[13].
Zwei beglaubigte Abschriften und eine einfache Abschrift liegen bei[14].

Rechtsanwalt

Anmerkungen

1. Zu den Formalien der Klageschrift wird zunächst auf das Form. I. D. 1 verwiesen.

2. Macht der Kläger eine Handelssache iSd. § 95 GVG – hier liegt ein Fall des § 95 Abs. 1 Nr. 1 GVG vor – beim Landgericht anhängig, steht es zunächst in seinem Belieben, ob er den Rechtsstreit vor die Zivilkammer oder die Kammer für Handelssachen bringt. Wählt er die Kammer für Handelssachen, muss er dies in der Klageschrift beantragen (§ 96 Abs. 1 GVG). Eine spätere Verweisung von der Zivilkammer an die Kammer für Handelssachen ist nur auf Antrag des Beklagten zulässig (vgl. Form. I. I. 1). Weil dies zu einer Prozessverzögerung führen würde, sollte der Kläger idR. die Kammer für Handelssachen gleich anrufen. Im Übrigen kann es ein Vorteil sein, dass der Rechtsstreit durch einen in Handelssachen erfahrenen Vorsitzenden Richter am Landgericht verhandelt und (mit-)entschieden wird und dass zwei im Wirtschaftsleben erfahrene ehrenamtliche Richter mitwirken.

3. Bei Zahlungsklagen gegen eine OHG oder KG empfiehlt es sich regelmäßig, den oder die persönlich haftenden Gesellschafter mit zu verklagen. Gemäß § 128 HGB, bei der KG iVm. § 161 Abs. 2 HGB, haftet der persönlich haftende Gesellschafter für die Verbindlichkeiten der Gesellschaft. Der Kläger erhält so einen weiteren Schuldner, der zudem als Zeuge ausscheidet. Gesellschaft und Gesellschafter sind einfache Streitgenossen (BGH NJW 1988, 2113).

4. Handelsgesellschaft und persönlich haftender Gesellschafter werden im Prozess wie Gesamtschuldner behandelt (*Baumbach/Hopt* § 128 HGB Rdn. 39).

5. Vgl. Anm. 22 zu Form I. D. 1. Wenn beide Parteien keine Verbraucher iSd. § 13 BGB sind, kann der Kläger auf die Vergütungsforderung 8 % Zinsen über dem Basiszinssatz verlangen (§ 288 Abs. 2 BGB).

6. Vgl. Anm. 13 zu Form. I. D. 1. Das schriftliche Vorverfahren mag für die Kammer für Handelssachen eher geeignet sein, weil hier der Rechtsstreit ohnehin durch den Vorsitzenden so weit zu fördern ist, dass er in einer mündlichen Verhandlung vor der Kammer entschieden werden kann (§ 349 Abs. 1 ZPO). Regt der Kläger das schriftliche Vorverfahren an, muss er besonders darauf achten, dass sein Anspruch auch in allen Nebenforderungen schlüssig ist. Andernfalls kann das Gericht ein schriftliches Versäumnisurteil höchstens als Teilurteil – dann aber ohne Kostenentscheidung – erlassen, wegen des Restes wird ein umständliches Verfahren erforderlich.

7. Vgl. Anm. 14 zu Form. I. D. 1.

8. Die Vorschriften über den Einzelrichter können für die Kammer fur Handelssachen wegen ihrer besonderen Besetzung nicht gelten. Im Einverständnis der Parteien kann der Vorsitzende jedoch an Stelle der Kammer entscheiden (§ 349 Abs. 3 ZPO). Dieses Einverständnis kann bereits in der Klageschrift erteilt werden. Da es unwiderruflich ist (*Baumbach/Lauterbach/Albers/Hartmann* § 349 Rdn. 20), sollte die Erklärung idR. erst abgegeben werden, wenn der Prozessverlauf für die Partei in etwa einzuschätzen ist. Das Einverständnis erfasst die Endentscheidung und alle vorbereitenden Entscheidungen.

9. Zur Klagebegründung allgemein vgl. Anm. 16ff. zu Form. I. D. 1. Die vom Kläger vorzutragenden Tatbestandsvoraussetzungen der Anspruchsgrundlage § 631 BGB sind Vertragsschluss, Vereinbarung der verlangten Vergütung oder ihre Angemessenheit und Fälligkeit der Vergütung (§ 641 BGB, idR. Abnahme oder Verpflichtung des Bestellers zur Abnahme).

10. Wenn Einwendungen bereits bekannt sind, empfiehlt es sich zur Straffung des Prozessstoffes, auf sie unter Beweisantritt einzugehen (vgl. Anm. 1 zu Form. I. D. 1).

11. Die Beweislast für das Handeln in fremdem Namen tragen die Beklagten, es handelt sich um einen Gegenbeweisantrag. Hierauf kann das Gericht auf diese oder ähnliche Weise hingewiesen werden.

12. Es handelt sich um Hilfsvorbringen des Klägers, der damit rechnen muss, dass er die von ihm behauptete, von den Beklagten bestrittene Vergütungsvereinbarung nicht wird beweisen können. In diesem Fall kann der Kläger die übliche Vergütung iSd. § 632 Abs. 2 BGB verlangen. Die Darlegungs- und Beweislast dafür, dass die verlangte Vergütung für die Herstellung des Werkes üblich und im Rahmen des Üblichen angemessen ist (vgl. BGH NJW 1985, 1895), trifft ihn. Daher ist sein Beweisantritt erforderlich.

13. Verzug tritt nach § 286 Abs. 3 BGB auch ohne Mahnung ein, wenn der Schuldner nicht binnen 30 Tagen, nachdem die fällige Zahlung in Rechnung gestellt wurde, leistet. Die Höhe der Verzugszinsen ergibt sich aus § 288 Abs. 1 BGB. Nimmt der Kläger Bankkredit zu einem höheren Zinssatz in Anspruch, könnte er diesen als weitergehenden Schaden nach § 288 Abs. 4 BGB geltend machen. Die Darlegung, dass der Kläger als Kaufmann wegen der Klagforderung einen höher zu verzinsenden Kredit in Anspruch genommen hat, ist bei Kaufleuten nicht erforderlich (BGH BB 1965, 305; NJW-RR 1993, 793), aber gleichwohl zu empfehlen. Der Nachweis, dass der Kredit bei rechtzeitiger Zahlung zurückgeführt worden wäre, braucht jedenfalls bei Kaufleuten nicht geführt zu werden (BGH NJW-RR 1991, 793). Mehrwertsteuer auf die Zinsen kann der Kläger nicht verlangen; vereinnahmte Verzugszinsen unterliegen nicht der Umsatzsteuer (EuGH NJW 1983, 505; OLG Frankfurt NJW 1983, 394). Der Kläger kann als Verzugsschaden auch entgangene Anlagezinsen geltend machen, deren Verlust er allerdings konkret darlegen und ggf. beweisen muss (vgl. *Palandt/Heinrichs* § 288 Rdn. 6). Daneben stehen einem Kaufmann in der Zeit zwischen Fälligkeit und Verzug – also in Hinblick auf § 284 Abs. 3 BGB meist nur für einen Monat – Fälligkeitszinsen in Höhe von 5% nach §§ 352, 353 HGB zu. Dieser Zinsanspruch kann wichtig werden, wenn der Beklagte den Zugang der Rechnung bestreiten sollte.

14. Da die Klageschrift beiden Beklagten zuzustellen ist, ist für jeden eine beglaubigte Abschrift erforderlich.

Kosten und Gebühren

Vgl. die Hinweise zu Form. I. D. 1. Für das schriftliche Vorverfahren gilt grundsätzlich nichts Besonderes. Allerdings entstehen die Verhandlungs- bzw. die Erörterungsgebühr der Rechtsanwälte erst später, da es zu einer Verhandlung oder Erörterung erst im Haupttermin kommen kann. Eine Beweisaufnahme, die vor dem Haupttermin stattfindet, löst bereits eine Beweisgebühr aus.

Fristen und Rechtsmittel

Vgl. die Hinweise zu Form. I. D. 1.

3. Positive Feststellungsklage[1, 2]

An das
Landgericht

Klage

In der Sache
des Alfred M. ......,

gegen

den Hans-Jürgen M. ......,

vorläufiger Streitwert EUR 100.000,–[3],

erhebe ich Klage und werde beantragen:[4]

1. Es wird festgestellt, dass der Kläger berechtigt ist, dem Beklagten wegen der im notariellen Testament vom ...... unter § 5 aufgeführten Vorfälle, nämlich des durch Strafurteil des Landgerichts Frankfurt vom 12. 5. 19.., Aktenzeichen ......, festgestellten Betruges sowie wegen des Vorfalles im Hause des Klägers am 13. 7. 19.., den Pflichtteil zu entziehen.
2. ......

Begründung

Der Kläger ist Gesellschafter eines alteingesessenen Familienunternehmens, der Fa. ......, die jetzt in Form einer GmbH & Co. KG betrieben wird. Seine pflichtteilsberechtigten Erben sind seine Ehefrau Margarethe M., sein älterer Sohn Georg M. und sein jüngerer Sohn Hans-Jürgen M., der Beklagte. Mit notariellem Testament vom ......,

Anlage 1

hat der Kläger seine Ehefrau zur Vorerbin und seinen älteren Sohn Georg M. zum Nacherben eingesetzt. Seinem jüngeren Sohn, dem Beklagten, hat der Kläger in § 5 des Testamentes den Pflichtteil entzogen und die hierfür maßgeblichen Gründe im Testament angegeben. Hierzu ist folgendes auszuführen:

1. Der Beklagte war früher, zusammen mit dem Kläger und dessen älterem Sohn, an der Firma M. beteiligt und zugleich als Mitgeschäftsführer tätig. Hauptgesellschafter des Unternehmens war damals der Kläger, der Beklagte und sein Bruder hielten Kom-

manditanteile. Der Beklagte hat in dieser Position das in ihn gesetzte Vertrauen des Klägers ständig missbraucht und das Unternehmen des Klägers und damit auch sein Vermögen fast ruiniert. Seine Pflichtverletzungen gipfelten in einem Subventionsbetrug, für den der Beklagte durch Urteil der Wirtschaftsstrafkammer des Landgerichts Frankfurt (Aktenzeichen ......) zu Freiheitsstrafe und Geldstrafe verurteilt wurde. Eine Kopie des rechtskräftigen Urteils vom ...... wird als

Anlage 2

überreicht. Damit hat der Beklagte sich eines schweren vorsätzlichen Vergehens gegen den Kläger schuldig gemacht, das nach § 2333 Nr. 3 BGB zur Entziehung des Pflichtteilberechtigt. Diese Verfehlung führte zum Bruch der Parteien.

2. Der zweite Vorfall ereignete sich am ...... im Hause des Klägers anlässlich einer Zusammenkunft, um die der Beklagte gebeten hatte. Im Zusammenhang mit Forderungen des Beklagten kam es zum Streit, in dessen Verlauf der Beklagte den Kläger attackierte, schlug und umstieß.

Beweis: Zeugnis ......

Tatbestandsmäßig handelte es sich um eine vorsätzliche Körperverletzung. Die Verletzungen, die der Kläger erlitt, ergeben sich aus dem als

Anlage 3

beigefügten ärztlichen Attest. Es sei darauf hingewiesen, dass es nur der Beklagte war, der tätlich wurde. Der Beklagte hat nicht etwa körperliche oder verbale Angriffe des Klägers oder der anderen Familienangehörigen erwidert. Hierin liegt eine vorsätzliche körperliche Misshandlung im Sinne des § 2333 Nr. 2 BGB. Die von der Rechtsprechung (BGH NJW 1974, 1084; NJW 1990, 911) geforderte grobe Missachtung des Eltern-Kind-Verhältnisses sieht der Kläger darin, dass der Beklagte diese Verfehlung in seinem Elternhaus, dazu noch im Beisein seiner Mutter und aus Anlass der von ihm gewünschten Familienaussprache, begangen hat.

Beide Vorfälle hat der Kläger nicht im Sinne des § 2337 BGB verziehen. Die Parteien haben sich seitdem nicht mehr gesehen.

Dem Kläger geht es mit seiner Feststellungsklage darum, Klarheit darüber zu gewinnen, wie er letztwillig verfügen kann. Insbesondere muss er wissen, ob nach seinem Tode Pflichtteilszahlungen an den Beklagten zu leisten sind, die von den Erben aus der Firma entnommen werden müssten. Das begründet sein rechtliches Interesse im Sinne des § 256 ZPO (BGH NJW 1990, 911).

Rechtsanwalt

Schrifttum: Pawlowski, Das Verhältnis von Feststellungs- und Leistungsklage, MDR 1988, 630; *Macke,* Aufeinandertreffen von negativer und positiver Feststellungsklage im Schadensersatzprozess, NJW 1990, 1651; *Piekenbrock,* Bindungswirkung von Feststellungsurteilen im Schadensersatzprozess, MDR 1998, 201.

Anmerkungen

1. Es handelt sich um eine Feststellungsklage nach § 256 Abs. 1 ZPO, die darauf gerichtet ist, das Bestehen eines Rechtsverhältnisses positiv festzustellen. Gegenstand der Feststellung können – abgesehen vom seltenen Fall der Urkundenfeststellung – auf Vertrag oder Gesetz beruhende Rechtsbeziehungen oder auch einzelne Ansprüche aus einer solchen Rechtsbeziehung sein. Das Rechtsverhältnis muss regelmäßig zwischen den Parteien bestehen, ausnahmsweise kann auch auf Feststellung eines Rechtsverhältnisses zu einem Dritten geklagt werden (BGH NJW 1993, 2539). Auf Feststellung eines künftigen Rechtsverhältnisses kann nicht geklagt werden (BGH NJW-RR 2001, 957), auf Feststellung eines beendeten Rechtsverhältnisses nur, wenn sich aus der Feststellung Folgen für Gegenwart oder Zukunft ergeben (BAG NJW 1997, 3396). Nicht zulässig ist die Feststellung von Tatsachen oder von einzelnen Tatbestandsvoraussetzungen einer Anspruchsnorm (vgl. *Thomas/Putzo* § 256 Rdn. 10). Auch die Feststellung der Wirksamkeit oder Unwirksamkeit von Willenserklärungen oder sonstigen Rechtshandlungen kann nicht verlangt werden (BGH NJW 1990, 911), ebenso wenig die Feststellung von Vorfragen und Berechnungsgrundlagen des streitigen Anspruchs (BGH NJW 1995, 1097). Die Klage kann auch nicht auf Feststellung gerichtet werden, dass der Schuldner (BGH NJW 2000, 2280) oder der Gläubiger (BGH NJW 2000, 2663) in Verzug geraten ist; eine solche Klage wäre nicht auf Feststellung eines Rechtsverhältnis, nur auf eine Vorfrage für die begehrte Rechtsfolge gerichtet. Abweichend hiervon wird wegen der Schwierigkeiten der Vollstreckung bei Zug-um-Zug-Leistungen eine auf Feststellung des Annahmeverzugs gerichtete Feststellungsklage für zulässig gehalten (vgl. BGH NJW 2000, 2664); das Feststellungsurteil dient dann als öffentliche Urkunde im Sinne der §§ 756, 765 ZPO.

Weitere Voraussetzung für die Zulässigkeit der Feststellungsklage ist, dass der Kläger ein Interesse an alsbaldiger Feststellung durch richterliche Entscheidung hat; es liegt nach der von der Rechtsprechung benutzten Formel vor, wenn das behauptete Recht des Klägers durch eine gegenwärtige Unsicherheit gefährdet ist und das erstrebte Urteil geeignet ist, diese Gefahr zu beseitigen (BGH NJW 1986, 2507). Bei einer positiven Feststellungsklage liegt die Gefährdung idR. schon darin, dass der Beklagte das Recht des Klägers ernsthaft bestreitet, oder auch darin, dass Verjährung droht. Das Feststellungsinteresse fehlt grundsätzlich, wenn bereits eine Leistungsklage möglich ist (BGH NJW 1984, 1118, 1119 mwN.; die Möglichkeit einer Klage auf zukünftige Leistung steht nicht entgegen, BGH NJW 1986, 2507). Auch die Möglichkeit, eine Stufenklage mit zunächst unbeziffertem Leistungsantrag zu erheben, steht einer Feststellungsklage entgegen (BGH NJW 1996, 2097). Die positive Feststellungsklage kommt vor allem dann in Betracht, wenn der Umfang des Anspruchs noch nicht feststeht, so im Schadensersatzprozess oder auch im Deckungsprozess gegen den Versicherer (BGH MDR 2001, 214), wenn der Anspruch noch nicht fällig ist oder wenn sich aus dem gefährdeten Recht aus sonstigen Gründen noch kein bestimmter Anspruch ableiten lässt.

Zur Feststellungsklage bei noch nicht bezifferbaren Schadensersatzansprüchen vgl. Form I. D. 4, zur Zwischenfeststellungsklage vgl. Form I. D. 13, zur negativen Feststellungsklage Form I. E. 7.

2. Das Beispiel betrifft eine Klage auf Feststellung, dass dem klagenden Erblasser das Recht zusteht, einem Abkömmling den Pflichtteil nach § 2333 BGB zu entziehen. Die Rechtsprechung bejaht hierfür ein Feststellungsinteresse des Erblassers (BGH NJW 1974, 1084; NJW 1990, 911, 912; OLG Hamburg NJW 1988, 977). Gleiches hat für den Fall der Entziehung des Elternpflichtteils und des Ehegattenpflichtteils nach §§ 2334, 2335 BGB zu gelten. Nicht geklärt ist die Frage, ob auch der Pflichtteilsberechtigte vor Eintritt des Erbfalles eine Feststellungsklage gegen den Erblasser, der die Entziehung verfügt hat, erheben kann (BGH NJW 1990, 911, 912 mwN. lässt die Frage im Grundsatz offen und bejaht im konkreten Fall ein Feststellungsinteresse, das aber mit dem Tod des Erblassers entfällt, vgl. BGH NJW-RR 1993, 391). Eine vom Erblasser erhobene Feststellungsklage kann nach dessen Tod der Erbe nicht ohne weiteres fortsetzen; er müsste die Klage ändern (BGH FamRZ 1990, 145).

Ein Erblasser, der einem Pflichtteilsberechtigten den Pflichtteil entzogen hat, hat zwei Möglichkeiten: Er kann untätig bleiben und den Streit seinen Erben überlassen, oder er kann noch zu Lebzeiten selbst klären, ob die Entziehung wirksam ist. Da sein Erbe im Rechtsstreit mit dem Pflichtteilsberechtigten die Entziehungsgründe zu beweisen haben würde (§ 2336 Abs. 3 BGB), dieser Beweis aber bei langem zeitlichen Abstand schwierig werden kann, dürfte es sich meist empfehlen, die Frage gleich zu klären. Das gilt vor allem, wenn der Beweis durch Zeugenaussagen zu führen ist.

3. Bei der Bemessung des Streitwerts ist gegenüber der Leistungsklage ein Abschlag von 20–50% vorzunehmen (vgl. *Thomas/Putzo* § 3 Rdn. 65).

4. Der Antrag kann nicht dahin formuliert werden, die Wirksamkeit oder Unwirksamkeit der Entziehung festzustellen. Ein solcher Antrag wäre nicht auf Feststellung eines Rechtsverhältnisses gerichtet (BGH NJW 1990, 911). Gegenstand der Feststellungsklage ist vielmehr das Recht des Klägers als künftigem Erblasser, dem Beklagten den Pflichtteil zu entziehen. Wichtig ist es dabei, den Antrag auf konkrete Gründe zu beziehen. Bei der umgekehrten Feststellungsklage des Pflichtteilsberechtigten gegen den Erblasser müsste der Antrag lauten:

„festzustellen, dass der Beklagte nicht das Recht hat, dem Kläger aus den im Testament vom ...... genannten Gründen den Pflichtteil zu entziehen."

5. Hier hat der Erblasser die Entziehungsgründe, für deren Vorliegen er nach § 2336 Abs. 3 BGB beweispflichtig ist, im Einzelnen vorzutragen und unter Beweis zu stellen. Das Problem liegt für beide Entziehungsgründe darin, nicht nur eine vorsätzliche Körperverletzung oder ein schweres vorsätzliches Vergehen vorzutragen, sondern auch darzulegen, dass sich die Verfehlungen konkret gegen den Erblasser richten. Sie müssen sich als grobe Pietätsverletzung gegenüber dem Erblasser bzw. als grobe Mißachtung des Eltern-Kind-Verhältnisses darstellen (BGH NJW 1974, 1084; NJW 1990, 912). Der Kläger sollte auch vortragen, dass er die Entziehung formgerecht erklärt hat. Das kann nach § 2336 BGB nur durch letztwillige Verfügung geschehen, wobei der Sachverhalt konkret und zutreffend anzugeben ist (vgl. OLG Düsseldorf NJW-RR 1996, 520). Es genügt nicht, im Testament auf andere, nicht in Testamentsform errichtete Schriftstücke zu verweisen (vgl. *Palandt/Edenhofer* § 2336 Rdn. 2).

4. Leistungsklage mit unbeziffertem Antrag,[1] verbunden mit Feststellungsklage[2]

An das
Landgericht

Klage

des selbstständigen Handelsvertreters K
Prozessbevollmächtigter: RA ......

gegen
die A-Versicherungs-AG ......

wegen: Schadensersatz und Feststellung

Vorläufiger Streitwert[3]: EUR 16.000,–

Namens und in Vollmacht des Klägers erhebe ich Klage und werde beantragen:

1. **Die Beklagte wird verurteilt, an den Kläger**
   a) **ein über den gezahlten Betrag von EUR 1.000,– hinausgehendes angemessenes Schmerzensgeld[4]**
   b) **eine angemessene merkantile Wertminderung[5]**
   zu zahlen, jeweils nebst 5% Zinsen über dem Basiszinssatz seit Rechtshängigkeit[6].
2. **Es wird festgestellt[7], dass die Beklagte verpflichtet ist, dem Kläger allen materiellen und immateriellen[8] Schaden zu ersetzen, der dem Kläger aus dem Verkehrsunfall mit dem Versicherungsnehmer der Beklagten V......, am ...... in ...... noch entstehen wird, soweit der Anspruch nicht auf einen Sozialversicherungsträger oder andere Dritte übergegangen ist[9].**

3. ...... Kosten[10], Vollstreckbarkeit)

Es wird weiter beantragt,

den Streitwert hinsichtlich der Anträge zu 1. und 2. möglichst bald festzusetzen[11].

Begründung:

Der Versicherungsnehmer der Beklagten, Herr V......, hat, was zwischen den Parteien unstreitig ist, am ...... in ...... durch eine Vorfahrtverletzung einen Verkehrsunfall verursacht, bei dem das Fahrzeug des Klägers stark beschädigt wurde und der Kläger erhebliche Verletzungen erlitt. Die Beklagte hat den Sachschaden des Klägers einschließlich seines bisher entstandenen Verdienstausfalles im Wesentlichen reguliert und zum Ausgleich seiner Verletzungen ein – allerdings viel zu geringes – Schmerzensgeld von EUR 1.000,– geleistet. Sie verweigert jedoch die Befriedigung der weiteren berechtigten Ansprüche des Klägers.

1. a) Dem Kläger steht ein erheblich höheres Schmerzensgeld zu[12]. Er hat durch den Unfall folgende Verletzungen und Beeinträchtigungen erlitten: ......

Beweis: 1. ärztliche Atteste vom ...... (Anlagen 1, 2)
2. Zeugnis der behandelnden Ärzte X, Y, die der Kläger hiermit von ihrer ärztlichen Schweigepflicht entbindet.

Die Verletzungen machen heute noch regelmäßige Arztbesuche mit schmerzhafter Behandlung erforderlich.

Beweis: wie vor.

Die Rechtsprechung hat in vergleichbaren Fällen ein Schmerzensgeld von EUR 4.000,– bis 5.000,– zugesprochen ...... (Rechtsprechungshinweise). Angesichts der im Strafverfahren festgestellten rücksichtslosen Fahrweise des Versicherungsnehmers der Beklagten

Beweis: Beiziehung der Strafakte ......

und der verzögerlichen Regulierung durch die Beklagte stellt sich der Kläger für die bis heute erlittenen Beeinträchtigungen einen Betrag von insgesamt EUR 5.000,– vor[13], überlässt die genaue Bestimmung jedoch dem Ermessen des Gerichts[14].

b) Der Kläger kann weiter einen Ausgleich dafür verlangen, dass sein Pkw durch den Unfall eine Wertminderung erfahren hat[15]. Der Wagen war am ...... erstmals zugelassen und wies z. Zt. des Unfalls eine Kilometerleistung von ...... auf. Er war zuvor unfallfrei. Durch den Unfall wurden tragende Teile beschädigt, wie sich aus dem von der Beklagten selbst eingeholten Sachverständigengutachten ergibt.

Beweis: Gutachten vom ......
(Anlage 3)

Der Kläger geht von einem merkantilen Minderwert von EUR 1.000,– aus, überlässt dessen genaue Bestimmung jedoch der Schadensschätzung durch das Gericht.

2. Der Kläger kann derzeit nicht absehen, welche materiellen und immateriellen Schäden ihm auf Grund des Unfalls noch entstehen werden[16].

a) Es ist nicht auszuschließen, dass zu seiner endgültigen Wiederherstellung ein Krankenhausaufenthalt erforderlich wird oder dass er seinem Beruf wegen sonstiger unfallbedingter Gesundheitsschäden, insbesondere auch Spätfolgen, zukünftig nur vermindert nachgehen kann.

Beweis: 1. Attest vom ...... (Anlage 2
2. Zeugnis des behandelnden Arztes X
3. Sachverständigengutachten

In diesem Fall könnte er von der Beklagten Ersatz seiner zusätzlichen Aufwendungen und seines Verdienstausfalles verlangen.

b) Durch eine Fortdauer der Behandlung, insbesondere durch einen späteren Krankenhausaufenthalt, würden dem Kläger Beeinträchtigungen entstehen, die ein weiteres Schmerzensgeld rechtfertigen.

Da die Beklagte sich mit Schreiben vom ......

– Anlage 4 –

geweigert hat, die Verpflichtung, deren Feststellung begehrt wird, anzuerkennen, ist Klage geboten[17].

Rechtsanwalt

Schrifttum: Butzer, Prozessuale und kostenrechtliche Probleme beim unbezifferten Klageantrag, MDR 1992, 539; *Röhl,* Der unbezifferte Klageantrag, ZZP 85, 52; *Schmidt,* Der unbezifferte Leistungsantrag und sein Streitwert, MDR 1968, 886; *Dunz,* Der unbezifferte Leistungsanspruch nach der heutigen Rechtsprechung des Bundesgerichtshofs, NJW 1984, 1734; *Mümmler,* Streitwert der unbezifferten Leistungsklage, AnwBl. 1985, 649; *Schneider,* Die Bindung des Gerichts an eine Wertvorstellung des Schmerzensgeldklägers, MDR 1985, 992; vgl. im übrigen Form. I. D. 3.

Anmerkungen

1. Vom Erfordernis des bestimmten Antrags (§ 253 Abs. 2 Nr. 2 ZPO) kann ua. dann abgesehen werden, wenn die Bezifferung eines Schadensersatzanspruches von der Ausübung des richterlichen Ermessens oder einer richterlichen Schätzung gemäß § 287 ZPO abhängt (BGH NJW 1967, 1420, 1999, 353, 354; weitere Fälle vgl. *Thomas/Putzo* § 253 Rdn. 12; einschränkend *Zöller/Greger* § 253 Rdn. 14a). Das gilt insbesondere für Klagen auf Schmerzensgeld (vgl. BGH NJW 1996, 2425, 2427). Vorteil: Das Gericht, dessen Schätzung schwer voraussehbar ist, wird nicht durch einen bezifferten Antrag nach oben festgelegt, gleichzeitig wird das Kostenrisiko, vor allem in Hinblick auf § 92 Abs. 2 ZPO, verringert (vgl. *Zöller/Herget* § 92 Rdn. 12).

2. Es handelt sich um eine positive Feststellungsklage, für die gemäß § 256 Abs. 1 ZPO das rechtliche Interesse immer dann gegeben ist, wenn sich ein Schaden noch nicht beziffern lässt oder noch in der Entwicklung begriffen ist (vgl. *Zöller/Greger* § 256 Rdn. 7). Ihr Sinn liegt vor allem darin, die Verjährung auch für solche Ansprüche zu hemmen (§ 204 Abs. 1 BGB), die noch nicht mit der Leistungsklage geltend gemacht werden können. Wird die Feststellung der Pflicht zum Ersatz künftigen Schadens aus einer bereits eingetretenen Rechtsgutsverletzung beantragt, so reicht für das Feststellungsinteresse die Möglichkeit eines Schadenseintritts aus, die nur verneint werden darf, wenn aus der Sicht des Klägers bei verständiger Würdigung kein Grund besteht, mit dem Eintritt eines Schadens wenigstens zu rechnen (BGH NJW 2001, 1431). Für die Zulässigkeit genügt es also, wenn die Verjährung droht und künftige Schadensfolgen auch nur entfernt möglich sind; begründet ist die Klage, wenn der Kläger beweist, dass der Schadenseintritt wahrscheinlich ist (BGH NJW 1991, 2707; nach BGH NJW 1992, 697 ist die Wahrscheinlichkeit Zulässigkeitsvoraussetzung). Bei ungewissem Schadenseintritt fehlt das Feststellungsinteresse hingegen, solange keine Verjährungsfrist läuft (BGH NJW 1993, 648). Die Feststellungsklage soll bereits dann zulässig sein, wenn die Höhe des Schadens erst in einer aufwändigen Beweisaufnahme geklärt werden müsste (BGH NJW 2000, 1256, 1257). Andererseits steht nicht entgegen, dass eine teilweise Bezifferung des Gesamtschadens schon bei Klageerhebung möglich wäre (BGH NJW 1984, 1552, 1554). Wird eine Bezifferung im Laufe des Rechtsstreits, auch in der zweiten Instanz, möglich, kann der Kläger von der Feststellungsklage zur Leistungsklage übergehen (BGH NJW 1985, 1784; NJW 1992, 2296). Er kann aber auch den Feststel-

lungsantrag weiterverfolgen (BGH NJW 1978, 210). Eine Berufung nur zu dem Zweck, vom Feststellungsantrag auf den Leistungsantrag überzugehen, kann der Kläger nicht einlegen (BGH NJW 1988, 827). Zum Umfang der Rechtskraftwirkung eines Feststellungsurteils im späteren Leistungsprozess vgl. BGH NJW 1979, 1046 u. NJW 1982, 2257; *Zöller/Vollkommer* § 322 Rdn. 6f.).

3. Der Streitwert für die unbezifferten Anträge und für die Feststellungsklage bedarf der richterlichen Festsetzung gem. § 3 ZPO; die vom Kläger gem. § 253 Abs. 3 ZPO angegebene Höhe, nach der er den Gerichtskostenvorschuss einzahlt, kann daher nur vorläufig sein. Der Kläger sollte hierbei nicht „sparen", sondern von dem ausgehen, was er sich tatsächlich als Schadensersatz vorstellt. Beim Streitwert der Feststellungsklage ist ein Abschlag von 20%–50% vom Schaden, den der Kläger erwartet, vorzunehmen (vgl. BGH NJW-RR 1991, 509; *Thomas/Putzo* § 3 Rdn. 65). Die Wertangabe hat Bedeutung für die Streitwertfestsetzung durch das Gericht (vgl. OLG Köln MDR 1985, 154); sie hindert den Kläger aber nicht, Beschwerde einzulegen, falls das Gericht später den Gebührenstreitwert auf diesen Betrag festsetzt (vgl. § 23 Abs. 2 GKG).

4. Zur Vermeidung einer Teilabweisung sind bereits geleistete Zahlungen anzugeben. Es ist zT. üblich, in den Antrag die Formulierung aufzunehmen „mindestens aber EUR ......". Das wird jedoch von der Rspr. nicht verlangt (BGH NJW 1967, 1420; offen gelassen von OLG Celle NJW 1977, 343), der Kläger begibt sich damit nur in Gefahr, dass der Streitwert nach seinen Mindestvorstellungen festgesetzt und seine Berufungsmöglichkeit eingeschränkt wird (vgl. BGH VersR 1979, 472). Andererseits wird das Gericht durch die Angabe eines Mindestbetrages nicht gehindert, ein erheblich höheres Schmerzensgeld zuzuerkennen (BGH NJW 1996, 2425, 2427). Verfehlt wäre es auch, den Betrag des Schmerzensgeldes niedriger anzugeben, als man es tatsächlich begehrt; damit würde sich der Kläger einer Berufungsmöglichkeit begeben, wenn das Gericht den genannten Betrag zuspricht (lehrreiches Beispiel: BGH NJW 1999, 1339).

5. Auch die Wertminderung unterliegt der freien Schadensschätzung gemäß § 287 ZPO, so dass ein unbezifferter Antrag zulässig ist. Will sich der Kläger ein Mitverschulden oder die Betriebsgefahr seines Pkw anrechnen lassen, sollte er den Antrag mit den Worten „unter Berücksichtigung einer Mithaftungsquote von 50%" ergänzen, um eine teilweise Klageabweisung mit Sicherheit zu vermeiden.

6. Zuweilen wird übersehen, dass dem Kläger auch bei unbeziffertem Antrag Prozesszinsen ab Rechtshängigkeit zustehen (BGH NJW 1965, 531), deren Höhe sich aus §§ 291 S. 2, 288 Abs. 1 S. 2 BGB ergibt; er kann auch weitergehende Zinsansprüche geltend machen (BGH NJW 1995, 733; OLG Köln NJW 1997, 3099).

7. Das Rechtsverhältnis und der sich daraus ergebende Anspruch, den der Kläger festgestellt haben möchte, sind möglichst genau zu bezeichnen. Der Antrag ist auf Ersatz künftig entstehenden Schadens gerichtet, damit erfasst ist der Schaden ab Klageeinreichung, nicht erst ab Schluss der mündlichen Verhandlung, ohne dass dies im Antrag bezeichnet zu werden braucht (BGH NJW 2000, 3287).

8. Die Unterscheidung dient der Klarstellung, setzt aber voraus, dass in beider Hinsicht ein Schaden entstehen kann. Die in Frage kommenden Schadenspositionen braucht der Kläger nicht in den Antrag aufzunehmen. Hat der Kläger bereits ein Urteil erstritten, dass allgemein die Schadensersatzpflicht des Beklagten feststellt, so kann der Kläger daneben noch ein rechtliches Interesse für einen auf Ersatz einer bestimmten Schadensposition gerichteten speziellen Feststellungsantrag haben (BGH NJW 1999, 3774). In diesem Fall muss er die konkrete Schadensposition bezeichnen.

9. Diese Einschränkung sollte vorgenommen werden. Hat der Geschädigte auf Grund des Unfalls Ansprüche auf Sozialversicherungsleistungen, was auch bei Selbständigen der Fall sein kann, steht der Schadensersatzanspruch insoweit nicht ihm, sondern dem Sozialversicherungsträger zu (§ 116 SGB X, vgl. *Palandt/Heinrichs* Rdn. 147 vor § 249).

Bestehen solche Ansprüche nicht, ist die Einschränkung unschädlich. Entsprechendes gilt für die Klagen von Beamten.

10. Zusätzlich kann es sich empfehlen, an dieser Stelle, in der Klagebegründung oder auch im Termin auf § 92 Abs. 2 Nr. 2 ZPO hinzuweisen, da die Möglichkeiten dieser Vorschrift dem Gericht nicht immer geläufig sind.

11. Bei unbeziffertem Antrag sollte der Kläger stets auf umgehende Streitwertfestsetzung durch das Gericht drängen. Der Kläger kann sich dann überlegen, ob er sich aus Kostengründen den Betragsvorstellungen des Gerichts anschließt oder an seinen abweichenden Vorstellungen festhält und erforderlichenfalls sein Begehren abweichend formuliert, um sich die Möglichkeit einer Berufung offenzuhalten (vgl. OLG Celle NJW 1977, 343). Vgl. iÜ. Anm. 3.

12. Hier sind die tatsächlichen Grundlagen des Schmerzensgeldanspruches darzulegen und unter Beweis zu stellen, die dem Gericht die Ausübung seines Ermessens iSd. § 253 Abs. 2 BGB – für Schadensereignisse vor dem 31. 7. 2002 gilt noch § 847 BGB – ermöglichen (vgl. BGH NJW 1966, 780; 1982, 340; 1996, 2425, 2427). Insbesondere sind Höhe und Maß der Lebensbeeinträchtigung sowie der Grad des Verschuldens vorzutragen (BGH NJW 1995, 1438). Der Kläger muss bereits jetzt alle objektiv erkennbaren oder vorhersehbaren Verletzungsfolgen berücksichtigen; einer späteren Nachforderung für solche Schäden stünde die Rechtskraft des ersten Urteils entgegen (BGH NJW 1988, 2300).

13. Der Betrag oder zumindest seine Größenordnung sind so genau wie möglich anzugeben (BGH NJW 1992, 311; 1996, 2427), sonst ist die Klage wegen § 253 Abs. 2 Nr. 2 ZPO unzulässig (BGH NJW 1982, 340; NJW 1984, 1807, 1809). Dadurch wird das Gericht nicht gehindert, einen Betrag zuzusprechen, der über die angegebene Größenordnung hinausgeht (BGH NJW 1996, 2427). Nicht zu empfehlen ist es, einen Mindestbetrag zu nennen, denn wenn das erstinstanzliche Urteil diese Mindestforderung zuspricht, der Kläger sie aber nun für zu gering hält, ist eine Berufung mangels Beschwer unzulässig (BGH MDR 1978, 44; VersR 1979, 472; NJW 1993, 2875). Wichtig ist, dass der Kläger alle Verletzungsfolgen einbezieht, mit denen er rechnen muss; denn einer Nachforderung wegen später eintretender, aber bereits vorhersehbarer Schäden steht die Rechtskraft dieses Urteils entgegen, und zwar selbst dann, wenn es den Beklagten zusätzlich zum Ersatz des künftigen immateriellen Schadens verpflichtet (vgl. BGH NJW 1980, 2754).

14. Diese Klarstellung kann zweckmäßig sein, um die Möglichkeit des § 92 Abs. 2 Nr. 2 ZPO zu erhalten, wenn das Gericht weniger zuspricht (vgl. BGH LM § 249 (Gb) BGB Nr. 3). Unterschreitet das Urteil den vorgestellten Betrag um mehr als 20%, kommt es zu einer Kostenteilung (OLG Düsseldorf NJW-RR 1995, 955).

15. Vgl. Anm. 13, 14.

16. Für das rechtliche Interesse an alsbaldiger Feststellung muss der Kläger darlegen, dass künftige Schadensfolgen möglich sind (vgl. BGH NJW 1991, 2707) und die Verjährung droht (BGH NJW 1993, 648). Für die Begründetheit ist darzulegen und unter Beweis zu stellen, dass der weitere Schadenseintritt wahrscheinlich ist (BGH NJW 1991, 2707; vgl. Anm. 2). Die Feststellungklage ist nur dann unbegründet, wenn aus der Sicht des Klägers bei verständiger Beurteilung kein Grund bestehen kann, mit Spätfolgen zu rechnen (BGH VersR 1989, 1055); an die Darlegungen werden also keine hohen Anforderungen gestellt. Die Wirkung des Feststellungsurteils beschränkt sich auf später eintretende, noch nicht vorhersehbare Spätschäden; andere Schäden muss der Kläger bereits mit der Leistungsklage berücksichtigen (vgl. BGH NJW 1980, 2754; NJW 1988, 2300).

17. Der Kläger sollte die Feststellungsklage erst erheben, wenn der Beklagte sich geweigert hat, seine Verpflichtung anzuerkennen. Andernfalls besteht die Gefahr des sofortigen Anerkenntnisses mit der Kostenfolge aus § 93 ZPO.

Kosten und Gebühren

Vgl. die Hinweise zu Form. I. D. 1; für die Feststellungsklage gilt nichts Besonderes. Zu den Kostenvorteilen des unbezifferten Antrags s.o. Anm. 1, 14; zum Streitwert vgl. Anm. 3.

Fristen und Rechtsmittel

Die positive Feststellungsklage hemmt die Verjährung hinsichtlich der Ansprüche, deren Feststellung begehrt wird (§ 204 Abs. 1 Nr. 1 BGB). Die Hemmung endet sechs Monate, nachdem das Verfahren beendet wird oder in Stillstand geraten ist, weil die Parteien es nicht mehr betreiben (§ 204 Abs. 2 BGB; zur Frage, wann ein Stillstand durch Nichtbetrieb vorliegt, vgl. BGH NJW 1999, 3774, 3775). Wird der Anspruch rechtskräftig festgestellt, gilt die dreißigjährige Verjährungsfrist nach § 197 Abs. 1 Nr. 3 ZPO (vgl. *Palandt/Heinrichs* § 197 Rdn. 11); in diesem Fall muss der Geschädigte nicht den Ablauf der für den Anspruch geltenden Verjährungsfrist fürchten, er kann sich mit der Leistungsklage Zeit lassen.

5. Klage auf Vornahme einer Handlung[1]

An das
Amtsgericht

Klage

In der Sache

......

Streitwert: EUR 2.000,–[2]

erhebe ich Klage und werde beantragen[3]:

1. **Der Beklagte wird verurteilt,**
   a) **die auf dem Grundstück des Beklagten ...... an der Grenze zum Grundstück des Klägers ...... befindliche Buchenhecke auf die Höhe von 1,80 m zurückzuschneiden,**
   b) **die auf das Grundstück des Klägers herüberragenden Zweige der Hecke zu beseitigen.**
2. **...... (Kosten, vorläufige Vollstreckbarkeit).**

Es wird weiter beantragt,
von einer Güteverhandlung nach § 279 ZPO abzusehen[4].

Begründung:

Der Kläger legt zunächst in der Anlage die Bescheinigung der Gütestelle vor, aus der sich ergibt, dass zwischen den Parteien ein erfolgloser Einigungsversuch stattgefunden hat[5].
In der Sache wird ausgeführt[6] ......

Anmerkungen

1. Klagen auf Vornahme einer Handlung kommen vor allem vor, wenn es um die Erfüllung von Nebenpflichten aus einem Vertrag (zB. Mietvertrag, Arbeitsvertrag) geht, sind aber auch im Nachbarrecht häufig.

2. Der Streitwert richtet sich nach dem Interesse des Klägers an der Vornahme der Handlung unter Berücksichtigung der Kosten für die Vornahme (*Zöller/Herget* § 3 Rdn. 16 „Vornahme von Handlungen"). Es wird oft im Interesse des Klägers liegen, den Streitwert über die Berufungsgrenze zu heben.

3. Bei der Formulierung der Anträge ist genau darauf zu achten, dass ein entsprechendes Urteil einen vollstreckungsfähigen Inhalt hätte. Ein Beispiel für ungenügende Bestimmtheit und damit Unzulässigkeit des Antrags bietet BGH WM 1982, 68. Die Vollstreckung wäre im angenommenen Fall nach § 887 ZPO zu betreiben (zur Abgrenzung gegenüber § 888 ZPO vgl. *Baumbach/Lauterbach/Albers/Hartmann* § 887 Rdn. 20 ff.).

4. Bei einem Nachbarstreit wie diesem ist § 15 a EGZPO in Verbindung mit den entsprechenden landesrechtlichen Vorschriften zu beachten. Danach ist die Klage in den meisten Bundesländern erst zulässig, nachdem versucht worden ist, den Streit vor einer staatlich eingerichteten oder anerkannten Gütestelle einvernehmlich beizulegen. In diesem Fall geht der mündlichen Verhandlung keine Güteverhandlung nach § 278 Abs. 2 ZPO voraus. Hierauf sollte das Gericht in geeigneter Form hingewiesen werden. Allerdings ist das Gericht nicht gehindert, in der mündlichen Verhandlung eine gütliche Beilegung des Rechtsstreits nach § 278 Abs. 1 ZPO zu versuchen.

5. Wenn eine außergerichtliche Streitbeilegung im Sinne des § 15 a EGZPO stattgefunden hat, hat der Kläger die Bescheinigung der Gütestelle über den erfolglosen Einigungsversuch mit der Klage einzureichen (§ 15 a Abs. 1 S. 2 EGZPO).

6. Hinsichtlich des Antrags zu 1 a) ist zu begründen, dass die Verpflichtung des Beklagten aus § 1004 BGB iVm. dem Bauordnungsrecht des betrefenden Bundeslandes folgt. Entscheidend ist hierbei, ob das Bauordnungsrecht nachbarschützenden Charakter hat (*Palandt/Bassenge* § 903 Rdn. 17; BGH NJW 1997, 55). Beispiel für nachbarschützende Norm im Bauordnungsrecht: BGH NJW 1985, 2825, 2826; für nicht nachbarschützende Norm im Bauplanungsrecht: BGH NJW 1983, 1795, 1797, vgl. aber BVerwG NJW 1994, 1546. Stehen Bestimmungen des Naturschutzes einer Beseitigung entgegen, muss der Nachbar die Beeinträchtigung hinnehmen (vgl. BGH NJW 1993, 925). Zur Begründung des Antrags zu 1) hat der Kläger darzulegen, dass sich die Hecke auf dem Grundstück des Beklagten an der Grenze zu seinem Grundstück befindet und die Höhe von 1,80 m überschreitet. Zur Begründung des Antrags zu 1 b) muss der Kläger die Voraussetzungen des § 910 Abs. 1 S. 2 BGB vortragen, also insbesondere das Setzen einer angemessenen Frist. Auch ist das Maß der Beeinträchtigung vorzutragen, und zwar sowohl in Hinblick auf § 910 Abs. 2 BGB als auch – für beide Anträge – in Hinblick auf den Streitwert. Vgl. im übrigen Form. II. F. 10.

6. Klage auf Unterlassung[1]

An das
Amtsgericht[2]

In der Sache

......

Streitwert: ......[3]

erhebe ich Klage und werde beantragen:

1. Der Beklagte wird verurteilt, es zu unterlassen, ein Funkgerät in einer Weise zu betätigen, die den Rundfunk- und Fernsehempfang des Klägers beeinträchtigt[4].
2. Dem Beklagten wird angedroht, dass für jeden Fall der Zuwiderhandlung ein Ordnungsgeld bis zur Höhe von 250.000,– DM oder eine Ordnungshaft bis zu 6 Monaten gegen ihn festgesetzt wird[5].
3. ...... (Kosten, vorläufige Vollstreckbarkeit)

Begründung[6]:

Der Kläger ist Eigentümer eines Fernsehgeräts sowie eines Rundfunkgeräts, die er in seiner Wohnung regelmäßig benutzt. Seit einigen Wochen machen sich während des Abendprogramms häufige starke, über längere Zeit anhaltende Störungen im Fernseh- und Radioempfang bemerkbar, für die zunächst weder der Kläger noch ein von ihm zu Rate gezogener Fachmann eine Erklärung besaß. Nunmehr hat der Kläger durch mehrere Personen erfahren, dass die Störungen durch ein vom Beklagten betätigtes Funkgerät ausgelöst werden und der Beklagte sich hieraus sogar einen Spass macht. Dies hat der Beklagte mehrfach gegenüber den nachbenannten Zeugen geäußert.

Beweis: Zeugnis X Y.

Außerdem ist der Beklagte verschiedentlich von der Zeugin Z. beim Funken beobachtet worden, und zwar zu folgenden Zeiten: ......

Beweis: Zeugnis der Z.

Dafür, dass zur selben Zeit sein Fernsehbild und der Rundfunkempfang unerträglich gestört wurde, bezieht sich der Kläger zum Beweis auf das

Zeugnis seiner Ehefrau ......

Der Kläger hat den Beklagten mit Schreiben vom ......

– Anlage 1 –

abgemahnt, ohne dass die Störungen aufhörten.

Schrifttum: Determann, BVerfG zur staatlichen Pflicht zum Schutz der Gesundheit vor elektromagnetischen Feldern, NJW 1997, 2501; *Hirtz,* Der Nachweis der Wiederholungsgefahr bei Unterlassungsansprüchen, MDR 1988, 182; *von Gamm,* Konkrete Fassung des Unterlassungstitels, NJW 1969, 85; *Pikart,* Die neuere Rechtsprechung des Bundesgerichtshofs zur Eigentumsfreiheitsklage, WM 1976, 606; *Jestaedt,* Die Vollstreckung aus Unterlassungstiteln nach § 890 ZPO bei Titelfortfall, WRP 1981, 433.

Anmerkungen

1. Unterlassungsklagen haben praktische Bedeutung vor allem im Wettbewerbs-, Patent-, Urheberrecht und Presserecht sowie zum Schutz des allgemeinen Persönlichkeitsrechts, jedoch auch zur Abwehr allgemeiner Beeinträchtigungen der absoluten Rechte des § 823 Abs. 1 BGB und sonstiger geschützter Rechtsgüter (vgl. *Palandt/Bassenge* § 1004 Rdn. 2). Mehrfach hat sich die Rechtsprechung mit der Beobachtung des Grundstücksnachbarn durch eine Videokamera befasst (LG Berlin NJW 1988, 346; OLG Köln NJW 1989, 720), wogegen eine Unterlassungsklage möglich ist. Eine solche Klage kann mit einer Schadensersatzklage, bei schwerwiegenden Eingriffen in das Persönlichkeitsrecht auch wegen Schmerzensgeld (vgl. OLG Köln aaO.), verbunden werden. Eine Störung, die einen Unterlassungsanspruch begründet, hat die Rechtsprechung ebenso in Fällen der Zusendung unerwünschten Werbematerials (BGH NJW 1989, 902), auch

durch politische Parteien (KG NJW 2002, 379), angenommen. Im Beispielsfall (vgl. dazu *Dehner,* Nachbarrecht, 7. Auflage 1996, § 16 Fn. 7) geht es gleichfalls um den Eigentumsschutz, der allerdings – was bei Klagen dieser Art stets zu beachten ist – durch § 906 BGB beschränkt wird (vgl. *Palandt/Bassenge* § 906 Rdn. 1). Zum Abwehrrecht des Nachbarn gegen Mobilfunksendeanlagen vgl. OVG Lüneburg, NVwZ 2001, 456; BVerfG NJW 2002, 1638.

Mit der Unterlassungsklage soll eine künftige Störung abgewendet werden, dennoch ist § 259 ZPO nicht anwendbar, die Voraussetzungen ergeben sich allein aus § 1004 BGB (*Palandt/Bassenge* § 1004 Rdn. 28). Nach dem Gesetzeswortlaut muss eine Wiederholungsgefahr gegeben sein, jedoch kann auch eine erstmals drohende Beeinträchtigung genügen; die vorbeugende Unterlassungsklage ist auch als präventive Maßnahme möglich (vgl. OLG Zweibrücken NJW 1992, 1242). In einer Reihe gesetzlich geregelter Fälle ist zusätzlich eine Abmahnung erforderlich (zB. § 550 BGB, vgl. *Palandt/Bassenge* § 1004 Rdn. 29).

2. Die sachliche Zuständigkeit bei Unterlassungsklagen (Amtsgericht oder Landgericht) hängt nicht mehr davon ab, ob es sich um eine vermögensrechtliche oder nichtvermögensrechtliche Streitigkeit handelt. Maßgeblich ist allein der Streitwert.

3. Der nach § 3 ZPO zu schätzende Streitwert richtet sich nach dem Interesse des Klägers am Verbot der beeinträchtigenden Handlung (vgl. *Thomas/Putzo* § 3 Rdn. 152). Eine Wertangabe oberhalb der Berufungsgrenze kann im Interesse des Klägers liegen. Bei Klageabweisung richtet sich der Beschwerdewert nach dem Abwehrinteresse an der konkret behaupteten Störung.

4. Beim Klageantrag ist besonders darauf zu achten, dass er dem Bestimmtheitsgebot des § 253 Abs. 2 Nr. 2 ZPO genügt. Er darf sich nicht in abstrakten Formulierungen erschöpfen („die Störung des Eigentums zu unterlassen“), sondern muss konkret gefasst sein. Das gilt insbesondere für das Presse- und Wettbewerbsrecht (BGH NJW 1991, 1114; NJW-RR 1993, 937). Bei Unterlassungsklagen gegen Immissionen ist die Rechtsprechung im Hinblick auf die Schwierigkeit, das Maß unzulässiger Beeinträchtigung zu beschreiben, großzügiger (BGH NJW 1993, 1656); es genügt ein Antrag, der den Gesetzeswortlaut wiederholt (BGH NJW 1999, 356), die Probleme werden dann allerdings in das Vollstreckungsverfahren hineingetragen. Mit dem Unterlassungsantrag darf nicht mehr verlangt werden, als zur Abwehr einer nicht unwesentlichen (vgl. § 906 Abs. 1 BGB) Beeinträchtigung erforderlich ist, andernfalls riskiert der Kläger eine Teilabweisung. Verfehlt wäre es zB., dem Beklagten das Funken überhaupt untersagen zu wollen.

5. Es ist zulässig (§ 890 Abs. 2 ZPO) und zweckmäßig, die Androhung bereits in das Urteil aufnehmen zu lassen. Versäumt der Kläger dies, ist – nach Anhörung des Schuldners – ein besonders zu beantragender Beschluss des Prozessgerichts der ersten Instanz erforderlich, der dem Schuldner erneut zugestellt werden muss (*Zöller/Stöber* § 890 Rdn. 12). Die Androhung muss die Ordnungsmittel nach Art und Höchstmaß bezeichnen; dem sollte der Antrag entsprechen.

6. Hier muss der Kläger eine Beeinträchtigung seines Eigentums darlegen, die nicht unwesentlich iSd. § 906 Abs. 1 BGB ist. Er muss außerdem die Wiederholungsgefahr darlegen, die jedoch nach mehrfachen Störungen idR. zu vermuten ist (vgl. *Palandt/Bassenge* § 1004 Rdn. 29), so dass das Schwergewicht des Vorbringens die vergangenen Beeinträchtigungen zu betreffen hat. Wird Unterlassung eines drohenden Erstverstoßes verlangt (vgl. Anm. 1), ist darzustellen, dass diese Erwartung nach den Umständen des Falles genügt. Zweckmäßig ist es weiter, den Beklagten vor Klageerhebung schriftlich abzumahnen, auch wenn dies hier nicht Anspruchsvoraussetzung ist. Eine vergebliche Abmahnung verdeutlicht die Wiederholungsgefahr und schließt § 93 ZPO aus.

7. Klage auf Herausgabe mit Fristsetzung und Schadensersatz[1, 2]

An das
Landgericht

Klage

In der Sache

……

Streitwert[3]: EUR 250.000,–

erhebe ich namens und in Vollmacht des Klägers Klage und werde beantragen:

1. Der Beklagte wird verurteilt, das Ölgemälde „Roter Hahn" von Otto Dix, signiert mit Datum 29. 6. 1935, an den Kläger herauszugeben[4].
2. Dem Beklagten wird zur Herausgabe eine Frist von 4 Wochen nach Rechtskraft des Urteils gesetzt, nach deren Ablauf der Kläger die Leistung ablehnt[5].
3. Der Beklagte wird verurteilt, nach fruchtlosem Fristablauf EUR 250.000,– nebst 5% Zinsen über dem Basiszinssatz seit Fristablauf zu zahlen[6].
4. …… (Kosten, vorläufige Vollstreckbarkeit)

Begründung[7]:

Der Kläger ist Kunstsammler, der Beklagte Kunsthändler. Der Kläger hat dem Beklagten am …… mehrere Ölbilder, darunter das im Antrag zu 1) bezeichnete Bild, zur Verfügung gestellt, die jener in seiner Kunstgalerie ausstellte.

Beweis: ……

Diese Bilder hat der Kläger aus privaten Gründen mehrfach zurückgefordert und auch nach und nach zurückerhalten, mit Ausnahme jedoch des streitigen Bildes. Eine letzte schriftliche Mahnung des Klägers vom ……

– Anlage 1 –

war vergeblich. Der Kläger, der es für möglich hält, dass der Beklagte das Bild nicht mehr in Besitz hat, verlangt in erster Linie Herausgabe des Bildes. Gleichzeitig macht er von seinem Recht Gebrauch, dem Beklagten schon im Urteil eine Frist zur Herausgabe zu setzen, nach deren Ablauf er die Leistung ablehnt (§ 281 Abs. 1 S. 1 BGB). Nach Ablauf der Frist kann der Kläger Schadensersatz statt der Leistung verlangen, den er schon jetzt mit seinem Antrag zu 3) verfolgt. Denn der Kläger muss befürchten, dass sich der Beklagte im Sinne des § 259 ZPO der Rückgabe des Bildes entziehen will; der Kläger hat nämlich in Erfahrung gebracht, dass der Beklagte das streitige Bild einem Herrn X zu veräußern suchte.

Beweis: Zeugnis des X.

Die Höhe des Schadens ergibt sich aus der als

– Anlage 2 –

überreichten Expertise des Kunstexperten …… vom ……

Rechtsanwalt

Schrifttum: K. Schmidt, Zivilprozessuale und materiell-rechtliche Aspekte des § 283 BGB, ZZP 87, 49 ff.; *Bunte,* Verbindung von Herausgabeanspruch und evtl. Schadensersatzanspruch in einer Klage, JuS 1967, 206.

Anmerkungen

1. Die Verbindung dieser Anträge ist vor allem sinnvoll, wenn der Kläger nicht weiß, ob dem Beklagten die Herausgabe noch möglich ist oder ob er einen Schadensersatzanspruch wegen Unmöglichkeit der Leistung geltend machen muss. In einem solchen Fall kann der Kläger nicht gleich auf Schadensersatz klagen, weil er den Prozess, wenn der Beklagte doch noch zur Herausgabe imstande ist, verlieren würde; zumindest wäre eine Klageänderung erforderlich, für die § 264 ZPO nicht gilt. Er kann und sollte aber zunächst auf Herausgabe klagen; denn der Einwand des Beklagten, die Herausgabe sei ihm unmöglich geworden, ist nur erheblich, wenn dieser die etwaige Unmöglichkeit nicht zu vertreten hätte (vgl. BGH NJW-RR 1998, 1761; *Palandt/Heinrichs* § 283 aF. Rdn. 1). Erst wenn im Prozess eine vom Beklagten nicht zu vertretende Unmöglichkeit festgestellt wird, muss der Kläger die Klage auf Schadensersatz ändern (§ 264 Nr. 3 ZPO). Der Herausgabetitel gibt dem Kläger zudem die Möglichkeit, mit Hilfe des Gerichtsvollziehers nach der streitigen Sache zu forschen; die Vollstreckung richtet sich nach § 883 ZPO.

2. Denkbar, aber problematisch ist auch eine Verbindung der Klage auf Herausgabe (bzw. Klage auf Vornahme einer Handlung) mit einem Hilfsantrag auf Schadensersatz „für den Fall, dass die Unmöglichkeit der Herausgabe im Prozess festgestellt wird", also ohne den Antrag auf Fristsetzung. Sobald der Beklagte Unmöglichkeit einwendet, kann der Kläger auch bei dieser Fassung entscheiden, ob er diese unstreitig stellen und nur noch den Schadensersatzanspruch verfolgen will, oder ob er beim Herausgabeantrag bleibt. Allerdings kann der Kläger damit nicht erreichen, dass sowohl der Herausgabeanspruch als auch der Schadensersatzanspruch tituliert werden.

3. Vgl. § 6 ZPO. Maßgeblich ist der Betrag, der sich bei Veräußerung der Sache erzielen ließe (Verkehrswert, vgl. BGH NJW-RR 1991, 1210).

4. Die Sache ist so genau zu bezeichnen, dass sie vom Gerichtsvollzieher zweifelsfrei zu identifizieren ist. Kann die Sache nur unzureichend beschrieben werden, ist es sinnvoll, eine Zeichnung oder eine Photographie beizufügen, die für den Gerichtsvollzieher Identifizierung erleichtert.

5. Die Fassung dieses Antrages beruht auf § 281 Abs. 1 S. 1 BGB (für vor dem 1. 1. 2002 entstandene Schuldverhältnisse gilt noch § 283 BGB aF.). Die Verbindung von Herausgabeantrag und Antrag auf Fristsetzung ist gemäß § 255 ZPO zulässig (*Thomas/Putzo* § 255 Rdn. 2); sie bereitet den Schadensersatzanspruch vor. Hat der Kläger ein besonderes Interesse am Erhalt der Sache, sollte er die Frist so bemessen, dass ihm ausreichend Zeit bleibt, in der Vollstreckung den Verbleib der Sache aufzuklären. Ist er nur am Erhalt der Sache, nicht am Schadensersatz interessiert, sollte er nur den Antrag zu 1) stellen; der Anspruch auf Herausgabe ist nach § 281 Abs. 4 BGB ausgeschlossen, sobald der Gläubiger statt der Leistung Schadensersatz verlangt hat (nach § 283 Abs. 1 BGB aF. nach Fristablauf).

6. Der Antrag beruht auf § 281 Abs. 1 S. 1 iVm. § 280 Abs. 1 BGB bzw. auf § 283 Abs. 1 BGB aF. Dass er mit den übrigen Anträgen zu einer Klage verbunden werden kann, wird von der hM. bejaht, wenn für den Schadensersatzanspruch die Voraussetzungen des § 259 ZPO vorliegen (BGH NJW 1999, 954; OLG Köln NJW-RR 1998, 1682). Antragsfassungen wie zB. „Im Unvermögensfalle" sollten vermieden werden, da sie zu Schwierigkeiten bei der Erteilung der vollstreckbaren Ausfertigung führen können (§ 726 Abs. 1 ZPO; vgl. allerdings OLG Hamburg MDR 1972, 1040). Unangebracht wäre ein Antrag auf „Herausgabe ......, hilfsweise Zahlung", wenn der Kläger den Zahlungstitel zusätzlich zum Herausgabetitel erwirken will.

7. Der Kläger muss hier neben seinem Herausgabeanspruch und dem bedingten Schadensersatzanspruch einschließlich der Schadenshöhe vor allem die Voraussetzungen des § 259 ZPO darlegen, von deren Vorliegen das Rechtsschutzbedürfnis für den Antrag zu 3) abhängt (vgl. *Thomas/Putzo* § 259 Rdn. 2, 3).

8. Klage auf Abgabe einer Willenserklärung[1, 2]

An das
Landgericht

Klage

In der Sache

……

Streitwert[3]: EUR 12.000,–

erhebe ich namens und in Vollmacht des Klägers Klage und werde beantragen:

1. Der Beklagte wird verurteilt, zu erklären, dass das Eigentum am Pkw OPEL Omega B – MT 100, Fahrgestell-Nr. ……, auf den Kläger übergehen soll[4].
2. Der Beklagte wird weiter verurteilt, mit Rechtskraft des Urteils den Kraftfahrzeugbrief für das Fahrzeug an den Kläger herauszugeben[5].
3. …… (Kosten, vorläufige Vollstreckbarkeit[6])

Begründung[7]:

Der Kläger hat dem Beklagten zur Sicherung einer Darlehensforderung über EUR 18.000,– nebst 8% Zinsen seinen Pkw OPEL Omega B – MT 100, Fahrgestell-Nr. ……, übereignet und den Kraftfahrzeugbrief für dieses Fahrzeug ausgehändigt. Hierüber haben die Parteien am …… einen schriftlichen Sicherungsvertrag abgeschlossen, der als

– Anlage 1 –

überreicht wird. Nach § 8 dieses Vertrages ist der Beklagte als Sicherungsnehmer verpflichtet, das Sicherungsgut nach Rückzahlung des Darlehens an den Kläger zurück zu übereignen. Der Kläger hat den Darlehensbetrag nebst Zinsen an den Beklagten überwiesen. Dieser weigert sich jedoch, dem Kläger das Kraftfahrzeug zu übereignen und den Kraftfahrzeugbrief auszuhändigen. Die Korrespondenz der Parteien hierüber (Schreiben des Klägers vom ……, Schreiben des Beklagten vom ……) ergibt sich aus den

– Anlagen 2 und 3 –.

Der Wert des Kraftfahrzeugs (Baujahr 20 .., Kilometerstand: ……) beträgt ca. EUR 12.000,–.

Rechtsanwalt

Anmerkungen

1. Das Formular betrifft die Übereignung einer beweglichen Sache. Zu weiteren Beispielsfällen vgl. Form. II. F. 4, 5, 8.

2. Die Besonderheit dieser Klageart ist, dass es nicht zu einer Vollstreckung kommt, denn die Willenserklärung gilt mit Rechtskraft des Urteils als abgegeben (§ 894 ZPO). Nur die Kostenentscheidung des Urteils kann vollstreckt werden. Die Klage auf Abgabe einer Willenserklärung kommt vor allem in Betracht, wenn der begehrte Rechtserwerb von der Abgabe einer rechtsgeschäftlichen Erklärung oder einer Erklärung gegenüber ei-

ner Behörde (Grundbuchamt, Hinterlegungsstelle) abhängt (zu den einzelnen Fällen vgl. *Zöller/Stöber* § 894 Rdn. 2), und auf diese Erklärung ein Anspruch besteht. Auch aus einem verbindlichen Vorvertrag kann auf Abgabe der auf Abschluss des Hauptvertrages gerichteten Willenserklärung geklagt werden. Bei einem schon in einem Vorvertrag vollständig ausformulierten künftigen Hauptvertrag besteht allerdings nach der Rechtsprechung des BGH (NJW 2001, 1272) kein Rechtsschutzbedürfnis für eine Klage auf Abgabe eines Angebots durch den Verpflichteten. Der Berechtigte hat vielmehr mit seinem Klageantrag ein eigenes Angebot zu unterbreiten und dessen Annahme durch den Verpflichteten zu verlangen. Ist die abzugebende Willenserklärung nach materiellem Recht formbedürftig, hat der Kläger nicht zu beantragen, dass die Erklärung zB. in notariell beurkundeter Form abzugeben ist; das Urteil ersetzt die Form (vgl. *Zöller/Stöber* § 894 Rdn. 6; OLG Köln NJW-RR 2000, 880). Handelt es sich um eine empfangsbedürftige Erklärung, die nicht gegenüber dem Kläger, sondern gegenüber einem Dritten, auch einer Behörde, abzugeben ist, so tritt die materiellrechtliche Wirkung der Erklärung erst ein, wenn dem Dritten das rechtskräftige Urteil zugeleitet wird (*Thomas/Putzo* § 894 Rdn. 9). Zu beachten ist, dass nur die Willenserklärung des Schuldners als abgegeben gilt; der erstrebte schuldrechtliche oder dingliche Vertrag (Einigung, Auflassung) kommt erst zustande, wenn auch der andere Teil seine Erklärung formgerecht abgegeben hat. Hängt der Vertrag noch von einer Genehmigung ab, braucht ein entsprechender Vorbehalt nicht in den Antrag aufgenommen zu werden (BGH NJW 1982, 881 für die Genehmigung nach § 2 GrdstVG). Geht es um einen Gesellschafterbeschluss, ist außer der rechtskräftigen Verurteilung des verklagten Gesellschafters ein der Satzung entsprechender Beschluss der übrigen Gesellschafter erforderlich (vgl. BGH NJW-RR 1989, 1056).

Im angenommenen Fall handelt es sich um die zur Übereignung erforderliche Einigung gemäß § 929 S. 2 BGB, auf die der Sicherungsgeber nach Tilgung der zu sichernden Forderung entsprechend der hier getroffenen Abrede einen Anspruch hat (vgl. *Palandt/Bassenge* § 930 Rdn. 15). Ist der Kläger nicht bereits Besitzer der Sache, muss er zusätzlich beantragen, den Beklagten zur Übergabe (Herausgabe iSd. § 883 ZPO) zu verurteilen.

3. Bei einer Klage auf Rückübertragung des Sicherungseigentums richtet sich der Streitwert nach dem Betrag der zu sichernden Forderung; wenn die Sache – wie hier – einen geringeren Wert hat ist dieser maßgeblich (str., vgl. *Baumbach/Lauterbach/Albers/Hartmann* § 6 Rdn. 9).

4. Der Antrag muss zweifelsfrei ergeben, welche Erklärung mit Rechtskraft des Urteils als abgegeben gelten soll. Geht es – wie hier – um die Übereignung einer Sache, ist diese genau zu bezeichnen.

5. Das Recht am Brief folgt dem Recht am Kraftfahrzeug (§ 952 BGB). Da das Eigentum am Kraftfahrzeug erst bei Rechtskraft übergeht, kann Herausgabe des Briefes wohl erst zu diesem Zeitpunkt verlangt werden.

6. Urteile auf Abgabe einer Willenserklärung haben wegen § 894 ZPO keinen vollstreckungsfähigen Inhalt (vgl. *Zöller/Stöber* § 894 Rdn. 4); die Entscheidung über die vorläufige Vollstreckbarkeit betrifft idR. nur die Kosten. Daher wird das Urteil oft ausdrücklich nur wegen der Kosten für vorläufig vollstreckbar erklärt. Etwas anderes gilt aber bei den Urteilen des § 895 ZPO (zB. auf Auflassung oder Eintragungsbewilligung); sie dürfen nicht nur wegen der Kosten für vorläufig vollstreckbar erklärt werden, damit die Eintragung einer Vormerkung oder eines Widerspruchs als bewilligt gelten kann. In einem solchen Fall sollte ausdrücklich beantragt werden, das Urteil nicht nur wegen der Kosten für vorläufig vollstreckbar zu erklären. Das Gleiche gilt für die Anmeldung zum Handelsregister nach § 16 HGB.

7. Der Kläger muss vortragen, dass der Beklagte zur Rückübertragung des Sicherungseigentums auf Grund der getroffenen Abrede verpflichtet ist, und hierzu vor allem

darlegen, dass die gesicherte Forderung nebst Zinsen durch Erfüllung erloschen ist. Das weitere Vorbringen betrifft den Streitwert. Es kann sich auch empfehlen, das Gericht darauf aufmerksam zu machen, dass das Urteil (wenn keiner der in Anm. 6 genannten Sonderfälle vorliegt) nur wegen der Kosten vorläufig vollstreckbar ist und für die Höhe einer etwa zu leistenden Sicherheit allein die Kostenentscheidung maßgeblich ist.

9. Klage auf Duldung[1, 2]

An das
Landgericht

Klage

In der Sache

……

Streitwert[3]: ……

erhebe ich namens und in Vollmacht des Klägers Klage und werde beantragen:

1. **Der Beklagte wird verurteilt zu dulden, dass der Kläger eine Abwasserleitung über das Grundstück …… des Beklagten zum Abwasserrohr der Gemeinde in einer vom Gericht zu bestimmenden Richtung[4] verlegt und unterhält.**
2. **Dem Beklagten wird angedroht, dass für jeden Fall der Zuwiderhandlung ein Ordnungsgeld bis zur Höhe von EUR 250.000,– oder Ordnungshaft bis zu 6 Monaten gegen ihn festgesetzt wird[5].**
3. **…… (Kosten, vorläufige Vollstreckbarkeit)**

Begründung[6]:

……

Anmerkungen

1. Das Beispiel betrifft eine Klage auf Duldung eines Notwegerechts (vgl. auch Form. II. F. 7). Zur Klage auf Duldung der Zwangsvollstreckung aus einer Hypothek vgl. Form. II. F. 12.

2. Die Duldungsklage gegen den Eigentümer ist das Gegenstück zur Unterlassungsklage des Eigentümers. Sie kommt vor allem im Nachbarrecht vor, und zwar dann, wenn der Eigentümer iSd. § 1004 Abs. 2 BGB zur Duldung verpflichtet ist (vgl. zu den einzelnen Fällen *Palandt/Bassenge* § 1004 Rdn. 35ff.). Das ist insbesondere bei rechtmäßigen Eingriffen in das Eigentum des Nachbarn der Fall. Seine Duldungspflicht kann zB. aus §§ 906ff. BGB folgen (BGH NJW 1991, 2826, 2827), aus dem nachbarlichen Gemeinschaftsverhältnis (BGH NJW 2000, 1719), aber auch aus öffentlich-rechtlichen Normen, zB. des Naturschutzrechts (BGH NJW 1993, 925; OLG Düsseldorf NJW 1989, 1807). Für die Vollstreckung ist, wie bei der Unterlassungsklage, § 890 ZPO maßgeblich.

3. Für die Bestimmung des Streitwerts gilt § 3 ZPO (*Thomas/Putzo* § 3 Rdn. 44), nach aA. § 7 ZPO entspr. (vgl. *Baumbach/Lauterbach/Albers/Hartmann* § 7 Rdn. 1).

4. Die Richtung des Notwegs, hier in Form der Abwasserleitung, wird vom Gericht durch Gestaltungsurteil bestimmt (§ 917 Abs. 1 S. 2 BGB).

5. Zu diesem Antrag vgl. Form. I. D. 6 Anm. 5.

6. Zu den Tatsachen, die der Kläger zugunsten des beanspruchten Notwegrechts darlegen muss, vgl. BGH NJW 1964, 1321 u. NJW 1980, 585. Die Beweislast für die Duldungspflicht liegt beim Störer (BGH NJW 1989, 1032). Auch der Duldungsklage sollte eine Abmahnung des Eigentümers vorangehen und mit der Klage vorgetragen werden (vgl. OLG Karlsruhe MDR 1981, 939 und Form. I. D. 6 Anm. 6).

10. Klage auf künftige Leistung[1]

An das
Amtsgericht

Klage

In der Sache

......

erhebe ich Klage und werde beantragen[2]:

1. Der Beklagte wird verurteilt, an den Kläger EUR 1.000,– nebst Zinsen in Höhe von 5% über dem Basiszinssatz seit dem 1. 3. 20 .. und dem 1. 6. 20 .. jeweils auf EUR 500,– zu zahlen.
2. Der Beklagte wird weiter verurteilt, am 1. 9. 20 .. und am 1. 12. 20 .. jeweils EUR 500,– nebst Zinsen in Höhe von 5% über dem Basiszinssatz seit diesen Tagen[3] zu zahlen.
3. ...... (Kosten, vorläufige Vollstreckbarkeit)

Begründung[4]:

Der Beklagte hat vom Kläger im Januar 20 .. ein zinsloses Darlehen über EUR 2.000,– erhalten. Nach dem schriftlichen Darlehensvertrag vom 15. 1. 20 ..

– Anlage 1 –

sollte die Rückzahlung in Raten von EUR 500,– am 1. 3., 1. 6., 1. 9. und 1. 12. 20 .. erfolgen. Der Beklagte hat die Ersten beiden Raten bei Fälligkeit nicht gezahlt und auf Mahnungen nicht reagiert. Insoweit ist der Beklagte entsprechend dem Antrag zu 1) zu verurteilen.
Der Kläger hat Anlass zur Befürchtung, dass der Beklagte auch die weiteren Raten nicht begleichen wird. Er macht daher von der gemäß § 257 ZPO gegebenen Möglichkeit Gebrauch, mit seinem Antrag zu 2) künftige Zahlung dieser Raten zu verlangen.
Zinsen stehen dem Kläger aus §§ 284, 286, 288 BGB zu.

Rechtsanwalt

Schrifttum: Roth, Die Klage auf künftige Leistung nach §§ 257–259 ZPO, ZZP 1985, 287; *Henssler,* Die Klage auf künftige Leistung im Wohnraummietrecht, NJW 1989, 138.

Anmerkungen

1. Klagen auf künftige Leistung kommen in der Praxis selten vor, sind aber insbesondere zweckmäßig, wenn der Kläger Anlass zur Annahme hat, der Beklagte werde seine kalendermäßig bestimmte Leistung (Zahlung oder Räumung) nicht erbringen. § 257 ZPO gibt dem Kläger die Möglichkeit, sich bereits vor Fälligkeit einen Titel zu verschaffen, um bei Fälligkeit sofort vollstrecken zu können. Die Vorschrift gilt nur für Geldforderungen, die nicht von einer Gegenleistung abhängen; sie ist damit nicht auf künftige Mietzahlungen anwendbar, weil im Gegenzug noch der Gebrauch der Mietsache zu ge-

währen ist; u.U. kann dann aber die Klage nach § 259 ZPO zulässig sein (vgl. *Henssler* NJW 1989, 138, 140). Im Übrigen sollte der Kläger nur auf noch nicht fällige Leistung klagen, wenn der Beklagte Anlass zur Klageerhebung gegeben hat; sonst geht er das Risiko ein, im Falle des Anerkenntnisses gemäß § 93 ZPO die Kosten tragen zu müssen.

2. Ist zweifelhaft, ob die Voraussetzungen für eine Klage auf künftige Leistung vorliegen, sollte der Kläger zum Antrag zu 2), wenn der Beklagte seine Leistungspflicht bestritten hat, hilfsweise einen Feststellungsantrag stellen. Er kann nicht sicher sein, dass das Gericht den Antrag auf künftige Leistung von sich aus in einen Feststellungsantrag umdeutet (vgl. BGH NJW 1985, 2296). Werden im Laufe des Rechtsstreits weitere Raten fällig, kann der Kläger den Antrag umstellen; allerdings kann auch ohne Antragsänderung ein unbedingtes Urteil ergehen (vgl. *Zöller/Greger* § 257 Rdn. 7).

3. Zinsen können erst ab Fälligkeit der künftigen Raten verlangt werden, auch Prozesszinsen stehen dem Kläger nicht vorher zu, § 291 S. 1 2. Halbs. BGB.

4. Der Kläger muss neben dem Anspruch selbst auch die Voraussetzungen des § 257 ZPO, von denen die Zulässigkeit der Klage abhängt, darlegen. Er sollte außerdem vortragen, dass der Beklagte Anlass zur Klageerhebung gegeben hat (hier durch Nichtzahlung früherer Raten, vgl. *Zöller/Greger* § 257 Rdn. 6).

11. Stufenklage[1]

An das
Landgericht
Kammer für Handelssachen[2]

Klage

In der Sache

……

Streitwert:……[3]

erhebe ich namens und in Vollmacht des Klägers Stufenklage und werde beantragen:

1. Der Beklagte wird verurteilt

a) der Klägerin Auskunft darüber zu erteilen, welche Geschäfte über Kraftfahrzeugzubehör er in der Zeit von …… bis …… geschlossen hat, sowie die schriftlichen Bestellungen hierüber vorzulegen[4],

b) erforderlichenfalls die Richtigkeit und Vollständigkeit seiner Angaben an Eides Statt zu versichern[5],

c) an die Klägerin Schadensersatz in einer nach Erteilung der Auskunft noch zu bestimmenden Höhe nebst 5% Zinsen über dem Basiszinssatz seit Rechtshängigkeit zu zahlen[6].

2. …… (Kosten, vorläufige Vollstreckbarkeit)

Begründung[7]:

Die Klägerin vertreibt Kraftfahrzeug- Zubehör über Handelsvertreter. Der Beklagte war für sie bis zum …… als selbstständiger Handelsvertreter tätig. Seine Provisionen betrugen im Monatsdurchschnitt mehr als EUR 2.000,–. Die Rechtsbeziehungen der Parteien waren durch den Handelsvertretervertrag vom ……

– Anlage 1 –

geregelt, ein Exemplar des vom Beklagten unterzeichneten Vertrages wurde ihm bei Vertragsbeginn ausgehändigt. Nach § 12 des Vertrages war dem Beklagten für 2 Jahre nach Vertragsende der Verkauf von Kraftfahrzeugzubehör für eigene Rechnung oder für Rechnung eines Dritten gegen Zahlung einer Entschädigung verboten. Der Beklagte schied am ...... bei der Klägerin aus; zum Ausgleich für das Wettbewerbsverbot zahlte ihm die Klägerin eine Entschädigung von EUR ......

Beweis: Quittung vom ......, (Anlage 2).

Die Klägerin hat von zweien ihrer Kunden zufällig erfahren, dass der Beklagte ihnen in der Verbotszeit Kraftfahrzeugzubehör verkaufte, wie sich aus den anliegenden Schreiben der Kunden im Einzelnen ergibt.

Beweis: 1. Schreiben der Kunden vom ......,
(Anlagen 3 und 4);
2. Zeugnis der ......

Die Klägerin hat daher begründeten Anlass zu der Annahme, dass der Beklagte noch weitere Geschäfte geschlossen hat. Hierdurch ist der Klägerin ein vom Beklagten vorsätzlich verursachter Schaden entstanden, den sie jedoch erst beziffern kann, wenn sie die Einzelnen verbotswidrigen Geschäfte kennt.
Die Klägerin hat vergeblich versucht, vom Beklagten die verlangte Auskunft zu erhalten; dieser hat wahrheitswidrig erklärt, keine Geschäfte abgeschlossen zu haben.

Beweis: Schreiben des Beklagten vom ......, (Anlage 5).

Dieses Verhalten des Beklagten macht den Antrag der Klägerin, die Richtigkeit und Vollständigkeit der Auskunft an Eides Statt zu versichern, notwendig[8].
Den Zahlungsantrag wird die Klägerin beziffern, sobald der Beklagte die Auskunft erteilt hat[9].
Um baldige Festsetzung des Streitwertes wird gebeten[10].

Rechtsanwalt

Schrifttum: Peters, Die Entscheidungen in der Stufenklage, ZZP 1998, 67; *Schneider,* Verhandlung und Entscheidung bei der Stufenklage, MDR 1969, 624; *ders.,* Streitwert und Gebühren bei der Stufenklage, Rpfleger 1977, 92; *Schulte,* Verurteilung zur Auskunftserteilung – Bemessung von Rechtsmittelbeschwer und Kostenstreitwert, MDR 2000, 805; *Rixecker,* Die Erledigung im Verfahren der Stufenklage, MDR 1985, 633.

Anmerkungen

1. Die Stufenklage gem. § 254 ZPO ermöglicht es, einen Anspruch auf Rechnungslegung, Vorlage eines Vermögensverzeichnisses oder Erteilung einer Auskunft (1. Stufe) mit dem Anspruch auf Abgabe einer eidesstattlichen Versicherung (2. Stufe) und dem noch unbestimmten Leistungsantrag (3. Stufe) in einer Klage zu verbinden. Der Vorteil liegt für den Kläger – neben der Prozessökonomie – darin, dass er auf diese Weise die Rechtshängigkeit seines noch unbestimmten Leistungsantrages erreichen (BGH NJW-RR 1995, 513) und ua. die Hemmung der Verjährung herbeiführen kann (vgl. BGH NJW-RR 1995, 770; *Thomas/Putzo* § 254 Rdn. 4; das gilt allerdings nur in der Höhe, in der der Zahlungsanspruch nach Erteilung der Auskunft später beziffert wird, BGH NJW 1992, 2563); die Auskunftsklage allein unterbricht nicht die Verjährung des Zahlungsanspruchs (vgl. *Palandt/Heinrichs* § 204 Rdn. 2). Zudem kann auf diese Weise die sachliche Zuständigkeit des Landgerichts, die für den Auskunftsanspruch allein oft nicht gegeben ist, eher begründet werden (vgl. *Zöller/Herget* § 3 Rdn. 16 „Stufenklage"). Die Stufenklage hat praktische Bedeutung vor allem für Unterhalts- und Erbschaftsansprüche (vgl. Form. II. I. 5), für die Herausgabepflicht aus Geschäftsbesorgungsverträgen nach § 667 BGB, aber auch für Schadensersatzansprüche, bei denen der Verpflichtete, nicht aber der Berechtigte, die zur Berechnung des Anspruchs erforderlichen Umstände kennt (vgl. *Palandt/Heinrichs* §§ 259–261 Rdn. 12). Die Möglichkeit einer Stufenklage mit unbeziffertem Leistungsantrag macht eine Feststellungsklage unzulässig; ihr fehlt das Rechtsschutzinteresse (BGH NJW 1996, 2097). Der Auskunftsanspruch und der Anspruch auf eidesstattliche Versicherung sind Hilfsansprüche zur Bestimmunng des Zahlungsanspruches; unzulässig ist die Stufenklage daher, wenn die Auskunft nicht dazu dient, den Leistungsanspruchs bestimmbar zu machen, sondern dem Kläger sonstige Informationen über seine Rechtsverfolgung verschaffen soll (BGH NJW 2000, 1645).

2. Innerhalb des Landgerichts ist bei Ansprüchen aus Handelsvertreterverträgen die Kammer für Handelssachen zuständig. Für Einfirmenvertreter, die im Monatsdurchschnitt nicht mehr als EUR 1.000,– verdienen, ist die Zuständigkeit des Arbeitsgerichts gegeben (§ 5 Abs. 3 ArbGG, vgl. *Baumbach/Hopt* § 84 HGB Rdn. 45).

3. Für den Zuständigkeitsstreitwert, den der Kläger hier anzugeben hat (§ 253 Abs. 3 ZPO), wird nach § 5 ZPO der Wert aller Stufen zusammengerechnet (vgl. *Zöller/Herget* § 3 Rdn. 16 „Stufenklage"). Dabei wird das Gericht den Streitwert des unbestimmten Leistungsanspruches nach den objektiv zu würdigenden Angaben des Klägers festsetzen (vgl. *Schneider* MDR 1988, 358). Der Streitwert des Auskunftsanspruchs beträgt je nach Sachlage 1/10 bis 1/4 des Wertes des Leistungsanspruches (*Schneider* aaO.; BGH FamRZ 1984, 1029; NJW 1997, 1016), er ist gem. § 3 ZPO unter Berücksichtigung seiner Bedeutung für den Leistungsanspruch festzusetzen (BGH JurBüro 1983, 1182); maßgeblicher Zeitpunkt ist die Einreichung der Klage. Für den Antrag auf eidesstattliche Versicherung ist maßgeblich, welche zusätzliche Auskunft der Kläger hierdurch zu erhalten meint (*Zöller/Herget* § 3 Rdn. 16 „Offenbarungsversicherung").

4. Im Termin wird zunächst nur der Auskunftsantrag gestellt. Erst wenn über ihn entschieden oder er sonst erledigt ist, kann der Antrag auf der nächsten Stufe gestellt werden. Wird mit dem Auskunftsantrag die Vorlage von Urkunden oder Belegen verlangt, müssen diese im Klagantrag möglichst genau bezeichnet sein, sonst ist die Klage unzulässig (vgl. BGH NJW 1983, 1056). Weiß der Kläger, um welche Urkunden oder Belege es geht, sollte er ihre Vorlage verlangen, denn eine Vollstreckung aus dem Auskunftstitel auf Vorlage bestimmter, darin nicht bezeichneten Belege soll unzulässig sein (BGH aaO.; anders für erbrechtliche Auskunftstitel OLG Hamburg FamRZ 1988, 1213). Ob neben einem Rechnungslegungsantrag noch Raum für einen weitergehenden Auskunftsanspruch ist, ist Sache des Einzelfalles (BGH NJW 1985, 1694).

In anderen Fällen könnte dieser Antrag lauten:
(Der Beklagte wird verurteilt),

„dem Kläger über die Ausführung des Auftrages vom ...... über ...... Rechenschaft abzulegen (§ 666 BGB);

„dem Kläger einen Buchauszug über alle in der Zeit vom ...... bis ...... im Raum Schleswig-Holstein geschlossenen Geschäfte einschließlich der Folgegeschäfte sowie der direkt oder über andere Vertreter zustande gekommenen Geschäfte zu erteilen" (Klage des Bezirksvertreters, § 87c HGB);

„dem Kläger und seinem Miterben X ein Bestandsverzeichnis über den Nachlass des am ...... verstorbenen Herrn ...... vorzulegen sowie über den Verbleib der Erbschaftsgegenstände Auskunft zu erteilen" (Klage des Miterben gegen den Erbschaftsbesitzer, §§ 2018, 2027, 260 BGB); vgl. auch Form. II. I. 6;

„den Klägern durch Vorlage eines Verzeichnisses Auskunft über sein Vermögen und seine Einkünfte und Ausgaben in der Zeit vom ...... bis ...... zu erteilen sowie eine Verdienstbescheinigung seines Arbeitgebers für diesen Zeitraum einzureichen" (Unterhaltsklage, §§ 1580, 1605 BGB), vgl. Form. II. H. 12.

Der Antrag der ersten Stufe kann nicht mehr gestellt werden, wenn der Beklagte vor oder während des Prozesses eine formell ordnungsgemäße Auskunft erteilt hat, mag sie auch nach Meinung des Klägers unvollständig oder unrichtig sein; der Streit darüber ist mit dem Antrag auf Leistung der eidesstattlichen Versicherung zu führen (BGH LM § 254 ZPO Nr. 3 u. 6). Eine Ergänzung der Auskunft kann nur unter besonderen Umständen verlangt werden (vgl. *Palandt/Heinrichs* § 261 Rdn. 22, für erbrechtliche Auskunftsansprüche *Palandt/Edenhofer* § 2314 Rdn. 10). Ergibt die ordnungsgemäße Auskunft, dass kein Anspruch besteht, kann der Kläger versuchen, eine übereinstimmende Erledigungserklärung zu erreichen, auch wenn keine Erledigung eingetreten ist (BGH NJW 1994, 2895); andernfalls sollte er die Klage zurücknehmen (vgl. *Zöller/Greger* § 254 Rdn. 15), was zudem kostengünstiger ist als die übereinstimmende Erledigung. Es besteht nicht die Möglichkeit, entgegen § 269 Abs. 3 ZPO dem Beklagten die Kosten aufzuerlegen (BGH NJW 1994, 2895; OLG Hamm NJW-RR 1991, 1407; aA. OLG München MDR 1990, 636); eine Ausnahme gilt jetzt nach § 93d ZPO bei Unterhaltsklagen. Dem Kläger kann jedoch ein materiell-rechtlicher Kostenerstattungsanspruch aus § 286 BGB zustehen, den er noch im selben Rechtsstreit im Wege der Feststellungsklage geltend machen kann (BGH aaO.). Haben die Parteien in diesem Fall die Hauptsache übereinstimmend erledigt erklärt, kann im Rahmen der Kostenentscheidung nach § 91a ZPO der materielle Kostenerstattungsanspruch des Klägers berücksichtigt werden (OLG Koblenz NJW-RR 1997, 7).

5. Dieser Antrag kann nach hM. bereits in der Klageschrift, also vor Erledigung des Auskunftsantrags gestellt werden, auch wenn er erst nach Erteilung der Auskunft Bedeutung erlangt (*Zöller/Greger* § 254 Rdn. 10). Zur Abgabe der eidesstattlichen Versicherung ist der Beklagte jedoch nur verpflichtet, wenn ein begründeter Verdacht besteht, dass die Auskunft nicht mit der erforderlichen Sorgfalt erteilt wurde (*Palandt/Heinrichs* §§ 259–261 Rdn. 30). Deshalb ist in den meisten Fällen zu empfehlen, den Antrag noch nicht jetzt, sondern erst nach Abgabe der Auskunft bzw. nach Vorlage des Verzeichnisses zu stellen, wenn dieser Verdacht besteht, und den Antrag zunächst nur anzudrohen, oder, wie vorgeschlagen, mit der Einschränkung „erforderlichenfalls“ zu versehen. Hat der Beklage bereits vorprozessual eine Auskunft erteilt, die den Verdacht fehlender Sorgfalt begründet, kann der Kläger diesen Antrag auch als ersten Antrag einer dann nur zweistufigen Stufenklage stellen.

6. Ist zweifelhaft, ob die Auskunft einen Leistungsanspruch ergibt, sollte der Kläger seinen unbezifferten Antrag (wenn er nicht die Verjährung hemmen muss) noch nicht stellen, sondern das Ergebnis des Auskunftsanspruches abwarten. Andernfalls kann der Kläger zur Vermeidung eines abweisenden Urteils gezwungen sein, die Leistungsklage zurückzunehmen; denn eine Erledigung ist nicht eingetreten (BGH NJW 1994, 2895; zur Kostenfolge vgl. Anm. 4). Soweit ein Teil des Anspruches bereits feststeht und der Kläger nur noch ergänzende Auskünfte für den Rest benötigt, kann und sollte er den unbestimmten Leistungsantrag mit einem bezifferten Antrag verbinden, der außerhalb der Stufenklage steht (*Thomas/Putzo* § 254 Rdn. 4).

7. Im angenommenen Fall hat der Kläger darzulegen, dass ein begründeter Verdacht für einen Verstoß gegen ein nach § 90a HGB vereinbartes Wettbewerbsverbot besteht, der den Beklagten zum Schadensersatz verpflichtet (vgl. *Palandt/Heinrichs* §§ 259–261 Rdn. 10, 12; BAG NJW 1967, 1879). Vorab ist klarzustellen, dass nicht das Arbeitsgericht, sondern das Landgericht sachlich zuständig ist, dass also der Beklagte mehr als EUR 1.000,– pro Monat verdient hat (vgl. Anm. 2).

8. Hiermit legt der Kläger den für den Antrag auf der zweiten Stufe erforderlichen Verdacht dar, dass die Auskunft nicht sorgfältig erteilt wird.

9. Weiteres Verfahren: Über jede Stufe wird abgesondert und nacheinander verhandelt und durch Teilurteil ohne Kostenentscheidung entschieden, über die letzte Stufe (Zah-

lungsantrag) durch Schlussurteil. Nur wenn die Klage unzulässig ist oder der Anspruch dem Grunde nach nicht besteht, wird die Klage insgesamt abgewiesen. Erteilt der Beklagte, ohne dass es zu einer Verurteilung auf der ersten Stufe kommt, freiwillig eine formell ordnungsgemäße Auskunft, sollte der Kläger die Hauptsache für erledigt erklären und auf die nächste Stufe übergehen, und zwar auch dann, wenn die Auskunft seines Erachtens unvollständig ist. Umstritten ist, wie zu verfahren ist, wenn der Beklagte sich der Erledigungserklärung nicht anschließt (vgl. *Zöller/Greger* § 254 Rdn. 12). Zum Teil wird die Ansicht vertreten, dass nicht nach den Grundsätzen der einseitigen Erledigung zu verfahren ist, sondern der Kläger ohne Erledigungserklärung auf die nächste Stufe übergehen kann (OLG Düsseldorf NJW-RR 1996, 1408); der BGH hat die Frage offengelassen (BGH NJW 1999, 2520, 2522). Nur in besonderen Fällen kann der Kläger eine ergänzende Auskunft verlangen (vgl. Anm. 4). Ergibt die Auskunft, dass kein Leistungsanspruch besteht, sollte der Kläger die Klage zurücknehmen (vgl. Anm. 4). Wird der Beklagte durch Teilurteil zur Erteilung der Auskunft verurteilt, ist die Vollstreckung nach § 888 ZPO zu betreiben (*Thomas/Putzo* § 254 Rdn. 2). Entsprechendes gilt für den Antrag auf Leistung der eidesstattlichen Versicherung. Nach Abschluss einer Stufe geht das Verfahren auf der nächsten Stufe erst weiter, wenn der Kläger dies beantragt; diesen Antrag sollte der Kläger, auch in Hinblick auf die Hemmung der Verjährung (§ 204 Abs. 2 BGB, vgl. BGH MDR 1992, 1180), möglichst bald stellen. Das Gericht ist an sein Auskunftsurteil auf der nächsten Stufe nicht gebunden; es kann zB. den Zahlungsanspruch in Abweichung von seiner früheren Beurteilung mangels Rechtsgrundes abweisen (BGH NJW 1985, 1349, 1350). Weiteres Vorbringen des Beklagten kann sich also lohnen. Zum Verfahren im Übrigen vgl. *Zöller/Greger* § 254 Rdn. 11.

10. Hierauf sollte der Kläger drängen, um überprüfen zu können, ob seine Streitwertvorstellungen mit denen des Gerichts übereinstimmen.

Kosten und Gebühren

Gerichts- und Rechtsanwaltsgebühren entstehen in derselben Instanz nur einmal, auch wenn über die verschiedenen Stufen getrennt verhandelt und entschieden wird (§§ 18 GKG, 13 Abs. 2 BRAGO). Maßgebend für den Gebührenstreitwert ist der höchste der verbundenen Ansprüche (§ 18 GKG), also idR. der Zahlungs- oder Herausgabeanspruch (zu Einzelheiten vgl. *Schneider* Rpfleger 1977, 92 u. MDR 1988, 358; *Zöller/Greger* § 254 Rdn. 18). Unerheblich ist, ob die Auskunft später zu einem niedrigeren Anspruch führt (anders für die Verhandlungs- und Beweisgebühr des Anwalts, wenn nur über den niedrigeren Antrag verhandelt oder Beweis erhoben wird). Ergibt die Auskunft, dass kein Anspruch besteht, und nimmt der Kläger die Klage mit der Folge des § 269 Abs. 3 ZPO zurück, so ist streitig, ob der durch Teilurteil zur Auskunft verurteilte Beklagte nach § 92 ZPO einen Teil der Kosten trägt (vgl. näher Anm. 4 a.E.).

Fristen und Rechtsmittel

Ein Teilurteil, welches das Gericht über die 1. oder die 2. Stufe erlässt, ist mit den gewöhnlichen Rechtsmitteln anfechtbar. Vor Erledigung des Rechtsmittels zu einer früheren Stufe kann nicht über eine spätere entschieden werden (vgl. *Thomas/Putzo* § 254 Rdn. 6). Das Rechtsmittelgericht muss den Rechtsstreit dann zur Verhandlung und Entscheidung über die späteren Stufen an die Vorinstanz zurückverweisen (vgl. BGH NJW 1982, 236). Eine Berufung des Beklagten gegen das Auskunftsurteil kann an der niedrigen Festsetzung des Rechtsmittelstreitwerts scheitern: nach der Rechtsprechung (BGH NJW-RR 1994, 1092 u. 1271 (der Vorlagebeschluss BGH NJW 1994, 1222 hat an dieser Rechtsprechung nichts geändert, vgl. BGH NJW 1995, 664) ist maßgeblich auf den Aufwand an Zeit und Kosten, den die Erfüllung des titulierten Anspruchs erfordert, sowie auf ein etwaiges Geheimhaltungsinteresse der verurteilten Partei abzustellen; danach wird der Wert oft unter EUR 600,– anzusetzen sein. Entsprechendes gilt auch für die Beschwer des zur eidesstattlichen Versicherung verurteilten Beklagten (BGH NJW 2000, 3073; 1991, 1833). Wird nicht nur der Auskunftsantrag, sondern die Stufenklage insgesamt abgewiesen, bemisst sich die Beschwer des Klägers nicht nur nach einem Bruchteil, sondern nach dem vollen Wert des Hauptanspruchs (BGH NJW 2002, 71).

12. Teilklage[1]

An das
Amtsgericht[2]

Klage

in der Sache

......

erhebe ich namens und in Vollmacht des Klägers Klage und werde beantragen:

1. Die Beklagten werden als Gesamtschuldner verurteilt, an den Kläger EUR 2.000,– nebst Zinsen in Höhe von 5% über dem Basiszinssatz seit dem ...... zu zahlen.
2. ......

Begründung:

Der Kläger macht gegen den Beklagten zu 1) als Halter und Fahrer und gegen die Beklagte zu 2) als dessen Haftpflichtversicherer Schadensersatzansprüche aus einem Verkehrsunfall geltend[3]......
(ist auszuführen)
Durch den Unfall sind dem Kläger folgende Schäden entstanden[4]

1. Reparaturkosten	EUR 4.000,–
2. merkantiler Minderwert	EUR 800,–
3. Nutzungsausfall	EUR 200,–
4. Verdienstausfall	EUR 300,–
5. Unkostenpauschale	EUR 20,–
6. Schmerzensgeld	EUR 1.000,–
Gesamtschaden	EUR 6.320,–

Dem Kläger steht zumindest ein Ersatzanspruch in Höhe von 50% (EUR 3.160,–) zu[5]. Hiervon verlangt der Kläger aus Kostengründen[6] zunächst nur EUR 2.000,–. Und zwar werden in erster Linie – jeweils zur Hälfte des genannten Schadensbetrages – der Schmerzensgeldanspruch, dann der Ersatz des merkantilen Minderwerts, der Verdienstausfall, die Nutzungsausfallentschädigung, schließlich die Reparaturkosten und zuletzt die Unkostenpauschale geltend gemacht[7].

Rechtsanwalt

Schrifttum: Pawlowski, Die bestimmte Angabe des Gegenstandes und des Grundes bei Teilklagen, ZZP 78, 307; *Haunschild,* Mit Teilklagen Gebühren sparen, AnwBl 1998, 509; *Diercks*, Ist eine Teilklage kostengünstig?, MDR 1995, 1099; *Schlößer/Mucke*, Die Verweisung auf eine Teilklage im PKH-Verfahren, MDR 1998, 753.

Anmerkungen

1. Eine nur teilweise Geltendmachung seiner Ansprüche kann sich für den Kläger zB. empfehlen, wenn er das Prozessrisiko gering halten möchte oder auch, wenn an der Liquidität des Beklagten und damit an der Möglichkeit der Kostenerstattung Zweifel bestehen. Auch kann eine Teilklage den Vorteil bieten, dass der Prozess beim Amtsgericht zu führen ist, der Kläger also ohne Anwalt prozessieren kann. Unzulässig ist es aber, einen Anspruch gleichzeitig in mehreren Prozessen geltend zu machen und dadurch die Zuständigkeit des Amtsgerichts zu begründen; das Gericht wird die Klagen verbinden, das Landgericht bleibt sachlich zuständig (*Baumbach/Lauterbach/Albers/Hartmann* § 2 Rdn. 7).

Bei einer Teilklage muss der Kläger mehrere Punkte besonders beachten: Zum einen wird die Verjährung nur hinsichtlich des eingeklagten Teilbetrages gehemmt, nicht hinsichtlich des weitergehenden Anspruchs (BGH NJW 1988, 1854), das gilt auch für eine sog. verdeckte Teilklage (BGH NJW 2002, 2167). Allerdings wahrt eine Teilklage die Ausschlussfrist nach § 12 Abs. 3 VVG (BGH NJW-RR 1991, 736). Zum anderen ist, wenn sich der Anspruch aus mehreren Forderungen zusammensetzt, genau zu bestimmen, wie sich der eingeklagte Teilbetrag errechnet (vgl. Anm. 7). Im Übrigen muss der Kläger damit rechnen, dass der Beklagte hinsichtlich des über den Teilanspruch hinausgehenden Anspruches mit einer negativen Feststellungswiderklage antwortet. Erhebt der Kläger eine Teilklage, weil dem Beklagten in Höhe des Restes ein aufrechenbarer Gegenanspruch zusteht, sollte er vor oder mit Klageerhebung die Aufrechnung erklären; andernfalls kann der Beklagte gegen die Klageforderung aufrechnen (BGH NJW-RR 1994, 1203), was den Kläger mit Kosten belastet. Im Übrigen sollte der Kläger dem Gericht deutlich machen, dass er nur einen Teilanspruch geltend macht; denn bei einer sog. verdeckten Teilklage kann eine nachfolgende Klage wegen des Restanspruches aus Rechtskraftgründen unzulässig sein (vgl. BGH NJW 1994, 3165; 1997, 1990).

2. Das Amtsgericht ist zuständig, da der Streitwert unter EUR 5.000,– liegt. Bei Teilklagen bestimmt sich der Streitwert nicht nach dem Gesamtbetrag, den der Kläger für sich in Anspruch nimmt, sondern nach dem eingeklagten Betrag (*Thomas/Putzo* § 3 Rdn. 142; zum Gebührenstreitwert vgl. § 21 GKG).

3. Zum Schadensersatzprozess bei Kraftfahrzeugunfällen vgl. näher Form. II. D. 13.

4. Die Schäden sind im Einzelnen unter Einreichung der Belege darzulegen und unter Beweis zu stellen.

5. Hiermit erklärt der Kläger, dass er vom Gesamtschaden nur 50% in Anspruch nimmt. Er sollte sich hüten, eine höhere Mithaftung des Beklagten zu behaupten, wenn er selbst daran zweifelt; denn er gewinnt damit nichts, kann jedoch leicht eine negative Feststellungsklage des Beklagten provozieren, der er unterliegt. Der vom Kläger zugestandene Mithaftungsanteil ist nicht vom eingeklagten Betrag, sondern vom Gesamtschaden abzuziehen (*Zöller/Greger* § 253 Rdn. 16).

6. Es empfiehlt sich, die Gründe, die den Kläger zu einer Teilklage veranlassen, anzugeben, um Rechtsnachteile (vgl. Anm. 1) zu vermeiden; mit dem Wunsch nach sachlicher Zuständigkeit des Amtsgerichts darf die Teilklage nicht begründet werden.

7. Eine Teilklage, die mehrere prozessual selbstständige Ansprüche zum Gegenstand hat, genügt dem Bestimmtheitserfordernis des § 253 Abs. 2 Nr. 2 ZPO nur, wenn der Kl. die Reihenfolge angibt, in der das Gericht diese Ansprüche prüfen soll; sonst lässt sich der Streitgegenstand und damit später die materielle Rechtskraft nicht bestimmen (st. Rspr., vgl BGH NJW 2000, 3718; 1994, 460). Zur bestimmten Angabe des Anspruchsgegenstandes muss der Kläger daher bezeichnen, wie sich der Teilbetrag von EUR 2.000,– aus den einzelnen Forderungen, die zusammen den Betrag von EUR

3.150,– ergeben, zusammensetzt (vgl. BGH NJW 1990, 2068, 2069). Das kann dadurch geschehen, dass die Forderungen in einer bestimmten Reihenfolge geltend gemacht werden, dass jede Forderung zu einem Teil erhoben wird oder durch Vermischung beider Methoden (vgl. *Baumbach/Lauterbach/Albers/Hartmann* § 253 Rdn. 43–45). Die erste Bestimmungsart dürfte sich am meisten empfehlen, da sie die Gelegenheit bietet, unsichere Forderungen, für die besondere Voraussetzungen gegeben sein müssen oder deren Bestimmung vom Ermessen des Gerichts abhängt, prüfen zu lassen, das Prozessrisiko jedoch gering zu halten.

Kosten und Gebühren

Gerichts- und Rechtsanwaltsgebühren entstehen nur auf die eingeklagte Teilforderung (vgl. Anm. 2). Macht der Kläger die Restforderung in einem zweiten Prozess geltend, entstehen wegen der Degression der Gebührentabellen insgesamt mehr Kosten, als wenn der Kläger nur einen Prozess geführt hätte. Ist die Aufteilung in mehrere Prozesse willkürlich, kann das Gericht die Erstattung der hierdurch entstandenen Mehrkosten versagen (*Zöller/Herget* § 91 Rdn. 13 „Mehrheit von Prozessen").

13. Zwischenfeststellungsklage[1]

An das
Landgericht

In der Sache

......

erweitert der Kläger seine Klage[2] mit dem Antrag,

festzustellen, dass der zwischen den Parteien vor dem Notar N in Hamburg am ...... geschlossene Grundstückskaufvertrag, Urkunden- Rolle Nr......, wirksam ist,

hilfsweise[3],

festzustellen, dass die Beklagte sich auf die Unwirksamkeit des Vertrages nicht berufen kann.

Begründung[4]:

Die Beklagte hat gegenüber dem vom Kläger aus dem Grundstückskaufvertrag erhobenen Anspruch ua. eingewandt, der Kaufvertrag sei in Hinblick auf die Rechtsprechung des Bundesgerichtshofes (BGH NJW 1979, 1984) unwirksam, weil die Baubeschreibung des zu errichtenden Hauses nicht Gegenstand der Beurkundung vor dem Notar geworden und nicht verlesen worden sei. Da damit sämtliche Rechte des Klägers aus dem Kaufvertrag, nicht nur der hier streitige Anspruch, entfallen würden, ist das Rechtsschutzbedürfnis für eine Zwischenfeststellungsklage nach § 256 Abs. 2 ZPO gegeben.

Der Antrag ist auch begründet:

1. **Der Vertrag ist wirksam beurkundet worden. Die Baubeschreibung ist zwar nicht Teil der Niederschrift geworden, jedoch wurde sie dieser als Anlage beigefügt. Zudem verweist die Niederschrift in § 8 ausdrücklich auf die Baubeschreibung, die damit nach § 9 Abs. 1 Nr. 2 BeurkG als in der Niederschrift enthalten gilt. Die Baubeschreibung ist, wie aus der Urkunde ersichtlich, auch mitverlesen worden.**

   Beweis: Zeugnis des Notars ......

2. Jedenfalls kann sich die Beklagte nach Treu und Glauben nicht auf die Unwirksamkeit des Vertrages berufen, so dass zumindest dem Hilfsantrag stattzugeben ist. ......

Rechtsanwalt

Schrifttum: Schneider, Die Zulässigkeit der Zwischenfeststellungs(wider)klage, MDR 1973, 270.

Anmerkungen

1. Die Zwischenfeststellungsklage (§ 256 Abs. 2 ZPO) kann nicht selbstständig, sondern nur im Laufe eines Rechtsstreits erhoben werden. Sie empfiehlt sich, wenn nur ein Teil der Ansprüche aus einem Vertrag oder einem anderen Rechtsverhältnis rechtshängig, aber die Wirksamkeit des gesamten Vertrages im Streit ist. Beide Parteien können dann auf Feststellung klagen, dass der gesamte Vertrag wirksam bzw. unwirksam ist, die Rechtskraft des Urteils also hierauf erstrecken und damit weitere Prozesse vermeiden; zum Sinn der Zwischenfeststellungsklage vgl. BGH MDR 1995, 310. Für die Zulässigkeit genügt die bloße Möglichkeit, dass der Vertrag oder das Rechtsverhältnis über den gegenwärtigen Streit hinaus Bedeutung gewinnen kann (BGH NJW 1977, 1637; 1983, 1791; BGH NJW 1994, 1353). Die Zwischenfriststellungsklage ist aber unzulässig, wenn sie nicht auf die Klärung der Rechtsbeziehungen der Parteien, sondern nur auf die Klärung einer Vorfrage für diese Rechtsbeziehungen gerichtet ist (vgl. BGH NJW 1985, 1959). Eine nach § 256 Abs. 1 ZPO unzulässige, selbstständige Feststellungsklage kann, wenn sie um eine Leistungsklage erweitert wird, zu einer zulässigen Zwischenfeststellungsklage werden (BGH NJW-RR 1990, 318, 320). Zur Beweislast und zur beschränkten Rechtskraftwirkung vgl. BGH NJW 1994, 1353, 1354.

Das Beispiel geht von dem Sachverhalt aus, dass der Käufer Ansprüche aus einem Grundstückskaufvertrag geltend macht, der nach Auffassung des Verkäufers unwirksam beurkundet wurde (vgl. BGH NJW 1979, 1984).

2. Die Zwischenfeststellungsklage wird vom Kläger durch Klageerweiterung, vom Beklagten im Wege der Widerklage erhoben. Für die Klageerhebung gilt in beiden Fällen die Erleichterung des § 261 Abs. 2 ZPO. Ist der Rechtsstreit vor dem Amtsgericht anhängig, kann die Zwischenbestellungsklage zur sachlichen Unzuständigkeit und zur Verweisung an das Landgericht führen. Der Antrag auf Zwischenfeststellung nach § 256 Abs. 2 ZPO kann auch hilfsweise für den Fall der Abweisung des Hauptantrages gestellt werden (BGH MDR 1992, 965). Auch im Rahmen einer Stufenklage kann eine Zwischenfeststellungsklage erhoben und mit dem Auskunfts- oder Rechnungslegungsanspruch verbunden werden (BGH MDR 1999, 563).

3. Für den Fall, dass das Bestehen oder Nichtbestehen des Rechtsverhältnisses vom Gericht nicht festgestellt wird, bleibt noch die Möglichkeit, dass der Feststellungskläger mit einer Einrede zum gleichen Ziel kommt. Daher empfiehlt sich ein entsprechender Hilfsantrag. Im angenommenen Fall geht es um die Einrede der unzulässigen Rechtsausübung (vgl. OLG München NJW 1979, 2157).

4. Für die Zulässigkeit hat der Feststellungskläger zwei besondere Voraussetzungen darzulegen: Die Entscheidung des Hauptanspruches muss vom Bestehen oder Nichtbestehen des Rechtsverhältnisses abhängig sein, außerdem muss die konkrete Möglichkeit bestehen, dass weitere Ansprüche aus dem Rechtsverhältnis erwachsen (Vorgreiflichkeit) (vgl. BGH NJW 1981, 228, 229; *Thomas/Putzo* § 256 Rdn. 32; vgl. auch oben Anm. 1). Ein besonderes Feststellungsinteresse wie nach § 256 Abs. 1 ZPO braucht nicht vorzuliegen. In der Sache muss der Feststellungskläger das Rechtsverhältnis oder sein Nichtbestehen vortragen. Hinsichtlich Darlegungs- und Beweislast gilt das Gleiche wie für den Hauptsacheprozess (BGH MDR 1995, 310).

E. Klageerwiderung

1. Vertretungsanzeige mit Ankündigung der Anträge bei frühem ersten Termin[1]

In der Sache

......

zeige ich an, dass ich den Beklagten vertrete[2].

Vom Termin am ...... habe ich Kenntnis.

Ich werde beantragen[3],

die Klage abzuweisen,

dem Kläger die Kosten des Rechtsstreits aufzuerlegen

und das Urteil wegen der Kosten für vorläufig vollstreckbar zu erklären[4].

Einer Entscheidung der Sache durch den Einzelrichter stehen keine Gründe entgegen[5].

Im Übrigen widerspricht der Beklagte dem Antrag des Klägers, von einer Güteverhandlung nach § 278 ZPO abzusehen; der Beklagte ist zu einer Streitbeilegung auf vernünftiger Basis bereit[6].

Die materielle Klageerwiderung wird innerhalb der hierzu gesetzten Frist eingereicht werden[7].

Rechtsanwalt

Anmerkungen

1. Wenn dem Beklagten die Klageschrift zugestellt worden ist, muss zunächst festgestellt werden, welche Anordnungen das Gericht getroffen hat, ob es insbesondere das Verfahren des frühen ersten Termins (§ 275 ZPO) gewählt oder das schriftliche Vorverfahren (§ 276 ZPO) angeordnet hat. Das Beispiel geht von der Bestimmung eines frühen ersten Termins aus. Mit der Terminsbestimmung nach § 272 Abs. 2 ZPO wird dem Beklagten entweder eine Frist zur Klageerwiderung gesetzt, die unbedingt beachtet werden sollte; andernfalls wird dem Beklagten aufgegeben, unverzüglich auf die Klageschrift zu erwidern. In beiden Fällen geht es für den Beklagten darum, innerhalb kurzer Zeit seine Verteidigung gegen die Klage durch Beschaffen und Zusammenstellen der erforderlichen Informationen unter Einschluss der Beweismittel vorzubereiten, um die Frist einhalten zu können.

2. Wenn die materielle Klageerwiderung bei Erhalt des Mandats nicht sofort fertiggestellt werden kann, empfiehlt es sich für den Rechtsanwalt, zumindest die Vertretung gegenüber Gericht und Gegner anzuzeigen. Damit ist gewährleistet, dass künftige Mitteilungen oder Zustellungen unmittelbar an ihn ergehen.

3. Die Anträge sollten hier nur angekündigt werden, wenn bereits feststeht, dass und ggf. in welcher Höhe der Klage entgegengetreten werden soll. Dies gilt insbesondere in Hinblick auf § 93 ZPO (vgl. *Thomas/Putzo* § 93 Rdn. 10).

4. Anträge zu den Kosten und zur vorläufigen Vollstreckbarkeit müssen nicht gestellt werden, das Gericht entscheidet über beides von Amts wegen. Der Beklagte braucht auch nicht mehr zu beantragen, eine von ihm etwa zu leistende Sicherheit durch eine

Bankbürgschaft erbringen zu dürfen. Nach § 108 S. 2 ZPO nF. ist das auch ohne gerichtliche Anordnung möglich.

5. Diese Erklärung braucht der Beklagte nicht schon jetzt, sondern erst mit der materiellen Klageerwiderung abzugeben (§ 277 Abs. 1 S. 2 ZPO). Hierzu wird er mit der Anordnung nach § 275 oder § 276 ZPO aufgefordert.

6. Die nach § 278 Abs., 2 ZPO obligatorische Güteverhandlung unterbleibt nur, wenn bereits ein Einigungsversuch vor einer anerkannten Gütestelle nach § 15 a EGZPO stattgefunden hat oder wenn die Güteverhandlung erkennbar aussichtslos wäre. Wenn der Beklagte eine Güteverhandlung vermeiden möchte, sollte er das ggf. frühzeitig darlegen. Ist der Beklagte hingegen, im Gegensatz zum Kläger, an einer vorgeschalteten Güteverhandlung interessiert oder sieht er Chancen in einer Einigung, sollte er dem Antrag des Klägers widersprechen. Zwar ist das im Regierungsentwurf zum ZPO-RG noch enthaltene Antragsrecht einer Partei, wonach trotz Vorliegen eines Ausnahmefalles eine Güteverhandlung stattzufinden hatte, im Gesetzgebungsverfahren gestrichen worden, jedoch wird das Gericht einem solchen Antrag kaum widersprechen, weil er ein Indiz gegen die Aussichtslosigkeit der Güteverhandlung setzt (vgl. *Hannich/Meyer-Seitz* §§ 278, 279 ZPO Rdn. 11).

7. Anträge auf Fristverlängerung gemäß § 224 ZPO sollten frühzeitig gestellt werden (vgl. Form. I. F. 5). Kann der Beklagte voraussehen, dass er innerhalb der Klageerwiderungsfrist nicht vollständig wird erwidern können, ist ein solcher Antrag dringend zu empfehlen; es ist immer einfacher, eine Fristverlängerung zu begründen als verspätetes Vorbringen gem. § 296 Abs. 1 ZPO zu entschuldigen.

2. Vertretungs- und Verteidigungsanzeige bei schriftlichem Vorverfahren[1]

In der Sache

……

zeige ich an, dass die Beklagten zu 1) und 2) von mir vertreten werden.

Die Beklagten wollen sich gegen die Klage verteidigen[2].

Es wird beantragt zu erkennen:

1. Die Klage wird abgewiesen.
(Kosten …, vorläufig Vollstreckbarkeit).

Die materielle Klageerwiderung wird innerhalb der hierzu gesetzten Frist[3] eingereicht werden.

Rechtsanwalt

Anmerkungen

1. Vgl. zunächst die Anmerkungen zum Form. I. E. 1. Hat das Gericht das schriftliche Vorverfahren angeordnet, muss der Beklagte die ihm vom Gericht gesetzten Fristen beachten: zum einen die gesetzlich vorgegebene Frist zur Verteidigungsanzeige, zum anderen die Klageerwiderungsfrist, die mindestens zwei weitere Wochen, insgesamt also jedenfalls vier Wochen beträgt.

2. Bei Anordnung des schriftlichen Vorverfahrens muss diese Erklärung gemäß § 276 Abs. 1 ZPO binnen einer Notfrist von zwei Wochen abgegeben werden, wenn der Be-

klagte ein schriftliches Versäumnisurteil gemäß § 331 Abs. 3 ZPO vermeiden will. Ist die Frist bereits verstrichen, aber von einem Versäumnisurteil noch nichts bekannt, sollte die Erklärung unverzüglich nachgereicht werden; wenn sie noch eingeht, bevor das unterschriebene Versäumnisurteil der Geschäftsstelle übergeben wird, kann das Versäumnisurteil nicht erlassen werden (§ 331 Abs. 3 S. 1 2. Halbs. ZPO).

Die Frist zur Anzeige der Verteidigungsabsicht kann nicht verlängert werden, da sie eine Notfrist ist (§ 224 ZPO). Eine Wiedereinsetzung bei unverschuldeter Fristversäumung ist zwar möglich, aber zwecklos, da das Versäumnisurteil nur im Wege des Einspruches aufgehoben werden kann (vgl. *Zöller/Greger* § 276 Rdn. 10a; KG MDR 1996, 634). Das Versäumnisurteil nach § 331 Abs. 3 ZPO kann auch in der Zeit vom 1. Juli bis 31. August ergehen, in der ein Terminsverlegungsantrag ohne Begründung erfolgreich wäre. Will der Beklagte sich ganz oder zum Teil nicht verteidigen, sondern den Anspruch anerkennen, sollte er das bereits in der formellen Verteidigungsanzeige, nicht erst in der Klageerwiderung tun (vgl. Form. I. E. 3 Anm. 2).

3. Ein Antrag auf Verlängerung der Klageerwiderungsfrist (vgl. Form. I. F. 6) sollte bereits jetzt gestellt werden. Eine Hemmung der nach § 276 Abs. 1 S. 2 ZPO gesetzten Klageerwiderungsfrist findet auch in der Zeit vom 1. Juli bis 31. August nicht statt.

Kosten und Gebühren

Die Verteidigungsanzeige allein ist kein Sachantrag iSd. § 32 BRAGO (vgl. OLG Düsseldorf Rpfleger 2000, 567). Die Verhandlungsgebühr kann erst im Haupttermin entstehen.

3. Vertretungsanzeige und Teilanerkenntnis unter Protest gegen die Kosten bei schriftlichem Vorverfahren[1]

In der Sache

……

zeige ich an, dass die Beklagten zu 1) und 2) von mir vertreten werden.
Die Beklagten erkennen den Anspruch in Höhe von EUR 5.800,– nebst Zinsen seit Rechtshängigkeit an[2]. Hierbei gehen die Beklagten davon aus, dass der Klägerin allenfalls eine Vergütung von EUR 5.000,– zuzüglich 16% Mehrwertsteuer zusteht[3].
Das Anerkenntnis erfolgt unter Protest gegen die Kosten[4]. Die tatsächlichen Voraussetzungen des § 93 ZPO werden die Beklagten in der Klageerwiderung darlegen.

Soweit der Anspruch nicht anerkannt wird, wollen sich die Beklagten gegen die Klage verteidigen[5] und werden beantragen:

1. Die Klage wird abgewiesen.
2. …… (Kosten, vorläufige Vollstreckbarkeit)

Die materielle Klageerwiderung wird innerhalb der gesetzten Frist eingereicht werden[6].

Rechtsanwalt

Schrifttum: Meiski, Das sofortige Anerkenntnis im schriftlichen Vorverfahren, NJW 1993, 1904; *Bohlander,* Anerkenntnis im schriftlichen Vorverfahren nach Verteidigungsanzeige?, NJW 1997, 35.

Anmerkungen

1. Das Formular knüpft an die Klageschrift gemäß Form. I. D. 2 an.

2. Es handelt sich um ein Anerkenntnis, das im schriftlichen Vorverfahren auf die Aufforderung gem. § 276 Abs. 1 S. 1 ZPO abgegeben wird. Dieses Anerkenntnis führt, wenn der Kläger in der Klagschrift einen entspr. Antrag gestellt hat oder ihn später stellt, zu einem (Teil-)Anerkenntnisurteil ohne mündliche Verhandlung, § 307 Abs. 2 ZPO. Grundsätzlich könnte der Beklagte sein Anerkenntnis auch später in mündlicher Verhandlung abgeben. Will er jedoch die Kostenfolge des § 93 ZPO zu Lasten des Klägers herbeiführen, muss er es schon jetzt erklären, denn ein Anerkenntnis ist nicht mehr „sofort", wenn vorher eine Verteidigungserklärung abgegeben wurde (str., vgl. *Thomas/Putzo* § 93 Rdn. 9, *Zöller/Herget* § 93 Rdn. 4, OLG Nürnberg NJW 2002, 2254; aA OLG Schleswig NJW-RR 1998, 285, OLG Bamberg NJW-RR 1996, 392). Nach noch strengerer Auffassung muss das Anerkenntnis bereits in der zweiwöchigen Notfrist zur Verteidigungsanzeige abgegeben werden (OLG Zweibrücken NJW-RR 2002, 138). Diese Frage ist für den Beklagten wichtig, denn außer der Möglichkeit des § 93 ZPO bietet das Anerkenntnis für den Beklagten gegenüber einer streitigen Verurteilung und auch gegenüber einem Versäumnisurteil erhebliche Kostenvorteile. Die dreifache Gerichtsgebühr nach KV Nr. 1210 ermäßigt sich auf die einfache Gebühr (KV Nr. 1211), ein Anerkenntnisurteil vor streitiger Verhandlung löst nur eine halbe Verhandlungsgebühr des Rechtsanwalts aus (§§ 33 Abs. 1, 35 BRAGO). Damit ist es für den Beklagten erheblich kostengünstiger, den Anspruch anzuerkennen, als die Verteidigungsanzeige zu unterlassen. Denn das dann zu erwartende Versäumnisurteil im schriftlichen Vorverfahren führt nicht zu einer Ermäßigung der Gerichtskosten.

3. Bei einem Teilanerkenntnis ist darauf zu achten, dass deutlich wird, welcher Teil des Anspruches anerkannt wird. Macht der Kläger mehrere Ansprüche geltend (zB. mehrere Forderungen aus unterschiedlichen Verträgen oder auch Schadensersatz in Form von Sachschaden, Verdienstausfall, Schmerzensgeld etc.), muss eindeutig erkennbar sein, welche dieser Einzelforderungen das Anerkenntnis in welcher Höhe erfasst. Das Anerkenntnis kann auch in der Weise eingeschränkt werden, dass der Anspruch nur Zug-um-Zug gegen Erbringen einer Gegenleistung anerkannt wird; allerdings kann dann ein Anerkenntnisurteil nur ergehen, wenn der Kläger seinen Sachantrag auf eine Zug-um-Zug-Verurteilung umstellt (vgl. BGH NJW 1989, 1934).

4. Regelmäßig hat das Anerkenntnis des Beklagten zur Folge, dass er gem. §§ 91, 92 ZPO die Kosten zu tragen hat. Mit dieser Formulierung kündigt der Beklagte an, dass er die Kostenfolge des § 93 herbeiführen möchte. Hierauf muss er bereits mit diesem Schriftsatz hinweisen, denn sonst wird, jedenfalls wenn er den Anspruch in vollem Umfang anerkennt, ein Anerkenntnisurteil ohne mündliche Verhandlung nach § 307 Abs. 2 ZPO mit einer Kostenentscheidung zu seinen Lasten ergehen.

5. Diese Erklärung ist notwendig, um ein Teilversäumnisurteil gemäß § 331 Abs. 3 ZPO hinsichtlich des nicht anerkannten Anspruches zu vermeiden.

6. In der Klageerwiderung müssen auch die tatsächlichen Voraussetzungen des § 93 ZPO (kein Anlass zur Klageerhebung, vgl hierzu Form. I. M. 6) dargelegt und unter Beweis gestellt werden.

Kosten und Gebühren

Zu den Kostenvorteilen des Anerkenntnisses für den Beklagten und zu § 93 ZPO vgl. Anm. 2, 4 und Form. I. M. 6.

4. Materielle Klageerwiderung (Grundmuster mit Begründung)[1]

An das
Landgericht München I
Kammer für Handelssachen

In der Sache[2]

......

vertrete ich die Beklagten zu 1) und 2)[3].

Ich werde beantragen[4]:

die Klage abzuweisen,
dem Kläger die Kosten des Rechtsstreits aufzuerlegen
und das Urteil wegen der Kosten für vorläufig vollstreckbar zu erklären,
hilfsweise Vollstreckungsschutz[5].

Mit einer Entscheidung durch den Vorsitzenden sind die Beklagten einverstanden.

Begründung[6, 7]:

Der Beklagte beruft sich in erster Linie darauf, dass er nicht passiv legitimiert ist (1.). Hilfsweise wendet er ein, dass die verlangte Vergütung unangemessen hoch (2.), zudem nicht fällig ist (3.) und dass das Werk mangelhaft hergestellt wurde (4.)[7].

1. Es ist richtig, dass am 15. 2. 20.. zwischen dem Angestellten A für die Klägerin und dem Prokuristen der Beklagten ein Vertrag über den Druck von 10.000 Werbeprospekten der Firma F zustande kam. Herr P hat diesen Vertrag jedoch nicht im Namen der Beklagten zu 1), sondern ausdrücklich im Namen und in Vollmacht der Firma F geschlossen. Dies hat er bereits bei dem Telefonat am Vormittag erklärt und bei der von der Klägerin geschilderten mündlichen Vereinbarung wiederholt.

   Beweis: Zeugnis des Herrn P......[8]
   (ladungsfähige Anschrift)

   Einwendungen sind hiergegen weder vom Inhaber der Klägerin noch von seinem Angestellten erhoben worden.

   Beweis: Zeugnis des P

   Damit trifft die Verpflichtung aus dem Vertrag nicht die Beklagte zu 1). Sie hat auch nicht etwa eine Vergütung von der Firma F für die Herstellung der Prospekte verlangt oder erhalten.

2. Eine bestimmte Vergütung wurde weder telefonisch noch mündlich vereinbart. Zwar hat Herr A zunächst einen Preis von EUR 1.500,– pro 1.000 Stück genannt, auf den Einwand von P, dass dies zu teuer sei, hat er jedoch erwidert, dass man den Preis noch einmal durchkalkulieren müsse.

   Beweis: Zeugnis des P

   Die übliche und angemessene Vergütung für einen derartigen Auftrag liegt bei höchstens EUR 900,– pro 1.000 Stück.

   Beweis (unter Protest gegen die Beweislast[9]):
   Gutachten eines Sachverständigen

   Eine höhere Vergütung ergibt sich auch nicht daraus, dass der Auftrag besonders eilig war; die Klägerin hatte immerhin zwei Wochen – und damit ausreichend – Zeit.

3. Die Beklagte weist außerdem darauf hin, dass die Vergütung noch nicht fällig ist; denn weder die Firma F noch die Beklagte haben das Werk der Klägerin abgenom-

men. Auch die Voraussetzungen für eine Abnahmefiktion nach § 640 Abs. 1 S. 2 BGB liegen nicht vor.

4. Schließlich hat die Klägerin die Arbeiten mangelhaft ausgeführt[10]. Dies hat die Firma F gegenüber der Klägerin mehrfach gerügt, und zwar ua. mit Schreiben vom ......, die als

Anlagen A, B[11]

eingereicht werden. Die darin ausgesprochenen Rügen (Farbabweichungen, ungenau übereinander gedruckte Farben bei fast allen Prospekten) hat sich die Beklagte später in ihrem bereits von der Klägerin als Anlage 4 überreichten Schreiben vom ...... vorsorglich zu eigen gemacht. Die Rügen wurden außerdem vom Prokuristen der Beklagten zu 1) bereits in einem früheren Telefonat mit dem Inhaber der Klägerin am ...... erhoben.

Beweis: Zeugnis des P

Zum Beweis dafür, dass fast alle Prospekte die genannten Mängel aufwiesen und die gesamte Lieferung damit unbrauchbar war, beziehen sich die Beklagten auf

1. Zeugnis des Angestellten der Firma F,

2. Sachverständigengutachten.

Die Mängel berechtigten die Beklagte zu 1) – vorausgesetzt, sie wäre Vertragspartner – zur Wandlung des Vertrages, die hiermit vorsorglich ausgesprochen wird.

5. Der Zinsanspruch wird nach Grund und Höhe bestritten.

Rechtsanwalt

Schrifttum: Michel, Der Schriftsatz des Anwalts im Zivilprozess, 5. Aufl. 2000; *Orfanides,* Probleme des gerichtlichen Geständnisses, NJW 1990, 3174; *Lange,* Bestreiten mit Nichtwissen, NJW 1990, 3233; *Deubner,* Die Zurückweisung fristwidrigen Vorbringens im frühen ersten Termin, NJW 1983, 1026; *ders.,* Das Ende der Zurückweisung verspäteten Vorbringens im frühen ersten Termin, NJW 1985, 1140; *Mertins,* Fluchtwege zur Vermeidung der Zurückweisung wegen Verspätung und ihre Abwehr, DRiZ 1985, 344; *Fischer,* Die Berücksichtigung „nachgereichter Schriftsätze" im Zivilprozess, NJW 1994, 1315; *Seutemann,* Die kostengünstige Beendigung des Zivilprozesses, MDR 1996, 555.

Anmerkungen

1. Die vorgeschlagene Fassung einer Klageerwiderung (§ 277 ZPO) ist sowohl bei Anordnung eines frühen Termins als auch bei schriftlichem Vorverfahren oder als Erwiderung auf die Anspruchsbegründung nach vorangegangenem Mahnverfahren möglich. Für die Förmlichkeiten der Klageerwiderung enthält die ZPO keine besondere Vorschrift, es gilt aber § 130 ZPO. Dem Beklagten wird durch das Gericht regelmäßig eine Frist zur Klageerwiderung gesetzt worden sein (§§ 275 Abs. 1 S. 1, 276 Abs. 1 S. 2 ZPO), die mindestens zwei Wochen betragen muss (§ 277 Abs. 3 ZPO). Diese Frist sollte unbedingt eingehalten werden, denn bereits im frühen ersten Termin kann verspätetes Vorbringen des Beklagten gem. § 296 Abs. 1 ZPO zurückgewiesen werden (BGH NJW 1983, 575; 1987, 500; BayVerfG NJW 1990, 1653; anders, wenn es sich bei dem frühen ersten Termin erkennbar um einen Durchlauftermin handelt (BVerfG NJW 1985, 1149; *Deubner* NJW 1985, 1140), wenn nach der Sach- und Rechtslage eine Erledigung in diesem Termin ohnehin nicht in Betracht kommt (BGH NJW 1987, 500) oder wenn das Gericht eine Verzögerung durch vorbereitende Maßnahmen oder rechtzeitige Hinweise nach § 273 ZPO hätte vermeiden können (BGH NJW 1989, 717; BVerfG NJW 1987, 2003). Das Gericht ist aber nicht verpflichtet, die in der Klageschrift benannten Zeugen schon vor Eingang der Klageerwiderung gem. § 273 ZPO zu laden, um eine Verzögerung zu vermeiden (BGH NJW 1987, 499). Die Fristsetzung ist unwirksam,

- wenn sie nicht vom Vorsitzenden verfügt ist, nach OLG Köln (NJW-RR 2000, 1086) muss die Frist sogar vom gesamten Spruchkörper, nicht nur vom Vorsitzenden oder Berichterstatter gesetzt werden,
- wenn die notwendigen Belehrungen fehlen (BGH NJW 1991, 2773 u. 2774),
- wenn die Fristsetzung nicht förmlich zugestellt wurde (BVerfG NJW-RR 1994, 254).

Zur Möglichkeit der Fristverlängerung vgl. § 224 ZPO. Grundsätzlich muss sich der Beklagte aber darüber im Klaren sein, dass er sich nur innerhalb der gesetzten Frist verteidigen kann und ihm nach Fristablauf jede weitere Verteidigung abgeschnitten sein kann (BGH NJW 1991, 2773).

2. Das Beispiel knüpft an die Klageschrift gemäß Form. I. D. 2 an.

3. Ist das schriftliche Vorverfahren angeordnet und hat der Beklagte noch nicht angezeigt, dass er sich gegen die Klage verteidigen will, sollte er zusätzlich erklären: „Der Beklagte will sich gegen die Klage verteidigen".

4. Zu den Anträgen und der Einzelrichterklärung vgl. Form. I. E. 1. Sind die Anträge bereits in einer formellen Klageerwiderung gestellt, brauchen sie nicht wiederholt zu werden.

5. Gemäß § 277 Abs. 1 ZPO hat der Beklagte in der Klageerwiderung seine Verteidigungsmittel vorzubringen, soweit es seiner Prozessförderungspflicht (§ 282 ZPO) entspricht. Er hat sich insbesondere zu allen vom Kläger vorgetragenen erheblichen Tatsachen zu erklären (§ 138 Abs. 2 ZPO). Es genügt nicht, eine bloße Rechtsbehauptung aufzustellen, wie zB., die Forderung sei erloschen. Vielmehr muss der Beklagte bestimmte Tatsachen behaupten, die einen Lebensvorgang ergeben, aus dem rechtlich das Erlöschen durch Erfüllung, Aufrechnung, Erlass etc. zu entnehmen ist (vgl. BGH NJW 1997, 128, 129). Unterlässt der Beklagte dies, wird das entsprechende Vorbringen des Klägers als unstreitig vom Gericht für seine Entscheidung zugrunde gelegt werden. Da der Beklagte nicht ohne weiteres erkennen kann, was das Gericht für erheblich halten wird, sollte er sich zu allen Tatsachen erklären, die nicht völlig neben der Sache liegen. Dabei sollte er sich allerdings nach Möglichkeit hüten, ein „Geständnis" iSd. § 288 ZPO abzugeben, weil er hieran auch gebunden sein kann, wenn es unzutreffend war (§ 290 ZPO; vgl. BGH NJW-RR 1990, 1150, 1151). Der Umfang seiner Erklärungen hängt zunächst davon ab, ob ihn oder den Kläger die Darlegungs- und Beweislast trifft (hierzu grundsätzlich BGH NJW 1986, 2426, 2427; 1997, 128, 129), weiter davon, wie substantiiert sich der Kläger erklärt hat, und schließlich davon, wie nah oder fern der Beklagte den vom Kläger vorgetragenen Geschehnissen steht (BGH VersR 1985, 239; NJW 1996, 1826, 1827). Soweit es also um die Begründung von Einwendungen oder Einreden geht oder auf exakte Darlegungen des Klägers zu erwidern ist, muss dies mit genauer Darstellung der abweichenden Tatsachen – nicht nur mit einfachem Bestreiten (Ausnahme: § 138 Abs. 4 ZPO) – geschehen. Das gilt auch, wenn dem Beklagten durch das Gericht eine Auflage gemacht oder ein Hinweis gegeben wurde (vgl. *Thomas/Putzo* § 277 Rdn. 5, 6; zur Frage der Darlegungslast und Substantiierung vgl. auch Form. I. D. 1 Anm. 16). Erklärt der Beklagte die Aufrechnung mit einer Gegenforderung, hat er bereits in der Klageerwiderung alle zur Begründung erforderlichen Tatsachen geltend zu machen (vgl. BGH NJW 1984, 1964). Soweit der Beklagte nicht darlegungspflichtig ist und nicht substantiiert erwidern muss, besteht für ihn keine allgemeine prozessuale Aufklärungspflicht (vgl. BGH NJW 1990, 3151). Tatsachen, die sich nicht auf eigene Handlungen oder auf den Gegenstand eigener Wahrnehmungen beziehen, kann er mit Nichtwissen bestreiten (§ 138 Abs. 4 ZPO). Auch im eigenen Wahrnehmungsbereich soll die Partei nur eine begrenzte Erkundigungspflicht haben (BGH NJW 1990, 453; *Lange* NJW 1990, 3233); auch die nicht beweisbelastete Partei kann aber

nach Treu und Glauben verpflichtet sein, dem Gegner gewisse Informationen zur Erleichterung seiner Beweisführung zu geben (BGH NJW 1994, 2289, 2292). Darüber hinaus müssen die Erklärungen des Beklagten gemäß § 138 Abs. 1 ZPO der Wahrheit entsprechen: der Beklagte darf nicht wider besseres Wissen vom Kläger vorgetragene Tatsachen bestreiten oder einwendungsbegründende Tatsachen behaupten (näher zur Wahrheitspflicht *Zöller/Greger* § 138 Rdn. 2 ff.). Als unwahr erkannte Informationen seiner Partei darf auch der Rechtsanwalt nicht vortragen, er darf aber Informationen seiner Partei weitergeben, auch wenn er an ihrer Richtigkeit zweifelt; dabei sollte der Anwalt aber bedenken, dass es die Position seines Mandanten erheblich verschlechtert, wenn sich später die Unrichtigkeit seines Vortrages herausstellt.

Riskant wäre es, Vorbringen aus taktischen Gründen noch zurückzuhalten (BGH MDR 1991, 240). Ist der Beklagte jedoch der gesicherten Überzeugung, dass die Klage unschlüssig ist oder eine seiner Einwendungen offensichtlich durchgreift, kann es genügen, auf die Unschlüssigkeit hinzuweisen bzw. das Vorbringen im Wesentlichen auf diese Einwendung zu beschränken. Jedoch sollten dann die übrigen Einwendungen zumindest genannt und mit dem Hinweis verbunden werden, dass hierzu mehr vorgetragen werden wird, sofern das Gericht es für erforderlich hält (vgl. Anm. 10).

6. In der Klageerwiderung sind Rügen, die die Zulässigkeit der Klage betreffen (vgl. § 282 Abs. 3 ZPO) voranzustellen. In der Gliederung seines sachlichen Vorbringens sollte der Beklagte zur besseren Übersicht der Klageschrift folgen und anschließend seine Einwendungen und Einreden vorbringen. Offensichtlich durchgreifende Einwendungen (zB. Erfüllung, Verwechslung des Schuldners, eindeutige Verjährung) sollte er jedoch voranstellen. Am Schluss einer Klageerwiderung – zuweilen auch in ähnlicher Form als Einleitung – findet sich oft der Satz: „Im Übrigen wird der Sachvortrag des Klägers bestritten, soweit er nicht ausdrücklich zugestanden wurde". Ein solches Bestreiten entspricht nicht der Erklärungspflicht des Beklagten und ist bedeutungslos.

7. Bei einer umfangreichen Klageerwiderung kann es sich empfehlen, die einzelnen Einwendungen unter Hinweis auf die Gliederungspunkte in einem einleitenden Satz zu nennen.

8. Der Beklagte hat bereits in der Klageerwiderung seine Beweismittel zu bezeichnen. Das ist insbesondere erforderlich, wenn ihn – wie hier für die Tatsache des Handelns in fremdem Namen – die Beweislast trifft.

9. Vgl. Form. I. D. 2 Anm. 11.

10. Ist sich der Beklagte sicher, dass seine übrigen Einwendungen bereits zur Verteidigung ausreichen, könnte er auf eine nähere Darlegung der Mängel verzichten und etwa fortfahren:

> „Hierauf wird es jedoch nach Meinung des Beklagten nicht mehr ankommen. Hält das Gericht eine nähere Darlegung der Mängel und ihrer rechtzeitigen Rüge für erforderlich, wird um eine entsprechende Auflage gebeten."

Zu dieser Auflage wäre das Gericht dann gemäß §§ 139, 278 Abs. 3 ZPO verpflichtet (vgl. *Thomas/Putzo* § 277 Rdn. 6).

11. Vgl. Form. I. D. 1 Anm. 18.

Kosten und Gebühren

Vgl. die Hinweise zu Form. I. D. 2.

5. Widerklage[1, 2] und Drittwiderklage[3]

An das
Landgericht München I

In der Sache

1. der Kommanditgesellschaft in Firma Meyer & Wittrock

Klägerin und Widerbeklagte[4],

Prozessbevollmächtigter: Rechtsanwalt ......

2. des persönlich haftenden Gesellschafters der Klägerin, Herrn Hans Meyer, Feldstraße 1, 80355 München,

Drittwiderbeklagter[5],

gegen

den Werbegrafiker Peter Meister,
Karlstraße 9, 80801 München

Beklagter und Widerkläger[5],

Prozessbevollmächtigter: Rechtsanwalt ......

zeige ich an, dass ich den Beklagten vertrete.

Es wird beantragt,

die Klage abzuweisen.

Gleichzeitig erhebe ich Widerklage[6]) und Drittwiderklage[7]) mit dem Antrag,

die Klägerin sowie den Drittwiderbeklagten als Gesamtschuldner zu verurteilen, an den Beklagten EUR 8.000,– nebst 5% Zinsen über dem Basiszinssatz seit der Zustellung dieses Schriftsatzes Zug um Zug gegen Rückgabe des Pkw Daimler Benz 240 T, amtl. Kennzeichen ......, Fahrgestell-Nr. ...... an die Klägerin zu zahlen.

Beglaubigte Abschriften zur Zustellung an die Klägerin und den Drittwiderbeklagten sowie eine Abschrift der Klage nebst Anlagen für diesen liegen an[9].

Begründung:

Die Klage ist unbegründet.

1. Der Beklagte hat den mit der Klägerin geschlossenen Kaufvertrag wegen arglistiger Täuschung angefochten, außerdem ist er wegen Nichteinhaltung der im Vertrag garantierten Beschaffenheit vom Vertrag zurückgetreten.
   ...... (ist auszuführen).
2. Aufgrund der Anfechtung und des Rücktritts kann der Beklagte Rückzahlung der unstreitig geleisteten Anzahlung von EUR 8.000.– verlangen. Diesen Anspruch macht er mit seiner Widerklage geltend. Weitere Schadensersatzansprüche behält sich der Kläger vor.
3. Bei dem Drittwiderbeklagten handelt es sich um den persönlich haftenden Gesellschafter der Klägerin, der dem Beklagten für die Rückzahlung des Kaufpreises gemäß § 128 Abs. 1 HGB haftet.

Rechtsanwalt

Schrifttum: Lorff, Die Widerklage, JuS 1979, 569; *Piekenbrock,* Bindungswirkung von Feststellungsurteilen im Schadensersatzprozess, MDR 1998, 201; *Gounalakis,* Flucht in die Widerklage – Eine wirksame Umgehung der Präklusionsvorschriften?, MDR 1997, 216; *Schneider,* Prozesstaktischer Einsatz der Widerklage MDR 1998, 21; *ders.,* Widerklage und materielle Beschwer, NJW 1992, 2680; *Oehlers,* Zur Beschwer von Klage und Widerklage, NJW 1992, 1667; *Nieder,* Die Widerklage mit Drittbeteiligung, ZZP 85, 437; *Schröder,* Widerklage gegen Dritte?, AcP 164, 517; *Uhlmannsiek,* Widerklage gegen Dritte – zulässig trotz Zeugenausschaltung?, MDR 1996, 114; *Luckey,* Widerklage gegen Dritte – Zeugen zum Abschuss freigegeben, MDR 2002, 743.

Anmerkungen

1. Das Formular knüpft an die Klage gem. Form. I. D. 1 an.

2. Hat der Beklagte gegen den Kläger einen fälligen Gegenanspruch auf Zahlung, stellt sich für ihn die Frage, ob er ihn zur Aufrechnung stellen, im Wege der Widerklage geltend machen oder gesondert einklagen soll. Gewöhnlich ist die Prozessaufrechnung am zweckmäßigsten (vgl. Form. I. E. 6), wenn aber der Kläger, wie hier, einen restlichen vertraglichen Anspruch geltend macht und der Beklagte die geleistete Anzahlung aus demselben Vertrag zurückverlangen will, hat die Aufrechnung keinen Sinn. In diesem Fall und immer dann, wenn eine Aufrechnung oder ein Zurückbehaltungsrecht vertraglich oder gesetzlich ausgeschlossen sind oder die Aufrechnungsforderung höher ist als die Klageforderung (dann hinsichtlich des überschießenden Teils), kann sich die Erhebung einer Widerklage empfehlen. Hierfür spricht die Prozessökonomie, vor allem, wenn beide Ansprüche dasselbe Rechtsverhältnis betreffen. Zudem hat der Beklagte das Privileg, seine Widerklage dort erheben zu können, wo er verklagt wurde, also idR. am Gericht seines allgemeinen Gerichtsstandes (§ 33 ZPO). Auch besteht die Möglichkeit, einen beim Amtsgericht anhängigen Rechtsstreit mit der Widerklage in die sachliche Zuständigkeit des Landgerichts zu bringen (§ 506 ZPO); Voraussetzung ist allerdings, dass die Widerklage die landgerichtliche Zuständigkeit erreicht; eine Wertaddition von Klage und Widerklage findet nicht statt (§ 5 ZPO). Ein Gerichtskostenvorschuss braucht, auch wenn die Widerklagforderung erheblich höher ist als die der Klage, nicht geleistet zu werden (§ 65 Abs. 1 S. 4 GKG). Andererseits ist zu bedenken, ob nicht das Ergebnis der Klage als Test für die Widerklage abgewartet werden soll. Ob zwischen Klage und Widerklage ein rechtlicher Zusammenhang bestehen muss, ist streitig (vgl. *Zöller/Vollkommer* § 33 Rdn. 1).

Auch die internationale Zuständigkeit kann sich aus § 33 ZPO ergeben (vgl. BGH NJW-RR 1987, 228; *Zöller/Vollkommer* § 33 Rdn. 4). Im Geltungsbereich der EuGVVO (früher des EuGVÜ) ist das Gericht der Klage zuständig, wenn die Widerklage auf denselben Vertrag oder Sachverhalt wie die Klage selbst gestützt wird (Art. 6 Nr. 3 EuGVVO, abgedruckt bei *Zöller/Geimer* Anh. I). Soweit noch das EuGVÜ (gegenüber Dänemark) oder das Lugano-Übereinkommen (insbesondere im Verhältnis zur Schweiz) anzuwenden ist, ist eine Widerklage unter den gleichen Konnexitätsvoraussetzungen zulässig (Art. 6 Nr. 3 EuGVÜ bzw. LugÜ, vgl. *Zöller/Geimer* Anh. I).

3. Die Widerklage bietet dem Beklagten die Möglichkeit, weitere Personen in den Rechtsstreit hineinzuziehen, er kann insbesondere einen Dritten, der Streitgenosse des Klägers ist, mitverklagen (sog. Drittwiderklage, zu den einzelnen Fallgruppen und zur Zulässigkeit vgl. *Thomas/Putzo* § 33 Rdn. 10). So empfiehlt es sich, bei der Klage einer OHG oder KG, mit der Widerklage auch die gemäß § 128 HGB persönlich haftenden Gesellschafter zu verklagen. Die Hineinziehung eines Dritten kommt außerdem in Betracht, wenn der Beklagte in einem Verkehrsunfallprozess seine Widerklage auf den Haftpflichtversicherer erstrecken möchte oder sonst eine mithaftende Person belangen will. Dass hierdurch für den Kläger der Dritte als Zeuge ausfällt, hat der Kläger idR. hinzunehmen (BGH NJW 1987, 3138; *Uhlmannsiek* MDR 1996, 114), jedoch muss die Drittwiderklage sachdienlich iSd. § 263 ZPO sein, die Vorschriften über die Klageänderung sind entsprechend anzuwenden (BGH NJW 1991, 2838; NJW 1996, 196). Sie setzt grundsätzlich eine Widerklage gegen den Kläger voraus (BGH NJW 1993, 2120). Hiervon lässt die Rechtsprechung Ausnahmen zu (BGH NJW 2001, 2094; 1984, 2104);

Voraussetzung ist aber, dass für den Dritten eine Zuständigkeit am Gerichtsstand der Klage gegeben ist (BayObLG NJW-RR 2000, 1375). Ein besonderes Problem ist die örtliche Zuständigkeit. Für den Dritten gilt der besondere Gerichtsstand des § 33 ZPO grundsätzlich nicht (BGH NJW-RR 1993, 2120). Hat der Dritte am Gericht der Klage keinen Gerichtsstand, was oft der Fall sein wird, so kommt auch eine Gerichtsstandsbestimmung nach §§ 36, 37 ZPO – entgegen der früheren Rechtsprechung (BGH NJW 1991, 2838) – jedenfalls dann nicht in Betracht, wenn Kläger (Widerbeklagter) und Dritter einen gemeinsamen anderen Gerichtsstand haben (BGH NJW 2000, 1871; aA. KG NJW-RR 2000, 1374). Nach dieser Rechtsprechung ist eine Drittwiderklage grundsätzlich nur zulässig, wenn auch für den Dritten am Gericht der Klage ein Gerichtsstand begründet ist oder sich der Dritte auf die Verhandlung nach § 39 ZPO einlässt. Im Interesse der gemeinsamen Verhandlung zusammengehöriger Prozesse werden hiervon Ausnahmen vorgeschlagen (*Zöller/Vollkommer* § 33 Rdn. 23 mwN.). Veröffentlichte Rechtsprechung gibt es hierzu, soweit ersichtlich, nicht; für den Widerkläger ist es sinnvoll, für die Drittwiderklage eine Prorogation am Gerichtsstand der Klage anzustreben.

4. Zwar ist die Widerklage eine selbstständige Klage, hinsichtlich der Bezeichnung der Parteien und des Gerichts sind ihre Voraussetzungen jedoch erleichtert, § 261 Abs. 2 ZPO. Es müssen nur die Erfordernisse des § 253 Abs. 2 Nr. 2 ZPO gewahrt werden. Die Widerklage kann nur erhoben werden, wenn die Widerklage noch in der Hauptsache rechtshängig ist, also nicht mehr, wenn nur noch die Kostenentscheidung aussteht (BGH NJW-RR 2001, 60).

5. Da es sich gegenüber dem Dritten um eine neue Klage handelt, die ihm zugestellt werden muss, sind er und der Widerkläger gemäß § 130 Nr. 1 ZPO mit ladungsfähiger Anschrift zu bezeichnen. Wird nur die Widerklage erhoben, sind die Anschriften nicht erforderlich (s. Anm. 4).

6. Die Widerklage wird gemäß § 261 Abs. 2 ZPO durch Zustellung des sie enthaltenden Schriftsatzes oder in mündlicher Verhandlung (dann gilt § 297 ZPO) erhoben; das kann grundsätzlich noch im Haupttermin geschehen, ohne dass eine Zurückweisung zu befürchten ist (vgl. BGH NJW 1995, 1223; 2001, 2513). Eine Widerklage in zweiter Instanz ist nach der Neuregelung in § 533 ZPO nur noch möglich, wenn keine Tatsachenfeststellungen erforderlich sind, die nicht ohnehin zugrunde zu legen sind oder getroffen werden müssen (§ 533 Nr. 2 ZPO).

7. Die Drittwiderklage bedarf als selbstständige Klage immer der Zustellung (§ 253 Abs. 1 ZPO).

8. Für die Kosten, die vorläufige Vollstreckbarkeit und auch die Einzelrichtererklärung gilt das Gleiche wie für eine gewöhnliche Klage bzw. Klageerwiderung.

9. Da für den Dritten dieser Schriftsatz nur im Zusammenhang mit der Klage verständlich wird, ist ihm auch eine Abschrift der Klage zuzustellen.

Kosten und Gebühren

Ein Gerichtskostenvorschuss braucht, auch wenn die Widerklageforderung höher ist als die der Klage, nicht geleistet zu werden (vgl. § 65 Abs. 1 S. 4 GKG). Über die Widerklage ist auch dann zu verhandeln, wenn der Kläger keinen ausreichenden Kostenvorschuss geleistet hat (vgl. *Hartmann* § 65 GKG Rdn. 18). Hinsichtlich der Kosten und Gebühren werden Klage und Widerklage nicht getrennt behandelt, die Streitwerte werden vielmehr zusammengerechnet (§ 19 Abs. 1 GKG), so dass der Kostenaufwand geringer ist als bei einer gesonderten Klage. Die Drittwiderklage verursacht – abgesehen von der Erhöhung der Prozessgebühr gem. § 6 BRAGO – keine besonderen Kosten, soweit der Dritte sich durch den Rechtsanwalt des Klägers mitvertreten lässt (was meist der Fall ist) und das Gericht das Verfahren nicht trennt.

6. Prozessaufrechnung[1] und Hilfswiderklage[2]

In der Sache[3]

……

wird beantragt:

1. Die Klage wird abgewiesen.
2. ……

Begründung:

1. Dem Kläger steht der geltend gemachte Werklohn nicht zu.
…… (ist auszuführen).
2. Hilfsweise[4] rechnet der Beklagte mit einer Gegenforderung in Höhe von EUR 6.283,– auf, die als Aufwendungsersatz gemäß § 634 Nr. 2 BGB begründet ist[5].
…… (ist auszuführen).
3. Für den Fall, dass die Aufrechnung durch die allgemeinen Geschäftsbedingungen des Klägers wirksam ausgeschlossen sein sollte[6], erhebt der Beklagte hilfsweise Widerklage mit dem Antrag:
1. Der Kläger wird verurteilt, an den Beklagten EUR 6.283,– nebst Zinsen in Höhe von 5% seit Zustellung dieses Schriftsatzes zu zahlen.
2. ……

Rechtsanwalt

Schrifttum: Musielak, Die Aufrechnung des Beklagten im Zivilprozess, JuS 1994, 817; *Tiedtke,* Aufrechnung und Rechtskraft, NJW 1992, 1473; *Foerste,* Lücken der Rechtskraft zivilgerichtlicher Entscheidungen über Aufrechnung, NJW 1993, 1183; *Gaa,* Die Aufrechnung mit einer rechtswegfremden Gegenforderung, NJW 1997, 3343; *Schenke/Ruthig,* Zur Aufrechnung mit rechtswegfremden Forderungen im Prozess, NJW 1993, 1374; *Rupp,* Zur Aufrechnung mit rechtswegfremden Forderungen im Prozess, NJW 1992, 3274; *Schmitz,* Zur Aufrechnung im Prozess mit einer Kostenerstattungsforderung aus demselben Verfahren, NJW 1994, 567; *Busse,* Aufrechnung bei internationalen Prozessen vor deutschen Gerichten, MDR 2001, 729; *Bacher,* Zuständigkeit nach EuGVÜ bei Prozessaufrechnung, NJW 1996, 2140; *Niklas,* Die Klägeraufrechnung, MDR 1987, 96; *Schneider,* Die Aufrechnung im zweiten Rechtszug, MDR 1975, 979; *ders.,* Der Gebührenstreitwert von Klage und Hilfswiderklage, MDR 1988, 462; *Reinicke/Tiedtke,* Rechtskraft und Aufrechnung, NJW 1984, 2790; *Kanzlsperger,* Probleme der streitwerterhöhenden Eventualaufrechnung MDR 1995, 883.

Anmerkungen

1. Verglichen mit der Widerklage ist die Prozessaufrechnung der einfachere Weg, eine Gegenforderung im Prozess geltend zu machen. Die Aufrechnung erfordert zudem keinen rechtlichen Zusammenhang mit der Klageforderung, sie kann also auf einem ganz anderen Sachverhalt beruhen. Ungeklärt ist allerdings, ob dies auch gegenüber einem ausländischen Kläger im Geltungsbereich der EuGVVO gilt. Zwar ist, entgegen der früheren Rechtsprechung des Bundesgerichtshofes zum EuGVÜ (NJW 1993, 2753) der gleich lautende Art. 6 Nr. 3 EuGVVO auf die Aufrechnung nicht anzuwenden (vgl. EuGH NJW 1996, 42; BGH MDR 2002, 410). Die Frage aber, ob nicht dennoch die internationale Zuständigkeit für die Aufrechnungsforderung gegeben sein muss, für die

wiederum ein rechtlicher Zusammenhang nach § 33 ZPO erforderlich ist, ist nach wie vor streitig und vom BGH offen gelassen (vgl. *Heß* JZ 2002, 607, *Vollkommer* MDR 2002, 412, jeweils Anm. zu BGH aaO.). Die Aufrechnung führt nicht zur Rechtshängigkeit; dieselbe Forderung kann daher in mehreren Prozessen zur Aufrechnung gestellt werden, auch mit einer bereits rechtshängigen Forderung kann aufgerechnet werden (vgl. BGH NJW-RR 1994, 379; *Thomas/Putzo* § 145 Rdn. 20). Sie hemmt die Verjährung wie die Klageerhebung (§ 204 Abs. 1 Nr. 5 BGB), allerdings nur in Höhe der Klagforderung. Die Hemmung endet sechs Monate nach Beendigung des Prozesses oder Stillstand des Verfahrens (§ 204 Abs. 2 BGB). Die Hemmung tritt selbst dann ein, wenn die Aufrechnung mangels Gegenseitigkeit nicht durchgreifen sollte (BGH MDR 1981, 662). Übersteigt die Aufrechnungsforderung die Klageforderung, kann sich zur Abwendung der Verjährung hinsichtlich des überschießenden Teils eine Widerklage empfehlen. Macht der Kläger nur eine Teilforderung geltend, kommt für den Beklagten, wenn er gegen die Gesamtforderung aufrechnet, eine negative Feststellungswiderklage hinsichtlich des überschießenden Restes in Betracht. Der Beklagte kann auch dann aufrechnen, wenn der Kläger nur eine um die Gegenforderung reduzierte Teilklage erhoben hat, ohne aber die Aufrechnung ausdrücklich oder konkludent erklärt zu haben (vgl. BGH NJW-RR 1994, 1203); auf diese Weise kann der Beklagte einen eigentlich verlorenen Prozess gewinnen. Auch gegenüber einer Feststellungsklage ist die Aufrechnung möglich (vgl. BGH NJW 1988, 2542).

Besonders ist darauf zu achten, dass die Aufrechnungsforderung rechtzeitig, idR. also schon in der Klageerwiderung (BGH NJW 1984, 1964), vollständig begründet wird. Der Beklagte darf sich nicht dem Risiko aussetzen, das sein diesbezügliches Vorbringen als verspätet zurückgewiesen wird, denn dann ist die Forderung rechtskräftig aberkannt (vgl. *Thomas/Putzo* § 145 Rdn. 18; BGH WM 1986, 864; WM 1987, 1086). Ob und wieweit die Aufrechnungsforderung sonst durch ein der Klage stattgebendes Urteil verbraucht ist, ergibt sich aus § 322 Abs. 2 ZPO. Problematisch ist dies, wenn das Urteil die Frage, ob die Aufrechnung zulässig ist, offen lässt oder verneint, aber dennoch auf die Aufrechnungsforderung sachlich eingeht (vgl. BGH NJW 1984, 218; 1988, 3210).

Die Möglichkeit, die Prozessaufrechnung erstmals im Berufungsrechtszug geltend zu machen, ist in § 533 ZPO nF. stark eingeschränkt. Es kommt nicht mehr allein auf die Sachdienlichkeit bzw die Einwilligung des Gegners an, sondern darauf, ob für die Entscheidung über die Aufrechnung ein auch nur teilweise neuer Sachverhalt zugrunde zu legen ist (§ 533 Nr. 2 ZPO).

2. Eine Hilfswiderklage ist nach st.Rspr. zulässig, wenn die Antragstellung vom Eintritt eines innerprozessualen Ereignisses abhängt (BGH NJW 1996, 2306, 2307). Das ist zum einen der Fall, wenn sie für den Fall erhoben wird, dass die Widerklage mit dem Hauptantrag erfolglos ist, es sich also um einen Hilfsantrag zum Widerklageantrag handelt. Die Hilfswiderklage kann aber auch für den Fall erhoben werden, dass die Klage erfolglos (zB. BGH NJW-RR 1998, 1409) oder erfolgreich (zB. BGH NJW 1996, 2165, 2166) ist. In der Praxis ist die Hilfswiderklage vor allem im Zusammenhang mit der Aufrechnung zweckmäßig, nämlich

- für den Fall, dass das Gericht die Aufrechnung wegen eines vertraglichen oder gesetzlichen Aufrechnungsverbots für unzulässig hält (so der Beipielsfall),
- für den Fall, dass das Gericht die Klageforderung abweist und damit die im Wege der Prozessaufrechnung geltend gemachte Aufrechnungsforderung nicht verbraucht ist.

Auch im Gesellschaftsrecht kommt die Hilfswiderklage häufiger vor (vgl. BGH NJW-RR 1999, 3779; NJW 2000, 505; 1998, 3771; zu weiteren Anwendungsfällen vgl. *Zöller/Vollkommer* § 33 Rdn. 26–28 sowie BGH NJW 1996, 2306.

3. Im Beispiel wird von dem in der Praxis häufigen Fall einer Werklohnklage ausgegangen, der gegenüber der beklagte Besteller ua. mit den Kosten einer Ersatzvornahme

nach § 634 Nr. 2 BGB aufrechnet, wobei zweifelhaft ist, ob die Aufrechnung vertraglich ausgeschlossen wurde.

4. Der Beklagte sollte sich genau überlegen, ob er lediglich eine materiell-rechtliche Aufrechnungserklärung abgeben oder die Aufrechnung als Prozesshandlung hilfsweise erklären will. Die (nur) materiell-rechtliche Aufrechnung gemäß § 388 BGB ist angebracht, wenn es sich um die einzige Einwendung des Beklagten handelt (vgl. BGH NJW-RR 1999, 1736). Hat der Beklagte jedoch noch andere Erfolg versprechende Verteidigungsmittel, sollte er die Aufrechnung hilfsweise erklären (dh. für den Fall, dass die anderen Einwendungen nicht durchgreifen, vgl. *Thomas/Putzo* § 145 Rdn. 15). Der Unterschied zeigt sich vor allem in der Höhe des für die Kosten maßgeblichen Gebührenstreitwerts: Gemäß § 19 Abs. 3 GKG werden bei Hilfsaufrechnung der Wert der Klagforderung und der Gegenforderung (bis zur Höhe der Klagforderung) idR. addiert, bei der gewöhnlichen Aufrechnung ist allein die Klagforderung maßgeblich. Durch die Geltendmachung von unerheblichen Einwendungen können dem Beklagten also beträchtliche Kosten entstehen, selbst wenn er mit seiner Aufrechnung Erfolg hat.

5. Die Aufrechnungsforderung muss nach Grund und Höhe so bestimmt dargelegt werden wie eine Klageforderung. Der Bestimmtheitsgrundsatz des § 253 Abs. 2 ZPO gilt auch für die Prozessaufrechnung (BGH NJW 2002, 2182). Der Beklagte kann auch mehrere Forderungen, deren Summe die Klageforderung übersteigen, zur Aufrechnung stellen. In diesem Fall ist anzugeben, in welcher Reihenfolge die Forderungen zur Aufrechnung gestellt werden (vgl. *Thomas/Putzo* § 145 Rdn. 14). Wenn der Beklagte eine unsichere Forderung überprüft haben möchte, empfiehlt es sich, sie voranzustellen. Allerdings hat das für den Fall, dass das Gericht die Forderung für unbegründet hält, Kostennachteile (vgl. *Zöller/Herget* § 92 Rdn. 3), die der Beklagte eher vermeiden kann, wenn er die sichere Forderung an die Spitze stellt. Nicht zulässig ist es, mehrere unselbstständige Teilbeträge einer Forderung in einem Eventualverhältnis zur Aufrechnung zu stellen (BGH NJW-RR 1995, 503).

Der Beklagte muss außerdem die weiteren materiellrechtlichen Voraussetzungen darlegen, insbesondere Gegenseitigkeit und Gleichartigkeit. An der Gleichartigkeit fehlt es, wenn die Gegenforderung in ausländischer Währung zu erfüllen ist. In diesem Fall kann der Beklagte nur ein Zurückbehaltungsrecht geltend machen, das zur Zug-um-Zug-Verurteilung führt (vgl. BGH NJW-RR 1999, 1739)

6. Die Wirksamkeit eines in AGB enthaltenen Aufrechnungsverbotes, das im Werkvertragsrecht häufig ist, kann zweifelhaft sein (*Palandt/Heinrichs* § 309 BGB Rdn. 17; vgl. zum Mietvertrag BGH NJW 1995, 254); in einem solchen Fall empfiehlt es sich, die Aufrechnung mit einer Hilfswiderklage zu verbinden (vgl. BGH NJW 1961, 1862).

Kosten und Gebühren

Die Hilfsaufrechnung spielt für den Streitwert und damit für die Höhe der Gebühren nur eine Rolle, wenn das Gericht die Klageforderung für begründet und die Aufrechnung für zulässig hält (§ 19 Abs. 3 GKG; vgl. Anm. 4; nähere Einzelheiten bei *Zöller/Herget* § 3 Rdn. 16 „Aufrechnung"). Entscheidet das Gericht über mehrere Gegenforderungen, deren Summe die Klageforderung übersteigt, kann sich der Streitwert mehr als verdoppeln. War die Klageforderung begründet und hat nur die Hilfsaufrechnung zur Klageabweisung geführt, sind die Kosten nach § 92 ZPO zu teilen (vgl. *Zöller/Herget* § 92 Rdn. 3; str.). Die Hilfswiderklage ist für die Kosten erst von Bedeutung, wenn der Eventualfall eingetreten ist, hier also, wenn das Gericht die Klage als begründet und die Aufrechnung als unzulässig ansieht; dann gilt für den Gebührenstreitwert § 19 Abs. 1 GKG (vgl. Form. I. E. 5).

7. Negative Feststellungsklage gegenüber Teilklage[1, 2]

An das
Amtsgericht

In der Sache[3]

......

zeige ich an, dass ich den Beklagten zu 1) vertrete. Ich werde beantragen:

1. Die Klage wird abgewiesen.
2. Es wird festgestellt, dass dem Kläger auch der weitere Anspruch von EUR 1.155,– aus dem Verkehrsunfall zwischen den Parteien am ...... nicht zusteht[4].
3. ...... (Kosten, vorläufige Vollstreckbarkeit)

Begründung[5]:

......

Schrifttum: Gürich, Verjährungsrechtliche Auswirkungen der negativen Feststellungsklage, MDR 1980, 359; *Schroers,* Negative Feststellungsklage und Schadensersatz, VersR 1973, 404; *Pawlowski,* Zum Verhältnis von Feststellungs- und Leistungsklage, MDR 1988, 630; *Macke,* Aufeinandertreffen von negativer und positiver Feststellungsklage im Schadensersatzprozess, NJW 1990, 1651; *Tiedtke,* Zur Rechtskraft eines die negative Feststellungsklage abweisenden Urteils, NJW 1983, 201 u. NJW 1990, 1697.

Anmerkungen

1. Das Formular knüpft an die Teilklage gemäß Form. I. D. 12 an.

2. Gemäß § 256 Abs. 1 ZPO kann die Klage auch auf die Feststellung des Nichtbestehens eines Rechtsverhältnisses gerichtet sein. Eine solche negative Feststellungsklage bietet dem angeblichen Schuldner die Möglichkeit, selbst vor Gericht aktiv zu werden und eine rechtskraftfähige Klärung des streitigen Anspruchs zu erreichen. Das Rechtsverhältnis, dessen Nichtbestehen festgestellt werden soll, kann auch ein einzelner Anspruch sein (zB. unerlaubte Handlung, vgl. BGH NJW 1984, 1556). Das nach § 256 ZPO erforderliche Feststellungsinteresse ist vor allem dann gegeben, wenn sich der Beklagte ernsthaft eines Anspruchs gegen den Kläger „berühmt" (BGH NJW 1992, 437; vgl. *Thomas/Putzo* § 256 Rdn. 15). Das ist auch dann der Fall, wenn der Kläger ausdrücklich nur einen Teil des behaupteten Anspruches geltend macht. Das Feststellungsinteresse wird selbst dann bejaht, wenn der Gegner erklärt, er werde die Entscheidung über die Teilklage als verbindlich für die restliche Forderung anerkennen (BGH NJW-RR 1988, 749; NJW 1993, 2609). Hingegen reicht ein bloßes Schweigen oder passives Verhalten im Allgemeinen nicht aus (BGH NJW 1995, 2032, 2033). Besonders zu beachten ist, dass die negative Feststellungsklage den Gegner nicht hindert, seinerseits Leistungsklage zu erheben (BGH NJW 1994, 3107, 3108). Die Folge ist, dass der Klage das Rechtsschutzinteresse entzogen wird, sobald die Leistungsklage nicht mehr einseitig zurückgenommen werden kann (dh. nach streitiger Verhandlung, § 269 Abs. 1 ZPO, vgl. BGH NJW 1973, 1500; 1987, 2680); die Leistungsklage kann auch eine Unterlassungsklage sein (BGH NJW 1999, 2516). Die Feststellungsklage wird zum Teil unzulässig, soweit mit der Leistungsklage nur ein Teil der von der Feststellungsklage erfassten An-

sprüche geltend gemacht wird (BGH NJW 1999, 1544). Hingegen ist eine positive Feststellungsklage unzulässig, wenn der Beklagte bereits eine negative Feststellungsklage erhoben hat (BGH NJW-RR 2001, 447, 451). Auf die Erhebung der Leistungsklage muss der Feststellungskläger reagieren: er muss dann die Feststellungsklage in der Hauptsache für erledigt erklären, und sich gegen die Leistungsklage wenden. Das gilt allerdings nur bei gleichem Streitgegenstand beider Klagen (BGH NJW 1984, 1556); eine Ausnahme besteht auch dann, wenn die Leistungsklage, im Gegensatz zur negativen Feststellungsklage, noch nicht entscheidungsreif ist (BGH NJW 1997, 870). Im Zweifel sollte der Beklagte einen Hinweis des Gerichts erbitten. Im Geltungsbereich der EuGVVO, früher des EuGVÜ gibt es keinen Vorrang der Leistungsklage gegenüber der negativen Feststellungsklage (BGH NJW 1997, 870 = JZ 1997, 797 mit Anm. *Huber*), hier gilt das Prinzip der Priorität. Anders soll die Rechtslage im Verhältnis einer vor den deutschen Gerichten erhobenen negativen Feststellungsklage zu einer in den USA erhobenen Zahlungsklage sein (OLG Hamm NJW-RR 1994, 510).

Die prozessualen Folgen der negativen Feststellungsklage sind umstritten: Nach der Rechtsprechung darf das Gericht sie nur abweisen, wenn der Anspruch feststeht (BGH NJW 1993, 1716). Die Urteilsformel hat dann nicht nur die Klage abzuweisen, sondern den Anspruch zu bezeichnen, dessen Nichtbestehen der Kläger festgestellt haben wollte. Denn wenn die Klage rechtskräftig abgewiesen ist, ist das Bestehen dieser Forderung positiv festgestellt (vgl. BGH NJW 1986, 2508; 1995, 1757; kritisch *Tiedtke* NJW 1990, 1697). Wird das Nichtbestehen der Forderung festgestellt oder bleibt ihr Bestehen unklar, muss der Klage stattgegeben werden (BGH aaO.); mit Rechtskraft dieses Urteils steht fest, dass der Anspruch nicht besteht.

3. Die negative Feststellungsklage wird hier als Widerklage erhoben, es gelten § 261 Abs. 2 ZPO und die weiteren Bestimmungen zur Widerklage, vgl. Form. I. E. 5.

4. Der Antrag bezieht sich hier auf die Differenz zwischen dem behaupteten und dem mit der Leistungsklage geltend gemachten Anspruch. Zu beachten ist, dass bei einer negativen Feststellungsklage der einfache Antrag auf Feststellung, dass der Kläger dem Beklagten nichts schulde, unzulässig ist (BGH NJW 1984, 1556 mwN.). Es bedarf vielmehr der Angabe des konkreten Schuldgrundes und Schuldgegenstandes, damit die Rechtskraftwirkung eindeutig ist BGH NJW-RR 1994, 1272.

5. Der Feststellungskläger hat vor allem darzulegen, dass der Gegner eine Forderung für sich in Anspruch nimmt. Im Übrigen befindet er sich in der Beweisposition des Beklagten bei der Leistungsklage: die Darlegungs- und Beweislast für das Bestehen des Anspruches trifft nicht ihn, sondern den Gegner (vgl. BGH NJW 1993, 1716, 1717; für eine die Unterhaltspflicht leugnende Festellungsklage: OLG Stuttgart NJW 1981, 2581).

8. Schiedseinrede[1]

An das
Landgericht

In der Sache

……

erhebe ich vorab[2] die Einrede des Schiedsgerichtsverfahrens und beantrage,

die Klage als unzulässig abzuweisen[3].

Begründung[4]

Die Parteien, die beide Vollkaufleute sind, haben in einer besonderen Urkunde einen der Formvorschrift des § 1031 ZPO entsprechenden Schiedsvertrag geschlossen

Beweis: Schiedsvertrag vom …… (Anl. 1).

Der Schiedsvertrag erfasst auch die vom Kläger geltend gemachte Forderung …… (ist ggf. auszuführen). Die erhobene Klage ist daher vor den staatlichen Gerichten unzulässig.

Rechtsanwalt

Anmerkungen

1. Macht der Kläger einen Anspruch geltend, über den nach einer zwischen den Parteien bestehenden wirksamen Schiedsgerichtsklausel von einem Schiedsgericht zu entscheiden wäre, hat der Beklagte zwei Möglichkeiten: Er kann sich auf den Rechtsstreit vor dem staatlichen Gericht, das die Schiedsklausel von Amts wegen nicht beachtet, einlassen; er kann sich aber auch auf den Schiedsvertrag berufen und so die Unzulässigkeit der Klage bewirken (§ 1032 ZPO). Die Einrede ist in folgenden Fällen unbeachtlich:

a) Wenn der Kläger auf Grund nach Vertragschluss eingetretener Umstände die Kostenvorschüsse für das Schiedsgerichtsverfahren (Gericht und Anwalt) nicht aufbringen kann (BGH NJW 1980, 2136), insbesondere wenn er Prozesskostenhilfe in Anspruch nehmen muss (BGH NJW 1988, 1215; NJW 2000, 3720), eine Kündigung des Schiedsvertrages ist nicht erforderlich; anders aber, wenn der Beklagte zur Leistung der vom Kläger zu erbringenden Vorschüsse bereit ist.

b) Wenn der Schiedsvertrag aus wichtigem Grund gekündigt wurde.

c) Wenn der Beklagte im Schiedsgerichtsverfahren – unter Umständen auch vorher – geltend gemacht hatte, das ordentliche Gericht sei zuständig (vgl. *Zöller/Geimer* § 1932 Rdn. 6).

d) Wenn es sich um einen Wechsel- oder Scheckprozess handelt (BGH NJW 1994, 136, str.).

e) Wenn ihr aus besonderen Gründen die Einrede der Arglist entgegensteht, so wenn der Beklagte im Schiedsverfahren die Wirksamkeit der Schiedsgerichtsvereinbarung bestritten hatte (BGH NJW-RR 1987, 1194) oder wenn der Beklagte die vom Schiedsgericht geforderten Kostenvorschüsse nicht leistet aber gleichwohl die Schiedseinrede erhebt (BGH NJW 1988, 1215).

Zum Schiedsgerichtsverfahren vgl. Kapitel I. S.

2. Die Einrede sollte schon innerhalb der Klageerwiderungsfrist erhoben werden, sie muss nach § 1032 Abs. 1 ZPO jedenfalls bis zum Beginn der mündlichen Verhandlung zur Hauptsache, also vor dem Stellen der Anträge, vorgebracht werden (BGH NJW 2001, 2176). Zur Frage der Entschuldigung bei Verspätung und zur Erhebung der Einrede erst in zweiter Instanz vgl. BGH NJW 1985, 743). Für die Einrede besteht Anwaltszwang (*Zöller/Geimer* § 1032 Rdn. 1).

3. Das Gericht hat die Klage als unzulässig abzuweisen (§ 1032 ZPO), falls der Kläger sie nicht zurücknimmt. Eine Verweisung an das Schiedsgericht ist nicht möglich, auch nicht, wenn es sich um ein institutionalisiertes Schiedsgericht handelt.

4. Hier ist zu begründen, dass ein den Bestimmungen der §§ 1029 bis 1031 ZPO entsprechender Schiedsvertrag zustande gekommen ist. Der Vertrag ist vorzulegen, die bloße Behauptung einer Schiedsklausel genügt nicht. Die Beweislast liegt bei der Partei, die sich auf die Schiedsklausel beruft. Eine besondere Urkunde ist für die Wirksamkeit der Schiedsvereinbarung nicht erforderlich, es sei denn, ein Verbraucher (Definition in § 13 BGB) ist an ihr beteiligt (§ 1031 Abs. 5 ZPO). Eine mündliche Schiedsvereinbarung genügt auch unter Kaufleuten nicht. Die Schiedsklausel kann auch in einem Testament enthalten sein (§ 1066 ZPO).

F. Zustellungen, Fristen und Termine

1. Antrag auf Wiedereinsetzung bei Versäumung der Einspruchsfrist[1,2]

An das
Landgericht[3]

Einspruch und Wiedereinsetzungsantrag[4]

In der Sache

……

lege ich gegen das Versäumnisurteil vom 1. 6. 20 .. Einspruch
ein und beantrage[5]:

1. Das Versäumnisurteil vom 1. 6. 20 .. wird aufgehoben.
2. ……

Gleichzeitig beantrage ich,

dem Beklagten gegen die Versäumung der Einspruchsfrist Wiedereinsetzung in den vorigen Stand zu gewähren[6]

sowie

die Zwangsvollstreckung aus dem Versäumnisurteil, notfalls gegen Sicherheitsleistung, einzustellen[7].

Es wird angeregt, das Verfahren zunächst auf die Verhandlung und Entscheidung über den Wiedereinsetzungsantrag zu beschränken[8].

Begründung[9]:

1. Dem Beklagten wurde das Versäumnisurteil des Gerichts vom 1. 6. 20 .. am 15. 6. 20 .. zugestellt. Am 16. 6. 20 .. erteilte er seinem Prozessbevollmächtigten das Mandat, ihn in dieser Sache gerichtlich zu vertreten. Daraufhin wies der Unterzeichnete seine Büroangestellte A an, die Einspruchsfrist im Fristenkalender zu notieren. Die Überwachung von Notfristen ist im Büro des Unterzeichnenden so organisiert, dass der zuständige Rechtsanwalt vor Ausstellung des Empfangsbekenntnisses auf der Urteilsausfertigung die Rechtsmittelfrist vermerkt und den Vorgang an die zuständige Büroangestellte weiterleitet. Diese notiert die Frist in einem besonderen Fristenkalender und trägt zusätzlich eine Woche vor Fristablauf eine Vorfrist ein, jeweils mit einem auffälligen Hinweis (zB. „Einspruchsfrist"). Außerdem wird die Eintragung im Fristenkalender in den Handakten vermerkt. Bei Ablauf der Vorfrist wird die Sache dem sachbearbeitenden Rechtsanwalt mit einem auffälligen Vermerk „Fristsache" gesondert vorgelegt. Am Morgen des Fristablaufs wird die Erledigung überprüft und die Sache, wenn sie noch nicht erledigt ist, noch einmal mit einem auffälligen Aufkleber „heute Fristablauf" in der gleichen Weise vorgelegt. Vor Büroschluss wird kontrolliert, ob alle Fristsachen erledigt sind; erst dann wird die Frist gelöscht. Die Eintragung und die Kontrolle der Fristen obliegt der Angestellten A. In diesem Fall hat sie versehentlich nur die Vorfrist notiert und als gewöhnliche Frist behandelt, was dazu führte, dass der Unterzeichnende die Akte bei Ablauf der Vorfrist ohne den sonst üblichen Fristvermerk mit der normalen Vorlage erhielt. Am Tag des Fristablaufes wurde er nicht erinnert. Erst am 1. 7. 20 .. fiel der Fristablauf auf, als die Sache im normalen Geschäftsgang bearbeitet werden sollte.

Bei der Angestellten A handelt es sich um eine geschulte und zuverlässige Bürokraft, die, wie regelmäßige Kontrollen des Unterzeichnenden ergeben haben, den Kalender seit über 2 Jahren sorgfältig und fehlerlos geführt hat.
Zur Glaubhaftmachung wird die Richtigkeit der Angaben, soweit sie die Wahrnehmung des Unterzeichnenden betreffen, anwaltlich versichert[10]. Außerdem wird als

– Anlage 1 –

eine eidesstattliche Versicherung der Frau A eingereicht[11].

2. In der Sache wird der Einspruch wie folgt begründet[12]:

……

Rechtsanwalt

Schrifttum: Büttner, Wiedereinsetzung in den vorigen Stand, Bonn 1996, *Greger,* Wiedereinsetzung in den vorigen Stand – Unveröffentlichte Verfahrens-Rechtsprechung des BGH, MDR 2001, 486; *Müller,* Die Rechtsprechung des BGH zur Wiedereinsetzung in den vorigen Stand, NJW 2000, 322; *dies.,* Typische Fehler bei der Wiedereinsetzung in den vorigen Stand, NJW 1993, 681; *Guttenberg,* Öffentliche Zustellung und Wiedereinsetzung in den vorigen Stand, MDR 1993, 1049; *Schneider,* Unterschriftsmängel und Wiedereinsetzung, MDR 1988, 747; *Ebnet,* Rechtsprobleme bei der Verwendung von Telefax, NJW 1992, 2985; *Laghzaoni/Wirges,* Der Einsatz von Telefaxgeräten als zivilprozessuales Problem, MDR 1996, 230; *Liwinska,* Übersuchung von Schriftstücken per Telefaxzulässigkeit, Beweisbarkeit und Fristprobleme, MDR 2000, 500; *Förster,* Anwaltsverschulden, Büroversehen und Wiedereinsetzung, NJW 1980, 432.

Anmerkungen

1. Die Wiedereinsetzung ist nur statthaft bei Versäumung der in § 233 ZPO genannten Fristen, durch das ZPO-RG erweitert um die Fristen für die Nichtzulassungsbeschwerde und die Rechtsbeschwerde; gegen die Versäumung eines Termins oder der Widerspruchsfrist gegen den Mahnbescheid kommt eine Wiedereinsetzung nicht in Betracht. Ein Wiedereinsetzungsgrund kann zum einen gegeben sein bei Unkenntnis von der Zustellung, die die Notfrist in Lauf gesetzt hat (vgl. BGH LM § 233 (K) ZPO Nr. 2; BGH NJW 1996, 2581; zur Ersatzzustellung BGH NJW-RR 2001, 571), zum anderen bei Verstreichenlassen des Fristendes. Das Formular betrifft ein Beispiel der zweiten Kategorie, nämlich den häufigen Fall, dass ein Rechtsmittel auf Grund eines Büroversehens bei der Überwachung der Rechtsmittelfrist unterbleibt (vgl. *Zöller/Greger* § 233 Rdn. 23 „Büropersonal"). Die Wiedereinsetzung setzt voraus, dass die Partei kein Verschulden trifft, sie also entweder schuldlos von der Zustellung keine Kenntnis erlangt oder – wie im Beispiel – schuldlos die Rechtsmittelfrist überschritten hat. Krankheit (BGH VersR 1985, 139 u. 550; 1987, 785; 1990, 1026; 1991, 1271; NJW 1994, 2552; NJW-RR 1999, 938), Urlaub (BGH VersR 1986, 41 u. 892; 1993, 1548; NJW-RR 2000, 444), sonstige Ortsabwesenheit (BGH VersR 1986, 966; NJW 1988, 2672; NJW-RR 1990, 379; NJW 2000, 3143) oder eine Autopanne (BGH VersR 1988, 249; NJW 1989, 2393) schließen das Verschulden der Partei oder ihres Anwalts nur unter besonderen Umständen aus. Das Verschulden des Prozessbevollmächtigten – nicht das seines Personals – steht dem Verschulden der Partei gleich (§ 85 Abs. 2 ZPO). Der Rechtsanwalt darf die Führung des Fristenkalenders und die Postausgangskontrolle idR. einer gut geschulten, zuverlässigen Bürokraft überlassen (BGH NJW-RR 1995, 58), einen zweiten eigenen Fristenkalender muss er nicht führen (BGH NJW 2000, 3006). Die Rechtsprechung verlangt aber von einem Rechtsanwalt für die Fristeintragung und ihre Kontrolle eine Organisation, die eine Fristversäumung weitgehend ausschließt, vgl. zB. BGH NJW 1989, 1157; NJW-RR 1993, 1214; NJW 1994, 2551 u. 2831; 1996, 1900 u. 2514;

NJW 2002, 1130. Besondere Bedeutung hat hierbei die End- oder Ausgangskontrolle, die mit Hilfe eines Fristenkalenders vor Fristablauf sicherzustellen ist (st. Rspr., zB. BGH NJW 1991, 1178; 1993, 1655; VersR 1993, 207; NJW 1994, 3171 u. 3235; 1996, 2514); zur Fristenkontrolle im Wege der EDV vgl. BGH NJW 1997, 327; 2000, 1057; 2001, 76. Die Fristenkontrolle muss jedoch nur gewährleisten, dass der fristwahrende Schriftsatz rechtzeitig hergestellt und postfertig gemacht wird. Ist dies geschehen und ist die weitere Beförderung der ausgehenden Post organisatorisch zuverlässig vorbereitet, so darf die fristwahrende Maßnahme im Kalender als erledigt gekennzeichnet werden (BGH, NJW-RR 1998, 1443 [1444]; NJW 2001, 1577). Einige Fristen muss der Rechtsanwalt persönlich berechnen, so bei Zustellungen nach § 174 ZPO (§ 212a ZPO aF.; vgl. BGH VersR 1991, 124; 1994, 371). Wird ihm die Akte zur Vorbereitung einer fristgebundenen Prozesshandlung, also insbes. einer Rechtsmittel- oder Rechtsmittelbegründungsfrist vorgelegt, muss der Rechtsanwalt eigenverantwortlich den Fristablauf nachprüfen (BGH NJW 1992, 1632; 1994, 2831, 2832; 1997, 1311); das gilt auch bei Unterzeichnung eines Antrags auf Verlängerung der Berufungsbegründungsfrist (BGH NJW-RR 1991, 827).

Zur Wiedereinsetzung gegen die Versäumung der Berufungs- und Berufungsbegründungsfrist vgl. Form. I. F. 2.

2. Die Wiedereinsetzung muss innerhalb von zwei Wochen beantragt werden, nachdem das Hindernis behoben ist (§ 234 ZPO), dh. nicht erst, nachdem dem Antragsteller die Fristversäumung bekannt geworden ist, sondern bereits nachdem seine Unkenntnis nicht mehr unverschuldet ist, der Rechtsanwalt also bei zu erwartender Sorgfalt die Fristversäumung hätte erkennen können (BGH VersR 1990, 402 u. 543; NJW 1994, 2831; 2000, 592). Außerdem ist die Ausschlussfrist von 1 Jahr zu beachten (§ 234 Abs. 3 ZPO, Ausnahmen: BAG NJW 1982, 1664; BGH VersR 1987, 1237; jeweils mwN.). Die Form muss der der versäumten Prozesshandlung entsprechen, richtet sich also bei Versäumung eines Rechtsbehelfs nach den dafür geltenden Vorschriften, bei Einspruch nach § 340 ZPO, bei Berufung nach § 519 ZPO, bei der Berufungsbegründungsfrist nach § 520 ZPO; der Antrag auf Verlängerung der Berufungsbegründungsfrist ist kein Ersatz für die Berufungsbegründung (BGH VersR 1987, 308). Die die Wiedereinsetzung begründenden Tatsachen sind noch innerhalb der Frist möglichst vollständig darzulegen. Zwar kann das Vorbringen nach Fristablauf vervollständigt werden, soweit es erkennbar unklar oder ergänzungsbedürftig war (BGH VersR 1985, 1140; NJW 1991, 1892; 1999, 2284), neues Vorbringen hat das Gericht jedoch nicht zu berücksichtigen (BGH VersR 1985, 168 u. 1184; auch nicht in der Beschwerde, BGH NJW 1997, 2121; 2001, 1576, 1577), zumal wenn es im Widerspruch zur ursprünglichen Sachdarstellung steht (BGH NJW 1991, 1892; 1997, 1709). Was sich aus der Gerichtsakte ergibt, braucht nicht näher dargelegt zu werden (BGH VersR 1980, 264); die Organisation der Fristenkontrolle im Büro des Anwalts muss jedoch bereits in der Wiedereinsetzungsfrist lückenlos dargestellt werden (BGH NJW-RR 1992, 1277). Die Darlegungslast hat aber auch ihre Grenzen (vgl. BGH NJW 1994, 2552). Ein Wiedereinsetzungsantrag ist nicht erforderlich, wenn die Partei die versäumte Prozesshandlung nachgeholt hat und die Gründe für die unverschuldete Fristversäumung aktenkundig sind (BGH NJW-RR 2000, 1590; 2001, 77).

Die Glaubhaftmachung der Wiedereinsetzungsgründe kann noch im Laufe des Verfahrens erfolgen (§ 236 Abs. 2 2. Halbs. ZPO), jedoch sollten die Mittel der Glaubhaftmachung bereits in der Antragsschrift bezeichnet werden (*Thomas/Putzo* § 236 Rdn. 7). Der Gegner hat im Wiedereinsetzungsverfahren Anspruch auf rechtliches Gehör (BVerfG NJW 1982, 2234).

3. Zuständig ist gemäß § 237 ZPO das Gericht, das über die nachgeholte Prozesshandlung zu entscheiden hat, bei versäumtem Einspruch also das Gericht, das das Versäumnisurteil erlassen hat. Bei versäumtem Einspruch gegen einen Vollstreckungsbe-

scheid sind Wiedereinsetzungsantrag und Einspruch an das Mahngericht zu richten, das die Sache an das im Mahnbescheid bezeichnete Gericht abgibt.

4. Die versäumte Prozesshandlung, hier der Einspruch, ist innerhalb der Wiedereinsetzungsfrist nachzuholen, § 236 Abs. 2 S. 2 ZPO. Er sollte mit dem Wiedereinsetzungsantrag verbunden werden (*Thomas/Putzo* § 236 Rdn. 8).

5. Mit dem nachgeholten Einspruch sind Anträge und Einspruchsbegründung in der auch sonst erforderlichen Weise vorzutragen (vgl. Form. I. G. 5). Geschieht dies nicht mit dem Wiedereinsetzungsantrag, ist es innerhalb der Wiedereinsetzungsfrist nachzuholen, da sonst Zurückweisung als verspätet droht. Wurde die Berufungsbegründung versäumt, ist diese innerhalb der Wiedereinsetzungsfrist einzureichen (vgl. *Ganter* NJW 1994, 164).

6. Der Gegenantrag geht dahin, „den Wiedereinsetzungsantrag zurückzuweisen und den Einspruch als unzulässig zu verwerfen", oder, wenn der Gegner den Antrag für unzulässig hält, „den Wiedereinsetzungsantrag und den Einspruch als unzulässig zu verwerfen".

7. Vgl. § 707 ZPO. Eine Einstellung ohne Sicherheitsleistung ist nur im Ausnahmefall des § 707 Abs. 1 S. 2 ZPO zulässig. Anträge hinsichtlich der Art der Sicherheitsleistung können und sollten bereits hier gestellt werden. Der Antragsteller kann nicht mit einer Einstellung rechnen, wenn entweder der Wiedereinsetzungsantrag oder der Einspruch aussichtslos ist oder noch nicht begründet wird.

8. Diese Möglichkeit sieht § 238 Abs. 1 S. 2 ZPO vor. Für sie spricht die Prozessökonomie. Will das Gericht die Wiedereinsetzung allerdings versagen, ist eine abgesonderte Entscheidung hierüber unzweckmäßig (vgl. *Thomas/Putzo* § 238 Rdn. 7).

9. Der Rechtsanwalt kann die Wiedereinsetzung nicht damit begründen, dass er selbst oder ein anderer von der Partei oder von ihm beauftragter Anwalt – gleich ob Sozius (BFH NJW 1984, 1992; BGH NJW 1994, 257; für überörtliche Sozietät BGH NJW 1994, 1878), Angestellter (BGH VersR 1982, 71; 1990, 874; NJW-RR 1993, 892; NJW 2001, 1575), Unterbevollmächtigter (BGH VersR 1984, 239) oder Verkehrsanwalt (BGH VersR 1988, 418; 1990, 801; 1994, 497) – schuldhaft die Frist versäumt hat, § 85 Abs. 2 ZPO; etwas anderes kann gelten, wenn dem weiteren Anwalt keine selbstständige, sondern nur eine untergeordnete Tätigkeit überlassen wurde (BGH VersR 1983, 83, 641; 1984, 240; NJW-RR 1992, 1019) oder wenn einem Sozius ein Einzelmandat erteilt wurde (BGH NJW 1991, 2294). Mit einer unrichtigen, von ihm nicht überprüften Fristberechnung durch einen Referendar kann er sich nicht entlasten (BVerwG NJW 1991, 125). Der Rechtsanwalt muss also in einem Fall dieser Art darlegen, dass nicht ihn, sondern sein zuverlässiges Büropersonal ein Versehen trifft und sich der Fehler trotz ausreichender Anleitung und Überwachung ereignet hat. Dazu ist es erforderlich,

a) die Organisation des Büros in Bezug auf die Wahrung von Notfristen und Rechtsmittelbegründungsfristen (Eintragung, Löschung, Kontrolle einschl. Postausgangskontrolle),

b) alle zwischen Beginn und Ende der versäumten Frist liegenden Umstände, die für die Frage bedeutsam sind, wie und durch wessen Verschulden die konkrete Frist versäumt wurde,

c) die Umstände, aus denen sich die Wahrung der Zwei-Wochenfrist nach Behebung des Hindernisses, insbesondere also der Zeitpunkt ergibt, zu dem die Fristversäumung erkannt wurde,

d) die Zuverlässigkeit und Überwachung des betreffenden Angestellten

im Einzelnen vorzutragen und glaubhaft zu machen (vgl. zB. BGH NJW-RR 1992, 1277; NJW 1994, 2552 u. 3171; 1997, 1079; 2000, 365, 366 u. 592), und zwar tunlichst innerhalb der Wiedereinsetzungsfrist; zum Nachschieben von Gründen vgl.

Anm. 2. Die Glaubhaftmachung kann durch eidesstattliche Versicherungen erfolgen, die spätestens im Termin vorliegen müssen. Auch die schlichte Erklärung der eigenen Partei kann zur Glaubhaftmachung zugelassen werden (BVerfG NJW-RR 1994, 316).

Allerdings kann ein Wiedereinsetzungsgrund auch trotz fehlerhafter Büroorganisation vorgetragen werden:

- Wenn der Anwalt im Einzelfall einer zuverlässigen Kraft eine konkrete Einzelweisung erteilt hatte, die bei Befolgung die Fristwahrung sichergestellt hätte, kommt es auf die Büroorganisation nicht an (st.Rspr., vgl. BGH NJW 2000, 2823; NJW-RR 2001, 209; aber auch BGH NJW-RR 2001, 872),
- Wenn der Anwalt glaubhaft macht, dass sich ein Verschulden i. S. des § 233 ZPO nicht auf die Fristversäumung ausgewirkt hat, so kann gleichwohl Wiedereinsetzung gewährt werden (BGH NJW 2000, 3649).

10. Zur Glaubhaftmachung durch anwaltliche Erklärungen vgl. *Zöller/Greger* § 236 Rdn. 7; BAG BB 1986, 1232. Eine Glaubhaftmachung durch anwaltliche Versicherung wird anerkannt (OLG München MDR 1985, 1037; OLG Köln MDR 1986, 152). Es ist zweckmäßig, dass der Rechtsanwalt, der die Wiedereinsetzungsgründe glaubhaft machen kann, den Termin selbst wahrnimmt, damit er notfalls als präsenter Zeuge vernommen werden kann (§ 294 Abs. 2 ZPO).

11. Die eidesstattliche Versicherung seiner Angestellten oder der Partei darf nicht lediglich auf den Schriftsatz des Anwalts Bezug nehmen (vgl. BGH VersR 1988, 860 u. 2045). Der Anwalt hat auch darauf zu achten, dass sein schriftsätzliches Vorbringen und seine eidesstattliche Versicherung bzw. die der Partei sich entsprechen; Widersprüche geben zu Lasten der Partei (BGH NJW 2002, 1429).

12. Vgl. Anm. 5.

Kosten und Gebühren

Das Verfahren verursacht keine besonderen Gerichts- und Rechtsanwaltsgebühren (vgl. *Thomas/Putzo* § 238 Rdn. 19). Die durch das Verfahren entstandenen Auslagen des Gerichts und der Parteien trägt der Antragsteller ohne Rücksicht auf den Erfolg des Antrags, soweit sie nicht durch einen unbegründeten Widerspruch des Gegners entstanden sind (§ 238 Abs. 4 ZPO).

Fristen und Rechtsmittel

Zur Wiedereinsetzungsfrist und ihrer Berechnung vgl. Anm. 2.

Gegen die Gewährung der Wiedereinsetzung gibt es kein Rechtsmittel, § 238 Abs. 3 ZPO (Ausnahme bei Versagung des rechtlichen Gehörs, BVerfG NJW 1982, 2234); das gilt auch, wenn durch Zwischenurteil entschieden wurde. Bei Versagung der Wiedereinsetzung im Endurteil sind die gewöhnlichen Rechtsmittel gegeben. Wird durch Beschluss abgelehnt, hat der Antragsteller idR. die sofortige Beschwerde (näher *Thomas/Putzo* § 238 Rdn. 17). Zur Berücksichtigung neuen Vorbringens im Beschwerdeverfahren vgl. BGH NJW 1992, 697; 1997, 1709; 1997, 2120; 2000, 365, 366. Neuer Vortrag über organisatorische Maßnahmen, auf deren Fehlen die Versagung der Wiedereinsetzung im angefochtenen Beschluss gestützt worden ist, darf nach st.Rspr. nicht nachgeschoben werden (BGH, NJW 2001, 1576, 1577).

2. Antrag auf Wiedereinsetzung bei Versäumung der Berufungsfrist[1, 2]

An das
Oberlandesgericht

Berufung und Wiedereinsetzungsantrag[3]

In der Sache ......
......

lege ich namens und in Vollmacht des Beklagten gegen das am ...... verkündete, dem Beklagten am ...... zugestellte Urteil des Landgerichts ......, Geschäfts-Nr.......,

Berufung[4]

ein mit dem Antrag ......

Gleichzeitig wird beantragt,

dem Beklagten gegen die Versäumung der Berufungsfrist Wiedereinsetzung in den vorigen Stand zu gewähren.

Begründung:[5]

Der Beklagte war ohne sein Verschulden gehindert, die Berufungsfrist einzuhalten, denn er war auf Grund seiner persönlichen und wirtschaftlichen Verhältnisse nicht in der Lage, die Kosten der Prozessführung in der Berufungsinstanz aufzubringen. Aus diesem Grund hat der Beklagte innerhalb der Berufungsfrist mit Antrag vom ...... für die beabsichtigte Berufung Prozesskostenhilfe beantragt. Mit Beschluss vom ......, zugestellt am ......, wurde dem Beklagten die Prozesskostenhilfe mit der Begründung versagt, die Rechtsverteidigung biete keine hinreichende Aussicht auf Erfolg. Der Beklagte ist nicht dieser Auffassung und hat sich entschlossen, die Berufung auf eigene Kosten durchzuführen.

Rechtsanwalt

Schrifttum: Ganter, Wiedereinsetzung in den vorigen Stand wegen Versäumung der Berufungsbegründungsfrist ohne Nachholung der Berufungsbegründung, NJW 1994, 164; *Meyer,* Versäumung der Berufungsfrist wegen Beantragung von Prozesskostenhilfe, NJW 1995, 2139; vgl. im übrigen Form. I. F. 1.

Anmerkungen

1. Vgl. zunächst die Hinweise zum vorstehenden Formular.

Die Versäumung der Berufungsfrist oder der Berufungsbegründungsfrist führt besonders oft zu Wiedereinsetzungsanträgen. Hierzu gibt es eine fast unübersehbare Rechtsprechung des Bundesgerichtshofes, die an die Prozessbevollmächtigten der Parteien strenge Anforderungen stellt. Bereits die Möglichkeit einer auf Verschulden beruhenden Versäumung der Frist schließt eine Wiedereinsetzung aus (BGH NJW 1992, 574; 1994, 2831). Folgende Fehlerquellen, die ein Verschulden des Anwalts begründen und einer Wiedereinsetzung entgegenstehen können, zeichnen sich als häufig ab:

a) Fehlerhafte Büroorganisation für die Notierung und die Kontrolle der Rechtsmittelfristen (vgl. die Hinweise zu Form. I. F. 1 Anm. 1).

b) Fehlerhafte Büroorganisation für die Entgegennahme von Berufungsaufträgen (vgl. BGH VersR 1981, 79, 959 u. 1179; 1984, 240; NJW 1993, 3140; 1997, 1311).

c) Falsche Adressierung oder sonstige Fehler der Rechtsmittelschrift (vgl. BAG NJW 1987, 3278; 2000, 1669; BGH NJW 1989, 589 u. 590; NJW-RR 1990, 1149; VersR 1990, 779; NJW-RR 1992, 1020; NJW 1994, 1879 u. 3235; 1998, 908; BVerfG NJW 2001, 1343 u. 1566).

d) Verspätete oder nicht ordnungsgemäße Zuleitung an das Gericht (vgl. BGH VersR 1988, 249; NJW 1989, 2393; NJW-RR 1990, 379 u. 508; 1992, 1279; 1994, 566; BVerfG NJW 1983, 1479; zur Verspätung infolge Poststreiks vgl. BVerfG NJW 1994, 244 u. 1854; auf normale Postlaufzeiten darf sich der Anwalt verlassen, BGH VersR 1994, 496 u. 695; NJW 1999, 2118; BVerfG NJW 2001, 744).

e) Fehler bei Rechtsmittelschriften durch Telefax (BVerfG NJW 1996, 2857; BGH NJW 1997, 1311 u. 2513; 1998, 907; 2000, 1043; NJW-RR 2001, 916, 1071 u. 1072; 2002, 60; BAG NJW 2001, 1594 u. 1595).

f) Mangelnde Verständigung zwischen Partei und erstinstanzlichem Anwalt (vgl. BGH NJW-RR 1988, 1282; VersR 1990, 189; NJW 1991, 109; 2000, 3143).

g) Missverständnisse im Verkehr zwischen der Partei bzw. dem erstinstanzlichen Anwalt und dem Prozessbevollmächtigten der 2. Instanz (vgl. BGH VersR 1988, 1162; 1990, 801 u. 873; NJW 1991, 1892; NJW-RR 1991, 91; NJW 2000, 3071; 2001, 1576 u. 1579).

h) Verschulden eines angestellten oder sonst eingeschalteten Anwalts (entlastet den Prozessbevollmächtigten nicht, es gilt § 85 Abs. 2 ZPO, vgl. Form. I. F. 1 Anm. 9).

i) Unvollständiger oder verspäteter Antrag auf Prozesskostenhilfe für das Rechtsmittel (vgl. Form. I. C. 3; BGH NJW-RR 1990, 450; 1991, 637 u. 1532; NJW 1993, 732; VersR 1993, 1125; NJW 1997, 1078).

j) Fristüberschreitung wegen erwarteter Verlängerung der Berufungsbegründungsfrist (hier hat sich die früher strenge Rechtsprechung gelockert, vgl. BGH NJW 1991, 2080; 1993, 134; MDR 1995, 743; NJW 1996, 3155; 1997, 400; BVerfG NJW 1989, 1147; ein erst nach Fristablauf eingegangener Verlängerungsantrag kann die Wiedereinsetzung nicht mehr begründen, BGH VersR 1987, 808; NJW 1992, 842); zur Fristüberschreitung wegen falscher Adressierung des Verlängerungsantrags vgl. BGH NJW 2000, 2511.

k) Untätigkeit nach Mandatsniederlegung (vgl. BGH VersR 1987, 286 u. 1042; OLG Frankfurt VersR 1991, 897).

l) Führung eines EDV-gestützten Fristenkalenders, BGH NJW 1997, 327; 2000, 1057; 2001, 76.

m) Fehler in Zusammenhang mit der Zustellung nach § 174 ZPO (§ 212a ZPO aF.; vgl. BGH, NJW-RR 1992, 251; BGH, NJW 1991, 42; NJW 2000, 2112).

Zu weiteren Einzelheiten vgl. *Zöller/Greger* § 233 Rdn. 23.

2. Das Beispiel betrifft den Fall, dass der Berufungskläger zunächst einen Antrag auf Prozesskostenhilfe gestellt hat (vgl. Form. I. C. 3) und nach Entscheidung hierüber die Berufung durchführen will. War der Rechtsmittelkläger nach seinen persönlichen und wirtschaftlichen Verhältnissen (§ 114 ZPO) hierzu nicht in der Lage, so liegt ein Wiedereinsetzungsgrund vor, wenn innerhalb der Rechtsmittelfrist ein ordnungsgemäßer Antrag auf Prozesskostenhilfe gestellt war (vgl. Anm. 1i und Form. I. C. 3; *Thomas/Putzo* § 233 Rdn. 37). Auch wenn Prozesskostenhilfe versagt wurde, der Antragsteller sich aber entschließt, das Rechtsmittel auf eigene Kosten einzulegen, kann er Wiedereinsetzung beantragen. Das gilt auch dann, wenn der Antragsteller noch hätte Berufung einlegen können, weil der ablehnende Beschluss noch kurz vor Ablauf der Berufungsfrist zugestellt wurde (BGH NJW 1986, 257). Wurde Prozesskostenhilfe allerdings abgelehnt, weil dem Antragsteller ausreichend eigene Mittel zur Verfügung standen, hängt eine Wiedereinsetzung davon ab, ob er oder sein Prozessbevollmächtigter (es gilt § 85 Abs. 2 ZPO) vernünftigerweise annehmen durfte, er sei zur Berufungseinlegung finanziell nicht in der Lage (BGH NJW 1997, 1078; 2001, 2720, 2721). Prozesskostenhilfe kann also nicht gewährt werden, wenn die Partei (oder ihr Rechtsanwalt) erkennen konnte, dass

sie nicht bedürftig ist oder dies nicht hinreichend dargelegt war (BGH VersR 1987, 1219; 1990, 450), insbesondere also nicht, wenn die Erklärung nach § 117 Abs. 2 ZPO (BGH VersR 1988, 943) oder auch nur die entsprechenden Belege (BGH NJW-RR 2000, 879) fehlen. Eine Bezugnahme auf die im ersten Rechtszug übersandte Erklärung reicht nur, wenn der Antragsteller unmissverständlich mitteilt, dass sich seither nichts geändert habe (BGH NJW 1997, 1078).

Besonders zu beachten ist in einem solchen Fall die Einhaltung der Wiedereinsetzungsfrist (§ 234 ZPO). Wird Prozesskostenhilfe bewilligt, beginnt die Frist mit Mitteilung an die Partei oder ihren Prozessbevollmächtigten (vgl. *Thomas/Putzo* § 234 Rdn. 9; einer förmlichen Zustellung bedarf es nicht, BGH VersR 1985, 68). Wird der Antrag auf Prozesskostenhilfe zurückgewiesen, beginnt die Frist nach Kenntnisnahme vom Beschluss, wobei eine kurze Überlegungsphase von etwa drei Tagen (BGH NJW-RR 1990, 451; NJW 2001, 2262) zugebilligt wird. Es kann genügen, innerhalb der Wiedereinsetzungsfrist zunächst eine Gegenvorstellung zu erheben und die Wiedereinsetzung erst nach der Entscheidung darüber zu beantragen (BGH NJW 2001, 2262). Erfüllt der Antragsteller eine Auflage des Gerichts nicht, kann die finanzielle Verhinderung bereits vor der Entscheidung entfallen mit der Folge, dass die Frist schon vor der Entscheidung über die Prozesskostenhilfe beginnt (BGH VersR 1981, 577 u. 678).

3. Wiedereinsetzungsantrag und Berufung sind tunlichst miteinander zu verbinden, vgl. Form. I. F. 1 Anm. 4. Da die Berufung wirksam nur durch einen beim Berufungsgericht zugelassenen Anwalt eingelegt werden kann, gilt das auch für das Wiedereinsetzungsgesuch (§ 236 Abs. 1 ZPO).

4. Zu den Formalien der Berufung vgl. Form. I. O. 1. Ein bestimmter Berufungsantrag ist nur erforderlich, wenn die Berufung mit demselben Schriftsatz begründet wird (§ 520 Abs. 3 Nr. 1 ZPO). Zur Fassung des Antrags vgl. Form. I. O. 2.

5. Auch wenn Prozesskostenhilfe wegen mangelnder Erfolgsaussicht abgelehnt wurde, kann der Antragsteller Wiedereinsetzung verlangen (st.Rspr., vgl. BGH NJW-RR 2001, 570). Hinsichtlich der Erfolgsaussichten bedarf es nicht einmal einer sachlichen Begründung im Prozesskostenhilfegesuch (BGH aaO.). Im Beispielsfall sollte der Antragsteller auf das Prozesskostenhilfeverfahren Bezug nehmen und die für die Fristeinhaltung maßgeblichen Daten nennen. Eine Glaubhaftmachung erübrigt sich hier, da sich die notwendigen Angaben aus den Akten ergeben. Wurde die Prozesskostenhilfe hingegen versagt, weil der Antragsteller nicht hinreichend bedürftig ist, muss zusätzlich dargelegt und glaubhaft gemacht werden, warum er annehmen durfte, zur Berufungseinlegung finanziell nicht in der Lage zu sein (BGH VersR 1983, 241; 1984, 192; 1987, 1219).

Die Berufung selbst kann bereits mit diesem Schriftsatz begründet werden, sonst ist auf die Einhaltung der Begründungsfrist zu achten. Auf keinen Fall darf die Partei die Entscheidung über die Wiedereinsetzung abwarten (s. „Fristen und Rechtsmittel“).

Fristen und Rechtsmittel

Zur Wiedereinsetzungsfrist vgl. Anm. 2 und die Hinweise zu Form. I. F. 1. Die Jahresfrist des § 234 Abs. 3 ZPO gilt nicht, wenn über ein fristgerechtes Wiedereinsetzungsgesuch noch nicht entschieden wurde (vgl. BGH VersR 1987, 1237). Wird die Berufung nicht zugleich mit dem Wiedereinsetzungsantrag begründet, muss dies innerhalb der zweimonatigen Frist des § 520 Abs. 2 ZPO geschehen, die mit der Zustellung des Urteils, nicht etwa mit der Stellung des Wiedereinsetzungsantrags beginnt. Hatte die Partei allerdings ein inhaltlich den Anforderungen einer Berufungsbegründung nach § 520 Abs. 3 ZPO entsprechendes, von einem beim Berufungsgericht zugelassenen Rechtsanwalt unterzeichnetes Prozesskostenhilfegesuch eingereicht, kann im Zweifel angenommen werden, dass es auch als Berufungsbegründung dienen soll, sofern nicht ein anderer Wille des Rechtsmittelführers erkennbar ist (BGH NJW-RR 1998, 1362; 2001, 789). Erfüllt das Prozesskostenhilfegesuch diese Voraussetzungen nicht oder ist dies zweifelhaft, empfiehlt es sich, eine Verlängerung der Berufungsbegründungsfrist zu beantragen, wenn bei Ablauf der Begründungsfrist noch nicht über das Gesuch entschieden ist. Ein weiterer Verlängerungsantrag bedarf allerdings nach der Neuregelung in § 520 Abs. 2 ZPO der Einwilligung des Gegners. Wird sie nicht erteilt, sollte die Partei die Berufung vorsichtshalber begründen. Zwar dürfte, wenn die Entscheidung über das Gesuch nach Ablauf der verlängerten Berufsbegründungsfrist ergeht, Wiedereinsetzung zu gewähren sein (vgl. *Hannich/Meyer-Seitz* § 520 Rdn. 9); Rechtsprechung zu diesem Problem, das durch die Loslösung der Berufungsbegründungsfrist von der Berufungseinlegung entstanden ist, gibt es aber noch nicht. Richtet sich der Wiedereinsetzungsantrag gegen die Versäumung einer Frist zur Rechtsmittelbegründung, muss diese innerhalb der Wiedereinsetzungsfrist eingereicht werden; ein innerhalb der Frist gestellter Verlängerungsantrag genügt nach hM. nicht (vgl. BGH MDR 1995, 522; NJW 1999, 3051; *Ganter* NJW 1994, 164 mwN.).

Zu den Rechtsmitteln vgl. Form. I. F. 1. Das Berufungsgericht entscheidet meist durch Beschluss nach § 522 ZPO ohne mündliche Verhandlung; wird die Berufung darin als unzulässig verworfen, hat der Antragsteller die Rechtsbeschwerde nach §§ 574ff. ZPO.

3. Antrag auf öffentliche Zustellung von Klageschrift und Ladung[1]

An das
Landgericht

In der Sache
……
wird auf die Mitteilung des Gerichts, dass die Ladung nicht zugestellt werden konnte, beantragt,

1. **den Termin vom …… aufzuheben[2],**
2. **einen neuen Termin zu bestimmen**

und die öffentliche Zustellung der Klageschrift und der Ladung zu diesem Termin zu bewilligen[3]
Um eine Entscheidung ohne mündliche Verhandlung wird gebeten[4].

Begründung[5]:

Der Aufenthalt des Beklagten ist unbekannt. Wie sich aus der Mitteilung des Gerichts ergibt, ist der Beklagte nach Auskunft der Post unbekannt verzogen. Dies wird durch die als

– Anlage 1 –

beigefügte schriftliche Erklärung seines Vermieters vom …… bestätigt, wonach der Beklagte seine bisherige Wohnung ohne Angabe einer neuen Anschrift unter Hinterlassung von Mietschulden aufgegeben hat. Der Vermieter hat darin weiter erklärt, dass ihm keine Personen bekannt seien, die um den Aufenthalt des Beklagten wissen könnten.

Eine Anfrage beim Einwohnermeldeamt blieb, wie aus der

– Anlage 2 –

ersichtlich ist, erfolglos.

Sollte das Gericht weitere Angaben für erforderlich halten, wird um einen Hinweis gebeten[6].

Rechtsanwalt

Schrifttum: Finger, Öffentliche Zustellung und Datenschutz bei familiengerichtlichen Verfahren, NJW 1985, 2684; *Geimer,* Öffentliche Zustellung an Empfänger im Ausland, Anm. zu AG Bonn NJW 1991, 1431; *Bindseil,* Öffentliche Zustellung bei Wohnsitz des Antragsgegners im Ausland, NJW 1991, 3071; *Guttenberg,* Öffentliche Zustellung und Wiedereinsetzung in den vorigen Stand, MDR 1993, 1049.

Anmerkungen

1. Bei unausführbarer Zustellung an den Gegner ist die öffentliche Zustellung gem. §§ 185 bis 188 ZPO die einzige Möglichkeit, zu einem Titel zu gelangen. Die §§ 203ff. ZPO aF. sind mit Wirkung vom 1. 7. 2002 durch Art. 1 Nr. 2 ZustRG neu gefasst und durch §§ 185 ff. ZPO ersetzt worden. Die öffentliche Zustellung ist zulässig bei unbekanntem Aufenthalt, bei unausführbarer Auslandszustellung, bei aussichtsloser Auslandszustellung (vgl. OLG Hamm NJW 1989, 2203, nach OLG Köln NJW-RR 1998, 1683, 1684 auch bei übermäßiger Verzögerung von Rechtshilfeersuchen) und bei exterritorialer Wohnung (vgl. *Thomas/Putzo* § 185 Rdn. 6ff.). Eine öffentliche Zustellung ist in jeder Verfahrensart der ZPO mit Ausnahme des Mahnverfahrens möglich, auch in der freiwilligen Gerichtsbarkeit (BayObLG NJW-RR 2000, 1452). Die Bewilligung der öffentlichen Zustellung durch das Gericht erfolgt durch Beschluss. Ausführung, Inhalt und Zeitpunkt der öffentlichen Zustellung sind in §§ 186 bis 188 ZPO geregelt. In Abweichung von der älteren Rechtsprechung (BGHZ 57, 108, 110; kritisch schon BGH NJW 1992, 2280) lehnt der BGH nunmehr die Wirksamkeit der öffentlichen Zustellung ab, wenn die Voraussetzungen nach § 203 ZPO (jetzt § 185) nicht vorgelegen haben und das die öffentliche Zustellung bewilligende Gericht dies hätte erkennen können (BGH NJW 2002, 827, 830; vgl. auch BayObLG NJW-RR 2000, 145 aA. noch OLG Stuttgart NJW 2002, 2329). Ist die Zustellung wirksam, bleibt dem Adressaten nur die Wiedereinsetzung, die allerdings durch die Jahresfrist des § 234 Abs. 3 ZPO begrenzt ist (vgl. OLG Hamm NJW 1998, 497).

2. Die Terminsaufhebung ist idR. erforderlich, weil die öffentliche Zustellung erhebliche Zeit erfordert.

3. Es ist darauf zu achten, dass sowohl die Zustellung der Klageschrift als auch die der Ladung bewilligt wird; andernfalls kann im Termin kein Versäumnisurteil ergehen. Zur öffentlichen Zustellung eines Versäumnisurteils vgl. Form. I. G. 1.

4. Die mündliche Verhandlung ist freigestellt, § 186 Abs. 1 S. 2 ZPO, und meist entbehrlich.

5. Zur Darlegung des unbekannten Aufenthalts vgl. *Zöller/Stöber* § 185 Rdn. 2; *Thomas/Putzo* § 185 Rdn. 7. Die Anfrage beim Einwohnermeldeamt allein dürfte nicht genügen; die Praxis der Gerichte ist jedoch unterschiedlich. Das BVerfG stellt im Hinblick auf Art. 103 GG strenge Anforderungen (NJW 1988, 2361; 1992, 2280); neben Anfragen beim Einwohnermeldeamt und bei der Post sind auch Nachforschungen zB. beim Vermieter zu empfehlen (vgl. KG MDR 1998, 124; OLG Frankfurt MDR 1999, 1402; wesentlich großzügiger OLG Naumburg NJW-RR 2001, 1148). Ein Rechtsanwalt, der Kenntnis von einer zustellungsfähigen Anschrift hat aber gleichwohl für einen Mandanten die öffentliche Zustellung beantragt, handelt sittenwidrig (OLG Düsseldorf NJW-RR 2000, 875). Zum unbekannten Aufenthalt eines ausländischen Ehegatten vgl. OLG Stuttgart FamRZ 1991, 342.

6. Dieser Satz empfiehlt sich, um eine Ablehnung zu vermeiden, wenn das Gericht dem Antrag ohne weitere Nachweise nicht stattgeben will.

Kosten und Gebühren

Auslagen für die Veröffentlichung der Ladung im Bundesanzeiger und ggf. in anderen Blättern (vgl. § 187 Abs. 3 ZPO) werden vom Gericht in voller Höhe erhoben (KV Nr. 9004).

Fristen und Rechtsmittel

Gegen den ablehnenden Beschluss sofortige Beschwerde gem. § 567 Abs. 1 Nr. 2 ZPO; der bewilligende Beschluss ist unanfechtbar. Lagen die Voraussetzungen für die Bewilligung nicht vor, kommt eine Wiedereinsetzung in Betracht, wenn die durch die Zustellung in Lauf gesetzte Frist versäumt wird (vgl. OLG Köln NJW-RR 1993, 446). Das gilt insbesondere, wenn der Antragsteller die öffentliche Zustellung in Kenntnis des Aufenthaltsorts erwirkt hat (BGH NJW 1992, 2280).

4. Antrag auf Zustellung im Ausland[1] und Festsetzung der Einlassungsfrist[2]

An das
Landgericht

Klage

In der Sache

......

erhebe ich namens des Klägers Klage und beantrage,

......

Es wird weiter beantragt,

> **die Zustellung der Klageschrift und der Ladung im Ausland zu vermitteln sowie die Einlassungsfrist für den Beklagten auf einen Monat festzusetzen.**

Außerdem wird beantragt,
gegenüber dem Beklagten anzuordnen, innerhalb einer angemessenen Frist einen Zustellungsbevollmächtigten im Inland zu benennen[3].

Begründung[4]:

......

Schrifttum: Piltz, Vom EuGVÜ zur Brüssel-I-Verordnung, NJW 2002, 789; *Heß,* Die Zustellung von Schriftstücken im europäischen Justizraum, NJW 2001, 15; *Pfennig,* Zur Vorwirkung bei „Demnächst"-Zustellungen im Ausland, NJW 1989, 2172.

Anmerkungen

1. Für Zustellungen im Ausland gilt jetzt § 183 ZPO; diese Vorschrift ersetzt die bisherigen Vorschriften über die Auslandszustellung (§ 199 ZPO aF.) sowie die Zustellung an exterritoriale Deutsche (§ 200 ZPO aF.) und deren Beurkundung (§ 202 aF.). § 183 bringt zusätzlich eine Erleichterung für die Zustellung an Personen, die in Staaten leben, in die auf Grund völkerrechtlicher Vereinbarungen Schriftstücke unmittelbar durch die Post übersandt werden dürfen (vgl. für EG-Staaten EG-ZustellungsVO Nr. 1348/2000, *Zöller/Geimer* Anh. II; für andere Staaten Haager Zustellungsübereinkommen vom 15. 11. 1965, *Zöller/Geimer* § 183 Rdn. 6; für weitere Abkommen *Zöller/Geimer* § 183 Rdn. 101 mwN.). Da Klageschrift und Ladung von Amts wegen zuzustellen sind, wird auch die Zustellung im Ausland von Amts wegen vermittelt. Die Art und Weise der Zustellung ist unterschiedlich geregelt. Es empfiehlt sich, vor Einreichung der Klageschrift beim jeweiligen Gericht in Erfahrung zu bringen, in welcher Anzahl und Form Abschriften eingereicht werden sollen, ob es zweckmäßig ist, der Klageschrift Anlagen beizufügen, wieweit eine Übersetzung erforderlich ist und wer diese veranlasst, welche Kosten entstehen und wie lange die Zustellung dauern wird. Es ist eine Frage des Einzelfalles, ob nicht, selbst wenn ein deutsches Gericht zuständig wäre, eine Klage vor dem ausländischen Gericht durch einen dortigen Rechtsanwalt vorzuziehen ist. Trotz der langen Dauer kann eine Auslandszustellung aber „demnächst" iSd. § 167 ZPO sein (BGH NJW 1988, 411). Jedoch sollte der Kläger, der eine Frist wahren muss, alles tun, um eine schnelle förmliche Zustellung entsprechend den zwischenstaatlichen Bestimmungen sicherzustellen (vgl. OLG Schleswig NJW 1988, 3105; dazu *Pfennig* NJW 1989, 2172). Bei unzumutbarer Dauer oder Scheitern der Auslandszustellung ist zu überlegen, ob eine Bewilligung der öffentlichen Zustellung beantragt werden soll (§ 185 Nr. 2 ZPO, vgl. *Zöller/Stöber* § 185 Rdn. 3; OLG Köln NJW-RR 1998, 1683, 1684).

2. Vgl. § 274 Abs. 3 S. 2 ZPO. Der Antrag soll sicherstellen, dass das Gericht die von Amts wegen vorzunehmende Bestimmung nicht unterlässt, was ua. ein Versäumnisurteil verhindern würde. Die Frist sollte nicht nur auf die gesetzliche Mindestfrist von zwei Wochen festgesetzt werden, weil sich dann Schwierigkeiten bei der Zwangsvollstreckung im Ausland ergeben könnten.

3. Dieser Antrag betrifft die Zustellung späterer Schriftstücke, für die nach § 184 Abs. 1 ZPO eine erleichterte Zustellung möglich ist. Wenn der Gegner einen inländischen Zustellungsbevollmächtigten benennt, kann an diesen zugestellt werden (§ 184 Abs. 1 ZPO). Andernfalls kann das Gericht anordnen, dass der Gegner innerhalb einer angemessenen Frist einen Zustellungsbevollmächtigten benennt. Kommt der Gegner dieser Anordnung nicht nach, so können spätere Zustellungen durch Aufgabe des Schriftstückes zur Post bewirkt werden (§ 184 Abs. 1 S. 2 ZPO). Einen entsprechenden Antrag kann der Kläger bereits mit der Klageschrift stellen. Die Entscheidung liegt im pflichtgemäßen Ermessen des Gerichts (*Zöller/Stöber* § 184 Rdn. 2). Die Klageschrift oder auch eine spätere Klageerhöhung sollten nicht durch Aufgabe zur Post zugestellt werden, selbst wenn dies möglich wäre; das könnte eine Vollstreckung im Ausland gefährden (vgl. *Zöller/Geimer* § 183 Rdn. 90f.; *Heß* NJW 2001, 15); hierfür sollte der Kläger die Zustellung nach § 183 ZPO beantragen.

4. Hier sollte insbesondere die örtliche Zuständigkeit des angerufenen Gerichts sorgfältig dargelegt und nachgewiesen werden, damit ein Versäumnisurteil hieran nicht scheitert.

Kosten und Gebühren

Auslagen können insbesondere durch Kosten des Rechtshilfeverkehrs mit dem Ausland entstehen (KV Nr. 9013); sie werden in voller Höhe erhoben.

5. Antrag auf Fristverlängerung[1, 2]

An das
Landgericht

In der Sache

......

zeige ich an, dass ich den Beklagten vertrete.

Ich werde beantragen:

1. Die Klage wird abgewiesen[3].

2. ......

Im Übrigen wird beantragt,

die Frist zur Klageerwiderung um zwei Wochen zu verlängern[4].

Begründung[5]:

Der Beklagte ist durch die Klageerhebung überrascht worden. Bei Zustellung der Klageschrift befand er sich unmittelbar vor Antritt einer nicht aufschiebbaren Reise, von der er am ...... zurückkehren wird. Eine hinreichende Information seines Prozessbevollmächtigten war ihm vorher nicht mehr möglich.

Sollte das Gericht zur Begründung des Antrags weitere Glaubhaftmachung für erforderlich halten, wird um einen Hinweis gebeten.

Rechtsanwalt

Anmerkungen

1. Eine Verlängerung von gesetzlichen und richterlichen Fristen ist nach § 224 Abs. 2 ZPO aus erheblichen Gründen möglich, für Notfristen jedoch ausgeschlossen. Gesetzliche Fristen können nur verlängert werden, wenn dies im Gesetz besonders bestimmt ist (zur Verlängerung der Einspruchsbegründungsfrist vgl. Form. I. G. 5 Anm. 14). Die Fristverlängerung kann nicht allein damit begründet werden, dass die Frist in die Ferienzeit vom 1. Juli–31. August fällt (anders § 227 Abs. 3 ZPO für die Terminsverlegung). Das Gesetz verlangt Glaubhaftmachung des Grundes, sie ist jedoch in der Praxis meist nicht in der Form des § 294 ZPO erforderlich (vgl. § *Baumbach/Lauterbach/Albers/Hartmann* § 224 Rdn. 7), anders jedoch, wenn das Gericht eine Glaubhaftmachung ausdrücklich verlangt (*Zöller/Stöber* § 224 Rdn. 6). Dem Antragsteller ist zu raten, vor Fristablauf beim Gericht in Erfahrung zu bringen, ob dem Antrag stattgegeben wird; ist dies nicht der Fall, muss er sich zur Vermeidung von Rechtsnachteilen innerhalb der Frist äußern, soweit ihm dies möglich ist.

2. Eine Abkürzung von richterlichen und gesetzlichen Fristen ist nach § 224 Abs. 2 ZPO gleichfalls möglich, in der Praxis aber selten. Zum Antrag auf Abkürzung der Einlassungsfrist vgl. Form. I. Q. 3 Anm. 9.

3. Der Sachantrag sollte nur gestellt werden, wenn ein Anerkenntnis nicht in Betracht kommt.

4. Der Antrag ist schriftlich zu stellen (BGH NJW 1985, 1558); er unterliegt dem Anwaltszwang. Ein nur telefonischer Antrag ist unwirksam, der Verlängerungsbeschluss heilt aber einen solchen Mangel (BGH aaO.). Auf eine telefonisch durchgegebene Verlängerung darf sich der Anwalt verlassen (vgl. *Zöller/Gummer* § 520 Rdn. 18; BGH NJW 1998, 1155). Die Klageerwiderungsfrist gem. § 277 Abs. 3 ZPO, um die es im Beispiel geht, ist eine richterliche Frist iSd. § 224 Abs. 2 ZPO. Hat das Gericht bereits einen Termin bestimmt, der im Falle der Fristverlängerung sinnlos wäre, empfiehlt sich eine Verbindung mit einem Antrag auf Terminsverlegung (Form. I. F. 6; vgl. OLG Hamm NJW-RR 1992, 121).

5. Die Begründung muss ausschließen, dass der Antrag auf Fristverlängerung gestellt wird, weil der Rechtsanwalt verspätet beauftragt oder nicht rechtzeitig informiert wurde, obwohl dies zumutbar gewesen wäre. Erhebliche Gründe für eine Fristverlängerung sind zB. Arbeitsüberlastung (BVerfG NJW 2000, 1634), Erkrankung des Personals oder auch Schwierigkeiten bei der Informationsbeschaffung (vgl. *Zöller/Gummer* § 520,

Rdn. 19 mwN.). Zusätzlich kann es zweckmäßig sein, das Einverständnis des Gegners mit der Fristverlängerung einzuholen und dem Gericht mitzuteilen; das Gericht ist zwar nicht an das Einvernehmen der Parteien gebunden, wird es aber mitberücksichtigen (§ 227 Abs. 1 Nr. 3 ZPO entspr.). Einem Antrag auf wiederholte Fristverlängerung darf das Gericht nur nach Anhörung des Gegners stattgeben (§ 225 Abs. 2 ZPO). In einem solchen Fall empfiehlt es sich immer, vorher das kollegiale Einverständnis des Gegners herbeizuführen und vorzutragen.

Fristen und Rechtsmittel

Der Antrag muss vor Ablauf der Frist gestellt sein. Eine Verlängerung ist auch noch nach Fristablauf möglich, wenn der Antrag vorher eingegangen war (vgl. BGH NJW 1982, 1651 für die Berufungsbegründungsfrist). Eine Verlängerung gesetzlicher Fristen nach deren Ablauf ist wirksam nicht möglich (BGH NJW 1992, 842 für die Berufungsbegründungsfrist unter Aufgabe von BGH NJW 1988, 268). Der Antrag sollte, schon in Hinblick auf eine mögliche Ablehnung, so rechtzeitig gestellt werden, dass noch innerhalb der Frist über ihn entschieden werden kann.

Die Ablehnung des Antrags ist unanfechtbar, § 225 Abs. 3 ZPO. Gegen die vom Gericht gewährte Verlängerung hat der Gegner kein Rechtsmittel.

6. Antrag auf Absehen von der Güteverhandlung nach § 278 ZPO[1]

An das
Landgericht

In Sachen

......

wird, nachdem der Beklagte auf die Klage erwidert hat, beantragt,
von einer Güteverhandlung nach § 278 Abs. 2 ZPO[2] und der Anordnung des persönlichen Erscheinens nach § 279 ZPO[3] abzusehen.

Begründung[4]:

Eine Güteverhandlung zwischen den Parteien ist zum gegenwärtigen Zeitpunkt aussichtslos. Die Parteien streiten, wie aus der Klage und der Klageerwiderung deutlich wird, um die Frage, ob die mangelhafte Wärmedämmung auf einer fehlerhaften Planung durch den Architekten oder auf mangelhafter Bauausführung durch den Beklagten beruht, und über die weitere Frage, ob der Beklagte ggf. die fehlerhafte Planung erkennen konnte und hierauf hätte hinweisen müssen. Diese Fragen sind nur durch einen Sachverständigen zu beantworten. Ohne dass die Ursachen des Baumangels und die Verantwortlichkeit hierfür geklärt wird, hat eine Güteverhandlung keinen Sinn, der Kläger wird sich ohne diese Klärung nicht auf eine gütliche Beilegung einlassen.
Es wird angeregt, einen Beweisbeschluss ohne mündliche Verhandlung nach § 358a Nr. 4 ZPO zu erlassen[5].

Schrifttum: Foerste, Die Güteverhandlung im künftigen Zivilprozess, NJW 2001, 3103; *Wieser,* Zivilprozessreform – Rechtliche Probleme der Güteverhandlung nach § 278 ZPO nF., MDR 2002, 10; *Hannich/Meyer-Seitz,* ZPO-Reform 2002, München 2002, §§ 278, 279 ZPO.

Anmerkungen

1. Mit dem ZPO-ReformG hat der Gesetzgeber angeordnet, dass der mündlichen Verhandlung zum Zwecke der gütlichen Beilegung des Rechtsstreits eine Güteverhandlung vorauszugehen hat. Das gilt sowohl für den frühen ersten Termin (§§ 272 Abs. 2, 275 ZPO) als auch für den Haupttermin nach schriftlichem Vorverfahren (§§ 272 Abs. 1, 276 ZPO). Nach der Konzeption des Gesetzgebers handelt es sich nicht um einen gesondert zu bestimmenden Termin, sondern um den (ersten) Verhandlungstermin, der mit der Güteverhandlung beginnt und regelmäßig mit der streitigen mündlichen Verhandlung fortgesetzt wird (§ 279 Abs. 1 ZPO). Diese vorgeschaltete Güteverhandlung ist auch deshalb mit zeitlichem Aufwand verbunden, weil die Parteien persönlich geladen und, unter umfassender Erörterung des Streitstoffes, gehört werden sollen (§ 278 Abs. 2 S. 3 ZPO). Für Gericht, Anwälte und Parteien ergibt sich daraus, dass ein längerer Zeitraum für den Termin vorzusehen und einzuplanen ist. Wenn aber abzusehen ist, dass dieser Aufwand wegen fehlender Einigungsmöglichkeiten nutzlos sein wird, sollten die Parteien versuchen, das Gericht zu veranlassen, auf eine Güteverhandlung und die Anordnung des persönlichen Erscheinens zu verzichten. § 278 Abs. 2 S. 1 ZPO sieht diese Möglichkeit zum einen vor, wenn bereits ein Einigungsversuch vor einer außergerichtlichen Gütestelle stattgefunden hat (das betrifft vor allem Bagatellstreitigkeiten, vgl. Form. I. D. 1 Anm. 12). Zum anderen wird das Gericht von seiner gesetzlich angeordneten Verpflichtung zur Güteverhandlung frei, wenn die Güteverhandlung erkennbar aussichtslos erscheint. Dabei kommt es allerdings nicht auf die Sicht einer Partei an; maßgeblich ist die Sicht des Gerichts, das nicht an die Erklärungen der Parteien gebunden ist. Jedoch wird es die Erfolgsaussicht verstärken, wenn die Gegenpartei einen entsprechenden Antrag stellt.

2. Der Antrag kann bereits in der Klageschrift, sollte aber jedenfalls vor Bestimmung des Termins gestellt werden. Allerdings kann das Gericht die Frage, ob eine Einigung aussichtslos ist, erst entscheiden, wenn der Beklagte seinen Standpunkt vorgetragen hat. Auch für den Kläger dürfte es in einem Fall dieser Art ratsam sein, erst abzuwarten, wie sich der Beklagte auf die Klage einlässt. Selbstverständlich kann der Antrag auch vom Beklagten gestellt werden, dann sinnvollerweise mit der Klageerwiderung. Auch wenn das Gericht bereits terminiert hat, kann sich der Antrag noch empfehlen, um das Gericht über die begrenzten Einigungsmöglichkeiten zu informieren und eine zeitliche Planung zu ermöglichen.

3. Das Gericht soll das persönliche Erscheinen beider Parteien anordnen (§ 278 Abs. 3 ZPO). Der Grund für die Anordnung entfällt, wenn eine Güteverhandlung nicht stattfindet. Hat das Gericht bereits terminiert, empfiehlt es sich, den Antrag auf Absehen von der Güteverhandlung mit der Bitte zu verbinden, die Partei von ihrer Pflicht zum persönlichen Erscheinen zu entbinden. Falls das Gericht gleichwohl das persönliche Erscheinen anordnet, hat die Partei die Möglichkeit, einen Vertreter zu entsenden, der zur Aufklärung des Tatbestandes in der Lage und zur Abgabe der gebotenen Erklärungen und zu einem Vergleichsabschluss ermächtigt ist (§ 278 Abs. 2 iVm. § 141 Abs. 3 ZPO). Fraglich ist, ob das Gericht den Prozessbevollmächtigten als Vertreter akzeptieren wird (vgl. *Baumbach/Lauterbach/Albers/Hartmann* § 141 Rdn. 47 ff.).

4. Hier ist darzulegen, warum jedenfalls zurzeit keine Chance zur gütlichen Streitbeilegung besteht. Die Rechtsprechung hat bisher noch keinen Katalog von Gründen herausgebildet, wann die Güteverhandlung erkennbar als aussichtslos erscheint. In folgenden Fällen kann der Antrag Erfolg haben (vgl. *Hannich/Meyer-Seitz* §§ 278, 279 Rdn. 15 ff.; *Foerste* NJW 2001, 3103, 3104):

- wenn die Parteien einen Musterprozess führen wollen oder es ihnen allein darum geht, eine für sie bedeutsame Rechtsfrage rechtskräftig zu klären;

- wenn die Parteien übereinstimmend erklären, dass sie eine gütliche Beilegung des Rechtsstreits durch das Gericht ablehnen werden;
- wenn der Beklagte sich seiner begründeten Zahlungspflicht erkennbar entziehen will;
- wenn die Entscheidung des Rechtsstreits von der Klärung einer tatsächlichen Frage abhängt, zu der ein Sachverständigengutachten eingeholt werden muss, auf das die Parteien nicht verzichten wollen (so der Beipielsfall); hier kann aber nach Einholung des Gutachtens ein Güteversuch nachgeholt werden.

Die Prozessparteien müssen damit rechnen, dass die Rechtsprechung in der Frage der erkennbaren Aussichtslosigkeit keine einheitliche Linie finden wird. In allen genannten Fällen hat eine Güteverhandlung gleichwohl stattzufinden, wenn der Gegner sie beantragt.

5. Wenn, wie im Beispielsfall, die Entscheidung allein von dem Ergebnis eines Sachverständigengutachtens abhängt, kann auch ohne vorherige mündliche Verhandlung ein Beweisbeschluss nach § 358a ZPO zweckmäßig und prozeßökonomisch sein. Im Haupttermin kann dann das Sachverständigengutachten erörtert werden und auch der Versuch einer gütlichen Einigung Erfolg versprechend sein.

Kosten und Gebühren

Der Rechtsanwalt erhält für die Vertretung in der Güteverhandlung keine besonderen Gebühren; allerdings wird regelmäßig die Erörterungsgebühr fällig werden, die auf die spätere Verhandlungsgebühr anzurechnen ist. Endet die Güteverhandlung mit einem Vergleich, erhält der Anwalt die Gebühr nach § 23 BRAGO.

Fristen und Rechtsmittel

Sowohl die Entscheidung, mit der von einem Gütetermin abgesehen wird, als auch die Verfügung, mit der der Gütetermin bestimmt wird, sind unanfechtbar.

7. Antrag auf Terminsverlegung bei Terminskollision[1]

In der Sache

……

beantrage ich,

den Termin zur Beweisaufnahme auf eine Zeit nach 12.00 Uhr oder einen anderen Terminstag zu verlegen.

Begründung[2]:

Der diesen Fall allein bearbeitende und allein informierte Rechtsanwalt R ist zur Terminszeit verhindert. Er nimmt zur selben Zeit einen anderen Beweistermin in der Sache …… wahr, für den er in gleicher Weise unabkömmlich ist. Eine Vertretung würde in beiden Fällen dem Wunsch des Mandanten widersprechen und erschiene angesichts des komplizierten Prozessstoffes auch nicht als sachdienlich. Der Antrag wird im versicherten Einverständnis mit der Gegenseite gestellt.

Rechtsanwalt

Anmerkungen

1. Vgl. § 227 ZPO. Es ist str., wann die Verhinderung des Rechtsanwalts einer Sozietät, eines Einzelanwalts oder auch der Partei persönlich ein erheblicher Grund iS. dieser Vorschrift ist (vgl. einerseits *Thomas/Putzo* § 227 Rdn. 6, andererseits *Baumbach/Lauterbach/Albers/Hartmann* § 227 Rdn. 23f.). Die Praxis der Gerichte bei Terminskollisionen ist unterschiedlich, eine Verlegung kann insbesondere bei Hauptterminen mit Beweisaufnahme wichtig sein. Der Grundsatz des rechtlichen Gehörs kann die Gerichte zu einer Vertagung verpflichten, wenn erhebliche Gründe vorliegen (vgl. OLG Köln NJW-RR 1998, 1076; OLG Schleswig NJW 1994, 1227; BSG NJW 1996, 677; BVerwG NJW 1995, 1441).

2. Der erhebliche Grund (zu weiteren Beispielen vgl. *Zöller/Stöber* § 227 Rdn. 6) ist darzulegen und auf Verlangen des Gerichts glaubhaft zu machen (§ 227 Abs. 2 ZPO). Insbesondere unter Anwälten empfiehlt es sich, das Einvernehmen mit dem Gegner herzustellen und mitzuteilen. Es reicht zwar allein nicht aus (§ 227 Abs. 1 Nr. 3 ZPO), kann aber mit anderen Tatsachen zusammen einen erheblichen Grund ergeben.

Kosten und Gebühren

Hat die Partei die Verlegung des Termins durch ihr Verschulden veranlasst, sind ihr die hierdurch verursachten Kosten aufzuerlegen, § 95 ZPO, § 34 GKG.

Fristen und Rechtsmittel

Sowohl die Verlegung als auch die Ablehnung sind grundsätzlich unanfechtbar (§ 227 Abs. 4 S. 3 ZPO; vgl. *Thomas/Putzo* § 227 Rdn. 35; OLG Frankfurt MDR 1983, 1031). Kommt aber die Verlegung oder ihre Versagung einer Verweigerung des Rechtsschutzes gleich, kann eine sofortige Beschwerde entspr. § 252 ZPO zulässig sein (vgl. OLG München NJW-RR 1989, 64; *Zöller/Stöber* § 227 Rdn. 28). Die Verweigerung einer begründeten Terminverlegung kann auch eine Ablehnung des Richters rechtfertigen (OLG München NJW-RR 2002, 862). Unabhängig davon kann das Gericht seine Entscheidung jederzeit abändern, so dass eine begründete Gegenvorstellung erfolgreich sein kann.

8. Antrag auf Terminsverlegung in der Ferienzeit[1]

In der Sache

......

beantrage ich,

den auf den 10. Juli 20 .. bestimmten Termin auf einen Zeitpunkt nach dem 1. August 20 .. zu verlegen[2].

Begründung[3]:

Der Rechtsstreit betrifft keinen der unter § 227 Abs. 3 Nr. 1–8 ZPO genannten Ansprüche. Ein besonderes Beschleunigungsbedürfnis ist nicht gegeben. Der Unterzeichnende ist vom 1.–21. 7. 20 .. im Urlaub, so dass einer Terminierung ab dem 1. 8. 20 .. nichts im Wege steht.

Schrifttum: Feiber, Neues Recht für Fristen und Termine, NJW 1997, 160; *Soehring,* Anspruch auf Terminsverlegung: Das Schattendasein von § 227 Abs. 3 ZPO, NJW 2001, 3319.

Anmerkungen

1. Die Gerichte sind nicht mehr gehindert, in der Ferienzeit zu terminieren; die früheren Gerichtsferien sind abgeschafft. An ihre Stelle ist ein fristgebundenes Recht der Parteien auf Verlegung der in der Zeit vom 1. 7.–31. 8. angesetzten Termine getreten (§ 227 Abs. 3 S. 1 ZPO). Ein Grund zur Verlegung besteht nur dann nicht, wenn es sich um die in § 227 Abs. 3 S. 2 Nr. 1–8 ZPO genannten Sachen handelt, die schon nach altem Recht eine Behandlung als Feriensache begründeten, oder wenn das Verfahren besonderer Beschleunigung bedarf. Für den Antrag besteht Anwaltszwang (*Zöller/Vollkommer* § 78 Rdn. 9).

2. Das Gericht wird den Termin regelmäßig auf einen Zeitpunkt nach dem 31. 8. verlegen (vgl. *Thomas/Putzo* § 227 Rdn. 17). Wenn aus der Sicht der Partei eine frühere Verhandlung möglich und sinnvoll ist, sollte sie das anzeigen. Insoweit kann sich eine Abstimmung mit dem Gegner empfehlen. Falls die Partei gehindert ist, an bestimmten weiteren Tagen zu einem Termin zu erscheinen, sollte sie das hier mitteilen.

3. Der Antragsteller braucht keine Begründung dafür zu geben, warum er verhindert ist; es genügt eine Terminierung in der Ferienzeit. Auch eine Glaubhaftmachung kann, offenbar im Gegensatz zur Praxis mancher Gerichte (vgl. *Soehring* NJW 2001, 3319), nicht verlangt werden. Eine nähere Begründung des Antrags empfiehlt sich aber, wenn der Gegner behauptet, es handele sich um einen Rechtsstreit im Sinne des § 227 Abs. 3 S. 2 Nr. 1–8 ZPO, oder wenn ein besonderes Beschleunigungsbedürfnis vorgetragen wurde oder solcher Vortrag zu erwarten ist. Betrifft der Rechtsstreit eine Sache nach § 227 Abs. 3 S. 2 Nr. 1–8 ZPO oder ist dies zweifelhaft, kann der Kläger eine Verlegung erreichen, wenn er vorsorglich einen erheblichen Grund nach § 227 Abs. 1 ZPO vorträgt und erforderlichenfalls glaubhaft macht.

Fristen und Rechtsmittel

Der Antrag ist innerhalb einer Woche zu stellen (§ 227 Abs. 3 S. 1 ZPO). Die Frist beginnt entweder mit Zugang der Terminsladung oder mit der Verkündung der die Terminsbestimmung enthaltenden Entscheidung (vgl. *Zöller/Stöber* § 227 Rdn. 10). Diese kurze Frist ist auch bei Terminsbestimmungen zu beachten, die lange im Voraus getroffen werden; sie zwingt den Rechtsanwalt zu frühzeitiger Urlaubsplanung. Wird die Frist versäumt, bleibt nur noch ein Antrag nach § 227 Abs. 1 ZPO (Form. I. F. 6).

Die Entscheidung ist grundsätzlich unanfechtbar (§ 227 Abs. 4 ZPO), kann allerdings auf Gegenvorstellungen jederzeit abgeändert werden (*Thomas/Putzo* § 227 Rdn. 35). In besonderen Fällen kann, wenn die Ablehnung einer Verweigerung des Rechtsschnutzes gleichkommt, eine Beschwerde entsprechend § 252 ZPO in Betracht kommen (vgl. *Zöller/Stöber* § 227 Rdn. 28).

9. Antrag auf Berichtigung des Protokolls[1]

In der Sache

……

beantrage ich,
das Protokoll der Sitzung vom …… in folgenden Punkten zu berichtigen:

1. Zu Beginn des Protokolls muss es statt
„die Parteien erklärten die Hauptsache in Höhe von DM 200,– nebst Zinsen übereinstimmend für erledigt"
heißen
„Die Parteien erklärten die Hauptsache in Höhe von DM 2.000,– nebst Zinsen seit dem ...... übereinstimmend für erledigt".

2. Die anschließend wiedergegebene Erklärung des Prozessbevollmächtigten des Beklagten lautet nicht
„der Beklagte hat an den Kläger am ...... DM 200,– gezahlt",
sondern
„Der Haftpflichtversicherer des Beklagten hat an den Kläger zu Händen seines Prozessbevollmächtigten am ...... DM 2.000,– gezahlt".

3. Der Antrag auf Einholung eines Sachverständigengutachtens wurde nicht vom Prozessbevollmächtigten des Klägers, sondern des Beklagten gestellt.

4. Im Anschluss an das Teilanerkenntnis des Beklagten/an die Teilrücknahme des Klägers fehlt der Vermerk „vorgelesen und genehmigt"[2], obwohl das Anerkenntnis/die Rücknahme vorgelesen und von ihm genehmigt wurde.

5. Nach Vernehmung des Zeugen Z. haben die Parteien gem. § 285 Abs. 1 ZPO streitig zum Beweisergebnis verhandelt. Das hätte nach § 160 Abs. 2 ZPO in das Protokoll aufgenommen werden müssen[3].

Der gegnerische Prozessbevollmächtigte schließt sich dem Antrag an und wird dies dem Gericht noch selbst erklären[4].
Rechtsanwalt

Anmerkungen

1. Vgl. § 164 ZPO. Dem Protokoll kommt wegen seiner weitreichenden Beweiskraft erhebliche Bedeutung zu; sie kann nur durch den Nachweis der Fälschung (§ 165 ZPO; hierzu BGH NJW 1985, 1782) oder im Wege der Berichtigung entkräftet werden. Die Berichtigung des Protokolls kann wegen seines gesamten Inhalts beantragt werden, auch insoweit er für den Rechtsstreit unerheblich ist. Das Verfahren sollte jedoch nur wegen bedeutsamer Fehler oder sinnentstellender Ungenauigkeiten – zB. in den Aussagen der Zeugen und Parteien – eingeleitet werden. Sind die Anträge oder andere Formalitäten unrichtig aufgenommen, ist die Berichtigung wegen § 165 ZPO praktisch der einzige Weg, nachteilige Folgen zu vermeiden. Ergibt sich die fehlerhafte Protokollierung schon aus dem Diktat des Richters, sollte die Partei noch im Termin auf Korrektur drängen oder jedenfalls ihren Widerspruch zu Protokoll geben (§ 160 Abs. 4 ZPO; vgl. Form. I. F. 9 Anm. 2); andernfalls könnte Heilung nach § 295 ZPO eintreten. Die Beweislast für die Fehlerhaftigkeit des Protokolls obliegt der Partei, die sie behauptet.

2. Anerkenntnis, Verzicht, Rücknahme, Vergleich und andere in § 160 Abs. 3 ZPO aufgeführte Prozesshandlungen sind den Parteien aus dem Protokoll bzw. aus der vorläufigen Aufzeichnung vorzulesen oder vom Tonträger abzuspielen und von ihnen zu genehmigen; anschließend ist im Protokoll zu vermerken, dass das geschehen ist (§ 162 Abs. 1 ZPO). Das Fehlen des Vermerks macht die Erklärung zwar nicht unwirksam (BGH NJW-RR 1994, 386), sie lässt sich aber nicht mehr durch das Protokoll beweisen, Abgabe und Inhalt müssen anderweitig festgestellt werden (BGH NJW 1989, 1934; vgl. Zöller/Stöber § 162 Rdn. 6). Fehlt der Vermerk, sollte die betroffene Partei auf Ergänzung drängen. Besondere Sorgfalt ist bei der Protokollierung eines Vergleichs zu beachten; denn fehlt es an den Förmlichkeiten, ist er, anders als Anerkenntnis, Verzicht und Rücknahme, als Prozessvergleich unwirksam (BGH NJW 1984, 1465, 1466), kann aber dennoch die notarielle Beurkundung nach § 127a BGB ersetzen (BGH NJW 1999, 2806,

2807). Unzulässig ist die Berichtigung eines vorgelesenen und genehmigten Vergleichsprotokolls, wenn Erklärungen eingefügt werden sollen, die nicht vorgelesen und genehmigt wurden (vgl. OLG Hamm OLGZ 1983, 89).

3. Nach der Rechtsprechung des BGH (NJW 1990, 121) muss in das Protokoll aufgenommen werden, dass die Parteien nach der Vernehmung von Zeugen, Sachverständigen, Parteien gem. § 285 Abs. 1 ZPO über das Ergebnis der Beweisaufnahme verhandelt haben und dass das Gericht gem. § 279 Abs. 3 ZPO erneut den Sach- und Streitstand und das Ergebnis der Beweisaufnahme mit den Parteien erörtert hat. Andernfalls wird vermutet, dass das nicht geschehen ist; darin kann ein Verfahrensmangel iSd. § 531 Abs. 2 Nr. 2 ZPO liegen.

4. Da die Parteien vor der Berichtigung des Protokolls zu hören sind, ist das Verfahren zeitraubend. Es kann sich daher empfehlen, den Antrag mit dem gegnerischen Rechtsanwalt abzustimmen und diesen zu veranlassen, sich dem Antrag anzuschließen; dadurch wird die Anhörung des Gegners überflüssig.

Kosten und Gebühren

Besondere Gerichts- oder Rechtsanwaltsgebühren entstehen nicht.

Fristen und Rechtsmittel

Der Antrag ist nicht fristgebunden, er kann jederzeit, auch noch nach Einlegung eines Rechtsmittels (BVerwG MDR 1981, 166) gestellt werden. Er sollte aber unverzüglich nach Erhalt des Protokolls erhoben werden. Mängel der Protokollierung, die verzichtbare Fehler betreffen, müssen wegen des Risikos der Heilung spätestens in der nächsten mündlichen Verhandlung gerügt werden, § 295 ZPO.

Kein Rechtsmittel gegen den berichtigenden Beschluss (vgl. *Zöller/Stöber* § 164 Rdn. 11 mwN.); anders bei offensichtlich unzulässiger Berichtigung (OLG Hamm MDR 1983, 410) oder bei Verfahrensfehlern. Bei Ablehnung der Bewilligung ist die sofortige Beschwerde gegeben, soweit es nicht um die Richtigkeit des Protokolls geht (näher *Thomas/Putzo* § 164 Rdn. 5; OLG München NJW-RR 2002, 863; OLG Hamm NJW 1989, 1680 mwN.).

10. Antrag auf Protokollberichtigung wegen rechtlichen Hinweises[1, 2]

An das
Landgericht

In Sachen

......

beantrage ich für den Beklagten,
in das Protokoll der Sitzung vom ... den rechtlichen Hinweis aufzunehmen, dass das Vorbringen des Klägers zum Verschuldens des Beklagten bisher unsubstantiiert und nicht unter Beweis gestellt sei[3].

Begründung[4]:

Die Kammer hat dem Kläger in der mündlichen Verhandlung den im Antrag bezeichneten Hinweis erteilt; er ist nach § 139 Abs. 4 S. 1 ZPO aktenkundig zu machen und daher in das Protokoll aufzunehmen.

Rechtsanwalt

Schrifttum: Schaefer, Was ist denn neu an der neuen Hinweispflicht, NJW 2002, 849; *Neuhaus,* Richterliche Hinweis- und Aufklärungspflicht der alten und neuen ZPO, MDR 2002, 438; *Piekenbrock,* Umfang und Bedeutung der richterlichen Hinweispflicht, NJW 1999, 1360; *Doms,* Der Berichterstattervermerk – Regressfalle für den Anwalt, MDR 2001, 73; *Hannich/Meyer/Seitz,* ZPO-Reform 2002, München 2002, § 139 ZPO.

Anmerkungen

1. Zum Protokollberichtigungsantrag im Allgemeinen vgl. die Hinweise zum vorstehenden Formular.

Das ZPO-RG hat mit der Einfügung von § 139 Abs. 4 S. 1 ZPO die Pflicht des Gerichts in den Vordergrund gerückt, Hinweise so früh wie möglich zu erteilen und darüber hinaus aktenkundig zu machen (zu Inhalt und Umfang der Aufklärungs- und Hinweispflichten vgl. *Zöller/Greger* § 139 Rdn. 3ff. u. 15ff.;). Damit ist allerdings die Frage, ob und wieweit im Anwaltsprozess trotz Hinweises durch den Gegner ein gerichtlicher Hinweis erforderlich bleibt, durch den Gesetzgeber nicht beantwortet (*Hannich/Meyer-Seitz* § 139 Rdn. 9). Die weitreichende Bedeutung der Vorschrift ergibt sich aus § 139 Abs. 4 S. 2, 3 ZPO. Danach kann die Erteilung eines notwendigen tatsächlichen und/oder rechtlichen Hinweises nur durch den Inhalt der Akten bewiesen werden. Gegen den Inhalt der Akten ist nur der Nachweis der Fälschung zulässig. Demnach wird der Anwalt dem Terminsprotokoll große Aufmerksamkeit schenken müssen. Der Antrag kann auch für die Partei sinnvoll sein, die sich auf einen unzureichenden Vortrag oder Beweisantritt der Gegenpartei berufen will, um dieser die Möglichkeit zu nehmen, unter Berufung auf die Verletzung der Hinweispflicht neue Tatsachen vortragen zu können, sei es in derselben Instanz oder vor allem in der Berufungsinstanz (§ 531 Abs. 2 ZPO). Die Berichtigung des Protokolls beweist nur den Hinweis, gibt dem Gegner aber nicht ohne weiteres die Möglichkeit, nunmehr auf den Hinweis weiter vorzutragen, es sei denn, er hatte einen Antrag nach § 139 Abs. 5 ZPO gestellt, dessen Protokollierung gleichfalls unterblieben ist.

2. Dem förmlichen Antrag auf Protokollberichtigung kann ein Antrag nach § 160 Abs. 4 S. 1 ZPO vorausgehen. Die Parteien können danach bis zum Schluss der mündlichen Verhandlung (vgl. *Zöller/Stöber* § 160 Rdn. 15) beantragen, dass bestimmte Vorgänge oder Äußerungen, so insbesondere gerichtliche Hinweise, in das Protokoll aufgenommen werden. Um das Verfahren u.a. durch die mit der Anhörung des Gegners verbundene Zeitverzögerung nicht unnötig in die Länge zu ziehen, empfiehlt es sich, zunächst von dieser Möglichkeit Gebrauch zu machen. Das Gericht kann die Aufnahme eines nach § 139 Abs. 1–3 ZPO erteilten Hinweises nicht ablehnen. Lehnt das Gericht gleichwohl ab, hat die Partei das Recht, einen förmlichen Beschluss über die Ablehnung nach § 160 Abs. 4 ZPO herbeizuführen; jedenfalls dieser Beschluss ist in das Protokoll aufzunehmen (§ 160 Abs. 4 S. 3 ZPO).

3. Der richterliche Hinweis sollte so genau wie nach den Umständen erforderlich dokumentiert werden. Nicht notwendig ist die Aufnahme des vollen Wortlauts (*Zöller/Greger* § 139 Rdn. 13). Angesichts der weitreichenden Beweiskraft des Akteninhalts (§ 139 Abs. 4 S. 2, 3 ZPO) ist es allerdings ratsam, bei Zweifeln eher auf eine ausführliche Dokumentation zu drängen.

4. Der Antragsteller muss lediglich begründen, dass ein Hinweis nach § 139 Abs. 1–3 ZPO erteilt wurde. In diesem Fall ist das Gericht verpflichtet, den Hinweis aktenkundig zu machen. Es liegt nahe, dies im Wege der Protokollberichtigung zu veranlassen. Dem Interesse des Antragstellers ist allerdings auch Genüge getan, wenn der Hinweis auf andere geeignete Weise, zB. durch einen Aktenvermerk oder durch einen Hinweisbeschluss, aktenkundig gemacht wird (*Zöller/Greger* § 139 Rdn. 13); das soll auch noch im Tatbestand geschehen können (vgl. *Hannich/Meyer-Seitz* § 139 Rdn. 19).

11. Antrag auf Erklärungsfrist nach § 283 ZPO[1, 2]

An das
Landgericht

In Sachen

......

ist dem Kläger der Schriftsatz des Beklagten vom ...... erst heute, also 3 Tage vor dem Termin zur mündlichen Verhandlung[3], zugestellt worden. Darin trägt der Beklagte erstmals nähere Tatsachen zu der von ihm behaupteten Gegenforderung vor, mit der er gegen die Klageforderung aufrechnen will. Der Kläger kann zu diesem neuen Vorbringen nicht rechtzeitig zum Termin Stellung nehmen.
Für den Fall, dass das Gericht das neue Vorbringen für erheblich halten sollte, wird nach § 283 ZPO beantragt,

dem Kläger im Termin eine Schriftsatzfrist von zwei Wochen einzuräumen[4].

Im Übrigen wird schon jetzt beantragt,

das neue Vorbringen des Beklagten als verspätet zurückzuweisen[5].

Rechtsanwalt

Schrifttum: Fischer, Die Berücksichtigung „nachgereichter Schriftsätze" im Zivilprozess, NJW 1994, 1315; *Bischof,* Rechtlicher Hinweis nach § 278 Abs. 3 ZPO mit Schriftsatzfrist MDR 1993, 615; *Stein,* Rechtlicher Hinweis (§ 278 III ZPO) und Schriftsatzfrist, MDR 1994, 437; *Gaier,* Schriftsatznachlass gemäß § 283 ZPO zur Erwiderung auch auf unerhebliches Vorbringen?, MDR 1997, 1093.

Anmerkungen

1. Das Beispiel betrifft die häufige Situation, dass eine Partei kurz vor oder im Termin mit neuen Angriffs- oder Verteidigungsmitteln überrascht wird, die möglicherweise erheblich sind. In einem solchen Fall hat eine Partei folgende Möglichkeiten: Kann sie sich zum neuen Vorbringen erklären, besitzt also der Rechtsanwalt die hierfür erforderlichen Informationen, so kann er – spätestens im Termin – erwidern. Kann sich die Partei nicht im Termin erklären, weil ihr das Vorbringen nicht rechtzeitig mitgeteilt wurde, so kann sie gegenüber dem Gericht beantragen, ihr eine Frist zu bestimmen, in der sie ihre Erklärung nachbringen kann (§ 283 ZPO). Das Gericht muss dann die Erklärung für seine Entscheidung berücksichtigen. Riskant wäre es, das neue Vorbringen, ohne nähere Informationen zu besitzen, einfach zu bestreiten; das kann sich rächen, wenn später ein Verstoß gegen die Wahrheitspflicht offenbar wird. Ein Fehler wäre es auch, wenn die Partei – was in der Praxis oft zu beobachten ist – nur beantragt, das neue Vorbringen als verspätet zurückzuweisen: eine Zurückweisung würde nämlich voraussetzen, dass der Rechtsstreit bei Berücksichtigung des neuen Vorbringens verzögert würde; eine Verzögerung kann aber erst eintreten, wenn das Vorbringen streitig ist, unstreitiges Vorbringen erlaubt eine sofortige Entscheidung; die Frage der Verzögerung kann also erst nach Erwiderung der Partei beurteilt werden (hM., BGH NJW 1985, 1556, 1558; BAG NJW 1989, 2213, 2214). Die Partei hat auch nicht die Möglichkeit, den Antrag nach § 283 ZPO zu unterlassen, um auf diese Weise das Gericht zur Zurückweisung nach § 296 ZPO zu zwingen (BGH NJW 1985, 1539, 1543). Die Verzögerung, die der Rechtsstreit durch die Frist nach § 283 ZPO erleidet, rechtfertigt nach hM. keine Zurückweisung (BGH NJW 1985, 1556, 1558; vgl. BVerfG NJW 1989, 707 mwN.).

2. Eine vergleichbare Regelung enthält die durch das ZPO-RG eingefügte Vorschrift des § 139 Abs. 5 ZPO. Danach ist einer Partei ein Schriftsatznachlass zu gewähren, wenn ihr eine sofortige Erklärung zu einem gerichtlichen Hinweis nicht möglich ist. Grundsätzlich darf das Gericht seine Entscheidung nur dann auf einen von der Partei übersehenen oder von ihr für unerheblich gehaltenen Gesichtspunkt stützen, wenn es darauf hingewiesen und Gelegenheit zur Äußerung gegeben hat (§ 139 Abs. 2 ZPO). Erteilt das Gericht den Hinweis erst in der mündlichen Verhandlung und kann sich die Partei hierzu – was die Regel sein wird – nicht sofort äußern, so ist ihr auf ihren Antrag eine Schriftsatzfrist zu bestimmen. Außerdem muss das Gericht entweder einen Termin zur Verkündung einer Entscheidung bestimmen, die Verhandlung nach § 227 ZPO zu vertagen oder in das schriftliche Verfahren übergehen (*Zöller/Greger* § 139 Rdn. 14). Das schriftliche Verfahren kann sinnvoll sein, wenn der Gegner seinerseits auf den zu erwartenden Schriftsatz erwidern will. Den Antrag, die Erklärung zum gerichtlichen Hinweis nach § 139 Abs. 5 ZPO innerhalb einer Frist nachbringen zu können, muss die Partei vor Schluss der mündlichen Verhandlung stellen. Versäumt die Partei den Antrag, bleibt ihr nur noch der unsichere Weg über § 156 ZPO.

3. Für die Frage, ob einer Partei neues Vorbringen rechtzeitig mitgeteilt wurde, ist im Anwaltsprozess § 132 ZPO maßgeblich. Danach muss ein Schriftsatz mit neuem Vorbringen eine Woche vor dem Termin zugestellt werden können, die Gegenerklärung des Beklagten drei Tage vor der mündlichen Verhandlung. Hat der Gegner diese Fristen nicht eingehalten, bedarf der Antrag im Allgemeinen keiner näheren Begründung. Kann die Partei die sehr knappe Frist des § 132 ZPO für eine Gegenerklärung nicht einhalten, sollte sie die Gründe hierfür spätestens im Termin näher erläutern können.

4. Es genügt, wenn der Antrag ohne Ankündigung erstmals in der mündlichen Verhandlung gestellt wird. Notwendig ist er allerdings nur, wenn das Gericht das neue Vorbringen des Gegners für erheblich hält. Wenn sich die Partei in diesem Punkt nicht sicher ist, sollte sie den Antrag auf jeden Fall zu Protokoll nehmen lassen. Erkennt die Partei nicht, dass ein Antrag nach § 283 ZPO sachdienlich wäre, müsste das Gericht ihn nach § 139 ZPO nahelegen (BGH NJW 1985, 1539, 1543). Geht der nachgelassene Schriftsatz erst nach Ablauf der gesetzten Frist ein, kann das Gericht ihn noch berücksichtigen (§ 283 S. 2 ZPO); das wird das Gericht insbesondere dann tun, wenn die Partei die Verspätung hinreichend entschuldigt (vgl. *Fischer* NJW 1994, 1319).

5. Das Gericht wird, wenn es dem Antrag entspricht, idR. zugleich einen Entscheidungstermin bestimmen. Es ist nicht gehindert, das neue Vorbringen, wenn es durch den nachgereichten Schriftsatz streitig geworden ist, im Urteil als verspätet zurückzuweisen (BGH NJW 1985, 1556, 1558). Das Gericht kann jedoch nur die Erwiderung, nicht darüber hinausgehendes Vorbringen, berücksichtigen.

12. Antrag auf Wiedereröffnung der mündlichen Verhandlung[1]

An das
Landgericht

In Sachen

……

beantrage ich, die am …… geschlossene mündliche Verhandlung wieder zu eröffnen[2], den Verkündungstermin aufzuheben und einen neuen Verhandlungstermin zu bestimmen[3].

Begründung[4]:

Im Termin hat das Gericht den Kläger darauf hingewiesen, dass ihn am Eintritt des Schadens ein Mitverschulden treffen könne. Hierbei handelte es sich um einen neuen Gesichtspunkt im Sinne von § 139 Abs. 2 ZPO ...... (ist auszuführen). Der Kläger hatte daraufhin ausweislich des Protokolls beantragt, ihm eine Schriftsatzfrist nach § 139 Abs. 5 einzuräumen. Das Gericht hat dem Antrag des Klägers nicht entsprochen, sondern ihm nur Gelegenheit gegeben, sich im Termin zu erklären. Der Kläger war jedoch nicht in der Lage, im Termin zur Frage des Mitverschuldens näher vorzutragen. Hierzu mussten erst weitere Informationen eingeholt werden ...... Damit liegen die Voraussetzungen des § 156 Abs. 2 Nr. 1 ZPO vor.
Zur Frage des Mitverschuldens kann der Kläger nunmehr folgendes vortragen:
......

Schrifttum: Schneider, Die Wiedereröffnung der mündlichen Verhandlung, MDR 1990, 122.

Anmerkungen

1. Der Antrag beruht auf § 156 ZPO nF. Grundsätzlich steht die Wiedereröffnung nach § 156 Abs. 1 ZPO im Ermessen des Gerichts (zu den einzelnen Kriterien für diese Ermessensentscheidung vgl. *Thomas/Putzo* § 156 Rdn. 8; *Zöller/Greger* § 156 Rdn. 5). In den drei Fällen des Absatzes 2 muss das Gericht wiedereröffnen. Das Beispiel betrifft § 156 Abs. 2 Nr. 1 ZPO; die Vorschrift konkretisiert die Rechtsprechung vor dem ZPO-RG, wonach das Gericht zur Wiedereröffnung verpflichtet war, wenn die Sache in der mündlichen Verhandlung nicht vollständig erörtert wurde (BGH NJW 1993, 134; 1995, 1560, 1561). Das gilt auch, wenn das Gericht in der mündlichen Verhandlung einen Hinweis gegeben hat, aber von der Partei keinen sofortigen detaillierten Sachvortrag und Beweisantritt verlangen konnte (BGH NJW 1999, 2123).

2. Das Gericht hat über die Wiedereröffnung der mündlichen Verhandlung von Amts wegen zu entscheiden. Eines Antrages der betroffenen Partei bedarf es daher grundsätzlich nicht. Er ist aber dringend zu empfehlen, wenn die Partei davon ausgehen muss, dass das Gericht ohne Wiedereröffnung durch Urteil zu ihren Lasten entscheiden wird. Der Antrag hat die Funktion, das Gericht auf den Verfahrensverstoß, der die Wiedereröffnung begründet, noch einmal deutlich hinzuweisen. In der Sache handelt es sich um eine Anregung, über die nicht förmlich entschieden zu werden braucht. Der Antrag sollte möglichst bald nach dem Termin gestellt werden, nicht erst, wenn das Gericht bereits dabei ist, die Entscheidung, die verhindert werden soll, abzufassen.

3. Das Gericht muss nicht notwendig einen neuen Termin bestimmen; es kann auch zunächst den Parteien Gelegenheit geben, weiter vorzutragen, es kann einen Aufklärungs- und Hinweisbeschluss erlassen oder das schriftliche Verfahren anregen. Auch eine Beweisanordnung kann in Frage kommen.

4. Die Partei hat hier eine Verletzung der Hinweis- und Aufklärungspflicht nach § 139 Abs. 1–3 ZPO konkret darzulegen; außerdem muss sie vortragen, dass sie ohne ihr Verschulden nicht imstande war, auf den Hinweis im Termin einzugehen, und ihr deshalb eine Schriftsatzfrist einzuräumen war. Dafür ist Voraussetzung, dass sie einen entsprechenden Antrag im Termin gestellt hat, auf dessen Protokollierung sie Wert legen muss. Die Partei sollte außerdem die Erklärungen, die sie im Termin noch nicht imstande war abzugeben, im Einzelnen unter Beweisantritt vortragen. Falls sie dazu noch eine kurze weitere Frist benötigt, sollte sie ihr Vorbringen innerhalb dieser Frist ankündigen und erklären, warum sie noch nicht abschließend Stellung nehmen kann.

G. Versäumnisverfahren/Entscheidung nach Lage der Akten

1. Antrag auf Versäumnisurteil gegen den Beklagten[1]

An das
Landgericht

In der Sache

......

nehme ich auf den Hinweis des Gerichts den Zinsanspruch, soweit er für die Zeit vor Rechtshängigkeit geltend gemacht wird und soweit er 5% über dem jeweiligen Basiszinssatz übersteigt, zurück[2],

stelle im Übrigen für den Kläger den Antrag aus der Klageschrift[3]

und beantrage ein Versäumnisurteil[4].

Ich beantrage außerdem,

die öffentliche Zustellung des Versäumnisurteils zu bewilligen[5] und die Einspruchsfrist auf einen Monat festzusetzen[6].

Rechtsanwalt

Schrifttum: Fastrich, Heilung der Verspätungsfolgen des § 296 Abs. 1 ZPO durch Versäumnis, NJW 1979, 2598; *Foerste,* Das Versäumnisurteil im Anwaltsprozeß zwischen Standesrecht und Grundgesetz, NJW 1993, 1309; *Gounalakis,* Sanktionslose Verspätung durch Eintritt in das Säumnisverfahren, DRiZ 1997, 294; *Furtner,* Das Versäumnisurteil im ersten Rechtszug, MDR 1966, 551; *Mennicke,* Der Antrag auf Erlaß eines Versäumnisurteils, MDR 1992, 221; *Nierwetberg,* Die Behandlung der materiellen Einreden bei Beantragung des Versäumnisurteils gegen den Beklagten, ZZP 98, 442; *Schneider,* Säumnis durch Nichtverhandeln, MDR 1992, 827; *ders.,* Versäumnisurteil wegen Verspätung des Anwalts, MDR 1998, 577; *ders.,* Überprüfung des zweiten Versäumnisurteils im Berufungsrechtszug, MDR 1985, 375; *Prütting,* Versäumnisurteile in Statusprozessen, ZZP 91, 191; *Peglau,* Säumnis einer Partei und kontradiktorisches Urteil im Verfahren nach § 495a ZPO, NJW 1997, 2222; *Habel,* Kostenerstattung bei vorangegangenem Versäumnisurteil, NJW 1997, 2359.

Anmerkungen

1. Das Beispiel gilt nicht für das Versäumnisurteil im schriftlichen Vorverfahren, sondern für den Fall der Säumnis des Beklagten im Termin (§ 331 Abs. 1 ZPO). Der Antrag auf Erlass des Versäumnisurteils wird in der Regel nicht schriftsätzlich angekündigt, sondern mündlich im Termin gestellt. Die Ankündigung kann sich aber im Anwaltsprozess aus kollegialen Gründen empfehlen. Ein Versäumnisurteil kann nicht nur im ersten Termin, sondern in jedem zur streitigen Verhandlung anberaumten Termin beantragt werden, selbst noch nach ungünstiger Beweisaufnahme. Vor allem wenn bereits streitig verhandelt wurde, sollte der Kläger aber überlegen, ob nicht eine Entscheidung nach Lage der Akten gemäß § 331a ZPO günstiger wäre (vgl. Form. I. G. 8). Voraussetzungen für das beantragte Versäumnisurteil (vgl. § 335 ZPO):

a) Zulässigkeit der Klage, insbesondere örtliche und sachliche Zuständigkeit des Gerichts (zur Darlegung der Kaufmannseigenschaft für eine Gerichtsstandsvereinbarung (vgl. *Zöller/Vollkommer* § 38 Rdn. 45; OLG Frankfurt MDR 1981, 762);

b) rechtzeitige und ordnungsgemäße Ladung des Beklagten (bei verkündeten Terminen nicht erforderlich, § 218 ZPO);
c) Schlüssigkeit der Klage;
d) rechtzeitige Zustellung der Klage und Mitteilung des Weiteren für die Schlüssigkeit erheblichen Vorbringens innerhalb der zweiwöchigen Einlassungsfrist nach § 274 Abs. 3 ZPO;
e) Nichterscheinen oder Nichtverhandeln (§ 333 ZPO) des Beklagten; ein Verhandeln liegt nicht schon dann vor, wenn die Partei nur Ablehnungsgründe anbringt oder die Aussetzung beantragt (BGH MDR 1986, 1021); die Säumnis kann beseitigt werden, wenn sich der Beklagte bis zum Schluss der mündlichen Verhandlung doch noch zum Verhandeln entschließt (BGH NJW 1993, 861), kann aber nicht durch Zurücknahme eines bereits gestellten Antrags herbeigeführt werden, vgl. OLG Frankfurt MDR 1982, 153; zum teilweisen Nichtverhandeln vgl. BGH NJW 2002, 145;
f) im Urkundenprozess: Vorlage der Urkunde, des Wechsels oder des Schecks im Original (vgl. *Thomas/Putzo* § 592 Rdn. 6).

Im Anwaltsprozess ist zu beachten, dass der nicht angekündigte Antrag auf Versäumnisurteil gegen die Partei eines nicht erschienenen Rechtsanwalts zwar gegen § 13 BORA verstößt; diese Vorschrift ist aber durch das BVerfG (NJW 2000, 347) für verfassungswidrig erklärt worden. Ohnehin kann das Gericht dem Rechtsanwalt, der bei Ausbleiben seines Kollegen ein Versäumnisurteil beantragt, dieses nicht aus standesrechtlichen Gründen versagen (vgl. hierzu *Zöller/Herget* Rdn. 12 vor § 330; BGH NJW 1991, 42; OLG Stuttgart NJW 1994, 1884). Hingegen kann das Gericht nach Stellung des Antrags noch abwarten (vgl. *Zöller/Herget* a.a.O.); die übliche Wartezeit beträgt 15 Minuten, kann aber aus gegebenem Anlass verlängert werden (BGH NJW 1999, 724; OLG Rostock MDR 1999, 626). Versäumnisurteile werden vom Gericht regelmäßig schon im Termin verkündet und bedürfen keiner Begründung. Der Kläger erlangt also schneller als sonst einen Titel, der zudem ohne Sicherheitsleistung vorläufig vollstreckbar ist (§ 708 Nr. 2 ZPO). Der Kläger sollte außerdem den Weg der vereinfachten Kostenfestsetzung gemäß § 105 ZPO gehen und sofort nach dem Termin den Kostenfestsetzungsantrag einreichen, damit der Festsetzungsbeschluss noch auf das Urteil gesetzt werden kann. Ist mit der Säumnis des Beklagten zu rechnen, sollte der Kläger den Festsetzungsantrag bereits im Termin einreichen.

2. In der Praxis hält das Gericht die Klage oft wegen eines Teils des Zinsanspruches oder der sonstigen Nebenforderungen nicht für schlüssig. Bleibt der Kläger dennoch bei seinem Antrag, könnte nur ein Teilversäumnisurteil ohne Kostenentscheidung ergehen, während die Klage wegen des Restes durch streitiges Schlussurteil abzuweisen wäre. In einem solchen Fall ist die Klagerücknahme vorzuziehen, die in der Regel keine nachteiligen Kostenfolgen haben wird (§ 92 Abs. 2 ZPO).

3. Vgl. § 297 Abs. 2 ZPO; der Antrag auf Erlass eines Versäumnisurteils allein genügt nicht, der Kläger muss auch den Sachantrag stellen. Stellt der Kläger keinen Antrag, riskiert er eine Entscheidung nach Lage der Akten gemäß § 251 a Abs. 1 u. 2 ZPO oder die Anordnung des Ruhens des Verfahrens (§ 251 a Abs. 3 ZPO).

4. Vgl. § 331 Abs. 1 ZPO. Wird der Antrag gestellt, sind folgende Entscheidungen denkbar:
a) Erlass eines Versäumnisurteils (ganz oder zum Teil, § 331 Abs. 2 1. Halbs. ZPO),
b) Abweisung der Klage als unzulässig (zB. bei fehlendem, nicht behebbarem Nachweis der Zuständigkeit, § 331 Abs. 2 2. Halbs. ZPO), vgl. BGH MDR 1986, 998),
c) Abweisung der Klage als unbegründet (§ 331 Abs. 2 2. Halbs. ZPO),
d) Zurückweisung des Antrags durch Beschluss (in den Fällen des § 335 Abs. 1 ZPO),
e) Vertagung (§§ 335 Abs. 2, 337 ZPO),
f) im Urkundenprozess: Abweisung der Klage als unstatthaft (§ 597 Abs. 2 ZPO).

Will das Gericht dem Antrag nicht entsprechen, muss es den Kläger darauf hinweisen.

Dieser wird dann zu überlegen haben, ob er eine der unter b)–f) genannten Entscheidungen hinnimmt und Rechtsmittel einlegt oder ob er sein Begehren auf den Hinweis des Gerichts einstellt. Der Antrag auf Erlass des Versäumnisurteils kann sich auf einen Teil des Anspruchs beschränken, was insbesondere in Betracht kommt, wenn das Gericht die Klage nicht nur zu einem geringfügigen Teil für unschlüssig hält.

5. Vgl. § 204 Abs. 1 ZPO und Form. I. F. 4. Es empfiehlt sich, den Antrag bereits im Termin zu stellen.

6. Vgl. § 339 Abs. 2 ZPO. Der Kläger sollte darauf achten, dass der Beschluss zusammen mit dem Urteil ergeht und mit diesem öffentlich zugestellt wird. Nachholung ist möglich, aber ein vermeidbarer Umweg (vgl. *Zöller/Herget* § 339 Rdn. 5).

Kosten und Gebühren

Es bleibt bei der dreifachen Gerichtsgebühr nach KV 1210; eine Ermäßigung auf die einfache Gebühr findet nicht statt (KV 1211), und zwar auch dann nicht, wenn es später zu einer Rücknahme, einem Anerkenntnis oder einem Vergleich kommt (vgl. OLG Stuttgart NJW-RR 1996, 1535). Für den Rechtsanwalt des Klägers fällt außer der bereits entstandenen Prozessgebühr ½ Verhandlungsgebühr an (§ 33 Abs. 1 BRAGO); dies gilt wegen § 13 Abs. 2 BRAGO nicht, wenn bereits vorher eine Verhandlungs- oder Erörterungsgebühr entstanden war. Eine Erörterungsgebühr kann bei Säumnis einer Partei nicht entstehen, selbst wenn das Gericht die Sache mit der erschienenen Partei erörtert (hM., vgl. KG MDR 2001, 1439; OLG Dresden NJW-RR 1997, 573; aA. Hartmann § 31 BRAGO Rdn. 234). Zur vereinfachten Kostenfestsetzung vgl. Anm. 1 aE., zu Fragen der Kostenerstattung *Habel,* NJW 1997, 2357.

Fristen und Rechtsmittel

Gegen die in Anm. 4 genannten Entscheidungen stehen den Parteien folgende Rechtsmittel zu:

a) Bei Erlass des Versäumnisurteils: Nur Einspruch (vgl. Form. I. G. 5), wird zT. ein Versäumnisurteil erlassen, zT. die Klage abgewiesen, so ist für den Kläger die Berufung, für den Beklagten der Einspruch gegeben (BGH NJW-RR 1986, 1326),
b) Bei Abweisung der Klage als unzulässig: Berufung,
c) Bei Abweisung der Klage als unbegründet: Berufung, § 336 ZPO ist auf unechte Versäumnisurteile nicht anwendbar (vgl. BGH NJW 1987, 1204),
d) Bei Zurückweisung des Antrags durch Beschluss: sofortige Beschwerde gem. § 336 Abs. 1 S. 1 ZPO (vgl. Form. I. G. 4),
e) Bei Vertagung: sofortige Beschwerde gem § 336 ZPO analog (vgl. Form. I. G. 4),
f) Bei Abweisung der Urkundenklage als unstatthaft: Berufung.

Hat das Gericht das Urteil fälschlich nicht als Versäumnisurteil bezeichnet, kann nach dem Grundsatz der Meistbegünstigung (BGH NJW 1987, 442) auch eine Berufung statthaft sein (vgl. OLG Hamm NJW-RR 1995, 186). Hingegen gilt der Grundsatz nicht, wenn das Urteil als Versäumnisurteil ergangen ist, obwohl ein Versäumnisurteil gesetzwidrig war (BGH NJW 1994, 665).

2. Antrag auf Erlass eines Versäumnisurteils im schriftlichen Vorverfahren[1]

An das
Landgericht
Schriftsatz

In der Sache

……

nimmt der Kläger auf den Hinweis des Gerichts seinen Zinsanspruch, soweit er die Zeit vor Rechtshängigkeit betrifft, zurück[2].

Im Übrigen wird, da eine Verteidigungsanzeige des Beklagten bisher nicht vorliegt, gemäß § 331 Abs. 3 ZPO beantragt,

ein Versäumnisurteil ohne mündliche Verhandlung zu erlassen[3].

Rechtsanwalt

Schrifttum: Rau, Versäumnisurteil im schriftlichen Vorverfahren – Berechnung der Einspruchsfrist, MDR 2001, 794; *Zugehör,* Einspruch gegen ein Versäumnisurteil im schriftlichen (Vor-)Verfahren vor Zustellung?, NJW 1992, 2261.

Anmerkungen

1. Vgl. § 331 Abs. 3 iVm. § 276 Abs. 1 S. 1 ZPO. Ordnet das Gericht das schriftliche Vorverfahren an, wird der Kläger hiervon durch das Gericht benachrichtigt. Spätestens dann sollte er den Antrag stellen – wenn dies nicht schon in der Klageschrift geschehen ist (vgl. Form. I. D. 2) – und nicht abwarten, bis die Frist für den Beklagten verstrichen ist. Denn es liegt im Interesse des Klägers, einer verspäteten Erklärung des Beklagten, die gemäß § 331 Abs. 3 S. 1 2. Halbs. ZPO noch bis zur Übergabe des fertigen Urteils an die Geschäftsstelle berücksichtigt wird, zuvorzukommen. Nach hM. muss der Antrag dem Beklagten nicht vor Erlass des Versäumnisurteils zugestellt werden (*Zöller/Herget* § 331 Rdn. 12 mwN.). Auch nach vorausgegangenem Mahnverfahren ist ein schriftliches Versäumnisurteil möglich, wenn das Gericht das schriftliche Vorverfahren nach § 697 Abs. 2 ZPO angeordnet hat. Dem Antrag kann nicht mehr entsprochen werden, wenn dem Gericht eine Verteidigungsanzeige vorliegt; die Zweiwochenfrist wird durch Eingang beim Gericht gewahrt, Eingang bei der zuständigen Geschäftsstelle ist nicht erforderlich (OLG Frankfurt MDR 2000, 902); wird die Anzeige jedoch verspätet abgegeben, muss sie vor Übergabe des Urteils an die Geschäftsstelle dort eingegangen sein (KG MDR 1989, 1003). Auch mit Terminsbestimmung entfallen die Voraussetzungen für ein Versäumnisurteil im schriftlichen Verfahren (KG MDR 1985, 416). Im Übrigen gelten dieselben Voraussetzungen wie für das gewöhnliche Versäumnisurteil (vgl. Form. I. G. 1 Anm. 1).

2. Die Rücknahme geringfügiger Nebenforderungen auf Hinweis des Gerichts ist auch hier zu empfehlen (vgl. Form. I. G. 1 Anm. 2).

3. Der Antrag setzt voraus, dass in der Klageschrift oder in einem späteren Schriftsatz ein bestimmter Sachantrag gestellt wurde. Die Fassung des Antrages entspricht § 331 Abs. 3 S. 1 1. Halbs. ZPO. Zu den Entscheidungsmöglichkeiten des Gerichts vgl. Form. I. G. 1 Anm. 4. Auch eine (teilweise) Abweisung der Klage wegen (teilweiser) Unschlüssigkeit ist denkbar (BayVerfG NJW 1991, 2078; OLG Brandenburg NJW-RR 1999, 1275; *Thomas/Putzo* § 331 Rdn. 6; aA. OLG Köln MDR 2001, 954; OLG Brandenburg

NJW-RR 1999, 939; *Zöller/Herget* § 331 Rdn. 13). Allerdings hat das Gericht vorher auf die Unschlüssigkeit hinzuweisen.

Kosten und Gebühren

Das Versäumnisurteil im schriftlichen Vorverfahren löst dieselben Gebühren aus wie das Versäumnisurteil im Termin (vgl. die Hinweise zu Form I. G. 1). Eine vereinfachte Kostenfestsetzung ist auch hier möglich (*Zöller/Herget* § 105 Rdn. 1).

Fristen und Rechtsmittel

Vgl. Form. I. G. 1. Die Einspruchsfrist beginnt mit der Zustellung des Versäumnisurteils (§ 310 Abs. 3 ZPO). Maßgeblich ist die letzte der von Amts wegen zu bewirkenden Zustellungen (BGH NJW 1994, 3359); wird das Versäumnisurteil nach § 331 Abs. 3 ZPO also nicht ordnungsgemäß an den Kläger zugestellt, hat die Einspruchsfrist nicht begonnen (vgl. BGH aaO.; aA. *Rau* MDR 2001, 794). Zur Zustellung im Ausland vgl. BGH MDR 1999, 311. Streitig ist, ob bereits vor Zustellung ein wirksamer Einspruch möglich ist (verneinend *Zugehör* NJW 1992, 2261; aA. *Thomas/Putzo* § 339 Rdn. 1).

3. Antrag auf Versäumnisurteil gegen den Kläger[1]

An das
Landgericht

In der Sache

……

beantrage ich,

die Klage durch Versäumnisurteil abzuweisen[2].

Rechtsanwalt

Schrifttum: Dietrich, Die Wirkung des Versäumnisurteils gegen den Kläger, ZZP 84, 419.

Anmerkungen

1. Der Antrag betrifft den Fall der Säumnis des Klägers im Termin zur mündlichen Verhandlung (§ 330 ZPO). Er wird idR. nicht schriftsätzlich angekündigt, sondern im Termin gestellt, wenn der Kläger nicht erscheint oder nicht verhandelt (§ 333 ZPO). Bei anwaltlicher Vertretung kann jedoch die Ankündigung aus kollegialen Gründen geboten sein. Weitere Voraussetzung für den Erlass des Versäumnisurteils ist nur, dass der Kläger rechtzeitig und ordnungsgemäß geladen oder der Termin gemäß § 218 ZPO bestimmt wurde. Erforderlich ist nicht, dass der Beklagte erhebliche Einwendungen vorgetragen hat. Fehlt es an der sachlichen oder örtlichen Zuständigkeit des Gerichts, besteht für den Beklagten nach hM. die Möglichkeit, Klageabweisung als unzulässig durch streitiges Prozessurteil zu erreichen (vgl. *Thomas/Putzo* Rdn. 12 vor § 330). Er kann aber auch Klageabweisung in der Sache durch Versäumnisurteil gemäß § 330 ZPO beantragen, soweit die Zuständigkeit gemäß § 39 ZPO prorogierbar ist (also zB. nicht bei einer nichtvermögensrechtlichen Streitigkeit, § 40 Abs. 2 ZPO; hier kommt nur Klageabweisung als unzulässig in Betracht, vgl. BGH NJW 1961, 2207; *Thomas/Putzo* § 330 Rdn. 3). Eine Verweisung des Rechtsstreits ist für den Beklagten nur im Ausnahmefall des § 506 ZPO zu erreichen. Er kann aber statt eines Versäumnisurteils in geeigneten Fällen eine Entscheidung nach Lage der Akten gem. § 331a ZPO beantragen. Ist ein Mahnverfahren vorangegangen und hat der Kläger keine Anspruchsbegründung eingereicht, wird die Klage nicht durch Versäumnisurteil, sondern durch streitiges Urteil als unzulässig abgewiesen (vgl. *Thomas/Putzo* § 697 Rdn. 8).

2. Nach dem Gesetzeswortlaut müsste der Antrag lauten: „... das Versäumnisurteil dahin zu erlassen, dass der Kläger mit der Klage abzuweisen ist". Bei Nichtigkeitsklagen und Feststellungsklagen in Ehesachen (§ 632 Abs. 4 ZPO) und bei Klagen in Kindschaftssachen (§ 640 ZPO) ist das Versäumnisurteil gegen den Kläger dahin zu beantragen, „dass die Klage als zurückgenommen gilt". Eine Zurückweisung des Antrags auf Versäumnisurteil durch Beschluss gem. § 335 ZPO oder eine Vertagung nach § 337 ZPO ist auch bei Säumnis des Klägers denkbar. Ein Vertagungsgrund kann es zB. sein, wenn das Gericht den Kläger auf Bedenken gegen die Formulierung des Klageantrags hinweist, dieser aber noch keinen Antrag stellt, sondern um Bedenkzeit bittet (OLG Köln MDR 2000, 657). Stellt der Beklagte keinen Antrag, gilt § 251a ZPO.

Fristen und Rechtsmittel

Dem Kläger steht gegen das Versäumnisurteil nur der Einspruch gem. §§ 338ff. ZPO zu (vgl. Form. I. G. 5). Wird die Klage durch unechtes Versäumnisurteil (zB. als unzulässig) abgewiesen, ist für den Kläger nur die Berufung gegeben.

Kosten und Gebühren

Vgl. die Hinweise zu Form. I. G. 1. Die Möglichkeit der vereinfachten Kostenfestsetzung nach § 105 ZPO steht auch dem Beklagten offen (vgl. Form. I. G. 1 Anm. 1 aE.).

4. Sofortige Beschwerde gegen die Zurückweisung des Antrags auf Versäumnisurteil[1]

An das
Amtsgericht[2]

In der Sache

......

lege ich gegen den Beschluss vom ......[3], mit dem die Verhandlung über den Antrag auf Erlass des Versäumnisurteils vertagt wurde[4],

sofortige Beschwerde

ein mit dem Antrag,

1. **den Vertagungsbeschluss aufzuheben,**
2. **die Sache an das Amtsgericht zurückzuverweisen und hierbei anzuordnen, dass unverzüglich ein neuer Termin zur Entscheidung über den Antrag auf Versäumnisurteil bestimmt und der Beklagte zu diesem Termin nicht geladen wird[5].**

Das Amtsgericht wird gebeten, die Akten unverzüglich dem Landgericht zur Entscheidung zuzuleiten und den Beklagten vor der Entscheidung über die sofortige Beschwerde nicht zu dem im Beschluss vom ...... bestimmten Termin zu laden[6].

Begründung[7]:

1. **Gegen die vom Amtsgericht ausgesprochene Vertagung nach § 337 ZPO ist nach allgemeiner Meinung die sofortige Beschwerde gemäß § 336 ZPO zulässig.**
2. **Das Amtsgericht hat die Vertagung in Hinblick auf ein bei der Akte befindliches Schreiben des Beklagten ausgesprochen, in dem dieser mitteilte, dass er zwei Tage vor dem Terminstag seinen Jahresurlaub antrete und daher zum Termin nicht erscheinen könne. Die vom Amtsgericht der Entscheidung zugrundegelegte Auslegung des § 337 ZPO ist fehlerhaft; denn der Beklagte war trotz seines Urlaubs nicht am Erscheinen verhindert. Er hätte sich nämlich im Termin durch einen Rechtsanwalt oder eine andere Person seines Vertrauens vertreten lassen können und müssen. Hierauf ist er auch durch das gerichtsübliche Ladungsformular ausdrücklich hingewiesen worden.**

Anmerkungen

1. Vgl. § 336 ZPO. Die sofortige Beschwerde ist zulässig bei Zurückweisung des Antrags in den vier Fällen des § 335 ZPO, aber ebenso bei Vertagung gemäß § 337 ZPO (Hauptanwendungsfall der Vorschrift, vgl. OLG Hamm NJW-RR 1991, 703; OLG Dresden NJW-RR 1996, 246; *Thomas/Putzo* § 336 Rdn. 1). Bei Ablehnung eines unechten Versäumnisurteils ist § 336 ZPO unanwendbar. Mit der Beschwerde kann erreicht werden, dass das Untergericht einen neuen Termin bestimmt, zu dem der Beklagte nicht geladen wird (§ 336 Abs. 1 S. 2 ZPO) und in dem es bei seiner Entscheidung über den Antrag auf Versäumnisurteil an die Rechtsauffassung des Beschwerdegerichts gebunden ist. Erscheint allerdings der Prozessgegner ohne Ladung im neuen Termin, so ist er nach hM. zur Verhandlung zuzulassen (*Thomas/Putzo* aaO.). Der Beschwerdeführer sollte bedenken, ob er nicht durch Hinnahme einer kurzfristigen – wenn auch unberechtigten – Vertagung schneller zum Ziel kommt.

2. Die sofortige Beschwerde könnte gemäß § 569 Abs. 1 S. 1 ZPO auch beim Beschwerdegericht, im Beispielsfall also beim Landgericht, eingelegt werden. Zur Beschleunigung empfiehlt sich jedoch idR. die Einlegung beim Untergericht, da sich dort die Akten befinden. Dies gibt zudem die Möglichkeit, weitere Anträge an das Untergericht zu richten, die dessen Verfahrensleitung vor Übersendung der Akten an das Beschwerdegericht betreffen.

3. Der Tag des Fristbeginns – hier: Verkündung, meist Zustellung – sollte stets genannt werden. Die Zwei-Wochen-Frist ist eine Notfrist iSd. §§ 224, 233 ZPO.

4. Ein mit der sofortigen Beschwerde anfechtbarer („stillschweigender") Beschluss liegt auch vor, wenn der Antrag auf Versäumnisurteil nicht ausdrücklich zurückgewiesen wird, sondern das Gericht nur die Vertagung ausspricht.

5. Da das Beschwerdegericht das Versäumnisurteil nicht selbst erlassen kann – es würde bei Einspruch eine Instanz verloren gehen –, muss es zurückverweisen (*Zöller/Herget* § 336 Rdn. 3). Hierbei hat es die nach seiner Rechtsauffassung erforderlichen Anordnungen zu treffen.

6. Der Beschwerdeführer sollte auf besondere Beschleunigung drängen, damit er mit der sofortigen Beschwerde mehr erreicht als mit der Vertagung. Er sollte das Untergericht außerdem veranlassen, sich einstweilen jeder Maßnahme gegenüber dem Gegner zu enthalten, damit dieser für den Fall eines erfolgreichen Rechtsmittels über den Fortgang des Verfahrens nach Möglichkeit nichts erfährt. Auch im Beschwerdeverfahren ist die säumige Partei nicht zu hören.

7. In der Sache geht es meist um die Frage, ob die Partei ohne Verschulden am Erscheinen im Termin verhindert war. Zum Beispielsfall vgl. BVerfG NJW 1969, 1103 und LG Mannheim NJW 1971, 250. Danach hätte das Rechtsmittel wohl nur Aussicht auf Erfolg, wenn der Beklagte die Ladung vor seinem Urlaub erhalten hatte, nicht aber, wenn das Gericht dem Beklagten bereits fälschlich mitgeteilt hatte, er brauche nicht zu kommen. Dann wäre ein Ablehnungsantrag zu erwägen. Zu weiteren Anwendungsfällen vgl. *Zöller/Herget* § 337 Rdn. 3 und *Baumbach/Lauterbach/Albers/Hartmann* § 337 Rdn. 4–16.

Kosten und Gebühren

Gerichtsgebühren entstehen nur, wenn die Beschwerde verworfen oder zurückgewiesen wird (eine Gebühr nach KV Nr. 1906). Die Rechtsanwälte erhalten die Gebühren des § 31 Abs. 1 BRAGO je zur Hälfte (§ 61 Abs. 1 Nr. 1 BRAGO).

Fristen und Rechtsmittel

Die sofortige Beschwerde ist binnen einer Notfrist von zwei Wochen einzulegen, § 569 Abs. 1 ZPO. Die Frist beginnt, anders als nach § 577 Abs. 2 S. 1 ZPO a.F., nicht mit der Verkündung, sondern, wie sonst auch, mit der Zustellung.

Gegen den Beschluss des Beschwerdegerichts ist unter den Voraussetzungen des § 574 die Rechtsbeschwerde gegeben.

5. Einspruch gegen Versäumnisurteil[1,2] mit Antrag auf Einstellung der Zwangsvollstreckung[3]

An das
Landgericht[4]

In der Sache
......[5]

wird gegen das am ...... verkündete Versäumnisurteil[6], dem Beklagten zugestellt am ......[7],

Einspruch[8]

eingelegt.
Außerdem wird beantragt,

die Zwangsvollstreckung aus dem Versäumnisurteil ohne Sicherheitsleistung[9] einstweilen einzustellen,

hilfsweise wird beantragt,

die Zwangsvollstreckung gegen Sicherheitsleistung einzustellen[10].

In der Sache wird beantragt[11]:

1. **Das Versäumnisurteil vom ...... wird aufgehoben und die Klage abgewiesen[12].**
2. **Die Kosten des Rechtsstreits – einschließlich der Säumniskosten[13] – trägt der Kläger.**
3. **Das Urteil ist – notfalls gegen Sicherheitsleistung – vorläufig vollstreckbar.**

Einer Entscheidung der Sache durch den Einzelrichter stehen keine Gründe entgegen.

Begründung[14]:

1. Die Zwangsvollstreckung aus dem Versäumnisurteil ist gemäß § 719 Abs. 1 S. 2 ZPO ohne Sicherheitsleistung einzustellen; denn das Versäumnisurteil ist gesetzwidrig ergangen. Nachdem der Widerspruch gegen den Mahnbescheid nicht durch den Beklagten persönlich, sondern durch seinen Prozessbevollmächtigten erhoben wurde, hätte gemäß § 176 ZPO auch die Terminsladung an den Prozessbevollmächtigten zugestellt werden müssen. Dieser Verstoß machte die Zustellung unwirksam, so dass es an einer ordnungsgemäßen Ladung fehlte.

2. Zur Sache wird in Erwiderung auf die Klageschrift wie folgt vorgetragen: ......

Rechtsanwalt [15]

Schrifttum: Habel, Kostenerstattung bei vorangegangenem Versäumnisurteil, NJW 1997, 2357; *Rau,* Versäumnisurteil im schriftlichen Vorverfahren – Berechnung der Einspruchsfrist, MDR 2001, 794; *Zugehör,* Einspruch gegen ein Versäumnisurteil im schriftlichen Vorverfahren vor Zustellung?, NJW 1992, 2261; *Bischof,* Alte und neue Zustellungsprobleme nach der Vereinfachungsnovelle, NJW 1980, 2235; *Schneider,* Rechtsmittelfähigkeit von Einstellungsbeschlüssen, MDR 1980, 529; *ders.*, Zulässigkeit und Begründetheit bei der Einstellungsbeschwerde, MDR 1985, 547.

Anmerkungen

1. Es wird von dem – in der Praxis leider vorkommenden – Sachverhalt ausgegangen, dass der Antragsgegner durch einen Prozessbevollmächtigten Widerspruch gegen den Mahnbescheid eingelegt hat, die Terminsladung nach Abgabe an das Prozessgericht jedoch unter Verstoß gegen § 176 ZPO nicht diesem, sondern dem Beklagten persönlich zugestellt wurde. Zur Beweislast für einen solchen Verstoß vgl. BGH NJW 1981, 1673.

2. Der Einspruch (§ 338 ZPO) ist der einzige Rechtsbehelf gegen ein erstes Versäumnisurteil, und zwar auch dann, wenn es gesetzwidrig ergangen ist (OLG Düsseldorf MDR 1985, 1034; OLG Zweibrücken NJW-RR 1997, 1087). Eine Wiedereinsetzung gegen die Versäumung des Termins gibt es nicht. Die Berufung gemäß § 513 Abs. 2 ZPO ist nur gegen ein zweites Versäumnisurteil statthaft, gegen ein erstes Versäumnisurteil auch dann nicht, wenn kein Fall der Säumnis vorlag (BGH NJW 1994, 665). Wird allerdings ein „weiteres" (erstes) Versäumnisurteil irrig als „zweites" bezeichnet, ist nach dem Meistbegünstigungsprinzip auch der Einspruch statthaft (vgl. BGH NJW 1997, 1498). Ist das Urteil als Versäumnisurteil bezeichnet, stellt es sich aber nach seinem Inhalt als streitiges Urteil dar, ist auch die Berufung gegeben (BGH NJW 1999, 583). Handelt es sich um ein unechtes Versäumnisurteil – was im Einzelfall problematisch sein kann, vgl. *Thomas/Putzo* Rdn. 12 vor § 330 –, ist der Einspruch unstatthaft. Der verurteilten Partei ist im Zweifelsfall zu empfehlen, sich für die Wahl des Rechtsbehelfs an der Bezeichnung des Urteils zu orientieren, denn eine inkorrekte Bezeichnung durch das Gericht kann nicht zu ihren Lasten gehen (vgl. *Thomas/Putzo* Rdn. 6ff. vor § 511; BGH WM 1981, 829, 830). Liegt aber eindeutig ein Versäumnisurteil vor, ist es, auch wenn es nicht ausdrücklich als Versäumnisurteil bezeichnet wurde, nur mit dem Einspruch anfechtbar (BGH NJW-RR 1995, 257). Bleibt unklar, was für ein Urteil das Gericht erlassen wollte, sollte sowohl Einspruch als auch Berufung eingelegt werden. Zur Frist und Form des Einspruchs vgl. §§ 339, 340 ZPO. Der Einspruch muss handschriftlich unterzeichnet sein (BGH NJW 1987, 2588), sofern nicht eine der von der Rechtsprechung anerkannten Ersatzformen (Telegramm, Fernschreiben, Telefax, vgl. BGH aaO. 2589; BAG NJW 1987, 341) vorliegt. Der Mangel der Unterschrift ist nach Fristablauf nicht heilbar, eine Wiedereinsetzung bei unzureichender Unterschrift scheidet aus (BGH NJW 1987, 957). Zu Verzögerungen und Verstümmelungen auf Grund Benutzung der Technik vgl. BGH NJW 1988, 2788; NJW 1994, 1879 u. 2097.

3. Das Versäumnisurteil ist für den Kläger gemäß § 708 Nr. 2 ZPO ohne Sicherheitsleistung und ohne Abwendungsmöglichkeit für den Beklagten vorläufig vollstreckbar. Diese Folgen kann der Beklagte nicht bereits durch den Einspruch beseitigen, sondern nur über einen Einstellungsantrag gemäß §§ 719, 707 ZPO, den er zweckmäßigerweise mit dem Einspruch verbindet. In aller Regel wird es nur zu einer Einstellung gegen Sicherheitsleistung kommen (vgl. Anm. 8). Zur Einstellung der Zwangsvollstreckung aus einem Vollstreckungsbescheid vgl. Form. I. B. 4.

4. Der Einspruch ist immer bei dem Gericht einzulegen, das das Versäumnisurteil erlassen hat, § 340 Abs. 1 ZPO.

5. Für die Erfordernisse der Einspruchsschrift (§ 340 Abs. 2 ZPO) gilt nichts anderes als nach § 519 Abs. 2 ZPO für den notwendigen Inhalt der Berufungsschrift (BGH NJW-RR 1999, 998). Nach st. Rspr. des BGH ist dem nur entsprochen, wenn bis zum Ablauf der Einspruchsfrist angegeben ist, für wen und gegen wen der Einspruch eingelegt werden soll (vgl. BGH, NJW 1998, 3499 mwN.). Allerdings lässt die Rechtsprechung die Zulässigkeit nicht an Formalien scheitern, wenn nur das wirklich Gewollte deutlich wird (BGH NJW-RR 1999, 998).

6. Vgl. § 340 Abs. 2 Nr. 1 ZPO; die Einspruchsschrift muss die Bezeichnung des Urteils enthalten, gegen das der Einspruch gerichtet wird.

7. Für das Gericht ergibt sich das Zustellungsdatum aus der in der Akte befindlichen Zustellungsurkunde. Zur Kontrolle sollte das Datum im Einspruch genannt werden; daraus kann die Wahrung der Einspruchsfrist entnommen werden.

8. Vgl. § 340 Abs. 2 Nr. 2 ZPO. Die Einspruchsschrift sollte das Wort „Einspruch" enthalten; jedenfalls muss die säumige Partei unzweideutig zum Ausdruck bringen, dass sie das Versäumnisurteil nicht gegen sich gelten lassen will und eine Fortsetzung des Rechtsstreits verlangt (BGH NJW-RR 1994, 1213). Die säumige Partei kann den Einspruch auf einen Teil des Anspruches beschränken (vgl. *Thomas/Putzo* § 340 Rdn. 4). Der Umfang des Einspruches ist dann in Antrag und Begründung so deutlich zu machen, dass der Streitgegenstand des rechtskräftigen und des noch streitigen Teils genau erkennbar ist. Der Teileinspruch bei einem Versäumnisurteil gegen den Beklagten könnte lauten:

„In der Sache ......
wird gegen das Versäumnisurteil vom ......

Einspruch

eingelegt, soweit der Beklagte verurteilt wurde, an den Kläger EUR 3.281,76 nebst 5% Zinsen über dem jeweiligen Basiszinssatz seit Rechtshängigkeit zu zahlen."

Bei Versäumnisurteil gegen den Kläger:

„ ...... wird gegen das Versäumnisurteil vom ......

Einspruch

eingelegt, soweit die Klage hinsichtlich des Anspruchs von EUR 5.000,– nebst 7% Zinsen seit dem ...... abgewiesen wurde."

9. Eine Einstellung ohne Sicherheitsleistung kommt nur in den beiden in § 719 Abs. 1 S. 2 2. Halbs. ZPO genannten Ausnahmefällen (gesetzwidriges VU, unverschuldete Säumnis) oder im Fall des § 707 Abs. 1 S. 2 ZPO in Betracht. Nach hM. müssen die Voraussetzungen des § 707 Abs. 1 S. 2 ZPO nicht zusätzlich vorliegen (vgl. *Zöller/Herget* § 719 Rdn. 2, mwN., OLG Celle MDR 1999, 1345; wohl auch OLG Frankfurt NJW-RR 1998, 1450; aA. OLG Hamburg NJW 1979, 1464 und KG NJW 1984, 316

u. MDR 1985, 330). Im Beispielsfall war das Versäumnisurteil wegen Verstoßes gegen § 176 ZPO gesetzwidrig. Bei unverschuldeter Säumnis sowie im Fall des § 707 Abs. 1 S. 2 ZPO sind die Voraussetzungen glaubhaft zu machen. Die Entscheidung über die Einstellung der Zwangsvollstreckung – sei es mit oder ohne Sicherheitsleistung – wird weiter davon abhängen, ob der Einspruch zulässig ist und auch in der Sache aussichtsreich erscheint. Trägt der Beklagte mit dem Einspruch keine oder nur unerhebliche Einwendungen vor, kann er nicht mit einer Einstellung rechnen (vgl. *Zöller/Herget* § 707 Rdn. 9).

10. Vgl. Form. I. D. 1 Anm. 12. Auch wenn der Beschluss nicht ausspricht, in welcher Form die Sicherheit zu leisten ist, kann der Schuldner sie durch die schriftliche, unwiderrufliche, unbedingte und unbefristete Bürgschaft eines inländischen Kreditinstitutes erbringen (§ 108 Abs. 1 S. 2 ZPO n. F.).

11. Die Einspruchsschrift sollte auch die Sachanträge des Beklagten enthalten, vgl. § 130 Nr. 2 ZPO. Hat der Beklagte auf die Klage bisher nicht erwidert, muss er die gleichen Anträge stellen und Erklärungen abgeben wie in der Klageerwiderung, vgl. Form. I. E. 4.

12. Vgl. § 343 ZPO. Der Gegenantrag des Klägers geht dahin, „das Versäumnisurteil aufrechtzuerhalten".

13. Auch wenn die säumige Partei auf Grund des Einspruchs obsiegt, hat sie gemäß § 344 ZPO idR. die Säumniskosten (insbesondere die ½-Gebühr nach § 33 Abs. 1 BRAGO) zu tragen. Eine Ausnahme gilt nur, wenn das Versäumnisurteil – wie im Beispiel (dazu OLG Zweibrücken VersR 1979, 143) – nicht in gesetzlicher Weise ergangen ist, also die prozessualen oder sachlichen Voraussetzungen nicht gegeben waren oder gegen §§ 335, 337 ZPO verstoßen wurde. Hierauf sollte das Gericht besonders hingewiesen werden.

14. Die Begründung ist nicht Zulässigkeitsvoraussetzung für den Einspruch, fehlt sie aber, droht Zurückweisung späteren Vorbringens gemäß § 296 Abs. 1 ZPO (vgl. *Zöller/Herget* § 340 Rdn. 11; OLG Dresden NJW-RR 1999, 214; OLG München NJW-RR 1995, 127). Erkennt die säumige Partei, dass sie die Frist aus besonderen Gründen nicht einhalten kann, sollte sie vor Fristablauf einen Antrag auf Verlängerung stellen (§ 340 Abs. 3 S. 2 ZPO). In der Einspruchsbegründung sollte zunächst, soweit erforderlich, der Einstellungsantrag begründet und seine Voraussetzungen glaubhaft gemacht werden. Sodann sind etwaige Zulässigkeitsrügen vorzubringen. Der sachliche Inhalt der Einspruchsbegründung hängt vom Stand des Verfahrens ab. Liegt noch keine Klageerwiderung vor, muss die Begründung § 277 ZPO entsprechen (*Thomas/Putzo* § 340 Rdn. 5). Hat der Beklagte die Klageerwiderungsfrist versäumt, stellt sich die Frage, ob er ein Versäumnisurteil gegen sich ergehen lassen, die Erwiderung mit dem Einspruch vortragen und durch diese „Flucht in die Säumnis" die Zurückweisung als verspätet vermeiden kann. Hierzu und zur Frage, unter welchen einzelnen Voraussetzungen das Vorbringen in der Einspruchsbegründung als verspätet zurückgewiesen werden kann, vgl. *Thomas/Putzo* § 340 Rdn. 9; *Zöller/Greger* § 296 Rdn. 40; *Gounalakis* DRiZ 1997, 294; *Fastrich* NJW 1979, 2598; BGH NJW 1980, 1105; NJW 1981, 2264; OLG Düsseldorf NJW 1981, 2264; OLG Celle NJW 1989, 3023. Hat das erstinstanzliche Gericht eine verspätete Einspruchsbegründung verwertet, ist das Berufungsgericht hieran gebunden (BGH NJW 1981, 928).

15. Der Einspruch muss unterschrieben sein (§ 130 Nr. 6 ZPO). Die anerkannten Ersatzformen, insbesondere Telefax, sind auch hier zulässig. Ein mittels „Computerfax" eingelegter Einspruch soll der Form genügen (LAG Köln MDR 2001, 1316).

Kosten und Gebühren

Das Verfahren vor und nach Einspruch ist eine Gebühreninstanz; Gerichts- und Rechtsanwaltsgebühren können insgesamt nur einmal entstehen. War bereits vor Erlass des Versäumnisurteils eine Verhandlungsgebühr entstanden, kann sie nach Einspruch nicht noch einmal anfallen (§ 13 Abs. 2 BRAGO). Für die nichtstreitige Verhandlung, auf die das Versäumnisurteil ergangen ist, erhält der Anwalt jedoch die $1/2$ Gebühr nach § 33 Abs. 1 BRAGO besonders (§ 38 Abs. 2 BRAGO); das gilt auch dann, wenn vor Erlass des Versäumnisurteils streitig verhandelt wurde (vgl. *Gerold/Schmidt* § 38 BRAGO Rdn. 9); auch in diesem Fall erhält der Anwalt des Einspruchsgegners nur 1,5 Verhandlungsgebühren (OLG Hamburg MDR 1999, 1092). Die durch die Säumnis verursachten Kosten – also die $1/2$ Rechtsanwaltsgebühr des Gegners gem. §§ 33 Abs. 1, 38 Abs. 2 BRAGO sowie die Auslagen des Gegners und des Gerichts – hat nach § 344 ZPO regelmäßig die säumige Partei zu tragen, auch wenn sie obsiegt. Zu Ausnahmen vgl. Anm. 12.

Der Antrag auf Einstellung der Zwangsvollstreckung gehört nach § 37 Nr. 3 BRAGO zum Rechtszug.

Fristen und Rechtsmittel

Die Einspruchsfrist beträgt – auch vor dem Amtsgericht – zwei Wochen, im Arbeitsgerichtsprozess eine Woche (§ 59 ArbGG). Sie ist eine Notfrist mit den sich aus §§ 224, 233 ZPO ergebenden Konsequenzen. Die Verlängerungsmöglichkeit in § 340 Abs. 3 ZPO bezieht sich nicht auf die Einspruchsfrist, nur auf die Begründungsfrist. Die Frist beginnt mit der Zustellung des Versäumnisurteils. Gemeint ist bei verkündeten Versäumnisurteilen die Zustellung gem. § 317 Abs. 1 ZPO an die unterliegende Partei, bei schriftlichen Versäumnisurteilen die letzte Amtszustellung gem. § 310 Abs. 3 ZPO (hier beginnt die Frist nach hM. erst, wenn das Urteil beiden Parteien zugestellt ist, BGH NJW 1994, 3359; *Thomas/Putzo* § 310 Rdn. 3; vgl. Form. I. G. 2 Anm. „Fristen und Rechtsmittel"). Die Zustellung durch den Gegner zum Zwecke der Zwangsvollstreckung gemäß § 750 Abs. 1 S. 2 ZPO ist für den Fristbeginn unerheblich (*Baumbach/Lauterbach/Albers/Hartmann* § 339 Rdn. 4); anders beim Einspruch gegen den Vollstreckungsbescheid (vgl. Form. I.B. 4 Anm. 3). Für den Fristbeginn ist nicht Voraussetzung, dass das Versäumnisurteil eine Rechtsmittelbelehrung enthält (BVerfG NJW 1995, 3173; anders im Arbeitsgerichtsprozess, § 9 Abs. 5 ArbGG). Zur Wahrung der Frist genügt der Einwurf der Einspruchsschrift in ein im Gerichtsgebäude befindliches Brieffach für eingehende Post (BGH Rpfleger 1984, 241). Bei Zustellung des Versäumnisurteils im Ausland (vgl. § 183 ZPO) oder bei öffentlicher Zustellung (§§ 185 ff. ZPO) wird die Einspruchsfrist nach § 339 iVm. § 700 Abs. 1 ZPO durch das Gericht bestimmt.

Wird der Einspruch durch Urteil als unzulässig verworfen, steht der säumigen Partei die Berufung zu. Das gilt auch bei Verwerfung durch ein zweites Versäumnisurteil nach § 345 ZPO (vgl. Form. I.G. 6). Gegen ein Urteil, das den Einspruch für zulässig hält und das Versäumnisurteil aufhebt oder aufrechterhält, sind die allgemeinen Rechtsmittel gegeben. Beschlüsse über Anträge auf Einstellung der Zwangsvollstreckung sind gem. § 707 Abs. 2 ZPO unanfechtbar, hiervon macht die Rechtsprechung aber Ausnahmen, insbesondere bei greifbarer Gesetzeswidrigkeit und groben Ermessensfehlern (vgl. OLG Frankfurt NJW 1988, 79; *Zöller/Herget* § 707 Rdn. 22; *Schneider* MDR 1980, 529). Im Übrigen kann das Gericht seinen Einstellungsbeschluss auf Gegenvorstellung jederzeit abändern.

6. Antrag auf zweites Versäumnisurteil[1,2]

An das
Landgericht

In der Sache

……

wird beantragt[3],

> **den Einspruch des Beklagten gegen das Versäumnisurteil vom …… durch zweites Versäumnisurteil zu verwerfen.**

Rechtsanwalt

Schrifttum: Prütting, Das zweite Versäumnisurteil im technischen Sinn, JuS 1975, 150; *Braun,* Die Berufung gegen das zweite Versäumnisurteil, ZZP 93 (1980), 443; *van den Hövel,* Die Säumnis des Einspruchsführers nach verfristetem Einspruch gegen ein Versäumnisurteil, NJW 1997, 2864; *Habel,* Kostenerstattung bei vorausgegangenem Versäumnisurteil, NJW 1997, 2357.

Anmerkungen

1. Ein zweites Versäumnisurteil kann sowohl nach Einspruch gegen ein Versäumnisurteil gegen den Kläger oder den Beklagten als auch nach Einspruch gegen einen Vollstreckungsbescheid ergehen (§ 345 ZPO, für den Vollstreckungsbescheid iVm. § 700 Abs. 1 ZPO). Das zweite Versäumnisurteil setzt außer dem darauf gerichteten Antrag zunächst eine Säumnis des Gegners im Verhandlungstermin voraus (vgl. Form. I. G. 1 Anm. 3); Dabei kann die Einhaltung einer längeren Wartezeit als beim ersten Vesäumnisurteil geboten sein (OLG Rostock MDR 1999, 626). Weitere Voraussetzungen sind, dass der Einspruch zulässig war, also form- und fristgerecht eingelegt wurde (*Thomas/Putzo* § 345 Rdn. 1; BGH NJW 1995, 1561; OLG Düsseldorf MDR 2001, 833; str.), und dass nach dem Einspruch noch nicht zur Hauptsache verhandelt wurde (*Thomas/Putzo* § 345 Rdn. 2). Nicht mehr zu prüfen ist nach hM., ob die Klage bei Erlass des ersten Versäumnisurteils zulässig war, ob sie schlüssig war und ob die übrigen Voraussetzungen für ein Versäumnisurteil – zB. korrekte Ladung – vorlagen (BGH NJW 1999, 2598; NJW 1986, 2113; *Thomas/Putzo* § 345 Rdn. 4; aA. *Zöller/Herget* § 345 Rdn. 4 mwN.; BAG MDR 1995, 201). Diese Prüfung ist bereits vor Erlass des ersten Versäumnisurteils vorgenommen worden. Da die Frage aber nach wie vor streitig ist, muss der Kläger damit rechnen, dass das Gericht auch bei Säumnis des Beklagten im Einspruchstermin noch die Schlüssigkeit prüft. Anders ist die Rechtslage nach Einspruch gegen einen Vollstreckungsbescheid: hier darf der Einspruch durch ein zweites Versäumnisurteil nur verworfen werden, wenn die Klage schlüssig ist (§ 700 Abs. 6 ZPO); außerdem ist zu prüfen, ob der Vollstreckungsbescheid auch im Übrigen rechtmäßig ergangen ist (BGH NJW 1999, 2599; 1982, 888).

2. Der Antrag wird idR. nicht schriftsätzlich angekündigt, sondern zu Protokoll in dem nach § 341 a ZPO bestimmten Termin gestellt. Eine Ankündigung kann aber auch hier aus kollegialen Gründen geboten sein, wenn der Beklagte anwaltlich vertreten ist.

3. Die Fassung des Antrags beruht auf § 345 ZPO. Der Antrag auf ein zweites Versäumnisurteil nach Vollstreckungsbescheid ist entsprechend zu formulieren. Bei unzulässigem, insbesondere verspätetem Einspruch geht der Antrag dahin,

> „den Einspruch als unzulässig zu verwerfen“.

Streitig ist, ob dies durch ein unechtes Versäumnisurteil (so BGH NJW 1995, 1561; *Zöller/Herget* § 341 Rdn. 9) oder durch ein echtes (erstes) Versäumnisurteil (so *van den*

Hövel NJW 1997, 2864) zu geschehen hat, ob also zusätzlich der Antrag auf Erlass eines Versäumnisurteils zu stellen ist. Hier sollte im Termin die Rechtsauffassung des Gerichts erfragt werden.

Kosten und Gebühren

Es entstehen keine weiteren Gerichtsgebühren. Für die Gebühren des Rechtsanwalts gelten §§ 33, 38 BRAGO. Ob erneut $^1/_2$ Gebühr gem. § 33 Abs. 1 BRAGO anfällt, ist str. (bejahend *Hartmann* § 38 BRAGO Rdn. 16; verneinend OLG Hamm NJW 1969, 2245; OLG Schleswig JurBüro 1986, 567).

Fristen und Rechtsmittel

Gegen das Versäumnisurteil, das den Einspruch als unzulässig verwirft, steht der säumigen Partei nur die Berufung zu. Ein weiterer Einspruch gegen das zweite Versäumnisurteil ist in keinem Fall statthaft. Die Berufungssumme von EUR 600,– braucht nicht erreicht zu sein (§ 514 Abs. 2 S. 2 ZPO; anders in der Arbeitsgerichtsbarkeit, vgl. BAG MDR 1989, 850). Sie kann nur darauf gestützt werden, dass kein Fall der Säumnis vorgelegen habe (§ 514 Abs. 2 ZPO), also auch darauf, dass die Versäumung nicht schuldhaft gewesen sei; dabei ist die Verschuldensfrage nach den gleichen Maßstäben zu beurteilen wie bei der Wiedereinsetzung in den vorigen Stand. (BGH NJW 1999, 2120, 2121). Die Berufung ist also immer dann gegeben, wenn das zweite Versäumnisurteil nicht hätte ergehen dürfen (BGH NJW 1991, 43, 44), sie kann hingegen nicht darauf gestützt werden, dass bei Erlass des ersten Versäumnisurteils keine Säumnis vorgelegen habe (BGH NJW 1986, 2113). Die Streitfrage, ob die Berufung auch auf fehlende Schlüssigkeit der Klage gestützt werden kann (verneinend BGH NJW 1999, 2599; KG MDR 2000, 293; vgl. *Zöller/Gummer* § 514 Rdn. 8a f.) hängt also vom Standpunkt des jeweiligen Gerichts zur Zulässigkeit eines zweiten Versäumnisurteils in diesem Fall ab (anders für die Arbeitsgerichtsbarkeit BAG MDR 1995, 201). Ist hingegen ein Vollstreckungsbescheid vorausgegangen, kann der Beklagte immer mit der Berufung geltend machen, dass dieser in verfahrensrechtlich unzulässiger Weise ergangen ist (BGH NJW 1991, 43); der Beklagte kann die Berufung auch darauf stützen, dass bei Entscheidung über den Einspruch eine Prozessvoraussetzung oder die Schlüssigkeit der Klage fehlte (BGH a.a.O.). Mit der Berufungsbegründung, also innerhalb der Berufungsbegründungsfrist, muss die Partei schlüssig darlegen, dass die Versäumung des Einspruchstermins nicht schuldhaft war; die Schlüssigkeit des Sachvortrags ist Voraussetzung für die Zulässigkeit der Berufung (BGH NJW 1991, 42, 43; vgl *Thomas/Putzo* § 524 Rdn. 4); die Beweislast liegt beim Berufungskläger (BGH NJW 1999, 2121). An die schuldlose Versäumung des Termins durch einen Rechtsanwalt stellt die Instanzrechtsprechung z.T. strenge Anforderungen (zB. OLG Köln MDR 1998, 617; KG MDR 1999, 185; OLG Naumburg MDR 1999, 186

Wird ein weiteres (erstes) Versäumnisurteil irrig als zweites Versäumnisurteil bezeichnet, kann der Betroffene nach dem Meistbegünstigungsgrundsatz dieses Urteil mit dem Einspruch und/oder der Berufung angreifen (BGH MDR 1997, 495; VersR 1984, 287, 288; OLG Frankfurt NJW-RR 1992, 1468, 1469). Im umgekehrten Fall, wenn ein weiteres erstes Versäumnisurteil erlassen wird, obwohl richtigerweise ein zweites Versäumnisurteil hätte ergehen müssen, kann nach dem Grundsatz der Meistbegünstigung auch ein Einspruch zulässig sein BGH MDR 1997, 495).

7. Antrag auf Verwerfung des unzulässigen Einspruchs durch Urteil ohne mündliche Verhandlung[1]

An das
Landgericht

In der Sache

......

wird beantragt,

den Einspruch des Beklagten ohne mündliche Verhandlung als unzulässig zu verwerfen,[2]
dem Beklagten die weiteren Kosten des Rechtsstreits aufzuerlegen[3]
und das Urteil ohne Sicherheitsleistung für vorläufig vollstreckbar zu erklären[4].

Begründung:

Der Beklagte ist durch Versäumnisurteil vom ...... zur Zahlung verurteilt worden. Wie sich aus der Mitteilung des Gerichts vom ...... ergibt[5], wurde ihm das Urteil am ...... zugestellt, während sein Einspruch erst am ...... einging. Damit ist der Einspruch verspätet und gemäß §§ 339, 341 ZPO unzulässig. Es wird gebeten, von einer Terminierung abzusehen und über den Einspruch gemäß § 341 Abs. 2 ZPO durch Urteil ohne mündliche Verhandlung zu entscheiden.

Rechtsanwalt

Anmerkungen

1. § 341 Abs. 2 ZPO eröffnet die Möglichkeit, ohne mündliche Verhandlung über einen unzulässigen Einspruch zu entscheiden; entgegen der früheren Regelung hat die Entscheidung allerdings auch dann durch Urteil zu erfolgen. Dieses Verfahren bedeutet für den Gegner der säumigen Partei eine Vereinfachung, die er anregen sollte, wenn er die Unzulässigkeit des Einspruchs erkennt. Ob das Gericht ohne mündliche Verhandlung entscheidet, steht allerdings in seinem Ermessen. Da bei der Einspruchsprüfung meist keine schwierigen tatsächlichen oder rechtliche Fragen auftreten, ist die mündliche Verhandlung aber in der Regel entbehrlich. § 341 Abs. 2 ZPO gilt auch bei unzulässigem Einspruch gegen einen Vollstreckungsbescheid (vgl. Form. I B. 9). Will das Gericht ohne mündliche Verhandlung entscheiden, hat es zunächst dem Gegner rechtliches Gehör zu gewähren.

2. Die Fassung des Antrags ergibt sich aus § 341 Abs. 1 S. 2 ZPO.

3. Im Urteil ist auch über die Kosten zu entscheiden, einer Entscheidung über die Vollstreckbarkeit bedarf es nicht.

4. Da die Entscheidung nach § 341 Abs. 2 ZPO n. F. nicht durch Beschluss, sondern immer durch Urteil zu treffen ist, muss wegen der weiteren Kosten auch über die vorläufige Vollstreckbarkeit entschieden werden; nach § 708 Nr. 3 ZPO ist das Uteil ohne Sicherheitsleistung für vorläufig vollstreckbar zu erklären.

5. Gemäß § 340a ZPO wird dem Gegner der säumigen Partei die Einspruchsschrift zugestellt, außerdem wird ihm mitgeteilt, wann das Versäumnisurteil zugestellt und der Einspruch eingelegt wurde. Er kann also immer erkennen, ob der Einspruch rechtzeitig war, und auch, ob er etwa im Anwaltsprozess nur durch die Partei selbst eingelegt wurde.

Kosten und Gebühren

Der Urteil löst keine weiteren Gerichtsgebühren aus. Für den Rechtsanwalt entsteht eine (weitere) Verhandlungsgebühr (vgl. § 38 Abs. 1 BRAGO).

Fristen und Rechtsmittel

Das Urteil ist, auch wenn es ohne mündliche Verhandlung ergangen ist, mit den gewöhnlichen Rechtsmitteln anfechtbar.

8. Entscheidung nach Lage der Akten[1,2]

An das
Landgericht

In der Sache
......
ist damit zu rechnen, dass der Beklagte im Termin nicht erscheinen wird. Der Kläger wiederholt daher den Antrag aus der Klageschrift[3]
und beantragt,

eine Entscheidung nach Lage der Akten zu erlassen[4].

Die Parteien haben bereits im Termin vom ...... streitig verhandelt. Weiteres erhebliches Vorbringen des Beklagten ist nicht zu erwarten, es wäre ohnehin als verspätet zurückzuweisen.
Für den Fall, dass das Gericht eine Entscheidung nach Lage der Akten ablehnt, wird hilfsweise beantragt[5],

ein Versäumnisurteil zu erlassen.

Rechtsanwalt

Anmerkungen

1. Statt eines Versäumnisurteils kann die erschienene Partei auch eine Entscheidung nach Lage der Akten beantragen (§ 331a ZPO). Das ist zu empfehlen, wenn ein Einspruch des Säumigen gegen das Versäumnisurteil zu erwarten wäre und der Erschienene an einer Förderung des Verfahrens oder an einer abschließenden Entscheidung durch streitiges Urteil interessiert ist. Der Antrag kommt auch in Betracht, wenn sich ein Rechtsanwalt aus standesrechtlichen Gründen gehindert sieht, ein Versäumnisurteil gegen den anwaltlich vertretenen, nicht erschienenen Gegner zu beantragen. Ein Urteil nach Lage der Akten kann nur ergehen, wenn in einem früheren Termin streitig zur Sache verhandelt wurde (§ 331a S. 2 iVm. § 251a Abs. 2 ZPO). Im Berufungsverfahren reicht eine Verhandlung vor dem vorbereitenden Einzelrichter aus (vgl. OLG Karlsruhe MDR 1995, 637). Stellt der Erschienene den Antrag, sollte er sicher sein, dass die auf Grund des Akteninhalts zu treffende Entscheidung für ihn günstig ist. Zur Frage, inwieweit der Akteninhalt für die Entscheidung verwertet wird, vgl. *Thomas/Putzo* § 251a Rdn. 5. Klagebegründendes Vorbringen, das dem Beklagten nicht unter Wahrung der Einlassungsfrist zugestellt wurde, kann nicht berücksichtigt werden. Das Gericht kann jedoch bei Säumnis einer Partei geladene Zeugen oder Sachverständige vernehmen und das Ergebnis für die Entscheidung nach Lage der Akten verwerten (BGH NJW 2002, 301).

2. Auch dieser Antrag wird idR. nicht schriftsätzlich angekündigt, sondern im Termin gestellt, wenn der Gegner nicht erscheint. Steht sein Nichterscheinen schon vorher fest, kann es sinnvoll sein, den Antrag mit Schriftsatz anzukündigen, damit sich das Gericht vorbereiten kann.

3. Außer dem Prozessantrag auf Entscheidung nach Lage der Akten ist auch der Sachantrag zu wiederholen, über den das Gericht zu entscheiden hat. Entsprechendes gilt für den Klageabweisungsantrag des Beklagten.

4. Die Entscheidung kann ein Beschluss, zB. ein Beweisbeschluss, oder ein ganz oder zT. stattgebendes oder abweisendes Urteil sein. Der Antragsteller kann seinen Antrag nicht in der Form einschränken, dass er für den Fall eines ungünstigen Urteils nicht gestellt sein soll. Ob das Gericht eine Entscheidung nach Lage der Akten verkündet, steht in seinem Ermessen. Ein Urteil kann nicht am Schluss des Verhandlungstermins, sondern erst in einem besonderen Verkündungstermin, der frühestens zwei Wochen später stattfinden darf, ergehen (§ 251 Abs. 2 ZPO). In dieser Zeit hat der Gegner, dem der Verkündungstermin formlos mitgeteilt wird, Gelegenheit, glaubhaft zu machen, dass er den Verhandlungstermin ohne Verschulden versäumt hat.

5. Lehnt das Gericht die Entscheidung ab, kann der Erschienene immer noch ein Versäumnisurteil beantragen. Der Hilfsantrag ist für den Fall sinnvoll, dass das Gericht die Sache zur Entscheidung nimmt, ohne sich auf eine Entscheidung nach Lage der Akten festgelegt zu haben. Lehnt es dann im Verkündungstermin die Entscheidung nach Lage der Akten ab, muss es das Versäumnisurteil erlassen, ohne dass eine weitere mündliche Verhandlung erforderlich wird. Zur Zulässigkeit dieses Hilfsantrags vgl. *Baumbach/Lauterbach/Albers/Hartmann* § 331 a Rdn. 4.

Kosten und Gebühren

Der Rechtsanwalt erhält die volle Verhandlungsgebühr.

Fristen und Rechtsmittel

Die Ablehnung eines Antrags auf Entscheidung nach Lage der Akten ist unanfechtbar, § 336 Abs. 2 ZPO. Gegen die Entscheidung nach Lage der Akten haben die Parteien die gleichen Rechtsmittel wie sonst auch; ein Einspruch wäre nicht statthaft.

H. Beweisverfahren

1. Antrag auf Vernehmung von Zeugen[1]

An das
Landgericht

In der Sache

……

bezieht sich der Kläger zum Beweis für den von ihm vorgetragenen Unfallhergang[2] auf die Zeugen

1. Herrn Andreas Wentz, Marienstraße 3, 70249 Stuttgart,[3]
2. Herrn Meyer, ladungsfähige Anschrift nur dem Beklagten bekannt,[4]
3. NN (ladungsfähige Anschrift wird nachgereicht),[5]
4. Frau Rita Berger, Südwall 21, 31254 Hannover,
5. Frau Tüley Özgörgün, Birkenallee 17, 70249 Stuttgart.

Der Zeuge Herr Wentz hat über den Unfallhergang seinerzeit eine Skizze gemacht. Es wird beantragt,

dem Zeugen aufzugeben, diese Skizze zum Termin mitzubringen[6].

Bei dem Zeugen Herrn Meyer handelt es sich um den Fahrer des Fahrzeugs, das zurzeit des Unfalls hinter dem Fahrzeug des Beklagten fuhr. Der Beklagte hat sich die Anschrift dieses Zeugen notiert, dem Kläger ist sie unbekannt. Der Kläger beantragt,

dem Beklagten unter Fristsetzung aufzugeben, die Anschrift des Zeugen Herrn Meyer anzugeben.

Bei dem Zeugen NN handelt es sich um den Fahrer eines weiteren Fahrzeugs, dessen Namen der Kläger bemüht ist, über das zuständige Straßenverkehrsamt zu ermitteln. Hinsichtlich der Zeugin Frau Berger wird beantragt,

sie vorab im Wege der Rechtshilfe vor dem Amtsgericht Hannover zu vernehmen[7].

Frau Özgörgün hat den Unfall im Fahrzeug des Klägers miterlebt[8]. Sie ist Türkin. Da sie nur unzureichend Deutsch spricht, wird beantragt, zu ihrer Vernehmung einen Dolmetscher der türkischen Sprache hinzuzuziehen[9].

Zum Beweis für die dargelegten Unfallverletzungen und die sich daraus ergebenden Beschwerden, den Heilungsverlauf, die Dauer der Arbeitsunfähigkeit sowie den Behandlungszeitraum bezieht sich der Kläger auf das Zeugnis des

Dr. med. Hans Schüler …… (ladungsfähige Anschrift),

den der Kläger hierfür von seiner Verschwiegenheitspflicht entbindet[10]. Es wird angeregt, eine schriftliche Beantwortung der Beweisfrage anzuordnen, da Gegenstand der Vernehmung eine Auskunft bildet, die der Zeuge voraussichtlich anhand seiner ärztlichen Unterlagen geben kann[11].

Rechtsanwalt

Schrifttum: Arntzen, Psychologie der Zeugenaussage, 3. Aufl. 1993; *Bender/Nack,* Tatsachenfeststellung vor Gericht, 2. Aufl. 1995; *Eichele/Uling* Das Beweisbuch für den Anwalt, Handbuch für den strategischen Einsatz von Beweismitteln im Zivilprozeß, 1997; *Foerste,* Parteiische Zeugen im Zivilprozess, NJW 2001, 321; *Einmahl,* Zeugenirrtum und Beweismaß im Zivilprozess, eine Fallstudie am Beispiel des Verkehrsunfallprozesses, NJW 2001, 469; *Kirchhoff,* Der Verkehrsunfall im Zivilprozeß – von der Schwierigkeit, Zeugen zu glauben, MDR 1999, 1473; *Meyke,* Die Funktion der Zeugenaussage im Zivilprozeß, NJW 1989, 2032; *ders.,* Plausibilitätskontrolle und Beweis, NJW 2000, 2230; *Baumgärtel,* Ausforschungsbeweis und „Behauptung ins Blaue hinein“, MDR 1995, 987; *Deckers,* Glaubwürdigkeit kindlicher Zeugen, NJW 1999, 1365; *Reinecke,* Der Zeuge N.N. in der zivil- und arbeitsgerichtlichen Praxis, MDR 1990, 767; *Helle,* Der Telefonzeuge im Zivilprozeß, JR 2000, 353; *Lenz/Meurer,* Der heimliche Zeuge im Zivilprozeß, MDR 2000, 73; *Werner,* Verwertung rechtswidrig erlangter Beweismittel, NJW 1988, 993; *Schneider,* Die Beeidigung des Zeugen im Zivilprozeß, MDR 1969, 429; *ders.,* Beweisrechtsverstöße in der Praxix, MDR 1998, 997; *Heistermann,* Vorschussanordnung vor der Beweisaufnahme – Folgen der fehlerhaften Zahlung, MDR 2001, 1085; *Bachmann,* Der Zeugen- und Sachverständigenvorschuß, DRiZ 1984, 401; *Sass,* Die Folgen der versäumten Zahlung des Auslagenvorschusses nach § 379 ZPO, MDR 1985, 96; *Pantle,* Erneute Zeugenvernehmung in der Berufungsinstanz, NJW 1988, 2027; *Gießler,* Vernehmung des nicht geladenen Zeugen, NJW 1991, 2885; *Grünberg,* Ordnungsmittel gegen einen ausgebliebenen Zeugen, MDR 1992, 326.

Anmerkungen

1. Der Zeugenbeweis ist die in der Praxis häufigste Beweisart, zu einer sicheren Beweisführung jedoch nur in Grenzen geeignet (vgl. *Foerste,* NJW 2001, 321; *Baumbach/Lauterbach/Albers/Hartmann* vor § 373 Rdn. 5 f.). Zeuge kann nur sein, wer nicht Partei des Rechtsstreits ist oder als Partei zu vernehmen wäre (wie zB. der Inhaber einer Firma, der Geschäftsführer einer GmbH, der Vorstand eines Vereins, der persönlich haftende Gesellschafter einer OHG oder KG; vgl. näher *Zöller/Greger* § 373 Rdn. 5ff.). Auch der Streitgenosse kann idR. nicht Zeuge sein, BGH NJW 1983, 2508, sondern als Zeuge nur über Tatsachen vernommen werden, die ausschließlich andere Streitgenossen betreffen (BGH NJW-RR 1991, 256). Der Zedent kann Zeuge sein, seine Aussage unterliegt aber besonders kritischer Würdigung (BGH NJW 2001, 826, 827). Als Zeuge kommt iÜ. nur in Betracht, wer in Bezug auf das Beweisthema konkrete Wahrnehmungen gemacht hat, und zwar in zulässiger Weise; das ist zweifelhaft bei heimlichem Mithören über eine Bürosprechanlage oder Mithöreinrichtung (BAG NJW 1998, 1331; OLG Düsseldorf NJW 2000, 1578; vgl. *Zöller/Greger* § 286 Rdn. 15a f.; *Lenz/Meurer* MDR 2000, 73); eine heimlich aufgenommene Tonaufzeichnung wäre nicht verwertbar (BGH NJW 1982, 277; 1988, 1016; BayObLG NJW 1990, 197). Das gilt auch für einen heimlich in den Besprechungsraum geführten Lauscher (BGH NJW 1991, 1180). Allerdings ist die Frage der Verwertbarkeit in diesen Fällen stets auf Grund einer Interessen- und Güterabwägung nach den Umständen des Einzelfalls zu entscheiden (BGH NJW 1994, 2289, 2292). Zur Abgrenzung des Zeugen vom Sachverständigen vgl. BGH NJW 1993, 1796, 1797; *Thomas/Putzo* Rdn. 1 vor § 373, zur Person des sachverständigen Zeugen vgl. § 414 ZPO u. OLG Düsseldorf BauR 2000, 1243 u. 1538; OLG Hamm MDR 1988, 418.

Der Zeugenbeweis setzt, soweit der Verhandlungsgrundsatz gilt, immer einen Antrag der beweispflichtigen Partei voraus. In der Praxis der Instanzgerichte werden viele Zeugenbeweisantritte als unerheblich, unsubstantiiert oder auch als verspätet zurückgewiesen. Die Gerichte nehmen oft eine vorweggenommene Plausibilitätskontrolle vor, auch wenn dies mit der Rechtsprechung des BGH (vgl. zB. BGH MDR 2002, 963) nicht in Einklang steht. Hierauf muss sich der Anwalt einstellen. Er sollte möglichst jede Tatsache, die er nicht durch Urkunden belegen kann, unter Beweis stellen und den Beweisantritt sorgfältig und unübersehbar formulieren, und zwar nicht erst, wenn die Tatsache streitig geworden ist, sondern bereits in der Klageschrift oder der Klageerwiderung (§ 130 Nr. 5 ZPO). Der Anwalt sollte sich auch nicht erst am Schluss einer längeren

Sachverhaltsdarstellung für alles auf einen Zeugen beziehen, sondern die Tatsachen trennen und jeweils Beweis antreten. Zu den Beweisantritten der Gegenseite sind, soweit vorhanden, schon vor der Beweisanordnung des Gerichts Gegenzeugen zu benennen; stehen keine zur Verfügung, kann es sich empfehlen, sich auf denselben Zeugen zu beziehen, um ihm damit deutlich zu machen, dass er nicht Zeuge einer Partei ist. Angesichts der Umgestaltung des Berufungsrechts besteht kaum noch die Gelegenheit, zusätzliche Zeugen erst im zweiten Rechtszug vernehmen zu lassen. Das bedeutet für den Rechtsanwalt, dass er möglichst vor Prozessbeginnen die Beweismittel durch Information bei seinem Mandanten sammeln muss, nicht erst dann, wenn er binnen kurzer Frist einen Zeugen benennen muss.

2. Gem. § 373 ZPO gehört zum Beweisantritt die Bezeichnung der Tatsachen, über welche der Zeuge vernommen werden soll. Hieran kranken in der Praxis viele Beweisanträge. Unzureichend ist es zB., den Umstand, dass eine Sache „gekauft“ wurde, unter Beweis zu stellen, denn hierbei handelt es sich nicht um eine Tatsache, sondern um den aus Tatsachen gezogenen rechtlichen Schluss. Statt dessen wäre konkret anzugeben, wie sich der Vertragsschluss abgespielt hat, und deutlich zu machen, über welche dieser Einzeltatsachen der Zeuge vernommen werden soll. Die Beweiserhebung kann abgelehnt werden, wenn die unter Beweis gestellten Tatsachen so ungenau bezeichnet sind, dass ihre Erheblichkeit nicht beurteilt werden kann, oder wenn sie erkennbar aus der Luft gegriffen sind (BGH NJW 1991, 2707; NJW-RR 1994, 377; vgl. *Baumgärtel* MDR 1995, 987); nicht erforderlich ist die nähere Angabe von Begleitumständen, soweit die Einzelheiten für die Rechtsfolge nicht von Bedeutung sind (BGH NJW-RR 1995, 724). Fraglich kann sein, wieweit mit dem Beweisantritt darzulegen ist, wie der Zeuge die in sein Wissen gestellte Tatsache erfahren hat. Das wird für die beweiserhebliche Tatsache jedenfalls dann nicht verlangt, wenn sich die zu beweisende Tatsache außerhalb der Sphäre der beweispflichtigen Partei ereignet haben soll (BGH NJW 1996, 1826, 1827); anders ist es aber beim Indizienbeweis: hier ist darzulegen, auf Grund welcher Tatsache der Zeuge entsprechende Kenntnis erlangt hat (vgl. BGH NJW 1983, 2034; NJW-RR 1993, 443; NJW 1999, 3115). Da aber die Instanzgerichte zuweilen Anforderungen an die Substantiierung eines Beweisantritts stellen, die nach der Rechtsprechung des BGH übertrieben sind (vgl. zB. BGH NJW 1988, 2740; 1989, 227; 1991, 2707, 2709; NJW-RR 1991, 446), ist dringend zu empfehlen, vorzutragen, woher der Zeuge die Kenntnis hat, und auch die Begleitumstände näher darzulegen. Besonders schwierig ist der Beweisantritt bei inneren Tatsachen (Vorsatz, Kenntnis, Absichten, gemeinsame Vorstellungen etc.); obwohl die Rechtsprechung des BGH dies nicht verlangt (vgl. BGH MDR 1992, 1084), sollten nach Möglichkeit zusätzliche Indizien unter Beweis gestellt werden, aus denen auf die innere Tatsache geschlossen werden kann. Wird ein Zeuge für eine nicht in seiner Person eingetretenen inneren Tatsache benannt, muss dargelegt werden, woher er Kenntnis von der inneren Tatsache hat (BGH NJW 1996, 1678, 1679). Indizzeugen, die nicht den zu beweisenden Vorgang selbst beobachtet haben, aber an den anschließenden Gesprächen beteiligt waren, sind grundsätzlich zu vernehmen (BGH NJW-RR 1990, 1276). Voraussetzung für die Beweiserhebung über Indiztatsachen ist allerdings, dass sie – ihre Richtigkeit unterstellt – das Gericht von der Wahrheit der Haupttatsache überzeugen würden (BGH NJW 1989, 2947). Das Übergehen eines Beweisantritts kann ein Verstoß gegen Art. 103 GG sein (BVerfG NJW 1991, 285; 2000, 945).

Weitere Zeugenbeweisantritte s. Form. I. E. 2.

3. Zeugen müssen mit ladungsfähiger Anschrift benannt werden, dazu gehört idR. auch der vollständige Name. Der Beweisführer sollte die Privatanschrift, nicht die Arbeitsanschrift angeben, auch wenn sie genügen kann (BGH NJW 2001, 875); die oft gebrauchte Formulierung „zu laden über den Kläger/Beklagten“ wird nicht von allen Gerichten akzeptiert (vgl. LG Hagen MDR 1984, 1024; *Baumbach/Lauterbach/Albers/Hartmann* § 373 Rdn. 4). Die Angabe eines Postfaches ist nicht ausreichend (BVerwG

NJW 1999, 2608). Allerdings liegt nach der Rechtsprechung des BGH (NJW 1993, 1926, 1927) auch bei fehlender oder unrichtiger Anschrift ein beachtlicher Beweisantritt vor. Das Gericht darf den Beweisantritt nicht einfach übergehen, sondern muss eine Frist nach § 356 ZPO setzen; dabei kommt es nicht auf Verschulden der Partei an (BVerfG NJW 2000, 945 gegen *Baumbach/Lauterbach/Albers/Hartmann* § 356 Rdn. 4; BGH NJW 1993, 1926). Stellt sich heraus, dass die Anschrift nicht mehr zutrifft, muss das Gericht eine Frist zur Beibringung der richtigen Anschrift setzen (BVerfG NJW 1984, 1026). Die Fristsetzung ist unwirksam, wenn sie nicht förmlich zugestellt wird, eine Heilung nach § 187 ZPO ist nicht möglich (BGH NJW 1989, 227). Nach Ablauf der Frist kann das Beweismittel unbenutzbar werden. Auch bei Angabe der Anschrift nach Fristablauf hat das Gericht den Zeugen noch zu laden, wenn dadurch keine Verzögerung eintritt (BVerfG NJW-RR 1994, 700); andernfalls bleibt die Möglichkeit, ihn zu sistieren (vgl. BGH NJW 1998, 761, 762).

4. Das Gericht ist dem Beweisführer bei der Beschaffung der ladungsfähigen Anschrift nicht behilflich. Kennt der Gegner jedoch die dem Beweisführer unbekannte Anschrift eines Zeugen, kann dieser verpflichtet sein, sie zu offenbaren. Unterlässt er dies ohne triftigen Grund, kann das Gericht hieraus im Rahmen der Beweiswürdigung Schlüsse zu seinem Nachteil ziehen (BGH NJW 1960, 821; vgl. BGH NJW-RR 1996, 1534; *Thomas/Putzo* § 286 Rdn. 19; eingehend *Peters* ZZP 82, 200).

5. Kennt der Beweisführer Namen und Anschrift nicht, kann er den Zeugen einstweilen mit „NN“ (zB.) bezeichnen (BGH NJW 1998, 2368). Er sollte aber sicherheitshalber erklären, warum er den Zeugen trotz seiner Bemühungen noch nicht benennen kann. Andernfalls besteht die Gefahr, dass das Gericht den Beweisantritt übergeht oder nach § 296 ZPO zurückweist (vgl. BGH NJW 1983, 1905, 1908; NJW 1989, 227; *Zöller/Greger* § 356 Rdn. 4), auch wenn das Gericht eigentlich nach § 356 ZPO vorgehen müsste (BGH NJW 1993, 1926; zum Verfahren nach § 356 ZPO vgl. Anm. 3). In jedem Falle empfiehlt es sich, Namen und Anschrift unverzüglich nachzureichen.

6. Der Zeuge ist verpflichtet, sich mit Hilfe der ihm zugänglichen Unterlagen auf seine Aussage vorzubereiten (vgl. *Zöller/Greger* § 373 Rdn. 2). Diese Verpflichtung ist gesetzlich festgelegt (§ 378 Abs. 1 ZPO). Soweit ihm das zumutbar ist, hat der Zeuge diese Unterlagen – in Betracht kommen zB. Skizzen, Aufzeichnungen über Gespräche und Telefonate, Geschäftspapiere – zum Termin mitzubringen. Das dient allerdings nur der Unterstützung und Erläuterung seiner Aussage; eine Vorlegungspflicht gegenüber Parteien und Gericht folgt daraus nicht, sie besteht nur nach §§ 142, 429 ZPO (§ 378 Abs. 1 S. 2 ZPO). Bei Verletzung dieser Zeugenpflicht drohen dem Zeugen nach § 390 ZPO Ordnungsgeld und Mehrkosten des Verfahrens; allerdings nur nach vorheriger Androhung. Wenn die Partei daher weiß, dass dem Zeugen solche Unterlagen zur Verfügung stehen, sollte sie zweckmäßigerweise einen solchen Antrag stellen, damit das Gericht den Zeugen entsprechend laden kann. Stellt sich im Beweistermin heraus, dass der Zeuge ohne Unterlagen nichts Konkretes sagen kann, sollte der Beweisführer Vertagung und erneute Ladung des Zeugen mit Anordnung nach § 378 ZPO beantragen. Handelt es sich bei dem Zeugen um einen Angestellten des Gegners, so kann es sich zusätzlich empfehlen, die Vorlegung entsprechender Geschäftsunterlagen durch den Gegner gem. § 421 ZPO zu beantragen.

7. Vgl. § 375 Abs. 1 Nr. 3 ZPO. Es handelt sich um eine Anregung; die Anordnung steht im Ermessen des Gerichts, das einerseits den Kostenaufwand, andererseits die Bedeutung der Aussage berücksichtigen wird. Nachteilig an der Vernehmung im Wege der Rechtshilfe ist, dass entweder ein weiterer Prozessbevollmächtigter am Wohnsitz des Zeugen beauftragt werden muss (zur Kostenerstattung vgl. *Zöller/Herget* § 91 Rdn. 13 „Beweistermin“), Reisekosten des Rechtsanwalts oder der Partei entstehen oder aber keine Möglichkeit besteht, an den Zeugen Fragen zu richten und auf den Inhalt

des zuweilen dürftigen Vernehmungsprotokolls Einfluss zu nehmen. Wird die Vernehmung im Wege der Rechtshilfe angeordnet, sollte die Partei zu erreichen suchen, dass diese vor dem Beweistermin des Prozessgerichts stattfindet; auf diese Weise erübrigt sich dort ein weiterer abschließender Verhandlungstermin. Es kann sich weiter empfehlen, in einem besonderen Schriftsatz an das Rechtshilfegericht Fragen zu nennen, die das Gericht dem Zeugen stellen soll. Das Rechtshilfegericht darf die Vernehmung nicht mit der Begründung ablehnen, die Voraussetzungen hätten nicht vorgelegen (BAG NJW 2001, 2196).

8. Entgegen einer früher verbreiteten Praxis ist die Aussage von Unfallzeugen, die Beifahrer der Partei gewesen sind, nicht bereits aus diesem Grundsatz ohne Beweiswert (BGH NJW 1988, 566). Das Verbot der vorweggenommenen Beweiswürdigung gilt auch hier. Das Gericht muss also den Beweis erheben und durch eine individuelle Würdigung des Ergebnisses der Zeugenaussagen feststellen, ob der behauptete Unfallhergang bewiesen ist oder nicht. Darüber hinaus soll es gegen den Grundsatz der freien Beweiswürdigung verstoßen, wenn der Tatrichter die Glaubwürdigkeit eines Zeugen alleine deshalb verneint, weil der Zeuge einer der Prozessparteien nahe steht und bei seiner Vernehmung keine Umstände zutage getreten sind, die die von vornherein angenommenen Bedenken gegen die Glaubwürdigkeit des Zeugen zerstreut hätten (BGH, NJW 1995, 955). Dieser Grundsatz bedeutet allerdings nicht, dass dem Zeugen ohne weiteres mehr zu glauben ist als der gegnerischen Partei (OLG Karlsruhe NJW-RR 1998, 789).

9. Ist ein Zeuge oder eine sonstige am Prozess beteiligte Person der deutschen Sprache nicht mächtig, muss das Gericht nach § 185 GVG einen Dolmetscher hinzuziehen (vgl. BVerwG NJW 1990, 3102; *Zöller/Gummer* § 185 GVG Rdn. 1). Um prozessualen Leerlauf zu vermeiden, sollte der Beweisführer dessen Ladung rechtzeitig anregen. Allerdings ist ein fehlender Hinweis hierauf kein Grund, den Beweisantrag abzulehnen (OLG Hamm MDR 2000, 657). Im Termin ist darauf zu achten, dass der Dolmetscher sich auf seinen allgemein geleisteten Eid beruft (§ 189 Abs. 2 GVG) oder vor der Vernehmung vereidigt wird (§ 189 Abs. 1 GVG). Die Nichtvereidigung bedeutet einen unheilbaren Verfahrensverstoß (BGH NJW 1987, 260) und macht eine erneute Vernehmung in der Berufung erforderlich (BGH NJW 1994, 941, 942).

10. Ärzte und andere Personen in besonderen Vertrauensstellungen (zB. Rechtsanwälte, Wirtschaftsprüfer etc.) können gem. § 383 Nr. 4 und 6 ZPO ihr Zeugnis verweigern, soweit ihre Verschwiegenheitspflicht reicht. Sie müssen daher durch den Betroffenen von dieser Pflicht entbunden werden. Besteht die Verschwiegenheitspflicht gegenüber dem Beweisführer, kann die Befreiung bereits in der Benennung als Zeuge gesehen werden (*Zöller/Greger* § 385 Rdn. 10). Der Prozessgegner ist nicht ohne weiteres gehalten, einen Zeugen, der ihm gegenüber schweigepflichtig ist, zu entbinden; ist seine Weigerung jedoch vorwerfbar und missbilligenswert, können hieraus unter dem Gesichtspunkt der Beweisvereitelung beweisrechtliche Schlüsse zu seinem Nachteil gezogen werden (BGH NJW-RR 1996, 1534; NJW-RR 1988, 962, 964; *Zöller/Greger* § 385 Rdn. 13).

11. Vgl. § 377 Abs. 3 S. 1 ZPO. Dieses vereinfachte Verfahren sollte angeregt werden, wenn der Zeuge schreibgewandt ist, er im Termin doch nur das sagen würde, was in seinen Büchern steht, und an seiner Neutralität nicht gezweifelt wird. Das Einverständnis der Parteien ist nicht erforderlich. Auch in anderen Fällen kann eine Zeugenaussage schriftlich eingeholt werden, wenn das Gericht dies im Hinblick auf den Inhalt der Beweisfrage und die Person des Zeugen für ausreichend hält (§ 377 Abs. 3 ZPO). Das kann zB. bei im Ausland wohnenden Zeugen zweckmäßig sein. Die Richtigkeit der Aussage ist nicht mehr an Eides Statt zu versichern. Das Gericht kann nach Eingang der schriftlichen Aussage die Ladung der Zeugen anordnen. Das sollte die Partei beantragen, wenn sie Fragen an den Zeugen stellen will.

Kosten und Gebühren

Mit dem die Vernehmung anordnenden Beschluss, spätestens mit der Vernehmung des Zeugen, entsteht die Beweisgebühr der Rechtsanwälte gem. § 31 Abs. 1 Nr. 3 BRAGO. Die Gebühr entsteht auch, wenn der Zeuge nicht formell, sondern nur „informatorisch" vernommen wird (vgl. OLG München u. OLG Koblenz MDR 1981, 239). Das Gericht erhebt keine Beweisgebühr, verlangt jedoch meist gem. § 379 ZPO vom Beweisführer einen Vorschuss für die nach den Vorschriften des ZuSEG zu leistende Zeugenentschädigung (näher *Schmid* MDR 1982, 94; *Sass* MDR 1985, 96). Den angeforderten Vorschuss sollte die Partei innerhalb der gesetzten Frist zahlen, sonst unterbleibt die Ladung, was zwar nicht rechtlich, aber faktisch einen Ausschluss mit dem Beweismittel bedeuten kann (vgl. hierzu und zur Ladung eines solchen Zeugen in der höheren Instanz BGH NJW 1982, 2560, BGH NJW 1998, 761); allerdings führt die verspätete Zahlung oder die Nichtzahlung nicht ohne weiteres, sondern nur unter den Voraussetzungen des § 296 Abs. 2 ZPO (Verzögerung und grobe Nachlässigkeit) zum Ausschluss des Beweismittels (BVerfG NJW 2000, 1327); auch kann die Partei den Zeugen zum Beweistermin noch sistieren. Haben beide Parteien sich auf einen Zeugen berufen, ist die Partei vorschusspflichtig, die die Beweislast trägt (BGH NJW 1999, 2823). Die Vorschusspflicht entfällt, wenn der Beweisführer eine Erklärung des Zeugen vorlegt, in der dieser auf eine Entschädigung verzichtet. Diese Erklärung kann allerdings widerruflich sein (OLG Düsseldorf NJW-RR 1997, 826). Vielfach lassen die Gerichte anstelle des Vorschusses eine Erklärung des Rechtsanwalts des Beweisführers genügen, mit der die „Gebührenhaftung" übernommen wird (dh. die Haftung für den Erstattungsanspruch der Staatskasse nach Zeugenentschädigung) oder sich der Anwalt für die Kosten „stark sagt" (OLG Düsseldorf a. a. O.). Zu den Kosten einer Zeugenvernehmung im Wege der Rechtshilfe vgl. Anm. 7.

Fristen und Rechtsmittel

Gegen den Beweisbeschluss, der die Beweiserhebung anordnet, gibt es kein Rechtsmittel. Die betroffene Partei hat nur die Möglichkeit, Gegenvorstellungen zu erheben und eine Änderung des Beweisbeschlusses nach § 360 ZPO zu beantragen. Das gilt auch für die Anordnung einer Vernehmung im Wege der Rechtshilfe bzw. das Absehen hiervon.

2. Entschuldigung des nicht erschienenen Zeugen mit Antrag auf Aufhebung des Ordnungsmittelbeschlusses[1]

An das
Landgericht

In der Sache

......

zeige ich an, dass ich den Zeugen X anwaltlich vertrete[2], und beantrage,

> **den Beschluss vom ......, in dem dem Zeugen die Kosten auferlegt[3] und Ordnungsmittel gegen ihn festgesetzt wurden, aufzuheben**
> **sowie die Vollstreckung aus dem Beschluss bis zur Entscheidung über den Antrag einzustellen[4].**

Rechtsanwalt

Begründung:[5]

Der Zeuge X konnte im Termin nicht erscheinen, da er von der Ladung erst nach dem Termin Kenntnis erhielt. In der Zeit vom ...... bis ...... befand er sich auf einer Urlaubsreise, erst nach seiner Rückkehr fand er die Ladung vor. Dies wird mit der anliegenden

eidesstattlichen Versicherung des Zeugen vom ......

glaubhaft gemacht.

Rechtsanwalt

Anmerkungen

1. Kann ein Zeuge aus zwingenden Gründen zum Beweistermin nicht erscheinen, sollte er dies dem Gericht unverzüglich – notfalls auch telefonisch während der sich verzögernden Anreise (OLG Nürnberg NJW-RR 1999, 788) – mitteilen, damit ein Ordnungsmittelbeschluss gem. § 381 Abs. 1 S. 1 ZPO unterbleibt. Die Gründe für seine Verhinderung (Beispiele bei *Zöller/Greger* § 381 Rdn. 2) hat er auf Verlangen des Gerichts glaubhaft zu machen. Hierzu genügt ein aussageloses ärztliches Attest nicht ohne weiteres (vgl. OLG Nürnberg NJW-RR 1999, 940). Erfolgt die Entschuldigung nicht rechtzeitig, muss der Zeuge auch glaubhaft machen, dass ihn an der Verspätung der Anzeige kein Verschulden trifft. Andernfalls kann er nach der Neufassung des § 381 ZPO selbst dann mit einem Ordnungsgeld belegt werden, wenn er einen Entschuldigungsgrund hat (vgl. *Zöller/Greger* § 381 Rdn. 4; anders nach altem Recht, vgl. OLG Frankfurt NJW-RR 2000, 446). Das Beispiel geht davon aus, dass der Zeuge die Ladung nicht erhalten hat und ein Ordnungsmittelbeschluss bereits ergangen ist. Der Zeuge hat dann die Wahl, sich nachträglich zu entschuldigen und Aufhebung des Beschlusses zu beantragen (§ 381 Abs. 1 S. 2 ZPO) oder sofortige Beschwerde einzulegen; er kann auch beides miteinander verbinden (vgl. *Zöller/Greger* § 381 Rdn. 5). Mit der förmlichen Beschwerde kann der Zeuge nach der Neufassung des Beschwerderechts nicht mehr bis zur Entscheidung über den Antrag warten, weil sie nach §§ 567, 569 ZPO fristgebunden ist. Die nachträgliche Entschuldigung kann schriftlich, zu Protokoll der Geschäftsstelle oder erst im folgenden Termin vorgebracht werden (§ 381 Abs. 2 ZPO); zur Vermeidung einer Vollstreckung aus dem Beschluss sollte der Zeuge aber nicht bis zum Termin warten.

2. Der Zeuge kann sich anwaltlich vertreten lassen, Anwaltszwang besteht jedoch nicht, auch nicht für eine Beschwerde (§ 381 Abs. 2 iVm. § 78 Abs. 2 ZPO).

3. Gem. § 380 Abs. 1 S. 1 ZPO werden dem unentschuldigt ausgebliebenen Zeugen die hierdurch verursachten Kosten auferlegt. Auch diese Anordnung ist aufzuheben, wenn der Zeuge sich nachträglich entschuldigt. Hat er allerdings versäumt, seine Verhinderung rechtzeitig vor dem Termin anzuzeigen, kann die Anordnung bestehen bleiben.

4. Oft wird das Gericht über den Antrag nicht sofort, sondern erst nach Anhörung des Zeugen im nächsten Termin entscheiden. Daher ist es zweckmäßig, das Gericht darauf hinzuweisen, dass die Vollstreckung aus dem Ordnungsmittelbeschluss bis zur Entscheidung zurückzustellen ist. Legt der Zeuge Beschwerde ein, folgt die aufschiebende Wirkung aus § 570 Abs. 1 ZPO. Nach Erlass des Endurteils können Ordnungsmittel nicht mehr verhängt werden (vgl. OVG Bremen NJW 1980, 1180).

5. Gem. § 381 Abs. 1 S. 1 ZPO ist glaubhaft zu machen (§ 294 ZPO), dass dem Zeugen die Ladung nicht zugegangen ist. Glaubhaftmachung erübrigt sich, wenn der Zeuge zB. unter einer unrichtigen Anschrift geladen wurde (*Baumbach/Lauterbach/Albers/*

Hartmann § 381 Rdn. 7). Es genügt eine Glaubhaftmachung im nächsten Beweistermin (§ 381 Abs. 2 ZPO), jedoch riskiert der Zeuge dann die vorherige Vollstreckung des Ordnungsgeldes. Der Antrag kann nicht damit begründet werden, dass die Vernehmung überflüssig oder unergiebig gewesen wäre (OLG Frankfurt OLGZ 1983, 458; aA. *Thomas/Putzo* § 380 Rdn. 9).

Kosten und Gebühren

Die Kosten des erfolgreichen Antrags dürften zu den Kosten des Rechtsstreits der Parteien zählen (vgl. *Thomas/Putzo* § 380 Rdn. 12 für den Fall einer erfolgreichen Beschwerde), zumindest soweit sie dem Zeugen nach § 11 ZuSEG zu ersetzen sind (vgl. *Hartmann* § 11 ZuSEG Anm. 2 D). Nach OLG Hamm MDR 1980, 322 fallen die Kosten der Staatskasse zur Last, dagegen OLG Düsseldorf MDR 1996, 533; OLG Düsseldorf MDR 1985, 60.

Fristen und Rechtsmittel

Statt des Antrags kann der Zeuge sogleich gemäß § 390 Abs. 3 ZPO sofortige Beschwerde nach §§ 567, 569 ZPO gegen den Ordnungsmittelbeschluss einlegen (vgl. Anm. 1). Weist das Gericht den Antrag nach § 380 ZPO zurück, bleibt dem Zeugen nur noch die Beschwerde; die Beschwerdefrist ist nur gewahrt, wenn der Antrag zugleich als Beschwerde ausgelegt werden kann. Gegen die Aufhebung des Ordnungsmittelbeschlusses gibt es kein Rechtsmittel (OLG Hamm NJW-RR 1987, 815), jedoch kann der Beschluss, der die Auferlegung der Kosten aufhebt, von den Parteien mit der Beschwerde angefochten werden (*Zöller/Greger* § 381 Rdn. 5).

3. Antrag auf Entscheidung über Zeugnisverweigerungsrecht[1]

An das
Landgericht

In der Sache

......
wird für den Kläger als Beweisführer beantragt,

> **durch Zwischenurteil zu entscheiden, dass die Zeugnisverweigerung des Zeugen Dr. med. Schüler nicht rechtmäßig ist[2].**

Begründung[3]:

Der vom Kläger benannte Zeuge hat sein Zeugnis mit der Begründung verweigert, dass er als Arzt zur Verschwiegenheit verpflichtet sei und von dieser Pflicht nach dem Tode seines Patienten auch durch die Erben oder sonstige Personen nicht mehr entbunden werden könne. Diese Auffassung ist unrichtig. Da sowohl die Personen, die dem Erblasser nahe standen, als auch dessen Erben den Zeugen von seiner Verschwiegenheitspflicht befreit haben, ist er zur Aussage verpflichtet. Im Übrigen erstreckt sich das Zeugnisverweigerungsrecht des Arztes nicht auf die unter Beweis gestellten Tatsachen, wie eine Auslegung des mutmaßlichen Erblasserwillens unter Wahrung seiner schutzwürdigen Belange ergibt. ......

Rechtsanwalt

Schrifttum: Bartsch, Die postmortale Schweigepflicht des Arztes beim Streit um die Testierfähigkeit des Patienten, NJW 2001, 861; *Hamm,* Vom Grundrecht der Medien auf das Fischen im Trüben, NJW 2001, 265; *Lenckner,* Aussagepflicht, Zeugnisverweigerungsrecht und Schweigepflicht, NJW 1965, 321; *Groß,* Neuregelung des journalistischen Zeugnisverweigerungsrechts, NJW 1975, 1763.

Anmerkungen

1. Hat sich ein Zeuge gem. § 386 ZPO auf ein Zeugnisverweigerungsrecht berufen, kann die beweisführende Partei einen Zwischenstreit über die Zeugnisverweigerung herbeiführen (§ 387 ZPO), wenn sie das Recht dazu bestreitet. Kommt der Aussage entscheidende Bedeutung zu, sollte sie das versuchen. Wenn durch Zwischenurteil rechtskräftig festgestellt ist, dass kein Zeugnisverweigerungsrecht besteht, muss der Zeuge aussagen; andernfalls verhängt das Gericht Ordnungsmittel und verurteilt ihn zu den durch seine Weigerung verursachten Kosten (§ 390 Abs. 1 ZPO), und zwar ohne dass es eines Antrags bedarf. Wichtig ist, dass der Beweisführer den Antrag vor rügeloser Verhandlung zur Hauptsache stellt, da er sonst sein Recht gem. § 295 ZPO verliert (BGH LM § 295 ZPO Nr. 9). Geht es um das Zeugnisverweigerungsrecht nach § 384 ZPO, darf der Zeuge die Aussage nicht schlechthin verweigern, sondern nur die Antwort auf Fragen, die ihn in einen Konflikt iSd. Vorschrift bringen (BGH NJW 1994, 197). In einem solchen Fall sollte der Beweisführer versuchen, die Beantwortung der unverfänglichen Fragen zu erreichen, ohne dass es zu einem formellen Zwischenstreit kommt.

2. Ein formeller Antrag ist nicht erforderlich, es genügt, dass die Partei, die den Zeugen benannt hat, auf seiner Vernehmung besteht. Das sollte sie allerdings auch aus Kostengründen nur tun, wenn sie das Zeugnisverweigerungsrecht mit guten Gründen bezweifeln kann. Über den Zwischenstreit wird durch Zwischenurteil entschieden. Parteien sind der Beweisführer und der Zeuge.

3. Der Beweisführer sollte darlegen, dass sich der Zeuge zu Unrecht auf ein Zeugnisverweigerungsrecht aus §§ 383, 384 ZPO oder aus anderen Vorschriften berufen hat. Für den angenommenen Fall ist dies streitig (vgl. *Bartsch* NJW 2001, 861; *Baumbach/Lauterbach/Albers/Hartmann* § 383 Rdn. 11, 13 mwN.). Auch ohne Befreiung von der Verschwiegenheitspflicht kann der Arzt zur Aussage über die Testierfähigkeit (BGH NJW 1983, 2895; BayObLG NJW 1987, 1492; NJW-RR 1991, 1287) und zur Vorlage der Krankenhausunterlagen des Verstorbenen (BGH NJW 1983, 2627) verpflichtet sein. Für den Honorarprozess des Arztes, Anwalts oder Steuerberaters gelten Besonderheiten (vgl. OLG Stuttgart MDR 1999, 192; OLG Brandenburg MDR 2002, 905). Zum Zeugnisverweigerungsrecht des Steuerberaters nach dem Tode des Mandanten vgl. OLG Stuttgart MDR 1983, 236. Der Konkursverwalter kann den Rechtsanwalt des Gemeinschuldners von der Verschwiegenheitspflicht befreien (OLG Düsseldorf NJW-RR 1994, 958). Ein auf Geschäftsgeheimnisse gestütztes Zeugnisverweigerungsrecht nach § 383 Abs. 1 Nr. 6 ZPO besteht nur, wenn die Geheimhaltung einige Bedeutung für die Wettbewerbsfähigkeit des Unternehmens hat (OLG München NJW-RR 1998, 1495).

Kosten und Gebühren

Für die Parteien des Rechtsstreits entstehen durch das Verfahren bis zum Zwischenurteil keine Gerichts- und Rechtsanwaltsgebühren. Für das Beschwerdeverfahren gelten KV Nr. 1957 und § 61 Abs. 1 Nr. 1 BRAGO. Läßt sich der Zeuge durch einen Rechtsanwalt vertreten, richten sich dessen Gebühren nach § 31 BRAGO; zum Streitwert vgl. *Zöller/Greger* § 387 Rdn. 9. Wird festgestellt, dass der Zeuge die Aussage zu Recht verweigert hat, hat die Partei, die das Recht bestritten hat, dessen Kosten zu tragen (OLG Hamburg MDR 1987, 847).

Fristen und Rechtsmittel

Wird die Zeugnisverweigerung im Zwischenstreit durch Zwischenurteil für begründet erklärt, steht der beweisführenden Partei die sofortige Beschwerde zu, § 387 Abs. 3 ZPO; wird die Weigerung für unbegründet erklärt, ist der Zeuge beschwerdeberechtigt, nicht aber die Gegenpartei (vgl. OLG Frankfurt MDR 1983, 236 mwN.).

4. Antrag auf Sachverständigengutachten[1]

An das
Landgericht

In der Sache

. . . . . .

bezieht sich der Kläger zum Beweis für seine Behauptung[2], dass die Bewegungsfähigkeit seines linken Beines erheblich eingeschränkt ist und dass es sich hierbei um eine Spätfolge des missglückten operativen Eingriffs handelt, auf das

schriftliche Gutachten eines chirurgischen Sachverständigen[3].

Weiter wird beantragt,

dem Krankenhaus K .... gem. § 144 ZPO aufzugeben, dem Gericht die den Kläger betreffenden Krankenunterlagen vorzulegen,

damit sie dem Sachverständigen zur Verfügung gestellt werden können[4]. Der Kläger befreit die Ärzte des Krankenhauses insoweit von ihrer Verschwiegenheitspflicht.
In Hinblick auf die Auswahl des Sachverständigen wird ausdrücklich gebeten, keinen Arzt aus den hiesigen Krankenhäusern zu bestellen, um eine unvoreingenommene Begutachtung zu gewährleisten[5].
Außerdem wird schon jetzt angeregt, dem zu bestellenden Sachverständigen die für Art und Umfang seiner Tätigkeit erforderlichen Weisungen zu erteilen und insbesondere zu bestimmen, welche unfallbedingten Beschwerden und welchen Operationsverlauf er zugrunde legen soll[6].

Rechtsanwalt

Schrifttum: Jessnitzer/Frieling, Der gerichtliche Sachverständige, 11. Aufl. 2000; Müller, Der Sachverständige im gerichtlichen Verfahren, 3. Aufl. 1988; *Olzen,* Das Verhältnis von Richtern und Sachverständigen im Zivilprozeß, ZZP 93 (1980), 66; *Sendler,* Richter und Sachverständige, NJW 1986, 2907; *Bleutge,* Die Hilfskräfte des Sachverständigen – Mitarbeiter ohne Verantwortung?, NJW 1985, 1185; *Müller,* Beweislast und Beweisführung im Arzthaftungsprozeß, NJW 1997, 3049; *Jorzig,* Arzthaftungsprozeß – Beweislast und Beweismittel, MDR 2001, 481; *Jankowski,* Der Ortstermin im Zivilprozessrecht und der Eingriff in die Unverletzlichkeit der Wohnung, NJW 1997, 3347; *Freyberger,* Rekonstruktion eines Verkehrsunfalls – Typische Probleme mit Sachverständigengutachten, MDR 2000, 1281; *Heistermann,* Vorschussanordnung vor der Beweisaufnahme – Folgen der fehlerhaften Zahlung; *Wasner,* Die Haftung des gerichtlichen Sachverständigen, NJW 1986, 119; *Peters,* Sachverständigeneid ohne Gerichtsbeschluß?, NJW 1990, 1832; *Kamphausen,* Sachverständigenentschädigung und verfassungskonforme Auslegung nach ZSEG, MDR 1993, 21.

Anmerkungen

1. Die Einholung eines Sachverständigengutachtens ist erforderlich, wenn dem Gericht die Fachkunde fehlt, um aus den vorgetragenen Tatsachen schließen zu können, ob der

Anspruch gegeben ist oder nicht. Sachverständige werden insbesondere hinzugezogen, wenn es um die Feststellung geht, ob mangelhaft geleistet wurde, welche Vergütung für eine Leistung angemessen ist (vgl. Form. I. D. 2), wie sich ein Schaden ereignet hat, welchen Wert eine beschädigte Sache besaß, ob eine Verletzungshandlung für Folgeschäden ursächlich ist, ob jemand Vater eines Kindes ist, ob eine Person geschäftsfähig ist, ob eine Unterschrift von einer bestimmten Person stammt, aber auch für die Fragen, ob ein Handelsbrauch besteht, ob – im Wettbewerbsrecht – eine bestimmte Verkehrsauffassung herrscht (hierzu *Baumbach/Lauterbach/Albers/Hartmann* Rdn. 5 ff. vor § 402) oder zur Ermittlung ausländischen Rechts (vgl. BGH NJW 1975, 2142; 1994, 2959). Die Beweiskraft eines Sachverständigengutachtens hängt wesentlich von der richtigen Auswahl der Person und von der Qualität seiner Ausführungen ab. Meist wird das Gericht dazu neigen, dem Ergebnis des Sachverständigen zu folgen; ohne Ergänzungsgutachten oder Erläuterung im Termin darf es idR. nicht abweichen (BGH NJW 1981, 2578; 1989, 2948; 1997, 1446). Nachteilig am Sachverständigenbeweis ist, dass er viel Zeit kostet und den Rechtsstreit erheblich verteuern kann.

2. Gem. § 403 ZPO wird der Beweis durch die Bezeichnung der durch den Sachverständigen zu begutachtenden Punkte angetreten. Hier stellen die Instanzgerichte zuweilen übertriebene Anforderungen an die Substantiierung (vgl. hingegen BVerfG NJW 1991, 2824); die Behauptung nur vermuteter Tatsachen kann ausreichen (BGH NJW 1995, 1160). Die Instanzgerichte neigen manchmal dazu, ihr eigenes nicht sachkundiges Verständnis an die Stelle eines Sachverständigengutachtens zu setzen (vgl. zB. BGH NJW 1993, 2378; 1997, 1640; 1999, 1860). Hierauf sollte sich der Beweisführer einstellen und nach Möglichkeit genau bezeichnen, welcher konkrete sachverständige Aufschluss durch das Gutachten erbracht werden soll.

3. Ein besonderer Antrag der Partei ist zur Beweiserhebung nicht erforderlich, da das Gericht den Sachverständigen auch ohne Antrag hinzuziehen müsste (§§ 144 Abs. 1, 273 Abs. 2 Nr. 4, 287 ZPO); will das Gericht den Sachverständigenbeweis nicht von Amts wegen erheben, muss es zumindest darauf hinweisen, dass es einen Antrag erwartet (vgl. *Thomas/Putzo* Vorbem. 2 vor § 402; BGH NJW 1991, 493, 495; OLG Frankfurt MDR 1993, 81). Dennoch sollte der Antrag gestellt werden, um darauf hinzuwirken, dass der zu begutachtende Punkt nicht übergangen wird. Ob das Gericht eine schriftliche Begutachtung anordnet (§ 411 ZPO), steht in seinem Ermessen; in der Praxis ist es die Regel. Hält die Partei bei einer einfachen Beweisfrage die – meist schneller durchzuführende – mündliche Vernehmung eines Sachverständigen für ausreichend oder bei einer schwierigen Frage ein schriftliches Gutachten für erforderlich, sollte sie eine entsprechende Anregung geben.

4. Nach § 144 Abs. 1 ZPO kann das Gericht im Rahmen der Begutachtung durch Sachverständige anordnen, dass auch ein Dritter Gegenstände und Unterlagen, die für die Beweiserhebung erheblich sind, vorzulegen hat. Darunter fallen auch Krankenunterlagen, die im Rahmen einer Beweisaufnahme nach § 402 ff. ZPO benötigt werden (*Zöller/Greger* § 402 Rdn. 5; OLG Oldenburg NJW-RR 1997, 535). Der Dritte kann die Vorlegung nur verweigern, wenn sie unzumutbar ist oder ihm ein Zeugnisverweigerungsrecht zusteht (§ 144 Abs. 2 ZPO); daher ist die Entbindung von der Verschwiegenheitspflicht erforderlich. Zur Frage, wieweit der Sachverständige von sich aus die Ermittlung des Sachverhalts betreiben darf, vgl. *Zöller/Greger* § 355 Rdn. 2).

5. Die beweispflichtige Partei hat nicht das Recht, mit Bindung für das Gericht einen bestimmten Sachverständigen zu benennen; die Auswahl trifft das Gericht (§ 404 ZPO). Einigen sich allerdings die Parteien auf eine bestimmte Person, muss das Gericht sie ernennen (§ 404 Abs. 4 ZPO). Da von der richtigen Auswahl viel abhängt, sollte die Partei auch sonst versuchen, auf die Auswahl eines geeigneten Sachverständigen Einfluss zu nehmen und insbesondere Gründe anführen, die für oder gegen die Beauftragung eines bestimmten Sachverständigen oder einer Gruppe von Sachverständigen sprechen. Das

Gericht ist zwar verpflichtet, den Parteien vor der Bestellung des Sachverständigen Gelegenheit zur Stellungnahme zu geben, es ist aber immer einfacher, vor der Auswahl des Sachverständigen Einfluss auf seine Person zu nehmen, als die Bestellung nachträglich zu korrigieren. Es empfiehlt sich daher, frühzeitig auf die erforderlichen Spezialkenntnisse hinzuweisen.

6. Viele Gutachten kranken daran, dass der Sachverständige von einem unrichtigen Sachverhalt ausgeht, zu unerheblichen Fragen Stellung nimmt oder Verfahrensfehler zB. in Hinblick auf die Beteiligung der Parteien begeht. § 404a ZPO gibt dem Gericht konkrete Möglichkeiten an die Hand, die Tätigkeit des Sachverständigen zu leiten; hiervon machen die Gerichte aber wenig Gebrauch. Insbesondere für die beweispflichtige Partei kann es daher sich empfehlen, dem Gericht zweckmäßige Anordnungen nahezulegen. Ist der Sachverhalt, auf dessen Grundlage das Gutachten erstellt werden soll, streitig – so im angenommenen Fall –, darf das Gericht entweder noch kein Gutachten einholen (vgl. BGH NJW 1988, 3016) oder es muss dem Sachverständigen mitteilen, von welchem Sachverhalt er auszugehen hat. Geschieht das nicht im Beweisbeschluss, sollte die Partei auf eine entsprechende Ergänzung drängen. Auch ein Termin zur Einweisung des Sachverständigen nach § 404a Abs. 5 ZPO kann sinnvoll sein und beantragt werden. Benutzt der Sachverständige Geschäftsunterlagen, die nur ihm, aber nicht Gericht und Gegner zur Verfügung gestellt werden, ist das Gutachten unverwertbar (BGH MDR 1992, 466).

Ist zur Vorbereitung des Gutachtens – zB. in Bauprozessen – eine Ortsbesichtigung durch den Sachverständigen erforderlich, empfiehlt sich folgender Zusatz:

„Es wird weiter beantragt,

> dem Sachverständigen aufzugeben, die Parteien zu der von ihm anzusetzenden Ortsbesichtigung hinzuzuziehen und ihnen den Termin rechtzeitig mitzuteilen."

Ob der Sachverständige ohne eine entsprechende Anordnung verpflichtet ist, den Parteien die Teilnahme an seinen Ermittlungen zu gestatten, kann fraglich sein (vgl. OLG München OLGZ 1983, 355). Jedenfalls wird den Parteien und auch einem von ihnen ausgewählten sachkundigen Vertreter das Recht eingeräumt, beim Ortstermin anwesend zu sein (OLG München NJW 1984, 807). Die Parteien sollten dieses Recht wahrnehmen. Nach § 404a Abs. 4 ZPO bestimmt das Gericht über die Beteiligung der Parteien; auf eine entsprechende Anordnung sollten sie hinwirken; denn Sachverständige sind in Verfahrensfragen nicht immer zuverlässig. Das Betreten der Wohnung eines Dritten darf das Gericht nur nach dessen vorheriger Anhörung anordnen (BVerfG NJW 1987, 2500; vgl. jetzt § 144 Abs. 1 S. 3 ZPO).

Kosten und Gebühren

Die Hinweise zu Form. I. H. 1 gelten entsprechend. Auch für die Sachverständigenkosten besteht eine Vorschusspflicht der beweispflichtigen Partei (§ 379 iVm. § 402 ZPO); sie gilt nicht, wenn das Gericht von Amts wegen ein Gutachten einholt (vgl. BGH NJW 2000, 743; *Thomas/Putzo* § 379 Rdn. 3). Haben sich beide Parteien auf einen Sachverständigen bezogen, hat derjenige den Vorschuss zu leisten, der die Beweislast trägt (BGH NJW 1999, 2823). Die gesetzte Frist sollte eingehalten werden; allerdings führt die Versäumung der Frist nicht automatisch zum Ausschluss des Beweismittels (vgl. BVerfG NJW 1996, 1533; OLG Hamm NJW-RR 1996, 1151). Für bestimmte Gutachten meist medizinischer Art ist die Höhe der Entschädigung gesetzlich festgelegt (§ 5 ZuSEG nebst Anlage). Die Entschädigungssätze nach §§ 3, 5 ZuSEG sind kaum noch zeitgemäß; deshalb kann eine verfassungskonforme Auslegung dazu führen, die ausnahmsweise zulässige Erhöhung zur Regel zu machen (BVerfG NJW 1992, 1951). In der Praxis ist oft fraglich, wieweit die Kosten des Sachverständigen von den Parteien zu tragen sind, wenn der Vorschuss wesentlich überschritten wird (hierzu OLG Hamburg MDR 1981, 327; KG MDR 1983, 678; OLG Frankfurt MDR 1985, 152; OLG Koblenz Betrieb 1986, 33); hat der Sachverständige seine Pflicht verletzt, darauf hinzuweisen, dass der Vorschuss erheblich überschritten wird (§ 407a Abs. 3 ZPO), kann das zur Versagung der darüber hinaus gehenden Entschädigung führen (BayObLG NJW-RR 1998, 1294; OLG Düsseldorf NJW-RR 1992, 1087; OLG Köln MDR 1990, 559). Wenn das Gutachten fehlerhaft, unverwertbar oder zT. überflüssig ist, kann das den Entschädigungsanspruch mindern oder beseitigen (vgl. *Zöller/Greger* § 413 Rdn. 2–8; OLG Düsseldorf NJW-RR 1996, 189; OLG München FamRZ 1995, 1598). Eine Haftung des Sachverständigen gegenüber den Parteien für die Kosten kommt auch bei unrichtigen Gutachten nur in Ausnahmefällen in Betracht (vgl. OLG Hamm MDR 1983, 934 u. BB 1986, 1397; BGH MDR 1984, 305; OLG Düsseldorf NJW 1986, 2891).

Fristen und Rechtsmittel

Die Beweisanordnung selbst ist unanfechtbar. Auch gegen die Bestellung des Sachverständigen ist kein Rechtsmittel gegeben. Die Parteien sollten aber Gründe, die gegen die vom Gericht ausgewählte Person sprechen, im Wege der Gegenvorstellung geltend machen und darüber hinaus prüfen, ob Ablehnungsgründe bestehen (vgl. § 406 ZPO und Form. I. H. 6). Gegen die dem Sachverständigen gewährte Entschädigung steht den Parteien während des Rechtsstreites kein Beschwerderecht zu; sie können ihre Interessen später im Verfahren nach § 5 GKG wahrnehmen (vgl. BGH NJW 1984, 870; OLG Oldenburg FamRZ 1994, 1354). Hat das Gericht die Entschädigung nach § 16 ZuSEG festgesetzt, hat der Sachverständige bei zu niedriger Festsetzung ein nicht fristgebundenes Beschwerderecht (§ 16 Abs. 2 ZuSEG); das Gleiche gilt für die Staatskasse bei zu hoher Festsetzung (OLG Nürnberg MDR 1999, 1023.

5. Antrag auf mündliche Vernehmung des Sachverständigen nach schriftlichem Gutachten[1] mit Antrag auf Ortsbesichtigung[2]

An das
Landgericht

In der Sache

……
wird, nachdem dem Kläger das schriftliche Sachverständigengutachten zugegangen ist, beantragt,

> **den Sachverständigen zur Erläuterung seines Gutachtens zu laden und zu diesem Zweck einen Ortstermin an der Baustelle anzuberaumen[3].**

Begründung[4]:

Das Sachverständigengutachten ist in folgenden Punkten unrichtig bzw. bedarf der weiteren Erläuterung: ……
Um dem Gericht die technischen Fragen anschaulich zu machen, erscheint es dem Kläger sinnvoll, den Sachverständigen zu diesen Punkten an Ort und Stelle zu vernehmen.

Sollte der Sachverständige im Termin gegenüber seinem schriftlichen Gutachten neue und ausführlichere Beurteilungen abgeben, wird schon jetzt beantragt,

> **dem Kläger Gelegenheit zu geben, hierzu in einem weiteren Schriftsatz Stellung zu nehmen[5].**

Dem Kläger wird es nicht möglich sein, zu den technischen Spezialfragen bereits im Termin angemessen Stellung zu nehmen.

Rechtsanwalt

Schrifttum: Schrader, Die Ladung des Sachverständigen zur Erläuterung seines Gutachtens, NJW 1984, 2806; *Ankermann,* Das Recht auf mündliche Befragung des Sachverständigen, NJW 1985, 1204; *Pantle,* Die Anhörung des Sachverständigen, MDR 1989, 312; *Plagemann,* Sachverständigenanhörung im Sozialgerichtsverfahren, NJW 1992, 400; *Jankowski,* Der Ortstermin im Zivilprozessrecht und der Eingriff in die Unverletzlichkeit der Wohnung, NJW 1997, 3347.

Anmerkungen

1. Ist das Gutachten für eine Partei ungünstig, aber nicht überzeugend, hat der Anwalt zwei Möglichkeiten: er kann eine ergänzende Stellungnahme zu den kritischen Punkten anregen oder beantragen, den Sachverständigen zur Erläuterung seines Gutachtens zu laden. Meist empfiehlt es sich, die Einwendungen gegen das Gutachten im Einzelnen darzulegen und zugleich die Ladung des Sachverständigen zum Termin zu beantragen. Das Gericht wird idR. so reagieren, dass es dem Sachverständigen den Schriftsatz zur Stellungnahme übersendet und ihn zum Termin lädt. In speziellen Prozessen um schwierige technische oder wissenschaftliche Fragen, so etwa in Bauprozessen oder Arzthaftungsprozessen, muss der Anwalt allerdings davon ausgehen, dass die entscheidenden Richter, sofern sie nicht besondere Experten sind, nicht die Sachkunde besitzen, die technischen oder medizinischen Fragen des Falles zu überblicken und eine fachkundige Beweiswürdigung des Gutachtens vorzunehmen. Hier ist es die Aufgabe des Anwalts, das Sachverständigengutachten, erforderlichenfalls mithilfe eines schnell in Auftrag zu gebenden Privatgutachtens, zu überprüfen und dem Gericht die Schwächen und Fehler des Gutachtens zu veranschaulichen. Legt der Anwalt ein schriftliches Parteigutachten vor, wird das Gericht auch dieses dem Sachverständigen zur Stellungnahme übersenden.

Dem Antrag auf Ladung des Sachverständigen muss das Gericht entsprechen (BGH NJW 1998, 162; 1997, 802; 1994, 2959), und zwar auch dann, wenn das Gericht die schriftliche Begutachtung für vollständig und überzeugend hält. Anders ist es nach dieser Rechtsprechung nur, wenn der Antrag rechtsmissbräuchlich ist oder nicht rechtzeitig gestellt wird. Nach § 411 Abs. 4 ZPO kann das Gericht den Parteien eine Frist für Einwendungen, Anträge (zB. auf Ladung des Sachverständigen) und Fragen setzen; verspätetes Vorbringen kann dann nach § 296 Abs. 1 ZPO zurückgewiesen werden. Auch sonst ist der Antrag so rechtzeitig vor dem Termin zu stellen, der auf die Übersendung des schriftlichen Gutachtens an die Parteien folgt, dass der Sachverständige noch geladen werden kann (vgl. *Zöller/Greger* § 411 Rdn. 5b mwN.). Ein schriftliches Ergänzungsgutachten macht die Vernehmung im Termin nicht entbehrlich, wenn die Partei den Antrag mit sachlichen Einwendungen begründet (BGH NJW 1986, 2886). Hat der Sachverständige eine Hilfsperson eingeschaltet (in der Praxis häufig, aber nur begrenzt zulässig, vgl. *Zöller/Greger* § 404 Rdn. 1a, BGH NJW 1985, 1399, 1400; OLG Frankfurt MDR 1983, 849), empfiehlt es sich, jedenfalls auch dessen Anhörung zu beantragen. Das Gericht kann auch ohne Antrag verpflichtet sein, den Sachverständigen zum Termin zu laden oder ihn schriftlich zu fragen, so z.B. bei Widersprüchen oder Unklarheiten im schriftlichen Gutachten (vgl. BGH NJW 1997, 794 u. 1638; NJW 1996, 1597; *Zöller/Greger* § 411 Rdn. 5) oder bei Widersprüchen zu einem Privatgutachten (BGH NJW-RR 1998, 1527, 1528; 1994, 219; BVerfG NJW 1997, 122). Das gilt im Rahmen des § 529 ZPO n.F. auch für das Berufungsgericht, wenn es das Gutachten anders würdigen will als die erste Instanz (BGH NJW 1993, 2380) oder wenn die erste Instanz dem Antrag nicht nachgekommen ist (BGH NJW 1997, 788). Zum Verfahren bei unvollständigen, unklaren und zweifelhaften Gutachten vgl. auch BGH NJW-RR 1988, 764.

2. Hierbei handelt es sich um einen Antrag auf Augenschein gem. § 371 ZPO, der sich vor allem in Bauprozessen, aber auch sonst, wenn die Entscheidung einer Beweisfrage durch den unmittelbaren optischen (oder akustischen etc.) Eindruck erleichtert wird, empfiehlt. Zur Einnahme des Augenscheins kann, auch wenn kein Sachverständigenbeweis angeordnet ist, immer ein Sachverständiger hinzugezogen werden (§ 372 Abs. 1 ZPO).

3. Zur Veranschaulichung des Gutachtens ist es oft günstig, entweder das zu begutachtende Objekt zum Termin mitzubringen oder – vor allem in Bauprozessen – einen Ortstermin anzuregen. Wenn die Parteien übereinstimmend einen solchen Antrag stellen, wird das Gericht sich dem kaum entziehen.

4. Dem Antrag auf Vernehmung des Sachverständigen ist nach hM. bereits dann stattzugeben, wenn die Partei lediglich erklärt, Fragen stellen zu wollen (vgl. *Pantle* MDR 1989, 312). Zur Sicherheit und um dem Vorwurf des Rechtsmissbrauchs zu begegnen, sollte jedoch kurz begründet werden, warum die Erläuterung des Gutachtens für notwendig gehalten wird; das wird zT. gefordert (vgl. *Baumbach/Lauterbach/Albers/Hartmann* § 411 Rdn. 10 mwN.). Darüber hinaus empfiehlt es sich, die Fragen, die dem Sachverständigen gestellt werden sollen, in einem vorbereitenden Schriftsatz zu formulieren. Das Gericht kann sich dann gezielt vorbereiten und sich die Fragen, soweit sie zulässig sind (§ 402 iVm. § 397 ZPO), zu eigen machen. Hält das Gericht die angekündigten Fragen für unerheblich, soll es von der Ladung absehen können (OLG Oldenburg NJW-RR 1999, 178; OLG Hamm MDR 1985, 593); das ist allerdings mit der genannten Rechtsprechung des BGH, die Rechtsmissbrauch verlangt (vgl. Anm. 1), kaum vereinbar. Auch nach Auffassung des BVerfG (NJW 1998, 2273) reicht es zur Ablehnung des Antrags nicht aus, dass das Gericht die Einwendungen für unerheblich hält.

5. Gibt der Sachverständige im Termin neue und ausführlichere Beurteilungen ab, hat das Gericht der nicht sachkundigen Partei Gelegenheit zu geben, hierzu in einem nachzulassenden Schriftsatz Stelllung zu nehmen (BGH NJW 1988, 2302). Es muss uU. auch die mündliche Verhandlung wiedereröffnen. Einen entsprechenden Antrag hat die Partei schon im Termin nach der Vernehmung des Sachverständigen zu stellen; sie kann dieses Recht sonst verlieren (BGH aaO., 2303).

6. Ablehnung des Sachverständigen[1] und Antrag auf Einholung eines weiteren Gutachtens[2]

An das
Landgericht

Ablehnungsgesuch

In der Sache

......

wird der Sachverständige ...... wegen Besorgnis der Befangenheit abgelehnt[3].

Weiter wird beantragt,

das Gutachten eines weiteren Sachverständigen einzuholen[4].

Das Gericht wird außerdem gebeten, den bisherigen Sachverständigen nicht zu entschädigen, da sein Gutachten durch die selbst verschuldete Ablehnung nicht verwertbar ist[5].

Begründung[6]:

1. Der Kläger hat soeben erfahren, dass der Sachverständige vom Beklagten, offenbar unter dem Eindruck des für ihn günstigen Gutachtens, den Auftrag erhalten hat, die Mängel, für die der Kläger verantwortlich sein soll, zu beseitigen, und diesen Auftrag bereits ausgeführt hat. Damit hat der Sachverständige seine Stellung als neutraler Gutachter parteiisch missbraucht und hieraus noch Gewinn gezogen. Der Kläger muss befürchten, dass der Sachverständige bereits sein schriftliches Gutachten parteiisch erstattete, dass er aber zumindest nicht mehr in der Lage sein wird, sein Gutachten im Termin auf die Fragen des Klägers objektiv zu erläutern.

   Zur Glaubhaftmachung wird eine

   eidesstattliche Versicherung des ...... vom ......

   eingereicht. Dieser Zeuge hat beobachtet, wie die Leute des Sachverständigen beim Beklagten tätig waren, und dies dem Kläger am ...... mitgeteilt. Daraus ergibt sich auch, dass der Kläger den Ablehnungsgrund nicht früher geltend machen konnte. Der Sachverständige hat den vorgetragenen Sachverhalt gegenüber dem Unterzeichneten im Übrigen telefonisch zugegeben.
2. Da eine Erläuterung des Gutachtens durch den Sachverständigen im Termin, auf die der Kläger einen Anspruch hat, nicht mehr möglich sein wird, hält der Kläger zur Frage, wer für den Mangel verantwortlich ist, die Einholung eines weiteren Gutachtens für erforderlich.

Rechtsanwalt

Schrifttum: Werner/Pastor, Der Bauprozeß, 9. Aufl. 1999, Rdn. 2647 ff.; *Fezer,* Die Folgen der Sachverständigenablehnung für die Verwertung seiner Wahrnehmungen, JR 1990, 397; *Schneider,* Befangenheitsablehnung eines Sachverständigen nach Einreichung des Gutachtens, MDR 1975, 353; *Müller,* Die Ablehnung des Sachverständigen im Beweissicherungsverfahren, NJW 1982, 1961; *Schulze,* Ablehnung von Sachverständigen im Beweissicherungsverfahren, NJW 1984, 1019; *Kahlke,* Der Sachverständige der Berufungsinstanz, ZZP 94 (1981), 50.

Anmerkungen

1. Sachverständige können gem. § 406 ZPO aus den gleichen Gründen wie Richter (Ausnahme: § 406 Abs. 1 S. 2 ZPO) abgelehnt werden. Wie bei der Richterablehnung kommt es nicht darauf an, ob der Sachverständige tatsächlich befangen ist; maßgeblich ist vielmehr, ob eine Partei bei vernünftiger Würdigung aller Umstände Anlass hat, an seiner Unvoreingenommenheit zu zweifeln. Auf die Anmerkungen zu Form. I. L. 7 wird verwiesen. Typische Ablehnungsgründe sind besondere Beziehungen des Sachverständigen zu einer Partei, auch als Angestellter oder Beamter (vgl. BVerwG NJW 1999, 965), seine frühere Tätigkeit als Privatgutachter in derselben Sache (vgl. OLG Düsseldorf NJW 1997, 1428; OLG Celle NJW-RR 1995, 1404) oder Fälle mangelnder Neutralität wie zB. der Umstand, dass er bei der Vorbereitung seines Gutachtens, etwa bei der Besichtigung des zu begutachtenden Gegenstandes, nur eine Partei hinzuzieht (OLG München NJW-RR 1998, 1687; anders wenn er beide Parteien nicht hinzuzieht, OLG Dresden NJW-RR 1997, 1354). Zu weiteren Beispielen vgl. *Zöller/Greger* § 406 Rdn. 8; *Baumbach/Lauterbach/Albers/Hartmann* § 406 Rdn. 4–20; vgl. auch das Beispiel in Form. I. L. 7).

Besondere Probleme ergeben sich, wenn der Sachverständige auf Kritik einer Partei an seinem Gutachten heftig und unangemessen reagiert. An sein Verhalten dürfen nicht die gleichen Maßstäbe angelegt werden wie bei einem Richter, zumal die Kritik der Partei, für die das Gutachten ungünstig ist, auch bewusst provozierend sein kann, um einen

Ablehnungsgrund zu schaffen (vgl. *Zöller/Greger* § 406 Rdn. 9; OLG Düsseldorf NJW-RR 1997, 1353; strenger OLG Oldenburg NJW-RR 2000, 1166). Die Frage der Ablehnung stellt sich besonders, wenn der Privatgutachter einer Partei als sachverständiger Zeuge vernommen wird; denn hier liegt eine Parteilichkeit nahe. Ein sachverständiger Zeuge kann zwar nicht nach § 406 ZPO abgelehnt werden. Soll der Gutachter aber auch fachliche Bewertungen vornehmen, wird er zum Sachverständigen und kann dann auch abgelehnt werden (OLG Düsseldorf BauR 2000, 1243, 1538).

Für das Gesuch besteht kein Anwaltszwang (§ 406 Abs. 3 S. 3 iVm. § 78 Abs. 2 ZPO).

2. Ob das Gericht ein weiteres Gutachten einholt, liegt gem. § 412 ZPO grundsätzlich in seinem Ermessen. Die Ablehnung des Sachverständigen vor Beendigung seines Gutachtenauftrages – hierzu gehört auch die Erläuterung des Gutachtens im Termin – verpflichtet das Gericht jedoch zur Einholung eines weiteren Gutachtens (*Thomas/Putzo* § 412 Rdn. 1), wobei die Verwertung des bereits vorliegenden schriftlichen Gutachtens Ermessensfrage ist. Vom Sonderfall der Ablehnung abgesehen muss das Gericht, bevor es ein weiteres Gutachten einholt, zunächst versuchen, die Beweisfrage mithilfe des ersten Sachverständigen zu beantworten, d.h. entweder durch ein Ergänzungsgutachten oder durch eine Vernehmung im Termin Lücken des Gutachtens, Widersprüche, Zweifel und Einwendungen der Partein zu klären; auch wenn das Gutachten bestrittene oder widerlegte Tatsachen (sog. Anknüpfungstatsachen) als feststehend zugrundelegt, ist dies zunächst mit demselben Sachverständigen richtig zu stellen (vgl. BGH NJW 1997, 1446). Das Gutachten eines weiteren Sachverständigen hat das Gericht in folgenden Fällen einzuholen (grundlegend BGH NJW 1970, 946, 949; vgl. *Zöller/Greger* § 412 Rdn. 1):

a) Wenn das Gutachten – auch nach Ergänzung oder Erläuterung (vgl. BGH NJW 1981, 2009; NJW 1997, 1446) – von unzutreffenden tatsächlichen Voraussetzungen ausgeht,
b) wenn das Gutachten in sich oder mehrere Gutachten untereinander erhebliche Widersprüche enthalten, die sich nach Erläuterung nicht ausräumen lassen (vgl. BGH NJW 1994, 1596, 1597),
c) wenn das Gutachten unvollständig ist und vom beauftragten Sachverständigen nicht vervollständigt werden kann (vgl. BGH NJW 1996, 730),
d) wenn die Sachkunde des ersten Gutachters zweifelhaft ist (vgl. BayObLG NJW 1986, 2893),
e) wenn das urkundenbeweislich verwertete Gutachten aus einem Vorprozess zur Beantwortung der Beweisfrage nicht ausreicht (BGH NJW 2000, 3072; 1997, 3381),
f) wenn der neue Gutachter über überlegene Forschungsmittel verfügt (vgl. BGH VersR 1980, 533).

Ein weiteres Gutachten kann auch erforderlich sein, wenn eine besonders schwierige Frage zu entscheiden ist, wenn widerstreitende Gerichtsgutachten (vgl. BGH NJW 1987, 442) oder Privatgutachten (BGH NJW 1990, 759) vorliegen oder wenn das Gutachten grobe Mängel aufweist (BGH NJW 1970, 949; VersR 1980, 533). Die zu § 244 Abs. 4 StPO entwickelten Grundsätze gelten entspr. (BGH aaO.). Einwendungen der Partei gegen ein Gutachten, zumal wenn sie durch ein Privatgutachten unterstützt werden, können das Gericht zu weiterer Aufklärung verpflichten (BGH NJW-RR 1988, 764; NJW 1993, 2382; BGH NJW-RR 2000, 44).

3. Die Ablehnung ist erst nach Ernennung des Sachverständigen möglich. Steht die Person des Sachverständigen schon vorher fest und sind einer Partei Ablehnungsgründe bekannt, sollte sie diese dem Gericht darlegen und versuchen, bereits seine Ernennung zu verhindern. Auf jeden Fall sind bekannte Ablehnungsgründe vor der Vernehmung, spätestens aber zwei Wochen nach Verkündung der Zustellung des Ernennungsbeschlusses geltend zu machen (§ 406 Abs. 2 S. 1 ZPO). Bei späterer Ablehnung ist glaubhaft zu machen, dass der Ablehnungsgrund nicht früher geltend gemacht werden konnte (§ 406 Abs. 2 S. 2 ZPO); das betrifft vor allem Ablehnungsgründe, die erst durch die Tätigkeit der Sachverständigen entstehen. Glaubhaftmachung ist nicht erforderlich, soweit der Zeitpunkt aktenkundig ist.

4. Die Einholung eines neuen Gutachtens ist nicht von einem Antrag abhängig. Um das Gericht gezielt zu veranlassen, sich mit dieser Frage zu befassen, sollte die betroffene Partei jedoch einen ausdrücklichen Antrag stellen.

5. Ist das Gutachten infolge einer begründeten Ablehnung des Sachverständigen nicht verwertbar, kann er je nach Lage des Falles, insbesondere bei grob fahrlässiger Herbeiführung des Ablehnungsgrundes, seinen Anspruch auf Entschädigung nach § 3 ZuSEG verlieren (vgl. BGH NJW 1976, 1154; OLG München NJW-RR 1998, 1687; OLG Düsseldorf NJW-RR, 1997, 1353; OLG Celle NJW-RR 1996, 1086; *Hartmann* § 1 ZuSEG Rdn. 46, 50). Der Antrag soll sicherstellen, dass das Gericht den Sachverständigen nicht grundlos entschädigt und der Streit hierüber in das Kostenverfahren getragen wird.

6. Der Ablehnungsgrund ist darzulegen und gem. § 294 ZPO glaubhaft zu machen; hierzu kann die Partei keine eigene eidesstattliche Versicherung abgeben (§ 406 Abs. 3 ZPO). Auch die Voraussetzungen des § 406 Abs. 2 S. 2 ZPO sind hier glaubhaft zu machen.

Zur Einholung eines weiteren Gutachtens sollte dargelegt werden, dass einer der in Anm. 2 genannten Fälle gegeben ist.

Kosten und Gebühren

Für das Ablehnungsverfahren bis zum Beschluss werden keine Gerichts- oder Rechtsanwaltsgebühren erhoben (§ 37 Nr. 3 BRAGO). Für das Beschwerdeverfahren gelten KV 1957 und § 61 Abs. 1 Nr. 1 BRAGO, der Beschwerdewert ist umstritten (nach überwiegender Ansicht der volle Wert oder ein Bruchteil der Hauptsache, vgl. OLG Koblenz 1998, 1222 mwN.). Zur Entschädigung des abgelehnten Sachverständigen vgl. Anm. 5. Einen eigenen Anspruch gegen den abgelehnten Sachverständigen auf Freihaltung von den Kosten für das Gutachten hat die beweisführende Partei nicht (BGH MDR 1984, 305). Für die Stellungnahme zum Ablehnungsgesuch kann der Sachverständige nach § 3 ZuSEG zu entschädigen sein (OLG Frankfurt MDR 1993, 484; OLG Köln FamRZ 1995, 101).

Fristen und Rechtsmittel

Das Ablehnungsgesuch ist idR. vor der Vernehmung des Sachverständigen zu stellen, bei schriftlichem Gutachten vor dessen Einreichung und spätestens zwei Wochen nach Verkündung oder Zustellung des Ernennungsbeschlusses (§ 406 Abs. 2 S. 1 ZPO). Eine spätere Ablehnung ist jedoch zulässig, wenn sie vorher mangels Kenntnis des Ablehnungsgrundes nicht geltend gemacht werden konnte und dies glaubhaft gemacht wird (§ 406 Abs. 2 S. 2 ZPO). Das Gesuch muss dann unverzüglich (OLG Köln MDR 1983, 412: alsbald) nach Kenntnis des Ablehnungsgrundes gestellt werden (vgl. *Thomas/Putzo* § 406 Rdn. 7; OLG Koblenz NJW-RR 1992, 1470). Hat das Gericht den Parteien eine Frist zur Stellungnahme zum Gutachten gesetzt, soll es nicht genügen, den sich erst aus dem Gutachten ergebenden Ablehnungsgrund innerhalb dieser Frist geltend zu machen (OLG Koblenz NJW-RR 1999, 72; *Zöller/Greger* § 406 Rdn. 11 mwN.; aA. OLG Oldenburg MDR 1993, 1121; OLG Koblenz MDR 1994, 1147). Der Anwalt muss das Gutachten also sofort nach Erhalt auf etwaige Ablehnungsgründe durchsehen, wenn er nicht in Gefahr geraten will, sie zu verlieren; mehr als ein Monat ist zu spät (OLG Düsseldorf NJW-RR 1998, 933). Wird der Sachverständige im selbstständigen Beweisverfahren tätig, ist er bereits hier, nicht erst im späteren Hauptprozess, abzulehnen (vgl. *Thomas/Putzo* § 487 Rdn. 6 mwN.).

Gegen den Beschluss, der die Ablehnung für unbegründet hält, hat der Antragsteller die sofortige Beschwerde, § 406 Abs. 5 ZPO (Frist: zwei Wochen, § 577 Abs. 2 ZPO). Hält das Gericht die Ablehnung für begründet, ist nach § 406 Abs. 5 ZPO kein Rechtsmittel gegeben; anders soll es sein, wenn dem Gegner kein rechtliches Gehör gewährt wurde (OLG Frankfurt MDR 1984, 323). Will eine Partei sich dagegen wenden, dass sie von der Gerichtskasse mit den Kosten des abgelehnten Sachverständigen belastet wurde, hat sie nur die Kostenerinnerung nach § 5 GKG, sie kann nicht den Sachverständigen direkt in Anspruch nehmen (BGH NJW 1984, 870).

7. Urkundenbeweisantritt mit Antrag auf Vorlegung der Urkunde[1]

An das
Landgericht

In der Sache
……
wird weiter vorgetragen, dass von dem zwischen den Parteien geschlossenen Vertrag, aus dem sich der Anspruch des Klägers ergibt, zwei Ausfertigungen hergestellt wurden. Die erste Ausfertigung hat der Kläger erhalten, die zweite Ausfertigung wurde dem Beklagten ausgehändigt. Zum Beweis für den von ihm vorgetragenen Vertragsinhalt legt der Kläger eine

Kopie seiner Ausfertigung des Vertrages vom …… (Anlage 1)

vor. Das Original wird im Termin vorgelegt werden[2].
Die Parteien haben nachträglich am …… die Zahlungskonditionen dahin geändert, dass die Fälligkeit der Raten hinausgeschoben wurde, jedoch eine Verzinsung von 10% auf die damals noch offene Forderung von EUR …… eintreten sollte. Diese Vereinbarung wurde auf der Vertragsausfertigung des Beklagten vermerkt und unterzeichnet. Zum Beweis hierfür beantragt der Kläger,

dem Beklagten die Vorlegung dieser Vertragsausfertigung innerhalb einer Frist von zwei Wochen aufzugeben[3].

Die Vorlegungspflicht ergibt sich aus § 810 BGB.

Zur Glaubhaftmachung dafür, dass auf der Vertragsausfertigung eine entsprechende Vereinbarung festgehalten wurde, überreicht der Kläger eine

eidesstattliche Versicherung vom ……, (Anlage 2)[4].

Soweit der Beklagte die Hauptforderung von EUR …… in Zweifel zieht und sich hierfür auf eine in seinen Händen befindliche zusammen mit dem Kläger aufgestellte schriftliche Abrechnung vom …… bezieht, beantragt der Kläger,

dem Beklagten die Vorlage dieser Abrechnung aufzugeben[5].

Aus ihr wird sich ergeben, dass der Kläger die Hauptforderung richtig berechnet hat. Die Vorlegungspflicht des Beklagten beruht insoweit auf § 423 ZPO.

Rechtsanwalt

Schrifttum: Britz, Urkundenbeweisrecht und Elektroniktechnologie, 1996; *Becht,* Der Beweis der Echtheit einer Urkunde im Urkundenprozess, NJW 1991, 1993; *Schneider,* Die Urkundenvorlage im Prozess, MDR 1992, 20.

Anmerkungen

1. Urkunden sind von besonderer Beweiskraft für Erklärungen oder Vereinbarungen. Die formelle Beweiskraft von Privaturkunden, um die es meist geht, wird durch §§ 416, 440 ZPO gesichert. Die Beweisregel des § 416 ZPO greift ein, wenn die Urkunde, also insbesondere die Unterschrift, echt ist (BGH NJW 1988, 2741; NJW-RR 1993, 1379, 1380). Das hat derjenige zu beweisen, der sich auf die Urkunde beruft (§ 440 Abs. 1 ZPO, vgl. BGH NJW 1995, 1683). Dem Unterzeichner steht der Gegenbeweis offen, dass der Text über der Unterschrift abredewidrig, zB. durch Blankettmissbrauch, ausgefüllt wurde (BGH aaO.). Die Vermutung des § 440 Abs. 2 ZPO gilt auch bei einer Blankounterschrift (BGH NJW 1986, 3086), nicht aber bei „Oberschrift" am oberen Rand eines Formulars (BGH NJW 1991, 497 für den Überweisungsauftrag) oder bei Unterschrift neben dem Urkundentext („Nebenschrift", BGH NJW 1992, 829).

Die inhaltliche Bedeutung der Urkunde (materielle Beweiskraft) unterliegt zwar der freien Beweiswürdigung gem. § 286 ZPO (BGH NJW 1993, 1379, 1380), jedoch haben Urkunden, in denen eine rechtsgeschäftliche Erklärung aufgenommen wurde, die Vermutung der Vollständigkeit und Richtigkeit für sich (vgl. *Palandt/Heinrichs* § 125 Rdn. 15 mwN.), an den Gegenbeweis stellt die Praxis oft strenge Anforderungen. Äußere Mängel der Urkunde können ihre formelle Beweiskraft aufheben (§ 419 ZPO, vgl. BGH NJW 1980, 893); die Bedeutung der Urkunde ist dann aber im Rahmen des § 286 ZPO zu würdigen (BGH NJW 1988, 60, 62). Wie der Urkundenbeweis anzutreten ist, hängt davon ab, ob sich die Urkunde in den Händen des Beweisführers, des Gegners oder eines Dritten (§ 428 ZPO) befindet. Eine andere Form des Urkundenbeweises ist die Beiziehung von Akten, welche bei einem anderen Gericht oder einer Verwaltungsbehörde geführt werden. Sind solche Akten – zB. eines Vorprozesses, eines Strafverfahrens oder eines Verwaltungsverfahrens in gleicher Sache – einschlägig, sollte die Beiziehung beantragt oder das Gericht zumindest hierauf hingewiesen werden. Auch ein früher zur Beweisfrage erstattetes Gutachten kann im Wege des Urkundenbeweises verwertet werden (BGH NJW 1987, 2300) und sollte daher, wenn es günstig ist, überreicht werden. Den Parteien bleibt aber die Möglichkeit, die mündliche Anhörung des Sachverständigen in diesem Verfahren zu beantragen.

2. Hat der Beweisführer die Urkunde in Händen, wird der Beweis durch Vorlage im Prozess angetreten (§ 420 ZPO). Unzulässig, wenn auch in der Praxis häufig, ist daher ein Beweisantrag zB. mit dem Inhalt: „Zum Beweis bezieht sich der Kläger auf den Vertrag vom ......" Vorzulegen ist idR. das Original der Urkunde, nicht eine Abschrift (Ausnahme: § 435 ZPO) oder Kopie. Die Ablichtung einer Urkunde ist keine Urkunde (BGH NJW 1992, 829, 830), und nur das Original entfaltet die Beweiskraft des § 416 ZPO (vgl. BGH NJW-RR 1993, 1379, 1380). Jedoch kann sich die Vorlage des Originals erübrigen, wenn der Gegner nach Vorlage der Kopie nicht bestreitet, dass das Original den Inhalt der Kopie hat. Um nicht den Verlust der Urkunde zu riskieren, ist es ratsam, mit dem Schriftsatz zunächst nur eine Kopie einzureichen; im Termin sollte das Original aber immer vorgelegt werden können.

3. Ist die Urkunde im Besitz des Gegners, muss der Beweisführer beantragen, dem Gegner die Vorlage aufzugeben (§ 421 ZPO). Voraussetzung für eine entsprechende Anordnung des Gerichts ist, dass der Gegner dem Beweisführer gem. § 422 ZPO zur Vorlage verpflichtet ist. Das ist immer der Fall, wenn die Urkunde ein Rechtsverhältnis zwischen den Parteien beurkundet (§ 810 BGB; weitere Bsp. bei *Thomas/Putzo* § 422 Rdn. 4). Zum Inhalt des Vorlegungsantrages vgl. die Aufzählung in § 424 Nr. 1–5 ZPO. Wichtig ist insbesondere, dass die Tatsache bezeichnet wird, die durch die Urkunde bewiesen werden soll; diese Tatsache muss erheblich sein. Allerdings dürfen die Anforderungen an die Begründung des Antrags nicht überspannt werden; Sinn der Regelung ist, es dem Gericht durch die Angaben der Partei zu ermöglichen, die Entscheidungserheblichkeit, die Beweiseignung sowie die Vorlagepflicht zu ermöglichen (BGH NJW 1989, 717, 719). Eine Fristsetzung ist nicht erforderlich, aber zweckmäßig. Das Verfahren nach der Anordnung des Gerichts auf Vorlegung ergibt sich aus §§ 425 ff. ZPO. Legt der Gegner die Urkunde trotz Anordnung nicht vor, kann das Gericht die vom Antragsteller vorgelegte Kopie als richtig ansehen oder auch den behaupteten Inhalt der Urkunde als bewiesen annehmen (§ 427 ZPO).

4. Die Anspruchsvoraussetzungen, die die Vorlegungspflicht begründen, hier also die Voraussetzungen des § 810 BGB, sind gem. § 424 Nr. 5 ZPO glaubhaft zu machen (§ 294 ZPO).

5. Eine besondere Vorlagepflicht entsteht, wenn sich der Gegner seinerseits im Prozess auf eine in seinen Händen befindliche Urkunde bezieht, diese aber nicht vorlegt (§ 423 ZPO, prozessuale Vorlegungspflicht). Auf Antrag hat ihm das Gericht, wenn es auf die Urkunde ankommt, die Vorlegung aufzugeben. Für diesen Antrag gilt wiederum § 424 ZPO. Eine besondere Glaubhaftmachung ist nicht erforderlich, da der Vorgang aktenkundig ist.

Kosten und Gebühren

Befindet sich die Urkunde in Händen einer der Parteien, fällt keine Beweisgebühr an (§ 34 BRAGO), und zwar auch dann nicht, wenn die Urkunde auf Anordnung des Gerichts vorgelegt wird (vgl. *Riedel/Sußbauer* § 34 Rdn. 4). Werden durch das Gericht Akten oder Urkunden zum Beweis beigezogen oder als Beweis verwertet, erhält der Rechtsanwalt die Beweisgebühr, § 34 Abs. 2 BRAGO.

Fristen und Rechtsmittel

Der Streit um die Verpflichtung des Beweisgegners, eine Urkunde vorzulegen, kann durch Zwischenurteil gem. § 303 ZPO entschieden werden; ein solches Urteil kann nicht selbstständig, nur zusammen mit dem Endurteil angefochten werden (vgl. *Thomas/Putzo* § 303 Rdn. 7).

8. Antrag auf Vorlegung der Urkunde durch Dritte[1]

An das
Landgericht

In der Sache

……

wird für den Kläger gem. §§ 428, 142 ZPO beantragt,[2]

> **anzuordnen, dass Herr X … (genaue Anschrift) den in seinem Besitz befindlichen mit dem Beklagten geschlossenen Kaufvertrag über den LKW … (genaue Bezeichnung) von Juli 2000 im Original vorlegt.**

Begründung[3]:

Der Beklagte hat behauptet, nicht im Besitz des Kaufvertrages zu sein, mit dem er den streitigen LKW vom Voreigentümer erworben hatte. Dem Kläger ist es gelungen, den Voreigentümer ausfindig zu machen, einen Herrn X. Dieser hat telefonisch erklärt, im

Besitz des Kaufvertrages zu sein, mit dem er den LKW im Juli 2000 an den Beklagten veräußert hat, hat allerdings den Vertrag trotz Mahnung des Klägers, die als

Anlage 1

in Kopie beigefügt wird, nicht zur Verfügung gestellt. Aus dem Vertrag wird sich ergeben, dass der Beklagte den LKW bereits mit einem erheblich höheren Kilometerstand (150.000) gekauft hatte, als er gegenüber dem Kläger angegeben hat, und dass der Beklagte dies beim Verkauf an den Kläger wusste und somit arglistig handelte. Die Vorlage der Vertrages ist Herrn X ohne weiteres zumutbar. Damit sind die Voraussetzungen für eine Vorlegungsanordnung gegeben.

Zur Glaubhaftmachung dafür, dass Herr X telefonisch den Besitz des Kaufvertrages, der einen Kilometerstand von 150.000 ausweist, bestätigt hat, überreicht der Kläger eine

eidesstattliche Versicherung vom ..... (Anlage 2)[4].

Hilfsweise beruft sich der Kläger für die Tatsache, dass der Beklagte den LKW ausweislich des Kaufvertrages von Herrn X mit einem Kilometerstand von mehr als 150.000 verkauft hatte, auf das

Zeugnis des Herrn X

und beantragt außerdem, diesem nach § 378 ZPO aufzugeben, den Kaufvertrag zum Beweistermin mitzubringen[5].

Rechtsanwalt

1. Die ZPO-Reform hat die Möglichkeiten des Beweisführers, den Beweis mit einer Urkunde zu führen, die sich in Händen eines Dritten befindet, erheblich erleichtert. Nach bisher geltendem Recht musste der Beweisführer beantragen, ihm eine Frist zur Herbeischaffung der Urkunde zu bestimmen, und innerhalb dieser Frist die Urkunde vom Dritten im Klagewege beschaffen (§ 429 ZPO aF.). Diese umständliche Möglichkeit besteht nach wie vor, sie wird aber auch in Zukunft nicht praktisch werden. Nach der Neufassung des § 428 ZPO kann die Partei in solchen Fällen einen Antrag an das Gericht stellen, nach § 142 ZPO anzuordnen, dass der Dritte die in seinem Besitz befindlichen Urkunden oder sonstigen Unterlagen vorlegt. Mit diesem Antragsrecht hat der Gesetzgeber eine erste, vorsichtige Annäherung an das „discovery"-Verfahren der USA vorgenommen. Für den Dritten besteht kraft Gesetzes eine prozessuale Vorlegungspflicht, ein materiell-rechtlicher Vorlegungsanspruch des Beweisführers ist, entgegen *Zöller/Geimer* § 429 Rdn. 1, nicht erforderlich, wie sich aus den Gesetzesmaterialen ergibt. Voraussetzung ist nur, dass dem Dritten die Vorlegung zumutbar ist und er kein Zeugnisverweigerungsrecht hat. Die Nichtbefolgung des Antrags führt für den Dritten wie bei einem Zeugen, der sich zu Unrecht auf ein Zeugnisverweigerungsrecht beruft, zur Verhängung von Ordnungsmitteln und zur Verurteilung der durch seine Weigerung verursachten Kosten (§ 142 Abs. 2 S. 2 iVm. § 390 Abs. 1 ZPO), und zwar ohne dass es eines Antrags bedarf.

2. Im Antrag ist die Person des Dritten mit Namen und zustellungsfähiger Anschrift genau zu bezeichnen. Auch die Urkunde muss so bezeichnet werden, dass kein Zweifel bestehen kann, was der Dritte vorzulegen hat (§§ 424 Abs. 1 Nr. 1, 430 ZPO).

3. Die Begründung des Antrags muss den Bestimmungen der §§ 430, 424 ZPO Rechnung tragen. Es sind insbesondere die Tatsachen zu bezeichnen, die duch die Urkunde bewiesen werden sollen (Beweiserheblichkeit), außerdem ist der Inhalt der Urkunde möglichst vollständig zu bezeichnen. Schließlich ist darzulegen, dass sich die Urkunde in Händen des Dritten befindet. Zur Vorlegungspflicht des Dritten (§ 424 Abs. 1 Nr. 5 ZPO) genügt der Hinweis auf § 142 ZPO. Obwohl das Gesetz dies nicht verlangt, dürfte es außerdem ratsam sein vorzutragen, dass der Dritte die Urkunde trotz Mahnung freiwillig nicht herausgegeben hat; andernfalls könnte das Rechtsschutzinteresse fraglich sein.

4. Nach § 430 ZPO ist glaubhaft zu machen (§ 294 ZPO), dass sich die Urkunde in Händen des Dritten befindet.

5. Hierbei handelt es sich um einen alternativen Weg, den der Kläger einschlagen kann, wenn der Vorlegungsantrag nicht erfolgreich ist. Er kann den Dritten als Zeugen dafür benennen, dass die streitigen Tatsachen Gegenstand der Vereinbarung waren. Dieser Weg kann allerdings nur zum Erfolg führen, wenn der Dritte bei der Errichtung der Urkunde zugegen war. Das Gericht sollte dem Zeugen in einem solchen Fall aufgeben, die einschlägigen Unterlagen, hier den Kaufvertrag, mitzubringen; das sollte der Beweisführer zusätzlich beantragen (vgl. Form. I. H. 1 Anm. 6). Einfacher ist allerdings das Verfahren nach § 142 ZPO, weil es einen Beweistermin erspart.

Kosten und Gebühren

Wenn sich die Urkunde in Händen eines Dritten befindet, entsteht nach § 34 BRAGO eine Beweisgebühr des Rechtsanwalts (str., vgl. *Hartmann,* Kostengesetze, § 34 BRAGO Rdn. 7).

Fristen und Rechtsmittel

Bestreitet der Dritte die Voraussetzungen des § 142 Abs. 2 ZPO, kann über seine Verpflichtung zur Vorlegung durch Zwischenurteil entschieden werden (§§ 142 Abs. 2 S. 2, 387 ZPO; vgl. Form. I. H. 3).

9. Antrag auf Parteivernehmung[1] und Anhörung der eigenen Partei[2]

An das
Landgericht

In der Sache

......

hat der Beklagte im Einzelnen dargelegt, dass er das vom Kläger vorgelegte Vertragsformular blanco unterzeichnet und der Beklagte es abredewidrig ausgefüllt hat. Für diese Darstellung spricht eine ganze Reihe von Indizien und auch das Verhalten des Klägers nach Vertragsschluss ...... (ist auszuführen). **Sofern das Gericht von diesem Ergebnis noch nicht überzeugt sein sollte, wird beantragt,**

den Beklagten nach § 448 ZPO als Partei zu vernehmen[3].

Da es sich um ein Vier-Augen-Gespräch handelt und der Beklagte in Beweisnot ist, ist eine solche Vernehmung nach der Rechtsprechung des BGH (BGH NJW 1999, 363) und des BVerfG (NJW 2001, 2531) angezeigt.

Sollte das Gericht die Voraussetzungen für eine Vernehmung nach § 448 ZPO nicht für gegeben halten, bezieht sich der Beklagte hilfsweise zum Beweis auf die

Vernehmung des Klägers als Partei[4].

Für diesen Fall wird angeregt, den Beklagten nach § 141 ZPO anzuhören und dem Kläger ggf. gegenüberzustellen[5]. Der Beklagte wird im nächsten Termin persönlich erscheinen.

Rechtsanwalt

Schrifttum: Coester-Waltjen und *Oberhammer,* Parteiaussage und Parteivernehmung am Ende des 20. Jahrhunderts, ZZP 2000, 269 u. 295; Schöpflin, Die Parteianhörung als Beweismittel, NJW 1996, 2134; *Wittschier,* Die Parteivernehmung (§§ 447, 448 ZPO) im Lichte der Entscheidung des Europäischen Gerichtshofes für Menschenrechte vom 27. 10. 1993, DRiZ 1997, 247; *Schlosser,* EMRK und Waffengleichheit im Zivilprozeß, NJW 1995, 1404; *Meyke,* Zur Anhörung der Parteien im Zivilprozeß, MDR 1987, 358; *Schmidt,* Die Begründung der Ablehnung einer Parteivernehmung nach § 448 ZPO, MDR 1992, 637; *Hülsmann,* Kein Geständnis während der Parteivernehmung, NJW 1997, 617.

Anmerkungen

1. Eine Beweisaufnahme durch Vernehmung der Partei ist in drei Fällen möglich:
a) wenn der Gegner dies beantragt (§ 445 ZPO),
b) wenn die Partei selbst dies beantragt und – seltener Fall – der Gegner zustimmt (§ 447 ZPO)
c) von Amts wegen gem. § 448 ZPO, wenn für die Richtigkeit des Tatsachenvortrags dieser Partei eine gewisse Wahrscheinlichkeit spricht („einiger Beweis“ muss erbracht sein) und die Partei in Beweisnot ist (vgl. BGH NJW 1989, 3222; 1990, 1721; NJW-RR 1991, 983; 1994, 636; *Zöller/Greger* § 448 Rdn. 4).

In der Praxis häufig, aber selten erfolgreich, ist die Parteivernehmung auf Antrag des beweispflichtigen Gegners. Sie dient idR. nur dazu, nichts unversucht zu lassen, wenn andere Beweismittel fehlen oder nicht ausgereicht haben. Ist sie das einzige Beweismittel, verteuert sie den Rechtsstreit um die Beweisgebühr der Anwälte (§ 31 Abs. 1 Nr. 3 BRAGO). Demgegenüber haben die Parteivernehmung nach § 448 ZPO und die Anhörung der Partei gegenüber Zeugen der Gegenpartei durch die Entscheidung des EGMR vom 27. 10. 1993 (NJW 1995, 1413) eine Aufwertung erfahren.

2. Das Gericht kann die Parteien in jeder Lage des Verfahrens zur Aufklärung des Sachverhaltes anhören und hierzu ihr persönliches Erscheinen anordnen, § 141 ZPO. Die Anhörung ist kein Beweismittel, ihr Ergebnis fließt aber in die Beweiswürdigung mit ein. Ihre Anregung kann zweckmäßig sein, wenn die unmittelbare Schilderung der Ereignisse durch die Partei im Termin eine stärkere Überzeugungskraft verspricht. Leistet die Partei der Ladung zum persönlichen Erscheinen nicht Folge, kann gegen sie ein Ordnungsgeld wie gegen einen nicht erschienenen Zeugen festgesetzt werden (vgl. zB. OLG Bremen MDR 1988, 417). Das gilt nicht, wenn die Partei einen instruierten, mit Vollmachten versehenen Vertreter entsendet, der zur Aufklärung des Tatbestandes in der Lage ist (§ 141 Abs. 3 ZPO). Das Gericht muss nicht ankündigen, welche Fragen es ihm stellen will (OLG Frankfurt NJW 1991, 2090).

3. In Fällen dieser Art empfiehlt es sich, das Gericht auf die – oft nicht beachtete – Möglichkeit hinzuweisen, die eigene Partei gem. § 448 ZPO zu vernehmen (vgl. BGH NJW-RR 1994, 636; enger OLG München NJW-RR 1996, 958). Denn nach dem Urteil des EGMR (aaO.) verlangt es die Waffengleichheit im Prozess, dass immer dann, wenn bei Verhandlungen auf der einen Seite nur die Partei selbst oder ihr Organ beteiligt war, auf Seiten des Gegners aber ein Vertreter (Zeuge), auch die persönliche Darstellung der Partei bei der Beweiswürdigung zu berücksichtigen ist (vgl. *Schlosser* NJW 1995, 1404; *Schöpflin* NJW 1996, 2134). Das kann sowohl im Wege einer Vernehmung nach § 448 ZPO als auch über eine Anhörung nach § 141 ZPO geschehen. Von der einen oder anderen Möglichkeit hat das Gericht die insbesondere bei der Beweiserhebung über den Inhalt eines Vier-Augen-Gesprächs Gebrauch zu machen (BVerfG NJW 2001, 2531; BGH NJW 1999, 363). Die dort aufgestellten Grundsätze helfen der beweispflichtigen Partei allerdings nicht, wenn bei dem Gespräch Zeugen anwesend waren, die nicht der

Gegenpartei zuzurechnen sind (BGH NJW 1997, 3230; NJW 1999, 352). Voraussetzung für die Vernehmung nach § 448 ZPO ist, dass eine Würdigung des Parteivorbringens und der bisherigen Beweisaufnahme eine gewisse Wahrscheinlichkeit für die bestrittene Behauptung erbringt. Das setzt keine vorangegangene Beweisaufnahme voraus, auch aus Indizien, der Lebenserfahrung oder auch der Anhörung der Partei kann sich diese Wahrscheinlichkeit ergeben (vgl. *Zöller/Greger* § 448 Rdn. 4).

4. Zum Beweisantrag vgl. § 445 Abs. 1 ZPO. Dem Antrag wird erst entsprochen, wenn der Beweis mit anderen Beweismitteln nicht geführt ist oder andere Beweise nicht angetreten sind. Hält das Gericht die Tatsache bereits für bewiesen, ist der Antrag nicht zu berücksichtigen (§ 445 Abs. 2 ZPO). Die Parteivernehmung erfordert immer einen förmlichen Beweisbeschluss (§ 450 Abs. 1 S. 1 ZPO), der allerdings auch noch im Beweistermin ergehen kann. Zum Beweistermin muss das Gericht die Partei selbst, nicht nur durch ihren Prozessbevollmächtigten, laden (§ 450 Abs. 1 S. 2 ZPO). Im angenommenen Fall führt die gesetzliche Beweisregel der §§ 416, 440 ZPO nicht zur Unzulässigkeit der Parteivernehmung, dem Unterzeichner steht der Nachweis eines Blankettmissbrauches durch alle Beweismittel offen (vgl. BGH NJW 1988, 2741; missverständlich *Baumbach/Lauterbach/Albers/Hartmann* § 416 Rdn. 6).

5. Soll die Parteivernehmung des Gegners Erfolg versprechen, empfiehlt es sich, eine Gegenüberstellung mit der eigenen Partei herbeizuführen. Ist die Partei im Beweistermin anwesend, wird das Gericht sie idR. anhören. Außerdem hat sie, was die Gerichte nicht immer beachten, ein persönliches Fragerecht nach § 451 iVm. § 397 ZPO; hierauf sollte sie der Anwalt vorbereiten.

Kosten und Gebühren

Eine Vorschusspflicht des Beweisführers besteht, anders als beim Zeugenbeweis, nicht. Für die Parteivernehmung erhält der Rechtsanwalt die Beweisgebühr (§ 31 Abs. 1 Nr. 3 BRAGO). Das gilt nicht bei bloßer Anhörung der Partei gem. § 141 ZPO; dient die Anhörung allerdings zur beweismäßigen Klärung, soll sie eine Beweisgebühr auslösen können (vgl. *Zöller/Greger* § 446 Rdn. 8). Im Fall der Anhörung nach § 613 ZPO fällt immer eine Beweisgebühr an.

10. Antrag im selbstständigen Beweisverfahren[1]

An das
Landgericht[2]

Antrag im selbstständigen Beweisverfahren

des ......

Antragstellers,

Verfahrensbevollmächtigter: ......[3]
gegen[4]

1. A-Versicherungs-AG ......
2. B ......

Antragsgegner,

Vorläufiger Streitwert[5]: EUR 17.000,–

Namens und in Vollmacht des Antragstellers beantrage ich,

im Wege der Beweissicherung ohne mündliche Verhandlung das schriftliche Gutachten[6] eines Kraftfahrzeug-Sachverständigen über folgende Fragen einzuholen[7]:

1. Am Heck des Pkw Daimler-Benz 230 MA – DL 100 des Antragstellers befinden sich folgende Unfallschäden: ...... (näher zu bezeichnen),
2. Die Schäden sind durch das Auffahren des Antragsgegners zu 2) mit seinem Pkw Opel Omega LU – AA 200 auf das Heck des zu 1.) bezeichneten Pkw am ......, nicht durch einen früheren Unfall verursacht worden.
3. Zur Wiederherstellung des Fahrzeugs in einer Fachwerkstatt sind Kosten in Höhe von EUR ...... erforderlich.

Das Gericht wird gebeten, einen geeigneten, von der Handwerkskammer zu benennenden Sachverständigen zu bestellen, nicht aber die Sachverständigen ......[8].

Begründung[9]:

Der Antragsteller ist Halter des Pkw Daimler-Benz 230 mit dem amtlichen Kennzeichen MA – DL 100. Am 24. 2. 20.. fuhr der Antragsgegner zu 2. mit seinem bei der Antragsgegnerin zu 1. versicherten Pkw Opel Omega LU – AA 200 auf das vor einer roten Ampel haltende Fahrzeug des Antragstellers auf. Die Antragsgegnerin zu 1. hat eine Regulierung der vom Antragsteller mit Schreiben vom ...... genannten Schäden bis heute mit der Behauptung abgelehnt, die Schäden seien zT. nicht auf diesen Unfall zurückzuführen, sondern älteren Datums. Das ist unrichtig.
Der Antragsteller hatte bereits vor dem Unfall ein neues Fahrzeug gekauft und den streitigen Wagen in Zahlung gegeben. Das neue Fahrzeug ist inzwischen eingetroffen, so dass er den beschädigten Altwagen aus der Hand geben muss. Der Antragsteller hat also ein rechtliches Interesse daran, dass der Sachschaden am Fahrzeug, dessen Ursache und der Beseitigungsaufwand festgestellt werden (§ 485 Abs. 2 ZPO). Er geht im Übrigen davon aus, dass sich durch eine Klärung der Beweisfragen ein sonst erforderlich werdender Rechtsstreit erübrigt.
Zur Glaubhaftmachung[10] des rechtlichen Interesses an der Feststellung überreicht der Antragsteller

1. Kaufvertrag vom ...... über das Neufahrzeug und die Inzahlungnahme des streitigen Wagens,
2. Schreiben der Verkäuferfirma vom ......, in dem der Antragsteller zur Abnahme des Neuwagens aufgefordert wird,
3. eidesstattliche Versicherung des Antragstellers vom ......

Das streitige Fahrzeug befindet sich noch auf dem Grundstück des Antragstellers in ...... Der Kläger ist bereit, es dem Sachverständigen zur Besichtigung vorzuführen.

Den Antrag auf eine spätere Vernehmung des Sachverständigen im Termin behält sich der Antragsteller vor[11].

Falls das Gericht die Beauftragung des Sachverständigen von einem Kostenvorschuss abhängig macht, wird gebeten, dessen Höhe unverzüglich – auch telefonisch – mitzuteilen[12].

Rechtsanwalt

Schrifttum: Cuypers, Das selbständige Beweisverfahren, NJW 1994, 1985; *Schilken,* Grundlagen des Beweissicherungsverfahrens, ZZP 92, 238; *Schreiber,* Das selbständige Beweisverfahren, NJW 1991, 2600; *Fischer,* Selbständiges Beweisverfahren – Zuständigkeits- und Verweisungsfragen, MDR 2001, 608; *Pauly,* Das selbständige Beweisverfahren in der Baurechts-Praxis, MDR 1997, 1087; *Schmitz,* Einzelne Probleme des gerichtlichen Beweissicherungsverfahrens in Bausachen, BauR 1981, 40; *Rehborn,* Selbständiges Beweisverfahren im Arzthaftungsrecht?, MDR 1998, 16; *Müller,* Die Ablehnung des Sachverständigen im Beweissicherungsverfahren, NJW 1982, 1961; *Meilicke,* Beweissicherungsverfahren bei Auslandssachverhalten, NJW 1984, 2017; *Kunze,* Streitverkündung im selbständigen Beweisverfahren, NJW 1996, 102 u. NJW 1997, 1290; *Geffert,*

Der Einzelrichter im selbständigen Beweisverfahren, NJW 1995, 506; *Herget,* Kostenentscheidung im selbständigen Beweisverfahren, MDR 1991, 314; *Knacke,* Der Streitwert im Beweissicherungsverfahren, NJW 1986, 36.

Anmerkungen

1. Gem. §§ 485 ff. ZPO kann eine Partei die Begutachtung durch einen Sachverständigen, die Vernehmung von Zeugen und die Einnahme eines Augenscheines durch das Gericht auch unabhängig von einem Rechtsstreit oder vor der Beweisaufnahme in einem anhängigen Rechtsstreit erreichen. Das Ergebnis der Beweiserhebung steht einer Beweisaufnahme im Rechtsstreit vor dem Prozessgericht gleich. Der Sinn des Verfahrens liegt darin, Beweise, die später im Prozess nicht mehr oder nur schwer erhoben werden könnten, vorab zu sichern. Vor allem setzt die schriftliche Begutachtung durch einen Sachverständigen in den in § 485 Abs. 2 ZPO genannten Fällen nur voraus, dass die Partei ein rechtliches Interesse an der Feststellung hat. Damit kann das Verfahren zur Vermeidung eines langwierigen Prozesses beitragen und eine vorprozessuale Einigung fördern, zumal der (zulässige, vgl. BGH NJW 1983, 1901; MDR 1993, 868) Antrag die Verjährung des Hauptanspruches hemmt, § 204 Abs. 1 Nr. 7 BGB (nach neuem Verjährungsrecht nicht nur die Gewährleistungsansprüche aus Kauf und Werkvertrag). In Hinblick auf die Verjährung ist allerdings § 204 Abs. 2 BGB zu beachten: Die Hemmung endet mit der Beendigung des Beweisverfahrens, d.h. mit Übersendung des Gutachtens an die Parteien, wenn weder das Gericht eine Frist zur Stellungnahme setzt noch eine mündliche Erläuterung des Gutachtens stattfindet, andernfalls nach Fristablauf bzw. nach Erläuterung (BGH WM 2002, 483, 484; OLG Düsseldorf NJW-RR 1996, 1527), nicht erst nach Ablauf einer angemessenen Frist nach Eingang des Gutachtens (so aber ein Teil der oberlandesgerichtlichen Rechtsprechung, vgl. OLG Köln NJW-RR 1997, 1220). Allerdings wird die Hemmung hinausgeschoben, wenn auf Einwendungen der Parteien ein Ergänzungsgutachten eingeholt wird (BGH a.a.O.). Das rechtliche Interesse ist bereits dann gegeben, wenn die Feststellung einen Rechtsstreit vermeiden kann (§ 485 Abs. 2 S. 2 ZPO); auf die Erfolgsaussichten des späteren Prozesses kommt es grundsätzlich nicht an (OLG Köln NJW-RR 1996, 573; differenzierend OLG Hamm NJW-RR 1998, 933), auch nicht auf die mögliche Verjährung des Hauptanspruches (OLG Düsseldorf MDR 2001, 50).

Das Beispiel betrifft einen Antrag auf schriftliche Begutachtung nach § 485 Abs. 2 ZPO. Damit kann der Antragsteller erreichen, dass bei Personenschäden, Sachschäden oder Sachmängeln der Zustand (Nr. 1), die Ursache (Nr. 2) und der Beseitigungsaufwand (Nr. 3) festgestellt werden. Das selbstständige Beweisverfahren bietet damit nicht nur die Möglichkeit, die tatsächlichen Voraussetzungen für einen Anspruch festzustellen, sondern auch hinsichtlich des Umfangs des Gewährleistungs- oder Schadensersatzanspruches die Formulierung einer schlüssigen Klage vorzubereiten. Für die Einnahme eines Augenscheines, die Vernehmung von Zeugen (vgl. OLG Nürnberg NJW-RR 1998, 575) und die (auch mündliche) Begutachtung durch einen Sachverständigen in anderen Fällen gelten die strengeren Voraussetzungen des § 485 Abs. 1 ZPO: der Gegner muss zustimmen oder es muss zu besorgen sein, dass das Beweismittel verloren geht oder seine Benutzung erschwert wird. In der Praxis geht der Antrag meist auf Einholung eines schriftlichen Gutachtens. Besondere Bedeutung hat das Verfahren zur Vorbereitung von Bauprozessen (vgl. Form. II. C. 15). Auch in Wohnungseigentumssachen kann ein selbstständiges Beweisverfahren durchgeführt werden (BayObLG NJW-RR 1996, 528). Den Inhalt des Gesuchs schreibt § 487 ZPO vor. Str. ist, ob auch bei Arzthaftungsansprüchen ein selbstständiges Beweisverfahren zulässig ist (dafür zB. OLG Düsseldorf NJW 2000, 3438; OLG Saarbrücken NJW 2000, 3439; dagegen OLG Köln NJW 1999, 875; OLG Stuttgart NJW 1999, 874; vgl. Rehborn MDR 1998, 16).

2. Ist noch kein Rechtsstreit anhängig, ist der Antrag bei dem Gericht zu stellen, das nach dem Vorbringen des Antragstellers in der Hauptsache zuständig wäre (§ 486 Abs. 2 ZPO). Handelt es sich nicht um den allgemeinen Gerichtsstand des Beklagten, muss er den abweichenden Gerichtsstand schlüssig vortragen und glaubhaft machen (§ 487 Abs. 4 ZPO). In Hinblick auf die sachliche Zuständigkeit ist darzulegen, wie hoch der Streitwert der Hauptsache ist; insbesondere im Grenzbereich zwischen Amts- und Landgericht ist hier Sorgfalt geboten, eine Glaubhaftmachung allerdings nur erforderlich, wenn das Gericht sie verlangt (vgl. *Fischer* MDR 2001, 609). Hat der Antragsteller ein unzuständiges Gericht angerufen, ist eine Verweisung nach § 281 ZPO möglich (vgl. *Thomas/Putzo* § 281 Rdn. 1). Auch eine Gerichtsstandsbestimmung nach § 36 ZPO kommt in Betracht (BayObLG NJW-RR 1998, 209). Nur in Fällen dringender Gefahr ist auch die Zuständigkeit des Amtsgerichts gegeben, in dessen Bezirk sich die zu begutachtende oder zu vernehmende Person oder Sache befindet (§ 486 Abs. 3 ZPO). Ist bereits Klage eingereicht, so ist der Antrag – außer in Fällen dringender Gefahr – an das Prozessgericht zu richten. Im angenommenen Fall ist das Landgericht als Gericht der Hauptsache sachlich zuständig.

3. Es besteht grundsätzlich kein Anwaltszwang (§ 78 Abs. 2 iVm. § 486 Abs. 4 ZPO). Nur wenn es vor dem Landgericht oder Oberlandesgericht zu einer mündlichen Verhandlung kommt, ist anwaltliche Vertretung erforderlich (vgl. *Zöller/Herget* Rdn. 4 vor § 485).

4. Vgl. § 487 Nr. 1 ZPO. Der Antrag ist gegen den Gegner des anhängigen oder beabsichtigten Prozesses zu richten, das kann auch der Bürge des Schuldners sein (OLG Frankfurt MDR 1991, 987). Kommen mehrere Verursacher in Betracht, kann der Antrag gegen sie alle gerichtet werden (OLG Frankfurt MDR 1994, 1244). Auf Identität der Parteien ist besonders zu achten, denn nur dann steht nach § 493 ZPO die Beweiserhebung einer Beweisaufnahme vor dem Prozessgericht gleich. Wird das Verfahren gegen den falschen Schuldner gerichtet, ist, wie bei anderen Verfahrensfehlern, uU. eine Verwertung des Gutachtens im Urkundenbeweis möglich (vgl. OLG Frankfurt MDR 1985, 1032; *Zöller/Herget* § 493 Rdn. 5); sonst bleibt eine Vernehmung als sachverständiger Zeuge. Unter der Voraussetzung des § 494 ZPO kann der Antrag auch gegen einen unbekannten Gegner gerichtet werden, hemmt dann aber nicht die Verjährung (BGH NJW 1980, 1458). Eine Streitverkündung (vgl. Form. I. J. 2) ist zulässig (BGH NJW 1997, 859; aA. noch *Cuypers* NJW 1994, 1991 mwN). Sie hat zur Folge, dass gegenüber dem Streitverkündeten die Nebeninterventionswirkung nach § 68 ZPO eintritt und ihm gegenüber die Verjährung gehemmt wird, § 204 Abs. 1 Nr. 6 BGB (BGH aaO. zum alten Verjährungsrecht).

5. Für die sachliche Zuständigkeit ist der Streitwert der Hauptsache maßgeblich. Auch der Gebührenstreitwert richtet sich nach dem Wert des Hauptprozesses, wobei streitig ist, ob der volle Wert oder nur ein Bruchteil des Anspruches maßgeblich ist (vgl. *Zöller/Herget* § 3 Rdn. 16 „Selbständiges Beweisverfahren" mwN.; *Schneider* MDR 1998, 255). Maßgeblich ist dabei nicht der bei Verfahrenseingang angegebene Wert, sondern der nach Einholung des Gutachtens sich ergebende Wert (*Zöller/Herget* a.a.O.), also z.B. die Höhe der vom Sachverständigen geschätzten Mängelbeseitigungskosten (OLG Frankfurt NJW-RR 2000, 2364).

6. Nach § 485 Abs. 2 ZPO kann nur die schriftliche Begutachtung angeordnet werden. Im Fall des § 485 Abs. 1 ZPO wäre auch eine mündliche Begutachtung möglich; dem Bedürfnis nach Verwertbarkeit im Hauptprozess dürfte auch dann idR. die Einholung eines schriftlichen Gutachtens entsprechen.

7. Gem. § 487 Nr. 2 ZPO sind die Tatsachen, die Gegenstand des Gutachtens sein sollen, zu bezeichnen. Zwar dürfen an die Substantiierung des Beweisthemas nicht zu hohe Anforderungen gestellt werden, weil das genaue Schadensbild ja erst festgestellt werden soll. Dennoch gilt das Verbot des Ausforschungsbeweises; so erwartet die Rechtsprechung eine genaue Darstellung der erkennbaren Mängel (OLG Köln MDR 2000, 226) oder verlangt, dass der Verfahrensgegenstand zweifelsfrei abgrenzbar ist und der Sachverständige abschätzen kann, was auf ihn zukommt (KG NJW-RR 2000, 468). In Hinblick auf die Verwertbarkeit des Gutachtens empfiehlt es sich, die Beweisfragen genau zu formulieren, denn die Gerichte übernehmen den Antrag oft ohne nähere Prüfung in den Beweisbeschluss. Das Gericht prüft insbesondere nicht, ob die Beweisfragen für den Prozess erheblich sind, soweit sich der Antrag im Rahmen des § 485 Abs. 2 ZPO hält. Im Beispielsfall ist der Antrag zu 1), bei dem es um die Feststellung des Zustandes einer beschädigten Sache geht, unproblematisch (§ 485 Abs. 2 Nr. 1 ZPO). Die Beweisfrage zu 2) dürfte nach § 485 Abs. 2 Nr. 2 ZPO zulässig sein. Die Zulässigkeit des Antrags zu 3) ergibt sich aus § 485 Abs. 2 Nr. 3 ZPO. Eine Ausweitung des Beweisthemas ist ohne Risiko möglich, wenn der Gegner dem Beweissicherungsantrag zustimmt (vgl. § 485 Abs. 1 ZPO).

8. Gem. § 487 Nr. 3 ZPO ist der Sachverständige nicht vom Antragsteller zu benennen, nur das Beweismittel ist anzugeben. Die Person des Sachverständigen wird vom Gericht bestimmt; die Parteien haben allerdings die Möglichkeit, sich auf einen von beiden als geeignet angesehenen Sachverständigen zu einigen (§§ 492 Abs. 1, 404 Abs. 4 ZPO). Will der Antragsteller Sachverständige ausschließen, mit denen er schlechte Erfahrungen gemacht hat, sollte er das hier angeben. Von der Qualität des Sachverständigen hängt der Beweiswert des Gutachtens im Hauptprozess ab. Eine Ablehnung des Sachverständigen ist möglich (§§ 406, 492 Abs. 1 ZPO, vgl. Form. I. H. 6), soweit nicht ein besonderes Eilinteresse entgegensteht. Der Ablehnungsantrag ist in der Frist des § 406 Abs. 2 ZPO zu stellen und kann nicht bis zum Hauptprozess zurückgestellt werden (*Zöller/Greger* § 406 Rdn. 1; OLG Köln NJW-RR 1993, 63; OLG Düsseldorf NJW-RR 1998, 933).

9. Hier ist kurz zu schildern, worum es geht, und insbesondere darzulegen, dass die Voraussetzungen des § 485 ZPO gegeben sind. Im angenommenen Fall hat der Antragsteller nicht das besondere Sicherungsinteresse nach § 485 Abs. 1 ZPO, sondern nur das rechtliche Interesse an der Feststellung nach § 485 Abs. 2 ZPO zu begründen. Nach der Rechtsprechung des BGH (MDR 1992, 780) genügt für die Darlegung des rechtlichen Interesses, dass ein Rechtsverhältnis und ein möglicher Prozessgegner ersichtlich sind. Es empfiehlt sich immer, darauf hinzuweisen, dass die Feststellung der Vermeidung eines Rechtsstreites dienen kann (§ 485 Abs. 2 S. 2 ZPO; diese Voraussetzung ist weit auszulegen, vgl. OLG Bamberg NJW-RR 1995, 893), das rechtliche Interesse ist aber nicht nur dann gegeben (OLG Frankfurt MDR 1991, 989).

10. Nach § 487 Abs. 4 ZPO hat der Antragsteller die Tatsachen, die die Zulässigkeit des selbstständigen Beweisverfahrens betreffen – hier das rechtliche Interesse an den Feststellungen nach § 485 Abs. 2 Nr. 1–3 ZPO – und die Zuständigkeit des Gerichts (s. Anm. 2, 5) glaubhaft zu machen.

11. Wenn eine Partei es beantragt, muss das Gericht einen Termin bestimmen, in dem der Sachverständige sein Gutachten erläutert (§ 492 Abs. 1 iVm. § 411 Abs. 3 ZPO; vgl. Form. I. H. 6). Insoweit gelten die gleichen Grundsätze wie beim Sachverständigenbeweis im ordentlichen Verfahren (Form. I. H. 5).

12. Der Hinweis dient der Beschleunigung. Nach §§ 492, 402, 379 ZPO kann das Gericht die Beauftragung des Sachverständigen von der Einzahlung eines Kostenvorschusses abhängig machen. Hiervon machen die Gerichte regelmäßig Gebrauch. Die Höhe des Vorschusses Höhe muss das Gericht erst vom Sachverständigen erfragen, um den Betrag dann anzufordern zu können; hierdurch geht Zeit verloren, die in dringenden Fällen auch durch Einzahlung eines geschätzten Vorschusses oder, bei Anwälten, durch „Übernahme der Haftung“ verkürzt werden kann.

Kosten und Gebühren

An Gerichtskosten entsteht, gegebenenfalls neben den im späteren Hauptprozess zu erhebenden Gebühren, eine halbe Gebühr (KV Nr. 1610), hinzu kommen die Kosten des Sachverständigen, für die ein Vorschuss einzuzahlen ist, vgl. Anm. 12. Nach § 48 BRAGO erhält der Rechtsanwalt die Gebühren des § 31 BRAGO in voller Höhe. Allerdings gehört die Tätigkeit im selbstständigen Beweisverfahren, auch wenn die Hauptsache nicht anhängig ist, zum Rechtszug; die Gebühren können also durch denselben Anwalt im Rahmen des Hauptprozesses nicht noch einmal verdient werden (vgl. näher *Hansens* NJW 1991, 1137, 1143). Der Beschluss des Gerichts nach § 490 ZPO enthält keine Kostenentscheidung. Der Antragsteller kann eine Kostenerstattung nur erreichen, indem er die Hauptsache anhängig macht; die Kostenerstattung im Hauptprozess setzt voraus, dass es dort auf die Beweiserhebung ankommt (OLG Koblenz NJW-RR 1994, 1277) und Identität zwischen Beweisverfahren und Hauptprozess besteht (BGH NJW 1996, 1749, 1751; OLG München MDR 2000, 603). Bei einem Anwaltswechsel für den Hauptprozess kann die Kostenerstattung problematisch sein (OLG München NJW-RR 2000, 657). Der Antragsgegner muss, wenn es nicht zu einem Hauptprozess kommt, idR. den Weg über § 494 a ZPO gehen (vgl. näher Form. I. H.12). Zum Streitwert vgl. Anm. 5.

Fristen und Rechtsmittel

Zur Hemmung der Verjährung durch den Antrag vgl. Anm. 1.

Einwendungen gegen das Gutachten müssen die Parteien innerhalb der vom Gericht gesetzten Frist geltend machen; benötigt die Partei mehr Zeit, etwa weil sie privat ein Gegengutachten einholen will, sollte sie unbedingt eine Fristverlängerung beantragen. Hat das Gericht keine Frist gesetzt, sind Einwendungen in angemessener Frist, die nach OLG München MDR 2001, 531 höchstens 2 Monate beträgt, mitzuteilen, zumindest ist in dieser Frist mitzuteilen, dass noch Stellung genommen werden soll und warum das nicht eher geschehen kann.

Der stattgebende Beschluss ist wie ein gewöhnlicher Beweisbeschluss unanfechtbar, § 490 Abs. 2 S. 2 ZPO. Auch die Auswahl des Sachverständigen kann nicht mit der Beschwerde angefochten werden (OLG München MDR 1992, 520). Allerdings kann das Gericht den Beschluss abändern. Daher kann es sich für den Gegner empfehlen, Einwendungen gegen die Zulässigkeit, das Beweisthema oder die Person des Sachverständigen im Wege der Gegenvorstellung geltend zu machen oder eine Erweiterung des Beschlusses – auch durch einen Gegenbeweisantrag (vgl. OLG München NJW-RR 1996, 1277 u. Form. I. H. 11) – zu beantragen. Lehnt das Gericht nach Einholung des Gutachtens die Beauftragung eines weiteren Gutachtens nach § 412 ZPO ab, soll dieser Beschluss gleichfalls unanfechtbar sein (OLG Köln NJW-RR 2000, 729). Der Beschluss, mit dem das Gericht die Beweiserhebung im selbstständigen Beweisverfahren ablehnt, unterliegt der sofortigen Beschwerde nach § 567 Abs. 1 Nr. 2 ZPO.

11. Gegenantrag im selbstständigen Beweisverfahren[1]

An das
Landgericht

In der Sache

......

legen die Antragsgegner das von der Antragsgegnerin zu 1) in Auftrag gegebene Gutachten des Kfz-Sachverständigen A ... vor. Diesem Gutachten liegen Fotos bei, aus denen sich die Unfallschäden am Fahrzeug des Antragsgegners zu 2) im Einzelnen ergeben. Der Sachverständige gelangt zu dem Ergebnis, dass nach Art und Umfang der Schäden am Fahrzeug des Antragsgegners zu 2) die Schäden am PKW des Antragstellers z. T. nicht durch den streitigen Zusammenstoß verursacht sein können. Die Antragsgegner beantragen daher, dem vom Gericht zu beauftragenden Sachverständigen dieses Gutachten zur Verfügung zu stellen und den Beweisbeschluss gegenbeweislich dahin zu erweitern, dass[2],

- **die Schäden am PKW des Antragstellers zum Teil nicht durch den Zusammenstoß mit dem Fahrzeug des Beklagten verursacht sind, jedenfalls ein früherer Zusammenstoß als Ursache in Betracht kommt,**
- **der Anteil der vom Antragsgegner zu 2) verursachten Schäden am Gesamtschaden nur EUR .... beträgt.**

Diese Erweiterung ist erforderlich, um eine vollständige Beweiserhebung über die zwischen den Parteien zu klärenden Fragen erreichen, und Voraussetzung für die vom Antragsteller erstrebte Einigung[3].

Rechtsanwalt

Anmerkungen

1. Der Antragsgegner im selbstständigen Beweisverfahren muss das Verfahren nicht über sich ergehen lassen, sondern er hat eigene Rechte, die er auch wahrnehmen sollte, damit nicht ein ungünstiges Beweisergebnis den Ausgang des Hauptprozesse zu Unrecht präjudiziert. Das Gericht gibt dem Antragsgegner regelmäßig Gelegenheit zur schriftlichen Stellungnahme zum Antrag, es sei denn, dass eine besondere Eilbedürftigkeit entgegensteht. Der Antragsgegner sollte zunächst prüfen, ob die örtliche und sachliche Zuständigkeit gegeben sind und ob die übrigen Zulässigkeitsvoraussetzungen nach §§ 485, 487 ZPO vorliegen, und ggf. Einwendungen erheben. Vor allem sollte ihm daran gelegen sein, dass der Sachverständige mit sachgerechten und vollständigen Beweisfragen befasst wird. Hierzu kann er auf Präzisierung und Änderung von ungeeigneten Fragen drängen. Darüber hinaus hat der Antragsgegner auch das Recht, eine Erweiterung der Beweisfragen oder der Beweismittel zu beantragen; das kann im Wege des Gegenbeweises geschehen (vgl. *Zöller/Herget* § 485 Rdn. 3). Der Antragsgegner kann auch das Ergebnis des Beweisverfahrens abweichen und einen Antrag auf Vernehmung des Sachverständigen stellen, dem das Gericht idR. entsprechen muss. Er kann auch bei ungünstigem Ausgang ein Privatgutachten einholen und mit dessen Hilfe dem Sachverständigen im Hauptprozess Vorhaltungen machen oder versuchen, die Beauftragung eines weiteren Sachverständigen nach § 412 ZPO zu erreichen. Erfahrungsgemäß ist es aber nicht einfach, ein vorhandenes gerichtliches Gutachten mit Erfolg anzugreifen; eine frühzeitige Steuerung im Beweisverfahren dürfte daher der geeignetere Weg sein.

2. Nach überwiegender Rechtsprechung (OLG München NJW-RR 1996, 1277; weitere Nachweise bei *Zöller/Herget* a. a. O.) kann der Antragsgegner des selbstständigen Beweisverfahrens grundsätzlich Gegenbeweisanträge stellen, die den Beweisbeschluss erweitern. Voraussetzung ist, dass ein sachlicher Zusammenhang mit dem vom Antragsteller formulierten Beweisthema besteht, die Beweisfragen vom gleichen Sachverständigen beurteilt werden können und die Einbeziehung in die Beweisaufnahme zu keiner wesentlichen Verzögerung führt (OLG Nürnberg NJW-RR 2001, 859). Die Gegenanträge dürfen allerdings nicht dazu führen, dass es sich praktisch um ein Beweisverfahren auf Antrag des Gegners handelt. Möglich ist es aber, zu den Beweisfragen des Antragstellers jeweils alternative Fragen zu stellen (OLG Hamburg MDR 2001, 1012).

Die Gegenmeinung (*Baumbach/Lauterbach/Albers/Hartmann* § 487 Rdn. 6) führt zu dem unpraktischen Ergebnis, dass der Gegner gezwungen wird, einen eigenen Beweissicherungsantrag zu stellen.

3. Auch der Antragsgegner sollte darlegen, dass er ein rechtliches Interesse im Sinne des § 485 Abs. 2 ZPO an der Beantwortung seiner Beweisfragen durch eine schriftliche Begutachtung hat.

Kosten und Gebühren

Wenn der Antragsgegner eigene Beweisanträge stellt, wird das dazu führen, dass das Gericht einen anteiligen Kostenvorschuss von ihm anfordert (vgl. OLG Koblenz NJW-RR 1997, 1024). Dann ist aber auch eine Kostenerstattung über den Hauptsacheprozess möglich (vgl. Form I. H. 12).

12. Antrag auf Klageerhebung im selbstständigen Beweisverfahren[1] und Kostenantrag des Gegners[2]

An das
Landgericht

In der Sache

……

wird für die Antragsgegner beantragt[3],

1. **gegenüber dem Antragsteller anzuordnen, dass dieser binnen einer Frist von zwei Wochen Klage zu erheben hat,**
2. **nach Ablauf der Frist auszusprechen, dass der Antragsteller die den Antragsgegnern entstandenen Kosten zu tragen hat.**

Begründung[4]

Die Beweiserhebung im selbstständigen Beweisverfahren ist beendet; denn der Antragsteller hat innerhalb der nach § 411 Abs. 4 ZPO gesetzten Frist/innerhalb eines angemessenen Zeitraumes keine (weiteren) Einwendungen gegen das Gutachten erhoben und auch keine (weiteren) ergänzenden Fragen oder sonstige Anträge zum Gutachten gestellt. Damit sind die Voraussetzungen für eine Anordnung nach § 494 a Abs. 1 ZPO gegeben. Eine Frist von zwei Wochen erscheint als angemessen.
Für den Fall, dass der Antragsteller keine Klage erhebt, wird schon jetzt der Kostenantrag nach § 494 a Abs. 2 ZPO gestellt. Es wird angeregt, ohne mündliche Verhandlung zu entscheiden.

Rechtsanwalt

Anmerkungen

1. Da das selbstständige Beweisverfahren keine Kostenentscheidung kennt, stellt sich für den anwaltlich vertretenen Antragsgegner oft die Frage, wie er eine Kostenerstattung erreichen kann, zumal wenn das Verfahren ganz oder zum Teil für ihn günstig ausgegangen ist. Dieses Problem wird vom Gesetzgeber zum Teil durch die Regelung in § 494 a ZPO gelöst. Danach kann der Antragsgegner eine Entscheidung über die Kosten des selbstständigen Beweisverfahrens herbeiführen, und zwar

- entweder dadurch, dass er den Antragsteller nach § 494a Abs. 1 ZPO zur Klageerhebung im Hauptprozess zwingt, um dort eine Kostenentscheidung zu erreichen, die die Kosten des selbstständigen Beweisverfahrens erfasst,
- oder dadurch, dass er, wenn der Antragsteller keine Klage erhebt, eine Kostenentscheidung nach § 494a Abs. 2 ZPO erwirkt.

Darüber hinaus gibt die Vorschrift dem Beklagten die Möglichkeit, auf den Beginn des Hauptprozesses Einfluss zu nehmen und Verzögerungen zu vermeiden. Nicht erstrebenswert ist es für den Antragsgegner, mit seinem Antrag Einwendungen des Antragstellers gegen das Gutachten zu provozieren, welche die Beendigung des Beweisverfahrens hinauszögern. Der Antrag empfiehlt sich daher vor allem, wenn eine vom Gericht nach § 411 Abs. 4 S. 2 ZPO gesetzte Frist verstrichen ist. Der Antragsgegner sollte daher schon bei Eingang des für ihn günstigen Gutachtens gegenüber dem Gericht anregen, dem Antragsteller eine solche Frist zu setzen.

2. § 494a ZPO regelt die Fälle, in denen eine Kostenentscheidung zu Lasten des Antragstellers sachgerecht ist, nicht abschließend. Ein Beschluss, dass der Antragsteller die dem Gegner im selbstständigen Beweisverfahren entstandenen Kosten zu tragen hat, kann auch beantragt werden,

- wenn der Antrag nach § 485 ZPO zurückgenommen wird (vgl. *Zöller/Herget* § 91 Rdn. 13 „selbstständiges Beweisverfahren"; OLG München MDR 1999, 623; aA. OLG Koblenz NJW-RR 1996, 384),
- wenn das selbstständige Beweisverfahren vor Beendigung übereinstimmend für erledigt erklärt wird (OLG München NJW-RR 2000, 1455),
- wenn das Verfahren vor seiner vollständigen Durchführung vom Antragsteller nicht weiter betrieben wird (OLG München NJW-RR 2001, 768; OLG Celle NJW-RR 1998, 1079),
- wenn die Hauptsacheklage als unzulässig zurückgewiesen wird (*Zöller/Herget* § 494a Rdn. 4a)
- wenn die Hauptsacheklage zurückgenommen wird (§ 269 Abs. 3 ZPO erfasst diese Kosten nicht, vgl. *Zöller/Greger* § 269 Rdn. 18b; anders nach OLG Hamburg MDR 1998, 1124, wenn durch die Rücknahme eine Sachentscheidung umgangen werden soll),

3. Beide Anträge können miteinander verbunden werden (vgl. *Baumbach/Lauterbach/Albers/Hartmann* § 494a Rdn. 10). Der Antragsgegner kann den Antrag zu 2) auch erst nach Fristablauf stellen. Für den Antrag auf Klageerhebung besteht Anwaltszwang (str., vgl. OLG Zweibrücken NJW-RR 1996, 573; OLG Düsseldorf, NJW-RR 1999, 509). Die vorgeschlagene Formulierung der Anträge entspricht dem Gesetzeswortlaut. Die Frist bestimmt das Gericht; insoweit handelt es sich um eine Anregung. Hält der Antragsteller die Frist für zu kurz, weil er zB. noch mehr Zeit zur Vorbereitung der Klage benötigt, kann er eine Verlängerung der Frist beantragen (vgl. *Zöller/Herget* § 494a Rdn. 5). Eine Prozessaufrechnung steht der Klageerhebung iSd. § 494a Abs. 1 ZPO nicht gleich (OLG Düsseldorf MDR 1994, 201; OLG Köln NJW-RR 1997, 1295). Wird nur zu einem Teil Klage erhoben, kann im Hauptprozess auch nur zu diesem Teil über die Kosten des Beweisverfahrens entschieden werden, über den restlichen Teil kann eine Teilkostenentscheidung nach § 494a ZPO beantragt werden (vgl. OLG Koblenz NJW-RR 2000, 1239; OLG Düsseldorf NJW-RR 1998, 210; aA. OLG Schleswig MDR 2001, 836). Die Anträge nach § 494a Abs. 1 und 2 ZPO können auch vom Streithelfer gestellt werden (OLG Karlsruhe NJW-RR 2001, 214). Stellt nur einer von mehreren Antragsgegnern den Antrag auf Fristsetzung zur Klageerhebung, so kann nur zu seinen Gunsten eine Kostenentscheidung ergehen (OLG Stuttgart NJW-RR 2001, 863).

4. Der Antrag kann erst gestellt werden, wenn das selbstständige Beweisverfahren beendet ist; das braucht der Antragsgegner nur kurz zu begründen, denn der Sachverhalt ergibt sich aus der Gerichtsakte. Beendigung ist eingetreten, wenn das Gutachten den

Parteien mitgeteilt wurde und die in § 411 Abs. 4 ZPO genannte angemessene oder vom Gericht gesetzte Frist verstrichen ist, ohne dass Einwendungen erhoben, Ergänzungsfragen gestellt, die Vernehmung im Termin beantragt oder sonstige die Begutachtung betreffende Anträge gestellt sind. Andernfalls ist das Verfahren nach Erledigung der Einwendungen oder Anträge beendet. Über den Kostenantrag kann nach § 128 Abs. 4 ZPO ohne mündliche Verhandlung entschieden werden; das sollte der Antragsgegner anregen. Die Kostenentscheidung unterbleibt, wenn der Hauptsacheanspruch erfüllt und deshalb die Klage gegenstandslos ist (vgl. *Zöller/Herget* § 494 a Rdn. 5).

Kosten und Gebühren

Gerichtskosten entstehen, über die bereits im selbstständigen Beweisverfahren angefallenen Gebühren hinaus, nicht. Auch der Anwalt erhält für den Antrag nach § 494 a Abs. 1 ZPO keine weiteren Gebühren, für den Antrag nach Abs. 2 nur, wenn darüber mündlich verhandelt wird; der Streitwert richtet sich dann nach den Kosten des selbstständigen Beweisverfahrens (vgl. *Zöller/Herget* § 494 a Rdn. 8; anders OLG München NJW-RR 2000, 1728).

Fristen und Rechtsmittel

Beide Anträge sind nicht fristgebunden. Der Kostenantrag sollte aber unmittelbar nach Fristablauf gestellt werden. Wird die Klage noch nach Fristablauf, aber vor Erlass des Beschlusses erhoben, kann das Gericht den Kostenbeschluss nicht mehr erlassen (hM., vgl. *Zöller/Herget* § 494 a Rdn. 4 a; aA. OLG Frankfurt NJW-RR 2001, 862).

Bei Ablehnung der Anordnung hat der Antragsgegner die einfache Beschwerde nach § 567 Abs. 1 ZPO. Gegen den Kostenbeschluss steht dem Antragsteller, bei Zurückweisung dem Antragsgegner die sofortige Beschwerde zu (§ 494 a Abs. 2 S. 2 ZPO).

I. Besonderheiten bezüglich des Gerichts

1. Antrag auf Verweisung an die Kammer für Handelssachen

An das
Landgericht

In der Sache

……

zeige ich an, dass ich den Beklagten vertrete.
Der Beklagte will sich gegen die Klage verteidigen[2] und wird beantragen,

die Klage abzuweisen.

Vorab wird beantragt[3],

den Rechtsstreit von der Zivilkammer an die Kammer für Handelssachen zu verweisen[4].

Begründung[5]:

Der Kläger macht Ansprüche aus einem Scheck geltend (§ 95 Abs. 1 Nr. 3 GVG).
Rechtsanwalt

Schrifttum: Hövel, Die Rüge der Unzuständigkeit der Zivilkammer als (konkludent gestellter) Verweisungsantrag an die Kammer für Handelssachen, NJW 2001, 345; *Gaul,* Das Zuständigkeitsverhältnis der Zivilkammer zur Kammer für Handelssachen bei gemischter Klagenhäufung und handelsrechtlicher Widerklage, JZ 1984, 60; *Brandi-Dohrn,* Die Zuständigkeit der Kammer für Handelssachen bei mehrfacher Klagebegründung, NJW 1981, 2453; *Schneider,* Verweisungsantrag an die Kammer für Handelssachen in der Berufungsbegründungsschrift?, NJW 1997, 992.

Anmerkungen

1. Voraussetzung für die Verweisung ist, dass beim Landgericht eine Kammer für Handelssachen gebildet wurde (§§ 93, 94 GVG). Der Antrag beruht auf § 98 GVG. Ist der Rechtsstreit vor der Zivilkammer anhängig, hat also der Kläger die Klageschrift nicht an die Kammer für Handelssachen gerichtet, kann der Antrag nur vom Beklagten gestellt werden. Ihm muss stattgegeben werden, wenn eine Handelssache iSd. § 95 GVG vorliegt, es sei denn, der Beklagte stützt sich auf § 95 Abs. 1 Nr. 1 GVG, ohne im Handelsregister eingetragen zu sein (§ 98 Abs. 1 S. 2 GVG). Ist einer von mehreren Ansprüchen (objektive Klagenhäufung) keine Handelssache oder ist einer von mehreren Beklagten (subjektive Klagenhäufung) kein Kaufmann und wird er auch nicht als persönlich haftender Gesellschafter nach § 128 HGB in Anspruch genommen, ist die Kammer für Handelssachen unzuständig (vgl. *Zöller/Gummer* § 95 GVG Rdn. 2). Das gilt auch, wenn nur die Widerklage eine Handelssache ist und selbst dann, wenn, wenn das Landgericht nur durch Erhebung einer solchen Widerklage nach § 506 ZPO zuständig geworden ist (§ 98 Abs. 2 GVG). Zur Zweckmäßigkeit der Verweisung vgl. Form. I. D. 2, Anm. 2; der Beklagte sollte sie nur beantragen, wenn er sich eine für die Entscheidung des Falles besser geeignete Kammer verspricht. Ist eine Verweisung von der Kammer für

Handelssachen an die Zivilkammer vorausgegangen, kann eine Rückverweisung nicht beantragt werden; die erste Verweisung ist bindend (§ 102 S. 2 GVG). Etwas anderes gilt, wenn sie auf Willkür oder Versagung rechtlichen Gehörs beruht (vgl. *Zöller/Gummer* § 102 GVG Rdn. 6). Die Weiterverweisung an das Gericht eines anderen Rechtswegs bleibt möglich (BAG NJW 1993, 1878).

Kommt es zur Verweisung, sollen Anordnungen der verweisenden Kammer auch nach Verweisung ihre Wirksamkeit behalten, so die Setzung einer Klageerwiderungsfrist nach § 275 Abs. 1 S. 1 oder § 276 Abs. 1 S. 2 ZPO iVm. § 296 Abs. 1 ZPO (OLG Frankfurt NJW-RR 1993, 1084). Der Beklagte muss also die gesetzten Fristen beachten, erforderlichenfalls sollte er eine Fristverlängerung beantragen.

2. Hat die Zivilkammer das schriftliche Vorverfahren angeordnet, sollte der Beklagte unbedingt anzeigen, ob und wie weit er sich gegen die Klage verteidigen will. Die Fristsetzung wird durch den Verweisungsantrag, auch wenn er berechtigt ist, nicht gegenstandslos.

3. Der Antrag auf Verweisung des Rechtsstreits von der Zivilkammer an die Kammer für Handelssachen (und umgekehrt) ist nur vor der Verhandlung zur Hauptsache zulässig, § 101 Abs. 1 S. 1 GVG, idR. also vor Stellung der Anträge (§ 137 Abs. 1 ZPO). Wurde dem Beklagten eine Frist zur Klageerwiderung nach § 275 Abs. 1 S. 1 ZPO oder nach § 276 Abs. 1 S. 2 ZPO gesetzt, der Antrag aber nicht innerhalb der Frist gestellt und die Verspätung nicht hinreichend entschuldigt, kommt eine Verweisung nicht mehr in Betracht (§ 101 Abs. 1 S. 2 GVG). Eine nach Fristablauf oder ohne Antrag ausgesprochene Verweisung ist aber bindend, soweit sie nicht die Willkürgrenze überschreitet (vgl. *Zöler/Gummer* § 102 Rdn. 6). Die Entscheidung ergeht durch Beschluss entspr. § 281 Abs. 1 ZPO, eine mündliche Verhandlung ist nicht erforderlich (§ 101 Abs. 2 GVG). Anträge, die das von der Kammer für Handelssachen einzuschlagende Verfahren betreffen, sollte der Beklagte bereits hier stellen.

4. Wenn der Rechtsstreit auf Antrag des Klägers nach § 96 GVG an die Kammer für Handelssachen gelangt ist, aber keine Handelssache betrifft, kann der Beklagte Verweisung an die Zivilkammer beantragen (§§ 97, 99 GVG). In diesem Fall ist auch eine Verweisung von Amts wegen möglich (§§ 97 Abs. 2, 99 Abs. 2 GVG). Der Kläger hat auch hier kein Antragsrecht.

5. Hier ist darzulegen, dass einer der Fälle des § 95 GVG vorliegt. Wurde dem Beklagten von der Zivilkammer eine Frist zur Klageerwiderung gesetzt, sollte er zugleich seine Einwendungen in der Form des § 277 ZPO mit dem Verweisungsantrag verbinden, um für eine Zurückweisung als verspätet keinen Anlass zu geben.

Kosten und Gebühren

Durch die Verweisung entstehen keine zusätzlichen Kosten und Gebühren.

Fristen und Rechtsmittel

Hat die Zivilkammer dem Beklagten eine Frist zur Klageerwiderung oder zur Berufungserwiderung gesetzt, so muss der Antrag innerhalb dieser Frist gestellt werden, § 101 Abs. 1 S. 2 u. 3 GVG; andernfalls droht Zurückweisung nach § 296 Abs. 3 ZPO. Das gilt entsprechend für Berufungen gegen Urteile des Amtsgerichts, die vor die Kammer für Handelssachen gehören (§ 100 GVG). Hier ist der Antrag innerhalb der zur Berufungserwiderung gesetzten Frist zu stellen (§ 101 Abs. 1 S. 2 GVG).

Die Entscheidung über die Verweisung ist unanfechtbar, § 102 GVG. Beruht der Verweisungsbeschluss auf Willkür oder auf Versagung rechtlichen Gehörs, kommt wie bei Verweisungen nach § 281 ZPO eine außerordentliche Beschwerde in Betracht (vgl. OLG München NJW-RR 1995, 957; *Thomas/Putzo* § 102 GVG Rdn. 2). Hat sich das zweite Gericht gleichfalls bindend für unzuständig erklärt, sollte der Kläger einen Antrag nach § 36 Nr. 6 ZPO stellen (vgl. OLG Brandenburg NJW-RR 2001, 63; Form. I. I. 5).

2. Antrag auf Verweisung bei örtlicher Unzuständigkeit[1]

An das
Landgericht Hamburg

Verweisungsantrag[2]

In der Sache
der Fa. K GmbH, Hamburg

gegen

den Kaufmann B, Dortmund

hält der Kläger, nachdem der Beklagte die Einrede der örtlichen Unzuständigkeit erhoben hat[3], seine bisherigen Anträge aufrecht.

Hilfsweise[4] wird beantragt,

> **den Rechtsstreit an das Landgericht Dortmund, Kammer für Handelssachen, zu verweisen[5].**

Begründung[6]:

Die Klägerin hat in der Klageschrift im Einzelnen dargelegt, dass beide Parteien Vollkaufleute im Sinne des § 38 ZPO sind und sie durch Unterwerfung des Beklagten unter die Verkaufs- und Lieferungsbedingungen der Klägerin in ständiger Geschäftsbeziehung Hamburg als Gerichtsstand vereinbart haben. Sollte das Gericht der nach Ansicht der Klägerin unzutreffenden Auffassung sein, dass es an einer wirksamen Gerichtsstandsvereinbarung fehlt, wird entsprechend dem Hilfsantrag um Verweisung gebeten.

Rechtsanwalt

Schrifttum: Scherer, Anfechtbarkeit und Bindungswirkung von Verweisungsbeschlüssen nach § 281 ZPO, ZZP 1997, 176; *Fischer,* Zur Bindungswirkung rechtswidriger Verweisungsbeschlüsse, NJW 1993, 2417; *ders.,* Willkürliche Verweisungen, MDR 1994, 539; *Womelsdorf,* Verweisungsbeschlüsse – Unwirksamkeit wegen Abweichung von Oberlandesgericht-Rechtsprechung, MDR 2001, 1161.

Anmerkungen

1. Wird im landgerichtlichen Verfahren die örtliche oder sachliche Unzuständigkeit vom Beklagten zu Recht gerügt, kann der Kläger durch einen Antrag auf Verweisung an das zuständige Gericht eine Klagerücknahme oder eine Klageabweisung vermeiden. Unterbleibt die Rüge bis zur streitigen mündlichen Verhandlung, wird das Gericht gem. § 39 ZPO durch Prorogation zuständig (anders im Amtsgerichtsprozess, § 39 S. 2 iVm. § 504 ZPO). Ob es für den Beklagten genügt, die Rüge im ersten Termin zu erheben oder ob er die Rüge bereits in der Klageerwiderung erheben muss, ist str. (vgl. *Zöller/Vollkommer* § 39 Rdn. 5; BGH NJW 1997, 397, 398 mwN. lässt die Frage offen). Die Verweisung wird gem. § 281 Abs. 2 ZPO durch bindenden Beschluss ausgesprochen.

Das neue Gericht ist allerdings nicht gebunden, wenn dem Antragsgegner kein rechtliches Gehör gewährt wurde (BVerfG NJW 1982, 2367) oder wenn der Beschluss auf Willkür beruht, weil ihm jede rechtliche Grundlage fehlt (BGH NJW 1993, 1273; BayObLG NJW-RR 2000, 589; 2001, 928). Hierzu genügt es nicht, dass die Verweisung auf einem Rechtsirrtum beruht oder sonst fehlerhaft ist (BayObLG NJW-RR 2001, 646). Eine Verweisung von einem zuständigen Gericht an ein anderes gleichfalls zuständiges Gericht ist unzulässig; mit der Klageerhebung hat der Kläger sein Wahlrecht zwischen mehreren zuständigen Gerichten verbraucht (BayObLG NJW-RR 1991, 187; *Thomas/Putzo* § 35 Rdn. 2). Eine nach Rechtshängigkeit getroffene Vereinbarung über die Zuständigkeit eines anderen Gerichts ist unbeachtlich (vgl. *Thomas/Putzo* § 281 Rdn. 2). Das gilt erst recht für eine Zuständigkeitsvereinbarung nach Verweisung (vgl. *Zöller/Greger* § 281 Rdn. 18). Stellt der Kläger keinen Verweisungsantrag, droht ihm die Abweisung der Klage als unzulässig; hiergegen ist Berufung möglich, § 512a ZPO erfasst diesen Fall nicht. Der Beschluss kann nach § 128 Abs. 4 ZPO ohne mündliche Verhandlung ergehen. Die Verweisung setzt voraus, dass das verweisende Gericht zurzeit der Rechtshängigkeit unzuständig war (§ 261 Abs. 3 Nr. 2 ZPO), also bei Klageerhebung weder ein allgemeiner noch ein besonderer Gerichtsstand vorlag. Vor Zustellung der Klage kann ein Verweisungsbeschluss nicht ergehen (BGH NJW-RR 1997, 1161), es kommt aber eine formlose Abgabe des Rechtsstreits an das zuständige Gericht in Betracht (vgl. *Zöller/Greger* § 281 Rdn. 7). Im Prozesskostenhilfeverfahren kann eine Verweisung nach § 281 Abs. 2 ZPO ausgesprochen werden; jedoch gilt die Bindungswirkung nicht für die spätere Hauptsache (BGH NJW-RR 1991, 1342).

Der Rechtsstreit vor dem verweisenden Gericht und dem Empfangsgericht bilden eine Einheit. Anordnungen des Erstgerichts bleiben wirksam; das soll auch für die Klageerwiderungsfrist nach § 275 Abs. 1 S. 1 und § 276 Abs. 1 S. 1 ZPO mit der Sanktion des § 296 Abs. 1 ZPO gelten (OLG Frankfurt NJW-RR 1993, 1084). Auch die Gewährung von Prozesskostenhilfe (OLG Düsseldorf NJW-RR 1991, 63) und die Einzelrichteranordnung (OLG Koblenz MDR 1986, 153) wirken fort. Eine Rückverweisung ist auch bei fehlerhafter Erstverweisung grundsätzlich nicht statthaft, anders nur bei willkürlichen oder das rechtliche Gehör versagenden Verweisungsbeschlüssen (vgl. *Zöller/Greger* § 281 Rdn. 17 mwN.). Beruht der Verweisungsbeschluss hinsichtlich der Bezeichnung des Gerichts auf einem offensichtlichen Irrtum, kommt eine Berichtigung durch das verweisende Gericht nach § 319 ZPO in Betracht (vgl. BGH NJW-RR 1993, 700).

2. Der Antrag kann in einem vorbereitenden Schriftsatz, aber auch erst im Termin gestellt werden. Antragsberechtigt ist nur der Kläger. Es besteht kein Anwaltszwang (§ 281 Abs. 2 S. 1 iVm. § 78 Abs. 3 ZPO).

3. Vor Geltendmachung der Unzuständigkeit durch den Beklagten ist der Antrag unnötig, da die Zuständigkeit noch gemäß § 39 S. 1 ZPO durch rügelose Einlassung auf die Klage begründet werden könnte und der Kläger die Rüge des Beklagten nicht herausfordern sollte. Wird die Rüge erst nach Ablauf der Klageerwiderungsfrist erhoben, sollte der Kläger Zurückweisung als verspätet nach §§ 282 Abs. 3, 296 Abs. 3 ZPO beantragen; ob der Beklagte mit der Rüge bis zum Termin warten kann, ist allerdings streitig (vgl. Anm. 1).

4. Der Antrag wird hilfsweise für den Fall gestellt, dass das Gericht sich für örtlich unzuständig hält. Der Hilfsantrag hat den Vorteil, dass der Kläger es einerseits dem Gericht noch einmal nahe bringen kann, die Zuständigkeit zu bejahen und über die Sache zu entscheiden, er aber andererseits eine Klageabweisung als unzulässig vermeidet. Ist abzusehen, dass es zu einer Verweisung kommt, und will der Kläger sich hiermit abfinden, sollte er gleichzeitig eine Entscheidung ohne mündliche Verhandlung (§ 128 Abs. 4 ZPO) anregen.

5. Das Gericht, an das zu verweisen ist, sollte genau bezeichnet werden. Ist dem Kläger das zuständige Gericht nicht bekannt, so genügt der Antrag, „den Rechtsstreit an das für den allgemeinen Gerichtsstand des Beklagten zuständige Gericht zu verweisen". Besteht ein ausschließlicher Gerichtsstand, muss Verweisung an dieses Gericht beantragt werden. Im Übrigen hat der Kläger unter mehreren zuständigen Gerichten die Wahl (§ 281 Abs. 1 S. 2 ZPO). Er kann auch einen gestaffelten Verweisungsantrag stellen (zB. Antrag auf Verweisung an das Gericht A, hilfsweise an das Gericht B). Eine Verweisung an ein ausländisches Gericht ist nicht möglich. Im Rechtsmittelverfahren kommt nur eine Verweisung an das zuständige Gericht des ersten Rechtszuges in Betracht, nicht an das Rechtsmittelgericht (vgl. BGH MDR 1983, 214; *Zöller/Greger* § 281 Rdn. 9). Das Gericht kann eine abgesonderte Verhandlung und Entscheidung (durch Zwischenurteil) über die Frage der Zuständigkeit anordnen, § 280 ZPO. Entspr. Anträge können von den Parteien gestellt werden – sinnvoll zB., um bei unsicherer Zuständigkeitslage bindend Klarheit zu erhalten –, die Anordnung steht jedoch im Ermessen des Gerichts.

6. Stellt der Kläger einen Hilfsantrag, sollte er zunächst die Zuständigkeit des angerufenen Gerichts begründen und nachweisen, soweit dies nicht schon geschehen ist (zB. durch Vorlage der Gerichtsstandsvereinbarung oder von Belegen für die Kaufmannseigenschaft). Wird Verweisung an ein anderes Gericht als das des allgemeinen Gerichtsstandes beantragt, ist dessen Zuständigkeit darzulegen und nachzuweisen. Oft wird eine Begründung des Verweisungsantrages nicht nötig sein, da er sich von selbst versteht.

Kosten und Gebühren

Die durch die Anrufung des unzuständigen Gerichts entstandenen Mehrkosten, vor allem die durch Beauftragung eines weiteren Rechtsanwalts entstandenen notwendigen Anwaltsgebühren, treffen den Kläger auch wenn er in der Hauptsache obsiegt (§ 281 Abs. 3 ZPO; zum Begriff der Mehrkosten vgl. *Zöller/Herget* § 91 Rdn. 13 „Verweisung"). Enthält das Urteil keine entspr. Kostenentscheidung, muss der Beklagten binnen zwei Wochen eine Urteilsergänzung gem. § 321 ZPO beantragen (*Zöller/Herget* aaO.; vgl. Form. I. N. 3); wenn die Kostenentscheidung mit § 281 Abs. 3 ZPO begründet wurde und der Ausspruch nur im Tenor fehlt, ist auch eine Berichtigung im einfacheren Verfahren nach § 319 ZPO möglich (vgl. OLG Hamm NJW-RR 2000, 1524). Allerdings soll im Kostenfestsetzungsverfahren auch ohne Ausspruch im Urteil geprüft werden können, ob die Mehrkosten notwendig waren (str., vgl. *Zöller/Herget* a. a. O. mwN.; OLG Düsseldorf NJW-RR 1999, 799; OLG Naumburg MDR 2001, 1136).

Fristen und Rechtsmittel

Der Verweisungsbeschluss ist gem. § 281 Abs. 2 ZPO unanfechtbar. Hiervon macht ein Teil der Rechtsprechung eine Ausnahme, wenn dem Beschluss jede gesetzliche Grundlage fehlt oder wenn er auf einer Versagung des rechtlichen Gehörs beruht (vgl. *Thomas/Putzo* § 281 Rdn. 12; OLG München NJW-RR 1995, 957; aA. KG NJW-RR 1997, 250; offen gelassen von BGH NJW-RR 2000, 173). In diesen Fällen ist eine Beschwerde möglich, nicht aber schon dann, wenn die Verweisung unrichtig war und sie prozessordnungswidrig ergangen ist (BGH NJW 1988, 1794). Nach aA. ist ein Verweisungsbeschluss auch unanfechtbar, wenn er unter Verletzung rechtlichen Gehörs zustandegekommen ist, ihm fehlt dann nur die Bindungswirkung (vgl. Anm. 1). Erklärt sich auch das Empfangsgericht für unzuständig, kann eine Gerichtsstandsbestimmung nach § 36 Nr. 6 ZPO beantragt werden. Ein die Verweisung ablehnender Beschluss wird für unanfechtbar gehalten (OLG Oldenburg MDR1992, 518).

3. Antrag auf Verweisung wegen sachlicher Unzuständigkeit[1]

An das
Amtsgericht Hamburg

Verweisungsantrag

In der Sache

......

beantragt der Kläger[2],

den Rechtsstreit ohne mündliche Verhandlung an das Landgericht Hamburg, Zivilkammer, zu verweisen[3].

Begründung:[4]

Nachdem der Beklagte mit einem über den Betrag von EUR 5.000,– hinausgehenden Anspruch Widerklage erhoben hat, gehört der Rechtsstreit zur sachlichen Zuständigkeit des Landgerichts und ist gem. § 506 ZPO auf Antrag des Klägers zu verweisen.

Schrifttum: Schneider, Analoge Anwendung des § 506 in der landgerichtlichen Berufungsinstanz, MDR 1997, 221.

Anmerkungen

1. Vgl. zunächst Anm. 1, 2 zum vorangehenden Formular. Der Antrag ist erforderlich, wenn statt des angerufenen Landgerichts das Amtsgericht oder umgekehrt statt des Amtsgerichts das Landgericht zuständig ist. Die sachliche Zuständigkeit ergibt sich in der Regel aus dem Streitwert (§§ 23, 71 GVG). Maßgeblicher Zeitpunkt für dessen Feststellung ist die Einreichung der Klage, nicht ihre Zustellung (§ 4 Abs. 1 ZPO); bei vorangegangenem Mahnverfahren kommt es auf den Eingang der Akten beim Streitgericht an (OLG Frankfurt NJW-RR 1996, 1403; vgl. *Zöller/Vollkommer* § 696 Rdn. 7). Eine Reduzierung des Wertes nach diesem Zeitpunkt ist für die sachliche Zuständigkeit bedeutungslos. Zum Verhältnis von Amts- oder Landgericht zum Familiengericht bzw. zur freiwilligen Gerichtsbarkeit vgl. *Thomas/Putzo* § 281 Rdn. 3, 4. Eine Vereinbarung der sachlichen Zuständigkeit gem. § 38 ZPO ist möglich, nicht jedoch bei ausschließlicher Zuständigkeit des Amtsgerichts bzw. des Landgerichts (§ 40 Abs. 2 ZPO). Oft wird die Verweisung erforderlich, weil das zunächst angerufene Gericht den Streitwert so festgesetzt hat, dass er zur sachlichen Zuständigkeit des nicht angerufenen Amtsgerichts bzw. Landgerichts führt. Gegen diesen Beschluss gibt es kein Rechtsmittel (vgl. OLG München MDR 1998, 1242; *Zöller/Herget* § 3 Rdn. 7); wenn Gegenvorstellungen des Klägers nicht zur Abhilfe führen und eine Prorogation nicht möglich ist, bleibt nur die Verweisung. Das Beispiel betrifft den Fall, dass erst nachträglich durch Klageerweiterung oder Widerklage ein landgerichtlicher Streitwert erreicht wird (§ 506 ZPO). Wird die Klage erst vor der Berufungskammer des Landgerichts erweitert, kann weder an die erstinstanzlich zuständige Zivilkammer (KG NJW-RR 2000, 804; aA. LG Hamburg 2001, 932) noch an das Oberlandesgericht (BGH NJW 1996, 2378) verwiesen werden.

2. Im Fall des § 506 ZPO kann der Antrag von beiden Parteien, nicht nur vom Kläger gestellt werden; dies muss vor weiterer mündlicher Verhandlung geschehen. Das Antragsrecht bleibt aber erhalten, wenn der nach § 504 ZPO erforderliche Hinweis des Gerichts fehlt (hM., vgl. *Thomas/Putzo* § 504 Rdn. 1).

3. Das Gericht, an das verwiesen werden soll, sollte genau bezeichnet werden. Falls die Kammer für Handelssachen zuständig ist, hat der Kläger bereits vor dem Amtsgericht Verweisung an sie zu beantragen (§ 96 Abs. 2 GVG). Fehlt auch die örtliche Zuständigkeit, ist es möglich und sinnvoll, den Antrag auf Verweisung an das sachlich zuständige Gericht mit dem auf Verweisung an das örtlich zuständige Gericht zu verbinden. Beruht die sachliche Unzuständigkeit allerdings, wie im Beispielsfall, auf der vom Beklagten erhobenen Widerklage, kommt nur eine Verweisung an das übergeordnete Landgericht in Betracht; denn dieses ist nach § 33 ZPO örtlich zuständig (vgl. OLG Zweibrücken NJW-RR 2000, 590). Wenn das verweisende Amtsgericht auch die Frage der örtlichen Zuständigkeit geprüft hat, ist die Verweisung auch insoweit bindend (BayObLG NJW-RR 1996, 956). Ist zweifelhaft, ob das angerufene oder ein anderes Gericht sachlich zuständig ist, sollte auch hier ein Hilfsantrag gestellt werden (vgl. Form. I. I. 2 Anm. 4).

4. Hier ist die sachliche Unzuständigkeit des angerufenen Gerichts zu begründen und die sachliche, ggf. auch die örtliche Zuständigkeit des Gerichts, an das verwiesen werden soll, darzulegen und nachzuweisen, sofern sie sich nicht – wie hier – von selbst ergibt. Im Fall des § 506 ZPO ist zu beachten, dass für den Zuständigkeitsstreitwert der Wert von Klage und Widerklage nicht zusammengerechnet wird (§ 5 ZPO); eine Verweisung kommt nur in Betracht, wenn Klage oder Widerklage einen landgerichtlichen Streitwert erreichen. Die Verweisung betrifft immer den gesamten Rechtsstreit, auch soweit er vorher durch ein Teilversäumnisurteil entschieden wurde; über den Einspruch hat also das Landgericht zu entscheiden (OLG Zweibrücken NJW-RR 1998, 1606).

Kosten und Gebühren

Vgl. die Hinweise zu Form. I. 1. 2.

4. Antrag auf Vorabentscheidung über die Zulässigkeit des Rechtswegs mit Hilfsantrag auf Verweisung[1, 2]

An das
Landgericht Hamburg[3]

In der Sache
Jensen . /. Freie und Hansestadt Hamburg

beantragt der Kläger, nachdem die Beklagte die Zulässigkeit des Rechtswegs gerügt hat,

> **vorab zu entscheiden, dass der Rechtsweg zu den ordentlichen Gerichten zulässig ist[4].**

Hilfsweise wird beantragt,

> **den Rechtsstreit an das Verwaltungsgericht Hamburg zu verweisen[5].**

Begründung[6]

Der Kläger hat bereits in der Klageschrift dargelegt, dass für den geltend gemachten Anspruch der Rechtsweg zu den ordentlichen Gerichten gegeben ist. Nachdem die Beklagte aber die Zulässigkeit des Rechtswegs ausdrücklich gerügt hat, ist nach § 17a Abs. 3 GVG vorab über die Zulässigkeit des Rechtswegs zu entscheiden.
Sollte das Gericht die Zulässigkeit des Rechtswegs verneinen, müsste der Kläger seine Klage vor dem Verwaltungsgericht verfolgen. Für diesen Fall wird der Hilfsantrag gestellt.

Rechtsanwalt

Schrifttum: Ressler, Zur vereinfachenden Wirkung der Verfahrensvorschriften über die Bestimmung des Gerichtszweiges, JZ 1994, 1035; *Boin,* Die Prüfung der Rechtswegfrage i. S. des § 17a GVG durch das Rechtsmittelgericht, NJW 1998, 3747; *Mayerhofer,* Rechtsweg oder sachliche Zuständigkeit?, NJW 1992, 1602; *Kissel,* Neues zur Gerichtsverfassung, NJW 1991, 945; *ders.,* Die neuen §§ 17 bis 17b GVG in der Arbeitsgerichtsbarkeit; *Jaeger;* Die Zuständigkeit des ArbG und Geltung des Kündigungsschutzes für Geschäftsführer, NZA 1998, 961.

Anmerkungen

1. Für das Verhältnis der Gerichtsbarkeiten untereinander und die Verweisung an das Gericht eines anderen Rechtswegs gilt nicht § 281 ZPO, sondern § 17a GVG. In der Praxis geht es meist um das Verhältnis der Zivilgerichte zur Arbeitsgerichtsbarkeit (vgl. zB. BGH NJW 1999, 648; BAG 1999, 3069) – hierbei handelt es sich seit Neufassung der §§ 17ff. GVG und § 48 ArbGG nicht mehr um eine Frage der sachlichen Zuständigkeit (vgl. *Zöller/Gummer* Rdn. 10 vor §§ 17ff. GVG) – oder, wie im Beispiel, zur Verwaltungsgerichtsbarkeit. §§ 17ff. GVG sind entsprechend anwendbar für das Verhältnis der ordentlichen streitigen zur freiwilligen Gerichtsbarkeit (BGH NJW 1998, 231; 2001, 2181) und der freiwilligen zu einer anderen Gerichtsbarkeit (OLG Hamm NJW 1992, 2642), ebenso bei Wohnungseigentumssachen (vgl. § 46 WEG, BGH NJW 1995, 2851). § 17a gilt auch in den Verfahren des vorläufigen Rechtsschutzes (BGH NJW 2001, 2181; 1999, 3785).

2. Ist die Zulässigkeit des Rechtswegs zweifelhaft, hängt das weitere Verfahren davon ab, wie das Gericht diese Frage beantwortet. Hält es den Rechtsweg für unzulässig, spricht das Gericht dies durch Beschluss aus und verweist den Rechtsstreit gleichzeitig an das zuständige Gericht des zulässigen Rechtswegs (§ 17a Abs. 2 GVG). Zu einem klagabweisenden Urteil kann es also nicht mehr kommen. Hält das Gericht den Rechtsweg für zulässig, kann es das durch Beschluss vorab aussprechen (§ 17a Abs. 3 S. 1 ZPO); es hat vorab (nicht erst im Urteil, BGH NJW 1999, 651) zu entscheiden, wenn eine Partei, wie im Beispiel, die Zulässigkeit des Rechtswegs gerügt hat (§ 17a Abs. 3 S. 2 GVG). In beiden Fällen erfordert der Beschluss keine mündliche Verhandlung, er ist nach ausdrücklicher gesetzlicher Anordnung (§ 17a Abs. 4 S. 1, 2 GVG) zu begründen.

3. Die Entscheidung ergeht grundsätzlich durch das Gericht erster Instanz, nach § 17a Abs. 5 GVG kann das Rechtsmittelgericht die Zulässigkeit des Rechtswegs nicht mehr prüfen. Wenn die erste Instanz jedoch entgegen § 17a Abs. 3 S. 2 GVG trotz Rüge keine Vorabentscheidung getroffen hat, kann auch das Berufungsgericht die Frage noch prüfen und ggf. durch Beschluss verweisen (BGH NJW 1996, 591; 1998, 2057; BVerwG NJW 1994, 956).

4. Ein Antrag auf Vorabentscheidung ist nicht erforderlich, die Parteien können sie aber bei unklarer Rechtslage anregen. Das kann sinnvoll sein, um die Zulässigkeitsfrage mit Bindungswirkung zu klären (vgl. *Thomas/Putzo* § 17a GVG Rdn. 16). Wenn eine Partei die Zulässigkeit des Rechtswegs rügt, zwingt sie dadurch das Gericht, durch Beschluss vorab zu entscheiden (§ 17a Abs. 3 S. 2 GVG). Der Beklagte sollte die Rüge innerhalb der Klageerwiderungsfrist (§ 282 Abs. 3 ZPO) erheben, sonst kann sie unbeachtlich sein (*Zöller/Gummer* § 17a GVG Rdnr. 6).

5. Anders als bei § 281 ZPO hängt die Verweisung nicht von einem Antrag ab; das Gericht spricht nicht nur die Unzulässigkeit des beschrittenen Rechtswegs, sondern auch die Verweisung an das zuständige Gericht des zulässigen Rechtswegs von Amts wegen aus (§ 17a Abs. 2 S. 1 GVG); der Antragsteller sollte das zuständige Gericht daher genau bezeichnen.

6. Hier sollte der Kläger, wenn er in erster Linie vor dem Gericht des eingeschlagenen Rechtswegs bleiben möchte, dessen Zulässigkeit begründen. Die Rechtsprechung (BGH NJW 1996, 3012; BAG NJW 1997, 542) verlangt vom Kläger, dass er die Tatsachen, die die Zulässigkeit des Rechtswegs begründen, schlüssig vorträgt. Kommt eine Verweisung an verschiedene Gerichtszweige in Betracht, sollte er das ausführen; in diesem Fall hat er die Wahl (§ 17a Abs. 2 S. 2 GVG). Das Gleiche gilt, wenn z. B. bei einer Verweisung an die ordentliche Gerichtsbarkeit mehrere Gerichte auf Grund allgemeinen oder besonderen Gerichtsstandes zuständig sind. Hat der Antragsteller sein Wahlrecht noch nicht verbraucht, kommt eine Weiterverweisung innerhalb des anderen Rechtswegs in Betracht (BAG NJW 1996, 742).

Kosten und Gebühren

Der Beschluss nach § 17a Abs. 2, 3 GVG enthält keine Kostenentscheidung, anders der Beschwerdebeschluss nach § 17 Abs. 4 GVG (BGH NJW 1993, 2541). Nach Verweisung werden dem Kläger die durch die Anrufung des zunächst angegangenen Gerichts entstandenen Mehrkosten im Urteil auferlegt. § 17b Abs. 2 GVG entspricht § 281 Abs. 3 ZPO (vgl. Form. I. I. 2).

Fristen und Rechtsmittel

Gegen Beschlüsse nach § 17a GVG, die die Zulässigkeit des Rechtswegs verneinen (Abs. 2) oder bejahen (Abs. 3), ist die sofortige Beschwerde gegeben; sie regelt sich nach der Verfahrensordnung der jeweiligen Gerichtsbarkeit. In der ordentlichen Gerichtsbarkeit ist die sofortige Beschwerde nach §§ 567, 569 ZPO gegeben; der Beschwerdewert bemisst sich nach einem Bruchteil der Hauptsache (vgl. *Zöller/Gummer* § 17a GVG Rdn. 30). Die Beschwerde kann nicht damit begründet werden, dass innerhalb des anderen Rechtswegs ein anderes Gericht örtlich oder sachlich zuständig ist (BAG NJW 1996, 742); denn der Kläger kann die Weiterverweisung beantragen. Hat das Gericht des ersten Rechtszuges im Endurteil die Zulässigkeit ausdrücklich oder stillschweigend bejaht, lässt sich hierauf keine Berufung stützen (BGH NJW 1991, 1686; 1994, 387; BAG NJW 1996, 3430). Anders ist es, wenn eine Partei die Zulässigkeit des Rechtswegs gerügt hatte (BGH NJW 1993, 470; 1999, 651).

5. Antrag auf Bestimmung des zuständigen Gerichts[1,2]

An das
Oberlandesgericht Celle[3]

In der Sache

. . . . . .

stellt der Kläger[4] **den Antrag,**

das Amtsgericht Peine als das zuständige Gericht zu bestimmen[5]**.**

Begründung:[6]

Der Kläger hat gegen den Beklagten beim Amtsgericht München einen Mahnbescheid erwirkt. Nach Widerspruch des Beklagten hat das Mahngericht das Verfahren an das für den Wohnsitz des Beklagten zuständige Amtsgericht Peine abgegeben. Dieses Gericht

hatte der Kläger im Mahnbescheidsantrag als für das Streitverfahren zuständig bezeichnet. Auf Antrag des Klägers hat das Amtsgericht Peine den Rechtsstreit durch Beschluss vom ...... an das Amtsgericht München als Gericht des Erfüllungsortes verwiesen. Das Amtsgericht München hat den Rechtsstreit an das Amtsgericht Peine durch Beschluss vom ...... zurückverwiesen, weil die Verweisung rechtswidrig gewesen sei. Damit haben sich zwei Gerichte im Sinne des § 36 Nr. 6 ZPO rechtskräftig für unzuständig erklärt. Nach Auffassung des Klägers war der Verweisungsbeschluss des Amtsgerichts Peine nicht bindend, so dass es als zuständiges Gericht zu bestimmen ist.

Schrifttum: Bornkamm, Die Gerichtsstandsbestimmung nach §§ 36, 37 ZPO, NJW 1989, 2713; *Fischer,* Zur Bindungswirkung rechtswidriger Verweisungsbeschlüsse, NJW 1993, 2417; *ders.,* Willkürliche Verweisungen, MDR 1994, 539; *Vollkommer,* Zeitliche Grenzen der Zuständigkeitsbestimmung bei Streitgenossenschaft, MDR 1987, 804; *Ewers,* Schwarzer Peter (§§ 36 Nr. 6 ZPO, 5, 46 II FGG), FamRZ 1999, 74.

Anmerkungen

1. Der Antrag beruht auf einem negativen Kompetenzkonflikt nach § 36 Nr. 6 ZPO, wie er in der Praxis zB. nach vorausgegangenem Mahnverfahren vorkommt. Der Beispielsfall ist der Entscheidung BGH NJW 1993, 1273 nachgebildet. § 36 Nr. 6 ZPO gilt nicht nur für Streitigkeiten über die örtliche, sondern auch über die sachliche und die funktionelle Zuständigkeit. Von den weiteren in § 36 ZPO erfassten Situationen spielt nur noch der Fall des § 36 Nr. 3 in der Praxis eine Rolle: Der Kläger will mehrere Streitgenossen in einem Prozess in Anspruch nehmen, die Streitgenossen haben jedoch einen unterschiedlichen allgemeinen und keinen gemeinsamen besonderen Gerichtsstand. Beispiele hierzu aus der Rechtsprechung: BGH NJW 1987, 439; 1988, 646; 1999, 221; BayObLG NJW-RR 1999, 1293 u. 1296.

2. Eine Bestimmung des zuständigen Gerichts ist, in entsprechender Anwendung des § 36 Nr. 6 ZPO, auch möglich bei Zuständigkeitsstreit zwischen Zivilkammer und Kammer für Handelssachen, zwischen Familiengericht und Zivilkammer/Zivilabteilung bzw. Familiensenat und allgemeinem Senat des OLG (BGH NJW 1983, 47), zwischen Familiengericht und Vormundschaftsgericht (BGH FamRZ 1982, 745), zwischen zwei Gerichten der freiwilligen Gerichtsbarkeit (BGH NJW 1988, 2739); weitere Beispiele bei *Zöller/Vollkommer* § 36 Rdn. 29–32. Kompetenzkonflikte zwischen Spruchkörpern desselben Gerichts, zB. erstinstanzlicher Kammer und Berufungskammer, sind hingegen nicht nach § 36 Abs. 1 Nr. 6 ZPO, sondern durch das Präsidium des Gerichts zu entscheiden (BGH NJW 2000, 80). Bei einem negativen Kompetenzkonflikt von Gerichten verschiedener Gerichtsbarkeiten ist die Vorschrift anwendbar (BAG NJW 1996, 413). Voraussetzung ist immer, dass die Streitsache rechtshängig, nicht nur anhängig ist (BGH NJW-RR 1996, 254; aA in einem Ausnahmefall OLG Brandenburg MDR 2002, 536) und dass zwei Gerichte sich rechtskräftig für unzuständig erklärt haben. Es genügt ein Verweisungsbeschluss des ersten Gerichts und ein gleichfalls unanfechtbarer Rück- oder Weiterverweisungsbeschluss des zweiten Gerichts (BayObLG NJW-RR 1991, 188) oder auch nur die Rücksendung der Akten (BGH NJW-RR 1992, 1154). Grundsätzlich ist auch erforderlich, dass eines der beiden Gerichte wirklich zuständig ist (BGH NJW 1995, 534; *Thomas/Putzo* § 36 Rdn. 18). Der Rechtsstreit kann jedoch durch die Zuständigkeitsbestimmung auch an ein drittes, ausschließlich zuständiges Gericht verwiesen werden (BGH NJW 1980, 1282, 1283; 1995, 534). Zum Verfahren, wenn die zweite Verweisung nicht bindend ist, vgl. BGH NJW 1989, 461.

3. Zur Entscheidung ist das im Rechtszug nächsthöhere gemeinsame Gericht zuständig, also zB. das Landgericht für die Amtsgerichte seines Bezirks oder das Oberlandesgericht für die Landgerichte oder für Amtsgerichte aus mehreren Landgerichtsbereichen seines Bezirks. Handelt es sich um Gerichte mehrerer Oberlandesgerichtsbezirke, ist nicht der Bundesgerichtshof anzurufen, sondern das Oberlandesgericht des Gerichts, das als erstes mit der Sache befasst war (§ 36 Abs. 2 ZPO); in Bayern ist in diesen Fällen das BayObLG zuständig. Das Mahngericht, das die Sache an das Streitgericht abgegeben hat, war nicht iSd. Vorschrift mit der Sache befasst (BayObLG NJW-RR 1999, 1294). Daher ist im Beispielsfall nicht das BayObLG, sondern das für das AG Peine zuständige OLG Celle anzurufen. Ist noch kein Gericht mit der Sache befasst gewesen, was insbesondere in Fällen des § 36 Abs. 1 Nr. 3 ZPO die Regel ist, ist das Gericht zuständig, das als erstes um die Bestimmung ersucht wird (BayObLG NJW-RR 1999, 1296); es muss aber ein Oberlandesgericht sein, in dessen Bezirk eines der in Betracht kommenden Gerichte liegt (OLG Karlsruhe NJW 1998, 3359). Bei Gerichten verschiedener Gerichtsbarkeiten ist das Bundesgericht zuständig, das als erstes zur Zuständigkeitsbestimmung angerufen wird (BGH NJW 2001, 3631; BAG NJW 1996, 413).

4. Der Antrag kann von beiden Parteien gestellt werden, also auch vom Beklagten (vgl. OLG Düsseldorf NJW-RR 1990, 1021; *Thomas/Putzo* § 37 Rdn. 1), anders im Fall des § 36 Nr. 3; dort ist nur der Kläger antragsberechtigt (BGH NJW 1987, 439; 1990, 2751). Auch eines der Gerichte kann die Sache dem für die Bestimmung zuständigen Gericht vorlegen (vgl. BGH NJW 1985, 2537; 1993, 1273; *Thomas/Putzo* § 36 Rdn. 1). Im Fall des § 36 Abs. 1 Nr. 3 ZPO kann der Antrag auch bereits vor Rechtshängigkeit gestellt werden. § 36 Abs. 1 Nr. 6 ZPO setzt einen Rechtsstreit voraus, ist allerdings im PKH-Verfahren anwendbar (BGH NJW-RR 1994, 706; OLG Dresden NJW 1999, 797).

5. Das Gericht, das der Kläger für zuständig hält, braucht im Antrag nicht genannt zu werden, das entscheidende Gericht wäre hieran auch nicht gebunden. Auch die Bestimmung eines dritten Gerichts als zuständig ist möglich (vgl. BGH NJW 1980, 1282).

6. Die Begründung kann kurz gefasst sein, denn der Sachverhalt ergibt sich aus den Gerichtsakten, die das Gericht beiziehen wird. Im Fall des § 36 Abs. 1 Nr. 3 ZPO muss sorgfältig dargelegt werden, dass die Beklagten Streitgenossen sind.

Kosten und Gebühren

Im Verfahren nach §§ 36, 37 ZPO entstehen keine Gerichtskosten, im Beschwerdeverfahren entsteht eine Gebühr nach KV Nr. 1957. Für den Anwalt gilt § 37 Nr. 3 BRAGO, ist er nicht Prozessbevollmächtigter, erhält er eine halbe Gebühr nach § 56 BRAGO. Diese Kosten sind Kosten des Rechtsstreits; das gilt nicht, wenn der Antrag abgelehnt wird (BayObLG NJW-RR 2000, 141). Streitwert ist ein Bruchteil der Hauptsache.

Fristen und Rechtsmittel

Der Antrag auf Bestimmung der Zuständigkeit hemmt die Verjährung (§ 204 Abs. 1 Nr. 13 BGB), was insbesondere im Fall des § 36 Abs. 1 Nr. 3 ZPO wichtig sein kann. Die Hemmung entfällt, wenn nicht innerhalb von drei Monaten nach Erledigung des Gesuchs Klage erhoben wird oder der Antrag, für den die Gerichtsstandsbestimmung zu erfolgen hat, gestellt wird. Die Hemmung soll nur nach sachlicher Entscheidung über das Gesuch eintreten (*Palandt/Heinrichs* § 204 BGB nF. Rdn. 28). Sicherheitshalber sollte der Kläger daher im Fall des § 36 Abs. 1 Nr. 3 ZPO, wenn Verjährung droht und er sich der Voraussetzungen für eine sachliche Entscheidung nicht sicher ist, eine Klage vor dem möglicherweise unzuständigen Gericht einreichen; auch sie unterbricht die Verjährung.

Der Beschluss, mit dem das zuständige Gericht bestimmt wird, ist unanfechtbar, § 37 Abs. 2 ZPO. Der Beschluss, der den Antrag zurückweist, ist mit der sofortigen Beschwerde anfechtbar (§ 567 Abs. 1 Nr. 2 ZPO), wenn ihn das Landgericht erlassen hat, mit der zugelassenen Rechtsbeschwerde (§ 574 Abs. 1 Nr. 2 ZPO), wenn das Oberlandesgericht entschieden hat.

J. Besonderheiten bezüglich der Parteien

1. Prozessführungsbefugnis (gewillkürte Prozessstandschaft)[1,2]

An das
Landgericht

Klage

In der Sache
......

Namens des Klägers erhebe ich Klage und beantrage:

1. Der Beklagte wird verurteilt, an die Firma Autohaus Hoyer, Inhaber Klaus Hoyer, 35012 Kassel, Hochallee 16 EUR 18.381,36 nebst Zinsen in Höhe von 5 % über dem Basiszinssatz seit Rechtshängigkeit zu zahlen[3].
2. ......

Begründung[4]:

1. Der Beklagte hat, wie unter 2. näher dargelegt wird, schuldhaft einen Verkehrsunfall verursacht, bei dem das Fahrzeug des Klägers beschädigt wurde. Der Kläger ließ das Fahrzeug bei seiner Werkstatt, der Firma Autohaus Hoyer, zum Preis von EUR 18.381,36 reparieren. Mit Erklärung vom ......

   – Anlage 1 –

   trat der Kläger seinen Schadensersatzanspruch hinsichtlich der Reparaturkosten an diese Firma ab. Gleichzeitig ermächtigte der Firmeninhaber den Kläger durch mündliche Absprache, die Forderung gerichtlich geltend zu machen.

   Beweis: Zeugnis des Herrn Klaus Hoyer
   (vollständige Anschrift)

   Das Interesse des Klägers an der gerichtlichen Geltendmachung der Forderung im eigenen Namen ergibt sich daraus, dass er die Reparaturrechnung selbst begleichen muss, wenn der Beklagte nicht an die Reparaturfirma leistet.
2. Zur Begründung des Anspruches wird Folgendes ausgeführt: ......

Rechtsanwalt

Schrifttum: Balzer, Die Darlegung der Prozeßführungsbefugnis und anderer Sachurteilsvoraussetzungen, NJW 1992, 2721; *Vollkommer,* Verfahrensunterbrechung nach § 240 ZPO bei Prozeßstandschaft und Sicherungszession, MDR 1998, 1296; *Lüke,* Die Prozeßführungsbefugnis, ZZP 76, 1; *Berg,* Die Prozeßführungsbefugnis im Zivilprozeß, JuS 1966, 461; *Koch,* Über die Entbehrlichkeit der gewillkürten Prozeßstandschaft, JZ 1984, 309; *Boecken/Krause,* Globalzession und gewillkürte Prozeßstandschaft bei nachfolgender Vermögenslosigkeit des Schuldners, NJW 1987, 420.

Anmerkungen

1. Es handelt sich um eine gesetzlich nicht geregelte Voraussetzung für die Zulässigkeit der Klage, die vorliegen muss, wenn ein anderer als der Rechtsinhaber ein Recht gerichtlich geltend machen will. Die Befugnis hierzu ist – abgesehen von den Fällen der gesetzlichen Prozessstandschaft z. B. des Insolvenzverwalters, des Testamentsvollstreckers, des Miterben – gegeben, wenn der Rechtsinhaber den Kläger zur gerichtlichen Geltendmachung im eigenen Namen ermächtigt und der Kläger ein eigenes schutzwürdiges Interesse daran besitzt, das auch ein wirtschaftliches sein kann (vgl. BGH NJW 1995, 3186; *Thomas/Putzo* § 51 Rdn. 34). Ohne Vorliegen der Prozessführungsbefugnis darf in der Sache nicht entschieden werden (BGH NJW 2000, 738). Die Frage stellt sich nicht, wenn der Schuldner gegen den Drittschuldner eine dem Pfändungsgläubiger überwiesene Forderung geltend macht und auf Zahlung an den Gläubiger klagt; denn der Schuldner bleibt Rechtsinhaber (BGH NJW 2001, 2178, 2179 f.). In der Praxis kommt die gewillkürte Prozessstandschaft zB. im Verkehrsunfallprozess vor, wenn der Geschädigte seine Ansprüche vor Rechtshängigkeit an die Reparaturfirma (so der angenommene Fall) oder die Mietwagenfirma abgetreten hat. Aus der neueren Rechtsprechung vgl. zur Prozessführungsbefugnis des Inkassozessionars BGH NJW 1980, 991; des Zedenten bei stiller Sicherungszession BGH NJW 1999, 2110; eines Verbandes zur Förderung gewerblicher Interessen für seine Mitglieder BGH NJW 1998, 1148; eines Gesellschafters wegen einer Forderung der BGB-Gesellschaft BGH NJW 1988, 1586 u. NJW 2000, 734); des Gesellschafters für die GmbH BGH NJW 1987, 383; des Rechtsanwalts für wettbewerbsrechtliche Unterlassungsansprüche seiner Sozietät BGH NJW 1999, 144; des Empfängers wegen Beschädigung des Transportgutes BGH NJW 1979, 2472; des Gemeinschuldners für den Konkursverwalter BGH NJW 1987, 3121; eines Ehegatten für die Gütergemeinschaft betreffende Ansprüche BGH NJW 1994, 653. Wenn die Prozessführungsbefugnis zweifelhaft sein kann, sollte der Kläger zur Sicherheit versuchen, sich die Klageforderung abtreten bzw. das Recht übertragen zu lassen, und zwar vor Ablauf der Verjährungsfrist (vor Abtretung keine Hemmung der Verjährung!). Auch die Ermächtigung kann noch nach Rechtshängigkeit erteilt werden (BGH NJW 1995, 3186, 3187); sie erlischt, wenn über das Vermögen des Ermächtigenden das Insolvenzverfahren eröffnet wird (BGH NJW 2000, 738).

Aus der Sicht des Beklagten kann eine Klage in gewillkürter Prozessstandschaft problematisch sein, wenn der Kläger vermögenslos ist und er daher um seinen späteren Kostenerstattungsanspruch fürchten muss. Eine solche Situation kann sich ergeben, wenn eine Bank als Sicherungsnehmerin bei zweifelhaften Forderungen ihren vermögenslosen Zedenten klagen lässt. Dieser Gesichtspunkt kann eine in Prozessstandschaft erhobene Klage unzulässig machen (vgl. BGH NJW 1990, 1117; *Boecken/Krause* NJW 1987, 420), so z. B. bei einer überschuldeten GmbH, die keine Aussichten hat, ihre Geschäfte fortzuführen. Das gilt allerdings nicht, wenn der Vermögensfall erst im Laufe des Rechtsstreits eingetreten ist (BGH NJW 1995, 3186, 3187). Einer vermögenslosen natürlichen Person, die die Forderung an die Bank abgetreten hat, wird das schutzwürdige Interesse nicht abgesprochen (BGH NJW 1999, 1717). Anders soll es nur bei missbräuchlicher Ermächtigung sein, die der Beklagte aber kaum wird beweisen können.

2. Erfolgt die Übertragung auf den Dritten nach Rechtshängigkeit, bleibt dem Kläger die Prozessführungsbefugnis gem. § 265 ZPO erhalten. Er muss dann lediglich seinen Antrag auf Zahlung an den Dritten umstellen (vgl. BGH NJW 1979, 924; NJW-RR 1986, 1182); darin liegt keine Klageänderung.

3. Der Antrag muss idR. auf Leistung an den Rechtsinhaber gerichtet sein. Eine weitergehende Ermächtigung wird in einem Fall dieser Art kaum erteilt werden. Etwas anderes gilt bei einer Inkassozession (vgl. *Thomas/Putzo* § 51 Rdn. 35).

4. Der Kläger muss zur Zulässigkeit der Klage die Ermächtigung und sein eigenes Interesse darlegen und erforderlichenfalls beweisen. Als Ermächtigung kann das stillschweigende Einverständnis mit der Prozessführung genügen (BGH NJW 1979, 924, 925), grundsätzlich ist aber im Interesse des Prozessgegners erforderlich, dass die Ermächtigung im Prozess offengelegt wird (BGH NJW 1988, 1585, 1587). Eine unwirksame Abtretung kann uU. in eine Einziehungsermächtigung umgedeutet werden (BGH NJW 1987, 3121). Für das eigene Interesse reicht die Darlegung aus, dass die Entscheidung des Rechtsstreits Einfluss auf die eigene Rechtslage hat (vgl. *Thomas/Putzo* § 51 Rdn. 34).

Kosten und Gebühren

Zur Frage des Risikos der Kostenerstattung bei vermögenslosem Prozessführer vgl. Anm. 1 aE. Die Frage, ob für die Gewährung von Prozesskostenhilfe auf die Vermögensverhältnisse des Prozessführers oder des Rechtsinhabers abzustellen ist, ist str. (vgl. BGH VersR 1992, 594; NJW 1986, 850, 851; *Thomas/Putzo* § 114 Rdn. 12).

Fristen und Rechtsmittel

Bei einer Klage in gewillkürter Prozessstandschaft ist hinsichtlich der Hemmung der Verjährung besondere Vorsicht geboten. Eine Hemmung nach § 204 Abs. 1 BGB tritt nur ein, wenn die Ermächtigung vor Eintritt der Verjährung erteilt wird (BGH NJW 1999, 3707). Anders ist es, wenn der Zedent bei einer stillen Sicherungszession selbst klagt; seine Klage hemmt die Verjährung, denn er kann die Forderung als Berechtigter geltend machen (BGH NJW 1999, 2110); bei Offenlegung der Zession im Prozess kann er auf Zahlung an die Bank umstellen.

2. Streitverkündung[1]

An das
Landgericht

Streitverkündung[2]

In der Sache

……

wird der Firma F……[3]

> **der Streit verkündet mit der Aufforderung, dem Rechtsstreit auf Seiten des Klägers beizutreten[4].**

Das Gericht wird gebeten,

> **diesen Schriftsatz nebst anliegender Kopie der Klageschrift und der Klageerwiderung dem Streitverkündeten alsbald zuzustellen[5].**

Begründung[6]:

Der Kläger verlangt von der Beklagten Schadensersatz wegen mangelhafter Estrich-Arbeiten im Keller seines Hauses. In ihrer Klageerwiderung hat die Beklagte eingewandt, dass die vorhandenen Schäden nicht auf mangelhafter Arbeit ihrer Leute, sondern auf Fehler der Streitverkündeten zurückzuführen seien. Die Streitverkündete hatte im Auftrag des Klägers Abdichtungsarbeiten am Fundament des Hauses ausgeführt. Für den Fall, dass der Einwand der Beklagten zutrifft und er aus diesem Grunde im Prozess gegen die Beklagte unterliegt, hätte er gegen die Streitverkündete einen Anspruch auf Schadloshaltung.
Der Stand des Prozesses ergibt sich aus der anliegenden beglaubigten Ablichtung der Klageschrift und der Klageerwiderung.

Das Gericht hat das schriftliche Vorverfahren angeordnet, jedoch bisher keinen Haupttermin bestimmt und auch sonst keine prozeßleitenden Anordnungen getroffen[7].

Rechtsanwalt

Schrifttum: Bischof, Praxisprobleme der Streitverkündung, MDR 1999, 787; *Wieser,* Die Interventionswirkung nach § 68 ZPO, ZZP 79, 246; *Häsemeyer,* Die Interventionswirkung im Zivilprozeß, ZZP 84, 179; *Werres,* Die Wirkungen der Streitverkündung und ihre Grenzen, NJW 1984, 208; *Kittner,* Streithilfe und Streitverkündung, JuS 1985, 703; *Rützel,* Ausländersicherheit und Nebenintervention, NJW 1998, 2086; *Fricke,* Zur Zulässigkeit von Nebenintervention und Streitverkündung im Arrestverfahren und Verfahren der einstweiligen Verfügung, BauR 1978, 257; *Schulze,* Verspätetes Vorbringen durch den Streithelfer, NJW 1981, 2663; *Kunze,* Streitverkündung im selbständigen Beweisverfahren, NJW 1996, 102 u. 1997, 1290; *Pantle,* Der nicht unterstützte Streithelfer, MDR 1988, 924; *Schneider,* Kosten des Nebenintervenienten bei einem Prozeßvergleich zwischen den Parteien, MDR 1983, 801; *Schwarz,* Aufhebung oder Halbierung der Interventionskosten, MDR 1993, 1052.

Anmerkungen

1. Die Zulässigkeit der Streitverkündung ergibt sich aus § 72 ZPO. Sie ist für den Kläger sinnvoll, wenn nach dem Vorbringen des Beklagten ein Dritter verpflichtet sein kann und der Kläger vermeiden möchte, dass er zunächst gegen den Beklagten unterliegt, aber auch später gegen den Dritten mit der Begründung verliert, dass der erste Beklagte doch der richtige Schuldner gewesen wäre. Gleiches gilt für den Beklagten, wenn er für den Fall seiner Verurteilung einen Dritten ohne Prozessrisiko in Regress nehmen möchte oder wenn er befürchten muss, dass er im ersten Prozess unterliegt und außerdem auf die Klage eines Dritten, der dieselbe Forderung für sich in Anspruch nimmt, verurteilt wird. Derart widersprüchliche Prozessergebnisse und eine Wiederholung des gleichen prozessualen Aufwandes können durch Herbeiführung der Nebeninterventionswirkung des § 68 ZPO (iVm. § 74 ZPO) vermieden werden (näher zum Schutzzweck der Streitverkündung vgl. BGH NJW 1989, 521, 522). Außerdem bewirkt die Streitverkündung im Verhältnis zum Dritten die Hemmung der Verjährung (§ 204 Abs. 1 Nr. 6 BGB, vgl. Anm. „Fristen und Rechtsmittel“). Allerdings hat die Interventionswirkung ihre Grenzen. Keine Bindungswirkung nach § 68 ZPO besteht

- hinsichtlich der Tatsachen, die im ersten Prozess zu Ungunsten der den Streit verkündenden Partei festgestellt werden (hM., BGH NJW 1987, 2874 mwN.; OLG Köln NJW-RR 1995, 1005);
- wenn der Ausgangsprozess aus Beweislastgründen verloren geht und die Hauptpartei auch im Folgeprozess die Beweislast trägt, vgl. BGH NJW 1983, 820; OLG Düsseldorf NJW 1992, 1176;
- im Folgeprozess vor dem Gericht eines anderen Rechtswegs (BGH NJW 1993, 2539; dagegen *Wax* NJW 1994, 2333).
- für das Vorliegen von Prozessvoraussetzungen;
- für Feststellungen, auf die es für die Entscheidung nicht ankam sowie für Mehrfachbegründungen, Hilfserwägungen und obiter dicta;
- wenn der Prozess nicht durch Urteil entschieden, sondern durch Vergleich beendet wird; an einem Vergleich sollte der Streitverkündete daher nach Möglichkeit beteiligt werden.

Die Streitverkündung ist in der Praxis häufig zB. in Bauprozessen, wenn Unklarheit über die Verantwortlichkeit mehrerer Baubeteiligter besteht (so der Beispielsfall, vgl. BGH

NJW 1976, 39; OLG München NJW 1986, 263; OLG Köln NJW-RR 1995, 1085), in Frachtrechtsfällen, wenn unklar ist, in wessen Obhut das Gut sich bei Schadenseintritt befand (BGH NJW 1992, 1698) oder bei Rückgriff des Transportversicherers (BGH NJW-RR 1997, 1392), in Kauf- und Werkvertragsprozessen, wenn der Verkäufer oder der Unternehmer Rückgriff gegen seinen Lieferanten, Subunternehmer oder Angestellten nehmen will, und in Prozessen gegen den Vertretenen, wenn die Vollmacht des Vertreters zweifelhaft wird (vgl. BGH NJW 1982, 281; 1989, 521, 522; NJW 2000, 1407); weitere Beispielsfälle bei *Baumbach/Lauterbach/Albers/Hartmann* § 72 Rdn. 3–6; BGH NJW 1979, 264. Entscheidend für die Zulässigkeit ist, dass der Gegner und der Dritte nicht gemeinsam als Gesamtschuldner in Anspruch genommen werden können, sondern eine alternative Haftung besteht (BGH NJW 1976, 39, 40; 1987, 1894). Die Streitverkündung ist zwingend vorgeschrieben im Fall des § 841 ZPO (vgl. Form. III. B. 24).

2. Zur Form vgl. § 73 ZPO. Eine Streitverkündung, die die Form des § 73 ZPO nicht wahrt, führt die Interventionswirkung nicht herbei. Der Streit kann nicht unter einer Bedingung oder „hilfsweise“ erklärt werden (vgl. BGH NJW-RR 1989, 766, 768). Zur Angabe des Grundes der Streitverkündung ist es erforderlich, einen der Fälle des § 72 ZPO darzulegen. Außerdem ist dem Streitverkündeten der genaue Streitstand des Prozesses mitzuteilen. Die Streitverkündung kann bereits mit der Klageschrift erklärt werden. Zu ihrer Wirksamkeit genügt es, dass der Rechtsstreit anhängig ist (BGH NJW 1985, 328). Sie ist bis zur rechtskräftigen Entscheidung möglich, also auch noch nach Verkündung eines rechtsmittelfähigen Urteils. Allerdings tritt die Nebeninterventionswirkung nur ein, soweit der Dritte noch in der Lage war, Angriffs- und Verteidigungsmittel geltend zu machen (vgl. OLG Köln MDR 1983, 409). Das kann wegen der Beschränkung neuen Tatsachenvorbringens nach §§ 529, 531 ZPO den Wert der Streitverkündung beeinträchtigen. Es empfiehlt sich also immer eine frühzeitige Streitverkündung (vgl. § 74 Abs. 3 ZPO). Auch im selbstständigen Beweisverfahren nach §§ 485 ff. ZPO ist, wie nunmehr geklärt ist (BGH NJW 1997, 859), eine Streitverkündung zulässig. Die Zulässigkeit der Streitverkündung wird erst im Folgeprozess geklärt (vgl. BGH NJW 1992, 1698).

Hat der Beklagte den Streit verkündet, muss er mit dem Regress gegen den Streitverkündeten nicht bis zum Abschluss des Rechtsstreits und dem anschließenden Prozess warten. Er kann auch gegen seinen Streithelfer Widerklage im ersten Prozess erheben, BGH MDR 1996, 194 (sog. Drittwiderklage, vgl. Form I. E. 5). Dieser Weg empfiehlt sich, wenn der Beklagte mit seiner Verurteilung rechnen muss und sein Regressanspruch aussichtsreich ist.

3. Der Dritte ist wie eine Partei zu bezeichnen; da ihm die Streitverkündung zugestellt werden muss (§ 73 S. 2 ZPO), ist seine zustellungsfähige Anschrift anzugeben.

4. Diese Aufforderung ist gesetzlich nicht vorgeschrieben, aber üblich (vgl. § 74 Abs. 1 ZPO).

5. Die Zustellung erfolgt von Amts wegen. Es empfiehlt sich, dem Streitverkündeten zur Orientierung über den Streitstand sämtliche Schriftsätze, Beschlüsse und Protokolle zuzuleiten, damit er später die Nebeninterventionswirkung nicht gem. § 68 2. Halbs. ZPO abwenden kann.

6. Hier muss der Kläger den Grund der Streitverkündung und die Lage des Rechtsstreits angeben. Er muss also darlegen, dass er für den Fall seines Unterliegens einen Anspruch auf „Schadloshaltung“ gegen den Streitverkündeten hätte. Soweit er dem Streitverkündeten keine Abschriften der gewechselten Schriftsätze und des sonstigen Akteninhalts zuleitet, muss er außerdem den Sach- und Streitstand darstellen. Im Übrigen muss die Hauptpartei verhindern, dass der Streitverkündete Angriffs- oder Verteidigungsmittel aus Unkenntnis oder wegen zu später Kenntnis nicht geltend machen kann; das würde die Interventionswirkung nach § 68 ZPO einschränken.

7. Der Streitverkündete sollte außerdem über den zukünftigen Prozessverlauf (Terminsbestimmung, Beweisanordnungen, Auflagen) informiert werden.

Kosten und Gebühren

Solange der Streitverkündete nicht beitritt (dazu vgl. Form. I. J. 3), entstehen keine Gerichts- und Rechtsanwaltsgebühren, nur Zustellungskosten, die der Streitverkünder zu tragen hat (vgl. *Thomas/Putzo* § 73 Rdn. 8, KV Nr. 9002). Auch im Fall des Beitritts trägt die Hauptpartei nicht das Kostenrisiko der Nebenintervention (§ 101 ZPO).

Fristen und Rechtsmittel

Die Streitverkündung kann von der Anhängigkeit der Klage bis zur rechtskräftigen Entscheidung erklärt werden (§ 72 ZPO), eine späte Erklärung kann aber ihren Wert einschränken (vgl. Anm. 2). Eine ordnungsgemäße Streitverkündung hemmt die Verjährung. Dafür ist erforderlich, dass der Grund der Streitverkündung angegeben wird; die bloße Übersendung von Schriftsätzen reicht nicht (BGH MDR 2000, 1271). Die Hemmung der Verjährung tritt bereits mit Eingang der Streitverkündung ein, wenn die Zustellung iSd. § 270 Abs. 3 ZPO demnächst erfolgt (BGH NJW 1994, 203). Sie endet sechs Monate nach der rechtskräftigen Entscheidung oder anderer Beendigung des Rechtsstreits (§ 204 Abs. 2 BGB); bei Erhebung der Klage gegen den Streitverkündeten innerhalb dieser Frist bleibt die Hemmung also bestehen.

3. Beitritt eines Nebenintervenienten[1]

An das
Landgericht

Nebenintervention[2]

In der Sache

......

erkläre ich namens und in Vollmacht des Streitverkündeten[3]:

> **Der Streitverkündete tritt dem Rechtsstreit auf Seiten des Klägers[4] als Nebenintervenient bei.**

Er schließt sich als Nebenintervenient dem in der Klageschrift gestellten Antrag an[5] und beantragt außerdem,

> **dem Beklagten die durch die Nebenintervention verursachten Kosten aufzuerlegen[6].**

Ergänzend zur Klagebegründung wird Folgendes vorgetragen[7]:

1. Die Abdichtungsarbeiten sind vom Nebenintervenienten entsprechend den Vergabebedingungen unter Beachtung der DIN-Vorschriften ausgeführt worden.

> **Beweis: Sachverständigengutachten**

2. Zur Ausführung der Estrich-Arbeiten durch die Beklagte ist vorzutragen, dass ......

Rechtsanwalt

Schrifttum: vgl. Form. I. J. 2.

Anmerkungen

1. Der Beitritt als Nebenintervenient erfolgt meist gem. § 74 ZPO auf eine Streitverkündung hin (so das Beispiel, das an das vorangehende Formular anknüpft), jedoch kann auch sonst jeder, der ein rechtliches Interesse am Obsiegen einer Partei hat, dem Rechtsstreit auf Seiten dieser Partei beitreten (§ 66 ZPO, Beispiele bei *Zöller/Vollkommer* § 66 Rdn. 11ff.). Der Zweck der Nebenintervention liegt für den Beitretenden darin, den Ausgang des Rechtsstreits in seinem Sinne zu beeinflussen zu können, da er im Rahmen des § 67 ZPO selbstständig Angriffs- und Verteidigungsmittel geltend machen kann (vgl. *Zöller/Vollkommer* § 67 Rdn. 3–5). Der Nebenintervenient kann auch selbstständig Rechtsmittel einlegen, ist allerdings an die Rechtsmittelfrist der Hauptpartei gebunden (vgl. Anm. „Fristen und Rechtsmittel)". Ein Streitverkündeter sollte daher von der Beitrittsmöglichkeit immer dann Gebrauch machen, wenn er befürchtet, dass der Rechtsstreit von „seiner" Partei schlecht geführt wird; denn die Nebeninterventionswirkung des § 68 ZPO tritt auch ein, wenn er nicht beigetreten ist. Liegt eine Streitverkündung vor, reicht dies zur Zulässigkeit der Nebenintervention aus (vgl. OLG Hamm NJW-RR 1988, 155 mwN.). In anderen Fällen sollte der Beitretende sein rechtliches Interesse prüfen, da die Nebenintervention bei Nichtvorliegen gemäß § 71 ZPO auf seine Kosten zurückgewiesen werden kann.

2. Der Beitritt erfolgt durch einen Schriftsatz beim Prozessgericht in der in § 70 ZPO bestimmten Form. Die Rechtsprechung ist zT. großzügig; auch die Vornahme einer eigenen Prozesshandlung, so der Berufung, kann als Beitritt ausgelegt werden (BGH NJW 1994, 1537, NJW 2001, 1217). Der Beitritt kann aber nicht unter einer Bedingung erklärt werden (BGH NJW-RR 1989, 766, 767). Liegt eine Streitverkündung vor, genügt zur Angabe des Interesses an der Nebenintervention der Hinweis hierauf. Im Fall des § 66 ZPO muss das Interesse näher dargelegt werden.

3. Ist einem Dritten der Streit verkündet worden, stellt sich für ihn die Frage, wie er sich zur Wahrung seiner Rechte verhalten soll. Dabei kann eine schnelle Reaktion erforderlich sein, zumal wenn der Rechtsstreit fortgeschritten ist oder es darum geht, ob nach Verurteilung der Hauptpartei ein Rechtsmittel einzulegen ist. Wichtig ist zunächst, dass sich der Streitverkündete über den genauen Stand des Rechtsstreits informiert. Hierzu sollte er, falls ihm nicht Kopien des gesamten relevanten Akteninhalts nebst Anlagen übermittelt wurden, Akteneinsicht nehmen. Dazu hat er ein Recht. Ergibt die Prüfung, dass seine spätere Inanspruchnahme in Betracht kommt, ist zu entscheiden, ob er den Prozess als stiller Beobachter verfolgen will oder ob er beitritt. Nur auf die letztgenannte Weise erreicht er, dass ihm die künftigen Verfügungen des Gerichts und die Schriftsätze beider Parteien zugestellt werden und dass er aktiv zugunsten seiner Hauptpartei eingreifen kann. Auch die Kostenerstattung durch den Gegner der Hauptpartei (vgl. Anm. „Kosten und Gebühren") setzt seinen Beitritt voraus.

4. Die Partei, der beigetreten werden soll, ist zu nennen. Der Streitverkündete könnte auch auf Seiten der Gegenpartei beitreten, wenn er ein rechtliches Interesse iSd. § 66 ZPO an deren Obsiegen hat (*Thomas/Putzo* § 74 Rdn. 1; BGH VersR 1985, 80).

5. Der Nebenintervenient kann sich die Anträge seiner Partei zu eigen machen oder auch weitergehende Anträge stellen; er kann sich auch auf eine rein passive Haltung beschränken. Auch dann sind ihm alle Schriftsätze, Ladungen, Auflagen und Hinweise durch das Gericht zuzustellen (vgl. *Thomas/Putzo* § 67 Rdn. 8f.).

6. Über die Kosten entscheidet das Gericht von Amts wegen, der Antrag soll sicherstellen, dass das Gericht die Kosten des Nebenintervenienten nicht übersieht.

7. Hier sollte der Nebenintervenient vor allem Tatsachen vortragen und Beweisanträge stellen, die zur Inanspruchnahme des Beklagten führen und eine „Schadloshaltung" des Klägers an ihm verhindern (oder im Falle des Beitritts auf Seiten des Beklagten dem Anspruch des Klägers entgegenstehen und den Regress des Beklagten verhindern).

Kosten und Gebühren

Soweit dem Gegner der Hauptpartei die Kosten des Rechtsstreits auferlegt werden, trägt er auch die der Nebenintervention; anderenfalls trägt sie der Nebenintervenient selbst (vgl. § 101 ZPO). Gegen die Hauptpartei hat der Nebenintervenient auch dann keinen Kostenerstattungsanspruch, wenn diese die Klage zurücknimmt (OLG Köln NJW-RR 1995, 1251). Unterbleibt ein Kostenausspruch, muss der Nebenintervenient nach § 319 oder § 321 ZPO vorgehen (OLG Stuttgart MDR 1999, 116). Zur Frage, ob und wieweit er einen Kostenerstattungsanspruch hat, wenn die Parteien einen Vergleich schließen, der über diese Kosten schweigt, vgl. Jagenburg NJW 1999, 2403, 2405; *Schneider* MDR 1983, 801. Ist der Nebenintervenient dem Vergleich nicht beigetreten, kann er einen Kostenbeschluss des Gerichts herbeiführen, der ihm eine Kostenerstattung ermöglicht (vgl. OLG Nürnberg MDR 2001, 415; OLG Düsseldorf NJW-RR 1998, 1691; *Schwarz* MDR 1993, 1052). Zu den Kosten der Nebenintervention gehören seine Anwaltskosten (hierfür gilt § 31 BRAGO) sowie die Gerichts- und Rechtsanwaltskosten, die durch Prozesshandlungen entstehen, an denen sich die Hauptpartei nicht beteiligt (vgl. *Thomas/Putzo* § 101 Rdn. 6). Der Streitwert ist gem. § 3 ZPO nach dem Interesse des Streithelfers am Obsiegen seiner Partei zu schätzen (OLG Koblenz MDR 1983, 59; OLG Saarbrücken Büro 1985, 445; OLG Köln MDR 1990, 246). Str. ist, ob der Streitwert der Nebenintervention so hoch ist wie derjenige der Klage, wenn der Nebenintervenient dieselben Anträge wie die Hauptpartei stellt (vgl. *Thomas/Putzo* § 3 Rdn. 108; OLG München MDR 1997, 788; OLG Hamburg JurBüro 1992, 251).

Fristen und Rechtsmittel

Beide Parteien können gem. § 71 ZPO beantragen, die Nebenintervention zurückzuweisen, insbes. mit der Begründung, dass ein rechtliches Interesse iSd. § 66 ZPO fehle. Über einen solchen Zwischenstreit wird durch Zwischenurteil entschieden, gegen das sofortige Beschwerde stattfindet, §§ 71 Abs. 2, 567 ZPO (Frist: zwei Wochen, § 569 ZPO). Bei versäumter Nebenintervention ist eine Wiedereinsetzung ausgeschlossen (BGH NJW 1991, 229). Der Nebenintervenient, der Rechtsmittel gegen die zum Nachteil der Hauptpartei ergangene Entscheidung einlegen will, muss die Rechtsmittelfrist beachten: sie beginnt nicht mit Zustellung an ihn, sondern mit Zustellung an die Hauptpartei (BGH NJW 2001, 1355); nur bei streitgenössischer Nebenintervention nach § 69 ZPO beginnt die Frist mit Zustellung an den Nebenintervenienten (BGH NJW-RR 1997, 919).

4. Antrag auf Parteiberichtigung[1,2]

An das
Landgericht

Schriftsatz

In der Sache
X-GmbH
gegen

Fa. Hans Hoyer,
Inhaber Klaus Hoyer

wird auf die Auflage des Gerichts mitgeteilt, dass die Klägerin durch die Geschäftsführer X und Y (vollständiger Name) vertreten wird[3].

Es wird beantragt,

das Aktivrubrum entsprechend zu ergänzen.

Es wird weiter beantragt,

das Passivrubrum dahin zu berichtigen, dass nicht Herr Klaus Hoyer, sondern Herr Z (vollständiger Name) Inhaber der Beklagten ist[4].

Begründung:

Aufgrund des als Anlage 1 beigefügten Handelsregisterauszuges[5] hat sich ergeben, dass Herr Klaus Hoyer schon bei Rechtshängigkeit nicht mehr Inhaber der Beklagten war. Neuer Inhaber ist Herr Z. Da der Kläger ersichtlich nicht den früheren Inhaber der Beklagten, sondern den jetzigen Inhaber in Anspruch nehmen wollte – sonst hätte er die Klage nicht gegen die Firma gerichtet – kann die Bezeichnung berichtigt werden, ohne dass es einer Parteiänderung bedarf.

Rechtsanwalt

Schrifttum: Baumgärtel, Die Kriterien zur Abgrenzung von Parteiberichtigung und Parteiwechsel, Büro 1973, 164.

Anmerkungen

1. Wird eine Partei unrichtig oder unvollständig bezeichnet, so beeinträchtigt das weder die Aktiv-/Passivlegitimation noch die Prozessführungsbefugnis (BGH NJW 1997, 1236). Die Unrichtigkeit oder Unvollständigkeit kann jederzeit – auch noch in der Revisionsinstanz (BGH WM 1981, 829) – auf Antrag oder von Amts wegen berichtigt oder ergänzt werden. Hieran muss den Parteien in Hinblick auf die Vollstreckung gelegen sein. Das Gericht wird idR. von sich aus auf eine korrekte und vollständige Parteibezeichnung drängen. Das Verfahren ist unproblematisch, wenn es nur um ergänzende Angaben geht (so das Beispiel hinsichtlich des Aktivrubrums). Problematisch, aber auch besonders wichtig ist die Berichtigung, wenn der Kläger den Beklagten so bezeichnet hat, dass dessen Identität zweifelhaft sein kann (so das Beispiel hinsichtlich des Passivrubrums). Wenn die aus der Klage zu entnehmende Identität nicht gewahrt bleibt, ist eine Berichtigung nicht möglich, es kommt dann nur eine Parteiänderung mit den sich daraus ergebenen Nachteilen in Betracht (Form. I. J. 5). Wer als Partei anzusehen ist, ist nach dem objektiv erkennbaren Inhalt der Klageschrift oder Rechtsmittelschrift und der sonst vorliegenden Unterlagen aus der Sicht der Empfänger (Gericht und Gegner) zu bestimmen (st.Rspr., vgl. BGH NJW 2001, 445, 447; BGH NJW 1998, 1496, 1497: Berichtigung von Deutsche Bundesbahn AG in Deutsche Bahn AG ohne weiteres möglich, nicht aber in Bundesrepublik Deutschland). Zur näheren Abgrenzung von Berichtigung der Parteibezeichnung und Parteiwechsel vgl. BGH NJW 1981, 1453; WM 1981, 46; NJW 1983, 2448; 1987, 1946; NJW-RR 1995, 764; OLG Hamm NJW-RR 1991, 188 u. 1999, 469; OLG Naumburg NJW-RR 1998, 357; OLG Frankfurt NJW-RR 1990, 147; OLG Stuttgart NJW-RR 1999, 216; weitere Beispielsfälle bei *Zöller/Vollkommer* Rdn. 7 vor § 50. Ist eine BGB-Gesellschaft Partei und sind vor oder während des Prozesses Gesellschafter ein- oder ausgetreten, liegt darin nach der neuen Rechtsprechung des BGH (NJW 2001, 1056) kein Parteiwechsel mehr; die Parteibezeichnung kann, soweit erforderlich, berichtigt werden.

2. Zur Berichtigung der Parteibezeichnung im Urteil vgl. Form. I. N. 2. Es ist immer zu empfehlen, die Berichtigung nicht erst nach Vorliegen des Urteils, sondern spätestens im Verhandlungstermin herbeizuführen. Liegt dann das Urteil vor, ist zu prüfen, ob die berichtigte Parteibezeichnung mit dem Rubrum des Urteils übereinstimmt. Es kommt häufiger vor, dass der Schreibdienst der Gerichte einen Berichtigungsbeschluss des Richters nicht registriert.

3. Zur vollständigen Parteibezeichnung gehört die Angabe der „gesetzlichen Vertreter", § 130 Nr. 1 ZPO.

4. Auch hierin dürfte noch eine Berichtigung, keine Parteiänderung zu sehen sein, vgl. OLG München NJW 1971, 1615. Denn bei unrichtiger äußerer Bezeichnung ist grundsätzlich die Person als Partei angesprochen, die erkennbar durch die Parteibezeichnung betroffen werden soll (BGH NJW-RR 1995, 764). Maßgeblich für die richtige Bezeichnung ist der Zeitpunkt der Rechtshängigkeit (*Thomas/Putzo* Rdn. 7 vor § 50).

5. Es ist stets zu empfehlen, die richtige Parteibezeichnung durch einen Handelsregisterauszug oder sonst in geeigneter Weise glaubhaft zu machen.

5. Antrag auf Parteiwechsel[1, 2]

An das
Landgericht

In der Sache

......

wird die Klage nunmehr statt gegen Herrn B persönlich gegen die

B-GmbH, vertreten durch den Geschäftsführer, Herrn B, ... (vollständige Anschrift) gerichtet.[3,4]

Der Kläger stellt auch gegenüber der neuen Beklagten

> **den Antrag aus der Klageschrift,**
> **jedoch mit der Maßgabe, dass Zinsen erst seit Zustellung dieses Schriftsatzes an die neue Beklagte geltend gemacht werden.**

Es wird gebeten, einen neuen Termin zur Verhandlung gegen die jetzige Beklagte zu bestimmen[5] und ihr mit der Terminsladung diesen Schriftsatz und die anliegenden beglaubigten Abschriften der Klage, der Klageerwiderung und des Terminsprotokolls vom ...... zuzustellen.[6]

Sofern das Gericht der Auffassung sein sollte, dass für den Parteiwechsel die Zustimmung des ausscheidenden Beklagten erforderlich ist[7], wird beantragt,

> **dem Beklagten eine Frist zur Erklärung zu setzen, ob er dem Parteiwechsel zustimmt.**

Allerdings ist der Kläger der Auffassung, dass es allein auf die Sachdienlichkeit des Parteiwechsels ankommt, die hier vorliegt, da es sich bei dem ausscheidenden Beklagten um den Hauptgesellschafter und Geschäftsführer der neuen Beklagten handelt. Bei dieser Sachlage wäre eine Verweigerung der Zustimmung im Übrigen rechtsmissbräuchlich.

Rechtsanwalt

Schrifttum: Franz, Zur Behandlung des gewillkürten Parteiwechsels im Prozeß, NJW 1972, 1743; *ders.*, Zum Streit über die Wirksamkeit des gewillkürten Parteiwechsels im Prozeß, NJW 1982, 15; *Gross,* Zur Anwendung der Klageänderungs- und Klagerücknahmevorschriften auf den Parteiwechsel, ZZP 76, 200; *Roth,* Gewillkürter Parteiwechsel und Bindung an Prozesslagen, NJW 1988, 2977; vgl. auch Form. I. J. 4.

Anmerkungen

1. Ist die Möglichkeit einer Parteiberichtigung auf Kläger- oder Beklagtenseite versperrt, bleibt dem Kläger, wenn ihm die Aktivlegitimation oder dem Beklagten die Passivlegitimation fehlt, noch die Möglichkeit des „gewillkürten" Parteiwechsels. Seine grundsätzliche Zulässigkeit ist trotz Fehlens einer gesetzlichen Regelung anerkannt, seine dogmatische Einordnung umstritten. Die Gerichtspraxis behandelt ihn idR. wie eine Klageänderung, mit der Folge, dass die Zulässigkeit von der Frage der Sachdienlichkeit abhängt, die wiederum nach der Prozessökonomie beantwortet wird (vgl. *Thomas/Putzo* Rdn. 15 vor § 50). Gegenüber einer neuen Klage bietet der Parteiwechsel den Vorteil, dass der bisherige Prozessstoff meist verwendet werden kann und dass zumindest zusätzliche Gerichtsgebühren nicht anfallen. Die Kosten des ausscheidenden Beklagten treffen immer den Kläger (was auf seinen Antrag entspr. § 269 Abs. 3, 4 ZPO auszusprechen ist), für die Kosten des ausscheidenden Klägers ist dies streitig (*Thomas/Putzo* Rdn. 21 vor § 50; *Zöller/Herget* § 91 Rdn. 13 „Parteiwechsel"; OLG Celle NJW-RR 2000, 1093; OLG München MDR 1994, 950).

2. Fehlt dem Kläger die Aktivlegitimation und liegt auch kein Fall zulässiger Prozessstandschaft vor (vgl. Form. I. J. 1), empfiehlt sich auf der Klägerseite statt des Parteiwechsels ein einfacherer und kostensparender Weg: Der Kläger sollte sich die Klageforderung abtreten bzw. das Recht übertragen lassen. Dies kann der Beklagte nicht verhindern; der Kläger muss dann nur noch befürchten, dass der Beklagte den Anspruch mit der Kostenfolge des § 93 ZPO anerkennt. Im Falle einer Rechtsnachfolge während des Rechtsstreits ist ein Klägerwechsel auf den Rechtsnachfolger nicht erforderlich (§ 265 Abs. 2 S. 1 ZPO) und auch nur mit Zustimmung des Beklagten möglich (§ 265 Abs. 2 S. 2 ZPO); Sachdienlichkeit genügt nicht (BGH NJW 1996, 2799). Ein Parteiwechsel auf der Klägerseite vor Rechtshängigkeit erfordert nicht die Zustimmung des Beklagten (OLG Celle NJW-RR 1998, 206). Auch der Klägerwechsel in der Berufungsinstanz wird wie eine Klageänderung behandelt (BGH NJW 1994, 3358). Er setzt immer eine zulässige Berufung voraus; der alte Kläger, dessen Klage mangels Aktivlegitimation abgewiesen wurde, kann also nicht nur formell Berufung einlegen und die materielle Berufungsbegründung dem neuen Kläger überlassen (BGH aaO.; vgl. Form. I. K. 1 Anm. 1 aE.).

3. Das Beispiel geht von dem in der Praxis nicht ungewöhnlichen Fall aus, dass jemand für eine juristische Person gehandelt hat, aber persönlich verklagt wird. Eine Parteiberichtigung dürfte dann nicht durchsetzbar sein. Der Kläger könnte sie allerdings zunächst beantragen, vielleicht auch Erfolg haben, und erst bei Ablehnung den ungünstigeren Weg des Parteiwechsels gehen.

4. Voraussetzung für den Parteiwechsel aufseiten des Beklagten, um den es in der Praxis meist geht, ist die Erklärung des Klägers in einem bestimmenden Schriftsatz oder zu Protokoll (§ 261 Abs. 2 ZPO), dass die Klage nunmehr gegen einen anderen Beklagten gerichtet werde. Der neue Beklagte ist gemäß § 130 Nr. 1 ZPO zu bezeichnen. Zur Frage, ob der alte Beklagte zustimmen muss, vgl. Anm. 7. Die Zustimmung des neuen Beklagten ist für die Fortführung des Prozesses nicht erforderlich (*Baumbach/Lauterbach/Albers/Hartmann* § 263 Rdn. 8), sie läge im Übrigen immer in einer rügelosen Einlassung im Termin. Streitig ist, wieweit der neue Beklagte an das bisherige Prozessergebnis gebunden ist (vgl. *Thomas/Putzo* Rdn. 22 vor § 50; *Baumbach/Lauterbach/Albers/Hartmann* § 263 Rdn. 8). Stimmt er dem Parteiwechsel zu, dürfte der Stand des Prozesses auch für ihn gelten. Ein Parteiwechsel in der Berufungsinstanz setzt grundsätzlich die Zustimmung des neuen Beklagten voraus (BGH NJW 1981, 989; NJW 1987, 1946), dessen Weigerung kann aber rechtsmissbräuchlich sein (vgl. BGH NJW 1987 aaO.). Eine Berufung nur mit dem Ziel, einen anderen Beklagten in Anspruch zu nehmen, ist unzulässig (BGH NJW 1988, 2540). Begründet der Kläger die Berufung gegen den alten Beklagten und beantragt er zugleich einen Parteiwechsel, zu dem es mangels Zustimmung nicht kommt, liegt eine zulässige Berufung gegen den alten Beklagten vor (BGH NJW 1998, 1496).

5. Auch wenn der Beklagte den Rechtsstreit so annimmt, wie er ihn vorfindet, ist zumindest ein neuer Termin zur streitigen Verhandlung erforderlich.

6. Das ist Voraussetzung dafür, dass der Prozessstoff gegenüber dem neuen Beklagten Geltung hat und uU. im Termin ein Versäumnisurteil gegen ihn ergehen kann. Hat der Prozessbevollmächtigte des Beklagten vorher erklärt, dass er – was in Fällen dieser Art oft der Fall ist – auch den neuen Beklagten vertritt, erübrigt sich die erneute Zustellung. Für den Rechtsanwalt des Klägers empfiehlt sich daher eine entsprechende Nachfrage beim Gegner und ggf. die Mitteilung an das Gericht

„Der Prozessbevollmächtigte der Gegenseite hat mitgeteilt, dass er auch die neue Beklagte vertritt.“

7. Ist noch nicht streitig verhandelt, soll die Zustimmung des alten Beklagten nicht erforderlich sein (§ 269 Abs. 1 ZPO entspr., *Thomas/Putzo* Rdn. 22 vor § 50, str.), jedenfalls dann nicht, wenn das Gericht den Wechsel für sachdienlich hält. Folgt man der hM. in der Literatur, ist die Zustimmung erforderlich, wenn bereits streitig verhandelt wurde, es sei denn, sie wird rechtsmissbräuchlich verweigert (vgl. BGH NJW 1981, 989, 990; *Thomas/Putzo* Rdn. 20 vor § 50).

Kosten und Gebühren

Die Verfahrensgebühr des Gerichts nach KV 1210 fällt nicht noch einmal an. Für den eintretenden Beklagten entstehen die Rechtsanwaltsgebühren von neuem. Wird der neue Beklagte durch denselben Rechtsanwalt vertreten, ist dies str.; zumindest erhöht sich die Prozessgebühr um 3/10 (vgl. OLG München Rpfleger 1996, 261; OLG Koblenz MDR 1985, 942). Zur Kostenerstattung des ausscheidenden Beklagten und des Beklagten gegen den ausscheidenden Kläger vgl. Anm. 1 aE.

Fristen und Rechtsmittel

Über die Zulässigkeit des Parteiwechsels kann durch Zwischenurteil gem. § 280 Abs. 2 ZPO entschieden werden (BGH NJW 1981, 989). Dieses Urteil kann, jedenfalls bei einem Parteiwechsel auf der Beklagtenseite in der Berufungsinstanz, mit den gewöhnlichen Rechtsmitteln angefochten werden (BGH aaO.). Selbst wenn man den Parteiwechsel iÜ. mit der Rechtsprechung als Klageänderung ansieht, scheitert die Anfechtung des Zwischenurteils nicht an § 268 ZPO. Auch die ausgeschiedene Partei kann gegen das Zwischenurteil oder gegen das Endurteil, welches den Wechsel für zulässig hält, Rechtsmittel einlegen (vgl. *Thomas/Putzo* Rdn. 30 vor § 50).

6. Parteierweiterung (subjektive Klageerweiterung)[1]

An das
Landgericht

Klageerweiterung[2]

In der Sache

……

wird die Klage gegen
den Maurermeister Hans Klemm, Kieler Str. 3,
2000 Hamburg 50

erweitert. Es wird nunmehr beantragt:

1. Die Beklagten werden als Gesamtschuldner verurteilt, an den Kläger EUR …… nebst Zinsen in Höhe von 5% über dem Basiszinssatz seit dem …… zu zahlen.
2. ……

Es wird gebeten,

dem neuen Beklagten mit diesem Schriftsatz die anliegende beglaubigte Abschrift der Klageschrift und der Klageerwiderung zuzustellen[3],

ihn zum neuen Termin zu laden

und sein persönliches Erscheinen zum Termin anzuordnen, damit er dem Kläger gegenübergestellt werden kann.

Begründung[4]:

In seiner Klageerwiderung hat der Beklagte erklärt, nicht er habe den Kläger anlässlich des Streits niedergeschlagen, dies sei vielmehr der jetzige Beklagte zu 2) gewesen. Der Kläger behauptet nunmehr, dass die Beklagten ihn gemeinschaftlich niedergeschlagen haben oder zumindest beide an der gegen ihn gerichteten Schlägerei beteiligt waren.

Beweis: ……

Beide Beklagten haften dem Kläger daher jedenfalls aus § 830 Abs. 1 S. 2 BGB.
Im Übrigen wird auf das Vorbringen in der Klageschrift Bezug genommen.

Rechtsanwalt

Anmerkungen

1. Eine Parteierweiterung ist in der ersten Instanz immer möglich, sofern alte und neue Partei Streitgenossen iSd. §§ 59, 60 ZPO sind (*Thomas/Putzo* Rdn. 25 vor § 50). Auf der Klägerseite kann sie durch sog. Drittwiderklage des Beklagten herbeigeführt werden (BGH NJW 1996, 196; vgl. Form. I.E. 5), auf der Beklagtenseite erfolgt sie durch Erweiterung der Klage (so das Beispiel). Die Parteierweiterung wird von der Rechtsprechung als Klageänderung behandelt. Eine Zustimmung des neuen oder des alten Beklagten ist in erster Instanz nicht erforderlich (*Thomas/Putzo* Rdn. 25 vor § 50). In zweiter Instanz muss der neue Beklagte zustimmen, seine Weigerung kann aber missbräuchlich und damit unbeachtlich sein (BGH NJW 1997, 2885, 2886). Sie ist insbesondere zweckmäßig, wenn der Kläger versäumt hat, einen Streitgenossen mitzuverklagen oder dieser erst im Lauf des Prozesses namhaft geworden ist. Sie kann sich auch empfehlen, wenn der Beklagte behauptet, ein anderer sei der richtige Schuldner, der Kläger aber keinen Parteiwechsel herbeiführen möchte, weil er sich in diesem Punkt nicht sicher ist oder weil eine Haftung als Streitgenossen in Betracht kommt. Die neue Partei kann idR. nicht mehr Zeuge sein (vgl. BGH NJW 1983, 2508; *Thomas/Putzo* § 61 Rdn. 7). Die Parteierweiterung sollte möglichst frühzeitig herbeigeführt werden, da die Prozessergebnisse, zB. eine Beweisaufnahme, gegenüber der neuen Partei nicht ohne weiteres wirksam werden; andernfalls ist auch mit einer Trennung des Prozesses gem. § 145 ZPO zu rechnen. Auch eine Ergänzung oder Wiederholung der Beweisaufnahme unter Beteiligung des neuen Beklagten kommt in Betracht (vgl. BGH NJW 1996, 196, 197).

2. Die Klageerweiterung muss hinsichtlich des neuen Beklagten den Formalien einer Klageschrift entsprechen, da ihm gegenüber ein neues Prozessverhältnis begründet wird. Er ist gemäß § 130 Nr. 1 ZPO zu bezeichnen.

3. Dem neuen Beklagten sollte im Interesse der Beschleunigung der bisherige Prozessstoff zugänglich gemacht werden, damit er sich vollständig einlassen kann. Dies gilt insbesondere für die Klageschrift, auf die sich der Kläger auch ihm gegenüber bezieht, und die weiteren Schriftsätze, bei einer Parteierweiterung im zweiten Rechtszug auch für das Urteil.

4. Hier muss der Kläger darlegen, dass die Beklagten Streitgenossen iSd. §§ 59, 60 ZPO sind, außerdem die Verpflichtung des neuen Beklagten unter Beweisantritt begründen und im Übrigen klarstellen, wie weit sein jetziges Vorbringen vom Vorbringen in der Klageschrift abweicht. Soll die Parteierweiterung erst in zweiter Instanz herbeigeführt werden, ist auch darzulegen, dass die Verweigerung der Zustimmung durch den neuen Beklagten missbräuchlich wäre, weil sie mit dem Sachverhalt ohnehin vertraut ist und durch den Verlust einer Instanz keine Schlechterstellung zu befürchten hat (BGH NJW 1997, 2886f.).

Kosten und Gebühren

Für das Verfahren im Allgemeinen des Gerichts (KV Nr. 1210) entsteht keine weitere Gebühr; nur bei gleichzeitiger Streitwerterhöhung ist ein weiterer Vorschuss zu leisten. Wird der neue Beklagte durch denselben Anwalt mitvertreten, entstehen keine weiteren Anwaltsgebühren; lediglich die Prozessgebühr erhöht sich um drei Zehntel (§ 6 BRAGO). Beauftragt er einen eigenen Anwalt, fallen für diesen die üblichen Gebühren an.

Fristen und Rechtsmittel

Vgl. Form. I. J. 5. Auch hier kann ein selbstständig anfechtbares Zwischenurteil gem. § 280 Abs. 2 ZPO ergehen.

K. Besonderheiten bezüglich des Streitgegenstandes

1. Klageänderung[1]

An das
Landgericht

Klageänderung[2]

In der Sache
……

ändert der Kläger auf Grund des gerichtlichen Hinweises seinen Antrag wie folgt[3]:

1. **Der Beklagte wird verurteilt, an den Kläger folgende Waren herauszugeben:**
   ……[4]
2. **……**

Der Kläger beantragt außerdem,

einen möglichst nahen Termin zur Fortsetzung des Rechtsstreits anzuberaumen und dem Beklagten die Klageänderung mit der Ladung zuzustellen[5].

Begründung[6]:

Nachdem nunmehr davon auszugehen ist, dass der Beklagte die ihm vom Kläger in Kommission überlassene aus dem geänderten Antrag zu 1) ersichtliche Ware noch unverkauft in seinem Besitz hat, kann der Kläger insoweit nicht Herausgabe des Erlöses verlangen, wie dies mit dem bisherigen Antrag geschehen ist. Dem Kläger steht jedoch hinsichtlich dieser Ware ein Herausgabeanspruch gem. § 667 BGB zu; vorsorglich wird noch einmal die Kündigung des Kommissionsverhältnisses ausgesprochen.
Die Klageänderung ist sachdienlich, da der Streitstoff im Wesentlichen identisch ist und ein weiterer Prozess vermieden wird.

Rechtsanwalt

Schrifttum: Walther, Klageänderung und Klagerücknahme, NJW 1994, 423; *Altmeppen,* Klageänderung in der Rechtsmittelinstanz, ZIP 1992, 449; *Bub,* Zur Zulässigkeit der Berufung bei einer Auswechslung des Streitgegenstands, MDR 1995, 1191; *Blomeyer,* Die Klageänderung und ihre prozessuale Behandlung, JuS 1970, 123, 229; *Gross,* Klageänderung und Klagerücknahme, ZZP 75, 447.

Anmerkungen

1. Ergibt sich im Laufe des Rechtsstreits, dass die Klage mit dem bisher gestellten Antrag oder den bisher vorgetragenen Tatsachen abgewiesen würde, bleibt für den Kläger zu überlegen, ob eine Klageänderung gemäß § 263 ZPO möglich ist (zu den beiden Fallgruppen vgl. *Thomas/Putzo* § 263 Rdn. 2 und 3). Um eine Klageänderung handelt es sich, wenn der Kläger den gestellten Antrag mit einem anderen oder einem weiteren Sachverhalt begründet, wenn er den Antrag selbst ändert (so das Beispiel) oder wenn er Antrag und Sachverhalt ändert. Die zulässige Klageänderung hat den Vorteil, dass eine kostenpflichtige Klageabweisung vermieden wird und das bisherige Prozessergebnis ganz oder zum Teil verwertbar bleibt, also prozessualer Aufwand erspart wird. Der Kläger muss allerdings auch damit rechnen, dass der Beklagte den geänderten Klageanspruch sofort anerkennt oder ihn erfüllt, und er gemäß § 93 oder § 91 a ZPO die Kosten zu tragen hat. Die Klageänderung ist nach § 263 ZPO zulässig bei Einwilligung des Beklagten – die meist nicht zu erzielen ist – oder bei Sachdienlichkeit, für die ein großzügiger Maßstab angelegt wird (hierzu *Thomas/Putzo* § 263 Rdn. 8; NJW 1985, 1841; NJW-RR 1990, 505, 506; NJW 2000, 800, 803); sie fehlt, wenn der bisherige Streitstoff nach Änderung der Klage nicht mehr verwertbar wäre. Läßt sich der Beklagte allerdings im folgenden Termin widerspruchslos auf die geänderte Klage ein, wird seine Einwilligung unwiderruflich vermutet, § 267 ZPO. Ohne Rücksicht auf Einwilligung oder Sachdienlichkeit ist eine Änderung in den drei Fällen des § 264 ZPO möglich. Hält das Gericht die Klageänderung für unzulässig, kann es nur zu einer Klageabweisung durch Prozessurteil kommen; der Kläger ist also nicht gehindert, die geänderte Klage in einem neuen Prozess zu erheben. Erkennt er, dass das Gericht die Klageänderung nicht für sachdienlich hält, sollte er überlegen, ob er, jedenfalls hilfsweise, zu seiner alten Klage zurückkehrt oder die Klage zurücknimmt.

Die Klage konnte nach st. Rspr. vor der ZPO-Reform ohne weiteres noch im zweiten Rechtszug geändert werden, und zwar auch dann, wenn die Änderung schon in erster Instanz möglich gewesen wäre (BGH NJW-RR 1990, 505, 506). Nunmehr ist zusätzlich erforderlich, dass die Klageänderung auf Tatsachen gestützt wird, die das Gericht ohnehin nach § 529 ZPO seiner Entscheidung zugrunde zu legen hat (§ 533 Nr. 2 ZPO). Damit wollte der Gesetzgeber in der Berufungsinstanz die „Flucht in die Klageänderung" erschweren. Oft wird aber der Fall des § 531 Abs. 2 Nr. 3 ZPO vorliegen (*Zöller/Gummer* § 533 Rdn. 3 ZPO). Die Klageänderung kann also auf neue Tatsachen nur in den Fällen des § 531 Abs. 2 ZPO gestützt werden. In keinem Fall darf der Kläger mit seiner Berufung nur die geänderte Klage verfolgen, er muss die alte Klage zumindest teilweise weiterverfolgen (BGH NJW 1988, 2540; NJW-RR 1996, 1276; vgl. *Altmeppen* ZIP 1992, 449); denn er muss die Beschwer durch das erstinstanzliche Urteil angreifen (vgl. *Zöller/Gummer* Rdn. 8, 8 a vor § 511). Anders ist es in den Fällen des § 264 Nr. 3 ZPO (*Zöller/Gummer* Rdn. 8 c vor § 511) oder wenn nur die Schadensberechnung geändert wird (BGH NJW 1992, 566). Will der Kläger also mit seiner Berufung die Klage ändern oder bestehen Zweifel, ob eine Klageänderung vorliegt, ist dringend zu empfehlen, mit der Berufung auch noch – zumindest teilweise – die nicht geänderte Klage und die geänderte Klage zusätzlich zu verfolgen (vgl. BGH NJW-RR 1996, 765 u. 891; NJW 1998, 2118); eine nur hilfsweise Verfolgung der alten Klage reicht nicht mehr aus (BGH NJW 1998, 2118 unter Aufgabe von BGH NJW 1996, 320).

Der Kläger muss idR. nicht befürchten, dass die Klageänderung als verspätet zurückgewiesen wird. Denn es handelt sich nicht um ein Angriffs- und Verteidigungsmittel im Sinne der §§ 296, 530 ZPO, sondern um einen selbstständigen Angriff (vgl. *Zöller/Greger* § 296 Rdn. 4).

2. Die Klageänderung ist in einem bestimmenden Schriftsatz oder zu Protokoll zu erklären (§ 261 Abs. 2 ZPO). Der Schriftsatz muss den Erfordernissen des § 253 Abs. 2 Nr. 2 ZPO entsprechen. Es genügt die Zustellung von Anwalt zu Anwalt (BGH MDR 1992, 407). Zur Klageänderung mit der Berufungsbegründung vgl. Anm. 1 aE.

3. Hier handelt es sich um den Übergang vom Zahlungsantrag zum Herausgabeantrag, also um das Gegenstück zum Fall des § 264 Nr. 3 ZPO, für das die Fiktion dieser Vorschrift nicht gilt. Zweckmäßig für den Kläger wäre es gewesen, von Anfang an auf Herausgabe zu klagen und den Antrag uU. mit einer Fristsetzung und einem Schadensersatzantrag zu verbinden (vgl. Form. I. D. 6).

4. Die Waren sind nach Zahl, Art und Maß genau zu bezeichnen.

5. Zur Verhandlung über den geänderten Klageantrag ist ein Termin erforderlich; der die Klageänderung enthaltende Schriftsatz ist dem Beklagten zuzustellen.

6. Hier ist zunächst der mit dem geänderten Antrag geltend gemachte Anspruch in einer der Klagebegründung entsprechenden Weise darzulegen, wobei auf das bisherige Vorbringen, soweit möglich, Bezug genommen werden kann. Außerdem sollte die Sachdienlichkeit begründet werden, wobei die Argumente in der Prozessökonomie zu suchen sind (wird ein weiterer Prozess vermieden?); auf die subjektiven Interessen der Partei kommt es nicht an (BGH NJW 1985, 1841, 1842). Abzustellen ist nicht auf die beschleunigte Erledigung dieses Prozesses, sondern die Erledigung aller Streitpunkte der Parteien; dass nach Klageänderung eine Beweisaufnahme erforderlich wird, spielt keine Rolle (BGH NJW 2000, 800, 803).

Kosten und Gebühren

Die bisher entstandenen Gerichts- und Rechtsanwaltsgebühren fallen nicht noch einmal an; darin liegt ein Vorteil der Klageänderung (vgl. Anm. 1). Anders, wenn die Klageänderung in einem Parteiwechsel besteht (vgl. Form. I. J. 5).

Fristen und Rechtsmittel

Das Endurteil, das die Klageänderung nicht zulässt, ist mit den gewöhnlichen Rechtsmitteln anfechtbar. Wird die Klageänderung durch Zwischenurteil oder im Endurteil zugelassen, so ist diese Entscheidung unanfechtbar, § 268 ZPO.

2. Klageerhöhung (Erweiterung des Klageantrags)

An das
Landgericht

Klageerhöhung

In der Sache
......
wird der geltend gemachte Anspruch erhöht.

Es wird nunmehr beantragt,

> **den Beklagten zu verurteilen, an den Kläger EUR 28.000,– nebst Zinsen in Höhe von ...... seit ...... Zug um Zug gegen Übereignung und Herausgabe des Pkw ...... zu zahlen.**

Begründung:

Der Kläger hatte zunächst die Absicht, das vom Beklagten gekaufte Fahrzeug trotz der Mängel zu behalten, und lediglich den kleinen Schadensersatz nach §§ 437 Nr. 3, 281 BGB zu verlangen. Darauf beruhen die bisher gestellten Anträge. Nachdem sich die Mängel, über die der Beklagte arglistig getäuscht hat, nunmehr als gravierend heraus gestellt haben, macht der Kläger von seinem Recht Gebrauch, das Fahrzeug zurückzugeben und statt der Leistung Schadensersatz wegen Nichterfüllung des gesamten Vertrages zu verlangen.
Diesen großen Schadensersatz berechnet der Kläger wie folgt:
......
Wegen der Benutzung des Pkw lässt sich der Kläger folgende Beträge anrechnen:
......
Rechtsanwalt

Anmerkungen

1. Der Kläger kann seine Klage jederzeit erhöhen, soweit darin lediglich eine quantitative Erweiterung des Klageantrags liegt. Das ist zB. der Fall, wenn bisher nur eine Teilforderung geltend gemacht wurde oder wenn der Schaden aus demselben Schadensereignis anderes berechnet wird oder weitere Schadenspositionen erhoben werden. §§ 263, 264 Nr. 2 ZPO lassen eine solche Änderung der Klage ausdrücklich zu. Eine Zurückweisung der Klageerweiterung nach § 296 ZPO kommt nach der Rechtsprechung (BGH NJW 1995, 1223, 1224) nicht in Betracht, da die ZPO die Erweiterung vorsieht und es sich nicht um ein Angriffsmittel iSd. § 296 ZPO, sondern um den Angriff selbst handelt (BGH NJW 1986, 2257, 2258). Zur Frage, ob die „Flucht" in die Klageerweiterung die drohende Präklusion des bisherigen verspäteten Vorbringens verhindern kann, vgl. *Zöller/Greger* § 296 Rdn. 42. Ist mit der Erweiterung der Klage auch eine Änderung des Klagegrundes verbunden, greift § 264 Nr. 2 ZPO nicht ein. Eine solche Klageänderung ist nur zulässig, wenn sie sachdienlich ist oder der Beklagte einwilligt (vgl. Form I.K.1). Jedoch kann auch eine nicht nur betragsmäßige, sondern qualitative Erweiterung der Klage nach § 264 Nr. 2 ZPO zulässig sein, so beim Übergang vom Feststellungs- auf den Zahlungsantrag oder vom Freistellungs- auf den Zahlungsantrag (BGH NJW 1994, 944), nicht aber von der Abschlagszahlung auf die Schlusszahlung (BGH NJW 1999, 713), von Minderung zu Wandlung (BGH MDR 1991, 137), von Kostenvorschuss auf Schadensersatz (BGH NJW 1998, 1006) oder von Nachbesserung auf Gewährleistung (BGH NJW 1990, 2683).

Auch in der Berufung ist eine Klageerweiterung noch möglich (näher *Zöller/Gummer* § 531 Rdn. 24). Da die Klageerweiterung kein Angriffsmittel im Sinne des § 531 ZPO ist, müsste sie auch auf neue Tatsachen gestützt werden können, ohne dass die Voraussetzungen des § 531 Abs. 2 ZPO vorliegen; denn § 533 ZPO gilt nach seinem Wortlaut nicht. Die Frage ist aber noch ungeklärt. Sicherheitshalber sollte der Kläger vortragen, dass ein Fall des § 531 Abs. 2 Nr. 3 ZPO vorliegt.

2. Ist der Rechtsstreit beim Amtsgericht anhängig und wird die Klage um einen Anspruch von mehr als EUR 5.000,– erweitert, tritt nach § 506 ZPO nachträgliche sachliche Unzuständigkeit ein. Auf Antrag einer Partei, der vor streitiger Verhandlung zu stellen ist, wird der Rechtsstreit an das Landgericht verwiesen.

3. Für die Klageerweiterung gilt § 261 Abs. 2 ZPO; sie ist also mit einem bestimmendem Schriftsatz, der den Erfordernissen des § 253 Abs. 2 Nr. 2 ZPO entspricht, oder im Termin zu Protokoll zu erklären. Auch im letzteren Fall ist § 253 Abs. 2 Nr. 2 ZPO einzuhalten.

4. Zum Zug-um-Zug-Antrag vgl. Form. II. A. 1. Der Antrag kann mit einem Antrag auf Feststellung verbunden werden, dass sich der Beklagte im Annahmeverzug befindet (Form. II. A. 1 Anm. 3).

5. Hier ist der mit dem erweiterten Antrag geltend gemachte Anspruch wie in einer Klageschrift zu begründen. Im angenommenen Fall geht es um die Berechnung des großen Schadensersatzanspruches nach § 281 BGB. Darüber hinaus sollte der Kläger dem Gericht auch verdeutlichen, dass die Klageerweiterung nach § 264 Nr. 2 ZPO zulässig ist, weil keine Änderung des Klagegrundes im Sinne des § 264 ZPO vorliegt. Nach ständiger Rechtsprechung handelt es sich beim Übergang vom kleinen auf den großen Schadensersatzanspruch oder umgekehrt nicht um eine Klageänderung (BGH NJW 1992, 566), sondern um eine zulässige Klageerweiterung. Hieran hat sich durch das Schuldrechtsmodernisierungsgesetz nichts geändert, auch bei § 281 BGB wird zwischen großem und kleinen Schadensersatzanspruch unterschieden (vgl. *Palandt/Heinrichs*, Ergänzungsband zur 61. Auflage, § 281 BGB Rdn. 46).

6. Verlangt der Käufer den großen Schadensersatz, muss der Verkäufer die Sache zurücknehmen und den Käufer im Übrigen so stellen, als habe der arglistig verschwiegene Fehler nicht vorgelegen. Dazu gehört ua. die Rückzahlung des Kaufpreises, Ersatz für die Schadensfeststellungskosten und die Vertragskosten sowie andere nutzlos gewordene Aufwendungen, andererseits muss sich der Käufer eine Nutzungsentschädigung für den Gebrauch der Sache gegenrechnen lassen (vgl. zur Schadensberechnung BGH NJW-RR 1996, 1332, 1333; NJW 1996, 1962; *Palandt/Heinrichs,* Ergänzungsband zur 61. Auflage § 281 BGB Rdn. 19ff.).

Kosten und Gebühren

Kosten und Gebühren sind nach dem erhöhten Streitwert zu bemessen. Der Kläger hat einen ergänzenden Kostenvorschuss an das Gericht zu leisten (§ 65 Abs. 1 S. 3 GKG); vorher soll keine gerichtliche Handlung vorgenommen werden.

Fristen und Rechtsmittel

Die Klage kann ohne zeitliche Begrenzung erhöht werden. Eine Zurückweisung als verspätet hat der Kläger nicht zu fürchten (vgl Anm. 1).

3. Antragsänderung (Zahlung statt Herausgabe)[1]

An das
Landgericht[2]

In der Sache

......
war der Antrag der Klägerin bisher darauf gerichtet, dass die Beklagte die Urkunde über die nach dem Vertrag zu leistende Bürgschaft auf erstes Anfordern herausgibt. Nachdem nunmehr die bürgende Bank auf Anforderung der Beklagten die Bürgschaftssumme ausgezahlt hat, stellt die Klägerin ihren Antrag um und beantragt,

> **die Beklagte zu verurteilen, an die Klägerin EUR 121.500,– nebst 5% Zinsen über dem jeweiligen Basiszinssatz[3] zu zahlen.**

Begründung[4]:

Nachdem die Beklagte auf die Bürgschaft Zahlung in Höhe von EUR 120.000,– erhalten hat, ist das mit dem Herausgabeantrag verfolgte Ziel, die Inanspruchnahme aus der Bürgschaft zu verhindern, nicht mehr zu erreichen. Die Klägerin ist daher gezwungen, vom Herausgabeantrag auf den Zahlungsantrag überzugehen. Hierin liegt nach § 264 Nr. 3 ZPO keine Klageänderung (BGH NJW 1996, 2869). Der Zahlungsanspruch ergibt sich daraus, dass die Beklagte die Leistung aus der Bürgschaft auf erstes Anfordern zu Unrecht in Anspruch genommen hat und die Klägerin ihrerseits von ihrer Bank in Höhe von EUR 121.500,– (Bürgschaftssumme nebst Gebühren) in Anspruch genommen wurde (...... ist auszuführen und zu belegen**). Bei diesem Sachverhalt steht der Klägerin ein eigener Rückgriffsanspruch gegen die Beklagte zu (BGH NJW 1999, 55). Dazu, dass die Beklagte nicht berechtigt war, die Bürgschaft in Anspruch zu nehmen, wird auf das bisherige Vorbringen verwiesen.**

Rechtsanwalt

Anmerkungen

1. Wenn der Kläger seinen Antrag ändert oder den gestellten Antrag mit einem anderen oder zusätzlichen Sachverhalt begründet, liegt eine Klageänderung vor. In den Fällen des § 264 Nr. 2 und Nr. 3 ZPO wird jedoch aus Gründen der Prozessökonomie fingiert, dass die Umstellung nicht als eine Änderung der Klage anzusehen ist. Das Beispiel betrifft den Fall, dass wegen einer später eingetretenen Veränderung nicht mehr Herausgabe verlangt werden kann, sondern Zahlung gefordert wird (§ 264 Nr. 3 ZPO). Die Vorschrift hat ihren Hauptanwendungsfall, wenn die Herausgabe einer Sache unmöglich geworden ist, dem Gläubiger aber ein Schadensersatzanspruch zusteht. Auch der Beispielsfall fällt nach der Rechtsprechung (BGH NJW 1996, 2869) unter § 264 Nr. 3 ZPO. Die Vorschrift ist auch anwendbar, wenn der Kläger nach Eintritt der Unmöglichkeit das Surrogat nach § 281 BGB verlangt oder wenn der Kläger von der Vollstreckungsabwehrklage auf einen Bereicherungsanspruch übergeht (OLG Schleswig NJW-RR 1992, 192; weitere Beispiele bei *Zöller/Greger* § 264 Rdn. 5).

2. Die Umstellung des Antrags kann auch noch im zweiten Rechtszug erfolgen. Eine Zurückweisung als verspätet braucht der Kläger nicht zu befürchten. § 533 ZPO greift nicht ein, denn es handelt sich nicht um eine Klageänderung. Jedenfalls aber dürften, wenn die Veränderung nach Schluss der ersten Instanz eingetreten ist, die Voraussetzungen des § 531 Abs. 2 Nr. 3 ZPO vorliegen.

3. Im Beispielsfall kann der Kläger mit dem Herausgabeantrag keinen Erfolg mehr haben, denn die Bürgschaftsurkunde dürfte an die Bank ausgehändigt worden sein. Er könnte, wie auch in anderen Fällen, in denen die Herausgabe unmöglich geworden ist, die Hauptsache für erledigt erklären, dann müsste er aber eine neue Klage auf Herausgabe erheben. Ist der Kläger nicht sicher, ob die behauptete Veränderung eingetreten ist, kann er auch den Zahlungsantrag hilfsweise stellen. Geht es um die Herausgabe einer Sache, kann der Kläger den Herausgabeantrag mit einem Antrag auf Fristsetzung und Schadensersatz verbinden (vgl. Form. I. D. 7).

4. Der Kläger hat darzulegen, dass eine Veränderung im Sinne des § 264 Nr. 3 ZPO eingetreten ist, und zwar nach Rechtshängigkeit. Zumindest muss vorgetragen werden, dass der Kläger erst nach Rechtshängigkeit von der Veränderung Kenntnis erlangt hat (vgl. *Thomas/Putzo* § 264 Rdn. 7). Im Übrigen ist der Zahlungsanspruch im Einzelnen darzulegen und unter Beweis zu stellen.

4. Eventuelle Klagenhäufung (Klageerweiterung durch Hilfsantrag)[1]

An das
Landgericht

Klageerweiterung[2]

In der Sache

......

wird hilfsweise zu dem zu 1) gestellten Antrag auf Übereignung zusätzlich beantragt,

> **den Beklagten zu verurteilen, an den Kläger EUR 5.000,– nebst Zinsen in Höhe von 5% über dem jeweiligen Basiszinssatz seit Rechtshängigkeit zu zahlen[3].**

Begründung[4]:

Der Kläger begehrt in erster Linie Lieferung und Übereignung des ihm vom Beklagten verkauften Pkw. Nachdem der Beklagte nunmehr eingewandt hat, der Kaufvertrag sei

unwirksam, verlangt der Kläger hilfsweise die von ihm geleistete Anzahlung von EUR 5.000,– zurück. Dieser Anspruch steht ihm aus ungerechtfertigter Bereicherung zu, falls es dem Kläger nicht gelingen sollte, das wirksame Zustandekommen des Kaufvertrages zu beweisen. Zum Beweis für die geleistete Anzahlung bezieht sich der Kläger auf ……

Rechtsanwalt

Schrifttum: Lüke/Kerwer, Eine „neuartige" Klagenhäufung, NJW 1996, 2121; *Saenger,* Klagenhäufung und alternative Klagebegründung, MDR 1994, 860; *Merle,* Zur eventuellen Klagenhäufung, ZZP 83, 436; *Schumann,* Anspruchsmehrheiten im Streitwertrecht, NJW 1982, 2800; *Schneider,* Der Gebührenstreitwert bei Eventualklagen, MDR 1984, 196; *Fleischmann,* Sachliche Zuständigkeit bei Haupt- und Hilfsantrag, NJW 1993, 506.

Anmerkungen

1. Die Zulässigkeit der evtl. Klagenhäufung wird von der Praxis nicht bezweifelt. Bei ihr wird, meist für den Fall der Abweisung des Hauptanspruches, ein Hilfsantrag mit anderem Streitgegenstand gestellt. Der Hilfsantrag kann auch vom Eintritt eines anderen innerprozessualen Vorgangs abhängig gemacht werden, so z. B. von der Entscheidungsreife des Hauptantrages durch das Rechtsmittelgericht (BGH NJW 1996, 3147), nicht aber in der Weise, dass die Entscheidung über den Hauptantrag von einer Beweisaufnahme abhängt (BGH NJW 1995, 1353). Für den Streitwert ist der Hilfsantrag erst von Bedeutung, wenn das Gericht über ihn entscheidet, also idR., wenn der Hauptantrag abgewiesen wird; dann sind Haupt- und Hilfsanspruch zusammenzurechnen (§ 19 Abs. 1 S. 2 GKG). In geeigneten Fällen (Beispiele bei *Baumbach/Lauterbach/Albers/Hartmann* § 260 Rdn. 11–14) kann also durch Stellung eines Hilfsantrages das Prozessrisiko verringert werden, ohne das Kostenrisiko wesentlich zu erhöhen. Über den Hilfsantrag darf erst entschieden werden, wenn der Hauptantrag abgewiesen wird, also der Eventualfall eingetreten ist (BGH NJW-RR 1989, 650).

2. Der Hilfsantrag kann bereits mit der Klageschrift gestellt werden. Anderenfalls geschieht dies im Wege der objektiven Klageerweiterung durch bestimmenden Schriftsatz oder durch Erklärung zu Protokoll (§ 261 Abs. 2 ZPO). In der nachträglichen hilfsweisen Klagehäufung sieht die Rechtsprechung eine Klageänderung (BGH NJW 1985, 1841, 1842), die aber idR. sachdienlich sein dürfte. Auch in der Berufungsinstanz kann der Hilfsantrag noch zulässig gestellt werden (vgl. *Zöller/Greger* § 260 Rdn. 4). Er kann dann nur im Rahmen der §§ 533 Nr. 2, 531 Abs. 2 ZPO auf neue Tatsachen gestützt werden.

3. Die Rechtshängigkeit des Hilfsantrages tritt mit seiner Zustellung oder seiner Erklärung zu Protokoll ein. Die Rechtshängigkeit entfällt, wenn der Klage im Hauptantrag stattgegeben wird.

4. Der mit dem Hilfsantrag geltend gemachte Anspruch ist in einer der Klageschrift entsprechenden Weise darzulegen und unter Beweis zu stellen.

Kosten und Gebühren

Ein nicht beschiedener Hilfsantrag wird bei der Kostenentscheidung nicht berücksichtigt. Wird der Hauptantrag abgewiesen, dem Hilfsantrag aber stattgegeben, kommt es zur Kostenteilung (vgl. *Zöller/Herget* § 92 Rdn. 8; *Emde* MDR 1995, 990). Zum Streitwert vgl. Anm. 1. Fraglich ist, wie weit Hilfsanträge zur Senkung des Kostenrisikos eingesetzt werden können (vgl. *Lüke/Kerwer* NJW 1996, 2121 mit Nachweisen aus der Rechtsprechung).

Fristen und Rechtsmittel

Auch der Hilfsantrag hemmt die Verjährung des hilfsweise geltend gemachten Anspruches nach § 204 Abs. 1 Nr. 1 BGB, denn er begründet die auflösend bedingte Rechtshängigkeit des Anspruchs (*Zöller/Greger* § 260 Rdn. 4). Die Hemmung endet sechs Monate nach Rechtskraft der stattgebenden Entscheidung über den Hauptantrag (§ 204 Abs. 2 BGB); jedoch kann der Kläger durch Klageerhebung binnen sechs Monaten die Hemmungswirkung erhalten (§ 204 Abs. 2 S. 3 BGB; vgl. *Zöller/Greger* § 260 Rdn. 4).

Der Kläger kann auch Rechtsmittel einlegen wenn er mit dem Hauptantrag abgewiesen wird, aber mit dem Hilfsantrag erfolgreich ist; er ist auch dann durch das Urteil beschwert (näher *Zöller/Greger* § 260 Rdn. 6 a).

5. Uneigentliche eventuelle Klagenhäufung[1] (Klage auf Herausgabe mit Fristsetzung und Schadensersatz)

......

Anmerkung

1. Vgl. hierzu Form. I. D. 7.

L. Anträge und Erklärungen im Prozessverlauf

1. Antrag auf Aussetzung des Rechtsstreits[1] wegen Strafverfahrens[2]

An das
Landgericht

Aussetzungsantrag

In der Sache
……

wird für den Kläger beantragt,

> den Rechtsstreit bis zur Entscheidung des Amtsgerichts …… in der Strafsache gegen den Beklagten …… (genaue Bezeichnung) auszusetzen[3]
> und bei Aufnahme des Rechtsstreits die Akten des Strafverfahrens beizuziehen.

Begründung[4]:

Gegen den Beklagten ist wegen der von ihm begangenen Körperverletzung, auf die der Kläger seinen Schadensersatzanspruch stützt, das Hauptverfahren vor dem Amtsgericht …… eröffnet worden. Dort steht am …… Termin zur Hauptverhandlung an, zu dem alle maßgeblichen Zeugen geladen sind. Der Kläger hält es für sinnvoll, die Klärung des Vorfalls im Strafverfahren abzuwarten, um das Ergebnis für den Schadensersatzprozess nutzen zu können.

Rechtsanwalt

Schrifttum: Schneider, Aussetzung wegen einer anderen Entscheidung, JurBüro 1979, 785; *Knoche,* Besorgnis richterlicher Befangenheit wegen der Veranlassung strafrechtlicher Schritte, MDR 2000, 371.

Anmerkungen

1. Der Antrag beruht auf § 149 ZPO; die Aussetzung liegt im Ermessen des Gerichts, das zwischen den Vorteilen, die sich aus der Klärung im Strafverfahren für die Entscheidung des Zivilprozesses ergeben können, und den Nachteilen, die die Verzögerung bedeutet, abwägen wird (vgl. *Thomas/Putzo* § 149 Anm. 1 b). Auch die Parteien sollten ihre Aussetzungsanträge danach ausrichten und berücksichtigen, dass die Beweisaufnahme im Strafverfahren für den Zivilprozess nicht ohne weiteres verwertbar ist. Wenn beide Parteien einverstanden sind, kann das Zivilgericht Zeugenaussagen im Strafprozess im Wege des Urkundenbeweises verwerten (vgl. BGH NJW 1982, 581). Dazu reicht es aus, dass sich die Parteien auf die Akten beziehen und diese vom Gericht zum Gegenstand der mündlichen Verhandlung gemacht werden (BGH NJW-RR 1992, 1214, 1215). Beantragt allerdings eine Partei die Vernehmung des Zeugen, muss das Gericht ihn hören (BGH aaO.). Ob die noch ausstehende Verurteilung im Strafverfahren die Aussetzung des Schmerzensgeldprozesses gegen den Täter rechtfertigt, ist umstritten (vgl. OLG Düsseldorf NJW-RR 1998, 1531). Ist zweifelhaft, ob das Gericht aussetzen wird, haben aber beide Parteien ein Interesse daran, empfiehlt es sich, das Einverständnis des Gegners einzuholen und mitzuteilen. Das Gericht wird dann eher zu einer Aussetzung bereit

sein. Im Arzthaftungsprozess soll eine Aussetzung wegen eines Strafverfahrens idR. nicht gerechtfertigt sein (OLG Köln NJW 1990, 778). Die Aussetzung hat gemäß § 249 ZPO vor allem die Wirkung, dass Fristen unterbrochen werden und nach Beendigung der Aussetzung neu zu laufen beginnen.

Veranlasst das Gericht ohne hinreichenden Anlass eine Aussetzung wegen eines sich im Prozess ergebenden strafrechtlichen Verdachtes gegen eine Partei, stellt sich auch die Frage der Ablehnung wegen Befangenheit (vgl. *Knoche* MDR 2000, 371 mwN.).

2. § 149 ZPO verlangt, dass die Ermittlung der Straftat für die Entscheidung des Rechtsstreits von Einfluss ist. Das ist nicht der Fall, wenn sich das Strafverfahren gegen einen Zeugen richtet (KG MDR 1983, 139). Ist kein Strafverfahren, sondern ein anderer Zivilprozess oder ein Verwaltungsverfahren für die Entscheidung des Rechtsstreits vorgreiflich, kommt eine Aussetzung unter den engeren Voraussetzungen des § 148 ZPO in Betracht. Eine Aussetzung wegen eines Normenkontrollverfahrens nach Art. 100 GG oder wegen einer Verfassungsbeschwerde in einem Parallelprozess ist idR. ausgeschlossen (vgl. *Zöller/Greger* § 148 Rdn. 3 mwN.), soll in Ausnahmefällen aber zulässig sein (vgl. BAG NJW 1988, 2558).

3. Das Verfahren, zu dessen Gunsten ausgesetzt werden soll, ist genau zu bezeichnen. Das Gericht könnte nach § 149 ZPO den Rechtsstreit bis zur rechtskräftigen Entscheidung aussetzen. Dies wird aber oft nicht im Interesse der Parteien sein, da die Rechtskraft angesichts möglicher Rechtsmittel einschließlich Zurückverweisung erst nach Jahren eintreten kann. Der Rechtsstreit soll ohnehin nach einem Jahr fortgesetzt werden, wenn eine Partei es verlangt (§ 149 Abs. 2 ZPO). Wenn den Parteien die Aussetzung wegen Verzögerung des anderen Verfahrens zu lange währt, besteht für sie die Möglichkeit, eine Aufhebung der Aussetzung gemäß § 150 ZPO zu beantragen und gegen eine evtl. Ablehnung gem. § 252 ZPO Rechtsmittel einzulegen (vgl. *Thomas/Putzo* § 252 Rdn. 6).

4. Der Antragsteller sollte hier den Wert des Wartens auf die Erledigung des Strafverfahrens darlegen und dabei angeben, in welchem Stadium sich das Strafverfahren befindet. Er sollte in Hinblick auf § 149 Abs. 2 ZPO auch vortragen, dass die Ergebnisse des Strafverfahrens alsbald vorliegen werden.

Kosten und Gebühren

Nach Aufnahme des Rechtsstreits fallen die bereits entstandene Gerichts- und Rechtsanwaltsgebühren nicht erneut an.

Fristen und Rechtsmittel

Die Wirkung der Aussetzung auf prozessuale Fristen ergibt sich aus § 249 Abs. 1 ZPO: der Lauf der Frist endet, nach Beendigung der Aussetzung beginnt sie von neuem zu laufen, allerdings nur, wenn sie nicht schon vorher abgelaufen war (BGH NJW 1987, 2379). Nicht betroffen sind die Dreiwochenfrist nach § 310 Abs. 1 S. 2 ZPO, die Jahresfrist nach § 234 Abs. 3 ZPO, die Fünfmonatsfrist nach § 517 ZPO (wohl aber die anschließende Monatsfrist, BGH NJW 1990, 1854, 1855). Materielle Fristen, insbesondere die Verjährungsfrist, bleiben bei Aussetzung nach § 204 BGB gehemmt, die Hemmung endet aber nicht erst mit der Wiederaufnahme des Rechtsstreits, sondern bereits mit Erledigung des anderen Verfahrens, wenn der Rechtsstreit anschließend nicht betrieben wird (§ 204 Abs. 2 Satz 2 BGB, vgl. BGH NJW 1989, 1729).

Gegen den bewilligenden Beschluss und gegen den die Aussetzung ablehnenden Beschluss findet nach § 252 ZPO die sofortige Beschwerde statt (§ 567 ZPO, Frist: zwei

Wochen). Das Rechtsmittel kann bereits erfolgreich sein, wenn das Gericht den Aussetzungsbeschluss nicht hinreichend begründet hat (vgl. OLG Düsseldorf NJW-RR 1998, 1531; *Zöller/Greger* § 149 Rdn. 2). Zum Antrag auf Aufhebung der Aussetzung nach § 150 ZPO vgl. Anm. 3.

2. Antrag auf Aussetzung des Rechtsstreits bei Tod einer Partei[1]

An das
Landgericht

Aussetzungsantrag[2]

In der Sache

......

wird mitgeteilt, dass der Beklagte am ...... verstorben ist.

Gemäß § 246 ZPO wird beantragt,

die Aussetzung des Verfahrens anzuordnen[3].

Sobald feststeht, wer die Erben des Beklagten sind und ob sie die Erbschaft angenommen haben, werde ich anzeigen, ob der Rechtsstreit aufgenommen werden soll.[4]

Rechtsanwalt

Anmerkungen

1. Entgegen § 239 Abs. 1 ZPO tritt keine Unterbrechung des Verfahrens ein, wenn der Verstorbene durch einen Prozessbevollmächtigten vertreten wurde, § 246 Abs. 1 ZPO; die Prozessvollmacht dauert gem. § 86 ZPO fort. Das Gericht muss jedoch den Rechtsstreit aussetzen, wenn der Prozessbevollmächtigte dies beantragt. Hiervon sollte er idR. Gebrauch machen, schon um laufende Fristen gem. § 249 Abs. 1 ZPO zu unterbrechen und das Verhalten der Erben abwarten zu können. Die Aussetzung kann in jeder Lage des Verfahrens bis zu seiner rechtskräftigen Entscheidung erfolgen. Der ausgesetzte oder unterbrochene Rechtsstreit wird fortgesetzt, wenn die Erben ihn aufnehmen (vgl. Form. I. L. 3), wenn der Testamentsvollstrecker oder der Nachlasspfleger seine Bestellung anzeigt (§§ 241, 243 ZPO; vgl. BGH VersR 1983, 666; NJW 1995, 2171), oder auch wenn nach dem Tod des einzigen Geschäftsführers einer GmbH ein neuer Geschäftsführer bestellt ist.

2. Vgl. § 248 Abs. 1 ZPO; es besteht kein Anwaltszwang. Der Antrag sollte unverzüglich nach Kenntnis vom Tod gestellt werden, da die Wirkungen der Aussetzung erst mit dem Aussetzungsbeschluss eintreten, nicht etwa rückwirkend mit dem Tod der Partei oder schon mit Antragstellung durch den Prozessbevollmächtigten (vgl. BGH NJW 1987, 2379; *Thomas/Putzo* § 248 Rdn. 2). Wenn der Prozessbevollmächtigte in Kenntnis des Aussetzungsgrundes vorbehaltlos zur Sache verhandelt, kann darin ein Verzicht auf den Antrag gesehen werden (*Thomas/Putzo* § 246 Rdn. 4). Auch der Gegner der verstorbenen Partei hat ein Antragsrecht (§ 246 Abs. 1 Halbs. 2 ZPO). Die Aussetzung hat, außer der Wirkung auf laufende Fristen (§ 249 Abs. 1 ZPO) zur Folge, dass das Gericht keine Entscheidungen mehr erlassen darf (Ausnahme: § 249 Abs. 3 ZPO); es darf auch kein Rechtsmittel als unzulässig verwerfen (BGH NJW 2000, 1199).

3. Der Rechtsstreit wird nicht für eine bestimmte Zeit ausgesetzt.

4. Vor der Annahme der Erbschaft ist der Erbe gem. § 239 Abs. 5 ZPO nicht zur Aufnahme verpflichtet (vgl. § 1958 BGB).

Fristen und Rechtsmittel

Zur Wirkung der Aussetzung auf laufende Fristen vgl. Form. I. L. 1; § 249 Abs. 1 ZPO gilt auch in Hinblick auf die Klagefrist nach § 74 VwGO (BVerwG NJW 2001, 1228). Für den Prozessbevollmächtigten ist es entscheidend, das Ende der Aussetzung zu erkennen (vgl. Anm. 1 aE.), weil dann die unterbrochenen Fristen wieder zu laufen beginnen (vgl. BGH NJW 1995, 2171).

Gegen den Beschluss, mit dem die Aussetzung angeordnet oder abgelehnt wird, findet die sofortige Beschwerde nach § 567 ZPO statt (§ 252 ZPO, Frist: zwei Wochen).

3. Anzeige der Aufnahme des Rechtsstreits durch die Erben[1]

An das
Landgericht

Aufnahme des Rechtsstreits

In der Sache

......

teile ich mit, dass der Beklagte durch seine Ehefrau F und seine beiden Kinder X, Y beerbt wurde, wie sich aus der anliegenden Abschrift des Erbscheins ergibt[2].

Es wird gebeten,
das Passivrubrum entsprechend zu berichtigen.[3]

Für die Erben zeige ich an,
dass sie den Rechtsstreit anstelle des verstorbenen Beklagten aufnehmen wollen.[4]

Die Erben werden im Termin die bisherigen Anträge stellen,
zusätzlich wird hilfsweise beantragt,
ihnen die beschränkte Erbenhaftung vorzubehalten[5].

Im Übrigen machen sich die Erben die Ausführungen des verstorbenen Beklagten zu Eigen.

Rechtsanwalt

Anmerkungen

1. Der gem. § 239 ZPO unterbrochene oder gem. § 246 ZPO ausgesetzte Rechtsstreit wird durch Zustellung eines Schriftsatzes aufgenommen (§ 250 ZPO). Eine Erklärung in mündlicher Verhandlung genügt (*Thomas/Putzo* § 250 Rdn. 1). Die Aufnahme kann freiwillig durch die Erben erklärt werden oder bei Verzögerung (§ 239 Abs. 2–4 ZPO) durch den Gegner herbeigeführt werden. Ist Testamentsvollstreckung angeordnet, wird der Rechtsstreit – soweit er seiner Verwaltungsbefugnis unterliegt (vgl. BGH NJW 1998, 1313) – gem. §§ 241, 243 ZPO durch den Testamentsvollstrecker fortgeführt; eine Aufnahme durch die Erben ist bei einem Aktivprozess ausgeschlossen, bei einem Passivprozess aber möglich (BGH NJW 1988, 1390); dann kann der Gegner den Testamentsvollstrecker in das Verfahren hineinziehen (vgl. BGH aaO.). Auch ein einzelner Miterbe kann den Rechtsstreit aufnehmen. Eine Aufnahme ist nicht möglich, wenn die verstorbene Partei vom Prozessgegner beerbt wird (BGH NJW-RR 1999, 1512); dann endet der Prozess ohne weiteres. Besonders zu beachten ist, dass bei Aufnahme des Rechtsstreits durch Erben oder Testamentsvollstrecker die durch den Tod unterbrochenen Fristen erneut zu laufen beginnen (vgl. BGH VersR 1983, 666). Zum Verfahren nach Aufnahme vgl. *Thomas/Putzo* § 239 Rdn. 6 ff.

2. Da die Erben ihre Rechtsnachfolge beweisen müssen, wenn der Gegner sie bestreitet, empfiehlt es sich, den Erbschein vorzulegen.

3. Es hat ein gesetzlicher Parteiwechsel stattgefunden, so dass die Bezeichnung der betroffenen Partei geändert werden muss.

4. Die Aufnahmeerklärung kann mit Prozesshandlungen, zB. mit Einlegung des Einspruchs gegen ein Versäumnisurteil oder der Berufung, auch mit einem Wiedereinsetzungsantrag verbunden werden (vgl. *Thomas/Putzo* § 250 Rdn. 2).

5. Vgl. § 780 ZPO. Steht noch nicht fest, ob der Erbe endgültig unbeschränkt haftet, sollte er unbedingt den Vorbehaltsantrag stellen, da er sonst eine spätere Beschränkung der Haftung in der Zwangsvollstreckung nicht mehr geltend machen kann. Auch wenn nur noch über die Kosten gestritten wird (zB. nach § 91 a ZPO) muss der Vorbehalt für den Kostenbeschluss beantragt werden; er erfasst dann die bis zum Tod der Partei entstandenen Kosten (vgl. *Zöller/Stöber* § 780 Rdn. 7).

Kosten und Gebühren

Die vor Unterbrechung oder Aussetzung entstandenen Gerichts- und Rechtsanwaltsgebühren entstehen nach Aufnahme nicht von neuem.

Fristen und Rechtsmittel

Die nach § 249 Abs. 1 ZPO unterbrochenen Fristen beginnen im Zeitpunkt der Aufnahme ohne weiteres von neuem zu laufen (vgl. BGH VersR 1983, 666).

4. Antrag auf Erlass eines Teilurteils[1]

An das
Landgericht

In der Sache

……

wird für den Kläger beantragt[2],

> **gegen den Beklagten ein Teilurteil zu erlassen**
> **und das Teilurteil für vorläufig vollstreckbar zu erklären[3].**

Begründung[4]

1. **Das Gericht beabsichtigt, wie aus dem Beweisbeschluss ersichtlich, nur über die Einwendungen des Beklagten gegen den Werklohnanspruch für das Bauvorhaben X Beweis zu erheben. Offenbar hält es also den Anspruch aus dem Bauvorhaben Y über EUR …… für entscheidungsreif. Da sich die Beweisaufnahme noch lange hinziehen und der Kläger auf eine abschließende Entscheidung noch lange zu warten haben wird, ist der Erlass eines Teilurteils angemessen.**
2. **Auch über die Widerklage des Beklagten will das Gericht keinen Beweis erheben. Sie ist nach Auffassung des Klägers ohne weiteres abzuweisen. Da Klage und Widerklage einen unterschiedlichen Streitgegenstand betreffen und auch nicht im sachlichen Zusammenhang stehen, kann und sollte auch insoweit durch Teilurteil entschieden werden.**

Rechtsanwalt

Schrifttum: Schmitz, Teilurteil ade?, NJW 2000, 3622; *Schneider,* Die Zulässigkeit des Teilurteils, MDR 1976, 93.

Anmerkungen

1. Gemäß § 301 ZPO kann ein Teilurteil ergehen, wenn von mehreren selbstständigen Teilen des Streitgegenstandes noch nicht alle zur Endentscheidung reif sind. Über Teile eines einheitlichen Anspruches, der dem Grund nach streitig ist, darf nur durch Teilurteil entschieden werden, wenn zugleich ein Grundurteil über den restlichen Anspruch ergeht (§ 301 Abs. 1 Satz 2 ZPO n.F.; vgl. BGH NJW 2001, 760; 2000, 800). Wenn der entschiedene und der offen gelassene Teil also den gleichen Anspruchsgrund betreffen, ist ein Teilurteil unzulässig, soweit nicht zugleich ein Grundurteil ergeht (BGH NJW 2000, 137, 138; zum Grundurteil vgl. Form. I.L.5). Im Falle der Aufrechnung mit einer niedrigeren Gegenforderung muss das Teilurteil mit einem Vorbehaltsurteil nach § 302 ZPO verbunden werden (vgl. Form I.L.6). Bei Vorliegen der Voraussetzungen sieht § 301 ZPO ein Teilurteil als Regel an, sein Erlass liegt jedoch im Ermessen des Gerichts. In drei Fällen muss das Gericht ein Teilurteil erlassen, wenn es beantragt wird (vgl. *Thomas/Putzo* § 301 Rdn. 4):

- im Fall eines teilweisen Anerkenntnisses nach § 307 ZPO,
- im Fall eines teilweisen Verzichts nach § 306 ZPO,
- im Fall der Säumnis des Beklagten bei nur teilweisem Vorliegen der Voraussetzungen für ein Versäumnisurteil.

Im Übrigen kommt ein Teilurteil vor allem in Betracht,

- bei objektiver Klagenhäufung, also bei Geltendmachung mehrerer Ansprüche aus unterschiedlichem Rechtsgrund,
- bei mehreren einfachen Streitgenossen auf Kläger- oder Beklagtenseite (zu Ausnahmen vgl. BGH NJW 1999, 1035),
- bei Klage und Widerklage, § 301 Abs. 1 Satz 1 ZPO, nicht aber, wenn sie denselben Streitgegenstand betreffen (vgl. BGH NJW-RR 1994, 379, 380; kein Teilurteil zB. bei Klage auf Werklohn und Widerklage auf Schadensersatz nach § 635 BGB, BGH NJW 1997, 453).

Zulässig kann auch ein Teilurteil über den Hauptantrag mit späterem Schlussurteil über den Hilfsantrag sein (BGH NJW 1995, 2361). In der Rechtsprechung des BGH hat sich das Teilurteil als problematisch erwiesen; in zahlreichen Entscheidung hat der BGH Teilurteile für unzulässig gehalten und die Sache zurückverwiesen, weil die Teile nicht selbstständig abgrenzbar waren (vgl. BGH NJW 1992, 2080; 2000, 137, 138; 2000, 958) oder weil die Gefahr widersprüchlicher Entscheidungen bestand (BGH NJW 1991, 570; 1993, 784, 785; 1997, 2184; 2001, 760; weitere Beispiele bei *Zöller/Vollkommer* § 301 Rdn. 5–9).

2. Der Erlass des Teilurteils ist nicht von einem Antrag abhängig. Es handelt sich um eine Anregung, die vom Kläger oder vom Beklagten kommen kann. Das Teilurteil hat den Vorteil, dass eine Endentscheidung wegen eines Teilanspruches oft schon erheblich früher ergehen kann und den verbleibenden Streit entlastet; wenn darin Rechtsfragen entschieden werden, kann es auch als Richtschnur für den restlichen Anspruch dienen. Nachteile ergeben sich jedoch, wenn der unterliegende Teil gegen das Teilurteil Berufung einlegt und zwei Prozesse mit derselben Gerichtsakte in verschiedenen Instanzen geführt werden müssen. Allerdings kann der restliche Anspruch nicht verjähren, wenn die Parteien auf den Ausgang des Rechtsmittelverfahrens gegen das Teilurteil warten und den Rechtsstreit im Übrigen nicht betreiben (BGH NJW 1979, 810). Im Übrigen sollten die Parteien dem Erlass eines Teilurteils entgegenwirken, wenn es nach den Kriterien des BGH (vgl. Anm. 1) unzulässig sein kann; das würde zu erheblichen prozessualen Komplikationen führen.

3. Das Teilurteil ist hinsichtlich der Rechtsmittel und der Zwangsvollstreckung ein Endurteil; es ist für vorläufig vollstreckbar zu erklären. Hinsichtlich der Anträge zur vorläufigen Vollstreckbarkeit gilt das Gleiche wie sonst auch. Eine Kostenentscheidung enthält das Urteil nicht. Über die Kosten wird einheitlich im Schlussurteil entschieden.

4. Der Antragsteller sollte zur Begründung deutlich machen, dass ein Teilurteil zulässig ist und in Hinblick auf die Prozessökonomie kein Fall des § 301 Abs. 2 ZPO vorliegt. In den gewählten Beispielen ist ein Teilurteil unproblematisch: im 1. Fall handelt es sich um mehrere selbstständige Ansprüche, im 2. Fall um Klage und Widerklage bei unterschiedlichem Streitgegenstand (vgl. *Zöller/Vollkommer* § 301 Rdn. 4).

Kosten und Gebühren

Vgl. Anm. 3. Für die Entstehung oder die Höhe der Gebühren ist der Erlass eines Teilurteils ohne Belang. Auch wenn der Rest später unstreitig erledigt wird, reduzieren sich die nach dem vollen Wert gem. KV Nr. 1210 eingezahlten Gerichtskosten nicht.

Fristen und Rechtsmittel

Die Parteien haben die gewöhnlichen Rechtsmittel, jedoch muss für den Teilanspruch die Berufungssumme oder Revisionssumme erreicht sein (BGH NJW 1977, 1152), und zwar selbst dann, wenn das Teilurteil unzulässig war (BGH NJW 1996, 3216); das gilt später auch für die Anfechtbarkeit des Schlussurteils (BGH NJW 1989, 2758). Prozessökonomisch wäre es oft, wenn das Rechtsmittelgericht weitere Teile zur Entscheidung an sich ziehen könnte. Das lässt die Rechtsprechung in engen Grenzen zu (vgl. BGH MDR 1983, 1014; NJW-RR 1994, 379, 381; OLG Düsseldorf NJW-RR 1997, 659). Wenn aber beide Parteien das Rechtsmittelgericht um Entscheidung des gesamten Rechtsstreits ersuchen, kann ein solches Verfahren zulässig sein (BGH MDR 1983, 1014).

5. Antrag auf Erlass eines Grundurteils[1, 2]

An das
Landgericht

In der Sache

......

wird für den Kläger beantragt[3],

> **ein Grundurteil des Inhalts zu erlassen, dass der Schadensersatzanspruch des Klägers aus dem Verkehrsunfall vom ...... dem Grunde nach zur Hälfte gerechtfertigt ist, soweit er nicht auf einen Sozialversicherungsträger übergegangen ist, und dass dem Kläger außerdem ein angemessenes Schmerzensgeld unter Berücksichtigung seiner Mithaftungsquote zusteht[4].**

Begründung[5]:

Das Gericht hat sämtliche zum Grund des Anspruchs angetretenen Beweise erhoben, damit ist der Rechtsstreit über den Grund des Anspruches im positiven Sinne entschei-

dungsreif. Danach wird sich mit Sicherheit ein Anspruch ergeben, zum genauen Umfang des Anspruchs steht jedoch noch eine umfangreiche Beweisaufnahme aus. Da mit einiger Sicherheit zu erwarten ist, dass der Anspruchsgrund auch nach einem Urteil in dieser Instanz streitig bleiben und der Beklagte Berufung einlegen wird, scheint eine Vorabentscheidung über den Grund zweckmäßig und geboten.
Der Beklagte schließt sich diesem Antrag an und wird dies dem Gericht noch besonders erklären.

Rechtsanwalt

Schrifttum: Schneider, Probleme des Grundurteils in der Praxis, MDR 1978, 705, 793; *Schilken,* Abgrenzung zwischen Grund- und Betragsverfahren, ZZP 95 (1982), 45.

Anmerkungen

1. Sind Grund und Höhe eines Anspruches streitig, kann über den Grund gem. § 304 ZPO vorab entschieden werden. Der Erlass eines solchen Grundurteils liegt im freien Ermessen des Gerichts. Es kann sich aus der Sicht der Parteien empfehlen, wenn zur Feststellung des Betrages noch eine umfangreiche und teure Beweisaufnahme erforderlich ist, aber das Risiko besteht, dass das Rechtsmittelgericht den Anspruch schon dem Grunde nach versagt (vgl. *Zöller/Vollkommer* § 304 Rdn. 1). Ein Vorteil ist es auch, dass der Streit über den Grund mit Bindungswirkung (§ 318 ZPO) aus dem weiteren Verfahren ausgesondert wird. Allerdings ist zu bedenken, dass sich der Rechtsstreit bei einem Rechtsmittel gegen das Grundurteil verzögern und auch verteuern wird, da die Rechtsanwaltsgebühren für das Rechtsmittelverfahren jeweils im Grund- und Betragsverfahren anfallen. Zweckmäßig ist ein Grundurteil, wenn zum Grund und zum Betrag unterschiedliche Fragen zu klären sind, wie dies zB. in Verkehrsunfallprozessen oft der Fall ist. Ein Grundurteil ist nur zulässig bei summenmäßig bestimmten Ansprüchen auf Geld oder vertretbare Sachen, nicht zB. bei Feststellungsklagen (BGH NJW-RR 1994, 319; NJW 2000, 1572). Es kann grundsätzlich nicht ergehen, wenn es nicht alle Fragen, die zum Grund des Anspruchs gehören, erledigt (BGH NJW 2001, 224). Erlässt das Gericht ein Grundurteil, gibt es zugleich zu erkennen, dass es den Anspruch auch dem Betrage nach mit hoher Wahrscheinlichkeit jedenfalls zum Teil für begründet hält; sonst dürfte kein Grundurteil erlassen werden (BGH NJW-RR 1992, 1053; NJW 2001, 224, 225). Problematisch ist oft, was zum Grund und was zum Betrag gehört (hierzu *Thomas/Putzo* § 304 Rdn. 5 ff.; *Zöller/Vollkommer* § 304 Rdn. 7–9; BGH MDR 1979, 384, 385). Im Grundurteil können aber auch einzelne zum Grund des Anspruchs gehörende Fragen ausgeklammert und dem Betragsverfahren überlassen werden (BGH NJW-RR 1996, 700); das muss aber im Urteil deutlich zum Ausdruck kommen. Auch sonst ergibt sich für das Gericht eine Reihe von Fehlerquellen, vgl. zB. BGH NJW 1984, 1226; 1985, 1959; 1990, 1366; 1991, 1896; NJW-RR 1994, 319.

2. Weiteres Verfahren: Nach Rechtskraft des Grundurteils muss das Gericht von Amts wegen im Betragsverfahren terminieren (BGH NJW 1979, 2307). Das Verfahren kann auf Antrag auch schon vorher fortgesetzt werden (§ 304 Abs. 2); eine solche Anordnung dürfte aber kaum zweckmäßig sein.

3. Der Antrag auf ein Grundurteil kann von beiden Parteien gestellt werden, in dieser Form kommt er jedoch nur für den Kläger in Betracht. Der Beklagte könnte zB. beantragen,

> „die Klage abzuweisen, hilfsweise, falls das Gericht den Anspruch dem Grunde nach ganz oder zum Teil für begründet hält, über den Grund vorab zu entscheiden“

und dies damit begründen, dass er vor einer Beweisaufnahme über den Betrag Rechtsmittel zum Grund einlegen möchte. Der Sache nach handelt es sich nur um eine Anregung der Parteien; denn der Erlass des Grundurteils setzt keinen Antrag voraus, er steht im Ermessen des Gerichts.

4. Der Antrag sollte ausformuliert werden, um eine unzureichende, neue Probleme schaffende Tenorierung, wie sie in der Praxis vorkommt (vgl. *Wittmund* NJW 1967, 2387) zu vermeiden. Zur Formulierung, auch hinsichtlich des Schmerzensgeldanspruches, vgl. *Thomas/Putzo* § 304 Rdn. 15f.; *Zöller/Vollkommer* § 304 Rdn. 18; der mögliche Übergang auf einen Sozialversicherungsträger ist bereits beim Grund zu berücksichtigen und in den Tenor aufzunehmen. Sollen einzelne zum Anspruchsgrund gehörende Fragen ausgeklammert und dem Betragsverfahren überlassen bleiben, muss dies im Urteilstenor, jedenfalls aber in den Gründen deutlich gemacht werden (BGH NJW 1999, 2440, 2441). Nur daraus kann entnommen werden, welche Bindungswirkung des Grundurteil für das Betragsverfahren hat (BGH NJW-RR 1997, 188). Das Urteil ist nur hinsichtlich der Rechtsmittel ein Endurteil; über Kosten und vorläufige Vollstreckbarkeit wird nicht entschieden.

5. Der Antragsteller sollte dem Gericht hier die Voraussetzungen für ein Grundurteil (Streitigkeit von Grund und Betrag, Entscheidungsreife nur des Grundes, Wahrscheinlichkeit eines Zahlungsanspruches) und seine Zweckmäßigkeit kurz darlegen. Wie oft, wenn eine Entscheidung im freien Ermessen des Gerichts liegt, erhöht es das Gewicht des Antrags, wenn er mit der Gegenseite abgestimmt wird.

Kosten und Gebühren

Für die Gerichtskosten der ersten Instanz bilden Grund- und Betragsverfahren eine Einheit. In der zweiten Instanz löst das Grundurteil 1,5 Gebühren aus (KV Nr. 1223), das Betragsurteil weitere 1,5 Gebühren (KV Nr. 1224). Auch für den Anwalt entstehen in derselben Instanz durch die Aufspaltung in Grund-und Betragsverfahren keine zusätzlichen Gebühren in derselben Instanz, wohl aber in der Rechtsmittelinstanz bei Rechtsmitteln gegen Grund- und Betragsurteil. Streitig ist, ob bei Zurückweisung der Berufung gegen das Grundurteil im Betragsverfahren des ersten Rechtszugs § 15 BRAGO gilt (vgl. *Zöller/Vollkommer* § 304 Rdn. 28).

Fristen und Rechtsmittel

Den Parteien stehen gegen das Grundurteil die gewöhnlichen Rechtsmittel zu. Im arbeitsgerichtlichen Verfahren ist die selbstständige Anfechtung ausgeschlossen (§ 61 Abs. 3 ArbGG). Zur Möglichkeit des Rechtsmittelgerichts, Fragen des Betragsverfahrens an sich zu ziehen, vgl. BGH MDR 1993, 538 u. Form I. L. 4 „Rechtsmittel und Fristen".

Die Anordnung des Betragsverfahrens vor Rechtskraft des Grundurteils nach § 304 Abs. 2 ZPO unterliegt der sofortigen Beschwerde nach § 567 ZPO (Frist: zwei Wochen); das gilt auch für die Ablehnung der beantragten Anordnung.

6. Antrag auf Erlass eines Vorbehaltsurteils bei Aufrechnung[1]

An das
Landgericht

In der Sache
……

ist der Kläger der Auffassung, dass die vom Beklagten erklärte Aufrechnung ohne Beweisaufnahme zurückzuweisen ist.

Sollte das Gericht in Bezug auf die Aufrechnung eine weitere Aufklärung oder eine Beweisaufnahme für erforderlich halten, wird beantragt[2],

den Beklagten durch ein Vorbehaltsurteil nach § 302 ZPO entsprechend dem in der Klageschrift gestellten Antrag zu verurteilen,

und zwar, soweit die Aufrechnung reicht,

unter Vorbehalt der Entscheidung über die Aufrechnung[3],

im Übrigen

durch Teilurteil ohne Vorbehalt.

Begründung[4]:

......

Rechtsanwalt

Schrifttum: Busse, Aufrechnung bei internationalen Prozessen vor deutschen Gerichten, MDR 2001, 729.

Anmerkungen

1. Hat der Beklagte gegen die Klageforderung aufgerechnet und ist nur die Klageforderung, nicht aber die Aufrechnungsforderung entscheidungsreif, so kann ein Vorbehaltsurteil gem. § 302 ZPO ergehen. Nach der Neufassung des § 302 Abs. 1 ZPO kann das Vorbehaltsurteil auch erlassen werden, wenn die Forderungen in rechtlichem Zusammenhang stehen. Diese Möglichkeit bietet dem Kläger den Vorteil, ohne Verzögerung durch eine ungeklärte Aufrechnung ein vollstreckbares Urteil zu erhalten; insbesondere bei einer rechtswegfremden Gegenforderung oder einer Forderung, die der Schiedsgerichtsbarkeit unterliegt (vgl. *Zöller/Vollkommer* § 302 Rdn. 11; OLG Dresden NJW-RR 2001, 54) bietet sich ein Vorbehaltsurteil an. Außerdem wird verhindert, dass der Beklagte im Laufe der Instanz noch weitere Einwendungen gegen die Klageforderung erhebt. Die Aufrechnung kann unbedingt oder hilfsweise als Prozessaufrechnung erklärt sein. Nicht anwendbar ist § 302 ZPO, wenn nicht mit einer selbstständigen Forderung aufgerechnet wird, sondern in einem Vertragsverhältnis gegenseitige Rechnungsposten miteinander verrechnet werden (vgl. *Zöller/Vollkommer* § 302 Rdn. 4). Hingegen ist die Vorschrift anwendbar im Vergütungsprozess des Bauunternehmers oder des Architekten, dem Schadensersatzansprüche wegen mangelhafter Leistungen entgegengehalten werden (vgl. OLG Düsseldorf NJW-RR 2001, 882; anders noch NJW-RR 1999, 858). Ist die Aufrechnungsforderung niedriger als die Klageforderung, muss das Gericht ein Teilurteil erlassen und dieses mit einem Vorbehaltsurteil verbinden (BGH NJW 1996, 395; vgl. Anm. 3). Hält es der Kläger für möglich, dass die Aufrechnungsforderung durchgreift, sollte er bei der Zwangsvollstreckung – jedenfalls bei der Verwertung – bedenken, dass er sich auch bei einem rechtskräftigen Vorbehaltsurteil gem. § 302 Abs. 4 S. 2 ZPO schadensersatzpflichtig machen kann, wenn das Gericht die Aufrechnungsforderung im Nachverfahren zuerkennt. Zur Bindungswirkung des Vorbehaltsurteils für das Nachverfahren vgl. *Thomas/Putzo* § 302 Rdn. 7, 8.

2. An den Antrag des Klägers ist das Gericht nicht gebunden, der Erlass eines Vorbehaltsurteils steht in seinem freien Ermessen. Der Kläger wird den Antrag – wie im Beispielsfall – oft nur hilfsweise stellen, da ein Vorbehaltsurteil voraussetzt, dass die Aufrechnung zulässig und die Aufrechnungsforderung rechtzeitig und schlüssig vorgetragen und unter Beweis gestellt wurde. Fehlt es daran, ist der Klage endgültig stattzugeben.

3. Zur Fassung des Vorbehalts vgl. § 302 Abs. 1 ZPO. Im Beispielsfall wird angenommen, dass die Aufrechnungsforderung niedriger als die Klageforderung ist. Das Urteil ergeht dann in Höhe der Differenz als Teilurteil, der Vorbehalt erfasst die zu-erkannte Klageforderung nur in Höhe der Aufrechnungsforderung. Der Tenor des Urteils (Vorbehalts- und Teilurteil) und ein entsprechend ausformulierter Antrag würden bei einer Klageforderung von EUR 16.000,– und einer Aufrechnungsforderung von EUR 4.500,– etwa lauten:

„1. Der Beklagte wird verurteilt,
an den Kläger EUR 11.500,– nebst 5% Zinsen seit ...... zu zahlen.
2. Der Beklagte wird weiter verurteilt, an den Kläger EUR 4.500,– nebst 4% Zinsen seit ...... unter Vorbehalt der Entscheidung über die im Tatbestand bezeichnete Aufrechnung mit einer Gegenforderung von EUR 4.500,– zu zahlen."

Ohne gleichzeitiges Vorbehaltsurteil darf das Teilurteil zu 1. nicht erlassen werden (BGH NJW 1996, 395). Das Urteil enthält außerdem eine Kostenentscheidung und die Entscheidung über die vorläufige Vollstreckbarkeit.

4. Zur Begründung seines Antrags sollte der Kläger, soweit noch erforderlich, zunächst darlegen, dass die Klageforderung entscheidungsreif ist und ggf. vortragen, dass die Aufrechnung ausgeschlossen, verspätet oder unerheblich ist. Bleibt die Aufrechnungsforderung unter der Klageforderung, sollte der Kläger das Gericht auf die Möglichkeit aufmerksam machen, in Höhe der Differenz ein Teilurteil zu erlassen. Außerdem empfiehlt es sich, das berechtigte Interesse an einer schnellen Entscheidung über die Klageforderung ohne Verzögerung durch die Aufrechnungsforderung deutlich machen.

Kosten und Gebühren

Zusätzliche Gerichts- und Rechtsanwaltsgebühren entstehen durch die Aufspaltung des Rechtsstreits in Vor- und Nachverfahren nicht; beide bilden eine Gebühreninstanz. § 39 BRAGO gilt für dieses Nachverfahren nicht. Die Urteilsgebühren im zweiten Rechtszug entstehen jeweils nur zur Hälfte (KV Nr. 1223, 1224). Bei Rechtsmitteln gegen Vorbehaltsurteil und Urteil im Nachverfahren entstehen die Gebühren jeweils gesondert, allerdings nicht nach dem gem. § 19 Abs. 3 GKG erhöhten Streitwert.

Fristen und Rechtsmittel

Das Vorbehaltsurteil ist hinsichtlich der Rechtsmittel ein Endurteil, § 302 Abs. 3 ZPO, gegen das den Parteien die gewöhnlichen Rechtsmittel zustehen (näher *Thomas/Putzo* § 302 Rdn. 10 und BGH NJW 1979, 1046). Sieht das Gericht die Aufrechnung im Vorbehaltsurteil als zulässig an, muss der Kläger, wenn er die Aufrechnung für unzulässig hält, Berufung gegen das Vorbehaltsurteil einlegen; sonst ist die Zulässigkeit der Aufrechnung für alle Instanzen bindend.

7. Ablehnung eines Richters wegen Besorgnis der Befangenheit[1]

An das
Landgericht[2]

Ablehnungsgesuch[3]

In der Sache
......
wird der Einzelrichter ...... (Name)[4] wegen Besorgnis der Befangenheit abgelehnt.

Es wird gebeten, die dienstliche Äußerung des Richters unverzüglich einzuholen[5] und dem Kläger mit Gelegenheit zur Äußerung zuzuleiten,[6] damit das Verfahren nicht mehr als nötig verzögert wird.

Begründung[7]:

Der Einzelrichter hat es für richtig gehalten, am ...... das streitige Bauvorhaben gemeinsam mit dem mit der Anfertigung eines Gutachtens beauftragten Sachverständigen zu besichtigen. An diesem Termin haben sich der Beklagte, mit dem der Sachverständige den Zeitpunkt offenbar abgestimmt hatte, und sein Prozessbevollmächtigter beteiligt. Weder der Prozessbevollmächtigte des Klägers noch der Kläger selbst hatten durch den Einzelrichter oder durch den Sachverständigen Kenntnis von dem Termin erhalten, konnten also nicht teilnehmen. Wie der Kläger von einem seiner am Bau tätigen Angestellten erfahren hat, haben der Beklagte und sein Prozessbevollmächtigter den Sachverständigen mehrfach auf angebliche Mängel aufmerksam gemacht, ohne dass der Einzelrichter etwas dagegen unternommen hätte.
Mit diesem Ortstermin unter Ausschluss des Klägers hat der Einzelrichter in grober Weise seine Pflicht verletzt, sich gegenüber den Parteien neutral zu verhalten und nicht einseitig rechtliches Gehör zu gewähren. Auch bei einer objektiv vernünftigen Sicht muss der Kläger befürchten, dass der Einzelrichter den Rechtsstreit nicht unparteiisch verhandeln und entscheiden wird.
Zur Glaubhaftmachung des Ablehnungsgrundes bezieht sich der Kläger auf die anliegende

eidesstattliche Versicherung seines Angestellten A ......

sowie auf die einzuholende

dienstliche Äußerung des Einzelrichters.

Eine eidesstattliche Versicherung des gegnerischen Rechtsanwalts kann, falls dies noch erforderlich sein sollte, nachgereicht werden.

Eine Ablehnung des Sachverständigen behält sich der Kläger ausdrücklich vor.
Um eine schnelle Entscheidung wird gebeten.

Rechtsanwalt

Schrifttum: Teplitzky, Die Richterablehnung wegen Befangenheit, JuS 1969, 318; *Göbel,* Die mißbrauchte Richterablehnung, NJW 1985, 1058; *Günther,* Unzulässige Ablehnungsgesuche und ihre Bescheidung, NJW 1986, 281; *ders.,* Entfällt das Rechtsschutzinteresse an Richterablehnung mit Entscheidung der Hauptsache?, MDR 1989, 691; *Hermisson,* Richterlicher Hinweis auf Einrede- und Gestaltungsmöglichkeiten, NJW 1985, 2558; *Knoche,* Besorgnis richterlicher Befangenheit wegen der Veranlassung strafrechtlicher Schritte, MDR 2000, 371; *Schlichting,* Vorbefassung als Ablehnungsgrund, NJW 1989, 1343; *E. Schneider,* Erfolglose Richterablehnungen im Zivilprozeß, NJW 1996, 2285; *ders.,* Die dienstliche Äußerung des abgelehnten Richters, MDR 1998, 454; *ders.,* Zivilprozeßreform, Das neue zivilprozessuale Ablehnungsrecht, MDR 2001, 1399; *N. Schneider,* Befangenheitsablehnung – Gebühren, Streitwert, Kostenerstattung, MDR 2001, 130; *Sendler,* Was dürfen Richter in der Öffentlichkeit sagen?, NJW 1984, 689; *Weigel,* Befangenheit im Schiedsgerichtsverfahren, MDR 1999, 1360.

Anmerkungen

1. Ergeben sich für eine Partei im Laufe eines Rechtsstreits konkrete Anhaltspunkte, die das Misstrauen rechtfertigen, der Richter werde zu ihren Lasten parteiisch urteilen, stellt sich die Frage der Ablehnung gem. §§ 42ff. ZPO. Eine Ablehnung führt immer zum Erfolg, wenn der Richter gem. § 41 ZPO von der Ausübung des Richteramtes ausgeschlossen ist, sie kann aber gem. § 42 ZPO auch wegen Besorgnis der Befangenheit gerechtfertigt sein. Nach der Formel der Rechtsprechung liegt ein solcher Grund vor, wenn eine Partei bei vernünftiger Würdigung aller Umstände Anlass hat, an der Unvoreingenommenheit des Richters zu zweifeln (BVerfG NJW 1987, 430; 1993, 2230; vgl. BGH NJW 1995, 1677, 1679). Unerheblich ist, ob der Richter tatsächlich voreingenommen ist oder sich für befangen hält; Entscheidend ist die objektiv vernünftige Sicht der Partei. Zu den einzelnen Fallgruppen vgl. *Thomas/Putzo* § 42 Rdn. 9–13; *Zöller/Vollkommer* § 42 Rdn. 11 ff.). Problematisch ist für den Prozessbevollmächtigten immer die Frage, ob die Befangenheit mit einem Verstoß des Richters gegen das Verfahrensrecht begründet werden kann. Die Rechtsprechung ist hier zT. recht eng, jedenfalls kann ein Verfahrensfehler allein nicht die Besorgnis der Befangenheit auslösen; anders kann es aber sein bei mehreren Verstößen zu Lasten einer Partei (BayObLG NJW-RR 2001, 642; OLG Schleswig NJW 1994, 1227), wenn das richterliche Verhalten den Anschein der Willkür erweckt (OLG Köln NJW-RR 2000, 591, OLG München MDR 2002, 862 u. OLG Koblenz NJW-RR 1992, 191 im Fall einer abgelehnten Terminsverlegung; die Ablehnung eines Verlegungsantrages kann die Ablehnung aber nur unter besonderen Umständen begründen, vgl. OLG Köln NJW-RR 1997, 828; OLG Brandenburg NJW-RR 1999, 1291) oder bei zu später Terminierung einer eilbedürftigen Sache (OLG Hamm NJW-RR 1999, 1291).

Zu berücksichtigen ist von den Parteien generell, dass ein vom Richter geführtes freimütiges Rechtsgespräch auch in ihrem Interesse liegt, aber nicht erwartet werden kann, dass jedes richterliche Wort darin sorgfältig abgewogen ist. Die Ablehnung ist kein Mittel, für unrichtig gehaltene Rechtsauffassungen zu korrigieren (vgl. BAG NJW 1993, 839; OLG Düsseldorf, NJW 1993, 2542). Äußerungen zum voraussichtlichen Verfahrensausgang begründen idR. keine Ablehnung (vgl. OLG Stuttgart NJW 2001, 1145). Die Partei sollte bei Stellung eines Ablehnungsantrages nicht einer augenblicklichen Verärgerung nachgeben, sondern abwägen, was sie damit erreichen kann. Jede Ablehnung führt zu einer erheblichen Verzögerung, denn der abgelehnte Richter darf bis zur rechtskräftigen Entscheidung nicht mehr tätig werden (§ 47 ZPO). Auch ein erfolgreiches Ablehnungsgesuch macht den Anlass nicht ungeschehen. Wird die Ablehnung zB. darauf gestützt, dass der Richter den Beklagten auf die Verjährung hingewiesen hat (nach OLG Bremen NJW 1979, 2215, OLG Köln MDR 1979, 1027 u. OLG Hamburg NJW 1984, 2710 ein Ablehnungsgrund; aA. OLG Köln NJW-RR 1990, 192; BGH NJW 1998, 612 in Zusammenhang mit der Erläuterung eines Vergleichsvorschlags; BayObLG NJW 1999, 1875 im WEG-Verfahren), so kann der Beklagte natürlich auch vor einem anderen Richter den Hinweis aufnehmen und die Einrede der Verjährung erheben. Zweckmäßig ist die Ablehnung also vor allem dann, wenn sich durch den Richterwechsel die prozessuale Situation – wie im angenommenen Fall – verbessern lässt. Die Ablehnung kann wegen Missbrauchs unzulässig sein (OLG Zweibrücken MDR 1980, 1025; vgl. *Zöller/Vollkommer* § 42 Rdn. 6), so zB. bei bloßer Wiederholung eines bereits zurückgewiesenen Gesuchs (KG FamRZ 1986, 1022) oder wenn das Gesuch erkennbar nur eine Verzögerung bezweckt (BGH NJW 1995, 1030).

2. Das Gesuch ist immer bei dem Gericht zu stellen, dem der Richter angehört, nicht bei dem Gericht, das zu entscheiden hat (§ 44 Abs. 1 ZPO). Bei Ablehnung eines Richters am Landgericht oder einer Kammer des Landgerichts entscheiden die übrigen Mitglieder der Kammer bzw. die Vertretungskammer; entsprechendes gilt bei Ablehnung von Richtern der höheren Instanzen. Wird ein Richter am Amtsgericht abgelehnt, entscheidet nach § 45 Abs. 2 ZPO n.F. ein anderer Richter des Amtsgerichts. Eine Ausnahme gilt, wenn der abgelehnte Richter das Gesuch für begründet hält (§ 45 Abs. 2 Satz 2 ZPO n.F.).

3. Für das Ablehnungsgesuch besteht auch beim Landgericht und den Gerichten des höheren Rechtszugs kein Anwaltszwang (§ 44 Abs. 1 iVm. § 78 Abs. 2 ZPO). Antragsberechtigt sind immer beide Parteien (§ 42 Abs. 3 ZPO); der Prozessbevollmächtigte hat kein eigenes Ablehnungsrecht. Das Gesuch kann im Termin zu Protokoll erklärt werden, was idR. geschehen sollte, wenn der Ablehnungsgrund auf Vorfällen im Termin beruht. Denn lässt sich die Partei gem. § 43 ZPO weiter auf die Verhandlung ein – das Stellen von Anträgen ist hierzu nicht erforderlich (*Zöller/Vollkommer* § 43 Rdn. 4) – oder stellt sie gar Anträge, ohne einen bekannten Ablehnungsgrund geltend zu machen, verliert sie das Ablehnungsrecht. Eine schriftliche Begründung sowie die immer erforderliche Glaubhaftmachung (§ 44 Abs. 2 ZPO) kann dann nachgereicht werden. In anderen Fällen sollte die Ablehnung unverzüglich nach Kenntnis des Grundes schriftlich geschehen. Das Ablehnungsrecht geht nicht bereits dadurch verloren, dass die Partei einen Antrag auf Akteneinsicht stellt (BayObLG NJW-RR 2001, 642).

4. Die Ablehnung muss sich immer auf einen bestimmten Richter beziehen, der namentlich oder sonst bestimmbar zu bezeichnen ist (*Zöller/Vollkommer* § 44 Rdn. 2). Es kann auch ein ganzer Spruchkörper abgelehnt werden (vgl. OLG Köln MDR 1979, 1027), aber nur, wenn in der Person jedes seiner Richter ein Ablehnungsgrund besteht. Auch ehrenamtliche Richter können abgelehnt werden (BVerwG NJW 1990, 1865). Die Ablehnung eines Gerichts oder aller Richter eines Gerichts ist unzulässig (BGH NJW 1974, 55).

5. Vgl. § 44 Abs. 3 ZPO. Der dienstlichen Äußerung kommt oft die entscheidende Bedeutung zu. Ihre Abgabe ist eine Dienstpflicht des Richters. Aus der Art ihrer Abfassung kann sich im Übrigen ein Ablehnungsgrund ergeben (OLG Frankfurt NJW-RR 1998, 58).

6. Die dienstliche Äußerung ist dem Antragsteller zur Äußerung zuzuleiten (BVerfG NJW 1968, 1621; NJW 1993, 2229, 2230). Auch der Gegenpartei ist jedenfalls dann rechtliches Gehör zu gewähren, wenn das Gericht dem Antrag stattgeben will.

7. Das Gesuch muss die Tatsachen bezeichnen, aus denen sich die Befangenheit ergeben soll. Das gilt auch bei einem in der mündlichen Verhandlung zu Protokoll gestellten Gesuch. Eine bloße Ablehnungserklärung mit der Ankündigung, die Begründung werde nachgereicht, reicht nicht aus (vgl. *Zöller/Vollkommer* § 44 Rdn. 2). Das Vorbringen und die Glaubhaftmachung können aber, etwa nach Erhalt der dienstlichen Äußerung, vervollständigt werden. Die Begründung sollte in sachlichem Ton abgefasst sein und die Tatsachen, die die Besorgnis der Befangenheit angeben, glaubhaft machen. Hierzu kann sich der Antragsteller auch auf die dienstliche Äußerung des Richters beziehen (vgl. *Thomas/Putzo* § 44 Rdn. 2), die Partei selbst und wohl auch ihr Prozessbevollmächtigter sind zur eidesstattlichen Versicherung nicht zugelassen (§ 44 Abs. 2 S. 1 ZPO). Falls sich die Partei nach Entstehen des Ablehnungsgrundes auf die Verhandlung eingelassen hat, muss sie auch glaubhaft machen, dass sie erst danach vom Ablehnungsgrund Kenntnis erlangt hat (§ 44 Abs. 4 ZPO).

Kosten und Gebühren

Gerichtsgebühren entstehen nur im Beschwerdeverfahren (KV Nr. 1957). Für den Anwalt gehört das Verfahren zum Rechtszug (§ 37 Nr. 3 BRAGO). Für das Beschwerdeverfahren gilt § 61 Abs. 1 Nr. 1 BRAGO). Diese Kosten sind als Kosten des Rechtsstreits erstattungsfähig (str., vgl. *Zöller/Vollkommer* § 46 Rdn. 20 mwN.).

Die Bemessungsgrundlage für den Streitwert ist str. (vgl. *Zöller/Schneider* § 3 Rdn. 16 „Ablehnung").

Fristen und Rechtsmittel

Das Ablehnungsrecht unterliegt keiner Frist, es geht aber nach § 43 ZPO verloren, wenn sich die Partei in Kenntnis des Ablehnungsgrundes auf die weitere Verhandlung einlässt (vgl. Anm. 3).

Der Beschluss, der die Ablehnung für begründet hält, ist unanfechtbar, § 46 Abs. 1 ZPO; anders, wenn der Gegenpartei das rechtliche Gehör versagt wird (*Zöller/Vollkommer* § 46 Rdn. 13; OLG Oldenburg NJW-RR 1995, 830). Der Beschluss, der das Gesuch als unzulässig oder unbegründet zurückweist, unterliegt der sofortigen Beschwerde nach § 567 ZPO (Frist: zwei Wochen). Es besteht eingeschränkter Anwaltszwang nach § 569 Abs. 3 ZPO. Im Beschwerdeverfahren können keine neuen Ablehnungsgründe geltend gemacht werden (BayObLG MDR 1986, 60). Die Beschwerde soll unzulässig sein, wenn der Richter inzwischen eine die Instanz beendende Entscheidung erlassen hat (str., vgl. OLG Frankfurt NJW 1986, 1000; BayObLG FamRZ 1994, 1270; KG MDR 1988, 237; OLG Koblenz NJW-RR 1992, 1464). Richtet sich die Beschwerde gegen die Entscheidung eines Amtsrichters, ist für die Beschwerdeentscheidung nach § 568 ZPO der Einzelrichter des Landgerichts zuständig, bei einer Beschwerde gegen einen Familienrichter der Einzelrichter des Oberlandesgerichts; hier kann es sich empfehlen, eine Übertragung auf die Kammer bzw. den Senat zu beantragen.

M. Beendigung des Prozesses durch Parteiprozesshandlungen

1. Antrag auf Protokollierung eines Vergleichs[1, 2]

An das
Landgericht

In der Sache[3]

……

zeigt der Kläger im versicherten Einverständnis mit dem Beklagten an[4], dass die Parteien den Rechtsstreit aus wirtschaftlichen Überlegungen ohne Präjudiz für den beiderseitigen Rechtsstandpunkt[5] durch folgenden Vergleich beenden wollen:

1. Der Beklagte verpflichtet sich, an den Kläger EUR 15.000,– zu zahlen[6].
2. Die Parteien sind sich darüber einig, dass der Eigentumsvorbehalt des Klägers am Pkw VW …… bis zur vollständigen Zahlung dieses Betrages fortbestehen soll[7].
   Der Kläger verpflichtet sich, nach vollständiger Zahlung den Kraftfahrzeugbrief für den Pkw herauszugeben.
3. Der Beklagte kann die Zahlung in monatlichen Raten von EUR 1.500,– leisten. Die Raten sind jeweils am 15. eines Monats fällig, zuerst am 15. 10. 19 . .
4. Geht eine Rate bis zum 3. Werktag nach Fälligkeit nicht ein, kann der Kläger die Zahlung des gesamten noch offenen Betrages nebst 7% Zinsen auf einmal verlangen[8] oder vom Vertrag zurücktreten[9].
5. Der Kläger verzichtet auf die Rechte aus dem Vorbehaltsurteil vom …… (Vollstreckungsbescheid vom ……; Versäumnisurteil vom ……)[10]
6. Von den Kosten des Rechtsstreits einschließlich dieses Vergleichs haben der Kläger 1/4 und der Beklagte 3/4 zu tragen[11].
7. …… (Widerrufsvorbehalt)[12]

Es wird um Anberaumung eines baldigen Termins zur Protokollierung des Vergleichs gebeten[13].

Rechtsanwalt

Schrifttum: Treffer, Der Prozeßvergleich, MDR 1999, 520; *Stürner,* Grundfragen richterlicher Streitschlichtung, DRiZ 1976, 202; *Büchner u.a.,* Außergerichtliche Streitbeilegung, München 1998; *Stadler,* Außergerichtliche obligatorische Streitschlichtung – Chance oder Illusion, NJW 1998, 2479; *Salje,* Der mißbrauchte Prozeßvergleich, DRiZ 1994, 285; *Bergerfurth,* Der Widerrufsvergleich und seine Risiken, NJW 1969, 1797; *Edenfeld,* Anwaltshaftung – Beratungspflichten beim Vergleich, MDR 2001, 972; *Scharpenack,* Der Vergleich mit Widerrufsvorbehalt – Fakten und Formulierungshinweise, MDR 1996, 883; *Pecher,* Über zivilrechtliche Vergleiche im Strafverfahren, NJW 1981, 2170; *derselbe,* Zur Geltendmachung der Unwirksamkeit eines Vergleichs, ZZP 1984, 139; *Schöpflin,* Die Bestandskraft des Prozessvergleichs bei nachträglichem Tatsachenvortrag und Beweisantritt, JR 2000, 397; *Risse,* Wirtschaftsmediation, NJW 2000, 1614; *Spangenberg,* Kreativ vergleichen, MDR 1992, 333; *Schneider,* Zweifelsfragen zur Berechnung des Gegenstandswertes von Vergleichen, Rpfleger 1986, 81; *ders.,* Kostenersparnis durch Vergleich im Arbeitsgerichtsverfahren, MDR 1986, 21; *Engels,* Die Hauptprobleme bei der Abrechnung von Vergleichsgebühren, MDR 2000, 1287.

Anmerkungen

1. In der zivilgerichtlichen Praxis wird ein erheblicher Prozentsatz der Prozesse durch einen Vergleich beendet. Die Vorteile einer vergleichsweisen Erledigung liegen vor allem in der schnelleren, endgültigen und gütlichen Beendigung des Rechtsstreits, die Rechtsmittel ausschließt und eine vielleicht jahrelange belastende Ungewissheit über den Prozessausgang vermeidet. Der protokollierte Prozessvergleich ersetzt die Form der notariellen Beurkundung (§ 127a BGB) und kann so der Kostenersparnis dienen. Ein Vergleich kann nicht nur im Erkenntnisverfahren nach §§ 253ff. ZPO geschlossen werden, sondern auch im Prozesskostenhilfeverfahren, im selbstständigen Beweisverfahren, im Arrestverfahren (BGH NJW-RR 1991, 1021) und im Verfahren über eine einstweilige Verfügung, im Verfahren über Scheidungsfolgesachen im Sinne von § 630 Abs. 1 Nr. 3 ZPO sowie im Zwangsvollstreckungsverfahren. Darüber hinaus kann ein Vergleich auch außerhalb eines Prozesses von den Parteien und ihren Rechtsanwälten geschlossen werden (Anwaltsvergleich nach § 1044b ZPO, vgl. Form. I. M. 2).

2. Der Vergleich dient, falls die darin übernommene Verpflichtung nicht erfüllt wird, als Vollstreckungstitel (§ 794 Abs. 1 Nr. 1 ZPO). Um Folgeprozesse zu vermeiden, ist daher auf einen eindeutigen und vollstreckungsfähigen Inhalt des Vergleichs Wert zu legen. Auch im Hinblick auf die Mehrwertsteuer sollte der Wortlaut unmißverständlich sein (vgl. BGH NJW-RR 1990, 32). Der Rechtsanwalt ist gegenüber seinem Mandanten verpflichtet, für einen eindeutigen, nicht erst der Auslegung bedürftigen Wortlaut zu sorgen, der zudem den Willen seines Mandanten vollständig und richtig wiedergibt (BGH WM 2002, 513). Dabei empfiehlt es sich, die beiderseitigen Verpflichtungen einem Urteilstenor entsprechend zu formulieren. Gegenstand des Vergleichs kann jede denkbare Vereinbarung sein, soweit sie nicht gegen zwingendes Recht, gesetzliche Verbote (§ 134 BGB) oder die guten Sitten (§ 138 BGB) verstößt, ein Vergleich setzt aber gegenseitiges Nachgeben voraus (vgl. *Thomas/Putzo* § 794 Rdn. 15). Der Vergleich bietet auch die Möglichkeit, weitere Streitigkeiten der Parteien, die nicht oder in einem anderen Prozess rechtshängig sind, einzubeziehen und mit zu erledigen (vgl. Form I. M.3). Auch Personen, die nicht Partei des Rechtsstreits sind, können am Vergleich als Berechtigter oder Verpflichteter beteiligt werden, etwa um einen weiteren Verantwortlichen einzubeziehen oder um Rückgriffsansprüche des Beklagten mit zu regeln (vgl. *Thomas/Putzo* § 794 Rdn. 9, 12; *Zöller/Stöber* § 794 Rdn. 6). In einem solchen Fall ist im Protokoll vor dem Vergleichstext etwa die Formulierung aufzunehmen:

> „Herr X (.... genaue Anschrift), vertreten durch Rechtsanwalt R ..., tritt dem Rechtsstreit zum Abschluss des Vergleichs auf Seiten des Beklagten bei."

Außerdem ist im Vergleichstext aufzunehmen, welche Verpflichtung der Dritte übernimmt; die Beitrittserklärung allein schafft noch keinen Titel gegen ihn (vgl. *Zöller/Stöber* § 794 Rdn. 6). Für den Dritten besteht nach hM. kein Anwaltszwang gem. § 78 ZPO (BGH NJW 1983, 1433 mwN.). Da der Vergleich auch ein Vertrag iSd. § 779 BGB ist (hM.), kann er nach dieser Vorschrift, bei Wegfall der Geschäftsgrundlage (BGH NJW 2000, 2499) und nach den allgemeinen Bestimmungen des bürgerlichen Rechts unwirksam sein; diese Frage und die Rückabwicklung des Geleisteten sind durch Fortsetzung des Rechtsstreits zu klären (BGH NJW 1999, 2903; 1996, 3345; vgl. *Thomas/Putzo* § 794 Rdn. 36); das gilt auch für einen Vergleich im WEG-Verfahren (BayObLG NJW-RR 1999, 1613). Die Parteien können den Prozessvergleich durch Vertrag wieder aufheben; ob dann der alte Rechtsstreit fortzusetzen ist (so BAG NJW 1983, 2212 gegen BGH NJW 1964, 1524), ist str.

3. Dem Beispiel liegt der Sachverhalt zugrunde, dass der Beklagte zur Bezahlung eines Pkw einen später nicht eingelösten Scheck gegeben hat, durch Vorbehaltsurteil zur

Zahlung verurteilt wurde und im Nachverfahren Mängel einwendet. Zu weiteren Beispielen für Vergleichstexte vgl. Form. I. M. 2 und M. 3.

4. Vergleiche können von den Parteien unmittelbar vereinbart oder auf Vorschlag des Gerichts geschlossen werden. Sind die Parteien grundsätzlich vergleichsbereit, fällt ihnen aber eine konkrete Einigung schwer, kann es zweckmäßig sein, einen Vergleichsvorschlag des Gerichts anzuregen; das Gericht wird dem idR. entsprechen (vgl. Form I. M. 3).

5. Ein solcher Zusatz kann den Parteien die Beendigung des Rechtsstreits erleichtern.

6. Ein Zusatz, dass der Kläger auf die mit der Klage geltend gemachte Mehrforderung verzichtet, ist überflüssig. Etwas anderes gilt, wenn der Kläger nur einen Teilanspruch geltend gemacht hat und der weitergehende Anspruch miterledigt werden soll.

7. Im Vergleich sollte klargestellt werden, was aus den bestehenden Sicherungsrechten wird. Sie können auch neu vereinbart werden.

8. Ratenzahlungsvereinbarungen mit Verfallklausel sind zulässig und üblich. Besteht allerdings das Nachgeben des Klägers nur in der Ratenzahlung, ist der Vergleich für den Beklagten besonders ungünstig, da er zusätzlich mit der Vergleichsgebühr der Rechtsanwälte belastet wird. Ein Anerkenntnisurteil wäre für ihn erheblich kostengünstiger. Gebräuchlich ist auch die Formulierung (z. B.):

> „Kommt der Beklagte mit der Zahlung einer Rate um mehr als 3 Tage in Verzug, wird der gesamte Restbetrag auf einmal fällig."

Jedoch setzt Verzug Verschulden voraus, hierüber könnte in der Vollstreckung Streit entstehen. Eine Verfallklausel kann – wenn die Klageforderung nicht bestritten und höher als der Vergleichsbetrag ist – auch in der Weise vereinbart werden, dass der Vergleich wirkungslos und wieder die ursprüngliche Forderung geschuldet wird, falls der Schuldner nicht wie vereinbart leistet (vgl. BGH NJW 1981, 2686); die Formulierung könnte dann etwa lauten:

> „Geht eine Rate bis zum 3. Werktag nach Fälligkeit nicht ein, wird der Vergleich wirkungslos und lebt die Forderung von EUR ...... nebst 8% Zinsen seit dem ...... wieder auf."

Dieses Ergebnis kann auch dadurch erreicht werden, dass der Kläger, falls die Raten eine bestimmte Summe erreicht haben, auf die restliche Forderung verzichtet (vgl. Form. I. M.3).

9. Hiermit erhält sich der Kläger die Möglichkeit, im Fall der Nichtzahlung die Kaufsache herauszuverlangen (vgl. § 449 BGB). Wenn der Prozessvergleich Ansprüche aus einem Teilzahlungsgeschäft betrifft, sind §§ 501 ff. BGB einschlägig; der Vergleich ist materiell wie ein Verbraucherkreditgeschäft zu behandeln.

10. Der Verzicht ist zweckmäßig, da sonst zwei vollstreckbare Titel vorhanden wären. Zwar macht der Vergleich die Vollstreckung aus einem bereits ergangenen Urteil unzulässig, der Nachweis gegenüber dem Vollstreckungsorgan wird jedoch auf diese Weise erleichtert.

11. Bei der Kostenregelung empfiehlt sich besondere Sorgfalt. Sie muss nicht dem Ergebnis in der Hauptsache entsprechen, oft schlagen die Gerichte eine Kostenaufhebung vor. Besteht eine Rechtsschutzversicherung, muss der Rechtsanwalt beachten, dass er vom Versicherer nur die dem Unterliegen entsprechenden Kosten erhält (vgl. *Bauer* NJW 2000, 1237). Um einem späteren Streit über Kosten eines vorangegangenen selbstständigen Beweisverfahrens (vgl. OLG Frankfurt MDR 1983, 941 u. OLG Hamburg MDR 1983, 409) oder über Kosten einer Nebenintervention (vgl. OLG Köln MDR 1993, 472; *Schneider* MDR 1983, 801) vorzubeugen, sollte auch hierüber eine Regelung getroffen werden. Kosten, die durch Säumnis (§ 344 ZPO) oder durch Anrufung des unzuständigen Gerichts (§ 281 Abs. 3 ZPO) entstanden sind, sind von der Kostenregelung im Vergleich nur ausgenommen, wenn das ausdrücklich vereinbart wird. Falls die Parteien sich über den Kostenpunkt nicht einigen können, besteht die Möglichkeit, die Entscheidung über die Kosten dem Gericht zu überlassen; das führt allerdings zu höheren Gerichtskosten. Umstr. ist die Frage, ob das Gericht dann nach § 91a ZPO oder nach § 98 ZPO zu entscheiden hat (vgl. OLG Bamberg MDR 1980, 60; *Thomas/Putzo* § 98 Rdn. 4); z.T. wird verlangt, dass der Ausschluss des § 98 ZPO zugunsten des § 91a ZPO im Vergleichstext selbst enthalten ist (so OLG Zweibrücken OLGZ 1983, 80 mwN.). Wenn die Parteien die oft unangemessene Rechtsfolge des § 98 ZPO nicht wollen, empfiehlt sich die Erklärung zu Protokoll, dass sie die Kosten der gerichtlichen Entscheidung nach § 91a ZPO unterstellen. Die Entscheidung ergeht dann unter Berücksichtigung des bisherigen Sach- und Streitstandes (OLG Stuttgart NJW-RR 1999, 147), wobei das Gericht nach billigem Ermessen auch das Vergleichsergebnis berücksichtigen sollte.

12. Mag sich eine Partei – etwa weil erst die Zustimmung des Mandanten eingeholt werden soll oder der Versicherer gefragt werden muss – im Termin noch nicht endgültig entscheiden, ob der Vergleich akzeptiert wird, kann sie sich den Widerruf vorbehalten (hierzu *Bergerfurth* NJW 1969, 1797). Wenn es um Regelungen von erheblicher Tragweite geht (BGH NJW 1994, 2085) oder wenn der Mandant erkennbar andere Erwartungen hat (BGH NJW 1993, 1325), darf der Anwalt ohne Rücksprache keinen bindenden Vergleich abschließen. Der Widerrufsvorbehalt stellt eine aufschiebende Bedingung für die Wirksamkeit des Vergleichs dar (BGH NJW 1984, 312). Beispiel für die Formulierung:

> „Der Kläger (der Beklagte, beide Parteien ......) können den Vergleich durch schriftsätzliche Erklärung an das Gericht bis zum ...... widerrufen“.

Möglich und in manchen Fällen sinnvoll ist auch eine gestaffelte Widerrufsfrist, wonach eine Partei den Widerruf noch überlegen kann, wenn sich die andere bereits für den Vergleich entschieden hat. In jedem Fall sollten die Parteien darauf drängen, dass das Gericht für den Fall des Widerrufs Anordnungen trifft, die den Prozess fördern. Zur Form des Widerrufs vgl. BGH MDR 1980, 283; er muss unterschrieben sein (BAG NJW 1989, 3035), ein Widerruf durch Telefax kann wirksam sein (OLG München NJW 1993, 3042). Wenn im Vergleich nichts anderes vereinbart wird, ist der Widerruf gegenüber dem Gericht zu erklären (OLG Köln NJW 1990, 1369; vgl. auch OLG Brandenburg NJW-RR 1996, 123). Die Frist kann nur durch Vereinbarung der Vergleichsparteien verlängert werden (vgl. *Zöller/Stöber* § 794 Rdn. 10c); zu den Sorgfaltspflichten des Anwalts für die Fristwahrung vgl. BGH NJW 1995, 521. Eine Wiedereinsetzung bei Fristversäumnis kommt nicht in Betracht (BAG NJW 1998, 2845).

13. Der Vergleich bedarf zu seiner Wirksamkeit als Prozesshandlung und Vollstreckungstitel der ordnungsgemäßen Protokollierung durch das Gericht. Er muss insbesondere vorgelesen bzw. abgespielt und genehmigt werden (vgl. *Thomas/Putzo* § 794 Rdn. 11), sonst ist der Vergleich unwirksam (BGH NJW 1984, 1465, 1466). Wegen der Beweiskraft des Protokolls (§ 165 ZPO) ist darauf zu achten, dass diese Förmlichkeiten in die Niederschrift aufgenommen werden. Allerdings bleibt der Vergleich materiell wirksam und ersetzt gem. § 127a BGB die notarielle Beurkundung auch dann, wenn der Vermerk unterblieben ist (BGH NJW 1999, 2806).

Kosten und Gebühren

Die Gerichtskosten ermäßigen sich bei einem Vergleich im ersten Rechtszug auf die einfache Gebühr (KV Nr. 1211), allerdings nur, wenn der Vergleich den gesamten Rechtsstreit erledigt, nicht also bei einem Teilvergleich. Bei einem Vergleich in der Berufungsinstanz entfällt die dreifache Urteilsgebühr nach KV Nr. 1226; bei einem Teilvergleich fällt die Urteilsgebühr nur nach dem reduzierten Streitwert an. Falls über den Klageantrag hinausgehende Ansprüche einbezogen werden, entsteht auf den Mehrwert eine $^{1}/_{4}$-Gebühr (KV Nr. 1653).

Bereits entstandene Anwaltsgebühren entfallen nicht. Zusätzlich erhält der Rechtsanwalt für den Abschluss eines gerichtlichen Vergleichs eine volle Gebühr gem. § 23 Abs. 1 Satz 3 BRAGO auf den Wert des Vergleichs. Erfasst der Vergleich Gegenstände, die nicht gerichtlich anhängig sind, erhöht sich die Vergleichsgebühr auf $^{15}/_{10}$ (§ 23 Abs. 1 Satz 1 BRAGO; eine weitergehende Erhöhung für Vergleiche im Berufungsverfahren findet nicht statt (vgl. *Eicken/Madert* NJW 1996, 1650). Das gilt auch für den Anwaltsvergleich nach § 796a ZPO. In diesem Fall ist ein Streitwertbeschluss herbeizuführen.

Zur Kostenregelung im Vergleichstext vgl. Anm. 11.

2. Anwaltsvergleich[1]

Anwaltsvergleich nach § 796a ZPO

Die Fa. A GmbH[2] ...... (vollständige Firma und Anschrift), vertreten durch den Geschäftsführer A

Prozessbevollmächtigter: Rechtsanwalt X

und

Herr B ...... (vollständiger Name und Anschrift)

Prozessbevollmächtigter: Rechtsanwalt Y

schließen zur Erledigung des Streites[3] aus dem Kaufvertrag über den PKW ...... folgenden Vergleich:

1. Die Parteien sind sich darüber einig, dass der Kaufvertrag über den PKW wirksam zustande gekommen ist und Bestand hat.

2. Herr B erklärt, dass er die Behauptung, der Geschäftsführer der Fa. A GmbH habe ihn beim Verkauf des PKW betrogen, nicht aufrecht erhält[4].

3. Die Fa. A GmbH verpflichtet sich, bis zum 1. 3. 19 .. an Herrn B EUR 10.000,– zu zahlen[5]. Ab dem 1. 3. 19 .. ist der noch offene Betrag mit 12% zu verzinsen.

4. Die Fa. A GmbH unterwirft sich hinsichtlich der unter Nr. 3 übernommenen Verpflichtung der sofortigen Zwangsvollstreckung[6].

5. Kommt die Fa. A GmbH mit der Zahlung mehr als 2 Wochen in Verzug, kann Herr B von diesem Vergleich zurücktreten[7].

6. Mit der Zahlung sind alle bekannten oder unbekannten Mängel des Fahrzeugs ausgeglichen. Weitere Gewährleistungsansprüche sind ausgeschlossen.

7. Jede Partei trägt ihre Rechtsanwaltskosten einschließlich der Kosten dieses Vergleichs selbst[8].

8. Dieser Vergleich kann durch einen Notar mit Amtssitz in Hamburg in Verwahrung genommen und für vollstreckbar erklärt werden[9].

Hamburg, den 15. 1. 19 ..[10]

Unterschriften[11]:

RA X .... RA Y..

Schrifttum: Huchel, § 1044b ZPO: Der Anwaltsvergleich, MDR 1993, 939; Veeser, Der vollstreckbare Anwaltsvergleich, Köln 1996; *Ziege,* Der vollstreckbare außergerichtliche Vergleich nach § 1044b ZPO (Anwaltsvergleich), NJW 1991, 1580; *Hansens,* Der Anwaltsvergleich gemäß § 1044b ZPO, AnwBl. 1991, 113; *Lindemann,* Zur Praxis des Anwaltsvergleichs (1044b ZPO), AnwBl. 1992, 457; *Nerlich,* Außergerichtliche

Streitbeilegung mittels Anwaltsvergleichs, MDR 1997, 416; *Wagner*, Einsatzmöglichkeiten notarieller Streitvermeidung und Streitschlichtung, NJW 2001, 2128; *Münzberg*, Einwendungen gegen den vollstreckbaren Anwaltsvergleich, NJW 1999, 1357.

Anmerkungen

1. Der Anwaltsvergleich nach § 796 a–c ZPO, früher § 1044 b ZPO, ist der gesetzgeberische Versuch, Anwälte zur außergerichtlichen Streitbeilegung zu veranlassen. Die Vorschriften bieten, was den Vergleichsabschluss betrifft, für einigungsbereite Anwälte ein unkompliziertes Verfahren. Da der Vergleich aber kein Vollstreckungstitel im Sinne des § 794 Nr. 1 ZPO ist, bedarf es gegebenenfalls einer Vollstreckbarerklärung, die eine umfassende gerichtliche Überprüfung des Vergleichs erforderlich machen kann. Kostenaufwand wird dadurch vermieden, dass sich die bei einem gerichtlichen Vergleich nach KV 1211 auf eine Gebühr ermäßigten Gerichtskosten erübrigen; auf Seiten der Anwälte entstehen zwar nicht die Gebühren des § 31 BRAGO, aber die Geschäftsgebühr und die Besprechungsgebühr sowie die $^{15}/_{10}$ Vergleichsgebühr nach § 23 Abs. 1 Satz 1 BRAGO. Zudem können durch die Vollstreckbarerklärung und eine damit verbundene gerichtliche Prüfung Notar- und Gerichtskosten erforderlich werden.

2. Der Anwaltsvergleich wird durch Rechtsanwälte im Namen und mit Vollmacht der von ihnen vertretenen Parteien abgeschlossen. Sie sind daher in der Vergleichsurkunde aufzuführen, am besten in Form eines Urteilsrubrums. In Hinblick auf eine mögliche spätere Vollstreckbarerklärung hat dies mit vollständiger Parteibezeichnung und Anschrift zu geschehen.

3. Voraussetzung für die Wirksamkeit des Anwaltsvergleichs ist, wie bei jedem anderen Vergleich auch, dass zwischen den Parteien ein Streit oder eine Ungewissheit über ein Rechtsverhältnis besteht (vgl. *Zöller/Geimer* § 796 a Rdn. 3), die durch ein gegenseitiges Nachgeben beigelegt werden (§ 779 BGB). Ein nur einseitiges Nachgeben einer Partei genügt nicht. Damit kann der Anwaltsvergleich nicht dazu dienen, für unstreitig bestehende Vertragspflichten ohne gerichtliche oder notarielle Hilfe einen vollstreckbaren Titel zu erwirken. Dafür wäre die vollstreckbare Urkunde nach § 794 Abs. 1 Nr. 5 ZPO der richtige Weg. Im Text des Vergleichs ist deutlich zu machen, welche Ansprüche erledigt werden sollen. Hierzu gilt nichts anderes als für den gerichtlichen Vergleich (vgl. Form I. M. 1 Anm. 2).

4. Eine solche „Ehrenerklärung“ kann die Bereitschaft zum Abschluss eins Vergleichs fördern. Sie dient der gütlichen Beilegung des Streites.

5. Die von den Parteien übernommenen Verpflichtungen sollten wie in einem Urteilstenor formuliert werden, damit es in der Vollstreckung keine Probleme gibt. In dem Vergleich können nicht nur Zahlungsverpflichtungen, sondern Verpflichtungen jeder Art begründet werden. Insoweit gehen die Möglichkeiten des Anwaltsvergleichs erheblich weiter als die der vollstreckbaren notariellen Urkunde nach § 794 Abs. 1 Nr. 5 ZPO. Allerdings kann ein Vergleich, der den Bestand eines Mietverhältnisses betrifft oder auf Abgabe einer Willenserklärung gerichtet ist, nicht für vollstreckbar erklärt werden (§ 796 a Abs. 2 ZPO). Der Anwaltsvergleich ersetzt, anders als der gerichtliche Vergleich, auch nicht die notarielle Form; § 127 a ZPO gilt nicht.

6. Diese Unterwerfungserklärung des Schuldners ist nach § 796 a Abs. 1 ZPO Voraussetzung dafür, dass der Vergleich für vollstreckbar erklärt werden kann. Sie muss für sämtliche im Vergleich übernommenen, einer Vollstreckung zugänglichen Verpflichtungen erklärt werden.

7. Die Abrede hat den Sinn, einerseits die Zahlungsbereitschaft zu fördern, andererseits dem Gläubiger Gelegenheit zu geben, im Falle der Vergleichsuntreue des Gegners auch sein Nachgeben zurückzunehmen. Die Parteien können auch vereinbaren, dass der Vergleich bei Nichtzahlung ohne weiteres wirkungslos wird.

8. Der Vergleich sollte eine Kostenregelung enthalten. Wenn jede Partei ihre Anwaltskosten tragen soll, ist die Regelung einfach; sie dient dann nur der Klarstellung. Soll eine Partei alle Kosten oder einen Teil der Kosten des Gegners tragen, ist eine entsprechende Verpflichtung aufzunehmen, z. B.:

> „A verpflichtet sich, an B EUR 1.000,– zum Ausgleich eines Anteils an dessen Kosten zu zahlen, und unterwirft sich auch insoweit der sofortigen Zwangsvollstreckung. Im Übrigen trägt jede Partei ihre Kosten selbst."

Denn der Anwaltsvergleich ist kein zur Kostenfestsetzung geeigneter Titel (OLG Hamburg NJW-RR 1994, 1408; OLG München, NJW-RR 1997, 1293). Die Parteien können auch vereinbaren, dass eine Partei die Kosten des späteren Vollstreckbarkeitsverfahrens trägt.

9. Der Notar kann den Anwaltsvergleich nur mit Zustimmung der Parteien in Verwahrung nehmen und für vollstreckbar erklären (§ 796c Abs. 1 ZPO). Diese Zustimmung sollte gleich in den Vergleichstext aufgenommen werden, kann aber auch später erteilt werden. Die Vollstreckbarerklärung kann auch durch das Gericht erfolgen, dann muss der Vergleich unter Angabe des Tages seines Zustandekommens bei dem Amtsgericht hinterlegt werden, bei dem eine Partei ihren allgemeinen Gerichtsstand hat (§ 796a Abs. 1 ZPO). Die entscheidende Frage ist, ob die Parteien das Verfahren in die Hände des Notars legen sollten. Auch der Notar muss prüfen, ob der Vergleich formelle oder materielle Mängel hat, wird also wie ein Richter tätig (vgl. *Zöller/Geimer* § 796c Rdn. 1). Jedoch ist das notarielle Verfahren einfacher, jedenfalls billiger. Wird allerdings gegen seine Entscheidung ein Rechtsmittel eingelegt, kann sich der Weg zum Notar als Umweg erweisen. Ein Antrag auf gerichtliche Entscheidung ist jedenfalls dann notwendig, wenn der Notar die Vollstreckbarerklärung ablehnt (§ 796c Abs. 2 Satz 2 ZPO; vgl. Münzberg NJW 1999, 1357). Einwendungen aus materiellem Recht (zB. Erfüllung) sind bereits im Vollstreckbarkeitsverfahren geltend zu machen (vgl. *Zöller/Geimer* § 796a Rdn. 22); nach LG Halle NJW 1999, 3567 erst später mit der Vollstreckungsabwehrklage.

10. Der Anwaltsvergleich muss datiert und unterzeichnet sein (§ 796a Abs. 1 ZPO). Dabei ist es nicht erforderlich, dass alle Unterschriften gleichzeitig geleistet werden; auch eine Unterzeichnung im Umlauf ist möglich (*Huchel* MDR 1993, 940). Dann sollte das Datum der letzten Unterschrift, mit der der Vergleich wirksam wird, hinzugesetzt werden.

11. Wirksamkeitsvoraussetzung für den Vergleich ist, dass er von den beteiligten Anwälten unterschrieben wird. Eine Unterschrift durch die Parteien ist, anders als es § 1044b ZPO vorsah, nicht erforderlich. Die Unterschrift kann auch durch den amtlich bestellten Vertreter des bevollmächtigten Rechtsanwalts geleistet werden (OLG Hamm NJW-RR 1996, 1275).

Kosten und Gebühren

Zu den möglichen Kostenvorteilen gegenüber einem gerichtlichen Vergleich vgl. Anm. 1. Der Rechtsanwalt erhält für den Anwaltsvergleich die Gebühren aus § 118 Abs. 1 BRAGO sowie die 15/10 Vergleichsgebühr nach § 23 Abs. 1 Satz 1 BRAGO (vgl. näher *Hansens* AnwBl. 1991, 116 ff.; *Enders* JBüro 1998, 337 u. 505). Für die Niederlegung des Vergleichs fallen keine Gerichts- und Anwaltskosten an. Für das gerichtliche Verfahren über die Vollstreckbarerklärung entsteht eine einfache Gebühr (KV Nr. 1647). Der Rechtsanwalt erhält in diesem Verfahren die in § 31 bestimmten Gebühren (§ 46 Abs. 1 BRAGO).

Fristen und Rechtsmittel

Entscheidungen des Gerichts über Anträge auf Vollstreckbarerklärung sind nach § 796b Abs. 2 ZPO unanfechtbar. Die Frage, ob gegen stattgebende Entscheidungen des Notars überhaupt und ggf. welche Rechtsmittel statthaft sind, ist streitig (vgl. einerseits *Zöller/Geimer* § 796c Rdn. 8; andererseits *Münzberg* NJW 1999, 1357). Gegen die eine Vollstreckungserklärung ablehnende Entscheidung des Notars ist der Antrag auf gerichtliche Entscheidung nach § 796c Abs. 2 ZPO gegeben.

3. Vergleich auf schriftlichen Vorschlag des Gerichts[1, 2]

An das
Oberlandesgericht ...[3]

In der Sache ...

Teile ich für den Kläger mit, dass dieser grundsätzlich bereit ist, den vom Gericht mit Verfügung vom ... vorgeschlagenen Vergleich ohne Präjudiz für die Sach- und Rechtslage anzunehmen, jedoch mit Änderungen, die sich aus dem nachstehenden Text ergeben:[4]

1. **Der Beklagte verpflichtet sich, an den Kläger bis zum 1. 6. 20. . EUR 20.000,– nebst 7% Zinsen zu zahlen, und zwar zu Händen des Prozessbevollmächtigten des Klägers, RA ...... , Kto.-Nr.[5] ......**
2. **Geht ein Betrag von EUR 15.000,– bis zum 2. 5. 20. . ein, verzichtet der Kläger auf den Restbetrag einschließlich Zinsen[6]. Der Beklagte nimmt diesen Verzicht an.**
3. **Mit diesem Vergleich sind sämtliche Ansprüche und Gegenansprüche der Parteien aus dem Vertrag vom ......, auch soweit sie in diesem Rechtsstreit nicht geltend gemacht wurden, erledigt[7].**
4. **Mit diesem Vergleich ist weiter der zwischen den Parteien vor dem Landgericht ......, Geschäfts-Nr. ......, anhängige Parallelprozess erledigt. Der Kläger verpflichtet sich, die Klage zurückzunehmen, der Beklagte verpflichtet sich, der Rücknahme zuzustimmen[8].**
5. **Hinsichtlich der erstinstanzlichen Kosten bleibt es bei der Kostenentscheidung im Urteil des Landgerichts. Von den Kosten des Berufungsverfahrens verpflichtet sich der Kläger 25%, der Beklagte 75% zu tragen. Die Gerichtskosten des Parallelprozesses trägt der Kläger, die außergerichtlichen Kosten jenes Rechtsstreits trägt jede Partei selbst. Die Kosten dieses Vergleichs trägt jede Partei selbst[9].**

Dieser Vergleich ist mit dem Beklagten abgestimmt.

Das Gericht wird gebeten, den Parteien diesen Vergleichstext als geänderten Vorschlag zuzuleiten, damit der Beklagte ihn gem. § 278 Abs. 6 ZPO annehmen kann. Für den Kläger erkläre ich schon jetzt die Annahme. Falls das Gericht eine erneute Annahme nach Zustellung des Vorschlags für erforderlich hält, wird um einen Hinweis gebeten[10].

Außerdem wird beantragt,

1. **nach Annahme des Vergleichs dessen Zustandekommen durch Beschluss festzustellen[11],**
2. **den Streitwert für diesen Rechtsstreit auf EUR 30.000,– und den Streitwert des Vergleichs auf EUR 45.000,– (EUR 30.000,– zuzüglich des im Parallelprozess erhobenen Zahlungsanspruchs von EUR 15.000,–) festzusetzen[12].**

Schrifttum: Foerste, Die Güteverhandlung im künftigen Zivilprozess, NJW 2001, 3103.

Anmerkungen

1. Prozessvergleiche können nach neuem Recht (§ 278 Abs. 6 ZPO) auch außerhalb der mündlichen Verhandlung und ohne Protokollierung geschlossen werden. Voraussetzung ist ein schriftlich Vergleichsvorschlag des Gerichts und seine Annahme durch die Parteien mit bestimmendem Schriftsatz. Dieser Vergleich im schriftlichen Verfahren wird dadurch zum Vollstreckungstitel, dass das Gericht Zustandekommen und Inhalt durch einen Beschluss feststellt, ähnlich wie dies vorher schon für Schiedsvergleiche in § 1053 ZPO vorgesehen war. Dieses Verfahren hat den Vorteil, dass der genaue Inhalt des Vergleichs besser überlegt und sorgfältiger formuliert werden kann und dass, wenn der Vergleichstext feststeht, ein Gerichtstermin zur Protokollierung überflüssig wird. Der Vergleich setzt, obwohl er an die in § 278 ZPO geregelte Güteverhandlung anknüpft, keine Güteverhandlung voraus; er kann also auch vor einem Gütetermin, sei es nach telefonischer Vorklärung zwischen Gericht und Parteien, sei es auf unaufgeforderten Vorschlag des Gerichts, geschlossen werden, auch zu einem späteren Zeitpunkt kann der Rechtsstreit durch einen solchen Vergleich beigelegt werden (vgl. *Foerste* NJW 2001, 3105). Der Vorschlag des Gerichts kann auch in einem Terminsprotokoll enthalten sein. Der Vergleich darf keine Willenserklärungen enthalten, die der notariellen Beurkundung bedürfen; § 127a BGB gilt nicht (vgl. *Zöller/Greger* § 278 Rdn. 25).

2. Der Schriftsatz, mit dem der Vergleich angenommen wird, ist ein bestimmender Schriftsatz, für den Anwaltszwang nach den allgemeinen Regeln besteht und der der Unterzeichnung durch einen am Prozessgericht zugelassenen Anwalt bedarf.

3. Der Schriftsatz ist an das Prozessgericht zu richten, das den Vorschlag unterbreitet hat. Das Beispiel betrifft die Beendigung eines Rechtsstreits im Berufungsverfahren.

4. Wenn aus der Sicht der Partei eine Modifizierung des Vorschlages erforderlich ist, genügt eine Annahme unter dieser Änderung nicht, auch wenn die Parteien diese Änderung übereinstimmend erklären. Eine Annahme unter Einschränkungen oder Erweiterungen steht einer Ablehnung gleich (§ 150 Abs. 2 BGB). Es bedarf also eines neuen Vorschlags des Gerichts, wenn das Verfahren nach § 278 Abs. 6 ZPO fortgesetzt werden soll. Alternativ könnte ein Termin zur Protokollierung des Vergleichs beantragt werden.

5. Soll zu einem bestimmten Zeitpunkt gezahlt werden, empfiehlt es sich, im Vergleichstext die Zahlstelle anzugeben.

6. Mit dieser Klausel kann sich der Schuldner durch eine geringere als die eigentlich geschuldete Leistung von seiner Verpflichtung befreien. Eine solche Regelung kann sich empfehlen, wenn der Beklagte nur begrenzte Mittel zur Verfügung hat und der Gläubiger Schwierigkeiten in der Vollstreckung voraussieht. Die Schuldbefreiung kann auch an die regelmäßige Zahlung von Raten geknüpft werden.

7. Die Parteien sollten unbedingt klarstellen, welche Ansprüche sie durch den Vergleich regeln wollen. Andernfalls erledigt der Vergleich nur die Ansprüche, die Streitgegenstand waren, nicht aber zB. Forderungen des Klägers, die nicht rechtshängig geworden sind, oder Aufrechnungsforderungen des Beklagten. Eine umfassende Vergleichsregelung kann auch dadurch getroffen werden, dass sich die Parteien „Generalquittung" erteilen.

8. Auch Ansprüche, die in einem anderen Rechtsstreit anhängig sind, können miterledigt werden. Dann ist der Rechtsstreit genau zu bezeichnen und zu regeln, wie der Parallelprozess beendet werden soll. Hierzu kann die Verpflichtung zur Klagerücknahme vereinbart werden. Dies hat noch nicht die Wirkung des § 269 ZPO, macht aber die Klage unzulässig (vgl. *Zöller/Greger* § 269 Rdn. 3). Auch eine von § 269 Abs. 3 ZPO abweichende Kostenregelung kann vereinbart werden. Die Rücknahme ermöglicht dem dortigen Kläger eine Erstattung der von ihm vorgeschossenen Gerichtskosten in Höhe von 2,0 Gebühren.

9. Bei einem Vergleich in der Berufungsinstanz muss die Kostenregelung sowohl die Kosten der ersten Instanz als auch die des Berufungsverfahrens und die des Vergleichs umfassen. Insbesondere wenn es bereits einen Kostenfestsetzungsbeschluss der ersten Instanz gibt, kann es sich empfehlen, es bei der Kostenentscheidung zu belassen. Erforderlich ist außerdem eine Kostenregelung für den Parallelprozess; fehlt sie, würde dort nach § 269 Abs. 3 ZPO entschieden. Die Aufhebung der Kosten des Vergleichs, dabei geht es um die Vergleichsgebühren der Anwälte, entspricht einer gütlichen Einigung am ehesten.

10. Das Gericht muss zunächst den Parteien einen geänderten Vorschlag zuleiten, dem beide zustimmen müssen. Ob die Zustimmung bereits vorher erklärt werden kann, ist nicht eindeutig.

11. Dieser Beschluss ist nach § 278 Abs. 6 ZPO notwendig, damit der Vergleich zu einem Vollstreckungstitel iSd. § 794 Abs. 1 Nr. 1 ZPO wird. Der Beschluss stellt das Zustandekommen und den Inhalt des Vergleichs fest, muss also den Text vollständig wiedergeben.

12. Wenn der Vergleich nicht nur einen bestimmten Zahlungsanspruch regelt, ist eine Festsetzung des Streitwerts erforderlich. Die Wertfestsetzung ist auch notwendig, wenn Gegenstände mit erledigt werden, die nicht Gegenstand des Rechtsstreits waren.

4. Zurücknahme der Klage[1, 2]

An das
Landgericht

In der Sache
……
nimmt der Kläger die Klage zurück[3].
Das Gericht wird gebeten, diesen Schriftsatz dem Beklagten mit einem Hinweis nach § 269 Abs. 2 Satz 4 ZPO zuzustellen[4].

Rechtsanwalt

Schrifttum: Seutemann, Die kostengünstige Beendigung des Zivilprozesses, MDR 1996, 555; *Walther,* Klageänderung und Klagerücknahme, NJW 1994, 423; *Schneider,* Gerichtskostenermäßigung bei Teilrücknahme? MDR 1999, 462; *Gross,* Klageänderung und Klagerücknahme, ZZP 75, 447; *Mayer,* Urteil bei Fehlen der nach § 269 Abs. 1 ZPO erforderlichen Einwilligung, MDR 1985, 373; *Hansens,* Zurücknahme einer noch nicht zugestellten Klage, JurBüro 1986, 495.

Anmerkungen

1. Der Kläger kann die Klage gem. § 269 ZPO in jeder Lage des Verfahrens von der Rechtshängigkeit bis zum rechtskräftigen Abschluss des Rechtsstreits zurücknehmen. Auch in der Zeit zwischen Einreichung und Zustellung der Klage kann die Rücknahme erklärt werden. Wird die Klage daraufhin nicht mehr zugestellt, ist § 269 ZPO unanwendbar (OLG Karlsruhe NJW-RR 1997, 1290). Wird sie noch zugestellt, gilt § 269 ZPO entsprechend, es kann auch ein Kostenbeschluss nach § 269 Abs. 3, 4 ZPO ergehen (vgl. *Zöller/Vollkommer* § 269 Rdn. 8c). Haben die Parteien die Hauptsache übereinstimmend für erledigt erklärt, ist eine Rücknahme nicht mehr möglich (OLG Bamberg MDR 1997, 1225).

Eine Zurücknahme der Klage kommt zB. in Betracht, wenn der Kläger sich – etwa nach einem Hinweis des Gerichts oder auf Grund des Prozessverlaufs – keine Chancen mehr ausrechnet und den Prozess kostengünstig beenden will, wenn er sich mit dem Gegner außergerichtlich entsprechend verglichen hat oder wenn der Beklagte den Klageanspruch erfüllt und auch die Übernahme der Kosten, soweit sie sich noch nicht beziffern lassen, zuverlässig zugesagt hat (das ist billiger, als die Hauptsache für erledigt zu erklären, und zB. in Haftpflichtprozessen gegen Versicherer ein häufig geübtes Verfahren). Die Zurücknahme kann den gesamten Anspruch, einen Teil des Anspruchs, die Nebenforderungen (vgl. Form. I. G. 1) oder auch einen von mehreren Beklagten betreffen. Nach streitiger Verhandlung, d. h. nach Stellung der Anträge (vgl. OLG Dresden NJW-RR 1997, 765) ist die Rücknahme nur wirksam, wenn der Beklagte – was die Regel ist – zustimmt (vgl. auch Form. I. M. 3 Anm. 1). Auch wenn der Kläger zunächst Berufung einlegt und dann die Rücknahme der Klage erklärt, bleibt die Einwilligung des Beklagten erforderlich (BGH NJW 1998, 3784). Verweigert er seine Zustimmung, bleibt dem Kläger noch die Möglichkeit eines Verzichts gem. § 306 ZPO (vgl. Form. I. M. 4). Im Arrest- und Verfügungsverfahren ist die Rücknahme des Antrags immer ohne Zustimmung des Gegners möglich (hM., vgl. *Zöller/Vollkommer* § 920 Rdn. 13).

2. Die Zurücknahme hat gem. § 269 Abs. 3 ZPO ua. zur Folge, dass der Rechtsstreit beendet wird; ein bereits ergangenes, noch nicht rechtskräftiges Urteil – zB. Versäumnisurteil, Vorbehaltsurteil, Urteil der Vorinstanz – wird wirkungslos. Es bleibt dem Kläger aber unbenommen, nach Rücknahme die gleiche Klage erneut zu erheben; anders, wenn er auf den Klageanspruch verzichtet hat.

3. Die Klagerücknahme wird entweder im Termin zu Protokoll (die Erklärung muss vorgelesen und genehmigt werden, § 162 Abs. 1 ZPO) oder – wie im Beispiel – durch bestimmenden Schriftsatz, der dem Beklagten zugestellt werden muss, erklärt. Sie kann auch durch schlüssiges Verhalten erklärt werden, wenn sich daraus der Wille, die Klage zurückzunehmen, eindeutig und unzweifelhaft ergibt (BGH NJW-RR 1996, 885). Die Erklärung unterliegt im Anwaltsprozess dem Anwaltszwang (hM.). Der Kläger ist an die Erklärung der Rücknahme gebunden, auch wenn die Wirksamkeit noch von der Zustimmung des Beklagten abhängt (vgl. *Thomas/Putzo* § 269 Rdn. 8).

4. Diese Bitte ist nur sinnvoll, wenn bereits streitig verhandelt wurde. Dann allerdings liegt es im Interesse des Klägers, dass die Entscheidung des Beklagten über seine Zustimmung möglichst bald herbeigeführt wird. Nach der Neufassung von § 269 Abs. 2 ZPO gilt die Zustimmung des Beklagten als erteilt, wenn er nicht binnen zwei Wochen nach Zustellung der Klagerücknahme widerspricht. Diese Wirkung tritt jedoch nur ein, wenn das Gericht den Beklagten auf diese Folge hingewiesen hat. Falls die Parteien außergerichtlich eine von § 269 Abs. 3 ZPO abweichende Kostenregelung getroffen haben, sollte der Kläger das Gericht schon jetzt darauf hinweisen, um einen Kostenbeschluss zu seinen Lasten mit Sicherheit zu vermeiden.

Kosten und Gebühren

Auf Antrag des Beklagten sind dem Kläger gem. § 269 Abs. 3 ZPO sämtliche bisher entstandenen Kosten des Rechtsstreits durch Beschluss aufzuerlegen. Das gilt auch, soweit sie durch Säumnis des Beklagten entstanden waren (hM., vgl. *Thomas/Putzo* § 269 Rdn. 13; OLG Brandenburg NJW-RR 1999, 871; aA. *Zöller/Greger* § 269 Rdn. 18a; OLG Karlsruhe NJW-RR 1996, 383). Dennoch hat die Rücknahme für den Kläger gegenüber einer abweisenden streitigen Entscheidung den Vorteil, dass erheblich weniger

Kosten entstehen. Er spart zumindest zwei Gebühren des Gerichts gem. KV Nr. 1211 und, wenn die Rücknahme vor einer Beweisaufnahme oder vor streitiger Verhandlung bzw. Erörterung im Termin erfolgte, die zweite und dritte Rechtsanwaltsgebühr gem. § 31 Abs. 1 Nr. 2–4 BRAGO. Es empfiehlt sich daher immer eine möglichst frühzeitige Rücknahme. Bei einer nur teilweisen Rücknahme ermäßigen sich die Gerichtsgebühren nicht. Über die Kosten wird dann nicht durch Beschluss nach § 269 Abs. 3 ZPO, sondern im Endurteil entschieden. Zur quotenmäßigen Verteilung der Kosten bei teilweiser Klagerücknahme vgl. BGH NJW-RR 1996, 256. Ein Kostenantrag ist in diesem Fall nicht erforderlich.

Die Regel, dass der Kläger zwangsläufig alle Kosten zu tragen hat, gilt nicht für das selbstständige Beweisverfahren (OLG München NJW-RR 1998, 1078). Darüber hinaus hat der Gesetzgeber den alten Streit, ob eine umgekehrte Anwendung des § 93 ZPO im Rahmen des § 269 ZPO möglich ist (vgl. zB. OLG Karlsruhe NJW-RR 1995, 955) entschieden: Wenn der Anlass zur Klageerhebung vor Rechtshängigkeit entfallen ist und die Klage unverzüglich zurückgenommen wird entscheidet das Gericht nunmehr unter Berücksichtigung des bisherigen Streitstandes nach billigem Ermessen über die Kosten (§ 269 Abs. 3 Satz 3 ZPO).

5. Zustimmung des Beklagten zur Klagerücknahme[1] und Kostenantrag[2]

An das
Landgericht

In der Sache
......
stimmt der Beklagte der vom Kläger mit Schriftsatz vom ...... erklärten Klagerücknahme zu[3].
Der Beklagte beantragt,

1. **dem Kläger durch Beschluss die Kosten des Rechtsstreits aufzuerlegen[4],**
2. **auszusprechen, dass das Vorbehaltsurteil vom ...... (das Versäumnisurteil vom ......, der Vollstreckungsbescheid vom ......) wirkungslos ist,[5]**
3. **den Streitwert festzusetzen.**

Rechtsanwalt

Anmerkungen

1. Der Beklagte kann eine Klagerücknahme durch den Kläger nach streitiger Verhandlung verhindern, indem er seine Zustimmung verweigert. § 269 Abs. 1 ZPO stellt auf die mündliche Verhandlung des Beklagten zur Hauptsache ab. Sie beginnt gem. § 137 ZPO erst, wenn er seinen Klagabweisungsantrag oder als Berufungsbeklagter den Antrag auf Zurückweisung der Berufung stellt (BGH NJW 1987, 3263, 3264). Verhandeln zur Zulässigkeit genügt nicht, auch nicht Erörterung der Sache im Rahmen von Vergleichsverhandlungen. IdR. wird der Beklagte kein Interesse daran haben, seine Zustimmung zu verweigern; denn ein mit Gründen versehenes klageabweisendes Urteil kann er wegen der Möglichkeit des Klägers, auf den Anspruch gem. § 306 ZPO zu verzichten (vgl. Form. I. M. 6), nicht erzwingen. Wenn der Beklagte jedoch befürchtet, der Kläger werde den Anspruch in einem neuen Rechtsstreit geltend machen, sollte er seine Zustimmung davon abhängig machen, dass der Kläger die Rücknahme „unter Verzicht auf den Klageanspruch“ (vgl. *Baumbach/Lauterbach/Albers/Hartmann* § 269 Rdn. 50) erklärt. Falls bereits ein Urteil gegen ihn ergangen ist (zB. ein Vorbehaltsurteil oder ein Versäumnisurteil), kann der Beklagte auch seine Zustimmung von der Aushändigung des Titels abhängig machen.

2. Durch den Kostenantrag erwirkt der Beklagte gem. § 269 Abs. 3 ZPO einen Kostenbeschluss, den er als Grundlage für die Kostenfestsetzung benötigt. Der Kostenbeschluss ergeht allerdings nur, wenn die Rücknahme den gesamten Klageanspruch betrifft. Bei nur teilweiser Rücknahme wird über die Kosten erst in der die Instanz abschließenden Entscheidung erkannt (vgl. *Thomas/Putzo* § 269 Rdn. 13).

3. Die Einwilligung kann mit Schriftsatz oder im Termin zu Protokoll erklärt werden, auch schon vor Erklärung der Rücknahme. Es besteht Anwaltszwang nach § 78 ZPO. Eine konkludente Einwilligung ist möglich, zB. dadurch, dass der Beklagte auf die Rücknahmeerklärung mit einem Kostenantrag reagiert. Will der Beklagte seine Zustimmung verweigern, könnte seine Erklärung lauten:

> „...... erklärt der Beklagte, dass er seine Zustimmung zur Klagerücknahme verweigert. Der Beklagte ist an einem klageabweisenden Urteil interessiert.“

Die Erklärung der Einwilligung ist bindend; das gilt auch für die Verweigerung.

4. Der Antrag kann nicht gestellt werden, wenn sich die Parteien über die Kosten außergerichtlich verglichen haben (vgl. *Thomas/Putzo* § 269 Rdn. 15, 17; dort auch weitere Ausnahmen). Der Antrag ist nicht erforderlich, wenn die Klage nur zum Teil zurückgenommen wird; dann wird im Endurteil auch über die Kosten des zurückgenommenen Teils von Amts wegen entschieden.

5. Wenn gegen den Beklagten ein Urteil ergangen ist, das noch nicht rechtskräftig ist, wird es durch die Rücknahme wirkungslos. Diese Folge kann auf Antrag des Beklagten gleichfalls durch Beschluss ausgesprochen werden, was zur Abwendung einer etwaigen Zwangsvollstreckung dienlich sein kann (vgl. *Zöller/Greger* § 269 Rdn. 17). Der Antrag ist nicht erforderlich, wenn sich der Beklagte den Titel vom Kläger aushändigen lässt.

6. Soweit es sich nicht um eine Zahlungsklage handelt, ist nach § 25 Abs. 2 GKG der Streitwert festzusetzen. Daran hat der Beklagte zur Vorbereitung der Kostenfestsetzung ein Interesse.

Kosten und Gebühren

Durch den Beschluss nach § 269 Abs. 4 ZPO entstehen weder Gerichtskosten noch Rechtsanwaltsgebühren. Wird der Kostenantrag nach Klagerücknahme im Termin gestellt, soll bei nichtstreitiger Verhandlung über die Kosten eine halbe Verhandlungsgebühr nach § 33 Abs. 1 S. 1 BRAGO entstehen, bei streitiger Verhandlung eine volle Gebühr nach § 31 Abs. 1 Nr. 2 BRAGO, jeweils auf den Kostenwert (vgl. *Zöller/Greger* § 269 Rdn. 24). Das gilt nicht, wenn bereits eine Verhandlungsgebühr in der Hauptsache entstanden war (§ 13 Abs. 3 BRAGO).

Fristen und Rechtsmittel

Gegen den Beschluss ist die sofortige Beschwerde gegeben (§ 269 Abs. 5 ZPO), jedoch nur, wenn der Wert der Hauptsache die Berufungssumme von EUR 600,– übersteigt. Außerdem muss der Kostenwert mehr als EUR 100,– betragen (§ 567 Abs. 2 ZPO).

6. Verzicht[1]

An das
Landgericht

In der Sache
......
wird der Kläger, nachdem der Beklagte seine Zustimmung zur Klagerücknahme versagt hat, im nächsten Termin auf den geltend gemachten Anspruch gem. § 306 ZPO verzichten[2].

Rechtsanwalt

Schrifttum: Thomas, Zur Doppelnatur von Klageanerkenntnis und Klageverzicht, ZZP 89, 80.

Anmerkungen

1. Der Verzicht auf den Klageanspruch mit anschließendem Verzichtsurteil gem. § 306 ZPO kommt in der Praxis selten vor. Die Klagerücknahme gem. § 269 ZPO ist der einfachere und billigere Weg. Wenn allerdings der Beklagte die erforderliche Zustimmung zur Rücknahme verweigert, empfiehlt sich für den Kläger aus Kostengründen und zur Vermeidung eines mit Gründen versehenen klageabweisenden Urteils der Verzicht. Ein Verzicht „unter Verwahrung gegen die Kosten", entspr. dem Anerkenntnis, ist nicht möglich; § 93 ZPO gilt nicht entspr. (vgl. *Thomas/Putzo* § 306 Rdn. 4; a A. OLG Frankfurt NJW-RR 1994, 62).

2. Der Verzicht muss im Termin erklärt werden, soweit nicht das schriftliche Verfahren angeordnet ist. Eine schriftsätzliche Erklärung genügt nicht, jedoch ist eine Ankündigung des Verzichts zweckmäßig. Die Erklärung des Verzichts unterliegt im Anwaltsprozess dem Anwaltszwang (BGH NJW 1988, 210; 1955, 320). Der Verzicht kann den gesamten Anspruch, aber auch nur einen Teil betreffen.

Kosten und Gebühren

Bei Abweisung der Klage durch Verzichtsurteil statt durch streitiges Urteil entfallen zwei Gerichtsgebühren nach KV Nr. 1202. Verzichtet der Kläger vor streitiger Verhandlung oder Erörterung der Sache, entsteht nur $^1/_2$ Verhandlungsgebühr des Rechtsanwalts (§ 33 Abs. 1 S. 1 BRAGO).

7. Antrag des Beklagten auf Verzichtsurteil[1]

An das
Landgericht

In der Sache
......
wird der Beklagte auf Grund des Verzichts im Termin beantragen[2]:

1. Die Klage wird abgewiesen.
2. Die Kosten des Rechtsstreits trägt der Kläger[3].
3. Das Urteil ist ohne Sicherheitsleistung vorläufig vollstreckbar[4].

Rechtsanwalt

Anmerkungen

1. Nach einem Verzicht des Klägers bleibt dem Beklagten nur der Antrag auf ein Verzichtsurteil; an einem streitigen Urteil hat er idR. kein Rechtsschutzinteresse (BGH NJW 1968, 503). Der Antrag unterliegt dem Anwaltszwang nach § 78 ZPO. Das Urteil ergeht allein auf Grund des Verzichts, eine Sachprüfung findet nicht statt. Gem. § 313 b Abs. 1 ZPO bedarf das Urteil nicht des Tatbestandes und der Entscheidungsgründe und enthält sie auch in aller Regel nicht.

2. Das Verzichtsurteil ergeht nur auf Antrag des Beklagten. Liegt ein Teilverzicht vor, kann nur ein Teilverzichtsurteil ergehen, das das Gericht allerdings, wenn der Rechtsstreit im Übrigen noch nicht zur Entscheidung reif ist, erlassen muss.

3. Bei einem Teilverzichtsurteil wird über die Kosten erst im Schlussurteil entschieden.

4. Vgl. § 708 Nr. 1 ZPO.

Kosten und Gebühren

Vgl. Form. I. M. 6.

Fristen und Rechtsmittel

Das Verzichtsurteil kann wie ein gewöhnliches Urteil angefochten werden, erfolgreich aber nur, wenn kein wirksamer Verzicht vorlag oder wenn dieser wirksam widerrufen wurde (vgl. hierzu *Zöller/Vollkommer* Rdn. 6 vor § 306).

8. Anerkenntnis[1] unter Verwahrung gegen die Kosten[2]

An das
Landgericht

In der Sache
......
wird der Beklagte im Termin[3] den geltend gemachten Anspruch anerkennen, den Zinsanspruch jedoch nur in Höhe von 5% seit Rechtshängigkeit.
Der Beklagte verwahrt sich außerdem gegen die Tragung der Prozesskosten[4].

Begründung[5]:

Der Beklagte hat zur Klageerhebung keinen Anlass gegeben. Der Kläger hat ihm nicht einmal eine Rechnung über die Klageforderung übersandt, dem Beklagten war also die Höhe der Forderung nicht bekannt. Auch eine Mahnung hat der Beklagte nicht erhalten. Der Beklagte ist zur Erfüllung des Anspruchs bereit und wird alsbald Zahlung leisten[6].
Rechtsanwalt

Schrifttum: Meiski, Das sofortige Anerkenntnis im schriftlichen Vorverfahren, NJW 1993, 1904; *Mes,* Materiellrechtliche Teilleistung und prozessuales Teilanerkenntnis, ZZP 85, 334; *Schilken,* Zum Handlungsspielraum der Parteien beim prozessualen Anerkenntnis, ZZP 90, 157; *Thomas,* Zur Doppelnatur von Klageanerkenntnis und Klageverzicht, ZZP 89, 80; *Seutemann/Herget* Ermäßigung der Verfahrensgebühr nach dem GKG im Falle eines Anerkenntnisses, MDR 1995, 1096.

Anmerkungen

1. Der Beklagte kann den Klageanspruch in jeder Lage des Rechtsstreits anerkennen. Die Folge ist, dass er auf Antrag des Klägers gem. § 307 ZPO durch ein Anerkenntnisurteil verurteilt wird. Anlass für ein Anerkenntnis kann gegeben sein, wenn der Prozess für den Beklagten ungünstig verlief oder er – so das Beispiel – durch die gerichtliche Geltendmachung eines begründeten Anspruches überrascht wurde. Aus der Sicht des Beklagten handelt es sich um eine kostengünstige Möglichkeit, einen als verloren anzusehenden Prozess zu beenden. Das Anerkenntnis kann den gesamten Anspruch, einen Teil des Anspruches oder einen von mehreren Ansprüchen betreffen, aber auch von einem von mehreren Streitgenossen abgegeben werden. Der Beklagte kann den Anspruch auch in der Weise anerkennen, dass er eine unbedingt geforderte Leistung Zug-um-Zug erbringt (vgl. BGH NJW 1989, 1934), etwa mit der Formulierung

> „Der Beklagte erkennt den geltend gemachten Klageanspruch Zug um Zug gegen Zahlung von EUR ... (oder: Übereignung und Übergabe des PKW ...) an."

Das Anerkenntnis des Beklagten ist bindend und nicht von einer Annahme des Gegners abhängig; ein Widerruf ist nur in engen Grenzen möglich, so bei Rechtsmissbrauch, Vorliegen eines Restitutionsgrundes nach § 580 ZPO oder eines Abänderungsgrundes nach § 323 ZPO (vgl. BGH NJW 1981, 2193; *Thomas/Putzo* § 307 Rdn. 8; *Zöller/Vollkommer* Rdn. 6 vor § 306). Zum Anerkenntnis im schriftlichen Vorverfahren vgl. Form. I.E. 3.

2. Grundsätzlich wird der Beklagte im Anerkenntnisurteil auch zur Tragung der Kosten verurteilt. Hat er jedoch keinen Anlass zur Klage gegeben und erkennt er sofort an, fallen dem Kläger gem. § 93 ZPO die Kosten zur Last. Diese Voraussetzungen sind im Einzelnen sehr umstritten (vgl. die Zusammenstellung bei *Zöller/Herget* § 93 Rdn. 6). Sicherheitshalber sollte der Beklagte den Anspruch so früh wie möglich anerkennen und im Prozess alles vermeiden, was ihm als nachträglicher Anlass zur Klageerhebung ausgelegt werden könnte. Das bedeutet, auch wenn die Rechtsprechung zT. großzügiger ist,

a) bei frühem ersten Termin: Der Anspruch muss im ersten Termin vor streitiger Verhandlung anerkannt werden; vorher darf der Anspruch nicht bestritten worden sein, auch nicht in einem vorbereitenden Schriftsatz (vgl. *Thomas/Putzo* § 93 Rdn. 10).

b) bei schriftlichem Vorverfahren: Das Anerkenntnis muss spätestens mit der Verteidigungsanzeige abgegeben werden, danach ist § 93 ZPO unanwendbar (zB. OLG Celle NJW-RR 1998, 1370; vgl. *Zöller/Vollkommer* § 307 Rdn. 3a; aA. OLG Bamberg NJW-RR 1996, 392; OLG Hamburg OLG R 2002, 351); die zweiwöchige Notfrist nach § 276 Abs. 1 ZPO darf nicht verstrichen sein (OLG Frankfurt NJW-RR 1993, 126; OLG Zweibrücken NJW-RR 2002, 138).

Die Vorschrift ist auch dann noch anwendbar, wenn der Beklagte vorher gegen einen Mahnbescheid Widerspruch (BGH NJW 1979, 2040; anders wenn der Anspruch im Widerspruch bestritten wurde, OLG Frankfurt MDR 1984, 149) oder gegen ein Versäumnisurteil Einspruch eingelegt hatte (vgl. *Thomas/Putzo* § 93 Rdn. 11). Das Gleiche gilt im Nachverfahren, wenn der Beklagte dem Anspruch im Urkundenprozess widersprochen hat (OLG Düsseldorf MDR 1983, 496). Problematisch ist in der Praxis oft die Frage, ob der Beklagte schon dadurch Anlass zur Klageerhebung gegeben hat, dass er eine fällige Geldschuld nicht vor Klageerhebung beglich. Ein Unterhaltsschuldner, der zwar regelmäßig gezahlt hat, aber keinen Titel auf seine Kosten errichten ließ, hat Anlass zur Klageerhebung gegeben (vgl. OLG Düsseldorf FamRZ 1988, 519). Im Übrigen fordert die Rechtsprechung der Instanzgerichte meist, dass das Anerkenntnis bei einer fälligen Geldschuld mit alsbaldiger Erfüllung verbunden sein müsse (zB. OLG Düsseldorf NJW-RR 1994, 827; vgl. *Zöller/Herget* § 93 Rdn. 6 „Geldschulden" mwN.), demgegenüber stellt der BGH (NJW 1979, 2040, 2041 mwN.; so auch OLG Frankfurt NJW-RR 1993, 1472) auf das Verhalten des Beklagten vor Prozessbeginn ab und fordert für § 93 ZPO nicht zusätzlich die Erfüllung.

3. Das prozessuale Anerkenntnis muss gem. § 307 ZPO im Termin erklärt werden, eine schriftsätzliche Erklärung reicht nur im schriftlichen Vorverfahren nach § 276 ZPO (§ 307 Abs. 2 ZPO, vgl. Form. I.E. 3) oder im schriftlichen Verfahren nach § 128 Abs. 2, 3 ZPO. Auch sonst ist es aber – schon um kostenverursachende Maßnahmen des Gerichts zu vermeiden – zweckmäßig, das Anerkenntnis vor dem Termin anzukündigen. Auf eine Protokollierung des Anerkenntnisses (§ 160 Abs. 3 Nr. 1 ZPO) und dessen gleichfalls zu protokollierende Verlesung und Genehmigung (§ 162 Abs. 1 ZPO) ist zu achten, vgl. BGH NJW 1989, 1934.

4. Die „Verwahrung gegen die Kosten" (üblich auch die Formulierung „unter Protest gegen die Kosten") macht das Anerkenntnis hinsichtlich des Klageanspruches nicht unwirksam, sondern wird als Hinweis an das Gericht verstanden, dem Kläger die Kosten gem. § 93 ZPO aufzuerlegen (vgl. *Thomas/Putzo* § 307 Rdn. 3). Der Beklagte hat dann einen Anspruch darauf, dass die Kostenentscheidung, wenn das Gericht § 93 nicht anwendet, begründet wird (OLG Brandenburg NJW-RR 2000, 517).

5. Der Beklagte muss insbesondere darlegen, dass er vorprozessual zur Klageerhebung keinen Anlass gegeben hat (vgl. Anm. 2 und die Beispiele bei *Zöller/Herget* § 93 Rdn. 6). Die Beweislast hierfür trägt der Beklagte (*Thomas/Putzo* § 93 Rdn. 4); er soll auch beweisen müssen, die Klagerechnung (OLG Frankfurt NJW-RR 1996, 62) oder ein vom Kläger behauptetes vorprozessuales Aufforderungsschreiben (OLG Bremen JurBüro 1983, 764) nicht erhalten zu haben.

6. Will der Beklagte in Hinblick auf § 93 ZPO sichergehen, sollte er den Anspruch erfüllen. In diesem Fall wäre die Hauptsache für erledigt zu erklären, über die Vorschrift des § 91a ZPO würde bei der Kostenverteilung der Rechtsgedanke des § 93 ZPO anwendbar sein (vgl. *Zöller/Vollkommer* § 91a Rdn. 25). Bei Geldschulden kann es sich auch empfehlen, im Termin einen Scheck bereitzuhalten und erforderlichenfalls zu überreichen, damit aus dem prozessualen Verhalten nicht geschlossen werden kann, dass der Kläger doch Anlass zur Klage hatte.

Kosten und Gebühren

Bei einer Beendigung des gesamten Rechtsstreits durch Anerkenntnisurteil ermäßigen sich die Gerichtskosten auf 1 Gebühr (KV Nr. 1211 b). Umstr. ist, ob das auch bei einem Anerkenntnis unter Verwahrung gegen die Kosten gilt, die Frage wird von der überwiegenden Prasxis verneint (vgl. einerseits *Zöller/Vollkommer* § 307 Rdn. 12, andererseits *Hartmann, Kostengesetze,* KV Nr. 1211 Rdn. 14, jeweils mit Nachw.). Bei einem Teilanerkenntnisurteil und streitiger Entscheidung über den Rest kann es hingegen zu keiner Ermäßigung kommen. Auch ein Teilanerkenntnis verbunden mit einer übereinstimmenden Erledigung für den Rest führt nicht zur Kostenermäßigung (OLG Frankfurt NJW-RR 2001, 717; OLG München NJW-RR 1999, 1232; str.). Erkennt der Beklagte vor streitiger Verhandlung und vor Erörterung der Sache an, entsteht neben der Prozessgebühr des Anwalts nur eine halbe Verhandlungsgebühr (§ 33 Abs. 1 S. 1 BRAGO).

Fristen und Rechtsmittel

Will der Beklagte die Kostenfolge des § 93 ZPO herbeiführen, muss er „sofort" (hierzu Anm. 2) anerkennen.

Gegen das Anerkenntnisurteil hat der Beklagte die gleichen Rechtsmittel wie gegen ein streitiges Urteil (vgl. BGH NJW 1992, 1513, 1514), aussichtsreich aber wohl nur mit der Begründung, es habe kein wirksames Anerkenntnis zugrunde gelegen oder er habe das Anerkenntnis wirksam widerrufen (OLG Düsseldorf NJW-RR 1999, 1514; KG NJW-RR 1995, 958). Die Kostenentscheidung ist für den Kläger oder für den Beklagten nach § 99 Abs. 2 ZPO mit der sofortigen Beschwerde gem. § 567 ZPO anfechtbar, je nachdem, ob das Gericht § 93 ZPO angewandt hat oder nicht. Nach der Neufassung des § 99 Abs. 2 ZPO muss der Wert der Hauptsache die Berufungssumme nach § 511 ZPO (mehr als EUR 600,–) erreichen, außerdem muss der Kostenwert EUR 100,– übersteigen (§ 567 Abs. 2 ZPO). Problematisch sind die Fälle, in denen zunächst ein Teilanerkenntnisurteil ergeht, anschließend ein Schlussurteil über die restliche Hauptsache und die Kosten oder nur über die Kosten (vgl. BGH MDR 2001, 648; *Zöller/Herget* § 99 Rdn. 11). Das Teilanerkenntnisurteil kann nur mit der Berufung angegriffen werden, die sich aber nicht auf die Kostenentscheidung im Schlussurteil erstreckt; diese muss gesondert angefochten werden (vgl. KG MDR 1990, 160). Soll das Schlussurteil nur im Kostenpunkt angegriffen werden, empfiehlt sich die sofortige Beschwerde. Bei einer sog. gemischten Kostenentscheidung erfasst die Beschwerde allerdings nur die auf den anerkannten Teil entfallenden Kosten, für die Kosten der streitigen Hauptsache gilt § 99 Abs. 1 ZPO (vgl. OLG Köln NJW-RR 1994, 767).

Frist für die sofortige Beschwerde: zwei Wochen.

9. Antrag auf Anerkenntnisurteil[1]

An das
Landgericht

In der Sache

……

wird der Kläger im Termin ein Anerkenntnisurteil mit folgendem Inhalt beantragen[2]:

1. **Der Beklagte wird verurteilt, an den Kläger EUR …… nebst 5% Zinsen über dem Basiszinssatz seit Rechtshängigkeit zu zahlen.**
2. **Die Kosten des Rechtsstreits trägt der Beklagte[3].**
3. **Das Urteil ist ohne Sicherheitsleistung vorläufig vollstreckbar[4].**

Den weitergehenden Zinsanspruch nimmt der Kläger zurück[5].

Sollte das Gericht den Kostenpunkt noch für ungeklärt halten, wird beantragt[6],

ein Teilanerkenntnisurteil zu erlassen und die Kostenentscheidung dem Schlussurteil vorzubehalten.

Begründung[7]:

Der Beklagte hat, entgegen seiner Darstellung, Anlass zur Klageerhebung gegeben. Wenn der Beklagte die ihm vom Kläger ausgestellte Rechnung nicht erhalten hat, so deswegen, weil der Beklagte umgezogen ist, ohne dies dem Kläger mitzuteilen. Der Kläger hat den Beklagten im Übrigen durch einen Angestellten vor Erhebung der Klage in einem Telefonat am …… gemahnt.

Beweis: Zeugnis des ……

Der Beklagte hat jedoch nur Ausflüchte benutzt.

Rechtsanwalt

Anmerkungen

1. Hat der Beklagte den Anspruch anerkannt, muss der Kläger ein Anerkenntnisurteil beantragen; für eine Entscheidung durch streitiges Urteil fehlt ihm idR. das Rechtsschutzinteresse. Das Anerkenntnisurteil ergeht, wenn ein wirksames Anerkenntnis vorliegt und die Prozessvoraussetzungen gegeben sind (vgl. *Thomas/Putzo* § 307 Rdn. 10), eine sachliche Prüfung des Anspruches findet nicht statt. Das Anerkenntnisurteil bedarf nicht des Tatbestandes und der Entscheidungsgründe (§ 313b Abs. 1 ZPO) und enthält sie auch idR. nicht, es sei denn, dass die Kostenentscheidung wegen § 93 ZPO streitig ist; in diesem Fall muss das Urteil eine Begründung enthalten (vgl. OLG Brandenburg NJW-RR 2000, 517).

2. Das Anerkenntnisurteil setzt einen entsprechenden Antrag des Klägers voraus, der hier angekündigt wird, aber im Termin noch zu stellen ist. Nach hM. ergeht ein Anerkenntnisurteil auch dann, wenn der Kläger ein streitiges Urteil beantragt (vgl. *Thomas/Putzo* § 307 Rdn. 11). Liegt nur ein Teilanerkenntnis vor, kann der Beklagte nur ein Teilanerkenntnisurteil beantragen, das das Gericht, wenn der Rechtsstreit im Übrigen noch nicht zur Entscheidung reif ist, abweichend von § 301 Abs. 2 ZPO erlassen muss (vgl. *Thomas/Putzo* § 301 Rdn. 4).

3. Ein Teilanerkenntnisurteil enthält keine Kostenentscheidung. Über die Kosten kann erst im Schlussurteil entschieden werden.

4. Vgl. § 708 Nr. 1 ZPO.

5. Wenn der Anspruch zu einem geringen Teil, insbesondere hinsichtlich der Nebenforderungen, nicht anerkannt wird, kann insoweit eine Rücknahme der Klage vorteilhaft sein. Denn dadurch wird eine spätere streitige Entscheidung über die Restforderung durch Schlussurteil und damit auch eine Verzögerung der Kostenentscheidung vermieden sowie die Ermäßigung der Gerichtskosten auf eine Gebühr nach KV Nr. 1211 b erreicht.

6. Wenn, wie im Beispielsfall, der gesamte Klageanspruch anerkannt ist, aber die Kostenfrage noch der Klärung bedarf, erlässt die Praxis – dogmatisch anfechtbar, aber zweckmäßig – meist ein Teilanerkenntnisurteil über die Hauptsache und später ein Schlussurteil über die Kosten (vgl. *Thomas/Putzo* § 307 Rdn. 12). Hierauf sollte der Kläger hinwirken, um möglichst schnell einen vollstreckbaren Titel zu erhalten.

7. Hier muss sich der Kläger zu den Darlegungen des Beklagten, soweit sie die Voraussetzungen des § 93 ZPO betreffen, erklären. Ist streitig, ob der Beklagte Anlass zur Klageerhebung gegeben hat, kann es zu einer Beweisaufnahme kommen; die Beweislast liegt beim Beklagten (vgl. Form I. M. 8. Anm. 5).

Kosten und Gebühren

Vgl. Form. I. M. 6. Ob bei str. Verhandlung über die Kosten zusätzlich eine halbe Verhandlungsgebühr oder eine volle Verhandlungsgebühr (so die wohl hM.) auf den Wert der Prozesskosten entsteht, ist umstritten (vgl. *Riedel/Sußbauer* BRAGO § 31 Rdn. 77; *Gerold/Schmidt* § 13 BRAGO Rdn. 51). Für die sofortige Beschwerde nach § 99 Abs. 2 ZPO gilt KV Nr. 1951 (1,0 Gebühren auf den Kostenwert) und § 61 Abs. 1 Nr. 1 BRAGO (fünf Zehntel der in § 31 BRAGO bestimmten Gebühren).

Fristen und Rechtsmittel

Vgl. Form. I. M. 8. Liegen ein Teilanerkenntnis und eine teilweise Klagerücknahme vor, kann die Kostenentscheidung des Urteils allein mit der sofortigen Beschwerde angefochten werden (vgl. *Zöller/Herget* § 99 Rdn. 15), gleich ob eine Verletzung des § 93 ZPO, des § 269 Abs. 3 ZPO oder eine unrichtige Quotelung geltend gemacht werden.

10. Erledigungserklärung des Klägers[1]

An das
Landgericht

In der Sache

......

erklärt der Kläger die Hauptsache für erledigt[2] und beantragt,

dem Beklagten die Kosten des Rechtsstreits aufzuerlegen[3].

Der Beklagte hat die Klageforderung am ......, also nach Rechtshängigkeit[4], beglichen.

Der Beklagte wird gebeten, sich der Erledigungserklärung unverzüglich anzuschließen, damit der Termin aufgehoben und über die Kosten ohne mündliche Verhandlung entschieden. werden kann[5].

Rechtsanwalt

Schrifttum: Bergerfurth, Die Erledigung der Hauptsache im Zivilprozeß, NJW 1992, 1655; *Mertins,* Die streitige Erledigung der Hauptsache vor Rechtshängigkeit, DRiZ 1989, 281; *Holzer,* Die Erledigung der Hauptsache, JurBüro 1991, 1; *Ulrich,* Die Erledigung der Hauptsache und die Vereinfachung des Verfahrens, NJW 1994, 2793; *Schneider* Erledigung der Hauptsache bei Aufrechnung des Beklagten, MDR 2000, 507; *ders.,* Gerichtsgebührenermäßigung bei übereinstimmender Erledigung der Hauptsache, MDR 1999, 1182; *Becht,* Die Kostenentscheidung nach beidseitiger Erledigungserklärung bei einer unzulässigen Klage, MDR 1990, 121.

Anmerkungen

1. Ist der mit der Klage geltend gemachte Anspruch im Laufe des Rechtsstreits durch Zahlung erloschen oder auf andere Weise entfallen (vgl. *Thomas/Putzo* § 91a Rdn. 4, 5), muss der Kläger die Hauptsache für erledigt erklären; denn eine Verurteilung des Beklagten kann er nicht mehr erreichen, eine Klagerücknahme würde ihn gem. § 269 Abs. 3 Satz 2 ZPO mit den Kosten belasten. Wenn der Kläger allerdings erkennt, dass seine Klage aus anderen Gründen unzulässig oder unbegründet ist, kann er sich der Abweisung nicht durch eine Erledigungserklärung entziehen; dann bleibt ihm, wenn nicht der Ausnahmefall des § 269 Abs. 3 Satz 3 ZPO vorliegt (Form I.M.12), nur die Rücknahme, die ihm zudem 2 Gerichtsgebühren erspart (KV Nr. 1211a). Hat sich die Hauptsache vor einem unzuständigen Gericht erledigt, ist streitig, ob für die Kostenentscheidung nach § 91a ZPO auf die Unzulässigkeit der Klage (so OLG Brandenburg NJW-RR 1996, 955) oder auf den hypothetischen Ausgang nach Verweisung abzustellen ist (so *Thomas/Putzo* § 91a Rdn. 47); von der jeweiligen Rechtsprechung hängt es ab, ob der Kläger für erledigt erklären, Verweisung beantragen oder zurücknehmen sollte.

Auch zwischen den Instanzen und in der Rechtsmittelinstanz kann sich die Hauptsache erledigen. Zahlt der Beklagte allerdings zur Abwendung der Zwangsvollstreckung aus einem vorläufig vollstreckbaren Titel (zB. erstinstanzliches Urteil, Versäumnisurteil, Vollstreckungsbescheid, Vorbehaltsurteil), liegt keine Erledigung vor (vgl. BGH NJW 1994, 942).

2. Die Erklärung braucht nach § 91a Abs. 1 Satz 1 ZPO nicht in mündlicher Verhandlung abgegeben zu werden, sie kann auch schriftsätzlich oder zu Protokoll der Geschäftsstelle erklärt werden. Es besteht kein Anwaltszwang. Die Erklärung kann nicht hilfsweise in der Erwartung abgegeben werden, dass sich der Beklagte anschließt und nur noch über die Kosten zu entscheiden ist (BGH NJW-RR 1998, 1571, 1572). Hat sich die Hauptsache nur zum Teil erledigt – zB. durch eine Teilzahlung –, ist genau zu bezeichnen, inwieweit der Klageanspruch einschl. der Nebenforderungen für erledigt erklärt wird. Die Erledigungserklärung ist frei widerruflich, bis sich der Beklagte ihr angeschlossen hat (BGH MDR 2002, 413).

3. Wenn der Beklagte sich der Erledigungserklärung anschließt (vgl. Form. I. M. 11), entscheidet das Gericht nur noch gem. § 91 a ZPO über die Kosten des Rechtsstreits, und zwar unter Berücksichtigung des bisherigen Streitstandes nach billigem Ermessen. Maßgeblich für die Kostentragung ist die Frage, ob die Klage zulässig und begründet war und der Beklagte Anlass zur Klageerhebung gegeben hatte. Hat sich die Hauptsache durch Zahlung erledigt, wird das Gericht idR. davon ausgehen, dass der Beklagte hierzu auch verpflichtet war, und ihm die Kosten auferlegen (Näheres vgl. *Thomas/Putzo* § 91 a Rdn. 47).

4. Umstritten ist die Rechtslage, wenn das erledigende Ereignis – hier also die Zahlung – vor Rechtshängigkeit (Zustellung der Klage) eingetreten ist (vgl. *Bergerfurth* NJW 1992, 1655). Auch nach Einfügung des § 269 Abs. 3 Satz 3 ZPO ist unklar, wie der Kläger vorgehen sollte (vgl. einerseits *Zöller/Vollkommer* § 91 a Rdn. 41 f.; andererseits *Baumbach/Lauterbach/Albers Hartmann* § 91 a Rdn. 30 ff.). Bis die Fragen durch die Gerichte eindeutig geklärt sind, sollte der Kläger wie folgt vorgehen:

1. Stellt sich heraus, dass die Zahlung schon eingegangen war, bevor die Klage eingereicht wurde, sollte der Kläger sie vor Einzahlung der Gerichtskosten zurückziehen. Eine Erledigung ist dann nach hM. (vgl. BGH NJW 1982, 1598; NJW-RR 1988, 1151 mwN.) nicht eingetreten und der Kläger kann nicht hoffen, dass der Beklagte seiner Erledigungserklärung zustimmt. Durch eine Fortsetzung des Rechtsstreits riskiert der Kläger weitere Kosten, für die der Beklagte ihm nicht haftet. Der Kläger kann auch nicht seinen Zahlungsantrag fallen lassen und die Klage dahin ändern, dem Beklagten die Kosten des Rechtsstreits aufzuerlegen (BGH MDR 1979, 1000). Wenn der Beklagte dem Kläger zB. aus Verzug hinsichtlich der aufgewandten Prozesskosten schadensersatzpflichtig ist, sollte er sie in einem neuen Prozess beziffert geltend machen. Sind die Gerichtskosten bereits eingezahlt, sollte der Kläger die Klage unverzüglich zurücknehmen.
2. Liegt die Zahlung zwischen Einreichung der Klage und Rechtshängigkeit, ist umstritten, ob eine Erledigung eintritt oder dieser Fall einer Erledigung gleichzustellen ist; die Frage wird vom BGH (NJW 1982, 1598; 1990, 1905, 1906) verneint, von der OLG-Rechtsprechung nach altem Recht zT. bejaht (vgl. OLG Koblenz NJW-RR 2000, 1092). Läßt sich die Zustellung der Klage noch verhindern, zB. weil der Kostenvorschuss noch nicht eingezahlt ist, sollte der Kläger sie, schon um die von ihm einzuzahlenden Gerichtskosten zu vermeiden, zurückziehen und ggf. eine auf Erstattung der Anwaltskosten gerichtete Schadensersatzklage einreichen (BGH NJW 1982, 1598, 1599). Tritt die Erledigung nach Einzahlung des die Zustellung auslösenden Prozesskostenvorschusses ein, so konnte der Kläger nach altem Recht die Hauptsache für erledigt erklären und versuchen, seinen Kostenanspruch im selben Verfahren durchzusetzen (vgl. OLG München NJW 1979, 274 mwN.; *Sannwald* NJW 1985, 898) oder die Klage auf Feststellung der Verpflichtung, die Kosten zu tragen, umstellen (KG NJW-RR 1998, 1074). Nach neuem Recht ist ihm zu empfehlen, die Klage zurückzunehmen und einen Kostenantrag nach § 269 Abs. 3 Satz 3 ZPO zu stellen (Form I. M. 12).

5. Auch die Erklärung des Beklagten kann in einem Schriftsatz abgegeben werden (vgl. Anm. 2). Dadurch wird ein Termin unnötig; denn nach § 128 Abs. 3 ZPO kann das Gericht über die Kosten ohne mündliche Verhandlung entscheiden.

Kosten und Gebühren

Bei übereinstimmender Erledigungserklärung ermäßigen sich die Gerichtsgebühren, anders als bei der Rücknahme, nicht (KV 1211); Diese Regelung ist nicht immer einleuchtend, aber verfassungsgemäß (BVerfG NJW 1999, 3549). Die Rechtsprechung hält eine Ermäßigung zT. für möglich (zB. OLG Frankfurt NJW-RR 2001, 717; vgl. *Zöller/Vollkommer* § 91a Rdn. 59, *Schneider* MDR 1999, 1182, jeweils mwN.). Für die Beschwerde nach § 91a Abs. 2 ZPO entsteht eine Gebühr (KV 1951). Bei wechselseitigen Kostenanträgen im Termin fällt eine Rechtsanwaltsgebühr gem. § 31 Abs. 1 Nr. 2 BRAGO an, soweit in der Hauptsache noch nicht verhandelt wurde. Streitwert ist jeweils der Wert der entstandenen Kosten, nicht der Wert der Hauptsache (näher *Thomas/Putzo* § 91a Rdn. 57). Bei nur teilweiser Erledigung werden die Gebühren allein nach dem Wert der verbleibenden Hauptsache berechnet (hM.; vgl. *Thomas/Putzo* § 91a Rdn. 58; BGH NJW-RR 1995, 1089).

Fristen und Rechtsmittel

Gegen den Beschluss nach § 91a ZPO sofortige Beschwerde, sofern der Beschwerdewert gem. § 567 Abs. 2 ZPO (EUR 100,–) erreicht wird. Darüber hinaus verlangt § 91a Abs. 2 Satz 2 ZPO, dass in der Hauptsache die Berufungssumme nach § 511 ZPO (EUR 600,–) erreicht wurde. Bei nur teilweiser Erledigung wird über die Kosten des erledigten Teils im Urteil nach § 91a ZPO entschieden; insoweit unterliegt die Kostenentscheidung im Urteil der sofortigen Beschwerde. Wird gegen das Urteil ohnehin Berufung eingelegt, erübrigt sich daneben die sofortige Beschwerde (hM., vgl. *Thomas/Putzo* § 91a Rdn. 56). Frist für die sofortige Beschwerde: zwei Wochen ab Zustellung (§ 569 Abs. 1 ZPO).

11. Übereinstimmende Erledigungserklärung (Anschließungserklärung des Beklagten)[1]

An das
Landgericht

In der Sache

......

schließt sich der Beklagte der Erledigungserklärung des Klägers an[2]
und beantragt,

1. **dem Kläger die Kosten des Rechtsstreits aufzuerlegen[3],**
2. **das Versäumnisurteil (Vollstreckungsbescheid, Vorbehaltsurteil) vom ... für wirkungslos zu erklären[4]**

Begründung[5]:

Der Beklagte hat dem Kläger keinen Anlass zur Klageerhebung gegeben und den Anspruch sofort nach Klageerhebung erfüllt. ...... (ist auszuführen).

Rechtsanwalt

Anmerkungen

1. Der Beklagte hat die Wahl, sich der Erledigungserklärung des Klägers anzuschließen oder Abweisung der Klage zu beantragen (vgl. *Thomas/Putzo* § 91 a Rdn. 32). Wenn die Hauptsache wirklich erledigt ist, sollte er sich der Erledigungserklärung des Klägers anschließen, denn anderenfalls wird durch streitiges Urteil festgestellt, dass eine Erledigung vorliegt (vgl. Form. I. M. 13 Anm. 1), was ihn mit höheren Kosten belastet. Hat sich die Hauptsache nicht erledigt, kann der Beklagte sich dennoch der Erledigungserklärung anschließen; das gilt auch bei Erledigung vor Rechtshängigkeit (OLG Köln NJW-RR 2000, 1456). Im Beschluss nach § 91 a ZPO werden dann meist dem Kläger die Kosten auferlegt werden, da die Klage nicht begründet war. Sicherer ist es meist, der Erledigung zu widersprechen und Klageabweisung zu beantragen; zB:

> „Der Beklage widerspricht der Erledigungserklärung des Klägers und beantragt weiterhin,
>
> die Klage abzuweisen.
>
> Denn der Beklagte hat die Klageforderung lange vor Einreichung der Klage beglichen ... "

Dies führt zu einem abweisenden Urteil mit der notwendigen Kostenfolge des § 91 ZPO zu Lasten des Klägers. Wie der Beklagte sich verhalten soll, wenn seine Zahlung zwischen Einreichung und Zustellung der Klage eingegangen ist, hängt von der Rechtsprechung des jeweiligen Gerichts ab (vgl. Form. I. M. 10 Anm. 4). Wenn der Beklagte der Erledigung widerspricht und damit den Kläger zwingt, die Klage zurückzunehmen und den Kostenanspruch als Verzugsschaden geltend zu machen, kann es für ihn im Ergebnis billiger werden. Ist die Klageforderung begründet, handelt der Beklagte kostensparend, wenn er Hauptforderung und Kosten des Klägers ausgleicht und mit ihm verabredet, dass dieser die Klage zurücknimmt. Dadurch werden 2,0 Gerichtsgebühren gespart, die im Verfahren nach § 91 a ZPO letztlich der Beklagte zu tragen hätte.

2. Die Erklärung braucht nach § 91 a Abs. 1 Satz 1 ZPO nicht in mündlicher Verhandlung abgegeben zu werden, es genügt, wenn sich der Beklagte in einem Schriftsatz anschließt. Anwaltszwang besteht nicht. Gibt der Beklagte im Termin, zB. infolge Säumnis, keine Erklärung ab, kann gegen ihn ein Versäumnisurteil wegen der Kosten ergehen, wenn die Voraussetzungen des § 331 ZPO gegeben sind und insbesondere die Erledigung schlüssig vorgetragen ist. Möglich ist es, der Erledigung nur zT. zuzustimmen.

3. Einen streitigen Kostenantrag sollte der Beklagte nur stellen, wenn er Gründe vortragen kann, nach denen der Kläger die Kosten zu tragen hat. Hat der Beklagte eine fällige angemahnte Zahlung nach Rechtshängigkeit geleistet, würde er sich nur mit zusätzlichen Kosten belasten. In einem solchen Fall sollte er den Kostenanspruch anerkennen (vgl. BGH MDR 1985, 914; BAG NJW 1988, 990). Anders kann es sein, wenn zB. die Passivlegitimation des Beklagten streitig geblieben ist und er plausible Gründe vortragen kann, warum er gleichwohl gezahlt hat (OLG Koblenz NJW-RR 1999, 943).

4. Vorausgegangene Entscheidungen sind nach übereinstimmender Erledigungserklärung wirkungslos. Diese Folge der Prozessbeendigung ist auf Antrag in entsprechender Anwendung von § 269 Abs. 3, 4 ZPO auszusprechen (vgl. *Thomas/Putzo* § 91 a Rdn. 21). Damit wird klargestellt, dass der Vollstreckungstitel keine Wirkungen mehr hat.

5. Der Rechtsgedanke des § 93 ZPO ist im Rahmen der Abwägung nach § 91 a ZPO anwendbar (vgl. *Thomas/Putzo* § 91 a Rdn. 48; Form. I. M. 8 Anm. 6), so dass in diesem Fall dem Kläger die Kosten aufzuerlegen wären. Die Beweislast liegt jedoch beim Beklagten.

Kosten und Gebühren

Vgl. Form. I. M.10. Wird die Hauptsache erst im Berufungsverfahren für erledigt erklärt, entstehen für den Beschluss nach § 91a ZPO 1,5 Gebühren nach dem Kostenwert (KV Nr. 1228).

Fristen und Rechtsmittel

Wie Form. I. M. 10.

12. Zurücknahme der Klage bei Erledigung vor Rechtshängigkeit[1]

An das
Landgericht

In der Sache

......

hat der Beklagte die Klageforderung vor Rechtshängigkeit beglichen. Der Kläger nimmt daher

die Klage zurück[2].

Gleichzeitig wird beantragt,

dem Beklagten die Kosten des Rechtsstreits aufzuerlegen[3].

Begründung[4]:

Der Beklagte hat die Hauptforderung nebst Zinsen am 2. 6. 20.. überwiesen, also nach Einreichung der Klage, aber vor ihrer Zustellung. Damit ist der Anlass zur Einreichung der Klage vor Rechtshängigkeit entfallen. Die Kostenentscheidung bestimmt sich daher unter Berücksichtigung des bisherigen Sach- und Streitstandes nach billigem Ermessen (§ 269 Abs. 3 Satz 3 ZPO). Der Kläger weist darauf hin, dass ihm bei Einzahlung des Kostenvorschusses die Gutschriftsanzeige seiner Bank vom 5. 6. 20. . noch nicht vorlag und die Rücknahme unmittelbar nach Kenntnis des Zahlungseinganges erfolgt. Dementsprechend sind dem Beklagten die Kosten aufzuerlegen.

Rechtsanwalt

Anmerkungen

1. Mit der für nach dem 1. 1. 2002 anhängige Verfahren geltenden Vorschrift des § 269 Abs. 3 Satz 3 ZPO will der Gesetzgeber den unbefriedigenden Rechtszustand bei Erfüllung vor Rechtshängigkeit lösen (vgl. Form I. M. 10. Anm. 4). Die Neuregelung ermöglicht eine § 91a Abs. 1 ZPO entsprechende Kostenentscheidung, wenn folgende Voraussetzungen gegeben sind: Zum einen muss der Anlass zur Einreichung der Klage vor Rechtshängigkeit entfallen sein; es muss also idR. Erfüllung vor Zustellung der Klage eingetreten sein. Zum anderen muss der Kläger die Klage unverzüglich, das heißt ohne schuldhaftes Verzögern, zurückgenommen haben. Demnach sollte der Rechtsanwalt seinem Mandanten deutlich machen, dass er ihm die Erfüllung zur Vermeidung von Kostennachteilen sofort mitzuteilen hat. Begrifflich setzt die Rücknahme eine Zustellung der Klage voraus, es ist also fraglich, ob die Vorschrift eingreifen kann, wenn der Kläger die Klage bereits vor Zustellung zurückzieht (ablehnend *Baumbach/Lauterbach/Albers/Hartmann* § 269 Rdn. 39, bejahend *Zöller/Vollkommer* § 91 a Rdn. 42). Problematisch ist der Vorschlag (*Zöller/Vollkommer* aaO.), in diesen Fällen die Hauptsache für erledigt zu erklären, um bei Anschließung des Beklagten zu einer Kostenentscheidung nach § 91 a ZPO zu gelangen und bei Widerspruch die Erledigungserklärung als Rücknahme auszulegen. Zum einen ist fraglich, ob eine Rücknahme erst nach dem Widerspruch des Beklagten noch unverzüglich ist, zum anderen ist die Umdeutung problematisch. Wenn der Kläger im Übrigen die Klage erst zurücknimmt, nachdem zB. im Termin streitige Kostenanträge gestellt wurden oder der Beklagte der Erledigungserklärung des Klägers widersprochen und Klageabweisung beantragt hat, sind Rechtsanwaltskosten entstanden (§ 31 Abs. 1 Nr. 2 BRAGO), die kaum dem Beklagten nach § 269 Abs. 3 Satz 3 ZPO auferlegt werden können. Sobald der Kläger also vor Zustellung der Klage, jedenfalls vor Zahlung der Gerichtskosten, von der Erfüllung Kenntnis erhält, sollte er die Klage sofort zurücknehmen und einen Kostenantrag nach § 269 Abs. 3 Satz 3 ZPO stellen. Ob die Gerichte die Vorschrift allerdings auch anwenden werden, wenn die „Rücknahme“ vor Zustellung der Klage erfolgt oder auch wenn die Erledigung vor Einreichung der Klage eingetreten ist, bleibt abzuwarten. Sobald die Parteien die Hauptsache übereinstimmend für erledigt erklärt haben, ist die kostengünstigere Rücknahme nicht mehr möglich (vgl. OLG Bamberg NJW-RR 1997, 1365).

2. Für die Rücknahmeerklärung gilt das Gleiche wie sonst (Form. I. M. 4. Anm. 3). Mit der Erklärung sollte aber nicht bis zum Termin gewartet werden, vielmehr sollte die Rücknahme sofort schriftsätzlich erklärt werden, nachdem der Anlass für die Klage erfallen ist.

3. Die Kostenentscheidung wird, wie bei § 91 a ZPO, unter Berücksichtigung des bisherigen Sach- und Streitstandes nach billigem Ermessen getroffen. Wenn der Beklagte auf eine fällige Forderung verspätet gezahlt hat, dürften sich für den Kläger keine Probleme ergeben. Kosten, die durch überflüssige prozessuale Maßnahmen nach Erfüllung entstanden sind, wird der Beklagte nicht zu tragen haben. Zugunsten des Beklagten wird die Vorschrift des § 93 ZPO, wie im Rahmen des § 91 a ZPO (vgl. Form. I. M. 8. Anm. 5), anwendbar sein.

4. Der Kläger sollte vor allem ausführen, dass und wann die Klageforderung erfüllt wurde und dass er unverzüglich nach Erfüllung die Rücknahme erklärt hat. Geht es um die Voraussetzungen des § 93 ZPO, sind auch hierzu Ausführungen zu machen; die Darlegungs- und Beweislast liegt allerdings beim Beklagten.

Kosten und Gebühren

Vgl. Form. I. M. 4 und I. M. 5.

Fristen und Rechtsmittel

Wie Form I. M. 5.

13. Einseitige Erledigungserklärung des Klägers[1]

An das
Landgericht

In der Sache
......
Nachdem der Beklagte der Erledigungserklärung widersprochen hat und auf seinem Klageabweisungsantrag besteht, beantragt der Kläger,

1. **festzustellen dass sich der Rechtsstreit in der Hauptsache erledigt hat[2],**
2. **dem Beklagten die Kosten des Rechtsstreits aufzuerlegen[3],**
3. **das Urteil für vorläufig vollstreckbar zu erklären.**
4. **Den Streitwert auf EUR ...... festzusetzen[4]**

Begründung[5]:

......

Schrifttum: Bergerfurth, Die Erledigung der Hauptsache im Zivilprozeß, NJW 1992, 1655; *Blomeyer,* Grundprobleme der Erledigung der Hauptsache, JuS 1962, 212; *Mössner,* Die einseitige Erledigung der Hauptsache, NJW 1970, 175; *Enders,* Einseitige Erledigung auch bei „Erledigung" vor Rechtshängigkeit, MDR 1995, 665; *Beuermann,* Erledigung der Hauptsache im schriftlichen Vorverfahren, DRiZ 1978, 311; *Rixecker,* Die nicht erledigte Erledigungserklärung, ZZP 1983, 505; vgl. auch Form. I. M. 10.

Anmerkungen

1. Wenn der Beklagte der Erledigung widerspricht und Klageabweisung beantragt, hat der Kläger drei Möglichkeiten: Er kann seinen ursprünglichen Klageantrag wieder aufnehmen, er kann die Klage zurücknehmen oder er kann an seiner Erledigungserklärung festhalten. Eine der beiden ersten Möglichkeiten wird er wählen, wenn er zu der Auffassung gelangt, dass keine Erledigung vorliegt; der dritte Weg ist richtig, wenn sich die Hauptsache wirklich erledigt hat. Das Gericht entscheidet dann durch Urteil, das entweder die Erledigung feststellt oder die (geänderte) Klage abweist (vgl. *Thomas/Putzo* § 91a Rdn. 33). In zweifelhaften Fällen sollte der Kläger daher *hilfsweise* seinen ursprünglichen Klageantrag weiterverfolgen (vgl. BGH NJW 1965, 1597). Nicht möglich ist es, den Klageantrag aufrechtzuerhalten und hilfsweise die Hauptsache einseitig für erledigt zu erklären (BGH NJW 1989, 2885). Zur Frage der Erledigung vor Rechtshängigkeit vgl. Form. I.M. 10. Anm 4. Ist die Erledigungserklärung einseitig geblieben, kann der Kläger jederzeit von ihr Abstand nehmen und zu seinem ursprünglichen Antrag zurückkehren (BGH MDR 2002, 413).

2. Die einseitige Erledigungserklärung wird überwiegend als Antrag verstanden, die Erledigung der Hauptsache festzustellen (vgl. *Thomas/Putzo* § 91a Rdn. 32). Dieser Feststellungsantrag braucht allerdings nicht ausdrücklich gestellt zu werden, die Erklärung der Hauptsache als erledigt genügt.

3. Wenn das Gericht die Erledigung feststellt, hat der Beklagte die Kosten des Rechtsstreits zu tragen; anderenfalls fallen sie dem Kläger zur Last.

4. Auch wenn es sich um eine bezifferte Zahlungsklage handelt, muss bei einseitiger Erledigung der Streitwert festgesetzt werden. Umstritten ist, ob dabei auf den Wert der

Hauptsache, den Feststellungswert (Hauptsache abzüglich 20%) oder den Kostenwert abzustellen ist, vgl. BGH NJW-RR 1996, 1210 u. BGH NJW 1982, 768 mit Hinweisen auf die Rechtsprechung der Oberlandesgerichte; *Thomas/Putzo* § 91a Rdn. 59ff., *Zöller/Herget* § 3 Rdn. 16). Bei teilweiser einseitiger Erledigung ist dieser Wert dem verbleibenden Hauptsachewert hinzuzurechnen (BGH NJW-RR 1988, 1465; str.).

5. Der Kläger muss darlegen, dass der Klageanspruch durch ein Ereignis nach Rechtshängigkeit gegenstandslos geworden ist. Für den Ausspruch des Gerichts, dass die Hauptsache erledigt ist, kommt es also darauf an, ob die Klage im Zeitpunkt des nach ihrer Zustellung eingetretenen erledigenden Ereignisses zulässig und begründet war (so BGH NJW 1986, 588). Zum Fall, dass die Erledigung zwischen Einreichung und Zustellung der Klage liegt, vgl. Form. I. M. 10 Anm. 4.

Kosten und Gebühren

Eine Reduzierung der Gerichtskosten kommt nicht in Betracht. Für den Rechtsanwalt entstehen die Gebühren nach § 31 Abs. 1 BRAGO. Zum Streitwert vgl. Anm. 4.

Fristen und Rechtsmittel

Das Urteil, das die Erledigung feststellt oder die Klage abweist, ist mit den gewöhnlichen Rechtsmitteln anfechtbar, wenn die Rechtsmittelsumme erreicht wird. Hierzu bestehen die gleichen unterschiedlichen Auffassungen wie bei der Festsetzung des Gebührenstreitwertes (vgl. Anm. 4).

N. Anträge zum Urteil

1. Antrag auf Berichtigung des Urteils[1, 2]

An das
Landgericht[3]

In der Sache ......

beantragt der Kläger,

das Urteil vom ...... wegen der nachstehend aufgeführten offenbaren Unrichtigkeiten gemäß § 319 ZPO ohne mündliche Verhandlung[4] zu berichtigen;

hilfsweise,

das Urteil gemäß § 321 ZPO zu ergänzen[5]

1. Dem Kläger hätte – unter Zugrundelegung der Berechnung des Gerichts – ein höherer Betrag zugesprochen werden müssen. Die Summe der verschiedenen Teilansprüche, die das Gericht dem Kläger nach den Entscheidungsgründen zuerkennen wollte, ergibt nicht EUR ......, sondern EUR .... Hier liegt offenbar ein Additionsfehler vor[6].
2. Das Gericht hat dem Kläger nach den Entscheidungsgründen zwar Zinsen aus Verzug zusprechen wollen, im Tenor jedoch fehlt eine Entscheidung über den Zinsanspruch[7].
3. Nach dem Tenor hat der Kläger die Kosten des Rechtsstreits allein zu tragen. Das ist offenbar unrichtig, denn der Klage ist zT. stattgegeben worden und nach den Entscheidungsgründen sollte die Kostenentscheidung auf §§ 91, 92 ZPO – nicht auf § 92 Abs. 2 ZPO – gestützt werden[8].
4. Da das Urteil im Urkundenprozess erlassen wurde, hat das Gericht die Entscheidung über die vorläufige Vollstreckbarkeit zutreffend aus § 708 Nr. 4 ZPO abgeleitet. Im Gegensatz hierzu und offenbar unrichtig ist die vorläufige Vollstreckbarkeit jedoch im Tenor von einer Sicherheitsleistung des Klägers abhängig gemacht worden.

Der Kläger reicht in der Anlage die ihm erteilte vollstreckbare Ausfertigung zurück mit der Bitte, eine neue vollstreckbare Ausfertigung des berichtigten Urteils zu erteilen oder die Berichtigung auf der Ausfertigung zu vermerken und diese zurückzusenden[9].

Rechtsanwalt

Schrifttum: Wolter, Die Urteilsberichtigung nach § 319 ZPO, 1999; *Braun,* Verletzung des Rechtes auf Gehör und Urteilskorrektur im Zivilprozess, NJW 1981, 425; *Lindacher,* Divergenzen zwischen Urteilstenor und Entscheidungsgründen, ZZP 88, 64; *Schneider,* Der Beginn der Rechtsmittelfrist bei Urteilsberichtigung, MDR 1986, 377.

Anmerkungen

1. Offenbare Unrichtigkeiten von Urteilen oder Beschlüssen iSd. § 319 Abs. 1 ZPO kommen in der Praxis häufig vor. Jede Partei sollte gleich nach Erhalt der Entscheidungsausfertigung prüfen, ob solche Unrichtigkeiten zu ihrem Nachteil enthalten sind, und ggf. einen Antrag auf Berichtigung stellen. Auch die durch die Unrichtigkeit formell begünstigte Partei sollte, wenn sie zwar mit der unrichtigen, nicht aber mit der gewollten Entscheidung einverstanden ist, sogleich Rechtsmittel gegen die Entscheidung prüfen. Denn die Rechtsmittelfrist beginnt grundsätzlich bereits mit der Zustellung der Ent-

scheidung, nicht erst mit der Zustellung des Berichtigungsbeschlusses (BGH NJW 1999, 646; NJW-RR 2001, 211).

Eine Unrichtigkeit nach § 319 ZPO liegt nur vor, wenn eine offensichtliche Divergenz zwischen der vom Gericht gewollten und der zum Ausdruck gekommenen Entscheidungsfassung besteht (vgl. BGH NJW 1985, 742; *Pruskowski* NJW 1979, 931 mwN.). Darunter können auch Rechenfehler (BGH NJW 1995, 1033) und eine Ungenauigkeit im Ausdruck (OLG Zweibrücken MDR 1994, 831) fallen. Eine fehlerhafte Rechtsanwendung kann nicht korrigiert werden, auch wenn sie offensichtlich ist (vgl. *Zöller/Vollkommer* § 319 Rdn. 4). Liegt darin aber eine Verletzung rechtlichen Gehörs, bietet nunmehr § 321a ZPO der betroffenen Partei eine Abhilfemöglichkeit (Form. I. N. 5). Die Praxis neigt zu einer großzügigen Auslegung (vgl. *Zöller/Vollkommer* § 319 Rdn. 4) und berichtigt auch Punkte, an die das Gericht nicht gedacht hatte oder bei denen bereits die Willensbildung offensichtlich fehlerhaft war (zB. LG Stade NJW 1979, 168); ein solcher Berichtigungsbeschluss ist nicht ohne weiteres unwirksam (BGH NJW 1994, 2832). Die Unrichtigkeit kann das Rubrum (vgl. Form. I. N. 2), den Tenor (BGH NJW-RR 1991, 1278; NJW 1999, 646), den Tatbestand oder die Entscheidungsgründe betreffen; zu weiteren Fallgruppen vgl. *Zöller/Vollkommer* § 319 Rdn. 8ff. Sie ist offenbar, wenn sie sich ohne weiteres aus dem Urteil selbst oder den Vorgängen bei seiner Verkündung ergibt (vgl. *Thomas/Putzo* § 319 Rdn. 4; BGH NJW 1980, 2813; 1989, 1281). Voraussetzung ist allerdings, dass das Versehen der beteiligten Richter auch für Dritte ohne weiteres deutlich geworden ist (BGH NJW-RR 2001, 61). Zur Abgrenzung von der Berichtigung des Tatbestandes (§ 320 ZPO, vgl. Form. I. N. 4) und der Ergänzung des Urteils (§ 321 ZPO, vgl. Form. I.N. 3) siehe *Thomas/Putzo* § 320 Rdn. 1 und § 321 Anm. 1 sowie BGH NJW 1964, 1858).

Auch Beschlüsse können nach § 319 ZPO berichtigt werden, so zB. Verweisungsbeschlüsse (BGH NJW-RR 1993, 700), Kostenbeschlüsse nach § 91a ZPO, Kostenfestsetzungsbeschlüsse (OLG München NJW-RR 1996, 51), Mahnbescheide (OLG Düsseldorf NJW-RR 1998, 1077), Vollstreckungsbescheide (OLG Frankfurt NJW-RR 1990, 768) und alle Beschlüsse, die mit der Rechtsbeschwerde nach § 574 ZPO anfechtbar sind. § 319 ZPO gilt auch für Beschlüsse im FG-Verfahren (BGH NJW 1989, 1281). Beweisbeschlüsse können außerhalb des Verfahrens nach § 319 ZPO geändert werden (§ 360 ZPO). Für gerichtliche Vergleiche ist § 319 ZPO unanwendbar, in Betracht kommt nur eine Berichtigung des Protokolls, vgl. Form. I. F. 9.

2. Im Anwaltsprozess (§ 78 ZPO) besteht Anwaltszwang, im Amtsgerichtsprozess gilt § 496 ZPO.

3. Der Antrag ist idR. an das Gericht zu richten, das die zu berichtigende Entscheidung getroffen hat. Wurde gegen diese Entscheidung ein Rechtsmittel eingelegt, ist auch das Rechtsmittelgericht zuständig (vgl. BGH NJW 1989, 1281; *Thomas/Putzo* § 319 Rdn. 5 aE. mwN.). Wenn sich die Akten beim Rechtsmittelgericht befinden, sollte der Antrag auch dort gestellt werden.

4. Gem. §§ 319, Abs. 2, 128 Abs. 4 ZPO ist die mündliche Verhandlung freigestellt; in der Praxis ist sie meist entbehrlich.

5. Die Grenzen zwischen § 319 und § 321 ZPO sind manchmal unklar. Wenn dem Urteil daher etwas hinzugefügt werden soll, ist in Zweifelsfällen – vorausgesetzt, dass die Zwei-Wochen-Frist nach § 321 Abs. 2 ZPO noch nicht verstrichen ist – die Verbindung beider Anträge zu empfehlen.

6. Vgl. BGH NJW 1995, 1033 und *Zöller/Vollkommer* § 319 Rdn. 9, 15. Auch ein Rechenfehler, der auf falschen Eingaben in ein Computer-Berechnungsprogramm beruht, kann berichtigt werden (OLG Bamberg NJW-RR 1998, 1620).

7. Zum Übergehen von Ansprüchen im Tenor vgl. BGH NJW 1964, 1858 gegen BAG NJW 1959, 1942; BGH NJW-RR 1991, 1278; NJW 1999, 646; uU. kann auch eine ver-

sehentlich unterbliebene Revisionszulassung nachgeholt werden (BGH NJW-RR 2001, 61; BAG NJW 2001, 142).

8. Die Kostenentscheidung kann berichtigt werden, wenn Tenorierung und Entscheidungsgründe nicht übereinstimmen, so zB. wenn die Kostenentscheidung zwar begründet wurde, aber im Tenor fehlt, wenn die falsche Partei mit den Kosten belastet wurde oder wenn die Kostenquote mit der Begründung nicht übereinstimmt (vgl. *Zöller/Vollkommer* § 319 Rdn. 15 mwN.). Auch eine unklare Kostenentscheidung kann berichtigt werden (BayObLG NJW-RR 1997, 57). Ob eine geänderte Festsetzung des Streitwertes zu einer Berichtigung der Kostenentscheidung führen kann, ist streitig (vgl. *Zöller/Vollkommer* § 319 Rdn. 18).

9. Das Gericht wird zur Berichtigung idR. die Ausfertigung zurückfordern (vgl. *Zöller/Vollkommer* § 319 Anm. 23), zur Abkürzung des Verfahrens empfiehlt es sich daher, sie gleich mit einzureichen. Erteilt das Gericht eine neue vollstreckbare Ausfertigung, kann die Vollstreckung nur noch aus dieser betrieben werden (vgl. *Thomas/Putzo* § 319 Rdn. 8).

Kosten und Gebühren

Eine besondere Gerichtsgebühr wird weder für die Berichtigung noch für ihre Ablehnung erhoben; Rechtsanwaltsgebühren entstehen nicht (§ 37 Nr. 6 BRAGO). Folglich enthält der Berichtigungsbeschluss keine Kostenentscheidung.

Fristen und Rechtsmittel

Der Antrag bedarf keiner Frist; er kann jederzeit gestellt werden, auch noch nach Rechtskraft der Entscheidung (OLG Brandenburg NJW-RR 2000, 1522). Allerdings kann der Antrag der Verwirkung unterliegen (OLG München OLGZ 1983, 368). Die Rechtsmittelfrist gegen die zu berichtigende Entscheidung beginnt – vom BVerfG nicht beanstandet (NJW 2001, 142) – grundsätzlich nicht erst mit Zustellung des Berichtigungsbeschlusses, sondern auch für den Gegner bereits mit Zustellung der ursprünglichen Entscheidung (BGH NJW 1999, 646); es bleibt uU. noch eine Wiedereinsetzung (BGH 1984, 1041). Ergibt erst die Berichtigung, dass eine Partei durch das Urteil beschwert ist oder gegen wen das Rechtsmittel zu richten ist, beginnt die Rechtsmittelfrist mit Zustellung des Berichtigungsbeschlusses (BGH NJW-RR 2001, 211; NJW 1995, 1033; 1991, 1834).

Bei Berichtigung des Urteils hat der Gegner die sofortige Beschwerde (Frist: zwei Wochen). Bei Ablehnung ist wegen § 319 Abs. 3 ZPO nur in Fällen greifbarer Gesetzeswidrigkeit ein Rechtsmittel gegeben (außerordentliche sofortige Beschwerde, vgl. *Zöller/Vollkommer* § 319 Rdn. 27; BGH NJW 2001, 224; anders, wenn gegen die berichtigte Entscheidung selbst kein Rechtsmittel zulässig ist, BGH NJW 1989, 2625).

2. Antrag auf Berichtigung der Parteibezeichnung[1]

An das
Landgericht

In der Sache

......

beantragt der Kläger,

das Rubrum des Urteils vom ...... in den folgenden Punkten gem. § 319 ZPO zu berichtigen,
den Berichtigungsbeschluss auf die in der Anlage zurückgereichte vollstreckbare Ausfertigung zu setzen und die berichtigte Ausfertigung zurückzusenden, oder eine neue vollstreckbare Ausfertigung zu erteilen[2].

1. Der Kläger wird durch den Unterzeichnenden, nicht durch Herrn Rechtsanwalt X als Prozessbevollmächtigten vertreten[3].
2. Die Firma der Beklagten lautet nicht B OHG, sondern B KG, vertreten durch die B GmbH, diese vertreten durch den Geschäftsführer Herrn B (unter gleicher Anschrift)[4].

Begründung:

1. Herr Rechtsanwalt X hat mit Schriftsatz vom ...... das Mandat niedergelegt, mit Schriftsatz vom ...... hat sich der Unterzeichnende als Prozessbevollmächtigter legitimiert und den Beklagten seitdem vertreten.
2. Die Beklagte firmierte im Geschäftsverkehr mit dem Kläger als „B OHG". Ausweislich des

   Handelsregisterauszuges vom ......
   (Anlage 1)

   ist die Beklagte jedoch bereits vor Klageerhebung in eine KG umgewandelt worden, deren persönlich haftender Gesellschafter die B GmbH ist; Geschäftsführer der GmbH ist der frühere persönlich haftende Gesellschafter der OHG, Herr B. Da die KG am Verfahren beteiligt war und sich auf den Prozess eingelassen hat, ist eine Berichtigung zulässig und geboten.

Rechtsanwalt

Schrifttum: Baumgärtel, Zur Abgrenzung von Parteiberichtigung und Parteiwechsel, Büro 1973, 169; vgl. im übrigen Form. I. N. 1.

Anmerkungen

1. Es handelt sich um einen Sonderfall des § 319 ZPO, auf die allgemeinen Anmerkungen zum vorangehenden Formular wird verwiesen. Der Berichtigung der Parteibezeichnung kommt in der Praxis eine besondere Bedeutung zu, weil hiervon die Vollstreckungsfähigkeit und damit der Wert des Urteils abhängen kann. Abgesehen von Irrtümern des Gerichts (vgl. den Antrag zu 1) ist die Berichtigung auch möglich, wenn die Parteien die falsche Bezeichnung selbst, zB. durch die Klageschrift, veranlasst haben (vgl. BGH NJW 1988, 1585, 1587; *Thomas/Putzo* § 319 Rdn. 3; *Zöller/Vollkommer* § 319 Rdn. 14). Als Voraussetzung wird idR. angesehen, dass die Identität der Partei gewahrt bleibt oder zumindest die richtige Partei trotz ihrer falschen Bezeichnung am Rechtsstreit beteiligt war (so das Beispiel im Antrag zu 2., vgl. OLG Düsseldorf VersR 1977, 260 mwN.; weitergehend MDR 1990, 930); zu einem Parteiwechsel darf die Berichtigung nicht führen. Würden Interessen Dritter betroffen, kann das einer Berichtigung im Wege stehen (vgl. OLG Frankfurt NJW-RR 1990, 768). Wurde der Mahnbescheid nicht dem eigentlichen Beklagten zugestellt, kann der in den Prozess hineingezogene Dritte (Scheinpartei) keinen Berichtigungsantrag stellen (OLG Stuttgart NJW-RR 1999, 216).

Zur Berichtigung der Parteibezeichnung vor Erlass des Urteils vgl. Form. I. J. 4.

2. Vgl. Form. I. N. 1 Anm. 9.

3. Diese berichtigende Ergänzung ist zulässig und für das weitere Verfahren (Kostenfestsetzung, Vollstreckung, Rechtsmittel) wichtig.

4. Der Sachverhalt entspricht der Entscheidung OLG Düsseldorf VersR 1977, 260. Hätte der Kläger vor Klageerhebung eine Handelsregisterauskunft eingeholt, wäre ihm das Verfahren erspart geblieben. Beruht die unrichtige Parteibezeichnung auf einer unrichtigen Handelsregisterauskunft, ist eine Berichtigung gleichfalls möglich (OLG Koblenz NJW-RR 1997, 1352).

3. Antrag auf Urteilsergänzung[1, 2]

An das
Landgericht[3]

In der Sache

......

ist dem Beklagten das Vorbehaltsurteil vom ...... am ...... zugestellt worden. Der Tenor des Urteils ist in drei Punkten unvollständig:

1. Es fehlt der Ausspruch, dass dem Beklagten die Ausführung seiner Rechte im Nachverfahren vorbehalten wird, obwohl der Beklagte, wie sich aus dem Tatbestand ergibt, dem Anspruch widersprochen hat[4].
2. Über den ausweislich des Tatbestandes gestellten Schutzantrag des Beklagten gem. § 712 ZPO hat das Gericht nicht entschieden, obwohl der Beklagte dargelegt und glaubhaft gemacht hat, dass ihm die Vollstreckung einen nicht zu ersetzenden Nachteil bringen würde[5].
3. Der Kläger hat, wie das Gericht im Tatbestand zutreffend ausführt, zunächst das örtlich unzuständige Landgericht ...... angerufen. In der Kostenentscheidung hätten dem Kläger daher die Kosten für die Anrufung des unzuständigen Gerichts auferlegt werden müssen.[6]

Es wird beantragt,
das Urteil vom ...... entsprechend zu ergänzen.

Der Beklagte ist mit einer schriftlichen Entscheidung gem. § 128 Abs. 2 ZPO einverstanden[7]. Falls der Kläger nicht zustimmt, wird um einen baldigen Termin gebeten.
In Hinblick auf die drohende Vollstreckung ist dem Beklagten an einer schnellen Entscheidung gelegen.

Rechtsanwalt

Schrifttum: Vgl. Form. I. N. 1.

Anmerkungen

1. Vgl. § 321 ZPO. Der Antrag ist erforderlich, wenn nach den im Tatbestand wiedergegebenen Anträgen der Parteien über einen der in § 321 Abs. 1 ZPO genannten Punkte hätte entschieden werden müssen, dies aber im Tenor unterblieben ist. Ist allerdings der Punkt in den Gründen behandelt, wäre ein Antrag nach § 319 ZPO der richtige Weg (vgl. OLG Hamm NJW-RR 1986, 1444). Fehlt der Antrag bereits im Tatbestand, muss zunächst Berichtigung des Tatbestandes gem. § 320 ZPO beantragt werden (vgl. Form. I. N. 5). Enthält das Urteil keinen Tatbestand (§§ 313a, 540 ZPO), sind für

die Frage, ob ein Anspruch übergangen wurde, die zu Protokoll gestellten Anträge maßgeblich. Eine Urteilsergänzung kommt auch in Betracht, wenn über einen Anspruch versehentlich nur teilweise entschieden wurde (BVerfG NJW-RR 2000, 1664), nicht aber wenn einzelne Angriffs- oder Verteidigungsmittel übergangen wurden (BGH NJW 1980, 840); dann bleibt nur das vorgesehene Rechtsmittel. § 321 ZPO ist kraft gesetzlicher Verweisung auch bei fehlendem Vorbehalt der Rechte für das Nachverfahren (§§ 302 Abs. 2, 599 Abs. 2 ZPO), bei übergangenem Antrag zur vorläufigen Vollstreckbarkeit (§ 716 ZPO) oder übergangenem Antrag auf Räumungsfrist (§ 721 Abs. 1 S. 3 ZPO) anwendbar. Eine Ergänzung ist auch möglich, wenn im Tenor eines Feststellungsurteils die Begrenzung der Haftung auf eine Höchstsumme fehlt (BGH NJW-RR 1996, 1238). Zu weiteren Anwendungsfällen vgl. *Thomas/Putzo* § 321 Rdn. 7. Zur Abgrenzung von Anträgen nach §§ 319, 320 ZPO vgl. BGH NJW 1964, 1858 und *Thomas/Putzo* § 321 Rdn. 1. Die Entscheidung über die Zulassung der Revision kann nicht durch einen Antrag nach § 321 ZPO, nur im Wege der Berichtigung gem. § 319 nachgeholt werden (BGH NJW 1981, 2755; OLG Saarbrücken NJW-RR 1999, 214; aA. für das neue Recht *Zöller/Vollkommer* § 321 Rdn. 5).

2. Für den Antrag besteht Anwaltszwang, wenn für den Rechtsstreit Anwaltszwang bestand (§ 78 ZPO), im Amtsgerichtsprozess gilt § 496 ZPO.

3. Der Antrag ist an das Gericht zu richten, das das unvollständige Urteil verkündet hat.

4. Vgl. § 599 ZPO. Der Vorbehalt ist auch auszusprechen, wenn der Beklagte dies nicht besonders beantragt hat (*Thomas/Putzo* § 599 Rdn. 4).

5. Vgl. § 716 iVm. § 712 ZPO. Wird der Antrag in einem Vorbehaltsurteil übergangen, kann der Beklagte auch die Fortsetzung des Rechtsstreits im Nachverfahren beantragen und dann den Schutzantrag nach § 707 ZPO stellen.

6. Hat das Gericht versehentlich nicht über die Kosten für die Anrufung des unzuständigen Gerichts nach § 281 Abs. 3 ZPO entschieden, kann die Kostenentscheidung nach § 321 ZPO ergänzt werden (OLG Hamm NJW-RR 2000, 1524; OLG Koblenz NJW-RR 1992, 892). Das Gleiche gilt für die Kosten der Säumnis (§ 344 ZPO) oder der Nebenintervention (§ 101 ZPO). Behandeln allerdings die Gründe diesen Punkt, liegt ein Fall des § 319 vor (vgl. Form. I. N. 1 Anm. 1).

7. Gem. § 321 Abs. 3 ZPO ist eine mündliche Verhandlung notwendig. In der Praxis wird sie oft entbehrlich sein, so dass sich der Weg des § 128 Abs. 2 ZPO empfiehlt. Über den Antrag wird durch ein sog. Ergänzungsurteil entschieden.

Kosten und Gebühren

Zusätzliche Gerichtsgebühren werden idR. nicht erhoben (vgl. näher *Zöller/Vollkommer* § 321 Rdn. 12). Rechtsanwaltsgebühren entstehen nicht (§ 37 Nr. 6 BRAGO).

Fristen und Rechtsmittel

Der Antrag muss innerhalb einer Frist von zwei Wochen nach Zustellung des Urteils durch das Gericht (nicht durch den Gegner) gestellt werden (§ 321 Abs. 2 ZPO). Ist die Frist versäumt worden, sollte die betroffene Partei versuchen, im Wege der Berichtigung nach § 319 ZPO – die Gerichte sind hier manchmal großzügig und die Grenzen unklar – zum Ziel zu kommen. Andernfalls bleibt nur die Einlegung der Berufung und erneute Stellung des übergangenen Antrags (vgl. *Zöller/Vollkommer* § 321 Rdn. 8). Setzt die Ergänzung eine Berichtigung des Tatbestandes voraus (vgl. Form. I. N. 4), beginnt die Frist erst mit der Zustellung des Berichtigungsbeschlusses (BGH NJW 1982, 1821, 1822).

Gegen das Ergänzungsurteil sind die normalen Rechtsmittel gegeben. Die Berufungsfrist gegen das Hauptürteil beginnt mit der Zustellung des Ergänzungsurteils von neuem, § 518 ZPO.

4. Antrag auf Berichtigung des Tatbestandes[1] verbunden mit Antrag auf Urteilsergänzung[2]

An das
Landgericht[3]

In der Sache ......

beantragt der Kläger,

1. **den Tatbestand des Urteils vom ...... gemäß § 320 ZPO dahin zu berichtigen, dass der Kläger auch beantragt hat, den Beklagten zur Zahlung von 5% Zinsen über dem Basiszinssatz seit Rechtshängigkeit auf das Schmerzensgeld zu verurteilen,**
2. **nach Berichtigung des Tatbestandes das Urteil gemäß § 321 ZPO dahin zu ergänzen, dass der Beklagte zur Zahlung von 5% Zinsen über dem Basiszinssatz seit Rechtshängigkeit auf den zuerkannten Schmerzensgeldbetrag von EUR 2.000,– verurteilt wird.**

Begründung:

1. **Ausweislich des Terminsprotokolls vom ......[4] hat der Kläger den Antrag aus der Klageschrift gestellt. In der Klageschrift hatte der Kläger unter Ziff. 2. beantragt, den Beklagten zur Zahlung eines angemessenen Schmerzensgeldes nebst 4% Zinsen seit Rechtshängigkeit zu verurteilen. Diesen Zinsantrag hat das Gericht bei der Wiedergabe der Anträge im Tatbestand übergangen. Der Tatbestand ist daher entsprechend zu berichtigen.**
2. **Da das Gericht nach dem berichtigten Tatbestand einen Nebenanspruch iSd. § 321 Abs. 1 ZPO übergangen hat, ist das Urteil durch ein Ergänzungsurteil zu ergänzen[5].**

Um die Bestimmung eines baldigen Termins wird gebeten. Mit einer Entscheidung ohne mündliche Verhandlung gem. § 128 Abs. 2 ZPO ist der Kläger einverstanden[6].

Rechtsanwalt

Anmerkungen

1. Ein Antrag auf Berichtigung des Tatbestandes ist sinnvoll, wenn ein Rechtsmittel oder die Wiederaufnahme beabsichtigt ist oder wenn ein Antrag auf Urteilsergänzung vorbereitet werden soll (so das Beispiel). In Hinblick auf Rechtsmittel hat der Antrag den Zweck, der Beweiskraft des Tatbestandes (§ 314 ZPO) – zB. für die Frage, ob eine Tatsache bereits in erster Instanz vorgetragen wurde und damit in zweiter Instanz nicht als neues Vorbringen zurückgewiesen werden kann – zu begegnen. Der Tatbestand liefert positiven Beweis für das, was die Parteien vorgetragen haben, aber auch negativen Beweis für das, was nicht behauptet oder bestritten wurde (vgl. BGH MDR 1983, 384). Allerdings ist die Bedeutung des Tatbestandes dadurch gemindert, dass er nach § 313 Abs. 2 ZPO nur den wesentlichen Inhalt des Parteivorbringens knapp darstellen soll. Jedoch erfasst die Beweiskraft auch Urteile, die keinen Tatbestand aufweisen, und er-

streckt sich auf die tatbestandlichen Feststellungen in den Entscheidungsgründen, so zB. auf die Feststellung, eine Behauptung werde nicht mehr bestritten (vgl. BGH NJW 1997, 1931); will sich die Partei dagegen wenden, muss sie einen Antrag auf Tatbestandsberichtigung stellen. Diese Rechtsprechung dürfte nach neuem Recht für Berufungsurteile der Oberlandesgerichte bedeutsam werden, die nach § 540 Abs. 1 ZPO generell keinen Tatbestand mehr aufweisen. Gerade bei diesen Urteilen ist aber der Tatbestandsberichtungsantrag wichtig, denn der BGH ist an die tatsächlichen Feststellungen des OLG weitgehend gebunden (§ 559 ZPO). Es ist also die Begründung des Berufungsurteils auf die Richtigkeit der tatsächlichen Feststellungen und die Erforderlichkeit eines Antrages nach § 320 ZPO zu überprüfen. Im Übrigen gibt bereits die nach neuem Recht (§ 529 ZPO) reduzierte Prüfungskompetenz des Berufungsgerichts besonderen Anlass zu kontrollieren, ob die im erstinstanzlichen Urteil wiedergegebenen Tatsachen dem Parteivorbringen entsprechen und ein Tatbestandsberichtigungsantrag geboten ist.

Die Beweiskraft des Tatbestandes erfasst nicht das Prozessgeschehen, also zB. nicht die Verlängerung von Fristen (BGH NJW 1983, 2030, 2032); insoweit ist eine Berichtigung nicht erforderlich. Eine Berichtigung des Tatbestandes kommt auch nicht in Betracht, soweit es um die Wiedergabe nicht nachgelassener Schriftsätze geht (OLG Köln NJW-RR 1991, 1536).

Für den Antrag besteht Anwaltszwang gem. § 78 ZPO, im Amtsgerichtsprozess gilt § 496 ZPO.

2. Zur Vorbereitung des Antrags nach § 321 ZPO hat die Tatbestandsberichtigung besondere Bedeutung, weil es für die Frage, ob ein Anspruch übergangen wurde, auf die Wiedergabe der Anträge im Tatbestand ankommt. Soll der Antrag – wie im Beispiel – eine Urteilsergänzung vorbereiten, ist es sinnvoll, beide Anträge zu verbinden, zumal die Frist des § 321 Abs. 2 ZPO nicht erst mit Zustellung des Berichtigungsbeschlusses nach § 320 ZPO beginnen soll (vgl. *Baumbach/Lauterbach/Albers/Hartmann* § 321 Rdn. 7; aM. BGH NJW 1982, 1821). Zum Antrag nach § 321 ZPO s. Form. I. N. 3.

3. Der Antrag ist an das Gericht zu richten, welches das unvollständige Urteil verkündet hat.

4. Dem Tatbestand wird seine Beweiskraft für die Frage, welche Anträge gestellt worden sind, gem. § 314 S. 2 ZPO durch das Sitzungsprotokoll genommen; es kommt also darauf an, welcher Antrag laut Protokoll gestellt wurde. Ist der Antrag bereits dort falsch aufgenommen, müsste gleichzeitig die Berichtigung des Protokolls gem. § 164 ZPO beantragt werden (vgl. Form. I. F. 8).

5. Vgl. hierzu Form. I. N. 3 Anm. 1.

6. Ein Termin wird in der Praxis oft entbehrlich sein, es empfiehlt sich daher, das Einverständnis des Gegners gem. § 128 Abs. 2 ZPO herbeizuführen.

Kosten und Gebühren

Wie Form. I. N. 3.

Fristen und Rechtsmittel

Der Antrag ist innerhalb von zwei Wochen nach Zustellung des vollständigen Urteils durch das Gericht, spätestens nach 3 Monaten zu stellen (zur Bedeutung dieser Fristen vgl. *Zöller/Vollkommer* § 320 Rdn. 7f.).

Gegen den berichtigenden Beschluss gibt es idR. kein Rechtsmittel, § 321 Abs. 4 S. 4 ZPO (Ausnahmen: vgl. *Thomas/Putzo* § 320 Rdn. 6).

5. Rüge der Verletzung rechtlichen Gehörs [1]

An das
Landgericht ......[2]

In der Sache

......

wird für den Beklagten beantragt,

1. den Prozess gem. § 321 a Abs. 6 fortzuführen[3],
2. das Urteil des Einzelrichters vom ... aufzuheben und die Klage abzuweisen[4].

Vorab wird beantragt,
die Zwangsvollstreckung aus dem Urteil ohne Sicherheitsleistung, hilfsweise gegen Sicherheit einzustellen[5].

Begründung[6]:

Dem Beklagten ist das am ...... verkündete Urteil des Einzelrichters der Kammer am ...... zugestellt worden. Dieses Urteil, gegen das nach § 511 Abs. 2 ZPO die Berufung nicht zulässig ist, hat wesentliche Teile des vom Beklagten vorgetragenen Sachverhalts übergangen und verletzt daher seinen Anspruch auf rechtliches Gehör in entscheidungserheblicher Weise.

1. Mit Schriftsatz vom ...... hatte sich der Beklagte auf die Einrede der Verjährung berufen und vorgetragen, wann der Kläger im Sinne von § 199 Abs. 1 Nr. 2 BGB Kenntnis von den anspruchsbegründenden Umständen und der Person des Beklagten als möglichem Schuldner erlangt hatte. Gleichwohl ist das Gericht in seinem Urteil auf die Verjährung mit keinem Wort eingegangen. Der Einzelrichter hat auch im Termin keinen Hinweis darauf gegeben, wie er die Frage der Verjährung beurteilt und aus welchem Grunde er sie nicht für gegeben hält. Darin liegt ein Verstoß gegen den Anspruch des Beklagten auf rechtliches Gehör, der entscheidungserheblich ist; denn wenn der Einzelrichter die Einrede der Verjährung beachtet hätte, hätte er zur Abweisung der Klage kommen müssen.
2. Im Termin zur mündlichen Verhandlung war dem Beklagten ausweislich des Protokolls nachgelassen worden, vorsorglich zur Frage des Schadensumfanges Stellung zu nehmen. Das hat der Beklagte innerhalb der gesetzten Frist mit Schriftsatz vom ...... getan und den Schadensumfang im Einzelnen bestritten. Dennoch hat das Gericht den Schriftsatz des Beklagten nicht beachtet und das Vorbringen des Klägers offenbar als unstreitig angesehen. Wie die Nachforschungen des Beklagten ergeben haben, ist der Schriftsatz verspätet zur Akte gelangt. Das ist nicht dem Beklagten anzulasten, denn er hat den Schriftsatz rechtzeitig per Fax übermittelt. Im Übergehen dieses Schriftsatzes liegt gleichfalls eine Verletzung des rechtlichen Gehörs. Auch dieser Verstoß ist entscheidungserheblich, denn bei Beachtung des Vorbringens zum Schaden hätte kein Urteil zugunsten des Klägers ergehen können.

Das Gericht wird gebeten, den Prozess fortzuführen und die Sache erneut unter Beachtung des vollständigen Vorbringens des Beklagten zu verhandeln.
Der Antrag auf Einstellung der Zwangsvollstreckung ohne Sicherheitsleistung wird damit begründet, dass das Urteil nicht hätte ergehen dürfen. Die Voraussetzungen des § 707 Abs. 1 S. 2 ZPO brauchen für eine Einstellung ohne Sicherheit nicht vorzuliegen, wie aus § 321 a Abs. 6 ZPO folgt.

Rechtsanwalt

Anmerkungen

1. Dieses mit der Zivilprozessreform zum 1. 2. 2002 eingeführte, in § 321 a ZPO geregelte Verfahren gibt der verurteilten Partei die Möglichkeit, bei Verletzung ihres Anspruches auf rechtliches Gehör eine Fortführung des Rechtsstreits in derselben Instanz zu erreichen. Damit wollte der Gesetzgeber vor allem die zahlreichen amtsgerichtlichen Verfahren, in denen das nicht rechtsmittelfähiges Urteil auf einem Verstoß gegen Art. 103 GG beruhte, einer anschließenden Selbstkontrolle durch die ordentlichen Gerichte unterziehen und das Bundesverfassungsgericht entlasten. Nach neuem Recht ist das Abhilfeverfahren nach § 321 a ZPO vor Einlegung der Verfassungsbeschwerde durchzuführen. Ein Problem des Verfahrens dürfte darin liegen, dass der Rechtsstreit vor demselben Richter fortzuführen ist und vielleicht nicht immer eine unvoreingenommene Neubefassung mit der Sache erwartet werden kann.

Das Verfahren hat nach § 321 a Abs. 1 ZPO folgende Voraussetzungen:

a) Eine Berufung darf nach § 511 Abs. 2 ZPO nicht zulässig sein; weder darf also die Beschwer EUR 600,– übersteigen, noch darf das Gericht die Berufung zugelassen haben. Die erste Bedingung kann zweifelhaft sein, zumal das Berufungsgericht an eine Streitwertfestsetzung der ersten Instanz bis zu EUR 600,– nicht gebunden ist (BGH NJW-RR 1988, 837). In einem solchen Fall kann es sich empfehlen, sowohl das Verfahren nach § 321 a ZPO zu betreiben als auch mit der Behauptung, der Streitwert sei zu gering festgesetzt, Berufung einzulegen.

b) Es muss eine Verletzung des rechtlichen Gehörs vorliegen (vgl. hierzu *Zöller/Vollkommer* vor § 128 ZPO Rdn. 2 ff.). Nach der Rechtsprechung des BVerfG hat der Anspruch auf rechtliches Gehör zum Inhalt, dass die Partei sich zum Sachverhalt und zur Rechtslage äußern kann (vgl. BVerfG NJW 1998, 2044), dass das Vorbringen der Partei nicht nur zur Kenntnis genommen, sondern auch in Erwägung gezogen wird (BVerfG NJW 1991, 1283; 2001, 1505), dass sie zu Hinweisen des Gerichts, zu Erklärungen des Gegners und zu Beweisergebnissen Stellung nehmen kann (BVerfG NJW 1995, 2095 Nr. 1), dass sie gesetzte Fristen ausnutzen kann (BVerfG NJW 1995, 2095, 2096), dass keine Überraschungsentscheidungen ergehen (BVerfG NJW 1994, 1274; NJW-RR 1996, 253), dass Präklusionsvorschriften nicht missbräuchlich angewendet werden (BVerfG NJW 1978, 2733, 2734; 2000, 945). Art 103 GG schützt die Partei auch davor, dass das Gericht Beweisangebote aus Gründen unberücksichtigt lässt, die im Prozessrecht keine Stütze finden (BVerfG 1985, 1150; 86, 833; 2001, 1565). Darüber hinaus darf das Gericht nicht gegen das Willkürverbot aus Art. 3 Abs. 1 GG verstoßen (BVerfG NJW 1999, 1387). Art. 103 GG ist aber nicht bereits dann verletzt, wenn eine Entscheidung, am einfachen Recht gemessen, objektiv fehlerhaft ist (BGH NJW 1987, 2733, 2735).

c) Der Verstoß muss entscheidungserheblich gewesen sein. Das ist der Fall, wenn die Entscheidung ohne ihn anders gelautet hätte, also zB. wenn das Gericht bei Beachtung des rechtlichen Gehörs Beweis erhoben hätte, wenn es Hinweise an die Parteien gegeben hätte, wenn die Berücksichtigung übergangenen Vorbringens zu einem anderen Ergebnis geführt hätte. Dabei dürfte es für die Zulässigkeit der Rüge genügen, dass eine andere Entscheidung bei Gewährung rechtlichen Gehörs nicht ausgeschlossen werden kann (*Zöller/Vollkommer* § 321 a Rdn. 10).

Die Rüge muss mit einem Schriftsatz (Rügeschrift) erhoben werden, der die in § 321 a Abs. 2 ZPO genannten Anforderungen wahrt. Vor dem Landgericht besteht Anwaltszwang nach § 78 ZPO.

2. Die Rügeschrift ist an das Gericht zu richten, welches das Urteil erlassen hat.

3. Mit der erfolgreichen Rüge kann nur erreicht werden, dass das Gericht den Prozess in derselben Besetzung fortführt. Eine Auswechslung der Richter kann allenfalls über eine Ablehnung erreicht werden. Auch eine Übernahme durch die Kammer nach einem Einzelrichterurteil kommt nach § 348 Abs. 3 ZPO kaum in Betracht. Der Prozess wird, wie bei zulässigem Einspruch gegen ein Versäumnisurteil, in die Lage zurückversetzt, in der er sich vor Schluss der mündlichen Verhandlung befand.

4. Der Sachantrag ergibt sich aus der Vorschrift des nach § 321 a Abs. 5 S. 2 ZPO anwendbaren § 343 ZPO.

5. Die Rüge hindert die durch das Urteil begünstigte Partei nicht daran, die Zwangsvollstreckung zu betreiben. § 321 a Abs. 6 ZPO verschafft der beschwerten Partei daher die Möglichkeit, eine einstweilige Einstellung der Zwangsvollstreckung zu erreichen. Die Einstellung ohne Sicherheitsleistung ist nicht daran geknüpft, dass der Schuldner zur Sicherheitsleistung nicht in der Lage ist und die Vollstreckung einen nicht zu ersetzenden Nachteil bringen würde; § 707 Abs. 1 S. 2 ZPO ist nicht anwendbar.

6. In der Begründung des Schriftsatzes sind zunächst die Zulässigkeitsvoraussetzungen darzulegen, insbesondere also die Verletzung des Anspruches auf rechtliches Gehör und die Entscheidungserheblichkeit dieser Verletzung. In der Sache muss es Ziel der betroffenen Partei sein, nicht nur eine Ablehnung der Rüge mit der Begründung zu erreichen, dass auch das übergangene Vorbringen zu keinem anderen Endergebnis geführt hätte. Das wird am ehesten gelingen in den Fällen, in denen das Gericht erhebliche Schriftsätze nicht beachtet hat, weil sie nicht zur Akte gelangt sind. Wenn das Gericht Parteivorbringen in anderer Weise übergangen hat, sollte die Partei bei der Formulierung ihrer Kritik am geübten Verfahrens bedenken, dass der Prozess vor demselben Richter/denselben Richtern fortzuführen wäre. Weiter ist zu beachten, dass Art. 103 GG keinen Schutz davor bietet, dass Sachvortrag aus Gründen des formellen oder materiellen Rechts unberücksichtigt bleibt (BVerfG NJW 1983, 1307; 2000, 131). Das Gericht muss in seinem Urteil auch nicht jedes Vorbringen ausdrücklich bescheiden; vielmehr muss sich aus den besonderen Umständen des Falles ergeben, dass das Gericht seiner Pflicht, das Parteivorbringen zu berücksichtigen und in Erwägung zu ziehen, nicht nachgekommen ist (BVerfG NJW 1997, 2310, 2312; 2000, 131). Wenn aber das Gericht auf einen wesentlichen Kern des Tatsachenvortrags überhaupt nicht eingeht (BVerfGE 86, 133, 146; NJW 1999, 1387,1388) oder wenn substantiierte Darlegungen, die das Gericht in seinem Urteil vermisst hat, in einem Schriftsatz enthalten sind (BVerfG NJW 2000, 131), kann von einem Verstoß gegen Art. 103 GG ausgegangen werden.

Kosten und Gebühren

Gerichtsgebühren entstehen nur, wenn die Rüge in vollem Umfang verworfen oder zurückgewiesen wird (EUR 50 nach KV 1960). Für den Rechtsanwalt gehört das Verfahren nach § 321 a ZPO zum Rechtszug (§ 37 Nr. 5 BRAGO). Wird er erstmals im Rügeverfahren tätig, erhält er drei Zehntel der Gebühren nach § 31 BRAGO.

Fristen und Rechtsmittel

Die Rügeschrift muss binnen einer Notfrist von zwei Wochen, die mit Zustellung des vollständig abgefassten Urteils beginnt, erhoben werden (§ 321 a Abs. 2 S. 2 ZPO).

Der Beschluss, mit dem die Rüge zurückgewiesen wird, ist unanfechtbar (§ 321 a Abs. 4 S. 4 ZPO). Hält das Gericht die Rüge für begründet, hat der Gegner kein Rechtsmittel.

6. Antrag auf Hinausschieben der Urteilszustellung[1]

An das
Landgericht[2]

In der Sache

......

wird im versicherten Einverständnis mit der Gegenseite beantragt,

> **die Zustellung des am ...... verkündeten Urteils bis auf weiteres hinauszuschieben[3].**

Die Gegenseite wird einen entsprechenden Antrag noch ausdrücklich stellen[4].

Rechtsanwalt

Anmerkungen

1. Vgl. § 317 Abs. 1 S. 3 ZPO. Der Antrag hat den Sinn, den Beginn der Rechtsmittelfrist (§§ 516, 552, 577 Abs. 2 ZPO) hinauszuzögern. Das ist insbesondere im Rahmen von Vergleichsverhandlungen zweckmäßig, damit die unterlegene Partei nicht gezwungen wird, zur Wahrung ihrer Rechte Berufung einzulegen und hierdurch neue Kosten zu verursachen. Für Ehe-, Familien- und Kindschaftssachen sowie im Arbeitsgerichtsprozess ist § 317 Abs. 1 S. 3 ZPO ausgeschlossen (§§ 618, 621c, 640 Abs. 1 ZPO, 50 Abs. 1 S. 2 ArbGG). Ist das Urteil noch nicht verkündet, kann das gleiche Ziel durch einen Antrag auf Aussetzung des Termins zur Verkündung der Entscheidung erreicht werden.

2. Der Antrag ist an das Gericht zu richten, das die Entscheidung verkündet hat.

3. Die Zustellung kann nur bis zum Ablauf von 5 Monaten hinausgeschoben werden (§ 317 Abs. 1 S. 3 ZPO). Eine Frist braucht im Antrag nicht genannt zu werden. Wenn sich die Vergleichsverhandlungen zerschlagen, sollte die obsiegende Partei dies dem Gericht mitteilen und den Antrag stellen, das Urteil nunmehr zuzustellen.

4. Das Verfahren sollte, da ein übereinstimmender Antrag erforderlich ist, mit dem Gegner abgesprochen sein. Dem übereinstimmenden Antrag muss das Gericht entsprechen.

Kosten und Gebühren

Keine besonderen Gerichts- und Rechtsanwaltsgebühren.

Fristen und Rechtsmittel

Der Antrag kann nur vor der Zustellung des Urteils und nur innerhalb von 5 Monaten nach dessen Verkündung gestellt werden.

Rechtsmittel: sofortige Beschwerde nach § 567 ZPO.

O. Rechtsmittel und Rechtsbehelfe

1. Berufungsschrift[1, 5]

An das
Landgericht[2]
– Berufungskammer –
in ......

Berufung

In Sachen

des Bauingenieurs ...... aus ......
– Kläger und Berufungskläger[3] –
Prozessbevollmächtigter: RA ......

gegen

den Hausbesitzer ...... aus ......
– Beklagter und Berufungsbeklagter[4] –
Prozessbevollmächtigter I. Instanz: RA ...... aus ......
Aktenzeichen I. Instanz: ...... Amtsgericht ......
Beschwerwert: ...... EUR[5]

lege ich hiermit namens[6] des Klägers und Berufungsklägers gegen das am ...... verkündete und am ...... zugestellte Urteil des Amtsgerichts[7] ...... AZ.: ......

Berufung[8]

ein. Anträge und Begründung bleiben einem gesonderten Schriftsatz vorbehalten[9].
Die Urteilsausfertigung, deren Rückgabe erbeten wird, sowie 2 beglaubigte Abschriften sind beigefügt[10].

Rechtsanwalt[11, 12, 13]

Anmerkungen

1. Die Berufung ist durch die ZPO Reform ab 1. 1. 2002 weitgehend neu geregelt und es wird daher dringend geraten, die neuen Bestimmungen sorgfältig zu lesen und zu beachten. Berufung, § 511 ZPO, findet gegen die im ersten Rechtszuge erlassenen Endurteile, § 300 ZPO, I. Instanz statt. Die Berufung kann nur darauf gestützt werden, dass die Entscheidung auf einer Rechtsverletzung, § 546 ZPO beruht oder nach § 529 ZPO zugrunde zu legende Tatsachen eine andere Entscheidung rechtfertigen. Ein Endurteil entscheidet den Prozess für die Instanz endgültig. Endurteile sind auch Teilurteile (§ 301 ZPO), Ergänzungsurteile (§§ 321, 517 ZPO), Zwischenurteile (§ 280 Abs. 2 ZPO, vgl. BGH NJW 1979, 427/428; 1981, 989). Eine Anfechtung der Entscheidung über den Kostenpunkt ist unzulässig, wenn nicht gegen die Entscheidung in der Hauptsache ein Rechtsmittel eingelegt wurde (vgl. Form. I. O. 11 Anm. 3, BGH NJW 1988, 49/50). Ein echtes, also gegen die säumige Partei ergangenes Versäumnisurteil unterliegt nur dem Einspruch, nicht der Berufung und nicht der Anschlussberufung, § 514 ZPO. Eine Beru-

fung ist nur dort möglich, wo der Einspruch nicht statthaft ist (§ 514 Abs. 2 ZPO „echtes Zweites Versäumnisurteil"), soweit sie darauf gestützt wird, dass ein Fall der schuldhaften Versäumung nicht vorgelegen habe, § 511 Abs. 2 ist nicht anzuwenden; vgl. auch BGH NJW 1991, 43; die Bezeichnung allein ist nicht maßgeblich (LG Wuppertal NJW 1985, 2653). Ein mit der Feststellungsklage obsiegender Kläger kann Berufung nicht allein zu dem Zweck einlegen, um auf einen Leistungsantrag überzugehen (BGH NJW 1988, 827), anders hingegen wenn bei der Weiterverfolgung von Leistungsansprüchen zusätzlich von der Feststellungs- zur Leistungsklage in der Berufungsinstanz übergegangen wird (vgl. BGH NJW 1992, 2296). Die Klageänderung allein stellt keine Urteilsanfechtung dar (vgl. BGH NJW 1992, 3243 f.). So die bisherige Rechtsprechung zur alten Gesetzesregelung; wie sie sich weiterentwickelt, bleibt abzuwarten.

Grundsätzlich ist das Mandat eines erstinstanzlichen Bevollmächtigten nicht beendet, bevor er seinem Auftraggeber das erstinstanzliche Urteil übersandt, dessen Zustellung mitgeteilt und auf die Rechtsmittelmöglichkeit hingewiesen hat.

2. Das Berufungsgericht ist sorgfältig mit Name und Ort richtig zu bezeichnen. Die fehlerhafte Adressierung der Rechtsmittelschrift führt zu einem Zugang beim unzuständigen Gericht bzw. Adressaten (BGH NJW 1990, 990, 2822). Zur Einlegung der Berufung beim unzuständigen Gericht vgl. BVerfG NJW 2001, 1343. Zur Sorgfaltspflicht bei angeordneten Korrekturen in der Rechtsmittelschrift vgl. BGH NJW 1995, 263 f. Berufungsgerichte sind das Landgericht (§ 72 GVG) bei vor dem Amtsgericht verhandelten bürgerlichen Rechtsstreitigkeiten, soweit nicht die Zuständigkeit der Oberlandesgerichte begründet ist, sowie das Oberlandesgericht, § 119 GVG; a) in den von Familiengerichten entschiedenen Sachen; b) bei Streitigkeiten, bei denen eine Partei im Zeitpunkt der Rechtshängigkeit erster Instanz ihren allgem. Gerichtsstand außerhalb des Geltungsbereichs des GVG hatte; c) in denen das Amtsgericht ausländisches Recht angewendet und ausdrücklich in den Entscheidungsgründen festgestellt hat; d) Berufungen gegen Entscheidungen der Landgerichte. Nach § 119 Abs. 3 GVG kann durch Landesgesetze auch die Zuständigkeit des Oberlandesgerichts bei amtsgerichtlichen Entscheidungen zusätzlich begründet werden. Eine Rechtsmittelbelehrung ist sicherzustellen und die Bundesregierung hat den Bundestag zum 1. 1. 2004 und 1. 1. 2006 über die Erfahrungen zu unterrichten. Vgl. im Einzelnen § 119 GVG. Hat das AG in einer Nichtfamiliensache als Familiengericht entschieden, so war das OLG für die Berufung zuständig (BGH NJW 1993, 1399, 4400). Heute ist dies eindeutig formal im § 119 Abs. 1 Nr. 1a GVG festgelegt. Soweit durch Anordnung der Landesjustizverwaltung außerhalb des Sitzes des Oberlandesgerichts für den Bezirk eines oder mehrerer Landgerichte auswärtige Senate gebildet wurden, ist die Berufung am Sitz des auswärtigen Senats des OLG einzulegen. Zur Wahrung der Berufungsfrist von einem Monat nach Zustellung des in vollständiger Form abgesetzten Urteils – spätestens aber mit dem Ablauf von fünf Monaten nach Verkündung – (§ 516 ZPO) genügt der Eingang der Berufungsschrift beim Stammgericht (BGH NJW 1967, 107). Entscheidend zur Fristwahrung ist allein, ob das Schriftstück rechtzeitig in die Verfügungsgewalt des Gerichts gelangt ist. Auf eine Mitwirkung von Bediensteten des Gerichts kommt es nicht an. Ausreichend ist deshalb der Einwurf in den Tagesbriefkasten des Berufungsgerichts auch am letzten Tage der Frist, wenn nach den Umständen mit einer Leerung an diesem Tage noch zu rechnen ist (BGH NJW 1981, 1789; BVerfG NJW 1980, 50). Die Zustellung des Urteils setzt die Rechtsmittelfrist auch dann in Lauf, wenn danach der Urteilstenor gemäß § 319 ZPO berichtigt wurde (BGH NJW 1984, 1041). Ist bei Kartellstreitigkeiten für mehrere OLG-Bezirke ein einheitliches Kartell-Oberlandesgericht gebildet worden, § 93 GWB, so kann die Berufung fristwahrend auch bei dem nach § 119 GVG allgemein zuständigen OLG eingelegt werden. Dieses hat die Sache auf Antrag an den Kartellsenat zu verweisen (BGH WuW/E Nr. 1553); zur Fristenkontrolle des Anwalts vgl. BGH NJW 1988, 568. Zur Neufassung von § 119 GVG vgl. BGH NJW 1991, 231; 1993, 1399, 1400.

In den neuen Bundesländern war alleiniges Berufungsgericht das Bezirksgericht; zwischenzeitlich sind LG und OLG eingerichtet, vgl. auch Gesetz zur Anpassung der Rechtspflege im Beitrittsgebiet BGBl. I 1992, 1147ff. Zur Zuständigkeit des Berufungsgerichts in Handelssachen in den neuen Bundesländern vgl. DtZ 1993, 86. Zu den Übergangsvorschriften des Einigungsvertrages für Rechtsmittel vgl. *Baumbach/Lauterbach/Albers/Hartmann* Anh. nach § 577a. (Zur Zuständigkeit des Berufungsgerichts mit Inkrafttreten des Brandenburgischen Gerichtsneuordnungsgesetzes und zur Frage der Beendigung des Rechtszuges vgl. BGH NJW 1995, 1095f.).

3. Berufungsberechtigt ist jeder, gegen den sich das Urteil richtet. So eine Partei der ersten Instanz, auch wenn sie durch eine unrichtige Bezeichnung im Urteil betroffen ist, wie es bei Verwechslungen der Identität vorkommt (BGH MDR 1978, 307), ebenso eine Person, deren Eintritt als Partei die erste Instanz abgelehnt hat, §§ 239, 265, 266 ZPO, ein Streithelfer, jeder Gläubiger bei der Hinterlegungsklage aus § 856 Abs. 2 ZPO, der Staatsanwalt, § 634 ZPO, der beigeladene Elternteil, § 640e ZPO (vgl. auch BGH NJW 1984, 353, wenn eine Beiladung unterblieb). Zur Zulässigkeit der Berufung des Nebenintervenienten trotz Rechtsmittelverzicht des Beklagten vgl. BGH NJW 1989, 1362; 1991, 229. Zur Berufungseinlegung in Namen des Streithelfers (vgl. BGH NJW 1994, 1537) und zur Stellung des Streithelfers nach Berufungsrücknahme der unterstützten Partei vgl. BGH NJW 1989, 1357f. Zur Berufungseinlegung durch den Rechtsnachfolger des Klägers als Parteiwechsel vgl. BGH NJW 1996, 2799.

Vertretungsanzeige ist durch den Anwaltszwang, § 78 ZPO, erforderlich; zum Zeitpunkt der Postulationsfähigkeit vgl. BGH NJW 1992, 2706; 1993, 2538 und zum Wegfall der Postulationsfähigkeit nach Unterzeichnung der Berufungsschrift vgl. OLG Frankfurt NJW 84, 2896; BGH NJW 1990, 1305. Zur fehlenden Vertreterbefugnis in der Rechtsmittelinstanz vgl. BGH NJW 1990, 3152. Zur Berufungseinlegung durch amtlich bestellten Vertreter vgl. BGH NJW 1991, 1175.

4. Der Berufungsbeklagte und seine Stellung im Prozess ist näher zu bezeichnen (vgl. BGH NJW 1991, 2775), zur unrichtigen Parteibezeichnung vgl. BGH NJW 1996, 320. Soweit er in der ersten Instanz durch einen Prozessbevollmächtigten vertreten war, ist dieser mit Anschrift anzugeben. Die Wirksamkeit der Berufung hängt jedoch nicht von der Zustellung ab, so dass Mängel oder deren Unterlassung nach § 295 ZPO heilbar sind (BGHZ 65, 114/116).

5. Die Berufung ist nach der ZPO-Reform unter verschiedenen Voraussetzungen statthaft, § 511 ZPO. Sie ist zulässig, wenn eine Beschwer vorhanden ist (vgl. *Baumbach/Lauterbach/Albers/Hartmann* Grundz. § 511 Anm. 3; BGH NJW 1984, 371). Der Beschwerwert muss über EUR 600,– betragen, § 511 Abs. 2 Nr. 1 ZPO. Strittig ist, ob bei Klage und Widerklage, die nicht denselben Streitgegenstand betreffen, die Werte zusammenzurechnen sind; vgl. BGH NJW 1994, 3292; LG Gießen NJW 1993, 2709, LG Memmingen NJW 1992, 2710, LG Berlin NJW 1992, 2710; vgl. auch *Schneider,* Widerklage und materielle Beschwer, NJW 1992, 2680ff. Zur Beschwer bei Verurteilung zur Auskunft vgl. BGH NJW 1995, 664. Zur Hilfsaufrechnung vgl. BGH NJW 1993, 1538, NJW-RR 1994, 61; eine Sonderregelung gilt für Wohnraummietverhältnisse, § 511a Abs. 2. Die Beschwer muss bei Rechtsmitteleinlegung vorliegen, späterer Wegfall schadet regelmäßig nicht (BGHZ 1, 29; vgl. auch BGH NJW 1975, 539; 1982, 340, 447, 1048; 1983, 1063). Oder die Berufung ist zulässig, § 511 Abs. 2 Nr. 2 ZPO, wenn das Gericht des ersten Rechtszuges die Berufung im Urteil zugelassen hat. Die Berufung war in entsprechender Anwendung des § 513 Nr. 2 ZPO a.F. trotz Nichterreichen der Berufungssumme bei Vorliegen eines Verstoßes gegen den Grundsatz der Gewährung rechtlichen Gehörs zuzulassen (BVerfG NJW 1986, 2305; 1993, 255, 3130; str. BGH NJW 1988, 67; 1990, 838; LG Hannover NJW 1989, 1165). § 321a ZPO sieht nunmehr eine Verfahrensfortsetzung bei unzulässiger Berufung vor, wenn das rechtliche Gehör in entscheidungserheblicher Weise verletzt wurde. Die neuere Rechtsprechung nach der Reform bleibt abzuwarten. Im Falle der Berufung des zur Auskunftserteilung verurteilten Beklagten richtet sich der Wert des Beschwerdegegenstandes grundsätzlich nach seinem Interesse, die Auskunft nicht erteilen zu müssen vgl. BGH NJW-RR 1993, 1468; NJW 1994, 3232. Zur Beschränkung der Berufung (nach alter Regelung) auf die vorläufige Vollstreckbarkeit vgl. OLG Nürnberg NJW 1989, 842. Eine Berufung war unzulässig, wenn sie allein zu dem Zwecke der Klageänderung eingelegt wird (vgl. OLG Köln MDR 1981, 235). Zur Klageänderung im Berufungsverfahren und zum Beschwerwert nach altem Recht vgl. BGH NJW 1990, 2683 f.

6. Entscheidend ist, dass in der Berufungsschrift hinreichend zum Ausdruck kommt, für wen und gegen wen die Berufung eingelegt worden ist (BGHZ 65, 114/115 mwN.). Zur Notwendigkeit der Anschrift des Klägers in Berufungsverfahren vgl. BGH NJW 1988, 2114. Die für eine wirksame Berufungseinlegung erforderlichen Angabe, für wen und gegen wen die Berufung eingelegt wird, bedarf der Schriftform (BGH NJW 1985, 2650; 1988, 2046). Sind diese Angaben nicht in der Rechtsmittelschrift enthalten, genügt es, wenn sie sich aus anderen, dem Gericht vorliegenden Unterlagen innerhalb der Rechtsmittelfrist entnehmen lassen. Ist der Prozessbevollmächtigte erstmals in der Berufungsinstanz tätig, so hat er seine Vertretung gleichzeitig anzuzeigen.

7. Unerlässlicher Bestandteil der Berufungsschrift ist die Bezeichnung des angefochtenen Urteils. Die genaue Bezeichnung des Gerichts des ersten Rechtszuges ist notwendig; nur eingeschränkt kann eine falsche Bezeichnung unschädlich sein und formlos berichtigt werden (vgl. BGH NJW 1989, 2395 f.; 2001, 1070; BVerfG NJW 1991, 3140; kritisch *Obert* NJW 1992, 2139 f.). Daher ist hier Sorgfalt geboten, wenngleich unvollständige, ungenaue oder unrichtige Angaben der Wirksamkeit einer Berufung nicht entgegenstehen, soweit auf Grund anderer, innerhalb der Berufungsfrist erkennbarer Umstände für das Berufungsgericht und den Gegner die Identität des anzufechtenden Urteils zweifelsfrei feststeht (vgl. BGH MDR 1978, 308). Der Hinweis auf das Datum der Urteilszustellung kann ein Nachweis über den Tag der Zustellung darstellen (vgl. BGH NJW 1987, 2679). Vgl. auch Anm. 8.

8. Erforderlich ist die Erklärung des Berufungsklägers, dass er gegen das eingangs bezeichnete Urteil Berufung einlegt, § 518 ZPO. Der Gebrauch des Wortes „Berufung" ist zwar nicht zwingend notwendig, wenn sich der Wille, dass gerade dieses Rechtsmittel eingelegt wird, sonst klar ergibt, jedoch empfiehlt es sich, das Wort „Berufung" zu verwenden (BGH LM § 518 Abs. 2 Nr. 2 ZPO Nr. 3).

9. Die Berufung muss ggf in einem gesonderten Schriftsatz begründet werden (§ 520 ZPO), was dem Regelfall in der Praxis entspricht.

Die Berufung darf nicht an eine Bedingung geknüpft werden. Eine Berufung, die für den Fall eingelegt wird, dass die gleichzeitig beantragte Prozesskostenhilfe bewilligt wird, ist daher unzulässig (BGHZ 4, 54/55). Ist beabsichtigt, die Berufung nur dann durchzuführen, wenn dem Berufungskläger die Prozesskostenhilfe bewilligt wird, ist innerhalb der Berufungseinlegungsfrist das Gesuch auf Bewilligung der Prozesskostenhilfe einzureichen. Liegt eine Entscheidung über die Bewilligung der Prozesskostenhilfe innerhalb der Berufungsfrist nicht vor, so geht die Rechtsprechung davon aus, dass der Berufungskläger infolge seiner Armut gehindert war, die Berufungsfrist einzuhalten und gewährt ihm Wiedereinsetzung in den vorigen Stand, wenn er sein Gesuch formgerecht in der nach § 234 ZPO bestimmten Frist gestellt hat (*Baumbach/Lauterbach/Albers/Hartmann* § 233 Rdnrn. 41 ff. – Prozesskostenhilfe; vgl. auch BGH NJW 1988, 2046). Dabei wird der armen Partei eine kurze Überlegungsfrist (1–2 Tage) zugebilligt (BGH VersR 1978, 450; BAG NJW 1962, 462). Ist jedoch bereits ein Anwalt in jedem Fall mit der Rechtsmitteleinlegung beauftragt, so beginnt die Frist mit der Zustellung des ablehnenden Beschlusses (BGHZ 4, 55/57).

10. Mit der Berufungsschrift soll eine Ausfertigung oder beglaubigte Abschrift des angefochtenen Urteils beigefügt werden (§ 519 Abs. 3 ZPO). Hierbei handelt es sich zwar nur um eine bloße Ordnungsvorschrift, deren Beachtung aber insoweit an Bedeutung gewinnt, als aus dem beigefügten Urteil Unklarheiten in der Berufungsschrift aufgeklärt werden können. Daneben soll der Berufungskläger die nötige Anzahl von beglaubigten Abschriften der Berufungsschrift einreichen.

11. Die Berufungsschrift muss von dem beim Berufungsgericht zugelassenen Rechtsanwalt handschriftlich eigenhändig unterschrieben sein (vgl. BGH NJW 1976, 966/967; 1980, 291; 1989, 588; 1996, 997). Zum Anwaltszwang, § 78 ZPO, eines beim OLG zugelassenen Anwalts ist auf die Entscheidung des BVerfG (MDR 2001, 176) zu verweisen, der § 25 BRAO ab dem 1. 7. 2002 wegen Verfassungswidrigkeit für nicht mehr anwendbar bestimmte. Durch das am 1. 8. 2002 in Kraft getretene OLG-VertrÄndG ist die anwaltliche Lokalisation auch vor den Oberlandesgerichten entfallen. Jeder an einem OLG zugelassene Anwalt kann nunmehr vor allen Oberlandesgerichten auftreten. Zu den Hintergründen vgl. *Henssler/Kilian,* NJW 2002, 2817ff. U.U. kann der Nachweis der anwaltlichen Urheberschaft eine Berufungsschrift bzw. -begründungsschrift aus Begleitschreiben hervorgehen (vgl. BGH NJW 1986, 1760). Da die Rechtsprechung bei diesem Erfordernis nach wie vor streng ist, ist auch hier Sorgfalt geboten. Die Unterschrift selbst braucht nicht lesbar zu sein. Jedoch muss mit weitgehender Sicherheit feststehen, wer die Verantwortung für den Schriftsatz trägt. Dazu gehört, dass das Schriftbild einen individuellen Charakter aufweist, der die Unterscheidungsmöglichkeit gegenüber anderen Unterschriften gewährleistet und eine Nachahmung durch einen beliebigen Dritten zumindest erschwert (vgl. BGH NJW 1974, 1090; NJW 1975, 1705; 1982, 1467; 1985, 1227; 1996, 997; BVerfG NJW 1988, 2787). Zur Verwendung von Blancounterschriften eines Rechtsanwalts vgl. BGH NJW 1966, 351; OLG München NJW 1989, 1166.

12. Das Rechtsmittel kann auch telegrafisch, durch Telebrief, Fernschreiber oder Telekopie (-fax) eingelegt werden, wobei die Übermittlung einer eigenhändigen Unterschrift nicht möglich und daher auch nicht erforderlich ist (BGH LM § 518 Abs. 1 ZPO Nr. 3; NJW 1983, 1498; 1985, 2586; 1986, 1759; 1987, 2586; 1989, 589; 1990, 188; 1996, 2513; BAG NJW 1966, 1077; NJW 1971, 2190/2191; MDR 1981, 578). Bei der Verwendung von Fernschreiben beachte BGH NJW 1988, 1980. Bei Berufungseinlegung durch Telefax ist die Kopievorlage von einem postulationsfähigen Anwalt zu unterzeichnen (BGH NJW 1990, 188). Zur Störung des Telefaxgerätes vgl. BGH NJW 1995, 1431; Zur Richtigkeit der Fax-Nr. vgl. BGH NJW 1995, 2105. Zur Einreichung bestimmender Schriftsätze mittels Computer-Fax vgl. BHG NJW 2001, 831. Zum unregelmäßigen Postlauf in den neuen Bundesländern vgl. DtZ 1993, 87. Bei einem Poststreik trifft den Anwalt auch bei rechtzeitiger Versendung der Berufungsschrift die Pflicht, nachzufragen, ob das Schriftstück rechtzeitig bei Gericht eingegangen ist (BGH NJW 1993, 1332f.). Zur mehrfachen Berufungseinlegung bei Einreichung durch Original und Telefax vgl. BGH NJW 1993, 3141. Zum Verschulden bei mangelhafter Telefaxübermittlung vgl. OLG Naumburg NJW 1993, 2543; Zum Nachweis des rechtzeitigen Eingangs der Berufungsschrift vgl. BGH NJW 1996, 2038.

13. Gegebenenfalls ist – vorzugsweise mit gesondertem Schriftsatz – ein Antrag auf Einstellung der Zwangsvollstreckung gemäß §§ 707, 719 ZPO anhängig zu machen. Dieser muss gesondert begründet werden. Er bietet nur dann Aussicht auf Erfolg, wenn auch das eingelegte Rechtsmittel Erfolg verspricht und der Vollstreckungsschuldner durch die vorläufige Vollstreckung einen Schaden erleiden kann, der über die bloße Vollstreckungswirkung hinausgeht (vgl. OLG Köln MDR 1975, 850). Wegen der Notwendigkeit der Begründung des Einstellungsantrages empfiehlt es sich, die Berufungsbegründung mit einzureichen, aus der die Erfolgsaussichten der Berufung hervorgeht.

Kosten und Gebühren

Die Gerichtskosten richten sich nach § 11 GKG und dem Kostenverzeichnis Nr. 1220–1229, die Rechtsanwaltsgebühren nach § 11 (13/10 Gebühr), §§ 31 ff. BRAGO.

Fristen und Rechtsmittel

Die Berufungsfrist (§ 517 ZPO) beträgt 1 **Monat**, sie ist eine Notfrist und beginnt mit der Zustellung des in vollständiger Form abgefassten Urteils, spätestens aber nach Ablauf von 5 **Monaten** nach der Verkündung. Zur Prüfungspflicht des Anwalts vor Unterzeichnung eines Empfangsbekenntnisses vgl. BGH NJW 2000, 2112. Zum Beginn der Berufungsfrist bei Urteilsberichtigung vgl. BGH NJW 1991, 1834; 1995, 1033; zur Organisation der Fristüberwachung vgl. BGH NJW 1992, 3176; 1994, 2551; 1996, 2514. Zur anwaltlichen Sorgfaltspflicht bei drohendem Ablauf der 5-Monatsfrist vgl. BGH NJW 1989, 1156 f.; 1994, 458; zu den Pflichten bei Fristnotierungen in mehreren Familiensachen mit gleichem Rubrum vgl. NJW 1992, 2488; 1995, 1682; 1996, 853; zur Fristenkontrolle BGH NJW 1989, 1157 f., 1864, 2393 f.; 1990, 2126; 1994, 458; zu mehrfachen Rechtsmitteleinlegung vgl. BGH NJW 1993, 269. Eine fernschriftlich übermittelte Rechtsmittelschrift ist in dem Zeitpunkt zugegangen, in dem sie im Empfängerapparat ausgedruckt wird (vgl. BGH NJW 1987, 2586; BVerfG NJW 1987, 2067). Eine Rechtsmitteleinlegung durch Fernschreiben auf einen nicht für das Rechtsmittelgericht eingerichteten Fernschreiber wird dadurch nicht wirksam, dass das Fernschreiben durch Boten von der Empfangsstelle an das zuständige Gericht weitergegeben wird (BGH NJW 1988, 1980). Zur Wiedereinsetzung bei Versäumung der Berufungsfrist vgl. §§ 233, 234 ZPO und dazu BGH NJW 1985, 1709; 1988, 568, 2804; 1989, 589 f.; 1994, 2552, 2831, 2958, 3101; 1995, 263 f; 2000, 364; BVerfG NJW 1995, 249. Zur schuldhaften Fristversäumung durch nicht postulationsfähigen Zweitbüroanwalt vgl. BGH NJW 1993, 332; zur überörtlichen Sozietät vgl. BGH NJW 1994, 1878. Berufungsbegründungsfrist (§ 520 ZPO): 2 **Monate** mit der Möglichkeit der Verlängerung durch den Vorsitzenden, wenn der Gegner einwilligt; ohne Einwilligung kann die Frist bis zu 1 **Monat** verlängert werden, wenn nach freier Überzeugung des Vorsitzenden der Rechtstreit durch die Verlängerung nicht verzögert wird oder auch wenn der Berufungskläger erhebliche Gründe darlegt (vgl. auch zur alten Regelung BGH NJW 1985, 1558; 1993, 732, BAG NJW 1986, 603); zur Wiedereinsetzung in die versäumte Berufungsbegründungsfrist vgl. *Ganter,* NJW 1994, 164 ff.; BGH NJW 1989, 589 f., 1158, 2393; 1991, 1178 f.; zur Glaubhaftmachung vgl. BGH NJW 1993, 732; Besonderheit für die Berufungsfrist im Falle der Urteilsergänzung gem. § 321 ZPO: vgl. § 517 ZPO, vgl. auch Anmerkung 12.

Zur Berufungsfrist bei Ergänzungsurteil vgl. § 518 ZPO. Ein Streithelfer kann nur innerhalb der Rechtsmittelfrist der Hauptpartei Rechtsmittel einlegen (BGH NJW 1990, 190). Zur Unwirksamkeit der Zustellung vgl. BGH NJW 1994, 526.

Der Kanzleiabwickler eines verstorbenen Rechtsanwalts kann nur innerhalb der ersten sechs Monate ab Bestellung wirksam Berufung einlegen § 55 Abs. 2 BRAO, § 233 ZPO (vgl. BGH NJW 1992, 2158).

In den neuen Bundesländern sind die Übergangsvorschriften des Einigungsvertrages für Rechtsmittel (vgl. Anm. 2) zu beachten.

Keine Verwerfung einer unzulässigen Berufung, solange sie als unselbstständige Anschlussberufung zu werten ist, BGH NJW 1996, 2659, alte Regelung; zur Gesetzesänderung bei der Anschlussberufung vgl. § 524 ZPO, Form. I. O. 3.

2. Berufungsbegründungsschrift

An das
Landgericht
– Zivilkammer –
in ......

Berufungsbegründung[1]

In Sachen

des ......
– Klägers und Berufungsklägers –
Prozessbevollmächtigter: RA ......

gegen

die ......
– Beklagte und Berufungsbeklagte –
Prozessbevollmächtigter: RA ......

wegen Forderung

Az.: ......

begründe ich namens des Klägers und Berufungsklägers die mit Schriftsatz vom ...... eingelegte Berufung gegen das Urteil des Amtsgerichts ...... mit folgenden Anträgen[2]:

> Unter Abänderung des am ...... verkündeten Urteils des Amtsgerichts ......, Az.: ...... die Beklagte zu verurteilen, an den Kläger EUR ...... nebst ......% Zinsen zu bezahlen;[3–6]

Begründung:[7]

I. Umfang der Anfechtung:[8]

Das Amtsgericht hat zu Unrecht den Klageantrag abgewiesen, den der Kläger mit seiner Berufung weiter verfolgt. Das Urteil wird daher in vollem Umfang der Überprüfung durch das Berufungsgericht gestellt. Im Einzelnen ist folgendes zu rügen:

II. Rechtsverletzung und deren Erheblichkeit[7]

Es wird die Verletzung materiellen Rechts gerügt.
Rechtsirrig geht das Amtsgericht davon aus, dass selbst bei Annahme eines Darlehens die Klage unbegründet sei, weil die Kündigung zu spät erfolgt sei. Die Kündigung ist nicht entsprechend § 626 Abs. 2 BGB fristgebunden, sondern unterliegt nur der Verwirkung, § 242 BGB, die hier noch nicht eingetreten ist.

III. Zweifel an der Richtigkeit und Vollständigkeit der Tatsachenfeststellung

Das Amtsgericht kam auf Grund falscher Beweiswürdigung zu dem Ergebnis, dass die Zahlung des Klägers an die Beklagte von EUR ...... eine Gesellschaftseinlage darstelle mit der Folge, dass der Kläger diesen Betrag bei Gesellschaftsliquidation und nicht schon vorher als Darlehensrückzahlungsanspruch geltend machen könne. Dabei missachtete das Amtsgericht die Aussage des Zeugen A, dass der Kläger, anders als es für einen Gesellschafter typisch ist, am Verlust des Unternehmens nicht beteiligt sein sollte. Die Gegenleistung für die Hingabe des Kapitals sollte darin liegen, dass erst ab Erreichen eines gewissen Gewinnes eine Vergütung zu zahlen war. Die Voraussetzungen für ein partiarisches Darlehen sind somit gegeben. Eine unabhängig von Gewinn und Verlust des Darlehensnehmers bestehende Pflicht zur Tilgung verbunden mit einer an Stelle eines festen Zinssatzes tretende Teilhabe am Gewinn liegen vor.

IV. Neues Vorbringen[9]

Der Kläger hat nach Schluss der mündlichen Verhandlung den Brief des Beklagten aufgefunden, in dem dieser bestätigt, dass die Zahlung des Klägers als Darlehenshingabe erfolgte.

Beweis: Vorlage des Briefes vom ...... Anlage 1

V. Bezugnahme auf erstinstanzlichen Vortrag:[10]

Auf das gesamte erstinstanzliche Vorbringen des Klägers, insbesondere in den Schriftsätzen ...... einschließlich der dortigen Beweisantritte wird ergänzend Bezug genommen. Sollte das Berufungsgericht in der einen oder anderen Frage eine Ergänzung für erforderlich halten, wird um einen richterlichen Hinweis gemäß § 139 ZPO gebeten. [11]

Beglaubigte Abschriften liegen bei.[12]

Rechtsanwalt[13]

Anmerkungen

1 a. Auch das Rechtsmittelgericht ist richtig zu bezeichnen (vgl. BGH NJW 1989, 590; 1990, 990).

1. Es empfiehlt sich die Verwendung der Überschrift, um damit zweifelsfrei den Schriftsatz als Berufungsbegründungsschrift zu kennzeichnen. Die Berufungsbegründung hat, sofern sie nicht bereits in der Berufungsschrift enthalten ist, in einem gesonderten Schriftsatz zu erfolgen, wobei dies innerhalb einer Frist von zwei Monate seit Zustellung des in vollständiger Form abgefassten Urteil, spätestens mit Ablauf von fünf Monaten nach Verkündung zu erfolgen hat, eine Fristverlängerung ist möglich, § 520 ZPO (vgl. auch BGH NJW 1990, 1791), jedoch muss die Fristverlängerung innerhalb der laufenden Begründungsfrist beantragt werden, BGH NJW 1982, 1651; 1983, 1741; 1988, 268; BAG NJW 1980, 309. Der Anwalt kann auch bei einem ersten Antrag auf Verlängerung der Berufungsbegründungsfrist grundsätzlich nicht erwarten, dass dem Antrag entsprochen werde, wenn keiner der Gründe des § 520 Abs. 2 ZPO vorgebracht worden ist, es sei denn der Gegner hat eingewilligt. Problematischer ist der 2. Fristverlängerungsantrag (BGH NJW 1993, 134; 1994, 55) vgl. Form. I. O. 1. Der Antrag auf Verlängerung der Berufungsbegründung bedarf der Schriftform und unterliegt dem Anwaltszwang (BGH NJW 1985, 1558). Die Gründe für die Fristverlängerung sind glaubhaft zu machen. Haben Hauptpartei und Streithelfer zulässigerweise Berufung eingelegt, wirkt die auf Antrag des Streithelfers gewährte Verlängerung der Berufungsbegründungsfrist auch zugunsten der Hauptpartei (BGH NJW 1982, 2069; vgl. auch BGH NJW 1985, 2480). Die Begründungsfrist ist keine Notfrist, dennoch ist Wiedereinsetzung nach § 233 ZPO statthaft. Für Feriensachen vgl. § 200 GVG (bei Unterhaltsprozessen vgl. auch BGH NJW 1982, 282; 1983, 1561).

2. Der Berufungsbegründungsschriftsatz muss Berufungsanträge, § 520 Abs. 3 ZPO enthalten, dh. zu erkennen geben, inwieweit das Urteil angefochten und welche Abänderungen des Urteils beantragt werden. Neben den Sachanträgen sollen hier bereits die Anträge auf Vollstreckungsschutz, Sicherheit durch Bankbürgschaft und Revisionszulassung gestellt werden, nach der ZPO Reform ist dies zumindest fraglich. Damit ist auch in gewisser Weise gewährleistet, dass sie in der mündlichen Verhandlung gestellt werden. Bei der Abfassung der Berufungsanträge ist größte Sorgfalt geboten. Spätere Erweiterungen oder Beschränkungen sind zulässig (*Baumbach/Lauterbach/Albers/Hartmann*

§ 519 Rdn. 19, BGH NJW 1984, 177). Wird eine Klage in 1. Instanz als unzulässig mangels hinreichend bestimmten Klageantrags abgewiesen, so kann im 2. Rechtszug die Klage durch richtige Antragstellung zulässig werden (BGH NJW 1984, 1807, 1809f.). Durch die Beschränkung auf einen die Berufungssumme nicht erreichenden Betrag wird die Berufung unzulässig.

3. Sachantrag. Die Stellung der Sachanträge ist abhängig von der erhobenen Klage und deren Erfolg in der I. Instanz. Hatte der Kläger in I. Instanz bei einem Forderungsprozess nur einen Teilerfolg erzielt, so ist zu beantragen:

Unter Abänderung des am ... verkündeten Urteils des X-Gerichts, Az.: ......, den Beklagten zur Bezahlung weiterer ... EUR nebst ...% Zinsen zu verurteilen.

War der Beklagte in der ersten Instanz unterlegen und hat er Berufung eingelegt, so ist zu beantragen:

Das am ... verkündete Urteil des X-Gerichts, Az.: ..., aufzuheben und die Klage abzuweisen.

4. Antrag betreffend den Vollstreckungsschutz und die Sicherheitsleistung bei Berufungsverfahren vor dem OLG (was vor allem für den unterlegenen Beklagten gilt):

Dem Berufungskläger die Befugnis einzuräumen, gegen Sicherheitsleistung die Zwangsvollstreckung abzuwenden und ihm nachzulassen, eine nach § 711 ZPO zu erbringende Sicherheitsleistung durch selbstschuldnerische Bankbürgschaft einer deutschen Großbank, Volksbank oder öffentlichen Sparkasse zu leisten.

Der Ausspruch über die vorläufige Vollstreckbarkeit eines Urteils erfolgt von Amts wegen (§§ 708, 709 ZPO). Parteianträge beeinflussen den Ausspruch. Der Gläubiger kann nach §§ 711 S. 2, 710 ZPO den Wegfall der Sicherheitsleistung erreichen und dem Schuldner wird es ermöglicht, die Zwangsvollstreckung durch Sicherheitsleistung abzuwenden (§§ 711, 712 ZPO). Über die Vollstreckungsabwendungsbefugnis nach § 711 S. 1 ZPO entscheidet das Gericht von Amts wegen. Ein Vollstreckungsschutz nach § 712 ZPO wird nur auf einen bis zum Schluss der mündlichen Verhandlung gestellten Antrag gewährt, mit dem auch der nicht zu ersetzende Nachteil glaubhaft gemacht werden muss. Mit dem nachfolgenden Antrag können beide Möglichkeiten erfasst werden:

In den der Revision unterliegenden Sachen zugunsten meiner Partei

als Gläubiger es bei der Vollstreckbarkeit ohne Sicherheitsleistung gemäß §§ 711 S. 2, 710 ZPO zu belassen;
als Schuldner die Schutzanordnungen aus § 712 ZPO zu treffen;

hilfsweise in beiden Fällen ihr zu gestatten, eine Sicherheitsleistung nach § 711 ZPO auch durch Bürgschaft einer Großbank oder öffentlichen Sparkasse zu erbringen;

Eine Einstellung der Zwangsvollstreckung nach § 719 Abs. 1 ZPO in der Berufung kann unterbleiben, wenn der Vollstreckungsschuldner es versäumt hat, einen ihm möglichen und zumutbaren Antrag nach § 712 ZPO im erstinstanzlichen Verfahren zu stellen (OLG Frankfurt NJW 1985, 2955).

Ein Antrag auf Einstellung der Zwangsvollstreckung nach § 719 Abs. 2 ZPO wird in der Revisionsinstanz grundsätzlich als verspätet behandelt, wenn nicht zuvor in der zweiten Instanz ein Vollstreckungsschutzantrag nach § 712 ZPO gestellt und begründet worden ist (BGH GRUR 1980, 755). Zur Einstellung der Zwangsvollstreckung im Revisionsverfahren vgl. auch BGH NJW 1982, 1397; 1983, 455; 1991, 1117. Vgl. auch Form. I. O. 1 Anm. 13.

5. Ein Antrag auf Revisionszulassung kann nur bei Berufungsverfahren vor dem OLG gestellt werden. Die Anregung der Revisionszulassung empfiehlt sich, nachdem eine Re-

vision nur statthaft ist, wenn sie zugelassen wurde oder das Revisionsgericht sie auf die Beschwerde wegen Nichtzulassung hin zugelassen hat, § 543 ZPO (Form. I. O. 5).

6. Ein Antrag, dem Gegner die Kosten aufzuerlegen, ist entbehrlich, da das Gericht von Amts wegen über die Kostenpflicht entscheidet (§ 308 Abs. 2 ZPO). Dies gilt auch im Falle des § 91a ZPO. Anders ist es nur dann, wenn die Kosten zur Hauptsache geworden sind (*Baumbach/Lauterbach/Albers/Hartmann* § 308 Rdn. 15).

7. Mit vorliegendem Berufungsbegründungsvorschlag wurde bewusst eine klare Gliederung gewählt, um insbesondere dem jungen Anwalt deutlich zu machen, dass er sich im Einzelnen mit dem Urteil I. Instanz auseinandersetzen muss und außerdem die ZPO-Reform, die möglichen Berufungsgründe vorgibt, § 520 ZPO. Die Forderungen an eine einwandfreie Berufungsbegründung wurden verschärft. Der BGH stellte auch an eine Berufungsbegründung strenge Anforderungen NJW 1994, 1481, 2289; 1995, 1559, 1560; er fordert eine eigene, verantwortliche Stellungnahme des Berufungsanwalts zu der tatsächlichen und rechtlichen Würdigung des Streitstoffes in dem angefochtenen Urteil. Die Berufungsbegründung muss die Anfechtungsgründe, neue Tatsachen, Beweismittel und Beweiseinreden enthalten. Ziel der ZPO-Reform ist es, die Berufung auf die Beseitigung erheblicher Rechtsverstöße und erheblicher Fehler bei der Tatsachenfeststellung 1. Instanz zu beschränken. Keine ausreichende Begründung stellen formale und nicht auf den konkreten Streitfall bezogene Ausführungen, Wiedergabe von Gesetzestexten, die das Erstgericht außeracht gelassen habe; 1995, 1559, dar (BGH WM 1979, 619; NJW 1990, 2628) bloße Bezugnahme auf das erstinstanzliche Vorbringen reicht nicht aus (BGH NJW 1981, 1620). Eine Berufung ist nur zulässig, wenn mit ihr die Beseitigung einer in dem angefochtenen Urteil liegenden Beschwer verfolgt wird, d.h. dass nach einer Klageabweisung das vorinstanzliche Begehren zumindest teilweise weiterverfolgt werden muss (BGH NJW 1993, 597f.). Mit der Berufungsbegründung hat der Berufungskläger die Gesichtspunkte seiner Rechtsverfolgung oder -verteidigung wiederzugeben und vor allem darzulegen, welche tatsächlichen oder rechtlichen Erwägungen des erstinstanzlichen Gerichts er bekämpfen und auf welche Gründe er sich bei seiner Auffassung stützen will. Stützt das Instanzgericht seine Entscheidung auf mehrere von einander unabhängige, selbstständig tragende rechtliche Erwägungen, muss der Rechtsmittelführer in der Rechtsmittelbegründung für jede dieser Erwägungen darlegen, warum sie nach seiner Auffassung die angegriffene Entscheidung nicht tragen, sonst ist das Rechtsmittel unzulässig (BGH NJW 1990, 1184), dies dürfte auch nach der ZPO Reform der Fall sein. Im beschränkten Umfang konnten bisher Berufungsgründe nachgeschoben werden (BGH NJW 1984, 177). Zur Berufungserweiterung vgl. BGH NJW 1984, 437; 1986, 2257; 1987, 1024; idR. kommt eine Klageänderung oder eine Klageerweiterung in der Berufungsinstanz ohne Angriffe gegen das erstinstanzliche Urteil nicht in Betracht (BGH NJW 1983, 172; 1993, 597, 598). Im Gegensatz zur alten Gesetzeslage ist heute eine Klageänderung nach § 533 Nr. 1 ZPO n.F. nur bei Einwilligung des Gegners oder Sachdienlichkeit zulässig; entsprechendes gilt für Aufrechnung und Widerklage. Zur Frage der Parteierweiterung vgl. BGH NJW 1986, 356, 2258. Wurden mehrere Ansprüche abgewiesen, so muss jeder für sich gesondert begründet werden (vgl. BGH WM 1977, 941); für Haupt- und Hilfsansprüche vgl. BGH NJW 1989, 1486f.; 1996, 320.

Soweit der Beschwergegenstand nicht in einer bestimmten Geldsumme besteht, soll sein Wert angegeben werden, wenn von ihm die Zulässigkeit der Berufung abhängt. Der Beschwerwert ist glaubhaft zu machen, § 511 ZPO.

Eine Berufungsrücknahme ist heute bis zur Verkündung des Urteils ohne Einwilligung des Gegners zulässig. Durch Beschluss ist die Verpflichtung zur Kostentragung auszusprechen, § 516 ZPO.

8. Die Berufungsanträge, die eindeutig und bestimmt sein müssen, können vor der Darlegung der Berufungsgründe noch näher erläutert werden. Dies empfiehlt sich insbesondere dann, wenn mit der Berufung das erstinstanzliche Urteil nur teilweise angefochten wird. Zur Frage der Berufungserweiterung vgl. BGH NJW 1984, 2029.

Wird die Berufungseinlegung ausdrücklich auf einen von mehreren Klagenanträgen beschränkt, so ist darin in der Regel ein wirksamer Rechtsmittelverzicht in Bezug auf die anderen Anträge zu sehen (BGH NJW 1990, 1118).

9. Für neues, verspätetes oder zurückgewiesenes Vorbringen nach altem Recht vgl. BVerfG NJW 1983, 1307, 2187; 1987, 1621, 2003; BGH NJW 1982, 1535, 2708; 1983, 999, 1495; 1985, 1539, 1556, 3079; 1986, 2257, 2314; 1988, 60, 62; 1995, 2173). OLG Düsseldorf NJW 1982, 1888). Nach der ZPO Reform, § 513 Abs. 2 wurden im Einzelnen die Voraussetzungen aufgezählt, unter denen neue Angriffs- und Verteidigungsmittel zulässig sind; dabei schadet bereits einfache Nachlässigkeit der versäumten Geltendmachung im ersten Rechtszug, vgl. auch §§ 529 ff ZPO. Zur Berücksichtigung neuer Tatsachen vgl. BGH NJW 2001, 448. Zur Frage des Parteiwechsels im Berufungsverfahren vgl. BGH NJW 1984, 2104. Widerklage und Aufrechnung sind nur mit Einwilligung des Gegners zulässig, es sei denn, das Gericht hält die Geltendmachung in der zweiten Instanz für sachdienlich (BGH NJW 1980, 2418; 1984, 1552) und sie auf Tatsachen gestützt werden konnten, die das Berufungsgericht ohnehin nach § 529 ZPO zugrunde zu legen hat. Stützt sich die Berufung allein auf neue Tatsachen und Beweismittel, so ist i. d. R. eine Auseinandersetzung mit den Gründen des angefochtenen Urteils entbehrlich (BGH MDR 1967, 755). Zur Frage der nochmaligen Vernehmung eines Zeugen durch das Berufungsgericht vgl. BGH NJW 1982, 108; 1984, 2629, 1995, 1292; 1996, 663.

10. Eine ergänzende Bezugnahme auf den erstinstanzlichen Vortrag soll in der Regel mit detaillierten Hinweisen auf bestimmte Schriftsätze verbunden werden (vgl. BVerfG NJW 2000, 131, BGH NJW 1982, 581, 1636; str. KG Berlin NJW 1990, 844). Dies insbesondere dann, wenn mit der Berufung die Übergehung eines bestimmten Sachvortrags und die fehlende Beweiserhebung zu bestimmten Fragen gerügt wurde. Es bleibt nach der ZPO-Reform abzuwarten, wie die Gerichte die Bezugnahme auf früheren Vortrag werten. Eine sorgfältige Auseinandersetzung des Berufungsanwalts mit dem erstinstanzlichen Urteil ist geboten. Vgl. §§ 529 ff. ZPO.

11. Zu den Aufklärungs- und Hinweispflichten des Gerichts nach § 139 ZPO a. F. vgl. BGH NJW 1984, 310; 2104; 1993, 597. Heute ist im § 139 ZPO n. F. von der materiellen Prozessleitung die Rede, die weitergehende Maßnahmen als die früher richterliche Aufklärungspflicht zum Gegenstand hat.

12. Vgl. Form. I. O. 1 Anm. 10.

13. Die Begründung muss von einem bei einem Berufungsgericht zugelassenen Rechtsanwalt unterzeichnet sein (hM. BGH LM § 519 ZPO Nr. 63; NJW 1982, 1467; 1985, 1227; *Baumbach/Lauterbach/Albers/Hartmann* § 519 Rdn. 3; abw. OLG Frankfurt NJW 1977, 1246), vgl. Form I. O. 1 Anm. 11. Zur Verfassungswidrigkeit des § 25 BRAO vgl. BVerfG MDR 2001, 176). Die Begründung eines Rechtsmittels kann nicht anders behandelt werden als seine Einlegung, so dass eine Berufungsbegründung durch Fernschreiben oder Telefax möglich ist (vgl. BVerfG NJW 1987, 2067; BGH NJW 1989, 589; 1994, 1881); bei der Verwendung von Fernschreiben beachte jedoch BGH NJW 1988, 1980. Vgl. Form. I. O. 1 Anm. 9, 11, 12.

Zur Verantwortung des Rechtsanwalts für eine von anderen verfasste Rechtsmittelbegründung vgl. BGH NJW 1989, 384 f; 3022.

Fristen und Rechtsmittel

Berufungsbegründungsfrist beträgt 2 **Monate** nach Zustellung des vollständigen Urteils, spätestens mit Ablauf von fünf Monaten nach Verkündung (§ 520 Abs. 2 ZPO).

Bei einer Verwerfung der Berufung als unzulässig ist hiergegen die Rechtsbeschwerde statthaft, § 522 Abs. 1 ZPO.

Eine Fristverlängerung durch den Vorsitzenden ist möglich. Die Frist kann verlängert werden, wenn der Gegner einwilligt. Ohne Einwilligung ist die Verlängerung bis zu einem Monat möglich, wenn nach freier Überzeugung des Vorsitzenden der Rechtsstreit durch die Verlängerung nicht verzögert oder wenn der Berufungskläger erhebliche Gründe darlegt. Der Antrag ist schriftlich zu stellen (BGH NJW 1982, 1651; 1985, 1558; 1988, 268; BAG NJW 1986, 603); die Gründe nach § 520 Abs. 2 ZPO müssen begründet dargelegt werden, sonst besteht kein Anspruch auf Fristverlängerung (BGH NJW 1992, 2436; 1993, 134). Zum Vertrauensschutz auf erstmalige Verlängerung nach alter Regelung vgl. BGH NJW 1994, 2957, zum Vertrauen des Anwalts auf die Richtigkeit der Auskunft seiner Sekretärin zur Fristverlängerung vgl. BGH NJW 1996, 1682; beim Vertrauen auf die Bewilligung einer dritten Verlängerung vgl. BGH NJW 1996, 3155, die genannte Entscheidung betrifft die alte Regelung. Die Neureglung sollte in der Praxis eine wesentliche Änderung erwarten lassen. Dem Antrag auf Aussetzung des Verfahrens kann i. d. R. kein Antrag auf Verlängerung der Berufungsbegründungsfrist entnommen werden (BGH NJW 1987, 2380).

Zur Fristenkontrolle vgl. BGH NJW 1989, 1157 f.; 2393 f.; 1991, 2080; zur Führung des Fristenkalender durch Datenspeicherung vgl. OLG München NJW 1990, 191; Zur Fristenkontrolle bei Verfahrensunterbrechung, § 240, vgl. BGH NJW 1990, 1239.

Zu den Sorgfaltspflichten des Anwalts bei der Übermittlung der Berufungsbegründung vgl. BVerfG NJW 1995, 249. An dieser Stelle sollte eigentlich nicht mehr dann erinnert werden müssen, dass die Gerichtsferien seit längerer Zeit weggefallen sind und somit keine Fristenunterbrechung mehr erfolgt.

3. Anschlussberufung[1]

An das
Oberlandesgericht
– Zivilsenat –
in ......

Anschlussberufung[2]

In Sachen

......
– Kläger und Berufungskläger –
Prozessbevollmächtigter: RA ......

gegen

......
– Beklagter und Berufungsbeklagter –
Prozessbevollmächtigter: RA ......
wegen ......

Az.: ......
lege ich namens des Beklagten und Berufungsbeklagten gegen das am ...... verkündete Urteil des Landgerichts ......
Az.: ......

Anschlussberufung

ein,

mit den Anträgen[3],

1. das angefochtene Urteil abzuändern und die Klage insgesamt abzuweisen;[4]
2. hilfsweise dem Beklagten die Befugnis einzuräumen, gegen Sicherheitsleistung die Zwangsvollstreckung abzuwenden und für die zu erbringende Sicherheitsleistung eine selbstschuldnerische Bankbürgschaft einer deutschen Großbank, Volksbank oder öffentlichen Sparkasse stellen zu können;[5]
3. vorsorglich die Revision zuzulassen.[6]

I. Umfang der Anfechtung[7]:

Das Landgericht hält den vom Kläger geltend gemachten Schadensersatzanspruch in Höhe eines Teilbetrages von EUR 400,– für begründet. Gegen diese Verurteilung wendet sich der Beklagte mit seiner Anschlussberufung.

II. Begründung:

Zu Unrecht nimmt das Landgericht eine Haftung des Beklagten für den vom Kläger geltend gemachten Schadensersatzanspruch unter dem Gesichtspunkt einer Betriebsgefahr an. Der Beklagte haftet für den Verkehrsunfall nicht, da der Unfall nicht durch sein Verschulden zustande kam. Davon geht auch das Landgericht aus.
Das Gericht berücksichtigte jedoch nicht den Vortrag des Beklagten, dass er bereits sein Fahrzeug am rechten Straßenrand zum Halten brachte, als der Kläger mit seinem Pkw schleudernd auf die Gegenfahrbahn geriet und mit dem Pkw des Beklagten zusammenstieß. Für diesen Verlauf wurde der Beifahrer ...... als Zeuge benannt. Eine Zeugenvernehmung hat nicht stattgefunden. Da das Gericht dies rechtsfehlerhaft für entscheidungsunerheblich hielt. Es wird erneut eine Vernehmung des zuvor benannten Zeugen beantragt. Über diesen bestrittenen Vortrag war Beweis zu erheben, da er rechtserheblich war. Trifft es zu, dass der Beklagte sein Fahrzeug bereits zum Stehen gebracht hatte, als der Kläger mit seinem Pkw auf die Gegenfahrbahn geriet, so stellt der Unfall für den Beklagten selbst ein unabwendbares Ereignis dar. Der Beklagte ist daher auch nicht nach dem StVG zum Schadensersatz verpflichtet.
Beglaubigte Abschriften anbei.

Rechtsanwalt[8]

Anmerkungen

1. Jede Partei, die durch das erstinstanzliche Urteil beschwert ist, kann selbstständig bis zum Ablauf der Berufungsfrist, die Notfrist ist (§ 517 ZPO), Berufung einlegen. Der Berufungsbeklagte kann jedoch von einer selbstständigen Berufung Abstand nehmen und sich damit begnügen, sich der vom Gegner eingelegten Berufung anzuschließen, § 524 ZPO. Diese Möglichkeit besteht selbst dann, wenn er auf die Berufung verzichtet hat, § 524 Abs. 2 ZPO, oder die Berufungsfrist verstrichen ist. Mit der Anschlussberufung soll eine Abänderung des erstinstanzlichen Urteils zugunsten des Berufungsbeklagten herbeigeführt werden (vgl. auch BGH NJW 1991, 2569). Die Anschlussberufung ist im Gegensatz zum alten Recht bis zum Ablauf eines Monats nach Zustellung der Berufungsbegründungsschrift zulässig und muss in der Anschlussfrist begründet werden, § 520 Abs. 3. Die Anschließung verliert ihre Wirkung, wenn die Berufung zurückgenommen, verworfen oder durch Beschluss zurückgewiesen wurde. Die Anschlussberufung setzt keine Beschwer voraus (hM. vgl. *Stein/Jonas/Grunsky* § 521 Anm. I 1). Sie konnte daher auch zu dem alleinigen Zweck der Erweiterung des Klageantrages oder zur Geltendmachung neuer Ansprüche oder zur Erhebung der Widerklage eingelegt werden (BGHZ 4, 224/234; BGHZ 24, 279/285; OLG Karlsruhe NJW 1965, 47/48; aA. *Stein/Jonas/Grunsky* § 521 Anm. I 1), ob sich an dieser Auffassung durch die ZPO Reform etwas ändert, bleibt abzuwarten. Ausgeschlossen war es, durch die Anschlussberufung die Klage auf einen bisher an dem Verfahren nicht beteiligten Dritten erstrecken zu wollen (BGH LM § 521 ZPO Nr. 4). Ist in erster Instanz ein Teilurteil ergangen, gegen das Berufung eingelegt worden ist, so konnte der noch in der ersten Instanz anhängige Teil nicht im Wege der Anschlussberufung in die Berufungsinstanz gezogen werden (*Stein/Jonas/Grunsky* § 521 Anm. I 2; *Baumbach/Lauterbach/Albers/Hartmann* § 521 Rdn. 3; BGHZ 30, 213; aA. BGH NJW 1959, 640/641).

Zur Unzulässigkeit der Anschlussberufung bei Säumnis des Berufungsklägers vgl. BGH NJW 1988, 568.

Die Anschlussberufung kann selbstständig oder unselbstständig sein. Dies wird bedeutsam im Fall der Rücknahme der Hauptberufung sowie deren Verwerfung als unzulässig. Eine selbstständige, d.h. innerhalb der Berufungsfrist eingelegte Anschlussberufung bleibt als eigene Berufung des Anschließenden prozessual beachtlich; sie wird als selbstständige Berufung weiterbehandelt (§§ 519, 520 ZPO), zur rechtzeitigen Begründung vgl. § 520 ZPO (BGH NJW 1995, 2362/2363. Eine Anschließung des Berufungsklägers an die unselbstständige Anschlussberufung des Rechtsmittelgegners ist nicht möglich (BGH NJW 1984, 437).

2. Die Anschlussberufung erfolgt durch Einreichung einer Anschlussberufungsschrift (§ 524 Abs. 1 ZPO), die dieselben Formalien, wie sie die Hauptberufung fordert, erfüllen muss (vgl. Form. I. O. 1). Die Anschlussberufung selbst muss bis zum Ablauf eines Monats nach Zustellung der Berufungsbegründung begründet werden (vgl. Form. I. O. 2).

3. Zu den wesentlichen Erfordernissen der Anschlussschrift gehört die Bezeichnung des Urteils, gegen das sich die Anschlussberufung richtet, die Erklärung, dass sich die Partei der vom Gegner eingelegten Berufung anschließt. So ist auch folgende Formulierung möglich:

> Schließe ich mich hiermit namens des Beklagten und Berufungsbeklagen der Berufung des Klägers gegen das am ... verkündete Urteil des Landgerichts ... AZ.: ... an.

Weiter ist erforderlich, dass die Anschlussberufung in der Anschlussfrist eingelegt und begründet wird, § 524 ZPO. Die schriftliche Begründung muss die gleichen Formalien erfüllen wie die Berufungsbegründung. Formale Mängel der Anschließung können durch eine mangelfreie Wiederholung der Anschlussberufung innerhalb der Frist des § 524 ZPO nachgeholt werden. Letztere wird an die Gegenpartei von Amts wegen zugestellt.

4. Sachantrag; vgl. auch Form. I. O. 2 Anm. 4, 8.

5. Vollstreckungsschutz und Sicherheitsleistung (vgl. Form. I O. 2 Anm. 4).

6. Revisionszulassung (vgl. Form. I. O. 2 Anm. 5).

7. Für die Begründung der Anschlussberufung gelten die gleichen Grundsätze wie für die Berufungsbegründung (vgl. Form. I. O. 2 Anm. 7–12); zur Zurückweisung von Angriffs- und Verteidigungsmittel, die erstmalig mit der Anschlussberufung vorgebracht werden, vgl. §§ 524 Abs. 3, 520 Abs. 2 ZPO, zur alten Regelung vgl. BGH NJW 1982, 1708.

8. Vgl. Form. I. O. 1 Anm. 11 und Form. I. O. 2 Anm. 11, 12, 13.

Kosten und Gebühren

Wegen der Kosten und Gebühren vgl. Form. I. O. 1.

Wird nach wirksamer Rücknahme der Hauptberufung die nach § 524 Abs. 4 ZPO wirkungslos gewordene Anschlussberufung weiterverfolgt, ist sie unzulässig und der

Anschlussberufungskläger trägt ihre Kosten (BGH NJW 1987, 3263, zu § 522 Abs. 1 ZPO a. F.).

Fristen und Rechtsmittel

Die selbstständige Anschlussberufung ist innerhalb der Berufungsfrist (§ 517 ZPO: 1 Monat) einzulegen, und vor Ablauf der Berufungsbegründungsfrist, § 520 ZPO, zu begründen, § 522 a ZPO. Die unselbstständige Anschlussberufung muss innerhalb eines Monats nach Zustellung der Berufungsbegründung eingelegt und begründet werden, § 524 ZPO. Auf die Gesetzesänderung ist zu achten!

4. Berufungserwiderung

An das
Oberlandesgericht
– Zivilsenat –
in ......

Berufungserwiderung[1]

In Sachen

Verein W.
Kläger, Berufungskläger
Prozessbevollmächtigter: RA ......

gegen

Kaufmann A.
Beklagter, Berufungsbeklagter
Prozessbevollmächtigter: RA ......
Az.: ......

melde[2] ich mich für den Beklagten und Berufungsbeklagten als Prozessbevollmächtigter und beantrage[3]

1. die Berufung zurückzuweisen;[4]
2. hilfsweise dem Beklagten nachzulassen, die Zwangsvollstreckung gemäß § 712 ZPO gegen Sicherheitsleistung abzuwenden sowie[5] dem Beklagten eine Aufbrauchs- und Umstellungsfrist von 12 Monaten, beginnend ab Rechtskraft des Urteils über die Angaben „Steiger-Tröpfchen“ auf den Warenetiketten zuzubilligen;[5]
3. ferner hilfsweise dem Beklagten die Befugnis einzuräumen, Sicherheitsleistung durch Bürgschaft einer deutschen Großbank, Volksbank oder öffentlichen Sparkasse stellen zu können.[6]

Begründung:[7]

Das Landgericht ging zutreffend davon aus, dass wettbewerbsrechtliche Unterlassungsansprüche in Hinblick auf die Bezeichnung „Steiger-Tröpfchen“ nicht bestehen. Auch weinrechtliche Bestimmungen werden nicht tangiert.
Entgegen der Annahme des Berufungsklägers bedurfte es nicht der Einholung eines Sachverständigengutachtens. Das Gericht gehörte zu den angesprochenen Verkehrskreisen, nämlich den Letztverbrauchern, denen die mit der Bezeichnung „Steiger-Tröpfchen“ ge-

kennzeichneten Weinflaschen angeboten werden (vgl. Schriftsatz vom ...... S. ......). Mit der gewählten Bezeichnung wird eine zulässige Phantasiebezeichnung gewählt, die nicht zu den nach §§ 15, 20, 46 WeinG verbotenen Angaben gehört. Damit wird mit der gewählten Bezeichnung auch keine irreführende Beschaffenheitsangabe iSd. § 3 UWG verwendet.

Der Hilfsantrag auf Gewährung einer Aufbrauchs- und Umstellungsfrist für die Weinetiketten entspricht der Billigkeit, § 242 BGB. Durch ein unbefristetes Verbot entstehen dem Beklagten unverhältnismäßige Nachteile. Einmal ist eine Produktionsumstellung auf neue Etiketten erforderlich, die eine gewisse Zeit der Fertigung der neuen Etiketten voraussetzt. Zum anderen kommt hinzu, dass es dem Beklagten unmöglich ist, die Bestände an bereits etikettierten Weinflaschen mit neuen Bezeichnungen zu versehen. Nach den Erfahrungen des Beklagten werden seine Produkte nach einer Zeit von 12 Monaten an Letztverbraucher verkauft, so dass eine Umstellungsfrist von mindestens 12 Monaten geboten ist.

Aus den zuvor genannten Gründen wird auch gemäß § 712 ZPO vom Beklagten die Befugnis begehrt, die Zwangsvollstreckung durch Sicherheitsleistungen abzuwenden. Hätte der Kläger mit seinem Unterlassungsbegehren Erfolg, würde eine Zwangsvollstreckung eine über wenigstens 6 Monate dauernde Liefereinstellung zur Folge haben, die die Existenz des Beklagten bedroht. Der Beklagte hat sich durch langfristige Lieferverträge mit einer Vielzahl von Großhändlern gebunden und seine fristgerechte Erfüllung durch Vertragsstrafen sichergestellt. Selbst bei einer Liefereinstellung von nur einigen Wochen müsste der Beklagte mit Vertragsstrafen von wenigstens 100.000,– EUR rechnen, die zusammen mit dem Verlust durch die Liefereinstellung zu einem Existenzverlust führen würden. Auf die beiliegende eidesstattliche Versicherung des Verkaufsleiters des Beklagten wird Bezug genommen[8].

Rechtsanwalt[9]

Anmerkungen

1. Berufung und Berufungserwiderung sind der Gegenpartei zuzustellen, § 521 ZPO. Der Berufungsbeklagte hat die Möglichkeit, bereits mit der Vertretungsanzeige den Antrag auf Zurückweisung der Berufung zu stellen und die Begründung nach Vorlage der Berufungsbegründung nachzureichen. Diese Verfahrensweise empfiehlt sich im Hinblick auf die Kostenregelung der §§ 31 Abs. 1 Nr. 1, 32 BRAGO (vgl. auch OLG Nürnberg NJW 1982, 1056). In diesem Fall kann das hier vorliegende Formular gleichfalls verwandt werden, indem lediglich die Begründung weggelassen und in einem gesonderten Schriftsatz vorgelegt wird. Wird die Berufung vor Einreichung der Anträge des Berufungsbeklagten zurückgenommen, ermäßigt sich die Prozessgebühr auf die Hälfte.

2. Es kann eine Frist für die schriftliche Berufungserwiderung und dem Berufungskläger eine Frist zur schriftlichen Stellungnahme auf die Berufungserwiderung gesetzt werden § 521 ZPO. Entsprechend § 277 Abs. 3 ZPO wird eine kürzere Erwiderungsfrist als zwei Wochen nicht gesetzt werden dürfen. Die Frist kann verlängert werden, § 224 Abs. 2 ZPO (OLG Köln MDR 1971, 933; OLG Celle NJW 1969, 1905). Keine Verlängerung nach Fristenablauf (OLG Koblenz NJW 1989, 987); die Versäumung der Erwiderungsfrist löst die prozessualen Nachteile nach § 296 Abs. 1 ZPO aus.

3. In der Berufungsinstanz ist der gesamte Streitstoff, soweit ein Angriff erfolgte, in den durch die Anträge gesetzten Grenzen zu verhandeln. Grundsätzlich richtet sich das Berufungsverfahren nach dem landgerichtlichen Verfahren, § 525 ZPO.

Der Sachantrag des Berufungsbeklagten ist auf eine Zurückverweisung der Berufung gerichtet. Je nach Stellung des Berufungsbeklagten als Kläger oder Beklagten unterscheiden sich seine Vollstreckungsschutzanträge. Beim Kläger kommt ein Vollstreckungsschutz nur hinsichtlich der Kostenentscheidung in Betracht, wenn keine Widerklage erhoben wurde. Vgl. auch Form. I. O. 2 Anm. 4.

4. Sachantrag.

5. Vollstreckungsschutzanträge.

6. Sicherheitsleistung.

7. Mit der Berufungserwiderung wird auf den Vortrag des Berufungsklägers entgegnet. IdR. orientiert sich diese Entgegnung an der Berufungsbegründung. Detaillierte – nicht summarische – Bezugnahme auf erstinstanzliche Ausführungen ist möglich. Zur Bezugnahme auf erstinstanzlichen Vortrag vgl. BVerfG NJW 2000, 131.

8. Der Schuldner kann die Zwangsvollstreckung abwenden, wenn sie ihm einen nicht zu ersetzenden Nachteil bringen würde (vgl. *Baumbach/Lauterbach/Albers/Hartmann* § 712 Rdn. 2). In der Revisionsinstanz kommt eine Zwangsvollstreckungseinstellung nach § 719 Abs. 2 ZPO regelmäßig nicht in Betracht, wenn der Vollstreckungsschuldner im Berufungsrechtszuge einen Vollstreckungsschutzantrag nach § 712 ZPO nicht gestellt hat, obwohl der nicht zu ersetzende Nachteil bereits erkennbar und nachweisbar war (BGH NJW 1979, 1208). Vgl. Form. I. O. 2 Anm. 4.

9. Vgl. Form. I. O. 1 Anm. 11, Form I. O. 2 Anm. 12.

5. Revisionsschrift[1,2]

An das Bayerische Oberste Landesgericht[1,2]
......

Revisionsschrift[3]

In Sachen

......
– Beklagter, Berufungskläger und Revisionskläger –
Prozessbevollmächtigter: RA ......

gegen

......
– Kläger, Berufungsbeklagten und Revisionsbeklagten
Prozessbevollmächtigter II. Instanz: RA ...... aus ......
Für den Revisionskläger lege ich gegen das Urteil des Oberlandesgerichts ......
verkündet am ......
zugestellt am ......
Aktenzeichen I. Instanz: ......
Aktenzeichen II. Instanz: ......
das zugelassene Rechtsmittel[4] der

Revision

ein.
Das vollständige Urteil des Oberlandesgerichts ......, dessen Rückgabe erbeten wird, sowie beglaubigte Abschriften sind beigefügt.

Antragstellung und Begründung erfolgen in einem gesonderten Schriftsatz.

Rechtsanwalt[5]

Anmerkungen

1. In Bayern wurde gemäß § 8 EGGVG ein oberstes Landesgericht eingerichtet. Im Hinblick auf die Revisionsverfahren in Bayern wurden nachfolgende Formulare aufgenommen, vgl. § 7 EGZPO. Zur Revisionsbegründungsschrift vgl. Anm. 6.

Auch das Revisionsrecht ist neu geregt worden, §§ 542ff ZPO. Die Revision findet nur statt, wenn sie das Berufungsgericht im Urteil oder das Revisionsgericht auf Rechtsbeschwerde gegen die Nichtzulassung zugelassen hat. Die Revision ist zuzulassen, wenn die Rechtssache grundsätzliche Bedeutung hat oder die Sicherung einer einheitlichen Rechtssprechung eine Entscheidung des Revisionsgericht erfordert. Das Revisionsgericht ist an die Zulassung durch das Berufungsgericht gebunden. Damit entfällt das bisherige Mischsystem zwischen Zulassungs- und Streitrevision. Zu den Zulassungsgründen vgl. *Baumbach/Lauterbach/Albers/Hartmann* § 543. Keine Revision bei Arrest- und einstweilige Verfügungsverfahren, § 542 ZPO (BGH NJW 1968, 699; 1984, 2368). Ebenso ist eine Revision, bei Änderung oder Aufhebung einer vorzeitigen Besitzeinweisung im Enteignungs- und Umlegungsverfahren, (§§ 116, 77 BBauG) nicht statthaft (BGHZ 43, 168/169ff.); ebenso nicht bei isolierten Kostenentscheidungen, § 99 ZPO. Zur Anfechtbarkeit von Versäumnisurteilen vgl. § 565 ZPO.

Soweit das Berufungsgericht die Revision zugelassen hatte, musste überprüft werden, ob die Revision nur beschränkt zugelassen wurde (vgl. BGH NJW 1983, 2084; 3264). Für den Umfang der Zulassung ist in erster Linie der Tenor maßgebend.

Eine im Berufungsurteil unterlassene Revisionszulassung kann unter den Voraussetzungen des § 319 ZPO durch Berichtigungsbeschluss nachgeholt werden, wenn sie vom Gericht beschlossen war und nur versehentlich im Urteil nicht ausgesprochen wurde. Dies muss sich allerdings aus dem Zusammenhang des Urteils bzw. den Erlasszusammenhängen ergeben (BGH MDR 1981, 41; NJW 1998, 3571). Eine Zulassung der Revision durch Ergänzungsurteil ist nicht möglich (OLG Düsseldorf MDR 1981, 235; vgl. BGHZ 44, 395; BGH MDR 1981, 571). Die Wirksamkeit der Beschränkung wird durch das Revisionsgericht nachgeprüft (hM. BGH LM § 546 ZPO Nr. 74/77; vgl. *Tiedtke* WM 1977, 699).

Die Nichtzulassung der Revision unterliegt der Beschwerde, die innerhalb eines Monats nach Zustellung der in vollständiger Form abgesetzten Urteils spätestens aber bis zum Ablauf von sechs Monaten nach der Verkündung des Urteils beim Revisionsgericht einzulegen ist, § 544 ZPO. Nach der Übergangsregelung § 26 Nr. 8 EGZPO ist bis zum 31. 12. 2006 eine Nichtzulassungsbeschwerde nur möglich, wenn der Beschwerwert der Revision EUR 20.000,– übersteigt. Die Rechtsbeschwerde – durch einen am BGH zugelassenen Rechtsanwalt, § 78 ZPO – ist spätestens innerhalb von zwei Monaten nach Zustellung des in vollständiger Form abgefassten Urteils spätestens bis zum Ablauf von sieben Monaten nach Verkündung des Urteils zu begründen. Die Beschwerde hemmt die Rechtskraft des Urteils. Mit Ablehnung der Beschwerde durch das Revisionsgericht wird das Urteil rechtskräftig.

2. Für das Revisionsverfahren ist der Bundesgerichtshof zuständig, soweit nicht die Zuständigkeit eines Obersten Landesgerichts gegeben ist. So wurde in Bayern gemäß § 8 EGGVG ein Oberstes Landesgericht eingerichtet. Das bayrische OLG, das nach § 543 ZPO die Revision zulässt, entscheidet gleichzeitig gleichzeitig darüber, ob der BGH oder das BayObLG für die Entscheidung über die Revision zuständig ist. Dies geschieht mit bindender Wirkung für das Revisionsgericht, § 7 EGZPO. Die Revision ist demgemäß bei dem als zuständig bezeichneten Gericht einzulegen. Hat das Berufungsgericht die Revision zugelassen, aber entgegen § 7 I 1 EGZPO nicht darüber befunden, welches Gericht – das BayObLG oder der BGH – für die Verhandlung und Entscheidung zuständig sein sollte, kann der Rechtsmittelführer nach dem Meistbegünstigungsgrundsatz die Revision sowohl bei dem BayObLG auch bei dem BGH wirksam einlegen, (so BGH zur alten Regelung NJW 1994, 1224).

3. Die Revisionsschrift ist entsprechend der Berufungsschrift aufgebaut (vgl. Form. I. O. 1). Sie muss die genaue Bezeichnung der Prozessparteien, ihre Stellung im Prozess, ihre Prozessbevollmächtigten, beim Revisionsbeklagten die Angaben des Prozessbevollmächtigten der II. Instanz zum Zwecke der Zustellung der Revisionsschrift, das Urteil mit Aktenzeichen, Verkündungs- und Zustellungsdatum, gegen das die Revision eingelegt werden soll, und die Erklärung enthalten, dass gegen das bezeichnete Urteil Revision eingelegt wird, § 549 ZPO.

4. Es empfiehlt sich im Hinblick auf die Regelung des § 7 Abs. 2 EGZPO bereits in der Revisionsschrift darauf hinzuweisen, dass die Revision zugelassen wurde. Ist die Bestimmung des zuständigen Gerichts unterblieben, kann dies im Wege der Berichtigung oder Ergänzung, §§ 319, 321 ZPO nachgeholt werden. Bei fehlerhafter Bestimmung kann die Revision sowohl beim OLG als auch beim BGH eingelegt werden (BGH NJW 1998, 3571).

5. Durch das am 1. 8. 2002 in Kraft getretene OLG-VertrÄndG ist die anwaltliche Lokalisation auch vor den Oberlandesgerichten entfallen. Jeder an einem OLG zugelassene Anwalt kann nunmehr vor allen Oberlandesgerichten auftreten. Zu den Hintergründen vgl. *Henssler/Kilian* NJW 2002, 2817ff. Dies hat zur Folge, dass beim Bayerischen Obersten Landesgericht nunmehr die Parteien auch durch einen bei einem Oberlandesgericht zugelassenen Rechtsanwalt sich vertreten lassen können. Vor dem Bundesgerichtshof müssen sich die Parteien durch einen beim BGH zugelassenen Rechtsanwalt vertreten lassen. Vgl. Form. I. O. 1 Anm. 10–13.

6. Die Revisionsbegründung, § 551 ZPO, ist, sofern sie nicht bereits in der Revisionsschrift enthalten ist, in einem gesonderten Schriftsatz bei dem Revisionsgericht einzureichen. Die Frist zur Revisionsbegründung beträgt zwei Monate, § 551 ZPO und kann auf Antrag verlängert werden, § 551 Abs. 2 ZPO). Die Revisionsbegründung muss die Erklärung enthalten, inwieweit das Urteil angefochten und dessen Aufhebung beantragt wird (Revisionsanträge), sowie Darlegungen der Revisionsgründe § 551 Abs. 3 ZPO. Es müssen die Revisionsgründe alle materiellen und prozessualen Rügen umfassen und die verletzten Rechtsnormen bezeichnen. Zur Anschlussrevision vgl. § 554 ZPO.

Kosten und Gebühren

Die Gerichtskosten richten sich nach § 11 Abs. 1 GKV iVm. Nr. 1230–1239, 1530–1539, die Rechtsanwaltsgebühren $^{13}/_{10}$ nach §§ 11, 31 BRAGO.

Fristen und Rechtsmittel

Revisionsfrist beträgt ein Monat, § 548 ZPO. Zur telegraphischen Rechtsmitteleinlegung vgl. BGH NJW 1983, 1498; BVerfG NJW 1987, 2067 mwN.; bei Fernschreiben beachte BGH NJW 1988, 1980, bei Telefax vgl. BGH NJW 1989, 589; 1990, 188. Die Revisionsfrist ist eine Notfrist und kann nicht verlängert werden. Die Frist läuft mit Zustellung des in vollständiger Form abgefassten schriftlichen Urteils, spätestens jedoch mit dem Ablauf von fünf Monaten nach Verkündung. Die Revisionsbegründungsfrist beträgt zwei Monate nach Zustellung der in vollständiger Form abgefassten Urteils, spätestens fünf Monate nach Verkündung des Urteils, § 551 Abs. 2 ZPO. Die Frist ist auf schriftlichen Antrag durch den Vorsitzenden verlängerbar (vgl. auch BGH NJW 1985, 1558). Zur Wiedereinsetzung bei versäumter Frist vgl. Form. I. O. 1 Fristen und Rechtsmittel, sie auch BGH NJW 2000, 364.

Zur Fristenkontrolle vgl. BGH NJW 1989, 1157f.; 1864; 2393f.; zur Fristenkontrolle bei Verfahrensunterbrechung vgl. BGH NJW 1990, 1239. Für die neuen Bundesländer sind die Übergangsvorschriften des Einigungsvertrages (Form. I. O. 1. Anm. 2) zu beachten.

6. Sofortige Beschwerde

An das
Amtsgericht[1]
– Familiengericht –

In der Familiensache

Frau A. ......
Prozessbevollmächtigter: RA ......

gegen

Herrn B. ......
Prozessbevollmächtigter: RA ......
lege ich gegen den Beschluss des Amtsgerichts ...... vom ...... zugestellt am ......

sofortige Beschwerde[2, 3]

ein, mit dem Antrag:[4]
den Beschluss des Amtsgerichts ...... vom ...... aufzuheben und die Kosten des Verfahrens gegeneinander aufzuheben.

Begründung:

Das Familiengericht hat mit dem angefochtenen Beschluss dem Beklagten die Kosten des Verfahrens auferlegt. Zur Begründung führt es aus, der Beklagte habe durch sein Verhalten zur Erhebung der Klage Anlass gegeben, da er entgegen seinen früheren Versprechungen nicht zum Jahresende, sondern erst acht Wochen nach Klageerhebung aus der Ehewohnung ausgezogen sei. Bei Abwägung der Billigkeitsgründe hat hier das Familiengericht außer acht gelassen, dass der Beklagte mehrere Wohnungsmakler beauftragte und dennoch längere Zeit keine anderweitige Wohnung finden konnte. Der Klägerin wurde mit Schreiben vom ...... mitgeteilt, dass der Beklagte beabsichtige, ab dem ...... zu seinen Eltern zu ziehen, was er auch getan hat. Durch das Bestreben, bei seinen Eltern unterzukommen, hat der Beklagte versucht, auf völlig unkomplizierte Art und Weise zu einer Unterkunft zu kommen. Unter Abwägung beiderseitiger Interessen und unter Berücksichtigung, dass dem Beklagten noch eine geringe Frist zur Suche einer Unterkunft zu gewährleisten war, entspricht es der Billigkeit, hier die Kosten gegeneinander aufzuheben.

Rechtsanwalt

Anmerkungen

1. Das Beschwerdeverfahren ist nicht nur in den §§ 567 ff ZPO sondern in zahlreichen zugehörigen Vorschriften über die gesamte ZPO verteilt teilweise erheblich neu geregelt worden. Für den Rechtsanwalt bedeutet dies erhöhte Aufmerksamkeit. Die einfache unbefristete Beschwerde ist ersatzlos weggefallen. Es gibt lediglich die sofortige Beschwerde, Anschlussbeschwerde, Rechtsbeschwerde und Nichtzulassungsbeschwerde. Die Vorschriften sind entsprechend geändert worden, auch dort, wo zunächst der Rechtspfleger zuständig war. Zur Erinnerung vgl. § 573 ZPO. Die Beschwerde ist beim Erstgericht, das die Möglichkeit der Abhilfe besitzt, oder dem Beschwerdegericht einzulegen, § 569

ZPO. Zum Gang des Beschwerdeverfahrens vgl. 572 ZPO. Die Beschwerdefrist beträgt, soweit keine andere Frist bestimmt ist, zwei Wochen, § 569 ZPO.

2. Die Verwendung der Bezeichnung „sofortige Beschwerde“ ist aus Gründen der Klarheit geboten. Für die sofortige Beschwerde gelten keine besonderen Formalien. Dennoch ist auch hier Sorgfalt bei der Bezeichnung der Prozessparteien, des Prozessgerichts, der angegriffenen Entscheidung aber auch dem Beschwerdegegenstand zu walten. Auf die Beschwersumme von über EUR 100,– bei Kostenbeschwerden und in den übrigen Fällen von EUR 50,– ist besonders zu achten (§ 567 Abs. 2 ZPO).

3. Zur Anschlussbeschwerde vgl. § 567 Abs. 3 ZPO. Sie ist möglich, auch wenn auf die Anschließung verzichtet oder die Beschwerdefrist verstrichen ist. Für die Anschließung besteht insbesondere für das Kostenfestsetzungsverfahren sowie bei dem Kostenstreit nach Erledigung der Hauptsache, § 91a ZPO, eine praktische Notwendigkeit. Zur Frage des Anwaltszwangs vgl. §§ 78, 569 ZPO (Form. I. O. 1 Anm. 11). Bei einer Kostenentscheidung gegenüber einem Dritten, der nicht Prozesspartei ist, kommt das Rechtsmittel, die sofortige Beschwerde, nicht die Berufung oder Revision in Betracht (vgl. BGH NJW 1988, 49/50).

4. Eine Beschwerdebegründung ist zwar nicht zwingend vorgeschrieben, jedoch empfiehlt sich diese nicht nur, sondern sie kann auch vom Gericht gefordert werden § 571 ZPO. Neue Angriffs- und Verteidigungsmittel sind möglich, können aber nach Fristsetzung ausgeschlossen werden, § 571 Abs. 3 ZPO.

Zur Antragstellung und Beschwerdebegründung vgl. Form. I. O. 6 Anm. 3 u. 4.

Fristen und Rechtsmittel

Die sofortige Beschwerde ist befristet und muss innerhalb einer Notfrist von zwei Wochen, soweit nicht eine andere Frist bestimmt ist, eingelegt werden, § 569 ZPO). Zur telegraphischen und fernschriftlichen Rechtsmitteleinlegung vgl. BGH NJW 1983, 1498; zum Telefax NJW 1989, 589; BVerfG NJW 1987, 2067 mwN. Die Frist beginnt mit der Zustellung des mit Gründen versehenen Beschlusses, § 569 ZPO, spätestens mit Ablauf von fünf Monaten nach Verkündung des Beschusses. Eine Abkürzung oder Verlängerung der Frist ist nicht zulässig; eine Wiedereinsetzung ist statthaft, § 233 ZPO. U.a. eröffnen folgende Bestimmungen das Rechtsmittel der sofortigen Beschwerde: §§ 71 Abs. 2, 91a Abs. 3, 99 Abs. 2, 104 Abs. 3, 107 Abs. 3, 109 Abs. 4, 127, 135 Abs. 3, 252, 319 Abs. 3, 336, 380 Abs. 2, 387 Abs. 2, 390 Abs. 3, 406 Abs. 5, 409 Abs. 3, 620c, 621e, 641d Abs. 2, 644, 721 Abs. 6, 793, 794a Abs. 4, 934 Abs. 4, 952 Abs. 4, 1022 Abs. 3 ZPO.

Kosten und Gebühren

Die Gebühren des Gerichts richten sich nach § 11 GKG i.V.m. KVerz. 1900–1906, die Rechtsanwaltsgebühren (5/10 Gebühren) nach §§ 31, 61 BRAGO

7. Gegenvorstellung[1]

An den
Landgericht[2]
– Zivilabteilung ...... –

In Sachen

A. ......

gegen

B.......
Az.: ......

erhebe ich gegen den Beschluss vom ......

Gegenvorstellung

mit dem Antrag,
in Abänderung des Beschlusses vom ...... den Wert der Beschwer für das Verfahren auf EUR 5000,– festzusetzen.

Begründung:

Es wurde bereits dargelegt, dass nach Auffassung des Klägers und Berufungskläger der Wert der Beschwer im vorliegenden Verfahren EUR 5.000,– beträgt. Das Landgericht den Beschwerwert auf EUR 500,– festgesetzt. Zunächst wurde ein Gerichtskostenvorschuss für das Berufungsverfahren aus einem Gegenstandswert von EUR 5.000,– angefordert. Abweichend hiervon hat das Gericht den Beschwerwert auf nur EUR 500,– festgesetzt. Hiergegen wendet sich der Kläger mit seiner Gegenvorstellung.
Der Kläger begehrt von dem Beklagten die Unterlassung seines Firmennamens, da dieser mit der Firmenbezeichnung des Klägers verwechslungsfähig ist. Bei einer hier vorzunehmenden Schätzung entsprechend § 3 ZPO ist zu berücksichtigen, welche Bedeutung das verletzte Firmenrecht des Klägers im Wirtschaftsleben besitzt. Der Kläger erwirtschaftet mit seiner Firma einen Jahresumsatz von EUR 100.000,–. Auch der Umsatz des Beklagten erreicht nahezu diesen Betrag. Das Unterlassenbegehren des Klägers ist an diesen Umsatzwerten zu messen, die die erhebliche wirtschaftliche Bedeutung des Rechtsstreits kennzeichnen (auf die Schriftsätze in der Berufungsinstanz vom ...... wird verwiesen). Daran anknüpfend ist auch der Beschwerwert mit EUR 5.000,– festzusetzen. Eine entsprechende Änderung des Beschlusses im beantragten Sinne ist daher geboten.

Rechtsanwalt

Anmerkungen

1. Die Gegenvorstellung ist auf eine Änderung einer Entscheidung ohne Anrufung der übergeordneten Instanz gerichtet. Sie ist gesetzlich nicht geregelt und wird nur beschränkt zugelassen. Eine Gegenvorstellung ist dann nicht statthaft, wenn eine Gerichtsentscheidung mit einem förmlichen Rechtsbehelf angefochten werden kann oder konnte (str. vgl. OLG Düsseldorf MDR 1977, 235; OLG Nürnberg NJW 1979, 169; *Baumgärtel* MDR 1968, 970; *Schneider* MDR 1972, 567); oder wenn sie unabhängig davon in materielle Rechtskraft erwächst (vgl. *Baumbach/Lauterbach/Albers/Hartmann* Grundz. § 567 1. C.; vgl. *Baumgärtel* MDR 1968, 970 ff.; BGH VersR 1982, 598; BVerfGE 55, 1/5). Die Gegenvorstellung ist von der prozessualen Beschwerde zu unterscheiden, weil sie auf eine Änderung der Entscheidung ohne Anrufung der übergeordneten Instanz gerichtet ist. Zur Notwendigkeit einer Gegendarstellung um sich rechtliches Gehör zu verschaffen vgl. BGH NJW 1995, 403, 2497. Gegenvorstellungen sind daher im Wesentlichen bei Entscheidungen über Verfahrensfragen oder in unselbstständigen Nebenverfahren möglich, in denen das Gericht gesetzlich ermächtigt ist, seine Entscheidung zu ändern (zB. § 25 Abs. 1 S. 3 GKG).

Gerichtliche Selbstkorrektur bei Wiedereinsetzungsbeschlüssen nach Gegenvorstellung, BGH NJW 1995, 2497.

Grundsätzlich sind Gegenvorstellungen gegen ein Urteil unstatthaft, BVerwG NJW 1995, 2053. Zur Aufhebung eines Urteils nach Gegenvorstellung in finanzgerichtlichen Verfahren vgl. BFH NJW 1996, 1496.

2. Die Gegenvorstellung ist dem Gericht vorzulegen, dessen Entscheidung geändert werden soll. Der Form nach ist eine Gegenvorstellung entsprechend einer Beschwerdeschrift abzufassen (vgl. Form. I. O. 10).

Zur Abhilfe bei Verletzung des Anspruchs auf rechtliches Gehör vgl. die Neuregelung im § 321 a ZPO.

Gebühren und Kosten

Es entstehen keine Gerichtsgebühren und in der Regel keine Anwaltskosten, § 37 BRAGO.

Fristen und Rechtsmittel

Ein förmlicher Beschluss ist nur bei Erfolg der Gegenvorstellung nötig; sonst genügt formlose Mitteilung. Gegen die Entscheidung ist ein Rechtsmittel nicht möglich.

Bei der Gegenvorstellung nach § 25 Abs. 1 S. 3 GKG ist die Sechs-Monatsfrist gem. § 25 Abs. 1 S. 4 GKG zu beachten.

P. Klagen betreffend die Urteilswirkung

1. Nichtigkeitsklage

An das
Landgericht[1]
– Zivilkammer –

Nichtigkeitsklage[2]

In Sachen

der Frau ...... vertreten durch ihren Vormund, Frau ......
– Nichtigkeitsklägerin und Beklagte des Vorprozesses –
Prozessbevollmächtigter: RA ......

gegen

Fa. ......
– Nichtigkeitsbeklagte und Klägerin des Vorprozesses –
Prozessbevollmächtigter des Vorprozesses:[3] RA ......

wegen Forderung
Streitwert: ......

Nach der in beglaubigter Abschrift beigefügten Bestallung ist Herr ...... Betreuer der Nichtigkeitsklägerin. Namens der Nichtigkeitsklägerin erhebe ich Klage und beantrage[4],

1. das rechtskräftige Versäumnisurteil des Landgerichts ...... vom ...... Az.: ...... aufzuheben;
2. die im Verfahren ...... vor dem Landgericht ...... Az.: ...... erhobene Klage der jetzigen Beklagten und früheren Klägerin zurückzuweisen;
3. hilfsweise:
der Klägerin Vollstreckungsschutz gemäß §§ 712, 714 Abs. 2 ZPO zu gewähren.

Begründung:

Der vorliegenden Klage geht ein Vorprozess umgekehrten Rubrums voraus, in dem die jetzige Klägerin durch Versäumnisurteil zu EUR ...... verurteilt wurde.
Die jetzige Klägerin wurde durch Beschluss des Amtsgerichts ...... seit dem ...... unter Betreuung.

Beweis: Vormundschaftsakten des Amtsgerichts ...... Az.: ......

Die frühere Klägerin und jetzige Beklagte hat das im Antrag bezeichnete Versäumnisurteil gegen die Nichtigkeitsklägerin erwirkt. Zum Zeitpunkt der diesem Rechtsstreit vorausgehenden Klage war die jetzige Klägerin bereits seit einem Jahr nicht mehr geschäftsfähig und unter Betreuung gestellt. Ihr wurde die Klage und Ladung zum Termin zur mündlichen Verhandlung persönlich ausgehändigt. Sie hat diese Ladung an ihren Vormund nicht weitergegeben. Der Betreuer hat erst nach Rechtskraft des Versäumnisurteils von dem Rechtsstreit zufällig Kenntnis erlangt. Da in diesem Rechtsstreit die jetzige Klägerin nicht ordnungsgemäß vertreten war, erweist sich das Versäumnisurteil als nichtig, so dass seine Aufhebung geboten ist. Auch das Versäumnisurteil selbst wurde der Nichtigkeitsklägerin persönlich zugestellt, ohne dass diese ihren Vormund davon

benachrichtigte, so dass es seit dem ...... rechtskräftig ist. Eine Aufhebung des im Klageantrag angeführten Urteils ist daher gemäß § 579 Abs. 1 Nr. 4 ZPO notwendig.
In der Sache selbst erweist sich die frühere Klage als unbegründet, da zum Zeitpunkt der von der Nichtigkeitsklägerin bei der Beklagten gemachten Bestellung jene bereits geschäftsunfähig war.

Beweis: Vormundschaftsakten, wie benannt

Ein wirksamer Vertrag liegt somit nicht vor und die Klage der früheren Klägerin ist sachlich unbegründet.
Der Gerichtskostenvorschuss in Höhe von ...... ist durch Scheck entrichtet.
Beglaubigte Abschriften für die Beklagte liegen bei.

Rechtsanwalt

Anmerkungen

1. Für die Nichtigkeitsklage (§ 579 ZPO) ist das Gericht ausschließlich zuständig, dessen Endurteil angefochten wird (§ 584 Abs. 1 ZPO). Nichtigkeitsklagen gegen einen Vollstreckungsbescheid gehören ausschließlich vor das Gericht, das für eine Entscheidung im Streitverfahren zuständig gewesen wäre (§ 584 Abs. 2 ZPO). Das Klageverfahren richtet sich grundsätzlich nach den für die Instanz geltenden allgemeinen Vorschriften (§ 585 ZPO). Die Klagen selbst können nur zeitlich befristet erhoben werden (§ 586 ZPO). Die Klagefrist beginnt mit dem Tag, an dem die Partei vom Anfechtungsgrund Kenntnis erlangt hat, bei einer Nichtigkeitsklage gegen ein Vaterschaftsfeststellungsurteil vgl. BGH NJW 1994, 589. Auch gegen Beschlüsse, durch die die Revision als unzulässig verworfen worden ist, findet das Nichtigkeitsverfahren statt (BGH NJW 1983, 883). Zur analogen Anwendung des § 579 Abs. 1 Nr. 4 ZPO bei Verletzung rechtlichen Gehörs vgl. BVerfG NJW 1998, 745, VGH Kassel NJW 1986, 209; 1998, 745. Zum Vorrang der Nichtigkeitsklage gegenüber der Verfassungsbeschwerde bei fehlerhafter Besetzung des Gerichts vgl. BVerfG NJW 1986, 372; 1993, 51; zur Nichtigkeitsklage wegen fehlerhafter Besetzung des I. Zivilsenats des BGH vgl. NJW 1993, 1596; 3140, vgl. auch 1995, 332. Zur Nichtigkeitsklage nach Art. 173 Abs. 2 EWGV vgl. *von Danwitz,* Die Garantie effektiven Rechtsschutzes im Recht der Europäischen Gemeinschaft in NJW 1993, 1108ff. Zur Nichtigkeitsklage wegen Prozessunfähigkeit vgl. BAG DB 2000, 780; BGHZ 84, 27.

2. Die Klage soll als „Nichtigkeitsklage“ bezeichnet werden. Sie muss die Bezeichnung des Urteils, gegen das sich die Klage richtet, und die Erklärung, dass Nichtigkeitsklage erhoben wird, enthalten (§ 587 ZPO). Daneben soll die Klage den Anfechtungsgrund, die Beweismittel für die Tatsachen, die den Grund und die Einhaltung der Notfrist ergeben, und die Erklärung enthalten, inwieweit eine Beseitigung des angefochtenen Urteils und welche andere Entscheidung in der Hauptsache beantragt wird (§ 588 ZPO). Im Übrigen gelten die allgemeinen Verfahrensgrundsätze, §§ 282, 296 ZPO.

3. Der Prozessbevollmächtigte des Vorprozesses ist anzugeben, da diesem die Restitutionsklage zuzustellen ist, §§ 176, 178, 587 ZPO (str. vgl. *Baumbach/Lauterbach/Albers/Hartmann* § 587 Rdn. 4).

4. Die Klageanträge setzen sich aus dem Antrag auf Aufhebung des nach § 579 ZPO nichtigen Urteils und den Sachanträgen in dem vorausgegangenen Prozess zusammen. Die Begründung der Klage hat entsprechend den allgemeinen Richtlinien zu erfolgen. Besondere Vorschriften für den Beweis der in § 579 ZPO bezeichneten Nichtigkeitsgründe gibt es nicht. Im Interesse der Rechtssicherheit an der Aufrechterhaltung eines rechtskräftigen Urteils sind sowohl die formellen Erfordernisse der Klage als auch die Wahrheit der tatsächlichen Behauptungen von Amts wegen zu prüfen (*Stein/Jonas/*

Grunsky § 579 Anm. IV; zum prozessualen Verfahrensablauf vgl. *Baumbach/Lauterbach/Albers/Hartmann* Grdz. 5 vor § 578).

Kosten und Gebühren

Die Kosten und Gebühren richten sich nach den allgemeinen Bestimmungen bei Zivilklagen, vgl. u. a. Form. I. O. 1.

Fristen und Rechtsmittel

Für die Klage läuft eine Notfrist von 1 Monat ab Kenntnis des Anfechtungsgrundes, § 586 ZPO, in BEG-Sachen läuft für das entschädigungspflichtige Land eine Notfrist von 3 Monaten, bei einem Wohnsitz des Restitutionsklägers außerhalb Europas von 6 Monaten (vgl. *Baumbach/Lauterbach/Albers/Hartmann* § 586 Rdn. 1). Die Fristberechnung erfolgt nach §§ 222, 586 Abs. 2 ZPO. 5 Jahre nach Eintritt der Rechtskraft ist eine Anfechtung unstatthaft, § 585 Abs. 2 S. 2 ZPO. Bei einer Nichtigkeitsklage wegen mangelnder Vertretung gelten obige Fristen nicht, § 586 Abs. 3 ZPO. Zur Frage der Wiedereinsetzung vgl. BVerfG NJW 1993, 3257.

Die Rechtsmittel richten sich nach den allgemeinen Bestimmungen, § 591 ZPO vgl. Form. I. O. 1 und 5.

2. Restitutionsklage

An das
Landgericht[1]
– Zivilkammer –

Restitutionsklage[2]

des Herrn ......
– Restitutionskläger und Beklagter des Vorprozesses –
Prozessbevollmächtigter: RA ......

gegen

Herrn ......
– Restitutionsbeklagten und Kläger des Vorprozesses –
Prozessbevollmächtigter des Vorprozesses: RA ......[3]
Streitwert: ......

Namens des Restitutionsklägers erhebe ich Restitutionsklage und beantrage[4]

1. **das rechtskräftige Urteil umgekehrten Rubrums des Landgerichts ...... vom ...... Az.: ...... aufzuheben;**
2. **die im Verfahren vor dem Landgericht ...... Az.: ...... erhobene Klage des jetzigen Beklagten und früheren Klägers zurückzuweisen;**
3. **hilfsweise:**
   dem Kläger Vollstreckungsschutz gemäß §§ 712, 714 Abs. 2 ZPO zu gewähren.

Begründung:

Der vorliegenden Klage geht ein Vorprozess umgekehrten Rubrums voraus, in dem der Restitutionskläger zur Zahlung von EUR ...... verurteilt wurde. Hierbei handelte es

sich um die Rückzahlung von Darlehensvaluta, deren Bezahlung der damalige Beklagte nicht nachweisen konnte. Nach Rechtskraft des Vorprozesses hat der Restitutionskläger am ...... den Quittungsbeleg über die Rückzahlung des Darlehens aufgefunden. Mit diesem hat der Restitutionsbeklagte handschriftlich bestätigt, dass er den Betrag von EUR ...... erhalten hatte. Die Urkunde enthält die eigenhändige Unterschrift des damaligen Klägers.

Beweis: Vorlage des Quittungsbelegs vom ......

Durch das Auffinden dieser Urkunde wird bewiesen, dass die Darlehensverpflichtung des damaligen Beklagten durch Zahlung erloschen ist. Das Urteil des Landgerichts ...... vom ...... wird daher gemäß § 580 Nr. 7 ZPO mit der Restitutionsklage angefochten. Der Gerichtskostenvorschuss wird durch Kostenmarken entrichtet. Eine Ausfertigung des damaligen Urteils sowie eine beglaubigte Abschrift des Quittungsbelegs vom ...... füge ich bei[5].

Rechtsanwalt

Anmerkungen

1. Die Zuständigkeit des angerufenen Gerichts richtet sich nach § 584 ZPO. In der Regel ist das Gericht sachlich zuständig, dessen Entscheidung angegriffen wird (*Baumbach/Lauterbach/Albers/Hartmann* § 584 Rdn. 2). Soweit Gerichte entschieden haben, die zwar nach § 584 ZPO ausschließlich zuständig wären, aber weggefallen sind, sind die Gerichte nach den allgemeinen Zuständigkeitsvorschriften anzurufen. Zur Restitutionsklage in Kindschaftssachen vgl. § 641i ZPO (vgl. BGH NJW 1982, 2128; 1984, 2630).

2. Nur in eng begrenzten Ausnahmefällen wird dem Betroffenen die Möglichkeit eröffnet, im Wege der Restitutionsklage die Rechtskraft einer auf fehlerhafter Grundlage beruhenden, ihn ohne ein Verschulden unbillig belastenden Entscheidung zu beseitigen (vgl. BGH NJW 1974, 557; 1989, 1285 f). Zur Restitutionsklage gegen DDR-Urteile vgl. DtZ 1993, 85. Zur Wiederaufnahme des Zivilprozesses bei naturwissenschaftlichen Erkenntnisfortschritt vgl. *Foerste* NJW 1996, 345 ff.

Die Notwendigkeit weiterer Beweiserhebungen im Vorprozess hindert nicht die Restitutionsklage, BGH NJW 1993, 1928.

Die Restitutionsklage soll als solche besonders bezeichnet werden (§ 587 ZPO). Die Verwendung der Bezeichnung Restitutionsklage empfiehlt sich, da sonst der Klageinhalt eindeutig die Natur der Klage erkennen lassen muss. Die Stellung der Parteien im gegenwärtigen Verfahren und in dem Vorprozess muss genau gekennzeichnet werden. Auf die Klagefrist nach § 586 ZPO ist besonders zu achten.

3. Vgl. Form. I. P. 1 Anm. 3.

4. Die Klage muss zwingend neben der Bezeichnung des Urteils, gegen das sich die Klage richtet, erkennen lassen, dass Restitutionsklage erhoben wurde (§ 587 ZPO). Daneben ist der Anfechtungsgrund zu bezeichnen und Beweismittel für die Tatsache, die den Grund und die Einhaltung der Notfrist ergeben, sind anzugeben. Auch die Erklärung, inwieweit die Beseitigung des angefochtenen Urteils und welche Entscheidung in der Hauptsache beantragt wird, soll in der Klageschrift niedergelegt sein. Wenngleich insoweit § 588 ZPO eine Ordnungsvorschrift ist, empfiehlt sich seine Beachtung im Hinblick auf § 273 ZPO. Im Übrigen gelten die allgemeinen Verfahrensgrundsätze. Zu beachten ist, dass die Restitutionsklage im Rahmen des § 508 Nr. 7b ZPO nicht auf eine Privaturkunde gestützt werden kann, die lediglich die schriftliche Erklärung eines ansonsten als Zeugen zu vernehmenden Dritten beinhaltet (BGH NJW 1981, 2193/2194; 1984, 438).

5. Zum Erfordernis der Beifügung von Urkunden (und in Form von Abschriften) vgl. § 588 Abs. 2 S. 1 ZPO.

Kosten und Gebühren

Vgl. Form. I. P. 1.

Fristen und Rechtsmittel

Vgl. Form. I. P. 1.

3. Klage gemäß § 826 BGB[1]

An das
Landgericht[2]
– Zivilkammer –

Klage

des Herrn ......
– Kläger –
Prozessbevollmächtigter: RA ......

gegen

Herrn ......
– Beklagter –

wegen Schadensersatz

Streitwert: ......

Namens des Klägers erhebe ich Klage und beantrage[3],

1. den Beklagten zu verurteilen, es bei Meidung eines für jeden Fall der Zuwiderhandlung fälligen Ordnungsgeldes bis zu EUR 250.000,–, ersatzweise Ordnungshaft bis zu 6 Monaten oder Ordnungshaft bis zu 6 Monaten zu unterlassen, die Zwangsvollstreckung aus dem Urteil des Landgerichts ...... vom ...... Az.: ...... gegen den Kläger zu betreiben;
2. an den Kläger die vollstreckbare Ausfertigung des Versäumnisurteils des Landgerichts ...... vom ...... Az.: ...... herauszugeben;
3. den Beklagten ferner zu verurteilen, an den Kläger EUR ...... nebst 5 Prozentpunkte über dem Basiszinssatz seit ...... zu zahlen.

Vorab werde ich beantragen,

anzuordnen, dass die Zwangsvollstreckung aus dem Urteil des Landgerichts ...... vom ...... Az.: ...... vorläufig eingestellt wird.

Begründung[4]

Mit dem im Klageantrag bezeichneten Urteil hat der jetzige Beklagte und Kläger des Vorprozesses ein Versäumnisurteil gegen den jetzigen Kläger auf Zahlung von EUR ...... erwirkt. Der jetzige Beklagte hat in dem Vorprozess dargelegt, dass der Aufenthaltsort des jetzigen Klägers unbekannt sei, so dass die damalige Klage öffentlich zu-

gestellt wurde. Dem jetzigen Beklagten war jedoch zum damaligen Zeitpunkt bereits bekannt, dass der Kläger in X-Stadt wohnte, indem er sich selbst brieflich an den Kläger unter dieser Anschrift wandte.

Beweis: 1. Auskunft bei der Einwohnermeldebehörde in X-Stadt
2. Vorlage des Briefes vom ......

Der Beklagte hat damals so durch arglistige Täuschung des angerufenen Gerichts ein Versäumnisurteil gegen den Kläger erwirkt. Der Kläger ist daher gemäß § 826 BGB berechtigt, Schadensersatz zu fordern. Der Beklagte hat sich das Versäumnisurteil in sittenwidriger Weise durch Erwirken der öffentlichen Zustellung erschlichen. Die Wirkung der Rechtskraft eines Urteils hört dort auf, wo diese Rechtskraft bewusst rechtswidrig zu dem Zwecke herbeigeführt wird, um einem Unrecht den Schein des Rechts zu verleihen. Der Beklagte hat hinter dem Rücken des Klägers in Kenntnis des Nichtbestehens einer Forderung durch öffentliche Zustellung der Klage und Ladung, von denen er voraussetzte, dass sie den Kläger nicht erreichen würden, gegen diesen einen rechtskräftigen Titel erlangt. Der Beklagte weiß, dass die von ihm behauptete Forderung bereits erfüllt ist.

Beweis: Vorlage des Quittungsbelegs

Gemäß § 826 BGB kann daher der Kläger von dem Beklagten die Herausgabe der vollstreckbaren Ausfertigung des Versäumnisurteils und Rückzahlung der bisher durch die Vollstreckung des Versäumnisurteils rechtswidrig erlangten Beträge verlangen. Darüber hinaus ist eine Einstellung der Zwangsvollstreckung aus diesem Versäumnisurteil geboten. Der Beklagte betreibt die Zwangsversteigerung eines kürzlich vom Kläger erworbenen Grundstücks. Versteigerungstermin ist bereits auf den ...... angesetzt. Gerichtskostenvorschuss ist durch Kostenmarken entrichtet; beglaubigte Abschriften liegen bei.

Rechtsanwalt

Schrifttum: Thumm, Die Klage aus § 826 BGB gegen rechtskräftige Urteile in der Rechtsprechung des RG und BGH, 1959.

Anmerkungen

1. Die Rechtssicherheit ist ein wesentliches Element der Rechtsstaatlichkeit und damit ein Konstitutionsprinzip des Grundgesetzes. Aus ihm folgt (vgl. BVerfG NJW 1993, 1125) die grundsätzliche Rechtsbeständigkeit rechtskräftiger Entscheidungen. Die Rechtsprechung erkennt einen Schadensersatzanspruch nach § 826 BGB nur unter besonderen strengen Voraussetzungen an, wenn eine Partei Schaden dadurch erlitten hat, dass ein anderer gegen sie arglistig durch Irreführung des Gerichts ein rechtskräftiges unrichtiges Urteil erschlichen hat (BGH NJW 1987, 3256/3266f; 1989, 1285f.; BAG 1987, 2038; OLG Stuttgart NJW 1985, 2272; OLG Hamm NJW 1985, 2275). Gleiches gilt auch dann, wenn ein Gläubiger ein nicht erschlichenes, unrichtiges Urteil in sittenwidriger Weise ausnutzt (vgl. *Rosenberg/Schwab/Gottwald* § 162 III; BGHZ 50, 115/117 mwN.; NJW 1983, 2317). Nach § 826 BGB ist eine Durchbrechung der Rechtskraft gerechtfertigt, wenn der Gläubiger einen Vollstreckungsbescheid über einen Anspruch aus einem sittenwidrigen Ratenkreditvertrag erwirkt hat und erkennen konnte, dass im Klageverfahren die gerichtliche Schlüssigkeitsprüfung bei Antragstellung zur Klageerweiterung geführt hätte (vgl. BGH NJW 1987, 3256/3259/3266; 1989, 1285f.).

2. Bei einer Klage aus § 826 BGB handelt es sich um eine allgemeine Leistungsklage, die den Bestand des dem Verfahren vorausgehenden Urteils nicht beeinträchtigt. Sie ist nur darauf gerichtet, den durch das Urteil und seine Rechtsfolgen verursachten Schaden vermögensrechtlich auszugleichen. Die Klage aus § 826 BGB unterscheidet sich grundlegend von der Vollstreckungsabwehrklage, § 767 ZPO (str. *Rosenberg/Schwab/Gottwald* § 162 II; *Lukes* ZZP 1972, 55/113). Letztere ist eine reine prozessuale Gestaltungsklage, die nur die Vollstreckbarkeit des Titels beseitigt. Unter § 767 ZPO fallen die Einwendungen, die sich gegen den im Titel festgestellten sachlich-rechtlichen Anspruch richten (vgl. *Baumbach/Lauterbach/Albers/Hartmann* § 767 Rdn. 17). Die Klage aus § 826 BGB führt daher formal nicht zu einer Aufhebung des Urteils. Die Rechtskraft des Urteils wird allerdings durchbrochen (*Rosenberg/Schwab/Gottwald* § 162 III 2). Der BGH lässt die Klage aus § 826 BGB auch neben der Restitutionsklage zu (BGHZ 70, 115/120).

Die Zuständigkeit des angerufenen Gerichts richtet sich nach den allgemeinen Bestimmungen der §§ 12ff. ZPO, wobei insbesondere der Gerichtsstand der unerlaubten Handlung, § 32 ZPO, vorliegen wird.

3. Zur Formulierung der Klageanträge vgl. BGHZ 26, 391, 394 und *Rosenberg/Schwab/Gottwald* § 162 III 4 d. Ein Antrag, die Zwangsvollstreckung für unzulässig zu erklären, erscheint demnach nicht möglich. Der Antrag auf einstweilige Anordnung ist in Analogie zu § 769 ZPO gestellt.

4. Zur Klagebegründung vgl. insbesondere auch BGHZ 40, 130ff.

4. Abänderungsklage gemäß § 323 ZPO

An das
Amtsgericht
– Familiengericht –

Abänderungsklage[1]

der Frau ......
– Klägerin –

Prozessbevollmächtigter: RA ......

gegen

Herrn ......
– Beklagten –

wegen Urteilsabänderung
Streitwert: ......

Namens der Klägerin erhebe ich Klage und beantrage[2],

1. **Das Urteil des Amtsgerichts ...... vom ...... Az.: ...... dahingehend abzuändern, dass der Beklagte vom ...... an die Klägerin eine im Voraus zu entrichtende Unterhaltsrente von monatlich EUR ...... zu zahlen hat;**
2. **hilfsweise:**
   der Klägerin Vollstreckungsschutz gemäß §§ 712, 714 Abs. 2 ZPO zu gewähren.

Begründung[3]:

Der Beklagte ist der geschiedene Ehemann der Klägerin. Er wurde durch Urteil des Amtsgerichts ...... vom ...... zur Zahlung einer monatlichen Unterhaltsrente von EUR...... verurteilt. Seit dieser Verurteilung sind drei Jahre vergangen. In der Zwischenzeit hat sich das Einkommen des Beklagten nahezu verdoppelt. Hinzu kommt, dass die Klägerin einige Monate nach diesem Urteil an einer Bauchspeicheldrüsenentzündung erkrankte.

Seither leidet sie an einer chronischen Entzündung. Dadurch ist die Klägerin gezwungen, in strenger Diät zu leben. Sie hat damit einen erhöhten Mehraufwand an Lebensunterhaltungskosten. Dieser Mehraufwand beträgt monatlich allein EUR ...... Es haben sich nicht nur die Einkommensverhältnisse des Beklagten wesentlich begünstigend verändert, sondern auch der Unterhaltsbedarf der Klägerin ist krankheitsbedingt wesentlich gestiegen. Eine Anpassung der Unterhaltsansprüche an diese neuen Verhältnisse ist erforderlich. Gemessen am Lebenszuschnitt und den Einkommensverhältnissen der Parteien stellt die neu geforderte Unterhaltsrente ein angemessenes Unterhaltsentgelt dar.
Der Gerichtskostenvorschuss ist durch Kostenmarken entrichtet; beglaubigte Abschriften sind beigefügt.

Rechtsanwalt

Anmerkungen

1. Die Abänderungsklage nach § 323 ZPO ist eine prozessuale Gestaltungsklage, mit der eine anderweitige Gestaltung der Rechtsbeziehungen aus einem alten Urteils- oder sonstigem Schuldtitel wegen Veränderung der Verhältnisse herbeigeführt werden soll. Diese Klage ist der Vollstreckungsabwehrklage gemäß § 767 ZPO nachgebildet. Letztere dient der Erhebung von rechtsvernichtenden und rechtshemmenden Einwendungen gegen den festgestellten Anspruch. Insoweit gibt es zwischen beiden Klageformen keine Berührungspunkte (vgl. *Rosenberg/Schwab/Gottwald* § 158 IV). Grund der Regelung ist die Erkenntnis, dass sich die Entwicklung der Verhältnisse für die gesamte Wirkungsdauer eines Urteils im Allgemeinen nicht übersehen lässt (BGH NJW 1981, 819; 1998, 2434). Ist ein Prozessvergleich bereits durch Urteil abgeändert worden, so ist im erneuten Abänderungsverfahren § 323 Abs. 2 ZPO anwendbar (BGH NJW 1985, 64; 1988, 2473; 1990, 709f.); zur rückwirkenden Abänderung einer notariellen Urkunde vgl. BGH NJW 1990, 3274. Zur Abänderung eines rechtskräftigen Teilurteils im Berufungsverfahren durch Abänderungswiderklage oder selbstständige Abänderungsklage vgl. BGH NJW 1993, 1795.

Für die Abänderungsklage ist eine Verurteilung bzw. Verpflichtung auf wiederkehrende Leistungen im Sinne des § 258 ZPO erforderlich; wobei eine wesentliche Änderung der Verhältnisse eingetreten sein muss, die für die Verurteilung, oder die Dauer oder die Höhe der Leistung maßgeblich waren (vgl. *Baumbach/Lauterbach/Albers/Hartmann* § 323 Rdn. 17; BGH NJW 1987, 1551; 1995, 534 f.; 1996, 519; 1998, 2434; 2001, 828). Die Abänderung einer Verurteilung zu künftig fällig werdenden wiederkehrenden Leistungen setzt voraus, dass die in Frage stehende Änderung der Verhältnisse bereits eingetreten ist (vgl. auch BGH NJW 1983, 228; 1987, 1201). Es reicht nicht aus, dass die Prognose der künftigen Verhältnisse, die der Verurteilung zugrunde liegt, aus nachträglicher Sicht anders zu treffen wäre (BGH NJW 1981, 2193/2195). Die Rechtskraft des Urteils ist nicht Voraussetzung für die Abänderungsklage (str., vgl. *Rosenberg/Schwab/Gottwald* § 158 V 1.). Eine Änderungsklage ist nicht zulässig, wenn sie auf Gründe gestützt wird, die zwar nach Schluss der mündlichen Verhandlung erster Instanz im Vorprozess entstanden sind, die aber durch Anschließung an die vom Gegner eingelegte Berufung mittels Erweiterung des Klageantrages bis zum Schluss der mündlichen Verhandlung zweiter Instanz hätten geltend gemacht werden können (BGH NJW 1986, 383). Die Zuständigkeit des Gerichts richtet sich nach den allgemeinen Prozessvorschriften. Klageberechtigt ist jede Partei des Vorprozesses, bei einem Forderungsübergang gemäß § 1542 RVO auch der Versicherungsträger (vgl. *Baumbach/Lauterbach/Albers/Hartmann* § 323 Rdn. 42). Zum Unterhaltsabänderungsbegehren eines inzwischen volljährig gewordenen Kindes vgl. BGH NJW 1985, 1613. Zur Anpassung nachehelicher Unterhaltsrenten bei geschiedenen DDR-Eheleuten vgl. BGH NJW 1995, 1345. Zur

Notwendigkeit einer Abänderungsklage gegenüber dem vereinfachten Unterhaltsabänderungsverfahren, §§ 1612a BGB, 641e ZPO, vgl. BGH NJW 1987, 2999; 1995, 534f. Zur Herabsetzung des titulierten Unterhaltsanspruchs durch Berufungserweiterung vgl. BGH NJW 1985, 2029. Zur Abänderungsklage wegen Änderung der Rechtsprechung auf Grund eines BVerfG-Urteils vgl. BGH NJW 1990, 3020: zur Änderung von Prozessvergleichen wegen Änderung der Rechtsprechung vgl. BGH NJW 2001, 3618/3620; wegen Änderung der Bedarfsätze der Düsseldorfer Tabelle vgl. BGH NJW 1995, 534f.

2. Der Klageantrag hat das abzuändernde Urteil bzw. den entsprechenden Schuldtitel näher zu bezeichnen. Ebenso ist die gewünschte Abänderung im Antrag zum Ausdruck zu bringen. Wird mit der Klage die Herabsetzung einer Zahlungsverpflichtung begehrt, so ist ein Antrag auf Einstellung der Zwangsvollstreckung aus dem abzuändernden Urteil entsprechend § 769 ZPO möglich (vgl. *Baumbach/Lauterbach/Albers/Hartmann* § 323 Rdn. 54, mwN.), der folgendermaßen formuliert werden kann:

> die Zwangsvollstreckung aus dem Urteil des Amtsgerichts ... vom ... Az.: ... einzustellen.

Das Gericht kann das alte Urteil nur für die Zeit seit Erhebung der Abänderungsklage abändern.

3. Es können nur solche Gründe die Klage rechtfertigen, die – wie bei § 767 ZPO – nach der letzten Tatsachenverhandlung entstanden sind und nicht durch Einspruch hätten geltend gemacht werden können. Eine Erhöhung von Unterhaltsleistungen ist nach der Rechtsprechung des BGH im Wege der Abänderungsklage und nicht als Unterhaltszusatzklage geltend zu machen (BGHZ 34, 110/114; NJW 1985, 1631). Eine bloße Änderung der Rechtsprechung genügt grundsätzlich nicht (BGH FamRZ 1995, 222).

Schuldtitel auf Unterhaltszahlungen, deren Abänderung im vereinfachten Verfahren (§§ 641l bis 641t ZPO, Unterhalt Minderjähriger) statthaft ist, können nur dann mit einer Klage nach § 323 ZPO abgeändert werden, wenn eine Unterhaltsanpassung im vereinfachten Verfahren nicht den besonderen Verhältnissen der Parteien Rechnung trägt und somit zu einer wesentlichen Abweichung führen würde (vgl. *Köhler* NJW 1976, 1532). Zur Abänderungsklage eines Unterhaltsschuldners, der bestimmungswidrige Verwendung von Vorsorgeunterhalt einwendet.

Für die Abänderung eines Vergleichs gilt die Einschränkung des § 323 III ZPO nicht, OLG Hamm NJW 1995, 2042. Vgl. auch Auflistung von Beispielen zur Änderung der Verhältnisse bei *Baumbach/Lauterbach/Albers/Hartmann* § 323 Anm. 6 D.

Formalien und Begründung der Abänderungsklage entsprechen der allgemeinen Leistungsklage (vgl. Form. I. D. 1).

5. Klage auf Anerkennung eines ausländischen Urteils

An das
Landgericht
– Zivilkammer –

Klage[1]

des Herrn ......
– Kläger –
Prozessbevollmächtigter: RA ......

gegen

Herrn ......
– Beklagten –

wegen Anerkennung eines ausländischen Urteils[2]
Streitwert: ......

Namens des Klägers erhebe ich Klage und beantrage[3],

1. **festzustellen, dass das Urteil des Obersten Gerichtshofs ...... vom ...... Az.: ...... für den Geltungsbereich des deutschen Rechts wirksam ist;**
2. **hilfsweise festzustellen, dass das am ...... von Herrn ...... errichtete eigenhändige Testament rechtsunwirksam ist.**

Begründung[4]:

Der Kläger hat in einem ausländischen Prozess vor dem Obersten Gerichtshof des ...... das im Klageantrag näher bezeichnete rechtskräftige Urteil erstritten. Mit dieser Entscheidung steht nach dem Recht des Landes ...... fest, dass das am ...... von Herrn ...... errichtete Testament wegen Rechtsmängeln rechtsunwirksam ist. Das ausländische Gericht war auch nach deutschem Recht zur Entscheidung hierüber zuständig.
Der Kläger begehrt in dem vorliegenden Rechtsstreit die Anerkennung dieses ausländischen Urteils. Zwischen der Bundesrepublik Deutschland und dem Land ...... ist für Streitigkeiten der vorliegenden Art durch Staatsvertrag vom ...... die Gegenseitigkeit im Sinne des § 328 Abs. 1 Nr. 5 ZPO verbürgt. Gründe, die eine Verweigerung der Anerkennung bewirken können, bestehen nicht.
Sollte nach Auffassung des Gerichts die Voraussetzungen für eine Anerkennung nicht gegeben sein, so wird mit der vorliegenden Klage hilfsweise die Feststellung der Unwirksamkeit des Testaments vom ...... begehrt. Diese Unwirksamkeit des Testaments muss aus folgenden Gründen angenommen werden: ......

Rechtsanwalt

Anmerkungen

1. Ausländische Urteile (jede gerichtliche Entscheidung vgl. *Baumbach/Lauterbach/Albers/Hartmann* § 328, Anm. 3) sind mit Ausnahme der in § 328 ZPO bezeichneten Fälle im Inland für rechtswirksam zu erklären. Die Anerkennung des Urteils bedeutet eine Erstreckung der dem ausländischen Urteil zukommenden Wirkungen auf das Inland. Mit der Anerkennung kommt dem Urteil Gestaltung-, Präklusions-, Tatbestandswirkung und materielle Rechtskraft zu. Von der vorliegenden Klage ist eine Klage nach § 722 ZPO zu unterscheiden, deren Ziel es ist, das ausländische Urteil für die Zwangsvollstreckung ausdrücklich als vollstreckbar zu erklären (vgl. dazu Form. I. T. 4 und III. A. 2, BGH NJW 1983, 2775). Zu den Anerkennungsvoraussetzungen vgl. *Stein/Jonas/Schumann/Leipold* § 328 Anm. I 3; *Rosenberg/Schwab/Gottwald* § 157 I 3. Vgl. auch Beispielskatalog einer deutschen Unzuständigkeit, Verstöße gegen den *ordre public* bei *Baumbach/Lauterbach/Albers/Hartmann* § 328 5 B, 8 F. Für die Zuständigkeit und den Verfahrensgang gelten die allgemeinen Vorschriften der ZPO.

In Ehesachen gilt die Sonderregelung des Art. 7 § 1 FamRÄndG (vgl. *Baumbach/Lauterbach/Albers/Hartmann* § 328 Rdn. 49; BGH NJW 1982, 517; BayObLG NJW 1985, 2095; 1988, 2178).

2. Die Klage ist auf Feststellung der Wirksamkeit oder Unwirksamkeit der ausländischen Entscheidung im Inland gerichtet, wobei die Anerkennung keinen besonderen Anspruch hierauf voraussetzt, mit Ausnahme der Anerkennung ausländischer Urteile in Ehesachen (vgl. *Stein/Jonas/Schumann/Leipold* § 328 XI). Besonderheiten sind im Anwendungsbereich des Übereinkommens der Europäischen Gemeinschaften über die gerichtliche Zuständigkeit und die Vollstreckung gerichtlicher Entscheidungen in Zivil- und Handelssachen vom 27. 9. 1968 (BGBl. 1972 II, S. 774), jetzt Verordnung (EG)

Nr. 44/2001 (EuGVVO) (Abl. EG Nr. L 12/1) zu beachten (vgl. *Baumbach/Lauterbach/Albers/Hartmann* Schlussanhang V C; BGH NJW 1984, 568). Vgl. Form. I. T. 5 und 6.

3. Der Klageantrag ist auf Feststellung der Wirksamkeit oder Unwirksamkeit der ausländischen Entscheidung gerichtet. Er kann auch in folgender Weise gestellt werden:

„Das Urteil des ... vom ... Az.: ... wird als im Geltungsbereich des deutschen Rechts wirksam anerkannt."

Es ist auch möglich, nur einzelne anerkennungsfähige Teile eines „Urteils anerkennen zu lassen (vgl. *Melleker* NJW 1971, 303/307; *Müller,* Zum Begriff der „Anerkennung" von Urteilen in § 328 ZPO, ZZP 1966, 199; *Matscher,* Einige Probleme der internationalen Urteilsanerkennung und -vollstreckung, ZZP 1973, 404).

Bestehen hinsichtlich der Anerkennungsvoraussetzungen Zweifel, so empfiehlt es sich, in einem Hilfsantrag das eigentliche Klagebegehren zur gerichtlichen Entscheidung zu stellen (*Stein/Jonas/Schumann/Leipold* § 338 I 3 c; BGHZ 53, 332, 336).

4. Das Gericht prüft von Amts wegen, ob die Voraussetzungen für eine Anerkennung vorliegen. § 328 ZPO legt die Fallgruppen fest, bei denen eine Anerkennung zu versagen ist. Es empfiehlt sich, auf die Fragen der Zuständigkeit und Gegenseitigkeit bereits in der Klage einzugehen, obwohl diese von Amts wegen zu prüfen sind (vgl. *Baumbach/Lauterbach/Albers/Hartmann* § 328 Rdn. 14). Das Gleiche gilt für die Hinderungsgründe nach § 328 Abs. 1 Nr. 2, 3, 4 ZPO, wenn im konkreten Fall Anlass zur Darlegung besteht. Die Verbürgung der Gegenseitigkeit kann durch Staatsvertrag, Übung oder konsularische Anweisung begründet sein (*Stein/Jonas/Schumann/Leipold* § 328 VIII; BGHZ 22, 24/24; vgl. Anm. 2).

Q. Urkunden-, Wechsel- und Scheckprozess

1. Klage im Urkundenprozess[1]

An das
Landgericht Hannover[2]
– Zivilkammer –

Klage im Urkundenprozess[3]

des Kaufmannes K
Prozessbevollmächtigter: RA ......

gegen

den Angestellten B
Vorläufiger Streitwert: EUR 22.500,–
Namens und in Vollmacht des Klägers beantrage ich, im Urkundenprozess klagend:

1. Der Beklagte wird verurteilt, an den Kläger EUR 22.500,– nebst 5% Zinsen über dem Basiszinssatz seit dem 1. 4. 20 .. zu zahlen.
2. Der Beklagte hat die Kosten des Rechtsstreits zu tragen.
3. Das Urteil ist ohne Sicherheitsleistung vorläufig vollstreckbar[4].

Mit einer Übertragung auf den Einzelrichter ist der Kläger einverstanden.

Begründung:[5]

Der Beklagte war früher für den Kläger als Handelsvertreter auf Provisionsbasis tätig. Seine Provisionseinkünfte betrugen monatlich im Durchschnitt EUR 4.000,–[6].

Beweis: Anliegende Provisionsabrechnung für die letzten 12 Monate

Der Beklagte erhielt auf die von ihm vermittelten Geschäfte regelmäßig Vorschüsse, die später wegen zahlreicher Stornierungen nicht vollständig verdient wurden. Am 20. Oktober letzten Jahres setzten sich die Parteien zusammen und errechneten für die Zeit bis 31. Juli 20 .. einen Debet-Saldo des Beklagten in Höhe von EUR 22.500,–. Daraufhin unterzeichnete der Beklagte im Beisein von Zeugen das anliegende Schuldanerkenntnis[7], in dem sich der Beklagte verpflichtete, spätestens bis zum 31. 3. dieses Jahres EUR 22.500,– zu zahlen.

Beweis für die Echtheit der Unterschrift:
Parteivernehmung[8]

Der Beklagte hat keine Zahlung geleistet.
Der Zinsanspruch ergibt sich aus §§ 284 Abs. 2, 288 BGB[9].
Beglaubigte und einfache Abschrift der Klage nebst Anlagen[10] liegen an.

Rechtsanwalt

Schrifttum: Greiner, Urkundenprozess und Einrede des nichterfüllten Vertrags, NJW 2000, 1314; *Lang*, Rückforderung des auf eine Bürgschaft auf erstes Anfordern Geleisteten im Urkundenprozess, WM 1999, 2329; *Eisenhardt*, Mietzinsklage im Urkundenprozess bei Wohnraummiete, MDR 1999, 2329; *Michalski*, Die Geltendmachung von Wohnraummietzinsansprüchen im Urkundenprozess, ZMR 1996, 637; *Nobbe*, Die neuere Rechtsprechung des Bundesgerichtshofes zum Wechsel- und Scheckrecht, WM 2000, Sonderbeilage Nr. 5; *Stürner,* Statthaftigkeit und Beweisbedürftigkeit im Urkundenprozess, NJW 1972, 1257; *Gloede,* Müssen im Urkundenprozess auch unstreitige klagebegründende Behauptungen urkundlich beweisbar sein?, MDR 1974, 895; *Bilda,* Zur Bindungswirkung von Urkundenvorbehaltsurteilen, NJW 1983, 142; *Becht,* Der Beweis der Echtheit einer Urkunde im Urkundenprozess, NJW 1991, 1993.

Anmerkungen

1. Für Geldansprüche, deren anspruchsbegründende Tatsachen sich aus einer in Händen des Klägers befindlichen Urkunde ergeben, stellt die Zivilprozessordnung mit dem Urkundenprozess (§§ 592 ff. ZPO, durch die ZPO Reform nicht geändert) ein beschleunigtes Verfahren zur Verfügung, das im Streitfalle allerdings nur zu einer vorläufigen Entscheidung, dem Vorbehaltsurteil führt. Die Beschleunigung wird dadurch erreicht, dass dem meist beweispflichtigen Beklagten als Beweismittel (auch für Aufrechnungsforderungen, BGH NJW 1971, 2226) nur der Antrag auf Parteivernehmung oder der Urkundenbeweis zur Verfügung steht (§ 595 Abs. 2 ZPO) und dass Widerklagen nicht statthaft sind (§ 595 Abs. 1 ZPO). Der Urkundenprozess bietet dem Kläger zudem den Vorteil, dass das stattgebende Urteil ohne Sicherheitsleistung vorläufig vollstreckbar ist (§ 708 Nr. 4 ZPO; aber erhöhtes Risiko: §§ 600 Abs. 2, 302 Abs. 4 ZPO). Ein Rechtsanwalt, der diese Vorteile nicht nutzt und nicht im Urkundenprozess klagt, kann gegenüber seinem Mandanten regreßpflichtig sein (BGH NJW 1994, 3295). Die Rechtsprechung hat für den Urkundenprozess einen breiten Anwendungsbereich eröffnet: Voraussetzung ist nicht, dass sich der Anspruch selbst aus der Urkunde ergibt; er muss lediglich mittels Urkunden zu beweisen sein (BGH NJW 1996, 400). Als Urkunden kommen nicht nur Schuldversprechen und Schuldanerkenntnisse in Betracht, sondern schriftlich niedergelegte Verträge jeder Art, sofern aus ihnen sämtliche anspruchsbegründenden Tatsachen, zB. auch die Fälligkeit, folgen. Dabei kann sich der Anspruch aus einer oder aus mehreren sich ergänzenden Urkunden ergeben. Nach OLG Köln (MDR 1991, 901) soll sogar ein Telefax eine Urkunde im Sinne des § 592 ZPO sein; die Ablichtung einer Urkunde genügt nicht (BGH NJW 1992, 829, 830). Der Urkundenbeweis kann in dieser Prozessart nur durch Vorlage der Urkunde, nicht durch einen Antrag auf Vorlage oder auf Beiziehung von Akten angetreten werden (BGH NJW 1994, 3295). Ein Antrag auf Beiziehung von Gerichtsakten eines Parallelprozesses kann aber genügen (BGH NJW 1998, 2280).

Vor den Arbeitsgerichten ist ein Urkunden-, Wechsel- oder Scheckprozess ausgeschlossen (§ 46 Abs. 2 ArbGG).

Beispiele aus der neueren Rechtsprechung:

- Ansprüche auf Mietzins können im Urkundenprozess geltend gemacht werden (BGH NJW 1999, 1408; *Börstinghaus* NZM 1998, 89; *Eisenhardt* MDR 1999, 901); ob das auch für die Wohnraummiete gilt, ist streitig (vgl. LG Bonn 1986, 264; LG Frankfurt NJW-RR 2000, 1464).
- Die Urkundenklage kann auch auf eine Bürgschaft auf erstes Anfordern gestützt werden; dabei genügt es, wenn die Zahlungsaufforderung im Prozess erfolgt (BGH NJW 1998, 2280, 2281). Hingegen kann die Rückgriffsforderung aus einer solchen Bürgschaft nicht im Urkundenprozess geltend gemacht werden (BGH NJW 2001, 3549); zur Rückgriffsklage des Bürgen vgl. im übrigen BGH NJW-RR 1988, 61.
- Die Vergütung aus einem Dienstvertrag kann Gegenstand einer Urkundenklage sein (KG NJW-RR, 1997, 1259).
- Ein Prospekthaftungsanspruch kann im Urkundenprozess durch Vorlage des mangelhaften Prospektes verfolgt werden (BGH NJW 1996, 400).

- Nach BGH NJW 2002, 751 kann eine Widerklage in der Form des Urkundenprozesses erhoben werden, wenn die Klage im ordentlichen Verfahren erhoben wurde; § 595 Abs. 1 ZPO steht dann nicht im Wege.

2. Für die örtliche und sachliche Zuständigkeit braucht der Nachweis nicht durch Urkunden geführt zu werden; §§ 592, 595 ZPO gelten für die Prozessvoraussetzungen nicht (*Thomas/Putzo* § 592 Rdn. 5). Über die Anwendung ausländischen Rechts kann im Urkundenprozess ein Sachverständigengutachten eingeholt werden (BGH WM 1997, 1245). Anders als für Wechsel- und Scheckansprüche ist im gewöhnlichen Urkundenprozess die Kammer für Handelssachen idR. nur zuständig, wenn beide Parteien Kaufleute sind (§ 95 Abs. 1 GVG). Im angenommenen Fall war der Beklagte zwar als Handelsvertreter gleichfalls Kaufmann, jedoch kommt es nach hM. für die Kaufmannseigenschaft auf den Zeitpunkt der Rechtshängigkeit an (*Thomas/Putzo* § 95 GVG Rdn. 2).

3. Gemäß § 593 Abs. 1 ZPO muss die Klageschrift die Erklärung enthalten, dass im Urkundenprozess geklagt wird. Spätere Nachholung wäre eine nur ausnahmsweise zulässige Klageänderung (*Thomas/Putzo* § 593 Rdn. 1).

4. Vgl. § 708 Nr. 4 ZPO.

5. In der Klagebegründung kann sich der Kläger idR. damit begnügen, das Zustandekommen der Urkunde darzustellen. Es ist meist nicht notwendig, auf schon bekannte Einwendungen des Beklagten näher einzugehen. Jedoch kann sich nach der Klageerwiderung für den Kläger die Notwendigkeit ergeben, bereits im Urkundenprozess mehr vortragen zu müssen, nämlich zB. dann, wenn der Beklagte einen Sachverhalt dargelegt hat, der den sich aus der Urkunde ergebenden Anspruch zu Fall bringt (Anfechtung, Wandlung, Rücktritt, Kondiktion etc.). Selbst wenn der Beklagte dafür nur Beweismittel benannt hat, die im Urkundenprozess unstatthaft sind, muss sich der Kläger jetzt schon erklären; denn die Unzulässigkeit des Beweismittels wirkt sich erst aus, wenn der Sachverhalt streitig ist (vgl. BGH WM 1974, 487; 1985, 739). Es kann sich daher empfehlen, bereits in der Klageschrift den zu erwartenden Sachvortrag des Beklagten zu bestreiten; jedenfalls sollte die Erwiderung des Klägers auf die zu erwartenden Einwendungen bereits präsent sein.

6. Die Angabe des Verdienstes ist zweckmäßig, da für Rechtsstreitigkeiten gegen Einfirmenvertreter, soweit sie durchschnittlich nicht über EUR 1.000,– pro Monat verdienen, das Arbeitsgericht sachlich zuständig ist (vgl. *Baumbach/Hopt* § 84 Rdn. 46). Falls die Voraussetzungen streitig werden oder das Gericht nähere Darlegungen verlangt, ist es nicht erforderlich, den Nachweis durch Urkunden zu führen: §§ 592, 595 ZPO gelten für die Prozessvoraussetzungen nicht (vgl. Anm. 2).

7. Die Urkunden, aus denen sich der Anspruch ergibt, müssen der Klageschrift im Original oder in beglaubigter Abschrift beigefügt sein, § 593 Abs. 2 ZPO. Sie können auch mit einem späteren Schriftsatz eingereicht werden, der aber die Einlassungsfrist wahren sollte. Unbeglaubigte Fotokopien genügen nicht (vgl. OLG Düsseldorf MDR 1988, 504). Spätestens im Termin muss die Urkunde im Original vorgelegt werden, sonst ist der Urkundenprozess unstatthaft (vgl. *Zöller/Greger* § 597 Rdn. 11; OLG Frankfurt MDR 1982, 153). Anders ist es, wenn die klagebegründenden Tatsachen unstreitig oder zugestanden werden (BGHZ 62, 286; NJW 1994, 447, 448). Ein Versäumnisurteil gegen den Beklagten kann aber nur ergehen, wenn der Kläger die Originalurkunden im Termin vorlegt (vgl. *Zöller/Greger* § 597 Rdn. 11).

8. Als Beweismittel für die Echtheit der Urkunde, also insbesondere für die Echtheit der Unterschrift des Beklagten, kommt idR. nur der Antrag auf Parteivernehmung in Betracht (§ 595 Abs. 2 ZPO); mit Urkunden wird der Beweis kaum je zu führen sein. Ein Schriftsachverständigengutachten kann erst im Nachverfahren eingeholt werden, auch ein vorhandenes Gutachten dürfte nicht im Wege des Urkundenbeweises verwertet werden; auch eine Schriftvergleichung nach § 441 ZPO ist nicht statthaft. Der Beweisantritt

ist vorsorglich gemeint; er wird erst erheblich, wenn der Beklagte seine Unterschrift bestreitet. Zu den Beweisregeln, die für die Echtheit der Urkunde und die Bedeutung ihres Inhalts gelten, vgl. Form. I. H. 7 Anm. 1.

9. Will der Kläger einen höheren als den gesetzlichen Zinssatz verlangen, muss dieser durch die Urkunde bewiesen werden können. Etwas anderes gilt, wenn der Zinsanspruch vom Beklagten trotz Verhandelns nicht bestritten wird (vgl. BGHZ 62, 286; *Thomas/Putzo* § 592 Rdn. 6).

10. Die Urkunden müssen dem Beklagten in beglaubigter Abschrift mitgeteilt werden. Fehlen sie oder werden sie nicht innerhalb der Einlassungsfrist nach § 274 Abs. 3 ZPO übermittelt, braucht sich der Beklagte nicht auf den Urkundenprozess einzulassen; der Urkundenprozess ist unstatthaft, ein Versäumnisurteil kann nicht ergehen.

Kosten und Gebühren

Gerichtskosten (KV Nr. 1201) und Anwaltsgebühren (§ 31 BRAGO) entstehen wie bei einer Klage im ordentlichen Verfahren (vgl. Form. I. D. 1). Jedoch kann ein im Urkundenprozess begonnener Rechtsstreit, wenn es zu einem Nachverfahren kommt, erheblich teurer werden als ein gewöhnlicher Rechtsstreit; denn im Nachverfahren entstehen die Rechtsanwaltsgebühren – mit Ausnahme der Prozessgebühr – erneut (§ 39 BRAGO).

Fristen und Rechtsmittel

Wird die Klage als im Urkundenprozess unstatthaft abgewiesen, kann der Kläger Berufung einlegen und, falls erforderlich, im zweiten Rechtszug vom Urkundenprozess Abstand nehmen (Form. I. Q. 6; zur Zulässigkeit im zweiten Rechtszug vgl. *Zöller/Greger* § 596 Anm. 4); sonst bleibt nur die Möglichkeit, im ordentlichen Verfahren erneut Klage zu erheben. Erlässt das Gericht ein Vorbehaltsurteil, muss der Beklagte überlegen, ob er hiergegen Berufung einlegen oder seine Rechte im Nachverfahren geltend machen will (vgl. Form. I. Q. 7 Anm. 1); auch beides nebeneinander ist möglich. Wird die Klage im Nachverfahren rechtskräftig abgewiesen, macht das die Berufung gegen das Vorbehaltsurteil gegenstandslos (OLG Braunschweig NJW-RR 2000, 1094).

2. Klageerwiderung im Urkundenprozess[1]

An das
Landgericht

In Sachen

. . . . . .

zeige ich an, dass ich den Beklagten vertrete.
Ich werde beantragen:

1. **Die Klage wird abgewiesen[2].**
2. **Die Kosten des Rechtsstreits trägt der Kläger.**
3. **Das Urteil ist vorläufig vollstreckbar[3].**

Hilfsweise wird beantragt,
dem Beklagten die Ausführung seiner Rechte im Nachverfahren vorzubehalten[4].

Begründung:[5]

. . . . . .
Rechtsanwalt

Schrifttum: vgl. zunächst die Hinweise zu Form I. Q.1; *Schwarz,* Anerkenntnis und Vorbehaltsurteil im Urkundenprozess, JR 1995, 1; *ders.,* Die Verwahrung gegen die Kostenlast im Urkundenprozess, ZZP 1997, 181; *Künkel,* Das Vorbehaltsurteil als Anerkenntnis- und Versäumnisurteil im Urkunden- und Wechselprozess, NJW 1963, 1041; *Hall,* Vorbehaltsanerkenntnis und Anerkenntnisvorbehaltsurteil im Urkundenprozess, Berlin 1992.

Anmerkungen

1. Bei der Klageerwiderung im Urkunden-, Wechsel- und Scheckprozess muss der Beklagte sich zunächst darüber klar werden, ob er seine Chancen bereits hier oder erst im Nachverfahren suchen soll. Dazu sollte er insbesondere sorgfältig prüfen, ob sich der Klageanspruch schlüssig aus den vorgelegten Urkunden ergibt. Fehlt es daran, sollte er die Abweisung der Klage beantragen. Wenn die Urkundenklage aber zulässig und schlüssig ist, keine Einwendungen gegen die Echtheit der Urkunde bestehen und der Beklagte voraussieht, dass er seine Einwendungen mit den im Urkundenprozess statthaften Beweismitteln nicht wird beweisen können, ist zu überlegen, ob er den Anspruch nicht im Urkundenprozess unter Vorbehalt seiner Rechte im Nachverfahren anerkennen soll. Die Zulässigkeit eines solchen eingeschränkten Anerkenntnisses, das zu einem Vorbehaltsanerkenntnisurteil führt, ist streitig (vgl. *Thomas/Putzo* § 599 Rdn. 5; *Zöller/Greger* § 599 Rdn. 8), wird aber von der Rspr. überwiegend bejaht (zB. OLG Düsseldorf NJW-RR 1999, 68; offen gelassen von BGH NJW-RR 1992, 254). Will der Beklagte sich also aus Kostengründen oder zur Konzentration des Rechtsstreits erst im Nachverfahren näher einlassen, empfiehlt sich folgende Fassung der Klageerwiderung:

> „Der Beklagte will seine Einwendungen erst im Nachverfahren geltend machen. Er erkennt daher den Klageanspruch unter Vorbehalt seiner Rechte im Nachverfahren an.
>
> Falls das Gericht ein solches Anerkenntnis nicht für zulässig halten sollte, widerspricht der Beklagte dem geltend gemachten Anspruch und beantragt:
>
> 1. Die Klage wird abgewiesen.
> 2. Die Kosten des Rechtsstreits trägt der Kläger.
> 3. Das Urteil ist vorläufig vollstreckbar.
> 4. (Hilfsweise)
>   Dem Beklagten wird die Ausführung seiner Rechte im Nachverfahren vorbehalten.
>
> Seine Einwendungen wird der Beklagte auch in diesem Fall erst im Nachverfahren näher darlegen."

Das Anerkenntnis hindert den Beklagten nicht, sämtliche Einwendungen – auch die Verjährungseinrede (BGH NJW-RR 1992, 254, 256) – später im Nachverfahren geltend zu machen. Auch wenn es nicht zum Anerkenntnisurteil kommt, ist eine nähere Darlegung der Einwendungen im Urkundenprozess jedenfalls dann nicht erforderlich, wenn der Beklagte erklärt, die Einwendungen erst im Nachverfahren geltend machen zu wollen. Der Beklagte ist im Urkundenprozess nicht verpflichtet, sich materiell gegen den Klageanspruch zu verteidigen (BGH NJW 1988, 1468). Allerdings muss er darauf achten, dass er nicht Tatsachen unwidersprochen lässt, an deren Feststellung im Vorbehaltsurteil das Gericht für das Nachverfahren gebunden wäre (zB. hinsichtlich der Prozessvoraussetzungen, der Formerfordernisse der Urkunde und der Schlüssigkeit der Klage, OLG Düsseldorf NJW-RR 1999, 68; Thomas Putzo § 600, Rdn. 4, zur Bindungswirkung des Vorbehaltsurteils Form. I. Q. 7 Anm. 1). Die Echtheit der Urkunde – insbes. also die der Unterschrift – braucht der Beklagte erst im Nachverfahren zu bestreiten (BGH NJW 1982, 183).

Will der Beklagte den Anspruch ohne Einschränkung, also nicht nur im Urkundenprozess, anerkennen, sollte er das bereits jetzt, nicht erst im Nachverfahren tun. Bei einem Anerkenntnis erst im Nachverfahren wäre § 93 ZPO unanwendbar (OLG Düsseldorf MDR 1983, 496).

2. Ist die Klage im Urkundenprozess aus den in Form. I. Q. 1 Anm. 3, 7 genannten Gründen unstatthaft, sollte der Beklagten gem. § 597 Abs. 2 ZPO beantragen,

„die Klage als in der gewählten Prozessart unstatthaft abzuweisen".

3. Auch klageabweisende Urteile im Urkunden-, Wechsel- und Scheckprozess fallen unter § 708 Nr. 4 ZPO.

4. Hat der Beklagte dem geltend gemachten Anspruch widersprochen, wird ihm, wenn er im Urkunden-, Wechsel- oder Scheckprozess verurteilt wird, die Ausführung seiner Rechte im Nachverfahren vorbehalten, § 599 Abs. 1 ZPO. Es genügt, wenn der Beklagte in streitiger Verhandlung Klageabweisung beantragt. Der Vorbehaltsantrag ist üblich und als Hinweis an das Gericht zweckmäßig, aber nicht notwendig. Fehlt der Vorbehalt im Urteil, muss binnen zwei Wochen eine Ergänzung nach § 321 iVm. § 599 Abs. 2 ZPO beantragt werden (Form. I. N. 3), sonst kann das Urteil im Nachverfahren nicht mehr aufgehoben werden (vgl. OLG Karlsruhe, NJW-RR 1991, 1151).

5. Soweit es die Schlüssigkeit der Urkundenklage betrifft, sollte der Beklagte unbedingt schon hier Stellung nehmen. Übersieht das Gericht die Unschlüssigkeit der Urkundenklage, ist es im Nachverfahren hieran gebunden (vgl. BGH NJW 1991, 1117; 1993, 668). Im Übrigen steht es dem Beklagten frei, bereits im Urkundenprozess sämtliche nach bürgerlichem Recht möglichen Einwendungen geltend zu machen oder das Nachverfahren abzuwarten (BGH NJW 1993, 668). Er kann auch die Hilfsaufrechnung mit einer urkundlich belegten oder unstreitigen (vgl. BGH WM 1986, 537) Gegenforderung erklären. Seine Einwendungen werden allerdings als im Urkundenprozess unstatthaft zurückgewiesen, wenn der Kläger ihre Voraussetzungen bestreitet und der Beklagte den ihm obliegenden Beweis nicht mit den Beweismitteln des § 595 Abs. 2 ZPO antritt (§ 598 ZPO). Der Beklagte sollte sich aber davor hüten, seine Einwendungen oder Gegenforderungen in Hinblick auf das Nachverfahren hier nur unspezifiziert vorzutragen; das Gericht wird sie dann als unschlüssig zurückweisen, und zwar mit Bindungswirkung für das Nachverfahren. Wenn sich der Beklagte also nicht dafür entscheidet, alle oder bestimmte Einwendungen erst im Nachverfahren geltend zu machen, sollte er genauso gründlich wie bei einer Klage im ordentlichen Verfahren erwidern.

Kosten und Gebühren

Auch wenn der Beklagte im Urkundenprozess keine Einwendungen erhebt, entsteht die Verhandlungsgebühr nach § 31 Abs. 1 Nr. 2 BRAGO. Im Falle eines Anerkenntnisses (vgl. Anm. 1) entsteht nur eine Gerichtsgebühr (KV Nr. 1202 b) und nur eine halbe Verhandlungsgebühr des Anwalts (§ 33 BRAGO).

Fristen und Rechtsmittel

Das Vorbehaltsurteil ist hinsichtlich der Rechtsmittel ein Endurteil (§§ 600 Abs. 2, 302 Abs. 3 ZPO); es kann von den Parteien unter den Voraussetzungen des § 511 ZPO mit der Berufung angefochten werden. Ein Anerkenntnisvorbehaltsurteil kann vom Kläger mit dem Ziel angegriffen werden, ein vorbehaltloses Urteil zu erlangen (BGH NJW-RR 1992, 254, 256). Der Beklagte kann es mit der Begründung anfechten, es läge kein wirksames Anerkenntnis vor oder dieses sei widerrufen (vgl. *Zöller/Vollkommer* § 307 Rdn. 11). Eine isolierte Anfechtung der Kostenentscheidung nach § 99 Abs. 2 ZPO ist ausgeschlossen (vgl. OLG Naumburg NJW-RR 1997, 893).

3. Klage im Wechselprozess gegen Annehmer, Aussteller und Indossanten[1]

An das
Landgericht Hamburg[2],
– Kammer für Handelssachen –[3]

Klage im Wechselprozess[4]

des Kaufmannes K
Prozessbevollmächtigter: Rechtsanwalt X

gegen

1. den Angestellten A in Hamburg
2. den Kraftfahrzeugmeister B in Lübeck
3. den Handelsvertreter C in Norderstedt

Vorläufiger Streitwert: EUR 12.000,–[5]

Namens und in Vollmacht des Klägers beantrage ich, im Wechselprozess klagend:

1. Die Beklagten werden als Gesamtschuldner verurteilt, an den Kläger EUR 12.000,– nebst Zinsen in Höhe von 2% über dem jeweiligen Basiszinssatz, mindestens aber 6%, seit dem 10. Juni 2002 sowie Wechselunkosten in Höhe von EUR ...... und Wechselprovision in Höhe von EUR 40,– zu zahlen[6, 7].
2. Die Beklagten haben die Kosten des Rechtsstreits zu tragen.
3. Das Urteil ist ohne Sicherheitsleistung[8] vorläufig vollstreckbar.

Es wird weiter beantragt,

die Einlassungsfrist auf ein Mindestmaß abzukürzen[9], einen möglichst nahen Termin zur mündlichen Verhandlung vor dem Vorsitzenden zu bestimmen[10] und im Wechselprozess von einer Güteverhandlung abzusehen[11].

Begründung:[12]

Der Kläger ist Inhaber des in beglaubigter Abschrift[13] beigefügten Wechsels über EUR 12.000,–, der am 10. März 2002 vom Beklagten zu 2) ausgestellt und vom Beklagten zu 1) angenommen wurde. Der Beklagte zu 3) ist Wechselnehmer, er hat die Wechselrechte ausweislich des Indossaments auf der Rückseite des Wechsels ordnungsgemäß auf den Kläger übertragen.
Beweis für die Echtheit der Unterschriften als Aussteller, Akzeptant und Indossant:

Parteivernehmung der Beklagten zu 1) bis 3)[14].

Der Wechsel wurde dem Beklagten zu 1) am Verfalltag, dem 10. Juni 2002, zur Zahlung vorgelegt, jedoch nicht eingelöst. Der Kläger hat am folgenden Werktage Protest mangels Zahlung erhoben[15]. Hierdurch sind ihm Auslagen in Höhe von EUR ...... entstanden.

Beweis: Protesturkunde (beglaubigte Abschrift ist beigefügt).

Der Wechsel nebst Protesturkunde wird im Termin im Original vorgelegt werden[16]. Außer der Wechselsumme und den Protestkosten macht der Kläger ein Drittel Prozent Provision und Wechselzinsen[17] auf die Wechselsumme geltend (Art. 48 WG).
Der Antrag, die Einlassungsfrist zu verkürzen, ist geboten, da die Beklagten zu 1) bis 3) sich offenbar in Vermögensverfall befinden. Mit dem Wechsel wurden Lieferungen des Klägers für eine im Aufbau befindliche gemeinsame Firma der Beklagten finanziert, die ihre Geschäftstätigkeit inzwischen wieder aufgegeben hat.

Beweis: Anliegende eidesstattliche Versicherung des Klägers.

Es wird daher gebeten, kurzfristig zu terminieren und im Wechselprozess von einer Güteverhandlung abzusehen.
Die örtliche Zuständigkeit ergibt sich aus § 603 ZPO; Hamburg ist im Wechsel als Zahlungsort angegeben.

Rechtsanwalt

Schrifttum: Baumbach/Hefermehl, Wechselgesetz und Scheckgesetz, 22. Aufl. 2000; *Bülow,* Wechselgesetz, Scheckgesetz, Allgemeine Geschäftsbedingungen, 3. Aufl. 2000; *Nobbe,* Die neuere Rechtsprechung des Bundesgerichtshofes zum Wechsel- und Scheckrecht, WM 2000 Sonderbeilage Nr. 5; *Thamm,* Rechtsprobleme bei Scheck/Wechsel-Verfahren, ZIP 1984, 84; *Großelanghorst/Kahler,* Zur sachlichen Zuständigkeit eines Gerichts bei der Geltendmachung von Wechsel- und Scheckansprüchen aus einem Arbeitsverhältnis, WM 1985, 1025; *Cziempel/Keuth,* Schiedsvereinbarung und Wechselprozess im deutschen und internationalen Privatrecht, NJW 1987, 2118.

Anmerkungen

1. Wechsel- und Scheckprozess sind Sonderformen des Urkundenprozesses. Auf die Anmerkungen zur Urkundenklage (Form. I. Q. 1) wird daher verwiesen.

Voraussetzung für eine erfolgreiche Wechselklage ist, dass der Kläger Inhaber eines formal gültigen Wechsels ist, der die zwingenden Voraussetzungen der Art. 1, 2 WG erfüllt. Fehlt es daran, kommt eine Umdeutung in ein abstraktes Schuldversprechen in Betracht (BGH NJW 1994, 447; *Baumbach/Hefermehl* Art. 2 WG Rdn. 9ff.). Der Kläger muss dann vom Wechselrozeß Abstand nehmen und zum Urkundenprozess übergehen. Liegt ein formgültiger Wechsel vor, ist der Kläger aber nicht erster Nehmer, muss er sein Recht durch eine ununterbrochene Kette von Indossamenten nachweisen (Art. 16 Abs. 1 WG). Der Kläger kann aber auch als Einlöser des Wechsels nach Art. 49 WG berechtigt sein, seine Vormänner in Anspruch zu nehmen; dann gilt Art. 16 Abs. 1 WG nicht (vgl. *Baumbach/Hefermehl* Art. 16 Rdn. 7). Der Kläger kann grundsätzlich auch im Wechselprozess klagen, wenn eine Schiedsvereinbarung besteht. Die Einrede des Schiedsvertrages greift im Wechselprozess nicht durch (BGH NJW 1994, 136).

2. Die örtliche Zuständigkeit des Landgerichts Hamburg ergibt sich für den hier angenommenen Fall sowohl aus dem Gerichtsstand des Zahlungsortes (§ 603 Abs. 1 ZPO) als auch aus der Tatsache, dass einer der Beklagten seinen Wohnsitz in Hamburg hat (§ 603 Abs. 2 ZPO). Sachlich zuständig sind, je nach Streitwert, Amts- oder Landgericht. Für Wechselansprüche in Zusammenhang mit einem Arbeitsverhältnis ist nach der Rechtsprechung des Bundesarbeitsgerichts (NJW 1997, 758) der Rechtsweg zu den Arbeitsgerichten eröffnet; sie können dort aber nicht im Wechselprozess geltend gemacht werden (§ 46 Abs. 2 ArbGG). Nach bisher für die ordentlichen Gerichte h.M. können Wechsel- und Scheckansprüche dort erhoben werden, auch wenn für das zugrundeliegende Rechtsverhältnis zB. das Arbeitsgericht zuständig wäre (vgl. *Baumbach/Lauterbach/Albers/Hartmann* § 603 Rdn. 2; *Großelanghorst/Kahler* WM 1985, 1025).

3. Zuständig ist für Wechselansprüche innerhalb des Landgerichts stets die Kammer für Handelssachen (§ 95 Abs. 1 Nr. 2 GVG). Das gilt unabhängig davon, ob der Anspruch im Wechselprozess oder im ordentlichen Verfahren erhoben wird.

4. Gemäß § 604 Abs. 1 ZPO muss bereits die Klage die Erklärung enthalten, dass im Wechselprozess geklagt wird. Fehlt die Erklärung, ist die Klage im ordentlichen Verfahren erhoben. Ein späteres Nachholen ist unzulässig.

5. Für die Bemessung des Streitwertes bleiben alle Nebenansprüche außer Betracht (vgl. § 4 Abs. 2 ZPO).

6. Gemäß Art. 47 WG haften die Beklagten dem Kläger als Gesamtschuldner, der Beklagte zu 1) haftet als Annehmer iVm. Art. 28 WG, der Beklagte zu 2) als Aussteller, der Beklagte zu 3) als Indossant. Wechselverpflichteter kann auch eine BGB-Gesellschaft sein; sie ist nach neuerer Rechtsprechung wechselfähig (BGH NJW 2001, 1056). Auch wer einen Wechsel als Vertreter ohne Vertretungsmacht gezeichnet hat, kann in Anspruch genommen werden, wenn er seine Vollmacht nicht beweist (Art. 8 WG, vgl. BGH NJW 1987, 649). Hat der Vertreter nicht deutlich gemacht, dass er für eine andere Person unterzeichnet, trifft ihn die Wechselhaftung (BGH NJW 1992, 1381). Der Vertretene haftet nur, wenn der Wechselkläger die Vertretungsmacht beweist (vgl. BGH NJW 1992, 117 zum Scheck). Auch Personen, die kraft Gesetzes haften – so der persönlich haftende Gesellschafter nach § 128 HGB oder der BGB-Gesellschafter nach BGH NJW 2001, 1056 –, können im Wechselprozess in Anspruch genommen werden (vgl. *Zöller/Greger* § 602 Rdn. 4).

Der Umfang der Rückgriffsansprüche einschließlich der Nebenansprüche ergibt sich aus Art. 48 Nr. 1–4 WG.

7. Nach den Vorschriften des Wechselrechts (Art. 39 Abs. 1, 50 Abs. 1 WG) kann der Wechselverpflichtete verlangen, dass ihm bei Zahlung der Wechsel ausgehändigt wird. In der Praxis wird daher zT. nur eine Zug-um-Zug-Verurteilung beantragt und vom Gericht ausgesprochen. Da es sich jedoch nicht um eine echte Gegenleistung, sondern um ein besonderes Recht auf Quittung handelt (vgl. *Zöller/Stöber* § 756 Rdn. 4; *Thomas/Putzo* § 756 Rdn. 2), führt der uneingeschränkte Antrag nicht zu einer Teilabweisung mit nachteiliger Kostenfolge. Spätestens bei der Vollstreckung muss der Wechsel aber ausgehändigt werden, eine Teilleistung muss auf dem Wechsel quittiert werden (§ 757 ZPO entspr.).

8. Vgl. § 708 Nr. 4 ZPO.

9. Die Einlassungsfrist beträgt 2 Wochen, § 274 Abs. 3 ZPO. Da die Nichteinlösung eines Wechsels Indiz für drohende Insolvenz sein kann, bedürfen Wechselprozesse oft besonderer Beschleunigung und einer Verkürzung der Einlassungsfrist, wie sie § 224 Abs. 2 iVm. § 226 Abs. 1 ZPO vorsieht. Die Gründe hierfür sind glaubhaft zu machen. Bereits die Nichteinlösung eines Wechsels, die durch den Protest oder vergebliche Vorlegung bewiesen wird, kann als Grund genügen; veröffentlichte Rspr. gibt es hierzu, soweit ersichtlich, nicht; die Unterstreichung durch eine eidesstattliche Versicherung kann sich empfehlen.

10. Nach § 349 Abs. 2 Nr. 8 ZPO verhandelt und entscheidet der Vorsitzende der Kammer für Handelssachen allein. Im Gegensatz zum ordentlichen Verfahren gibt es keinen Anspruch auf Terminsverlegung in der Zeit vom 1. Juli bis 31. August (§ 227 Abs. 3 Nr. 4 ZPO).

11. Der Wechselprozess ist auf besondere Beschleunigung angelegt (§ 604 ZPO). Deshalb erscheint eine Güteverhandlung nach § 278 Abs. 2 ZPO als für diese Prozessart ungeeignet. Allerdings sieht § 278 ZPO keine Ausnahme für Wechsel- und Scheckprozesse vor. Die Nichtbezahlung eines ordnungsgemäß vorgelegten Wechsels oder Schecks kann aber ein Indiz für die Aussichtslosigkeit der Güteverhandlung sein.

12. Es gilt grundsätzlich das Gleiche wie für den Urkundenprozess (vgl. Form. I. Q. 1 Anm. 5). Auch im Wechselprozess kann es für den Kläger erforderlich sein, auf die Klageerwiderung des Beklagten einzugehen. Die Ansicht, der Beklagte sei mit seinen Einwendungen aus dem zugrundeliegenden Rechtsverhältnis (Anfechtung, Wandlung etc.) immer auf das Nachverfahren beschränkt, ist verfehlt. Das gilt erst dann, wenn die Einwendungen auf Grund der Replik des Klägers streitig geworden sind und der beweispflichtige Beklagte den Beweis nicht mit den im Urkundenprozess zulässigen Mitteln angeboten hat (§ 598 ZPO).

13. Der Wechsel muss der Klage im Original oder in beglaubigter Abschrift beigefügt sein (§ 593 Abs. 2 ZPO). Es ist allerdings nicht ratsam, den Originalwechsel mit der Klageschrift aus der Hand zu geben; er muss dann aber im Termin vorgelegt werden. Eine Wechselklage, die nur mit der Kopie des (im Original abhanden gekommenen) Wechsels geführt wird, ist unstatthaft (vgl. OLG Frankfurt MDR 1982, 153). Beglaubigte Abschriften des Wechsels und der Protesturkunde sind für jeden der drei Beklagten erforderlich.

14. Vgl. Form. I. Q. 1 Anm. 8. Zum Beweis der Echtheit des Wechsels steht dem Kläger auch hier als Beweismittel nur der Antrag auf Vernehmung der Beklagten als Partei zur Verfügung (§ 595 Abs. 2 ZPO). Falls der Wechselschuldner die Echtheit seiner Unterschrift tatsächlich bestreitet, sollte der Kläger jedoch überlegen, ob er es auf die Parteivernehmung ankommen lassen will. Hier kann es sich empfehlen, vom Wechselprozess Abstand zu nehmen und im ordentlichen Verfahren ein Schriftsachverständigengutachten oder eine Schriftvergleichung nach § 441 ZPO zu beantragen.

15. Der Protest (Art. 44 WG) ist notwendige Voraussetzung für den Rückgriff gegen Aussteller und Indossanten. Für die Inanspruchnahme des Annehmers bedarf es keines Protestes.

16. Vgl. Anm. 12.

17. Vgl. Anm. 6. Es wird zuweilen versucht, einen über den Wechselzinssatz hinausgehenden Verzugsschaden geltend zu machen. Das ist im Wechselprozess unstatthaft, § 592 ZPO, es handelt sich nicht um einen Fall des § 605 Abs. 2 ZPO. Auch nach §§ 284 Abs. 2, 288 BGB kann der Kläger keine höheren Zinsen verlangen; die Zinsen auf Wechselansprüche sind gesetzlich niedriger festgelegt (vgl. *Palandt/Heinrichs* § 288 Rdn. 5). Bei im Ausland ausgestellten und zahlbaren Wechseln beträgt der Zinssatz nur 6% (*Baumbach/Hefermehl* Art. 48 WG Rdn. 4). Falls ein darüber hinaus geltend gemachter Zinsanspruch nicht unstreitig wird, kann der Kläger höhere Verzugszinsen erst im Nachverfahren geltend machen. Im Wechselprozess sollte er sie auf Hinweis des Gerichts zurücknehmen.

Kosten und Gebühren

Vgl. Form. I. Q. 1.

4. Klageerwiderung im Wechselprozess[1]

Klageerwiderung[2]

An das
Landgericht

In der Sache .. ...

zeige ich an, dass ich die Beklagten zu 1) bis 3) vertrete.
Namens und in Vollmacht der Beklagten werde ich beantragen:

1. **Die Klage wird abgewiesen.**
2. **Die Kosten des Rechtsstreits hat der Kläger zu tragen.**
3. **Das Urteil ist vorläufig vollstreckbar.**

Lediglich hilfsweise wird beantragt,
den Beklagten die Ausführung ihrer Rechte im Nachverfahren vorzubehalten.

Begründung:[3]

Es ist richtig, dass die Beklagten zu 1) bis 3) den Klagwechsel als Aussteller, Bezogener und Indossant gezeichnet haben. Es trifft auch zu, dass dies zugunsten von Forderungen des Klägers aus Lieferungen für ein von den Beklagten gemeinsam geplantes Geschäft geschah. Jedoch finden auf die zugrunde liegenden Kaufverträge die Bestimmungen über Teilzahlungsgeschäfte Anwendung. Denn der Kredit wurde nicht für eine bereits ausgeübte, sondern für die Aufnahme einer gewerblichen Tätigkeit gewährt (§ 507 BGB). Die Beklagten können gegenüber dem Kläger daher einwenden, dass dieser ihnen zur Herausgabe der Wechsel verpflichtet ist (§ 496 Abs. 2 S. 3 BGB). Außerdem sind die Kaufpreisforderungen des Klägers inzwischen durch Rücktritt des Klägers vom Kaufvertrag entfallen, wie sich aus § 503 Abs. 2 BGB ergibt[4].

Mit Vertrag vom ...... verkaufte der Kläger den Beklagten zu 1) bis 3) zum Betrieb einer Selbstbedienungs-Wäscherei gebrauchte Waschautomaten zum Preis von insgesamt EUR 27.000,– unter Eigentumsvorbehalt.

Beweis: Kaufvertrag vom ...... (Kopie ist beigefügt)[5].

Hinsichtlich der Zahlung des Kaufpreises wurde vereinbart, dass die Beklagten sechs Wechsel zeichnen, von denen der Erste über EUR 12.000,– am 10. 6. des vergangenen Jahres fällig wurde, die anderen fünf Wechsel über je EUR 3.000,– jeweils einen Monat später.

Beweis: wie vor.

Die Wechsel wurden von den Beklagten zu 1) bis 3) unterzeichnet und dem Kläger übergeben. Dieser lieferte die Waschautomaten, die sich jedoch als zum Teil defekt und auch sonst unbrauchbar erwiesen. Aus diesem Grunde haben die Beklagten den am 10. 6. 20 .. fällig werdenden ersten Wechsel, den Klagwechsel, und auch die weiteren Wechsel nicht eingelöst. Nach unerfreulichen Verhandlungen in der Folgezeit holte der Kläger die Automaten vor ca. einem Monat in Begleitung mehrerer Angestellter mit einem LKW ab.

Beweis: Parteivernehmung des Klägers.

Dies hat der Kläger selbst in einem anschließenden Schreiben, in dem er seine Aktion rechtfertigen wollte, eingeräumt.

Beweis: in Kopie anliegendes Schreiben des Klägers vom ....

Damit ist der Kläger gem. § 503 Abs. 2 Satz 4 BGB vom Vertrag zurückgetreten. Vor allem aber hat der Kläger gegen das Wechselverbot in § 496 Abs. 2 BGB verstoßen. Ihm stehen daher keine Wechselansprüche zu.
Außerdem enthält der Kaufvertrag nicht die nach § 502 BGB erforderlichen Angaben, so dass ohnehin nur der Barzahlungspreis geschuldet wurde[6].

Rechtsanwalt

Schrifttum: Schnauder, Einwendungen aus dem Grundverhältnis gegen den ersten Wechsel- oder Scheckgläubiger, JZ 1990, 1046; *Tiedtke,* Der Einfluss der Wandlung auf die Wechselforderung des Verkäufers, ZIP 1986, 953; *Zöllner,* Die Wirkungen von Einreden aus dem Grundverhältnis gegenüber Wechsel und Scheck in der Hand des ersten Nehmers, ZHR 1984, 313; *Bilda,* Einwendungen gegen Wechsel- oder Scheckforderungen bei Drittleistung, NJW 1991, 3251.

Anmerkungen

1. Es handelt sich um die Erwiderung auf die Klage im Wechselprozess im Form. I. Q. 3 unter Berücksichtigung des dort vorgetragenen Sachverhalts. Die Einwendungen des Beklagten beruhen auf den durch die Schuldrechtsreform in das BGB eingefügten Bestimmungen über Teilzahlungsgeschäfte. Für vor dem 1. Januar 2002 abgeschlossene Geschäfte gelten nach Art. 229 § 5 EGBGB die entsprechenden Vorschriften des VerbrKrG fort.

2. Vgl. Anm. 1 bis 3 zu Form. I. Q. 2.

3. Für den Beklagten sind folgende materielle Einwendungen denkbar (vgl. hierzu im Einzelnen *Baumbach/Hefermehl* Art. 17 WG Rdn. 10ff.).

a) Einwendungen, die sich aus dem Inhalt des Wechsels ergeben: zB. Art. 16 WG, Art. 70 WG. Soweit es um das Fehlen wesentlicher Bestandteile des Wechsels geht, handelt es sich nicht um eine Einwendung, sondern um eine Voraussetzung für die förmliche Legitimation des Klägers (vgl. Form. I Q. 3 Anm. 1).

b) Einwendungen, die den Bestand der Wechselverpflichtung betreffen: insbes. Mängel des Begebungsvertrages zB. wegen Geschäftsunfähigkeit, § 138 Abs. 1 und 2 BGB, Anfechtung nach §§ 119, 123 BGB, Fälschung der Unterschrift oder des Wechseltextes (zB. der Summe, BGH NJW 1986, 1834), Blankettfälschung gem. Art. 10 WG; auch Erfüllung und Aufrechnung oder Hilfsaufrechnung (BGH WM 1981, 385; NJW 1982, 1536; in der Vereinbarung einer Wechsel- oder Scheckzahlung kann allerdings ein Aufrechnungsausschluss liegen, vgl. OLG Köln NJW 1987, 262). Ist der Wechselinhaber nicht erster Nehmer, sondern Zweiterwerber auf Grund Indossaments, ist jeweils zu prüfen, ob die Einwendungen auch ihm gegenüber geltend gemacht werden können (vgl. *Baumbach/Hefermehl* Art. 17 WG Rdn. 30ff.).

c) Persönliche Einwendungen des Wechselschuldners gegen den Inhaber (zB. Prolongation; Einwendungen aus dem der Wechselbegebung zugrunde liegenden Rechtsverhältnis – praktisch häufigster Fall, der insbesondere gegeben ist, wenn das Grundgeschäft unwirksam war, durch Anfechtung, Rücktritt, Wandlung etc. entfallen ist oder die zu sichernde Forderung noch nicht durchsetzbar ist, BGH NJW 1983, 1059; vgl. hierzu *Baumbach/Hefermehl* Art. 17 WG Rdn. 67). Die Beweislast für das Fehlen einer zugrunde liegenden Verbindlichkeit trägt der Wechselschuldner (BGH WM 1988, 1435; 1994, 1353). Einwendungen aus dem Grundverhältnis stehen dem Beklagten aber grundsätzlich nur zu, wenn der Inhaber des Wechsels Vertragspartner des Grundgeschäftes ist. Gegenüber einem Zweiterwerber des Wechsels versagt die Einwendung, wenn nicht der Beklagte beweist, dass dieser beim Erwerb des Wechsels bewusst zu seinem Nachteil gehandelt hat (Art. 17 WG). Allerdings kann sich der Erwerber nicht auf Art. 17 WG berufen, wenn er den Wechsel nicht durch ein Verkehrsgeschäft, d.h. durch eine dem Wechselumlauf dienende Indossierung, erhalten hat (vgl. BGH WM 1998, 1277). An einem Verkehrsgeschäft fehlt es auch bei Zusammenwirken von Verkäufer und Kreditgeber beim finanzierten Kauf (vgl. *Baumbach/Hefermehl* Art. 17 WG Rdn. 23). Anders ist die Rechtslage beim echten Factoring (BGH WM 1993, 2120). Der Einwendungsausschluss nach Art. 17 WG greift immer ohne Rücksicht darauf ein, ob mit dem Wechsel auch die Grundforderung übertragen wurde (BGH NJW 1994, 113).

Alle genannten Einwendungen können bereits im Wechselprozess erhoben werden, lediglich Widerklagen sind unstatthaft (§ 595 Abs. 1 ZPO).

4. Wurden mehrere nacheinander fällig werdende Wechsel von einem Nichtkaufmann zugunsten eines Kaufpreisanspruches hingegeben, handelt es sich um ein Teilzahlungsgeschäft (vgl. § 499 Abs. 2 BGB). Die Berufung auf das Wechselverbot nach § 496 BGB ist eine persönliche Einwendung. Nach § 496 Abs. 2 Satz 1 BGB ist zwar nicht die abstrakte Wechselbegebung unwirksam, sondern nur die Verpflichtung, eine Wechselverbindlichkeit einzugehen. Die aus § 134 BGB folgende Nichtigkeit kann der Schuldner dem ersten Nehmer des Wechsels im Wechselprozess entgegensetzen. Den nach § 595 Abs. 2 ZPO erforderlichen Urkundenbeweis wird er idR. durch Vorlage des Vertrages führen können. Darüber hinaus gilt die Rücknahme der Maschinen nach § 503 Abs. 2 Satz 4 BGB als Rücktritt vom Kaufvertrag. Damit ist der Kaufpreisanspruch entfallen, der Kläger hat nur noch die Ansprüche aus § 503 Abs. 2 iVm. §§ 346ff. BGB. Im Zweifel ist nicht anzunehmen, dass auch diese Ansprüche durch den Wechsel gesichert werden sollten (*Baumbach/Hefermehl* Art. 17 WG Rdn. 83). Den Beklagten steht gegen den Kläger

auch insoweit eine (persönliche) Einwendung aus dem Grundgeschäft zu. Dass der Kläger den Wechsel erst als Indossatar erhalten hat, ist hier unerheblich, da noch kein wechselmäßiger Verkehrserwerb stattgefunden hat, sondern die Indossierung nur die Wechselhaftung aller drei Käufer gegenüber dem Kläger begründen sollte (vgl. *Baumbach/Hefermehl* Art. 17 WG Rdn. 15). Gegenüber einem anderen Zweiterwerber soll die Einwendung nur unter den Voraussetzungen des Art. 17 WG (bewusstes Handeln zum Nachteil des Schuldners) durchgreifen (*Baumbach/Hefermehl* Art. 17 WG Rdn. 82). Allerdings hat die Rechtsprechung früher die Berufung auf Art. 17 WG zum Schutz des Abzahlungskäufers als missbräuchlich angesehen (BGH NJW 1986, 3197, 3199); das sollte auch für das Teilzahlungsgeschäft nach §§ 501 ff. BGB gelten.

5. Es ist wichtig, die Urkunden im Termin im Original zur Hand zu haben, denn im Falle des Bestreitens ist der Beweis durch Vorlage der Urkunde anzutreten.

6. Auch hierbei handelt es sich um eine gemäß § 502 Abs. 3 BGB erhebliche Einwendung aus dem Grundgeschäft, die den Kaufpreisanspruch zT. zu Fall bringt und insoweit gegenüber dem Wechsel erheblich ist.

5. Klage im Scheckprozess gegen Aussteller[1]

An das
Landgericht ......[2]
– Kammer für Handelssachen –

Klage im Scheckprozess[3]

des ......

Vorläufiger Streitwert: EUR 20.000,–

Namens und in Vollmacht des Klägers beantrage ich:

1. **Der Beklagte wird verurteilt, an den Kläger EUR 20.000,– nebst Zinsen in Höhe von 2% über dem jeweiligen Basiszinssatz, mindestens aber 6%, seit dem 15. Juni 20 .., sowie Scheckunkosten in Höhe von EUR ...... und Scheckprovision in Höhe von EUR 66,66 zu zahlen.[4]**
2. **Die Kosten des Rechtsstreits hat der Beklagte zu tragen.**
3. **Das Urteil ist ohne Sicherheitsleistung[5] vorläufig vollstreckbar.**

Begründung:

Der Kläger ist Inhaber des in beglaubigter Abschrift anliegenden Schecks über EUR 20.000,–, den der Beklagte unter dem 10. 6. 20 .. in ...... ausgestellt hat[6]. Der Scheck ist auf das Konto des Beklagten bei der Deutschen Bank, Zweigstelle ......, Konto-Nr. ......, gezogen[7]. Der Kläger hat den Scheck über seine Bank am 15. 6. 20 .. zur Zahlung vorgelegt, der Scheck wurde jedoch nicht eingelöst. Vorlegung und Nichteinlösung sind auf dem Scheck vermerkt worden[8]. Gemäß anliegender Scheckrückrechnung seiner Bank vom 20. 6. 20 .. sind dem Kläger Auslagen in Höhe von EUR ...... entstanden. Der Kläger verlangt vom Beklagten im Wege des Rückgriffs Zahlung der Schecksumme, seiner Auslagen, der Scheckzinsen und der Provision in Höhe von einem Drittel Prozent auf die Schecksumme (Art. 45 ScheckG).

Der Scheck und die Scheckrückrechnung der Bank werden im Termin im Original vorgelegt werden[9].

Es wird gebeten, kurzfristig zu terminieren und von einer Güteverhandlung im Scheckprozess abzusehen.

......

Rechtsanwalt

Schrifttum: Müller-Christmann, Neuere Rechtsprechung zum Scheckrecht, WM 1998, 577; *Häuser,* Die Scheckeinlösung in der neueren Rechtsprechung, WM 1988, 1505; *Peters,* Einwendungen aus dem Grundverhältnis gegenüber dem Anspruch aus dem Scheck, ZIP 1997, 1581; *Reiser,* Das beleglose Scheckeinzugsverfahren im deutschen Kreditgewerbe, WM 1986, 409; *Schlie,* Belegloses Scheckeinzugsverfahren und Scheckprozess, WM 1990, 617; *Bülow,* Scheckrechtliche Anweisung und Überweisungsvertrag, WM 2000, 58; vgl. im Übrigen Form. I. Q. 3 und I. Q.4.

Anmerkungen

1. Für die gerichtliche Geltendmachung von Ansprüchen aus einem Scheck gelten gegenüber dem Wechselprozess kaum Besonderheiten. Gem. § 605 a ZPO finden für den Scheckprozess die Vorschriften für den Wechselprozess entsprechende Anwendung. Auf die Anmerkungen zu Form. I. Q. 3 wird daher verwiesen. Es handelt sich hier um einen gegenüber der Wechselklage vereinfachten Formularvorschlag.

Das „beleglose Scheckeinzugsverfahren", eingeführt im Juli 1985 auf Grund eines Abkommens der Verbände der Kreditwirtschaft (abgedruckt in WM 1985, 986), hat für Schecks bis zu einer Summe von zunächst EUR 1.000,–, dann EUR 2.000,–, jetzt EUR 5.000,– erhebliche Änderungen bewirkt: Rückgriffsansprüche aus solchen Schecks können wohl nicht mehr gerichtlich geltend gemacht werden, weder im Scheckprozess noch im ordentlichen Verfahren (vgl. *Reiser* WM 1986, 413; *Schlie,* WM 1990, 617, 618; *Baumbach/Hefermehl* Anh. Art. 28 ScheckG Anm. 41; aA. Großkomm. HGB/ *Canaris* Anm. 743 a zum Bankvertragsrecht). Da der Scheck der bezogenen Bank nicht mehr vorgelegt wird, dürfte es an der nach Art. 40 ScheckG notwendigen Erklärung fehlen. Denn der Scheck oder auch nur eine Scheckkopie wird von der Inkassostelle, nicht von der bezogenen Bank, mit dem Vermerk versehen „Vom bezogenen Kreditinstitut nicht bezahlt". Damit fehlen die Voraussetzungen für einen Rückgriffsanspruch gegen den Aussteller nach Art. 40 ScheckG. Der Berechtigte muss den Anspruch aus dem zugrundeliegenden Rechtsverhältnis verfolgen, ihm kann auch ein Scheckbereicherungsanspruch nach Art. 58 ScheckG zustehen. Beide Ansprüche wären im ordentlichen Verfahren geltend zu machen. In Betracht kommen auch Schadensersatzansprüche gegenüber der Bank, die den Scheck hätte vorlegen müssen (vgl. AG Hamburg NJW-RR 1996, 369), jedoch wird es schwer fallen, einen auf der prozessualen Schlechterstellung beruhenden Schaden nachzuweisen (vgl. AG Lünen WM 1990, 398).

2. Die ordentlichen Gerichte, also das Amtsgericht oder bei höheren Streitwerten die Kammer für Handelssachen des Landgerichts, sind sachlich zuständig, auch wenn der zugrundeliegende Anspruch zB. arbeitsrechtlicher Natur ist (hM., vgl. OLG Hamm NJW 1980, 1399; *Großelanghorst/Kahler* WM 1985, 1025; nach BAG NJW 1997, 758 ist die Zuständigkeit der Arbeitsgerichte eröffnet). Auch für die Schecklage gibt es den besonderen Gerichtsstand des Zahlungsortes nach § 603 ZPO. Da auf den üblichen Scheckformularen kein Zahlungsort vermerkt ist, gilt der beim Namen des bezogenen Bankinstituts angegebene Ort als Zahlungsort (Art. 2 Abs. 2 ScheckG).

3. Die Klage muss die Erklärung enthalten, dass im Scheckprozess geklagt wird.

4. Inhalt und Umfang der Rückgriffsansprüche gegen den Aussteller ergeben sich aus Art. 12, 40, 45 ScheckG. Ein Zug-um-Zug-Antrag ist, wie beim Wechsel (Form. I Q 3

Anm. 7), nicht erforderlich. Allerdings muss der Scheck in der Zwangsvollstreckung herausgegeben werden (BGH NJW 2001, 305, 306); ist der Gläubiger dann nicht mehr Inhaber des Schecks, kann er nicht vollstrecken.

5. Vgl. § 708 Nr. 4 und 11 ZPO.

6. Der Kläger sollte zunächst seine formelle Berechtigung darlegen. Bei einem formgültigen Inhaberscheck begründet dessen Besitz die Vermutung der materiellen Berechtigung des Inhabers (BGH NJW 1993, 1593, 1594). Bei einem Orderscheck ist derjenige formell berechtigt, der als erster Nehmer benannt oder durch eine ununterbrochene Reihe von Indossamenten legitimiert ist (Art. 19 ScheckG). Der Anspruch richtet sich gegen den Aussteller; scheckfähig ist auch eine BGB-Gesellschaft (BGH NJW 1997, 2754). Hat ein Vertreter unterschrieben, ist er gleichwohl passivlegitimiert, wenn sich das Handeln in fremdem Namen nicht aus den Umständen ergibt. Begibt der Geschäftsführer einer GmbH einen Scheck zugunsten einer Gesellschaftsschuld, folgt daraus noch nicht, dass er bei der Ausstellung im Namen der GmbH gehandelt hat (BGH WM 1992, 567; OLG Brandenburg NJW-RR 1997, 417).

7. Schecks dürfen nur auf eine Bank gezogen werden, Art. 3 ScheckG.

8. Besonderes Augenmerk ist bei der gerichtlichen Geltendmachung darauf zu legen, ob der Scheck der bezogenen Bank rechtzeitig vorgelegt wurde und diese die Verweigerung der Zahlung festgestellt hat. Das ist Voraussetzung für einen Rückgriff gegen den Aussteller (Art. 40 ScheckG). Auch die Datierung ist unverzichtbar (BGH NJW 1989, 1675; einschränkend OLG Stuttgart NJW 1990, 3279; OLG Hamm NJW-RR 1993, 1268 hält auch die Angabe der Jahreszahl für notwendig); eine Rückdatierung nach Ablauf der Vorlegungsfrist ist untauglich (BGH NJW-RR 1995, 240). Die Zahlungsverweigerung wird üblicherweise durch eine Erklärung der Bank auf dem Scheck vermerkt, aus der sich die Nichteinlösung ergibt (Art. 40 Nr. 2 ScheckG); dieser Vermerk muss unterschrieben sein (vgl. OLG Hamm WM 1995, 1101). Die Vorlegungsfrist beträgt gem. Art. 29 ScheckG für Inlandsschecks 8 Tage; das gilt auch für im Ausland ausgestellte Schecks, die einen inländischen Ausstellungsort tragen (OLG München NJW 1985, 567), auch wenn die Begebung im Ausland stattgefunden hat (BGH NJW 1992, 118). Eine verspätete Vorlegung des Schecks führt zum Verlust des Rückgriffs (*Baumbach/Hefermehl* Art. 29 ScheckG Rdn. 5). Eine Umdeutung des Schecks zB. in ein Schuldversprechen kommt nicht in Betracht (BGH NJW 1989, 1675, 1676). Dem Kläger bleibt nur die Möglichkeit, vom Scheckprozess Abstand zu nehmen und den zugrunde liegenden Anspruch im ordentlichen Verfahren geltend zu machen.

9. Die Vorlage des Originalschecks und der Urkunden, aus denen sich die Nebenansprüche ergeben, ist im Termin notwendig (vgl. Form. I Q 3 Anm. 13).

Kosten und Gebühren

Vgl. Form. I. Q. 1.

6. Abstehen vom Urkundenprozess (Wechselprozess)[1]

An das
Landgericht

In der Sache

……

hat der Beklagte bestritten, den Klagewechsel unterschrieben zu haben. Dementsprechend ist zu erwarten, dass der Beklagte auch bei seiner Vernehmung als Partei hierbei bleiben wird. Der Kläger sieht keine Möglichkeit mehr, die Echtheit der Unterschrift mit den im Wechselprozess zulässigen Mitteln zu beweisen[2]. Der Kläger nimmt daher vom Wechselprozess Abstand und macht seinen Anspruch nunmehr im ordentlichen Verfahren geltend[3].

Die in der Klageschrift gestellten Anträge werden auch im ordentlichen Verfahren gestellt[4].

Mit einer Entscheidung des Rechtsstreits durch den Vorsitzenden ist der Kläger einverstanden[5].

Zum Beweis dafür, dass der Beklagte den Wechsel unterzeichnet hat, bezieht sich der Kläger auf das

Gutachten eines Schriftsachverständigen[6].

Hierzu wird weiter beantragt, dem Beklagten mit dem Beweisbeschluss aufzugeben, die vom Sachverständigen benötigten Schriftproben zur Verfügung zu stellen.

Hilfsweise stützt der Kläger seine Klage nunmehr auch auf den der Wechselbegebung zugrunde liegenden Kaufpreisanspruch[7]. ...... (ist auszuführen)

Rechtsanwalt

Anmerkungen

1. Vgl. § 596 ZPO. Das Abstehen vom Urkundenprozess eröffnet dem Kläger zwei Möglichkeiten: Zum einen stehen ihm jetzt zum Beweis für den Anspruch aus der Urkunde, dem Wechsel oder dem Scheck alle Beweismittel zur Verfügung, zum anderen kann er die Klage zusätzlich oder auch nur noch aus dem zugrunde liegenden Rechtsverhältnis begründen. Das hier gewählte Beispiel betrifft den Wechselprozess, für den gewöhnlichen Urkundenprozess und den Scheckprozess gilt nichts Besonderes.

2. Das Bestreiten der Unterschrift durch den Beklagten ist einer der Hauptfälle, in denen der Übergang in das ordentliche Verfahren geboten ist, wenn der Kläger nicht vorher noch die zweischneidige Parteivernehmung des Beklagten beantragen will. Das Abstehen vom Urkundenprozess kann außerdem erforderlich sein, wenn das Gericht ihn als nicht statthaft ansieht, es an einem zwingenden Formerfordernis des Wechsels (vgl. Art. 1, 2 WG) oder des Schecks (Art. 1, 2 ScheckG) fehlt, die Nichtigkeit der Wechsel- oder Scheckbegebung oder die Unwirksamkeit des beurkundeten Rechtsgeschäfts feststeht, der Wechselprotest fehlerhaft erhoben wurde (nicht bei Inanspruchnahme des Annehmers), der Scheck verspätet vorgelegt wurde etc. In diesen Fällen muss der Kläger gleichzeitig den Anspruch aus dem zugrundeliegenden Rechtsverhältnis begründen. Eine solche Klageänderung ist sachdienlich (BGH NJW-RR 1987, 58).

3. Dieses Recht steht dem Kläger bis zum Schluss der mündlichen Verhandlung in erster Instanz uneingeschränkt zu, § 596 ZPO. In der Berufungsinstanz ist der Übergang vom Urkundenprozess in das ordentliche Verfahren eine Klageänderung, die zulässig ist, wenn der Beklagte zustimmt oder das Gericht sie für sachdienlich hält (vgl. hierzu BGH WM 1994, 455). Der Übergang vom Wechsel- in den gewöhnlichen Urkundenprozess, zB. wegen Umdeutung des formungültigen Wechsels in ein Schuldversprechen, stellt auch in der Berufungsinstanz keine Klageänderung dar (BGH NJW 1993, 3135).

Die Abstandnahme kann durch Schriftsatz oder durch Erklärung im Termin erfolgen. Der Kläger sollte seine Erklärung so rechtzeitig abgeben, dass sie dem Beklagten noch innerhalb der Einlassungsfrist zugestellt werden kann; andernfalls braucht der Beklagte nicht zu verhandeln, ein Versäumnisurteil könnte nicht ergehen. Wird im ordentlichen Verfahren weiterverhandelt, ist dem Beklagten Gelegenheit zu geben, seine Einwendungen geltend zu machen, eine Zurückweisung als verspätet kommt nicht in Betracht (SächsVerfGH NJW 1998, 3266). Nach Abstandnahme in der Berufungsinstanz darf auch die Sachdienlichkeit einer Aufrechnung idR. nicht verneint werden (BGH NJW 2000, 143).

4. Auch im ordentlichen Verfahren macht der Kläger Ansprüche aus dem Wechsel geltend, deren Umfang sich aus Art. 48 WG ergibt. Einer Neuformulierung der Anträge – jedenfalls des Zinsantrages – bedarf es aber, wenn der Kläger (zB. bei nichtigem Scheck oder Wechsel) den Anspruch auf das zugrunde liegende Rechtsgeschäft stützen muss.

5. Vgl. § 349 Abs. 3 ZPO. Die Erklärung ist zweckmäßig, da die Zuständigkeit des Vorsitzenden aus § 349 Abs. 2 Nr. 8 ZPO nicht für das ordentliche Verfahren gilt (*Thomas/Putzo* § 349 Rdn. 13).

6. Bei Wechselprozessen über geringe Beträge muss der Kläger überlegen, ob der Kostenaufwand lohnt; Schriftsachverständigengutachten, bei denen es um die Echtheit der Unterschrift geht, können mehr als EUR 1.000,– kosten.

7. Es empfiehlt sich, schon jetzt den Anspruch hilfsweise aus dem zugrunde liegenden Rechtsgeschäft zu begründen. Dabei handelt es sich um eine nachträgliche Klagenhäufung nach § 260 ZPO, die nach der Rechtsprechung wie eine Klageänderung zu behandeln und in Fällen dieser Art sachdienlich ist (BGH NJW-RR 1987, 58). Sollte der Beweis für die Echtheit des Wechsels fehlschlagen, besteht sonst die Gefahr, dass die später erforderlich werdende Klageänderung nicht mehr zugelassen wird.

Kosten und Gebühren

Bereits entstandene Gerichtsgebühren fallen nicht noch einmal an. Die Rechtsanwaltsgebühren – mit Ausnahme der Prozessgebühr – entstehen im ordentlichen Verfahren erneut, auch wenn sie im Urkundenprozess bereits angefallen waren (§ 39 BRAGO). Das Absehen hat nicht zur Folge, dass der Kläger die bereits angefallenen Rechtsanwaltskosten zu tragen hat.

7. Fortsetzung des Rechtsstreits nach Vorbehaltsurteil durch den Beklagten[1]

An das
Landgericht[2]

In Sachen

......

ist dem Beklagten im Urteil vom ...... die Ausführung seiner Rechte im Nachverfahren vorbehalten worden. Der Beklagte will das Nachverfahren nunmehr durchführen[3]. Er beantragt:

1. **Das Vorbehaltsurteil vom ...... wird aufgehoben und die Klage abgewiesen.**
2. **Die Kosten des Rechtsstreits hat der Kläger zu tragen.**
3. **Das Urteil ist notfalls gegen Sicherheitsleistung vorläufig vollstreckbar[4].**

Der Beklagte beantragt außerdem,

die Zwangsvollstreckung aus dem Vorbehaltsurteil vom ......, notfalls gegen Sicherheitsleistung, einzustellen.[5]

Es wird gebeten, einen möglichst nahen Termin zur mündlichen Verhandlung zu bestimmen[6]. Mit einer Übertragung auf den Einzelrichter ist der Beklagte einverstanden[7].

Der Beklagte wiederholt zunächst sein gesamtes Vorbringen im Wechselprozess und begründet seine Einwendungen im Nachverfahren weiter wie folgt[8]:

......

Rechtsanwalt

Schrifttum: Nobbe, Die neuere Rechtsprechung des Bundesgerichtshofs zum Wechsel- und Scheckrecht, WM 2000, Sonderbeilage Nr. 5; *Stürner,* Die Bindungswirkung des Vorbehaltsurteils im Urkundenprozess, ZZP 85, 424; *Bilda,* Zur Bindungswirkung von Urkundenvorbehaltsurteilen, NJW 1983, 142.

Anmerkungen

1. Ist der Beklagte durch ein Vorbehaltsurteil verurteilt worden, muss er prüfen, ob er den Rechtsstreit, wie im Formular vorgeschlagen, im Nachverfahren aufnehmen soll oder gegen das Vorbehaltsurteil Berufung einlegen muss, weil die Feststellungen des Vorbehaltsurteils Bindungswirkung für das Nachverfahren haben. Wie weit diese Bindung, die einer Abänderung des Vorbehaltsurteils zugunsten des Beklagten entgegenstehen kann, reicht, ist str., vgl. *Zöller/Greger* § 600 Rdn. 19f. Nach der Formel der Rechtsprechung entfaltet das Vorbehaltsurteil soweit Bindungswirkung, als es nicht auf den Beschränkungen der Beweismittel im Urkundenprozess beruht; die Teile des Streitverhältnisses, die im Vorbehaltsurteil beschieden werden mussten, damit es überhaupt ergehen konnte, sind dem Streit im Nachverfahren entzogen (BGHZ 82, 115, 117; BGH NJW 1993, 668). Die Berufung ist daher der richtige Weg, wenn im Vorbehaltsurteil eine Prozessvoraussetzung zu Unrecht angenommen wurde (BGH NJW 1993, 668), die Formgültigkeit des Wechsels oder Schecks fälschlich bejaht wurde (vgl. BGH WM 1969, 1279), die Schlüssigkeit der Klage angenommen oder von Amts wegen zu prüfende Einwendungen übersehen wurden (BGH NJW-RR 1991, 1117) und vor allem, wenn Einwendungen des Beklagten nicht mangels zulässigen Beweisangebots als unstatthaft, sondern als sachlich unerheblich zurückgewiesen wurden (BGH LM Nr. 4 zu § 600 ZPO). Soweit der Beklagte sich im Urkundenprozess nicht verteidigt hat, ist das Nachverfahren der richtige Weg, um neue Tatsachen vorzutragen und neue Angriffs- und Verteidigungsmittel geltend zu machen (BGH WM 1992, 159, 161; NJW 1993, 668). Legt der Beklagte Berufung ein, kann er dennoch das Nachverfahren betreiben und sollte dies idR. auch tun. Das Gericht darf das Nachverfahren nicht bis zur rechtskräftigen Entscheidung über die Berufung im Urkundenprozess aussetzen (BGH LM Nr. 4 zu § 600 ZPO). Zur Wirkung des Urteils auf das jeweils andere Verfahren vgl. *Thomas/Putzo* § 600 Rdn. 9; OLG Braunschweig NJW-RR 2000, 1094).

2. Zuständig für das Nachverfahren ist immer das Gericht, das das Vorbehaltsurteil erlassen hat.

3. Das Nachverfahren wird nicht von Amts wegen eingeleitet (aA. *Zöller/Greger* § 600 Rdn. 8). Hierzu bedarf es nach der Praxis der meisten Gerichte des Antrages einer Partei, der bereits in dem Termin, in dem das Vorbehaltsurteil verkündet wird, gestellt werden kann. Die Befugnis des Beklagten, seine Rechte im Nachverfahren auszuführen, soll verwirkt werden können (OLG Frankfurt NJW-RR 1990, 574).

4. Die Entscheidung über die vorläufige Vollstreckung folgt hier aus §§ 708 Nr. 11, 711 bzw. § 709 ZPO.

5. Vgl. § 707 Abs. 1 ZPO.

6. Für das Gericht besteht die Wahl zwischen frühem ersten Termin und schriftlichem Vorverfahren. Da im Nachverfahren sämtliche erheblichen Beweise zu erheben sind, kann es sich für die Parteien auch empfehlen, das schriftliche Vorverfahren anzuregen.

7. Ist das Vorbehaltsurteil zB. im Wechselprozess durch den Vorsitzenden der Kammer für Handelssachen ergangen (§ 349 Abs. 2 Nr. 8 ZPO), muss die Erklärung lauten:

„Mit einer Entscheidung des Nachverfahrens durch den Vorsitzenden ist der Beklagte einverstanden“,

vgl. § 349 Abs. 3 ZPO, denn die Entscheidungsbefugnis des Vorsitzenden gilt nicht für das Nachverfahren.

8. Im Nachverfahren entfallen die Beschränkungen des Urkundenprozesses. Dem Beklagten stehen jetzt sämtliche Beweismittel für seine Einwendungen zur Verfügung. Auch eine Widerklage wäre jetzt zulässig. Der Beklagte kann neue Tatsachen vortragen und neue Beweise antreten, er kann anspruchsbegründende Tatsachen bestreiten, die er im Urkundenprozess nicht bestritten hat (BGH NJW 1988, 1468; *Zöller/Greger* § 600 Rdn. 13). Er kann auch jetzt noch die Echtheit der Unterschrift bestreiten (BGH NJW 1982, 183). Eine Zurückweisung von Vorbringen, das bereits im Urkundenprozess hätte vorgetragen werden können, als verspätet, muss der Beklagte im Nachverfahren nicht befürchten (vgl. *Zöller/Greger* § 600 Rdn. 18).

Kosten und Gebühren

Für das Nachverfahren wird keine weitere Verfahrensgebühr des Gerichts erhoben. Die Rechtsanwaltsgebühren des § 31 Abs. 1 BRAGO, mit Ausnahme der Prozessgebühr, können im Nachverfahren erneut entstehen, und zwar auch dann, wenn sie bereits im Urkundenprozess angefallen waren (§ 39 BRAGO).

8. Fortsetzung des Rechtsstreits nach Vorbehaltsurteil durch den Kläger[1]

**An das
Landgericht**

In der Sache

ist durch Urteil vom ...... dem Beklagten die Ausführung seiner Rechte im Nachverfahren vorbehalten worden. Der Beklagte hat das Nachverfahren bisher nicht aufgenommen. Nunmehr bittet der Kläger um Durchführung des Nachverfahrens, in dem beantragt wird:

1. Das Vorbehaltsurteil vom ...... wird für vorbehaltlos erklärt[2].
2. Der Beklagte hat auch die weiteren Kosten des Rechtsstreits zu tragen.
3. Das Urteil ist ohne Sicherheitsleistung vorläufig vollstreckbar[3].

Es wird weiter beantragt,

einen möglichst nahen Termin zur mündlichen Verhandlung anzuberaumen.

Gegen eine Übertragung des Rechtsstreits auf den Einzelrichter bestehen keine Bedenken.

Begründung:[4]

......

Rechtsanwalt

Anmerkungen

1. Die Durchführung des Nachverfahrens kann genauso wie durch den Beklagten auch durch den Kläger beantragt werden, der, auch wenn er im Urkundenprozess obsiegt hat, idR. an einer raschen Durchführung des Nachverfahrens interessiert sein wird. Für den Kläger gilt das in Anm. 2 bis 7 zum vorstehenden Formular Gesagte entsprechend.

2. Diese Fassung des Antrages entspricht der Zivilprozessordnung, § 708 Nr. 5 ZPO. Manche Gerichte tenorieren auch:

„Das Vorbehaltsurteil vom ...... wird bestätigt, der Vorbehalt entfällt“ (vgl. *Baumbach/Lauterbach/Hartmann* § 600 Rdn. 13).

3. Vgl. § 708 Nr. 5 ZPO.

4. Da es Sache des Beklagten ist, das Vorbehaltsurteil im Nachverfahren anzugreifen, kann sich der Kläger in seiner Begründung kurz fassen oder sogar lediglich auf sein Vorbringen im Urkundenprozess verweisen. Der Kläger kann jedoch auch seinerseits die Klage objektiv oder subjektiv erweitern, etwa einen sich nicht aus dem Wechsel ergebenden Verzugsschaden (zB. Zinsschaden in Höhe von 5% oder 8 % über dem Basiszinssatz nach § 288 BGB), einen im Urkundenprozess als unstatthaft abgewiesenen Anspruch geltend machen oder einen weiteren Schuldner in den Prozess hineinziehen.

Kosten und Gebühren

Vgl. Form. I. Q. 7.

R. Arrest und einstweilige Verfügung

1. Antrag auf dinglichen Arrest und Arrestpfändung

An das
Landgericht[1]

Antrag auf dinglichen Arrest und Arrestpfändung

des Rechtsanwalts
Dr. ......
Verfahrensbevollmächtigter: selbst

– Antragsteller –

gegen
......

– Antragsgegner –

Wegen Arrestes und Arrestpfändung
beantrage ich in eigener Sache gegen den Antragsgegner – wegen der Dringlichkeit ausschließlich ohne mündliche Verhandlung[2] durch den Vorsitzenden allein[3] – den Erlass folgenden

Arrestbefehles und Arrestpfändungsbeschlusses:

I. Wegen einer Anwaltshonorarforderung des Antragstellers in Höhe von EUR ...... nebst ...... Zinsen p. a. seit ...... gegen den Antragsgegner, sowie einer Kostenpauschale von EUR ...... wird der dingliche Arrest[4] in das gesamte Vermögen des Antragsgegners angeordnet.
II. Der Antragsgegner hat die Kosten des Arrestverfahrens zu tragen[5].
III. Die Vollziehung des Arrests wird durch Hinterlegung durch den Antragsgegner in Höhe von EUR ...... gehemmt[6].
IV. In Vollziehung des Arrestes wird gepfändet die angebliche Forderung des Antragsgegners auf Rückzahlung eines Darlehens nebst Zinsen gegen Herrn A ...... bis zum Höchstbetrag von EUR ......[7]. Der Antragsgegner hat sich jeder Verfügung über die Forderung zu enthalten. Der Drittschuldner darf an den Antragsgegner nicht mehr leisten[8].

Begründung:

1. Dem Antragsteller steht aus einer schriftlichen[9] Honorarvereinbarung eine fällige Forderung in Höhe des aus Antrag I ersichtlichen Betrages als Anwaltshonorar für eine Strafverteidigung des Antragsgegners in einem Strafverfahren gegen diesen wegen Kapitalanlagebetrugs, Steuerhinterziehung und Konkursdelikten zu.
Glaubhaftmachung[10]: beigefügte Honorarvereinbarung vom ......
2. Der Antragsgegner wurde im Strafverfahren verurteilt und sollte in die Justizvollzugsanstalt ...... zur Strafverbüßung verbracht werden. Es ist ihm gelungen, während des Transportes den Bewachern zu entfliehen und sich abzusetzen. Am gleichen Tage rief er den Antragsteller an und erklärte, er werde sich nach Liechtenstein begeben, um dort Papiere und Unterlagen verschiedener Firmen „in Ordnung zu bringen“ und zu retten, was zu retten sei[11].
Glaubhaftmachung: anliegende eidesstattliche Versicherung des Antragstellers vom ......

Das lässt besorgen, dass der Antragsgegner seine sämtlichen restlichen Vermögenswerte beiseiteschafft.

3. Von der Forderung des Antragsgegners aus Darlehensvertrag gegen Herrn A hat der Antragsgegner dem Antragsteller selbst berichtet[12, 13].

Rechtsanwalt

Anmerkungen

1. Zuständigkeit: Wahlweise Gericht der Hauptsache als auch Amtsgericht, in dessen Bezirk sich der mit Arrest zu belegende Gegenstand (oder beim persönlichen Arrest: der Schuldner) befindet, § 919 ZPO.

2. Vgl. § 921 ZPO. Freigestellte mündliche Verhandlung, bei einstweiliger Verfügung jedoch nach § 937 Abs. 2 ZPO nur in dringenden Fällen. Bei Gefährdung des Zwecks des Arrestverfahrens ist – mit Art. 103 GG vereinbar (BVerfGE 9, 89/98) – von Anhörung des Gegners abzusehen (*Zöller* § 921 Rdn. 1). Macht Antragsteller deutlich, dass er Arrest nur für den Fall der Entscheidung ohne mündliche Verhandlung begehrt, so kann das Gericht gleichwohl mündliche Verhandlung anordnen, da es sich um eine unzulässige bedingte Rücknahme des Antrages handelt, hM. Will der Antragsteller seinen Antrag aber auch für den Fall der Anordnung einer mündlichen Verhandlung aufrechterhalten, so sollte er den Arrest nicht ausschließlich für den Fall, dass keine mündliche Verhandlung angeordnet wird, beantragen – anderenfalls läuft er Gefahr, dass das Gericht von einer zulässigen bedingten Rücknahme ausgeht. (vgl. *Zöller* § 921 Rdn. 1; *Thomas/Putzo* § 921 Rdn. 1; *Baumbach/Hartmann* § 921 Rdn. 1).

3. Vgl. § 944 ZPO.

4. Bedeutung des dinglichen Arrests: Der Schuldner wird vorläufig verurteilt, für den Gläubiger einen Wert in Höhe der dem Arrest zugrunde liegenden Forderung sicherzustellen (*Altendorf* S. 9).

Voraussetzungen des dinglichen Arrests:

Arrestanspruch: Geldforderung oder Forderung des Gläubigers, die in Geldforderung übergehen kann (§ 916 ZPO), auch bedingte oder betagte, nicht jedoch erst künftig entstehende Forderung (*Thomas/Putzo* § 916 Rdn. 4). Voraussichtlich durch das Verfahren und die Vollstreckung entstehende Kosten können mit einer Kostenpauschale gesichert werden.

Arrestgrund: Besorgnis der Gefährdung oder erheblichen Erschwernis der Zwangsvollstreckung aus einem erforderlichen, aber noch nicht vorliegenden Titel (§ 917 ZPO).

5. Über die Kosten gem. §§ 91 ff. ZPO ist im Arrestverfahren an sich nach hM. wie im Erkenntnisverfahren nach § 308 Abs. 2 ZPO von Amts wegen zu entscheiden (vgl. *Altendorf* S. 10).

6. Der Arrestbefehl hat nach § 923 ZPO eine von Amts wegen festzusetzende Lösungssumme anzugeben, durch deren Hinterlegung dem Gläubiger volle Sicherheit für Arrestforderung und Nebenforderungen gewährt wird. Hinterlegung hemmt Vollziehung des Arrests, nicht der Kostenentscheidung, und berechtigt zum Antrag auf Aufhebung ggf. bereits vollzogener Arrestmaßnahmen (*Baumbach/Hartmann* § 923 Rdn. 4). Gläubiger erwirbt Pfandrecht an der Hinterlegungssumme, § 233 BGB.

Sicherheit kann uU. – je nach Anordnung des Gerichts – auch durch geeignete Bürgschaft geleistet werden.

7. M. E. ist es sinnvoll, den Vollziehungsantrag gleichzeitig zu stellen; das Arrestgericht ist für die Pfändung zuständig, vgl. § 930 Abs. 1 S. 3 ZPO (vgl. zur Vollziehung im Übrigen *Zöller* § 928 Rdn. 2 ff.). Der Höchstbetrag entspricht der Lösungssumme zu Ziff. III. Bei Arrest und einstweiliger Verfügung ist auf eine Formalie zu achten, die häufig in der Praxis übersehen wird und Schwierigkeiten macht: Sofern der Arrest (oder die einstweilige Verfügung) vor Zustellung an den Schuldner vollzogen wird, was nach § 929 Abs. 3 ZPO (§§ 936, 929 Abs. 3 ZPO) zulässig ist, also beispielsweise auf Grund des hier beantragten Arrests die Pfändung der Forderung durch Zustellung des Pfändungsbeschlusses an den Drittschuldner erfolgt, ist unbedingt darauf zu achten, dass innerhalb einer Woche nach Vollziehung (Zustellung an den Drittschuldner) und vor Ablauf 1 Monats nach der Verkündung oder Zustellung des Arrestbeschlusses eine zusätzliche Zustellung des Arrestbefehls im Parteibetrieb an den Antragsgegner oder dessen Prozessbevollmächtigten erfolgt (§ 929 Abs. 3 ZPO). Auch ohne vorherige Vollziehung muss der Arrestbefehl im Parteibetrieb mindestens innerhalb der Monatsfrist des § 929 Abs. 2 ZPO zugestellt werden. Wird dies übersehen, ist die erfolgte Vollziehung des Arrestes wirkungslos und nach Ablauf der Monatsfrist eine erneute Vollziehung auch nicht mehr möglich (§ 929 Abs. 2 ZPO). Dies kann unter Umständen zu Schadensersatzansprüchen gegen den Verfahrensbevollmächtigten des Antragsstellers führen.

8. Die praktischen Erfahrungen in einem Fall vor dem LG Bonn (Az 70631/85) legen es nahe, das sogenannte Arrestatorium und Inhibitorium in den Antrag aufzunehmen. Das Gericht hat dieses Verbot und Gebot zwar von Amts wegen bei Erlass des Arrestes auszusprechen. Wird dies aber aus Versehen unterlassen (und diese Gefahr ist bei verkürzter Fassung des Antrags größer) und der Arrestbeschluss ohne Arrestatorium und Inhibitorium dem Drittschuldner zugestellt, ist die Arrestpfändung u. U. nicht wirksam.

9. Vgl. § 3 BRAGO Form. I. A. 3.

10. Arrestanspruch und -grund sind nach § 944 Abs. 2 ZPO glaubhaft zu machen. Zulässig ist jedes geeignete (§ 294 ZPO), jedoch nur ein präsentes Beweismittel (*Dunkl/Moeller/Baur/Feldmeier,* Handbuch des vorläufigen Rechtsschutzes, 3. Auflage, S. 9 ff.). Beweispersonen sind daher in der mündlichen Verhandlung zu stellen. Gemäß § 921 S. 1 ZPO kann der Arrest auch angeordnet werden, wenn der Anspruch und der Arrestgrund nicht glaubhaft gemacht sind sofern wegen der dem Gegner drohenden Nachteile Sicherheit geleistet wird.

11. Rechtsprechung und Literatur sind mit Bejahung von Arrestgründen nach § 917 ZPO sehr zurückhaltend (vgl. *Baumbach/Hartmann* § 917 Rdn. 2 ff.; *Thomas/Putzo* § 917 Rdn. 1 ff.; *Zöller* § 917 Rdn. 4 ff.). Beiseiteschaffen von Vermögensgegenständen ist jedoch in jedem Fall Arrestgrund nach § 917 ZPO. Nach § 917 Abs. 2 ZPO bedarf es einer eingehenden Prüfung von Arrestgründen nicht mehr, wenn – wie hier – ein Titel gegen den Schuldner im Ausland vollstreckt werden müsste. Dies gilt jedoch gemäß § 917 Abs. 2 S. 2 ZPO nicht im Anwendungsbereich des EuGVÜ (bzw. nach neuer Rechtslage den Nachfolgeregelungen des EuGVÜ und des Luganoübereinkommens, die Verordnung (EG') Nr. 44/2001). Rechtliche oder tatsächliche Schwierigkeiten der Vollstreckung in einem anderen Mitgliedstaat der EU können jedoch im Rahmen der allgemeinen Regelung des Abs. 1 weiterhin berücksichtigt werden (*Zöller*, § 917 Rdn. 16).

12. Die Vollziehung des Arrests richtet sich gem. § 928 ZPO nach den Vorschriften über die Zwangsvollstreckung. Sie ist nach § 929 Abs. 3 ZPO vor Zustellung – innerhalb Monatsfrist, § 929 Abs. 2 ZPO – zulässig, jedoch muss Zustellung nachfolgen. (Achtung: Vollziehung erfordert trotz Zustellung von Amts wegen erneute Zustellung im Parteibetrieb (OLG Frankfurt MDR 1981/680)). Hier wird Forderungspfändung nach §§ 930, 829 ZPO beantragt.

Bestehen der gepfändeten Forderung muss nicht glaubhaft gemacht werden; es wird die angeblich bestehende Forderung gegen den Drittschuldner gepfändet.

13. Vorläufige Vollstreckbarkeit: Arrest und einstweilige Verfügung sind ihrer Natur nach vorläufig vollstreckbar: daher keine besonderen Anträge und kein besonderer Ausspruch in der Entscheidung. Bei Urteil, durch das der Antrag auf Arrest oder einstweilige Verfügung abgewiesen wird, gilt § 708 Nr. 6 ZPO.

Kosten und Gebühren

Streitwert: §§ 20 GKG, 3 ZPO; im Allgemeinen 1/3 bis 1/2 der Hauptsache (*Hartmann* § 20 GKG Anm. 1).

Gerichtskosten: Gerichtskostenverzeichnis Nr. 1310 ff.

Kein Kostenvorschuss nötig, da keine Klage § 65 GKG, (*Hartmann* § 65 GKG Rdn. 12).

Anwaltsgebühren: Volle Gebühren, Sondervorschriften in §§ 40, 59 BRAGO.

Fristen und Rechtsmittel

Gegen Arrest anordnenden Beschluss Widerspruch nach § 924 und/oder Antrag auf Fristsetzung bzw. Erhebung der Hauptsacheklage, § 926 Abs. 1 und gegebenenfalls Antrag auf Aufhebung des Arrestes, wenn der Anordnung zur Erhebung der Hauptsacheklage nicht Folge geleistet wird, § 926 Abs. 2 und/oder Antrag auf Aufhebung wegen veränderter Umstände gem. § 927 ZPO. Veränderte Umstände liegen auch nach obsiegendem Urteil im Rahmen einer negativen Feststellungsklage vor (*Thomas/Putzo*, § 926 Rdn. 20).

Gegen Arrest ablehnenden Beschluss sofortige Beschwerde nach § 567 ZPO (vgl. *Baumbach/Hartmann* § 922 Rdn. 23).

Gegen Beschluss des LG als Berufungsgericht oder Beschwerdegericht oder gegen ablehnenden Beschluss des OLG keine Beschwerde (*Baumbach/Hartmann* § 922 Rdn. 28).

2. Antrag auf persönlichen Arrest

. . . . . .[1]

I. Wegen einer Forderung von EUR . . . . . . sowie einer Kostenpauschale von EUR . . . . . . wird der persönliche Sicherheitsarrest[2] gegen den Antragsgegner angeordnet.

II. In Vollziehung von Ziff. I wird die Haft[3] gegen den Antragsgegner verhängt[4].

III. Die Vollziehung des Arrests wird durch Hinterlegung eines Geldbetrags von EUR . . . . . . oder Stellung einer selbstschuldnerischen unbeschränkten unbefristeten und unwiderruflichen Bürgschaft einer deutschen Großbank über EUR . . . . . . gehemmt[5].

IV. Der Antragsgegner hat die Kosten des Verfahrens zu tragen.

Begründung:

Der Antragsgegner hat in einem Ladenlokal in . . . . . . ein Reisebüro betrieben. Der Antragsteller hat – wie zahlreiche andere Kunden – über dieses Büro eine Ferienreise nach . . . . . . bei dem Reiseveranstalter gebucht und hierfür dem Antragsgegner in dessen Reisebüro eine Anzahlung von EUR . . . . . . geleistet. Als er die Reisepapiere abholen wollte, war das Reisebüro aus dem Ladenlokal verschwunden und dieses geschlossen. Der Reiseveranstalter A weiß von der Buchung des Antragstellers und derjenigen zahlreicher anderer Kunden nichts; er hat keine Zahlung vom Antragsgegner erhalten. Der Antragsteller hat erfahren, dass eine Gewerbeanmeldung für den Antragsgegner nicht existiert, dieser jedoch bereits in mehreren Städten durch kurzfristige Eröffnung von Reisebüros und spurloses Verschwinden Kunden erheblich geschädigt hat. Wie der Antragsteller ermitteln konnte, wohnt der Schuldner derzeit im Hotel B in . . . . . . Irgendwelche Vermögenswerte des Antragsgegners sind derzeit dem Antragsteller nicht bekannt[6].

Glaubhaftmachung: Anliegende eidesstattliche Versicherungen des Antragstellers und der Kunden C und D vom ......

Rechtsanwalt

Anmerkungen

1. Zur Eingangsformulierung vgl. Form. I. R. 1.

2. Bedeutung des persönlichen Arrests: Herbeiführung persönlicher Freiheitsbeschränkung gegen den Schuldner als ultima ratio zur Sicherung künftiger Zwangsvollstreckungsmaßnahmen gegen den Schuldner.

Voraussetzungen: Arrestanspruch und Arrestgrund (§ 916 ZPO, vgl. Form. I. R. 1 Anm. 4).

Zusätzlich: Dinglicher Arrest reicht nicht aus oder ist nicht möglich, um die gefährdete Zwangsvollstreckung in das Vermögen des Schuldners zu sichern (§ 918 ZPO). Persönlicher Sicherheitsarrest kann auch angeordnet werden, um den Schuldner zu hindern, sich der Abgabe der eidesstattlichen Versicherung zu entziehen (OLG München NJW-RR 1988, 382).

3. Vollziehung des persönlichen Arrests nach Ermessen des Gerichts unter Berücksichtigung des Grundsatzes der Verhältnismäßigkeit, wahlweise oder kumulativ durch

Überwachung – Meldepflicht – Reiseverbot – Wegnahme von Ausweispapieren – Hausverbot – Haft (§ 933 ZPO). Im Zweifel ist Haft verhängt (str. *Baumbach/Hartmann* § 933 Rdn. 1).

Bei Haftanordnung ist Haftbefehl nach § 908 ZPO zu erlassen.

4. Aufgrund der Haftanordnung kann Antragsteller den Antragsgegner (soweit Arresturteil ergangen ist: Arrestkläger den Arrestbeklagten) durch Gerichtsvollzieher verhaften lassen (§§ 933, 909 ZPO).

5. Die Lösungssumme ist nach § 933 S. 2 ZPO auch in den Haftbefehl aufzunehmen. Entgegen dem Wortlaut des § 923 ZPO kann das Gericht gemäß § 108 S. 1 ZPO die Art der Sicherheitsleistung nach freiem Ermessen bestimmen (*Zöller*, § 924 Rdn. 1).

6. Da der persönliche Arrest gegenüber dem dinglichen subsidiär ist, sollte dargelegt werden, warum dinglicher Arrest nicht möglich ist oder nutzlos wäre.

Fristen und Rechtsmittel

Vgl. Form. I. R. 1

3. Antrag auf Aufhebung des Arrestes wegen veränderter Umstände

An das
......
– Streitgericht –[1]

In Sachen
......

stelle ich den Antrag:

I. Der durch Endurteil vom ...... bestätigte Arrest[3] wird aufgehoben.
II. Die Vollziehung des Arrestes wird bis zur Entscheidung im Aufhebungsverfahren einstweilen eingestellt[4].

III. Der Antragsgegner hat die Kosten des Verfahrens zu tragen[5].

Der Antragsteller steht zwischenzeitlich in Diensten der Firma ...... und bezieht dort ein regelmäßiges Arbeitseinkommen, allenfalls bestehende Ansprüche des Antragsgegners sind daher ohne weiteres zu realisieren; eine Gefährdung der Zwangsvollstreckung besteht nicht.[6]

Rechtsanwalt

Anmerkungen

1. Für den Antrag auf Aufhebung wegen veränderter Umstände ist das Streitgericht (nicht das Vollstreckungsgericht, dieses nur bei Aufhebung nach § 934 ZPO) zuständig, und zwar entweder das Gericht, das den Arrest erlassen hat, oder – bei Anhängigkeit der Hauptsache – das Gericht der Hauptsache (§ 927 Abs. 2 ZPO). Der Antrag auf Aufhebung der einstweiligen Verfügung ist auch im bereits anhängigen Widerspruchsverfahren nach §§ 936, 924, 925 ZPO zulässig (LG Freiburg NJW-RR 1988, 250).

2. Volles Rubrum. Es handelt sich um ein gegenüber dem vorangegangenen Arrest selbstständiges Verfahren mit vertauschten Parteirollen.

3. Nach nunmehr wohl h. M. (*Thomas/Putzo,* § 927 Rdn. 16, *Zöller* § 927 Rdn. 2) ist die rechtskräftige Bestätigung des Arrestes nicht Zulässigkeitsvoraussetzung für den Antrag gemäß § 927; vielmehr kann der Schuldner grundsätzlich frei wählen, ob er den Antrag nach § 927 stellt oder Widerspruch einlegt. Sind die veränderten Umstände allerdings bereits in einem anderen auf Beseitigung des Arrestes gerichteten Verfahren geltend gemacht, so steht dem Antrag anderweitige Rechtsabhängigkeit bzw. Rechtskraft entgegen.

Das Rechtsschutzbedürfnis fehlt, wenn der Arrest keine Auswirkungen mehr hat oder haben kann (*Zöller* § 927 Rdn. 3).

4. Die einstweilige Einstellung der Arrestvollziehung im Aufhebungsverfahren ist analog §§ 924 Abs. 3 S. 2, 707 Abs. 1 S. 1 ZPO möglich (*Zöller* § 927 Rdn. 9c).

5. Der Kostenausspruch in diesem – gesonderten – Verfahren kann sich stets nur auf die Kosten des Aufhebungsverfahrens selbst beziehen und nicht in die rechtskräftige Kostenentscheidung des Anordnungsverfahrens eingreifen (*Zöller* § 927 Rdn. 12). Ausnahmen sollen insbesondere möglich sein, wenn die Hauptsacheklage rechtskräftig als von Anfang an unbegründet abgewiesen wurde (NJW 1993, 2685) oder die Aufhebung erfolgt, weil der Gläubiger die Vollziehungsfrist des § 929 Abs. 2 versäumt hat (Hamm NJW-RR 1990, 1214 a. A.: München NJW-RR 1986, 999 f.): vgl. im Einzelnen: *Zöller* § 927 Rdn. 12.

6. Aufhebung nach § 927 ZPO ist anzuordnen, wenn glaubhaft gemacht wird, dass der Arrestanspruch oder der Arrestgrund (letzterer ggf. auch auf Grund Sicherheitsleistung) erloschen sind oder von Anfang an nicht bestanden (vgl. im Einzelnen *Zöller* § 927 Rdn. 5 und 6). Dementsprechend sind folgende Begründungen denkbar:

a. Der vom Antragsgegner im Anordnungsverfahren behauptete Arrestgrund bestand von Anfang an nicht: Dies ist zwischenzeitlich durch rechtskräftige Entscheidung im Hauptsacheverfahren festgestellt.

oder

b. Nach Bestätigung des Arrestes durch Endurteil vom ...... wurde ausweislich beigefügter Quittungen Zahlung geleistet.

oder

c. Der Antragsgegner hat innerhalb der vom Gericht nach § 926 ZPO gesetzten Frist keine Hauptsacheklage erhoben.

Nach § 926 Abs. 2 ZPO ist die Aufhebung des Arrestes auszusprechen, wenn die Frist zur Erhebung der Hauptsacheklage versäumt wurde.

Kosten und Gebühren

Gerichtskosten ebenso wie im Anordnungsverfahren, vgl. GKG Kostenverzeichnis Nr. 1310. Anwaltsgebühren: Sondervorschrift in § 40 Abs. 2 BRAGO (das Aufhebungsverfahren bildet mit dem Anordnungsverfahren eine Angelegenheit).

Fristen und Rechtsmittel

Gegen das Endurteil ist Berufung gegeben.

4. Antrag auf Erlass einer auf Sicherung eines Herausgabeanspruchs gerichteten einstweiligen Verfügung[1]

Eilt!
An das
Amtsgericht[2]
– Streitgericht –

Antrag auf Erlass einer einstweiligen Verfügung der Firma ...... KG, vertreten durch den persönlich haftenden Gesellschafter ......

– Antragstellerin –

Verfahrensbevollmächtigter: ......

gegen

Fa. ...... GmbH, vertreten durch den Geschäftsführer ......

– Antragsgegnerin –

Ich beantrage bei dem wegen der Dringlichkeit der Angelegenheit nach § 942 ZPO zuständigen Amtsgericht ohne mündliche Verhandlung den Erlass folgender einstweiligen Verfügung:

I. Die Antragsgegnerin hat die im Eigentum der Antragstellerin stehenden 68 Rollen Glasfilamentgewebe, Artikel Nr. ...... 460 g/qm, 100 cm, an den Gerichtsvollzieher B als Sequester[3], hilfsweise an einen vom Gericht zu bestellenden Sequester herauszugeben.
II. Die Durchsuchung der Geschäftsräume in ...... der Antragsgegnerin zur Vollstreckung der Herausgabe wird gestattet[4].
III. Die Antragsgegnerin hat die Kosten des Verfahrens zu tragen.

Begründung:

Die Antragstellerin stellt ua. chemische Werkstoffe her. Sie hat die im Antrag I näher bezeichneten 68 Rollen Glasfilamentgewebe gemäß in beglaubigter Fotokopie anliegendem Kaufvertrag unter Eigentumsvorbehalt an die Antragsgegnerin geliefert, die diese Gewebe in ihrem kunststoffverarbeitenden Betrieb ständig ua. für Surfbretter und Segelboote verwendet. Zwischen den Parteien war eine vollständige Kaufpreiszahlung bis zum ...... vereinbart.

Glaubhaftmachung: in beglaubigter Fotokopie anliegender Kaufvertrag vom ......

Nachdem diese Frist erfolglos verstrichen war, setzte die Antragstellerin der Antragsgegnerin mit Schreiben vom ......, zugestellt per Einwurfeinschreiben[5] am ...... eine angemessene Nachfrist zur Zahlung bis zum ......

Glaubhaftmachung: 1. in beglaubigter Kopie anliegendes Schreiben vom ......

2. in beglaubigter Kopie beigefügter Datenauszug der Deutschen Post AG

Die Antragstellerin ist deshalb, nachdem die Antragsgegnerin auch nach Ablauf der Nachfrist keinerlei Zahlungen auf den Kaufpreis geleistet hat[6], durch beigefügten Brief vom ......, zugestellt per Einwurfeinschreiben am ...... vom Kaufvertrag zurückgetreten[7].

Glaubhaftmachung: 1. in beglaubigter Kopie beigefügtes Schreiben vom ......

2. in beglaubigter Kopie beigefügter Datenauszug der Deutschen Post AG

Der Geschäftsführer der Antragsgegnerin hat dem Komplementär der Antragstellerin erklärt, dass die Ware zwar noch nicht verarbeitet sei, die Verarbeitung jedoch „in den nächsten Tagen“ beginne. Die Aufforderung der Antragstellerin, die Ware herauszugeben, hat der Geschäftsführer der Antragsgegnerin abgelehnt.

Glaubhaftmachung: Eidesstattliche Versicherung des Komplementärs der Antragstellerin vom ...... in der Anlage.

Der auf Grund Rücktritts sich ergebende Herausgabeanspruch der Antragstellerin ist gefährdet. Denn durch die Verarbeitung würde das Eigentum der Antragstellerin gemäß § 950 BGB untergehen[8].

Rechtsanwalt

Anmerkungen

1. Sicherungsverfügung:

Verfügungsanspruch: Ein zu sicherndes, nicht auf Geld gerichtetes subjektives Recht (*Zöller* § 935 Rdn. 6).

Verfügungsgrund: Besorgnis, dass durch die Veränderung des bestehenden Zustands die Verwirklichung dieses Rechts vereitelt oder wesentlich erschwert werden könnte (§ 935 ZPO). Die geeigneten Maßnahmen sind vom Gericht nach freiem Ermessen zu wählen (§ 938 ZPO). Zusammen mit dem Verfügungsgrund (bzw. der Notwendigkeit einer einstweiligen Regelung zur Sicherung des Rechtsfriedens nach § 940 ZPO) ist zu prüfen, ob die Sicherung des Verfügungsanspruchs (oder die einstweilige Regelung des Zustands) dringlich sind. Die Dringlichkeit wird – ausgehend von der Rechtsprechung in Wettbewerbssachen – auch bei sonstigen einstweiligen Verfügungen von der Rechtsprechung in der Praxis verneint, wenn der Antragsteller eine längere Frist hat verstreichen lassen, bevor er die einstweilige Maßnahme eingeleitet hat (vgl. *Zöller* § 940 Rdn. 8). Die Dringlichkeit wird in der Münchner Rechtsprechung regelmäßig verneint, wenn der Antragsteller mit der Anbringung seines Verfügungsantrags länger als 4 Wochen zuwartet (Fristbeginn: sobald der Antragsteller hinreichend Kenntnis und Anhaltspunkte hat, um den Verfügungsanspruch mit einiger Erfolgsaussicht geltend machen zu können) (vgl. zum ganzen OLG München GRUR 1980, 1018; OLG Stuttgart GRUR 1978, 540; OLG Hamburg GRUR 1983, 437; KG WPM 1980, 1395; *Stein/Jonas* § 940 Rdn. 7, 8.). Die Münchner Rechtsprechung geht in einstweiligen Verfügungsverfahren sogar davon aus, dass ein Antrag des Antragstellers auf Verlegung eines Termins auf später oder ein Antrag auf Verlängerung etwa der Berufungsbegründungsfrist die Dringlichkeit widerlegen kann.

Demgegenüber geht die sonstige Rechtsprechung überwiegend davon aus, dass es keine feste zeitliche Grenze gibt (vgl. *Zöller* § 940, Rdn. 8). Länger als zwei Monate sollte aber in keinem Fall zugewartet werden.

2. Grundsätzlich ist zuständig das Gericht der Hauptsache (§ 937 ZPO), in dringenden Fällen, wie er hier glaubhaft gemacht ist, jedoch nach § 942 ZPO das Amtsgericht, innerhalb dessen Bezirk sich der Streitgegenstand (hier die herauszugebende Ware) befindet. In diesem Fall hat das Amtsgericht in dem die einstweilige Verfügung erlassenden Beschluss eine Frist zur Durchführung des Rechtfertigungsverfahrens beim Gericht der Hauptsache zu setzen (§ 942 Abs. 1 ZPO).

3. Vgl. § 938 Abs. 2 ZPO, Vollstreckung nach § 883 ZPO. Der GV ist allerdings nicht verpflichtet, das Amt des Sequesters zu übernehmen (§ 195 Nr. 2 GVGA), ggf. muss das Gericht neuen Sequester bestellen.

4. Es ist zweckmäßig, gleichzeitig einen Durchsuchungsbeschluss gemäß § 758 a ZPO zu beantragen, um die Herausgabe zu vollstrecken (vgl BVerfG NJW 1979, 1539, *Thomas/Putzo* § 758 Rdn. 2, 6).

5. Nach der Rechtsprechung des BGH gibt es keinen Anscheinsbeweis dahingehend, dass mit der Post versandte Briefe ihren Empfänger auch erreichen (BGHZ 24, 312). Da der Zugang des Benachrichtigungsscheins bei der Versendung per Einschreiben/Rückschein den Zugang des zuzustellenden Schriftstückes nicht ersetzt (BGH NJW 1998, 976), stellt sich das Einwurfeinschreiben in Fällen, in denen mit einer Zugangsvereitelung gerechnet werden muss, als der sicherere Weg dar. Mit dem in Fällen des Einwurfeinschreibens durch die Deutsche Post AG erstellten Datenauszug kann allerdings kein Urkundsbeweis geführt werden (*Reichert*, NJW 2001, 2523).

In Fällen in denen damit gerechnet werden muss, dass der Zugang bestritten wird, sollte daher per Gerichtsvollzieher oder von Anwalt zu Anwalt zugestellt werden.

6. Bei Teilleistungen gilt § 323 Abs. 5 BGB.

7. Anspruch auf Herausgabe bei unter Eigentumsvorbehalt gelieferter Ware (§ 985 BGB) ist erst nach wirksamem Rücktritt des Vorbehaltsverkäufers, der das Recht des Käufers zum Besitz nach § 986 BGB beseitigt, durchsetzbar.

Nach der Neuregelung des § 449 BGB berechtigt der bloße Zahlungsverzug den Verkäufer nicht mehr zum Rücktritt. Ein Rücktritt ist aber über § 323 BGB oder § 324 BGB möglich (*Palandt*, Ergänzungsband zur 61. Auflage, § 449 Rdn. 26). Es ist deshalb in der Regel eine Nachfristsetzung erforderlich, anders als im Rahmen des § 326 BGB aF. jedoch keine Ablehnungsandrohung.

8. Ob ggf. Ansprüche bei Weiterveräußerung auf Grund verlängerten Eigentumsvorbehalts (vgl. zu den Einzelheiten *Palandt/Putzo* Ergänzungsband, § 449 Rdn. 7) oder Schadensersatzansprüche gegeben sind, spielt für die Frage der Gefährdung des Verfügungsanspruchs, der auf Herausgabe gerichtet ist, keine Rolle.

Fristen und Rechtsmittel

Vgl. Form. I. R. 1

Erscheinen Rechtsmittel gegen die ergangene einstweilige Verfügung aussichtslos, so empfiehlt sich die Abgabe einer Abschlusserklärung, bevor der Antragsteller in einem Abschlussschreiben hierzu auffordert, da sonst eine $^{5}/_{10}$ Rechtsanwaltsgebühr für das Abschlussschreiben zu ersetzen ist.

5. Antrag auf Ladung zum Rechtfertigungsverfahren[1]

An das
LG München I[2]

hat das Amtsgericht auf meinen Antrag durch Beschluss vom ...... eine einstweilige Verfügung erlassen. Gleichzeitig wurde im Beschluss eine Frist von ...... bestimmt, innerhalb derer die Entscheidung des Gerichts der Hauptsache über die Rechtmäßigkeit der einstweiligen Verfügung zu beantragen ist.

Ich

beantrage,

hiermit beim Hauptsachegericht (Landgericht) das Rechtfertigungsverfahren durchzuführen, einen Termin zur mündlichen Verhandlung anzuberaumen[3] und kündige folgende

Anträge

an:

I. Die einstweilige Verfügung des Amtsgerichts ...... vom ...... Aktenzeichen ...... wird bestätigt[4].
II. Die Antragsgegnerin hat die Kosten des Verfahrens zu tragen.

Anmerkungen

1. Der Antragsteller hat innerhalb der Frist das Rechtfertigungsverfahren zu betreiben, bei dem das Gericht der Hauptsache die einstweilige Verfügung überprüft. Wird die Frist nicht eingehalten, hebt das Amtsgericht nach § 942 Abs. 3 ZPO die einstweilige Verfügung auf. Der Antrag zur Durchführung des Rechtfertigungsverfahrens ist nach § 942 Abs. 1 ZPO nicht an das Gericht der Zwangsbereitschaft, also das Amtsgericht, zu richten (so aber *Lempp* NJW 1975, 1920/1922), sondern an das Gericht der Hauptsache, das die Akten vom Gericht der Zwangsbereitschaft anfordert. Wird der Antrag an das Gericht der Zwangsbereitschaft (AG) gerichtet, ist ggf. nach § 281 ZPO an das Hauptsachegericht zu verweisen (vgl. im Übrigen *Jacobs* NJW 1988, 1365/1366).

2. Bezeichnung des Hauptsachegerichts, aber Angabe des vollen Rubrums und Aktenzeichens des amtsgerichtl. Verfahrens.

3. Dieser Antrag enthält zugleich konkludent den Antrag auf Bestätigung der einstweiligen Verfügung (*Baumbach/Hartmann* § 942 Rdn. 8).

4. Nicht „aufrechterhalten", vgl. §§ 936, 925 Abs. 2 ZPO.

6. Widerspruch gegen einstweilige Verfügung

An das
Landgericht

In der einstweiligen Verfügungssache
...... KG, vertreten durch den Komplementär ......

– Antragstellerin –

Verfahrensbevollmächtigter: . . . . . .

gegen

. . . . . . GmbH, vertreten durch den Geschäftsführer . . . . . .

– Antragsgegnerin –

Verfahrensbevollmächtigter: . . . . . .

zeige ich an, dass ich die Antragsgegnerin vertrete. In deren Namen und Auftrag lege ich gegen die am . . . . . . vom Amtsgericht . . . . . . nach § 942 ZPO erlassene einstweilige Verfügung gemäß §§ 936, 924 I Abs. 1 ZPO beim nunmehr zuständigen Gericht der Hauptsache[1]

Widerspruch

ein und kündige folgende Anträge an:

I. Die einstweilige Verfügung des Amtsgerichts . . . . . ., Aktenzeichen: . . . . . ., vom . . . . . ., wird aufgehoben[2].

II. Die Vollstreckung aus der einstweiligen Verfügung wird mit sofortiger Wirkung ohne – notfalls gegen – Sicherheitsleistung eingestellt[3].

III. Die Antragstellerin hat die Kosten des Verfahrens zu tragen.

Begründung:

1. Die Antragsgegnerin hat noch vor Ablauf der durch die Antragstellerin gesetzten Nachfrist, am . . . . . . durch Einwurf des Überweisungsauftrages in den Bankbriefkasten, ihre Bank beauftragt, den vollständigen Kaufpreis auf das Konto der Antragstellerin zu überweisen. Das Konto der Antragsgegnerin wies zu diesem Zeitpunkt eine ausreichende Deckung auf.

   Glaubhaftmachung: Durchschrift des Überweisungsauftrages
   Eidesstattliche Versicherung des Komplementärs der Antragstellerin.

2. Da der Leistungsort für Geldschulden der Wohnsitz des Schuldners ist, kommt es für die Rechtzeitigkeit der Leistung lediglich darauf an, wann der Schuldner das zur Übermittlung des Geldes seinerseits Erforderliche getan hat. Bei ausreichender Deckung des Kontos genügt bei Banküberweisungen der rechtzeitige Eingang eines Überweisungsauftrages bei der Bank. Danach eintretende Verzögerungen gehen nicht zu Lasten des Schuldners.[4]

   Glaubhaftmachung: beigefügtes Schreiben der Antragsgegnerin vom . . . . . .,

   Mangels fruchtlosen Ablaufs der gesetzten Nachfrist lagen die Rücktrittsvoraussetzungen des § 323 Abs. 1 BGB daher nicht vor. Zudem stehen die streitgegenständlichen Rollen Glasfilamentgewebe zwischenzeitlich im Eigentum der Antragsgegnerin, da der Kaufpreis mittlerweile auch auf dem Konto der Antragstellerin gutgeschrieben wurde und somit die Bedingung für den Eigentumserwerb eingetreten ist. Es besteht kein Herausgabeanspruch[5].

3. Wenn der Antragsgegnerin die bereits übereigneten Materialien entzogen werden, droht ein Produktionsstillstand und damit ein erheblicher Schaden, für den die Antragstellerin trotz entsprechender gesetzlicher Verpflichtung wegen Unvermögen evtl. nicht wird aufkommen können. Die Einstellung der Zwangsvollstreckung ist daher dringend geboten.

Rechtsanwalt

Anmerkungen

1. Für das Widerspruchsverfahren ist das Gericht der Hauptsache ausschließlich zuständig (*Baumbach/Hartmann* § 942 Rdn. 8). Der Widerspruch leitet das streitige Verfahren ein, in dem der Antragsteller zum „Verfügungskläger", der Antragsgegner zum „Verfügungsbeklagten" wird. Als weitere Verteidigung eröffnet § 926 ZPO die Möglichkeit, den Antragsteller zur Erhebung der Hauptsacheklage zu zwingen. Zum Rechtsbehelf des § 927 ZPO vgl. Form. I. R. 3.

2. Daneben muss nicht zusätzlich noch Zurückweisung des Antrags auf Erlass einer einstweiligen Verfügung beantragt werden (vgl. §§ 936, 925 Abs. 2 ZPO).

3. Der Widerspruch selbst hemmt die Vollziehung der einstweiligen Verfügung nicht (*Baumbach/Hartmann* § 924 Rdn. 12). Das Gericht kann jedoch nach §§ 924 Abs. 3, 707 ZPO die Zwangsvollstreckung und damit die Vollziehung der einstweiligen Verfügung einstweilen (auch ohne Sicherheitsleistung) einstellen. Soweit schon vollzogen ist, können außerdem bereits getroffene Vollstreckungsmaßnahmen (dies nur gegen Sicherheitsleistung auch im einstweiligen Verfügungsverfahren) aufgehoben werden (also etwa die vom Gerichtsvollzieher möglicherweise bereits sequestrierte Ware zurückgeschafft werden).

Hiervon kann jedoch nur in seltenen Ausnahmefällen (Beispiel: Unmöglichkeit kurzfristiger Entscheidung über die einstweilige Verfügung) Gebrauch gemacht werden (vgl. *Zöller* § 924 Rdn. 13), weil das einstweilige Verfügungsverfahren ohnehin seiner Natur nach eine sofortige Entscheidung bedingt, die nicht ihrerseits durch einstweilige Anordnung mit uU. endgültiger, die Entscheidung vorwegnehmender Wirkung unterlaufen werden sollte.

4. Vgl. Palandt/Heinrichs § 270 Rdn. 7. Es sollte daher nach Möglichkeit vertraglich vereinbart werden, dass für die Rechtzeitigkeit der Leistung der Eingang auf dem Konto des Gläubigers maßgeblich ist (sogenannte Rechtzeitigkeitsklausel). Demgegenüber kommt es für den Bedingungseintritt im Rahmen des § 449 BGB auf den Eintritt des Leistungserfolgs an.

5. Damit fehlt es am Verfügungsanspruch nach § 935 ZPO.

7. Antrag auf Erlass einer auf Sicherung gerichteten Verfügung mit Grundbucheintragung

. . . . . .[1]
. . . . . .[2]

I. Es wird die Eintragung einer Vormerkung zur Sicherung des Anspruchs des Antragstellers auf Auflassung angeordnet in Bezug auf das nachstehende Wohnungseigentum (Miteigentumsanteile verbunden mit dem Sondereigentum): Wohnung Nr. . . . . . . Grundbuch von . . . . . . Gemarkung . . . . . . Band . . . . . . Blatt . . . . . ., bestehend aus 59,55/10.000stel Miteigentumsanteilen verbunden mit dem Sondereigentum an der Wohnung Nr. . . . . . ., einzutragen an der vorbezeichneten Grundbuchstelle[3].

II. Das Grundbuchamt wird um die Eintragung der Vormerkung ersucht[4].

III. Der Antragsgegner hat die Kosten des Verfahrens zu tragen.

Begründung:

1. Der Antragsteller hat im Rahmen einer von der Antragsstellerin als Baubetreuerin betreuten und vom Antragsgegner mit anderen Bauherren in einer Bauherrengemein-

schaft im Bauherrenmodell errichteten Wohnanlage in München, die am ...... bezugsfertig wurde, eine Eigentumswohnung ...... im 2. Obergeschoss bestehend aus 2 Zimmern zu ca. 66 qm errichtet.

Glaubhaftmachung: beigefügter Geschäftsbesorgungs- und Baubetreuungsvertrag von ...... zwischen den Parteien.

In § 12 Abs. 2 dieses Vertrages wurde zwischen den Parteien vereinbart, dass die Antragstellerin die Eigentumswohnung nach Ablauf von 5 Jahren nach Bezugsfertigkeit vom Bauherrn, also dem Antragsgegner, gegen Zahlung eines Kaufpreises von 130% des bezahlten Barkapitaleinsatz zuzüglich der bis dahin vom Bauherrn geleisteten Tilgungsbeträge und der Übernahme der Restschuld aus den von der Antragstellerin für den Bauherrn aufgenommenen Fremdmitteln kaufen kann, wenn sich der Bauherr, also der Antragsgegner, innerhalb von 4 Jahren nach Annahme dieses Auftrags in notariell beurkundeter Form zum Verkauf seiner Wohnung zu diesen Bedingungen verpflichtet.

2. Der Antragsgegner hat sich mit in Fotokopie anliegender notarieller Urkunde vom ...... zur Veräußerung seiner Einheit entsprechend dieser Regelung im Geschäftsbesorgungs- und Baubetreuungsvertrag verpflichtet.
Das hierin liegende Angebot wurde von der Antragstellerin mit in Fotokopie anliegender Urkunde angenommen. Damit hat die Antragstellerin ein eigenes Recht auf Auflassung des Miteigentumsanteils verbunden mit dem Sondereigentum, also auf Auflassung der Wohnung.
Die Antragstellerin kann daher nach § 883 BGB die Eintragung einer Vormerkung verlangen.
Dies kann nach § 885 BGB durch einstweilige Verfügung geschehen, ohne dass es erforderlich ist, die Gefährdung des zu sichernden Anspruchs glaubhaft zu machen.[5]
Der Antragsgegner wurde mit in Fotokopie anliegendem Schreiben vom ...... unter Hinweis auf die Annahmeerklärung aufgefordert, die Unterlagen zur Durchführung des Verkaufs zur Verfügung zu stellen. Er hat hierauf erklärt, es handle sich nur um eine Rücknahmegarantie zu seinen Gunsten, er sei jedoch trotz der abgegebenen Auflassungserklärung nicht verpflichtet, gegen seinen Willen die Wohnung zu verkaufen. Die Antragstellerin hat in Erfahrung gebracht, dass er versucht die Wohnung anderweitig günstiger zu verkaufen.

Rechtsanwalt

Anmerkungen

1. Zur Zuständigkeit vgl. Anm. zu Form. I. R. 4.

2. Volles Rubrum. Zur Bezeichnung der Antragsschrift und zur Eingangsformulierung vgl. Form. I. R. 4.

3. Behaupteter Verfügungsanspruch der Antragsstellerin: Anspruch auf Auflassung des Grundstücks auf Grund eines vorab in getrennten notariellen Urkunden geschlossenen Kaufvertrages. Zur Sicherung dieses Anspruchs kann – ohne dass es der Glaubhaftmachung eines gesonderten Verfügungsgrundes bedarf (vgl. § 885 S. 2 BGB, ebenso wie im Falle der Eintragung eines Widerspruchs nach § 899 Abs. 2 BGB) – eine Vormerkung ins Grundbuch eingetragen werden.

Zugrunde liegt hier ein sogenannter „Rückkaufsanspruch". Die Anbieter im Bauherrenmodell hatten Anfang der 70er Jahre sogenannte Ankaufs- oder „Rückkaufsgarantien" gegeben, mit denen die Anlage-Angebote attraktiver gemacht werden sollten, und die ein Recht des Bauherrn vorsahen, unter bestimmten Voraussetzungen die Wohnung gegen einen erhöhten Kaufpreis an den Anbieter zu verkaufen. Im vorliegenden

Fall war Bedingung dieser Rückkaufsgarantie eine eigene Verkaufsverpflichtung des Anbieters, an die dieser sich nicht mehr gebunden halten wollte.

4. Nach § 941 ZPO kann das erkennende Gericht nach Ermessen ein Eintragungsersuchen an das Grundbuchamt richten. Ziff. II der Anträge enthält lediglich eine Anregung des Gläubigers (daher löst der Antrag auch keine Vollziehungsgebühren nach § 59 BRAGO aus, vgl. *Zöller* § 941 Rdn. 3 mwN.). Die Vollziehungsfrist wird mit dem Eingang des Ersuchens beim Grundbuchamt gewahrt (§ 932 Abs. 3, § 929 Abs. 2 und 3 ZPO). Natürlich kann der Gläubiger nach Erwirkung der einstweiligen Verfügung (ggf. auch vor Zustellung, §§ 936, 929 Abs. 3 ZPO, in diesem Fall aber Achtung auf unverzügliche Nachholung der Parteizustellung!; vgl. oben Form. I. R. 1. Anm. 7) den Antrag direkt an das Grundbuchamt richten.

5. Da im Falle des § 885 BGB ebenso wie im Falle des § 899 BGB grundsätzlich keine Glaubhaftung des Verfügungsgrundes erforderlich ist, dieser vielmehr in Grundbuchsachen infolge der Möglichkeit des Gutglaubenserwerbs nach § 892 BGB vom Gesetz grundsätzlich vorausgesetzt wird, bedarf es auch keiner Glaubhaftmachung in Bezug auf die vorgerichtliche Geltendmachung des Anspruchs gegenüber dem Antragsgegner, dessen Reaktion und dessen Verkaufsabsichten.

8. Antrag auf Erlass einer Sicherungsverfügung, gerichtet auf Erwerbsverbot und Eintragung eines Widerspruchs

. . . . . .[1]

I. Dem Antragsgegner wird verboten, seine Eintragung als Eigentümer des Grundstückes, vorgetragen im Grundbuch des Amtsgerichts . . . . . . für . . . . . ., Band, Blatt . . . . . ., zu beantragen[2] bzw. einen evtl. bereits gestellten Eintragungsantrag aufrechtzuerhalten[3].

II. Es wird die Eintragung eines Widerspruchs gegen die für den Antragsgegner bei dem vorbezeichneten Grundstück in Abteilung II eingetragene Auflassungsvormerkung angeordnet[4].

III. Das Grundbuchamt wird um die Eintragung des Widerspruchs gemäß II ersucht[5].

IV. Der Antragsgegner hat die Kosten des Verfahrens zu tragen.

Begründung:

1. Der Antragsteller hat an den Antragsgegner durch Urkunde des Notars B vom . . . . . ., URNr. . . . . . ., sein im Antrag I näher bezeichnetes Baugrundstück in . . . . . . verkauft. Gleichzeitig wurde in der notariellen Urkunde die Auflassung erklärt und eine Auflassungsvormerkung bewilligt sowie deren Eintragung beantragt. Die Auflassungsvormerkung ist zwischenzeitlich eingetragen.

Glaubhaftmachung: in beglaubigter Fotokopie anliegender Kaufvertrag vom . . . . . .
zur Urkunde des Notars B, URNr. . . . . . .,
beglaubigte Fotokopie des Grundbuchauszuges vom . . . . . .

2. In Ziff. . . . . . . des notariellen Vertrages hat sich der Antragsteller zugleich verpflichtet, auf dem Grundstück ein schlüsselfertiges Haus zu errichten nach den beiden Parteien bekannten Plänen. Diese Pläne waren der notariellen Urkunde jedoch nicht beigefügt und wurden nicht mit vorgelegt. Der Antragsteller ist daher der Meinung, dass der Vertrag nichtig ist und er die Berichtigung des Grundbuchs verlangen kann[6]. Er will das Grundstück anderweitig wesentlich günstiger verkaufen[7]. Wenn der Antragsgegner als Eigentümer eingetragen wird und damit die Heilung des Kaufvertrags nach

§ 311 b Abs. 1 S. 2 BGB eintritt, verliert der Antragsteller seinen Grundbuchberichtigungsanspruch[8].

Rechtsanwalt

Anmerkungen

1. Zur äußeren Gestaltung vgl. Form. I. R. 4. Zur Zuständigkeit vgl. Form. I. R. 4 Anm. 2.

2. Selbst wenn der Eintragungsantrag schon gestellt sein sollte, hindert eine einstweilige Verfügung, die lediglich das Verbot der Stellung des Eintragungsantrags enthält, die Aufrechterhaltung eines bereits gestellten Eintragungsantrages (vgl. KG DNotZ 1962, 400).

3. Das Erwerbsverbot, das hier mit einstweiliger Verfügung erstrebt wird, ist eine von der Rechtsprechung entwickelte Sicherungsmaßnahme zur Verhinderung der Heilung eines nichtigen Kaufvertrages. Es steht einem Veräußerungsverbot nach § 136 BGB gleich (OLG Hamm OLGZ 1970, 438, 440). Nach hM. wirkt es sich als Eintragungshindernis nach § 13 GBO aus (OLG Hamm aaO.; KG Rpfleger 1962, 177 mwN.; aA. *Wieczorek* Bd. IV. Teil 2. § 938 Anm. B IIa 2: lediglich Eintragung eines Amtswiderspruchs nach § 53 GBO).

Das Erwerbsverbot ist nicht im Grundbuch eintragbar (KG JFG 18, 192, 194), es ist mit Zustellung an den Erwerber wirksam und zweckmäßigerweise dem Grundbuchamt bekanntzumachen, welches das Erwerbsverbot von Amts wegen zu beachten hat (KG DNotZ 1962, 400).

4. Wenn ein Kaufvertrag formnichtig ist und dementsprechend kein Auflassungsanspruch entsteht, hat der Erwerber damit auch keine Auflassungsvormerkung erworben (BGHZ 54, 56, 63). Das Grundbuch ist daher unrichtig. Dem Antragsteller steht ein Berichtigungsanspruch nach § 894 BGB zu.

Ob allerdings bei der Auflassungsvormerkung ein Widerspruch eingetragen werden kann, ist strittig (verneinend die hM.; beispielsweise KG OLGZ 1978, 122, weil der Widerspruch nur zum Ausschluss gutgläubigen Erwerbes diene, dieser jedoch mangels Entstehen einer Vormerkung nicht möglich sei, bejahend wohl OLG München OLGZ 1969, 196, differenzierend *Palandt/Bassenge* § 899 Rdn. 3; *Furtner* NJW 1963, 1484, 1486).

5. Vgl. § 941 ZPO.

6. Trotz der hohen Anforderungen, die die Rechtsprechung an die Erfüllung des Formerfordernisses des § 311 b Abs. 1 BGB stellt, genügt bei Plänen, auf die im Vertrag verwiesen wird, die Vorlage zur Durchsicht, § 13 Abs. 1 S. 1 BeurkG. In der Niederschrift soll festgestellt werden, dass eine solche erfolgt ist, § 13 Abs. 1 S. 2 BeurkG.

7. Ob dies allein bereits zur Bejahung eines die Berufung auf Formnichtigkeit ausschließenden Rechtsmissbrauches ausreicht, erscheint sehr fraglich (vgl. dazu *Palandt/Heinrichs* § 125 Rdn. 16; bejahend OLG München NJW 1979, 2157; LG München I NJW 1979, 2158).

8. Bei der Eintragung eines Widerspruchs bedarf es nach § 899 Abs. 2 S. 2 BGB keiner Glaubhaftmachung der Rechtsgefährdung.

Die einstweilige Verfügung mit dem Ziel der Eintragung eines Widerspruchs im Grundbuch eignet sich auch für folgenden praktisch immer wieder vorkommenden Fall:

Im Grundbuch eingetragene Grundschulden valutieren nicht mehr in Höhe des eingetragenen Grundschuldbetrages. Ein Verlangen des Eigentümers auf Rückübertragung oder Löschung (vgl. hierzu *Palandt/Bassenge* § 1191 Rdn. 21; BGH NJW 1985, 800) wird nicht erfüllt. Infolgedessen steht dem Eigentümer eine Einrede gegen die Grundschuld zu; die Eintragung im Grundbuch ist unrichtig. Da die Gefahr besteht, dass die Grundschulden einredefrei übertragen werden (§§ 1191, 1193, 1157 BGB), ist die Eintragung eines Widerspruchs hinsichtlich der im Grundbuch eingetragenen Grundschulden möglich und zweckmäßig.

Möglicher Antrag in diesem Falle:

„...... bezüglich der Rechte in Abteilung III lfd. Nr. 1 und 2 (Grundschulden: ......) die Eintragung eines Widerspruchs anzuordnen, soweit diese beiden Rechte einen Betrag von EUR ...... nebst ...... Zinsen seit dem ...... übersteigen.“

9. Antrag auf Erlass einer Regelungsverfügung[1]

......[2]

I. Dem Antragsgegner wird geboten, dem Antragsteller und – in seiner Begleitung – seiner Ehefrau und seinem Architekten A den Zutritt zwecks Besichtigung der Räumlichkeiten und des Zustands der Räumlichkeiten und Installationen der im Anwesen ......, ...straße Nr......., gelegenen Eigentumswohnung Nr....... zu gestatten[3].

II. Der Antragsgegner hat die Kosten des Verfahrens zu tragen.

Begründung:

1. Der Antragsteller hat am ...... im Zwangsversteigerungsverfahren des Amtsgerichts ...... Aktenzeichen ...... die zuletzt im Eigentum des Antragsgegners stehende Eigentumswohnung gemäß Ziff. I ersteigert; der Zuschlagsbeschluss vom ...... ist rechtskräftig[4].

Da der Antragsgegner bis heute nicht geräumt hat, musste im Auftrag des Antragstellers der zuständige Gerichtsvollzieher B beauftragt werden, der am ...... die Parteien und zuständigen Behörden verständigte und Räumungstermin auf den ...... ansetzte.

10 Tage vor dem Termin hat jedoch der Antragsgegner beim Amtsgericht ...... Antrag auf Räumungsaufschub gemäß § 765 a ZPO gestellt; im Rahmen dieses Verfahrens wurde bis zur endgültigen Entscheidung die Zwangsvollstreckung einstweilen eingestellt[5].

**Glaubhaftmachung: Eidesstattliche Versicherung des Antragstellers,
Antrag des Antragsgegners gem. § 765 a ZPO,
Beschluss des ...... vom ...... in beglaubigter Fotokopie.**

2. Der Antragsteller ist unabhängig vom Schicksal des Vollstreckungsschutzverfahrens dringend darauf angewiesen, unverzüglich seine ihm gehörende Eigentumswohnung gem. Ziff. I zusammen mit seiner Ehefrau und seinem Architekten betreten zu dürfen, weil sich diese in einem bautechnisch außerordentlich schlechten Zustand befindet und dort ganz umfangreiche Instandsetzungs-, zum Teil Neu-Ausbauarbeiten dringend erforderlich sind, die Wochen dauern werden und vorher durch den Architekten festgelegt und geplant werden müssen ......

Der Antragsteller selbst hat im Vertrauen auf die Zusicherung des Antragsgegners, zum ...... auszuziehen, seine eigene Mietwohnung zum vorgesehenen Auszugstermin gekündigt; vor seinem eigenen Einzug ist die Durchführung dieser Arbeiten jedoch dringend erforderlich.

Glaubhaftmachung: Eidesstattliche Versicherung des Antragstellers

Rechtsanwalt

Anmerkungen

1. Sedes materiae der Regelungs- oder Befriedungsverfügung ist § 940 ZPO (Abgrenzung zwischen Sicherungsverfügung und Regelungsverfügung ist unsicher und praktisch ohne Bedeutung, vgl. *Baumbach/Hartmann* § 940 Rdn. 1).

Voraussetzungen:

Regelung eines Zustands oder streitigen Rechtsverhältnisses im weitesten Sinn.

Ein Verfügungsanspruch i. S. des § 194 BGB ist im Falle des § 940 ZPO ausnahmsweise entbehrlich (*Thomas/Putzo* § 940 Rdn. 2; *Zöller/Vollkommer* § 940 Rdn. 2).

Verfügungsgrund: Notwendigkeit der einstweiligen Regelung zur Vermeidung wesentlicher Nachteile oder drohender Gewalt, oder aus anderen Gründen (§ 940 ZPO). Für die Regelungsverfügung gelten die Ausführungen über die Sicherungsverfügung entsprechend (vgl. Form. I. R. 4 Anm. 1). Es können nach Ermessen des Gerichts Anordnungen aller Art in Form von Geboten oder Verboten an den Antragsgegner ergehen (vgl. *Dunkl/Moeller/Baur/Feldmaier*, Handbuch des vorläufigen Rechtsschutzes, 3. Auflage, S. 144).

2. Zur äußeren Gestaltung vgl. Form. I. R. 4. Zur Zuständigkeit vgl. Form. I. R. 4 Anm. 2.

3. Die Vornahme von vertretbaren Handlungen (Öffnung der Wohnung, strittig, *Baumbach/Hartmann,* ZPO § 887 Rdn. 38 „Vermieter") kann der Antragsgegner durch Ersatzvornahme oder ggf. – wie hier – auch durch unmittelbaren Zwang nach § 892 ZPO durchsetzen (zum Richtervorbehalt bei Verschaffung des Zugangs zur Wohnung, der hier durch die Anordnung des Gerichts gewahrt wäre, vgl. BVerfG NJW 1979, 1539; OLG Köln NJW-RR 1988, 832). Mit Rücksicht auf § 891 S. 2 kann das Prozessgericht erst nach Anhörung des Schuldners die zwangsweise Öffnung durch den zuständigen Gerichtsvollzieher und die Durchführung der Besichtigung in dessen Gegenwart anordnen.

4. Zuschlagsbeschluss ist Räumungstitel nach § 794 Nr. 3 ZPO, § 93 ZVG. Der Ersteher tritt in den Mietvertrag ein. Er hat ein außerordentliches Kündigungsrecht nach § 57a ZVG, auf das jedoch die Wohnraumschutzbestimmungen Anwendung finden (*Zeller* ZVG § 57a Rdn. 6).

5. Damit ist der Verfügungsgrund, hier die Notwendigkeit sofortiger Besichtigung zur Vorbereitung von baulichen Maßnahmen vor dem Einzug des Antragstellers, dargetan. Der Wohnraummieter ist nach § 554 BGB verpflichtet, die Durchführung baulicher Erhaltungsmaßnahmen zu dulden; der Vermieter kann dies ggf. durch einstweilige Verfügung erzwingen (so *MüKo/Voelskow* § 541b aF. Rdn. 24, a. A.: *Palandt/Weidenkaff,* § 554 Rdn. 35). Die Mietgerichte lehnen einstweilige Verfügung oft mit der pauschalen Begründung ab, die Hauptsache werde vorweggenommen. Dies führt bei oft langwieriger Terminierungspraxis zur Rechtsschutzverweigerung (vgl. auch Form. II. B. 5 Anm. 1).

Das Recht des Vermieters auf Durchführung baulicher Erhaltungsmaßnahmen umfasst selbstverständlich auch die Befugnis, die Wohnung zum Zwecke der Überprüfung und Festlegung der notwendigen baulichen Maßnahmen zu besichtigen.

10. Antrag auf Erlass einer auf Leistung gerichteten einstweiligen Verfügung[1]

Dringender Antrag auf Erlass einer einstweiligen Verfügung
An das
Oberlandesgericht[2]

In Sachen
...... – Antragsteller –
Prozessbevollmächtigter: ......
gegen
1) A – Antragsgegner zu 1) –
2) B – Antragsgegner zu 2) –
3) C – Antragsgegner zu 3) –

bitte ich wegen der Dringlichkeit durch den Herrn Vorsitzenden allein ohne mündliche Verhandlung folgende einstweilige Verfügung zu erlassen:

I. Den Antragsgegnern wird als Gesamtschuldnern geboten, an den Antragsteller bis zum rechtskräftigen Abschluss des Verfahrens, Az.: ......, eine monatliche Schadensrente in Höhe von ...... zu zahlen.[3]
II. Die Antragsgegner haben die Kosten des Verfahren zu tragen.

Begründung

1. Der Antragsteller wurde – wie dem erkennenden Gericht aus dem unter Az.: ...... anhängigen Hauptsacheprozess bekannt ist – bei einem Verkehrsunfall, den der Antragsgegner zu 1) als Fahrer verschuldet und der Antragsgegner zu 2) als Halter, der Antragsgegner zu 3) als Pflichtversicherer zu verantworten hat, so verletzt, dass er gelähmt und arbeitsunfähig ist. Der Antragsteller hat keine Rücklagen und keine Möglichkeit, die notwendigen Mittel für den laufenden Unterhalt zu beschaffen.

   Glaubhaftmachung: anliegende eidesstattliche Versicherung des Antragstellers.

2. In I. Instanz wurden die Antragsgegner ua. zur Zahlung einer monatlichen Schadensrente nach §§ 842, 843 BGB von EUR ...... verurteilt. Den Antragsgegnern wurde jedoch nachgelassen, die Vollstreckung durch Sicherheitsleistung abzuwenden

   Glaubhaftmachung: Beiziehung der Akten des Landgerichts ......, Az.: ......, und des Oberlandesgerichts ......, Az.: ......

   Diese Sicherheit wurde durch die Antragsgegner in Form einer zugelassenen, unbeschränkten, unwiderruflichen, unbefristeten und selbstschuldnerischen Bankbürgschaft geleistet.

   Glaubhaftmachung: in beglaubigter Fotokopie anliegende Bankbürgschaft der X-Bank.

3. Da das Berufungsverfahren sich noch längere Zeit hinziehen wird, der Antragsteller seinerseits in I. Instanz versäumt hat, einen Antrag zu stellen, ohne Sicherheitsleistung vollstrecken zu dürfen,[4] er andererseits aber existenznotwendig auf die Schadensrente angewiesen ist, bleibt daher kein anderer Weg, als ihm durch einstweilige Verfügung während des Laufes des Hauptsacheverfahrens eine Schadensrente zuzusprechen[5].

Rechtsanwalt

Anmerkungen

1. Die Leistungsverfügung ist eine gewohnheitsrechtlich entwickelte einstweilige Verfügung sui generis, die zum dringenden Schutz lebenswichtiger Bedürfnisse des Gläubigers erforderlich und auf einstweilige Befriedigung dieser Bedürfnisse gerichtet ist.

Verfügungsanspruch: Recht aus einem konkreten Streitverhältnis, auch ein – nicht notwendig – auf Geld gerichteter Anspruch, insbesondere fortlaufende Zahlungen, Unterhalts-Rentenansprüche, Arzt- und Krankenhauskosten etc. (*Altendorf* S. 27, 28). Für familienrechtliche Unterhaltsansprüche hat die Leistungsverfügung nur vor Einleitung eines familienrechtlichen Verfahrens (danach: einstweilige Anordnung nach § 620 ZPO, vgl. Form. II. I. 12) bzw. eines Prozesskostenhilfeantrages Bedeutung. In den Fällen des § 127a ZPO ist die Leistungsverfügung unstatthaft.

Verfügungsgrund: Notwendigkeit eines faktischen Vorgriffs auf Befriedigung, um die zu erwartenden Dauerschäden an Gesundheit, Leib oder Leben abzuwenden (*Altendorf* S. 29).

2. Hier wird der Antrag an das Gericht der Hauptsache gerichtet, bei dem im konkreten Fall der Hauptsacherechtsstreit in der Berufungsinstanz anhängig ist (§ 937 ZPO).

3. Das Urteil auf Schadensrente ist an sich vorläufig vollstreckbar (§ 708 Nr. 8 ZPO), jedoch ist über eine Abwendungsbefugnis des Schuldners gem. § 711 ZPO von Amts wegen zu entscheiden.

4. Der Antrag nach § 710 ZPO, ausnahmsweise die Vollstreckung durch den Gläubiger ohne Sicherheit zuzulassen, der hier möglich gewesen wäre, kann nur bis zum Schluss der mündlichen Verhandlung gestellt werden (§ 714 ZPO). Wurde der Antrag nicht in der I. Instanz gestellt, kann in der Berufungsinstanz über die vorläufige Vollstreckbarkeit nicht vorab verhandelt und entschieden werden (*Zöller* § 718 Rdn. 2). Deshalb hilft – jedenfalls nach dieser Auffassung – nur die einstweilige Verfügung mit vorläufiger Befriedigungswirkung.

5. Die Existenz des vorläufigen vollstreckbaren Titels in I. Instanz schließt den Erlass der einstweiligen Verfügung und damit die Schaffung eines zweiten Titels nicht aus (vgl. KG NJW 1969, 2018, zum Schutz des Schuldners gegen Doppelvollstreckung vgl. *Schuler* NJW 1959, 1801/1804). Da jedoch nicht eine volle Befriedigung erfolgen, sondern nur die Existenzgrundlage des Antragstellers gesichert werden soll, kann die – möglicherweise im Hauptsacheverfahren schon weitergehend zugesprochene – Rente im einstweiligen Verfügungsverfahren auf die pfändungsfreien Beträge nach § 850c ZPO begrenzt werden (KG aaO.).

11. Antrag auf Erlass einer Unterlassungsverfügung auf Abgabe einer Erklärung[1]

An das
Landgericht[2]

Antrag auf Erlass einer einstweiligen Verfügung

In Sachen

Rechtsanwalt . . . . . .

Prozessbevollmächtigter: selbst

gegen

1. A Antragsgegner zu 1)
2. B Antragsgegner zu 2)

wegen Unterlassung[3]

vorläufiger Streitwert[4]: EUR 50.000,–

bitte ich um den Erlass folgender einstweiliger Verfügung ohne mündliche Verhandlung durch den Vorsitzenden allein:

I. Die Antragsgegner haben es zu unterlassen, wörtlich oder sinngemäß[5] die Behauptung aufzustellen und/oder zu verbreiten, der Antragsteller habe eine falsche eidesstattliche Versicherung abgegeben.

II. Den Antragsgegnern wird angedroht, dass für jeden Fall der Zuwiderhandlung gegen die in Ziffer I ausgesprochene Verpflichtung ein Ordnungsgeld bis zu DM 500.000,– und für den Fall, dass dieses nicht beigetrieben werden kann, Ordnungshaft bis zu 6 Monaten festgesetzt werden kann[6].

III. Die Antragsgegner haben die Kosten des Verfahrens zu tragen.

Begründung

1. Der Antragsteller hat als Rechtsanwalt für seinen Mandanten Y eine einstweilige Verfügung erwirkt, mit der den Antragsgegnern dieses Verfahrens, A und B, verboten wurde, folgende Behauptungen über Y aufzustellen ......

Glaubhaftmachung: In beglaubigter Kopie anliegender Beschluss des erkennenden Gerichts vom ...... (Datum).

Der Tatsachenvortrag in der dortigen Antragsschrift war glaubhaft gemacht worden mit einer eigenen eidesstattlichen Versicherung des Antragstellers dieses Verfahrens.

Glaubhaftmachung: In Kopie anliegende eidesstattliche Versicherung des Antragstellers im vorausgegangenen Verfahren.

2. Die Antragsgegner haben nach Erlass der einstweiligen Verfügung des erkennenden Gerichts mehrfach unter Zeugen erklärt, die seinerzeitige nicht weiter angegriffene einstweilige Verfügung des Gerichts beruhe auf einer eidesstattlichen Versicherung des Antragstellers als Prozessbevollmächtigter des Y, die nachweislich in mehreren Punkten falsch sei[7]. Sie haben trotz Abmahnung des Antragstellers erklärt, sie würden es sich nicht nehmen lassen, diese nachweislich richtige Erklärung zu jeder Zeit und gegenüber jeder beliebigen Person zu wiederholen[8].

Glaubhaftmachung: Eidesstattliche Versicherung des Zeugen N. in der Anlage.

Die eidesstattliche Versicherung des Antragstellers, deren Unrichtigkeit von den Antragsgegnern behauptet wird, ist richtig. Die Behauptung, der Antragsteller habe eine falsche eidesstattliche Versicherung abgegeben, ist geeignet, den Antragsteller in seiner Ehre persönlich schwer zu verletzen und in seinem beruflichen Ansehen als Rechtsanwalt und damit als Organ der Rechtspflege empfindlich zu beeinträchtigen.
Der Antragsteller hat daher einen im Wege einstweiliger Verfügung durchsetzbaren Unterlassungsanspruch gemäß §§ 1004, 823 BGB analog.

Anmerkungen

1. Vergleiche hierzu auf dem Gebiet des Presserechts auch Form. II. P. 8.

2. Zuständigkeit des Landgerichts: §§ 71, 23 GVG. Auf die Abgrenzung von vermögensrechtlichen und nicht vermögensrechtlichen Streitigkeiten kommt es in § 71 GVG

seit dessen Änderung durch das RpflEntG (seit 1. 3. 1993) nicht mehr an. Entscheidend ist vorbehaltlich der Ausnahmeregelung des § 71 Abs. 2 GVG der Streitwert (Zuständigkeit des Landgerichts bei Streitwerten über EUR 5.000,-).

3. Sinn ist Sicherung des Rechtfriedens nach § 940 ZPO (vgl. OLG Stuttgart MDR 1961, 1024).

4. Streitwert: § 3 ZPO, § 12 Abs. 2 GKG (mit Rücksicht auf die Schwere des Vorwurfs in dieser Höhe angemessen).

5. Vgl. Form. II. P. 7 Anm. 4.

6. § 890 ZPO. Die erforderliche Androhung wird zweckmäßigerweise gleich in den Antrag und in den entsprechenden Beschluss aufgenommen. Das ist zulässig (vgl. *Zöller* § 890 Rdn. 12 a).

7. Die Behauptung, ein anderer habe eine falsche eidesstattliche Versicherung abgegeben, stellt eine schwere Ehrverletzung dar. Den negatorischen Unterlassungsanspruch begründet die Rechtssprechung mit Analogie zu §§ 823, 1004 BGB (vgl. *Palandt/Thomas* Einf. v. § 823 Rdn. 16; § 1004 Rdn. 4); uU. sogar – eingeschränkt – Widerruf durch einstweilige Verfügung im Presserecht (vgl. OLG Köln JMBlNRW 1972, 29; LG Düsseldorf MDR 1962, 741). Die Einschränkung von Unterlassungsansprüchen bei Prozessbehauptungen in einem schwebenden Verfahren greift hier nicht ein (zur Ehrverletzung bei Bezugnahme auf die Feststellungen eines rechtskräftigen Strafurteils, vgl. BGH NJW 1985, 2644).

8. Vom Antragsteller zu beweisende Wiederholungsgefahr ist erforderlich (vgl. *Palandt/Thomas* Einf. v. § 823 Rdn. 24). Zur Hauptsacheklage und zum Abschlussschreiben vgl. LG Hamburg NJW 1988, 252.

12. Antrag auf Erlass einer Unterlassungsverfügung auf Vornahme einer Handlung

Antrag auf Erlass einer einstweiligen Verfügung

in Sachen

. . . . . . **– Antragstellerin –**

Verfahrensbevollmächtigte: . . . . . .

gegen

. . . . . . **– Antragsgegnerin –**

beantragen wir den Erlass einer einstweiligen Verfügung mit folgendem Inhalt:

I. Der Antragsgegnerin wird untersagt, die von der L-Bank ausgestellte Vorauszahlungsbürgschaft über EUR . . . . . . vom . . . . . ., Bürgschaftsnummer . . . . . . geltend zu machen und die Auszahlung der Bürgschaftsbeträge von der L-Bank zu verlangen und/oder ein gestelltes Verlangen aufrecht zu erhalten.

II. Der Antragsgegnerin wird für jeden Fall der Zuwiderhandlung gegen die vorstehende Verpflichtung ein Ordnungsgeld bis zur Höhe von EUR 500.000,00 und für den Fall, dass dies nicht beigetrieben werden kann, eine Ordnungshaft bis zu sechs Monaten angedroht.

III. Die Antragsgegnerin trägt die Kosten des Verfahrens.

Begründung:

1. Der Antragstellerin steht ein Unterlassungsanspruch gegen die Antragsgegnerin zu, gerichtet auf Unterlassung, Vorlage und/oder Inanspruchnahme auf erstes Anfordern erfüllbaren Bürgschaft.[1]

Die L-Bank hat am ...... zur Sicherung sämtlicher Ansprüche der Antragsgegnerin gegen die Antragstellerin aus dem Werkvertrag der Parteien vom ...... über die schlüsselfertige Errichtung eines Einkaufszentrum in S. die vorbezeichnete auf erstes Anfordern erfüllbare Bürgschaft für geleistete Werklohnvorauszahlungen gestellt.
Mit in Kopie anliegendem Schreiben vom ...... hat die Antragsgegnerin gegenüber der Antragstellerin den Werkvertrag vom ...... aus angeblich wichtigem Grund außerordentlich gekündigt.
Glaubhaftmachung: in Kopie anliegendes Schreiben der Antragsgegnerin vom ......, das die Kündigung enthält.
Der Werkvertrag zwischen den Parteien, der ein Pauschalvertrag ist, sieht die Geltung der VOB/B als Vertragsgrundlage vor. Für die außerordentliche Kündigung sind keine von der VOB/B abweichenden Vereinbarungen getroffen.

Glaubhaftmachung: in Kopie anliegender Werkvertrag zwischen den Parteien vom ......

2. Die Kündigung ist unwirksam. Die Voraussetzungen einer außerordentlichen Kündigung bzw. eines Auftragsentzugs nach § 8 Nr. 3 VO/B liegen nicht vor. Dies ergibt sich aus dem eigenen Vortrag der Antragsgegnerin im Kündigungsschreiben. Sie führt dort nämlich aus, dass die Kündigung ohne weitere Fristsetzung erfolgen musste, weil die Arbeiten auf der Baustelle zu langsam vorangehen; bei dieser Situation sei eine Fristsetzung nicht erforderlich. Voraussetzung einer wirksamen außerordentlichen Kündigung nach § 8 Nr. 3 VOB/B ist jedoch (von krassen Ausnahmefällen abgesehen) für die Setzung einer Frist für die Beseitigung von Mängeln nach § 4 Nr. 7 VOB/B oder bei Überschreitung vereinbarter Fristen eine vergebliche Nachfristsetzung nach § 5 Nr. 4 VOB/B.[2] An beiden Voraussetzungen fehlt es.

3. Damit steht fest, dass die Kündigung unwirksam ist. Infolgedessen ist die Geltendmachung des Rückzahlungsanspruchs in Bezug auf den nach dem Werkvertrag vorausgezahlten Werklohn wegen Unwirksamkeit der Kündigung evident unbegründet. Die Inanspruchnahme der Bürgschaft ist rechtsmissbräuchlich.[3]
Aus diesem Sachverhalt folgt ein Anspruch der Antragstellerin auf Unterlassung gegen die Antragsgegnerin, die auf erste Anforderung zu erfüllende Bürgschaftsforderung gegen die L-Bank geltend zu machen. Denn die Antragsgegnerin nutzt mit ihrem Zahlungsverlangen eine formale Position aus der Bürgschaft rechtsmissbräuchlich aus. Die Antragsgegnerin hat den Gegenwert der geleisteten Zahlung in Form von Bauleistungen erhalten. Rückzahlungsansprüche können infolge der Unwirksamkeit der Kündigung evident nicht bestehen.

4. Ein Verfügungsgrund ist gegeben.
Der zuvor dargelegte und begründete Unterlassungsanspruch auf Vorlage der Bürgschaft und deren Inanspruchnahme ist unmittelbar gefährdet. Die Antragsgegnerin hat der Antragstellerin mit dem beigefügten Brief von ...... angekündigt, dass sie die Bürgschaft der L-Bank in Anspruch nehmen werde.
Glaubhaftmachung: in Kopie anliegendes Schreiben der Antragsgegnerin vom ......
Der Sachbearbeiter der L-Bank hat gegenüber dem Geschäftsführer der Antragstellerin in einem Telefonat vom ...... erklärt, er sehe keine andere Möglichkeit als auf die auf erste Anforderung erfüllbare Bürgschaft zu zahlen, wenn die Bank aus dieser Bürgschaft in Anspruch genommen werde.[4]

Glaubhaftmachung: anliegende eidesstattliche Versicherung des Geschäftsführers der Antragstellerin.

Anmerkungen

1. Verfügungsanspruch ist ein Unterlassungsanspruch, gerichtet auf Unterlassung der Vorlage oder Inanspruchnahme einer auf erstes Anfordern erfüllbaren Bürgschaft. Ob es einen solchen Unterlassungsanspruch zwischen den Vertragsteilen eines schuldrechtlichen Vertrages mit dem Ziel der Verhinderung der Inanspruchnahme einer auf erstes Anfordern erfüllbaren Bürgschaft überhaupt geben kann, ist umstritten. Der Sinn der Bürgschaft auf erstes Anfordern liegt darin, dem Begünstigten (Bauherrn) im Bürgschafts- oder Garantiefall innerhalb kürzester Zeit liquide Mittel zur Verfügung zu stellen (BGH ZfBR 1994, 70, 71; Baurecht 1989, 42, 43). Die Bank darf grundsätzlich ohne Rücksprache mit dem Unternehmer (hier Antragsteller) an den Bauherrn (hier Antragsgegner) leisten, es sei denn, dass ein liquider Einwand besteht (vgl. im Einzelnen *Werner/Pastor,* Der Bauprozess, 9. Auflage, Rdn. 367ff. mwN. zur Rechtsprechung). Wer auf Grund einer Bürgschaft auf erste Anforderung Zahlung begehrt, muss nur schlüssig darlegen, was als Voraussetzung der Zahlung auf erstes Anfordern in der Bürgschaft niedergelegt ist (BGH, ZfBR 1994, 70, 71; siehe auch OLG München, Baurecht 1995, 139). Die verbürgte Hauptforderung muss nicht schlüssig dargelegt werden (BGH NJW 1994, 380).

Ob es einen Unterlassungsanspruch auf Vorlage einer solchen Bürgschaft überhaupt gibt, ist umstritten (verneinend *Werner/Pastor* aaO. Rdn. 371). Die herrschende Meinung bejaht jedoch in krass gelagerten Ausnahmefällen des Rechtsmissbrauchs einen solchen Unterlassungsanspruch, der durch einstweilige Verfügung gesichert werden kann (OLG Frankfurt, Baurecht 1988, 732; BGH, Baurecht 1989, 620; BGH, Baurecht 1988, 54, 594; BGH, Baurecht 1996, 251).

2. Eine außerordentliche Kündigung eines Bauvertrags nach § 8 Nr. 3 VOB/B setzt grundsätzlich die Erfüllung der Voraussetzung des § 4 Ziff. 7 VOB/B (vergebliche Fristsetzung zur Beseitigung von Mängeln mit Ankündigung des Auftragsentzugs) oder Überschreitung vertraglich verbindlicher Fristen nach § 5 Nr. 4 VO/B in Verbindung mit der gleichen Erklärung voraus. Nur in Ausnahmefällen bei besonders schwerer positiver Vertragsverletzung – nämlich wenn sich ein Unternehmer als vollkommen unfähig und unzuverlässig erweist – kann ohne weitere Voraussetzung gekündigt werden. Hier handelt es sich jedoch um eng auszulegende Ausnahmefälle. Die Tatsache allein, dass langsam gearbeitet wird, stellt keine schwere positive Vertragsverletzung dar, die zur sofortigen Kündigung berechtigt (vgl. im Einzelnen *Heiermann/Riedl/Rusam,* Handkommentar zur VOB, 9. Auflage, § 8 Nr. 3 Rdn. 24).

3. Nur bei Rechtsmissbrauch kann ausnahmsweise ein Verfügungsanspruch der vorliegenden Art bejaht werden. Allerdings muss der Rechtsmissbrauch auch liquide dargelegt werden können. Erforderlich ist eine offenkundige Rechtsmissbräuchlichkeit der Inanspruchnahme. Der Einwand des Rechtsmissbrauchs ist darauf beschränkt, dass die materielle Berechtigung des Gläubigers aus der Bürgschaft nach deren Bedingungen oder wegen Nichtbestehens der Hauptschuld offensichtlich fehlt. Das trifft nur zu, wenn die rechtsmissbräuchliche Ausnutzung der formalen Rechtsstellung für jedermann klar ersichtlich, also liquide ist (BGH, Baurecht 1989, 620; BGH, Baurecht 1988, 594). Im einstweiligen Verfügungsverfahren wird man davon ausgehen müssen, dass ein solcher liquider Rechtsmissbrauch im Grunde nur dann bejaht werden kann, wenn er entweder durch Urkunden belegbar ist (vgl. hierzu *Graf Lambsdorff/Skora,* Handbuch des Bürgschaftsrechts, Rdn. 32) oder sich aus dem unstreitigen übereinstimmenden Sachvortrag der Parteien von selbst eindeutig ergibt. Im vorliegenden Fall wird man das bejahen können.

4. Damit liegt der Verfügungsgrund – nämlich die Gefahr der sofortigen Zahlung trotz rechtsmissbräuchlicher Inanspruchnahme – auf der Hand.

13. Schutzschrift zur Verhinderung des Erlasses einer einstweiligen Verfügung[1]

An das
. . . . . . gericht

Schutzschrift

In Sachen

A, Rechtsanwalt in . . . . . .

– möglicher Antragsteller –

gegen[2]

B, Rechtsanwalt . . . . . .

Verfahrensbevollmächtigter: selbst

– möglicher Antragsgegner –

wegen Abwehr einstweiliger Verfügung

lege ich in eigener Sache eine Schutzschrift vor. Ich muss den Umständen nach befürchten, dass der mögliche Antragsteller (im Folgenden: Antragsteller) versuchen wird, gegen mich eine einstweilige Verfügung des angerufenen Gerichts ohne mündliche Verhandlung zu erwirken. Die Folgen einer solchen einstweiligen Verfügung wären für mich – auch bei nachträglicher Aufhebung der einstweiligen Verfügung – außerordentlich schwerwiegend und irreparabel.

Ich

beantrage,

über einen möglichen Antrag des Antragstellers auf Erlass einer einstweiligen Verfügung durch

Zurückweisung

zu entscheiden. In jedem Falle bitte ich darum, über einen möglichen Antrag des Antragstellers auf Erlass einer einstweiligen Verfügung nicht ohne mündliche Verhandlung zu entscheiden.

Begründung:

Die Parteien sind gegenwärtig noch zur gemeinschaftlichen Berufsausübung als Rechtsanwälte innerhalb einer Sozietät verbunden. Die gemeinschaftliche Berufsausübung wird zum . . . . . . beendet. Der Antragsgegner hat den Antragsteller aufgefordert, ein gemeinsames Schreiben über die Auflösung der Sozietät abzufassen und an die Mandanten der Kanzlei nach Maßgabe des § 32 der Berufsordnung zu versenden[3]. Der Antragsteller hat dies und auch einen Vermittlungsversuch des Vorstands der Rechtsanwaltskammer abgelehnt. Es steht zu befürchten, dass der Antragsteller – ggf. durch einstweilige Verfügung – versuchen wird zu verhindern, die Trennung der bisherigen gemeinschaftlichen Sozietät allen Mandanten dieser Sozietät anzuzeigen und deren Entscheidung über die Weiterbearbeitung der vorhandenen Mandate einzuholen. Ein solches befürchtetes Begehren des Antragstellers wäre unbegründet, weil . . . . . .

Rechtsanwalt

Anmerkungen

1. Die Schutzschrift ist eine im Gesetz nicht vorgesehene, in der Praxis entwickelte – nicht nur in Wettbewerbsprozessen bedeutsame – (*Thomas/Putzo* § 935 Rdn. 9) Sicherungsmaßnahme desjenigen, der den Erlass einer einstweiligen Verfügung gegen sich befürchten muss (vgl. dazu *Teplitzky* WRP 1980, 373; *Zöller* § 937 Rdn. 4, *Thomas/Putzo* § 935 Rdn. 9; *Baumbach/Hartmann* Grundz. vor § 128 Rdn. 7; *Zöller* § 921 Rdn. 1). Ein weiteres Beispiel einer Schutzschrift findet sich in Form. II. L. 2. Sie dient dazu, den Erlass einer einstweiligen Verfügung überhaupt, mindestens jedoch ohne mündliche Verhandlung, zu verhindern, jedenfalls dem möglicherweise um den Erlass einer einstweiligen Verfügung angegangenen Gericht den Sachverhalt aus der Sicht des möglichen Antragsgegners zu schildern. Bei mehrfacher Zuständigkeit für den Erlass einer einstweiligen Verfügung (mehrere allgemeine Gerichtsstände, Gericht der Hauptsache, § 937 ZPO, Zuständigkeit des Amtsgerichts, § 942 ZPO) empfiehlt sich die Niederlegung der Schutzschrift bei jedem in Betracht kommenden Gericht und jeder dort in Betracht kommenden Geschäftsstelle. Der Mandant sollte darauf hingewiesen werden, dass die Kosten nach § 91 ZPO nicht erstattungsfähig sind, falls kein Antrag auf Erlass einer einstweiligen Verfügung gestellt wird; im Falle der Antragsrücknahme ist die Erstattungsfähigkeit umstritten (vgl. hierzu im Einzelnen *Thomas/Putzo*, § 935 Rdn. 10). Zur Schutzschrift vgl. auch Form. II. N. 2 und die Anmerkungen aaO.

2. In Ausnahmefällen kommt auch eine Schutzschrift „gegen unbekannt" in Betracht, wenn besondere Umstände eine Bezeichnung des möglichen Antragstellers ausschließen. Der noch unbekannte Antragsteller muss aber bei Einreichung eines Verfügungsgesuchs eindeutig und unzweifelhaft festgestellt werden können (vgl. *Dunkl/Moeller/Baur*, Handbuch des vorläufigen Rechtsschutzes, 3. Auflage, S. 141).

3. Ein gemeinsames Rundschreiben ist nach § 32 der Berufsordnung bei Auflösung einer Sozietät an die Mandanten zu richten. Kommt eine Verständigung der Sozien nicht zustande und scheitert auch ein Vermittlungsversuch des Vorstands der Rechtsanwaltskammer, kann jeder der bisherigen Sozien einseitig ein sachlich gehaltenes Schreiben versenden. Zu Auseinandersetzungen kann es insbesondere kommen, wenn das Innenverhältnis zwischen den Sozien nicht dem gemeinsamen Auftreten nach außen entsprach, sich also etwa der Senior durch eine Mandantenschutzklausel vertraglich gesichert hat. (Zu deren zivil- und berufsrechtlichen Grenzen vgl. *Hartung/Holl* Anwaltliche Berufsordnung § 26 Rdn. 31 ff.).

S. Schiedsgerichtsverfahren

1. Aufforderung zur Bezeichnung eines Schiedsrichters[1]

(Einschreiben-Rückschein)

An die
Firma ......
vertreten durch ......
......

Sie haben uns am ...... eine Sechseck-Drahtflechtmaschine geliefert und am ...... einen Betrag von DM ...... in Rechnung gestellt. Die Maschine war, wie mit Schreiben vom ...... gerügt, mangelhaft. Wir haben mit Schreiben vom ...... infolge Fehlens vereinbarter Beschaffenheit Schadensersatzansprüche in Höhe von EUR ...... geltend gemacht. Nachdem Sie es ablehnten, den uns entstandenen Schaden zu ersetzen, sehen wir uns gezwungen, gemäß Schiedsvertrag[2, 3] vom ...... das Schiedsgericht anzurufen. Als Schiedsrichter benennen wir

Herrn Rechtsanwalt ...... in ....

Wir fordern Sie auf, innerhalb von einer Woche nach Zugang dieses Schreibens den von Ihnen benannten Schiedsrichter zu bezeichnen[4, 5].

Vorbemerkung

Das schiedsgerichtliche Verfahren, im 10. Buch der Zivilprozessordnung geregelt, hat in den §§ 1025–1066 ZPO gem. Art. 1 Nr. 7 des Gesetzes der Neuregelung des Schiedsverfahrens eine grundlegende Novellierung erfahren (BGBl. I Nr. 1 S. 3224 v. 30. 12. 1997). Die Neuregelung lehnt sich an das von der Kommission der Vereinten Nationen für internationales Handelsrecht (UNCITRAL) ausgearbeitete und von der Vollversammlung der Vereinten Nationen im Jahr 1985 den Mitgliedstaaten zur Annahme empfohlene UNCITRAL-Modellgesetz über die internationale Handelsschiedsgerichtsbarkeit an. Damit wird das im 10. Buch der ZPO geregelte Schiedsverfahrensrecht den modernen Entwicklungen und dem internationalen Standard angepasst und für die Verfahrensbeteiligten durchschaubarer gestaltet.

Die herausragenden Änderungen beziehen sich auf das strenge Territorialprinzip (§ 1025), die Schiedsfähigkeit – auch für nichtvermögensrechtliche Ansprüche (§ 1030) –, die Form der Schiedsvereinbarung (§ 1031), die Doppelzuständigkeit von Schiedsgerichten und staatlichem Gericht für einstweiligen Rechtsschutz (§§ 1041, 1033), das Dreierschiedsgericht als Regelfall (§ 1034), die Entscheidungsbefugnis des Schiedsgerichts über eigene Zuständigkeit (Kompetenz-Kompetenz) (§ 1040), ausführliche Vorschriften für Verfahrensdurchführung (§§ 1042–1050), zwingende mündliche Verhandlung bei entsprechendem Parteiantrag (§ 1047), Kostenentscheidung (§ 1057), Eingangszuständigkeit des OLG, Zuständigkeit des AG für gerichtliche Unterstützung in Beweisaufnahmen (§ 1062).

Anmerkungen

1. Die Parteien können die Bestellung der Schiedsrichter selbst regeln. Die Schiedsgerichtsordnungen überlassen den Parteien jedoch selten das Verfahren über die Bestellung der Schiedsrichter. Der Schiedsvertrag enthält i. d. R. Bestimmungen über die Ernennung der Schiedsrichter, sofern nicht ein ständiges mit bestimmten Schiedsrichtern besetztes Schiedsgericht zuständig ist. Die gesetzliche Regelung des § 1035 Abs. 2–5 ZPO greift da ein, wo der Schiedsvertrag keine andere Art der Ernennung vorsieht. Jedoch sind auch für die vertragliche Regelung über die Ernennung Grenzen gesetzt. So darf der Vertrag nicht einer Partei die Ernennung sämtlicher Schiedsrichter überlassen oder der Gegenpartei bei Säumnis einer Partei das Recht einräumen, dass der von ihr ernannte Schiedsrichter allein entscheiden darf (BGHZ 54, 392).

Sofern die Parteien nichts anderes vereinbart haben, ist eine Partei an die durch sie erfolgte Bestellung eines Schiedsrichters gebunden, sobald die andere Partei die Mitteilung über die Bestellung empfangen hat (§ 1035 Abs. 2 ZPO).

Fehlt eine Vereinbarung der Parteien über die Bestellung der Schiedsrichter, so wird, falls sich die Parteien über seine Bestellung nicht einigen können, auf Antrag einer Partei ein Einzelschiedsrichter durch das Gericht bestellt. Im schiedsrichterlichen Verfahren mit drei Schiedsrichtern bestellt jede Partei einen Schiedsrichter. Diese beiden Schiedsrichter bestellen den dritten Schiedsrichter als Obmann. Hat eine Partei den Schiedsrichter nicht innerhalb eines Monats nach Empfang einer entsprechenden Aufforderung durch die andere Partei bestellt, oder können sich die beiden Schiedsrichter nicht binnen eines Monats nach ihrer Bestellung über den dritten Schiedsrichter einigen, so ist der Schiedsrichter auf Antrag einer Partei durch das Gericht zu bestellen (§ 1035 Abs. 3 ZPO).

Haben die Parteien ein Verfahren für die Bestellung vereinbart und handelt eine Partei nicht entsprechend diesem Verfahren oder können die Parteien oder die beiden Schiedsrichter eine Einigung entsprechend diesem Verfahren nicht erzielen, oder erfüllt ein Dritter eine ihm nach diesem Verfahren übertragene Aufgabe nicht, so kann jede Partei bei Gericht die Anordnung der erforderlichen Maßnahmen beantragen, sofern das vereinbarte Bestellungsverfahren zur Sicherung der Bestellung nichts anderes vorsieht.

2. Die Terminologie ist nicht eindeutig. Statt „Schiedsvertrag“ werden – ohne dass dies sachlich eine Veränderung bedeuten würde – auch die Begriffe „Schiedsgerichtsabrede“, „Schiedsabrede“, „Schiedsvereinbarung“ und „Schiedsklausel“ verwendet. Gegenstand des Schiedsvertrags ist nach § 1025 ZPO eine Vereinbarung, dass eine **Rechtsstreitigkeit** durch Schiedsrichter entschieden werden soll. Die Schiedsvereinbarung muss bestimmt sein und eine Zuweisung an ein Schiedsgericht enthalten. Die Schiedsvereinbarung kann individuell gestaltet sein oder weitgehend auf das geltende Recht Bezug nehmen. Des weiteren können die Parteien aber auch die Geltung einer von einer Schiedsgerichtsinstitution aufgestellten Schiedsordnung vereinbaren. Die prozessuale Wirkung einer wirksamen Schiedsvereinbarung liegt darin, dass eine Klage vor einem ordentlichen Gericht bei Vorliegen einer wirksamen Schiedsvereinbarung auf Grund der Rüge vor Verhandlung zur Hauptsache als unzulässig abzuweisen ist. Materiellrechtlich begründet die Schiedsvereinbarung eine Mitwirkungspflicht der Parteien, die das Schiedsverfahren zu fördern haben.

3. § 1031 ZPO regelt die Form der Schiedsvereinbarung. Die Schiedsvereinbarung muss in einem von den Parteien unterzeichneten Schriftstück oder zwischen ihnen gewechselten Schreiben, Fernkopien, Telegrammen oder anderer Form der Nachrichtenübermittlung, die einen Nachweis der Vereinbarung sicherstellen, enthalten sein. Die Form gilt auch dann als erfüllt, wenn die Schiedsvereinbarung in einem von der einen Partei der anderen Partei oder von einem Dritten beiden Parteien übermittelten Schriftstück enthalten ist und der Inhalt des Schriftstücks im Falle eines nicht rechtzeitig erfolgten Widerspruchs nach der Verkehrssitte als Vertragsinhalt angesehen wird.

Schiedsvereinbarungen, an denen ein Verbraucher beteiligt ist, müssen in einer von den Parteien eigenhändig unterzeichneten Urkunde enthalten sein. Andere Vereinbarungen als solche, die sich auf das schiedsrichterliche Verfahren beziehen, darf die Urkunde nicht enthalten; dies gilt nicht bei notarieller Beurkundung. Verbraucher ist eine natürliche Person, die bei dem Geschäft, das Gegenstand der Streitigkeit ist, zu einem Zweck handelt, der weder ihrer gewerblichen noch ihrer selbstständigen beruflichen Tätigkeit zugerechnet werden kann.

Der Mangel der Form wird durch die Einlassung auf die schiedsgerichtliche Verhandlung zur Hauptsache geheilt.

4. Die Aufforderung zur Benennung eines Schiedsrichters und Bezeichnung des eigenen hemmt die Verjährung (§ 204 Nr. 11 BGB).

5. Nach § 67 i. V. m. §§ 31 ff. BRAGO erhält der Anwalt, der zur Bezeichnung eines Schiedsrichters auffordert die in §§ 31 ff. BRAGO bestimmten Gebühren, also im vorliegenden Fall die Hälfte der Gebühr. ½ Gebühr entsteht nach Nr. 1145 zum GKG an Gerichtskosten

2. Aufforderung zur Bezeichnung eines Schiedsrichters durch einen Dritten[1]

An den
Präsidenten der Industrie- und Handelskammer
……

Sehr geehrter Herr Präsident ……
Zwischen der Firma …… und der Firma …… ist am …… ein Schiedsvertrag vereinbart worden.

Beweis: beiliegender Schiedsvertrag.

Da die Firma …… ihrer in § …… des Vertrages bezeichneten Pflicht zur Bennenung eines Schiedsrichters nicht nachgekommen ist (vgl. meine Aufforderung vom ……), möchte ich Sie bitten, gemäß § …… des Schiedsvertrages den 2. Schiedsrichter zu benennen. Der Kaufvertrag hat die Lieferung von Sechseckdrahtflechtmaschinen zum Gegenstand. Die Streitigkeit betrifft einen Gewährleistungsanspruch.

Hochachtungsvoll
……

Anmerkungen

1. Hier sieht der Schiedsvertrag eine Regelung für den Fall vor, dass eine Schiedspartei ihrer Pflicht zur Benennung des Schiedsrichters nicht nachgekommen ist. Der Schiedsvertrag hat die Regelung getroffen, dass in einem solchen Fall der Präsident der Indus-

trie- und Handelskammer einen geeigneten Schiedsrichter zu benennen hat. Nach § 1035 Abs. 1 können die Parteien das Verfahren zur Bestellung des Schiedsrichters oder der Schiedsrichter vereinbaren. Dies ist hier geschehen.

3. Antrag auf Ernennung abweichend von der vereinbarten Ernennungsregelung durch das Gericht[1]

An das
Landgericht

Im schiedsgerichtlichen Verfahren

der Firma ......
Prozessbevollmächtigter ......

gegen

die Firma ......
Prozessbevollmächtigter ......

beantrage ich:

anstelle des von der Beklagten bestellten Schiedsrichters ...... einen anderen Schiedsrichter zu bestellen.

Begründung:

Die Schiedsvereinbarung gibt der Beklagten bei der Zusammensetzung des Schiedsgerichts ein unangemessenes Übergewicht, das die Klägerin benachteiligt. Dieses Übergewicht besteht in folgendem ......
Die Klägerin hat am ...... die Zusammensetzung des Schiedsgerichts erfahren[2].

Beweis: ....

Anmerkungen

1. Grundsätzlich können die Parteien die Zusammensetzung und den Modus der Bildung des Schiedsgerichts vereinbaren. Nach der Neuregelung des § 1034 Abs. 2 ZPO gilt jedoch folgendes:

Gibt die Schiedsvereinbarung einer Partei bei der Zusammensetzung des Schiedsgerichts ein Übergewicht, das die andere Partei unangemessen benachteiligt, so kann diese Partei bei Gericht beantragen, den oder die Schiedsrichter abweichend von der erfolgten Ernennung oder der vereinbarten Ernennungsregelung zu bestellen. Zum schlüssigen Vortrag gehört eine Darlegung der Tatsachen, die zu einem derartigen unangemessenen Übergewicht führen.

2. Der Antrag ist spätestens bis zum Ablauf von 2 Wochen nachdem der Partei die Zusammensetzung des Schiedsgerichts bekannt geworden ist, zu stellen. Deshalb ist der Zeitpunkt der Kenntnisnahme von der Zusammensetzung des Schiedsgerichts vorzutragen.

4. Ablehnung eines Schiedsrichters

a) Ablehnung gegenüber Schiedsgericht[1]

An das
Schiedsgericht

In Sachen

......
Prozessbevollmächtigter ......

gegen

......
Prozessbevollmächtigter ......

z. Hd. des Obmanns
Herrn Vorsitzender Richter am OLG ......

Der von der Klägerin benannte Schiedsrichter, Rechtsanwalt ...... vertritt normalerweise seit Jahren die Klägerin in ihren Rechtssachen[2].
Ich sehe mich deshalb veranlasst, Herrn Rechtsanwalt ...... wegen Besorgnis der Befangenheit abzulehnen und bitte für den Fall der Ablehnung dieses Befangenenheitsgesuchs das Verfahren bis zur Entscheidung des staatlichen Gerichts über das Ablehnungsgesuch auszusetzen[3].
Die Zusammensetzung des Schiedsgerichts ist dem Kläger seit ...... bekannt[4].

Anmerkungen

1. Nach § 1036 Abs. 1 ZPO hat eine Person, der ein Schiedsrichteramt angetragen wird, alle Umstände offenzulegen, die Zweifel an ihrer Parteilichkeit und Unabhängigkeit wecken können. Ein Schiedsrichter kann abgelehnt werden, wenn Umstände vorliegen, die berechtigte Zweifel an seiner Unparteilichkeit oder Unabhängigkeit aufkommen lassen. Der Schiedsrichter kann im Wesentlichen unter denselben Voraussetzungen abgelehnt werden, die zur Ablehnung eines Richters berechtigen.

§ 1037 ZPO regelt das Ablehnungsverfahren. Selten wird, was nach § 1037 Abs. 1 ZPO zulässig ist, eine Vereinbarung über ein Verfahren für die Ablehnung eines Schiedsrichters getroffen. § 1037 Abs. 2 ZPO legt fest, dass die Partei, die einen Schiedsrichter ablehnen will, innerhalb von 2 Wochen, nachdem ihr die Zusammensetzung des Schiedsgerichts oder ein Umstand i. S. d. § 1036 Abs. 2 ZPO bekannt geworden ist, dem Schiedsgericht schriftlich die Ablehnungsgründe darzulegen hat. Tritt der abgelehnte Schiedsrichter von seinem Amt nicht zurück, oder stimmt die andere Partei der Ablehnung nicht zu, so hat das Schiedsgericht über die Ablehnung zu entscheiden. Dadurch soll verhindert werden, dass eine Partei ihr Ablehnungsgesuch hinauszögert. Die Abgabe der Erklärung ist nur gegenüber dem Schiedsgericht vorgesehen. Das staatliche Gericht kann gem. § 1037 Abs. 3 ZPO erst dann auf Antrag über den Ablehnungsantrag befinden, wenn das Schiedsgericht die Berechtigung des Ablehnungsvertrags verneint hat. Nach der bisherigen Rechtslage vor Inkrafttreten der Novelle hatte insoweit allein das staatliche Gericht die Entscheidung über den Ablehnungsantrag zu treffen (BGHZ 24, 3).

Nach § 1036 Abs. 2 ZPO kann ein Schiedsrichter abgelehnt werden, wenn Umstände vorliegen, die berechtigte Zweifel an seiner Unparteilichkeit oder Unabhängigkeit aufkommen lassen, oder wenn er die zwischen den Parteien vereinbarten Voraussetzungen nicht erfüllt.

2. Der Rechtsanwalt, der ständig eine Partei vertritt, ist als Schiedsrichter befangen (OLG Hamburg JZ 1956, 226), ebenso wenn er ein Privatgutachten für die Partei erstattet hat (Dresd. JW 1938, 3055). Dagegen genügt es nicht, wenn er sich vor Übernahme des Amtes von einer Partei eine kurze Sachdarstellung geben ließ (OLG Neustadt MDR 1955, 616).

3. Ist ein Befangenheitsantrag vor dem Schiedsgericht anhängig, so kann das Schiedsgericht einschließlich des abgelehnten Schiedsrichters das schiedsrichterliche Verfahren fortsetzen und einen Schiedsspruch erlassen (§ 1037 Abs. 3 ZPO). Insofern ist ein, gegebenenfalls zu begründender, Aussetzungsantrag, sinnvoll.

4. Im Hinblick darauf, dass die Ablehnungsfrist 2 Wochen ab Kenntnisnahme über die Zusammensetzung des Schiedsgerichts beträgt (§ 1037 Abs. 2 ZPO), sind Angaben über den Zeitpunkt der Kenntnisnahme von der Zusammensetzung zweckmäßig.

b) Gesuch um Entscheidung über die Ablehnung an das staatliche Gericht

An das
Landgericht ......

In der Schiedsgerichtssache

der Firma ......

gegen

die Firma ......

stelle ich den Antrag,

> **die von der Antragstellerin erklärte Ablehnung des von der Antragsgegnerin benannten Schiedsrichters, Herrn Rechtsanwalt ......, wird für begründet erklärt[1].**

Begründung:

Herr Rechtsanwalt ...... vertritt ständig die Interessen der Klägerin in ihren Rechtssachen.

Beweis: ......

Wegen dieser Tätigkeit aus einer langjährigen Geschäftsverbindung heraus ist nicht die Gewähr gegeben, dass Herr Rechtsanwalt ...... als Schiedsrichter auch die berechtigten Interessen der Beklagten gebührend beachtet.
Der Schiedsvertrag liegt bei. Gem. § ...... des Schiedsvertrags ist das Landgericht ...... zuständig.
Das Schiedsgericht hat durch Entscheidung vom ...... den Befangenheitsantrag zurückgewiesen[2].

Anmerkungen

1. Zum schlüssigen Vortrag gehört die Darlegung eines vorangegangenen Antrags auf Ablehnung eines Schiedsrichters durch das Schiedsgericht bei Einhaltung des Verfahrens nach § 1037 Abs. 2 ZPO und die Begründung der Ablehnung.

2. Nach § 1037 Abs. 3 ZPO kann die ablehnende Partei innerhalb eines Monats, nachdem sie von der Entscheidung, mit der die Ablehnung durch das Schiedsgericht verweigert wurde, Kenntnis erlangt hat, beim staatlichen Gericht eine Entscheidung über die Ablehnung beantragen (§ 1037 Abs. 3 S. 1 ZPO). Die Parteien können eine andere

Frist beantragen. Im Hinblick auf die Monatsfrist gehört zum schlüssigen Vortrag die Angabe des Zeitpunkts, zu dem die ablehnende Partei von der Entscheidung, mit der die Ablehnung verweigert wurde, Kenntnis erlangt hat.

5. Einrede des Schiedsvertrages

An das
Landgericht
......

In Sachen

der ...... Prozessbevollmächtigter ...... **(Klägerin)**

gegen

die Firma ...... Prozessbevollmächtigter **(Beklagte)**
wegen ......
wird beantragt

die Klage kostenpflichtig als unzulässig[1] abzuweisen.

Begründung:

Die Parteien haben am ...... zur Entscheidung von Streitigkeiten aus dem Kaufvertrag vom ...... einen Schiedsvertrag abgeschlossen.

Beweis: Schiedsvertrag vom ......

Die Beklagte erhebt die Einrede des Schiedsvertrags[2].

Anmerkungen

1. Wie in § 1027a ZPO ist auch nach § 1032 ZPO n. F. die Klage vor dem staatlichen Gericht als unzulässig abzuweisen, sofern sie eine Angelegenheit betrifft, die Gegenstand einer Schiedsvereinbarung ist, jedoch nicht, wenn das staatliche Gericht feststellt, dass die Schiedsvereinbarung nichtig, unwirksam oder undurchführbar ist.

Daneben kann beim staatlichen Gericht bis zur Bildung des Schiedsgerichts Antrag auf Zulässigkeit oder Unzulässigkeit eines schiedsrichterlichen Verfahrens gestellt werden (§ 1032 Abs. 2 ZPO).

Um Prozessverschleppung zu verhindern, legt § 1032 Abs. 3 ZPO fest, dass dann, wenn ein Verfahren beim staatlichen Gericht anhängig ist, ein schiedsrichterliches Verfahren gleichwohl eingeleitet oder fortgesetzt werden und ein Schiedsspruch ergehen kann.

Nach Bildung des Schiedsgerichts kann die Rüge der Unzuständigkeit oder die Rüge der Überschreitung der schiedsrichterlichen Befugnisse nach § 1040 Abs. 2 ZPO nur vor dem Schiedsgericht geltend gemacht werden.

2. § 1032 Abs. 2 ZPO sieht vor, dass bis zur Bildung des Schiedsgerichts ein Antrag auf Feststellung der Zulässigkeit oder Unzulässigkeit eines schiedsrichterlichen Verfahrens gestellt werden kann. Bereits nach § 1046 ZPO a. F. bestand die Möglichkeit, vor dem staatlichen Gericht Klage auf Feststellung der Unzulässigkeit des schiedsrichterlichen Verfahrens zu erheben. Dies ist beibehalten und ausdrücklich auf den positiven Feststellungsantrag ausgedehnt worden. Aus der zeitlichen Grenze für den Antrag folgt, dass ein negativer Feststellungsantrag nur die Unzulässigkeit des schiedsrichterlichen Verfahrens im ganzen betreffen kann, während die Unzulässigkeit einzelner Verfahrenshandlungen im Rahmen des Aufhebungsverfahrens (als Aufhebungsgrund im Vollstreckungserklärungsverfahren) geltend gemacht werden kann.

6. Antrag auf einstweiligen Rechtsschutz[1]

An das
Schiedsgericht

In Sachen ...... gegen ......
z. Hd. des Obmanns
Herrn Vorsitzender Richter am OLG ......

im schiedsgerichtlichen Verfahren

der Firma ......
Prozessbevollmächtigter ......

gegen

Firma ......

wird seitens des Schiedsklägers beantragt:

Das Schiedsgericht möge anordnen, dass es der Schiedsbeklagten bis zur Erledigung des schiedsgerichtlichen Rechtsstreits verboten wird, mit den im Schriftsatz vom ...... näher bezeichneten vertragswidrigen Bauarbeiten fortzufahren.

Begründung:

Zwischen den Parteien ist ein Schiedsgerichtsverfahren wegen Baumängeln, die bei der Errichtung des Verwaltungsgebäudes der Klägerin in ...... durch die Beklagte entstanden sein sollen, anhängig. Die Klägerin nimmt die Beklagte wegen Schadensersatz in Anspruch und beruft sich dabei darauf, dass diese entgegen den genehmigten Plänen Arbeiten für einen Rammpfahl – anstelle der baurechtlich genehmigten Bohrpfahlgründung vorgenommen hat.

Beweis:
BGB-Werkvertrag v. ......
Schiedsklage v. ......
Augenschein
Sachverständigengutachten

Es wurde von der Klägerin, soweit notwendig, die Abtragung der erbrachten planwidrigen Leistungen und die plangerechte Durchführung der von der Beklagten übernommenen Bauleistung verlangt.

Beweis: ......

Diesem Verlangen ist die Beklagte nicht nur nicht nachgekommen, sie hat vielmehr weiter an ihrer plan- und genehmigungswidrigen Gründung weiter arbeiten lassen.

Beweis: ......

Hierdurch ist zu besorgen, dass der Schaden, den die Beklagte verursacht, vergrößert und der bestehende Zustand des Grundstücks dahingehend verändert wird, dass die Verwirklichung des Rechts der Klägerin auf vertragsgerechte Herstellung des Werkes wesentlich erschwert wird[2].

Anmerkungen

1. Nach der bisherigen Regelung war das Schiedsgericht zur Anordnung einstweiliger Maßnahmen nicht berechtigt. Maßgebend hierfür waren zwei Erwägungen:

Einmal, dass gem. §§ 1039, 1042 ZPO nur endgültige Schiedssprüche für vollstreckbar erklärt werden konnten (vgl. BGH ZZP 1958, S. 427), zum anderen, dass das Schiedsgericht nicht die Möglichkeit zur Abnahme eidesstattlicher Versicherungen hatte, dieses Mittel der Glaubhaftmachung aber im Verfahren über einstweilige Maßnahmen von der h. M. als unentbehrlich angesehen wurde. Deshalb konnten Anordnungen, die der Sache nach Maßnahmen des einstweiligen Rechtsschutzes waren, lediglich in Form von vollstreckungsfähigen Teilsschiedssprüchen ergehen.

Nach § 1041 Abs. 1 S. 2 ZPO n. F. kann das Schiedsgericht, vorbehaltlich einer anderweitigen Vereinbarung der Parteien, auf Antrag einer Partei vorläufige oder sichernde Maßnahmen anordnen, die es in Bezug auf den Streitgegenstand für erforderlich hält. Dabei kann das Schiedsgericht von jeder Partei im Zusammenhang mit solchen Maßnahmen angemessene Sicherheit verlangen. Zwangsweise Durchsetzung der einstweiligen Maßnahmen des Schiedsgerichts muss durch ein staatliches Gericht angeordnet werden. Deshalb sieht § 1041 Abs. 2 S. 1 ZPO vor, dass die vom Schiedsgericht angeordneten Maßnahmen vom staatlichen Gericht für vollziehbar erklärt werden können, wobei die Vollziehbarkeit im pflichtgemäßen Ermessen des Gerichts liegt. Dadurch wird dem staatlichen Gericht die Überprüfung der Gültigkeit der Schiedsvereinbarung sowie die Verweigerung der Vollziehbarerklärung bei unverhältnismäßigen Anordnungen möglich.

Erweist sich die Anordnung einer Sicherungsmaßnahme als von Anfang an ungerechtfertigt, so ist die Partei, welche ihre Vollziehung erwirkt hat, verpflichtet, dem Gegner den Schaden zu ersetzen, der ihm aus der Vollziehung der Maßnahme oder dadurch entsteht, dass er Sicherheit leistet, um die Vollziehung abzuwenden. Der Anspruch kann im anhängigen schiedsrichterlichen Verfahren geltend gemacht werden.

2. (Vgl. zum Verfügungsgrund wegen vertragswidriger Bauausführung: OLG München BauR 1987, 598).

7. Klageschrift im schiedsgerichtlichen Verfahren[1]

An das
Schiedsgericht

...... gegen ......
z. Hd. des Obmanns
Herrn Vorsitzender Richter am OLG ......
......

Klage

im schiedsgerichtlichen Verfahren

der Firma ......
Prozessbevollmächtigter: ......

gegen

die Firma ......
Prozessbevollmächtigter ......
vorläufiger Streitwert: EUR 100.000,–.

Namens und in Vollmacht der Klägerin erhebe ich

Klage[2, 3]

und werde beantragen:

1. Die Beklagte hat an die Klägerin EUR 100.000,– nebst 7% Zinsen hieraus seit ...... zu bezahlen.[4]
2. Die Beklagte hat die Kosten des Rechtsstreits zu tragen.
3. Es wird mündliche Verhandlung beantragt[5].

Begründung:

Die Parteien sind Kaufleute. Die Beklagte lieferte der Klägerin laut Kaufvertrag vom ...... eine Sechseck-Drahtflechtmaschine und sicherte ihr laut Auftragsbestätigung ausdrücklich einen stündlichen Ausstoß von ...... zu.

Beweis: Auftragsbestätigung.
Die Maschine wurde am ...... ausgeliefert. Zwei Tage nach Auslieferung, nämlich am ......, rügte die Klägerin die ungenügende Leistung der Maschine, die lediglich einen Ausstoß von ...... erbringt.

Beweis: Sachverständigengutachten.
Der Beklagte verweigert die verlangte Nacherfüllung, nachdem ihm die Klägerin eine angemessene Frist zur Nacherfüllung gesetzt hat.

Mit Einschreiben vom ...... hat die Klägerin gemäß § 437 Nr. 3, § 280 Abs. 1, 3, § 281 Abs. 1 BGB Schadensersatzansprüche geltend gemacht und diese wie folgt beziffert: ......

Beweis: ......
Am ...... wurde die Beklagte zur Zahlung der geltend gemachten Schadensersatzsumme gemahnt.

Beweis: ...... Zahlung erfolgte nicht.
Die Klägerin nimmt Bankkredit in der geltend gemachten Höhe für die Klagsumme in Anspruch.
Die Parteien haben zur Beilegung sämtlicher Streitigkeiten aus der Lieferung der Maschine am ...... einen Schiedsvertrag abgeschlossen.

Beweis: Schiedsvertrag vom ......[6, 7]

Anmerkungen

1. Die Anforderungen an die Schiedsklage nach § 1046 Abs. 1 S. 2 ZPO n.F. entsprechen im Wesentlichen den Anforderungen, die nach deutschem Recht an eine Klage vor den staatlichen Gerichten gestellt werden. Nach allgemeinem deutschen Prozessrecht sind die Parteien zur Bezeichnung der Beweismittel verpflichtet. Im angelsächsischen Recht besteht weitergehend Dispositionsfreiheit. Im Hinblick darauf, dass das neue Recht auch ausländische Parteien zur Durchführung von internationalen Schiedsverfahren in Deutschland bewegen soll, ist nunmehr in § 1046 Abs. 1 ZPO festgelegt, dass die Parteien alle ihnen erheblich erscheinenden Schriftstücke vorlegen oder andere Beweismittel, derer sie sich bedienen wollen, vorlegen können.

Neu ist die Regelung in § 1046 Abs. 2 ZPO. Danach kann jede Partei – sofern die Parteien nichts anderes vereinbart haben – im Laufe des schiedsrichterlichen Verfahrens ihre Klage oder ihre Angriffs- und Verteidigungsmittel ändern oder ergänzen, es sei denn, das Schiedsgericht läßt dies wegen Verspätung, die nicht genügend entschuldigt wird, nicht zu.

2. Das schiedsrichterliche Verfahren folgt einem gemäßigten Amtsermittlungsprinzip. Der beschränkte Untersuchungsgrundsatz bedeutet, dass das Schiedsgericht nicht an die Beweisanträge der Parteien gebunden ist, aber auch eine die Aufklärung des Sachverhalts erforderliche Beweisaufnahme durchzuführen hat, ohne dass die Parteien entsprechende Beweisanträge gestellt haben.

Grundlegende Verfahrensregel ist die Gleichbehandlung der Parteien, Grundpfeiler des heutigen Schiedsgerichtsverfahrens das Rechtliche Gehör. Das Schiedsgericht ist verpflichtet, die Parteien umfassend anzuhören und ihnen Gelegenheit zur Stellungnahme zu allen wesentlichen Tatsachen und Beweismitteln, die es seiner Entscheidung zugrundelegen will, zu gewähren (*Schwab/Walter,* Schiedsgerichtsbarkeit S. 130ff.; *Glossner/Bredow/Bühler,* Das Schiedsgericht in der Praxis Rdn. 279). Nach überwiegender Meinung hat das Schiedsgericht grundsätzlich keine dem staatlichen Gericht vergleichbare Hinweise und Aufklärungspflicht (vgl. i.E. *Lachmann* Rdn. 359ff).

3. Die Klage ist an keine Form gebunden. Die Klage muss aber so beschaffen sein, dass sie die Grundlage für einen vollstreckungsfähigen Schiedsspruch bilden kann. Fehler im Rubrum, die vom Schiedsgericht übernommen werden, können sich im Vollstreckbarerklärungsverfahren unangenehm bemerkbar machen und zur Zurückweisung des Antrags führen. Die Klageschrift ist von der Klägerin oder ihrem Prozessbevollmächtigten eigenhändig zu unterschreiben. Eine Einlassungsfrist (§ 274 ZPO) gibt es nicht. Dem Gegner ist ausreichende Zeit zur Erklärung und Vorbereitung zu lassen. Eine mündliche Verhandlung ist nicht obligatorisch, sofern diese nicht ausdrücklich beantragt wird (vgl. Anm. 4), das Schiedsgericht muss nicht alle angebotenen Beweise erheben (BGH NJW 1966, 549). Verzögert die Partei die Klage ungebührlich, so kann das Schiedsgericht die Klageerhebung nicht erzwingen. Die Gegenpartei kann dann vom Schiedsvertrag zurücktreten. Die Schiedsrichter können den Schiedsvertrag aus wichtigem Grund kündigen (*Lachmann,* Handbuch der Schiedsgerichtspraxis Rdn. 964ff.).

4. Eines Antrags zur Vollstreckbarkeit bedarf es im schiedsgerichtlichen Verfahren selbst nicht. Der Schiedsspruch stellt nicht wie ein Urteil einen Vollstreckungstitel dar. Erst der staatliche Vollstreckbarkeitsausspruch fügt die Vollstreckbarkeit hinzu und macht den Feststellungsausspruch zum vollstreckbaren Leistungsausspruch (§ 1060 Abs. 1 ZPO).

5. In § 1047 Abs. 1 ZPO n.F. entscheidet das Schiedsgericht, ob mündlich verhandelt werden soll, oder ob das Verfahren auf der Grundlage von Schriftstücken und anderen Unterlagen durchzuführen ist. Wenn es eine Partei jedoch beantragt, hat das Schiedsgericht eine mündliche Verhandlung in einem geeigneten Abschnitt des Verfahrens durchzuführen (§ 1047 Abs. 2 ZPO). Insofern kann es zweckmäßig sein, bereits mit der Klage den Antrag zu stellen, dass mündlich verhandelt werden soll.

6. Der Schiedsvertrag soll der Klage beigefügt werden. Das Gericht muss in den Stand versetzt werden, seine Zuständigkeit zu prüfen.

7. Für den Schiedsrichtervertrag gelten die Vorschriften des sachlichen Rechts. Ein Anspruch auf Vergütung der Schiedsrichter besteht bei Dienstvertrag, der im Zweifel anzunehmen ist. Die Schiedsrichter dürfen Vergütungsvorschüsse verlangen (BGHZ 55, 347). Vorschusspflichtig sind beide Parteien als Gesamtschuldner, weil sie zusammen Auftraggeber sind. Leistet eine Partei den Vorschuss nicht, so kann der Schiedsrichter den Vorschuss nicht einklagen (BGHZ 94, 92). Verzug der Bezahlung durch die Gegenpartei gibt der anderen Partei das Recht, vom Schiedsvertrag zurückzutreten (vgl. BGHZ 77, 65). Wer jedoch selbst keinen Vorschuss leisten kann, darf ihn nach Treu und Glauben nicht dem Gegner zumuten. Bleibt der Vorschuss aus, so dürfen die Schiedsrichter die Tätigkeit bis zur Zahlung einstellen (*Baumbach/Lauterbach/Albers/Hartmann* Anh. § 1035 Rdnr. 13). Über die Kosten wird im Schiedsspruch entschieden. Die Schiedsrichter haften für ihre richterliche Tätigkeit nur in den Grenzen des § 839 Abs. 2 BGB (BGH NJW 1954, 1763).

8. Antrag auf eidliche Vernehmung eines Zeugen im Schiedsverfahren[1]

An das
Landgericht
......

Antrag auf eidliche Vernehmung eines Zeugen in der Schiedssache Fa. ...... gegen Fa. ....

Namens und im Auftrag der Antragstellerin beantrage ich

1. der Zeuge ...... ist zu der Behauptung der Antragstellerin ...... zu vernehmen.
2. Der Zeuge ...... wird vereidigt.

Die Parteien führen vor dem Schiedsgericht bestehend aus .... einen Rechtssteit. Das Schiedsgericht hat beschlossen den Zeugen ...... eidlich zu obigem Thema vernehmen zu lassen. Der Zeuge hat schriftlich erklärt, dass er vor dem Schiedsgericht nicht erscheinen werde[2]. Da kein Hinderungsgrund nach § 393 ZPO vorliegt, bitte ich dem Antrag gem. § 1050 ZPO zu entsprechen.
Schiedsvertrag, Klageschrift, Beweisbeschluss liegen bei[3].

Anmerkungen

1. § 1050 S. 1 ZPO bestimmt, dass das staatliche Gericht sowohl vom Schiedsgericht als auch von den Parteien (letzteres mit Zustimmung des Schiedsgerichts) beim staatlichen Gericht Unterstützung bei der Beweisaufnahme oder Vornahme sonstiger richterlicher Handlungen, zu denen das Schiedsgericht nicht befugt ist, beantragen kann. Sonstige richterliche Maßnahmen sind

Ersuchen an eine Behörde um Vorlage von Urkunden,
Ersuchen um Zustellung nach §§ 199, 204 ZPO,
Einholung einer Aussagegenehmigung zur Vernehmung von Beamten und Richtern (§ 376 ZPO).

§ 1050 ZPO n.F. entspricht inhaltlich weitgehend den §§ 1035, 1036 ZPO a.F. Die Neufassung verzichtet auf Anführung der bisher in § 1035 ZPO enthaltenen Einzelvorschriften.

Zwar obliegt die Beibringung von Beweisen grundsätzlich den Parteien. Dadurch, dass das Schiedsgericht auch das staatliche Gericht um Unterstützung angehen kann und die Parteien hierfür die Zustimmung des Schiedsgerichts benötigen, hat das Schiedsgericht schon zur Verhinderung von Verzögerungstaktiken die Möglichkeit, die Anrufung des staatlichen Gerichts in den Fällen auszuschließen, in denen ihm das Beweisthema für seine Entscheidung unerheblich erscheint.

§ 1050 Abs. 2 ZPO bestimmt, dass der Antrag nach den für die staatlichen Gerichte geltenden Verfahrensvorschriften, also nach den Vorschriften der ZPO zu erledigen ist. Voraussetzung ist, dass das Gericht den Antrag für zulässig hält.

Nach S. 3 sind die Schiedsrichter berechtigt, an einer Beweisaufnahme vor dem staatlichen Gericht teilzunehmen und Fragen zu stellen.

2. Es besteht kein Erscheinungszwang für Zeugen vor dem Schiedsgericht. Für die Vernehmung vor dem staatlichen Gericht genügt die Wahrscheinlichkeit, dass ein Zeuge nicht vor dem Schiedsgericht erscheinen wird (OLG München OLG-Rspr. 27, 196). Die Schiedsrichter können nur Zeugen und Sachverständige vernehmen, die freiwillig vor ihnen erscheinen und dürfen keinen Eid abnehmen. Wird eine Beweisaufnahme durch Zeugen von den Schiedsrichtern für erforderlich gehalten, so ist auf Antrag einer Partei die Beweisaufnahme vor dem zuständigen Gericht vorzunehmen (§ 1050 Abs. 1 ZPO). Das staatliche Gericht muss von amtswegen das Vorliegen der allgemeinen Prozessvoraussetzungen, die Wirksamkeit des Schiedsvertrags, auf dem die Berechtigung zum Antrag beruht, prüfen sowie das Vorliegen des Antrags und die Notwendigkeit des Beistands. Ferner ist ihm die Anordnung des Schiedsgerichts vorzulegen. Das staatliche Gericht hat dann weiter die Zulässigkeit der Handlung nach der ZPO zu prüfen.

3. Zuständiges Gericht für die Unterstützungshandlungen nach § 1050 ZPO ist nach § 1062 Abs. 4 ZPO abweichend von der Regelung des § 1062 Abs. 1 ZPO das Amtsgericht, in dessen Bezirk die richterliche Handlung vorgenommen werden soll.

9. Schiedsvergleich als Schiedsspruch mit vereinbartem Wortlaut[1]

In Sachen

Prozessbevollmächtigter ......

gegen

Prozessbevollmächtigter ......

schließen die Parteien folgenden

Schiedsvergleich als Schiedsspruch[2] mit vereinbartem Wortlaut

1. Die Beklagte zahlt an die Klägerin zur Abgeltung sämtlicher Vergütungsansprüche aus dem Bauvertrag vom ...... EUR 50.000.– bis ......
2. Die Klägerin verzichtet auf die Geltendmachung irgendwelcher Gewährleistungsrechte aus dem Bauvertrag vom ......
3. Die Beklagte trägt die Kosten des Schiedsgerichts. Im Übrigen trägt jede Partei ihre eigenen Kosten.
4. Die Beklagte unterwirft sich hinsichtlich Ziffer 1 des Vergleiches der sofortigen Zwangsvollstreckung.

Berlin, 2. 4. 1992

Die Schiedsrichter:[3]

....

Parteien ....

Anmerkungen

1. Häufig werden schiedsgerichtliche Verfahren durch Schiedsvergleich beendet. Während es nach der früheren Regelung (§ 1044 a ZPO) ausreichte, dass der Schiedsvergleich vom Schiedsgericht lediglich zu Protokoll genommen wurde, sieht § 1053 ZPO vor, dass auf Antrag der Parteien der Vergleich in der Form eines Schiedsspruchs mit vereinbartem Wortlaut festgehalten wird, sofern der Inhalt des Vergleichs nicht gegen die öffentliche Ordnung (ordre public) verstößt. Dadurch wird die Vollstreckbarkeit inländischer Schiedsvergleiche im Ausland besser gewährleistet, weil ausländische Rechtsordnungen

keine besonderen Bestimmungen über die Vollstreckbarkeit von Schiedsvergleichen, die lediglich in der Form eines Protokolls abgefasst sind, vorsehen. § 1044a ZPO wird nicht neben § 1053 ZPO n. F. aufrecht erhalten.

Den Parteien bleibt aber die Möglichkeit, statt des Antrags auf Erlass eines Schiedsspruchs mit vereinbartem Wortlaut einen Vergleich ohne Beteiligung des Schiedsgerichts zu schließen und eine Beendigung des Verfahrens durch Beschluss gem. § 1056 Abs. 2 Nr. 2 ZPO herbeizuführen.

2. Nach § 1053 Abs. 2 S. 1 ZPO gelten für den Schiedsspruch mit vereinbartem Wortlaut dieselben Formerfordernisse wie für den auf Grund streitiger Verhandlung ergangenen Schiedsspruch. Dabei muss ausdrücklich angegeben werden, dass es sich um einen Schiedsspruch handelt. Der Schiedsspruch mit vereinbartem Wortlaut hat dieselbe Wirkung wie jeder andere Schiedsspruch zur Sache.

3. § 1053 Abs. 3 ZPO bestimmt, dass notarielle Beurkundung bei einem Schiedsspruch mit vereinbartem Wortlaut durch die Aufnahme der Erklärung der Parteien in den Schiedsspruch ersetzt wird. Für Eintragungen in das Grundbuch und andere öffentliche Register bedarf jedoch ein solcher Schiedsspruch der Vollstreckbarerklärung. Eine Vollstreckbarerklärung soll nach § 1053 Abs. 4 S. 1 ZPO für Schiedssprüche mit vereinbartem Wortlaut bei einem deutschen Notar vorgenommen werden können. Nach S. 2 hat jedoch der Notar die Vollstreckbarerklärung abzulehnen, wenn der Inhalt des Vergleichs gegen die öffentliche Ordnung (ordre public) verstößt.

10. Antrag auf Vollstreckbarerklärung des Schiedsspruchs[1, 2]

An das
Oberlandgericht[3]

In der Schiedssache der Firma ......
vertreten durch Rechtsanwalt ......

gegen Firma ......,

vertreten durch Rechtsanwalt ......

beantrage ich für die Antragstellerin,

1. **den von dem Schiedsgericht, bestehend aus den Herren A und B als Schiedsrichter und Herrn C als Obmann, am ...... erlassenen Schiedsspruch für vollstreckbar zu erklären[4],**
2. **den die Vollstreckbarkeit aussprechenden Beschluss für vorläufig vollstreckbar zu erklären[5],**
3. **die Kosten dieses Verfahrens der Antragsgegnerin aufzuerlegen[6].**

Die Zuständigkeit des Gerichts ist im Schiedsvertrag vereinbart worden[7]. Aufhebungsgründe liegen nicht vor.
Der Schiedsspruch ist beigefügt[8].

Rechtsanwalt

Anmerkungen

1. In der Regel unterwerfen sich die Parteien der Entscheidung des Schiedsgerichts und erfüllen den Schiedsspruch. Ist dies nicht der Fall, so kann die Zwangsvollstreckung aus dem Schiedsspruch erst nach Durchführung eines weiteren Verfahrens vor dem staatlichen Gericht stattfinden. Dadurch erhält der Schiedspruch die Wirkung eines Urteils der staatlichen Gerichte. Zur Stellung des Antrags ist jede Partei berechtigt, auch wenn sie nur in geringem Umfang obsiegt hat (weitergehend *Schönke,* Das Schiedsgerichtsverfahren nach dem deutschen Recht 1954, S. 213, nach dem auch die völlig unterlegene Partei den Antrag stellen kann). Das Gericht hat die Wahl, ob es im schriftlichen Beschlussverfahren oder im Streitverfahren entscheiden will. Es kann zur mündlichen Verhandlung übergehen. Macht der Gegner einen Aufhebungsgrund geltend oder, wenn bei einem Antrag auf Anerkennung oder Vollstreckbarerklärung des Schiedsspruchs Aufhebungsgründe nach § 1059 Abs. 2 ZPO in Betracht kommen (§ 1063 Abs. 2 ZPO), so muss mündliche Verhandlung angeordnet werden.

Der Antrag ist unter Aufhebung des Schiedsspruchs gem. § 1060 Abs. 2 ZPO abzulehnen, wenn ein in § 1059 Abs. 2 ZPO bezeichneter Aufhebungsgrund vorliegt.

2. Die Vollstreckbarerklärung ist wie bisher auch gem. § 1060 Abs. 1 ZPO Voraussetzung der Zwangsvollstreckung. Von amtswegen zu berücksichtigende Aufhebungsgründe nach § 1059 Abs. 2 ZPO müssen jedoch auch im Vollstreckbarerklärungsverfahren berücksichtigt werden. Sie sind nur dann nicht zu berücksichtigen, wenn im Zeitpunkt der Zustellung des Antrags auf Vollstreckbarerklärung ein auf sie gestützter Aufhebungsantrag rechtskräftig abgewiesen ist oder wenn die in § 1059 Abs. 3 ZPO bestimmten Fristen abgelaufen sind, ohne dass der Antragsgegner einen Antrag auf Aufhebung des Schiedsspruchs gestellt hat.

Anders als das frühere Recht enthält die Neuregelung keine Bestimmung über die nachträgliche Aufhebungsklage, die im geltenden Recht keine praktische Bedeutung erlangt hat.

Die Anerkennung und Vollstreckung ausländischer Schiedssprüche richtet sich gemäß § 1061 Abs. 1 ZPO nach dem Übereinkommen v. 10. 6. 1958 über die Anerkennung und Vollstreckung ausländischer Schiedssprüche (BGBl. 1961 II S. 121). Die Vollstreckbarerklärung ist abzulehnen, sofern das Gericht feststellt, dass der Schiedsspruch im Inland nicht anzuerkennen ist.

3. Zuständig für die Entscheidung über die Vollstreckbarerklärung ist nach § 1062 Abs. 1 Z. 4 ZPO das Oberlandesgericht, das in der Schiedsvereinbarung bezeichnet ist oder, wenn eine solche Bezeichnung fehlt, in dessen Bezirk der Ort des schiedsrichterlichen Verfahrens liegt. Grundsätzlich entscheidet das Gericht durch Beschluss, der ohne mündliche Verhandlung ergehen kann. Wird die Aufhebung des Schiedsspruchs beantragt, oder kommen Aufhebungsgründe nach § 1059 Abs. 2 ZPO bei dem Antrag auf Anerkennung oder Vollstreckbarerklärung des Schiedsspruchs in Betracht, so hat das Gericht die mündliche Verhandlung anzuordnen.

4. Die Niederlegung des Schiedsspruchs ist nach der Neuregelung nicht mehr Voraussetzung für die Zwangsvollstreckung.

5. Nach § 1064 Abs. 2 ZPO ist der Beschluss, durch den ein Schiedsspruch für vollstreckbar erklärt wird, für vorläufig vollstreckbar zu erklären.

6. Sofern die Parteien nichts anderes vereinbart haben, hat nach § 1057 Abs. 1 ZPO das Schiedsgericht in einem Schiedsspruch darüber zu entscheiden, zu welchem Anteil die Parteien die Kosten des schiedsrichterlichen Verfahrens einschließlich der den Parteien erwachsenen und zur zweckentsprechenden Rechtsverfolgung notwendigen Kosten zu tragen haben (vgl. I. S. 10).

Soweit die Kosten des schiedsrichterlichen Verfahrens feststehen, hat das Schiedsgericht auch darüber zu entscheiden in welcher Höhe die Parteien diese zu tragen haben. Ist die Festsetzung der Kosten unterblieben oder erst nach Beendigung des schiedsrichterlichen Verfahrens möglich, wird hierüber in einem gesonderten Schiedsspruch entschieden (§ 1057 Abs. 2 ZPO).

Der Streitwert ist grundsätzlich identisch mit dem Wert des Schiedsspruchs.

7. Hier ist in der Schiedsvereinbarung das zuständige OLG bezeichnet worden (§ 1062 Abs. 1 ZPO).

8. Nach § 1064 Abs. 1 ZPO ist mit dem Antrag auf Vollstreckbarerklärung eines Schiedsspruchs der Schiedsspruch oder eine beglaubigte Abschrift des Schiedsspruchs vorzulegen. Die Beglaubigung kann auch von dem für das gerichtliche Verfahren bevollmächtigten Rechtsanwalt vorgenommen werden.

11. Entscheidung über die Höhe der Kosten des schiedsrichtlichen Verfahrens

In der Schiedssache ......
Prozessbevollmächtigter ......

gegen

......

Prozessbevollmächtigter ......

wird für Recht erkannt

der Beklagte wird verurteilt, an die Klägerin EUR 10.000,– zu bezahlten.

Begründung:

Mit dem am ...... abgefassten Schiedsspruch wurde der Beklagte verurteilt, die Kosten des Schiedsverfahrens zu tragen. Eine ziffermäßige Festsetzung war bei Erlass des Schiedsspruchs nicht möglich. Diese konnte vom Schiedsgericht erst nach Beendigung des schiedsrichterlichen Verfahrens festgestellt werden.

Der Erstattungsanspruch der Klägerin ergibt sich nach folgender Berechnung ......[1].

Anmerkungen

1. Sofern die Parteien nichts anderes vereinbart haben, entscheidet das Schiedsgericht in seinem Schiedsspruch darüber, zu welchem Anteil die Parteien die Kosten des schiedsrichterlichen Verfahrens einschließlich der den Parteien erwachsenen und zur zweckentsprechenden Rechtsverfolgung notwendigen Kosten zu tragen haben (§ 1057 Abs. 1 S. 1 ZPO). Diese Bestimmung in § 1057 Abs. 1 S. 1 ZPO bezieht sich nicht auf die Bezifferung der zu erstattenden Kosten, stellt vielmehr eine Grundentscheidung über die Kosten dar.

Das Schiedsgericht hat auch über die Höhe der Kosten, die die Parteien zu tragen haben, zu entscheiden, soweit diese Kosten bei der Grundentscheidung über die Kosten bereits feststehen. Ist eine Bezifferung erst nach Beendigung des schiedsrichterlichen Verfahrens möglich, so ist hierüber in einem gesonderten Schiedsspruch zu entscheiden. Die Kostenentscheidung bezieht sich auf die gerichtlichen und die außergerichtlichen Kosten. Die gerichtlichen Kosten muss das Schiedsgericht selbst ermitteln, die außergerichtlichen Kosten muss es sich von den Parteien oder für den Fall, dass eine Partei in vollem Umfang obsiegt hat, von dieser aufgeben lassen.

12. Rechtsbeschwerde[1] gegen Vollstreckbarerklärung des Schiedsspruchs

An den
Bundesgerichtshof[2]

In der Schiedssache
der Firma ......
Rechtsanwalt ......

gegen

Firma ......
Rechtsanwalt ......

lege ich für die Beklagte gegen den Beschluss des Oberlandesgerichts ...... vom ......

Rechtsbeschwerde ein

Begründung:

Das Oberlandesgericht ...... hat durch Beschluss vom ...... (Aktenzeichen ......) den am ...... abgefassten Schiedsspruch für vollstreckbar erklärt.
Dieser Beschluss ist aufzuheben, da dem Kläger das rechtliche Gehör versagt war.[3]
Das Schiedsgericht hat dem Kläger Zinsen zugesprochen, ohne dem Beklagten mitzuteilen, dass der Kläger Zinsen gefordert hat[4].

Beweis: ......

Rechtsanwalt

Anmerkungen

1. § 1042c Abs. 2 a.F. räumte ein Widerspruchsrecht gegen Beschlüsse ein, durch die ein Schiedsspruch für vollstreckbar erklärt wurde. Es musste das Gericht über die Vollstreckbarkerlärung des Schiedsspruchs durch Endurteil entscheiden. § 1062 Abs. 1 Z. 4 ZPO n.F. bestimmt für die Aufhebung der Vollstreckbarerklärung des Schiedsspruchs die Zuständigkeit des Oberlandesgerichts, das in der Schiedsvereinbarung bezeichnet ist oder, wenn eine solche Bezeichnung fehlt, in dessen Bezirk der Ort des schiedsrichterlichen Verfahrens liegt.

2. Gegen die in § 1062 Abs. 1 Nr. 2 und 4 ZPO genannten Entscheidungen findet die Rechtsbeschwerde zum BGH gem. § 1065 Abs. 1 ZPO – neueste Fassung v. 27. 7. 2001 – statt.

3. Während früher in § 1041 Abs. 1 Nr. 4 ZPO a.F. das Versagen des rechtlichen Gehörs ausdrücklich als Aufhebungsgrund aufgeführt war, hat die Neuregelung hierauf verzichtet, weil die Nichtgewährung des rechtlichen Gehörs als Unterfall des verfahrensrechtlichen ordre public angesehen wird (§ 1059 Abs. 2b ZPO n.F.).

4. Vgl. OLG Hamburg MDR 1965, 64.

13. Klage auf Aufhebung des Schiedsspruchs[1]

An das
Oberlandesgericht[2]

In Sachen
der Firma ......
Rechtsanwalt ......

gegen

Firma ......
Rechtsanwalt ......

wegen Aufhebung des Schiedsspruchs

erhebe ich namens und in Vollmacht der Klägerin Klage und werde beantragen:

1. Der in der Schiedssache der Parteien von den Schiedsrichtern ...... am ...... abgefasste Schiedsspruch wird aufgehoben.
2. Die Kosten des Verfahrens hat die Beklagte zu tragen.

Begründung:

Das Schiedsgericht hat am ...... einen Schiedsspruch erlassen, wonach die Klägerin an die Beklagte Euro ...... nebst ...... % Zinsen seit ...... zu bezahlen hat. In der Begründung des Schiedsspruchs wird ausgeführt, dass die Klägerin nicht bestritten habe, dass der Prokurist ...... der Beklagten gegenüber auf die Einrede der Verjährung bis ...... verzichtet habe. Ein Schriftsatz der Beklagten, in dem dieser Verzicht behauptet wurde, ist der Klägerin jedoch nie zugegangen. Nachdem die Schriftsätze vom Schiedsgericht nicht mit Einschreiben-Rückschein versehen wurden, ist es möglich, dass der Schriftsatz verlorengegangen ist. Infolge Nichtkenntnis der gegnerischen Behauptung konnte die Klägerin den dem Schiedsspruch zugrundegelegten Vortrag auch nicht bestreiten. Der Klägerin ist insoweit das rechtliche Gehör versagt[3].
Der Antragsteller hat den Schiedsspruch am ...... empfangen[4].

Rechtsanwalt

Anmerkungen

1. Nach § 1059 Abs. 1 ZPO n. F. kann gegen einen Schiedsspruch Antrag auf gerichtliche Aufhebung gestellt werden. § 1059 Abs. 2 ZPO enthält eine erschöpfende Aufzählung der Aufhebungsgründe. Der Antrag auf Aufhebung des Schiedsspruches kann nicht mehr gestellt werden, wenn der Schiedsspruch von einem deutschen Gericht für vollstreckbar erklärt worden ist (§ 1059 Abs. 3 ZPO). Nach § 1059 Abs. 5 ZPO hat die Aufhebung des Schiedsspruchs im Zweifel zur Folge, dass wegen des Streitgegenstands die Schiedsvereinbarung wieder auflebt.

2. Der Antrag auf Aufhebung ist nach § 1062 Abs. 1 Z. 4 ZPO an das Oberlandesgericht zu richten, das in der Schiedsvereinbarung bezeichnet ist oder, wenn eine solche Bezeichnung fehlt, in dessen Bezirk der Ort des Schiedsrichterlichen Verfahrens liegt.

3. Der in der Praxis wichtigste Aufhebungsgrund ist die Nichtgewährung des rechtlichen Gehörs. Früher war dieser Aufhebungsgrund in § 1041 Abs. 1 Nr. 4 ZPO ausdrücklich genannt. Nach der Neuregelung ist dieser Aufhebungsgrund von § 1059 Abs. 2b umfasst. Der Schiedsspruch ist dann aufzuheben, wenn seine Anerkennung oder Voll-

streckung zu einem Ergebnis führen würde, das der öffentlichen Ordnung widerspricht. Dabei handelt es sich zunächst um die öffentliche Ordnung der Bundesrepublik Deutschland, die nach moderner Rechtsprechung auch den ordre public international umfasst.

Das rechtliche Gehör muss den Parteien wie im Prozess gewährt werden. Die eigenen Ermittlungen des Schiedsgerichts müssen den Parteien ebenso zur Stellungnahme bekanntgegeben werden wie das Vorbringen jeder Partei der anderen (vgl. zum Begriff und Umfang des rechtlichen Gehörs: BGHZ 85, 291; *Habscheid* KTS 1970, 134).

4. Der Aufhebungsantrag muss innerhalb einer Frist von 3 Monaten bei Gericht eingereicht werden. Die Frist beginnt mit dem Tag, an dem der Antragsteller den Schiedsspruch empfangen hat (§ 1059 Abs. 3 ZPO). Es gehört deshalb zum Klagvortrag, wann der Antragsteller den Schiedsspruch empfangen hat.

T. Internationales Zivilprozessrecht

1. Antrag[1] auf Ausländersicherheit

An das
Landgericht[2]

In Sachen
der Firma A[3] ......

– Klägerin –

Prozessbevollmächtigter:
RA ......

gegen
die Firma B[4] ......

– Beklagte –

Prozessbevollmächtigter[5]:
RA ......

beantrage

ich für die Beklagte, anzuordnen, dass die Klägerin der Beklagten wegen der Prozesskosten Sicherheit zu leisten hat[6], und der Klägerin eine Frist zu bestimmen[7], binnen derer die Sicherheit zu leisten ist.

Begründung

Die Klägerin ist eine nach dem indischen Companies Act errichtete Kapitalgesellschaft, die ihren Sitz in Chennai hat. Sie hat deshalb nach § 110 Abs. 1 ZPO der Beklagten Sicherheit für die Prozesskosten zu leisten. Ein Befreiungsgrund nach § 110 Abs. 2 ZPO ist nicht gegeben[8], insbesondere besteht keine staatsvertragliche Befreiung[9].

Rechtsanwalt

Anmerkungen

1. Kläger, die ihren gewöhnlichen Aufenthalt nicht in der EU oder einem Staat des EWR haben (das sind Belgien, Dänemark, Deutschland, Frankreich, Griechenland, Irland, Island, Italien, Liechtenstein, Luxemburg, Niederlande, Norwegen, Österreich, Portugal, Schweden, Spanien und das Vereinigte Königreich) müssen, wenn sie als Kläger vor Gericht auftreten, dem Beklagten Sicherheit für die Prozesskosten leisten, § 110 Abs. 1 ZPO. Auf die Staatsangehörigkeit des Klägers kommt es nicht an. Die Anordnung der Sicherheitsleistung erfolgt nicht von Amts wegen, sie setzt einen Antrag des Beklagten voraus. Die mangelnde Sicherheitsleistung begründet eine prozesshindernde Einrede. Für diese gilt § 282 Abs, 3 ZPO, dh., das Verlangen der Sicherheitsleistung ist gleichzeitig oder vor der Verhandlung zur Hauptsache – bei Fristsetzung zur Klageerwiderung – innerhalb der gesetzten Frist zu stellen.

2. Zuständig ist das Prozessgericht.

3. Bei juristischen Personen ist auf den Sitz abzustellen. Sie sind bei Sitz im Ausland auch dann prozesskostensicherheitspflichtig, wenn sie eine Zweigniederlassung im Inland unterhalten.

4. Auf den gewöhnlichen Aufenthalt des Beklagten kommt es nicht an, ebensowenig auf seine Staatsangehörigkeit.

5. Im Anwaltsprozess besteht auch für das Verlangen der Sicherheitsleistung Anwaltszwang.

6. Die Höhe der Sicherheitsleistung liegt im Ermessen des Gerichts. Bei ihrer Festsetzung ist nach verbreiteter Ansicht in der Rechtsprechung von den Kosten aller möglichen Instanzen auszugehen (RGZ 154, 227; BGHZ 37, 367; BGH NJW 1981, 2646; str. vgl. *Wieczorek/Schütze*, ZPO[3], § 112, Rdn. 6).

7. Vgl. § 113 ZPO.

8. Vgl. zu den Befreiungsgründen im Einzelnen: *Schütze,* Zur Neuregelung der cautio iudicatum solvi in Deutschland, RIW 1999, 10 ff.

9. Vgl. für eine Länderübersicht *Schütze* RIW 1999, 10 ff. (15).

Kosten und Gebühren

Gerichtsgebühren entstehen nicht. Die Tätigkeit des Anwalts ist mit der Regelgebühr des § 31 BRAGO abgegolten. Ist der Anwalt im Erhöhungs- oder Ermäßigungsverfahren nicht Prozessbevollmächtigter, so kommt § 56 BRAGO zur Anwendung.

2. Antrag auf Zustellung[1] im Ausland[2]

An das
Amtsgericht[3]
in ……

In Sachen
der Firma A ……

– Antragstellerin –

Prozessbevollmächtigter[4]:
RA……

gegen

die Firma B ……

– Antragsgegnerin –

beantrage

ich, den Arrestbefehl und Pfändungsbeschluss des Amtsgerichts …… vom …… (Datum) (Aktenzeichen: ……) an die Antragsgegnerin zuzustellen[5].

Einen Übersetzungskostenvorschuss[6] in Höhe von EUR …… füge ich in Form eines V-Schecks bei.

Die gepfändeten Rechte sind im Inland belegen, so dass auch die Zustellung des mit dem Arrestbefehl verbundenen Pfändungsbeschlusses[7] zulässig ist.

Rechtsanwalt

Anmerkungen

1. Ein Antrag auf Zustellung ist nur erforderlich, wenn die Zustellung im Parteibetrieb erfolgt, nicht dagegen bei Zustellung im Amtsbetrieb. Deshalb ist ein Antrag über-

flüssig für die Klagezustellung und die Zustellung von Urteilen im Ausland. Diese werden von Amts wegen und auf Veranlassung des Vorsitzenden zugestellt.

2. Bedeutung hat die Parteizustellung insbesondere bei Arrestbefehlen und einstweiligen Verfügungen. Die Zustellung im Ausland kann regelmäßig nicht innerhalb der Vollziehungsfrist bewirkt werden. Eine Anwendung von § 189 ZPO ist nicht möglich (BGHZ 58, 177 zu § 187 aF. ZPO: keine Anwendung auf Auslandszustellung; *Schütze* BB 1978, 589: keine Anwendung wegen des darin liegenden Hoheitsaktes; a.A.: *Geimer*, Internationales Zivilprozessrecht[4], 2002, Rdn. 2102; *Schack*, Internationales Zivilverfahrensrecht[3], 2002, Rdn. 618: Heilung möglich), jedoch treten Probleme im Regelfall nicht auf, da bei einer im Ausland zu bewirkenden Zustellung die fristgerechte Einreichung des Gesuchs bei Gericht ausreicht (§ 167 ZPO, *Wieczorek/Schütze/Thümmel*, ZPO[3] § 929 Rdn. 23).

3. Zuständig ist der Vorsitzende des Prozessgerichts der jeweiligen Instanz. Bei Arrest- und einstweiligen Verfügungsverfahren ist das Gesuch an den Vorsitzenden des angerufenen Gerichts zu richten.

4. Der Antrag unterliegt dem Anwaltszwang, soweit das Verfahren, in dem die Zustellung Bedeutung haben soll, dem Anwaltszwang unterliegt (*Wieczorek*, ZPO[2], § 202 A, str.).

5. Nach § 183 ZPO kann die im Ausland zu bewirkende Zustellung auf drei Wegen erfolgen durch Einschreiben mit Rückschein, soweit die unmittelbare Übersendung des Schriftstücks durch die Post völkerrechtlich zulässig ist (Abs. 1 Nr. 1), auf diplomatischem oder konsularischem Wege (Abs. 1 Nr. 2) oder durch das Auswärtige Amt, soweit der Adressat Deutscher ist und Immunität genießt (Abs. 1 Nr. 3). Vgl. für die Behandlung ausgehender Ersuchen §§ 11 ff. ZRHO.

Erleichterungen bringt das europäische Recht durch die VO (EG) Nr. 1348/2000 über die Zustellung gerichtlicher und außergerichtlicher Schriftstücke in Zivil- und Handelssachen (dazu *Stadler,* Neues europäisches Zustellungsrecht, IPRax 2001, 514 ff.), das durch § 183 ZPO unberührt bleibt (§ 183 Abs. 3 ZPO). Weitere Erleichterungen bringen zahlreiche mehr- und zweiseitige Staatsverträge, insbesondere das Haager Zivilprozessübereinkommen vom. 1. 3. 1954 (BGBl. 1958 II 577) und das Haager Zustellungsübereinkommen vom 18. 3. 1970 (BGBl. 1977 II 1453). Auf die Anwendbarkeit der europarechtlichen und konventionsrechtlichen Bestimmungen kann im Antrag zur Beschleunigung hingewiesen werden. Vgl. im Einzelnen *Bülow/Böckstiegel/Geimer/Schütze,* Internationaler Rechtsverkehr, 100 ff.; 350 ff.

6. Es empfiehlt sich, die Höhe des Übersetzungskostenvorschusses vorher zu erfragen, um die Durchführung der Zustellung zu beschleunigen.

7. Die Zustellung von Arrestbefehlen, die mit einer Pfändungsanordnung verbunden sind, ist nicht zulässig, wenn im Ausland belegene Gegenstände gepfändet werden, da dadurch in fremdes Hoheitsrecht eingegriffen würde (*Ost* Justiz 1976, 134) Betrifft der Pfändungsbeschluss jedoch im Inland belegene Rechte, etwa Forderungen gegen inländische Drittschuldner, so ist die Zustellung zulässig (*Schütze* WPM 1980, 1438). Bei der einstweiligen Verfügung ist zu beachten, dass eine Strafandrohung bei einer Unterlassungsverfügung wegen des Eingriffs in fremde Hoheitsrechte nicht zugestellt werden kann (*Ost* aaO.; *Schütze* aaO.). Es empfiehlt sich, bei Antragsgegnern im Ausland die Unterlassungsverfügung ohne Strafbewehrung zu beantragen. Andernfalls muss der Zustellungsantrag beschränkt und die Strafandrohung bei der Zustellung geschwärzt werden (vgl. im Einzelnen *Schütze,* Deutsches Internationales Zivilprozessrecht, 1985, 187ff.).

Kosten und Gebühren

Es entstehen keine Gerichtsgebühren. Auslagen werden in Ansatz gebracht. Für den Rechtsanwalt entsteht keine besondere Gebühr, da die Zustellung zum Gebührenrechtszug gehört (§ 37 Nr. 7, § 58 II Nr. 2 BRAGO). Anders ist dies nur, wenn sich die Tätigkeit des Rechtsanwalts allein auf die Zustellung beschränkt. In diesem Fall entsteht eine 10/10 Gebühr (str. teilweise wird nur eine 5/10 Gebühr zugebilligt).

3. Antrag auf Erlass einer einstweiligen Verfügung gegen ausländisches Beweisersuchen[1]

An das
Landgericht[2]
– Zivilkammer[3] –

In Sachen
der Firma A ...... – Antragstellerin –
Verfahrensbevollmächtigter[4]:
RA ......
gegen die Bank B ...... – Antragsgegnerin –

zeigen wir an, dass wir die Antragstellerin vertreten. In ihrem Namen und in ihrer Vollmacht beantragen wir – wegen Dringlichkeit ohne mündliche Verhandlung durch Beschluss – den Erlass folgender einstweiliger Verfügung[5]:

1. Der Antragsgegnerin wird bei Meidung eines für jeden Fall der Zuwiderhandlung festzusetzenden Ordnungsgeldes bis zu EUR 250.000,– oder einer jeweils festzusetzenden Ordnungshaft bis zu sechs Monaten, zu vollziehen an ihren Vorstandsmitgliedern, verboten, gegenüber der Grand Jury des United States District Court Michigan gemäss Subpoena vom ...... (Datum) (Aktenzeichen: ......) Auskünfte zu erteilen und/oder Unterlagen herauszugeben[6].
2. Der Antragsgegnerin werden die Kosten des Verfahren auferlegt.

Begründung

Im Rahmen einer Untersuchung über angeblich widerrechtliche Geschäftspraktiken der Antragstellerin bei dem Verkauf von Pharmazeutika in den USA hat die Grand Jury des United States District Court of Michigan der Antragsgegnerin – der Hausbank der Antragstellerin – aufgegeben, Kundenunterlagen, die das USA-Geschäft der Antragstellerin betreffen, herauszugeben und in diesem Zusammenhang Auskünfte zu erteilen[7].
Die Tatsachen, auf die sich das Auskunfts- und Herausgabeverlangen bezieht, unterfallen dem Bankgeheimnis[8]. Die Antragsgegnerin ist nicht berechtigt, dem Ersuchen nachzukommen. Sie würde dadurch ihre Verpflichtungen aus dem Bankvertrag zwischen den Parteien verletzen.
Das Auskunfts- und Herausgabeverlangen verstößt im Übrigen gegen die Bestimmungen des Haager Beweisübereinkommens[9], das im Verhältnis Deutschlands zu den USA gilt[10]. Der danach vorgesehene Weg über deutsche Behörden ist nicht eingehalten, das Ersuchen greift in deutsche Hoheitsrechte ein und ist deshalb unzulässig[11].
Die Antragsgegnerin hat erklärt, dass sie dem Auskunfts- und Herausgabeverlangen nachkommen werde.
Glaubhaftmachung: Telefax der Antragsgegnerin an die Antragstellerin vom ......
– Anlage –

Wie sich aus dem Telefax ergibt, soll die Erledigung des Ersuchens in drei Tagen erfolgen. Der Erlass der einstweiligen Verfügung ist deshalb geboten.

Rechtsanwalt

Anmerkungen

1. Im Rahmen einer umfassenden „pre-Trial-discovery" in US-Prozessen, die der Beweisermittlung (discovery) und Beweisoffenlegung (disclosure) dient, werden häufig von der deutschen Partei und/oder in Deutschland wohnhaften Dritten Unterlagen angefordert oder Auskünfte verlangt (vgl. *Heidenberger* RIW/AWD 1985, 270ff.; 437ff.; *von Hülsen* RIW/AWD 1982, 225ff.; 1974, 315; *Stadler,* Der Schutz des Unternehmensgeheimnisses im deutschen und US-amerikanischen Zivilprozess und im Rechtshilfeverfahren, 1989; *Stiefel* RIW/AWD 1979, 509ff.; *Stürner* JZ 1981, 521ff.; *ders.,* ZVglRWiss 81 (1982), 159ff.; *Knapp,* Die US-amerikanische Produkthaftung in der Praxis der Automobilindustrie, 1997; *Herrmann,* Die Anerkennung US-amerikanischer Urteile in Deutschland unter Berücksichtigung des ordre public, 2000, S. 185ff.). Zum Schutz gegen unzulässige Beweiserhebungen kann der Betroffene ein Unterlassungsverfahren gegen den um Auskunft ersuchten Dritten in Deutschland führen (dazu LG Kiel RIW/AWD 1983, 206; *Stiefel/Petzinger* RIW/AWD 1983, 242ff.),

2. Die Zuständigkeit des Landgerichts ergibt sich aus § 943 Abs. 1 ZPO.

3. Zuständig ist die Zivilkammer, nicht die Kammer für Handelssachen. Der Unterlassungsanspruch unterfällt nicht § 95 Abs. 1 Nr. 1 GVG.

4. Der Antrag unterliegt nicht dem Anwaltszwang, da er auch zu Protokoll der Geschäftsstelle erklärt werden kann, § 78 Abs. 3 ZPO. Der Anwaltszwang beginnt mit der mündlichen Verhandlung.

5. Zur einstweiligen Verfügung im Einzelnen vgl. Form. I. R. 4ff.

6. Zum – leicht abgewandelten – Sachverhalt vgl. LG Kiel RIW/AWD 1983, 206; weiter *Geimer,* IZPR[4], Rdn. 176ff.

7. Die gleichen Grundsätze gelten im Rahmen der „pre-trial-discovery" in US-amerikanischen Zivilprozessen.

8. Das Bankgeheimnis steht auch nach US-Recht einer Auskunftserteilung entgegen. So hat in einem unveröffentlichten New Yorker Fall das Gericht den Einwand der beteiligten deutschen Bank, die Vorlage der Unterlagen verstoße gegen das deutsche Bankgeheimnis unter Berufung auf Ings v. Ferguson 282 F. 2d. 149 (2d Civ. 1960) als erheblich erachtet (vgl. *Schütze* WPM 1983, 1078ff. (1079). Die US-amerikanischen Gerichte sind bei der Zulassung von Ausnahmen aber sehr restriktiv (vgl. *Schütze,* Rechtsverfolgung im Ausland[3], 2002, Rdn. 185ff.; *Junker,* Discovery im deutsch-amerikanischen Rechtsverkehr, 1987, S. 302).

9. BGBl. 1977 II, 1453 (vgl. dazu *Mössle,* Extraterritoriale Beweisbeschaffung im internationalen Wirtschaftsrecht, 1990).

10. BGBl. 1980 II, 907.

11. Vgl. zur Verteidigung gegen unzulässige Beweiserhebungsmaßnahmen *Schütze* WPM 1986, 633ff.

Kosten und Gebühren

Die Gerichtsgebühren bestimmen sich nach KV Nr. 1310ff. GKG. Die Anwaltsgebühren bestimmen sich nach § 31 BRAGO, wobei §§ 40, 59 BRAGO zu beachten sind.

4. Klage auf Vollstreckbarerklärung eines ausländischen Urteils nach §§ 722 f. ZPO

An das
Landgericht [1, 3]
– Zivilkammer[2] –

Klage[4]

der Firma A ......

– Klägerin –

Prozessbevollmächtigter:
RA ......

gegen

die Firma B ......

– Beklagte –

Prozessbevollmächtigter:
RA ......

wegen

Vollstreckbarerklärung eines ausländischen Urteils

Streitwert: Can $ 500.000,–[5]

Namens und in Vollmacht der Klägerin erheben wir

Klage

gegen die Beklagte. Wir werden beantragen[6]:

1. Das Urteil[7] des Supreme Court of British Columbia vom ...... (Datum) (Aktenzeichen: ......), durch das die Beklagte zur Zahlung von Can $ 500.000,– nebst 10% Zinsen seit dem ...... an die Klägerin verurteilt worden ist, für vollstreckbar zu erklären;
2. hilfsweise[8]: die Beklagte zu verurteilen, an die Klägerin Can $ 500.000,– nebst 10% Zinsen seit dem ...... zu zahlen;
3. der Beklagten die Kosten des Rechtsstreits aufzuerlegen;
4. das Urteil für vorläufig vollstreckbar[9] zu erklären und Sicherheitsleistung durch selbstschuldnerische Bürgschaft der X-Bank Stuttgart zuzulassen;
5. hilfsweise im Unterliegenfalle: der Klägerin nachzulassen, die Zwangsvollstreckung durch Sicherheitsleistung, die auch durch selbstschuldnerische Bürgschaft der X-Bank Stuttgart erbracht werden kann, abzuwenden.

Begründung

1. Die Beklagte schuldet der Klägerin Can $ 500.000,– als Schadensersatz aus einer mangelhaft erfüllten Lieferung einer Maschine[10]. Durch Urteil des Supreme Court of British Columbia ist die Beklagte zur Zahlung dieses Betrages nebst 10% Zinsen seit dem ... verurteilt worden. Das Urteil ist rechtskräftig[11].

   Beweis: Urteil des Supreme Court of British Columbia

   – Anlage K 1 –
2. Die Erfordernisse der Anerkennung des vorzitierten Urteils nach § 328 Abs. 1 ZPO sind gegeben, so dass die Vollstreckbarerklärung nach §§ 722 f. ZPO ohne sachliche Nachprüfung[12] erfolgen muss. Im Einzelnen gilt Folgendes[13]:
   Das Erstgericht war international zuständig[14], da die Parteien eine wirksame Gerichtsstandsvereinbarung[15] im Kaufvertrag vom ...... (Datum) zugunsten des Erstge-

richts abgeschlossen haben und diese sich auch auf Schadensersatzansprüche aus Schlechterfüllung der vertraglichen Verpflichtungen bezieht.

Beweis: Vorlage des Kaufvertrages vom ...... (Datum)

– Anlage K 2 –

Die Beklagte hat sich auf das erststaatliche Verfahren eingelassen, so dass auf die Zustellung des verfahrenseinleitenden Schriftstücks nicht ankommt[16]. Die Gegenseitigkeit im Verhältnis zu British Columbia ist verbürgt[17].

vgl. BGH IPRax 2001, 457; *Arnold* AWD 1966, 130 ff.; *Geimer/Schütze,* Internationale Urteilsanerkennung, Bd. I/2, 1984, S. 1854 f.; *Schütze* IPRax 2001, 441 ff.

Grundlage für die Vollstreckbarerklärung deutscher Urteile in British Columbia ist der Court Order Enforcement Act, zu dem eine förmliche Gegenseitigkeitsfeststellung durch Order in Council 2755/64 ergangen ist. Eine révision au fond findet nicht statt. Die Erfordernisse der Wirkungserstreckung sind im Recht British Columbias denen nach §§ 328, 722 f. ZPO äquivalent.

Beweis: Einholung eines Rechtsgutachtens[18]

3. Für den Fall, dass das Gericht die Gegenseitigkeit nicht als verbürgt ansehen sollte oder ein sonstiges Erfordernis des § 328 Abs. 1 ZPO für nicht gegeben hielte, wird mit dem Hilfsantrag der ursprüngliche Anspruch geltend gemacht.

Rechtsanwalt

Anmerkungen

1. Sachlich zuständig ist ausschließlich (§ 802 ZPO) das Gericht des ersten Rechtszuges, das für die Geltendmachung des ursprünglichen Anspruchs zuständig wäre (§ 722 Abs. 2 ZPO). Die Zuständigkeit nach § 23 Nr. 2 GVG bleibt unberücksichtigt. Da Streitgegenstand des Vollstreckbarerklärungsverfahrens nicht der ursprüngliche Anspruch, sondern die Vollstreckbarkeit ist, ist das ordentliche Gericht auch für die Vollstreckbarerklärung ausländischer arbeitsgerichtlicher Urteile zuständig (BGHZ 42, 194). Die Rechtsprechung macht eine Ausnahme für Entscheidungen in Familiensachen. Betrifft der Rechtsstreit, der der ausländischen Entscheidung zugrunde liegt, eine Angelegenheit, für die die Familiengerichte zuständig wären, so soll die Zuständigkeit der Familiengerichte auch für das Vollstreckbarerklärungsverfahren gegeben sein (BGHZ 67, 255; 88, 113; BGH FamRZ 1986, 45; OLG Köln FamRZ 1979, 718; OLG Hamm IPRax 1986, 234; str. vgl. *Schütze* NJW 1983, 154; *Zöller/Geimer*[23] § 722 Rdn. 31 a).

2. Eine Zuständigkeit der Kammer für Handelssachen ist in keinem Fall gegeben (vgl. *Schütze* NJW 1983, 154)

3. Örtlich zuständig ist ausschließlich (§ 802 ZPO) das Gericht des allgemeinen Gerichtsstandes des Urteilsschuldners (§§ 13–19 a ZPO), hilfsweise das des Vermögens (§ 23 ZPO). Im letzteren Fall bedarf es des vom BGH nunmehr für den Vermögensgerichtsstand geforderten Inlandsbezuges (vgl. BGHZ 115, 94) nicht (vgl. BGH NJW 1997, 325).

4. Während die Anerkennung eines ausländischen Urteils formlos erfolgt und jedes Gericht oder jede befasste Amtsstelle incidenter hierüber entscheiden kann, bedarf die Vollstreckbarerklärung einer gerichtlichen Entscheidung. Das Verfahren wird durch Klage eingeleitet. Es folgt den Regeln des ordentlichen Zivilprozesses. Der Urkunden- und Wechselprozess ist nicht statthaft, da Streitgegenstand allein die Vollstreckbarkeit der ausländischen Entscheidung ist (vgl. *Wieczorek/Schütze,* ZPO[3], § 722 Rdn. 27). Die Klage auf Vollstreckbarerklärung macht den ursprünglichen Anspruch nicht rechtshängig (vgl. *Wieczorek/Schütze,* ZPO[3], § 722 Rdn. 26).

5. Die Urteilsforderung wird nicht in Euro umgerechnet (vgl. *Baumann* IPRax 1990, 29).

6. Die Anregung zur Anordnung des schriftlichen Vorverfahrens (§ 276 ZPO) ist im Vollstreckbarerklärungsverfahren wenig sinnvoll, da ein Anerkenntnisurteil unzulässig ist und ein Versäumnisurteil nur hinsichtlich der Erfordernisse ergehen kann, die zur Disposition der Parteien stehen, z.B. der Einwendungen, die nach Erlass des Ersturteils entstanden sind (vgl. *Wieczorek/Schütze,* ZPO³, § 722 Rdn. 35f. m.w.N.). Nur hierauf kann sich die Geständnisfiktion beziehen.

7. Nicht nur Urteile und sonstige gerichtliche Entscheidungen können nach §§ 722f. ZPO für vollstreckbar erklärt werden, vielmehr auch vollstreckbare Urkunden (vgl. *Geimer* DNotZ 1975, 464ff.; *Schütze* DNotZ 1992, 66ff.). Das Urteil muss der Vollstreckung im engeren Sinne fähig sein; deshalb scheiden Feststellungs- und klagabweisende Urteile (RGZ 9, 372) von der Vollstreckbarerklärung aus, nicht dagegen die damit im Zusammenhang ergangenen Kostenentscheidungen (RGZ 9, 372).

8. Sind die Voraussetzungen der Vollstreckbarerklärung gegeben, so ist der Gläubiger gehalten, das Verfahren nach §§ 722f. ZPO zu betreiben. Die Leistungsklage ist nach bestr. Ansicht (bejahend BGH NJW 1964, 1626; *Baumann* IPRax 1990, 29) unzulässig (vgl. *Schütze* Betr. 1967, 497; *Wieczorek/Schütze,* ZPO³, § 722, Rdn. 1ff. m.w.N.). Jedoch ist eine Verbindung von Vollstreckungs- und Leistungsklage im Wege eventueller Klagehäufung zulässig (vgl. *Schütze* Betr. 1977, 2129; *Zöller/Geimer,* ZPO²³, § 722, Rdn. 57). Eine solche Klagehäufung ist in allen Fällen angezeigt, in denen die Anerkennung zweifelhaft ist, da sonst unter Umständen nach endgültiger Abweisung der Vollstreckungsklage der ursprüngliche Anspruch verjährt ist.

9. Das Vollstreckungsurteil ist nach §§ 3709ff. ZPO für vorläufig vollstreckbar zu erklären.

10. Der dem ausländischen Urteil zugrunde liegende Anspruch ist in der Begründung zur Bestimmung der Zuständigkeit nunmehr zu bezeichnen, nachdem die Rechtsprechung teilweise – systemwidrig – die Familiengerichte für zuständig erachtet (vgl. Anm. 1).

11. Vgl. § 723 Abs. 2 S. 1 ZPO

12. Eine révision au fond ist ausgeschlossen (§ 723 Abs. 1 ZPO). Die Nachprüfungsbefugnis des Gerichts ist beschränkt auf das Vorliegen der Erfordernisse des § 328 ZPO (§ 723 Abs. 2 S. 2 ZPO).

13. Die Darlegung ist erforderlich, da nach wohl noch h.L. die Nachprüfung sämtlicher Anerkennungserfordernisse von Amts wegen zu erfolgen hat. Im Anschluss an die Rechtsprechung des RG wird jedoch angenommen (RGZ 75, 148), dass sich die Untersuchungsmaxime nicht auf die tatsächlichen Grundlagen der Erfordernisse erstreckt. Eine Ausnahme von dem Untersuchungsgrundsatz wird für das Erfordernis des § 328 Abs. 1 Nr. 1 ZPO gemacht, das verzichtbar und nur auf Rüge zu beachten sein soll.

14. Vgl. § 328 Abs. 1 Nr. 1 ZPO

15. Die internationale Gerichtsstandsvereinbarung ist geeignet, internationale Zuständigkeit zu begründen (BGH WPM 1979, 445). Ihr Zustandekommen bestimmt sich nach dem Vertragsstatut, nicht nach der lex fori (BGHZ 59, 23; BAG JZ 1979, 647). Die Wirkungen dagegen bestimmen sich nach der lex fori (*Schütze* Betr. 1974, 1417; *Mezger,* FS Wengler, 1973, S. 541ff.).

16. Vgl. § 328 Abs. 1 Nr. 2 ZPO.

17. Vgl. § 328 Abs. 1 Nr. 5 ZPO.

18. Es handelt sich nicht um einen echten Beweisantritt, lediglich um eine Anregung für das Gericht. Denn trotz der missverständlichen Fassung des § 293 ZPO gilt auch für die Feststellung ausländischen Rechts der Grundsatz iura novit curia. Das Gericht muss den Inhalt ausländischen Rechts von Amts wegen ermitteln (BGHZ 36, 348; 77, 32; BGH NJW 1976, 1581); es ist jedoch in der Auswahl seiner Erkenntnismöglichkeiten frei (BGH NJW 1963, 252; 1976, 1581). Da ausländisches Recht nicht dem Beweis unterliegt, ist die Partei, die sich auf einen ausländischen Rechtssatz beruft, auch nicht verpflichtet, einen Vorschuss für ein Sachverständigengutachten zu leisten, was in der Praxis jedoch anders gehandhabt wird.

Kosten und Gebühren

Die Gerichtskosten bestimmen sich nach KV Nr. 1430ff. GKG, die Anwaltsgebühren nach § 31 BRAGO.

5. Klage auf Feststellung der Anerkennung eines ausländischen Urteils

An das
Landgericht[1]
– Zivilkammer[2] –

Klage[3]

des Finanzkaufmanns A ......

– Kläger –

Prozessbevollmächtigter:
RA ......

gegen

den Ingenieur B ......

– Beklagter –

Prozessbevollmächtigter
RA ......

wegen Feststellung der Anerkennung eines ausländischen Urteils[4]
Streitwert: EUR 25.000,–

Namens und in Vollmacht des Klägers erheben wir

Klage

gegen den Beklagten. Wir werden beantragen:

1. **festzustellen, dass das Urteil des High Court of Justice Singapore vom ...... (Az.: ......), durch das die partnership der Parteien unter der Firma A & B Partnership aufgelöst worden ist, im Inland Wirkung entfaltet (Anerkennung)[6];**
2. **dem Beklagten die Kosten des Rechtsstreits aufzuerlegen;**
3. **das Urteil hinsichtlich der Kosten für vorläufig vollstreckbar zu erklären und Sicherheitsleistung durch selbstschuldnerische Bürgschaft der X-Bank Stuttgart zuzulassen.**

Begründung

1. **Die Parteien waren die einzigen Gesellschafter einer partnership nach singapurischem Recht unter der Firma A & B partnership. Wegen gesellschaftsschädigenden Verhaltens des Beklagten hat der High Court of Justice durch Urteil vom ...... (Datum) (Az.: ......) die partnership aufgelöst[7]. Das Urteil ist rechtskräftig.**

Beweis: Anliegendes Urteil des High Court Singapore

– Anlage K 1 –.

2. Die Erfordernisse des § 328 Abs. 1 ZPO sind erfüllt[8]. Der Beklagte hatte zur Zeit der Klageerhebung seinen Wohnsitz in Singapore. Er hat sich im Übrigen auf das erststaatliche Verfahren rügelos eingelassen,

Beweis: Affidavit des Solicitor and Advocate ...... vom ......

– Anlage K 2 –

so dass es auf die Zustellung des verfahrenseinleitenden Schriftstücks nicht ankommt. Die Gegenseitigkeit im Verhältnis zu Singapur ist verbürgt (§ 328 Abs 1 Nr. 5 ZPO).

vgl. *Geimer/Schütze,* Internationale Urteilsanerkennung, Bd. I/2, 1984, S. 1898; *Martiny,* Handbuch des Internationalen Zivilverfahrensrechts, Bd. III/1, 1984, S. 649; *Schütze* RIW/AWD 1982, 722.

3. Das Feststellungsinteresse i. S. von § 256 ZPO[9] ist angesichts der Gefahr einander widersprechender Entscheidungen gegeben.

Rechtsanwalt

Anmerkungen

1. Bei der Klage handelt es sich um eine Feststellungsklage nach § 256 ZPO. Die sachliche Zuständigkeit bestimmt sich nach §§ 23 Nr. 1, 71 Abs. 1 GVG. Eine Zuständigkeit nach § 23 Abs. 2 GVG bleibt unberücksichtigt. Da Streitgegenstand nicht der ursprüngliche Anspruch, sondern die Erstreckung der Urteilswirkungen auf das Inland ist, kommt es nicht darauf an, welchem Gerichtszweig das Erstgericht angehört. Auch die Feststellung der Anerkennung oder Nichtanerkennung ausländischer arbeitsgerichtlicher Urteile gehört vor die Amts- oder Landgerichte. Die Rechtsprechung macht für die Vollstreckbarerklärung ausländischer Urteile in Familiensachen eine Ausnahme (vgl. Form. I. T. 4 Anm. 1),was konsequenterweise auch für die Feststellungsklage gelten müsste.

2. Eine Zuständigkeit der Kammer für Handelssachen ist in keinem Fall gegeben, da Streitgegenstand nicht eine Handelssache ist.

3. Das autonome deutsche Recht kennt – abgesehen von der Ausnahme des Art. 7 FamRÄndG – kein besonderes Anerkennungsverfahren für ausländische Entscheidungen. Jedes Gericht und jede befasste Amtsstelle entscheidet über die Anerkennung incidenter (vgl. *Geimer,* Internationales Zivilprozessrecht[4], 2001, Rdn. 2992 ff.). Den Parteien steht die Feststellungsklage nach § 256 ZPO zur Klärung der Anerkennungsfähigkeit oder mangelnden Anerkennungsfähigkeit zur Verfügung (vgl. *Geimer* JZ 1977, 145/146; *ders.,* Internationales Zivilprozessrecht[4], Rdn. 2995 ff.; *Martiny,* Handbuch des Internationalen Zivilverfahrensrechts, Bd. III/1, 1984, S. 690 ff.).

4. Die von der ausländischen Entscheidung begünstigte Partei kann eine positive, die unterlegene Partei eine negative(auf Feststellung der Nichtanerkennung) gerichtete Feststellungsklage erheben (vgl. *Geimer,* JZ 1977, 146).

5. Der Streitwert der Feststellungsklage entspricht dem Streitwert im Erstprozess. Das gilt sowohl für die positive wie für die negative Feststellungsklage. Ein prozentualer Abschlag ist nicht zu machen, da die Erstreckung der Urteilswirkungen auf das Inland der Erlangung der Urteilswirkungen im Erststaat entspricht. Eine Umrechnung in EURO ist aber im Rahmen der Streitwertbestimmung nach § 3 ZPO angezeigt.

6. Da die Anerkennung sich formlos ergibt und die Wirkungen der ausländischen Entscheidung in dem Zeitpunkt automatisch auf das Inland erstreckt werden, in dem die Erfordernisse der Anerkennung gegeben sind und eine Inlandsbeziehung vorliegt (vgl.

Schütze NJW 1966, 1598), kann nicht die Anerkennung begehrt werden, sondern nur die Feststellung, dass die Anerkennung erfolgt ist, d.h. das ausländische Urteil seine Wirkungen im Inland entfaltet.

7. Vgl. zur partnership im singapurischen Recht *Schütze,* Handels- und Wirtschaftsrecht von Singapur und Malaysia, 1987, S. 77ff.; zur Auflösung durch gerichtliche Entscheidung *Wu Min Aun,* Business Law in Singapore, 1984, S. 311.

8. Auch Gestaltungsurteile bedürfen der Anerkennung nach § 328 ZPO, um Gestaltungswirkung im Inland zu entfalten (vgl. *Schütze* GmbHRdSch 1967, 6; *Zöller/Geimer,* ZPO[23], 2002, § 328 Rdn. 44ff.).

9. Für das Feststellungsinteresse reicht die abstrakte Gefahr einander widersprechender Entscheidungen aus (vgl. *Schütze,* Die Anerkennung und Vollstreckung ausländischer Zivilurteile in der Bundesrepublik Deutschland als verfahrensrechtliches Problem, Diss. Bonn 1960, S. 35; *Zöller/Geimer*[23] § 328 Rdn. 189). Es ist nicht notwendig, dass ein zweites Verfahren über denselben Streitgegenstand in concreto droht, insbesondere trifft den Feststellungskläger insoweit keine Darlegungslast.

Kosten und Gebühren

Kostenrechtlich bestehen keine Besonderheiten gegenüber anderen Feststellungsprozessen. Die Gerichtsgebühren bestimmen sich nach KV Nr. 1210ff. GKG, die Anwaltsgebühren nach § 31 BRAGO.

6. Antrag auf Klauselerteilung für ein ausländisches Urteil nach der VO (EG) Nr. 44/2001[1]

An das Landgericht[2]
– Zivilkammer[3] –

In Sachen

der Firma A ......

–Antragstellerin –

Verfahrensbevollmächtigter[4]
RA ......

gegen

die Firma B ......

– Antragsgegnerin –

wegen Klauselerteilung nach der VO (EG) Nr. 44/2001

Streitwert: EUR 50.000,–

Namens und in Vollmacht der Antragstellerin

beantrage

ich,

1. **das Urteil der Cour d'Appel Rennes vom ...... (Datum) (Aktenzeichen[5], durch das die Antragsgegnerin zur Zahlung vorläufigen Schadensersatzes in Höhe von EUR 50.000,– an die Antragstellerin verurteilt worden ist[6], mit der Vollstreckungsklausel zu versehen;**
2. **der Antragsgegnerin die Kosten des Verfahrens aufzuerlegen [7].**

Begründung

1. In einem Rechtsstreit wegen einseitiger Beendigung eines Vertragsverhältnisses hat die Cour d'Appel Rennes[8] durch das im Antrag näher bezeichnete Urteil die Antragsgegnerin zur Leistung von Schadensersatz verurteilt. Zur endgültigen Bestimmung des Ersatzbetrages hat das Gericht einen Sachverständigen beauftragt, die Antragsgegnerin aber zugleich zur Zahlung eines vorläufigen Schadensersatzbetrages (Provision) verurteilt.

Beweis: Vorlage des Urteils vom ......

– Anlage K 1 –

2. Das Urteil ist nach Artt. 38ff. VO (EG) Nr. 44/2001 in Verbindung mit dem deutschen Ausführungsgesetz (AVAG) mit der Klausel zu versehen. Es verstößt nicht gegen den deutschen ordre public (Art. 34 Nr. 1 EuGVVO), dass die Verurteilung zu vorläufiger Schadensersatzleistung erfolgt ist[9].
Die vorzulegende vollstreckbare Ausfertigung (große) erfüllt die Erfordernisse des Art. 53 EuGVVO[10]. Die Bescheinigung nach Art. 54 der Verordnung ist als

– Anlage K 2 –

beigefügt.

Rechtsanwalt

Anmerkungen

1. Mit Wirkung vom 1. 3. 2002 hat die VO (EG) Nr. 44/2002 (EuGVVO) das Brüsseler Zuständigkeits- und Vollstreckungsübereinkommen für alle Mitgliedstaaten mit Ausnahme von Dänemark ersetzt. Im Verhältnis zu Dänemark gilt weiterhin das EuGÜbK. Die Verordnung (vgl. dazu *Kropholler*, Europäisches Zivilprozessrecht[7], 2002; *Schütze*, Full Faith and Credit in der EU, IHR 2001, 135ff.) sieht im Rahmen ihres Geltungsbereichs anstelle des kontradiktorischen Verfahrens nach §§ 722f. ZPO ein einfaches Klauselerteilungsverfahren vor. Daneben ist eine Geltendmachung des ursprünglichen Anspruchs unzulässig (EuGH NJW 1977, 495 mit Anm. *Geimer* NJW 1977, 2013; *Geimer/Schütze*, Europäisches Zivilverfahrensrecht, 1997, Art. 31, Rdn. 62ff.). Das Klauselerteilungsverfahren schließt aber auch eine Vollstreckbarerklärung nach autonomem Recht (§ 722f. ZPO) oder anderweitigem Vertragsrecht aus. Unterfällt eine Annexentscheidung dem sachlichen Geltungsbereich der EuGVVO, nicht jedoch die Hauptentscheidung, so ist für die Wirkungserstreckung der Annexentscheidung das Klauselerteilungsverfahren gegeben. Einzelheiten des Verfahrens sind im Gesetz zur Ausführung zwischenstaatlicher Verträge und zur Durchführung von Verordnungen der Europäischen Gemeinschaft auf dem Gebiet der Anerkennung und Vollstreckung in Zivil- und Handelssachen (Anerkennungs- und Vollstreckungsausführungsgesetz – AVAG) geregelt (abgedruckt mit allen Änderungen bei *Bülow/Böckstiegel/Geimer/Schütze*, Internationaler Rechtsverkehr, 708.1ff.).

2. Ausschließlich zuständig ist der Vorsitzende einer Zivilkammer des Landgerichts, nicht die Kammer, vgl. Art. 39 Abs. 1 VO i.V.m. Anh. II EuGVVO.

3. Örtlich zuständig ist das Wohnsitzgericht des Urteilsschuldners, hilfsweise das Gericht des Sprengels, in dem die Zwangsvollstreckung durchgeführt werden soll, vgl. Art. 39 Abs. 2 EuGVVO.

4. Der Antrag kann schriftlich oder zu Protokoll der Geschäftsstelle gestellt werden (§ 4 Abs. 2 AVAG). Er unterliegt deshalb nicht dem Anwaltszwang. Die Vertretung durch einen bei einem deutschen Gericht zugelassenen Rechtsanwalt macht aber die sonst notwendige Bestellung eines Zustellungsbevollmächtigten (Art. 40 Abs. 2 EuGV-

VO) überflüssig, § 5 Abs. 3 AVAG. Benennt der Antragsteller dagegen einen Bevollmächtigten, der nicht Rechtsanwalt ist, so muss dieser – vorbehaltlich einer Befreiung – im Sprengel des Klauselerteilungsgerichts wohnen, § 5 Abs. 3 AVAG.

5. Im Antrag ist ggf. anzugeben, für welche Entscheidung die Klauselerteilung begehrt wird. Der Antragsteller kann seinen Antrag auch auf eine Teilklauselerteilung beschränken, Art. 48 Abs. 2 EuGVVO.

6. Der Vorsitzende entscheidet durch Beschluss. In den Beschluss ist die zu vollstreckende Verurteilung oder Verpflichtung in deutscher Sprache aufzunehmen (§ 8 Abs. 1 AVAG). Die Form der Vollstreckungsklausel ist in § 9 AVAG vorgeschrieben.

7. Die Kostenentscheidung erfolgt nach § 8 Abs. 1 AVAG i. V. m. § 788 ZPO.

8. Der Sachverhalt ist der Entscheidung OLG Celle RIW/AWD 1979, 129 entnommen.

9. Nach Art. 41 EuGVVO erfolgt die Klauselerteilung zwar nur aufgrund der in Art. 53 der Verordnung vorgesehenen Förmlichkeiten ohne Prüfung der Erfordernisse der Artt. 34f. EuGVVO. Das in dem Klauselerteilungsverfahren nach EuGÜbK und LugÜ bestehende eingeschränkte Prüfungsrecht der Klauselerteilungsrichters im Hinblick auf amtsbekannte Einwendungen soll wegfallen. Es ist aber zweifelhaft, ob das auch für offensichtliche ordre public Verstöße gilt. Ein deutscher Richter kann kaum verpflichtet werden, einem ausländischen Urteil Wirkungen im Inland zu verleihen, wenn der Verstoß gegen die deutsche öffentliche Ordnung offensichtlich ist.

10. Der Urteilsgläubiger hat folgende Urkunden vorzulegen:
- Ausfertigung der Entscheidung nach Art. 53 Abs. 1 EuGVVO;
- Bescheinigung nach Art. 54 EuGVVO. Der Inhalt der Bescheinigung ist in Anh. V EuGVVO vorgeschrieben. Die Bescheinigung enthält u. a. auch die Bestätigung der Zustellung. Damit fallen einige der Urkunden, die im Klauselerteilungsverfahren nach EuGÜbK und LugÜ vorgelegt werden müssen, fort.

Kosten und Gebühren

Die Gerichtsgebühren sind streitwertunabhängig und bestimmen sich nach KV Nr. 1420 GKG. Sie betragen für das Klauselerteilungsverfahren EUR 72,– (KV Nr. 1420). Für die Rechtsanwaltsgebühren gilt § 47 Abs. 1 BRAGO.

7. Antrag auf Klauselerteilung für ein ausländisches Urteil nach EuGÜbK und LugÜ[1]

An das
Landgericht
– Zivilkammer[2] –
Stuttgart[3]

In Sachen

der Firma A ......

– Antragstellerin –

Verfahrensbevollmächtigter[4]
RA ......

Gegen
die Firma B ......

– Antragsgegnerin –

wegen
Klauselerteilung nach dem EuGÜbK/LuGÜ
Streitwert: sfr. 100.000,–
Namens und in Vollmacht der Antragstellerin

beantrage

ich,

1. das Urteil des Handelsgerichts Zürich vom ...... (Datum) (Aktenzeichen ......)[5], durch das die Antragsgegnerin zur Zahlung des Kaufpreises für eine Druckmaschine in Höhe von sfr. 100.000,– nebst 8% Zinsen[6] seit dem ...... an die Antragstellerin verurteilt worden ist, mit der Vollstreckungsklausel zu versehen.
2. Der Antragsgegnerin die Kosten des Verfahrens aufzuerlegen[7].

Begründung

Die Antragsgegnerin schuldet der Antragstellerin den Kaufpreis für eine Druckmaschine des Typs ...... in Höhe von sfr. 100.000,–. Durch das im Antrag näher bezeichnet Urteil des Handelsgerichts Zürich ist die Antragsgegnerin zur Zahlung dieses Betrages nebst 8% Zinsen seit Verzugseintritt verurteilt worden.

Beweis: Vorlage des Urteils des Handelsgerichts Zürich

– Anlage –

Das Urteil ist gemäss Artt. 31 ff. LugÜ in Verbindung mit §§ 3 ff. AVAG mit der Klausel zu versehen. Es verstößt nicht gegen Art. 27 LugÜ.
Die in der Anlage vorgelegte vollstreckbarer Ausfertigung erfüllt die Erfordernisse der Artt. 46 Nr. 1, 47 Nr. 1 LugÜ.

Rechtsanwalt

Anmerkungen

1. Mit Wirkung vom 1. 3. 2002 hat die EuGVVO das EuGÜbK für alle Vertragsstaaten mit Ausnahme Dänemarks ersetzt. Das weitgehend wort- und inhaltsgleiche LugÜ gilt im Verhältnis zu Island, Norwegen, Polen und der Schweiz (vgl. zu beiden Übereinkommen *Geimer/Schütze*, Europäisches Zivilverfahrensrecht, 1997). Nach beiden Übereinkommen ist das kontradiktorische Verfahren der Vollstreckbarerklärung nach §§ 722 f. ZPO durch ein einfaches Klauselerteilungsverfahren ersetzt worden. Einzelheiten des Verfahrens sind im deutschen Ausführungsgesetz (AVAG) (abgedruckt bei *Bülow/Böckstiegel/Geimer/Schütze,* Internationaler Rechtsverkehr, 708.1 ff.) geregelt.

2. Ausschließlich zuständig ist der Vorsitzende einer Zivilkammer (nicht die Kammer), Art. 32 EuGÜbK/LugÜ i. V. m. § 3 Abs. 1, 3 AVAG.

3. Örtlich zuständig ist das Wohnsitzgericht des Urteilsschuldners, hilfsweise das Gericht, in dessen Sprengel die Zwangsvollstreckung durchgeführt werden soll, Art. 32 Abs. 2 EuGÜbK/LugÜ i. V. m. § 3 Abs. 2 AVAG.

4. Der Antrag kann schriftlich oder zu Protokoll der Geschäftsstelle gestellt werden (§ 4 Abs. 2 AVAG). Er unterliegt deshalb nicht dem Anwaltszwang (§ 6 Abs. 3 AVAG). Die Vertretung durch einen bei einem deutschen Gericht zugelassenen Rechtsanwalt

macht aber die sonst notwendige Bestellung eines Zustellungsbevollmächtigten (Art. 33 Abs. 2 EuGÜbK/LugÜ) überflüssig, § 5 Abs. 3 AVAG. Benennt der Antragsteller dagegen einen Bevollmächtigten, der nicht als Rechtsanwalt bei einem deutschen Gericht zugelassen ist, so muss dieser – vorbehaltlich einer Befreiung vom Domizilerfordernis – im Sprengel des Klauselerteilungsgerichts wohnen, § 5 Abs. 3 AVAG.

5. Im Antrag ist anzugeben, für welche Entscheidung der Antragsteller die Klauselerteilung begehrt. Er kann seinen Antrag auf eine Teilklauselerteilung beschränken.

6. Der Vorsitzende entscheidet durch Beschluss. In den Beschluss ist die zu vollstreckende Verurteilung oder Verpflichtung in deutscher Sprache aufzunehmen (§ 8 Abs. 1 AVAG), jedoch erfolgt keine Umrechnung der Urteilsforderung, wenn diese in ausländischer Währung ausgedrückt ist. Die Form der Klausel ist in § 9 Abs. 1 AVAG vorgeschrieben.

7. Die Kostenentscheidung erfolgt nach § 788 ZPO, dessen analoge Anwendung § 8 Abs. 1 AVAG vorschreibt.

Kosten und Gebühren

Die Gerichtsgebühren sind streitwertunabhängig und bestimmen sich nach KV Nr. 1420 GKG. Sie betragen für das Klauselerteilungsverfahren EUR 72,– (KV Nr. 1420 GKG). Die Rechtsanwaltsgebühren bestimmen sich nach § 47 BRAGO.

8. Beschwerde gegen die Entscheidung über den Antrag auf Klauselerteilung nach Art. 43 EuGVVO[1]

An das
Oberlandesgericht[2]
– Zivilsenat[3] –

In Sachen

der Firma A ......

– Antragstellerin(gegnerin)/Beschwerdeführerin –

Verfahrensbevollmächtigter[4]
RA ......

gegen

die Firma B ......

– Antragsgegnerin(stellerin)/Beschwerdegegnerin –

Verfahrensbevollmächtigter:
RA ......

zeigen wir an, dass wir die Antragstellerin(gegnerin)/Beschwerdeführerin vertreten. Namens und in ihrer Vollmacht legen wir gegen den Beschluss des Vorsitzenden Richters der ...... Zivilkammer des Landgerichts ...... vom ...... (Datum) (Aktenzeichen: ......), zugestellt am ...... (Datum)

Beschwerde[5]

ein und beantragen,

1. unter Abänderung des Beschlusses des Vorsitzenden Richters der ...... Zivilkammer des Landgerichts ...... vom ...... (Datum) (Aktenzeichen: ......), zugestellt am ...... (Datum) das Urteil der Cour d'Appel Rennes, durch das die Antragsgegnerin zur

Zahlung eines vorläufigen Schadensersatzes in Höhe von EUR 50.000,– an die Antragstellerin verurteilt worden ist, mit der Vollstreckungsklausel zu versehen.
2. Der Antragsgegnerin die Kosten aufzuerlegen[7].

Begründung

Zu Unrecht hat der Vorsitzende Richter der ...... Zivilkammer des Landgerichts ...... in dem angefochtenen Beschluss die Klauselerteilung für das im Antrag näher bezeichnete Urteil der Cour d'Appel Rennes verweigert. Entgegen der Ansicht des Vorsitzenden Richters verstösst die Verurteilung zu vorläufigem Schadensersatz nicht gegen den deutschen ordre public. Ein Versagungsgrund nach Art. 34 Nr. 1 EuGVVO liegt nicht vor.

Rechtsanwalt

Anmerkungen

1. Gegen die Entscheidung des Vorsitzenden Richters beim Landgericht ist die Beschwerde zulässig, Art. 43 Abs. 1 EuGVVO i.V.m. § 11 AVAG. Die unterschiedliche Regelung der Beschwerde gegen die stattgebende und die ablehnende Entscheidung des Klauselerteilungsrichters nach EuGÜbK und LugÜ ist in der EuGVVO fortgefallen.

2. Zuständig zur Entscheidung über die Beschwerde ist das Oberlandesgericht (Anh. III EuGVVO), in Berlin das Kammergericht. Die Beschwerde ist beim Oberlandesgericht einzulegen, ihre Zulässigkeit wird jedoch nicht durch die Einlegung beim Landgericht berührt. Dieses hat die Beschwerde unverzüglich von Amts wegen an das Oberlandesgericht abzugeben, § 11 Abs. 2 AVAG. Der Klauselerteilungsrichter kann der Beschwerde nicht abhelfen.

3. Es entscheidet der Senat. § 568 ZPO ist nicht anwendbar, da der Vorsitzende der Kammer des Landgerichts nicht als originärer Einzelrichter nach § 348 ZPO zuständig ist (*Thomas/Putzo/Hüsstege,* ZPO[24], 2002, Art. 43 EuGVVO, Rdn. 18), sondern aufgrund § 3 Abs. 3 AVAG.

4. Die Beschwerde kann durch Einreichung einer Beschwerdeschrift oder zu Protokoll der Geschäftsstelle eingelegt werden (§ 11 Abs. 1 AVAG). Es besteht damit kein Anwaltszwang (§ 78 Abs. 3 ZPO), jedoch müssen die Erfordernisse hinsichtlich des Zustellungsbevollmächtigten wie im Verfahren vor dem Vorsitzenden Richter einer Kammer des Landgerichts weiterhin gegeben sein.

5. Die Beschwerde ist fristgebunden. Die Frist beträgt nach Art. 43 Abs. 5 EuGVVO einen Monat nach Zustellung des Beschlusses des Vorsitzenden Richters. Hat der Schuldner seinen Wohnsitz in einem anderen Staat als dem, in dem die Klausel erteilt oder verweigert worden ist, so verlängert sich die Frist auf zwei Monate seit Zustellung. Eine Verlängerung der Beschwerdefrist wegen weiter Entfernung ist nicht zulässig.

6. Aufgrund des Beschlusses des OLG, durch den die Zwangsvollstreckung aus dem ausländischen Urteil erstmals zugelassen wird, erteilt der Urkundsbeamte der Geschäftsstelle die Vollstreckungsklausel (§ 13 Abs. 4 AVAG). Ändert das OLG den klauselerteilenden Beschluss ab, weil die Erfordernisse der Anerkennung nicht gegeben sind, so weist es den Antrag auf Klauselerteilung zurück.

7. Für die Kostentragungspflicht gelten §§ 91 ff. ZPO. Bei Erfolg oder teilweisem Erfolg sind die Kosten gemäss §§ 91, 92 ZPO ganz oder teilweise dem Beschwerdegegner aufzuerlegen, bei Zurückweisung oder Verwerfung der Beschwerde ist nach § 97 Abs. 1 ZPO zu entscheiden.

Kosten und Gebühren

Die Gerichtsgebühren sind streitwertunabhängig. Sie betragen EUR 108,– (KV Nr. 1911 GKG). Die Rechtsanwaltsgebühren bestimmen sich nach § 47 BRAGO.

9. Beschwerde gegen die Ablehnung der Klauselerteilung nach Art. 40 EuGÜbK/LugÜ[1]

An das
Oberlandesgericht[2]
– Zivilsenat[3] –

In Sachen
Der Firma A ......

– Antragstellerin/Beschwerdeführerin –

Verfahrensbevollmächtigter[4]:
RA ......

gegen

die Firma B ......

– Antragsgegnerin/Beschwerdegegnerin –

Verfahrensbevollmächtigter:
RA ......

zeigen wir an, dass wir die Antragstellerin/Beschwerdeführerin vertreten. In ihrem Namen und in ihrer Vollmacht legen wir gegen den Beschluss des Vorsitzenden Richters der ...... Zivilkammer des Landgerichts ...... vom ...... (Datum) (Aktenzeichen: ......), zugestellt am ...... (Datum)

Beschwerde[5]

ein und
beantragen,

1. unter Abänderung des Beschlusses des Vorsitzenden Richters der ...... Zivilkammer des Landegerichts ...... vom ...... (Datum) (Aktenzeichen: ......), zugestellt am ...... (Datum) das Urteil des Handelsgerichts Zürich vom ...... (Datum) (Aktenzeichen: ......), durch das die Antragsgegnerin zur Zahlung von sfr. 100.000.– nebst 8% Zinsen seit dem ...... (Datum) an die Antragstellerin verurteilt worden ist, mit der Vollstreckungsklausel zu versehen[6];
2. der Antragsgegnerin die Kosten aufzuerlegen[7].

Begründung

Zu Unrecht hat der Vorsitzende Richter der ...... Zivilkammer des Landgerichts ...... in dem angefochtenen Beschluss die Klauselerteilung für die im Antrag näher bezeichnete Entscheidung des Handelsgerichts Zürich verweigert. Die Tatsache, dass das Erstgericht einen nicht nachgelassenen Schriftsatz unberücksichtigt gelassen hat, begründet keinen Verstoß gegen den ordre public wegen Nichtgewährung rechtlichen Gehörs. Ein Versagungsgrund nach Artt. 34 Abs. 2, 27 Nr. 1 LugÜ liegt nicht vor.

Rechtsanwalt

Anmerkungen

1. EuGÜbK und LugÜ differenzieren hinsichtlich des Rechtsbehelfs gegen die die Klausel erteilende und die die Klausel verweigernde Entscheidung des Vorsitzenden Richters des Landgerichts. Die Unterscheidung liegt allein in der Frist für Einlegung der Beschwerde, den in beiden Fällen allein zulässigen Rechtsbehelf (vgl. dazu *Geimer/Schütze,* Europäisches Zivilverfahrensrecht, 1997, Art. 40 Rdn. 1 ff.). Das Beschwerdeverfahren im Einzelnen ist in §§ 11 ff. AVAG geregelt.

2.–4. Vgl. Anm. 2–4 Form. I. T. 8.

5. Der Antrag ist nicht fristgebunden. Die unerwünschte Schwebelage kann der Urteilsschuldner nach h. L. nur durch Erhebung einer negativen Feststellungsklage nach Maßgabe des nationalen Rechts beseitigen (vgl. *Kropholler,* Europäisches Zivilprozessrecht[6], 1998, Art. 40 Rdn. 3).

6.–7. Vgl. Anm. 6 und 7 Form. I. T. 8.

Kosten und Gebühren

Die Gerichtskosten sind streitwertunabhängig. Sie betragen nach KV Nr. 1911 GKG EUR 108,–. Die Rechtsanwaltsgebühren bestimmen sich nach § 47 BRAGO.

10. Beschwerde gegen die Klauselerteilung nach Art. 36 EuGÜbK/LugÜ[1]

An das
Oberlandesgericht[2]
– Zivilsenat[3] –

In Sachen

der Firma A ......

– Antragsgegnerin/Beschwerdeführerin –

Verfahrensbevollmächtigter[4]:
RA ......

gegen

die Firma B ......

– Antragstellerin/Beschwerdegegnerin –

Verfahrensbevollmächtigter:
RA ......

zeigen wir an, dass wir die Antragsgegnerin/Beschwerdeführerin vertreten. In ihrem Namen und Vollmacht legen wir gegen den Beschluss des Vorsitzenden Richters der ...... Zivilkammer des Landgerichts ...... vom ...... (Datum) (Aktenzeichen: ......), zugestellt am ...... (Datum)

Beschwerde[5]

ein und
beantragen,

1. unter Abänderung des Beschlusses des Vorsitzenden Richters der ...... Zivilkammer des Landgerichts vom ...... (Datum) (Aktenzeichen: ......), zugestellt am ...... (Da-

tum) den Antrag auf Zulassung der Zwangsvollstreckung und Klauselerteilung für das Urteil des Handelsgerichts Zürich vom ...... (Datum) (Aktenzeichen: ......) zurückzuweisen[6].

2. Der Antragstellerin die Kosten aufzuerlegen[7].

Begründung

Zu Unrecht hat der Vorsitzende Richter der ...... Zivilkammer des Landgerichts ...... in dem angefochtenen Beschluss die Klauselerteilung für das im Antrag näher bezeichnete Urteil des Handelsgerichts Zürich angeordnet.

Die Antragstellerin hatte wegen desselben Sachverhalts bereits vor Einleitung des Verfahrens in Zürich eine Klage mit identischem Streitgegenstand gegen die Antragsgegnerin in Stuttgart erhoben. Das Landgericht Stuttgart hat die Klage durch Urteil vom ...... (Datum) (Aktenzeichen: ......) abgewiesen. Das Urteil ist rechtskräftig.

Beweis: Beiziehung der Akten ......; eine Ausfertigung des vorbezeichneten Urteils des LG Stuttgart mit dem Rechtskraftvermerk ist als Anlage beigefügt.

Das Urteil des Handelsgerichts Zürich kann nach Art. 27 Nr. 3 LugÜ nicht anerkannt und mit der Klausel versehen werden.

Rechtsanwalt

Anmerkungen

1.–4. Vgl. Anm. 1–4 Form. I. T. 9.

5. Die Beschwerde ist fristgebunden. Sie ist binnen eines Monats seit Zustellung einzulegen (Art. 36 Abs. 1 EuGÜbK/LugÜ i. V. m. § 11 Abs. 3 AVAG). Hat der Urteilsschuldner keinen inländischen Wohnsitz, so gelten abweichende Fristen:

- Wohnsitz in einem anderen Vertragsstaat: Die Frist beträgt zwei Monate (§ 35 AVAG). Sie kann nicht verlängert werden, auch nicht wegen „weiter Entfernung".
- Wohnsitz in einem Nichtvertragsstaat: Die Frist beträgt einen Monat, ist aber verlängerbar. Der Vorsitzende kann die Frist nach §§ 10 Abs. 2, 11 Abs. 3 AVAG verlängern, wenn er die Monatsfrist nicht für ausreichend hält, und zwar auch über zwei Monate hinaus (*Geimer/Schütze*, Europäisches Zivilverfahrensrecht, 1997, Art. 36 Rdn. 14).
- Ist der Wohnsitz des Urteilsschuldners unbekannt, so dass eine öffentliche Zustellung des Beschlusses über die Klauselerteilung notwendig ist, so gilt dasselbe wie bei Wohnsitz in einem Drittstaat. Der Vorsitzende kann die Frist über einen Monat hinaus verlängern, § 10 Abs. 2 AVAG.

6.–7. Vgl. Anm. 6–7 Form. I. T. 9.

Kosten und Gebühren

Die Gerichtsgebühren sind streitwertunabhängig. Sie betragen nach KV Nr. 1911 GKG EUR 108,–. Die Rechtsanwaltsgebühren bestimmen sich nach § 47 BRAGO.

11. Rechtsbeschwerde nach Artt. 44 EuGVVO, 37 EuGÜbK/LugÜ[1]

An den
Bundesgerichtshof[2]
Karlsruhe

In Sachen

Der Firma A ......

– Antragstellerin/Beschwerdeführerin/Rechtsbeschwerdeführerin

Verfahrensbevollmächtigter[3]:
RA ......

gegen

die Firma B ......

– Antragsgegnerin/Beschwerdegegnerin/Rechtsbeschwerdegegnerin

Verfahrensbevollmächtigter der Beschwerdeinstanz:
RA ......
zeigen wir an, dass wir die Antragstellerin/Beschwerdeführerin/Rechtsbeschwerdeführerin vertreten. In ihrem Namen und in ihrer Vollmacht legen wir gegen den Beschluss des OLG ...... vom ...... (Datum) (Aktenzeichen: ......), zugestellt am ...... (Datum)[4]

Rechtsbeschwerde[5]

ein und beantragen,
1. unter Abänderung des Beschlusses des Oberlandesgerichts ...... vom ...... (Datum) (Aktenzeichen: ......) das Urteil der Cour d'Appel Rennes vom ...... (Datum) (Aktenzeichen: ......), durch das die Antragsgegnerin zur Zahlung eines vorläufigen Schadensersatzbetrages in Höhe von EUR 50.000,– an die Antragstellerin verurteilt worden ist, mit der Vollstreckungsklausel zu versehen[6],
2. Der Antragsgegnerin die Kosten aufzuerlegen[7].

Begründung[8]

Zu Unrecht hat das Oberlandesgericht in dem angefochtenen Beschluss die Klausel für das im Antrag näher bezeichnete Urteil der Cour d'Appel Rennes verweigert. Entgegen der Ansicht der Vorinstanzen verstößt die Verurteilung zu vorläufigem Schadensersatz nicht gegen den deutschen ordre public. Ein Versagungsgrund nach Art. 34 Nr. 1 EuGVVO liegt nicht vor[9].
Die Sache hat grundsätzliche Bedeutung[10]. Über die Klauselerteilung von Entscheidungen, die zu vorläufigem Schadensersatz verurteilen, haben bisher weder der EuGH noch der BGH entschieden.

Rechtsanwalt beim BGH

Anmerkungen

1. Gegen die Entscheidung des Oberlandesgerichts findet die Rechtsbeschwerde zum Bundesgerichtshof statt. Die Bestimmungen über die Rechtsbeschwerde in Art. 44 EuGVVO und Artt. 37 Abs. 2, 41 EuGÜbK/LugÜ sind inhaltlich gleich. Die EuGVVO hat das Verfahren aus den beiden Übereinkommen übernommen (vgl. *Kropholler,* Europäisches Zivilprozessrecht[7], 2002, Art. 44 Rdn. 1). Auf die Rechtsbeschwerde finden einheitlich §§ 15ff. AVAG Anwendung. Die Zulässigkeit der Rechtsbeschwerde ist unabhängig davon, welche Partei sie einlegt. Die Rechtsbeschwerde findet nach Maßgabe des § 574 Abs. 1 Nr. 1, Abs. 2 ZPO statt, § 15 Abs. 1 AVAG. Sie muss also entweder grundsätzliche Bedeutung haben oder der Fortbildung der Rechts oder der Sicherung einer einheitlichen Rechtsprechung dienen.

2. Zuständig zur Entscheidung über die Rechtsbeschwerde ist der Bundesgerichtshof (Artt. 44 EuGVVO i.V.m. Anh. IV EuGVVO, 37 Abs. 2, 41 EuGÜbK/LugÜ). Die

Rechtsbeschwerde ist beim Bundesgerichtshof einzulegen, § 16 Abs. 1 AVAG. Die Einlegung beim OLG wahrt die Frist – anders als bei der Beschwerde – nicht.

3. Es besteht Anwaltszwang. Die Rechtsbeschwerde muss durch einen beim Bundesgerichtshof zugelassenen Anwalt eingelegt werden (vgl. *Geimer/Schütze,* Europäisches Zivilverfahrensrecht, 1997, Art. 37 Rdn. 15; *Thomas/Putzo/Hüsstege,* ZPO[24], 2002, Art. 44 EuGVVO Rdn. 4), und zwar auch bei Rechtsbeschwerden gegen Entscheidungen bayerischer OLG (BGH NJW-RR 94, 320).

4. Die Zustellung der Beschwerdeentscheidung setzt die Frist für die Einlegung der Rechtsbeschwerde in Lauf. Die Frist für die Einlegung beträgt 1 Monat, § 15 Abs. 2 AVAG. Die Rechtsbeschwerdefrist ist eine Notfrist, § 15 Abs. 3 AVAG.

5. Auf das Verfahren finden weitgehend die Regelungen über die Revision Anwendung. § 575 Abs. 2–4 ZPO sind entsprechend anwendbar, § 16 Abs. 2 AVAG. Der BGH kann nur überprüfen, ob der Beschluss auf einer Verletzung des Rechts der Europäischen Gemeinschaft, von EuGÜbK und LugÜ, sowie Bundesrecht oder einer anderen Vorschrift beruht, deren Geltungsbereich sich über einen Bezirk eines Oberlandesgerichts hinaus erstreckt. Die Nachprüfung der örtlichen Zuständigkeit ist in jedem Fall ausgeschlossen, § 17 Abs. 2 AVAG.

6. Wenn die Zwangsvollstreckung erstmals durch den BGH zugelassen wird, dann erteilt der Urkundsbeamte der Geschäftsstelle des BGH die Klausel. Die Klausel ist unbeschränkt zu erteilen, § 17 Abs. 3 AVAG.

7. Die Kostenentscheidung folgt §§ 91 ff. ZPO.

8. Die Rechtsbeschwerde bedarf der Begründung, § 16 Abs. 2 S. 1 AVAG. § 575 Abs. 2–4 ZPO sind entsprechend anzuwenden. Soweit die Rechtsbeschwerde darauf gestützt wird, dass das Beschwerdegericht von einer Entscheidung des EuGH abgewichen sei, ist diese Entscheidung zu bezeichnen, § 16 Abs. 2, S. 2, 3 AVAG.

9. Vgl. dazu OLG Celle RIW/AWD 1979, 129.

10. Vgl. § 15 Abs. AVAG i. V. m. § 574 Abs. 2 Nr. 1 ZPO.

Kosten und Gebühren

Die Gerichtsgebühren sind streitwertunabhängig. Sie betragen nach KV Nr. 1913 GKG EUR 144,–. Die Rechtsanwaltsgebühren sind nicht in der BRAGO geregelt. § 47 BRAGO findet keine Anwendung. In analoger Anwendung der Bestimmungen über die Revision erhält der Rechtsanwalt nach § 11 Abs. 1 BRAGO um 3/10 erhöhte Gebühren, also für die Vertretung im Rechtsbeschwerdeverfahren 13/10 der vollen Gebühr (BGH RIW/AWD 1983, 378; OLG Frankfurt/Main RIW/AWD 1981, 714).

12. Antrag auf Anerkennung einer ausländischen Ehescheidung nach Art. 14 Abs. 3 VO (EG) Nr. 1347/2000[1]

An das
Amtsgericht
– Familiengericht[2] –
Stuttgart[3]

In Sachen
des Werkmeisters A ......

– Antragsteller –

Verfahrensbevollmächtigter[4]
RA ......

gegen

die Sekretärin B ......

– Antragsgegnerin –

wegen Anerkennung eines österreichischen Ehescheidungsurteils nach Art. 4 der VO (EG) Nr. 1347/2000 (EheVO)

beantrage

ich namens und in Vollmacht des Antragstellers
festzustellen[5], dass das Urteil des Landesgerichts Wien vom ...... (Datum) (Aktenzeichen: ......), durch das die Ehe der Parteien geschieden worden ist, anzuerkennen ist.

Begründung

1. Der Antragsteller ist österreichischer Staatsangehöriger, die Antragsgegnerin besitzt die deutsche Staatsangehörigkeit.
2. Der Antragsteller ist am ...... (Datum) in Wien geboren, die Antragsgegnerin am ...(Datum) in München. Der gemeinsame Aufenthalt der Parteien im Zeitpunkt der Scheidung am ...... (Datum)[6] war Wien[7]. Beide Parteien haben nunmehr ihren gewöhnlichen Aufenthalt in Stuttgart[8].
3. Keine der Parteien hat sich wiederverheiratet. Die österreichische Entscheidung ist am ...... (Datum) in Rechtskraft erwachsen. Eine Ausfertigung der Entscheidung mit dem Rechtskraftvermerk ist als

   – Anlage –

   beigefügt.
4. Die Antragsgegnerin hat sich auf den Rechtsstreit vor dem Erstgericht rügelos eingelassen[9].
5. Der Antragsteller hat ein Interesse an der Feststellung der Anerkennung[10]. Die Antragstellerin bestreitet die Wirksamkeit der österreichischen Ehescheidung.

Rechtsanwalt

Anmerkungen

1. Mit Wirkung vom 1. März 2001 hat die VO (EG) Nr. 1347/2000 das Anerkennungsverfahren vor der Landesjustizverwaltung nach Art. 7 § 1 FamRÄndG für Entscheidungen aus den Mitgliedstaaten der EU – mit Ausnahme Dänemarks – ersetzt. Im Verhältnis zu Dänemark gilt weiterhin die allgemeine Regelung des § 328 ZPO i. V. m. Art. 7 § 1 FamRÄndG. Die Verordnung (vgl. dazu *Helms,* Die Anerkennung ausländischer Entscheidungen im Europäischen Eheverfahrensrecht, FamRZ 2001, 257 ff.; *Wagner,* Die Anerkennung und Vollstreckung von Entscheidungen nach der Brüssel II Verordnung, IPRax 2001, 73 ff.) sieht im Rahmen ihres Geltungsbereichs eine formlose Anerkennung vor (Art. 14 Abs. 1 EheVO). Um jedoch Rechtssicherheit zu schaffen, steht den Parteien ein Verfahren mit dem Ziel der Feststellung der Anerkennung oder Nichtanerkennung zur Verfügung (Art. 14 Abs. 3 EheVO).

2. Zuständig ist nach Anh. I zur EheVO das Familiengericht am Sitz des örtlich zuständigen Oberlandesgerichts. Für den Bezirk des KG ist das Familiengericht Pankow/Weissensee zuständig.

3. Die örtliche Zuständigkeit bestimmt sich bei einem in Deutschland gestellten Antrag nach deutschem autonomem Recht, Art. 22 Abs. 3 EheVO. Nach § 51 AVAG bestimmt sich die örtliche Zuständigkeit in erster Linie nach dem gewöhnlichen Aufenthaltsort des

Antragsgegners, hilfsweise nach dem Ort, an dem das Interesse der Feststellung hervortritt, äußerst hilfsweise nach dem im Bezirk des Kammergerichts zur Entscheidung berufenen Gericht. Die örtliche Zuständigkeit ist ausschließlich.

4. Die Bestellung eines Prozessbevollmächtigten ist nicht erforderlich. Der Antrag kann schriftlich eingereicht oder mündlich zu Protokoll der Geschäftsstelle erklärt werden (§ 4 Abs. 2 AVAG). Die Bestellung eines bei einem deutschen Gericht zugelassenen Anwalts enthebt den Antragsteller jedoch von der Verpflichtung zur Bestellung eines Zustellungsbevollmächtigten nach § 5 AVAG.

5. Es handelt sich – anders als bei der Feststellung nach Art. 7 § 1 FamRÄndG – um keine gestaltende, sondern eine echte feststellende Entscheidung, da die Wirkungen der ausländischen Entscheidung bei Vorliegen der Anerkennungsvoraussetzungen bereits formlos auf das Inland erstreckt worden sind.

6. Die EheVO findet Anwendung auf Entscheidungen, die nach deren Inkrafttreten ergangen sind, soweit eine Zuständigkeit nach der Verordnung gegen war, Art. 42 Abs. 2 EheVO.

7. Die Zuständigkeit bestimmt sich nach Art. 2 EheVO. Nach Art. 2 Abs. 1 lit. a begründet der gemeinsame gewöhnliche Aufenthalt der Ehegatten internationale Scheidungszuständigkeit

8. Die örtliche Zuständigkeit für die Feststellung der Anerkennung bestimmt sich in erster Linie nach dem gewöhnlichen Aufenthalt des Antragsgegners, § 51 Nr. 1 AVAG.

9. Vgl. dazu Art. 15 Abs. 1 lit. b EheVO.

10. Art. 14 Abs. 3 EheVO fordert ein „Interesse" als Zulässigkeitsvoraussetzung des Antrags.

Kosten und Gebühren

Die Gerichtsgebühren sind streitwertunabhängig und bestimmen sich nach KV Nr. 1420 GKG. Sie betragen für das Feststellungsverfahren EUR 72,–. Für die Rechtsanwaltsgebühren gilt § 118 BRAGO.

13. Antrag auf Anerkennung einer ausländischen Ehescheidung[1] nach Art. 7 § 1 FamRÄndG

An das
Justizministerium[2]
Baden-Württemberg
Stuttgart

In der Ehesache
des A ......

– Antragsteller[3] –

Verfahrensbevollmächtigter[4]:
RA ......

gegen

die B ......
Antragsgegnerin –

wegen

Anerkennung eines singapurischen Ehescheidungsurteils

Ich

beantrage

namens und in Vollmacht des Antragstellers,
festzustellen, dass die Voraussetzungen für die Anerkennung des Urteils des High Court of Justice Singapore vom ...... (Datum) (Aktenzeichen: ......), durch das die Ehe zwischen den Parteien geschieden worden ist, vorliegen.

Begründung[6]

1. Der Antragsteller ist singapurischer Staatsangehöriger, die Antragsgegnerin besitzt die deutsche Staatsangehörigkeit[7].
2. Der Antragsteller ist am ...... (Datum) in Singapur geboren, die Antragsgegnerin am ...... (Datum) in München. Der gemeinsame Aufenthalt der Parteien im Zeitpunkt der Ehescheidung war Singapur[8]. Beide Parteien haben ihren gewöhnlichen Aufenthalt nunmehr in Stuttgart[9].
3. Keine der Parteien hat sich wiederverheiratet. Die singapurische Entscheidung ist rechtskräftig. Eine Ausfertigung der Entscheidung ist als

   – Anlage –

   beigefügt.
4. Die Antragsgegnerin hat sich in dem Rechtsstreit vor dem High Court of Justice rügelos eingelassen[10]. Versagungsgründe der Anerkennung liegen nicht vor[11].
5. Der Antragsteller hat die Anerkennung der Entscheidung noch nicht bei einer anderen Behörde beantragt.

Rechtsanwalt

Anmerkungen

1. Während die Anerkennung ausländischer Zivilurteile regelmäßig formlos erfolgt, bedarf die Wirkungserstreckung ausländischer Entscheidungen in Ehesachen förmlicher Feststellung (Art. 7 § 1 FamRÄndG). Vgl. dazu *Basedow,* Die Anerkennung von Auslandsscheidungen, 1980; *Kleinrahm/Partikel,* Die Anerkennung ausländischer Entscheidungen in Ehesachen[2], 1970. Kein Gericht und keine befasste Amtsstelle darf über die Anerkennung eines solchen Urteils als Vorfrage entscheiden, etwa in einem Unterhalts- oder Rentenprozess oder bei einer Wiederheirat der Ehegatten. Die Entscheidungskompetenz ist in Art. 7 § 1 FamRÄndG monopolisiert. Ausnahmen bestehen nur für Urteile des gemeinsamen Heimatstaates beider Ehegatten, sowie antrags- und klagabweisende Urteile (vgl. *Zöller/Geimer,* ZPO[23], 2002, § 328 Rdn. 246).

Von dem Entscheidungsmonopol ausgenommen sind Erkenntnisse, die unter den sachlichen Geltungsbereich der VO (EG) Nr. 1347/2000 fallen. Für diese Entscheidungen gilt die formlose Anerkennung.

2. Zuständig ist die Landesjustizverwaltung des Landes, in dem ein Ehegatte seinen gewöhnlichen Aufenthalt hat. Hat keiner der Ehegatten seinen gewöhnlichen Aufenthalt im Inland, so ist zuständig die Landesjustizverwaltung des Landes, in dem die neue Ehe geschlossen werden soll, hilfsweise die Justizverwaltung des Landes Berlin (Art. 7 § 1 Abs. 2 FamRÄndG).

3. Antragsberechtigt ist jeder, der ein rechtliches Interesse an der Anerkennung glaubhaft macht (Art. 7 § 1 Abs. 3 FamRÄndG), also nicht nur die Ehegatten, sondern z. B. auch Sozialversicherungsträger etc.

4. Der Antrag unterliegt nicht dem Anwaltszwang.

5. Der Antrag geht auf Feststellung, dass die Erfordernisse der Anerkennung vorliegen (Art. 7 § 1 Abs. 1 FamRÄndG). Trotz der missverständlichen Fassung der Norm ist die Entscheidung der Landesjustizveraltung gestaltender Natur.

6. Die Landesjustizveraltung hat den Sachverhalt von Amts wegen aufzuklären, also auch unstreitiges Vorbringen der Parteien nachzuprüfen. Ein Geständnis oder Anerkenntnis ist ohne rechtliche Wirkung.

7. Die Angabe der Staatsangehörigkeit ist notwendig, da bei Urteilen des gemeinsamen Heimatstaats beider Ehegatten ein Feststellungsverfahren unzulässig ist (Art. 7 § 1 Abs. 3 FamRÄndG). Ein Anerkennungsantrag ist zurückzuweisen (*Geimer* NJW 1971, 2138, str.).

8. Die internationale Zuständigkeit ist nach § 328 Abs. 1 Nr. 1 ZPO zu prüfen. Die Regelung des § 606a ZPO verdrängt nicht § 328 Abs. 1 Nr. 1 ZPO. Vgl zur Aufenthaltszuständigkeit § 606a Nr. 2 ZPO.

9. Die Angabe ist wichtig für die Bestimmung der örtlichen Zuständigkeit, vgl. Art. 7 § 1 Abs. 2 S. 1 FamRÄndG.

10. Vgl. § 328 Abs. 1 Nr. 2 ZPO.

11. Die Verbürgung der Gegenseitigkeit (§ 328 Abs. 1 Nr. 5 ZPO) ist nicht Erfordernis der Anerkennung (Art. 7 § 1 Abs. 1 S. 2 FamRÄndG).

Kosten und Gebühren

Für das Verfahren vor der Landesjustizverwaltung wird eine Gebühr von EUR 10,– bis 310,– erhoben (Art. 7 § 2 Abs. 1 FamRÄndG). Die Gebühren des Rechtsanwalts bestimmen sich nach § 118 BRAGO.

14. Antrag[1] auf gerichtliche Entscheidung gegen die Feststellung der LJV nach Art. 7 § 1 FamRÄndG

An das
Oberlandesgericht[2]
– Zivilsenat –

In der Ehesache

des A ......

– Antragsteller –

Verfahrensbevollmächtigter[3]:
Rechtsanwalt A ......

gegen

die B ......

– Antragsgegnerin –

wegen

Anerkennung eines singapurischen Ehescheidungsurteils

Namens und in Vollmacht des Antragstellers bitte ich um gerichtliche Entscheidung[4] gemäß Art. 7 § 1 Abs. 4 FamRÄndG mit dem

Antrag:

1. Unter Aufhebung der Entscheidung des Justizministeriums Baden-Württemberg vom ...... (Datum) (Az.: ......) festzustellen, dass die Voraussetzungen für die Anerkennung des Urteils des High Court of Justice Singapore vom ...... (Datum) (Az: ......), durch das die Ehe der Parteien geschieden worden ist, vorliegen.

2. der Antragsgegnerin die Kosten des Verfahrens aufzuerlegen[5].

Begründung

......

Rechtsanwalt

Anmerkungen

1. Gegen die ablehnende Entscheidung der Landesjustizverwaltung kann der Antragsteller (Art. 7 § 1 Abs. 4 FamRÄndG), gegen die stattgebende der Ehegatte des Antragstellers (Art. 7 § 1 Abs. 5 FamRÄndG) gerichtliche Entscheidung beantragen. Der Antrag ist unbefristet. Die Entscheidung der Landesjustizverwaltung kann also noch nach Jahren angefochten werden.

2. Zuständig ist das Oberlandesgericht (in Bayern das BayObLG), in dessen Bezirk die Landesjustizverwaltung ihren Sitz hat.

3. Es besteht kein Anwaltszwang.

4. Das OLG entscheidet im Verfahren der freiwilligen Gerichtsbarkeit. Der Antrag auf gerichtliche Entscheidung hat keine aufschiebende Wirkung (Art. 7 § 1 Abs. 6 FamRÄndG). Die Entscheidung des OLG ist endgültig, jedoch besteht Vorlagepflicht an den BGH, wenn das OLG von einer Entscheidung des BGH oder eines anderen OLG abweichen will.

5. Eine Verpflichtung zur Kostentragung durch den anderen Verfahrensbeteiligten i. S. von § 91 ZPO besteht nicht. Nach § 13 a Abs. 1 S. 2 FGG besteht eine Ausnahme für grobes Verschulden eines Beteiligten bei Veranlassung der Kosten. Im Übrigen ist nach Billigkeit zu entscheiden (vgl. BayObLG FamRZ 1999, 604, *Geimer,* Internationales Zivilprozessrecht[4], 2001, Rdn. 3048 b).

Kosten und Gebühren

Die Gerichtsgebühren werden nach der Kostenordnung erhoben (Art. 7 § 2 Abs. 2 S. 2 FamRÄndG). Bei Zurückweisung des Antrags wird eine Gebühr von EUR 10,– bis 310,– erhoben, die sich bei Antragsrücknahme auf die Hälfte ermäßigt. Die Höhe der Gebühr bestimmt das OLG. Das OLG bestimmt auch die von der Verwaltungsbehörde zu erhebende Gebühr, wenn die Entscheidung der Landesjustizverwaltung aufgehoben wird. Die Anwaltsgebühren bestimmen sich nach § 118 BRAGO (str., teilweise wird auch § 66 a BRAGO angewendet), wobei die Verfahren vor der Landesjustizverwaltung und dem OLG gesonderte anwaltliche Gebührenangelegenheiten sind (str.). Für die Bestimmung des Gegenstandswertes vgl. BayObLG FamRZ 1999, 604.

15. Antrag auf Vollstreckbarerklärung[1] eines ausländischen[2] Schiedsspruchs[3] nach § 1061 ZPO

An das
Oberlandesgericht[4]
......

In Sachen
der Firma A ......

– Antragstellerin –

Verfahrensbevollmächtigter[5]:
Rechtsanwalt ......

gegen

die Firma B ......

– Antragsgegnerin –

Verfahrensbevollmächtigter:
Rechtsanwalt ......

Streitwert[6]: EUR 5 Mio.

Namens und in Vollmacht der Antragstellerin

beantrage ich:

1. den Schiedsspruch des Einzelschiedsrichters X ...... vom ...... (Datum), durch den die Antragsgegnerin zur Zahlung von US$ 5 Mio nebst 8% Zinsen seit dem ...... (Datum) verurteilt worden ist, für vollstreckbar zu erklären;
2. der Antragsgegnerin die Kosten des Verfahrens aufzuerlegen[7];
3. den Beschluss[8] für vorläufig vollstreckbar[9] zu erklären.

Begründung

1. Die Parteien haben am ...... (Datum) einen Kaufvertrag über die Lieferung von Maschinen abgeschlossen. Zugleich wurde eine Schiedsvereinbarung abgeschlossen, wonach ein Einzelschiedsrichter nach den AAA-Rules Streitigkeiten aus dem Vertrag entscheiden sollte.

   Beweis: Schiedsvereinbarung vom ...... (Datum)

   – Anlage K 1 –
2. Die Maschinen wurden teils zu spät geliefert, teils waren sie mangelhaft. Die Antragstellerin hat Schadensersatzansprüche aus Verzug und Schlechtlieferung vor dem vereinbarten Einzelschiedsrichter in Seattle/Washington geltend gemacht. Dieser hat in Seattle, am Sitz des Schiedsgerichts, den im Antrag näher bezeichnete Schiedsspruch erlassen.

   Beweis: Schiedsspruch vom ...... (Datum), der in beglaubigter Abschrift[10] als

   – Anlage K 2 –

   vorgelegt wird.

   Der Schiedsspruch ist nach dem Recht des Staates Washington verbindlich[11] und vollstreckbar.
3. Die Erfordernisse der Wirkungserstreckung nach dem UN-Übereinkommen vom 10. 6. 1958 über die Vollstreckung ausländischer Schiedssprüche, das nach § 1061 Abs. 1 ZPO anwendbar ist, sind gegeben.

Rechtsanwalt

Anmerkungen

1. Ausländische Schiedssprüche bedürfen zur Entfaltung von Wirkungen im Inland der Vollstreckbarerklärung (vgl. dazu *Borges,* Die Anerkennung und Vollstreckbarerklärung von Schiedssprüchen nach neuem Recht, ZZP 111 (1998), 487 ff.; *Schütze,* Schiedsgericht und Schiedsverfahren[3], 1999, Rdn. 254 ff.). Im Verhältnis zu Staatsverträgen gilt als Faustregel das Günstigkeitsprinzip. Es kommt die anerkennungsfreundlichere Regelung zur Anwendung. Dieser Grundsatz ist im Übrigen in Art. VII UN-Übereinkommen, das Gegenstand von § 1061 ZPO geworden ist, manifestiert. Da sich die Wirkungserstreckung ausländischer Schiedssprüche nunmehr allein nach dem UN-Übereinkommen bestimmt und die die bilateralen Staatsverträge regelmäßig auf dieses

Übereinkommen verweisen, hat die Günstigkeitsregel ihre Bedeutung weitgehend verloren. Die Möglichkeit der Wirkungserstreckung nach § 1061 ZPO oder einem günstigeren Staatsvertrag schließt die Erfüllungsklage mangels Rechtsschutzinteresses aus (OLG Hamburg HRR 1933 Nr. 1791; *Schütze,* Schiedsgericht und Schiedsverfahren aaO., Rdn. 256 m. w. N.).

2. Die Nationalität eines Schiedsspruchs wird nach § 1061 ZPO durch den Sitz des Schiedsgerichts bestimmt (Territorialitätsprinzip).

3. Auch wenn der Schiedsspruch im Ausland durch Exequaturuteil für vollstreckbar erklärt worden ist, kann der Schiedsspruch in Deutschland für vollstreckbar erklärt werden (RGZ 5, 397; 30, 368; *Wieczorek/Schütze,* ZPO[3], § 1044, Rdn. 4). Nach der Rechtsprechung des BGH (vgl. z.B. BGH RIW/AWD 1984, 557 mit Anm. *Dielmann* und *Schütze* ebenda, 734 ff., BGH RIW/AWD 1984, 644 mit Anm. *Mezger*) hat der Gläubiger ein Wahlrecht, ob er die Vollstreckbarerklärung des Schiedsspruchs nach § 1061 ZPO oder des Exequaturuteils nach §§ 722 f. ZPO betreiben will (vgl. dazu Form. I. T. 16).

4. Zuständig ist nach § 1062 Abs. 1 Nr. 4 ZPO das Oberlandesgericht, das in der Schiedsvereinbarung bezeichnet ist. Fehlt eine solche Vereinbarung der Parteien, so ist das Oberlandesgericht des Sprengels zuständig, in dem der Antragsgegner seinen Sitz oder gewöhnlichen Aufenthalt hat oder sich Vermögen des Antragsgegners oder der mit der Schiedsklage in Anspruch genommene oder von der Maßnahme betroffene Gegenstand befindet (§ 1062 Abs. 2 ZPO).

5. Nach § 1063 Abs. 4 ZPO besteht eine Abmilderung des Anwaltszwanges, der mit der generellen Eingangszuständigkeit des OLG verbunden ist. Solange keine mündliche Verhandlung angeordnet ist, können die Parteien selbst Anträge zu Protokoll der Geschäftsstelle stellen oder Erklärungen abgeben.

6. Der Streitwert entspricht dem Wert des Schiedsspruchs (vgl. *Glossner/Bredow/Bühler,* Das Schiedsgericht in der Praxis[3], 1990, Rdn. 507).

7. Für die Kostenentscheidung gelten §§ 91 ff. ZPO. § 1057 ZPO gilt nur für das Schiedsverfahren, nicht das Vollstreckbarerklärungsverfahren. Die fehlende Kostenentscheidung ist nach § 321 ZPO zu ergänzen. Anlass zur Einleitung des Vollstreckbarerklärungsverfahrens gibt der Schuldner regelmäßig bereits durch Nichterfüllung des Schiedsspruchs.

8. Das Oberlandesgericht entscheidet durch Beschluss nach vorheriger Anhörung des Antragsgegners, § 1063 Abs. 1 ZPO. Das Gericht hat mündliche Verhandlung anzuordnen, wenn Aufhebungsgründe geltend gemacht werden, § 1063 Abs. 2 ZPO.

9. Der Beschluss, durch den ein Schiedsspruch für vollstreckbar erklärt wird, ist für vorläufig vollstreckbar zu erklären, § 1064 Abs. 3, 4 ZPO.

10. Der Schiedsspruch ist in Urschrift oder beglaubigter Abschrift dem Antrag beizufügen, § 1064 Abs. 1 S. 1, Abs. 3 ZPO. Die Beglaubigung kann auch von dem Verfahrensbevollmächtigten vorgenommen werden, § 1064 Abs. 1 S. 2 ZPO.

11. Die Verbindlichkeit des ausländischen Schiedsspruchs ist nach § 1061 Abs. 1 ZPO i.V.m. Art. V Abs. 1 lit. e UN-Übereinkommen Erfordernis der Wirkungserstreckung. Dies setzt voraus, dass der Schiedsspruch keiner Aufhebung oder Abänderung durch einen schiedsrichterlichen oder staatsgerichtlichen Rechtsbehelf mehr unterliegt. Die Verbindlichkeit des Schiedsspruchs bestimmt sich nach dem anwendbaren ausländischen Recht. Nach der Rechtsprechung des Bundesgerichtshofs kann sich der Schuldner nicht mehr auf das Fehlen einer wirksamen Schiedsvereinbarung berufen, wenn er von einem nach der ausländischen Rechtsordnung zulässigen befristeten Rechtsbehelf keinen Gebrauch gemacht hat (BGHZ 52, 154; 55, 162; 57, 143, sehr str.).

Kosten und Gebühren

Die Gerichtsgebühren entsprechen denen für die Vollstreckbarerklärung inländischer Schiedssprüche – soweit nicht in Staatsverträgen eine günstigere Regelung enthalten ist (vgl. KV Nr. 1630 GKG). Die Anwaltsgebühren bestimmen sich nach § 46 Abs. 1 S. 2 BRAGO.

16. Klage auf Vollstreckbarerklärung eines ausländischen Exequaturteils betreffend einen ausländischen Schiedsspruch

An das
Landgericht[1]
– Zivilkammer –

Klage[2]

der Firma A
......

– Klägerin –

Prozessbevollmächtigter
RA ......

gegen

die Firma B ......

– Beklagte –

Prozessbevollmächtigter:
RA ......

wegen

Vollstreckbarerklärung eines ausländischen Exequaturteils betreffend einen ausländischen Schiedsspruch

Streitwert: US $ 500.000,–[3]

Namens und in Vollmacht der Klägerin erheben wir

Klage

gegen die Beklagte.

Wir werden beantragen,

1. das Urteil des Supreme Court of New York vom ...... (Aktenzeichen: ......), durch das der Schiedsspruch des Schiedsgerichts bestehend aus dem Vorsitzenden ...... (Namen) und den Schiedsrichtern ...... (Namen) vom ...... (Datum), durch den die Beklagte zur Zahlung von US $ 500.000,– an die Klägerin verurteilt worden ist, für vollstreckbar erklärt worden ist, für vollstreckbar zu erklären.
2. der Beklagten die Kosten des Rechtsstreits aufzuerlegen,
3. das Urteil für vorläufig vollstreckbar zu erklären und Sicherheitsleistung durch selbstschuldnerische Bürgschaft der X-Bank Stuttgart zuzulassen,
4. hilfsweise im Unterliegensfalle: der Klägerin nachzulassen, die Zwangsvollstreckung durch Sicherheitsleistung, die auch durch selbstschuldnerische Bürgschaft der X-Bank Stuttgart erbracht werden kann, abzuwenden.

Begründung

Das im Antrag näher bezeichnet Schiedsgericht hat die Beklagte zur Zahlung von US $ 500.000,– als Schadensersatz wegen mangelhafter Lieferung von Maschinen für die Druckindustrie verurteilt. Zwischen den Parteien bestand eine Schiedsvereinbarung, wonach alle Streitigkeiten aus dem Vertragsverhältnis, aufgrund dessen die Maschinen geliefert wurden, von einem Schiedsgericht in New York nach der Schiedsgerichtsordnung der American Arbitration Association (AAA)[4] zu entscheiden waren. Das Schiedsgericht ist ordnungsgemäß gebildet worden.

Beweis: Schiedsvereinbarung vom ...... (Datum)

– Anlage K 1 –

Schiedsspruch vom ...... (Datum)

– Anlage K 2 –

Durch Urteil vom ...... (Datum) hat der Supreme Court of New York den Schiedsspruch für vollstreckbar erklärt (bestätigt).

Beweis: Urteil vom ......

– Anlage K 3 –

Das Urteil ist rechtskräftig.
Nach dem anwendbaren New Yorker Recht nimmt das Exequaturурteil den Inhalt des Schiedsspruchs in sich auf (doctrine of merger)[5]. Der BGH gibt in diesem Fall dem Gläubiger ein Wahlrecht, ob er die Vollstreckbarerklärung des Schiedsspruchs[6] oder des Exequatururteils betreiben will[7].

Rechtsanwalt

Anmerkungen

1. Bei der Klage auf Vollstreckbarerklärung eines ausländischen Exequatururteils handelt es sich um eine Klage nach §§ 722 f. ZPO. Sachlich zuständig ist ausschließlich (§ 802 ZPO) das Gericht des ersten Rechtszuges, das für die Geltendmachung des ursprünglichen Anspruchs zuständig wäre (§ 722 Abs. 2 ZPO). Bei der Vollstreckbarerklärung von Exequatururteilen für ausländische Schiedssprüche ist auf den Streitwert des ausländischen Vollstreckbarerklärungsverfahrens abzustellen. Vgl. im Übrigen zur Zuständigkeit Form. I. T. 4 Anm. 1.

2. Der BGH lässt in Abkehr von einer jahrzehntelangen Rechtsprechung des Reichsgerichts (z. B. RGZ 5, 397; 30, 368) die Vollstreckbarerklärung von ausländischen Exequaturentscheidungen für Schiedssprüche zu, soweit diese nach der doctrine of merger den Inhalt des für vollstreckbar erklärten Schiedsspruchs in sich aufnehmen (BGH RIW/AWD 1984, 557 mit Anm. *Dielmann und Schütze*, ebenda S. 734 ff.; BGH RIW/AWD 1984, 644 mit Anm. *Mezger;* dazu *Schlosser* IPRax 1985, 141). Nach dieser – zweifelhaften – Rechtsprechung hat der Gläubiger ein Wahlrecht hinsichtlich der Vollstreckbarerklärung des Schiedsspruchs nach § 1061 ZPO oder den entsprechenden Staatsverträgen und der Vollstreckbarerklärung des Exequatururteils nach §§ 722 f. ZPO (vgl. dazu *Schütze*, Die Bedeutung eines ausländischen Urteils über die Wirksamkeit eines Schiedsspruchs für dessen Exequierung im Inland, Jahrbuch für die Praxis der Schiedsgerichtsbarkeit 3 (1989), S. 118 ff. (120 f.).

3. Streitwert für die Vollstreckbarerklärung ist der Streitwert der ausländischen Exequaturentscheidung.

4. Die in Anm. 2 zitierten Entscheidungen des BGH sind zu New Yorker Schiedssprüchen ergangen. Besondere Bedeutung besitzt in den USA die Schiedsgerichtsbarkeit der

AAA (vgl. dazu *Schütze/Tscherning/Wais,* Handbuch des Schiedsverfahrens[2] 1990, Rdn. 894 ff.).

5. Vgl. zur doctrine of merger Borris, Die internationale Handelsschiedsgerichtsbarkeit in den USA, 1987, S. 91 f.; *Kilgus,* Zur Anerkennung und Vollstreckbarerklärung englischer Schiedssprüche in Deutschland, 1995, S. 117 ff.

6. Zum Verfahren vgl. Form. I. T. 15.

7. Zum Verfahren im Übrigen vgl. Form. I. T. 4.

Kosten und Gebühren

Es gelten die Grundsätze für das Verfahren nach §§ 722 f. ZPO. Die Gerichtsgebühren bestimmen sich nach KV Nr. 1430 ff. GKG, die Anwaltsgebühren nach § 31 BRAGO.

II. Klagen und Anträge im Zivilprozess zu ausgewählten Gebieten des materiellen Rechts (einschließlich Anträge zum Kartellrecht)

A. Kaufrecht

1. Kaufpreisklage

An das
Landgericht[1, 2]

Klage

des ...... (Klägers)
Prozessbevollmächtigter: ......
gegen
den ...... (Beklagten)
wegen

Kaufpreisforderung

Vorläufiger Streitwert: EUR 11.000,–.
Namens und in Vollmacht des Klägers erhebe ich Klage und werde beantragen:

1. Der Beklagte wird verurteilt, an den Kläger EUR 11.000,– nebst 5% Zinsen über dem Basiszinssatz seit 1. Juni ...... Zug um Zug[3] gegen Übergabe und Übertragung des Eigentums[4, 5] am Pkw ......, Fahrgestell-Nr. ......, Motor-Nr. ......, zu bezahlen.
2. Es wird festgestellt, dass sich der Beklagte seit 1. 6. ...... in Annahmeverzug befindet.[3]

Begründung[6]:

Die Parteien schlossen am 15. 5. ...... einen schriftlichen Kaufvertrag über das gebrauchte Fahrzeug des Klägers, einen Pkw ......, Fahrgestell-Nr. ......, Motor-Nr. ...... Als Kaufpreis wurden EUR 11.000,– vereinbart. Die Bezahlung sollte bei Übergabe des Pkw erfolgen.

Beweis: Kaufvertrag v. 15. 5. ...... in Anlage

Der Kläger bot das Fahrzeug am 1. 6. ...... dem Beklagten an dessen Wohnsitz an. Der Beklagte erklärte, er lehne die Übernahme des Pkw und die Bezahlung ab, da er vom Kläger hinsichtlich des Preises übervorteilt worden sei.

Beweis: Zeugnis der Frau V., zu laden beim Kläger.

Der Klageanspruch ergibt sich aus § 433 Abs. 2 BGB, der Zinsanspruch aus § 286 Abs. 2 Nr. 3 BGB, da sich der Beklagte am 1. 6. ...... endgültig geweigert hat, seiner Verpflichtung aus dem Kaufvertrag nachzukommen. Die Zinshöhe folgt aus § 288 Abs. 1 S. 2 BGB.

Anmerkungen

1. Bei Streitwerten über EUR 5.000,– ist das Landgericht sachlich zuständig, im Übrigen das Amtsgericht (§ 23 Nr. 1, § 71 Abs. 1 GVG).

2. Hinsichtlich der örtlichen Zuständigkeit führt § 29 Abs. 1 ZPO nicht dazu, dass das Gericht am Wohnsitz des Verkäufers zuständig ist, da es für die Erfüllung der Kaufpreisverbindlichkeit nicht darauf ankommt, wo sich die verkaufte Sache befindet, sondern Erfüllungsort der Wohnort des Käufers ist (*Baumbach/Lauterbach/Albers/Hartmann* § 29 Rdn. 26). Der ausschließliche Gerichtsstand am Wohnsitz des Käufers bei Abzahlungsgeschäften ist durch das jetzt in die §§ 588 ff. BGB integrierte VerbrKrG weggefallen (vgl. *Bülow* NJW 1991, 129 (134); *Ulmer/Habersack,* VerbrKrG, Rdn. 36 vor § 1). Bei Haustürgeschäften nach § 312 BGB ist ausschließlich das Gericht zuständig, in dessen Bezirk der Kunde zur Zeit der Klagerhebung seinen Wohnsitz hat (§ 29 c ZPO). Bei Anwendbarkeit des CISG ist der Sitz des Verkäufers sowohl für die Kaufpreisklage als auch für die Lieferklage Erfüllungsort (Art. 19, 31, 57 CISG). Die Frage ist zwar noch nicht abschließend entschieden. Jedoch dürfte die Entscheidung des BGH (Z 74, 141) für die gleich lautenden Art. 19 Abs. 2, 59 Abs. 1 EKG weitergelten (a. A. *v. Caemmerer/Schlechtriem,* CISG, Art. 57 Rdn. 11).

3. Um die Kostennachteile einer teilweisen Klageabweisung zu vermeiden (§ 92 Abs. 1 S. 1 ZPO; vgl. im Einzelnen *Baumbach/Lauterbach/Albers/Hartmann* § 92 Rdn. 26 Stichw. Zug-um-Zug-Leistung; *Thomas/Putzo* § 92 Rdn. 4), muss der Kläger in bestimmten Fällen auf Zahlung Zug um Zug gegen Erbringung seiner Gegenleistung klagen. Dies immer dann, wenn keine ausdrückliche Vorleistungspflicht des Käufers vereinbart ist und auch die Voraussetzungen des § 321 BGB nicht gegeben sind. Soweit der Käufer hier die Einrede des nicht erfüllten Vertrags (§ 320 BGB) erhebt, führt dies zwar nicht zur vollen Klageabweisung, sondern zur Zug-um-Zug-Verurteilung, die in aller Regel eine teilweise Klageabweisung mit der Kostenfolge des § 92 Abs. 1 ZPO ist (vgl. aber § 92 Abs. 2 ZPO). Erhebt der Käufer die Einrede nicht, so ergeht unbeschränktes Zahlungsurteil, auch ohne dass der Verkäufer behauptet, er habe seine Leistung bereits erbracht (hM., vgl. zB. *Palandt/Heinrichs* § 322 Rdn. 2).

Ist dagegen der Verkäufer zur Vorleistung verpflichtet, so kann er bei Annahmeverzug des Käufers auf Leistung nach Empfang der Gegenleistung klagen (§ 322 Abs. 2 BGB).

Die Zwangsvollstreckung des Zug-um-Zug-Urteils erfolgt nach § 756 ZPO. Der Annahmeverzug, der nach dieser Vorschrift das tatsächliche Angebot entbehrlich macht, kann durch Tatbestand, Entscheidungsgründe aber auch durch Ausspruch im Tenor nachgewiesen werden (OLG Köln NJW-RR 1991, 383; *Baumbach/Lauterbach/Albers/Hartmann* § 756 Rdn. 10; *Thomas/Putzo* § 756 Rdn. 8). Für den Nachweis des Annahmeverzugs genügt es allerdings nicht, wenn der Beklagte im Prozess Klagabweisung beantragt hat (vgl. KG NJW 1972, 2052). Da nicht feststeht, ob das Gericht in Tatbestand oder/und Entscheidungsgründen auf den Annahmeverzug eingeht, hat der Kläger mE ein Rechtsschutzbedürfnis, das ihm einen Antrag auf Feststellung, etwa wie im Klagantrag Z. 2 vorgeschlagen, ermöglicht. Dieser Antrag erhöht den Streitwert nicht, da er die in Z. 1 enthaltene Gegenleistung betrifft und durchweg beim Zug-um-Zug-Antrag ohne Bedeutung ist (h. M.; vgl. *Baumbach/Lauterbach/ Albers/Hartmann* § 6 Rdn. 6).

4. Die Klage ist nicht auf Leistung Zug um Zug gegen Abnahme zu richten, da die Abnahme Pflicht des Käufers ist und hier die Gegenleistung des Verkäufers aufgeführt werden muss.

5. Bei beweglichen Sachen genügt der Antrag auf Eigentumsübertragung. Bei Grundstücken kann der Antrag folgendermaßen lauten: „. . . . . . Zug um Zug gegen Verschaffung des Eigentums am Grundstück Flurstück Nr. 2011/2 BG-Heft Nr. 459 Gemeinde

……" oder: „…… Zug um Zug gegen Auflassung des Grundstücks Flurstück Nr. 2011/2 GB – Heft Nr. 459 Gemeinde und Bewilligung der Eintragung im Grundbuch ……".

6. Zur Schlüssigkeit der Klage genügt es, den Abschluss des Kaufvertrags und seinen wesentlichen Inhalt im Hinblick auf die Hauptleistungspflichten der Vertragsparteien sowie die Voraussetzungen für den Zinsanspruch vorzutragen.

2. Klage des Verkäufers auf Abnahme der Kaufsache[1] bei Widerruf eines Haustürgeschäfts

An das
Amtsgericht[2, 3]

Klage

des …… **(Klägers)**
Prozessbevollmächtigter: ……
gegen
den …… **(Beklagten)**
wegen

Abnahme eines Kaufgegenstandes

Vorläufiger Streitwert: EUR 1.200,–[3]
Namens und in Vollmacht des Klägers erhebe ich Klage und werde beantragen:

> **Der Beklagte wird verurteilt, die Waschmaschine, Fabrikat ……, Typ Exquisit X, abzunehmen.**

Begründung:

1. Die Parteien haben am …… einen schriftlichen Kaufvertrag über den Erwerb der Waschmaschine durch den Beklagten geschlossen.

Beweis: Vorlage des Kaufvertrages vom ……

Der vertraglich vereinbarte Kaufpreis von EUR 1.200,– wurde von dem Beklagten bei Abschluss des Kaufvertrages bar bezahlt.

2. Der Beklagte verweigert nun die Abnahme der Waschmaschine mit der Begründung, dass er seine Willenserklärung nach § 312 BGB mit Schreiben vom …… widerrufen habe.[4] Es trifft zwar zu, dass der Kaufvertrag in der Privatwohnung des Beklagten geschlossen wurde. Ein Widerruf nach § 312 BGB ist aber deshalb ausgeschlossen, weil der zuständige Mitarbeiter der Klägerin, Herr X, den Beklagten auf dessen ausdrückliche telefonische Bitte zu Hause aufgesucht hatte.[5]

Beweis: Zeugnis des ……

Rechtsanwalt

Anmerkungen

1. Die Abnahmeklage kann mit der Kaufpreisklage (Form. II. A. 1) kombiniert werden. Ein besonderer Antrag auf Abnahme ist für die Kaufpreisklage jedoch ebenso wenig wie für die Werklohnklage erforderlich. Zur Klärung von Streitfällen und zur Inzidenfeststellung des Verzugs mit der Abnahme kann sie jedoch sinnvoll sein. In Schuldnerverzug kommt der Käufer, wenn er auf Mahnung hin nicht abnimmt (§ 286 Abs. 1

S. 1 BGB) oder wenn er die Abnahme ernsthaft und endgültig verweigert hat (§ 286 Abs. 2 Nr. 3 BGB). In diesen Fällen liegt zusätzlich auch Annahmeverzug vor, was den Gefahrübergang zur Folge haben kann (§ 300 Abs. 2 BGB).

2. Die Abnahmeklage ist grundsätzlich am allgemeinen Gerichtsstand zu erheben (§§ 12–19 ZPO). § 29 ZPO führt nur in Ausnahmefällen zu einer anderen Zuständigkeit (vgl. hierzu Form. II. A. 3 Anm. 3). Wird die Abnahmeklage mit der Kaufpreisklage verbunden, entscheidet für die Zuständigkeit der Zahlungsanspruch (*Baumbach/Lauterbach/Albers/Hartmann* § 29 Rdn. 15). Die Vorschrift des § 29c ZPO ist im vorliegenden Fall nicht einschlägig, weil in der Begründung substantiiert behauptet wird, dass kein Haustürgeschäft vorliege (für die Zuständigkeit kommt es insoweit auf den Klagvortrag an (*Zöller/Vollkommer,* ZOI 23. Aufl., § 29c Rdn. 9).

3. Der für die sachliche Zuständigkeit maßgebende Streitwert ist nicht nach dem Kaufpreis, sondern nach dem Interesse des Verkäufers an der Abnahme zu bemessen (*Baumbach/Lauterbach/Albers/Hartmann* Anh. § 3 Rdn. 5). Dieser kann zB. bei Gegenständen, von denen Gefahr ausgeht oder die spezielle Wartung oder Lagerung erfordern, höher zu bewerten sein als der Kaufpreis. Wird die Abnahmeklage mit der Kaufpreisklage verbunden, ist maßgebend derjenige für die Kaufpreisklage; nach hM werden beide Werte nicht zusammengerechnet (*Baumbach/Lauterbach/Albers/Hartmann* aaO m. Nachw.).

4. Zum Widerrufsrecht des Kunden nach § 312 BGB vgl. *Palandt/Heinrichs,* Ergänzungsstand zur 61. Aufl. § 312 Rdn. 1 ff.

5. Die Beweislast für den Ausschluss des Widerrufsrechts nach § 312 Abs. 3 Nr. 1 BGB trägt der Verkäufer (OLG München WM 1991, 523; MünchKomm-Ulmer § 1 HausTWG Rdn. 51 sowie *Palandt/Heinrichs* Ergänzungsband 61. Aufl. § 312 Rdn. 23).

3. Klage auf Lieferung der Kaufsache[1]

An das

Amtsgericht[2, 3]

Klage

des ...... (Klägers)

Prozessbevollmächtigter: ......

gegen

den ...... (Beklagten)

wegen

Eigentumsverschaffung

Vorläufiger Streitwert: EUR 2800,–[2]

Namens und in Vollmacht des Klägers erhebe ich Klage und werde beantragen:

> **Der Beklagte wird verurteilt, an den Kläger die Original-Litographie „Mein lieber Vater", 1963, Maße 50 × 60 cm, von Otto Kerner Zug um Zug[4] gegen Bezahlung von EUR 2500,– zu übergeben und zu übereignen[5–9].**

Anmerkungen

1. Zur Klage auf Auflassung vgl. Form. II. F. 8; zur Herausgabeklage aus § 985 BGB, die bereits – etwa nach §§ 929 S. 2, 930f. BGB – begründetes Eigentum voraussetzt, vgl. Form. II. G. 9.

2. Die sachliche Zuständigkeit des Gerichts bemisst sich nach § 23 Nr. 1 GVG, §§ 2, 6 S. 1 ZPO.

a) Für den Streitwert ist der Verkehrswert maßgebend, nicht der Kaufpreis (*Baumbach/Lauterbach/Albers/Hartmann* Anh. § 3 Rdn. 68), so dass Streitwert und Gegenleistung nicht den gleichen Betrag ausmachen müssen.

b) Ohne Bedeutung für den Streitwert ist der Wert der Gegenleistung beim Zug-um-Zug-Antrag (hM., vgl. *Baumbach/Lauterbach/Albers/Hartmann* § 6 Rdn. 2; *Thomas/Putzo* § 6 Rdn. 2).

3. Örtlich zuständig ist in der Regel das Gericht des allgemeinen Gerichtsstands (§§ 12– 19 ZPO). Hervorzuheben sind folgende Besonderheiten:

a) Bei Klage auf Herausgabe eines Grundstücks ist nach § 24 Abs. 1 ZPO ausschließlicher Gerichtsstand der dingliche Gerichtsstand, wenn der Kläger bereits Eigentümer ist und Anspruch auf Herausgabe sowohl nach § 433 Abs. 1 S. 1 BGB als auch nach § 985 BGB besteht. Dagegen gilt § 24 ZPO nicht für die Klage auf Auflassung (vgl. hierzu Form. II. G. 8 Anm. 1).

b) Der besondere Gerichtsstand nach § 29 ZPO kann zur Klage an einem anderen als dem allgemeinen Gerichtsstand berechtigen, wenn ein anderer Erfüllungsort wirksam vereinbart ist oder aus den Umständen, insbesondere aus der Natur des Schuldverhältnisses ein anderer Erfüllungsort als der Wohnsitz des Verkäufers zu entnehmen ist (§ 269 Abs. 1 BGB). Bringschuld ist jedoch nur ausnahmsweise anzunehmen (zB. Heizöllieferung; vgl. *Palandt/Heinrichs* § 269 Rdn. 11). Bei beweglichen Sachen, die sich nicht am Wohnort des Verkäufers befinden, ist der Ort der Gegenstände Erfüllungsort (*Baumbach/Lauterbach/Albers/Hartmann* § 29 Rdn. 14). Zur Wirksamkeit einer Vereinbarung des Erfüllungsorts und damit des Gerichtsstands vgl. § 29 Abs. 2 ZPO.

c) Zu weiteren Besonderheiten bei Haustürgeschäften und bei Anwendbarkeit des CISG vgl. Form. II. A. 1 Anm. 2.

4. Vgl. hierzu Anm. 3 zu Form. II.A.1 und 2, Klage auf Kaufpreis und Abnahme. Wegen der Probleme bei der Vollstreckung des Zug-um-Zug-Urteils sollte in der Klagebegründung der Annahmeverzug des Beklagten dargetan und unter Beweis gestellt werden und zusätzlich ein entsprechender Antrag gestellt werden (vgl. Form. II. A. 1 und die dortige Anm. 3).

5. Ist das Eigentum bereits verschafft, so genügt es, auf Übergabe zu klagen. Statt „zu übereignen" kann auch beantragt werden: „...... zu erklären, dass das Eigentum an ...... auf den Kläger übergehen soll".

6. Die Vollstreckung der Übergabepflicht erfolgt nach § 883 ZPO, die Vollstreckung hinsichtlich der Übereignung nach § 894 ZPO. Die Vorschrift des § 283 Abs. 1 S. 1 BGB a.F. ist durch das Schuldrechtsmodernisierungsgesetz (Verträge seit 1. 1. 2002) weggefallen. Ein Antrag, wonach die Erfüllung nur binnen einer bestimmten Frist erfolgen kann, ist damit nicht mehr möglich. Der Wegfall des § 283 BGB wurde damit begründet, dass diese Vorschrift neben § 281 BGB n.F. nicht mehr erforderlich sei.

7. Nach Rechtskraft des Herausgabetitels hat der Kläger einmal die Möglichkeit der Vollstreckung nach § 883 ZPO. Zum anderen kann er jedoch auch unter den Voraussetzungen des § 281 BGB Schadensersatz verlangen. Voraussetzung für den Schadensersatzanspruch ist nach § 281 Abs. 1 S. 1 BGB, dass der Kläger dem Beklagten eine angemessene Frist zur Herausgabe gesetzt hat und diese abgelaufen ist. Einer Ablehnungsandrohung bedarf es nicht mehr. Die **Fristsetzung** kann mit dem Klageantrag auf Herausgabe verbunden werden (§ 255 ZPO). Der Antrag auf Fristsetzung kann sonach vor allen ordentlichen Gerichten mit dem Herausgabeantrag kombiniert werden.

Der Kläger muss im Klageantrag keine bestimmte Frist angeben. Die Dauer der Frist steht im Ermessen des Gerichts. Der Kläger kann deshalb auch beantragen: „Die Übergabe kann nur innerhalb einer vom Gericht zu bestimmenden, angemessenen Frist erfolgen". Gibt der Kläger allerdings eine bestimmte Frist an, kann sie das Gericht nicht verkürzen (*Baumbach/Lauterbach/Albers/Hartmann* § 255 Rdn. 5; *Thomas/Putzo* § 255 Rdn. 5). Auch wenn dies im Tenor nicht zum Ausdruck kommt, beginnt die Frist mit der Rechtskraft des Urteils zu laufen.

Während der Antrag auf Fristsetzung mit dem Herausgabeantrag kombiniert werden kann, gilt diese für den Schadensersatzantrag uneingeschränkt nur für das Verfahren vor dem Amtsgericht (§ 610b ZPO) und vor dem Arbeitsgericht (§ 61 Abs. 2 ArbGG). Nur dann wenn die Voraussetzungen des § 259 ZPO vorliegen würden, könnte dieser Antrag ebenfalls mit dem Herausgabeantrag kombiniert werden.

Die Gefahr des Antrags auf Fristsetzung besteht darin, dass der Herausgabeanspruch nach Fristablauf ausgeschlossen ist (§ 283 Abs. 1 2. Halbs. BGB). Der Kläger wird deshalb eine erheblich längere Frist wählen, wenn ihm hauptsächlich an der Sache selbst gelegen ist, damit er genügend Zeit für die Zwangsvollstreckung hat.

8. Ein selbstständiger, zusätzlicher Antrag auf Zahlung von Schadensersatz ist nur unter den Voraussetzungen des § 259 ZPO zulässig. Zum schlüssigen Klagvortrag gehört es damit, dass der Kläger Tatsachen dartut, die die Besorgnis rechtfertigen, der Schuldner werde sich der rechtzeitigen Leistung entziehen. Die Bestimmungen der §§ 510b ZPO und 61 Abs. 2 ArbGG, bei denen dies nicht erforderlich ist, gelten nur für das Verfahren vor dem Amts- bzw. Arbeitsgericht. Nach h. M. sind sie darüber hinaus auf den Herausgabeanspruch nicht anwendbar (OLG Köln OLGZ 1976, 477/478; *Baumbach/Lauterbach/Albers/Hartmann* § 510b Rdn. 1; *Thomas/Putzo* § 510b Rdn. 3).

9. Verliert der Beklagte aus irgendwelchen Gründen den Besitz der Sache nach Rechtshängigkeit, so hat der Kläger die Möglichkeit, den Rechtsstreit in der Hauptsache für erledigt zu erklären. Daneben gibt ihm § 264 Nr. 3 ZPO die Möglichkeit, auf das „Interesse" überzugehen.

4. Klage auf Nacherfüllung durch Mangelbeseitigung

An das
Landgericht[1]

Klage

der Firma . . . . . .
Prozessbevollmächtigter: **(Kläger)**
gegen
Die Firma . . . . . . **(Beklagte)**
wegen Nacherfüllung[2, 3, 4]
Vorläufiger Streitwert: EUR 500,–[1]

Namens und in Vollmacht der Klägerin erhebe ich Klage und werde beantragen:

> **Die Beklagte wird verurteilt, die Waschmaschine Fabrikat . . . Nr. . . . so nachzubessern, dass beim Schleudervorgang kein Wasser austritt[5].**

Begründung

Die Klägerin, ein Reinigungsunternehmen, kaufte am 1. 2. . . . . . bei der Beklagten die im Antrag genannte Waschmaschine zu einem Kaufpreis von EURO 10.000,– für ihren Betrieb

> **Beweis: Kaufvertrag vom 1. 2. .. in Anlage**

Zwölf Tage nach Lieferung und Inbetriebnahme der Anlage am 1. 4. ...... trat erstmals während des Schleudervorgangs beim Wäschetrocknen Wasser aus. Aufgrund einer Undichtigkeit läuft inzwischen bei jedem Schleudervorgang Wasser an der Unterseite der Maschine aus.

Beweis: Zeugnis des ...
Einholung eines Sachverständigengutachtens

Die Klägerin forderte die Beklagte mit Schreiben vom 1. 4. ...... zur Nachbesserung auf. Eine Reaktion ist nicht erfolgt[3].

Die Klägerin verlangt deshalb im Wege der Nacherfüllung Mangelbeseitigung nach § 439 Abs. 1 BGB[7].

Rechtsanwalt

Anmerkungen

1. Die sachliche Zuständigkeit ergibt sich aus § 23 Nr. 1 GVG. Als Streitwert ist die geschätzte Höhe der Mangelbeseitigungskosten anzusetzen (*Baumbach/Lauerbach/Albers/Hartmann* Anh § 3 Rdn. 137).

2. Durch das Schuldrechtsmodernisierungsgesetz wurden die Gewährleistungsansprüche des Kaufvertragsrechts grundlegend geändert (vgl. dazu i.e. *Westermann* NJW 2002, 241; *Huber* NJW 2002, 1004). Der Käufer kann sich nicht mehr wie bisher sofort durch Wandelung vom Vertrag lösen oder Minderung verlangen. Vielmehr muss er zunächst den Verkäufer zur Nacherfüllung (§ 439 BGB) auffordern. Dem Anspruch des Käufers entspricht ein Recht des Verkäufers auf Nacherfüllung.

3. Der Nacherfüllungsanspruch selbst setzt keine Fristsetzung voraus. Eine Fristsetzung ist aber Voraussetzung für die weitergehenden Mängelansprüche wie Schadensersatz (§ 281 Abs. 1 S. 1 BGB), Rücktritt (§ 323 Abs. 1 BGB) und Minderung (§§ 441, 323 Abs. 1 BGB).

4. Die Nacherfüllung kann sowohl durch Nachbesserung als auch durch Neulieferung einer mangelfreien Sache erfolgen. Dem Käufer steht insoweit ein Wahlrecht zu. Der Kläger könnte deshalb auch die Lieferung einer mangelfreien Waschmaschine verlangen. Der Verkäufer kann die vom Käufer verlangte Art der Nacherfüllung nur bei Unmöglichkeit (§ 275 Abs. 1 BGB) oder unter den Voraussetzungen der §§ 275 Abs. 2 und 3 sowie des § 439 Abs. 3 BGB wegen Unverhältnismäßigkeit verweigern (vgl. dazu *Huber* NJW 2002, 1004, 1007).

5. Verlangt der Käufer die Lieferung einer mangelfreien Sache (zum Fehlerbegriff vgl. *Westermann* NJW 2002, 241, 243), hat der Verkäufer einen Anspruch auf Rückgabe der gelieferten mangelhaften Sache (§ 439 Abs. 4 BGB, vgl. zum Klagantrag Form. II. A. 5).

6. Die Beweislast für das Vorliegen eines Mangels trägt mit Ausnahme der Sondertatbestände des § 434 Abs. 1 S. 3 BGB der Käufer. Für den Verbrauchsgüterkauf trifft § 476 BGB eine Sonderregelung. Zeigen sich Mängel innerhalb von 6 Monaten nach Gefahrübergang gilt die Vermutung, dass die Sache bereits bei Gefahrübergang mangelhaft war. Eine Ausnahme von dieser Ausnahme besteht dann, wenn die Vermutung mit der Art der Sache oder des Mangels unvereinbar ist. Dafür kommt insbesondere der Verkauf gebrauchter Sachen in Frage.

7. Die für die Mangelbeseitigung erforderlichen Aufwendungen hat der Verkäufer zu tragen (§ 439 Abs. 2 BGB). Dies entspricht der bisherigen Rechtslage beim Nachbesserungsanspruch im Werkvertragsrecht.

5. Die Mängelklage des Käufers (Klage auf Rückgewähr des Kaufpreises bei Rücktritt)[1]

An das
Landgericht[2, 3]

Klage

des ...... (Klägers)
Prozessbevollmächtigter: ......
gegen
den ...... (Beklagten)
wegen

Rückzahlung des Kaufpreises.

Vorläufiger Streitwert: EUR 12.000,–[2].
Namens und mit Vollmacht des Klägers erhebe ich Klage und werde beantragen:

1. Der Beklagte wird verurteilt, an den Kläger EUR 12.000,–[4, 6, 7] nebst 5% Zinsen über dem Basiszinssatz seit dem 14. 5. ...... Zug um Zug gegen Übergabe[8] der Waschmaschine XY zu bezahlen.
2. Es wird festgestellt, dass sich der Beklagte in Annahmeverzug befindet[9].

Begründung:

Der Kläger kaufte am 1. 2. ...... bei dem Beklagten die im Antrag genannte Waschmaschine zum Kaufpreis von EUR 12.000,–. Der Kaufvertrag wurde mündlich abgeschlossen. Der Kläger stellte die Waschmaschine am 5. 2. ...... auf und setzte sie in Betrieb. Dabei stellte sich heraus, dass das Laufwerk defekt ist, die Waschmaschine unregelmäßig und unrund läuft und beim Laufen laute kratzende Geräusche von sich gibt.

Beweis: Einnahme eines Augenscheins; Sachverständigengutachten.

Darüberhinaus ist es so, dass Kleidungsstücke durch das Waschen in der Maschine nach wenigen Waschvorgängen an verschiedenen Stellen durchgescheuert werden.

Beweis: Einnahme eines Augenscheins; Sachverständigengutachten.

Mit Schreiben vom 5. 3. ......, gab der Kläger dem Beklagten Gelegenheit zur Nacherfüllung bis zum 5. 4. ......

Beweis: Einschreiben-Rückschein vom 5. 3. ...... in Anlage.

Der Beklagte lehnte jedoch die Nacherfüllung ab.[5]

Beweis: Schreiben des Beklagten vom 10. 3. ...... in Anlage.

Daraufhin erklärte der Kläger mit Schreiben vom 25. 3. ...... Rücktritt vom Kaufvertrag und verlangte den bezahlten Kaufpreis zurück.

Beweis: Einschreiben-Rückschein vom 25. 3. ...... in Anlage.

Mit Schreiben vom 28. 4. ...... bot der Kläger die Waschmaschine nochmals an, mahnte den Beklagten und setzte Frist zur Zahlung zum 28. 5. ...... Mit Schreiben vom 13. 5. ...... nahm der Beklagte Bezug auf das Schreiben des Klägers vom 28. 4. ...... und lehnte den Rücktritt ab, da ein Mangel nicht vorliege. Dies ist jedoch unrichtig. Es war deshalb Klage geboten[10].

Anmerkungen

1. Schadensersatz- und Minderungsklage sind wie die allgemeine Leistungsklage zu behandeln (vgl. Form. I. E. 1); hier wird nur die Klage auf Rückabwicklung des Kaufvertrags behandelt. Im vorliegenden Fall käme auch die Klage auf Nacherfüllung durch Lieferung einer anderen Waschmaschine (§ 439 Abs. 1 BGB) in Betracht.

2. Die sachliche Zuständigkeit des Gerichts bemisst sich nach dem Wert der zurückgeforderten Leistung.

3. Für die örtliche Zuständigkeit kommt neben dem allgemeinen Gerichtsstand des Verkäufers der besondere Gerichtsstand des § 29 ZPO in Betracht. Hat der Käufer den Kaufpreis noch nicht bezahlt, so ist für die Rückabwicklungsklage das Gericht an seinem Wohnsitz zuständig (*Zöller/Vollkommer* § 29 Rdn. 25 Stichw. Kaufvertrag), da hier um eine Zahlungspflicht gestritten wird und diese an seinem Wohnsitz zu erfüllen ist. Ist der Kaufpreis bezahlt und die Ware noch nicht an ihn geliefert, dann steht dieser Gerichtsstand nicht zur Verfügung. Ist dagegen – wie im Regelfall – bezahlt und geliefert, so ist str., ob die Klage an dem Ort erhoben werden kann, „wo sich die Sache vertragsgemäß befindet", also am Wohnsitz des Käufers. Die noch hM bejaht dies (*Baumbach/Lauterbach/Albers/Hartmann* § 29 Rdn. 14; *Palandt/Heinrichs* § 269 Rdn. 15 m. Nachw. aus der Rspr.; *Zöller/Vollkommer* aaO; aA *Roussos* BB 1986, 10 (15 f.) mit dem Argument, dass es auch hier in erster Linie um die Befreiung von der Zahlungspflicht geht). Hat der Käufer die Kaufsache zurückgegeben, so ist die Klage nicht mehr an seinem Wohnsitz möglich (*Zöller/Vollkommer* aaO m. Nachw.; *Stein/Jonas/Schumann/Leipold* § 29 Anm. IV 3; aA. *Baumbach/Lauterbach/Albers/Hartmann* aaO).

4. Durch das Schuldrechtsmodernisierungsgesetz wurde das Gewährleistungssystem des Kaufrechts grundlegend umgestaltet und dem Werkvertragsrecht gleichgestellt. Der Käufer kann sich bei einem Mangel nicht mehr wie bisher sofort beim Vorliegen eines Mangels vom Kaufvertrag durch Wandelung lösen. Vorrangig ist zunächst der Anspruch des Käufers und das Recht des Verkäufers auf Nacherfüllung. Erst nach Ablauf einer Nacherfüllungsfrist kann der Käufer vom Vertrag zurücktreten (§ 323 Abs. 1 BGB).

5. § 323 Abs. 2 BGB regelt Ausnahmefälle, bei denen eine Fristsetzung zur Nacherfüllung als Voraussetzung für den Rücktritt entbehrlich ist. Hier wurde von dem Verkäufer am 10. 3. die Nacherfüllung abgelehnt, so dass der Kläger nach § 323 Abs. 2 Nr. 1 BGB nicht den Ablauf der Nacherfüllungsfrist abwarten musste sondern sofort den Rücktritt erklären konnte.

6. Erklärt der Käufer den Rücktritt, kann er nach § 325 BGB daneben Schadensersatz verlangen. Dies gilt etwa für die Mehrkosten eines Deckungskaufs.

7. Im Gegensatz zur alten Rechtslage (§ 326 BGB a. F.) verliert der Käufer nicht schon mit Ablauf der Frist zur Nacherfüllung seinen Erfüllungsanspruch. Er kann deshalb auch nach einer Fristsetzung noch entscheiden, ob er Rückabwicklung verlangen oder weiterhin den Erfüllungsanspruch geltend machen will. Erst wenn der Käufer den Rücktritt erklärt hat, ist er daran gebunden (*Westermann* NJW 2002, 241, 249).

8. Der Zug-um-Zug-Antrag ist geboten, um Kostennachteile zu vermeiden (vgl. Form. II. A. 1 Anm. 3), falls der Verkäufer die Einrede nach § 348 BGB erhebt. (Zur Vollstreckung des Zug-um-Zug-Urteils vgl. Form. II. A. 1 Anm. 3).) Das Angebot am Ort, wo sich die Kaufsache befindet und der Verzug des Verkäufers könnte den Zug-um-Zug-Antrag entbehrlich machen (vgl. *Palandt/Putzo* § 467 Rdn. 4).

9. Zu diesem Antrag vgl. Form. II. A. 1 und die dortige Anm. 4.

Rechtsmittel und Fristen

Die Klage muss innerhalb von 2 Jahren nach Übergabe der Waschmaschine erfolgt sein, da sonst Verjährung eintritt (§ 438 Abs. 1 Nr. 3 BGB). Unter den Voraussetzungen des § 215 BGB bleibt dem Käufer die Mängeleinrede auch danach erhalten.

6. Klage auf Minderung des Kaufpreises

An das
Landgericht[1]

Klage

des ......
Prozessbevollmächtigter: ...... (Kläger)
gegen
den ...... (Beklagten)
wegen Minderung

Vorläufiger Streitwert: EUR 3.555,56

Namens und in Vollmacht des Klägers erhebe ich Klage und werde beantragen:

Der Beklagte wird verurteilt, an den Kläger EUR 3.555,56 nebst 5% Zinsen über dem Basiszinssatz seit dem 15. 3. . . zu bezahlen.

Begründung:[2, 3]

Die Parteien schlossen am 15. 1. ...... einen schriftlichen Kaufvertrag über das gebrauchte Fahrzeug des Klägers, einen Pkw ...... Als Kaufpreis wurden EUR 8.000,00 vereinbart. In dem Vertrag war eine Laufleistung von 53.221 km angegeben.

Beweis: Kaufvertrag vom 15. 1. ...... in Anlage

Das Fahrzeug wurde an demselben Tag gegen Bezahlung des Kaufpreises übereignet. Inzwischen hat sich herausgestellt, dass die tatsächliche Laufleistung des Fahrzeugs 92.115 km beträgt. Ein Voreigentümer hat ohne Wissen des Beklagten den Tacho manipuliert.

Beweis: Beiziehung der Strafakten des AG ......

Bei einer Laufleistung mit den vertraglich vereinbarten 53.221 km beträgt der Wert des Fahrzeugs EUR 9.000,–. Aufgrund der tatsächlichen Laufleistung von 92.115 km reduziert sich der Wert auf EUR 5.000,–.

Beweis: Vorlage eines DEKRA-Gutachtens in Anlage
Sachverständigengutachten

Der Kläger verlangt die Minderung des Kaufpreises nach § 441 BGB. Danach ist der Kaufpreis in dem Verhältnis herabzusetzen, in welchem zur Zeit des Verkaufs der Wert der Sache in mangelfreiem Zustand zu dem wirklichen Wert gestanden haben würde. Der aufgrund der Minderung geschuldete Kaufpreis beträgt danach EUR 4.444,44[4]. Der Differenzbetrag zu den tatsächlich gezahlten EUR 8.000,– in Höhe von EUR 3.555,56 wird mit der Klage geltend gemacht[5].

Der Beklagte wurde mit Schreiben vom 8. 3. ...... zur Bezahlung aufgefordert. Mit Schreiben vom 14. 3. ...... wurde dies abgelehnt, weil kein Mangel vorliege.

Rechtsanwalt

Anmerkungen

1. Bei Streitwerten bis EUR 5.000,– ist das Amtsgericht sachlich zuständig (§ 23 Nr. 1 GVG).

2. Auch vor Inkrafttreten des Schuldrechtsmodernisierungsgesetzes konnte der Käufer die Minderung des Kaufpreises nach § 462 BGB a. F. verlangen. Der wesentliche Unterschied besteht darin, dass die Minderung nunmehr erst dann verlangt werden darf, wenn eine Nacherfüllungsfrist abgelaufen (§§ 441, 323 Abs. 1 BGB, vgl. Form II. A. 5. Anm. 4), die Nacherfüllung unmöglich, fehlgeschlagen oder verweigert worden ist (§§ 441, 440 BGB). Im vorliegenden Fall ist ein Nacherfüllungsverlangen in Anwendung des § 275 Abs. 1 BGB deshalb entbehrlich, weil eine Nachbesserung unmöglich ist (*Westermann* NJW 2002, 241, 248; *Huber* NJW 2002, 1004, 1007).

3. In § 441 Abs. 3 S. 1 BGB wurde die bisherige Berechnung des Kaufpreises nach § 472 BGB a. F. nach heftiger Diskussion übernommen. Der geminderte Kaufpreis verhält sich danach zum vereinbarten Kaufpreis wie der wirkliche Wert der Sache zum Sollwert. Danach ergibt sich folgende Berechnung:

$$\text{Geminderter Wert} = \frac{\text{EUR } 5.000,\text{–} \times \text{EUR } 8.000,\text{–}}{\text{EUR } 9.000,\text{–}}$$

Der geminderte Wert beläuft sich somit auf EUR 4.444,44.

4. In § 441 Abs. 3 S. 2 BGB wurde eine Neuregelung aufgenommen, wonach die Minderung, soweit erforderlich, durch Schätzung zu ermitteln ist. Dies entspricht bereits der bisherigen Rechtslage insbesondere beim Werkvertragsrecht. Entspricht der Wert der Kaufsache in mangelfreiem Zustand dem Kaufpreis, so führt die Minderungsberechnung nach § 441 Abs. 3 S. 1 BGB dazu, dass die Minderung weitgehend den Nacherfüllungs- bzw. Mangelbeseitigungskosten entspricht. Gerade im Falle eines Ausschlusses des Nacherfüllungsanspruchs (§ 439 Abs. 3 BGB) oder des Rücktrittsrechts (§ 323 Abs. 5 S. 2 BGB) wegen Unverhältnismäßigkeit würde der Verkäufer sonst mit diesen Kosten über den Minderungsanspruch nach § 441 Abs. 3 S. 1 BGB belastet. Durch die Harmonisierung der Gewährleistungsregelungen des Kauf- und Werkvertragsrechts und die Einführung eines Nacherfüllungsanspruchs im Kaufvertragsrecht wurde für diese Fälle eine Klarstellung aufgenommen, wonach die Minderung geschätzt werden kann.

5. Hat der Verkäufer bereits den vollen Kaufpreis bezahlt, richtet sich die Rückforderung des zuviel gezahlten Betrags nach den Grundsätzen des Rücktrittsrechts (§ 441 Abs. 4 BGB).

7. Klage auf Schadensersatz wegen zu geringer Grundstücksfläche

An das
Landgericht[1]

Klage

des ...... **(Kläger)**
Prozessbevollmächtigter: ......

gegen
den ...... (Beklagten)
wegen

Schadensersatz

Vorläufiger Streitwert: EUR 22.000,–

Namens und in Vollmacht des Klägers erhebe ich Klage und werde beantragen:

Der Beklagte wird verurteilt, an den Kläger EUR 22.000,– nebst 5% Zinsen über dem Basiszinssatz seit ...... zu bezahlen.

Begründung:

Der Kläger macht Schadensersatzansprüche[2, 3, 4] geltend, weil ein ihm vom Beklagten verkauftes Grundstück nicht die vertraglich vereinbarte Fläche hat.

1. Mit notariellem Vertrag vom 1. 11. ...... kaufte der Kläger vom Beklagten einen noch wegzumessenden Teil des Grundstückes des Beklagten Flurstück-Nr. ...... Die zu erwerbende Teilfläche ist in § 1 des notariellen Vertrages und auch im Lageplan, der Gegenstand dieses Vertrages ist, näher beschrieben und mit „ca. 500 qm" angegeben. In § 5 Abs. 3 des notariellen Vertrages ist geregelt, dass der Verkauf „ohne Gewähr für die Größe des Grundstückes und die Beschaffenheit des Grund und Bodens" erfolge. Nach § 2 des notariellen Vertrages beträgt der Kaufpreis EUR 100.000,–.

   Beweis: Notarieller Kaufvertrag vom 1. 11. ......

   Laut Wertgutachten des vereidigten Sachverständigen ...... beläuft sich der Verkehrswert für das Grundstück mit der vertraglich geschuldeten Fläche von 500 qm auf EUR 130.000,–.

   Beweis: Wertgutachten des Sachverständigen ......

   Der Kläger bezahlte den Kaufpreis von EUR 100.000,– am 5. 11. ...... Die Auflassung erfolgte am 6. 11. ...... durch die bevollmächtigten Mitarbeiter des Notars, die Eintragung des Klägers im Grundbuch geschah am 1. 12. ...... Am 10. 12. ...... stellte der Kläger fest, dass die tatsächliche Fläche des ihm übertragenen Grundstückes lediglich 420 qm beträgt.

   Beweis: Stellungnahme des Vermessungsingenieurs X in Anlage; Sachverständigengutachten.

   Der Verkehrswert für das an den Kläger tatsächlich aufgelassene Grundstück mit einer Fläche von 420 qm beträgt EUR 108.000,–.

   Beweis: Wertgutachten des vereidigten Sachverständigen ......

2. Wegen der geringeren Grundstücksgröße[5] steht dem Kläger nach §§ 437 Nr. 3, 280 ff. BGB ein Schadensersatzanspruch zu. Die Angabe der Grundstücksfläche ist eine Beschaffenheitsvereinbarung[6]. Die Regelung im Vertrag schließt die Schadensersatzansprüche nicht aus, da auch bei Angabe einer „Ca-Fläche" nur „geringfügige Abweichungen" von der „Ca-Größenangabe" keine Gewährleistungsansprüche auslösen. Auch die Regelung in § 5 Abs. 3 des Vertrages, wonach keine Gewähr für die Grundstücksgröße geleistet wird, ändert daran nichts[7].
   Der Schaden besteht in der Differenz zwischen dem Wert des Grundstücks mit der geschuldeten Fläche in Höhe von EUR 130.000,– und dem Wert des Grundstücks mit der tatsächlichen Fläche von EUR 108.000,–.

Anmerkungen

1. Die sachliche Zuständigkeit ergibt sich aus dem Streitwert. Örtlich zuständig ist das Gericht am Wohnsitz des Beklagten.

2. Die Grundstücksfläche ist zwar keine zugesicherte Eigenschaft. Darauf kommt es aber nach heutiger Rechtslage auch nicht mehr an (zur Vorschrift des § 468 BGB a.F. vgl. die Vorauflage Form. II. A. 5). Vielmehr gehört die Grundstücksfläche heute zur Beschaffenheit des Grundstücks, so dass Sachmängelansprüche gegeben sind (§ 434 BGB). Schadensersatzansprüche statt der Erfüllung und neben der Erfüllung (§§ 281, 280 BGB) bzw. Minderungsansprüche können auch dann bestehen, wenn hinsichtlich der Grundstücksfläche nur „Ca-Angaben" gemacht wurden (vgl. BGH NJW 1986, 920 = BauR 1986, 367). Ausgenommen sind geringfügige Abweichungen (wohl bis 1% vgl. BGH WM 1984, 941, (943) und LG Nürnberg-Fürth NJW 1978, 1060; zum ganzen *Koeble*, Rechtshandbuch Immobilien, Kap. 20, Rdn. 17eff.). Noch nicht abschließend geklärt ist, ob die Verschaffung einer geringeren Wohnfläche gleich zu behandeln ist (vgl. dazu unten Anm. 5). Fällt die vertraglich vereinbarte Nutzfläche tatsächlich geringer aus, dann kann auch ein Rechtsmangel vorliegen. Der BGH (NJW 1997, 1778) hat dies bejaht, wenn ein mitverschaffter Hobbyraum zwar nutzbar ist, aber weder zum Sondereigentum gehört, noch ein Sondernutzungsrecht an ihm besteht.

Dem Kläger stehen im vorliegenden Fall Schadensersatzansprüche neben der Erfüllung (§§ 437 Nr. 3, 280 BGB) und wahlweise Schadensersatzansprüche statt der Erfüllung (§§ 437 Nr. 3, 281 BGB) zur Verfügung. Der Schadensersatz statt der Leistung ist allerdings ausgeschlossen, wenn der Käufer „an der Teilleistung kein Interesse hat" und auch dann, wenn „die Pflichtverletzung unerheblich ist" (§ 281 Abs. 1 S. 2, 3 BGB). Das wird nur bei gravierenden Abweichungen, wohl von mehr als 10% in der Regel bejaht werden können. Dies sind jedoch nur unverbindliche Angaben. Im Einzelfall kommt es auf die gesamten Umstände des jeweiligen Sachverhaltes an. Bei der Wertberechnung für den Schadensersatzanspruch neben der Erfüllung ist nicht auf die Berechnungsmethode für die Minderung abzustellen (MK-*Westermann* § 463 Rdn. 25). Das OLG Düsseldorf (BauR 1997, 477) bemisst z.B. den Schadensersatz wegen Verringerung der Wohnfläche im Dachgeschoss/Spitzboden auf 75% des Quadratmeterpreises der Vollgeschosse.

3. Möglich wäre auch ein Anspruch auf Minderung nach §§ 437 Nr. 2, 441 BGB. Danach ist der Kaufpreis in dem Verhältnis herabzusetzen, in welchem zurzeit des Verkaufs der Wert der Sache in mangelfreiem Zustand zu dem wirklichen Wert gestanden hätte (*Palandt/Heinrichs* § 472 Rdn. 7; MK-*Westermann* § 472 Rdn. 5; *Palandt/Putzo* Ergänzungsband zur 61. Aufl. § 441 Rdn. 15). Im vorliegenden Fall ergibt sich somit folgende Berechnung:

$$\frac{\text{EUR } 100.000,\text{–} \times \text{EUR } 108.000,\text{–}}{\text{EUR } 130.000,\text{–}} = \text{EUR } 83.0792$$

Der Differenzbetrag von EUR 16.923,08 zu den von dem Kläger bezahlten Kaufpreis von EUR 100.000,– ergibt den Minderungsbetrag nach § 441 BGB. Da dieser Betrag unter dem Schadensersatz neben der Erfüllung nach §§ 437 Nr. 3, 280 BGB liegt, wird der Kläger keinen Minderungsanspruch geltend machen. Nach einer Entscheidung des OLG München (NJW-RR 1996, 1417) soll die Minderung linear proportional zum Quadratmeterpreis zu ermitteln sein.

4. Möglich wäre auch der Rücktritt vom Kaufvertrag, allerdings nur, wenn der Käufer an der Teilleistung kein Interesse hat oder wenn „die Pflichtverletzung unerheblich" ist (§§ 437 Nr. 2, 323 Abs. 5, S. 1 und 2 BGB).

5. Ansprüche bestehen auch bei Verschaffung einer geringeren Wohnfläche bei einer Eigentumswohnung (vgl. zum Ganzen *Koeble* aaO.; vgl. oben Anm. 2). Hier ergeben sich häufig Probleme, wie die Wohnflächenangabe des Verkäufers in Prospekten oder im

Vertrag zu verstehen ist (dazu OLG Hamburg BauR 1980, 469; OLG München BauR 1980, 470; OLG Düsseldorf BauR 1981, 476 = NJW 1981, 1455). Der V. ZS des BGH hat sich dafür ausgesprochen, dass die Verkehrssitte maßgebend ist und damit die bereits aufgehobene DIN 283 für die Berechnung noch gelten kann (BGH NJW 1997, 2874 = LM H. 1/1998 § 133 (c) BGB Nr. 93 m. Anm. *Koeble*). Bei Verkauf eines Grundstücks kann die Wohnflächenangabe Beschaffenheitsvereinbarung i. S. § 434 Abs. 1 BGB (Folge: Mängelansprüche, insbesondere Minderung) bzw. § 633 BGB sein (BGH V. Zivilsenat NJW 1991, 912 = BauR 1991, 230 m. Anm. *Quack*). Ebenso wie beim Kaufvertrag treten die gleichen Fragen auch beim Bauträgervertrag und bei allen anderen Baumodellen auf. Hier ist ebenfalls noch nicht höchstrichterlich geklärt, ob und wann Mängelansprüche bestehen (vgl. BGH NJW 1997, 2874 = LM H. 1/1998 § 133 (c) BGB Nr. 93 m. Anm. *Koeble* und KG NJW-RR 1989, 459 = OLGZ 1989, 193, die Mängelansprüche bei einer Abweichung von 10% bejahen; vgl. auch LG Ravensburg, BauR 1992, 81, ferner OLG Hamm NJW-RR 1995, 1481; zu Auslegungsfragen, wonach die Wohnfläche und die Minderung zu berechnen sind, vgl. insbesondere *Quack* in Anm. zu BGH BauR 1991, 230 (323) = NJW 1991, 912 sowie die Entscheidungen des V. ZS aus 1997 und der Oberlandesgerichte oben). Ansprüche können auch bestehen, wenn die verschafften Räume zwar die richtige Größe haben, aber beschränkt genutzt werden können (dazu i. e. OLG Düsseldorf BauR 1984, 295; BGH BauR 1989, 219; *Koeble* aaO Rdn. 17 i ff.).

6. Für den vorliegenden Sachverhalt wurden bei Ca-Angabe trotz Haftungsausschluss vom BGH (NJW 1986, 920) dem Grunde nach Ansprüche bejaht. Die Rechtsprechung nimmt auch bei diesen Regelungen an, dass Ansprüche nur hinsichtlich „geringfügiger Differenzen" zum angegebenen Wert ausgeschlossen sein sollen (vgl. BGH NJW 1986, 920; BGH WM 1984, 941, 943; LG Nürnberg-Fürth NJW 1978, 1060, wonach Abweichungen bis zu 1% toleriert werden müssen).

B. Mietrecht

1. Klage des Vermieters auf Mietzahlung

An das
Amtsgericht[1]
– Streitgericht –
Abteilung für Mietsachen

......

Klage[1a]

In Sachen

– Klägerin –

gegen

– Beklagte –

wegen Forderung

vorläufiger Streitwert: EUR 3.000,–[2]

Namens und mit Vollmacht der Klägerin erhebe ich Klage und werde

beantragen:

I. Die Beklagten werden gesamtverbindlich verurteilt, an die Klägerin EUR 3.000,– nebst Zinsen von 5% über dem Basiszinssatz aus je EUR 500,– seit 5. 6. 2002, 4. 7 2002, 5. 8. 2002, 5. 9. 2002, 5. 10. 2002 und 6. 11. 2002 zu bezahlen.
II. Die Beklagten haben gesamtverbindlich die Kosten des Rechtsstreits zu tragen.
III. Das Urteil ist in Ziffer I und II vorläufig vollstreckbar, notfalls gegen Sicherheitsleistung.

Begründung:

1. Zwischen den Parteien besteht ein Mietverhältnis über die von der Klägerin vermietete, von den Beklagten gemietete Wohnung in der ...... Straße Nr. ...... in x-Stadt, bestehend aus ......

   Beweis: In beglaubigter Fotokopie anliegender Mietvertrag vom ......

   Nach § 4 des Mietvertrages[3] haben die Beklagten monatlich die Grundmiete von EUR 1.000,– zuzüglich Nebenkosten zu bezahlen, wobei es für die Rechtzeitigkeit der Zahlung auf den Eingang des Geldes auf dem Vermieterkonto ankommt.

   Beweis: Mietvertrag

   Mit beigefügtem Schreiben vom ...... haben die Beklagten eine Minderung der monatlichen Miete um EUR 500,– angekündigt wegen angeblicher Mängel[3a] der Wohnung, wie folgt: ...... Sie haben entsprechend dieser Ankündigung ab Juni 2002 nur noch die hälftige Miete in Höhe von EUR 500,– zuzüglich Nebenkosten geleistet. Die behaupteten Mängel bestehen nicht[4]. Im Einzelnen ist hierzu auszuführen ...... Für die Monate Juni bis einschließlich November 2002 ist jeweils ein Betrag in Höhe von EUR 500,– offen, insgesamt besteht eine Forderung von EUR 3.000,–.[5]

2. Für den Fall, dass das Gericht ein schriftliches Vorverfahren durchführen sollte und die Voraussetzungen des § 331 Abs. 3 ZPO eintreten, wird bereits hiermit der Antrag nach § 331 Abs. 3 ZPO gestellt[6] ......

Rechtsanwalt

Anmerkungen

1. Örtlich ausschließlich zuständig für Streitigkeiten aus Mietverhältnissen ist das Gericht, in dessen Bezirk der Raum liegt (§ 29a Abs. 1 ZPO). § 29a ZPO gilt für Streitigkeiten über Ansprüche aus Wohnraummietverhältnissen, mit Ausnahme der in § 549 Abs. 2 Nr. 1–3 BGB genannten (§ 29a Abs. 2 ZPO) und aus Geschäftsraummietverhältnissen.

Sachlich ausschließlich zuständig ist nach § 23 GVG das Amtsgericht nur bei Wohnraum. Bei Geschäftsraum bleibt es bei der streitwertabhängigen Zuständigkeitsregel (§§ 23, 71 GVG).

1.a Die Zulässigkeit des Urkundenprozesses für Klagen auf Mietzahlung ist umstritten (dafür: LG Bonn WM 1986, 109, *Bub/Treier/Fischer* VIII, 41; dagegen: LG Augsburg WM 1993, 416; AG Brandenburg NZM 2002, 382, mwN; *Sternel* Mietrecht V 37). Trotz der Entscheidung des BGH (WM 1999, 345, erging zu Gewerberaum) ist die Zulässigkeit für Wohnraum nicht geklärt (OLG Braunschweig WUM 2001, 186ff; eingehend hierzu *Scholz* Miete und Mietprozess 24–124ff. mwN).

2. Bei der Klage auf rückständige Mieten ist maßgebend der geforderte Betrag (nicht § 16 GKG, sondern §§ 12 Abs. 1 GKG, 3 ZPO, vgl. *Zöller* § 3 Rdn. 16 Stichwort: „Mietstreitigkeiten"). Zum Erfordernis außergerichtlicher Streitschlichtung bei Streitwerten bis EUR 750,– (siehe § 15a EGZPO i.V.m. mit den entsprechenden Landesgesetzen).

3. §§ 556b und 579 Abs. 2 BGB haben den Zeitpunkt der Fälligkeit der Miete für Räume entgegen dem früheren § 551 BGB auf den Beginn der Mietzeit oder der vereinbarten Zeitabschnitte verlegt (siehe auch Form II. B. 4 Anm. 9). Die Vorschrift ist auch für Wohnraum nicht zwingend, so dass die Vereinbarung einer Rechtzeitigkeitsklausel (BGHZ 139, 123) möglich und sinnvoll ist. Üblich ist der Zahlungseingang am 3. Werktag eines Monats. Miete ist Schickschuld im Sinne des § 270 BGB, so dass ohne eine solche Klausel für die pünktliche Zahlung, z.B. durch Überweisung ausreichend ist, wenn der Überweisungsvertrag (§ 676a BGB) rechtzeitig geschlossen wurde (*Palandt/Heinrichs* § 270 Rdn. 7). Verzug tritt dann nach § 286 Abs. 2 Nr. 1 und 2 BGB mit Ablauf dieses Tages ein. Streitig ist, wann der Miete beim Vermieter eingehen muss, wenn der Samstag auf den ersten oder zweiten Werktag fällt (*Palandt/Weidenkaff* § 556b Rdn. 4 mwN). Meist (ZMR 1999, 801) sieht mit guten Gründen den Samstag als Werktag an, der nur dann für die Karenzzeit nicht mitzählt, wenn er dritter Werktag (§ 193 BGB) ist. Ist der 3. Werktag Samstag, tritt die Fälligkeit erst am nächsten Montag, Verzug mithin ab Dienstag ein (§ 193 BGB). Gemäß Artikel 229 § 3 Abs. 1 Nr. 7 EGBGB ist auf Altverträge weiterhin § 551 BGB a.F. anzuwenden, bei hiervon abweichenden formularmäßigen Fälligkeitsregelungen in Kombination mit Aufrechnungsklauseln ist die Wirksamkeit der Vorfälligkeitsklausel unbedingt zu prüfen (*Sternel* ZMR 2001, 937 (938), weitere Nachweise Anm. 9 zu Form. II. B. 4).

3a. Unter einem Mangel (i.S. von § 537 Abs. 1 BGB a.F., der im Wesentlichen § 536 Abs. 1 BGB entspricht), ist die für den Mieter nachteilige Abweichung des tatsächlichen Zustandes der Mietsache von dem vertraglich geschuldeten Zustand zu verstehen (BGH NJW 2000, 1714 (1715) mwN).

4. Das Minderungsrecht des Mieters von Wohnraum bei erheblichen Mängeln ist nicht abdingbar (§ 536 BGB), bei Gewerberaum ist es unzulässig, durch AGB eine Regelung zu treffen, wenn dadurch die Sachgefahr vollständig auf den Mieter übergeht (OLG Naumburg, NJW RR 2000, 823, ergangen zu: §§ 537, 554 BGB a.F.).

Nach höchstrichterlicher Rechtsprechung (BGH NJW 2000, 2344) ist die Darlegungs- und Beweislast für einen Mangel der Mietsache nach Verantwortungsbereichen verteilt: Der Vermieter muss darlegen und beweisen, dass die Ursache des Mangels nicht aus seinem Pflichten- und Verantwortungsbereich stammt, sondern aus dem Herrschafts- und Obhutsbereich des Mieters. Wenn er diesen Beweis geführt hat, muss der Mieter nachweisen, dass er den Mangel nicht zu vertreten hat.

Zum Verhältnis zu anderen Vorschriften *Palandt/Weidenkaff* § 536 Rdn. 6f.

In der Praxis häufig: undichte Fenster mit Zugluft 20% (LG Kassel, WUM 1988, S. 108); Trübung der Isolierfensterscheibe in der Küche 0,5%, im Wohnzimmer 1% (AG Miesbach, WUM 1985, S. 260); Schimmelpilz auf Grund Baumangel 13% (LG Bonn, ZMR 1991, S. 300); Küche, Wohn- und Schlafzimmer ständig durchfeuchtet, modrig, von Schimmelpilz befallen 80% (LG Berlin, Grundeigentum 1991, S. 625); Ausfall der Heizung im Winter im Schlafzimmer 20% (LG Hannover, WM 1980, S. 130); Baulärm von Großbaustelle 15% (AG Köln, WM 1996, S. 92; AG Saarburg, WUM 1999 20%); Bahnstreckenbau in lärmmäßig vorbelastetem Gebiet 10% (LG Kassel, NJW RR 1989, S. 1292); Lärm aus darüberliegender Wohnung von spielenden und tobenden Kindern innerhalb allgemeiner Ruhezeiten 10% (AG Neuss, WM 1988, S. 264); Asbestbelastung durch Elektronachtspeicheröfen 50% (LG Dortmund, WM 1996, S. 141); Tauben nisten im Haus 10% (LG Berlin, NJW RR 1996, S. 264, 265); Taubenkot auf dem Balkon 5% (AG Hamburg, WM 1988, S. 121).

Zur weiteren Mietminderung in Einzelfällen vgl. *Harting* in Miete und Mietprozess 8–352ff.; Checkliste zur Mietminderungsberechnung *Hannemann* MAH Wohnraummietrecht § 1 Rdn. 6; *Mutter* ZMR 1995, 189. Streitig ist, ob die Minderungsquote aus der Bruttomiete (LG Hamburg WM 1990, 148; LG Berlin ZMR 1999, 556) oder der Nettomiete (BGH ZMR 2000, 665; LG Berlin WM 1998, 28) berechnet wird (eingehend *Gellwitzki* WM 1999, 11ff.). Ungerechtfertigte Minderung durch den Mieter berechtigt den Vermieter nicht zur Kündigung, wenn der Mieter sich irrtümlich ohne Fahrlässigkeit zur Minderung berechtigt glaubte (LG Karlsruhe WM 1990, 294; LG Kiel WM 1975, 169; AG Köln WM 1974, 126, ausführlich *Kokemüller* WM 1999, 201ff.).

Die Minderung wirkt automatisch. Zahlte der Mieter jedoch den vollen Mietpreis, hatte er für die Vergangenheit das Minderungsrecht verloren wegen entsprechender Anwendung von § 539 BGB a.F. Ob dies auch nach dem jetzt geltenden § 536b BGB noch Gültigkeit hat, ist streitig (*Palandt/Weidenkaff* § 536b BGB Rdn. 8).

Zur bisherigen Rechtslage hat das LG Essen (ZMR 1997, 28f.) entschieden, dass der Mieter bei weiterem Bankeinzug der ungekürzten Miete, seine Mängelrechte nicht verwirkt, wenn rechtzeitige Mängelanzeige erfolgte. Bei längerfristiger vorbehaltsloser Zahlung auf Grund Mängelbeseitigungszusage des Vermieters kann der Mieter sein Minderungsrecht verlieren; ein ausdrücklicher Vorbehalt ist erforderlich (OLG Stuttgart WM 1997, 619f.).

5. Um die hinreichende Bezeichnung des Streitgegenstandes zu gewährleisten müssen die Rückstände einzeln bezeichnet werden, die Angabe eines auf Grund Saldierung errechneten Gesamtrückstandes ist nicht ausreichend (s. Form. II. B. 4 Anm. 10).

6. In Mietsachen machen die Gerichte häufig von der Möglichkeit eines schriftlichen Vorverfahrens nach § 276 ZPO Gebrauch. Dieses Verfahren dürfte – jedenfalls in Mietsachen – für den Gläubiger auch nur dann von Vorteil sein, wenn die Voraussetzungen des § 331 Abs. 3 ZPO eintreten und sofort Versäumnisurteil ergehen kann. Um zu vermeiden, dass dem Beklagten mit Zustellung des Klageantrags diese Konsequenz sofort deutlich vor Augen geführt wird, empfiehlt sich für den Kläger, den Antrag nach § 331 Abs. 3 ZPO allgemein formuliert zu stellen.

2. Klage des Vermieters auf Zustimmung zur Mieterhöhung bei nicht preisgebundenem Wohnraum

An das
Amtsgericht[1]
– Abt. für Mietsachen –
......

Klage

des ......

– Kläger –

Prozessbevollmächtigter: ......

gegen

1) ......
2) ......

– Beklagte –

Prozessbevollmächtigter: ......

wegen Abgabe einer Willenserklärung[2]

Streitwert[3]: ......

Namens und mit Vollmacht des Klägers erhebe ich Klage[3 a] und werde

beantragen:

I. Die Beklagten werden verurteilt[4], der Erhöhung der Nettomiete für die Wohnung ...... Straße Nr. ...... in ......, ... Stock ...... von bisher monatlich EUR ...... zuzüglich Betriebskostenvorauszahlung wie bisher auf nunmehr monatlich EUR ...... netto mit Wirkung ab 1. 7. 2002 zuzustimmen.
II. Die Beklagten haben die Kosten des Rechtsstreits zu tragen.
III. Das Urteil ist vorläufig vollstreckbar.

Begründung:

1. Zwischen den Parteien besteht ein Mietverhältnis auf unbestimmte Zeit[5] über die im Antrag Ziff. I näher bezeichnete Wohnung. Sie weist nach Art, Größe, Ausstattung, Beschaffenheit und Lage folgende Merkmale auf: ...... Nach § ...... des Mietvertrages zahlen die Beklagten eine monatliche Nettomiete von EUR ......, die seit mehr als 15 Monaten unverändert ist.[6] Die letzte Mieterhöhung erfolgte am ......, die Miete war von EUR ...... auf EUR ...... erhöht worden. Staffelmiete oder Indexmiete sind zwischen den Parteien nicht vereinbart.
2. Mit Schreiben vom 5. 4. 2002 verlangte die Hausverwaltung A[6a] unter gleichzeitiger Vorlage der Originalvollmacht des Klägers zur Mieterhöhung in dessen Namen von den Beklagten die Zustimmung zur Zahlung einer erhöhten Nettomiete von EUR ...... mit Wirkung ab dem 3. Monat ab Zugang des Erhöhungsverlangens[7], mithin ab 1. 7. 2002.

   Beweis: In beglaubigter Fotokopie anliegendes Schreiben der Hausverwaltung A vom 5. 4. 2002.

   Das Mieterhöhungsverlangen[8] ging den Beklagten am 9. 4. 2002 zu.

   Beweis: In beglaubigter Fotokopie anliegender Rückschein der Deutsche Post AG, Einlieferungs-Nr. ......

Diesem Schreiben war beigefügt das in beglaubigter Fotokopie anliegende, vom Kläger eingeholte Sachverständigengutachten des öffentlich bestellten und vereidigten Sachverständigen B[9], aus dem sich die Rechtfertigung für die Erhöhung der Nettomiete auf den vom Kläger verlangten Betrag ergibt. Ein qualifizierter Mietspiegel für x-Stadt liegt nicht vor.[10]

Die Beklagten, die sich innerhalb der Überlegungsfrist nach § 558b Abs. 2 BGB bis zum 30. 6. 2002 nicht geäußert haben und den alten Mietzins unverändert weiterzahlen, schulden die erhöhte Miete ab 1. 7. 2002.

3. Die vom Kläger verlangte Miete übersteigt nicht die üblichen Entgelte, die für nicht preisgebundenen Wohnraum vergleichbarer Art, Größe, Ausstattung, Beschaffenheit und Lage gezahlt werden.

Beweis: In beglaubigter Fotokopie anliegendes Gutachten des Sachverständigen B; vom Gericht einzuholendes Sachverständigengutachten.

Die Kappungsgrenze wurde eingehalten.

Rechtsanwalt

Anmerkungen

1. Die örtliche Zuständigkeitsregel ergibt sich aus § 29a ZPO, die sachliche aus § 23 Nr. 2a GVG. Zuständig ist das Amtsgericht, in dessen Bezirk sich der Wohnraum befindet. Da § 558b Abs. 2 BGB eine Klagefrist beinhaltet, ist für Klagen auf Zustimmung zur Mieterhöhung eine außergerichtliche Streitschlichtung ausgeschlossen (§ 415a Abs. 2 Nr. 1 EGZPO).

2. Leistungsklage auf Abgabe einer Willenserklärung. Die rechtskräftige Verurteilung ersetzt die Zustimmung zur Mieterhöhung (§ 894 Abs. 1 ZPO). Wenn der Mieter nicht freiwillig nach Verurteilung zur Erhöhung zahlt, ist ein neues Verfahren auf Zahlung erforderlich; die Verbindung von Mieterhöhungsklage mit Klage auf Verurteilung zur Zahlung ist unzulässig, h. M.; a. A. LG Duisburg ZMR 1999, 334, wenn der Mieter nach Rechtskraft Gelegenheit hat, die Nachzahlungsforderung anzuerkennen (siehe Anmerkung *Rau* ZMR 1999, 335 ff.). Besorgnis der Nichterfüllung nach § 259 ZPO kann nicht schon zu einem Zeitpunkt bejaht werden, bevor die Zustimmungserklärung durch den Mieter abgegeben oder er zur Zustimmung verurteilt wurde, da § 259 ZPO nicht für künftig erst entstehende Ansprüche gilt (*Baumbach/Hartmann* § 259 ZPO Rdn. 3).

Hat der Mieter der Erhöhung teilweise zugestimmt, kann nur der darüberhinausgehende Betrag verlangt werden, ansonsten erfolgt in Höhe des vom Mieter akzeptierten Betrages Klagabweisung.

3. Bei Vertragslaufzeit von mehr als einem Jahr, das Zwölffache des monatlich geltend gemachten Erhöhungsbetrages gem. § 16 Abs. 5 GKG (*Scholz* in Miete und Mietprozess 24–230 ff.; der Gebührenstreitwert ist nicht mit der Berufungssumme des § 511 Abs. 2 Nr. 1 ZPO identisch (zu § 511a ZPO a. F. BVerfG WuM 1985, 110), üblicherweise ist es der dreijährige Erhöhungsbetrag (LG Berlin GE 1994, 1447)).

3a. Die Klagefrist beträgt drei Monate und beginnt unmittelbar nach der Überlegungsfrist. Wiedereinsetzung ist nicht möglich (LG Berlin GE 1994, 1549; AG Mölln WM 1985, 310).

4. Nicht als Gesamtschuldner (obwohl in Urteilen immer wieder zu finden), weil die Abgabe der vom jeweiligen Mieter geschuldeten Erhöhungserklärung keine teilbare Leistung nach § 420 BGB ist (vgl. zum Begriff der teilbaren Leistung *Palandt/Heinrichs* Rdn. 5 Überbl. vor § 420 BGB). Die Klage ist gegen alle an dem Mietvertrag beteiligten Mieter zu richten (RE KG ZMR 1986, 117 ff.). Stimmt nur einer von mehreren Mietern zu, gilt die Zustimmung als insgesamt versagt (AG Wiesbaden WuM 1992, 135).

5. Zum Problem, ob Mieterhöhungen bei Mietverhältnissen auf bestimmte Zeit bei befristet ausgeschlossenem Kündigungsrecht oder während der befristeten Verlängerung möglich sind s. *Wetekamp* Miete und Mietprozess 4–6 ff., *Palandt/Weidenkaff* § 557 BGB Rdn. 6 ff.

6. Tatbestandsvoraussetzungen des materiell-rechtlichen Anspruchs auf Zustimmung zur Erhöhung bis zur ortsüblichen Vergleichsmiete sind neben der Geltendmachung in einem formal ordnungsgemäßen Verfahren gemäß § 558 BGB: Die monatliche Miete ist in dem Zeitpunkt, zu dem die Erhöhung eintreten soll, seit mindestens 15 Monaten unverändert (§ 558 Abs. 1 BGB); die verlangte Miete entspricht den Entgelten für vergleichbare, nichtpreisgebundene Wohnungen in der Gemeinde oder in vergleichbaren Gemeinden; die Mieterhöhung wahrt die Kappungsgrenze (zur Unanwendbarkeit der Kappungsgrenze i. S. von § 558 Abs. 4 BGB siehe *Palandt/Weidenkaff* § 558 BGB Rdn. 23 ff.). Das Mieterhöhungsverlangen muss der vertraglich vereinbarten Mietstruktur entsprechen (OLG Hamburg, WM 1983, 49; LG Köln, WM 1992, 255). Miete i. S. von § 558 BGB ist der vertraglich vereinbarte Betrag (zu Einschränkungen siehe § 558 Abs. 1 Satz 3 und § 558 Abs. 3 BGB). Es sind alle Geld- oder geldwerten Leistungen des Mieters (*Palandt/Weidenkaff* § 558 BGB Rdn. 4). Zur Einrechnung der Schönheitsreparaturverpflichtung in die Mietkalkulation OLG Frankfurt WM 2001, 231. Die Miete kann als Netto-, Teilbrutto-, Bruttomiete vereinbart sein, zur Erhöhung einer Bruttowarmmiete siehe LG Berlin, WM 1995, 192. Die Sperrfrist des § 558 Abs. 1 Satz 2 BGB beginnt mit Wirksamwerden der letzten Mieterhöhung, ein vor Ablauf der Frist zugegangenes Mieterhöhungsverlangen ist unwirksam (BGH RE WM 1993, 388). Da die Rechtsprechung auch bisher schon davon ausging, dass Jahressperrfrist und Überlegungsfrist einen Mindestzeitraum von 15 Monaten beanspruchten, hat sich insoweit nichts geändert (BT-Drucksache 14/4553, S. 54). Die verlangte Miete muss der ortsüblichen Vergleichsmiete entsprechen (zu Einzelheiten s. *Palandt/Weidenkaff* § 558 BGB Rdn. 13).

Die Kappungsgrenze stellt eine Obergrenze dar; erhöht werden kann der Miete nur bis zur ortsüblichen Vergleichsmiete. Die Definition der ortsüblichen Vergleichsmiete wurde unverändert aus § 2 Abs. 1 Nr. 2 MHG übernommen. Für die Ermittlung der Vergleichsmiete bleibt es bei den bisherigen Wohnwertmerkmalen Art, Größe, Ausstattung, Beschaffenheit und Lage (zu Einzelheiten *Blank/Börstinghaus* § 558 BGB Rn. 7, *Palandt/Weidenkaff* § 558 BGB Rdn. 13 ff.).

Ausgangsmiete ist die Miete, die drei Jahre vor dem Wirksamwerden des Zustimmungsverlangen zu zahlen war (OLG Hamburg ZMR 1996, 317, str. s. *Schläger* ZMR 1996, 357).

Bei Neuabschluss von Mietverhältnissen ist die erste Miete der maßgebliche Betrag. Erhöhungen gem. §§ 559, 560 BGB bleiben unberücksichtigt. Die Kappungsgrenze beträgt seit 1. 9. 2001 20% (zu Erhöhungsverlangen, die bis zum 31. 8. 2001 zugegangen sind, siehe Artikel 229 § 3 I Nr. 2 EGBGB).

Zur Unanwendbarkeit der Kappungsgrenze i. S. von § 558 Abs. 4 BGB für ehemalig preisgebundene Wohnungen siehe *Palandt/Weidenkaff* § 558 BGB Rdn. 23, *Börstinghaus* § 558 BGB Rdn. 10.

6 a. Der Hausverwalter ist grundsätzlich nicht befugt, den Anspruch in eigenem Namen gerichtlich geltend zu machen. Auch im Wege der Prozessstandschaft kann er nicht Zustimmungsklage erheben (AG Köln WuM 1989, 579).

7. Die Zustimmungsfrist beträgt gemäß § 558 b Abs. 2 Satz 1 BGB zwei volle Monate und beginnt mit Zugang des Erhöhungsverlangens (*Palandt/Weidenkaff* § 558 b BGB Rdn. 2).

8. Form und Begründung des Erhöhungsverlangens regelt § 558 a BGB in Anlehnung an § 2 Abs. 2 MHG. Voraussetzung für die Mieterhöhung ist ein wirksames Mieterhöhungsverlangen, zu Einzelheiten *Scheffler* in MAH Wohnraummietrecht § 35

Rdn. 25 ff., *Palandt/Weidenkaff* § 558 a BGB Rdn. 2 ff. Die katalogartige Aufzählung der Begründungsmittel enthält § 558 a Abs. 2 BGB. Neu sind der qualifizierte Mietspiegel (§ 558 d BGB) und die Mieterdatenbank (§ 558 e BGB). Wie bisher kann die Mieterhöhung durch drei Vergleichswohnungen begründet werden. Zur Begründung kann der Vermieter vermieterfremde Wohnungen heranziehen, oder solche aus eigenem Bestand (h. M BayObLG NZM 1999, 215). Vermieter- und Mieternamen müssen nicht angegeben werden; die Wohnungen müssen identifizierbar sein (LG Köln ZMR 1996, 384). Die Angabe von Hausanschrift, Geschoss, qm-Zahl und Preis sind ausreichend. Die Wohnungsgröße ist nicht unbedingt entscheidend (vgl. BGH NJW 1982, 2867; BVerfG NJW 1980, 1617; Münchener Kommentar/*Voelskow* Anh. zu § 564 c Rdn. 48 ff. mwN, *Sternel* MietR 3. Aufl., Rdn. III 686), ungefähre Vergleichbarkeit der Wohnung überhaupt ist ausreichend (LG Berlin, ZMR 2001, 349).

Die Vergleichswohnungen müssen dem örtlichen Wohnungsmarkt entstammen. Vergleichswohnungen aus Nachbargemeinden dürfen nur herangezogen werden, wenn es in der eigenen Gemeinde keine solchen gibt (*Sternel* Rdn. III 687). Nicht vergleichbare Wohnungen zählen nicht, so dass es sich empfiehlt, beim Erhöhungsverlangen eine größere Anzahl zu benennen, damit jedenfalls die Mindestzahl von drei vergleichbaren Wohnungen (keine Beschränkung auf Höchstzahl, BayObLG ZMR 92, 144) erreicht wird. Das Mieterhöhungsverlangen kann auch gemäß § 558 a Abs. 2 Nr. 1 BGB durch Bezugnahme auf einen einfachen und/oder qualifizierten Mietspiegel i. S. der §§ 558 c und 558 d BGB begründet werden.

Ein sicherer Weg ist in jedem Fall die Begründung der Mieterhöhung durch vorprozessual eingeholtes Gutachten eines öffentlich bestellten und vereidigten Sachverständigen. Allerdings sind nach hM. die Kosten für dieses Gutachten nicht erstattungsfähig (LG Köln WM 1997, 269, auch nicht im Rahmen von notwendigen Kosten der Rechtsverfolgung gemäß § 91 ZPO; LG Heidelberg WM 1980, 32, LG München I MDR 1984, 57).

Überschreitet die begehrte Miete die durch den gerichtlichen Sachverständigen festgestellte ortsübliche Miete, ist das Erhöhungsverlangen wirksam, die Klage jedoch nur in Höhe der ortsüblichen Miete begründet. Behebbare Mängel der Wohnung werden bei der Bewertung nicht berücksichtigt, da §§ 536 ff. BGB eine Spezialregelung darstellen (*Sternel* Mietrecht, 3. Aufl., Rdn. III 598).

Die Klagefrist wurde auf drei Monate verlängert (§ 558 b Abs. 2 BGB). Wurde durch den Vermieter bereits Zustimmungsklage erhoben, jedoch kein wirksames Erhöhungsverlangen gestellt, kann er gem. § 558 b Abs. 3 BGB das Erhöhungsverlangen im Prozess nachholen oder Mängel des Erhöhungsverlangens beheben. Kostenrechtlich kann dies dazu führen, dass der Vermieter bei sofortigem Anerkenntnis oder Zustimmung die Kosten des Rechtsstreits zu tragen hat (§§ 93, 91 a ZPO). Um den Ablauf der Zustimmungsfrist zu gewährleisten, empfiehlt sich, Ruhen des Verfahrens gem. § 251 ZPO zu beantragen. Hat der Mieter allerdings auch das nachgeholte Erhöhungsverlangen abgelehnt, muss der Ablauf der Zustimmungsfrist nicht abgewartet werden (OLG Celle ZMR 1996, 206).

9. Seit der Neuregelung in § 558 a BGB muss der Sachverständige öffentlich bestellt **und** vereidigt sein.

10. Wenn für die Gemeinde, in der die Wohnung liegt, ein qualifizierter Mietspiegel existiert, ist gemäß § 558 a Abs. 3 BGB zwingend vorgeschrieben, dass der Vermieter die Werte des qualifizierten Mietspiegels für die konkrete Wohnung mitteilt (BT-Drs. 14/4553, 55). Zu Einzelheiten siehe *Blank/Börstinghaus* § 558 a BGB Rdn. 9. Wenn der erforderliche Hinweis auf den qualifizierten Mietspiegel fehlt, ist das Erhöhungsverlangen unwirksam. Der Hinweis kann im Prozess nachgeholt werden (*Blank/Börstinghaus* § 558 a BGB Rdn. 10).

3. Klage des Vermieters auf Betriebskostennachzahlung bei Geschäftsraummiete

Klage

An das
Amtsgericht[1]
Abteilung für Mietsachen

...... – Klägerin –

gegen

...... – Beklagte –

wegen Forderung

vorläufiger Streitwert: 1.380,13 EUR

Namens und in Vollmacht der Klägerin erhebe ich Klage und werde beantragen zu erkennen:

1. Die Beklagte wird verurteilt, an die Klägerin 1.380,13 EUR nebst 5% Zinsen über dem Basiszinssatz hieraus seit 6. 6. 2002 zu bezahlen.
2. Die Beklagte trägt die Kosten des Rechtsstreits.
3. Das Urteil ist vorläufig vollstreckbar, ggf. gegen Sicherheitsleistung.

Begründung:

Zwischen den Parteien besteht ein Mietverhältnis über die von der Klägerin an die Beklagte vermieteten Geschäftsräume in der ...... Straße Nr. ......, bestehend aus ...... in x-Stadt.

Beweis: in beglaubigter Fotokopie anliegender Mietvertrag vom ......

Im vorgenannten Mietvertrag wurde vereinbart, dass die Beklagte sämtliche Betriebskosten gemäß Anlage 3 zu § 27 Abs. 1 der II. Berechnungsverordnung trägt und darüber hinaus Verwaltungs- und Bewachungskosten[2] tragen muss. Vertraglich vereinbart ist, dass Vorauszahlungen auf die im Mietvertrag exakt bezeichneten Betriebskosten[3] erhoben werden und über den auf den Mieter entfallenden Betrag jährlich[4] abgerechnet wird.
Dem Mietvertrag beigefügt war der Text der Anlage 3 zu § 27 Abs. 1 der II. Berechnungsverordnung.
Die Abrechnung[5] erfolgte nach dem Umlegungsmaßstab des Verhältnisses der vermieteten Fläche zur Gesamtfläche. Heiz- und Warmwasserkosten werden ausdrücklich in Anwendung der Heizkostenverordnung abgerechnet. Vertraglich vereinbart ist die Umlegung von 70% der Kosten nach Verbrauch, 30% nach Nutzfläche.

Beweis: Abrechnung vom 20. 3. 2002 mit Anlage

Auf die vertraglich vereinbarten Regelungen in § ...... des Mietvertrages wird ausdrücklich Bezug genommen.

Beweis: Mietvertrag

Die Klägerin hat die Betriebskostenabrechnung für den Zeitraum vom 1. 1. 2001–31. 12. 2001 am 20. 3. 2002 erstellt. In die Betriebskostenabrechnung wurden die von der Beklagten im Jahr 2001 auf die Betriebskosten gezahlten Vorauszahlungsbeträge eingestellt, sämtliche in der Betriebskostenabrechnung enthaltenen Forderungen, sowohl betreffend Anlage 3 zu § 27 Abs. 1 der II. Berechnungsverordnung, als auch solche die bezüglich der Verwaltungs- und Bewachungskosten sind angefallen und waren zur ordnungsgemäßen Bewirtschaftung des Anwesens erforderlich.

In die Abrechnung wurden sowohl die Angaben zur Abrechnungseinheit als auch der Abrechnungszeitraum der betroffenen Geschäftsräume und der dem Mietvertrag zu Grunde liegende Umlegungsmaßstab eingestellt.

Beweis: Abrechnung vom 20. 3. 2002

Die Heiz- und Warmwasserkostenabrechnung wurde extern durch die Fa. xy erstellt und war dem Abrechnungsschreiben für die übrigen Betriebskosten beigefügt.

Beweis: Heizkostenabrechnung

Ausweislich der in der Anlage beigefügten Betriebskostenabrechnung vom 20. 3. 2002 ergibt sich eine Nachforderung der Klägerin i. H. v. 1.380,13 EUR.

Beweis: Abrechnung vom 20. 3. 2002

Die Betriebskostenabrechnung vom 20. 3. 2002 sowie die Abrechnung über die Heiz- und Warmwasserkosten wird in der Anlage vorgelegt und zum Gegenstand des Sachvortrags gemacht.
Mit Schreiben vom 21. 3. 2002 wurden die Abrechnungsunterlagen an die Beklagte übersandt.

Beweis: Schreiben vom 21. 3. 2002

Die Abrechnung ging der Beklagten zu. Nach Zugang der Abrechnung hat ein Mitarbeiter der Beklagten Einsicht[6] in die der Abrechnung zu Grunde liegenden Belege genommen.
Die Beklagte hat mit Schreiben vom 10. 4. 2002 gerügt, dass ihr keine Verwaltungs- und Bewachungskosten auferlegt werden dürfen[7].

Beweis: Schreiben vom 10. 4. 2002

Die Klägerin hat der Beklagten bereits vorgerichtlich mitgeteilt, dass sie zur Tragung der Verwaltungs- und Bewachungskosten verpflichtet sei und sie zur Nachzahlung aufgefordert[8].

Beweis: Schreiben vom 26. 4. 2002

Die gesetzte Frist zum 5. 6. 2002 für den Eingang des Geldes auf dem Vermieterkonto verstrich fruchtlos.
Außergerichtlich war eine Einigung nicht möglich, Klageerhebung[9] war daher geboten.

Rechtsanwalt

Anmerkungen

1. Die sachliche Zuständigkeit des Gerichts bei Gewerberaum richtet sich nach dem Streitwert. Gemäß § 23 Nr. 1 GVG sind Streitigkeiten über Ansprüche bis zu einem Streitwert von 5.000,– EUR den Amtsgerichten zugewiesen. Bei Streitwerten bis EUR 750,- ist § 15a Abs. 1 EGZPO zu beachten. Für die örtliche Zuständigkeit gilt § 29a ZPO auch für Gewerberaum, siehe auch Anm. 1 zu Form II. B. 5.

2. Während bei preisfreiem Wohnraum nur Betriebskosten gemäß Anlage 3 zu § 27 der II. Berechnungsverordnung umgelegt werden können, ist es möglich, bei Geschäftsraummietverträgen weitere Betriebskosten umzulegen.

Bei Wohnraum ist ebenso wie bei Gewerberaum darauf zu achten, dass die Nebenkostenvereinbarung hinreichend bestimmt ist, siehe hierzu OLG Düsseldorf ZMR 2001, 595; ZMR 2000, 668; OLG Frankfurt ZMR 2000, 607. Zu den einzelnen, bei Geschäftsraummiete umlagefähigen Betriebskosten siehe *Harz/Schmid* ZMR 1999, 593 ff.; *Schmid* Handbuch der Mietnebenkosten 6. Auflage, Rdn. 5395 ff.

Verwaltungskosten sind bei Gewerbemietverhältnissen umlagefähig, siehe *Schmid* aaO. Rdn. 5397.

Bewachungskosten sind bei der Geschäftsraummiete umlagefähig, wenn die Situation des Mietobjekts eine Bewachung erfordert und die Umlage der Kosten vereinbart wurde (OLG Celle ZMR 1999, 238).

3. Für das Vorliegen der Voraussetzungen der Umlegung der Betriebskosten sowie für deren Höhe ist der Vermieter darlegungs- und beweispflichtig, auch wenn Vorauszahlungen vereinbart sind (OLG Braunschweig, ZMR 1999, 694, 696).

4. Während bei Wohnraummietverhältnissen die Abrechnung gemäß § 556 Abs. 3 Satz 1 BGB, § 20 Abs. 3 Satz 2 NMV 1970, jährlich erfolgen muss, kann bei Geschäftsraummietverhältnissen der Abrechnungszeitraum frei vereinbart werden (OLG Düsseldorf ZMR 1998, 219). Üblich ist auch bei Geschäftsraummietverhältnissen jährliche Abrechnung.

5. An die vorgelegte Abrechnung werden erhebliche Anforderungen gestellt. Die Abrechnung muss so abgefasst sein, dass auch ein Laie diese nachvollziehen und überprüfen kann. Erforderlich ist eine geordnete Zusammenstellung mit einer zweckmäßigen und übersichtlichen Aufgliederung in Abrechnungsposten, wobei die einzelnen Positionen so angegeben werden müssen, dass eine rechnerische Nachvollziehbarkeit möglich ist (OLG Nürnberg WM 1995, 308, 309). In der Abrechnung muss der Umlegungsmaßstab mitgeteilt und erläutert werden, der Anteil des Mieters ist zu bezeichnen, die Vorauszahlungen sind anzugeben, wobei hier auf die tatsächlichen, nicht auf die geschuldeten abzustellen ist. Das Gesamtergebnis muss festgestellt werden (LG Frankfurt/Main ZMR 1999, 764). Die Betriebskostennachforderung kann nur dann Erfolg versprechend geltend gemacht werden, wenn vorgetragen wurde, dass zwischen den Parteien im Abrechnungszeitraum ein Mietverhältnis bestand, dass wirksam die Zahlung von Betriebskostenvorauszahlungen sowie Abrechnung hierüber vereinbart ist und über die angefallenen und vereinbarten Kosten eine den vorstehenden Anforderungen entsprechende fälligkeitsbegründende Abrechnung erteilt wurde (Kammergericht ZMR 1998, 627). Wurde in der Klage auf eine nachvollziehbare Abrechnung Bezug genommen, ergibt sich auch für das Gericht nachvollziehbar, dass der geltend gemachte Anspruch gegeben ist (*Schmid* MDR 2000, 123).

Für die Schlüssigkeit der Klage ist es nicht erforderlich, dass der Vermieter alle in die Abrechnung eingestellten Positionen nach Datum, Grund und Höhe detailliert vorträgt, erst nach qualifiziertem Bestreiten des Mieters im Hinblick auf die inhaltliche Richtigkeit der Abrechnung hat der Vermieter die Darlegungs- und Beweislast dafür, dass die Abrechnungsbestandteile im Einzelnen richtig sind (siehe BGH MDR 1999, 696).

6. Ein ausdrückliches Anbieten zur Einsichtnahme in die Belege ist für die Ordnungsmäßigkeit der Abrechnung nicht erforderlich (LG Mannheim WuM 1996, 630). Der Mieter hat jedoch das Recht, die Belege einzusehen. § 29 Abs. 1 NMV, der ausdrücklich nur für preisgebundenen Wohnraum gilt, wird analog angewendet (*Kleffmann* ZMR 1984, 109). Zur Belegeinsicht im Einzelnen siehe *Schmid* aaO. Rdn. 3287 ff.

7. Reagiert ein Vermieter auf schlüssige Einwendungen des Mieters nicht, gelten diese gemäß § 138 ZPO (AG Trier WM 1999, 721) als zugestanden.

8. Die geltend gemachte Nachzahlung ist fällig, dies setzt den Zugang einer formell ordnungsgemäßen Abrechnung voraus (BGH WM 1991, 150). Nach herrschender Meinung (*Römer* WM 1996, S. 595, mwN), geht man davon aus, dass Fälligkeit erst nach einer angemessenen Überprüfungsfrist eintritt; diese Frist wird überwiegend mit einem Monat ab Zugang der Abrechnung bemessen.

9. Auch im Prozess kann der Vermieter erstmals eine formell ordnungsgemäße Abrechnung vorlegen, allerdings hat der Mieter dann die Möglichkeit, den Klageanspruch sofort anzuerkennen, mit der hierfür für den Vermieter nachteiligen Kostenfolge.

Verweigert der Vermieter vor dem Prozess die Einsichtnahme in die Belege oder weist er den Anspruch auf Überlassung von Fotokopien zurück, kann der Mieter nach Vorlage der Belege den Nachzahlungsanspruch sofort anerkennen mit der Kostenfolge gemäß § 93 ZPO für den Vermieter. Auch dann, wenn der Vermieter eine Nachzahlungsklage vor ordnungsgemäßer Abrechnung erhoben hat und der Mieter nach Vorlage der Abrechnung den Anspruch sofort anerkennt, trägt der Vermieter gemäß § 93 ZPO die Kosten (BGH ZMR 1982, 108 AG Prüm WUM 2000, 214).

4. Klage auf Räumung von Wohnraum wegen Zahlungsrückstandes

An das
Amtsgericht[1]
– Abteilung für Mietsachen –

Klage[2]

In Sachen

. . . . . . – Kläger –

Prozessbevollmächtigter: Rechtsanwalt . . . . . .

gegen

. . . . . . – Beklagter[3] –

wegen Räumung und Herausgabe

Vorläufiger Streitwert: EUR . . . . . .[4]

werde ich beantragen:

I. Der Beklagte wird verurteilt, die Wohnung in der . . . . . . Straße Nr. . . . . . ., ... Stock, in . . . . . ., bestehend aus . . . . . . Zimmer, Bad, Küche, Toilette, Kellerabteil Nr. . . . . . . und Kfz-Abstellplatz[5] . . . . . ., zu räumen und an den Kläger herauszugeben[6].
II. (Kosten) . . . . . .
III. (vorläufige Vollstreckbarkeit) . . . . . .[7]

Begründung:

Der Kläger fordert von dem Beklagten Räumung und Herausgabe der Mietsache, da das Mietverhältnis zwischen den Parteien durch fristlose Kündigung[7a] vom . . . . . . beendet wurde.

1. Der Beklagte mietete vom Kläger die im Antrag zu I. bezeichnete Wohnung zu einer Miete[8] von EUR . . . . . ., zahlbar jeweils zum dritten Werktage eines Monats im Voraus[9], an . . . . . .

   Beweis: Mietvertrag vom . . . . . ., Anlage 1.

2. Der Beklagte hat die Miete in voller Höhe für die Monate April und Mai 2002 nicht bezahlt.[10] Da er sich am 16. 5. 2002 mit zwei Monatsmieten in Rückstand befand, kündigte der Kläger mit Schreiben vom gleichen Tage das Mietverhältnis fristlos[11].

   Beweis: Kündigung vom 16. 5. 2002, Anlage 2.

   Die Kündigung wurde dem Beklagten noch am gleichen Tage ausgehändigt[12].

   Beweis: Zeugnis des . . . . . .

3. In der Kündigung war dem Beklagten eine Frist zur Räumung bis 25. 5. 2002 gesetzt worden, die er jedoch nicht befolgte. Mit Schreiben vom 27. 5. 2002 – überbracht am selben Tage – wurde der Beklagte nochmals zum Auszug aufgefordert. Darüber hi-

naus widersprach der Kläger einer Fortsetzung des Gebrauchs und drohte Räumungsklage an[13].

Beweis: Schreiben vom 27. 5. 2002, Anlage 3; Zeugnis von ......

Der Beklagte war 2001 mit mehreren Monatsmieten in Rückstand geraten, so dass ihm am 18. 8. 2001 bereits wegen Zahlungsverzuges fristlos gekündigt worden war[14]. Nachdem der Kläger Räumungsklage[15] erhoben hatte, zahlte der Beklagte den Rückstand, so dass Heilungswirkung eintrat[16].

Beweis: Beiziehung der Akten des AG ......, Geschäftsnummer: ......

Da die Zweijahresfrist noch nicht abgelaufen ist[17], hat der Beklagte heute keine Heilungsmöglichkeit mehr.

Rechtsanwalt

Anmerkungen

1. Zur Zuständigkeit bei Wohnraummietverhältnissen vergleiche Form. II. B. 1 Anm. 1.

2. In der Räumungsklage kann eine – zuvor nicht oder nicht wirksam erklärte – erneute Kündigung liegen, wenn mit hinreichender Deutlichkeit zu erkennen ist, dass die Klageschrift neben der Prozesshandlung auch eine materiell-rechtliche Willenserklärung enthalten und nicht lediglich der Durchsetzung einer bereits außerprozesual erklärten Kündigung dienen soll (BGH ZMR 1997, 280 ff.). Zu Einzelheiten der Kündigung im Prozess siehe *Kinne/Schach* § 564 BGB a.F. Rdn. 13.

3. Bei mehreren Mietern ist die Klage gegen alle Mieter zu richten. Der Räumungsanspruch besteht auch gegen den Mitmieter, der den Besitz bereits endgültig aufgegeben hat (BGH ZMR 1996, 182, a.A. OLG Schleswig NJW 1982, 2672; LG Hagen WM 1991, 359) und den Vermieter hierüber informiert hat. Zu den Problemen bei unbekanntem Aufenthalt eines Mitmieters s. *Scholz* ZMR 1996, 361 ff. Nach h.M. kann der Vermieter aus einem Räumungstitel, den er gegen den Mieter erwirkt hat, nicht gegen Dritte, wie mitbesitzende Ehegatten/Lebensgefährten/Lebenspartner/Untermieter volljährige Kinder oder Familienangehörige vollstrecken (str. s. *Scholz,* Miete und Mietprozess 3. Auflage, 25/104 ff.).

4. Der Streitwert bemisst sich gem. § 16 Abs. 2 GKG nach der Jahresmiete. Ob und inwieweit Betriebskosten berücksichtigt werden, ist im Einzelnen umstritten (vgl. *Baumbach/Hartmann* ZPO, Anhang § 3 ZPO Rdn. 92 mwN) In der neueren Rspr. ging die Tendenz zur Festlegung des Streitwerts nach der Höhe der Miete ohne Nebenkosten s. LG Münster ZMR 1997, 146 f. mwN. In der Literatur wird die Auffassung vertreten (*Lützenkirchen* WUM 2002, 195 mwN), dass seit dem 1. 9. 2001 nur noch die Bruttomiete maßgeblich sein kann.

5. Die Mieträume sowie Nebenräume (Keller, Speicher o.ä.) und alle mitvermieteten Flächen, müssen exakt bezeichnet werden, um spätere Schwierigkeiten bei einer erforderlich werdenden Zwangsräumung zu vermeiden. Der Gerichtsvollzieher muss in der Lage sein, die Mietsache anhand des Titels zu identifizieren.

6. Die Räumungsklage kann mit einer Zahlungsklage wegen rückständiger Mieten verbunden werden. Manche Gerichte tendieren jedoch dazu, reine Räumungsklagen wegen der Heilungsmöglichkeit kurzfristiger zu terminieren.

7. Bei Räumungsklagen wegen Zahlungsverzugs ergeht häufig Versäumnisurteil. Es empfiehlt sich daher, bereits in der Klageschrift Antrag auf Erlass eines Versäumnisurteils im schriftlichen Vorverfahren zu stellen (§ 331 Abs. 3 ZPO) s. dazu Form. I. G. 2.

7a. Neben die besonderen mietrechtlichen Kündigungsregelungen in § 543 Abs. 1, 2 Nr. 3 und § 569 Abs. 3 BGB wurde durch das Schuldrechtsmodernisierungsgesetz noch der „allgemeinere" Tatbestand der Kündigung aus wichtigem Grund des § 314 BGB gestellt, der sich nicht völlig mit § 543 Abs. 1 BGB deckt. Nach *Emmerich* (NZM 2002, 366) soll § 314 BGB als allgemeine Regelung der Kündigung aus wichtigem Grund insoweit anwendbar sein, als er in seinen Absätzen 3 und 4 über §§ 543, 569 BGB hinausgehende Bestimmungen enthält. Die Bestimmung des § 314 BGB regelt in ihrem Absatz 4 auch den bisher schon allgemein anerkannten Schadensersatzanspruch des Vermieters, der fristlos wegen Zahlungsverzugs gekündigt hat. Der Vermieter kann trotz einer Kündigung des Mietvertrages nach § 543 Abs. 2 Nr. 3 BGB wegen Zahlungsverzugs des Mieters unter den Voraussetzungen der §§ 280, 281 und 286 BGB Ersatz des Schadens verlangen, der ihm durch den Zahlungsverzug des Mieters und die deshalb ausgesprochene Kündigung des Mietvertrages entstanden ist. Eine Fristsetzung hierfür soll entbehrlich sein (Stermel, NZM 2002, S. 367).

8. Zur Festlegung des Streitwerts und für die Überprüfung der Mietrückstände empfiehlt sich die Aufschlüsselung der Miete in Grundmiete und Betriebskosten, sowie der Miete für Kfz-Stellplätze o. a.

9. § 556b Abs. 1 BGB bestimmt als Zeitpunkt der Fälligkeit der Miete für Wohnraum den Beginn der Mietzeit oder der vereinbarten Zeitabschnitte, üblicherweise also monatlich (für andere Mietverhältnisse siehe § 579 BGB). Die Miete ist im Voraus, spätestens am 3. Werktag zu zahlen. Zum Streit, ob der Samstag als Werktag gilt siehe *Palandt/Weidenkaff* § 556b BGB Rdn. 4 mwN. Nach § 551 Abs. 1 S. 2 BGB a. F. war die Miete am Monatsende fällig. Die meisten Altmietverträge enthalten abweichende Fälligkeitsregelungen. Auf Altverträge (siehe *Franke* ZMR 2001, 951/953) ist im Hinblick auf die Fälligkeit der Miete gemäß Artikel 229 § 3 Abs. 1 Nr. 7 EGBGB weiterhin § 551 BGB a. F. anzuwenden. Allerdings sind die in Formularverträgen enthaltenen Vorfälligkeitsklauseln häufig, insbesondere bei gleichzeitig vereinbarter Einschränkung der Aufrechnungsmöglichkeit, unwirksam (BGH WM 1995, 28; weitere Nachweise s. *Harz/Schmid,* aaO. Rdn. III 291 ff.). Zu Einzelheiten nach der Reform siehe *Eisenschmid* WM 2001, 215 ff.; *Gellwitzki* WM 2001, 373 (382).

10. Die Räumungsklage ist nicht schlüssig, wenn weder aus der Kündigungserklärung noch aus der Klageschrift eindeutig hervorgeht, mit welchen Rückständen für welche Monate der Mieter in Verzug geraten ist (LG Berlin ZMR 1996, 326 f.). Die Darstellung der Rückstände in Form eines Saldos reicht nicht (LG Mannheim WM 1991, 687). Trifft der Mieter bei Vornahme der Mietüberweisung keine Leistungsbestimmung, wird gemäß § 366 Abs. 2 BGB die älteste Mietschuld getilgt (OLG Düsseldorf ZMR 2000, 605 ff.).

11. Zahlungsverzug im Sinne von § 543 Abs. 2 Satz 1 Nr. 3a, § 569 Abs. 3 Nr. 1 BGB ist gegeben, wenn der Mieter für zwei aufeinander folgende Termine nicht oder einen nicht unerheblichen Betrag nicht bezahlt hat. Die Einzelheiten zur Frage des Rückstandes sind streitig (siehe *Palandt/Weidenkaff,* § 543 BGB Rdn. 23 ff., § 569 BGB Rdn. 15). Maßgebend ist der Gesamtrückstand, der schon nach BGH (NJW RR 1987, 903) den Betrag für eine Monatsmiete übersteigen musste. Für Wohnraummietverhältnisse (mit Ausnahme solcher zum vorübergehenden Gebrauch) ergibt sich dies ausdrücklich aus der Fassung des neuen § 569 Abs. 3 Nr. 1 BGB und dürfte daher auch für andere als Wohnraummietverhältnisse Gültigkeit haben. § 543 Abs. 2 Satz 1 Nr. 3b BGB betrifft den Verzug mit einem Gesamtrückstand von mindestens zwei Monatsmieten über mehrere Termine, ohne dass sich zwischenzeitlich der Mietrückstand unter zwei Monatsmieten verringert haben darf. Die Dauer des Verzugs ist unerheblich.

Für den Rückstand ist Verzug nötig. Da die Fälligkeit kalendermäßig bestimmt ist, bedarf es keiner Mahnung (§ 286 Abs. 2 Nr. 1 BGB). Allerdings kann fehlendes Verschulden nach § 286 Abs. 4 BGB das Kündigungsrecht ausschließen, so etwa bei entschuldbarer fehlerhafter Bemessung der Mietminderung, ernsthaften Zweifeln an der Berechtigung der Mietforderung, nicht aber bei Zahlungsunfähigkeit des Mieters, gleich aus welchem Grund (vgl. *Palandt/Weidenkaff* § 543 BGB Rdn. 26). Bei Wohnraummiete ist § 569 BGB zu Lasten des Mieters nicht abdingbar (§ 569 Abs. 5 BGB), zu AGB bei Geschäftsraummiete vgl. BGH NJW 1987, 2506, s. auch *Harz/Schmid,* aaO. III Rdn. 229 ff.

12. Da der Vermieter den Zugang beweisen muss, ist die Versendung per Einschreiben/Rückschein oft unsicher, da gerade zahlungsschwache Mieter niedergelegte Schriftstücke oft nicht abholen. Vorzuziehen ist daher die Zustellung durch den Gerichtsvollzieher oder die Aushändigung durch einen Boten (Zeugen).

13. Nach § 545 BGB, der auch bei fristloser Kündigung gilt (*Palandt/Weidenkaff* § 545 BGB Rdn. 2), muss der Vermieter innerhalb von zwei Wochen der Fortsetzung des Gebrauchs durch den Mieter widersprechen, anderenfalls wird ein unbefristetes Mietverhältnis fingiert, so dass der Räumungsanspruch erlischt. Der Widerspruch kann im Kündigungsschreiben enthalten sein, muss jedoch auch bei fristloser Kündigung ausdrücklich erklärt werden (*Palandt/Weidenkaff* § 545 BGB Rdn. 8). § 545 BGB ist auch bei Wohnraummietverträgen durch Allgemeine Geschäftsbedingungen abdingbar (BGH NJW 1991, 1750 (1751 RE OLG Hamm WM 1983, 48). Nach Auffassung des OLG Schleswig (NJW 1995, 2858) war das bloße Benennen der Vorschrift des § 568 BGB a. F. nicht ausreichend, dies dürfte auch nach der Neufassung weiterhin Gültigkeit haben; a. A. *Emmerich/Sonnenschein* Handkommentar § 568 BGB a. F. Rdn. 10.

14. Bei Wohnraummiete gibt es die Möglichkeit, eine Kündigung des Vermieters durch Zahlung oder Übernahmeerklärung einer öffentlichen Stelle (Wohnungsamt, Sozialamt, karitative Verbände o. ä.) unwirksam zu machen (§ 569 Abs. 3 Nr. 2 Satz 1 BGB). Die Zweimonatsfrist des § 569 Abs. 3 Nr. 2 Satz 1 BGB beginnt mit Rechtshängigkeit der Räumungsklage, bei mehreren Mietern gegenüber dem letzten (vgl. zum früheren Recht *Sternel* Mietrecht, 3. Aufl., Rdn. IV 419). Sie endet nach vollständigem Ausgleich aller fälligen Forderungen des Vermieters, auch inzwischen aufgelaufener Nutzungsentschädigung, nicht jedoch verjährter Ansprüche (vgl. *Sternel* aaO). Die Übernahmeerklärung ist bedingungsfeindlich (LG Essen ZMR 1996, 663 ff.) und muss dem Vermieter oder dessen Prozessbevollmächtigten fristgerecht zugehen (BayObLG NJW 1995, 338). Sind Zinsen oder Kosten entstanden, ist § 367 Abs. 1 BGB zu beachten; allerdings kann bei geringen Beträgen die Berufung hierauf treuwidrig sein (vgl. *Sternel* aaO).

15. § 569 Abs. 3 Nr. 2 Satz 1 BGB gilt auch, wenn die Heilungswirkung nach Zugang der Kündigung, aber vor Erhebung der Räumungsklage eintrat (h. M., vgl. *Palandt/Weidenkaff* § 569 BGB Rdn. 16). Zu den Besonderheiten nach Rechtstreit über Mieterhöhung siehe *Palandt/Weidenkaff* § 569 BGB Rdn. 21 ff.

16. Die Heilungswirkung nach § 569 Abs. 3 Nr. 2 Satz 1 BGB wirkt ex nunc. Daher tritt während eines Prozesses die Erledigung der Hauptsache ein (vgl. Form. I. M. 8). Zur Erledigung zwischen Anhängigkeit und Rechtshängigkeit: Durch die Neuregelung des § 269 Abs. 3 Satz 3 ZPO wurden die bisher bestehenden Probleme bezüglich des Kostenerstattungsanspruchs vereinfacht, auch wenn der Kläger nach Erledigung in diesem Stadium des Verfahrens die Klage zurücknimmt, können dem Beklagten „unter Berücksichtigung des bisherigen Sach- und Streitstandes nach billigem Ermessen" die Kosten des Verfahrens auferlegt werden, entsprechen § 91 a ZPO; vgl. Form. I. M. 8 Anm. 4.

17. Die Zweijahresfrist des § 569 Abs. 3 Nr. 2 S. 2 BGB wird ab Zugang der letzten Kündigung zurück gerechnet (*Sternel* Mietrecht, 3. Aufl., Rdn. IV 425). Maßgeblich ist der jeweilige Zugang der Ersten und zweiten Kündigung.

5. Klage auf Räumung bei gewerblichem Zwischenmietverhältnis gegen Endmieter nach beendetem gewerblichen Zwischenmietverhältnis

An das
Amtsgericht[1]
– Abt. für Mietsachen –
……

Klage

In Sachen

……

gegen

…… (Endmieter)[2]

wegen Räumung und Herausgabe

vorläufiger Streitwert: EUR 4.500,–

werde ich beantragen:

I. Der Beklagte wird verurteilt, die Wohnung in der …… Straße ……, …… Stock, bestehend aus ……[2a] zu räumen und an den Kläger herauszugeben.
II. (Kosten) ……
III. (vorläufige Vollstreckbarkeit) ……

Begründung:

1. Der Kläger macht seinen Anspruch auf Räumung und Herausgabe der im Antrag bezeichneten Wohnung geltend.
Der Kläger ist Vermieter und Eigentümer der streitgegenständlichen Wohnung.
Beweis: In beglaubigter Fotokopie anliegender Grundbuchauszug
Er hatte mit einer Wohnungsverwaltungsgesellschaft, F. GmbH, einen Mietvertrag über die gewerbliche Zwischenvermietung der Wohnung geschlossen.
Beweis: In beglaubigter Fotokopie anliegender Mietvertrag vom ……
Diese Wohnungsverwaltungsgesellschaft hatte die Wohnung mit Wohnraummietvertrag vom …… an den Beklagten weitervermietet.
Beweis: In beglaubigter Fotokopie anliegender Mietvertrag vom ……
Der Beklagte nutzt die Wohnung überwiegend als Wohnraum, er betreibt in zwei Räumen eine Zahnarztpraxis und bewohnt weitere vier Räume.[3]
Die F. GmbH hat trotz der in Fotokopie anliegenden Mahnungen des Klägers vom …… die gemäß § 3 des Mietvertrages jeweils am 3. Werktag eines Monats im Voraus fällige Miete von EUR …… für die Monate …… nur in Höhe von EUR …… entrichtet.
Beweis (ohne Übernahme einer Beweislast): Kontoauszüge in beglaubigter Fotokopie in der Anlage beigefügt.
Sie war damit gemäß § 543 Abs. 2 Nr. 3a BGB für zwei aufeinander folgende Termine mit einem nicht unerheblichen Teil[4] der Miete in Verzug. Das Mietverhältnis wurde wegen Zahlungsverzuges vom Kläger gegenüber der Wohnungsverwaltung F. GmbH mit Schreiben vom …… fristlos gekündigt. Die Kündigungserklärung ging der F. GmbH am …… zu. Räumungsfrist wurde nicht gewährt.

Beweis: in begl. Fotokopie anliegendes Schreiben vom ......
in begl. Fotokopie anliegender Rückschein der Deutschen Post AG, Einlieferungs-Nr. ......

Es wird vorsorglich darauf hingewiesen, dass die Bestimmung des § 569 Abs. 3 Nr. 2 S. 1 BGB keine Anwendung findet, weil es sich bei dem Mietvertrag über eine gewerbliche Zwischenvermietung, nicht um ein Wohnraummietverhältnis handelt.[5]

Eine neue Zwischenvermietung erfolgte nicht. Mit Beendigung des Mietvertrages mit der F. GmbH ist der Kläger in den Mietvertrag mit dem Beklagten eingetreten.[6]

2. Der Beklagte wurde vom Kläger auf die Beendigung des Zwischenmietverhältnisses hingewiesen.

Beweis: in begl. Fotokopie anliegende Schreiben vom ......
Zeugnis von ......

Er wurde mehrfach aufgefordert, die Miete künftig direkt an den Kläger zu zahlen.[7] Das hat der Beklagte trotz Beendigung des Hauptmietverhältnisses durch Kündigung des Klägers abgelehnt und für drei aufeinanderfolgende Monate weder an die F. GmbH, noch an die Klagepartei Miete bezahlt. Die Klagepartei hat daher auch gegenüber dem Beklagten mit Schreiben vom ...... fristlos gekündigt.

Die Kündigung ging am ...... zu.

Beweis: Zeugnis von ......

Trotz der gesetzten Räumungsfrist und Fortsetzungswiderspruches erfolgte Räumung nicht.

Beweis: Zeugnis von ......

Mietzahlungen wurden nicht nachentrichtet. Der Beklagte schuldet die Rückgabe der Räume gem. §§ 543, 569, 546 BGB.

Rechtsanwalt

Anmerkungen

1. Die ausschließliche sachliche Zuständigkeit des Amtsgerichts gilt nur für Streitigkeiten zwischen Vermieter und Mieter bezüglich Überlassung, Benutzung oder Räumung von Wohnraum gemäß § 23 Ziff. 2a GVG. Bei sonstigen Mietverhältnissen richtet sich die Zuständigkeit nach dem Streitwert s. Form II. B. 4 Anm. 4. Für die örtliche Zuständigkeit gilt § 29a ZPO auch bei Gewerberaum. Die Vermietung von Räumen an einen Hauptmieter zum Zweck der Weitervermietung an Dritte ist Geschäftsraummiete (BGH BGHZ 94, 11). Zur Zuständigkeit des Amtsgerichts für Räumungsklagen in Zweifelsfällen s. *Bub/Treier*, Handbuch der Geschäfts- und Wohnraummiete, 2. Auflage, VIII, 10.

2. Die für die gewerbliche Weitervermietung maßgebliche Bestimmung des § 565 BGB entspricht bis auf sprachliche und redaktionelle Änderungen dem § 549a BGB a.F. Der Endmieter hat nur mit dem Zwischenmieter ein Vertragsverhältnis, auf das Wohnraummietrecht anzuwenden ist (OLG Zweibrücken NJW RR 1995, 270). Zum Verhältnis von Zwischenmieter und Vermieter siehe Anm. 5

2. a. Siehe hierzu Form II. B. 4 Anm. 5

3. Es handelt sich um ein Mischmietverhältnis. Die Beurteilung, ob Wohnraum- oder Gewerberaummietrecht Anwendung findet, richtet sich nach der überwiegenden Nutzungsart und worin der wahre Vertragszweck besteht. Es sind die Vorschriften anzuwenden, die für den vorherrschenden Vertragszweck gelten (BGH ZMR 1986, 278ff.). Die Umstände des Einzelfalls sind zu würdigen (s. auch OLG München ZMR 1995, 295ff.). Zu trennbar vermieteten Sachen s. BayObLG ZMR 1991, 176.

4. Dies richtet sich nach dem Gesamtrückstand, die Erheblichkeit kann nur mit Rücksicht auf die Umstände des Einzelfalls bestimmt werden (*Palandt Weidenkaff* § 543 BGB

Rdn. 24). Bei Gewerbemietverhältnissen soll der Rückstand in Höhe einer Monatsmiete ausreichen, wenn der Mieter zusätzlich erklärt, er sei künftig zu Mietezahlungen nicht mehr in der Lage (OLG Düsseldorf MDR 1991, 965). Für Wohnraummietverhältnisse wird ein Rückstand in Höhe von mindestens dem Betrag der Miete für einen Monat gefordert (*Wetekamp* MieWo § 554 BGB a.F. Rdn. 9).

5. Wenn der Vermieter dem Zwischenmieter zum Wohnen geeignete Räume zum Zwecke der Unvermietung an Dritte zur Miete überlässt, liegt zwischen Vermieter und Zwischenmieter in keinem Fall ein Wohnraummietvertrag vor. Die typische gewerbliche Zwischenvermietung gem. § 565 BGB liegt vor, wenn der Zwischenmieter den Wohnraum gewerblich i.S. einer geschäftsmäßigen, auf Dauer gerichteten, mit der Absicht der Gewinnerzielung oder im eigenen wirtschaftlichen Interesse ausgeübten Tätigkeit vermietet. Nur wenn eine vergleichbare Interessenlage gegeben ist, kommt eine analoge Anwendung dieser Bestimmung in Betracht (BGH ZMR 1996, 537ff.). Die Einzelheiten hierzu sind heftig umstritten (s. BGH ZMR 1996, 537ff. mwN; *Blank/Börstinghaus* § 549a BGB a.F. Rdn. 7), teilweise wird der Anwendungsbereich der Vorschrift streng auf Fälle der gewerblichen Zwischenvermietung beschränkt, andererseits auf alle Fälle der Zwischenvermietung zu Wohnzwecken – ausgenommen die klassische Untervermietung – erstreckt. Eine Sonderbeurteilung erfolgt für die Fälle der Zwischenvermietung, die nicht im Interesse des Zwischen- oder des Endmieters erfolgen. Bei Zwischenvermietung an einen gemeinnützigen Verein, der in Erfüllung seiner satzungsmäßigen Aufgaben an von ihm betreute Personen weitervermietet, findet § 565 BGB weder unmittelbar noch analog Anwendung (BGH ZMR 1996, 537ff.). Dies gilt auch bei vereinbarungswidriger Weitergabe durch den Verein an einen Mitarbeiter (BayObLG WUM 1995, 642). Wird im Vorgriff auf eine beabsichtigte gewerbliche Zwischenvermietung die Wohnung an den vorgesehenen „Mieter“ überlassen, kommt ein unmittelbares Mietverhältnis zwischen Wohnungseigentümer und Wohnungsbenutzer auch dann zustande, wenn die Zwischenvermietung von vornherein scheitert (LG Duisburg ZMR 1987, 81ff.).

6. Der Eintritt des Vermieters in die mietvertraglichen Rechte und Pflichten erfolgt kraft Gesetzes und sofort (*Palandt/Weidenkaff* § 565 BGB Rdn. 5). Nach Beendigung des gewerblichen Zwischenmietvertrages wird das Rechtsverhältnis zwischen Vermieter und Endmieter so behandelt, als bestünde zwischen ihnen ein Wohnraummietverhältnis seit Überlassung der Wohnung an den Endmieter (LG München I WM 1992, 246).

7. Nach § 565 Abs. 1 BGB tritt im Falle gewerblicher Zwischenmiete bei Beendigung des Hauptmietverhältnisses der Vermieter an die Stelle des Zwischenmieters in das Mietverhältnis ein. Daraus folgt die Verpflichtung des Untermieters, an den Vermieter zu zahlen oder – bei Gläubigerungewissheit – die Miete nach § 372 BGB zu hinterlegen. Tut er das nicht, kann der Vermieter das neu begründete Mietverhältnis – wie hier – nach §§ 543 Abs. 2 Nr. 3a, 569 BGB kündigen.

6. Klage des Vermieters auf Duldung baulicher Veränderungen[1] bei Wohnraum

An das
Amtsgericht
Abteilung für Mietsachen

Klage

In Sachen

...... **– Kläger –**

Prozessbevollmächtigter: Rechtsanwalt ......

gegen

...... – Beklagter –

wegen

vorläufiger Streitwert: EUR ......[2]

werde ich

beantragen:

I. Der Beklagte wird verurteilt,
   a) die erforderlichen Maßnahmen zur Einsparung von Energie ...... (z.B.: Einbau einer Zentralheizung) innerhalb der von ihm bewohnten Wohnung in der Zeit vom ...... bis ...... zu dulden[3];
   b) dem Kläger und den von ihm beauftragten Handwerkern in der Zeit vom ... bis ..., jeweils von ...... Uhr bis ...... Uhr, Zugang zu seiner Mietwohnung zu gewähren;[4]
   c) dem Kläger und den von ihm beauftragten Handwerkern freien Zugang zu ...... zu verschaffen.

II. ...... (Kosten) ......

III. ...... (vorläufige Vollstreckbarkeit)

Begründung:

1. Das Anwesen des Klägers in ......, ... Straße Nr. ......, in der auch die vom Beklagten bewohnte Wohnung liegt, wurde bislang durch Nachtspeicheröfen mit hohem Energieverbrauch beheizt. Der Kläger hat sich daher entschlossen, im gesamten Anwesen, auch in der Wohnung des Beklagten, eine Gas-Zentralheizung einzubauen. Für diesen Anschluss sind in den einzelnen Wohnungen, darunter auch die Wohnung des Beklagten, folgende Arbeiten erforderlich[5]

   ......

   Beweis: ......

2. Der Kläger hat sämtliche Mieter des Hauses mit Rundschreiben vom ...... darauf hingewiesen, dass die hierfür erforderlichen Umbauarbeiten innerhalb der einzelnen Wohnungen in der Zeit vom ...... bis ...... stattfinden.
   Mit Schreiben vom ...... (spätestens drei Monate vor Beginn der Maßnahme) hat der Kläger den Beklagten über Art, Umfang, Beginn und Dauer des Heizungseinbaues detailliert unterrichtet.[6] Er hat gleichzeitig erklärt, dass er nach Beendigung der Arbeiten eine Mieterhöhung von ca. ...... geltend machen wird[7].

   Beweis: Schreiben vom ......

   Dieses Schreiben wurde dem Beklagten übergeben am ......

   Beweis: Zeugnis von ......

   Der Beklagte hat erklärt, er widersetze sich diesen Arbeiten, weil er mit der bisherigen Heizung zufrieden sei und die höhere Miete nicht zahlen wolle.
   Die Arbeiten sind in den anderen Wohnungen zum Teil bereits durchgeführt ......

Rechtsanwalt

Anmerkungen

1. Die Neuregelung in § 554 BGB hat den Inhalt der §§ 541 a und 541 b BGB a. F. im Wesentlichen übernommen und zu einer Vorschrift zusammengefasst. Für Mietverhältnisse über andere Räume als Wohnräume enthält § 578 Abs. 2 BGB die Verweisungsvorschrift. Der Anspruch des Vermieters gegen den Mieter auf Duldung notwendiger baulicher Verbesserungsmaßnahmen oder Maßnahmen zur Einsparung von Energie (siehe hierzu auch EnergieeinsparVO WM 2002, 14ff.) oder zur Schaffung neuen Wohnraums (Modernisierungsarbeiten gem. § 554 Abs. 2 und Abs. 3 BGB) kann nicht durch einstweilige Verfügung durchgesetzt werden (h.M. siehe *Horst* NZM 1999, 193 (195) zu § 541 b a.F. BGB, *Sternel* Rdn. II 305; *Bub/Treier/Fischer* VIII, 116 mwN). Etwas anderes kann nur gelten in Fällen dringender Gefahr für Leben oder Gesundheit von Menschen oder für erhebliche Sachwerte, die nicht anders abgewendet werden kann (*Emmerich/Sonnenschein* § 541 a, b BGB a.F., Rdn. 97).

2. Der Streitwert der Klage auf Duldung von Modernisierungsmaßnahmen bemisst sich nach dem einfachen bis dreifachen Jahresbetrag der zu erwartenden Mieterhöhung (*Sternel* Mietrecht aktuell, Rdn. 1532; LG Aachen ZMR 1996, 442).

3. § 554 Abs. 2, 3 BGB regelt die Duldungspflicht des Mieters bei Maßnahmen zur Verbesserung der Mietsache sowie zur Einsparung aller Arten von Energie oder Wasser und bei der Schaffung neuen Wohnraums.

Erhaltungsmaßnahmen i.S. von § 554 Abs. 1 BGB müssen erforderlich sein, um den Bestand des Mietobjekts zu wahren. Hierunter fallen Instandhaltungs- und Instandsetzungsarbeiten (*Palandt/Weidenkaff* § 554 BGB, Rdn. 5ff.). Bei diesen Maßnahmen hat der Mieter eine uneingeschränkte Duldungspflicht. Unter Verbesserungsmaßnahmen versteht man Maßnahmen, die objektiv den Gebrauchs- oder Substanzwert der gemieteten Räume oder des Gebäudes erhöhen und bessere Benutzung ermöglichen (KG RE WM 1985, 248) z.B. den Zentralheizungseinbau (LG Fulda WM 1992, 243). Siehe ausführlich Einzelfallaufstellung *Lutz* in MAH Wohnraummietrecht § 30 Rdn. 20ff.

Maßnahmen zur Einsparung von Energie aller Art sind jetzt erfasst, statt wie bisher nur Heizenergie, d.h. auch Maßnahmen zur Einsparung von Strom wie drehzahlgeregelten Umwälzpumpen, Ventilatoren und Aufzugsmotoren sowie Energiesparlampen fallen darunter (BT-Drucksache 14/4553, 49). „Nachhaltigkeit" ist erforderlich für Umlage der Kosten gem. § 559 BGB. Die Vorschrift erfasst schon seit 1993 auch Maßnahmen zur Wasserersparnis und Schaffung von neuem Wohnraum wie Ausbau und Aufstockung, auch Schließung von Baulücken (*Palandt/Weidenkaff* § 554 BGB Rdn. 13). Verbesserungs- und Energieeinsparungsmaßnahmen sind immer zu dulden, wenn dadurch keine ungerechtfertigte Härte für den Mieter eintritt. Der Vermieter trägt die Beweislast für das Vorliegen der Voraussetzungen des Duldungsanspruchs, der Mieter muss die nicht zu rechtfertigende Härte darlegen. Zur Zumutbarkeitsprüfung detailliert siehe *Lutz* in MAH Wohnraummietrecht § 30 Rdn. 76. Dabei sind die Interessen des konkret betroffenen Mieters und anderer Mieter des Gebäudes an der Modernisierung zu berücksichtigen, sowie Auswirkungen für Familie oder andere Angehörige des Haushalts des Mieters und die regelmäßig folgende Mieterhöhung. Eine Angleichung an den „allgemein üblichen" Zustand muss aber in jedem Fall hingenommen werden, die zu erwartende Mieterhöhung, die sich aus einer solchen Modernisierung ergibt, ist bei der Zumutbarkeitsprüfung irrelevant.

Der Duldungsanspruch des Vermieters umfasst grundsätzlich auch die Verpflichtung des Mieters, freien Zugang zur Wohnung zu gewähren. Um jedoch keinen Zweifel hieran aufkommen zu lassen und dem Beklagten seine Verpflichtung zur Verschaffung auch des Zugangs zur Wohnung deutlich zu machen, empfiehlt sich, diese besondere Duldungsverpflichtung in einen eigenen Antrag aufzunehmen.

4. Ohne Ankündigung sind die Maßnahmen nicht zu dulden (AG Hamburg WM 1987, 220). Ist die Ankündigung des Vermieters unrichtig, ist Klage auf Duldung unzulässig (KG WM 1988, 389).

5. Je nach der Art der durchzuführenden Maßnahme empfiehlt sich hier eine möglichst genaue Angabe dessen, was an Einzelmaßnahmen geplant ist (Muster einer Modernisierungsankündigung *Lutz* in MAH Wohnraummietrecht § 30 Rdn. 126).

6. § 554 Abs. 3 BGB normiert detailliert die Mitteilungspflicht des Vermieters: Der Vermieter hat spätestens 3 Monate vor Beginn der Arbeiten Art, voraussichtlichen Umfang, Beginn und Dauer der Maßnahme anzukündigen. Die Neufassung des Gesetzes hat hier die strengen Maßstäbe der bisherigen Rechtsprechung abgesenkt, da der Vermieter zum vorgeschriebenen Mitteilungszeitpunkt zu präziseren Angaben häufig noch nicht in der Lage ist (BT-Drucksache 14/4553, 50). Die zu erwartende Mieterhöhung ist in Textform (§ 126b BGB) mitzuteilen, die Beifügung einer Wärmebedarfsberechnung ist nicht erforderlich (BGH ZMR 2002, 580 mwN.). Wenn keine Mieterhöhung durch den Vermieter erfolgen soll, müssen keine Angaben über eine theoretisch mögliche Mieterhöhung gemacht werden, siehe BayOblG WuM 2001, 16ff., siehe auch Anm. 7.

Weitere Folge einer unterlassenen, wegen Unvollständigkeit unwirksamen oder deutlich zu niedrigen Ankündigung (mehr als 10%): Die Erhöhungswirkung tritt 6 Monate später ein (§ 559b Abs. 2 BGB).

Ohne Mitteilung entsteht keine Duldungspflicht (*Palandt/Weidenkaff* § 554 BGB Rdn. 29).

Die Mitteilung ist auch für den Lauf der Sonderkündigungsfrist des Mieters gemäß § 554 Abs. 3 Satz 2 und 3 BGB von Bedeutung.

7. Der Vermieter hat durch Erklärung in Textform die Mieterhöhung anzukündigen (§ 554 Abs. 3 BGB). Hierbei ist ein bestimmter Geldbetrag, nicht nur ein Prozentsatz, anzugeben. Da der in der Duldungsanforderung angegebene Erhöhungsbetrag nur zur Feststellung der Duldungspflicht dient, ist hier noch keine detaillierte Darstellung und Erläuterung der Mieterhöhung wie für §§ 559, 559a, 559b BGB erforderlich (*Palandt/Weidenkaff* § 554 BGB Rdn. 27). Zur Durchführung der Mieterhöhung siehe *Lutz* in MAH Wohnraummietrecht § 35 Rdn. 171, *Sternel* ZMR 2001, 942 (insbesondere zu Verbundmaßnahmen). Wenn eine Modernisierungsmaßnahme vermieterseits durchgeführt wird und keine Mieterhöhung infolge der Maßnahme verlangt werden soll, muss in dem Ankündigungsschreiben keine Angabe über eine theoretisch mögliche Mieterhöhung enthalten sein (BayObLG WM 2001, 16ff.).

7. Klage des Vermieters auf Räumung eines gewerblich genutzten Lagerplatzes mit darauf errichteter Lagerhalle

An das
. . . . . .gericht[1]

Klage

In Sachen

– Klägerin –

gegen

. . . . . . **– Beklagte –**

wegen Räumung, Herausgabe und Beseitigung

Streitwert: EUR . . . . . .

Namens und mit Vollmacht der Klägerin erhebe ich Klage und werde

beantragen:

I. Die Beklagte wird verurteilt, das von ihr angemietete und als Lagerplatz genutzte Teilstück der Flurstück-Nr. . . . . . ., vorgetragen im Grundbuch des Amtsgerichts . . . . . . für . . . . . ., Band . . . . . ., Blatt . . . . . ., gelegen in x-Stadt an der y-Straße Nr. . . . . . . und mit einer Fläche von insgesamt . . . . . . qm zu räumen und an die Klägerin herauszugeben.

II. Die Beklagte wird verurteilt, die von ihr auf dem zu I. näher bezeichneten Teilstück errichtete, ebenerdig gemauerte, Lagerhalle von ...... m Breite, ... m Länge und ...... m Höhe abzubrechen und zu entfernen[2].
III. Die Beklagte hat die Kosten des Rechtsstreits zu tragen.
IV. Das Urteil ist, notfalls gegen Sicherheitsleistung, vorläufig vollstreckbar.

Begründung:

1. Die Klägerin hat an die Beklagte das in Ziff. I. näher bezeichnete Teilstück zur gewerblichen Nutzung ausschließlich als Lagerplatz befristet bis 2007...... vermietet. Maßgebend für das Mietverhältnis sind der Mietvertrag vom ......, eine diesem Mietvertrag angeheftete und das oben unter Ziff. I. der Anträge näher beschriebene Grundstück ausweisende Skizze[3] sowie die Allgemeinen Lagerplatzbedingungen der Klägerin.

   Beweis: In beglaubigter Fotokopie anliegender Mietvertrag vom ...... nebst Skizze und Allgemeinen Lagerplatzbedingungen.

2. Die Beklagte hat trotz der in Fotokopie anliegenden Mahnungen der Klägerin vom ...... die gemäß § 2 des Mietvertrages jeweils am 3. eines Monats im Voraus fällige Miete[3a] von EUR ...... seit ...... bis jetzt nicht mehr bezahlt.
   Das Mietverhältnis wurde daraufhin von der Klägerin mit Schreiben vom ...... fristlos gekündigt[4].

   Beweis: In beglaubigter Fotokopie anliegendes Schreiben der Klägerin vom ...... mit Rückschein.

   Die Beklagte ist daher nach § ...... des Mietvertrages in Verbindung mit Ziff. ...... der vereinbarten Allgemeinen Lagerplatzbedingungen und nach §§ 543 Abs. 2 Nr. 3, 546 BGB zur sofortigen Räumung und Herausgabe des gemieteten Teilstücks verpflichtet.

3. Die Beklagte hat unmittelbar nach Beginn des Mietverhältnisses am ...... die in Ziff. II. näher bezeichnete Lagerhalle auf der gemieteten Teilfläche aufmauern lassen[5]. Nach Ziff. ...... der zwischen den Parteien vereinbarten Allgemeinen Lagerplatzbedingungen der Klägerin sind bei Beendigung des Mietverhältnisses alle vom Mieter errichteten Bauwerke – gleich aus welchem Material und in welcher Bauweise errichtet – auf seine Kosten abzureißen und zu entfernen; es ist ausdrücklich vereinbart, dass Bauwerke nur für die Dauer des fest befristeten Mietverhältnisses errichtet werden. Die Beklagte ist daher verpflichtet, die Lagerhalle abzureißen, zu beseitigen und das Grundstück herauszugeben.

Rechtsanwalt

Anmerkungen

1. Hier handelt es sich um eine Klage auf Räumung eines Grundstücks. Die sachliche Zuständigkeit richtet sich daher nur nach dem Streitwert, §§ 71, 23 GVG. Die örtliche Zuständigkeit bestimmt sich nach den allgemeinen Vorschriften (§ 29a ZPO gilt nur für „Räume", „Keine Räume" sind: Grundstücksflächen, Gebäudeflächen, Wohncontainer, ein demontierbares Bürogebäude, s. *Zöller* § 29a ZPO Rdn 5; *Baumbach/Hartmann* § 29a ZPO, Rdn. 3; siehe auch *Emmerich/Sonnenschein* VB zu §§§ 535, 536 BGB a.F. Rdn. 42, 50). Sie ist – wie auch die sachliche Zuständigkeit – unter den Voraussetzungen des § 38 ZPO prorogierbar.

2. Die Räumung, die nach § 885 ZPO vollstreckt wird, umfasst zwar das Recht des Gläubigers, den Schuldner aus einem von ihm errichteten Bauwerk zu entfernen (OLG Hamm NJW 1965, 2207, str. s. *Zöller* § 885 ZPO Rdn. 1), nicht aber ohne weiteres die

Befugnis, vom Schuldner errichtete Bauwerke selbst zu beseitigen, auch wenn sie – wie hier – sonderrechtsfähige nicht wesentliche Bestandteile sind. Es empfiehlt sich daher ein Antrag wie zu Ziff. II., der unabhängig von der Räumung nach § 887 ZPO vollstreckt werden kann, zur Form siehe III. C. 3.

3. Ein Lageplan, der sich nur als Anschauungsobjekt oder Orientierungsbehelf darstellt, der die Mietfläche innerhalb eines Gesamtgrundstücks festlegt, die im Mietvertrag selbst detailliert beschrieben ist, wird nicht vom Schriftformerfordernis erfasst (BGH NZM 2001, 43).

3 a. Bei der Grundstücksmiete entspricht § 579 BGB n.F. der bisherigen Regelung (§ 551 BGB a.F.), wonach es bei der nachschüssigen Entrichtung der Miete verbleibt.

Abweichende vertragliche Vereinbarungen sind zulässig (BT-Drucksache 14/4553, Seite 74).

4. Bei Vermietung eines Grundstücks ist und bleibt der Vertragsgegenstand in der Regel das Grundstück. Bei Vornahme der Verbindung von Grundstück und Gebäude in Ausübung eines zeitlich begrenzten Nutzungsrechts ist davon auszugehen, dass nur eine vorübergehende Verbindung erfolgen sollte und es sich um einen Scheinbestandteil i.S. des § 95 Abs. 1 Satz 1 BGB handelt. Maßgebend ist der Wille des Erbauers (Mieter), sofern dieser mit dem nach außen in Erscheinung tretenden Sachverhalt ein Einklang zu bringen ist (BGH NJW 1996, 916 (917)). Die Vermutung spricht dafür, dass die Verbindung nur in seinem Interesse und für die Dauer des Vertragsverhältnisses erfolgte (BGHZ 8, 1 (5)). Auch eine massive Bauart steht dem nicht entgegen. Erforderlich wäre eine eindeutige Vereinbarung oder der erkennbare Wille des Erbauers (Mieter) bei Errichtung des Bauwerks, es bei Vertragsbeendigung in das Eigentum seines Vermieters übergehen zu lassen (BGHZ 92, 70 (74)).

5. Trotz fester Verbindung wird die Halle nicht wesentlicher Bestandteil und fällt damit nicht ins Eigentum der Klägerin nach § 94 BGB, wenn der Mieter das Bauwerk zur Nutzung während der Vertragsdauer errichtet und der Vermieter es bei Vertragsende nicht übernehmen soll (vgl. *Palandt/Heinrichs* § 95 BGB Rdn. 2).

8. Klage des Mieters auf Rückzahlung der Kaution

An das
Amtsgericht[1]
– Streitgericht –
Abteilung für Mietsachen

Klage

des ...... – Kläger –[2]

Prozessbevollmächtigter: Rechtsanwalt ......

gegen

...... – Beklagten –

wegen Forderung

Streitwert: ......

Namens und in Vollmacht des Klägers erhebe ich Klage und werde

beantragen:

I. Der Beklagte wird verurteilt, an den Kläger EUR ...... und ......% Zinsen seit 30. 11. 2002 zu zahlen[3]**.**

II. Kosten ......
III. Vollstreckbarkeit ......

Begründung:

1. Zwischen den Parteien bestand ein Mietverhältnis über die Wohnung des Beklagten in ......, Straße ......, Nr. ......, ab 1. 1. 1980.

Beweis: In beglaubigter Form anliegender Mietvertrag vom 27. 12. 1979.

Der Kläger hat das Mietverhältnis zum 31. 5. 2002 gekündigt und die vorgenannte Wohnung zu diesem Zeitpunkt geräumt, in mangelfreiem, vertragsgerechtem Zustand an den Beklagten herausgegeben.

Beweis: Zeugnis von ......

Der Beklagte hat keinerlei rückständige Ansprüche aus dem Mietverhältnis mehr[4].
Der Formularmietvertrag vom 27. 12. 1979 verpflichtet den Mieter zur Zahlung einer Kaution[5] in Höhe von EUR ......[6] Über die Verzinsungspflicht enthält der Vertrag keine Regelung. Zur Verzinsung[7] ist der Vermieter gleichwohl verpflichtet.
Der Kläger hat die Kaution am Tage des Einzuges[8] (1. 1. 1980) durch Barzahlung an den Beklagten erbracht.

2. Der Beklagte hat das Geld bei der Stadtsparkasse ...... auf einem Sparkonto angelegt[9]. Die Kaution ist ab 1. 1. 1980 gem. folgender Berechnung ...... zu verzinsen[10].
Mit Schreiben vom ...... wurde der Beklagte unter Fristsetzung zur Rückzahlung der Kaution aufgefordert.
Zahlung erfolgte gleichwohl nicht. Gegenansprüche wurden nicht erhoben. Klage war geboten.

Rechtsanwalt

Anmerkungen

1. Die örtliche Zuständigkeit richtet sich nach § 29a ZPO. Zur sachlichen Zuständigkeit siehe Form II. B. 1 Anm. 1.

2. Mehrere Mitmieter können die Rückgabe der Sicherheit nur gemeinsam fordern, als Mitgläubiger können sie gemäß § 432 Abs. 1 BGB vom Vermieter nicht Leistung an sich allein, sondern nur an alle Berechtigten verlangen. Ein einzelner Mitmieter ist hierzu allenfalls in gewillkürter Prozessstandschaft auf Grund einer Ermächtigung der übrigen Mieter in der Lage (BVerfG WuM 2002, 23f.), siehe auch LG Saarbrücken ZMR 1992, 60, wonach der Klage eines einzelnen Mitmieters die Prozessführungsbefugnis fehlt/hier: Wohngemeinschaft; s. auch BGH NJW 1988, 1586 mwN, LG Berlin GE 1996, 1117; möglich ist nach Ansicht des LG Gießen (ZMR 1996, XI Nr. 12), dass mehrere Mitmieter ihre Anteile an einer gemeinschaftlichen Kautionsrückzahlungsforderung im Wege der Abtretung mit Zustimmung aller Berechtigten in der Hand eines Mitmieters vereinigen.

3. Der Antrag geht von Rückforderung einer Barkaution aus.

4. Mit Bezahlung der Kaution an den Vermieter erhält der Mieter einen aufschiebend bedingten Kautionsrückzahlungsanspruch. Dieser wird fällig und besteht auch nur insoweit als feststeht, dass dem Vermieter keine Ansprüche mehr zustehen, für die die Kaution haftet, das Sicherungsbedürfnis also entfallen ist (BGH ZMR 1999, 537 (538)). Dem Vermieter wird nach Mietvertragsbeendigung jedoch eine Frist zugebilligt, innerhalb deren er zu prüfen hat, ob und welche Ansprüche ihm noch zustehen. Diese Frist hängt vom Einzelfall ab, sie beträgt in der Regel 3–6 Monate (OLG Hamm NJW-RR 1992, 1036; OLG Köln, ZMR 1998, 345 (2,5 Monate)). Ein Zeitraum von 2 Jahren für die Rückzahlung wurde als zu lang angesehen (OLG Düsseldorf ZMR 1992, 191).

Der Vermieter kann gegen den Rückzahlungsanspruch auch mit Ersatzansprüchen wegen Veränderung oder Verschlechterung der Mietsache, die gem. § 548 BGB in 6 Monaten nach Rückgabe der Mietsache verjähren, auch später noch aufrechnen (BGH NJW 1987, 2372; OLG Karlsruhe ZMR 1987, 148; a.A. zuvor OLG Celle NJW 1985, 1715). Dies gilt nicht für Ansprüche, die bei Entstehung der Aufrechnungslage bereits verjährt sind.

5. Die häufigsten Formen der Sicherheitsleistung sind Barkaution und Bankbürgschaft (Einzelheiten s. *Schmid,* Mietkaution und Vermieterpfandrecht, 1996, Rdn. 2015ff.; *Palandt/Weidenkaff* § 551 BGB Rdn. 8).

6. Die Kaution als umfassendes Sicherungsmittel des Vermieters für Forderungen aus dem Wohnraummietverhältnis darf seit 1. 1. 1983 bei nicht preisgebundenen Wohnraummietverhältnissen gem. § 551b Abs. 1 BGB die dreifache Nettomiete nicht übersteigen (zur Ausnahme s. BGH BGHZ 111, 361). Nicht abrechenbare Betriebskostenpauschalen dürfen ebensowenig eingerechnet werden wie Vorauszahlungsbeträge (§ 551 Abs. 1 BGB). Insgesamt darf die Höhe der Sicherheiten (z.B. eine neben der Barkaution geleistete Bürgschaft) drei Monatsmieten nicht übersteigen (BGH ZMR 1989, 256; zur Ausnahme s. BGH ZMR 1990, 327).

Für Gewerbemietverhältnisse ist die Höhe der Sicherheit nicht begrenzt, sie richtet sich nach der vertraglichen Vereinbarung.

Bei Formularklauseln ist § 307 BGB zu beachten.

7. Bei Wohnraummietverträgen über nicht preisgebundene Wohnungen, die vor dem 1. 1. 1983 abgeschlossen wurden und in denen die Verzinsung nicht wirksam ausgeschlossen war, ist der Vermieter verpflichtet, die Kaution vom Empfang an (hier 1980) zu dem für Spareinlagen mit gesetzlicher Kündigungsfrist üblichen Zinssatz zu verzinsen. Dies gilt auch, wenn der Vertrag keine ausdrückliche Regelung über die Verzinsung enthält (BGHZ 84, 345 f.).

Der formularvertragliche Ausschluss der Verzinsung in sog. Altverträgen über Wohnraum, die vor dem 1. 1. 1983 abgeschlossen worden sind, ist nach herrschender Meinung unwirksam (LG München I WM 1999, 515; *Harz/Schmid,* Die Allgemeinen Geschäftsbedingungen im Mietrecht, 1997, Rdn. 184ff. mwN). Durch Individualvereinbarung konnte die Verzinsungspflicht wirksam ausgeschlossen werden (s. *Pauly* WM 1996, 599ff.). Bei den nach dem 1. 1. 1983 geschlossenen Verträgen ist die Verzinsungspflicht zwingend.

Bei Nichtwohnraummietverhältnissen ergibt sich aus dem Gesetz keine Verzinsungspflicht, sie kann vertraglich vereinbart werden (s. *Pauly* WM 1996, 600 mwN). Bei fehlender vertraglicher Vereinbarung soll Verzinsung geschuldet sein (BGH WM 1994, 679).

Eine Verzinsungspflicht besteht gleichfalls nicht für Wohnraummietverhältnisse, die Teil eines Studenten- oder Jugendwohnheims sind (§ 551 Abs. 3 Satz 5 BGB).

8. Eine Vereinbarung, wonach der Wohnraummieter die Kaution vor Beginn des Mietverhältnisses zu erbringen hat, ist wie jede andere Abweichung von den Bedingungen des § 551 BGB zu ungunsten des Mieters unwirksam (§ 551 Abs. 4 BGB). Der Mieter ist berechtigt, die Barkaution in drei gleichen Teilleistungen zu erbringen, wobei nur die erste Teilleistung zu Beginn des Mietverhältnisses fällig ist (§ 551 Abs. 2 BGB), die weiteren Raten sind jeweils einen Monat später fällig. Dies gilt auch, wenn der Mieter ein Sparbuch anzulegen hat. Die Regelung des § 551 Abs. 2 BGB gilt nicht für eine Sicherheitsleistung durch Bankbürgschaft (*Blank/Börstinghaus* §§ 551 BGB Rdn. 5, 550b BGB a.F. Rdn. 17).

9. § 551 Abs. 3 Satz 3 BGB schreibt für Wohnraummietverhältnisse vor, dass der Vermieter die Kaution von seinem Vermögen getrennt anzulegen hat. Der Anspruch auf getrennte Anlage der Kaution ist einklagbar (*Blank/Börstinghaus* Neues Mietrecht § 551 BGB Rdn. 6, unter Verweisung auf die Kommentierung zu § 550b BGB a.F. Rdn. 24

BGB). Hinsichtlich der Art der Anlage sowie der Höhe der Verzinsung hat der Mieter einen Auskunftsanspruch (*Riecke/Schmidt* Miete und Mietprozess 3. Auflage, 6–60 ff.).

Die Anlage muss nicht auf einem Sparbuch erfolgen. Die Vertragsparteien können eine andere Anlageform (§ 551 Abs. 3 Satz 2 BGB) wählen. Zutreffend weist Sternel (ZMR 2002, 1) darauf hin, dass die Mietsicherheit durch die Regelung des § 551 Abs. 3 Satz 2 BGB ein ihr an sich fremdes spekulatives Element bekommen hat. Nach der Begründung (BT-Drucksache 14/4553, S. 48) sollen andere Anlageformen nur solche sein, die grundsätzlich auch Erträge abwerfen können, z. B. Zinsen oder Dividenden. Sofern sich der Gewinn nicht realisiert oder beim Eintritt eines Vermögensverlustes, soll der Mieter anders als bei einer Anlage gemäß § 551 Abs. 3 Satz 1 BGB weder das eingesetzte Kapital noch eine Mindestverzinsung vom Vermieter zurückverlangen können. Der Gesetzgeber geht davon aus, dass „beide Parteien … mit einer von Satz 1 abweichenden Vereinbarung ein vergleichbares Verlustrisiko ein(gehen)" (BT-Drs. 14/4553 S. 48).

Die gesonderte Anlage ist erforderlich, um den Rückzahlungsanspruch des Mieters bei Zwangsvollstreckung durch Gläubiger des Vermieters oder bei Insolvenz des Vermieters zu sichern.

Für den Fall des Eigentumswechsels bestimmt § 566 a BGB anders als die bisherige Rechtslage, dass der Mieter bei Mietende die geleistete Sicherheit in jedem Fall vom Erwerber zurückfordern kann, unabhängig davon, ob der Erwerber die Sicherheit tatsächlich erhalten hat, anlässlich des Eigentumswechsels (BT-Drs. 14/5663 S. 176). Daneben haftet auch der Veräußerer, wenn der Mieter die Sicherheit von dem Erwerber nicht erlangen kann. Der Mieter muss – sofern dies nicht aussichtslos ist – zunächst den Erwerber in Anspruch nehmen (*Palandt/Weidenkaff* § 566 a BGB Rdn. 6 BGB). Zur Übergangsregelung siehe *Blank/Börstinghaus* Neues Mietrecht § 566 a BGB Rdn. 8 BGB, AG Lichtenberg ZMR 2002, 357, *Derleder* WuM 2002, 239).

10. Die Berechnung der Zinsen erfolgt nach den Zinssätzen, die für Spareinlagen mit 3-monatiger Kündigungsfrist üblich waren. Die Übergangsregelung des Artikel 229 § 3 Abs. 8 EGBGB knüpft an die bisherigen Übergangsregelungen zu § 550 b BGB a.F. an. Vereinbarungen, durch die vor Einführung der Verzinsungspflicht eine Verzinsung wirksam ausgeschlossen worden sind, bleiben wirksam (*Franke* ZMR 2001, 951, 955, siehe auch *Derleder* WuM 2002, 239 mwN). Für unterschiedliche Zeiträume kommen verschiedene Zinssätze in Betracht. Sowohl der Zeitraum als auch der Zinssatz müssen konkret angegeben werden. Möglich ist auch, vom Vermieter im Wege der Stufenklage zunächst Auskunft über die erwirtschafteten Zinsen zu verlangen und nach deren Bezifferung den Zahlungsanspruch geltend zu machen. Zinsen und Zinseszinsen stehen dem Mieter zu (*Palandt/Weidenkaff* § 551 BGB Rdn. 13). Streitig ist, ob der Vermieter verpflichtet ist, das durch eine übergesetzliche Zinsanlage Erlangte herauszugeben (*Pauly* aaO., S. 601 mwN).

Zur Zinsabschlagssteuer s. *Schmid/Riecke/Schmidt* in Miete und Mietprozess 3. Auflage, 6–68 a mwN.

9. Sofortiges Anerkenntnis des Räumungsanspruchs und Antrag des Mieters auf Gewährung einer Räumungsfrist nach § 721 ZPO für Wohnraum

An das
Amtsgericht
– Streitgericht –
Abteilung für Mietsachen

Aktenzeichen: ......

In Sachen

...... – Klägerin –

Prozessbevollmächtigter: Rechtsanwalt ......

gegen

1) ......
2) ...... – Beklagte –
zeige ich die Vertretung der Beklagten an. In deren Namen und Auftrag erkenne ich den Klageanspruch auf Räumung

an[1]

und

beantrage:

I. Den Beklagten wird eine in das Ermessen des Gerichts gestellte Räumungsfrist[2], mindestens bis zum ...... gewährt[3].
II. Der Kläger hat die Kosten des Rechtsstreits zu tragen[4].
III. Die Klage ist im Kostenpunkt vorläufig vollstreckbar.

Begründung:

Die Beklagten widersetzen sich der Räumung nicht. Sie haben auch vorprozessual die Wirksamkeit der Kündigung nicht bestritten. Sie haben jedoch den Kläger vergeblich aufgefordert, ihnen eine Räumungsfrist von ...... Wochen zu gewähren. Die Beklagte zu 2) ist im 6. Monat schwanger und wird voraussichtlich am ...... entbinden[5]. Beweis: ...... Ein Umzug ist in dieser Situation weder vor der Niederkunft noch unmittelbar danach möglich und zumutbar[6]. Ein Umzug wird am ...... erfolgen. Beweis: Mietvertrag über neu angemietete Wohnung. Weil der Kläger diesem Sachverhalt[7] trotz Bitten der Beklagten keine Rechnung tragen will, ist es billig, ihm die Kosten des Rechtsstreits aufzuerlegen.

Rechtsanwalt

Anmerkungen

1. Zur Form s. auch I. E. 3.

2. Über eine Räumungsfrist wird auf Antrag oder von Amts wegen entschieden. Sinnvoll ist für beide Parteien, die tatsächlichen Umstände, die für oder gegen die Gewährung einer Räumungsfrist sprechen, schon im Räumungsprozess vorzutragen. Vorteil des Antrags: uU. Antrag auf Ergänzung nach §§ 721 Abs. 1 S. 2, 321 ZPO. Für den Antrag ist eine 2-Wochen-Frist einzuhalten, der Antrag muss spätestens 2 Wochen vor dem Tag, an dem gemäß dem Urteil zu räumen ist, bzw. spätestens 2 Wochen vor Ablauf ei-

ner schon gewährten Räumungsfrist bei Gericht eingehen. Zur Fristberechnung *Scholz* in Miete und Mietprozess 25–14.

3. § 721 ZPO ist nur anwendbar, wenn Räumungsschutz bezüglich Wohnraum begehrt wird (bei Mischmietverhältnissen teilweise str., vgl. *Baumbach/Hartmann* ZPO 60. Auflage, § 721 Rdn. 4 mwN). Zur Antragstellung und -begründung des Räumungsschutzantrags ist der Anwalt des Beklagten verpflichtet (Hamm NJW-RR 1995, 526; *Sternel* Mietrecht aktuell 3. Aufl., Rdn. 1494 ff.). Über eine Räumungsfrist ist auch beim Versäumnisurteil zu entscheiden (LG Rostock NJW RR 2001, 443, *Thomas/Putzo* § 721 ZPO Rdn. 8 ff.). § 721 gilt nicht bei Vermietung zu vorübergehenden Gebrauch etc. (vgl. § 549 Abs. 2 und Abs. 3, § 721 Abs. 7 ZPO), bei Zuweisung nach der Hausratsverordnung oder gemäß § 661 Abs. 1 Ziffer 5 ZPO.

4. Bei sofortigem Anerkenntnis und Bewilligung einer Räumungsfrist (s. *Harsch* WM 1995, 246 (248)) richtet sich die Kostenentscheidung nach § 93 b Abs. 3 ZPO; also gegenüber § 93 ZPO erweiterte Möglichkeit kostenbefreienden Anerkenntnisses des beklagten Mieters.

5. Bei der Entscheidung über Räumungsfrist sind die Vermieter- und Mieterinteressen zu prüfen (Einzelheiten s. *Baumbach/Hartmann* § 721 Rdn. 12 ff., *Sternel* Mietrecht aktuell 3. Aufl., Rdn. 1499). Dem nur zeitlich befristeten Bestandsinteresse des Mieters soll Vorrang vor dem Erlangungsinteresse des Vermieters eingeräumt werden, anders als im Verfahren des § 765 a ZPO (LG Hamburg WUM 1990, 216). Im Höchstfalle beträgt die Räumungsfrist insgesamt ein Jahr. Die Frist beginnt, falls nicht ausdrücklich festgelegt, mit Zustellung oder Verkündung der Entscheidung (§ 221 bzw. § 312 ZPO). Bei einem Urteil auf künftige Räumung gem. § 259 ZPO, ohne Entscheidung über die Gewährung einer Räumungsfrist, kann der Räumungsschuldner bis spätestens 2 Wochen (zum Feiertags- und Wochenendproblem s. *Baumbach/Hartmann* § 222 ZPO Anm. 3) vor dem Räumungstermin Antrag (siehe oben Anmerkung 1) auf Räumungsfristgewährung stellen (s. *Münzberg* WM 1993, 9 ff.). Zur Wiedereinsetzung *Baumbach/Hartmann* § 721 Rdn. 9.

6. Liegen die Voraussetzungen des § 564 c Abs. 2 BGB a. F. (zur Übergangsregelung Artikel 229 § 3 Abs. 3 EGBGB) oder des § 575 BGB im vollen Umfang vor (vgl. hierzu im einzelnen Form. II. B. 5 Anm. 5), so entfällt auch der Vollstreckungsschutz gemäß §§ 721, 794 a ZPO (vgl. §§ 721 Abs. 7, 794 a Abs. 5 ZPO). Erhalten bleibt lediglich der Vollstreckungsschutz des § 765 a ZPO (hierzu Form. II. B. 15).

7. Um einer ungünstigen Kostenentscheidung vorzubeugen, muss der Mieter einen konkreten Auszugstermin nennen und glaubhaft darlegen (LG Frankenthal WM 1993, 547; AG Hannover WM 1993, 547; insges. 27 Entscheidungen zu dem Problemkreis WM 1993, S. 541 ff.). Verpflichtet zur Suche nach Ersatzwohnraum ist er erst ab Rechtskraft des Urteils, es sei denn, er muss von der Berechtigung der Kündigung oder der Erfolglosigkeit seiner Verteidigung ausgehen (LG Wuppertal WUM 1996, 429 (430).

Fristen und Rechtsmittel

Auf Räumung lautende Urteile werden durch Berufung angegriffen. Soll lediglich Versagung, Gewährung oder Bemessung der Räumungsfrist angegriffen werden, ist sofortige Beschwerde gegen erstinstanzliche Entscheidung innerhalb von 2 Wochen (§ 721 Abs. 6, § 569 ZPO) einzulegen. Dies ist auch möglich, wenn ein Versäumnisurteil ergangen ist (§ 331 ZPO), nicht aber beim zweiten Versäumnisurteil (§ 345 ZPO), siehe LG Dortmund NJW 1965, 1385.

10. Antrag des Mieters auf Ergänzung des Urteils bezüglich einer Räumungsfrist

In Sachen

. . . . . .

wurde mir das Urteil des Amtsgerichts . . . . . . vom . . . . . . am . . . . . . zugestellt. Im Urteil wurde der von mir mit Schriftsatz vom . . . . . . gestellte Antrag auf Einräumung einer Räumungsfrist nicht verbeschieden. Ich stelle daher den

Antrag,

durch Ergänzungsurteil wie folgt zu entscheiden:

Den Beklagten wird eine Räumungsfrist bis zum 30. 9. 2002 gewährt[1].

Gleichzeitig stelle ich den

Antrag,

die Zwangsvollstreckung aus dem Endurteil vom . . . . . . ohne, hilfsweise gegen Sicherheitsleistung, deren Höhe in das Ermessen des Gerichts gestellt wird, einstweilen einzustellen[2]. Eine sofortige Räumung würde aus den in der Klageerwiderung genannten Gründen eine unzumutbare Härte darstellen.

Rechtsanwalt

Anmerkungen

1. Vgl. §§ 721 Abs. 1 S. 2 und 3, 321 ZPO (2 Wochen ab Zustellung des Urteils, wenn Antrag übergangen wurde; *Baumbach/Hartmann* § 721 Rdn. 6). Der entsprechende Antrag ist zwingend erforderlich, andernfalls kann die Ergänzung des Urteils nicht erfolgen (LG Rostock NJW RR 2001, 443), siehe auch Form I. N. 3.

2. Vgl. §§ 721 Abs. 1, 732 Abs. 2 ZPO. Einstweilige Einstellung möglich und uU. erforderlich, weil Räumungsurteil nach § 708 Nr. 7 ZPO ohne Sicherheitsleistung vorläufig vollstreckbar ist (vgl. *Baumbach/Hartmann* § 721 Rdn. 6; § 321 Rdn. 6).

Rechtsmittel

Das Ergänzungsurteil ist selbstständig anfechtbar (siehe auch BGH NJW 2000, 3008), siehe hierzu Form I. O. 1 ff., anders nur bei einer Ergänzung der Kosten (*Baumbach/Hartmann* § 321 Anm. 10).

11. Antrag des Mieters auf Verlängerung der Räumungsfrist

In Sachen

. . . . . .

hat das Gericht[1] eine Räumungsfrist bis . . . . . . gewährt. Es hat sich jedoch zwischenzeitlich herausgestellt, dass der Vormieter der neuen Wohnung in der . . . . . . diese nicht

bereits wie vorgesehen per ...... freimachen kann, sondern wegen der verzögerten Fertigstellung seines eigenen Hauses erst am ...... ausziehen kann. Beweis: ...... Namens und im Auftrag der Beklagten stelle ich daher den

Antrag[2],

die Räumungsfrist bis ...... zu verlängern[3].

Rechtsanwalt

Anmerkungen

1. Für die Entscheidung über den Antrag ist grundsätzlich das Gericht der ersten Instanz zuständig, das Prozessgericht, nicht das Vollstreckungsgericht; das Berufungsgericht erst ab Einlegung der Berufung bis zu deren Rücknahme oder bis zur Entscheidung über die Berufung (siehe auch *Baumbach/Hartmann* § 721 ZPO Rdn. 10, zur Zuständigkeit bei weiteren Verfahren).

2. Verlängerungsantrag ist nach § 721 Abs. 3 S. 1 ZPO möglich, nicht jedoch bei außergerichtlich vereinbarten Räumungsfristen (LG Wuppertal NJW 1967, 832). Hier ist Umdeutung in einen Antrag auf erstmalige Gewährung einer Räumungsfrist möglich (*Scholz* MieWo § 721 ZPO Rdn. 34). Zum Antrag siehe Form II. B. 10. Auch wiederholende Verlängerungsanträge sind möglich, allerdings nur bei Vorbringen neuer Tatsachen, wobei es wesentlich darauf ankommt, ob sich der Räumungsschuldner nach erstmaliger Bewilligung der Frist hinreichend um rechtzeitige Räumung gekümmert hat (LG Heidelberg WM 1995, 661). Die Höchstdauer beträgt 1 Jahr, § 721 Abs. 5 ZPO.

3. Unter Umständen empfiehlt sich ein ergänzender Antrag auf vorläufige Einstellung der Zwangsvollstreckung nach §§ 721 Abs. 1, 732 Abs. 2 ZPO.

Der Vermieter kann nach § 721 Abs. 3 ZPO umgekehrt Antrag auf Verkürzung einer bewilligten Räumungsfrist stellen.

12. Antrag des Mieters auf Gewährung einer Räumungsfrist bei Räumungsvergleich

In Sachen

......

hat sich der Beklagte durch Prozessvergleich vom ...... verpflichtet, die von ihm bewohnte Wohnung in ...... bis spätestens ...... zu räumen und an den Kläger herauszugeben.

Der Beklagte wurde vor einer Woche mit schweren Verletzungen, die er bei einer Schlägerei auf dem Oktoberfest erlitten hat, ins Krankenhaus eingeliefert. Er ist daher nicht in der Lage, innerhalb der im Vergleich vorgesehenen Frist die Räumung durchzuführen. Beweis: Ärztliches Attest vom ...... Im Hinblick hierauf stelle ich namens und im Auftrag des Beklagten den

Antrag[1],

dem Beklagten eine angemessene Räumungsfrist, mindestens bis ......, zu bewilligen und die einstweilige Einstellung der Zwangsvollstreckung aus dem Prozessvergleich vom ...... anzuordnen[2].

Rechtsanwalt

Anmerkungen

1. Bei Räumungsverpflichtung aus Prozessvergleich enthält § 794a ZPO eine dem § 721 ZPO entsprechende Regelung. Frist, Wiedereinsetzung und Interessenabwägung grundsätzlich wie bei § 721 ZPO, siehe Form II. B. 10, jedoch ist zu Gunsten des Vermieters zu berücksichtigen, dass der Mieter sich freiwillig zur Räumung zu einem bestimmten Zeitpunkt verpflichtet hat. Daher ist die Frist in der Regel nur bei unvorhergesehenen Umständen zu bewilligen (vgl. *Baumbach/Hartmann* § 794a Rdn. 4). Das LG Hamburg (WUM 2001, 412f., a.A. z.B. LG Darmstadt WUM 1993, 472) geht davon aus, dass bei gerichtlich geschlossenen Räumungsvergleichen eine Abänderung der Räumungsfrist gemäß § 794a Abs. 2 ZPO nur dann in Betracht kommt, wenn es sich um eine vom Gericht gemäß § 794 Abs. 1 ZPO bewilligte Räumungsfrist handelt, eine analoge Anwendung von § 794a Abs. 2 ZPO auf die von den Parteien im Räumungsvergleich vereinbarte Frist komme nicht in Betracht. § 794a ZPO ist nicht anwendbar im Falle der §§ 549 Abs. 2 Ziffer 3, 575 BGB und auf außergerichtliche Räumungsvergleiche, streitig siehe *Baumbach/Hartmann,* § 794a ZPO Rdn. 2 mwN. Ein Verzicht auf die Rechte aus § 794a ZPO im Prozessvergleich ist möglich (*Belzin* in *Bub/Treier* VII A Rdn. 44; aA. *Sternel* Mietrecht, 3. Aufl., Rdn. V 119), nicht jedoch auf die Rechte gem. § 765a ZPO.

2. §§ 794a, 732 Abs. 2 ZPO.

Fristen und Rechtsmittel

Sofortige Beschwerde (§§ 794a Abs. 4, 567 Abs. 1 Ziff. 1, 793 ZPO).
Form siehe Form. I. O. 7.

13. Sofortige Beschwerde gegen Beschluss des Amtsgerichts auf Bewilligung (Verlängerung) von Räumungsfrist[1]

An das
Landgericht[2]

In Sachen

...... – Kläger und Beschwerdeführer –

Prozessbevollmächtigter: Rechtsanwalt ......

gegen

...... – Beklagte und Beschwerdegegnerin –

Prozessbevollmächtigter: Rechtsanwalt ......

hier: wegen Bewilligung einer Räumungsfrist

lege ich gegen den Beschluss des Amtsgerichts ...... vom ......, zugestellt am ......, Az.: ......

sofortige Beschwerde

ein und werde

beantragen:

I. Der Beschluss des Amtsgerichts ...... vom ...... zugestellt am ......, Az: ......, wird aufgehoben.

II. Der Antrag auf Bewilligung (Verlängerung) der Räumungsfrist wird abgewiesen.
III. Die Beklagte hat die Kosten des Verfahrens zu tragen.

Begründung:

Eine Bewilligung (Verlängerung) der Räumungsfrist ist bei gerechter Interessenabwägung nicht vertretbar. Die Beschwerdegegnerin zahlt seit ...... Monaten keine Miete. Ihr Gesamtrückstand beläuft sich auf ...... EUR. Beweis: Dem Beschwerdeführer entsteht daher durch die Bewilligung (Verlängerung) fortlaufend ein sich vergrößernder Schaden ...... Die Beschwerdegegnerin hat keinerlei Anstrengungen unternommen, Ersatzwohnraum anzumieten. Härtegründe wurden nicht ausreichend vorgetragen ......[3]

Rechtsanwalt

Anmerkungen

1. Zulässigkeit: §§ 721 Abs. 6, 794a Abs. 4 ZPO; unzulässig, wenn das Berufungsgericht entschieden hat.

2. Einlegung beim Beschwerdegericht oder beim Gericht, dessen Entscheidung angefochten wird (§§ 567, 569 ZPO). Zulässig bei Bewilligung oder Verlängerung (Verkürzung) der Räumungsfrist nach § 721 ZPO durch das Erstgericht (siehe Anm. zu Form. II. B. 10).

3. Zur Interessenabwägung s. *Baumbach/Hartmann* § 721 ZPO Rdn. 12ff.
Zu Form, Fristen und Rechtsmittel s. Form I. O. 7.

14. Antrag auf Vollstreckungsschutz nach § 765a ZPO[1]

An das
Amtsgericht
– Vollstreckungsgericht –[2]

Aktenzeichen: ......

In Sachen

......

gegen

......

Verfahrensbevollmächtigter: ......

zeige ich die Vertretung der Räumungsschuldner an.

Namens und gemäß anliegender Vollmacht der Schuldner stelle ich hiermit folgende Anträge:[3]
Die Zwangsvollstreckung aus dem Urteil des Amtsgerichts ...... – Az.: ......, vom ......, wird einstweilen eingestellt[4]**.**

Hilfsweise wird der Erlass einer einstweiligen Anordnung analog §§ 766, 732 II ZPO beantragt.[5]

Begründung:

Die Schuldner erhielten die in beglaubigter Fotokopie anliegende Räumungsmitteilung des Gerichtsvollziehers mit dem Aktenzeichen: ......, wonach die Zwangsräumung am

...... erfolgen soll. Beweis: Schreiben Gerichtsvollzieher ...... Diese Maßnahme würde auch unter voller Würdigung des Schutzbedürfnisses des Gläubigers wegen ganz besonderer Umstände für die Schuldner eine Härte bedeuten, die mit den guten Sitten nicht vereinbart ist, denn die Schuldner leben von Sozialhilfe in Höhe von ...... EUR im Monat. Sie haben ...... Kinder im Alter von ...... Jahren. Ich überreiche in der Anlage eine Bestätigung des Wohnungsamts ...... vom ......, wonach bis zum Räumungstermin eine Ersatzwohnung oder ein Ersatzraum für die Schuldner nicht zugewiesen werden kann. Beweis: Schreiben ...... Es steht auch keine Notunterkunft zur Verfügung. Beweis: Zeugnis vom ...... Durch Zwangsräumung würden die Schuldner obdachlos werden[5]. Die Schuldner haben einen Mietvertrag über Ersatzwohnraum abschließen können. Dieser beginnt jedoch erst zum ...... Ein Einzug ist derzeit nicht möglich, da die neue Wohnung noch vom Vormieter genutzt wird. Zum Nachweis hierüber lege ich beglaubigte Fotokopie des unterzeichneten neuen Mietvertrages vor. Ein Zwischenumzug ist wegen der Kürze der Zeit nicht zumutbar.

Rechtsanwalt

Anmerkungen

1. Vollstreckungsschutz nach § 765 a ZPO kann neben dem Räumungsschutz (und auch nach dessen Ausschöpfung) nach §§ 721, 794 a ZPO zur vorläufigen Verhinderung drohender Vollstreckungsmaßnahmen gewährt werden. Der Schutz kann nur für bestimmte Vollstreckungsmaßnahmen, nicht gegen die Zwangsvollstreckung überhaupt begehrt werden (OLG Köln, NJW 1994, 1743). Antrag des Schuldners ist erforderlich, spätestens zwei Wochen vor dem festgesetzten Räumungstermin. Zur Frist siehe Form II. B. 9. Anm. 2. Der Schuldner ist voll beweispflichtig. Jeder Schuldner, nicht nur Wohnraumieter, kann sich auf die Vorschrift berufen. Jedoch ist § 765 a ZPO eine eng auszulegende Ausnahmevorschrift (BGHZ 44, 138/142), es genügen weder allgemeine wirtschaftliche Erwägungen noch soziale Gesichtspunkte, vielmehr soll durch diese Härteklausel verhindert werden, dass die Zwangsvollstreckung unter voller Würdigung des Schutzbedürfnisses des Gläubigers zu einem ganz untragbaren Ergebnis führen würde, das mit den guten Sitten nicht vereinbar und moralisch zu beanstanden wäre. An die Konkretisierung der behaupteten Gefahr, werden strenge Anforderungen gestellt (OLG Köln ZMR 1990, 143; OLG Frankfurt ZMR 1993, 336).

2. Anders als bei Anträgen nach §§ 721, 794 a ZPO ist bei § 765 a ZPO nicht das Prozessgericht, sondern das Vollstreckungsgericht zuständig (§§ 765 a Abs. 1, 764, 802 ZPO). Gleichwohl kann uU. ein beim Streitgericht erfolgloser Antrag nach §§ 721, 794 a ZPO in einen Antrag nach § 765 a ZPO umgedeutet werden.

3. Anordnung gem. § 765 a ZPO ergeht nur auf Antrag des Räumungsschuldners. Rechtsschutzbedürfnis wird nur bejaht, wenn die Zwangsvollstreckungsmaßnahme konkret bevorsteht, sie darf noch nicht beendet sein.

Der Schuldner ist beweispflichtig für seinen Vortrag, Glaubhaftmachung reicht nicht aus. Das Schutzbedürfnis des Gläubigers wird bei der ergehenden Entscheidung berücksichtigt, er ist vor Erlass der Entscheidung zu hören. Beantragt werden kann auch, die Zwangsvollstreckung ganz oder teilweise aufzuheben oder sie zu untersagen.

4. Das Vollstreckungsgericht kann gemäß §§ 766, 732 Abs. 2 ZPO vor endgültiger Entscheidung einstweilige Anordnungen treffen. Auch der Gerichtsvollzieher kann in Ausnahmefällen die Vollstreckung gemäß § 765 a ZPO für höchstens eine Woche einstellen.

5. Dies führt nicht zwingend zur Bejahung des § 765 a ZPO; uU. kommt Unterbringung im Obdachlosenasyl in Betracht; anders wenn erschwerende Umstände hinzutreten (vgl. Einzelheiten *Wiegner* in MAH Wohnraummietrecht § 55 Rdn. 22 ff.; *Sternel* Rdn. V 123). Zur polizeilichen Wiedereinweisung des gekündigten Mieters in die bisherige Wohnung bei anberaumter Zwangsräumung und drohender Obdachlosigkeit (vgl. *Schlink* NJW 1988, 1689 ff.).

Kosten

Diese hat grundsätzlich der Vollstreckungsschuldner zu tragen (§ 788 Abs. 1 ZPO), ausnahmsweise aus Gründen der Billigkeit hiervon abweichend (teilweise) der Gläubiger nach § 788 Abs. 4 ZPO.

Fristen und Rechtsmittel

Gegen Beschluss des Rechtspflegers innerhalb von 2 Wochen Erinnerung (§ 11 Abs. 1 RPflG, §§ 567 Abs. 1 Ziff. 1, 793 ZPO). *Baumbach/Hartmann* (§ 793 ZPO Rdn. 3) hält auch die sofortige Beschwerde für statthaft.

C. Werkvertragsrecht

1. Klage auf Mängelbeseitigung[1,2] vor Abnahme

An das
Landgericht[3]

Klage

des ...... (Klägers)
Prozessbevollmächtigter: ......

gegen

die Firma ...... (Beklagte)

wegen

Mängelbeseitigung
Vorläufiger Streitwert: EUR ......

Namens und in Vollmacht des Klägers erhebe ich Klage und werde beantragen,

> die Beklagte zu verurteilen, die Wände des Kellerraumes im Hause ...... so abzudichten, dass in die Kellerräume kein Wasser mehr eindringt[4], und die durch Wassereintritt an den Kellerwänden entstandenen Flecken zu beseitigen[5].

Begründung:

Der Kläger hat mit der Beklagten, einem Grab-, Beton- und Maurerunternehmen, am ...... einen Werkvertrag über die Grab-, Beton- und Maurerarbeiten seines Neubaus in ...... abgeschlossen.

Beweis: Vertrag vom ...... (Anlage 1)

Die VOB wurde nicht zum Vertragsgegenstand gemacht[6]. Die Abnahme der Werkleistung ist nicht erfolgt[7].
Laut Leistungsverzeichnis vom ...... Pos. 6 war die Beklagte verpflichtet, einen zweifachen Wandexanstrich an den Kellerwänden anzubringen.

Beweis: Leistungsverzeichnis vom ...... (Anlage 2)

Dies geschah nicht, mit der Folge, dass am ...... an drei Stellen in den Keller Wasser eindrang und diesen unter Wasser setzte.

Beweis: Zeugnis des ......,
Vorlage der Fotos[8] (Anlage 3).

Der Kläger forderte die Beklagte unter genauer Bezeichnung der Mängel[9] mit Schreiben vom ...... auf, die Mängel zu beseitigen[10].

Beweis: Schreiben vom ...... (Anlage 4)

Die Beklagte beseitigte nicht; sie erklärte vielmehr, sie sei für den Mangel nicht verantwortlich.

Beweis: Schreiben der Beklagten vom ...... (Anlage 5)

Die Beklagte hat den im Leistungsverzeichnis vorgeschriebenen Wandexanstrich nicht angebracht. Diese Unterlassung ist zumindest mitursächlich für den eingetretenen Schaden, der im Übrigen allein in den Verantwortungsbereich der Beklagten fällt.

Beweis: Sachverständigengutachten.

Der doppelte Wandexanstrich hätte eine ausreichende Abdichtung gegen Wassereinbrüche von außen gewährleistet.

Beweis: Sachverständigengutachten.

Die Kosten für die Beseitigung der Mängel betragen lt. Auskunft des Architekten ca. EUR 20.000,–.

Rechtsanwalt

Anmerkungen

1. Unter Mängelbeseitigung ist die Herstellung eines vertragsgemäßen Werks entweder durch Erfüllung oder durch Gewährleistung zu verstehen. Auch der Begriff Nachbesserung hat sich in der Baupraxis durchgesetzt. Die ab 1. 1. 2002 geltende Fassung des BGB benutzt den Begriff „Nacherfüllung".

Die VOB/B regelt den Mängelbeseitigungsanspruch teilweise abweichend von den §§ 633 ff. BGB. Die Unterschiede liegen in folgendem: Der BGB-Werkvertrag kennt nur den Nacherfüllungsanspruch nach § 635 Abs. 1. Es handelt sich dabei um einen Erfüllungsanspruch, der für die Zeit vor und nach der Abnahme gilt. Die VOB unterscheidet dagegen zwischen dem Erfüllungsanspruch auf Mängelbeseitigung vor Abnahme gemäß § 4 Nr. 7 S. 1 VOB/B und dem auf Mängelbeseitigung gerichteten Gewährleistungsanspruch nach Abnahme gemäß § 13 Nr. 5 VOB/B (vgl. im Einzelnen *Dähne* BauR 1972, 136).

2. § 635 Abs. 1 gewährt bei Mängeln dem Auftraggeber das Recht auf Nacherfüllung. Diese kann entweder durch Beseitigung des Mangels oder durch die Herstellung eines neuen Werkes erfolgen. Der Unternehmer hat das Wahlrecht zwischen Nachbesserung und Neuherstellung. Ist dem Auftraggeber die vom Unternehmer bestimmte Art der Nacherfüllung nicht zumutbar, so ist er nach Treu und Glauben berechtigt, diese Form der Nacherfüllung abzulehnen.

3. Gerichtsstand für die Mängelbeseitigungsklage ist der Ort des Bauwerks (BGH BauR 1986, 241).

4. Dem Bauunternehmer obliegt es, zu bestimmen, in welcher Weise er den Schaden beheben will. Er trägt deshalb auch das Risiko des Gelingens der Mängelbeseitigung. Grundsätzlich kann der Bauherr nicht auf Vornahme bestimmter Nachbesserungsarbeiten klagen. Allerdings kann im Leistungsverzeichnis eine bestimmte Ausführungsart (z. B. Wandex- Anstrich) vorgeschrieben sein. Da es sich insoweit um einen Erfüllungsanspruch, der im Weg der Nachbesserung zu erfüllen ist, handelt, hat der Unternehmer insoweit keine Wahl.

Der Baumangel muss in seinem äußeren Erscheinungsbild, nicht jedoch in seinem technischen Ursachenzusammenhang genau bezeichnet vorgetragen werden („Symptomrechtsprechung" vgl. z. B. BGH BauR 1985, 355; BauR 2000, 261). Dem Gericht müssen die Tatsachen vermittelt werden, die es benötigt, um das auf die Mängelbeseitigung gerichtete Klagebegehren rechtlich richtig einzuordnen.

5. Der Mängelbeseitigungsanspruch erstreckt sich auf alle Arbeiten, die erforderlich sind, um das Bauwerk in einen mangelfreien Zustand zu versetzen. Dazu gehört auch das etwa notwendige Aufschlagen und Zuputzen der Wände, allgemein die Beseitigung aller Beeinträchtigungen, die das Bauwerk durch die mangelhafte Leistung erlitten hat. Vgl. hierzu BGH NJW 1979, 2095.

6. Zu jeder Klagebegründung in Baurechtssachen gehört die Angabe der Vertragsgrundlage. Die VOB wird nur Vertragsgegenstand, wenn sie ausdrücklich vereinbart ist.

7. Die Abnahme führt beim VOB-Vertrag zur Trennung von Erfüllungs- und Gewährleistungsebene. An sie sind mannigfache Folgen geknüpft (vgl. im Einzelnen *Locher,* Das private Baurecht, 6. Aufl. Rdn. 38). Die Darlegung, ob Abnahme erfolgt ist, gehört deshalb zur Begründung von Gewährleistungsklagen in Bausachen.

8. Die mangelhafte Werkleistung des Bauunternehmers muss vom Auftraggeber nach Abnahme unter Beweis gestellt werden, während vor Abnahme der Bauunternehmer beweisen muss, dass seine Leistung mangelfrei ist. (BGH BauR 1997, 127). Die Grundsätze des Anscheinsbeweises können Anwendung finden: Durch Hinweis auf ein mangelhaftes Ergebnis der Unternehmerleistung und deren Beschreiben hat der Auftraggeber im Allgemeinen seine Darlegungslast hinreichend erfüllt.

9. Die Mängelbeseitigungsklage, die in der Praxis nicht die Bedeutung der Vorschussklage erreicht, verlangt eine genaue Bezeichnung des Mangels in seinem äußeren Erscheinungsbild schon im Hinblick auf die spätere Vollstreckung (§ 887 ZPO).

Neben dem Nacherfüllungsanspruch können Schadensersatzansprüche bestehen insbesondere für solche Schäden, die der Nachbesserung nicht zugänglich sind (Gutachterkosten, Rechtsanwaltskosten, Verdienstausfall).

10. Nach § 635 BGB und § 4 Nr. 7 VOB/B ist für das Mängelbeseitigungsverlangen vor Abnahme keine Schriftform erforderlich. Wird das Nacherfüllungsverlangen nach Abnahme gemäß § 13 Nr. 5 VOB/B geltend gemacht, sieht die VOB Schriftform vor. Nach hM. ist jedoch insoweit die Entstehung der Pflicht zur Nacherfüllung nicht von der Einhaltung der Schriftform durch den Auftraggeber abhängig (vgl. BGHZ 58, 332; *Ingenstau/Korbion* VOB, 14. Aufl., § 13, 5 Rdn. 493). Die in § 13 Nr. 5 Abs. 1 S. 1 VOB/B erwähnte Schriftform ist jedoch entscheidend für die in § 13 Nr. 4 VOB/B geregelte Verjährungsfrist wegen der Mängelansprüche.

2. Klage auf Vorschuss[1, 2] für Kosten der Mängelbeseitigung nach VOB

**An das
Landgericht**

Klage

**des ...... (Klägers)
Prozessbevollmächtigter: ......**

gegen

die Firma ...... (Beklagte)

wegen

**Kostenvorschuss
Vorläufiger Streitwert: EUR 12.000,–.**

Namens und in Vollmacht des Klägers erhebe ich Klage und werde beantragen,

die Beklagte zu verurteilen, an den Kläger EUR 12.000,– nebst 5% Zinsen über den Basiszinssatz[3] seit ...... zu bezahlen[4].

Begründung:

Der Kläger hat am ...... mit der Beklagten für den Bau eines Zweifamilienhauses in ...... einen VOB-Vertrag[5] über Plattenlegerarbeiten abgeschlossen.

Beweis: Vertrag vom ...... (Anlage 1)

Förmliche Abnahme[6] ist erfolgt am ......

Beweis: Abnahmeprotokoll vom ...... (Anlage 2)

Die Arbeiten der Beklagten waren mangelhaft. Die Platten auf dem Balkon im 1. Stock wurden so verlegt, dass sie ein Gefälle nach innen hatten, so dass das Wasser nicht nach außen abfließen konnte. Infolge mangelnden Gefälles nach außen entstanden Durchfeuchtungen in dem Wohn- und Schlafzimmer[7].

Beweis: ......

Bei der förmlichen Abnahme wurde dieser Mangel ausdrücklich vorbehalten[8].

Der Kläger hat diese Mängel mit Schreiben vom ...... gerügt und die Beseitigung der Mängel bis ...... verlangt[9].

Beweis: ...... (Anlage 3)

Die Beklagte hat die Beseitigung der Mängel mit der Begründung verweigert, dass sie diese Mängel nicht zu vertreten habe.

Beweis: ...... (Anlage 4)

Diese Mängel sind jedoch auf die vertragswidrige Leistung der Beklagten zurückzuführen.

Beweis: Sachverständigengutachten.

Gemäß § 13 Nr. 5 Abs. 2 VOB/B kann der Kläger nunmehr die Mängel auf Kosten der Beklagten beseitigen lassen. Der Kläger macht mit der Klage einen Vorschussanspruch in Höhe der voraussichtlichen Kosten geltend[10]. Nach dem Kostenvoranschlag der Firma ......, einer angesehenen Plattenlegerfirma, betragen die Mängelbeseitigungskosten EUR 12.000,–.

Beweis: Vorlage des Kostenvoranschlags (Anlage 5).

Der Kläger hat sich auch an eine andere Plattenlegerfirma, nämlich die Firma ......, gewandt und sich einen Kostenvoranschlag geben lassen, der um EUR 1000,– höher ist.

Beweis: ...... (Anlage 6)

Beide Kostenvoranschläge enthalten übliche Preise. Die darin enthaltenen Arbeiten sind zur Beseitigung der Mängel notwendig.

Beweis: Sachverständigengutachten.

Der Kläger wird nach Beseitigung der Mängel über den Kostenvorschuss abrechnen[11, 12].

Rechtsanwalt

Anmerkungen

1. Die Rechtsprechung gewährt im Rahmen des § 13 Nr. 5 Abs. 2 VOB/B dem Auftraggeber einen Vorschussanspruch auf Zahlung in Höhe der zur Mängelbeseitigung erforderlichen Kosten (BGHZ 47, 272; 66, 138). Dieselben Grundsätze gelten bei einem BGB-Werkvertrag (§ 637 Abs. 3 BGB). Voraussetzung für die Entstehung des Vorschussanspruchs ist es, dass die dem Auftragnehmer zur Mängelbeseitigung gesetzte angemessene Frist ergebnislos verstrichen oder die Fristsetzung aus besonderen Gründen nicht notwendig ist, weil die Mängelbeseitigung verweigert wurde oder sich der Auftragnehmer als so unzuverlässig erwiesen hat, dass es dem Auftraggeber nicht zugemutet werden kann, weitere Nachbesserungsversuche des Auftragnehmers hinzunehmen.

Die Zuerkennung des Vorschussanspruchs entspricht einem Gebot der Billigkeit, weil der Auftraggeber in die Lage versetzt werden muss, die Mängel auf Kosten des Auftragnehmers beseitigen zu lassen, ohne eigene Mittel aufzuwenden. Vgl. zum Kostenvorschussanspruch i. e.: *Erhardt-Renken,* Kostenvorschuss zur Mängelbeseitigung, Baurechtliche Schriften Bd. 6, 1986; *Achilles-Baumgärtel*, Der Anspruch auf Kostenvorschuss im Gewährleistungsrecht Baurechtliche Schriften Bd. 40, 1998. Der Kostenvorschussanspruch besteht nicht nur für Nachbesserungskosten durch Dritte; auch Eigenleistungen können mit ihm geltend gemacht werden (*Ingenstau/Korbion* VOB/B § 13 Nr. 5 Rdn. 553).

Der Kostenvorschussanspruch umfasst nicht den merkantilen Minderwert (BGH BauR 1997, 129).

Der Kostenvorschussanspruch besteht jedoch nicht, wenn der Auftraggeber nicht nachbessern will oder ausreichende Sicherheit anderweitig geleistet ist. Vgl. *Ingenstau/Korbion* VOB, 14. Aufl. § 13, 5 Rdn. 551 ff.; *Locher,* Das private Baurecht, Rdn. 157, 158, 159.

2. Ein Vorschussanspruch besteht weder im Rahmen des Schadensersatzanspruchs nach den §§ 634 Nr. 4, 280, 281 BGB noch im Rahmen eines solchen nach § 13 Nr. 7 VOB/B. Hierfür besteht kein schutzwürdiges Interesse, weil der Auftraggeber hier die Nachbesserungskosten, die durch die Tätigkeit Dritter entstehen, auch schon vor Nachbesserung geltend machen und eine Feststellungsklage für den Fall erheben kann, dass der Schadensersatz bei späterer Nachbesserung nicht ausreicht (BGHZ 61, 28; 61, 369; 62, 323).

Ebensowenig kann ein Vorschussanspruch in der Regel durch eine einstweilige Verfügung durchgesetzt werden (OLG Düsseldorf BauR 1972, 323).

3. Bei Verurteilung zur Vorschusszahlung kann der Auftraggeber Zinsen in Höhe von 5% über dem Basiszinssatz nach § 288 Abs. 1 S. 1 BGB verlangen.

Der Vorschuss ist zur Mängelbeseitigung einzusetzen, und kann nicht zur Abdeckung sonstiger Verbindlichkeiten verwendet werden (*Ingenstau/Korbion* VOB/B § 13, 5 Rdn. 553; *Nicklisch/Weick* VOB 3. Aufl. § 13 Rdn. 158).

4. Es ist nicht erforderlich, dass in den Antrag aufgenommen wird „als Kostenvorschuss". Dies muss sich jedoch aus der Begründung ergeben.

5. Vgl. Form. II. C. 1 Anm. 6.

6. Vgl. Form. II. C. 1 Anm. 7.

7. Vgl. Form. II. C. 1 Anm. 5.

8. Gemäß § 12 Nr. 4 S. 4, § 12 Nr. 5 Abs. 3 VOB/B sind Vorbehalte wegen bekannter Mängel spätestens mit der Abnahme geltend zu machen, weil § 640 Abs. 2 BGB auch auf den VOB-Vertrag anwendbar ist (*Ingenstau/Korbion* § 12 VOB/B Rdn. 166). Da es sich beim Kostenvorschussanspruch um keinen Schadensersatzanspruch handelt, der Verschulden voraussetzt, ist es zweckmäßig, in die Klage aufzunehmen, dass der Vorbehalt bei Abnahme gemacht wurde oder dass der Mangel nicht erkannt war. Die Beweislast dafür, dass der Auftraggeber in Kenntnis des Mangels die Abnahme vorgenommen hat, trägt allerdings der Auftragnehmer.

9. Einer Aufforderung nach § 13 Nr. 5 Abs. 1 VOB/B bedarf es nicht, wenn der Auftragnehmer zweifelsfrei erkennen lässt, dass er die gerügten Mängel nicht beseitigt, oder wenn er sich als so unzuverlässig gezeigt hat, dass mit Sicherheit zu erwarten ist, dass die Mängelbeseitigung nicht gelingt (dies gilt auch für den BGB-Werkvertrag vgl. §§ 637 Abs. 2, 323 Abs. 2 BGB). Für diese Ausnahmetatbestände ist der Auftraggeber beweispflichtig. Zur Schriftform vgl. Form. II. C. 1 Anm. 10.

10. Der Auftraggeber ist berechtigt, die erforderlichen Aufwendungen vom Unternehmer ersetzt zu verlangen. Der Rahmen der Erforderlichkeit darf nicht zu eng gezogen werden. Der Auftraggeber muss nicht vor Beauftragung eines dritten Unternehmers ein Ausschreibungsverfahren veranstalten, sondern kann sich einen Unternehmer seines Vertrauens aussuchen, sofern dieser nicht überhöhte Preise verlangt. Zu den Kosten der Mängelbeseitigung kann auch die Inanspruchnahme eines Architekten im Rahmen der Nachbesserung gehören sowie erforderliche Gutachterkosten zur Ermittlung der geeigneten Nachbesserungsmethode. Der Auftraggeber kann sich zur Spezifizierung auf Kostenanschläge berufen (*Ingenstau/Korbion* VOB § 13, 5 Rdn. 553).

11. Nach Abrechnung kann sich eine Nach- oder Rückzahlung ergeben (BGHZ 47, 272; BGH BauR 1990, 358). Zur Fälligkeit des Rückzahlungsanspruchs: *Achilles/Baumgärtel* aaO. S. 104ff.

12. Der Kostenvorschussanspruch unterliegt der kurzen Verjährung nach § 13 Nr. 4 und 5 VOB/B. Die Klage auf Zahlung eines bestimmten Betrages als Vorschuss zur Mängelbeseitigung hemmt jedoch auch die Verjährung des späteren – mit zwischenzeitlichen Kostensteigerungen begründeten – Anspruchs auf Zahlung eines höheren Vorschusses zur Behebung desselben Mangels. Wird der Kostenvorschuss rechtzeitig vor Ablauf der Verjährungsfrist geltend gemacht, so tritt die Hemmungswirkung des § 209 BGB nicht nur wegen des ursprünglich eingeklagten Betrages ein, sondern auch wegen späterer – selbst nach Ablauf der bisherigen Verjährungsfrist – erhöhter Ansprüche (BGHZ 66, 138; *Ingenstau/Korbion* VOB § 13, 5 Rdn. 570; *Heiermann/Riedl/Rusam* VOB 9. Aufl. Rdn. 160a).

3. Schadensersatzklage nach §§ 281, 636 BGB gegen Bauunternehmer[1]

An das
Landgericht

Klage

des ...... Klägers
Prozessbevollmächtigter ......

gegen

die Firma ...... Beklagte

wegen

Schadensersatz
vorläufiger Streitwert: EUR ......

namens und in Vollmacht des Klägers erhebe ich

Klage

und werde beantragen,

die Beklagte wird verurteilt, an den Kläger EUR 80.000 nebst 5% Zinsen über dem Basiszinssatz seit dem ...... zu bezahlen.

Begründung

Der Kläger macht gegen die Beklagte, eine Bauunternehmung, Schadensersatzansprüche[2] nach §§ 636, 281 BGB geltend.
Die Parteien schlossen am ...... einen Bauvertrag für die Bodenbelagarbeiten im Einfamilienwohnhaus des Klägers in ...... Straße ...... ab.

Beweis: Vorlage des Bauvertrags.

Die Bauleistungen wurden vom Kläger am ...... abgenommen. Es ist eine förmliche Abnahme erfolgt[3].

Beweis: Abnahmeprotokoll vom ......

Etwa 3 Monate nach Bezug zeigte es sich, dass die auf dem von der Beklagten eingebrachten Estrich, der zu ihrem Leistungsumfang gehörte, aufgezogene Kunststoffbeschichtung sich zunehmend nach oben wölbte, so dass keine plane Oberfläche mehr

vorhanden war. Die Wölbung schreitet in allen Zimmern, welche die Beklagte beschichtet hatte, fort.

Beweis: Augenschein
Sachverständigengutachten.

Der Kläger hatte die Beklagte mit Schreiben vom ...... zur Nacherfüllung aufgefordert.

Beweis: Schreiben vom ......

Die Beklagte reagierte nicht. Es wurde ihr dann mit Schreiben vom ...... eine Frist zur Nacherfüllung bis zum ...... gesetzt und die Ablehnung von weiteren Mangelbeseitigungsmaßnahmen nach Ablauf dieser Frist angedroht[4].

Beweis: Schreiben vom ......

Auch hierauf reagierte die Beklagte nicht.
Daraufhin ließ der Kläger den Mangel beseitigen. Dadurch sind folgende Kosten entstanden:
Beschichtung und Estrich musste herausgenommen, der Estrich neu eingebracht und eine Beschichtung aufgebracht werden, die mit dem Estrich verträglich ist und eine plane Oberfläche gewährleistet.

Beweis: Sachverständigengutachten.

Die Arbeiten führte die Firma ...... durch. Der Kläger holte drei Angebote ein. Die Firma ......, die die Nachbesserungsarbeiten durchführte war die billigste.

Beweis: Vorlage der Angebote
Vorlage des Vertrags mit der Firma ......

Die Firma ...... berechnete hierfür

Beweis: Rechnung vom ......

Diesen Betrag macht der Kläger als Schadensersatzanspruch nach §§ 636, 281 BGB geltend.
Der Boden wurde durch einen Teppichboden in sämtlichen Zimmern belegt. Dieser Teppichboden platzte an einer Reihe von Stellen durch das Aufwölben der Beschichtung. Er musste deshalb in den Zimmern ...... ausgetauscht werden.

Beweis: Vorlage von Fotos
Sachverständigengutachten.

Hierfür stellte die Firma ...... in Rechnung EUR ...... Auch dieser Betrag wird als Schadensersatzanspruch in Rechnung gestellt.
Die Fußbodenheizung wurde durch die Herausnahme und Neueinbringung des Estrichs in erheblichem Maße beschädigt bzw. musste erneuert und ersetzt werden.

Beweis: Sachverständigengutachten.

Diese für die Nacherfüllung notwendigen Arbeiten führte die Firma ...... durch, die von drei Angeboten das günstigste Angebot abgab.

Beweis: Vorlage der Angebote
Vertrag mit der Firma ......

Die Firma berechnete EUR ......
Dieser Betrag wird als Schadensersatzanspruch geltend gemacht.
Durch die Herausnahme und Neueinbringung von Estrichboden und Beschichtung wurde die Raufasertapete erheblich beschädigt. Sie musste teilweise erneuert werden.

Beweis: Sachverständigengutachten.

Das günstigste Angebot von drei Angeboten gab die Firma ...... ab.

Beweis: Angebote vom ......

Die Firma ...... berechnete EUR ......

Beweis: Rechnung vom ......

**Auch dieser Schaden wird als Schadensersatzanspruch geltend gemacht.
Während der Herausnahme des Estrichs und der alten Beschichtung sowie der Neueinbringung des Estrichs und der Anbringung der neuen Beschichtung also vom ...... bis ...... war die Wohnung unbewohnbar. Der Kläger und seine Frau zogen deshalb aus der Wohnung aus**[5] **und kamen in einem Dachzimmer bei einem befreundeten Ehepaar während dieser Zeit unter. Für den Zeitraum von 2 Monaten wird ein Schadensersatzanspruch wegen entgangener Gebrauchsvorteile der Wohnung geltend gemacht, der sich wie folgt berechnet:
der übliche Mietzins der Wohnung betrüge EUR ......**

Beweis: Sachverständigengutachten

**Nach dem Mietspiegel der Stadt ...... ist ein m²-Preis von EUR ...... als ortsübliche Miete anzusehen.
Der Kläger wurde überrascht von der sich an verschiedenen Stellen bewegenden Oberfläche seiner Fußböden. An manchen Stellen trat die Aufwölbung schnell ein, an anderen, sehr langsam. Er wandte sich deshalb an den Sachverständigen Dr. ...... um ihn im Hinblick auf Mangelursachen und Sanierung zu beraten. Der Kläger ist von Beruf ...... und in Baudingen nicht erfahren. Der Sachverständige Dr. ...... hat beiliegende Privatgutachten erstattet.**

Beweis: Privatgutachten des Sachverständigen Dr. ...... vom ......

Er hat für die Erstellung des Gutachtens einen Betrag von EUR ...... in Rechnung gestellt.

Rechtsanwalt

Anmerkungen

1. Während bis zum Inkrafttreten des Schuldrechtsmodernisierungsgesetzes am 1. 1. 2002 der Schadensersatzanspruch des Bestellers gegen den Werkunternehmer in § 635 BGB a.F. geregelt war, ist nach Inkrafttreten des Schuldrechtsmodernisierungsgesetzes zu beachten, dass die Ansprüche auf Schadensersatz vollständig im Allgemeinen Teil des Schuldrechts geregelt sind. § 634 Nr. 4 BGB verweist auf die §§ 280, 281, 283 für den Schadensersatz und auf § 284 für den Ersatz vergeblicher Aufwendungen. § 636 BGB erweitert die Voraussetzungen, die vorliegen müssen, damit eine Fristsetzung entbehrlich wird. Alleinige Grundlage für Schadensersatzforderungen ist nunmehr §§ 280, 281 BGB. Der Besteller kann danach Schadensersatz neben seinen weiteren Rechten verlangen (*Roth* JZ 2001, 549).

2. Bei Baumängeln konzentriert sich der Schadensersatzanspruch i.d.R. darauf, dass der Auftraggeber die Werkleistung behält und den durch den Mangel verursachten Schaden verlangt („kleiner Schadensersatzanspruch"). Dieser umfasst auch einen verbleibenden technischen oder merkantilen Minderwert, der jedoch in vorliegendem Fall nicht gegeben ist. Der Schadensersatzanspruch ist in aller Regel auf Geldentschädigung gerichtet (BGH BauR 1987, 89). *Vygen*, Bauvertragsrecht nach VOB und BGB Rdn. 537.

3. Das BGB-Werkvertragsrecht sieht keine ausgeformten Abnahmeregelungen vor. In Anlehnung an die VOB wird häufig in der Baupraxis eine förmliche Abnahme vorgesehen. Mit ihr beginnt die Gewährleistung, tritt eine Umkehr der Beweislast ein, geht die Gefahr über und ist eine etwa vereinbarte Vertragsstrafe vorzubehalten.

4. Während vor Inkrafttreten des Schuldrechtsmodernisierungsgesetzes nach §§ 634, 635 bei Vorliegen eines Verschuldens Schadensersatzansprüche geltend gemacht werden konnten, ergibt sich nach Inkrafttreten des Schuldrechtsmodernisierungsgesetzes der Schadensersatzanspruch des Auftraggebers aus § 281 Abs. 1 BGB. Hiernach muss der Besteller wie bisher die angemessene Frist zur Bewirkung der Leistung setzen. Jedoch ist nicht mehr erforderlich die Erklärung, dass er die Beseitigung des Mangels nach dem Ablauf der Frist ablehne. Die Fristsetzung ist jedoch nach § 636 BGB nicht erforderlich, wenn der Schuldner die Leistung ernsthaft und endgültig verweigert, die Nacherfüllung gem. § 635 Abs. 3 BGB wegen unverhältnismäßiger Kosten verweigert, wenn die Nacherfüllung fehlgeschlagen oder dem Besteller unzumutbar ist. Nunmehr entfallen die Einzeltatbestände des § 635 BGB der positiven Vertragsverletzung und der culpa in contrahendo, wodurch sich eine Reihe schwieriger Abgrenzungsfragen erledigen (Mangelfolgeschaden nach § 635 a.F. – entfernter Mangelfolgeschaden nach positiver Vertragsverletzung). Die Haftung bei Verletzung dieser Pflichten ergibt sich aus den §§ 280, 281 und 282 BGB (*Preussner* BauR 2002, 238).

5. Der Kläger hat zwar keinen materiellen Schaden dadurch erlitten, dass er 2 Monate lang das Haus nicht nutzen konnte und sich erheblich einschränkend in einem Dachzimmer eines Bekannten aufhalten musste. Es ist ihm jedoch ein Gebrauchsvorteil durch den Nutzungsausfall infolge der mangelhaften Bauleistung der Beklagten entgangen. Obwohl die Grundsatzentscheidung des Großen Senats für Zivilsachen nur den deliktischen Entzug von Gebrauchsvorteilen betrifft (BGHZ 98, 212), ist von der Rechtsprechung in bestimmten Fällen der Ersatz von entgangenen Gebrauchsvorteilen auch bei mangelhafter Leistung auf Grund Werkvertrags anerkannt. Voraussetzung ist, dass der Wohnraum bzw. das Haus für die eigenwirtschaftliche Lebensführung des Auftraggebers von zentraler Bedeutung ist und dass er ihn auch tatsächlich nutzen wollte (BGHZ 98, 212; BGH NJW 1992, 1500; BGH ZfBR 1993, 183). Diese Voraussetzungen dürften hier gegeben sein, während dies für einzelne Wohnräume, Gärten, Terrassen, Schwimmbäder zu verneinen sein dürfte (vgl. *Locher,* Münchener Prozeßformularbuch, Privates Baurecht B. IV. 8 Anm. 9).

4. Klage wegen Verzögerungsschadens gegen einen VOB-Unternehmer[1]

An das
Landgericht

Klage

des ...... (Klägers)
Prozessbevollmächtigter: ......

gegen

den ...... (Beklagten)

wegen

Verzögerungsschadens
Vorläufiger Streitwert: EUR 32.000,–.

Namens und in Vollmacht des Klägers erhebe ich Klage und werde beantragen,
den Beklagten zu verurteilen, an den Kläger EUR 32.000,– nebst 5% Zinsen über dem Basiszinssatz seit ...... zu bezahlen.

Begründung:

Die Parteien haben einen VOB-Vertrag für die Grab-, Beton- und Maurerarbeiten am Neubau des Klägers in ...... abgeschlossen.

Beweis: Bauvertrag vom ...... (Anlage 1).

In diesem Vertrag hat sich der Beklagte verpflichtet, die Arbeiten in 90 Tagen fertigzustellen. Die Arbeiten wurden am ...... begonnen. Sie waren 95 Tage nach Arbeitsbeginn noch nicht fertiggestellt.

Beweis: Architekt ......

Der Kläger mahnte[2] deshalb am ......

Beweis: Mahnschreiben vom ...... (Anlage 2).

Der Kläger hat dem Beklagten am ...... eine Frist von 3 Wochen zur Vertragserfüllung gesetzt und erklärt, dass er ihm nach fruchtlosem Ablauf der Frist den Auftrag entziehe.

Beweis: Schreiben vom ...... (Anlage 3).[3, 4]

Der Beklagte hat innerhalb der Frist die ihm obliegenden Leistungen nicht bewirkt.

Beweis: Architekt ......

Der Kläger hat den Vertrag am ...... gekündigt.

Beweis: Schreiben vom ...... (Anlage 4).

Der Kläger macht mit der Klage Schadensersatzansprüche nach §§ 5 Nr. 4, 8 Nr. 3 Abs. 2 VOB/B geltend. Er hat den bei Zugang der Kündigungserklärung noch nicht vollendeten Teil der Leistung, nämlich die ...... Arbeiten, durch die Firma ...... ausführen lassen. Der Beklagte hat seine Arbeiten mit EUR 260.000,– laut Abrechnung vom ...... abgerechnet.

Beweis: Abrechnung vom ...... (Anlage 5).

Die noch nicht ausgeführten Leistungen, nämlich ......, hat die Firma ...... ausgeführt und dafür den Betrag von EUR 82.000,– berechnet.

Beweis: Abrechnung vom ...... (Anlage 6).

Der Kläger hat sich ein Angebot der Firmen ...... und ...... geben lassen, die aber beide teurer waren als die Firma ......

Beweis: Angebote der drei Firmen (Anlage 7, 8 und 9).[5]

Lt. Einheitspreisvertrag hätte der Kläger für die nicht von dieser ausgeführten Leistungen noch 50.000,– EUR zu bezahlen gehabt.

Beweis: Bauvertrag vom ...... Sachverständigengutachten.

Die Differenz zur Rechnung der Fa. in Höhe von 32.000,– wird als Verzugsschaden in Rechnung gestellt.

Rechtsanwalt

Anmerkungen

1. Nach § 5 Nr. 4 VOB/B können die Rechte des § 6 Nr. 6 oder des § 8 Nr. 3 VOB/B in Anspruch genommen werden, wenn der Auftragnehmer den Beginn der Ausführung verzögert, mit der Vollendung in Verzug gerät, oder wenn er Arbeitskräfte, -geräte, Gerüste, Stoffe oder Bauteile so unzureichend bereitstellt, dass die Ausführungsfristen offenbar nicht eingehalten werden können. Diese Voraussetzungen können alternativ vorliegen. Ein Verschulden des Auftragnehmers oder seines Erfüllungsgehilfen ist nur hinsichtlich des Verzugs der Vollendung erforderlich. So ist etwa Verschulden gegeben, wenn es der Auftragnehmer unterlassen hat, die zur Verwendung von Beton B 300 erforderliche baupolizeiliche Genehmigung einzuholen (BGH *Schäfer/Finnern* Z. 2.510 Bl. 21 ff.). Vgl. zu den Voraussetzungen des § 5 Nr. 4 VOB/B *Ingenstau/Korbion* VOB § 5, 4 Rdn. 34 ff.; *Heiermann/Rusam/Riedl* VOB/B § 5 Rdn. 6 ff. *Schmalzl*, Die Haftung des Architekten und Bauunternehmers, 4. Aufl. Rdn. 160 ff.

2. Sofern nicht Selbstmahnung vorliegt, ist Mahnung als Verzugsvoraussetzung erforderlich (vgl. zum Zugang der Mahnung *Göhner* NJW 1980, 873).

3. Liegen die Voraussetzungen der Verzögerung des Ausführungsbeginns, des Verzugs oder der Nichterfüllung der Verpflichtung gemäß § 5 Nr. 3 VOB/B vor, so kann der Auftraggeber einmal den Vertrag aufrechterhalten und Schadensersatz gemäß § 6 Nr. 6 VOB/B verlangen. Wählt er diesen Weg, so kann er nur den nachweislich entstandenen Schaden verlangen, nicht aber den entgangenen Gewinn, es sei denn, die Verzögerung sei grob fahrlässig oder vorsätzlich herbeigeführt worden.

4. Der Auftraggeber kann aber auch, wenn er die in § 5 Nr. 4 VOB/B aufgeführten Voraussetzungen geschaffen hat, also eine angemessene Frist mit Kündigungsandrohung gesetzt hat, kündigen und die Rechte nach § 8 Nr. 3 VOB/B geltend machen. Einer Fristsetzung mit Androhung des Auftragsentzugs bedarf es dann nicht, wenn eine besonders schwere positive Vertragsverletzung vorliegt, die es dem Auftraggeber unzumutbar erscheinen lässt, noch weiterhin mit diesem Auftragnehmer den Vertrag durchzuführen (vgl. *Ingenstau/Korbion* VOB § 5 VOB/B Rdn. 48). Dies ist insbesondere dann der Fall, wenn der Auftragnehmer endgültig den Beginn oder die Fortsetzung der Leistung verweigert (BGHZ 50, 160).

5. Der Auftraggeber kann nach Kündigung den noch nicht vollendeten Teil der Leistung zu Lasten des Auftragnehmers durch einen Dritten ausführen lassen und kann, wie hier, die Mehraufwendungen geltend machen. Daneben bleiben seine Ansprüche auf Ersatz des entstehenden weiteren Schadens bestehen. Er kann aber auch auf die weitere Ausführung verzichten und Schadensersatz wegen Nichterfüllung verlangen, wenn die Ausführung aus den Gründen, die zur Entziehung des Auftrags geführt haben, für ihn kein Interesse mehr hat. Der Ersatzanspruch bei Beauftragung eines Ersatzunternehmers bezieht sich auf die Differenz zwischen der bisherigen Vergütung (vertragliche Einheitspreise, Pauschalpreise) und dem Betrag, den der Auftraggeber an den Auftragnehmer und zusätzlich an den Dritten zu zahlen hat. Es handelt sich dabei um einen verschuldensunabhängigen Erstattungsanspruch (*Locher,* Das private Baurecht, Rdn. 125; vgl. *Anderson* BauR 1972, 67; *Ingenstau/Korbion* VOB/B § 8, 3 Rdn. 92; a. A. *Daub/Piel/Soergel/Steffani* VOB/B § 8 ErlZ 8, 66). Im Rahmen des Erstattungsanspruches ist auch ein Vorschussanspruch gegeben (BGH BauR 1989, 464 vgl. i. e. *Ingenstau/Korbion* VOB § 8, 3 Rdn. 106). Darüber hinaus kann der weitere Verzugsschaden geltend gemacht werden, wobei es fraglich ist, ob der infolge des Verzugs entgangene Gebrauchsvorteil dem Schaden zuzurechnen ist (BGH BauR 1986, 105, grundsätzlich bejahend, BGH BauR 1987, 312; vgl. auch *Vygen* Bauvertragsrecht nach VOB und BGB 3. Aufl. Rdn. 673).

5. Minderungsklage eines Auftraggebers gegen einen Architekten[1]

An das
Landgericht

Klage

des . . . . . . **(Klägers)**
Prozessbevollmächtigter: . . . . . .

gegen

den . . . . . . **(Beklagten)**

wegen

Minderung des Architektenhonorars
Vorläufiger Streitwert: EUR 13.000,–.

Namens und in Vollmacht des Klägers erhebe ich Klage und werde beantragen,

den Beklagten zu verurteilen, an den Kläger EUR 13.000,– nebst 5% Zinsen über dem Basiszinssatz seit . . . . . . zu bezahlen.

Begründung:

Der Beklagte ist freier Architekt, der Kläger hat mit ihm am . . . . . . für sein Bauvorhaben in . . . . . . einen schriftlichen Architektenvertrag abgeschlossen.

Beweis: Architektenvertrag vom . . . . . . (Anlage 1)

In diesem Vertrag wurden dem Beklagten die Leistungsphasen 1–5 der HOAI (Grundlagenermittlung, Vorplanung, Entwurfsplanung und Genehmigungsplanung) übertragen. Mangels abweichender schriftlicher Vereinbarung gelten gemäß § 4 Abs. 4 HOAI die Mindestsätze als vereinbart[3]. Der Beklagte hat die ihm übertragenen Architektenleistungen erbracht.

Vor Abschluss des Architektenvertrags hat der Kläger dem Beklagten mehrfach und nachhaltig erklärt, dass er für das Bauvorhaben nur Mittel in Höhe von EUR 400.000,– zur Verfügung habe und dass der Beklagte damit auskommen müsse.

Beweis: . . . . . .

Die Planung des Beklagten war zwar technisch nicht zu beanstanden. Die Verwirklichung der Planung des Beklagten hätte jedoch Baukosten in Höhe von mindestens EUR 600.000,– erfordert.

Beweis: Sachverständigengutachten.

Dies ergibt sich auch aus der dem Baugenehmigungsgesuch beigefügten vorläufigen Kostenermittlung des Beklagten.

Beweis: Vorlage des Baugesuches.

Die Planung ist deshalb mangelhaft und für den Kläger unbrauchbar[4]. Der Kläger hat deshalb seine Bauabsicht aufgegeben.

Der Kläger hat an den Beklagten gemäß § 8 Abs. 2 HOAI auf Anforderung eine Abschlagszahlung von EUR 13.000,– bezahlt. Die Rückforderung dieses Betrages macht er im Wege der Minderung nach § 634 BGB geltend. Die Abnahme der Architektenleistung hat der Kläger verweigert[5].

Beweis: . . . . . .

Der Kläger hat das Baugesuch wegen der überhöhten Kosten nicht eingereicht. Er hat den Beklagten mit Schreiben vom . . . . . . aufgefordert, seine Planung so nachzubessern[6], dass das Raumprogramm – was möglich gewesen wäre – mit einem Kostenaufwand von EUR 400.000,– in einfacherer Weise verwirklicht werden könne[7].

Beweis: Sachverständigengutachten

Das Schreiben enthält eine angemessene Fristsetzung.

Beweis: Schreiben vom . . . . . . (Anlage 2)

Der Beklagte lehnte dies mit Schreiben vom . . . . . . ab mit der Begründung, er sei kein „Bettler-Architekt“.

Rechtsanwalt

Anmerkungen

1. Das Recht auf Minderung ist jetzt als Gestaltungsrecht in § 638 BGB normiert. Danach erlischt das zuvor bestehende Wahlrecht des Auftraggebers zwischen den in § 634 aufgezählten Rechten mit Geltendmachung der Minderung. Die Voraussetzungen für das Minderungsrecht sind die gleichen wie diejenigen, die für den Rücktritt gelten.

Das Minderungsrecht besteht auch bei unerheblichen Mängeln, da § 323 Abs. 5 S. 2 BGB keine Anwendung findet. § 638 Abs. 4 BGB räumt dem Auftraggeber, der schon überzahlt hat, einen Rückgewähranspruch ein, der nach den Rücktrittsregeln der §§ 346 Abs. 1, 347 Abs. 1 BGB abzuwickeln ist.

2. Oft wird Minderung gegen die Vergütungsklage des Auftragnehmers eingewendet. Der Minderungsanspruch kann jedoch nach Bezahlung auch aktiv geltend gemacht werden. Die Berechnung des Minderwerts legt nunmehr § 638 Abs. 3 fest. Danach ist die Vergütung in dem Verhältnis herabzusetzen, in welchem zur Zeit des Vertragsschlusses der Wert des Werks in mangelfreiem Zustand zu dem wirklichen Wert gestanden haben würde. Damit ist der Streit über den maßgeblichen Zeitpunkt der Berechnung (vgl. II C. 2 der vorherigen Auflage) erledigt.

3. Nach § 4 Abs. 4 HOAI werden die Mindestsätze der Honorarordnung fingiert, sofern nicht gemäß § 4 Abs. 1 HOAI bei Auftragserteilung schriftlich eine abweichende Vereinbarung getroffen ist und ein Ausnahmefall vorliegt.

4. Die Kürzung des Honorars im Wege der Minderung ergibt sich aus dem Verhältnis des Werts der mangelfreien Architektenleistung zur mangelhaften. Ist die Werkleistung für den Bauherrn wertlos, so kann er im Wege der Minderung die bezahlte Vergütung verlangen (BGH BauR 1984, 401; OLG Hamm BauR 1989, 735; *Ingenstau/Korbion* § 13 VOB/B Rdn. 642; *Ganten* in Beck'scher Kommentar § 13 Nr. 6 Rdn. 56).

5. Gemäß § 640 Abs. 2 BGB wäre bei Abnahme ein Vorbehalt der dem Auftraggeber bekannten Mängel erforderlich.

6. Nach § 638 Abs. 1 S. 1 müssen die Voraussetzungen für den Rücktritt vorliegen. Dies bedeutet, dass der Auftragnehmer zunächst unter Fristsetzung zur Nacherfüllung aufgefordert werden muss. Eine Ablehnungsandrohung muss hiermit nicht mehr verbunden sein. Die Fristsetzung ist entbehrlich bei den in § 323 Abs. 2 genannten Fällen, also der ernsthaften und endgültigen Erfüllungsverweigerung, der Nichtbewirkung der geschuldeten Leistung zu dem im Vertrag bestimmten Termin oder innerhalb einer bestimmten Frist, bei Vorliegen besonderer Umstände, die unter Abwägung der beiderseitigen Interessen den sofortigen Rücktritt rechtfertigen.

Nach § 636 bedarf es der Fristsetzung auch dann nicht, wenn die Nacherfüllung fehlgeschlagen ist.

7. Die Rechtsprechung hat grundsätzlich eine Nachbesserungs*pflicht* des Architekten nicht angenommen, es sei denn, der fehlerhafte Plan sei noch nicht im Bauwerk verkörpert (BGH BauR 1989, 97; BauR 2001, 667). Im vorliegenden Fall ist nach dem Plan des Architekten noch nicht gebaut. Vgl. zur Nachbesserungspflicht des Architekten *Locher,* Das private Baurecht, Rdn. 237, 238; *Locher* FS v. Craushaar 1996, S. 21 ff. Eine andere Frage ist es, ob dem Architekten ein Nachbesserungs*recht* zusteht, weil seine Fachkenntnisse und Verbindungen günstige Voraussetzungen für eine sachgerechte und preisgünstige Mängelbeseitigung bieten. Dieses Recht kann dem Architekten nach Treu und Glauben im Einzelfall zustehen. Der Architekt muss aber substantiiert darlegen, dass und warum er in der Lage ist, die Mängel auf eigene Kosten billiger zu beseitigen (*Locher* aaO. Rdn. 239).

6. Rückgewährklage eines Wohnungseigentümers[1]

An das
Landgericht

Klage

des . . . . . . **(Klägers)**
Prozessbevollmächtigter: . . . . . .

gegen

Firma ...... (Beklagte)

wegen

Rücktritts
Vorläufiger Streitwert: EUR 400.000,–.

Namens und in Vollmacht des Klägers erhebe ich Klage und werde beantragen,
die Beklagte zu verurteilen,

> Zug um Zug gegen Rückauflassung der Wohnung Nr. ......, bestehend aus einem Miteigentumsanteil zu ....../1000 verbunden mit dem Sondereigentum an der Wohnung Nr. ...... vorgetragen im Grundbuch des AG ...... Band ...... Blatt ...... an den Kläger den Betrag von EUR 400.000,– zuzüglich 5% Zinsen seit ...... zu bezahlen.

Begründung:

Der Kläger hat mit der Beklagten, einer Bauträgergesellschaft, einen Bauträgervertrag[2] über eine Eigentumswohnung in ...... am ...... abgeschlossen.

Beweis: Bauträgervertrag.

Der als Kaufvertrag bezeichnete Vertrag enthält in § 2 die Verpflichtung, diese Eigentumswohnung entsprechend der Teilungserklärung und der Baubeschreibung schlüsselfertig und frei von Mängeln zu erstellen und an den „Käufer" zu übergeben. Der „Kaufpreis" sollte EUR 400.000,– betragen. Er war als Festpreis vereinbart.
Die Wohnung wurde nach Fertigstellung von dem Kläger am ...... bezogen. Zwei Wochen nach Bezug hat es sich herausgestellt, dass sowohl der Trittschall- als auch der Luftschallschutz in der Wohnung nicht den anerkannten Regeln der Technik entsprachen. Der Kläger rügte, die Richtwerte von DIN 4109 seien nicht erreicht. Besonders gravierend seien die Mängel der Schallisolierung des Treppenhauses und der darüberliegenden Wohnung.

Beweis: Schreiben vom ...... (Anlage 1)

Der Kläger forderte die Beklagte zur Beseitigung der Mängel innerhalb von zwei Monaten auf.

Beweis: Schreiben vom ...... (Anlage 2)

Die Beklagte erklärte, der Schallschutz entspräche dem Standard der Wohnung und den anerkannten Regeln der Baukunst. Es lägen keine Mängel vor.

Beweis: Schreiben der Beklagten vom ...... (Anlage 3)

Der Schallschutz ist völlig unzureichend und erreicht bei weitem nicht die Erfordernisse der DIN 4109[3].

Beweis: Sachverständigengutachten des ......-Instituts. (Anlage 4)

Der Trittschallschutz ist allenfalls zwischen den mit Teppichböden belegten Wohn- und Schlafräumen der Wohnung A ausreichend. Zwischen dem Schlafraum der Wohnung A und dem Bad der darüberliegenden Wohnung erreicht der Trittschallschutz nicht einmal die Werte der Mindestanforderungen in DIN 4109, Fassung 1962. Gleiches gilt für den Luftschallschutz zwischen Küche und Wohnung ......
Die Schallisolierung genügt nicht einmal durchschnittlichen Wohnansprüchen, geschweige denn den von der Beklagten in ihrem Prospekt zugesagten erhöhten Ansprüchen in ruhiger Waldlage.
Diese Mängel beeinträchtigen in ihrer Gesamtheit die Nutzung der Eigentumswohnung erheblich.

Beweis: Augenscheinseinnahme,
Sachverständigengutachten.

Die ungünstigen Schallschutzwerte sind auf die mangelhafte Werkleistung der Beklagten zurückzuführen.

Der Kläger erklärt hiermit Rücktritt vom Vertrag. Der Wert und die Tauglichkeit der Eigentumswohnung ist durch den mangelhaften Schallschutz erheblich vermindert[4].

Beweis: Sachverständigengutachten.

Der Kläger kann deshalb Zug um Zug gegen Rückauflassung der Wohnung den bereits bezahlten „Kaufpreis" zurückverlangen[5, 6].

Rechtsanwalt

Anmerkungen

1. Die Wandelung war im Baurecht immer problematisch, weil die Rückgängigmachung des Vertrags sich häufig nicht oder nur schwer verwirklichen lässt. So sah auch die VOB kein Wandelungsrecht vor, während § 634 BGB a.F. immerhin die Wandelung als Gewährleistungsrecht ansprach. Nach dem Schuldrechtsmodernisierungsgesetz ist an die Stelle des Wandelungsrechts das Rücktrittsrecht getreten. Dieses erhielt in § 323 BGB eine eingehende Regelung. Der Gläubiger kann, wenn er dem Schuldner erfolglos eine angemessene Frist zur Leistung oder Nacherfüllung bestimmt hat, vom Vertrag zurücktreten. § 323 Abs. 2 regelt die Fälle, in denen eine Fristsetzung entbehrlich ist. Im vorliegenden Fall wurde der „Verkäufer" unter Fristsetzung zur Nacherfüllung aufgefordert. Einer Ablehnungsandrohung bedarf es nach neuem Recht nicht mehr. Nach § 323 Abs. 5 S. 2 ist der Rücktritt ausgeschlossen, wenn die Pflichtverletzung unerheblich ist. Davon kann im vorliegenden Fall keine Rede sein.

2. Der Bauträgervertrag, der die Erstellung eines Bauwerks zum Gegenstand hat, ist hinsichtlich der Errichtungsverpflichtung ein Werkvertrag; zumindest richten sich die Gewährleistungsansprüche nach den §§ 633 ff. BGB (ständige Rechtsprechung des BGH, vgl. BGH NJW 1979, 2207, NJW 1980, 2800). Die falsche Bezeichnung „Kaufvertrag" ändert hieran nichts. Zur Rechtsnatur des Bauträgervertrags (Baubetreuungsvertrags im weiteren Sinn) vgl. *Locher,* Das private Baurecht, Rdn. 406; *Locher/Koeble,* Baubetreuungs- und Bauträgerrecht, 4. Aufl. Rdn. 21 ff.; *Reithmann/Meichssner/v. Heymann,* Kauf vom Bauträger, 7. Aufl. 1995.

3. Zu den Problemen des Schallschutzes allgemein *Locher-Weiss,* Schallschutz im Hochbau, Rechtsprobleme und technische Einführung, Baurechtliche Schriften, 3. Aufl. 1999.

4. Erklärt der „Käufer" den Rücktritt, so kann er nach § 325 BGB daneben Schadensersatz verlangen.

Der „Käufer" verliert nicht schon mit Ablauf der Frist zur Nacherfüllung seinen Erfüllungsanspruch. Er kann auch noch nach einer Fristsetzung entscheiden, ob er Rückabwicklung verlangen oder weiterhin den Erfüllungsanspruch geltend machen will. Erst wenn der „Käufer" den Rücktritt erklärt hat, ist er daran gebunden (*Westermann* NJW 2002, 2049).

5. Der Zug-um-Zug-Antrag ist geboten, um Kostennachteile zu vermeiden (vgl. zum Kaufrecht Form. II. A. 1 Anm. 3).

6. Rücktritt kann jeder einzelne Wohnungseigentümer erklären. Dadurch entsteht dem Bauträger kein Nachteil, auch wenn andere Eigentümer wegen des gleichen Mangels andere Rechte geltend machen (*Locher,* Rdn. 409; *Werner/Pastor* Rdn. 486.

7. Schadensersatz- und Feststellungsklage gegen Werkunternehmer (Vermessungsingenieur)[1]

An das
Landgericht

Klage

des ...... (Klägers)
Prozessbevollmächtigter: ......

gegen

den Vermessungsingenieur[2] ...... (Beklagten)

wegen

Schadensersatz
Vorläufiger Streitwert: EUR 80.000,–.

Namens und in Vollmacht des Klägers erhebe ich Klage und werde beantragen,

I. den Beklagten zu verurteilen, an den Kläger EUR 70.000,– nebst 5% Zinsen über dem Basiszinssatz seit ...... zu bezahlen[3];

II. festzustellen, dass der Beklagte dem Kläger sämtlichen über den in Klagantrag Ziff. I hinausgehenden Schaden zu ersetzen hat, der ihm dadurch entstanden ist, dass der Beklagte den Standort des Hauses des Klägers in ...... insoweit falsch eingemessen und abgesteckt hat, als der Bau bis einschließlich Kellerdecke auf seiner nordöstlichen Seite in eine öffentliche Verkehrsfläche hineinragt und der Baukörper auf Verfügung der Baurechtsbehörde um 5 m an der nordöstlichen Grundstücksgrenze zurückgenommen werden muss[4].

Begründung:

Der Kläger ist Eigentümer des Grundstücks ......, das er mit einem Einfamilienhaus nach den genehmigten Plänen bebauen wollte. Der Beklagte ist Vermessungsingenieur. Mit diesem schloss der Kläger einen Werkvertrag zur Erbringung der Vermessungsingenieurleistungen ab.

Beweis: ...... (Anlage 1)

Dem Beklagten unterlief beim Einmessen und Abstecken des Standorts des zu errichtenden Hauses auf dem Baugrundstück des Klägers ein schwerwiegender Fehler. Er maß das Haus an einem falschen Platz aus und steckte es falsch ab. Dadurch wurde die Baugrube auf einer als öffentlicher Weg vorgesehenen Verkehrsfläche ausgehoben und dort die Fundamente bis zum Einbringen der Kellerdecke errichtet.

Beweis: Sachverständigengutachten des öffentlich bestellten Sachverständigen ...... im selbstständigen Beweisverfahren zwischen den Parteien beim Amtsgericht ......, Aktenzeichen ......

Es wird beantragt,

das Sachverständigengutachten als Beweismittel zu verwerten[5].

Die Baurechtsbehörde der Stadt ...... hat den Fehler bemerkt und durch Verfügung vom ...... den Abbruch des Bauwerks und die Zuschüttung der Baugrube, soweit sie in die öffentliche Verkehrsfläche hineinragt und die gesetzlichen Abstände berührt, verlangt.

Beweis: Verfügung vom ...... (Anlage 2)

Dadurch musste das Bauwerk um 5 m zurückgenommen werden.

Beweis: Sachverständigengutachten.

Der Kläger hat dem Beklagten Gelegenheit gegeben[6], zu der Verfügung der Baurechtsbehörde Stellung zu nehmen. Der Beklagte erklärte mit Schreiben vom ......, gegen die Verfügung sei nichts zu machen.

Beweis: Schreiben vom ...... (Anlage 4)

Der Kläger macht Schadensersatzansprüche geltend. Die Bauarbeiten wurden an die Firma ...... vergeben.

Beweis: ...... (Anlage 5)

Der Kläger hat mit dieser Firma verhandelt, um eine möglichst preisgünstige Beseitigung der Mängel zu erreichen. Die Firma ...... hat ein Angebot über 70.000,– EUR für die Beseitigung der Mängel, nämlich das Abspitzen der Betonfundation, das Zuschütten der Baugrube, soweit sie gegen die Verfügung des Baurechtsamts verstößt, und die Neuaufbringung im baurechtlich zulässigen Rahmen abgegeben.

Beweis: Angebot vom ...... (Anlage 6)

Zur Sicherheit hat der Kläger über seinen Architekten ein Konkurrenzangebot eingeholt, das um EUR 15.000,– teurer ist.

Beweis: Schreiben vom ...... (Anlage 7)

Der Kläger hat hierauf der Firma ......, die die von der Baurechtsbehörde beanstandeten Baumaßnahmen bereits vorgenommen hat, den Auftrag erteilt.
Der Beklagte hat also dem Kläger den Schaden in Höhe von EUR 70.000,–, der zur unmittelbaren Beseitigung seines Vermessungsfehlers erforderlich ist, zu ersetzen.
Darüber hinaus werden noch weitere, ursächlich auf den Vermessungsfehler des Beklagten zurückzuführende Vermögenseinbußen entstehen, die noch nicht beziffert werden können. Insoweit wird Feststellung gemäß Klagantrag Ziff. II begehrt[7].
Durch das Abreißen der Fundamente, die weitere Aushebung der Baugrube, das Neueinbringen der Fundamente und des Bauwerks bis zur Kellerdecke, einschließlich der statisch und architektonisch notwendigen Leistungen, tritt eine erhebliche Bauverzögerung ein, die zumindest 3 Monate beträgt. Die Nachfolgegewerke sind teilweise vergeben. Die Verträge enthalten Lohn- und Materialpreisvorbehaltsklauseln. Des Weiteren kann Nutzungs- und Mietausfall entstehen. Der Kläger wohnt zur Miete. Gegen ihn ist Räumungsurteil ergangen. Er muss sich für die Zwischenzeit möglicherweise in einem Hotel einmieten.

Rechtsanwalt

Anmerkungen

1. Ein Schadensersatzanspruch gemäß §§ 280, 281, 282, 636 BGB kann einmal in der Weise geltend gemacht werden, dass der Anspruchsteller die Werkleistung behält und den durch den Mangel verursachten Schaden verlangt, zum anderen dadurch, dass er das gesamte Werk zurückweist und den durch die Nichterfüllung des ganzen Vertrags eingetretenen Schaden fordert. In der Baupraxis wird meist das Bauwerk entgegengenommen und Schadensersatz wegen mangelhafter Erfüllung verlangt. Im vorliegenden Fall ist dies nicht möglich, weil die baurechtliche Verfügung entgegensteht.

Ist die VOB zum Gegenstand einer unmittelbaren Bauleistung gemacht (§ 1 VOB/A), was für geistige Leistungen nicht möglich ist, so ist zu beachten, dass § 13 Nr. 7 VOB/B den Schadensersatzanspruch abweichend von §§ 280 ff. BGB ausgestaltet (kleiner Schadensersatzanspruch nach § 13 Nr. 7 Abs. 1 VOB/B – großer Schadensersatzanspruch nach § 13 Nr. 7 Abs. 2 VOB/B).

2. Der Vertrag mit dem Vermessungsingenieur ist ein Werkvertrag (BGH BauR 1972, 255; *Locher,* Das private Baurecht, Rdn. 367, 368). Das Leistungsbild des § 97b HOAI ist von Bedeutung für die Leistungspflichten des Vermessungsingenieurs, wenn dieses auch keinen Normcharakter hat.

3. Der Schadensersatzanspruch richtet sich in aller Regel in Abweichung von § 249 S. 1 BGB auf eine Geldleistung, da sonst der Schadensersatzanspruch mit dem Erfüllungsanspruch gleichgesetzt würde. Seit der Entscheidung des Großen Senats (BGHZ 98, 212 NJW 1987, 50) kann auch Schadensersatz wegen entgangener Gebrauchsvorteile bei Sachen verlangt werden, „auf deren ständige Verfügbarkeit die eigenwirtschaftliche Lebenshaltung des Eigentümers derartig angewiesen ist, wie auf das von ihm selbst bewohnte Haus“.

4. Zum Feststellungsantrag vgl. Form. II. C. 8.

5. Zur Verwertbarkeit der Beweisergebnisse des selbstständigen Beweisverfahrens im Hauptsacheprozess: *Kleine/Möller/Merl/Oelmaier,* Handbuch des privaten Baurechts 2. Aufl. § 17 Rdn. 298 ff.; *Werner/Pastor* Rdn. 98.

6. Einer Fristsetzung bedarf es nicht, wenn die Beseitigung des Mangels – wie hier – unmöglich ist, weil das Bauwerk teilweise bereits errichtet wurde.

Die mangelhafte geistige Leistung des Vermessungsingenieurs lässt sich nach Verwirklichung des Bauwerks nicht mehr beheben. Eine Nachbesserung kommt nur in Frage, soweit noch nicht nach dem fehlerhaften Plan gebaut wurde. Nur dann ist eine Aufforderung zur Mangelbeseitigung mit der Fristsetzung erforderlich. Wenn wie hier nach dem fehlerhaften Plan gebaut wurde, ist eine Änderung des Entwurfs für den Bauherrn nutzlos. In diesem Fall bedarf es keiner Fristsetzung zur Mangelbeseitigung, um einen Schadensersatzanspruch geltend machen zu können.

Dessen ungeachtet ist es zweckmäßig, dem Vermessungsingenieur vor Vornahme einschneidender und teurer Maßnahmen Gelegenheit zur Stellungnahme zu geben, damit er zur Berechtigung der baurechtlichen Verfügung Stellung nehmen kann.

7. In der Praxis umstritten ist die Zulässigkeit der unbezifferten Leistungsklage in Bausachen. Die Leistungsklage setzt nach § 253 Abs. 2 Nr. 2 ZPO grundsätzlich einen bestimmten Klagantrag voraus. Eine unbezifferte Leistungsklage wird jedoch in Fällen zugelassen, in denen die Bezifferung nicht möglich oder aus besonderen Gründen dem Kläger nicht zumutbar ist, sofern eine hinreichende Darlegung der Schätzungs- und Berechnungsgrundlagen erfolgt und es dem Gericht dadurch ermöglicht wird, die Höhe der berechtigten Klageforderung festzustellen (vgl. hierzu *Locher,* Taktik im Bauprozess, S. 53 RWS-Skript 140, 2. Aufl. 1988; *Werner/Pastor,* Der Bauprozess, Rdn. 449; BGH NJW 1970, 281; OLG Zweibrücken ZSW 1980, 36). Da einzelne OLGs die unbezifferte Leistungsklage mangels hinreichender Darlegung der Schätzungs- und Berechnungsgrundlagen in Bausachen für nicht zulässig halten, ist jedoch Vorsicht geboten.

8. Feststellungsklage[1] wegen Baumängeln

An das
Landgericht

Klage

des ...... **(Klägers)**
Prozessbevollmächtigter: ......

gegen

Firma ...... **(Beklagte)**

wegen

Feststellung
Vorläufiger Streitwert: EUR 20.000,–.

Namens und in Vollmacht des Klägers erhebe ich Klage und werde beantragen, festzustellen, dass die Beklagte dem Kläger sämtliche Schäden zu ersetzen hat, die ihm dadurch entstehen, dass die Beklagte das Bauwerk nicht nach Leistungsbeschreibung und Plänen des Architekten in einer Tiefe von . . . . . ., sondern nur in einer Tiefe von . . . . . . gegründet hat[2].

Begründung:

Die Parteien haben zur Errichtung eines Dreifamilienhauses des Klägers auf dessen Grundstück . . . . . . einen Bauwerkvertrag abgeschlossen. Die VOB ist Vertragsbestandteil[3]. Die förmliche Abnahme ist am . . . . . . erfolgt[4].

Beweis: Abnahmeprotokoll (Anlage 1)

Laut Leistungsbeschreibung und den Plänen des Architekten . . . . . . hatte die Gründung wie folgt zu erfolgen: . . . . . .

Beweis: Leistungsbeschreibung und Pläne (Anlage 2)

Die Beklagte führte dagegen die Gründung nur wie folgt durch: . . . . . .

Beweis: Sachverständigengutachten.

Infolge der nicht frostsicheren Gründung entstanden nach Abnahme Risse im Mauerwerk. Der Kläger hat ein selbstständigen Beweisverfahren durchgeführt. Im Gutachten des Sachverständigen . . . . . . ist die Rissebildung im Einzelnen vermerkt und fotografisch festgehalten.

Beweis: Gutachten im selbstständigen Beweisverfahren, das im Hauptverfahren zu verwerten beantragt wird.
Zeugnis des Sachverständigen . . . . . .

In den letzten 14 Tagen sind neue Risse aufgetreten. Die bereits im selbstständigen Beweisverfahren festgestellten Risse haben sich verbreitert.

Beweis: Sachverständigengutachten.

Die Rissebildung infolge der mangelhaften Bauleistung der Beklagten ist also noch nicht abgeschlossen.
Am . . . . . . hat der Kläger die Beklagte zur Beseitigung der Mängel unter Fristsetzung bis . . . . . . aufgefordert.

Beweis: . . . . . . Schreiben vom . . . . . . (Anlage 3)

Die Beklagte hat die Mängelbeseitigung mit der Begründung abgelehnt, diese sei unzumutbar.

Beweis: Schreiben vom . . . . . . (Anlage 4)

Da noch nicht abzusehen ist, wie sich die Rissebildung weiterentwickelt, und es von der Weiterentwicklung abhängig ist, welche Sanierungsmaßnahmen erforderlich sind, sind die Voraussetzungen der Feststellungsklage gegeben[5].

Rechtsanwalt

Anmerkungen

1. Die positive Feststellungsklage ist in Bausachen häufig anzutreffen. Sie wird dann erhoben, wenn die Erhebung einer Leistungsklage noch nicht möglich ist oder wenn ihr erhebliche Schwierigkeiten im Wege stehen. Es besteht schon im Hinblick auf die Hemmung der Verjährung nicht selten ein Bedürfnis, eine Klage auf Feststellung von Baumängeln zuzulassen (vgl. im Einzelnen *Locher,* Das private Baurecht, 6. Aufl. Rdn. 499–501; *Wussow* NJW 1969, 481; *Werner/Pastor,* Der Bauprozess 9. Aufl. Rdn. 451 ff.).

2. Der Kläger muss substantiiert und hinreichend bestimmt den Mangel vortragen *Werner/Pastor* Rdn. 446 ff. („Symptomrechtsprechung"). Es muss dargelegt werden, worin die mangelhafte Ausführung liegt, im vorliegenden Fall, inwiefern sie von der vorgeschriebenen Ausführungsart abweicht.

3. Vgl. Form. II. C. 1 Anm. 6.

4. Vgl. Form. II. C. 1 Anm. 7.

5. Das Rechtsschutzbedürfnis für eine Feststellungsklage ist in Bausachen immer dann zu bejahen, wenn es sich um einen umfangreichen, aber in sich nicht abgeschlossenen Baumängelkomplex handelt und der endgültige Umfang der Schäden noch nicht feststeht. Ein Rechtsschutzinteresse ist aber auch dann zu bejahen, wenn – wie häufig – zwar der Mangel, nicht jedoch die Mängelbeseitigungskosten feststehen. Kostenvoranschläge sind meist nicht verbindlich, sie können dem Ergebnis nach weit auseinander gehen. Auch Gutachten geben Mängelbeseitigungskosten häufig nur in ungefähren Kostenbeträgen an. Nach der Rechtsprechung des BGH ist bei der Auslegung des Feststellungsinteresses eine weite und freie Auslegung geboten (BGH LM § 256 ZPO Nr. 34; *Werner/Pastor* aaO. Rdn. 438). Für die Verneinung des Rechtsschutzinteresses reicht es nicht aus, dass der Geschädigte uU. einen Kostenvorschussanspruch geltend machen könnte. Ihm muss die freie Entscheidung, ob er einen Kostenvorschussanspruch auf Abrechnung oder einen endgültigen Schadensersatzanspruch geltend macht, überlassen bleiben. Auch die Vermeidung der Verjährung der Gewährleistungsansprüche kann das Feststellungsinteresse rechtfertigen (vgl. im einzelnen BGH VersR 1972, 459; BGH BauR 1979, 62; BGH NJW 1984, 1552; *Locher* Taktik im Bauprozess, S. 41 RWS-Skript 140, 2. Aufl. 1988).

War eine Feststellungsklage bei Klageerhebung zulässig, so braucht der Kläger im Prozess nicht zur Leistungsklage überzugehen (OLG Koblenz NJW-RR 1988, 532; BGH LM § 256 ZPO Nr. 92). Dies gilt jedoch nicht, wenn die Schadensentwicklung bereits im ersten Rechtszug voll abgeschlossen ist, der Beklagte den Übergang anregt und damit weder eine Verzögerung noch ein Instanzverlust verbunden ist (BGH NJW 1978, 210).

9. Klage auf Abnahme[1] einer Bauleistung

An das
Landgericht

Klage

der Firma ...... (Klägerin)
Prozessbevollmächtigter: ......

gegen

den ...... (Beklagten)

wegen

Abnahme
Vorläufiger Streitwert: EUR 20.000,–.

Namens und in Vollmacht der Klägerin erhebe ich Klage und werde beantragen,

den Beklagten zu verurteilen, die für das Bauvorhaben des Beklagten in ...... von der Klägerin fertiggestellten[2] Schreinerarbeiten abzunehmen.

Begründung:

Die Klägerin wurde vom Beklagten beauftragt, für dessen Bauvorhaben ...... laut Vertrag vom ...... die Schreinerarbeiten durchzuführen.

Beweis: Vertrag vom ...... (Anlage 1)

Die VOB ist zum Vertragsgegenstand gemacht[3].
Die Klägerin hat die Arbeiten mangelfrei fertiggestellt.

Beweis: Sachverständigengutachten.

Im VOB-Vertrag sind die fiktiven Abnahmeformen des § 12 Nr. 5 VOB/B ausgeschlossen. Die Abnahme hat förmlich zu erfolgen. Die Klägerin hat den Beklagten mit Schreiben vom ...... zur Abnahme bis ...... aufgefordert.

Beweis: Schreiben vom ...... (Anlage 2)

Der Beklagte hat auf das Abnahmeverlangen nicht reagiert.

Rechtsanwalt

Anmerkungen

1. Die Abnahme ist der Dreh- und Angelpunkt des Bauvertrags (*Jagenburg* NJW 1973, 2265). Durch sie tritt eine Trennung zwischen Erfüllungs- und Gewährleistungsebene ein, die Vergütung wird fällig, die Verjährung der Gewährleistungsansprüche läuft ab Abnahme oder Abnahmeverweigerung. Ferner tritt eine Umkehr der Beweislast ein (BGH BauR 1997, 128) und geht die Gefahr des zufälligen Untergangs oder der Verschlechterung der abgenommenen Leistung auf den Auftraggeber über. Nach Abnahme des Werks besteht keine Kündigungsmöglichkeit mehr; eine Vertragsstrafe ist verwirkt, wenn sie nicht bei der Abnahme vorbehalten wird.

Nach der VOB besteht nach § 12 Nr. 4 VOB/B ein Recht auf förmliche Abnahme. § 12 Nr. 5 Abs. 1 und 2 VOB/B regeln fiktive Abnahmeformen. Letztere werden häufig in Bauverträgen ausgeschlossen. § 12 Nr. 4 VOB/B betrifft die förmliche Abnahme, die dem gesetzlichen Werkvertragsrecht des BGB unbekannt ist. Die Folgen der grundlosen sowohl förmlichen wie – nach BGB-Werkvertragsrecht – nicht förmlichen Nichtabnahme sind dieselben: Der Auftraggeber gerät in Annahmeverzug. Damit geht zwar die Gefahr des zufälligen Untergangs des Bauwerks auf den Auftraggeber über (§ 644 Abs. 1 S. 2 BGB). Auch beginnt die Gewährleistungsfrist bei endgültiger Ablehnung der Abnahme. Die übrigen Abnahmefolgen treten jedoch nicht ein.

Deshalb hat der Auftragnehmer ein schutzwürdiges Interesse für eine Abnahmeklage, um diese Abnahmewirkungen herbeizuführen BGH BauR 1981, 284/287. Eine gesonderte Klage auf Abnahme kann sich jedoch häufig erübrigen, weil die damit zusammenhängenden Fragen im Rahmen des Zahlungsprozesses geklärt werden können (*Ingenstau/Korbion* VOB, § 16 Rdn. 20; *Locher,* Das private Baurecht, Rdn. 40; *Nicklisch/Weick* VOB/B 3. Aufl. § 12 Rdn. 44).

2. Die Abnahme stellt eine Billigung der vollendeten Leistung als eine wenigstens in der Hauptsache vertragsgemäße Leistung dar (BGHZ 48, 262). Der Anspruch auf Abnahme setzt voraus, dass die Bauleistung bis auf unbedeutende Mängel oder geringfügige Restarbeiten erbracht ist (BGH BauR 1972, 252).

3. Vgl. Form. II. C. 1 Anm. 5.

10. Klage auf Erstattung der Selbstbeseitigungskosten und der erforderlichen Aufwendungen eines Wohnungseigentümers wegen Mängeln des Gemeinschaftseigentums[1]

An das
Landgericht

Klage

des ...... **(Klägers)**
Prozessbevollmächtigter: ......

gegen

Firma ...... (Beklagte)

wegen

Vorläufiger Streitwert: EUR 13.500,–.

Namens und in Vollmacht des Klägers erhebe ich Klage und werde beantragen,

die Beklagte zu verurteilen, an den Kläger EUR 13.500,– nebst 5% Zinsen über dem Basiszinssatz hieraus seit ...... zu bezahlen.

Begründung:

Die Beklagte ist eine Bauträgerfirma. Sie errichtete ein Gebäude mit 50 Eigentumswohnungen. Eine dieser Wohnungen erwarb der Kläger durch notariellen Vertrag vom ......

Beweis: Vertrag vom ...... (Anlage 1)

In die Wohnung des Klägers drang infolge mangelnder Isolierung der Außenwände Feuchtigkeit ein.

Beweis: Sachverständigengutachten.

Der Kläger hat deshalb die Beklagte mit Schreiben vom ...... aufgefordert, den Mangel zu beseitigen und dafür zu sorgen, dass das Eindringen der Feuchtigkeit verhindert wird.

Beweis: Schreiben vom ...... (Anlage 2)

Er hat mit Schreiben vom ...... unter angemessener Fristsetzung die Beseitigung des Mangels angemahnt, ohne dass Abhilfe geschaffen wurde.

Beweis: Schreiben vom ...... (Anlage 3)

Daraufhin hat der Kläger den Mangel durch die Firma ...... beseitigen lassen, die dafür einen Betrag von EUR 13.500,– in Rechnung stellte.

Beweis: Rechnung der Firma ...... vom ...... (Anlage 4)

Die Maßnahme war erforderlich, um das Eindringen von Feuchtigkeit zu verhindern. Der von der Firma ...... berechnete Betrag ist angemessen.

Beweis: Sachverständigengutachten.

Die Sachbefugnis des Klägers wird nicht davon berührt, dass sich der Nachbesserungsanspruch auf die Instandsetzung gemeinschaftlichen Eigentums bezieht[2].

Rechtsanwalt

Anmerkungen

1. Es war in der Rechtsprechung und ist in der Literatur streitig, ob der Wohnungseigentümer für einen Mangel, der am Gemeinschaftseigentum eingetreten ist, Nacherfüllungsansprüche geltend machen kann. Nach der Rechtsprechung des BGH (BGHZ 68, 372 = NJW 1977, 1336; BGH NJW 1984, 725 = BauR 1984, 166; BGH NJW 1988, 1718) ist jeder einzelne Wohnungseigentümer zur selbstständigen, auch gerichtlichen, Verfolgung der aus dem Vertragsverhältnis mit dem Veräußerer herrührenden, auf Beseitigung der Mängel am gemeinschaftlichen Eigentum gerichteten Ansprüche befugt. Er kann vom Veräußerer sowohl Nacherfüllung als auch unter den Voraussetzungen des § 637 Abs. 1 BGB Ersatz seiner Aufwendungen für die Mängelbeseitigung sowie auch einen Vorschuss und den Vorschuss für die Mängelbeseitigungskosten verlangen (§ 637 Abs. 3); BGH BauR 1985, 314). Ansprüche auf Minderung und Schadensersatz, soweit der Erwerber die Eigentumswohnung behalten will, stehen jedoch der Wohnungseigentümergemeinschaft zu (BGH BauR 1998, 783). Vgl. *Locher/Koeble*, Baubetreuungs- und Bauträgerrecht, 4. Aufl. Rdn. 230ff. Zur Frage, ob die Wohnungseigentümergemeinschaft nach entsprechendem Mehrheitsbeschluss Nachbesserungsansprüche gegenüber dem Veräußerer durchsetzen kann vgl. BGHZ 81, 35.

2. Der BGH ist der Auffassung, dass etwaige sich aus der Verwaltungsbefugnis der Wohnungseigentümergemeinschaft ergebende Beschränkungen bei der Durchsetzung dieser Ansprüche nur das Innenverhältnis zwischen den Wohnungseigentümern berühren, nicht aber die Sachbefugnis des einzelnen Wohnungseigentümers gegenüber dem Veräußerer der Eigentumswohnung (BGHZ 62, 388). Anders könne es nur sein, wenn feststünde, dass ein zuerkannter Mängelbeseitigungsanspruch unter keinen Umständen durchzusetzen ist. Kritisch hierzu: *Weitnauer* NJW 1980, 400 (vgl. hierzu auch *Kellmann* NJW 1980, 402).

11. Klage einer Wohnungseigentümergemeinschaft auf Geltendmachung von Schadensersatzansprüchen[1]

An das
Landgericht

Klage

der Wohnungseigentümergemeinschaft[2] ......,
bestehend aus 1.–10. ...... (Klägerin)

Prozessbevollmächtigter: ......

gegen

Firma ...... (Beklagte)

wegen

Schadensersatz
Vorläufiger Streitwert: EUR 30.000,–.

Namens und in Vollmacht der Klägerin erhebe ich Klage und werde beantragen,

die Beklagte zu verurteilen, an die Klägerin EUR 30.000,– nebst 5% Zinsen über dem Basiszinssatz hieraus seit ...... zu bezahlen.

Begründung:

Die Beklagte ist eine Bauträgerfirma, die in ...... eine Wohnanlage mit 10 Eigentumswohnungen errichtete.

Beweis: Handelsregisterauszug (Anlage 1)

Die Haftung der Beklagten richtet sich nach BGB-Recht mit der Modifikation der Ziff. 6 des Bewerbervertrags.

Beweis: Bewerbervertrag vom ...... (Anlage 2)

Zu der Wohnanlage gehört ein Hallenschwimmbad, das als Gemeinschaftseigentum mit den Eigentumswohnungen verbunden ist. An der Schwimmanlage traten Mängel auf, indem das Wasser nach unten in die Kellerräume, in denen sich die Heizanlage befindet, drang und dort Rostbildung hervorrief.

Beweis: Sachverständigengutachten;
Beweissicherungsgutachten ......, dessen Verwertung im Hauptprozess beantragt wird.

Zeugnis des Sachverständigen ......,
der das Beweissicherungsgutachten erstellt hat.

Die Klägerin hat die Beklagte zur Beseitigung der Mängel mit Schreiben vom ...... unter Fristsetzung bis ...... aufgefordert.

Beweis: Schreiben vom ...... (Anlage 3)

Die Beklagte lehnte ab.

In der Wohnungseigentümerversammlung vom ...... wurde einstimmig die Geltendmachung von Schadensersatzansprüchen beschlossen[3].

Beweis: Protokoll vom ...... (Anlage 4)

Die Beseitigung der Mängel erforderte laut Rechnung der Firma ...... einen Betrag von EUR 30.000,–.

Beweis: Rechnung vom ...... (Anlage 5);
Sachverständigengutachten.

Rechtsanwalt

Anmerkungen

1. Während zur Geltendmachung von Nacherfüllungsansprüchen, die gemeinschaftliches Eigentum berühren, sowie von Rücktrittsrechten der einzelne Wohnungseigentümer befugt ist (vgl. Form. II. C. 10 und im Einzelnen: *Locher/Koeble,* Baubetreuungs- und Bauträgerrecht, 4. Aufl. Rdn. 230 ff.; *Reithmann/Brych/Manhart,* Kauf vom Bauträger, 7. Aufl. RZ 48 ff.; *Brych/Pause,* Bauträgerkauf und Baumodelle 2. Aufl. Rdn. 193 ff.), ist die Wohnungseigentümergemeinschaft und nicht der einzelne Wohnungseigentümer befugt, Minderungsansprüche und Schadensersatzansprüche geltend zu machen, sofern die Erwerber die Eigentumswohnung behalten wollen (BGH NJW 1979, 2207 = BauR 1979, 420; BGH NJW 1983, 453; BGH NJW 1988, 1718). Die Wahlbefugnis kann insoweit nicht dem einzelnen Wohnungseigentümer zustehen, sondern der Wohnungseigentümergemeinschaft. Während der Wohnungseigentümergemeinschaft die Nacherfüllung, die ein Wohnungseigentümer verlangt, in der Regel zugute kommt, ist die Interessenlage bei Minderung und Schadensersatzansprüchen, die nicht auf Rückgängigmachung des Erwerbsvertrags gerichtet sind, anders. Die Wahl, ob Minderung oder Schadensersatz verlangt werden soll, kann nicht von jedem einzelnen Wohnungseigentümer für sich allein, sondern muss gemeinschaftlich von allen getroffen werden. Dies folgt aus der grundsätzlichen Stellung als Gesamtgläubiger der aus den einzelnen Erwerbsverträgen gegen den Veräußerer herzuleitenden Rechte wegen Mängeln am gemeinschaftlichen Eigentum.

2. Die Gemeinschaft kann auch den Verwalter ermächtigen, den Anspruch im eigenen Namen einzuklagen (vgl. zu Verfahrensfragen i. e.: *Wirth/Riecke/Vogel* I. Buch VII. Teil. Rdn. 346 ff. Einer Abtretung der Forderung an ihn bedarf es dazu nicht. Das für eine solche gewillkürte Prozessstandschaft erforderliche rechtliche Interesse des Verwalters ergibt sich aus dem ihm zustehenden Recht, die für die ordnungsmäßige Instandhaltung und Instandsetzung des gemeinschaftlichen Eigentums notwendigen Maßnahmen zu treffen. Der Verwalter kann auch als in gewillkürter Prozessstandschaft klagender Einziehungsermächtigter Leistungen an sich selbst verlangen (BGHZ 70, 389; BGH BauR 1979, 423). Ebenso kann die Gemeinschaft einen einzelnen Wohnungseigentümer zur Geltendmachung dieser Ansprüche im eigenen Namen ermächtigen (BGH BauR 2000, 285).

3. Die Entscheidung, ob statt Nacherfüllung Minderung oder Schadensersatz verlangt wird, haben die Wohnungseigentümer als Verwaltungshandlung gemäß § 21 WEG mit

Stimmenmehrheit zu treffen. Da der Beschluss rechtsgestaltenden Charakter hat, muss ihm auch Außenwirkung mit Bindung für und gegen die überstimmten Mitglieder der Wohnungseigentümergemeinschaft zukommen. Im vorliegenden Fall wurde ein einstimmiger Beschluss herbeigeführt.

12. Feststellungsklage[1] des Werkunternehmers auf gesamtschuldnerischen Haftungsausgleich[2] gegen einen Architekten[3, 4]

An das
Landgericht

Klage

der Firma ...... **(Klägerin)**
Prozessbevollmächtigter: ......

gegen

den Architekten ...... **(Beklagten)**

wegen

Feststellung
Vorläufiger Streitwert: EUR ......

Namens und in Vollmacht der Klägerin erhebe ich Klage und werde beantragen,

festzustellen, dass der Beklagte an die Klägerin 1/5 des Schadens zu bezahlen hat, der ihr dadurch entsteht, dass sie in den nicht unterkellerten Räumen des Hauses ...... auf einer isolierten Betonschicht feuchte Schlacke aufgebracht und nach oben isoliert hat[5].

Begründung:

Die Klägerin war als Bauunternehmerin auf Grund eines BGB-Werkvertrags, der Beklagte als Architekt für das Bauvorhaben des ...... in ...... tätig.

Beweis: Bauwerkvertrag vom ...... (Anlage 1)
Architektenvertrag vom ...... (Anlage 2)

Dem Beklagten oblagen sämtliche Grundleistungen des § 15 HOAI, also auch Koordinierung und Objektüberwachung.

Der Auftraggeber ...... nimmt die Klägerin auf Schadensersatz gemäß § 280 BGB in Anspruch mit der Begründung, dass in den nicht unterkellerten Räumen auf einer isolierten Betonschicht feuchte Schlacke aufgebracht und nach oben isoliert worden sei.

Beweis: Schreiben vom ...... (Anlage 3)

Der Auftraggeber hat den Schaden noch nicht beziffert.

Die materiellen Voraussetzungen des Schadensersatzanspruchs sind gegeben.

Beweis: Sachverständigengutachten im selbstständigen Beweisverfahren vor dem Amtsgericht ......, Aktenzeichen ......

Die formellen Voraussetzungen sind ebenfalls erfüllt.[6]

Die Klägerin hat sich mit dem Beklagten in Verbindung gesetzt, nachdem gegen sie Schadensersatzansprüche geltend gemacht wurden, um zu prüfen, ob eine Nachbesserung möglich und zumutbar sei.

Beweis: Schreiben vom ...... (Anlage 4)

Der Beklagte hat erklärt, er nehme hierzu keine Stellung, auf keinen Fall sei er verantwortlich. Es sei Sache der Klägerin gewesen, auf der isolierten Betonschicht keine feuchte Schlacke aufzubringen.

Beweis: Schreiben vom ...... (Anlage 5)

Der Beklagte war bei Einbringung der feuchten Schlacke auf den isolierten Betonboden selbst anwesend und hat diese Maßnahme offensichtlich gebilligt, zumindest ihr nicht widersprochen.

Beweis: ......

Die Klägerin verkennt nicht, dass sie als bauausführendes Unternehmen in erster Linie im Innenverhältnis verantwortlich ist. Der Beklagte als Architekt hätte jedoch auf Grund seines Fachwissens die unsachgemäße Einbringung der feuchten Schlacke verhindern müssen. Insoweit besteht bei Inanspruchnahme der Klägerin hinsichtlich des gesamten Schadens gesamtschuldnerisch ein Ausgleichsanspruch gemäß § 426 BGB. Die Verantwortlichkeit des Beklagten wird mit 1/5 des Schadens bemessen.

Beweis: Sachverständigengutachten[7]**.**

Rechtsanwalt

Anmerkungen

1. Zur Feststellungsklage vgl. Form. II. C. 8. Das Rechtsschutzbedürfnis für die Feststellungsklage ist auf Grund der Inanspruchnahme der Klägerin und der Weigerung des Beklagten, für den Schaden irgendeine Verantwortung zu tragen, gegeben. Die Klägerin kann aber auch zuwarten, bis die Höhe des Schadens feststeht, und dann im Wege der Leistungsklage gegen den Beklagten vorgehen.

2. Architekt und Bauunternehmer haften nach ständiger Rechtsprechung des BGH (BGH NJW 1965, 1175) gesamtschuldnerisch, sofern der Bauunternehmer eine mangelhafte Werkleistung erbringt und der Architekt insoweit seine vertraglichen Pflichten bei der Beaufsichtigung des Bauvorhabens verletzt hat. Der gesamtschuldnerische Haftungsausgleichsanspruch verjährt nunmehr nach § 195 in der regelmäßigen Verjährungsfrist von 3 Jahren (*Lenkeit* in *Wirth/Sienz/Engler* Verträge am Bau nach der Schuldrechtsreform S. 163), wobei die Verjährungsfrist beginnt mit dem Schluss des Jahres, in dem der Gläubiger von den den Anspruch begründeten Umständen und der Person des Schuldners Kenntnis erlangt oder ohne grobe Fahrlässigkeit erlangen müsste.

3. Der Annahme eines Gesamtschuldverhältnisses zwischen Architekt und Bauunternehmer steht nicht im Wege, wenn gegenüber dem Architekten und Bauunternehmer wechselseitig Nachbesserung, Rücktritt, Minderung oder Schadensersatz verlangt werden kann. Auch wenn der Architekt auf Schadensersatz wegen Nichterfüllung in Anspruch genommen wird, während der Bauunternehmer wegen desselben Mangels zunächst nachbesserungspflichtig ist und nur unter bestimmten weiteren Voraussetzungen von ihm Schadensersatz verlangt werden kann, wird ein Gesamtschuldverhältnis zwischen Architekt und Bauunternehmer angenommen, weil die Haftungsverhältnisse sowohl zwischen Architekt und Auftraggeber wie zwischen Bauunternehmer und Auftraggeber „hart an der Grenze der inhaltlichen Gleichheit" liegen (BGH NJW 1965, 1175). Dadurch kann dem Bauunternehmer sein Nachbesserungsrecht entzogen werden, wenn der Auftraggeber seine Gewährleistungsrechte beim Architekten geltend macht.

Die Verteilung und das Maß der Verantwortlichkeit für den Schaden im Rahmen des Ausgleichsanspruchs gemäß § 426 Abs. 1 BGB sind von der Verantwortlichkeit im Einzelfall abhängig. Als grobe Orientierungshilfe mag dienen, dass Planungsfehler in den Verantwortungsbereich des Architekten, Ausführungsfehler in den des Bauunternehmers fallen. Primäre Verantwortlichkeit im Rahmen dieser Zuordnung kann dazu führen, dass den primär Verantwortlichen die alleinige Haftung trifft (vgl. im Einzelnen *Werner/Pastor,* Der Bauprozess, Rdn. 1994ff.). Im Einzelfall kann aber auch eine quotenmäßige

Haftungsverteilung, in besonderen Fällen die alleinige Haftung des sekundär Verantwortlichen in Frage kommen (vgl. im Einzelnen *Wussow* NJW 1974, 9). Im vorliegenden Fall hätte der Architekt, der auf der Baustelle war, als die feuchte Schlacke aufgebracht wurde, eingreifen müssen.

4. Besondere Schwierigkeiten bringt der sog. „gestörte oder hinkende gesamtschuldnerische Ausgleich" (BGH NJW 1973, 1648). In diesem Zusammenhang fragt es sich, ob vertragliche oder auf Grund gesetzlicher Bestimmungen eingeräumte Haftungsvorteile eines Gesamtschuldners auch dem anderen Gesamtschuldner zugute kommen können. Der BGH verneint dies. Danach besteht ein Ausgleichsanspruch des in Anspruch genommenen Gesamtschuldners nach § 426 Abs. 1 BGB auch dann, wenn andere Gesamtschuldner dem geschädigten Auftraggeber wegen eines vertraglichen oder gesetzlichen Haftungsausschlusses oder einer Haftungserleichterung nicht oder nur eingeschränkt haften (BGHZ 58, 216 = NJW 1972, 942; ebenso: *Ingenstau/Korbion* VOB § 13 Rdn. 40). Diese Auffassung wird teilweise in der Literatur mit beachtlichen Gründen abgelehnt (*Esser/Schmidt,* § 39, II; § 426 Rdn. 11; *Larenz,* § 37, III; *Medicus* JZ 1967, 398; *Werner/Pastor,* Der Bauprozess 8. Aufl. Rdn. 2009).

5. Vgl. hierzu BGH NJW 1965, 1175.

6. Vgl. Form. II. C. 3 Anm. 1 und Anm. 4.

7. Die quotenmäßige Bewertung der Verantwortlichkeit verlangt eine rechtliche Subsumtion und ist Sache des Richters. Da jedoch im Beweisantrag schon das Fachwissen des Architekten angesprochen ist, wird aus prozesspraktischen Gründen der Beweisantrag umfassender gestellt. Die Erfahrung lehrt, dass in solchen Fällen meist auch die Wertung der Verantwortlichkeit durch den Sachverständigen – ob ins Urteil eingehend oder nicht – vom Gericht entgegengenommen wird.

13. Vergleich im Prozess zwischen Auftraggeber und einem gesamtschuldnerisch mit einem Bauunternehmer für einen Mangel haftenden Architekten[1]

An das
Landgericht

In Sachen

. . . . . .

gegen

. . . . . .
– Az. –
schließen die Parteien folgenden

Vergleich

I. Der Beklagte bezahlt an den Kläger zur Abgeltung sämtlicher Ansprüche aus dem Bauvertrag vom . . . . . . EUR 12.000,–[2].

II. Der Kläger verzichtet auf die Geltendmachung irgendwelcher Gewährleistungsrechte gegenüber dem gesamtschuldnerisch mithaftenden Bauunternehmer . . . . . . wegen der mit dieser Klage geltend gemachten Mängel[3].

Anmerkungen

1. Dem Formular liegt der Sachverhalt zugrunde, dass der Auftraggeber gegen den Architekten einen Schadensersatzanspruch in Höhe von EUR 24.000,– eingeklagt hat. Der Schaden entstand durch einen Ausführungsfehler des Bauunternehmers, den der Architekt infolge einer Verletzung seiner Bauaufsichtspflicht nicht vermieden hat. Sowohl Architekt wie Bauunternehmer haften gesamtschuldnerisch. Um schnell zu seinem Geld zu kommen, vergleicht sich der Kläger mit dem Architekten und verzichtet ihm gegenüber auf die Hälfte seiner Schadensersatzforderung.

2. Der Baumangel soll wie in Form. II. C. 12 entstanden sein.

3. Schließt der Auftraggeber in einem Prozess gegen den Architekten einen Vergleich, so sind im Zweifel die Ansprüche des Auftraggebers gegen den gesamtschuldnerisch mithaftenden Bauunternehmer durch den Vergleich nicht berührt. Es fehlt in der Regel an einem Verzichtswillen. Der Auftraggeber kann dann bei dem gesamtschuldnerisch mithaftenden Bauunternehmer seine Ansprüche hinsichtlich des Differenzbetrags zwischen geltend gemachtem Schadensersatzanspruch und Vergleichssumme geltend machen. Dem Bauunternehmer sind im Rahmen der gesamtschuldnerischen Haftung etwaige Ausgleichsansprüche gegen den Architekten nicht entzogen (BGH NJW 1986, 1098); anders bei entsprechender Auslegung des konkreten Vergleichs: OLG Köln BauR 1993, 744; OLG Hamm BauR 1997, 1056). Vgl. zur Frage der Gesamtwirkung, Einzelwirkung und beschränkter Gesamtwirkung i. e.: *Palandt/Heinrichs* § 423 Rdn. 2; *Locher*, Das private Baurecht Rdn. 288; *Löffelmann/Fleischmann,* Architektenrecht Rdn. 1543 ff.

Es ist deshalb notwendig, in den Vergleich eine klarstellende Regelung aufzunehmen, ob der Auftraggeber nach Abschluss des Vergleiches mit dem gesamtschuldnerisch in Anspruch Genommenen auch gegen den anderen gesamtschuldnerisch Haftenden auf Ansprüche verzichtet. Es liegt dann ein Vertrag zugunsten Dritter vor.

14. Vergütungsklage eines Bauunternehmers bei Vereinbarung der VOB[1]

An das
Landgericht

Klage

der Firma ...... (Klägerin)
Prozessbevollmächtigter: ......

gegen

den ...... (Beklagten)

wegen

......
Vorläufiger Streitwert: EUR 100.000,–

Namens und mit Vollmacht der Klägerin erhebe ich Klage und werde beantragen,

den Beklagten zu verurteilen, an die Klägerin EUR 100.000,– nebst 5% Zinsen über dem Basiszinssatz seit ...... zu bezahlen.

Begründung:

Die Parteien haben für die Grab-, Beton- und Maurerarbeiten für das Bauwesen ...... des Beklagten in ...... einen Bauvertrag abgeschlossen, in dem die VOB zum Vertragsbestandteil gemacht wurde[2].

Beweis: Bauvertrag vom ...... (Anlage 1)

Die Arbeiten der Klägerin wurden am ...... abgenommen.

Beweis: Abnahmeprotokoll vom ......[3]. (Anlage 2)

Der Beklagte leistete folgende Abschlagszahlungen: ......

Am ...... erteilte die Klägerin Schlussrechnung.

Beweis: Schlussrechnung vom ...... (Anlage 3)

Diese Schlussrechnung ist prüfbar. Die Rechnung ist übersichtlich aufgestellt und hat die Reihenfolge der Posten eingehalten und die Bezeichnungen verwendet, die im Leistungsverzeichnis aufgeführt sind. Änderungen und Ergänzungen des Vertrags sind in der Rechnung besonders kenntlich gemacht und getrennt abgerechnet[4].
Ab Zugang der Schlussrechnung sind zwei Monate vergangen[5]. Am ...... hat der Beklagte EUR 30.000,– bezahlt und auf dem Überweisungsträger vermerkt: „Schlusszahlung". Die Klägerin hat ihren Vorbehalt binnen 12 Werktagen, nämlich am ......, erklärt und den Vorbehalt innerhalb weiterer 20 Tage eingehend begründet[6].

Beweis: Schreiben vom ...... (Anlage 4),
Schreiben vom ...... (Anlage 5)

Sie hat den Restbetrag von EUR 100.000,– nach Ablauf der Zweimonatsfrist ab Zugang der Rechnung, nämlich am ......, angemahnt.

Beweis: Schreiben vom ...... (Anlage 6)

Rechtsanwalt

Anmerkungen

1. Die Fälligkeit der Werklohnforderung beim BGB-Werkvertrag richtet sich nach § 641 BGB. Die Fälligkeit tritt mit Abnahme der Werkleistung ein. Ein Recht auf Abschlagszahlungen besteht im BGB-Bereich, sofern diese nicht ausdrücklich vereinbart sind für in sich abgeschlossene Teile des Werks, soweit die vertragsgemäßen Leistungen erbracht sind. Der Anspruch besteht insoweit nur, wenn dem Besteller Eigentum an den Teilen des Werkes, an den Stoffen oder Bauteilen übertragen oder Sicherheit hierfür geleistet werden. Im Gegensatz dazu regelt die VOB/B § 16 Abs. 1 Nr. 1 und Nr. 3 eingehend das Recht auf Abschlagszahlungen, ihre Fälligkeit und ihre Voraussetzungen. Zweifelhaft ist, ob beim BGB-Bauvertrag die Fälligkeit des Werklohns auch von der Erteilung einer Rechnung abhängig ist (vgl. hierzu OLG Celle NJW 1986, 327). Dieses Problem stellt sich beim VOB-Bauvertrag nicht, weil nach § 16 Abs. 1 Nr. 3 VOB/B die Werklohnforderung erst nach Erteilung der Schlussrechnung fällig ist. Zur Frage der Rechnung als Fälligkeitsvoraussetzung vgl. *Locher,* Das private Baurecht, Rdn. 58; *Werner/Pastor,* Der Bauprozess, Rdn. 1368 ff.; *U. Locher,* Die Rechnung im Werkvertragsrecht, Baur. Schriften Bd. 19, 1990.

Nach § 242 BGB kann auch der Unternehmer im BGB-Bereich ausnahmsweise an seine Schlussrechnung gebunden sein, weil er einen Vertrauenstatbestand geschaffen hat (für die Architektenhonorarschlussrechnung: BGH NJW 1978, 319; NJW 1993, 659, 661 (str.). Diese Bindung erfolgt jedoch im Hinblick auf § 16 Nr. 3 VOB/B nicht bei Vorliegen eines VOB-Vertrags: BGH BauR 1988, 217.

2. Vgl. Form. II. C. 1 Anm. 6.

3. Auch beim VOB-Vertrag ist nach hM. die Abnahme der Bauleistung Fälligkeitsvoraussetzung (vgl. BGH NJW 1981, 822; *Ingenstau/Korbion* VOB, § 16 Rdn. 16 und die dort angeführte Literatur, sowie *Werner/Pastor,* Der Bauprozess Rdn. 1377ff., *Nicklisch/Weick* § 16 Rdn. 38). Deshalb gehört zum schlüssigen Klagevortrag für eine Vergütungsklage nach VOB, dass die Bauleistung abgenommen ist.

4. Fälligkeitsvoraussetzung ist beim VOB-Vertrag, dass eine *prüfbare* Abrechnung vorliegt (§ 14 Nr. 1 VOB/B). Zur Frage der Prüffähigkeit vgl. *Mantscheff* BauR 1972, 205. Auch die Architektenhonorarrechnung ist nach § 8 Abs. 1 HOAI prüfbar aufzustellen.

5. Gemäß § 16 Abs. 2 Nr. 3 VOB/B ist die Schlusszahlung alsbald nach Prüfung und Feststellung der vom Auftragnehmer vorgelegten Schlussrechnung zu leisten, spätestens innerhalb von zwei Monaten nach Zugang. Dies gilt unabhängig davon, ob die Rechnung tatsächlich geprüft oder festgestellt worden ist (*Ingenstau/Korbion* VOB § 16, 3 Rdn. 105). In Fällen, in denen aus sachlichen Gründen die Prüfung und Feststellung der Schlussrechnung nicht alsbald durchgeführt werden kann, hat der Auftraggeber die vertragliche Pflicht, das unbestrittene – also insoweit feststehende – Guthaben des Auftragnehmers sofort an diesen als Abschlagszahlung zur Auszahlung zu bringen.

6. In der Baupraxis und auch von Anwälten wird häufig die Regelung des § 16 Nr. 3 Abs. 2 VOB/B, übersehen, wonach die vorbehaltlose Annahme der Schlusszahlung Nachforderungen ausschließt, sofern nicht innerhalb 24 Werktagen nach schriftlicher Unterrichtung und Hinweis auf die Ausschlusswirkung ein Vorbehalt erklärt und nicht innerhalb von weiteren 24 Werktagen eine prüfbare Rechnung über die vorbehaltene Forderung eingereicht oder, wenn das nicht möglich ist, der Vorbehalt eingehend begründet wird. Wenn deshalb bei einem VOB-Vertrag eine als Schlusszahlung bezeichnete Zahlung geleistet ist, ist es zweckmäßig, den rechtzeitigen Vorbehalt und die rechtzeitige Begründung in der Klage vorzutragen. Allerdings ist zu beachten, dass die vorbehaltslose Annahme der Schlusszahlung nicht von selbst Nachforderungen des Auftragnehmers ausschließt, vielmehr dem Auftraggeber nur eine Einrede gibt. Der Auftraggeber muss sich also ausdrücklich auf die Ausschlusswirkung berufen (BGHZ 62, 15). Die Ausschlusswirkung tritt aber nur ein, wenn der Auftragnehmer über die Schlusszahlung schriftlich unterrichtet und auf die Ausschlusswirkung hingewiesen wurde (§ 16 Nr. 3 Abs. 2 VOB/B).

15. Honorarklage eines Architekten[1]

An das
Landgericht

Klage

des freien Architekten ...... **(Klägerin)**
Prozessbevollmächtigter: ......

gegen

den ...... **(Beklagten)**

wegen

Honorars
Vorläufiger Streitwert: EUR 23.000,–.

Namens und in Vollmacht des Klägers erhebe ich Klage und werde beantragen,

den Beklagten zu verurteilen, an den Kläger EUR 23.000,– nebst 5% Zinsen über dem Basiszinssatz seit ...... zu bezahlen.

Begründung:

Der Kläger ist freier Architekt. Er hat mit dem Beklagten am ...... einen Architektenvertrag[2], der AGB-Charakter hat, abgeschlossen, in dem er sich zur Erbringung der Leistungsphasen 1–8 nach dem Leistungsbild des § 15 HOAI verpflichtet hat[3].

Beweis: Architektenvertrag vom ...... (Anlage 1).

Der Kläger hat seine Leistungen vertragsgemäß erbracht, und zwar die Leistungsphasen 1–7 voll, die Leistungsphase 8 ebenfalls, mit Ausnahme der Teilleistungen „Auflistung der Gewährleistungsansprüche" und „Kostenfeststellung". Bevor er diese Teilleistungen erbringen konnte, hat der Beklagte, ohne dass ein wichtiger Grund vorgelegen hätte, den Architektenvertrag gekündigt[4].

Beweis: Kündigungsschreiben vom ...... (Anlage 2).

Der Kläger hat hinsichtlich der nicht erbrachten Teilleistungen an seiner Schlussrechnung einen Abzug von ...... vorgenommen[5], unter Berücksichtigung eines Abzuges für ersparte Leistungen von 40%[6] gemäß Z ...... des Architektenvertrags. Dies ist im Einzelnen in der Schlussrechnung ausgewiesen.

Beweis: Schlussrechnung vom ...... (Anlage 3).

Die Schlussrechnung ist prüffähig.[6]

Der Kläger hat deshalb gemäß § 10 Abs. 2 Z. 1 die Leistungsphasen 1–4 nach der Kostenberechnung, die Leistungsphasen[7] 5–8 nach dem Kostenanschlag abgerechnet, weil er zum Zeitpunkt der Kündigung die Rechnungsprüfung und Kostenfeststellung nicht mehr zu erbringen und noch nicht gefertigt hatte, als die Kündigung eintraf. Er hat seine Leistungen vertragsgemäß erbracht und die Schlussrechnung dem Beklagten überreicht[8].

Gemäß § 8 Abs. 1 HOAI ist die Rechnung deshalb zur Zahlung fällig. Der Kläger hat ohne Erfolg am ...... die Bezahlung der Rechnung angemahnt.

Beweis: Schreiben vom ...... (Anlage 4).

Klage ist deshalb geboten.

Rechtsanwalt

Anmerkungen

Schrifttum: Hartmann, HOAI Praxiskommentar, Loseblatt-Sammlung; *Hesse/Korbion/Mautscheff/Vygen* HOAI 4. Aufl.; *Jochem,* HOAI 4. Aufl.; *Korbion/Locher,* AGB-Gesetz und Bauerrichtungsverträge 3. Aufl.; *Locher/Koeble/Frik,* HOAI 8. Aufl.; *Löffelmann/Fleischmann,* Architektenvertrag und HOAJ 4. Aufl.; *Morlock,* Die HOAI in der Praxis 2. Aufl.; *Neuenfeld/Baden/Dohna/Grosscurth/Schmitz,* Handbuch des Architektenrechts Bd. 2 HOAI Loseblatt-Sammlung; *Pott/Dahlhoff/Kniffka,* HOAJ 7. Aufl.

1. Der Architektenvertrag ist in aller Regel ein Werkvertrag. Gemäß § 641 BGB ist die Vergütung ab Abnahme fällig. § 8 Abs. 1 HOAI knüpft die Fälligkeit an die vertragsgemäße Erfüllung der Leistung und Überreichung der Schlussrechnung an. Bis zur Entscheidung des BGH NJW 1981, 2354 war es in der Literatur streitig, ob diese Abänderung des dispositiven BGB-Rechts durch die Honorarordnung nur Gültigkeit hatte, wenn die Vertragspartner die Geltung der HOAI vereinbart hatten. Nach der Entscheidung des BGH, der dies mit der Ermächtigung zum Erlass einer „Honorarordnung" begründet, gelten die Bestimmungen der HOAI auch, wenn diese nicht ausdrücklich zum Vertragsgegenstand gemacht wurde.

2. Im Hinblick auf die AGB-rechtliche Nichtprivilegierung der Leistungen des Architekten sollte jeweils schon in der Klage angegeben werden, ob der Vertrag AGB-Charakter hat. Dies ist nach BGH NJW 1981, 2351 von Bedeutung, weil ein Abweichen vom

Leitbild des Architektenvertrags, zu dem auch die HOAI mit ihren Honorarermittlungsgrundlagen gehört, gegen § 307 BGB verstoßen kann.

3. Auch die in Leistungsphase 9 geschuldeten Leistungen sind Hauptpflichten des Architekten. Der auch mit Leistungsphase 9 beauftragte Architekt kann erst nach vollständiger Ausführung der Leistungsphase 9 Abnahme seines Werks verlangen. Ein Anspruch auf Teilabnahme setzt eine dahingehende Vereinbarung voraus (BGH BauR 1994, 392). Eine individualvertragliche Vereinbarung der Teilabnahme der Leistungsphasen 1–8 ist zulässig. Streitig ist es, ob eine formularmäßig vereinbarte Teilabnahme der Leistungsphasen 1–8 AGB-rechtlich zulässig ist, weil in der Vorverlegung des gesetzlichen Fristenbeginns durch Teilabnahme eine mittelbare Fristverkürzung gem. § 309 Abs. 8 b ff. gesehen werden könnte (vgl. i. e. *Locher/Koeble/Frik* HOAI Einl. Rdn. 78). Im Hinblick auf § 8 Abs. 1 HOAI, der die volle Leistungserbringung zur Fälligkeitsvoraussetzung macht, ist es deshalb für den Architekten zweckmäßig, sich die Leistungsphase 9 nicht übertragen zu lassen oder für die Leistungsphasen 1–8 eine von der Leistungsphase 9 unabhängige Fälligkeitsregelung vertraglich zu treffen.

4. Nach § 649 BGB kann der Auftraggeber ohne wichtigen Grund kündigen. In den meisten Formularverträgen wird jedoch das beiderseitige Kündigungsrecht vom Vorliegen eines wichtigen Grundes abhängig gemacht. Dieser formularmäßige Ausschluss des freien Kündigungsrechts des Auftraggebers ist nach § 307 Abs. 2 BGB unwirksam (BGH BauR 1999, 1294; OLG Düsseldorf BauR 1999, 1482).

5. Es ist ABG-rechtlich umstritten, ob die 40%-Klausel, die in verschiedener Ausformung in Architektenmusterverträgen enthalten ist, Bestand hat. Der Wirksamkeit bei individualrechtlicher Vereinbarung stehen keine Bedenken entgegen. Ist die Klausel nicht vereinbart, so hat die höchstrichterliche Rechtsprechung einen Abzug von 40% als branchenüblich angesehen (vgl. i. e. *Locher/Korbion*, AGB-Gesetz und Bauerrichtungsverträge S. 90 ff.). In der Entscheidung vom 8. 2. 1996 hat der BGH seine frühere Rechtsprechung aufgegeben und die Bemessung der anzurechnenden ersparten Aufwendungen auf den konkreten Architektenvertrag abgestellt. Danach hat der Architekt vorzutragen und zu beziffern, welche ersparten Aufwendungen und welchen anderweitigen Erwerb er sich anrechnen lässt (BGH BauR 1996, 512). In einer weiteren Entscheidung (BGH BauR 1997, 156) hat der BGH die Grundzüge dieser Rechtsprechung fortgeführt und in einem Fall, in dem Allgemeine Vertragsbedingungen zum Architektenvertrag mit der 40%-Klausel vereinbart wurden, einen Verstoß gegen § 11 Nr. 5 b und § 10 Nr. 7 AGBG angenommen. Die Fassung der AVA wurde 1994 geändert und klargestellt, dass es dem Auftraggeber unbenommen bleibt, dasjenige am Restvergütungsanspruch abzuziehen, was der Architekt durch anderweitige Verwendung seiner Arbeitskraft erwirbt oder zu erwerben böswillig unterlässt. Außerdem ist die Fassung so gewählt, dass der rechtsunkundige Vertragspartner nicht mehr davon ausgehen kann, dass der Beweis für eine größere Ersparnis ausgeschlossen sei. Es fragt sich nunmehr, ob die so „gereinigte“ Fassung AGB-konform ist (so *Werner/Siegburg* BauR 1997, 181; *Niestrate* ZfBR 1997, 10), falls auch der anderweitige Erwerb anspruchsmindernd berücksichtigt wird (BGH BauR 1998, 866; vgl. dazu i. e. *Locher/Koeble/Frik* HOAI, 8. Aufl. Einl. Rdn. 159). Verfasser von Musterverträgen haben im Hinblick auf diese BGH-Rechtsprechung teilweise auf die 40%-Klausel verzichtet, was sich insbesondere bei kleinen und mittleren Architekturbüros im Regelfall eher positiv auswirken wird, weil häufig keine objektbezogenen personellen Aufwendungen durch die vorzeitige Beendigung eines Architektenvertrages erspart werden und die objektbezogenen sachlichen Kosten i. d. R. gering sind (vgl. i. e. *Korbion/Locher*, AGB-Gesetz und Bauerrichtungsverträge S. 194 ff.).

6. Fälligkeitsvoraussetzung ist die Prüffähigkeit der Honorarschlussrechnung. Hinsichtlich der Prüffähigkeit sind die gleichen Anforderungen wie in § 16 Nr. 1 VOB/B zu stellen. Danach muss die prüfbare Aufstellung eine rasche und sichere Beurteilung der Leistungen ermöglichen. Die einzelnen Bestimmungen der HOAI, auf die sich die Ab-

rechnung bezieht, müssen angegeben werden, ebenso die anrechenbaren Kosten nach § 10 Abs. 2 HOAI, die Honorarzone, gegebenenfalls nach dem Bewertepunktesystem des § 11 Abs. 3 HOAI, das Leistungsbild, die Berechnung des Honorars für Besondere Leistungen und auch, wie hier, die Berechnung der Honorarentlastung bei nicht erbrachten Teilleistungen; vgl. zur Prüffähigkeit i.e.: *Locher/Koeble/Frik* = HOAI, 7. Aufl. § 8 Rdn. 15ff. Zur Notwendigkeit, der Honorarrechnung die Kostenermittlungen der DIN 276 zugrundezulegen: OLG Stuttgart BauR 1985, 587; OLG Celle BauR 1985, 591 – kritisch: *Maurer* FS Locher S. 196ff. – . Diese Anforderungen an die Prüfbarkeit gelten auch dann, wenn das Vertragsverhältnis vorzeitig beendet wird (BGH BauR 2000, 126; BGH BauR 2000, 430). Allerdings dürfen die Anforderungen an die Prüfbarkeit nicht zum Selbstzweck werden, sondern müssen dem Informations- und Kontrollinteresse des Auftraggebers entsprechen (BGH BauR 2000, 1511). Der Auftraggeber ist mit Einwendungen gegen die Prüfbarkeit ausgeschlossen, wenn er die Rechnung geprüft und dabei die sachliche und rechnerische Richtigkeit nicht in Zweifel gezogen hat (BGH BauR 1997, 1065). Die Mängel der Prüfbarkeit können auch noch nachträglich vom Auftragnehmer durch entsprechenden Prozessvortrag geheilt und in dieser Weise die Rechnungen prüfbar gemacht werden (BGH BauR 1999, 64).

7. Nach § 10 Abs. 2 HOAI sind die Leistungsphasen 1–4 nach der Kostenberechnung, solange diese nicht vorliegt, nach der Kostenschätzung zu berechnen, für die Leistungsphasen 5–7 nach dem Kostenanschlag, solange dieser nicht vorliegt, nach der Kostenberechnung und die Leistungsphasen 8–9 nach der Kostenfeststellung, solange diese nicht vorliegt, nach dem Kostenanschlag.

Sind die entsprechenden Kostenermittlungen nach § 10 Abs. 2 HOAI vom Architekten nicht vorgenommen, so ist seine Honorarforderung nicht fällig. Hat er also die in den entsprechenden Leistungsphasen vorzunehmende Kostenermittlung nicht gemacht, so muss er sie zur Fälligstellung seiner Rechnung u.U. kostenlos nachfertigen. Er kann nicht ohne weiteres auf die subsidiäre Kostenermittlung zurückgreifen. Liegt aber die der Leistungsphase entsprechende Kostenermittlung (hier Kostenfeststellung) noch nicht vor, und war sie zum Zeitpunkt der Beendigung auch noch nicht zu erbringen, so kann auf die subsidiäre Kostenermittlung zurückgegriffen werden (vgl. i.e. *Locher/Koeble/Frik* HOAI § 10 Rdn. 57).

8. Die Fälligkeitsvoraussetzungen für die Honorarforderung müssen mit der Klage schlüssig vorgetragen werden.

16. Antrag im selbstständigen Beweisverfahren wegen Baumängeln

An das
Landgericht[1]

Antrag im selbstständigen Beweisverfahren

der Eheleute ...... **(Antragsteller)**
Prozessbevollmächtigter:

gegen

1. Firma ...... 2. den Architekten ...... 3. den Tragwerksplaner ......[2]

(Antragsgegner)

wegen

Beweissicherung

Namens und in Vollmacht der Antragsteller werden zur Sicherung des Beweises gemäß §§ 485ff. ZPO folgende Anträge hinsichtlich des baulichen Zustandes und der Mängel am Gebäude ...... in ...... gestellt:

I. In die Kellerräume dringt von der hangwärts gegen Norden gelegenen Seite Wasser ein.
II. Welches sind die Ursachen? Welchen Umfang haben sie?[3]
III. Ist die Planung/Aufsicht des Architekten und/oder die Planung des Tragwerkplaners oder die Ausführung der Fa. ...... ursächlich?
IV. Welche Maßnahmen sind zur Mangelbeseitigung erforderlich?
V. Wie hoch ist der Aufwand für die Beseitigung?[4]

Es wird beantragt, die Beweiserhebung durch schriftliches Sachverständigengutachten vorzunehmen.

Als Sachverständiger wird vorgeschlagen
......[5].

Es wird beantragt, den Beschluss ohne mündliche Verhandlung zu erlassen.

Begründung:

Die Antragsteller sind Eigentümer des Grundstücks ...... in ...... Sie haben mit der Antragsgegnerin Ziff. 1 einen VOB-Vertrag über die Grab-, Beton- und Maurerarbeiten am ...... abgeschlossen.

Beweis: VOB-Vertrag vom ...... (Anlage 1)

Als Architekt war der Antragsgegner Ziff. 2 gemäß Architektenvertrag vom ...... tätig.

Beweis: Architektenvertrag vom ...... (Anlage 2)

Am ...... wurde mit dem Antragsgegner Ziff. 3 ein Vertrag über die Tragwerksleistungen abgeschlossen.

Beweis: Vertrag vom ...... (Anlage 3)

Am ...... sind die Antragsteller in das Gebäude eingezogen und haben sich bei der Abnahme gegenüber dem Antragsgegner Ziff. 2 Gewährleistungsansprüche hinsichtlich der Feuchtigkeitsschäden im Keller vorbehalten. Diese Schäden traten damals in geringem Ausmaße auf. Bei eintretender Trockenheit waren solche Schäden jedoch nicht mehr feststellbar. Seit ...... ist jedoch auf der Hangseite ein erheblicher Feuchtigkeitseinbruch festzustellen, der eine 6 cm hohe Wasserschicht im Keller zurücklässt.
Zur Glaubhaftmachung beziehe ich mich auf beiliegende eidesstattliche Versicherung der Antragsteller nebst am ...... von den Antragstellern aufgenommenen Fotos (Anlagen 4–5).
Die Anträge I. bis V. sind gemäß § 485 Abs. 2 Ziff. 1–3 ZPO gerechtfertigt. Die Antragsteller können die Durchfeuchtung des Kellers nicht hinnehmen. Es ist erforderlich, dass umgehend Abhilfe geschaffen wird. Die Antragsteller sind sich nicht darüber im klaren, ob für das Eindringen der Feuchtigkeit das ausführende Unternehmen (Antragsgegner Ziff. 1), der Architekt (Antragsgegner Ziff. 2) oder der Statiker (Antragsgegner Ziff. 3) oder mehrere der Antragsgegner verantwortlich sind, nachdem jeder der Antragsgegner auf das Nacherfüllungsverlangen der Antragsteller die Verantwortlichkeit für den Mangel einem anderen Antragsgegner zuschob.

Beweis: Schreiben von ......

Sie müssten durch einen Rechtsstreit die Verantwortlichkeit der Antragsgegner klären lassen, der durch das selbstständige Beweisverfahren nach Einholung eines Sachverständigengutachtens wahrscheinlich vermieden wird[6]. Deckungszusage der Rechtschutzversicherung liegt bereits vor.
Ein Rechtsstreit ist noch nicht anhängig.[7, 8]
Der Streitwert in der Hauptsache (Beseitigungskosten) wird mit EUR 20.000,– angegeben.

Rechtsanwalt

Neueres Schrifttum: Cuypers NJW 1994, 1985; *ders.* ZfBR 1998, 163; *Geffert* NJW 1995, 506; *Ingenstau/Korbion* VOB § 18, 4/B Rdn. 81 ff.; *Knacke* FS Soergel 1993, 115; *Koeble,* Gewährleistung und selbstständiges Beweisverfahren 2. Aufl.; *Koopmann* BauR 2001, 1343; *Locher,* Das private Baurecht 6. Aufl. Rdn. 506 ff.; *Quack,* Neuerungen für den Bauprozess, vor allem beim Beweissicherungsverfahren BauR 1992, 278; *Ulbrich* BauR 1993, 671; *Werner/Pastor,* Der Bauprozess 8. Aufl. Rdn. 1 ff.; *Weyer* BauR 1992, 313; *ders.,* BauR 2001, 1807; *Vygen* DS 1992, 797.

Anmerkungen

1. Die Zuständigkeit richtet sich nach § 486 ZPO. Bei Anhängigkeit (nicht Rechtshängigkeit) ist das Gericht zuständig, vor dem der Prozess schwebt, vor Anhängigkeit das Gericht, das zur Entscheidung in der Hauptsache berufen wäre. Es besteht für den Antrag im selbstständigen Beweisverfahren kein Anwaltszwang (§ 486 Abs. 4 ZPO).

2. Der Antrag muss den Gegner bezeichnen. Es ist zweckmäßig, alle in Frage kommenden Schadensverursacher als Antragsgegner zu benennen. Ohne Bezeichnung des Gegners wäre ein Antrag nach § 494 ZPO nur zulässig, wenn die Antragsteller glaubhaft machten, dass sie ohne Verschulden außerstande sind, den Gegner zu bezeichnen. Ein Beweissicherungsantrag gegen „unbekannt" unterbricht aber nicht die Verjährung (BGH NJW 1980, 1458).

3. Der Antrag muss die Bezeichnung der Tatsachen enthalten, über die die Beweiserhebung erfolgen soll. Dabei sollen die Tatsachen so genau wie möglich bezeichnet werden. Hierzu gehören neben der Lage des Bauwerks die Baumängel in ihrem äußeren Erscheinungsbild und die Bezeichnung des Bauwerksteils, an dem die Mängel festgestellt werden sollen.

4. Durch das RechtspflegevereinfachungsG v. 17. 12. 1990 (BGBl. I, 2847), wurde das Beweissicherungsverfahren neu geregelt. Nach § 485 Abs. 2 Z. 3 kann auch die Bezifferung des Aufwands für die Beseitigung eines Schadens im selbstständigen Beweisverfahren verlangt werden: Voraussetzung für die Beweissicherung ist ein rechtliches Interesse, das anzunehmen ist, wenn die Feststellung der Vermeidung eines Rechtsstreits dienen kann (was fast immer der Fall sein wird).

5. Nach hM. hatte das Gericht im selbstständigen Beweisverfahren bis zur Novellierung v. 17. 12. 90 kein Auswahlrecht. Den von den Antragstellern zu benennenden Sachverständigen hatte es zu bestellen. Streitig war, ob das Gericht zusätzlich zu dem vom Antragsteller benannten Sachverständigen einen weiteren hinzuziehen konnte. Nunmehr ist durch Änderung des § 487 ZPO sichergestellt, dass das Gericht nicht den benannten Sachverständigen bestellen muss. Eine Anregung hinsichtlich der Person des Sachverständigen ist jedoch zweckmäßig.

Es war streitig, ob der Antragsgegner im selbstständigen Beweisverfahren das Recht hatte, den Sachverständigen abzulehnen (vgl. zum Meinungsstand: *Kroppen/Heyers/Schmitz* Rdn. 773; *Hesse* ZfBR 1983, 247; *Motzke* BauR 1983, 500; OLG München (BauR 1985, 723)). Nach der Novellierung wird überwiegend die Meinung vertreten, dass die Ablehnung im selbstständigen Beweisverfahren erfolgen muss, sofern die Ablehnungsgründe im selbstständigen Beweisverfahren bekannt sind (OLG Düsseldorf OLGR 1995, 203; OLG München BauR 2001, 835; OLG Düsseldorf BauR 1998, 365; *Werner/Pastor* Der Bauprozess Rdn. 62). Nach § 406 Abs. 2 hat die Ablehnung spätestens 2 Wochen nach Verkündung oder Zustellung des Beschlusses über die Ernennung zu erfolgen.

6. Eine Glaubhaftmachung der Tatsachen, die die Zulässigkeit des selbstständigen Beweisverfahrens begründen, umfasst auch das rechtliche Interesse (Prozessvermeidung).

Im vorliegenden Fall ist der Antrag auch auf § 485 Abs. 2 ZPO gestützt. Vgl. zum „rechtlichen Interesse“: *Quack,* BauR 1991, 278.

7. Die im selbstständigen Beweisverfahren aufgenommenen Beweise können im späteren Rechtsstreit von beiden Parteien benutzt werden. Sie sind genauso zu behandeln, wie wenn sie erst im Rechtsstreit selbst erhoben wären. Dem Antragsteller bleibt es im Hauptprozess vorbehalten, Einwendungen gegen die Art und Weise, insbesondere die Ordnungsmäßigkeit der Beweisaufnahme und die Zulässigkeit der Beweismittel, zu erheben. Die Benutzung im Hauptprozess schränkt § 493 Abs. 2 ZPO ein. Die Beweisverhandlungen im selbstständigen Beweisverfahren haben für das Prozessgericht keine Bindungswirkung im Hinblick auf einzuholende weitere Beweiserhebungen.

8. Die Streitverkündung ist im selbstständigen Beweisverfahren zulässig (BGH BauR 1997, 347) und hat gemäß § 204 Ziff. 6 BGB n.F. verjährungshemmende Wirkung, wobei die Hemmung ab Zustellung der Streitverkündung eintritt. Zur Verjährung von Baumängelansprüchen im selbstständigen Beweisverfahren: *Weyer,* BauR 2001, 1807.

Kosten und Gebühren

Die Kosten des selbstständigen Beweisverfahrens gehören zu den Kosten der Hauptsache und werden von der dortigen Kostenregelung umfasst, sofern die Parteien des Haupt- und selbstständigen Beweisverfahrens identisch sind. Wer die Kosten zu tragen hat, bestimmt sich nach der im Hauptprozess ergehenden Kostenentscheidung; das selbstständige Beweisverfahren kennt grundsätzlich keine Kostenentscheidung (BGH NJW 1996, 1749). Durch selbstständige Klage können die Kosten, falls es nicht zum Hauptprozess kommt, nur geltend gemacht werden, wenn die Voraussetzungen eines materiellen Schadensersatzanspruches gegeben sind. War der Antrag unzulässig, so sind die Kosten nicht erstattungsfähig (BGH NJW 1983, 284). Wird der Antrag zurückgenommen, so sind dem Antragsteller die Kosten entsprechend § 269 Abs. 3 ZPO aufzuerlegen (OLG München BauR 1994, 664; OLG Düsseldorf OLGR 1995, 44). Zu den Kosten bei späterem Vergleich vgl. OLG Frankfurt BauR 1982, 94, OLG Hamm OLGR 1995, 23.

Nach dem neu eingefügten § 494a ZPO kann bei Nichtanhängigkeit des Rechtsstreits in der Hauptsache der Antragsgegner beantragen, dass der Antragsteller innerhalb einer bestimmten Frist Klage zu erheben hat. Kommt der Antragsteller dieser Anordnung nicht nach, so sind ihm die Kosten des selbstständigen Beweisverfahrens aufzuerlegen.

Der Streitwert richtet sich nach herrschender Ansicht nach dem materiellen Interesse des Antragstellers, also idR. nach dem Hauptsachewert (OLG Nürnberg BauR 1995, 134; OLG Köln NJW-RR 1994, 761; *Werner/Pastor* Rdn. 144). A.A. – nach Interesse des Antragstellers an Sicherung des Beweises (OLG Schleswig BauR 1994, 542; OLG Köln VersR 1995, 360; LG Bonn BauR 1995, 427).

Ist die Hauptsache noch nicht anhängig, so erhält der Rechtsanwalt gem. § 48 BRAGO eine volle Gebühr nach § 31 Nr. 1 BRAGO und mit Erlass des Beschlusses eine volle Beweisgebühr. Schließt sich eine mündliche Erörterung an, so erhält er noch eine Erörterungsgebühr. Die Gerichtskosten betragen ½ Gebühr aus dem Streitwert (KV Anlage 1 zu § 11 Abs. 1 GKG Nr. 1140).

Ist die Hauptsache bei Einleitung des selbstständigen Beweisverfahrens schon anhängig, gehört gem. § 37 Nr. 3 BRAGO die Sicherung des Beweises zum Rechtszug. (Vgl. zu einzelnen Fallkonstellationen *Werner/Pastor* Rdn. 143).

17. Antrag auf Erlass einer einstweiligen Verfügung in Bausachen[1, 2]

An das
Landgericht[3]
. . . . . .

Antrag auf Erlass einer einstweiligen Verfügung der Firma . . . . . .
vertreten durch . . . . . . – Antragstellerin –
Prozessbevollmächtigter: RA . . . . . .

gegen

Firma . . . . . .
vertreten durch . . . . . . – Antragsgegnerin –

wegen

Erlass einer einstweiligen Verfügung
Streitwert: . . . . . . EUR

Namens und im Auftrag der Antragstellerin beantrage ich, wegen der Dringlichkeit des Falles ohne vorherige mündliche Verhandlung, den Erlass der folgenden einstweiligen Verfügung:

1. Der Antragsgegnerin wird es bei Vermeidung eines für jeden Fall der Zuwiderhandlung fälligen Ordnungsgeldes bis zu EUR 250.000,– ersatzweise Ordnungshaft bis zu 6 Monaten oder Ordnungshaft bis zu 6 Monaten untersagt, die Dichtung in den Nasszellen des Jugendwohnheims in . . . . . . zu entfernen oder zu verändern, bis nach dem Antrag im selbstständigen Beweisverfahren[4] der Antragstellerin die vom Sachverständigen an Ort und Stelle zu treffenden tatsächlichen Feststellungen erfolgt sind.

Begründung:

Die Antragsgegnerin wurde von der Antragstellerin laut Vertrag vom . . . . . . mit den Sanitär- einschließlich den Dichtungsarbeiten im Jugendwohnheim . . . . . . betraut. Die Arbeiten sind ausgeführt. Das Jugendwohnheim ist bezogen.
Am . . . . . . rügte die Antragstellerin, dass die Dichtung in den Nasszellen nicht einwandfrei vorgenommen wurde, so dass Feuchtigkeitserscheinungen mit Korrosionsfolgen eintraten.
Zur Glaubhaftmachung beziehe ich mich auf die Feststellungen des Privatgutachters . . . . . .

– Anlage 1 –

und das Rügeschreiben vom . . . . . .

– Anlage 2 –

Die Antragsgegnerin hat grundsätzlich ihre Verantwortlichkeit für den Schaden geleugnet.
Zur Glaubhaftmachung beziehe ich mich auf das Schreiben vom . . . . . .

– Anlage 5 –

Die Antragsgegnerin schickte trotzdem ihren Polier . . . . . . mit 2 Arbeitern am . . . . . . an die Baustelle, die begannen, den Plattenbelag aufzureißen, um Sanierungsarbeiten durchzuführen.
Zur Glaubhaftmachung beziehe ich mich auf die eidesstattliche Versicherung der . . . . . .

– Anlage 3 –

5 Tage zuvor, am . . . . . ., hat die Antragstellerin einen selbstständigen Beweisantrag beim AG . . . . . . eingereicht, der noch nicht beschieden ist. Mit Schreiben vom . . . . . .

hat die Antragstellerin nach Ablauf der von ihr gesetzten Frist für die Nachbesserung die Ausführung durch die Antragsgegnerin abgelehnt und angekündigt, dass sie einen anderen Unternehmer mit der Sanierung beauftrage.
Zur Glaubhaftmachung beziehe ich mich auf das Schreiben der Antragstellerin vom ......

– Anlage 4 –

Für die Antragstellerin ist bis zur Feststellung durch den im selbstständigen Beweisverfahren zu bestellenden Sachverständigen die Klärung der Verantwortlichkeit erschwert, wenn die Antragsgegnerin die Platten herausreißt, bis die nach Antrag im selbstständigen Beweisverfahren Antragstellerin im Schriftsatz vom ...... an Ort und Stelle zu treffenden tatsächlichen Feststellungen erfolgt sind.

Rechtsanwalt

Anmerkungen

1. Vgl. zunächst Form. I.R. 1–12

2. Die einstweilige Verfügung hat auch in Bausachen Bedeutung. Dies insbesondere im Hinblick auf die einstweilige Verfügung zur Sicherung eines Anspruchs auf Eintragung einer Bauhandwerkersicherungshypothek gem. § 648 BGB, aber auch bei Verletzung von Mitwirkungspflichten des Auftraggebers im Rahmen eines selbstständigen Beweisverfahrens, Herausgabe von Bauunterlagen und Ansprüchen Dritter gegen Baubeteiligte bei unerträglichen Immissionen, Baulärm, unzulässigen Bodenvertiefungen (vgl. zu den einzelnen Fallgruppen: *Werner/Pastor* Rdn. 349 ff.).

3. Für den Erlass der einstweiligen Verfügung ist nach § 937 ZPO regelmäßig das Gericht der Hauptsache zuständig. Ist die Hauptsache noch nicht anhängig, so ist das Gericht zuständig, das in der Hauptsache endgültig zu entscheiden hat.

4. Nur in seltenen Fällen kann im Wege der einstweiligen Verfügung ein Baustopp verfügt werden. Dies verstieße gegen den Grundsatz der Verhältnismäßigkeit (OLG Hamburg MDR 1960, 849). Im vorliegenden Falle liegt kein Baustopp im eigentlichen Sinne vor. Im Übrigen erscheint es verhältnismäßig, wenn eine Einstellung der Tätigkeit des Auftragnehmers bis zur Augenscheinseinnahme im selbstständigen Beweisverfahren beantragt wird.

18. Klage auf Vertragsstrafe[1] für nicht rechtzeitig erbrachte Bauleistungen

An das
Landgericht
......

Klage

des ...... **– Klägers –**
Prozessbevollmächtigter: ......

gegen

Firma ...... **– Beklagte –**

wegen

Vertragsstrafe.
Vorläufiger Streitwert: EUR 20.000,–.

Namens und in Vollmacht des Klägers erhebe ich Klage und werde beantragen:

> **Die Beklagte wird verurteilt, an den Kläger eine Vertragsstrafe von EUR 20.000,– nebst 5% Zinsen über dem Basiszinssatz hieraus seit ...... zu bezahlen.**

Begründung:

Die Parteien haben am ...... einen VOB-Vertrag über die Durchführung von Grab-, Beton- und Maurerarbeiten für das Wohnhaus des Klägers in ...... abgeschlossen und dabei eine Vertragsstrafe vereinbart. Als Beginn der Bauleistungen war ...... vereinbart.

Beweis: Vertrag vom ...... – Anlage 1 –

Zu diesem festgelegten Zeitpunkt hat die Beklagte auch mit den Bauarbeiten begonnen. Es war unter Ziff. ...... des Vertrags vereinbart, dass die Beklagte ihre Arbeiten am ...... fertigzustellen hatte[2]. Für jeden Tag des Verzugs[3] wurde eine Vertragsstrafe von EUR 200,– vereinbart (Ziff. ......). In Ziff. ...... des Vertrags wurde eine Begrenzung der Vertragsstrafe der Höhe nach auf EUR 25.000,– vereinbart. Die Bausumme für die Grab-, Beton- und Maurerarbeiten betrug EUR 250.000,–[4].
Die Beklagte stellte ihre Arbeiten erst am ...... fertig.

Beweis: Architekt ......
Herr ......

Die Überschreitung beträgt 100 Tage[5]. Irgendwelche Behinderungen durch andere Unternehmer oder bauseits lagen nicht vor[6].
Die förmliche Abnahme erfolgte am ......

Beweis: Abnahmeprotokoll – Anlage 2 –

Laut Abnahmeprotokoll ist die Vertragsstrafe vorbehalten[7].
Die Vertragsstrafe wurde angemahnt am ......

Beweis: Schreiben vom ...... – Anlage 3 –

Rechtsanwalt

Anmerkungen

1. Die Vertragsstrafe wegen nicht ordnungsgemäß erbrachter Bauleistungen hat im Baurecht eine erhebliche Bedeutung (vgl. *Kleine/Möller,* Die Vertragsstrafe im Bauvertrag, BB 1976, 442 und *Knacke,* Die Vertragsstrafe im Baurecht, Baurechtl. Schriften Bd. 14, 1988). Auch in AGB-Bauverträgen sind Vertragsstrafeversprechen grundsätzlich zulässig (BGH BauR 1976, 279). § 308 Nr. 6 BGB n. F. trifft auf den vorliegenden Fall der verspäteten Leistungserbringung nicht zu. Die Vertragsstrafeversprechen sind, soweit der Vertrag AGB-Charakter hat, jedoch an § 307 BGB n. F. zu messen.

Da es sich um einen VOB-Vertrag handelt, ist § 11 VOB/B zu berücksichtigen.

2. Nach § 11 Nr. 2 VOB/B ist die Vertragsstrafe fällig, wenn der Auftragnehmer in Verzug gerät. Da hier der Fertigstellungstag nach dem Kalender bestimmt ist, sind die Verzugsvoraussetzungen gemäß § 286 Abs. 2 Nr. 1 ohne Mahnung erfüllt.

3. In AGB unzulässig ist die Vereinbarung von Vertragsstrafen bei von Auftragnehmer nicht zu vertretender Verzögerung („Tag der Überschreitung"). (*Korbion/Locher* AGB-Gesetz und Bauerrichtungsverträge 3. Aufl. K, 161; *Werner/Pastor* Rdn. 2059).

4. Ist die Vertragsstrafe in einem AGB-Vertrag unangemessen hoch, so ist das Vertragsstrafeversprechen unwirksam (BGH BauR 1981, 374). Es empfiehlt sich deshalb, eine *Begrenzung* der Vertragsstrafe in einer vernünftigen Relation zur Bausumme in den

Vertrag aufzunehmen. Der BGH hat die Unangemessenheit angenommen, wenn der Auftragnehmer bereits bei verhältnismäßig kurzer Vertragsdauer „nicht nur seinen gesamten Werklohn verliert, sondern darüber hinaus auch noch möglicherweise Zahlungen an den Auftraggeber zu leisten hat" (vgl. BGH BauR 1988, 86). Während er bei einer Begrenzung auf 10% der Auftragssumme bei einer Vertragsstrafe von 0,1% für jeden Werktag der Verspätung die Vertragsstrafenklausel als wirksam angesehen hat, hat er eine in Allgemeinen Geschäftsbedingungen zu einem Bauvertrag enthaltene Vereinbarung, wonach der Auftragnehmer, wenn er in Verzug gerät, für jeden Arbeitstag einschließlich Samstag der Verspätung eine Vertragsstrafe von 0,5% der Auftragssumme zu bezahlen hat, für unangemessen und unwirksam erachtet, obwohl eine Obergrenze von 5% bzw. 10% der Auftragssumme vereinbart war (BGH BauR 2000, 1049; BGH BauR 2002, 790). Dagegen hat er bei einer Begrenzung auf 10% der Auftragssumme die Vertragsstrafenklausel als wirksam angesehen. In einer neuen Entscheidung (BauR 2002, 1086) hat der BGH eine Vertragsstrafe in AGB, nach der für jeden Arbeitstag 0,5% zu zahlen ist, ungeachtet einer Obergrenze, für unwirksam erklärt. Vgl. hierzu auch *Korbion/Locher* BGB Gesetz und Bauerrichtungsverträge, K, 159; *Werner/Pastor* Rdn. 2070 ff.

5. Zur Fristberechnung ohne Sonn- und Feiertage vgl. *Ingenstau/Korbion* VOB/B § 11 Rdn. 29 ff.; *Werner/Pastor* Rdn. 2075.

6. Sind Umstände, die zu einer Verzögerung des Zeitplanes führen, nicht vom Auftragnehmer zu vertreten, so verlängert sich die Frist für die Berechnung der Vertragsstrafe entsprechend. Wird der gesamte Zeitplan durch Umstände völlig umgeworfen, die vom Auftraggeber zu vertreten sind (Sonderwünsche, Baustopp, Planungsänderungen auf Bauherrenwunsch), so entfällt der Vertragsstrafeanspruch ganz (vgl. hierzu BGH NJW 1966, 971). Es ist deshalb zweckmäßig, in die Klage aufzunehmen, dass derartige Umstände nicht eingetreten sind.

7. Gemäß § 11 Nr. 3 VOB/B, aber auch nach § 341 Abs. 3 BGB ist die Vertragsstrafe hinfällig, wenn sie nicht bei Abnahme der Leistung vorbehalten wird. Wird über Abnahmeverhandlungen eine Niederschrift gefertigt, so reicht es aus, dass hierin der Vorbehalt der Vertragsstrafe aufgenommen wird (BGH BauR 1974, 206; vgl. LG Tübingen NJW 1973, 1975, wonach eine vorbehaltene Vertragsstrafe nur dann wirksam sein soll, wenn sie in das Abnahmeprotokoll aufgenommen wurde). Die Verpflichtung zum Vorbehalt einer Vertragsstrafe ist durch Individualvereinbarung abbedingbar, nicht jedoch in AGB (vgl. i. e. *Werner/Pastor* Rdn. 2066; aber auch *Knacke* aaO. S. 63). Bei entsprechender Vereinbarung in AGB kann der Vorbehalt der Vertragsstrafe jedoch bis zur Schlusszahlung hinausgeschoben werden (BGH NJW 1979, 212); BGH BauR 2000, 1758).

D. Reiserecht

1. Geltendmachen von Reisemängeln

Stichworte: Adressat des Geltendmachens, Form, Fax-Schreiben, inhaltliche Anforderungen, Konkretisierung der Reisemängel (hier: Prospektangaben, Zustellbett, Lärm, Swimmingpool), Geltendmachung durch Mahnbescheid oder Klage, Aktivlegitimation, Fristberechnung, Unterscheidung zur Mängelanzeige vor Ort, Verjährungsfristen, Beweislast

Schreiben per Fax Nr. ......[1]
An Firma RV-GmbH[2]

Betr.: R gegen Firma RV-GmbH
Buchungsnummer ......

Sehr geehrte Damen und Herren,

ich zeige an und versichere, Herrn R ...... anwaltlich zu vertreten.[3]

Mein Mandant hat am 17. 1. 2002 bei dem Reisebüro RB für sich, seine Frau B. und seine fünfjährige Tochter A.[4] eine einwöchige Flugreise nach Ibiza, Hotelanlage O. in der Zeit vom ...... bis ......[5] zum Preis von ...... EUR gebucht. Die Reise war mängelbehaftet.[6]

1. Der Abflug war für 12.35 Uhr festgesetzt. Familie R hat sich um 10.55 Uhr am Schalter der Fluggesellschaft eingefunden und am Ende einer sehr langen Menschenschlange angestellt. Als es mit der Abfertigung nicht zügig weiter voranging, hat sich mein Mandant nach einer Stunde am Informationsschalter erkundigt, wann das Flugzeug starte. Man hat ihm gesagt, der Abflug werde sich etwas verzögern. Als er mit seiner Familie um 12.20 Uhr am Schalter angekommen war, erklärte man ihm, das Flugzeug sei bereits abgefertigt. Weil die Fluggesellschaft für diesen Tag keine anderweitige Hinreisemöglichkeit angeboten hat, buchte Familie R bei der Fluggesellschaft C. einen zwei Stunden später startenden Flug, für den sie ...... EUR zahlen musste.
   Diese Kosten verlangt mein Mandant erstattet.[7]
2. Die Unterkunft war mängelbehaftet. Das zugesagte Zustellbett[8] für das Kind konnte nicht zur Verfügung gestellt werden. Ferner war eine erhebliche Lärmbeeinträchtigung gegeben. Schlafen war nicht möglich, weil nur 150 m entfernt eine stark befahrene Autobahn vorbeiführte. Auch nachts fuhren mehrere 100 Fahrzeuge pro Stunde über die Autobahn, tagsüber war starker Lkw-Verkehr.[9]
3. Das Hotelschwimmbecken konnte nicht genutzt werden. Der Chlorzusatz im Wasser war so stark, dass sich die Haare nach dem Schwimmen grün färbten.[10]
4. Obwohl im Prospekt unter „Sportmöglichkeiten" angekündigt war, dass auf der Tennisanlage ein Trainer zur Verfügung stand, war dies nicht der Fall. Gerade im Hinblick auf diese Ankündigung hatte mein Mandant diese Anlage ausgesucht.[11]

Die Mängel sind gegenüber der örtlichen Reiseleitung, Frau L., beanstandet worden. Mein Mandant hat ihr gegenüber zum Ausdruck gebracht, dass er sich Ersatzansprüche vorbehalte.[12] Auf die der Reiseleiterin ausgehändigte Mängelliste nehme ich Bezug.[13] Abhilfe ist nicht geschaffen worden.[14]

Mein Mandant verlangt 40% des gesamtes Reisepreises sowie die zusätzlich entstandenen Flugkosten von ...... EUR erstattet.[15] Eine Abtretungserklärung von Frau R liegt anbei.[16]

Den sich daraus ergebenden Gesamtbetrag von ...... EUR bitte ich bis zum ...... auf das Konto ...... zu überweisen.[17] Anderenfalls werde ich danach[18] den Betrag gerichtlich[19] einfordern.[20]

Rechtsanwalt

Schrifttum (Allgemein zum Reisevertragsrecht): Bidinger/Müller, Reisevertragsgesetz, 2. Aufl., 1995; *Führich,* Reiserecht, 4. Aufl., 2002; *ders.,* Reisevertrag nach modernisiertem Schuldrecht, NJW 2002, 1082; *Isermann,* Neues beim Pauschalreiserecht, DRiZ 2002, 133; *ders.,* Schuldrechtsmodernisierung und Reiserechtsverjährung, RRa 2001, 135; *Kaller,* Das Verhältnis des Gewährleistungsrechts nach §§ 651c ff. BGB zum allgemeinen Recht der Leistungsstörungen, RRa 1999, 19; *Martis,* Aktuelle Entwicklungen im Reiserecht, MDR 2001, 901; 2000, 922; 1999, 903; *Rodegra,* Pauschalreisen – Allgemeines Lebensrisiko und hinzunehmende Unannehmlichkeiten, MDR 2002, 919; *Schmid,* Änderungen durch die Zweite Reiserechtsnovelle und die Schuldrechtsreform, MDR 2002, 789; *Schwenk,* Rechtsverhältnisse bei der Flugpauschalreise; *Seyderhelm,* Reiserecht, 1997; *Tempel,* Voraussetzungen für die Ansprüche aus Reisevertrag, NJW 1986, 547; *ders.,* Informationspflichten bei Pauschalreisen, NJW 1996, 1625; *ders.,* Die Zulässigkeit von Vertragsänderungen und Verzichtserklärungen im Reiserecht, RRa 1999, 107; *ders.,* Stornoklauseln im Reisevertrag und neues Schuldrecht, NJW 2002, 2005; *Tonner,* Reisevertragsrecht, 4. Aufl. 2000.

Schrifttum (zu § 651g Abs. 1 BGB)*: Isermann,* Keine Vollmachtsvorlage beim Geltendmachen von Reisemängeln, MDR 1995, 224 = RRa 1995, 98; *ders.,* Klageerhebung vor Ablauf der Ausschlussfrist des § 651g Abs. 1 BGB, RRa 1995, 178; *Tempel,* Rechtsfragen der Geltendmachung von Ansprüchen des Reisenden nach Reiseende, NJW 1987, 2841; *ders.,* Das Reisebüro als Adressat für die Anmeldung von Ansprüchen des Reisenden nach § 651g Abs. 1 BGB, RRa 1996, 3.

Anmerkungen

1. Für die Art der – vorprozessualen – Geltendmachung ist grundsätzlich keine Form vorgeschrieben. Sie kann auch mündlich erfolgen. Wegen der Beweispflicht des Reisenden ist es jedoch zweckmäßig, Ansprüche schriftlich geltend zu machen, am besten per Einschreiben mit Rückschein. Der Reiseveranstalter ist verpflichtet, den Zugang ordnungsgemäß zu dokumentieren, z. B. durch einen Eingangsstempel. Verletzt er diese Pflicht, trägt er die Beweislast für den nicht ordnungsgemäßen Zugang (LG Frankfurt RRa 1994, 97; *Tonner* § 651g Rdn. 2).

Für die zeitliche Bestimmung des Zugangs der Geltendmachung wird nach allgemeiner Meinung (z. B. *Führich* Rdn. 368) darauf abgestellt, dass zur Wahrung der Frist immer der rechtzeitige Zugang beim Adressaten erforderlich sei. In der Praxis ist diese Frage bedeutsam, wenn die Anspruchsanmeldung mit einem Faxschreiben erfolgt, das erst nach Büroschluss bei dem Reiseveranstalter eingeht. Im Hinblick auf § 130 BGB wird deshalb allgemein die Ansicht vertreten, dass der Zugang innerhalb der üblichen Geschäftszeit erfolgen muss (AG Frankfurt NJW-RR 1993, 1332). Diese Rechtsansicht hat das LG Düsseldorf (NJW-RR 2001, 347) mit Recht in Frage gestellt und entschieden, dass § 130 BGB auf die Geltendmachung von Ansprüchen nach § 651g Abs. 1 BGB weder direkt noch entsprechend anwendbar ist. Zur Begründung wird darauf abgestellt, dass § 130 BGB dem Wortlaut nach für Willenserklärungen gilt, also für Erklärungen, die auf die Herbeiführung einer Rechtswirkung (Begründung, inhaltliche Änderung oder Beendigung eines Rechtsverhältnisses) abzielen. Die Geltendmachung gemäß § 651g Abs. 1 BGB bringt reiserechtliche Gewährleistungsansprüche jedoch nicht zum Entstehen und ändert auch nicht ihren Inhalt. Das Entstehen und der Umfang von Gewährleistungsrechten richten sich vielmehr allein nach §§ 651c, d und f BGB und sind unabhängig vom Willen des Reisenden bei der anschließenden Geltendmachung, mit der der Reisende nur rein tatsächlich seine Forderung erhebt und das Regulierungsverfahren einleitet (siehe auch *Führich* a.a.O. Rdn. 371; Isermann MDR 1995, 226; *Tonner* § 651g Rdn. 20). Das LG Düsseldorf hat deshalb (unter Aufhebung der früheren Rechtsprechung in NJW-RR 1992, 443) den Eingang eines Geltendmachungs-Faxes um 17.40 Uhr am letzten Tag der Frist als rechtzeitigen Zugang gewertet. Auch der BGH (NJW 2001, 289 = RRa 2001, 24) hat in dem Geltendmachen keine Willenserklärung gesehen (zu der Entscheidung, die durch § 651g Abs. 1 n.F. zwischenzeitlich überholt ist, siehe im Übrigen *Tempel* NJW 2001, 1905 mit krit. Anm. auch hinsichtlich der Fax-Möglichkeiten, S. 1907).

Bei der Anmeldung mit normalem (Ein-) Schreiben ist mit einer Postlaufzeit von drei Tagen zu rechnen (AG Kleve RRa 1996, 156). Im Hinblick auf ein etwaiges fehlendes Verschulden nach § 651g Abs. 1 Satz 2 BGB und den Entlastungsbeweis durch den Reisenden genügt nach LG Frankfurt (NJW 1987, 132), dass glaubhaft gemacht wird, das Anspruchsschreiben so rechtzeitig vor Ablauf der Monatsfrist abgesandt zu haben, dass es unter normalen Umständen fristgemäß beim Reiseveranstalter hätte eingehen müssen.

2. Nach dem Wortlaut des Gesetzes ist der Reiseveranstalter Adressat der Anspruchsanmeldung. Zwar ist seit der Entscheidung des BGH vom 22. 10. 1987 (NJW 1988, 488) allgemein anerkannt, dass auch das – selbständige – Reisebüro als Handelsvertreter gemäß § 91 Abs. 2 Satz 1 HGB zur Entgegennahme der Anspruchsanmeldung bevollmächtigt ist. Dies gilt jedoch dann nicht, wenn der Reiseveranstalter in der Reisebestätigung die Stelle, bei der die Anspruchsanmeldung zu erfolgen hat, konkret bezeichnet und angegeben hat und damit seinen Informationspflichten aus § 3 Abs. 2 InfVO nachgekommen ist. Denn in dieser Bezeichnung liegt nicht nur die Erklärung der Empfangszuständigkeit der angegebenen Stelle, sondern zugleich die wirksame Beschränkung der Empfangszuständigkeit auf diese Stelle (so LG Kleve NJW 1999, 1117; a.A. *Tempel* RRa 1997, 1; *Seyderhelm,* Reiserecht, § 651g Rdn. 9; siehe im Einzelnen auch *Tonner* § 651g Rdn. 8).

3. In der Vergangenheit war in Literatur und Rechtsprechung streitig, ob eine Anspruchsanmeldung, die durch einen Anwalt erfolgt, nur dann gültig und damit letztlich fristgemäß ist, wenn in entsprechender Anwendung von § 174 BGB die anwaltliche Bevollmächtigung im Original beilag (bejahend zuletzt BGH NJW 2001, 289 m.w.N.).

Dieser Streit und damit auch die Entscheidung des BGH ist zwischenzeitlich obsolet. Im Zuge der Reiserechtsnovelle vom 23. 7. 2001 (BGBl. I S. 1658) hat der Gesetzgeber in § 651g Abs. 1 BGB als neuen Satz 2 hinzugefügt: „§ 174 ist nicht anzuwenden". (Zur gesetzlichen Neuregelung siehe *Führich* NJW 2002, 1082; *Isermann* DiRZ 2002, 133, 135).

4. Nehmen mehrere Personen an der Reise teil (siehe allgemein weitergehende Hinweise bei *Martis,* MDR 2001, 901 sowie *Kauffmann* MDR 2002, 1036), muss die Geltendmachung durch den jeweiligen Vertragspartner erfolgen. Bucht ein Familienangehöriger für sich und seine Familie eine Reise, so wird er alleiniger Vertragspartner des Veranstalters (OLG Düsseldorf NJW-RR 1991, 1202; OLG Hamburg RRa 1996, 132; LG Frankfurt RRa 1996, 51; AG Düsseldorf NJW-RR 1999, 567). Probleme können in der Praxis entstehen, wenn Familienangehörige unterschiedliche Namen tragen, oder wenn Partner aus einer nichtehelichen Lebensgemeinschaft gemeinsam eine Reise buchen. § 1357 BGB findet nach herrschender Meinung keine Anwendung (OLG Köln NJW-RR 1991, 1092; OLG Düsseldorf NJW-RR 1990, 186; *Führich,* Rdn. 107; *Seyderhelm,* § 651a, Rdn. 107). Bei einer Reisebuchung unter verschiedenen Namen wird im Übrigen darauf abzustellen sein, ob Umstände darauf hindeuten, dass der Buchende als Vertreter einer weiteren Person handelt (LG Hannover NJW-RR 2002, 701; für eine großzügige Handhabung auch *Seyderhelm,* a.a.O. unter Hinweis auf §§ 133, 157, 164 BGB; siehe ferner AG Hamburg NJW-RR 2002, 702 = RRa 2002, 24; AG Hannover

NJW-RR 2002, 701 = RRa 2002, 92; LG Stuttgart NJW-RR 1993, 1018; AG Düsseldorf RRa 1995, 162; 1997, 240). Bei Gruppenreisen ist jedes mitreisende Gruppenmitglied Vertragspartner des Veranstalters und daher klagebefugt für seine eigenen Rechtsansprüche. Infolgedessen kann der Anmelder Minderungs- und Schadensersatzansprüche nur für sich geltend machen, nicht aber diejenigen der Mitreisenden. Hierfür bedarf es einer zusätzlichen Abtretung (OLG Düsseldorf NJW-RR 1988, 636; LG Hamburg RRa 1995, 187; im einzelnen dazu *Kauffmann* MDR 2002, 1036).

Neben der Frage der Vertragspartnereigenschaft ist von Bedeutung, welche Ansprüche ein Vertragspartner geltend machen kann. Der Buchende kann ohne weiteres im eigenen Namen Gewährleistungsansprüche für alle Mitreisenden aus §§ 651 d, e, i, j BGB geltend machen und einklagen. Für Schadensersatzansprüche bedarf es einer Abtretung des geschädigten Mitreisenden (*Seyderhelm* VII, Rdn. 4; *Führich*, Rdn. 509; siehe auch unten unter Form. II. D. 4 im Hinblick auf die Prozessstandschaft). Ist ein Minderjähriger mit Einwilligung der Eltern in den Vertragsschluss der Anspruchsinhaber, ist Leistung an ihn geltend zu machen (*Führich,* aaO.).

5. Die gesetzliche Monatsfrist berechnet sich so, dass der Tag, an dem die Reise dem Vertrag nach enden sollte (letzter Urlaubstag), für die Frist zum Geltendmachen von Ansprüchen nach § 651 g Abs. 1 BGB nicht mitzurechnen ist (gleiches gilt für die Verjährung, siehe LG Hannover NJW-RR 1990, 572; OLG Karlsruhe NJW-RR 1991, 54; LG Hamburg NJW-RR 1997, 502 = RRa 1997, 60; a. A. AG Düsseldorf NJW 1985, 980 sowie AG Hamburg RRa 1994, 58).

6. Wegen der Vielzahl möglicher Reisemängel und der dazu ergangenen Rechtsprechung, insbesondere in der Abgrenzung zwischen unbeachtlichen Reisebeeinträchtigungen und wirklichem Reisemangel, siehe die Übersichten m. w. N. bei *Führich* aaO. Rdn. 211, 212, 218, 228, 231–240, 272–305; *Tonner* aaO. im Anhang zu § 651 c – „Mängelliste" – Seite 121–162; *Seyderhelm* § 651 d Rdn. 27–92.

7. Fallgestaltung nach AG München NJW-RR 2001, 1064.

8. AG Kleve NJW-RR 2002, 562.

9. Beispiel nach LG Düsseldorf NJW-RR 2002, 269.

10. AG Bad Homburg NJW 1999, 56.

11. Die Prospektangaben bestimmen nach dem Grundsatz von Prospektwahrheit und -klarheit maßgeblich den Vertragsinhalt. Dabei kann die Leistungsbeschreibung im Prospekt positiv wie negativ wirken. Wer ein Luxushotel mit einem außergewöhnlich hohen Preis bucht, kann auch ohne konkrete Prospektangaben über Größe und Ausstattung des gebuchten Hotelzimmers eine bestimmte, über der Mindestnorm liegende Zimmergröße und eine gehobene Ausstattung verlangen (LG Frankfurt NJW-RR 1992, 380; für den umgekehrten Fall AG Nürnberg NJW-RR 1999, 567). Enthält der Prospekt andererseits verständliche, nicht versteckte Hinweise zu einer Leistungseinschränkung, rechtfertigen Reisebeeinträchtigungen, sofern sie im vorgegebenen Rahmen bleiben, keine Gewährleistungsansprüche („gelegentliche Lärmbelästigung" AG Düsseldorf MDR 1985, 496 sowie RR 1997, 13; hinsichtlich der Nähe des Flughafens AG Frankfurt RRa 1998, 3). Soweit Sporteinrichtungen zugesagt werden, muss der Veranstalter für deren Benutzbarkeit ohne Verschulden einstehen, mithin auch für das Fehlen eines im Prospekt zugesagten Tennislehrers (*Führich* Rdn. 302).

12. Zwischen der vor Ort erforderlichen Mängelanzeige gemäß § 651 d Abs. 2 BGB und dem Regelungsbereich von § 651 g Abs. 1 BGB ist zu unterscheiden. Mit der Mängelanzeige am Urlaubsort soll dem Reiseveranstalter Gelegenheit gegeben werden, die gemäß § 651 c Abs. 2 BGB gebotene Abhilfe zu leisten. Sie ist deshalb grundsätzlich bei der örtlichen Reiseleistung anzubringen, die den Reiseveranstalter am Urlaubsort repräsentiert und dazu berufen ist, das zur Beseitigung tatsächlich vorhandener Mängel Erforderliche zu veranlassen Der Sachvortrag dazu muss konkrete Angaben enthalten, wann und wo der Reisende wem gegenüber welche Beanstandungen erhoben haben will (LG Kleve NJW-RR 1997, 1207). Durch das Erfordernis einer fristgerechten Anspruchsanmeldung nach § 651g, Abs. 1 BGB soll dem Veranstalter die Möglichkeit eingeräumt werden, Nachforschungen in tatsächlicher Hinsicht anzustellen und mit einem vertretbaren organisatorischen Aufwand die zur Wahrung seiner Rechte gegenüber den örtlichen Leistungsträgern notwendigen Maßnahmen zu treffen (LG Kleve NJW-RR 1999, 486, 487). Das wirkt sich auf den Bedeutungsgehalt von Erklärungen gegenüber der Reiseleitung aus. Weil nicht aus jedem am Urlaubsort gerügten Mangel nach Beendigung der Reise Ansprüche abgeleitet werden, sei es, weil der Reisende sich mit der später erfolgten Abhilfe zufrieden gibt, sei es, weil er den Mangel hinterher nicht mehr als so schwerwiegendend empfindet, muss unterschieden werden: Will der Reisende auch schon vor Ort Gewährleistungsansprüche geltend machen, muss er dies unmissverständlich klarstellen. Er darf es nicht bei der bloßen Anzeige von Reisemängeln bewenden lassen, sondern muss vorbehaltlos und eindeutig zu erkennen geben, dass er schon jetzt, nämlich am Urlaubsort, Ansprüche gegen den Veranstalter anmelden will (LG Kleve NJW-RR 1999, 486 unter Bezugnahme auf BGH NJW 1988, 488; ebenso LG Düsseldorf MDR 2001, 679; ferner LG Düsseldorf RRa 2001, 199 und 201).

13. Ein Anspruchsschreiben wegen Reisemängeln, das die Mängel nicht benennt, sondern auf eine am Urlaubsort abgegebene Mängelrüge Bezug nimmt, wahrt nicht die Ausschlussfrist nach § 651g Abs. 1 BGB (AG Bad Homburg NJW-RR 1996, 177).

14. Siehe Anm. 12.

15. Der sachliche Anwendungsbereich von § 651g Abs. 1 BGB erstreckt sich auf Kosten der Selbsthilfe nach § 651c Abs. 3 BGB, Minderungsansprüche nach § 651d BGB, Rückzahlungsansprüche bei abgebrochenem Urlaub gemäß § 651e BGB (LG Frankfurt NJW 1985, 146), Schadensersatzansprüche nach § 651f BGB (BGH NJW 1985, 132) und Ansprüche aus §§ 651i und j BGB, da diese Vorschriften auf § 651e Abs. 3 und 4 BGB verweisen, so dass im Grunde abgewandelte vertragliche Rückabwicklungsansprüche vorliegen (*Führich,* Rdn. 359). Ansprüche aus positiver Vertragsverletzung und deliktische Ansprüche fallen nicht unter diese Vorschrift.

16. Abtretung wegen der geltend gemachten Schadensersatzansprüche.

17. In der Praxis bedeutsam sind Anmeldeschreiben, die der Reisende persönlich verfasst und es trotz aller Mängelbenennung bei höflichen Sprachwendungen hinsichtlich des von ihm verfolgten Interesses belassen hat. Trotz der teilweise befürworteten großzügigen Handhabung (*Führich,* Rdn. 369; *Tempel,* NJW 1987, 2847) muss vom Reisenden eine gewisse Deutlichkeit im Hinblick auf eine Rechtsverfolgung zum Ausdruck gebracht werden (OLG Frankfurt RRa 1998, 219: Der Veranstalter muss erkennen können, wegen welcher Beanstandungen der Kunde ein Reklamationsverfahren einleiten will; ferner LG Frankfurt RRa 2001, 77: Als Konkretisierung reicht eine stichwortartige Benennung der Mängel ohne ausführliche Beschreibung im Einzelnen). Das bloße Übersenden einer Mängelliste und die Aufforderung an den Veranstalter, zu den in der Reklamation angeführten Umständen „Stellung zu nehmen", reicht nicht (OLG Düsseldorf VuR 1991, 287; LG Stuttgart, VuR 1991, 117; AG Frankfurt VuR 1991, 117 mit kritischer An-merkung *Tonner;* weitere Konstellationen bei LG Hannover RRa 2002, 72; AG Kleve RRa 1996, 209; LG Frankfurt NJW-RR 1998, 563). Maßgeblich ist, dass der Reisende zum Ausdruck bringt, Zahlungsansprüche verfolgen zu wollen (zur Schecksperre siehe LG Wuppertal RRa 2000, 30). Nicht erforderlich ist die Bezifferung des geltend gemachten Betrags, jedoch muss der Reisende die Mängel konkret und substantiiert vorgetragen haben (LG Kleve RRa 1999, 160; AG Kleve RRa 1999, 194; *Tonner* § 651g Rdn. 5).

18. Statt der außergerichtlichen Geltendmachung von Ansprüchen direkt gegenüber dem Veranstalter kann der Reisende nicht gehindert werden, seine Ansprüche gleich durch Mahnbescheid oder Klage zu verfolgen, allerdings mit dem prozessualen Kostenrisiko des § 93 ZPO bei sofortigem Anerkenntnis. Beim Mahnbescheid ist das besonders relevant, weil der Reiseveranstalter nicht ohne weiteres erkennen kann, welcher Anspruch gegen ihn geltend gemacht wird (allgemein dazu: BGH NJW 1995, 2230). Der Reisende ist mit seinen Ansprüchen aus dem Reisevertrag ausgeschlossen, wenn die Klage zwar innerhalb der Monatsfrist bei Gericht eingeht, die Zustellung an den Reiseveranstalter jedoch erst nach Fristablauf erfolgt (AG Düsseldorf NJW 1986, 593; ferner AG Bad Homburg, RRa 1995, 49).

19. Da im vorliegenden Fall der Anwalt für den Fall der Nichtzahlung Klage androht, muss er einen Klageauftrag seitens des Mandanten haben. Alternativ: Der Anwalt schreibt, dass er sich für den Fall der Nichtzahlung vom Mandanten mit der Klagerhebung beauftragen lassen werde. Dann liegt offensichtlich ein Klagauftrag noch nicht vor, sondern nur ein Auftrag zur außergerichtlichen Regulierung der Angelegenheit. Das hat kostenmäßige Auswirkungen (s. u. „Kosten und Gebühren").

20. Der Reisende muss beweisen, dass er seine Ansprüche fristgerecht angemeldet hat (LG Frankfurt NJW-RR 1989, 1212 mit Hinweis zur Darlegungserleichterung; siehe ferner oben Anm. 1 m. w. N.). Auch das fehlende Verschulden der Fristversäumung muss der Reisende beweisen. Insoweit genügt ihm als Entlastungsbeweis, wenn er nach § 294 ZPO glaubhaft macht, das Anspruchsschreiben so rechtzeitig abgesandt zu haben, dass es unter normalen Umständen noch innerhalb der Monatsfrist bei dem Reiseveranstalter hätte eingehen müssen (LG Frankfurt NJW 1987, 132);. Ferner trägt er die Beweislast für die Voraussetzungen der Hemmung, der Reiseveranstalter für die Voraussetzungen der Verjährung und das Ende der Hemmung (LG Düsseldorf NJW 2001, 1872).

Kosten und Gebühren

Liegt ein Klageauftrag vor, entstehen anwaltliche Gebühren nach §§ 11, 32 BRAGO in Höhe von 5/10 nach dem voraussichtlichen Wert der Forderung. Liegt nur der Auftrag zur außergerichtlichen Regulierung vor mit der Folge, dass für den Fall der Zahlung durch die Gegenseite die Angelegenheit erledigt ist, fällt eine 7,5/10 Gebühr nach dem Wert der Forderung gemäß §§ 11, 118 Abs. 1 BRAGO an.

Daneben hat der Anwalt Anspruch auf Erstattung seiner Auslagen und Zahlung der auf Gebühren und Auslagen anfallenden Umsatzsteuer. Gemäß § 26 BRAGO kann er nach seiner Wahl anstelle der tatsächlich entstandenen Kosten einen Pauschalsatz für die Auslagen (nicht die Steuer) fordern, der 15% der gesetzlichen Gebühren beträgt, höchstens jedoch einen Betrag in Höhe von 20 EUR.

Fristen und Rechtsmittel

Neben der Frist zum Geltendmachen der Gewährleistungsansprüche nach § 651 g Abs. 1 BGB (siehe die obigen Anm.) ist die Neuregelung der Verjährungsfrist im Zuge der Schuldrechtsmodernisierung von Bedeutung. Nach § 651 Abs. 2 Satz 1 BGB n. F. verjähren Ansprüche des Reisenden nach den §§ 651 c bis f BGB nicht mehr in sechs Monaten (so bisher), sondern in 2 Jahren (siehe *Isermann*, Schuldrechtsmodernisierung und Reiserechtsverjährung, RRa 2001, 135; *ders.* DRiZ 2002, 132, 135; *Führich* NJW 2002, 1082; *Schmid* MDR 2002, 789; zur Verjährungsfrist bei Arglist des Reiseveranstalters siehe *Tempel* NJW 2000, 3677, wobei zu beachten ist, dass statt einer analogen Anwendung des § 638 BGB a. F. jetzt auf § 634 a Abs. 3 BGB n. F. abzustellen wäre). Nach § 651 m BGB (neu) können abweichende Vereinbarungen (auch) zu der Verjährungsfrist getroffen werden.

Die Hemmung der Verjährung regelt sich nach §§ 203 ff. BGB n. F. (statt § 651 g Abs. 2 BGB a. F. (krit. *Palandt/Sprau*, 61. Aufl., Erg. Band, § 651 g Anm. 1).

2. Klage gegen das Reisebüro[1]

Stichworte: Funktionen eines Reisebüros, Unterscheidung Reiseveranstaltung/Reisevermittlung, Geschäftsbesorgungsvertrag, Informationspflichten, Beratungsfehler (hier: Last-Minute-Reise, Hinweispflichten, Bedeutung von Angaben der Reisebüroangestellten), Sondervereinbarungen, Beweislast

An das
Amtsgericht X-Ort[2]

In Sachen

des R ......

– Klägers –

Prozessbevollm.: ......

gegen

das Reisebüro Firma RB ......

– Beklagte –

wegen Schadensersatzes aus Vermittlungsvertrag
erhebe ich Klage und beantrage:

1. Die Beklagte wird verurteilt, an den Kläger EUR 1.700,– nebst (Zinsen)[3] seit dem ...... zu zahlen.
2. ......

Begründung

Der Kläger buchte bei dem beklagten Reisebüro Firma RB ...... am ...... eine Last-Minute-Reise[4] nach Bali für die Zeit vom ...... bis ...... zum Preis von 3.000,– EUR. Bei Buchung dieser Reise wurde seitens der Reisebüroangestellten A. nicht darauf hingewiesen, dass zur Einreise auf Bali ein Reisepass benötigt wird, der noch mindestens 6 Monate gültig ist[5]. Da die Ehefrau des Klägers ihren Pass erst noch verlängern lassen musste, die Reise aber noch am selben Tag beginnen sollte, konnte der Flug nicht mit der gebuchten Maschine erfolgen. Das nahm einen Tag in Anspruch. Deshalb reisten der Kläger und seine Frau einen Tag später mit einer Linienmaschine zum Urlaubsort. Dieser Sachverhalt ist zwischen den Parteien nicht streitig.
Die durch die Verspätung entstandenen Mehrkosten werden mit der Klage geltend gemacht. Dabei handelt es sich um die Kosten für die beiden Einwegtickets in Höhe von 1000,– EUR:

Beweis: Kopie der Tickets neben der im Original überreichten Rechnung (Anlagen K1 und 2),

sowie die Kosten für die notwendig gewordene Fahrt zur Passbehörde am Wohnort und zurück zum Flughafen (insgesamt 200 km) in Höhe von 100,– EUR.
Darüber hinaus entsprach die Unterkunft nicht den Angaben, die die Angestellte A. zum Leistungsangebot des Hotels gemacht hat.[6] Der Kläger und seine Frau hatten sich ausdrücklich nach dem Aktivitätenprogramm (Yoga, Tai Chi und Aerobic-Studio) erkundigt und von der Angestellten A. die Auskunft bekommen, dass dies dort angeboten werde, wie sich aus dem Katalog eines anderen Reiseveranstalters für das Hotel ergebe. Tatsächlich hat es ein solches Angebot vor Ort nicht gegeben, was gegenüber der örtlichen Reiseleitung reklamiert wurde.[7]

Beweis: Zeugnis des Reiseleiter L. ......

Der Kläger verlangt wegen dieses Mangels im Wege des Schadensersatzes 20% des Reisepreises erstattet.[8] Das sind 600,– EUR.
Die Beklagte verneint mit Schreiben vom ...... ihre Einstandspflicht.[9] Deshalb ist Klage geboten.[10]

Rechtsanwalt

Schrifttum: Dewenter, Die rechtliche Stellung des Reisebüros, Baden-Baden 2000; *ders.,* Haftung des Reisebüros bei der Vermittlung von Individualreisen, MDR 1998, 1136; *Eckert,* Die Abwicklung von Reisepreiszahlungen an das vermittelnde Reisebüro in der Insolvenz des Reiseveranstalters, RRa 1999, 43; *Löwe,* Interessenwahrnehmungspflichten bei der Vermittlungstätigkeit durch Reisebüros und Reiseveranstalter, RRa 1996, 215; *Nies,* Reisebüro: Rechts- und Versicherungsfragen, München 1996; *dies.,* Die Beratungspflichten des Reisebüros, RRa 1997, 211; *Tempel,* Die Pflichten des vermittelnden Reisebüros, NJW 1999, 3657; *ders.,* Der maßgebende Prospekt und der Inhalt der Leistungspflichten des Reiseveranstalters bei einer Vorausbuchung, RRa 1998, 147.

Anmerkungen

1. Der Kern des Reisevertragsrechts liegt in der Unterscheidung zwischen der Reiseveranstaltung und Reisevermittlung. Beide Leistungsarten fokussieren in der Funktionsvielfalt der Aktivitäten eines Reisebüros. Es kann in folgender Weise tätig werden (Aufzählung nach *Tonner* § 651 a Rdn. 33):
- Es kann fremde einzelne Reiseleitungen vermitteln.
- Es kann als Buchungsstelle eines Reiseveranstalters fungieren. Dann wird es auch als Erfüllungsgehilfe des Reiseveranstalters tätig.
- Es kann eigene einzelne Reiseleistungen anbieten, z. B. ein Busunternehmer betreibt ein Reisebüro.
- Es kann selber als Reiseveranstalter auftreten.

Von vorrangiger Bedeutung in der touristischen Praxis sind die Tätigkeiten als Reisevermittler und Reiseveranstalter. Maßgebliches Kriterium der Pauschalreise nach § 651 a BGB als einer Gesamtheit von Reiseleistungen (Reise) ist die Bündelung verschiedener Reiseleistungen und der durch den Gesamtpreis indizierte Verkauf „im Paket“. Zwei der folgenden Leistungsarten sollen hauptsächlich oder annähernd gleichwertig erbracht sein: Beförderung, Unterbringung, Verpflegung, Reiseleitung. Die Bündelung nur untergeordneter Leistungen, z. B. Autoreisezug mit Schlafwagen, genügt nicht.

Wer auf Wunsch des Reisenden nacheinander einzelne Reiseleistungen zusammenstellt, ist Reisevermittler und nicht Reiseveranstalter (aus der umfangreichen Rechtsprechung siehe z. B. OLG Frankfurt NJW, RR 1991, 1018; LG Frankfurt NJW-RR 1998, 1669; OLG Hamburg NJW-RR 1998, 1670; AG Berlin-Mitte NJW-RR 1996, 1400).

Neben der Frage, ob das Reisebüro selbst als Veranstalter tätig geworden ist und deshalb unter die allgemeine Veranstalterhaftung nach §§ 651 a ff. BGB fällt, ist rechtlich bedeutsam die Konstellation eines Tätigwerdens für einen anderen Reiseveranstalter. Dann entstehen wegen der Doppelfunktion des Reisebüros unterschiedliche Rechtskreise: Zwischen dem Reisebüro und dem Reiseveranstalter kommt ein Agenturvertrag nach §§ 84 ff. HGB zustande, zwischen buchendem Reisekunden und dem Veranstalter ein Reiseveranstaltervertrag nach §§ 651 a ff. BGB und letztlich zwischen dem Reisebüro und dem buchenden Reisekunden ein selbständiges Vertragsverhältnis mit dem Zweck der Reisevermittlung. Dieser gesonderte Vermittlungsvertrag wird allgemein als Geschäftsbesorgungsvertrag angesehen, aus dem eigenständige Beratungs- und Haftungspflichten erwachsen (siehe dazu mit weitergehenden Differenzierungen *Tempel* NJW 1996, 1625,

1633 ff. und NJW 1999, 3657 ff.; *Nies* RRa 197, 211 ff.; *Führich* Rdn. 99 f. und 561 ff., jeweils m. w. N.). Deutlich wird dies auch in dem Fall, dass ein Reisender zunächst eine Pauschalreise bei einem Reiseveranstalter im Reisebüro bucht (Flug, Hotel bei Ankunft und Gestellung eines Wohnwagens), sodann aber zusätzlich eine Fährverbindung für die beabsichtigte Reisestrecke vorbestellt. Insofern beschränkt sich der Vertragsgegenstand in den Rechtsbeziehungen gegenüber dem Reiseveranstalter nur auf das Pauschalangebot, während die Rechtsbeziehungen im Rahmen des mit dem Reisebüro zustande gekommenen Geschäftsbesorgungsvertrags sich auch auf die Vermittlung der zusätzlich gebuchten Fährverbindung erstreckt (OLG Hamm NJW-RR 1998, 1668).

2. Zuständig für Ansprüche aus der Verletzung des Geschäftsbesorgungsvertrages ist das Gericht am Sitz des Reisebüros (§§ 13, 17 ZPO). Bei Buchung bei einem ausländischen Reiseveranstalter kommt ausnahmsweise eine Haftung des deutschen Reisebüros in Betracht, wenn dessen Geschäftsführer bei der Reisebuchung versichert, er könne persönlich für die Reiseleistungen und die Richtigkeit der Angaben im Prospekt einstehen. Dann kann der Kunde neben dem Veranstalter auch das deutsche Reisebüro aufgrund der direkt gegebenen Zusicherungen in Anspruch nehmen (AG Waldshut-Tiengen NJW-RR 1988, 953).

3. § 288 Abs. 1 Satz 2 BGB n. F. = 5% über dem jeweiligen Basiszinssatz (§ 247 BGB). Zur Höhe des Verzugszinses nach dem Schuldrechtsmodernisierungsgesetz gemäß dem Fälligkeitszeitpunkt der Forderung siehe die Übersicht bei *Meyer/Grünebaum* MDR 2002, 746.

4. Zu den Besonderheiten der Last-Minute-Reisen siehe u. a. LG Frankfurt NJW-RR 1991, 690; AG München RRa 2001, 249; LG Hamburg RRa 2000, 167 m. abl. Anm. *Tonner;* wegen der Informationspflichten LG Hannover RRa 2001, 51; zu wettbewerbsrechtlichen Fragen siehe BGH RRa 2000, 35. Ferner Hinweise bei *Führich* Rdn. 108, 555, 593; *Seyderhelm* § 651 a Rdn. 68, 75, 97; *Tonner,* Vorbem., Rdn. 38).

5. Wegen der Fallgestaltung und Problematik der Hinweispflichten siehe LG Frankfurt (NJW-RR 2001, 1423 = RRa 2002, 26 m. Anm. *Schmid* in Abweichung von der früheren Rechtsprechung NJW-RR 1999, 1145 = RRa 1999, 55 m. Anm. *Tempel;* AG Kronach RRa 2002, 82). Jedenfalls für die vorliegende Konstellation einer sog. Last-Minute-Reise muss nach Ansicht dieses Gerichts ein selbständiges Reisebüro, das nach Beratung des Kunden den Vertrag mit dem Reiseveranstalter vermittelt, rechtzeitig auf eine für das Zielland geltende Reisepassbestimmung hinweisen, hier, dass der Pass noch sechs Monate gültig sein muss. Die betreffenden Informationen seien vom Reisebüro – anders als vom Reisenden – einfach zu beschaffen, zumal das vermittelnde Reisebüro dadurch geschützt sei, dass es im Regelfall ausreichen dürfte, wenn es auf diejenigen Informationen zu Einreisebestimmungen verweist, die im Katalog desjenigen Reiseveranstalters enthalten sind, dessen Reise vermittelt wird. Im Übrigen weist das LG Frankfurt aaO. unter Bezugnahme auf *Tempel* (RRa 1999, 58) darauf hin, dass es sich bei der Information über Einreisebestimmungen grundsätzlich auch nicht um Pflichten handelt, die ausschließlich die beim Reiseveranstalter liegende „Durchführung" der Reise betreffen. Die Information über Einreisebestimmungen ist regelmäßig gerade vor Abschluss des Pauschalreisevertrages von Bedeutung.

Eine gefestigte Rechtsprechung zu dieser Frage gibt es indes nicht.

So hat das LG Kleve (NJW-RR 2002, 557, 558) gerade den letztgenannten Aspekt für nicht tragfähig gehalten. Es gebe zahlreiche – aus objektiver Sicht von vornherein absehbare – Umstände, die auf Seiten des Reisenden oder des Reiseveranstalters dazu führen, dass der Reisevertrag letztlich nicht oder nicht wie vertraglich vereinbart durchgeführt werden könne (Erkrankung des Reisenden, das angebotene Hotel ist noch nicht fertiggestellt, im Zielland herrscht Krieg pp.). Die daraus resultierenden Rechtsfolgen ergäben sich aus dem Recht der Leistungsstörungen, die das Rechtsverhältnis zwischen dem Reiseveranstalter und dem Reisenden betreffen. Ein Bedarf für einen darüber hinausgehenden Schutz des Reisenden bestehe schon deshalb nicht, weil den Reiseveranstalter – jedenfalls hinsichtlich nicht der hier relevanten Einreisebestimmungen – eine gesetzlich normierte Aufklärungspflicht treffe. Auch unter Verneinung eines besonderen Vertrauensschutzes hat das LG Kleve aaO. eine Aufklärungspflicht verneint.

Wegen der Hinweispflichten über Reiseversicherungen siehe unter Bezugnahme auf § 3 Abs. 2 InfVO *Nies* RRa 1997, 211, 214. Klarstellend hat das AG Karlsruhe (NJW-RR 2002, 560) entschieden, dass die Beratungspflichten des Reisevermittlers sich darauf beschränken, auf die Möglichkeit des Abschlusses einer Reiserücktritts- und Reiseabbruch-Versicherung hinzuweisen und die entsprechende Informationsbroschüre des Versicherers auszuhändigen. Darüber hinausgehende Pflichten in Bezug auf Reiseversicherungen obliegen dem Reisevermittler im Rahmen des Geschäftsbesorgungsvertrages nicht, da es sich bei der Vermittlung von Reiseversicherungen für ein Reisebüro lediglich um eine untergeordnete Nebenleistung handelt. Eine Haftung des Reisebüros für Auskünfte hinsichtlich des Umfangs und Inhalts sowie der Eintrittspflicht der verschiedenen Reiseversicherungen hat das AG Karlsruhe aaO. daher grundsätzlich abgelehnt.

Das LG Frankfurt aaO. hat Schadensersatz für die geltend gemachten Mehrkosten in voller Höhe zuerkannt und eine Kürzung unter dem Gesichtspunkt des Mitverschuldens des Reisenden verneint. Dies kritisiert Schmid in seiner Anmerkung zu dieser Entscheidung (RRa 2002, 28 und reklamiert eine Mitwirkungspflicht des Reisenden, weil es Pflicht beider Parteien des Reisevertrages sei, dafür zu sorgen, dass die Einreisebestimmungen erfüllt sind (Tempel sieht hinsichtlich der Belehrung über Pass- und Visavorschriften eine gleichzeitige Verantwortung von Reiseveranstalter und Reisebüro für gegeben, vgl. NJW 1996, 1625, 1635).

Allgemein ist hier auf die bisher aufgrund des § 651a Abs. 5 BGB a.F. seit 1994 geltende Informationsverordnung hinzuweisen, die für das Handeln des Reisebüros als Vertreter eines Veranstalters von Bedeutung ist. Mit der Reiserechtsnovelle vom 23. 7. 2001 ist die bisherige Rechtsgrundlage aufgehoben und durch Art. 238 EGBGB ersetzt worden. Im Zuge der Schuldrechtsmodernisierung durch Gesetz vom 26. 11. 2001 ist eine neue „Verordnung über Informationspflichten nach bürgerlichem Recht“, die „BGB-Informationspflichten – Verordnung vom 2. 1. 2002 geschaffen worden („BGB-InfoV“, siehe BGBl. I S. 342, dazu *Führich* NJW 2002, 1082; *Isermann* DRiZ 2002, 133; *Schmid* MDR 2002, 789). Sie enthält auch die für das Reiserecht einschlägigen Vorgaben.

6. Der Anspruch gründet sich hier auf den Widerspruch zwischen Prospektangaben des Reiseveranstalters, bei dem die Reise gebucht ist, und den vom Reisebüro gemachten Angaben. Hinsichtlich der Haftung eines Reiseveranstalters ist herrschende Rechtsprechung, dass diese entfällt, wenn die Angabe eines Reisebüros über die Beschaffenheit des Zielortes in offenem Widerspruch zur Prospektbeschreibung steht (LG Frankfurt NJW-RR 1999, 931; LG Hamburg NJW-RR 2000, 131; AG Hamburg NJW-RR 2001, 344). Angebote und Katalogausschreibungen anderer Veranstalter muss sich ein Reiseveranstalter nicht zurechnen lassen, nur weil das vermittelnde Reisebüro bei der Buchung zusichert, dass der Leistungsumfang dem entspreche, was im Katalog eines anderen Veranstalters enthalten sei (LG Düsseldorf RRa 2002, 67).

Weil in diesen Fällen das Reisebüro ohne Vertretungsmacht handelt, haftet es wegen fehlerhafter Beratung selbst und der Reisende kann ihm gegenüber wegen Pflichtverletzung des Geschäftsbesorgungsvertrages gemäß § 280 BGB n.F. (früher: aus positiver Forderungsverletzung) Ansprüche geltend machen (m.w.N. *Tempel* NJW 1996, 1625, 1635; *Nies*, RRa 1997, 211, 216). Wichtig ist aber, dass der Kläger seiner Substantiierungspflicht nachkommt und konkrete Angaben zu dem Schaden macht (LG München, RRa 2001, 29).

7. § 651d Abs. 2 BGB. Zur Entbehrlichkeit der Anzeige siehe unter Form. II. D. 3 Anm. 11.

8. Die Höhe des Schadens ist gemäß § 287 ZPO zu bestimmen. Weil bei Haftung des Reiseveranstalters eine Reisepreisminderung in Betracht käme, können die dort geltenden Quoten auf die Schadenshöhe übertragen werden. Nicht erforderlich ist im Übrigen, dass eine rechtliche Einordnung (Minderung, Schadensersatz) vorgenommen wird.

9. Die Ablehnung ist verzugsbegründend (§ 286 Abs. 2 Nr. 3 BGB n. F.).

10. Es kommt darauf an, in welcher Funktion das Reisebüro tätig geworden ist. Im Fall der Reisevermittlung (Geschäftsbesorgungsvertrag) gilt:
Die Beweislast trägt
a) der Reisende für die Verletzung der Sorgfalts- und Informationspflichten des Reisebüros, für den Schaden und den Kausalzusammenhang zwischen Pflichtverletzung und Schaden,
b) das Reisebüro dafür, dass es die Pflichtverletzung nicht zu vertreten hat (§ 280 Abs. 1 Satz BGB n. F.) und für ein Mitverschulden des Reisenden (*Führich* Rdn. 592).

Kosten und Gebühren

Gebühren des Gerichts: §§ 11, 12 GKG und KV 1210 (3,0 Gebührenansatz) mit Einreichung der Klage. Die Gebühr für das Mahnverfahren wird angerechnet. Urteilsgebühren fallen nicht mehr an. Gebühren des Anwalts: §§ 11, 31 BRAGO.

Fristen und Rechtsmittel

Die für den Veranstaltervertrag geltenden Regelungen des § 651 g Abs. 1 und 2 BGB sind für die Reisevermittlung durch ein Reisebüro im Rahmen eines Geschäftsbesorgungsvertrags nach § 675 BGB nicht einschlägig. Für die Verjährung gelten die allgemeinen Vorschriften der §§ 194 BGB ff. n. F.

3. Klage wegen mängelbehafteter Ferienwohnung im Ausland

Stichworte: Örtliche Zuständigkeit, Anwendbarkeit des deutschen Rechts, Anwendbarkeit des Reisevertragsrechts, Reisemängel (hier: Prospektangaben, Lage und Ausstattung der Unterkunft, Ersatzunterkunft), Beweislast

An das
Amtsgericht X-Ort[1]

In Sachen

des R. ......

– Klägers –

Prozessbevollm.: ......

gegen

die Firma RV-GmbH ......

– Beklagte –

wegen Reisepreisminderung
zeige ich an, dass ich den Kläger anwaltlich vertrete. In dessen Namen und Auftrag erhebe ich Klage und beantrage,

1. Der Beklagte wird verurteilt, an den Kläger 420,– EUR nebst (Zinsen)[2] seit dem ...... zu zahlen.

2. ......

Begründung

Der Kläger buchte für sich, seine Frau und das fünfjährige Kind O. bei der Beklagten gemäß deren Prospekt für die Zeit vom 1. bis 14. Mai 2002 ein Ferienhaus in Y-Bretagne[3] zum Preis von 1.300,– EUR.

Beweis: Reisebestätigung vom ......

Die Hin- und Rückreise erfolgte im privatem Pkw.
Gemäß den Prospektangaben auf Seite 51 des für diese Reisezeit aktuellen Katalogs sollte das Ferienhaus neben dem Wohnzimmer ein Doppelschlafzimmer und ein Einzelschlafzimmer haben, „komfortabel" eingerichtet sein, von der Terrasse aus sollte man einen „Meerblick genießen" (können). Der Strand sollte „in drei Gehminuten" erreichbar sein.

Beweis: Kopie des Reisekatalogs Seite 51.

Vor Ort erwiesen sich die versprochenen Reiseleistungen der Beklagten als nicht zutreffend.
Statt des weiteren Einzelschlafzimmers für das Kind gab es nur ein Zustellbett im Schlafzimmer der Eltern.[4] Weil das Kind frühzeitig schlafen gehen musste, kam ein Umstellen des Zustellbettes in das Wohnzimmer nicht in Betracht.[5] Das Schlafzimmer war nur ca. 14 qm groß, so dass man sich bei drei Betten kaum bewegen konnte. Für die gesamte Familie war nur ein Schrankraum von 1,0 m Breite vorhanden, so dass das Gepäck nicht vollständig ausgepackt und untergebracht werden konnte.
Ferner war die Terrasse nicht in der Weise zu genießen, wie es der Prospekt versprochen hatte. In Blickrichtung Meer war zwischenzeitlich ein Hochhaus von sechs Stockwerken gebaut. Vom Meer war nichts mehr zu sehen.[6]
Wegen der zahlreichen Baustellen, die in der Nähe des Ferienhauses eröffnet waren, musste zum Strand ein längerer Umweg gemacht werden, so dass die Familie jeweils pro Strecke 15 Minuten unterwegs war, was mit Kind und vielen Badeutensilien sehr beschwerlich war. Die im Prospekt genannte Nähe zum Strand war für den Kläger und seine Familie ein maßgeblicher Gesichtspunkt bei der Auswahl und Buchung gerade dieses Ferienhauses.
Diese Mängel sind am Tag nach der Ankunft der örtlichen Reiseleitung gemeldet worden.[7]

Beweis: Zeugnis der Reiseleiterin L., zu laden über die Beklagte.

Diese konnte ein Ersatzquartier nur 60 km landeinwärts anbieten.

Beweis: Zeugnis der Reiseleiterin L., zu laden über die Beklagte.

Das war für den Kläger und seine Familie, die den Urlaub in Meeresnähe genießen wollte, nicht zumutbar.
Weil die Reise nicht den Prospektangaben entsprach, macht der Kläger eine Minderung des Reisepreises geltend. Wegen des fehlenden zusätzlichen Zimmers und der geringen Größe des Elternschlafzimmers mit dem kleinen Schrank wird eine Kürzung des Reisepreises von 20% für angemessen gehalten. Dabei ist berücksichtigt, dass laut Prospektangaben eine „komfortable" Ferienhausunterkunft angeboten war. Im Hinblick auf den fehlenden Meerblick von der Terrasse und die Notwendigkeit des Umwegs zum Strand werden jeweils weitere 10% Reisepreisminderung verlangt. Das ergibt zusammen die Klageforderung von 420,– EUR.
Der Kläger hat mit Schreiben vom 20. 5. 2002 gegenüber der Beklagten die Mängel im Einzelnen aufgeführt und Ansprüche auf teilweise Rückzahlung des Reisepreises geltend gemacht.[8] Die Beklagte hat mit Schreiben vom 30. 5. 2002 Zahlung abgelehnt.[9]
Deshalb ist Klage geboten.[10]

Rechtsanwalt

Anmerkungen

1. Die örtliche Zuständigkeit bei einem Ferienhausstreit um ein im Ausland gelegenes Objekt ist je nach Fallkonstellation anders zu beurteilen:

a) Wird bei einem deutschen Reiseveranstalter (wegen der Anwendbarkeit des Reiseveranstaltungsrechts siehe unten Anm. 3) eine Ferienwohnung oder ein Ferienhaus gemietet, so ist die Klage an dem Ort zu erheben, an dem der Reiseveranstalter seinen Sitz hat (§§ 13, 17 ZPO). Bei selbständigen Buchungsstellen eines Reiseveranstalters begründet auch der Niederlassungsort einen eigenen Gerichtsstand (§ 21 ZPO).

b) Für den Rechtsstreit eines Deutschen, der mit einer ausländischen Gesellschaft von einem Ort in Deutschland aus einen Vertrag über die Nutzung eines Ferienhauses im Ausland geschlossen hat, kommt sowohl die internationale als auch die örtliche Zuständigkeit eines Gerichtsstands in Deutschland in Betracht, wenn die ausländische Gesellschaft im Zuständigkeitsbereich eines hiesigen Gerichts eine Agentur hat. Es handelt sich um einen Vertrag, der eine Dienstleistung zum Gegenstand hat. Das ergibt sich (im Anschluss an AG Hamburg NJW-RR 2000, 352) aus Folgendem:

aa) Nach Art. 16 Nr. 1 EuGVÜ bisheriger Regelung. Seit dem 1. 3. 2002 jetzt Art. 22 EuGVVO (siehe *Zöller/Geimer,* ZPO, 23. Aufl., Anh. I S. 2622) richtet sich bei einem Miet- oder Pachtvertrag der ausschließliche Gerichtsstand nach der Belegenheit des Mietobjekts bzw. nach dem Wohnsitzes des Vermieters. Ist das deutsche Reisevertragsrecht anwendbar (siehe unten Anm. 3), folgt die internationale Zuständigkeit des deutschen Gerichts, in dessen Bezirk der ausländische Reiseveranstalter eine Agentur hat, aus Art. 13 Abs. 1 Nr. 3 EuGVÜ bisher, jetzt Art. 15 EuGVVO (*Zöller/Geimer* a. a. O. S. 2699), weil es sich bei dem einschlägigen Vertrag um die Erbringung einer Dienstleistung handelt. Dabei wird darauf abgestellt, dass dem Vertragsschluss durch die Verbreitung eines in deutscher Sprache abgefassten Prospekts auch eine Werbung des ausländischen Veranstalters in Deutschland vorausgegangen ist, das Ferienhausobjekt ausdrücklich in Deutschland angeboten wurde und die für den Abschluss des zugrundeliegenden Vertrages erforderlichen Rechtshandlungen von Deutschland aus vorgenommen wurden.

bb) Die örtliche Zuständigkeit des Gerichts ergibt sich nach Art. 13 Abs. 2 EuGVÜ bisher, jetzt Art. 15 Abs. 2 EuGVVO, („Streitigkeiten aus ihrem Betrieb") und wenn der Veranstalter seine Leistung über eine Agentur vermittelt und seinen Geschäftssitz (§ 21 ZPO) im örtlichen Zuständigkeitsbereich des Gerichts hat.

c) Etwas anderes gilt, wenn das Ferienhaus/die Ferienwohnung von einer Privatperson gemietet ist und kein Reiseveranstaltungsrecht Anwendung findet (dazu informativ und ausführlich AG Trier NJW-RR 2001, 48). Ist der vermietende Eigentümer Ausländer und ist das Ferienhaus im Ausland gelegen, ist der Rechtsstreit an dem für den Ort des Hauses zuständigen ausländischen Gericht zu führen. Nach der Entscheidung des EuGH (NJW 1985, 905) betrifft dies jedoch nur die beiderseitigen Verpflichtungen aus dem Mietvertrag auf Nutzung und Zahlung, nicht jedoch sonstige Ansprüche, die sich nur mittelbar auf die Sache beziehen, wie solche Streitigkeiten, die die entgangene Urlaubsfreude oder die Reisekosten betreffen. Für Verpflichtungen aus dem Mietvertrag selbst sind nach der Neufassung von Art. 16 Nr. 1 b EuGVÜ bisher, jetzt Art. 22 EuGVVO, die deutschen Gerichte jedoch auch dann zuständig, wenn der verklagte Eigentümer des Ferienhauses und der Reisende gemeinsam ihren Wohnsitz in Deutschland haben (*Führich* Rdn. 928; *Seyderhelm* VII, Rdn. 20).

2. Siehe oben Form. II. D. 2 Anm. 3

3. Bucht ein Reisender nur eine einzelne Reiseleistung, ist fraglich, ob das Reisevertragsrecht entsprechend anwendbar ist (z. B. Buchung eines Charterflugs einschließlich eines nur zum Schein ausgegebenen Gutscheins für ein Aufenthaltsarrangement: LG Stuttgart NJW RR 1992, 1272; LG Frankfurt NJW-RR 1993, 124 und 1270 oder – je nach Fallgestaltung – bei einem Bootschartervertrag, OLG Hamm, NJW- RR 1994, 441 sowie BGH NJW 1995, 2629).

Bei Verträgen für einen Urlaub in einem Ferienhaus oder in einer Ferienwohnung ist nach der Rechtsprechung des BGH (NJW 1985, 906; 1992, 3148, der sich die Literatur angeschlossen hat (z. B. *Führich* Rdn. 86; *Tonner* § 651 a, Rdn. 46 ff.) nunmehr das Reisevertragsrecht insgesamt entsprechend anwendbar.

Bei Verträgen mit ausländischen Reiseveranstaltern, die in Deutschland werben und über ihre hier tätigen Agenturen auch Verträge abschließen lassen, gilt deutsches Reisevertragsrecht entsprechend. Das AG Hamburg (NJW-RR 2000, 352) hat dies unter Hinweis auf die Regelungen der Art. 27 ff. EGBGB im Einzelnen erläutert. Zwar sei die Anwendung deutschen Rechts nicht schon aus Art. 29 EGBGB ableitbar, weil es sich um eine Dienstleistung handele, die gemäß Abs. 4 Satz 1 Nr. 2 ausschließlich in einem anderen als dem Staat erbracht werde, in dem der Verbraucher (hier: der Kläger) seinen gewöhnlichen Aufenthalt habe. Bei Ferienhausverträgen handele es sich auch nicht um Reiseverträge im Sinn der gesetzlichen Definition von Art. 29 Abs. 4 Satz 2 EGBGB. Deutsches Recht findet gemäß Art. 27 Abs. 1 Satz 1 und 2 EGBGB Anwendung, wenn sich aus den Bestimmungen des Vertrages und den Umständen des Falles mit hinreichender Sicherheit ergebe, dass die Parteien eine entsprechende Rechtswahl getroffen hätten. Das sei der Fall, wenn die gesamten durch den Ferienhausvertrag begründeten Rechtsbeziehungen zwischen den Parteien auf den deutschen Verbraucher zugeschnitten seien (wird dort näher ausgeführt).

4. Beispiele für Mängel bei der Unterkunft siehe u. a. bei *Führich* Rdn. 274 mit Rechtsprechungshinweisen.

5. Bei nicht ausreichender Anzahl von Schlafzimmern in einem angemieteten Ferienhaus für eine mehrköpfige Familie können wegen der notwendigen Anmietung von Hotelzimmern Gesichtspunkte der Schadensminderungspflicht Bedeutung erlangen, wenn für alle Reisenden Hotelzimmer genommen wurden (OLG Köln NJW-RR 1994, 55).

6. Wegen Mängelfragen zu den Begriffen „Meerblick“ und „Meerseite“ siehe oben Anm. 4.

7. Zur Konkretisierungspflicht bei Anmeldeschreiben des Reisenden siehe Form. II. D. 1 Anm. 17).

8. Zum Geltendmachen allgemein Form. II. D. 1.

9. Die Ablehnung wirkt verzugsbegründend (§ 286 Abs. 2 Nr. 3 BGB).

10. Der Reisende trägt die Beweislast für das Zustandekommen des Vertrags und die behaupteten Reisemängel, der Veranstalter für die Gleichwertigkeit der Ersatzunterkunft.

Kosten und Gebühren

Vgl. oben Form. II D. 2.

Fristen und Rechtsmittel

Wegen der Frist des vorprozessualen Geltendmachens nach § 651 g Abs. 1 und wegen der Verjährungsfrist vgl. oben unter Form. II. D. 1.

4. Klage wegen Reisepreisminderung (§ 651 d BGB) und Schadensersatzes (§ 651 f Abs. 1 BGB)

Stichworte: Systematik und Abgrenzung der Gewährleistungsansprüche (Selbstabhilfe, Minderung, Schadensersatz, Neuregelung zum Schmerzensgeld), Mängelanzeige vor Ort,

Mängelprotokoll, Bemessung der Minderungsquote,, Leistungsänderung vor Reiseantritt, Substantiierung des Parteivortrag, Konkretisierung der Reisemängel (hier: Prospektangaben zur Unterkunft, Transfer, Baulärm, Ersatzunterkunft, beschädigte Kleidung), Beweislast

An das Amtsgericht
X-Ort[1]

In Sachen

des R ......

– Klägers –

Prozessbevollm.: ......

gegen

die Firma RV-GmbH ......

– Beklagte –

wegen Reisepreisminderung und Schadensersatz[2]
zeige ich an, den Kläger anwaltlich zu vertreten. In seinem Namen und Auftrag erhebe ich Klage und beantrage:

1. Die Beklagte wird verurteilt, an den Kläger[3] 930,– EUR und an die Ehefrau des Klägers (Name, Anschrift)[4] weitere 420,– EUR jeweils nebst (Zinsen)[5] seit dem 15. 3. 2002 zu zahlen.
2. ......

Begründung

Der Kläger buchte für sich und seine Ehefrau F. am 2. 1. 2002 für die Zeit vom 01. bis 10. 2. 2002 im Reisebüro RB eine Flugpauschalreise in das Hotel P. in D. an der Westküste M. zum Preis von insgesamt 1.300,– EUR.

Beweis: Buchungsbestätigung vom 2. 1. 2002 (Anlage K1).

Laut Angaben im Prospekt der Beklagten[6] handelte es sich um ein direkt am Strand gelegenes Drei-Sterne-Hotel mit beheiztem Swimmingpool und fünf Tennisplätzen sowie weiteren Sportangeboten.

Beweis: Kopie der Katalogseite 85 (Anlage K2).

Zwei Tage vor dem Abflug meldete sich das Reisebüro RB[7] beim Kläger und teilte mit, dass eine Unterbringung in dem gebuchten Hotel nicht möglich sei, wohl aber in einem neu erbauten Hotel gleicher Kategorie, nämlich in der Hotelanlage S. in E. an der Ostküste von M.

Beweis: Zeugnis Reisebüroangestellte A. (Anschrift)

Da der Kläger und seine Frau auf die gebuchte Urlaubszeit aus beruflichen Gründen angewiesen waren, traten sie die Reise zu dem anderen Urlaubsort an.[8]
Bei Ankunft am Flughafen stellte sich heraus, dass der Bus zu dem Hotel bereits abgefahren war. Der Busfahrer hatte von dem Hotel eine Gästeliste erhalten, auf der der Kläger und seine Frau nicht eingetragen waren. Er hielt deshalb vor Abfahrt auch keine Ausschau nach dem Kläger und seiner Frau. Dies bestätigte die Reiseleiterin L. am nächsten Tag.

Beweis: Zeugnis Reiseleiterin L, zu laden über die Beklagte

Der Kläger mietete sich deshalb für 40,– EUR ein Taxi, um zu dem Hotel zu gelangen.

Beweis: Taxiquittung vom 1. 2. 2002.

Diesen Betrag verlangt er mit der Klage erstattet.[9]

Bei Ankunft in der Hotelanlage stellten der Kläger und seine Frau erhebliche Mängel fest[10]. Der Swimmingpool, die weiteren Außenanlagen des Hotels und alle Tennisplätze waren noch im Bau. Wegen der Bauarbeiten herrschte ein erheblicher Baulärm. Dieser setzte bereits morgens um 6.00 Uhr ein und dauerte den gesamten Tag bis in den späten Abend. Dies bestätigte die Reiseleiterin auf der ihr ausgehändigten Mängelanzeige schriftlich[11] und ist von der Beklagten in der Vorkorrespondenz auch nicht bestritten worden. Die Beklagte hat lediglich darauf verwiesen, dass dem Kläger das Ersatzhotel als „Neubau" angekündigt worden war.

Beweis: Zeugnis der Reisebüroangestellte A. (Anschrift)
Schreiben der Beklagten vom ......

Weil ein Aufenthalt weder am Strand, in der Hotelanlage noch in der Gartenanlage wegen des Lärms erträglich war und auch die Tennisplätze nicht zur Verfügung standen, forderte der Kläger die Reiseleitung auf, für eine anderweitige Unterkunft zu sorgen. Es wurde jedoch lediglich ein Hotel minderer Qualität in der Zwei-Sterne-Kategorie[12] angeboten, weil alle weiteren Hotels in diesem Ort ausgebucht waren.

Beweis: Zeugnis der Reiseleiterin L. (zu laden über die Beklagte).

Der Kläger hält eine Reisepreisminderung in Höhe von 40% für angemessen, bezogen zeitanteilig auf die Dauer der Urlaubstage, die er und seine Frau in dem Hotel geblieben sind. Um nicht während der gesamten Urlaubszeit Beeinträchtigungen hinnehmen zu müssen, bemühte sich die Ehefrau des Klägers deshalb selbst um eine anderweitige Unterkunft. Diese fand sie im fünf Kilometer entfernten Nachbarort. Allein in dem Hotel X war dort noch ein Zimmer frei. Es handelte sich jedoch um ein Hotel der Vier-Sterne-Kategorie. Am 4. Urlaubstag zogen der Kläger und seine Frau deshalb um. Der Umzug erfolgte per Taxi, für das 10,– EUR gezahlt werden mussten.

Beweis: Taxiquittung vom 4. 2. 2002.

Weil das nunmehr bezogene Hotel einen höherwertigen Standard hatte, mussten der Kläger und seine Frau pro Tag einen Mehrpreis von 60,– EUR zahlen. Bei den insgesamt verbliebenen sechs Tagen waren das 360,– EUR. Dieser Betrag und die Taxikosten werden mit der Klage ebenfalls erstattet verlangt.[13]
Auf dem Rückflug wurde ein Kleidungsstück der Ehefrau der Klägerin beschädigt. Dafür wird Schadensersatz verlangt. Beim Einchecken hat die Reiseleiterin L. die Ehefrau des Klägers angewiesen, ihre Lederjacke, die nicht mehr in das Gepäck gepasst hatte, lose auf das Transportband zu legen. Trotz der angemeldeten Bedenken bestand die Reiseleiterin darauf.

Beweis: Zeugnis Reiseleiterin L. (zu laden über die Beklagte).

Die Jacke wurde erheblich beschädigt, weil sie im Transportband hängen geblieben war.[14] Sie ist an drei Stellen jeweils ca. 20 cm lang aufgerissen und nicht mehr reparabel. Die Ehefrau des Klägers hatte diese Jacke während des Urlaubs zum Preis von 420,– EUR gekauft.

Beweis: Quittungsbeleg.

Insgesamt macht der Kläger mit seiner Klage danach folgende Forderungen geltend:
- 520,– EUR Minderung für die Unterkunftsmängel
- 40,– EUR Taxikosten, Hoteltransfer bei Ankunft
- 10,– EUR Taxikosten Umzug
- 360,– EUR Mehrkosten Ersatzunterkunft
- 420,– EUR Schadensersatz für die Jacke seiner Frau.

Der Kläger und seine Frau hatten ihre Ansprüche mit Schreiben vom 20. 2. 2002[15] gegenüber der Beklagten angemeldet. Diese hat mit Schreiben vom 15. 3. 2002 eine Regulierung abgelehnt und Ansprüche zurückgewiesen.[16] Deshalb ist Klage geboten.[17]

Rechtsanwalt

Schrifttum: Isermann, Minderung des Reisepreises, ZAP 1989, 603–616, Fach 6, Seite 3–16; *Kauffmann,* Reiseprozess – Die Rechtstellung der Mitreisenden; *Rodegra,* Pauschalreisen – Allgemeines Lebensrisiko und hinzunehmende Unannehmlichkeiten, MDR 2002, 919; *Tempel,* Die Bemessung der Minderung der Vergütung in Reisevertragssachen, NJW 1985, 97; *ders.,* Unzulässige Schematisierung der Reisepreisminderung?, NJW 1985, 1885 *ders.,* Zur Berücksichtigung des Synallagmas bei der Berechnung der Minderung in Reisesachen, NJW 1996, 164; *ders.,* Frankfurter Tabelle zur Reisepreisminderung, NJW 1994, 1639; *ders.,* Was ist eine „Tabelle" und was ist ein „Spiegel"? Bemerkungen zum neuen „Mainzer Minderungsspiegel", RRa 2000, 67; *ders.,* Der maßgebende Prospekt und der Inhalt der Leistungspflichten des Reiseveranstalters bei einer Vorausbuchung, RRa 1998, 147.

Anmerkungen

1. Gerichtsstand nach §§ 13, 17 ZPO.

2. Nicht selten lassen Klagen aus dem Reisevertragsrecht Unklarheiten hinsichtlich der einzelnen in Betracht kommenden Gewährleistungsrechte erkennen, wenn es z.B. ohne nähere Erläuterung heißt, dass „Minderung bzw. Schadensersatz" verlangt werde. Tatsächlich zielen die Ansprüche von Pauschalurlaubern meist auf eine Rückzahlung des Reisepreises ab. Bei der Reklamationsabwicklung von Ansprüchen wegen mängelbehafteter Pauschalurlaubsreisen ist die Reisepreisminderung nach § 651 d BGB das wichtigste Gewährleistungsrecht. Es setzt weder ein Verschulden des Reiseveranstalters noch eine besondere Ablehnungsandrohung voraus. Eine wegen eines Reisemangels eingetretene Minderung des Reisepreises kann nicht noch einmal als Mangelschaden geltend gemacht werden (OLG Düsseldorf RRa 1994, 205).

Die Minderung soll typischerweise den Minderwert der vom Reiseveranstalter tatsächlich erbrachten, aber mängelbehafteten Leistung ausgleichen. Unberührt davon bleiben Ansprüche, die einen Ausgleich für sonst entstandene Kosten, Begleitschäden, Mängelfolgeschäden oder wegen entgangener Urlaubsfreude schaffen. Als solche kommen in Betracht: Selbsthilfemaßnahmen (§ 651 c Abs. 3 BGB), Schadensersatz wegen Nichterfüllung für Begleit- und Mangelfolgeschäden (§ 651 f Abs. 1 BGB), Ansprüche wegen „erheblicher" Reisemängel auf Entschädigung wegen entgangener Urlaubsfreude (§ 651 f Abs. 2 BGB) oder nach Kündigung des Reisevertrags (§ 651 e BGB).

Schmerzensgeld ist bisher nur bei deliktischen Ansprüchen in Betracht gekommen (§ 847 BGB). Mit dem zum 1. 8. 2002 in Kraft getretenen Gesetz vom 18. 4. 2002 zur Änderung schadensersatzrechtlicher Vorschriften ist § 847 BGB aufgehoben worden. Dafür ist in § 253 BGB ein neuer Absatz 2 angefügt worden, der regelt, dass bei Verletzung des Körpers, der Gesundheit, der Freiheit oder der sexuellen Selbstbestimmung eine billige Entschädigung in Geld für den Schaden gefordert werden kann, der nicht Vermögensschaden ist (BGBl. I S. 2674, 2675; BT-Drs. 14/7752). Haftungsgrundlage kann nunmehr auch eine Vertragspflichtverletzung sein.

Gegenüber dem Anspruch auf Reisepreisminderung ist beim Anspruch auf Schadensersatz ein Verschulden auf Seiten des Veranstalters Anspruchsvoraussetzung (*Führich,* a.a.O. Rdn. 338 mit Beispielsfällen zum Entlastungsbeweis).

3. Klageanträge, die sich auf Ansprüche aus den §§ 651 c Abs. 3, 651 d, 651 e Abs. 4 und 651 f Abs. 1 BGB stützen, müssen gem. § 253 Abs. 2 Nr. 2 ZPO beziffert sein (*Führich* Rdn. 513; siehe auch unter Form. II. D. 5 Anm. 19).

4. Schadensersatzansprüche müssen selbst eingeklagt werden. Liegt keine Abtretung seitens des geschädigten Dritten vor, muss Leistung an diesen verlangt werden (OLG Düsseldorf NJW-RR 1988, 636; eine AGB-Klausel, die eine Abtretung ausschließt, ist unwirksam, BGH NJW 1989, 2750 ausführlich *Kauffmann* MDR 2002, 1036 m.w.N.).

5. Siehe oben Form. II. D. 2 Anm. 3.

6. Wegen der Bedeutung der Prospektangaben zur Konkretisierung des Vertragsinhalts siehe *Führich* a.a.O. Rdn. 130, 216ff., 228.

7. Das Reisebüro ist hier als Vertreter der Beklagten tätig geworden.

8. Fraglich ist die tatsächliche und rechtliche Einordnung des Verhaltens eines Reisenden, wenn er sich auf eine solche Leistungsänderung einlässt, insbesondere dann, wenn der Veranstalter in seinen Geschäftsbedingungen einen Leistungsänderungsvorbehalt formuliert hat (vgl. dazu *Führich* Rdn. 152, 160ff. mit den Unterscheidungskriterien, ob es sich um erhebliche und zumutbare Änderungen handelt). Das AG Kleve (NJW-RR 2000, 352) hat in einer solchen Einverständniserklärung keine Vertragsänderung gesehen, wenn der Reisende wegen der Kürze der Zeit zwischen der Mitteilung der Leistungsänderung und dem Reiseantritt keine anderweitige Möglichkeit hat, die Durchführung der Reise überhaupt sicherzustellen. Dann soll in seiner Einverständniserklärung lediglich die Einwilligung zu einer Abhilfemaßnahme des Reiseveranstalters, jedoch in der Regel nicht die Annahme einer einvernehmlichen Vertragsänderung liegen. Weil in dem entschiedenen Fall die Unterbringung von der Buchung abweicht, hat das Gericht eine 15%-ige Reisepreisminderung zugesprochen.

9. In der Systematik der Gewährleistungsansprüche handelt es sich hierbei um einen Schadensersatzanspruch nach § 651f Abs. 1 BGB. Danach kann für materielle Begleit- und Folgeschäden Schadensersatz wegen Nichterfüllung verlangt werden. Folgende Voraussetzungen sind dabei zu beachten:

a) Es muss ein Reisemangel im Sinne von § 651c Abs. 1 BGB vorliegen. Der liegt hier in dem zum Vertragsinhalt gehörenden, aber nicht geleisteten Transfer vom Flughafen zum Hotel.

b) Abweichend vom Gesetzeswortlaut ist – wie bei der Reisepreisminderung – eine Mängelanzeige am Reiseort grundsätzlich erforderlich (BGH NJW 1985, 132). Eine Mängelanzeige entfällt jedoch – ebenfalls wie bei § 651d Abs. 2 BGB –, wenn dem Reisemangel objektiv nicht abzuhelfen war, der Schaden auch bei erfolgreicher Abhilfe nicht zu vermeiden war oder der Reisende die Unterlassung einer Anzeige den Umständen nach nicht zu vertreten hat (*Führich* Rdn. 337; BGH a.a.O.; OLG Düsseldorf NJW-RR 1986, 280 und NJW-RR 1989, 735). Davon kann bei der hiesigen Fallkonstellation ausgegangen werden.

c) Ferner ist für einen Schadensersatzanspruch erforderlich, dass entweder der Reiseveranstalter im Rahmen des Eigenverschuldens oder durch einen seiner Erfüllungsgehilfen im Rahmen des Fremdverschuldens (§ 278 BGB) den Mangel zu vertreten hat (zu Fragen des Entlastungsbeweises siehe *Führich* a.a.O. Rdn. 338f.; LG Frankfurt NJW-RR 1991, 1203).

d) Der Umfang des Nichterfüllungsschadens einschließlich aller Mangelfolge- und Begleitschäden bestimmt sich nach der Kausalität mit dem Reisemangel und muss zusätzliche, also neben dem Minderwert der Reise eingetretene Schäden betreffen (siehe oben Anmerkung 2). Die Ursächlichkeit muss ihrerseits im Rahmen der Lebenswahrscheinlichkeit liegen (OLG Düsseldorf NJW-RR 1998, 51 zum Verdienstausfall).

e) Schließlich muss sich der Reisende in diesem Zusammenhang auch ein etwaiges Mitverschulden anrechnen lassen (OLG Köln NJW-RR 1994, 55; LG Frankfurt NJW-RR 1999, 711; OLG Düsseldorf NJW-RR 1991, 248).

In diesem Fall des Erstattungsanspruches für Kosten eines Mietwagens wegen fehlenden Bustransfers (dazu LG Köln MDR 1991, 840; für Taxikosten siehe auch LG Hannover NJW-RR 1987, 496; weitere Beispiele bei *Führich* Rdn. 343) sind keine Gründe erkennbar, die den Haftungsumfang einschränken könnten.

10. Die klageweise Geltendmachung von Reisemängeln im Rahmen von Gewährleistungsansprüchen leidet in der Praxis häufig an der fehlenden Substantiierung des Parteivortrags. Einen Katalog von Beispielen enthält die Entscheidung des AG Kleve vom

23. 12. 1998 (MDR 1999, 346; siehe ferner LG Frankfurt NJW-RR 1991, 378 zum unzulässigen Bestreiten des Reiseveranstalters mit Nichtwissen; ferner Führich Rdn. 260). Dies ist von größter praktischer Bedeutung für die vom Gericht vorzunehmende Bemessung z. B. der Minderungsquote. Nur wenn die einzelnen Mängel so bestimmt bezeichnet sind, dass das Gericht die Abweichungen von der geschuldeten Leistung erkennen kann, ist ein handhabbarer Ansatz für die eingeklagten Rechtsfolgen gegeben (so ausdrücklich AG Kleve a. a. O.). In diesem Problem liegt ein maßgeblicher Grund, weshalb Reiseprozesse nur selten den mit dem Klageantrag angestrebten Erfolg haben (statistische Zahlen dazu über *Isermann* NJW 1988, 873; *Schlotmann* RRa 1995, 2, 22, 42).

Im Übrigen ist hinsichtlich der Mängelsystematik der (eigentliche) Reisemangel im Sinne von § 651c Abs. 1 BGB je nach rechtlicher Bewertung des Fehlerbegriffs abzugrenzen von Beeinträchtigungen, die – qualitativ wie quantitativ – die Voraussetzungen von § 651c Abs. 1 BGB nicht erfüllen. Das kann unter mehreren eingrenzenden Gesichtspunkten der Fall sein. Dazu gehören die Unerheblichkeit der Beeinträchtigung (bloße Unannehmlichkeiten, subjektive Empfindlichkeiten, Gesichtspunkt der „Landesüblichkeit"), die Verwirklichung des „allgemeinen Lebensrisikos", aber auch Umweltbeeinträchtigungen (statt vieler siehe *Führich* Rdn. 210 ff.; *Rodegra* MDR 2002, 919; *Tonner* § 651c Rdn. 9 ff., jeweils mit umfangreichen Rechtsprechungshinweisen). Von praktischer Bedeutung sind in diesem Zusammenhang die Prospektangaben. Weil der Prospekt den Vertragsinhalt konkretisiert, wirken die Objekt- und Leistungsbeschreibungen sowohl haftungserweiternd (Vielzahl von Serviceleistungen vor Ort, z. B. einzelne Sportprogramme, Wellness-Angebote u. a.) als auch haftungseinschränkend (Beispiel: „Meerseite" statt „Meerblick").

11. Wegen der nach wie vor unterschiedlichen Einordnung der prozessualen Folgen solcher Mängelprotokolle siehe einerseits LG Frankfurt NJW 1988, 1219; AG Düsseldorf NJW-RR 1997, 1340 (Darlegungs- und Beweiserleichterung für den Reisenden) und andererseits LG Hannover NJW-RR 1988, 1254; LG Berlin NJW-RR 1989, 1213 (zurückhaltendere Bedeutung, ebenso *Tonner* § 651d, Rdn. 17; *Seyderhelm* § 651, Rdn. 95).

Wichtig ist aber die Mängelanzeige vor Ort als Voraussetzung für Gewährleistungsansprüche (ausführlich dazu LG Kleve NJW-RR 1999, 486). Andererseits ist die Mängelanzeige entbehrlich, wenn (Aufzählung nach *Martis* MDR 1999, 903, 907 mit Rechtsprechungshinweisen, ferner MDR 2001, 906)

- eine örtliche Reiseleitung des Reiseveranstalters fehlt oder nicht rechtzeitig erreichbar ist, wobei im fremdsprachigen Ausland eine Pflicht des Reisenden, sich telefonisch an die Zentrale des Veranstalters zu wenden, verneint wird,
- eine Abhilfe des Mangels auch bei Kenntnis des Reiseveranstalters gar nicht möglich gewesen wäre,
- dem Veranstalter die Mängel bereits vor Reiseantritt bekannt sind, etwa durch Überbuchung, oder der Mangel vor Ort für den Reiseleiter ganz offensichtlich ist, wobei bereits fahrlässige Nichtkenntnis genügen soll,
- der konkrete Reisemangel mehrere Reisende betrifft und bereits von einem Mitreisenden angezeigt wurde,
- der Reiseveranstalter das Objekt falsch ausschreibt und sich über dessen Zustand und Standard offensichtlich nicht informiert hat,
- die Mängel so zahlreich sind, dass deren Behebung vor Urlaubsende aussichtslos erscheint,
- der Reisende krank oder behindert und ihm die Mängelanzeige deshalb unzumutbar ist.

12. Die Bemessung der Minderungsquote ist in der Praxis das größte Problem.

Mit der seit dem 1. 1. 2002 geltenden Neufassung von § 651d Abs. 1 BGB und der dortigen Verweisung auf § 638 Abs. 3 BGB hat der Gesetzgeber dem Rechnung getragen, was bisher schon – wenngleich am Gesetzeswortlaut vorbei – gängige Praxis war, nämlich der Bemessung der Minderungsquote im Wege der Schätzung entsprechend § 287 Abs. 2 ZPO (zur Neufassung siehe *Führich* NJW 2002, 1082, 1084; *Isermann* DRiZ 2002, 133, 134; *Schmid* MDR 2002, 789). Hinsichtlich des Berechnungsumfangs der Minderung stellt der Gesetzeswortlaut auf den Zeitfaktor der „Dauer des Mangels" ab. Gleichwohl bleibt offen, wie sich die Höhe der Minderung im Einzelnen bestimmt. Wenngleich die veröffentlichten Gerichtsentscheidungen sich nur selten explizit darauf beziehen, verschafft die sogenannte „Frankfurter Tabelle" (NJW 1985, 113 mit Erläuterungen von *Tempel* NJW 1985, 97 sowie 1994, 1639) der – vor allem auch beratenden anwaltlichen – Praxis einen Orientierungswert. Gleichwohl ist vor einem schematischen Gebrauch zu warnen (so auch *Tonner* § 651 d Rdn. 6, der im Übrigen feststellt, dass die Bedeutung dieser Tabelle „bedauerlicherweise abnimmt", siehe Rdn. 8). So kommt es im Eifer der Reisereklamationen bei Anwendung tabellarischer Sätze nicht selten dazu, dass eine Minderungshöhe von über 100% hinaus gefordert bzw. eingeklagt wird (beispielhaft aus der veröffentlichten Rspr. OLG Düsseldorf NJW-RR 1999, 491).

Neben der Frage des Zeitfaktors (LG Düsseldorf NJW-RR 2001, 50; AG Frankfurt NJW-RR 2001, 639) ist für die Praxis weiterhin von Bedeutung, ob sich die Berechnung der Minderung am Wert der mangelbehafteten Einzelleistung oder am Gesamtwert der Reise orientiert. Das bedeutet z. B., ob auch die Flugkosten anteilig einbezogen werden. Praktisch wirksam wird dies auch bei Reisen, die sich aus mehreren Teilen zusammensetzen, bei denen aber nur ein Teil der Reise mängelbehaftet ist (z. B. Segeltour/Hotelaufenthalt: LG Hannover NJW-RR 1999, 1004; anders OLG Frankfurt NJW-RR 1999, 202 unter Hinweis auf *Tempel* RRa 1997, 67, 68: keine Gesamtschau).

Allein der Umstand, dass hier eine andere als die gebuchte Leistung angeboten wurde, berechtigt – unabhängig von der Qualität – zu einer Reisepreisminderung (AG Kleve NJW-RR 2000, 352: 15%; zur Änderung der Fluglinie als Reisemangel siehe AG Hersbruck NJW-RR 2000, 134).

Im Übrigen muss eine Ersatzunterkunft der gleichen Kategorie entsprechen, weil sonst zusätzliche Minderungsansprüche gerechtfertigt sind (wegen der Hotelkategorie siehe *Führich* Rdn. 276; AG Hannover NJW-RR 2001, 1067; ferner LG Kleve NJW-RR, 2001, 990; s. ferner *Tempel,* Die Zuweisung einer anderen Unterkunft als Reisemangel, RRa 1995, 158).

13. Die Selbstabhilfe nach § 651 c Abs. 3 BGB verlangt grundsätzlich, dass der Reisende dem Veranstalter mit dem Abhilfeverlangen eine Frist gesetzt hat und diese erfolglos abgelaufen ist. Je nach den Umständen des Falles kann die Frist auch relativ kurz sein. Ist die Reiseleitung zur Mängelabhilfe nicht in der Lage oder ist diese objektiv auch nicht möglich, kann der Reisende auch gleich selbst Abhilfemaßnahmen treffen (§ 651 c Abs. 3, Satz 2 BGB). Da nur die „erforderlichen Aufwendungen" ersetzt verlangt werden können, ist die Angemessenheit der einzelnen Selbstabhilfemaßnahmen bedeutsam. Für die Suche nach einem Ersatzquartier ist deshalb grundsätzlich ein Hotel der gleichen Kategorie Orientierungsmaßstab. Sind in der gleichen Kategorie jedoch keine Zimmer erhältlich, kann auch die nächsthöhere Kategorie genommen werden (OLG Köln NJW-RR 1993, 252; KG NJW-RR 1993, 1209).

Streitig ist indes, ob bei jedem Reisemangel Maßnahmen der Selbstabhilfe unter den Voraussetzungen des § 651 c Abs. 3 zulässig sind (h. M., *Führich* Rdn. 241; *Tonner* § 651 c, Rdn. 60 f.), oder ob ab einem Minderungstatbestand von 20% der Reisende auf den Weg des § 651 e BGB zu verweisen ist (LG Frankfurt NJW 1983, 2884, NJW-RR 1992, 310; 1995, 1521; *Tempel* RRa 1995, 158 und 1998, 18, 27; *Seyderhelm* § 651 c Rdn. 93).

14. Schadensersatzanspruch nach § 651 f Abs. 1 BGB (siehe AG Ludwigsburg NJW-RR 1999, 710 unter Berücksichtigung eines Mitverschuldensanteils gemäß § 254 BGB wegen der Vorhersehbarkeit der Beschädigungsgefahr).

15. Zum fristgerechten Geltendmachen nach § 651g Abs. 1 BGB siehe oben unter Form. II. D. 1, wegen der Aktivlegitimation siehe dort Anm. 4.

16. Die Ablehnung wirkt verzugsbegründend (§ 286 Abs. 2 Nr. 3 BGB n. F.).

17. Die Beweislast trägt

a) bei der Selbstabhilfe
   aa) der Reisende für Art, Dauer und Umfang eines Reisemangels, das Fehlen einer zugesicherten Eigenschaft, das Abhilfeverlangen, das Setzen einer Frist zur Abhilfe, die Nichtabhilfe bzw. die Verweigerung der Abhilfe, für Umstände, aus denen sich ergibt,
   - dass die Frist bei der Selbstabhilfe angemessen war,
   - dass eine Fristsetzung entbehrlich war,
   - dass eine besonderes Interesse an einer sofortigen Abhilfe bestand,

   die Verweigerung durch den Veranstalter, die Aufwendungen und ihre Erforderlichkeit,
   bb) der Reiseveranstalter für seine Erreichbarkeit bei einem Abhilfeverlangen, die Rechtzeitigkeit eines tauglichen Abhilfeangebots, die Gleichwertigkeit der Abhilfemaßnahmen, die Unverhältnismäßigkeit und Unzumutbarkeit des Aufwands bei Verweigerung der Abhilfe,

b) bei der Minderung (siehe auch oben unter a)
   aa) der Reisende für Art, Dauer und Umfang des Reisemangels, die Mängelanzeige bzw. deren Entbehrlichkeit (siehe oben Anm. 11),
   bb) der Reiseveranstalter hinsichtlich der schuldhaften Unterlassung der Mängelanzeige, insbesondere deren Durchführbarkeit (Einzelheiten sind str., siehe *Palandt/Sprau*, BGB, 61. Aufl., § 651d Anm. 6; *Führich* Rdn. 271 m. w. N.).

c) Beim Schadensersatz nach § 651f Abs. 1 BGB (siehe auch oben unter a)
   aa) der Reisende für Art, Dauer und Umfang des Reisemangels, die Mängelanzeige bzw. deren Entbehrlichkeit (siehe oben Anm. 11), den eingetretenen Schaden, die Kausalität
   bb) der Reiseveranstalter für das Nichtvertretenmüssen (*Palandt/Sprau*, 61. Aufl., § 651f Anm. 4 und 6), insbesondere für fehlendes Verschulden bei Auswahl und Überwachung der Leistungsträger, für Mitverschulden des Reisenden

Kosten und Gebühren

Vgl. oben unter Form. II. D. 2.

Fristen und Rechtsmittel

Vgl. oben unter Form. II. D. 1.

5. Klage auf Entschädigung wegen erheblichen Reisemangels (Kündigung § 651e BGB, vertane Urlaubszeit § 651f Abs. 2 BGB)

Stichworte: Klageantrag, Kündigungsvoraussetzungen, Kündigungserklärung, Erheblichkeit des Reisemangels, Rückbeförderung/Mehrkosten nach Kündigung, Selbsthilfe mit Linienflug, Voraussetzungen für Anspruch auf vertane Urlaubszeit, vereitelte Reise, Berücksichtigung des zeitlichen Moments bei der Reisebeeinträchtigung, Bemessung des Entschädigungshöhe, Reisemängel (hier: Unterkunft für einen behinderten Reisenden, „Balkonurlaub"), Beweislast

An das
Amtsgericht X-Ort[1]

In Sachen

des R ......

– Klägers –

Prozessbevollm.: ......

gegen

die Firma RV-GmbH ......

– Beklagte –

wegen Urlaubsentschädigung und Mehrkostenerstattung nach Kündigung
zeige ich an, den Kläger anwaltlich zu vertreten. In seinem Namen und Auftrag erhebe ich

Klage

und beantrage,[2]

1. Die Beklagte wird verurteilt, an den Kläger 913,– EUR sowie eine in das Ermessen des Gerichts gestellte Entschädigung wegen vertanen Urlaubs jeweils nebst (Zinsen)[3] seit dem ...... zu zahlen.
2. ......

Begründung

Der Kläger buchte für sich und seine Ehefrau am ...... bei dem Reisebüro RB ...... eine von der Beklagten angebotene einwöchige Flugpauschalreise für einen Badeurlaub in M für die Zeit vom 1. bis 8. 2. 2002 zum Gesamtpreis von 2.100,– EUR.

Beweis: Reisebestätigung vom 15. 1. 2002.

Bei der Buchung dieser Reise erkundigte sich der Kläger gezielt nach den räumlichen Gegebenheiten in dem Vier-Sterne-Hotel und traf danach seine Entscheidung. Der Kläger ist gehbehindert und deshalb Rollstuhlfahrer. Für ihn war es deshalb wichtig, dass das Hotelzimmer durch einen Lift erreichbar und die anderen Räumlichkeiten, wie etwa der Speisesaal, rollstuhlgerecht sein mussten. Ferner sollte der Strand vom Hotel aus auch ohne Treppen erreichbar sein.[4]
Bei Ankunft in M. stellte sich heraus, dass dieses Hotel überbucht war und auch für die nächsten Tage kein freies Zimmer zur Verfügung stand.[5] Die örtliche Reiseleitung bot dem Kläger als Ersatzquartier ein Appartement in dem 15 km entfernten Ort C. an, das ebenfalls zur Vier-Sterne-Kategorie gehörte. Tatsächlich entsprach die Unterkunft jedoch den Bedürfnissen des Klägers nicht. Sie war für ihn unzumutbar.[6] Der Zugang zum Schlaf- und Badezimmer des Appartements war nur über eine schmale Wendeltreppe möglich. Ferner war der Strand vom Hotel durch eine Uferstraße getrennt und nur über eine Treppe erreichbar. Eine vertragsgerechte andere Unterkunft in der vom Kläger gebuchten oder einer besseren Kategorie konnte von der örtlichen Reiseleitung nicht beschafft werden.

Beweis: Zeugnis Reiseleiterin L., zu laden über die Beklagte

Der Kläger forderte die Reiseleiterin auf, für einen sofortigen Rückflug zu sorgen.[7] Weil die Plätze der nächsten Maschinen jedoch ausgebucht waren, konnte ein Rückflug erst für den 4. 2. 2002 in Aussicht gestellt werden.[8]

Beweis: Zeugnis der Reiseleiterin L., zu laden über die Beklagte

Der Kläger konnte und wollte sich hierauf nicht einlassen. Er musste deshalb selbst für einen sofortigen Rückflug Maßnahmen treffen und konnte noch zwei Plätze in einem

Linienflug[9] für den späten Nachmittag des nächsten Tages, den 2. 2. 2002, buchen. Dafür musste er pro Person 400,– EUR bezahlen.

Beweis: Rechnungsbelege

Um eine Übernachtungsmöglichkeit bis zum nächsten Tag zu haben, forderte er die Reiseleiterin L. auf, ihm diese zu besorgen. Er war dabei auch damit einverstanden, wenn die Unterkunft nicht der gebuchten Qualitätskategorie entsprach. Weil die Reiseleiterin sich bis 18.00 Uhr bei ihm nicht meldete,[10]

Beweis: Zeugnis der Reiseleiterin L., zu laden über die Beklagte

führte die Ehefrau des Klägers sodann selbst[11] zahlreiche Telefonate und fand schließlich ein kleines Zimmer in einer Privatpension, in der der Kläger und seine Frau die Nacht verbringen konnten. Für das Zimmer mussten sie 50,– EUR bezahlen.

Beweis: Rechnungsbeleg

Am nächsten Tag flogen sie um 17.00 Uhr mit der Linienmaschine zurück nach Deutschland. Die restlichen Tage ihrer missglückten Urlaubswoche verbrachten sie Zuhause.[12]
Die Beklagte hat vorprozessual den Reisepreis in vollem Umfang zurückerstattet.[13]
Mit der Klage werden weitergehende Ansprüche verfolgt:

1. **Der Kläger verlangt eine Erstattung der Mehrkosten,[14] die ihm für die Übernachtung in Höhe von 50,– EUR, für die bei der Suche nach einer Unterkunft erforderlichen Telefonate in Höhe von 10,– EUR[15] und für den Rückflug mit einer Linienmaschine in Höhe von 800,– EUR entstanden sind.**
2. **Weil sich die Flugreise als nutzlos herausgestellt hat, verlangt der Kläger ferner Erstattung der Kosten für die mit dem Taxi erfolgte Fahrt von der Wohnung Zuhause zum Flughafen und zurück. Das Taxi für die Heimfahrt kostete 28,– EUR.**

   Beweis: Taxiquittung.

   Für die Taxikosten zum Flughafen am Abreisetag hatte sich der Kläger keine Quittung ausstellen lassen. Er hat für diese Fahrt 25,– EUR bezahlt.[16]
3. **Ferner verlangt er eine Entschädigung für vertane Urlaubszeit,[17] deren Höhe[18] er in das Ermessen[19] des Gerichts stellt. Der Kläger selbst geht dabei von 65,– EUR pro Person für die beiden ersten Tage und von je 30,– EUR für die fünf Zuhause verbrachten Urlaubstage aus.[20] Je nach Berechnungsweise[21] wird ergänzend angeführt, dass der Kläger in seinem Beruf als ...... monatlich netto 6.000,– EUR und seine Ehefrau als ...... monatlich 3.000,– EUR netto verdient.**
   Die Beklagte hat mit Schreiben vom 2. 5. 2002 eine Begleichung dieser weitergehenden Forderungen abgelehnt.[22] Deshalb ist Klage geboten.[23]

Rechtsanwalt

Schrifttum: Tempel, Der Schadensersatzanspruch des Reisenden auf Gestellung einer Ersatzreise – Rechtsgrundlagen und Inhalt, insbesondere zum Erfordernis der Gleichwertigkeit, RRa 2000, 107; *ders.,* Hypothetische Kausalität bei vorzeitigem Abbruch der Reise, RRa 2001, 46; *ders.,* Voraussetzungen und Rechtsfolgen ungerechtfertigter Kündigung im Reiserecht, RRa 2002, 146.

Anmerkungen

1. §§ 13, 17 ZPO.

2. Während der Antrag bei einer Klage auf Minderung des Reisepreises (§ 651 d BGB), auf Schadensersatz nach §§ 651 f Abs. 1, 828 BGB sowie auf Erstattung von Selbsthilfekosten nach § 651 c Abs. 3 BGB der Klageantrag genau beziffert sein muss, ist im Hinblick darauf, dass es sich bei der Urlaubsentschädigung um einen immateriellen Schadensersatzanspruch handelt (BGH NJW 1983, 35 und 218; LG Frankfurt NJW-RR 1989, 310; LG Hannover NJW 1989, 633; *Tonner* § 651f, Rdn. 37), bei Ansprüchen auf Urlaubsentschädigung nach § 651f Abs. 2 BGB ein unbezifferter Klageantrag zulässig (LG Hannover NJW-RR 1989, 1936; *Führich* Rdn. 513; a.A. AG Bad Homburg NJW-RR 1997, 1819).

3. Siehe oben Form. II.D. 2 Anm. 3

4. Fallgestaltung nach LG Bonn NJW-RR 2001, 345.

5. Ist eine Unterkunft überbucht, muss der Reiseveranstalter über seine Reiseleitung vor Ort sofortige Abhilfe durch Bereitstellung einer Ersatzunterkunft bieten. Selbst wenn diese Ersatzunterkunft gleichwertig und mängelfrei ist, kann der Reisende nach Ansicht des LG Frankfurt (NJW 1983, 233; NJW-RR 192, 310; siehe auch *Tempel,* Die Zuweisung einer anderen Unterkunft als Reisemangel, RRa 1995, 158) allein dafür eine Minderung verlangen (10–25%), dass er nicht in dem gebuchten Hotel untergebracht ist. Zur Überbuchung ferner u.a. AG Hamburg RRa 1994, 188; AG Stuttgart RRa 1995, 127; AG Düsseldorf RRa 1996, 13; OLG Frankfurt NJW-RR 1999, 202.

6. Die Ersatzunterkunft muss adäquat sein (LG Frankfurt NJW 1985, 143; NJW-RR 1990, 699; 1993, 61; OLG Frankfurt RRa 1995, 224). Steht eine gleichwertige Ersatzleistung nicht zur Verfügung, kann der Reisende auch eine höherwertige Leistung in einer besseren Hotelkategorie verlangen.

7. In der Aufforderung, für einen sofortigen Rückflug zu sorgen, liegt konkludent die Erklärung der Vertragskündigung. Die Kündigung nach § 651e BGB bedarf weder einer bestimmten Form noch einer Begründung (BGH NJW-RR 1990, 1334), jedoch muss der Kündigungswille nach außen erkennbar manifestiert sein. Die bloße Abreise ohne weitere Nachricht an die Reiseleitung reicht nicht, es sei denn, eine Reiseleitung ist nicht vorhanden (LG Frankfurt-RR 1991, 880) oder die Rückreise erfolgt noch am Ankunftstag (OLG Düsseldorf NJW-RR 1998, 53).

8. Bei „erheblichen Reisemängeln“ kann die Reise nach § 651e BGB gekündigt werden. Liegen daneben noch Reisebeeinträchtigungen infolge höherer Gewalt vor, entsteht eine Konkurrenz zum Kündigungsrecht nach § 651j BGB (dazu *Tempel* NJW 1997, 621, 624 m.w.N.).

Das Kündigungsrecht nach § 651e BGB hat folgende Voraussetzungen:

a) „Erheblichkeit“ des Reisemangels: Für die Frage, wann ein Reisemangel „erheblich“ ist, stellen einige Gerichte allgemein „auf die Umstände des Einzelfalls“ ab (OLG Düsseldorf NJW-RR 1998, 51; NJW-RR 1986, 1175; OLG Frankfurt RRa 1995, 224, LG Köln NJW-RR 1989, 565). Die meisten Gerichte gehen von einer quantifizierten Betrachtungsweise aus und setzen dabei an, mit welcher Quote eine Reisepreisminderung gerechtfertigt wäre. Um eine Einheitlichkeit mit dem erheblichen Reisemangel nach § 651f Abs. 2 BGB herzustellen, wird meist von 50% ausgegangen (LG Hannover NJW-RR 1986, 213; 1992, 50; ferner LG Frankfurt – 21. ZK – VuR 1992, 235; OLG Stuttgart RRa 1994, 28; LG Köln MDR 1991, 840; LG Bonn RRA 1996, 83 und 223; LG Kleve NJW-RR 1997, 1140). Andere halten eine geringere Reisepreisminderung für ausreichend (LG Frankfurt – 24. ZK – NJW 1983, 2884; NJW-RR 1986, 539 und 1990, 571; vgl. die Hinweise bei Tempel NJW 1999, 2012, 2013).

b) Nach § 651e Abs. 2 BGB muss der Reisende eine angemessene Frist zur Abhilfe setzen. Zur Entbehrlichkeit der Fristsetzung gelten die allgemeinen Grundsätze (siehe oben II.D. 4 Anm. 11).

9. Die gesetzliche Frist der Rückbeförderung im Fall der Kündigung beinhaltet mit Rücksicht auf das Maß der Reisebeeinträchtigung, das die Kündigung erst rechtfertigt, zugleich, dass der Rückflug umgehend zu erfolgen hat. Bei verständiger Würdigung der wechselseitigen Treuepflichten von Vertragspartnern muss dem Veranstalter für die Organisation des Rückflugs ein gewisser Zeitkorridor verbleiben. In der Regel genügt der Veranstalter seiner Pflicht, wenn er einen Rückflug ein bis zwei Tage später zur Verfügung stellt. Die zeitliche Obergrenze sollte bei zwei Tagen liegen, wobei der Veranstalter alle Möglichkeiten ausschöpfen muss, insbesondere auch die eines Linienflugs anstelle des vereinbarten Charterflugs (*Seyderhelm* § 651 e, Rdn. 49; LG Frankfurt NJW 1985, 143; OLG Düsseldorf NJW-RR 1986, 1175). Zu den notwendigen Maßnahmen gehört auch die Weitergewährung von Unterkunft und Verpflegung bis zum nächstmöglichen Zeitpunkt der Rückreise (*Tonner* § 651 e Rdn. 25; *Führich* Rdn. 324).

10. In der Regel wird es der Veranstalter sein, dem es gelingt, ersatzweise einen Linienflug für die Rückbeförderung zur Verfügung zu stellen. Ist das nicht der Fall und verletzt er damit die sich aus § 651 e Abs. 4 BGB ergebenden Pflichten, kann der Reisende entsprechend § 651 c Abs. 3 BGB zur Selbsthilfe greifen, auch zur Einzelrückreise mit Linienflug (*Führich* Rdn. 325, 326, zugleich mit Anmerkungen, inwieweit der Reisende sich einen Eigenanteil bei den Kosten der Selbsthilfe entsprechend § 651 e Abs. 3 Satz 2 BGB abziehen lassen muss, weil der Veranstalter bei ordnungsgemäßer vorzeitiger Rückbeförderung diesen Entschädigungsanspruch gehabt hätte).

11. Auch zu weiteren Maßnahmen der Selbsthilfe, wie der Selbstbeschaffung einer Ersatzunterkunft, muss der Kunde der Reiseleitung vor Ort als Vertreterin des Veranstalters eine angemessene Abhilfefrist einräumen.

12. Es gelten die allgemeinen Voraussetzungen für Selbsthilfemaßnahmen nach § 651 c Abs. 3 BGB (siehe oben II. D. 5 Anm. 13). Zum „Balkonurlaub" siehe allgemein die Anmerkungen bei *Führich* Rdn. 349; *Seyderhelm* § 651 f, Rdn. 37; *Tonner* § 651 f Rdn. 29, jeweils m. w. N.

13. Rechtsfolge aus § 651 e Abs. 3 Satz 1 BGB.

14. Selbsthilfekosten entsprechend § 651 c Abs. 3 BGB.

15. Für derartige Forderungen kann die Betragshöhe entsprechend § 287 ZPO bemessen werden, wenn Einzelbelege fehlen oder üblicherweise auch nicht erwartet werden können.

16. Hier kann die Schätzung entsprechend § 287 ZPO an den Betrag in der Quittung für die Heimfahrt anknüpfen.

17. Ein Anspruch auf angemessene Entschädigung in Geld wegen nutzlos aufgewendeter Urlaubszeit gemäß § 651 f Abs. 2 BGB kann neben den Ansprüchen aus §§ 651 c, d, e und f Abs. 1 BGB geltend gemacht werden. Anspruchsvoraussetzungen dabei sind:

a) „Vereitelte" Reise:
„Vereitelt" ist ein Urlaub dann, wenn der Reisende ihn nicht antreten kann, wie etwa bei anfänglichem Unvermögen und notwendigem Abbruch der Reise gleich zu Beginn. Das ist etwa der Fall bei einer überbuchten Unterkunft und der Zuweisung einer unzumutbaren Ersatzunterkunft, die eine sofortige Kündigung rechtfertigt (OLG Düsseldorf NJW-RR 1989, 1078; OLG Frankfurt RRa 1995, 224; LG Bonn NJW-RR 2001, 345). „Vereitelt" ist die Reise auch, wenn derart gravierende Mängel vorhanden sind, dass von einer völligen Nutzlosigkeit der Reise auszugehen ist (LG Frankfurt NJW 1986, 1616), oder wenn der Kunde die Reise überhaupt nicht antreten konnte, etwa bei einem abgesagten Ferienhausaufenthalt (LG Köln, NJW-RR 1994, 741; AG Hamburg RRa 2000, 188; LG Frankfurt RRa 2000, 190).

b) „Erhebliche" Reisebeeinträchtigungen:
Um dieses gesetzliche Merkmal der Anspruchsvoraussetzung zu konkretisieren, sind vom Ansatz her zwei Aspekte zu berücksichtigen, nämlich die Schwere der Reisebeeinträchtigung und – im Hinblick auf das Tatbestandsmerkmal „wegen nutzlos aufgewendeter Urlaubszeit" – ein Zeitfaktor.

aa) Hinsichtlich der eigentlichen Schwere der Reisebeeinträchtigung wird nach h. M. davon ausgegangen, dass der Reisemangel zu einer Minderung von mindestens 50% des Reisepreises berechtigen würde (siehe die Rechtsprechungshinweise bei *Führich* Rdn. 348; *Tonner* § 651 f, Rdn. 32).

bb) Weil sich auch der quotenmäßige Ansatz der Betrachtungsweise entsprechend der jeweiligen Möglichkeit zur Reisepreisminderung nach h. M. am Gesamtreisepreis orientiert, ist eine weitere Präzisierung unter Berücksichtigung des zeitlichen Moments der Reisebeeinträchtigung erforderlich (vgl. dazu ausführlich *Tempel* NJW 1999, 2012 mit zurecht kritischen Anmerkungen zur Entscheidung des LG Düsseldorf NJW 1999, 2049). Er weist darauf hin, dass der Reisende die Auswirkungen eines Reisemangels nicht im Rückblick nach Beendigung der Reise durch Ziehen einer „Gesamtbilanz" empfindet, sondern die Beeinträchtigung jeweils zeitgleich mit dem Auftreten des Mangels bzw. der Häufung verschiedener Reisemängel erlebt. Deshalb wird eine Kompensation mangelbehafteter Reiseteile mit mangelfreien Reisezeiten abgelehnt (siehe OLG Frankfurt NJW-RR 1988, 632; LG Frankfurt NJW-RR 1991, 378; 1993, 1330; LG Hannover NJW-RR 1989, 633; 1990, 1019; 1999, 1004, LG Düsseldorf NJW-RR 2001, 50; wegen Bedenken hinsichtlich der prozentualen Quantifizierung siehe auch *Führich* Rdn. 352; *Tonner* § 651 f, Rdn. 33 bis 35; LG München I NJW-RR 2002, 268; zur Besonderheit bei einem Reisenden, der seine Sehkraft verloren hat und deshalb in besonderem Maße unter Baulärm leidet, siehe AG Bad Homburg NJW-RR 2001, 348: Urlaubsentschädigung schon bei einer Beeinträchtigung von weniger als 50%).

Praktisch folgt daraus, dass das Merkmal der „erheblichen" Beeinträchtigung auch gegeben ist, wenn nur ein oder zwei Tage derart mängelbehaftet waren, die anderen Urlaubstage hingegen nicht. Dann ist nach dem Anteil abzurechnen, der auf die jeweils mängelbehafteten Tage fällt (praktisches Rechenbeispiel bei *Tempel* NJW 1999, 2012, 2013). Wegen des Problems der Nachwirkung beseitigter Mängel, wenn also die Folgen der Mangelhaftigkeit von Reiseleistungen über die Zeit nach Beseitigung der Mängel fortwirken, und der Rückwirkung aufgetretener Mängel, also Mängel, die auch die Zeit der früheren mangelfreien Reise entwerten, siehe OLG Frankfurt NJW-RR 1999, 202; LG Frankfurt RRa 2001, 79; dazu *Tempel* RRa 2002, 4 ff. m. w. N.; siehe ders. RRa 1997, 67, 70.

18. Nicht weniger komplex ist das Problem der Bemessung des Entschädigungsumfangs. Unterschiedliche Ansätze werden in der Rechtsprechungspraxis dabei zugrundegelegt:

a) Als erstes Gericht hat das LG Frankfurt (24. Kammer, NJW-RR 1988, 1451) ein festes Tagessatzsystem für angemessen gehalten, dem auch andere Gerichte gefolgt sind (LG Köln RRa 1996, 226; AG Düsseldorf NJW-RR 1998, 195 = RRa 1997, 178 und RRa 1999, 175). Der seinerzeitige Tagessatz von 100 DM ist vom LG Frankfurt zwischenzeitlich auf 130 DM angehoben worden (NJW-RR 1998, 1590; RRa 2001, 202) und müsste jetzt auf Euro umgestellt werden. In der Praxis ist damit so verfahren worden, dass bei einer unter 100% liegenden Minderung auch nur eine entsprechende Quote des Tagessatzes zugesprochen wurde.
Das LG Hannover (NJW-RR 1989, 633) ist von einem festen Satz von mindestens 50 DM ausgegangen und hat nach oben hin eine variable Bestimmung entsprechend den Umständen des Einzelfalls für richtig gehalten (kritisch zu diesem System der Tagessätze: *Tonner* § 651 f, Rdn. 46; *Führich* Rdn. 352).

b) Andere Gerichte setzen die Entschädigung nach dem Reisepreis fest (so LG München I NJW-RR 2002, 268; OLG Düsseldorf NJW-RR 1994, 950; LG Köln NJW-RR 1994, 741) oder legen einen Mittelwert zwischen dem täglichen Reisepreis und dem auf einen Tag entfallenden Nettoeinkommen des Reisenden zugrunde (LG Düsseldorf NJW-RR 2002, 269; kritisch gerade zu diesem Mittelungsansatz: *Tonner* § 651 f.,

Rdn. 46). Andere stellen allgemein auf „die Umstände des Einzelfalls“ ab (AG Kleve NJW-RR 1999, 489; OLG Frankfurt NJW-RR 1999, 202).

19. Weil es sich bei § 651f Abs. 2 BGB nach überwiegender Ansicht um einen immateriellen Schadensersatzanspruch handelt und weil auch die Rechtsprechung sehr unterschiedliche Ansätze bei der Festsetzung der Entschädigungshöhe verfolgt, hat das LG Hannover (NJW-RR 1989, 1936; ebenso *Führich* Rdn. 513; *Seyderhelm* VII Rdn. 23) einen unbezifferten Klageantrag entsprechend § 847 BGB für zulässig gehalten. Danach ist die Höhe in das Ermessen des Gerichts zu stellen.

20. Nach LG Frankfurt (NJW-RR 2001, 346) ist für einen nach Reisevertragskündigung zu Hause verbrachten Resturlaub als deshalb nutzlos aufgewandte Urlaubszeit die Hälfte eines Tagessatzes zu veranschlagen.

21. Im Hinblick darauf, dass einige Gerichte auch das Nettoeinkommen als Bemessungsansatz berücksichtigen (siehe oben Anm. 18), sollte diese Angabe in den Sachvortrag aufgenommen werden.

22. Die Ablehnung ist verzugsbegründend (§ 286 Abs. 2 Nr. 3 BGB).

23. Die Beweislast trägt

a) bei der Kündigung nach § 651e BGB

aa) der Reisende für die Erheblichkeit des Reisemangels, die Unzumutbarkeit der Reise, das Setzen einer angemessenen Frist nach § 651e Abs. 2 BGB, die Entbehrlichkeit der Fristsetzung wegen Verweigerung der Abhilfe durch den Reiseveranstalter oder Unmöglichkeit der Abhilfe, für das besondere Interesse an einer sofortigen Kündigung, das fehlende Interesse an erbrachten Leistungen infolge der Aufhebung des Vertrags, für Mehrkosten infolge der Vertragsaufhebung und bei Pauschalierungsabreden, dass die Pauschale überhöht ist, wobei der Nachweis reicht, dass andere Veranstalter niedrigere Pauschalen bei vergleichbaren Reisen verlangen,

bb) der Reiseveranstalter wie für die Behauptung, er habe fristgerecht eine zumutbare Abhilfe geschaffen, den Anspruch auf angemessene Entschädigung, bei Pauschalabreden hinsichtlich der Erfahrungswerte für den belegbaren typischen Schadensumfang,

b) beim Anspruch auf Urlaubsentschädigung nach § 651f Abs. 2 BGB

aa) der Reisende zunächst wie oben beim Schadensersatz nach § 651f Abs. 1 BGB (Form. II. D. 4 Anm. 17c), ferner für die Erheblichkeit des Reisemangels, bei Berücksichtigung des Einkommens im Rahmen der Festsetzung der Entschädigungshöhe seine Verdiensthöhe,

bb) der Reiseveranstalter wie oben unter Form. II. D. 4 Anm. 17c; besonders problematisch sind die Voraussetzungen des Entlastungsbeweises und. der Beweislastumkehr z.B. bei Salmonellenerkrankungen: Treten bei einer Mehrzahl von Reisenden gleiche Krankheitssymptome auf, muss der Reiseveranstalter beweisen, dass die Erkrankung gleichwohl nicht auf verdorbene Speisen zurückzuführen ist (LG Hannover NJW-RR 1989, 633; AG Ludwigsburg RRa 1998, 114; siehe ferner zur Ciguatera-Fischvergiftung LG Frankfurt RRa 1996, 145 m. Anm. *Tonner* S. 171; LG Düsseldorf RRa 2001, 120 m. Anm. *Rodegra;* zu Beweisfragen allgemein *Tonner* § 651f Rdn. 8ff.).

Kosten und Gebühren

Vgl. oben unter Form. II. D. 2.

Fristen und Rechtsmittel

Vgl. oben unter Form. II. D. 1.

6. Klage wegen Schadensersatzes und Schmerzensgeldes (§§ 823, 831, 253 BGB)

Stichworte: Ausflugsfahrten am Urlaubsort, Transferfahrten, deutsches Recht bei Unfall im Ausland, Weisungsfreiheit der Leistungsträger, Auswahl- und Überwachungsverschulden des Reiseveranstalters als eigene Verletzung von Organisationspflichten, neue Schmerzensgeldregelung, Beweislast

An das
Landgericht X-Ort[1]

In Sachen

des R ......

– Klägers –

Prozessbevollm.: ......

gegen

die Firma RV-GmbH ......

– Beklagte –

wegen Schadensersatz und Schmerzensgeld (Reisevertrag)
zeige ich an, den Kläger anwaltlich zu vertreten. In seinem Namen und Auftrag erhebe ich

Klage

und beantrage:

1. Die Beklagte wird verurteilt, an den Kläger 6.000,– EUR sowie ein angemessenes Schmerzensgeld, dessen Höhe in das Ermessen des Gerichts gestellt wird, nebst (Zinsen)[2] seit dem ...... zu zahlen.
2. ......

Begründung

Der Kläger buchte bei der Beklagten eine Studienreise in den Jemen für die Zeit vom ...... bis ...... zum Preis von ...... EUR.

Beweis: Reisebestätigung vom ......

Neben der Besichtigung der Städte ...... gehörten zu der Reise auch Erkundungsfahrten im Land selbst, die mit einem Jeep durchgeführt werden sollten.[3]

Beweis: Prospekt Seite 200

Die Durchführung dieser Jeep-Touren organisierte die Beklagte in Zusammenarbeit mit der örtlichen Agentur der Firma Y.[4]

Beweis: Zeugnis Reiseleiter L

Am letzten Tag des Ausflugsprogramms startete die Reisegruppe mit mehreren Jeeps von M. zu einer Fahrt durch die Wüste nach S. Während dieser Fahrt kam es zu einem Unfall, bei dem der Kläger schwer verletzt wurde.[5]
Der Jeep, in dem er gesessen hatte, war wegen technischer Mängel nicht in der Lage, wie die anderen vorausfahrenden Jeeps eine Düne hochzufahren. Daher hat der Fahrer versucht, abseits hinauf zu gelangen, um die Düne auf einem nicht markierten Weg mit voller Kraft zu überqueren. Dabei übersah der Fahrer, dass die Düne auf der anderen Seite steil abfällt. Der Wagen verlor plötzlich die Bodenhaftung und sackte ca. 1 m senkrecht ab. Dabei wurde der Kläger, der vorn neben dem Fahrer saß, mit großer Wucht in den Sitz gestaucht.

Beweis: Zeugnis Reiseleiter L
Zeugnis Mitreisender K

Von Anfang an wies der Jeep, in dem der Kläger saß, eine geringere Leistungsfähigkeit auf als die anderen Fahrzeuge. Mehrfach mussten Teile, wie z.B. eine Pumpe und ein neuer Verbindungsschlauch, ausgetauscht werden.

Beweis: Zeugnis Reiseleiter L
Zeugnis Mitreisender K

Zu dem Unfall ist es nur gekommen, weil der Jeep ohne die Manöver, die der Fahrer anstellen musste, die Strecke nicht bewältigt hätte. Der Reiseleiter hatte es versäumt, die Verkehrstauglichkeit des Jeeps für die unternommene Tour vorab klären zu lassen und dafür zu sorgen, dass dieses Fahrzeug aus dem Verkehr gezogen wurde.[6]
Durch den Unfall hat der Kläger sich einen Bruch des Lendenwirbels zugezogen (......) und musste (......) behandelt werden.

Beweis: Ärztliches Zeugnis des Dr. A.

Aufgrund dieser Verletzung hat der Kläger, der in O. ein Geschäft betreibt (......) und über einen Zeitraum von zwei Monaten zu 100% arbeitsunfähig war, Aushilfspersonal für die Aufrechterhaltung des Betriebs anstellen müssen. Für den Zeitraum von ...... bis ......, also für 40 Tage, war dies die Aushilfskraft A., und für die restlichen 20 Tage war dies die Aushilfskraft B. an die er jeweils 100,– EUR pro Tag hat zahlen müssen, zusammen also 6.000,– EUR.[7]

Beweis: Zeugnis A. und B.

Über den Zeitraum von zwei Monaten hatte der Kläger erhebliche Schmerzen (......) und war in seiner Bewegungsfähigkeit während der ersten vier Wochen nahezu vollständig und danach noch erheblich eingeschränkt (......).

Beweis: Ärztliches Zeugnis Dr. A.
Zeugnis M.

Die Beklagte ist für den Unfall verantwortlich, hat jedoch mit Schreiben vom ...... jegliche Erstattung abgelehnt.[8] Deshalb ist Klage geboten.[9] Hinsichtlich der Höhe des Schmerzensgeldes geht der Kläger mit Rücksicht auf das Maß seiner Beeinträchtigungen (......) und die andauernden Schmerzen (......) davon aus, dass ein Betrag in Höhe von mindestens 10.000,– EUR angemessen ist.[10]

Rechtsanwalt

Schrifttum: Tempel, Zur Haftung des Reiseveranstalters für Verkehrsunfälle im Rahmen des Transfers, RRa 2002, 4.

Anmerkungen

1. §§ 13, 17 ZPO (§ 32 ZPO begründet einen nicht ausschließlichen Wahlgerichtsstand).

2. Siehe oben Form. II. D. 2 Anm. 3.

3. In Abwandlung von LG Frankfurt RRa 2001, 30.

4. Während hier der Jeep-Ausflug zum Programm der gebuchten Reise gehörte, sind davon solche Ausflugsfahrten zu unterscheiden, die vor Ort entweder vom Veranstalter oder Dritten angeboten werden und bei denen jeweils im Einzelfall zu prüfen ist, ob dabei eine Rechtsverbindlichkeit für den Veranstalter entstanden ist (weiterführende Hinweise bei *Führich* Rdn. 81, 114; *Tempel* Zur Haftung des Reiseveranstalters für Verkehrsunfälle im Rahmen des Transfers, RRa 2001, 4; *Tonner* § 651 a, Rdn. 31).

5. Für Unfallschäden während des Urlaubs kommt als Anspruchsgrundlage zunächst § 651f Abs. 1 BGB in Betracht. Dabei ist zu sehen, ob der eigentliche Unfallverursacher als Erfüllungsgehilfe des Reiseveranstalters nach § 278 BGB gilt.

Hinsichtlich des deliktischen Schadensersatzanspruchs kann auch dann deutsches Recht angewendet wenden, wenn der Unfall im Ausland passiert ist. Das entspricht der bisherigen Rechtsauffassung (vgl. u.a. BGHZ 103, 278, 303), die nunmehr in Art. 40 Abs. 2 des Gesetzes zum Internationalen Privatrecht für außervertragliche Schuldverhältnisse und für Sachen vom 21. 5. 1999, BGBl. S. 1026, eine ausdrückliche Regelung gefunden hat.

6. Ein Reiseveranstalter haftet grundsätzlich nicht aus § 823 Abs. 1 Satz 1 BGB wegen eines Auswahl- und Überwachungsverschuldens in Bezug auf den Leistungsträger, den er vor Ort zur Erbringung seiner Leistungen eingeschaltet hat, weil der Leistungsträger und seine Angestellten nicht den Weisungen des Reiseleiters unterworfen sind. Diese sind keine Verrichtungsgehilfen nach § 831 BGB (z.B. OLG Frankfurt RRa 2351; NJW-RR 2001, 53 = MDR 2000, 141).

Im Anschluss an das sog. Balkonsturz-Urteil des BGH (NJW 1988, 1380) kommt eine deliktische Haftung des Reiseveranstalters nur in Betracht, wenn er selbst seine Verkehrssicherungspflicht bei der Vorbereitung und der Durchführung der von ihm veranstalteten Reise trifft. Das ist zwischenzeitlich unter dem Gesichtspunkt des Organisationsverschuldens von der Rechtsprechung durchgängig anerkannt, z.B. OLG Köln NJW-RR 1992, 1185 (Hotelbrand), OLG Düsseldorf NJW-RR 1997, 1483 (Glasqualität von Hoteltüren), OLG München RRa 1995, 204 (Wanderführerlehrgang mit Wildwasserschwimmübungen); BGH NJW 2000, 1188 = RRa 2000, 85 (Bereitstellung eines unzuverlässigen Reitpferds bei einem Club-Urlaub in Tunesien), ferner ausführlich OLG München NJW-RR 2002, 694 = RRa 2002, 57 (Lawinenunglück).

Diese rechtlichen Überlegungen zum Vorliegen deliktsrechtlicher Anspruchsgrundlagen hatten bisher ihren Sinn darin, (auch) Ansprüche wegen Schmerzensgelds zu ermöglichen. Mit der zum 1. 8. 2002 in Kraft getretenen Novelle zum Schadensersatzrecht vom 18. 4. 2002 (siehe oben Form. II. D. 4 Anm. 2) kann Schmerzensgeld künftig auch bei Vertragspflichtverletzungen gefordert werden (zum Text von § 253 Abs. 2 BGB n.F. siehe oben Form. II. D. 4 Anm. 2; BGBl. I S. 2674, 2675; BT-Drs. 14/7752).

7. Einem substantiiert dargelegten Schadensersatzanspruch kann der Reiseveranstalter gemäß § 651f Abs. 1 BGB den Entlastungsbeweis für die Zurechenbarkeit des Schadens entgegenstellen.

8. Mit der Ablehnung tritt Verzug ein (§ 286 Abs. 2 Nr. 3 BGB).

9. Die Beweislast trägt

a) der Reisende für die objektive Pflichtwidrigkeit des Reiseveranstalters bei der Schadensverursachung entsprechend den Grundsätzen über die Beweislastverteilung nach Organisationskreisen, insbesondere hinsichtlich eines Auswahl- oder Überwachungsverschuldens sowie für den Schaden, bei Arglist des Reiseveranstalters für die kenntnisbegründenden Tatsachen,

b) der Reiseveranstalter für das Nichtvertretenmüssen, insbesondere für fehlendes Verschulden bei Auswahl und Überwachung der Leistungsträger sowie für ein Mitverschulden des Reisenden.

10. Der Hinweis in der Klageschrift zur Vorstellung des Klägers hinsichtlich der Schmerzensgeldhöhe kann Auswirkungen auf die Streitwertbestimmung und damit zugleich auf die Frage der Zuständigkeit des angerufenen Gerichts haben.

Kosten und Gebühren

Vgl. oben unter Form. II. D. 2.

Fristen und Rechtsmittel

Auf deliktische Ansprüche nach §§ 823 ff. BGB ist § die Monatsfrist des § 651 g Abs. 1 BGB nicht anzuwenden. Streitig ist allerdings, ob sie durch eine AGB-Klausel dieser Frist unterworfen werden können (bejahend LG Frankfurt RRa 1998, 160 m. zust. Anm. *Bechhofer;* 1999, 88 m. abl. Anm. *Tonner;* siehe dazu auch *Führich* Rdn. 360).

Bezüglich der Verjährung wird ebenfalls diskutiert, ob die Frist, die sonst für unerlaubte Handlungen gilt – beachte insofern § 852 BGB n. F. – auch durch Vertragsbedingungen verkürzt werden kann (befürwortend LG Frankfurt RRa 2002, 68; AG Bonn RRa 1996, 125; ferner die *Führich* Rdn. 381; *Tonner* § 651 g Rdn. 30; dagegen *Seyderhelm* § 651 g Rdn. 44). Siehe dazu jetzt § 307 Abs. 2 Nr. 1 BGB n. F.

E. Unerlaubte Handlung, Gefährdungshaftung, Verkehrsunfälle

1. Klage auf Schadensersatz kombiniert mit Feststellungsantrag

An das
Amtsgericht[1, 2]

Klage

des ......
(Klägers)
Prozessbevollmächtigter: ......

gegen
1. den ...... (Beklagten Ziff. 1)
2. den ...... (Beklagten Ziff. 2)
wegen

Schadensersatz.

Vorläufiger Streitwert[2]:

Klageantrag Ziff. I	EUR 3.200,–
Klageantrag Ziff. II	EUR 1.000,–
	EUR 4.200,–

Namens und in Vollmacht des Klägers erhebe ich Klage und werde beantragen:

I. Die Beklagten werden als Gesamtschuldner verurteilt, an den Kläger EUR 3200,– nebst 5% Zinsen[3] über dem Basiszinssatz seit 1. 5. .... zu bezahlen[4].

II. Es wird festgestellt[11], dass die Beklagten als Gesamtschuldner verpflichtet sind, dem Kläger sämtliche materiellen Schäden[5], die aus dem Vorfall vom 22. 2. .... auf der X-Straße in Y. künftig entstehen, zu ersetzen, soweit sie nicht auf Sozialversicherungsträger[6] oder andere Dritte[7] übergehen.

Begründung:

Der Kläger macht gegen die Beklagten mit der vorliegenden Klage materielle Schadensersatzansprüche wegen einer tätlichen Auseinandersetzung geltend.

1.[8] Am 22. 2. ...... gegen 22 Uhr griffen die Beklagten den Kläger auf der X-Straße in Y. an und schlugen auf ihn ein. Einer der Beklagten hielt den Kläger fest, der andere versetzte ihm Faustschläge ins Gesicht und in den Magen. Der Kläger wurde bewusstlos und fiel zu Boden. Er erlitt bei der Auseinandersetzung schwere Verletzungen, ua. einen Jochbeinbruch, einen Bruch des linken Unterarmes sowie eine Gehirnerschütterung, zahlreiche Prellungen und Schürfungen.

Beweis: Beiziehung und Verwertung der Akten des Amtsgerichts Y. in der Strafsache gegen B und C. (Aktenzeichen 7 Ds 502/.....); Zeugnis der Frau Z., X-Straße 92, Y; ärztliches Attest des Dr. med. G. vom 23. 2. ...... in Anlage; Sachverständiges Zeugnis des Dr. med. G, X-Straße 52, Y., der hiermit von der ärztlichen Schweigepflicht befreit wird.

Der Kläger kann nicht sagen, durch welchen Tatbeitrag der Beklagten er im Einzelnen welche Verletzungen erlitt. Die Beklagten haften dem Kläger jedoch nach §§ 830 Abs. 1, 840 Abs. 1 BGB gemäß §§ 823 Abs. 1, 823 Abs. 2 BGB i. V. m. § 223 a StGB als Gesamtschuldner für den entstandenen Schaden.

2.[9] Der Kläger erlitt folgenden materiellen Schaden:

a) Infolge der schweren Verletzungen ist der Kläger bereits 10 Wochen krank. In den ersten 6 Wochen erhielt er von seinem Arbeitgeber Lohnfortzahlung. Für die bisher verstrichenen 4 Wochen danach macht der Kläger den Differenzbetrag zwischen seinem regelmäßigen Einkommen und dem von der AOK bezogenen Krankengeld geltend[10]. Das ansatzfähige Einkommen des Klägers beträgt in 4 Wochen EUR 5.000,–, das ausbezahlte Krankengeld EUR 4.000,–.

**Beweis: Bescheinigung des Arbeitgebers N. vom ...... in Anlage;
Auszahlungsbeleg der AOK Y. in der Anlage.**

b) Bei der Auseinandersetzung wurde der Ledermantel des Klägers zerrissen. Er weist jetzt an der linken Vorderseite einen Riss von 20 cm auf, und zwar nicht an den Nähten. Der Mantel kann nicht mehr genäht werden. Der Kläger hatte den Mantel genau 6 Monate vor dem Vorfall zum Neupreis von EUR 3.000,– erworben. Zurzeit des Vorfalls hatte der Mantel noch einen Zeitwert von mindestens EUR 2.200,–.

**Beweis: Rechnung der Firma F. vom 22. 8. ...... in der Anlage;
Sachverständigengutachten.**

Der Zinsanspruch ergibt sich aus § 286 BGB. Mit Schreiben vom 30. 4. ...... haben die Beklagten die Erfüllung der Schadensersatzansprüche des Klägers endgültig abgelehnt. Der Kläger musste zum Erwerb eines neuen Mantels und wegen des Lohnausfalls Kredit in Höhe von EUR 3.200,– aufnehmen, den er bei Zahlung zurückgeführt hätte und für den er 8% Zinsen bezahlt[3].

Beweis: Bescheinigung der M.-Bank in Anlage.

Nach der Bescheinigung des Dr. X. ist der Kläger noch mindestens 5 Monate arbeitsunfähig krank.

Beweis: Arbeitsunfähigkeitsbescheinigung des Dr. X. in Anlage im Original.

Das erforderliche Feststellungsinteresse ist damit gegeben[11].

Anmerkungen

1. Neben dem allgemeinen Gerichtsstand (§§ 12–19 ZPO) ist der Gerichtsstand der unerlaubten Handlung gegeben (§ 32 ZPO).

2. Die sachliche Zuständigkeit bemisst sich nach dem Streitwert. Dieser errechnet sich aus der Summe des in Antrag Ziffer I bezifferten EUR-Betrages und des für den Feststellungsantrag nach § 3 ZPO zu schätzenden Betrags. Für den Feststellungsantrag ist maßgebend der zu erwartende Schaden. Von dem geschätzten Betrag ist ein Abzug in aller Regel von 20%, gegebenenfalls auch mehr, vorzunehmen (vgl. BGH NJW 1965, 2298; BGH NJW-RR 1988, 689; OLG Köln VersR 1992, 1028; *Baumbach/Lauterbach/Albers/Hartmann* Anh. § 3 Rdn. 53; *Thomas/Putzo* § 3 Rdn. 65).

3. Ein Anspruch auf Zinsen besteht entweder ab Verzug oder ab Rechtshängigkeit (§ 291 S. 1 BGB). Ein etwaiger Verzug ist durch Behauptung einer Mahnung oder der endgültigen Erfüllungsverweigerung darzulegen und ggfs. unter Beweis zu stellen. Die Höhe des Zinssatzes beträgt 5% über dem Basiszins (§§ 291 S. 2, 288 Abs. 1 S. 2, 247 BGB). Ein höherer Zinssatz kann nur bei substantiierter Darlegung eines Schadens (§§ 280 ff. BGB) beansprucht werden. Im seltenen Fall des § 849 BGB können Zinsen auch ohne Verzug verlangt werden.

4. Der Anspruch kann auf Schadensersatz in Geld gerichtet sein wie hier, aber auch auf Freistellung von einer Verbindlichkeit. Bedeutung kann der Freistellungsanspruch haben, wenn der Schaden noch nicht eingetreten ist. Sobald der Schaden eingetreten ist, kann und muss im Termin zur mündlichen Verhandlung auf das Interesse übergegangen werden (§ 264 Nr. 3 ZPO). Der Freistellungsanspruch ist nach hM. (OLG Düsseldorf MDR 1982, 942; aA. *Rimmelsbacher* JR 1976, 89f. und 183f.) nur bestimmt und damit zulässig, wenn die Geldschuld nach Grund und Höhe eindeutig bezeichnet ist: „Der Beklagte wird verurteilt, den Kläger gegenüber der X-Bank von der Verbindlichkeit aus dem Scheck Nr. . . . . . . ausgestellt auf das Konto Nr. . . . . . . in Höhe von EUR . . . . . . zuzüglich Bankspesen, Unkosten und . . . . . .% Zinsen seit Belastung freizustellen". Der Freistellungsanspruch setzt Fälligkeit der Schuld voraus (BGH v. 7. 11. 1985 – III ZR 142/84, vgl. NJW 1986, Heft 15, S. 978 ff.). Die Vollstreckung des Befreiungsanspruchs erfolgt nach § 887 ZPO (hM.; RGZ 150, 80; OLG Köln FamRZ 1994, 1048; *Baumbach/Lauterbach/Albers/Hartmann* § 887 Rdn. 22 mwN.).

5. Stellt der Kläger einen Antrag auf Ersatz „jeden weiteren Schadens", so ist damit auch der immaterielle Schaden erfasst (vgl. BGH NJW 1985, 2022). Vgl. zum Ersatz der immateriellen Schäden (Schmerzensgeld) Form. II. E. 8.

6. Infolge gesetzlichen Forderungsübergangs fehlt es insoweit an der Aktivlegitimation des Klägers. Der gesetzliche Forderungsübergang auf den Sozialversicherungsträger ergibt sich zB aus § 116 SGB X oder auch aus § 77 Abs. 2 AVG in der Angestelltenversicherung (vgl. zum Übergang i.e. *Geigel,* Der Haftpflichtprozess, Kap. 30 Rdn. 1 ff.; *Wussow/Küppersbusch,* Ersatzansprüche bei Personenschaden, Rdn. 433 ff.).

7. Als sonstige Dritte, die ebenso kraft Gesetzes die Forderungen erwerben, kommen der Arbeitgeber (§ 4 LohnfzG), die Schadens- und Krankenversicherer (§ 67 VVG) und der Staat (§ 87a BBG, § 52 BRRG) in Frage.

8. Hier folgt der Vortrag zum Anspruchsgrund, gegliedert in tatsächliche Behauptungen und rechtliche Ausführungen.

9. Hier folgt der Vortrag zur Höhe des Anspruchs, gegebenenfalls mit rechtlicher Begründung der einzelnen Schadensposition.

10. Zur Berechnung des Erwerbsschadens sowie zur Frage, ob nach Bruttolohnmethode oder (modifizierter) Nettolohnmethode vorzugehen ist vgl. *Geigel,* Der Haftpflichtprozess, Kap. 4 Rdn. 128 ff.; *Palandt/Heinrichs* § 252 Rdn. 8 ff.; *Scheffen,* Erwerbsausfallschaden bei verletzten und getöteten Personen, VersR 1990, 926; *Wussow/Küppersbusch,* Ersatzansprüche bei Personenschaden, Rdn. 27 ff.

11. Vgl. zum Feststellungsinteresse Form. II. E. 13 Anm. 8. Zur Unterbrechung der Verjährung beim Feststellungsantrag vgl. BGH NJW 1988, 965. Zu beachten ist, dass die Klage heute nur noch zur Hemmung der Verjährung führt (§ 204 Abs. 1 Nr. 1 BGB) und sich an die Rechtskraft die 6-monatige Ablaufhemmung anschließt (§ 204 Abs. 2 BGB). Das gilt auch für vor dem 1. 1. 2002 erhobene Klagen, wobei die am Stichtag noch nicht abgelaufene Verjährungsfrist hinzuzurechnen ist (Art. 229 § 6 Abs. 2 EGBGB).

2. Klage wegen Verkehrssicherungspflichtverletzung[1]

An das
Landgericht[2]

Klage

des . . . . . .
(Klägers)
Prozessbevollmächtigter: . . . . . .

gegen
die Gemeinde ......,
vertreten durch den Bürgermeister (Beklagten)
wegen

Schadensersatz

Vorläufiger Streitwert[2]: ......

Namens und in Vollmacht des Klägers erhebe ich Klage und werde beantragen:

1. Die Beklagte wird verurteilt, an den Kläger ein angemessenes Schmerzensgeld[3] nebst 5% Zinsen über dem Basiszinssatz hieraus seit ...... zu bezahlen.
2. ......[4].

Begründung:[5]

Der Kläger macht mit der Klage Schadensersatzansprüche wegen eines Verkehrsunfalls vom ...... gegen 23.00 Uhr auf der ......strasse in ...... geltend. Die Beklagte ist nach § ...... des Straßengesetzes des Landes ...... verpflichtet, alle Straßen innerhalb der geschlossenen Ortslage einschließlich der Ortsdurchfahrten ordnungsgemäß zu reinigen und bei Eisglätte zu bestreuen, soweit es sich um verkehrswichtige Straßen handelt.

1. Die ......-Straße ist eine verkehrswichtige Straße und die Kurve, in der der Unfall passierte, ist ein gefährlicher Straßenabschnitt[6]. Es handelt sich bei der ......-Straße um die Ortsdurchfahrt aus Richtung ...... in Richtung ...... Am Ortsausgang ca. 100 m vor dem Ortsschild, verläuft die ......-Straße in einer Rechtskurve. Neben der Straße in einer Wiese befindet sich rechtsseitig in ca. 10 m Entfernung ein Sumpf, von dem abends regelmäßig Feuchtigkeit aufsteigt, die sich dann auf der Straße niederschlägt. Während die Straßen sonst überall trocken waren, trat am fraglichen Abend Feuchtigkeit auf, die angesichts der Temperatur von min. 5 ° C gefror.

   Beweis: Sachverständigengutachten;
   Zeugnis des POM ......

   Der Kläger befuhr die Rechtskurve mit einer Geschwindigkeit von 50 km/h. Infolge Glatteis kam das Fahrzeug ins Rutschen und nach links von der Fahrbahn ab. Das Fahrzeug wurde leicht beschädigt und der Kläger wurde verletzt.

   Beweis: Akten der Bußgeldbehörde ......,
   deren Beiziehung und Verwertung hiermit beantragt wird.

   Die Temperaturen lagen schon tagsüber unter dem Gefrierpunkt[7].

   Beweis: Auskunft des Wetteramtes ......,
   in Anlage in Fotokopie.

   Die Tatsache, dass Feuchtigkeit und bei Temperaturen nahe dem Gefrierpunkt auch Glatteisbildung an der fraglichen Stelle häufig ist, ist der Beklagten aus verschiedenen Verkehrsunfällen aus den letzten Jahren bekannt[8].

   Beweis: Zeugnis des POM ......

   Das Streuen dieser Kurve wäre nicht zwecklos gewesen, weil die Streumittel im Hinblick auf die Temperaturen von um min. 5 °C nicht mitgefroren wären.

2.[9] ......

Anmerkungen

1. Es wird hier im Rahmen der Klagen nach § 823 BGB ein Fall der Streupflicht von Straßen durch eine Gemeinde behandelt, obwohl diese Streupflicht nach den Landesgesetzen in der Regel Amtspflicht ist und die Anspruchsvoraussetzungen des § 839 BGB erfüllt sein müssen (zu den landesrechtlichen Regelungen vgl. *Geigel,* Kap. 14 Rdn. 134 ff.; zu den Anforderungen an die Substantiierung einer Amtshaftungsklage BGH VersR 1990, 656). Die Frage, ob nach § 823 BGB oder nach § 839 BGB gehaftet wird, ist seit BGH (NJW 1979, 2043) nur noch zweitrangig, da die Subsidiaritäts- und Verweisungsklausel des § 839 Abs. 1 S. 2 BGB für die Straßenverkehrssicherungspflicht nicht gilt. Zu einem speziellen Fall der Verkehrssicherungspflicht bei Gebäuden vgl. Form. II. E. 5.

2. Zur sachlichen und örtlichen Zuständigkeit vgl. Form. II. E. 1. Soweit nach jeweiligem Landesrecht die Verkehrssicherungspflicht hoheitlich ausgestaltet ist, ist die ausschließliche sachliche Zuständigkeit des Landgerichts begründet.

3. In der Begründung ist beim vorliegenden Sachverhalt auf eine eigene Mithaftung als Bemessungsfaktor für den Schmerzensgeldanspruch hinzuweisen, damit keine Kostennachteile entstehen. Im Klagantrag könnte daneben formuliert werden: „...... unter Berücksichtigung einer Mithaftung des Klägers von 50% ......“ (vgl. zur Quote BGH VersR 1974, 910 und zum Antrag Form. II. E. 8 Anm. 5).

4. Hinsichtlich der sonstigen Anträge wegen des materiellen Schadens und auf dessen Feststellung vgl. Form. II. E. 1.

5. Eine Streupflicht kann an verschiedenen Stellen innerhalb geschlossener Ortschaften oder außerhalb der Ortschaften bestehen: vgl. zu den Voraussetzungen der Streupflicht nach plötzlichem Auftreten von Glatteis auf dem Gehweg vor einem Theater BGH VersR 1985, 973; zur Streupflicht eines Gastwirts bei Glatteis auf dem Gästeparkplatz BGH NJW 1985, 482; zur Streupflicht der Wohnungseigentümer einer Eigentumsanlage BGH NJW 1985, 484 und OLG Hamm VersR 1997, 68; zur Anliegerstreupflicht bei mehreren Garagengrundstücken mit gemeinsamem Vorplatz vgl. OLG Stuttgart NJW-RR 1986, 958 sowie OLG Hamm aaO; zu den Anforderungen an die Streupflicht einer Stadtgemeinde bei winterlicher Glätte zur Sicherung eines verkehrswichtigen, mit Ampeln versehenen Fußgängerüberwegs vgl. BGH VersR 1987, 989; zur Räum- und Streupflicht der verkehrssicherungspflichtigen Gemeinde auf dem öffentlichen Verkehr gewidmeten Parkplätzen vgl. OLG Frankfurt VersR 1986, 1030; aus der Rechtsprechung vgl. ferner OLG Hamm VersR 1988, 693; OLG Hamburg VersR 1989, 45; OLG Karlsruhe VersR 1989, 45; OLG Karlsruhe VersR 1989, 158; OLG Celle NJW 1989, 3287 = VersR 1989, 158; OLG Köln NJW-RR 2000, 1693 zur Verkehrssicherungspflicht für den Gehwegbereich vor einem Geschäftseingang; ferner weitere Fälle in NJW-RR 2000, 1693 ff.

6. Der Träger der Verkehrssicherungspflicht haftet nur dann, wenn diese zwei Voraussetzungen vorliegen: es muss sich um eine verkehrsreiche Straße handeln und um einen besonders gefährlichen Straßenabschnitt (vgl. aus der neueren Rechtsprechung BGH NJW 1991, 33; OLG Köln VersR 1986, 1128; OLG Karlsruhe VersR 1987, 1225; OLG Karlsruhe NJW-RR 1990, 1504; ferner die Nachw. bei *Geigel,* Kap. 14 Rdn. 161). Als verkehrsreiche Straßen sind neben den Ortsdurchfahrten auch stark befahrene Straßen von größerer innerörtlicher Bedeutung anzusehen (Verkehrsadern). Um eine besonders gefährliche Stelle handelt es sich dort, wo Anlage und Zustand der Straße die Bildung von Glatteis derart begünstigen, dass diese besonderen Verhältnisse vom Fahrer trotz der zu fordernden erhöhten Sorgfalt nicht oder nicht rechtzeitig zu erkennen sind (OLG Köln aaO; OLG Karlsruhe aaO). Der Rechtsanwalt des Geschädigten muss die Tatsachen vortragen, die die besondere Gefährlichkeit eines Straßenabschnitts begründen sollen. Damit wird ihm nicht die Darlegung naturwissenschaftlicher Fakten abverlangt (OLG Köln aaO).

7. Es besteht regelmäßig keine Pflicht zum vorbeugenden Streuen und zwar auch nicht an gefährlichen Straßenstellen. Aus den Umständen kann sich jedoch die Verpflichtung

ergeben, an denjenigen Stellen zu streuen, an denen konkret mit Glatteisgefahr zu rechnen ist (BGH VersR 1974, 910; BGH VersR 1985, 973; OLG Frankfurt VersR 1987, 204). Vgl. zur Streupflicht innerhalb geschlossener Ortschaften ferner BGH NJW 1991, 33; OLG München NJW-RR 1990, 1121; OLG Stuttgart VersR 1987, 696 und zur Streupflicht einer Gemeinde im Einmündungsbereich OLG Stuttgart NJW 1987, 1831 sowie zur Streupflicht auf öffentlichen Straßen BGH VersR 1987, 934.

8. Ohne Kenntnis davon, dass sich mehrere Glatteisunfälle ereignet haben, trifft nach Ansicht des OLG Köln (VersR 1986, 1128) den Träger der Straßenbaulast kein Verschulden bei weiteren Unfällen.

9. Hier folgt die Begründung der Schadenshöhe und die Darlegung der Verletzungen sowie zum Schmerzensgeld entsprechend Form. II. E. 8.

3. Die sog. vorbeugende Unterlassungsklage[1, 2] (actio quasi negatoria)

An das
Amtsgericht[3, 4]

Klage

der ...... **(Klägerin)**
Prozessbevollmächtigter: ......

gegen
den ...... **(Beklagten)**
wegen

Unterlassung.

Vorläufiger Streitwert: EUR 4000,–[4]
Namens und in Vollmacht der Klägerin erhebe ich Klage und werde beantragen:

> **Der Beklagte wird verurteilt, es bei Vermeidung eines Ordnungsgeldes bis EUR 250.000,– ersatzweise Ordnungshaft bis zwei Jahren[5] zu unterlassen, die Klägerin telefonisch anzurufen.**

Begründung[6]:

Die Klägerin ist Mieterin des Hauses des Beklagten in X-Stadt, Y-Straße. Der Beklagte hat das Mietverhältnis gekündigt. Beim Amtsgericht X-Stadt ist eine Räumungsklage anhängig. Die Klägerin bestreitet die Berechtigung der Kündigung, ferner hat sie der Kündigung widersprochen.

Beweis: Beiziehung der Akten des Amtsgerichts X-Stadt in Sachen C. . /. A., Aktenzeichen 2 C 503/96.

Der Beklagte hat der Klägerin vor Erhebung der Räumungsklage erklärt, er werde sie so schikanieren, dass sie noch von selbst ausziehen werde. U.a. am ...... gegen 2.15 Uhr, am ...... gegen 3.30 Uhr und am ...... gegen 2.45 Uhr hat der Beklagte die Klägerin nachts angerufen und den Hörer, nachdem die Klägerin abgenommen und sich gemeldet hatte, sofort wieder aufgelegt.

Beweis: Bestätigung der Deutschen Telekom X-Stadt vom ...... in Anlage in Fotokopie;
Parteivernehmung des Beklagten.

Die Deutsche Telekom hat auf Antrag der Klägerin eine Fangschaltung eingerichtet und festgestellt, dass die genannten Anrufe vom Anschluss des Beklagten geführt wurden.

Dies wird in der Bestätigung bescheinigt. Der Beklagte hat die Telefongespräche selbst geführt.

Beweis: Akten der Staatsanwaltschaft X-Stadt in der Strafsache gegen C., Aktenzeichen 22 Js 5070/. . . . ., deren Beiziehung hiermit beantragt wird; Parteivernehmung des Beklagten.

Die Klägerin kann nach den Störanrufen nicht mehr einschlafen. Sie leidet unter erheblichen vegetativen Störungen an den Tagen nach den nächtlichen Störanrufen und musste an den Tagen danach krankgeschrieben werden.

Beweis: Ärztliches Attest des Dr. med. G. in Anlage; Zeugnis des Herrn Dr. med. G., der hiermit von seiner ärztlichen Schweigepflicht befreit wird.

Auf die nächtlichen Störanrufe angesprochen, erklärte der Beklagte gegenüber der Klägerin, er werde diese Anrufe fortsetzen, bis die Klägerin ausgezogen sei.

Beweis: Zeugnis des Herrn F., X-Stadt, Y-Straße.

Der Unterlassungsanspruch der Klägerin ergibt sich in entsprechender Anwendung der §§ 823, 1004 BGB, da ein Eingriff in die Gesundheit der Klägerin vorliegt.[7] Die Wiederholungsgefahr ergibt sich aus der Äußerung des Beklagten.

Anmerkungen

1. Die Schadensersatzansprüche nach § 823 Abs. 1, Abs. 2; § 824 BGB setzen neben dem Verschulden auch voraus, dass ein Schaden bereits eingetreten ist. In vielen Fällen besteht jedoch schon vor Schadenseintritt das Bedürfnis, die drohende (weitere) Verletzung zu verhindern. Einen hierauf gerichteten Unterlassungsanspruch stellt das Gesetz nur in bestimmten Fällen zur Verfügung, so zB. zum Schutz absoluter Rechte wie des Namensrechts (§ 12 BGB), des Eigentums (§ 1004 Abs. 1 BGB; vgl. hierzu Form. II. G. 11), einer Grunddienstbarkeit (§ 1127 BGB), eines Nießbrauchs (§ 1065 BGB), einer Hypothek (§ 1134 Abs. 1 BGB), eines Pfandrechts (§ 1227 BGB), oder zum Schutze des Besitzes (§ 862 Abs. 1 BGB), oder im Falle des unlauteren Wettbewerbs (vgl. §§ 1, 3, 14, 16 Abs. 1 UWG; vgl. hierzu Form. II. M. 9), oder im Falle der § 37 Abs. 2 S. 1 HGB, § 97 Abs. 1 S. 1 UrhG, § 47 Abs. 1 PatG, § 15 Abs. 1 GebrMG, § 12 RabattG.

Die Rechtsprechung hat diese Abwehr- oder Unterlassungsklage (actio negatoria) weiterentwickelt und die vorbeugende Unterlassungsklage (zum Begriff vgl. Anm. 2) für alle Eingriffe in ein vom Gesetz geschütztes Rechtsgut zugelassen, soweit einer der Tatbestände der §§ 823 Abs. 1, 824 oder ein Schutzgesetz iSd. § 823 Abs. 2 verletzt ist (actio quasi negatoria). Hierzu gehören u. a. die praktisch bedeutsame Unterlassungsklage wegen Verletzung des allgemeinen Persönlichkeitsrechts (zu den materiellen Voraussetzungen zB. *Palandt/Thomas* § 823 Rdn. 175 ff. m. umf. Nachw.) zB. durch Presseberichterstattung (hierzu OLG Frankfurt NJW 1980, 597 und OLG Düsseldorf NJW 1980, 599) und die Unterlassungsklage wegen Ehrverletzung durch Schmähkritik (hierzu BGH NJW 1980, 1685; BGH NJW 1994, 124 oder in anderer Weise.

Die vorbeugende Unterlassungsklage ist auch von der Beseitigungsklage, gerichtet auf Beseitigung einer bestehenden Beeinträchtigung, zu unterscheiden (vgl. hierzu Form. II. G. 10). Neben dem Unterlassungsanspruch kann auch ein Anspruch auf Widerruf bestehen (vgl. Form. II. E. 4). Bei rufschädigenden Meinungsäußerungen kann dem Verletzten auf negatorischer und deliktischer Grundlage ein Anspruch auf Veröffentlichung einer strafbewehrten Unterlassungsverpflichtung des Verletzten zustehen (vgl. hierzu BGH VersR 1987, 463).

2. Der Begriff vorbeugende Unterlassungsklage, der sich eingebürgert hat, ist nicht sehr glücklich, da auch die vom Gesetz vorgesehene Unterlassungsklage vorbeugenden Charakter hat.

3. Hinsichtlich der örtlichen Zuständigkeit ist neben dem allgemeinen Gerichtsstand (§§ 12–19 ZPO) der besondere Gerichtsstand nach § 32 ZPO gegeben, da diese Vorschrift nicht nur für Schadensersatzansprüche gilt.

4. Sachlich zuständig ist das Amtsgericht, weil die ausschließliche Zuständigkeit des Landgerichts für nicht vermögensrechtliche Angelegenheiten nach § 23 Nr. 1 GVG a.F. entfallen ist und es damit auf den Streitwert auch hier ankommt (*Thomas/Putzo* § 23 GVG Rdn. 1).

5. Der Antrag auf Androhung des Ordnungsgeldes bzw. der Ordnungshaft muss der späteren Vollstreckung (§ 890 Abs. 1, 2 ZPO) vorausgehen. Er kann bereits mit dem Unterlassungsantrag verknüpft werden oder nachträglich beim Prozessgericht des ersten Rechtszugs gestellt werden. Im letzteren Fall ergeht ein besonderer Beschluss (vgl. § 891 ZPO). Wirksam wird die Androhung des Ordnungsgeldes und der Ordnungshaft erst mit Zustellung des Urteils bzw. Beschlusses.

6. Anspruchsvoraussetzungen für die Klage sind:

a) Dargelegt und bewiesen werden muss ein Eingriff in ein gesetzlich geschütztes (§§ 823ff. BGB; vgl. Anm. 1) Rechtsgut. Der Eingriff muss jedoch noch nicht geschehen sein. Es genügt vielmehr, wenn Tatsachen vorliegen, welche die Vorbereitung und die Absicht eines Eingriffs mit Sicherheit erkennen lassen, wenn die Beeinträchtigung also unmittelbar und konkret bevorsteht (BGH NJW 1990, 2469). Verschulden ist nicht erforderlich. Ebensowenig ist der Eintritt eines Schadens Voraussetzung.

b) Ist eine Beeinträchtigung bereits erfolgt, so muss für die Unterlassungsklage Wiederholungsgefahr (anderenfalls Verletzungsgefahr, vgl. a) dargelegt und bewiesen werden.

7. Ein Unterlassungsanspruch bei Störanrufen ist nicht nur dann gegeben, wenn eine „Gesundheitsbeschädigung" eintritt. In aller Regel stellen derartige Anrufe eine Verletzung des allgemeinen Persönlichkeitsrechts dar, die ebenfalls eine actio quasi negatoria begründet (vgl. BGH NJW 1985, 809). Entsprechendes kann für rechtswidrige Telefonanrufe von politischen Parteien im Wahlkampf gelten (OLG Stuttgart NJW 1988, 2615).

4. Klage auf Widerruf (Rücknahme) kreditgefährdender Äußerungen[1] (§ 824 BGB)

An das
Amtsgericht[2, 3]

Klage

des ...... **(Klägers)**
Prozessbevollmächtigter: ......

gegen

den ...... **(Beklagten)**
wegen

Widerrufs

Vorläufiger Streitwert: EUR 4.000,–[3, 4].

Namens und in Vollmacht des Klägers erhebe ich Klage und werde beantragen:

Der Beklagte wird verurteilt, seine gegenüber der Firma X. im Schreiben vom 2. März ...... aufgestellte Behauptung, der Kläger sei „zahlungsunfähig“, durch schriftliche Erklärung gegenüber der Firma X. zu widerrufen[5, 6].

Anmerkungen

1. Die Klage auf Widerruf unwahrer Tatsachenbehauptungen nach § 824 BGB ist ein Spezialfall der allgemeinen Beseitigungsklage (zum allgemeinen Beseitigungsanspruch vgl. *Palandt/Thomas* Einf. Rdn. 26 ff. vor § 823 BGB; zum Anspruch auf Gegendarstellung nach den Pressegesetzen der Länder: vgl. Form. II. O. 1 ff.). Ansprüche auf Widerruf aus anderen Rechtsgrundlagen werden dadurch nicht verdrängt. Von Bedeutung sind bei ehrverletzenden Behauptungen vor allem Ansprüche nach §§ 823 Abs. 2 BGB i. V. m. 185 ff. StGB (vgl. Anm. 6). Bei wertenden Äußerungen kommt ein Widerruf dann in Frage, wenn der Tatbestand der sog. „Schmähkritik“ erfüllt ist. Neben der Widerrufsklage kommt auch die Unterlassungsklage – ggf. können beide Anträge in einer Klage verbunden werden – in Betracht (vgl. hierzu Form. II. E. 3). Darüberhinaus kann eine Klage auf Ersatz materiellen Schadens in Frage kommen. Ein Anspruch auf Ersatz immateriellen Schadens ist ebenfalls denkbar nach neuem Recht vgl. Form II. E. 8 Anm. 3, ebenso bei Ehrverletzungen; vgl. hierzu *Prinz* NJW 1996, 953; *Frömming/B. Peters* NJW 1996, 958; *Steffen* NJW 1997, 10 und Form. II. E. 8 Anm. 11).

Auf § 824 BGB kann ein Widerrufsanspruch wegen falscher Tatsachenbehauptungen außerhalb des Wettbewerbs gestützt werden. Für Geschäftsehrverletzung und Anschwärzung im Wettbewerb kommen Ansprüche nach § 1 UWG und nach §§ 14 f UWG in Frage. Von § 1 UWG ist dabei nicht nur die Unterlassung und der Widerruf geschäftlich unrichtiger Behauptungen bei Fahrlässigkeit erfasst, sondern sogar bei Schuldlosigkeit (*Baumbach/Hefermehl* UWG Einl. Rdn. 141).

2. Neben dem allgemeinen Gerichtsstand (§§ 12–19 ZPO) ist der Gerichtsstand der unerlaubten Handlung (§ 32 ZPO) gegeben.

3. Sachlich zuständig ist das Amtsgericht, soweit der Streitwert nicht über EUR 5.000,– liegt. Die ausschließliche sachliche Zuständigkeit des Landgerichts für nichtvermögensrechtliche Streitigkeiten ist weggefallen (vgl. Form. II. E. 3 Anm. 4).

4. Vgl. hierzu § 12 Abs. 2 GKG. Ein Regelstreitwert ist im GKG für diese Fälle nicht mehr vorgesehen (vgl. i. e. Form. II. E. 3 Anm. 5).

5. Voraussetzungen für den Widerrufsanspruch sind im Einzelnen:

a) Nach § 824 BGB ist eine Tatsachenbehauptung erforderlich. Es genügt nicht, wenn es sich um die Äußerung einer (subjektiven) Meinung, eines Werturteils, handelt, da deren Wahrheitsgehalt im Beweisweg objektiv nicht überprüft werden kann (ständ. Rechtsprechung, vgl. BGH NJW 1982, 2246; BGH NJW 1993, 930; BGH NJW-RR 1994, 1242 und 1246, auch zur Abgrenzung von Tatsachenbehauptungen und Werturteilen; BGH NJW 1998, 1223; *Palandt/Thomas* § 824 Rdn. 2). Der Widerrufsanspruch ist nur zur Richtigstellung falscher Tatsachenbehauptungen, nicht bei schuldhafter Verletzung der Ehre oder Eingriff in den ausgeübten und eingerichteten Gewerbebetrieb gegeben (BGH NJW 1965, 35/36). In diesen Fällen kann aber ein Unterlassungsanspruch gegeben sein (vgl. *Palandt/Thomas* Einf. v. § 823 Rdn. 20 und zur Unterlassungsklage Form. II. E. 3). Der Widerruf kann auch bei Äußerungen im „kleinen Kreis“ und gegenüber Personen verlangt werden, die sich die Äußerungen zueigen gemacht haben (BGH VersR 1984, 267). Ein Anspruch besteht auch gegen Redakteure und Verleger neben dem presserechtlichen Recht auf Gegendarstellung (vgl. OLG Düsseldorf VersR 1985, 247). Der Beschuldigte eines Strafverfahrens kann von einem in dem Verfahren vernommenen Zeugen Widerruf seiner Aussage im Verfahren vor den Zivilgerichten nicht verlangen. Auch einer Klage auf Geldentschädigung fehlt das Rechtsschutzbedürfnis, solange das Strafverfahren nicht abgeschlossen ist (BGH JZ 1986, 1057 m. Anm. *Walter*).

b) Die Unwahrheit der Tatsachenbehauptung muss festgestellt werden (vgl. *Palandt/Thomas* § 824 Rdn. 3, Einf. Rdn. 26 ff. vor § 823, ebenso zur Frage, wann statt Widerruf Richtigstellung oder Ergänzung verlangt werden kann; vgl. zu letzterem und zu den verschiedenen Formen des Widerrufs auch Form. II. O. 11 ff.). Die Beweislast für die Unwahrheit trifft den Verletzten. Der Beweis erübrigt sich nur in Ausnahmefällen (vgl. *Palandt/Thomas* § 824 Rdn. 12; vgl. auch unten Anm. 6).

c) Die unwahre Tatsachenbehauptung muss eine Kreditgefährdung mit sich bringen. Geschützt ist nur die Gefährdung und unmittelbare Beeinträchtigung wirtschaftlicher Interessen. Für reine Ehrverletzungen können §§ 823 Abs. 2 BGB i. V. m. 185 ff. StGB in Frage kommen (vgl. Anm. 6). Der Schutz nach § 824 BGB besteht nur dann, wenn die unwahre Behauptung geschäftliche Entschließungen gegenwärtiger und künftiger Geschäftspartner des Betroffenen beeinflussen können (BGH NJW 1984, 1607). Dies ist z. B. bei folgender Behauptung zu bejahen: „Die Masche der X.: Mit Verlogenheit zum Geld!" (BGH NJW 1988, 1589).

d) Weitere Voraussetzung ist die Rechtswidrigkeit künftiger Störungen (vgl. zur Wahrnehmung berechtigter Interessen § 824 Abs. 2 BGB; hierzu *Palandt/Thomas* § 824 Rdn. 6 ff.).

e) Schließlich ist Verschulden, zumindest in Form der Fahrlässigkeit, erforderlich. Auch hierfür trifft den Verletzten die Beweislast (*Palandt/Thomas* § 824 Rdn. 5).

6. Neben § 824 BGB geben §§ 823 Abs. 2 BGB iVm. 185 ff. StGB häufig eine Anspruchsgrundlage für einen Widerrufsanspruch her. Von großer praktischer Bedeutung kann hier vor allem § 186 StGB werden, weil hiernach der Schädiger die Beweislast für die Wahrheit einer ehrverletzenden Behauptung hat. Dies gilt allerdings nicht, wenn sich der Schädiger auf Wahrnehmung berechtigter Interessen berufen kann (BGH NJW 1985, 1621).

5. Klage bei Beschädigung oder Verletzung durch Gebäude (§ 836 BGB)

An das
Landgericht[1]

Klage

des ...... (Klägers)
Prozessbevollmächtigter: ......
gegen
den ...... (Beklagten)
wegen

Schadensersatz

Vorläufiger Streitwert für Klageantrag Ziff. I:	**EUR 3.200,–**
für Klageantrag Ziff. II:	**EUR 9.500,–**
für Klageantrag Ziff. III:	**EUR 20.000,–**
	EUR 32.700,–.

Namens und in Vollmacht des Klägers erhebe ich Klage und werde beantragen:

I. Der Beklagte wird verurteilt, an den Kläger EUR 3.200,–[2] nebst 5% Zinsen über dem Basiszinssatz seit Rechtshängigkeit zu bezahlen.

II. ......[3]
III. ......[4]

Begründung:

Der Kläger macht Schadensersatzansprüche gegen den Beklagten aus einem Unfall geltend, der im Hause des Beklagten in ...... am ...... geschehen ist.

1. Am fraglichen Tag war der Kläger zu Besuch bei seiner Tochter und seinem Schwiegersohn, die Mieter der im OG des Hauses des Beklagten gelegenen Wohnung sind. Zu dieser Wohnung gehört eine damals noch nicht vollständig fertiggestellte Loggia. Es fehlten noch der Bodenbelag sowie das Holzgeländer. Zur provisorischen Absicherung der Loggia hatte der Beklagte zwei Reihen etwa 10 cm starker Bretter von außen an zwei Stützbalken angenagelt.

   Beweis: Zeugnis der Frau N.;
   des Herrn N.

   Der Kläger trat gegen 16 Uhr auf die Loggia, um frische Luft zu schöpfen. Dabei wurde dem Kläger plötzlich schwarz vor Augen. Als er am oberen Brett der provisorischen Brüstung Halt suchte, löste sich dieses. Der Kläger verlor das Gleichgewicht und stürzte in die Tiefe.

   Beweis: Zeugnis der Frau N.;
   Zeugnis des Herrn N.

2. Der Beklagte hat den dem Kläger entstandenen Schaden nach § 836 BGB zu ersetzen[6]. Die Bretter waren nicht geeignet, irgendeine Belastung auszuhalten, da die Nägel nur 2 cm tief in das Holz der Stützbalken eingeschlagen waren.

   Beweis: Zeugnis der Frau N.;
   Zeugnis des Herrn N.

   Ein Hinweis des Beklagten an seine Mieter auf die Unbenutzbarkeit der Loggia ist nicht erfolgt.

   Beweis unter Verwahrung gegen die Beweislast:
   Zeugnis der Frau N.;
   Zeugnis des Herrn N.

   Dabei war für den Kläger trotz der noch nicht vollständigen Fertigstellung der Loggia nicht erkennbar, dass die Bretter nur eine optische Begrenzung und keine Absicherung darstellen sollten[7].

3. Dem Kläger ist durch den Unfall folgender Schaden entstanden[8]:

Anmerkungen

1. Neben dem allgemeinen Gerichtsstand (§§ 12–19 ZPO) ist der Gerichtsstand der unerlaubten Handlung (§ 32 ZPO) gegeben, der hier am Ort des Grundstücks ist. Zur sachlichen Zuständigkeit vgl. Form. II. E. 1 Anm. 2

2. Zum Zahlungsantrag vgl. Form. II. E. 1. Zum Zinsanspruch vgl. Form. II. E. 1 Anm. 3.

3. Zum Schmerzensgeldantrag vgl. Form. II. E. 8.

4. Zum Feststellungsantrag vgl. Form. II. E. 1 und Form. II. E. 8; da im vorliegenden Fall ein Mitverschulden in Frage kommt, ist dies aus Kostengründen im Antrag bereits zu berücksichtigen, vgl. Form. II. E. 2, Anm. 3.

5. Der vorliegende Sachverhalt entspricht dem einer Entscheidung des BGH (NJW 1985, 1076) zugrundeliegenden.

6. Die Vorschrift des § 836 BGB regelt einen speziellen Fall der Verkehrssicherungspflicht (zur allgemeinen Verkehrssicherungspflicht vgl. Form. II. E. 2). Hierher gehören häufig vorkommende Beschädigungen und Verletzungen, die infolge Unwetters oder Sturms von Gebäudeteilen angerichtet werden. Die Dachlawine aus Eis oder Schnee fällt allerdings nicht unter § 836 BGB (vgl. OLG Saarbrücken VersR 1985, 299). Zur Substantiierung der Klage ist folgendes zu beachten:

a) Es muss sich entweder um einen Einsturz eines Gebäudes bzw. Gebäudeteils oder eines anderen mit einem Grundstück verbundenen Werks (z. B. Bahndamm, Öltank, eine im Boden verankerte Kinderschaukel [vgl. OLG Celle VersR 1985, 345], einen auf Schienen laufenden Turmdrehkran [OLG Hamm VersR 1997, 194], ein Baugerüst [BGH VersR 1997, 835] o. ä.) handeln, oder es muss eine Ablösung eines Gebäudeteils, der eine feste Verbindung mit dem Gebäude hat, vorliegen (zur Frage, ob eine Duschkabine ein Gebäudeteil sein kann vgl. BGH VersR 1985, 666; zur Frage, ob bei Ablösung von Dachpappe eines Flachdachs ein Gebäudeteil betroffen ist vgl. BGH NJW 1993, 1782).

b) Der Einsturz oder die Ablösung müssen Folgen fehlerhafter Errichtung oder mangelhafter Unterhaltung sein. Außergewöhnliche Naturereignisse, wie ein Jahrhundertunwetter oder -sturm, führen also nicht zur Haftung (*Palandt/Thomas* § 836 Rdn. 9, 13).

c) Weitere Voraussetzung ist ein ursächlicher Zusammenhang zwischen Einsturz bzw. Ablösung und Schaden.

d) Passiv legitimiert ist der Eigenbesitzer, nicht der Eigentümer. Die bloße Vermietung lässt die Sicherheitspflicht aber noch nicht auf den Mieter übergehen (BGH NJW 1985, 1076).

e) Das Verschulden wird vermutet. Der Eigenbesitzer kann sich ggfs. entlasten (vgl. i. e. OLG Hamm NJW-RR 1995, 1230; *Palandt/Thomas* § 836 Rdn. 13).

7. Die „Gefahr warnte also nicht vor sich selbst“ (BGH NJW 1985, 1076 [1077]). Dennoch kommt im vorliegenden Fall ein Mitverschulden in Betracht, was vom BGH im Urteil des OLG nicht beanstandet wurde. Dies muss in den Klaganträgen berücksichtigt werden (vgl. Anm. 4).

8. Es folgt hier der Vortrag zum Schaden entsprechend Form. II. E. 1 und Form. II. E. 8.

6. Klage auf Geldrente[1] (§ 843 BGB)

An das
Landgericht[2]

Klage

der ...... **(Klägerin)**
Prozessbevollmächtigter: ......

gegen

1. den ......
2. die ......-Versicherungs-AG,
vertreten durch den Vorstand, ...[3] **(Beklagte)**

wegen

Geldrente.

Streitwert für Antrag Ziff. I:	**EUR 900,–**
Streitwert für Antrag Ziff. II:	**EUR 60.000,–[4]**
Streitwert für Antrag Ziff. III:	**EUR 5.000,–**
	EUR 65.900,–[5]

Namens und in Vollmacht der Klägerin erhebe ich Klage und werde beantragen:

I. Die Beklagten werden als Gesamtschuldner[6] verurteilt, an die Klägerin EUR 900,–[7] nebst 5% Zinsen über dem Basiszinssatz seit 1. 2. ...... zu bezahlen.

II. Die Beklagten werden als Gesamtschuldner verurteilt, an die Klägerin ab 1. April ...... eine vierteljährlich vorauszahlbare monatliche[7] Rente[8] in Höhe von EUR 1.000,–[9, 10] jeweils im Voraus zum 1. 1., 1. 4., 1. 7. und 1. 10. eines jeden Jahres bis zum 31. 12. ...... (65. Lebensjahr[11] der Klägerin) zu bezahlen.

III. Es wird festgestellt[12, 13], dass die Beklagten als Gesamtschuldner verpflichtet sind, der Klägerin sämtliche weiteren Schäden, die ihr in Zukunft aus dem Verkehrsunfall vom 1. 2. ...... auf der K-Straße in P. entstehen, zu ersetzen, soweit die Ansprüche nicht auf Sozialversicherungsträger oder sonstige Dritte übergehen[14].

Begründung:

Die Klägerin macht Schadensersatzansprüche aus einem Verkehrsunfall vom 1. 2. ...... auf der K-Straße in P. geltend. Der Beklagte Ziff. 1 ist Halter und Fahrer des unfallbeteiligten Fahrzeugs, die Beklagte Ziff. 2 seine Haftpflichtversicherung.

1. Der Unfall ereignete sich wie folgt: Die Klägerin war am 1. 2. ...... gegen 17 Uhr auf dem Gehweg neben der ortsauswärts führenden Fahrbahn der K-Straße in P. unterwegs. Der Beklagte Ziff. 1 kam mit seinem Fahrzeug infolge überhöhter Geschwindigkeit in einer Linkskurve nach rechts von der Fahrbahn ab und geriet auf den Gehweg. Dort erfasste das Fahrzeug die Klägerin. Die Klägerin wurde zu Boden geworfen und schwer verletzt.

   Beweis: Akten des Amtsgerichts ...... in der Strafsache gegen den Beklagten Ziff. 1 wegen fahrlässiger Körperverletzung, Aktenzeichen ......, deren Beiziehung und Verwertung hiermit beantragt wird;
   Zeugnis des ......

2. Durch den Unfall erlitt die Klägerin als schwerwiegendste Verletzung einen Hüftgelenkspfannenbruch rechts, deren Folge eine Coxarthrose im Hüftgelenk mit Bewegungseinschränkung sein wird.

   Beweis: Ärztliches Gutachten des Dr. med. ...... in Anlage;
   Sachverständigengutachten.

3. Die Klägerin ist ...... Jahre alt und Hausfrau[15]. Sie führt einen Haushalt mit 4 Personen, bestehend aus dem Ehemann und zwei Kindern im Alter von 10 bzw. 12 Jahren. Infolge der beim Unfall erlittenen Hüftgelenksverletzungen ist die Klägerin auf Dauer nicht mehr in der Lage, länger als 10 Minuten zu stehen.

   Beweis: Ärztliches Gutachten des Dr. med. ...... in Anlage;
   Sachverständigengutachten.

   Die Klägerin kann deshalb nur noch diejenigen Hausarbeiten erledigen, die im Sitzen ausgeführt werden können, und bedarf aus diesem Grund einer Haushaltshilfe[16].

4. Zur Höhe des geltend gemachten Rentenanspruchs ist folgendes vorzutragen[7, 9]: ......

5. Da die künftige Entwicklung der Verletzung der Klägerin noch nicht abzusehen ist und die Gefahr einer vollständigen Lähmung der rechten Hüfte besteht, ist im Augenblick noch nicht zu übersehen, ob weitere Schäden entstehen. Der Feststellungsantrag ist deshalb erforderlich[12].

Anmerkungen

1. Anspruch auf Geldrente besteht auch in den Fällen der § 13 StVG, § 7 HaftpflG, § 38 LuftVG.

2. Zur örtlichen und sachlichen Zuständigkeit vgl. Form. II. E. 1 Anm. 1, 2; zum Streitwert vgl. Anm. 4.

3. Vgl. Form. Haftpflichtklage bei Verkehrsunfall II. E. 13 Anm. 3–5.

4. Angegeben wird hier zweckmäßigerweise nur der für die Gebühren maßgebende Streitwert (Gebührenstreitwert). Aus diesem Streitwert errechnet sich der vom Kläger vorzulegende Gebührenvorschuss. Der Gebührenstreitwert ist im vorliegenden Fall der 5-fache Betrag des einjährigen Bezuges der Rente (§ 17 Abs. 2 GKG). Der Streitwert für die Zuständigkeit und für ein etwaiges Rechtsmittel errechnet sich, da die Bezugsdauer mit dem 65. Lebensjahr abläuft, aus dem 25-fachen der jährlichen Rente (§ 9 ZPO). Zum Streitwert für den Feststellungsantrag vgl. Form. II. E. 1 Anm. 2.

5. Die Einzelstreitwerte sind zu addieren (§ 5 ZPO).

6. Vgl. Form. II. E. 13 Anm. 7.

7. Die Rente ist im Voraus für 3 Monate fällig, vgl. §§ 843 Abs. 2, 760 BGB. Der Kläger kann deshalb – muss aber nicht – Zahlung vierteljährlich im Voraus verlangen.

8. Der Geschädigte kann auch eine Kapitalabfindung verlangen (vgl. § 843 Abs. 3 BGB); hierzu zB BGH VersR 1981, 283 m. Anm. *Nehls*; *ders.*, VersR 1981, 407; *Geigel*, Kap. 4, Rdn. 159 ff.; *Schmid* DAR 1981, 129; *Schneider* VersR 1981, 1110; *Schlund* VersR 1981, 401; *Wussow/Küppersbusch* Rdn. 648 ff. und unten Anm. 9.

9. Die Höhe der Rente bemisst sich nach dem bisherigen durchschnittlichen Bruttolohn abzüglich desjenigen Einkommens, das dem Geschädigten in der anderen Stellung zufließt (vgl. *Palandt/Thomas* § 843 Rdn. 5 ff.). Auszugehen ist vom entgangenen Bruttoverdienst, wovon schadenbedingte Steuerersparnisse abzusetzen sind, wenn nicht gerade der Zweck der Steuervergünstigung solcher Entlastung entgegenstand (vgl. BGH VersR 1986, 162; BGH NZV 1995, 63). Derartige Steuerersparnisse können sich daraus ergeben, dass eine dem Geschädigten zufließende Sozialrente nur mit ihrem Ertragsanteil der Einkommensteuer unterliegt (BGH VersR 1988, 464). Schwierigkeiten können sich hinsichtlich der Darlegung der Steuerersparnisse ergeben (zur Darlegungs- und Beweislast vgl. BGH JZ 1987, 574). Auf den Schadensersatzanspruch wegen Beeinträchtigung ihrer Fähigkeit zur Haushaltsführung (einschließlich Versorgung eines Kindes) muss sich eine verletzte Mutter und Ehefrau eine von der Berufsgenossenschaft an sie bezahlte Verletztenrente insoweit anrechnen lassen, als der Ersatzanspruch die Haushaltsführung für Mann und Kind betrifft, wobei dieser Aufwand in der Regel nach der Zahl der zum Haushalt gehörenden Personen abzugrenzen ist (BGH VersR 1985, 356; zum Fall der Haushaltstätigkeit vgl. auch BGH NJW-RR 1990, 34; hinsichtlich der Rente eines Minderjährigen vgl. BGH VersR 1990, 907). Bei nur fiktiver Berechnung des Lohns einer Haushaltshilfe kommt es auf den fiktiven Nettolohn an (BGH NJW-RR 1992, 792 = VersR 1992, 618). Überobligationsmäßige Anstrengungen des Geschädigten zur Erzielung eines Einkommens mindern den Rentenanspruch nicht (BGH NJW 1994, 131). Statt der Rente kann bei Vorliegen eines wichtigen Grundes auch eine Kapitalabfindung verlangt werden (§ 843 Abs. 3 BGB). Die Rechtsprechung lässt sogar eine Kombination von Rente – für einige Jahre – und Abfindung – für die Zeit danach – zu (RG Recht 1917, Nr. 1631); vgl. auch Anm. 8.

10. Eine spätere Abänderung des Rentenbetrages ist nach § 323 ZPO möglich (vgl. auch Anm. 12).

11. Die Rente ist zeitlich beschränkt, nur ausnahmsweise ist sie auf Lebenszeit zu gewähren (vgl. *Geigel*, Kap. 4, Rdn. 158; *Palandt/Thomas* § 843 Rdn. 12; *Wussow/*

Küppersbusch Rdn. 652ff.). Eine Verdienstausfallrente ist auf die voraussichtliche Dauer der Erwerbstätigkeit zu begrenzen, also bei Männern regelmäßig auf das 65. Lebensjahr (BGH VersR 1988, 464; BGH NJW-RR 1995, 1272). Dies gilt auch für Frauen (BGH NJW 1995, 3313), sofern der Geschädigte nicht einen früheren Ruhestandszeitpunkt darlegt und beweist. Die Begrenzung ist bereits im Klagantrag zu berücksichtigen. Im vorliegenden Fall ist die Rente auf das 65. Lebensjahr der Klägerin beschränkt.

12. Das nach § 256 ZPO erforderliche Feststellungsinteresse ist gegeben, wenn die künftige Entwicklung noch nicht zu übersehen ist, zB. ob der Kläger völlig arbeitsunfähig werden wird und im Zusammenhang damit weitere von der Geldrente unabhängige Schäden entstehen (vgl. iü. Form. II. E. 13 Anm. 8, auch zum erfassten Schaden, sowie Form. II. E. 1 Anm. 11; zum Streitwert für den Feststellungsantrag vgl. Form. II. E. 1 Anm. 2).

13. Die Feststellungsklage ist nur insoweit zulässig, als nicht die Abänderung der Geldrente betroffen ist, da hierfür die Abänderungsklage nach § 323 ZPO zur Verfügung steht (vgl. BGH NJW 1961, 871). Zur Abänderungsklage vgl. Form. I. P. 4.

14. Zur Frage des Forderungsübergangs bei Leistungen der Sozialversicherungsträger und anderer Dritter vgl. Form. II. E. 1 Anm. 5f. und II. E. 13 Anm. 10.

15. Auch der Hausfrau steht ein Rentenanspruch nach § 843 BGB zu (BGH NJW 1974, 41).

16. Die Kosten für die Haushaltshilfe sind unabhängig davon zu ersetzen, ob tatsächlich eine solche in Anspruch genommen wurde (BGH NJW-RR 1992, 792 = VersR 1992, 618; *Geigel,* Kap. 4, Rdn. 155; *Wussow/Küppersbusch* Rdn. 133 jew. m. Nachw.). Basis für die Schadensberechnung ist hier der fiktive Nettolohn (BGH aaO.).

17. Bei einer nichtehelichen Lebensgemeinschaft scheidet ein Rentenanspruch wegen fehlender Unterhaltspflicht aus (OLG Düsseldorf VersR 1992, 1418; aA: OLG Zweibrücken FamRZ 1994, 955).

7. Klage auf Schadensersatz in Form einer Geldrente wegen Tötung des Unterhaltspflichtigen[1] (§ 844 Abs. 2 BGB)

An das
Landgericht[2, 3]

Klage

der 1. . . . . . .
2. . . . . . .
3. . . . . . . **(Kläger)**
Prozessbevollmächtigter: . . . . . .

gegen

den . . . . . . **(Beklagten)[13]**

wegen

Schadensersatz

Vorläufiger Streitwert[4] für Antrag Ziff. I 1:	**EUR 60.000,–**
für Antrag Ziff. I 2:	**EUR 2.000,–**
für Antrag Ziff. I 3:	**EUR 5.000,–**
für Antrag Ziff. II 1:	**EUR 18.000,–**

für Antrag Ziff. II 2:	EUR 600,–
für Antrag Ziff. II 3:	EUR 5.000,–
für Antrag Ziff. III 1:	EUR 18.000,–
für Antrag Ziff. III 2:	EUR 600,–
für Antrag Ziff. III 3:	EUR 5.000,–
	EUR 114.200,–

Namens und in Vollmacht der Kläger erhebe ich Klage und werde beantragen:

I. 1. Der Beklagte wird verurteilt, an die Klägerin Ziff. 1 eine monatliche Geldrente in Höhe von EUR 1.000,–, beginnend am 1. Juli ......, jeweils vierteljährlich im Voraus zum 1. 1., 1. 4., 1. 7. und 1. 10 eines jeden Jahres[5], bis 31. Dezember ......[6] zu bezahlen[7].

2. Der Beklagte wird verurteilt, an die Klägerin Ziff. 1 EUR 2.000,– nebst 5% Zinsen über dem Basiszinssatz aus EUR 1.000,– vom 2. 5. .... bis 1. 6. .... und aus EUR 2.000,– seit 2. 6. .... zu bezahlen[8].

3. Es wird festgestellt[7], dass der Beklagte verpflichtet ist, der Klägerin Ziff. 1 jeden weiteren, über die Anträge Ziff. 1 und 2 hinausgehenden Unterhaltsschaden aus dem Verkehrsunfall vom 25. 3. .... in ...... zu ersetzen.

II. 1. Der Beklagte wird verurteilt, an den Kläger Ziff. 2[9] eine monatliche Geldrente, deren Höhe in das Ermessen des Gerichts gestellt wird[10], beginnend am 1. Juli ......, jeweils vierteljährlich im Voraus zum 1. 1., 1. 4., 1. 7. und 1. 10. eines jeden Jahres[5], bis zur Vollendung des 18. Lebensjahres[6] des Klägers Ziff. 2 zu bezahlen.

2. Der Beklagte wird verurteilt, an den Kläger Ziff. 2 die rückständige Geldrente für die Monate Mai und Juni ......, deren Höhe in das Ermessen des Gerichts gestellt wird, nebst 5% Zinsen über dem Basiszinssatz seit dem jeweiligen 2. der Monate zu bezahlen.

3. Es wird festgestellt[7], dass der Beklagte verpflichtet ist, dem Kläger Ziff. 2 sämtlichen weiteren, über die Anträge Ziff. 1 und 2 hinausgehenden Unterhaltsschaden aus dem Verkehrsunfall vom 25. 3. .... in ...... zu ersetzen.

III. 1. Der Beklagte wird verurteilt, an den Kläger Ziff. 3 eine monatliche Geldrente von EUR 300,–, beginnend am 1. Juli. ......, jeweils vierteljährlich im Voraus zum 1. 1., 1. 4., 1. 7. und 1. 10. eines jeden Jahres[5], bis zur Vollendung des 18. Lebensjahres[6] des Klägers Ziff. 3 zu bezahlen.

2. Der Beklagte wird verurteilt, an den Kläger Ziff. 3 EUR 600,– nebst 5% Zinsen über dem Basiszinssatz aus EUR 300,– vom 2. 5. .... bis 1. 6. .... und aus EUR 600,– seit 2. 6. .... zu bezahlen.

3. Es wird festgestellt[7], das der Beklagte verpflichtet ist, dem Kläger Ziff. 3 sämtlichen weiteren, über die Anträge Ziff. 1 und 2 hinausgehenden Unterhaltsschaden aus dem Verkehrsunfall vom 25. 3. .... in ...... zu ersetzen.

Begründung:

Die Kläger machen Schadensersatzansprüche aus einem Verkehrsunfall vom 25. 3. ...... geltend. Der Beklagte ist Halter und Fahrer des Fahrzeugs mit dem Kennzeichen ......[13]. Durch den Unfall wurde der Ehemann der Klägerin Ziff. 1 und Vater der Kläger Ziff. 2 und 3 getötet[11]. Mit der vorliegenden Klage machen die Kläger Schadensersatzansprüche nach § 844 Abs. 2 BGB geltend[12].

1. Der Verkehrsunfall ereignete sich wie folgt: Der Mann bzw. Vater der Kläger fuhr mit seinem Pkw auf der X-Straße in Y. mit der zulässigen Höchstgeschwindigkeit von 50 km/h. Der Beklagte kam mit seinem Pkw entgegen. In einer Rechtskurve kam er mit seinem Fahrzeug nach links über die Mittellinie und geriet auf die Fahrbahn des Mannes bzw. Vaters der Kläger. Die beiden Fahrzeuge stießen frontal zusammen.

Beweis: Akten des Amtgerichts ...... in der Strafsache gegen den Beklagten, deren Beiziehung und Verwertung hiermit beantragt wird.

Der Mann bzw. Vater der Kläger erlitt durch den Unfall einen Schädelbasisbruch. An dessen Folgen verstarb er noch am gleichen Tag im Kreiskrankenhaus ......

Beweis: Gutachten des Dr. med. ......;
Sachverständiges Zeugnis des Dr. med. ......; Sachverständigengutachten.

Der Beklagte haftet den Klägern gemäß §§ 823 Abs. 1, 844 Abs. 2 BGB auf Schadensersatz.

2. Der verstorbene Mann bzw. Vater der Kläger war zum Unfallzeitpunkt 55 Jahre alt. Er arbeitete bei der Firma ...... als kaufmännischer Angestellter und sorgte mit seinem Einkommen für den Familienunterhalt. Er war bei bester Gesundheit und hätte nach den derzeitigen Erwartungen das 70. Lebensjahr erreicht[6].

Beweis: Zeugnis des Dr. med. ......;
Sachverständigengutachten.

Das Nettoeinkommen des verstorbenen Mannes bzw. Vaters der Kläger bei der Firma ...... betrug EUR 1.800,– monatlich im Durchschnitt.

Beweis: Bescheinigungen der Firma ...... für den Lohn betreffend die Monate Januar ...... bis März ...... in Anlage.

Er erhielt ferner eine Rente, die aus Anlass eines Berufsunfalls von der Berufskrankenkasse seit 1. 1. ...... in Höhe von EUR 500,– monatlich bezahlt wurde.

Beweis: Rentenbescheid ...... in Anlage;
Überweisungsbeleg ...... in Anlage.

Die Kläger waren gegenüber dem Verstorbenen unterhaltsberechtigt[14].

3. Zur Höhe des Unterhaltsanspruchs und zur Höhe des Schadensersatzanspruchs[15] der Kläger ist folgendes vorzutragen:

a) Die Klägerin Ziff. 1 ist 55 Jahre alt und Hausfrau. Einen Beruf hat sie nicht erlernt. Sie hat seit der Eheschließung mit ihrem verstorbenen Mann im Jahre ...... keine berufliche Tätigkeit mehr ausgeübt, sondern den Haushalt versorgt[16].

Der Schadensersatzanspruch der Klägerin Ziff. 1 errechnet sich wie folgt:

Monatliches Nettoeinkommen des Verstorbenen	EUR 1.800,–
zuzüglich Berufsunfähigkeitsrente[17]	EUR 500,–
	EUR 2.300,–.
Hiervon gehen ab die fixen Haushaltskosten[18] in Höhe von	EUR 300,–,
so dass ein frei verfügbares Familieneinkommen von verbleibt.	EUR 2.000,–
Davon entfallen auf den Verstorbenen und die Klägerin Ziff. 1, da noch zwei weitere unterhaltspflichtige Kinder vorhanden sind, jeweils 35%[19]. Der Klägerin Ziff. 1 steht damit der Anteil von	EUR 700,–
zu. Hinzu kommen die fixen Unkosten in Höhe von	EUR 300,–,
so dass sich der Gesamtbetrag von ergibt.	EUR 1.000,–

Anrechnungsfähiges Vermögen oder Einkünfte hieraus oder Leistungen Dritter, die anrechenbar wären, fließen der Klägerin Ziff. 1 nicht zu[20].

b) Der Kläger Ziff. 2 ist 13 Jahre alt und Schüler. Der Kläger Ziff. 3 ist 12 Jahre alt und ebenfalls Schüler. Von dem der Familie zustehenden Unterhalt entfielen auf die Kläger Ziff. 2 und 3 jeweils 15%[19]. Damit stehen dem Kläger Ziff. 2 und dem Kläger Ziff. 3 monatlich jeweils EUR 300,– als Schadensersatz zu, da anrechnungsfähige Leistungen Dritter oder anrechenbares Vermögen bzw. Erträgnisse hieraus nicht vorliegen. Der Kläger Ziff. 2 stellt die Höhe des Schadensersatzes in das Ermessen des Gerichts, hält aber EUR 300,– als monatlichen Mindestbetrag für angemessen[10].

Anmerkungen

1. Neben dem Anspruch nach § 844 Abs. 2 BGB kann ein Schadensersatzanspruch der Erben (vgl. § 1968 BGB) wegen der Beerdigungskosten bestehen (§ 844 Abs. 1 BGB), der mit der bezifferten Leistungsklage geltend gemacht werden kann. Entsprechende Vorschriften wie in § 844 Abs. 2 BGB finden sich in §§ 10 Abs. 2 StVG, 5 Abs. 2 HaftpflG, 35 Abs. 2 LuftVG.

2. Zur örtlichen Zuständigkeit vgl. Form. II. E. 1 Anm. 1.

3. Die sachliche Zuständigkeit bemisst sich nach dem Streitwert (vgl. Anm. 4 und Form. II. E. 1 Anm. 2).

4. Angegeben wird hier bei den Anträgen Ziff. I 1, II 1 und III 1 der für die Gebühren maßgebende Streitwert (Gebührenstreitwert). Dieser ist entscheidend für den mit der Klage einzubezahlenden Gerichtskostenvorschuss. Er errechnet sich nach § 17 Abs. 2 GKG aus dem 5-fachen der jährlichen Geldrente. Der Streitwert für die Zuständigkeit und ein etwaiges Rechtsmittel bemisst sich im vorliegenden Fall nach dem dreieinhalbfachen Wert des einjährigen Bezugs der Rente (§ 9 Abs. 1 ZPO), da dieser niedriger liegt als der Gesamtbetrag der jährlichen Rente. Beim Antrag II 1 ist die voraussichtliche Höhe der Rente zu schätzen und nach der gleichen Methode wie beim Antrag Ziff. I 1 der Gesamtstreitwert zu ermitteln. Die Streitwerte sind zu addieren (§ 5 ZPO).

5. Der Anspruch nach § 844 Abs. 2 BGB ist zwar kein Unterhaltsanspruch, sondern ein Schadensersatzanspruch. Da er jedoch den im Voraus zu erfüllenden Unterhaltsanspruch (§ 1612 Abs. 3 S. 1 BGB) ersetzt, ist auch die Geldrente im Voraus zu bezahlen. Die Rente kann für 3 Monate im Voraus verlangt werden (vgl. Form. II. E. 6. Anm. 7).

6. Die Rente kann nur für die mutmaßliche Dauer des Lebens des Getöteten geltend gemacht werden. Hinsichtlich der mutmaßlichen Dauer des Lebens kommt es auf den Gesundheitszustand, das Alter, den Beruf und die Lebensgewohnheiten des Getöteten an. Mangels individueller Anhaltspunkte kann auf die „Sterbetafel" des statistischen Bundesamts abgestellt werden (OLG Hamm MDR 1998, 1414). Trotz der Schwierigkeiten für den Ersatzberechtigten hat es die Rechtsprechung verlangt, dass der Endzeitpunkt der Rente kalendermäßig abgegrenzt wird (vgl. Form. II. E. 6 Anm. 11).

Schadensersatzrenten von Kindern sind in der Regel auf die Vollendung des 18. Lebensjahres zu begrenzen und etwaige weitere Ansprüche durch einen Feststellungsantrag abzusichern (BGH NJW 1983, 2197; BGH NJW 1986, 715 (716); zur Rente für einen Minderjährigen vgl. ferner BGH VersR 1990, 907; zum Feststellungsantrag vgl. Antrag IV und Anm. 7).

Für die Behauptung, der Getötete wäre ohnehin schon wegen seiner bestehenden Krankheit früher gestorben, trägt der Schädiger die Beweislast (BGH NJW 1972, 1515 = LM Nr. 45 zu § 844 Abs. 2 BGB).

7. Neben dem Leistungsantrag ist ein Feststellungsantrag nur insoweit zulässig, als nicht die Abänderung der Geldrente betroffen ist, da hierfür die Abänderungsklage nach § 323 ZPO zur Verfügung steht (BGHZ 34, 110). Zur Abänderungsklage vgl. Form. I. P. 4. Haftet die Versicherungsgesellschaft nur mit der Mindestversicherungssumme (§ 158c Abs. 3 VVG, § 3 Nr. 6 PflVG), so muss diese Höchstgrenze bezüglich der beklagten Gesellschaft im Antrag aufgenommen werden, damit Kostennachteile einer teilweisen Klagabweisung vermieden werden.

8. Da es sich um einen Schadensersatzanspruch handelt, können auch rückständige Rentenbeträge geltend gemacht werden. Insofern unterscheidet sich der Schadensersatzanspruch von einem Unterhaltsanspruch, bei dem Rückstände nur im Falle des Verzugs (§ 1613 Abs. 1 BGB) beansprucht werden können.

Hiervon zu unterscheiden ist die Frage, ob der Geschädigte gegen den Schädiger auch noch Unterhaltsrückstände des Getöteten geltend machen kann. Die Rechtsprechung (BGH NJW 1973, 1076 = MDR 1973, 662 = LM Nr. 47 zu § 844 Abs. 2 BGB) verneint dies (str., vgl. *Palandt/Thomas* § 844 Rdn. 7 mwN.).

9. Bei mehreren Klägern muss zwar für jeden eine Einzelsumme angegeben werden, die Aufteilung kann jedoch dem Gericht überlassen werden. Nimmt dann das Gericht eine andere Aufteilung der einzelnen Renten vor, spricht es jedoch im Ergebnis den gleichen Gesamtbetrag zu, so ist die Klage nicht etwa teilweise abzuweisen, sondern in vollem Umfang begründet (vgl. BGH NJW 1972, 1716 = LM Nr. 46 zu § 844 Abs. 2 BGB).

10. Die Höhe der Rente kann in das Ermessen des Gerichts gestellt werden, wenn dem Gericht eine ausreichende Grundlage für die Bemessung der Rente in der Begründung gegeben wird (BGHZ 4, 138; *Palandt/Thomas* § 843 Rdn. 14; zu den mit einem solchen Antrag zusammenhängenden Fragen vgl. Form. II. E. 8 Anm. 4; zum Selbstbehalt bei Unterhaltsschaden vgl. BGH VersR 1988, 954).

11. Im Hinblick auf das Zusammentreffen von Ansprüchen der Kinder und des Ehemannes nach § 844 Abs. 2 BGB vgl. BGH NJW 1972, 1130 = LM Nr. 44 zu § 844 Abs. 2 BGB und BGH NJW 1965, 1710; *Eckelmann* BB 1965, 1012; *Habscheid* JuS 1966, 180.

12. Besteht im Augenblick noch kein Anspruch auf Schadensersatz, da der Geschädigte eigenes Einkommen hat, so könnte er Feststellungsklage erheben mit folgendem Antrag (zur Zulässigkeit der Feststellungsklage vgl. BGH LM Nr. 9 zu § 844 Abs. 2 BGB): „Es wird festgestellt, dass der Beklagte verpflichtet ist, dem Kläger Ziff. 3 Schadensersatz in Form einer Geldrente zu bezahlen, sobald dieser von seinem durch den Beklagten getöteten Vater Unterhalt hätte verlangen können, bis zum Abschluss seiner Berufsausbildung, mindestens jedoch bis zum 31. Dezember 1995."

Hinsichtlich des Streitwertes für diesen Antrag vgl. Anm. 4. Gegenüber der dort angegebenen Berechnung ist ein Abschlag von 20% zu machen.

13. Zur Klage gegen die Haftpflichtversicherung vgl. Form. II. E. 13 Anm. 3–5.

14. Der Unterhaltsanspruch gegen den Getöteten musste tatsächlich bestehen, oder es ist erforderlich, dass er tatsächlich entstanden wäre. Erforderlich ist ferner, dass der Unterhaltsanspruch realisierbar gewesen wäre (BGH NJW 1974, 1373). Als Unterhaltsberechtigte und damit für den Schadensersatz Aktivlegitimierte kommen in Frage: Der Ehegatte (§§ 1360 ff. BGB), Lebenspartner (§ 5 LPartG) oder unter bestimmten Voraussetzungen die Verwandten in gerader Linie (§§ 1601 ff. BGB). Partner einer nichtehelichen Lebensgemeinschaft haben dagegen auch dann keinen Anspruch, wenn sie sich gegenseitig vertraglich verpflichtet hatten (vgl. *Geigel,* Kap. 8, Rdn. 21 m. Nachw.).

15. Hinsichtlich der Höhe des Schadensersatzanspruches ist der Geschädigte so zu stellen, wie wenn der Getötete am Leben geblieben wäre. Zu den Einzelheiten vgl. *Palandt/Thomas* § 844 Rdn. 8 ff. und zB. OLG Braunschweig VersR 1979, 1124 (1125 f.) mwN.; *Drees,* Berechnung des Unterhaltsschadens bei Ausfall des mitverdienenden Ehegatten, VersR 1985, 611; *Eckelmann/Nehls/Schäfer,* Die Berechnung des Schadensersatzes bei Ausfall von Geldunterhalt nach Unfalltod des Ehemannes/Vaters NJW 1984, 945; *Scheffen,* Erwerbsausfallschaden bei verletzten und getöteten Personen, VersR 1990, 926; *Geigel,* Kap. 8 Rdn. 37 ff.; *Becker/Böhme* D 228 ff.; D 255 ff.

16. Zur Frage, inwieweit der Ehefrau zugemutet werden kann, eine Arbeit anzunehmen und durch eigenes Einkommen den Schaden zu mindern, vgl. *Geigel,* 8. Kap., Rdn. 59 ff.; *Wussow/Küppersbusch* Rdn. 223 ff.

17. Maßgebend für die Berechnung ist das Nettoeinkommen, also das um Steuern und Sozialversicherungsbeiträge bereinigte Bruttoeinkommen. Etwaige Renten, die der Getötete empfangen hat, sind hinzuzurechnen (vgl. OLG Braunschweig VersR 1979, 1124 f.).

Nicht zu berücksichtigen – auch nicht zum Teil – sind dagegen sog. Aufwandsentschädigungen, da sie nur zur Deckung von Unkosten bestimmt sind (BGH NJW 1986, 715f.).

18. Hierzu gehören zB. Kosten für Miete, Heizung, Strom, Gas, Radio, Zeitung, Müllabfuhr, Schornsteinfeger, Brand-, Hausrats-, Rechtsschutz- und Privathaftpflichtversicherung, etwaige Grundsteuern, Reparatur- und Instandhaltungsrücklagen (vgl. iü. OLG Braunschweig VersR 1979, 1124 (1125); BGH VersR 1987, 1241; BGH NJW 1986, 715; *Geigel* 8. Kap. Rdn. 68; *Becker/Böhme* D 225ff.). Der Aufwand an Zinsen und Tilgung für ein Eigenheim kann nicht zu den Haushaltskosten gerechnet werden, vielmehr ist hier der Mietwert einer dem Eigenheim nach Ortslage, Zuschnitt und Bequemlichkeit vergleichbaren Wohnung maßgebend (BGH NJW 1985, 49 = VersR 1984, 961). Im vorliegenden Bsp. wird davon ausgegangen, dass sich die fixen Kosten nicht reduzieren nach dem Tod des Mannes, was allerdings bei einigen Posten der Fall sein könnte. Desweiteren werden die fixen Kosten beim Anspruch der Frau voll berücksichtigt.

19. Die Ermittlung des Eigenbedarfs und die Aufteilung des Familieneinkommens auf die Hinterbliebenen ist vom Einzelfall abhängig (vgl. allgemein *Geigel,* Kap. 8 Rdn. 17ff.; *Becker/Böme,* D 228ff.; D 225ff.). Die „Düsseldorfer Tabelle" kann nicht zur Grundlage für die Schadensberechnung gemacht werden (BGH VersR 1986, 39). Im vorliegenden Fall eines 4-Personen-Haushalts ist die Verteilung in aller Regel folgendermaßen vorzunehmen: 35% Ehefrau, 35% Ehemann, je 15% pro Kind (vgl. BGH VersR 1979, 1029 [1030]; BGH NJW 1986, 715). Zum Schadensersatzanspruch wegen Unterhaltsverlustes infolge Todes einer Rentner-Ehefrau vgl. OLG Hamm, VersR 1980, 723; zur Berechnung des Unterhaltsschadens einer Ehefrau bei unfallbedingtem Tod des allein erwerbstätigen Ehemanns vgl. BGH VersR 1987, 507; zur Höhe der Unterhalts-Schadensrente bei Tötung des Ehemanns und Vaters in einem Fall, in dem das Kind erst 2 Tage vor dem Tod des Vaters geboren wurde und die Mutter vor und nach dem Tod ihres Ehemanns berufstätig ist vgl. BGH VersR 1987, 156; zum Anspruch der Kinder beim Tod ihrer Mutter vgl. BGH VersR 1982, 951 und die Vorinstanz OLG Frankfurt, VersR 1981, 241 m. Anm. *Hofmann*, S. 338 sowie OLG Celle, VersR 1980, 583; zur Bemessung der Schadensersatzrenten Minderjähriger wegen des Todes beider Eltern vgl. BGH NJW 1986, 715; BGH VersR 1983, 932 und OLG Stuttgart, VersR 1983, 932; VersR 1993, 1536; zum Unterhaltsbedarf der Hinterbliebenen einer Ehefrau/Mutter vgl. BGH NJW 1982, 2864; BGH NJW 1982, 2866 und BGH NJW 1983, 1425 = VersR 1983, 458. Dem hinterbliebenen Ehegatten kann nach § 844 Abs. 2 BGB ein Anspruch wegen der Mitarbeit des Ehegatten in seinem Beruf oder Geschäft zustehen. Schlüssig dargetan ist dieser Anspruch aber nur, wenn die Mitarbeit als Unterhalt geschuldet war (BGH VersR 1980, 921). Zum Ersatzanspruch der Witwe, deren getöteter Ehemann in ihrem Betrieb mitarbeitete, vgl. BGH NJW 1984, 479 = VersR 1984, 353; zum Unterhaltsbedarf des Witwers bei Doppelverdiener-Ehe und zur Berücksichtigung des Mietwerts einer Wohnung bei den fixen Haushaltskosten vgl. BGH NJW 1985, 49 = VersR 1984, 961. Ein Anspruch auf Schadensersatz wegen entgangener Haushaltstätigkeit besteht grundsätzlich auch dann, wenn die Ehegatten den Haushalt zu gleichen Teilen besorgt haben (BGH NJW 1988, 1783 auch zur Berechnung der Schadensrente).

Neben dem hier berücksichtigten Anspruch auf Barunterhalt kann ein weiterer Anspruch wegen entgangenen personalen (Natural-)Unterhalts hinsichtlich des Betreuungsaufwands bestehen. Dies kommt vor allem bei Kindern in Frage, die das 18. Lebensjahr noch nicht vollendet haben (vgl. BGH NJW 1986, 715; BGH NJW 1985 1460). Bei der Höhe des Betreuungsaufwandes können sich die Gerichte an den Pflegesätzen, die bei Unterbringung von Kindern in Pflegestellen nach dem Jugendwohlfahrtsgesetz gezahlt werden, orientieren. Ausgangspunkt kann der gesamte Pflegesatz sein (BGH NJW 1986, 715). Im Einzelfall kann jedoch auch eine andere Berechnung zugrundegelegt werden, so z.B. dann, wenn die beiden Eltern zweier Kinder getötet werden und die bisher arbeitstätige Großmutter ihre Pflege übernimmt. Der BGH hat hier als Betreuungsaufwand das bisherige Nettoeinkommen der Großmutter aus einer Halbtagsbeschäftigung in Höhe von EUR 1100,– angesetzt.

20. Der Geschädigte muss sich verschiedene Leistungen bzw. Einkünfte anrechnen lassen. Hierzu zählte die Rechtsprechung anfangs allgemein die Erträgnisse und Einkünfte aus dem von dem Getöteten geerbten Vermögen (BGHZ 8, 325 = NJW 1953, 618; BGH VersR 1968, 770; VersR 1969, 713). Später schränkte der BGH (NJW 1974, 1236; NJW 1979, 760) dies dahin ein, dass nur diejenigen ererbten Vermögensteile (gleich, ob Stamm oder Erträgnisse) anzurechnen sind, die schon zu Lebzeiten des Erblassers dazu bestimmt waren, zur Bestreitung des Unterhalts zu dienen (BGH NJW 1979, 760; OLG Frankfurt VersR 1991, 595; vgl. dazu *Geigel* Kap. 9 Rdn. 37). Abzuziehen sind auch Waisen- oder Witwenrenten, die wegen des Todes des Unterhaltsverpflichteten gewährt werden, da insoweit die Ansprüche auf den Rentenversicherungsträger übergehen.

Während der BGH (Z 39, 249 = NJW 1963, 1604) zunächst Lebensversicherungen, die nicht lediglich Risiko-, sondern gleichzeitig Sparversicherungen sind, für anrechenbar hielt, gab er dies in dem späteren Urteil (NJW 1979, 760/761 f.) auf. Nicht anrechenbar ist auch das staatliche Kindergeld, das umgekehrt aber auch bei der Berechnung der Rente nicht berücksichtigt werden darf (BGH VersR 1979, 1029).

Bei Wiederheirat des überlebenden Ehegatten entfällt der Unterhaltsschaden insoweit, als dieser vom neuen Ehegatten Unterhalt erhält (BGH VersR 1970, 522). Wird dagegen nur eine Lebensgemeinschaft eingegangen, so ist der Wert der dem oder vom Partner erbrachten Leistung nicht anzurechnen. Vielmehr müssen Einkünfte aus einer möglichen und zumutbaren Arbeitsleistung schadensmindernd berücksichtigt werden (BGH NJW 1984, 2520 = JZ 1985, 90 m. Anm. *H. Lange; Becker* VersR 1985, 201; *Dunz* VersR 1985, 509).

8. Klage auf Schmerzensgeld, Schmerzensgeldrente und Feststellung hinsichtlich des künftigen immateriellen und materiellen Schadens

An das
Landgericht[1, 2]

Klage

des . . . . . . **(Klägers)**
Prozessbevollmächtigter: . . . . . .

gegen

den . . . . . . **(Beklagter)[3]**

wegen

Schadensersatz

Vorläufiger Streitwert[2] für Klageantrag Ziff. I:	**EUR 25.000,–**
für Klageantrag Ziff. II:	**EUR 7.600,–**
für Klageantrag Ziff. III:	**EUR 5.000,–**
	EUR 37.600,–

Namens und in Vollmacht des Klägers erhebe ich Klage und werde beantragen:

I. Der Beklagte wird verurteilt, an den Kläger ein angemessenes Schmerzensgeld[4, 5, 6, 7] nebst 5% Zinsen über dem Basiszinssatz seit 1. Mai . . . . . . zu bezahlen[7].

II. Der Beklagte wird verurteilt, an den Kläger eine monatliche Schmerzensgeldrente[8] in Höhe von EUR 200,–, ab 1. Februar ...... vierteljährlich im Voraus jeweils zum 1. 2., 1. 5., 1. 8. und 1. 11. eines jeden Jahres bis 30. 4. ...... zu bezahlen.

III. Es wird festgestellt, dass der Beklagte verpflichtet ist, dem Kläger sämtliche materiellen[9] Schäden aus dem Unfall vom 1. 2. ...... auf der K-Straße in P. zu bezahlen, soweit die Ansprüche nicht auf Sozialversicherungsträger oder sonstige Dritte übergehen[10].

Begründung:

Der Kläger macht Schadensersatzansprüche aus einem Verkehrsunfall vom 1. 2. ...... auf der K-Straße in P. geltend. Der Beklagte ist Halter und Fahrer des unfallbeteiligten Fahrzeugs.

1. ......[11, 12]

2. Durch den Unfall erlitt der am 30. 4. ...... geborene, derzeit 15jährige Kläger folgende Verletzungen:
Einen Schädelbasisbruch, ein Schädel-Hirntrauma mit Hirnblutung, Brüche des linken Unterschenkels und rechten Unterarmes sowie zahlreiche Schürfungen und Prellungen am ganzen Körper.

Beweis: Gutachten des Dr. med. ...... in Anlage;
sachverständiges Zeugnis des Dr. med. ......; Sachverständigengutachten.

Der Kläger war 5 Monate in stationärer Behandlung im Krankenhaus ...... Er schwebte 4 Wochen in Lebensgefahr. Während dieser Zeit war er bewusstlos. In den 2 Monaten danach war der Kläger nahezu vollständig erblindet. Danach besserte sich das Sehvermögen langsam. Seit etwa 5 Monaten nach dem Unfall ist das Sehvermögen auf beiden Augen etwa zu 50% eingeschränkt und das Gesichtsfeld stark verengt. Die übrigen Verletzungen waren etwa 3 Monate nach dem Unfall abgeklungen und folgenlos verheilt.

Beweis: Gutachten des Dr. med. ...... in Anlage;
sachverständiges Zeugnis des Dr. med. ......; Sachverständigengutachten.

Der Kläger wird aller Wahrscheinlichkeit nach immer unter einer Einschränkung des Sehvermögens leiden. Eine abschließende gutachterliche Beurteilung ist erst bei Vollendung des 18. Lebensjahres des Klägers möglich.

Beweis: Gutachten des Dr. med. ...... in Anlage;
sachverständiges Zeugnis des Dr. med. ......; Sachverständigengutachten.

Der Kläger ist Schüler. Er besucht das Gymnasium ...... Durch die Einschränkung des Sehvermögens wird der Kläger besonders betroffen, da ...... Der Kläger stellt die Höhe des Schmerzensgeldes zwar in das Ermessen des Gerichts. Er ist jedoch der Auffassung, dass ein Schmerzensgeld in Höhe von mindestens EUR 25.000,– angemessen ist[4], auch in Relation zu der beantragten Schmerzensgeldrente[8, 13]. Dem Kläger steht neben dem Schmerzensgeldantrag eine Rente zu, da die dauernde Einschränkung seines Sehvermögens für ihn eine ständige Beeinträchtigung der Lebensfreude darstellt[8]. Nachdem die weitere Entwicklung der Verletzungen erst mit Vollendung des 18. Lebensjahres abgesehen werden kann, ist der Kläger berechtigt, die Rente vorläufig auf diesen Zeitpunkt zu beschränken[6]. Der Feststellungsantrag ist zulässig, da die Entwicklung nach dem 30. 4. ...... noch nicht übersehbar ist[6].

Anmerkungen

1. Neben dem allgemeinen Gerichtsstand (§§ 12–19 ZPO) ist der Gerichtsstand der unerlaubten Handlung gegeben (§ 32 ZPO).

2. Die sachliche Zuständigkeit bemisst sich nach dem Streitwert. Beim Streitwert des Klageantrags Ziff. I setzt das Gericht nicht die vom Kläger etwa genannte Mindestsumme, sondern die nach dem Klagevortrag objektiv angemessene Summe fest (*Baumbach/Lauterbach/Albers/Hartmann* Anh. § 3 ZPO Rdn. 99f. mwN.). Der Kläger kann auch einen Gesamtstreitwert angeben, aus dem sich dann der Streitwert für den Antrag Ziff. I ermitteln lässt. Hinsichtlich des Antrags Ziff. II ist der Gebührenstreitwert angegeben (vgl. Form. II. E. 7 Anm. 4). Er errechnet sich im vorliegenden Fall aus dem Gesamtbetrag der Rente (38 × EUR 200,–), da dieser Betrag niedriger ist als der 5-fache Jahresbetrag (§ 17 Abs. 2 GKG). Gleiches gilt im vorliegenden Fall für den Zuständigkeitsstreitwert (§ 9 S. 2 ZPO), da der Gesamtbetrag der Bezüge niedriger als die in § 9 S. 1 ZPO angegebenen Maßstäbe liegt. Bei Antrag Ziff. III ist der voraussichtliche Schaden zu schätzen und ein Abschlag von 20% zu machen, da es sich um einen Feststellungsantrag handelt. Die einzelnen Streitwerte sind zu addieren (§ 5 ZPO).

3. Bei Schmerzensgeldklagen aus Verkehrsunfällen ist zu beachten, dass der vom Fahrer verschiedene Halter in der Vergangenheit nicht gehaftet hatte, da für die Anspruchsgrundlage des § 7Abs. 1 StVG wegen § 11 StVG a.F. ein Schmerzensgeldanspruch nicht gegeben war. Der durch das Zweite Gesetz zur Änderung schadensersatzrechtlicher Vorschriften neu eingeführte § 253 Abs. 2 BGB gewährt nunmehr einen verschuldensunabhängigen Schmerzensgeldanspruch auch im Bereich der Gefährdungshaftung (vgl. dazu *Karczewski* VersR 2001, 1070). Das Gericht muss deshalb beim Schmerzensgeldanspruch ebenso wie beim materiellen Schaden nicht mehr die deliktischen Anspruchsvoraussetzungen der §§ 823, 847 BGB a.F. und somit die Frage eines Verschuldens des Schädigers prüfen.

4. Auch der unbezifferte Schmerzensgeldantrag (vgl. dazu *Gerlach* VersR 2000, 525) genügt den Voraussetzungen des § 253 Abs. 2 Nr. 2 ZPO, wenn die tatsächlichen Grundlagen für die nach § 287 ZPO vorzunehmende Schätzung mit der Klage vorgetragen werden (vgl. BGH NJW 1992, 311; NJW 1974, 1551 = MDR 1974, 1000 = LM Nr. 53 zu § 253 ZPO). Hierzu gehören ua. Angaben über das Ausmaß und den Umfang der Verletzungen, die Dauer einer (stationären) ärztlichen Behandlung sowie der Arbeitsunfähigkeit, der verbleibenden Einschränkung usw. (vgl. auch Anm. 5). Nach der neueren RSPR des BGH (BGH NJW 1996, 2425; BGHZ 140, 355 vgl. dazu *Gerlach* VersR 2000, 525) muss für die Zulässigkeit nicht mehr die ungefähre Größenordnung angegeben werden. Die Angabe einer Größenordnung ist trotzdem erforderlich, weil es ansonsten an einer Beschwer für die Zulässigkeit der Berufung fehlt (BGH NJW 1999, 1339).

Für die Angabe der Größenordnung reicht es nicht aus, dass aus dem angegebenen Streitwert oder den eingezahlten Gerichtskosten auf einen bestimmten Betrag geschlossen werden kann (BGH NJW 1992, 311; BGH VersR 1974, 1182). Auch eine negative Angabe wie die, ein bestimmter vom Beklagten angebotener Betrag stehe außer jeder Diskussion, genügt nicht (BGH aaO.). Begehrt der Kläger ein „angemessenes, empfindliches Schmerzensgeld", ohne Angaben zu dessen Größenordnung zu machen, so fehlt ihm ebenfalls die für eine Berufung erforderliche Beschwer, wenn ihm auf der Grundlage seines Sachvortrags ein mit diesem nicht schlechthin unvereinbares Schmerzensgeld zugesprochen wird (OLG Köln MDR 1988, 62).

Eine Besonderheit besteht für den Antrag des Beklagten (Berufungsklägers) für die Berufungsinstanz: Nach einer Entscheidung des OLG Düsseldorf (VersR 1987, 203) kann der Beklagte in zweiter Instanz beantragen, dass das zuerkannte Schmerzensgeld „angemessen herabgesetzt“ wird. Allerdings muss er in diesem Fall dem Berufungsgericht einen Sachverhalt unterbreiten, der die Bemessungsgrundlagen hinreichend deutlich macht. Dieser Antrag kann wiederum Kostenvorteile für ihn hinsichtlich der zweiten Instanz haben.

Gibt der Kläger einen Mindestbetrag oder die Größenordnung für das Schmerzensgeld im Antrag oder in der Klagbegründung an, so muss er mit einer teilweisen Klageabweisung mit der Kostenfolge des § 92 Abs. 1 ZPO rechnen. Das Gericht „kann“ jedoch nach § 92 Abs. 2 ZPO die Kosten der anderen Partei auferlegen, „wenn der Betrag der Forderung der anderen Partei von der Festsetzung durch richterliches Ermessen ...... abhängig war“. Dabei ist entscheidend, ob sich der Mindestbetrag im Verhältnis zum zugesprochenen Betrag in vertretbaren Grenzen hält (vgl. OLG Düsseldorf NJW-RR 1995, 955 (Abweichung um 20%); OLG München VersR 1985, 601; *Baumbach/Lauterbach/Albers/Hartmann* § 92 Rdn. 52 f.). Der Vorteil des unbezifferten Antrags mit Mindestsumme besteht darin, dass das Gericht ein höheres Schmerzensgeld festsetzen kann und bei niedrigerem Betrag die Kostenentscheidung nach § 92 Abs. 2 ZPO ergehen kann. Für ein Rechtsmittel fehlt es an der Beschwer, wenn das Gericht den Mindestbetrag zuspricht. Zur Berücksichtigung eines eventuellen Mitverschuldens im Antrag vgl. Anm. 5.

5. Zur Bemessung des Schmerzensgeldes und zur Funktion des Schmerzensgeldes vgl. zB. *Hacks/Ring/Böhm,* Schmerzensgeldbeträge, 20. Aufl. 2001; *Geigel,* Der Haftpflichtprozess, 23. Aufl. 2001, Kap. 7 Rdn. 1 ff. mwN.; *Slizyk,* Beck'sche Schmerzensgeldtabelle, 4. Aufl., 2001; *Wussow/Küppersbusch,* Rdn. 196 ff. Ein Mitverschulden des Verletzten oder seine Schadensanfälligkeit (vgl. BGH NJW 1997, 455) ist bei der Bemessung des Schmerzensgeldes als einer von vielen Faktoren zu berücksichtigen, so dass sich das Schmerzensgeld nicht einfach nach dem jeweiligen Haftungsanteil verringert. Bei Mitverschulden von zB. 1/3 kann der Verletzte deshalb dennoch ein „angemessenes“ Schmerzensgeld verlangen. Möglich ist allerdings auch folgender Antrag: „... unter Berücksichtigung einer Mithaftung von 1/3 ein angemessenes Schmerzensgeld ...“ Dieser Antrag muss jedoch nicht – auch nicht um die Kostenfolgen einer teilweisen Klagabweisung zu vermeiden – gestellt werden. Soweit sich aus der Klagbegründung das Mitverschulden des Klägers als Bemessungsfaktor für das Schmerzensgeld ergibt, kann nicht von einem teilweisen Unterliegen iS. § 92 Abs. 1 S. 1 ZPO gesprochen werden.

6. Umstritten und von der Rechtsprechung noch nicht abschließend geklärt ist die Frage, ob der Schmerzensgeldantrag zeitlich begrenzt werden kann. Dies ist für einen in der Vergangenheit liegenden Zeitraum zu verneinen (OLG Düsseldorf VersR 1996, 984; OLG Oldenburg NJW-RR 1988, 615). Eine Beschränkung auf den Zeitpunkt bis zur letzten mündlichen Verhandlung wird dagegen dann teilweise bejaht, wenn nicht vorhersehbare Zukunftsrisiken bestehen (OLG Koblenz VersR 1992, 612; OLG Oldenburg NJW-RR 1988, 615; OLG Köln VersR 1992, 975 a. A. z. B. OLG Hamm NJW-RR 2000, 1623; vgl. dazu *Geigel* Kap. 7 Rdn. 32). Eine zeitliche Begrenzung des Schmerzensgeldantrags auf den Zeitpunkt der letzten mündlichen Verhandlung ist deshalb mit einem hohen Prozessrisiko verbunden. Sind künftige Risiken erkennbar und ist deren Realisierung noch unsicher, sollte der Anwalt den sicheren Weg eines zusätzlichen Feststellungsantrags wählen (OLG Hamm NJW-RR 2000, 1623 a. A. OLG Oldenburg NJW-RR 1988, 615; OLG Köln VersR 1992, 975, die in diesen Fällen eine Beschränkung auf den Zeitpunkt der letzten mündlichen Verhandlung zulassen). Ein Feststellungsantrag ist schon deshalb zulässig, weil im voraus kein Anspruch auf Schmerzensgeld wegen künftiger Operationen besteht, deren Durchführung nicht gewiss ist (OLG Köln VersR 1987, 361; OLG Frankfurt VersR 1997, 123). Dies bestätigt BGH (VersR 1995, 471) für weiteres Schmerzensgeld trotz Rechtskraft eines Urteils. Wird in Fällen der Gesundheitsbeschädigung beantragt, „sämtliche Schäden“ oder „jeden weiteren Schaden“ zu erstatten, so sind damit materielle und immaterielle Schäden erfasst (vgl. Form. II. E. 5 Anm. 9).

7. Seit dem 1. 7. 1990 ist der Anspruch übertragbar, pfändbar und vererblich, so dass das wegen § 847 Abs. 1 S. 2 BGB aF. früher erforderliche „Wettrennen mit dem Tode" bei lebensbedrohenden Verletzungen obsolet geworden ist.

8. Regelmäßig steht dem Geschädigten nur ein bestimmter Schmerzensgeldbetrag zu. In besonders schwerwiegenden Fällen kommt jedoch auch statt des Schmerzensgeldbetrages eine Schmerzensgeldrente in Frage. Der BGH (Z 18, 149 = NJW 1955, 1675; NJW 1957, 383) hält eine Schmerzensgeldrente für gerechtfertigt, wenn außergewöhnliche Umstände vorliegen, wie etwa anhaltende Schmerzen, die Notwendigkeit wiederholter, schmerzhafter und in ihrem Erfolg ungewisser ärztlicher Eingriffe oder auch die drohende Gefahr weiterer unfallbedingter Spätschäden und schließlich auch bei Einschränkung der Lebensfreude bei Beeinträchtigung eines wichtigen Gliedes. Der Schädiger kann dem Geschädigten die Rente aber nicht aufdrängen (OLG Schleswig VersR 1992, 462). Eine neben dem Schmerzensgeld gewährte Rente setzt einen Antrag des Geschädigten voraus (BGH NJW 1998, 3411).

Schließlich können auch Schmerzensgeldbetrag und Schmerzensgeldrente nebeneinander beansprucht werden, wobei allerdings beide Beträge in einem ausgewogenen Verhältnis zueinander stehen müssen und die Schmerzensgeldsumme niedriger als bei ausschließlicher Zahlung des Schmerzensgeldes sein muss. Im Einzelfall kann aber auch ein Schmerzensgeld von EUR 150.000,– (DM 300.000,–) zusammen mit einem monatlichen Pflegegeld (hier: EUR 900,– = DM 1.800,–) vertretbar sein (BGH VersR 1986, 59). In den Fällen einer Unfallneurose kann auch Dritten ein Schmerzensgeldanspruch zustehen (BGH VersR 1986, 240). Zur Höhe von Rente und Schmerzensgeld vgl. die Beispiele bei *Hacks* lfd.-Nr. 1269ff. Zur Problematik der Rente vgl. auch *Ciupka* VersR 1976, 226. Möglich ist es auch, Schmerzensgeld für einen bestimmten Zeitabschnitt als Kapitalabfindung und danach als Rente geltend zu machen (vgl. BGH NJW 1959, 1039). Für Veränderungen der Rente ist die Abänderungsklage nach § 323 ZPO gegeben. Eine Feststellungsklage, gerichtet auf den gleichen Sachverhalt, ist unzulässig (vgl. BGH NJW 1961, 871). Zur Abänderungsklage vgl. Form. I. P. 4. Zur Beschwer, wenn der Kl. im Klagantrag Zahlung einer Geldrente, hilfsweise Kapitalabfindung verlangt und das Gericht dem Hilfsantrag stattgibt, vgl. BGH VersR 1984, 739. Die Rente kann vierteljährlich im Voraus verlangt werden (vgl. Form. II. E. 6 Anm. 7).

9. Das nach § 256 ZPO erforderliche Feststellungsinteresse ist gegeben, wenn die künftige Entwicklung noch nicht zu übersehen ist, zB. ob der Kläger völlig arbeitsunfähig werden wird und im Zusammenhang damit weitere, von der Geldrente unabhängige Schäden entstehen werden (vgl. auch Form. II. E. 13 Anm. 8 und oben Anm. 6). Es besteht auch schon dann, wenn der Schädiger das Bestehen des Anspruchs bestreitet und Verjährung droht (BGH VersR 1989, 1055). Begründet ist der Antrag, wenn „eine nicht eben entfernt liegende Möglichkeit künftiger Verwirklichung der Schadensersatzpflicht durch Auftreten weiterer, bisher noch nicht erkennbarer und voraussehbarer Leiden besteht. Das trifft bei schwereren Verletzungen in aller Regel zu. Der Feststellungsanspruch kann in Fällen dieser Art nur verneint werden, wenn aus der Sicht des Klägers bei verständiger Beurteilung kein Grund besteht, mit Spätfolgen immerhin zu rechnen; es ist nicht erforderlich, dass der Kläger von den späteren Schäden eine bestimmte Vorstellung hat" (BGH aaO).

10. Vgl. Anm. 6, 7 zu Form. II. E. 1.

11. Zum Vortrag des Sachverhalts vgl. zB. Form. II. E. 6, Begründung zu Ziff. 1. Materiellrechtliche Grundlage für einen Anspruch auf Ersatz des immateriellen Schadens kann neben den in § 253 Abs. 2 BGB genannten Fällen auch die Verletzung des allgemeinen Persönlichkeitsrechtes sein (zu den Voraussetzungen vgl. *Palandt/Thomas* § 823 Rdn. 175ff. m. Nachw.). Damit haben sich Rechtsprechung und Literatur ab Mitte der 90er Jahre intensiv befasst (vgl. BGH NJW 1995, 817; BGH NJW 1996, 984 und 985;

Prinz NJW 1995, 1992; *ders.* NJW 1996, 953; *Steffen* NJW 1997, 10 auch zu Formeln für die Berechnung von Geldentschädigungen; *Müller* VersR 2000, 797).

12. Die Schilderung des Unfallhergangs ist auch bei unstreitigem Alleinverschulden des Beklagten erforderlich, da im Rahmen der Genugtuungsfunktion auch der Grad des Verschuldens und der Anlass des Unfalls zu berücksichtigen sind (BGHZ 18, 149 = NJW 1955, 1675).

13. Vgl. zur Höhe des Schmerzensgeldes und der Rente vgl. Anm. 5; zum Mitverschulden eines nicht angeschnallten Pkw-Insassen und zum Anscheinsbeweis dafür vgl. BGH NJW 1991, 230; BGH NJW 1998, 1137.

9. Erstes außergerichtliches Schreiben bei Verkehrsunfall[1]

An die
. . . . . .-Versicherungs-AG[2, 3, 4, 5]
Postfach 830
Düsseldorf[6]

Betr.: Kraftfahrzeug-Haftpflichtschaden v. 4. 10. . . . . . .;
Ihr Versicherungsnehmer: Adam Müller, Frankfurter Straße 20,
70182 Stuttgart; Versicherungsschein-Nr. . . . . . .[2]
Kennzeichen des Fahrzeugs: . . . . . .[2]

Sehr geehrte Damen und Herren,
in einer Verkehrsunfallsache vom 4. 10. . . . . . . gegen 10 Uhr in Stuttgart auf der Theodor- Heuss-Straße vertrete ich

Herrn Bertram Schmid, Heilbronner Straße 18, Stuttgart.

Fotokopie der auf mich lautenden Vollmacht[7] ist beigefügt. Ich bin beauftragt, die Schadensersatzansprüche meines Mandanten geltend zu machen. Der Unfall wurde von Ihrem Versicherungsnehmer, der mit seinem Pkw mit dem Kennzeichen S – AK 370 fuhr, verschuldet. Er ereignete sich wie folgt[8]: . . . . . .
Der Pkw meines Mandanten mit dem Kennzeichen S – KA 730, ein Opel Corsa, Baujahr . . . . . ., 10.000 km Fahrleistung, wurde wie folgt beschädigt: . . . . . .
Durch Sachverständigengutachten wird derzeit geklärt, ob wirtschaftlicher Totalschaden vorliegt. Die Schadensersatzansprüche werde ich im Einzelnen beziffern, sobald das Gutachten und die weiteren Unterlagen vorliegen. Einstweilen bitte ich um Prüfung und Bejahung Ihrer vollen Einstandspflicht. Für Ihre Stellungnahme habe ich mir den

25. Oktober . . . . . .

vorgemerkt. Nach vorläufigen Angaben des Sachverständigen beträgt der Fahrzeugschaden mindestens EUR 8.000,–. Mein Mandant ist nicht in der Lage, diesen Betrag ohne Kreditaufnahme zu bezahlen[9]. Sollte ein entsprechender Vorschuss nicht bis

25. Oktober . . . . . .

entweder bei mir oder bei meinem Mandanten eingegangen sein, müsste mein Mandant Kredit aufnehmen. Die Kreditkosten würde ich Ihnen zu gegebener Zeit in Rechnung stellen.
Zu Ihrer Information teile ich schon jetzt mit, dass mein Mandant als Angestellter nicht zum Vorsteuerabzug berechtigt ist und dass keine Vollkaskoversicherung besteht. Der Haftpflichtversicherer ist die . . . . . .
Bei dem Unfall wurde mein Mandant verletzt. Er erlitt eine Gehirnerschütterung und eine Verstauchung der Halswirbelsäule. Mein Mandant war zunächst im Städtischen

Krankenhaus Stuttgart stationär für 3 Tage in Behandlung. Behandelnder Arzt war Herr Dr. ...... Danach wurde die Behandlung durch den Hausarzt Dr. ...... fortgesetzt. Die behandelnden Ärzte werden von ihrer Schweigepflicht befreit. Ich darf Sie bitten, bei den Ärzten Berichte anzufordern, mir dies zu bestätigen und die Berichte nach Vorliegen in Fotokopie zu übersenden. Des Weiteren bitte ich, einen angemessenen Schmerzensgeldvorschuss[10] zu überweisen. Auch insoweit habe ich mir das obige Datum für die Erledigung vorgemerkt.

Hochachtungsvoll
Rechtsanwalt

Schrifttum: Becker/Böhme, Kraftverkehrs-Haftpflicht-Schäden, 21. Aufl. 1999; Beck'sches Rechtsanwaltshandbuch 2001/2002 Kap. B IX; *Geigel,* Der Haftpflichtprozess, 23. Aufl., 2001; *Hacks/Ring/Böhm,* Schmerzengeldbeträge, 20. Aufl., 2001; *Peter,* Verkehrsunfallrecht, Diktat- und Arbeitsbuch für Rechtsanwälte, Loseblattsammlung; *Sanden/Voeltz,* Sachschadenrecht des Kraftverkehrs, 7. Aufl., 2000; *Wussow/Küppersbusch,* Ersatzansprüche bei Personenschäden, 6. Aufl., 1996.

Anmerkungen

1. Adressat des Schreibens ist im Regelfall die Haftpflichtversicherung für das Fahrzeug des Schädigers (zur Ermittlung der Gesellschaft vgl. Anm. 2). Möglich aber unzweckmäßig ist es, den Schädiger selbst anzuschreiben, da hierdurch Verzögerungen eintreten können und das spätere Vorgehen gegen ihn Vollstreckungsprobleme mit sich bringen kann. Ein rechtskräftiges Urteil gegen ihn (z. B. Versäumnisurteil) wirkt i. ü. nicht gegen die Haftpflichtversicherung, weshalb die Kosten des Verfahrens von dieser auch dann nicht zu erstatten sind, wenn sie später zu 100% den Schaden reguliert bzw. regulieren muss (vgl. i. e. §§ 158 d, e VVG).

Besteht für das Fahrzeug keine Haftpflichtversicherung, so können die Ansprüche bei dem Verein Verkehrsopferhilfe e. V., Glockengießerwall 1, 20095 Hamburg, (Tel. 040/32 10 71) geltend gemacht werden. Diesem vom HUK-Verband gegründeten Verein wurde durch Verordnung vom 14. 12. 1965 (BGBl. I S. 2093) die Stellung eines Entschädigungsfonds übertragen. Rechtsgrundlage für die Regulierung ist § 12 PflVG, der durch das auch von der Bundesrepublik Deutschland ratifizierte Europäische Abkommen vom 20. 4. 1959 (Straßburger Abkommen) in das PflVG am 5. 4. 1965 (BGBl. I S. 213) aufgenommen wurde (vgl. zum Ganzen: *Becker/Böhme,* Kraftverkehrs-Haftpflicht-Schäden, Rdn. 0, 1 ff.). Der Verein haftet nur subsidiär (§ 12 Abs. 1 S. 2 PflVG). Schäden durch unversicherte Fahrzeuge und bei vorsätzlicher Handlung des Verursachers reguliert die Verkehrsopferhilfe, wie wenn der Schädiger mit der gesetzlichen Mindestdeckungssumme (bis zu EUR 1.000.000,– für Personenschäden, bei mehreren Verletzten bis zu EUR 1.500.000,– und für Sachschäden bis EUR 400.000,–) versichert wäre. Hat der Schädiger „Unfallflucht" begangen und kann er nicht ermittelt werden, so kann ebenfalls eine (teilweise) Regulierung durch den Verein Verkehrsopferhilfe e. V. in Frage kommen. Allerdings werden hier Schäden am Fahrzeug nicht ersetzt. Sonstige Sachschäden (Kleidung, Ladung, Gepäck) sind erstattungsfähig, soweit sie EUR 1.000,– übersteigen. Für Personenschäden steht die Verkehrsopferhilfe bis zur Höchstsumme von EUR 1.500.000,– ein. Die Zahlung von Schmerzensgeld kommt jedoch nur in Ausnahmefällen in Frage, nämlich dann, wenn dies wegen der bestehenden Schwere der Verletzung zur Vermeidung einer groben Unbilligkeit erforderlich ist (zur Beweislast und zum Anscheinsbeweis vgl. LG Krefeld VersR 1986, 270).

Neben der außergerichtlichen Tätigkeit gegenüber der Haftpflichtversicherung des Gegners berät der Rechtsanwalt seinen Mandanten darüber, dass dieser andere Versicherer informieren sollte: Die evtl. vorhandene Kaskoversicherung, die eigene Haftpflichtversicherung, falls an die Möglichkeit der Mithaftung – ggfs. aus Betriebsgefahr – gedacht werden muss, die Rechtsschutzversicherung, die Insassen-Unfallversicherung, eine etwa bestehende private Unfall- oder Lebensversicherung, die gesetzliche oder private Krankenversicherung, die gesetzliche Renten- oder Unfallversicherung. Ebenso empfiehlt sich ein Hinweis darauf, dass der Mandant seinen Arbeitgeber informieren sollte.

Die Information der Rechtsschutzversicherung des Geschädigten sollte der Rechtsanwalt übernehmen. Es ist sinnvoll, das erste Anspruchsschreiben an die gegnerische Haftpflichtversicherung und eine etwaige Vertretungsanzeige im Bußgeldverfahren bzw. ein Aktengesuch in Abschrift hier mitzuschicken. Darüber hinaus sollte gleichzeitig um Deckungszusage sowohl für die Geltendmachung von Schadensersatzansprüchen als auch in einem etwaigen Bußgeldverfahren oder Strafverfahren nachgesucht werden. Zum Ersatz von Anwaltskosten durch die Rechtsschutzversicherung vgl. *Chemnitz* AnwBl. 1987, 69. Zur Prüfungspflicht des Anwalts wegen der Eintrittspflicht der Rechtsschutzversicherung vgl. LG Tübingen VersR 1996, 854.

2. Für die Ermittlung des zuständigen Haftpflichtversicherers gibt es – wenn die Polizei ausnahmsweise keine Feststellungen getroffen hat – zwei Möglichkeiten. Beidesmal ist Voraussetzung, dass das Kennzeichen des Schädigerfahrzeugs bekannt ist. Zunächst kann man sich an den Zentralruf der Autoversicherer telefonisch wenden. Er ist in folgenden Städten erreichbar: Aachen, Berlin, Dortmund, Essen, Frankfurt, Hamburg, Hannover, Köln, Mannheim, München, Nürnberg, Saarbrücken, Stuttgart. Wichtig ist, dass der Unfalltag angegeben wird. Da der Zentralruf nur über kurze Zeit – wohl einen Monat – zurück Auskunft erteilen kann, muss gelegentlich die zweite Möglichkeit genutzt und die Zulassungsstelle für das betreffende Fahrzeug angeschrieben werden, die gegen Gebühr Auskunft erteilt. Dazu sind sie verpflichtet, sobald ein Verkehrsteilnehmer im Straßenverkehr geschädigt worden ist. Ein wirtschaftliches Anliegen (Unfallschaden) ist als Begründung des „berechtigten Interesses" ausreichend (BVerwG NJW 1986, 2329). Die Gesichtspunkte des Datenschutzes treten demgegenüber zurück. Entsprechendes gilt auch für Auskünfte durch den Zentralruf.

3. Ist zwar der Unfall im Inland passiert, jedoch der Schädiger im Ausland versichert, so muss nicht mit der ausländischen Versicherung korrespondiert werden. Der Schaden kann vielmehr beim „Deutschen Büro Grüne Karte e. V." Glockengießerwall 1, 20095 Hamburg angemeldet werden (vgl. zum Ganzen: *Geigel*, Kap. 43 Rdn. 54 ff.). Dieses benennt und beauftragt eine inländische Versicherungsgesellschaft. Die Gesellschaft nimmt dann die Regulierung vor. Voraussetzung für die Regulierung ist, dass Name und Anschrift des Schädigers, das amtliche Kennzeichen des Fahrzeugs und möglichst auch die ausländische Gesellschaft sowie die Versicherungsscheinnummer genannt werden. Zweckmäßig im Hinblick auf die Beschleunigung der Regulierung ist die Vorlage der grünen oder rosaroten Versicherungskarte. Für die Regulierung gilt bezüglich der Anwaltskosten das DAV-Abkommen (vgl. hierzu Form. II. E. 10 Anm. 19) ebenfalls, wenn die regulierende Gesellschaft ihm angeschlossen ist.

4. Die Regulierung von Unfällen im Ausland nimmt ausschließlich die ausländische Versicherungsgesellschaft vor (vgl. zum Ganzen: *Geigel*, Kap. 43 Rdn. 54 ff.). Wegen der recht unterschiedlichen gesetzlichen Regelungen und der gelegentlich langwierigen Regulierung empfiehlt sich oft die Einschaltung eines ausländischen Rechtsanwalts. Die Rechtsschutzversicherer geben eine Liste der mit ihnen zusammenarbeitenden deutschsprachigen Rechtsanwälte heraus und haben zum Teil auch Merkblätter hinsichtlich des ausländischen Rechts.

5. Für die Regulierung von Schäden, die durch die in der BRep. stationierten ausländischen Streitkräfte oder deren Mitglieder verursacht wurden, ist das jeweilige Amt für Verteidigungslasten zuständig, das bei Regierungspräsidien, Landratsämtern oder Städten bestehen kann (vgl. dazu i.e. *Becker/Böhme* Rdn. C 22 ff.). Die Ansprüche richten sich gegen den Entsendestaat. Dies gilt jedoch nur für Ansprüche aus dienstlichen Handlungen oder Unterlassungen einer Truppe oder deren Mitgliedern, in praxi also in der Regel für Militärfahrzeuge (Dienstfahrzeuge). Zu beachten ist hier, dass die Ansprüche nach Art. 6 AG zum NATO-Truppenstatut innerhalb einer Frist von 3 Monaten von dem Zeitpunkt an geltend zu machen sind, in dem der Geschädigte von dem Schaden und den Umständen Kenntnis erlangt hat, aus denen sich ergibt, dass der Entsendestaat einer Truppe rechtlich verantwortlich ist. Soweit es sich um Ansprüche aus Gefährdungshaftung handelt, gilt auch hier die kürzere Frist von 2 Monaten (§ 15 StVG; vgl. hierzu Form. II. E. 16 Anm. 6). Bei Unfällen mit Privatfahrzeugen von Mitgliedern einer Truppe richten sich die Ansprüche gegen den Fahrzeughalter und -führer sowie den Haftpflichtversicherer. Dieser kann – nicht über die Kraftfahrzeugzulassungsstelle – über das zuständige Amt für Verteidigungslasten nach Angabe des Kennzeichens und des Unfalltags erfragt werden.

6. Zuständig für die Regulierung sind meist nicht die Zentralen der Versicherungen, sondern regionale Schadenbüros, die sich durch Anruf bei der Zentrale oder beim zuständigen Versicherungsvertreter ermitteln lassen.

7. Vorlage der Vollmacht wegen der Berechtigung zum Inkasso ist zweckmäßig.

8. Hier folgt die genaue Unfallschilderung, vgl. z.B. Form. II. E. 13.

9. Die Ankündigung der Kreditaufnahme und die Einräumung der Möglichkeit zur Zahlung eines Vorschusses ist Voraussetzung für die Erstattung etwaiger späterer Kreditkosten (BGH NJW 1974, 36; OLG Karlsruhe NVZ 1989, 23; LG Nürnberg-Fürth VersR 1969, 577; LG Bielefeld NJW 1972, 1985; *Becker/Böhme* E 9).

10. Ein Vorschussanspruch besteht an sich nicht, vielmehr kann ein Anspruch auf das Schmerzensgeld selbst geltend gemacht werden. Dennoch sollte bereits in diesem frühen Stadium ein Vorschuss angefordert werden, der von den Versicherungen häufig auch bezahlt wird.

10. Anspruchsschreiben an gegnerische[1] Haftpflichtversicherung bei Verkehrsunfall (Reparaturkostenfall)[2]

An die
. . . . . .Versicherungs-AG
Postfach 830
40332 Düsseldorf

Betr.: Schaden-Nr. KH 620/372/02 – Müller . / . Maier[3]

Sehr geehrte Damen und Herren,
in dieser Sache nehme ich Bezug auf mein Legitimationsschreiben vom . . . . . . und Ihr Schreiben vom . . . . . . In der Anlage übersende ich wunschgemäß einen Aktenauszug[4] aus der Bußgeldakte der Stadt Stuttgart. Daraus entnehmen Sie, dass Ihren Versicherungsnehmer das Alleinverschulden an dem Unfall trifft und der Unfall für meinen Mandanten unvermeidbar war: . . . . . .
Die Schadensersatzansprüche[5] meines Mandanten beziffere ich wie folgt:

1. Das Fahrzeug meines Mandanten wurde folgendermaßen beschädigt: . . . . . . Die Reparaturkosten[6, 7] betragen nach der in Fotokopie beigefügten Rechnung — EUR 6.532,17.
2. Geltend gemacht werden ferner die Gutachterkosten[8] in Höhe von — EUR 423,46.
   Eine Fotokopie der Rechnung füge ich bei.

3. Weiter wird Nutzungsausfall[9] für die Reparaturdauer[10] von 10 Tagen (vgl. Reparaturrechnung) geltend gemacht, da es sich um einen Pkw BMW 335 i handelt, in Höhe von EUR 79,–[11] je Tag, also EUR 790,—.
4. Beansprucht wird ferner eine Wertminderung[12]. Das Fahrzeug meines Mandanten wurde am ...... erstmals zugelassen und hatte zum Unfallzeitpunkt eine Fahrleistung von ca. ...... km. Im Hinblick auf den Wiederbeschaffungswert des Pkw und die Reparaturkosten[13] ist eine Wertminderung in Höhe von EUR 400,— angemessen.
5. Wegen der Beschädigung war das Kraftfahrzeug meines Mandanten nicht mehr fahrbereit. Die Abschleppkosten[14] betragen gemäß in Fotokopie beigefügter Rechnung EUR 312,30.
6. Zur Bezahlung der Reparaturrechnung musste mein Mandant Kredit aufnehmen. Die Kreditkosten[15] einschließlich Zinsen bis ...... betrugen EUR 150,—.
7. Durch verschiedene Telefonate mit der Werkstatt, dem Unterzeichneten und der Polizei sowie durch Fahrten zur Reparaturwerkstätte u. ä. entstanden meinem Mandanten Unkosten[16], die pauschal mit EUR 25,— beziffert werden.

		EUR 8.632,93

8. Die durch meine Inanspruchnahme entstandenen Rechtsanwaltskosten[17] beziffere ich wie folgt:
   Gegenstandswert[18]: EUR 8.632,93.

15/10 Gebühr gemäß DAV-Abkommen[19,20]	EUR 673,50	
Unkostenpauschale gem. § 26 BRAGO	EUR 20,—	
12 Fotokopien	EUR 6,—	
	EUR 699,50	
16% Mehrwertsteuer	EUR 111,92	EUR 811,42
Hinzu kommen die Kosten für den Aktenauszug[4]		
Gebühr	EUR 25,—	
10 Fotokopien	EUR 5,—	
	EUR 30,—	
16% Mehrwertsteuer	EUR 4,80	EUR 34,80

9. Ich darf Sie bitten, den Gesamtbetrag von EUR 9.479,75 auf eines meiner Konten zu bezahlen.
   Für die Erledigung habe ich mir den

16. November ......

vorgemerkt.

Hochachtungsvoll
Rechtsanwalt

Anmerkungen

1. Mit der Haftpflichtversicherung des Mandanten muss an sich nicht korrespondiert werden. Dennoch schadet es nichts, wenn der Rechtsanwalt diese gemäß dem Form. E. 12 informiert.

2. Vgl. zunächst Form. II. E. 9 und die dortigen Anm. 1–10. Dargestellt wird hier ein Reparaturkostenfall mit den dabei vorkommenden Schadenspositionen (zur Abrechnung

bei Totalschaden vgl. Form. II. E. 13 und zur Abrechnung bei Inanspruchnahme der eigenen Vollkaskoversicherung bei Mitverschulden oder Mithaftung vgl. Form. II. E. 15).

3. Die Angabe der Parteien empfiehlt sich, damit die Versicherung diese Angaben wiederholt. Anderenfalls können Probleme bei der Einordnung der Sache im eigenen Büro auftreten.

4. Fordert die Versicherung einen Aktenauszug an, so ist der Rechtsanwalt berechtigt, hierfür nach einer Empfehlung des HUK-Verbandes (vgl. AnwBl. 1989, 214) pauschal EUR 25,– und für jede Kopie EUR 0,50 zuzüglich Mehrwertsteuer zu berechnen. Für eine Ergänzung des Auszugs fallen seit 1. 1. 1991 weitere EUR 12,50 und je Kopie EUR 0,50 zuzüglich Mehrwertsteuer an. Hinsichtlich der Kopien gilt § 27 BRAGO.

5. Zum Personenschaden, insbesondere zum Erwerbsschaden, Schmerzensgeld und zur Rente vgl. Form. II. E. 6, 8. Zu Ansprüchen bei Tötung vgl. Form. II. E. 7. Hinsichtlich der Schadensberechnung bei Totalschaden vgl. Form. II. E. 13. Zur Geltendmachung des Schadensfreiheitsrabatts als Schadensposition vgl. Form. II. E. 14. Probleme können sich bei Leasing ergeben (vgl. dazu i. e. *Sanden/Völtz* Rdn. 264 ff.). Hier kann der Leasingnehmer auch hinsichtlich des Sachschadens am Fahrzeug und der Wertminderung aktivlegitimiert sein, wenn er im Leasingvertrag die Verpflichtung übernommen hat, den durch einen Dritten verursachten Schaden zu beseitigen. Andernfalls ist für diese Positionen der Leasinggeber zuständig. Dieser ist nicht Halter des Fahrzeugs (vgl. BGH NJW 1983, 1492), so dass er sich die Betriebsgefahr aus § 7 StVG nicht anrechnen lassen muss. Allerdings steht dem Schädiger hier ein Ausgleichsanspruch gegen den Leasingnehmer zu, da dieser der Halter ist. Dem Leasingnehmer stehen Ansprüche wegen Nutzungsausfalls, Mietwagenkosten und sonstiger Aufwendungen zu (vgl. i. e. *Geigel,* Kap. 28 Rdn. 170 und aus der Rechtsprechung z. B. BGH VersR 1992, 194; LG Stade VersR 1987, 943).

6. Grenze für die Erstattungsfähigkeit der Reparaturkosten ist der Wiederbeschaffungswert (sog. wirtschaftlicher Totalschaden). Die Rechtsprechung hält darüber hinausgehende, tatsächlich entstandene Reparaturkosten für unverhältnismäßig (§ 251 Abs. 2 BGB) und damit für nicht erstattungsfähig, wenn sie bis zu 30% über den Wiederbeschaffungswert hinausgehen (vgl. i. e. BGH NJW 1992, 305 und NJW 1992, 1618; VersR 1999, 245; *Geigel,* Kap. 4 Rdn. 13 ff.; *Sanden/Völtz,* Rdn. 70 ff.). Zur Abrechnung bei Totalschaden und zur Abrechnung bei sog. unechtem Totalschaden (Abrechnung auf Neuwagenbasis) vgl. Form. II. E. 13.

7. Die Reparaturkosten sind auch dann erstattungsfähig, wenn die Reparatur nicht oder in Eigenleistung durchgeführt wird (§ 249 Abs. 2 S. 1 BGB; vgl. i. e. BGH NJW 1989, 3009; *Palandt/Heinrichs* § 249 Rdn. 6 ff.). Sie können auch dann verlangt werden, wenn die Instandsetzung nur teilweise durch eine Werkstatt und im Übrigen in Eigenleistung durchgeführt wird (KG – 12 U 1192/84). Die auf die Reparaturkosten entfallende Mehrwertsteuer kann nach dem durch das Zweite Gesetz zur Änderung schadensersatzrechtlicher Vorschriften neu eingefügten § 249 Abs. 2 S. 2 BGB nur dann verlangt werden, wenn sie tatsächlich angefallen ist. Dies trifft bei Durchführung der Reparatur in einer Werkstatt zu (*Palandt/Heinrichs* § 249 Rdn. 8 ff.; vgl. sogar für die Abrechnung gegenüber der eigenen Kaskoversicherung: BGH VRS 68, 427), es sei denn, der Geschädigte ist zum Vorsteuerabzug berechtigt.

Im Falle der fiktiven Schadensberechnung kann nach der Neufassung des § 249 Abs. 2 S. 2 dagegen auch von einem nicht vorsteuerabzugsberechtigten Geschädigten die Mehrwertsteuer nicht verlangt werden. Der Gesetzgeber wollte damit eine Überkompensation vermeiden, weil somit dem Geschädigten im Falle einer fiktiven Schadensberechnung die Mehrwertsteuer als Schadensposten ersetzt würde, obwohl diese nach der von ihm selbst gewählten Art der Abrechnung gar nicht anfällt (vgl. i. e. *Karczewski* VersR 2001, 1070, 1074 f.). Die Grenze für den Ersatz fiktiver Reparaturkosten bildet aber der Wiederbeschaffungswert abzüglich des Restwertes (BGH NJW 1993, 1850; NJW 1992,

302), wenn das Fahrzeug – was möglich ist – in unrepariertem Zustand bei der Beschaffung eines Ersatzfahrzeugs in Zahlung gegeben wird. Probleme ergeben sich in diesem Fall ferner wegen des Schadensnachweises. Meist wird ein Sachverständigengutachten erforderlich sein, dessen Kosten jedoch nur ab einer bestimmten Schadenshöhe verlangt werden können (vgl. unten Anm. 8). In Bagatellfällen sollte deshalb hier ein detaillierter Kostenvoranschlag einer Fachwerkstätte eingeholt werden. Anspruch auf Nutzungsausfall besteht des Weiteren bei Abrechnung fiktiver Reparaturkosten nicht (vgl. unten Anm. 9). Auf Gutachtensbasis kann sogar dann abgerechnet werden, wenn tatsächlich repariert wird (zu den Einzelheiten vgl. BGH NJW 1989, 3009). Der Gegner kann hier allerdings substantiierte Einwendungen gegen das Gutachten vorbringen.

8. Die Sachverständigenkosten sind in der Regel erstattungsfähig, es sei denn, es liegt ein Verstoß gegen die Schadensminderungspflicht vor, was bei Bagatellschäden unter EUR 600,– bis EUR 700,– der Fall sein kann (vgl. *Geigel* Kap. 4 Rdn. 97ff.; OLG Hamm NZV 1994, 243).

9. Nimmt der Geschädigte keinen Mietwagen (zur Erstattung der Mietwagenkosten vgl. Form. II. E. 13 Anm. 17ff.) in Anspruch, so steht ihm nach ständiger Rechtsprechung des BGH seit 1963 eine Nutzungsausfallentschädigung zu. Voraussetzung dafür ist zunächst der Nutzungswille des Geschädigten, vor allem aber die Nutzungsmöglichkeit. Beides muss der Geschädigte im Prozess durch Tatsachenvortrag substantiieren. Bei Krankheit oder unfallbedingter Verletzung (BGH NJW 1968, 1778) sowie bei Führerscheinentzug (BGHZ 63, 205; BGHZ 65, 173) besteht daher beim alleinnutzenden Halter kein Anspruch, es sei denn, der Pkw wäre auch von Familienangehörigen oder anderen Personen genutzt worden. Voraussetzung für die Entschädigung ist schließlich, dass das Fahrzeug wegen der Reparatur tatsächlich ausfällt, so dass bei Abrechnung der fiktiven Reparaturkosten kein Anspruch besteht (BGHZ 66, 249), ebensowenig bei Weiterveräußerung des Fahrzeugs in unrepariertem Zustand (KG VersR 1981, 553; *Sanden/Völtz* Rdn. 230ff.; *Geigel* Kap. 4 Rdn. 72ff.). Umstritten und problematisch ist der Ansatz von Nutzungsausfall bei gewerblich, behördlich oder durch gemeinnützige Einrichtungen genutzten (OLG Düsseldorf VersR 1995, 1321; NVZ 1999, 472; OLG Köln OLGR 1997, 31; KG ZfS 1996, 415) und gemischt gewerblich bzw. privat genutzten Fahrzeugen (hierzu OLG Düsseldorf ZfS 1993, 338 und ausführlich *Geigel* Kap. 4 Rdn. 81).

10. Nutzungsausfall kann für die „notwendige Reparaturzeit" beansprucht werden, Verzögerungen gehen in aller Regel zu Lasten des Schädigers, zB. auch bei Fehlleistungen der Reparaturwerkstätte (vgl. *Palandt/Heinrichs* § 249 Rdn. 2).

11. Für die Berechnung der Entschädigung legen die Gerichte heute einhellig die Tabelle von *Sanden/Danner/Küppersbusch* (derzeitiger Stand 2002; abgedruckt in Sonderbeilage zu NJW Heft 10/2002 und NVZ Heft 3/2002) zugrunde. Andere Tabellen mit zum Teil höheren Werten haben sich dagegen nicht durchgesetzt. Der Zustand des Pkw ist mit zu berücksichtigen, wenn der Nutzungswert mit einem Kfz gleichen Typs nicht mehr vergleichbar ist (BGH BB 1988, 161). Auch für Krafträder haben *Sanden/Danner* eine Tabelle erarbeitet (DAR 1998, 134).

12. Wegen eines evtl. verbleibenden merkantilen Minderwertes, der sich beim Verkauf des Fahrzeugs auswirken würde, kann trotz technisch einwandfreier Wiederherstellung des Fahrzeugs eine Wertminderung beansprucht werden. Für Pkw gelten dabei in der Regel drei Voraussetzungen: Das Fahrzeug darf nicht älter als vier bzw. fünf Jahre sein, die Fahrleistung darf nicht mehr als 100.000 Kilometer betragen und der Unfallschaden muss von einigem Gewicht sein, was in der Regel bei Schäden unter EUR 500,– nicht der Fall ist (vgl. BGH NJW 1980, 281 auch zur Fahrleistung bei Lkw; OLG Stuttgart VersR 1978, 529; *Geigel* Kap. 4 Rdn. 40ff.; *Palandt/Heinrichs* § 251 Rdn. 19ff.; *Sanden/Voeltz* Rdn. 122ff.).

13. Für die Berechnung der Wertminderung gibt es zahlreiche Formeln. In der Rechtsprechung anerkannt ist die von *Halbgewachs* (OLG Stuttgart VersR 1986, 773) oder *Ruhkopf* und *Sahm* (vgl. i.e. *Geigel* Kap. 4 Rdn. 43 ff. und *Palandt/Heinrichs* § 251 Rdn. 22 mit Tabelle und zB LG Bochum VersR 1986, 605; a.A. OLG Saarbrücken VersR 1990, 63, wonach der Schätzung durch einen Sachverständigen der Vorrang gegenüber dieser und anderen Tabellen gebührt).

14. In der Regel besteht bei nicht übermäßiger Entfernung ein Anspruch darauf, dass das Fahrzeug in die sonst beauftragte Werkstatt abgeschleppt wird. Bei weiterer Entfernung muss nicht in die nächste, beliebige Werkstätte abgeschleppt werden. Vielmehr darf die nächste, für das betreffende Fahrzeug zuständige Spezialwerkstatt angefahren werden (vgl. i.e. *Sanden/Völtz* Rdn. 151 ff.).

15. Zu den Voraussetzungen für die Erstattung von Finanzierungskosten vgl. Form. II.E. 9 Anm. 9 und *Sanden/Völtz* Rdn. 185 ff.).

16. Soweit belegbar, sind die Unkosten konkret zu erstatten. Anderenfalls kann eine – vom Gericht nach den Umständen gemäß § 287 ZPO zu schätzende – Pauschale von bisher EUR 20,– bis EUR 30,– geltend gemacht werden (für EUR 30,– vgl. LG Augsburg ZfS 1989, 303; LG Saarbrücken ZfS 1989, 372).

17. In der Regel sind die Anwaltskosten als adäquater Schaden erstattungsfähig (z.B. OLG Stuttgart DAR 1989, 27), nur in Ausnahmefällen kann ein Verstoß gegen die Schadensminderungspflicht vorliegen, wenn die Schuldfrage eindeutig ist und/oder keine Einwendungen zu Grund und Höhe des Ersatzanspruchs geltend gemacht werden (BGH NJW 1995, 446; *Geigel* Kap. 4 Rdn. 93 m. Nachw.). Der Umfang des Gebührenanspruchs ist in verschiedener Hinsicht problematisch (vgl. den instruktiven Aufsatz von *Chemnitz* AnwBl. 1985, 118 sowie *ders.* AnwBl. 1987, 468 und zum Ersatz der Anwaltskosten durch die Rechtsschutzversicherung des Mandanten *ders.* AnwBl. 1987, 69; zum Gegenstandswert vgl. Anm. 18; zum DAV-Abkommen und zu weiteren Problemen der Abrechnung vgl. Anm. 19; hinsichtlich der Gebühren bei Teilregulierung und anschließendem Prozess vgl. Form. II. E. 13 Anm. 22; zu den Gebühren bei Inanspruchnahme der Vollkaskoversicherung und anschließender Regulierung des Restschadens vgl. unten Anm. 20; zum Anwaltshonorar im Passivprozess bei Tätigkeit für „Schädiger“ und Versicherer vgl. *Chemnitz* AnwBl. 1985, 118 (121 f)). In diesem Zusammenhang mit einer Klage des Gegners gegen den eigenen Mandanten und dessen Haftpflichtversicherer hat der Rechtsanwalt zu berücksichtigen, dass der Haftpflichtversicherer die Prozessführungsbefugnis für diesen Rechtsstreit hat. Hierauf und auf die Regulierungsbefugnis des Haftpflichtversicherers muss er seinen Mandanten hinweisen (vgl. *Bühren* AnwBl. 1987, 13; *Chemnitz* AnwBl. 1987, 69). Er kann sich auch nicht ohne Auftrag des Versicherers im Passivprozess als Prozessbevollmächtigter seines Mandanten bestellen, ohne diesen darauf hingewiesen zu haben, dass bei Unterliegen oder teilweisem Unterliegen der Mandant die Kosten seiner Tätigkeit selbst zu tragen hat.

18. Seit BGH (NJW 1970, 1122) kann gegenüber dem Versicherer als Geschäftswert für die Abrechnung nicht die geltend gemachte Schadensersatzforderung, sondern nur die begründete Schadensersatzforderung bzw. der regulierte und anerkannte Betrag eingesetzt werden. Im Verhältnis zum Mandanten besteht dagegen die Berechtigung zur Abrechnung nach dem Geschäftswert der geltend gemachten Schadensersatzforderung. Findet das DAV-Abkommen (vgl. Anm. 19) Anwendung, so ist als Gegenstandswert der Erledigungsbetrag anzusetzen. Im Unterschied zu früher gilt das DAV-Abkommen heute für alle Gegenstandswerte. Zum Gegenstandswert bei vorheriger Inanspruchnahme der Vollkaskoversicherung vgl. unten Anm. 20).

19. Bei der normalen Abrechnung entsteht zunächst die Geschäftsgebühr nach § 118 Abs. 1 Nr. 1 BRAGO. Eine Vergleichsgebühr fällt auch dann nicht an, wenn der Versicherer im Verlaufe der Korrespondenz höhere Zahlungen leistet (BGH NJW 1970,

1122). Findet eine Besprechung bzw. Verhandlung mit dem Versicherer statt, so entsteht die Besprechungsgebühr nach § 118 Abs. 1 Nr. 2 BRAGO. Wird eine Vereinbarung abgeschlossen, so entsteht die Vergleichsgebühr nach § 23 BRAGO. Vertritt der Rechtsanwalt mehrere Auftraggeber, so ist entscheidend, ob er die Angelegenheiten getrennt bearbeitet (vgl. *Chemnitz* AnwBl. 1985, 115 (121); *ders.* AnwBl. 1987, 468). Bei gemeinsamer Bearbeitung entstehen zwar keine gesonderten Gebühren, jedoch sind in aller Regel die Gegenstandswerte zu addieren, und es kann zusätzlich die Erhöhungsgebühr von $^3/_{10}$ je Auftraggeber nach § 6 Abs. 1 S. 1 BRAGO beansprucht werden (vgl. i.e. *Chemnitz* aaO.).

Für die Abrechnung mit folgenden Versicherungsgesellschaften gilt das DAV-Abkommen: Allgemeine Versicherung AG der HUK-Coburg; Allianz Versicherung AG, A&O Kfz Autoversicherung Oldenburg AG; Bayerische Versicherungsbank AG; Bruderhilfe Sachversicherung VaG; Continentale Sachversicherung AG, Deutscher Herold Allgemeine Versicherung AG, Deutsche Versicherungs-AG, DEVK Deutsche Eisenbahnversicherung a.G., Europa Sachversicherung AG, Frankfurter Versicherungs-AG einschließlich VVD und OVD, Generali Versicherungs-AG, Gerling Konzern Allg. Versicherungs-AG, HUK Coburg, HDI Haftpflichtverband der Deutschen Industrie V.a.G., Karlsruher Versicherungs-AG, Karlsruher Beamtenversicherung AG, Kravag Versicherung VaG, Landschaftliche Brandkasse Hannover, Öffentliche Versicherung Oldenburg, Provinzial Brandkasse und Feuerversicherungsanstalt, Saarbrücker Versicherungs-AG (SAVAG), Sparkassenversicherung AG, VHV Versicherungs VaG, Vereinte Versicherung AG, Volksfürsorge Deutsche Sachversicherung AG, Westfälische Provincial Feuersozietät, Württembergische Versicherung AG. Das DAV-Abkommen gilt seit 1. Juli 1995 in folgender Fassung:

Anwaltsgebühren bei der Unfallschadenregulierung

1. Rechtsanwälte und Kfz-Haftpflichtversicherer bemühen sich um eine zügige, rationelle und kostengünstige Unfallschadenregulierung.
2. Verhandlungen mit Geschädigten, insbesondere Vergleichsverhandlungen, sollen von Vertretern der betreffenden Versicherung nur mit dem vom Geschädigten bestellten Anwalt geführt werden.
3. Vor Beauftragung eines Sachverständigen soll der Rechtsanwalt, wenn die Wahrung der Interessen seines Mandanten dies zulässt, mit dem Versicherer prüfen, ob die Beauftragung erforderlich ist. Entsprechendes gilt für weitere Fragen der Schadenminderung (zB. Unfallfinanzierung, Anmietung eines Mietwagens).
4. Anwälte sollten für die Anmeldung von Kfz-Haftpflichtschäden den zwischen dem DAV und dem HUK-Verband vereinbarten einheitlichen Fragebogen für Anspruchsteller verwenden. Versicherer sollten in diesem Falle auf die Verwendung eines eigenen Fragebogens verzichten.
5. Der Name des Sachbearbeiters sowohl der bevollmächtigten Anwaltskanzlei als auch der Versicherung soll aus der Korrespondenz erkennbar sein.
6. Rechtsanwälte und Kraftfahrtversicherer sollten im Falle eines Anrufs, der den jeweiligen Partner nicht erreicht, unverzüglich zurückrufen.
7. Vielfältige und häufige Meinungsverschiedenheiten zwischen Versicherern und Rechtsanwälten über Art und Höhe der bei außergerichtlichen Unfallschadenregulierungen zu ersetzenden Anwaltsgebühren stellen für beide Seiten eine unerfreuliche und unrationelle Belastung dar. Zur Vermeidung solcher Meinungsverschiedenheiten und im Interesse einer außergerichtlichen Schadenregulierung wird wie folgt verfahren:
   a) Im Verhältnis zwischen dem Rechtsanwalt des Geschädigten und dem Kfz-Haftpflichtversicherer des Schädigers zahlt der Versicherer dem Rechtsanwalt anstelle der ihm nach den §§ 118, 22, 23, 31 BRAGO entstandenen Gebühren unabhängig davon, ob ein Vergleich geschlossen wurde oder eine Besprechung stattge-

funden hat, einen einheitlichen Pauschbetrag in Höhe einer 15/10-Gebühr nach dem Erledigungswert der Angelegenheit. Sind Gegenstand der Regulierung (auch) Körperschäden, erhöht sich die Gebühr ab einem Gesamterledigungswert von 20.000 EUR auf 17,5/10.

b) Wird der Rechtsanwalt in einem Haftpflichtschadenfall auch mit der Abwicklung des Kaskoschadens beauftragt, dann wird der Erledigungswert angesetzt, der ohne Inanspruchnahme der Kaskoversicherung in Ansatz käme.

c) Vertritt der Rechtsanwalt mehrere durch ein Schadenereignis Geschädigte, so errechnet sich der zu ersetzende Pauschbetrag aus der Summe der Erledigungswerte. Er erhöht sich in diesen Fällen auf 20/10: betrifft die Regulierung (auch) Körperschäden, auf 22,5/10 ab einem Gesamterledigungswert von 20.000 EUR.

d) Auslagen werden dem Rechtsanwalt nach den gesetzlichen Vorschriften ersetzt. MwSt auf die Anwaltskosten wird nicht ersetzt, wenn der Geschädigte vorsteuerabzugsberechtigt ist.

e) Wird der Haftpflichtversicherer für eine ausländische Versicherungsgesellschaft als Korrespondenzgesellschaft tätig, dann gilt die Regelung nur, wenn die ausländische Versicherungsgesellschaft sie gegen sich gelten lässt.

f) Die Regelung gilt grundsätzlich nur für den Fall der vollständigen außergerichtlichen Schadenregulierung; bei nur teilweiser Regulierung dann, wenn der Ausgleich weiterer Schadenpositionen einvernehmlich vorbehalten bleibt. Sie gilt dann nicht, wenn über einen Teilanspruch, sei es auch nur über die Kosten, gerichtlich entschieden worden ist.

g) Die Regelung gilt generell für die Rechtsanwälte nicht (mehr), die von ihr, sei es auch nur in einem Einzelfall, abweichen.

h) Vertritt der Anwalt mehrere Geschädigte und reguliert er den Schaden eines oder mehrerer Mandanten außergerichtlich, während er für einen oder mehrere andere eine gerichtliche Entscheidung herbeiführt, sind dies gebührenrechtlich verschiedene Angelegenheiten. Demzufolge kann der außergerichtlich erledigte Teil den vorstehenden Regeln entsprechend pauschaliert abgerechnet werden.

Die Regelung braucht nicht angewendet zu werden, wenn
- der Sachschaden durch eine Zwischenfinanzierung erhöht wurde, ohne dass dem Versicherer vorher Gelegenheit zur Zahlung gegeben war,
- generell, wenn sich der Rechtsanwalt in Widerspruch zu der von der Bundesrechtsanwaltskammer über die Zusammenarbeit von Anwälten mit Unfallhelfern veröffentlichten Auffassung (Stapelvollmacht, Beteiligung an einem Unfallhelferring usw.) gesetzt hat.

In den neuen Bundesländern ist nach den dort gültigen Gebührensätzen abzurechnen.

Das Abkommen gilt nur bei Kfz-Haftpflichtschäden, nicht jedoch bei sonstigen Haftpflichtschäden. Es gilt auch nur bei vollständiger außergerichtlicher Regulierung. Wird ein Teil reguliert und ein Teil eingeklagt, so verbleibt es hinsichtlich des regulierten Teiles bei der Abrechnung einer 7,5/10 Geschäftsgebühr nach § 118 Abs. 1 Nr. 1 BRAGO. Bei Abrechnung nach dem DAV-Abkommen ist der Anwalt nicht berechtigt, eine etwa höhere Gebühr gegenüber seinem Mandanten abzurechnen (*Chemnitz* AnwBl. 1985, 115 (119)).

20. Häufig empfiehlt es sich, wegen des Quotenvorrechts bei Mithaftung bzw. Mitverschulden die Vollkaskoversicherung in Anspruch zu nehmen (vgl. Form. II.E. 15) und hinsichtlich des Restbetrages die Ansprüche bei der gegnerischen Versicherung geltend zu machen. Für diese Fälle der Teilschadenregulierung durch den Kasko-Versicherer und außergerichtlicher Regulierung des Restschadens gilt das DAV-Abkommen (vgl. oben Anm. 19).

11. Schreiben an den zuständigen Polizeiverkehrsdienst

An die
Polizei
Verkehrsdienst
z. Hd. Herrn POM Maier

Betr.: Verkehrsunfall vom ...... auf der ......-Straße in ......

Sehr geehrte Herren,
in dieser Verkehrsunfallsache vertrete ich
Herrn Alois Maier, Frankfurter Straße 40, ... Stuttgart.
An dem Unfall war beteiligt
...... mit seinem Fahrzeug mit dem Kennzeichen ......
Ich bin beauftragt, die Schadensersatzansprüche meines Mandanten geltend zu machen und diesen in einem etwaigen Bußgeld- oder Strafverfahren zu verteidigen. Fotokopie der auf mich lautenden Vollmacht füge ich bei. Ich bitte um

Akteneinsicht,

gegebenenfalls um Weiterleitung des Aktengesuchs und um Abgabenachricht[1].
Mein Mandant wurde bei dem Unfall wie folgt verletzt: ......
Ein ärztliches Attest des Dr. med. ...... füge ich in der Anlage bei. Namens und in Vollmacht meines Mandanten stelle ich hiermit

Strafantrag[2]

gegen Herrn ...... wegen fahrlässiger Körperverletzung.
Ich bitte um

Zulassung der Nebenklage

zum gegebenen Zeitpunkt.

Hochachtungsvoll
Rechtsanwalt

Anmerkungen

1. Der Hinweis auf Abgabenachricht empfiehlt sich, da sonst gelegentlich keine Auskunft erteilt wird, was mit dem Schreiben geschehen ist.

2. Die Stellung eines Strafantrags ist Voraussetzung für die eventuelle spätere Zulassung einer Nebenklage, nicht allerdings in Fällen der Tötung.

3. Hinsichtlich der Nebenklage ist zu beachten, dass hier keine Deckung durch die Rechtsschutzversicherung des Geschädigten besteht (vgl. *Chemnitz,* Der Ersatz von Anwaltskosten durch die Rechtsschutzversicherung, AnwBl. 1987, 69). Hierauf muss der Rechtsanwalt den Geschädigten hinweisen, bevor er in diesem Verfahren tätig wird.

12. Schreiben an die Haftpflichtversicherung des Mandanten[1]

An die
......-Versicherungs-AG
Postfach 40
60352 Frankfurt

Betr.: Ihren Versicherungsnehmer, Herrn Gotthilf Maier, Karlsruher Straße 60, ... Heilbronn; Vers.-Schein-Nr. 673/325980-72

Sehr geehrte Damen und Herren,
Ihren Versicherungsnehmer vertrete ich in einer Verkehrsunfallsache vom ...... in ...... Ihr Versicherungsnehmer hat den Unfall bereits gemeldet. Es ist bekannt, dass die Regulierung in Ihre Zuständigkeit fällt, dennoch bitte ich, die Regulierung der etwaigen Ansprüche des Unfallgegners nur nach vorheriger Information vorzunehmen[2].

Hochachtungsvoll
Rechtsanwalt

Anmerkungen

1. Mit der Haftpflichtversicherung des Mandanten muss an sich nicht korrespondiert werden. Dennoch schadet es nichts, wenn der Rechtsanwalt die Haftpflichtversicherung informiert und darum bittet, dass eine Regulierung der gegnerischen Ansprüche nur nach vorheriger Absprache erfolgt. Ein Regulierungsverbot ist wegen § 5 Z. 7 AHB nicht empfehlenswert. Im Übrigen sollte der Rechtsanwalt seinen Mandanten darüber informieren, dass zur Abwicklung der etwaigen Ansprüche des Gegners die eigene Haftpflichtversicherung zuständig ist und bei Übernahme der etwaigen Zahlungen durch seinen Mandanten die Rechtsanwaltskosten weder durch die Haftpflichtversicherung noch durch die Rechtsschutzversicherung abgedeckt sind.

2. Für die Abwehr der gegnerischen Ansprüche ist ein gesonderter Auftrag der Haftpflichtversicherung erforderlich (§ 10 Z. 5 AKB i.V.m. § 5 Z. 7 AHB). Die Rechtsschutzversicherung ist für die Abwehr der Ansprüche nicht eintrittspflichtig (§ 21 Abs. 4a ARB).

13. Verkehrsunfallklage bei Alleinverschulden des Gegners (Totalschadenfall)[1]

An das
Landgericht[2]

Klage

des ...... **(Klägers)**
Prozessbevollmächtigter: ......

gegen
1. den ...... **(Beklagten Ziff. 1)[3]**
2. den ...... **(Beklagten Ziff. 2)[4]**
3. die ......-Versicherungs-AG, vertreten durch den Vorstand **(Beklagte Ziff. 3)[5]**

wegen Schadensersatz und Feststellung.

Vorläufiger Streitwert für Antrag Ziff. I: EUR 8.000,–
vorläufiger Streitwert für Antrag Ziff. II: EUR 4.000,–[6]

Namens und in Vollmacht des Klägers erhebe ich Klage und werde beantragen:

I. Die Beklagten werden als Gesamtschuldner[7] verurteilt, an den Kläger EUR 8.000,– nebst 5% Zinsen über dem Basiszinssatz hieraus seit 8. 4. ...... zu bezahlen.

II. Es wird festgestellt[8], dass die Beklagten als Gesamtschuldner verpflichtet sind, dem Kläger sämtliche Schäden[9], die ihm in Zukunft aus dem Verkehrsunfall vom 6. 3. ...... auf der Bismarckstraße/Haydnstraße in F. entstehen, zu ersetzen, soweit die Ansprüche nicht auf Sozialversicherungsträger oder sonstige Dritte[10] übergehen.

III. ......[11]

Begründung:

Der Kläger macht Schadensersatzansprüche aus einem Verkehrsunfall vom 6. 3. ...... gegen 19 Uhr auf der Kreuzung Bismarckstraße/Haydnstraße in F. geltend. Der Beklagte Ziff. 1 ist der Fahrer des beteiligten Fahrzeugs Opel Rekord mit dem Kennzeichen F – XY 210, dessen Halter der Beklagte Ziff. 2 ist und das bei der Beklagten Ziff. 3 am Unfalltag haftpflichtversichert war.

1. Der Unfall ereignete sich wie folgt: Der Kläger befuhr mit seinem Pkw Opel Ascona mit dem Kennzeichen F – AB 209 die Bismarckstraße in Richtung Stadtmitte. Der Kreuzung mit der Haydnstraße, an der keine Vorfahrtsregel angebracht ist, näherte er sich mit einer Geschwindigkeit von ca. 40 km/h. Als er sah, dass von rechts aus dem östlichen Teil der Haydnstraße kein Fahrzeug kam, orientierte er sich nach links und konnte auch von dort kein Fahrzeug erkennen. Er fuhr deshalb mit seinem Pkw in die Kreuzung ein. In diesem Augenblick kam der Beklagte Ziff. 1 mit dem Pkw des Beklagten Ziff. 2 aus Sicht des Klägers von links aus der Haydnstraße an die Kreuzung heran. Er fuhr, ohne anzuhalten, in die Kreuzung ein. Dadurch kam es zum Zusammenstoß der beiden Fahrzeuge. Das Fahrzeug des Beklagten Ziff. 1 fuhr mit der Front in die linke hintere Seitentür des Fahrzeugs des Klägers. Das Fahrzeug des Klägers kam dadurch ins Schleudern und fuhr frontal auf die am linken Straßenrand befindliche Gartenmauer. Der Beklagte Ziff. 1 hat den Unfall allein verschuldet. Er haftet nach §§ 823 Abs. 2 BGB, 8 StVO sowie nach § 823 Abs. 1 BGB. Der Beklagte Ziff. 2 haftet als Halter nach § 7 Abs. 2 StVG. Die Beklagte Ziff. 3 ist nach § 3 Nr. 1 PflVersG einstandspflichtig. Der Unfall war für den Kläger unvermeidbar. Das gegnerische Fahrzeug war für den Kläger erst zu einem Zeitpunkt erkennbar, als er bereits in die Kreuzung eingefahren war. Die Haftpflichtversicherung des Beklagten Ziff. 2 hat die teilweise Regulierung abgelehnt mit der Begründung, der Kläger habe erkennen können und müssen, dass der Beklagte Ziff. 1 sich zur Erlangung freier Sicht in die bevorrechtigte Straße habe hineintasten müssen[12]. Diese Behauptung ist jedoch unzutreffend. Der Beklagte Ziff. 1 hat sich nicht in die Kreuzung hineingetastet. Er ist vielmehr mit gleich bleibender Geschwindigkeit von ca. 30 km/h weitergefahren, was sich auf Grund der festgestellten Reifenspuren, des Auslaufweges der Fahrzeuge sowie der Beschädigung ergibt. Unabhängig davon war das Fahrzeug des Beklagten Ziff. 2 aus Sicht des Klägers wegen der an der Ecke befindlichen Bäume erst bei Einfahren in die Kreuzung erkennbar.

   Beweis: Einnahme eines Augenscheins; Beiziehung und Verwertung der Akten der Staatsanwaltschaft ......;
   Sachverständigengutachten.

2. Dem Kläger entstand durch den Unfall folgender Sachschaden:
   a) Am Pkw des Klägers wurde die linke hintere Seite und die Vorderfront stark eingedrückt und verformt. Die Reparaturkosten[13] betragen nach dem beigefügten Sachverständigengutachten EUR 15.732,60. Das Fahrzeug des Klägers, das am Unfalltag 3 Jahre und 5 Monate alt war und ein Fahrleistung von 110.000 km aufweist, hatte noch einen Wiederbeschaffungswert von EUR 12.500,–.

      Beweis: Gutachten des Sachverständigen X.; Einholung eines Sachverständigengutachtens.

Es ist deshalb wirtschaftlicher Totalschaden[14] eingetreten. Der Restwert[15] des Fahrzeugs wurde vom Sachverständigen mit EUR 500,– beziffert, so dass als Fahrzeugschaden geltend gemacht werden.	EUR 12.000,—
b) Die Gutachterkosten[16] betragen gemäß Rechnung des Sachverständigen X.	EUR 830,20
Beweis: Rechnung des Sachverständigen X. in Anlage in Fotokopie.	
c) Die Kosten für die Ab- bzw. Anmeldung des alten bzw. neuen Fahrzeugs einschließlich der Kosten für die neuen Nummernschilder betrugen	EUR 80,—
d) Der Kläger musste für die Dauer der Wiederbeschaffung eines Ersatzfahrzeugs einen Mietwagen[17] nehmen, weil er täglich für die Fahrten von seiner Wohnung zur Arbeitsstätte und für die beruflich anfallenden Fahrten einen Pkw benötigt. Die Wiederbeschaffungsdauer[18] von 14 Tagen ist angemessen, da der Sachverständige 10 Werktage angesetzt hat.	
Beweis: Sachverständigengutachten des Herrn X. in Anlage in Fotokopie; Sachverständigengutachten.	
Die Mietwagenkosten belaufen sich gemäß Rechnung der Firma Y. auf	EUR 700,50
Beweis: Mietwagenrechnung in Anlage in Fotokopie.	
Einen Abzug für ersparte eigene Aufwendungen muss der Kläger nicht vornehmen, da er einen Pkw eine Klasse tiefer angemietet hat und zwischen der Beklagten Ziff. 3 und dem Mietwagenunternehmen eine Individualvereinbarung besteht, wonach in diesem Fall die vollen Kosten erstattet werden.	
e) Die Abschleppkosten[19] betragen	EUR 364,30
Beweis: Abschlepprechnung in Anlage in Fotokopie.	
f) Geltend gemacht wird ferner eine Unkostenpauschale[20] in Höhe von für Telefonate, Porto und Fahrtkosten.	EUR 25,—
g) Dies ergibt den Sachschaden von	EUR 14.000,—
Hierauf hat die Beklagte Ziff. 3 am 28. 3.	EUR 6.000,—
bezahlt[21], so dass verbleiben	EUR 8.000,—

Geltend gemacht werden zunächst außergerichtlich noch die auf diesen Betrag entfallenden Anwaltskosten[22], die im Falle der Nichtzahlung hier noch eingebracht werden müssen. Die Beklagte Ziff. 3 wurde mit Anwaltsschreiben vom 28. 3. ...... mit Fristsetzung zum 7. 4. ...... gemahnt. Der Zinsanspruch ergibt sich deshalb aus § 288 BGB.

3. Bei dem Unfall wurde der Kläger schwer verletzt. Er erlitt eine Luxation des Beckens sowie einen Bruch des Beckens. Der Kläger ist noch mindestens 3 Monate krankgeschrieben.

Beweis: Attest des Kreiskrankenhauses ...... in Anlage in Fotokopie; Gutachten des Dr. med. ......, nach § 287 ZPO vom Gericht einzuholen.

Es ist nicht abzusehen, ob der Kläger seinen Beruf als Automatendreher, den er im Stehen ausüben musste, je wieder ausüben kann. Es ist zu erwarten, dass der Kläger

umgeschult werden und eine Arbeit ausüben muss, für die er ein geringeres Einkommen als bisher erzielen wird. Hinsichtlich des Schmerzensgeldes[23], eines Erwerbsschadens[24] und einer etwaigen Rente[25] bleiben Ansprüche noch vorbehalten. Ein Feststellungsinteresse[8] hinsichtlich dieser Schäden ist schon jetzt gegeben, da die Beklagte Ziff. 3 trotz Aufforderung und Mahnung vom 6. 3. . . . . . . kein Anerkenntnis abgegeben hat.

Anmerkungen

1. Dargestellt wird hier die Abrechnung bei Totalschaden mit den dabei vorkommenden Schadenspositionen (zur Abrechnung auf Reparaturkostenbasis vgl. Form. II. E. 10 und zur Abrechnung bei Inanspruchnahme der eigenen Vollkaskoversicherung bei Mitverschulden oder Mithaftung vgl. Form. II. E. 15).

2. Zur sachlichen Zuständigkeit vgl. Form. II. E. 1 Anm. 2. Der Streitwert ergibt sich aus der Summe der beiden Anträge. Örtlich zuständig ist neben dem Gericht des allgemeinen Gerichtsstandes (§§ 12–19 ZPO) auch das Gericht, in dessen Bezirk der Unfall geschehen ist. Dies gilt sowohl für Ansprüche aus unerlaubter Handlung nach § 823 BGB (§ 32 ZPO) als auch für Ansprüche aus Gefährdungshaftung gegen den Halter nach § 7 Abs. 1 StVG und für Ansprüche nach § 18 StVG wegen vermuteten Verschuldens gegen den Fahrer (§ 20 StVG).

Zur Klage aus Gefährdungshaftung vgl. Form. II. E. 16.

3. Der Fahrer haftet wegen Verschuldens nach §§ 823, 249 ff. BGB und wegen vermuteten Verschuldens, wenn der Entlastungsbeweis nicht gelingt, nach §§ 18 Abs. 1, 8 ff StVG (zur Gefährdungshaftung vgl. Form. II. E. 16). Die Klage gegen den Fahrer ist notwendig, damit dieser als Zeuge ausscheidet.

4. Der Halter haftet nur nach § 7 Abs. 1 StVG – und in Ausnahmefällen nach § 831 BGB und § 7 Abs. 3 StVG –, was hinsichtlich des Schadensumfangs nach §§ 8–15 StVG von Bedeutung sein kann. Durch die Neufassung des § 11 S. 2 StVG haftet der Halter nunmehr auch aus Gefährdungshaftung für Schmerzensgeldansprüche (§ 253 Abs. 2 BGB (zur Schmerzensgeldklage vgl. Form. II. E. 8).

5. Die Haftpflichtversicherung für das Fahrzeug haftet nach § 3 Nr. 1 PflVersG direkt. Soweit sie aus versicherungsvertraglichen Gründen gegenüber dem Versicherungsnehmer von der Verpflichtung zur Leistung frei ist, haftet sie im Rahmen des § 3 Nr. 4–6 PflVersG.

6. Die Streitwerte sind zu addieren. Der Streitwert für den Feststellungsantrag betreffend den Zukunftsschaden ist nach § 3 ZPO zu schätzen. Dabei ist von dem nach der Klagbegründung voraussichtlich zu erwartenden Schaden auszugehen und ein Abschlag von 20% zu machen (OLG Köln MDR 1971, 226).

7. Das Gesamtschuldverhältnis zwischen Halter und Versicherung ergibt sich aus § 3 Nr. 2 PflVersG, das Gesamtschuldverhältnis zwischen Fahrer und Halter aus §§ 7, 18 StVG, § 840 BGB.

8. Das nach § 256 ZPO erforderliche Feststellungsinteresse für einen derartigen Antrag ist immer dann gegeben, wenn eine gewisse Wahrscheinlichkeit für die Entstehung weiterer, in der Zukunft liegender Schäden besteht (BGH VersR 1976, 291). Es wird auch durch einen Verzicht des Schädigers auf die Einrede der Verjährung nicht ausgeschlossen (OLG Hamm NJW-RR 1998, 751). Bei Verletzungen ist das besondere Rechtsschutzinteresse gegeben, wenn bei dem Schweregrad der zugefügten Verletzungen mit der Möglichkeit weiterer Folgeschäden gerechnet werden kann (BGH VersR 1974, 248). Soweit Schäden – zum Zeitpunkt der Letzten mündlichen Verhandlung – beziffert werden können, fehlt das Feststellungsinteresse.

Im Fall von Gesundheitsschäden sind mit Formulierungen wie „sämtliche Schäden" oder „jeden weiteren Schaden" sowohl materielle als auch immaterielle Schäden erfasst. Dies gilt für Klaganträge ebenso wie für den Urteilstenor (vgl. hierzu BGH NJW 1985, 2022), wenn nicht der Antrag oder das sonstige Vorbringen eindeutige Hinweise auf eine Beschränkung des Streitgegenstandes enthält.

9. Haftet die Versicherungsgesellschaft nur mit der Mindestversicherungssumme (§ 158c Abs. c VVG, § 3 Nr. 6 PflVersG), so muss diese Höchstgrenze bezüglich der beklagten Gesellschaft im Antrag aufgenommen werden, damit Kostennachteile einer teilweisen Klagabweisung vermieden werden.

10. Soweit der Sozialversicherungsträger in der gesetzlichen Renten-, Unfall- und Krankenversicherung Leistungen an den Geschädigten erbringt, gehen die dem Geschädigten gegen den Schädiger zustehenden Ansprüche insoweit (Kongruenz) nach § 116 SGB X auf ihn über. Der Geschädigte ist deshalb insoweit nicht mehr aktiv legitimiert. Im Klagantrag ist deshalb die entsprechende Einschränkung aufzunehmen. Gleiches gilt für den gesetzlichen Forderungsübergang nach § 127 AFG im Bereich der Arbeitsförderung und nach §§ 90ff. BSHG sowie nach ähnlichen Vorschriften. Als sonstige Dritte, die ebenso kraft Gesetzes die Forderungen erwerben, kommen der Arbeitgeber (§ 4 LohnFZG), die Schadens- und Krankenversicherung (§ 67 VVG) und der Staat (§ 87a BBG, § 52 BRRG) in Frage.

11. Zum Schmerzensgeld vgl. Form. II.E. 8. Im vorliegenden Formular sind die Personenschäden nur im Feststellungsantrag berücksichtigt (unten Anm. 23f.).

12. Vgl. OLG Frankfurt VersR 1974, 684.

13. Zur Abrechnung auf Reparaturkostenbasis vgl. Form. II.E. 10.

14. Bei Durchführung der Reparatur kann der Geschädigte 130% des Wiederbeschaffungswerts ohne Abzug des Restwerts verlangen (BGH NJW 1992, 302 = VersR 1992, 61; BGH NJW 1993, 1850). Bei Abrechnung auf fiktiver Reparaturkostenbasis ist der Restwert abzuziehen (BGH aaO.). Repariert der Geschädigte selbst, können bis zu 130% des Wiederbeschaffungswerts ohne Abzug des Restwerts geltend gemacht werden (BGH NJW 1992, 1618). Da der Geschädigte Eigentümer der Restteile ist, kann der Versicherer bei Abrechnung auf Totalschadensbasis die Herausgabe des Fahrzeugs nicht verlangen. Allerdings ist der Geschädigte zur Schadensminderung verpflichtet. Angeboten oder Kaufnachweisen des Versicherers betreffend das Fahrzeugwrack muss der Geschädigte in der Regel nicht nachgehen, auch wenn diese höher liegen, als der vom Sachverständigen im Gutachten geschätzte Restwert (BGH NJW 1993, 1850). Ein Verstoß gegen die Schadensminderungspflicht liegt nur dann vor, wenn der Versicherer den Nachweis einer ohne weiteres zugänglichen günstigeren Verwertungsmöglichkeit führt. Ein bloßer Hinweis ohne ein konkretes Kaufangebot ist dafür nicht ausreichend (BGH NJW 2000, 800; OLG Hamm VersR 2000, 1122). Soweit der Restwert nach den Grundsätzen der Rechtsprechung eine Rolle spielt, müsste der Schädiger einen höheren Erlös darlegen (BGH NJW 1992, 903).

Bei Beschädigung eines fabrikneuen Fahrzeugs kommt die Abrechnung auf Neukaufbasis (auch uneigentlicher Totalschaden bezeichnet) in Frage. Die Rechtsprechung zieht hierfür die Grenze bei einer Gebrauchsdauer von ca. einem Monat und ca. 1.000 km Fahrleistung (vgl. OLG Nürnberg VersR 1986, 98; OLG Hamm VersR 1981, 788; *Geigel* Kap. 4 Rdn. 21f.; *Sanden/Völtz* Rdn. 82). Eine Abrechnung auf Neuwagenbasis kommt auch bei geringfügiger Überschreitung der 1.000 Kilometer in Frage (vgl. OLG Hamm VersR 1986, 1196). Bei Beschädigung von tragenden Teilen eines Fahrzeugs, die für die Sicherheit von Bedeutung sind (Rahmen oder Fahrgestell) muss nach Auffassung verschiedener Gerichte der Haftpflichtversicherer den Neupreis auch dann ersetzen, wenn das Fahrzeug bereits 3.000 Kilometer gefahren war und länger als einen Monat zugelassen war; allerdings hat der Geschädigte sich in diesem Fall einen Abzug von 1% vom Neupreis je 1.000 Kilometer Fahrleistung gefallen zu lassen (OLG Hamm NZV 2000, 170; OLG München NJW 1982, 52; *Sanden/Völtz,* Rdn. 83 m.w.Nachw. und Einzelheiten). Nach anderer Auffassung kommt es für die Abrechnung auf Neuwagenbasis nicht entscheidend auf das Datum der Erstzulassung, sondern in erster Linie auf die Kilometerleistung an. Nach dieser Auffassung steht das Alter des Fahrzeugs nur in besonderen Ausnahmefällen einer Abrechnung in dieser Weise entgegen. So wurde bei einem Schaden von mehr als 40% des Neuwagenpreises und bei einer Fahrleistung von 943 km nach drei Monaten Erstzulassung die Abrechnung auf Neuwagenbasis bejaht, wenn keine Modelländerung eingetreten war (OLG Karlsruhe VersR 1986, 349). Der Eigentümer des Fahrzeugs ist nicht verpflichtet, bei Abrechnung auf Neuwagenbasis das Unfallfahrzeug an den Versicherer herauszugeben (KG NJW-RR 1987, 16).

15. Falls kein Restwert mehr vorhanden ist, kommt auch die Erstattung von Verschrottungskosten in Frage.

16. Vgl. hierzu Form. II.E. 10. Nach einer Entscheidung des AG Ahaus (VersR 1986, 1129) sollen bei Totalschaden auch fiktive Sachverständigenkosten erstattungsfähig sein (vgl. zur Erstattungsfähigkeit von Gutachterkosten für die Beschaffung eines Ersatzfahrzeugs beim Totalschaden auch *Jahnke* VersR 1987, 645).

17. Nimmt der Geschädigte kein Mietfahrzeug in Anspruch, so steht ihm Nutzungsausfall zu (vgl. Form. II.E. 10 Anm. 9). In diesem Fall muss der Geschädigte zur Substantiierung seiner Ansprüche im Prozess zum Nutzungswillen und zur Nutzungsmöglichkeit Tatsachen vortragen. Die Mietwagenkosten sind nach der Rechtsprechung (vgl. i.e. *Geigel* Kap. 4 Rdn. 67ff.; *Sanden/Völtz* Rdn. 211ff.) nicht in vollem Umfang zu erstatten. Ein Abzug für Eigenersparnis von 10%–20% der Mietwagenkosten ist angemessen (a.A. OLG Nürnberg VersR 2001, 208, 3%). Das frühere Abkommen zwischen dem HUK-Verband und den Mietwagenunternehmern, nach dem bei Anmietung eines Fahrzeugs eine Klasse tiefer ein Abzug vorgenommen werden sollte, ist gekündigt worden. Es bestehen jedoch heute Einzelabreden zwischen bestimmten Versicherungsgesellschaften und verschiedenen Mietwagenunternehmern. Der Geschädigte sollte sich bei der Haftpflichtversicherung vor der Anmietung eines Fahrzeugs deshalb erkundigen. Nach der überwiegenden Rspr. entfällt die Anrechnung ersparter Eigenbetriebskosten bei der Anmietung eines klassetieferen PKW (OLG Hamm VersR 1999, 769; OLG Frankfurt NZV 1995, 108; OLG Celle NJW-RR 1993, 1052; vgl. dazu *Geigel* Kap. 4 Rdn. 68; *Sanden/Völtz* Rdn. 211ff.).

Die Verpflichtung zur Schadensminderung kann den Geschädigten zwingen, statt eines Mietfahrzeugs für Einzelfahrten ein Taxi zu nehmen. Bei Fahrten, die täglich ca. 20 km nicht überschreiten, ist dies von den Gerichten bereits bejaht worden (*Geigel* Kap. 4 Rdn. 57; *Palandt/Heinrichs* § 249 Rdn. 13; *Sanden/Völtz* Rdn. 203). Ebenfalls aus Gründen der Schadensminderungspflicht muss der Geschädigte bei Inanspruchnahme eines Mietwagens während des Urlaubs die Möglichkeit eines Pauschalangebots prüfen (LG Frankenthal VersR 1986, 248).

18. Ebenso wie Nutzungsausfall kann auch der Ersatz von Mietwagenkosten nur für eine angemessene Dauer beansprucht werden (vgl. Form. II.E. 10 Anm. 10). Diese wird ohne Sachverständigengutachten nicht zu bestimmen sein.

19. Hierzu Form. II.E. 10 Anm. 14.

20. Hierzu Form. II.E. 10 Anm. 16.

21. Ohne ausdrückliche Bestimmung (§ 366 BGB) und vorbehaltslos geleistete Zahlungen des Versicherers stellen ein Anerkenntnis (§ 212 Abs. 1 Nr. 1 BGB) dar und bewirken einen Neubeginn der Verjährung hinsichtlich des dem Geschädigten insgesamt zustehenden Schadensersatzanspruchs (BGH VersR 1986, 96).

22. Wird der Schaden teilweise außergerichtlich reguliert und zum Teil gerichtlich geltend gemacht, so gilt das DAV-Abkommen nicht (vgl. Form. II. E. 10 Anm. 19). Die Gebühren sind nach der BRAGO abzurechnen. Zu unterscheiden ist die Abrechnung des Rechtsanwalts im Verhältnis zum Auftraggeber einerseits und die Abrechnung im Verhältnis zum Haftpflichtversicherer (vgl. i. e. *Chemnitz* AnwBl. 1985, 122). Im Verhältnis zum Auftraggeber ist Geschäftswert für die Gebühren nach § 118 BRAGO der geltend gemachte Betrag, wobei die Geschäftsgebühr nach § 118 Abs. 2 BRAGO auf die Prozessgebühr des anschließenden gerichtlichen Verfahrens anzurechnen ist. Im Verhältnis zum Gegner ist die Geschäftsgebühr aus dem außergerichtlich regulierten Betrag abzurechnen, und die Kosten des Prozesses sind nach der Kostenentscheidung im Urteil erstattungsfähig.

23. Hinsichtlich des Erwerbsschadens ist umstritten, ob nach der Bruttolohnmethode (so z. B. BGH VersR 1986, 162; OLG Hamm VersR 1985, 1194) oder nach der modifizierten Nettolohnmethode (so noch BGH VersR 1980, 529) vorzugehen ist (vgl. i. e. *Geigel* Kap. 4 Rdn. 141 ff.; *Wussow/Küppersbusch*, 5. Aufl., Rdn. 53 ff.). Im Ergebnis sind beide Auffassungen für die Praxis heute nahezu gleichbedeutend (vgl. BGH VersR 2000, 65). Neben dem Erwerbsschaden des Geschädigten selbst kann auch der Verdienstausfall der Eltern erstattungsfähig sein (BGH VersR 1985, 784).

24. Hierzu Form. II. E. 6.

14. Verkehrsunfallklage bei Mitverschulden

An das
Landgericht[1]

Klage

des ...... **(Klägers)**
Prozessbevollmächtigter: ......

gegen
den ...... **(Beklagten)**[2]

wegen
Schadensersatz.

Vorläufiger Streitwert: EUR 9.000,–[1]

Namens und in Vollmacht des Klägers erhebe ich Klage und werde beantragen:

I. Der Beklagte wird verurteilt, an den Kläger EUR 7.000,– nebst 5% Zinsen über dem Basiszinssatz hieraus seit 1. 10. .... zu bezahlen.

II. Es wird festgestellt[3]**, dass der Beklagte verpflichtet ist, dem Kläger sämtliche Schäden, die ihm in Zukunft aus dem Verkehrsunfall vom ...... auf der ......-straße in ...... entstehen, zu 2/3 zu ersetzen, soweit die Ansprüche nicht auf Sozialversicherungsträger oder sonstige Dritte**[4] **übergehen.**

III. ......[5]

Begründung:

1.[6] **......**
2.[7] **......**

Anmerkungen

1. Zum Streitwert sowie zur sachlichen und örtlichen Zuständigkeit vgl. Form. II. E. 13 Anm. 1, 2

2. Zu den möglichen Beklagten vgl. Form. II. E. 13 Anm. 3–5.

3. Zur Zulässigkeit der Feststellungsklage vgl. Form. II. E. 13 Anm. 8 und 9.

4. Die Quote, mit der der Beklagte haftet, ist im Feststellungsantrag anzugeben, da sonst eine teilweise Klagabweisung mit Kostenfolgen (§ 92 Abs. 1 ZPO) stattfinden muss. Zum Übergang von Ansprüchen auf Sozialversicherungsträger oder sonstige Dritte vgl. Form. II. E. 13 Anm. 10 und Form. II. E. 1 Anm. 6.

5. Auch beim Schmerzensgeldantrag (vgl. hierzu Form. II. E. 8) ist das Mitverschulden zu berücksichtigen. Es ist hier allerdings einer von mehreren Bemessungsfaktoren, so dass nicht das bei alleiniger Haftung des Beklagten anfallende Schmerzensgeld einfach zu quoteln ist (vgl. BGH VersR 1970, 624; ebenso *Geigel* Kap. 7 Rdn. 7; a. A. *Wussow/Küppersbusch* Rdn. 196). Der hier vorgeschlagene Antrag (vgl. Form. II. E. 8 Anm. 5) führt nicht zu einer Quotelung des an sich bei Vollhaftung angemessenen Schmerzensgeldes, sondern er entspricht der Auffassung des BGH.

6. Der Aufbau der Klage entspricht dem bei Form. II. E. 13.

7. Der Schadensumfang entspricht dem in Form. II. E. 10. und Form. II. E. 13. Der Verlust des Schadensfreiheitsrabatts in der Haftpflichtversicherung stellt – anders als bei der Kaskoversicherung (vgl. Form. II. E. 15 Anm. 10) – keinen erstattungsfähigen Schaden dar (*Palandt/Heinrichs* Vor § 249 Rdn. 93; *Sanden/Völtz* Rdn. 172 ff.).

15. Verkehrsunfallklage bei Mitverschulden nach Inanspruchnahme der Kaskoversicherung (Quotenvorrecht)

An das
Amtsgericht[1]

Klage

des ...... (Klägers)
Prozessbevollmächtigter: ......

gegen
den ...... (Beklagter)[2]

wegen
Schadensersatz.

Vorläufiger Streitwert[1]**:**
Für Antrag I: EUR 1.900,–
für Antrag II: EUR
EUR

Namens und in Vollmacht des Klägers erhebe ich Klage und werde beantragen:

I. Der Beklagte wird verurteilt, an den Kläger EUR 1.900,– nebst 5% Zinsen über dem Basiszinssatz hieraus seit 4. 1. .... zu bezahlen.

II. [3] **......**

Begründung:

1. [4] ......

2. Dem Kläger ist durch den Unfall folgender Schaden[5] entstanden:

a) Quotenbevorrechtigte Ansprüche:

Reparaturkosten	EUR 3.000,–
Wertminderung[6]	EUR 1.300,–
Sachverständigenkosten[7]	EUR 400,–
Abschleppkosten[7]	EUR 300,–
Dies ergibt den Gesamtschaden von	EUR 5.000,–
Davon hat der Beklagte wegen des 50%igen Mitverschuldens EUR 2.500,– zu ersetzen. Vom Kaskoversicherer hat der Kläger nach Abzug der Selbstbeteiligung erhalten.	EUR 4.000,–
Dem Kläger verbleibt somit ein Schaden von	EUR 1.000,–
Aus dem vom Beklagten zu zahlenden Betrag von EUR 2.500,– stehen dem Kläger sonach EUR 1.000,– zu[8].	

b) Nicht quotenbevorrechtigte Ansprüche

Mietwagenkosten[9]	EUR 1.500,–
bereits entstandene Prämiennachteile in der Kaskoversicherung[10]	EUR 250,–
Unkostenpauschale	EUR 50,–
	EUR 1.800,–
Davon stehen dem Kläger auf Grund des hälftigen Mitverschuldens EUR 900,– zu.	

c) Gesamtanspruch des Klägers:

Bevorrechtigte Ansprüche	EUR 1.000,–
nicht bevorrechtigte Ansprüche	EUR 900,–
	EUR 1.900,–

Anmerkungen

1. Zum Streitwert sowie zur sachlichen und örtlichen Zuständigkeit vgl. Form. II. E. 13 Anm. 1, 2.

2. Zu den Beklagten vgl. Form. II. E. 13 Anm. 3–5.

3. Zum Feststellungsantrag vgl. Form. II. E. 14, zum Schmerzensgeldantrag vgl. Form. II. E. 8.

4. Der Aufbau der Klage entspricht dem Form. II. E. 13.

5. Bei Inanspruchnahme der eigenen Vollkaskoversicherung hinsichtlich des Sachschadens ist eine differenzierte Abrechnung notwendig. Zwar gehen nach § 67 Abs. 1 S. 1 VVG die Schadensersatzansprüche des Geschädigten insoweit auf den Versicherer über, als dieser ihm den Schaden ersetzt. Wegen des Quotenvorrechts nach § 67 Abs. 1 S. 2 VVG mindert die Zahlung des Kaskoversicherers den Ersatzanspruch des Geschädigten jedoch nur insoweit, als der Gesamtbetrag – aus Zahlung des Kaskoversicherers und vom Gegner verlangtem Betrag – den Schaden übersteigt. Anders gesagt, gehen die Ansprüche des Geschädigten nur insoweit auf den Kaskoversicherer über, als der entstandene Sachschaden insgesamt überschritten wird (sog. Differenztheorie; vgl. z. B. BGH NJW 1983, 827; BGH NJW 1982, 829). Diese Grundsätze gelten jedoch nur für den unmittelbaren, von der Kaskoversicherung erfassten (kongruenten) Schaden, nicht hinsichtlich des inkongruenten Sachfolgeschadens. Damit ist die Abrechnung aufzuteilen in quotenbevorrechtigte (kongruente) Ansprüche und nicht quotenbevorrechtigte (inkongruente) Ansprüche (vgl. dazu *Geigel* Kap. 13 Rdn. 10 ff.; *Sanden/Völtz* Rdn. 10 ff.). Der Anwalt der Geschädigten muss bei Bestehen einer Kaskoversicherung immer prüfen, ob deren Inanspruchnahme nicht günstiger ist. Dabei muss er auch berücksichtigen, ob und gegebenenfalls welche Prämiennachteile dem Geschädigten bei Inanspruchnahme der Kaskoversicherung entstehen.

6. Die Wertminderung gehört nach BGH (NJW 1982, 827) zu den unmittelbaren Sachschäden (vgl. für die Erstattung der Wertminderung durch die Kaskoversicherung: BGH VersR 1985, 441).

7. Die Sachverständigenkosten und die Abschleppkosten gehören nach BGH (NJW 1982, 829) ebenfalls zu den unmittelbaren Sachschäden.

8. Der Rest von EUR 1.500,– ist auf Grund des gesetzlichen Forderungsübergangs (§ 67 Abs. 1 S. 1 VVG) auf den Kaskoversicherer übergegangen.

9. Ein statt der Mietwagenkosten geltend gemachter Anspruch auf Nutzungsausfall gehört ebenfalls zu den nicht quotenbevorrechtigten Ansprüchen. Gleiches gilt für die Anwaltskosten im Falle einer teilweisen Regulierung (vgl. zu den Anwaltskosten Form. II. E. 10 Anm. 17 ff.).

10. Der Verlust des Schadensfreiheitsrabatts in der Kaskoversicherung ist erstattungsfähiger, adäquater Schaden, wenn der Haftpflichtversicherer zuvor erfolglos aufgefordert wurde (str.; so BGH VersR 1976, 1066 (1067); LG Rottweil NJW 1986, 1996 = VersR 1986, 1129; *Palandt/Heinrichs* § 249 Rdn. 19 und Vorbem. vor § 249 Rdn. 92; *Sanden/Völtz* Rdn. 172 ff.; a. A. LG Osnabrück NJW-RR 1987, 18). Durch eine Entscheidung des BGH (NJW 1992, 1035 = VersR 1992, 244) wurde geklärt, dass der Schadensfreiheitsrabatt für die Zukunft nur im Wege der Feststellungsklage geltend gemacht werden kann.

16. Verkehrsunfallklage aus Gefährdungshaftung

An das
Landgericht[1]

Klage

des . . . . . . (Klägers)
Prozessbevollmächtigter: . . . . . .

gegen
1. den . . . . . .
2. die . . . . . .-Versicherungs-AG,
vertreten durch den Vorstand
. . . . . . (Beklagte)[2]

wegen
Schadensersatz

Vorläufiger Streitwert für Antrag Ziff. I[1]**: . . . . . .**
Vorläufiger Streitwert für Antrag Ziff. II: . . . . . .

Namens und in Vollmacht des Klägers erhebe ich Klage und werde beantragen:

I. Die Beklagten werden als Gesamtschuldner[3] **verurteilt, an den Kläger EUR . . . . . . nebst 5 % Zinsen über dem Basiszinssatz hieraus seit . . . . . . zu bezahlen.**

II. Es wird festgestellt[4]**, dass die Beklagten als Gesamtschuldner verpflichtet sind, dem Kläger sämtliche Schäden, die ihm künftig aus dem Verkehrsunfall vom . . . . . . auf**

der ......-Straße in ...... entstehen, nach den Bestimmungen des StVG[5] zu ersetzen.

Begründung:

Der Kläger macht Schadensersatzansprüche aus einem Verkehrsunfall vom ...... gegen ...... Uhr auf der ......-Straße in ...... geltend. Der Kläger war Beifahrer auf dem Vordersitz im Taxi des Beklagten Ziff. 1 mit dem Kennzeichen ......, das der Beklagte Ziff. 1 auch selbst fuhr. Die Beklagte Ziff. 2 ist die Haftpflichtversicherung für das Fahrzeug.

1. Der Unfall ereignete sich wie folgt: Der Beklagte Ziff. 1 befuhr mit seinem Taxi die ......-Straße in ...... mit etwa 50 km/h. Der Kläger war Fahrgast auf dem vorderen Beifahrersitz. Plötzlich platzte infolge äußerer Einwirkung unbekannter Art der linke Hinterreifen. Der Beklagte Ziff. 1 nahm eine Vollbremsung vor, wodurch das Fahrzeug ins Schleudern kam und nach verschiedenen Schleuderbewegungen rechts auf die Leitplanke aufprallte. Obwohl der Kläger angegurtet war, erlitt er bei dem Unfall Verletzungen, infolge derer er für mindestens ein halbes Jahr arbeitsunfähig krank sein wird: ......
2. Der Beklagte Ziff. 1 hat zwar nicht schuldhaft falsch reagiert. Es liegt aber kein Fall von höherer Gewalt vor. Der Beklagte Ziff. 1 hätte im Übrigen das Fahrzeug ausrollen lassen können. Ein idealer Kraftfahrer hätte jedoch in dieser Situation keine Vollbremsung vorgenommen, sondern das Fahrzeug ausrollen lassen. Es wäre dann zu keinem Unfall gekommen, da die Straße frei war und das Fahrzeug nur wegen der Vollbremsung des Beklagten Ziff. 1 ins Schleudern kam. Der Beklagte Ziff. ......1 haftet dem Kläger deshalb nach § 7 Abs. 1 StVG auf Schadensersatz[6, 7].
3. Dem Kläger ist folgender Schaden entstanden: ......

Anmerkungen

1. Hinsichtlich des Streitwerts, der sachlichen und örtlichen Zuständigkeit sowie zum Gerichtsstand des Unfallorts vgl. Form. II. E. 13 Anm. 1 f.

2. Zu den möglichen Beklagten vgl. zunächst Form. II. E. 13 Anm. 3–5. Aus Gefährdungshaftung nach § 7 Abs. 1 StVG haftet nur der Halter, nicht der Fahrer! Rechtsgrundlage für die Haftung des Fahrers ist § 18 Abs. 1 StVG. Soweit die Halterhaftung nach § 7 Abs. 1 StVG gegeben ist, haftet der Fahrer für vermutetes Verschulden. Er kann jedoch den Entlastungsbeweis antreten und führen (§ 18 Abs. 1 S. 2 StVG). Die Anforderungen an diesen Beweis sind geringer als bei § 7 Abs. 2 StVG. Der Fahrer ist nicht erst dann entlastet, wenn er das Vorliegen von höherer Gewalt bewiesen hat. Anders gesagt, muss er nicht dartun und beweisen, dass der Unfall durch das Vorliegen von höherer Gewalt unvermeidbar war. Die Einschränkung der Halterhaftung gegenüber Mitfahrern bei nicht gewerblicher Beförderung nach § 8a StVG a.F. wurde aufgehoben. Nach der Neufassung des § 8a StVG besteht der Unterschied zwischen entgeltlicher und unentgeltlicher Personenbeförderung nur noch darin, dass bei einer entgeltlichen geschäftsmäßigen Beförderung die Vereinbarung eines Haftungsausschlusses oder einer Haftungsbeschränkung unzulässig ist.

3. Zum Gesamtschuldverhältnis zwischen Halter und Versicherung vgl. Form. II. E. 13 Anm. 7.

4. Zum Feststellungsantrag vgl. Form. II. E. 13 Anm. 8.

5. Diese Einschränkung sollte im Klagantrag aufgenommen werden, da sonst eine teilweise Klagabweisung mit Kostenfolgen (§ 92 Abs. 1 ZPO) zu erwarten ist. Der nach §§ 8–15 StVG zu ersetzende Schaden kann gegenüber der Schadensersatzpflicht bei unerlaubter Handlung nach §§ 842 ff. BGB geringer sein. Von Bedeutung ist dies vor allem

hinsichtlich folgender Einschränkungen: Für Sachschaden wird nach § 12 StVG nur bis zur Höchstgrenze von EUR 300.000,– gehaftet und bei Mitverschulden kommt es auf die Person an, die die tatsächliche Gewalt ausübt.

6. Bei Klagen nach § 7 Abs. 1 StVG in Fällen von Beteiligung zweier Fahrzeuge ist zunächst zu beachten, dass zur substantiierten Behauptung der vollen Haftung des Gegners auch der Vortrag gehört, der Unfall stelle für den Kläger höhere Gewalt dar (vgl. dazu *Karczewski* VersR 2001, 1070), i.S. § 7 Abs. 2 StVG. Ferner empfiehlt es sich, hier vorsorglich – falls der Nachweis der Unvermeidbarkeit nicht geführt werden kann – zur Abwägung nach § 17 StVG vorzutragen und dabei auszuführen, weshalb dennoch eine Vollhaftung des Gegners zu bejahen ist (zum Problem des Schadensausgleichs gegenüber dem Leasinggeber vgl. BGH VersR 1986, 169 [71]).

7. Zum vorliegenden Sachverhalt vgl. BGH NJW 1976, 1504 und LG Bielefeld NZV 1991, 235; zu weiteren Fällen der Gefährdungshaftung vgl. aus der neueren Rechtsprechung: BGH (VersR 1986, 169) zum Einfahren auf eine BAB und Überwechseln auf die Überholspur, BGH NJW 1992, 1685; OLG Köln NZV 1999, 43 zum Überschreiten der Richtgeschwindigkeit auf der BAB und *Becker/Böhme* A 33 ff.

17. Vergleich (Abfindungsvergleich) mit dem Haftpflichtversicherer

Vergleich und Abfindungserklärung[1]

Schaden-Nr. ......
Versicherungsnehmer: ......
Anspruchsteller: ......

Ich (wir) ......
erkläre(n) mich (uns) gegen Zahlung eines Betrags von EUR ...... aus dem Schadensfall vom ......
ein- für allemal abgefunden[2] wegen aller Schadensersatzansprüche[3] gegen die zuständigen Haftpflichtversicherer[4], die versicherten Personen und sonstige Dritte[5], soweit diesen im Fall ihrer Inanspruchnahme ein Ausgleichsanspruch gegen die zuständigen Haftpflichtversicherer oder die Versicherten zusteht.
Die Zahlung ist kein Anerkenntnis[6] einer Haftung. Die Ansprüche sind weder abgetreten noch gepfändet oder verpfändet.
Der Unterzeichner hält sich gebunden[7], wenn der Betrag binnen drei Wochen nach Eingang der Erklärung bei der Gesellschaft angewiesen wird.
Für den Sachschaden sind Zahlungen erfolgt oder zu erwarten von[8]: ......
Für den Personenschaden sind Zahlungen erfolgt oder zu erwarten von[8]: ......

Sondervereinbarungen[6]: ......

Abfindungssumme:	**EUR 8.000,–**
Vorschüsse:	**EUR 2.000,–**
Restzahlung:	**EUR 6.000,–[9].**

Reutlingen, den ...... **......**

Anmerkungen

1. Die Formulare der Haftpflichtversicherungen müssen die Überschrift „Abfindungserklärung" enthalten. Dies ergibt sich aus den für den Inhalt von Abfindungserklärungen bindenden Anordnungen des Bundesamtes für das Versicherungswesen (VerBAV 1980, 242). Die Abfindungsformulare enthalten AGB, die nach den Vorschriften der §§ 305 ff.

BGB zu überprüfen sind (vgl. BGH NJW 1985, 970 = VersR 1985, 165 und unten Anm. 5).

2. Damit sind die gesamten Schadensersatzansprüche für Vergangenheit und Zukunft abgegolten. Auch wenn Schäden auftreten, die nicht zu erwarten waren, beseht dem Grundsatz nach kein Schadensersatzanspruch mehr (vgl. BGH VersR 1983, 1034). Allerdings ist es Auslegungsfrage, ob ein Abfindungsvergleich, nach dem die Schadensersatzansprüche des Geschädigten „ein für allemal erledigt sind", auch unvorhergesehene Spätfolgen erfasst (vgl. dazu OLG Frankfurt VersR 1993, 1147). Nur in Ausnahmefällen, wenn eine unerträgliche Härte für den Geschädigten vorliegen würde, kann § 242 BGB helfen (vgl. *Wussow/Küppersbusch* Rdn. 641 ff. *Geigel* Kap. 40 Rdn. 9, 28 ff.). Hinsichtlich etwaiger Folgeschäden kann der Geschädigte nach der Rechtsprechung trotz eines Abfindungsvergleichs vollen Schadensersatz verlangen, wenn das Festhalten des Schädigers an der Abfindungsvereinbarung deshalb gegen Treu und Glauben verstößt, weil ein krasses Missverhältnis zwischen dem Schaden und der Abfindungssumme besteht, und wenn der Zukunftsschaden bei der Festlegung der Abfindungssumme keine oder nur eine untergeordnete Rolle gespielt hat (BGH MDR 1990, 995 = LM Nr. 135 zu § 242 [Bb]; BGH VersR 1966, 243; OLG Hamm VersR 1987, 389; OLG Hamm VersR 1987, 509; OLG Köln VersR 1988, 520 jew. m. w. Nachw.). Dies gilt z. B. dann, wenn durch einen Unfall ein posttraumatischer Hirnschaden eingetreten ist, als dessen Spätfolge nun eine Partialepilepsie auftritt, die ihrerseits zu ständigen medikamentösen Behandlung zwingt; hier hat das OLG Köln (aaO) einen Anspruch auf zusätzliches Schmerzensgeld bejaht (vgl. im Hinblick auf Zukunftsschäden auch unten Anm. 6).

3. Hier handelt es sich um Ansprüche des Versicherungsnehmers und nicht um diejenigen Ansprüche, die Dritten zustehen, etwa nach §§ 844 f. BGB, oder auf Dritte übergegangen sind, z. B. nach § 116 SGB auf die Sozialversicherungsträger.

4. Die Haftpflichtversicherung schließt den Vergleich namens und in Vollmacht ihres Versicherungsnehmers ab (vgl. §§ 10 Abs. 5 AKB, 5 Abs. 7 AHB). Da der Versicherer nach § 3 PflVG aber auch selbst haftet, wird der Vergleich zusätzlich im eigenen Namen abgeschlossen.

5. Hier ist zwar in erster Linie der Fahrer angesprochen. Die Klausel ist jedoch weitergehend. Derartige AGB, wonach der Geschädigte einen Verzicht auf weitergehende Ansprüche nicht nur bezüglich des Versicherungsnehmers und des Versicherers, sondern uneingeschränkt hinsichtlich „jedes Dritten" erklärt, sind überraschend und benachteiligen den Geschädigten entgegen den Geboten von Treu und Glauben unangemessen. Sie sind daher nach § 307 BGB unwirksam (BGH NJW 1985, 970 = VersR 1985, 165; BGH VersR 1986, 467).

6. Künftige Schäden sind mit dem vorliegenden Formular grundsätzlich ausgeschlossen (vgl. Anm. 2; zur Beratungspflicht des Rechtsanwalts vgl. BGH NJW 2002, 292 und dazu *Chab* BRAKMitt, 2002, 22). Soweit zusätzliche Klauseln enthalten sind, ist folgendes zu unterscheiden: Möglich sind Vorbehalte, wobei häufig formuliert wird: „Vorbehalten bleibt der unfallbedingte materielle Zukunftsschaden, soweit er nicht vom Sozialversicherungsträger oder anderen Dritten übernommen wird." Oder „Nicht erfasst sind materielle und immaterielle Zukunftsschäden, soweit ......". In diesen Fällen ist zu beachten, dass kein die Verjährungsfrist unterbrechendes Anerkenntnis vorliegt, so dass nach Ablauf der Verjährungsfrist auch diese Ansprüche erloschen sind (BGH VersR 1992, 1091). Aus der Sicht des Geschädigten ist deshalb darauf zu achten, dass ein eindeutiges Anerkenntnis erfolgt.

7. Formulare der Versicherer sind meist als einseitige Erklärung des Geschädigten ausgetaltet. Nach den für den Inhalt von Abfindungserklärungen bindenden Anordnungen des Bundesamtes für das Versicherungswesen (VerBAV 1980, 242) muss das Formular den Hinweis enthalten, dass der Geschädigte an sein Angebot nicht mehr gebunden ist, wenn eine bestimmte Frist – höchstens 4 Wochen – abgelaufen ist (vgl. § 148 BGB). Ist eine Bindungsfrist nicht genannt, so ergeben sich Probleme hinsichtlich der Bindungsdauer (§ 147 Abs. 2 BGB). Die Annahme des Angebots seitens des Versicherers erfolgt durch Erfüllung der Zahlungspflicht.

8. Hier muss der Geschädigte wahrheitsgemäße Angaben über bereits erfolgte oder zu erwartende Zahlungen seitens des Arbeitgebers, der Berufsgenossenschaft, der Krankenkasse, der LVA, der Knappschaft, der BfA, des Versorgungsamts, des Sozialamts, einer privaten Krankenversicherung oder anderer Stellen machen. Hinsichtlich des Sachschadens ist von Bedeutung, ob Zahlungen durch eine Versicherung zu erwarten sind, wobei in erster Linie die Vollkaskoversicherung, eine Teilkaskoversicherung oder andere Sachversicherungen zu nennen sind.

9. Fehlen Angaben über die vom Schädiger zu erstattenden Anwaltskosten, so sind sie an sich mit dem zu zahlenden Betrag erfasst (vgl. OLG Köln VersR 1963, 468; *Wussow/Küppersbusch* Rdn. 634). Es empfiehlt sich deshalb, in die Abfindungserklärung die Anwaltskosten mit aufzunehmen, obwohl in der Praxis die Versicherer tatsächlich keine Einwendungen erheben, auch wenn eine entsprechende Regelung nicht enthalten ist.

Hinsichtlich der Höhe der Anwaltsgebühren gilt folgendes: Mit der vorliegenden Urkunde und der Annahme durch Zahlung wird ein Vergleich abgeschlossen. Ist die Versicherungsgesellschaft dem DAV-Abkommen angeschlossen, so fällt auch bei Erörterung eine $^{15}/_{10}$ Gebühr aus dem regulierten Betrag (Form. II. E. 10 Anm. 19). Ist die Versicherungsgesellschaft dem DAV-Abkommen nicht angeschlossen, so fällt die Besprechungsgebühr nach § 118 Abs. 1 Nr. 2 BRAGO und die Vergleichsgebühr nach § 23 BRAGO an. Gegenstandswert ist der regulierte Betrag (Form. II. E. 10 Anm. 17f). Wird keine Vergleichs- und Abfindungserklärung unterschrieben, so ist zweifelhaft, wann die Vergleichsgebühr nach § 23 BRAGO anfällt (vgl. *Chemnitz* AnwBl. 1985, 118f).

F. Besonderes Schuldrecht

1. Klage auf Auskunft und Rechenschaft bei Auftrag und Geschäftsbesorgung (§§ 666, 675 BGB)

An das
Amtsgericht[1, 2]

Klage

des . . . . . . (Klägers)
Prozessbevollmächtigter . . . . . .

gegen

den . . . . . . (Beklagten)

wegen

Auskunft, Rechenschaft und eidesstattlicher Versicherung

Vorläufiger Streitwert[2]: EUR 4.000,–.

Namens und in Vollmacht des Klägers erhebe ich Klage und werde beantragen:

I. Der Beklagte wird verurteilt, dem Kläger Auskunft über den Inhalt des namens und in Vollmacht des Klägers mit dem Bauunternehmer X. abgeschlossenen Bauvertrags betreffend die Erd-, Beton- und Maurerarbeiten für das Bauvorhaben des Klägers in . . . . . . zu erteilen[3, 4, 5].

II. Der Beklagte wird verurteilt, Rechenschaft zu legen[6] über die Verwendung der vom Kläger auf dem Baugeldkonto Nr. bei der . . . . . . -Bank in . . . . . . einbezahlten Gelder[4, 7, 8].

III. Der Beklagte wird verurteilt, die eidesstattliche Versicherung auf die nach Ziff. II abgelegte Rechenschaft zu leisten[9].

Begründung:

Der Kläger macht Ansprüche aus einem Baubetreuungsverhältnis zwischen den Parteien geltend.

1. Am 1. 2. . . . . . . schlossen die Parteien einen Vertrag, mit dem sich der Beklagte verpflichtete, als Baubetreuer die Errichtung des Gebäudes . . . . . . auf dem Grundstück . . . . . . des Klägers für diesen zu bewirken. In § 2 des Vertrages ist dem Beklagten Vollmacht zum Abschluss aller Verträge mit den am Bau Beteiligten namens des Klägers erteilt. In § 4 des Vertrages ist bestimmt, dass die Zahlungen des Klägers entsprechend dem Zahlungsplan auf das Konto . . . . . . bei der . . . . . . -Bank erfolgen sollen, über das der Beklagte verfügungsbefugt ist[10].

   Beweis: Baubetreuungsvertrag vom 1. 2. . . . . . . in Anlage.

   Namens und in Vollmacht des Klägers schloß der Beklagte einen Bauvertrag mit der Firma X. über die Erd-, Beton- und Maurerarbeiten für das Bauvorhaben des Klägers. Diesen Bauvertrag hat der Beklagte dem Kläger bisher nicht zugänglich gemacht. Hierzu ist er jedoch nach §§ 675, 666 f. BGB verpflichtet, da das Baubetreuungsverhältnis zwischen den Parteien Geschäftsbesorgungscharakter hat[11]. Der Kläger

benötigt den Vertrag u.a. wegen der Geltendmachung von Mängelansprüchen gegen den am Bau beteiligten Unternehmer X., damit er klären kann, ob Gewährleistungsansprüche eigenständig vertraglich geregelt sind, § 13 VOB (B) Anwendung findet oder die Gewährleistungsregeln des BGB (§§ 633 ff. BGB) zugrundeliegen. Da der Beklagte die Herausgabe des Vertrags verweigert, war Klage geboten.

2. Das Bauvorhaben ist in der Zwischenzeit abgeschlossen. Die Abnahme hat am ...... stattgefunden. Der Kläger ist nicht darüber informiert, wie seine auf das Konto ...... bei der ......-Bank eingezahlten Gelder vom Beklagten verwendet wurden. Der Beklagte hat nun die Schlussrate angefordert. Da jedoch die Gefahr besteht, dass die am Bau Beteiligten auf Grund der Vertragsbeziehungen mit dem Kläger weitere Zahlungen direkt vom Kläger verlangen, muss der Kläger vor Leistung der Schlussrate auf das Konto Klarheit über die Verwendung der von ihm eingezahlten Mittel haben. Der Beklagte wurde zur Rechnungslegung aufgefordert mit Schreiben vom ...... Er wurde mit Schreiben vom ...... gemahnt. Die in diesem Schreiben gesetzte Frist ist abgelaufen, weshalb auch insoweit Klage erforderlich war. Der Rechnungslegungsanspruch ergibt sich aus § 8 der Makler- und Bauträgerverordnung[12]. Unabhängig davon besteht eine Rechenschaftspflicht nach §§ 675, 666 BGB.

Im Wege der Stufenklage wird bereits jetzt Antrag auf Abgabe der eidesstattlichen Versicherung auf die abzulegende Rechenschaft gestellt. Die nähere Begründung dieses Antrags erfolgt nach Vorlage der Rechenschaft[13].

Anmerkungen

1. Örtlich zuständig ist das Gericht des allgemeinen Gerichtsstands (§§ 12–19 ZPO). § 29 ZPO begründet keine Zuständigkeit am Wohnsitz des Auftraggebers, da Auskunft und Rechenschaft am Wohnsitz des Beauftragten zu erfüllen sind.

2. Die sachliche Zuständigkeit bemisst sich nach dem Streitwert. Der Streitwert für den Auskunftsanspruch hängt vom Interesse des Auftraggebers an der Auskunft ab und liegt niedriger als der Streitwert des Hauptanspruchs (*Baumbach/Lauterbach/Albers/Hartmann* Anh. § 3 Rdn. 24: $^1/_{10}$ bis $^1/_4$ des Hauptanspruchs; *Schmidt/Schmidt* Rdn. 61: $^1/_4$ bis $^1/_5$ des Hauptanspruchs; vgl. auch *Thomas/Putzo* § 3 Rdn. 21 jew. m. umfangreichen Nachw.). Der Streitwert für die Rechenschaftspflicht und die eidesstattliche Versicherung bemisst sich ebenfalls nach dem Interesse des Auftraggebers an der Rechenschaft bzw. eidesstattlichen Versicherung. Sie sind in gleicher Weise wie der Streitwert bei der Auskunft unter dem Wert des Hauptanspruchs anzusetzen (*Schmidt/Schmidt* Rdn. 253 m. Nachw.). Alle drei Streitwerte können zusammengefasst werden (*Baumbach/Lauterbach/Albers/Hartmann* aaO.). Die Streitwerte sind auch dann zu addieren, wenn eine Stufenklage erhoben ist (zB. *Thomas/Putzo* § 5 Rdn. 4; vgl. Anm. 9).

3. Ein Anspruch kann sich aus dem der Vollmacht zugrundeliegenden Auftragsverhältnis oder Geschäftsbesorgungsverhältnis, zB. aus einem Baubetreuungsvertrag, ergeben.

4. Neben dem Auskunfts- bzw. Rechenschaftsanspruch besteht – soweit es sich um Unterlagen wie Verträge, Leistungsverzeichnisse oä. handelt – nach §§ 667, 675 BGB ein Herausgabeanspruch. Insoweit geht die Rechenschaftspflicht nach dem Auftragsrecht über § 259 Abs. 1 BGB hinaus.

5. Die Zwangsvollstreckung erfolgt nach hM. gemäß § 888 ZPO (vgl. zB. *Thomas/Putzo* § 888 Rdn. 2 m. Nachw.).

6. Vgl. neben §§ 666, 675 BGB auch § 8 MaBV.

7. Zum Inhalt der Rechenschaftslegungspflicht vgl. § 259 Abs. 1 BGB und die einschlägige Kommentierung hierzu.

8. Die Klagen auf Auskunft und Rechenschaft kommen in aller Regel nicht für den gleichen Sachverhalt nebeneinander in Betracht. Im vorliegenden Fall handelt es sich um eine objektive Klagenhäufung, da mehrere verschiedene materielle Ansprüche geltend gemacht werden.

9. Die Klage auf Abgabe der eidesstattlichen Versicherung nach § 259 Abs. 2 BGB kann im Wege der Stufenklage nach § 254 ZPO mit der Auskunfts- oder Rechenschaftsklage verbunden werden. Möglich ist es, als dritte Stufe noch einen Antrag auf Zahlung oder Herausgabe zu stellen (vgl. i. e. Form. I. E. 10).

10. Bei dieser Fallkonstellation – Ermächtigung zur Verfügung über Gelder des Betreuten – ist der Betreuer zur Sicherung nach § 2 der Makler- und Bauträgerverordnung (BGBl. 1975 I S. 351) verpflichtet, und zwar entweder durch Versicherung oder durch Vorlage einer Bürgschaft (vgl. im Einzelnen *Locher/Koeble*, Baubetreuungs- und Bauträgerrecht, 4. Aufl. 1985, Rdn. 51).

11. Vgl. *Locher/Koeble* aaO. Rdn. 18; *Palandt/Thomas* § 675 Rdn. 15.

12. Zur Makler- und Bauträgerverordnung vgl. Anm. 10.

13. Zu den Voraussetzungen des Anspruchs auf eidesstattliche Versicherung vgl. *Palandt/Heinrichs* §§ 259–261 Rdn. 29 f.

2. Klage des Bürgen auf Befreiung von der Bürgschaft (§ 775 BGB)

An das
Landgericht[1, 2]

Klage

des . . . . . . **(Klägers)**
Prozessbevollmächtigter: . . . . . .

gegen

den . . . . . . **(Beklagten)**

wegen

Befreiung von einer Verbindlichkeit

Vorläufiger Streitwert[2]: EUR 50.000.–.

Namens und in Vollmacht des Klägers erhebe ich Klage und werde beantragen:

> **Der Beklagte wird verurteilt, den Kläger von der selbstschuldnerischen Bürgschaft des Klägers vom . . . . . . gegenüber der Sparkasse . . . . . . wegen EUR 50.000 zuzüglich Zinsen, Provisionen und Kosten der Bürgschaft freizustellen[3, 4] oder nach seiner Wahl Sicherheit in Höhe von EUR 50.000,– zuzüglich Zinsen, Provisionen und Kosten der Bürgschaft . . . . . . bei der Sparkasse . . . . . . zu leisten[5].**

Begründung:

Der Kläger macht gegen den Beklagten einen Befreiungsanspruch aus einer Bürgschaft gegenüber der Sparkasse . . . . . . geltend.

1. Aufgrund der verwandtschaftlichen Beziehungen zwischen den Parteien erklärte sich der Kläger am . . . . . . bereit, für ein Darlehen des Beklagten gegenüber der Sparkasse . . . . . . in Höhe von EUR . . . . . . zuzüglich Zinsen, Provisionen und Kosten der Bürgschaftssumme selbstschuldnerisch zu bürgen.

Beweis: Bürgschaft vom ...... in Anlage in Fotokopie.

Der Kläger ging die Bürgschaft ein, ohne dass hierzu eine Verpflichtung gegenüber dem Beklagten bestanden hätte. Im Hinblick auf die Verwandtschaft der Parteien wollte der Kläger dem Beklagten vorübergehende wirtschaftliche Hilfe zukommen lassen.

2. Ein Gläubiger des Beklagten hat gegen diesen wegen einer Forderung die Zwangsvollstreckung betrieben. Da pfändbare Gegenstände beim Beklagten nicht vorhanden waren, hat der Gläubiger in der Zwischenzeit Antrag auf Abgabe der eidesstattlichen Versicherung beim Amtsgericht ...... gestellt.

Beweis: Zeugnis des Herrn ......;
Auskunft aus dem Schuldnerregister des Amtsgerichts ......

Mit Schreiben vom ...... wies die Sparkasse ...... darauf hin, dass mit der Inanspruchnahme aus der Bürgschaft gerechnet werden müsse, da beim Beklagten Zahlungsschwierigkeiten aufgetreten seien.
Der Befreiungsanspruch des Klägers ergibt sich aus § 775 Abs. 1 Nr. 1 BGB.

Anmerkungen

1. Die örtliche Zuständigkeit bemisst sich nach dem allgemeinen Gerichtsstand (§§ 12– 19 ZPO).

2. Die sachliche Zuständigkeit bemisst sich nach dem Streitwert. Dieser richtet sich nach der Haftsumme der Bürgschaft (BGH NJW-RR 1990, 958; *Baumbach/Lauterbach/ Albers/Hartmann* Anh. § 3 Rdn. 27; *Schmidt/Schmidt* Rdn. 74 m. Nachw.).

3. Zu den materiellen Voraussetzungen des Befreiungsanspruchs vgl. § 775 Abs. 1 Nr. 1–4 BGB und die einschlägige Kommentierung hierzu. Auch wenn die Zahlungsunfähigkeit des Hauptschuldners feststeht und der Gläubiger den Bürgen bereits in Anspruch nimmt, verwandelt sich der Befreiungsanspruch des Bürgen nicht in einen Zahlungsanspruch an den Gläubiger (BGH NJW 2000, 1643) oder in einen gegenüber dem Gläubiger aufrechenbaren Zahlungsanspruch (BGHZ 140, 270).

Der Freistellungsantrag ist nach hM. (vgl. OLG Düsseldorf MDR 1982, 942; aA. *Rimmelsbacher* JR 1976, 89f. und 183f.) nur bestimmt und damit zulässig, wenn die Geldschuld nach Grund und Höhe eindeutig bezeichnet ist.

4. Die Vollstreckung des Befreiungsanspruchs erfolgt nach § 887 ZPO (hM.), zB. *Baumbach/Lauterbach/Albers/Hartmann* § 887 Rdn. 22 mwN.

5. Wegen § 775 Abs. 2 BGB, der nur bei § 775 Abs. 1 Nr. 1 und 2 BGB Bedeutung hat, empfiehlt es sich, um Kostennachteile zu vermeiden, die Ersetzungsbefugnis des Schuldners in den Antrag mit aufzunehmen. Zur Sicherheitsleistung vgl. §§ 232ff. BGB.

3. Klage auf Gewährung von Einsicht in eine Urkunde (§ 810 BGB)

An das
Amtsgericht[1, 2]

Klage

des ...... (Klägers)
Prozessbevollmächtigter: ......
gegen
den ...... (Beklagten)

wegen

Gewährung von Einsicht in eine Urkunde

Vorläufiger Streitwert:[2] EUR 4.000,–.

Namens und in Vollmacht des Klägers erhebe ich Klage und werde beantragen:

> **Der Beklagte wird verurteilt, dem Kläger Einsicht in die vom Beklagten namens und in Vollmacht des Klägers mit den am Bauvorhaben des Klägers in . . . . . . abgeschlossenen Verträge zu gewähren[3, 4, 5].**

Begründung[6]:

Anmerkungen

1. Die örtliche Zuständigkeit richtet sich nach dem allgemeinen Gerichtsstand (§§ 12–19 ZPO).

2. Die sachliche Zuständigkeit richtet sich nach dem Streitwert. Dieser ist nach § 3 ZPO zu schätzen, wobei das Interesse des Klägers an der Offenlegung maßgebend ist (*Schmidt/Schmidt* Rdn. 109 m. Nachw.).

3. Im vorliegenden Fall bestünde auch ein Herausgabe- und Auskunftsanspruch, vgl. Form. II. F. 1 Anm. 4.

4. Als Anspruchsgrundlagen kommen neben § 810 BGB vor allem andere Vorschriften des BGB und HGB in Frage (vgl. *Palandt/Thomas* § 810 Rdn. 6). Nach § 810 BGB kann zB. ein Anspruch des Patienten gegen den Arzt bzw. das Krankenhaus auf Einsichtnahme in die Krankenunterlagen vorliegen, wenn ein berechtigtes Interesse besteht. Dieses ist gegeben, wenn der Patient die Aussichten eines Haftpflichtprozesses wegen fehlerhafter Behandlung prüfen will (OLG Bremen NJW 1980, 644; BGH NJW 1983, 328; BGH NJW 1983, 330; *Ahrens* NJW 1983, 2609; MünchKomm/*Hüffer* § 810 Rdn. 14 ff.; zum Ganzen *Peter,* Das Recht auf Einsicht in die Krankenunterlagen, Köln 1989).

5. Die Zwangsvollstreckung erfolgt nach § 888 ZPO.

6. Zum Sachverhalt vgl. Form. II. F. 1.

4. Klage auf Herausgabe einer Bürgschaftsurkunde

An das
Landgericht[1, 2]

Klage

der A-Bank-AG **– Kläger –**
Prozessbevollmächtigter: . . . . . .

gegen

den . . . . . . **– Beklagten –**

wegen Herausgabe einer Bürgschaftsurkunde

Namens und in Vollmacht der Klägerin erhebe ich Klage und werde beantragen:

> **Der Beklagte wird verurteilt, die Urkunde vom 26. 7. . . . . . . über eine von der Klägerin zugunsten des Beklagten eingegangene Bürgschaftsverpflichtung in Höhe von EUR 120.000,– zur Sicherung von Pachtzinsfor-**

derungen des Beklagten gegen die X-GmbH an die Klägerin herauszugeben[3].

Vorläufiger Streitwert[2]: EUR 30.000,–

Begründung[6]:

Die Klägerin verlangt von dem Beklagten die Herausgabe einer Bürgschaftsurkunde[4, 5].

1. Der Beklagte ist Eigentümer des Hotels „Kreuz" in ...... Mit Pachtvertrag vom ...... wurde das Hotel an die X-GmbH als Betreiberin verpachtet. Zur Sicherung der Ansprüche des Beklagten aus dem Pachtverhältnis hat die Klägerin eine selbstschuldnerische Bankbürgschaft in Höhe von EUR 120.000,– übernommen. Die Bürgschaftsurkunde wurde dem Beklagten mit Schreiben vom 26. 7. ...... übersandt.

   Beweis: Schreiben vom 26. 7. ...... in Kopie:
   Bürgschaftsurkunde vom 26. 7. ...... in Kopie

2. Das Pachtverhältnis wurde durch Vereinbarung des Beklagten mit der X-GmbH vom ...... am 31. 12. ...... beendet. Die X-GmbH hat das Anwesen an diesem Tag geräumt und mängelfrei an den Beklagten übergeben[6].

   Beweis: Vorlage des Übergabeprotokolls vom 31. 12. ......

   Obwohl damit feststeht, dass eine Inanspruchnahme der Klägerin aus der Bürgschaft ausgeschlossen ist, verweigert der Beklagte trotz Aufforderung vom ...... die Herausgabe der Bürgschaftsurkunde[7].

   Beweis: Schreiben vom ......

Rechtsanwalt Dr.

Anmerkungen

1. Die örtliche Zuständigkeit richtet sich nach dem allgemeinen Gerichtsstand (§§ 12–19 ZPO).

2. Die sachliche Zuständigkeit richtet sich nach dem Streitwert. Dieser bestimmt sich nach § 3 ZPO. Maßgebend ist das Interesse der Klägerin am Besitz der Urkunde. Ist die Hauptforderung erloschen und will der Bürge nur eine missbräuchliche Inanspruchnahme verhindern, so ist der Streitwert erheblich geringer als die mit der Bürgschaft gesicherte Forderung. In der Regel werden dann 20 bis 30% angenommen (BGH BauR 1994, 541; OLG Stuttgart MDR 1980, 678; *Baumbach/Lauterbach/Albers/Hartmann* Anh. § 3 Rdn. 69).

Soll aber durch die Herausgabeklage eine Inanspruchnahme des Bürgen aus der Bürgschaft verhindert werden, ist der volle Wert der Bürgschaftsforderung anzusetzen (BGH BauR 1994, 541 mwN.; KG BauR 2000, 1380; OLG München BauR 2000, 607).

3. Die Zwangsvollstreckung erfolgt nach § 883 ZPO. Dafür ist es erforderlich, dass die Urkunde im Titel genau bestimmt sein muss (*Thomas/Putzo,* § 883 Rdn. 5; vor § 704 Rdn. 16ff.). Da der Beklagte möglicherweise im Besitz mehrerer Bürgschaftsurkunden ist, empfiehlt es sich, den Inhalt der Urkunde im Klagantrag möglichst exakt zu bezeichnen.

4. Anspruchsgrundlage für den Herausgabeanspruch ist § 371 BGB (OLG München NJW-RR 1998, 992; *Palandt/Heinrichs,* § 371 Rdn. 1). Der Anspruch besteht nicht nur in allen Fällen des Erlöschens der gesicherten Verbindlichkeit, sondern auch dann, wenn die Verbindlichkeit nicht entstanden oder untergegangen ist (MünchKomm/*Heinrichs,* § 371 Rdn. 5). Ein Herausgabeanspruch nach den §§ 985, 952 BGB wird von der h. M. beim Erlöschen der Verbindlichkeit abgelehnt (str. vgl. MünchKomm/*Quack,* § 952 Rdn. 30).

5. Anspruchsinhaber ist der Bürge. Dem Schuldner kann daneben ein eigenständiger vertraglicher Herausgabeanspruch zustehen, wenn er sich selbst gegenüber dem Gläubiger zur Sicherheitsleistung verpflichtet hatte. Die Rückgabeverpflichtung von Erfüllungs- und Gewährleistungsbürgschaften an den Auftragnehmer (Schuldner) beim Bauvertrag ist in § 17 Nr. 8 VOB/B ausdrücklich geregelt (vgl. dazu: *Ingenstau/Korbion/Joussen* VOB 14. Aufl. B § 17 Rdn. 179 ff.).

6. Die Fälligkeit des Rückgabeanspruchs tritt im Regelfall selbst dann noch nicht mit der Rückgabe des Pachtobjekts ein, wenn der Pächter den Pachtzins vollständig bezahlt hat, weil mit der Bürgschaft auch Renovierungs- und Schadensersatzansprüche wegen Beschädigung des Pachtobjekts sowie noch nicht abgerechnete Nebenkosten gesichert werden. Der Anspruch wird deshalb erst nach Ablauf einer individuell zu bestimmender „angemessenen Zeitspanne" fällig. Die Rechtsprechung gewährt in der Regel eine Frist von 3–6 Monaten nach Beendigung des Miet- bzw. Pachtverhältnisses (vgl. *Bub/Treier,* Handbuch der Geschäfts- und Wohnraummiete 3. Aufl. S. 1416 f.; MünchKomm/*Voelskow* § 550 b Rdn. 17).

7. Behauptet der Gläubiger zur Rückgabe der Bürgschaftsurkunde außerstande zu sein, kann der Bürge nach § 371 S. 2 BGB ein öffentlich beglaubigtes Anerkenntnis verlangen, dass die Schuld erloschen ist. Ist ein Dritter im Besitz der Urkunde, ist dieser zur Herausgabe verpflichtet (MünchKomm/*Heinrichs* § 371 Rdn. 6).

5. Klage auf Bewilligung der Freigabe eines hinterlegten Betrags

An das
Landgericht[1, 2]

Klage

des . . . . . . **– Kläger –**

Prozessbevollmächtigter: . . . . . .

gegen

den . . . . . . **– Beklagter –**

wegen Freigabeerklärung

Namens und in Vollmacht des Klägers erhebe ich Klage und werde beantragen:

> **Der Beklagte wird verurteilt, die Freigabe des beim AG . . . . . . – Az. . . . . . . – hinterlegten Betrags von EUR 20.000,– nebst 1‰ Zinsen pro Monat seit dem 1. 7. . . . . . .[3] an den Kläger zu bewilligen.**

Vorläufiger Streitwert: EUR 20.000,–[2]

Begründung:

Der Kläger verlangt von dem Beklagten die Einwilligung zur Freigabe des von S. beim AG. . . . . . hinterlegten Betrags in Höhe von EUR 20.000,– nebst Zinsen.[4, 5, 6, 7]

1. Dem Kläger steht gegen S. eine titulierte Forderung in Höhe von EUR 50.000,– zu.

Beweis: Vollstreckungsbescheid des AG . . . . . . , Az. . . . . . .

Der Kläger hat deshalb eine Kaufpreisforderung des S. gegen DS in Höhe von EUR 20.000,– gepfändet und sich zur Einziehung überweisen lassen. Der Pfändungs- und Überweisungsbeschluss wurde vom AG . . . . . . am 25. 1. . . . . . . erlassen und dem DS am 3. 2. . . . . . . zugestellt[8].

Beweis: Pfändungs- und Überweisungsbeschluss vom . . . . . .
Zustellungsurkunde vom 3. 2. . . . . . .

2. Der Beklagte hat auf Grund eines Titels gegen S. ebenfalls einen Pfändungs- und Überweisungsbeschluss auf die Kaufpreisforderung gegen DS erwirkt. Der Beschluss wurde am 28. 1. . . . . . . erlassen und dem DS am 4. 2. . . . . . . zugestellt.

Beweis: . . . . . .

3. Die Kaufpreisforderung wurde deshalb von DS beim AG . . . . . . , Az. . . . . . ., am 10. 2. . . . . . . hinterlegt. Der Kläger hat den Beklagten mit Schreiben vom 25. 2. . . . . . . zur Bewilligung der Freigabe gegenüber dem AG . . . . . . aufgefordert.

Beweis: Schreiben vom 25. 2. . . . . . .

Dies wurde von dem Beklagten mit Schreiben vom 7. 3. . . . . . . verweigert[9].

Beweis: Schreiben vom 7. 3. . . . . . .

Rechtsanwalt

Anmerkungen

1. Die örtliche Zuständigkeit für die Klage auf Einwilligung in die Freigabe des hinterlegten Gegenstandes oder Geldbetrags richtet sich nach den §§ 12–19 ZPO.

Örtlich zuständig für die Hinterlegung ist nach § 374 BGB das Gericht am Ort, an dem der Schuldner die Leistungshandlung vorzunehmen hat. Wird an einem anderen Ort hinterlegt, so ist die Hinterlegung trotzdem wirksam. Der Schuldner macht sich aber schadensersatzpflichtig. Sachlich zuständig ist nach § 1 Abs. 2 HintO das Amtsgericht.

2. Der Streitwert bemisst sich nach dem Wert des hinterlegten Gegenstands (*Baumbach/Lauterbach/Albers/Hartmann,* Anh. § 3 Rdn. 71).

3. Vgl. § 8 HintO. Zu weitergehenden Zinsansprüchen gegen den Beklagten vgl. Anm. 9.

4. Durch die Hinterlegung wird dem leistungswilligen Schuldner die Möglichkeit eingeräumt, sich von seiner Verbindlichkeit auch dann zu befreien, wenn er dies wegen eines in der Sphäre des Gläubigers liegenden Grundes nicht oder nicht mit hinreichender Sicherheit kann. Die Hinterlegung stellt ein Erfüllungssurrogat dar (MünchKomm/*Heinrichs* § 372 Rdn. 1; *Gernhuber,* Die Erfüllung und ihre Surrogate § 15 II). Der Schuldner ist beim Vorliegen der Voraussetzungen des § 372 BGB zur Hinterlegung berechtigt, aber nicht verpflichtet (vgl. aber Anm. 5).

5. Im vorliegenden Fall der mehrfachen Pfändung einer Forderung ergibt sich die Berechtigung des Schuldners aus § 853 ZPO. Verlangt ein Gläubiger die Hinterlegung des gepfändeten Betrags, ist der Schuldner nach § 853 ZPO ausnahmsweise sogar zur Hinterlegung verpflichtet. Dieser Anspruch kann nach § 856 ZPO eingeklagt werden (*Thomas/Putzo* § 853 Rdn. 3; *Baumbach/Lauterbach/Albers/Hartmann* § 853 Rdn. 4).

6. Verweigert der Beklagte die Bewilligung der Freigabe, darf die Hinterlegungsstelle den hinterlegten Betrag erst auf Grund einer rechtskräftigen Entscheidung freigeben (§ 13 Abs. 2 HintO).

7. Materiell-rechtlich ergibt sich der Anspruch auf Bewilligung der Freigabe aus einer Eingriffskondiktion nach § 812 Abs. 1 S. 1. 2. Alt. BGB (BGH NJW 1970, 463; BGH NJW-RR 1997, 495; BGH NJW 2000, 291, 294; *Palandt/Thomas* § 812 Rdn. 22; aA. MünchKomm/*Lieb* § 812 Rdn. 296, der eine analoge Anwendung von § 816 Abs. 2 BGB vorzieht).

8. Der Rang des Pfandrechts und damit die materielle Berechtigung des Klägers richten sich nach dem Zeitpunkt der Zustellung des Pfändungs- und Überweisungsbeschlusses an den Drittschuldner (*Thomas/Putzo* § 853 Rdn. 1; § 829 Rdn. 31).

9. Dem Kläger stehen gegenüber dem Beklagten darüber hinaus Schadensersatzansprüche nach den §§ 280 Abs. 2, 286 BGB zu, sobald der Beklagte mit seiner Verpflichtung zur Abgabe der Freigabeerklärung in Verzug gerät (BGH NJW 1970, 463; BGH NJW 1972, 1045).

Der Verzugsschaden besteht auf Grund der geringfügigen Hinterlegungszinsen (§ 8 HintO) regelmäßig in dem darüber hinausgehenden Zinsschaden. Dieser Schadensersatzanspruch kann auch im Wege der objektiven Klagehäufung zusammen mit dem Freigabeanspruch eingeklagt werden. Da dieser erst nach Freigabe des hinterlegten Betrages und somit nach Beendigung des Rechtsstreits abschließend beziffert werden kann, wäre bezüglich des künftigen Schadens eine Feststellungsklage zulässig (vgl. Form. I. D. 4).

G. Sachenrecht

1. Klage[1] auf Herausgabe nach § 861 BGB

An das
Amtsgericht[2, 3]

Klage

des . . . . . . (Klägers)

Prozessbevollmächtigter: . . . . . .

gegen

den . . . . . . (Beklagten)

wegen

Herausgabe

Vorläufiger Streitwert[4]: EUR 500,–.
Namens und mit Vollmacht des Klägers erhebe ich Klage und werde beantragen:

I. Der Beklagte wird verurteilt, die Schreibmaschine Neptun SX 20, Fabrik-Nummer 725, an den Kläger herauszugeben[5, 6].
II. Die Herausgabe kann nur binnen 14 Tagen nach Rechtskraft dieses Urteils erfolgen[7].
III. Der Beklagte wird verurteilt, nach fruchtlosem Ablauf der Frist nach Z. II, an den Kläger EUR 500,– als Schadensersatz zu bezahlen[8, 9, 10].

Begründung:

Der Kläger hat die im Antrag genannte Schreibmaschine von der Firma Neptun für die Zeit vom 1. 2. . . . . . . bis 31. 12. . . . . . . gemietet. Er hatte sie vom 1. 2. . . . . . . an in Besitz.

Beweis: Zeugnis des Herrn . . . . . . , zu laden bei der Firma Neptun, ... ; Zeugnis der Frau . . . . . . , zu laden beim Kläger

Der Beklagte, der bis zum 31. 12. . . . . . . freier Handelsvertreter für die Werbeagentur des Klägers war, behauptet, er habe die Maschine gemietet und sei deshalb zum Besitz berechtigt. Dies ist jedoch nicht richtig. Am 31. 12. . . . . . . hat der Beklagte die Schreibmaschine mitgenommen und in sein neues Büro verbracht. Dem Kläger steht deshalb ein Anspruch auf Wiedereinräumung des Besitzes nach § 861 BGB zu.

Der Kläger hat für das Jahr . . . . . . eine Miete von EUR 500,– im Voraus bezahlt.

Beweis: Zeugnis des Herrn . . . . . . , wie oben.

Diesen Betrag macht er im Falle des Antrags Z. III als Entschädigung für die entgangene Nutzung der Schreibmaschine geltend.[10] Der Beklagte hat bereits erklärt, der Kläger erhalte weder die Maschine noch bekomme er Geld dafür[11].

Beweis: Zeugnis des Herrn . . . . . . , wie oben.

Anmerkungen

1. Möglich ist auch eine einstweilige Verfügung, gerichtet auf Herausgabe. Sie verstößt nicht gegen das Vorwegnahmeverbot (*Palandt/Bassenge* § 861 Rdn. 11 m. Nachw.). Zur einstweiligen Verfügung vgl. Form. I. R. 4, 7ff.; zur Herausgabeklage nach § 985 BGB vgl. Form. II. G. 9.

2. Die sachliche Zuständigkeit richtet sich nach dem Streitwert (vgl. Anm. 4).

3. Örtlich zuständig ist das Gericht des allgemeinen Gerichtsstands (§§ 12–19a ZPO). Bei Zusammentreffen des Anspruchs nach § 861 BGB mit einem Anspruch aus unerlaubter Handlung dürfte für die auf § 861 BGB gestützte Klage § 32 ZPO gegeben sein (vgl. *Baumbach/Lauterbach/Albers/Hartmann* § 32 Rdn. 7). Auch § 29 ZPO ist nicht anwendbar, da es sich um keine Streitigkeit aus einem Vertragsverhältnis handelt. Für Grundstücke ist der ausschließliche Gerichtsstand des § 24 Abs. 1 ZPO zu beachten. Im dinglichen Gerichtsstand kann bei Grundstücken auch ein Schadensersatzanspruch wegen anlässlich der Besitzentziehung entstandener Schäden geltend gemacht werden (§ 26 ZPO).

4. Maßgebend für den Streitwert ist der Verkehrswert der Sache (vgl. § 6 ZPO), auch dann, wenn die Parteien zuvor einen Kaufvertrag zu einem bestimmten Preis abgeschlossen haben (Form. II. A.3 Anm. 2); zum Verkehrswert vgl. zB. *Schmidt/Schmidt* Rdn. 180.

5. Der Anspruch kann neben § 861 BGB auch auf §§ 985, 1007 BGB gestützt werden, wenn deren Voraussetzungen vorliegen.

6. Tritt während des Rechtsstreits Besitzverlust beim Beklagten ein, kann der Kläger auf das Interesse übergehen (§ 264 Nr. 3 ZPO).

7. Zum Antrag auf Fristsetzung vgl. Form. II. A. 3 Anm. 7.

8. Zur Zulässigkeit des Antrags auf Schadensersatz vgl. Form. II. A. 3 Anm. 7.

9. Zur Frage, welchen Antrag der Kläger im Falle des Besitzverlustes nach Rechtshängigkeit zu stellen hat, vgl. Form. II. A. 3 Anm. 10; zur Weitergabe des Besitzes vgl. *Palandt/Bassenge* § 861 Rdn. 8.

10. Wegen schuldhafter Besitzentziehung kann dem Kläger neben dem Herausgabeanspruch nach § 861 BGB ein Schadensersatzanspruch nach § 823 Abs. 1 BGB zustehen, den er im Wege der objektiven Klagehäufung schon mit dieser Klage geltend machen kann.

11. Der Antrag Z. III ist nur unter den Voraussetzungen des § 259 ZPO zulässig (vgl. Form. II. A. 3 Anm. 9).

2. Klage[1] auf Beseitigung einer Besitzstörung nach § 862 BGB

An das
Amtsgericht[2]

Klage

des . . . . . . **(Klägers)**
Prozessbevollmächtigter: . . . . . .
gegen
den . . . . . . **(Beklagten)**
wegen

Beseitigung einer Besitzstörung

Vorläufiger Streitwert[3]: EUR 750,–.
Namens und mit Vollmacht des Klägers erhebe ich Klage und werde beantragen:

> **Der Beklagte wird verurteilt, die auf dem Grundstück FlStNr. . . . . . ., Gemarkung . . . . . ., Grundbuchheft Nr. . . . . . ., an der Ostgrenze errichtete Backsteinmauer zu beseitigen[4, 5].**

Begründung:

Der Kläger ist Mieter des im Antrag genannten Grundstücks.

Beweis: Mietvertrag zwischen dem Kläger und Herrn . . . . . . vom 7. 7. . . . . . . in Anlage.

Von der östlichen Grundstücksgrenze nach Westen gemessen, in einer Entfernung von ca. 20 cm, hat der Beklagte eine 5 m lange, 20 cm hohe und 10 cm breite Mauer errichtet. Der Beklagte behauptet, die Mauer stehe auf seinem und nicht auf dem vom Kläger gemieteten Grundstück. Dies ist jedoch nicht richtig.

Beweis: Einnahme eines Augenscheins; Pläne des Katasteramts . . . . . . in Anlage; Grundbuchauszug . . . . . . in Anlage; Sachverständigengutachten.

Der Kläger ist in der Nutzung des von ihm gemieteten Grundstücks gestört, weshalb ihm ein Beseitigungsanspruch nach § 862 BGB zusteht[4].

Anmerkungen

1. Zur Möglichkeit einer einstweiligen Verfügung vgl. Form. II. G. 1 Anm. 1.

2. Zur sachlichen und örtlichen Zuständigkeit vgl. Form. II. G. 1 Anm. 2, 3.

3. Der Streitwert ist gemäß § 3 ZPO nach dem Interesse des Klägers an der Beseitigung der Besitzstörung zu schätzen (*Thomas/Putzo* § 3 Rdn. 31).

4. Der Mieter kann in bestimmten Fällen zur Duldung verpflichtet sein, nämlich dann, wenn der Eigentümer durch § 906 BGB zur Duldung verpflichtet wäre.

5. Dem Kläger steht auch die Unterlassungsklage zur Verfügung, wenn weitere Störungen zu besorgen sind (§ 862 Abs. 1 S. 2 BGB). Die Störung kann auch vom Nachbargrundstück ausgehen (vgl. zur Belästigung durch Hunde und Katzen OLG Hamm NJW-RR 1990, 335; OLG Köln, LG Ellwangen und AG Diez NJW 1985, 2338 ff. und *Dieckmann* NJW 1985, 2311 sowie zur Störung durch Baulärm OLG München NJW-RR 1992, 1097, OLG Düsseldorf OLGR 1997, 89, BayObLG NJW 1987, 1950 auch zur Frage einer trotz Duldungspflicht möglichen Mietminderung und *Palandt/Bassenge* § 862 Rdn. 4 ff. m. w. Beispielen aus der Rechtsprechung).

3. Einstweilige Verfügung auf Eintragung einer Vormerkung zur Sicherung einer Bauhandwerker-Sicherungshypothek[1]

An das
Amtsgericht[2]

Einstweilige Verfügung

des . . . . . . **(Antragstellers)**
Prozessbevollmächtigter: . . . . . .
gegen
den . . . . . . **(Antragsgegner)[3]**
wegen

Vormerkung zur Sicherung einer Bauhandwerker-Sicherungshypothek

Vorläufiger Streitwert[2]: EUR 15.000,–.

Namens und mit Vollmacht des Antragstellers beantrage ich, im Wege der einstweiligen Verfügung – wegen Dringlichkeit ohne mündliche Verhandlung[4] – für Recht zu erkennen:

> Im Grundbuch von ...... wird zu Lasten der Wohnungseigentumseinheiten[5] des Antragsgegners, Grundbuchheft ......, 450/1000 Miteigentumsanteile, verbunden mit dem Sondereigentum an der Wohnung Erdgeschoss Nr. 1 gemäß Aufteilungsplan, Grundbuchheft ......, und 550/1000 Miteigentumsanteile, verbunden mit dem Sondereigentum an der Wohnung Obergeschoss Nr. 8 gemäß Aufteilungsplan[6], zugunsten des Antragstellers eine Vormerkung zur Sicherung des Anspruchs des Antragstellers auf Einräumung einer Sicherungs-(Gesamt-) Hypothek für seine Forderung aus Bauvertrag vom 6. 5. ...... gemäß Schlussrechnung vom 3. 3. ...... in Höhe von EUR 53.000,– sowie wegen eines Kostenbetrages von EUR 1.430,56[7] eingetragen[8].

Es wird beantragt,

den Antrag auf Eintragung der Vormerkung durch das Gericht beim zuständigen Grundbuchamt einzureichen[9, 10].

Begründung:

1.[11] Die Parteien schlossen am 6. 5. ...... einen Bauvertrag über die Ausführung der Außenputzarbeiten am Bauvorhaben ......, dem die VOB (B) zugrundeliegt. Der Antragsteller hat die nach dem Vertrag und Leistungsverzeichnis erforderlichen Arbeiten – Lieferung und Anbringung von Rippenstrickmetall (Putzträger), Lieferung und Anbringung von Eckschutzschienen, Anbringung des Außenputzes und der Rabitzkästen – bis 15. 2. ...... ausgeführt. Am 23. 2. ...... fand eine förmliche Abnahme im Beisein der Parteien statt[12]. Am 3. 3. ...... erteilte der Antragsteller

Schlussrechnung über den Betrag von	EUR 153.000,–,
worauf der Antragsgegner als Abschlagszahlung	EUR 100.000,–
bezahlt hat, so dass ein Rest von	EUR 53.000.–

verbleibt.

Die zweimonatige Prüfungsfrist ist abgelaufen[13]. Auf die Mahnung des Antragstellers vom 5. 5. ...... ist keine Zahlung erfolgt.

Mängelansprüche werden vom Antragsgegner nicht geltend gemacht, was sich bis zum 23. 2. ...... aus dem Abnahmeprotokoll vom 23. 2. ...... ergibt. Die vom Antragsteller ausgeführten Leistungen sind mangelfrei[14].

Der Antragsgegner ist Eigentümer des im Antrag genannten Wohnungseigentums.

Beweis: Beglaubigter Grundbuchauszug in Anlage.

Der Antragsteller hat wegen seiner restlichen Vergütungsforderung gegen den Antragsgegner nach § 648 Abs. 1 BGB Anspruch auf Einräumung einer Sicherungshypothek, zu deren Sicherung er auf Grund §§ 883, 885 BGB die Eintragung einer Vormerkung verlangen kann. Einen Anspruch auf Bauhandwerkersicherheit nach § 648 a BGB hat der Ast. nicht geltend gemacht und er hat eine Sicherheit für seinen Vergütungsanspruch auch nicht erlangt[19].

2.[15] Der Verfügungsanspruch ist glaubhaft gemacht durch eidesstattliche Versicherung des Antragstellers[16].

3. Der Antragsgegner ist derzeit nicht in der Lage, seinen Zahlungspflichten gegenüber Gläubigern nachzukommen. Gegen den Antragsgegner hat der Antragsteller in anderer Sache erfolglos die Zwangsvollstreckung betrieben. Mehrere andere Gläubiger betreiben ebenfalls die Zwangsvollstreckung gegen den Antragsgegner[17].

Beweis[18]: Pfändungsprotokoll des Gerichtsvollziehers ...... vom ......

Es besteht die Gefahr, dass der Antragsteller durch Zeitverlust um die Vorteile der einstweiligen Verfügung gebracht würde, wenn die übrigen Gläubiger die Zwangsvollstreckung in das Grundstück vorrangig betreiben könnten.

Anmerkungen

1. Das Gesetz ermöglicht die Klage auf Eintragung der Bauhandwerkersicherungshypothek (§ 648 BGB). Der Gläubiger muss sie erheben, wenn der Schuldner trotz Eintragung der Vormerkung nicht bezahlt. Die Vormerkung dient nur zur Sicherung der Rangstelle für die Bauhandwerkersicherungshypothek, die ihrerseits nur auf Grund eines Titels – in der Regel kommt hier nur ein Urteil und keiner der sonstigen Titel (§ 794 Abs. 1 ZPO) in Betracht – eingetragen werden kann. Als Hauptklage scheidet die Zahlungsklage aus (hM.; vgl. zB. OLG Düsseldorf NJW-RR 1986, 322; OLG Frankfurt NJW 1983, 1129; *Baumbach/Lauterbach/Albers/Hartmann* § 926 Rdn. 9; MünchKomm/*Wacke* § 883 Rdn. 36 und zur Frage der Fristwahrung nach § 926 Abs. 1 ZPO: OLG Frankfurt BauR 1984, 535 = SFH Nr. 1 zu § 926 ZPO jew. m. w. Nachw.). Der Antrag der **selbstständigen** Hypothekenklage kann folgendermaßen lauten:

„Der Beklagte wird verurteilt, die Eintragung einer Sicherungshypothek (für die Forderung des Klägers aus Bauvertrag v. 6. 5. ...... gemäß Schlussrechnung v. 3. 3. .....) in Höhe von DM 53.000,– zuzüglich ...... % hieraus seit ...... sowie wegen eines Kostenbetrages in Höhe von DM ...... im Grundbuch ...... zu bewilligen".

Wird die Hypothekenklage nach **vorheriger** Eintragung einer **Vormerkung** erhoben, dann muss der Klagantrag zur Rangwahrung folgenden Zusatz enthalten:

„...... Sicherungshypothek an der Rangstelle der im Grundbuch ...... in Abteilung III laufende Nummer ...... eingetragenen Vormerkung ......". Die Vormerkung für Teilleistungen gibt keine Rangsicherung für nachfolgende Arbeiten (BGH BauR 2001, 1783 = NJW 2001, 3701). Gegenüber vorrangigen Auflassungsvormerkungen von Erwerbern z. B. beim Bauträgermodell, stellt die Hypothek und die darauf gerichtete Vormerkung keine Sicherheit dar (vgl. zum Löschungsanspruch der durch Auflassungsvormerkung Gesicherten *Nettesheim* BB 1994, 301). Die hinsichtlich des Klagantrags bei der Hypothekenklage früher vorgeschlagene Einschränkung „Zug um Zug gegen Löschung der auf Grund einstweiliger Verfügung eingetragenen Vormerkung" wird nicht mehr empfohlen. Möglich ist allenfalls noch ein Antrag „Zug um Zug gegen Rötung der Vormerkung". Das KG (vgl. *Borgmann* AnwBl. 1986, 501/502) hat nämlich die Auffassung vertreten, dass damit gleichzeitig die Löschung der Vormerkung bewilligt werde und die Hypothek damit nicht die gleiche Rangstelle wie die Vormerkung erhalte, sondern am Ende einzutragen sei! Ein Anwaltsverschulden liegt nach Auffassung des LG Berlin (vgl. AnwBl. 1988, 111) darin zwar nicht. Erteilt jedoch der Rechtspfleger einen Hinweis auf die Gefährdung des Ranges, so muss der Anwalt darauf nach dieser Entscheidung darauf reagieren.

Der Anspruch auf Bauhandwerkersicherungshypothek und entsprechende Vormerkung ist ausgeschlossen, wenn und soweit der Unternehmer Sicherheit nach § 648a Abs. 1, 2 BGB erlangt hat. Ein Ausschluss der Hypothek in AGB ist unwirksam (OLG Celle BauR 2001, 834).

2. Sachlich und örtlich zuständig ist zwar in erster Linie das Gericht, bei dem die Hauptsache zu verhandeln ist (§§ 937 Abs. 1, 943 ZPO). Daneben begründet jedoch § 942 Abs. 2 ZPO die Zuständigkeit des Amtsgerichts, in dessen Bezirk das Grundstück belegen ist. Der Streitwert – maßgebend für die Gebühren, vgl. Anm. 2 – ist nach dem Interesse an der Sicherstellung zu schätzen (§§ 20 Abs. 1 GKG, 3 ZPO). Für Vormerkungen zur Sicherung einer Bauhandwerker-Sicherungshypothek wird $1/3$ bis $1/4$ der Forderung angesetzt (*Baumbach/Lauterbach/Albers/Hartmann* Anh. § 3 Rdn. 35).

3. Vom Grundsatz her müssen der Besteller beim Bauvertrag und der Eigentümer in „rechtlicher Hinsicht" identisch sein (BGH BauR 1988, 88 = NJW 1988, 255 = ZfBR 1988, 72; OLG Hamm BauR 1990, 365). Während früher überwiegend vertreten wurde, dass wirtschaftliche Identität ausreicht (vgl. *Palandt/Sprau* § 648 Rdn. 3 m. Nachw.), genügt dies nach Auffassung des BGH regelmäßig nicht. Allerdings kann sich der Eigentümer nach Treu und Glauben in Ausnahmefällen wie der Besteller behandeln lassen müssen (BGH aaO; OLG Naumburg NZBau 2000, 79). Die Identität dürfte auch dann zu bejahen sein, wenn eine Durchgriffshaftung des Eigentümers gegeben ist (vgl. zur Rechtsprechung *Palandt/Sprau* aaO.).

4. Die einstweilige Verfügung ergeht in aller Regel auf mündliche Verhandlung hin. Nur in „dringenden Fällen" kann ohne mündliche Verhandlung ein Beschluss ergehen (vgl. z. B. Anm. 17; zur einstweiligen Verfügung vgl. *Siegburg* BauR 1990, 290).

5. Denkbar ist auch, dass es sich nicht um Wohnungseigentum (§ 1 Abs. 2 WEG), sondern um Teileigentum (§ 1 Abs. 3, 6 WEG) handelt.

6. Ist das Eigentum noch nicht geteilt (§ 8 WEG) oder durch vertragliche Vereinbarung (§ 3 WEG) noch nicht entstanden, so lautet der Antrag – ebenso wie bei Eigentum –: „Im Grundbuch von ...... wird zu Lasten des Eigentums des Antragsgegners am Grundstück ......, Grundbuchheft ......, eine Vormerkung ...... ". Die Sicherheit kann auch als Gesamthypothek an mehreren Grundstücken des Auftraggebers in voller Höhe eingetragen werden (BGH BauR 2000, 1084). Bei der Bildung von Wohnungseigentum wandelt sich die Vormerkung voll auf dieses um (OLG Hamm NJW-RR 1999, 393).

7. Durch die Bauhandwerker-Sicherungshypothek nach § 648 BGB sind auch die Kosten der Rechtsverfolgung und damit auch die Kosten der Eintragung der Vormerkung sicherbar (vgl. *Palandt/Sprau* § 648 Rdn. 4).

8. Die einstweilige Verfügung muss innerhalb eines Monats nach Verkündung – bei mündlicher Verhandlung – bzw. Zustellung – ohne mündliche Verhandlung – vollzogen sein, da sie sonst auf Widerspruch des Antragsgegners hin aufgehoben werden muss (§ 929 Abs. 2 ZPO). Die Vollziehung erfolgt durch Eintragung im Grundbuch, nicht durch Zustellung an den Ag. (§§ 941, 932 Abs. 2 ZPO). Für sie genügt deshalb der Eintragungsantrag des Gerichts (OLG Celle BauR 2000, 1901). Sie kann schon vor der Zustellung der einstweiligen Verfügung erfolgen. Die Zustellung muss dann jedoch innerhalb einer Woche nach der Vollziehung und vor Ablauf der Monatsfrist des § 929 Abs. 2 ZPO erfolgt sein (§ 929 Abs. 3 ZPO). Unterbleibt die Zustellung oder erfolgt sie verspätet, dann ist die einstweilige Verfügung auf Widerspruch aufzuheben (z. B. LG Düsseldorf NJW-RR 1999, 383). Der Gegenstandswert für das Betreiben der Vollziehung ergibt sich nicht aus der Höhe der Forderung; maßgebend ist vielmehr das Interesse des Gläubigers an der Sicherung der Forderungen (OLG Frankfurt VersR 1984, 490).

9. Die Vorschrift des § 941 ZPO eröffnet die Möglichkeit, dass das Gericht den Eintragungsantrag stellen kann. Ein Antrag des Antragstellers hierauf ist zwar nach § 941 ZPO nicht erforderlich, aber dennoch sinnvoll. Die Entscheidung, ob das Gericht dem Ersuchen nachkommt und den Eintragungsantrag stellt, liegt in seinem Ermessen. Der Tenor (zum Ersuchen des Antragstellers vgl. Anm. 10) könnte folgendermaßen lauten: „Das Grundbuchamt wird um die Eintragung der Vormerkung ...... ersucht." Lehnt das Gericht den Antrag ab, so kann der Tenor folgendermaßen lauten: „Es bleibt dem Antragsteller überlassen, die Eintragung der Vormerkung im Grundbuch zu beantragen."

Der Antrag des Gerichts wahrt die Frist für die Vollziehung der einstweiligen Verfügung (§ 932 Abs. 3 ZPO entspr., vgl. *Thomas/Putzo* § 941 Rdn. 1 m. Nachw.; *Baum-*

bach/Lauterbach/Albers/Hartmann § 941 Rdn. 2). Dennoch muss der Antragsteller daneben die Vollziehung vornehmen (hierzu Anm. 8).

10. Das Eintragungsersuchen des Antragstellers – im Falle der Ablehnung durch das Gericht – kann folgendermaßen aussehen: „Hiermit beantrage ich, die in der einstweiligen Verfügung des Amtsgerichts . . . . . . vom . . . . . . enthaltene Vormerkung zur Sicherung einer Bauhandwerker-Sicherungshypothek im Grundbuch von . . . . . . , FlStNr. . . . . . ., Grundbuchheft Nr. . . . . . ., einzutragen und von der Eintragung Nachricht zu geben."

11. Hier folgt die Darlegung des Verfügungsanspruchs. Der Anspruch auf die Sicherungshypothek kann in AGB nicht wirksam ausgeschlossen werden (BGH NJW 1984, 2100; OLG Celle BauR 2001, 834). Für Architekten und Ingenieure besteht der Anspruch nur dann, wenn sich ihre Leistung „wertsteigernd" im Grundstück realisiert hat (vgl. z. B. OLG Hamm BauR 2000, 1087 = NJW-RR 2000, 971 = NZBau 2000, 338). Die Höhe des Anspruchs wird durch einen vertraglich vereinbarten Sicherheitseinbehalt nicht beeinflusst (BGH BauR 2000, 919 = NZBau 2000, 198).

12. Abnahme (soweit die VOB (B) Vertragsgegenstand ist, vgl. § 12 VOB (B), iü. § 641 BGB) ist Fälligkeitsvoraussetzung, ebenso bei Zugrundeliegen der VOB die Erteilung einer Schlussrechnung (§ 16 Nr. 3 VOB (B). Die einstweilige Verfügung kann jedoch auch wegen einer Abschlagszahlung und wegen einer noch nicht fälligen Forderung beantragt werden (MünchKomm/*Wacke* § 885 Rdn. 5; BGH NJW 1977, 947 = BauR 1977, 208; OLG Düsseldorf BauR 1976, 211). Die Glaubhaftmachung ist dann jedoch mit großem Risiko verbunden (vgl. unten Anm. 16). Zumindest eine Abschlagsrechnung sollte vorliegen.

13. Vgl. § 16 Nr. 3 Abs. 1 VOB (B); vgl. auch Anm. 12.

14. Mängelansprüche des Bestellers sind im Verfahren der einstweiligen Verfügung zu berücksichtigen, soweit sie z. B. durch privates Sachverständigengutachten glaubhaft gemacht werden. Dies gilt nach der Rechtsprechung des BGH für die Rechtslage vor Abnahme und auch danach sowie für alle Mängelrechte des Bestellers, nämlich Erfüllungsanspruch, Nachbesserungsanspruch, Minderungsanspruch und Schadensersatzanspruch (BGH NJW 1977, 947 = BauR 1977, 208; OLG Koblenz NJW-RR 1994, 796; OLG Celle BauR 1986, 588; zum ganzen *Groß* aaO. S. 48 ff.; *Locher,* Das private Baurecht, 6. Aufl., Rdn. 436; *Peters* NJW 1981, 2550; *Werner/Pastor,* Der Bauprozess, 8. Aufl., Rdn. 234 ff. jeweils m. Nachw.). Nach der Rechtsprechung des BGH dürfte jedoch der nach Abzug eines angemessenen Betrages für die Mängel zweifelsfrei offen stehende Rest sicherbar sein (vgl. auch Anm. 16). Die Höhe des Abzugs für glaubhaft gemachte Mängel kann das Gericht nach § 287 ZPO schätzen (OLG Celle BauR 2001, 1623).

15. Ein Verfügungsgrund – nämlich die Besorgnis, dass die Rechtsverwirklichung durch Veränderung des bestehenden Zustands erheblich erschwert oder gar vereitelt wird (§ 935 ZPO), oder dass die begehrte Maßnahme, insbesondere zur Abwendung wesentlicher Nachteile oder zur Verhinderung drohender Gewalt, erforderlich ist (§ 940 ZPO) – muss bei der Vormerkung nicht dargetan werden (§ 885 Abs. 1 S. 1 BGB). Ob es sich dabei um eine widerlegbare Vermutung handelt, ist umstritten (so z. B. OLG Düsseldorf BauR 2000, 921 = NJW-RR 2000, 825 = NZBau 2000, 293, das den Verfügungsgrund verneint, wenn die Schlußrechnung 1½ Jahre nach Beendigung der Arbeiten erstellt wird und der Unternehmer dann nochmals 9 Monate bis zum Antrag auf einstweilige wartet; ebenso OLG Saarbrücken BauR 1993, 348 für den Fall, dass der Auftraggeber eine Bürgschaft über Hauptsumme und Kosten anbietet).

16. Soweit nicht Beweis durch Urkunden, wie Vertrag, Schlussrechnung, Abnahmeprotokoll usw., erbracht wird, ist Glaubhaftmachung durch eidesstattliche Versicherung erforderlich (hierzu § 294 ZPO). Statt der Glaubhaftmachung kann das Gericht Sicherheitsleistung zulassen (§§ 936, 921 Abs. 2 ZPO). Es kann und sollte sie auch zusätzlich verlangen, wenn keine Urkunden beigefügt sind und Glaubhaftmachung nur durch eidesstattliche Versicherung erfolgt (vgl. MünchKomm/*Wacke* § 885 Rdn. 4). Die Glaubhaftmachung entfällt hinsichtlich des Verfügungsgrundes, da dieser selbst bei der Vormerkung nicht dargetan werden muss (vgl. Anm. 15). Problematisch ist, ob sich die Glaubhaftmachung auch auf die Mangelfreiheit erstrecken muss. Meines Erachtens ist zu unterscheiden, ob eine Abschlagszahlung oder die Restforderung aus der Schlussrechnung geltend gemacht wird. Im zweiten Fall muss die Abnahme vorliegen (vgl. Anm. 12). Für die Mangelfreiheit bis zur Abnahme trifft den Unternehmer die Darlegungslast und die Pflicht zur entsprechenden Glaubhaftmachung; bezüglich solcher Mängel, die nach der Abnahme auftreten, ist der Auftraggeber zur Darlegung und Glaubhaftmachung verpflichtet, da diese nicht zum Verfügungsanspruch gehören, sondern Einwendungen darstellen (ebenso *Locher*, Das private Baurecht, aaO., *Werner/Pastor*, aaO.).

17. Soll die einstweilige Verfügung ohne mündliche Verhandlung ergehen, muss der Antragsteller darlegen, dass es sich um einen „dringenden Fall" handelt (§ 937 Abs. 2 ZPO). Daran ändert es nichts, dass es der Angabe und Glaubhaftmachung eines Verfügungsgrundes wegen § 885 Abs. 1 S. 2 BGB nicht bedarf, da § 937 Abs. 2 eine gesteigerte Dringlichkeit voraussetzt (*Baumbach/Lauterbach/Albers/Hartmann* § 937 Rdn. 4).

18. Die Dringlichkeit ist entweder durch Urkunden zu beweisen oder glaubhaft zu machen (vgl. auch Anm. 16).

19. Der Anspruch auf Bauhandwerkersicherungshypothek und die darauf gerichtete Vormerkung besteht nicht, wenn der „Unternehmer" eine Sicherheit nach § 648 a BGB „erlangt" hat (§ 648 a IV BGB; OLG Köln BauR 1996, 272). Auch wenn dies keine Anspruchsvoraussetzung für die Hypothek und Vormerkung sein dürfte, sondern eine Einwendung, empfiehlt es sich, im Antrag und in der Klage dazu Stellung zu nehmen.

Kosten und Gebühren

Die Vormerkung kann auf Grund einstweiliger Verfügung oder Bewilligung des Eigentümers/Bestellers eingetragen werden. Beantragt der Unternehmer die einstweilige Verfügung, ohne zuvor zur Befriedigung aufgefordert zu haben, so trägt er die Kosten des Verfahrens, wenn der Besteller sofort anerkennt (str., vgl. zB. OLG Düsseldorf NJW 1972, 1676; OLG Düsseldorf BauR 1976, 285; OLG Düsseldorf BauR 1979, 358; OLG Düsseldorf BauR 1980, 92; *Groß* aaO. S. 92 ff.; *Heyers* BauR 1980, 20; *Jagenburg* NJW 1980, 1937; *Locher* aaO. Rdn. 434; *Werner/Pastor* aaO. Rdn. 303 ff. jeweils m. Nachw.).

Fristen und Rechtsmittel

Die einstweilige Verfügung muss innerhalb eines Monats vollzogen sein, da sie sonst auf Widerspruch des Antragsgegners aufzuheben ist (vgl. i. e. oben Anm. 8). Gegen die durch Beschluss erlassene einstweilige Verfügung kann der Antragsgegner zeitlich unbefristet Widerspruch einlegen (§§ 936, 924 Abs. 1 ZPO) oder einen Aufhebungsantrag wegen veränderter Umstände wie Zahlungen oder neuer Mängel (§§ 936, 927 ZPO) stellen (zum Rechtfertigungsverfahren bei Erlass der einstweiligen Verfügung durch das Amtsgericht der Belegenheit vgl. Form. I. R. 5). Er kann ferner beantragen, dass dem Antragsteller Frist zur Erhebung der Hauptsacheklage gesetzt wird (§ 942 ZPO). Der Antragsgegner kann sich aber auch nur gegen die Kostenentscheidung wehren mit Hilfe des Kostenwiderspruchs (vgl. OLG Düsseldorf NJW 1972, 1955). Gegen Urteile auf

Grund mündlicher Verhandlung ist die Berufung gegeben. Ist die einstweilige Verfügung in der Sonderzuständigkeit des AG (§ 942 Abs. 2 ZPO) ergangen, kann nur der Antrag auf Fristsetzung für die Hauptsacheklage gestellt werden.

4. Klage des Vormerkungsberechtigten nach § 888 BGB auf Zustimmung zur Eintragung bzw. Löschung[1]

An das
Landgericht[2, 3]

Klage

des . . . . . . **(Klägers)**
Prozessbevollmächtigter: . . . . . .
gegen
den . . . . . . **(Beklagten)**
wegen

Zustimmung zur Löschung einer Hypothek.

Vorläufiger Streitwert[2]: EUR 50.000,–.
Namens und mit Vollmacht des Klägers erhebe ich Klage und werde beantragen:

> **Der Beklagte wird verurteilt, seine Zustimmung zur Löschung der im Grundbuch . . . . . ., FlStNr. . . . . . ., Grundbuchheft . . . . . ., zu seinen Gunsten eingetragenen Hypothek im Nennbetrag von EUR 50.000,– zu erteilen[4, 5].**

Begründung:

Zugunsten des Klägers ist im Grundbuch . . . . . ., FlStNr. . . . . . ., Grundbuchheft . . . . . ., seit 1. 4. . . . . . . eine Auflassungsvormerkung eingetragen. Am 1. 5. . . . . . . bewilligte der Eigentümer dem Beklagten die Eintragung einer Hypothek über den Betrag von EUR 50.000,–. Die Eintragung ist am 1. 6. . . . . . . erfolgt.
Die Verfügung des Eigentümers ist gegenüber dem Kläger gemäß § 883 Abs. 2 BGB unwirksam. Daneben hat der Kläger nach § 888 Abs. 1 BGB Anspruch gegen den Beklagten auf Zustimmung zur Löschung der Hypothek, den er mit der Klage geltend machen muss, da der Beklagte mit Schreiben vom . . . . . . seine Zustimmung verweigert hat.
Der Anspruch des Klägers auf Auflassung ist fällig[6]. Der Kläger hat den nach dem Kaufvertrag mit dem Eigentümer zu zahlenden Kaufpreis vereinbarungsgemäß an den Notar . . . . . . als Treuhänder bezahlt.

Beweis: Zeugnis des Notars . . . . . .

Nach dem Kaufvertrag hat der Eigentümer demnach die Auflassung zu erklären.

Beweis: notarieller Kaufvertrag vom . . . . . .

Anmerkungen

1. Die Klage auf Zustimmung zur Eintragung bzw. Löschung ist zu unterscheiden von der Klage gegen den Vertragspartner bzw. (früheren) Eigentümer. Gegen diesen hat der Vormerkungsberechtigte Erfüllungs- oder Schadensersatzansprüche. Hier geht es um die Klage gegen den Dritterwerber. Die Vormerkung macht zwar entgegenstehende Eintragungen relativ unwirksam (§ 883 Abs. 2 BGB). Das Grundbuch wird aber nicht unrichtig, so dass keine Grundbuchberichtigung verlangt werden kann. Es besteht gegen den Dritterwerber der Anspruch auf Zustimmung nach § 888 BGB.

2. Die sachliche Zuständigkeit ergibt sich nach dem Streitwert. Dieser bemisst sich bei Löschung einer Grundschuld bzw. Hypothek nach dem Nennbetrag, bei Löschung einer Vormerkung, eines Widerspruchs oder eines Vorkaufsrechts nach dem Interesse an der Berichtigung des Grundbuchs gemäß § 3 ZPO, auf etwa 1/3 bis 1/4 des Wertes des vorgemerkten Rechts (*Schmidt/Schmidt* Rdn. 224 m. Nachw.).

3. Örtlich zuständig ist ausschließlich das Gericht, in dessen Bezirk das Grundstück belegen ist, da § 24 ZPO für die Klage des Vormerkungsberechtigten gilt, sofern die Wirkung des § 883 Abs. 2 BGB gegen Dritte geltend gemacht wird (*Baumbach/Lauterbach/Albers/Hartmann* § 24 Rdn. 6; *Thomas/Putzo* § 24 Rdn. 4), nicht dagegen, sofern aus dem vorgemerkten Anspruch geklagt wird.

4. Str. ist, ob der Vormerkungsberechtigte auch den Verzicht auf die Hypothek oder die Übertragung auf sich verlangen kann (vgl. *Palandt/Bassenge* § 888 Rdn. 5).

5. Die Zwangsvollstreckung erfolgt nach § 894 ZPO.

6. Nach einer Entscheidung des OLG Düsseldorf (OLGZ 1977, 330) ist die Fälligkeit des Auflassungsanspruchs Voraussetzung für die Löschung. Zur Sicherheit sollte deshalb dazu vorgetragen werden, obwohl es sich auch nach Auffassung des OLG um „Einwendungstatsachen aus dem Verhältnis zwischen Verkäufer und Käufer" handelt.

5. Klage auf Grundbuchberichtigung nach § 894 BGB[1]

An das
Landgericht[2, 3]

Klage

des . . . . . . **(Klägers)**
Prozessbevollmächtigter: . . . . . .

gegen

den . . . . . . **(Beklagten)**
wegen

Grundbuchberichtigung

Vorläufiger Streitwert[2]: EUR 70.000,–.
Namens und mit Vollmacht des Klägers erhebe ich Klage und werde beantragen:

> **Der Beklagte wird verurteilt, seine Zustimmung zur Berichtigung des Grundbuchs . . . . . ., FlStNr. . . . . . ., Grundbuchheft . . . . . ., Abt. . . . . . ., insofern zu erteilen, als nicht der Beklagte, sondern der Kläger Eigentümer dieses Grundstücks ist[4, 5].**

Begründung:

Am 7. 5. . . . . . . schloß der Vater des Klägers mit dem Beklagten einen notariellen Vertrag über die Schenkung des im Antrag genannten Grundstücks an den Beklagten. Der Vertrag ist vollzogen, der Beklagte im Grundbuch am 7. 10. . . . . . . eingetragen worden. Der Vater des Klägers verstarb am 5. 12. . . . . . . Der Kläger ist alleiniger Erbe.

Beweis: Erbschein des . . . . . . in Anlage.

Der Vater des Klägers war zum Zeitpunkt des Vertragsabschlusses – am 7. 5. . . . . . . – nicht mehr geschäftsfähig. Er litt zu diesem Zeitpunkt unter einer Hirnkrankheit, die es ihm unmöglich machte, seine Entschließungen von vernünftigen Erwägungen abhängig zu machen. Seine Willensfreiheit war völlig ausgeschlossen.

Beweis: Sachverständiges Zeugnis des Herrn Dr. . . . . . .; Sachverständigengutachten.

Der zwischen dem Vater des Klägers und dem Beklagten abgeschlossene Schenkungsvertrag und die Auflassung vom . . . . . . waren damit nichtig (§§ 104 Nr. 2, 105 Abs. 1 BGB). Der Kläger ist gemäß § 1922 Abs. 1 BGB Eigentümer des im Antrag genannten Grundstücks geworden. Die Eintragung im Grundbuch steht mit der materiellen Rechtslage in Widerspruch, so dass ein Berichtigungsanspruch nach § 894 BGB besteht.

Anmerkungen

1. Die Sicherung des Anspruchs auf Grundbuchberichtigung nach § 894 BGB erfolgt durch Eintragung eines Widerspruchs im Grundbuch (vgl. Form. II. G. 6). Für eine Klage nach § 894 BGB fehlt das Rechtsschutzbedürfnis, wenn der Kläger die Unrichtigkeit des Grundbuchs nachweisen kann (§§ 22, 29 GBO), da hier ein einfacher Bewilligungsantrag an das Grundbuchamt genügt (OLG Zweibrücken NJW 1967, 1809). Im vorliegenden Fall kann der Nachweis der Geschäftsunfähigkeit nicht iSv. §§ 22, 29 GBO geführt werden.

2. Die sachliche Zuständigkeit richtet sich nach dem Streitwert. Dieser bemisst sich bei der Berichtigung der Eigentumsverhältnisse am Grundstück nach dem Verkehrswert ohne Abzug der Belastungen (BGH NJW 1958, 1397), bei Berichtigung von Belastungen nach deren Nennwert.

3. Örtlich ist das Gericht des belegenen Grundstücks ausschließlich zuständig (§ 24 Abs. 1 ZPO).

4. Es genügt nicht, wenn der Berechtigte auf Löschung des tatsächlich Eingetragenen klagt (BGH NJW 1970, 1544; zur Aktivlegitimation vgl. OLG Zweibrücken NJW-RR 1989, 1100). In Einzelfällen kann statt des Berichtigungsantrags auch ein anderer Antrag gestellt werden, zB. statt Berichtigung Auflassung oder statt Umwandlung in eine Eigentümergrundschuld Löschungsbewilligung (*Palandt/Bassenge* § 894 Rdn. 18 m. Nachw.).

5. Die Zwangsvollstreckung erfolgt nach § 894 ZPO.

6. Einstweilige Verfügung auf Eintragung eines Widerspruchs gegen die Richtigkeit des Grundbuchs (§ 899 BGB[1])

An das
Amtsgericht[2]

Einstweilige Verfügung

des . . . . . . **(Antragstellers)**
Prozessbevollmächtigter: . . . . . .
gegen
den . . . . . . **(Antragsgegner)**
wegen

Eintragung eines Widerspruchs gegen die Richtigkeit des Grundbuchs.

Vorläufiger Streitwert[3]: EUR 35.000,–.

Namens und mit Vollmacht des Antragstellers beantrage ich, im Wege der einstweiligen Verfügung – wegen Dringlichkeit ohne mündliche Verhandlung[4] – für Recht zu erkennen:

Im Grundbuch von . . . . . . , FlSt. . . . . . ., Grundbuchheft . . . . . . , wird zugunsten des Antragstellers ein Widerspruch gegen das Eigentumsrecht des Antragsgegners eingetragen[5].

Es wird beantragt,

den Antrag auf Eintragung des Widerspruchs durch das Gericht beim zuständigen Grundbuchamt einzureichen[6, 7].

Begründung:

Am 7. 5. . . . . . . schloß der Vater des Antragstellers mit dem Antragsgegner einen notariellen Vertrag über die Schenkung des im Antrag genannten Grundstücks an den Antragsgegner. Der Vertrag ist vollzogen, der Antragsgegner im Grundbuch am 7. 10. . . . . . . eingetragen worden. Der Vater des Antragstellers verstarb am 5. 12. . . . . . . Der Antragsteller ist alleiniger Erbe.

Beweis: Erbschein des . . . . . . in Anlage.

Der Vater des Antragstellers war zum Zeitpunkt des Vertragsabschlusses – am 7. 5. . . . . . . – nicht mehr geschäftsfähig. Er litt zu diesem Zeitpunkt unter einer Hirnkrankheit, die es ihm unmöglich machte, seine Entschließungen von vernünftigen Erwägungen abhängig zu machen. Seine Willensfreiheit war völlig ausgeschlossen.
Der vorstehende Sachverhalt ist glaubhaft gemacht durch eidesstattliche Versicherung des Dr. . . . . . . vom . . . . . . [7].
Der zwischen dem Vater des Antragstellers und dem Antragsgegner abgeschlossene Schenkungsvertrag und die Auflassung vom . . . . . . waren damit nichtig (§§ 104 Nr. 2, 105 Abs. 1 BGB). Der Antragsteller ist gemäß § 1922 Abs. 1 BGB Eigentümer des im Antrag genannten Grundstücks geworden. Die Eintragung im Grundbuch steht mit der materiellen Rechtslage in Widerspruch, so dass ein Berichtigungsanspruch nach § 894 BGB besteht. Diesen Anspruch hat der Antragsteller mit der Klage geltend gemacht. Zur Sicherstellung ist daneben die vorliegende einstweilige Verfügung, gerichtet auf Widerspruch, erforderlich.

Anmerkungen

1. Der Widerspruch schützt den Berechtigten in der Zeit, bis das Urteil nach § 894 BGB (vgl. Form. II. F. 5) rechtskräftig ist, vor gutgläubigem Erwerb durch Dritte (§§ 892 Abs. 1 S. 1, 893 BGB; vgl. auch §§ 900 Abs. 1 S. 3; 902 Abs. 2; 927 Abs. 3 BGB).

2. Zur sachlichen und örtlichen Zuständigkeit vgl. Form. II. G. 3 Anm. 2.

3. Der Streitwert richtet sich nach dem Interesse an der Eintragung des Widerspruchs und ist in aller Regel geringer als die Hauptsache zu bewerten (vgl. z. B. *Schmidt/Schmidt* Rdn. 391).

4. Zur Dringlichkeit und zum Verfahren vgl. Form. II. G. 3 Anm. 4, 17, 18.

5. Zum Vollzug der einstweiligen Verfügung vgl. Form. II. G. 3 Anm. 8.

6. Zu diesem Antrag vgl. die entsprechenden Ausführungen zu Form. II. G. 3 Anm. 9, 10.

7. Dargelegt und glaubhaft gemacht werden muss nur der Verfügungsanspruch, nicht dagegen der Verfügungsgrund (§ 899 Abs. 2 S. 2 BGB). Zur Glaubhaftmachung vgl. Form. II. F. 3 Anm. 16.

7. Klage auf Einräumung eines Notwegs (§ 917 BGB)[1]

An das
Landgericht[2, 3]

Klage

des ...... (Klägers)[4]
Prozessbevollmächtigter: ......

gegen

den ...... (Beklagter Ziffer 1)
den ...... (Beklagter Ziffer 2)[5]

wegen

Einräumung eines Notwegs.
Vorläufiger Streitwert[2]: EUR 6.000,–.

Namens und mit Vollmacht des Klägers erhebe ich Klage und werde beantragen:

> **Die Beklagten werden verurteilt, dem Kläger den Zugang und die Zufahrt mit dem Personenkraftwagen von der X-Straße über einen 2 m breiten Grundstücksstreifen – von der östlichen Grenze des Grundstücks der Beklagten in rechten Winkel gemessen – des Grundstücks ...... der Beklagten zum Grundstück des Klägers ...... Zug um Zug gegen Zahlung einer Notwegrente[6] in Höhe von EUR ...... jährlich zu gewähren.[6]**

Begründung:

Der Kläger ist Eigentümer des Haus-Grundstücks ...... Die Beklagten sind Eigentümer des benachbarten Grundstücks ...... Das Grundstück des Klägers hat keinen eigenen Zugang zur öffentlichen Straße.

Beweis: Einnahme eines Augenscheins.

Über andere Grundstücke als das der Beklagten ist im Augenblick für das klägerische Grundstück ein Zugang zur öffentlichen Straße nicht gegeben. Der im Antrag vorgeschlagene Zugang ist derjenige, der den kürzeren Weg über das Grundstück der Beklagten bildet.

Beweis: Einnahme eines Augenscheins.

Dem Kläger steht nach § 917 Abs. 1 S. 1 BGB ein Notwegrecht zu.

Anmerkungen

1. Praktische Bedeutung hat das Notwegrecht vor allem auch als Einrede gegenüber der Unterlassungsklage nach § 1004 BGB (zur Unterlassungsklage vgl. Form. II. G. 11).

2. Die sachliche Zuständigkeit richtet sich nach dem Streitwert. Dieser ist in entsprechender Anwendung des § 7 ZPO zu ermitteln (*Baumbach/Lauterbach/Albers/Hartmann* § 7 Rdn. 2; OLG Jena MDR 1999, 196). Der Wert des Notwegrechts für das berechtigte Grundstück ist zu schätzen.

3. Örtlich zuständig ist ausschließlich das Gericht, in dessen Bezirk die Grundstücke belegen sind (§ 24 Abs. 1 ZPO).

4. Das Notwegrecht kann nur der Eigentümer geltend machen, nicht der Besitzer, Pächter, Mieter, Nießbraucher. Diese Personen sind zwar zur Benutzung des Notwegs berechtigt. Ein klagbarer Anspruch steht ihnen jedoch nicht zur Verfügung (*Palandt/Bassenge* § 917 Rdn. 8 m. Nachw.).

5. Der Berechtigte muss gegen alle Miteigentümer des benachbarten Grundstücks klagen, da diese in notwendiger Streitgenossenschaft stehen (§ 62 Fall 2 ZPO; BGH NJW 1984, 2210). Eine Notwegklage, die nicht gegen alle Miteigentümer gerichtet ist, ist unzulässig (BGH NJW 1985, 2210).

6. Der Anspruch auf Notwegrente entsteht mit dem Notwegrecht selbst. Das Verlangen des Berechtigten ist Tatbestandsmerkmal für das Entstehen einer Duldungs- und damit auch der Rentenzahlungspflicht (BGH NJW 1985, 1952). Wegen der Möglichkeit eines Zurückbehaltungsrechts im Hinblick auf die Rente sollte der Kläger den Zug-um-Zug-Antrag aufnehmen, um Kostennachteile einer teilweisen Klagabweisung zu vermeiden (vgl. Form. II. A. 1 Anm. 3).

7. Die Richtung und der Umfang des Notwegs müssen in der Klage nicht unbedingt angegeben sein, der Urteilstenor muss beides jedoch enthalten (§ 917 Abs. 1 S. 2 BGB).

8. Auflassungsklage

An das
Landgericht[1, 2]

Klage

des . . . . . . **(Klägers Ziff. 1)**
des . . . . . . **(Klägers Ziff. 2)**
Prozessbevollmächtigter: . . . . . .

gegen

den . . . . . . **(Beklagten)**

wegen

Auflassung.
Vorläufiger Streitwert[2]: EUR 70.000,–.
Namens und mit Vollmacht des Klägers erhebe ich Klage und werde beantragen:

Der Beklagte wird verurteilt, das Grundstück Gemarkung . . . . . . , FlStNr. . . . . . ., Grundbuchheft . . . . . . , an die Kläger zu je hälftigem Miteigentum aufzulassen[3] und die Eintragung im Grundbuch zu bewilligen[4, 5].

Begründung:

Die Parteien schlossen am 5. 2. . . . . . . einen notariellen Kaufvertrag über das im Eigentum des Beklagten stehende, im Antrag genannte Grundstück. Der Kaufpreis beträgt nach § 2 des Vertrages EUR 70.000,–. Die Auflassung ist von der vollständigen Bezahlung des Kaufpreises nach § 2 des notariellen Kaufvertrages abhängig.

Beweis: Notarieller Kaufvertrag vom 5. 2. . . . . . . des Notars . . . . . . , Urkundenrolle Nr. . . . . . .

Die Kläger haben den Kaufpreis am 7. 3. . . . . . . bezahlt.

Beweis: Bankbestätigte Einzahlungsquittung der Bank des Beklagten vom 7. 3. . . . . . . in Anlage im Original.

Der Auflassungsanspruch der Kläger ergibt sich aus dem Vertrag in Verbindung mit §§ 433, 873, 925 BGB.

Anmerkungen

1. Örtlich zuständig ist das Gericht des allgemeinen Gerichtsstandes des Schuldners (§§ 12–19 ZPO). § 24 ZPO ist nicht anwendbar (vgl. zB. *Baumbach/Lauterbach/Albers/Hartmann* § 24 Rdn. 4). Die Vorschrift gilt auch nicht für die Klage auf Herausgabe eines Grundstücks, wenn der Kläger nicht Eigentümer ist (vgl. Form. II. A. 3 Anm. 3 a), jedoch bei Herausgabeklage auf Grund bestehenden Eigentums (vgl. Form. II. G. 9 Anm. 1).

2. Die sachliche Zuständigkeit richtet sich nach dem Streitwert. Dieser wird nach § 6 ZPO bestimmt. Maßgebend ist dabei der Verkehrswert, nicht der Einheitswert und auch nicht der Kaufpreis (vgl. zB. BGH NJW-RR 2001, 518; *Baumbach/Lauterbach/Albers/Hartmann* § 6 Rdn. 4).

3. Möglich ist auch folgende Fassung des Antrags: „. . . . . . zu erklären, dass das Eigentum an dem Grundstück . . . . . je zur Hälfte auf die Kläger übergehen soll und die Kläger je zur Hälfte als Miteigentümer des Grundstücks . . . . . . im Grundbuch eingetragen werden sollen." Es genügt auch, wenn der Antrag mit „zu übereignen" formuliert ist (*Thomas/Putzo* § 894 Rdn. 8). Der Antrag bei Wohnungseigentum kann folgendermaßen lauten: „. . . . . . verurteilt, einen Miteigentumsanteil von $^{169}/_{1000}$ (i. W.: einhundertneunundsechzig Tausendstel) an dem Grundstück . . . . . . , verbunden mit dem Sondereigentum an der Wohnung . . . . . an den Kläger aufzulassen . . . . . . " Zur Klage auf Übereignung von beweglichen Sachen vgl. Form. II. A. 3. Die Verurteilung zur Auflassung eines Teilgrundstücks ist schon vor dem Teilungsvollzug im Grundbuch möglich (BGH NJW 1984, 1959). Eine Verurteilung zur Auflassung ist auch bei Unmöglichkeit nicht ausgeschlossen (BGH NJW 1999, 2034).

4. Die Zwangsvollstreckung erfolgt nach § 894 ZPO. Damit ist die Auflassung aber noch nicht erfolgt, vielmehr liegt nur die Erklärung des Beklagten = Eigentümers vor. Der Gläubiger muss nun unter Vorlage des rechtskräftigen Urteils seine Auflassungserklärung vor einem Notar abgeben (zu dieser Auflassungserklärung auf Grund eines Urteils vgl. Beck'sches Formularbuch, 7. Aufl., Form. IV. 7). Die Anwesenheit des Beklagten = Eigentümers ist trotz § 925 Abs. 1 S. 1 BGB nicht erforderlich (z. B. MünchKomm/*Kanzleiter* § 925 Rdn. 17).

5. Ist der Kaufpreis noch nicht vollständig bezahlt bzw. durch Aufrechnung erloschen, so kommt für den Kläger ein Zug-um-Zug-Antrag in Frage (vgl. auch § 320 Abs. 2 BGB bei geringen Rückständen). Zu diesem Antrag vgl. Form. II. A. 1 Anm. 3, zur Vollstreckung vgl. zusätzlich § 894 Abs. 1 S. 2 ZPO. In den Fällen der Klage auf Auflassung Zug um Zug ist auch hinsichtlich der Gegenleistung Bestimmtheit erforderlich (vgl. BGH NJW 1993, 324).

9. Herausgabeklage nach § 985 BGB

An das
Amtsgericht[1, 2]

Klage

des . . . . . . (Klägers)
Prozessbevollmächtigter: . . . . . .

gegen

den . . . . . . (Beklagten)

wegen

. . . . . .
Vorläufiger Streitwert[2]: EUR 2.500,–.
Namens und mit Vollmacht des Klägers erhebe ich Klage und werde beantragen:

I. Der Beklagte wird verurteilt, die Schleifmaschine . . . . . . an den Kläger herauszugeben[3].
II. Die Erfüllung des Antrags Ziff. I kann nur binnen 14 Tagen nach Rechtskraft dieses Urteils erfolgen[4].
III. Der Beklagte wird verurteilt, nach fruchtlosem Ablauf der Frist nach Z. II, an den Kläger EUR 2.500,– als Schadensersatz zu bezahlen[5, 6].

Begründung:

Der Kläger verkaufte und übergab am 3. 2. . . . . . . der Einzelfirma des Beklagten die im Antrag genannte Schleifmaschine. In einem privatschriftlichen Vertrag vereinbarten die Parteien, dass der Beklagte EUR 2.750,– in 5 Raten à EUR 550,–, jeweils monatlich im Voraus zum 1. eines Monats, beginnend am 1. 3. . . . . . ., zu bezahlen habe. Im Vertrag ist weiter vereinbart, dass der Kläger zum Rücktritt berechtigt ist, wenn der Beklagte mit mehr als einer Rate in Rückstand gerät. Schließlich ist der Eigentumsübergang von der vollständigen Bezahlung des Kaufpreises abhängig gemacht.

Beweis: Kaufvertrag vom 3. 2. . . . . . . in Anlage.

Der Beklagte hat die am 1. 3. und 1. 4. . . . . . . fälligen Raten nicht bezahlt. Der Kläger ist mit Einschreiben-Rückschein vom 7. 4. . . . . . . vom Kaufvertrag zurückgetreten[6].

Beweis: Einschreiben-Rückschein vom 7. 4. . . . . . . in Anlage.

Der Kläger hat einen Herausgabeanspruch nach § 985 BGB. Das Besitzrecht des Beklagten ist durch Rücktritt erloschen.

Die Schleifmaschine hat noch einen Wert von EUR 2.500,–, da es sich um eine Spezialanfertigung handelt.

Beweis: Sachverständigengutachten.

Anmerkungen

1. Örtlich zuständig ist das Gericht des allgemeinen Gerichtsstands (§§ 12–19 ZPO). Für die Herausgabeklage bei Grundstücken ist nach § 24 ZPO der dingliche Gerichtsstand gegeben, wenn der Kläger Eigentümer ist, andernfalls der allgemeine Gerichtsstand (vgl. Form. II. A. 3 Anm. 3 a und Form. II. G. 8 Anm. 1).

2. Die sachliche Zuständigkeit bemisst sich nach dem Streitwert. Hierbei ist der nach § 6 ZPO zu bestimmende Wert der Sache maßgebend. Entscheidend ist der Verkehrs-

wert, nicht der Einheitswert oder der Kaufpreis (*Baumbach/Lauterbach/Albers/Hartmann* § 6 Rdn. 4 m. Nachw.).

3. Evtl. muss der Kläger einen Antrag Zug um Zug gegen Erstattung von Aufwendungsersatz nach §§ 994 ff. BGB stellen. Zum Zug-um-Zug-Antrag vgl. Form. II. A. 1 Anm. 3.

4. Die Vorschrift des § 283 BGB a. F. gilt im Falle des § 985 BGB (BGH NJW 1970, 241 [242]). Der Schadensersatzanspruch ergibt sich nunmehr aus den §§ 281 Abs. 1, 280 BGB. Zum Antrag auf Fristsetzung nach § 255 ZPO vgl. zB. Form. II. A. 3 Anm. 7.

5. Zum Schadensersatzanspruch und seiner Verbindung mit den Anträgen Ziffer I und II vgl. Form. II. A. 3 Anm. 9, 10. Er kann nur unter den Voraussetzungen des § 259 ZPO bereits mit den anderen Anträgen verknüpft werden.

6. Vollstreckt der Kläger aus Ziffer III des Urteilstenor, so kann der Beklagte in entsprechender Anwendung von § 255 BGB Übertragung des Eigentums Zug um Zug gegen Bezahlung verlangen (str., vgl. *Palandt/Heinrichs* § 283 Anm. 2 m. Nachw.). Um Kostennachteile zu vermeiden, kann der Kläger Antrag Ziffer III deshalb folgendermaßen fassen: „Der Beklagte wird verurteilt, nach fruchtlosem Ablauf der Frist nach Z. II, an den Kläger Zug um Zug gegen Übertragung des Eigentums an der Schleifmaschine ...... EUR 2.500,– als Schadensersatz zu bezahlen."

10. Beseitigungsklage nach § 1004 BGB[1]

An das
Landgericht[2, 3]

Klage

des ...... (Klägers)[4]
Prozessbevollmächtigter: ......

gegen

den ...... (Beklagten)[5]

wegen

Beseitigung.

Vorläufiger Streitwert[2]: EUR 10.000,–.
Namens und mit Vollmacht des Klägers erhebe ich Klage und werde beantragen:

> **Der Beklagte wird verurteilt, seinen auf dem Grundstück ...... ausgeübten Schweinemästereibetrieb einzustellen[6, 7].**

Begründung:

Der Kläger ist Eigentümer des Grundstücks ......, das seit 1968 bebaut ist. Es liegt in einer Wohnsiedlung. Der Beklagte betreibt auf seinem 200 m westlich vom klägerischen Grundstück gelegenen Grundstück ...... einen Schweinemästereibetrieb. Durch diesen Schweinemästereibetrieb treten auf dem Grundstück des Klägers üble Gerüche („penetrant, süßlich und Ekel erregend") auf, die von tierischen Extrementen und der Zubereitung der Fütterung in der Mästerei des Beklagten herrühren.

Beweis: Einnahme eines Augenscheins; Sachverständigengutachten.

Durch diese Gerüche wird die Benutzung des Grundstücks des Klägers, das mit einem Wohngebäude bebaut ist, für das Empfinden eines Durchschnittsmenschen nach Art,

Stärke, Häufigkeit und Dauer – je nach den Witterungsverhältnissen – nicht nur unwesentlich beeinträchtigt[8].

Beweis: Einnahme eines Augenscheins.

Die Anlage des Mastbetriebs des Beklagten ist hinsichtlich Unterbringung der Tiere, Futteraufbereitung, Ablagerung und Abbau der tierischen Ausscheidungen unzureichend, da keinerlei Behälter, Silos oder gemauerte Räume zur Verfügung stehen[9].
Der Anspruch des Klägers aus § 1004 Abs. 1 S. 1 BGB ist demnach nicht durch eine Duldungspflicht nach § 906 BGB eingeschränkt.[10]

Anmerkungen

1. Das Gesetz stellt ähnliche Ansprüche auch für andere absolute Rechte zur Verfügung (vgl. zB. *Palandt/Bassenge* § 1004 Rdn. 4); zu erwähnen sind die entsprechenden Regelungen bei der Grunddienstbarkeit (§ 1027 BGB), beim Nießbrauch (§ 1065 BGB), bei der Hypothek (§ 1134 BGB) und beim Pfandrecht (§ 1227 BGB). Die Rechtsprechung hat die Unterlassungsklage daneben auf weitere absolute Rechte (allgemeines Persönlichkeitsrecht, Recht am eigenen Bild, Recht auf persönliche Ehre, Recht am eingerichteten und ausgeübten Gewerbebetrieb) und auf weitere gesetzlich geschützte Rechtsgüter erstreckt (vgl. zB. Form. II. E. 3 „Vorbeugende Unterlassungsklage" und Form. II. E. 4 Anm. 1).

2. Die sachliche Zuständigkeit richtet sich nach dem Streitwert. Dieser bemisst sich nach der Beeinträchtigung, die das Grundstück des Klägers erleiden würde, wenn die Immissionen auf unbestimmte Zeit zuzulassen wären (*Schmidt/Schmidt* Rdn. 107).

3. Soweit es sich um Grundstücke handelt, ist örtlich ausschließlich dasjenige Gericht zuständig, in dessen Bezirk das gestörte Grundstück belegen ist (§ 24 Abs. 1 ZPO). Im Übrigen ist der allgemeine Gerichtsstand gegeben.

4. Aktiv legitimiert ist der Eigentümer.

5. Als Störer kommt sowohl derjenige in Frage, der durch Handlungen stört, als auch derjenige, der durch einen Zustand stört (vgl. zB. *Baur-Stürner,* Sachenrecht, § 12 III; *Palandt/Bassenge* § 1004 Rdn. 16ff.). Der Veräußerer ist nicht passivlegitimiert für Störungen, die nach der Übertragung des Nutzungsrechts auf den Erwerber erfolgen (BGH NJW 1998, 3273 für eine Grunddienstfreiheit betreffend Bierbezug).

6. Der Beseitigungsanspruch ist grundsätzlich nur auf die Beseitigung bestimmter Störungen, wie Geräusche, Staubniederlassungen, Gerüche, gerichtet (BGH NJW 1958, 1776 m. Nachw.; vgl. BGH NJW 1999, 2896 zu brandbedingten Schäden). In Ausnahmefällen kann er jedoch auf Einstellung des Betriebs gerichtet sein, wenn nur diese bestimmte Maßnahme die Beseitigung der Störung gewährleistet (BGH NJW 1977, 146). Im Falle des § 14 BImSchG besteht kein Anspruch auf Einstellung, sondern nur auf schützende Maßnahmen.

7. Der Klageantrag und der Urteilstenor müssen nicht auf Einstellung für eine bestimmte Zeit oder zu einem bestimmten Zweck – etwa Umgestaltung des Betriebs – lauten. Es genügt, wenn sich aus den Entscheidungsgründen eine Beschränkung dahin ergibt, dass beim derzeitigen Zustand der Betrieb eingestellt wird (BGH NJW 1977, 146).

8. Zunächst müssen die Immissionen dargelegt werden. Dann hat der Kläger die Tatsachen dafür vorzutragen, dass es sich um keine unwesentliche Beeinträchtigung nach § 906 Abs. 1 BGB handelt.

9. Der Kläger muss ferner vortragen, dass es sich um keine ortsübliche Benutzung des Grundstücks durch den Beklagten iSd. § 906 Abs. 2 BGB handelt (vgl. für den vorliegenden Fall: BGH NJW 1977, 146 und OLG Schleswig NJW-RR 1996, 399).

10. Verschulden ist nicht erforderlich.

11. Unterlassungsklage nach § 1004 BGB[1]

An das
Landgericht[2, 3, 4]

Klage

des ...... (Klägers)
Prozessbevollmächtigter: ......
gegen
den ...... (Beklagten)
wegen

Unterlassung

Vorläufiger Streitwert[2]: EUR 10.000,–.
Namens und mit Vollmacht des Klägers erhebe ich Klage und werde beantragen:

> Der Beklagte wird verurteilt, die Aufnahme des Gaststätten-, Tanzcafé- und Cafébetriebs auf dem Grundstück ...... zu unterlassen[5].

Begründung:

Der Kläger ist Eigentümer des Grundstücks ...... Der Beklagte hat auf seinem daneben gelegenen Grundstück im reinen Wohngebiet eine Gaststätte mit Tanzcafé errichtet. Die baurechtliche Genehmigung wurde dem Beklagten erteilt. Widerspruch und Klage des Klägers im Verwaltungsverfahren wurden abgewiesen.
Unabhängig davon steht dem Kläger ein Unterlassungsanspruch nach § 1004 Abs. 1 BGB zu, da durch den Betrieb der Gaststätte, des Cafés und vor allem wegen der Tanzveranstaltungen erhebliche Störungen durch Lärm für die umliegenden Grundstücke zu erwarten sind[6]. Der Beklagte hat elektroakkustische Anlagen eingerichtet, die höhere Lautstärken und Lärmeinwirkungen auf das Grundstück des Klägers verursachen, als dies entsprechend den VDI-Richtlinien 2058 (Ausgabe ......) zulässig ist[7].

Beweis: Sachverständigengutachten.

Auch der von den Gästen der Gaststätte in Zukunft verursachte Lärm wird über den Richtwerten nach der VDI-Richtlinie liegen.

Beweis: Sachverständigengutachten.

Dies ergab sich bereits anlässlich eines Probelaufs der Geräte und einer Einführungsveranstaltung.
Eine Duldungspflicht des Klägers nach § 906 BGB besteht damit nicht. Der Beklagte hat die Eröffnung der Gaststätte mit Tanzveranstaltungen auf 1. 7. .... angekündigt[8].

Anmerkungen

1. Zur Beseitigungsklage nach § 1004 BGB vgl. Form II. F. 10; zur Erstreckung auf andere geschützte Rechte außer dem Eigentum vgl. dort Anm. 1 m. Nachw.; zur vorbeugenden Unterlassungsklage vgl. Form. II. E. 3.

2. Die sachliche Zuständigkeit richtet sich nach dem Streitwert. Dieser bemisst sich nach dem Interesse des Klägers an der Unterlassung. (Zu den Einzelheiten vgl. *Baumbach/Lauterbach/Albers/Hartmann* Anh. § 3 Rdn. 118; *Schmidt/Schmidt* Rdn. 337; *Thomas/Putzo* § 3 Rdn. 152)

3. Zur örtlichen Zuständigkeit vgl. Form. II. G. 10 Anm. 2.

4. Der ordentliche Rechtsweg ist ausgeschlossen, wenn die Beeinträchtigung durch hoheitliche Tätigkeit des Staates erfolgt (BGHZ 41, 264; BGH NJW 1993, 1656). Es muss dann Klage beim Verwaltungsgericht erhoben werden. Bei sonstiger Tätigkeit des Staates ist der ordentliche Rechtsweg gegeben.

5. Dem Wortlaut nach setzt § 1004 Abs. 1 S. 1, S. 2 BGB voraus, dass bereits eine Beeinträchtigung besteht („...... weitere Beeinträchtigungen ...... "). Entgegen dem Wortlaut der Bestimmung wird jedoch bereits dann ein Unterlassungsanspruch gewährt, wenn ein Eingriff drohend bevorsteht (*Baur/Stürner,* Sachenrecht, § 12 IV 2 m. Nachw.).

6. Die etwa erteilte baurechtliche oder baupolizeiliche Genehmigung hat auf den Anspruch nach § 1004 BGB keinen Einfluss (BGH LM Nr. 44 zu § 1004 BGB; Ausnahme: § 14 BImSchG).

7. Vgl. zur wesentlichen Beeinträchtigung und Ortsüblichkeit nach § 906 BGB und zur Anwendung der VDI-Richtlinien: BGH LM Nr. 36 zu § 906 BGB = MDR 1971, 119.

8. Im Regelfall muss nach § 1004 Abs. 1 S. 2 BGB die Wiederholungsgefahr dargetan und bewiesen werden (vgl. zB. *Palandt/Bassenge* § 1004 Rdn. 32), die jedoch im vorliegenden Fall bei Abwehr einer erstmals drohenden Beeinträchtigung entfällt. Stattdessen muss jedoch vorgetragen und bewiesen werden, dass ein erster Eingriff unmittelbar bevorsteht.

12. Hypothekenklage nach § 1147 BGB[1, 2]

An das
Landgericht[3, 4]

Klage

des ...... **(Klägers)[5]**
Prozessbevollmächtigter: ......

gegen
den ...... **(Beklagten)[6]**

wegen

Duldung der Zwangsvollstreckung.

Vorläufiger Streitwert[3]: EUR 40.000,–.
Namens und mit Vollmacht des Klägers erhebe ich Klage und werde beantragen:

I. Der Beklagte wird verurteilt, an den Kläger EUR 40.000,– nebst 5% Zinsen über dem Basiszinssatz seit ...... zu bezahlen[8].

II. Der Beklagte wird verurteilt, aus der im Grundbuch ......, Grundbuchheft ......, in Abt. 3, lfd. Nr. 1, eingetragenen Hypothek in Höhe von DM 40.000,– nebst ...... % Zinsen[7] hieraus seit ...... die Zwangsvollstreckung in das Grundstück ...... zu dulden[9].

Begründung:

Der Kläger ist Gläubiger der im Grundbuch ...... eingetragenen Briefhypothek.

Beweis: Hypothekenbrief und beglaubigter Grundbuchauszug vom ...... [10] in Anlage.

Der Beklagte ist Eigentümer des Grundstücks ......

Beweis: Grundbuchauszug vom . . . . . . [11]**.**

Er ist darüber hinaus Schuldner aus dem Darlehensvertrag zwischen den Parteien vom . . . . . .

Darlehen und Hypothek sind fällig[12]**. Die Kündigung**[13] **des dem Beklagten gewährten Darlehens erfolgte am 26. 6. . . . . . . zum 30. 9.. . . . . .**

Beweis: Einschreiben-Rückschein vom 26. 6. . . . . . ., zugestellt am 27. 6. . . . . . ., in Anlage.

Der Beklagte hat auf seine Verbindlichkeit nichts bezahlt.

Anmerkungen

1. Die Klage „aus der Hypothek" ist von der Klage aus dem Grundgeschäft streng zu unterscheiden. Letztere ist Zahlungsklage in Form der allgemeinen Leistungsklage. Ein Titel wegen der zugrundeliegenden Forderung genügt zwar ebenso zur Zwangsvollstreckung, verschafft dem Titel jedoch nicht den Rang der Hypothek. Die Hypothekenklage nach § 1147 BGB ist auch von der Klage auf Eintragung einer Bauhandwerkersicherungshypothek zu unterscheiden (vgl. hierzu Form. II. G. 3 Anm. 1). Behandelt wird hier die Hypothekenklage; für Grundschuld und Rentenschuld gelten die Ausführungen entsprechend.

2. Voraussetzung für die Zwangsvollstreckung ist auch im Falle des § 1147 BGB ein Vollstreckungstitel (so die h.M.; vgl. z.B. MünchKomm/*Eickmann* § 1147 Rdn. 8 m. Nachw.). Außer dem Urteil kommt hier vor allem eine vollstreckbare Urkunde (§ 794 Abs. 1 Nr. 5 ZPO), gegebenenfalls mit Eintragung der Unterwerfungsklausel in das Grundbuch, in Frage, so dass die Unterwerfungserklärung gegenüber jedem Eigentümer des Grundstücks wirkt (§ 800 ZPO). Liegt eine derartige vollstreckbare Urkunde vor, so ist die Hypothekenklage mangels Rechtsschutzbedürfnisses unzulässig.

3. Die sachliche Zuständigkeit richtet sich nach dem Streitwert. Dieser bemisst sich nach dem Betrag der Hypothek bzw. der Schuldsumme. Die Streitwerte von persönlicher und dinglicher Klage sind nicht zusammenzurechnen (*Baumbach/Lauterbach/Albers/Hartmann* § 5 Rdn. 8 m. Nachw.).

4. Örtlich zuständig ist ausschließlich das Gericht des belegenen Grundstücks (§ 24 Abs. 1 ZPO). Die persönliche Klage kann im gleichen Gerichtsstand erhoben werden (§ 25 ZPO). § 25 gilt jedoch nur insoweit, als Schuldner und Eigentümer identisch sind. Im übrigen ist der Schuldner am eigenen Gerichtsstand zu verklagen (vgl. unten Anm. 8).

5. Aktiv legitimiert ist der Gläubiger der Hypothek.

6. Passiv legitimiert ist der Eigentümer des Grundstücks. Dem Kläger hilft hierbei die Vermutung des § 1148 S. 1 BGB. Sind persönlicher Schuldner und Eigentümer nicht identisch, dann entfällt der Klagantrag Z. I.

7. Die Höhe des Zinssatzes richtet sich nach der getroffenen Vereinbarung, ansonsten nach den allgemeinen Vorschriften (zB. §§ 286 Abs. 1, 288, 291 BGB). Aus Gründen der Bestimmtheit im Hinblick auf die Zwangsvollstreckung ist zu empfehlen, dass Hauptsumme und Zinsen genau angegeben werden, obwohl beides im Grundbuch eingetragen ist (vgl. die hins. der Zinsen abw. Vorschläge bei *Baur/Stürner* Sachenrecht § 40 IV, 4d und MünchKomm/*Eickmann* § 1147 Rdn. 2).

8. Insoweit handelt es sich um die Klage aus dem zugrundeliegenden Schuldverhältnis (Schuldklage). Diese kann mit der Hypothekenklage im Wege objektiver Klagenhäufung verbunden werden (vgl. zur örtlichen Zuständigkeit Anm. 4; zum Streitwert Anm. 3). Dies gilt jedoch nur, wenn Schuldner und Eigentümer identisch sind. Ist Schuldner eine andere Person, dann muss der Klagantrag Z. I gegen diesen gerichtet werden und entfällt bei der Klage gegen den Eigentümer. Im Wege der subjektiven Klagehäufung kann der Kläger zwar auch bei Verschiedenheit von Schuldner und Eigentümer beide Klagen zu einem Rechtsstreit anhängig machen, aber allerdings nur dann, wenn für die Schuldklage nach §§ 12–19 ZPO der gleiche Gerichtsstand für den Schuldner gegeben ist. §§ 25f. ZPO helfen dem Kläger hier nicht weiter.

9. Spätestens nach Durchführung der Zwangsvollstreckung hat der Eigentümer einen Anspruch auf Aushändigung der Löschungsunterlagen. Ein Teil der Literatur steht auf dem Standpunkt, dass dem Eigentümer wegen dieses Anspruchs ein Zurückbehaltungsrecht zustehe (so MünchKomm/*Eickmann* § 1144 Rdn. 29 m.w. Nachw.; *Palandt/Bassenge* § 1144 Rdn. 3f.). Dementsprechend wurde in den Vorauflagen für den Antrag bei der Hypothekenklage ein Zug um Zug-Antrag empfohlen. Dieser Antrag lautete in Ergänzung des Antrags Ziff. II folgendermaßen: „...... Zug um Zug gegen Aushändigung der Löschungsunterlagen bei Beendigung der Zwangsvollstreckung". Damit sollten Kostennachteile bei Erhebung der entsprechenden Einrede durch den Eigentümer vermieden werden. Probleme ergeben sich bei einem derartigen Antrag aber, weil eine vollstreckbare Ausfertigung des Urteils nach § 726 Abs. 2 ZPO auch bei Zug um Zug zu bewirkenden Leistungen erst nach Aushändigung der Löschungsunterlagen erteilt werden kann (vgl. *Zöller/Stöber* § 726 Rdn. 8).

Weitere Probleme dieses Zug um Zug-Antrags ergeben sich dann, wenn sich die Gerichte der anderen Auffassung anschließen, wonach § 1144 BGB nur bei § 1142 BGB anwendbar sein soll (so OLG Stuttgart v. 15. 7. 1987–4 U 27/87 unter Hinweis auf *Staudinger/Scherübl* § 1144 Bem. 18; *Erman/Westermann* § 1144 Bem. 3; *Soergel/Baur* § 1144 Anm. 2). Hier können dann dem beklagten Eigentümer Kostennachteile entstehen, wenn er sich auf die obengenannte Auffassung beruft. Aus diesen Gründen wird der Zug um Zug-Antrag nicht mehr empfohlen. Sollte das jeweils erkennende Gericht der Auffassung sein, es handle sich um eine Einrede und es müsse ein Zug um Zug-Antrag gestellt werden, so kann dies in der mündlichen Verhandlung nachgeholt werden. Es ist allerdings nicht auszuschließen, dass hiermit dann Kostennachteile verknüpft sind. Im Hinblick auf die geschilderten Schwierigkeiten erscheinen diese Nachteile aber noch erträglicher. Keine Probleme ergeben sich dann, wenn der Eigentümer in Annahmeverzug ist (vgl. § 726 Abs. 2 ZPO; hierzu Form. II. A. 1 Anm. 3). Muß der Zug um Zug-Antrag gestellt werden, so könnte die Vollstreckung des Urteils durch Hinterlegung der Urkunden mit der unwiderruflichen Erklärung geschehen, dass nach Beendigung der Zwangsvollstreckung die Unterlagen an den Schuldner herauszugeben sind. Eine Aushändigung der Unterlagen an den Schuldner ist nicht erforderlich, da es sich sonst um eine Vorleistung des Gläubigers handeln würde, die bis zur Beendigung des Verfahrens aber nicht verlangt werden kann.

10. Bei der Buchhypothek genügt der Nachweis der Berechtigung durch Vorlage eines Grundbuchauszugs (§ 891 Abs. 1 BGB). Bei der Briefhypothek kann statt des Grundbuchauszugs eine „zusammenhängende, auf einen eingetragenen Gläubiger zurückführende Reihe von öffentlich beglaubigten Abtretungserklärungen" vorgelegt werden (§ 1155 BGB).

11. Insoweit besteht eine Vermutung nach § 1148 S. 1 BGB.

12. Fälligkeit ist für beide Klagen Voraussetzung. Das Darlehen und die Hypothek werden entweder nach Vereinbarung oder aber durch Kündigung (§§ 609, 1141 Abs. 1 BGB) fällig.

13. Zu einem Fall fristloser Kündigung vgl. BGH JZ 1980, 528.

H. Wohnungseigentumsrecht

1. Antrag einer Wohnungseigentümergemeinschaft[3] nach § 43 Abs. 1 Nr. 1 WEG gegen einen Wohnungseigentümer auf Erfüllung seiner sich aus der Gemeinschaft ergebenden Pflichten (hier: Beseitigung eines gemeinschaftswidrigen Zustands)

An das Amtsgericht
Gericht der freiwilligen Gerichtsbarkeit[1]
Abteilung für Wohnungseigentumssachen

Antrag[2]

in der Wohnungseigentumssache der
Eigentümer der Eigentumswohnanlage X.-Straße Nr. . . . . . . in Z.-Stadt namentlich aufgeführt in der anliegenden Eigentümerliste[3]

– Antragsteller –[4]

vertreten durch . . . . . .[5]
Verwalter der Eigentumswohnanlage[6]: A., Y.-Straße Nr. . . . . . . in Z.-Stadt

Verfahrensbevollmächtigter der Antragsteller[7]:
(bzw. des Verwalters[5]):
V., W.-Straße Nr. . . . . . . in Z.-Stadt

gegen
B., X.-Straße Nr. . . . . in Z.-Stadt

– Antragsgegner –[8]

wegen Erfüllung der sich aus der Gemeinschaft ergebenden Pflichten[9]
hier: Beseitigung eines Zigarettenautomaten (Alternative: Herausgabe eines zum Gemeinschaftseigentum gehörenden Raumes)

Vorläufiger Geschäftswert[10]: . . . . . .

Unter Einzahlung eines Kostenvorschusses[11] von . . . . . . EUR stelle ich im Namen und mit Vollmacht der Antragsteller (bzw. des Verwalters, dieser mit Vollmacht handelnd für die Antragsteller[5]) folgenden Antrag[12]:

I. Der Antragsgegner wird verpflichtet[13], den an der Vorderseite des Hauses X.-Straße Nr. . . . . . . in Z. angebrachten Zigarettenautomaten zu entfernen.
(Alternative: . . . . . . den vom Antragsgegner derzeit allein genutzten Abstellraum (Nr. oder sonstige genaue Bezeichnung) im Kellergeschoss zu räumen und an die Antragsteller herauszugeben).

II. Der Antragsgegner hat die Kosten des Verfahrens zu tragen[14].

(Vorläufige Vollstreckbarkeit[15])

Ich bitte, alsbald Termin zur mündlichen Verhandlung anzuberaumen[16] und trage zur Begründung des Antrags folgendes vor[17]:
Der Antragsgegner ist Alleineigentümer der in der Eigentumswohnanlage X.-Straße Nr. . . . . . . in Z. gelegenen Wohnung Nr. . . . . . . im . . . . . .-ten Stock und des in seinem Teileigentum[18] stehenden Ladens im Erdgeschoss desselben Gebäudes. Er hat vor einem Monat neben der Hauseingangstüre an der Außenwand des Gebäudes[19] unter dem

Schlafzimmerfenster der Wohnung C. ohne Zustimmung der übrigen Wohnungseigentümer[20] einen Zigarettenautomaten anbringen lassen.

Beweis[21]: Vernehmung von A., Verwalter der Wohnanlage, als Zeugen.

Der Aufforderung durch den Verwalter, den Automaten zu entfernen, hat der Antragsgegner keine Folge geleistet. Die Antragsteller haben dem Verwalter laut Verwaltervertrag vom ...... Verfahrensvollmacht erteilt[5], der Verwalter dem Unterzeichneten gemäß anliegender Vollmachtsurkunde[7].

Beweis: Verwaltervertrag vom ......, vorgelegt in Fotokopie,
schriftliche Verfahrensvollmacht, vorgelegt im Original.

(Alternative: ...... Der Antragsgegner weigert sich, den von ihm seit einem Monat allein genutzten und verschlossen gehaltenen Kellerabstellraum an die Wohnungseigentümergemeinschaft herauszugeben,

Beweis: Vernehmung von A., Verwalter der Wohnanlage, als Zeugen

obwohl dieser Raum laut Teilungserklärung mit Gemeinschaftsordnung[22] vom ......, Abschnitt ...... zum Gemeinschaftseigentum gehört und dem Antragsgegner daran auch kein Sondernutzungsrecht[23] zusteht.

Beweis: Teilungserklärung mit Gemeinschaftsordnung, vorgelegt in Fotokopie.)

(Namensunterschrift V)

Schrifttum: **Kommentare:** *Augustin,* Reichsgerichtsrätekommentar Bd. III 3, 12. Aufl. 1996; *Bärmann/Pick/Merle,* Wohnungseigentumsgesetz, 8. Aufl. 2000; *Bärmann/Pick,* Wohnungseigentumsgesetz (WEG) mit Richtlinien und Grundbuchverfügung, 15. Aufl. 2001; *Niedenführ/Schulze,* WEG, Handbuch und Kommentar, 5. Aufl. 2000; *Keidel/Kuntze/Winkler,* Freiwillige Gerichtsbarkeit, 14. Aufl. 1999; Münchner Kommentar/*Röll,* 3. Aufl., Band 6 1997, 3. Aufl.; *Palandt/Bassenge,* Bürgerliches Gesetzbuch, 61. Aufl. 2002; *Sauren,* Wohnungseigentumsgesetz (WEG), 3. Aufl. 1999; *Soergel/Stürner,* 12. Aufl. 1989, Band 6; *Thomas/Putzo,* ZPO, 24. Aufl. 2002; *Weitnauer,* Wohnungseigentumsgesetz, 9. Aufl. 2002. – **Sonstiges:** *Bärmann,* Wohnungseigentum, Kurzlehrbuch, 1991; *Bärmann,* Erwerberhaftung im Wohneigentum für rückständige Lasten und Kosten, 1985, Partner im Gespräch Nr. 19, Schriftenreihe des Evangelischen Siedlungswerks in Deutschland e.V.; *Bärmann/Seuß,* Praxis des Wohnungseigentums, 4. Aufl. 1999; Festschrift für Johannes Bärmann und Hermann Weitnauer, 1990; *Junker,* Die Gesellschaft nach dem Wohnungseigentumsgesetz, 1993; *Klaßen/Eiermann,* Das Mandat in WEG-Sachen, 1999; *Müller,* Praktische Fragen des Wohnungseigentums, 3. Aufl. 1999; *Röll,* Handbuch für Wohnungseigentümer und Verwalter, 7. Aufl. 1996; *Seuß,* Die Eigentumswohnung, 11. Aufl. 2000.

Vgl. im übrigen die sehr ausführliche Zusammenstellung weiteren früheren Schrifttums bei *Soergel/Stürner,* Einl. vor § 1 WEG.

Anmerkungen

1. Gesetzliche Grundlage für das Verfahren: §§ 43 bis 50 WEG.

§ 43 WEG eröffnet eine besondere Verfahrensart (aM.: besonderen Rechtsweg) im Verfahren der freiwilligen Gerichtsbarkeit und regelt zugleich die Zuständigkeit. Die Verfahrensart kann nicht abbedungen werden. Das Verfahren ist – abgesehen vom Fall des § 43 Abs. 1 Nr. 3 WEG – sogenanntes „echtes Streitverfahren“ der freiwilligen Gerichtsbarkeit, auf das außer den besonderen Verfahrensvorschriften in den §§ 43ff. WEG die Bestimmungen der §§ 2 bis 34 FGG anzuwenden sind; ergänzend sind die Bestimmungen der ZPO heranzuziehen (vgl. *Keidel/Kuntze/Winkler* § 12 FGG Rdn. 196ff.).

Zu den Grundsätzen und Besonderheiten des Verfahrens s. nachstehende Anmerkungen 2ff., insbesondere auch Anm. 12, 15 und 17.

Dagegen ist das Verfahren, mit dem die Entziehung des Wohnungseigentums (§§ 18, 19 WEG) oder Ansprüche aus Aufhebung der Gemeinschaft (§ 17 WEG) geltendgemacht werden, echtes Klageverfahren der ZPO.

Sachlich zuständig für das Antragsverfahren nach § 43 WEG ist ausschließlich das Amtsgericht, örtlich zuständig das Amtsgericht, in dessen Bezirk das Grundstück liegt, als ebenfalls ausschließlicher Gerichtsstand.

Zur Frage der Abgabe einer irrtümlich beim allgemeinen Prozessgericht anhängig gemachten Wohnungseigentumssache an das Gericht der freiwilligen Gerichtsbarkeit und umgekehrt einer fälschlich im WE-Verfahren anhängig gemachten normalen Streitsache durch das Gericht der freiwilligen Gerichtsbarkeit an das Prozessgericht vgl. Form. II H. 2 Anm. 3.

2. Das Verfahren nach §§ 43ff. WEG setzt immer einen Antrag voraus. Das Gericht kann nicht von Amts wegen eingreifen, selbst nicht für die Bestellung eines Verwalters nach § 26 Abs. 3 WEG. Auch für das Antragsverfahren gilt der Grundsatz der Amtsprüfung des § 12 FGG. Jedoch ist Mitwirkung der Beteiligten erforderlich, insbesondere des Antragstellers, sonst kann unter Umständen der Antrag zurückgewiesen werden (*Keidel/Kuntze/Winkler* § 12 FGG Rdn. 24).

Das Gericht ist im allgemeinen nicht streng an die Anträge (wie nach § 308 ZPO) gebunden (s. auch unten Anm. 12), anders aber im Verfahren der Beschlussanfechtung nach §§ 43 Abs. 1 Nr. 4, 23 Abs. 4 WEG (vgl. Form. II. H. 5 und Anm. hierzu).

Zur Antragsrücknahme s. unten Anm. 17 aE.

3. Die Wohnungseigentümergemeinschaft in ihrer Gesamtheit ist als solche weder rechtsfähig noch Verfahrensbeteiligte bzw. antragsberechtigt; sie ist nicht als solche aktiv- oder passivlegitimiert (aA *Junker* aaO, der die Wohnungseigentümergemeinschaft als „Gesellschaft" besonderer Art für parteifähig hält) Verfahrensbeteiligte sind nach hM immer nur die sämtlichen Wohnungseigentümer, zusammengeschlossen in dem durch das WEG besonders geregelten Personenverband „Wohnungseigentümergemeinschaft" oder einzelne von ihnen. Die Bezeichnung „Wohnungseigentümergemeinschaft X.-Straße" reicht daher für sich allein im Verfahren nach §§ 43ff. WEG nicht aus. Es sollte, wenn eine Mehrzahl (oder alle) Wohnungseigentümer am Verfahren beteiligt sind, (zur Beteiligtenstellung s. unten Anm. 4 und 8, sowie vor allem Anm. 8 zu Form. II. H. 4) gleich ob als Antragsteller oder Antragsgegner oder als sonstige Verfahrensbeteiligte, eine Eigentümerliste neuesten Stands dem Antrag beigefügt oder alsbald nachgereicht werden.

4. Beteiligte im materiellen Sinne und damit Antragsteller (oder Antragsgegner) im formellen Sinne können einzelne oder alle Wohnungseigentümer sein, nicht aber ausgeschiedene Wohnungseigentümer (für diesen Fall ist nicht das Gericht der freiwilligen Gerichtsbarkeit, sondern das ordentliche Prozessgericht zuständig (BGHZ 44, 43 = BGH NJW 1965, 1763 sowie BGHZ 106, 34), ferner der Verwalter – auch der ausgeschiedene – (vgl. § 43 Abs. 1 Nr. 2 und 4 WEG). Zur Frage der Antragsberechtigung, insbesondere auch zu der Frage, inwieweit ein einzelner Wohnungseigentümer Ansprüche gerichtlich geltend machen kann, die der Gemeinschaft der Wohnungseigentümer zustehen, s. Anm. 4 zu Form. II.H. 2 und Anm. 1 zu II.H. 4).

Ob Beteiligter auch der noch nicht im Grundbuch eingetragene Wohnungseigentumsanwärter sein kann nach Abschluss des Kaufvertrags, Eintragung einer Auflassungsvormerkung, bzw. Inbesitznahme der Wohnung (so noch BayObLG 1974, 275ff./281) und Übergang von Lasten und Kosten, ob also der sogenannte „faktische" oder „werdende" Wohnungseigentümer schon eigene Rechte hat und im WE-Verfahren geltend machen kann, war lange Zeit sehr umstritten und ist es teilweise jetzt noch. Nach BGHZ 106, 113 (= NJW 1989, 1087) hat ein noch nicht als Wohnungseigentümer eingetragener Erwerber noch keine eigenen Rechte und Pflichten aus dem WEG, kann aber vom Veräußerer ermächtigt werden, dessen Rechte im eigenen Namen geltend zu machen, soweit der Veräußerer sie nicht mehr selbst ausübt. Insbesondere für den Zweit- bzw. Folgeerwerb von Wohnungseigentum ist durch die konsequente Rspr. des BGH zur immer sehr undeutlichen Figur des „werdenden Wohnungseigentümers" klargestellt worden, dass ein Erwerber Wohnungseigentümer mit allen damit verbundenen Rechten und Pflichten erst mit der Eintragung als Eigentümer im Grundbuch wird (vgl. BGHZ 107, 285 = NJW 1989, 2697 und BGHZ 108, 44 = NJW 1989, 3018).

Vom sogenannten „werdenden Wohnungseigentümer" ist die in Entstehung befindliche Wohnungseigentümergemeinschaft, ebenfalls häufig faktische oder werdende Wohnungseigentümergemeinschaft genannt, zu unterscheiden. Die Figur der werdenden (faktischen) Gemeinschaft ist nach Voraussetzungen und Rechtsfolgen schwierig abzugrenzen. Soweit sie bejaht wird, unterliegt sie jedenfalls der Verfahrenszuständigkeit nach §§ 43 ff. WEG und wird auch materiell weitgehend nach WE-Recht behandelt. Als Voraussetzung für die Bildung einer tatsächlichen Gemeinschaft wird die Anlage eines Wohnungsgrundbuchs, eine wirksame Teilungserklärung (§ 8 WEG) oder -vereinbarung (§ 3 WEG) erforderlich sein, ferner die Veräußerung von mindestens einem Wohnungs- oder Teileigentum (im Falle der Teilung nach § 8) sowie der Übergang von Besitz, Nutzungen, Lasten und Gefahr auf den Erwerber, dessen Übereignungsanspruch durch eine (Auflassungs-)Vormerkung gesichert ist. Von großer Bedeutung ist das Problem der faktischen (werdenden) Gemeinschaft im Hinblick etwa auf die rechtliche Behandlung von Beschlüssen aus der Zeit vor der Eintragung der Erwerber als Wohnungseigentümer im Grundbuch (zu der sehr komplexen Figur der werdenden Wohnungseigentümergemeinschaft vgl. *Müller,* Praktische Fragen des Wohnungseigentums aaO, Rdn. 28, 292 und 383 m. w. N. sowie BayObLGZ 90, 101 und *Bärmann/Pick* Anm. 2 vor § 43).

5. Der Verwalter ist nicht allgemeiner gesetzlicher Vertreter der Wohnungseigentümer. Er ist auch nicht auf Grund Gesetzes allgemeiner Verfahrens- (Prozess-)vertreter (vgl. *Bärmann/Pick/Merle* § 27 Rdn. 11 und 30 ff.). Nach BGH NJW 1981, 282 ist der Verwalter zwar Vertreter der Wohnungseigentümer mit gesetzlicher Vertretungsmacht in dem in § 27 Abs. 2 WEG umschriebenen Rahmen. Er hat damit teilweise, inhaltlich beschränkte, Verfahrensvollmacht, die gemäß § 27 Abs. 2 Nr. 3 WEG die Entgegennahme von Zustellungen für die Wohnungseigentümer umfasst (s. auch Form. II. H. 5 Anm. 7 und Form. II. H. 7 Anm. 8). Allgemeiner Verfahrens-(Prozess-)bevollmächtigter wird der Verwalter nur auf Grund ausdrücklicher Ermächtigung durch die Wohnungseigentümer im Sinne von § 27 Abs. 2 Nr. 5 WEG. Verfahrensvollmacht kann dem Verwalter, wie jedem anderen Verfahrensvertreter, etwa einem Rechtsanwalt, durch Einzelvollmacht erteilt werden oder auch allgemein durch Teilungserklärung, Gemeinschaftsordnung, im Verwaltervertrag oder durch Mehrheitsbeschluss der Eigentümerversammlung. Dies gilt sowohl für den Aktivprozess wie für den Passivprozess.

Der Verwalter kann von den Wohnungseigentümern auch ermächtigt werden, im eigenen Namen Ansprüche der Wohnungseigentümer gerichtlich geltend zu machen (gewillkürte Verfahrensstandschaft) mit Leistung an sich selbst oder an die Wohnungseigentümer (vgl. hierzu Form. II. H. 2 Anm. 8). In diesem Fall ist der Verwalter selbst Antragsteller (s. unten Form. II. H. 2 und dort Anm. 4).

6. Unabhängig von der Frage der Verfahrensvollmacht sollte der Verwalter in jedem Fall im Antragsrubrum aufgeführt werden im Hinblick auf die gesetzliche Zustellungsempfangsermächtigung gemäß § 27 Abs. 2 Nr. 3 WEG und insbesondere in den Fällen seiner gesetzlichen Beteiligtenstellung (§ 43 Abs. 4 Nr. 2 und 4 WEG).

7. Verfahrensvollmacht können die Wohnungseigentümer nach den in Anm. 5 dargestellten Grundsätzen auch anderen Verfahrensvertretern (beispielsweise einem Rechtsanwalt oder einem einzelnen Wohnungseigentümer) erteilen. Vor allem wenn der bestellte Verfahrensvertreter etwa weitere Verfahrens- (unter-)vollmacht erteilt, sollte die Art des Vertretungsverhältnisses klar im Antragsrubrum zum Ausdruck kommen, zB.

„Die Eigentümer der Wohnanlage ......,
vertreten durch den Verwalter ......,
dieser vertreten durch ....“
und die Art der Vollmachtserteilung in der Antragsbegründung dargestellt werden, weil sich dadurch Verzögerungen im Verfahren, etwa durch Rückfragen des Gerichts, häufig vermeiden lassen.

8. Die Bezeichnung des Antragsgegners ist zwar im Verfahren der freiwilligen Gerichtsbarkeit ausdrücklich ebensowenig vorgeschrieben wie eine bestimmte Fassung des verfahrenseinleitenden Antrags. Das Gericht hat die Beteiligten von Amts wegen festzustellen. Die Bezeichnung des Antragsgegners bereits im Antrag ist aber im wohnungseigentumsrechtlichen Verfahren dringend zu empfehlen, zumal sich aus ihr meist erst die Zielrichtung des Antrags ergibt und unnötige Rückfragen vermieden werden können.

9. Unter den Tatbestand des § 43 Abs. 1 Nr. 1 WEG („die sich aus der Gemeinschaft der Wohnungseigentümer und aus der Verwaltung des gemeinschaftlichen Eigentums ergebenden Rechte und Pflichten der Wohnungseigentümer untereinander“) fallen alle Streitigkeiten zwischen Wohnungseigentümern aus den in §§ 10 bis 29 WEG geregelten Angelegenheiten, soweit nicht Nr. 2 und 3 unterfallend, nicht aber Streitigkeiten über Inhalt und Umfang des Sondereigentums nach § 5 WEG (s. aber unten Anm. 22 und 23), über Begründung, Übertragung, Aufhebung, Belastung des Wohnungseigentums, auch nicht über die Rechtsgültigkeit und Ordnungsmäßigkeit einer mit der Begründung nach § 8 WEG verbundenen „Satzung der Gemeinschaft“ (Teilungserklärung, Gemeinschaftsordnung).

10. Die Angabe des Geschäftswerts im Antrag ist nicht unbedingt erforderlich. Da gemäß § 18 KostO aber die Gerichts- (und Anwalts-)gebühren nach dem Geschäftswert berechnet werden und im Rahmen von § 8 KostO Kostenvorschüsse durch das Gericht erhoben werden, ist die Angabe des Geschäftswerts bereits im Antrag zweckmäßig, weil andernfalls mit Rückfragen des Gerichts zum Geschäftswert zur Berechnung des Vorschusses zu rechnen ist. Die Höhe des Geschäftswerts bestimmt sich gemäß § 48 Abs. 3 WEG nach dem Interesse der Beteiligten an der Entscheidung. Ergänzend kommt § 30 KostO in Betracht. Vgl. auch Anm. 6 zu Form. II. H. 5 sowie dort Abschnitt „Kosten und Gebühren“.

11. Ein Kostenvorschuss muss nicht schon mit der Einreichung des Antrags einbezahlt werden. Nach Maßgabe des § 8 KostO erhebt das Gericht einen zur Deckung der Kosten hinreichenden Vorschuss, und zwar in Anlehnung an § 48 Abs. 1 WEG in Höhe von drei Gerichtsgebühren plus Zustellkosten (*Niedenführ/Schulze* Vor §§ 43 ff. Rdn. 128). Die Gebührenhöhe bemisst sich gemäß § 32 KostO nach der Gebührentabelle für das Verfahren der freiwilligen Gerichtsbarkeit.

12. Eine bestimmte Fassung des verfahrenseinleitenden Antrags ist nicht vorgeschrieben. Auch einen „bestimmten Antrag“ iSv. § 253 Abs. 2 Nr. 2 ZPO braucht die Antragsschrift an sich nicht zu enthalten. Das Gericht ist auch nicht an den Antrag gebunden – abgesehen von den Anträgen auf Ungültigerklärung von Beschlüssen (§ 43 Abs. 1 Nr. 4 WEG). Wenn der Antragsteller, wie meistens, aber ein bestimmtes Begehren verfolgt (vor allem bei auf Leistung oder Feststellung gerichteten Anträgen), empfiehlt es sich, das Ziel des Begehrens, also den Anspruchsinhalt, bereits im Antrag so genau wie möglich bzw. nötig zu bezeichnen.

13. Im streitigen Verfahren der freiwilligen Gerichtsbarkeit erfolgt die Sachentscheidung nicht in Form des Urteils, sondern durch Beschluss nach § 44 Abs. 4 WEG. Die Formulierung in Entscheidungen über Anträge, mit denen eine Leistung begehrt wird, lautet daher meist „ist verpflichtet“ oder „hat zu“ oder ähnlich.

14. Ein Antrag zu den Verfahrenskosten ist an sich nicht erforderlich. Das Gericht hat stets von Amts wegen gemäß § 47 WEG über die Verfahrenskosten zu entscheiden. Als

Anregung zu einer gewünschten Kostenentscheidung kann der Kostenantrag jedoch seinen Sinn haben, insbesondere dann, wenn die Erstattung der außergerichtlichen Kosten gemäß § 47 S. 2 WEG begehrt wird (s. auch Anm. 10 zu Form. II. H. 2).

An Gerichtskosten fällt gem. § 48 Abs. 1 S. 1 WEG für das Verfahren selbst eine volle Gebühr an; kommt es zur Entscheidung, wird das Dreifache der vollen Gebühr nach der KostO erhoben, bei Antragsrücknahme nur die Hälfte einer vollen Gebühr (§ 48 Abs. 1 S. 2 und 3 WEG).

15. Ein Antrag zur Vollstreckbarkeit erübrigt sich. Gemäß § 45 Abs. 3 WEG findet die Zwangsvollstreckung nur aus rechtskräftigen Entscheidungen, gerichtlichen Vergleichen und einstweiligen Anordnungen statt, und zwar nach den Vorschriften der ZPO. Vorläufige Vollstreckbarkeit gibt es im Verfahren nach dem WEG nicht. Lediglich durch Erlass einer einstweiligen Anordnung gemäß § 44 Abs. 3 WEG während eines anhängigen Hauptsacheverfahrens kann vor rechtskräftiger Entscheidung eine der vorläufigen Vollstreckbarkeit ähnliche Wirkung erreicht werden, die jedoch dadurch eingeschränkt ist, dass der endgültigen Regelung durch die einstweilige Anordnung nicht vorgegriffen werden darf (vgl. Form. II. H. 6 Anm. 21 ff.).

16. Ein Terminsantrag muss nicht gestellt werden, da das Gericht gemäß der Sollvorschrift des § 44 Abs. 1 WEG grundsätzlich mündlich zu verhandeln hat. Nur ausnahmsweise darf vom Grundsatz der mündlichen Verhandlung abgewichen und rein schriftlich verfahren werden (*Bärmann/Pick/Merle* § 44 Rdn. 22). Der Terminsantrag kann zweckdienlich sein als Anregung, eine mündliche Verhandlung durchzuführen.

17. Auch eine Antragsbegründung ist zwar nicht eigens gesetzlich vorgeschrieben, aber das Gericht ist unbeschadet des Amtsermittlungsgrundsatzes bei der Stoffsammlung auf die Mitwirkung der Beteiligten, insbesondere durch Tatsachenvortrag und Angabe von Beweismitteln angewiesen (Beibringungsgrundsatz). Eine Antragsbegründung mit einer Sachverhaltsschilderung zur schlüssigen Anspruchsbegründung sollte daher erfolgen. Vergleichbares gilt für die Erwiderung des Antragsgegners. Es besteht eine echte prozessuale Förderungspflicht der Beteiligten neben der gerichtlichen Amtsermittlungspflicht (vgl. *Keidel/Kuntze/Winkler* § 12 FGG Rdn. 23, 24). Fehlt eine schlüssige Antragsbegründung, kann das Gericht den Antrag – unter Umständen sogar ohne die in der Regel nach § 44 Abs. 1 WEG gebotene mündliche Verhandlung – zurückweisen.

Ein Säumnisverfahren gibt es ebensowenig wie die Geständnisfiktion des § 138 Abs. 3 ZPO und die Beweiskraftwirkung des Geständnisses gemäß § 288 ZPO. Das Nichtbestreiten von Tatsachenbehauptungen kann aber auch im Rahmen der Amtsermittlung als Indiz für die Richtigkeit der aufgestellten Behauptung gewertet werden (vgl. im einzelnen *Keidel/Kuntze/Winkler* § 12 FGG Rdn. 90, 196 ff. [198]).

An weiteren Besonderheiten des Verfahrens sind hervorzuheben:

Ob die Antragsrücknahme nach Einlassung des Antragsgegners zur Sache nur mit seiner Zustimmung zulässig ist (so *Keidel/Kuntze/Winkler* FGG § 12 Rdn. 14), ist umstr.

Gegenantrag entsprechend § 33 ZPO zulässig, wenn die Beteiligten identisch sind und rechtlicher Zusammenhang besteht; aber nicht mehr in der Rechtsbeschwerdeinstanz (*Palandt/Bassenge* § 43 WEG Rdn. 13).

Nebenintervention und Streitverkündung entsprechend §§ 72 ff. ZPO zulässig (vgl. Anm. 9 zu Form. II. H. 4).

Für das Verfahren gilt der Grundsatz der Öffentlichkeit (*Bärmann/Pick/Merle* § 44 Rdn. 27), obwohl ausdrückliche Vorschriften dazu fehlen.

18. Der Unterschied zwischen Teileigentum und Wohnungseigentum besteht nur darin, dass Gegenstand des Teileigentums nicht eine in sich abgeschlossene Wohnung iSv. § 3 Abs. 2 WEG ist, sondern „sonstige Räume", zB. gewerbliche Räume wie Läden, Büros, Werkstätten, auch Garagen. Die Verbindung von Wohnungs- und Teileigentum in der Hand eines Berechtigten ist möglich (*Bärmann/Pick* § 1 Rdn. 3).

19. Die Außenmauer eines Gebäudes gehört wie alle anderen für Bestand und Sicherheit des Gebäudes erforderlichen Gebäudeteile nach Maßgabe des § 5 WEG notwendig zum Gemeinschaftseigentum.

20. Bauliche Veränderungen oder das architektonische Aussehen eines Gebäudes verändernde Maßnahmen können die Wohnungseigentümer, wenn in Teilungserklärung bzw. Gemeinschaftsordnung nichts anderes vereinbart ist, nur „einstimmig" beschließen, genauer: die Zustimmung aller Wohnungseigentümer ist erforderlich (s. § 22 Abs. 1 WEG, der in S. 2 eine Ausnahme vom Zustimmungs-(Einstimmigkeits-)prinzip enthält für den Fall, dass Rechte anderer Wohnungseigentümer nicht beeinträchtigt werden; vgl. hierzu auch Form. II. H. 5 Anm. 26). Eine eigenmächtige Veränderung von Gemeinschaftseigentum durch einzelne Wohnungseigentümer geht außerdem über die in §§ 13 Abs. 2, 14 Nr. 1 WEG gezogene Grenze des ordnungsmäßigen Gebrauchs des Gemeinschaftseigentums hinaus.

21. Trotz des Amtsermittlungsprinzips ist die Angabe von Beweismitteln zu dem möglicherweise bestrittenen anspruchsbegründenden Tatsachenvortrag nach Maßgabe des Beibringungsgrundsatzes erforderlich, weil das Gericht insoweit auf die Mitwirkung der Beteiligten angewiesen ist (s. auch Anm. 17). Das Gericht ist jedoch an die Beweisanträge nicht gebunden (*Keidel/Kuntze/Winkler* § 12 FGG Rdn. 86).

22. Die Teilungserklärung enthält häufig eine Vereinbarung, die Gemeinschaftsordnung ist praktisch immer eine „Vereinbarung" iSv. §§ 10 Abs. 1, 15, 21 Abs. 1, 3 und 4, 23 Abs. 1, 27 Abs. 3 WEG. Beides sind sogen. verdinglichte Vereinbarungen nach § 10 Abs. 2 WEG, soweit die Eintragung als Inhalt des Sondereigentums erfolgt (vgl. hierzu auch Beck'sches Formularbuch zum Bürgerlichen, Handels- und Wirtschaftsrecht, 7. Aufl. 1998, Anm. jeweils 1 ff. zu Form. IV. 32 und 33). Als schuldrechtliche Verträge unterliegen die Vereinbarungen der Wohnungseigentümer i. S. von § 10 Abs. 1 und 2 WEG aber nicht dem AGBG, wohl aber der Inhaltskontrolle nach § 242 BGB. Vor allem die Abgrenzung zwischen Gemeinschafts- und Sondereigentum iSv. § 5 Abs. 4 WEG ist meist in Teilungserklärung oder Gemeinschaftsordnung geregelt; ebenso häufig die Zweckbestimmung eines Sonder- bzw. Teileigentums (zB. „Laden" oder „gewerbliche Räume", vor allem aber auch die zwischen den Wohnungseigentümern untereinander bestehenden Rechte und Pflichten z. B. zur Kosten- und Lastentragung. Auch soweit keine Vereinbarung nach § 10 WEG getroffen ist, besteht ein Schuldverhältnis mit der Regelung des WEG als Inhalt.

Streitigkeiten über Inhalt und Umfang des Sondereigentums (§ 5 WEG) sind grundsätzlich nicht im Verfahren der freiwilligen Gerichtsbarkeit nach §§ 43 ff. WEG sondern im ordentlichen Prozessverfahren nach ZPO auszutragen (s. oben Anm. 9). Ob im Verfahren der freiwilligen Gerichtsbarkeit nach §§ 43 ff. WEG es als Vorfrage selbständig zu prüfen ist, wenn ein Wohnungseigentümer hinsichtlich des Gebrauchs des gemeinschaftlichen Eigentums etwa die Zugehörigkeit zu seinem Sondereigentum einwendet, ist umstritten (vgl. *Bärmann/Pick/Merle* § 43 Rdn. 26).

23. Häufig werden in der Vereinbarung iSv. § 10 Abs. 1 und 2 WEG (s. Anm. 22) einzelnen Wohnungseigentümern Sondernutzungsrechte an Teilen des Gemeinschaftseigentums eingeräumt (zB. Garagenabstellplätze, BayObLG NJW 1975, 59). Ein Streit über Rechte und Pflichten, die aus einem solchen Sondernutzungsrecht hergeleitet werden, ist im Antragsverfahren nach § 43 Abs. 1 WEG zu klären (BGH 109, 396 (398)). Auch die Feststellung der Wirksamkeit eines Sondernutzungsrechts ist im Verfahren der freiwilligen Gerichtsbarkeit zu verfolgen (*Bärmann/Pick/Merle* § 43 Rdn. 17).

Kosten und Gebühren

Zum Geschäftswert s. oben Anm. 10 und Form. II. H. 4 Anm. 11 sowie Anm. „Kosten und Gebühren" zu Form. II. H. 5; zum Kostenvorschuss s. oben Anm. 11; zu den

Verfahrenskosten allgemein und zu den Gerichtsgebühren im besonderen s. oben Anm. 14; zu den außergerichtlichen Kosten vgl. Form. II. H. 2 Anm. 10.

Rechtsmittel und Fristen

Zur Anfechtbarkeit von Entscheidungen des WE-Gerichts vgl. Form. II.H. 8, vor allem Anm. 4 und 6. Besondere Fristen sind nur im Falle der Beschlussanfechtung (s. Form. II.H. 5) wegen § 23 Abs. 4 S. 2 WEG.

2. Antrag[1, 2] eines Verwalters in Verfahrensstandschaft für eine Wohnungseigentümergemeinschaft gegen säumige Wohnungs-(mit-)eigentümer wegen Wohngeldforderung[2]

An das Amtsgericht
Gericht der freiwilligen Gerichtsbarkeit[3]
Abteilung für Wohnungseigentumssachen

Antrag

in der Wohnungseigentumssache[3] des

A., Y.-Straße Nr. ...... in Z.-Stadt,
Verwalter der Eigentumswohnanlage X.-Straße Nr. ......

in Z.-Stadt, – Antragsteller –

in Verfahrensstandschaft[4] für die Wohnungseigentümer der genannten Eigentumswohnanlage
Verfahrensbevollmächtigter[5]: V., W.-Straße Nr. ...... in Z.-Stadt

gegen

1. Ba.,
2. Bb., beide wohnhaft X.-Straße Nr. ...... Z.-Stadt

– Antragsgegner –

wegen Wohngeldforderung[1, 13 a]

Im Namen und mit Vollmacht des Antragstellers beantrage ich[6] unter Einzahlung eines Kostenvorschusses von ...... EUR [7]:

I. Die Antragsgegner werden als Gesamtschuldner verpflichtet, an die Wohnungseigentümer der Eigentumswohnanlage X.-Straße in Z.-Stadt zu Händen des Antragstellers[8] ...... EUR nebst 5% Zinsen über dem Basiszinssatz hieraus seit Zustellung dieses Antrags[9] zu bezahlen.
II. Die Antragsgegner haben als Gesamtschuldner die Gerichtskosten zu tragen und dem Antragsteller dessen außergerichtliche Kosten zu erstatten[10].

(Vorläufige Vollstreckbarkeit)[10 a]

Zur Begründung des Antrags trage ich vor[10 b]:

Der Antragsteller ist Verwalter der Eigentumswohnanlage X.-Straße in Z.-Stadt und durch Mehrheitsbeschluss der Eigentümerversammlung vom ...... ermächtigt[11], ausstehende Wohngelder[1, 13 a] gegenüber säumigen Wohnungseigentümern in eigenem Namen gerichtlich geltend zu machen.

Beweis: Protokoll der Eigentümerversammlung vom ......, vorgelegt in Fotokopie.

Die Antragsgegner sind je zur Hälfte Miteigentümer[12] der Wohnungen Nr. ...... und ...... der Wohnanlage, sowie des gewerblichen Teileigentums Nr. ...... und der beiden Tiefgarageneinheiten Nr. ...... und ...... in derselben Wohnanlage.

Beweis: Grundakten für Z.-Stadt Band ...... Blatt ......, deren Beiziehung angeregt wird.

Als Gesamtschuldner[13] schulden sie der Wohnungseigentümergemeinschaft folgende Wohngeldbeträge[13a]:

...... EUR Fehlbetrag zugunsten der Wohnungseigentümergemeinschaft aus der Gesamt- und Einzelabrechnung für das Wirtschaftsjahr ......
und zwar für
a) die Wohnung Nr. .... EUR,
b) die Wohnung Nr. .... EUR,
c) das gewerbliche Teileigentum ...... EUR und
d) die beiden Tiefgarageneinheiten je ...... EUR, zusammen ...... EUR;

...... EUR Wohngeldvorauszahlungen für die Zeit vom ...... bis ...... insgesamt in Höhe von ...... EUR
und zwar für
a) die Wohnung Nr. .... EUR (monatlich ...... EUR),
b) die Wohnung Nr. .... EUR (monatlich ...... EUR),
c) das gewerbliche Teileigentum ...... EUR (monatlich ...... EUR) und
d) die beiden Tiefgarageneinheiten zusammen ...... EUR (monatlich je ...... EUR)

...... EUR Sonderumlage gemäß Beschluss der Eigentümerversammlung vom ......, davon entfallend auf
a) die Wohnung Nr. .... EUR (entspricht ...... EUR je 1/1000 Miteigentumsanteil, hier x/1000)
b) die Wohnung Nr. .... EUR (entspricht ...... EUR je 1/1000 Miteigentumsanteil, hier y/1000)
c) das gewerbliche Teileigentum ...... EUR (entspricht ...... EUR je 1/1000 Miteigentumsanteil, hier z/1000)
d) die beiden Tiefgarageneinheiten ...... EUR (entspricht ...... EUR je 1/1000 Miteigentumsanteil, hier zusammen zz/1000).

Gesamtschuldbetrag ...... EUR.

Die für die Eigentumswohnanlage vom Verwalter für das Wirtschaftsjahr ...... erstellte Jahresgesamtabrechnung ist durch Beschluss der Eigentümerversammlung vom ...... genehmigt worden[14], ebenso der Wirtschaftsplan[14a] für das laufende Wirtschaftsjahr; auch die Sonderumlage ist in dieser Versammlung zu TOP ...... beschlossen worden. Aus ihm in Verbindung mit Abschnitt ...... der Gemeinschaftsordnung vom ...... ergeben sich die von den Antragsgegnern nach der Größe ihres Miteigentumsanteils[15] (....../1000) zu zahlenden Wohngeldvorauszahlungen. Die Wohngeldhöhe hat der Verwalter den Antragsgegnern am ...... schriftlich mitgeteilt, ebenso den Abrechnungsfehlbetrag[18].

Beweis[16]: Jahresgesamt- und -einzelabrechnung für das Wirtschaftsjahr ......;
Wirtschaftsplan für das laufende Wirtschaftsjahr mit Wohngeldberechnung;
Protokoll der Eigentümerversammlung vom ......;
Mitteilung des Verwalters an die Antragsgegner vom ......;
Teilungserklärung mit Gemeinschaftsordnung;
alle in Fotokopie vorgelegt.

Die von den Antragsgegnern erklärte Aufrechnung mit einer angeblichen Schadensersatzforderung wegen eines Wasserschadens in ihrer Wohnung Nr. ...... ist unwirksam[17]. Auch auf die Zahlungsaufforderung[18] des Verwalters mit Schreiben vom ...... haben die Antragsgegner die Wohngeldrückstände nicht bezahlt.

(Namensunterschrift V)

Anmerkungen

1. In der Praxis werden einseitige Zahlungsansprüche nach dem WEG, insbesondere Wohngeldforderungen, häufig im Mahnverfahren gemäß §§ 688ff. ZPO geltend gemacht. Die Zulässigkeit des Mahnverfahrens für Wohngeldforderungen war früher sehr umstritten. Mit der Einfügung des § 46a WEG durch das Rechtspflegevereinfachungsgesetz vom 17. 12. 1990 (BGBl. I S. 2847) ist klargestellt, dass Wohngeldforderungen und andere Zahlungsansprüche, über die nach § 43 Abs. 1 WEG im WE-Verfahren zu entscheiden ist, auch im Mahnverfahren geltend gemacht werden können.

Zum Mahnverfahren wegen Wohngeldforderungen bzw. anderer Zahlungsansprüche nach § 43 Abs. 1 WEG s. Form. H. II. 3.

Als Wohngeld werden in der Praxis häufig pauschal alle von der Gesamtheit aller Wohnungseigentümer zu tragenden Kosten des gemeinschaftlichen Eigentums gem. § 16 Abs. 2 WEG bezeichnet. In einem engeren Sinne sind darunter die auf Grund eines beschlossenen Wirtschaftsplans von den sämtlichen einzelnen Wohnungseigentümern zu leistenden Vorauszahlungen i.S. von § 28 Abs. 2 WEG zu verstehen (vgl. auch Anm. 13a).

2. Statt eines Antrags im Mahnverfahren (§§ 688 ZPO, 46a WEG) wird sich ein Antrag gemäß § 43 Abs. 1 WEG unmittelbar an das Amtsgericht als Gericht der freiwilligen Gerichtsbarkeit vor allem dann empfehlen, wenn entweder ohnehin mit Widerspruch des Schuldners gerechnet wird oder wenn die geltend zu machende Forderung mehrfach zusammengesetzt ist und damit einer spezifizierten Begründung bedarf, vor allem wenn sie – wie im Beispielfall – verschiedene (Wohn- bzw. Teileigentums-)Einheiten betrifft.

3. Vgl. Form. II. H. 1 Anm. 1 und 2. – Ist eine Wohnungseigentumssache iSv. § 43 Abs. 1 WEG versehentlich beim allgemeinen Prozessgericht anhängig gemacht worden, hat dieses die Sache – nach überwiegender Meinung von Amts wegen, aber nach Anhörung der Parteien – durch Beschluss gemäß § 46 WEG an das nach § 43 Abs. 1 WEG örtlich (und sachlich) zuständige Amtsgericht zur Erledigung im Verfahren der freiwilligen Gerichtsbarkeit abzugeben. Wenn auch kein Antrag der Parteien und auch keine mündliche Verhandlung erforderlich ist, kann doch eine Anregung an das Gericht unter Umständen zweckdienlich sein. Die Abgabe kann in jeder Lage des Verfahrens, auch noch durch das Berufungsgericht, erfolgen und zwar durch Beschluss, der für das in ihm bezeichnete Gericht bindend ist. Die Bindungswirkung bezieht sich allerdings nur auf die sachliche bzw. die Verfahrenszuständigkeit, nicht auf die örtliche, d.h. ein im Abgabebeschluss genanntes örtlich unzuständiges Gericht kann die Sache an das Amtsgericht der belegenen Sache weitergeben (*Bärmann/Pick* § 46 Rdn. 3 und 6).

Der Abgabebeschluss des Prozessgerichts ist mit sofortiger Beschwerde anfechtbar gemäß § 17a Abs. 4 S. 3 GVG (*Palandt/Bassenge* § 46 Rdn. 1). Für die Rechtsmittelinstanz gilt § 17a GVG.

In umgekehrter Richtung ist auch die Abgabe durch das Gericht der freiwilligen Gerichtsbarkeit an das zuständige Prozessgericht zulässig (BGH NJW 1980, 2466ff. m.w.N.), und zwar ebenfalls durch mit sofortiger Beschwerde anfechtbaren Beschluss (*Niedenführ/Schulze* § 46 Rdn. 14). Nach überwiegender Meinung ist auch für diese Abgabe kein Antrag erforderlich.

Die Verweisung von einem örtlich unzuständigen Gericht der freiwilligen Gerichtsbarkeit an das örtlich nach § 43 Abs. 1 WEG zuständige Amtsgericht für Wohnungseigentumssachen wird allgemein entsprechend § 17 GVG auf Antrag hin für zulässig gehalten.

4. Die gerichtliche Geltendmachung von Wohngeldansprüchen bedarf stets einer Ermächtigung durch die Berechtigten, d.h. die Wohnungseigentümergemeinschaft. Auch ein einzelner Wohnungseigentümer hat kein eigenes Recht zur gerichtlichen Geltendmachung von Wohngeldforderungen gegen andere Wohnungseigentümer (BGHZ 111, 148 = BGH NJW 1990, 2386). Gleiches gilt für die gerichtliche Geltendmachung anderer der Gemeinschaft der Wohnungseigentümer – und nicht einem einzelnen Wohnungseigentümer – zustehender Ansprüche, etwa gegen den Verwalter oder gegen Dritte (BGHZ 115, 253 = BGH NJW 1992, 182; vgl. aber auch BGHZ 116, 392 = BGH NJW 1992, 978 sowie BGH NJW 1993, 727).

Die Ermächtigung zur Geltendmachung von Ansprüchen der Wohnungseigentümer durch den Verwalter in eigenem Namen (gewillkürte aktive Verfahrensstandschaft) kann – wie die Erteilung der Verfahrensvollmacht – in Form einer Einzelermächtigung erteilt werden oder auch allgemein durch Vereinbarung iSv. § 10 WEG (Teilungserklärung, Gemeinschaftsordnung), durch Verwaltervertrag oder durch Mehrheitsbeschluss einer Eigentümerversammlung. Weitere Voraussetzung für die Zulässigkeit aktiver Verfahrensstandschaft ist ein eigenes rechtsschutzwürdiges Interesse des Antragstellers an der Geltendmachung des fremden Rechts (BayObLG NJW 1971, 760). Beim Verwalter einer Wohnanlage wie beim einzelnen ermächtigten Wohnungseigentümer wird dies in der Regel gegeben sein. Gewillkürte passive Verfahrensstandschaft ist nicht möglich (BayObLG 1975, 233).

Wenn der Verwalter als Verfahrensstandschafter Ansprüche in eigenem Namen geltend macht, entfällt die Notwendigkeit, eine Eigentümerliste einzureichen. Dadurch kann – insbesondere bei sehr großen Wohnungseigentümergemeinschaften – das Verfahren bis hin zum Vollstreckungsverfahren erheblich vereinfacht werden.

5. S. Form. II. H. 1 Anm. 7.

6. S. Form. II. H. 1 Anm. 12 und 13.

7. S. Form. II. H. 1 Anm. 11.

8. Diese Antragsfassung (Leistung an die Wohnungseigentümer als materielle Rechtsinhaber) ist dann geboten, wenn reine, formelle Verfahrensstandschaft, d.h. ausschließlich prozessuale Ermächtigung zur Geltendmachung fremder (hier der WEigtmer) Rechte vorliegt, ohne dass zugleich materielle Inkassoermächtigung oder gar Inkassozession erteilt wurde. Sie kann zu Schwierigkeiten in der Zwangsvollstreckung, und zwar insbesondere bei Eintragung einer Zwangshypothek, wegen des Auseinandergehens von Titelinhaber als – formellem – Vollstreckungsgläubiger und wirklichem Rechtsinhaber (materiellem Gläubiger) führen, wenn das Grundbuchamt etwa auch in diesem Fall die namentliche Bezeichnung aller Wohnungseigentümer verlangt (vgl. hierzu die ausführliche Kritik *Bärmanns* in DNotZ 85, 395 ff. an BayObLG 1984, 239 [= RPfleger 85, 102] und auch KG RPfleger 85, 435). Diese Schwierigkeiten würden nicht auftreten in dem – seltenen – Fall der echten Inkassozession, deren Voraussetzungen aber meist nicht vorliegen werden; im übrigen wird auch die treuhänderische – materielle – Rechtsübertragung auf den Verwalter meist nicht gewollt sein.

Wenn dem Verwalter durch die Wohnungseigentümergemeinschaft neben der prozessualen Ermächtigung auch materielle Einziehungs-(Inkasso-)Ermächtigung erteilt ist, kann nach wohl einhelliger Meinung (vgl. hierzu *Thomas/Putzo* Rdn. 39 zu § 51 ZPO) – anders als im vorgeschlagenen Formulartext – Leistung an den antragstellenden Verwalter selbst verlangt werden. In der Regel wird dem Verwalter im Falle der prozessualen Ermächtigung zur Geltendmachung von Ansprüchen des Wohnungseigentümers auch materielle Einziehungsermächtigung erteilt sein mit der Folge, dass an den Verwalter mit befreiender Wirkung i.S. von §§ 362 Abs. 2, 185 BGB geleistet werden kann (*Palandt/Heinrichs* § 398 Rdn. 29 ff.). Bei Verwalterwechsel muss dann allerdings formgültige Abtretung, etwa an den neuen Verwalter, erfolgen.

9. Anspruchsgrund und Höhe eines etwaigen Zinsanspruchs richten sich nach den allgemeinen Bestimmungen des bürgerlichen Rechts, §§ 288, 291 BGB. Eine von der gesetzlichen Regelung abweichende Höhe kann durch Vereinbarung i.S. von § 10 Abs. 1

und 2 WEG bestimmt sein, nicht aber durch Mehrheitsbeschluss. Für die Voraussetzungen der Rechtshängigkeit sind die Vorschriften der ZPO (§§ 261, 253, 696 Abs. 3) entsprechend anzuwenden.

10. Vgl. auch Form. II. H. 1 Anm. 14. Die Kostenentscheidung im Verfahren nach §§ 43 ff. WEG erfolgt stets gemäß § 47 WEG nach billigem Ermessen. Für die Gerichtskosten folgt dies aus S. 1. Die außergerichtlichen Kosten hat in Wohnungseigentumssachen grundsätzlich jeder Beteiligte selbst zu tragen. Ausnahmsweise kann das Gericht nach § 47 S. 2 WEG auch eine Erstattung der außergerichtlichen Kosten anordnen (BayObLG 1965, 283/290); es entscheidet darüber ebenfalls nach billigem Ermessen. Die Erstattung notwendiger außergerichtlicher Kosten des Antragstellers oder der mehreren Antragsteller kommt insbesondere bei unzweifelhaften Wohngeldforderungen gegenüber säumigen Wohnungseigentümern in Betracht.

Diese Grundsätze gelten sowohl für das bis zur streitigen Entscheidung durchgeführte Verfahren, wie auch bei anderweitiger Erledigung, beispielsweise Erledigung der Hauptsache, auch bei Antragsrücknahme (!). Es tritt also nicht die automatische Kostenfolge wie nach § 269 Abs. 3 S. 2 ZPO bei Klagerücknahme ein. Bei Erledigung der Hauptsache (gleich ob auf Grund übereinstimmender Erklärung der Beteiligten oder durch Feststellung im Beschluss) wie bei Antragsrücknahme ist ähnlich den Grundsätzen des § 91 a ZPO der gesamte Sach- und Streitstand und damit auch die Erfolgsaussichten des Antrags zu berücksichtigen.

Die Gebühren eines Rechtsanwalts bestimmen sich nach § 63 Abs. 1 Nr. 2 BRAGO iVm. §§ 31 ff. BRAGO. Bei Vertretung mehrerer Auftraggeber, etwa aller Mitglieder einer Wohnungseigentümergemeinschaft, jedenfalls wenn diese ohne Mitwirkung des Verwalters klagen (BGH RPfleger 1984, 202), fällt die Erhöhungsgebühr nach § 6 BRAGO an, d. h. Erhöhung der normalen Prozess- oder Geschäftsgebühr um 3/10 pro weiteren Auftraggeber auf höchstens 30/10 Gesamtgebühr. Keine Erhöhung bei Vertretung des Verwalters als Verfahrensstandschafters.

10 a. S. Form. II. H. 1 Anm. 15.

10 b. S. Form. II. H. 1 Anm. 17.

11. Die Ermächtigung zur gerichtlichen Geltendmachung von Ansprüchen der Wohnungseigentümergemeinschaft in eigenem Namen (Verfahrensstandschaft) kann ua. (vgl. auch oben Anm. 4) durch Mehrheitsbeschluss der Wohnungseigentümer gemäß §§ 21 Abs. 1 und 3, 23, 25 WEG erfolgen, soweit Teilungserklärung und Gemeinschaftsordnung nichts anderes bestimmen.

12. Inhaber eines Wohnungseigentums kann auch eine Bruchteilsgemeinschaft sein, ebenso eine Gesamthandgemeinschaft oder eine juristische Person (*Bärmann/Pick* § 1 Rdn. 4).

Für Wohngeldschulden haftet jedenfalls der im Grundbuch eingetragene Wohnungseigentümer, auch dann, wenn er das Wohnungseigentum veräußert hat, nicht mehr nutzt und für den Erwerber etwa schon eine Auflassungsvormerkung eingetragen ist (BGH abgedruckt in NJW 1983, 1615 mit irreführender Überschrift zur Haftung des „werdenden" Wohnungseigentümers). Umgekehrt haftet der Erwerber einer Eigentumswohnung für Wohngeldschulden aus der Zeit vor dem Erwerb, wenn der Eigentümerbeschluss, durch den die Nachforderungen begründet wurden (§ 28 Abs. 5 WEG), nach dem Eigentumserwerb, d. h. nach Eintragung als Eigentümer im Grundbuch, gefasst wurde (vgl. BGH NJW 1988, 1910; str.). Vgl. dazu auch Form. II. H. 1 Anm. 4 und *Bärmann/Pick* § 16 Rdn. 33).

13. Nach § 16 Abs. 2 WEG ist jeder Wohnungseigentümer den anderen Wohnungseigentümern gegenüber verpflichtet, anteilig die Wohnlasten mitzutragen. Dazu gehört insbesondere das sogenannte Wohn- oder Hausgeld. Bei mehreren Berechtigten an einem Wohnungseigentum – auch bei Bruchteilsgemeinschaft – wird überwiegend angenommen, dass die Miteigentümer am Wohnungseigentum für die Erfüllung der Lasten- und Kostentragungspflicht als Gesamtschuldner haften (*Bärmann/Pick* § 16 Rdn. 35).

13a. Als „Wohngeld" werden im allgemeinen Sprachgebrauch alle auf die Wohnungseigentümer umzulegenden Gemeinschaftskosten bezeichnet, neben dem Wohngeld im engeren Sinne, den Vorauszahlungspauschalen, auch Wohngeldrückstände in Gestalt von Abrechnungsfehlbeträgen, ja sogar Sonderumlagenanteile (s. auch oben Anm. 1 letzter Absatz).

Keinesfalls sollte der Antrag etwa nur mit „Schuldsaldo per ......" od. „...... gemäß Wohngeldkonto Stand ......" begründet werden, ohne die meist verschiedenartigen Teilforderungen genau zu bezeichnen.

14. Eine Nachzahlungspflicht wegen eines Abrechungsfehlbetrages entsteht grundsätzlich erst durch entsprechende Beschlussfassung (BayObLG v. 21. 2. 1985 in Der Wohnungseigentümer 1985, 123). Wenn die nach § 28 Abs. 3 WEG vom Verwalter vorzunehmende jährliche Abrechnung von den Wohnungseigentümern nach Maßgabe des § 28 Abs. 5 WEG durch Mehrheitsbeschluss genehmigt worden und dieser Beschluss unanfechtbar geworden ist (§ 23 Abs. 4 WEG), sind Einwendungen des einzelnen Wohnungseigentümers gegen die Jahresabrechnung abgeschnitten. Ob neben bzw. mit der Gesamtabrechnung zusammen auch die Einzelabrechnungen durch Beschluss genehmigt sein müssen bzw. werden können, ist zweifelhaft. Jedenfalls sind Einwendungen gegen die Einzelabrechnung trotz Verbindlichkeit der Jahresgesamtabrechnung (infolge Nichtanfechtung binnen Monatsfrist gemäß § 23 Abs. 4 WEG) möglich, wenn und soweit über die Einzelabrechnung – unrichtigerweise – (vgl. *Müller* aaO, Rdn. 282ff.) kein Beschluss gefasst worden ist.

14a. Zu einem ordnungsgemäßen Wirtschaftsplan gemäß § 28 Abs. 1 WEG gehört auch, dass er die auf den einzelnen Wohnungseigentümer entfallende anteilige Belastung, die – meist monatlich zu entrichtende – sogenannte Wohngeldvorauszahlung oder Wohngeldpauschale ausweist (§ 28 Abs. 1 Nr. 2 WEG).

15. Gemäß § 16 Abs. 2 WEG iVm. Abs. 1 S. 2 sind die Wohnlasten nach dem Verhältnis der im Grundbuch eingetragenen Miteigentumsanteile zu tragen; in der Regel ist die Größe der Miteigentumsanteile nach Tausendsteln oder Zehntausendsteln in der Teilungserklärung angegeben. Abweichungen von der gesetzlichen Regelung des Verteilungsschlüssels durch Vereinbarung (zB. Teilungserklärung bzw. Gemeinschaftsordnung) sind möglich. Insbesondere in solchen Fällen ist die Vorlage der maßgeblichen Vereinbarung geboten.

Die Verpflichtung zur Leistung von Wohngeldvorauszahlungen ergibt sich aus § 28 Abs. 2 WEG, ist aber meist genauer in Vereinbarungen (vor allem in Gemeinschaftsordnungen), dem beschlossenen Wirtschaftsplan selbst oder in sonstigen Beschlüssen der Wohnungseigentümer geregelt.

16. S. Form. II. H. 1 Anm. 17 und 21.

17. Gegen Forderungen auf Wohnlasten (Wohn-, Hausgeld) nach § 16 Abs. 2 WEG gibt es keine Aufrechnung und auch kein Zurückbehaltungsrecht, soweit die Gegenforderung nicht gemeinschaftsbezogen iSv. § 21 Abs. 2 WEG bzw. §§ 680, 683 BGB oder anerkannt oder rechtskräftig festgestellt ist (*Palandt/Bassenge* § 16 WEG Rdn. 17).

18. Voraussetzung für das Entstehen der Zahlungsverpflichtung oder auch für den Eintritt der Fälligkeit ist eine Zahlungsaufforderung zwar nicht. Wenn Wohngeldrückstände aus Abrechnungssalden geltendgemacht werden sollen, müssen sie – meist durch Zusenden einer Einzelabrechnung – dem Wohngeldschuldner aber irgendwie mitgeteilt werden. Für die Vorauszahlungen sieht dies § 28 Abs. 2 WEG ausdrücklich vor. Ein zusätzliches Mahnschreiben mit Fristsetzung empfiehlt sich jedoch immer vor Einleitung eines gerichtlichen Verfahrens deshalb, weil so am einfachsten und gegebenenfalls auch beweisbar die Voraussetzungen dafür geschaffen werden, dass einerseits Verzugszinsen ab einem früheren Zeitpunkt als dem Eintritt der Rechtshängigkeit (entsprechend § 291 BGB), nämlich dem Zeitpunkt des erfolglosen Ablaufs der Zahlungsfrist (§ 284 Abs. 1 BGB) geltendgemacht werden können – wenn nicht ohnehin schon früher Verzug zu einem etwa durch Teilungserklärung, Gemeinschaftsordnung oder Eigentümerbeschluss festgelegten kalendermäßig bestimmten Fälligkeitszeitpunkt eingetreten ist (§ 284 Abs. 2 BGB) –, andererseits die Erstattung auch der entstandenen außergerichtlichen Kosten durch Entscheidung gemäß § 47 S. 2 WEG erwartet werden kann (vgl. oben Anm. 10).

Kosten und Gebühren

Der Geschäftswert bei Geldforderungen bemisst sich nach Maßgabe von § 48 Abs. 3 WEG grundsätzlich nach der Höhe der geltend gemachten Forderung. Zum Kostenvorschuss s. Anm. 11 zu Form. II. H. 1; zu den Verfahrenskosten allgemein s. Anm. 14 zu Form. II. H. 1; zur Erstattung der außergerichtlichen Kosten s. oben Anm. 10 zu Form. II. H. 2, ebenso zur Kostenentscheidung bei Antragsrücknahme und Erledigung der Hauptsache. Zu den Kosten des Verfahrens vor dem Prozessgericht bis zur Abgabe vgl. § 50 WEG und Anm. „Kosten und Gebühren“ zu Form. II. H. 3.

3. Antrag auf Erlass eines Mahnbescheids (Verfahren nach § 46a WEG)

Antragsformular siehe Seite 649.

Anmerkungen

Vorbemerkung: Auch schon vor der Einfügung des § 46a WEG durch das Rechtspflegevereinfachungsgesetz vom 17. 12. 1990 (BGBl. I S. 2847) wurden in der Praxis häufig Zahlungsansprüche gegenüber säumigen Wohnungseigentümern, insbesondere Wohngeldforderungen, im Mahnverfahren geltend gemacht. Durch § 46a WEG wurde eindeutig geklärt, dass Zahlungsansprüche, die aus Wohnungseigentum herrühren und über die nach § 43 Abs. 1 bzw. 2 WEG im WE-Verfahren zu entscheiden ist, insbesondere also Wohngeldforderungen im weiteren oder engeren Sinne (vgl. Anm. 1 und 13a zu Form. II. H. 2), im Mahnverfahren geltend gemacht werden können. Wie allgemein im Mahnverfahren müssen für Mahnanträge die vorgeschriebenen Vordrucke für die nicht maschinelle bzw. die maschinelle Bearbeitung verwendet werden (s. Form. I. B. 1 Anm. 3).

1. Das Mahnverfahren ist nicht zu empfehlen, wenn ohnehin mit Widerspruch des Antragsgegners zu rechnen ist, aber auch dann, wenn die geltend zu machende Forderung einer spezifizierten Begründung bedarf, etwa wenn sie mehrfach aus unterschiedlichen Zahlungsansprüchen zusammengesetzt ist, und vor allem dann, wenn diese verschiedene Wohn- bzw. Teileigentumseinheiten betreffen. In solchen Fällen sollte gleich ein Antrag nach § 43 Abs. 1 WEG unmittelbar zum Gericht für Wohnungseigentumssachen, also zum örtlich als Gericht der belegenen Sache zuständigen Amtsgericht im Verfahren der freiwilligen Gerichtsbarkeit gestellt werden (vgl. Form. II. H. 2). Andernfalls wird das Verfahren mit Überleitung vom Mahnverfahren nach Widerspruch in das streitige Verfahren der freiwilligen Gerichtsbarkeit oder gar infolge Zurückweisung des Mahnantrags wegen nicht genügend genauer Bezeichnung des geltendgemachten Anspruchs umständlicher und jedenfalls langwieriger.

Antrag auf Erlass eines Mahnbescheids

– Nur für Gerichte, die die Mahnverfahren maschinell bearbeiten. –

Raum für Vermerke des Gerichts

Zeilen-Nummer

Datum des Antrags

Bitte beachten Sie die Ausfüllhinweise!

Antragsteller

Spalte 1	Spalte 2 Weiterer Antragsteller
	Bei mehreren Antragstellern: Es wird versichert, dass der in Spalte 1 Bezeichnete bevollmächtigt ist, die weiteren zu vertreten.
2 (1 = Herr, 2 = Frau)	1 (1 = Herr, 2 = Frau)
Vorname: Andrea	Vorname: Thomas
Nachname: Bernhard	Nachname: Maier
Straße, Hausnummer – bitte kein Postfach! –: Pragerstraße 28	Straße, Hausnummer – bitte kein Postfach! –: Taborstraße 1
Postleitzahl: 80526 Ort: München Ausl. Kz.	Postleitzahl: 80526 Ort: München Ausl. Kz.

Spalte 3 Nur Firma, juristische Person u. dgl. als Antragsteller

3 = nur Einzelfirma 4 = nur GmbH u. Co KG **sonst Rechtsform:** (Rechtsform, z. B. GmbH, AG, OHG, KG) Wohnungseigentumsverwalterin – KG

Vollständige Bezeichnung: Hausverwaltung Gregor Rieth KG

Fortsetzung von Zeile 9: (als Verwalterin der WEG Pragerstr. 28/Taborstr. 1, München)

Straße, Hausnummer – bitte kein Postfach! –: Barbarastraße 87 Postleitzahl: 80787 Ort: München Ausl. Kz.

Gesetzlicher Vertreter	Gesetzlicher Vertreter (auch weiterer)
9 ◄ Nr. der Spalte, in der der Vertretene bezeichnet ist	◄ Nr. der Spalte, in der der Vertretene bezeichnet ist
Stellung (z. B. Geschäftsführer, Vater, Mutter, Vormund): persönlich haftender Gesellschafter	Stellung
Vor- und Nachname: Gregor Rieth	Vor- und Nachname
Straße, Hausnummer – bitte kein Postfach! –	Straße, Hausnummer – bitte kein Postfach! –
Postleitzahl Ort Ausl. Kz.	Postleitzahl Ort Ausl. Kz.

Antragsgegner

◄ Antragsgegner sind Gesamtschuldner

Spalte 1	Spalte 2 Weiterer Antragsgegner
1 (1 = Herr, 2 = Frau)	(1 = Herr, 2 = Frau)
Vorname: Lorenz	Vorname
Nachname: Parler, Architekt	Nachname
Straße, Hausnummer – bitte kein Postfach! –: Baderstraße 64	Straße, Hausnummer – bitte kein Postfach! –
Postleitzahl: 81379 Ort: München Ausl. Kz.	Postleitzahl Ort Ausl. Kz.

Spalte 3 Nur Firma, juristische Person u. dgl. als Antragsgegner

3 = nur Einzelfirma 4 = nur GmbH u. Co KG **sonst Rechtsform:** (Rechtsform, z. B. GmbH, AG, OHG, KG)

Vollständige Bezeichnung

Fortsetzung von Zeile 24

Straße, Hausnummer – bitte kein Postfach! – Postleitzahl Ort Ausl. Kz.

Gesetzlicher Vertreter	Gesetzlicher Vertreter (auch weiterer)
◄ Nr. der Spalte, in der der Vertretene bezeichnet ist	◄ Nr. der Spalte, in der der Vertretene bezeichnet ist
Stellung (z. B. Geschäftsführer, Vater, Mutter, Vormund)	Stellung
Vor- und Nachname	Vor- und Nachname
Straße, Hausnummer – bitte kein Postfach! –	Straße, Hausnummer – bitte kein Postfach! –
Postleitzahl Ort Ausl. Kz.	Postleitzahl Ort Ausl. Kz.

4 002871 070591

Verlags-Nr. 705 L

Fassung 1. 10. 01 (10.2001) 1

Bitte die nächste Vordruckseite beachten!

Bezeichnung des Anspruchs

I. Hauptforderung – siehe Katalog in den Hinweisen –

Zeilen-Nummer	Katalog-Nr.	Rechnung/Aufstellung/Vertrag oder ähnliche Bezeichnung	Nr. der Rechng./des Kontos u. dgl.	Datum bzw. Zeitraum vom	bis	Betrag EUR
32	90	Wohngeldrückstand f. Garage Taborstr. 1 (7/1000 ME-Anteil)	Nr. 17 WE-Anl. Pragerstr. 28 mon. 40,-- gem. WiPlan 2002	Januar 2002	Juli 2002	280,--
33	90	Sonderumlage (einmalig) gem. Eigentümerbeschl. vom ... und Anforderungsschreiben d. Verwalters vom ...				20,--
34	90	Gesamtforderung aus Zeile 32 und 33				insgesamt 300,--

Zeilen-Nummer	Postleitzahl	Ort als Zusatz bei Katalog-Nr. 19, 20, 90	Ausl. Kz.	Vertragsart als Zusatz bei Katalog-Nr. 28
35	80526	München		-Vertrag

Sonstiger Anspruch – nur ausfüllen, wenn im Katalog nicht vorhanden – mit Vertrags-/Lieferdatum/Zeitraum vom ... bis ...

36

37 Fortsetzung von Zeile 36 | vom | bis | Betrag EUR

Nur bei Abtretung oder Forderungsübergang:
Früherer Gläubiger – Vor- und Nachname, Firma (Kurzbezeichnung)
Datum – Seit diesem Datum ist die Forderung an den Antragsteller abgetreten/auf ihn übergegangen.
Postleitzahl | Ort | Ausl. Kz.

38

39

IIa. Laufende Zinsen

1 = jährl. 2 = mtl. 3 = tägl.
Betrag EUR nur angeben, wenn **abweichend** vom Hauptforderungsbetrag.
Ab Zustellung des Mahnbescheids, wenn kein Datum angegeben. **ab** oder **vom** | **bis**

Zeilen-Nummer	Zeilen-Nr. der Hauptforderung	Zinssatz %	oder % über Basiszinssatz	1/2/3	Betrag EUR	ab oder vom	bis
40	32	4					
41	32	4					
42	32	4					

IIb. Ausgerechnete Zinsen
Gemäß dem Antragsgegner mitgeteilter Berechnung für die Zeit
vom | bis | Betrag EUR

III. Auslagen des Antragstellers für dieses Verfahren
Vordruck/Porto Betrag EUR | Sonstige Auslagen Betrag EUR | Bezeichnung

43

IV. Andere Nebenforderungen
Mahnkosten Betrag EUR | Auskünfte Betrag EUR | Bankrücklastkosten Betrag EUR | Inkassokosten Betrag EUR | Sonstige Nebenforderung Betrag EUR | Bezeichnung

44

Ein streitiges Verfahren wäre durchzuführen vor dem
1 = Amtsgericht
2 = Landgericht
3 = Landgericht – KfH
6 = Amtsgericht – Familiengericht
8 = Sozialgericht

45 1 in Postleitzahl 80315 Ort München (AG-WE-Gericht)

X Im Falle eines Widerspruchs beantrage ich die Durchführung des streitigen Verfahrens.

Prozessbevollmächtigter des Antragstellers
Betrag EUR

46 1
1 = Rechtsanwalt
2 = Rechtsanwälte
3 = Rechtsbeistand
4 = Herr, Frau
5 = Rechtsanwältin
6 = Rechtsanwältinnen

Ordnungsgemäße Bevollmächtigung versichere ich.
Bei Rechtsanwalt oder Rechtsbeistand: **Anstelle** der Auslagenpauschale des § 26 BRAGO werden die nebenstehenden Auslagen verlangt, deren Richtigkeit versichert wird.

Der Antragsteller ist nicht zum Vorsteuerabzug berechtigt.

Vor- und Nachname

47 Dr. Anselm Klinger

Straße, Hausnummer – **bitte kein Postfach!** – | Postleitzahl | Ort | Ausl. Kz.

48 Reichenbergstr. 78 | 81249 | München

Bankleitzahl | Konto-Nr. | bei der/dem

49 707 707 00 | 98765-4321 | Süddeutschen Gemeindebank

Von Kreditgebern (auch Zessionar) zusätzlich zu machende Angaben bei Anspruch aus Vertrag, für den das Verbraucherkreditgesetz gilt:

Zeilen-Nr. der Hauptforderung	Vertragsdatum	Effektiver Jahreszins	Zeilen-Nr. der Hauptforderung	Vertragsdatum	Effektiver Jahreszins	Zeilen-Nr. der Hauptforderung	Vertragsdatum	Effektiver Jahreszins

50

Geschäftszeichen des Antragstellers/Prozessbevollmächtigten

51 WE-A02-1234

Ich beantrage, einen Mahnbescheid zu erlassen und in diesen die Kosten des Verfahrens aufzunehmen.
Ich erkläre, dass der Anspruch von einer Gegenleistung
☐ abhängt, diese aber bereits erbracht ist. X nicht abhängt.

An das
Amtsgericht
– Mahnabteilung –

52

Unterschrift des Antragstellers/Vertreters/Prozessbevollmächtigten

53 80315 München
Postleitzahl, Ort

(Unterschrift)

Verlags-Nr. 705 L (10.2001) 1 Fassung 1. 10. 01

2. Für die Einreichung des Mahnantrags gemäß §§ 690 ZPO, 46a WEG gelten hinsichtlich der Antragsberechtigung, der Bezeichnung der Antragsteller, Verfahrensvollmacht, eventueller Verfahrensstandschaft usw. dieselben Grundsätze wie bei der Antragstellung unmittelbar im streitigen Verfahren der freiwilligen Gerichtsbarkeit (vgl. Anm. 3 bis 7 zu Form. II. H. 1, sowie Anm. 4, 8 und 11 zu Form. II. H. 2). Im übrigen sind auch die Voraussetzungen des § 690 ZPO zu erfüllen (s. dazu im einzelnen die folgenden Anmerkungen), und als zuständiges Gericht ist – hier abweichend von § 689 Abs. 2 ZPO – zu bezeichnen das – ausschließlich zuständige – Amtsgericht der belegenen Sache (§ 46a Abs. 1 S. 2 WEG). Wegen § 689 Abs. 3 ZPO muss es nicht identisch sein mit dem Amtsgericht nach § 43 Abs. 1 WEG.

3. Der Mahnantrag ist stets sorgfältig und vollständig auszufüllen. Der Rechtspfleger hat den Antrag auf offensichtliche Fehler und Unstimmigkeiten bei den gesetzlich geforderten Angaben zu überprüfen und gegebenenfalls ihre Richtigstellung zu veranlassen. Unvollständige oder ungenaue Angaben können zu Rückfragen des Mahngerichts und damit zu einer Verzögerung oder gar zu einer Zurückweisung des Mahnantrags führen.

4. Der amtliche Vordruck (s. oben Vorbemerkung letzter Satz) enthält Hinweise zum Ausfüllen des Antragsformulars. Die folgenden Anmerkungen ergänzen insbesondere hinsichtlich der wohnungseigentumsrechtlichen Besonderheiten diese Erläuterungen und folgen der Zeilennumerierung des Vordrucks.

Zur Antragstellerbezeichnung (Zeile 2 bis 16):

Vgl. § 690 Abs. 1 Nr. 1 ZPO. Grundsätzlich sind der oder die Antragsteller so zu bezeichnen wie in der Antragsschrift nach § 43 Abs. 1 WEG (vgl. Anm. 3 bis 7 zu Form. II. G. 1). Wichtig ist vor allem, dass bei Antragstellung durch eine Wohnungseigentümergemeinschaft oder für sie durch den Verwalter bzw. durch einen Prozessbevollmächtigten die Bezeichnung „Wohnungseigentümergemeinschaft X.-Straße“ als Antragsteller nicht ausreicht. Nach den Hinweisen zum Vordruck sollen der „erste und der zweite“ Wohnungseigentümer einer Wohnungseigentümergemeinschaft namentlich in den Spalten 1 und 2 bezeichnet werden, anders nur im Falle der Verfahrens- (Prozess-)standschaft des Verwalters (s. auch nachstehend zu 8 bis 16). Zusätzlich muss die Liste aller übrigen Wohnungseigentümer – mit dem Antrag fest verbunden – beigefügt werden.

Der amtliche Vordruck sieht keine eigene Spalte für die Bezeichnung der nach geltendem Recht nicht rechtsfähigen (vgl. Form. II. G. 1 Anm. 3) Wohnungseigentümergemeinschaft vor. Dennoch erscheint es zweckmäßig, an einer geeigneten Stelle im Antrag, am besten wohl bei der Verwalterbezeichnung in Spalte 3 Zeile 10 die Bezeichnung (den Namen) der Wohnungseigentümergemeinschaft (Wohnungseigentumsanlage) anzuführen. Dies vor allem auch im Hinblick auf ein späteres streitiges Verfahren im Falle der Widerspruchseinlegung und da deshalb, weil bei verschiedenen Wohnunseigentumsgerichten die Geschäftsverteilung die Richterzuständigkeit nach dem „Namen“ der Wohnungseigentümergemeinschaft (oder Wohnungseigentumsanlage) bestimmt und nicht nach dem Namen des – in der Liste – an erster Stelle stehenden Wohnungseigentümers.

Zur Verwalterbezeichnung (Zeile 8 bis 16):

Die Angabe des Verwalters, einschließlich der genauen Bezeichnung der Verwalterfirma und ihrer etwaigen gesetzlichen Vertreter, ist immer erforderlich (u.a. wegen § 27 Abs. 2 Nr. 3 und § 43 Abs. 4 Nr. 2 WEG), vor allem natürlich dann, wenn der Verwalter selbst als Verfahrens-(Prozess-)Bevollmächtigter auf Grund Ermächtigung durch die Wohnungseigentümer (§ 27 Abs. 2 Nr. 5 WEG) oder gar in Verfahrensstandschaft auftritt (s. Anm. 5 zu Form II. G. 1), in diesem Fall also selbst Antragsteller ist. Nach den Erläuterungen im amtlichen Vordruck soll der zur gerichtlichen Geltendmachung eines Anspruchs ermächtigte Verwalter, gleich ob natürliche oder juristische Person, gleich ob lediglich als Prozessbevollmächtigter oder als Verfahrens- (Prozess-)standschafter, stets in Spalte 3 Zeile 8 bis 11 (bzw. 16) aufgeführt werden. Dies ist auch wegen der gesetzlichen Zustellungs- und Empfangsvollmacht des Verwalters gem. § 27 Abs. 2 Nr. 3 WEG geboten. Zweckmäßigerweise sollte in Zeile 10 immer ergänzend die Bezeichnung (der „Name") der Wohnungseigentümergemeinschaft (Wohnungseigentumsanlage) eingesetzt werden. Im Falle einer Verfahrens- (Prozess-) standschaft ist der Verwalter selbst Antragsteller, sodass in diesem Fall Wohnungseigentümer nicht namentlich in den Spalten 1 und 2 aufzuführen sind.

In den Zeilen 12 bis 16 sind der oder die gesetzlichen Vertreter des Verwalters anzugeben, also vor allem, wenn die Verwalterfirma eine juristische Person oder eine Handelsgesellschaft ist.

Zur Antragsgegnerbezeichnung (Zeile 17 bis 31):

Bei der Bezeichnung des Antragsgegners werden in der Regel keine Unterschiede zum allgemeinen Mahnverfahren bestehen. Insbesondere gilt auch, dass bei Inanspruchnahme mehrerer Personen zweckmäßigerweise für jeden Antragsgegner ein eigener Formularsatz auszufüllen ist und das Mahnverfahren unterschiedlich verlaufen kann. Bei einer etwaigen Inanspruchnahme mehrerer Antragsgegner als Gesamtschuldner mit Hilfe eines Formulars ist dies in dem dafür vorgesehenen Kästchen Zeile 17 rechts zu vermerken. Überwiegend wird angenommen, dass mehrere Miteigentümer (auch solche nach Bruchteilen) einer Wohnungs- bzw. Teileigentumseinheit gesamtschuldnerisch für die Erfüllung ihrer Kosten- und Lastentragungspilicht, also insbesondere auch für ihre Wohngeldverpflichtungen, haften (s. Anm. 13 zu Form. II. G. 2). Das Kästchen Zeile 17 rechts sollte nicht übersehen werden, wenn Mahnanträge sich gegen mehrere Antragsgegner – etwa Miteigentümer einer Einheit – richten.

Zur Bezeichnung des Anspruchs (Zeile 32 bis 44).

Vgl. § 690 Abs. 1 Nr. 3 ZPO. Der geltend gemachte Anspruch ist so genau zu bezeichnen, dass aus einem späteren Vollstreckungsbescheid klar hervorgeht, welcher konkrete Anspruch rechtskräftig zuerkannt wurde. Durch § 690 Abs. 1 Nr. 3 ist zunächst vorgeschrieben, dass Haupt- und Nebenforderungen gesondert und einzeln zu bezeichnen sind. Daneben ist aber vor allem bei Wohngeldforderungen wichtig, dass bei ihnen (als Hauptforderung) die jeweilige Einzelforderung nach ihrem Entstehungsgrund (z.B. Wohngeldrückstand auf Grund Einzelabrechnung vom .... anteilige Sonderumlage gem. Beschluss vom .... rückständige Wohngeldvorauszahlungen für die Monate ......) und ebenso unverwechselbar die Zuordnung der Wohnungs- bzw. Teileigentumseinheit (mindestens mit Bezeichnung der Wohnanlage und Angabe der Nr. der Einheit nach der Teilungserklärung) genau bezeichnet werden (vgl. auch oben Anm. 1). Deutlich werden muss auf jeden Fall, ob es sich um Wohngeldrückstände auf Grund Abrechnung oder um rückständige Wohngeldvorauszahlungen oder sonstige Forderungen handelt. Bei Wohngeldvorauszahlungen ist vor allem auch der Zeitraum genau anzugeben, für den Rückstände verlangt werden, möglichst auch mit Hinweis auf den beschlossenen Wirtschaftsplan und den angewandten Verteilungsschlüssel, etwa entsprechend der Größe der Miteigentumsanteile (zB. ...... 11000*)* nach § 16 Abs. l S. 2, Abs. 2 WEG. Nicht ausreichend ist beispielsweise: Wohngeldforderung gemäß Kontoauszug oder gemäß Mahnschreiben vom ......

Falls in Zeile 32/33 mehrere Einzelposten aufgeführt wurden, sollte in Zeile 34 ihre Summe (als solche deutlich gemacht) angegeben werden. Für alle unter dem Oberbegriff Wohngeld/Hausgeld geltend gemachten Forderungen ist in der ersten Spalte von Zeile 32 bis 34 als Katalog-Nr. 90 einzutragen.

Nebenkosten, etwa vorgerichtliche Kosten, müssten gegebenenfalls in Zeile 44 wenigstens knapp erläutert werden.

Hinsichtlich der Kosten der Rechtsverfolgung mit Hilfe eines Rechtsanwalts oder Rechtsbeistands gibt es keine grundsätzlichen Besonderheiten gegenüber dem allgemeinen Mahnverfahren (s. auch unten Anm. „Kosten und Gebühren" sowie § 48 Abs. 1 S. 4 WEG); sie berechnet das Gericht. Bei Vertretung mehrerer Auftraggeber, etwa der Mitglieder einer Wohnungseigentümergemeinschaft, durch einen Rechtsanwalt fällt die

Erhöhungsgebühr nach § 6 BRAGO an (s. Anm. 10 zu Form. II. G. 2) und wird in den zu erlassenden Mahnbescheid aufgenommen. In Zeile 43 sind demnach nur andere im unmittelbaren Zusammenhang mit Vorbereitung und Durchführung des Mahnverfahrens stehende und zur zweckentsprechenden Rechtsverfolgung notwendige Auslagen anzuführen.

Geltend gemachte Wohngeldansprüche werden praktisch nie von einer Gegenleistung abhängen. Das Ankreuzen des betreffenden Feldes in Zeile 52 sollte jedenfalls nicht übersehen werden.

Zu Zeile 45 links:

Vgl. § 690 Abs. 1 Nr. 5 ZPO iVm. § 46a Abs. 1 S. 3 WEG. Bei allen im Mahnverfahren geltend gemachten wohnungseigentumsrechtlichen Ansprüchen ist hier das nach § 43 Abs. 1 WEG – ausschließlich – zuständige Gericht der freiwilligen Gerichtsbarkeit, d.h. also das Amtsgericht als Gericht für Wohnungseigentumssachen, anzugeben, in dessen Bezirk das Grundstück der betreffenden Eigentumswohnanlage liegt.

Zu Zeile 45 rechts gibt es keine Besonderheiten gegenüber dem allgemeinen Mahnverfahren. Den Antrag auf Durchführung des streitigen Verfahrens im Falle des Widerspruchs sollte der Gläubiger zur Beschleunigung des Verfahrens bereits hier stellen. Allerdings ist zu beachten, dass mit dieser Antragstellung die Gebühr für das streitige Verfahren auch dann entstehen kann, wenn im Falle des Widerspruchs durch den Antragsgegner das Verfahren nicht oder nicht im vollen Umfang durchgeführt werden soll.

Zu Zeile 46 bis 49:

Bei der Angabe eines Rechtsanwalts als Prozessbevollmächtigten bestehen keine Besonderheiten gegenüber dem allgemeinen Mahnverfahren.

Zu Zeile 51 bis 53:

Abweichend von § 689 Abs. 2 ZPO ist bei wohnungseigentumsrechtlichen Ansprüchen gemäß § 46a Abs. 1 S. 2 WEG ausschließlich zuständig das Amtsgericht, in dessen Bezirk das Grundstück, d.h. die Wohnungseigentumsanlage, liegt. Im Mahnantrag ist also dieses Gericht gemäß § 690 Abs. 1 Nr. 2 ZPO anzugeben. Soweit gemäß § 689 Abs. 3 ZPO Mahnverfahren einem Amtsgericht für mehrere Bezirke zugewiesen sind, ist dieses zentrale Mahngericht zuständig. In Zeile 52 rechts wird bei Wohngeldansprüchen praktisch immer das rechte Feld anzukreuzen sein, weil sie praktisch nie von einer Gegenleistung abhängen.

5. Für den Widerspruch, den Antrag auf Erlass eines Vollstreckungsbescheids und den Einspruch gegen einen Vollstreckungsbescheid ergeben sich gegenüber dem allgemeinen Mahnverfahren keine größeren Besonderheiten. Vgl. insoweit Form. I. B. 2 bis 4, aber auch unten Anm. „Rechtsmittel und Fristen".

Im Falle eines Widerspruchs und wenn Antragsteller oder Antragsgegner die Durchführung des streitigen Verfahrens nach § 696 ZPO beantragt haben (s. oben Anm. 4 zu Zeile 45 rechs) oder im Falle des Einspruchs gegen einen Vollstreckungsbescheid gibt das Mahngericht das Verfahren unanfechtbar an das nach § 690 Abs. 1 Nr. 5 ZPO i. V. m. § 46 a Abs. 1 S. 3 WEG bezeichnete Gericht der freiwilligen Gerichtsbarkeit (WE-Gericht) bzw. an die für die Bearbeitung der WE-Sachen zuständige Abteilung des gleichen Gerichts (§ 698 ZPO) ab. Mit Eingang der Akten bei diesem Gericht wird der Mahnantrag als Antrag nach § 43 Abs. 1 WEG angesehen, das weitere Verfahren ist gewöhnliches Verfahren nach §§ 43 ff. WEG. Ein Versäumnisurteil gibt es in diesem Verfahren nicht. Wenn der Widerspruch zurückgenommen wird, erlässt das Gericht der freiwilligen Gerichtsbarkeit den Vollstreckungsbescheid nach § 699 Abs. 1 S. 3 ZPO.

6. Auch abgesehen von den Fällen des Übergangs vom Mahnverfahren in das streitige Verfahren der freiwilligen Gerichtsbarkeit kommt eine Abgabe an das WE-Gericht in das streitige Verfahren der freiwilligen Gerichtsbarkeit in Betracht, wenn etwa eine Wohnungseigentumssache versehentlich beim allgemeinen Prozessgericht anhängig gemacht worden ist. In umgekehrter Richtung erfolgt eine Abgabe durch das WE-Gericht an das zuständige Prozessgericht, wenn keine wohnungseigentumsrechtliche Streitigkeit iSv. § 43 Abs. 1 WEG vorliegt, z. B. bei einem Antrag gegen einen bereits ausgeschiedenen Wohnungseigentümer (vgl. hierzu Anm. 4 zu Form. II. H. 1 und Anm. 3 zu Form. II. H. 2).

Steht die Verfahrenszuständigkeit unter den Beteiligten in Streit, ist nach § 17a Abs. 3 und 4 GVG zu verfahren. Das Gericht muss auf Rüge eines Beteiligten einen Vorabbeschluss erlassen (§ 17a Abs. 3 S. 2 GVG).

7. Im Falle des Einspruchs gegen einen Vollstreckungsbescheid prüft das WE-Gericht die Zulässigkeit des Einspruchs nach §§ 46a Abs. 3 S. 2 WEG, 339, 340 Abs. 1 und 2 ZPO und verwirft einen etwa unzulässigen Einspruch gemäß § 341 ZPO durch Beschluss. Zu beachten ist allerdings, dass für die sofortige Beschwerde gegen einen solchen Beschluss § 45 Abs. 1 WEG gilt, d. h. die sofortige Beschwerde ist nur zulässig, wenn der in § 45 WEG genannte Wert des Beschwerdegegenstands überschritten ist (vgl. Form. II. H. 8).

8. Sowohl im Falle des Widerspruchs als auch des – zulässigen – Einspruchs gegen einen Vollstreckungsbescheid setzt das Gericht der freiwilligen Gerichtsbarkeit dem Antragsteller eine Frist zur Begründung, vor deren Ablauf es nicht tätig wird, im Falle des Einspruchs jedoch vorbehaltlich einer möglichen Maßnahme (einstweilige Anordnung) nach § 44 Abs. 3 WEG. Zur Einstellung der Zwangsvollstreckung s. unten Anm. „Rechtsmittel und Fristen“ a. E.

Für die Begründung des Anspruchs gelten im wesentlichen dieselben Grundsätze wie für die Begründung eines unmittelbar nach § 43 Abs. 1 WEG gestellten Antrags.

Vgl. zur Antragsbegründung Form. II. H. 2 als Muster sowie Form. II. H. 1 Anm. 12 und 17.

Geht die Antragsbegründung nicht fristgemäß ein, ist die Zwangsvollstreckung auf Antrag des Antragsgegners ohne Sicherheitsleistung gem. § 46a Abs. 3 S. 4 einzustellen. Bereits getroffene Vollstreckungsmaßnahmen können aufgehoben werden (§ 46a Abs. 3 S. 5).

9. Der Widerspruch kann bis zum Ablauf einer Frist von zwei Wochen seit Zustellung der Begründung, der Einspruch spätestens bis zum Beginn der mündlichen Verhandlung zurückgenommen werden (§ 46a Abs. 2 und 3 WEG). Vgl. auch oben Anm. 5.

Kosten und Gebühren

Vgl. oben Anm. 4 zur Bezeichnung des Anspruchs (Zeile 32 bis 44), 4. Absatz.

Die im Mahnverfahren entstandenen Kosten werden nach Abgabe des Verfahrens in das streitige Verfahren der freiwilligen Gerichtsbarkeit Kosten dieses WE-Verfahrens mit der Folge, dass über sie nach billigem Ermessen nach § 47 WEG entschieden wird. Das gilt nach § 50 WEG ohne Einschränkung auch bei Abgabe durch das Prozessgericht.

Die Gerichtsgebühren werden im WE-Verfahren nicht nach dem GKG, sondern allein nach der KostO erhoben, während für die Entscheidung über den Mahnantrag zunächst die halbe – in der Regel höhere – Gebühr nach § 11 GKG i. V. mit Nr. 1100 des Kostenverzeichnisses zum GKG erhoben wird. Diese Gebühr fällt bei Überleitung ins WE-Verfahren der freiwilligen Gerichtsbarkeit aber nicht weg, sondern wird auf die für das WE-Verfahren nach § 48 Abs. 1 S. 1 bis 3 WEG anfallende Gerichtsgebühr gemäß § 48 Abs. 1 S. 4 WEG i. V. mit Nr. 1201 des Kostenverzeichnisses zum GKG angerechnet. Im Falle der Zurücknahme des Widerspruchs oder Einspruchs (s. oben Anm. 9) bleibt es also bei den im Mahnverfahren angefallenen Gebühren.

Für die Höhe und den Anfall der Rechtsanwaltskosten gelten unverändert die Bestimmungen der BRAGO. Auch bei diesen Kosten wird die Gebühr für das Mahnverfahren auf die später entstehende Prozessgebühr angerechnet (§ 43 Abs. 2 BRAGO). Bei Vertretung mehrerer Auftraggeber gilt die Erhöhungsgebühr nach § 6 BRAGO.

Bezüglich der – endgültigen – Kostentragungspflicht ist stets zu beachten, dass im streitigen WE-Verfahren dem Grundsatz nach die außergerichtlichen Kosten, also auch Anwaltskosten, jeder Beteiligte selbst zu tragen hat und ihre Erstattung nur ausnahmsweise angeordnet wird. Bei unzweifelhaften Wohngeldansprüchen gegenüber säumigen Wohnungseigentümern ist normalerweise mit Anordnung der Erstattung außergerichtlicher Kosten der Gläubigerseite zu rechnen (s. auch Form. II. H. 2 Anm. 10).

Fristen und Rechtsmittel

Für das Mahnverfahren selbst bestehen insoweit bei Geltendmachung wohnungseigentumsrechtlicher Zahlungsansprüche grundsätzlich keine Besonderheiten. Gegen die Zurückweisung des Mahnantrags also: befristete Erinnerung nach § 11 RPflG (Ausnahme: § 693 Abs. 3 ZPO unbefristete Erinnerung), gegen die Zurückweisung des Antrags auf Erlass des Vollstreckungsbescheids unbefristete Erinnerung. Zu Einlegung von Widerspruch und Einspruch sowie zum Antrag auf Erlass des Vollstreckungsbescheids s. Form. I. B. 2 bis 4. Für den Einspruch gegen den Vollstreckungsbescheid bestimmt § 46a Abs. 3 S. 2 WEG, dass §§ 339, 340 Abs. 1, 2, 341 ZPO anzuwenden sind. Zur Rücknahme von Widerspruch bzw. Einspruch s. oben Anm. 9.

Ab Eingang der Akten beim WE-Gericht der freiwilligen Gerichtsbarkeit gelten für das Verfahren dann die Bestimmungen des WEG/FGG. Nach diesem Zeitpunkt erlässt im Falle der Rücknahme des Widerspruchs das WE-Gericht den Vollstreckungsbescheid (§§ 46a Abs. 2 S. 3 WEG, 699 Abs. 1 S. 3 ZPO). Über die Zulässigkeit, insbesondere Rechtzeitigkeit, des Einspruchs gegen den Vollstreckungsbescheid entscheidet immer das WE-Gericht durch Beschluss nach § 341 ZPO. Diese Entscheidung ist – wie alle anderen Entscheidungen in WE-Sachen (ausgenommen einstweilige Anordnungen nach § 44 Abs. 3 WEG) mit sofortiger Beschwerde nach § 45 Abs. 1 WEG anfechtbar (§ 46a Abs. 3 S. 2). (Vgl. zur sofortigen Beschwerde ausführlicher Form. II. H. 8.) Ein zweites Versäumnisurteil entsprechend § 345 ZPO gibt es nicht.

Nach Einlegung von Widerspruch bzw. – zulässigem – Einspruch setzt das WE-Gericht dem Antragsteller eine Frist zur Begründung seines Antrags. Vor Eingang der Begründung wird das Verfahren nicht fortgeführt (abgesehen von möglichen Maßnahmen – einstweilige Anordnung – nach § 44 Abs. 3 WEG). Im Falle des Einspruchs gegen einen Vollstreckungsbescheid stellt – auf Antrag des Gegners – das Gericht die Zwangsvollstreckung ein und kann auch bereits getroffene Vollstreckungsmaßregeln aufheben (§ 46a Abs. 3 S. 4 und 5 WEG).

4. Antrag eines Wohnungseigentümers[1] auf Leistung von Schadensersatz[2] (Alternative: ...... auf Unterlassung[3]) gegen einen anderen Wohnungseigentümer[4]

An das Amtsgericht
Gericht der freiwilligen Gerichtsbarkeit[5]
Abteilung für Wohnungseigentumssachen

Antrag

in der Wohnungseigentumssache

A., X.-Straße Nr. ......, Z.-Stadt

– Antragsteller –

Verfahrensbevollmächtigter[6]: V., W.-Straße Nr. ......, Z.-Stadt

gegen

B., X.-Straße Nr. ......, Z.-Stadt

– Antragsgegner –[7]

Weitere Beteiligte[8]: C., X.-Straße, Nr. ......, Z.-Stadt, dem mit anliegendem Schriftsatz, den ich zuzustellen bitte, der Streit verkündet wird[9] mit der Aufforderung, dem Verfahren auf Seiten des Antragsgegners beizutreten:

Verwalter der Wohnanlage[10]: D., Y.-Straße Nr. ......, Z.-Stadt

wegen Schadensersatzforderung (Alternative: Unterlassung)
Vorläufiger Geschäftswert[11]: ......

Unter Einzahlung eines Kostenvorschusses von ...... EUR beantrage ich im Namen und mit Vollmacht des Antragstellers,

I. den Antragsgegner zu verpflichten, an den Antragsteller ...... EUR zu bezahlen (Alternative: dem Antragsgegner unter Androhung eines angemessenen Ordnungsgeldes für den Fall der Zuwiderhandlung aufzugeben[12], es zu unterlassen, durch übermäßige Geräuschentwicklung der zu seinem Teileigentum gehörenden Klimaanlage den Antragsteller in der Nutzung seines Wohnungseigentums zu stören),
II. dem Antragsgegner die Kosten des Verfahrens aufzuerlegen[13].

Begründung[14]:

Antragsteller und Antragsgegner sind Mitglieder der Wohnungseigentümergemeinschaft X.-Straße Nr. ...... in Z.-Stadt. Der Antragsteller ist Eigentümer der Wohnung Nr. ......, der Antragsgegner der über der Wohnung des Antragstellers liegenden Wohnung Nr. ......, die an den Streitverkündungsgegner C. vermietet ist. Durch dessen schadhafte Waschmaschine kam es in der Wohnung des Antragstellers schon wiederholt zu Überschwemmungen, zuletzt am ...... Dabei entstanden wiederum durch eindringendes Wasser in der Wohnung des Antragstellers an der Decke des Flurs große Flecken, die sich nur durch Überstreichen beseitigen ließen. Die dadurch entstandenen Kosten von ...... werden als Schadensersatz vom Antragsgegner verlangt[15].

Beweis[16]: Vernehmung von D., Verwalter der Wohnanlage;
Rechnung der Firma Y. in Z.-Stadt vom ......, in Fotokopie vorgelegt.

(Alternative: Der Antragsteller ist Eigentümer der im x-ten Stock der Wohnungseigentumsanlage X.-Straße Nr. ...... in Z.-Stadt gelegenen Wohnung Nr. ......, der Antragsgegner der in seinem Teileigentum[17] stehenden Geschäfts- und Lagerräume im Keller- und Erdgeschoss. Diese gewerblichen Räume sind an den Streitverkündungsgegner C vermietet. Die vom Antragsgegner vor einiger Zeit eingebaute Klimaanlage verursacht im Wohn- und Schlafzimmer der Wohnung des Antragstellers so starke Geräusche, dass die Bewohner dieser Wohnung tagsüber und auch nachts in einem Maß gestört werden, das erheblich über das Ortsübliche hinausgeht[18].

Beweis[19]: Vernehmung von D., Verwalter der Wohnanlage, und von
E., X.-Straße Nr. ......, Z.-Stadt, Untermieter in der Wohnung des Antragstellers, als Zeugen;
Einholung eines schalltechnischen Gutachtens.

Der Antragsgegner wurde am ...... aufgefordert Abhilfe zu schaffen. Da der Antragsgegner und der Streitverkündungsgegner sich mit Schreiben vom ...... weigern Abhilfe zu schaffen, sind weitere Beeinträchtigungen zu erwarten, so dass der gestellte Antrag auf Unterlassung der Störungen gerechtfertigt ist).

(Namensunterschrift V)

Anmerkungen

1. Aktivlegitimiert im Antragsverfahren nach § 43 Abs. 1 Nr. 1 WEG können außer der Gesamtheit der Wohnungseigentümer (vgl. Form. II. H. 1 und II. H. 2) auch einzelne

Wohnungseigentümer sein, denn zu den in § 43 Abs. 1 S. 1 WEG genannten Rechten und Pflichten der Wohnungseigentümer untereinander aus der Gemeinschaft gehören auch die sich aus § 14 Nr. 1 und 2 WEG ergebenden Rechte und Pflichten. Der in seinem Wohnungseigentum, dh. sowohl hinsichtlich seines Sondereigentums (§§ 3, 5 WEG) wie seiner Mitberechtigung am Gemeinschaftseigentum beeinträchtigte Wohnungseigentümer kann die Abwehrklage, Beseitigungs- oder Schadensersatzansprüche wegen unzulässiger Beeinträchtigung für sich allein geltend machen. Ob bei Beeinträchtigung des Gemeinschaftseigentums dem einzelnen Miteigentümer neben seinem eigenen Abwehranspruch und über § 21 Abs. 2 WEG hinaus die actio pro socio zusteht, ist zweifelhaft (vgl. zu dieser Frage Anm. 4 zu Form. II. H. 2 erster Absatz und die dort zitierte Rspr.).

2. Schadensersatzansprüche der Wohnungseigentümer gegeneinander sind im Verfahren der freiwilligen Gerichtsbarkeit nach §§ 43 ff. WEG geltend zu machen, wenn diese Ansprüche aus der Verletzung von Rechten und Pflichten aus der Gemeinschaft der Wohnungseigentümer oder der Verwaltung des Gemeinschaftseigentums herrühren. Dabei ist es gleichgültig, ob diese Ansprüche ihre Grundlage im WEG oder in sonstigen bürgerlich- rechtlichen Vorschriften haben (vgl. auch Anm. 4). Auch die sekundären Hilfs- und Ersatzansprüche, die aus einer Störung im Rechtsverhältnis erwachsen, sind hinsichtlich der Verfahrenszuständigkeit den aus den §§ 10 ff. WEG folgenden primären Erfüllungsansprüchen gleichzustellen (*Bärmann/Pick/Merle* § 43 Rdn. 25 mwN.).

3. Auch ein Unterlassungs- oder Beseitigungsanspruch eines Wohnungseigentümers aus einem Tatbestand, der zugleich eine Verletzung von Gemeinschaftspflichten darstellt, ist im Verfahren nach §§ 43 ff. WEG geltend zu machen, gleichviel, ob der Anspruch zugleich unmittelbar auf Bestimmungen des BGB (zB. §§ 823, 1004) gestützt ist. Dagegen sind Ansprüche des Mieters, auch an Wohnungseigentümer abgetretene, vor dem Prozessgericht geltend zu machen.

4. Abwehransprüche (einschließlich nachbarrechtlicher) und Schadensersatzansprüche gegen Dritte (dh. Personen, die nicht Mitglieder der Wohnungseigentümergemeinschaft sind und nicht Verwalter) sind nicht im Verfahren der freiwilligen Gerichtsbarkeit sondern im Klageverfahren vor dem ordentlichen Prozessgericht geltend zu machen.

5. S. Form. II. H. 1 Anm. 1 und 2.

6. S. Form. II. H. 1 Anm. 5 und 7.

7. Vgl. zunächst Form. II. H. 1 Anm. 8. Die Frage, wer Beteiligter im Verfahren nach § 43 WEG ist, hat wegen der bindenden Wirkung der Entscheidung für alle Beteiligten nach § 45 Abs. 2 S. 2 WEG erhebliche Bedeutung. Dabei spielt es keine Rolle, ob die nach § 43 Abs. 4 WEG am Verfahren Beteiligten sich aktiv im Verfahren betätigen. Da das Gericht zur Ermittlung der materiell Beteiligten dem Antragsteller deren Namhaftmachung aufgeben kann und dies in der Regel auch tun wird, empfiehlt sich die Angabe aller Beteiligten bereits im Antrag.

8. Weitere Beteiligte (s. auch Anm. 7) können gemäß § 43 Abs. 4 Nr. 1 WEG sämtliche übrigen Wohnungseigentümer sein, dies vor allem dann, wenn Belange der ganzen Wohnungseigentümergemeinschaft berührt sind, zB. bei Beeinträchtigungen des Gemeinschaftseigentums. Allerdings brauchen die weiteren Beteiligten nicht notwendig schon im Antrag aufgeführt zu werden, weil das Gericht von Amts wegen die Beteiligten zu ermitteln hat.

Der Mieter eines Wohnungseigentümers ist nach Maßgabe von § 43 Abs. 4 WEG nicht auf Grund Gesetzes Verfahrensbeteiligter. Er kann auch im Verfahren nach §§ 43 ff. WEG weder aktiv- noch passivlegitimiert sein (ausgenommen als „Dritter" iSv. § 43 Abs. 1 Nr. 3 WEG). Soll der Mieter oder ein sonstiger Nichtwohnungseigentümer in das

Verfahren einbezogen werden, kann dies nur in Form der Nebenintervention oder der Streitverkündung in entsprechender Anwendung der §§ 66 ff. und 72 ff. ZPO geschehen (s. auch Anm. 9).

9. Nebenintervention und Streitverkündung sind in entsprechender Anwendung der ZPO-Vorschriften zulässig (*Palandt/Bassenge* § 43 WEG Rdn. 14). Vgl. auch Form. I. J. 1 und 2.

10. S. Form. II. H. 1 Anm. 6.

11. Der Geschäftswert bemisst sich gemäß § 48 Abs. 3 WEG bei Geldforderungen in der Regel nach der Höhe der Forderung; bei anderen Ansprüchen kann, soweit keine anderen Anhaltspunkte vorliegen, auf den Regelwert gemäß § 30 Abs. 2 KostO zurückgegriffen werden (vgl. auch Anm. 10 zu Form. II. H. 1 sowie Anm. „Kosten und Gebühren" zu Form. II. H. 5).

12. Da die Zwangsvollstreckung aus rechtskräftigen Entscheidungen sich gemäß § 45 Abs. 3 WEG nach den Vorschriften der ZPO richtet, sind auch §§ 887 ff. ZPO anzuwenden, bei Titeln über Unterlassungs- und Duldungspflichten § 890 ZPO. Die Androhung von Zwangsmaßnahmen bei Zuwiderhandlung kann bereits in der Entscheidung erfolgen (*Thomas/Putzo* § 890 Rdn. 18) und setzt einen Antrag voraus.

Die Zwangsmaßnahmen zur Durchsetzung eines Beseitigungsanspruchs sind je nachdem verschieden, ob er auf eine vertretbare Handlung (§ 887 ZPO) oder auf eine nicht vertretbare Handlung (§ 888 ZPO) gerichtet ist.

13. S. Form. II. H. 1 Anm. 14 und Form. II. H. 2 Anm. 10.

14. S. Form. II. H. 1 Anm. 17.

15. Jeder Wohnungseigentümer hat nach § 14 Nr. 2 WEG dafür zu sorgen, dass die in Nr. 1 genannten Pflichten der Wohnungseigentümer untereinander auch durch die Personen eingehalten werden, denen er die Benutzung seines Wohnungseigentums ganz oder teilweise überlässt. Da die Haftung aus § 14 WEG eine Haftung aus Vertrag ist, gibt § 14 Nr. 2 WEG eine nähere Umschreibung des Personenkreises, für den der Wohnungseigentümer nach § 278 BGB einzustehen hat (*Bärmann/Pick/Merle* § 14 Rdn. 49 ff.).

16. S. Form. II. H. 1 Anm. 21.

17. S. Form. II. H. 1 Anm. 18.

18. Infolge des „intensivierten Nachbarverhältnisses" (*Bärmann/Pick/Merle* § 13 Rdn. 158) der Wohnungs- und Teileigentümer bestehen gesteigerte nachbarrechtliche Verpflichtungen, für deren Einhaltung jeder Wohnungs- und Teileigentümer nach Maßgabe von § 14 Nr. 1 und 2 WEG zu sorgen hat. §§ 906 bis 908 BGB sind dabei entsprechend anzuwenden und begrenzen die Nutzung des Sondereigentums nach § 13 Abs. 1 WEG. Umgekehrt beschreibt § 14 Nr. 3 WEG die Duldungspflicht. Die darüber hinaus gehenden Einwirkungen kann jeder Wohnungseigentümer als Besitz- und Eigentumsstörungen abwehren. (Zu Umfang und Grenzen der Duldungspflicht vgl. *Bärmann/Pick/ Merle* § 13 Rdn. 158 ff., 172 ff., 185 ff.).

19. Auch das Anbieten von Sachverständigenbeweis ist wie jede Angabe eines Beweismittels wegen des Amtsermittlungsgrundsatzes lediglich Anregung an das Gericht, das an bestimmte Beweisanträge der Beteiligten nicht gebunden ist (vgl. Form. II. H. 1 Anm. 21).

Bei Beweisanordnung kommt Vorschusspflicht zur Deckung der Auslagen nach Maßgabe von § 8 Abs. 1 S. 2 KostO in Betracht.

Kosten und Gebühren

Zum Geschäftswert s. Anm. 11 zu Form. II H. 4; zum Kostenvorschuss s. Anm. 11 zu Form. II. H. 1; zu den Verfahrenskosten allgemein s. Anm. 14 zu Form. II. H. 1; zur Erstattung außergerichtlicher Kosten s. Anm. 10 zu Form. II. H. 2, ebenso zur Kostenentscheidung bei Antragsrücknahme und Erledigung der Hauptsache.

5. Antrag auf Ungültigerklärung (Anfechtung)[2, 4, 12, 23] eines Beschlusses einer Eigentümerversammlung nach § 43 Abs. 1 Nr. 4 WEG mit Wiedereinsetzungsantrag entsprechend § 22 Abs. 2 FGG

An das Amtsgericht
Gericht der freiwilligen Gerichtsbarkeit[1]
Abteilung für Wohnungseigentumssachen

Antrag

in der Wohnungseigentumssache

A., X.-Straße Nr. . . . . . . in Z.-Stadt

– Antragsteller –[2]

Verfahrensbevollmächtigter[3]: V., W.-Straße Nr. . . . . . . in Z.-Stadt

gegen

die Eigentümer[4] der Wohnungseigentumsanlage
X.-Straße Nr. . . . . . . in Z.-Stadt,
namentlich aufgeführt in der anliegenden Eigentümerliste[4]

– Antragsgegner –

Verwalter der Wohnungseigentumsanlage[5]: B., Y.-Straße Nr. . . . . . . in Z.-Stadt

wegen Ungültigkeit eines Beschlusses

Vorläufiger Geschäftswert[6]: . . . . . .

Unter Vorlage von . . . . . . weiteren Abschriften[7] dieses Antrags und unter Einzahlung eines Kostenvorschusses[8] von . . . . . . EUR beantrage[9] ich im Namen und mit Vollmacht des Antragstellers

1. ihm vorsorglich Wiedereinsetzung wegen etwaiger Versäumung der Frist[10, 11] zur Anfechtung[12, 23] des Eigentümerbeschlusses vom . . . . . . zu gewähren,
2. den „Beschluss"[23] der Eigentümerversammlung vom . . . . . . zu Tagesordnungspunkt . . . . . . für ungültig zu erklären[12, 23],
3. den Antragsgegnern die Verfahrenskosten aufzuerlegen[13].

Begründung[14]:

Das Protokoll über die Versammlung der Wohnungseigentümer der Eigentumswohnanlage X.-Straße Nr. . . . . . ., vom . . . . . ., in der dem Antragsteller die Wohnung Nr. . . . . . . gehört, weist zu Tagesordnungspunkt . . . . . . folgende Beschlussfassung aus[15 + 23]:

„Auf einem Teil der Grünfläche neben dem Wohngebäude werden 10 Garagen in Fertigbauweise errichtet; die Finanzierung der Gesamtbaukosten von . . . . . . erfolgt je zur Hälfte aus der Instandhaltungsrücklage[16] bzw. aus einer von den Wohnungseigentümern entsprechend der Größe ihrer Miteigentumsanteile[17] aufzubringenden Umlage."

An der Versammlung, zu der der Verwalter mit Schreiben vom . . . . . . unter Hinweis auf den einzigen Tagesordnungspunkt „Verschiedenes" eingeladen hatte[18], haben laut Versammlungsniederschrift 46 von 85 Wohnungseigentümern teilgenommen, die 478/1000 der gesamten Miteigentumsanteile repräsentierten. Teilungserklärung und Gemeinschaftsordnung enthalten keine Abweichung von der gesetzlichen Regelung zur Beschlussfähigkeit[19]. Bei der Abstimmung über den beanstandeten Beschluss haben 16 Eigentümer mit Ja, 17 mit Nein gestimmt und 13 haben sich der Stimme enthalten[20].

Beweis[21]: Einladungsschreiben vom ......
Versammlungsprotokoll vom ......
Teilungserklärung mit Gemeinschaftsordnung,
jeweils in Fotokopie.

Nach der Teilungserklärung mit Gemeinschaftsordnung ist zwar richtig nach Köpfen abgestimmt worden[22]. Die erforderliche Mehrheit für eine Beschlussfassung lag aber nicht vor, ein Beschluss ist daher überhaupt nicht zustande gekommen[23]. Darüber hinaus war auch die Bezeichnung des Gegenstands der Abstimmung in der Einladung nicht ausreichend[24]. Vor allem aber durfte die Eigentümerversammlung ohne Zustimmung aller Miteigentümer über den Garagenbau gar nicht beschließen[25] und zur Finanzierung nicht den Antragsteller in Anspruch nehmen[26]. Im übrigen wäre die Eigentümerversammlung gar nicht beschlussfähig gewesen[19].
Der Antrag auf Wiedereinsetzung wird vorsorglich[23] gestellt, weil der Antragsteller ohne sein Verschulden von dem angeblichen Beschluss erst nach Ablauf eines Monats seit der Abstimmung Kenntnis erhielt[27], als der Verwalter ihn zur Bezahlung der Umlage aufforderte. Der Antragsteller selbst hatte an der entscheidenden Versammlung nicht teilgenommen; er brauchte auch nach der unzureichenden Angabe der Tagesordnung im Einladungsschreiben nicht mit einer Beschlussfassung von so weitreichender Bedeutung rechnen[28]. Er hat schließlich das Protokoll der Eigentümerversammlung erst innerhalb der vergangenen zwei Wochen[29] erhalten.
Zur Glaubhaftmachung der vorstehenden Angaben[30] lege ich eine eidesstattliche Versicherung des Antragstellers vor, und verweise auf das Einladungsschreiben des Verwalters und die Anwesenheitsliste zur Eigentümerversammlung vom ......
Der eingangs genannte „Beschluss" wird wegen der dargestellten Mängel bei der Beschlussfassung angefochten[23] für den Fall[31], dass der Beschluss als zustandegekommen angesehen würde.

(Namensunterschrift V)

Anmerkungen

Vorbemerkung:

Der Beispielfall betrifft die Anfechtung eines „Beschlusses", der eigentlich als Beschluss – wegen fehlender Stimmenmehrheit – gar nicht zustande gekommen ist, darüber hinaus aber auch an einer Vielzahl formeller und materieller Mängel leidet. Die besondere Problematik ergibt sich daraus, dass das Versammlungsprotokoll fehlerhaft eine (positive) Beschlussfassung ausweist (s. dazu insbesondere nachfolgende Anm. 14 und 23).

1. S. Form. II. H. 1 Anm. 1 und 2.

2. Antragsberechtigt im Verfahren über die Gültigkeit bzw. Ungültigkeit von Eigentümerbeschlüssen nach § 43 Abs. 1 Nr. 4 WEG einschließlich des Beschlussanfechtungsverfahrens im engeren Sinne (s. unten Anm. 12 und 23) ist gemäß Abs. 4 jeder Wohnungseigentümer und der Verwalter. Die Anträge mehrerer Miteigentümer nebeneinander sind zulässig (BayObLG 1977, 226). Vgl. auch Anm. 4 zu Form. II. H. 1. Sehr umstritten war lange und ist es teilweise noch, ob und unter welchen Voraussetzungen ein bereits ausgeschiedener oder gar ein sogen. werdender (faktischer) Wohnungseigentümer zur Beschlussanfechtung berechtigt sind. Nach BGHZ 106, 113 hat ein noch nicht als Wohnungseigentümer eingetragener Erwerber jedenfalls noch keine eigenen Rechte und Pflichten aus dem WEG, also aus eigenem Recht auch kein Stimm- und kein Anfechtungsrecht. Vgl. aber auch das Problem der sogen. faktischen (werdenden) Wohnungseigentümergemeinschaft (s. auch Form. II. H. 1 Anm. 4).

3. Für die durch einen einzelnen Wohnungseigentümer erteilte Verfahrensvollmacht gelten keine Besonderheiten. Vgl. ergänzend Anm. 5 und 7 zu Form. II. H. 1.

4. Genau genommen sind Antragsgegner des antragstellenden Wohnungseigentümers im Verfahren nach § 43 Abs. 1 Nr. 4 (einschließlich des Beschlussanfechtungsverfahrens im eigentlichen Sinne gemäß § 23 Abs. 4 WEG) die übrigen Wohnungseigentümer. Wie stets im Verfahren der freiwilligen Gerichtsbarkeit nach § 43 WEG ist die Bezeichnung des Antragsgegners zwar nicht gesetzlich vorgeschrieben. Da aber im Verfahren über die Ungültigkeit von Beschlüssen alle Wohnungseigentümer gemäß § 43 Abs. 4 Nr. 2 WEG neben dem Verwalter Verfahrensbeteiligte sind und die rechtskräftige Entscheidung nach § 45 Abs. 2 S. 2 WEG für alle Beteiligten bindend ist, hat das Gericht auch hier die Beteiligten von Amts wegen festzustellen und ist hierzu auf die Vorlage einer Eigentümerliste mit Namen und Anschriften der Wohnungseigentümer angewiesen. Wenn die Eigentümerliste bei Einreichung des Antrags noch nicht verfügbar ist, kann sie auch später nachgereicht werden. Vgl. auch Anm. 3 zu Form. II. H. 1.

5. Die Angabe des Verwalters ist in diesem Verfahren besonders wichtig. Der Verwalter ist gemäß § 43 Abs. 4 Nr. 2 WEG Beteiligter am Verfahren, dem schon die Antragsschrift zuzustellen ist. Da aber auch allen anderen Verfahrensbeteiligten, dh. sämtlichen Wohnungseigentümern, der Antrag (und alle weiteren bestimmenden Schriftsätze, Ladungen, Entscheidungen) zugestellt werden müssen, erleichtert die gesetzliche Zustellungsempfangsermächtigung des Verwalters nach § 27 Abs. 2 Nr. 3 WEG vor allem bei großen Wohnungseigentümergemeinschaften – auch kostenmindernd – das Zustellverfahren: die den Wohnungseigentümern zuzustellenden Antragsschriften (und anderen Schriftstücke) werden mit einer Sendung unter der Anschrift des Verwalters zugestellt. Vgl. auch Anm. 7 sowie Form. II. H. 1 Anm. 5 und 6.

6. S. auch Form. II. H. 1 Anm. 10. Gerade im Verfahren über die Gültigkeit oder Ungültigkeit von Beschlüssen kann die Ermittlung des Geschäftswerts nach Maßgabe von § 48 Abs. 3 WEG Schwierigkeiten bereiten, so dass der Antragsteller sich möglicherweise auf die tatsächlichen Angaben in der Antragsbegründung beschränken muss. Im Einzelnen s. zum Geschäftswert unten Anm. Kosten und Gebühren.

7. Wegen der gesetzlichen Vertretungsmacht des Verwalters bei der Entgegennahme von Zustellungen nach § 27 Abs. 2 Nr. 3 WEG genügt zur Zustellung an die Wohnungseigentümer über den Verwalter (nach BGH NJW 1981, 282ff. in Anwendung des § 189 Abs. 1 ZPO) die Übergabe einer Abschrift des zuzustellenden Schriftstücks an den Verwalter (s. auch oben Anm. 5 und Form. II. H. 1 Anm. 5), so dass auch bei Anträgen nach § 43 Abs. 1 Nr. 4 WEG nicht mehr als zweckmäßigerweise zwei Abschriften beigefügt werden brauchen (beachte aber die in Form. II. H. 7 Anm. 8 genannten Ausnahmefälle!).

Zur Fristwahrung gemäß § 23 Abs. 4 S. 2 WEG genügt stets die Einreichung einer Antragsschrift bei Gericht.

8. Vgl. Form. II. H. 1 Anm. 11. Insbesondere dann, wenn der Geschäftswert nicht einfach zu ermitteln ist (vgl. Anm. 6), wird man von der Einzahlung eines Kostenvorschusses zunächst solange absehen können, bis das Gericht den Geschäftswert vorläufig festgesetzt hat und einen Kostenvorschuss anfordert.

9. Bei Anträgen auf Ungültigerklärung von Beschlüssen gemäß § 43 Abs. 1 Nr. 4 WEG ist es – anders als in den Verfahren nach § 43 Abs. 1 Nr. 1 bis 3 WEG – erforderlich, dass der Antrag wenigstens so bestimmt ist, dass sich aus ihm der Wille zur Anfechtung und der Gegenstand der Anfechtung ergibt. Der Beschluss, dessen Ungültigerklärung (bzw. Feststellung der Nichtigkeit oder des Nichtzustandekommens) begehrt wird, ist in unverwechselbarer Weise zu bezeichnen, zB. nach dem Datum der Eigentümerversammlung und dem jeweiligen Tagesordnungspunkt; auch die Wiedergabe des Beschlusswortlauts kann manchmal zweckmäßig sein, ist aber nicht unbedingt erforderlich. Das Gericht ist im Beschlussanfechtungsverfahren entsprechend § 308 ZPO an den

Antrag gebunden (BayObLG NJW 1974, 1910). Vor allem eine etwaige Beschränkung der Anfechtung (zulässig nach BayObLG NJW 1986, 385 bei einzelnen Abrechnungsposten einer Jahresabrechnung) muss im Antrag deutlich gemacht werden.

10. Die Frist zur Anfechtung von Beschlüssen beträgt nach § 23 Abs. 4 S. 2 WEG einen Monat. Mit Ablauf dieser Frist werden alle verzichtbaren Mängel eines Beschlusses geheilt (s. auch Anm. 12). Für die Berechnung der Frist gelten gemäß § 17 Abs. 1 FGG die Bestimmungen der §§ 186ff. BGB. Die Monatsfrist ist danach gewahrt, wenn der Antrag auf Ungültigerklärung eines zB. am 15. eines Monats gefassten Beschlusses am 15. des folgenden Monats bei Gericht eingeht (§ 188 Abs. 2 BGB).

11. Bei unverschuldeter Versäumung der Anfechtungsfrist des § 23 Abs. 4 S. 2 WEG findet auf Antrag die Wiedereinsetzung in den vorigen Stand in entsprechender Anwendung des § 22 Abs. 2 FGG statt (BGH NJW 1970, 2061 m. Anm. *Pick* und BayObLGZ 1981, 21ff.).

12. Beschlüsse von Eigentümerversammlungen werden für alle Mitglieder der jeweiligen Wohnungseigentümergemeinschaft (und für ihre Rechtsnachfolger – § 10 Abs. 3 WEG) und den Verwalter bindend, wenn sie nicht nach § 23 Abs. 4 WEG angefochten werden und solange sie nicht für ungültig erklärt sind, ausgenommen Beschlüsse, die nichtig sind, weil sie an einem unverzichtbaren Mangel leiden, zB. bei Verträgen gegen Vorschriften über notwendig gemeinschaftliche Sachen (§ 5 Abs. 2 WEG), Unauflösbarkeit der Gemeinschaft (§ 11 WEG) und Verbotsgesetze außerhalb des WEG (*Bärmann/Pick/Merle* § 23 Rdn. 107 und 109ff.). Im einzelnen ist die Abgrenzung zwischen bloßer Anfechtbarkeit und Nichtigkeit schwierig und umstritten. Die Nichtigkeit kann ohne Rücksicht auf eine Frist zu jeder Zeit ebenfalls im Verfahren nach § 43 Abs. 1 Nr. 4 WEG geltend gemacht werden.

Auf den Anfechtungsantrag hin kann das Gericht den mangelhaften Beschluss nicht abändern oder ersetzen (streitig), sondern ihn entweder für ungültig erklären (bzw. die Nichtigkeit feststellen) oder den unbegründeten (bzw. unzulässigen) Antrag zurückweisen.

Zur Antragsfassung für den vorliegenden Fall s. aber auch unten Anm. 23.

13. S. Form. II. H. 1 Anm. 14.

14. Vgl. auch Form. II. H. 1 Anm. 17. Der prozessualen Förderungspflicht der Beteiligten kommt im Beschlussanfechtungsverfahren große Bedeutung zu, weil das Gericht ohne ausreichenden Sachvortrag der Beteiligten keine genügende Entscheidungsgrundlage erlangen kann. Welche Bedeutung die Antragsbegründung haben kann, zeigt der Formularfall mit der Problematik des nicht zustande gekommenen Beschlusses („Schein-“ oder „Nichtbeschluss“) bzw. des nur anfechtbaren Beschlusses (s. unten Anm. 23). Wenn etwa aus Zeitnot wegen drohenden Fristablaufs der Antrag bei der Einreichung noch nicht begründet werden kann – zur Fristwahrung genügt die Einreichung des Antrags allein – kann die Begründung auch nachgeholt werden.

15. Die Willensbildung der Wohnungseigentümergemeinschaft erfolgt – wenn nicht durch Vereinbarung unter Mitwirkung aller Miteigentümer – durch Beschlussfassung in der Regel in einer Eigentümerversammlung (§ 23 Abs. 1 WEG), außerhalb der Eigentümerversammlung durch schriftliche Zustimmung aller Wohnungseigentümer (§ 23 Abs. 3 WEG). Für die Beschlussfassung in der Eigentümerversammlung gilt das Mehrheitsprinzip in Angelegenheiten der Gemeinschaft, die Verwaltung und gemeinschaftliche Nutzung betreffen (§ 21 Abs. 3 WEG). Zu den Grenzen des Mehrheitsprinzips s. unten Anm. 25:

Durch erneute Beschlussfassung über denselben Gegenstand in einer späteren Versammlung, sogen. Zweitbeschluss, werden in der Praxis häufig Anfechtungsverfahren nach dem WEG vermieden oder soweit sie schon anhängig waren, erledigt. Je nach seinem Inhalt kann der Zweitbeschluss den Erstbeschluss ersetzen – in diesem Fall wird der Erstbeschluss aufgehoben und das Rechtsschutzinteresse für seine Anfechtung entfällt –

oder bestätigend wiederholen – hier bleibt der Erstbeschluss bestehen samt seiner etwa vorhandenen, nur innerhalb der Monatsfrist des § 23 Abs. 4 WEG geltend zu machenden materiell-rechtlichen Anfechtbarkeit, während formelle Mängel durch den Bestätigungsbeschluss rückwirkend geheilt werden könnten (BayObLG 1977, 226 = NJW 1978, 1387); die etwaige materiell- rechtl. Anfechtbarkeit bleibt bis zur Unanfechtbarkeit des Zweitbeschlusses bestehen.

Der Klarheit wegen sollten die Wohnungseigentümer einen zweifelhaften früheren Beschluss, gerade auch, wenn er angefochten ist oder eine Anfechtung zu befürchten ist, durch einen reinen Aufhebungsbeschluss beseitigen und – getrennt davon – neuen Beschluss in der Sache selbst fassen.

16. Soweit die sogen. Instandhaltungsrückstellung (= I.-Rücklage) – vgl. § 21 Abs. 5 Nr. 4 WEG – in Anspruch genommen wird, handelt es sich um eine finanzielle Inanspruchnahme der einzelnen Wohnungseigentümer. Die durch Beitragszahlung der Wohnungseigentümer gebildete Rücklage gehört zum gemeinschaftlichen Vermögen aller Miteigentümer in untrennbarer wohnungseigentumsrechtlicher Bindung. Maßnahmen, denen nicht alle betroffenen Miteigentümer nach § 22 Abs. 1 WEG zugestimmt haben, dürfen nicht aus der Instandhaltungsrückstellung finanziert werden (*Bärmann/Pick/Merle* § 21 Rdn. 150ff. [166]).

17. S. Form. II. H. 2 Anm. 15.

18. Gem. § 24 Abs. 4 S. 1 WEG muss zu einer Eigentümerversammlung schriftlich eingeladen werden mit Angabe jedenfalls der Tagesordnungspunkte, zu denen Beschlüsse gefasst werden sollen (§ 23 Abs. 2 WEG). Die Nichteinladung eines Wohnungseigentümers kann bei Ursächlichkeit für das Abstimmergebnis zur Anfechtbarkeit von Beschlüssen führen.

In der Praxis ist häufig die Eventualeinladung zu einer auf den gleichen Tag meist kurze Zeit nach der ersten einberufenen zweiten (Ersatz-)versammlung anzutreffen. Eine ordnungsgemäß einberufene Ersatzversammlung mit dem gleichen Gegenstand ist nach § 25 Abs. 4 S. 2 WEG ohne Rücksicht auf die Zahl der erschienenen Wohnungseigentümer bzw. der vertretenen Miteigentumsanteile beschlussfähig. Die Zulässigkeit der Eventualeinladung ist in Rspr. und Lit. sehr umstritten (vgl. *Bärmann/Pick* § 25 Rdn. 30).

19. Gemäß § 25 Abs. 3 WEG (abdingbar) ist Beschlussfähigkeit gegeben, wenn mehr als die Hälfte der Miteigentumsanteile vertreten sind.

20. Für die Feststellung einer Stimmenmehrheit gilt nach der gesetzlichen, in der Praxis allerdings häufig zulässigerweise abbedungenen Regelung des § 25 Abs. 2 WEG das Kopf- und nicht das Wert-(Anteils-)prinzip. Ob Enthaltungen wie Nein-Stimmen zählen (so noch KG NJW 1978, 1439), war lange Zeit sehr umstr. Nach BGHZ 106, 179 (= BGH NJW 1989, 1090) zählen Stimmenthaltungen bei der Berechnung der Stimmenmehrheit nicht mit. Stimmrechtsvollmacht bzw. -ermächtigung kann an andere Personen erteilt werden, soweit nicht bestehende Vereinbarungen, z. B. Teilungserklärung bzw. Gemeinschaftsordnung, dies einschränken.

21. S. Form. II. H. 1 Anm. 17 und 21.

22. S. Anm. 20.

23. Im Normalfall der reinen Beschlussanfechtung (s. oben Anm. 4 und 12) entfallen die Anführungsstriche bei „Beschluss". Fehlt es – wie im Formularbeispiel – schon an einer Stimmenmehrheit (vgl. oben Anm. 20), so ist eigentlich kein Beschluss zustande gekommen, so dass es strenggenommen keiner Anfechtung (im eigentlichen Sinne) bedürfte. Es könnte in diesem Fall – auch im Verfahren nach § 43 Abs. 1 Nr. 4 WEG – ein Antrag auf Feststellung, dass ein Beschluss nicht gefasst wurde, gestellt werden, zweckmäßigerweise verbunden mit dem Antrag, den Verwalter zur Protokollberichtigung zu verpflichten (vgl. OLG Hamm Rpfleger 1979, 342). Der Feststellungsantrag könnte lauten: ...... festzustellen, dass der Beschluss vom ...... zu TOP ...... wegen Nichterreichen einer Stimmenmehrheit nicht zustande gekommen ist. (Dann folgt der Antrag zur Protokollberichtigung gemäß obigem Vorschlag).

Ob der Antrag, die Ungültigkeit eines Beschlusses wegen Nichtzustandekommens einer Stimmenmehrheit festzustellen, an die Ausschlussfrist des § 23 Abs. 4 S. 2 gebunden ist oder nicht, ist umstritten. Die Lösung dieser Frage hängt davon ab, ob die Feststellung des Ergebnisses der Abstimmung durch den Versammlungsleiter bzw. in der Versammlungsniederschrift (Protokoll) als konstitutiv für das Vorliegen eines Beschlusses (oder Nichtzustandekommen eines solchen) angesehen wird. Teilweise wird dies verneint, so dass nach dieser Ansicht für Feststellung, dass ein Beschluss überhaupt nicht gefasst worden sei, mithin ein echter „Beschluss" nicht vorliege, die Frist des § 23 Abs. 4 S. 2 – wie beim Antrag, die Nichtigkeit festzustellen – nicht eingehalten werden müsste (zu der sehr komplexen Frage vgl. *Bärmann/Pick/Merle* § 23 Rdn. 31ff..; *Bärmann/Pick* § 24 Rdn. 15ff.). (Zum sogenannten „Nichtbeschluss" vgl. auch am Ende dieser Anmerkung.)

Aber auch wenn – wie im Formularfall – das Ergebnis der Abstimmung unrichtig beurteilt, also etwa durch den Versammlungsleiter oder auch im Versammlungsprotokoll fälschlich eine Beschlussfassung festgestellt wurde, empfiehlt es sich dringend, vor allem wenn auch andere Mängel vorliegen, jedenfalls nicht nur den erwähnten Feststellungsantrag zu stellen. Eine Anfechtung des (Schein-)Beschlusses sollte – zumindest vorsorglich – erfolgen, um seine Ungültigerklärung wegen der sonstigen Mängel, der echten Anfechtungsgründe, zu erreichen. Dies hat vor allem dann Bedeutung, wenn das Feststellungsbegehren aus irgendeinem Grund erfolglos bliebe. Zudem wäre, wenn ein Gericht die unrichtige Feststellung eines positiven Beschlussergebnisses im Protokoll für konstitutiv ansähe, das Mittel der – rechtzeitigen – Anfechtung nicht vergeben. Die im Formulartext vorgeschlagene Antragsfassung (in Verbindung mit der Antragsbegründung) umfasst neben der echten Anfechtung auch das Feststellungsbegehren. Im Hinblick auf die Fristgebundenheit der Anfechtung empfiehlt es sich – zumindest vorsorglich – Wiedereinsetzung in den vorigen Stand zu beantragen (vgl. oben Anm. 11 und nachstehend Anm. 29 und 30), wenn – wie im Formularfall – die Monatsfrist bereits abgelaufen war und Wiedereinsetzungsgründe vorliegen.

Von den geschilderten Fällen zu unterscheiden ist der sogenannte „Negativ"-Beschluss, d.h. ein Antrag in der Eigentümerversammlung erhält unzweifelhaft nicht die erforderliche Mehrheit und wird demzufolge abgelehnt; dieser „Negativ"-Beschluss kann nach umstr. Ansicht überhaupt nicht gemäß § 23 Abs. 4 angefochten werden, vielmehr soll nur unbefristeter Antrag auf ordnungsgemäße Verwaltung nach § 21 Abs. 4 möglich sein (*Palandt/Bassenge* § 23 WEG Rdn. 12, sehr str.). Anders dagegen bei unrichtiger Feststellung eines negativen Beschlussergebnisses (*Bärmann/Pick/Merle* § 23 Rdn. 31ff. und Rdn. 140). Ein sogen. „Nichtbeschluss" liegt vor, wenn keinerlei Feststellung oder Verkündung eines Beschlussergebnisses erfolgt war; ein solcher „Nichtbeschluss" unterliegt der Anfechtung nicht.

24. Gemäß § 23 Abs. 2 WEG ist Gültigkeitsvoraussetzung für einen Beschluss die Angabe des Gegenstands (Tagesordnung) bei der Einberufung der Eigentümerversammlung. Sie muss mindestens so genau sein, dass die Eingeladenen vor Überraschungen geschützt sind und sie die Möglichkeit zur Vorbereitung und zur Überlegung haben, ob ihre Teilnahme veranlasst ist (BayObLG Der Wohnungseigentümer 1979, 59ff.). Ein Verstoß führt aber nur zur Anfechtbarkeit.

25. Grenzen des Mehrheitsprinzips werden durch verschiedene Vorschriften des WEG bestimmt, mit der Konsequenz, dass für bestimmte Angelegenheiten Einstimmigkeit, dh. die Zustimmung aller Wohnungseigentümer erforderlich ist. Dazu gehören ua. die in § 22 Abs. 1 S. 1 WEG genannten baulichen Veränderungen und sonstigen über die normale Verwaltung des gemeinschaftlichen Eigentums hinausgehenden Maßnahmen. S. aber auch Anm. 26. Vor allem genügt ein Mehrheitsbeschluss nicht zur Änderung oder Ergänzung bestehender Vereinbarungen wie Teilungserklärung, Gemeinschaftsordnung u.a. Hierzu ist eine (Abänderungs-)Vereinbarung aller Wohnungseigentümer erforderlich. Anders jedoch, wenn Gemeinschaftsordnung/Teilungserklärung selbst Änderungen durch Mehrheitsentscheidung vorsehen. Zur – schwierigen – Abgrenzung zwischen Beschlüssen iS. des § 23 WEG und Vereinbarungen i.S. von § 10 WEG vgl. *Bärmann/Pick/Merle* § 10 Rdn. 57ff. mit weiteren Nachweisen.

Trotzdem werden aber auch Mehrheitsbeschlüsse über Gegenstände, die nur mit Zustimmung aller Wohnungseigentümer geregelt werden können, infolge Nichtanfechtung mit Ablauf der Monatsfrist des § 23 Abs. 4 WEG für die ganze Wohnungseigentümergemeinschaft endgültig bindend, die Fälle der Nichtigkeit ausgenommen; auch ein von der Teilungserklärung/Gemeinschaftsordnung abweichender Beschluss kann, wenn er nicht angefochten wird, für alle Wohnungseigentümer bindend werden (s. auch oben Anm. 12).

26. In § 22 Abs. 1 S. 2 WEG ist eine Ausnahme vom Grundsatz des Satzes 1 enthalten: die Zustimmung einzelner Wohnungseigentümer ist dann entbehrlich, soweit deren Rechte nicht über das in § 14 WEG bestimmte Maß hinaus beeinträchtigt werden. In diesem Fall darf aber der nichtzustimmende Wohnungseigentümer gemäß § 16 Abs. 3 WEG weder Nutzen aus der Maßnahme ziehen noch mit Kosten belastet werden.

27. Ob die Versäumung der Anfechtungsfrist unverschuldet ist, hängt davon ab, ob der Anfechtende hinsichtlich der Rechtzeitigkeit der Anfechtung die den Umständen nach gebotene und ihm nach seinen persönlichen Verhältnissen zumutbare Sorgfalt hat walten lassen (*Keidel/Kuntze/Winkler* § 22 FGG Rdn. 18). Von Bedeutung kann dabei sein, ob der Anfechtende mit einer Beschlussfassung überhaupt hatte rechnen können; dann eventuell Nachfragepflicht.

28. S. Anm. 27.

29. Die Wiedereinsetzung muss entsprechend § 22 Abs. 2 S. FGG innerhalb von zwei Wochen nach Beseitigung des Hindernisses beantragt werden. Für die Glaubhaftmachung der die Wiedereinsetzung begründenden Tatsachen gilt die Zweiwochenfrist jedoch nicht, ebensowenig müssen die die Wiedereinsetzung begründenden Tatsachen und die Mittel zu ihrer Glaubhaftmachung innerhalb der Zweiwochenfrist angegeben werden (*Keidel/Kuntze/Winkler* § 22 FGG Rdn. 38).

30. Für Art und Umfang der Glaubhaftmachung gelten die allgemeinen Grundsätze.

31. Der Zusatz „für den Fall ......" entfällt natürlich bei der bloßen Beschlussanfechtung (s. Anm. 23).

Kosten und Gebühren

Geschäftswert: Bei der Anfechtung von Eigentümerbeschlüssen kann ein hohes Kostenrisiko bestehen, denn für den Geschäftswert im Anfechtungsverfahren nach § 43 Abs. 1 Nr. 4 WEG ist wegen der Rechtskraftwirkung der Entscheidung für und gegen alle Beteiligten im Rahmen des § 48 Abs. 3 WEG das Interesse aller Wohnungseigentümer und des Verwalters maßgebend (BayObLG 72, 144; 75, 98; 93, 119), nicht nur das Interesse des einzelnen Antragstellers. Entscheidend ist, was im konkreten Fall wirklich im Streit ist (BVerfG NJW 92, 1673). In bestimmten Fällen könnte aber das Festhalten am objektiven Interesse einer Rechtsverweigerung nahekommen und zu einem verfassungswidrigem Ergebnis führen. Nach § 48 Abs. 3 S. 2 ist daher der Geschäftswert niedriger festzusetzen, wenn die nach S. 1 berechneten Kosten zum Interesse eines Beteiligten nicht in einem angemessenen Verhältnis stehen. Jedenfalls darf die Streitwertbemessung den Zugang zu den Gerichten nicht unzumutbar erschweren. Je nach Gegenstand der Beschlussfassung kommt der volle Wert des Beschlussgegenstands oder – wie etwa bei

Anfechtung der Beschlussfassung über Jahresabrechnung, Wirtschaftsplan oä. – ein dem jeweiligen Einzelfall angemessener Bruchteil davon, entsprechend dem in diesen Fällen erheblich geringeren Einzelinteresse der Beteiligten, häufig im Bereich von 20–25%, in Betracht. Bei konkret beanstandeten Positionen in einer teilweise angefochtenen Jahresabrechnung ist allerdings vom vollem Wert dieser Positionen auszugehen (vgl. zu Einzelfällen etwa *Palandt/Bassenge* § 48 WEG Rdn. 11 und *Bärmann/Pick/Merle* § 48 Rdn. 15 ff.).

Falls tatsächliche Anhaltspunkte für die Wertfeststellung völlig fehlen, wird für die Festsetzung ein Regelwert gemäß § 30 Abs. 2 bzw. 3 KostO herangezogen. Zur Beschwerde gegen die Geschäftswertfestsetzung vgl. *Bärmann/Pick* § 48 Rdn. 8 und 9 unter Hinweis auf die dort zitierte Rspr. zu den verschiedenen Varianten der Festsetzung bzw. Abänderung des Geschäftswerts.

Zum Kostenvorschuss s. Anm. 11 zu Form. II. H. 1; zu den Verfahrenskosten allgemein und den Gerichtsgebühren s. Anm. 14 zu Form. II. H. 1; zu den außergerichtlichen Kosten s. Anm. 10 zu Form. II. H. 2, ebenso zur Kostenentscheidung bei Antragsrücknahme und Erledigung der Hauptsache.

6. Antrag einer Wohnungseigentümergemeinschaft nach § 43 Abs. 1 Nr. 2 WEG gegen einen abberufenen Verwalter auf Herausgabe der Verwalterunterlagen und Rechnungslegung mit einstweiliger Anordnung gemäß § 44 Abs. 3 WEG

An das Amtsgericht
Gericht der freiwilligen Gerichtsbarkeit[1]
Abteilung für Wohnungseigentumssachen

Antrag

in der Wohnungseigentumssache der
Eigentümer[2] der Eigentumswohnanlage X.-Straße Nr. . . . . . ., Z.-Stadt,
namentlich aufgeführt in der anliegenden Eigentümerliste[3]

– Antragsteller –

Verwalter der Wohnanlage[4]: A., Y.-Straße Nr. . . . . . ., Z.-Stadt
Verfahrensbevollmächtigter der Antragsteller (bzw. des Verwalters)[5]: V., W.-Str. Nr. . . . . . ., Z.-Stadt

gegen

B., C.-Straße Nr. . . . . . . Z.-Stadt

– Antragsgegner –[6]

wegen Herausgabe der Verwalterunterlagen und Rechnungslegung
Vorläufiger Geschäftswert[7]: . . . . . .

Unter Einzahlung eines Kostenvorschusses[8] von . . . . . . EUR stelle ich im Namen und mit Vollmacht der Antragsteller (bzw. des Verwalters, dieser mit Vollmacht handelnd für die Antragsteller)[5] folgenden Antrag[9]:

I. Der Antragsgegner wird verpflichtet,
   1. sämtliche Verwalterunterlagen betreffend die Eigentumswohnanlage X.-Straße Nr. . . . . . . in Z.-Stadt an die Antragsteller (zu Händen ihres Verwalters A.)[10] herauszugeben, insbesondere
      a) die Liste mit Namen und Anschriften aller Mitglieder der Wohnungseigentümergemeinschaft[11]

b) alle Versammlungsniederschriften mit Eigentümerbeschlüssen (Protokollbuch) nebst Einberufungsschreiben[12]
c) Jahresgesamt- und Einzelabrechnungen[13]
d) Wohngeldkonten[14]
e) Wirtschaftspläne[15]
f) Kontoauszüge und sonstige Unterlagen für das Konto der Wohnungseigentümergemeinschaft[16] bei ...... (Name des Kreditinstituts) Nr. ......
g) Rechnungen, Überweisungsträger, sonstige Belege
h) alle sonstigen aus der Verwaltung der Eigentumswohnanlage herrührenden Unterlagen;[17]

2. Rechnung zu legen durch Erstellung einer Schlussrechnung zum ...... ferner die Abrechnung für die Zeit vom ...... bis ...... (Jahresabrechnung ......)[18] zu erstellen und vorzulegen.

II. Der Antragsgegner hat die Verfahrenskosten zu tragen[19].
(Vollstreckbarkeit[20])

Ich rege weiter an, vorab eine einstweilige Anordnung[21] folgenden Inhalts zu erlassen:

Der Antragsgegner hat[22] für die Dauer von ...... (z. B. sechs Wochen) die oben unter Ziff. 1 a – f aufgeführten Unterlagen an die Wohnungseigentümer zu Händen ihres jetzigen Verwalters A. zwecks Einsichtnahme zu übergeben[22].
Diese Anordnung ist sofort vollziehbar.

Zur Begründung[23] des Antrags trage ich folgendes vor:
Der Antragsgegner wurde zum ...... durch Beschluss der Eigentümerversammlung vom ...... mit Stimmenmehrheit[24] als Verwalter abberufen[25]; gleichzeitig wurde der Verwaltervertrag gekündigt.

Beweis[26]: Versammlungsniederschrift vom ......, in Fotokopie vorgelegt.

Dieser Beschluss wurde nicht angefochten[27].
Der Antragsgegner hat sämtliche Verwalterunterlagen aus dem beendeten Verwalterverhältnis noch in Besitz trotz Aufforderung durch den neuen Verwalter vom ......, sie herauszugeben.

Beweis: Vernehmung von A., Verwalter der Wohnanlage.

Er hat bisher auch noch keine Schlußrechnung[18] erstellt; auch die Jahresabrechnung für ......[13] fehlt noch.

Beweis: Vernehmung der Verwaltungsbeiratsmitglieder C., D., E., alle X.-Straße Nr. ......, Z.-Stadt.

Der Antragsgegner ist gemäß Verwaltervertrag zur Erstellung der letzten Jahresabrechnung auch im Falle seiner Abberufung verpflichtet.

Beweis: Vorlage des Verwaltervertrags vom ...... in Fotokopie.

Der Erlass einer einstweiligen Anordnung ist geboten[28], weil zur Zeit eine ordnungsgemäße Verwaltung wegen Fehlens aller Unterlagen nicht möglich ist und für die Zeit bis zur rechtskräftigen Entscheidung über die Hauptsache[29] ein dringendes Bedürfnis besteht, durch eine sofortige Maßnahme Einblick in die Verwalterunterlagen zu erhalten.

(Namensunterschrift V)

Anmerkungen

1. Vgl. Form. II. H. 1 Anm. 1 und 2.

2. Antragsberechtigt im Verfahren nach § 43 Abs. 1 Nr. 2 WEG über Rechte und Pflichten des Verwalters sind einzelne oder die Gesamtheit aller Wohnungseigentümer und der Verwalter, um dessen Rechte und Pflichten es geht. Streitigkeiten zwischen den Wohnungseigentümern und einem abberufenen Verwalter und zwar sowohl wegen Ansprüchen der Wohnungseigentümer als auch solchen des Verwalters sind gleichfalls im Verfahren nach Nr. 2 auszutragen (so die überwiegende Meinung in Rspr. und Schrifttum).

3. Zur Bezeichnung der Wohnungseigentümergemeinschaft und zur Eigentümerliste s. Anm. 3 zu Form. II. H. 1, zur Beteiligtenstellung vgl. auch Anm. 4 zu Form. II. H. 1.

4. Der jetzige Verwalter sollte unabhängig von der Frage der Verfahrensvollmacht im Antragsrubrum aufgeführt werden; vgl. auch Anm. 6 zu Form. II. H. 1. Im eigenen Namen kann der jetzige Verwalter die entsprechenden Ansprüche der Wohnungseigentümergemeinschaft gegen den abberufenen Verwalter nur auf Grund besonderer Ermächtigung zum Handeln in Verfahrensstandschaft geltend machen (vgl. Anm. 4 zu Form. II. H. 2).

5. Zur Verfahrensvollmacht s. Anm. 5 und 7 zu Form. II. H. 1.

6. S. Form. II. H. 1 Anm. 8.

7. Die Angabe des Geschäftswerts ist nicht vorgeschrieben und kann im Verfahren auf Herausgabe von Verwalterunterlagen und Rechnungslegung (ebenso bei Auskunftserteilung) auf Schwierigkeiten stoßen, ähnlich wie im Beschlussanfechtungsverfahren, vor allem wenn die voraussichtliche Abrechnungssumme nicht geschätzt werden kann (vgl. auch Anm. Kosten und Gebühren zu Form. II. H. 5). In diesem Fall wird es sich empfehlen, sich auf die möglichen tatsächlichen Angaben in der Antragsbegründung zu beschränken.

8. Zum Kostenvorschuss gelten entsprechend die Ausführungen unter Anm. 8 zu Form. II. H. 5.

9. Bei einem Antrag nach § 43 Abs. 1 Nr. 2 WEG wird es sich stets empfehlen, das Ziel des Begehrens so genau wie möglich zu bezeichnen, wenngleich auch hier keine bestimmte Fassung des Antrags vorgeschrieben und auch das Gericht nicht an den Antrag gebunden ist.

Weitere Beispiele für Anträge im Rahmen von § 43 Abs. 1 Nr. 2 WEG:
Auskunftserteilung durch den Verwalter (BayObLG 1972, 166);
Zustimmung des Verwalters zum Verkauf einer Eigentumswohnung nach Maßgabe von § 12 WEG (BayObLG 1972, 348 ff.);
Vergütungsanspruch des Verwalters;
Feststellung der Wirksamkeit der Verwalterbestellung.

Nicht dagegen:
Streit aus Vermietungsauftrag betreffend Sondereigentum; dafür ist das ordentliche Prozessverfahren nach ZPO gegeben (OLG Braunschweig MDR 1976, 669).

10. Die Herausgabe der Verwalterunterlagen an den neuen Verwalter ist erforderlich, um ihm die Unterlagen für die laufende Verwaltung zu verschaffen. Der Anspruch auf Herausgabe steht aber den Wohnungseigentümern selbst aus ihrem Vertragsverhältnis mit dem abberufenen Verwalter gemäß §§ 667, 675 BGB zu. Außerdem sind sie Eigentümer der Verwalterunterlagen, die zum Verwaltungsvermögen zählen. S. auch Anm. 4.

11. Vor allem in größeren Wohnungseigentümergemeinschaften führt der Verwalter Eigentümerlisten mit Namen und Anschriften der Wohnungseigentümer.

12. Die Niederschrift über die in Eigentümerversammlungen gefassten Beschlüsse ist Pflicht (§ 24 Abs. 6 WEG), allerdings keine Gültigkeitsvoraussetzung.

13. Die Verpflichtung zur Aufstellung einer Jahresgesamtabrechnung für jedes abgelaufene Kalenderjahr ergibt sich aus § 28 Abs. 3 WEG. Besondere Vorschriften über die Art der Erstellung bestehen über § 28 WEG hinaus nicht; die Jahresgesamtabrechnung muss aber mindestens eine geordnete Gegenüberstellung der Einnahmen und Ausgaben unter Beifügung der Belege enthalten (*Bärmann/Pick* § 28 Rdn. 13). Eine gesonderte Jahreseinzelabrechnung für die einzelnen Wohneinheiten gehört regelmäßig zur Jahresabrechnung; sie wird auf Grund der Jahresgesamtabrechnung an Hand der üblicherweise geführten Wohngeldkonten (s. Anm. 14) erstellt und gehört zu den herauszugebenden Verwalterunterlagen. Zur Abrechnungspraxis vgl. iü. *Bärmann/Pick/Merle* § 28 Rdn. 62 ff. Wegen der Pflicht zur Erstellung der Jahresabrechnung für das abgelaufene Jahr bei Verwalterwechsel zum Jahresende s. auch unten Anm. 18 a. E.

14. Zur Überwachung der Beitragsleistungen der Wohnungseigentümer zu den Wohnlasten werden meist für jeden einzelnen Wohnungseigentümer (bzw. jede Wohneinheit) sogen. Wohngeldkonten geführt, aus denen etwaige Rückstände oder Überzahlungen ersichtlich sind.

15. Die Aufstellung eines Wirtschaftsplans für jedes Kalenderjahr ist durch § 28 Abs. 1 WEG vorgeschrieben.

16. Das angesammelte Vermögen der Gemeinschaft, das vom Verwalter nach Maßgabe von § 27 Abs. 1 Nr. 4 WEG verwaltet wird, ist gemäß § 27 Abs. 4 S. 1 WEG vom Verwaltervermögen gesondert zu halten. Die Anlage dieser Gelder erfolgt zumeist auf Treuhandkonten, die der Instandhaltungsrücklage häufig auf gesonderten Festgeldkonten.

17. In Betracht kommen zB. Vollmachtsurkunden, Pläne, Kostenangebote, behördliche Genehmigungen ua.

18. Aus der Verwalterpflicht, jederzeit auf Verlangen der Wohnungseigentümer Rechnung zu legen (§ 28 Abs. 4 WEG), ergibt sich der Anspruch auf Rechnungslegung insbesondere auch für den Zeitpunkt der Beendigung des Verwalterverhältnisses (vgl. *Bärmann/Pick* § 28 Rdn. 12). Wenn die früheren Jahresabrechnungen ordnungsgemäß erstellt wurden und insbesondere wenn insoweit Entlastung durch Eigentümerbeschluss erteilt ist, wird sich das Rechnungslegungsverlangen auf den Zeitpunkt der Beendigung der Verwaltung bzw. die letzte Abrechnungsperiode beschränken. Bei Verwalterwechsel zum Ende des Wirtschaftsjahres ist nach überwiegender Rspr. nicht der ausgeschiedene, sondern der ihm nachfolgende Verwalter zur Erstellung der Abrechnung für das abgelaufene Jahr nach § 28 Abs. 3 WEG verpflichtet (OLG Köln NJW 86, 328), es sei denn, der ausscheidende Verwalter ist – wie im Formularfall – auf Grund Gemeinschaftsordnung oder Verwaltervertrag zur Erstellung gegenüber der Wohnungseigentümerschaft verpflichtet.

19. S. Form. II. H. 1 Anm. 14.

20. S. Form. II. H. 1 Anm. 15.

21. Die einstweilige Anordnung ersetzt im Verfahren der freiwilligen Gerichtsbarkeit nach § 43 ff. WEG die einstweilige Verfügung, die hier nicht zulässig ist. Einstweilige Anordnungen kann das Gericht nach § 44 Abs. 3 WEG nach pflichtgemäßem Ermessen treffen. Voraussetzung ist immer ein anhängiges Hauptsacheverfahren. Ein Antrag auf Erlass einer einstweiligen Anordnung ist als Anregung zum Tätigwerden von Amts wegen anzusehen. Ein förmlicher Antrag ist daher nicht erforderlich. Eine ablehnende Entscheidung muss nicht ergehen; wenn sie ergeht, ist sie nicht selbständig anfechtbar (BayObLG Rpfleger 1972, 412), wie auch der Erlass der einstweiligen Anordnung nicht selbständig (dh. gesondert neben der Hauptsacheentscheidung) angefochten werden kann (§ 44 Abs. 3 S. 2 WEG). Die sofortige Vollziehbarkeit (= Vollstreckbarkeit) folgt aus § 45 Abs. 3 WEG.

22. Die „einstweilige" Anordnung darf nicht der endgültigen Regelung vorgreifen. So könnte die Anregung zum Erlass einer einstweiligen Anordnung im Beispielfall auch dahin gehen, dass dem neuen Verwalter gestattet wird, die Verwaltungsunterlagen in den Büroräumen des bisherigen Verwalters einzusehen.

Weitere Beispiele für mögliche einstweilige Anordnungen:
- Ermächtigung eines Wohnungseigentümers zur Einberufung einer außerordentlichen Eigentümerversammlung, etwa bei Fehlen eines Verwalters;
- Vorläufige Bestellung eines Verwalters bis zur Verwalterneuwahl bzw. bis zur rechtskräftigen Entscheidung über die Bestellung eines sog. Notverwalters nach § 26 Abs. 3 WEG (vgl. aber Form. II. H. 7 Anm. 2, 3 und 15);
- Vorläufige Gebrauchsregelung über Teile des Gemeinschaftseigentums.

23. S. Form. II. H. 1 Anm. 17.

24. Die Abberufung des Verwalters erfolgt – wie die Bestellung – nach der gesetzlichen Regelung des § 26 Abs. 1 S. 1 WEG durch Mehrheitsbeschluss (s. Anm. 15 und 20 zu Form. II. H. 5), nur in Ausnahmefällen durch das Gericht, niemals aber im Wege der einstweiligen Anordnung nach § 44 WEG (vgl. *Bärmann/Pick* § 26 Rdn. 35).

25. Die Abberufung durch Eigentümerbeschluss ist zu trennen von der Beendigung des zugrundeliegenden Vertragsverhältnisses zwischen den Wohnungseigentümern und dem Verwalter (Auftrag oder Dienstvertrag), die durch Widerruf bzw. Kündigung erfolgt, wenngleich die Beendigungsgründe häufig identisch sind.

26. S. Form. II. H. 1 Anm. 21.

27. S. Form. II. H. 5 Anm. 12.

28. Die Anregung zum Erlass einer einstweiligen Anordnung müsste an sich ebenso wenig wie der Hauptsacheantrag begründet werden, da das Gericht von Amts wegen nach freiem Ermessen tätig wird. Als Hinweis auf den regelungsbedürftigen Zustand und die Eilbedürftigkeit kann eine knappe Begründung aber zweckdienlich sein.

29. Eine Änderung der einstweiligen Anordnung ist während des noch laufenden Hauptsacheverfahrens zulässig. Auch das Rechtsmittelgericht kann, wenn das Verfahren in der Rechtsmittelinstanz anhängig ist, die einstweilige Anordnung ändern oder aufheben. Mit dem Ende des Verfahrens wird die einstweilige Anordnung ohne förmliche Aufhebung gegenstandslos (*Bärmann/Pick/Merle* § 44 Rdn. 72 ff.).

Kosten und Gebühren

Für den Geschäftswert ist wie stets im Verfahren der freiwilligen Gerichtsbarkeit nach dem WEG das Interesse aller Beteiligten an der Entscheidung maßgebend (§ 48 Abs. 3 WEG). Für den Antrag auf Herausgabe der Verwalterunterlagen werden konkrete Wertangaben meist nicht möglich sein, so dass insoweit Geschäftswertfestsetzungen nach § 30 Abs. 2 KostO in Betracht kommen. Für den Antrag auf Rechnungslegung bzw. Erstellung einer fehlenden Jahresabrechnung ist – ausgehend vom Wert des Gesamtvolumens – für den Geschäftswert ein angemessener Bruchteil des Gesamtvolumens der Abrechnung anzusetzen (vgl. weiter Anm. „Kosten und Gebühren" zu Form. II. H. 5).

Zum Kostenvorschuss s. Anm. 8 zu Form. II. H. 5; zu den Verfahrenskosten allgemein und zu den Gerichtsgebühren s. Anm. 14 zu Form. II. H. 1; zu den außergerichtlichen Kosten s. Anm. 10 zu Form. II. H. 2, ebenso zur Kostenentscheidung bei Antragsrücknahme und Erledigung der Hauptsache.

7. Antrag auf Feststellung[1] des Fehlens eines Verwalters und auf Bestellung[2] eines Verwalters nach §§ 26 Abs. 3, 43 Abs. 1 Nr. 3 WEG

An das Amtsgericht
Gericht der freiwilligen Gerichtsbarkeit
Abteilung für Wohnungseigentumssachen

Antrag[3]

in der Wohnungseigentumssache
der Eigentumswohnanlage X.-Straße Nr. ......, Z.-Stadt

A., Y.-Straße Nr. ......, Z.-Stadt

– Antragsteller[4] –

gegen[5]

B., C.-Straße Nr. ......, Z.-Stadt

– Antragsgegner –

weitere Verfahrensbeteiligte[6]:
die übrigen Mitglieder der Wohnungseigentümergemeinschaft X.-Straße Nr. ...... in Z.-Stadt, namentlich aufgeführt in beiliegender Eigentümerliste

wegen Feststellung und Bestellung eines Verwalters

Vorläufiger Geschäftswert[7]:

Unter Vorlage von ...... weiteren Abschriften[8] dieses Antrags und unter Einzahlung eines Kostenvorschusses[9] von ...... EUR stelle ich folgenden Antrag[10]:

I. Es wird festgestellt, dass B. (seit ......[11]) nicht mehr Verwalter der Eigentumswohnanlage X.-Straße Nr. ...... in Z.-Stadt ist.
II. Als Verwalter der Eigentumswohnanlage X.-Straße Nr. ...... in Z.-Stadt wird ab sofort[12] Herr (bzw. Frau) D.[13], E.-Straße Nr......, Z.-Stadt (oder: die Firma F. ...... oder: eine vom Gericht auszuwählende Person bzw. Firma) bestellt.
III. Die Verfahrenskosten haben die Wohnungseigentümer der Eigentumswohnanlage als Gesamtschuldner (bzw. der Antragsgegner[14]) zu tragen.

Ich rege weiter an, vorab eine einstweilige Anordnung[15] folgenden Inhalts zu erlassen:

Herr G.[16], X.-Straße Nr. ......, Z.-Stadt wird ermächtigt und angewiesen, unverzüglich eine außerordentliche Eigentümerversammlung einzuberufen[17] und zu leiten mit den Tagesordnungspunkten

1. Bestellung[18] eines neuen Verwalters
2. Abschluss eines Verwaltervertrages
3. Gerichtliches Vorgehen gegen den früheren Verwalter[18a]

Zur Begründung[19] des Antrags trage ich vor:
Die Bestellung des Antragsgegners (bzw. des B.[5]) zum Verwalter lief am ...... aus[20]. Bis zu diesem Zeitpunkt war er durch Beschluss der Eigentümerversammlung vom ...... zu TOP ...... als Verwalter bestellt worden. Eine Neu- oder Weiterbestellung[21] des Antragsgegners oder einer anderen Person zum Verwalter ist seitdem nicht erfolgt, so dass die Wohnungseigentümergemeinschaft derzeit ohne Verwalter ist[22]. Der Antragsgegner tritt aber immer noch als Verwalter auf[23]. Ein Verwaltungsbeirat ist nicht vorhanden[24].
Mit dem Feststellungsantrag soll geklärt werden, dass die vom Antragsgegner immer noch in Anspruch genommene Verwalterposition verwaist ist. Daneben ist die Neubestellung eines Verwalters dringend erforderlich, weil ...... (s. Anm. 2 und 22), und nur durch den Antrag auf Bestellung durch das Gericht[3] kann sichergestellt werden, dass die

Eigentumswohnanlage alsbald wieder einen Verwalter erhält. Durch die angeregte einstweilige Anordnung könnte dies noch vereinfacht und beschleunigt werden[15].
Herr G. ist Mitglied der Wohnungseigentümergemeinschaft, war früher langjähriger Verwaltungsbeirat und ist zur Einberufung und Leitung einer Eigentümerversammlung bereit[16].

(Namensunterschrift A)

Anmerkungen

1. Ein Antrag auf Feststellung, dass ein Verwalter nicht mehr bestellt ist oder nicht oder jedenfalls nicht wirksam bestellt worden ist oder auch umgekehrt, dass ein Verwalter wirksam bestellt ist (in diesem Fall wäre der Antrag auf gerichtliche Bestellung nur hilfsweise zu stellen), wird nur erforderlich und nur dann unter dem Gesichtspunkt des Rechtsschutzinteresses zulässig sein, wenn darüber Unklarheit oder Streit besteht, z. B. wenn jemand sich zu Unrecht der Verwaltereigenschaft berühmt oder wenn umgekehrt etwa einzelne Wohnungseigentümer zu Unrecht die Wirksamkeit der Verwalterbestellung anzweifeln.

2. Eine Verwalterbestellung durch das Gericht kommt nach § 26 Abs. 3 WEG nur in Betracht, wenn ein Verwalter „fehlt", d. h. außer in den Fällen, in denen ein Verwalter überhaupt nicht oder nicht wirksam bestellt ist oder seine Bestellung durch Zeitablauf beendet ist, ohne dass sie erneuert worden ist (§ 26 Abs. 2 WEG), auch schon, wenn der Verwalter tatsächlich oder rechtlich (z. B. § 181 BGB) an der Ausübung seiner Tätigkeit gehindert ist (*Bärmann/Pick/Merle* § 26 Rdn. 216 ff.) und nur in „dringenden Fällen" und „bis zur Behebung des Mangels".

Ein dringender Fall wird – vor allem bei größeren Eigentumswohnanlagen – immer schon dann vorliegen, wenn bei Fehlen eines Verwalters die Wohnungseigentümergemeinschaft auch nicht aus eigener Initiative eine Verwalterbestellung durch Mehrheitsbeschluss gemäß § 26 Abs. 1 S. 1 WEG vornehmen kann, etwa wenn auch kein Verwaltungsbeirat vorhanden sein sollte, der eine Wohnungseigentümerversammlung nach § 24 Abs. 3 WEG einberufen könnte. Kein dringender Fall liegt aber vor, wenn ein Verwalter auf Grund fehlerhaften Beschlusses bestellt worden ist, mit dessen Ungültigerklärung gerechnet werden muss. Erst nach erfolgreicher Anfechtung des Bestellungsbeschlusses nach § 43 Abs. 1 Nr. 4 WEG und der damit verbundenen rückwirkenden Beseitigung der Verwalterbestellung kann die Bestellung eines Notverwalters gem. § 26 Abs. 3 WEG verlangt werden *(Bärmann/Pick/Merle* § 26 Rdn. 219 ff.).

Behoben ist der Mangel (des Fehlens eines Verwalters), sobald eine Wohnungseigentümerversammlung ordnungsgemäß einen Verwalter gewählt hat.

3. Ein Antrag – im Verfahren der freiwilligen Gerichtsbarkeit (vgl. Form. II. H. 1 Anm. 1) – ist auf jeden Fall erforderlich, d. h. das Gericht kann ohne Antrag nicht etwa von Amts wegen tätig werden (s. auch Form. II. H. 1 Anm. 2). Der Antrag nach § 26 Abs. 3 WEG muss auch dann gestellt werden, wenn beabsichtigt ist, in erster Linie durch Erlass einer einstweiligen Anordnung mit Ermächtigung einer geeigneten Person zur Einberufung einer Wohnungseigentümerversammlung in kürzester Zeit zu erreichen, dass die Wohnungseigentümergemeinschaft selbst durch Beschluss einen Verwalter bestellen kann. Denn auch eine solche einstweilige Anordnung setzt ein anhängiges Hauptsacheverfahren voraus (s. Form. II. H. 6 Anm. 21).

4. Antragsberechtigt ist jeder Wohnungseigentümer sowie ein Dritter (§ 43 Abs. 1 Nr. 3 WEG), der ein berechtigtes Interesse an der Bestellung eines Verwalters hat.

5. Beim Feststellungsantrag sind Antragsgegner der sich zu Unrecht seiner Stellung berühmende Verwalter bzw. in umgekehrter Richtung beim Antrag des Verwalters die ihm seine Stellung streitig machenden Wohnungseigentümer. Gemäß § 43 Abs. 1 Nr. 2 und Abs. 4 Nr. 2 WEG sind aber auch alle übrigen Wohnungseigentümer Verfahrensbeteiligte. Beim isolierten Antrag auf Verwalterbestellung nach § 26 Abs. 3 WEG gibt es idR keinen Antragsgegner, jedoch sind auch in diesem Fall alle Wohnungseigentümer gem. § 43 Abs. 1 Nr. 3 und Abs. 4 Nr. 3 WEG Verfahrensbeteiligte.

6. S. vorstehende Anm. 5.

7. Der Geschäftswert muss im Antrag nicht unbedingt angegeben werden; es gelten aber auch hier die Ausführungen zu Form. II. H. 1 Anm. 10.

Als Geschäftswert wird beim Feststellungsantrag mangels anderer Anhaltspunkte die Höhe der Verwaltervergütung für die streitige Zeit in Betracht kommen, ergänzend § 30 KostO, beim Antrag auf Verwalterbestellung die Höhe der Verwaltervergütung für die Zeit, für die ein Verwalter bestellt werden soll, idR wohl mindestens die Vergütung für ein Jahr.

8. Wenn kein Verwalter vorhanden ist, entfällt die Möglichkeit, die an die Wohnungseigentümer gerichteten Zustellungen an den Verwalter als Vertreter nach § 27 Abs. 2 Nr. 3 WEG zu leiten. Das gleiche gilt, wenn in einem Feststellungs- (oder Anfechtungs-) Verfahren über die Verwalterbestellung gestritten wird und die gesetzliche Vertretungsbefugnis beim Empfang von Zustellungen dann wegen Interessenkollision ruht. In diesen Fällen muss, wenn nicht ein anderer Vertreter der Wohnungseigentümer (z.B. Verfahrensbevollmächtigter) bestellt ist, die Antragsschrift (auch Terminsladungen und Entscheidungen) allen Wohnungseigentümern zugestellt werden, so dass eine genügende, dh. der Anzahl der Beteiligten entsprechende Anzahl von Abschriften eingereicht werden muss.

9. S. Form. II. H. 1 Anm. 11.

10. S. zunächst Form. II. H. 1 Anm. 12.

Der Antrag sollte aber jedenfalls erkennen lassen, ob etwa außer einer Verwalterbestellung durch das Gericht eine bestimmte Feststellung begehrt wird.

11. Diese Zeitangabe kann im Antrag entfallen, zumal wenn der Zeitpunkt rechtlich umstritten ist.

12. Wirksam wird eine Bestellung durch Beschluss des Gerichts nach § 45 Abs. 2 WEG erst mit Rechtskraft des Beschlusses. Wenn die Bestellung schon früher, während des Laufs des Verfahrens, wirksam werden soll, kommt dafür die Bestellung eines vorläufigen Verwalters durch einstweilige Anordnung nach § 44 Abs. 3 WEG in Betracht. S. auch unten Anm. 15 und Form. II. H. 6 Anm. 22.

13. Die Angabe einer bestimmten Person, die als Verwalter bestellt werden soll, ist an sich nicht erforderlich. Auch ist das Gericht nicht an einen personellen Vorschlag gebunden (*Bärmann/Pick/Merle* § 26 Rdn. 222). Ein Vorschlag wird aber zweckmäßig sein, weil häufig schon ein Kontakt zwischen der Wohnungseigentümergemeinschaft und der als Verwalter gewünschten Person oder Firma aufgenommen worden sein dürfte und dem Gericht dadurch in jedem Fall die Auswahl erleichtert wird.

14. S. Form. II. H. 1 Anm. 14.

Die Überbürdung von Verfahrenskosten auf den jeweiligen Antragsgegner im Rahmen des § 47 S. 1 WEG kommt ohnehin nur in Betracht, wenn – wie beim Feststellungsantrag – überhaupt ein Antragsgegner vorhanden ist; beim isolierten Antrag auf Verwalterbestellung wird idR die Überbürdung der Gerichtskosten auf die Gesamtheit aller Mitglieder der Wohnungseigentümergemeinschaft billigem Ermessen entsprechen.

15. Zur einstweiligen Anordnung s. zunächst Form. II. H. 6 Anm. 21, 22, 28, 29 und oben Anm. 3.

Durch Erlass einer einstweiligen Anordnung kann erreicht werden, dass eine Wohnungseigentümergemeinschaft ohne Verwalter in kürzester Zeit entweder selbst in einer einzuberufenden Eigentümerversammlung einen Verwalter bestellen kann oder einen vorläufigen Verwalter für die Dauer des Verfahrens erhält. Die Ermächtigung einer Person zur Einberufung einer idR außerordentlichen – Wohnungseigentümerversammlung durch einstweilige Anordnung hat gegenüber einer Verwalterbestellung durch das Gericht den Vorzug, dass die Auswahl des Verwalters den Wohnungseigentümern selbst überlassen bleibt, sie die Verwalterbestellung gleich endgültig beschließen können, die Bestellung sofort wirksam wird und sich dadurch praktisch immer das gerichtliche Verfahren nach §§ 26, Abs. 3, 43 Abs. 1 Nr. 3 WEG erledigt und der Antrag an das Gericht dann kostensparend (§ 48 Abs. 1 S. 2 WEG) zurückgenommen werden kann.

16. Die Person, die zur Einberufung und Leitung einer Wohnungseigentümerversammlung ermächtigt werden soll, ist zweckmäßigerweise dem Gericht namentlich vorzuschlagen, weil sie für diese Aufgabe auch geeignet sein sollte und die Mitglieder der Wohnungseigentümergemeinschaft dies selbst am besten beurteilen können; auch der Antragsteller selbst kann ermächtigt werden.

17. Die Einberufung der Wohnungseigentümerversammlung hat nach den Bestimmungen des §§ 23 Abs. 2 und 24 Abs. 4 WEG, dh. schriftlich, idR. unter Einhaltung der Frist von einer Woche und unter Angabe der Tagesordnung zu erfolgen.

18. Die Verwalterbestellung erfolgt durch Mehrheitsbeschluss (§ 26 Abs. 1 S. 1 WEG) oder durch Vereinbarung aller Wohnungseigentümer. Der Beschluss über die Verwalterbestellung hat Außenwirkung und bindet auch eine überstimmte Minderheit. Von diesem Bestellungsakt ist der das Innenverhältnis zwischen Verwalter und den Wohnungseigentümern bestimmende Anstellungsvertrag (entgeltlicher Geschäftsbesorgungsvertrag oder Auftrag) zu unterscheiden; allerdings wird vielfach dieser Verwaltervertrag bereits mit der Annahme des konkreten Inhalts eines Bestellungsbeschlusses, vor allem wenn dieser bereits Einzelheiten der Vertragsgestaltung enthält, durch den Verwalter stillschweigend oder konkludent mit der Wohnungseigentümergemeinschaft abgeschlossen (vgl. hierzu ausführlich *Bärmann/Pick/Merle* § 26 Rdn. 78 ff.).

18 a. Ein gerichtliches Vorgehen gegen den früheren Verwalter wird beispielsweise dann in Betracht kommen, wenn dieser noch im Besitz der Verwaltungsunterlagen ist (vgl. hierzu Form. II. H. 6).

19. S. zunächst Form. II. H. 1 Anm. 17.

Auch beim Antrag auf Verwalterbestellung ist eine Begründung nicht gesetzlich vorgeschrieben. Die Notwendigkeit einer Begründung bei einem solchen Antrag, erst recht bei einem Feststellungsantrag, ergibt sich auch hier aus der prozessualen Mitwirkungspflicht der Beteiligten. Damit das Gericht überhaupt die Voraussetzungen einer Bestellung nach § 26 Abs. 3 WEG prüfen kann, müssen zur Begründung wenigstens die Tatsachen vorgetragen werden, aus denen sich ergibt, dass und warum kein Verwalter vorhanden ist.

20. Abgesehen von dem – praktisch sehr seltenen – Fall, dass ein Verwalter überhaupt noch nicht bestellt worden war, kommen verschiedene Fallgestaltungen in Betracht, nach denen das Amt eines Verwalters geendet hat: das Ablaufen der Bestellungszeit ist dabei am häufigsten. In Betracht kommt auch ein mangelhafter Bestellungsbeschluss. In diesem Fall muss allerdings innerhalb der Monatsfrist des § 23 Abs. 4 WEG der Beschluss über die Bestellung angefochten worden sein, da er – abgesehen vom (seltenen) Fall der Nichtigkeit – sonst bindend geworden ist und Mängel der Bestellung dann nicht mehr geltend gemacht werden können. Auch eine durch nichtangefochtenen Beschluss erfolgte Abberufung aus wichtigem Grund (vgl. § 26 Abs. 1 WEG) kann zum Fehlen eines Verwalters geführt haben.

21. Normalerweise vollzieht sich der Verwalterwechsel bzw. eine Verlängerung des Verwalterverhältnisses ordnungsgemäß und ohne Lücke dadurch, dass der bisherige Verwalter vor Ablauf der Bestellungszeit eine Eigentümerversammlung einberuft, die über die Neubestellung oder eine Weiterbestellung (beachte § 26 Abs. 2 WEG) beschließt.

22. Das Fehlen eines Verwalters kann, abgesehen von einem Stillstand bei der Verwaltungstätigkeit, auch dazu führen, dass die Veräußerung von Wohnungseigentum blockiert wird, wenn etwa nach den Bestimmungen der Teilungserklärung bzw. Gemeinschaftsordnung zur Veräußerung die Zustimmung des Verwalters nach § 12 Abs. 1 WEG erforderlich ist. Der Antrag auf Verwalterbestellung kann auch verbunden werden mit dem Antrag, den zu bestellenden Verwalter zu verpflichten, die zur Veräußerung erforderliche Zustimmung zu erteilen; allerdings ist dabei das möglicherweise hohe Kostenrisiko zu beachten, da auch für ein solches Verfahren für den Geschäftswert das Interesse aller Beteiligten i. S. von § 48 Abs. 3 WEG maßgebend ist (vgl. hierzu weiter Anm. „Kosten und Gebühren" zu Form. II. H. 5).

23. Der Feststellungsantrag setzt ein entsprechendes Rechtsschutzinteresse voraus, das jedenfalls dann besteht, wenn der Antragsgegner sich zu Unrecht seiner Verwalterstellung berühmt.

24. Wenn ein Verwaltungsbeirat gem. § 29 WEG existiert, könnte dieser nach § 24 Abs. 3 WEG eine Wohnungseigentümerversammlung einberufen zum Zweck der Verwalterbestellung, so dass mangels „Dringlichkeit" ein Rechtsschutzbedürfnis für den Antrag nach § 26 Abs. 3 WEG fehlen würde.

25. S. oben Anm. 16.

Kosten und Gebühren

Zum Geschäftswert s. oben Anm. 7; zu den Verfahrenskosten allgemein und zu den Gerichtsgebühren s. Form. II. H. 1 Anm. 14 und ergänzend oben Anm. 14; zu den außergerichtlichen Kosten vgl. Form. II. H. 2 Anm. 10.

8. Beschwerde (bzw. weitere Beschwerde) gegen einen Beschluss des Amtsgerichts (bzw. Landgerichts)

An das Amtsgericht (oder Landgericht)[1]
(bzw. Landgericht oder Oberlandesgericht[2])

In der Wohnungseigentumssache der Eigentumswohnanlage X.-Straße Nr. ...... in Z.-Stadt

lege ich namens des Antragstellers (bzw. Antragsgegners oder eines sonst Beteiligten)[3]

sofortige[4] (bzw. weitere[5]) Beschwerde gegen den Beschluss[6] des Amtsgerichts (bzw. Landgerichts) Z.-Stadt vom ...... ein.

Beschwerdewert: ...... EUR[4]

Ich beantrage[7],
den Beschluss des Amtsgerichts (Landgerichts) aufzuheben und entsprechend dem Antrag vom ...... den Beschluss der Eigentümerversammlung vom ...... zu Tagesordnungspunkt ...... für ungültig zu erklären[8] und den Antragsgegnern (bzw. Antragstellern) die Kosten des Verfahrens einschließlich der außergerichtlichen Kosten des Antragstellers (bzw. des Antragsgegners oder sonst Beteiligten) aufzuerlegen[9].

Begründung[10]:

Das Amtsgericht (Landgericht) hat in seinem Beschluss zu Unrecht die Gültigkeit des Eigentümerbeschlusses vom ...... in formeller und materieller Hinsicht bejaht. ...... usw.[10]

(Namensunterschrift V)[11]

Anmerkungen

1. Auf die Beschwerde nach § 45 Abs. 1 WEG sind die Bestimmungen der §§ 19 ff. FGG anzuwenden. Die Beschwerde gegen einen Beschluss des Amtsgerichts im Verfahren nach §§ 43 ff. WEG kann gemäß § 21 Abs. 1 FGG wahlweise beim Amtsgericht als dem Gericht, dessen Verfügung angefochten wird, oder beim Landgericht als dem Beschwerdegericht (§ 19 Abs. 2 FGG) eingelegt werden. Die Einlegung kann durch Einreichung einer Beschwerdeschrift oder durch Erklärung zu Protokoll erfolgen (§ 21 Abs. 2 FGG). Für die Beschwerdeschrift bei der Erstbeschwerde (anders bei der weiteren Beschwerde – s. Anm. 2 und 11) besteht kein Anwaltszwang.

2. Die weitere Beschwerde gegen einen Beschluss des Beschwerdegerichts kann nach § 29 Abs. 1 FGG wahlweise beim AG oder LG oder beim OLG (in Bayern beim BayObLG, in Rheinland-Pfalz beim OLG Zweibrücken, in Berlin-West beim KG; vgl. hierzu und zur Zuständigkeit in den fünf neuen Bundesländern der ehem. DDR im einzelnen *Keidel/Kuntze/Winkler* § 29 FGG Rdn. 3, 4 und Einleitung Rdn. 21 ff.) eingelegt werden. Anwaltszwang besteht auch hier nicht, ausgenommen die Unterzeichnung der Beschwerdeschrift (s. auch Anm. 11).

3. Die Beschwerdeberechtigung ist Verfahrensvoraussetzung. Nach § 20 Abs. 1 FGG ist beschwerdeberechtigt jeder, dessen Recht durch die Verfügung (= Beschluss) beeinträchtigt, dh. jeder, der unmittelbar in einem materiellen, subjektiven Recht betroffen ist. Im Verfahren nach §§ 43 ff. WEG können danach beschwerdeberechtigt sein: die Wohnungseigentümer und der Verwalter. Wegen der Einschränkung des § 20 Abs. 2 FGG ist, wenn ein Antrag zurückgewiesen worden ist, – unter den Voraussetzungen des § 20 Abs. 1 FGG – nur der Antragsteller beschwerdeberechtigt. Wenn im Beschlussanfechtungsverfahren nach §§ 23 Abs. 4, 43 Abs. 1 Nr. 4 von mehreren möglichen Antragsberechtigten nur einer den Antrag gestellt hat, ist dieser Antragsteller natürlich beschwerdebefugt. Von den anderen materiell beschwerten Wohnungseigentümern wäre nur beschwerdebefugt, wer die sofortige Beschwerde noch innerhalb der Monatsfrist des § 23 Abs. 4 S. 2 einlegte (BGHZ 120, 396 [398] = NJW 1993, 662). Für die weitere Beschwerde gelten hinsichtlich der Beschwerdebefugnis die gleichen Grundsätze.

4. Die Beschwerde nach § 45 Abs. 1 WEG ist sofortige Beschwerde, dh. sie ist gemäß § 22 Abs. 1 FGG binnen einer Frist von zwei Wochen ab Bekanntmachung (= Zustellung nach Maßgabe von § 16 Abs. 2 S. 1 FGG) einzulegen. Der Beschwerdewert muss 750 Euro übersteigen. Beschwerdewert ist der Wert der (individuellen) Beschwerde für den Beschwerdeführer und nicht der Geschäftswert des Beschwerdeverfahrens (BGH NJW 1992, 3305). Wiedereinsetzung wegen Versäumung der Beschwerdefrist ist unter den Voraussetzungen von § 22 Abs. 2 FGG möglich. Im Beschwerdeverfahren gilt das Verbot der reformatio in peius, es sei denn, der Gegner hat Anschlussbeschwerde eingelegt. Die Zulässigkeit der Anschlussbeschwerde ist allerdings umstritten (für Zulässigkeit unselbständiger, unbefristeter Anschlussbeschwerde: BGH 71, 314; BGH NJW 1985, 2717 sowie *Bärmann/Pick* § 45 Rdn. 29).

5. Auch die weitere Beschwerde ist gemäß §§ 45 Abs. 1 WEG, 29 Abs. 2 FGG sofortige weitere Beschwerde. Sie ist zulässig, wenn der Wert der Beschwer die allgemeine Beschwerdewertgrenze (s. Anm. 4) übersteigt. Soweit die Einlegung durch Einreichung einer Beschwerdeschrift erfolgt, besteht Anwaltszwang für die Unterzeichnung der Beschwerdeschrift. Für die Beschwerdebefugnis gelten die gleichen Grundsätze wie für die Erstbeschwerde (s. oben Anm. 3). Die weitere Beschwerde ist Rechtsbeschwerde (§ 27 S. 1 FGG), dh. das entscheidende Gericht ist grundsätzlich an die tatsächlichen Feststellungen des Beschwerdegerichts gebunden und prüft nur Gesetzesverletzungen nach. Auch hier gilt das Verbot der reformatio in peius, ausgenommen bei Anschlussbeschwerde (s. oben Anm. 4). Sprungbeschwerde gibt es im Verfahren der freiwilligen Gerichtsbarkeit nicht.

6. Die Beschwerde nach § 45 Abs. 1 WEG ist gegeben gegen Entscheidungen, dh. nicht nur Endentscheidungen, sondern alle Verfügungen iSv. § 19 Abs. 1 FGG. Dazu gehören neben Endentscheidungen in der Sache auch Zwischen- oder Teilentscheidungen, wenn und soweit sie Endentscheidungen gleichstehen (*Bärmann/Pick/Merle* § 45 Rdn. 3 ff.), nicht aber Zwischenverfügungen oder verfahrensleitende Anordnungen.

Einstweilige Anordnungen nach § 44 Abs. 3 WEG sind selbständig nicht anfechtbar, auch nicht solche des Beschwerdegerichts.

Wie nach § 99 ZPO ist auch eine Kostenentscheidung nicht selbständig anfechtbar (§ 20 a Abs. 1 FGG), es sei denn, in der Hauptsache ist keine Entscheidung ergangen (§ 20 a Abs. 2 FGG) wie etwa nach Antragsrücknahme oder Erledigung der Hauptsache. Die Beschwerde gegen die selbständige Kostenentscheidung ist sofortige gemäß §§ 20 a Abs. 2 FGG, 22 Abs. 1 FGG. Gegen die unselbständige Kostenentscheidung ist die Beschwerde nur im Zusammenhang mit einem zulässigen Rechtsmittel in der Hauptsache gegeben. Gegen die Festsetzung des Geschäftswerts ist unbefristete Beschwerde gemäß § 31 Abs. 3 KostO gegeben (BayObLG 1978, 309 ff.).

7. Ein ausdrücklicher Antrag ist im Beschwerdeverfahren der freiwilligen Gerichtsbarkeit nicht erforderlich. Nach Einlegung der Beschwerde hat das Beschwerdegericht nach § 12 FGG von Amts wegen die Richtigkeit der Entscheidung der Vorinstanz in tatsächlicher und rechtlicher Hinsicht zu prüfen. Wenn ein Beschwerdeantrag gestellt wird, ist das Beschwerdegericht an ihn gebunden (vgl. *Keidel/Kuntze/Winkler* § 23 Rdn. 1 a).

8. Dem Beschwerdebegehren liegt im Formularbeispiel ein Antrag des Antragstellers auf Ungültigerklärung des Beschlusses einer Eigentümerversammlung zugrunde, den das Amtsgericht als Gericht erster Instanz im Verfahren nach §§ 23 Abs. 4, 43 Abs. 1 Nr. 4 WEG zurückgewiesen hat (zum Verfahren vgl. Form. II. H. 5 mit Anmerkungen) und den der Antragsteller jetzt im Beschwerdeverfahren wiederholt.

9. Ein Kostenantrag ist an sich entbehrlich wie stets im Verfahren nach §§ 43 ff. WEG, da auch das Beschwerdegericht über die Verfahrenskosten gemäß § 47 WEG von Amts wegen nach billigem Ermessen zu entscheiden hat, wenn es in der Sache selbst entscheidet und nicht etwa zurückverweist. Als Anregung zu einer bestimmten gewollten Kostenentscheidung kann der Kostenantrag auch hier sinnvoll sein.

10. Eine Begründung der Beschwerde ist gesetzlich ebensowenig vorgeschrieben wie ein bestimmter Antrag. Als Anregung an das Beschwerdegericht, bestimmte Punkte des Erstbeschlusses (bzw. bei der weiteren Beschwerde auch der Beschwerdeentscheidung) bzw. sonstige entscheidungserhebliche Fragen besonders zu prüfen, wird sich eine Begründung aber empfehlen. Das Beschwerdegericht kann auch eine Begründung anfordern und dafür eine Frist setzen (*Bärmann/Pick/Merle* zu § 45 Rdn. 36). Neues Tatsachen- und Beweisvorbringen ist entsprechend der Regelung des § 570 ZPO möglich (§ 23 FGG); eingeschränkt jedoch für die weitere Beschwerde (s. oben Anm. 5).

11. Im Beschwerdeverfahren besteht kein Anwaltszwang; auch nicht für die weitere Beschwerde, ausgenommen hier die Unterzeichnung der Beschwerdeschrift (§ 29 Abs. 1 S. 2 FGG).

Im Übrigen muss die Beschwerdeschrift noch nicht einmal eine Unterschrift (des Beschwerdeführers oder seines Vertreters) tragen (*Keidel/Kuntze/Winkler* § 21 FGG Rdn. 12); jedoch muss aus der Beschwerdeschrift hervorgehen, dass sie vom Beschwerdeführer herrührt und seinem Willen entspricht. Ein versehentlich eingereichter Entwurf ohne Unterschrift ist keine Beschwerdeschrift.

Kosten und Gebühren

Für Geschäftswert und Kostenentscheidung gelten im Beschwerdeverfahren keine Besonderheiten; vgl. ergänzend oben Anm. 9 und die Anm. Kosten und Gebühren zu Form. II. H. 1 und II. H. 5).

Zu den Gerichtsgebühren im Beschwerdeverfahren s. § 131 KostO.

Zu den Anwaltsgebühren im Beschwerdeverfahren s. § 63 Abs. 2 BRAGO.

Rechtsmittel und Fristen

Die Frist für die Einlegung der sofortigen Beschwerde nach § 45 sowie der sofortigen weiteren Beschwerde (§§ 45 Abs. 1 WEG, 29 Abs. 2 FGG) beträgt zwei Wochen und beginnt nach § 22 Abs. 1 FGG mit der Bekanntmachung der Entscheidung; das ist bei Beschlüssen in WE-Sachen gemäß §§ 44 Abs. 4, 45 WEG die Zustellung der Entscheidung nach § 16 Abs. 2 FGG. Zur – unselbständigen – Anschlussbeschwerde s. oben Anm. 4. Auch die Beschwerde gegen eine selbständige Kostenentscheidung ist sofortige, diejenige gegen die Festsetzung des Geschäftswerts unbefristete (s. oben Anm. 6).

9. Klage auf Entziehung des Wohnungseigentums nach §§ 18, 19 WEG

An das
Amtsgericht[1]

Klage[2]

der Wohnungseigentümer[3] **der Eigentumswohnanlage X.-Straße Nr. . . . . . . in Z.-Stadt, namentlich aufgeführt in der anliegenden Liste**[4]

– Kläger –

vertreten durch . . . . . . [5]
Verwalter der Eigentumswohnanlage[6]**: A., Y.-Straße Nr. . . . . . . in Z.-Stadt**

Prozessbevollmächtigter[7] **(der Kläger bzw. des Verwalters): V., W.-Straße Nr. . . . . . . in Z.-Stadt**

gegen
B., X.-Straße Nr. . . . . . . in Z.-Stadt

– Beklagter –

wegen Entziehung des Wohnungseigentums

Streitwert[8]**: . . . . . .**

Im Namen und mit Prozessvollmacht der Kläger (bzw. des Verwalters, dieser handelnd mit Prozessvollmacht der Kläger) und unter Einzahlung eines Gerichtskostenvorschusses[9] **von . . . . . . EUR erhebe ich Klage mit folgendem Antrag**[10]**:**

I. Der Beklagte wird zur Veräußerung[11] **seines in der Eigentumswohnanlage X.-Straße Nr. . . . . . . in Z.-Stadt gelegenen Wohnungseigentums, bestehend aus einem Miteigentumsanteil zu . . . . . ./1000, verbunden mit dem Sondereigentum an der Wohnung Nr. . . . . . ., vorgetragen im Grundbuch des Amtsgerichts Z.-Stadt für Y.-heim Band . . . . . . Blatt . . . . . ., verurteilt.**
II. Der Beklagte hat die Kosten des Rechtsstreits zu tragen.[12]
III. Das Urteil ist gegen Sicherheitsleistung vorläufig vollstreckbar[13]**;**

und bitte um Anberaumung eines frühen ersten Termins (bzw. Anordnung des schriftlichen Vorverfahrens).

Begründung[14]

Die Kläger sind Mitglieder der Wohnungseigentümergemeinschaft der Eigentumswohnanlage X.-Straße Nr. ...... in Z.-Stadt. Der Beklagte ist Eigentümer der in dieser Wohnanlage gelegenen Wohnung Nr. ......, bestehend aus einem Miteigentumsanteil von ....../1000, verbunden mit dem Sondereigentum an der Wohnung Nr. ...... laut amtlichem Aufteilungsplan. Mit Beschluss[15] der Eigentümerversammlung vom ...... bevollmächtigten die Kläger mit 23 von insgesamt 45 vorhandenen Stimmen[16] den Verwalter[17], gegen den Beklagten Entziehungsklage gemäß § 18 WEG zu erheben.

Beweis: Versammlungsprotokoll vom ......

Der Beklagte hat seit zwei Jahren keine monatlichen Vorausleistungen[18] zu den Lasten des Gemeinschaftseigentums nach Maßgabe der Gemeinschaftsordnung mehr erbracht. Die Kläger mussten ihre Ansprüche auf das vom Beklagten zu zahlende Wohngeld jeweils in – bisher insgesamt sechs – Verfahren nach § 43 Abs. 1 Nr. 1 WEG gerichtlich geltend machen, teils durch den Gerichtsvollzieher beitreiben lassen.

Beweis: Vernehmung von A., Verwalter der Wohnanlage als Zeugen;
Beiziehung der Akten ...... (Az.) des Amtsgerichts Z.-Stadt

Damit hat der Beklagte so schwer gegen Gemeinschaftspflichten verstoßen, dass den anderen Wohnungseigentümern eine Fortsetzung des Gemeinschaftsverhältnisses mit dem Beklagten nicht mehr zuzumuten ist[19].

(Namensunterschrift V.)

Anmerkungen

1. Zuständig für die Klage auf Entziehung des Wohnungseigentums nach §§ 18, 19 WEG ist gemäß § 51 WEG ohne Rücksicht auf den Wert des Streitgegenstands das Amtsgericht, in dessen Bezirk das Grundstück liegt; diese örtliche und sachliche Zuständigkeit ist keine ausschließliche (*Palandt/Bassenge* § 51 WEG Rdn. 1).

2. Ansprüche nach § 18 WEG (Entziehung des Wohnungseigentums) und § 17 WEG (Ansprüche im Fall der Aufhebung der Gemeinschaft) sind im ordentlichen Klageverfahren vor dem Prozessgericht und nicht im Verfahren der freiwilligen Gerichtsbarkeit geltend zu machen (vgl. § 43 Abs. 1 Nr. 1 WEG). Das Verfahren richtet sich – mit den Besonderheiten des § 19 WEG – ausschließlich nach den Vorschriften der ZPO, der Inhalt der Klageschrift daher nach § 253 ZPO. Vgl. im übrigen die Formulare und Anmerkungen zu Abschn. I. D.

In der Praxis kommt die Entziehungsklage selten vor. Sie ist gewissermaßen letztes und von den Voraussetzungen her – wegen der Stärke des Eingriffs – stark eingeschränktes Mittel zur Unterbindung gröbster Pflichtverletzungen. Die Klage zielt lediglich auf die erzwingbare Veräußerung (s. unten Anm. 11).

3. Die Frage, wer klagebefugt ist, ist im Gesetz nicht geregelt. Klageerhebung durch alle übrigen Wohnungseigentümer ist auf jeden Fall möglich (vgl. *Bärmann/Pick* § 18 Rdn. 16); weitere Möglichkeiten: Klageerhebung nur durch die Beschlussfassenden (s. unten Anm. 16) oder durch einzelne Wohnungseigentümer (str., vgl. *Palandt/Bassenge* § 18 WEG Rdn. 3). Klageerhebung durch den Verwalter als Prozessstandschafter ist ebenfalls möglich entsprechend den allgemeinen Grundsätzen zur Prozessstandschaft.

4. Wenn mehrere oder alle Wohnungseigentümer klagen, genügt im Klagerubrum die Bezeichnung „Wohnungseigentümer der Eigentumswohnanlage ......" oder „Wohnungseigentümergemeinschaft ......" mit Bezugnahme auf die Namen der klagenden Wohnungseigentümer in einer anliegenden Liste; s. auch Anm. 3 zu Form. II. H. 1.

5. Für etwaige Prozessvertretung durch den Verwalter gelten die Ausführungen in Anm. 5 zu Form. II. H. 1 entspr.

6. Die Angabe des Verwalters auch im Klagerubrum ist, auch wenn er nicht Prozessvertreter ist, wegen der gesetzlichen Zustellungsempfangsermächtigung gemäß § 27 Abs. 2 Nr. 3 WEG zweckmäßig.

7. Zur Erteilung der Prozessvollmacht durch die Wohnungseigentümer s. Anm. 5 und 7 zu Form. II. H. 1. Im übrigen gelten die allgemeinen Grundsätze der ZPO.

8. Der Streitwert für die Entziehungsklage bemisst sich nach §§ 3 ZPO, 12 Abs. 1 GKG; entscheidend ist das Interesse der klagenden Wohnungseigentümer am Eigentumswechsel. Der Streitwert orientiert sich dabei – wie auch der Geschäftswert für den Streit über die Wirksamkeit des Entziehungsbeschlusses (vgl. *Bärmann/Pick* § 18 Rdn. 23) – am Verkehrswert der zu veräußernden Wohnung als Ausgangspunkt und wird einem angemessenen Prozentsatz daraus entsprechen. Gemäß § 23 GKG ist die Wertangabe vorgeschrieben.

9. Die Vorschusspflicht ergibt sich aus § 65 GKG.

10. Die Notwendigkeit eines bestimmten Antrags – anders als im streitigen Verfahren der freiwilligen Gerichtsbarkeit nach §§ 43 ff. WEG – folgt aus § 253 Abs. 2 Nr. 2 ZPO, der Inhalt des Antrags bestimmt sich nach § 19 WEG.

11. Der Klageantrag ist auf Veräußerung des Wohnungseigentums schlechthin, nicht an bestimmte Personen, gerichtet. Das Urteil nach § 19 WEG wird allgemein als eines auf Abgabe von Erklärungen des Beklagten i. S. von § 894 ZPO angesehen (vgl. im einzelnen *Bärmann/Pick/Merle* § 19 Rdn. 13, 14) und ersetzt dessen Zustimmung zur freiwilligen Versteigerung nach §§ 53 ff. WEG, und zwar schuldrechtliche Erklärung auf Veräußerung, Auflassungserklärung und Bewilligung nach § 19 GBO (*Bärmann/Pick/Merle* § 19 Anm. 14); keine Zuschlagswirkung. S. auch Anm. 13.

12. Für die Prozesskosten gelten §§ 91 ff. ZPO. S. auch unten Anm. Kosten und Gebühren.

13. Die vorläufige Vollstreckbarkeit richtet sich nach §§ 708 ff. ZPO. Das Urteil nach §§ 18, 19 WEG ersetzt nicht nur Willenserklärungen, sondern ist darüber hinaus Vollstreckungstitel auf Räumung und Herausgabe zugunsten des Erstehers (§ 19 Abs. 1 S. 2 WEG). Das Verfahren der Versteigerung gemäß § 19 WEG ist in §§ 53 ff. WEG geregelt.

Abwendungsbefugnis des Verurteilten: § 19 Abs. 2 WEG.

14. Die Notwendigkeit einer Begründung folgt aus § 253 Abs. 2 Nr. 2 ZPO; sie muss alle anspruchsbegründenden Tatsachen umfassen, aus denen sich die Berechtigung zum Begehren nach § 18 WEG ergibt.

15. Ein (Mehrheits-)beschluss der Wohnungseigentümer ist erforderlich (§ 18 Abs. 3 S. 1 WEG); s. auch Anm. 16.

16. Es genügt nicht die einfache Mehrheit (der Anwesenden); erforderlich ist gemäß § 18 Abs. 3 S. 2 WEG absolute Mehrheit (aller insgesamt vorhandenen stimmberechtigten Wohnungseigentümer), ohne Stimmberechtigung des Betroffenen (§ 25 Abs. 5 WEG). Abweichend davon kann eine qualifizierte Mehrheit vereinbart werden (OLG Celle NJW 1955, 953); a. A. *Bärmann/Pick* § 18 Rdn. 12. § 18 Abs. 4 WEG verbietet nur Einschränkungen oder völligen Ausschluss des Anspruchs auf Entziehung. Durch den Beschluss wird nur die Frage entschieden, ob Veräußerung verlangt werden soll, nicht, ob der Anspruch besteht.

17. Im Beschluss ist hier gleichzeitig Prozessvollmacht erteilt worden. Vgl. auch Anm. 5 und 7 zu Form. II. H. 1.

18. Die Pflicht zur Leistung in der Regel monatlicher Vorauszahlungen folgt aus § 28 Abs. 2 WEG iVm. der jeweiligen Regelung in Gemeinschaftsordnung bzw. Teilungserklärung und dem beschlossenen Wirtschaftsplan; s. hierzu auch Anm. 14a und 15 zu Form. II. H. 2.

19. Der Anspruch auf Veräußerung kann allein auf die Generalklausel des § 18 Abs. 1 WEG gestützt werden, wie auch auf die Sondertatbestände des Abs. 2. Im Fall des Abs. 1 kann die Entziehung auch dann begründet sein, wenn die Pflichtverletzung im Zeitpunkt der Entscheidung nicht mehr andauert. Falls die Klage auf einen der Sondertatbestände des Abs. 2 gestützt werden kann, braucht die Frage der Zumutbarkeit nicht mehr geprüft zu werden.

Kosten und Gebühren

Die Kosten eines Entziehungsverfahrens nach §§ 18, 19 WEG sind gemäß § 16 Abs. 4 WEG von der Gemeinschaft zu tragen. Mit dieser Bestimmung wird nicht in die prozessuale Kostenregelung der §§ 91 ff. ZPO eingegriffen; sie regelt vielmehr lediglich die Lastenverteilung zwischen den Wohnungseigentümern, wenn der Gemeinschaft aus der Prozessführung Kosten entstehen, wie insbesondere beim Obsiegen des Beklagten.

Zum Streitwert s. oben Anm. 8.

Für Anfall und Höhe der Gerichtsgebühren (nach § 11 GKG iVm. Kostenverzeichnis und -tabelle zum GKG) und für die Rechtsanwaltsgebühren (nach §§ 31 ff. BRAGO) gelten keine Besonderheiten.

I. Familiensachen; Lebenspartnerschaftssachen

Nach den für das Familienrecht und seine Verfahren weitreichenden Gesetzesänderungen seit 1998 im Kindschaftsrecht, Teilen des Eherechts und des einschlägigen Erbrechts (vgl. hierzu die Vorbemerkung zu Teil H. in der 8. Auflage) sind weitere, zum Teil auch ins Familienrecht ausstrahlende Gesetzesänderungen, insbesondere in 2001 und zum 1. 1. 2002 oder später, zu verzeichnen, die hier bereits berücksichtigt werden:

a) *Das **Lebenspartnerschaftsgesetz** (Gesetz zur Beendigung der Diskriminierung der gleichgeschlechtlichen Lebenspartnerschaften – LPartG) vom 16. 2. 2001 (BGBl. I, Seite 266), in Kraft getreten zum 1. 8. 2001, hat nicht nur ein neues „Familienrecht" solcher Lebenspartnerschaften geschaffen (Partnerschaftsbegründung und -aufhebung, Wirkungen, Güterrecht, Unterhaltsrecht), sondern auch die Verfahren in Familiensachen des 6. Buches der ZPO um Verfahren in Lebenspartnerschaftssachen (Abschnitt 7 = § 661 ZPO n. F.) erweitert, die daher in Form. II. I. 22. angesprochen werden.*
b) *Das **Gewaltschutzgesetz** (Gesetz zum zivilrechtlichen Schutz vor Gewalttaten und Nachstellungen – GewSchG) ist zwar ausdrücklich beschränkt auf den Gewaltschutz Erwachsener (§ 3 GewSchG), andererseits ausdrücklich nicht auf den häuslichen wie familiären Bereich, daher dem allgemeinen Deliktsrecht zuzuordnen; seine Einführung (im Gesetz zur Verbesserung des zivilgerichtlichen Schutzes bei Gewalttaten und Nachstellungen sowie zur Erleichterung der Überlassung der Ehewohnung bei Trennung vom 11. 12. 2001, BGBl. I, Seite 3513) und die dabei vorgenommenen Änderungen der HausratsVO und des § 1361 b BGB sowie die Einfügung richterlicher Schutzmaßnahmen in die Verfahrenskataloge der ZPO (§§ 620 Nr. 9 n. F. und 621 Abs. 1 Nr. 13 n. F. ZPO) in Fällen gemeinsamer, auf Dauer angelegter oder mindestens sechs Monate bestehender Haushaltsführung der Beteiligten werden aber gerade in Familiensachen erhebliche praktische Bedeutung haben, nicht zuletzt für **nichteheliche Lebensgemeinschaften**).*
c) *Das **Euro-Rechtspflegegesetz** (Gesetz zur Einführung des EURO in Rechtspflegegesetzen – EURORPflG) vom 13. 12. 2001 (BGBl. I, Seite 3574) in Kraft getreten am 1. 1. 2002, enthält auch Änderungen einiger familienrechtlicher Vorschriften, über seine Auswirkungen bei Streitwerten, Kosten und Gebühren hinaus (vgl. hierzu Palandt-Brudermüller, 61. Auflage 2002, Ergänzungsband, Einf. vor § 1317 BGB).*
d) *Das **Schuldrechtsmodernisierungsgesetz** (Gesetz zur Modernisierung des Schuldrechts – SMG) vom 26. 11. 2001 (BGBl. I, Seite 3138), in Kraft getreten im Wesentlichen zum 1. 1. 2002, berührt das Familienrecht materiell über Änderungen im **Verjährungsrecht** (Regelverjährung für Unterhaltsleistungen, nunmehr aller Art, nunmehr drei Jahre, §§ 197 Abs. 2 mit §§ 195 BGB n. F., sonst 30 Jahre, § 197 Abs. 1 Nr. 2 BGB n. F.; erweiterte Ablaufhemmung bei Beteiligung nicht voll Geschäftsfähiger an Rechtsverhältnissen); das neue **Leistungsstörungsrecht** des SMG (und des Gesetzes zur Beschleunigung fälliger Zahlungen seit 2000, insbesondere **Zinsrecht**), wird sich jedoch auf die Gerichts- wie die Vertragspraxis auch im Familienrecht auswirken.*
e) *Die **ZPO-Reform** (Gesetz zur Reform des Zivilprozesses – ZPO-RG) vom 27. 6. 2001 (BGBl. I, Seite 1887), ebenfalls in weiten Teilen in Kraft getreten zum 1. 1. 2002, hat insbesondere Auswirkungen zum **Rechtsmittelrecht** bestimmter familiengerichtlicher Verfahren (nunmehr Rechtsbeschwerde statt weiterer befristeter Beschwerde). Die wichtigsten **Übergangsregelungen** enthält nunmehr § 26 Nrn. 5., 7, 9, 10 und 11 EGZPO (zuletzt geändert am 13. 12. 2001).*

Kindschaftssachen und Kindesunterhalt

1. Vaterschaftsanfechtung

An das
Amtsgericht[1]
– Familiengericht –[6]

……, den 5. 8. 2002

Klage

der …… – Klägerin –[2]
Verfahrensbevollmächtigte: Rechtsanwälte …… [3]

gegen

…… – Beklagten –

wegen Vaterschaftsanfechtung[4]

vorläufiger Streitwert: EUR ……[5]

Gerichtskosten in Höhe von EUR …… sind beigefügt in ……

Namens und im Auftrag der Klägerin[8] erheben wir unter Vorlage besonderer Prozessvollmacht gegen den Beklagten Klage mit folgenden Anträgen:

I. Es wird festgestellt, dass das Kind ……, geb. am 1. 7. 2002, nicht das Kind des Beklagten ist.
II. Die Kosten[9] des Rechtsstreits werden gegeneinander aufgehoben.

Begründung:

1. Die Parteien sind seit dem (Datum 2000) noch miteinander verheiratet. Die Klägerin hat den Beklagten jedoch (im September 2001) verlassen, um mit Herrn X. Y. in ständiger ehelicher Gemeinschaft zusammenzuleben. Aus dieser Verbindung stammt das im Klageantrag genannte, am 1. 7. 2002 geborene Kind, welches nach § 1592 BGB noch als Kind des Beklagten als Vater gilt.
2. Die Klägerin hat im Dezember 2001 Scheidung ihrer Ehe mit dem Beklagten beantragt, das Scheidungsverfahren ist beim Familiengericht …… unter Az.: …… noch anhängig. Der Beklagte widersetzt sich dort der Ehescheidung und behauptet, entgegen dem auch dortigen Sachvortrag der Klägerin, der Vater des Kindes zu sein.
   Herr X. Y., von dem das Kind stammt, ist bereit, seine Vaterschaft anzuerkennen; der Beklagte lehnt jedoch Zustimmung hierzu außergerichtlich ab.[10]
   Beweis: ……
3. Eine Abstammung des im Klageantrag genannten Kindes vom Beklagten als Vater ist aus den folgenden Gründen unmöglich. Vielmehr ist Herr X. Y. der genetische Vater.[10]
   – Beiwohnung?
   – Empfängniszeit-Vermutung?
   – Erbbiologische Fragen.
4. Die Klägerin ist nach neuem Recht selbst anfechtungsberechtigt (§ 1600 BGB). Die Anfechtungsfrist des § 1600 b Abs. 1 und 2 BGB ist eingehalten.

5. Aus den obigen Gründen wird beantragt, Herrn X. Y. unter Mitteilung dieser Klage zum Termin zur mündlichen Verhandlung zunächst beizuladen. Dieser beabsichtigt ohnehin, der Klägerin zu ihrer Unterstützung beizutreten (§ 640 e Abs. 1 ZPO).

6. Der Kostenantrag entspricht dem Regelfall des § 93 c ZPO. Vorbehalten bleibt ein abweichender Kostenantrag zu Lasten des Beklagten gemäß § 93 c S. 2 ZPO in Verbindung mit § 96 ZPO für den Fall, dass durch das unverständliche fortgesetzte Bestreiten des Beklagten weitergehende kostspielige Beweiserhebungen erforderlich werden sollten.[7, 11]

Rechtsanwalt

Anmerkungen

1. Für die sog. Kindschaftssachen (Katalog in § 640 Abs. 2 ZPO: Feststellung des Bestehens oder Nichtbestehens eines Eltern-Kindes-Verhältnisses, auch der Wirksamkeit oder Unwirksamkeit einer Vaterschaftsanerkennung; Vaterschaftsanfechtung, wie hier; Feststellung des Bestehens oder Nichtbestehens der elterlichen Sorge einer Partei für die andere) ist nunmehr (Verfahren ab 1. 7. 1998, wie hier) ausschließlich zuständig das **Familiengericht** (§ 621 Abs. 1 Nr. 10 ZPO, § 23 b Abs. 1 Nr. 12 GVG), in dessen Bezirk das Kind oder, wie hier, die Mutter Wohnsitz oder gewöhnlichen Aufenthalt hat (§ 640 a ZPO, mit Hilfszuständigkeiten). Das Abstammungsverfahren ist damit zugleich andere (selbstständige) Familiensache. Eine förmliche Verbindung beim Gericht der Ehesache (im vorgestellten Fall: Scheidung) ist jedoch hier nicht vorgesehen (§ 621 Abs. 2 mit § 640 c Abs. 1 ZPO).

2. Das Anfechtungsrecht, nunmehr verfassungskonform auf die Mutter ausgedehnt, ist in §§ 1600 bis 1600 e BGB n. F. einschließlich Formen und Fristen deutlich vereinfacht.

3. Wie bisher (AG) kein Anwaltszwang beim Familiengericht, aber vor den Gerichten des höheren Rechtszuges (s. u. „Fristen und Rechtsmittel"). Ausnahme (nur beim BGH) für den Sonderfall einer Abstammungssache nach Tod eines Beteiligten (§ 1600 e Abs. 2 BGB n. F.).

4. ZPO-Verfahren (soweit nicht Sonderfall des § 1600 e Abs. 2 BGB: Statusklage nach Tod des Mannes oder Kindes), durch Verweisungen in § 640 Abs. 1, § 621 a ZPO mit (durch § 640 d eingeschränkter) Untersuchungsmaxime nach § 616 ZPO, neu gestaltet durch teilweise Neufassung des 5. Abschnitts – Verfahren in Kindschaftssachen – des 6. Buches der ZPO, §§ 640 bis 640 h ZPO und Neufassung von § 56 c FGG.

Zur erforderlichen Beteiligung Dritter s. § 640 e ZPO n. F.; zu Möglichkeiten einstweiliger Anordnungen vgl. Form. II. I. 2. Anm. 5 und Form. II. I. 26.

5. Regelstreitwert EUR 4.000,–, § 12 Abs. 2 S. 3 1. Alt. GKG

6. §§ 640 Abs. 1 mit 609 ZPO.

7. Regelfall: § 93 c ZPO, günstigere Kostenregelung für das Kind nur so.

8. Die Anfechtung muss – weiterhin – höchstpersönlich erklärt werden, bei erweiterter Geschäfts- und Prozessfähigkeit für ein in der Geschäftsfähigkeit beschränktes oder geschäftsunfähiges Kind jedoch nur durch den gesetzlichen Vertreter. Zur Möglichkeit einer Beistandschaft durch das Jugendamt vgl. § 1712 BGB und ferner § 50 FGG (Verfahrenspfleger, „Anwalt des Kindes") und näher Anm. 3 zu Form. II. I. 2.

9. Die früher notwendige Genehmigung des Vormundschaftsgerichts (§§ 1595, 1595 a, 1597, 1600 k Abs. 1 S. 2 und Abs. 2 S. 1 sowie Abs. 3 BGB a. F.) entfällt, da das befasste FamG nunmehr selbst entscheiden kann und muss, ob die Anfechtung dem Kindeswohl dient (§ 1600 a Abs. 4 BGB).

10. Durch das KindRG 1998 wurde der Anrechnungsbereich von Empfängniszeit-Berechnungen (nunmehr: 300 Tage statt 302 Tage vor der Geburt des Kindes) reduziert, wobei die Neuregelung das Anfechtungsrecht der Eltern des verstorbenen Scheinvaters beseitigt hat. Die gesetzliche Vaterschaftsvermutung auf den im Zeitpunkt der Geburt mit der Mutter des Kindes verheirateten Mann (§ 1592 Nr. 1 BGB n.F.) gilt nämlich grundsätzlich nur noch dann, wenn die Ehe durch Tod aufgelöst und innerhalb von 300 Tagen nach der Auflösung ein Kind geboren wurde (§ 1593 Abs. 1 BGB n.F. mit Sonderregelungen, insbesondere bei weiterer Eheschließung der verwitweten Mutter). Für Kinder, die nach Anhängigkeit eines Scheidungsantrags geboren werden, soll wegen des zu vermutenden, vorausgegangenen Zerwürfnisses zwischen den Ehegatten (ebenso wohl bei Eheaufhebungsklage) die gesetzliche Vaterschaft nicht mehr vermutet werden, um den Beteiligten das u.U. kostspielige förmliche Abstammungsverfahren zu ersparen (§ 1599 BGB n.F.). Diese Erleichterung greift jedoch nicht bei bloßem Getrenntleben und ferner nicht (so im vorgestellten Fall), wenn die weiteren Erfordernisse nicht erfüllt sind, welche § 1599 Abs. 2 BGB n.F. aufstellt, nämlich

- Vaterschaftsanerkennung durch den genetischen Vater mit Zustimmung der Mutter, ggf. auch des Kindes (neu geregelt in §§ 1592 Nr. 2, 1594 mit 1598 BGB n.F. und § 641 c ZPO), welche hier in diesem Stadium bereits entgegen § 1594 Abs. 2 BGB n.F. wirksam abgegeben werden kann, **und**
- Zustimmung zur Anerkennung durch den noch mit der Mutter verheirateten Ehemann (wobei die Anerkennung frühestens mit Rechtskraft des dem Scheidungsantrag stattgebenden Urteils wirksam wird, § 1599 Abs. 2 S. 3 und 4 BGB n.F.).

Dieses bei Einigkeit aller (vier) Beteiligten vereinfachte Verfahren wird im vorgestellten Fall aber gerade vom Ehemann abgelehnt.

11. Zu den Beweismitteln vgl. etwa *Palandt-Diederichsen,* 61. Auflage 2002, Rdn. 6–12 vor §§ 1591 BGB m. Nachw.). Die frühere gesetzliche Beiwohnungsvermutung wird in § 1600 d BGB n.F. etwas eingeschränkt. Sondervorschrift in § 372 a ZPO (Beweis durch Augenschein/Duldungspflicht der Beteiligten und naher Angehöriger für Abstammungsuntersuchungen).

Kosten und Gebühren

GK: KV Nr. 1201 ff.; RA: §§ 31 ff. BRAGO, u.U. privilegiert über § 33 Abs. 1 Nr. 3 BRAGO. Beiordnung eines RA erforderlich (§ 121 Abs. 2 ZPO), OLG Bremen FamRZ 1986, 189. Prozesskostenhilfeanspruch auch des beklagten Kindes, das aussichtsreichen Antrag unterstützt, OLG Nürnberg, FamRZ 1985, 1275.

Fristen und Rechtsmittel

Abstammungssachen sind nunmehr anderen (selbstständigen) Familiensachen auch hinsichtlich der Rechtsmittel und deren Fristen gleichgestellt. In Abstammungssachen (Ausnahme: Sonderfall eines Verfahrens nach § 1600 e Abs. 2 BGB: FGG-Verfahren) ist Rechtsmittel gegen Endentscheidungen des Familiengerichts also die Berufung zum OLG (§§ 511 ff. ZPO und § 119 Nr. 1 GVG).

2. Klage auf Feststellung der Vaterschaft und Kindesunterhalt

An das
Amtsgericht[1]
– Familiengericht –

Klage

des minderjährigen Kindes ......, geb. am ......, vertreten durch[2] das Kreisjugendamt ...... als Beistand[3]

...... – Kläger –

gegen

...... – Beklagten –

wegen Feststellung der Vaterschaft und Regelunterhalt[4]

vorläufiger Streitwert: EUR ...... [6]

Namens des Klägers erheben wir Klage gegen den Beklagten und stellen folgende Anträge:[5]

I. Es wird festgestellt, dass der Beklagte der Vater des Klägers ist.
II. Der Beklagte wird verurteilt, an den Kläger zu Händen seiner Mutter, Frau ......, als gesetzlichen Vertreter ab dem ...... [7] monatlich im Voraus den jeweiligen Regelunterhalt zu bezahlen.
III. Der Beklagte hat die Kosten des Verfahrens zu tragen.[8]

Begründung:

1. Die Mutter des am ...... geborenen Klägers, Frau ......, hat die elterliche Sorge für den Kläger allein. Denn zu der von ihr erhofften Eheschließung mit dem Beklagten, Vater des Klägers, ist es nicht gekommen. Eine Sorgeerklärung, die Sorge für den Kläger gemeinsam zu übernehmen, wollte der Beklagte nicht abgeben, der die Vaterschaft leugnet. Auf ihren Antrag hat jedoch das eingangs erwähnte Jugendamt für die Durchsetzung der hier geltend gemachten Ansprüche die Beistandschaft übernommen (§§ 1626 a, 1712 BGB).
2. Die Mutter des Klägers hat mit dem Beklagten in den Jahren ...... (Daten) ...... in eheähnlicher Gemeinschaft zusammen gelebt, bis sie vom Beklagten ...... (Datum) ...... verlassen wurde. Innerhalb der gesetzlichen Empfängniszeit des § 1600 d Abs. 3 BGB hat der Beklagte der Mutter des Klägers, damals und bis heute unverheiratet, jedoch als einziger beigewohnt. Schwerwiegende Zweifel an seiner damit vermuteten Vaterschaft bestehen nicht.[7]

   Beweis: ......

   Weiterer Sachvortrag mit Beweisanregungen zur Abstammung des Beklagten bleibt vorbehalten.
3. Da der Beklagte die Vaterschaft bestreitet, ist er im Klagewege gemäß §§ 1600 d Abs. 1 BGB mit § 640 Abs. 2 Nr. 1 ZPO als Vater des Klägers festzustellen.
4. Die Zuständigkeit des angerufenen Gerichts ergibt sich aus § 641 a ZPO.
5. Der Beklagte lehnt die Zahlung von Kindesunterhalt ab, und verweigert auch jegliche Auskunft über seine Einkommensverhältnisse, obwohl er hierzu mehrfach mündlich und schriftlich, zuletzt mit Schreiben des Jugendamts vom ...... unter Fristsetzung auf den ...... (Datum) aufgefordert worden ist.[7] Daher ist er in Verbindung mit dem Antrag auf Vaterschaftsfeststellung (§ 653 ZPO) zugleich auf Leistung von Unterhalt, zunächst in Höhe der seiner Altersstufe des Kindes entsprechenden Regelbetrags zu verurteilen.[9, 10] Anzurechnende Leistungen im Sinne der §§ 1612 b und 1612 c BGB liegen nicht vor.
6. Gerichtskosten in Höhe von EUR ...... sind beigefügt in ..... [11]

Jugendamt ......

Anmerkungen

Die durch § 653 ZPO ermöglichte Verbindung der Status – mit einer Kindesunterhaltsklage ist – wenn die Vaterschaft und damit schon der Unterhaltsanspruch dem Grunde nach strittig sind – nur eine mögliche ***Alternative*** *für die wenigstens vorläufige, rasche Schaffung eines (minimalen) Kindesunterhaltstitels. Stets sorgfältig zu prüfen sind die Alternativen einer Kindesunterhaltsfestsetzung im Vereinfachten Verfahren (§§ 645 ff. ZPO, vgl. hierzu auch Form. II. I. 3)* ***oder*** *einer selbstständigen Unterhaltsklage (§ 621 Abs. 1 Nr. 4 ZPO), jeweils mit eigenen Möglichkeiten des einstweiligen Rechtsschutzes. Zur Abwägung vgl. Anmerkung 5 und Anmerkung zu Form. II. I. 3 und II. I. 4, ausführlich und instruktiv auch Vossenkämper, in: Münchener Prozessformularbuch, Band 3, Familienrecht/Hrsg. P. Gottwald (2001), dort Seite 599 ff. m. w. Nachw.).*

1. Für Kindschaftssachen (hier: Vaterschaftsfeststellung) als – nunmehr – andere Familiensachen (§ 621 Abs. 1 Nr. 10 ZPO, vgl. Anm. 1 zu Form. II. I. 1) ist nunmehr ebenfalls ausschließlich das Familiengericht zuständig (§ 23 b Abs. 1 Nr. 12 GVG). Da durch das Beistandschaftsgesetz im Regelfall Vormundschaft (Amtsvormundschaft des Jugendamts) nicht mehr bestehen wird und die Pflegschaft für das Kind im Wesentlichen durch die – freiwillige – Beistandschaft nach §§ 1712 BGB n. F. ersetzt ist, entfällt die örtliche Hauptzuständigkeit des Gerichts der Vormundschaft oder Pflegschaft (§ 641 a ZPO a. F.), zugunsten des allgemeinen Gerichtsstand des Kindes oder des Elternteils, der es gesetzlich vertritt (§ 642 ZPO n. F. durch KindUG).

2. Der in Abstammungssachen fehlende Anwaltszwang in I. Instanz (vgl. Form. II. I. 1 und Anm. 3) dürfte sich weiterhin erstrecken auch auf den hier bloßen Annex-Antrag zum Kindes-Regelunterhalt, obwohl dieser nunmehr auch für nichteheliche Kinder Familiensache ist (§ 621 Abs. 1 Nr. 4: durch Verwandtschaft begründete gesetzliche Unterhaltspflicht, stark erweitert) und diese (selbstständige) Familiensache zwar nicht in der I. Instanz, aber vor den Gerichten des höheren Rechtszugs unter Anwaltszwang steht (§ 78 Abs. 2 Nr. 2 ZPO), differenziert also erst beim BGH (§ 78 Abs. 2 Nr. 3 ZPO).

3. Die bisherigen Beschränkungen der gesetzlichen Vertretung des minderjährigen nichtehelichen Kindes durch seine Mutter in §§ 1705–1711 BGB a. F. sind schon durch das KindRG vollständig aufgehoben, so dass sich deren gesetzliche Vertretung aus den im Formulartext zitierten Bestimmungen ergibt. Das KindRG hat nunmehr die Möglichkeit einer gemeinsamen Sorge der beiden nichtverheirateten Elternteile für das gemeinschaftliche Kind durch § 1626 a BGB n. F. eingeführt, wenn die Eltern gemeinsame Sorgeerklärungen abgeben oder einander heiraten. Deshalb musste § 1629 Abs. 2 S. 2 BGB n. F. klarstellen, dass auch in diesen Fällen nur der Elternteil, in dessen Obhut sich das Kind befindet (im vorgestellten Fall: die Mutter) Unterhaltsansprüche des Kindes gegen den anderen Elternteil als insoweit alleiniger gesetzlicher Vertreter, geltend machen kann. Für die Vaterschaftsfeststellung hat die Mutter nunmehr notfalls ein eigenes, neues Klagerecht (§ 1600 e Abs. 1 BGB n. F.).

Im vorgestellten Fall hat die Mutter jedoch von der durch das Beistandsgesetz geschaffenen – auf Antrag einzurichtenden und wieder zu beendenden, also freiwilligen – Beistandschaft gemäß Neufassung der §§ 1712 bis 1717 BGB durch das Jugendamt Gebrauch gemacht; dessen Vertretung geht, so lange der beantragende Elternteil das will, im Verfahren der Vertretung durch den sorgeberechtigten Elternteil vor (§ 53 a ZPO n. F.).

Eigene Ansprüche der Mutter (Entbindungskosten, Mutterschaftsbetreuungsunterhalt), welche in Anpassung an die neuere Sozialgesetzgebung einschließlich der neuen Bundesländer durch das KindRG deutlich erweitert worden sind, werden hier nicht näher behandelt (§§ 1615 k bis 1615 m BGB), wären aber nunmehr ebenfalls andere Familiensachen (§ 621 Abs. 1 Nr. 11 ZPO).

4. Allgemein zur Ausgestaltung des Verfahrens vgl. Anm. 1–4 zu Form. II. I. 1, dort auch zu den Möglichkeiten der Beteiligung Dritter (§§ 640 bis 640h ZPO und § 55a FGG) und zur notwendigen Beiladung (§ 640e ZPO). Bei unklarer Vaterschaft kann insbesondere Streitverkündung nach § 640e Abs. 2 ZPO gegenüber dem möglichen Alternativ-Vater überlegenswert und wichtig sein.

5. Im Rahmen der möglichsten Gleichstellung sind nun §§ 642 bis 660 ZPO einheitlich im 6. Abschnitt zum „Verfahren über den Unterhalt Minderjähriger" (nach KindUG: „Verfahren über den Unterhalt") zusammengefasst und über § 621 Abs. 1 Nr. 4 ZPO alle Verfahren über die gesetzliche Unterhaltspflicht auf Grund **Verwandtschaft** (fast) ausschließlich bei den Familiengerichten konzentriert. Als Alternativen zum hier vorgestellten Kindesunterhalt-Annexverfahren sind aber stets zu prüfen, zumal der Regelunterhalt oft hinter dem gesetzlichen Anspruch zurückbleiben wird:

a) Antrag des Kindes oder nunmehr auch der Mutter auf Unterhaltsregelung durch einstweilige Anordnung (oder Unterhaltssicherung) gemäß § 641d ZPO, schon nach Anhängigkeit des Rechtsstreits auf Vaterschaftsfeststellung (oder PKH-Antrag) möglich, wobei bei Klage des Kindes die Mutter im gleichen Verfahren sogar für ihren eigenen Unterhalt (Entbindungskosten, Betreuungsunterhalt) eine eAO erwirken kann;
b) getrennte Klage auf – unbezifferte – Verurteilung zum (bisherigen) Regelunterhalt (nunmehr: „Regelbetrag nach der Regelbetrag-Verordnung") gemäß § 645 ZPO n.F. (gemäß KindRG, wobei das KindUG für viele Normalfälle gegenüber der bisherigen Rechtslage eine wichtige Vereinfachung und Erleichterung schafft, vgl. im Einzelnen Anm. 3 zu Form. II. I. 3);
c) Schließlich steht (weiterhin) die normale Kindesunterhaltsklage auf bestimmte, dem Einzelfall angepasste Beträge zur Verfügung, als normale, andere (selbstständige) Familiensache (§ 621 Abs. 1 Nr. 4 ZPO), die aber wiederum praktisch vorherige Vaterschaftsfeststellung voraussetzt (sonst droht u.U. Aussetzung, vgl. für den ähnlichen Fall auch § 153 ZPO n.F.).

6. Regelstreitwert Vaterschaftsfeststellung EUR 4.000,–, § 12 Abs. 2. S. 3 1. Alt. GKG; für RU Sondervorschrift in § 17 Abs. 1 S. 2 GKG.

7. Durch das KindUG wurde die Sonderregelung des § 1615d BGB aufgehoben, wonach das Kind nicht miteinander verheirateter Eltern von seinem Vater Unterhaltsbeträge, die vor Vaterschaftsanerkennung oder Vaterschaftsfeststellung fällig waren, auch für die Vergangenheit verlangen kann, in Abweichung von § 1613 Abs. 1 BGB (Unterhalt für die Vergangenheit nur unter besonderen Voraussetzungen). Diese Voraussetzungen sind jedoch in der Neufassung stark erweitert (insbesondere genügt bereits bloßes Auskunftsbegehren).

8. Grundsätzlich Kostenverteilung nach allgemeinen Grundsätzen, jedoch mit Einschränkungen zu Lasten des unterhaltspflichtigen nichtehelichen Vaters aus § 93d Abs. 1 ZPO. Eine anderweitige Kostenverteilung nach billigem Ermessen kann insbesondere dann eingreifen, wenn der Gegner des Unterhaltsanspruchs durch verzögerte oder nicht ausreichende Auskunftserteilung das Verfahren veranlasst oder erschwert hat.

9. Für den beklagten Vater käme in Betracht die außergerichtliche, wirksame Anerkennung der Vaterschaft, §§ 1594ff. BGB n.F., welche nunmehr auch der Zustimmung der Mutter bedarf (§ 1595 Abs. 1 BGB): zu den Formalitäten einschließlich des nunmehr möglichen Widerrufs des Mannes nach § 1597 Abs. 3, § 1598 BGB vgl. § 641c ZPO n.F.

10. Auch hier kann der Beklagte Rechtsschutzbedürfnis außergerichtlich durch Verpflichtungsurkunde beseitigen, vgl. §§ 59 Abs. 1 Nr. 1, 60 SGB VIII (kostenlose Titulierung durch Jugendamt).

11. In der Regel jedoch, jedenfalls stets zu prüfen, Antrag auf Prozesskostenhilfe.

Kosten und Gebühren

GK: KV Nr. 1201 ff. (Protokollierung Vaterschaftsanerkenntnis gebührenfrei), hier auch nicht Nr. 1800 ff.; RA: §§ 31 ff. BRAGO, u. U. privilegiert über § 33 Abs. 1 Nr. 3 BRAGO.

Fristen und Rechtsmittel

Da insgesamt Abstammungsverfahren (Kindschaftssache), vgl. Anm. „Fristen und Rechtsmittel" zu Form. II. I. 1 (nunmehr gleicher Instanzenzug wie andere Familiensachen).

3. Antrag auf Kindesunterhalt nach Regelbeträgen (streitiges Verfahren)

An das
Amtsgericht
– Familiengericht –[1]

……, den 1. 7. 2002

In der Kindesunterhaltssache
des minderjährigen Kindes ……, geb. am ……, gesetzlich vertreten durch seine Mutter, Frau ……
…… – Antragsteller –
Prozessbevollmächtigter: Rechtsanwalt ……[2]

gegen

den Vater des Kindes, Herrn ……
…… – Antragsgegner –
Prozessbevollmächtigte: Rechtsanwälte ……

wegen Kindesunterhalt nach Regelbeträgen[3]

Streitwert: ……[4]

wird namens und in bereits vorgelegter Vollmacht des Antragstellers im bisherigen vereinfachten Verfahren (Az.: ……) nunmehr beantragt:

I. Das streitige Verfahren nach § 651 ZPO wird durchgeführt.
II. Der Unterhalt für den Antragsteller wird entsprechend dem im vereinfachten Verfahren gestellten Festsetzungsantrag des Antragstellers festgesetzt.
Ferner beantragen wir, dem Antragsteller für das streitige Verfahren Prozesskostenhilfe unter Beiordnung seines bisherigen Prozessbevollmächtigten zu bewilligen.
Im Einzelnen: ……

Begründung:

1. Der minderjährige Antragsteller, Kind des Antragsgegners, hat unter dem …… im vereinfachten Verfahren (Az.: ……) gemäß § 645 Abs. 1 ZPO die Erstfestsetzung seines Unterhalts beantragt. Der Antragsgegner hat hiergegen zulässige Einwendungen erhoben, gemäß gerichtlicher Mitteilung vom 13. 2. 2002.
2. Der Rechtsstreit gilt daher als mit der Zustellung des Feststellungsantrags rechtshängig gewordene Familiensache, auch hinsichtlich der Kosten des vereinfachten Verfahrens als Teil der Kosten des nunmehrigen streitigen Verfahrens, da der heutige Antrag

vor Ablauf von 6 Monaten nach Zugang der genannten Mitteilung gestellt ist (§§ 650, 651 Abs. 3 und Abs. 5 ZPO).

3. Die vom Antragsgegner in zulässiger Weise erhobenen Einwände, insbesondere gegen seine mangelnde Leistungsfähigkeit, sind nicht zutreffend, weil ......

Einzelheiten: ......

Beweismittel: ......

Rechtsanwalt

Anmerkungen

Der noch in der 8. Auflage (1998) hier vorgestellte Antrag auf Kindesunterhalt nach Regelbeträgen im ***vereinfachten*** *Verfahren (§§ 645 ff. ZPO) erscheint nicht mehr praktisch, da der Gesetzgeber inzwischen von der Ermächtigung Gebrauch gemacht hat,* ***amtliche Vordrucke*** *einzuführen, einschließlich amtlicher* **Merkblätter**, *für welche einschließlich des amtlichen Vordrucks für Einwendungen des Antragstellers nunmehr* ***Benutzungszwang*** *besteht (§ 659 ZPO). Die amtlichen Vordrucke sind allgemein erhältlich (abgedruckt z. B. bei Gottwald/Vossenkämper aaO. unter XI., dort ausführlich zu Vor- und Nachteilen des vereinfachten Verfahrens).*

1. Ausschließlich zuständig – für gesetzliche Unterhaltsansprüche aller minderjährigen Kinder, auch nichtehelicher – ist das Familiengericht am allgemeinen Gerichtsstand des Kindes oder des gesetzlich vertretenden Elternteils (§ 642 Abs. 1 ZPO n. F.).Bei normalen Unterhaltsklagen von Kindern begründet § 642 Abs. 3 ZPO n. F. eine Annex-Zuständigkeit des gleichen Gerichts auch für Ehegattenunterhaltsansprüche oder Ansprüche nach § 1615l BGB (Mutterschaftsbetreuungsunterhalt).

2. Hier Klage des Kindes im eigenen Namen, gesetzlich vertreten durch die alleinsorgeberechtigte Mutter (wichtig u. a. wegen PKH). Zweifelhaft, ob die Auffassung, die Prozessstandschaft des § 1629 Abs. 3 BGB überdauere den Scheidungsprozess (vgl. etwa OLG Hamm FamRZ 98, 379) hier alternativ oder gar verdrängend eingreift, nachdem (im vorgestellten Fall) im Scheidungsverfahren Kindesunterhalt nicht anhängig gemacht wurde.

Kein Anwaltszwang im erstinstanzlichen Verfahren, vgl. näher Anm. 2 zu Form. II. I. 2.

3. Durch das KindRG und insbesondere das KindUG ist im Rahmen des nunmehr 6. Abschnitts des 6. Buchs der ZPO (nunmehr: „Verfahren über den Unterhalt") auch das Vereinfachte Verfahren (bisher: „Zur Abänderung von Unterhaltstiteln" gemäß §§ 641l ff. ZPO, Vorschrift in die Neufassung integriert) weitgehend neu gefasst worden als Verfahren sowohl zur erstmaligen Erlangung wie zur Abänderung von Unterhaltstiteln minderjähriger Kinder aus dem Eltern-Kind-Verhältnis (§§ 645 bis 660 ZPO n. F.). Obwohl die neuen Regelbeträge im Einzelfall hinter den gesetzlichen Kindesunterhaltsansprüchen zurückbleiben können, bietet dieses Verfahren verschiedene, alternativ zu prüfende Verbesserungen gegenüber Verfahren alter Art (z. B. Annex-Verfahren zur Vaterschaftsfeststellung, § 653 ZPO und Form. II. I. 2), nämlich

a) etwas über dem Existenzminimum liegende feste Regelbeträge in nur drei Altersstufen (nach wie vor Differenzierung zwischen alten und neuen Bundesländern);
b) Anpassung der Regelbeträge im 2-Jahres-Rhythmus an die Rentenentwicklung (halbautomatisch, vgl. § 1612 a Abs. 4 BGB n. F.) und damit stark vereinfachte Titelanpassung, insoweit zwar strukturell ähnlich wie der bisherige Regelunterhalt bzw. § 641 l ZPO a. F., aber durch die Erhöhungsmöglichkeit bis zum 1,5fachen für eine größere Zahl von Fällen u. U. ausreichend (vor allem wo rasche Titulierung benötigt wird);
c) verstärkt durch den sehr weitgehenden Ausschluss von Einwendungen des beklagten Elternteils und u. U. Beweiserleichterungen für das Kind (Anm. 5).

4. Vgl. (§ 17 Abs. 1 S. 2 GKG n.F. (Jahresbetrag des Regelbetragssatzes).

5. Ist das vereinfachte Verfahren statthaft (§ 645 Abs. 1: Unterhalt minderjähriger Kinder, die mit dem in Anspruch genommenen Elternteil nicht in einem Haushalt leben, nicht mehr als das 1–5fache der Regelbeträge), greift es nicht in andere Unterhaltsregelungen ein (§ 645 Abs. 2 ZPO) und enthält der Antrag den in § 646 Abs. 1 Nr. 1 bis 11 genau festgelegten Mindestinhalt, so stehen dem Beklagten nur zwei eng gefasste Arten von Einwendungen zu:

a) nicht zurückzuweisende Einwendungen gemäß § 648 Abs. 1 Nr. 1 bis 3 ZPO (durchgehend fast vollständig liquide Einwendungen);

b) andere Einwendungen **nur** dann, wenn der Unterhaltsschuldner gewissermaßen die dort bestimmten Gegenleistungen erbringt (Bereiterklärung und Verpflichtung zur Unterhaltsleistung; Erfüllungseinwand nur bei konkreter Darlegung und ggf. Verpflichtung zur Begleichung von Unterhaltsrückständen; Einwand eingeschränkter oder fehlender Leistungsfähigkeit nur, wenn zugleich „unter Verwendung des eingeführten Vordrucks" umfassende Einkünfte- und Vermögensauskunft nebst Belegen vorgelegt wird).

6. Dem summarischen, zugleich aber für die Vergangenheit insoweit präkludierenden Verfahren tragen Rechnung § 651 ZPO n.F. (Möglichkeit eines streitigen Anschluss-Verfahrens auf Antrag einer Partei) und die § 323 ZPO nachgebildete Vorschrift des § 654 ZPO n.F. (Abänderungsklage), sowie die Anpassungsmöglichkeiten über §§ 655, 656 ZPO n.F. Hier wird das Anschlussverfahren nach § 651 ZPO dargestellt, das bei fristgerechter Einleitung (vgl. Text) Rückwirkung und erleichterte Kostenwirkung entfaltet. Der vorangegangene Festsetzungsantrag gemäß Vordruck gilt dabei als Klageschrift (§ 651 Abs. 3 ZPO), die vorher gemäß Vordruck erhobenen Einwendungen (soweit zulässig) als Klageerwiderung (§ 651 Abs. 2 S. 2 ZPO).

7. Das Vereinfachte Verfahren mit seinen inzwischen erweiterten Maximalbeträgen dürfte sich damit jedenfalls bei selbstständigen Kindesunterhaltssachen außerhalb des Scheidungsverbunds (zu Letzterem vgl. Form. II. I. 12 und 13) auch als ein das einstweilige Verfügungsverfahren zum Teil ersetzendes, möglicherweise sogar verdrängendes (Rechtsschutzbedürfnis!) Verfahren einsetzen lassen, das kompliziertere Unterhaltsfragen dem streitigen Anschlussverfahren überlässt, ferner im Einzelfall zur Beschleunigung der Auskunftsbereitschaft von Unterhaltsschuldnern gut geeignet sein.

8. Außergerichtlich kann der Unterhaltsschuldner natürlich auch hier, wie bisher vereinfacht und kostengünstig, vollstreckbaren Schuldtitel errichten oder in den gesetzlichen Grenzen Unterhaltsvereinbarungen mit dem Kind treffen.

Kosten und Gebühren

GK: KV Nr. 1800 ($^1/_2$); RA: 10/10 gemäß § 44 Abs. 1 Nr. 1 BRAGO n.F., $^5/_{10}$ für Abänderungsanträge gemäß § 655 ZPO gemäß § 44 Abs. 1 Nr. 2 BRAGO n.F., mit Anrechnung auf die Prozessgebühr im etwaigen streitigen Anschlussverfahren.

Fristen und Rechtsmittel

Gegen Festsetzungsbeschluss (wohl auch gegen Antragszurückweisung gemäß § 646 Abs. 2 ZPO): sofortige Beschwerde, § 652 ZPO n.F. (Einschränkung zulässiger Einwendungen dauert fort). Gegen Entscheidungen im streitigen Anschluss- oder Abänderungsverfahren: Rechtsmittel wie in anderen, selbstständigen ZPO-Familiensachen (Berufung zum OLG).

4. Abänderungsklage gegen Unterhaltstitel

An das
Amtsgericht[1]
– Familiengericht –

……, den 1. 7. 2002

Klage

der Frau ……, …… – Klägerin –
Prozessbevollmächtigter: Rechtsanwalt ……[2]

gegen

…… – Beklagter –

wegen Abänderung eines Unterhaltstitels[3, 13]

vorläufiger Streitwert: EUR ……[4]

Namens und im Auftrag der Klägerin erheben wir hiermit gegen den Beklagten Klage mit folgenden Anträgen:

I. Das Urteil des Amtsgerichts – Familiengericht – …… vom 17. 12. 2001, AZ: ……, wird dahin abgeändert, dass der Beklagte mit Wirkung vom 1. 7. 2002 an die Klägerin für das Kind Martin, geb. 30. 1. 1995, einen monatlich im Voraus zu entrichtenden Unterhalt in Höhe von EUR …… zu bezahlen hat.[5]
II. Der Beklagte hat die Kosten des Rechtsstreits zu tragen[6].
III. Das Urteil ist vorläufig vollstreckbar[7].

Begründung:

1. Die Klägerin und der Beklagte sind noch verheiratet, leben jedoch – ohne Scheidungsverfahren – seit September 1996 vollständig getrennt. Die Klägerin betreut die bei ihr lebenden gemeinschaftlichen ehelichen Kinder Paul, geb. am …… und Martin, geb. am 30. 1. 1995, dessen Unterhaltsansprüche die Klägerin hier in Prozessstandschaft gemäß § 1629 Abs. 3 BGB geltend macht.[8]
2. Durch Endurteil des Amtsgerichts – Familiengerichts – …… vom 17. 12. 2001, Aktenzeichen ……, ergangen auf Grund der mündlichen Verhandlung vom 10. 12. 2001[9], wurde der Beklagte auf Antrag des Klägers rechtskräftig verurteilt, an den Kläger zu Händen von dessen Mutter eine monatliche Kindesunterhaltsrente von DM …… zu bezahlen. Mit der vorliegenden Klage wird gemäß § 323 ZPO nicht lediglich eine Anpassung an die Veränderung der allgemeinen wirtschaftlichen Verhältnisse, sondern die Anpassung an einen nach der letzten mündlichen Verhandlung im vorangegangenen Verfahren eingetretenen wesentlich gestiegenen Unterhaltsbedarf geltend gemacht. Dies ist im Vereinfachten Verfahren aus den nachstehend geschilderten Umständen nicht möglich.
3. Im vorangegangenen Unterhaltsverfahren hat der damalige Kläger, zum Zeitpunkt der Erstentscheidung 5 Jahre alt, seinen Unterhaltsanspruch aus einem damaligen, durch eine Gehaltsauskunft des Arbeitgebers des Beklagten vom 30. 10. 2001 mit DM 2.875,–/Monat angegebenen Nettoeinkommen des Beklagten, allein mit den damals geltenden Sätzen der Düsseldorfer Tabelle (Altersklasse 1) abgeleitet. Im Urteil vom 17. 12. 2001 wird auch hierauf allein abgestellt.

Beweis im Bestreitensfall: Beiziehung der Akten des Amtsgerichts – Familiengericht – ……, Aktenzeichen ……, insbesondere des Terminsprotokolls vom 10. 12. 2001 und des Urteils vom 17. 12. 2001.

4. Seitdem haben sich nicht nur die Sätze der Düsseldorfer Tabelle zum Kindesunterhalt deutlich erhöht. Vielmehr sind seitdem weitere wesentliche Änderungen der besonderen Unterhaltsverhältnisse eingetreten, im Einzelnen:[10]
(z. B. gestiegener Unterhaltsbedarf, Alterstufen-Wechsel o. ä.)
(z. B. wesentlich höhere Leistungsfähigkeit des Unterhaltsschuldners, Gehaltserhöhungen o. ä.)
Beweis im Bestreitensfall: ......
5. Der Beklagte ist vom Unterfertigten mit dem in der Anlage beigefügten Schreiben vom 24. 5. 2002 zu dieser erhöhten Zahlung und zur Auskunftserteilung über seine Einkommens- und Vermögensverhältnisse zum Zwecke der Unterhaltsfeststellung unter Fristsetzung auf den 30. 6. 2002 zunächst außergerichtlich aufgefordert worden. Er hat zwar seine Bereitschaft erklärt, „künftig über eine angemessene Unterhaltsanpassung mit sich reden zu lassen", verweigert sich aber einer konkret bezifferten Titulierung, so dass diese Klage geboten war.[11]
6. Gerichtskosten in Höhe von EUR ...... sind beigefügt in ......[12]

Rechtsanwalt

Anmerkungen

1. Die im Formular vorgestellte Klage – auf Abänderung eines den gesetzlichen Kindesunterhalt regelnden „isolierten" Unterhaltsurteils des Familiengerichts gem. § 323 ZPO bei getrennt lebenden Eltern ohne Scheidungsverfahren – wird hier aus dem Sachzusammenhang, nicht systematisch, im Teil „Kindschaftssachen und Kindesunterhalt" gebracht. Sie wurde jedoch schon nach bisher ganz h. M. der Rspr. als selbstständige Familiensache eingeordnet (nunmehr: § 621 Abs. 1 Nr. 4 ZPO n. F., erweitert auf Unterhaltsansprüche allgemein aus Verwandtschaft). Ausschließlich zuständig ist daher das Familiengericht am allgemeinen Gerichtsstand des Kindes oder seines gesetzlich vertretenden Elternteils (§ 642 Abs. 1 S. 1 ZPO in der weitgehenden Neufassung des 6. Abschnitts des 6. Buchs der ZPO – Verfahren über den Unterhalt – zuletzt durch das KindUG). Familiensache ist – alternativ – auch das Vereinfachte Verfahren, allerdings mit Besonderheiten (keine Verbindung mit einer anhängigen Ehesache, § 621 Abs. 2 Nr. 4 ZPO n. F.; besondere, enge Statthaftigkeitsvoraussetzungen, insbesondere eine – im vorgestellten Fall nicht angenommene – Begrenzung auf maximal das 1,5fache der Unterhalts-Regelbeträge; umfangreicher Ausschluss von Einwendungen des Unterhaltsschuldners; vgl. im Einzelnen Form. II. I. 3) einschließlich der dortigen, besonderen (vereinfachten) Abänderungsklage. Auch für Verfahren über Unterhaltsansprüche minderjähriger Kinder wird daher das Verfahren nach § 323 ZPO weiterhin bedeutsam bleiben.

2. Kein Anwaltszwang in I. Instanz (wohl aber in der zum Familiensenat des OLG führenden Berufung, vgl. „Fristen und Rechtsmittel"; wohl aber dann, wenn eine derartige Unterhaltssache eines ehelichen Kindes als – auch ehemalige – Folgesache zu einem früheren Ehescheidungsverfahren nunmehr selbstständig betrieben würde, insoweit h. M.).

3. Urteilsverfahren nach ZPO als „isolierte" Familiensache (zur Abgrenzung vgl. auch Anm. 4 zu Form. II. I. 10). Zusätzliche Erfordernisse und Besonderheiten ergeben sich für das Rechtsschutzbedürfnis und die Präklusion des Tatsachenvortrags zunächst – wie schon lange – aus § 323 ZPO selbst (so schon OLG Düsseldorf FamRZ 1981, 587: alle für alten Titel maßgeblichen Bemessungsfaktoren vom Kl. darzulegen und zu beweisen; OLG Zweibrücken FamRZ 1981, 1189: auch seinerzeit vorhandene unbekannte Umstände präkludiert; bei Quotenbemessung keine Änderung bei Änderung einzelner Bedarfsposten, so BGH NJW 1983, 1118; auch bei fiktivem Arbeitseinkommen, OLG Karlsruhe FamRZ 1983, 931; Geltendmachung zunächst übersehener Ansprüche – Vor-

sorgeunterhalt – im Wege der Abänderungsklage nur bei Änderung der maßgeblichen Verhältnisse, BGH FamRZ 1985, 690), ferner jetzt aus §§ 323 Abs. 5 mit 642ff. ZPO n.F. (grundsätzlicher Vorrang des „Vereinfachten Verfahrens"). Die Rspr. u. Lit. zur Abgrenzung des Verfahrens aus § 323 ZPO von ähnlichen Verfahren und zu den Feinheiten der Präklusion ist kaum mehr überschaubar. Grundsatz stets: kein Wiederaufrollen des alten Sachverhalts (vgl. etwa BGH FamRZ 1987, 259; instruktiv auch OLG Köln NJW-RR 1996, 1349 und jetzt mit zahlr. w. Nachw. BGH NJW 1998, 161: grundsätzlich alles präkludiert, was bis zur letzten mündlichen Tatsachenverhandlung des letzten vorangegangenen Verfahrens, auch früheren Abänderungsverfahrens, in irgendeiner Form – selbst durch Abänderungswiderklage – hätte geltend gemacht werden können). Ist Verurteilung zu Kindesunterhalt durch Verbundurteil ergangen, ist die Klage trotz § 1629 BGB gegen das Kind zu richten, OLG Hamburg FamRZ 1981, 589, nicht aber bei Scheidungsvereinbarung nach altem Recht, BGHZ 83, 684, vgl. auch Anm. 8. Bei noch erheblichen Unklarheiten in der Rechtsauslegung tendiert die z.Zt. wohl überwiegende Meinung dazu, im Rahmen „isolierter" Unterhalts-Familiensachen (Ehegatten- und ehelicher Kindesunterhalt gem. § 621 Abs. 1 Nr. 4 und 5 ZPO) das Verfahren der einstweiligen Anordnung gem. §§ 620–620g ZPO, insbesondere aus § 620 Nr. 4 ZPO, nicht stattfinden zu lassen (Ausnahme: Kostenvorschuss, unmittelbar über § 127a ZPO), sondern es für einstweilige Maßnahmen bei § 940 ZPO und jetzt § 644 ZPO (Spezialtatbestand) zu belassen (str., vgl. *Stollenwerk/Rahm,* Handbuch des Familiengerichtsverfahrens, VI. Rz. 6, 7, 69 und ausführlich *Gießler,* 3. Aufl. 2000, Rdn. 503ff.). Vorläufigen Rechtsschutz kann der Unterhaltsschuldner andererseits nach § 769 ZPO analog anstreben (vgl. BGH FamRZ 1986, 793, 794).

Interessante Möglichkeiten – auch zur Verminderung des Kostenrisikos – bietet die jetzt regelmäßig zugelassene Ausgestaltung der Abänderungs- als Stufenklage, vgl. Anm. 13.

4. Berechnung (Jahresbetrag der Abweichung) nach § 17 Abs. 1 S. 1 GKG.

5. Wirkung bisher grundsätzlich nur für die Zeit nach Klageerhebung, jedoch – ausdrücklich aus Vereinfachungsgründen – Neufassung von § 323 Abs. 3 ZPO durch das KindUG und des § 1613 Abs. 1 BGB n.F. durch das KindRG: nunmehr Rückwirkung auf den Monatsersten des Monats, in den die dort bezeichneten Ereignisse fallen (hier: Geltendmachung von Auskunftsansprüchen, welche verzugsbegründend wirkt, vgl. Ziff. 5 des Formulartextes)

6. Kostenentscheidung folgt allgemeinen Regeln, s. auch u. Anm. 12.

7. Vgl. § 708 Nr. 8 ZPO.

8. Zu den Vertretungsverhältnissen für das minderjährige Kind allgemein vgl. § 1629 Abs. 2 und 3 BGB.

9. Wegen etwaiger Präklusion in § 323 Abs. 2 ZPO; hierzu und zum Begriff der „wesentlichen Änderung der für die Verurteilung maßgebenden Verhältnisse" (Faustregel: 10% Änderung) s. Anm. 3, 10 sowie BGH NJW 1986, 383 zur Änderung der Verhältnisse während des Berufungsverfahrens; zur Anwendung des § 323 ZPO auf gerichtliche Vergleiche vgl. ferner *Stollenwerk/Rahm,* Handbuch des Familiengerichtsverfahrens, IV. Rdn. 713 m. w. Nachw.

10. Soll für sich allein bereits ausreichen, vgl. OLG Köln NJW 1979, 1661 m. Nachw., a.A. OLG Oldenburg FamRZ 1993, 1475, dagegen kritisch u. allg. *Kalthoener/Büttner,* NJW 1994, 1829ff., 1837. Inzwischen hat sich die „Düsseldorfer Tabelle" wohl – fast – bundesweit durchgesetzt; die Neufassungen sind seit 1. 1. 1989 (NJW 1988, 2352) bereits zwischen den OLGen Köln, Hamm und Düsseldorf abgestimmt. Hierzu jedoch gesonderte/ergänzende „Leitlinien", vgl. Übersichten bei *Palandt/Diederichsen,* Rdn. 15 ff. vor § 1601 BGB und NJW 2001, 3247 sowie Beilage zu Heft 33/2001 (= Tabellenstände per 1. 7. 2001 (DM) und per 1. 1. 2002 (EUR), ausführlich jetzt *Kalthoener/Büttner/Niepmann,* 8. Aufl. 2002.

11. Mindestens in diesen Fällen wohl Rechtsschutzbedürfnis (und Kostenfolge für Beklagten!), vgl. die Rspr. bei Anm. 8 zu Form. II. I. 2, wenn stets voller Unterhalt bezahlt wurde (str. nach wie vor bei eAOs).

12. Prüfung zweckmäßig, ob stattdessen besser Antrag auf Prozesskostenhilfe (vgl. Form. I. C. 1–3) oder auf einstweilige Anordnung nach § 127a ZPO, welcher gem. Verweisung von § 127a Abs. 2 S. 2 ZPO auf § 620a Abs. 2 ZPO schon vor Zustellung der Hauptsacheklage zulässig wäre.

13. Die neuere Rspr. erlaubt zunehmend die Abänderungsklage in Form der *Stufenklage* (a. A. noch OLG Hamburg FamRZ 1982. 935; bejahend nach OLG Hamburg und OLG Köln jetzt BGH NJW 1993, 1920): dies ermöglicht Minderung des Kostenrisikos, vor allem aber frühere Rechtshängigkeit des Unterhaltsanspruch (wegen § 1613 BGB wichtig). Zu Form und Inhalt des Auskunftsanspruchs vgl. allgemein Form. II. I. 12.

Kosten und Gebühren

GK: KV Nr. 1201; RA: §§ 31 ff. BRAGO (beachte aber § 44 BRAGO).

Fristen und Rechtsmittel

Grundsätzlich normale Berufung zum OLG (§ 119 GVG).

Ehesachen, insbesondere Scheidung

5. Eheaufhebungsklage

An das
Amtsgericht
– Familiengericht –

……, den 26. 6. 2002

Klage

des …… **– Kläger –**
Verfahrensbevollmächtigte: Rechtsanwälte ……[2]

gegen

…… **– Beklagte –**

wegen Aufhebung der Ehe[3]

vorläufiger Streitwert: EUR ……[4]

Wir erheben unter Vorlage besonderer Prozessvollmacht[5] **namens und im Auftrag des Klägers gegen die Beklagte Klage mit folgenden Anträgen:**

I. Die am 1. 7. 2001 vor dem Standesbeamten des Standesamtes München II, Heiratsregister Nr. …… /01, geschlossene Ehe der Parteien wird aufgehoben[6]**.**
II. Die Kosten des Rechtsstreits werden gegeneinander aufgehoben[7]**.**

Begründung:

1. Der Kläger, dessen erste langjährige glückliche, aber zu seinem größten Bedauern kinderlos gebliebene Ehe Mitte 2000 durch den Tod seiner Ehefrau getrennt wurde, hat nach mehrmonatiger Bekanntschaft und Liebesbeziehung die Ehe gemäß Antrag

mit der wesentlich jüngeren Beklagten geschlossen. Der Kläger wollte an sich keine neue Ehe eingehen und hat dies der Beklagten zu Beginn ihrer Beziehung auch mehrfach, zum Teil vor Zeugen, unter Darlegung der Gründe offen gesagt. Im Einzelnen ......

Beweis: ......

Zur dennoch erfolgten Eheschließung der Parteien, beide deutsche Staatsangehörige,[8] kam es ausschließlich deshalb, weil die Beklagte dem Kläger selbst und dem größten Teil seiner Freunde, Bekannten und Verwandten ab Mai 2002 eröffnete, dass sie vom Kläger ein Kind erwarte. Der Kläger hat die Ehe dann doch geschlossen, nicht nur wegen des gesellschaftlichen Drucks auf Grund der Erklärungen der Beklagten, sondern auch zur Erfüllung seines viele Jahre gehegten Kinderwunsches und in der Hoffnung, doch eine Familie mit Kindern gründen zu können.

Beweis: ......

2. Nur wenige Wochen nach der Eheschließung musste der Kläger zunächst vermuten und dann feststellen, dass dieses inzwischen am 1. 10. 2002 geborene Kind in Wirklichkeit von einem anderen Mann stammt, mit dem die Beklagte seit mehreren Jahren eine ständige und intensive Beziehung hat. Dieser und inzwischen auch die Beklagte haben das nunmehr eingeräumt. Das Familiengericht ...... hat inzwischen durch Entscheidung vom ...... rechtskräftig festgestellt, dass dieses Kind nicht vom Kläger stammt, ja nicht einmal in der Zeit empfangen wurde, in der der Kläger vor der Ehe der Beklagten bereits beigewohnt hatte.

   Beweis: ......

3. Der Kläger hat sich also bei der Eheschließung über solche Umstände geirrt, die ihn bei Kenntnis der Sachlage und bei richtiger Würdigung des Wesens der Ehe – unabhängig von den ebenfalls sehr unterschiedlichen Vermögensverhältnissen der Parteien – von der Eingehung der Ehe abgehalten hätten. Er ist zur Eingehung der Ehe durch arglistige Täuschung der Beklagten bestimmt worden, die inzwischen selbst eingeräumt hat, dass sie dies aus kaltblütiger Berechnung getan hat, um sich ein luxuriöses Leben im Kreise der sehr wohlhabenden Familie des Klägers zu verschaffen (§ 1314 Abs. 2 Nr. 3 BGB n. F.).

   Beweis: ......

   Die Antragsfrist des § 1317 Abs. 1 BGB n. F. ist gewahrt.[9]
4. Kostenvorschuss in Höhe von EUR ...... ist beigefügt in ......

Rechtsanwalt

Anmerkungen

Die Eheaufhebungsklage kommt praktisch fast nur noch vor in Fällen arglistiger Täuschung (§ 1314 Abs. 2 Nr. 3 BGB, wie hier), und den durch EheschlRG (s. u.) eingeführten Fällen der Scheinehe (§ 1314 Abs. 2 Nr. 5 BGB: Hauptmotiv ist die Verhinderung von Scheinehen mit Ausländern zwecks Aufenthaltserlaubnis/Verhinderung der Abschiebung, Erstreckung auf andere (Inlands-)Fälle z. T. strittig, vgl. Palandt-Brudermüller, 61. Auflage 2002, Rdn. 10 zu § 1314 BGB m. Nachw.).

1. Ausschließlich zuständig in dieser Ehesache (zum Katalog und Verfahren in Ehesachen vgl. u. Anm. 3.) das Familiengericht; zur örtlichen Zuständigkeit vgl. § 606 ZPO und näher Anm. 1 zu Form. II. I. 6. Das Recht der Eheschließung und anderer Materien des unter der Besatzungsmacht insoweit fortgeführten Ehegesetzes ist durch das EheschlRG (1998) stark reformiert und vereinfacht, dabei das Ehegesetz aufgehoben und dessen – geänderte – verbleibende Vorschriften wieder in das BGB integriert worden

(§§ 1303 bis 1320 BGB n.F., m.w. Änderungen und Folgeänderungen auch zum Recht der Ehewirkungen). Prozessual hat diese Reform die frühere Zweigleisigkeit der Ehenichtigkeitsklage und der Eheaufhebungsklage in dem einheitlichen Rechtsinstitut der Aufhebbarkeit einer Ehe, mit stärker begrenztem Kreis befugter Antragsteller, zusammengefasst. Die „dogmatische“ Frage der ex-tunc- oder ex-nunc-Wirkung der Eheaufhebung (im Gegensatz zur Scheidung) bleibt weiter bewusst offen; der wirtschaftlich wichtigste Gesichtspunkt der Wahl der Aufhebungs- gegenüber der Scheidungsklage, nämlich die Beseitigung der vor allem vermögensrechtlichen Wirkungen der Ehe (bisher § 37 Abs. 2 EheG), wird stark eingeschränkt und durch Billigkeitsgesichtspunkte überlagert, vor allem im Interesse gemeinschaftlicher Kinder (§ 1318 BGB n.F.).

2. Anwaltszwang, § 78 Abs. 1 S. 2 Nr. 1 ZPO.

3. Katalog der Ehesachen (Scheidung, Eheaufhebung, Feststellung des Bestehens oder Nichtbestehens einer Ehe, Herstellung des ehelichen Lebens) in § 606 Abs. 1 ZPO, bis auf die Ehesache „Scheidung“ kein Verbund; einstweilige Anordnungen nach §§ 620ff. ZPO jedoch auch hier grundsätzlich möglich. Oft Verbindung mit Scheidungsantrag (dann Verbund) zweckmäßig und – im Hilfsverhältnis – möglich (§ 610 Abs. 1 ZPO). Schon nach bisherigem Recht hielt die Rspr. nach rechtskräftiger Ehescheidung eine nachträgliche Eheaufhebungsklage allerdings mangels Rechtsschutzinteresse für unzulässig; folgerichtig hat der BGH aber einen klagbaren Anspruch des (auch dort) betroffenen Ehemannes anerkannt, der Auflösung seiner Ehe durch das vorangegangene Scheidungsurteil nunmehr (nachträglich von den Eheaufhebungsgründen in Kenntnis gesetzt) die – anderen – Rechtsfolgen der Eheaufhebung (§ 37 Abs. 2 EheG) beigeben zu lassen (BGH FamRZ 1997, 1209f.).

4. § 12 Abs. 2 S. 1, S. 2 und S. 3 2. Halbs. GKG (mindestens EUR 4.000,–, 3-Monats-Nettoeinkommen der Eheleute, ferner Bedeutung der Sache (§ 12 Abs. 2 GKG) und weitere Zuschläge nach Vermögensverhältnissen, vgl. *Madert/Müller-Rabe,* Kostenhandbuch Familiensachen, 2001, S. 9ff.

5. Erforderlich wegen § 609 ZPO.

6. Fall nachgebildet der Entscheidung BGH FamRZ 1997, 1209 (zum Unterschieben eines außerehelichen Kindes als Grund für Unterhaltsverwirkung nach § 1579 BGB vgl. auch OLG Saarbrücken FuR 1997, 350).

7. § 93 Abs. 3 S. 1 ZPO; hier weitergehende Kostenentscheidung zu Lasten der Beklagten aus der Neufassung von § 93a Abs. 3 S. 2 ZPO durch das EheschlRG denkbar.

8. Zweckmäßig wegen hiervon u.U. abhängender internationaler Zuständigkeit (vgl. § 606a ZPO) und nach IPR anzuwendender materieller Rechtsnormen (Art. 17 EGBGB).

9. Das Institut der Bestätigung an sich nach § 1314 Abs. 2 BGB n.F. aufhebbarer Ehen (hier insbesondere durch Fortsetzung der Ehe nach Kenntnis) ist beibehalten (§ 1315 Abs. 1 BGB n.F.) und dürfte weiterhin allgemeinen Beweislastregeln unterliegen (Bestimmung zur Eheschließung durch arglistige Täuschung etc.: der getäuschte Ehegatte; Ausschluss der Aufhebung durch Ehefortsetzung in Kenntnis: der andere Ehegatte. Die Klagefrist beträgt weiterhin ein Jahr ab Entdeckung (§ 1317 Abs. 1 BGB n.F.). In Scheinehe-Fällen (§ 1314 Abs. 2 Nr. 5 BGB, vgl. *Vorbemerkung*) dagegen keine Klage-(Antrags-)Frist, dagegen „Heilung“ (Bestätigung) auch hier möglich über § 1315 Abs. 1 Nr. 5 BGB (Miteinanderleben „als Ehegatten“), formuliert als Aufhebungsausschlussgrund.

Kosten und Gebühren

GK: KV Nr. 1510; RA: §§ 31ff. BRAGO, u.U. privilegiert nach § 33 Abs. 1 Nr. 3 BRAGO.

Fristen und Rechtsmittel

Berufung zum OLG (§ 23b Abs. 1 Nr. 1 mit § 119 Abs. 1 Nr. 1 GVG).

6. Antrag auf streitige Härtescheidung (auch bei Getrenntleben von weniger als 1 Jahr)

An das
Amtsgericht[1]
– Familiengericht –

......, den 15. 2. 2002

Antrag

der ...... – Antragstellerin –
Verfahrensbevollmächtigte: Rechtsanwälte ......[2]
gegen
den ...... – Antragsgegner –
Verfahrensbevollmächtigte: RAe ......[16]
wegen streitiger Ehescheidung[3]
vorläufiger Streitwert: EUR ......[4]

Unter Vorlage besonderer Prozessvollmacht[2] bitten wir namens der Antragstellerin um Anberaumung eines möglichst nahen Termins zur mündlichen Verhandlung[5] und stellen gegen den Antragsgegner folgende Anträge:

I. Die am 16. 2. 2001 vor dem Standesbeamten in ......, Heiratsregister Nr. ...... / ......, geschlossene Ehe der Parteien wird geschieden.
II. Die Kosten des Verfahrens trägt der Antragsgegner[6].

Begründung:

I. Persönliche Verhältnisse der Parteien[7]
   1. Die Antragstellerin, geb. am ......, und der Antragsgegner, geb. am ......, beide Deutsche[7], haben wie im Antrag bezeichnet die Ehe geschlossen. Der letzte gemeinsame gewöhnliche Aufenthalt der Ehegatten befand sich im Bezirk des angerufenen Familiengerichts[1].
   2. Aus der Ehe sind keine Kinder hervorgegangen[8].

   Beweis zu 1–2: Familienstammbuch;
   Reisepässe, im Termin vorzulegen.

   3. Familiensachen i.S. des § 621 Abs. 1 ZPO sind anderweitig nicht anhängig[8].

II. Wirtschaftliche Verhältnisse der Parteien[7]:
   1. Die Antragstellerin ist Miteigentümerin zu $^{1}/_{2}$ der Eigentumswohnung (frühere Ehewohnung) der Parteien in ......, ... mit einem derzeitigen Verkehrswert von EUR ...... und einer derzeitigen Belastung von noch ca. EUR ......, die sie selbst bewohnt; sie ist seit Eheschließung nicht mehr berufstätig und verfügt derzeit über kein eigenes Einkommen.
   2. Der Antragsgegner hat derzeit ein monatliches Nettoeinkommen von EUR ...... und ist ebenfalls Miteigentümer zu $^{1}/_{2}$ dieser Eigentumswohnung.

   Beweis zu 1–2: ......[9]

III. Ehescheidung:
   1. Die Ehe der Parteien ist gescheitert[10].

a) Die Lebensgemeinschaft der Ehegatten besteht nicht mehr, ihre Wiederherstellung erscheint aussichtslos: die Ehegatten, zwischen denen bereits seit Mai 2001 kein ehelicher Verkehr mehr stattgefunden hat, haben seit dem 15. 11. 2001 bereits innerhalb der ehelichen Wohnung getrennt gelebt und getrennte Haushalte geführt; seit dem 6. 12. 2001 ist der Antragsgegner aus der Ehewohnung ausgezogen.

b) Er will die eheliche und häusliche Gemeinschaft nicht wiederherstellen, weil er die eheliche Lebensgemeinschaft ablehnt. Er strebt dringend die Scheidung und eine neue eheliche Verbindung mit einer anderen Frau an, mit der er seit etwa Anfang Juni 2001 ständige und fortdauernde ehebrecherische Beziehungen unterhält.

2. Die Fortsetzung der Ehe würde für die Antragstellerin aus Gründen, die allein in der Person des Antragsgegners liegen, eine unzumutbare Härte darstellen (§ 1565 Abs. 2 BGB).
Die Antragstellerin hatte sich bisher völlig ehegemäß verhalten und ahnte von dem heimlichen ehebrecherischen Verhältnis des Antragsgegners zu dieser anderen Frau nichts. Sie erfuhr erst am ...... hiervon und musste feststellen, dass es sich um eine gemeinsame Bekannte der Ehegatten handelte, welche die Antragstellerin bisher zudem als ihre beste Freundin betrachtet hatte. Im Rahmen einer schweren ehelichen Auseinandersetzung am 15. 11. 2001 gestand der Antragsgegner das bereits seit Anfang Juni 2001 andauernde ehebrecherische Verhältnis in allen Einzelheiten. Er gestand ferner ein, dass diese andere Frau „die große Liebe seines Lebens“ sei, die er als seine zukünftige Frau auch mehreren – zum Teil gemeinsamen – Bekannten der Ehegatten sowie seiner Mutter vorgestellt hatte. Auf die Bitte der Antragstellerin, sich diesen Entschluss nochmals zu überlegen, lehnte der Antragsgegner brüsk ab und bekräftigte seinen Entschluss, sich unbedingt scheiden zu lassen, um jene andere Frau zu heiraten. Er zog – nach kurzem Getrenntleben innerhalb der ehelichen Wohnung[11] – am 6. 12. 2001 zu dieser anderen Frau in deren Appartement.

Beweis zu 1–3: Parteieinvernahme

3. Der Antragsgegner, der auch in der Folgezeit ständig erklärt hat, er wolle keine Fortsetzung der Ehe, sondern die Scheidung zwecks Heirat seiner Freundin, wird diesen Sachverhalt im Scheidungstermin zugeben[12].

IV. Folgesachen[13]

1. Elterliche Sorge/Umgang/Kindesunterhalt.
Anträge hierzu entfallen.

2. Versorgungsausgleich
Die Parteien streben die möglichst rasche Regelung des gesetzlichen Versorgungsausgleichs durch Parteivereinbarung und deren Genehmigung durch das Familiengericht an; insoweit darf auf unseren gesonderten, gleichzeitigen Schriftsatz zu diesem Punkt verwiesen werden.[15]

3. Auch sonstige Folgesachen (Ehegattenunterhalt/Ehewohnung/Hausrat/Zugewinn) wollen die Parteien nicht anhängig machen. Sie haben sich hierüber bereits gemäß der als Anlage 1 beigefügten Scheidungsvereinbarung verständigt, die gerichtlich protokolliert werden soll.[14, 17]

V. Kosten/Hilfs- und Prozessanträge/Sonstiges

1. Der eingangs gestellte Antrag, allein dem Antragsgegner die Kosten des Scheidungsverfahrens aufzuerlegen, rechtfertigt sich gemäß § 93 a Abs. 1 S. 3 ZPO aus der in Anlage 1 vorgelegten Scheidungsvereinbarung (dortige Ziff. 7).
2. Hilfs- oder Prozessanträge werden derzeit nicht gestellt.
3. Kostenvorschuss in Höhe von EUR ...... ist beigefügt in ......

Rechtsanwalt

Anmerkungen

1. Ausschließliche Zuständigkeit nach § 606 ZPO, jeweils Amtsgericht – Familiengericht – in folgender Reihenfolge:

Gemeinsamer gewöhnlicher Aufenthalt;

gewöhnlicher Aufenthalt eines Ehegatten mit den (allen) gemeinsamen minderjährigen Kindern, also nicht, wenn Kinder verteilt leben (BGH NJW-RR 1987, 1348);

letzter gemeinsamer gewöhnlicher Aufenthalt, wenn einer der Ehegatten diesen bei Rechtshängigkeit noch hat;

gewöhnlicher Aufenthalt des Antragsgegners, wenn im Inland;

gewöhnlicher Aufenthalt des Antragstellers;

Amtsgericht – Familiengericht – Berlin-Schöneberg.

Zur internationalen Zuständigkeit vgl. § 606a ZPO.

2. Grundsätzlich besteht Anwaltszwang vor dem Familiengericht (einziger Fall des Anwaltszwangs beim Amtsgericht, § 78 ZPO). Ausnahme: Ein großer Teil isolierter Familiensachen, vgl. §§ 78, 621 ZPO. Besondere Vollmacht nach § 609 ZPO ist erforderlich (sie erstreckt sich auch auf Folgesachen, § 624 Abs. 1 ZPO).

3. Die Durchführung eines streitigen Scheidungsverfahrens ist ohne zweiten Anwalt u.U. möglich, zur einvernehmlichen Scheidung vgl. unten und die Anm. bei Form. II. I. 7. Nur kann der Antragsgegner dann keine Prozesshandlungen vornehmen. Hier wollen die Parteien einen umfassenden gerichtlichen Vergleich schließen, auch zum Versorgungsausgleich, was ohne beiderseitige anwaltliche Vertretung nicht möglich ist (vgl. etwa OLG Köln FamRZ 1998, 373: VA-Vergleich trotz familiengerichtlicher Genehmigung deshalb unwirksam). „Streitiges" ZPO-Verfahren mit den sich aus §§ 622ff. ZPO ergebenden Besonderheiten, insbesondere zum Antragsinhalt, § 622 Abs. 2 ZPO.

4. Gegenstandswert: §§ 19a, 12 Abs. 2 S. 3 GKG, nicht unter EUR 4.000,–.

5. Rasche Terminsansetzung, auch wenn für eine Partei vorteilhaft, nicht erzwingbar, vgl. aber zur heute immer weiter verbreiteten Praxis, selbst unschlüssige Härtescheidungsanträge durch Hinausschieben der Terminierung, Vorziehen der Ermittlungen etc. trotz Widerspruchs des (scheidungsunwilligen) Antragsgegners über das Trennungsjahr zu bringen, Form. H. II. 8 und dort Anm. 3 und 6.

6. In der Regel Kostenaufhebung, jedoch nach billigem Ermessen des Gerichts unter – nicht bindender, aber tunlicher – Beachtung der Einigung der Ehegatten (§ 93a Abs. 1 S. 1 und 3 ZPO).

7. Allgemeine Angaben zu persönlichen und wirtschaftlichen Verhältnissen in vielfacher Richtung zweckmäßig, vgl. u. Anm. 7 zu Form. II. I. 8.

Angaben zur Staatsangehörigkeit erforderlich, weil hiervon unter Umständen die internationale Zuständigkeit (vgl. § 606a ZPO) sowie das nach IPR anzuwendende materielle Recht abhängt (Art. 17 EGBGB).

8. Diese Angaben sind bei jeder Scheidung zwingend erforderlich (§ 622 ZPO), Verstoß kann jedoch durch Nachreichung eines Schriftsatzes geheilt werden

9. Tatsachen- und Beweisvortrag dienen hier zugleich der Begründung eines Genehmigungsantrages gemäß § 1587o Abs. 2 S. 3 BGB, vgl. weiter im Form. II. I. 17 m. Anm.

10. Die streitige Härtescheidung vor Ablauf der Jahresfrist nach § 1565 Abs. 2 BGB sollte eigentlich nur Erfolg haben, wenn „schmutzige Wäsche" gewaschen wird. An die Gründe des § 1565 Abs. 2 BGB stellte die Rechtsprechung z.T. strenge Anforderungen. Erforderlich sind insbesonders schwere Eheverfehlungen des anderen Ehegatten oder schikanöses Verhalten (vgl. z.B. OLG Hamm FamRZ 1979, 586: völlig mittelloses Dastehen lassen der Ehefrau, Eintreten der Wohnungstür; andererseits OLG Celle NJW

1982, 586 und OLG Köln FamRZ 1997, 24: „einfache" Homosexualität soll nicht genügen; str. sogar, ob ehebrecherisches Verhältnis erst bei öffentlichem Bekanntwerden ausreicht, vgl. OLG Düsseldorf FamRZ 1986, 998; OLG Schleswig NJW-RR 1989, 260), auch wenn langandauerndes, sich steigerndes Fehlverhalten die Ehe allmählich zerstört („Fassprinzip", vgl. z. B. OLG München NJW 1978, 49).

Die „positive" Härteklausel hat in der Praxis inzwischen sehr stark an Bedeutung verloren wegen der Neigung, auch unschlüssige oder unrichtige Scheidungsanträge irgendwie doch über das Trennungsjahr zu bringen, vgl. bereits Anm. 5 und insbes. Anm. 3, 6 zu Form. II. I. 8. Im vorgestellten, nicht seltenen Fall aus der Praxis sind aber beide Ehegatten an schnellstmöglicher Scheidung interessiert, der Ehemann insbesondere zur Einräumung aller Vorwürfe und finanzieller Großzügigkeit bereit.

11. Zum Begriff des Getrenntlebens, speziell innerhalb der ehelichen Wohnung, vgl. u. Anm. 9 zu Form. II. I. 7.

12. Beschränkung des Tatsachen- und Beweisvorbringens bei Aussicht auf Einigung der Ehegatten weiterhin zweckmäßig, zulässig und erwünscht.

13. Anträge in Folgesachen können in die Antragsschrift bezüglich der Ehescheidung aufgenommen werden. Es empfiehlt sich jedoch schriftsatzmäßige Trennung und Anlage gesonderter Akten für Anwalt und Gericht, weil jede Folgesache unter Umständen ein anderes Schicksal haben kann und insbesondere an manchen Folgesachen Dritte beteiligt sind (vgl. §§ 624 Abs. 4, 627–629 ZPO; ferner u. Anm. 12. zu Form. II. I. 8).

14. Zu beachten: Ein Verzicht auf künftigen Unterhalt während des Bestehens der Ehe ist nicht möglich (§ 1614 BGB), er ist lediglich möglich für den Zeitraum nach Scheidung (§ 1585c BGB). Wegen Getrenntlebenvereinbarungen vgl. u. Anm. 17.

15. Die Praxis der Genehmigung nach § 1587o BGB wird trotz der offensichtlich gegenteiligen Absicht des Gesetzgebers (vgl. die Fassung des § 1587o Abs. 2 S. 2 BGB; „Wiederherstellung der Privatautonomie im Bereich des Versorgungsausgleiches", vgl. *Palandt/Diederichsen* § 1587o Rdn. 1) von manchen Familiengerichten restriktiv gehandhabt. Leider geschieht die Prüfung nicht immer vereinfacht („offensichtlich"). Die Familiengerichte erheben vielmehr nicht selten die zeitraubenden Auskünfte der Versorgungsträger und verweigern, trotz ihrer Verpflichtung, in vertretbaren Fällen zu genehmigen, bisweilen die Genehmigung auch bei komplexen, mühsam ausgehandelten und abgewogenen Regelungen, weshalb sich detaillierte schriftsätzliche Darstellung der behandelten Versorgungsanwartschaften und der statt dessen gewährten Äquivalente (auch) gegenüber dem Gericht empfiehlt, vgl. im Einzelnen Form. II. I. 17 und Anm.

16. Lässt sich eine Partei (in der Regel Antragsgegner) nicht oder nicht mehr vertreten, so kommt Beiordnung eines Rechtsanwalts infrage (§§ 625 Abs. 1 ZPO, 36a BRAGO; vgl. auch Form. I. C. 3) und ist häufig, gerade in PKH-Fällen zur Herstellung der „Waffengleichheit" auch geboten (vgl. etwa OLG Köln FamRZ 1998, 251 zu § 121 Abs. 2 S. 1 ZPO).

17. Wegen Vereinbarungen vgl. auch Beck'sches Formularbuch z. Bürgerlichen, Handels- u. Wirtschaftsrecht, 7. Aufl. 1998 u. dort V. 22 und 23. (Unterhalt Ehegatten und Kinder sowie Versorgungsausgleichs-Regelungen bei Scheidung).

Kosten und Gebühren

GK: KV Nr. 1510 ff.; RA: §§ 31 ff. BRAGO, mit den Besonderheiten aus § 31 Abs. 1 Nr. 3 2. Alt., § 33 Abs. 1 Nr. 3, § 36 BRAGO. Zur Berechnung der Einkommens- und Vermögensverhältnisse für den Gegenstandswert einer Ehesache – § 12 II GKG – wird meist abgestellt auf das 3-Monats-Nettoeinkommen beider Ehegatten minus 500,– EUR für jedes unterhaltsberechtigte Kind. Vermögen der Ehegatten wird häufig mit 5% (nach Abzügen) angesetzt (vgl. z. B. OLG Thüringen FamRZ 1999, 602, OLG Stuttgart

FamRZ 1999, 606), 35.000,– EUR für jedes Kind (wie OLGe Bamberg und Braunschweig). Ausführlich auch *Madert/Müller-Rabe,* Kostenhandbuch Familiensachen, 2001, S. 9ff., sowie *Gross,* Anwaltsgebühren in Ehe- und Familiensachen, 1. Aufl. 1997, S. 44ff.

Fristen und Rechtsmittel

Vgl. im Einzelnen Form. II. I. 30.

7. Antrag auf einverständliche Scheidung (Getrenntleben von mindestens 1 Jahr)

An das
Amtsgericht[1]
– Familiengericht –

……, den 4. 3. 2002

Antrag

der ……[1] – Antragstellerin –
Verfahrensbevollmächtigte: Rechtsanwälte ……[2]

gegen

den ……[1] – Antragsgegner –
Verfahrensbevollmächtigte: Rechtsanwälte ……[3]

wegen einverständlicher Ehescheidung[3]

vorläufiger Gegenstandswert: EUR ……[4]

Unter Vorlage besonderer Prozessvollmacht[2] bitten wir namens der Antragstellerin um Anberaumung eines möglichst nahen Termins zur mündlichen Verhandlung[5] und stellen gegen den Antragsgegner folgende Anträge:

I. Die am 1.4. 1989 vor dem Standesbeamten in ……, Heiratsregister Nr. ……/ ……, geschlossene Ehe der Parteien wird geschieden.
II. Die Kosten des Verfahrens werden gegeneinander aufgehoben[6].

Begründung:

I. Persönliche Verhältnisse der Parteien[7]
   1. Die Antragstellerin, geb. am ……, und der Antragsgegner, geb. am ……, beide Deutsche[6], haben wie im Antrag bezeichnet die Ehe geschlossen. Die Parteien haben ihren derzeitigen gewöhnlichen Aufenthalt zwar im Bezirk verschiedener Familiengerichte, jedoch hat ihn die Antragstellerin mit den gemeinsamen minderjährigen Kindern (s.u. 2.) im Bezirk des angerufenen Familiengerichts[1].
   2. Aus der Ehe sind folgende gemeinschaftliche Kinder hervorgegangen:
      a) ……, geb. ……
      b) ……, geb. ……[7]

      Beweis zu 1–2: Familienstammbuch;
      Reisepässe, im Termin vorzulegen.
   3. Familiensachen iSd. § 621 Abs. 1 ZPO sind anderweitig nicht anhängig[7].

II. Wirtschaftliche Verhältnisse der Parteien
   1. Die Antragstellerin, in den ersten 10 Monaten nach Eheschließung zunächst noch berufstätig, sodann Hausfrau ohne Einkommen, ist seit dem 1. 1. 1997 wieder

halbtags berufstätig als Friseuse mit einem monatlichen Nettoeinkommen von EUR ...... Sie verfügt über kein nennenswertes Vermögen.

2. Der Antragsgegner hat derzeit ein monatliches Nettoeinkommen als angestellter Kraftfahrer von EUR ...... Auch er verfügt über kein nennenswertes Vermögen.

III. Ehescheidung

1. Die Ehe der Parteien ist gescheitert[8].

a) Die Lebensgemeinschaft der Ehegatten besteht nicht mehr: die Parteien lebten seit Anfang März 2001 zunächst innerhalb der ehelichen Wohnung (3-Zimmer-Wohnung mit Wohnzimmer, Elternschlafzimmer, Kinderzimmer, Küche und Bad mit Toilette) räumlich getrennt in der Form, dass die Antragstellerin das Schlafzimmer, der Antragsgegner gelegentlich das Wohnzimmer benutzten. Der Antragsgegner versorgte sich selbst, die Antragstellerin führte nur für sich und die gemeinsamen ehelichen Kinder den Haushalt. Soweit die Ehegatten hierbei zusammenkamen, handelte es sich nur um ein durch die Umstände bedingtes Nebeneinander ohne persönliche Beziehungen.[9]

b) Der Antragsgegner hat eine ständige Freundin, mit der er mindestens seit Anfang März 2001 den größten Teil seiner Freizeit und die Wochenenden verbrachte. Nachdem er aus der ehelichen Wohnung zunächst nur deshalb nicht ausgezogen ist, weil die Wohnung seiner Freundin zu klein ist, hat er sich seit ...... ein möbliertes Zimmer gemietet, bis er mit dieser Freundin eine neue Wohnung findet; die Wiederherstellung der ehelichen Lebensgemeinschaft lehnt er auf Grund der Beziehung zur Freundin ab.[10]

c) Die Parteien haben zwar über kürzere Zeit, und zwar vom ...... bis zum ...... im Zusammenhang mit einer gemeinsamen Urlaubsreise um Ostern 2001 wieder zusammengelebt. Dies sollte der Versöhnung der Ehegatten dienen, der Versuch ist jedoch gescheitert, weil der Antragsgegner von seiner Freundin nicht lassen will.[11]

Beweis zu 1. a)–1. b): Parteieinvernahme beider Ehegatten.

2. Der Antragsgegner wird durch seine Verfahrensbevollmächtigten sowie bei seiner Vernehmung die Zustimmung zur Scheidung, wie sie bereits in der als Anlage 1 hiermit vorgelegten Scheidungsvereinbarung zum Ausdruck kommt, erneut erklären[8]. Da die Ehegatten seit 1 Jahr getrennt leben, die Antragstellerin Scheidung begehrt und der Antragsgegner der Scheidung zustimmt, ist das Scheitern der Ehe und deren Zerrüttung unwiderlegbar zu vermuten (§ 1566 Abs. 1 BGB).

IV. Folgesachen[12]

1. Elterliche Sorge/Umgang/Kindesunterhalt[13]
Zur Erfüllung der Voraussetzungen des § 630 Abs. 1 Nrn. 2 und 3 ZPO erklären wir für die Antragstellerin – der Antragsgegner wird gleiches erklären – und legen als Anlage 1 eine zur Erfüllung von § 630 Abs. 3 ZPO im Termin zu protokollierende Scheidungsvereinbarung vor wie folgt:

a) Die Parteien sind sich darüber einig, dass Anträge zur Übertragung der elterlichen Sorge für die gemeinsamen Kinder auf einen Elternteil und zur Regelung des Umgangs der Eltern mit den Kindern nicht gestellt werden sollen, weil sich diese über das Fortbestehen der gemeinsamen elterlichen Sorge und über den Umgang einig sind[14].

b) In Ziff. 1 der Scheidungsvereinbarung haben sich die Parteien auch über den Unterhalt gegenüber den gemeinsamen ehelichen Kindern geeinigt[15].

2. Ehegattenunterhalt/Ehewohnung/Hausrat

a) Die Einigung der Parteien über den Ehegattenunterhalt ist in Ziff. 2 der Scheidungsvereinbarung enthalten.

b) Die erforderliche Einigung der Parteien über die Rechtsverhältnisse an der Ehewohnung und am Hausrat liegt vor gemäß der beigefügten Scheidungsver-

einbarung für die Ehewohnung (Ziff. 3) und den gemeinsamen Hausrat (Ziff. 4)[16].

3. Zugewinnausgleich/sonstige Vermögensfragen
Anträge zum ehelichen Güterrecht sind nicht veranlasst (vgl. auch Ziff. 5 der vorgelegten Scheidungsvereinbarung[17]).

4. Versorgungsausgleich
Für den Versorgungsausgleich, über den von Amts wegen zu entscheiden ist, bitten wir um Übersendung der entsprechenden Formulare[18].

V. Kosten/Hilfs- und Prozessanträge/Sonstiges

1. Bei den geschilderten Einkommens- und Vermögensverhältnissen ist eine Abweichung von der gesetzlichen Kostenregelung nicht veranlasst.

2. Die anfangs aufgeführten Verfahrensbevollmächtigten des Antragsgegners, mit denen die vorgelegte Scheidungsvereinbarung ausgehandelt wurde, sind unmittelbar zustellungsbevollmächtigt.

3. Kostenvorschuss in Höhe von EUR ...... ist beigefügt in ......

Rechtsanwalt

Anmerkungen

1.–7. Vgl. hierzu Anm. 1–8 zu Form. II. I. 6.

8. Grundtatbestand des § 1565 Abs. 1 BGB ergänzt durch die beiden zusätzlichen Merkmale des § 1566 Abs. 2 BGB (1 Jahr Getrenntleben/Zustimmung bzw. beiderseitiger Scheidungsantrag). Die Angabe, dass der Antragsgegner zustimmen wird, ist bei der einverständlichen Scheidung nach §§ 1566 BGB, 630 Abs. 1 Nr. 1 ZPO erforderlich, einverständliches Scheidungsverfahren kann aber auch aus zunächst streitigem Scheidungsverfahren hervorgehen (*Hüßtege* in *Thomas-Putzo,* Rdn. 4 zu § 630 ZPO). Der Antragsgegner kann aber, auch wenn er sich zur Zustimmung verpflichtet hat, diese Erklärung bis zum Schluss der mündlichen Verhandlung, selbst noch in der Berufungsinstanz, frei widerrufen (§ 630 Abs. 2 ZPO). Der Antragsteller muss dann zur streitigen Scheidung übergehen, vgl. *Hüßtege* in *Thomas-Putzo* § 630 Rdn. 13 und BGH NJW 1984, 1303. Diese – „streitige" – Scheidung nach 1 Jahr Getrenntleben kann u. U. auch wegen der Probleme, welche hier der in § 630 ZPO vorgeschriebene Titel aufwerfen kann, zweckmäßiger sein, vgl. Anm. 3, 6 zu Form. II. I. 8.

9. Zum Begriff des Getrenntlebens (objektive, totale Trennung und Trennungsabsicht) vgl. Kommentare zu § 1567. Erfolgt die Trennung innerhalb der ehelichen Wohnung, ist die Aufgabe des gemeinsamen Haushalts und der wesentlichen persönlichen Beziehungen erforderlich; bloß räumliches „Nebeneinander" schadet nicht, wenn aus objektiv erkennbaren Umständen (vor allem Sorge für Kinder) erklärbar, vgl. z. B. BGH NJW 1979, 1360 oder OLG Köln NJW 1987, 1561. Auch ein nicht völliges Getrenntleben kann bei ersichtlich unheilbarer Zerrüttung ausreichen, vgl. OLG München FamRZ 1978, 596, jedoch kann erneutes Zusammenleben über mehr als 3 Monate Trennung unterbrechen, OLG Hamm NJW-RR 1986, 554.

10. Laut OLG Köln NJW 1978, 1009 f. und NJW 1978, 167 f. soll das Familiengericht statt gesetzlicher Vermutungen konkrete Ermittlungen verwenden dürfen (jedenfalls bei § 1566 Abs. 2 BGB). Vorsorglicher Vortrag zur Zerrüttung und negativer „Eheprognose", z. B. „Sündenregister" des anderen Ehegatten (§ 1565 Abs. 1 S. 2 2. Halbs. BGB) u. U. auch zweckmäßig, wenn Widerruf der Zustimmung des Antragsgegners (so. Anm. 8 a. E.) zu besorgen ist. In der Praxis zunehmende Tendenz, auch verfrühte Scheidungsanträge teils ganz offen, teils verdeckt (späte Terminierung, Vertagungen, Vorziehen von Ermittlungen) jedenfalls über das Trennungsjahr zu bringen, vgl. insbes. Anm. 3, 6 zu Form. II. I. 8.

11. Zur Pflicht des Gerichts, Trennungszeiten exakt festzustellen, s.u. Anm. 9 zu Form. II.I. 8; zum Begriff der „Versöhnung" s.u. Anm. 7 zu Form. II.I. 9.

12. Vgl. Anm. 12 zu Form. II. I. 8 und Anm. 4 zu Form. II. I. 10.

13. Bei streitiger Scheidung oder Streit zu diesen Einzel-Familiensachen s.u. Form. II. I. 10, 11 und 12.

14. Für die einverständliche Scheidung schreibt § 630 Abs. 1 Nr. 2 ZPO auch in der Neufassung durch das KindRG nicht nur die Mitteilung in der Antragsschrift vor, dass auch der andere Ehegatte in gleicher Weise die Scheidung beantragen oder der Scheidung zustimmen wird. Vielmehr müssen auch die Einigung der Ehegatten über die Unterhaltspflicht gegenüber Kindern und Ehegatten sowie die Rechtsverhältnisse an Ehewohnung und Hausrat nach Scheidung weiterhin vorgetragen (und ein vollstreckbarer Schuldtitel, meist zu gerichtlichem Protokoll, herbeigeführt) werden.

An die Reform des elterlichen Sorgerechts durch das KindRG (gesetzlicher Regelfall nunmehr: gemeinsame elterliche Sorge; gerichtliches Sorgerechtsverfahren, von Ausnahmen abgesehen, nur noch auf Antrag) angepasst worden ist jedoch § 630 Abs. 1 Nr. 2 ZPO n.F.: nunmehr sind übereinstimmende Erklärungen der Ehegatten zum Fortbestand der elterlichen Sorge und des Umgangsrechts mit den Kindern erforderlich (auch dahin, dass hierzu wegen Einigkeit Anträge nicht gestellt werden). Gemeinsame Regelungsanträge an das Gericht sind aber, soweit vom Regelfall abgewichen werden soll, zweckmäßigerweise ausführlich zu begründen. Bei Einigkeit über den Umgang muss keine detaillierte Darstellung gegeben werden (amtliche Begründung).

15. Vorgeschrieben durch § 630 Abs. 1 Nr. 3 ZPO: Der Titel wird entweder durch Prozessvergleich herbeigeführt (in diesem Falle – da Prozesshandlung – ist Mitwirkung eines Rechtsanwalts auf Seiten des Antragsgegners nötig, so BGH NJW 1991, 1743, str.) oder aber durch notarielle Urkunde oder durch Anwaltsvergleich, § 796a ZPO n.F. Bei streitiger Scheidung oder Einzelstreit zu diesem Punkt vgl. u. Form. II. I. 12 und die dortigen Anm. sowie u. Anm. 19.

16. Vorgeschrieben durch § 630 Abs. 1 Nr. 3 ZPO für einverständliche Scheidung (für Fälle streitiger Scheidung oder Streit zu diesen Punkten vgl. u. Form. II. I. 16 und 23 und die dortigen Anm.): ein Vollstreckungstitel (durch Prozessvergleich; notarielle Urkunde wohl nicht möglich) muss selbstverständlich nur insoweit herbeigeführt werden, als die eingegangene Verpflichtung einen vollstreckbaren Inhalt hat (*Baumbach/Lauterbach/Albers/Hartmann* § 630 Rdn. 7), also – was oft der einzige Ausweg ist – wohl nicht bei der üblichen deklaratorischen Formel „Der Hausrat ist bereits auseinandergesetzt", vgl. auch Anm. 19.

17. Anträge zum ehelichen Güterrecht (alle Güterstände) stehen – auch bei einverständlicher Scheidung – im Belieben der Parteien, auch wenn über diese Punkte echt gestritten werden soll; vgl. hierzu insbes. Form. II. I. 15 und die dortigen Anm. sowie Anm. 19.

18. Vgl. hierzu insbes. die Form. II. I. 18 und 20 und die dortigen Anm.

19. Hinweise auf Gestaltungsmuster bei Anm. 17 zu Form. II. I. 6.

Kosten und Gebühren

Wie zu Form. II. I. 6. Bei GK aber u.U. zusätzlich KV Nr. 1660; bei RA beachte § 37 Nr. 2 BRAGO, zu den Gebühren für Scheidungsvereinbarungen gemäß § 630 Abs. 3 ZPO – sehr str. – *Lappe/Rahm* aaO., IX. Rdn. 39ff. und *Gross*, Anwaltsgebühren in Ehe- und Familiensachen, 1. Aufl. 1997, S. 103ff. (ausführlich).

Fristen und Rechtsmittel

Vgl. im Einzelnen Form. II. I. 30.

8. Antrag auf streitige Scheidung (Getrenntleben ab 1 Jahr)

An das
Amtsgericht[1]
– Familiengericht –

......, den 15. 7. 2002

Antrag

des ...... – Antragsteller –
Verfahrensbevollmächtigter: Rechtsanwalt ......[2]

gegen

...... – Antragsgegnerin –

wegen streitiger Ehescheidung[3]

vorläufiger Streitwert: EUR ......[4]

Unter Vorlage besonderer Prozessvollmacht[5] bitten wir namens und im Auftrag des Antragstellers um Termin[6] zur mündlichen Verhandlung und stellen für diesen gegen die Antragsgegnerin folgende Anträge:

I. Die am ...... vor dem Standesamt ......, Heiratsregister Nr. ....../......, geschlossene Ehe der Parteien wird geschieden.
II. Die Kosten des Rechtsstreits werden gegeneinander aufgehoben.

Begründung:

I. Persönliche Verhältnisse der Parteien[7]
   1. Der Antragsteller, geb. am ......, und die Antragsgegnerin, geb. am ......, beide Deutsche[8], haben die im Antrag bezeichnete Ehe geschlossen. Die Antragsgegnerin, bei der die gemeinsamen minderjährigen Kinder derzeit noch leben, hat ihren gewöhnlichen Aufenthalt im Bezirk des angerufenen Familiengerichts[1].
   2. Aus der Ehe der Parteien sind folgende gemeinsame Kinder hervorgegangen
      a) Paul, geb. am 1. 12. 1987;
      b) Michael, geb. am 7. 6. 1994.

      Beweis zu 1. u. 2.: Familienstammbuch ......

   3. Familiensachen i. S. des § 621 Abs. 1 ZPO sind anderweitig nicht anhängig.

II. Wirtschaftliche Verhältnisse der Parteien[7]
   1. Der Antragsteller, früher Ingenieur im Anstellungsverhältnis mit einem monatlichen Nettoeinkommen von EUR 3.500,–, ist seit 1. 1. 2001 als selbstständiger Handelsvertreter mit sehr unregelmäßigem Einkommen, im Durchschnitt derzeit EUR 1.000,– netto/Monat, tätig. Er verfügt über kein nennenswertes Vermögen. Er hat in der Vergangenheit für die Antragsgegnerin und die gemeinsamen ehelichen Kinder monatlich ca. EUR 1.050,– geleistet, diese Beträge aber infolge eines niedrigeren Einkommens in den letzten Monaten erheblich einschränken müssen, zumal er seit Januar 2001 für ein weiteres (außereheliches) Kind unterhaltspflichtig ist.
   2. Die Antragsgegnerin soll nach ihren Angaben derzeit ohne Arbeitseinkommen sein. Sie verfügt aber über zinsbringende Ersparnisse in Höhe von mindestens EUR 20.000,–.

III. Ehescheidung
   1. Die Ehe der Parteien ist gescheitert[9].

a) Die eheliche Lebensgemeinschaft besteht nicht mehr: die Parteien leben bereits seit Mai 1999 getrennt, zunächst bis Oktober 1999 unter Aufhebung der persönlichen, insbesondere ehelichen, Beziehungen und bei getrennter Haushaltsführung in der damaligen ehelichen Wohnung in ......, ab Ende Oktober 1999 in der Weise, dass der Antragsteller aus der damaligen ehelichen Wohnung auszog und seitdem in ...... mit seiner Lebensgefährtin, Frau X, ständig zusammenlebt, mit der er inzwischen das am 1. 1. 2001 geborene Kind ...... hat.

b) Da die Parteien im Zeitpunkt der letzten mündlichen Verhandlung[6] über den Scheidungsantrag mindestens 3 Jahre getrennt leben werden, ist das Scheitern der Ehe unwiderlegbar zu vermuten (§ 1566 Abs. 2 BGB).

2. Rein vorsorglich wird darauf hingewiesen[10], dass die Ehe der Parteien unabhängig von der genauen Dauer der Trennungszeit schon jetzt als endgültig und unwiderruflich gescheitert anzusehen ist:
Der Antragsteller hat sich schon Anfang 1999 von der Antragsgegnerin abgewandt, mit der er ständig Auseinandersetzungen hatte. Mit einer anderen Frau, nämlich Frau X., besteht seitdem ein Liebesverhältnis und seit Ende Oktober 1999 darüber hinaus ständiges Zusammenleben in häuslicher Gemeinschaft. Schon vor seinem Auszug aus der damaligen ehelichen Wohnung in ......, erst recht nach dem Zusammenziehen mit Frau X. und insbesondere nach der Geburt des Kindes ...... am 1. 1. 2001 hat der Antragsteller der Antragsgegnerin immer wieder klar und deutlich erklärt, dass er die Wiederherstellung der Lebensgemeinschaft mit ihr ablehne und dringend die Scheidung wolle, um Frau X. zu heiraten, auch im Interesse des gemeinsamen Kindes mit dieser. Die fortbestehenden Kontakte zwischen den Parteien basieren nur noch auf dem Umgang mit den gemeinsamen ehelichen Kindern.

Beweis zu 1–2: Parteieinvernahme;
Einvernahme des Kindes Paul ......[11]

Die bisherige Ablehnung der Scheidung durch die Antragsgegnerin erfolgt seit langem nicht mehr aus innerer Bindung der Antragsgegnerin an diese gescheiterte Ehe, sondern allein aus Feindseligkeit gegenüber dem Antragsteller und seiner Freundin.

IV. Folgesachen[12]

1. Elterliche Sorge/Umgang/Kindesunterhalt

a) Zur elterlichen Sorge für das Kind Paul, geb. am 1. 12. 1987, wird Antrag auf Übertragung der elterlichen Sorge auf den Antragsteller in gesondertem Schriftsatz gestellt. Ein Vorschlag für das Kind Michael, geb. am 7. 6. 1994, wird derzeit nicht unterbreitet[13].

b) Rein vorsorglich wird in gesondertem Schriftsatz eine Regelung des Umgangs des Antragstellers mit den gemeinsamen ehelichen Kindern förmlich beantragt[14] werden.

c) Zum Kindesunterhalt sind derzeit Anträge nicht veranlasst[15].

2. Ehegattenunterhalt/Ehewohnung/Hausrat

a) Seitens des Antragstellers sind Anträge zum Ehegattenunterhalt derzeit nicht veranlasst[15].

b) Anträge zur Ehewohnung entfallen, zumal die Antragsgegnerin die frühere eheliche Wohnung, von ihr seit Ende Oktober 1999 allein bewohnt, im Jahre 2000 aufgelöst hat und mit dem Hausrat in eine eigene Wohnung gezogen ist.

c) Anträge zum Hausrat bleiben jedoch vorbehalten[16].

3. Zugewinn/sonstige Vermögensfragen
Anträge zum Zugewinn will der Antragsteller, obwohl möglicherweise ein Zugewinn seitens der Antragsgegnerin vorliegt, derzeit ebenfalls nicht stellen[16].

4. Versorgungsausgleich
Dieser ist hier an sich von Amts wegen durchzuführen[17]. Jedoch beantragt der Antragsteller insoweit Vorwegentscheidung über den Scheidungsantrag (s.u. V. 2. mit weiterer Begründung).

V. Kosten/Hilfs- und Prozessanträge/Sonstiges
1. Die gesetzliche Kostenfolge gemäß § 93a Abs. 1 ZPO erscheint angemessen.
2. Vorwegentscheidung über Scheidung vor Versorgungsausgleich
Der Antragsteller war während der Ehezeit[18] mehrfach selbstständig, dann wieder in verschiedenen Bereichen als Angestellter tätig und bei verschiedenen Versorgungsträgern versichert, so dass sich ein sehr komplizierter Versicherungsverlauf ergibt. Über Teilaspekte, insbesondere die Zulässigkeit und Bewertung von durch den Antragsteller während Zeiten selbstständiger Tätigkeit entrichteten freiwilligen Einzahlungen und Nachzahlungen zur Sozialversicherung, muss der Antragsteller einen Rechtsstreit in der Sozialgerichtsbarkeit möglicherweise noch anstrengen[19]; dies wird vom Ausgang eines derzeit beim Landesarbeitsgericht ......, Aktenzeichen ...... anhängigen Arbeitsgerichtsprozesses des Antragstellers mit seiner früheren Arbeitgeberin, der Fa. ......, abhängen, in welchem es unter anderem um die Frage geht, ob das letzte Anstellungsverhältnis des Antragstellers zu dieser Firma bis zum 31. 12. 2000 Bestand hatte oder auf Grund fristloser Arbeitgeberkündigung bereits im Januar 1999 beendet wurde, mit Auswirkungen auf die Versorgungsanwartschaften des Antragstellers in der Angestelltenversicherung.[19]

Beweis: ......
......

Die gleichzeitige Entscheidung über den Versorgungsausgleich würde daher den Scheidungsausspruch so außergewöhnlich verzögern, dass der Aufschub, bei vergleichsweise geringerer Bedeutung der Folgesache, im Hinblick auf die langjährige Trennung und die Notwendigkeit baldiger Legitimierung des nichtehelichen Kindes des Antragstellers mit X. eine unzumutbare Härte darstellen würde[20].
Vorwegentscheidung vor Entscheidung über den Versorgungsausgleich wird daher gemäß § 628 Abs. 1 Nr. 4 ZPO ausdrücklich beantragt.
3. Bereits jetzt wird gemäß §§ 629 Abs. 3, 626 Abs. 2 ZPO beantragt, dem Antragsteller vorzubehalten, im Falle einer Abweisung seines Scheidungsantrages das Verfahren über die elterliche Sorge für das Kind Paul als selbstständige Familiensache fortzuführen[21, 22].
4. Kostenvorschuss in Höhe von EUR ...... ist beigefügt in ......

Rechtsanwalt

Anmerkungen

1.–2. Vgl. Anm. 1, 2 zu Form. II. I. 6.

3. Vorausgesetzt, die tatsächliche Trennung im Rechtssinne lässt sich beweisen (zum Begriff vgl. Anm. 9 zu Form. II. I. 7; zu möglichen Einwendungen des scheidungsunwilligen Ehegatten vgl. Form. II. I. 9, insbes. Text III. 1. und Anm. 6 und 7), dürfte die „echte" streitige Scheidung bei Getrenntleben von mehr als einem, aber weniger als drei Jahren von zunehmender praktischer Bedeutung sein – jedoch auch als „verdeckte" Konventionalscheidung ohne die Einigungszwänge aus § 630 ZPO; sie nähert sich dann der formell streitigen Härtescheidung gemäß Form. II. I. 6 und erfordert meist ebenso eine gewisse Kooperation der Parteien.

Allerdings werden in der Praxis die Anforderungen an das Vorliegen der Zerrüttung und deren Nachweis ständig herabgesetzt, so dass heute sehr oft trotz Abweisungsantrag des Ag. nach 1 Jahr Trennung streitig geschieden wird (falls nicht Folgesachen Verzögerung bringen).

4.–5. Vgl. Anm. 3–5 zu Form. II. I. 6.

6. Wann das Familiengericht ersten – und bei Beweisschwierigkeiten zur Trennungszeit möglicherweise letzten – Scheidungstermin vor Antragsabweisung ansetzt, liegt in dessen pflichtgemäßem Ermessen. Die Praxis ist auch bei eindeutig verfrühten Scheidungsanträgen sehr unterschiedlich; nicht immer erfolgt im Interesse des scheidungsunwilligen Antragsgegners sehr kurzfristige Terminierung mit Antrags**abweisung.**

Häufiger sind geduldete oder vom FamG selbst veranlasste Verzögerungen (z.B. Verermittlungen zum VA, denen sich der Ag. nicht entziehen kann, vgl. § 11 VAHRG und Form. II. I. 17), die den Scheidungsantrag hinsichtlich Trennungsfrist irgendwann schlüssig bzw. beweisbar machen. BGH NJW 1997, 1007f. stellt die lange strittige Frage nunmehr klar, dass verfrühte Anträge nach Zeitablauf im Verfahren nach dem Stand der letzten m.V. zu beurteilen und damit (selbst bei Verdacht auf Manipulation z.B. des Zugewinn-Stichtags) letztlich zur Scheidung führen können, dies insbesondere auch noch in der Berufung; immerhin drohen dem voreiligen Ast. dann aber *Kostennachteile* (analog § 97 Abs. 2 ZPO statt § 93 ZPO).

7. Genauer Vortrag zu den persönlichen und wirtschaftlichen Verhältnissen über die Mindestanforderungen der §§ 253, 622 Abs. 2 ZPO hinaus empfiehlt sich normalerweise als Check-Liste für den bearbeitenden Anwalt und zur Vermeidung späterer Rückfragen und Verzögerungen, für rasche Ermittlung von Streitwert und Kosten einschließlich Kostenvorschüssen, aber auch als Bezugsbasis für spätere Einzelausführungen zu einzelnen Sachanträgen (einschließlich Folgesachen).

8. Bedeutsam für internationale Zuständigkeit (§ 606a ZPO) und das nach IPR anzuwendende materielle Recht (Art. 17 EGBGB).

9. Wegen der Unbestimmtheit der Rechtsbegriffe in § 1567 Abs. 1, insbesondere bei Getrenntleben innerhalb der ehelichen Wohnung und kürzeren „Versöhnungszeiten" gemäß § 1567 Abs. 2 BGB (vgl. z.B. OLG Hamm NJW-RR 1986, 554: erneutes Zusammenleben von mehr als 3 Monaten unterbricht Trennung; OLG Köln FamRZ 1982, 1015; 4 Monate), ist bei echter streitiger Scheidung substantiierter Vortrag zur Trennung erforderlich. „Scheitern der Ehe" nach h.M. Grundtatbestand für alle Scheidungsvarianten.

10. Wegen Anm. 9 (Chancen für scheidungsunwillige Antragsgegner beim Bestreiten ausreichender Trennungszeiten, vgl. Form. II. I. 9) und als Vor-Abwehr gegnerischer Aussetzungsanträge nach § 614 ZPO (ggf. auch als Vorbereitung einer Vorwegentscheidung aus § 628 ZPO) empfiehlt sich häufig mindestens sofortige Ermittlung, oft auch baldiger schriftsätzlicher Vortrag weiterer das Scheitern der Ehe begründender Umstände mit Beweismitteln, z.B. des „Sündenregisters" des anderen Ehegatten.

11. Zu unterscheiden sind die Anhörung gemäß § 50b FGG grundsätzlich in allen die Personen- oder Vermögenssorge betreffenden Verfahren, vgl. hierzu *Luthin* FamRZ 1981, 1149f. und OLG Frankfurt FamRZ 1981, 813 (unverzichtbar auch in isolierten Sorgerechtsverfahren, z.B. nach § 1634 BGB), und die Einvernahme im Zeugenbeweis, vgl. im Einzelnen noch Form. II. I. 10. und 11. mit Anm.

12. Katalog in § 621 Abs. 1 ZPO, Regelungen zur Sicherung des Verbundes durch *rechtzeitig* eingeleitete Folgesachenverfahren insbesondere in §§ 621 Abs. 2 bis 5, 623–629, 629d ZPO. Nach Schluss der mündlichen Verhandlung erster Instanz in der Scheidungssache ist der Eintritt in den Verbund grundsätzlich ausgeschlossen, § 623 Abs. 1 und 4, 5 ZPO.

Immer noch uneinheitlich sind die Vorschläge zur Ausgestaltung von „Verbund-Schriftsätzen": Der klassische „Einheitsschriftsatz" ist für die Anwaltspraxis meines Erachtens immer noch die einfachste schreibtechnische und organisatorische Vorgehensweise. Er schafft jedoch Probleme, besonders beim Gericht, schon im normalen Verbundverfahren, erst recht bei Herauslösung von Einzelsachen aus dem Verbund und z. B. auch wegen § 624 Abs. 4 ZPO (nur auszugsweise Mitteilung von Schriftstücken an beteiligte Dritte). Sehr weit in die Gegenrichtung (extrem getrennte Aktenführung) gehen Versuche einiger Familiengerichte, sogar mit „Hilfs-Aktenzeichen". Hier wird ein Mittelweg vorgeschlagen:

a) Wenn prozesstaktisch vertretbar und bereits möglich, wird in der Scheidungsantragsschrift ein Überblick über die Folgesachen im sich abzeichnenden Verbund gegeben.
b) Weiterhin wird aber zu den einzelnen Folgesachen mit getrennten Schriftsätzen gearbeitet.

Dass diese dann zum Teil Wiederholungen enthalten müssen, ist Folge des in der Praxis selten ganz sauber lösbaren Konflikts zwischen Anspruch der Parteien auf Vertraulichkeit und anspruchsbeteiligter Dritter auf rechtliches Gehör, der in § 624 Abs. 4 ZPO nicht gelöst ist.

13. Nach KindRG (§ 1671 BGB n. F. mit § 623 Abs. 1 ZPO n. F.) ist über die elterliche Sorge i. d. R. nurmehr **auf Antrag** zu entscheiden (Ausnahme § 1666 BGB), anderenfalls es jetzt bei gemeinsamer Sorge bleibt. Jeder Ehegatte kann aber rechtzeitig, d. h. vor Schluss der m. V. durch abweichende Anträge Aufnahme in den Scheidungsverbund erreichen, auch über Umgang oder Herausgabe (§ 623 Abs. 2–4 ZPO n. F.).

14. Stellt im Hinblick auf § 623 Abs. 2 Nr. 2 ZPO n. F. (KindRG) förmliche, rechtsmittelfähige Entscheidung im Verbund sicher.

15. Beachte: Unterhaltsansprüche des Kindes für die Zeit der noch bestehenden Ehe und Unterhaltsansprüche des Ehegatten aus § 1361 BGB sind, obwohl Familiensachen, keine Folgesachen und laufen grundsätzlich (eine Abmilderung dieses Grundsatzes wird man aber aus praktischen Gründen im Einzelfall befürworten müssen, vgl. *Stein/Jonas/Schlosser* § 623 Rdn. 2 und 9) nicht im Verbund (vgl. *Hüßtege* in *Thomas-Putzo,* Rdn. 3 a und 9 zu § 623 ZPO). Die Zeit bis zur Rechtskraft des Scheidungsurteils kann mit einstweiligen Anordnungen überbrückt werden (zum einstweiligen Rechtsschutz in Unterhaltssachen außerhalb des Scheidungsverfahrens s. Form. II. I. 4 Anm. 3). In der Praxis wird daher empfohlen, den gesamten Kindesunterhalt von Anfang an (nicht erst „ab Rechtskraft der Scheidung") in einem selbstständigen Verfahren (vgl. etwa Form. II. I. 3 oder II. H. 12) und nicht im Verbund geltend zu machen (mit Ausnahmen, so wenn wegen Sorgerechtsstreit auch die Barunterhaltspflicht schon dem Grunde nach strittig ist, vgl. *Vossenkämper* in Münchener Prozessformularbuch, Band 3. Familienrecht aaO., Anmerkung zu C. V. m. Nachw., der auf sonst drohende Probleme insbesondere nach der Rechtsprechung zur PKH hinweist).

16. Nach §§ 1361 a, b BGB, 18, 18 a HausratsVO seit UÄndG vom 20. 2. 1986 auch als isolierte Familiensache ohne Scheidungsverfahren möglich für Ehewohnung und Hausrat. Isolierte eAOen gemäß § 13 Abs. 4 HausratsVO zulässig, vgl. auch Anm. zu Form. II. I. 16 und 25, dort auch zu erweiterten Möglichkeiten durch das GewaltschutzG.

17. Achtung! Dieser Umstand ist in allen Fällen, in denen der Versorgungsausgleich (VA) Besonderheiten aufweist, keine Beruhigung, sondern eine Gefahr; denn obwohl allgemein im Amtsverfahren laufend, erfordern zahlreiche Sondervorschriften zusätzliche förmliche Anträge der Parteien, andere mindestens speziellen Tatsachenvortrag, s. u. Form. II. I. 17–20, insbes. Anm. 4 zu Form. II. I. 17.

18. Legaldefinition in § 1587 Abs. 2 BGB: endet am Ende des der Zustellung des Scheidungsantrages vorausgegangenen Monats auch dann, wenn Scheidungsverfahren später längere Zeit zum Ruhen kommt (a. A. AG Stuttgart NJW 1978, 646 f.; dagegen *Parche* NJW 1979, 139/140, in diesem Sinne – wenn auch zum Zugewinn – auch BGH FamRZ 1983, 350: alter Stichtag bleibt).

19. Reicht nicht für § 628 Abs. 1 Nr. 2 ZPO, da dort Aussetzung durch Familiengericht gemäß § 53c FGG wegen bereits anhängigem Verfahren (z.B. Sozialgericht, Verwaltungsgericht, Arbeitsgericht) vorangegangen sein muss, so *Thomas-Putzo* § 628 Rdn. 10; a.A. (Aussetzung und Abwarten, ob Klage tatsächlich angestrengt wird) *Stein/Jonas/Schlosser* § 628 Rdn. 5.

20. Abwägung gegen die Interessen des anderen Ehegatten und der Kinder, für eine Fallgestaltung ähnlich wie im Text als unzumutbare Härte anerkannt z.B. durch OLG Frankfurt FamRZ 1978, 363; noch weitergehend BGH NJW 1987, 1772 bei Verzögerung des Zugewinn-Verfahrens wegen nötiger Grundstücksachverständiger: die dort angenommene durchschnittliche Verbundverfahrensdauer von 2 Jahren dürfte bei umfangreichem Zugewinnausgleich selten zutreffen (dort allerdings: erwartetes Kind aus neuer Partnerschaft führt zu Härte, vgl. auch BGH FamRZ 1996, 1333; OLG Köln FuR 1997, 355).

Zur nach § 623 Abs. 2 ZPO n.F. (KindRG) erleichterten Abtrennung vgl. Rdn. 22.

21. Auch bei Rücknahme, falls rechtzeitig beantragt, möglich, § 626 ZPO; führt u.a. auch zur Ausklammerung der Kosten dieser nunmehr selbstständigen einzelnen Familiensache, § 626 Abs. 2 S. 3 ZPO. Die derart verselbstständigte Familiensache erfährt regelmäßig zugleich eine Änderung nach prozessualem Streitgegenstand und materieller Rechtsgrundlage, schon deshalb, weil sie nun nicht mehr „für den Fall der Scheidung“ beantragt wird (daher ist über §§ 626, 629 ZPO Fortführung des Versorgungsausgleiches nicht möglich), sondern – meist – für den Zustand des Getrenntlebens (Ehegattenunterhaltsklage nunmehr statt aus §§ 1569ff. BGB aus § 1361 BGB, elterliche Sorgeregelung nunmehr statt direkt aus § 1671 BGB statt aus § 1672 BGB etc., etc.)

22. § 623 Abs. 2 S. 2 ZPO n.F. (KindRG) ermöglicht jetzt auf Antrag jedes Ehegatten *Abtrennung* kindbezogener Folgesachen (Sorge, Umgang, Herausgabe, Kindesunterhalt gegenüber Eltern), außerdem jetzt sogar solcher auf Ehegattenunterhalt, um bereits für die Zeit der Trennung eine (konzentrierte und umfassende) Hauptsacheentscheidung zu diesen Folgesachen zu erreichen. Fortführung dann als selbstständige Familiensache mit besonderer Kostenentscheidung (§ 623 Abs. 2 S. 3 mit § 626 Abs. 2 S. 3 ZPO). Diese Hauptsacheentscheidung (z.B. nach § 1671 BGB) kann dann über den Scheidungsausspruch hinaus fortgelten (amtl. Begründung) und die Gerichte entlasten. Da einstweiliger Rechtsschutz auch in selbstständigen FamS weitestgehend möglich, könnten sich die verbundbegleitenden eAO (§§ 620ff. ZPO) stärker dorthin verlagern.

Kosten und Gebühren

Wie Form. II. I. 6. Zur Prozesskosten-Vorschusspflicht vgl. auch Form. II. I. 23.

Fristen und Rechtsmittel

Vgl. im Einzelnen Form. II. I. 30.

9. Klage auf streitige Scheidung (hier: Einwendungen des Antragsgegners)*

An das
Amtsgericht[1]
– Familiengericht –

......, den 7. 8. 2002

Antrag

in der Ehesache

...... – Antragsteller –

Verfahrensbevollmächtigter: Rechtsanwalt ......[2]

gegen

...... – Antragsgegnerin –

Verfahrensbevollmächtigte: Rechtsanwälte ......[2]

wegen streitiger Ehescheidung[3]

Az.: ......

bestellen wir uns unter Vorlage besonderer Prozessvollmacht[4] für die Antragsgegnerin, in deren Namen und Auftrag wir dem Scheidungsantrag des Antragstellers entgegentreten mit folgenden Anträgen:

I. Der Ehescheidungsantrag wird abgewiesen.

II. Hilfsweise: Das Verfahren wird gemäß § 614 ZPO auf die Dauer von 6 Monaten ausgesetzt.

III. Der Antragsteller hat die Kosten des Rechtsstreits zu tragen.

Begründung:

I. Persönliche Verhältnisse der Parteien*

1. Die Angaben des Antragstellers zur Eheschließung und den gemeinsamen ehelichen Kindern sind richtig.
2. Auch sind Familiensachen zurzeit anderweitig nicht anhängig, jedoch hat der Antragsteller bereits im Jahre 1994 versucht, sich von der Antragsgegnerin wegen angeblicher unzumutbarer Härte gemäß § 1565 Abs. 1 und Abs. 2 BGB scheiden zu lassen, diesen Scheidungsantrag jedoch im seinerzeitigen Verfahren kurz nach Einreichung vorbehaltslos zurückgenommen.

   Beweis: Scheidungsakten des Amtsgerichts – Familiengerichts – ......, Aktenzeichen ......, deren Beiziehung hiermit beantragt wird.

II. Wirtschaftliche Verhältnisse der Parteien*

1. Die Angaben des Antragstellers zu seinen wirtschaftlichen Verhältnissen müssen bestritten werden. Die Antragsgegnerin muss davon ausgehen, dass der Antragsteller derzeit auch als selbstständiger Handelsvertreter über ein monatliches Nettoeinkommen von mindestens EUR 2.000,– verfügt und erhebliches Vermögen hat, insbesondere aus Lebensversicherungsverträgen (Kapitallebensversicherungen), Aktien und anderen Wertpapieren, mindestens einem Bausparvertrag, ferner zwei Beteiligungen an Handelsgesellschaften, welche die Antragsgegnerin nicht nennen kann (im übrigen s. u. IV. 3.).

   Auch die Angaben über vom Antragsteller geleistete Unterhaltszahlungen sind so nicht richtig (im übrigen s. u. IV. 1.).
2. Die Antragsgegnerin ist ohne eigenes Arbeitseinkommen, nicht erwerbstätig und als Hausfrau und Mutter durch die Betreuung der beiden gemeinsamen ehelichen Kinder Paul und Michael, die bei ihr leben, auch nicht erwerbsfähig. Infolge der völlig unzureichenden Unterhaltsleistungen des Antragstellers hat sie die von diesem behaupteten Ersparnisse bereits verbrauchen müssen, den Rest, derzeit höchstens noch EUR 3.500,– benötigt sie als Notreserve[5].

III. Ehescheidung

1. Die Ehe zwischen den Parteien ist nicht endgültig gescheitert, obwohl die Lebensgemeinschaft der Ehegatten derzeit nicht besteht. Aus der Sicht der Antragsgegnerin kann vielmehr durchaus erwartet werden, dass die Ehegatten die eheliche Lebensgemeinschaft eines Tages wiederherstellen werden[6].

a) Soweit der Antragsteller seinen Scheidungsantrag auf §§ 1566 Abs. 2, 1567 BGB stützt, scheitert dieser schon daran, dass die gesetzliche Trennungszeit von 3 Jahren in Wirklichkeit noch nicht abgelaufen ist. Die angeführten Streitigkeiten im Jahre 1999 waren durch Seitensprünge des Antragstellers mit anderen Frauen verursacht, welche die Antragsgegnerin dem Antragsteller jedoch aus ehelicher Gesinnung und im Interesse eines geborgenen Zuhauses der gemeinsamen Kinder in einer intakten Familie verziehen hat. Auch haben die Parteien zwischen Mai und Oktober 1999 in der damaligen ehelichen Wohnung in ...... noch nicht im Sinne des § 1567 BGB vollständig getrennt gelebt; vielmehr ......[7]

Beweis: ......
– als Zeugen –.

b) Ferner kam es zwischen den Parteien im Januar 2000 anlässlich eines gemeinsamen Skiurlaubs mit den Kindern zu einer Versöhnung und einem erneuten Zusammenleben über einen Zeitraum, der über ein Zusammenleben im Sinne des § 1567 Abs. 2 BGB deutlich hinausging. Im Einzelnen ......[7]
Der Antragsteller äußerte damals mehrfach die Absicht, zur Antragsgegnerin zurückzukehren.

Beweis: Parteieinvernahme;
......
– als Zeugen –.

2. Aussetzungsantrag
a) Auch das Verhalten des Antragstellers nach seinem Auszug aus der damaligen ehelichen Wohnung in ...... im März 2000 (nicht: Oktober 1999) zeigt, dass die Ehe der Parteien durchaus noch zu retten ist. Jedenfalls erscheint die hilfsweise beantragte Aussetzung des Verfahrens gemäß § 614 Abs. 2 und Abs. 4 ZPO gerechtfertigt, weil Aussicht auf Fortsetzung der Ehe trotz der derzeitigen Verbindung des Antragstellers zu jener Frau X. und des angeblich vom Antragsteller stammenden Kindes dieser Frau X. besteht. Dies ergibt sich im Einzelnen aus folgenden Umständen: ......

Beweis: ......

Der Antragsteller hat noch im Jahre 2001 wiederholt seine Bereitschaft zum Ausdruck gebracht, zur Antragsgegnerin und den gemeinsamen Kindern zurückzukehren: ......

Beweis: ......

Die Antragsgegnerin ist bereit, mit dem Antragsteller zusammen eine Eheberatungsstelle in Anspruch zu nehmen (§ 614 Abs. 5 ZPO).

b) Eine Aussetzung des Verfahrens auf die Dauer von mindestens 6 Monaten ist danach selbst dann gesetzlich möglich (§ 614 Abs. 4 S. 2 ZPO) und hier auch sachlich begründet, wenn das Gericht von einer Trennung von bereits 3 Jahren als erweisbar ausgehen würde[8].

3. Rein vorsorglich beruft sich die Antragsgegnerin auf die Härteklausel des § 1568 BGB[9].
a) Die Aufrechterhaltung dieser Ehe ist notwendig im Interesse der beiden minderjährigen Kinder Paul und Michael, wie sich insbesondere aus Folgendem ergibt: ......

Beweis: ......

b) Darüber hinaus würde eine Scheidung im derzeitigen Zeitpunkt für die Antragsgegnerin auf Grund außergewöhnlicher Umstände eine so schwere Härte darstellen, dass die Aufrechterhaltung der Ehe auch unter Berücksichtigung der

Belange des Antragstellers hier ausnahmsweise geboten erscheint (§ 1568 Abs. 1 2. Alt. BGB). Die Antragsgegnerin, heute 46 Jahre, hat sich für den Antragsteller, heute 58 Jahre, menschlich und wirtschaftlich aufgeopfert, der jetzt wegen seiner ehewidrigen Verbindung zu Frau X., 22 Jahre, aus der Ehe fortstrebt. Die geltend gemachten Umstände vornehmlich menschlich-psychologischer, aber auch wirtschaftlicher Art[10] sind insbesondere folgende: ……

Beweis: ……

c) Die vom Antragsteller – der immerhin die derzeitige Krise dieser Ehe allein verschuldet hat – geltend gemachten Belange sind nicht so schwerwiegend, dass sie die Anwendung des § 1568 Abs. 1 BGB im vorliegenden Falle ausschließen würden; denn ……

Beweis: ……

IV. Folgesachen

Da der Scheidungsantrag abzuweisen, mindestens das Verfahren auszusetzen ist, kommt eine Entscheidung über die vom Antragsteller für den Fall der Scheidung beantragten anderen Familiensachen nicht in Betracht (§ 623 Abs. 1 S. 1 ZPO).

Die Antragsgegnerin macht auf Rat ihrer Anwälte lediglich rein vorsorglich für den Fall, dass das Gericht dem Scheidungsantrag dennoch stattgeben sollte, zu anderen Familiensachen i. S. des § 621 ZPO, soweit erforderlich, folgende Ausführungen:

1. Elterliche Sorge/Umgang/Kindesunterhalt
   a) Dem Antrag des Antragstellers, ihm allein die elterliche Sorge für das gemeinsame eheliche Kind Paul zu übertragen, wird die Antragsgegnerin in gesondertem Schriftsatz entgegentreten. Für beide Kinder wird Übertragung auf die Mutter allein beantragt werden[11].
   b) Gleiches gilt für den Antrag auf Regelung des Umgangs mit den Kindern.
   Hierzu wird Abtrennung gemäß § 623 Abs. 2 S. 2 ZPO beantragt werden.[12]
   c) Zum Kindesunterhalt für die Dauer des Getrenntlebens der Parteien verweisen wir auf den gleichzeitig eingereichten Antrag der Antragsgegnerin auf Erlass einer diesbezüglichen einstweiligen Anordnung[13].
2. Ehegattenunterhalt/Ehewohnung/Hausrat
   Auch insoweit wird auf den gleichzeitig eingereichten Antrag auf Erlass einer einstweiligen Anordnung zum Ehegatten-Getrenntleben-Unterhalt verwiesen[14].
3. Zugewinn/sonstige Vermögensfragen
   Rein vorsorglich für den Fall, dass dem Scheidungsantrag dennoch stattgegeben werden sollte, wird die Antragsgegnerin in gesondertem Schriftsatz Stufenklage auf Zugewinnausgleich einreichen[15].
4. Versorgungsausgleich
   Die Antragsgegnerin widersetzt sich dem Antrag auf Vorwegentscheidung, weil die vom Antragsteller behaupteten Verzögerungsumstände so nicht zutreffen, für den Antragsteller auch keine unzumutbare Härte darstellen, jedenfalls das Interesse der Antragsgegnerin an einer Regelung aller Folgesachen im Verbund, wenn schon geschieden werden soll, überwiegt. Im Einzelnen ……[16]

   Beweis: ……

V. Kosten/Prozess- und Hilfsanträge/Sonstiges

1. Hinsichtlich des Kostenantrages wird gebeten zu prüfen, ob bei den dargestellten, ggf. näher aufzuklärenden wirtschaftlichen Verhältnissen beider Parteien nicht eine die Antragsgegnerin stärker entlastende Kostenverteilung billig erscheint (§ 93 a Abs. 1 S. 2 ZPO).
2. Antrag auf einstweilige Anordnung eines Prozesskostenvorschusses erfolgt gleichzeitig mit gesondertem Schriftsatz[17].

Rechtsanwalt

Anmerkungen

* Der zugrundeliegende Sachverhalt ist in Form. II. I. 8 zu ersehen!

1.–2. Vgl. je Anm. 1, 2 zu Form. II. I. 6. Dort auch (Anm. 3) zu streitigem Scheidungsverfahren ohne zweiten Anwalt, was bei Einwendungen der in diesem Muster vorgesehenen Art von vorneherein ausscheidet.

3. Sowohl bei – wie hier – einseitig streitigem Scheidungsantrag wie beiderseits streitigem, d.h. nur auf Scheitern der Ehe, ggf. zusätzlich auf § 1565 Abs. 2 BGB gestützten Scheidungsanträgen liegt streitige Scheidung mit nunmehr nur noch einheitlichem Streitgegenstand (Bestand der Ehe) vor (str.), vgl. etwa OLG Stuttgart NJW 1979, 167 mit Nachweisen.

4. § 609 ZPO; gilt automatisch auch für die – hier nur hilfsweise – geltendgemachten Folgesachen, § 624 Abs. 1 ZPO. Auch in diesem Antrags-Erwiderungsschriftsatz wird das Schema teilweise getrennter Aktenführung beibehalten, Anm. 12 zu Form. II. I. 8.

5. Zur erweiterten Unterhaltspflicht (auch mit dem Stamm des Vermögens) der Eltern gegenüber minderjährigen unverheirateten Kindern vgl. § 1603 Abs. 2 BGB.

6. Angegriffen wird also die 2. Voraussetzung des Grundtatbestandes in § 1565 Abs. 1 S. 2 BGB („Prognose"; zu den Einzelkriterien vgl. *Palandt/Diederichsen* § 1565 Rdn. 4–9 insbesondere auch zur Beweislast für ehegünstige Umstände und zur besonderen Bedeutung des Zeitmoments). Zugleich wichtig für Aussetzungsantrag nach § 614 ZPO, s.u. Anm. 8. Zusammenstellung möglicher Einwendungen vgl. auch bei *Wohlnick/Rahm* III. Rdn. 71 ff. m. Nachw.

7. Zum Begriff des Getrenntlebens vgl. Anm. 1 zu Form. II. I. 7 und Anm. 9 zu Form. II. I. 8; Trennungsfristen sind genau festzustellen. Zum „Zusammenleben über kürzere Zeit, das der Versöhnung der Ehegatten dienen soll" (Beweislast: Scheidungsantragsgegner, OLG Celle FamRZ 1979, 234) und der Abgrenzung von der „echten Versöhnung" und „Zusammenleben über längere Zeit" *Palandt/Diederichsen* § 1567 Rdn. 9–13.

8. Aussetzung nach § 614 ZPO (auch in anderen Ehesachen) ist für den an der Ehe festhaltenden Ehegatten formell u.U. leichter erreichbar als Durchdringen mit der Härteklausel des § 1568 Abs. 1 BGB, auch nach mehr als einjährigem Getrenntleben noch gegen erklärten Willen des scheidungswilligen Partners (Grenze: Missbrauch, vgl. *Stein/Jonas/Schlosser* § 614 Rdn. 12), ja sogar nach mehr als dreijähriger Trennung (arg. aus § 614 Abs. 4 S. 2 ZPO), zumal in die freie, von Beweisergebnissen weitgehend entbundene Überzeugung des Gerichts gestellt. In der Praxis kann es daher gefährlich sein, Antrag nach § 614 ZPO und Berufung auf § 1568 BGB – wie hier aus Platzgründen vorgenommen – im gleichen Verfahrenszeitpunkt hilfsweise hintereinander zu schalten, da die Berufung auf die Härteklausel, wenn sie überhaupt Erfolgsaussicht haben soll (s.u. Anm. 9), häufig zum Eingeständnis der Zerrüttung, u.U. zu schwerwiegenden Angriffen gegen Person und Verhalten des scheidungswilligen Partners führen muss.

9. Härteklauseln nach § 1568 BGB (sogenannte „negative Härteklauseln" im Gegensatz zur „positiven Härteklausel" des § 1565 Abs. 2 BGB) stellen eine eng auszulegende Ausnahme dar (*Ambrock* FamRZ 1978, 314, 318), die Vorschrift muss, obwohl als „Sollvorschrift" ausgestaltet, als zwingende Vorschrift interpretiert werden (hierzu und zu den Varianten des § 1568 BGB *Palandt/Diederichsen* § 1568 Rdn. 1 und BVerfG NJW 1981, 108: nicht die Scheidung schlechthin soll verhindert werden, sondern die Scheidung *zur Unzeit*). Etwas günstiger für Anwendung BGH NJW 1979, 1042 (ähnlicher Fall wie im Text, wobei die Argumentation stark an die moralisch-wirtschaftliche Betrachtungsweise zum alten § 48 Abs. 2 EheG erinnert), sehr „scheidungsfreundlich" aber wieder BGH FamRZ 1981, 1161 (durch Ehekrise, aber nicht Scheidungsausspruch ausgelöste Gemütskrankheit mit Selbstmordversuch noch nicht völlig ausreichend). In der 2. Alternative wird die Härteklausel also äußerst selten durchdringen, erst recht nach der Beseitigung der 5-Jahres-Frist als absoluter Grenze durch UÄndG vom 20. 2. 1986; erfolgreich z.B. bei jahrzehntelanger Ehe und trotz langjähriger Trennung bestehender Suizidgefahr vgl. bei KG FamRZ 1983, 1133, anders wieder OLG Hamm FamRZ 90, 60 (Möglichkeit psychotherapeutischer Behandlung).

10. Obwohl im Gesetzgebungsverfahren – da das neue Scheidungsfolgenrecht ja gerade besondere Regelungen zum Ausgleich materieller Härten bezweckt – ausdrücklich ausgeschlossen, in der Rechtsprechung (vgl. insbes. BGH NJW 1979, 1042) und Kommentarliteratur (vgl. *Palandt/Diederichsen* § 1568 Rdn. 5; MünchKomm/*Wolf* § 1568 Rdn. 66–74) dennoch in Ausnahmefällen anerkannt. Scheidungsunwilliger, sich auf Härteklausel berufender Ehegatte muss Scheidung ausdrücklich (Antrag) ablehnen und zur Wiederherstellung der Ehe bereit sein (BGH FamRZ 1985, 905); nicht ganz ungefährlich daher auch die – hier aus Platzgründen zusammengefasste – Antragstellung zu Folgesachen für den Fall der Scheidung im gleichen Verfahrenszeitpunkt.

11. Vgl. im Einzelnen Form. II. I. 10 und u. Rdn. 13.

12. Vgl. im Einzelnen u. Form. II. I. 11 und u. Rdn. 13.

13. Vgl. hierzu u. Form. II. I. 12, dort auch zur Abgrenzung von Unterhaltssachen als Folgesachen (nur ab Scheidung) und als – nicht im Verbund laufende – andere Familiensachen (für die Zeit des Getrenntlebens). § 623 Abs. 2 S. 2 und 3 ZPO n.F. (KindRG) erleichtern nunmehr stark die *Abtrennung* nicht nur kindbezogener Folgesachen, sondern auch des Ehegattenunterhalts (vgl. im Einzelnen Rdn. 22 zu Form. II. I. 8) auf Antrag jedes Ehegatten. Der scheidungsunwillige Ehegatte wird versuchen, durch Belassen im Verbund baldigen Scheidungsausspruch zu erschweren.

14. Auch beim Ehegattenunterhalt muss verfahrensmäßig genau zwischen Unterhalt für die Zeit des Getrenntlebens bis zur Scheidung und die Zeit danach unterschieden werden, so. Anm. 13 und u. Form. II. I. 12, insbes. Anm. 3. In der Praxis dürften auch Hauptsache-Anträge zu Ehewohnung und Hausrat, zumal bei Beteiligung Dritter an solchen Verfahren, zu erheblichen Verzögerungen des Scheidungsausspruches führen, s.u. Form. II. I. 16 und dort Anm. 9.

15. Vgl. u. Form. II. I. 15.

16. Zu Interessenabwägung und Voraussetzungen so. Form. II. I. 8, dort insbes. Anm. 19 und 20.

17. Vgl. als Beispiel u. Form. II. I. 23. Dort auch näher zu Prozesskostenhilfe und Prozesskostenvorschuss.

Kosten und Gebühren

Wie Form. II. I. 6 und 8. Zur PKH vgl. Form. I. C. 1–3, ferner Anm. zu Form. II. I. 23.

Fristen und Rechtsmittel

Vgl. im Einzelnen Form. II. I. 30, dort insbes. auch zu Angriffsmöglichkeiten in der Berufung, wenn das Familiengericht zwecks Beschleunigung der Scheidung Folgesachen (z.B. Versorgungsausgleich) abgetrennt hat.

Andere Familiensachen

10. Antrag auf Regelung der elterlichen Sorge*

An das
Amtsgericht[1]
– Familiengericht –

......, den 15. 7. 2002

Antrag

der ...... – Antragsgegnerin und Anschlussantragstellerin –[2]
Verfahrensbevollmächtigte: Rechtsanwälte ......[3]

gegen

...... – Antragsteller und Anschlussantragsgegner –[2]
Verfahrensbevollmächtigter: Rechtsanwalt ......[3]

wegen streitiger Ehescheidung

hier: Regelung der elterlichen Sorge über die gemeinsamen ehelichen Kinder der Parteien[4]

a) Paul, geb. 1. 12. 1987;
b) Michael, geb. 7. 6. 1994;

Aktenzeichen: ......

vorläufiger Streitwert: EUR ......[5]

Namens und in bereits vorgelegter besonderer Prozessvollmacht (§ 609 ZPO) der Antragsgegnerin und hiesigen Anschlussantragstellerin im obigen Scheidungsverfahren nehmen wir Bezug auf die Scheidungsantragsschrift des Antragstellers vom 15. 7. 2002 und seinen Antragsschriftsatz vom gleichen Tag in diesem Verfahren. Danach beantragt der Antragsteller im Rahmen des anhängigen Scheidungsverfahren die Übertragung der elterlichen Sorge für das gemeinsame eheliche Kind Paul der Parteien auf sich allein, während er für das gemeinsame eheliche Kind Michael der Parteien keinen Vorschlag unterbreiten will.
Für die Antragsgegnerin und Anschlussantragstellerin treten wir dem entgegen mit folgenden Anträgen:

I. Die elterliche Sorge für die gemeinsamen ehelichen Kinder Paul, geb. am 1. 12. 1987 und Michael, geb. am 7. 6. 1994 der Parteien wird der Mutter allein übertragen.
II. Die Kosten folgen der Scheidungssache[6].

Begründung:

1. Zwar können sich die Parteien zur elterlichen Sorge für das gemeinsame Kind Michael, geb. am 7. 6. 1994, leider nicht einigen[10]. Die Übertragung der elterlichen Sorge für ihn auf die Mutter allein entspricht jedoch dem Kindeswohl am besten. Von der Entwicklung her ist Michael noch sehr kindlich, es besteht eine besonders enge Bindung zur Mutter und eine ausgesprochene Angst vor dem Vater. Hierfür sprechen ferner folgende Einzelumstände

   Beweis: ......

Das Kind wird bei der Mutter, wie das Jugendamt bestätigen wird, auch bestens betreut (§ 1671 Abs. 2 BGB).
Eine persönliche Anhörung von Michael erscheint zweckmäßig und wird angeregt (§ 50b Abs. 1 FGG)[7].

2. **Aber auch dem Wohl des gemeinsamen ehelichen Kindes Paul, geb. am 1. 12. 1987, entspricht am besten die beantragte Sorgerechtsentscheidung. Der mit Schriftsatz des Antragstellers vom 15. 7. 2002 vorgelegte handschriftliche Brief von Paul, welcher einen „Vorschlag zur elterlichen Sorge für mich" an den „sehr geehrten Herrn Familienrichter" enthält, ist so unkindlich abgefasst, dass er offenbar unter dem Einfluss des Vaters zustandegekommen ist. Ein Widerspruchsrecht steht ihm zwar aus Altersgründen bereits zu (§ 1671 Abs. 2 Nr. 1 BGB). Selbst wenn Paul diesen seinen Vorschlag aufrechterhalten sollte, ist das Familiengericht hieran jedoch nicht gebunden, sondern hat hier allein nach dem Kindeswohl gemäß § 1671 Abs. 2 Nr. 2 BGB n.F. zu entscheiden[8].**
Eine andere als die hier beantragte Regelung würde insbesondere der starke Bindung von Paul an seinen jüngeren Bruder Michael und der fortbestehenden Bindung an die Mutter entgegen § 1571 Abs. 2 2. Halbs. BGB nicht hinreichend gerecht werden. Ferner sind folgende Einzelumstände zu berücksichtigen:
......
Beweis: ......
Eine ausführliche Anhörung von Paul durch das Familiengericht gemäß § 50b Abs. 2 FGG, ggf. unter Zuziehung eines Jugendpsychologen, wird dringend angeregt, da auch die Antragsgegnerin nicht ausschließen will, dass sein Wille für diese Entscheidung von Bedeutung ist[7].
3. **Die Kostenentscheidung folgt aus § 93a Abs. 1 S. 1 ZPO.**
4. **Wie schon in der Antragserwiderung zum Scheidungsantrag selbst ausgeführt, erfolgen die vorstehenden Anträge und Ausführungen nur hilfsweise für den Fall, dass dem Scheidungsantrag des Antragstellers – gegen den Willen der Antragsgegnerin – stattgegeben werden sollte[9].**

Rechtsanwalt

Anmerkungen

* Zugrundeliegender Sachverhalt wie Form. II. I. 8 und 9!

1. Ausschließlich sachlich und örtlich zuständig nunmehr (nach KindRG) allgemein das Familiengericht (Fälle der §§ 1671, 1672, 1678, 1681, 1696 BGB) der Ehesache im ersten Rechtszug, sonst das Familiengericht der allgemeinen örtlichen Zuständigkeit, § 1621 Abs. 1 Nr 1, Abs. 2 ZPO. Zur Unterscheidung der „anderen Familiensachen" des Katalogs in § 621 Abs. 1 Nrn. 1–11 ZPO n.F. (nach KindRG) in „selbstständige Familiensachen" und „Folgesachen" s.u. Anm. 4 und Form. II. I. 1 Rdn. 1.

2. Bezeichnungsvorschlag von *Thomas-Putzo.*

3. Soweit – wie hier – im Verbund, Anwaltszwang, § 78 Abs. 2 Nr. 1 ZPO n.F. Zu den Einzelheiten vgl. bereits Form. II. I. 1–4, jeweils Rdn. 2 (für selbstständige Verfahren).

4. In den Form. II. I. 10–20 aktenmäßig getrennte (so. II. I. 8, insbes. Anm. 12) Abhandlung der „anderen Familiensachen" des Kataloges in § 621 Abs. 1 Nr. 1–11 ZPO n.F. (nach KindRG), wobei das auf ein „typisches Scheidungsverfahren" zugeschnittene Verbundprinzip zu teilweise unklaren Überschneidungen führt. Überblick:

a) Die meisten Familiensachen sind sowohl als Folgesachen wie als selbstständige Familiensachen (ggf. mit anderer materieller Rechtsgrundlage) möglich, nämlich elterliche Sorge, Umgangsregelung, Kindesherausgabe, ferner Unterhalt gegenüber gemeinschaftlichen Kindern und Ehegattenunterhalt, schließlich Ehewohnung und Hausrat und eheliches Güterrecht (außer den Fällen der §§ 1385, 1386 BGB, die nicht „für den Fall der Scheidung" gedacht sind), gemäß der (durch KindRG) geschaffenen Neufassung insbes. von §§ 621, 623 ZPO.

b) Der Versorgungsausgleich als Wertausgleich selbst (zu ergänzenden Anträgen nach Scheidung s. u. Form. II. I. 17 und Anmerkungen dort) ist praktisch nur als Folgesache, nicht isoliert, denkbar.

c) Schließlich sind einzelne Familiensachen (andere Ehesachen als Scheidung, Ehegatten- und Kindesunterhalt für Trennungszeit bis zur Scheidung, nunmehr auch die durch das KindRG zu Familiensachen gemachten Kindschaftssachen, vgl. Form. II. I. 1–3, ferner Abänderungsklagen hieraus) grundsätzlich nur „isoliert" denkbar, also außerhalb des Verbundes (wenn auch mit zum Teil befürworteter möglicher Einbeziehung in Sonderfällen, s. Anm. 15 zu Form. II. I. 8).

Wegen des im Rahmen des Verbundes geltenden „Mischverfahrens" (gegenseitige Überlagerung von Vorschriften der ZPO und des FGG), des Anwaltszwangs und der Rechtsmittel, der Frage nach Lösbarkeit oder Nichtlösbarkeit des Verbundes u. a. sind diese Unterscheidungen von besonderer praktischer Bedeutung. Eine gute Übersicht über die möglichen Verfahren und die Zuständigkeitsfragen hierzu geben etwa *Schneider/Rahm* IV. Rdn. 2f., 41f. und 63ff. (dort differenziert nach den materiellen Rechtsgrundlagen), ferner *Gerhardt/von Heintschel-Heinegg/Klein,* Handbuch des Fachanwalts Familienrecht, 1. Auflage 1997, S. 49ff. (dort auch zu Verbundsachen von Amts wegen und auf Antrag); je mit zahlreichen Nachweisen.

5. In der Regel je EUR 750,–, § 12 Abs. 2 S. 3 GKG im Verbund, in isolierten Verfahren jedoch nach der KostO, vgl. i. e. *Madert/Müller-Rabe,* Kostenhandbuch Familiensachen, 2001, S. 17ff.

6. Kostenverbund des § 93a Abs. 1 ZPO ist nicht ausdehnbare Sonderregelung für Scheidungs- und Folgesachen; hier auch abweichender Kostenantrag gemäß § 93a Abs. 1 S. 2 1. Alt. ZPO denkbar.

7. Eingefügt durch SorgeRG mit komplizierten Differenzierungen, vgl. *Luthin* FamRZ 1981, 111f. und 1149f., OLG Frankfurt FamRZ 1981, 813 („grundsätzlich unverzichtbar"). Die neuere Tendenz geht dahin, selbst Kleinkinder persönlich anzuhören, vgl. BayObLG FamRZ 1983, 948 m. Nachw. und insbes. KG FamRZ 1983, 1159 (schon ab 3 Jahren, durch den Senat, im Gericht!) sowie *Luthin* FamRZ 1983, 761. Nichtdurchführung u. U. wesentlicher Mangel (Nachholung, sonst Aufhebung und Zurückverweisung), OLG Hamburg FamRZ 1983, 527 mit Rspr. Übersicht und OLG Hamm FamRZ 1987, 1288. Daneben Pflicht zur Anhörung beider Eltern (§ 64 FGG) und des Jugendamts (§ 49a FGG mit § 50 KJHG) und besondere Betonung der *Vermittlerrolle* des Richters sowie der Beratungsstellen (§ 52 FGG n. F.).

Durch das KindRG wird die Möglichkeit geschaffen, dem minderjährigen, nicht schon selbst vertretenen Kind von Amts wegen durch das Gericht einen Verfahrenspfleger zu bestellen („Anwalt des Kindes", § 50 FGG n. F.), insbesondere bei Interessensgegensätzen zu den Eltern (wie hier im Fall für das Kind *Paul*). Dabei soll die Gesetz gewordene Formulierung „kann" (gegenüber Regierungsentwurf „hat") nur sehr eingeschränktes Ermessen einräumen (*Mühlens/Kirchmeier/Greßmann* aaO., S. 319ff.).

8. Von der durch BVerfG vom 3. 11. 1982 (NJW 1983, 101) veranlassten Einführung einer gemeinsamen elterlichen Sorge als Möglichkeit neben der (bisher allein möglichen) Alleinsorge eines Elternteils wurde in der Praxis zunächst nur zögernd Gebrauch gemacht; eine der wichtigsten (und umstrittensten) Neuerungen des KindRG ist die gemeinsame elterliche Sorge als **Regelfall** (§ 1671 BGB n. F.), von dem nur bei besonderen Umständen (§ 1671 Abs. 2 BGB n. F.) und nur **auf Antrag** (§ 1671 BGB mit § 623 ZPO n. F.) eines Elternteils (nicht Jugendamt, nicht Kind selbst, vgl. aber dessen Beschwerderecht ab 14. Lebensjahr, § 59 FGG) abgewichen werden soll (Ausnahme weiterhin:

§ 1666 BGB). Die Entscheidung orientiert sich inhaltlich gleichwohl weiterhin am **Kindeswohl** allein (Kindeswille/Bindung an Eltern u. a. Bezugspersonen/Kontinuitätsgrundsatz/Förderungsprinzip). Praktisch wichtig jedoch auch § 1687 BGB n. F.: trotz gemeinsamer Sorge hat der betreuende Elternteil die Alleinentscheidungsbefugnis „in Angelegenheiten des täglichen Lebens" (Abs. 1 S. 3).

9. Vorbehalt der Fortsetzung als selbstständige Familiensache für die Fälle der Abweisung oder Zurücknahme des Scheidungsantrages möglich, §§ 626, 629 ZPO (dann gesonderte Kostenentscheidung); dann wie auch bei Betreiben als isolierte Familiensache jedoch aus § 1672 BGB (grundsätzlich Antragserfordernis); bei Vorwegentscheidung über elterliche Sorge gemäß § 627 ZPO – ausnahmsweise bei Abweichen des Gerichts von übereinstimmendem Vorschlag der Eltern – bleibt Verbund über § 627 Abs. 2 ZPO bestehen. Daneben einstweilige Anordnungen, nur hier auch vAw (§ 620 S. 2 ZPO) mit – ausnahmsweise – sofortiger Beschwerde, § 620c S. 1 ZPO. Ferner erleichtert nunmehr § 623 Abs. 2 S. 1 ZPO n. F. die **Abtrennung.**

10. Zum Inhalt möglicher Vereinbarungen vgl. *Schneider/Rahm* IV. Rdn. 73.

Kosten und Gebühren

GK: bei Entscheidung im Verbund aus KV Nr. 1510 ff. (einheitl. Streitwert, § 19 a S. 1 mit § 1 Abs. 2 GKG); bei Vorwegentscheidung (§ 627 ZPO) KV Nr. 1516/1517; bei isolierter Entscheidung dagegen aus § 94 Abs. 1 Nr. 4, Abs. 2 KostO (einheitlich, auch für mehrere Kinder); RA: §§ 31 ff. BRAGO (Verbund) bzw. § 118 BRAGO (isoliert), vgl. auch *Wohlnick/Rahm* aaO., IX. Rdn. 10 ff. und 64 f. Amtsermittlungsgrundsatz schließt PKH für Teilnahme des bedürftigen Elternteils am Verfahren nicht aus, OLG München in OLG-Report 1994, 127.

Fristen und Rechtsmittel

Vgl. bereits Anm. 9 und Form. II. I. 30 und 31. Das betroffene Kind hat ab Vollendung des 14. Lebensjahres ein eigenes Beschwerderecht (§§ 621 e ZPO, 20, 59 FGG).

11. Antrag auf Regelung des Umgangs mit Kindern*

An das
Amtsgericht[1]
– Familiengericht –

……, den 15. 7. 2002

Antrag

des …… **– Antragstellers –**
Verfahrensbevollmächtigter: Rechtsanwalt ……[2]

gegen

…… **– Antragsgegnerin –**

wegen streitiger Ehescheidung

hier: Regelung des Umgangs mit den gemeinsamen ehelichen Kindern der Parteien[4]

a) Paul, geb. am 1. 12. 1987;
b) Michael, geb. am 7. 6. 1994

Aktenzeichen: ......

vorläufiger Streitwert: EUR ......[4]

Namens und in bereits mit dem Scheidungsantrag vom 15. 7. 2002 vorgelegter besonderer Prozessvollmacht des Antragstellers auf uns (§ 609 ZPO) stellen wir für diesen in der vorbezeichneten Folgesache folgende Anträge:

I. Dem Antragsteller wird der persönliche Umgang ohne Anwesenheit der Antragsgegnerin mit dem gemeinsamen ehelichen Kind Michael wie folgt gewährt:
   a) jeden 2. Samstag von vormittags 9.00 Uhr bis abends 18.00 Uhr;
   b) 3 Wochen während der Sommer-Schulferien von Michael;
   c) an den hohen Feiertagen abwechselnd mit der Mutter jeweils an zwei aufeinander folgenden Feiertagen mit dem davorliegenden schulfreien Nachmittag.

II. Die Antragsgegnerin wird angewiesen, das Kind Michael zu dieser Zeit pünktlich zur Abholung durch den Antragsteller bereitzuhalten und es ggf. durch geeignete erzieherische Maßnahmen anzuhalten, mit dem Antragsteller mitzugehen.

III. Dem Antragsteller wird der persönliche Umgang mit dem gemeinsamen ehelichen Kind Paul gewährt wie folgt:
   a) jedes 2. Wochenende, abwechselnd mit den für Michael vorgesehenen Samstagen, von Samstag, 8.00 Uhr bis Sonntag, 19.00 Uhr;
   b) einmal monatlich an einem Nachmittag der Woche nach der Berufsschule bis abends, 20.00 Uhr;
   c) jeweils für die Hälfte der jeweiligen Berufsschulferien.

IV. Die Antragsgegnerin wird angewiesen, sich gegenüber den Kindern aller moralisch abwertenden Äußerungen über die Erziehungsqualitäten und die Vaterbindung des Antragstellers gegenüber seinen Kindern, sowie über dessen Freundin, Frau X., und das gemeinsame Kind mit dieser zu enthalten.

V. Die Kosten folgen der Scheidungssache[5].

Begründung:

1. Im anhängigen Scheidungsverfahren strebt der Antragsteller, wie in der Scheidungsantragsschrift vom gleichen Tag angekündigt und mit gesondertem Schriftsatz vom heutigen Tag näher begründet, die alleinige elterliche Sorge für das gemeinsame eheliche Kind Paul an, während er hinsichtlich des gemeinsamen weiteren ehelichen Kindes Michael ein gemeinsames Sorgerecht für möglich hält. Die Parteien leben seit Mai 1999 getrennt, die Kinder bei der Antragsgegnerin.
2. Da der elterliche Umgang des Antragstellers mit den Kindern bisher nicht gerichtlich geregelt und ihm von der Antragsgegnerin nur völlig unzureichend gewährt wird, ist dieser Antrag gemäß § 1634 BGB – ferner der gleichzeitig eingereichte Antrag auf einstweilige Anordnung – erforderlich und gerechtfertigt:
   a) Seinen Sohn Michael darf der Antragsteller derzeit nach dem Willen der Antragsgegnerin nur einmal monatlich am Samstag nachmittag in der Wohnung der Antragsgegnerin besuchen, die dabei mehr oder weniger ständig anwesend bleibt, sich einmischt und selbst Spaziergänge in der näheren Umgebung der Wohnung nur selten erlaubt.

   Das Kind Michael ist hierdurch und durch ständige moralisch abwertende Redensarten der Mutter über den Vater, der ein Versager sei und nicht einmal sich selbst, geschweige denn Kinder erziehen könne, ferner mit einer Schlampe und deren Bankert zusammenlebe (gemeint sind die Freundin X. des Antragstellers und das gemeinsame Kind mit dieser), völlig verwirrt und verängstigt. Er weigert sich nur deshalb häufig, den Antragsteller überhaupt zu begrüßen oder mit ihm mitzugehen. Wiederholt wurde dem Antragsteller selbst an diesen wenigen Besuchstagen der Zutritt durch die Antragsgegnerin mit Ausreden über angebliche Verhinderungen oder angebliche Ablehnung des Besuches durch Michael verweigert. Wegen der näheren Einzelheiten darf auf die im gleichzeitigen einstweiligen Anordnungsverfahren eingereichte eidesstattliche Versicherung des Antragstellers vom ...... (dortige Ziff. 1.) Bezug genommen werden.

Beweis: ......[6]

Die beantragte Umgangsregelung ist – bei richtigem Verhalten der Mutter – für ein Kind dieser Altersstufe nicht abträglich, sondern angemessen und der fortbestehenden Vater-Kind-Beziehung förderlich (§ 1634 Abs. 1 BGB), die weiteren hierzu beantragten Anordnungen nach den Umständen geboten (§ 1634 Abs. 1 S. 2, Abs. 2 BGB).

b) Der Sohn Paul steht, wie bereits im gleichzeitigen Antrag auf Übertragung der elterlichen Sorge für ihn auf den Antragsgegner vom 15. 7. 2002 dargelegt, seinem Vater persönlich sehr nahe, will selbst die Übertragung der elterlichen Sorge für ihn auf den Antragsteller allein und teilt mit ihm seit Jahren dessen technische und sportliche Interessen, insbesondere das Interesse an Wochenendausflügen ins Gebirge.
Im Rahmen seiner jetzt begonnenen Ausbildung als Kfz-Mechaniker ist er altersbedingt auch sonst häufig, zum Beispiel mit Freunden, Arbeitskollegen und Berufsschulkameraden selbstständig unterwegs und selten zu Hause bei der Antragsgegnerin. Deren Aversionen gegen den Antragsteller, die auch ihm gegenüber häufig in Ausdrucksweisen wie den unter a) angeführten zum Ausdruck kommen, lehnt er ab. Die beantragte Umgangsregelung entspricht daher dem Willen, den Neigungen und den Bindungen an den Vater für diesen fast 15 jährigen Jungen am besten und ist für ihn angemessen und förderlich. Wegen der weiteren Einzelheiten darf erneut auf die im gleichzeitigen einstweiligen Anordnungsverfahren vom Antragsteller vorgelegte eidesstattliche Versicherung vom ...... (insbesondere die dortige Ziff. 2.) Bezug genommen werden.

Beweis: ......

c) Es ist gesetzlich zwingend vorgesehen, den Jugendlichen Paul in diesem Zusammenhang ausführlich anzuhören (§ 50b Abs. 2 FGG). Dagegen wird beantragt, von einer Anhörung des Kindes Michael zur Frage der Umgangsregelung gemäß § 50b Abs. 3 FGG hier abzusehen, da diese Anhörung seine Verwirrung – zumal in dieser Frage der konkreten Ausgestaltung des Umgangsrechts – nur erhöhen und nachteilige psychische Folgen für ihn haben würde.

3. Einen Vermittlungsversuch nach § 52a FGG n.F. halten wir für aussichtslos, weil ...... (Einzelheiten).[7]
4. Wir beantragen Abtrennung dieser Folgesache gemäß § 623 Abs. 2 S. 3 ZPO n.F., weil sie einer baldigen Regelung schon jetzt bedarf.[7]
5. Die Kostenfolge ergibt sich aus § 93a Abs. 1 ZPO[5].

Rechtsanwalt

Anmerkungen

* Zugrundeliegender Sachverhalt wie Form. II. I. 8, 9 und 10!

1.–3. Vgl. zunächst Anm. 1–4 zu Form. II. I. 10; wegen § 623 Abs. 3 S. 3 ZPO sichert nur förmlicher Antrag Erlass gerichtlicher (Verbund-)Entscheidung. Als isolierte Familiensache möglich.

4. Regelmäßig je EUR 900,–, § 12 Abs. 2 GKG, soweit Folgesache, anders im isolierten Verfahren (Regel: EUR 2.500,–), vgl. *Madert/Müller-Rabe*, Kostenhandbuch Familiensachen, 2001, S. 17ff.

5. Kostenverbund nach § 93a Abs. 1 ZPO.

6. Durch das KindRG ist die materielle Rechtsgrundlage neu gefasst und auf Umgangspflichten der Eltern sowie ein ausdrückliches Recht des Kindes auf Umgang mit den Eltern erweitert worden (§ 1684 BGB und § 1626 Abs. 3 BGB n.F.; § 1634 BGB a.F. aufgehoben). Die Regelungsmöglichkeiten des nunmehr allein zuständigen FamG sind erweitert, zumal das Umgangsrecht auf weitere nahe Verwandte (und den nichtehelichen Vater) ausgedehnt wurde (§§ 1626 Abs. 2 und 1685 BGB n.F.).

Zu unterscheiden sind Anhörung z.B. nach § 50b FGG, und Beweis (Zeugeneinvernahme).

7. Vgl. § 50b FGG, ferner Anm. 7 zu Form. II. I. 11 m.w. Nachw. Antrag, von Anhörung abzusehen, nach neuerer OLG-Rspr. wenig aussichtsreich, in der erstinstanzlichen Praxis jedoch einen Versuch wert.

Das KindRG hat ferner (über die Betonung der besonderen Vermittlungsrolle des Richters und der Beratungsstellen in Kinder berührenden Verfahren, § 52 FGG n.F., hinaus) hier ein konkreter ausgestaltetes „gerichtliches Vermittlungsverfahren in Umgangsangelegenheiten" eingeführt (§ 52a FGG n.F.), das die Eltern z.T. durch Anträge und Verhalten mit beeinflussen können.

Verzögerungen des Scheidungsverfahrens (falls Verbund) hierdurch können durch Abtrennungsantrag gering gehalten werden (§ 623 Abs. 2 S. 2 ZPO n.F.).

Kosten und Gebühren

Wie Form. II. I. 10, also unterschiedlich je nach Behandlung im Verbund (GK: KV Nr. 1510ff.; RA: §§ 31ff. BRAGO) oder isoliert (GK: § 94 KostO; § 118 BRAGO).

Kosten des gerichtlichen Vermittlungsverfahrens sind Kosten des anschließenden Erkenntnisverfahrens, soweit vAw oder auf Antrag *binnen eines Monats* eingeleitet (§ 52a Abs. 5 S. 3 FGG n.F.).

Fristen und Rechtsmittel

Vgl. Anm. 9 bei Form. II. I. 10 und Form. II. I. 31. Auch hier hat das betroffene Kind ab Vollendung des 14. Lebensjahres ein eigenes Beschwerderecht (§§ 621e ZPO, 20, 59 FGG).

12. Antrag (Stufenklage) auf Ehegatten- und Kindesunterhalt nach Scheidung*

An das
Amtsgericht[1]
– Familiengericht –

......, den 1. 7. 2002

Antrag

der ...... **– Antragstellerin –**[2]
Verfahrensbevollmächtigter: Rechtsanwalt ......[3]
gegen
...... **– Antragsgegner –**
wegen streitiger Ehescheidung
hier: Ehegatten- und Kindesunterhalt[4]
vorläufiger Streitwert: EUR ......[5]
Aktenzeichen: noch unbekannt

Namens und im Auftrag der Antragstellerin nehme ich Bezug auf deren gleichzeitig eingereichten Scheidungsantrag vom ...... und die mit diesem Scheidungsantrag vorgelegte besondere Prozessvollmacht (§ 609 ZPO).

Ferner nehme ich Bezug auf den gleichzeitig eingereichten Antrag[6] der Antragstellerin auf Erlass einer einstweiligen Anordnung zur vorläufigen Regelung des Ehegatten- und Kindesunterhalts (Antragsschriftsatz von heute): dort wird zunächst die Verpflichtung des Antragsgegners zur Zahlung des sich aus der Düsseldorfer Tabelle (Stand: 1. 1. 2002) ergebenden Normalunterhalts für die Antragstellerin und die gemeinsamen Kinder während des derzeitigen *Getrenntlebens* angestrebt.

Zur endgültigen Regelung des Ehegatten- und Kindesunterhalts im Verbund stelle ich für die Antragstellerin zunächst[7] folgende Anträge:

I. Der Antragsgegner wird verurteilt, der Antragstellerin
   1. Auskunft zu erteilen durch Vorlage einer schriftlichen, systematischen Aufstellung über
      a) seine Bruttoeinkünfte einschließlich Sonderzuwendungen aus dem Anstellungsverhältnis mit der Firma ...... während des Jahres 2001 und die hierauf vorgenommenen Abzüge für Kranken-, Pflege-, Alters- und Erwerbsunfähigkeitsvorsorge (einschließlich Arbeitslosigkeit) sowie für Steuern, nebst Erläuterung dieser Abzüge;
      b) seine Bruttoeinkünfte nebst Abzügen für Steuern und Erläuterungen dieser Abzüge aus seinem Gewerbebetrieb „Unternehmensberatung X" für den Zeitraum 1999–2001;
      c) seine sonstigen Einkünfte und Steuererstattungen, insbesondere aus Kapitalvermögen, unter Darlegung der Bruttoeinnahmen und der Abzüge nebst Erläuterungen dieser Abzüge für die Jahre 1999–2001;
   2. die erteilten Auskünfte gemäß Ziff. I. 1. zu belegen durch
      a) Vorlage einer vollständigen, auch die Sonderzuwendungen und alle Abzüge erfassenden Gehaltsbescheinigung für das Jahr 2001 und der Lohnsteuerkarte 2001;
      b) Vorlage der Bilanzen nebst Gewinn- und Verlustrechnungen der Firma „Unternehmensberatung X" für die Jahre 1999–2001 sowie der für die Jahre 1995–1997 hierfür abgegebenen Umsatzsteuererklärungen;
      c) Vorlage seiner Einkommenssteuererklärungen 1999–2001 nebst vollständigen, gesetzlich vorgeschriebenen Anlagen hierzu (soweit nicht bereits Gegenstand vorstehender Anträge) sowie der Steuerbescheide für die Veranlagungsjahre 1999 und 2000.

II. Der Antragsgegner wird erforderlichenfalls verurteilt, die Richtigkeit und Vollständigkeit der Auskünfte gemäß Ziff. I. eidesstattlich zu versichern[9].

III. Der Antragsgegner wird, gegebenenfalls nach Erledigung von Ziff. II., verurteilt, an die Antragstellerin folgende jeweils monatlich im Voraus zu entrichtende Unterhaltsrenten, beginnend mit dem Tag der Rechtskraft des Scheidungsurteils, zu bezahlen:
   1. in Höhe der sich aus Ziff. I. und gegebenenfalls Ziff. II. ergebenden Beträge für Elementarunterhalt und Vorsorgeunterhalt der Antragstellerin;
   2. in Höhe der sich aus Ziff. I. und gegebenenfalls Ziff. II. ergebenden Beträge für das gemeinsame eheliche Kind ...... geb. am ......;
   3. in Höhe der sich aus Ziff. I. und gegebenenfalls Ziff. II. ergebenden Beträge für das gemeinsame eheliche Kind ...... geb. am ......[10, 11].

IV. Der Antragsgegner hat die Kosten dieser Folgesachen zu tragen[12].

Begründung:

1. Die vom Antragsgegner seit ...... getrennt lebende Antragstellerin macht hiermit im Wege der Stufenklage zunächst die ihr selbst und den gemeinsamen ehelichen Kindern (§ 1629 BGB) zustehenden Auskunftsansprüche (§§ 1605, 1580 BGB) geltend, zur

Klärung der Unterhaltsansprüche (nach Scheidung) für sich und die von ihr allein betreuten gemeinsamen Kinder ......, geb. am ......, und ......, geb. am ......
Die Antragstellerin ist nicht erwerbsfähig, ohne Einkommen oder Vermögen, ferner ohne jede Sicherung für Alter, Erwerbsunfähigkeit und Krankheit. Im Einzelnen ist ihre wirtschaftliche Situation derzeit wie folgt: ......

2. Der Antragsgegner zahlt derzeit keinerlei Unterhalt für Ehefrau und Kinder, nicht einmal für die früher gemeinsame eheliche Mietwohnung, erklärt vielmehr, die Antragstellerin solle lieber arbeiten gehen.
Er hat jedoch derzeit ein monatliches Nettoeinkommen aus einem Anstellungsverhältnis bei der Firma ......, ferner Einkünfte aus Kapitalvermögen und aus einer von ihm schon vor dem Zeitpunkt der Trennung Anfang 1999 gegründeten, bis heute betriebenen selbstständigen Tätigkeit als Unternehmensberater. Genauere Kenntnisse hierüber hat die Antragstellerin nicht. Der Antragsgegner hat ihr letztmals vor fast einem Jahr lediglich eine „Verdienstbescheinigung" für einen konkreten Monat (Juli 2001) über seine damaligen Bezüge bei der Firma ...... vorgelegt. Über seine jährlichen Gesamtbezüge und gesetzlichen Abzüge sowie über seine sonstigen Einkünfte gemäß Klageantrag zu I. hat er Belege nicht vorgelegt und Auskunft hierüber mit unzutreffenden Gründen – u. a. der Behauptung, die Antragstellerin sei selbst mit eigenen angeblichen Auskunftspflichten in Verzug – verweigert.
Die Antragstellerin hat jedoch in Erfahrung bringen können, dass seine Bezüge bei der Firma ...... erst kürzlich angehoben wurden: ......
Beweis[8]: ......

3. Soweit die Auskunftsanträge nicht nur auf die Bruttoeinnahmen, sondern auch auf die Erläuterungen der hiervon durch den Antragsgegner sicherlich vorgenommenen Abzüge, insbesondere steuerlicher Art, gerichtet sind, sind die Anträge auch deshalb gerechtfertigt, weil erfahrungsgemäß bei Personen vom Lebensstandard des Antragsgegners häufig erhebliche steuerlich wirksame Abzüge z. B. für Verluste aus Beteiligungen oder Absetzungen für Immobilienanlagen vorgenommen werden, welche in der Regel zu einer Korrektur der steuerlichen Nettoeinkünfte nach unterhaltsrechtlichen Grundsätzen führen müssen.
4. Der Antragsgegner[13] dürfte allein bei der Firma ......, bei der er als Prokurist in leitender Position tätig ist, nach der dort gegebenen Gehaltsregelung inzwischen ein Nettoeinkommen nach Gruppe 6 der Düsseldorfer Tabelle (Stand: 1. 7. 1998)[14] erzielen; jedenfalls steht eine solche Gehaltserhöhung für den Antragsgegner dort unmittelbar bevor. Eine derartige, absehbare Erhöhung der daraus folgenden Unterhaltsverpflichtung des Antragsgegners ist im Verbundurteil, soweit möglich, zweckmäßigerweise bereits jetzt zu berücksichtigen[15].
5. Eine genaue Bezifferung des Ehegattenunterhalts für die Antragstellerin und insbesondere dessen Aufteilung in Elementarunterhalt und Vorsorgeunterhalt ist derzeit mangels hinreichender Auskünfte noch nicht möglich. Speziell zum Vorsorgeunterhalt wird jedoch rein vorsorglich bereits jetzt ausgeführt ......[16, 17]
6. Der Kostenantrag ist hier gerechtfertigt, weil beide Alternativen der Billigkeitsregelung des § 93 a Abs. 1 S. 2 ZPO vorliegen dürften (unverhältnismäßige Beeinträchtigung der Lebensführung der allein durch das Verhalten des Antragsgegners unverschuldet in Not geratenen Antragstellerin; obsiegende Antragstellerin).

Rechtsanwalt

Anmerkungen

*Zugrundegelegt ist eine Auskunftsstufenklage auf Ehegatten- und Kindesunterhalt für die Zeiten nach der Scheidung, die Übergangszeit soll durch eAO abgedeckt werden.

Wegen deren Vorläufigkeit wäre ergänzend eine Hauptsacheklage auf Ehegatten-Getrenntleben-Unterhalt und laufenden Kindesunterhalt denkbar, manchmal bei ausreichendem Rechtsschutzbedürfnis zweckmäßig (selbstständige FamS).

1. Ausschließlich sachlich und örtlich zuständig das Familiengericht, §§ 23b Abs. 1 Nr. 5 und 6 GVG, 621 Abs. 1 Nr. 4 und 5 ZPO, bei Verbundverfahren das FamG der Ehesache, sonst örtlich nach allgemeinen Vorschriften (§ 621 Abs. 2 S. 2 ZPO, II. Instanz das OLG, § 190 Abs. 1 GVG). Echtes ZPO-Verfahren mit Besonderheiten aus §§ 622ff. ZPO und Möglichkeit einstweiliger Anordnung ab Anhängigkeit einer Ehesache oder Prozesskostenhilfeantrag (vgl. Form. II. I. 23 und II. I. 26). Isoliert möglich, wegen Unterhalt vor der Scheidung, also insbesondere auf Getrenntleben-Unterhalt (§ 1361 BGB) und laufenden Kindsunterhalt sogar nur isoliert vorgesehen.

Durch KindRG und KindUG sind seit 1998 nicht nur Unterhaltsansprüche und Statusfragen nichtehelicher Kinder als Familiensachen ebenfalls (fast) ausschließlich dem FamG zugewiesen (vgl. Form. II. I. 1 und Anm.); die Neufassung von § 23b Abs. 1 Nr. 5 GVG und § 621 Abs. 1 Nr. 4 ZPO („die durch *Verwandtschaft* begründete gesetzliche Unterhaltspflicht") erweitert dessen Zuständigkeit (außerhalb des Scheidungsverbundes) erheblich in Richtung auf das „große Familiengericht". Zur funktionellen Zuständigkeit und Verfahrensbesonderheiten im „Vereinfachten Verfahren" über den Unterhalt minderjähriger Kinder vgl. Form. II. I. 3, dort auch zur Frage der anwaltlich richtigen Auswahl des geeignetsten Verfahrens.

2. Zur Vertretungsbefugnis der Antragstellerin gemäß § 1629 Abs. 2 und 3 BGB vgl. o. Form. II. I. 3 Anm. 2.

3. Bei Führung als – wie hier – Folgesache im Verbund Anwaltszwang aus § 78 Abs. 1 Nr. 1 ZPO (auch für isolierte Berufung); bei Führung als isolierte Familiensache (z.B. weil nicht durch Antrag in den Verbund einbezogen, für die Zeit nach Scheidung, ferner auf Ehegatten- und Kindesunterhalt bei bloßem Getrenntleben) nur Anwaltszwang in höheren Instanzen nach näherer Maßgabe von § 78 Abs. 2 Nr. 2 ZPO.

4. Zum Verfahren innerhalb und außerhalb des Verbundes und zur Vertretungsbefugnis des Elternteils, der die Obhut hat, vgl. o. Anm. 1 und 2 m.w.N. Die Prozessstandschaft gemäß § 1629 BGB soll nach rechtskräftiger Scheidung erlöschen (Titelumschreibung nach § 727 ZPO), so OLG Stuttgart FamRZ 1983, 1267, str. vgl. auch *Palandt-Diederichsen* Rdn. 29 zu § 1629 BGB und OLG Hamm FamRZ 1998, 379.

5. Rspr. differenziert: bei Klageabweisung $^1/_{10}$ bis $^1/_5$ des Leistungsanspruchs (BGH FamRZ 1993, 1189); sonst Wert des Interesses des Bekl. = Aufwand für Auskunftserstellung (BGH NJW-RR 1993, 1028), vgl. i.ü. *Madert/Müller-Rabe,* Kostenhandbuch Familiensachen, 2001, S. 28ff.

6. Eigenes eAO-Muster wird behandelt bei Form. II. I. 26 m. Nachw. Rechtsschutzbedürfnis für Hauptsacheverfahren durch eAO-Anordnung grundsätzlich nicht ausgeschlossen, selbst außerhalb der in § 620f ZPO genannten Fälle des Außerkrafttretens solcher eAO (str.).

7. Stufenklage auf Auskunft (§ 1605, § 1361 Abs. 4, § 1580 BGB), dann bezifferte Leistung ist auch hier – trotz Verbund, es muss dann über Auskunft vorab Teilurteil, über bezifferten Unterhalt Entscheidung im Verbundurteil ergehen – zulässig, vgl. OLG Hamm FamRZ 1994, 49; BGH FamRZ 1982, 151; inzwischen h.M., auch im Rahmen von Abänderungsklagen aus § 323 ZPO, BGH NJW 1993, 1920. Die Stufenklage empfiehlt sich zur Verminderung des Kostenrisikos, aber auch zwecks baldiger Rechtshängigkeit (§ 1613 BGB!), die hier bereits mit zunächst unbezifferter Stufenklage eintritt und Mahnung bewirkt, BGH FamRZ 1990, 283, 285; nach OLG Frankfurt NJW-RR 1987, 964 soll Stufenkläger nach 2. Stufe kostengünstig auch für erledigt erklären dürfen.

Trotz der §§ 259ff. BGB herrscht in der Praxis oft Unklarheit über Art und Umfang der Auskunftspflicht, weshalb die neuere Rspr. wiederholt darauf hingewiesen hat, die

Lieferung von „Mosaiksteinchen" oder nur von Belegen ohne Aufstellung genüge nicht, es sei vielmehr ein „geschlossenes Auskunftswerk" vorzulegen, jedoch: Auskunftsantrag muss vollstreckungsfähigen Inhalt haben, insbes. Zeitraumangaben, vgl. OLG Celle, OLG-Report 1994, 74, Belege zur Auskunft müssen im Klageantrag bezeichnet werden, BGH NJW-RR 1993, 1027, eingehend und instruktiv zu Art und Umfang des Anspruchs und Anforderungen an die Anträge *Arens/Spicker* FamRZ 1985, 121 ff. Nach OLG Hamburg in FamRZ 1985, 394 besteht kein Auskunftsanspruch hinsichtlich Vermögensgegenständen und deren Verbleib.

Anerkannt ist die Pflicht unselbstständiger Schuldner zur Auskunft über mindestens 1 Jahr, selbstständiger Schuldner über regelmäßig 3 Jahre, vgl. auch *Brüne* FamRZ 1983, 65 und BGH FamRZ 1983, 996 sowie BGH FamRZ 1983, 680, mit engen Ausnahmen zur Vorlagepflicht von ESt.-Bescheiden bei Zusammenveranlagung mit neuem Ehegatten.

Zurückhaltung eigener wegen Fehlens gegnerischer Auskunft regelmäßig unzulässig, auch bei Härtegründen gemäß § 1579 BGB (vgl. OLG München, FuR 1997, 274).

8. Der Unterhaltsgläubiger, speziell beim Ehegatten-Trennungs- und Scheidungsunterhalt, hat *Darlegungs- und Beweislast* für eigene Bedürftigkeit (konkrete Angaben über Lebenssituation und wirtschaftliche Verhältnisse, BGH FamRZ 1986, 244 ff.), für eheliche Lebensverhältnisse als Maß des Unterhaltsbedarfs und Leistungsfähigkeit des U-Schuldners (vgl. BGH NJW-RR 1987, 194 f.), ggf. auch dafür, dass eine im Umfeld der Trennung aufgenommene eigene Erwerbstätigkeit nicht trennungsbedingt war, bei Unterhalt aus § 1573 BGB ferner für ausreichende Erfüllung eigener Erwerbsobliegenheit (BGH aaO.), hilfsweise dafür, dass deren Nichterfüllung nicht kausal für Erwerbslosigkeit ist (BGH FamRZ 1986, 885 und BGH NJW-RR 1987, 962 m. Nachw.), in Fällen des § 1573 Abs. 4 ferner dafür, dass nachhaltige Unterhaltssicherung fehlschlug (BGH FamRZ 1985, 1234). Die Rspr. gewährt gewisse Beweiserleichterungen, vor allem beim Vortrag außergewöhnlicher Umstände durch U-Schuldner (BGH FamRZ 1983, 352). Der Unterhaltsschuldner ist dagegen darlegungs- und beweispflichtig für neg. Härteklausel (§ 1579 BGB; vgl. bei Form. II. I. 13) und wohl auch für die Voraussetzungen zeitlicher Begrenzungen aus § 1573 Abs. 5 BGB.

Zu Einwendungen des Unterhaltsschuldners und seiner Darlegungs- und Beweislast vgl. ausführlich bei Form. II. I. 13.

9. Zusätzliche Voraussetzung (§ 260 BGB) ist der Nachweis (Beweislast: Auskunftsgläubiger) nicht vollständiger/richtiger Auskunft. Gelegentlich wird daher empfohlen, dass der Auskunftsgläubiger an sich jetzt schon beweisbare Auskunftspositionen bei eigenem Vortrag zunächst zurückhält. Die Strafdrohung als wichtigste Sanktion falscher/unvollständiger Auskunft bleibt dennoch ein stumpfes Schwert, solange der Auskunftsgläubiger keine anderen konkreten Nachweise liefern kann (zumal der für Strafbarkeit notwendige Vorsatz regelmäßig später abgestritten wird).

In der Rspr. finden sich Tendenzen, bei Auskunftspflichtverletzung als weitere Sanktion *Verwirkung* oder Teilverwirkung anzunehmen (vgl. etwa OLG München vom 7. 5. 1997, FuR 1997, 274: Verschweigen eigener Einkünfte durch U-Gläubiger als versuchter Prozessbetrug: Teilverwirkung 20%).

10. Im Verbund nur ab diesem Zeitpunkt, da „Entscheidung für den Fall der Scheidung", § 623 Abs. 1 ZPO (Tag der Scheidung: BGH FamRZ 1984, 256). Zur gleichzeitigen Verhandlung und Entscheidung mit dem Verbundverfahren vgl. Form. II. I. 8, insbes. Anm. 15. Zur jetzt erleichterten Abtrennung aus dem Verbund von kindbezogenen Folgesachen vgl. § 623 Abs. 2 ZPO n. F.; vgl. auch Anm. 22 zu Form. II. I. 8.

11. Obwohl das materielle Recht beim Kindesunterhalt zwischen der Zeit vor und nach Scheidung anders als beim Ehegattenunterhalt nicht differenziert (§ 1603 BGB), gilt Anm. 8 entsprechend. Zwischen Kindes- und Trennungsunterhalt ist genau zu differenzieren wegen § 253 Abs. 2 Nr. 2 ZPO, vgl. OLG München, OLG-Report 1994, 59.

12. Hier bessere Möglichkeiten anderweitiger Kostenverteilung als Kostenaufhebung gemäß § 93 a Abs. 1 S. 1 ZPO, da beide Alternativen von § 93 a Abs. 1 S. 2 ZPO in Frage kommen. Daneben (außer Prozesskostenhilfe) eAO auf Prozesskostenvorschuss nach § 127 a ZPO, s. u. Form. II. I. 23.

13. Wichtig wegen der teilweise eingeschränkten Möglichkeiten späterer Abänderung über § 323 ZPO, vgl. hierzu OLG Köln NJW 1979, 1661. Allgemein zu den schwierigen Abgrenzungen zwischen Abänderungsklage (§ 323 ZPO), Zusatzklage und Vollstreckungsabwehrklage Anm. 9 zu Form. II. I. 4 m. Nachw.

14. Die zum Verständnis und zur Anwendung der „Düsseldorfer Tabelle" und weiterer Richtlinien der Obergerichte im Einzelfall sehr wichtigen „amtlichen" Anmerkungen sind abgedruckt zum Tabellenstand per 1. 7. 1998 in NJW 1998, 1469 ff., vgl. auch *Kalthoener/Büttner/Niepmann,* 8. Aufl. 2002 m. zahlr. Nachw. und Übersicht bei *Palandt/Diederichsen,* Rdn. 4 ff. und 17 ff. zu § 1610 BGB, ferner dort vor § 1564 BGB. Zu- oder Abschläge z. B., bei sonstigen Einkünften, bes. Belastungen etc. denkbar, wozu viele OLGs eigene, z. T. abweichende Anwendungsleitlinien entwickelt haben (abgedruckt z. B. in NJW 1998, 2039 ff.). Rspr. Übersicht nunmehr bei *Kalthoener/Büttner* aaO. und (NJW 1991, 398) auch zum Übergangsrecht in der Ex-DDR (über Art. 234 § 5 EGBGB). Zu den Unterhaltsverwirkungsklauseln des § 1579 Abs. 1 Nrn. 2–4 aus, vgl. ausführlich Form. II. I. 13 und dortige Anm.

15. Vgl. hierzu insbes. BGH NJW 1980, 2083 und ausführlich BGH FamRZ 1984, 39 m. Nachw.

16. Zur Unterscheidung Elementarunterhalt/Vorsorgeunterhalt vgl. §§ 1361 Abs. 1 S. 1, 1578 Abs. 3 BGB und statt vieler *Gröning* FamRZ 1983, 331 sowie *Christl* u. *Sprinz,* FamRZ 1989, 347 ff. (noch stärkere Differenzierung des V-Unterhalts vorgeschlagen, mit Formeln!). Unter den verschiedenen Berechnungsmethoden ist die Methode „Elementarunterhalt = fiktives Nettoeinkommen" mit Hochrechnung analog § 14 Abs. 2 SGB bzw. dem lohnsteuerlichen „Abtastverfahren" besonders verbreitet, ergänzt durch die sog. *Bremer Tabelle,* fortgeführt von *Gutdeutsch,* vgl. NJW 1994, 237 (Neufassung ab 1. 1. 1994). Die Rspr. des BGH ist schwankend, vgl. BGH NJW 1982, 1873 und 1987 sowie BGH FamRZ 1983, 888. Zur getrennten Geltendmachung (zulässig nach BGH 1983, 152) und zur Substantiierung (vgl. BGH NJW 1982, 1986) ist ferner stets zu beachten, dass fehlende oder undeutliche *Trennung* beider Unterhaltsformen in Antrag/Schriftsätzen spätere Nachforderungen ausschließen, mindestens gefährden kann (nur erschwerte Abänderungsklage! vgl. BGH FamRZ 1985, 690), daher Vorsicht!

17. Zur Vollstreckung des Auskunftsurteils vgl. *Stollenwerk/Rahm* IV. Rdn. 687 und 688 (eidesstattliche Versicherung, nach §§ 888, 889 ZPO; aber: obwohl Zwangsgeld an die Staatskasse abzuführen, soll Auskunftsgläubiger dessen Beitreibung nicht nur beantragen (h. M.), sondern auch selbst beitreiben müssen, str., so aber (für VA) BGH FamRZ 1983, 578.

Es wird die Auffassung vertreten, dass die Unterscheidung zwischen Elementar- und Vorsorgeunterhalt auch in (Klage-)Antrag und Tenor vorzunehmen sei (vgl. daher Ziff. I der Anträge im Text), BGH FamRZ 1983, 152.

Kosten und Gebühren

Entscheidung im Verbund: GK einheitlich (§§ 1 Abs. 2, 19 a S. 1 GKG) aus KV Nr. 1510 ff.; RA einheitlich nach §§ 31 ff. BRAGO. Isolierte Entscheidung: GK aus KV Nr. 1201 ff.; RA wie vor.

Fristen und Rechtsmittel

Berufung zum OLG, vgl. im Einzelnen Form. II. I. 30.

13. Erwiderung auf eine Klage wegen Unterhalt*

An das
Amtsgericht
– Familiengericht[1] –

In der Familiensache

der ...... – Antragstellerin –
Verfahrensbevollmächtigte[1]: RA ......

gegen

...... – Antragsgegner –

wegen streitiger Ehescheidung

hier: Ehegatten- und Kindesunterhalt (Stufenklage)

Az.: ......

wird namens und im Auftrag des Antragsgegners, unter Bezugnahme auf die bereits im Scheidungsverfahren vorgelegte besondere Vollmacht, auf den Antrag der Antragstellerin (Stufenklage auf Auskunft, gegebenenfalls eidesstattliche Versicherung, gegebenenfalls Verurteilung zur Zahlung einer Unterhaltsrente für die beiden gemeinschaftlichen ehelichen Kinder und für die Antragstellerin als nachehelichen Ehegattenunterhalt) erwidert wie folgt:
I. Der Antrag wird abgewiesen[10].
II. Die Antragstellerin hat die Kosten[1] dieser Folgesache zu tragen.

Begründung:

1. Der Auskunftsanspruch ist schon als solcher, mindestens teilweise, nicht begründet:
   a) Der Anspruch auf Auskunft und Belege für das Kalenderjahr 1999 ist bereits erfüllt. Denn die Parteien haben für das Jahr 1999 (in dessen Verlauf sie sich endgültig getrennt haben) noch eine gemeinsame Veranlagung durchgeführt, in deren Verlauf der Antragstellerin sämtliche begehrten Auskünfte für dieses Jahr erteilt und sämtliche von ihr hier begehrten Unterlagen zugänglich gemacht worden sind[2]. Im Einzelnen ......
   b) Soweit die Antragstellerin darüber hinaus für die Jahre 2000 und 2001 Auskünfte und Belege über Einkünfte aus der „Unternehmensberatung X“ und sonstige Einkünfte, insbesondere aus Kapitalvermögen, begehrt, ist dieses Verlangen rechtsmissbräuchlich. Der Antragsgegner hat seine Einkünfte insoweit bereits in anderer Weise ausreichend belegt und kann ein schutzwürdiges Interesse an der Zurückhaltung der hierauf bezogenen Steuerunterlagen geltend machen. Denn auf Grund besonderer Umstände besteht hier die Gefahr einer missbräuchlichen Verwendung dieser Unterlagen durch die Antragstellerin[3]. Im Einzelnen ......
   c) Rein vorsorglich macht der Antragsgegner gegenüber dem Auskunftsverlangen der Antragstellerin ein Leistungsverweigerungsrecht[4] geltend. Entgegen dem Vortrag der Antragstellerin ist nämlich nicht nur, wenn überhaupt, der Antragsgegner dieser gegenüber auskunftspflichtig. Auskunftspflichtig ist vielmehr umgekehrt auch die Antragstellerin, nämlich über von ihr schwarz bezogene Nebeneinkünfte aus „freiberuflicher“ Übersetzertätigkeit und außerdem über von ihr bezogene Kapitaleinkünfte. Der Antragsgegner hat die Antragstellerin mehrfach vergeblich aufgefordert, darüber Auskunft nebst Belegen zu erteilen. Im Einzelnen ......
   In Wirklichkeit kommt hier die Antragstellerin ihrer eigenen Darlegungs- und Beweispflicht nicht hinreichend nach.[5]

d) Schließlich ist der geltend gemachte Auskunftsanspruch unzulässig, jedenfalls unbegründet. Denn die begehrte Auskunft kann für die Bemessung eines Unterhaltsanspruchs der Antragstellerin gegenüber dem Antragsgegner nicht von Bedeutung sein, weil der Antragstellerin aus keinem rechtlichen oder tatsächlichen Gesichtspunkt derzeit ein Unterhaltsanspruch zusteht. Dies gilt insbesondere für die behaupteten Einkünfte, die der Antragsgegner aus der „Unternehmensberatung X" erzielt, deren Aufbau erst nach der Trennung der Parteien Mitte 1999 begonnen hat. Diese Einkünfte stellen sich dar als eine unerwartete, vom Normalverlauf abweichende Entwicklung, die nicht geeignet ist, die ehelichen Lebensverhältnisse und damit das Maß des Unterhalts der Antragstellerin zu prägen[6]. Im Einzelnen: ......

e) Ferner hat die Antragstellerin jeden Ehegatten-Unterhaltsanspruch gegen den Antragsgegner verwirkt. Wegen der Einzelheiten darf insoweit auf die Ausführungen zu Ziff. 2. verwiesen werden.

f) Den Kindesunterhalt leistet der Antragsgegner in Wirklichkeit nach seinen Möglichkeiten durchaus. Im Einzelnen: ......

Beweis: ......

2. Der Antragstellerin steht schon dem Grunde nach derzeit keinerlei Ehegatten-Unterhaltsanspruch zu, insbesondere nicht auf den hier geltend gemachten Ehegatten-Unterhalt nach Scheidung.

a) Zwar kann von einer kurzen Ehedauer im Sinne des § 1579 Abs. 1 Nr. 1 BGB hier nicht ausgegangen werden.

b) Jedoch hat sich die Antragstellerin schon vor der endgültigen Trennung der Parteien und weiter bis heute wiederholt schwerer vorsätzlicher Vergehen gegen den Antragsgegner schuldig gemacht (§ 1579 Abs. 1 Nr. 2 BGB). Sie hat insbesondere am ...... den Antragsgegner bei einer Party im Hause seines Chefs, zu der sie unerlaubt eingedrungen war, mit einem Messer angefallen und verletzt, ferner bereits seit Ende 1999 wiederholt bis in jüngste Zeit hinein immer wieder versucht, durch fortgesetzte schwere Beleidigungen und Verleumdungen sowie durch schwerwiegende falsche Anschuldigungen den Antragsgegner bei seinem Chef und verschiedenen Geschäftspartnern zu schädigen. Im Einzelnen: ...... [7]

c) Nach Auffassung des Antragsgegners verfügt die Antragstellerin in Wirklichkeit über erhebliche Einkünfte aus – möglicherweise schwarz betriebener – „freiberuflicher" Übersetzertätigkeit und aus Kapitalvermögen. Dieses stammt aus einer im Jahre 1999 zwischen den Parteien vorgezogenen Auseinandersetzung des Zugewinnausgleichs, in dessen Rahmen ein gemeinsames Ferienhaus der Parteien verkauft und hieraus der Antragstellerin ein ganz erheblicher Erlösanteil zugewiesen wurde. Im Einzelnen: ......

Beweis: ......

Sollte sich jedoch in diesem Rechtsstreit herausstellen, dass die Antragstellerin diesen ganz erheblichen Erlösanteil nicht mehr zur Verfügung hat – die Antragstellerin hat solches außergerichtlich dem Antragsgegner gegenüber bereits angedeutet – und es tatsächlich böswillig unterlässt, ihre bereits vor der Ehe erworbenen und während der ersten Jahre der Ehe auch eingesetzten Fähigkeiten und Erwerbsmöglichkeiten als Übersetzerin zur Einkommenserzielung einzusetzen, so hätte die Antragstellerin ihre behauptete Bedürftigkeit mutwillig herbeigeführt (§ 1579 Abs. 1 Nr. 3 BGB). Unterhaltsrechtlich würde sich hieraus folgendes ergeben: ...... [8]

d) Darüber hinaus ist die Antragstellerin schon vor der endgültigen Trennung der Parteien, wahrscheinlich schon Ende 1998, mutwillig und ohne Anlass durch den Antragsgegner aus der bis dahin intakten Ehe der Parteien ausgebrochen, indem sie sich ehebrecherisch einem anderen Partner zuwandte und mit diesem mehrere Monate in ...... unter Zurücklassung des Antragsgegners und der beiden gemeinsamen ehelichen Kinder zusammenlebte. Zwar ist die Antragstellerin anlässlich der endgültigen Trennung der Parteien Mitte 1999 wieder in die damals eheliche Wohnung zurückgekehrt, dies aber nur, weil ihr dies von ihrem damaligen Anwalt zwecks Erhaltung etwaiger eigener Unterhaltsansprüche geraten worden war. In Wirklichkeit hat die Antragstellerin das Verhältnis zu jenem anderen Partner auch damals nicht aufgegeben. Sie hat dieses Verhältnis sofort nach der endgültigen Trennung der Parteien – der Antragsgegner musste damals notgedrungen ausziehen – fortgesetzt, hat diesen Partner spätestens seit Anfang 2000 in die frühere eheliche Wohnung aufgenommen, führt ihm den Haushalt und lebt mit ihm in eheähnlicher Lebensgemeinschaft zusammen. Im Einzelnen: ......[7]

Beweis: ......

Damit hat die Antragstellerin auch aus „anderen Gründen" im Sinne des § 1579 Abs. 1 Nr. 6 BGB jeden eigenen Unterhaltsanspruch verwirkt.

e) Einwendungen zur Höhe des etwa verbleibenden Unterhaltsanspruchs der Antragstellerin bleiben ausdrücklich vorbehalten.[9]

3. Nur hilfsweise wird beantragt, einen etwa verbleibenden Ehegatten-Unterhaltsanspruch der Antragstellerin zeitlich zu begrenzen auf eine Dauer von ...... Monaten ab dem Zeitpunkt der Scheidung. Ein weitergehender Unterhaltsanspruch wäre hier grob unbillig[10] (§ 1579 Abs. 5 BGB) im Hinblick auf folgende besondere Umstände: ......

Beweis: ......

4. Zum Antrag auf Unterhaltsregelung durch einstweilige Anordnung der Antragstellerin wird noch gesondert Stellung genommen werden. Sollte einstweilige Anordnung zunächst ergehen, müsste sich der Antragsgegner insoweit Rechtsmittel vorbehalten.[11]

Rechtsanwalt

Anmerkungen

* Sachverhalt wie Form. II. I. 12.

1. Zur Zuständigkeit, Prozessvollmacht, Anwaltszwang und Zulässigkeit der Stufenklage (auch im Verbund) vgl. die Anm. zu Form. II. I. 12.

2. Einwand der Erfüllung; ggf. müsste der hier auf Auskunft klagende Ehegatte nach allgemeinen Grundsätzen den Zusatzantrag auf eidesstattliche Versicherung der Richtigkeit und Vollständigkeit geltend machen, vgl. Form. I. D. 10 und Form. II. I. 12 mit dort. Anm.

3. Einwand sehr str. und unsicher, Auskunftsanspruch geht grundsätzlich sehr weit (z. B. gegenüber einem Rechtsanwalt als Mitglied einer Sozietät auch auf die wirtschaftlichen Verhältnisse der Sozietät, damit indirekt der Mitgesellschafter, so – für Auskunftsanspruch zum Zugewinn, § 1379 BGB – OLG Hamm NJW 1983, 1914). Vgl. auch BGH NJW 1993, 3262 (3269) m. w. Nachw.

4. Außerordentlich streitig ist, ob ein Zurückbehaltungsrecht besteht, wenn der andere, an sich ebenfalls auskunftspflichtige, Ehegatte seine Auskunft nicht erteilt, so – allerdings zum Auskunftsanspruch über Zugewinn gemäß § 1379 BGB – OLG Stuttgart, 15. ZS, FamRZ 1982, 282 (bejaht) einerseits und OLG Stuttgart, 16. ZS, FamRZ 1984, 273 sowie OLG Bamberg FamRZ 1985, 610 und OLG Frankfurt/M. FamRZ 1985, 483 (verneint) andererseits. Zu erheblicher Verzögerung im Verbund (Teilurteil, gesonderte Anfechtung) kann der Einwand wegen Anm. 5 durchaus in der Praxis führen. Verzögerte Auskunftserteilung oder Unterschlagen von Bezügen kann Schadensersatzpflicht auslösen, BGH FamRZ 1985, 155/158, u. U. Verwirkung von Ansprüchen (vgl. Anm. 9 zu

Form. II.I. 12 m. Nachw); u.U. sogar passives Verschweigen von Veränderungen (z.B. Arbeitsaufnahme, BGH NJW 1988, 1965).

5. Die Rspr. zum Umfang der eigenen Darlegungs- und Beweislast des Unterhaltsgläubigers ist unklar; sie wird grundsätzlich bejaht (vgl. i.e. Anm. 6 a.E. zu Form. II.I. 12 m. Nachw.), aber zum Teil auf „abstrakten Vortrag" reduziert, so z.B. auch zum Vorsorgeunterhalt, vgl. BGH FamRZ 1983, 152; nach a.A. Darlegungs- und Beweislast für eine – unterhaltsrechtlich relevante – „unerwartete, vom Normalverlauf erheblich abweichende Entwicklung der ehelichen Lebensverhältnisse" bei dem Ehegatten, der hieraus Rechte herleitet, BGH FamRZ 1983, 352 m. Nachw. Die Darlegungs- und Beweislast für Verwirkungstatbestände trägt der Unterhaltsschuldner, und zwar – bei § 1579 Nr. 6 und Nr. 7 – sowohl für offensichtlich schwerwiegendes Fehlverhalten des Unterhaltsgläubigers wie auch dafür, dass er selbst daran unschuldig war (Einseitigkeit); der Kläger kann relativ leicht durch zeitlich und räumlich konkretisierten Gegenvortrag zum eigenen „Sündenregister" des Bekl. diesem die Widerlegung wieder aufbürden (vgl. OLG Bamberg FamRZ 1985, 598; BGH FamRZ 1982, 779 und FamRZ 1983, 670). Darlegungs- und Beweislastverschärfung für Unterhaltsgläubiger u.U. aber dann, wenn dieser nach Scheidung mit einem anderen eine „Lebensgemeinschaft" eingeht, vgl. BGH FamRZ 1983, 151 u. Anm. 6 und 7. Vgl. im Übrigen Anm. 8 zu Form. II.I. 12 und *Kalthoener/Büttner,* NJW 1994, 1829, 1835.

6. Die – materiell-rechtliche – Frage, welche konkreten Umstände (in der Praxis vor allem: Einkommensverhältnisse) die „ehelichen Lebensverhältnisse prägen", kann für den Trennungs- wie Nachscheidungsunterhalt des Ehegatten von entscheidender Bedeutung sein. Anwendung findet inzwischen fast nur noch, nach BGH 2001, die Differenz-Methode (bei durch Doppelverdienerehe „geprägten Lebensverhältnissen": z.B. $^3/_7$ der Differenz zwischen eigenem, meist niedrigerem Nettoeinkommen der Ehefrau zum meist höheren Nettoeinkommen des Mannes, für die Ehefrau oft günstiger). Dies wirkt besonders einschneidend bei minderbemittelten Ehegatten, die erst nach Trennung bzw. Scheidung, obwohl an sich nicht erwerbspflichtig, mangels ausreichender Unterhaltung durch den anderen trotz Kindern Erwerbstätigkeit zwangsweise aufnehmen mussten; vgl. hierzu statt vieler etwa *Kalthoener/Büttner/Niepmann,* 2002, S. 244, 279ff. m.w. Nachw. Nach den Entscheidungen des BGH vom 23. 11. 1983 (NJW 1984, 292 und NJW 1984, 294) sollen, abweichend von Versuchen einiger OLGe, Unbilligkeiten durch Zuschläge etc. Rechnung zu tragen, einem Normalverlauf entsprechende Entwicklungen „prägend", dagegen unerwartete, vom Normalverlauf abweichende spätere Entwicklungen „nicht prägend" sein (so z.B. Wiedererlangung von Grundbesitz durch deutsche Wiedervereinigung, vgl. OLG Hamm FamRZ 1993, 972). Dabei hat Darlegungs- und Beweislast derjenige Ehegatte, der sich auf eine unerwartete Entwicklung beruft (BGH FamRZ 1983, 352 m. Anm.). Besonders sorgfältiger Tatsachenvortrag wird hier erforderlich.

7. Die – gänzliche oder teilweise – „Verwirkung" des Ehegatten-Unterhaltsanspruchs aus den verschiedenen Gesichtspunkten des § 1579 BGB wegen grober Unbilligkeit, ferner dessen zeitliche Begrenzung spielt in der täglichen Gerichtspraxis eine ganz erhebliche Rolle (z.T. Rückkehr zum Verschuldensprinzip). Sie zwingt beide Seiten zu besonders ausführlichem Sachvortrag nebst Beweisantritten. Dies gilt insbesondere für die „anderen, ebenso schwerwiegenden Gründe" des § 1579 Abs. 1 Nr. 7 (früher Nr. 4) BGB und Nr. 6 BGB: an 1. Stelle steht hier in der Rechtsprechung das Zusammenleben des getrennten oder geschiedenen Ehepartners mit einem anderen Partner in „eheähnlicher Lebensgemeinschaft" ohne – offizielle – Unterhaltung durch diesen auf Kosten des Unterhaltsschuldners, auch wenn der Ehepartner die Kinder betreuen muss, vgl. etwa BGH NJW 1984, 297, ferner (Fall der schweren Verfehlung gemäß § 1579 Abs. 1 Nr. 2 BGB) BGH NJW 1984, 296, je mit Nachw. Manche Obergerichte arbeiten statt mit Ausschluss oder Teilausschluss mit einer „Zurechnung fiktiver Einkünfte" des

mit einem anderen Partner zusammenlebenden Gatten (vgl. z.B. OLG Hamm FamRZ 1984, 498 ff., 500). Dabei wird immer wieder – einschränkend – auch betont, dass die Verfehlungen oder „andere schwerwiegenden Gründe" des Unterhaltsschuldners „unterhaltsbezogen" sein müssen, typisch hier: Abhalten des Unterhaltspflichtigen von der Ehelichkeitsanfechtungsklage, vgl. BGH NJW 1985, 426. Das Gesetz ermöglicht auch eine zeitliche Begrenzung der Unterhaltsansprüche aus den in § 1579 Nr. 1 bis 7 BGB genannten Gründen.

8. Einwand, dass der Unterhaltsgläubiger seine Bedürftigkeit mutwillig herbeigeführt hat, § 1579 Abs. 1 Nr. 3 BGB, bei vorzeitiger Verschwendung des Zugewinnausgleichs sehr einschränkend OLG Karlsruhe FamRZ 1983, 506; zur Berücksichtigung des durch Zugewinnausgleich erhaltenen Vermögens ferner allgemein BGH NJW 1985, 909.

9. Da der Ag. im vorgestellten Fall schon jede Auskunftspflicht, erst recht Unterhaltspflicht dem Grunde nach bestreiten will, wird er sich mit der Höhe des Anspruchs kaum jetzt schon auseinandersetzen können. Gegen den hier – kombiniert – geltend gemachten Anspruch auf Auskunft und Zahlung von *Kindesunterhalt* helfen seine hier behandelten Einwendungen (in der Regel) ohnehin nicht (aber: Verzögerung). Die häufigsten Einwendungen zur Höhe sind

- Einwand des geminderten Unterhaltsbedarfs (z.B. durch anderweitige Einkünfte);
- Einwand der geminderten/entfallenen eigenen Leistungsfähigkeit;
- Einwand, dass eigene Einkünfte des Unterhaltsschuldners (ganz oder teilweise) die ehelichen Lebensverhältnisse vor Trennung/Scheidung nicht „geprägt" haben (vgl. Anm. 6). Hierzu gehört auch der Einwand der sog. „Sättigungsgrenze", welcher – obwohl vom BGH bisher nicht voll bestätigt – bei den Obergerichten mit ähnlichen Formulierungen wie in der Formularbegründung z.T. praktiziert wird, vgl. z.B. OLG Düsseldorf FamRZ 1983, 928 oder OLG München FamRZ 1983, 925 (bei Einkommen des Unterhaltsverpflichteten über EUR 10.000,– netto pro Monat).

10. Da Darlegungslast (Vortrag konkreter, zeitlich und räumlich präziser Umstände) und Beweislast wohl beim Unterhaltsschuldner, empfiehlt sich für diesen – in der Praxis vielleicht noch nicht sofort mit der ersten Klageerwiderung – genauer Sachvortrag. Zur Frage, ob der Unterhaltskläger dies (u.a. aus Kostengründen) schon in der Klage selbst vorwegnehmen kann, vgl. *Christel* FamRZ 1986, 627. Die OLG-Praxis arbeitet mit differenzierten „Schonfristen", z.T. gestaffelt („Abschmelzung" des Unterhaltsanspruchs, vgl. OLG Hamm FamRZ 1986, 908; OLG Frankfurt FamRZ 1986, 683; OLG Koblenz NJW-RR 1987, 132: sehr kurze Schonfrist, da schon vor Trennung bei kurzer Ehedauer aufgenommene Halbtagstätigkeit „ehebedingte" Benachteiligung nicht erkennen lasse).

11. Negative Feststellungsklage gegen Unterhaltsklage ist unzulässig (OLG Düsseldorf FamRZ 1985, 1149), anders jedoch bei Klage gegen Unterhaltsverpflichtung aus eAO, wenn Bedürftigkeit des Berechtigten entfallen ist: zulässig, u.U. auch für die Vergangenheit (OLG Düsseldorf FamRZ 1985, 1147).

Kosten und Gebühren

Wie Form. II.I. 12. Streitwert der Auskunft nicht direkt abhängig von Höhe des später hieraus evtl. abzuleitenden Unterhalts sondern vom Interesse, Aufwand für Erteilung nicht leisten zu müssen, jetzt st. Rspr., vgl. BGH NJW-RR 1993, 1028; aber Bruchteil ($^1/_{10}$ bis $^1/_5$) der mutmaßlichen Leistungsklage bei Abweisung, BGH FamRZ 1993, 1189.

Fristen und Rechtsmittel

Wie Form. II.I. 12.

14. Klage auf Zustimmung zum begrenzten Real-Splitting

An das
Amtsgericht
– Familiengericht[1] –

Klage

des ...... – Klägers –
Verfahrensbevollmächtigter: RA ......
gegen
...... – Beklagte –

wegen Ehegattenunterhalt nach Scheidung
hier: Zustimmung zum Real-Splitting
vorläufiger Streitwert[2]: EUR ......

Namens und in Vollmacht des Klägers erhebe ich Klage gegen die Beklagte mit folgenden Anträgen[3]:

I. Die Beklagte wird verurteilt, ihre Zustimmung gegenüber dem Finanzamt ...... dazu zu erklären, dass der Kläger für den Veranlagungszeitraum 2000 seine Unterhaltsleistungen an die Beklagte als Sonderausgabe angibt.
II. Die Beklagte hat die Kosten des Rechtsstreits zu tragen.

Begründung

1. Die Ehe der Parteien ist durch Verbundurteil des Familiengerichts ...... vom 17. 10. 1999 sofort rechtskräftig geschieden worden. Hierbei wurde der Kläger als dortiger Antragsgegner zugleich rechtskräftig verurteilt, an die Beklagte als dortige Antragstellerin einen monatlichen nachehelichen Ehegattenunterhalt von damals DM 2.225,– wegen damals angeblich bestehender krankheitsbedingter Erwerbsunfähigkeit der Beklagten zu bezahlen mit Wirkung ab Scheidung; dem ist der Kläger nachgekommen.

   Beweis: ......
2. Der Kläger befindet sich einkommensbedingt in einer hohen Steuerprogression. Er hat deshalb die Beklagte mit Schreiben vom ...... und Anwaltschreiben vom ...... unter Fristsetzung aufgefordert, ihre Zustimmung zur Angabe der an die Beklagten geleisteten und noch zu leistenden laufenden Unterhaltszahlungen als Sonderausgabe bei seinem zuständigen Einkommenssteuerfinanzamt, zunächst für den Veranlagungszeitraum 2000, zu erklären. Der Kläger hat sich dabei zugleich verpflichtet, der Beklagten alle Nachteile auszugleichen, die ihr durch Ansatz seiner Unterhaltsleistungen in 2000 als Sonderausgaben nach § 10 Abs. 1 EStG entstehen.
3. Die Beklagte hat zunächst nicht reagiert, sodann mit Schreiben vom ...... ihres Anwalts dieses Verlangen des Klägers endgültig abgelehnt mit der Behauptung, sie, die Beklagte, erleide hierdurch „unübersehbare steuerliche Nachteile", außerdem stehe die vom Kläger in den vorgenannten Schreiben gleichzeitig erklärte Bereitschaft zur Freistellung der Beklagten von steuerlichen Nachteilen wegen seines „undurchsichtigen Finanzgebarens" nur auf dem Papier.

   Beweis: Die vorbezeichneten Schreiben, insbesondere ......
4. Klage ist daher geboten, und zwar wegen ernstlicher und endgültiger Weigerung der Beklagten zunächst für den nunmehr laufenden steuerlichen Veranlagungszeitraum 2000. Der Anspruch auf Zustimmung ist nach der nunmehr h. M. der höchstrichterlichen Rechtsprechung als Nebenpflicht aus dem bestehenden gesetzlichen Unterhaltsverhältnis auch in der obigen Form begründet.

Insbesondere ist der Kläger nicht verpflichtet, ohne besondere, von der Beklagten darzulegende und gegebenenfalls zu beweisende Umstände schon jetzt eine Sicherheitsleistung für die von ihm gleichzeitig einzugehende Freistellungsverpflichtung anzubieten oder zu übernehmen.

5. Die Beklagte schädigt durch ihr Verhalten nicht nur den Kläger, der sich wegen seiner daraus resultierenden überhöhten Steuerbelastung weitergehende Schadensersatzansprüche ausdrücklich vorbehält. Bei ordnungsgemäßem Verhalten der Beklagten hätte der Kläger seine Unterhaltsleistungen bis zum 30. 11. 1999 noch lohnsteuerabzugsmindernd auf seiner Lohnsteuerkarte 2000 eintragen lassen können, da er seine Einkünfte im Wesentlichen aus unselbstständiger Tätigkeit als Angestellter bezieht. Die Beklagte schmälert vielmehr hierdurch auch die Bemessungsgrundlage (Nettoeinkommen des Klägers) für ihren eigenen Unterhaltsanspruch.

6. Die beantragte Kostenentscheidung ist hier nach allgemeinen Grundsätzen gerechtfertigt.

Rechtsanwalt

Anmerkungen

1. Es handelt sich (gerade noch) um eine Familiensache im Sinne der §§ 23b Abs. 1 Nr. 6 GVG, 621 Abs. 1 Nr. 5 ZPO, vgl. OLG Hamm FamRZ 1987, 489 und Hüßtege in Thomas-*Putzo,* Rdn. 28 zu § 621 ZPO (h. M.); das Verfahren folgt ZPO-Grundsätzen; bei einer Klage auf Zustimmung zur Lohnsteuerermäßigung bzw. auf Stellung des entsprechenden Antrags durch den Ehegatten handelt es sich jedoch nach Auffassung des BayObLG nicht um eine Familiensache, BayObLG NJW 1985, 1787. Der vergleichbare Streit um die Aufteilung der Steuerrückerstattung soll nach OLG Düsseldorf FamRZ 1985, 82 keine Familiensache sein, während die Schadensersatzklage wegen Mitwirkungspflichtverletzung bei der Steuererklärung nach LG Hannover FamRZ 1985, 405 Familiensache sei. Zur Kasuistik vgl. etwa *Kalthoener/Büttner/Niepmann,* 2002, S. 872 ff.

2. Der Streitwert sollte der angestrebten Steuerersparnis beim Kläger entsprechen.

3. Zu den materiellen Rechtsgrundlagen und zur Ausgestaltung der Anträge des hier geltend gemachten Anspruchs vgl. z. B. *Stollenwerk/Rahm* IV. Rdn. 550 m. w. N. und insb. ausführlich m. w. N. BGH FamRZ 1983, 576 (dort auch zu den – eingeschränkten – Voraussetzungen, zu denen der Unterhaltsgläubiger Sicherheit für den Freistellungsanspruch verlangen kann), ferner BGH FamRZ 1988, 820, 821. Str., ob außerdem eine Verpflichtung besteht, den anderen am Steuervorteil „angemessen zu beteiligen“, so wohl OLG Düsseldorf FamRZ 1983, 73 a. A. wohl BGH, z. B. NJW 1985, 195. Bei Zustimmung des unterhaltsberechtigten Ehepartners zum begrenzten Realsplitting – § 10 I Nr. 1 EStG – besteht Anspruch auf Erstattung des daraus erwachsenden steuerlichen Nachteils, Einzelheiten str., vgl. *Kalthoener/Büttner/Niepmann,* 2002, S. 872 ff.

Kosten und Gebühren

Bei – wie hier – isolierter Entscheidung GK aus KV Nr. 1201 ff.; RA einheitlich nach §§ 31 ff. BRAGO.

Fristen und Rechtsmittel

Berufung zum OLG gemäß § 23b Abs. 1 Nr. 6 mit § 119 GVG, soweit Berufungssumme erreicht. Verwendbarkeit gegenüber dem Finanzamt erst mit Rechtskraft der Verurteilung (§ 894 ZPO).

15. Antrag auf Zugewinnausgleich (Stufenklage)*

An das
Amtsgericht[1]
– Familiengericht –

Antrag[2]

der ...... – Antragsgegnerin und Anschlussantragstellerin –[2]
Prozessbevollmächtigte: Rechtsanwälte ......[3]
gegen
...... – Antragsteller und Anschlussantragsgegner –[2]
Prozessbevollmächtigter: Rechtsanwalt ......[3]
wegen streitiger Ehescheidung
hier: Zugewinnausgleich (Auskunft und Zahlung)[1, 2]
vorläufiger Streitwert: EUR ......[4]
Aktenzeichen: ......

Wir nehmen Bezug auf die für die Antragsgegnerin und Anschlussantragstellerin bereits vorgelegte besondere Prozessvollmacht[5] im vorbezeichneten, vom Antragsteller und hiesigen Anschlussantragsgegner anhängig gemachten Scheidungsverfahren und unseren Erwiderungsschriftsatz hierzu vom 7. 8. 2002.

Namens und im Auftrag der Antragsgegnerin und Anschlussantragstellerin stellen wir vorsorglich für den Fall der Scheidung zum Zugewinnausgleich folgende Anträge:

I. Der Antragsteller wird verurteilt, der Antragsgegnerin
  1. Auskunft zu erteilen über sein Endvermögen[7] per 31. 7. 2002 mit allen zu diesem Zeitpunkt vorhandenen Aktivposten und Schuldposten,
    a) durch Vorlage eines schriftlichen, systematisch gegliederten Bestandsverzeichnisses;
    b) unter Angabe von Art und Umfang der Einzelposten, ferner folgender wertbildender Faktoren:
      aa) zum bebauten Grundbesitz in ...... Angaben über Grundstücksgröße, Belastungen, Baujahr, Bauweise, Nutzungsarten, Nutzflächen und Einnahmen sowie Ausgaben der Jahre 1999–2001;
      bb) zum Einzelunternehmen „Unternehmensberatung X“ Angaben zu deren Aktiva und Passiva per 31. 12. 2001 und zu deren Umsätzen und Gewinnen/Verlusten der Jahre 1999–2001;
      cc) zu der für den Antragsteller bei der Z-Lebensversicherung ...... bestehenden Kapitallebensversicherung ...... Angaben über Deckungskapital, Zinsen, Gewinnbeteiligung und Beteiligung am voraussichtlichen kollektiven Schlussgewinn (Zeitwertermittlung);
      dd) zu dem vom Antragsteller beruflich genutzten Kraftfahrzeug Angaben zu Alter, Kilometerstand, Ausstattung und Erhaltungszustand; und
    c) diese Auskünfte zu belegen durch
      aa) Grundbuchauszug und Kontoauszüge über Belastungsstände per 31. 12. 2001, sowie Vorlage der Einnahmen-Ausgaben-Überschussrechnungen 1999–2001 zum obigen Grundbesitz;
      bb) Anlagenverzeichnisse und Jahresabschlüsse 1999–2001 zur obigen „Unternehmensberatung X“;
  2. Auskunft zu erteilen über die ihm zum 1. 1. 1999 von seinen Eltern schenkweise zugewendete Beteiligung[7] an der Handelsgesellschaft in Firma „ABC-KG“

a) durch Vorlage einer schriftlichen Aufstellung;
b) unter Angabe von Art und Umfang dieser Beteiligung, ferner folgender wertbildender Faktoren:[8]
   - Aktiva und Passiva per 31. 12. 1998 sowie Umsätze und Gewinne/Verluste der Jahre 1996–1998 dieses Unternehmens;
c) diese Auskünfte zu belegen durch
   - Vorlage der Jahresabschlüsse (Bilanzen, Gewinn- und Verlustrechnungen, Anhänge und Anlagenverzeichnisse) dieses Unternehmens für die Jahre 1996–1998.

II. Der Antragsteller wird ggf. verurteilt, die Richtigkeit der vorgelegten Verzeichnisse und Aufstellungen gemäß Ziff. I. an Eides Statt zu versichern.
III. Der Antragsteller wird ggf. verurteilt, die Hälfte des sich aus Ziff. I. ergebenden Zugewinns an die Antragsgegnerin und Anschlussantragstellerin zu bezahlen.
IV. Die Kosten des Zugewinnausgleichsverfahrens trägt der Antragsteller.

Begründung:

1. Zwischen den Parteien ist das vorbezeichnete streitige Ehescheidungsverfahren durch die der Antragsgegnerin am 31. 7. 2002 zugestellten Scheidungsantragsschrift des Antragsgegners rechtshängig geworden. Über den Zugewinnausgleich zwischen den Parteien, welche die Ehe geschlossen haben am ...... und im gesetzlichen Güterstand leben, seit dem ...... getrennt, konnte bisher außergerichtlich keine Einigung erzielt werden. Die Antragsgegnerin hat dem Antragsteller bereits das in Anlage 1 beigefügte eigene Vermögensverzeichnis über ihr Anfangsvermögen und Endvermögen vorgelegt und den ihn unter Fristsetzung bis zum ...... aufgefordert, ebenfalls über sein Anfangs- und Endvermögen in der Ehezeit in der Form des § 260 BGB Auskunft zu erteilen.

   Beweis: ......

   Der Antragsteller, welcher schon während der Ehezeit sich alleine um die wirtschaftlichen Angelegenheiten der Familie gekümmert, seine eigenen vermögensmäßigen Dispositionen stets für sich selbst erledigt und der Antragsgegnerin keinen näheren Einblick gegeben hat, weigert sich jedoch, gemäß §§ 1379 Abs. 2, 260 BGB die erforderlichen Auskünfte zu erteilen; dies, obwohl er sie unschwer erteilen könnte, während die Antragsgegnerin schuldlos zur eigenen, hinreichend sicheren Erstellung eines solchen Bestandsverzeichnisses außer Stande ist. Sie kann insbesondere auch die näheren Umstände und den Wert der dem Antragsteller am ...... von seinen Eltern schenkweise zugewendeten KG- Beteiligung an der ABC-KG, welche das Anfangsvermögen des Antragstellers erhöht (§ 1375 Abs. 2 BGB), schuldlos nicht selbst feststellen, weil ......

   Beweis: ......

2. Die Antragsgegnerin hat gemäß der obigen Anlage 1, welche vom Antragsteller bisher in keiner Weise beanstandet wurde, während der Ehezeit keinen Zugewinn erzielt.

   Beweis im Bestreitensfall: ......

   Antrag auf Zugewinnausgleich in der obigen Form, nämlich in der Form der Stufenklage, war daher geboten[10].
3. Der Kostenantrag ergibt sich aus § 93 a Abs. 1 S. 2. 2. Alt. ZPO[11].
4. Gerichtskosten in Höhe von EUR ...... sind beigefügt in ......[12]

Rechtsanwalt

Anmerkungen

* Zugrundeliegender Sachverhalt ähnlich Form. II. I. 8!

1. Ausschließlich zuständig für alle güterrechtlichen Auseinandersetzungen (alle Güterstände, also nicht nur Zugewinnausgleich; alle Sonderfragen und -verfahren, auch die

FGG-Verfahren der §§ 1382, 1383 BGB), da Familiensache, das Familiengericht, § 23b Abs. 1 Nr. 9 und 10 GVG, § 621 Abs. 1 Nr. 8 und 9 ZPO, am Gericht der Ehesache, § 621 Abs. 2 S. 1 ZPO, sonst in allgemeiner örtlicher Zuständigkeit.

2. Da reines ZPO-Verfahren (im Verbund mit Besonderheiten aus §§ 622ff. ZPO), an sich „Klage“, „Klägerin“ etc. denkbar. Stark gelockerter Verbund, da nur auf Antrag in Verbund einzubeziehen, erleichterte Abtrennung bei Beteiligung eines Dritten (§ 623 Abs. 1 S. 2 ZPO) und erleichterte Abtrennung und Vorwegentscheidung über Ehescheidung bei komplizierten güterrechtlichen Auseinandersetzungen gemäß § 628 Abs. 1 Nr. 1 oder Nr. 4 ZPO (vgl. etwa BGH NJW 1987, 1772, wonach eine Verfahrensdauer von etwa 2 Jahren noch normal); möglich auch als isolierte Familiensache nach Scheidung oder bei Getrenntleben (dann aus §§ 1385, 1386 BGB).

3. Als Folgesache für Ehegatten in allen Instanzen Anwaltszwang, § 78 Abs. 2 Nr. 1 ZPO, als isolierte Familiensache ebenso Anwaltszwang nach § 78 Abs. 2 Nr. 2 ZPO, beachte auch verfahrensrechtliche Sonderregeln in § 621b ZPO und – für Verfahren nach § 621 Abs. 1 Nr. 9 ZPO – in § 621a Abs. 2 ZPO (Entscheidung, obwohl FGG-Verfahren, durch Urteil).

4. Soll bei unbeziffertem Klagantrag – wie hier – angegeben werden, § 621b Abs. 1 ZPO. Zur Bemessung vgl. Form. II.I. 13 (Kosten und Gebühren).

5. § 609 ZPO.

6. Berechnungszeitpunkt Anfangsvermögen: Tag der Eheschließung; Berechnungszeitpunkt Endvermögen bei Scheidung gemäß § 1384 BGB: Zeitpunkt der Rechtshängigkeit desjenigen Scheidungsantrages, auf den hin (ggf. unmittelbar damit im Zusammenhang stehende Widerklage oder Gegenantrag) die Ehe geschieden wird, wobei früher eingeleitetes Scheidungsverfahren, obwohl formal zunächst fortbestehend, bei neuem Scheidungsantrag nicht berücksichtigt wird, vgl. BGH NJW 1979, 2099; andererseits führt – u.U. auch längeres – Ruhen ein und desselben Verfahrens nicht zur Abänderung des ursprünglichen Berechnungszeitpunkts, selbst bei zwischenzeitiger Versöhnung (str., vgl. BGH FamRZ 1983, 350; OLG Frankfurt FamRZ 1982, 1013). Zum Übergangsrecht in der Ex-DDR vgl. Art. 234 § 4 EGBGB und *Dörr,* NJW 1991, 1090, 1095.

7. § 1379 BGB verlangt an sich Auskunft nur über Endvermögen; da aber Vermutung des § 1377 Abs. 3 BGB widerlegbar und bloße Endvermögen-Auskunft u.U. nichts sagend, bei erheblichem Kosten-Risiko, sollte m.E. Auskunft auch über Anfangsvermögen und die besonderen Vermögensteile der §§ 1374 Abs. 2, 1375 Abs. 2 BGB nach allgemeinen Vorschriften (einerseits unverschuldete Unkenntnis, andererseits zumutbare Auskunftsmöglichkeit, § 242 BGB) auch weitergehend zugelassen werden, wie hier OLG Schleswig FamRZ 1983, 1126, einschränkend – nur für Zuerwerb nach § 1375 Abs. 2 BGB und nur gemäß § 242 BGB – aber BGH NJW 1982, 176, ähnlich OLG Düsseldorf FamRZ 1982, 805; einschränkend OLG Köln, NJW-FER 1997, 100.

Zum Umfang der Auskunft vgl. OLG Hamm NJW 1983, 1914 (u.a. Pflicht zur Vorlage des RA-Sozietätsvertrages). Leider immer noch nicht unstreitig, ob Zurückbehaltungsrecht nach § 273 BGB bei Gegen-Auskunftsanspruch besteht: bejahend OLG Stuttgart FamRZ 1982, 292; verneinend aber OLG Stuttgart FamRZ 1984, 273, OLG Jena, NJW-RR 1997, 578). Leider ebenfalls immer noch nicht unstreitig, ob die Auskunft (Wissenserklärung) vom Auskunftsschuldner persönlich zu unterzeichnen (weil ggf. von ihm über § 261 BGB zu verantworten) ist (bejahend OLG München, FamRZ 1995, 737, einschränkend etwa KG FamRZ 1997, 503 und OLG München/Parallelsenat). Sicherster Weg, aber u.U. prozeßtaktisch ungünstig: Voraberteilung eigener Auskunft durch Auskunftsgläubiger.

Hausrat nach nunmehr gefestigter Rspr. *nicht* im Zugewinn, daher auch keine Auskunftspflicht nach § 1379 BGB, vgl. BGH FamRZ 1984, 144 m.w. Nachw.

8. Die Rspr. hierzu ist leider widersprüchlich und wenig durchdacht. Zwar gibt der BGH (FamRZ 1978, 677) schon bei aufrechter Ehe einen (nicht vollstreckbaren, deshalb aber nicht sanktionslosen) Anspruch aus § 1353 BGB, vom anderen Ehegatten wenigstens „in groben Zügen" über vorgenommene Vermögenstransaktionen unterrichtet zu werden; auch ist die Pflicht zur Angabe „wertbildender Faktoren" in abstracto ganz h. M. (vgl. nur HdB FamR – von *Heintschel-Heinegg*, S. 790 ff. m. w. Nachw.). Ebenso abstrakt verlangt die Praxis aber (teilweise) eine so konkrete Bezeichnung dieser Faktoren im Antrag, dass dieser einen „vollstreckungsfähigen Inhalt" habe (wobei ausschließlich an Belegwegnahme durch den *Gerichtsvollzieher* gedacht und die Möglichkeit einer Prüfung durch das *Vollstreckungsgericht* über § 888 ZPO, weil eben doch z. T. unvertretbare Handlung, m. E. allzu voreilig abgelehnt wird). Der Auskunftsgläubiger, jedenfalls in Familiensachen ohnehin fast immer im Nachteil, wird aber in der Regel „wertbildende Faktoren" erst dann auch **konkret** bezeichnen können, wenn er wenigstens Ungefähres zu den Einzelposten und deren Besonderheiten weiß (Ausweg: spätere Klageerweiterung? – nicht gerade förderlich für ein Scheidungsverbundverfahren; oder Beweisanträge auf Urkundenvorlage gemäß §§ 420 ff. ZPO – ins Blaue hinein?). Wie der vorgestellte Fall zeigt, können diese „wertbildenden Faktoren" für jede Einzelposition höchst unterschiedlich sein.

Streng hiervon zu unterscheiden ist der in einer Reihe von Auskunftsfällen, so auch hier, gegebene, aber u. U. gesonderte Kostenlasten auslösende *Wertermittlungsanspruch* (h. M.).

9. Dass § 259 (Rechnungslegung) Pflicht zur Vorlage auch von Belegen („soweit solche üblicherweise erteilt zu werden pflegen") ausdrücklich nennt, § 260 (Auskunft durch Bestandsverzeichnis) dagegen nicht, sollte m. E. bei vernünftiger, an § 242 BGB orientierter Auslegung nicht entgegenstehen.

10. Trotz Verbundverfahren Stufenklage zulässig, Vorabentscheidung (Teilurteil) über Auskunft, Endentscheidung in Verbundurteil, nunmehr h. M.

11. Gerade im güterrechtlichen Verfahren kann dieser anderweitigen Kostenregelung besondere Bedeutung zukommen.

12. Auch hier (außer Prozesskostenhilfe) einstweilige Anordnung auf Kostenvorschuss möglich, § 621 f ZPO. Da Gegenantrag und außerdem Verbund, wird Gericht Terminierung und Verhandlung des hier als Folgesache anhängig gemachten Güterrechtsantrages von vorheriger Leistung eines Kostenvorschusses auch nicht abhängig machen dürfen.

Kosten und Gebühren

Gleiche Grundsätze wie zu Form. II. I. 12, da – auch kostenrechtlich – ZPO-Streitigkeit. Aber: Verfahren nach § 621 Abs. 1 Nr. 9 ZPO (Sonderfälle des Ehegüterrechts): GK aus § 97 Abs. 1 Nr. 1 KostO, RA aus § 118 BRAGO, soweit isoliert. Zur Prozesskostenhilfe vgl. Form. I. C. 1.–3. und Anm. zu Form. II. I. 23.

Fristen und Rechtsmittel

Berufung zum OLG, §§ 23 b Abs. 1 Nr. 9, 119 Abs. 1 Nr. 1 GVG, vgl. im Einzelnen Form. II. I. 30.

16. Antrag auf Zuteilung von Ehewohnung und Hausrat

An das
Amtsgericht[1]
– Familiengericht –

Antrag

der ...... – Antragstellerin –

Verfahrensbevollmächtigter: Rechtsanwalt ......[2]

gegen

...... – Antragsgegners –

Verfahrensbevollmächtigter: Rechtsanwalt ......[2]

wegen streitiger Ehescheidung

hier: Ehewohnung und Hausrat[3]

vorläufiger Streitwert: ......[4]

Beteiligter: (Vermieter der Ehewohnung): Herr ......, ...[5]

Aktenzeichen: ......

Ich nehme in bereits vorgelegter besonderer Prozessvollmacht[6] für die Antragstellerin Bezug auf deren Antragsschrift auf streitige Ehescheidung vom ...... Wie dort unter Ziff. I. und II. bereits dargelegt, haben die Antragstellerin und der Antragsgegner mit den gemeinsamen ehelichen Kindern ...... bis zum Auszug des Antragsgegners am ...... als Ehewohnung die vom Beteiligten gemietete Wohnung Nr. ...... im Anwesen ...... bewohnt.

Im Rahmen des Scheidungsverfahrens und für den Fall der Scheidung stelle ich nunmehr für die Antragstellerin gegen den Antragsgegner folgende Anträge:

I. Die Ehewohnung[7] (Wohnung Nr. ...... im Anwesen ......) wird der Antragstellerin unter Begründung eines Allein-Mietverhältnisses ab dem ...... mit dem Vermieter ...... zugewiesen.

II. Der eheliche Hausrat[8] wird zwischen den Parteien wie folgt aufgeteilt:

 1. Die Antragstellerin erhält:
 a) ......
 b) ......
 ......

 2. Der Antragsgegner erhält:
 a) ......
 b) ......
 ......

III. Der Anspruch auf etwaige Rückzahlung der seinerzeit vom Antragsgegner allein geleisteten Mietkaution in Höhe von EUR ...... gegenüber dem Vermieter ...... wird der Antragstellerin allein zugewiesen[9].

IV. Der Antragstellerin wird eine Ausgleichszahlung an den Antragsgegner für Kautionszuweisung und Hausratszuweisung auferlegt in Höhe von EUR ......[9]

V. Die Kosten folgen der Hauptsache.

Begründung:

1. Die Parteien sind auf Grund des kurz nach Eheschließung gemeinschaftlich abgeschlossenen Mietvertrages vom ...... mit dem Beteiligten ...... als Vermieter, zugleich Grundstückseigentümer[5], Mieter der Wohnung Nr. ...... im Anwesen ...... (Ehewohnung); auf den Mietvertrag hat der Antragsgegner bei Mietbeginn aus eigenen Mitteln eine Kaution an den Vermieter in Höhe von EUR ...... geleistet.
2. Seit dem Auszug des Antragsgegners am ...... aus der bisher gemeinsamen ehelichen Mietwohnung wird diese von der Antragstellerin mit den gemeinsamen ehelichen Kindern ......, geb. am ......, und ...... geb. am ......, allein bewohnt. Obwohl der Antragsgegner sich dem widersetzt, kann der Antragstellerin und den Kindern wegen schlechter finanzieller Verhältnisse und günstiger Lage dieser Wohnung zu Schule und Kindergarten ein Umzug auf absehbare Zeit nicht zugemutet werden.

Beweis: ......

3. Ferner hat der Antragsgegner damit begonnen, nach seinem freien Belieben und gegen den Widerspruch der Antragstellerin einzelne Stücke des durchgehend in gemeinsamem Miteigentum der Parteien stehenden Hausrats wegzubringen, darunter ......, und ......, welche die Antragstellerin für den Haushalt mit den Kindern dringend benötigt. Antrag auf einstweilige Anordnung (§ 620 Nr. 7 ZPO) erfolgt insoweit gesondert.
4. Der Gesamt-Hausrat der Parteien ergibt sich aus der als Anlage 1 beigefügten Hausratsliste mit ungefähren Anschaffungsdaten, wobei die Wertangaben zum Neuwert laut Rechnungen erfolgt sind. Davon kommen höchstens 30% als derzeitiger Wert in Betracht.

   Beweis im Bestreitensfall: Sachverständigengutachten
5. Die beantragte Entscheidung zur Ehewohnung, nämlich Zuweisung der Mietwohnung an die Antragstellerin allein unter gleichzeitiger Zuweisung des Kautionsanspruches gegen den Vermieter ......, entspricht am besten den Vorschriften der §§ 1, 2, 5 Hausratsverordnung. Sie sichert zugleich die Ansprüche des Vermieters aus dem Mietverhältnis, nunmehr gegenüber der Antragstellerin allein (§ 5 Abs. 1 S. 2 Hausratsverordnung).
   Gleiches gilt für die vorgeschlagene Aufteilung des durchweg im gemeinsamen Eigentum beider Ehegatten stehenden Hausrats (§ 8 Abs. 1 und 2 Hausratsverordnung). Die angeregte Ausgleichszahlung durch die Antragstellerin erfasst sowohl einen Ersatz zum Zeitwert derjenigen Hausratsgegenstände, welche über den Hälfteanteil der Antragstellerin hinaus bei der Antragstellerin bleiben sollen, gemindert um jeweils 50%, wie den Ausgleich für die von der Antragstellerin übernommene Mietkaution[10].
   Im Einzelnen ist hierzu vorzutragen: ......
6. Die Kostenentscheidung sollte die schlechte finanzielle Lage der Antragstellerin mit den von ihr betreuten Kindern berücksichtigen.

Rechtsanwalt

Anmerkungen

1. Da Familiensache, ausschließlich zuständig das Familiengericht, § 23b Abs. 1 Nr. 8 GVG, § 621 Abs. 1 Nr. 8 ZPO, der Ehesache, sonst isoliert (über § 1361b BGB) der allgemeinen örtlichen Zuständigkeit, § 621 Abs. 2 S. 1 ZPO, ebenso für Anspruch auf Rückschaffung entzogener Hausratsgegenstände (BGH in FamRZ 1982, 1200); anders jedoch bei Schadensersatzanspruch wegen nicht herausgegebener Gegenstände, BGH FamRZ 1980, 45. Die Auskunftsklage bezüglich der Personen, an die Hausrat verkauft worden ist, zur Geltendmachung der Unwirksamkeit der Veräußerung ist Familiensache nach OLG Düsseldorf FamRZ 1985, 721.

2. Anwaltszwang für Ehegatten im Verbund, § 78 Abs. 2 Nr. 1 ZPO; soweit isoliert als FGG-Verfahren möglich, insbesondere nach der Scheidung oder bei selbstständiger Fortführung nach Abtrennung, kein Anwaltszwang in I. und Beschwerdeinstanz.

3. FGG-Mischverfahren mit besonderen Vorschriften in der Verordnung über die Behandlung der Ehewohnung und des Hausrats – 6. Durchführungsverordnung zum Ehegesetz – vom 21. 10. 1944, RGBl. I S. 256 (§§ 2, 11–19 HausratsVO), einschließlich Kosten (§§ 20–23 HausratsVO). Zu beachten ist die *Sperrfrist* in § 12 HausratsVO für Antrag auf Wohnungszuweisung (ab 1 Jahr nach Scheidung nur noch bei Einverständnis des Vermieters zulässig).

Hier wird endgültige Regelung von Ehewohnung und Hausrat ab Scheidung angestrebt. In der Praxis oft viel wichtiger und häufiger ist jedoch die Erlangung *vorläufigen*

Rechtsschutzes aus § 1361 a (Hausrat) und insbesondere § 1361 b (Ehewohnung) mit seiner bisher nach der Praxis vieler Familiengerichte oft viel zu hoch angesetzten Eingriffsschwelle (*schwere* Härte; ohne Berücksichtigung von *Kindes*interessen). Die hierzu durch das Gesetz zur Verbesserung des zivilgerichtlichen Schutzes bei Gewalttaten und Nachstellung (insoweit jetzt: *Gewaltsschutzgesetz – GewSchG*) sowie zur Erleichterung der Überlassung der Ehewohnung bei Trennung vom 11. 12. 2001 (BGBl. I, Seite 3513) eingeführten Änderungen behandelt (für Ehewohnung) ausführlicher Form. II. H. 25 (vgl. auch Neufassung in §§ 620 Nr. 9 ZPO n. F. und 621 Abs. 1 Nr. 13 ZPO n. F.).

Im Verbund ist jedoch nie diese vorläufige, sondern nur die endgültige Wohnungsregelung/Hausratsregelung zulässig. Bei Rücknahme des Scheidungsantrags ist auch Fortsetzung als isolierte Familiensache möglich. Obwohl kein Zwangsverbund und speziell bei Ehewohnung typischerweise Drittbeteiligung gegeben, ist zweifelhaft, ob erleichterte Abtrennung aus § 623 Abs. 1 S. 2 ZPO analog möglich ist.

4. Ehewohnung: Wohl einjähriger Mietwert, § 21 Abs. 2 S. 1 1. Halbs. HausratsVO mit (direkt oder analog) § 16 Abs. 1 GKG, als Folgesache (selbstständig u. U. niedriger, so *Lappe* aaO. Rdn. 313–317 und 512). Hausrat: Wert nach § 12 Abs. 1 GKG, §§ 6 oder 3 ZPO, § 21 Abs. 2 S. 1 2. Halbs. HausratsVO.

5. Als Vermieter der Ehewohnung Verfahrensbeteiligter, § 7 HausratsVO, mit Anspruch auf rechtliches Gehör, vgl. § 624 Abs. 4 ZPO. Für diesen, auch soweit Folgesache, insoweit kein Anwaltszwang (§ 78 Abs. 1 Nr. 1 und Nr. 3 ZPO).

6. § 609 ZPO. Getrennte Aktenführung, vgl. § 624 Abs. 4 ZPO, bei notwendiger Drittbeteiligung besonders bedeutsam, aber auch zu Wiederholungen zwingend.

7. Zum Begriff der Ehewohnung vgl. statt vieler HdB FamR – *Klein,* S. 682 ff. m. w. Nachw. Ferienhaus, auch wenn häufig benutzt, keine „Ehewohnung" (OLG München, OLG-Report 1994, 127). Zur Berücksichtigung des Wohnwerts im eigenen Haus beim Unterhalt vgl. statt vieler HdB FamR – *Gerhardt,* S. 350 ff. m. w. Nachw.

8. Zum Begriff des Hausrats vgl. *Palandt/Brudermüller*, 61. Auflage 2002, Rdn. 3–10 zu § 1361 a BGB; der Begriff ist nicht identisch, ja möglicherweise konträr zu dem der „zum persönlichen Gebrauch eines Ehegatten oder eines Kindes bestimmten Sachen" im Sinne von § 620 Nr. 8 ZPO, wie andererseits auch der Streitgegenstand der §§ 620 Nr. 7 (Benutzung der Ehewohnung und des Hausrats) und Nr. 8 (Herausgabe oder Benutzung persönlicher Gebrauchsgegenstände) ZPO mit dem der HausratsVO nicht identisch sein und Verfahren nach § 620 S. 1 Ziff. 7 ZPO Vorrang haben soll.

Einen klagbaren Auskunftsanspruch über den Bestand des Hausrats soll es nicht geben, wegen § 242 sehr zweifelhaft, vgl. aber OLG Düsseldorf FamRZ 1985, 1152: Amtsermittlungsgrundsatz, der zu ähnlichem Ergebnis führe.

Nach jetzt gefestigter Rspr. gehört Hausrat nicht in den Zugewinn (daher insoweit z. B. auch keine Auskunftspflicht aus § 1379 BGB), vgl. BGH FamRZ 1984, 144 m. Nachw. und Besprechung dazu von *Smid,* NJW 1985, 173.

9. Nach OLG Düsseldorf FamRZ 1981, 806 soll genau bestimmter Sachantrag, da FGG-Sache, entbehrlich sein, Bindung des Gerichts an den Antrag besteht nicht.

Zu den erforderlichen Ermittlungen durch den Richter: Eigentumsverhältnisse sind aufzuklären, soweit mit zumutbarem Aufwand möglich (s. auch MünchKomm/*Müller-Gindullis* Rdn. 12, 13 zu § 6 HausratsVO). Weitgehende Gestaltungsfreiheit des Richters (Grundsätze siehe § 2 VO), auch für neue Kautionsregelungen und Ausgleichszahlungen der Ehegatten (typische Fälle: Kaution, Freigabe Hausrat aus Vermieterpfandrecht, Mietereinbauten etc. Zusätzliches Sonderproblem: Gefahr des Verlustes von Kündigungsschutzregelungen; vgl. *Palandt/Diederichsen* § 5 HausratsVO Rdn. 6 und *Brudermüller,* FamRZ 1989, 7). Bleibt ein Ehegatte im gemeinsamen Haus wohnen, kann Miet- oder Nutzungsverhältnis gegen Entschädigung begründet werden, vgl. BayObLGZ 1973, 240 und BGH NJW 1982, 1753, sowie BGH NJW 1983, 1845.

In die Hausratsentscheidung soll stets der gesamte Hausrat einbezogen werden (Teilentscheidung also u.U. nur im Rahmen des vorläufigen RS, vgl. OLG Zweibrücken, FamRZ 1983, 1148).

10. Da die für einverständliche Scheidung gemäß § 630 Abs. 1 Nr. 3 ZPO erforderliche Einigung der Ehegatten über „die Rechtsverhältnisse an der Ehewohnung und am Hausrat" auch den Vermieter und die sonst in § 7 HausratsVO genannten Personen (als Wirksamkeitsvoraussetzung) einschließen müsse, und das Gericht auch insoweit Wirksamkeit der Vereinbarung von Amts wegen überprüfen müsse, könnte eine Konventionalscheidung trotz Einigkeit in allen anderen Punkten also u.U. am Widerstand z.B. des Vermieters scheitern und die Ehegatten zum streitigen Scheidungsverfahren und förmlicher Anhängigmachung der Ehewohnungsregelung als Folgesache zwingen.

Zu möglichen Vereinbarungen vgl. Beck'sches Formularbuch, 7. Aufl. 1998, Form. V. 24.

Kosten und Gebühren

Bei Entscheidung im Verbund wie Form. II. I. 12, 15. Isoliert: GK aus § 21 Abs. 1 S. 1 und 2 HausratsVO; RA nur $^{5}/_{10}$ der Gebühren aus § 31 Abs. 1 BRAGO (vgl. § 63 Abs. 1 Nr. 1 und Abs. 3 BRAGO).

Fristen und Rechtsmittel

Zum OLG durch Berufung (Verbund) oder FGG-Beschwerde, befristet, vgl. II. H. 30. und 31. Zur Sicherung nur des ungestörten Besitzes vor Scheidungsverfahren allerdings normale einstweilige Verfügung und deren Rechtsmittel (allg. Prozessgericht, vgl. OLG Düsseldorf FamRZ 1985, 1061).

17. Versorgungsausgleich – Antrag auf Nichtstattfinden und Genehmigung einer Vereinbarung nach § 1587o BGB*

An das
Amtsgericht[1]
– Familiengericht –

……, den 17. 2. 2002

Antrag

In der Ehesache

…… **– Antragstellerin –**

Verfahrensbevollmächtigter: Rechtsanwalt ……[2]

gegen

den …… **– Antragsgegner –**

– noch nicht vertreten –[2]

wegen streitiger Ehescheidung

hier: Versorgungsausgleich[3] **– Antrag auf Nichtstattfinden und Genehmigung nach § 1587o BGB**

vorläufiger Streitwert: EUR ……[5]

Aktenzeichen: noch unbekannt

nehme ich Bezug auf meine besondere Prozessvollmacht für die Antragstellerin, eingereicht mit Antragsschriftsatz auf streitige Ehescheidung vom heutigen Tage, in welchem ich als dortige Anlage 1 eine umfassende Scheidungsvereinbarung der Parteien mit (insbesondere in Ziff. 4 und 6) einer ausführlichen Parteivereinbarung auch über den Versorgungsausgleich vorgelegt habe. Ich stelle für die Antragstellerin folgende Anträge[4]:

I. Ein Versorgungsausgleich zwischen den Parteien findet nicht statt[9].

II. Die Kosten folgen der Hauptsache.

Ferner wird die Genehmigung der vorgelegten Parteivereinbarung über den Versorgungsausgleich durch das Familiengericht hiermit beantragt[6].

Der Antragsgegner wird sich anwaltlich vertreten lassen[2].

Begründung:

1. Die vorgelegte Parteivereinbarung über den Versorgungsausgleich, welche durch Protokollierung im Scheidungstermin über §§ 1587 o Abs. 2 S. 2, 127 a BGB die erforderliche Form erhalten wird, ist zu genehmigen[7], weil die vereinbarte Leistung des Antragsgegners, die danach an die Stelle der möglichen Übertragung von Versorgungsanwartschaften des Antragsgegners auf die Antragstellerin treten soll, auch unter Einbeziehung der Unterhaltsregelung und der Vermögensauseinandersetzung zwischen den Parteien zur Sicherung der Antragstellerin für den Fall der Erwerbsunfähigkeit und des Alters geeignet ist und außerdem zu einem nach Art und Höhe angemessenen Ausgleich unter den Ehegatten führt (§ 1587 o Abs. 2 S. 3 BGB).

Dies allein muss für eine Genehmigung ausreichen[7].

a) Wie bereits im Antrag auf Ehescheidung (vgl. dort Ziff. I. und II.) dargelegt, war die Ehe der Parteien nur von sehr kurzer Dauer und kinderlos; beide Parteien sind relativ jung, wobei der Antragsgegner erfolgreich im Erwerbsleben steht und die durch mich vertretene Antragstellerin bereits am 1. 4. 2002 wieder ihren bis zur Eheschließung ausgeübten Beruf als angestellte Steuerbevollmächtigte mit einem monatlichen Nettoeinkommen von EUR 2.500,–/Monat aufnehmen wird. Bei ihrem Alter hat sie daher noch ausreichend Zeit, sich selbst eine ausreichende Sicherung für den Fall der Erwerbsunfähigkeit und des Alters mit den auch schon vor der Ehe erworbenen Anwartschaften zu schaffen.

b) Darüber hinaus soll für die Antragstellerin in Ziff. I. und II. der vorgelegten Scheidungsvereinbarung ein relativ großzügiger Ehegattenunterhalt, unabhängig von diesem bevorstehenden Erwerbseinkommen, bis einschließlich 31. 12. 2003 bezahlt werden.

c) Auch die in der Scheidungsvereinbarung (Ziff. III.) vorgesehene Regelung aller Ansprüche aus dem ehelichen Güterrecht ist, wie sich hieraus und den der Vereinbarung beigefügten Aufstellungen über den beiderseitigen Zugewinn beider Ehegatten ergibt, für beide, insbesondere die Antragstellerin, angemessen.

d) Die beiderseits während der Ehezeit[8] erworbenen Versorgungsanwartschaften, die auszugleichen wären, sind – insbesondere im Vergleich mit den außerhalb der Ehe erworbenen Versorgungsanwartschaften – relativ gering.

Beweis: Ausrechnung des Rentenberaters ...... vom ...... für beide Parteien.

e) Darüber hinaus soll (vgl. Ziff. 4.–6. der vorgelegten Scheidungsvereinbarung[12] als Anlage 1) der Antragstellerin als zusätzliche Gegenleistung des Antragsgegners anstelle des gesetzlichen Versorgungsausgleichs die noch dem Antragsgegner gehörende Hälfte der gemeinsamen Eigentumswohnung (vgl. hierzu bereits Ziff. II. der Scheidungsantragsschrift) übereignet werden, bei einem derzeitigen Verkehrswert von EUR ...... und einer derzeitigen Belastung von nur ca. EUR ......

Beweis: Schätzgutachten hierzu.

2. Da die vorgelegte Parteivereinbarung daher genehmigungsfähig ist, ist für die Einholung von Rentenauskünften kein Raum und auszusprechen, dass der Versorgungsausgleich nicht stattfindet[9]; die Parteivereinbarung ist für die Antragstellerin sogar insgesamt wesentlich günstiger, weil ......[10]
3. Die Kostenfolge bestimmt sich hier (vgl. Ziff. V. 1. der Scheidungsantragsschrift) nach § 93 a Abs. 1 S. 3 ZPO.
4. Gerichtskosten in Höhe von EUR ...... sind beigefügt in ......[11]

Rechtsanwalt

Anmerkungen

* Zugrundeliegender Sachverhalt wie Form. II. I. 6!

1. Ausschließlich zuständig das Familiengericht der Ehesache, da Familiensache, §§ 23b Abs. 1 Nr. 7 GVG, 621 Abs. 1 Nr. 6 ZPO, sonst – soweit isoliert überhaupt möglich, s. u. Anm. 3. – der allgemeinen örtlichen Zuständigkeit.

2. Anwaltszwang und Zwang zu besonderer Prozessvollmacht, §§ 609, 78 Abs. 2 Nr. 1 ZPO (soweit Folgesache, s. u. Anm. 3). Angestrebte Vereinbarung zu gerichtlichem Protokoll führt zu Anwaltszwang für beide Parteien, Formmangel zur Nichtigkeit selbst dann, wenn das FamG gemäß § 1587 o BGB genehmigt hat, BGH FamRZ 1991, 679 und OLG Köln FamRZ 1998, 373. Vom Anwaltszwang befreit sind nach § 78 Abs. 2 Nrn. 1–3 ZPO hier die Träger der gesetzlichen Rentenversicherung sowie der sonstigen in § 78 Abs. 2 S. 3 ZPO genannten Körperschaften, Verbände etc., vgl. BGH NJW 1993, 1208 (für FGG-Folgesachen allgemein).

3. Der eigentliche Versorgungsausgleich als Wertausgleich ist als isolierte Familiensache jedenfalls bei Scheidung nach deutschem Recht nicht denkbar (Zwangsverbund). Jedoch hat das Gesetz für die Zeit nach Scheidung eine Reihe isolierter Verfahren zum Versorgungsausgleich (VA) geschaffen, vor allem in Fällen von Störungen der Abwicklung des VA, §§ 53 e und f FGG, dies sowohl zum öffentlich-rechtlichen wie zum schuldrechtlichen VA, ausführlich z. B. *Lardschneider* in *Rahm/Künkel,* Handbuch des Familiengerichtsverfahrens, V Rdn. 527 ff. Das materiell-rechtlich wie verfahrensrechtlich wichtige Ergänzungsgesetz zu den §§ 1587 ff. BGB (Gesetz zur Regelung von Härten im Versorgungsausgleich – VAHRG –) von 1983 wurde mehrfach geändert, so etwa in Folge des Rentenreformgesetzes (RRG) ab 1. 1. 1992 und im Zuge der deutschen Wiedervereinigung, vgl. näher *Ruland,* NJW 1992, 1 ff. und *ders.,* NJW 1992, 77 ff. Dabei dürfte prozessual vor allem § 10 a VAHRG n. F. wichtig werden (Abänderung von Entscheidungen). Stets FGG-Verfahren mit den sich aus §§ 622 ff. ZPO ergebenden Besonderheiten (jedoch keine Möglichkeit zu eAO nach § 620 ZPO, vgl. aber Anm. 11; ob solche unmittelbar auf allgemeine Vorschriften des FGG gestützt werden könnten, erscheint zweifelhaft).

Immer noch strittig: Feststellungsantrag, dass für bestimmte Bereiche schuldrechtlicher VA (später!) stattfindet, s. Anm. 4 a (5) und ausführlich Form. II. I. 21 mit Anm. 1.

4. Bei der Vielfalt der versorgungsrechtlichen Möglichkeiten kommt – mit entsprechend erhöhter Haftungsgefahr für den beratenden Anwalt – eine große Anzahl von Verfahrens- und Antragsmöglichkeiten in Betracht. Für die Praxis mag in diesem Rahmen, zugleich als Check-Liste, nützlich sein die folgende, auf die erforderlichen Vorprüfungs- und Antragstätigkeiten des Anwalts abgestellte *Übersicht* (zum Stand der Rspr. vgl. auch *Maydell* FamRZ 1981, 509 ff. und 623 ff., ferner jetzt *Palandt-Brudermüller,* 1. Aufl. 2002, Rdn. 7–14 vor § 1587 BGB:

a) VA von Amts wegen (Normalfall beim öffentlich-rechtlichen VA):
   (1) Besonders wichtig ist die sorgfältige und ggf. beschleunigte *Ermittlung* bestehender Anwartschaften. *Vor* Verfahrensbeginn kann sich (auch für bessere Prognose)

eine Rentenauskunft lohnen (§ 109 Abs. 3 SGB VI, u.U. auch für Ehegatten über § 74 Nr. 2b SGB X). *Nach* Verfahrensbeginn beginnt die Ermittlung insbes. durch beiderseitige Ausfüllung der vom Familiengericht vermittelten Formulare, ferner sorgfältige Prüfung erteilter Auskünfte (Mandant und Gegner).

Ist eine Partei dabei säumig, so sind alternativ möglich: gerichtliche Auflassungs- und ggf. Zwangsmaßnahmen gemäß §§ 12 FGG und 11 VAHRG und § 33 FGG oder auch auf Antrag einer Partei die (str.) Auskunftsklage nach §§ 1587e Abs. 1, 1580 BGB, ggf. im Wege der Stufenklage (Vorabentscheidung durch Teilurteil über Auskunftsanspruch, Endentscheidung im Verbundurteil, vgl. die Grundsätze bei Form. II. I. 15, insbes. Anm. 8), zu vollstrecken über § 888 ZPO. Obwohl der Gesetzgeber bei Einführung von § 11 Abs. 2 VAHRG n.F. den BGB-Anspruch aus § 1587e Abs. 1 mit § 1580 BGB gerade nicht beseitigt hat (ein solcher Anspruch wird sogar während der Ehe aus § 1353 ansatzweise bejaht, würde u.U. sogar aus § 242 BGB folgen und trotz weiterreichender Vollstreckungsmöglichkeiten aus § 888 ZPO, ist ein Teil der Rechtsprechung immer noch der Meinung, wegen der angeblich einfacheren und schnelleren Amtsauskunftsverfahren aus § 11 VAHRG habe dieser Vorrang und beseitige Rechtsschutzinteresse für Auskunftsklage (so z.B. OLG München FamRZ 1998, 244; OLG Oldenburg FamRZ 1999, 1207; a.A. und für Zulässigkeit beider Verfahren z.B. OLG Nürnberg FamRZ 1995, 300; OLG Frankfurt FamRZ 2000, 99; zustimmend *Palandt-Brudermüller* aaO. Rdn. 1 zu § 1507 e).

(2) Die nachfolgenden Arbeitsschritte des Gerichts, nämlich
- Ermittlung der Ehezeitanteile aller Versorgungsanrechte (gesondert je Ehegatte)
- ggf. je nach ihrer Art Umrechnung (Dynamisierung)
- sodann Gegenüberstellung der Anrechte („Bilanzierung“) und
- eigentliche Durchführung des VA gemäß §§ 1587 b Abs. 1 und 2, sodann nach §§ 1 und 3b VAHRG

(zum früher weitergehenden VA durch Einzahlung des Pflichtigen nach § 1587b Abs. 3 BGB a.F., teilweise verfassungswidrig, und dessen Überrest in § 3b Nr. 2 VAHRG vgl. Vorauflage)

erfolgen an sich *von Amts wegen* (vgl. statt vieler *Paland-Brudermüller* aaO. Rdn 7–14 vor § 1587 und *derselbe* Rdn. 14ff. zu § 1587h und *derselbe* Rdn. 4ff. zu § 1587b BGB; *derselbe* Rdn. 1ff. zu § 1 VAHRG, m.w.Nachw.).

Jedoch ist häufig *spezifizierter Tatsachenvortrag* der Parteien zweckmäßig, zumal im weiteren Verlauf der VA-Durchführung *Anträge* der Parteien *notwendig* und in manchen Fällen mindestens *zweckmäßig* (jedenfalls zu prüfen) sind, wie anschließend zu (3) bis (5) im Überblick darzustellen.

(3) Spezifizierter *Tatsachenvortrag* ferner unbedingt erforderlich dann, wenn trotz bestehender Versorgungsanwartschaften geltend gemacht werden soll, dass diese nicht auf gemeinsamer Leistung (Vermögen oder Arbeit der Ehegatten) während der Ehe beruhen (Einwand aus § 1587 Abs. 1 S. 2 BGB), ferner dann, wenn überhaupt keine Versorgungsanwartschaften während der Ehezeit begründet wurden, zur Beschleunigung mindestens zweckmäßig.

(4) *Antrag* auf Feststellung, dass für nicht sofort regelbare Versorgungsbereiche (später!) der schuldrechtliche VA stattfindet, sehr str., bejaht in Grenzen („soweit jetzt schon konkretisierbar“) von BGH FamRZ 1982, 42; wieder eingeschränkt durch BGH FamRZ 1984, 251, vgl. näher bei Form. II. I. 21 m. Anm. 1: dies kann z.B. bei Auslandsversorgungsansprüchen oder noch nicht unverfallbaren Betriebsrenten in Frage kommen. Dagegen ist Abtrennung einzelner VA-Fragen nicht zulässig, OLG München FamRZ 1979, 1025.

b) Ausschluss des VA durch richterliche Entscheidung (ganz oder teilweise)

(1) Spezifizierter *Tatsachenvortrag* ist erforderlich für die Ausschlussfälle aus Billigkeit des § 1587c Nrn. 1, 2 und 3 BGB (zu Nr. 3 vgl. Form. II. I. 18) und die ähn-

lichen gelagerten Fälle der Herabsetzung, vgl. auch Form. II. I. 19, ferner, wenn schon im VA-Verfahren selbst die Veränderung individueller Umständen in den VA-relevanten Verhältnissen der Ehegatten berücksichtigt werden soll, was der BGH seit 1988 in erweitertem Maße zulässt, vgl. *Palandt-Brudermüller* aaO., Rdn. 34ff. zu § 1587 BGB, also *vor* einem Verfahren nach § 10a VAHRG.

(2) *Antrag* (und *Tatsachenvortrag*) ist erforderlich, wenn der VA durch das Gericht in anderer Weise geregelt werden soll, Fälle der Nichtbegünstigung oder Unwirtschaftlichkeit des § 1587b Abs. 4 BGB oder des neuen § 3b VAHRG, ggf. verbunden mit *Antrag* auf schuldrechtlichen Versorgungsausgleich gemäß § 1587f Nr. 5 1. Alt. BGB (falls Familiengericht als „Regelung in anderer Weise" den schuldrechtlichen VA gewählt hat; vgl. hierzu allgemein (Nichtbegünstigungsfall) u. Form. II. I. 20 und Anm. 3), während § 3c VAHRG (Bagatellfälle) wieder gestrichen wurde.

(3) *Antrag* mit spezifiziertem *Tatsachenvortrag* für die (aus § 1587b Abs. 3 BGB resultierenden, Anordnung des VA allerdings zunächst voraussetzenden) Stundungsfälle des § 1587d BGB erforderlich (betrifft im wesentlichen Altfälle, sonst § 1 Abs. 1 VAHRG).

(4) Mindestens spezifizierter *Tatsachenvortrag* auch bei den § 1587c BGB weitgehend entsprechenden Ausschluss- und Herabsetzungsfällen (Billigkeitsgründe) des schuldrechtlichen VA, § 1587h BGB.

(5) *Antrag* und *Tatsachenvortrag* schließlich immer nötig beim *schuldrechtlichen* VA, also in den Sonderfällen des § 1587f Nr. 1 bis 5 BGB, insbesondere weil einer oder beide Ehegatten bereits Altersruhegeld beziehen oder Versorgungsanrecht noch nicht unverfallbar ist (insbes. Betriebliche Altersversorgung) oder der Höchstwert erreicht ist, mit ergänzenden (regelmäßig *Antrag*) gerichtlichen Regelungen über die Modalitäten der Durchführung des schuldrechtlichen VA in §§ 1587i, 1587l BGB und die Abfindungsregelungen zu beiden VA-Formen in §§ 1587l–n BGB (zur Problematik der Abfindung bei schuldre. VA nach dem VAHRG vgl. *Hahne/Glockner* FamRZ 1983, 222; zu den zusätzlichen richterlichen Möglichkeiten aus § 3b VAHRG *Friederici* AnwBl. 1987, 171, und *Dörr* FamRZ 1987, 1093, sowie *Dörr/Hansen*, NJW 1997, 2918ff.).

c) Anderweitige Regelung des VA nach Parteiwillen oder durch Gericht (auch nachträglich).

(1) Vorlage notarieller Ausschlussurkunde gemäß § 1408 Abs. 2 BGB, falls Jahresfrist gewahrt, vgl. hierzu Beck'sches Formularbuch, 7. Aufl. 1998, Form. V. 17–22 und BGH NJW 1985, 315 sowie 992, zur Frist.

(2) Vorlage einer Parteivereinbarung gemäß § 1587o BGB (wichtigster Fall, vgl. bereits o. Form. II. I. 6 und speziell das hier behandelte Form. II. I. 17, insbes. die Anm. 7) zur Genehmigung durch das Familiengericht, bei der derzeitigen, restriktiven Genehmigungspraxis der Familiengerichte zweckmäßig verbunden mit ausführlichem Tatsachenvortrag zu den Genehmigungskriterien des § 1587o Abs. 2 S. 4 BGB; soweit die Parteivereinbarung lediglich auf schuldrechtlichen VA gerichtet ist (zulässig gemäß § 1587f Nr. 5 2. Alt. BGB), ferner zusätzlich *Antrag;*

(3) *Antrag* bei (nachträglicher) Änderung rkr. VA-Entscheidungen gemäß § 10a VAHRG wegen Veränderung individueller, VA-relevanter Umstände der Ex-Ehegatten, soweit nicht schon (vgl. 4. b. (2) oben) in früheren familiengerichtlichen Verfahren berücksichtigt.

(4) Weitere Verfahren auf *Antrag* betreffen nicht das familiengerichtliche, sondern eigene Rentenverfahren gegenüber den Leistungsträgern, so in den Fällen der §§ 3a, 9 und 10 VAHRG und Art. 4 VAwHG (Altfälle).

5. Bei einer Vereinbarung über den VA ist derjenige Versorgungswert anzusetzen, der sich ohne Vereinbarung als Streitwert des gerichtlichen VA-Verfahrens ergeben würde (*Lappe* aaO. Rdn. 299); das ist gemäß § 17a GKG der Jahresbetrag des zu übertragen-

den oder zu begründenden (öffentlicher-rechtlichen) VA bzw. der von der anderen Rente abzuführenden Jahres-Ausgleichsrente (schuldrechtlicher VA), mindestens jedoch jeweils EUR 500,– (§ 17a GKG bzw. § 99 Abs. 3 S. 1 Nr. 1 und 2 KostO); gilt auch im selbstständigen Verfahren. Zum Beschwerdewert vgl. *Gutdeutsch/Pauling,* FamRZ 1998, 214f. Zu Form und Inhalt von VA-Vereinbarungen vgl. auch die Hinweise in Anm. 12.

6. Die Genehmigung des Familiengerichts nach § 1587o Abs. 2 S. 3 BGB (Verfahren: § 53b FGG) setzt zwar grundsätzlich keinen Antrag voraus, „wird aber regelmäßig erst auf ein entsprechendes Ersuchen eines Ehegatten erteilt" (so *Keidel/Kuntze/Winkler,* § 53d FGG Rdn. 14 und § 55 FGG Rdn. 5). Verweigerung der Genehmigung ist nicht selbstständig anfechtbar, § 53d S. 2 FGG und BGH NJW 1982, 1463, a.A. (in engen Grenzen) OLG Bamberg FamRZ 1998, 374.

7. Zur restriktiven, durch den Gesetzeswortlaut nicht gedeckten Genehmigungspraxis der Familiengerichte vgl. bereits o. Anm. 15 zu Form. II. I. 6, ferner u. Anm. 10 und im Text. Andererseits kann (z.B. nach OLG Celle NJW 1979, 1659) ein entgegen dem ausdrücklich erklärten und wohl überlegten Willen beider Parteien (die anderweitige alterssichernde Regelungen im privaten Vermögensbereich getroffen hatten) durchzuführender Versorgungsausgleich sogar grob unbillig im Sinne des § 1587c Nr. 1 BGB sein!

8. Legaldefinition in § 1587 Abs. 2 BGB. Ehezeit verlängert sich auch nicht deshalb, weil das Verfahren – u.U. längere Zeit – zum Ruhen gekommen ist (a.A. AG Stuttgart NJW 1978, 646f.; dagegen *Parche* NJW 1979, 139/140). Anwartschaften, die durch Nachentrichtung für die Ehezeit nach Ablauf der Ehezeit erworben werden, fallen nicht in den Versorgungsausgleich, wohl aber solche während der Ehe für Zeiten vor der Ehe (sog. In-Prinzip), vgl. BGH NJW 1985, 2024.

9. In § 53d S. 1 FGG heißt es unklar, dass „eine Entscheidung über den Versorgungsausgleich ...... " nicht stattfindet; in der Praxis meist ausdrückliche Entscheidung im Urteil, dass der VA nicht stattfindet.

10. In der Regel wird das Familiengericht, um die Rechtsfolgen des gesetzlichen VA mit denen der Parteivereinbarung vergleichen zu können, dennoch Auskünfte der Versorgungsträger einholen. Zu den erforderlichen Prüfungen vgl. etwa BGH NJW 1982, 1463f. (eher genehmigungsfreundlich), aber auch BGH NJW 1987, 1768, 1770. Verzögerung hierdurch soll kein Grund für Abtrennung nach § 628 Abs. 1 Nr. 1 und 2 ZPO sein (*Palandt/Diederichsen* § 1587o Rdn. 11ff. und 19 m.w. Nachw.). Parteien können noch im Verfahren Änderungsanregungen des Familiengerichts aufgreifen und ursprünglich vorgelegte Parteivereinbarung abändern; Vorabgenehmigung außerhalb eines anhängigen Scheidungsverfahrens jedoch nicht möglich, vgl. OLG Frankfurt NJW 1979, 1368.

11. Einstweilige Anordnung auf Kostenvorschuss möglich, § 621f Abs. 1 ZPO.

12. Wegen Vereinbarungen zum Versorgungsausgleich vgl. ferner Beck'sches Formularbuch, 6. Aufl. 1995, zu Form. V. 17–21 (außergerichtlich) und 23 u. 24 (anlässlich der Scheidung), ferner *Lardschneider/Rahm* aaO., V. Rdn. 479ff. Zum Übergangsrecht der Ex-DDR vgl. Art. 234 § 6 EGBGB.

Kosten und Gebühren

Bei Verbund einheitlich nach ZPO und GKG mit KV hierzu wie Form. II. I. 12–16. Soweit isoliert überhaupt möglich: GK nach § 99 Abs. 1 S. 1 und 2 KostO, RA nach § 118 BRAGO. Nach OLG Hamm JurBüro 1981, 1520, soll die Einholung von Rentenauskünften eine Beweisgebühr auslösen, wohl nein.

Fristen und Rechtsmittel

Vgl. bei Verbundurteil Form. II. I. 30, bei isolierter Entscheidung Form. II. I. 31. Aus § 53d S. 2 FGG ist entgegen dem Wortlaut nicht die Unanfechtbarkeit der Verweigerung der gerichtlichen Genehmigung überhaupt zu folgern, sondern nur die Verhinderung verzögernder Zwischenstreite (h. M., vgl. BGH NJW 1987, 1768, 1770 m. w. Nachw. und OLG Bamberg FamRZ 1998, 374). Anschlussbeschwerde eines Ehegatten zur Erstbeschwerde eines Versorgungsträgers ist nicht zulässig, BGH FamRZ 1985, 59 und 267. Bei Teilanfechtung durch Versorgungsträger soll nach OLG Celle FamRZ 1985, 939 eine Anschlussbeschwerde eines Ehegatten hins. der nicht angefochtenen Teile zulässig sein, weil insofern eine Überprüfung sonst nicht stattfände.

18. Versorgungsausgleich – Antrag auf Ausschluss wegen Unbilligkeit

An das
Amtsgericht[1]
– Familiengericht –

Antrag

In der Ehesache

der ...... – Antragstellerin –

Verfahrensbevollmächtigte: Rechtsanwälte ......[1]

gegen

...... – Antragsgegner –

wegen streitiger Ehescheidung

hier: Versorgungsausgleich – Ausschluss gemäß § 1587 c BGB[2]

vorläufiger Streitwert: EUR ......[3]

Aktenzeichen: ......

nehmen wir Bezug auf unsere besondere Prozessvollmacht[4] für die Antragstellerin, vorgelegt mit deren Antragsschrift auf streitige Ehescheidung vom ......, in deren Ziff. I. und II. wir bereits auf die persönlichen und wirtschaftlichen Verhältnisse der Parteien eingegangen sind, insbesondere deren Erwerbsleben während der Ehe und die sich hieraus für den Versorgungsausgleich ergebenden Umstände. Im Rahmen des anhängigen Scheidungsverfahrens stellen wir für die Antragstellerin folgende Anträge:

I. Ein Versorgungsausgleich zwischen den Parteien findet nicht statt.
II. Die Kosten folgen der Hauptsache.

Begründung:

1. Die Antragstellerin, damals gerade fertig ausgebildete Fremdsprachensekretärin, und der Antragsgegner, damals Professor für Weltraumtechnik mit einem Gastschuljahr am New Yorker Institut für ......, beide Deutsche, haben vor mehr als 5 Jahren in New York geheiratet und gelebt; der Antragsgegner hat die Antragstellerin jedoch ein Jahr nach Eheschließung und wenige Wochen nach Geburt des einzigen gemeinsamen Kindes ......, geb. am ......, nachdem diese mit Eheschließung ihre dortige Erwerbstätigkeit aufgegeben hatte, verlassen, um als freier Berater eines Raketenprojekts in Zaire tätig zu sein. Er hat in den folgenden 5 Jahren nichts mehr von sich hören lassen und insbesondere für die Antragstellerin und das Kind keinerlei Unterhalt mehr geleistet.
Der Antragstellerin blieb nichts anderes übrig, als nach Deutschland zurückzukehren, wo sie schließlich vor 4 Jahren glücklicherweise eine sehr gut bezahlte Stellung als Chefsekretärin mit Rentenversicherungspflicht bei der BfA fand. Sie hat dort inzwi-

schen nicht unerhebliche Versorgungsanwartschaften erworben. Scheidungsantrag gegen den Antragsgegner war aus verschiedenen Gründen erst jetzt möglich.

Beweis: Anstellungsvertrag der Antragstellerin bei ......;

......

2. Der Antragsgegner, der übrigens inzwischen in Deutschland ein selbstständiges Ingenieurbüro betreibt und auch aus dieser Tätigkeit keine Versorgungsanwartschaften erwirbt, macht geltend – was ihm nicht zu widerlegen ist – auch in der früheren Ehezeit weder in den USA noch anderswo ausgleichsfähige Versorgungsanwartschaften erworben zu haben.[5]

Beweis: Schreiben des Antragsgegners an die Antragstellerin vom ......

3. Da der Antragsgegner, wie oben dargelegt, seine Unterhaltspflicht gegenüber der Antragstellerin und dem gemeinsamen ehelichen Kind seit Jahren gröblich verletzt hat, muss ein Versorgungsausgleich in diesem Falle ausgeschlossen werden.

4. Die Kostenfolge ergibt sich aus § 93 a Abs. 1 S. 1 ZPO.

5. Gerichtskosten in Höhe von EUR ...... sind beigefügt in ......

Rechtsanwalt

Anmerkungen

1. Zu Zuständigkeit, Verfahren, Anwaltszwang und Vollmacht vgl. Anm. 1–3 zu Form. II. I. 17.

2. Da eine Art Verwirkungstatbestand aus Billigkeitsgründen, ist kein Antrag, wohl aber spezifizierter *Tatsachenvortrag* nötig, vgl. im Übrigen die Übersicht in Form. II. I. 17 Anm. 4. Grundsätzlich sind an die „grobe Unbilligkeit" strenge Anforderungen zu stellen. Andererseits kann das Gericht stark differenzieren („soweit"), also z. B. Teilausschluss oder Teilentscheidungen vornehmen, vgl. hierzu auch Form. II. H. 19. *Palandt-Brudermüller* aaO., Rdn. 6–8 zu § 1587c BGB. Neben dem hier vorgestellten Fall des § 1587c Nr. 3 BGB (gröbliche Unterhaltspflichtverletzung, vgl. z. B. OLG Stuttgart NJW 1982, 241; ähnlich BGH NJW-RR 1987, 578) und dem ebenfalls „moralisierenden" Fall des § 1587c Nr. 2 BGB (Vereitelung von Versorgungsansprüchen; aber auch „erhebliches wirtschaftliches Ungleichgewicht" als Folge, vgl. z. B. BGH NJW-RR 1987, 324 m. Nachw.) können im Grundtatbestand des § 1587c Nr. 1 BGB (grobe Unbilligkeit) auch rein objektive Gesichtspunkte ausreichen, u. U. (so jedenfalls OLG Celle NJW 1979, 1659) sogar entgegenstehender ausdrücklich erklärter und wohl überlegter Parteiwille (anderweitige private Vermögensauseinandersetzung mit Ausgleichsregelung wurde getroffen; nach BGH NJW-RR 1987, 322 sind auch ggs. Auswirkungen zwischen VA und Zugewinnausgleich zu berücksichtigen, z. B. bei freiwilliger, späterer Nachentrichtung); vgl. zusammenfassend auch HdB FamR-*Gutdeutsch*, S. 640 ff. m. w. Nachw.

3. § 17 a GKG, vgl. oben Form. II. I. 17 Anm. 5.

4. § 609 ZPO.

Kosten und Gebühren

Wie Form. II. I. 17. Denkbar sind ferner – meist spätere – Einzel- und Nebenverfahren, z. B. aus §§ 53 e, 53 f FGG, häufig in Verbindung mit Regelungen des VAHRG, insbes. dessen § 10 a (Änderung von VA-Entscheidungen). Oft GK – frei, für RA jedoch besondere Angelegenheiten nach § 118 BRAGO, s. im Einzelnen *Lappe* Rdn. 264 ff., 279, 287.

Fristen und Rechtsmittel

Vgl. zunächst Form. II. I. 17 a. E. „Rechtsmittel“, ferner Form. II. I. 30 (Verbund) und Form. II. I. 31 (isolierte FGG-Entscheidungen).

19. Versorgungsausgleich – Antrag auf Herabsetzung

An das
Amtsgericht[1]
– Familiengericht –

......, den 21. 6. 2002

In der Familiensache

des ...... **– Antragsteller –**
Verfahrensbevollmächtigter[1]: RA ......

gegen

...... **– Antragsgegnerin –**

wegen Versorgungsausgleich nach Abtrennung

hier: Herabsetzung aus Billigkeitsgründen (§ 1587 c Ziff. 1 BGB)

Az. bisher: ......

vorläufiger Streitwert: EUR ......[4]

rufe ich für den Antragsteller das im vorbezeichneten Scheidungsverfahren zwischen den Parteien durch Beschluss des Familiengerichts vom 2. 4. 2001 gemäß § 628 Nr. 1 ZPO abgetrennte, derzeit ruhende Verfahren über den Versorgungsausgleich wieder auf, mit der Bitte um baldige Terminsbestimmung und mit folgenden Anträgen[2]:

I. Vom Versicherungskonto-Nummer ...... des Antragstellers ...... bei der BfA in Berlin werden auf das Versicherungskonto Nr. ...... der Antragsgegnerin ...... Rentenanwartschaften bei der BfA Berlin in der gesetzlichen Rentenversicherung, die der gesetzlichen Rentenanpassung unterliegen, in Höhe von monatlich EUR 70,–, bezogen auf die Ehezeit vom 1. 4. 1994 bis zum 31. 3. 2000, übertragen.

II. Die Kosten werden gegeneinander aufgehoben.

Begründung:

1. Die Ehe der Parteien wurde auf Antrag des damaligen und heutigen Antragstellers vom März 2001 durch Urteil vom 2. 4. 2001 rechtskräftig geschieden, jedoch ohne Regelung des Versorgungsausgleichs. Das Verfahren hierüber musste vielmehr durch Beschluss vom gleichen Tag aus nachstehenden Gründen abgetrennt und bis zur Klärung zum Ruhen gebracht werden.

   Beweis: ......

2. Der 1939 geborene Antragsteller war (seit 1971) 25 Jahre lang als selbstständiger Steuerberater ohne Einzahlungen oder Anwartschaften auf gesetzliche Altersversorgung tätig, dies auch noch nach Eheschließung der Parteien am 1. 4. 1994. Erst am 1. 1. 1997 wechselte er in eine zunächst hochdotierte Position als angestellter Prokurist bei der Firma ...... mit Einzahlungen und Erwerb von Anwartschaften bei der gesetzlichen Rentenversicherung (BfA Berlin), hierzu insbesondere bewogen durch eine äußerst großzügig erscheinende betriebliche Altersversorgungszusage dieser Firma. Das Unternehmen ging jedoch Ende 2000 in Insolvenz. Der Insolvenzverwalter hat unter Berufung auf besondere Bestimmungen des zugrundeliegenden Versorgungs-

werkes die vom Antragsteller erhofften betrieblichen Altersversorgungsansprüche widerrufen sowie nach Grund und Höhe bestritten.
Die darauf vom Antragsteller zur Klärung seiner Betriebsrentenansprüche zu führenden Verfahren (Grund der damaligen Abtrennung) sind nunmehr abgeschlossen, leider mit für den Antragsteller sehr unerfreulichen Ergebnissen.
Im Einzelnen: ......

Beweis: ......

3. Zusammen mit den vom Familiengericht schon während des Scheidungsverfahrens erholten Auskünften der übrigen Versorgungsträger ergibt sich, dass dem Antragsteller nur eine vom Pensionsicherungsverein übernommene Betriebsrente von EUR 75,– (umgerechnet) monatlich zustehen wird. Aus Ansprüchen gegenüber der BfA wird ihm ferner, bezogen auf das Ehezeitende, eine monatliche Altersrente von EUR 475,– zustehen. Im Einzelnen: ......
4. Demgegenüber stehen der 1946 geborenen Antragsgegnerin, welche seit 1966 im Anstellungsverhältnis tätig war und ist, zuletzt als hochdotierte Steuerbevollmächtigte, aus der gesetzlichen Rentenversicherung, bezogen auf das Ehezeitende, monatliche Ansprüche von EUR 700,– zur Verfügung. Davon entfällt auf die Ehezeit lediglich ein Betrag von EUR 150,–.
5. Eine hälftige Übertragung der Differenz von EUR 200,– auf das Konto der Antragsgegnerin würde zu einer End-Gesamtrente des Antragstellers von nur noch EUR 350–, also unterhalb des Existenzminimums, führen, während der Antragsgegnerin unter Berücksichtigung ihrer vor der Ehezeit erreichten Anwartschaften eine Monatsrente von EUR 900,– zur Verfügung stünde.
Insoweit wäre die Inanspruchnahme des Antragstellers unter Berücksichtigung der beiderseitigen Verhältnisse mindestens bei Übertragung in vollem Umfang grob unbillig; dagegen wird eine herabgesetzte Übertragung von nur EUR 70,– Monatsrente den beiderseitigen Verhältnissen in billiger Weise gerechter[3].
6. Wie bereits im Scheidungsverfahren vorgetragen, hat der Antragsteller während der Ehezeit seine Ersparnisse in ganz erheblichem Umfange in ein Zweifamilienhaus mit einem Verkehrswert von heute EUR ...... investiert. Dieses Haus hat er bei Erwerb und Bauerrichtung bereits zur Hälfte, im Zusammenhang mit dem Scheidungsverfahren durch einen Vergleich über den Zugewinn in vollem Umfang auf die Antragsgegnerin übertragen. Dies geschah, obwohl diese an den Investitionskosten in keiner Weise teilgenommen hatte, in der Erwartung einer raschen Scheidung und in der trügerischen Hoffnung, er selbst werde durch die ihm zugesagte großzügige Betriebsrente auf jeden Fall für sein Alter sichergestellt sein. Die Antragsgegnerin erzielt hieraus derzeit zusätzliche Einkünfte durch Teilvermietung.
Im Einzelnen: ......

Beweis: ......

Eine volle Übertragung der Rentendifferenz vom Antragsteller auf die Antragsgegnerin gemäß § 1587b Nr. 1 BGH wäre daher auch unter Berücksichtigung des beiderseitigen Vermögenserwerbs der Parteien während der Ehe oder im Zusammenhang mit der Scheidung zusätzlich grob unbillig[3].
......

Rechtsanwalt

Anmerkungen

1. Zur Zuständigkeit, Vollmacht, Anwaltszwang und Verfahren vgl. zunächst Form. II. I. 17 und 18. Es liegt ein – durch Abtrennung – isoliertes FGG-Verfahren vor dem Familiengericht vor. Davon zu unterscheiden (engere Voraussetzungen) das nach-

trägliche isolierte Verfahren gemäß § 10a VAHRG (insbes. nach dessen Abs. 3 – Billigkeitsklausel –). Zur Tendenz des BGH, individuelle, VA-relevante Veränderungen jetzt schon im Erstverfahren zu berücksichtigen, vgl. Form. II. I. 17.

Anm. 4 und *Palandt-Brudermüller* aaO., Rdn. 34ff. zu § 1587 BGB und BGH NJW 1989, 29.

2. Antrag mindestens zweckmäßig, ferner spezifizierter Tatsachenvortrag, vgl. bereits die Übersicht bei Form. II. I. 17 und dort Anm. 4.

3. Zur materiellen Rechtsgrundlage vgl. zunächst *Lardschneider* in *Rahm/Künkel,* aaO. V. Rdn. 511ff. und HdB FamR-*Gutdeutsch,* S. 640ff., jeweils m.w.Nachw. Str. ist insbes. die Einbeziehung subjektiver Elemente und eines Verschuldens eines der Ehegatten in die hier angezogene allgemeine Unbilligkeits-Härteklausel des § 1587c Nr. 1 BGB, ferner der Einfluss des Ehegüter- und Unterhaltsrechts; str. auch die Frage, ob § 1587c BGB allgemein zur Milderung grob unbilliger Ergebnisse des Einzelfalles im Versorgungsausgleich über den unmittelbaren Regelungsbereich hinaus herangezogen werden kann, so wohl OLG Stuttgart FamRZ 1980, 594; OLG München FamRZ 1981, 281ff.; im Ergebnis ähnlich wie der Fall z.B. BGH NJW-RR 1987, 324 (Ausgleichspflichtiger würde als Folge u.U. zum Unterhaltsgläubiger). Allgemein anerkannt ist, dass § 1587c BGB nicht nur den vollständigen Ausschluss (vgl. hierzu Form. II.I. 18), sondern auch eine – wie hier im Formular – anteilige Herabsetzung ermöglicht („... soweit die Inanspruchnahme des Verpflichteten ... grob unbillig wäre ...“); so schon zum Übergangsrecht BGH NJW 1981, 394.

4. Zum Streitwert vgl. Form. II. I. 17 und 18.

Kosten und Gebühren

Vgl. hierzu Form. II. I. 17 und 18.

Fristen und Rechtsmittel

Vgl. hierzu Form. II. I. 17 und 18, im Einzelnen II. I. 31 (befristete „Berufungsbeschwerde“ ausschließlich zum OLG, § 119 GVG).

20. Versorgungsausgleich – Antrag auf anderweitige Regelung

An das
Amtsgericht[1]
– Familiengericht –

Antrag

In der Ehesache

der ...... **– Antragstellerin –**

Verfahrensbevollmächtigte: Rechtsanwälte ......[2]

gegen

...... **– Antragsgegner –**

Verfahrensbevollmächtigte: Rechtsanwälte ......[2]

wegen streitiger Ehescheidung

hier: Versorgungsausgleich – anderweitige Regelung gemäß § 1587b Abs. 4 BGB[3]

vorläufiger Streitwert: EUR ......[4]

Aktenzeichen: ......

Namens und im Auftrag der Antragstellerin, deren besondere Prozessvollmacht auf uns wir bereits im vorbezeichneten Scheidungsverfahren selbst vorgelegt haben, stellen wir für diese nunmehr zum Versorgungsausgleich folgende

Anträge:

I. Zwischen den Parteien findet der schuldrechtliche Versorgungsausgleich statt.
II. Die Kosten folgen der Hauptsache.

Begründung:

1. Wie schon in der Antragsschrift auf streitige Ehescheidung für die Antragstellerin dargelegt (vgl. dortige Ziff. I. und II.), ist die Antragstellerin als ...... bei ...... seit dem ......, der Antragsgegner als ...... bei ...... seit dem ...... beschäftigt. Es haben also während der Ehezeit[5] erworben die Ast. Versorgungsanwartschaften aus einem öffentlich-rechtlichen Dienstverhältnis und der Antragsgegner solche aus einem Arbeitsverhältnis mit Ansprüchen in der gesetzlichen Rentenversicherung, beide fast gleich lang und beide im Sinne des § 1587a Abs. 2 Nr. 1 BGB[6]. Wegen der Einzelheiten wird verwiesen auf die dem Familiengericht inzwischen vorliegenden Auskünfte der ...... vom ...... (für Antragstellerin) und des ...... vom ...... (für Antragsgegner). Aus diesen ergibt sich auch, dass an sich zwischen den Parteien der Versorgungsausgleich im Sinne des Wertausgleiches (Quasi-Splitting) gemäß §§ 1587, 1587a Abs. 2 Nr. 1 und 1587b Abs. 2 BGB in Betracht käme.
2. Die danach zu Gunsten der Antragstellerin in Betracht kommende Begründung einer Rentenanwartschaft in der gesetzlichen Rentenversicherung durch das Familiengericht wäre aber für diese ohne Interesse, da der Betrag nicht ausreicht, um selbst die kleine Wartezeit von 60 Beitragsmonaten zu erfüllen. Die Entrichtung von freiwilligen Beiträgen für die Antragstellerin ist ausgeschlossen wegen ...... (z.B. § 76 Abs. 2 SGB VI) ......

   Beweis: Die dem Familiengericht bereits vorliegenden Auskünfte der ......
3. Da sich die Durchführung des Wertausgleiches hier gerade nicht zu Gunsten der Antragstellerin als der Berechtigten auswirken würde (§ 1587b Abs. 4 1. Alt. BGB) und weitere ausgleichsfähige Anrechte nicht vorhanden sind, ist hier – nachdem sich die Parteien anderweitig nicht zu einigen vermögen[5] – die Anordnung des Ausgleichs in Form des schuldrechtlichen Versorgungsausgleichs ausnahmsweise die beste Lösung; denn ......

   Beweis: ......

Rechtsanwalt

Anmerkungen

1.–2. Zur Zuständigkeit des Familiengerichts, Verfahren, Anwaltszwang und Vollmacht so. Anm. 1 bis 3 zu Form. II. I. 17.

3. Hier soll das Familiengericht selbst eine anderweitige Regelung treffen, Antrag einer Partei (nicht notwendig des Begünstigten), erforderlich (vgl. die Übersicht Form. II. I. 17 Anm. 4), der hier auf ersatzweise Durchführung des schuldrechtlichen Versorgungsausgleiches (§§ 1587f ff. BGB) gerichtet und möglich ist (arg. aus § 1587f Nr. 5 1. Alt. BGB): jedoch keine Bindung des Familiengerichts an bestimmten Antrag, vielmehr echte Ermächtigung zu rechtsgestaltender FGG-Regelung, wenn die gesetzlichen Vorausset-

zungen (Nichtbegünstigung, Unwirtschaftlichkeit) vorliegen; zu den Möglichkeiten vgl. *Palandt/Diederichsen* § 1587b Rdn. 51 u. 52 und MünchKomm/*Maier* § 1587d Rdn. 44 bis 47, mit Verweisung auf die hier unerlässliche Spezialliteratur; ferner *Lardschneider* in *Rahm/Künkel,* V. Rdn. 505f. Die rechtsgestaltenden Möglichkeiten des FamG zur erweiterten Durchführung des öffentlich-rechtlichen gegenüber dem normalerweise ungünstigeren schuldrechtlichen VA sind durch § 3b des (zweiten) VAHRG erweitert worden, vgl. OLG Hamm FamRZ 1990, 1255 m. Nachw. und Anm. 4. b. zu Form. II. I. 17 und Anm. 1 zu Form. II. I. 21. Vom hier behandelten Antrag auf anderweitige Regelung (Parteiwille) zu unterscheiden ist der Antrag auf Feststellung, für bestimmte derzeit nicht endgültig regelungsfähige Versorgungsbereiche habe (später!) der schuldrechtliche VA stattzufinden, str., vgl. Anm. 4. a. (5) zu Form. II. I. 17. In 2. Instanz soll Antrag auf schuldrechtlichen VA nicht mehr gestellt werden können, KG FamRZ 1981, 60, wohl auch OLG Zweibrücken FamRZ 1983, 1237.

4. Zur maßgeblichen Ehezeit des § 1587 Abs. 2 BGB vgl. Form. II. I. 17 Anm. 8.

5. Zu möglichen Vereinbarungen vgl. die Hinweise bei Anm. 12 in Form. II. I. 17.

6. Beispiel für die umfangreiche Judikatur zur Zuordnung von Versorgungsträgern zu denen des § 1587a Abs. 2 Nr. 1 BGB ist BGH NJW 1985, 2708.

Kosten und Gebühren

Wie Form. II. I. 17 und 18.

Fristen und Rechtsmittel

Wie Form. II. I. 17 und 18, vgl. im Einzelnen Form. II. I. 30 und 31.

21. Versorgungsausgleich – Antrag auf schuldrechtliche Regelung (VAHRG)

An das
Amtsgericht
– Familiengericht[2] –

Antrag

In der Ehesache

der ...... – Antragstellerin –
Verfahrensbevollmächtigte[3]: RA ......

gegen

...... – Antragsgegner –
Verfahrensbevollmächtigte[3]: RAe ......

wegen streitiger Ehescheidung

hier: Versorgungsausgleich – Antrag auf schuldrechtliche Regelung nach dem Gesetz zur Regelung von Härten im Versorgungsausgleich (VAHRG)[1]

vorläufiger Streitwert[4]: ......

Az.: ......

stelle ich für die Antragstellerin in bereits im Scheidungsverfahren vorgelegter besonderer Prozessvollmacht nunmehr zum Versorgungsausgleich – soweit er nicht im Wege des öffentlich-rechtlichen Wertausgleichs stattfinden kann – folgenden

Antrag[5]:

I. 1. Es wird festgestellt[1], dass der Antragsgegner verpflichtet ist, der Antragstellerin zum Ausgleich der ihm gegenüber der Fa. ...... zustehenden Ansprüche auf betriebliche Alters- und Invaliditätsversorgung eine Ausgleichsrente auf der Basis von EUR ...... per ...... zu bezahlen, sobald folgende Voraussetzungen vorliegen:
a) ...... ;
b) ...... ;

I. 2. Hilfsweise: Es wird festgestellt[1], dass hinsichtlich der dem Antragsteller gegenüber der Firma ...... zustehenden Ansprüche auf betriebliche Alters- und Invaliditätsversorgung zwischen den Parteien der schuldrechtliche Versorgungsausgleich stattfindet.

I. 3. Höchsthilfsweise: Der Ausgleich der dem Antragsgegner gegenüber der Firma ...... zustehenden Ansprüche auf betriebliche Alters- und Invaliditätsversorgung zwischen den Parteien bleibt dem schuldrechtlichen Versorgungsausgleich vorbehalten[1].

II. Die Kosten folgen der Hauptsache[8].

Begründung:

1. Ich nehme zunächst Bezug auf die Darstellung im Scheidungsverfahren zu den persönlichen und wirtschaftlichen Verhältnissen, ferner auf die bisherigen Schriftsätze der Parteien, die von diesen eingereichten Formulare und die vom Familiengericht eingeholten Auskünfte der Versorgungsträger zum Versorgungsausgleich. Dabei hat sich ergeben, dass der öffentlich-rechtliche Versorgungsausgleich zwischen den Parteien derzeit nur wegen folgender Versorgungsanwartschaften stattfinden kann:
......
Dagegen kann hinsichtlich der dem Antragsgegner gegenüber der Firma ...... aus deren Versorgungswerk zustehenden Ansprüche auf betriebliche Alters- und Invaliditätsversorgung ein öffentlich-rechtlicher Wertausgleich derzeit nicht stattfinden, zum einen wegen der Einschränkung des Anwendungsbereichs von § 1587b III BGB durch das Gesetz zur Regelung von Härten im Versorgungsausgleich (VAHRG), zum anderen, weil diese Betriebsrentenansprüche des Antragstellers gegenüber dem Versorgungswerk der Firma ...... entweder überhaupt noch nicht (so der Antragsgegner) oder nur dem Grunde nach und beschränkt auf eine allerdings zum ...... bereits mit EUR ...... errechenbare Sockelrente (so die Antragstellerin) unverfallbar sind[7].
Da das Versorgungswerk der Firma ...... eine Realteilung im Sinne von § 1 Abs. 2 VAHRG nicht vorsieht und sich das Anrecht des Antragsgegners auch nicht gegen einen öffentlich-rechtlichen Versorgungsträger mit der Möglichkeit des Quasi-Splitting (§ 1 Abs. 3 VAHRG) richtet, ist daher gemäß dem derzeit geltenden[6] § 2 VAHRG der schuldrechtliche Versorgungsausgleich zwischen den Parteien durchzuführen. Im Einzelnen ergibt sich hierzu an künftigen Anrechten für die Antragstellerin folgendes:
......
Die gegenteilige Auffassung des Antragsgegners ist nicht zutreffend, weil ......

2. Der Antragsgegner hat vorgerichtlich und im Verfahren, wie oben näher dargelegt, bestritten, dass überhaupt eine Ausgleichspflicht hinsichtlich seiner Betriebsrente gegenüber der Firma ...... jemals in Frage käme. Darüber hinaus hat die Antragstellerin erfahren müssen, dass der Antragsgegner von der Firma ...... als Arbeitgeber demnächst für mehrere Jahre zu einer ausländischen Tochtergesellschaft (unter Aufrechterhaltung seiner Ansprüche gegen das Versorgungswerk) versetzt wird; er hat

sich am Auslandsort bereits eingerichtet und wird – auch im Hinblick auf das fortgeschrittene Alter der Parteien – dort möglicherweise endgültig bleiben.
Die Antragstellerin hat daher ein berechtigtes Feststellungsinteresse im Sinne des § 256 ZPO dahin, dass jetzt schon festgestellt wird, dass hinsichtlich der strittigen Betriebsrente der schuldrechtliche Versorgungsausgleich zwischen den Parteien stattfindet; darüber hinaus darauf, dass jetzt schon festgestellt werden der zum ...... (Ende der Ehezeit) feststellungsfähige – im Übrigen auch für den sonstigen Versorgungsausgleich bedeutsame – Sockelbetrag gemäß dem Hauptantrag und eine Verpflichtung des Antragsgegners, dem Grunde nach später an die Antragstellerin eine entsprechende Ausgleichsrente zu zahlen.

3. Sollte sich das Familiengericht dem nicht anschließen, so wäre jedenfalls im Interesse der Klarstellung im Tenor des zu erlassenden Verbundurteils über die Scheidung der Ehe festzustellen, dass der schuldrechtliche Versorgungsausgleich zwischen den Parteien im Sinne des Hilfsantrags zu I. 2. stattfindet, hilfsweise gemäß I. 3. zur Klarstellung der künftigen Rechtsverhältnisse vorbehalten bleibt.

Rechtsanwalt

Anmerkungen

1. Vorgestellt wird ein VA-Antrag im Verbund; häufiger denkbar in späteren (isolierten) Verfahren des SRA. Antrag stets erforderlich (vgl. Anm. 5). Häufiges Problem in der Praxis ist nämlich, dass während VA-Durchführung im Scheidungsverbund zwar relativ gute Ermittlungsergebnisse und Beweismittel verfügbar sind, beim oft Jahrzehnte später nachträglich durchzuführenden SRA aber nicht mehr (es sei denn, die geschiedenen Eheleute überwachen sich weiterhin ständig). Der dem Sachverhalt des BGH-Beschlusses vom 14. 10. 1981, FamRZ 1982, 42 nachgebildete Fall ist durch Beschluss des BGH vom 7. 12. 1983, FamRZ 1984, 251 = NJW 1984, 610, *sehr problematisch* geworden. Im Beschluss vom 14. 10. 1981 hatte der BGH feststellende Entscheidungen (und damit entsprechende Anträge) zu schuldrechtlichen Versorgungsausgleich (SRA) in begrenztem Rahmen entsprechend § 256 ZPO zugelassen, wenn ein besonderes Feststellungsinteresse – wie hier wohl der Fall – gegeben ist. Dies wird in der Lit. z.T. bejaht, vgl. *Borth,* Versorgungsausgleich in anwaltschaftlicher und familiengerichtlicher Praxis, Seite 308 m. Nachw., wohl auch *Hahne/Glockner,* Das Gesetz zur Regelung von Härten im Versorgungsausgleich, FamRZ 1983, 221 ff., 223, auch von der Praxis vieler Instanzgerichte, speziell im Bereich der betrieblichen Altersversorgung (vgl. hierzu auch *Glockner* FamRZ 1988, 782).

Soweit der BGH im Beschluss vom 7. 12. 1983 einen Antrag auf künftige Regelung (§§ 257 ff. ZPO) und eine vorgezogene Entscheidung über Ausschluss- bzw. Herabsetzungsanträge (§§ 1587 c, 1587 h BGB) für unzulässig hält, mag dies noch angehen. Der grundsätzliche Zweifel am Feststellungsinteresse (vor allem aus der Gesetzgebungsgeschichte entnommen) aber deshalb, weil möglicherweise später Ausschluss- oder Herabsetzungsverlangen (§§ 1587 c, 1587 h BGB) durchgreifen könnten, überzeugt nicht: Gerade die Tatbestände des § 1587 c BGB (Verhalten oder Unterlassen der Ehepartner während Ehe und Scheidung, teilweise Verschulden) sind mit Scheidung der Ehe in sich abgeschlossen und u. U. Jahrzehnte später praktisch nicht mehr beweisbar. Auch § 10 a VAHRG bringt wegen engerer Voraussetzungen keinen vollen Ersatz. Es besteht also häufig ein erhebliches Interesse des Ausgleichspflichtigen, diese Fragen schon jetzt geklärt zu wissen, ebenso wie ein erhebliches Widerlegungsinteresse des Ausgleichsberechtigten.

Die – mit den Hilfsanträgen im Formular verfolgte – rein klarstellende „Feststellung", dass ein SRA derzeit nicht abschließend entschieden, als später stattfindend behandelt oder vorbehalten ist, dürfte m. E. nicht von BGH vom 7. 12. 1983 aaO. erfasst sein, vgl. aber andererseits auch BGH FamRZ 1995, 293 und FamRZ 1996, 1465).

Jedenfalls bereits im Scheidungsverbundverfahren möglich sein kann aber der *Antrag* auf Abfindung (§ 1587l BGB), soweit seine Voraussetzungen, insbesondere wirtschaftliche Zumutbarkeit (wie in § 3b Abs. 1 Nr. 2 VAHRG) (*Palandt-Brudermüller* aaO., Rdn. 8 zu § 1587l BGB) vorliegen und der Berechtigte damit besser fährt (schwierige Prognose!).

2. Vgl. Form. II. I. 18 m.w. Nachw.

3. Vgl. Form. II. I. 17 m.w. Nachw.

4. Zum Streitwert vgl. Form. II. I. 17 Anm. 5. und Form. II.I. 18 Anm. 3.

5. Das *Antragserfordernis* (nicht notwendig durch den Berechtigten) bzw. Erfordernis spezifizierten Tatsachenvortrages – vgl. ausführlich Form. II.I. 17 Anm. 4 – im Rahmen des SRA bleibt auch nach dem VAHRG erhalten, insbesondere für Sonderfälle wie Ausschluss, Herabsetzung, Abfindung; zur Problematik der u.U. nur noch teilweise gegebenen Abfindungsmöglichkeit nach dem VAHRG vgl. *Hahne/Glockner* aaO., Seite 222 m. Beisp.

6. Die Geltung des VAHRG ist nunmehr unbefristet. Zu den Neuregelungen per 1. 1. 1992 (RRG) und durch das RÜG vgl. *Ruland,* NJW 1992, 1ff. und *ders.,* NJW 1992, 77ff. m. Nachw.

7. Zur Problematik der erst „dem Grunde nach" oder wegen Sockelbeträgen (Grundrente) unverfallbaren Altersversorgungsanwartschaften vgl. BGH FamRZ 1982, 899ff. (Einbeziehung mit dem Grundrenten-Anteil in den sofort durchzuführenden öffentlich-rechtlichen Ausgleich bejaht, somit Aufspaltung, da der Rest dem schuldrechtlichen VA zugewiesen wird; kritisch *Hahne/Glockner* aaO., 222f.).

8. Zu einstweiligen Anordnungen auf Kostenvorschuss und zu Vereinbarungen vgl. Form. II.I. 17 Anm. 11 und 12.

Kosten und Gebühren

Wie Form. II.I. 17 und 18.

Fristen und Rechtsmittel

Wie Form. II.I. 17 und 18. Gerade wenn man ein Feststellungsinteresse im obigen Sinne ablehnt oder einschränkt, erlangt der besondere, nachträgliche „Rechtsbehelf" über § 10a VAHRG (Abänderung von VA-Entscheidungen) erhebliche Bedeutung, der – unter eingeschränkten Voraussetzungen – später *auf Antrag* teilweise auch zur Korrektur von Fehlern früherer VA-Entscheidungen eingesetzt werden kann (ausführlich z.B. bei HdB FamR-*Gutdeutsch,* S. 593f. und S. 645ff. m.w. Nachw.).

22. Anträge in Lebenspartnerschaftssachen[1]

An das
Amtsgericht
– Familiengericht[2] –

Anträge

In der Lebenspartnerschaftssache

des ......, geb. am ......, arbeitslos, ... **– Antragsteller –**
Prozessbevollmächtigte[3]: RA ......

gegen

......, geb. am ......, Computergrafiker ...... – Antragsgegner –
Verfahrensbevollmächtigter: RA ......

Beteiligter: Herr X (Vermieter der Partnerwohnung)

wegen Aufhebung der Lebenspartnerschaft u. a.

vorläufiger Streitwert[4]: EUR ......

Az.: ......

stellen wir für den Antragsteller in besonderer Prozessvollmacht (§ 609 ZPO) folgende Anträge:

I. Die zwischen den Parteien am ...... in ...... vor dem Standesbeamten begründete Lebenspartnerschaft (Reg. Nr. ......) wird aufgehoben.

II. Der Antragsgegner wird verurteilt, an den Antragsteller einen nachpartnerschaftlichen Unterhalt von EUR ...... pro Monat, zahlbar jeweils am Monatsersten, erstmals ab ...... (Zeitpunkt) zunächst bis zum ......, zu bezahlen.

III. Die von den Parteien gemeinsam in ...... im Anwesen ...... angemietete Wohnung, zu ca. 65 qm, bestehend aus einem Wohnzimmer, einem Schlafzimmer, einer Küche, einem Bad, Kellerabteil, wird dem Antragsteller unter Begründung eines Alleinmietverhältnisses mit dem Vermieter X. zugewiesen.

IV. Der Antragsgegner hat die Kosten des Verfahrens zu tragen.
Verbindung der Verfahren zu obigen Anträgen (§ 147 ZPO) wird vorsorglich beantragt.[5]

V. Anträge auf einstweilige Anordnungen/Schutzmaßnahmen erfolgen gesondert.[6]

Begründung:

1. Die Parteien, beide deutsche Staatsangehörige und volljährig, haben sich Anfang 2001 kennen und lieben gelernt und als eines der ersten homosexuellen Paare in Deutschland ihre Lebenspartnerschaft wie im Antrag angegeben begründet und eintragen lassen. Sie haben unmittelbar darauf die in Antrag III. bezeichnete Wohnung gemeinsam von Herrn X (Vermieter) angemietet und in dieser seit nunmehr acht Monaten einen auf Dauer angelegten gemeinsamen Haushalt geführt. Wohnungs- und Lebensunterhalt wurden im Wesentlichen finanziert aus dem erheblichen Einkommen des Antragsgegners als Computergrafiker, da der Antragsteller unter anderem aus Gesundheitsgründen nur gelegentlich erwerbstätig sein konnte.

2. Vor etwa drei Monaten verlor der Antragsgegner (vorübergehend) seinen gut bezahlten Arbeitsplatz und veränderte sein Verhalten gegenüber dem Antragsteller radikal, wobei auch eine vom Antragsgegner immer stärker entwickelte Eifersucht wegen eher harmloser Kontakte des Antragstellers zu anderen Männern mitspielte. Mit der Behauptung, der Antragsteller sei „sein Eigentum" und müsse „gesetzlich für ihn sorgen", zwang der Antragsgegner den Antragsteller durch Drohungen und vielfache Misshandlungen zur Prostitution und zur Ablieferung des hieraus erlangten Geldes. Als der Antragsteller dies schließlich verweigerte, wurde er vom Antragsgegner in der gemeinsamen Wohnung eingesperrt, deren Schlüssel alleine der Antragsgegner hat.
Im Einzelnen:
......
Beweismittel: ......

3. Dem Antragsteller gelang erst vor einigen Tagen die Flucht, er ist zurzeit mittellos, da seine Ausweispapiere noch in der Wohnung sind, auch ohne Zugriff auf sein eigenes Bankkonto, und nur vorübergehend bei Freunden untergekommen.
Er hat durch unser Anwaltsschreiben vom ...... vom Antragsgegner unverzüglich die alleinige Überlassung der Wohnung gemäß Antrag III. an sich verlangt, ohne Reaktion des Antragsgegners. Dieser hat ihn vielmehr bereits aufgespürt und droht,

ihn „mit seinem Messer aufzuschlitzen“, auch im Stammlokal der Parteien („Chez Guido“).

......

Beweismittel: ......

4. Aufhebung der Lebenspartnerschaft
Die Fortsetzung dieser Lebenspartnerschaft wäre aus den oben dargestellten, allein in der Person des Antragsgegners liegenden Gründen für den Antragsteller eine unzumutbare Härte (§ 15 Abs. 2 Nr. 3 LPartG), eine Wartezeit für ihn nicht mehr erträglich.
5. Partnerschaftlicher Unterhalt[7]
Der Antragsteller, schon vorher gesundheitlich nicht stabil und ohne festes Erwerbseinkommen, ist durch die monatelangen Misshandlungen und Nachstellungen physisch und psychisch so schwer erkrankt, dass von ihm für mindestens ein Jahr eine Erwerbstätigkeit nicht erwartet werden kann. Der Unterhalt nach Antrag zu II. erscheint auch angemessen (§ 4 LPartG).
Im Einzelnen:
......
Beweismittel: ......
6. Wohnungszuweisung[8]
Aus den gleichen Gründen ist der Antragsteller auf die Wohnung gemäß Antrag zu III. dringendst angewiesen (§ 14 LPartG mit § 1361b BGB analog). Die Miete könnte vom Sozialamt bezahlt werden.
Im Einzelnen: ......
7. Einstweilige Anordnung: gesondert
8. Verbindung bzw. Verbund: ......

Anmerkungen

1. § 661 ZPO n.F. (neuer 7. Abschnitt des 8. Buches der ZPO) stellt nunmehr die dort bezeichneten Lebenspartnerschaftssachen (Statussachen, Fürsorge und Unterhalt, Partner-Güterrecht, aber auch Hausrat und gemeinsame Wohnung), also auch hier sowohl ZPO- wie FGG-Verfahren, durch Verweisung auf §§ 606ff. (Ehesachen) und 621 ZPO verfahrensmäßig weitgehend gleich. Im Form. werden vorgestellt mögliche Hauptsache-Verfahren zu verschiedenen Regelungsmaterien. Zur Problematik des „Verbundes“ s.u. Anm. 5; zur Abgrenzung von einstweiligen Regelungen s.u. Anm. 6.

2. Zuständig ist also auch hier nun das Familiengericht (vgl. Form. II. I. 6 ff. und Form. II. I. 10 ff. m.w.Nachw.).

3. Anwaltszwang gemäß § 78 Abs. 2 Nr. 1a ZPO n.F. (für Statussachen und „Folgesachen in allen Rechtszügen“ und § 78 Abs. 2 Nr. 2 ZPO n.F. (partnerschaftlicher Unterhalt, nur vor den höheren Gerichten).

4. Auf die Streitwert-Anmerkungen zu II.I. 6. ff. und II.I. 10. ff. kann also verwiesen werden.

5. Nach *Hüßtege* in *Thomas-Putzo*, 24. Auflage 2002, sind auch die Vorschriften über den Verbund (§§ 623ff. ZPO) entsprechend anzuwenden, wenn die einzelnen Verfahren „zugleich mit einem Aufhebungsantrag eingeleitet werden“; auch die Neufassung von § 78 Abs. 2 Nr. 1a ZPO (vgl. Anm. 3) spricht – verbundtypisch – von „Folgesachen“ auch für Lebenspartnerschaftssachen. Dies würde in voller Konsequenz u.U. bedeuten, dass die Anträge zu Wohnung und Unterhalt nur „für den Fall der Aufhebung der Lebenspartnerschaft“ so wie hier gestellt werden könnten (also Abgrenzung § 5 LPartG zu § 16 LPartG, ferner § 14 LPartG zu § 18 LPartG: eine endgültige Wohnungszuweisung mit Einbeziehung des Vermieters also z.B. zunächst nicht möglich, vgl. Form. II. I. 16 m. Anm.).

6. Die Verweisung in § 661 Abs. 2 ZPO n.F. eröffnet ferner möglicherweise auch in Lebenspartnerschaftssachen die gesamte Palette des einstweiligen Rechtsschutzes (insbesondere §§ 620ff. ZPO) wie in Ehe- und Familiensachen:

Trennungsunterhalt: wie in Form. II. I. 26, zumal § 5 LPartG ausdrücklich auf § 1360a BGB verweist, einschließlich Prozessvorschuss (?)

Wohnungszuweisung: wie in Form. II. I. 25, zumal § 14 LPartG dem § 1361b BGB praktisch völlig nachgebildet ist (einschließlich Herabsenkung der Eingriffsschwelle von „schwerer Härte“ auf „unbillige Härte“, so schon *Palandt-Brudermüller* aaO. zu § 24 LPartG). Im vorgestellten Fall – zwischen Erwachsenen – ist ferner die zusätzliche Anspruchs- und Verfahrensgrundlage (jedenfalls für einstweilige Regelungen) des Gewaltschutzgesetzes verfügbar (mit Verweisung auf die HausratsVO), da die Parteien einen auf Dauer angelegten, jedenfalls mindestens 6 Monate bestehenden gemeinsamen Haushalt geführt haben; im vorgestellten Fall bieten sich insbesondere Schutzanordnungen nach § 1 Gewaltschutzgesetz (Betretungsverbot etc.) zusätzlich an (z.B. Betretungsverbot für Wohnung und Stammlokal; Kontaktverbot etc.), vgl. hierzu auch Form. II. I. 25 und dort Anm. 4 sowie jetzt § 620 Nr. 9 ZPO n.F.

7. Die Rechtsprechung zum „angemessenen Unterhalt“ zwischen gleichgeschlechtlichen Lebenspartnern in der Sache bleibt abzuwarten.

8. Zur Verbundproblematik bei Einbeziehung Dritter (Vermieter) vgl. Anm. 5.

Kosten und Gebühren

Vgl. Form. II. I. 6 ff. und Form. II. I. 12 bzw. II. I. 16. In Verfahren des einstweiligen Rechtsschutzes wohl wie Form. II. I. 25 und 26.

Fristen und Rechtsmittel

Ein Unterschied bei Fristen und Rechtsmitteln zu den soeben Ehe- und Familiensachen ist nicht erkennbar, zumal auch Gewaltsschutz-Sachen über § 620 Nr. 9 und § 621 Abs. 1 Nr. 13 ZPO n.F. voll in das allgemeine familienrechtliche Rechtsschutzsystem integriert zu sein scheinen (wenn auch in entsprechender Anwendung).

Einstweilige Regelungen

23. Antrag auf einstweilige Anordnung wegen Prozesskostenvorschuss

An das
Amtsgericht[1]
– Familiengericht –

Antrag auf einstweilige Anordnung

der ...... **– Antragstellerin –**
Verfahrensbevollmächtigter: Rechtsanwalt ......[2]
gegen

...... – Antragsgegner –
– derzeit noch nicht vertreten –

wegen streitiger Ehescheidung[3]

hier: einstweilige Anordnung eines Prozesskostenvorschusses[4, 5]

vorläufiger Streitwert: EUR ......[6]

Aktenzeichen: ......[7]

Ich nehme Bezug auf die im vorbezeichneten Scheidungsverfahren von mir für die Antragstellerin mit deren Ehescheidungsantrag vom ...... eingereichte besondere Prozessvollmacht[8]. Im Rahmen dieses Verfahrens wird namens und im Auftrag der Antragstellerin der Erlass folgender einstweiliger Anordnung – wegen Dringlichkeit ohne mündliche Verhandlung –[9] beantragt:

I. Der Antragsgegner hat an die Antragstellerin einen Prozesskostenvorschuss in Höhe von EUR ...... zu bezahlen.

II. Die Kosten folgen der Hauptsache[12].

Begründung:

1. Nach den im Scheidungsantrag vom ...... dargelegten wirtschaftlichen Verhältnissen der Parteien und unserem gleichzeitig gesondert eingereichten Antrag auf Streitwertfestsetzung vom ...... dürfte sich für das anhängige Scheidungsverfahren einschließlich Sorgerechtsregelung für zwei gemeinsame Kinder und Versorgungsausgleich und einschließlich dieses einstweiligen Anordnungsverfahrens selbst[11] ein Verfahrensstreitwert von mindestens EUR ......[10] ergeben. Wie in der als Anlage 1 beigefügten Kostenvorschussrechnung des Unterfertigten im Einzelnen aufgeschlüsselt, errechnet sich hieraus ein Bedarf der Antragstellerin für Gerichts- und Prozesskosten in Höhe von mindestens EUR ......

   Glaubhaftmachung: Scheidungsantragsschrift vom ......, wie vor;
   eidesstattliche Versicherung Ast. vom ......

2. Die Antragstellerin, wie bisher während der Ehezeit nicht erwerbstätig, mit der Betreuung der beiden gemeinsamen minderjährigen ehelichen Kinder voll ausgelastet und ohne eigenes Einkommen oder Vermögen, erhält vom Antragsgegner derzeit lediglich die Wohnungsmiete und einen unzureichenden Unterhaltszuschuss für sich und die Kinder von insgesamt ca. EUR ......

   Glaubhaftmachung: Eidesstattliche Versicherung Ast. vom ......

   Sie ist daher derzeit ohne erhebliche Beeinträchtigung eines angemessenen Lebensunterhaltes für sich und die Kinder außerstande, die erforderlichen Prozesskosten selbst zu tragen, so dass der Antrag nach §§ 1360a BGB, 620 Nr. 9 ZPO begründet ist[10]. Scheidungsantrag und Folgesachen sind auch hinreichend aussichtsreich.

3. Dagegen ist der Antragsgegner hinreichend leistungsfähig, weil ......
4. Die Kostenentscheidung folgt aus § 620g ZPO[11].

Rechtsanwalt

Anmerkungen

1. Zuständigkeit: Gericht des ersten Rechtszuges (Familiengericht), wenn Rechtsstreit jedoch in der Berufung anhängig ist, das Berufungsgericht; ist eine Folgesache in 2. oder 3. Instanz anhängig, so ist, soweit es sich um denselben Gegenstand handelt, das Berufungs- oder Beschwerdegericht der Folgesache zuständig (§§ 620a Abs. 4 ZPO, 620b Abs. 3 ZPO) – aber nur solange anhängig, vgl. BGH NJW 1984, 291 (kein Vorschussanspruch bei

geschiedenen Ehegatten) sowie BGH NJW 1985, 2265 (kein Vorschuss mehr nach Rechtskraft), offen, ob doch bei vorher eingetretenem Verzug (bejahend z.B. *Gießler* aaO.).

2. Das einstweilige Anordnungsverfahren (ausführlich insbes. *Gießler*, Vorläufiger Rechtsschutz, 3. Aufl. 2000) unterliegt als Teil der Ehesache grundsätzlich dem Anwaltszwang (§ 78 Abs. 2 Nr. 1 ZPO), mit Parteiantragsrecht nach §§ 78 Abs. 3, 620a Abs. 2 S. 2 ZPO. Antrag auf mündliche Verhandlung und das ihm nachfolgende Verfahren unterliegen dem Anwaltszwang (h. M., vgl. Nachw. bei *Gießler* aaO., Fn. 47 zu Rdn. 109). Tragweite des in §§ 620ff. ZPO vor allem für das Verbundverfahren geregelten Systems der einstweiligen Anordnungen (eAO) teilweise geklärt (wohl keine reine Spezialisierung zu §§ 916ff. ZPO): erweiterte Gestaltungsbefugnis des Richters ohne strikte Bindung an das materielle Recht; i.Ü. bei Form. II. I. 27ff. (Rechtsmittel). Insbes. erstreckt § 620 S. 1 Nr. 10 ZPO (Neufassung durch GewSchG) den Vorschuss ausdrücklich auf alle Folgesachen; er kann auch für damit verbundene eAO-Verfahren verlangt werden.

Weitere Grundlage können die Vorschriften des § 127a ZPO (Unterhaltssachen) und § 621f (andere selbstständige Familiensachen, insbes. FGG-Verfahren) sein, auch dort, wie hier, jedoch erst mit Einreichung einer (Unterhalts-)Klage bzw. Prozesskosten-Hilfe-Antrag hierzu, vgl. im einz. Form. I. C. 5 m.w. Nachw.

3. Vgl. dazu o. Form. II. I. 8.

4. § 620 S. 1 Nr. 10 ZPO n.F. Daneben steht der Klageweg offen (*Hüßtege* in *Thomas-Putzo* § 620 Anm. 2b. ee, § 620a Anm. 2a ee). Zulässig erst nach Anhängigkeit der Ehesache oder des Antrags auf Prozesskostenhilfe; zuvor u.U. Antrag nach § 940 ZPO (OLG Düsseldorf NJW 1978, 895, a.A. OLG Oldenburg FamRZ 1978, 526, vgl. auch BGH FamRZ 1979, 472 gegen OLG Düsseldorf FamRZ 1980, 175). Nach Prozessende kein Anspruch mehr auf vorher nicht geltend gemachten Prozesskostenvorschuss, BGH NJW 1985, 2265 (bejahend jedoch, falls vorher Verzug, OLG Bamberg FamRZ 1986, 484). Spätere Rückforderung bei erheblicher Verbesserung der wirtschaftlichen Verhältnisse des anderen Ehegatten soll in Frage kommen (OLG Saarbrücken NJW-RR 1987, 522 unter Hinweis auf BGH FamRZ 1985, 802).

Materielle Rechtsgrundlage: vgl. Anm. 11.

5. Das Verhältnis zur (staatlichen) Prozesskosten-Hilfe ist in der Praxis oft schwierig: grundsätzlich soll Anspruch auf Vorschuss als „vorhandenes Vermögen" (§ 115 Abs. 2 ZPO) Anspruch gegen den Staat auf Hilfe ausschließen bzw. beschränken (Subsidiarität), was langwierige Vorwegbeurteilungen der Rechtslage (Unterhaltsanspruch gegeben?) mit ungeklärten zusätzlichen Kostenrisiken verursachen kann, vgl. hierzu auch Form. I. C. 1–4 und insbes. 5., ferner *Reichold* in *Thomas-Putzo* aaO., wohl h.M. PKV „zweifelsfrei und wirtschaftlich durchsetzbar") und aus der Rspr. z.B. OLG Frankfurt FamRZ 1982, 418; OLG Bamberg FamRZ 1983, 204, OLG Frankfurt/M. FamRZ 1985, 826: Prozesskostenvorschuss kann auch in Raten geschuldet werden, bei mehr als 4 Raten PKH. § 624 Abs. 2 ZPO n.F. fordert besondere Bewilligung für Folgesachen auf Antrag (außer VA). Praktische Hinweise bei *Rahm/Künkel*, Handbuch aaO., II., Rdn. 82ff. Für das Prozesskostenhilfeverfahren selbst gibt es keine Prozesskostenhilfe, hier sollte Antrag nach dem Beratungshilfegesetz gestellt werden, BGH FamRZ 1985, 690. Vgl. Näheres bei „Kosten und Gebühren".

6. Für den Streitwert bei der einstweiligen Anordnung auf Prozesskostenvorschuss gilt nicht § 20 GKG, sondern § 12 GKG: Maßgebend ist der verlangte Betrag.

7. Das einstweilige Anordnungsverfahren führt das gleiche Aktenzeichen. Es werden bei Gericht „Sonderhefte" gebildet, jedoch in der Akte der Hauptsache geführt (vgl. § 13a AktO). Für den Anwaltsbetrieb empfiehlt mancher ebenfalls die Anlage von gesonderten Akten.

8. Die besondere Prozessvollmacht gemäß § 609 ZPO erstreckt sich kraft Gesetzes auch auf Folgesachen (§ 624 ZPO) und damit auch auf einstweilige Anordnungsverfahren.

9. Es liegt im Ermessen des Gerichts, ob es vor Erlass einer einstweiligen Anordnung mündliche Verhandlung anordnet (§ 620a Abs. 1 ZPO). Bei einem Antrag auf Prozesskostenvorschuss wird das in der Regel nicht nötig sein.

10. Vgl. § 12 Abs. 2 S. 2 GKG (grundsätzlich 3-monatiger Nettoverdienst der Ehegatten), im Übrigen zu Form. II. I. 10 und 17ff.

Zur Höhe des Prozesskostenvorschusses: OLG München FamRZ 1987, 301: wie nach § 17 BRAGO, also: in der Regel drei Anwaltsgebühren zuzüglich Unkostenpauschale, ebenso *Gießler* aaO., Rdn. 735ff.

11. Materielle Rechtsgrundlage: Anspruchsvoraussetzungen nach § 1360a Abs. 4 BGB (getrennt lebende Ehegatten) bzw. §§ 1610, 1613, 1360a Abs. 4 (analog) BGB (mind. für das minderjährige Kind). Ob der Vermögensstamm angegriffen werden muss, bestimmt sich nach Billigkeit (*Palandt/Diederichsen* § 1360a Rdn. 14). PKV-Anspruch erfasst auch Kosten des Verfahrens auf PKV selbst (OLG Frankfurt FamRZ 1979, 732; zustimmend *Gießler* aaO. Rdn. 755 m.w.Nachw.). Bei wesentlicher Verbesserung der wirtschaftlichen Verhältnisse als PKV-Gläubigers kommt spätere Rückforderung in Betracht (OLG Saarbrücken NJW-RR 1987, 522 unter Bezug auf BGH FamRZ 1985, 802).

12. In der Regel ergreift der Kostenausspruch der Hauptsache die Kosten des einstweiligen Anordnungsverfahrens, § 620g ZPO, weshalb vielfach keine besondere Tenorierung für nötig gehalten wird. Das Gericht kann jedoch nach § 96 ZPO bei Erfolglosigkeit des Antrags dessen Kosten dem Antragsteller auferlegen.

Kosten und Gebühren

GK: KV Nr. 1700/1701 (nur falls Entscheidung, nur einmal für Rechtszug) bzw. Nr. 1702; RA: da besondere Angelegenheit (§ 41 BRAGO), die der §§ 31ff. BRAGO, aber für die in § 41 Abs. 1 S. 1 lit. a–d BRAGO aufgeführten Verfahren nur einmal pro Rechtszug. Die nach h.M. gegenüber Prozesskostenvorschuss grundsätzlich nur subsidiäre Prozesskostenhilfe, s. auch Form. I. C. 1–5, wird oft nur zögernd für spätere (möglichen) Folgesachen bewilligt. § 624 Abs. 2 ZPO erstreckt PKH nur auf Folgesachen von Amts wegen, so dass PKH jeweils für Antrags-Folgesachen neu beantragt und bewilligt werden muss, vgl. OLG Bamberg FamRZ 1986, 701. Durch das KindRG wird nunmehr auch die Sorgerechtsregelung nur auf Antrag durchgeführt (vgl. Form. II. I. 10 m.w.Nachw.), sodass von Amts wegen nur noch der VA verbleibt. Das schränkt die prozeßtaktischen Möglichkeiten der armen Partei zusätzlich ein, vgl. hierzu *Herpers* FamRZ 1981, 734 und *Wax* FamRZ 1980, 975, zur „rückwirkenden Bewilligung“ auch BGH NJW 1982, 446.

Bedauerlich die h.M., dass für das – oft komplizierte – Prozesskostenhilfe-Bewilligungsverfahren selbst keine PKH erreichbar (ja: OLG Hamm NJW 1982, 287; nein: OLG Nürnberg NJW 1982, 228 und der BGH in FamRZ 1985, 690 – stattdessen Beratungshilfe? –).

Fristen und Rechtsmittel

Im Verfahren nach §§ 620ff. ZPO grundsätzlich keine außer Antrag nach § 620b ZPO; u.U. sofortige Beschwerde in Fällen „greifbarer Gesetzwidrigkeit“, kaum je gegeben.

24. Antrag auf vorläufige Anordnung wegen elterlicher Sorge und Herausgabe eines Kindes

An das
Amtsgericht[1]
– Familiengericht –

Antrag auf vorläufige Anordnung

des ...... – Antragsteller –
Verfahrensbevollmächtigter: Rechtsanwalt ......[2]

gegen

...... – Antragsgegnerin –

wegen elterlicher Sorge und Kindesherausgabe[3]

hier: vorläufige Anordnung[4]

vorläufiger Streitwert: EUR ......[5]

Aktenzeichen: ......[6]

Ich nehme Bezug auf die in der vorbezeichneten Familiensache (Hauptsacheverfahren) von mir für den Antragsteller vorgelegte gesonderte Prozessvollmacht[7]. Im Rahmen dieses Verfahrens wird namens und im Auftrag des Antragstellers der Erlass folgender vorläufiger Anordnung – wegen Dringlichkeit ohne mündliche Verhandlung –[8] beantragt:

I. Die elterliche Sorge für das gemeinsame eheliche Kind ...... der Parteien, geb. am ......, wird einstweilen dem Antragsteller übertragen[9].
II. Die Herausgabe des gemeinsamen ehelichen Kindes ...... der Parteien, geb. am ......, an den Antragsteller wird angeordnet.
III. Die Kosten folgen der Hauptsache.

Begründung:

1. Wie bereits in der Antragsschrift des Hauptsacheverfahrens dargelegt, wurde die Ehe der Parteien, aus der das gemeinsame eheliche Kind ......, geb. am ......, hervorgegangen ist, nach Getrenntleben der Parteien von mehr als 14 Monaten durch Endurteil des Amtsgerichts – Familiengericht – ...... am ...... (Aktenzeichen: ......) im Wege der Scheidung gemäß § 630 ZPO rechtskräftig geschieden. In Übereinstimmung mit dem damals vorgelegten Vorschlag beider Parteien wurde im Scheidungsurteil die elterliche Sorge für das Kind ...... der Antragsgegnerin allein übertragen. Der Scheidung vorausgegangen war der Wegzug der Antragsgegnerin mit dem Kind aus der früheren Ehewohnung nach ...... zu ihrer Mutter: diese werde sich, wie die Antragsgegnerin damals vortragen ließ, während der Zeit ihrer Berufstätigkeit zusätzlich um das Kind kümmern.

   Glaubhaftmachung: Akten des Scheidungsverfahrens ......, insbesondere von den Parteien vorgelegte Scheidungsvereinbarung gemäß § 630 ZPO vom ...... und Schriftsatz der Antragsgegnerin, dortigen Antragstellerin, vom ...... an das Familiengericht ......

2. Im Scheidungsverfahren hat der Antragsteller den eigentlichen Grund für die Zerrüttung der Ehe nicht vorgetragen, nämlich ständigen, trotz zweimaliger Entziehungskuren wiederholten Alkoholmissbrauch durch die Antragsgegnerin, welche hierdurch mehrere Arbeitsstellen alsbald wieder verlor; ferner hat er nicht vorgetragen den eigentlichen Grund seiner Zustimmung zu dem übereinstimmenden Vorschlag der Par-

teien, die elterliche Sorge auf die Antragsgegnerin zu übertragen, nämlich wiederholte Selbstmorddrohungen der Antragsgegnerin ihm gegenüber für den Fall, dass sie das Kind nicht erhalte, verbunden mit ausdrücklicher Zusicherung, dem Alkohol zu entsagen und sich besser als früher um das Kind zu kümmern.

Glaubhaftmachung: Schreiben der Antragsgegnerin an Antragsteller vom ...... und vom ...... (also während des Scheidungsverfahrens); eidesstattliche Versicherung des Antragstellers vom ...... (insbesondere Ziff. 1.), beigefügt.

Die nachstehenden Feststellungen über die Lebensverhältnisse des gemeinsamen Kindes ...... bei der Antragsgegnerin und ihrer Mutter seit Scheidung, welche der Antragsteller in den letzten Monaten treffen musste, zwingen ihn, seine damalige Zustimmung zur Übertragung der elterlichen Sorge auf die Antragsgegnerin zu widerrufen und im Hauptsacheverfahren eine andere Regelung der elterlichen Sorge anzustreben[10, 11].

3. Bei seinen Besuchen beim Kind, erstmals möglich geworden durch Regelung des elterlichen Umgangs im vorbezeichneten Scheidungsurteil, musste der Antragsteller feststellen, dass die Antragsgegnerin unmittelbar nach dem Scheidungsurteil wieder rückfällig und nach einer einwöchigen „Sauftour" in Gaststätten der Umgebung dringlich zur Alkoholentziehung in die Klinik ...... am ...... eingeliefert wurde, in der sie nach Mitteilung ihrer Mutter mindestens 6 Monate ständig verbleiben wird. Die Mutter der Antragsgegnerin beklagte sich beim Antragsteller mehrfach, dass sie, zumal als Rentnerin mit Nebentätigkeit, des damals zweieinhalbjährigen Kindes ......, das „zu frech" sei, nicht Herr werde und es immer wieder schlagen müsse; ein Versuch, das nunmehr dreijährige Kind ganztägig in einem Kindergarten am Ort unterzubringen, scheiterte daran, dass das Kind dort nach nur 3 Wochen als störend zurückgewiesen wurde. Auf Befragen erklärten die dortigen beiden Kindergärtnerinnen dem Antragsteller, das Kind habe wiederholt Spuren von Schlägen aufgewiesen, sei verwahrlost und offensichtlich verhaltensgestört, während des 3-wöchigen Kindergartenbesuches ferner nur unregelmäßig hergebracht und abgeholt worden; der Antragsteller solle dringend richterliche Hilfe in Anspruch nehmen.

   Glaubhaftmachung: Eidesstattliche Versicherung Ast. vom ...... (Ziff. 2. und 3.); Schreiben Kindergarten ...... an Ast. vom ......, in beglaubigter Fotokopie beigefügt.

   Gleichwohl verweigern die Antragsgegnerin, die der Antragsteller deshalb persönlich aufsuchte, wie auch ihre Mutter hartnäckig jede Änderung des bisherigen Zustandes. Die Mutter erklärte immerhin, sie werde eine gerichtliche Entscheidung befolgen.

4. Bei dieser Situation wird das Hauptsacheverfahren mit großer Wahrscheinlichkeit im Sinne der Anträge des Antragstellers ausgehen, da der frühere übereinstimmende Vorschlag der Parteien über die elterliche Sorge das Familiengericht nicht bindet[10, 11]. Ferner ist die angestrebte Entscheidung eindeutig im Interesse des Kindes, das weder von seiner Mutter noch von deren Mutter hinreichend betreut werden kann und bereits deutliche Zeichen von Verwahrlosung und Verhaltensstörungen zeigt.
5. Beim Alter des Kindes erscheint eine Anhörung des Kindes selbst, jedenfalls im Eilverfahren, nicht angezeigt. Die besondere Eilbedürftigkeit der Sache – insbesondere, da das Kind bei der Mutter der Antragsgegnerin häufig geschlagen, häufig vernachlässigt und von ihr offensichtlich auch innerlich nicht akzeptiert wird – rechtfertigt eine sofortige vorläufige Anordnung des Familiengerichts vor Anhörung des Jugendamtes und persönlicher Fühlungnahme durch das Gericht, bevor Schlimmeres geschieht.[8] Beides kann nachgeholt werden, sobald sich das Kind in der Obhut des Antragstellers befindet.
6. Dieser hat durch Übernahme einer Teilzeitbeschäftigung und Vormerkung eines Halbtagsplatzes in einer nahe seiner Wohnung gelegenen Kinderkrippe seinerseits Vorsorge für eine intensive Betreuung des Kindes getroffen.

Glaubhaftmachung: Eidesstattliche Versicherung Ast. vom ...... (insbesondere Ziff. 4) wie vor.

7. Die Kostenentscheidung folgt aus § 620g ZPO.

Rechtsanwalt

Anmerkungen

1. Wenn es um Herausgabe des Kindes zwischen Eltern oder von Dritten geht, ist nunmehr ausschließlich das Familiengericht zuständig (§ 1632 Abs. 3 BGB n.F. und § 621 Abs. 1 ZPO n.F. durch KindRG). Ist eine Folgesache derselben Art in 2. oder 3. Instanz anhängig, ist das Berufungs- oder Beschwerdegericht der Folgesache zuständig, § 620a Abs. 4 ZPO.

2. Insoweit (isoliertes FGG-Verfahren) auch für mV kein Anwaltszwang, § 78 Abs. 2 Nr. 3 ZPO (anders bei eAO als Folgesachen der Ehesache, vgl. Form. II. I. 23 Anm. 2).

3. Materielle Rechtsgrundlagen: §§ 1671, 1632 BGB, hier Hauptsacheverfahren vgl. unten Rdn. 4 und 7 mit § 1696 und ggf. auch § 1666 BGB.

4. Herausgabe des Kindes kann über eine *einstweilige* Anordnung durchgesetzt werden nur bei Anhängigkeit einer Ehesache zwischen Ehegatten nach §§ 620 S. 1 Nr. 3, 620a, 606 ZPO, außerhalb eines Scheidungsverfahrens als *vorläufige* Anordnung nach FGG (*Gießler* aaO. Rdn. 981ff. – zum Nebeneinander eAO/vAO Rdn. 987f. m.w.Nachw.; BGH FamRZ 1982, 788; zu den Grundsätzen für den Erlass solcher Anordnungen vgl. BayObLG FamRZ 1981, 814). Eine einstweilige Anordnung über die elterliche Sorge muss begründet werden (OLG Celle FamRZ 1978, 54). Vollstreckung stets nach § 33 FGG.

5. Scheidungsverfahren und Folgesachen gelten nach § 19a GKG und § 7 Abs. 3 BRAGO als dieselbe Sache. Der Wert ist dann zusammenzurechnen. Streitwert bei einstweiliger Anordnung über elterliche Sorge in der Regel EUR 500,– (auch wenn mehrere Kinder, str.). Hier jedoch: selbstständige FamS nach FGG, somit nach §§ 30 Abs. 2, 94 Abs. 2 KostO, sehr unklar, vgl. *Madert/Müller-Rabe* aaO., S. 52 (noch vor Euro-Einführung).

6. Vgl. Form. II. I. 23 Anm. 6.

7. Vgl. Form. II. I. 23 Anm. 7. Das hier anhängige Hauptverfahren ist nicht die bereits erledigte Ehesache, sondern ein neues Verfahren über die elterliche Sorge gemäß §§ 1696, 1671 BGB, vgl. i. einz. *Gießler* aaO., Rdn. 1034f. (eAO) bzw. 1041f. (vAO).

8. Vgl. Form. II. I. 23 Anm. 8. Die Entscheidung wird jedoch hier kaum ohne mündliche Verhandlung ergehen können. Jedenfalls im Hauptsacheverfahren ist Anhörung des Jugendamtes zwingend (§ 49a Abs. 1 Nr. 3 FGG n.F.).

9. U.U. kann als minus gegenüber dem Recht der elterlichen Sorge zunächst auch nur das Aufenthaltsbestimmungsrecht geregelt werden (vgl. *Hüßtege* in *Thomas-Putzo* § 620 Rdn. 15).

10. Zu den Tatbestandsvoraussetzungen des Abänderungsverfahrens nach § 1696 BGB vgl. *Palandt/Diederichsen* § 1696 Anm. 2 und 6: Es muss sich um triftige das Kindeswohl nachhaltig berührende Gründe handeln, weil der Kontinuitätsgrundsatz beim Kindeswohl besonderen Stellenwert hat.

11. Übereinstimmender Vorschlag über elterliche Sorge ist widerruflich, jedenfalls bei Vorliegen triftiger Gründe (teilw. str., vgl. *Dörr*, NJW 1991, 77ff.; *Palandt-Diederichsen* Rdn. 18ff. zu § 1671 BGB; OLG Bamberg NJW-RR 1991, 580). Zum gemeinsamen Sorgerecht nach Reform des Kindschaftsrechts durch das KindRG vgl. ferner Form. II. I. 10 und dortige Anm.

Kosten und Gebühren

Vgl. zunächst Anm. zu Form. II. I. 23 GK: hier nach § 94 Abs. 1 Nr. 4 KostO (str. Auslagen), wohl auch hier im isolierten Verfahren; RA: §§ 41, 118 BRAGO.

Fristen und Rechtsmittel

Gegen Beschlüsse ohne mündliche Verhandlung zunächst Antrag nach § 620b Abs. 2 ZPO, falls im Rahmen einer Ehesache (nach § 620b Abs. 1 S. 2 ZPO sogar von Amts wegen), dann nur nach § 620c S. 1 ZPO oder bei „greifbarer Gesetzwidrigkeit" mit befristeter Beschwerde nach § 621c Abs. 3 ZPO. Im Übrigen einfache Beschwerde aus § 19 FGG. Umgangsrechtsregelung kann nicht im Rahmen des Beschwerdeverfahrens über die elterliche Sorge verlangt werden, OLG Saarbrücken FamRZ 1986, 182.

25. Antrag auf einstweilige Anordnung wegen Getrenntlebens, Ehewohnung und persönlichen Gebrauchsgegenständen

An das
Amtsgericht[1]
– Familiengericht –

Antrag auf einstweilige Anordnung

der ...... – Antragstellerin –
Verfahrensbevollmächtigter: Rechtsanwalt ......[2]

gegen

...... – Antragsgegner –

wegen streitiger Ehescheidung[3]

hier: einstweilige Anordnung zu Getrenntleben, Ehewohnung und persönlichen Gebrauchsgegenständen[4]

vorläufiger Streitwert: EUR ......[5]

Aktenzeichen: ......[6]

Ich nehme Bezug auf die im vorbezeichneten Hauptsacheverfahren auf Scheidung, Zuweisung der Ehewohnung und Hausratverteilung von mir für die Antragstellerin bereits vorgelegte besondere Prozessvollmacht[7]**. Im Rahmen dieses Verfahrens wird namens und im Auftrag der Antragstellerin der Erlass folgender einstweiliger Anordnung – wegen Dringlichkeit ohne mündliche Verhandlung –**[8] **beantragt:**

I. Der Antragstellerin wird das Getrenntleben vom Antragsgegner gestattet.
II. Dem Antragsgegner wird verboten, die eheliche Wohnung der Parteien in ...... ohne Zustimmung der Antragstellerin zu betreten.
III. Dem Antragsgegner wird geboten, an die Antragstellerin folgende persönliche Sachen herauszugeben:
a) eine Frisierkommode mit Spiegel in venezianischem Schliff
b) ein Paar goldene Ohrringe und ein Damenhalsband (Goldkette und Anhänger mit Brillantsplittern);
c) einen Kleinkühlschrank zu 50 l, Marke ABC.
IV. Die Kosten folgen der Hauptsache.

Begründung:

1. Wie aus der Scheidungsantragsschrift vom ...... ersichtlich, leben die Parteien derzeit getrennt wie folgt: Der Antragsgegner ist vor 4 Monaten aus der bisher gemeinsamen ehelichen Wohnung der Parteien in ....., bestehend aus 1 Wohnzimmer, 1 Schlafzimmer, 1 Küche und 1 Bad mit Toilette, ausgezogen und hat mit seiner ständigen Freundin eine neue Wohnung genommen. Die Antragstellerin bewohnt die Wohnung nunmehr allein mit den von ihr betreuten gemeinsamen Kindern ...... und ...... und ist auf diese auch angewiesen. Die Ehewohnung war von den Parteien gemeinsam gemietet, die Gegenstände gemäß Ziff. III. a) und b) wurden der Antragstellerin vom Antragsgegner während der Ehe geschenkt, der Kühlschrank gemeinsam während der Ehe angeschafft.

   Glaubhaftmachung: Mietvertrag vom ......;
   eidesstattliche Versicherung Ast. vom ...... (Ziff. 1.), beigefügt.

2. Wie in der eidesstattlichen Versicherung der Antragstellerin vom ...... (insbesondere Ziff. 2. und 3.) näher dargelegt, hat der Antragsgegner die Antragstellerin vor seinem Auszug wiederholt schwer verprügelt. Er kommt jedoch auch nach seinem Auszug immer wieder unangemeldet, teilweise mitten in der Nacht, in die Wohnung zurück, um die Antragstellerin zu belästigen, die nichts mehr von ihm wissen will. Bei solchen Gelegenheiten hat er sie, besonders wenn er angetrunken war, mehrfach grob beschimpft und misshandelt, zweimal so stark, dass ärztliche Hilfe in Anspruch genommen werden musste. In die Wohnung dringt er jeweils ein mit einem von ihm zurückbehaltenen Haus- und Wohnungsschlüssel.

   Glaubhaftmachung: Eidesstattliche Versicherung Ast., wie vor;
   Ärztliche Atteste des ...... vom ...... und ......

3. Am letzten Samstag ist der Antragsteller auf diese Weise erneut in die eheliche Wohnung eingedrungen und hat von dort die in Ziff. III. a), b) und c) bezeichneten Gegenstände, welche der Antragstellerin zum persönlichen Gebrauch dienen, in seine neue Wohnung mitgenommen. Der Antragstellerin hat er nur erklärt, daran sei sie selber schuld, die Gegenstände gehörten ferner ihm; soweit er sie geschenkt habe, nehme er sie wegen des undankbaren Verhaltens der Antragstellerin ihm gegenüber wieder zurück, zumal er sie für die neue Wohnung brauche und seiner Freundin auch einmal eine Freude machen müsse. Als die Antragstellerin sich der Wegnahme widersetzte, hat sie der Antragsgegner erneut geschlagen.

   Glaubhaftmachung: Eidesstattliche Versicherung Ast., und ärztliche Atteste wie vor (Ziff. 4.).

4. Die Anträge sind daher aus §§ 1353 Abs. 2, 1361b BGB in Verbindung mit § 620 S. 1 Nrn. 5, 7 und 8 ZPO, den Vorschriften der Hausratsverordnung und nunmehr auch gemäß § 1, 2 GewSchG (Antrag zu II.) begründet. Das besondere Regelungs- und Eilbedürfnis ergibt sich aus dem für die Antragstellerin bedrohlichen und grob rechtswidrigen, völlig uneinsichtigen Verhalten des Antragsgegners[9].
5. Die Kostenentscheidung folgt aus § 620g ZPO.

Rechtsanwalt

Anmerkungen

1. Allgemein zu einstweiligen Regelungen durch richterliche Anordnung (eAO oder vAO) vgl. Form. II. I. 23 Anm. 1, ferner Form. II. I. 16 m. w. Nachw. Der Streit um den Zutritt zur Ehewohnung zwischen getrennt lebenden Ehegatten ist ebenfalls Familiensache, OLG Düsseldorf FamRZ 1985, 497.

2. Form. II. I. 23 Anm. 2.

3. Form. II. I. 23 Anm. 3.

4. § 620 S. 1 Nr. 5, 7 und 8 ZPO; vgl. *Gießler* aaO., Rdn. 964ff., 874ff. und 855ff. mit 834f., dort auch zur Abgrenzung von „Hausrat" – zu „persönliche Gebrauchsgegenstände", fließend, strenger *Hüßtege* in *Thomas-Putzo* aaO., Rdn. 24 zu § 620 ZPO (nicht Hausrat!), unabhängig von Eigentumslage, wichtig auch z. B. für benötigte Unterlagen und Urkunden. Außer im Rahmen der Ehesache auch bei bloßer Trennung möglich für Hausrat nach § 1361 a BGB mit §§ 13 Abs. 4, 18 a HausratsVO. Auch Wohnungszuweisung und Hausratverteilung vor Trennung und vor anhängiger Scheidung erfolgen jetzt über § 1361 b BGB und HausratsVO. In diesen isolierten Verfahren dann auch vorläufiger Rechtsschutz, nach §§ 18 a, 13 Abs. 4 HausratsVO (Voraussetzung: Regelungsbedürfnis, vgl. auch Anm. 9) bei Hausrat/Gebrauchsgegenständen u. U. nur schutzwürdiges Interesse).

Bei der *Ehewohnung* verlangte die Rspr., z. T. mit unzumutbar hohen Hürden, das Vorliegen „schwerer Härte" oder „unerträglicher" Verhältnisse. Lebten die Parteien noch beide in der Ehewohnung, so war Wohnungszuweisung an einen allein (und Räumungsanordnung für den anderen) grundsätzlich letztes Mittel, weil es meist zur endgültigen Trennung und Ehezerrüttung führe. Diese sehr hoch angesetzte Eingriffsschwelle (vgl. Rspr. in Vorauflage, Anm. 4 zu II. H.25.) ist durch gesetzliche Änderungen des § 1361 b BGB (vgl. Vorbemerkung 1 b vor II. H.1.) deutlich gesenkt (nunmehr: ausdrücklich auch Kindesinteressen und insbes. „unbillige Härte" statt „schwerer Härte": Beweiserleichterung in § 1361 b Abs. 4 BGB n. F.: u. U. *unwiderlegliche Vermutung* der alleinigen Wohnungsüberlassung durch ausgezogenen Ehegatten nach *6 Monaten*) und – wie im vorgestellten Fall (Gewaltanwendung) durch das im gleichen Rahmen eingeführte GewSchG (vgl. dazu Vorbem. 1 b vor II. I. 1.) auf zusätzliche Fälle erweitert worden. Durch Erweiterungen in §§ 620, 621 ZPO sind nunmehr Gewaltschutzmaßnahmen im häuslichen Bereich (auf Dauer angelegte oder seit mindestens 6 Monaten bestehende gemeinsame Haushaltsführung) als weitere Familiensachen integriert worden sowohl, wie hier, für den vorläufigen Rechtsschutz (§ 620 Nr. 9 ZPO n. F.) wie auch als (ggf. isolierte) Hauptsacheverfahren (§ 621 Abs. 1 Nr. 13 ZPO n. F.; § 2 GewSchG); materielle Rechtsgrundlage hier wohl: §§ 823ff. BGB). Angelegenheit der freiwilligen Gerichtsbarkeit (§ 64 b FGG II Nr. 4 (und der Hausrats VO (vgl. auch § 621 Abs. 1 ZPO n. F.); §§ 1361 b BGB, GewSchG erlauben gleichwohl nur vorläufige Regelungen (also z. B. keine Neugestaltung des Mitverhältnisses unter Einbeziehung des Vermieters).

Zu weiteren Schutzmöglichkeiten vgl. Form. II. I. 22 Anm. 6.

5. Streitwert: § 21 Abs. 2 HausratsVO mit § 20 Abs. 2 S. 2 GKG (Ehewohnung) bzw. 3 ZPO (Hausrat, Benutzungsinteresse ca. $^{1}/_{5}$ des aktuellen Werts, *Lappe* aaO., Rdn. 356).

Wohnung: Deren 3-monatiger Mietwert.

Gebrauchsgegenstände: Deren Wert.

Getrenntleben in der Regel: EUR 500,– (OLG Köln FamRZ 1997, 690).

6. Vgl. Form. II. I. 23 Anm. 6.

7. Vgl. Form. II. I. 23 Anm. 7.

8. Vgl. Form. II. I. 23 Anm. 8. Genaue Bezeichnung der Gegenstände als vollstreckungsfähiger Inhalt nötig, OLG Zweibrücken FamRZ 1983, 1162. Str. weiter, wie bei Wohnung vollstreckt wird, über § 885 Abs. 1 ZPO (OLG Hamburg FamRZ 1983, 1151, ebenso *Gießler* aaO., Rdn. 825) oder über § 888 ZPO (OLG Köln FamRZ 1983, 1231).

9. Hieraus folgt das für die einstweilige Anordnung grundsätzlich erforderliche „Regelungsbedürfnis" (wohl identisch mit „Rechtsschutzbedürfnis"). Das soll nach verbreiteter Meinung z. B. die Geltendmachung von Vorsorgeunterhalt im eAO-Verfahren ausschließen, da nicht „dringend".

Kosten und Gebühren

GK: eAO für Getrenntleben gebührenfrei, i.Ü. KV Nr. 1701; RA hier (Verbund) §§ 41, 31 ff. BRAGO, beachte aber § 41 Abs. 1 BRAGO (mehrere aus § 620 ZPO nur einmal pro Rechtszug). Es muss PKH jeweils gesondert ausdrücklich beantragt und bewilligt werden (OLG Bamberg FamRZ 1986, 701).

Rechtsmittel

Bei Verfahren nach §§ 620 ff. ZPO außer Abänderungsantrag nach § 620 b ZPO (vgl. Form. II. I. 27) grundsätzlich keine, u.U. aber Vollstreckungsgegenklage oder negative Feststellungsklage. Ausnahme (typische FGG-Sachen, § 620 c ZPO): Gewaltschutzmaßnahmen nach GewSchG, Alleinzuweisung Ehewohnung, ferner u.U. „greifbare Gesetzwidrigkeit". Weiterhin sehr str., ob gegen eAO auf Räumung § 721 ZPO hilft (verneinend OLG Hamburg FamRZ 1983, 1152).

26. Antrag auf einstweilige Anordnung wegen Kindes- und Ehegatten-Getrenntleben-Unterhalt*

An das
Amtsgericht
– Familiengericht[1] –

Antrag auf einstweilige Anordnung[2]

der ...... – Antragstellerin –
Verfahrensbevollmächtigte[2]: RA ......

gegen

...... – Antragsgegner –

wegen streitiger Ehescheidung

hier: einstweilige Anordnung auf Ehegatten-Getrenntleben- und Kindesunterhalt

vorläufiger Streitwert[2]: EUR ......

Az.: ......

nehme ich Bezug auf den Sachvortrag der Antragstellerin im Scheidungsverfahren, die hierzu bereits vorgelegte besondere Prozessvollmacht und den mit Schriftsatz vom ...... für die Antragstellerin eingereichten Antrag auf Auskunft über die Einkommens- und Vermögensverhältnisse des Antragsgegners zum Zwecke der Klärung der der Antragstellerin und den gemeinsamen ehelichen Kindern ......, geb. am ......, und ......, geb. am ......, zustehenden Unterhaltsansprüche. Da die Antragstellerin für sich und die beiden gemeinsamen ehelichen Kinder derzeit vom Antragsteller keinerlei Unterhalt erhält und eine einstweilige Regelung daher dringend erforderlich ist, wird ferner beantragt, im Wege einstweiliger Anordnung gegen den Antragsgegner zu erkennen:

I. Der Antragsgegner hat an die Antragstellerin eine monatlich im Voraus, erstmals ab ......, zu entrichtende Unterhaltsrente von EUR ...... zu bezahlen[3].

II. Der Antragsteller hat an die Antragstellerin eine monatlich im Voraus, erstmals ab ...... zu entrichtende Unterhaltsrente von EUR ...... für das gemeinsame eheliche Kind ......, geb. am ......, zu bezahlen.

III. Der Antragsteller hat an die Antragsgegnerin eine monatlich im Voraus, erstmals ab ...... zu entrichtende Unterhaltsrente von EUR ...... für das gemeinsame eheliche Kind ......, geb. am ......, zu bezahlen.

IV. Die Kosten folgen der Hauptsache[4].

Begründung:

1. Wie bereits in der Unterhalts-Hauptsache im Einzelnen dargestellt, ist die Antragstellerin ohne eigene Einkünfte und nicht erwerbsfähig, da sie seit der Trennung der Parteien am ...... die beiden gemeinsamen ehelichen Kinder ...... und ...... altersbedingt ganztägig zu betreuen hat. Ihr stehen daher für die Zeit des Getrenntlebens für sich selbst (§ 1361 BGB) und in gesetzlicher Prozessstandschaft für die Kinder (§ 1629 mit §§ 1605 ff. BGB) Unterhaltsansprüche zu[5].

2. Wie in der Auskunftsklage zur Klärung der Unterhaltsansprüche in der Hauptsache dargelegt, ist die Antragstellerin derzeit nicht im Stande, diese Unterhaltsansprüche endgültig zu beziffern[3], auch nicht den Anteil, der auf Elementar- und Versorgungsunterhalt entfällt. Der Antragsgegner verfügt jedoch mindestens über ein monatliches Durchschnitts-Nettoeinkommen von EUR ......, wie sich im Einzelnen aus folgendem ergibt: ......

Glaubhaftmachung: ......

3. Daraus errechnet sich für die Antragstellerin und die Kinder folgender, vom Antragsgegner mindestens geschuldeter Unterhalt/Notunterhalt:

......

......

......

4. Die Zahlung dieses Mindest-Unterhalts wird für den Monatsersten ab Zustellung dieses Antrags vorläufig verlangt. Weitergehende, in der Hauptsache verfolgte Unterhaltsansprüche sowie die gesonderte Geltendmachung von Unterhaltsrückständen für die Vergangenheit, wegen derer der Antragsgegner bereits in Verzug gesetzt wurde, bleiben vorbehalten[4].

Rechtsanwalt

Anmerkungen

* Sachverhalt ähnlich wie in Form. II. I. 12 (Stufenklage auf Auskunft wegen Ehegatten- sowie Kindesunterhalt), allerdings im Wege der eAO schon für die Zeit des Getrenntlebens vor der Scheidung, außerhalb einer Ehesache einstweilige Anordnung nunmehr nach § 644 ZPO n.F. (durch KindUG), was nach *Kalthoener/Büttner,* NJW 1998, 2020, Rechtsschutzbedürfnis für eV nach § 940 ZPO jetzt entfallen lassen soll. Nach Stellung des Scheidungsantrags nach BGH und h.M. nur noch eAO gemäß §§ 620 ff. ZPO als Sonderregelung.

1. Zur ausschließlichen Zuständigkeit des Familiengerichts für diese einstweilige Anordnung gemäß § 620 Nr. 4 und Nr. 5 ZPO vgl. allgemein Form. II. I. 23 und dort. Anm. zum eAO-System. Ist aber eine Folgesache derselben Art in 2. oder 3. Instanz anhängig, so ist das Berufungs- oder Beschwerdegericht der Folgesache zuständig (§ 620a Abs. 4 ZPO). Der BGH hat auch klargestellt, dass die verschiedenen in der ZPO geregelten Möglichkeiten einstweiliger Anordnungen (§ 620 ZPO, § 621 f ZPO und § 127a ZPO, letztere zu einstweiligen Anordnungen auf Kostenvorschuss in Familiensachen) keine Ansprüche aus sich heraus begründen, sondern einer jeweiligen materiellen Rechtsgrundlage – im BGB – bedürfen (vgl. BGH NJW 1984, 291: deshalb z. B. keine Prozesskostenvorschusspflicht zwischen geschiedenen Ehegatten). Das „zugehörige“ Hauptsacheverfahren auf Ehegatten-Getrenntlebenunterhalt (das wegen der Möglichkeit einer eAO gemäß Formular dann

oft gar nicht erst stattfindet (Rechtsfolgen bei fortbestehender eAO nach Scheidung vgl. Form. II. I. 28.), ist Familien-, aber keine Verbundsache (da nicht „für den Fall der Scheidung“ begehrt), vgl. Form. II. I. 4 und Form. II. I. 12 mit Anm.

Zur „Unselbstständigkeit“ der familienrechtlichen eAO- und vAO-Verfahren im Rahmen (notwendiger) Hauptsacheverfahren (kongruent oder nicht kongruent) vgl. insbes. *Gießler* aaO., Rdn. 12f. und 94f. und 259, 301f. m.w. Nachw.

2. Zum System der einstweiligen Anordnungen in Familiensachen vgl. zunächst Anm. 1 ff. zu Form. II. I. 23, dort auch zu Anwaltszwang und Streitwert; zum Streitwert vgl. auch II. I. 12 und aaO. Anm. 5. (Sechsmonatiger Betrag nach § 20 Abs. 2 GKG zuzüglich etwaiger Rückstände, § 17 Abs. 4 GKG) m. Nachw. Der vorläufige Rechtsschutz für Unterhaltsansprüche kann aber nur für minderjährige Kinder geltend gemacht werden; volljährige Kinder müssen den Weg der einstweiligen Verfügung beschreiten (§ 620 S. 1. Nr. 4 ZPO bzw. § 644 ZPO n.F. durch KindUG). Durch BGH FamRZ 1983, 355 dürfte klargestellt sein, dass Rechtsschutzbedürfnis für (isolierte) Hauptsacheklage durch eAO nicht entfällt (Rechtskraftfähigkeit). Überblick und Abgrenzung zu anderen summarischen Verfahren (eV, Arrest) sehr detailliert jeweils bei *Gießler* aaO., 2. Aufl. 1993, Rdn. 7ff. und Rdn. 424ff. mit zahlr. Nachw.

3. Ermittlungsmöglichkeiten des Gerichts sind in Unterhaltsverfahren der § 621 Abs. 1 Nr. 4, 5 und 11 durch besondere Auskunftsrechte der Richter ggü. Parteien und ggf. Dritten erweitert (§ 643 ZPO).

4. Während es sich im Unterhalts-Hauptsacheverfahren u.U. empfiehlt, den Elementar- und Vorsorgeunterhalt gesondert zu beziffern und zu begründen, ist es eine Frage des jeweiligen örtlichen Gerichtsgebrauchs, ob dies im eAO-Verfahren notwendig, überhaupt möglich oder zweckmäßig ist: An sich handelt es sich um ein summarisches Verfahren, das einstweilige, dafür aber möglichst rasche Abhilfe schaffen soll. Viele Familienrichter halten eAO-Regelung für Vorsorge-Unterhalt nicht für „dringend“, andere ermitteln jedoch bereits im einstweiligen Anordnungsverfahren (fast) genauso sorgfältig wie im Hauptsacheprozess, so dass die einstweilige Anordnung oft einer Endentscheidung gleichkommt (gefährlich wegen nur sehr begrenzter Rechtsmittel aus § 620b ZPO – Abänderungsantrag –, danach grundsätzlich Unanfechtbarkeit, § 620c S. 2 ZPO). Allerdings sind Abänderungsanträge auch in der II. Instanz – zuständig dann das OLG – möglich. Durchbrechung außer in Fällen „greifbarer Gesetzwidrigkeit“ (durch sofortige Beschwerde) darüber hinaus – auch rückwirkend – nach inzwischen höchstrichterlicher Klärung auch nach Ende des Scheidungsverfahrens durch negative Feststellungs- oder Leistungsklage (vgl. Form. I. I. 28).

Ebenfalls örtlich verschieden die Frage, ab welchem Zeitpunkt im Wege einstweiliger Anordnung Unterhalt zugesprochen werden kann (ab dem Monatsersten nach Zustellung des Antrags, so wohl überw. Meinung? oder erst ab Monatsersten nach mündlicher Verhandlung, bzw. Beschluss – mit der Folge, dass Rückstände für die Zeit bis dahin im Wege gesonderter, nicht in den Verbund fallender Hauptsache-Klage geltend zu machen wären, mit den Risiken der Verwirkung für die Vergangenheit bei nicht ordnungsgemäßer Inverzugsetzung aus § 1613 BGB?). Unterschiedliche Praxis z.T. auch zur zeitlichen Begrenzung (z.B. auf 6 Monate) wie häufig im früher „normalen“ Verfahren der einstweiligen Verfügung isoliert aus § 940 ZPO, vgl. hierzu *van Els*, FamRZ 1990, 581; jetzt direkt über § 644 ZPO n.F. (Unterhalt minderjähriger Kinder).

5. § 620g ZPO, eigene Kostenentscheidung daher in der Regel entbehrlich.

6. Zur materiellen Rechtsgrundlage vgl. Form. II. I. 4, 12 und 13.

Kosten und Gebühren

Vgl. Form. II. I. 12 und Form. II. I. 18.

Fristen und Rechtsmittel

Vgl. obige Anm. 4 sowie § 620c ZPO (also keine weiterführenden Rechtsmittel bei Unterhalts-eAO) und Form. II. I. 27, 28 und 29. Grundsätzlich gilt eine einstweilige Unterhaltsanordnung auch nach rechtskräftiger Scheidung fort, soweit keine „anderweitige Regelung" in Kraft tritt, § 620f ZPO, wobei an diese „anderweitige Regelung" in der Regel strenge Anforderungen gestellt werden, vgl. *Hüßtege* in *Thomas-Putzo* aaO., Rdn. 5ff. zu § 620f, auch zu weiteren Rechtsbehelfen, ferner BGH FamRZ 1983, 355 (und hierzu ausführlich im Rahmen der gerade aus diesem Umstand hergeleiteten Zulässigkeit negativer Feststellungs- oder Leistungsklage bei Form. II. I. 4 und II. I. 28). Abänderungsklage nach § 323 ZPO gegen Regelung nach § 620 S. 1 Nr. 4, 5 jedenfalls nicht gegeben (BGH FamRZ 1983, 892).

§ 623 Abs. 2 S. 2 ZPO n.F. (durch KindRG) ermöglicht nunmehr die *Abtrennung* aller kindbezogenen Familiensachen (incl. Kindesunterhalt) aus dem etwaigen Verbund, darüberhinaus auch des Ehegattenunterhalts. Das ermöglicht (so auch die amtl. Begründung) eine baldige und (jedenfalls für Kindesunterhalt) fortgeltende Entscheidung in der *Hauptsache* dieser nunmehr selbstständigen Familiensachen, zu denen (in aller Regel) auch eigene Möglichkeiten des vorläufigen Rechtsschutzes dann gegeben sind. Dies kann im jeweiligen Einzelfall einer verbundbegleitenden eAO vorzuziehen sein. Je nachdem gelten je gesonderte *Fristen und Rechtsmittel.*

Rechtsbehelfe, insbesondere Rechtsmittel

27. Antrag auf Abänderung und mündliche Verhandlung über einstweilige Anordnung

An das
Amtsgericht[1]
– Familiengericht –

Antrag

In der Familiensache

der ...... – Antragstellerin –
Verfahrensbevollmächtigter: Rechtsanwalt ......[2]

gegen

...... – Antragsgegner –
Verfahrensbevollmächtigter: Rechtsanwalt ......[2]

wegen Scheidung, Ehegatten- und Kindesunterhalt[3]

hier: Abänderung einstweiliger Anordnung über Ehegatten- und Kindesunterhalt[4]

Aktenzeichen: ......[5]

bestelle ich mich unter Vorlage besonderer Prozessvollmacht[6] für den Antragsgegner. Diesem hat das Familiengericht im Wege einstweiliger Anordnung durch ohne mündliche Verhandlung ergangenen Beschluss[7] vom ...... die Zahlung eines monatlichen Unterhalts auferlegt von EUR ...... an seine getrennt lebende Ehefrau, die Antragstellerin, und von EUR ...... an das bei dieser lebende gemeinsame eheliche, minderjährige Kind

……, geb. am …… (Ziff. I. und II.), ferner die Leistung eines Prozesskostenvorschusses für das vorbezeichnete Hauptsacheverfahren in Höhe von EUR …… (Ziff. III. des Beschlusses).
Namens und im Auftrag des Antragsgegners wird mündliche Verhandlung und der Erlass folgenden Abänderungsbeschlusses beantragt:

I. Der Beschluss des Amtsgerichts – Familiengerichts – …… vom …… wird in Ziff. III. aufgehoben.
II. In Ziff. I. und II. wird der vorbezeichnete Beschluss dahin abgeändert, dass der Antragsgegner an die Antragstellerin als Ehegattenunterhalt monatlich EUR …… und für das gemeinsame eheliche minderjährige Kind …… monatlich EUR …… zu bezahlen hat.
III. Die Kosten folgen der Hauptsache.
IV. Die Vollziehung des Beschlusses gemäß Ziff. I. im Übrigen wird ausgesetzt.[4]

Begründung:

1. Dem ohne mündliche Verhandlung ergangenen, hiermit angefochtenen Beschluss wurde eine eidesstattliche Versicherung der Antragstellerin zugrunde gelegt, wonach der Antragsgegner derzeit über ein monatliches Nettoeinkommen von EUR …… verfüge, während die Antragstellerin kein nennenswertes Einkommen habe.
2. Diese Angaben der Antragstellerin mögen im Zeitpunkt ihres Antrages auf einstweilige Anordnung zutreffend gewesen sein; inzwischen ist jedoch in den Einkommensverhältnissen des Antragsgegners und in den Vermögensverhältnissen der Antragstellerin eine wesentliche Veränderung eingetreten:[8]
   a) Der Antragsgegner wurde aus seiner Arbeitsstelle fristlos entlassen. Ob und wann er – nach Ablauf der vom Arbeitsamt gegen ihn verhängten Sperrfrist von …… – überhaupt Arbeitslosengeld und in welcher Höhe beziehen wird, ist derzeit zwischen dem Antragsgegner und dem zuständigen Arbeitsamt strittig, jedenfalls ist der Antragsgegner derzeit ohne Einkommen.

      Glaubhaftmachung: Schreiben Arbeitsamt …… an Ag. vom ……;
      eidesstattliche Versicherung Ag. vom …… (insbes. Ziff. 1.).
   b) Dagegen hat die Antragstellerin einige Tage nach Erlass des angefochtenen Beschlusses den oberen Teil des von den Parteien gemeinsam gemieteten, vom Antragsgegner nicht mehr bewohnten Reihenhauses an ein Ehepaar …… für monatlich …… untervermietet und von ihren Eltern inzwischen eine Geldzuwendung in der stattlichen Höhe von EUR …… erhalten und nach eigener Aussage zinsbringend angelegt. Der Antragsgegner, obwohl derzeit ohne jedes Einkommen, ist zwar bemüht, immerhin einen geminderten Unterhalt zu bezahlen. Bei den jetzt gegebenen eigenen Einkünften ist jedoch die Antragstellerin – verpflichtet, auf diese Einkünfte und Vermögenswerte für sich und das gemeinsame Kind ebenfalls zurückzugreifen[9].
3. Ferner entspricht die Leistung eines Prozesskostenvorschusses durch den Antragsgegner bei dieser Situation nicht mehr der Billigkeit und den Grundsätzen der §§ 1361 a BGB und 620 ZPO[10].
   Der ohne mündliche Verhandlung ergangene, angefochtene Beschluss ist daher antragsgemäß abzuändern.

Rechtsanwalt

Anmerkungen

1. Form. II. I. 23 Anm. 1.
2. Form. II. I. 23 Anm. 2.

3. Form. II. I. 23 Anm. 3.

4. § 620 S. 1 Nr. 4 und 6 ZPO; Abänderungsantrag kann nach § 620b ZPO jederzeit gestellt werden, auch wiederholt. Folgt man *Hüßtege* in *Thomas-Putzo* aaO., Rdn. 3 zu § 620b ZPO, wonach auch die neue Entscheidung nach § 620b Abs. 1 S. 1 im Ermessen des Gerichts steht (allg.M.), so ist zwischen Antrag nach § 620b Abs. 1 oder Abs. 2 – außer unterschiedlicher Verfahrenslage – ein praktischer Unterschied kaum zu erkennen. Insbesondere ist eine nachträgliche Änderung der Sach- und Rechtslage nicht unbedingt Voraussetzung. Abänderung mit Rückwirkung nur ausnahmsweise, z.B. noch nicht bezahlter Unterhalt, str. (*Hüßtege* in *Thomas-Putzo* Rdn. 9 zu § 620b ZPO). Es besteht *Begründungszwang* (§ 620d ZPO).

Die prozessualen Möglichkeiten der Abänderung von eAOs wie der Einstellung der Vollstreckung (§ 620a ZPO) hieraus sind – besonders bei sich änderndem Stand des Hauptsacheverfahrens – z.T. immer noch umstritten, auch die Rechtsmittel, vgl. *Gießler* aaO., Rdn. 149ff. (zu § 620b Abs. 2 ZPO) bzw. Rdn. 161f. (zu § 620b Abs. 1 ZPO), je m.w. Nachw., ferner OLG München FamRZ 1981, 912 (nach Rechtskraft) und OLG Bremen FamRZ 1981, 1091 (zur Zulässigkeit sof. Beschwerde gegen Ablehnung einer eAO-Änderung – unstatthaft) sowie OLG Koblenz FamRZ 81, 1093 (§ 767 ZPO nicht gegeben) gegenüber OLG Bamberg FamRZ 1982, 86 (Hinweis auf § 765 ZPO) und OLG Frankfurt FamRZ 1986, 183 (bei Verweigerung des rechtlichen Gehörs). Bei Anhängigkeit einer Folgesache in 2. oder 3. Instanz sind eAOs mit gleichem Gegenstand jetzt klar der (2.) Tatsacheninstanz zugewiesen. *Andererseits* bestimmt § 620f Abs. 2 ZPO als zuständiges Gericht für Antrag auf Außerkrafttreten einer eAO dasjenige Gericht, das die eAO erlassen hat.

5. Form. II. I. 23 Anm. 5.

6. Form. II. I. 23 Anm. 6.

7. Form. II. I. 23 Anm. 7. Tatbestandsvoraussetzung des Abänderungsantrages nach § 620b Abs. 2 ZPO ist vorherige Entscheidung ohne mündliche Verhandlung.

8. Vgl. Anm. 4.

9. Auf die Verwertung des Stammes des Vermögens darf der getrennt lebende unterhaltsberechtigte Ehegatte nur ausnahmsweise verwiesen werden (vgl. *Palandt-Brudermüller* § 1361 Rdn. 21 m.w. Nachw.).

10. Da eAO auf Prozesskostenvorschuss nur eine vorläufige Regelung ist, kann diese – nach § 620b ZPO überprüfbar – bei Änderung der tatsächlichen Voraussetzungen wieder entfallen (vgl. *Palandt/Brudermüller* § 1360a Rdn. 16–18). Dies ist insbesondere der Fall, wenn der Rechtsstreit vor Zahlung beendet ist (BGH NJW 1985, 2265), offen, ob auch dann, wenn vorher Verzug eingetreten ist, vgl. auch Form. II. I. 23 m. Anm.

Kosten und Gebühren

Da auch dieser Verfahrensabschnitt zum gleichen Rechtszug gehört: Keine zusätzlichen Gebühren GK und RA (also hier wie Form. II. I. 25), aber u.U. weitere RA-Gebühren (Verhandlung, Beweis etc.) und evtl. Streitwertänderungen.

Fristen und Rechtsmittel

Gegen eAOs auf Grund mündlicher Verhandlung *sofortige Beschwerde* zum OLG nach § 620c mit §§ 569f., 577 ZPO grundsätzlich nur bei elterlicher Sorge, Kindesherausgabe und (Voll-)Zuweisung der Ehewohnung an einen Ehegatten, sowie nunmehr bei Gewaltschutzanordnungen nach § 1, 2 GewSchG. Im Übrigen unanfechtbar; allerdings sind – zum Ausgleich – neue Abänderungsanträge möglich. Unanfechtbarkeit tritt auch nur ein, soweit nicht ausnahmsweise sofortige Beschwerde wegen „greifbarer Gesetzwidrigkeit" durchgreift. Bei über Rechtskraft hinaus fortbestehender eAO (insbes. auf Unterhalt) u. U. auch negative Feststellungs- oder Leistungsklage, vgl. Form. II. I. 4 und II. I. 28.

28. Negative Feststellungsklage bei Fortbestand einstweiliger Anordnung

An das
Amtsgericht
Familiengericht[1] –

……, den 21. 6. 2002

Klage und Antrag auf einstweilige Einstellung der Vollstreckung

In Sachen

des …… – Klägers –
Prozessbevollmächtigte[1]: RA ……

gegen

…… – Beklagte –

wegen Feststellung[3] zu Ehegatten-Unterhaltsansprüchen

vorläufiger Streitwert[2]: EUR ……

erhebe ich namens und im Auftrag des Klägers unter Vorlage besonderer Prozessvollmacht[1] Klage gegen die Beklagte mit folgenden Anträgen:

I. Es wird festgestellt, dass der Kläger der Beklagten aus der einstweiligen Anordnung des Amtsgerichts – Familiengerichts – …… vom 19. 1. 2001 mit Wirkung ab 1. 1. 2002 keinen Unterhalt mehr schuldet.
II. Die Beklagte hat die Kosten[4] des Rechtsstreits zu tragen.
III. Das Urteil ist in Ziff. II. vorläufig vollstreckbar.

Zugleich stelle ich für den Kläger folgenden Antrag[5]:

I. Die Zwangsvollstreckung aus der einstweiligen Anordnung des Amtsgerichts – Familiengerichts – …… vom 19. 1. 2001 wird, soweit sie sich auf Ansprüche ab dem 1. 1. 2002 bezieht, einstweilen eingestellt ohne Sicherheitsleistung.
II. Die Kosten folgen der Hauptsache.

Begründung:

1. Die kinderlose Ehe der Parteien wurde am 3. 5. 2001 durch am gleichen Tag rechtskräftig gewordenes Endurteil des Amtsgerichts – Familiengerichts – …… geschieden und im Scheidungsurteil der Versorgungsausgleich geregelt. Eine Entscheidung über nachehelichen Ehegattenunterhalt wurde mangels Antrags der Beklagten und dortigen Antragstellerin nicht getroffen. Jedoch hatte das Amtsgericht – Familiengericht – …… im vorangegangenen Scheidungsverfahren auf Antrag der Beklagten dem Kläger durch einstweilige Anordnung vom 19. 1. 2001 nach mündlicher Verhandlung auferlegt, an die Beklagte einen monatlichen Unterhalt von – inzwischen umgerechnet – EUR 900,– mit Wirkung ab 1. 12. 2000 zu bezahlen. Dieser Beschluss besteht fort bis heute und konnte bisher auch nicht durch eine anderweitige Regelung ersetzt werden.
2. Das Familiengericht ging damals davon aus, dass die seinerzeit nicht erwerbstätige Beklagte trotz Bemühungen eine Erwerbstätigkeit in naher Zukunft nicht finden wer-

de und dass der Kläger damals über ein monatliches Durchschnitts-Nettoeinkommen von (umgerechnet) EUR 2.100,– verfügte. Der Kläger zahlte diese monatliche Unterhaltsrente von EUR 900,– auch nach Rechtskraft des Scheidungsurteils zunächst weiter, da er von der Beklagten hierzu mehrfach unter Androhung der Vollstreckung aufgefordert wurde.

3. Er musste jedoch dann Anfang 2002 seine Zahlungen einstellen, weil sich die beiderseitigen wirtschaftlichen Verhältnisse nach der Scheidung wesentlich geändert haben. Insbesondere hat die Beklagte ab 1. 9. 2001, wie der Kläger inzwischen erfahren hat, eine Ganztagsbeschäftigung für monatlich netto EUR 1.500,– aufgenommen. Außerdem ist der Kläger wegen Konkurses des Arbeitgebers zum 31. 12. 2001 arbeitslos geworden und bezieht bis heute lediglich ca. EUR 600,– netto an Arbeitslosengeld. Zudem ist er mit erheblichen Rückzahlungsverpflichtungen aus der Ehezeit zusätzlich belastet ist. Im Einzelnen: ......

Beweis und Glaubhaftmachung: ......

4. Obwohl der Beklagten daher spätestens seit dem 1. 1. 2002 gegenüber dem Kläger kein Ehegatten-Unterhalt nach Scheidung mehr zusteht, hat diese trotz Gegenvorstellungen des Klägers aus der einstweiligen Anordnung vom 19. 1. 2001 die Vollstreckung eingeleitet. Sie hat insbesondere ......
Da nach herrschender Meinung die Rechtsbehelfe der Vollstreckungsgegenklage (§ 767 ZPO) und der Abänderungsklage (§ 323 ZPO) gegen diese fortbestehende einstweilige Anordnung nicht ausreichend bzw. nicht gegeben sind, steht dem Kläger hiergegen die hier erhobene negative Feststellungsklage zur Verfügung, und zwar auch rückwirkend[3].

5. Unabhängig davon, welche der in Betracht kommenden Vorschriften (§§ 707, 719, 769 ZPO) insoweit entsprechend anzuwenden sind, ist im Rahmen dieser negativen Feststellungsklage auch vorläufiger Rechtsschutz auf einstweilige Einstellung der Zwangsvollstreckung aus der einstweiligen Anordnung möglich[6] und hier nach Sachlage auch ohne Sicherheitsleistung geboten, weil ......

Rechtsanwalt

Anmerkungen

1. Der Fall des Formulars betrifft materiell die gesetzliche Unterhaltspflicht zwischen Ehegatten nach Scheidung (§§ 1670ff. BGB), über welche im rechtskräftigen Scheidungs- Verbundurteil – wie in der Praxis nicht selten – in der Hauptsache selbst nicht entschieden wurde, wohl aber vorher durch – an sich auf den Getrenntleben-Unterhalt gerichtete – einstweilige Anordnung (vgl. Form. II. I. 26). Es liegt also eine isolierte Familiensache in ausschließlicher Zuständigkeit des Familiengerichts vor, §§ 621 Abs. 1 Nr. 5 ZPO, 23b Abs. 1 Nr. 6 GVG. Zu Zuständigkeit, Vollmacht, Streitwert vgl. daher Anm. zu Form. II. I. 12.

2. Vgl. Form. II. I. 12 und dort Anm. 5 (in der Regel sechsmonatiger Betrag bei einstweiligem RS der geforderten – hier der zu beseitigenden – Leistung gemäß § 20 Abs. 2 GKG), im Hauptsacheverfahren Jahresbetrag nach § 17 GKG.

3. Die hier fortbestehende (§ 620f. ZPO) einstweilige Anordnung ist nicht Endentscheidung gemäß § 621e Abs. 1 ZPO (zudem Beschwerdefrist abgelaufen) und gemäß § 620c S. 2 ZPO grundsätzlich unanfechtbar (Durchbrechung bei Fällen „greifbarer Gesetzeswidrigkeit“ nunmehr extrem selten). Außerdem ist die – normalerweise stets offene – Möglichkeit eines Abänderungsantrags über § 620b ZPO nach rechtskräftigem Abschluss des Scheidungsverfahrens nicht mehr eröffnet. In der Vergangenheit war außerordentlich streitig, welcher der denkbaren Rechtsbehelfe (§ 323 ZPO? §§ 767, 769 ZPO?) dennoch in Frage kommt (zu den sehr unterschiedlichen Meinungen in Rechtsprechung und Literatur vgl. *Gießler* FamRZ 1982, 929; *Braeuer* FamRZ 1984, 10) Der BGH und die h. M. lassen seit der Entscheidung vom 9. 2. 1983, NJW 1983, 1330 (vgl. auch BGH NJW 1991, 705, ferner OLG Zweibrücken, NJW-RR 1997, 1166 und NJW BGH 1997, 2320), nunmehr die negative Feststellungsklage für den eine Herabsetzung oder Beseitigung begehrenden Unterhaltsschuldner, aber auch Leistungsklage für den Unterhaltsgläubiger zu, und zwar auch rückwirkend für vergangene Zeiträume, ebenso BGH FamRZ 1989, 850, aber: erst mit Rechtskraft nach BGH FamRZ 1989, 180 (als „anderweitige Regelung"). Gleiche Wirkung, vgl. *Gießler* aaO., Rdn. 214 m. Nachw., hat die Rückforderungsklage über §§ 812, 818 Abs. 4 BGB. Die Vollstreckungsabwehrklage (§§ 767, 795 ZPO) gegen eAO nach mündlicher Verhandlung bleibt zwar erhalten, ist aber auf bestimmte Arten von Einwendungen begrenzt, die u. U. auch von der Präklusion bedroht sind, vgl. z. B. BGH FamRZ 1985, 802, aber z. T. abw. *Gießler* aaO., Rdn. 217.

Ebenso schon zum Kindesunterhalt gegenüber Regelung gemäß § 620 Abs. 1 Nr. 4 ZPO (= kein Titel des Kindes wegen § 1629 BGB), wo BGH FamRZ 1983, 892 Umdeutung eines Abänderungsantrages nach § 323 ZPO in Leistungsklage für möglich hält.

4. Vgl. Anm. 1 und Verweisung dort.

5. Da § 93 a ZPO als eng auszulegende Ausnahmeregelung wohl nicht gilt (keine Ehe-, auch keine durch Abtrennung aus dem Verbund isolierte Folgesache, vgl. *Thomas-Putzo* Rdn. 1 zu § 93 a ZPO), Kostenregelung nach allgemeinen Bestimmungen (§§ 91 ff. ZPO).

6. Vorläufiger Rechtsschutz auf einstweilige Einstellung der Zwangsvollstreckung wird vom BGH aaO. ausdrücklich – wenn auch ohne Festlegung auf konkrete ZPO-Normen – zugelassen; Einzelheiten strittig, vgl. Meinungsstand bei OLG Hamm FamRZ 1987, 499 ferner OLG Zweibrücken, NJW-RR 1997, 1166 und jetzt *Gießler* aaO., Rdn. 617 ff. und *Hüßtege* in *Thomas-Putzo,* Rn. 3 zu § 620 f. ZPO; ferner OLG Brandenburg, FamRZ 1999, 1210, je mit w. Nachw.

Kosten und Gebühren

Vgl. Form. II. I. 4 und 12.

Fristen und Rechtsmittel

ZPO-Berufung ausschließlich zum OLG (§ 119 GVG), vgl. Form. II. I 30 und dort insbes. Anm. 1 a und 12.

29. Sofortige Beschwerde gegen FGG-eAO

An das
OLG ......
– Familiensenat[2] –

......, den ...

Sofortige Beschwerde[1]

In der Ehesache

...... **– Antragstellerin und Beschwerdegegnerin –**

Verfahrensbevollmächtigter: RA ......[2]

gegen

...... **– Antragsgegner und Beschwerdeführer –**

Verfahrensbevollmächtigte[2]: RAe ......
wegen Scheidung und Folgesachen
hier: Zuweisung der Ehewohnung
vorläufiger Streitwert: EUR ......
Az. des Familiengerichts: ......

lege ich namens und in vorgelegter Prozessvollmacht für den Antragsgegner und Beschwerdeführer gegen die einstweilige Anordnung des Amtsgerichts – Familiengerichts – ...... obigen Aktenzeichens vom ......, zugestellt am ......, sofortige Beschwerde ein mit folgenden Anträgen:

I. Die einstweilige Anordnung des Amtsgerichts – Familiengerichts – ...... vom ...... wird aufgehoben.
II. Die Antragstellerin und Beschwerdegegnerin hat die Kosten[5] des Rechtsstreits zu tragen.

Begründung[3]:

1. Zwischen den Parteien, kinderlose Eheleute, welche seit dem ...... in der gemeinsamen ehelichen Wohnung in ...... im Anwesen ...... getrennt leben, ist seit dem ...... das obige Scheidungsverfahren anhängig, auf Betreiben der Antragstellerin auch ein Verfahren auf Hausratsteilung und Zuweisung der ehelichen Wohnung (Mietwohnung) auf die Antragstellerin allein.
   Das Getrenntleben in der gemeinsamen ehelichen Wohnung gestaltete sich zwar schwierig, weil insbesondere die Antragstellerin wiederholt in den getrennten Wohnungsbereich des Antragsgegners einzudringen versuchte.
   Einzelheiten: ......
   Der Antragsgegner hat sich aber trotz aller Differenzen sehr bemüht, die Situation so erträglich wie möglich zu halten, und sich hierbei nichts zu schulden kommen lassen.
2. Die Antragstellerin hat es jedoch unter Berufung auf die Neuregelung des § 1361b BGB und das Gewaltschutzgesetz, in Kraft getreten am 1. 1. 2002, für richtig gehalten, mit Antrag vom ...... sowie einem inhaltlich unzutreffenden, nur durch ihre eigene eidesstattliche Versicherung vom gleichen Tag belegten Tatsachenvortrag das Familiengericht zu veranlassen, durch eine hiermit angegriffene einstweilige Anordnung nach mündlicher Verhandlung am ...... die gemeinsame Ehewohnung der Antragstellerin alleine zuzuweisen und dem Antragsgegner jegliches Betreten der Wohnung mit sofortiger Wirkung zu untersagen.
   Im Einzelnen: ......
3. Die von der Antragstellerin dabei behaupteten angeblichen Übergriffe des Antragsgegners (mehrfache schwere körperliche Misshandlungen und Bedrohungen) haben jedoch entweder nicht stattgefunden oder sich so wie von der Antragstellerin behauptet nicht abgespielt, vielmehr ......
   Einzelheiten: ......
   Beweismittel: ......
   In der sehr kurzfristig anberaumten mündlichen Verhandlung vom ...... des Familiengerichts war der Antragsgegner außer Stande, sich ordnungsgemäß zu verteidigen und den obigen Tatsachenvortrag nebst Beweismitteln vorzubringen, weil ......
4. Der Antragsgegner ist wirtschaftlich und praktisch außer Stande, sich auch nur im weiteren Bereich seiner Teilzeitarbeitsstelle in ...... mit unregelmäßigem Schichtdienst kurzfristig eine andere Wohnung zu nehmen oder auch nur zu finden. Eine vorübergehende Unterkunft z.B. in einer Pension kann er sich wirtschaftlich ebenfalls nicht leisten. Zudem hat er wegen des gerichtlichen Betretungsverbots nicht einmal Zugang zu seinen persönlichen Gegenständen in der Ehewohnung.
   Im Einzelnen: ......

5. Die angefochtene einstweilige Anordnung ist daher auf Grund unrichtiger Tatsachen und unter fehlerhafter Beurteilung des Begriffs der „unbilligen Härte“, sowie unter Verletzung der Grundsätze eines ausreichenden rechtlichen Gehörs ergangen und insgesamt aufzuheben.

6. Eine selbstständige Kostenentscheidung ist hier möglich und erforderlich, weil ......[4]

Rechtsanwalt

Anmerkungen

1. Zum Beschwerde-System vgl. ausführlich Form. II. I. 30 und Form. II. I. 31, dort insbes. Anm. 2, auch zur teilweisen Abänderung durch die ZPO-Reform. Grundsatz jetzt: sofortige Beschwerde, soweit gesetzlich ausdrücklich zugelassen, in ZPO-Verfahren über §§ 567ff. ZPO n.F. (und gegen das Verfahren betreffende Gesuche mit freigestellter m.V.) direkt, in FGG-Sachen (wie hier) über § 621e ZPO, in einstweiligen Rechtsschutz-Sachen des FGG jetzt über § 621g ZPO n.F. (Schließung einer gesetzlichen Regelungslücke). Zuständig stets OLG (§ 119 GVG).

2. Die sofortige Beschwerde als weiteren Rechtsbehelf (nämlich nach erfolglosem Abänderungsantrag gemäß § 620b und mündlicher Verhandlung über einen zunächst ohne mündliche Verhandlung ergangenen einstweiligen Anordnungsbeschluss) gegen einstweilige Anordnungen des Familiengerichts 1. Instanz im Sinne der §§ 620ff. ZPO lässt § 620c ZPO an sich nur zu bei einstweiligen Anordnungen auf Grund mündlicher Verhandlung über die elterliche Gewalt, die Kindesherausgabe und die vollständige Zuweisung der Ehewohnung an einen Ehegatten (str. bei bloßen Teilentscheidungen, z.B. lediglich des Aufenthaltsbestimmungsrechts, Beschwerdemöglichkeit bejaht durch z.B. OLG Hamm NJW 1979, 49; nicht für Umgangsrecht, so z.B. OLG Hamburg FamRZ 1987, 497; str. auch bei nur teilweiser Wohnungszuweisung, bejaht bei nur zeitweise erfolgter Zuweisung von KG FamRZ 1986, 1010).

3. Antrag auf mündliche Verhandlung (falls ohne solche entschieden) hat stets Vorrang (§ 620b Abs. 2 ZPO), ferner § 620d: Begründungszwang). Die Rechtsprechung hat jedoch entgegen und über § 620c S. 2 ZPO hinaus aus allgemeinen, im wesentlichen verfassungsrechtlichen Grundsätzen (vgl. *Baumbach/Lauterbach/Albers/Hartmann* § 620c Rdn. 5) bei Fällen greifbarer, grober Gesetzwidrigkeit (hierzu z.B. BGH FamRZ 1986, 150: „mit der Rechtsordnung schlechthin unvereinbar“) auch gegen andere solcher einstweiligen Anordnungen die sofortige Beschwerde zugelassen.

Fälle: Ablehnung einer Sachentscheidung trotz Vorliegen der gesetzlichen Voraussetzungen, vgl. OLG Hamburg FamRZ 1979, 528; Entscheidung dieser Art oder dieses Inhalts gesetzlich überhaupt nicht vorgesehen, vgl. z.B. – wie im Formular – OLG Hamm NJW 1979, 988 (Gestattung von Gewaltanwendung gemäß § 33 Abs. 2 Nr. 1 FGG); Übereignung von Hausrat durch eAO ohne Entschädigung; einstweilige Regelung eines Auskunftsanspruchs, vgl. OLG Frankfurt FamRZ 1979, 320 und OLG Hamm FamRZ 1983, 515 (Abgrenzung im Einzelnen sehr strittig, a.M. z.B. OLG Düsseldorf FamRZ 1983, 514; einschränkend *Reichold* in *Thomas-Putzo* Rdn. 13f. vor § 567 ZPO, *Thomas-Putzo* ZPO, Rdn. 9 zu § 620c); Fehlen jeder Rechtsgrundlage im Zeitpunkt der Anordnung, so z.B. – wie im Fall des Formulars – OLG Hamm FamRZ 1982, 721 für eine einstweilige Unterhaltsanordnung nach rechtskräftiger Scheidung; dagegen soll z.B. nach OLG Frankfurt FamRZ 1986, 183 selbst fehlendes rechtliches Gehör nicht genügen, ähnlich allgemein BGH NJW-RR 1986, 738 (PKH-Fall). Einer der wohl häufigsten Fälle, in denen „greifbare Gesetzwidrigkeit“ wegen Verstoßes gegen fundamentale Grundsätze behauptet wird, eben fehlendes rechtliches Gehör, hat soeben in § 321a ZPO n.F. (Abhilfe bei Verletzung auf förmliche, befristete Rüge hin) eine Neuregelung erfahren; Erstreckung insbes. auf „streitige“ FGG-Verfahren liegt m. E. nahe, vgl. auch Form. I. N. 5.

4. Zuständig hier ausschließlich das OLG, einzureichen beim Beschwerde- oder beim Ausgangsgericht binnen 2 Wochen (Notfrist), Mindestinhalt, vgl. § 569 ZPO n. F. Zum Anwaltszwang vgl. *Reichold* in *Thomas-Putzo* aaO., Rdn. 13 zu § 569 ZPO (nach allg. Grundsätzen des § 78 für Familiensachen).

5. Begründungszwang, und zwar spätestens innerhalb der Beschwerdefrist (§ 620 d ZPO). Neuer Tatsachen- und Beweisvortrag ist nach Maßgabe von § 571 ZPO n. F. zulässig.

6. An sich gilt zunächst § 620 g ZPO, zu Ausnahmen vgl. *Hüßtege* in *Thomas-Putzo* aaO., Rdn. 2 + 3 zu § 620 g; im Beschwerdeverfahren soll § 97 ZPO vorgehen (str.).

Kosten und Gebühren

Gericht: Volle Gebühr nach KV Nr. 1900; Anwalt: 5/10 Gebühren (u. U. auch für – freigestellte – mündliche Verhandlung oder etwaige Beweisaufnahme) nach § 61 Abs. 1 Nr. 1 BRAGO.

Fristen und Rechtsmittel

Künftig durch ZPO-Reform in den FGG-Sachen wegen Kindern oder zum VA *Rechtsbeschwerde* (bisher: weitere Beschwerde) gemäß § 621 e Abs. 2 und 3 ZPO n. F. bei Zulassung durch das OLG selbst und (hinausgeschoben durch § 26 Nr. 9 EGZPO bis zum 31. 12. 2006) erfolgreiche Nichtzulassungsbeschwerde. Zuständig: BGH. Verfahren der Revision stark angenähert.

30. Berufung gegen Verbundurteil

An das
Oberlandesgericht[1]
– Familiensenat –

……, den ……

Berufung und Berufungsanträge

der …… – Antragstellerin und Berufungsführerin –[2]
Verfahrensbevollmächtigter: Rechtsanwalt ……[3]

gegen

…… – Antragsgegner und Berufungsgegner[2] **–**
Verfahrensbevollmächtigte I. Instanz: Rechtsanwälte ……[3]

wegen Ehescheidung

hier: Versorgungsausgleich und Zugewinnausgleich[4]

vorläufiger Streitwert: EUR ……[5]

Aktenzeichen I. Instanz: ……

Ich nehme Bezug auf die im Scheidungsverfahren I. Instanz für die Antragstellerin vorgelegte besondere Prozessvollmacht[7]**. Namens und im Auftrag der Antragstellerin und Berufungsführerin lege ich hiermit gegen das anliegende Urteil des Amtsgerichts – Familiengerichts – …… vom …… obigen Aktenzeichens, zugestellt am ……,**[6]

Berufung

ein mit folgenden

Anträgen:

I. Das Endurteil des Amtsgerichts – Familiengerichts – ...... vom ...... , Aktenzeichen: ......, wird in Ziff. II. aufgehoben. Der Antrag des Antragsgegners und Berufungsgegners auf Durchführung des Versorgungsausgleiches wird zurückgewiesen[8].
II. Das Endurteil des Amtsgerichts – Familiengerichts – ...... vom ......, Aktenzeichen: ......, wird in Ziff. III. aufgehoben. Die Klage des Antragsgegners und Berufungsgegners auf Zahlung von Zugewinnausgleich wird abgewiesen[9].
III. Der Antragsgegner und Berufungsgegner hat die Kosten des Berufungsverfahrens zu tragen.
IV. Das Urteil ist in Ziff. III. vorläufig vollstreckbar.

Begründung:

I. Prozess- und Sachstand:
   1. Durch das angegriffene Urteil des Familiengerichts (Ziff. I.) wurde auf Antrag der Antragstellerin und Berufungsführerin, welchem sich der Antragsgegner und Berufungsgegner angeschlossen hat, die kinderlose Ehe der Parteien gemäß § 622 ZPO geschieden[10]. Die Parteien haben sich trotz der noch offenen Streitpunkte (Versorgungsausgleich und Zugewinnausgleich) hinsichtlich des Scheidungsausspruches dahin verständigt, dass der Antragsgegner insoweit Rechtsmittel nicht einlegen und insoweit auch auf Anschlussberufung verzichten wird[11]; auch die Antragstellerin erklärt hiermit, beschränkt auf Ziff. I. des angegriffenen Urteils des Familiengerichts ...... vom ......, Verzicht auf Rechtsmittel und Anschlussberufung.
   2. Jedoch hat das angefochtene Urteil auf förmlichen Anschlussantrag des Antragsgegners und Berufungsgegners in Ziff. II. den Versorgungsausgleich gemäß § 1587b Abs. 1 BGB zwischen den Parteien durchgeführt, zu Lasten der Antragstellerin und Berufungsführerin auf den Antragsgegner Rentenanwartschaften bei der Bundesversicherungsanstalt für Angestellte in Höhe von EUR ...... übertragen und dabei zu Unrecht den Tatsachenvortrag der Antragstellerin und Berufungsführerin gemäß § 1587c Nr. 1 BGB nicht hinreichend gewürdigt, wonach die Inanspruchnahme der Antragstellerin hier grob unbillig wäre[13].
   3. Ferner hat das angegriffene Urteil des Familiengerichts in Ziff. III. auf Antrag des Antragsgegners und Berufungsgegners die Antragstellerin und Berufungsführerin zur Zahlung eines Zugewinnausgleichs in Höhe von EUR ......, insoweit gegen den Klageabweisungsantrag der Antragstellerin, zu Unrecht verurteilt.
   Hiergegen richtet sich die fristgerecht eingelegte, hiermit zugleich begründete[12] Berufung der Antragstellerin.
II. Berufungsanträge:
   1. Versorgungsausgleich (Ziff. II. des angefochtenen Urteils)
   Entgegen der Auffassung des Erstgerichts kann ein Versorgungsausgleich nicht stattfinden, weil die Inanspruchnahme der Antragstellerin hier gemäß § 1587c Nr. 1 BGB grob unbillig wäre:
   ......[13]
   2. Zugewinnausgleich (Ziff. III. des angefochtenen Urteils)
   Ferner hat das Erstgericht zu Unrecht einen den unstreitigen Zugewinn des Antragsgegners und Berufungsgegners übersteigenden Zugewinn der Antragstellerin und Berufungsführerin angenommen, und zwar durch zu niedrigen Ansatz des Anfangsvermögens der Antragstellerin und Einbeziehung in das Endvermögen der Antragstellerin einer angeblichen Vermögensminderung gemäß § 1375 Abs. 2

Nr. 1 BGB. Außerdem hat das Erstgericht zu Unrecht ein Recht der Antragstellerin auf Leistungsverweigerung wegen grober Unbilligkeit (§ 1381 BGB) verneint. Es hat den hierzu von der Antragstellerin dargelegten, spezifizierten Tatsachenvortrag unzureichend gewürdigt und hierzu von der Antragstellerin angebotene Beweise nicht erhoben.

Im Einzelnen:

......[14]

3. **Der Kostenantrag wird auf § 93a Abs. 1 S. 2, 2. Alt. ZPO (Zugewinnausgleich) bzw. § 93a Abs. 1 S. 2, 1. Alt. ZPO (Versorgungsausgleich) gestützt**[15]**.**
4. **Vorsorglich: Antrag auf Zulassung der Revision/Rechtsbeschwerde**[16] **und Begründung.**

Rechtsanwalt

Anmerkungen

1. Generell zuständig für Berufungen und Beschwerden gegen Entscheidungen der Familiengerichte (einschließlich jetzt in Kindschaftssachen, vgl. o. Form. II. I. 1, 2 und 3) ist das OLG (Familiensenat), § 119 Abs. 1 Nr. 1 und 2 GVG mit § 64 FGG. Bei der Fülle der möglichen Entscheidungsinhalte, zusätzlich kompliziert durch unterschiedliche Verfahrensvorschriften in einzelnen Familiensachen (ZPO-Verfahren, FGG-Verfahren, Mischsystem), die zudem als isolierte Familiensachen wie als Scheidungsfolgesachen vorkommen können, sowie wegen des teilweise (Einzelheiten str., vgl. Anm. 2) bis in die letzte Instanz reichenden Zwangs zum Verbund sind die verschiedensten Rechtsmittel denkbar. In der Praxis hilft, zugleich als Check-Liste für den Anwalt, folgende Rechtsmittel-Übersicht (vgl. auch *Liermann* in *Rahm/Künkel,* Handbuch des Familiengerichtsverfahrens, VII. Rdn. 160f. und 216f. (neue Bundesländer) und HdB FamR-*Brudermüller,* S. 113ff., 125f.

a) Rechtsmittel gegen isolierte FamG-Entscheidungen (Urteile)
   (1) in ZPO-Verfahren Berufung nach §§ 511ff. ZPO, aber zum OLG, § 119 GVG (keine Besonderheiten, aber Anm. 12)
   (2) in FGG-Verfahren befristete (1 Monat) Berufungsbeschwerde nach §§ 621e Abs. 1 und Abs. 3 ZPO, aber zum OLG, § 119 GVG (hierzu Anm. zu Form. II. I. 31)

b) Rechtsmittel gegen Verbundurteile (§ 629 ZPO) des Familiengerichts
   Es ist (nur) wegen des Verbundes zunächst zu differenzieren zwischen Scheidungsurteilen und Nichtscheidungs- (abweisenden) Urteilen, da hierdurch auch die in I. Instanz anhängig gewesenen Folgesachen „gegenstandslos" werden (§ 629 Abs. 3 ZPO; falls jedoch selbstständige Fortführung über §§ 629 Abs. 3 S. 1 oder S. 2, 626 Abs. 1 oder Abs. 2 ZPO, dann u.U. daneben isoliertes Rechtsmittel, vgl. u. Form. II. I. 31):
   (1) gegen Nichtscheidungsurteil selbst nur Berufung, selbst im Erfolgsfall, wenn nur irgendeine Folgesache noch ansteht, nur (falls nicht „nackte" Scheidung, selten): Aufhebung und Zurückverweisung an das Familiengericht, § 629b ZPO, vgl. z.B. OLG Karlsruhe FamRZ 1981, 191;
   (2) gegen Scheidungsurteil zunächst immer Berufung beider Parteien gegen Scheidungsausspruch selbst (auch durch Antragsteller selbst zwecks Aufrechterhaltung der Ehe, aber nach BGH NJW-RR 1987, 387 nur zulässig verbunden mit Rücknahme des eigenen Scheidungsantrags bzw. Verzicht nach § 306 ZPO; auch bei einverständlicher Scheidung nach § 630 ZPO, da Zustimmung immer noch widerruflich (Verfahren geht dann in streitige Scheidung nach § 622 ZPO über); daneben mit dem (alleinigen) Ziel einer Wiederherstellung des Verbundes vor allem bei unzulässiger Vorwegentscheidung aus § 628 ZPO, h.M., vgl. etwa BGH NJW-RR 1996, 1025 und OLG Köln FamRZ 1998, 301.

(3) nicht gegen Scheidungsausspruch selbst, aber gegen (eine oder mehrere) mitentschiedene Folgesachen (dann insgesamt Berufung, soweit – wie im hier behandelten Fall – auch nur eine der Folgesachen im ZPO-Verfahren läuft, vgl. § 629a Abs. 2 ZPO);

(4) nicht gegen Scheidungsausspruch, sondern nur gegen einzelne FGG-Folgesache(n) (dann sog. Berufungsbeschwerde, weitgehend der ZPO-Berufung angeglichen, § 621e ZPO; Rechtsmittel-Wertgrenzen hier (vgl. z.B. § 14 HausratVO, EUR 600,–), ebenso wie bei isolierter ZPO-Berufung, § 511 ZPO, EUR 600,–), besonders zu beachten, ab 1. 1. 2002 u.U. auch Zulassung durch Erstgericht (§ 511 Abs. 2 Nr. 2 und Abs. 4 ZPO n.F.).

Zu Rechtsmitteln gegen schon in I. Instanz isolierte besondere Entscheidungen (z.B. Vorwegentscheidung gemäß § 628 ZPO) s.u. Form. II. I. 31 und dort Anm. 1b. bb. Nach der Neufassung des § 119 GVG durch UÄndG ist das OLG als Rechtsmittelinstanz immer zuständig, wenn erstinstanzlich das Familiengericht entschieden hat. Damit gilt auch im Familienrecht nunmehr der Grundsatz der formellen Anknüpfung.

Nach § 629a Abs. 3 ZPO können bei Anfechtung von Teilen eines Verbundurteils durch die jeweiligen Rechtsmittel andere Teile der einheitlichen Entscheidung nur noch bis zum Ablauf eines Monats nach Zustellung der Rechtsmittelbegründung – bzw. bei mehreren Rechtsmitteln nach Ablauf eines Monats nach der letzten Zustellung – angefochten werden. Die Monatsfrist verlängert sich im Fall einer Anfechtung durch Anschlussrechtsmittel oder Rechtsmittelerweiterungen (nicht: Hauptrechtsmittel) um einen weiteren Monat. Dadurch erhält der Hauptrechtsmittelführer Gelegenheit, sein Rechtsmittel zu erweitern (auch für den Fall eines erneuten Abänderungsantrags in verlängerter Frist). Hierdurch ist insbesondere die Möglichkeit des Hinausschiebens der Rechtskraft der Scheidungssache weitgehend beseitigt. Der Scheidungsausspruch erwächst in Rechtskraft, sobald er nicht mehr angefochten werden kann.

Durch § 629a Abs. 4 ZPO wird klargestellt, dass der Verzicht auf ein Anschlussrechtsmittel gegen den Scheidungsausspruch vor Rechtsmitteleinlegung durch die gegnerische Partei möglich ist.

2. Die ZPO-Berufung „überwiegt“, da Berufung gegen Verbundurteil, vgl. zur Parteibezeichnung auch hier § 622 Abs. 3 ZPO, eher Geschmackssache. Nach § 629a Abs. 2 S. 3 ZPO stehen Folgesachen, die ohne die Scheidungssache in der Rechtsmittelinstanz anhängig sind, nunmehr in dieser Instanz untereinander im Verbund (§ 629a Abs. 2 S. 3 mit § 623 Abs. 1 ZPO), zum sog. „Restverbund“ auch OLG Zweibrücken FuR 1997, 350.

3. Anwaltszwang beim OLG (Familiensenat) gilt nicht nur in Ehesachen (insbes. Berufung gegen Scheidungsausspruch) und Familien-Folgesachen, sondern auch in isolierten ZPO-Berufungen (Ehegatten- und Kindesunterhalt, Güterrecht) und nunmehr auch in den durch KindRG zu Familiensachen gemachten Kindschaftssachen, § 78 Abs. 2 Nr. 2 ZPO (außer Verfahren nach § 1600e Abs. 2 BGB), vgl. auch o. Form. II. I. 10 Anm. 3. Zu Möglichkeiten des Antragsgegners, doch ohne Anwalt auszukommen, vgl. *Liermann* in *Rahm/Künkel*, VII. Rdn. 41 ff.

4. Vgl. o. Form. II. I. 15 und 17–20.

5. Da Anfechtung isolierter Folgesachen, nur deren Streitwert (vgl. o. Form. II. I. 15 Anm. 4; Form. II. I. 17 Anm. 5); beachte die Rechtsmittel-Streitwertgrenzen in den Familiensachen des § 621 Abs. 1 Nrn. 4, 5, 7 und 8 ZPO, durch § 511 Abs. 1 ZPO auf EUR 600,– heraufgesetzt.

6. Hinausschiebung der Urteilszustellung gemäß § 317 Abs. 1 S. 3 ZPO durch § 621c ZPO ausgeschlossen.

7. § 609 ZPO.

8. Vgl. hierzu o. Form. II. I. 18.

9. Vgl. hierzu o. Form. II. I. 15.

10. Scheidungsausspruch auf streitigen (oder einverständlichen) Scheidungsantrag schließt – für beide Parteien – Berufung an sich nicht aus, so. Anm. 1. lit. b (2).

11. Jedes – auch unselbstständige – Rechtsmittel gegen Scheidungsausspruch muss ausgeschlossen sein, Einzelheiten in § 629a Abs. 2–4 ZPO, hierzu *Thomas-Putzo* Rdn. 13ff. zu § 629a ZPO m.w. Nachw., Verzicht-Möglichkeiten insbes. in Abs. 3 und 4, vgl. Anm. 1 a.E.

12. Nach allgemeinen ZPO-Berufungsgrundsätzen, also Berufungsfrist 1 Monat ab Amtszustellung, vgl. im Übrigen nach ZPO-Reform Form. I. O. 1 Anm. 1ff.

13. Vgl. hierzu u. Form. II. I. 18 und ferner Form. II. I. 17 Anm. 4. lit. b (1).

14. Vgl. hierzu u. Form. II. I. 15 und die dortigen Anm.

15. Bei den klassischen ZPO-Verfahren wird also insgesamt der Orientierung der Kostenentscheidung am Erfolg weiterhin etwas größerer Spielraum eingeräumt.

16. Die III. (BGH-)Instanz unterliegt stets dem Anwaltszwang, auch in FGG-Sachen, § 78 Abs. 2 Nrn. 1–3 und § 621e Abs. 2 ZPO. Wenn angestrebt, empfiehlt sich daher Antrag mit Begründung für Revision (in den ZPO-Sachen zur Ehe selbst, sowie der des § 621 Abs. 1 Nrn. 4, 5 und 8 ZPO, niemals zu Hausrat oder Zugewinn-Stundung. Allein zulässig in Familiensachen ist also – keine Streitwertrevision – die Zulassungsrevision (jetzt: §§ 543, 544 ZPO n.F. mit Übergangsfristen in § 26 Nr. 7 EGZPO). Ausnahme: Verwerfung des Rechtsmittels als unzulässig durch OLG (dann Revision). Daneben steht die befristete weitere Beschwerde, ab 1. 1. 2002: *Rechtsbeschwerde,* gegen Beschlüsse des OLG in Familiensachen nach § 621 Abs. 1 Nrn. 1, 2, 3, 6 und 10 – 13 ZPO n.F. (zulassungsbedürftige Rechtsbeschwerde, vgl. § 621e Abs. 2 ZPO), vgl. Form. II. I. 31 a.E.
Einlegung binnen 1-Monatsfrist beim Revisions- bzw. weiteren Beschwerdegericht, § 621e Abs. 3 ZPO.

Kosten und Gebühren

GK: KV Nr. 1520ff.; RA: wie I. Instanz mit 3/10 Erhöhung aus § 11 Abs. 1 S. 4 BRAGO.

Fristen und Rechtsmittel

Vgl. oben Anm. 16: ZPO-Sachen (außer § 621 Abs. 1 Nrn. 7 oder 9) nur Zulassungsrevision; befristete weitere Beschwerde gegen FGG-Beschlüsse stark eingeschränkt durch § 621e Abs. 2 ZPO. Jedoch kein völliger Ausschluss anderweitiger Rechtsmittel aus FGG, hierzu *Thomas-Putzo* ZPO, § 621e Rdn. 1, ferner allgemein *Liermann* in *Rahm/Künkel,* VII. Rdn. 253f., 268ff., Handbuch, VII., Rdn. 253ff. und 268ff. m. Nachw.

31. Berufungsbeschwerde gegen FGG-Entscheidung

An das
Oberlandesgericht[1]
– Familiensenat –

Beschwerde[2]

des ...... **– Antragstellers und Beschwerdeführers –**
Verfahrensbevollmächtigte: Rechtsanwälte ......[3]

gegen

...... – Antragsgegnerin und Beschwerdegegnerin –

wegen elterlicher Sorge[4]

vorläufiger Streitwert: EUR ...... [5]

Aktenzeichen I. Instanz: ......

Unter Bezugnahme auf die von uns für den Antragsteller und Beschwerdeführer bereits in I. Instanz vorgelegte besondere Prozessvollmacht legen wir hiermit für diesen gegen den beigefügten Beschluss des Amtsgerichts – Familiengerichts – ...... vom ......, Aktenzeichen ......, zugestellt am ......,

Beschwerde

ein mit folgenden

Anträgen:

I. Der Beschluss des Amtsgerichts – Familiengerichts – ...... vom ......, Aktenzeichen ......, wird aufgehoben.

II. Die elterliche Sorge für das gemeinsame eheliche Kind der Parteien ......, geb. am ......, wird auf den Antragsteller und Beschwerdeführer allein übertragen.

III. Die Antragsgegnerin und Beschwerdegegnerin trägt die Kosten des Beschwerdeverfahrens[6].

Begründung erfolgt in gesondertem Schriftsatz[7].

Rechtsanwalt

Anmerkungen

1. Zuständig für Beschwerden gegen Entscheidungen der Familiengerichte (i. d. R. also Familiensachen einschließlich der mit KindRG zugehörigen Kindschaftssachen) das OLG, § 119 Abs. 1 Nr. 2 GVG mit § 64 FGG.

2. Vgl. zunächst o. Form. II. I. 30, insbes. Anm. 1: soweit also der Scheidungsausspruch selbst und/oder – zulässig – auch nur eine ZPO-Familiensache gemäß § 621 Abs. 1 Nrn. 4, 5 oder 8 ZPO mitangefochten ist, überwiegt die Berufung.

Das ohnehin verwickelte Beschwerde-System in Familiensachen ist durch neuere Gesetzesänderungen (zuletzt: ZPO-Reform, im wesentlichen in Kraft ab 1. 1. 2002) etwas vereinfacht worden:

a) Die sog. Berufungsbeschwerde (§ 621 e Abs. 1 ZPO n. F. als „befristete Beschwerde“ bezeichnet) richtet sich gegen bestimmte im ersten Rechtszug ergangene *Endentscheidungen* über Familiensachen des § 621 Abs. 1 Nr. 1 – 3, 6, 7, 9, z. T. 10, sowie Nr. 12 und jetzt (GewSchG) Nr. 13 ZPO n. F. und ist über § 621 e Abs. 3 der Berufung in Familiensachen (vgl. Form. II. I. 30.) stark angenähert. Sie betrifft also vor allem

aa) von vorneherein isolierte FGG-End-Entscheidungen (aus dem Katalog des § 621 e Abs. 1 ZPO);

bb) erst durch das Rechtsmittel selbst aus dem erstinstanzlichen Verbund „herausisolierte“ FGG-Folgesachen (soweit es hierbei verbleibt, auch beim zur selbstständigen oder unselbstständigen Anschlussberufung/Anschlussbeschwerde berechtigten Antragsgegner);

cc) erstinstanzliche FGG-Folgesachen-Entscheidungen durch Rechtsmittelführer, die mangels weitergehender Beschwer von vorneherein nur isoliert anfechten können, insbes. die *Drittbeteiligten* in den Folgesachen des § 621 Abs. 1 Nr. 6 (Sozialversicherungsträger) und Nr. 7, sowie jetzt auch Nr. 13 ZPO (Verfahrensbeteiligte nach § 7 HausratsVO).

b) Anderen Regeln folgen (also FGG-Sachen) die – zahlreich möglichen – *vorläufigen* und Zwischenentscheidungen des Familiengerichts in I. Instanz, speziell in FGG-Sachen, wie insbesondere
   aa) einstweilige Anordnungen (sofortige Beschwerden, nämlich gegen die in § 620c S. 1 ZPO genannten Sachen);
   bb) Vorwegentscheidungen gemäß § 627 ZPO (über elterliche Gewalt, führt über § 627 Abs. 2 zu einer Entscheidungssperre für das gesamte restliche Verfahren, dagegen aber u.U. jetzt Abtrennung nach § 623 Abs. 2 S. 2 ZPO n.F. durch KindRG);
   cc) aber nicht z.B. gegen nur inzidente „Entscheidungen“ der I. Instanz, z.B.
   – „Nichtgenehmigung“ einer Parteivereinbarung zum VA, oder
   – Abtrennung einer Folgesache gemäß § 628 Abs. 1 ZPO.

Wohl aber ist die im 2. Falle folgende Endentscheidung auf Scheidung im Rechtsmittelverfahren – Berufung – auch daraufhin nachprüfbar, ob die I. Instanz dem Scheidungsantrag zu Recht vor der Entscheidung über die abgetrennte Folgesache stattgeben durfte, h.M., vgl. Form. II. I. 30 und Anm. 1 (Berufung zwecks „Wiederherstellung des Verbundes“). Das kann besonders bei Abtrennung wegen Verzögerung des *Versorgungsausgleich* bedeutsam werden, die nicht ohne weiteres zur unzumutbaren Härte führt (so OLG Köln FamRZ 1983, 289 und OLG Zweibrücken FamRZ 1983, 623: deshalb Aufhebung, Zurückverweisung und Anweisung an das Familiengericht, nicht abzutrennen).

2. In isolierter FGG-Sache Beschwer grundsätzlich erforderlich, Beschwerdeberechtigung vgl. § 20 Abs. 1 FGG.

3. Bei von Anfang an isolierten FGG-Familiensachen grundsätzlich kein Anwaltszwang wie schon beim FamG, § 78 Abs. 2 Nr. 3 ZPO, anders bei selbstständiger Anfechtung einer Folgesache (gemilderter Anwaltszwang vor m.V.). § 78 Abs. 2 ZPO regelt nunmehr auch den Anwaltszwang für Drittbeteiligte genauer (Regel: keiner für 2. Instanz, Ausnahmen: Güterrecht, Unterhaltssachen ab 2. Instanz).

4. Der im Muster behandelte Fall geht aus von einer von Anfang an isolierten FGG-Entscheidung (z.B. während des Getrenntlebens vor Scheidung aus § 1672 BGB; oder nachträgliche Abänderungsentscheidung auf Grund veränderter Umstände, wie in Form. II. I. 24 – dort zunächst nur vorbereitet durch eAO-Antrag – angestrebt). Wird eine solche Beschwerde nach § 621e ZPO gegen einen Teil eines erstinstanzlichen Verbundurteils eingelegt, so kann sie nur in den Grenzen und Fristen des § 629a Abs. 2–4 ZPO noch auf andere Teile dieses Verbundurteils zulässig erweitert werden. Zur zulässigen Anschlussbeschwerde vgl. § 577a ZPO.

5. Wie in Form. II. I. 10 Anm. 5.

6. Da – jedenfalls in diesem Muster – nicht Scheidungsfolgesache, nicht über § 93a Abs. 1 S. 2 1. Alt. ZPO, sondern bestenfalls über § 13a Abs. 1 S. 1, Abs. 2 FGG in Verbindung mit § 91 Abs. 1 S. 2 ZPO erreichbar.

7. Wegen § 621e Abs. 1 und Abs. 3 S. 2 ZPO mit den dortigen Verweisungen also jetzt – in den obigen Grenzen – auch hier „Berufungsbeschwerde“ mit 1-Monatsfrist zur Beschwerdeeinlegung (nur beim Beschwerdegericht – OLG –, § 21 FGG gilt insoweit nicht mehr) und weiterer, verlängerbarer 1-Monats-Begründungsfrist ab Berufungseinlegung, vgl. im Einzelnen *Stein/Jonas/Schlosser* § 621e Rdn. 1–5. Zu den besonders komplizierten, teilweise sehr str. Fragen der III. Instanz – insbes. bei Nichtzulassung – vgl. *Liermann* in *Rahm/Künkel,* Handbuch des Familiengerichtsverfahrens, VII. Rdn. 268ff. Isolierte FGG-Sachen werden nach OLG Karlsruhe mit Verkündung formell rechtskräftig, FamRZ 1981, 581.

Kosten und Gebühren

GK: im hier vorgestellten Fall (Beschwerde gegen isolierte Sorgerechtsentscheidung in I. Instanz) je nach Erfolg keine bis $^1/_2$, § 131 Abs. 1 KostO; RA: § 118 BRAGO. Sondervorschriften bei VA-Sachen und Hausrat (vgl. §§ 131a KostO, 63 BRAGO). § 32 Abs. 1 und § 33 Abs. 1 S. 1 BRAGO gelten auch hier.

Fristen und Rechtsmittel

Mit ZPO-Reform ab 1. 1. 2002 nur noch Zulassungsbeschwerde (durch OLG oder über erfolgreiche Nichtzulassungsbeschwerde) gemäß §§ 621e Abs. 2 mit 543, 544 ZPO n. F. (letztere aufgeschoben bis 31. 12. 2006, vgl. § 26 Nr. 9 EGZPO).

J. Erbrecht

1. Klage auf Feststellung des Erbrechts (Nichtigkeit eines Testaments)

An das
Landgericht[1]

Klage

der ...... (Klägerin)
Prozessbevollmächtigter: Rechtsanwalt ......

gegen

die ...... (Beklagte)

wegen

Feststellung des Erbrechts

Vorläufiger Streitwert: ...... EUR [2]

Namens und mit Vollmacht der Klägerin erhebe ich Klage und werde beantragen:

I. Es wird festgestellt, dass die Klägerin Alleinerbin des am ...... (Datum) in ...... (Ort) verstorbenen ...... (Name) ist.
II. Die Beklagte hat die Kosten des Rechtsstreits zu tragen.

Begründung:[3]

Am ...... (Datum) verstarb in ...... (Ort), seinem letzten Wohnsitz[1], der ...... (Name). Die Klägerin war die Ehefrau des Erblassers. Die Ehe ist am ...... (Datum), also vor etwa ...... Jahren geschlossen worden. Kinder sind aus der Ehe nicht hervorgegangen. Am ...... (Datum), also vor etwa 3 Jahren, hat der Erblasser die Klägerin verlassen. Seitdem lebte er mit der Beklagten zusammen.
Am ...... (Datum) errichtete der Erblasser ein notarielles Testament[4], in dem er die Beklagte zu seiner Alleinerbin einsetzte.

Beweis: Testament vom ...... (Datum) – URNr. ....../...... des Notars ...... (Name) in ...... (Ort) – (Fotokopie liegt an)

Dieses Testament ist aus mehreren Gründen unwirksam. Es ist drei Tage vor dem Tode des Erblassers errichtet worden. Der Erblasser befand sich schon in dem Krankenhaus in ...... (Ort) Er hatte am ...... (Datum) einen Schlaganfall erlitten, an dessen Folgen er schließlich gestorben ist. Er war zum Zeitpunkt der Testamentserrichtung nicht mehr testierfähig[5].

Beweis: Sachverständiges Zeugnis des Arztes Dr. med. ...... (Name) in ...... (Ort)

Außerdem hat der Erblasser das Testament nicht eigenhändig[6] unterschrieben. In der Niederschrift des Notars ist nicht vermerkt, dass der Erblasser die Unterschrift eigenhändig geleistet hat[7]. Zum Zeitpunkt der Testamentserrichtung war der Erblasser überhaupt nicht mehr zur Unterschriftsleistung in der Lage. Er war rechtsseitig gelähmt.

Beweis: Sachverständiges Zeugnis des Dr. med. ...... (Name)

In dem vorprozessualen Schriftwechsel hat die Beklagte behauptet, sie habe den Arm des Erblassers bei der Unterschriftsleistung nur gestützt. Tatsächlich war der Erblasser aber zu diesem Zeitpunkt völlig schreibunfähig. Die Beklagte hat die Hand des Erblassers so

geführt, dass ihre charakteristischen Schriftzüge zum Ausdruck gekommen sind. Diese Schriftzüge sind der Handschrift des Erblassers wesensfremd.

Beweis: Gutachten eines Schriftsachverständigen

Schließlich verstößt die Erbeinsetzung der Beklagten gegen die guten Sitten[8]. Die Beklagte war die Geliebte des Erblassers. Dieser wollte die Beklagte durch die Einsetzung als seine Alleinerbin für die geschlechtlichen Beziehungen belohnen. Andere Gründe gibt es dafür nicht. Insbesondere hat die Beklagte den Erblasser nicht gepflegt. Er ist vielmehr direkt nach seiner Erkrankung in das Krankenhaus eingeliefert worden.
Der Nachlass hat einen Wert von etwa ...... EUR[2].

Rechtsanwalt

Anmerkungen

1. Die sachliche Zuständigkeit des Landgerichts ergibt sich aus §§ 71, 23 GVG; hinsichtlich der örtlichen Zuständigkeit gibt § 27 ZPO den besonderen Wahlgerichtsstand der Erbschaft.

2. Für die Höhe des Streitwertes ist nach § 3 ZPO das Interesse an der Feststellung maßgebend. Bei der behauptenden Feststellungsklage ist im Allgemeinen ein Abschlag von 20% gegenüber der entsprechenden Leistungsklage zu machen (*Baumbach/Lauterbach/Albers/Hartmann* Anh. § 3 Stichwort: Feststellungsklage Rdn. 53).

3. Für die Feststellungsklage fehlt ein Rechtsschutzbedürfnis nicht schon deswegen, weil ein Erbscheinsverfahren anhängig gemacht werden könnte. Das Erbscheinsverfahren kennt keine materielle Rechtskraft (*Palandt/Edenhofer* Überbl. vor § 2353 Rdn. 6). Darüber hinaus müssen die Voraussetzungen für die Zulässigkeit einer positiven Feststellungsklage nach § 256 ZPO erfüllt sein (vgl. dazu Form. I. D. 3 Anm. 1).

4. Nach § 2231 BGB gibt es zwei ordentliche Testamentsformen, und zwar das öffentliche und das eigenhändige Testament. Das öffentliche Testament wird nach § 2232 BGB zur Niederschrift eines Notars errichtet (s. Beck'sches Formularbuch zum Bürgerlichen, Handels- und Wirtschaftsrecht/*Castell* Form. VI. 1).

5. § 2229 Abs. 4 BGB.

6. Nach § 13 BeurkG gehört die eigenhändige Unterschrift des Erblassers zu den Wirksamkeitserfordernissen. Eine Schreibhilfe ist zulässig, wenn der betreffende Beteiligte damit einverstanden ist und mitwirkt. Der Schriftzug muss von seinem Willen bestimmt werden. Bei einem Schreibunfähigen muss nach § 25 BeurkG ein Zeuge oder ein zweiter Notar bei dem Vorlesen und der Genehmigung zugezogen werden.

7. Nach § 13 Abs. 1 S. 2 BeurkG soll die eigenhändige Unterschriftsleistung in der Niederschrift festgestellt werden. Dabei handelt es sich nicht um ein Wirksamkeitserfordernis.

8. Zuwendungen unter Partnern einer nichtehelichen Lebensgemeinschaft verstoßen grundsätzlich nicht gegen die guten Sitten (BGH 77, 59). Nur wenn die Zuwendung ausschließlich den Zweck hat, geschlechtliche Hingabe zu belohnen oder zu fördern, ist das Rechtsgeschäft sittenwidrig (BGH 53, 375; *Palandt/Heinrichs* § 138 Rdn. 50).

2. Stufenklage auf Auskunft, Feststellung des Erbrechts und Herausgabe des Nachlasses

An das
Landgericht[1]

Stufenklage

der Frau F ...... (Klägerin)
......[2]

wegen

Auskunft, Feststellung des Erbrechts und Herausgabe

Vorläufiger Streitwert: ......[3]

Namens und mit Vollmacht der Klägerin erhebe ich Klage und werde beantragen:

I. Der Beklagte wird verurteilt, der Klägerin Auskunft über den Bestand der Erbschaft nach dem am ...... (Datum) verstorbenen ...... (Name) und über den Verbleib der Erbschaftsgegenstände zu erteilen.

II. Es wird festgestellt, dass die Klägerin Alleinerbin nach dem am ...... (Datum) in ...... (Ort) verstorbenen ...... (Name) geworden ist.

III. Der Beklagte wird verurteilt, an die Klägerin die nach Erteilung der Auskunft noch zu bezeichnenden Nachlassgegenstände herauszugeben.

IV. Der Beklagte hat die Kosten des Rechtsstreits zu tragen.

Begründung[4]:

Am ...... (Datum) verstarb in ...... (Ort), seinem letzten Wohnsitz, der ...... (Name), dessen einziger Abkömmling der Beklagte ist. Die Mutter des Beklagten und Ehefrau des ...... (Name) verstarb vor etwa fünf Jahren. In den letzten Jahren verschlechterten sich die Beziehungen zwischen ...... (Name) und dem Beklagten erheblich. Schließlich wurde der Kontakt völlig abgebrochen. Seitdem hat sich nur noch die Klägerin, eine Nichte des Erblassers, um diesen gekümmert. Sie hat ihn auch allein versorgt, als er vor etwa einem Jahr bettlägerig erkrankte.

Am ...... (Datum) errichtete der Erblasser ein eigenhändiges Testament[5]. Darin traf er folgende Bestimmungen:

„Mein Haus und meine Möbel vermache ich der Frau F. Diese hat mich allein betreut, als es mir sehr schlecht ging. Dafür soll sie belohnt werden. Von meinem Bargeld sollen die Beerdigungskosten bezahlt werden. Außerdem soll meine Nichte F einen angemessenen Betrag für die Grabpflege festlegen. Den Restbetrag (höchstens ...... EUR) soll sie an meinen Sohn auszahlen[6].

Beweis: Testament vom ...... (Datum)

Der Beklagte hat bislang die Auffassung vertreten, dieses Testament enthalte keine Erbeinsetzung. Demgegenüber ist der Klägerin bekannt, dass der Erblasser sie als seine Alleinerbin hat einsetzen wollen. Er hat noch wenige Tage vor seinem Tode gegenüber dem nachbenannten Zeugen geäußert, dass die Klägerin alles erhalten werde, was er hinterlasse.

Beweis: Zeugnis des ...... (Name)

Inzwischen hat der Beklagte den gesamten Nachlass in Besitz genommen und verweigert die Herausgabe. Der Klägerin ist der genaue Bestand der Erbschaft nicht bekannt.

Rechtsanwalt

Anmerkungen

1. S. Anm. 1 zu Form. II. I. 1.

2. Zur Gestaltung des Rubrums vgl. Form. II. I. 1.

3. Der Streitwert für die Kostenberechnung ist gem. § 18 GKG zu bestimmen.

4. Nach § 2018 BGB kann der Erbe von dem Erbschaftsbesitzer die Herausgabe des Erlangten verlangen. Dabei handelt es sich um einen erbrechtlichen Gesamtanspruch. Wegen der Regelung in § 253 Abs. 2 Nr. 2 ZPO sind aber auch bei dieser Klage die einzelnen Gegenstände, deren Herausgabe verlangt wird, bestimmt zu bezeichnen. Wenn

der Erbe dazu nicht in der Lage ist, bleibt ihm die Möglichkeit, die Herausgabeklage in der Form der Stufenklage (§ 254 ZPO) mit einer Auskunftsklage zu verbinden. Der Auskunftsanspruch steht ihm nach § 2027 BGB zu. Zweckmäßig ist es weiterhin, diese Klage mit einer Klage auf Feststellung des Erbrechts zu verbinden, weil sich andernfalls die Rechtskraft des Urteils nur auf den Anspruch auf Herausgabe der einzelnen Gegenstände erstreckt (vgl. *Palandt/Edenhofer* Einf. vor § 2018 Rdn. 2 und 3).

5. § 2247 BGB.

6. Jede letztwillige Verfügung ist eine Willenserklärung und nach § 133 BGB auszulegen. Die Testamentsauslegung hat das Ziel, den wirklichen (realen) Willen des Erblassers zu erforschen. Da seine Erklärung nicht empfangsbedürftig ist, bedarf es keines Vertrauensschutzes durch Berücksichtigung der objektiven Erklärungsbedeutung. Nur bei vertragsmäßigen Verfügungen im Erbvertrag (§ 2078) und bei wechselbezüglichen Verfügungen im gemeinschaftlichen Testament (§ 2270) ist gem. §§ 157, 242 auch auf den Erklärungsempfänger abzustellen (*Palandt/Edenhofer* § 2084 Rdn. 1). Ein bestimmter Wortlaut ist für eine Erbeinsetzung nicht entscheidend. § 2087 BGB stellt nur eine Auslegungsregel dar.

3. Klage auf Feststellung des Erbrechts nach Anfechtung eines Testamentes

An das
Landgericht[1]

Klage

des . . . . . . (Klägers)
. . . . . .[2]

wegen

Feststellung des Erbrechts

Vorläufiger Streitwert: . . . . . .[3]

Namens und mit Vollmacht des Klägers erhebe ich Klage und werde beantragen:

I. Es wird festgestellt, dass der Kläger Miterbe zur Hälfte nach der am . . . . . . (Datum) in . . . . . . (Ort) verstorbenen Mutter der Parteien, Frau . . . . . . (Name), geworden ist.

II. Der Beklagte hat die Kosten des Rechtsstreits zu tragen.

Begründung:

Die Parteien sind die einzigen Kinder der Eheleute . . . . . . (Name) Ihr Vater verstarb im Jahre . . . . Zu seinem Nachlass gehörte das bebaute Grundstück . . . . . ., ..., eingetragen im Grundbuch von . . . . . . (Ort) Blatt . . . . . . Der Vater der Parteien hatte keine letztwillige Verfügung errichtet.

Nach dem Tode des Vaters erhielt der Kläger von seiner Mutter einen Betrag von . . . . . . EUR. Damit schied er aus der Erbengemeinschaft mit seiner Mutter und dem Beklagten aus.

Am . . . . . . (Datum) errichtete die Mutter der Parteien vor dem Notar . . . . . . (Name) in . . . . . . (Ort) ein öffentliches Testament. Darin setzte sie den Beklagten als ihren Alleinerben ein. Ferner erklärte sie, der Kläger sei bereits abgefunden.

Beweis: Testament vom . . . . . . (Datum) – URNr. . . . . . ./(Jahr) des Notars . . . . . . (Name) in . . . . . . (Ort)

Das Testament wurde am ...... (Datum) von dem Nachlassgericht in ...... (Ort) eröffnet[4]. Am ...... (Datum)[5] hat der Kläger dieses Testament durch Erklärung gegenüber dem Nachlassgericht[6] angefochten.

Beweis: Beiziehung der Akten ...... Amtsgericht ...... (Ort)

Die Mutter der Parteien hat sich bei Errichtung des Testaments in einem Irrtum[7] befunden. Sie hat angenommen, der Kläger sei durch die Zahlung des Betrages von ...... EUR auch bezüglich ihres Nachlasses abgefunden. Diese Zahlung hat sich jedoch nur auf den Nachlass nach dem Vater der Parteien bezogen. Das ergibt sich aus der Vereinbarung der Parteien und ihrer Mutter vom ......

Beweis: Vertragsurkunde vom ...... (Datum) (Fotokopie anbei)

Gegenüber dem beurkundenden Notar hat die Mutter der Parteien nur erwähnt, dass der Kläger durch die Zahlung des Betrages von ...... EUR abgefunden sei.

Beweis: Zeugnis des Notars ...... (Name) in ...... (Ort)

Rechtsanwalt

Anmerkungen

1. S. Anm. 1 zu Form. II. I. 1.

2. Zur Gestaltung des Rubrums vgl. Form. II. I. 1.

3. S. Anm. 2 zu Form. II. I. 1.

4. § 2260 BGB.

5. Die Anfechtungsfrist beträgt nach § 2082 Abs. 1 BGB ein Jahr. Sie beginnt mit dem Zeitpunkt, in welchem der Anfechtungsberechtigte von dem Anfechtungsgrund Kenntnis erlangt. Die Frist läuft nicht, solange der Anfechtungsberechtigte die letztwillige Verfügung für unwirksam hält, zB. für wirksam angefochten oder widerrufen. Dagegen ist der Fristablauf nicht gehemmt, wenn sich der Anfechtungsberechtigte infolge Rechtsunkenntnis in einem Irrtum über die Möglichkeit und Notwendigkeit einer Anfechtung befindet (*Palandt/Edenhofer* § 2082 Rdn. 4).

6. Die Anfechtung einer letztwilligen Verfügung hat in den in § 2081 Abs. 1 BGB aufgeführten Fällen gegenüber dem Nachlassgericht zu erfolgen. Als amtsempfangsbedürftige Willenserklärung wird eine solche Anfechtung mit ihrem Zugang beim örtlich und sachlich zuständigen Nachlassgericht wirksam (*Palandt/Edenhofer* § 2081 Rdn. 3). Eine besondere Form ist nicht vorgeschrieben. Der Anfechtungsgrund braucht nicht angegeben zu werden, so dass die Anfechtung jederzeit auch auf andere Tatsachen gestützt werden kann, die schon vor der Anfechtung gegeben waren. Jedoch können später entstandene Anfechtungsgründe nur in einer neuen Anfechtungserklärung geltend gemacht werden (*Palandt/Edenhofer* § 2081 Rdn. 2).

7. Nach § 2078 BGB berechtigt ein Irrtum des Erblassers über die Erklärungshandlung, den Erklärungsinhalt der letztwilligen Verfügung und im Beweggrunde zur Anfechtung. Ein Anfechtungsrecht besteht auch, wenn der Erblasser widerrechtlich durch Drohung zu der Verfügung bestimmt worden ist. Eine Anfechtung wegen Irrtums kann nur auf Vorstellungen und Erwartungen gestützt werden, die der Erblasser bei Errichtung der letztwilligen Verfügung gehabt hat, nicht auf solche, die er bei Kenntnis von damals unbekannten Umständen gehabt haben würde (*Palandt/Edenhofer* § 2078 Rdn. 5).

Der Beweis für den Anfechtungsgrund obliegt dem, der sich auf die Anfechtung der letztwilligen Verfügung beruft. Das gilt auch für den Nachweis, dass ein etwaiger Irrtum ursächlich für die Verfügung war (*Palandt/Edenhofer* § 2078 Rdn. 11).

Ein Sonderfall des Irrtums im Beweggrund ist in § 2079 BGB geregelt, die Anfechtung wegen Übergehung eines Pflichtteilsberechtigten.

4. Anfechtungsklage wegen Erbunwürdigkeit

An das
Landgericht[1]

Klage

des ...... (Klägers)[2]

wegen

Erbunwürdigkeit

Vorläufiger Streitwert: ......[3]

Namens und mit Vollmacht des Klägers erhebe ich Klage und werde beantragen:

I. Der Beklagte wird hinsichtlich des Nachlasses der am ...... (Datum) in ...... (Ort) verstorbenen ...... für erbunwürdig erklärt[4].
II. Der Beklagte hat die Kosten des Rechtsstreits zu tragen.

Begründung:

Der Kläger ist der einzige Abkömmling[5] der am ...... (Datum) in ...... (Ort) verstorbenen ...... Der Vater des Klägers ist bereits im Jahre ...... verstorben. Im Jahre ...... heiratete die Erblasserin den Beklagten.
Am ...... (Datum) errichtete sie ein eigenhändiges Testament[6], in dem sie den Beklagten als ihren Alleinerben einsetzte.

Beweis: Testament vom ...... (Datum) (Fotokopie liegt an)

Im Jahre ...... nahm der Beklagte ehewidrige Beziehungen zu der Zeugin Z auf. Die Erblasserin erfuhr davon im Sommer (Jahr). Es kam zu einer heftigen Auseinandersetzung zwischen den Eheleuten. Dabei erklärte die Erblasserin, sie werde sich scheiden lassen und ihr Testament zugunsten des Klägers ändern, wenn der Beklagte die Beziehungen zu der Zeugin nicht sofort abbreche. Daraufhin versicherte der Beklagte, dass er die Beziehungen sofort beenden werde. Im Vertrauen auf diese Erklärung änderte die Erblasserin ihr Testament nicht. Der Beklagte setzte jedoch auch nach dieser Unterredung die Beziehungen zu der Zeugin fort.

Beweis: Zeugnis der Z ......

Davon erhielt die Erblasserin keine Kenntnis. Wenige Tage vor ihrem Tode erklärte sie ihrem Bruder gegenüber, dass sie sehr froh darüber sei, dass der Beklagte die Beziehungen zu der Zeugin beendet habe.

Beweis: Zeugnis des Bruders B ......

Seit dem Tode der Erblasserin lebt der Beklagte mit der Zeugin zusammen.
Die Erblasserin hat demnach ihr Testament nur deswegen nicht geändert, weil der Beklagte sie arglistig getäuscht hat. Er ist erbunwürdig[7].
Der Wert des Nachlasses beträgt etwa ...... EUR[3].

Rechtsanwalt

Anmerkungen

1. Die Klage ist auch im Gerichtsstand der Erbschaft (§ 27 ZPO) möglich (*Palandt/Edenhofer* § 2342 Rdn. 2).

2. Zur Gestaltung des Rubrums s. Form. II. I. 1.

3. Der Streitwert ist gem. § 3 ZPO nach der Beteiligung des Beklagten am Nachlass zu bestimmen (BGH NJW 1970, 197).

4. Die Anfechtung eines Erbschaftserwerbs wegen Erbunwürdigkeit erfolgt nach § 2342 BGB durch Erhebung der Anfechtungsklage. Diese ist darauf zu richten, dass der Erbe für erbunwürdig erklärt wird. Die Klage ist eine Gestaltungsklage (*Palandt/Edenhofer* § 2342 Rdn. 1). Mit Rechtskraft des Urteils gilt der Anfall der Erbschaft an den für erbunwürdig erklärten Erben als nicht erfolgt (§ 2344 BGB).

5. Die Anfechtungsberechtigung folgt aus § 2341 BGB.

6. § 2247 BGB.

7. Die Erbunwürdigkeitsgründe ergeben sich aus § 2339 BGB. Eine widerrechtliche Verhinderung des Erblassers kann auch durch Täuschung begangen werden. Es muss ein ursächlicher Zusammenhang zwischen der Täuschungshandlung und dem Unterbleiben der beabsichtigten Verfügung oder Aufhebung bestehen (*Palandt/Edenhofer* § 2339 Rdn. 5).

5. Klage des Pflichtteilsberechtigten auf Auskunft (Entziehung des Pflichtteils)

An das
Landgericht[1]

Klage

des ...... (Klägers)
......[2]

wegen

Auskunft

Vorläufiger Streitwert: ......[3]

Namens und mit Vollmacht des Klägers erhebe ich Klage und werde beantragen:

I. Der Beklagte wird verurteilt, dem Kläger Auskunft über den Bestand des Nachlasses nach dem am ...... (Datum) verstorbenen ...... (Name) zu erteilen.
II. Der Beklagte hat die Kosten des Rechtsstreits zu tragen.

Begründung[4]**:**

Am ...... (Datum) verstarb in ...... (Ort), seinem letzten Wohnsitz, der ...... (Name). Er war der Vater der Parteien.
Der Erblasser errichtete am ...... (Datum) ein eigenhändiges[5] **Testament, in dem er den Beklagten als seinen Alleinerben einsetzte. Hinsichtlich des Klägers erklärte er, dass er ihm den Pflichtteil entziehe**[6]**. Der Kläger habe ihn am ...... (Datum) grundlos geschlagen, so dass er erhebliche Verletzungen erlitten habe.**

Beweis: Testament vom ...... (Datum)

Mit Rücksicht auf den Inhalt dieses Testamentes verweigert der Beklagte dem Kläger den Pflichtteil.
Es trifft zwar zu, dass es am ...... (Datum) zu einem heftigen Wortwechsel zwischen dem Erblasser und dem Kläger gekommen ist. Der Kläger hat seinen Vater aber nicht geschlagen. Vielmehr hat der Erblasser den Kläger mit einer Eisenstange angegriffen. Der Kläger hat sich nur verteidigt und seinen Vater zurückgestoßen. Ob dieser dabei zu Fall gekommen ist und sich verletzt hat, weiß der Kläger nicht, weil er schnellstens weggelaufen ist. Jedenfalls ist die Entziehung des Pflichtteils nicht gerechtfertigt[7]**.**

Rechtsanwalt

Anmerkungen

1. S. Anm. 1 zu Form. II. I. 1.

2. Zur Gestaltung des Rubrums vgl. Form. II. I. 1.

3. Der Wert hängt von dem Interesse an der Auskunftserteilung ab und beträgt im Allgemeinen nur einen Bruchteil desjenigen Anspruchs, dessen Geltendmachung die Auskunft erleichtern soll (vgl. *Baumbach/Lauterbach/Albers/Hartmann* Anh. § 3 Stichwort: Auskunft Rdn. 24).

4. Der Klage nach § 2314 BGB steht nicht entgegen, dass der Pflichtteilsberechtigte nach § 2006 BGB als Nachlassgläubiger die Abgabe der eidesstattlichen Versicherung vor dem Nachlassgericht verlangen kann. Die Zwangsvollstreckung hinsichtlich der Auskunftserteilung erfolgt nach § 888 ZPO.

5. § 2247 BGB.

6. Der Pflichtteil eines Abkömmlings kann unter den Voraussetzungen des § 2333 BGB entzogen werden. Nach § 2336 BGB erfolgt die Entziehung durch letztwillige Verfügung. Der Grund der Entziehung muss in der Verfügung angegeben werden.

7. Die Beweislast für den Entziehungsgrund trifft nach § 2336 Abs. 3 BGB den Erben, der sich auf die Entziehung beruft. Das gilt auch dafür, dass eine vom Pflichtteilsberechtigten behauptete Notwehrlage nicht vorgelegen habe (vgl. *Palandt/Edenhofer* § 2336 Rdn. 3).

6. Stufenklage auf Auskunft, eidesstattliche Versicherung und Zahlung des Pflichtteils[1]

An das
Landgericht[2]

Klage

des . . . . . . (Klägers)[3]

wegen

Pflichtteils

Vorläufiger Streitwert: . . . . . .[4]

Namens und mit Vollmacht des Klägers erhebe ich Klage und werde beantragen:

I. Die Beklagte wird im Wege der Stufenklage verurteilt,

1. in der ersten Stufe

a) Auskunft[5] über den Bestand des Nachlasses des am . . . . . . (Datum) verstorbenen . . . . . . (Name) zu erteilen, und zwar durch Vorlage eines durch einen Notar aufgenommenen Verzeichnisses[6],

b) den Wert des im Grundbuch von . . . . . . (Ort) Blatt . . . . . . eingetragenen Grundstücks durch Vorlage eines Sachverständigengutachtens[7] zu ermitteln,

2. in der zweiten Stufe zu Protokoll an Eides Statt zu versichern, dass sie nach bestem Wissen den Bestand des Nachlasses so vollständig angegeben hat, als sie dazu im Stande ist[8],

3. in der dritten Stufe an den Kläger den Pflichtteil in Höhe von 1/4 des sich aus der Auskunft ergebenden Nachlasswertes zu zahlen.

II. Die Beklagte hat die Kosten des Rechtsstreits zu tragen.

Begründung:

Am ...... (Datum) verstarb in ...... (Ort) der ...... (Name). Er war der Ehemann der Beklagten. Der Kläger ist das einzige Kind des Erblassers und der Beklagten.
Der Erblasser hat am ...... (Datum) ein öffentliches Testament errichtet, in dem er die Beklagte zu seiner Alleinerbin eingesetzt hat.

Beweis: Testament vom ...... (Datum) – URNr. ...... / ...... des Notars ...... (Name) in ...... (Ort) – (Fotokopie liegt an)

Zum Nachlass des Erblassers gehören u. a. das Grundstück, eingetragen im Grundbuch von ......, Blatt ......, und verschiedene Sparguthaben. Bestand und Wert des Nachlasses im Einzelnen sind dem Kläger nicht bekannt.
Durch Schreiben vom ...... (Datum) hat der Kläger gegenüber der Beklagten seinen Pflichtteilsanspruch geltend gemacht und sie um Auskunft über den Bestand des Nachlasses gebeten. Die Beklagte hat mit Schreiben vom (Datum) erwidert, dem Kläger stehe kein Pflichtteil zu, weil er von seinem Vater etwa zwei Jahre vor dessen Tode ...... EUR erhalten habe. Eine Auskunftserteilung wurde abgelehnt. Der Kläger ist der Auffassung, dass dieser Betrag nicht auf seinen Pflichtteil anzurechnen ist, weil der Erblasser keine entsprechende Bestimmung getroffen hat[9]. Auf jeden Fall ist aber damit der Pflichtteilsanspruch noch nicht erfüllt. Als Pflichtteil verlangt der Kläger 1/4 des Nachlasswertes[10].

Rechtsanwalt

Anmerkungen

1. Der Pflichtteil besteht in der Hälfte des Wertes des gesetzlichen Erbteils. Pflichtteilsberechtigt sind Abkömmlinge, Eltern und der Ehegatte des Erblassers (§§ 2303, 2309 BGB). Nach § 10 VI LPartG ist auch der eingetragene Lebenspartner seit dem 1. 8. 2001 pflichtteilsberechtigt.

Nach § 2332 BGB verjährt der Pflichtteilsanspruch in drei Jahren von dem Zeitpunkt an, in welchem der Pflichtteilsberechtigte von dem Eintritt des Erbfalls und der ihn belastenden Verfügung Kenntnis erlangt, spätestens jedoch in dreißig Jahren von dem Eintritt des Erbfalls an. Rechtliche Zweifel können die Kenntnis ausschließen. Auf die Kenntnis vom Nachlassstand kommt es nicht an (*Palandt/Edenhofer* § 2332 Rdn. 5). Die Verjährung wird durch die bloße Klage auf Auskunft nicht unterbrochen, jedoch durch eine Stufenklage (§ 254 ZPO) auf Auskunft, Leistung einer eidesstattlichen Versicherung und Zahlung (*Palandt/Edenhofer* § 2332 Rdn. 11).

2. Für den Streitwert ist nur der höchste Anspruch maßgebend (*Baumbach/Lauterbach/Albers/Hartmann* Anh. § 3 Stichwort: Stufenklage Rdn. 108).

3. Zur Gestaltung des Rubrums s. Form. II. I. 1.

4. Der Streitwert für die Kostenberechnung ist gem. § 18 GKG nach dem höchsten der Ansprüche zu bestimmen.

5. Der Pflichtteilsberechtigte kann nach § 2314 BGB von dem Erben Auskunft über den Bestand des Nachlasses verlangen. Der Bestand ergibt sich aus dem Bestandsverzeichnis. Anzugeben sind auch die Passiva, da nur so die Höhe des Pflichtteilsanspruches errechnet werden kann. Anzugeben sind ferner Schenkungen des Erblassers innerhalb seiner 10 letzten Lebensjahre (§ 2325 BGB) sowie seine ausgleichspflichtigen Zuwendungen (§§ 2316 Abs. 1, 2052, 2055 Abs. 1 BGB). Auf Verlangen hat sich die Auskunft auch auf Pflicht- und Anstandsschenkungen (§ 2330 BGB) zu erstrecken (vgl. *Palandt/Edenhofer* § 2314 Rdn. 7).

6. § 2314 Abs. 1 S. 3 BGB.

7. Der Pflichtteilsberechtigte kann nach § 2314 Abs. 1 S. 2 BGB verlangen, dass der Wert der Nachlassgegenstände ermittelt wird. Die Kosten fallen nach § 2314 Abs. 2

BGB dem Nachlass zur Last. Der Erbe muss den Wert der Nachlassgegenstände einschließlich derjenigen, die dem realen Nachlass hinzuzurechnen sind, durch Gutachten eines unparteiischen Sachverständigen ermitteln lassen (BGHZ 89, 27f.; *Palandt/Edenhofer* § 2314 Rdn. 14).

8. Nach § 260 Abs. 2 BGB ist auf Verlangen die eidesstattliche Versicherung zu leisten, wenn Grund zu der Annahme besteht, das Verzeichnis sei nicht mit der erforderlichen Sorgfalt aufgestellt worden. Unvollständige und mehrfach berichtigte Angaben können die Annahme mangelnder Sorgfalt begründen (*Palandt/Heinrichs* § 261 Rdn. 30). Diese Voraussetzungen muss der Kläger darlegen, wenn er nach Erledigung der ersten Stufe das Verfahren fortsetzen und den Anspruch auf Abgabe der eidesstattlichen Versicherung geltend machen will.

9. Nach § 2315 BGB sind Leistungen des Erblassers auf den Pflichtteil anzurechnen, wenn der Erblasser eine entsprechende Anrechnungsbestimmung durch einseitige, empfangsbedürftige Willenserklärung getroffen hat. Die Anrechnungsbestimmung braucht nicht ausdrücklich erklärt worden zu sein. Der Pflichtteilsberechtigte muss sich aber der Anrechnungspflicht bewusst geworden sein. Die Anrechnungsbestimmung darf sich auch nicht nur auf den Erbteil beziehen (*Palandt/Edenhofer* § 2315 Rdn. 2).

10. Ist der Ehegatte des Erblassers Alleinerbe und hat er mit dem Erblasser im Güterstand der Zugewinngemeinschaft gelebt, so steht dem Abkömmling unter Zugrundelegung der §§ 2303 Abs. 2 S. 2, 1371 Abs. 1 BGB als Pflichtteil nur 1/4 des Nachlasswertes zu (*Palandt/Edenhofer* § 2303 Rdn. 8).

7. Klage gegen den Beschenkten wegen eines Pflichtteilsergänzungsanspruches[1]

An das
Landgericht[2]

Klage

der . . . . . . (Klägerin)[3]

wegen

Duldung der Zwangsvollstreckung

Vorläufiger Streitwert: . . . . . .[4]

Namens und mit Vollmacht der Klägerin erhebe ich Klage und werde beantragen:

I. Der Beklagte wird verurteilt, wegen einer Forderung in Höhe von . . . . . . EUR nebst Zinsen in Höhe von 5% Punkten über den jeweiligen Basissatz seit Rechtshängigkeit die Zwangsvollstreckung in das im Grundbuch von . . . . . . (Ort), Blatt . . . . . ., eingetragene Grundstück zugunsten der Klägerin zu dulden[5].

II. Der Beklagte hat die Kosten des Rechtsstreits zu tragen.

Begründung:

Am . . . . . . (Datum) verstarb in . . . . . . (Ort) die Frau . . . . . (Name). Sie war die Mutter der Klägerin und Großmutter des Beklagten. Der Beklagte ist ein Sohn der einzigen Schwester der Klägerin, der Frau . . . . . . (Name). Die Erblasserin hinterließ keine letztwillige Verfügung. Ihre gesetzlichen Erben sind die Klägerin und die Mutter des Beklagten.

Durch notariellen Vertrag vom . . . . . . (Datum) übertrug die Mutter der Klägerin ihr Grundstück, eingetragen im Grundbuch von . . . . . ., Blatt . . . . . ., mit einem im Jahre . . . . . . (Datum) erbauten Haus „im Wege der vorweggenommenen Erbfolge“ auf den Beklagten.

In § 4 dieses Vertrages erklärte die Mutter des Beklagten einen Verzicht auf Erb- und Pflichtteilsansprüche nach ihrer Mutter.

Beweis: Vertrag vom ...... (Datum) – URNr. ....../...... des Notars ...... (Name) in ...... (Ort) (Fotokopie liegt an)

Der Beklagte wurde am ...... (Datum)[6] als Eigentümer dieses Grundstückes im Grundbuch eingetragen.
Bei dem Tode der Mutter der Klägerin war ein Nachlass nicht vorhanden.
Die Übertragung des Hausgrundstückes auf den Beklagten ist unentgeltlich erfolgt[1]. Das Grundstück hatte im Zeitpunkt der Schenkung einen Wert in Höhe von mindestens ...... EUR[7].

Beweis: Gutachten eines Sachverständigen

Da die Mutter des Beklagten in dem Vertrag auf ihre Erb- und Pflichtteilsansprüche verzichtet hat[8], steht der Klägerin ein Pflichtteilsanspruch in Höhe der Hälfte des Nachlasswertes zu. Dem Nachlass ist insofern der Wert des an den Beklagten verschenkten Grundstückes hinzuzurechnen. Da der Nachlass tatsächlich beim Tode der Erblasserin wertlos war, kann die Klägerin von dem Beklagten wegen ihres Pflichtteilsergänzungsanspruches die Duldung der Zwangsvollstreckung in das geschenkte Grundstück verlangen.[5]

Rechtsanwalt

Anmerkungen

1. Nach § 2325 BGB kann ein Pflichtteilsberechtigter eine Ergänzung des Pflichtteils wegen aller Schenkungen verlangen, die der Erblasser in den letzten zehn Jahren vor seinem Tode geleistet hat. Ausgenommen sind Anstandsschenkungen im Sinne des § 2330 BGB. Dagegen können belohnende Schenkungen und auch gemischte Schenkungen unter Abzug des nicht als Schenkung anzusehenden Betrags darunter fallen. Bewertungen der Vertragsparteien über Leistung und Gegenleistung müssen dabei grundsätzlich anerkannt werden, wenn sie, auch unter Berücksichtigung eines Verwandtschaftsverhältnisses, noch im vernünftigen Rahmen bleiben (*Palandt/Edenhofer* § 2325 Rdn. 8). Bei einem groben Missverhältnis zwischen Leistung und Gegenleistung spricht eine tatsächliche Vermutung für eine Einigung über die Unentgeltlichkeit (BGHZ 59, 132).

2. S. Anm. 1 zu Form. II. I. 1.

3. Zum Rubrum vgl. Form. II. I. 1.

4. Der Streitwert bemisst sich nach dem vollen Wert der Forderung oder der Haftungsmasse, je nachdem, welche kleiner ist (*Baumbach/Lauterbach/Albers/Hartmann* Anh. § 3 Stichwort: Duldung der Zwangsvollstreckung Rdn. 31).

5. Der Pflichtteilsergänzungsanspruch richtet sich grundsätzlich gegen den Erben und nur, soweit dieser zur Ergänzung nicht verpflichtet ist, gegen den Beschenkten. Ist jedoch der Pflichtteilsberechtigte der Alleinerbe, so geht der Anspruch von vornherein gegen den Beschenkten (§ 2329 BGB). In diesem Fall kann dem pflichtteilsberechtigten Erben gegen den Beschenkten auch ein Auskunfts- und Wertermittlungsanspruch zustehen. Die Grundlage dafür kann allerdings nicht aus § 2314 BGB, sondern nur aus § 242 BGB hergeleitet werden (vgl. BGH FamRZ 1985, 1249f.). Bei Geldgeschenken wird der Beschenkte auf Zahlung in Anspruch genommen, im Übrigen im Wege der Klage auf Duldung der Zwangsvollstreckung in den geschenkten Gegenstand in Höhe der verbleibenden Ergänzungsforderung (*Palandt/Edenhofer* § 2329 Rdn. 6).
Die Zinsforderung ergibt sich aus §§ 291, 288 BGB.

6. Die Frist von zehn Jahren nach § 2325 Abs. 3 BGB beginnt bei beweglichen Sachen mit Vollendung des Eigentumsübergangs und bei Grundstücken mit der Umschreibung im Grundbuch (BGH NJW 1988, 821; *Palandt/Edenhofer* § 2325 Rdn. 22). Behielt sich der Erblasser bei der Schenkung eines Grundstückes den Nießbrauch uneingeschränkt vor, so hat er den Genuss des verschenkten Gegenstandes nicht aufgegeben. Eine Leistung des verschenkten Gegenstandes i. S. d. § 2325 Abs. 3 Hs. 1 BGB liegt dann trotz Umschreibung im Grundbuch nicht vor (BGH NJW 1994, 1791).

7. Nach § 2325 Abs. 2 S. 2 BGB ist bei einem Grundstück von den Werten zurzeit der Schenkung und zurzeit des Erbfalls der niedrigere Wert in Ansatz zu bringen. Dabei ist der für den Zeitpunkt der Schenkung ermittelte Wert nach den Grundsätzen über die Berücksichtigung des Kaufkraftschwundes (BGH 65, 75) auf den Tag des Erbfalls umzurechnen (*Palandt/Edenhofer* § 2325 Rdn. 19). Auch wenn der Erblasser den Genuss des verschenkten Gegenstandes bis zum Erbfall nicht entbehrt hat, kommt es für die Höhe des Pflichtteilsergänzungsanspruches auf den (den Wert der vorbehaltenen Rechte übersteigenden) wirtschaftlichen Wert des im Zeitpunkt der Schenkung übertragenen Eigentums an (BGH NJW 1994, 1791).

8. Der Erbverzichtsvertrag bedarf nach § 2348 BGB der notariellen Beurkundung. Der Verzichtende ist von der gesetzlichen Erbfolge ausgeschlossen und hat auch kein Pflichtteilsrecht (§ 2346 BGB). Der Verzicht erstreckt sich nach § 2349 BGB grundsätzlich auch auf die Abkömmlinge des Verzichtenden. Der Verzicht kann auch zugunsten eines anderen erklärt werden. Dann gilt er im Zweifel nur, wenn der andere Erbe wird (§ 2350 BGB).

8. Klage des Erben gegen den beschenkten Pflichtteilsberechtigten auf Herausgabe des Geschenkes[1]

An das
Landgericht[2]

Klage

des . . . . . . (Klägers)[3]

wegen

Herausgabe

Vorläufiger Streitwert: . . . . . .[4]

Namens und mit Vollmacht des Klägers erhebe ich Klage und werde beantragen:

I. Die Beklagte wird verurteilt, das im Grundbuch von . . . . . . (Ort), Blatt . . . . . ., eingetragene Grundstück an den Kläger aufzulassen und in die entsprechende Änderung des Grundbuches einzuwilligen, und zwar Zug um Zug gegen Zahlung von . . . . . . EUR[5].
II. Die Beklagte hat die Kosten des Rechtsstreits zu tragen.

Begründung:

Die Parteien sind Geschwister. Ihre Eltern, die Eheleute . . . . . . (Namen) errichteten am . . . . . . (Datum) ein gemeinschaftliches Testament, in dem sie sich gegenseitig als Erben einsetzten. Zugleich bestimmten sie, dass nach dem Tode des Längstlebenden der beiderseitige Nachlass an den Kläger fallen sollte[6].
Die Mutter der Parteien verstarb am . . . . . . (Datum). Nach dem Tode der Mutter zog die Beklagte mit ihrer Familie in das Haus des Vaters. In der Folgezeit verschlechterten sich die Beziehungen des Klägers zu seinem Vater merklich. Es kam wiederholt zu heftigen Wortwechseln, weil der Vater dem Kläger unbegründete Vorwürfe machte. Daran

beteiligte sich auch die Beklagte. Dem Kläger drängte sich der Eindruck auf, dass die Beklagte den Vater gegen ihn aufhetzte.
Unter dem ...... (Datum) errichtete der Vater ein privatschriftliches Testament, in dem er die Beklagte als seine Alleinerbin einsetzte. Dieses Testament ist unwirksam[7].
Durch notariellen Vertrag vom ...... (Datum) übertrug der Vater das Hausgrundstück an die Beklagte. Diese wurde am ...... (Datum) als Eigentümerin im Grundbuch eingetragen[8].
Bei der Übertragung verfolgte der Vater lediglich die Absicht, dem Kläger die Vorteile der Erbeinsetzung in dem gemeinschaftlichen Testament der Eltern zu entziehen. Das ergibt sich auch aus dem privatschriftlichen Testament von ...... (Jahr). Ein beachtenswertes Interesse des Erblassers an der Übertragung des Grundstücks ist nicht ersichtlich. Er verfügte über ein monatliches Renteneinkommen von über ...... EUR. Bei seinem Tode waren keine Ersparnisse vorhanden. Hinzu kommt, dass der Erblasser überraschend verstorben ist und bis zu seinem Tode nicht pflegebedürftig war[9].
Der Wert des Grundstückes wird mit ...... EUR angegeben[4].

Rechtsanwalt

Anmerkungen

1. Nach § 2287 BGB kann ein Vertragserbe von einem Beschenkten die Herausgabe des Geschenkes nach den Vorschriften über die ungerechtfertigte Bereicherung verlangen, wenn der Erblasser die Schenkung in der Absicht gemacht hat, den Vertragserben zu beeinträchtigen. Der Anspruch verjährt in drei Jahren von dem Anfall der Erbschaft an. Diese Bestimmung gilt auch für bindend gewordene Verfügungen in einem gemeinschaftlichen Testament (BGH 82, 274; *Palandt/Edenhofer* § 2287 Rdn. 3). Bei einer Erbengemeinschaft steht der Anspruch nicht der Erbengemeinschaft als solcher, sondern den einzelnen Erben entsprechend ihrer Erbquote zu (*Palandt/Edenhofer* § 2287 Rdn. 12). Ein Testamentsvollstrecker kann ihn nicht geltend machen.

2. S. Anm. 1 zu Form. II. I. 1.

3. Zum Rubrum vgl. Form. II. I. 1.

4. Nach § 6 ZPO ist für den Streitwert der Verkehrswert des Grundstücks maßgeblich. Lasten, zB. valutierende Grundpfandrechte können den Wert mindern (*Baumbach/Lauterbach/Albers/Hartmann* § 6 Rdn. 5, str.).

5. Der Inhalt der Herausgabepflicht bestimmt sich nach der Art des Erlangten. Bei Grundstücken besteht ein Anspruch auf Auflassung und Zustimmung zur Umschreibung des Grundbuches (*Palandt/Thomas* § 818 Rdn. 6). Ist der Beschenkte pflichtteilsberechtigt, kann der Vertragserbe den Herausgabeanspruch nur Zug um Zug gegen Zahlung des Pflichtteilsbetrages geltend machen (BGH 88, 269; *Palandt/Edenhofer* § 2287 Rdn. 15).

6. Bei einem sogenannten Berliner Testament ist der überlebende Ehegatte Vollerbe des Erstversterbenden. Der Dritte ist Erbe des Längstlebenden (§ 2269 BGB).

7. Nach §§ 2271, 2296 BGB kann bei wechselbezüglichen Verfügungen jeder Ehegatte zu Lebzeiten des anderen Ehegatten durch notarielle Erklärung diesem gegenüber seine Verfügung widerrufen. Mit dem Tode des anderen Ehegatten erlischt jedoch dieses Widerrufsrecht. Damit wird auch die Testierfreiheit des Überlebenden eingeschränkt (*Palandt/Edenhofer* § 2271 Rdn. 9).

8. Der Überlebende kann grundsätzlich unter Lebenden entsprechend § 2286 BGB wirksam verfügen (vgl. *Palandt/Edenhofer* § 2271 Rdn. 10).

9. Der Erbe trägt im Rechtsstreit die Beweislast für die Beeinträchtigungsabsicht. Sie ist jedoch dann anzunehmen, wenn ein beachtenswertes lebzeitiges eigenes Interesse des Erblassers fehlt, seine Verfügung vielmehr ersichtlich darauf angelegt ist, dass an Stelle des eingesetzten Erben ein anderer sein Vermögen oder Teile desselben ohne angemessene Gegenleistung erhält (BGH NJW 1976, 749/751).

9. Klage auf Erfüllung eines Vermächtnisses[1]

An das
Landgericht[2]

Klage

des ...... (Klägers)[3]

wegen

Auflassung

Vorläufiger Streitwert: ......

Namens und mit Vollmacht des Klägers erhebe ich Klage und werde beantragen:

I. Der Beklagte wird verurteilt, das im Grundbuch von A, Blatt ......, eingetragene Grundstück an den Kläger aufzulassen und in die entsprechende Änderung des Grundbuches einzuwilligen[4].

II. Der Beklagte hat die Kosten des Rechtsstreits zu tragen.

Begründung:

Die Parteien sind Brüder. Ihre Eltern errichteten am ...... (Datum) ein gemeinschaftliches Testament, in dem sie sich gegenseitig als Erben einsetzten. Zugleich bestimmten sie, dass nach dem Tode des Längstlebenden der beiderseitige Nachlass an den Beklagten fallen sollte[5]. Ferner sollte dem Überlebenden vorbehalten bleiben, über sein Vermögen anderweitig letztwillig zu verfügen[6].

Beweis: Testament vom ...... (Datum) – URNr. ....../...... des Notars ...... (Name) in ...... (Ort) – (Fotokopie anbei)

Dem Vater der Parteien gehörte das im Grundbuch von A, Blatt ..... (Ort), eingetragene Grundstück. Außerdem besaß er ein beträchtliches Sparguthaben. Der Mutter der Parteien gehörte das im Grundbuch von B, Blatt ....., eingetragene Grundstück.
Die Mutter der Parteien verstarb im Jahre ...... (Datum).
Durch notarielles Testament vom ...... (Datum) bestimmte der Vater der Parteien, dass nach seinem Tode der Beklagte als sein Erbe verpflichtet sein sollte, das im Grundbuch von A, Blatt ......, eingetragene Grundstück auf den Kläger zu übertragen.[6]

Beweis: Testament vom ...... (Datum) – URNr. ....../...... des Notars ...... (Name) in ...... (Ort) – (Fotokopie liegt an)

Der Beklagte weigert sich, diesen letzten Willen seines Vaters zu erfüllen.
Das Grundstück hat einen Verkehrswert von ...... EUR.

Rechtsanwalt

Anmerkungen

1. Durch ein Vermächtnis wird nach § 2174 BGB für den Bedachten nur ein Forderungsrecht gegen den Beschwerten begründet. Durch ein Vermächtnis beschwert werden kann der Erbe und auch ein Vermächtnisnehmer (§ 2186 BGB). Die Höhe des Vermächtnisses ist nicht beschränkt; es kann also den ganzen Nachlass aufzehren (*Palandt/Edenhofer* Einf. vor § 2147 Rdn. 7).

2. S. Anm. 1 zu Form. II. I. 1.

3. Zum Rubrum vgl. Form. II. I. 1.

4. Der Beschwerte muss die vermachte Sache übereignen. Bei einem Grundstückvermächtnis muss er auch die Kosten der Umschreibung des Grundbuchs tragen (*Palandt/Edenhofer* § 2174 Rdn. 5).

5. § 2269 BGB.

6. Da die Ehegatten frei darüber bestimmen können, ob und inwieweit ihre Verfügungen wechselbezüglich sein sollen, können sie dem Überlebenden auch ein freies Widerrufsrecht einräumen (BGHZ 2, 35). Es kann dem Überlebenden gestattet werden, über seinen Nachlass anderweitig zu verfügen, und zwar durch eine letztwillige Verfügung (*Palandt/Edenhofer* § 2271 Rdn. 19).

10. Klage des Erben bei einem Vertrag zugunsten eines Dritten auf den Todesfall[1]

An das
Landgericht[2]

Klage

des ...... (Klägers)[3]

Namens und mit Vollmacht des Klägers erhebe ich Klage und werde beantragen:

I. Der Beklagte wird verurteilt, an den Kläger ...... EUR nebst Zinsen in Höhe von 5% Punkten unter dem jeweiligen Basissatz ab Rechtshängigkeit[4] zu zahlen.
II. Der Beklagte hat die Kosten des Rechtsstreits zu tragen.

Begründung:

Die Eltern des Klägers, die Eheleute ...... (Namen), errichteten am ...... (Datum) ein gemeinschaftliches Testament, in dem sie sich gegenseitig als Erben einsetzten. Erbe des Längstlebenden sollte der Kläger werden[5].

Beweis: Testament vom ...... (Datum) – URNr. ....../...... des Notars ...... (Name) in ...... (Ort) – (Fotokopie anbei)

Der Vater des Klägers verstarb im Jahre ...... (Jahr)[6]. Nach seinem Tode nahm die Mutter des Klägers den Beklagten in ihre Wohnung auf.
Sie war Inhaberin des Sparkontos mit der Nr. ...... bei der Sparkasse in ...... (Ort)
Am ...... (Datum) unterzeichnete die Mutter eine schriftliche Vereinbarung mit der Sparkasse, wonach mit ihrem Tode alle Rechte aus diesem Konto unmittelbar auf den Beklagten übergehen sollten. Die Mutter sollte berechtigt sein, diese Vereinbarung durch einseitige schriftliche Erklärung gegenüber der Sparkasse zu widerrufen. Mit ihrem Tode sollte das Widerrufsrecht erlöschen[7].
Die Mutter verstarb am ...... (Datum). Der Kläger erfuhr erst kurz nach dem Tode seiner Mutter, dass diese die Vereinbarung vom ...... (Datum) mit der Sparkasse getroffen hatte. Daraufhin hat er durch Schreiben seiner Prozessbevollmächtigten vom ...... (Datum) sämtliche Erklärungen seiner Mutter hinsichtlich des Sparguthabens gegenüber dem Beklagten widerrufen. Trotzdem ließ sich der Beklagte anschließend das Sparguthaben auszahlen. Es handelte sich um einen Betrag von ...... EUR.
Der Kläger ist der Auffassung, dass ihm dieser Betrag als Erben seiner Mutter auf jeden Fall zusteht[8].

Rechtsanwalt

Anmerkungen

1. Der Erblasser kann durch Vertrag mit seinem Schuldner vereinbaren, dass die Leistung nach seinem Tode an einen Dritten erfolgen soll. Ein solcher Vertrag ist grundsätzlich formfrei. Insbesondere greift nicht die Vorschrift des § 2301 BGB ein. Der Dritte erwirbt das Recht auf die Leistung im Zweifel mit dem Tode des Gläubigers (§ 331 BGB).

2. S. Anm. 1 zu Form. II. I. 1.

3. Zum Rubrum vgl. Form. II. I. 1.

4. Die Zinsforderung ergibt sich aus §§ 291, 288 BGB.

5. § 2269 BGB.

6. Mit dem Tode des erstversterbenden Ehegatten ist die wechselbezügliche Verfügung bindend geworden (§ 2271 BGB).

7. Der überlebende Ehegatte kann auch bei einer wechselbezüglichen Verfügung durch Rechtsgeschäft unter Lebenden entsprechend § 2286 BGB frei verfügen. Das Recht zum Widerruf der Vereinbarung mit dem Schuldner erlischt mit dem Tode des Gläubigers.

8. Wenn der Erblasser dem Dritten die Zuwendung schenkweise hat machen wollen, so ist der Rechtserwerb im Verhältnis zu dem Erben nur dann gesichert, wenn die Voraussetzungen der §§ 516ff. BGB gewahrt sind. Hat der Dritte von seiner Begünstigung noch keine Kenntnis erlangt, so fehlt es an einer Einigung über die Unentgeltlichkeit. Zwar kann der Dritte das Schenkungsangebot noch nach dem Tode des Erblassers annehmen; der Erbe kann dies jedoch durch Widerruf des Angebots verhindern. Erhält der Dritte die Leistung trotzdem, so steht dem Erben ein Bereicherungsanspruch zu (BGH NJW 1975, 383; *Palandt/Heinrichs* § 331 Rdn. 4), evtl. auch ein Anspruch aus § 2287 BGB.

11. Erbauseinandersetzungsklage[1]

An das
Landgericht[2]

Klage

des . . . . . . (Klägers)[3]

wegen

Erbauseinandersetzung

Vorläufiger Streitwert: . . . . . .[4]

Namens und mit Vollmacht des Klägers erhebe ich Klage und werde beantragen:

I. Der Beklagte wird verurteilt, zur Herbeiführung der Erbauseinandersetzung nach dem am . . . . . . (Datum) verstorbenen Vater der Parteien, dem . . . . . . (Name) folgenden Teilungsplan zuzustimmen:

1. Das im Grundbuch des Amtsgerichts . . . . . . von . . . . . . (Ort), Blatt . . . . . . – Gemarkung . . . . . ., FlNr. . . . . . ., FLStNr. . . . . . ., Liegenschaftsnummer . . . . . . – eingetragene Grundstück erhält der Kläger mit Inventar zum Alleineigentum.

2. Der Beklagte erhält das Guthaben auf dem Konto mit der Nr. . . . . . . bei der Sparkasse in . . . . . . (Ort)

II. Der Beklagte wird verurteilt, das im Grundbuch von ...... (Ort), Blatt ......, eingetragene Grundstück an den Kläger als Alleineigentümer aufzulassen und in die entsprechende Umschreibung des Grundbuchs einzuwilligen.[5]

III. Der Beklagte hat die Kosten des Rechtsstreits zu tragen.

Begründung:

Die Parteien sind Brüder. Ihre Mutter ist schon im Jahre ...... verstorben. Am ...... (Datum) verstarb auch ihr Vater, der ...... (Name). Dieser war Eigentümer des im Grundbuch von ...... (Ort), Blatt ......, eingetragenen Grundstückes. Außerdem hinterließ er bei seinem Tode ein Sparguthaben bei der Sparkasse in ...... (Ort) in Höhe von etwa ...... EUR.

Am ...... (Datum) errichtete der Vater der Parteien ein privatschriftliches Testament[6]. Darin bestimmte er, dass nach seinem Tode der Kläger das im Grundbuch von ...... (Ort), Blatt ......, eingetragene Grundstück und der Beklagte das Sparguthaben erhalten sollten[7].

Beweis: Testament vom ...... (Datum) (Fotokopie anbei)

Mit Schreiben vom ...... (Datum) hat der Kläger die Aufteilung des Nachlasses entsprechend dem letzten Willen des Vaters verlangt. Der Beklagte weigert sich. Nachlassverbindlichkeiten sind nicht vorhanden.

Rechtsanwalt

Anmerkungen

1. Nach § 2042 BGB kann grundsätzlich jeder Erbe jederzeit die Auseinandersetzung verlangen. Dabei ist eine Beschränkung auf die Miterben zulässig, die der geplanten Auseinandersetzung nicht zustimmen. Die Auseinandersetzungsklage ist auf den Abschluss eines Auseinandersetzungsvertrages zu richten; der Klageantrag lautet dementsprechend auf Zustimmung zu der begehrten Auseinandersetzung. Außergerichtlich kann ein Auseinandersetzungsvertrag durch freie Vereinbarung unter den Erben geschlossen werden (s. Beck'sches Formularbuch zum Bürgerlichen, Handels- und Wirtschaftsrecht/*Castell* Form. VI. 37). Ein Auseinandersetzungsvertrag kann auch unter Mitwirkung des Nachlassgerichtes zustande kommen (§§ 86 ff. FGG).

Mit der Auseinandersetzungsklage muss ein Teilungsplan vorgelegt werden. Es müssen bestimmte Anträge gestellt werden (vgl. *Palandt/Edenhofer* § 2042 Rdn. 16).

Das Gericht ist nicht befugt, den Teilungsplan von sich aus abzuändern. Es hat aber auf eine sachgemäße Antragstellung hinzuwirken.

Der Teilungsplan kann sich nur auf Anordnungen des Erblassers, Vereinbarungen der Miterben oder auf die gesetzlichen Teilungsregeln (§§ 2046 ff.; 752 ff. BGB) stützen. Nach den gesetzlichen Teilungsregeln sind zunächst die Nachlassverbindlichkeiten zu tilgen. Der Nachlass ist, soweit erforderlich, zu versilbern. Das geschieht nach den Vorschriften über den Pfandverkauf bzw. bei Grundstücken durch Zwangsversteigerung. Sodann erfolgt Teilung im Verhältnis der Erbteile (*Palandt/Edenhofer* § 2042 Rdn. 3).

Steht ein Miterbe unter Vormundschaft, so ist zur Erhebung der Erbteilungsklage eine vormundschaftsgerichtliche Genehmigung nicht erforderlich. Wenn aber in dem Teilungsplan eine Verfügung über ein Nachlassgrundstück vorgesehen ist, so ist die gem. § 1821 I Nr. 1 BGB erforderliche Genehmigung vom Kläger vor der Entscheidung beizubringen.

Das rechtskräftige Urteil ersetzt die Zustimmung des widerstrebenden Miterben (§ 894 ZPO). Es kann auch zugleich auf Zustimmung zu den dinglichen Erklärungen für die Ausführung des Teilungsplanes geklagt werden (*Palandt/Edenhofer* § 2042 Rdn. 16).

2. S. Anm. 1 zu Form. II. I. 1.

3. Zum Rubrum vgl. Form. II. I. 1.

4. Für den Streitwert ist das Interesse des Klägers maßgeblich (*Thomas/Putzo* § 3 Anm. 2 Stichwort: Erbauseinandersetzung).

5. Auf Grund einer Teilungsanordnung des Erblassers sind die Erben verpflichtet, den Nachlass entsprechend aufzuteilen. Dem einzelnen Erben steht aber grundsätzlich nur der Erbauseinandersetzungsanspruch zu (*Palandt/Edenhofer* § 2048 Rdn. 4).

6. § 2247 BGB.

7. Wird in der letztwilligen Verfügung der Nachlass unter mehreren nach Vermögensgruppen verteilt, so ist von einer entsprechenden Erbeinsetzung mit Teilungsanordnung auszugehen (*Palandt/Edenhofer* § 2087 Rdn. 4).

12. Klage des Vorerben gegen den Nacherben auf Einwilligung in eine Grundstücksveräußerung

An das
Landgericht[1]

Klage

der ...... (Klägerin)
......[2]

wegen

Einwilligung

Vorläufiger Streitwert: ......[3]

Namens und mit Vollmacht der Klägerin erhebe ich Klage und werde beantragen:

I. Der Beklagte wird verurteilt, in die Eigentumsübertragung des im Grundbuch von ...... Blatt ...... eingetragenen Grundstücks auf den ...... (Name und Anschrift) einzuwilligen.
II. Der Beklagte hat die Kosten des Rechtsstreits zu tragen.

Begründung:

Die Klägerin ist die Witwe des am ...... (Datum) in ...... (Ort) verstorbenen Kaufmanns K. Dieser war Eigentümer mehrerer Grundstücke, insbesondere des im Grundbuch von ...... Blatt ...... eingetragenen unbebauten Grundstücks. Bei seinem Tode hinterließ er außerdem Bargeld in Höhe von ...... EUR. Demgegenüber bestanden Schulden in Höhe von ...... EUR.
Am ...... (Datum) haben der Erblasser und die Klägerin vor dem Notar ...... in ...... (Ort) ein gemeinschaftliches Testament errichtet. Darin haben sie sich gegenseitig als Erben eingesetzt. Nach dem Tode des Längstlebenden soll der Nachlass des Kaufmanns K auf den Beklagten übergehen, der der einzige Abkömmling des K aus dessen erster Ehe ist. Der Nachlass der Klägerin soll deren nichtehelichen Tochter T zufallen[4].

Beweis: Testament vom ...... (Datum)

Die Klägerin beabsichtigt, die Schulden des Erblassers zu begleichen. Da das hinterlassene Bargeld dazu nicht ausreicht, muss ein Grundstück veräußert werden.
Das im Grundbuch von ...... Blatt ...... eingetragene Grundstück ist zum Preise von ...... EUR an ...... (Name und Anschrift) verkauft worden.

Beweis: Kaufvertrag vom ...... (Datum)

Der vereinbarte Kaufpreis entspricht dem tatsächlichen Wert des Grundstücks.

Beweis: Anliegendes Wertgutachten vom ...... (Datum)

Der Beklagte weigert sich, der Veräußerung zuzustimmen[5]. Deshalb ist Klage geboten.

Rechtsanwalt

Anmerkungen

1. S. Anm. 1 zu Form. II. I. 1.

2. Zur Gestaltung des Rubrums vgl. Form. II. I. 1.

3. S. SchlOLG Rpfleger 1968, 325.

4. Wenn Ehegatten sich in einem gemeinschaftlichen Testament gegenseitig als Erben eingesetzt und bestimmt haben, dass nach dem Tode des Überlebenden der beiderseitige Nachlass an einen Dritten fallen soll, so ist nach § 2269 BGB der Dritte im Zweifel als sogenannter Schlusserbe eingesetzt. Bei § 2269 BGB handelt es sich um eine Auslegungsregel. Für die Annahme eines Berliner Testamentes im Sinne des § 2269 BGB ist entscheidend, ob die Eheleute das beiderseitige Vermögen ersichtlich als Einheit angesehen und eine verschiedene Rechtsstellung des Überlebenden zu den beiden ursprünglichen Vermögensmassen und die Möglichkeit einer Trennung der Massen beim Tode des Längstlebenden haben ausschließen wollen (vgl. RG 113, 240; *Palandt/Edenhofer* § 2269 Rdn. 6). Nach dem den Klagegrund bildenden Testament sollen nach dem Tode des Längstlebenden die beiden ursprünglichen Vermögensmassen der Eheleute getrennt verschiedenen Personen zufallen. Deshalb dürfte das Testament die Anordnung von Vor- und Nacherbschaft enthalten.

5. Nach § 2113 BGB sind Verfügungen eines Vorerben über ein Nachlassgrundstück im Falle des Eintritts der Nacherbfolge insoweit unwirksam, als sie das Recht des Nacherben vereiteln oder beeinträchtigen würden. Die Verfügung ist aber sogleich vollwirksam, wenn der Nacherbe zustimmt (RG 65, 129). Bei einem Minderjährigen ist die Genehmigung des Vormundschaftsgerichts erforderlich (§§ 1643, 1821 Abs. 1 Nr. 1 BGB). Zur Erteilung der Einwilligung ist der Nacherbe unter den Voraussetzungen des § 2120 BGB verpflichtet.

13. Klage des Nacherben gegen einen beschenkten Dritten auf Einwilligung in eine Grundbuchberichtigung[1]

An das
Landgericht[2]

Klage

des . . . . . . (Klägers)
. . . . . .[3]

wegen
Einwilligung

Vorläufiger Streitwert: . . . . . .[4]

Namens und mit Vollmacht des Klägers erhebe ich Klage und werde beantragen:

I. Der Beklagte wird verurteilt, darin einzuwilligen, dass das Grundbuch von . . . . . . (Ort) Blatt . . . . . . dahin berichtigt wird, dass Eigentümer des eingetragenen Grundstücks der Kläger ist, und zwar Zug um Zug gegen Zahlung von . . . . . . EUR[5].
II. Der Beklagte hat die Kosten des Rechtsstreits zu tragen.

Begründung:

Der am . . . . . . (Datum) in . . . . . . (Ort) verstorbene Rentner . . . . . . (Name) wurde auf Grund eines privatschriftlichen Testamentes[6] vom . . . . . . (Datum) von seiner Ehefrau

als befreiter Vorerbin[7] beerbt. Die Parteien sind Söhne der Eheleute R. Aufgrund des bereits erwähnten Testamentes wurde nach dem Tode der Frau R am ...... (Datum) der Kläger Erbe des Rentners R.

Beweis: Testament vom ...... (Datum)

Zum Nachlass des Erblassers gehörte das im Klageantrag erwähnte Grundstück. Aufgrund eines notariellen Vertrages vom ...... (Datum) übertrug Frau R dieses Grundstück auf den Beklagten. Sie behielt sich ein unentgeltliches Wohnrecht vor. Außerdem verpflichtete sich der Beklagte, Frau R in kranken Tagen zu pflegen und zu verpflegen.
Das Grundstück hatte im Zeitpunkt der Übertragung einen Wert von ...... EUR. Der Wert der Gegenleistungen des Beklagten betrug allenfalls ...... EUR.

Beweis: Sachverständigengutachten

Der Beklagte weigert sich, in die Berichtigung des Grundbuches einzuwilligen, obwohl es sich zumindest um eine gemischte Schenkung gehandelt hat[8], so dass die Verfügung über das Grundstück mit Eintritt des Nacherbfalles unwirksam geworden ist[9].

Rechtsanwalt

Anmerkungen

1. Der Anspruch auf Grundbuchberichtigung folgt aus § 894 BGB.

2. Für die sachliche Zuständigkeit ist der Streitwert maßgeblich, der sich nach dem Verkehrswert des Grundstücks bemisst (BGH NJW 1958, 1397).

Nach § 24 Abs. 1 ZPO ist örtlich das Gericht ausschließlich zuständig, in dessen Bezirk das Grundstück belegen ist.

3. Zum Rubrum vgl. Form. II. I. 1.

4. Die Gegenleistung des Klägers (Zahlung von ...... EUR) bleibt grundsätzlich außer Betracht (vgl. *Baumbach/Lauterbach/Albers/Hartmann* § 6 Rdn. 6 str.).

5. Die Zwangsvollstreckung richtet sich nach § 894 ZPO. Wenn die Willenserklärung von einer Gegenleistung abhängig gemacht ist, so tritt die Vollstreckungswirkung erst ein, wenn eine vollstreckbare Ausfertigung des rechtskräftigen Urteils erteilt ist. Diese darf aber erst dann erteilt werden, wenn der Nachweis der Erfüllung oder des Annahmeverzuges erbracht ist (s. § 726 ZPO).

6. § 2247 BGB.

7. Nach § 2136 BGB kann der Erblasser den Vorerben nicht von allen gesetzlich vorgesehenen Beschränkungen befreien. Eine Befreiung ist insbesondere nicht für unentgeltliche Verfügungen zulässig (§ 2113 Abs. 2 BGB).

8. Eine Verfügung ist unentgeltlich, wenn nach wirtschaftlichen Gesichtspunkten der Vorerbe objektiv ohne gleichwertige Gegenleistung aus der Erbmasse Opfer bringt und subjektiv die Ungleichwertigkeit erkennt oder bei ordnungsmäßiger Verwaltung hätte erkennen müssen (BGH NJW 1984, 366). Verfügt der Vorerbe nur teilweise unentgeltlich, so tritt trotzdem Unwirksamkeit in vollem Umfange ein (BGHZ 5, 173).

9. Die Verfügung des Vorerben ist mit Eintritt des Nacherbfalles insoweit unwirksam, als das Recht des Nacherben vereitelt oder beeinträchtigt würde. Wenn die Verfügung teilweise unentgeltlich erfolgt ist, liegt die Beeinträchtigung lediglich in der Differenz, um die die Gegenleistung wertmäßig hinter dem weggegebenen Nachlassgegenstand zurückbleibt. Dabei ist es bei der befreiten Vorerbschaft gleichgültig, ob die Gegenleistung in den Nachlass gelangt oder nur dem Vorerben zugute gekommen ist. Der Nacherbe kann daher die Einwilligung in die Grundbuchberichtigung nur gegen Rückerstattung der Gegenleistung verlangen (vgl. BGH NJW 1985, 382).

14. Klage eines Miterben auf Erfüllung einer Nachlassforderung

An das
Landgericht

Klage

des ...... (Klägers)
......[1]

wegen

Kaufpreisforderung

Vorläufiger Streitwert: ......[2]

Namens und mit Vollmacht des Klägers erhebe ich Klage und werde beantragen:

I. Der Beklagte wird verurteilt, an die Erbengemeinschaft[3] nach dem am ...... (Datum) verstorbenen ...... (Name) bestehend aus:
a) dem Kläger,
b) dem ...... (Name und Anschrift),
c) dem ...... (Name und Anschrift)
...... EUR nebst Zinsen in Höhe von 5% Punkten über dem jeweiligen Basissatz ab Rechtshängigkeit[4] zu zahlen.

II. Der Beklagte hat die Kosten des Rechtsstreits zu tragen.

Begründung:

Am ...... (Datum) verstarb in ...... (Ort) der Vater des Klägers. Er wurde kraft Gesetzes von dem Kläger und seinen beiden Brüdern beerbt[5].
Der Vater hatte durch notariellen Vertrag vom ...... (Datum) sein im Grundbuch von ...... (Ort) Blatt ...... eingetragenes Grundstück an den Beklagten verkauft.

Beweis: Kaufvertrag vom ...... (Datum)

Einen Restbetrag des vereinbarten Kaufpreises in Höhe von ...... EUR hat der Beklagte noch nicht gezahlt. Mit Schreiben vom ...... (Datum) hat der Beklagte erklärt, er rechne mit einer Forderung in gleicher Höhe gegen den Kläger auf. Diese Aufrechnung ist unzulässig[6].

Rechtsanwalt

Anmerkungen

1. Zur Gestaltung des Rubrums s. Form. II. I. 1.

2. Maßgeblich ist der Wert der ganzen eingeklagten Forderung und nicht nur das anteilige Interesse des klagenden Miterben (BGH LM § 3 Nr. 9).

3. Ansprüche, die zum Nachlass gehören, kann nach § 2039 BGB ein einzelner Miterbe allein und im eigenen Namen geltend machen. Er kann aber regelmäßig nur Leistung an alle Miterben fordern. Grundsätzlich kann er auch nicht Leistung an sich in Höhe des seinem Erbteil entsprechenden Teils der Forderung verlangen. Wenn die Miterben zur Annahme nicht bereit sind, muss er Hinterlegung für alle erwirken (vgl. *Palandt/Edenhofer* § 2039 Rdn. 9).

Das Urteil schafft für und gegen die anderen Erben keine Rechtskraft (RGZ 93, 127).

4. §§ 291, 288 BGB.

5. § 1924 BGB.

6. § 2040 Abs. 2 BGB.

15. Klage gegen Miterben auf Erfüllung einer Nachlassverbindlichkeit bei Testamentsvollstreckung

An das
Landgericht[1]

Klage

des …… (Klägers)

gegen

1. den ……
2. den ……
3. den Rechtsanwalt R als Testamentsvollstrecker hinsichtlich des Nachlasses des am …… (Datum) verstorbenen Landwirts L (Beklagte)[2]

wegen

Darlehn

Vorläufiger Streitwert: ……

Namens und mit Vollmacht des Klägers erhebe ich Klage und werde beantragen:

I. Die Beklagten zu 1. und 2. werden als Gesamtschuldner verurteilt, an den Kläger …… EUR nebst Zinsen in Höhe von 5% Punkten über dem jeweiligen Basiszinssatz ab Rechtshängigkeit zu zahlen.
II. Der Beklagte zu 3. wird verurteilt, die Zwangsvollstreckung wegen der vorstehenden Forderung in den Nachlass des am …… (Datum) Landwirts L zu dulden.
III. Die Beklagten haben die Kosten des Rechtsstreits als Gesamtschuldner zu tragen.

Begründung[3]:

Der Kläger hat am …… (Datum) dem Landwirt L ein Darlehen in Höhe von …… EUR gewährt, das am …… (Datum) zur Rückzahlung fällig sein sollte.

Beweis: Darlehensvertrag vom …… (Datum)

Eine Rückzahlung ist noch nicht erfolgt. L verstarb am …… (Datum). Er wurde von den Beklagten zu 1. und 2. auf Grund eines privatschriftlichen Testaments[4] vom …… (Datum) zu je $1/2$ beerbt. Der Beklagte zu 3. ist in diesem Testament zum Testamentsvollstrecker ernannt worden[5]. Eine Beschränkung seiner Rechte ist nicht erfolgt[6].

Beweis: Testament vom …… (Datum)

Der Beklagte zu 3. hat das Amt angenommen[7].

Die Beklagten haben geltend gemacht, der Nachlass sei dürftig[8]. Dies wird bestritten.

Rechtsanwalt

Anmerkungen

1. Die Bestimmung des zuständigen Gerichts muss nach § 36 Nr. 3 ZPO beantragt werden, wenn die Beklagten bei verschiedenen Gerichten ihren allgemeinen Gerichtsstand haben.

2. Zur Gestaltung des Rubrums vgl. Form. II. I. 1. Der Beklagte zu 3. ist Partei kraft Amtes.

3. Bei Verwaltung des ganzen Nachlasses kann nach § 2213 Abs. 1 S. 1 BGB ein Nachlassanspruch sowohl gegen die Erben als gegen den Testamentsvollstrecker gerichtlich gel-

tend gemacht werden. Nach § 748 Abs. 1 ZPO ist zur Zwangsvollstreckung in den Nachlass ein gegen den Testamentsvollstrecker ergangenes Urteil erforderlich. Zweckmäßig ist eine Klage gegen die Erben auf Leistung und zugleich gegen den Testamentsvollstrecker auf Leistung oder auf Duldung der Zwangsvollstreckung (*Palandt/Edenhofer* § 2213 Rdn. 5).

Nach § 2058 BGB haften Miterben für die Nachlassverbindlichkeiten als Gesamtschuldner. Zur Zwangsvollstreckung in den Nachlass ist nach § 747 ZPO ein gegen alle Erben ergangenes Urteil erforderlich. Bis zur Teilung des Nachlasses hat der Gläubiger grundsätzlich die Wahl zwischen der Gesamtschuldklage nach § 2058 BGB und der Gesamthandklage nach § 2059 Abs. 2 BGB, die gegen die Erbengemeinschaft als solche zu richten ist.

4. § 2247 BGB.

5. § 2197 Abs. 1 BGB.

6. § 2208 BGB.

7. § 2202 BGB.

8. Dem vorläufig unbeschränkt haftenden Erben stehen nach §§ 1975, 1990–1992 BGB Haftungsbeschränkungsrechte zu. In § 2059 BGB ist außerdem für jeden Miterben bis zur Teilung ein besonderes Verweigerungsrecht vorgesehen. In diesen Fällen werden grundsätzlich im Urteil die Rechte nicht ausgesprochen, sondern nur nach § 780 ZPO vorbehalten. Ohne den Vorbehalt im Urteil kann die beschränkte Haftung in der Zwangsvollstreckung nicht geltend gemacht werden.

Der Vorbehalt kann nur dann im Urteil ausgesprochen werden, wenn der Erbe die Einrede einer beschränkten Haftung geltend gemacht hat (vgl. *Baumbach/Lauterbach/Albers/Hartmann* § 780 Rdn. 3).

16. Antrag auf Erteilung eines Erbscheins bei gesetzlicher Erbfolge[1]

An das
Amtsgericht . . . . . .[2]

Antrag auf Erbscheinserteilung[3] des . . . . . . (folgen Namen und Anschrift des Antragstellers)

Am . . . . . . (Datum) verstarb in . . . . . . (Ort), seinem letzten Wohnsitz, der Kaufmann K. Er war verheiratet mit der Frau F. Diese ist vor ihm verstorben, und zwar am . . . . . . (Datum). Sein einziger Abkömmling bin ich, der Antragsteller.
Andere Personen, durch die ich von der Erbfolge ausgeschlossen oder mein Erbteil gemindert werden würde, sind und waren nicht vorhanden.
Eine Verfügung von Todes wegen hat der Verstorbene nicht hinterlassen.
Ein Rechtsstreit über mein Erbrecht ist nicht anhängig[4].
Ich bin bereit, an Eides Statt zu versichern, dass mir nichts bekannt ist, was der Richtigkeit meiner Angaben entgegensteht[5].
Ich beantrage,
1. einen Termin zur Abgabe der eidesstattlichen Versicherung anzuberaumen,
2. mir den Erbschein zu erteilen, wonach ich Alleinerbe geworden bin[6].
Ich überreiche:
1 Sterbeurkunde meines Vaters
1 Sterbeurkunde meiner Mutter
1 Heiratsurkunde
1 Geburtsurkunde[7]
Der Wert des Nachlasses nach Abzug der Schulden beträgt . . . . . . EUR[8].

Unterschrift

Anmerkungen

1. Der Erbschein ist ein Zeugnis über erbrechtliche Verhältnisse (§ 2353 BGB). Nach § 2365 BGB besteht eine Vollständigkeitsvermutung. Sie gilt positiv nur für das bezeugte Erbrecht und negativ dafür, dass der Erbe nicht durch andere als die angegebenen Anordnungen beschränkt ist.

Im Prozess bringt der Erbschein dem durch ihn ausgewiesenen Kläger eine Erleichterung in der Beweisführung. Allerdings ist die Vermutung mit allen Beweismitteln widerlegbar (vgl. *Palandt/Edenhofer* § 2365 Rdn. 2).

Im Grundbuchverkehr ist der Nachweis der Erbfolge grundsätzlich durch einen Erbschein zu führen (§ 35 Abs. 1 S. 1 GBO).

Der Erbschein genießt öffentlichen Glauben (§ 2366 BGB). Der öffentliche Glaube bezieht sich aber nicht darauf, dass ein Gegenstand zum Nachlass gehört (vgl. *Palandt/Edenhofer* § 2366 Rdn. 1).

Die Erteilung des Erbscheins setzt die Annahme der Erbschaft voraus, die aber regelmäßig in dem Antrag liegt (*Palandt/Edenhofer* § 2353 Rdn. 10).

2. Die örtliche Zuständigkeit bestimmt sich nach dem letzten Wohnsitz oder Aufenthalt des Erblassers (§ 73 FGG). Sachlich zuständig ist das Amtsgericht (§ 72 FGG).

3. Der Antrag ist formfrei. Im Allgemeinen wird er allerdings zu Protokoll des Nachlassgerichts (§ 11 FGG) oder zur Niederschrift eines Notars gestellt, wobei zugleich die Versicherung an Eides Statt (§ 2356 Abs. 2 BGB) abgegeben werden kann.

4. In § 2354 BGB sind die Angaben vorgeschrieben, die ein gesetzlicher Erbe für die Erteilung des Erbscheins machen muss. Wenn ein Rechtsstreit über das Erbrecht anhängig ist, soll nach § 2360 BGB vor Erteilung des Erbscheins der Gegner des Antragstellers gehört werden.

5. S. § 2356 Abs. 2 BGB.

6. Der Erbscheinsantrag muss das beanspruchte Erbrecht genau bezeichnen. Er bindet das Gericht, das nur stattgeben oder ablehnen kann (vgl. *Palandt/Edenhofer* § 2353 Rdn. 14).

7. Nach § 2356 BGB hat der Antragsteller förmliche Nachweise zu erbringen, soweit die Tatsachen bei dem Nachlassgericht nicht offenkundig sind. Als Beweismittel kommen öffentliche Urkunden, insbesondere Personenstandsurkunden, Verfügungen von Todes wegen und die eidesstattliche Versicherung in Betracht.

8. Für die Kosten ist nach § 107 Abs. 2 KostO der Wert des reinen Nachlasses nach Abzug der Nachlassverbindlichkeiten maßgeblich.

17. Antrag auf Erteilung eines gemeinschaftlichen Erbscheins bei testamentarischer Erbfolge[1]

An das
Amtsgericht . . . . . .[2]

Verhandelt am . . . . . . (Datum)
in . . . . . . (Ort)

Vor mir

. . . . . . (Name)

Notar in . . . . . . (Ort)

erschienen in meinen Amtsräumen in . . . . . .
1. Frau . . . . . . (Name, Anschrift),
2. Herr . . . . . . (Name, Anschrift),
beide mir persönlich bekannt.

Die Erschienenen erklärten:
Am ...... (Datum) verstarb in ...... (Ort) unser Vater, der Architekt ...... (Name). In seinem am ...... (Datum) eröffneten eigenhändigen Testament[3] vom ...... (Datum) hat er uns zu gleichen Teilen als Erben eingesetzt. Unsere Mutter ist in dem Testament nicht bedacht.
Auf die Akten ...... (Aktenzeichen) wird Bezug genommen[4].
Weitere Verfügungen von Todes wegen sind nicht vorhanden. Ein Rechtsstreit über unser Erbrecht ist nicht anhängig[5].
Wir versichern an Eides Statt, dass uns nichts bekannt ist, das der Richtigkeit unserer Angaben entgegensteht[6].
Wir beantragen,
uns zu Händen des Erschienenen zu 2) einen gemeinschaftlichen Erbschein zu erteilen, wonach wir Erben zu je 1/2 geworden sind.
Wir überreichen:
1 Sterbeurkunde,
2 Geburtsurkunden.
Der Wert des Nachlasses nach Abzug der Schulden beträgt ...... EUR[7].

Anmerkungen

1. Nach § 2357 BGB kann auf Antrag ein gemeinschaftlicher Erbschein erteilt werden, wenn mehrere Erben vorhanden sind. Antragsberechtigt ist jeder Erbe. In dem Antrag sind die Erben und ihre Erbteile anzugeben. Daneben ist auch die Erteilung eines Teilerbscheins zulässig, in dem die Größe des Erbteils anzugeben ist (vgl. *Palandt/Edenhofer* § 2353 Rdn. 4).

2. S. §§ 72, 73 FGG.

3. S. § 2247 BGB.

4. Die Eröffnung des Testaments (§§ 2260, 2300 BGB) ist Voraussetzung für die Erteilung des Erbscheins (vgl. *Palandt/Edenhofer* § 2353 Rdn. 10). Grundsätzlich ist es erforderlich, die Verfügung von Todes wegen in Urschrift vorzulegen. Eine Bezugnahme reicht aber aus, wenn sich die Urschrift infolge der Eröffnung schon bei dem angegangenen Gericht befindet (vgl. *Palandt/Edenhofer* § 2356 Rdn. 9).

5. Bei gewillkürter Erbfolge muss der Antragsteller außer den in § 2354 Abs. 1 Nr. 1, 5, Abs. 2 BGB vorgeschriebenen Angaben auch die Verfügung bezeichnen, auf der sein Erbrecht beruht. Außerdem muss er angeben, ob und welche Verfügungen des Erblassers von Todes wegen außerdem noch vorhanden sind (§ 2355 BGB).

6. Die eidesstattliche Versicherung kann nach § 2356 Abs. 2 BGB vor einem Notar abgegeben werden.

7. S. § 107 KostO.

18. Antrag auf Erteilung eines Erbscheins bei Vor- und Nacherbfolge[1]

An das
Amtsgericht ...... [2]

Verhandelt am ...... (Datum)
in ...... (Ort)
Vor mir

...... (Name)
Notar

erschien in meinen Amtsräumen in ...... (Ort)

Frau ...... (Name, Anschrift), mir persönlich bekannt.

Sie erklärte:
Am ...... (Datum) verstarb in ...... (Ort), seinem letzten Wohnsitz, mein Ehemann, der Bauingenieur ...... (Name). In seinem privatschriftlichen Testament vom ...... (Datum) hat er mich als Vorerbin eingesetzt. Nacherbe im Falle meines Todes soll unser Sohn ...... (Name) werden. Mein Schwager ...... (Name) soll Testamentsvollstrecker sein[3].
Mein Mann hat das Testament, das am ...... (Datum) eröffnet worden ist, eigenhändig geschrieben und unterschrieben[4].
Ich nehme Bezug auf die Akten ...... (Aktenzeichen)[5].
Andere Verfügungen von Todes wegen hat mein Mann nicht hinterlassen.
Ein Rechtsstreit über mein Erbrecht ist nicht anhängig[6].
Ich versichere an Eides Statt, dass mir nichts bekannt ist, was der Richtigkeit meiner Angaben entgegensteht[7].
Ich beantrage,
mir einen Erbschein dahingehend zu erteilen, dass ich Vorerbin bin und unser Sohn für den Fall meines Todes Nacherbe sein soll. Außerdem ist ein Testamentsvollstrecker ernannt.
Ich füge bei:
1 Sterbeurkunde,
1 Heiratsurkunde,
1 Geburtsurkunde.
Der Wert des Nachlasses nach Abzug der Nachlassverbindlichkeiten beträgt ...... EUR[8].

Anmerkungen

1. Nach § 2363 BGB sind in dem Erbschein, der einem Vorerben erteilt wird, die Anordnung der Nacherbfolge, ihre Voraussetzungen und der Zeitpunkt ihres Eintritts anzugeben. Ferner ist der Nacherbe möglichst genau zu bezeichnen. Während der Vorerbschaft ist der Nacherbe nicht berechtigt, die Erteilung eines Erbscheins zu beantragen (vgl. *Palandt/Edenhofer* § 2353 Rdn. 12).

2. S. §§ 72, 73 FGG.

3. Nach § 2364 BGB ist die Ernennung eines Testamentsvollstreckers durch den Erblasser in dem Erbschein anzugeben. Der Name des Testamentsvollstreckers gehört allerdings nicht in den Erbschein, sondern in das Testamentsvollstreckerzeugnis nach § 2368 BGB.

4. S. § 2247 BGB.

5. Die Bezugnahme ist zulässig, wenn sich die Urschrift schon bei dem angegangenen Gericht befindet.

6. S. §§ 2354, 2355 BGB.

7. § 2356 Abs. 2 BGB.

8. § 107 KostO.

19. Antrag auf Einziehung eines unrichtigen Erbscheins[1]

An das
Amtsgericht ......[2]

Das Amtsgericht hat am ...... (Datum) unter dem Aktenzeichen ...... einen Erbschein erteilt, wonach meine Mutter ...... (Name) Vorerbin meines am ...... (Datum) verstorbenen Vaters ...... (Name) geworden ist und ich Nacherbe bin. Nach dem Inhalt

des Erbscheins konnte der Nacherbfall auch mit der Vollendung meines 30. Lebensjahres eintreten[3]. Dieser Zeitpunkt ist inzwischen verstrichen.

Beweis: Anliegende Geburtsurkunde.

Ich bitte, den unrichtig gewordenen Erbschein einzuziehen[4].

. . . . . .[5]

Anmerkungen

1. Nach § 2361 BGB hat das Nachlassgericht einen unrichtigen Erbschein einzuziehen. Mit seiner Einziehung wird der Erbschein kraftlos. Wenn er nicht sofort erlangt werden kann, ist er durch Beschluss für kraftlos zu erklären. Das Nachlassgericht hat von Amts wegen zu ermitteln. Für die Einleitung des Verfahrens ist ein Antrag nicht erforderlich. Die Anregung kann von jedem Beeinträchtigten ausgehen und mit einem neuen Erbscheinsantrag verbunden werden (vgl. *Palandt/Edenhofer* § 2361 Rdn. 7)

2. Zuständig ist das Nachlassgericht (§ 2361 BGB).

3. S. §§ 2106, 2109 BGB.

4. Mit dem Eintritt der Nacherbfolge wird der dem Vorerben erteilte Erbschein unrichtig und ist deshalb einzuziehen (vgl. *Palandt/Edenhofer* § 2361 Rdn. 3).

5. Vollständiger Name und Anschrift sowie Unterschrift.

20. Antrag eines Nachlassgläubigers auf Erteilung eines Erbscheins[1]

An das
Amtsgericht . . . . . .[2]

Am . . . . . . (Datum) verstarb in . . . . . . (Ort), seinem letzten Wohnsitz, der Kaufmann . . . . . . (Name). Eine Verfügung von Todes wegen hat er nicht hinterlassen. Seine Ehefrau ist schon vor ihm verstorben. Seine einzigen Abkömmlinge sind sein Sohn . . . . . . (Name) und seine Tochter . . . . . . (Name).
Die Tochter hat durch form- und fristgerecht eingereichte Erklärung gegenüber dem Nachlassgericht die Erbschaft ausgeschlagen[3].

Beweis: Akten . . . . . . (Aktenzeichen)

Der Sohn hat durch Erklärung gegenüber dem Nachlassgericht die Erbschaft angenommen[4].

Beweis: Akten . . . . . . (Aktenzeichen)

Der Sohn ist damit Alleinerbe.
Andere Personen, durch die er von der Erbfolge ausgeschlossen oder sein Erbteil gemindert werden würde, sind und waren nicht vorhanden. Ein Rechtsstreit über sein Erbrecht ist nicht anhängig[5].
Der Antragsteller ist bereit, an Eides Statt zu versichern, dass ihm nichts bekannt ist, was der Richtigkeit seiner Angaben entgegensteht[6].
Durch rechtskräftiges Urteil des Landgerichts . . . . . . vom . . . . . . (Datum) ist der Kaufmann . . . . . . (Name), der Erblasser, verurteilt worden, an den Antragsteller . . . . . . EUR zu zahlen. Um eine vollstreckbare Ausfertigung dieses Urteils gegen den Sohn des Verstorbenen zu erlangen, benötigt der Antragsteller einen Erbschein, aus dem sich ergibt, dass der Sohn Alleinerbe ist[7].
Unter Vorlage einer Urteilsabschrift wird um Erteilung eines entsprechenden Erbscheins gebeten.
. . . . . .[8]

Anmerkungen

1. Auch dem Nachlassgläubiger steht nach §§ 792, 896 ZPO das Recht zu, an Stelle des Erben die Erteilung eines Erbscheins zu beantragen, falls er ihn benötigt.

2. S. §§ 72, 73 FGG.

3. S. §§ 1944, 1945 BGB.

4. Die Annahme der Erbschaft ist eine formlose und nicht empfangsbedürftige Willenserklärung. Sie kann auch dem Nachlassgericht gegenüber erfolgen (vgl. *Palandt/Edenhofer* § 1943 Rdn. 2). Wenn der Gläubiger den Antrag stellt, muss er die Annahme nachweisen (*Palandt/Edenhofer* § 2353 Rdn. 10).

5. S. § 2354 BGB.

6. Der Nachlassgläubiger, der einen Erbschein beantragt, kann die nach § 2356 Abs. 2 BGB erforderliche eidesstattliche Versicherung selbst abgeben. Er muss den Titel, nicht aber eine vollstreckbare Ausfertigung des Titels vorlegen (*Baumbach/Lauterbach/Albers/Hartmann* § 792 Rdn. 3).

7. Nach § 727 ZPO kann u.a. eine vollstreckbare Ausfertigung gegen den Rechtsnachfolger erteilt werden, wenn die Rechtsnachfolge durch öffentliche Urkunde nachgewiesen wird.

8. Vollständiger Name und Anschrift sowie Unterschrift.

21. Antrag auf Erteilung eines gegenständlich beschränkten Erbscheins[1]

An das
Amtsgericht ......[2]

Verhandelt am ...... (Datum)
in ...... (Ort)

Vor mir

...... (Name)
Notar in ...... (Ort)

erschien in meinen Amtsräumen in ...... (Ort)
Herr ...... (Name, Anschrift),
mir persönlich bekannt.

Er erklärte:
Am ...... (Datum) verstarb in ...... (Ort), seinem letzten Wohnsitz, mein Vater, der ...... (Name). Sein einziger Abkömmling bin ich. Seine Ehefrau ...... (Name) ist bereits vor ihm verstorben, nämlich am ...... (Datum).
Andere Personen, durch die ich von der Erbfolge ausgeschlossen oder mein Erbteil gemindert werden würde, sind und waren nicht vorhanden.
Eine Verfügung von Todes wegen hat der Verstorbene nicht hinterlassen.
Mein Vater besaß bis zu seinem Tode die Staatsangehörigkeit ...... (ausländischer Staat).
Nach dem maßgeblichen Recht des Heimatlandes meines Vaters bin ich dessen Alleinerbe geworden.
Ein Rechtsstreit über mein Erbrecht ist nicht anhängig.
Ich versichere an Eides Statt, dass mir nichts bekannt ist, das der Richtigkeit meiner Angaben entgegensteht[3].

Ich beantrage,

mir einen Erbschein mit dem Inhalt zu erteilen, dass ich hinsichtlich der Nachlassgegenstände, die sich im Inlande befinden, nach dem Recht ...... (Heimatland des Erblassers) Alleinerbe meines Vaters geworden bin.

Ich überreiche

1 Sterbeurkunde meines Vaters,
1 Sterbeurkunde meiner Mutter,
1 Heiratsurkunde,
1 Geburtsurkunde.

Der Wert des im Inland befindlichen Nachlasses nach Abzug der Schulden beträgt ...... EUR[4].

Anmerkungen

1. Nach § 2369 BGB kann ein Erbschein erteilt werden, der auf die Gegenstände beschränkt ist, die sich im Inland befinden. Voraussetzung dafür ist das Fehlen eines zuständigen deutschen Nachlassgerichts. Diese Voraussetzung ist erfüllt, wenn der Erblasser ein Ausländer war und er nach Art. 25/27 EGBGB oder Staatsvertrag nach ausländischem Recht beerbt wird oder Staatenloser mit gewöhnlichem Aufenthalt im Ausland war (Art. 29 EGBGB). Es handelt sich um einen Erbschein, dessen Erteilung die Anwendung ausländischen materiellen Erbrechts voraussetzt. Die im Inland befindlichen Gegenstände sind in dem Erbschein nicht aufzuführen. Anzugeben ist aber, nach welchem Recht die Erbfolge zu beurteilen ist (vgl. *Palandt/Edenhofer* § 2369 Rdn. 7).

2. Die internationale Zuständigkeit ergibt sich aus § 2369 BGB, die örtliche richtet sich nach § 73 Abs. 1 und 3 FGG.

3. Der notwendige Inhalt des Antrags ergibt sich aus §§ 2354, 2356 BGB.

4. Kostenrechtlich ist der Wert der im Inland befindlichen Gegenstände maßgeblich (§ 107 Abs. 2 S. 3 KostO).

22. Antrag auf Erteilung eines Doppelerbscheins[1]

An das
Amtsgericht ......[2]

Verhandelt am ...... (Datum)
in ...... (Ort)

Vor mir

...... (Name)
Notar in ...... (Ort)

erschien in meinen Amtsräumen in ...... (Ort)
Herr ...... (Name, Anschrift),
mir persönlich bekannt.

Er erklärte:

Am ...... (Datum) verstarb in ...... (Ort), seinem letzten Wohnsitz, mein Vater, der ...... (Name). Ich bin sein einziger Abkömmling. Seine Ehefrau ist bereits vor ihm verstorben, nämlich am ...... (Datum).
Durch eigenhändiges Testament vom ...... (Datum) hat der Erblasser mich als seinen Alleinerben eingesetzt.

Das Testament ist am ...... (Datum) eröffnet worden.
Ich nehme Bezug auf die Akten ...... (Aktenzeichen)[3].
Andere Verfügungen von Todes wegen hat mein Vater nicht hinterlassen.
Das maßgebliche Recht des Heimatlandes meines Vaters, der bis zu seinem Tode die Staatsangehörigkeit ...... (ausländischer Staat) besaß, verweist hinsichtlich des im Inland befindlichen Grundbesitzes auf das deutsche Recht zurück. Im Übrigen richtet sich die Vererbung nach dem Heimatrecht meines Vaters.
Zum Nachlass meines Vaters im Inland gehören vor allem Grundstücke und Sparguthaben[4].

Ich beantrage,

mir einen Erbschein mit dem Inhalt zu erteilen, dass ich hinsichtlich des im Inland befindlichen Grundbesitzes nach deutschem Recht und hinsichtlich der im Inland befindlichen Mobilien nach dem Heimatrecht meines Vaters dessen Alleinerbe geworden bin.

Ein Rechtsstreit über mein Erbrecht ist nicht anhängig.
Ich versichere an Eides Statt, dass mir nichts bekannt ist, was der Richtigkeit meiner Angaben entgegensteht.
Der Wert des Nachlasses im Inland beträgt ...... EUR[5].

Anmerkungen

1. Wenn das Heimatrecht des Erblassers nur hinsichtlich eines Teils des im Inland befindlichen Nachlasses (etwa hinsichtlich der Immobilien) auf das deutsche Recht zurückverweist, so ist insofern ein Eigenrechtserbschein und im Übrigen ein Fremdrechtserbschein zu erteilen. Diese beiden Erbscheine können als Doppelerbschein in einer Urkunde zusammengefasst werden (vgl. *Palandt/Edenhofer* § 2369 Rdn. 5).

2. Die örtliche Zuständigkeit richtet sich nach § 73 Abs. 1 und 3 FGG.

3. Letztwillige Verfügungen von Ausländern sind auf jeden Fall zu eröffnen, wenn kraft Rückverweisung deutsches materielles Erbrecht wenigstens auf einen Teil des Nachlasses anzuwenden ist oder wenn ein beschränkter Erbschein beantragt werden soll (vgl. *Palandt/Edenhofer* § 2260 Rdn. 4).

4. Soweit das ausländische Recht auf das deutsche Recht zurückverweist, ist ein Erbschein nach § 2353 BGB zu erteilen. Im Übrigen gilt § 2369 BGB.

5. Der notwendige Inhalt des Antrags ergibt sich aus §§ 2354, 2356 BGB. Kostenrechtlich gilt § 107 Abs. 2 KostO.

K. Gesellschaftsrecht

1. Auflösungsklage nach § 133 HGB

An das
Landgericht
Kammer für Handelssachen[1]

Klage

des ...... (Kläger[2])

Prozessbevollmächtigter: ......

gegen

den ...... (Beklagter[3])

wegen

Auflösung einer Kommanditgesellschaft (§§ 161 Abs. 2, 133 HGB)

Vorläufiger Streitwert[4]: EUR ......

Namens und mit Vollmacht des Klägers erhebe ich Klage und werde beantragen:

I. Die im Handelsregister des Amtsgerichts ...... unter der Register-Nr. HRA ...... eingetragene Kommanditgesellschaft in Firma ...... wird aufgelöst[5].

II. Der Beklagte trägt die Kosten des Rechtsstreits.

Zur

Begründung

trage ich vor:

I.

Die Parteien sind die einzigen Gesellschafter der Kommanditgesellschaft in Firma ......
Der Kläger ist der persönlich haftende Gesellschafter mit einer Einlage von EUR ......,
der Beklagte ist Kommanditist
mit einem Kommanditanteil von EUR ......
des insgesamt EUR ......
betragenden Kapitals.
Zwischen den Parteien besteht der zum 1. 1. 19 .. abgeschlossene und als Anlage K 1 dieser Klage beigefügte Gesellschaftsvertrag[6].

II.

Der Kläger begehrt die Auflösung der Kommanditgesellschaft nach § 133 HGB aus wichtigem Grund. Zwischen den Parteien besteht ein dauerndes tiefgehendes Zerwürfnis, das jede gedeihliche Zusammenarbeit sowohl im privaten Bereich (dazu III. 1.)[7] als auch innerhalb der Gesellschaft ausschließt. Der Beklagte stört fortgesetzt den Kläger in der Geschäftsführung. Der Beklagte maßt sich ihm nach dem Gesellschaftsvertrag nicht zustehende Rechte an (dazu III. 2.)[8]. Überdies ist dem Kläger als dem alleinigen persönlich haftenden Gesellschafter der Kommanditgesellschaft ein Festhalten am Gesellschaftsvertrag auch deswegen nicht mehr zumutbar, weil die Gesellschaft von Anbeginn an mit Verlust arbeitet und eine Änderung der Ertragslage auch nicht zu erwarten ist (dazu III. 3.)[9].

III.

1. Das Zerwürfnis zwischen den Parteien:
Die Parteien sind Geschwister. Sie haben das Geschäft, das sie als Kommanditgesellschaft betreiben, von ihrem Vater geerbt. Da der Kläger sich auf die Führung der Geschäfte des väterlichen Betriebes beruflich vorbereitet, der Beklagte indes einen ganz anderen Berufsweg eingeschlagen hatte, haben sich die Parteien auf die Rechtsform einer Kommanditgesellschaft geeinigt. Der Beklagte sollte nach dem übereinstimmenden Willen beider Parteien nur die gesetzlichen Rechte des Kommanditisten haben. Während sich die beiden Geschwister nach Gründung der Gesellschaft zunächst verstanden und der Beklagte mit der Geschäftsführung des Klägers zufrieden war, ist der Beklagte seit einiger Zeit dazu übergegangen, den Kläger ständig zu kritisieren, ohne Gründe dafür anzugeben. Der Beklagte hat den Kläger wiederholt vor Angestellten der Gesellschaft schwer beleidigt. Er hat ihn am ...... als Taugenichts und am ...... als Betrüger bezeichnet. Versuche des Klägers, den Beklagten dazu zu bewegen, diese schweren Beleidigungen zurückzunehmen, sind fehlgeschlagen. Der Beklagte hat vielmehr noch vor wenigen Tagen seine Beschimpfungen des Klägers wiederholt.

   Beweis: Zeugnis ......

2. Die misslichen Beziehungen zwischen den Parteien beschränken sich nicht nur auf den privaten Bereich. Auch in geschäftlichen Dingen ist mit dem Beklagten kein Auskommen mehr. Der Beklagte stört die Geschäftsführung ständig. Er maßt sich Rechte an, die er nicht hat und er schädigt aus reiner Abneigung gegen den Kläger die Gesellschaft. So hat der Beklagte dem Kläger den Einkauf günstiger Rohstoffe für die Gesellschaft nicht nur untersagt, sondern den Exporteur X durch unmittelbare Intervention – durch einen Anruf am ...... – an der Belieferung der Gesellschaft gehindert. Der Gesellschaft ist damit ein erheblicher Gewinn entgangen.

   Beweis: 1. Zeugnis ......,
   2. Gutachten eines Sachverständigen.

   Von Angestellten der Gesellschaft verlangt der Beklagte ständig Auskunft über Umsätze und er begehrt fortgesetzt die Aufschlüsselung nach Geschäften ab Lager, Direktgeschäften und Geschäften mit bestimmten Abnehmern. Er fordert Bekanntgabe der gesamten Korrespondenz mit Kunden und schreibt Geschäftspartner der Gesellschaft auch unmittelbar an. Der Beklagte verlangt von Prokuristen der Gesellschaft die Aushändigung von Aktenstücken und bringt ihm ausgehändigte Aktenstücke auch auf mehrmalige Aufforderung hin nicht zurück[10]. Er widersetzt sich der Anschaffung der notwendigsten Geräte für die Gesellschaft und bemerkt gegenüber Lieferanten der Gesellschaft, mit der Gesellschaft gehe es unter der Herrschaft des Klägers abwärts. Obwohl das Entnahmerecht im Gesellschaftsvertrag ausdrücklich ausgeschlossen ist[11], hat der Beklagte wiederholt größere Beträge der Gesellschaftskasse entnommen und sich geweigert, die Beträge unverzüglich wieder einzuzahlen. Der Kläger hat zwar wiederholt versucht, den Beklagten durch einstweilige Verfügungen an bestimmten gesellschaftsvertragswidrigen Verhaltensweisen zu hindern. Der Beklagte entwickelt jedoch immer neue Methoden zur Störung der Geschäftsführung, so dass der Kläger zu dem letzten Mittel der Auflösungsklage greifen muß[12].

   Beweis: Zeugnis ......

3. Die Gesellschaft arbeitet von Anbeginn an mit erheblichen Verlusten. In den Anlagen K 2–K 5 legen wir die Bilanzen für die Geschäftsjahre 19 ...... bis 20 ...... vor, aus denen sich ergibt, dass die Gesellschaft in den Jahren 19 ...... bis 20 ...... Verluste von jährlich etwa gleich bleibend EUR ...... erlitten hat. Dem Kläger ist bekannt ge-

worden, dass auch schon vor Gründung der Gesellschaft der Vater der Parteien viele Jahre mit einem negativen Betriebsergebnis gearbeitet hat.
Der Vater der Parteien hat damals die Verluste jeweils aus privaten Mitteln ausgeglichen, so dass eine Liquidierung des Unternehmens nicht notwendig wurde.
In Anlage K 6 lege ich Kopie eines Schreibens der Wirtschaftsprüfungsgesellschaft ...... vom ...... vor. Aus diesem Bericht ergibt sich eindeutig, dass eine Verbesserung der Ertragslage nicht zu erwarten ist.
Dem Kläger ist es bei dieser Sachlage als dem alleinigen persönlich haftenden Gesellschafter nicht zuzumuten, abzuwarten, bis das Kapital vollständig aufgezehrt ist und bis die Gläubiger der Gesellschaft den Kläger persönlich in Anspruch nehmen.

IV.

Die Sache ist Handelssache.
Den Streitwert gebe ich mit EUR ...... an.
Ich füge einen auf mich lautenden Verrechnungsscheck über EUR ...... (Gerichtskosten) bei.

Rechtsanwalt

Anmerkungen

1. Nach § 95 Abs. 1 Nr. 4a GVG ist die Kammer für Handelssachen funktionell zuständig. Eine Schiedsgerichtsabrede ist zulässig (Großkomm. HGB/*Ulmer* § 133 Anm. 75).

2. Die Auflösungsklage kann durch jeden Gesellschafter der OHG bzw. KG erhoben werden (*Baumbach/Hopt* § 133 Rdn. 13; Beck. HdbPers. Gesell./*Erle/Eberhard* § 11 Rdn. 41). Mehrere Kläger sind notwendige Streitgenossen iSv. § 62 Abs. 1 Alt. 2 ZPO (BGHZ 30, 195, 197 = NJW 1959, 1638).

3. Die Gesellschafter sind notwendige Streitgenossen, es müssen deswegen alle anderen Gesellschafter verklagt werden (*Baumbach/Hopt* § 133 Rdn. 13; Großkomm. HGB/*Ulmer* § 133 Anm. 52), es sei denn, sie haben mit bindender Wirkung dem Kläger gegenüber in die Auflösung eingewilligt (BGH NJW 1998, 146; *Baumbach/Hopt* § 133 Rdn. 13; Großkomm. HGB/*Ulmer* § 133 Anm. 53). Im Gesellschaftsvertrag kann festgelegt werden, dass die Klage gegen die Gesellschaft zu richten ist (*Ebenroth/Boujong/Joost* § 133 Rdn. 33; *Röhricht/v. Westphalen* § 133 Rdn. 24). Dies empfiehlt sich insbesondere bei Publikumsgesellschaften.

4. Der Streitwert richtet sich nach dem Interesse des Klägers an der Auflösung. Als Anhaltspunkt für das Interesse dient der Wert der Beteiligung des Klägers (*Hillach/Rohs*, S. 402; *Oestrich/Winter/Hellstab*, Stichwort: Auflösung einer Gesellschaft, S. 25).

5. Die Klage nach § 133 HGB ist Gestaltungsklage. Die Wirkung tritt mit der Rechtskraft des Urteils ein. Zur Frage, ob Beendigung der Gesellschaft zu einem späteren Zeitpunkt im Urteil ausgesprochen werden kann vgl. Großkomm. HGB/*Ulmer* § 133 Anm. 54.

6. Die Auflösungsklage kann nach HGB nicht ausgeschlossen werden, § 133 Abs. 3 HGB, jedoch kann der Gesellschaftsvertrag in einigen Beziehungen Regelungen treffen, so über Ausscheiden dessen, der ein Auflösungsurteil erwirkt (BGH LM 20 zu § 142 HGB; Großkomm. HGB/*Ulmer* § 133 Anm. 76ff.) oder über den wichtigen Grund selbst (*Baumbach/Hopt* § 133 Rdn. 18f.); zweifelhaft ist, ob für den Fall, dass die Klage auf einen wichtigen Grund in der Person eines anderen Gesellschafters gestützt werden soll, Ausschließungsklage statt Auflösungsklage vorgeschrieben werden kann (Großkomm. HGB/*Ulmer* § 133 Anm. 78).

7. Unter einem wichtigen Grund zur Auflösung versteht man einen Sachverhalt, der das Zusammenwirken der Gesellschafter zur Erreichung des Gesellschaftszwecks beeinträchtigt und dem Kläger die Fortsetzung der Gesellschaft unzumutbar macht (*Baumbach/Hopt* § 133 Rdn. 5 mwN.; *Heymann/Emmerich* § 133 Rdn. 3).

Nach ständiger Rechtsprechung ist ein dauerndes tiefgehendes Zerwürfnis zwischen den Gesellschaftern einer Personenhandelsgesellschaft ein wichtiger Grund im Sinne des § 133 HGB (BGHZ 4, 108, 113; BGH LM Nr. 4 u. Nr. 6 zu § 133 HGB; Großkomm. HGB/*Ulmer* § 133 Anm. 32).

8. Darin liegt die Verletzung einer nach dem Gesellschaftsvertrag bestehenden wesentlichen Verpflichtung im Sinne von § 133 Abs. 2 HGB (vgl. Großkomm. HGB/*Ulmer* § 133 Anm. 30). Weitere Beispiele für Pflichtverstöße: Straftaten, Veruntreuung, Wettbewerbsverstöße (*Röhricht/v. Westphalen* § 133 Rdn. 9 ff.). Auch unverschuldete Pflichtverstöße können einen wichtigen Grund darstellen (*Baumbach/Hopt* § 133 Rdn. 8).

9. Nach ständiger Rechtsprechung ist die dauernde Ertragslosigkeit einer Gesellschaft Auflösungsgrund im Sinne des § 133 HGB (vgl. RG JW 1913, 265/266; RG JW 1927, 1684; RG JW 1927, 1350; Großkomm. HGB/*Ulmer* § 133 Anm. 39; *Heymann/Emmerich* § 133 Rdn. 13; *Hueck* OHG § 25 II, S. 374 mwN.).

10. Zum Ausschluss des Kommanditisten von der Geschäftsführung s. § 164 HGB, zum Umfang seines Prüfungsrechts § 166 HGB.

11. So auch nach Gesetz: § 169 HGB.

12. Die Auflösungsklage ist als äußerstes Mittel anzusehen, sie setzt deswegen voraus, dass weniger einschneidende Maßnahmen (zB. Kündigung, Zeitablauf oder Entziehung der Geschäftsführungs- und Vertretungsbefugnis) nicht auch Abhilfe schaffen könnten (vgl. Beck. HdbPers. Gesell./*Erle/Eberhard* § 11 Rdn. 39; Großkomm. HGB/*Ulmer* § 133 Anm. 41; zur Rangfolge von Maßnahmen vgl. *Heymann/Emmerich* § 133 Rdn. 6).

2. Ausschließungsklage nach § 140 HGB

An das
Landgericht
Kammer für Handelssachen[1]

Klage

der
1. …… **(Kläger Nr. 1)**
2. …… **(Kläger Nr. 2)**

Prozessbevollmächtigter: ……

gegen

den …… **(Beklagter)**

wegen

Ausschließung aus einer offenen Handelsgesellschaft (§ 140 HGB)

Vorläufiger Streitwert[2]**: EUR ……**

Namens und mit Vollmacht der Kläger erhebe ich Klage und werde beantragen:

I. Der Beklagte wird aus der offenen Handelsgesellschaft in Firma …… ausgeschlossen[3]**.**

II. Der Beklagte trägt die Kosten des Rechtsstreits.

Zur

Begründung

trage ich vor:

I.

Die Parteien sind Gesellschafter der Firma ...... OHG[4]. Dem Beklagten ist gesellschaftsvertraglich die Geschäftsführung übertragen. Die Kläger sind von der Geschäftsführung ausgeschlossen[5].
Eine Kopie des Gesellschaftsvertrages der unter HRA des Amtsgerichts – Registergerichts – ...... eingetragenen Firma ...... OHG füge ich in Anlage K 1 bei.

II.

Gegen den Beklagten läuft ein Ermittlungsverfahren bei der Staatsanwaltschaft ......, in welchem der Vorwurf erhoben ist, der Beklagte habe seine Geliebte am ...... ermordet. Aufgrund eines Haftbefehls des Amtsgerichts ...... befindet sich der Beklagte seit über drei Monaten in Untersuchungshaft. Die Massenmedien haben sich des Kriminalfalls wiederholt angenommen und dabei auch die Zugehörigkeit des Beklagten zur ...... OHG wiederholt erwähnt.

Beweis: 1. Auskünfte aller öffentlich-rechtlichen Rundfunk- und Fernsehanstalten Deutschlands,
2. Presseberichte (Kopien einschlägiger Pressemeldungen sind in Anlagen K 2 bis K 10 beigefügt).

Im Verhalten von Geschäftspartnern und in der Auftragsentwicklung hat die Gesellschaft seit Bekanntwerden des Verdachts gegen den Beklagten schon empfindliche Nachteile erlitten.

Beweis: Zeugnis des Prokuristen ......

III.

Die Kläger begehren die Ausschließung des Beklagten aus der Gesellschaft nach § 140 HGB.[6]
Um die Gesellschaft wirksam vor weiteren schweren Vermögensschäden zu schützen, ist es erforderlich, dass der Beklagte aus der Gesellschaft ausgeschlossen und die Öffentlichkeit alsbald über diesen Ausschluss informiert wird[7].
Den Klägern kann nicht zugemutet werden abzuwarten, bis der Beklagte im Strafverfahren rechtskräftig verurteilt ist, da in der Zwischenzeit die Existenz der Gesellschaft bedroht wäre und der für §§ 140, 133 HGB erforderliche wichtige Grund durch das Ermittlungsverfahren, insbesondere den Haftbefehl, schon gegeben ist[8].
Die Entziehung von Geschäftsführungs- und Vertretungsbefugnis kann unter diesen Umständen den Belangen der Gesellschaft nicht genügen[9].
Die Kläger sind auch nicht in erster Linie gehalten, auf Auflösung der Gesellschaft nach § 133 HGB zu klagen, da der einzige Grund in der Person des Beklagten liegt, § 140 HGB[10].

IV.

Die Sache ist Handelssache.

V.

Den Streitwert gebe ich mit EUR ...... an.
Ich füge einen auf mich lautenden Verrechnungsscheck über EUR ...... (Gerichtskosten) bei.

Rechtsanwalt

Anmerkungen

1. Nach § 95 Abs. 1 Nr. 4a GVG ist die Kammer für Handelssachen funktionell zuständig. Schiedsgerichtsabrede ist auch hier zulässig (*Baumbach/Hopt* § 140 Rdn. 22, § 133 Rdn. 19).

2. Der Streitwert ist gem. § 3 ZPO nach freiem Ermessen zu bestimmen. Maßgebend ist grundsätzlich das Interesse des Klägers, welches anhand des Wertes seiner Beteiligung zu ermitteln ist (*Hillach/Rohs,* S. 395; *Oestrich/Winter/Hellstab*, Stichwort: Gesellschaft, S. 118 f.).

3. Die Ausschließungsklage ist wie die Auflösungsklage nach § 133 HGB Gestaltungsklage; wie bei jener tritt die Wirkung mit der Rechtskraft des Urteils ein (Großkomm. HGB/*Ulmer* § 140 Anm. 30).

4. Auch hier – wie bei der Auflösungsklage nach § 133 HGB, vgl. Anm. 2 und 3 zu Form. II. K. 1 – ist notwendige Streitgenossenschaft gegeben, dh. grundsätzlich müssen alle Gesellschafter am Prozess beteiligt sein, wobei eine Klage gegen mehrere Gesellschafter gleichzeitig nach hM. möglich ist (BGHZ 64, 253; *Baumbach/Hopt* § 140 Rdn. 19; Großkomm. HGB/*Ulmer* § 140, Anm. 33). Zugelassen wird auch die Verbindung der Ausschließungsklage mit einer Klage auf Zustimmung gegen einen Gesellschafter, der sich an der Klage auf Ausschließung nicht beteiligen will (BGHZ 68, 81 = NJW 1977, 1013 mit Anm. von *Haarmann* und *Holtkamp* NJW 1977, 1396; Beck. HdbPers.Gesell./*Sauter* § 7 Rdn. 91; anders Großkomm. HGB/*Ulmer* § 140 Anm. 35).

Nicht unbestritten ist, ob – ähnlich wie im Fall des § 133 HGB – das bindende Einverständnis eines Gesellschafters mit dem Klageziel statt seiner Mitwirkung bei der Klage genügt (so die Rspr., vgl. BGHZ 68, 81 und BGH NJW 1998, 146, und die überwiegende Meinung, vgl. *Baumbach/Hopt* § 140 Rdn. 17; *Heymann/Emmerich* § 140 Rdn. 23; verneinend Großkomm. HGB/*Ulmer* § 140 Anm. 32 mwN.).

5. Möglich ist auch die Ausschließung des einzigen vertretenden OHG-Gesellschafters. Das führt dann zu Gesamtvertretung der anderen, vgl. *Baumbach/Hopt* § 140 Rdn. 8.

Auch der einzige Komplementär einer KG kann nach hM. ausgeschlossen werden, vgl. BGHZ 68, 81, 82; *Baumbach/Hopt* § 140 Rdn. 8; Großkomm. HGB/*Ulmer* § 140 Anm. 23.

6. § 140 HGB ist abdingbar (*Heymann/Emmerich* § 140 Rdn. 30); so kann auch im Gesellschaftsvertrag geregelt sein, dass an die Stelle der Klage ein Ausschließungsbeschluss tritt (Nachprüfung durch Feststellungsklage), vgl. BGHZ 31, 295 ff.; BGH NJW 1981, 2565; *Baumbach/Hopt* § 140 Rdn. 30; Großkomm. HGB/*Ulmer* § 140 Anm. 51 mwN.; Beschlussbeispiel in Münchener Vertragshandbuch Bd. 1/*Oldenburg* Form. II. 28. Sieht der Gesellschaftsvertrag einen Ausschluss durch Gesellschafterbeschluss vor, führt dies nach hM. zur Unzulässigkeit einer Ausschließungsklage (BGH DStR 2001, 495 mit Anm. Goette; Beck.HdbPers.Gesell./*Sauter* § 7 Rdn. 102).

Eine Regelung im Gesellschaftsvertrag, nach welcher der Ausschluss eines Gesellschafters durch die übrigen auch ohne wichtigen Grund vorgesehen ist, bzw. der darauf beruhende Gesellschafterbeschluss – sog. „Hinauskündigung" – unterliegt nach der Rechtsprechung und (zurückhaltenderen) Lehre sachlichen Einschränkungen vgl. BGHZ 68, 212; *Hirtz* Betr. 1981, 761; *Huber* ZGR 1980, 177 ff.; *Schilling* ZGR 1979, 419 ff.; *Wiedemann* ZGR 1980, 147/155; BGHZ 81, 263 = NJW 1981, 2565; dazu *Bunte* ZIP 1983, 8 u. *Krämer* NJW 1981, 2553 sowie BGH NJW 1985, 2421 = ZIP 1985, 737 = WM 1985, 772: eine Klausel, die das Hinauskündigen nach freiem Ermessen zulässt, ist unwirksam; dazu *Bunte* ZIP 1985, 915; Kündigungsbeispiel in Münchener Vertragshandbuch Bd. 1/*Oldenburg* Form. II. 30. Zu der in diesem Zusammenhang diskutierten Frage der Wirksamkeit von Buchwertabfindungsklauseln vgl. Form. II. K. 6.

7. Nach BGHZ 31, 295/304 ist ein wichtiger Grund zur Ausschließung eines Gesellschafters „immer dann gegeben, wenn in der Person dieses Gesellschafters Umstände vorliegen, die den anderen Gesellschaftern bei verständiger Abwägung aller in Betracht kommenden Tatsachen die Fortsetzung des Gesellschaftsverhältnisses unzumutbar machen"; es bedarf der „Berücksichtigung aller Umstände des Falles", Großkomm. HGB/*Ulmer* § 140 Anm. 9 mwN.; Beispiele Anm. 20; „es handelt sich um eine typische Interessenabwägung anhand der konkreten Umstände des Einzelfalles" (Hdb.PersGes./*Westermann* Rdn. 408). Persönliche Spannungen und gesellschaftsbezogene Meinungsverschiedenheiten können die Ausschließung eines Kommanditisten aus der Gesellschaft nur in besonders schwerwiegenden Fällen rechtfertigen, vgl. BGH GmbHR 1995, 131 f.; BGH NJW 1998, 146.

In geeigneten Fällen kann die Klage unbegründet sein, wenn der Beklagte eine weniger harte Regelung vorgeschlagen, die Gesellschafter diese aber abgelehnt haben, vgl. hierzu *Baumbach/Hopt* § 140 Rdn. 23.

8. Ein Verschulden ist nicht notwendige Voraussetzung für den wichtigen Grund, vgl. *Baumbach/Hopt* § 140 Rdn. 7; Großkomm. HGB/*Ulmer* § 140 Anm. 9.

9. Wie bei der Auflösungsklage ist auch hier zu prüfen, ob das mildere Mittel der Entziehung von Vertretungs- und Geschäftsführungsbefugnis nach §§ 117, 127 HGB genügt; vgl. Großkomm. HGB/*Ulmer* § 140 Anm. 18; Hdb. PersGes./*Westermann* Rdn. 412; zur Rangfolge von Maßnahmen vgl. *Heymann/Emmerich* § 133 Rdn. 6.

10. Ob zwischen der Auflösungsklage und der Ausschließungsklage ein Rangverhältnis besteht, ist streitig, vgl. Großkomm. HGB/*Ulmer* § 140 Anm. 15 ff.; Münch-Komm. BGB/*Ulmer* § 737 Rdn. 8; *Blumers* Betr. 1980, 2273, vgl. auch Anm. 6. zu Form. II. K. 1.

3. Geschäftsführungsbefugnis- und Vertretungsmachtentziehungsklage nach §§ 117, 127 HGB

An das
Landgericht
Kammer für Handelssachen[1]

Klage

der

1. ...... **(Kläger Nr. 1)**
2. ...... **(Kläger Nr. 2)**
3. ...... **(Kläger Nr. 3**[2]**)**

Prozessbevollmächtigter: ......

gegen

den ...... **(Beklagter)**

wegen

Entziehung der Geschäftsführungsbefugnis und der Vertretungsmacht

Vorläufiger Streitwert[3]**: EUR ......**

Namens und mit Vollmacht der Kläger erhebe ich Klage und werde beantragen:

I. Dem Beklagten wird die Befugnis, die Geschäfte der Firma ...... OHG zu führen und diese Gesellschaft zu vertreten, entzogen[4].

II. Der Beklagte trägt die Kosten des Verfahrens.

Zur

Begründung

trage ich vor:

I.

Die Parteien sind die Gesellschafter der Firma ...... OHG. Dem Kläger Nr. 1 und dem Beklagten ist gesellschaftsvertraglich die Geschäftsführung übertragen, und zwar jedem einzeln[5]. Die Kläger Nr. 2 und Nr. 3 sind von der Geschäftsführung ausgeschlossen. Eine Kopie des Gesellschaftsvertrages[6] der unter HRA des Amtsgerichts – Registergerichts – ...... eingetragenen Firma ...... OHG füge ich in Anlage K 1 bei.

II.

Der 75 Jahre alte Beklagte ist seit drei Jahren bettlägerig. Er kann die Tätigkeit eines Geschäftsführers der ...... OHG nicht mehr ausüben. Mit einer Wiederherstellung seiner Arbeitsfähigkeit kann nicht gerechnet werden.
Beweis: Gutachten eines Sachverständigen.

III.

Die beim Beklagten gegebene Unfähigkeit zur ordnungsgemäßen Geschäftsführung ist ein wichtiger Grund zur Entziehung[7] der Geschäftsführungsbefugnis auf Grund § 117 HGB und der Vertretungsmacht auf Grund § 127 HGB.

IV.

Den Streitwert gebe ich mit EUR ...... an.

Ich füge einen auf mich lautenden Verrechnungsscheck über EUR ...... (Gerichtskosten) bei.

Rechtsanwalt

Anmerkungen

1. Die Zuständigkeit ergibt sich sowohl aus § 12 ZPO als auch aus § 22 ZPO. Die Sache ist Handelssache (§ 95 Abs. 1 Nr. 4a HGB). Zulässig ist auch hier Schiedsgerichtsabrede, vgl. *Baumbach/Hopt* § 117 Rdn. 8.

2. Die Klage muss von allen Mitgesellschaftern erhoben werden; die Kläger sind notwendige Streitgenossen, vgl. *Baumbach/Hopt* § 117 Rdn. 6, 7 mit § 140 Rdn. 12; Großkomm. HGB/*Fischer* § 117 Anm. 16, und zwar auch dann, wenn im Gesellschaftsvertrag vorgesehen ist, dass ein Mehrheitsbeschluss als Entziehungsgrund genügt, Großkomm. HGB/*Fischer* § 117 Anm. 19, 29.

Bei Weigerung eines Gesellschafters kann gegen diesen zugleich auf Zustimmung geklagt werden (BGH BB 1977, 615; *Baumbach/Hopt* § 117 Rdn. 6, 7; Großkomm. HGB/*Fischer* § 117 Anm. 19). Streitig ist, ob die Gesellschafter aus dem Gesellschaftsvertrag zur Mitwirkung verpflichtet sind, vgl. *Baumbach/Hopt* § 117 Rdn. 6.

3. Der Streitwert ist gem. § 3 ZPO zu schätzen. Für Anhaltspunkte zur Bewertung des Interesses der Kläger vgl. *Madert,* Der Gegenstandswert in bürgerlichen Rechtsangelegenheiten, Rdn. 224.

4. Die Klage ist Gestaltungsklage. Mit der Rechtskraft des Urteils wird die Entziehung wirksam.

Gesetzliche Grundlagen sind die §§ 117, 127 HGB, die nicht zwingend sind, vgl. *Heymann/Emmerich* § 127 Rdn. 9. Zur „Kündigung der Geschäftsführung und Vertretung" durch den Personengesellschafter vgl. *Karsten Schmidt* Betr. 1988, 2241. Die Anträge auf Entziehung der Geschäftsführungsbefugnis und Entziehung der Vertretungsmacht werden meistens verbunden. Fehlt der ausdrückliche Antrag auf Entziehung der Vertretungsmacht, so kann die Auslegung des Antrags auf Entziehung der Geschäftsführungsbefugnis ergeben, dass er in diesem enthalten ist; vgl. BGHZ 51, 198, 199; *Baumbach/Hopt* § 127 Rdn. 8; Großkomm. HGB/*Fischer* § 117 Anm. 11.

Auch eine teilweise Entziehung ist möglich, zB. nur der Vertretungsmacht oder von Teilen der Geschäftsführungsbefugnis, sei es, dass dies beantragt ist, sei es, dass das Urteil hinter dem Antrag zurückbleibt (str., vgl. *Baumbach/Hopt* § 117 Rdn. 5 mwN.; Großkomm. HGB/*Fischer* § 117 Anm. 26).

Entsprechend § 117 HGB sind auch einzelne die Geschäftsführung betreffende Rechte eines nicht geschäftsführenden Gesellschafters entziehbar, *Baumbach/Hopt* § 117 Rdn. 3; Großkomm. HGB/*Fischer* § 117 Anm. 2 a und einzelne Rechte, die beim Geschäftsführer über den normalen Umfang der Geschäftsführung hinausgehen, so *Hueck* OHG § 10 VII mwN.

Für die KG ist in diesem Zusammenhang zu beachten, dass nach BGHZ 51, 198 die Entziehung der Vertretungsmacht (anders Geschäftsführungsbefugnis) beim einzigen persönlich haftenden Gesellschafter nicht möglich sein soll. Die Kommanditisten können aber nach §§ 133, 140 HGB vorgehen (*Baumbach/Hopt* § 127 Rdn. 3; Beck.Hdb-Pers.Gesell./*Stengel* § 3 Rdn. 340).

Eine vorläufige Entziehung ist durch einstweilige Verfügung möglich (vgl. Form. II. K. 4; *Baumbach/Hopt* § 117 Rdn. 7; Großkomm. HGB/*Fischer* § 117 Anm. 27).

5. Die Klagemöglichkeit ist unabhängig davon, ob der Beklagte der alleinige Geschäftsführer ist oder nicht, und auch davon, ob er Einzelgeschäftsführungsbefugnis oder Gesamtgeschäftsführungsbefugnis hat. Im letzten Fall wandelt sich die Geschäftsführungsbefugnis des Verbleibenden nicht automatisch in Einzelbefugnis um, vgl. *Baumbach/Hopt* § 117 Rdn. 10; Großkomm. HGB/*Fischer* § 117 Anm. 33; es besteht vielmehr ein Anspruch gegen alle Beteiligten auf Neuordnung, der gegen einen Widersprechenden (in der Regel den hier Beklagten) auch im Klagewege (Verbindung der Klagen) geltend gemacht werden kann, *Baumbach/Hopt* § 117 Rdn. 10; Großkomm. HGB/*Fischer* § 117 Anm. 33, 34, 36.

6. Zu achten ist auf abweichende Bestimmungen im Gesellschaftsvertrag. Dieser kann die Entziehung von Geschäftsführungsbefugnis und Vertretungsbefugnis sowohl erschweren als auch erleichtern, er kann zB. einen Gesellschafterbeschluss zur Entziehung selbst genügen lassen (das ist ein anderer Fall als der in Anm. 2 genannte), so dass eine Gestaltungsklage nicht mehr erforderlich ist, vgl. Beck.HdbPers.Gesell./*Stengel* § 3 Rdn. 348 ff.; Großkomm. HGB/*Fischer* § 117 Anm. 28; Hdb. PersGes./*Westermann* Rdn. 357.

7. Unfähigkeit durch Krankheit und Alter sind nicht in jedem Fall ausreichender Entziehungsgrund. Die Gesamtumstände im Zusammenhang mit der gesellschaftsvertraglichen Treuepflicht sind zu berücksichtigen, vgl. Großkomm. HGB/*Fischer* § 117 Anm. 5.

Der im Gesetz weiter genannte wichtige Grund, grobe Pflichtverletzung, setzt Verschulden voraus, zB. Unterlassung ordnungsgemäßer Buchführung, ungerechtfertigter Insolvenzantrag oder Schikane der Mitgesellschafter, vgl. Großkomm. HGB/*Fischer* § 117 Anm. 6.

4. Antrag auf Erlass einer einstweiligen Verfügung zur vorläufigen Entziehung der Geschäftsführungsbefugnis und Vertretungsmacht nach §§ 117, 127 HGB, §§ 935 ff. ZPO

An das
Landgericht
Kammer für Handelssachen

Antrag

der

1. ...... (Antragsteller Nr. 1)

2. ...... (Antragsteller Nr. 2)

Prozessbevollmächtigter: ......

gegen

den ...... (Antragsgegner)

wegen

vorläufiger Entziehung der Geschäftsführungsbefugnis und Vertretungsmacht (§§ 117, 127 HGB)
Namens und mit Vollmacht der Antragsteller stelle ich den Antrag, gegen den Antragsgegner ohne vorgängige mündliche Verhandlung durch

Beschluss

folgende

einstweilige Verfügung

zu erlassen:

Dem Antragsgegner wird bis zur rechtskräftigen Entscheidung über die Klage der Antragsteller gegen den Antragsgegner auf Ausschließung des Antragsgegners aus der offenen Handelsgesellschaft in Firma ...... die Befugnis, die Geschäfte der Firma ...... OHG zu führen und diese Gesellschaft zu vertreten, entzogen[1]. Geschäftsführungsbefugnis und Vertretungsmacht werden Herrn Rechtsanwalt ...... übertragen[2].

Zur

Begründung

trage ich vor:

I.

(Hier zunächst derselbe Sachverhalt wie in Form. II. K. 2 unter I. und II. dargestellt).
Die Antragsteller[3] haben auf Grund dieses Sachverhalts am ...... beim angerufenen Gericht Klage mit dem Antrag erhoben, den Antragsgegner aus der offenen Handelsgesellschaft in Firma ...... auszuschließen.

II.

Zur Glaubhaftmachung des vorgetragenen Sachverhalts nehme ich Bezug auf:

1. Ausschließungsklage gegen den Antragsgegner, als Kopie in Anlage K 1,

2. eidesstattliche Versicherung des Antragstellers zu 1 vom ...... in Anlage K 2,
3. Kopien einschlägiger Pressemeldungen in Anlagen K 3–K ......

III.

Den Antragstellern kann bei der glaubhaft gemachten Sachlage nicht zugemutet werden, abzuwarten, bis über die Ausschließungsklage entschieden ist. Nur die sofortige Entziehung von Geschäftsführungs- und Vertretungsbefugnis kann die Gesellschaft vor weiteren schweren Schäden schützen. Die Übertragung der Geschäftsführungs- und Vertretungsbefugnis bis zur rechtskräftigen Entscheidung über die Ausschließungsklage an einen Dritten liegt auch im Interesse des Antragsgegners.

IV.

Die Sache ist Handelssache. Das besondere Eilbedürfnis ergibt sich aus dem glaubhaft gemachten Sachvortrag.

Rechtsanwalt

Anmerkungen

1. Die Möglichkeit der vorläufigen Entziehung von Geschäftsführungsbefugnis und Vertretungsmacht durch einstweilige Verfügung ist von der hM. anerkannt; vgl. BGHZ 33, 105; *Baumbach/Hopt* § 117 Rdn. 7; Großkomm. HGB/*Fischer* § 117 Anm. 27 u. § 127 Anm. 11; *Semler* BB 1979, 1533/1534; skeptisch *Baur* JZ 1968, 386/387 (Anm. zu OLG Saarbrücken JZ 1968, 386); vgl. auch *Baur,* Studien zum einstweiligen Rechtsschutz, 1967, S. 54 – auch *Baur* lässt einstweilige Verfügung zu, wenn keine andere Möglichkeit besteht, die Verhältnisse in der Gesellschaft zu ordnen.

Die vorläufige Entziehung der Geschäftsführungs- und Vertretungsbefugnis durch einstweilige Verfügung kommt in Frage sowohl beim Hauptprozess über die (endgültige) Entziehung als auch bei Auflösungs- und Ausschließungsklage, vgl. Großkomm. HGB/*Fischer* § 117 Anm. 27 u. § 127 Anm. 11. Zur vorläufigen Entziehung durch ein Schiedsgericht durch Anordnung einer Enthaltungspflicht bei Verfahrensbeginn vgl. *Baumbach/Hopt* § 117 Rdn. 8. Ob vorläufige Entziehung oder eine andere einstweilige Maßnahme angeordnet wird, ist Sache des richterlichen Ermessens, vgl. *Baumbach/Hopt* § 117 Rdn. 7; Großkomm. HGB/*Fischer* § 117 Anm. 27.

2. Nach BGHZ 33, 105 (Ausschließungsprozess gegen den einzigen geschäftsführungsbefugten und vertretungsberechtigten Gesellschafter einer OHG) ist die Übertragung der Befugnisse auf einen Nichtgesellschafter zulässig, wenn diese einstweilige Regelung erforderlich ist; zustimmend *Baumbach/Hopt* § 125 Rdn. 8; Großkomm. HGB/*Fischer* § 117 Anm. 27; Hdb. PersGes./*Westermann* Rdn. 344; nach Großkomm. HGB/*Fischer* § 127 Anm. 11 gilt dies auch für den Fall, dass die Hauptsache die Entziehung der Vertretungsbefugnis betrifft.

3. Bei einer einstweiligen Verfügung muss wie bei der Hauptsache der Antrag von allen übrigen Gesellschaftern gestellt werden; vgl. Großkomm. HGB/*Fischer* § 117 Anm. 27; vgl. im Übrigen die Anm. 4 zu Form. II. K. 2.

Nach der Judikatur des BGH – vgl. BGH BB 1988, 159 = WM 1988, 23 – wird bei der PublikumsKG eine Mehrheitsentscheidung statt der Mitwirkung aller Gesellschafter für ausreichend erachtet. Wegen der von § 125 Abs. 4 HGB verlangten Mitwirkung aller Gesellschafter bei der Anmeldung zur Eintragung in das Handelsregister ist in solchem Fall ein weiterer Antrag an das Prozessgericht zu empfehlen, dass Eintragung angeordnet werde, dazu *Reichert/Winter* BB 1988, 981/991.

5. Klage auf Bilanzmitteilung nach § 166 HGB

An das
Landgericht
Kammer für Handelssachen[1]

Klage

des ...... (Kläger)

Prozessbevollmächtigter: ......

gegen

den ...... (Beklagter)

wegen

Bilanzmitteilung

Vorläufiger Streitwert: EUR ..... [2].

Namens und mit Vollmacht des Klägers erhebe ich Klage und werde beantragen:

I. Der Beklagte wird verurteilt, dem Kläger eine Abschrift des steuerlichen Jahresabschlusses der ...... Kommanditgesellschaft in ...... für das Geschäftsjahr. ...... bestehend aus der Steuerbilanz zum 30. 9. ...... und der steuerlichen Gewinn- und Verlustrechnung für die Zeit vom 1. 10. ...... bis 30. 9. ...... mitzuteilen.

II. Der Beklagte trägt die Kosten des Rechtsstreits.

Zur

Begründung

trage ich vor:

I.

Der Kläger ist Kommanditist, der Beklagte der einzige persönlich haftende geschäftsführende Gesellschafter der ...... KG in ...... (HRA ...... des Handelsregisters des AG ......).
Eine Kopie des Gesellschaftsvertrages der ...... KG füge ich in Anlage K 1 und eine unbeglaubigte Abschrift aus dem Handelsregister betreffend die ...... KG in Anlage K 2 bei.

II.

Der Jahresabschluss ist für das im Antrag genannte Geschäftsjahr von dem Beklagten nach Handels- und Steuerrecht erstellt worden.
Der Beklagte hat dem Kläger lediglich eine Abschrift der Handelsbilanz zur Verfügung gestellt; er weigert sich, dem Kläger eine Abschrift der Gewinn- und Verlustrechnung und der Steuerbilanz zu überlassen mit der Begründung, er habe Aktennotizen über die Umsätze des Geschäftsjahres zugeschickt und dem Beklagten anheim gestellt, die Bücher einzusehen.

III.

Der Kläger hat als Kommanditist nach § 166 Abs. 1 HGB einen Anspruch auf die abschriftliche Mitteilung des Jahresabschlusses[3].
Hierzu gehört außer dem handelsrechtlichen Jahresabschluss auch der steuerliche Jahresabschluss[4].

Mit der Überlassung der genannten Unterlagen ist der Anspruch daher nicht erfüllt.

IV.

Den Streitwert gebe ich mit EUR ...... an.

Ich füge einen auf mich lautenden Verrechnungsscheck über EUR ...... (Gerichtskosten) bei.

Rechtsanwalt

Anmerkungen

1. § 95 Abs. 1 Nr. 4a GVG.

2. Der Streitwert ist gem. § 3 ZPO anhand des Interesses des Klägers zu schätzen.

3. Der Anspruch richtet sich gegen den oder die geschäftsführenden Gesellschafter oder wahlweise gegen die Gesellschaft, die dann für die Erfüllung durch die geschäftsführenden Gesellschafter einzustehen hat, vgl. Großkomm. HGB/*Schilling* § 166 Anm. 4; *Schlegelberger/Martens* § 166 Rdn. 3. Dem ausgeschiedenen Kommanditisten stehen die Kontrollrechte nach § 166 HGB nicht mehr zu; damit entfällt das für § 166 Abs. 3 vorgesehene Verfahren nach § 145 Abs. 1 FGG. Er hat nur den Anspruch nach § 810 BGB, vgl. BGH NJW 1989, 3272; BayObLG DB 1987, 215 mwN. Zum Informationsrecht in der GmbH u. Co. KG vgl. BGH ZIP 1988, 1175.

4. Dass der Kommanditist nicht nur den handelsrechtlichen, sondern auch den steuerlichen Jahresabschluss in Abschrift verlangen kann, ist herrschende Lehre, vgl. *Baumbach/Hopt* § 166 Rdn. 3; Beck.HdbPers.Gesell./*W. Müller* § 4 Rdn. 101; *Schlegelberger/Martens* § 166 Rdn. 3.

Die Unterschiede von Handelsbilanz und Steuerbilanz ergeben sich aus den einerseits steuerrechtlich vorgeschriebenen, andererseits handelsrechtlich möglichen Bewertungen, vgl. Großkomm. HGB/*Brüggemann* § 40 Anm. 4. Zu den Kontrollrechten in der GmbH & Co. KG und im Konzern vgl. *Heymann/Horn* § 166 Rdn. 22ff.

6. Klage des ausgeschiedenen Gesellschafters auf Abfindung nach §§ 161 Abs. 2, 105 Abs. 3 HGB, § 738 BGB

An das
Landgericht
Kammer für Handelssachen[1]

Klage

des ...... **(Kläger)**

Prozessbevollmächtigter ......

gegen

die ...... KG **(Beklagte Nr. 1)**

und

den ...... **(Beklagter Nr. 2)**

wegen

Abfindung nach §§ 161 Abs. 2, 105 Abs. 3 HGB, § 738 BGB

Streitwert: EUR ......

Namens und mit Vollmacht der Klägerin erhebe ich Klage und werde beantragen:

I. Die Beklagten werden wie Gesamtschuldner[2] verurteilt, an den Kläger EUR ...... zu zahlen.
II. Die Beklagten tragen wie Gesamtschuldner die Kosten des Rechtsstreits.

Zur

Begründung

trage ich vor:

I.

1. Der Kläger war Kommanditist der Beklagten Nr. 1, deren persönlich haftender Gesellschafter der Beklagte Nr. 2 ist. Der Kläger ist auf Grund einer „Kündigung" durch die Beklagte Nr. 1 vom ......, zu der er keinen Grund gegeben, die er aber hingenommen hat[3] und der er auch nicht mehr entgegentreten will, zum 31. 12. 20. ...... aus der Beklagten Nr. 1 ausgeschieden. Eine Kopie des Gesellschaftsvertrages lege ich in Anlage K 1, die Kopie eines Handelsregisterauszuges der Beklagten Nr. 1 lege ich in Anlage K 2 vor.
Die Beklagte Nr. 1 hat das sich aus § ...... des Gesellschaftsvertrages in Verbindung mit der Bilanz zum 31. 12. 20 ...... ergebende Auseinandersetzungsguthaben des Klägers in Höhe von EUR ...... am ...... an den Kläger ausbezahlt. Die Parteien sind sich darüber einig, dass der bezahlte Betrag nach der in § ...... des Gesellschaftsvertrages vorgesehenen Buchwertabfindungsklausel richtig berechnet ist. Die Buchwertabfindungsklausel wurde im Jahre 19.. durch Beschluss der Gesellschafterversammlung der Beklagten Nr. 1, von dem ich eine Kopie in Anlage K 3 beifüge, in den Gesellschaftsvertrag der Beklagten Nr. 1 aufgenommen. Bereits damals überstieg der – seither weiter gestiegene – wahre Wert des Unternehmens der Beklagten Nr. 1 den Buchwert erheblich, nämlich um das Fünffache.

   Beweis: Gutachten eines Sachverständigen

2. Der Kläger begehrt von den Beklagten den im Klageantrag I genannten Betrag. Dieser Betrag ergibt sich, wenn man den Abfindungsanspruch unter Berücksichtigung der stillen Reserven und des Firmenwerts (good will) der Beklagten Nr. 1 berechnet. Über die Berechnung des Betrages sind sich die Parteien einig.[4] Das vom Kläger vorgelegte Gutachten der Wirtschaftsprüfungsgesellschaft ...... ist von der Beklagten Nr. 1 nicht in Zweifel gezogen worden. Fürsorglich beruft sich der Kläger zum Beweis für die Richtigkeit der Berechnung der stillen Reserven und des Firmenwerts in dem der Klage als Anlage K 3 beigefügten Gutachten der genannten Wirtschaftsprüfungsgesellschaft auf das Gutachten eines Sachverständigen.

II.

1. Die Beklagte Nr. 1 schuldet den eingeklagten Betrag nach § 738 Abs. 1 BGB iVm. §§ 161 Abs. 2, 105 Abs. 3 HGB. Zu dem nach § 738 Abs. 2 BGB zu schätzenden Wert des Gesellschaftsvermögens gehören sowohl die stillen Reserven als auch der Firmenwert[5]. Die Buchwertabfindungsklausel ist sittenwidrig und nach § 138 BGB bzw. § 723 Abs. 3 BGB, § 133 Abs. 3 HGB nichtig[6]. Der Kläger, der der Gesellschaft als Kommanditist seit 25 Jahren angehört und zur Thesaurierung des Gewinns bei allen Gewinnverwendungsbeschlüssen beigetragen hat, wurde von der Beklagten Nr. 1 grundlos „hinausgekündigt".
2. Der Beklagte Nr. 2 haftet neben der Beklagten Nr. 1 wie ein Gesamtschuldner (§§ 161 Abs. 2, 128 HGB).

III.

Die Sache ist Handelssache.

IV.

Den Streitwert gebe ich mit EUR ...... an. Ich füge einen auf mich lautenden Verrechnungsscheck über EUR ...... bei.

Rechtsanwalt

Anmerkungen

1. Handelssache nach § 95 Abs. 1 Nr. 4a GVG.

2. Gesellschaft und haftender Gesellschafter sind keine echten Gesamtschuldner, vgl. *Baumbach/Hopt* § 128 Rdn. 19–21 und – zur Art der Streitgenossenschaft – Rdn. 39. In der Praxis ist die Formulierung „wie Gesamtschuldner" häufig.

3. Zur Frage der Wirksamkeit der „Hinauskündigung" vgl. Form. II. K. 2 Anm. 6 und die dort genannte Literatur.

4. Andernfalls kann Kläger auch auf Aufstellung der Abschichtungsbilanz klagen (Stufenklage), vgl. Großkomm. HGB/*Ulmer* § 138 Anm. 50, wofür ein über den Buchwert hinausgehender Abfindungsanspruch Voraussetzung ist, vgl. BGH WM 1980, 1362.

Zur Frage, ob ein Anspruch auf Feststellung der Abschichtungsbilanz gegen die anderen Gesellschafter besteht und ob eine dahingehende Leistungsklage oder eine Feststellungsklage bezüglich der gesamten Bilanz gegeben ist, oder ob nur einzelne Bilanzansätze oder Berechnungsmethoden durch Feststellungsklage angreifbar sind vgl. *Baumbach/Lauterbach* § 256 Rdn. 60 – Auseinandersetzung –; Großkomm. HGB/*Ulmer* § 138 Anm. 54ff. m. Nachw.

5. *Palandt/Thomas* § 738 Rdn. 5, § 718 Rdn. 5, jeweils mwN.

6. Zur Beurteilung von Buchwertklauseln allgemein vgl. *Baumbach/Hopt* § 131 Rdn. 58ff.; *Heymann/Emmerich* § 138 Rdn. 46 u. *Heymannn/Horn* § 161 Rdn. 112; MünchKomm. BGB/*Ulmer* § 738 Rdn. 51f. Zu Inhalt und Auslegung von Buchwertklauseln vgl. BGH LM 8 zu § 738 BGB = NJW 1979, 104 = WM 1978, 1044; *Esch* NJW 1979, 1390; *Heckelmann,* Abfindungsklauseln in Gesellschaftsverträgen, 1973, S. 91; *Schilling* ZGR 79, 419/428.

Buchwertklauseln sind grundsätzlich zulässig (BGH NJW 1989, 2685; BGH NJW 1985, 192; Beck.HdbPers.Gesell./*Sauter* § 7 Rdn. 157). Besteht allerdings bereits bei Aufnahme der Klausel in den Gesellschaftsvertrag ein erhebliches Missverhältnis zwischen Buchwert und wahrem Wert, ist die Klausel nach heute hM. unwirksam (*Baumbach/Hopt* § 131 Rdn. 64). Die Unwirksamkeit der Buchwertklausel wird mit unterschiedlichen Begründungen angenommen: nach BGH LM 8 zu § 738 BGB Sittenwidrigkeit der Vertragsklausel gem. § 138 BGB (ablehnend *Flume* NJW 1979, 902), nach *Baumbach/Hopt* § 131 Rdn. 61, 64; MünchKomm. BGB/*Ulmer* § 738 Rdn. 38ff., 51; *Schilling* ZGR 1979, 419/425, *Ulmer* NJW 1979, 81 eher gem. § 738 Abs. 3 BGB (ebenso BGHZ 116, 359, 369 für die GmbH). Für das „erhebliche Missverhältnis" gibt es keine festen Prozentsätze (*Baumbach/Hopt* § 131 Rdn. 64). Tritt erst im Laufe der Zeit das grobe Missverhältnis ein und wird dadurch das Kündigungsrecht des Gesellschafters in tatsächlicher Hinsicht beeinträchtigt, wird die gesellschaftsvertragliche Abfindungsklausel nicht unwirksam (BGHZ 123, 281 = NJW 1993, 3193 = WM 1993, 2008, anders noch BGH WM 1993, 1412). Es ist jedoch eine ergänzende Vertragsauslegung der vertraglichen Abfindungsregelung geboten (BGHZ 123, 281 = NJW 1993, 3193; Beck.HdbPers.Gesell./*Sauter* § 7 Rdn. 157; MünchKomm. BGB/*Ulmer* § 738 Rdn. 38, 51). Zur Rechtsprechung des BGH zu Buchwertklausel vgl. *Müller* ZIP 1995, 1561; *Ulmer/Schäfer* ZGR 1995, 134.

Für das Ausscheiden eines Gesellschafters durch eigene Kündigung soll die Buchwertklausel grundsätzlich möglich bleiben, vgl. BGH WM 1980, 1362; *Schilling* ZGR 79, 429; *Sudhoff*, Personengesellschaften, Kap. N Rdn. 8, S. 180. Einschränkungen werden jedoch auch hier aus dem Gedanken unzulässiger Kündigungsbeschränkung vertreten vgl. *Heckelmann* S. 124ff., MünchKomm/*Ulmer* § 738 Rdn. 38ff; so auch BGH WM 1984, 1506 = DB 1985, 167 = DNotZ 1986, 31, wonach die grundsätzlich zulässige Buchwertklausel „dann als unzulässig zu erachten ist, wenn sie auf Grund wirtschaftlich nachteiliger Folgen, insbesondere wegen eines erheblichen Missverhältnisses zwischen Buchwert und wirklichem Wert, die Freiheit der Gesellschafter, sich zu einer Kündigung zu entschließen, unvertretbar einengt".

7. Klage auf Mitwirkung bei der Eintragung einer offenen Handelsgesellschaft nach §§ 108, 16 HGB

An das
Landgericht
Kammer für Handelssachen[1]

Klage

der ...... (Klägerin[2])

Prozessbevollmächtigter: ......

gegen

die ...... (Beklagte)

wegen

Mitwirkung bei der Eintragung einer offenen Handelsgesellschaft (§§ 108, 16 HGB)

Vorläufiger Streitwert: EUR ......[3]

Namens und mit Vollmacht der Klägerin erhebe ich Klage und werde beantragen:

I. Die Beklagte wird verurteilt, die Firma ...... GmbH & Co. OHG zum Handelsregister des Amtsgerichts ...... anzumelden[4].
II. Die Beklagte trägt die Kosten des Rechtsstreits.

Zur

Begründung

trage ich vor

I.

Die Parteien sind Gesellschaften mit beschränkter Haftung. Sie haben am ...... eine offene Handelsgesellschaft unter der Firma ...... GmbH & Co. OHG[5] errichtet. Nach § ...... des Gesellschaftsvertrages hat die Gesellschaft am ...... begonnen. Eine Kopie des Gesellschaftsvertrages füge ich als Anlage K 1 bei.
Die Klägerin hat am ...... die ...... GmbH & Co. OHG zur Eintragung in das Handelsregister des Amtsgerichts ...... angemeldet. Die Beklagte hat sich gemäß dem in Kopie als Anlage K 2 beigefügten Schreiben ohne Angabe von Gründen geweigert, bei der Anmeldung zum Handelsregister mitzuwirken.

II.

Zur Mitwirkung ist die Beklagte verpflichtet (§ 108 Abs. 1 HGB)[6]. Die Klägerin ist auf die Verurteilung der Beklagten nach § 16 Abs. 1 HGB[7] angewiesen.

III.

Den Streitwert gebe ich mit EUR ...... an.

Ich füge einen auf mich lautenden Verrechnungsscheck über EUR ...... bei.

Rechtsanwalt

Anmerkungen

1. Zuständigkeit sowohl nach § 17 ZPO als auch nach § 29 ZPO (Erfüllungsort ist Sitz des Registergerichts). Handelssache nach § 95 Abs. 1 Nr. 4 a GVG.

2. Kläger sind die übrigen Gesellschafter, nicht die Gesellschaft (BGH WM 1983, 786; *Baumbach/Hopt* § 108 Rdn. 6).

3. Der Streitwert ist gem. § 3 ZPO zu schätzen. Dabei ist die Bedeutung des anzumeldenden Vorgangs für den Kläger maßgebend (*Hillach/Rohs,* S. 397 mwN.; *Oestrich/Winter/Hellstab,* Stichwort: Handelsregister, S. 146).

4. Zur Anmeldepflicht und zum Inhalt der Anmeldung vgl. § 106 HGB. Nach § 108 Abs. 1 HGB ist die Anmeldung von allen Gesellschaftern zu bewirken. Die Anmeldung bedarf gem. § 12 Abs. 2 HGB der öffentlichen Beglaubigung.

5. Zur Firma einer OHG, in der keiner der Gesellschafter eine natürliche Person ist, vgl. BGHZ 68, 12/14; BGHZ 65, 103/105; BGHZ 62, 216/227; danach ist der auf die beschränkte Haftung hinweisende Zusatz „GmbH“ in jedem Falle geboten.

6. Zur gesellschaftsrechtlichen Anmeldeverpflichtung vgl. *Baumbach/Hopt* § 108 Rdn. 6.; Großkomm. HGB/*Ulmer* § 108 Anm. 4; *Heymann/Emmerich* § 108 Rdn. 8 ff.; *Hueck* OHG § 8 S. 102.

7. Die rechtskräftige Verurteilung zur Anmeldung ersetzt die Anmeldung (§ 894 ZPO; § 16 HGB). Zwar kann das Registergericht den zur Anmeldung Verpflichteten durch Zwangsgeld anhalten, seiner Verpflichtung nachzukommen. Diese Möglichkeit beseitigt aber das Rechtsschutzinteresse an der Mitwirkungsklage nicht. Der Registerrichter muss bei materiell rechtlichen Einwendungen nach § 127 FGG auf den Prozessweg verweisen (zum Ganzen vgl. auch Großkomm. HGB/*Fischer* § 108 Anm. 9).

8. Klage gegen einen Gesellschafter nach §§ 176, 128 HGB

An das
Landgericht
Kammer für Handelssachen[1]

Klage

der ...... GmbH, vertreten durch den Geschäftsführer ...... **(Klägerin)**

Prozessbevollmächtigter: ......

gegen

den ...... **(Beklagter)**

wegen

Kaufpreiszahlung (gegen einen Gesellschafter)

Vorläufiger Streitwert: EUR 97.560,50

Namens und mit Vollmacht des Klägers erhebe ich Klage und werde beantragen:

I. Der Beklagte wird verurteilt, an die Klägerin EUR 97.560,50 nebst 5% Zinsen über dem jeweils gültigen Basiszinssatz hieraus seit ...... zu zahlen.
II. Der Beklagte trägt die Kosten des Rechtsstreits.

Zur

Begründung

trage ich vor:

I.

Die Klägerin betreibt einen KFZ-Handel. Sie verkauft Nutzfahrzeuge der Marke ...... Der Beklagte ist (Gründungs-)Gesellschafter (Kommanditist) der ...... KG. Die ...... KG betreibt eine Spedition. Sie hat mit Vertrag vom ...... bei der Klägerin drei LKW der Marke ......, Typ ...... zu einem Gesamtpreis von EUR 97.560,50 gekauft.

Beweis: Kaufvertrag vom ......, Anlage K 1
Zeugnis ......

Zum Zeitpunkt des Vertragsschlusses war die ...... KG noch nicht in das Handelsregister eingetragen. Die Eintragung erfolgte erst am ......, wie sich aus dem Handelsregisterauszug HRA ...... des Handelsregisters ......, ergibt, welchen ich als Anlage K 2 beifüge.
Der Beklagte hat der Geschäftsaufnahme durch die ...... KG vor Eintragung zugestimmt.

Beweis: Zeugnis ......
Zeugnis ......

Die Klägerin wusste bei Abschluss des Kaufvertrages nicht, dass der Beklagte lediglich Kommanditist der ...... KG ist.

Beweis: Zeugnis ......

Die drei Fahrzeuge wurden vereinbarungsgemäß am ...... an die ...... KG übergeben und übereignet.

Beweis: Zeugnis ......

Am ...... wurde der ...... KG von der Klägerin eine Rechnung über EUR 97.560,50 zugeschickt, die ich in Kopie als Anlage K 3 beifüge.

Da keine Zahlung seitens der ..... KG erfolgte, hat die Klägerin mit Schreiben vom ....., das ich als Anlage K 4 beifüge, gemahnt. Die ...... KG antwortete mit Schreiben vom .... , beigefügt als Anlage K 5, dass Sie die Forderung in voller Höhe anerkenne und unverzüglich begleichen werde.

Bis zum heutigen Tag ist keine Zahlung erfolgt.

Beweis: Zeugnis ......

Die ...... KG ist inzwischen nicht mehr zur Zahlung des geschuldeten Betrages in der Lage, da über ihr Vermögen das Insolvenzverfahren eröffnet worden ist.

Beweis: Eröffnungsbeschluss des AG ...... vom ......, Anlage K 6

Der Kläger hat den Beklagten zur Zahlung aufgefordert und am ...... gemahnt, die jeweiligen Schreiben füge ich als Anlage K7 und K 8 bei. Der Beklagte hat bestritten, selbst zur Zahlung verpflichtet zu sein.

II.

Die ...... KG betreibt ein Handelsgewerbe iSv. § 1 HGB[2]. Sie hat ihren Geschäftsbetrieb vor der Eintragung im Handelsregister aufgenommen. Nach § 123 Abs. 2 HGB ist die

...... KG folglich mit Aufnahme ihres Geschäftsbetriebes entstanden, auch wenn sie zu diesem Zeitpunkt noch nicht im Handelsregister eingetragen war. Der Beklagte hat der Geschäftsaufnahme vor Eintragung zugestimmt[3]. Unter diesen Voraussetzungen haftet der Beklagte gem. §§ 176 Abs. 1, 128 HGB auch als Kommanditist für die Verbindlichkeiten der ...... KG, die vor Eintragung begründet wurden, wie ein persönlich haftender Gesellschafter, es sei den, dem Gläubiger war die Kommanditistenstellung bekannt[4].
Die Klägerin hat gegen die ...... KG aus dem zwischen der Klägerin und der ...... KG geschlossenen Kaufvertrag vom ...... unstreitig einen Kaufpreisanspruch gem. § 433 Abs. 2 BGB. Dieser Anspruch ist mit Abschluss des Kaufvertrages, also vor der Eintragung im Handelsregister entstanden[5]. Der Klägerin war die Kommanditistenstellung des Beklagten zum Zeitpunkt der Entstehung der Forderung, also bei Abschluss des Kaufvertrages, nicht bekannt[6]. Folglich haftet der Beklagte gegenüber der Klägerin für den Kaufpreisanspruch in Höhe von EUR 97.560,50 persönlich. Die später erfolgte Eintragung der ...... KG in das Handelsregister berührt die Haftung nicht[7].
Der Beklagte ist in Zahlungsverzug. Er hat deswegen die Hauptforderung mit 5% über dem jeweils gültigen Basiszinssatz zu verzinsen[8]

III.

Den Streitwert gebe ich mit EUR ...... an.
Ich füge einen auf mich lautenden Verrechnungsscheck über EUR ...... (Gerichtskosten) bei.

Rechtsanwalt

Anmerkungen

1. Die Zuständigkeit der Kammer für Handelssachen richtet sich nach § 95 GVG. Eine Klage gegen einen Gesellschafter nach § 128 HGB ist Handelssache, wenn das der Klage zugrundeliegende Geschäft ein beiderseitiges Handelsgeschäft ist (Großkomm. HGB/*Habersack* § 128 Rdn. 31). Ist das Geschäft kein beiderseitiges Handelsgeschäft, ist die Zivilkammer zuständig.

2. Betreibt die Gesellschaft kein Handelsgewerbe iSv. § 1 HGB, ist § 176 Abs. 1 HGB nicht anwendbar, da bis zur Eintragung keine KG sondern eine GbR vorliegt, die zukünftigen Kommanditisten haften persönlich und unbeschränkt (*Heymann/Horn* § 176 Rdn. 8ff.; *Röhricht/v. Westphalen* § 176 Rdn. 3). Übernimmt die Gesellschaft allerdings ein bereits eingetragenes Einzelkaufmannsgeschäft, so ist § 176 Abs. 1 HGB anwendbar (*Baumbach/Hopt* § 177 Rdn. 4).

3. Die Zustimmung kann auch in schlüssiger Weise erteilt werden, zB. im Falle der Einbringung eines werbenden Unternehmens in die Gesellschaft (BGHZ 82, 209, 211 = NJW 1983, 2259; RGZ 128, 172, 180; Großkomm. HGB/*Schilling* § 176 Rdn. 5; *Röhricht/v. Westphalen* § 176 Rdn. 3). Die unbeschränkte Haftung besteht nur für Verbindlichkeiten, die nach der Zustimmung entstanden sind (Großkomm. HGB/*Schilling* § 176 Rdn. 5; *Schlegelberger/K. Schmidt* § 176 Rdn. 38). Der Kommanditist kann der Haftung entgehen, wenn er seinen Beitritt unter der aufschiebenden Bedingung der Handelsregistereintragung stellt (BGHZ 82, 209, 215 = NJW 1983, 2259; *Baumbach/Hopt* § 176 Rdn. 1).

4. Der Kommanditist haftet gem. § 128 HGB. Da es sich jedoch um eine Vertrauenshaftung handelt, kommt eine unbeschränkte Haftung nur bei Rechtsgeschäften und rechtsgeschäftsähnlichen Tatbeständen in Betracht, nicht bei deliktischen Ansprüchen (BGHZ 82, 209, 215; *Röhricht/v. Westphalen* § 176 Rdn. 3). Nach § 176 Abs. 2 HGB haftet auch ein in die Gesellschaft eintretender Kommanditist bis zur Eintragung unbeschränkt (vgl. dazu *Baumbach/Hopt* § 176 Rdn. 9; Großkomm. HGB/*Schilling* § 176 Rdn. 15 ff.).

5. Für die Haftung aus einem von der KG abgeschlossenen Vertrag kommt es auf den Zeitpunkt des Vertragsabschlusses, nicht auf den einer später eingetretenen Bedingung an (BGH Betr. 1979, 1123).

6. Kennt der Gläubiger die Kommanditistenstellung zum Zeitpunkt der Begründung der Verbindlichkeit, haftet der Kommanditist nur beschränkt iSd. §§ 171–173 HGB auf die im Gesellschaftsvertrag festgesetzte Haftsumme bzw. Pflichteinlage (Großkomm. HGB/*Schilling* § 176 Rdn. 5). Voraussetzung ist dabei die positive Kenntnis der Kommanditistenstellung des konkret in Anspruch genommenen Kommanditisten, nicht ausreichend ist die Kenntnis, dass die Gesellschaft eine KG ist (*Baumbach/Hopt* § 177 Rdn. 4; Großkomm. HGB/*Schilling* § 176 Rdn. 10; *Röhricht/v. Westphalen* § 176 Rdn. 18; *Schlegelberger/K. Schmidt* § 176 Rdn. 12). Ausreichend ist aber, wenn der Gläubiger Kenntnis über alle persönlich haftenden Gesellschafter hat (BGH WM 1986, 1280; *Baumbach/Hopt* § 177 Rdn. 4; *Heymann/Horn* § 176 Rdn. 4). Bei einer GmbH & Co. KG verneint die hM. regelmäßig auch vor Eintragung eine unbeschränkte Haftung der Kommanditisten, da der Rechtsverkehr davon ausgehen müsse, dass neben der GmbH kein persönlich haftender Gesellschafter besteht (*Baumbach/Hopt* Anh. § 177 a Rdn. 19; Großkomm. HGB/*Schilling* § 177 Rdn. 27; unklar BGH NJW 1983, 2258 = WM 1983, 651). Als Ausweg für die Praxis wird empfohlen, Eintragung der KG vor der GmbH (so *Baumbach/Hopt* Anh. § 177 a Rdn. 19).

7. Die Haftung entfällt – im Gegensatz zur Handelndenhaftung nach § 11 Abs. 2 GmbHG, vgl. Form. II K. 11 – nicht mit der Eintragung (*Baumbach/Hopt* § 176 Rdn. 1). Die unbeschränkte Haftung entfällt allerdings gem. §§ 159, 160 HGB, der auf § 176 HGB entsprechend anwendbar ist, nach fünf Jahren (BGHZ 78, 114, 117; *Baumbach/Hopt* § 176 Rdn. 13). Die Auschlussfrist beginnt mit der Eintragung zu laufen.

8. Verzugszinsen nach § 288 BGB (fünf Prozentpunkte über dem Basiszinssatz, oder mehr als Verzugsschaden); gegebenenfalls schon ab Fälligkeit 5% Fälligkeitszinsen gemäß §§ 352, 353 HGB.

9. Klage auf Aufwendungsersatz eines Gesellschafters nach § 110 HGB

An das
Landgericht
Kammer für Handelssachen[1]

Klage

des ...... **(Kläger)**

Prozessbevollmächtigter: ......

gegen

die ...... KG

– vertreten durch einen noch gerichtlich zu bestellenden Vertreter – **(Beklagte)**

wegen

Forderung (Ersatz von Aufwendungen nach § 110 HGB)

Vorläufiger Streitwert: EUR ......

Namens und mit Vollmacht des Klägers erhebe ich Klage und werde beantragen:

I. Die Beklagte wird verurteilt, an den Kläger EUR ...... nebst 5% Zinsen hieraus seit ...... zu zahlen.

II. Die Beklagte trägt die Kosten des Rechtsstreits.

Zur

Begründung

trage ich vor:

I.

Zum Antrag auf Bestellung eines Vertreters:

Der Kläger ist der einzige geschäftsführungs- und vertretungsberechtigte persönlich haftende Gesellschafter der Beklagten, deren einziger Kommanditist Herr ...... ist. Da der Kläger einen eigenen Anspruch gegen die Beklagte geltend macht, kann er diese im vorliegenden Rechtsstreit nicht vertreten.

Da die Beklagte über keinen weiteren Vertreter verfügt, ist die gerichtliche Bestellung eines besonderen Vertreters für diesen Rechtsstreit geboten[2].

II.

Zum Klageantrag:

1. **Die Beklagte hat für den Kaufmann A gegenüber der B-Bank wegen einer Darlehensforderung über EUR 100.000,– selbstschuldnerisch gebürgt. Die B-Bank hat nach Fälligkeit des Anspruchs auf Rückzahlung des Darlehens und Zahlungsverweigerung durch den Kaufmann A die Beklagte in Anspruch genommen. Da diese ihrerseits über liquide Mittel nicht verfügte, hat der Kläger aus privaten Mitteln die B-Bank befriedigt.**
2. **Zur Zahlung der Bürgschaftssumme an die B-Bank war der Kläger nach § 765 BGB, § 128 HGB verpflichtet. Die Beklagte hat dem Kläger den Betrag nach § 110 HGB zu erstatten[3]. Die Beklagte hat den zu erstattenden Betrag seit dem ......, dem Tag der Zahlung der Bürgschaftssumme an die B-Bank, mit 5% zu verzinsen[4].**
3. **Die Beklagte hat ihren Sitz in ......, wodurch nach § 17 ZPO der Gerichtsstand bei dem angerufenen Gericht begründet wird.**

Rechtsanwalt

Anmerkungen

1. Die Sache ist Handelssache nach § 95 Abs. 1 Nr. 4a GVG.

2. Die Kommanditgesellschaft wird im Prozess durch ihre vertretungsberechtigten Gesellschafter vertreten. Klagt jedoch der einzige persönlich haftende Gesellschafter gegen die Gesellschaft, ist er an der Vertretung der Gesellschaft nach § 181 BGB gehindert. Dies macht die Bestellung eines besonderen Vertreters nach § 57 ZPO für den Rechtsstreit erforderlich (so ausdrücklich Großkomm. HGB/*Fischer* § 124 Anm. 16 aE.).

3. Aufwendungen in Gesellschaftsangelegenheiten sind vermögenswerte Opfer, die der Gesellschafter im Interesse der Gesellschaft freiwillig, dh. ohne nach dem Verhältnis der Gesellschafter untereinander dazu verpflichtet zu sein, gemacht hat (vgl. Großkomm. HGB/*Ulmer* § 110 Rdn. 12); dazu gehört auch das Eintreten für Gesellschaftsschulden, für die der Gesellschafter dem Gläubiger gegenüber nach § 128 HGB haftet (vgl. *Baumbach/Hopt* § 110 Rdn. 7, 10; Großkomm. HGB/*Ulmer* § 110 Rdn. 12).

Zum Anspruch auf Aufwendungsersatz vgl. *Hueck* OHG § 15 S. 210ff.; BGHZ 37, 299/301 mwN.

4. Die Zinspflicht ergibt sich aus § 110 Abs. 2 HGB, auch aus § 256 BGB, die Zinshöhe aus § 352 Abs. 2 HGB, vgl. *Baumbach/Hopt* § 110 Rdn. 15; Großkomm. HGB/*Ulmer* § 110 Rdn. 26. Das Gleiche gilt für die Zahlung eines Kommanditisten, der nach § 128 BGB nicht verpflichtet wäre, vgl. *Baumbach/Hopt* § 110 Rdn. 2.

Zur Frage, ob die Zinsverpflichtung sich auch aus § 352 Abs. 1 HGB ergibt, weil bereits der Abschluss des Gesellschaftsvertrages für den persönlich haftenden Gesellschafter ein Handelsgeschäft ist, vgl. einerseits Großkomm. HGB/*Ulmer* § 110 Rdn. 26, § 105 Rdn. 44, andererseits Großkomm. HGB/*Fischer*, 3. Aufl., § 105 Anm. 19a u. 60a. Zur Frage der Kaufmannseigenschaft des Kommanditisten vgl. *Baumbach/Hopt* § 105 Rdn. 19f.; Großkomm. HGB/*Schilling* § 161 Rdn. 12.

10. Klage auf Unterlassung von Wettbewerb nach § 112 HGB

An das
Landgericht
Kammer für Handelssachen[1]

Klage

der

1. ...... (Kläger Nr. 1)
2. ...... (Kläger Nr. 2)
3. ...... (Kläger Nr. 3)

Prozessbevollmächtigter: ......

gegen

den ...... **(Beklager)**

wegen

Unterlassung von Wettbewerb (§ 112 HGB)

Vorläufiger Streitwert: EUR ......[2]

Namens und mit Vollmacht der Kläger erhebe ich Klage und werde beantragen:

I.

Dem Beklagten wird bei Vermeidung von Ordnungsgeld oder Ordnungshaft verboten, als Gesellschafter der ...... GmbH Personenkraftwagen zu vermieten.

II.

Der Beklagte trägt die Kosten des Rechtsstreits.

Zur

Begründung

trage ich vor:

I.

1. Die Kläger sind Kommanditisten[3]**, der Beklagte ist der persönlich haftende Gesellschafter der ...... KG.**
Zweck der im Handelsregister des Amtsgerichts ...... unter HRA ...... eingetragenen ...... KG ist die gewerbliche Vermietung von Kraftfahrzeugen aller Art, die seit Jahren ausgeübt wird.
Eine Kopie des Gesellschaftsvertrages füge ich als Anlage K 1 bei.

2. Der Beklagte hat zusammen mit seiner Ehefrau am ......[4] die ...... GmbH gegründet. Die Gesellschaft ist im Handelsregister des Amtsgerichts ...... unter HRB ...... eingetragen. Der Beklagte ist der alleinvertretungsberechtigte Geschäftsführer der ...... GmbH, deren Unternehmenszweck die gewerbliche Vermietung von Kraftfahrzeugen aller Art ist.

Einen Handelsregisterauszug, die Firma ...... GmbH betreffend, lege ich in Anlage K 2, eine Kopie der Satzung der ...... GmbH in Anlage K 3 vor.

3. Die Kläger haben die vom Beklagten nachgesuchte Einwilligung, im Handelszweig der ...... KG geschäftlich tätig zu werden, verweigert.

Beweis: Zeugnis ......,
Ehefrau des Beklagten.

II.

1. Der Beklagte, der ohne Einwilligung als Geschäftsführer der ...... GmbH Kraftfahrzeuge vermietet, verstößt gegen § 112 HGB.

2. Auf § 1 GWB kann sich der Beklagte nicht berufen. Das gesetzliche Wettbewerbsverbot des § 112 HGB ist Ausfluss und notwendiger Bestandteil der Verpflichtung des Beklagten in seiner Eigenschaft als geschäftsführender Gesellschafter, seine Tätigkeit am Gesellschaftszweck auszurichten und sich für das gemeinsame Ziel einzusetzen. Ob und in welchen Fällen § 1 GWB zumindest eine einschränkende Auslegung des § 112 HGB gebietet, braucht hier nicht untersucht zu werden, da der Beklagte der einzige persönlich haftende Gesellschafter der ...... KG ist[5, 6].

III.

Den Streitwert gebe ich mit EUR ...... an.

Ich füge einen auf mich lautenden Verrechnungsscheck über EUR ...... (Gerichtskosten) bei.

Rechtsanwalt

Anmerkungen

1. Die Sache ist Handelssache nach § 95 Abs. 1 Nr. 4a GVG.

2. Der Streitwert bemisst sich gem. § 3 ZPO nach dem Interesse des Klägers an der Unterlassung des Wettbewerbs, insbesondere nach der Beeinträchtigung, die von dem beanstandeten Verhalten verständigerweise zu besorgen ist, vgl. *Zöller/Herget* § 3 Rdn. 16 – Unterlassung –.

3. Der Unterlassungsanspruch nach § 112 HGB kann von jedem Mitgesellschafter – nicht notwendig von allen gemeinsam – geltend gemacht werden (vgl. BGH BB 1978, 467; Großkomm. HGB/*Schilling* § 161 Anm. 32; Großkomm. HGB/*Fischer* § 124 Anm. 11), ohne dass es eines Beschlusses über die Geltendmachung des Anspruchs bedarf. § 113 Abs. 2 HGB gilt für den Unterlassungsanspruch nicht (*Baumbach/Hopt* § 113 Rdn. 9; Beck. HdbPers.Gesell./*W. Müller* § 4 Rdn. 169; Großkomm. HGB/*Ulmer* § 112 Rdn. 38).

Außer Unterlassung kann nach § 113 HGB Schadensersatz oder statt dessen von dem das Wettbewerbsverbot verletzenden Gesellschafter gefordert werden, dass er die für eigene Rechnung gemachten Geschäfte als für Rechnung der Gesellschaft eingegangen gelten lässt und die aus Geschäften für fremde Rechnung bezogene Vergütung herausgibt oder seinen Anspruch auf die Vergütung abtritt (§ 113 Abs. 1 HGB).

4. Wesentlich ist uU. die zeitliche Reihenfolge (vgl. § 112 Abs. 2 HGB u. *Baumbach/Hopt* § 112 Rdn. 9ff.).

5. Dass der Beklagte die Wettbewerbstätigkeit nicht im eigenen Namen ausübt, sondern als Geschäftsführer und Gesellschafter einer Kapitalgesellschaft, ist für die Anwendung des § 112 HGB ohne Belang (BGH BB 1978, 467; *Baumbach/Hopt* § 112 Rdn. 4; Großkomm. HGB/*Ulmer* § 112 Rdn. 22 u. 23).

6. § 1 GWB könnte nur eingreifen, wenn die den persönlich haftenden Gesellschafter treffenden Wettbewerbsbeschränkungen geeignet wären, die Marktverhältnisse zu beeinflussen (BGHZ 68, 6/10 ff.; ebenso BGH BB 1978, 467). Aber auch dann wäre das gesetzliche Wettbewerbsverbot des § 112 HGB nur unwirksam, wenn es sich bei der in Rede stehenden Personalhandelsgesellschaft nicht um den gesetzlichen Regelfall einer umfassenden Arbeits- und Haftungsgemeinschaft handeln würde (BGH BB 1978, 467). § 1 GWB greift trotz der Regelung in § 112 HGB ein, wenn ein rein kapitalistisch beteiligter Gesellschafter auf Unterlassung wettbewerblicher Tätigkeit in Anspruch genommen wird (BGHZ 38, 306; BGHZ 70, 331; zum Ganzen vgl. auch *Baumbach/Hopt* § 112 Rdn. 15–17 mwN.; Großkomm. HGB/*Ulmer* § 112 Rdn. 5 u. Rdn. 40 ff.; Großkomm. HGB/*Schilling* § 165 Rdn. 5; *Heymann/Emmerich* § 112 Rdn. 3 und 4).

11. Klage gegen einen handelnden Gründer einer GmbH nach § 11 Abs. 2 GmbHG

An das
Landgericht
Zivilkammer

Klage

des ...... (Kläger)

Prozessbevollmächtigter: ......

gegen

den ...... (Beklagter)

wegen

Forderung gegen einen Geschäftsführer einer noch nicht eingetragenen GmbH

Streitwert: EUR 15.000,–

Namens und mit Vollmacht der Klägerin erhebe ich Klage und werde beantragen:

I. Der Beklagte wird verurteilt, an den Kläger EUR 15.000,– nebst 5% Zinsen über dem jeweils gültigen Basiszinssatz hieraus seit ...... zu bezahlen.

II. Der Beklagte trägt die Kosten des Rechtsstreits.

Zur

Begründung

trage ich vor:

I.

Durch notariellen Vertrag vom ...... gründete der Beklagte zusammen mit A die B GmbH. Auf das Stammkapital von EUR 50.000,– sollten der Beklagte EUR 40.000,– und A EUR 10.000,– einlegen. Gesellschaftszweck sollte der An- und Verkauf von Gebrauchtwagen sein. Zum Geschäftsführer ist der Beklagte bestellt worden. Die B GmbH ist in das Handelsregister nicht eingetragen worden.

Alsbald nach der Gründung der B GmbH hat der Beklagte im Namen der B GmbH vom Kläger mehrere Kraftfahrzeuge gekauft. Der vereinbarte Kaufpreis von EUR 15.000,– wurde nicht bezahlt.
Dieser Sachvortrag ist unstreitig.

II.

Der Kläger hat den Beklagten zur Zahlung aufgefordert und am ...... gemahnt. Der Beklagte hat bestritten, selbst zur Zahlung verpflichtet zu sein. Die Gesellschaftskasse sei zwar erschöpft. Seine Haftung entfalle aber deswegen, weil er seine Einlage bereits geleistet habe. Für den „Verbrauch“ seiner Einlage im Zusammenhang mit anderen Geschäften der B GmbH habe er nicht einzustehen.

III.

Der Anspruch ist nach § 11 Abs. 2 GmbHG begründet[1]. Der Beklagte ist als bestellter Geschäftsführer für die künftige GmbH tätig geworden. Er haftet als Handelnder im Sinne des § 11 Abs. 2 GmbHG[2]. Es kann dahingestellt bleiben, ob die Behauptung des Beklagten zutrifft, wonach dieser seiner Einlageverpflichtung nachgekommen ist. Die persönliche Haftung als handelnder Gesellschafter der Gründervereinigung besteht unabhängig von der Einlageverpflichtung als Mitglied der künftigen GmbH[3].
Der Beklagte ist in Zahlungsverzug. Er hat deswegen die Hauptforderung mit 5% über dem jeweils gültigen Basiszinssatz zu verzinsen[4].

Rechtsanwalt

Anmerkungen

1. § 11 Abs. 2 GmbHG regelt nur einen Ausschnitt aus der Haftung in der Vorgesellschaft; zu dieser grundlegend BGHZ 80, 129ff.= NJW 1981, 1373, jetzt teilweise überholt durch BGHZ 134, 339 = NJW 1997, 1507; vgl. auch *Baumbach/Hueck* § 11 Rdn. 22ff.; *Hachenburg/Ulmer* § 11 Rdn. 60ff., 66ff.; *Scholz/K. Schmidt* § 11 Rdn. 70ff. Die Handlungshaftung nach § 11 Abs. 2 GmbHG besteht nur für die Zeit nach Beurkundung des Gesellschaftsvertrags (Vorgesellschaft) und nicht für Rechtsgeschäfte der Vorgründungsgesellschaft, so BGHZ 91, 148 = NJW 1984, 2164 = Betr. 1984, 1716; dazu *Baumbach/Hueck* § 11 Rdn. 46; *Lutter/Hommelhoff* § 11 Rdn. 16; sie endet mit der Eintragung der GmbH, BGHZ 80, 129, 137ff.; BGHZ 80, 182; dazu insbesondere *Baumbach/Hueck* § 11 Rdn. 49ff. Wird die Gesellschaft während des Rechtsstreits im Handelsregister eingetragen, muss der Kläger zur Vermeidung einer Klagabweisung die Klage zurücknehmen oder die Hauptsache für erledigt erklären (BGHZ 61, 140, 144 – eine Anwendung des § 265 Abs. 2 ZPO auf die befreiende Schuldübernahme nach § 414 BGB hält der BGH nicht für möglich; zum Meinungsstreit vgl. *Zöller/Greger* § 265 Rdn. 5a); ob der Kläger den neuen Schuldner im Wege des gewillkürten Parteiwechsels in den Rechtsstreit einbeziehen kann, ließ BGH aaO. offen.

2. Dass die Haftung nach § 11 Abs. 2 GmbHG nur die mit der Geschäftsführung befassten Personen betrifft, wird heute im Gegensatz zur früheren Meinung überwiegend angenommen (vgl. BGHZ 65, 378 = NJW 1976, 419; BGHZ 72, 45 = NJW 1978, 1978; *Baumbach/Hueck* § 11 Rdn. 43; *Hachenburg/Ulmer* § 11 Rdn. 105ff.; *Scholz/K. Schmidt* § 11 Rdn. 94, 101ff.); zur Haftung des neuen Geschäftsführers entsprechend § 11 Abs. 2 bei Änderung von Firma und Unternehmensgegenstand einer GmbH nach Übernahme eines Teils der GmbH-Geschäftsanteile vgl. OLG Koblenz Betr. 1989, 373.

3. Der Einwand, die Einlage sei geleistet, könnte nur gegenüber der von § 11 Abs. 2 GmbHG unabhängigen Haftung als Vorgesellschafter relevant sein und wird je nach Ansicht über den Umfang der Vertretungsmacht des Geschäftsführers in der Vorgesellschaft unterschiedlich beurteilt, vgl. dazu *Baumbach/Hueck* § 11 Rdn. 22 ff.; *Hachenburg/Ulmer* § 11 Rdn. 60 mwN.

4. Verzugszinsen nach § 288 BGB (fünf Prozentpunkte über dem Basiszinssatz, oder mehr als Verzugsschaden); gegebenenfalls schon ab Fälligkeit 5% Fälligkeitszinsen gemäß §§ 352, 353 HGB.

12. Klage auf Nachschuss gegen einen GmbH-Gesellschafter nach § 26 GmbHG

An das
Landgericht
Kammer für Handelssachen[1]

Klage

der ...... GmbH (Klägerin)

Prozessbevollmächtigter: ......

gegen

den ...... (Beklagter)

wegen

Zahlung eines Nachschusses nach § 26 GmbHG

Streitwert: EUR 15.000,–

Namens und mit Vollmacht der Klägerin erhebe ich Klage und werde beantragen:

I. Der Beklagte wird verurteilt, an die Klägerin den in der Gesellschafterversammlung vom ...... beschlossenen, auf ihn entfallenden Nachschuss von EUR 15.000 zu bezahlen[2].

II. Der Beklagte trägt die Kosten des Rechtsstreits.

Zur

Begründung

trage ich vor:

I.

Der Beklagte ist mit einem Geschäftsanteil von EUR 100.000,– Gesellschafter der Klägerin, deren Stammkapital EUR 500.000,– beträgt. Nach § ...... der Satzung[3] der Klägerin können die Gesellschafter mit einfacher Mehrheit[4] die Einforderung von Nachschüssen beschließen, wenn alle Stammeinlagen voll eingezahlt sind. Die Nachschusspflicht ist auf einen Betrag beschränkt, der 20% der Geschäftsanteile entspricht[5].
Die Nachschüsse sind drei Monate nach Beschlussfassung fällig.

Beweis: Satzung der Beklagten, die ich als Anlage K 1 vorlege.

Am ...... haben die Gesellschafter der Beklagten in einer ordnungsgemäß einberufenen Gesellschafterversammlung gegen die Stimmen des Beklagten beschlossen, Nachschüsse von allen Gesellschaftern in Höhe von 15% der Geschäftsanteile anzufordern. Die Klägerin hat den Beklagten drei Monate nach Beschlussfassung aufgefordert, EUR 15.000,–

in die Gesellschaftskasse einzuzahlen. Der Beklagte hat sich geweigert, seiner Verpflichtung nachzukommen.

Beweis: 1. Einladung vom …… zur Gesellschafterversammlung vom …… (Kopie in Anlage K 2);
2. Protokoll über die Gesellschafterversammlung vom …… (Kopie in Anlage K 3);
3. Aufforderungsschreiben der Klägerin vom …… (Kopie in Anlage K 4).

II.

Der geltend gemachte Anspruch ergibt sich aus § 26 GmbHG in Verbindung mit § …… der Satzung der Beklagten[6].

III.

Die Sache ist Handelssache.

Rechtsanwalt

Anmerkungen

1. § 95 Abs. 1 Nr. 4a GVG.

2. Ausreichend ist – da Zahlungsklage – ein einfacher Zahlungsantrag; von der Beschlussfassung an gehört der Anspruch zu den Aktiva der Gesellschaft (*Hachenburg/Welf Müller* § 26 Rdn. 46).

3. Eine nachträgliche Einführung der Nachschusspflicht durch Änderung der Satzung erfordert Zustimmung aller von der Nachschusspflicht betroffenen Gesellschafter und muss notariell beurkundet werden, § 53 Abs. 2, 3 GmbHG, vgl. dazu KG NZG 2000, 688; *Baumbach/Hueck* § 26 Anm. 6; *Hachenburg/Welf Müller* § 26 Rdn. 28.

4. Das wäre auch die ohne besondere Regelung ausreichende Mehrheit, §§ 47, 45 GmbHG, vgl. *Baumbach/Hueck* § 26 Anm. 7; *Hachenburg/Welf Müller* § 26 Rdn. 38.

5. Die Nachschusspflicht kann durch die Satzung begrenzt werden, § 26 Abs. 3 GmbHG. Dies kann durch Festlegung von Höchstbeträgen oder durch Festlegung von Quoten der Stammeinlage erfolgen (*Lutter/Hommelhoff*, § 26 Rdn. 1; *Scholz/Emmerich* § 26 Rdn. 11).

6. Zur Nachschusspflicht nach den §§ 26–28 GmbHG vgl. *Baumbach/Hueck* § 26 Anm. 1ff.; *Hachenburg/Welf Müller* zu §§ 26–28 und *Lutter/Hommelhoff* § 26 Rdn. 1ff. und zu §§ 27, 28. Zur Frage der Rückzahlung vgl. §§ 46 Nr. 3, 30 Abs. 2 GmbHG.

13. Klage auf Zahlung nach § 135 InsO[1]

An das
Landgericht[2]

Klage

des …… als Insolvenzverwalter über das Vermögen der ……[3] **(Kläger)**

Prozessbevollmächtigter: ……

gegen

den …… **(Beklagter)**

wegen Anspruch auf Rückgewähr nach §§ 135, 143 InsO, § 32a GmbHG[4]

Streitwert: EUR 60.000,–.

Namens und mit Vollmacht des Klägers erhebe ich Klage und werde beantragen:

I. Der Beklagte wird verurteilt, an den Kläger als Insolvenzverwalter über das Vermögen der Firma ...... GmbH 60.000,– EUR nebst 5% Zinsen über dem jeweils gültigen Basiszinssatz hieraus seit Zustellung der Klage zu bezahlen[5].
II. Der Beklagte trägt die Kosten des Rechtsstreits.

Zur

Begründung

trage ich vor:

I.

Der Kläger ist durch Beschluss des AG ...... vom ...... zum Insolvenzverwalter über das Vermögen der Firma ...... GmbH bestellt worden.

Beweis: 1. Eröffnungsurkunde, Kopie in Anlage K 1,

Der Beklagte ist Gesellschafter[6] der ...... GmbH mit einer Beteiligung von 20.000,– EUR an dem 60.000,– EUR betragenden Stammkapital der GmbH.
Beweis: 1. Auszug aus dem Handelsregister des Amtsgerichts zu HRB, Kopie in Anlage K 2,
2. Gesellschafterliste der ...... GmbH, Kopie in Anlage K 3.

II.

Der Beklagte hat auf Grund Vertrages mit der ...... GmbH vom 1. Februar 2000 der ...... GmbH ein unverzinsliches, mit fünftägiger Frist jederzeit kündbares Darlehen von 60.000,– EUR gewährt[7].

Beweis: Darlehensvertrag vom 1. Februar 2000, Kopie in Anlage K 4,

Das Kapital der Gesellschaft war zu diesem Zeitpunkt verbraucht[8].

Beweis: 1. Testierte Bilanz zum 31. 12. 1999, Kopie in Anlage K 5,
2. Bericht des Wirtschaftsprüfers ...... über die Lage der Gesellschaft zum 31. 1. 2000, Kopie in Anlage K 6.

III.

Am 1. 4. 2000 teilte die Stadtsparkasse ...... der ...... GmbH mit, sie kündige das der ...... GmbH im Jahre 1998 gewährte Darlehen über 50.000,– EUR vertragsgemäß zum 31. 5. 2000 und verlange die Rückzahlung zum 1. 6. 2000 nebst Zinsen.
Zur Begründung führte die Stadtsparkasse ...... aus, die Analyse der von der ...... GmbH der Stadtsparkasse vierteljährlich mitgeteilten geschäftsrelevanten Zahlen habe ergeben, dass die ...... GmbH nicht mehr kreditwürdig[9] sei, dass vielmehr die Gesellschafter der ...... GmbH Eigenkapital in Höhe von mindestens 100.000,– EUR zuführen müssten. Nur bei Erfüllung dieses notwendigen Kapitalbedarfs könne die Existenz der ...... GmbH erhalten werden.

Beweis: Schreiben der Stadtsparkasse ...... vom 1. 4. 2000, Kopie in Anlage K 8.

IV.

Die ...... GmbH zahlte am 15. 5. 2000[10] an den Beklagten 60.000,– EUR mit dem Vermerk:

„Rückzahlung Ihres Darlehens entsprechend Ihrem mündlich gestellten Verlangen vom 10. 5. 2000“.

Beweis: Überweisungsträger, Kopie in Anlage K 9.

Zur Rückzahlung des Darlehens an die Stadtsparkasse war die GmbH nicht mehr in der Lage.

V.

Am 2. Januar 2001 wurde das Insolvenzverfahren über das Vermögen der ...... GmbH eröffnet und der Kläger zum Insolvenzverwalter bestellt.

VI.

Der geltendgemachte Anspruch ergibt sich aus § 143 InsO iVm. § 135 InsO und § 32a GmbHG[11], die Zinspflicht aus § 291 iVm. § 288 Abs. 1 BGB.

Rechtsanwalt

Anmerkungen

1. Bei Altfällen, in denen der Eröffnungsantrag vor dem 1. 1. 1999 gestellt worden ist, bleiben weiterhin die früher geltenden §§ 32a, 37 KO anwendbar (*Baumbach/Hueck* § 32a Rdn. 7, 60; *Noack,* Gesellschaftsrecht/InsO, Rdn. 221ff.; *Rowedder/Schmidt-Leithoff* § 32a Rdn. 205; *Scholz/K. Schmidt* §§ 32a, 32b Rdn. 25). Vgl. hierzu Form. II. K. 14 in der Vorauflage.

2. Da der Anfechtungsrechtsstreit eine bürgerlich-rechtliche Streitigkeit iSv. § 13 GVG ist, sind die ordentlichen Gerichte zuständig, auch wenn das der angefochtenen Handlung zugrundeliegende Rechtsverhältnis öffentlich-rechtlicher oder arbeitsrechtlicher Natur ist (BGH ZIP 1991, 737; OLG Köln ZIP 1998, 74; *Hess/Weis/Wienberg,* § 129 Rdn. 96ff). Der Anfechtungsrechtsstreit fällt nicht in die Zuständigkeit der Kammer für Handelssachen (*Hess/Weis/Wienberg,* § 129 Rdn. 101 mwN.; *Smid/Zeuner* § 129 Rdn. 37; aA. LG Hamburg ZIP 1998, 480). Der Gerichtsstand richtet sich nach § 22 ZPO (*Lutter/Hommelhoff* §§ 32a/b Rdn. 90).

3. Das Anfechtungsrecht aus § 143 InsO wird nach der hM. vom Insolvenzverwalter als Partei kraft Amtes geltend gemacht (*Hess/Weis/Wienberg,* § 143 Rdn. 120; *Kübler/Prütting,* § 129 Rdn. 52; aA. *Scholz/K. Schmidt* §§ 32a, 32b Rdn. 74 der den Insolvenzverwalter als Organ der GmbH sieht).

4. Nach §§ 135, 143 InsO müssen Leistungen, die ein Gesellschafter als Rückgewähr eines eigenkapitalersetzenden Darlehens erhalten hat, zurückerstattet werden, wenn die Rückzahlung angefochten wird. Das Recht der kapitalersetzenden Darlehen ist seit der GmbHG-Novelle 1980 in den §§ 32a, 32b GmbHG geregelt. Da die gesetzliche Regelung lückenhaft ist, finden parallel dazu die bereits zuvor entwickelten Rechtsprechungsregelungen, die auf §§ 30, 31 GmbHG beruhen, weiter Anwendung (grundlegend BGHZ 90, 370 = NJW 1984, 1981 = ZIP 1984, 698; *Baumbach/Hueck* § 32a Rdn. 74.; *Hachenburg/Ulmer* § 32a, b Rdn. 14ff.). Die BGH-Regeln greifen schon vor Eröffnung eines Insolvenzverfahrens und binden eigenkapitalersetzende Darlehen nur in Höhe des verlorenen Stammkapitals zuzüglich der darüber hinausgehenden Verschuldung (BGHZ 76, 335; *Hachenburg/Ulmer* §§ 32a, 32b Rdn. 12; *Lutter/Hommelhoff* §§ 32a/b Rdn. 11, 102ff.); nach den gesetzlichen Regeln sind eigenkapitalersetzende Gesellschafterdarlehen erst bei Insolvenz der Gesellschaft, dann aber in voller Höhe verstrickt (*Lutter/Hommelhoff* §§ 32a/b Rdn. 13ff., 91ff.). Zur Ausfallhaftung der übrigen Gesellschafter vgl. *Müller* Betr. 1998, 1117.

5. Bei der Klage handelt es sich um eine insolvenzrechtliche Anfechtungsklage. Die insolvenzrechtliche Anfechtung erfolgt jedoch durch Klage auf Erfüllung des Rückgewähranspruches (*Hess/Weis/Wienberg* § 129 Rdn. 88; *Scholz/K. Schmidt* §§ 32a, 32b

Rdn. 74). Die Ausdrückliche Erklärung der Anfechtung ist dabei nicht erforderlich (BGH ZIP 2001, 33; BGH ZIP 1997, 737; *Hess/Weis/Wienberg* § 143 Rdn. 127; Smid/ *Zeuner* § 129 Rdn. 28ff.; *Eckhardt* ZIP 1998, 957, 965ff.).

6. Typischerweise handelt es sich bei kapitalersetzenden Leistungen um Leistungen eines GmbH-Gesellschafters. Ausnahmsweise unterliegen jedoch Leistungen eines Gesellschafters trotz Vorliegen der übrigen Voraussetzungen nicht dem Eigenkapitalersatzrecht, wenn es sich um eine Kleinstbeteiligung eines nicht als Geschäftsführer tätigen Gesellschafters (vgl. § 32a Abs. 3 S. 2 GmbHG) oder um eine Beteiligung zu Sanierungszwecken (vgl. § 32a Abs. 3 S. 3 GmbHG) handelt (diese Ausnahmen gelten auch für die Rechtsprechungsregeln, vgl. *Baumbach/Hueck* § 32a Rdn. 75; *Scholz/K. Schmidt* §§ 32a, 32b Rdn. 189, 199). Auch Leistungen Dritter können, wenn sie wirtschaftlich einer Leistung durch einen Gesellschafter gleichkommen, kapitalersetzenden Charakter haben (*Baumbach/Hueck* § 32a Rdn. 20ff.; *Lutter/Hommelhoff* §§ 32a/b Rdn. 61ff.). Zu kapitalersetzenden Darlehen bei verbundenen Unternehmen vgl. BGH ZIP 2001, 115 = DStR 2001, 225; BGHZ 81, 315 = NJW 1982, 383; *Lutter/Hommelhoff* §§ 32a/b Rdn. 63ff.

7. Als kapitalersetzende Leistung kommen neben der Gewährung eines Darlehens vor allem auch das Stehenlassen eines Darlehens (BGHZ 75, 334 = NJW 1980, 592; BGHZ 81, 365 = NJW 1982, 386; *Lutter/Hommelhoff* §§ 32a/b Rdn. 45ff.; *Scholz/K. Schmidt* §§ 32a, 32b Rdn. 47ff.), und die Nutzungsüberlassung (BGHZ 140, 147 = NJW 1999, 577; BGHZ 127, 1; BGHZ 127, 17; *Baumbach/Hueck* § 32a Rdn. 32ff.) in Betracht. Zu den Folgen einer Darlehenszusage (sogen. Finanzplankredit) vgl. BGH ZIP 1999, 1263 = WM 1999, 1568; *Baumbach/Hueck* § 32a Rdn. 46a ff.; *Lutter/Hommelhoff* §§ 32a/b Rdn. 169ff.

8. Voraussetzung für die Bejahung eines eigenkapitalersetzenden Charakters ist, dass sich die Gesellschaft zum Zeitpunkt der Leistung in einer Krise befand (§ 32a Abs. 1 GmbHG; vgl. dazu BGHZ 127, 18, 23 = ZIP 1994, 1441; *Scholz/K. Schmidt* §§ 32a, 32b Rdn. 37). Eine Krise ist gegeben, wenn die Gesellschaft überschuldet, zahlungsunfähig oder kreditunwürdig ist (*Baumbach/Hueck* § 32a Rdn. 42ff.; *Hachenburg/Ulmer* § 32a, b Rdn. 42ff.). Bei der Feststellung der Überschuldung sind kapitalersetzende Darlehen grundsätzlich in der Überschuldungsbilanz zu passivieren, es sei den es liegt eine Rangrücktrittserklärung vor (BGH ZIP 2001, 235 = DStR 2001, 175; *Scholz/ K. Schmidt* §§ 32a, 32b Rdn. 37). Die Beweislast für die Krise trägt die Gesellschaft bzw. der Insolvenzverwalter (BGH ZIP 2001, 242 = DStR 2001, 139; BGH ZIP 1999, 1525 = DStR 1999, 1622; BGH DStR 1999, 533; *Baumbach/Hueck* § 32a Rdn. 52). Die fehlende Kenntnis der Krise muss der Gesellschafter beweisen (BGH ZIP 1998, 1352 = NJW 1998, 3200; *Rowedder/Schmidt-Leithoff* § 32a Rdn. 210; *Scholz/K. Schmidt* §§ 32a, 32b Rdn. 56).

9. Eine Kreditunwürdigkeit liegt vor, wenn die Gesellschaft den zur Fortführung notwendigen Kapitalbedarf im Zeitpunkt der Darlehensgewährung nicht durch entsprechenden Kredit von dritter Seite zu marktüblichen Bedingungen hätte decken können (BGHZ 76, 326 = NJW 1980, 1524; BGHZ 81, 252 = NJW 1981, 2570; *Baumbach/ Hueck* § 32a Rdn. 43).

10. Anfechtbar sind nach § 135 Nr. 2 InsO nur Rückzahlungen an den Gesellschafter, die innerhalb eines Jahres vor dem Antrag auf Eröffnung des Insolvenzverfahrens oder danach erfolgt sind. Der Rückzahlungsanspruch aus § 143 Abs. 1 InsO muss innerhalb der zweijährigen Verjährungsfrist des § 146 Abs. 1 InsO geltend gemacht werden. Zum Verhältnis der beiden Fristen vgl. *Scholz/K. Schmidt* §§ 32a, 32b Rdn. 71.

11. Nach BGHZ 90, 381 = ZIP 1984, 572 sind die Regelungen für kapitalersetzende Gesellschafterdarlehen auf eine Aktiengesellschaft sinngemäß anzuwenden, wenn der Darlehensgeber an der Gesellschaft unternehmerisch beteiligt ist; dies ist regelmäßig gegeben, wenn er mehr als 25% des Grundkapitals hält und ist bei einer darunter liegenden, nicht unbeträchtlichen Beteiligung gegeben, wenn der Aktionär auf Grund weiterer Umstände gesicherten Einfluss auf die Unternehmensleitung hat und er auch entsprechendes unternehmerisches Interesse bekundet (vgl. dazu *Hüffer* § 57 Rdn. 18). Zum Eigenkapitalersatzrecht der GmbH & Co. KG vgl. § 172a HGB.

12. Kein erhöhter Zinssatz nach § 352 HGB.

14. Anfechtungklage und positive Beschlussfeststellungsklage bei der GmbH

An das
Landgericht ......
Kammer für Handelssachen[1]

Klage

des ...... (Kläger)

gegen

die ...... GmbH (Beklagte[2])

wegen

Anfechtung eines Gesellschafterbeschlusses und Beschlussfeststellung

vorläufiger Streitwert: EUR ......[3]

namens und mit Vollmacht des Klägers erhebe ich Klage und werde beantragen:

I. Der Beschluss der Gesellschafterversammlung der Beklagten vom ...... wonach der Antrag mit dem Inhalt: „Die Bestellung von Herrn B zum Geschäftsführer der Gesellschaft wird mit sofortiger Wirkung widerrufen.“ abgelehnt worden ist, wird für nichtig erklärt[4].

II. Es wird festgestellt, dass in der Gesellschafterversammlung der Beklagten vom ...... der folgende Beschluss gefasst worden ist: „Die Bestellung von Herrn B zum Geschäftsführer der Gesellschaft wird mit sofortiger Wirkung widerrufen.“[5].

III. Die Beklagte trägt die Kosten des Rechtsstreits.

Zur

Begründung

trage ich vor:

I.

Der Kläger ist Gesellschafter der Beklagten mit einem Geschäftsanteil von EUR 15.000,–. Das Stammkapital der Beklagten beträgt insgesamt EUR 60.000,–. Davon halten neben dem Kläger dessen Mitgesellschafter A einen Geschäftsanteil von EUR 10.000,– und B einen Geschäftsanteil von EUR 25.000,–. Der Gesellschafter B war alleiniger Geschäftsführer der Beklagten. Ich lege in Kopie als Anlage K 1 einen unbeglaubigten Handelsregisterauszug der Beklagten, als Anlage K 2 die derzeit gültige Satzung der Beklagten und als Anlage K 3 deren letzte zum Handelsregister gereichte Gesellschafterliste vor.

Der Gesellschafter B hat den Kläger u.a. in den Gesellschafterversammlungen vom ......, vom ...... und vom ...... mehrfach beleidigt und in der Gesellschafterversammlung vom ...... darüber hinaus mittels Schlägen und Tritten tätlich angegriffen.

Beweis: Zeugnis des A

Die gravierenden gesundheitlichen Folgen des tätlichen Angriffes für den Kläger sind aus dem in Anlage K 4 beigefügten ärztlichen Attest ersichtlich.
In der zwischen den Parteien unstreitig ordnungsgemäß einberufenen Gesellschafterversammlung der Beklagten vom ……, in der sämtliche Gesellschafter der Beklagten anwesend waren, wurde über den ebenfalls unstreitig ordnungsgemäß angekündigten Antrag mit folgendem Wortlaut abgestimmt:

> „Die Bestellung von Herrn B zum Geschäftsführer der Gesellschaft wird mit sofortiger Wirkung widerrufen."

Bei der Beschlussfassung stimmte der Kläger für den Antrag, die Gesellschafter A und B stimmten gegen den Antrag. Daraufhin stellte der seinerzeitige alleinige Geschäftsführer, der Gesellschafter B, als Versammlungsleiter fest, dass der Antrag abgelehnt wurde[6], siehe das Protokoll der Gesellschafterversammlung, Kopie als Anlage K 5.

II.

Dieses Beschlussergebnis ist rechtswidrig zustande gekommen. Der Gesellschafter B hatte bei der Beschlussfassung kein Stimmrecht. Bei der Beschlussfassung über die Abberufung eines Geschäftsführers aus wichtigem Grund ist der Abzuberufende vom Stimmrecht ausgeschlossen[7]. Ein wichtiger Grund liegt in den beleidigenden Äußerungen des Gesellschafters B gegenüber dem Kläger und insbesondere in dem tätlichen Angriff[8]. Die Stimme des Gesellschafters B hätte aus diesem Grund von dem Versammlungsleiter nicht mitgezählt werden dürfen. Der Beschluss ist daher anfechtbar[9].
Die Satzung der Beklagten enthält keine Regelung über die Mehrheitserfordernisse bei der Abberufung von Geschäftsführern. Folglich genügt für einen Abberufungsbeschluss die einfache Mehrheit der abgegebenen Stimmen[10]. Bei korrekter Stimmzählung ist dem Antrag mit der Mehrheit der abgegebenen Stimmen zugestimmt worden. Das Beschlussergebnis ist daher gerichtlich wie beantragt festzustellen.

Die Sache ist Handelssache gemäß § 95 Abs. 1 Nr. 4 a GVG.

Rechtsanwalt

Anmerkungen

1. § 95 Abs. 1 Nr. 4 a GVG. Zuständig ist analog § 246 Abs. 3 S. 1 AktG ausschließlich das Gericht, in dessen Bezirk die Gesellschaft ihren Sitz hat (*Baumbach/Hueck* Anh. § 47 Rdn. 84; *Rowedder/Schmidt-Leithoff* § 47 Rdn. 143). Die Zulässigkeit von Schiedsgerichtsabreden ist sehr umstritten (vgl. BGH Betr. 2001, 1773; BGHZ 132, 278 = NJW 1996, 1753; *Baumbach/Hueck* Anh. § 47 Rdn. 18 ff.; *Rowedder/Schmidt-Leithoff* § 47 Rdn. 143).

2. Die Klage ist immer gegen die Gesellschaft zu richten (Hans. ObLG GmbHR 1992, 43, 45; *Baumbach/Hueck* Anh. § 47 Rdn. 81 mwN.; *Hachenburg/Raiser* Anh. § 47 Rdn. 196; aA. *Joost* ZGR 1984, 71 ff. für personalistische Gesellschaft). Anders als bei der Aktiengesellschaft (vgl. Anm. 2 zu Form. II. K. 22) wird die Gesellschaft nur durch die Geschäftsführer und nicht durch den Aufsichtsrat vertreten (*Baumbach/Hueck* Anh. § 47 Rdn. 82; *Rowedder/Schmidt-Leithoff* § 47 Rdn. 149).

3. Für die Streitwertbemessung gilt § 247 Abs. 1 S. 1 AktG, wobei die Begrenzung aus § 247 Abs. 1 S. 2 AktG auf die GmbH nicht anwendbar ist (OLG Karlsruhe GmbHR 1995, 302; *Baumbach/Hueck* Anh. § 47 Rdn. 87; *Emde* Betr. 1996, 1557).

4. Für die Anfechtung von Gesellschafterbeschlüssen der GmbH gelten die aktienrechtlichen Vorschriften der §§ 243 ff. AktG entsprechend (*Hachenburg/Raiser* Anh. § 47 Rdn. 3; *Rowedder/Schmidt-Leithoff* § 47 Rdn. 143). Wie bei der Aktiengesellschaft verfolgen Anfechtungs- und Nichtigkeitsklage dasselbe Rechtsschutzziel (vgl. Anm. 4 bei Form. II. K. 22).

5. Die Verbindung einer Anfechtungsklage mit einer positiven Beschlussfeststellungsklage ist zulässig (BGH AG 1980, 187 (zur AG); BGHZ 88, 320 = NJW 1984, 489; BGHZ 97, 28 = NJW 1986, 2051; *Baumbach/Hueck* Anh. § 47 Rdn. 91; *Lutter/Hommelhoff* Anh. § 47 Rdn. 43; *Rowedder/Schmidt-Leithoff* § 47 Rdn. 153; *Bauschatz* NZG 2002, 317). Der Feststellungsantrag muss dabei aber auch innerhalb der Anfechtungsfrist gestellt werden (*Baumbach/Hueck* Anh. § 47 Rdn. 92). Dies gilt nicht für eine isolierte Beschlussfeststellungsklage, für den Fall, dass in der Gesellschafterversammlung kein Beschluss festgestellt wurde (BGH GmbHR 1999, 477 = Betr. 1999, 956). Stellt das Gericht den Beschluss fest, gilt diese Entscheidung gegenüber der Gesellschaft und allen Gesellschaftern und Gesellschaftsorganen (BGHZ 76, 199; BGHZ 97, 28, 31; *Lutter/Hommelhoff* Anh. § 47 Rdn. 43). Eine erneute Anfechtung des festgestellten Beschlusses ist nach hM. nicht möglich (BGH AG 1980, 187, 189; kritisch dazu *Bauschatz* NZG 2002, 317, 319 ff.). Um hinreichende Rechtschutzmöglichkeiten der anderen Gesellschafter zu gewährleisten, haben die Geschäftsführer oder das Gericht alle Gesellschafter unverzüglich über die Klageerhebung zu informieren; die Gesellschafter können dem Verfahren als Nebenintervenient beitreten (BGHZ 97, 28, 31; *Baumbach/Hueck* Anh. § 47 Rdn. 92; *Emde* ZIP 1998, 1475, 1477).

6. Ein Beschluss der Gesellschafterversammlung der vom Versammlungsleiter festgestellt wurde, ist vorläufig verbindlich; formelle oder materielle Mängel können nur durch Erhebung der Anfechtungsklage geltend gemacht werden (BGHZ 104, 66 = NJW 1999, 2268; Hans. ObLG GmbHR 1992, 43; *Baumbach/Hueck* Anh. § 47 Rdn. 64; *K. Schmidt* GmbHR 1992, 9, 13).

7. Zwar besteht bei der Abberufung eines Gesellschaftergeschäftsführers für diesen grundsätzlich kein Stimmverbot nach § 47 Abs. 4 GmbHG. Erfolgt die Abberufung allerdings aus wichtigem Grund hat der Abzuberufende kein Stimmrecht (BGHZ 86, 177; OLG Frankfurt GmbHR 1999, 551; *Baumbach/Hueck* § 38 Rdn. 15 ff., § 47 Rdn. 53 ff.; *Hachenburg/Hüffer* § 47 Rdn. 173).

8. Zu einem ähnlichen Sachverhalt vgl. BGHZ 20, 246; BGH DStR 1994, 1746; vgl. zu wichtigen Gründen auch Hans. ObLG GmbHR 1992, 43; *Lutter/Hommelhoff* § 38 Rdn. 20 ff.; *Scholz/Schneider* § 38 Rdn. 43 ff.

9. Die unrichtige Feststellung des Abstimmungsergebnisses auf Grund Nichtbeachtung eines Stimmrechtsausschlusses führt zur Anfechtbarkeit des Beschlusses (BGHZ 104, 66, 69; *Baumbach/Hueck* Anh. § 47 Rdn. 63; *Lutter/Hommelhoff* Anh. § 47 Rdn. 49).

10. Die Abberufung eines Geschäftsführers erfolgt durch Gesellschafterbeschluss, § 46 Nr. 5 GmbHG. Solange keine abweichenden Satzungsbestimmungen bestehen, genügt dabei die einfache Mehrheit der abgegebenen Stimmen (*Baumbach/Hueck* § 38 Rdn. 14 mwN.)

Rechtsmittel und Fristen

Auch bei der GmbH muss die Anfechtungsklage innerhalb einer angemessenen Frist erhoben werden, die einmonatige Frist des § 246 Abs. 1 AktG ist aber nach hM. nicht unmittelbar anzuwenden, sondern dient lediglich als Leitbild (BGHZ 104, 66, 71; *Baumbach/Hueck* Anh. § 47 Rdn. 78 a; *Hachenburg/Raiser* Anh. § 47 Rdn. 177 ff.).

15. Antrag auf Feststellung nach §§ 51a, 51b GmbHG

An das
Landgericht
Kammer für Handelssachen[1]

Antrag

des ...... (Antragsteller)

Verfahrensbevollmächtigter: ......

gegen

die ...... GmbH (Antragsgegnerin)[2]

auf gerichtliche Entscheidung über das Informationsrecht nach §§ 51a, 51b GmbHG

Geschäftswert: EUR 5.000,–[3]

Namens und mit Vollmacht des Antragstellers stelle ich den

Antrag,

festzustellen[4], dass die Geschäftsführer der Antragsgegnerin Auskunft darüber zu geben haben, ob sich die Antragsgegnerin durch Vertrag mit der Firma ...... verpflichtet hat, ihren gesamten Bedarf an Sand für die Dauer von 10 Jahren bei der Firma X zu decken und zu welchen Bedingungen.

Zur

Begründung

trage ich vor:

I.

Die Antragsgegnerin ist eine Gesellschaft mit beschränkter Haftung, die sich satzungsgemäß mit der Herstellung und dem Vertrieb von Zement befasst. Der Antragsteller ist Gesellschafter der Antragsgegnerin. Er ist Inhaber eines Unternehmens, das sich mit der Gewinnung und dem Vertrieb von Sand befasst.

In der Gesellschafterversammlung vom ...... hat der Antragsteller die Geschäftsführer der Antragsgegnerin gebeten, Auskunft darüber zu geben, ob die Antragsgegnerin gegenüber der Firma X die vertragliche Verpflichtung übernommen hat, den gesamten Bedarf an Sand bei der Firma X zu decken und welche Bedingungen in diesem Vertrag vereinbart worden sind.

Die Geschäftsführer haben die Auffassung vertreten, sie könnten dem Antragsteller hierüber keine Auskunft geben, da der Antragsteller sich mit der Gewinnung und dem Vertrieb von Sand gewerblich befasse und der Antragsteller somit die erbetene Auskunft zu gesellschaftsfremden Zwecken verwenden und dadurch der Antragsgegnerin einen nicht unerheblichen Nachteil zufügen werde. Die Gesellschafter haben die Auffassung der Geschäftsführer mehrheitlich geteilt und die Erteilung der begehrten Auskunft durch Beschluss verweigert[5].

Eine Kopie des Beschlusses füge ich in Anlage K 1 bei.

II.

Der Antragsteller begehrt die gerichtliche Entscheidung über das Auskunftsrecht nach § 51b GmbHG, § 132 AktG. Die Antragsberechtigung des Antragstellers folgt aus

§ 51 b S. 2 GmbHG. Die Verpflichtung der Geschäftsführer, dem Antragsteller die gewünschte Auskunft zu geben, folgt aus § 51 a Abs. 1 GmbHG[6]. Zur Verweigerung der erbetenen Auskunft besteht kein Grund. Die Antragsgegnerin kann weder schlüssig dartun noch beweisen, dass der Antragsteller die erbetene Auskunft zu gesellschaftsfremden Zwecken verwenden und dadurch der Gesellschaft einen nicht unerheblichen Nachteil zufügen wird[7]. Gerade weil der Antragsteller Konkurrent der Firma X ist, liegt die Erteilung der erbetenen Auskunft im Interesse der Antragsgegnerin. Der Antragsteller ist der Überzeugung, dass er schon auf Grund der geographischen Nähe seines Unternehmens zur Antragsgegnerin in der Lage wäre, Sand an die Antragsgegnerin zu günstigeren Konditionen zu liefern als die Firma X.

Rechtsanwalt

Anmerkungen

1. Die Zuständigkeit der Kammer für Handelssachen ergibt sich aus der Verweisung von § 51 b GmbHG auf § 132 AktG. Hat eine Landesregierung von ihrer Konzentrationsermächtigung nach § 132 Abs. 1 S. 3 AktG durch Verordnung Gebrauch gemacht, so gilt diese VO nicht automatisch für das Verfahren nach § 51 b GmbHG (BGH WM 1987, 870; OLG Hamm ZIP 1982, 840; zustimmend *Baumbach/Hueck* § 51 b Rdn. 2; *Lutter/Hommelhoff* § 51 b Rdn. 1; vgl. Anm. 1 zu Form. II. K. 21). Das Verfahren ist ein Verfahren der Freiwilligen Gerichtsbarkeit (allerdings mit streitigem Charakter, § 99 AktG, vgl. dazu Kölner Komm. AktG/*Zöllner* § 132 Rdn. 17 ff.; *Ebenroth,* Das Auskunftsrecht des Aktionärs und seine Durchsetzung im Prozess, 1970, S. 149 ff.). Über einen ausschließlich im Verfahren der freiwilligen Gerichtsbarkeit geltend zu machenden Auskunftsanspruch kann selbst dann durch Beschluss entschieden werden, wenn zunächst das Verfahren als Klageverfahren eingeleitet worden und das Gericht als Gericht der ordentlichen streitigen Gerichtsbarkeit tätig geworden ist (BGH NJW-RR 1995, 1183 = GmbHR 1995, 905; *Rowedder/Schmidt-Leithoff* § 51 b Rdn. 7). Es besteht kein Anwaltszwang, der Antrag kann auch zu Protokoll der Geschäftsstelle erklärt werden, § 11 FGG; zur Vollstreckbarkeit des Beschlusses und zur Art und Weise der Zwangsvollstreckung vgl. *Hachenburg/Hüffer* § 51 b Rdn. 18; die Vollstreckung erfolgt nach § 888 ZPO, vgl. § 132 Abs. 4 S. 2 AktG und OLG Frankfurt NJW-RR 1992, 171 sowie BayObLG NJW-RR 1997, 489. Eine Schiedsgerichtsvereinbarung ist zulässig (*Baumbach/Hueck* § 51 b Rdn. 2; *Hachenburg/Hüffer* § 51 b Rdn. 24).

2. Antragsgegner ist die Gesellschaft, vertreten durch den Geschäftsführer (*Baumbach/Hueck* § 51 b Rdn. 4).

3. Vgl. § 132 Abs. 5 S. 5 u. 6 AktG. Werden mehrere Anträge auf Informationserteilung gestellt, kann nicht einfach der Regelstreitwert mit der Zahl der Anträge multipliziert werden; vielmehr ist der einfache Regelstreitwert angemessen zu erhöhen (BayObLG BB 2000, 1155 = GmbHR 2000, 491).

4. Antrag und Urteilstenor sollen auf Feststellung lauten, vgl. *Baumbach/Hueck* § 51 b Rdn. 1; *Hachenburg/Hüffer* § 51 b Rdn. 13; Kölner Komm. AktG/*Zöllner* § 132 Rdn. 2; ebenso *Lutter/Hommelhoff* § 51 b Rdn. 1. Nach *Scholz/Schmidt* § 51 b Rdn. 8 handelt es sich ohne Rücksicht auf den Antrag und den Entscheidungstenor um ein Leistungserzwingungsverfahren. Der Beschlusstenor kann aber bei Erfolg des Antrags wohl nur auf Feststellung der jeweiligen Verpflichtung, Auskunft zu erteilen oder Einsichtnahme zu gestatten, lauten, weil im Beschlussverfahren nicht verurteilt werden kann (*Hachenburg/Hüffer* § 51 b Rdn. 13). Auch *Scholz/Schmidt* § 51 b Rdn. 8 meint, üblicherweise werde ein Feststellungsantrag empfohlen, wonach die Geschäftsführer der Antragsgegnerin über den Informationsgegenstand Auskunft zu erteilen habe. Dieser übliche Antrag und ein entsprechender Tenor seien unschädlich, auch wenn er der Sache nicht gerecht würde. Siehe zur Antragstellung, insbesondere zum Bestimmtheitserfordernis, OLG Düsseldorf NJW-RR 1996, 414 und OLG Frankfurt NJW-RR 1996, 415. Der Antrag muss sich nicht auf konkrete Informationen beziehen, sondern kann allgemein gehalten werden (OLG Düsseldorf ZIP 1990, 1569; OLG Frankfurt GmbHR 1995, 904). Einen vorläufigen Rechtschutz gibt es nach hM. bei Informationsrechten nicht (*Baumbach/Hueck* § 51 b Rdn. 5; *Scholz/Schmidt* § 51 b Rdn. 32; aA. *Emde* ZIP 2001, 820 ff.).

5. Ein Verweigerungsbeschluss ist nicht Antragsvoraussetzung (BGH GmbHR 1997, 705; *Baumbach/Hueck* § 51 b Rdn. 3; *Meyer-Landrut* § 51 b Rdn. 4; a. A. *Lutter/Hommelhoff* § 51 b Rdn. 1; differenzierend *Rowedder/Schmidt-Leithoff* § 51 b Rdn. 6).

6. Ein Auskunfts- und Einsichtsrecht des Gesellschafters (allerdings bei Vorliegen von besonderen Gründen) war schon nach altem Recht anerkannt, vgl. BGHZ 14, 53 ff.; später wurde dieses Recht als Kontrollrecht des Gesellschafters umfassend und unentziehbar normiert, vgl. dazu *Karsten Schmidt*, Das neue GmbH-Recht in der Diskussion, 1981, S. 87 ff.; *Lutter* Betr. 1980, 1317, 1320 und ZGR 1982, 1 ff.; erwogen wird in der Literatur, ob als einschränkende Voraussetzung des Rechts ein Informationsbedürfnis verlangt werden könnte (so *Karsten Schmidt* aaO. 99, 103; *Scholz/Schmidt* § 51 a Rdnr. 8; *Baumbach/Hueck* § 51 a Rdn. 20 ff., ablehnend *Roth/Altmeppen* § 51 a Rdn. 6; OLG Stuttgart GmbHR 1983, 242 = ZIP 1983, 306; KG ZIP 1988, 714) oder ob sich die Grenzen nur aus der Treupflicht gegenüber der Gesellschaft (*Hachenburg/Hüffer* § 51 a Rdn. 60; *Lutter/Hommelhoff* § 51 a Rdn. 2) ergeben. Die Rechte (Auskunft und Einsicht) können auch durch Bevollmächtigte, die zur Berufsverschwiegenheit verpflichtet sind, ausgeübt werden, vgl. *Gessler* BB 80, 1390; *Lutter* Betr. 80, 1320; auch der Gesellschafter selbst soll zu Vertraulichkeit verpflichtet sein, so *Lutter* ZGR 82, 1, 12 ff., *Karsten Schmidt* aaO. S. 119.

Zur Frage der Zulässigkeit der Anfechtungsklage gegen den Gesellschafterbeschluss nach § 51 a Abs. 2 S. 2 GmbHG neben dem Antrag auf gerichtliche Entscheidung gemäß § 51 b GmbHG vgl. BGH WM 1988, 121 = Betr. 1988, 327; *Baumbach/Hueck* § 51 a Rdn. 33 ff.; *Rowedder/Schimdt-Leithoff* § 51 b Rdn. 2; zum Informationsrecht in der GmbH & Co. KG vgl. BGH ZIP 1988, 1175.

Zur Frage, ob der Gesellschafter die Anfertigung von Fotokopien verlangen oder solche selbst fertigen kann, zur Frage, ob sich das Auskunftsrecht auf Angelegenheiten von verbundenen Unternehmen erstreckt und zum Anspruch auf Auskunft über die Bezüge eines Geschäftsführers vgl. OLG Köln ZIP 1985, 800 = GmbHR 1985, 358 = AG 1986, 24 = WM 1986, 36; *Baumbach/Hueck* § 51 a Rdn. 18.

7. Vgl. § 51 a Abs. 2 GmbHG; nach BayObLG GmbHR 1999, 1296 und OLG Stuttgart GmbHR 1983, 242 kann die Information verweigert werden, wenn die Gefahr der gesellschaftsfremden Verwendung mit der Folge nicht unerheblicher Nachteilszufügung wahrscheinlich ist; im Regierungsentwurf vorgesehene weitere Verweigerungsgründe sind nicht in das Gesetz übernommen worden; dass die Geschäftsführer zur Auskunft nicht verpflichtet sein können, wenn sie sich durch die Erteilung strafbar machen würden, versteht sich auch ohne gesetzliche Regelung, so Bericht des Rechtsausschusses, abgedruckt bei *Deutler*, Das neue GmbH-Recht, GmbH-Novelle 1980, S. 96; *Roth/Altmeppen* § 51 a Rdn. 30.

Kosten und Gebühren

Zur Kostenentscheidung und zu den Kosten des Verfahrens vgl. § 132 Abs. 5 AktG; s. auch Anm. 3.

16. Klage auf Ausschluss eines Gesellschafters einer GmbH

An das
Landgericht
Kammer für Handelssachen[1]

Klage

der ...... GmbH (Klägerin)[2]

Prozessbevollmächtigter: ......

gegen

den ...... (Beklagter)

wegen

Ausschluss aus einer GmbH

Vorläufiger Streitwert: EUR ......[3]

Namens und mit Vollmacht der Klägerin erhebe ich Klage und werde beantragen:

I. Der Beklagte wird aus der im Handelsregister des Amtsgerichts ...... unter HRB ...... eingetragenen ...... Gesellschaft mit beschränkter Haftung (Klägerin) unter der Bedingung ausgeschlossen, dass die Klägerin innerhalb eines Zeitraumes von höchstens sechs Monaten ab Rechtskraft dieser Entscheidung an den Beklagten ...... EUR bezahlt. Unter dieser Bedingung wird die Klägerin für befugt erklärt, nach ihrer Wahl die Einziehung oder die Abtretung des Geschäftsanteils des Beklagten an sich, einen Mitgesellschafter oder einen Dritten herbeizuführen[4].

II. Der Beklagte trägt die Kosten des Rechtsstreits.

Zur

Begründung

trage ich vor:

I.

Die Klägerin ist eine Gesellschaft mit beschränkter Haftung, deren Stammkapital EUR 100.000,– beträgt und an der A und B mit Geschäftsanteilen von je EUR 20.000,– und der Beklagte, der zugleich alleiniger Geschäftsführer war, mit einem Geschäftsanteil von EUR 60.000,– beteiligt sind.

Die Klägerin betreibt in der Innenstadt von ...... einen erstklassigen Hotel- und Restaurantbetrieb. Der Beklagte hatte sich an der Klägerin ...... Monate vor Klageerhebung beteiligt und auf Wunsch seiner Mitgesellschafter auch die alleinige Geschäftsführung übernommen. Er hatte sich – unzutreffend – als erfahrener Gastronom und Hotelier beworben. Der Beklagte hatte verschwiegen, dass er wiederholt wegen Meineides, Diebstahls und Hehlerei bestraft worden war und dass er deswegen mehrere Freiheitsstrafen verbüßt hatte. Nach Eintritt des Beklagten als Gesellschafter-Geschäftsführer der Klägerin hat er in mindestens 10 Fällen die gesamten Tageseinnahmen des Hotel- und Restaurantbetriebes der Klägerin aus der Kasse entnommen, in der Spielbank ...... verspielt und trotz mehrmaliger Aufforderung den Betrag nicht zurückbezahlt. Auf Antrag der Staatsanwaltschaft bei dem Landgericht ...... hat das Amtsgericht ...... Haftbefehl gegen den Beklagten erlassen. Dem Vollzug hat er sich durch die Flucht ins Ausland entzogen.

In mehreren Briefen hat sich der Beklagte geweigert, seinen Geschäftsanteil an einen von A und B benannten Dritten gegen Vergütung des Verkehrswerts zu übertragen. Auch

den Vorschlag von A und B, den Geschäftsanteil zunächst auf einen Treuhänder zu übertragen, hat der Beklagte schriftlich abgelehnt.
In der Gesellschafterversammlung vom ...... haben A und B den Beklagten abberufen und beschlossen, Ausschlussklage gegen ihn zu erheben.
Den Verkehrswert der Beteiligung des Beklagten hat die Klägerin von der Wirtschaftsprüfungsgesellschaft ...... schätzen lassen. Die Klägerin ist bereit, den ermittelten und im Klageantrag genannten Betrag innerhalb von sechs Monaten nach Rechtskraft des Urteils an den Beklagten zu zahlen.
Ich lege die Satzung der Klägerin, die letzte Gesellschafterliste, einen Handelsregisterauszug, das Protokoll mit dem Wortlaut des Beschlusses, wonach Ausschlussklage erhoben werden soll, die erwähnten Schreiben des Beklagten und das Bewertungsgutachten der Wirtschaftsprüfungsgesellschaft ...... in Anlagen K 1 – K ...... vor und berufe mich zum Beweis für die Richtigkeit des vorgetragenen Sachverhalts auf das
Zeugnis ...... sowie für die Richtigkeit des ermittelten Wertes der Beteiligung des Beklagten auf das Gutachten eines Sachverständigen.

II.

Die Ausschließung eines Gesellschafters ist zwar in der Satzung der Klägerin nicht vorgesehen[5]. Sie ist aber nach ständiger Rechtsprechung und herrschender Lehre auch ohne entsprechende Satzungsbestimmung zulässig[6].
Der Ausschluss des Beklagten ist geboten, weil der Beklagte durch seine Person und durch sein Verhalten die Erreichung des Gesellschaftszweckes zumindest erheblich gefährdet und das Verbleiben des Beklagten in der Gesellschaft im Hinblick auf seine Person und sein Verhalten für diese untragbar ist[7].
Der Ausschluss des Beklagten ist das Einzige in Betracht kommende Mittel, da sich der Beklagte beharrlich weigert, seinen Anteil an einen Dritten, zumindest an einen Treuhänder, zu übertragen[8].
Der Ausschlussklage ist ein einstimmiger Gesellschafterbeschluss vorausgegangen, an welchem der Beklagte nicht mitgewirkt hat[9].
Die Klägerin bietet dem Beklagten den Verkehrswert seiner Beteiligung[10].

III.

Die Sache ist Handelssache.

IV.

Den Streitwert gebe ich mit EUR ...... an. Ich füge einen Verrechnungsscheck über EUR ...... bei.

Rechtsanwalt

Anmerkungen

1. § 95 Abs. 1 Nr. 4a GVG.

2. Für den Ausschluss aus einer Zweimann-Gesellschaft wird verschiedentlich vorgeschlagen, die Klagebefugnis nicht der Gesellschaft, sondern dem Gesellschafter zu geben (*Baumbach/Hueck* Anh. § 34 Rdn. 8; *Hachenburg/Ulmer* Anh. § 34 Rdn. 26 und Rdn. 31 mwN., jedoch mit der Einschränkung, dass die Ausschließungsklage nicht nur vom Mitgesellschafter persönlich, sondern auch von der GmbH erhoben werden kann; offengelassen in BGHZ 9, 157, 177; BGHZ 16, 317, 322).

3. Der Streitwert ist gem. § 3 ZPO nach freiem Ermessen zu bestimmen. Maßgebend ist grundsätzlich das Interesse der Kläger, welches anhand des Wertes ihrer Beteiligung zu ermitteln ist (OLG Neustadt MDR 1964, 605; *Hillach/Rohs*, S. 395f.; *Oestrich/Winter/Hellstab*, Stichwort: Gesellschaft, S. 118f.).

4. Antrag im Anschluss an den Vorschlag bei *Hachenburg/Ulmer* Anh. § 34 Rdn. 36.

5. Der Gesellschaftsvertrag kann den Ausschluss eines Gesellschafters aus wichtigem Grund durch Gesellschafterbeschluss vorsehen (BGHZ 9, 157, 160; BGHZ 32, 17, 22; *Lutter/Hommelhoff* § 34 Rdn. 31). Dann ist eine Ausschlussklage nicht mehr zulässig (OLG Stuttgart GmbHR 1989, 466 = WM 1989, 1252; *Baumbach/Hueck* Anh. § 34 Rdn. 8).

6. Die Ausschlussklage, die im Gesetz nicht vorgesehen ist, ist von der Rechtsprechung des BGH (im Anschluss an RGZ 169, 330) anerkannt; vgl. die in Anm. 1 zitierten Urteile. Wie BGH die einhellige Lehre (*Baumbach/Hueck* Anh. § 34 Rdn. 2 ff.; *Hachenburg/Ulmer* Anh. § 34 Rdn. 8 mwN.; *Lutter/Hommelhoff* § 34 Rdn. 24 ff.). Dieser Komplex ist entgegen dem Entwurf in der GmbH-Novelle nicht geregelt. Zum einstweiligen Rechtsschutz vgl. *Lutz* BB 2000, 833.

7. Der wichtige Grund muss in der Person des auszuschließenden Gesellschafters gegeben sein, vgl. BGHZ 9, 157, 159; BGHZ 16, 317, 322; *Hachenburg/Ulmer* Anh. § 34 Rdn. 10 und 11; *Scholz/Winter* § 15 Rdn. 134 ff.; zur Frage, wann bei Mitverschulden des Klägers die Ausschließung noch gerechtfertigt ist, vgl. BGHZ 80, 346 = NJW 1981, 2302; vgl. auch BGH NJW-RR 1990, 530; BGH ZIP 1995, 567. Ein wichtiger Grund liegt vor, wenn den übrigen Gesellschaftern die Fortsetzung der Gesellschaft nicht mehr zuzumuten ist und die Mitgliedschaft des Gesellschafters den Fortbestand der Gesellschaft gefährdet (Beispiele bei *Baumbach/Hueck* Anh. § 34 Rdn. 3).

8. BGHZ 16, 317/322 („.... Ausschließung nur das letzte und äußerste Mittel"); *Baumbach/Hueck* Anh. § 34 Rdn. 6; *Hachenburg/Ulmer* Anh. § 34 Rdn. 15.

9. Auch über die Notwendigkeit eines Gesellschafterbeschlusses zur Erhebung der Ausschlussklage besteht Einvernehmen (BGHZ 16, 317, 322). Der Beklagte wirkt bei der Beschlussfassung nicht mit (BGHZ 9, 157; *Baumbach/Hueck* Anh. § 34 Rdn. 9; *Hachenburg/Ulmer* Anh. § 34 Rdn. 20 f.). Umstritten ist, welche Mehrheit für die Beschlussfassung erforderlich ist (für Dreiviertelmehrheit: BGHZ 9, 157; *Hachenburg/Ulmer* Anh. § 34 Rdn. 23 ff.; *Lutter/Hommelhoff* § 34 Rdn. 28; für einfache Mehrheit: OLG Köln GmbHR 2001, 110 = NZG 2001, 28; *Baumbach/Hueck* Anh. § 34 Rdn. 9; *Scholz/Winter* § 15 Rdn. 140; offengelassen in OLG Düsseldorf GmbHR 1999, 543, 545).

10. Zur Frage der Koppelung von Ausschließungsurteil mit der Zahlung der Vergütung für den Geschäftsanteil vgl. BGHZ 9, 157 ff.; 16, 317 ff.; *Hachenburg/Ulmer* Anh. § 34 Rdn. 36; *Scholz/Winter* § 15 Rdn. 142 a; *Roth/Altmeppen* § 60 Rdn. 54; *Baumbach/Hueck* Anh. § 34 Rdn. 12; zur Frage der Regelung der Abfindungsberechnung im Gesellschaftsvertrag vgl. BGHZ 65, 22, 26 ff.; BGH NJW 1977, 2316; BGHZ 116, 359; zu der neueren Rechtsprechung und Literatur zum Thema Abfindung bei Personengesellschaften vgl. Form. II. K. 6 Anm. 6.

17. Klage auf Auflösung einer GmbH nach § 61 GmbHG

An das
Landgericht
Kammer für Handelssachen[1]

Klage

des ...... **(Kläger)**

Prozessbevollmächtigter: ......

gegen

die ...... (Beklagte)[2]

wegen

Auflösung einer GmbH (§ 61 GmbHG)

Vorläufiger Streitwert: EUR ...... [3]

Namens und mit Vollmacht des Klägers erhebe ich Klage und werde beantragen:

I. Die im Handelsregister des Amtsgerichts ...... unter HRB ...... eingetragene Gesellschaft mit beschränkter Haftung wird aufgelöst[4].
II. Die Beklagte trägt die Kosten des Rechtsstreits.

Zur

Begründung

trage ich vor:

I.

Der Kläger ist mit einem Geschäftsanteil von EUR 25.000,– Gesellschafter der Beklagten, an der noch die beiden Brüder des Klägers mit Geschäftsanteilen von EUR 50.000,– und EUR 25.000,– beteiligt sind. Die beiden Mitgesellschafter des Klägers sind Geschäftsführer, der Kläger selbst ist es nicht. Kopie der Satzung der Beklagten, Kopie der letzten Gesellschafterliste der Beklagten und ein Handelsregisterauszug werden in Anlagen K 1 bis K 3 vorgelegt.
Der Kläger und seine Mitgesellschafter haben vor ...... Jahren die Beklagte mit dem Zweck gegründet, ein am Altrhein in ...... gelegenes Grundstück zu pachten und den dort damals vorhandenen Kies abzubauen und an die Zementindustrie zu verkaufen. Demgemäß heißt es in § 2 der Satzung der Beklagten:
„Gegenstand des Unternehmens ist der Abbau von Kies auf dem Grundstück ...... (Grundbuch von ......, Bd. ...... Bl. ......) und der Handel mit dem gewonnenen Kies".
Seit ...... sind die Kiesvorräte erschöpft.

Beweis: Augenschein;
Gutachten eines Sachverständigen.

Der Verpächter hat den Pachtvertrag zum ...... gekündigt. Die Wirksamkeit der Kündigung steht außer Streit.
Der Kläger hat sich vergeblich bemüht, die Mitgesellschafter zu einem Auflösungsbeschluss zu bewegen. Die Mitgesellschafter haben sich geweigert, an einem Auflösungsbeschluss mitzuwirken.

II.

Da der Gesellschaftszweck unmöglich geworden ist[5], ist die Gesellschaft auf Antrag des Klägers, dessen Geschäftsanteil 10% des Stammkapitals übersteigt[6], aufzulösen.

III.

Das angerufene Gericht ist ausschließlich zuständig[7]. Die Sache ist Handelssache.

IV.

Den Streitwert gebe ich mit EUR ...... an. Ich füge einen Verrechnungsscheck über EUR ...... bei.

Rechtsanwalt

Anmerkungen

1. § 95 Abs. 1 Nr. 4a GVG, vgl. auch *Baumbach/Hueck* § 61 Rdn. 19.

2. Die Auflösungsklage ist gegen die Gesellschaft zu richten (§ 61 Abs. 2 S. 1 GmbHG). Vertreten wird die Gesellschaft durch ihre Geschäftsführer.

3. Für den Streitwert maßgeblich ist das nach § 3 ZPO zu schätzende Interesse des Klägers an der Auflösung unter Berücksichtigung des Interesses der Gesellschaft, jedoch nach oben begrenzt durch den Wert der gesellschaftlichen Beteiligung des Klägers (*Hillach/Rohs* S. 402 mwN.; *Oestrich/Winter/Hellstab,* Stichwort: Auflösung einer Gesellschaft, S. 25; *Happ/Pfeifer* ZGR 1991, 103, 116).

4. Gestaltungsklage. Mit Rechtskraft ist die Gesellschaft aufgelöst (*Baumbach/Hueck* § 61 Rdn. 22).

5. Das Unmöglichwerden der Erreichung des Gesellschaftszwecks – und hier speziell die Zweckerreichung selbst – ist nach § 61 GmbHG ein wichtiger Grund zur Auflösung kraft Gesetzes, vgl. *Hachenburg/Ulmer* § 61 Rdn. 12ff.

Ein wichtiger Grund im Sinne von § 61 GmbHG liegt außerdem vor, wenn dem Kläger nicht zugemutet werden kann, die Gesellschaft fortzusetzen (*Hachenburg/Ulmer* § 61 Rdn. 9) bzw. das Verhältnis zwischen den Gesellschaftern tiefgreifend und unheilbar zerrüttet ist (BGHZ 80, 346; BGH NJW 1985, 1901; RGZ 98, 66; 164, 257; unter Berücksichtigung des Verschuldens, RGZ 164, 257/263; *Baumbach/Hueck* § 61 Rdn. 6ff.; *Hachenburg/Ulmer* § 61 Rdn. 21).

Nach *Lutter/Hommelhoff* § 61 Rdn. 8 ist für die Auslegung des wichtigen Grundes in § 61 GmbHG gegenüber der früheren Literatur und Rechtsprechung einschränkend zu berücksichtigen, dass Austritt und Ausschließung aus einer GmbH heute anerkannt werden; heute sind daher nur noch wenige Fälle denkbar, in denen die Auflösung in Betracht kommt, vgl. *Lutter/Hommelhoff* § 61 Rdn. 8 mit Beispielen u. das Form. II. K. 16.

Zu den bei der Personalhandelsgesellschaft sehr ähnlichen Problemen auch zur Frage des Rangverhältnisses der möglichen Klagen, vgl. die Form. II. K. 1 und II. K. 2 mit Anm. aus der neueren Literatur.

6. § 61 Abs. 2 S. 2 GmbHG. Klagen mehrere Gesellschafter, sind ihre Geschäftsanteile zusammenzurechnen. Die Gesellschafter sind notwendige Streitgenossen gem. § 62 ZPO (*Baumbach/Hueck* § 61 Rdn. 16; *Lutter/Hommelhoff* § 61 Rdn. 3).

7. § 61 Abs. 3 GmbHG; in Betracht kommt auch eine Schiedsgerichtsabrede im Gesellschaftsvertrag, vgl. *Baumbach/Hueck* § 61 Rdn. 20; *Lutter/Hommelhoff* § 61 Rdn. 5.

18. Antrag auf Bestellung eines Vorstandes nach § 85 AktG

An das
Amtsgericht[1]

Antrag

des ...... **(Antragstellers)**

Verfahrensbevollmächtigter: ......[2]

auf Bestellung eines Vorstandes für die ...... AG nach § 85 AktG.

Namens und mit Vollmacht des Antragstellers stelle ich folgende Anträge:

I. Für die ...... AG (HRB ...... des Amtsgerichts – Registergerichts –) ...... wird ein Vorstand bestellt.
II. Die Beteiligte ...... AG trägt die Verfahrenskosten[3].

Zur

Begründung

trage ich vor:

I.

Die im Antrag II genannte Beteiligte ist eine Aktiengesellschaft, die ihre aquisitorische Tätigkeit eingestellt hat. Sie verfügt über erhebliches Umlaufvermögen. Der Antragsteller hatte der Beteiligten am ...... ein Darlehen über EUR ...... gewährt, das am ...... zur Rückzahlung fällig war. Der Antragsteller hat die Beteiligte wiederholt zur Rückzahlung aufgefordert. Das letzte Mahnschreiben des Antragstellers, das dieser eingeschrieben gegen Rückschein abgeschickt hatte, kam mit dem Vermerk „unzustellbar" zurück. Recherchen des Antragstellers haben ergeben, dass die Beteiligte keine Bevollmächtigten hat und dass der einzige Vorstand A am ...... gestorben ist. Aufforderungen des Antragstellers an den Aufsichtsrat der Beteiligten wurden nicht beantwortet.
Der Antragsteller hat ein dringendes Interesse daran, mit der Beteiligten über die rasche Rückzahlung des Darlehens zu verhandeln, entsprechende Vereinbarungen zu treffen und gegebenenfalls Klage gegen die Beklagte zu erheben und zu vollstrecken.

II.

Der Antrag ist nach § 85 AktG begründet[4]. Die Beteiligte hat keinen Vorstand. Es fehlt daher das erforderliche Vorstandsmitglied. Die Bestellung eines Vorstandes durch das Gericht ist dringend geboten, da der Aufsichtsrat seiner Pflicht, einen Vorstand zu bestellen, nicht nachkommt und dem Antragsteller wesentlicher Nachteil droht, wenn er nicht alsbald gegen die Beteiligte Klage erheben und in das im Augenblick noch vorhandene Umlaufvermögen vollstrecken kann[5].

Rechtsanwalt

Anmerkungen

1. Zuständig ist das Amtsgericht am Sitz der Gesellschaft (§ 14 AktG; § 145 FGG).

2. Antrag nach § 11 FGG, der zu Protokoll des Gerichts erklärt werden kann. Nach § 13 FGG mögliche Vertretung durch einen Rechtsanwalt nicht notwendig.

3. Die Aktiengesellschaft ist Beteiligte mit Beschwerderecht nach § 20 FGG. Zum Verfahren vgl. Großkomm. AktG/*Meyer-Landrut* § 85 Anm. 4; Kölner Komm. AktG/*Mertens* § 85 Rdn. 11ff. Die Anhörung des Aufsichtsrats ist zulässig und wird von *Geßler/Hefermehl* § 85 Rdn. 10 empfohlen, „zumal dieser in erster Linie dazu berufen ist, für einen arbeitsfähigen Vorstand zu sorgen (§ 146 FGG)".

4. Zu den Voraussetzungen des § 85 AktG vgl. Hüffer § 85 Rdn. 2; Kölner Komm. AktG/*Mertens* § 85 Rdn. 2ff.; *Keidel/Schmatz/Stöber*, Registerrecht, 5. Aufl. 1991, Rdn. 645; Antragsteller kann auch ein Dritter sein, insbesondere ein Dritter, der gegen die Aktiengesellschaft Klage erheben oder vollstrecken will, so Großkomm. AktG/*Meyer-Landrut* § 85 Anm. 3.

5. Zur Dringlichkeit vgl. *Geßler/Hefermehl* § 85 Rdn. 6; *Hüffer* § 85 Rdn. 3.

19. Antrag auf Abberufung eines Aufsichtsratsmitgliedes nach § 103 AktG

An das
Amtsgericht[1]

Antrag

des Aufsichtsrats[2] der ...... AG (Antragstellers)

Verfahrensbevollmächtigter[3]: ......

gegen

den ......[4] (Antragsgegner)

wegen

Abberufung eines Aufsichtsratsmitgliedes
Namens und mit Vollmacht des Antragstellers stelle ich folgende Anträge:

1. Der Antragsgegner wird als Aufsichtsratsmitglied der ...... AG abberufen.
2. Der Antragsgegner trägt die Verfahrenskosten.

Zur

Begründung

trage ich vor:

Der Antragsteller besteht aus drei Mitgliedern[5] und ist Aufsichtsrat der ...... AG. Der Antragsteller hat in seiner Sitzung vom ...... gegen die schriftlich abgegebene Stimme des Antragsgegners beschlossen[6], dessen gerichtliche Abberufung zu beantragen, weil in dessen Person folgender wichtiger Grund[7] vorliegt:
Gegen den Antragsgegner wurde wegen des Verdachts strafbarer Handlungen vor vier Monaten ein Haftbefehl durch das Amtsgericht ...... auf Antrag der Staatsanwaltschaft in ...... erlassen, dessen Vollziehung sich der Antragsgegner durch die Flucht ins Ausland entziehen konnte. Über die Vorwürfe gegen den Antragsgegner wurde in den Massenmedien wiederholt berichtet. In diesen Berichten wurde auch darauf hingewiesen, dass der Antragsgegner Mitglied des Aufsichtsrates der ...... AG sei.
Selbst wenn der Antragsgegner an den Beschlussfassungen des Antragstellers jeweils dadurch teilnehmen würde, dass er seine schriftliche Stimmabgabe überreichen lässt, ist dem Antragsteller die weitere Zusammenarbeit mit dem Antragsgegner nicht zumutbar, weil zum einen die notwendige Beratung aller Mitglieder des Antragstellers nicht möglich ist und zum anderen die weitere Zugehörigkeit des Antragsgegners zum Antragsteller den Ruf und damit die Ertragslage der ...... AG nachhaltig beeinträchtigen würde. Der Antrag beruht auf § 103 Abs. 3 S. 1 und 2 AktG.

Rechtsanwalt

Anmerkungen

1. Zuständiges Gericht ist das Amtsgericht des Sitzes der Gesellschaft (§ 14 AktG, § 145 Abs. 1 FGG). Kostenschuldner sind der Antragsgegner und die Gesellschaft (vgl. Kölner Komm. AktG/*Mertens* § 103 Rdn. 38).

2. Antragsteller ist nicht die AG, sondern der Aufsichtsrat der AG (§ 103 Abs. 3 S. 1 AktG). Ist das Mitglied auf Grund der Satzung in den Aufsichtsrat entsandt worden, sind auch Aktionäre, die 10% des Grundkapitals oder den anteiligen Betrag von 1 Mio. EUR halten antragsberechtigt, § 103 Abs. 3 S. 3 AktG (*Hüffer* § 103 Rdn. 12).

3. Kein Anwaltszwang, da Verfahren vor dem Registergericht, § 13 FGG.

4. Antragsgegner ist das abzuberufende Aufsichtsratsmitglied (vgl. Kölner Komm. AktG/*Mertens* § 103 Rdn. 38).

5. Mindestmitgliederzahl bei nicht mitbestimmten Aufsichtsräten (§ 95 Abs. 1 S. 1 AktG); zugleich Mindestzahl für die Beschlussfähigkeit (§ 108 Abs. 2 S. 3 AktG). Mit der Abberufung des Antragsgegners wird der Aufsichtsrat der AG beschlussunfähig. Auf Antrag des Vorstandes, eines Aufsichtsrates oder eines Aktionärs hat das Gericht den Aufsichtsrat auf die notwendige Mitgliederzahl zu ergänzen, § 104 Abs. 1 AktG (vgl. Form. II. K. 20). Über einen solchen Antrag kann hier schon vor Entscheidung über den Abberufungsantrag entschieden werden, da dem Fehlen eines Aufsichtsratsmitgliedes seine längere Zeit dauernde Verhinderung gleichzusetzen ist (Kölner Komm. AktG/*Mertens* § 104 Rdn. 4).

6. Dem Antrag hat ein Beschluss des Aufsichtsrats vorauszugehen. Ob das betroffene Aufsichtsratsmitglied stimmberechtigt ist, ist streitig (dafür Großkomm. AktG/*Meyer-Landrut* § 103 Anm. 7; *Hoffmann*, Der Aufsichtsrat, Rdn. 366; dagegen die wohl herrschende Lehre, vgl. z.B. *Hüffer* § 103 Rdn. 12; Kölner Komm. AktG/*Mertens* § 103 Rdn. 29).

7. Zum wichtigen Grund vgl. AG München AG 1986, 170; *Geßler/Hefermehl* § 103 Rdn. 36–40; Großkomm. AktG/*Meyer-Landrut* § 103 Anm. 7; *Hüffer* § 103 Rdn. 10.

20. Antrag auf Ergänzung des Aufsichtsrats nach § 104 AktG

An das
Amtsgericht[1]

Antrag

des ...... (Antragstellers) [2]

auf Ergänzung des Aufsichtsrats der ...... AG nach § 104 Abs. 2 AktG.

Als alleiniges Mitglied des Vorstandes der Gesellschaft beantrage ich, dass

Herr ......, geb. am ...... und wohnhaft in ....

gemäß § 104 Abs. 2 AktG zum Aufsichtsratsmitglied der Gesellschaft bestellt wird[3].

Begründung

Nach § ...... der Satzung der Gesellschaft, Kopie in Anlage K 1, ist eine Amtniederlegung mit sofortiger Wirkung zulässig. Das von der Hauptversammlung gewählte Mitglied des Aufsichtsrates der ...... AG, Herr ......, hat sein Amt zum 1. August ...... niedergelegt[4].

Beweis: Erklärung über die Amtsniederlegung, in Kopie als Anlage K 2.

Seit dem 1. August, also seit mehr als drei Monaten[5], besteht der Aufsichtsrat nur noch aus fünf Mitgliedern. Nach § ...... der Satzung der ...... Gesellschaft müssen dem Aufsichtsrat jedoch mindestens sechs Mitglieder angehören[6]. Die nächste ordentliche

Hauptversammlung, auf der die Ergänzungswahl erfolgen soll, kann frühestens zu Beginn des nächsten Jahres erfolgen.

Herr ......, der zur Bestellung vorgeschlagen wird, ist auf Grund seiner langjährigen Mitgliedschaft in weiteren Aufsichtsräten anderer Gesellschaften sowie seiner langjährigen Tätigkeit im Vorstand der Gesellschaft für das Amt eines Aufsichtsratsmitglieds geeignet[7]. Ich füge in Anlage K 3 eine Liste sämtlicher weiterer Mitgliedschaften des Herrn ...... in Aufsichtsräten und in Anlage K 4 einen von ihm unterzeichneten Lebenslauf bei. Hinderungsgründe aus § 100 AktG bestehen nicht[8].

Vorstand

Anmerkungen

1. Das Gericht entscheidet im FGG-Verfahren (*Hüffer* § 104 Rdn. 4; Kölner Komm. AG/*Mertens* § 104 Rdn. 21 ff.). Zuständig ist das Amtsgericht des Gesellschaftssitzes (§ 145 FGG, § 14 AktG). Es besteht kein Anwaltszwang (§ 13 FGG).

2. Antragsbefugt sind stets der Vorstand, jedes Aufsichtsratsmitglied und jeder Aktionär, § 104 Abs. 1 S. 1 AktG. Der Vorstand ist gem. § 104 Abs. 1 S. 2 AktG zur Antragstellung verpflichtet, wenn der Aufsichtsrat nicht beschlussfähig und vor der nächsten Aufsichtsratssitzung eine Ergänzung nicht zu erwarten ist. Bei mitbestimmten Gesellschaften können gem. § 104 Abs. 1 S. 3 AktG auch bestimmte Arbeitnehmervertretungen den Antrag stellen (vgl. *Hüffer* § 104 Rdn. 4; MünchHdb. AG/*Hoffmann-Becking* § 30 Rdn. 33).

3. § 104 Abs. 1 AktG ermöglicht die gerichtliche Bestellung eines Aufsichtsratsmitglieds wenn er nicht die nach Gesetz oder Satzung zur Beschlussfähigkeit erforderliche Zahl von Mitgliedern hat. Nach § 108 Abs. 2 AktG sind dies grundsätzlich mindestens die Hälfte der Mitglieder des Aufsichtsrats, wenigstens aber drei Mitglieder (vgl. dazu *Hüffer* § 108 Rdn. 10 ff.). Demgegenüber genügt für eine Bestellung nach § 104 Abs. 2 AktG, dass die in Gesetz oder Satzung festgesetzte Zahl an Mitgliedern während drei Monaten nicht erreicht wird. Solange das gerichtlich bestellte Mitglied im Amt ist, hat es die gleichen Rechte und Pflichten, wie die anderen Mitglieder des Aufsichtsrats (MünchHdb. AG/*Hoffmann-Becking* § 30 Rdn. 35). Die gerichtlich bestellten Aufsichtsratsmitglieder verlieren ihr Amt automatisch, sobald der Mangel behoben ist, § 104 Abs. 5 AktG, also der Aufsichtsrat beschlussfähig bzw. ordnungsgemäß besetzt ist. Der Mangel kann behoben werden durch Bestellung eines neuen Mitglieds und ggf. auch durch Herabsetzung der satzungsmäßigen Anforderungen (vgl. *Hüffer* § 104 Rdn. 13; MünchHdb. AG/*Hoffmann-Becking* § 30 Rdn. 35).

4. Die hM. hält die Niederlegung des Aufsichtsratsmandats auch ohne wichtigen Grund für zulässig, solange sie nicht zur Unzeit erfolgt (*Geßler/Hefermehl* § 102 Rdn. 30; Kölner Komm. AG/*Mertens* § 103 Rdn. 56; MünchHdb. AG/*Hoffmann-Becking* § 30 Rdn). Dies gilt erst recht bei einer entsprechenden Satzungsregelung.

5. Nach § 104 Abs. 2 S. 1 AktG hat das Gericht den Aufsichtsrat zu ergänzen, wenn der Aufsichtsrats seit mehr als drei Monate unterbesetzt ist. In dringenden Fällen kann die Bestellung gem. § 104 Abs. 2 S. 2 AktG bereits vor Ablauf der dreimonatigen Frist erfolgen (vgl. hierzu *Hüffer* § 104 Rdn. 7). Ein dringender Fall ist bei mitbestimmten Gesellschaften immer gegeben, wenn eine Unterbesetzung vorliegt und nicht nur ein sogenanntes weiteres Mitglied fehlt, § 104 Abs. 3 Nr. 2 AktG.

6. Der Aufsichtsrat einer AG muss gem. § 95 AktG aus mindestens drei Mitgliedern bestehen, die Zahl der Mitglieder muss durch drei teilbar sein und die am Grundkapital ausgerichteten Höchstzahlen dürfen nicht überschritten werden. Weitere Bestimmungen über die Zahl der Aufsichtsräte enthalten die Mitbestimmungsgesetze (vgl. *Hüffer* § 96 Rdn. 4 ff.; MünchHdb. AG/*Hoffmann-Becking* § 28 Rdn. 9ff.).

7. Üblicherweise wird vom Antragsteller ein Vorschlag über die Person des zu bestellenden Aufsichtsratsmitglieds gemacht (*Hüffer* § 104 Rdn. 5). Das Gericht ist an den Vorschlag allerdings nicht gebunden (BayObLGZ 1997, 262; MünchHdb. AG/*Hoffmann-Becking* § 30 Rdn. 34). Bei mitbestimmten Gesellschaften ist auf die Wahrung des Verhältnisses von Arbeitgeber- und Arbeitnehmervertretern zu achten, § 104 Abs. 4 AktG.

8. Das bestellte Mitglied muss, wie alle anderen Mitglieder auch, die persönlichen Voraussetzungen für Aufsichtsratsmitglieder gem. § 100 AktG erfüllen. Insbesondere darf kein Hinderungsgrund aus § 100 Abs. 2 AktG vorliegen (vgl. dazu *Hüffer* § 100 Rdn. 3 ff.).

21. Antrag im Auskunftserzwingungsverfahren nach § 132 AktG

An das
Landgericht ......
Kammer für Handelssachen[1]

Antrag

des ...... **(Antragsteller[2])**

gegen

die ...... AG

vertreten durch den Vorstand[3], nämlich ...... **(Antragsgegnerin)**

wegen

Auskunftserteilung gemäß § 132 AktG[4]

vorläufiger Streitwert: EUR 5.000,–[5]

namens und mit Vollmacht des Antragstellers beantrage ich:

I. Der Vorstand der Antragsgegnerin[6] ist verpflichtet, dem Antragsteller zu folgenden Fragen Auskunft zu geben:

1. ......
2. ......

II. Die Kosten des Verfahrens sowie die Kosten des Antragstellers zur Durchsetzung seines Auskunftsbegehrens werden der Antragsgegnerin auferlegt.

Zur

Begründung

trage ich vor:

I.

Der Antragsteller war zum Zeitpunkt der Hauptversammlung der Antragsgegnerin vom ...... deren Aktionär. Er ist es noch heute[7].

Beweis: Bescheinigung der A-Bank in Anlage K 1

In der Hauptversammlung der Antragsgegnerin vom ...... sollte über TOP 2 „Entlastung der Mitglieder des Vorstandes“ beschlossen werden, siehe die Einladung zur

Hauptversammlung am ...... gemäß der Bekanntmachung im Bundesanzeiger, Kopie in Anlage K 2.

Vor der Beschlussfassung zu TOP 2 stellte der Antragsteller u. a. folgende Fragen an den Vorstand der Antragsgegnerin:

1. ......
2. ......

Ich verweise hierzu auf die Niederschrift der Hauptversammlung vom ...... Kopie in Anlage K 3.

Der Vorstand verweigerte die Beantwortung der Fragen 1 und 2 ohne Begründung[8], dies ist ersichtlich aus der Niederschrift der Hauptversammlung vom ...... (Anlage K 3), in die der Notar diese Tatsache auf Verlangen des Antragstellers aufgenommen hat[9].

II.

Der Vorstand der Antragsgegnerin war gemäß § 131 Abs. 1 AktG verpflichtet, dem Antragsteller die gestellten Fragen vollständig zu beantworten. Die Fragen waren zur sachgemäßen Beurteilung des Gegenstandes der Tagesordnung erforderlich[10]. Die Frage 1 betrifft die Ausübung von Mandaten in konzernfremden Unternehmen durch Mitglieder des Vorstands, die Frage 2 bezieht sich auf ein wesentliches Geschäft, das mit ursächlich für den drastischen Rückgang des Jahresüberschusses war[11]. Ein Auskunftsverweigerungsrecht bestand nicht[12]. Insbesondere droht der ...... AG durch die Beantwortung der Fragen kein erheblicher Nachteil[13]. Die begehrte Auskunft wurde bis zum heutigen Tag nicht erteilt[14].

III.

Das angerufene Gericht ist ausschließlich zuständig. Die Sache ist gesetzlich der Kammer für Handelssachen zugewiesen.

Anmerkungen

1. Zuständig für das Auskunftserzwingungsverfahren ist ausschließlich das Landgericht des Gesellschaftssitzes, § 132 Abs. 1 Satz 1 AktG, und zwar – soweit eine solche gebildet ist – die Kammer für Handelssachen. In einigen Bundesländern besteht eine Zuständigkeitskonzentration bei einzelnen Landgerichten (vgl. Übersicht bei Großkomm. AktG/*Decher,* § 132 Fn. 26; MüHdbAG/*Semler,* § 37 Fn. 133; *Driesen,* GmbHR 2000, 1252). Die Vereinbarung eines Schiedsgerichts ist unzulässig (Großkomm. AktG/*Decher,* § 132 Rdn. 15). Das Auskunftserzwingungsverfahren ist ein Verfahren der freiwilligen Gerichtsbarkeit (Großkomm. AktG/*Decher,* § 132 Rdn. 1, 30 ff.; *Semler/Volhard,* ArbHdb. f. d. HV, III. B. 1.). Es gilt der Amtsermittlungsgrundsatz (Großkomm. AktG/*Decher,* § 132 Rdn. 15). Der Antragsteller ist weder einem Anwaltszwang (§ 13 FGG) noch besonderen Anforderungen an die Formulierung des Antrags unterworfen (OLG Dresden AG 1999, 274; OLG Koblenz ZIP 1995, 1336 = NJW-RR 1995, 1378; *Hüffer* § 132 Rdn. 4).

2. Antragsberechtigt ist jeder Aktionär, dem die begehrte Auskunft nicht erteilt worden ist, § 132 Abs. 2 Satz 1 AktG. Weder ein Protokollierungsverlangen gemäß § 131 Abs. 5 AktG noch ein Widerspruch zur Niederschrift sind erforderlich (Großkomm. AktG/*Decher* § 132 Rdn. 16; *Hüffe,* § 132 Rdn. 4). Es reicht auch, dass er sich ein Auskunftsbegehren eines anderen Aktionärs zu eigen macht (BayObLG AG 1995, 328 = WM 1996, 119; LG Berlin ZIP 1993, 1632). Auch die übrigen Aktionäre, die an der Hauptversammlung teilgenommen haben, sind antragsberechtigt, wenn über den Tagesordnungspunkt Beschluss gefasst worden ist und sie Widerspruch zur Niederschrift erklärt haben, § 132 Abs. 2 Satz 1 AktG. Ein Aktionär, der in der Hauptversammlung nicht erschienen oder vertreten war, ist nicht antragsberechtigt (*Hüffer* § 132 Rdn. 5). Die Aktionärseigenschaft muss zum Zeitpunkt der Hauptversammlung vorgelegen haben und von der Antragstellung bis zur Entscheidung des Gerichts vorliegen (*Geßler/Hefermehl* § 132 Rdn. 14; Großkomm. AktG/*Decher* § 132 Rdn. 21; MüHdbAG/*Semler* § 37 Rdn. 50).

3. Antragsgegnerin ist die Gesellschaft. Sie wird ausschließlich durch den Vorstand vertreten (Großkomm. AktG/*Decher* § 132 Rdn. 22; Kölner Komm. AktG/*Zöllner* § 132 Rdn. 16; MüHdbAG/*Semler* § 37 Rdn. 52). Eine Doppelvertretung wie bei der Anfechtungsklage (vgl. dazu Anm. 2 zu Form. II. K. 22) ist nicht erforderlich.

4. Nach § 131 AktG hat ein Aktionär Anspruch darauf, dass ihm auf der Hauptversammlung Auskunft über die Angelegenheiten der Gesellschaft erteilt wird. Erhält er die ersuchte Auskunft nicht oder nicht vollständig, kann er seinen Anspruch im sogenannten Auskunftserzwingungsverfahren gemäß § 132 AktG durchsetzen. Daneben ist auch die Erhebung einer Anfechtungsklage gemäß § 243 AktG möglich (zum Verhältnis dieser Verfahren zueinander vgl. BGHZ 86, 1 = NJW 1983, 878; KG AG 2001, 355 = NZG 2001, 803; Großkomm. AktG/*Decher* § 132 Rdn. 8 ff.; *Hüffer* § 132 Rdn. 2; MüHdb AG/*Semler* § 37 Rdn. 61). Umstritten ist, ob ein Auskunftserzwingungsverfahren nur zulässig ist, wenn keine oder eine unvollständige Auskunft erteilt wurde (so LG Dortmund AG 1999, 133; LG Köln AG 1991, 38; Kölner Komm. AktG/*Zöllner* § 132 Rdn. 5) oder auch wenn eine unrichtige Auskunft erteilt wird (so Großkomm. AktG/*Decher* § 132 Rdn. 7; *Hüffer* § 132 Rdn. 4 a; MüHdbAG/*Semler* § 37 Rdn. 53; *Wilde* ZGR 1998, 423, 443 ff.).

5. Der Geschäftswert ist regelmäßig auf EUR 5.000,– festzusetzen, § 132 Abs. 5 Satz 6 AktG. Werden mehrere Anträge gestellt, wird nicht für jeden Antrag ein Regelgeschäftswert angesetzt, sondern der einfachere Regelgeschäftswert wird angemessen erhöht (BayObLG GmbHR 2000, 491 = Betr. 2000, 1116; BayObLG ZIP 1993, 1617; MüHdbAG/*Semler* § 37 Rdn. 56; aA. *Hüffer* § 132 Rdn. 10).

6. Träger der Auskunftspflicht ist die AG. Die Erteilung der Auskunft hat jedoch durch den Vorstand als Organ der Gesellschaft zu erfolgen (BVerfG NJW 2000, 349 = ZIP 1999, 1798; *Geßler/Hefermehl* § 131 Rdn. 61; *Hüffer* § 131 Rdn. 5 ff.; *Wilde* ZGR 1998, 423, 441).

7. Das Auskunftsrecht steht nur den Aktionären der Gesellschaft zu. Es ist unabhängig vom Stimmrecht, so dass auch stimmrechtslose bzw. vom Stimmrecht ausgeschlossene Aktionäre Auskunft verlangen können (*Hüffer* § 131 Rdn. 3; MüHdbAG/*Semler* § 37 Rdn. 1). Zur Aktionärseigenschaft als Antragsvoraussetzung vgl. Anm. 2. Zur verfassungsrechtlichen Bedeutung des Infomationsrechts vgl. BVerfG NJW 2000, 349 = ZIP 1999, 1798.

8. Die Verweigerung setzt – vorbehaltlich einer abweichenden Regelung in Satzung oder Geschäftsordnung – einen einstimmigen Vorstandsbeschluss voraus (BGHZ 36, 121; *Geßler/Hefermehl* § 131 Rdn. 76; MüHdbAG/*Semler* § 37 Rdn. 29). Der Vorstandsbeschluss kann auch konkludent gefasst werden (BGHZ 101, 1 = NJW 1987, 3186, 3187; *Hüffer* § 131 Rdn. 23).

9. Nach § 131 Abs. 5 AktG kann der Aktionär, demgegenüber eine Auskunft verweigert wurde, verlangen, dass seine Frage und der Grund der Auskunftsverweigerung in die Niederschrift über die Verhandlung aufgenommen werden. Die Regelung dient Beweiszwecken (*Hüffer* § 131 Rdn. 43). Dies ist jedoch nicht Voraussetzung für einen Antrag nach § 132 AktG (vgl. Anm. 2).

10. Das Auskunftsrecht betrifft alle Angelegenheiten der Gesellschaft, soweit sie zur sachgemäßen Beurteilung des Gegenstandes der Tagesordnung erforderlich sind, § 131

Abs. 1 Satz 1 AktG. Das Merkmal „Angelegenheiten der Gesellschaft" ist weit auszulegen (*Hüffer* § 131 Rdn. 11; MüHdbAG/*Semler* § 37 Rdn. 7ff.). Bezüglich der Erforderlichkeit kommt es nach herrschender Meinung darauf an, dass die begehrte Auskunft aus Sicht eines objektiv denkenden Aktionärs für die Urteilsfindung wesentlich ist (BayObLG WM 1996, 119; OLG Frankfurt AG 1994, 39; Großkomm. AktG/*Decher* § 131 Rdn. 132; *Geißler* NZG 2001, 539, 540). Für den Tagesordnungspunkt Entlastung soll ein strenger Maßstab gelten (BayObLG NZG 1999, 554 = DB 1999, 970; OLG Düsseldorf WM 1991, 2148, 2153; Kölner Komm. AktG/*Zöllner* § 131 Rdn. 24). Eine Auflistung der Einzelfälle findet sich bei *Hüffer* § 131 Rdn. 18ff.; MüHdbAG/*Semler* § 37 Rdn. 11ff. Die Darlegungslast für die Erforderlichkeit trägt der Antragsteller (Großkomm. AktG/*Decher* § 132 Rdn. 39).

11. Zu der Auskunftspflicht über Mandate von Vorstandsmitgliedern in konzernfremden Unternehmen vgl. BayObLG WM 1996, 119, 121; KG ZIP 1995, 1592, 1594 = WM 1995, 1920; zur Darlegung von einzelnen Geschäften vgl. BayObLG NZG 1999, 554 = BB 1999, 970 (Geschäfte zwischen AG und Aufsichtsratsmitgliedern); *Hüffer* § 131 Rdn. 18; MüHdbAG/*Semler* § 37 Rdn. 14.

12. § 131 Abs. 3 AktG zählt die Umstände auf, unter denen der Vorstand ein Auskunftsverweigerungsrecht hat. Abgesehen von einem missbräuchlichen Auskunftsverlangen oder der Unmöglichkeit der Auskunftserteilung ist § 131 Abs. 3 AktG abschließend (vgl. dazu *Hüffer,* § 131 Rdn. 23ff., 33ff.; MüHdbAG/*Semler* § 37 Rdn. 29ff., 41f.; *Geißler* NZG 2001, 539, 540). Das Vorliegen eines Verweigerungsrechts hat die Antragsgegnerin darzulegen (Großkomm. AktG/*Decher* § 132 Rdn. 40).

13. Zur Nachteilszufügung vgl. Großkomm. AktG/*Decher* § 131 Rdn. 297ff.; *Hüffer* § 131 Rdn. 24; MüHdbAG/*Semler* § 37 Rdn. 31. Der Nachteil muss der Gesellschaft oder einem verbundenen Unternehmen iSv. § 15 AktG drohen.

14. Erhält der Antragsteller nachträglich die begehrte Auskunft, wird der Antrag unbegründet (Großkomm. AktG/*Decher* § 132 Rdn. 43).

Kosten und Gebühren

Gem. § 132 Abs. 5 S. 1 AktG gilt die KostO. Für jede Instanz fallen zwei volle Gebühren an, § 132 Abs. 5 S. 2 u. 3 AktG. Gericht bestimmt nach billigem Ermessen, welchem Beteiligten die gerichtlichen und außergerichtlichen Kosten aufzuerlegen sind, für außergerichtliche Kosten gilt § 13a FGG (*Hüffer* § 132 Rdn. 10).

Rechtsmittel und Fristen

Die Antragsfrist beträgt gemäß § 132 Abs. 2 Satz 2 AktG zwei Wochen und beginnt mit dem Ende der Hauptversammlung (OLG Dresden AG 1999, 274; 3; *Semler/Volhard,* ArbHdb. f. d. HV, III. B. 5). Da es sich um eine materielle Ausschlussfrist handelt, ist eine Wiedereinsetzung in den vorigen Stand nicht möglich (OLG Dresden AG 1999, 274; Großkomm. AktG/*Decher* § 132 Rdn. 23; *Geßler/Hefermehl* § 132 Rdn. 22). Die Entscheidung ergeht durch Beschluss, gegen den gem. § 132 Abs. 3 S. 2 AktG die sofortige Beschwerde zulässig ist, wenn das Landgericht sie in seiner Entscheidung zulässt (vgl. dazu *Hüffer* § 132 Rdn. 8; MüHdbAG/*Semler* § 37 Rdn. 55).

22. Aktienrechtliche Anfechtungsklage nach § 246 AktG

An das
Landgericht
Kammer für Handelssachen[1]

Klage

des ...... (Kläger)

Prozessbevollmächtigter: ......

gegen

die ...... (Beklagte)

vertreten durch den Vorstand, nämlich ......

und den Aufsichtsrat[2], nämlich ......

wegen

Anfechtung eines Hauptversammlungsbeschlusses

Vorläufiger Streitwert[3]: EUR ......

Namens und mit Vollmacht des Klägers erhebe ich Klage mit folgenden Anträgen:

I. Die Beschlüsse der Hauptversammlung der Beklagten vom ......, durch welche dem Aufsichtsrat (Punkt 3 der Tagesordnung) und dem Vorstand (Punkt 4 der Tagesordnung) Entlastung erteilt wurde, werden für nichtig erklärt[4].
II. Die Beklagte trägt die Kosten des Rechtsstreits.

Zur

Begründung

trage ich vor:

I.

Der Kläger war zum Zeitpunkt der Hauptversammlung der Beklagten vom ...... deren Aktionär. Er ist es noch heute.

Beweis: Bescheinigung der A-Bank (Anlage K 1).

Die Punkte 3 (Entlastung des Aufsichtsrats) und 4 (Entlastung des Vorstands) der Tagesordnung für die Hauptversammlung vom ...... wurden von dem die Versammlung leitenden Vorsitzenden des Aufsichtsrates B weder aufgerufen, noch wurden Wortmeldungen (des Klägers und des Zeugen C) zugelassen, noch wurden Fragen des Zeugen D zu diesem Tagesordnungspunkt beantwortet. Der Versammlungsleiter schritt zur Abstimmung, ohne den Teilnehmern der Hauptversammlung auch nur die Gelegenheit zur Aussprache zu geben.

Beweis: Zeugnis C und D.

Gegen die beiden mit großer Mehrheit gefassten Beschlüsse hat der Kläger Widerspruch zur Niederschrift des amtierenden Notars erklärt.

Beweis: Niederschrift des Notars ...... über die Hauptversammlung vom ......, (Anlage K 2)

II.

Der Kläger ist als in der Hauptversammlung erschienener Aktionär[5], der Widerspruch zur Niederschrift erklärt hat[6], zur Anfechtung befugt.

Die Klage ist auch begründet. Beide Beschlüsse verletzen das Gesetz[7]. Zur gesetzmäßigen Erledigung der Tagesordnung gehört, dass die Tagesordnungspunkte aufgerufen werden, dass die Aktionäre Gelegenheit erhalten, sachdienliche Ausführungen zu den Verhandlungsgegenständen zu machen und dass sie ihr Fragerecht ausüben können. Diese Rechte der Aktionäre hat der Versammlungsleiter mißachtet.

III.

Das angerufene Gericht ist ausschließlich zuständig[8]. Die Sache ist Handelssache.

IV.

Ich stelle vorab den Antrag, anzuordnen, dass sich die Verpflichtung des Klägers zur Zahlung von Gerichtskosten nach einem seiner Wirtschaftslage angepassten Teil des Streitwerts bemisst[9].

Begründung:

Der Kläger ist Student. Er verfügt außer der einen Aktie der Beklagten über keinerlei Vermögen. Da seine Eltern nicht imstande sind, ihn zu unterhalten, ist er ausschließlich auf öffentliche Mittel (nach dem Bundesausbildungsförderungsgesetz) angewiesen.

Glaubhaftmachung: Eidesstattliche Versicherung des Klägers vom …… (Anlage K 3).

Dass die sogenannten BAföG-Mittel nur für den notwendigsten Unterhalt ausreichen, kann als gerichtsbekannt unterstellt werden.

Rechtsanwalt

Anmerkungen

1. § 95 Abs. 2 GVG. Zu den Besonderheiten bei mehreren nach § 246 Abs. 3 S. 3 AktG zu verbindenden Klagen vgl. Kölner Komm. AktG/*Zöllner* § 246 Rdn. 60, 79–81 mwN., insbesondere zu der streitigen Frage, ob die von § 246 Abs. 3 S. 3 AktG vorgeschriebene Verbindung zu erfolgen hat, wenn für eine Klage die Zuständigkeit der Kammer für Handelssachen begründet wurde, hinsichtlich der anderen Klage jedoch nicht (gegen Verbindung *Baumbach/Lauterbach* § 147 Rdn. 7; dafür *Hüffer* § 246 Rdn. 39; MünchKomm. AktG/*Hüffer* § 246 Rdn. 70) und ob bei der Zivilkammer oder der Kammer für Handelssachen zu verbinden ist (für Zivilkammer: MünchKomm. AktG/*Hüffer* § 246 Rdn. 70 mwN.).

2. § 246 Abs. 2 S. 2 AktG. Klagt der Vorstand oder ein Vorstandsmitglied, wird die Gesellschaft durch den Aufsichtsrat, klagt ein Aufsichtsratsmitglied, wird sie durch den Vorstand vertreten (§ 246 Abs. 2 S. 3 AktG). Im Anfechtungsprozess auf Antrag eines Aktionärs wird die Beklagte durch Vorstand und Aufsichtsrat vertreten (über die Gründe für diese Regelung und zur Problematik der Willensbildung bei gemeinsamer Vertretung durch Vorstand und Aufsichtsrat vgl. Kölner Komm. AktG/*Zöllner* § 246 Rdn. 34 u. 35; MünchKomm. AktG/*Hüffer* § 246 Rdn. 52 ff.). Die Klage kann dem Aufsichtsrat nicht unter der Geschäftsadresse der Gesellschaft wirksam zugestellt werden (OLG Stuttgart AG 2001, 315, 316). Da die Anfechtungsklage innerhalb eines Monats nach der Beschlussfassung erhoben werden muss (§ 246 Abs. 1 AktG), muss der Kläger im Hinblick auf § 270 Abs. 3 ZPO bereits in der Klagschrift die ladungsfähige Anschrift mindestens eines Aufsichtsratsmitglieds angeben, wobei dies die Privatanschrift des Aufsichtsratsmitglieds oder dessen Geschäftsanschrift sein kann (vgl. zu diesen Fragen OLG Frankfurt WM 1984, 209 und LG Frankfurt WM 1984, 502; *Hüffer* § 246 Rdn. 33 ff.).

3. Zum Streitwert vgl. § 247 Abs. 1 AktG (*Happ/Pfeifer*, Der Streitwert gesellschaftsrechtlicher Klagen und Gerichtsverfahren, ZGR 1991, 103, 105).

4. Die Anfechtungsklage ist eine Gestaltungsklage, die darauf gerichtet ist, einen (oder mehrere) Beschluss (Beschlüsse) der Hauptversammlung für nichtig zu erklären. Da Anfechtungs- und Nichtigkeitsklage das gleiche Ziel verfolgen, hat das Gericht unabhängig von der Antragsformulierung den Beschluss auf Anfechtungs- und Nichtigkeitsgründe zu überprüfen (BGHZ 134, 364 = ZIP 1997, 732; BGH ZIP 1999, 580 = AG 1999, 1638; *Henze* ZIP 2002, 97ff.; *Hüffer* § 246 Rdn. 14; MünchKomm. AktG/*Hüffer* § 246 Rdn. 20).

5. § 245 Nr. 1 AktG. Der anfechtende Aktionär muss im Zeitpunkt der Klageerhebung Aktionär sein. Ob er darüber hinaus schon zurzeit des Hauptversammlungsbeschlusses Aktionär gewesen sein muss, ist umstritten. Die hM. bejaht die Frage, vgl. etwa *Godin/Wilhelmi* AktG § 245 Anm. 2; *Hüffer* § 245 Rdn. 7; aM. Kölner Komm. AktG/*Zöllner* § 245 Rdn. 21. Der Kläger verliert die Anfechtungsbefugnis auch dann nicht, wenn er seine Aktie während der Dauer des Rechtsstreits veräußert (BGHZ 43, 261, 267 für die GmbH, incidenter jedoch auch für die AG; vgl. auch Großkomm AktG/*K. Schmidt* § 245 Rdn. 17; *Hüffer* § 245 Rdn. 8). Zur rechtsmissbräuchlichen Anfechtungsklage und Nichtigkeitsklage vgl. BGH AG 1989, 399 = ZIP 1989, 980; OLG Frankfurt/M. Betr. 1991, 644; OLG Stuttgart AG 2001, 315, 316; *Henze* ZIP 2002, 97, 100; *Hüffer* § 245 Rdn. 22ff).

6. § 245 Nr. 1 AktG. Der Widerspruch kann schon vor der Beschlussfassung und danach bis zum Schluss der Hauptversammlung geschehen. Er muss nicht beurkundet worden sein. Deswegen ist auch Zeugenbeweis möglich (Großkomm. AktG/*Schmidt* § 245 Rdn. 21; *Hüffer* § 245 Rdn. 15).

7. Die Anfechtungsklage kann wegen Verletzung von Gesetz oder Satzung erhoben werden (§ 243 Abs. 1 AktG). Einen Überblick über die „praktisch“ wichtigen Anfechtungsgründe gibt Kölner Komm. AktG/*Zöllner* § 243 Rdn. 112ff und MünchKomm. AktG/*Hüffer* § 243 Rdn. 16ff. Zur neuen Rechtsprechung zum Anfechtungsausschluss bei Informationspflichtverletzungen vgl. BGH ZIP 2001, 199; BGH ZIP 2001, 412; *Henze* ZIP 2002, 97, 101ff.; *Hüffer* § 243 Rdn. 18 a). Der Aktionär, der anficht, braucht kein persönliches Interesse an der Vernichtung des Beschlusses darzutun, es sei denn, es handelt sich um einen Beschluss, durch den ein Antrag abgelehnt worden ist (vgl. *Godin/Wilhelmi* AktG § 245 Anm. 2). Missbrauch des Anfechtungsrechts als privates Gestaltungsrecht des Aktionärs führt zum Verlust der materiellen Berechtigung und damit zum Verlust der Anfechtungsbefugnis, nicht zum Fehlen oder Wegfall des Rechtsschutzinteresses (BGH NJW-RR 1992, 1388 = AG 1992, 448; *Hüffer* § 245 Rdn. 26). Entschließt sich der Kläger erst nach Erhebung der Anfechtungsklage, die Gesellschaft in grob eigennütziger Weise zu einer Leistung zu veranlassen, auf die er keinen Anspruch hat, ist die Anfechtungsklage rechtsmissbräuchlich (BGH AG 1992, 86; MünchKomm. AktG/*Hüffer* § 245 Rdn. 54). Die Anfechtung eines Hauptversammlungsbeschlusses kann auch auf einen Nichtigkeitsgrund gestützt werden, dieser unterliegt nicht der Ausschlussfrist des § 246 Abs. 1 AktG (BGH NJW 1995, 260).

8. § 246 Abs. 3 AktG.

9. Zur Streitwertspaltung vgl. § 247 Abs. 2 AktG (*Hüffer* § 247 Rdn. 11ff.). Zur Glaubhaftmachung genügt eine eidesstattliche Versicherung, § 294 ZPO. Der Antrag kann nur ausnahmsweise noch nach der Verhandlung zur Hauptsache gestellt werden, § 247 Abs. 3 AktG. Eine in erster Instanz getroffene Entscheidung, nach der sich die Verpflichtung der antragstellenden Partei nach einem ihrer Wirtschaftslage angepassten Teil des Streitwerts bemisst, wirkt nicht für die folgenden Instanzen (BGH Betr. 1992, 2492 = AG 1993, 85; str. vgl. *Hüffer* § 247 Rdn. 18).

Rechtsmittel und Fristen

Die Anfechtungsklage muss innerhalb eines Monats nach der Beschlussfassung erhoben werden, § 246 Abs. 1 AktG. Eine Wiedereinsetzung in den vorigen Stand ist nicht möglich, da es sich um eine materiell-rechtliche Frist handelt (Hüffer § 246 Rdn. 20). Die Frist beginnt nach hM. mit Ende der Hauptversammlung zu laufen (Großkomm. AktG/*K. Schmidt* § 245 Rdn. 17; *Hüffer* § 245 Rdn. 22; Kölner Komm. AktG/*Zöllner* § 245 Rdn. 10; aA. MünchHdb. AG/*Semler* § 41 Rdn. 72).

23. Aktienrechtliche Nichtigkeitsklage nach § 249 AktG

An das
Landgericht
Kammer für Handelssachen[1]

Klage

des ...... (Klägers)

Prozessbevollmächtigter: ......

gegen

die ...... (Beklagte)

vertreten durch den Vorstand, nämlich ......

und den Aufsichtsrat[2], nämlich ......

wegen

Feststellung der Nichtigkeit eines Hauptversammlungsbeschlusses

Vorläufiger Streitwert[3]: EUR ......

Namens und mit Vollmacht des Klägers erhebe ich Klage mit folgenden Anträgen:

I. Es wird festgestellt, dass die Beschlüsse der Hauptversammlung der Beklagten vom ......, durch welche dem Aufsichtsrat (Punkt 3 der Tagesordnung) und dem Vorstand (Punkt 4 der Tagesordnung) Entlastung erteilt wurde, nichtig sind[4].
II. Die Beklagte trägt die Kosten des Rechtsstreits.

Zur

Begründung

trage ich vor:

I.

Der Kläger war zum Zeitpunkt der Hauptversammlung der Beklagten vom ...... deren Aktionär. Er ist es noch heute.

Beweis: Bescheinigung der A-Bank (Anlage K 1).

Die Punkte 3 (Entlastung des Aufsichtsrats) und 4 (Entlastung des Vorstands) der Tagesordnung für die Hauptversammlung vom ...... wurden von dem die Versammlung leitenden Vorsitzenden des Aufsichtsrates B. ordnungsgemäß aufgerufen und behandelt. Nach mehreren Wortmeldungen schritt der Versammlungsleiter zur Abstimmung. Auf Vorschlag des Versammlungsleiters wurde offen abgestimmt. Weder bei der Beschlussfassung über die Entlastung des Aufsichtsrats noch bei der Beschlussfassung über die

Entlastung des Vorstandes waren deutliche Mehrheiten erkennbar. Der Vorsitzende verzichtete darauf, die Stimmen zählen zu lassen. In der Niederschrift des Notars C ist zu beiden Punkten der Tagesordnung lediglich protokolliert: „Entlastung erteilt“.

II.

Beide Beschlüsse sind nichtig. Dies folgt aus §§ 241 Nr. 2[5], 130 Abs. 2 AktG. Entgegen der Vorschrift des § 130 Abs. 2 AktG ist in der Niederschrift über die Beschlüsse der Hauptversammlung zu den hier interessierenden beiden Tagesordnungspunkten weder die Art noch das Ergebnis der Abstimmung, noch die Feststellung des Vorsitzenden über die Beschlussfassung angegeben.
Der Kläger ist als Aktionär zur Erhebung der Nichtigkeitsklage nach § 249 AktG befugt[6]. Der Kläger hat auch ein besonderes Feststellungsinteresse[7]. Die Beklagte bestreitet die Nichtigkeit des Beschlusses. Der Kläger ist der Auffassung, dass mit ihm die Mehrheit gegen Entlastung von Aufsichtsrat und Vorstand gestimmt hat.

III.

Das angerufene Gericht ist ausschließlich zuständig[8]. Die Sache ist Handelssache.

IV.

Ich stelle vorab den Antrag, anzuordnen, dass sich die Verpflichtung des Klägers zur Zahlung von Gerichtskosten nach einem seiner Wirtschaftslage angepassten Teil des Streitwerts bemisst[9].

Begründung

Der Kläger ist Student. Er verfügt außer der einen Aktie der Beklagten über keinerlei Vermögen. Da seine Eltern nicht imstande sind, ihn zu unterhalten, ist er ausschließlich auf öffentliche Mittel (nach dem Bundesausbildungsförderungsgesetz) angewiesen.
Glaubhaftmachung: Eidesstattliche Versicherung des Klägers vom ...... (Anlage K 2).
Dass die sogenannten BAföG-Mittel nur für den notwendigsten Unterhalt ausreichen, kann als gerichtsbekannt unterstellt werden.

Rechtsanwalt

Anmerkungen

1. § 95 Abs. 2 GVG.

2. Vgl. Anm. 2 bei For. II.K. 22.

3. §§ 249, 247 Abs. 1 AktG; vgl. auch die Anm. 3 zu Form. II. K. 22.

4. Feststellungsklage nach § 249 AktG; zum Verhältnis von Nichtigkeits- und Anfechtungsklage vgl. Anm. 4 zu Form. II. K. 22.

5. Zu den Nichtigkeitsgründen außerhalb des § 241 AktG vgl. Großkomm. AktG/*Schmidt* § 241 Rdn. 20; Kölner Komm. AktG/*Zöllner* § 241 Rdn. 27–31. Zur Heilung der Nichtigkeit vgl. OLG Düsseldorf Betr. 2001, 2086; zur Heilung von nichtigen Bestimmungen der Ursprungssatzung vgl. BGH WM 2000, 1544.

6. Vgl. § 249 AktG; auch hier ist wie bei § 245 AktG für das Anfechtungsrecht (vgl. Anm. 5 zu Form. II. K. 22) streitig, ob der Kläger schon zum Zeitpunkt der Hauptversammlung Aktionär gewesen sein muss; hM. lässt es hier – anders als bei Anfechtungsklagen – genügen, wenn die Aktionärstellung zum Schluss der mündlichen Verhandlung vorliegt; eine Aktionärsstellung bei der Beschlussfassung wird nicht verlangt (OLG Stuttgart AG 2001, 315, 316 = ZIP 2001, 650; *Hüffer* § 249 Rdn. 5; MünchKomm.

AktG/*Hüffer* § 249 Rdn. 11). Zur rechtsmissbräuchlichen Nichtigkeitsklage vgl. Form. II. K. 22 Anm. 5 und 8.

7. Das Feststellungsinteresse nach § 256 ZPO ist auch hier erforderlich, aber in der Regel zu bejahen; vgl. *Hüffer* § 249 Rdn. 11; Kölner Komm. AktG/*Zöllner* § 249 Rdn. 20 u. Rdn. 21 mwN.

8. §§ 249, 246 Abs. 3 S. 1 AktG.

9. §§ 249, 247 Abs. 2 AktG; vgl. auch die Anm. 10 zu Form. II. K. 22.

24. Antrag auf gerichtliche Feststellung des angemessenen Ausgleichs und der angemessenen Abfindung nach §§ 304, 305 AktG

An das
Landgericht
Kammer für Handelssachen[1]

Antrag

des ......

Prozessbevollmächtigter: ...... **(Antragsteller)**[2]

Weitere Verfahrensbeteiligte[3]

1. X-AG,
vertreten durch den Vorstand, nämlich ......,

(Verfahrensbeteiligte Nr. 1)

2. Y-AG,
vertreten durch den Vorstand, nämlich ......,

(Verfahrensbeteiligte Nr. 2)

auf gerichtliche Feststellung des angemessenen Ausgleichs und der angemessenen Abfindung nach §§ 304, 305 AktG[4]**.**

Namens und mit Vollmacht des Antragstellers stelle ich den Antrag,

den geschuldeten Ausgleich und die vertraglich zu gewährende Abfindung zu bestimmen.

Zur

Begründung

trage ich vor:

I.

Die Verfahrensbeteiligte Nr. 1 – X – ist eine Aktiengesellschaft mit Sitz in ...... Sie befasst sich mit der Herstellung und dem Vertrieb von ...... und erzielte 20. ...... einen Jahresumsatz von ......
X ist eine Tochtergesellschaft von Y, der Verfahrensbeteiligten Nr. 2, die an X mit 76% beteiligt ist.

II.

X und Y haben am ...... einen Beherrschungsvertrag abgeschlossen, auf Grund dessen X die Leitung der Gesellschaft Y unterstellt.
Der Beherrschungsvertrag sieht für die außenstehenden Aktionäre einen Ausgleich in Form einer jährlichen Zahlung in Höhe von EUR ...... vor. Die Barabfindung für die

außenstehenden Aktionäre soll nach diesem Vertrag EUR ...... je Aktie zum Nennbetrag von ...... betragen.
Wegen der Einzelheiten nehme ich Bezug auf den in Anlage ASt 1 beigefügten Beherrschungsvertrag vom ......
Dem Beherrschungsvertrag haben die Hauptversammlungen von X und Y zugestimmt. Der Vertrag ist am ...... im Handelsregister des Amtsgerichts ...... eingetragen worden; er wurde im Bundesanzeiger vom ...... bekanntgemacht.

III.

1. Der im Beherrschungsvertrag vorgesehene Ausgleich ist nicht angemessen im Sinne des § 304 Abs. 1 S. 2 in Verbindung mit § 304 Abs. 2 AktG. Als Ausgleichszahlung ist nach § 304 Abs. 2 AktG mindestens die jährliche Zahlung des Betrags zuzusichern, der nach der bisherigen Ertragslage der Gesellschaft und ihren künftigen Ertragsaussichten unter Berücksichtigung angemessener Abschreibungen und Wertberichtigungen, jedoch ohne Bildung anderer Gewinnrücklagen, voraussichtlich als durchschnittlicher Gewinnanteil auf die einzelne Aktie verteilt werden könnte. Aus den folgenden Ausführungen ergibt sich, dass der angebotene Ausgleich unangemessen ist.
(Hier sind im Regelfall die Feststellungen eines von der Partei beauftragten Gutachters wiederzugeben, mit Beweisantritt[5])
2. Außer der Verpflichtung zum Ausgleich nach § 304 AktG muss ein Beherrschungsvertrag auch die Verpflichtung des anderen Vertragsteils enthalten, auf Verlangen eines außenstehenden Aktionärs dessen Aktien gegen eine im Vertrag bestimmte angemessene Abfindung zu erwerben. Die im Beherrschungsvertrag vorgesehene Abfindung ist nicht angemessen. Zwar ist eine Barabfindung nach § 305 Abs. 2 Nr. 2 AktG möglich[6], die angebotene Barabfindung ist indes nicht angemessen. Auch dies ergibt sich aus dem beigefügten Gutachten *(vgl. oben)*.

IV.

Die Kosten sind nach § 306 Abs. 7 S. 7 AktG X und Y als Partner des Unternehmensvertrags aufzuerlegen. Ich rege an, X und Y auch zu verpflichten, dem Antragsteller seine außergerichtlichen Kosten zu erstatten.

Rechtsanwalt

Anmerkungen

1. Örtlich und sachlich zuständig ist das Landgericht des Sitzes der Gesellschaft, der antragsbefugte Aktionäre angehören, § 306 Abs. 1 S. 1 AktG. Nach herrschender Lehre ausschließliche Zuständigkeit der Kammer für Handelssachen (Kölner Komm. AktG/*Koppensteiner* § 306 Rdn. 5; MünchHdb. AG/*Krieger* § 70 Rdn. 112). Zur Zuständigkeit bei Verschmelzung mehrerer Gesellschaften vgl. BayObLG Betr. 2001, 2640 = NZG 2002, 96; *Bungert* Betr. 2000, 2051.

Ermächtigung in § 306 Abs. 1 S. 2 iVm. § 132 Abs. 1 S. 3 AktG für die Landesregierungen, durch Rechtsverordnungen einem Landgericht für mehrere Landgerichtsbezirke Aktienrechtsstreitsachen zu übertragen. Zentralisierte Zuständigkeiten bestehen in Baden-Württemberg, Bayern, Hessen, Niedersachsen, Nordrhein-Westfalen und Rheinland-Pfalz (vgl. dazu im einzelnen MünchHdb. AG/*Semler* § 37 Rdn. 49 in Fn. 133).

2. Streitig ist, ob die Antragsberechtigung davon abhängt, in welchem Zeitpunkt der Antragsteller Aktionär wurde. Nach einer Meinung muss der Antragsteller schon am Tag der Beschlussfassung der Hauptversammlung über den Unternehmensvertrag oder seiner Änderung Aktionär gewesen sein. Nach einer zweiten Meinung muss der Antragsteller bis zur Bekanntmachung der Eintragung des Unternehmensvertrags in das Handelsregister Aktionär geworden sein. Die dritte Meinung hält den für antragsberechtigt, der im Zeitpunkt der Antragstellung Eigentümer zumindest einer Aktie der Gesellschaft ist (zum Meinungsstand eingehend *Hüffer* § 304 Rdn. 24; Kölner Komm. AktG/*Koppensteiner* § 304 Rdn. 63; MünchHdb. AG/*Krieger* § 70 Rdn. 114). Zu den Folgen des Verlustes der Aktionärseigenschaft während des Verfahrens vgl. Großkomm. AktG/*Würdinger* § 304 Rdn. 31; *Hüffer* § 304 Rdn. 25; *Götz* Betr. 2000, 1165. Zum Missbrauch der Antragsbefugnis vgl. *Emmerich/Habersack* § 306 Rdn. 10; *Hüffer* § 306 Rdn. 7 jeweils mwN. Die Eingliederung der abhängigen AG während des Verfahrens führt nicht zur Erledigung (BVerfG Betr. 1999, 577; BGH WM 2001, 856; BayObLG WM 1999, 1571).

3. Verfahrensbeteiligte sind der Antragsteller, ein etwaiger gemeinsamer Vertreter nach § 306 Abs. 4 S. 2 AktG und die Parteien des Unternehmensvertrags (Kölner Komm. AktG/*Koppensteiner* § 306 Rdn. 15; zum gemeinsamen Vertreter vgl. auch *Emmerich/Habersack* § 306 Rdn. 17 ff.; MünchHdb. AG/*Krieger* § 70 Rdn. 120). Zur Rechtsstellung der außenstehenden Aktionäre im gerichtlichen Verfahren nach § 306 AktG vgl. BVerfG AG 1991, 428.

4. Durch eine dem Antrag stattgebende Entscheidung wird der Unternehmensvertrag rückwirkend umgestaltet, sodass ein gerichtlich festgesetzter Ausgleich/Abfindung als von Anfang an vereinbart anzusehen ist (OLG Hamburg WM 2002, 655, 657; *Hüffer* § 306 Rdn. 19). Das Gericht entscheidet darüber, ob Ausgleich bzw. Abfindung angemessen sind, einen Zahlungstitel kann der Aktionär jedoch nur im ordentlichen Prozess erwirken (OLG Hamburg WM 2002, 655, 659).

5. Verfahrensregeln richten sich gemäß § 306 Abs. 2, § 99 Abs. 1 AktG nach dem FGG, soweit nicht aktienrechtliche Sondervorschriften gelten. Es gilt der Amtsermittlungsgrundsatz des § 12 FGG (vgl. zum Verfahren auch MünchHdb. AG/*Krieger* § 70 Rdn. 89 und Kölner Komm. AktG/ *Koppensteiner* § 306 Rdn. 16). Vergleiche sind nach herrschender Meinung ausgeschlossen (Kölner Komm. AktG/*Koppensteiner* § 306 Rdn. 18 mwN.). Das Gericht kann in entsprechender Anwendung von § 258 HGB die Aufbewahrung von Handelsbüchern über die handelsrechtlichen Aufbewahrungsfristen hinaus anordnen (BayObLG Betr. 1993, 1027).

6. Der Beherrschungsvertrag kann unter den Voraussetzungen des § 305 Abs. 2 Nr. 2 AktG nach Wahl des herrschenden Unternehmens eine Abfindung entweder durch Gewährung von Aktien der herrschenden oder mit Mehrheit beteiligten Gesellschaft oder eine Barabfindung vorsehen. Hier haben sich die Unternehmen für eine Barabfindung entschieden. Zur Bemessung der Barabfindung vgl. BayObLG Betr. 2001, 1928; MünchHdb. AG/*Krieger* § 70 Rdn. 102 ff. Bei der Bemessung ist auch der Börsenkurs zu berücksichtigen (BVerfG NJW 1999, 3769 = ZIP 1999, 1436; vgl. dazu *Hüffer* § 305 Rdn. 24 a ff.). Die hM. stellt dabei auf einen Durchschnittskurs einer Referenzperiode ab (BGHZ 141, 108, 117 ff. = NJW 2001, 2080; OLG Stuttgart NZG 2000, 744; *Hüffer* § 305 Rdn. 24 d.; aA. OLG Düsseldorf AG 2000, 422, das auf den Stichtagskurs abstellt). Bezüglich der maßgeblichen Referenzperiode sind sowohl Beginn als auch Dauer umstritten (vgl. BGHZ 141, 108, 117 ff.; OLG Stuttgart BB 2000, 1313; *Bungert* BB 2001, 1163; *Weiler/Meyer* ZIP 2001, 2153).

Kosten und Gebühren

Schuldner der Gerichtskosten sind die Vertragsteile des Unternehmensvertrags (§ 306 Abs. 7 S. 7 AktG). Die Kosten können ganz oder teilweise auch anderen Beteiligten auferlegt werden (vgl. dazu MünchHdb. AG/*Krieger* § 70 Rdn. 132). Für die außergerichtlichen Kosten vgl. § 13a Abs. 1 FGG (dazu MünchHdb. AG/*Krieger* § 70 Rdn. 132 und Kölner Komm. AktG/ *Koppensteiner* § 306 Rdn. 28). Zum Gegenstandswert vgl. BayObLG DB 1996, 1126; OLG Karlsruhe OLG Report 1998, 68; MünchHdb. AG/*Krieger* § 70 Rdn. 98; Kölner Komm. AktG/ *Koppensteiner* § 306 Rdn. 28; nach *Geßler* Aktiengesetz Kommentar, § 306 Rdn. 30 richtet sich der Geschäftswert nach dem Unterschiedsbetrag zwischen der angebotenen und der angemessenen Abfindung, sofern dieser Betrag bestimmt oder wenigstens bestimmbar ist, vgl. auch *Pentz,* Betr. 1993, 621 auch zur Rechtsstellung des gemeinsamen Vertreters im Spruchstellenverfahren nach § 306 AktG, hierzu ebenso BayObLG BB 1996, 974.

Rechtsmittel und Fristen

Siehe §§ 304 Abs. 4 S. 2, 305 Abs. 5 AktG: Antragstellung binnen zwei Monaten seit dem Tage, an dem die Eintragung des Bestehens oder einer unter § 295 Abs. 2 AktG fallenden Änderung des Vertrags im Handelsregister nach § 10 HGB als bekanntgemacht gilt (hierzu *Hüffer* § 304 Rdn. 26). Gegen die landgerichtliche Entscheidung ist die sofortige Beschwerde möglich (*Hüffer* § 306 Rdn. 19; MüHdb AG/*Krieger* § 70 Rdn. 129).

25. Antrag auf Feststellung der Unbedenklichkeit nach § 16 Abs. 3 UmwG

An das
Landgericht
Kammer für Handelssachen[1]

Antrag

der X-AG,
vertreten durch den Vorstand, nämlich ......
und den Aufsichtsrat, nämlich ......

(Antragstellerin)[2]

Verfahrensbevollmächtigter: ...... gegen

......

(Antragsgegner)[3]

Verfahrensbevollmächtigter: ......

auf Feststellung nach § 16 Abs. 3 UmwG,[4] **dass die Erhebung der Unwirksamkeitsklage der Eintragung des Verschmelzungsbeschlusses nicht entgegensteht.**

Namens und mit Vollmacht der Antragstellerin beantrage ich:

I. Es wird festgestellt, dass die Erhebung der Anfechtungsklage (Az. des LG ......: ....../02) gegen den Verschmelzungsbeschluss in der Hauptversammlung der Antragstellerin vom 8. Dezember 2001 der Eintragung der Verschmelzung im Handelsregister nicht entgegensteht.[5]

II. Der Antragsgegner trägt die Kosten des Verfahrens.

Zur

Begründung

trage ich vor:

I.

1. Die Vorstände der Antragstellerin und der Y-AG haben am 24. September 2001 einen Vertrag über die Verschmelzung der Antragstellerin mit der Y-AG durch Aufnahme der Y-AG in die Antragstellerin abgeschlossen (nachfolgend „Verschmelzungsvertrag"). Der Verschmelzungsvertrag wurde den Hauptversammlungen der Antragstellerin am 8. Dezember 2001 sowie der Y-AG am 10. Dezember 2001 zur Zustimmung vorgelegt. Die Hauptversammlung der Antragstellerin fasste mit einer Mehrheit von über drei Vierteln[6] des bei der Beschlussfassung vertretenen Grundkapitals den Beschluss, dem Verschmelzungsvertrag zuzustimmen (nachfolgend „Verschmelzungsbeschluss"). Die Hauptversammlung der Y-AG fasste ebenfalls mit einer Mehrheit von über drei Vierteln des bei der Beschlussfassung vertretenen Grundkapitals den Beschluss, dem Verschmelzungsvertrag zuzustimmen.
2. Der Antragsgegner ist Aktionär der Antragstellerin mit insgesamt zwei Inhaberaktien im Nennbetrag von jeweils EUR 50,–. Er hat mit Klagschrift vom 7. Januar 2002, Einreichung beim Prozessgericht am selben Tage, Anfechtungsklage gegen den Verschmelzungsbeschluss erhoben.[7] Dieser Rechtsstreit wird bei dem angerufenen Gericht unter dem Az.: ....../02 geführt (nachfolgend „Hauptsacheverfahren").
3. Zum Sachverhalt nehme ich in vollem Umfang Bezug auf den Vortrag der Antragstellerin als Beklagte im Hauptsacheverfahren und beantrage vorsorglich
die Beiziehung der Akten des Hauptsacheverfahrens.
Ich weise darauf hin, dass im Hauptsacheverfahren von der Antragstellerin Kopien des Verschmelzungsvertrages und des Verschmelzungsbeschlusses als Anlagen B 1 und B 2 vorgelegt wurden.
4. Der Antragsgegner stützt seine Anfechtungsklage im Hauptsacheverfahren einzig auf die von ihm nicht weiter substantiierte Behauptung, das im Verschmelzungsvertrag (dort unter § 2) gewählte Umtauschverhältnis von je einer Inhaberaktie der Antragstellerin im Nennbetrag von jeweils EUR 50,– nebst einer baren Zuzahlung in Höhe von EUR 2,40 je Inhaberaktie der Y-AG im Nennbetrag von EUR 50,– für je drei Inhaberaktien der Y-AG im Nennbetrag von je EUR 50,– sei zumindest um den Betrag der baren Zuzahlung zu hoch, mithin zu Lasten der Aktionäre der Antragstellerin unangemessen.[8] Dies ist offensichtlich nicht zutreffend. Zur Begründung verweise ich auf den Vortrag der Antragstellerin im Hauptsacheverfahren (dort S. 12 bis 20 der Klagerwiderung) sowie auf das im Hauptsacheverfahren von der Antragstellerin als Anlage B 3 vorgelegte Gutachten der XYZ-Wirtschaftsprüfungsgesellschaft mbH vom 17. September 2001. Zur weiteren Begründung der Angemessenheit des im Verschmelzungsvertrag vorgesehenen Umtauschverhältnisses und deren Glaubhaftmachung[9] lege ich als

– Anlage ASt 1 –

die eidesstattliche Versicherung des Vorstands A der Antragstellerin sowie als

– Anlage ASt 2 –

die eidesstattliche Versicherung des Vorstands B der Y-AG vor.
5. Wenn die Verschmelzung der Antragstellerin und der Y-AG nicht alsbald wirksam wird, ist dies mit gravierenden Nachteilen für die Antragstellerin und die Y-AG sowie die Aktionäre beider Gesellschaften verbunden[10]. Zur Darlegung dieser Nachteile verweise ich auf das als

– Anlage ASt 3 –

beigefügte Gutachten der XYZ-Wirtschaftsprüfungsgesellschaft mbH vom 26. Januar 2002. Zur Glaubhaftmachung der Tatsachen, auf die sich dieses Gutachten stützt, nehme ich Bezug auf den zweiten Teil der eidesstattlichen Versicherungen des Vorstands A der Antragstellerin sowie des Vorstands B der Y-AG (Anlagen ASt 1 und

ASt 2). Von Bedeutung ist insbesondere die durch den Inhalt der Anlagen ASt 1, ASt 2 und ASt 3 dargelegte und glaubhaftgemachte Tatsache, dass der bei der Y-AG vorhandene Verlustvortrag nur dann noch für dieses Jahr steuerlich wirksam werden kann, wenn die Eintragung der Verschmelzung in das Handelsregister der Antragstellerin bis zum 31. Dezember 2002 stattfindet. Von ganz erheblichem Gewicht sowohl für die Antragstellerin, wie für die Y-AG sind zudem die in den Anlagen ASt 1, ASt 2 und ASt 3 dargelegten und glaubhaftgemachten laufenden nachteiligen Auswirkungen der hängenden Verschmelzung (ausbleibende Synergieeffekte, Abwanderung verunsicherten Personals);[11] zu den hieraus abzuleitenden zu erwartenden mittelbaren Vermögensnachteilen der Aktionäre der Antragstellerin und der Y-AG siehe das Gutachten der XYZ-Wirtschaftsprüfungsgesellschaft vom 26. Januar 2002 (Anlage ASt 3).

II.

1. Der Antrag ist zulässig. Das angerufene Gericht ist als Prozessgericht des Hauptsacheverfahrens zur Entscheidung über den Antrag zuständig. Die Antragstellerin ist als im Hauptsacheverfahren beklagte Rechtsträgerin antragsbefugt, richtiger Antragsgegner ist der Kläger des Hauptsacheverfahrens.
2. Der Antrag ist nach § 16 Abs. 3 S. 2, 2. und 3. Alt. UmwG begründet.[12]
Die Klage des Antragsgegners im Hauptsacheverfahren ist offensichtlich unbegründet; siehe oben unter I.4.[13]
Das alsbaldige Wirksamwerden der Verschmelzung erscheint im Übrigen unter Berücksichtigung der Schwere der mit der Klage geltend gemachten Rechtsverletzungen zur Abwendung der von der Antragstellerin (oben unter I.5.) dargelegten wesentlichen Nachteile für die an der Verschmelzung beteiligten Rechtsträger und ihre Anteilsinhaber vorrangig.[14] Wenn das Umtauschverhältnis tatsächlich zu Lasten der Aktionäre der Antragstellerin unangemessen sein sollte, so würde dies allenfalls einen geringen Vermögensnachteil für den Antragsgegner und die weiteren Aktionäre der Antragstellerin bedeuten. Dieser Vermögensnachteil würde im Vergleich zu den durch die verzögerte Eintragung des Verschmelzungsbeschlusses im Handelsregister entstehenden Nachteilen für die Antragstellerin und die Y-AG sowie sämtliche Aktionäre beider Gesellschaften nicht ins Gewicht fallen. Allein die mittelbaren Vermögensnachteile aller Aktionäre der beiden Gesellschaften durch die Verzögerung der Eintragung des Verschmelzungsbeschlusses würden den von dem Antragsgegner behaupteten Vermögensnachteil der Aktionäre der Antragstellerin durch das angeblich unangemessene Umtauschverhältnis bei weitem überwiegen. Im Übrigen verbliebe dem Antragsgegner in dem Fall, in dem sich das Umtauschverhältnis tatsächlich als unangemessen zu Lasten der Aktionäre der Antragstellerin erweisen sollte, der Schadensersatzanspruch nach § 16 Abs. 3 S. 6 UmwG.[15]

Rechtsanwalt

Anmerkungen

1. Der Antrag nach § 16 Abs. 3 UmwG ist an das für das Unbedenklichkeitsverfahren zuständige Gericht der Hauptsache („das für diese Klage zuständige Prozessgericht", § 16 Abs. 3 S. 1 UmwG) zu richten. Zuständig ist mithin in der Regel eine Kammer für Handelssachen des Landgerichts am Sitz des betroffenen Rechtsträgers (vgl. *Lutter/Bork* UmwG § 16 Rdn. 24; *Schmitt/Hörtnagl/Stratz* UmwG § 16 Rdn. 46). Da ein Fall des § 349 Abs. 2 ZPO nicht vorliegt, entscheidet grundsätzlich die Kammer in voller Besetzung und nicht der Vorsitzende allein. Im Einverständnis der Parteien kann der Vorsitzende allerdings anstelle der Kammer entscheiden (§ 349 Abs. 3 ZPO).

2. Antragsbefugt ist nur der im Hauptsacheverfahren beklagte Rechtsträger, gegen dessen Verschmelzungsbeschluss sich die Klage richtet (§ 16 Abs. 3 S. 1 UmwG). Antragsbefugt sind daher weder die übrigen an der Verschmelzung beteiligten Rechtsträger, noch die Anteilsinhaber (vgl. *Lutter/Bork* UmwG § 16 Rdn. 16). Auch der Erlass eines Unbedenklichkeitsbeschlusses von Amts wegen ist ausgeschlossen; es gilt die Dispositionsmaxime (siehe *Lutter/Bork* UmwG § 16 Rdn. 16). Der Antrag sollte von Vorstand und Aufsichtsrat gemeinsam gestellt werden. Das Gesetz lässt die Frage, ob eine Doppelvertretung erforderlich ist, zwar offen; das Unbedenklichkeitsverfahren steht jedoch notwendig mit einer Anfechtungsklage, bei der die Doppelvertretung gem. § 246 Abs. 2 S. 2 AktG zwingend vorgeschrieben ist (vgl. auch Form. II. K. 22 Anm. 2), im Zusammenhang. Daher sollte vorsorglich vom Erfordernis einer Doppelvertretung ausgegangen werden.

3. Antragsgegner ist der im Hauptsacheverfahren klagende Anteilsinhaber (vgl. *Lutter/Bork*, UmwG § 16 Rdn. 16). Ungeklärt ist bisher, ob § 82 ZPO Anwendung findet, so dass die Zustellung an den Prozessbevollmächtigten des Hauptverfahrens möglich ist. Obwohl vieles dafür spricht, sollte vorsorglich sowohl an den Prozessbevollmächtigten als auch an den Antragsgegner zugestellt werden.

4. Das in § 16 Abs. 3 UmwG geregelte Unbedenklichkeitsverfahren hat seinen Vorläufer in der Rechtsprechung des BGH, der bereits vor Einführung des § 16 Abs. 3 UmwG (zum 1. Januar 1995, vgl. *Lutter* UmwG Einl. Rdn. 18) dem Registergericht die Möglichkeit zugesprochen hatte, die Verschmelzung trotz einer anhängigen Klage im Handelsregister einzutragen, wenn die Klage offensichtlich keine Aussicht auf Erfolg hat (siehe BGHZ 112, 9). Dieser richtige Grundsatz sollte mit der Regelung von § 16 Abs. 3 UmwG fortgeführt und erweitert werden (so die Begründung des Regierungsentwurfs zu § 16, abgedruckt bei *Schaumburg/Rödder* UmwG/UmwStG § 16 UmwG Rdn. 9 vgl. zum historischen Hintergrund der Regelung des § 16 Abs. 3 UmwG *Lutter/Bork* § 16 Rdn. 14).

Das Unbedenklichkeitsverfahren nach § 16 Abs. 3 UmwG ist ein Verfahren sui generis, das als summarisches Verfahren neben dem Hauptsacheverfahren auf Antrag eine Rechtsschutzmöglichkeit für den Rechtsträger, gegen dessen Verschmelzungsbeschluss sich die Klage richtet, eröffnet. Soweit § 16 Abs. 3 UmwG keine Sonderregelungen trifft, sind auf das Verfahren auf Grund der allgemeinen Grundsätze die Vorschriften der ZPO anwendbar, da es sich um ein Verfahren der ordentlichen Gerichtsbarkeit (§ 13 GVG) handelt, das nicht ausdrücklich dem Verfahren der freiwilligen Gerichtsbarkeit unterworfen wird (vgl. § 1 FGG; siehe hierzu die Begründung des Regierungsentwurfs, abgedruckt bei *Schaumburg/Rödder* UmwG/UmwStG § 16 UmwG Rdn. 24). In den überwiegenden Fällen setzt das Verfahren nach § 16 Abs. 3 UmwG eine mündliche Verhandlung voraus; jedoch ist es möglich, dass das Gericht in wohl nur selten vorliegenden dringenden Fällen auch im schriftlichen Verfahren entscheidet, § 16 Abs. 3 S. 3 UmwG (siehe die Begründung des Regierungsentwurfs, *Schaumburg/Rödder* UmwG/UmwStG § 16 UmwG Rdn. 20).

Außerhalb der gesetzlich ausdrücklich geregelten Anwendungsfälle (§§ 16 Abs. 3, 125, 176f., 198 Abs. 3 UmwG) ist § 16 Abs. 3 UmwG nicht, auch nicht analog, anwendbar (siehe *Kallmeyer/Marsch-Barner* § 16 Rdn. 28; *Lutter/Bork* UmwG § 16 Rdn. 17). Zur Zulässigkeit eines Unbedenklichkeitsbeschlusses mit Auflagen vgl. *Heermann* ZIP 1999, 1861, 1870ff.

5. Ein rechtskräftiger Unbedenklichkeitsbeschluss nach § 16 Abs. 3 UmwG ersetzt als Voraussetzung der Eintragung der Verschmelzung im Register die Erklärung der Vertretungsorgane des Rechtsträgers nach § 16 Abs. 2 UmwG bei der Anmeldung, dass eine Klage gegen die Wirksamkeit des Verschmelzungsbeschlusses nicht oder nicht fristgemäß erhoben oder eine solche Klage rechtskräftig abgewiesen oder zurückgenommen worden ist. Liegen weder die Voraussetzungen des § 16 Abs. 2 UmwG (Negativattest

oder Verzichtserklärung) noch diejenige des § 16 Abs. 3 UmwG (rechtskräftiger Unbedenklichkeitsbeschluss) vor, hat das Registergericht das Eintragungsverfahren analog § 127 FGG bis zur Erledigung des Hauptsacheverfahrens über die Unwirksamkeitsklage oder zum Erlass eines Unbedenklichkeitsbeschlusses auszusetzen (siehe *Lutter/Bork* UmwG § 16 Rdn. 6).

Die Rechtskraft des Unbedenklichkeitsbeschlusses hat keine Auswirkungen auf das Hauptsacheverfahren, führt also insbesondere selbst dann, wenn die Verschmelzung infolge des Unbedenklichkeitsbeschlusses in das Register eingetragen wird, grundsätzlich nicht zur Erledigung der Hauptsache (siehe *Lutter/Bork* UmwG § 16 Rdn. 32).

6. Der Verschmelzungsbeschluss der Hauptversammlung bedarf einer Mehrheit, die mindestens drei Viertel des bei der Beschlussfassung vertretenen Grundkapitals umfasst, § 65 Abs. 1 UmwG.

7. § 14 Abs. 1 UmwG sieht einheitlich für alle Klagen, die sich gegen die Wirksamkeit eines Verschmelzungsbeschlusses richten, eine einmonatige Klagefrist vor. Damit soll eine möglichst rasche Klarheit über die Bestandskraft des Verschmelzungsbeschlusses erreicht werden. Es kommt daher insbesondere nicht darauf an, ob es sich um eine aktienrechtliche Nichtigkeits- oder – wie vorliegend im Hauptsacheverfahren – Anfechtungsklage handelt (vgl. *Lutter/Bork* UmwG § 14 Rdn. 5; *Schmitt/Hörtnagl/Stratz* UmwG § 14 Rdn. 5 ff.).

8. Die Anteilsinhaber des übernehmenden Rechtsträgers können im Gegensatz zu den Anteilsinhabern des übertragenden Rechtsträgers, für die § 14 Abs. 2 UmwG gilt (vgl. OLG Düsseldorf ZIP 1999, 793, 794; OLG Hamm ZIP 1999, 798), die Wirksamkeit ihres Verschmelzungsbeschlusses mit der Begründung in Frage stellen, das Umtauschverhältnis sei zu ihren Lasten unangemessen (vgl. *Lutter/Bork* UmwG § 14 Rdn. 14).

9. Der Antragsteller hat in seinem Antrag die entscheidungserheblichen Tatsachen glaubhaft zu machen. Es gilt § 294 ZPO. Damit kann sich der Antragsteller aller Beweismittel bedienen, einschließlich eidesstattlicher Versicherungen (§ 294 Abs. 1 ZPO). Statthaft ist aber nur eine Beweisaufnahme, die sofort erfolgen kann, daher müssen sämtliche Beweismittel präsent sein (§ 294 Abs. 2 ZPO, siehe *Lutter/Bork* UmwG § 16 Rdn. 25). Im Hauptsacheverfahren unstreitige Tatsachen müssen nicht glaubhaft gemacht werden (vgl. *Lutter/Bork* UmwG § 16 Rdn. 25).

10. Ausreichend ist, dass entweder der Antragstellerin oder einem ihrer Anteilsinhaber Nachteile drohen (OLG Düsseldorf DNotZ 2002, 308, 313).

11. Vgl. zu diesem Sachverhalt OLG Düsseldorf ZIP 1999, 793, 798; OLG Stuttgart ZIP 1997, 75, 77; OLG Frankfurt ZIP 1996, 379, 381.

12. Begründet ist der Antrag auf Erlass eines Unbedenklichkeitsbeschlusses, „wenn die Klage gegen die Wirksamkeit unzulässig oder offensichtlich unbegründet ist oder wenn das alsbaldige Wirksamwerden der Verschmelzung nach freier Überzeugung des Gerichts unter Berücksichtigung der Schwere der mit der Klage geltend gemachten Rechtsverletzungen zur Abwendung der vom Antragsteller dargelegten wesentlichen Nachteile für die an der Verschmelzung beteiligten Rechtsträger und ihre Anteilsinhaber vorrangig erscheint“ (§ 16 Abs. 3 S. 2 UmwG). Zu Fällen der Unzulässigkeit, offensichtlicher Unbegründetheit sowie zum vorrangigen Eintragungsinteresse als Voraussetzung für die Begründetheit eines Antrags nach § 16 Abs. 3 UmwG siehe *Kallmeyer/Marsch-Barner* § 16 Rdn. 40 ff.; *Lutter/Bork* UmwG § 16 Rdn. 18 ff.; *Heermann* ZIP 1999, 1861.

13. Der Unbedenklichkeitsbeschluss ist – wie vorliegend – möglich, wenn die geltend gemachten Beschlussmängel (offensichtlich) nicht vorliegen, der Beschluss also rechtmäßig ist (siehe OLG Düsseldorf DNotZ 2002, 308; OLG Frankfurt ZIP 2000, 1928; OLG Düsseldorf ZIP 1999, 793; OLG Hamm ZIP 1999, 798; *Lutter/Bork* UmwG § 16

Rdn. 19). „Offensichtlich unbegründet" im Sinne des § 16 Abs. 3 S. 2 UmwG kann die Klage im Übrigen aber auch dann sein, wenn sie wegen Rechtsmissbrauchs als unbegründet abzuweisen ist (siehe OLG Frankfurt ZIP 1996, 379, 380; siehe zur Unbegründetheit rechtsmissbräuchlicher Anfechtungsklagen auch das bereits genannte Urteil des BGH in BGHZ 112, 9, 23f.: „Rechtsmissbrauch steht niemals unter dem Schutz des Gesetzes").

14. Für die Prüfung der Frage, ob der Unbedenklichkeitsbeschluss infolge vorrangigem Eintragungsinteresses zu ergehen hat, sind die Erfolgsaussichten der Hauptsacheklage nicht relevant. Vielmehr ist insoweit zu unterstellen, dass die vom Antragsgegner behaupteten Beschlussmängel bestehen und auf dieser Grundlage zu prüfen, ob dennoch ein vorrangiges Eintragungsinteresse zu bejahen ist. Zu fragen ist, ob die mit dem Aufschub der Eintragung verbundenen Nachteile so schwer wiegen, dass gerechtfertigt ist, den unterstellten Mangel zu vernachlässigen, die Verschmelzung dennoch einzutragen und den Antragsgegner auf Schadensersatzansprüche zu verweisen (vgl. *Lutter/Bork* UmwG § 16 Rdn. 20). Als Beispiel wird in der Begründung des Regierungsentwurfs (*Schaumburg/Rödder* UmwG/UmwStG § 16 UmwG Rdn. 17) angeführt, dass die „in der Vergangenheit bei Klagen häufig geltend gemachte Behauptung, das Umtauschverhältnis sei nicht ausreichend begründet und erläutert worden, im Einzelfall als geringfügig angesehen werden" kann. Zur Berücksichtigung von erwarteten Synergieeffekten und Steuervorteilen vgl. OLG Düsseldorf DNotZ 2002, 308, 313f.

15. Erweist sich die Klage als begründet, so ist der Antragsteller verpflichtet, dem Antragsgegner den Schaden zu ersetzen, der ihm aus einer auf dem Beschluss beruhenden Eintragung der Verschmelzung entstanden ist; als Ersatz des Schadens kann nicht die Beseitigung der Wirkungen der Eintragung der Verschmelzung im Register des Sitzes des übernehmenden Rechtsträgers verlangt werden (§ 16 Abs. 3 S. 6 UmwG).

Kosten und Gebühren

Die Kosten sind nicht Teil der Kosten der Hauptsache, denn das Unbedenklichkeitsverfahren ist ein Verfahren sui generis mit eigenem Streitgegenstand. Daher muss der Unbedenklichkeitsbeschluss selbst eine Kostenentscheidung enthalten (siehe *Lutter/Bork* UmwG § 16 Rdn. 29).

Streitwert: § 20 Abs. 4 GKG iVm. § 3 ZPO. Der Wert wird vom Gericht nach freiem Ermessen festgesetzt, er darf jedoch ein Zehntel des Grundkapitals oder Stammkapitals des übertragenden oder formwechselnden Rechtsträgers oder, falls der übertragende oder formwechselnde Rechtsträger ein Grundkapital oder Stammkapital nicht hat, ein Zehntel des Vermögens dieses Rechtsträgers, höchstens jedoch EUR 500.000,– nur insoweit übersteigen, als die Bedeutung der Sache für die Parteien höher zu bewerten ist.

Gerichtsgebühr: Eine volle Gebühr, siehe Nr. 1650 Kostenverzeichnis GKG.

Rechtsmittel und Fristen

Der Erlass eines Unbedenklichkeitsbeschlusses kann erst „nach Erhebung einer Klage" gegen die Wirksamkeit eines Verschmelzungsbeschlusses beantragt werden (§ 16 Abs. 3 S. 1 UmwG).

Nach § 16 Abs. 3 S. 5 UmwG findet gegen den Beschluss die sofortige Beschwerde statt; diese ist sowohl möglich, wenn dem Antrag auf Erlass eines Unbedenklichkeitsbeschlusses stattgegeben, wie, wenn er zurückgewiesen wurde (vgl. *Lutter/Bork* UmwG § 16 Rdn. 28). Die sofortige Beschwerde ist binnen einer Notfrist von zwei Wochen nach Zustellung des Beschlusses beim Landgericht oder beim Oberlandesgericht als Beschwerdegericht einzulegen (vgl. § 569 Abs. 1 ZPO). Die Entscheidung des Oberlandesgerichts als Beschwerdegericht ergeht durch Beschluss (§ 572 Abs. 4 ZPO). Gegen den Beschluss ist eine Rechtsbeschwerde nur zulässig, wenn sie vom Beschwerdegericht zugelassen wird (vgl. § 574 Abs. 1 ZPO).

26. Klage auf Schadensersatz nach § 37b Abs. 1 Nr. 1 WpHG[1]

An das Landgericht[2]

Klage

des ...... (Klägers)
Prozessbevollmächtigte: ......

gegen

die ...... AG[3] vertreten durch den Vorstand[4], ... (Beklagte)

wegen Schadensersatz gemäß § 37b Abs. 1 Nr. 1 WpHG[5]

Streitwert: EUR 17.270

Namens und mit Vollmacht des Klägers erhebe ich Klage und werde beantragen:

I. Der Beklagte wird verurteilt, an den Kläger EUR 17.270,- nebst 5% Zinsen über dem jeweils gültigen Basiszinssatz hieraus seit Klageerhebung zu bezahlen.
II. Die Beklagte trägt die Kosten des Rechtsstreits.

Zur

Begründung

trage ich vor:

I.

Die Beklagte ist eine Aktiengesellschaft mit Sitz in ......, deren Aktien unter anderem an der Frankfurter Wertpapierbörse zum Handel zugelassen und dort in den Neuen Markt einbezogen sind[6].
Der Kläger erwarb am 2. 9. 2002 über die Börse 1000 Stück Inhaberaktien der Beklagten zum Kurs von EUR 45 je Stück. Die Kosten für den Erwerb beliefen sich auf EUR 150.

Beweis: Vorlage einer Bankbescheinigung

Am 5. 9. 2002 um 16:00 Uhr veröffentlichte die überwiegend auf dem Gebiet der Wartung von Computer-Hardware und Software tätige Beklagte eine sogenannte ad hoc-Mitteilung folgenden Inhalts:
„Der bislang zwischen der ...... AG und der X-GmbH bestehende Vertrag über die regelmäßige Wartung aller Computer-Hardwaregeräte in deren Haus sowie die Wartung der zugehörigen Software ist von der X-GmbH mit sofortiger Wirkung gekündigt worden. Aus diesem Vertrag wurden bei überdurchschnittliche hohen Gewinnmargen bislang ca. 30% der Umsatzerlöse der ...... AG erzielt. Aufgrund dessen steht zu erwarten, dass die auf der Bilanzpressekonferenz vom 1. 6. dieses Jahres avisierten wirtschaftlichen Ziele verfehlt werden“. Der Kläger hat von der Kündigung erstmals durch diese Mitteilung Kenntnis erlangt. Bei Kenntnis dieser Tatsache am 2. 9. 2002 hätte der Kläger die Aktien der Beklagten nicht erworben.
Der Börsenkurs der Beklagten fiel nach Veröffentlichung dieser Mitteilung bis zum Börsenschluss am selben Tag von zuvor EUR 45 auf EUR 28.

Nachdem der Kläger von der in der ad hoc-Mitteilung mitgeteilten Tatsache Kenntnis erlangt hatte, ging er davon aus, dass die wirtschaftliche Entwicklung der Beklagten weit hinter seinen bisherigen Erwartungen zurückbleiben würde und daher eine Beteiligung an der Gesellschaft nicht mehr sinnvoll sei. Am darauf folgenden Tag, dem 6. 9. 2002, veräußerte er daraufhin umgehend die am 2. 9. 2002 erworbenen 1000 Stück Inhaberaktien der Beklagten über die Börse zu einem Kurs von ebenfalls EUR 28 je Stück. Die Kosten für die Veräußerung betrugen EUR 120.

Beweis: Vorlage einer Bankbescheinigung

Auf der Hauptversammlung der Beklagten am 8. 10. 2002 teilte der Vorstand der Beklagten mit, die Kündigung des Hardware- und Software-Wartungsvertrages durch die X-GmbH sei zum 23. 8. 2002 erfolgt. Die Kündigungserklärung sei der Beklagten am selben Tag zugegangen.

Beweis: beglaubigte Abschrift des Protokolls der Hauptversammlung der Beklagten vom 8. 10. 2002

II.

Die Beklagte ist dem Kläger gem. § 37b WpHG zum Ersatz des durch die Unterlassung der unverzüglichen Veröffentlichung einer Mitteilung über die Kündigung des Wartungsvertrages durch die X-AG am 23. 8. 2002 entstandenen Schadens verpflichtet. Die Kündigung stellt eine neue, im Tätigkeitsbereich der Beklagten eingetretene und nicht öffentlich bekannte Tatsache dar, die wegen ihrer Auswirkungen auf die Vermögens- und Finanzlage und auf den allgemeinen Geschäftsverlauf der Beklagten geeignet ist, den Börsenpreis erheblich zu beeinflussen[7]. Sie ist mithin eine kursrelevante Tatsache im Sinne des § 15 Abs. 1 S. 1 WpHG. Die Beklagte hätte folglich gem. § 15 WpHG unverzüglich eine Mitteilung über diese Tatsache veröffentlichen müssen. Die Tatsache wurde jedoch erst vierzehn Tage später durch die ad hoc-Mitteilung vom 5. 9. 2002 veröffentlicht.

Die Unterlassung der unverzüglichen Mitteilung erfolgte zumindest grob fahrlässig. Die Beweislast dafür, dass die Unterlassung nicht auf Vorsatz oder grober Fahrlässigkeit beruhte, obliegt nach § 37b Abs. 2 WpHG dem mitteilungspflichtigen Emittenten, hier also der Beklagten[8]. Zum Zeitpunkt des Anteilserwerbs hatte der Kläger keine Kenntnis von der Kündigung durch die X-GmbH[9].

Wäre die Beklagte ihrer Pflicht zur unverzüglichen Mitteilung nachgekommen, hätte der Kläger am 2. 9. 2002 die Aktien der Beklagten nicht erworben. Infolgedessen hätte er den durch Veräußerung realisierten Kursverlust von EUR 17 je Aktie zum 6. 9. 2002 nicht hinnehmen müssen[10]. Außerdem wären ihm die Kosten für den Erwerb in Höhe von EUR 150 sowie für die Veräußerung in Höhe von EUR 120 erspart geblieben. Dem Kläger ist somit durch die Unterlassung der unverzüglichen Mitteilung der streitgegenständlichen Tatsache ein Schaden von insgesamt EUR 17.270 entstanden. Mit der Klage verfolgt der Kläger den Ersatz dieses Schadens durch die Beklagte.

Der geltend gemachte Zinsanspruch ergibt sich aus § 291 iVm. § 288 Abs. 1 BGB.

Anmerkungen

1. Hier dargestellt wird die Klage auf Schadensersatz wegen unterlassener unverzüglicher Veröffentlichung kursbeeinflussender Tatsachen bei Erwerb der Wertpapiere nach Unterlassung der Veröffentlichung gemäß § 37b Abs. 1 Nr. 1 WpHG. Das WpHG gewährt in §§ 37b, c auf der Grundlage anderer Sachverhaltskonstellationen weitere Schadensersatzansprüche des Anlegers gegen den Emittenten. Im Einzelnen gewährt § 37b Abs. 1 Nr. 2 WpHG demjenigen einen Schadensersatzanspruch, der Wertpapiere vor dem Eintritt einer (den Kurs positiv beeinflussenden) Tatsache erwirbt und nach der

Unterlassung der Veröffentlichung der Tatsache, jedoch vor deren Bekanntwerden, veräußert; in dieser Fallgestaltung veräußert der Anleger die Wertpapiere zu einem „zu niedrigen" Preis. Für entsprechende Fallkonstellationen bei Veröffentlichung unwahrer Tatsachen in einer ad hoc-Mitteilung gewähren § 37c Abs. 1 Nr. 1 und Nr. 2 WpHG Schadensersatzansprüche. Die §§ 37b, 37c WpHG wurden neu eingefügt durch das Gesetz zur weiteren Fortentwicklung des Finanzplatzes Deutschland (4. Finanzmarktförderungsgesetz vom 21. Juni 2002, BGBl. I. 2002, 2010; vgl. hierzu *Barnert* WM 2002, 1473, 1481 ff.; *Hutter/Leppert* NZG 2002, 649 ff.; *Reichert/Weller* ZRP 2002, 49, 54 ff.; *Rössner/Bolkart* ZIP 2002, 1471). Die Vorschriften sind zum 1. 7. 2002 in Kraft getreten.

2. Zuständig sind die Zivilkammern, nicht die Kammer für Handelssachen. Eine Zuständigkeit der Kammer für Handelssachen nach § 95 Abs. 1 Nr. 4a GVG ist nicht gegeben, da es sich nicht um einen Anspruch aus einem Rechtsverhältnis zwischen einer Handelsgesellschaft (der AG) und ihren Mitgliedern (dem Aktionär) handelt. Zum einen ist die Pflicht zur Veröffentlichung und Mitteilung kursbeeinflussender Tatsachen nach § 15 WpHG originär dem Kapitalmarktrecht und nicht dem Gesellschaftsrecht zuzurechnen. Zum anderen ist der Anleger erst nach der die Schadensersatzpflicht auslösenden Unterlassung in das gesellschaftsrechtliche Verhältnis eingetreten. Nach § 95 Abs. 1 Nr. 4a GVG besteht die Zuständigkeit der Kammer für Handelssachen zwar auch dann, wenn das Gesellschaftsverhältnis – wie hier durch Veräußerung der Aktien – bereits aufgelöst ist. Eine entsprechende Regelung für den Fall, dass das Gesellschaftsverhältnis erst nach Eintritt der anspruchsbegründenden Tatsache entsteht, enthält das Gesetz jedoch nicht.

3. Die Schadenersatzforderung ist, wie in der Literatur kritisiert (vgl. *Hutter/Leppert* NZG 2002, 649, 654; *Rössner/Bolkart* ZIP 2002, 1471, 1476 jeweils mwN.), gegen die Gesellschaft selbst und nicht gegen den Vorstand gerichtet. Auch über den Regressanspruch der Gesellschaft gegen Vorstandsmitglieder, für den § 37b Abs. 6 WpHG eine Regelung enthält, kann keine Durchgriffshaftung des Vorstandes gegenüber dem geschädigten Anleger hergeleitet werden. Allerdings kann die Verletzung von ad hoc-Mitteilungspflichten durch den Vorstand im Einzelfall die Anspruchsvoraussetzungen weiterer Schadensersatznormen erfüllen (hierzu unter 5.), sodass dann die Klage gegebenenfalls auch gegen die Vorstandsmitglieder erstreckt werden sollte.

4. Die Gesellschaft wird ausschließlich durch den Vorstand vertreten, § 78 Abs. 1 AktG.

5. Weitergehende Ansprüche, die auf Grund von Verträgen oder vorsätzlichen unerlaubten Handlungen erhoben werden können, bleiben von den Schadensersatzansprüchen nach §§ 37b, 37c WpHG unberührt (vgl. § 37b Abs. 5, § 37c Abs. 5 WpHG). Denkbar sind insbesondere Ansprüche aus § 823 Abs. 2 BGB i.V.m. § 263 StGB - für den jedoch die hohen Voraussetzungen des strafrechtlichen Betrugtatbestandes erfüllt sein müssen - sowie aus § 826 BGB, dessen Voraussetzungen ebenfalls in praxi kaum je erfüllt sein werden (vgl. hierzu LG Augsburg, DB 2002, 1230; LG München I ZIP 2001, 1814 ff.; AG München DB 2001, 2336 f.; *Thümmel* DB 2001, 2331, 2332 ff.). Ein Anspruch aus § 823 Abs. 2 BGB i.V.m. dem Verbot der Kurs- und Marktpreismanipulation nach § 20a WpHG, der die bisherige Regelung des § 88 BörsG ablöst, wird von der hM. abgelehnt (vgl. noch zu § 88 BörsG: LG Augsburg, DB 2002, 1230; wohl auch LG München I ZIP 2001, 1814 ff.; AG München DB 2001, 2336 f.; *Schäfer/Geibel* WpHG § 15 Rdn. 155; *Barnert* WM 2002, 1473, 1483; *Thümmel* DB 2001, 2331, 2332 ff.; aA. LG Augsburg, DB 2001, 2334 ff.;). Auch eine zivilrechtliche Einstandspflicht des Vorstands für bewusst falsche ad hoc-Meldungen aus § 823 Abs. 2 BGB i.V.m. § 400 Abs. 1 Nr. 1 AktG ist im Ergebnis abzulehnen (vgl. *Rieckers* BB 2002, 1213, 1215 f.; *Thümmel* DB 2001, 2331, 2332).

6. §§ 37b, c WpHG normieren als Anspruchsvoraussetzung die Zulassung der Wertpapiere zum Handel an einer inländischen Börse. Dies entspricht dem Adressatenkreis des § 15 Abs. 1 S. 1 WpHG. Hiernach erfasste Wertpapiere sind solche, die zum Amtlichen Handel oder zum Geregelten Markt an einer inländischen Börse zugelassen sind. Zu diesen publizitätspflichtigen Wertpapieren gehören auch die Wertpapiere des Neuen Marktes. Dieser ist zwar ein Handelssegment des privatrechtlich organisierten Freiverkehrs; die Aufnahme der Notierung im Neuen Markt setzt jedoch voraus, dass die Wertpapiere das öffentlich-rechtliche Zulassungsverfahren zum Geregelten Markt durchlaufen haben (vgl. zum Ganzen *Assmann/Schneider/Kümpel* WpHG § 15 Rdn. 28f. m.w.N.; *Kümpel,* Bank- und Kapitalmarktrecht, Rdn. 16.234; *Schäfer/Geibel* WpHG § 15 Rdn. 24). Durch die hiernach bestehende Verpflichtung der Zulassung zum Geregelten Markt ist der Anwendungsbereich der §§ 15 Abs. 1 S. 1, 37b, 37c WpHG auch für am Neuen Markt notierte Wertpapiere eröffnet.

7. Zu den einzelnen Tatbestandsvoraussetzungen vgl. *Assmann/Schneider/Kümpel* WpHG § 15 Rdn. 33ff.; *Kümpel,* Bank- und Kapitalmarktrecht, Rdn. 16.235ff.; *Schäfer/Geibel* WpHG § 15 Rdn. 27ff.

8. Zu dieser Beweislastumkehr vgl. *Rössner/Bolkart* ZIP 2002, 1471, 1474.

9. Kennt der Dritte die nicht veröffentlichte Tatsache bei Erwerb der Aktien, besteht der Anspruch nicht, § 37b Abs. 3 WpHG. Grob fahrlässige Unkenntnis der Tatsache führt hingegen nicht zu einem Anspruchsausschluss (*Hutter/Leppert* NZG 2002, 649, 654).

10. Veräußert der Aktionär seine Anteile nicht unverzüglich nach Bekanntwerden der kursrelevanten Tatsache und verliert die Aktie nach diesem Zeitpunkt weiter an Wert, läuft er Gefahr, dass er für diesen weiteren Kursverfall im Hinblick auf seine Schadensminderungspflicht wegen eigenem Mitverschuldens gem. § 254 BGB keinen Ersatz verlangen kann (vgl. hierzu *Fleischer/Kalss* AG 2002, 329, 334f.). Zudem könnte eine nicht unverzügliche Veräußerung im Widerspruch zu der Argumentation stehen, der Kläger hätte bei Kenntnis der Tatsache die Anteile nicht erworben. Die Schadensberechnung ist bei der vorliegenden Sachverhaltskonstellation auf Grund der unverzüglichen Veräußerung der Wertpapiere durch den Anleger nach Erlangung der Kenntnis von der kursbeeinflussenden Tatsache wie im Formular dargestellt, unproblematisch. Bei anderen Sachverhaltskonstellationen mag sich die Schadensermittlung jedoch als problematisch erweisen, vgl. *Hutter/Leppert,* NZG 2002, 649, 654f.; *Rössner/Bolkart* ZIP 2002, 1471, 1475f. jeweils mwN.

L. Kartellrecht

Verwaltungsverfahren

1. Anmeldung eines Konditionenkartells (§ 2 Abs. 2 GWB)[1–4]

Bundeskartellamt[5]
Kaiser-Friedrich-Str. 16
53113 Bonn

Betr.: Anmeldung eines Konditionenkartells für ......

I. Als Kartellvertreter[6] des Konditionenkartells für ...... melde ich den Kartellvertrag vom ...... an.
II. Die Urschrift[7] des Kartellvertrages mit den Unterschriften[8] der Kartellmitglieder füge ich in der Anlage 1 bei.
III. Das Kartell hat die Rechtsform einer BGB-Gesellschaft. Die Geschäftsstelle des Kartells ist in ......
IV. Kartellvertreter ist ......, wohnhaft in ......
V. Die Firmenbezeichnungen der Kartellmitglieder ergeben sich aus der Anlage 2.
VI. Die Namen und Anschriften der Inhaber oder Gesellschafter der Kartellmitglieder, bzw. bei juristischen Personen der gesetzliche Vertreter, ergeben sich aus der Anlage 3.
VII. Der Inhalt des Kartellvertrages ist in der Anlage 4 beschrieben.
VIII. Meine Vertretungsbefugnis[9] als Kartellvertreter ergibt sich aus dem in der Anlage 1 vorgelegten Kartellvertrag.
IX. Die Stellungnahmen[10] der durch den Vertrag betroffenen Lieferanten und Abnehmer füge ich in der Anlage 5 bei.

......
(Kartellvertreter)

Das Gesetz gegen Wettbewerbsbeschränkungen (GWB) gilt in der Fassung der Bekanntmachung vom 26. 8. 1998 (BGBl. I, S. 2546), geändert durch das Gesetz zur Reform der gesetzlichen Krankenversicherung ab dem Jahr 2000 (GKV-Gesundheitsreformgesetz 2000) vom 22. 12. 1999 (BGBl. I, S. 2626) (zu §§ 87 und 96 GWB), geändert durch das Gesetz zur Sicherung der nationalen Buchpreisbindung vom 30. 11. 2000 (BGBl. I, S. 1634) (zu § 15 GWB), geändert durch das Gesetz zur Einführung einer Dienstleistungsstatistik und zur Änderung statistischer Rechtsvorschriften vom 19. 12. 2000 (BGBl. I, S. 1765) (zu § 47 GWB), geändert durch Gesetz zur Neugliederung, Vereinfachung und Reform des Mietrechts (Mietrechtsreformgesetz vom 19. 6. 2001 (BGBl. I, S. 1149) (zu §§ 99 und 100 GWB), geändert durch Gesetz zur Reform des Zivilprozesses (Zivilprozessreformgesetz-ZPO-RG) vom 27. 7. 2001 (BGBl. I, S. 1887) (zu §§ 76 und 94 GWB), geändert durch die 7. Zuständigkeitsanpassungsverordnung vom 29. 10. 2001 (BGBl. I, S. 2785) (zu §§ 8, 42, 46, 48, 51, 52, 53, 56, 59, 63, 66, 106 und 127 GWB), geändert durch Gesetz zur Umstellung von Gesetzen und Verordnungen im Zuständigkeitsbereich des Bundesministeriums für Wirtschaft und Technologie sowie des

Bundesministeriums für Bildung und Forschung auf Euro (9. Euro-Einführungsgesetz) vom 10. 11. 2001 (BGBl. I, S. 2992) (zu §§ 35, 41, 80, 81 und 128 GWB).

Verwaltungsgrundsätze: Bekanntmachung des Bundeskartellamts Nr. 110/98 vom 16. 12. 1998 (BAnz. Nr. 8 vom 14. 1. 1999) über Verwaltungsgrundsätze des Bundeskartellamts über das Verfahren bei der Anmeldung von Normen-, Typen-, Konditionen- und Spezialisierungskartellen (§§ 2 und 3 GWB) und von Normen-, Typen- und Konditionenempfehlungen (§ 22 Abs. 3 und 4 GWB).

Anmerkungen

1. Gegenstand eines Konditionenkartells kann nur die einheitliche Anwendung von allgemeinen Geschäfts-, Lieferungs- und Zahlungsbedingungen einschließlich der Skonti sein. Gegenstand können einzelne Klauseln, aber auch Lieferungs- und Zahlungsbedingungen insgesamt sein. Sie sind in der Anmeldung im Wortlaut und in allen Einzelheiten wiederzugeben.

Die Regelung darf sich nicht auf Preise oder Preisbestandteile beziehen (§ 2 Abs. 2, letzter Satzteil GWB) und auch nicht auf die Hauptleistung (BKartA 28. 4. 1982, Druckerei-Konditionen, WuW/E BKartA 1989ff., 1991, zu Konditionenempfehlungen). Erfasst der Kartellvertrag weitere Wettbewerbsbeschränkungen, zB. Spezialisierungen, dann sind die Vorschriften der anderen genehmigungsfähigen Kartellformen zu beachten.

2. Wirksamkeit des Kartellvertrages: Das Konditionenkartell bedarf zu seiner Wirksamkeit der Anmeldung bei der Kartellbehörde (§ 9 Abs. 1 S. 1 GWB). Es wird nur wirksam, wenn ihm die Kartellbehörde nicht innerhalb einer Frist von drei Monaten seit Eingang der Anmeldung widerspricht (§ 9 Abs. 3 S. 1 GWB). Der Widerspruch erfolgt, wenn die in § 2 Abs. 2 GWB genannten Freistellungsvoraussetzungen nicht vorliegen (§ 9 Abs. 3 S. 2 GWB).

Nach der Bekanntmachung Nr. 110/98 des BKartA vom 16. 12. 1998 (BAnz. Nr. 8 vom 14. 1. 1999) verzichtet das Bundeskartellamt bei solchen Kartellverträgen und -beschlüssen auf die Anmeldung, die nach der Bekanntmachung Nr. 57/80 des Bundeskartellamtes über die Nichtverfolgung von Kooperationsabreden mit geringer wettbewerbsbeschränkender Bedeutung vom 8. 7. 1980 (BAnz. Nr. 133 vom 23. 7. 1980) nicht verfolgt werden. Diese Bekanntmachung wird derzeit überarbeitet.

3. Die Anmeldung ist im Bundesanzeiger bekanntzumachen (§ 11 Abs. 2 S. 1 Nr. 1 GWB).

4. Bleibt der Kartellvertrag ohne Widerspruch der Kartellbehörde, dann ist dies im Bundesanzeiger bekanntzumachen (§ 11 Abs. 2 S. 1 Nr. 3 GWB).

5. Die Anmeldung ist an das BKartA zu richten, wenn die Wirkung der Marktbeeinflussung durch das Kartell über das Gebiet eines Bundeslandes hinausreicht. Andernfalls ist die Anmeldung bei der Kartellbehörde des Landes vorzunehmen, in dem die Marktbeeinflussung eintritt (§ 48 Abs. 2 S. 1 GWB; BGH 15. 11. 1994, Gasdurchleitung, WuW/E BGH 2953, 2955).

6. Ist kein Kartellvertreter iSd. § 13 GWB bestellt, und ist das Kartell nicht rechtsfähig, ist die Anmeldung durch die nach Satzung oder Gesellschaftsvertrag vertretungsberechtigten Kartellmitglieder vorzunehmen.

Ist das Kartell rechtsfähig und ist kein Kartellvertreter bestellt, hat es der gesetzliche Vertreter anzumelden.

Soll das Kartell durch eine andere Person als den Vertretungsberechtigten angemeldet werden, ist dessen Vollmacht nachzuweisen.

7. An Stelle der Urschrift kann auch eine beglaubigte Abschrift des Kartellvertrages vorgelegt werden.

8. Ist der Vertrag nicht von allen Kartellmitgliedern unterschrieben, sondern ergeben sich die Unterschriften aus anderen Urkunden, auf die im Kartellvertrag Bezug genommen ist, dann sind diese Urkunden in Urschrift oder beglaubigter Abschrift vorzulegen. Alle Kartellmitglieder müssen bei der Anmeldung mitwirken oder ihr zustimmen, sonst ist die Anmeldung unzulässig (BKartA 17. 9. 1979 Ballenpressen, WuW/E BKartA 1834; KG 13. 3. 1980, Ballenpressen, WuW/E OLG 2310).

9. Ergibt sich die Vertretungsbefugnis nicht aus dem Kartellvertrag, dann ist die Urschrift oder eine beglaubigte Abschrift des Vertrages oder Beschlusses vorzulegen, aus dem sich die Vertreterbestellung nach § 13 GWB ergibt.

Melden andere Vertreter an, dann haben sie ihre Vertretungsbefugnis nachzuweisen durch Vorlage der Urschrift oder einer beglaubigten Abschrift der Urkunde und bei rechtsfähigen Kartellen durch beglaubigten Registerauszug.

10. Vgl. § 9 Abs. 1 S. 2 GWB. Geben Lieferanten oder Abnehmer ihre Stellungnahme auch nach Mahnung innerhalb einer angemessenen Frist nicht ab, genügt es, Kopien der Schreiben beizufügen, mit denen die Stellungnahme erbeten oder angemahnt worden ist.

Kosten und Gebühren

Das Verfahren ist gebührenpflichtig (§ 80 Abs. 1 S. 1 Nr. 1 GWB). Zur Gebühr für ein Konditionenkartell von Mittelständlern vgl. OLG München 17. 3. 1982, VOB-Konditionenkartell, WuW/E OLG 2764. Bei überdurchschnittlicher wirtschaftlicher Bedeutung und normalem Aufwand der Kartellbehörde kann sie den Gebührenrahmen ausschöpfen (KG 28. 3. 1983, Skiindustrie, WuW/E OLG 3089, 3090). Die Gebühr liegt dann bei 7.500 EUR, in Ausnahmefällen doppelt so hoch (§ 80 Abs. 2 S. 3 GWB) Neben dem Verwaltungsaufwand der Kartellbehörde ist die wirtschaftliche Bedeutung der Vereinbarung und das Gewicht der Wettbewerbsbeschränkung zu berücksichtigen (KG 10. 4. 1991, Kostenbeschluss, WuW/E OLG 4764; KG 29. 11. 1991, Versicherungsgebühren, WuW/E OLG 4859; OLG Naumburg 29. 6. 1994, Gebührenermessen bei Konzessionsvertrag, WuW/E OLG 5471). Der Gegenstandswert für die Gebühren des Rechtsanwalts ist gemäß § 8 Abs. 2 S. 2 BRAGO nach dem wirtschaftlichen Interesse der Kooperationsteilnehmer mit einem gewissen Bruchteil des auf Grund der Kooperation erzielten Umsatzes zu ermitteln (vgl. BGH 13. 10. 1988, WM 1989, 358, 360). Im konkreten Fall wurden $^1/_{10}$ des Umsatzes für angemessen gehalten, wobei unklar blieb, ob dies der Umsatz eines Jahres oder mehrerer Jahre war (vgl. aaO., S. 359, r. Sp.).

2. Anmeldung eines Normen- oder Typenkartells (§ 2 Abs. 1 GWB)[1–3]

Bundeskartellamt[4]
Kaiser-Friedrich-Str. 16
53113 Bonn

Betr.: Anmeldung eines Normen- und Typenkartells für ......

I.–VIII. wie Form. II. L. 1, Abschnitte I.–VIII.

IX. Die Stellungnahme des Rationalisierungsverbandes[5] ...... füge ich in der Anlage 5 bei.

......
(Kartellvertreter)

Verwaltungsgrundsätze: Bekanntmachung des Bundeskartellamts Nr. 110/98 vom 16. 12. 1998 (BAnz. Nr. 8 vom 14. 1. 1999) über Verwaltungsgrundsätze des Bundeskartellamts über das Verfahren bei der Anmeldung von Normen-, Typen-, Konditionen- und Spezialisierungskartellen (§§ 2 und 3 GWB) und von Normen-, Typen- und Konditionenempfehlungen (§ 22 Abs. 3 und 4 GWB).

Anmerkungen

1. Wirksamkeit des Kartellvertrages: Das Normen- und/oder Typenkartell bedarf zur Freistellung vom Verbot und damit zu seiner Wirksamkeit der Anmeldung bei der Kartellbehörde (§ 9 Abs. 1 S. 1 GWB). Es tritt erst nach Ablauf von drei Monaten und Nichtwiderspruch durch die zuständige Kartellbehörde in Kraft.

Die Anmeldung gilt nur als bewirkt, wenn ihr die Stellungnahme des Rationalisierungsverbandes beigefügt ist (§ 9 Abs. 1 S. 2 GWB).

Nach der Bekanntmachung Nr. 110/98 des BKartA vom 16. 12. 1998 (BAnz. Nr. 8 vom 14. 1. 1999) verzichtet das Bundeskartellamt bei solchen Kartellverträgen und -beschlüssen auf die Anmeldung, die nach der Bekanntmachung Nr. 57/80 des Bundeskartellamtes über die Nichtverfolgung von Kooperationsabreden mit geringer wettbewerbsbeschränkender Bedeutung vom 8. 7. 1980 (BAnz. Nr. 133 vom 23. 7. 1980) nicht verfolgt werden. Diese Bekanntmachung befindet sich derzeit in Überarbeitung.

2. Die Anmeldung ist im Bundesanzeiger bekanntzumachen (§ 11 Abs. 2 Satz 1 Nr. 1 GWB).

3. Das Wirksamwerden ist im Bundesanzeiger bekanntzumachen (§ 11 Abs. 2 S. 1 Nr. 3 GWB).

4. Vgl. Rdn. 5 zu Form. II. L. 1.

5. Der Begriff des Rationalisierungsverbandes ergibt sich aus § 9 Abs. 1 S. 3 GWB. Gegenwärtig gelten als wichtigste Rationalisierungsverbände der Deutsche Normungsausschuss (DNA), das Rationalisierungskuratorium für die deutsche Wirtschaft (RKW) e. V., das deutsche Institut für Normung e. V. (DIN), der Verein Deutscher Ingenieure (VDI), der Verband Deutscher Elektrotechniker (VDE), der Verein Deutscher Maschinenbauanstalten (VDMA), die Vereinigung Deutscher Elektrizitätswerke (VDEW), der Deutsche Verein von Gas- und Wasserfachmännern (DVGW), der Ausschuss für wirtschaftliche Fertigung (AWF), der Verband für Arbeitsstudien (REFA) oder die Deutsche Gesellschaft für Betriebswirtschaft (DGfB).

Kosten und Gebühren

Das Verfahren ist gebührenpflichtig (§ 80 Abs. 1 Satz 1 Nr. 1 GWB). Vgl. auch Form. II. L. 1.

3. Anmeldung eines Spezialisierungskartells (§ 3 GWB)[1–4]

Bundeskartellamt[5]
Kaiser-Friedrich-Str. 16
53113 Bonn

Betr.: Anmeldung eines Spezialisierungskartells für ......

I.–VIII. wie Form. II. L. 1, Abschnitte I.–VIII.

IX. Der Vertrag hat die Rationalisierung wirtschaftlicher Vorgänge durch Spezialisierung zum Gegenstand, weil ......[6]

X. Der Vertrag bewirkt nicht die Entstehung oder Verstärkung einer marktbeherrschenden Stellung der Anmelder, weil ......[7]

......
(Kartellvertreter)

Verwaltungsgrundsätze: Bekanntmachung des Bundeskartellamts Nr. 110/98 vom 16. 12. 1998 (BAnz. Nr. 8 vom 14. 1. 1999) über Verwaltungsgrundsätze des Bundeskartellamts über das Verfahren bei der Anmeldung von Normen-, Typen-, Konditionen- und Spezialisierungskartellen (§§ 2 und 3 GWB) und von Normen-, Typen- und Konditionenempfehlungen (§ 22 Abs. 3 und 4 GWB).

Anmerkungen

1. Die Spezialisierung muss bei allen Kartellmitgliedern zu einer Leistungssteigerung führen (BKartA 2. 6. 1965, Gesellschaftsreisen II, WuW/E BKartA 938, 941). Der Rationalisierungserfolg muss aber nicht bei allen Mitgliedern gleich groß sein.

2. Wirksamkeit des Kartellvertrages: Das Spezialisierungskartell bedarf zu seiner Freistellung vom Kartellverbot und damit seiner Wirksamkeit der Anmeldung bei der Kartellbehörde (§ 9 Abs. 1 S. 1 GWB).

Es wird nur wirksam, wenn die Kartellbehörde nicht innerhalb einer Frist von drei Monaten seit Eingang der Anmeldung widerspricht (§ 9 Abs. 3 S. 1 GWB).

Nach der Bekanntmachung Nr. 110/98 des BKartA vom 16. 12. 1998 (BAnz. Nr. 8 vom 14. 1. 1999) verzichtet das Bundeskartellamt bei solchen Kartellverträgen und -beschlüssen auf die Anmeldung, die nach der Bekanntmachung Nr. 57/80 des Bundeskartellamtes über die Nichtverfolgung von Kooperationsabreden mit geringer wettbewerbsbeschränkender Bedeutung vom 8. 7. 1980 (BAnz. Nr. 133 vom 23. 7. 1980) nicht verfolgt werden. Diese Bekanntmachung befindet sich derzeit in Überarbeitung.

3. Die Anmeldung ist im Bundesanzeiger bekanntzumachen (§ 11 Abs. 2 S. 1 Nr. 1 GWB).

4. Das Wirksamwerden ist im Bundesanzeiger bekanntzumachen (§ 11 Abs. 2 S. 1 Nr. 3 GWB).

5. Vgl. Rdn. 5 zu Form. II. L. 1.

6. Ist die Spezialisierungsvereinbarung mit Zusatzvereinbarungen über Preise und gemeinsame Beschaffungs- oder Vertriebseinrichtungen verbunden, sind die weitergehenden Freistellungsvoraussetzungen des § 5 Abs. 2 GWB zu beachten. Das bedeutet, dass für diese Spezialisierungsabreden die Anmeldung gemäß § 9 Abs. 1 S. 1 GWB nicht ausreicht, sondern ein Freistellungsantrag gemäß § 10 GWB erforderlich ist. Vgl. hierzu Form II L. 12.

7. Für den Nachweis, dass die Wettbewerbsbeschränkung durch Vereinbarung oder den Beschluss über ein Spezialisierungskartell nicht zur Entstehung oder Verstärkung einer marktbeherrschenden Stellung führt, sind folgende Angaben zu machen (vgl. Bekanntmachung des BKartA Nr. 110/98 vom 16. 12. 1998, BAnz. Nr. 8 vom 14. 1. 1999):

a) Die Gesamtumsätze eines jeden beteiligten Unternehmens in den letzten beiden Kalenderjahren vor Einreichung der Anmeldung. Ist ein beteiligtes Unternehmen ein Konzernunternehmen, so sind auch die Umsätze des Konzerns insgesamt anzugeben (vgl. § 36 Abs. 2 GWB).

b) Die Umsätze, die jedes der beteiligten Unternehmen mit den von der Spezialisierung betroffenen und gleichartigen Waren oder gewerblichen Leistungen in den letzten beiden Kalenderjahren vor Einreichung der Anmeldung erzielt hat. Die Angaben sind nach dem Umsatz innerhalb und außerhalb des Geltungsbereichs des GWB aufzugliedern.

c) Firma und Sitz sowie Waren und Leistungen der übrigen Unternehmen, mit denen die beteiligten Unternehmen in bezug auf die von der Spezialisierung betroffenen Waren oder gewerblichen Leistungen in Wettbewerb stehen.

d) Der in den letzten beiden Kalenderjahren vor der Anmeldung innerhalb des Geltungsbereichs des GWB erreichte Anteil jedes der beteiligten Unternehmen am Markt für die von der Spezialisierung betroffenen und gleichartigen Waren oder gewerblichen Leistungen und die den Angaben über diese Anteile zugrunde liegenden Berechnungen. Für die Abgrenzung des räumlich und sachlich relevanten Marktes gelten die zu § 19 GWB entwickelten Grundsätze.

Kosten und Gebühren

Das Verfahren ist gebührenpflichtig (§ 80 Abs. 1 S. 1 Nr. 1 GWB). Vgl. auch Form. II. L. 1.

4. Anmeldung eines Mittelstandskartells (§ 4 Abs. 1 GWB)[1–4]

Bundeskartellamt[5]
Kaiser-Friedrich-Str. 16
53113 Bonn

Betr.: Anmeldung eines Mittelstandskartells für ......

I.–VIII. wie Form. II. L. 1, Abschnitte I.–VIII.[6,7]

IX. Durch die zwischenbetriebliche Zusammenarbeit werden wirtschaftliche Vorgänge dadurch rationalisiert, dass ...... und die Leistungsfähigkeit der Kartellmitglieder, bei denen es sich um kleine oder mittlere Unternehmen handelt, wird dadurch gefördert, dass ......[8]

X. Der Wettbewerb auf den Märkten für ...... wird nicht wesentlich beeinträchtigt, weil ......[9]

......
(Kartellvertreter)

Verwaltungsgrundsätze: Merkblatt des Bundeskartellamts über die Kooperationsmöglichkeiten für kleinere und mittlere Unternehmen nach dem Kartellgesetz vom 16. 12. 1998 (www.bundeskartellamt.de/merkblatter.html).

Anmerkungen

1. Das Mittelstandskartell gemäß § 4 Abs. 1 GWB ist nicht nur abzugrenzen gegenüber dem Spezialisierungskartell des § 3 GWB, sondern auch gegenüber der Einkaufskooperation des § 4 Abs. 2 GWB. Letztere bedarf zwar der Anmeldung bei der Kartellbehörde, jedoch wird sie mit Eingang der Anmeldung freigestellt.

2. Wirksamkeit des Kartellvertrages: Der Kartellvertrag bedarf zu seiner Wirksamkeit der Anmeldung bei der Kartellbehörde (§ 9 Abs. 1 S. 1 GWB). Das Kartell wird nur wirksam, wenn die Kartellbehörde nicht innerhalb einer Frist von drei Monaten seit Eingang der Anmeldung widerspricht (§ 9 Abs. 3 S. 1 GWB).

Nach dem Merkblatt des Bundeskartellamtes über die Kooperationsmöglichkeiten für kleinere und mittlere Unternehmen nach dem Kartellgesetz vom 16. 12. 1998 sind nur solche Kooperationsformen anmeldepflichtig, die mit spürbaren Wettbewerbsbeschränkungen verbunden sind und daher unter das Kartellverbot des § 1 GWB fallen. Insoweit gelten die Grundsätze der Bekanntmachung Nr. 57/80 des Bundeskartellamts über die Nichtverfolgung von Kooperationsabreden mit geringer wettbewerbsbeschränkender Bedeutung vom 8. 7. 1980 (BAnz. Nr. 133 vom 23. 7. 1980). Diese Bekanntmachung findet sich derzeit in Überarbeitung.

3. Die Anmeldung ist im Bundesanzeiger bekanntzumachen (§ 11 Abs. 2 S. 1 Nr. 1 GWB).

4. Das Wirksamwerden ist im Bundesanzeiger bekanntzumachen (§ 11 Abs. 2 S. 1 Nr. 3 GWB).

5. Vgl. Rdn. 5 zu Form. II. L. 1.

6. Die Begründung hat folgende Angaben zu enthalten (vgl. Merkblatt des Bundeskartellamtes über die Kooperationsmöglichkeiten für kleinere und mittlere Unternehmen nach dem Kartellgesetz vom 16. 12. 1998):

a) Die Gesamtumsätze eines jeden beteiligten Unternehmens in den letzten zwei Kalenderjahren vor Einreichung der Anmeldung. Ist ein beteiligtes Unternehmen ein Konzernunternehmen, so sind auch die Umsätze des Konzerns insgesamt anzugeben (vgl. hierzu § 36 Abs. 2 GWB).
b) Die Umsätze, die jedes der beteiligten Untenehmen mit den von der Zusammenarbeit umfassten und gleichartigen Waren oder gewerblichen Leistungen in den letzten zwei Kalenderjahren vor Einreichung der Anmeldung auf dem relevanten Inlandsmarkt erzielt hat.
c) Firma und Sitz sowie Waren oder Leistungen der übrigen Unternehmen, mit denen die beteiligten Unternehmen in bezug auf die von der Zusammenarbeit umfassten Waren und gewerblichen Leistungen im Wettbewerb stehen.
d) Die Marktanteile eines jeden der beteiligten Unternehmen im Kalenderjahr vor Einreichung der Anmeldung bei den von der Zusammenarbeit umfassten und gleichartigen Waren oder gewerblichen Leistungen im Geltungsbereich des GWB. Dabei ist der maßgebliche Markt räumlich und sachlich abzugrenzen. Der räumlich relevante Markt ist insoweit entweder das ganze Bundesgebiet oder ein regional oder lokal begrenztes Teilgebiet, wenn der Absatz der kooperierenden Unternehmen auf dieses Teilgebiet beschränkt ist. Der sachlich relevante Markt ist der Markt für die von der Zusammenarbeit umfassten Waren bzw. gewerblichen Leistungen sowie auch diejenigen, die gegen die von der Zusammenarbeit umfassten Waren bzw. gewerblichen Leistungen aus der Sicht der Kunden austauschbar sind.

7. Die Darlegungspflicht, die den Anmeldern gemäß § 9 Abs. 3 S. 3 GWB obliegt, enthebt die Kartellbehörde nicht der Pflicht, eigene Ermittlungen anzustellen. § 9 Abs. 3 S. 3 GWB führt aber zur Umkehr der materiellen Beweislast, d.h. Zweifel über das Vorliegen der Freistellungsvoraussetzungen gehen zu Lasten der Anmelder.

8. Unter Rationalisierung wirtschaftlicher Vorgänge ist die innerbetriebliche Verbesserung des Verhältnisses zwischen Aufwand und Ertrag zu verstehen (BKartA 21. 3. 1979, Bimsbausteine III, WuW/E BKartA 1794, 1795; BKartA 2. 9. 1994, Fußball-Fernsehübertragungsrechte II, WuW/E BKartA 2696, 2697; BKartA 9. 7. 1999, Fleurop II, WuW/DE-V 127ff., 129; BKartA 3. 12. 2001, System Alliance, B9 – 63401 – 194/00). Der Rationalisierungserfolg muss bei allen Kartellmitgliedern zu erwarten sein (KG 18. 5. 1982, Basalt-Union, WuW/E OLG 3279). Zwischen der Rationalisierung und der Förderung der Leistungsfähigkeit muss eine kausale Beziehung bestehen (OLG Frankfurt, 10. 2. 1989, Doppelgenossen, WuW/E OLG 4495). Zu kooperativen Maßnahmen, die eine Rationalisierung bewirken können, gehören insbesondere Maßnahmen in den

Bereichen der Produktion, der Forschung und Entwicklung, der Finanzierung, der Verwaltung, der Werbung und beim Einkauf und Vertrieb.

9. Durch den Kartellvertrag gemäß § 4 Abs. 1 GWB darf der Wettbewerb auf dem relevanten Markt (oder auf den relevanten Märkten) nicht wesentlich beeinträchtigt werden. Nach der Verwaltungspraxis der Kartellbehörden dürfen die Marktanteile der Kartellmitglieder – je nach Intensität der Wettbewerbsbeschränkung – 10–15% nicht übersteigen (vgl. OLG Stuttgart 17. 12. 1982, Gebrochener Muschelkalkstein, WuW/E OLG 2807; siehe aber auch OLG Frankfurt 20. 9. 1982, Betr. 1983, 219 betr. einen Marktanteil von 44%, wenn die Wettbewerbsbeschränkung qualitativ nur eine geringe Marktaußenwirkung hat). KG 10. 7. 1985, Mischguthersteller, WuW/E OLG 3663, 3670, stellt auf die quantitativen und die qualitativen Merkmale ab (vgl. hierzu Merkblatt des Bundeskartellamts vom 16. 12. 1998 über die Kooperationsmöglichkeiten für kleinere und mittlere Unternehmen nach dem Kartellgesetz Teil I Abschnitt A III.) BGH 30. 9. 1986, Mischguthersteller, WuW/E BGH 2321, 2325 lässt die Beteiligung von Großunternehmen am Kartell dann zu, wenn ihre Beteiligung zur Leistungsförderung der kleinen und mittleren Unternehmen erforderlich ist und keine weiteren Wettbewerbsbeschränkungen bewirkt (so auch BKartA 1. 6. 1989, German Parcel Paket-Logistik, WuW/E BKartA 2384).

Kosten und Gebühren

Das Verfahren ist gebührenpflichtig (§ 80 Abs. 1 S. 1 Nr. 1 GWB). Vgl. auch Form. II. L. 1.

5. Anmeldung einer Einkaufskooperation (§ 4 Abs. 2 GWB)[1–5]

Bundeskartellamt
Kaiser-Friedrich-Str. 16
53113 Bonn

Betr.: Anmeldung einer Einkaufskooperation für ...

I.–VIII. wie Form II. K ..., Abschnitte I.–VIII.
IX. Vom Kartell ist betroffen der Wirtschaftszweig der ...
X. Durch das Kartell werden folgende institutionelle Ausschüsse eingerichtet:[6]
XI. Die gegenwärtigen Verrechnungs- und Außenumsätze der beteiligten Unternehmen ergeben sich aus der Anlage 5.[7, 8]

......
(Kartellvertreter)

Verwaltungsgrundsätze: Merkblatt des Bundeskartellamts über die Kooperationsmöglichkeiten für kleinere und mittlere Unternehmen nach dem Kartellgesetz vom 16. 12. 1998 (www.bundeskartellamt.de/merkblatter.html)

Anmerkungen

1. Gegenstand einer Einkaufskooperation kann der gemeinsame Einkauf von Waren oder gewerblichen Leistungen sein, wenn kein über den Einzelfall hinausgehender Bezugszwang vorgesehen ist. Daneben muss feststehen, dass durch die Vereinbarung der Wettbewerb auf dem Markt nicht wesentlich beeinträchtigt wird (§ 4 Abs. 1 Nr. 1 GWB) und dass die Vereinbarung dazu dient, die Wettbewerbsfähigkeit kleiner oder mittlerer Unternehmen zu verbessern (§ 4 Abs. 1 Nr. 2 GWB).

2. Wirksamkeit des Kartellvertrags: Der Kartellvertrag bedarf zu seiner Wirksamkeit nicht der Anmeldung der Kartellbehörde. Dies ergibt sich aus dem Wortlaut von § 4 Abs. 2 GWB, der nicht die Freistellbarkeit eines angemeldeten Kartells regelt, sondern feststellt, dass das Kartellverbot des § 1 GWB für die Vereinbarung von Einkaufskooperationen nicht gilt.

3. Anmeldepflicht des wirksamen Kartellvertrages: Der wirksame Kartellvertrag gemäß § 4 Abs. 2 GWB ist von den beteiligten Unternehmen bei der Kartellbehörde unverzüglich anzumelden (§ 9 Abs. 4 S. 1 GWB). Die Anmeldung erfolgt nur zur Information des Bundeskartellamts über die Existenz des Kartells. Mit der Anmeldung selbst ist keine Rechtsfolge verknüpft. Jedoch stellt die Unterlassung der Anmeldung eine Ordnungswidrigkeit dar und kann mit Geldbuße geahndet werden (§ 81 Abs. 1 Nr. 3 in Verbindung mit Abs. 2 HS. 2 GWB).

4. Die Anmeldung ist im Bundesanzeiger bekanntzumachen (§ 11 Abs. 2 S. 1 Nr. 1 GWB).

5. Eine über den Einzelfall hinausgehende rechtliche Verpflichtung zum Bezug ist durch die Ausnahme vom Kartellverbot des § 4 Abs. 2 GWB nicht gedeckt. Dies gilt auch, wenn sich Bezugsbindungen von hoher Intensität nicht aus der Vereinbarung selbst, sondern durch die Wirkung der Vereinbarung oder die wirtschaftlichen Verhältnisse der beteiligten Unternehmen ergeben (wegen der Einzelheiten vgl. das Merkblatt des Bundeskartellamts vom 16. 12. 1998 Teil II. Abschnitt II.).

6. Die Angabe der institutionellen Ausschüsse (z. B. Marketingausschüsse, spezialisierte Einkaufsausschüsse) sollen dem Bundeskartellamt ein Bild von der Intensität der Einkaufskooperation vermitteln.

7. Die Verrechnungs- und Außenumsätze müssen gesondert für jedes beteiligte Unternehmen aufgeführt werden. Dabei genügt die Angabe der entsprechenden Umsätze für das letzte abgeschlossene Geschäftsjahr vor der Anmeldung. Eine Angabe des Gesamtverrechnungs- und Außenumsatzes der beteiligten Unternehmen wird vom Bundeskartellamt nicht hingenommen. Zum Zwecke der Verfahrensvereinfachung wird jedoch für die Wirksamkeit der Anmeldung akzeptiert, dass die Verrechnungs- und Außenumsätze der 10 größten Mitgliedsunternehmen angegeben werden.

8. Gemäß § 9 Abs. 4 S. 2 GWB sind in der Anmeldung zu den Voraussetzungen des § 4 Abs. 1 Nr. 1 und 2 GWB keine Ausführungen zu machen, um die Wirksamkeit der Anmeldung zu erreichen. Entsprechende Ausführungen gemäß Form II L. 4 Abschnitt IX. und X. empfehlen sich dann, wenn sich Zweifel aufdrängen, ob die Voraussetzungen des § 4 Abs. 1 Nr. 1 und 2 GWB vorliegen.

Kosten und Gebühren

Das Verfahren ist nicht gebührenpflichtig.

6. Anmeldung von Normen- oder Typenempfehlungen (§ 22 Abs. 3 Nr. 1 GWB)[1–6]

Bundeskartellamt[7]
Kaiser-Friedrich-Str. 16
53113 Bonn

Betr.: Anmeldung einer Empfehlung der einheitlichen Anwendung von Normen:

I. Hiermit melde ich als Bevollmächtigter[8] eine Empfehlung für die Einhaltung von Normen für ...... (Waren) an.

II. Die Empfehlung wird ausgesprochen von ......
III. Der Wortlaut der Empfehlung ergibt sich aus der Anlage 1.
IV. Die Empfehlung richtet sich an ......
V. Die Empfehlung wird dadurch ausdrücklich als unverbindlich gekennzeichnet, dass ......
VI. Meine Vollmacht ergibt sich aus der Anlage 2.
VII. Die Stellungnahme des Rationalisierungsverbandes ......[9] füge ich in der Anlage 3 bei.

......
(Rechtsanwalt)

Verwaltungsgrundsätze: Bekanntmachung des Bundeskartellamts Nr. 110/98 vom 16. 12. 1998 (BAnz. Nr. 8 vom 14. 1. 1999) über Verwaltungsgrundsätze des Bundeskartellamts über das Verfahren bei der Anmeldung von Normen-, Typen-, Konditionen- und Spezialisierungskartellen (§§ 2 und 3 GWB) und von Normen-, Typen- und Konditionenempfehlungen (§ 22 Abs. 3 und 4 GWB).

Anmerkungen

1. Die Begriffe der Normen und Typen sind identisch mit denen in § 2 Abs. 1 GWB.

2. Die Empfehlung kann von jedermann, also nicht nur von einer Wirtschafts- und Berufsvereinigung ausgesprochen werden.

Empfehlungen eines Rationalisierungsverbandes sind nicht bei der Kartellbehörde anzumelden. Sie müssen auch nicht als unverbindlich bezeichnet werden (§ 22 Abs. 4 S. 2 GWB).

3. Die Empfehlung ist im Wortlaut bei der Kartellbehörde anzumelden (§ 22 Abs. 4 S. 1 GWB).

4. Sie muss ausdrücklich als unverbindlich bezeichnet werden und zu ihrer Durchsetzung darf kein wirtschaftlicher, gesellschaftlicher oder sonstiger Druck angewendet werden (§ 22 Abs. 3 Nr. 1 iVm. Abs. 2 Nr. 2 GWB).

5. Fehlt es an der Anmeldung oder am Unverbindlichkeitsvermerk oder wird Druck zur Durchsetzung der Empfehlung angewandt, dann ist ein Verstoß gegen das Empfehlungsverbot des § 22 Abs. 1 GWB gegeben, sofern dessen Voraussetzungen erfüllt sind.

6. Die Anmeldung ist im Bundesanzeiger bekanntzumachen (§ 22 Abs. 5 S. 1 GWB). Ebenso ist bekannt zu machen, wer die Empfehlung angemeldet hat, und an wen sie gerichtet ist.

7. Vgl. Rdn. 5 zu Form. II. L. 1.

8. Die Anmeldung ist von dem zu bewirken, der die Empfehlung ausspricht (§ 22 Abs. 4 S. 1 GWB).

Handelt es sich dabei um eine juristische Person, so ist die Anmeldung vom gesetzlichen Vertreter zu bewirken. Die Vertretungsbefugnis ist durch Vorlage eines beglaubigten Registerauszuges nachzuweisen. Wird die Empfehlung von einer nicht rechtsfähigen Personenvereinigung ausgesprochen, so ist die Anmeldung von demjenigen zu bewirken, der nach Satzung oder Gesellschaftsvertrag zur Vertretung der Personenvereinigung berechtigt ist. Die Vertretungsbefugnis ist bei nicht rechtsfähigen Handelsgesellschaften durch Vorlage eines beglaubigten Handelsregisterauszuges, in allen anderen Fällen durch Vorlage der Urschrift oder einer beglaubigten Abschrift des Vertrages oder Beschlusses, aus dem sich die Vertretungsbefugnis ergibt, nachzuweisen.

Soll die Empfehlung durch eine andere Person, z. B. einen Rechtsanwalt, angemeldet werden, bedarf diese einer Vollmacht.

9. Die Anmeldung gilt nur als bewirkt, wenn ihr die Stellungnahme eines Rationalisierungsverbandes beigefügt ist. Für den Begriff des Rationalisierungsverbandes vgl. Form II L. 2 Anm. 5.

Kosten und Gebühren

Das Verfahren ist gebührenpflichtig (§ 80 Abs. 1 S. 1 Nr. 1 iVm. Abs. 2 S. 2 Nr. 6 GWB). Die Gebühr beträgt höchstens EUR 1.250,–. In Ausnahmefällen das Doppelte (§ 80 Abs. 2 S. 3 GWB).

7. Anmeldung von Empfehlungen für Geschäfts-, Lieferungs- und Zahlungsbedingungen (§ 22 Abs. 3 Nr. 2 GWB)[1–4]

Bundeskartellamt[5]
Kaiser-Friedrich-Str. 16
53113 Bonn

Betr.: Anmeldung von Empfehlungen für Geschäfts-, Lieferungs- und Zahlungsbedingungen

I. Hiermit melde ich als alleinvertretungsberechtigter Geschäftsführer der Wirtschafts- und Berufsvereinigung ...... e. V. die Empfehlungen dieser Vereinigung zur Einhaltung von Geschäfts-, Lieferungs- und Zahlungsbedingungen an.
II. Der Wortlaut der Empfehlung ergibt sich aus der Anlage 1.
III. Sie richtet sich an die Mitglieder der Wirtschafts- und Berufsvereinigung ...... e. V.
IV. Die Empfehlung wird dadurch ausdrücklich als unverbindlich gekennzeichnet, dass ......
V. Meine Vertretungsbefugnis ergibt sich aus dem Registerauszug des Vereinsregisters des Amtsgerichts ...... (Anlage 2).
VI. Die Stellungnahme der Wirtschafts- und Berufsvereinigung ...... e. V., deren Mitglieder von den empfohlenen Konditionen betroffen sind, ist in der Anlage 3 beigefügt.[6]

......
(Geschäftsführer)

Verwaltungsgrundsätze: Bekanntmachung des Bundeskartellamts Nr. 110/98 vom 16. 12. 1998 (BAnz. Nr. 8 vom 14. 1. 1999) über Verwaltungsgrundsätze des Bundeskartellamts über das Verfahren bei der Anmeldung von Normen-, Typen-, Konditionen- und Spezialisierungskartellen (§§ 2 und 3 GWB) und von Normen-, Typen- und Konditionenempfehlungen (§ 22 Abs. 3 und 4 GWB).

Anmerkungen

1. Der Begriff der Geschäfts-, Lieferungs- und Zahlungsbedingungen ergibt sich aus § 2 Abs. 2 GWB.

Er ist nicht identisch mit dem Begriff der Allgemeinen Geschäftsbedingungen iSd. §§ 305–310 BGB.

2. Die Empfehlung kann nur von einer Wirtschafts- und Berufsvereinigung ausgesprochen werden.

3. Die Anmeldung ist im Bundesanzeiger bekanntzumachen (§ 22 Abs. 5 S. 1 GWB).

4. Vgl. Rdn. 3–5 zu Form. II. L. 6.

5. Vgl. Rdn. 5 zu Form. II. L. 1.

6. Die Anmeldung gilt nur als bewirkt, wenn ihr die Stellungnahmen der betroffenen Wirtschafts- und Berufsvereinigungen der Marktgegenseite beigefügt sind (§ 22 Abs. 4 S. 3 GWB).

Kosten und Gebühren

Das Verfahren ist gebührenpflichtig (§ 80 Abs. 1 S. 1 Nr. 1 iVm. Abs. 2 S. 2 Nr. 6 GWB). Die Höchstgebühr beträgt EUR 1.250,–. In Ausnahmefällen das Doppelte (§ 80 Abs. 2 S. 3 GWB).

8. Anmeldung eines Beschlusses einer Vereinigung von Erzeugervereinigungen (§ 28 Abs. 1 S. 1 GWB)[1–3]

Bundeskartellamt[4]
Kaiser-Friedrich-Str. 16
53113 Bonn

Betr.: Anmeldung des Beschlusses einer Vereinigung von Erzeugervereinigungen

I. Der Obstbauvereinigung GmbH gehören die Obstbaugenossenschaften A, B und C als Mitglieder an.

II. Hiermit melde ich als alleinvertretungsberechtigter Geschäftsführer der Obstbauvereinigung GmbH den Beschluss dieser Vereinigung vom ...... betr.
- **die Erzeugung von Äpfeln und/oder**
- **den Absatz von Äpfeln und/oder**
- **die Benutzung gemeinschaftlicher Einrichtungen für die Lagerung, Be- und Verarbeitung von Äpfeln**

an.

III. Der Wortlaut des Beschlusses ist in der Anlage 1 beigefügt.

IV. Meine Vertretungsbefugnis ergibt sich aus ......

V. Der Beschluss enthält keine Verpflichtung der Obstbaugenossenschaften A, B, oder C oder deren Mitglieder zur Einhaltung einer Preisbindung[5].

VI. Der Wettbewerb wird nicht ausgeschlossen, weil ......[5].

......
(Geschäftsführer)

Anmerkungen

1. Die Meldevorschrift betrifft nur Vereinigungen von Erzeugervereinigungen, also die sogenannten höherstufigen Erzeugervereinigungen (§ 28 Abs. 1 S. 2 GWB).

2. Die Wirksamkeit der Verträge und Beschlüsse ist nicht von der Meldung an die Kartellbehörde abhängig.

Wird die Meldung jedoch nicht unverzüglich vorgenommen, und beruht dies auf Vorsatz oder Fahrlässigkeit, dann liegt eine Ordnungswidrigkeit vor (§ 81 Abs. 1 Nr. 3 GWB).

3. Der angemeldete Beschluss wird nicht im Bundesanzeiger bekanntgemacht.

4. Vgl. Rdn. 5 zu Form. II. L. 1.

5. Fehlt es an dieser negativen Voraussetzung, ist der Kartellvertrag nicht von § 1 GWB freigestellt. Die Freistellungsmöglichkeit steht entgegen dem früheren Recht (§ 100 GWB a.F.) nur noch landwirtschaftlichen Erzeugerbetrieben und deren Vereinigungen zur Verfügung.

Kosten und Gebühren

Das Verfahren ist gebührenpflichtig (§ 80 Abs. 1 S. 2 Nr. 1 iVm. Abs. 2 S. 2 Nr. 5 GWB). Die Gebühr beträgt höchstens EUR 2.500,–. In Ausnahmefällen das Doppelte (§ 80 Abs. 2 S. 3 GWB).

9. Anmeldung eines Kartellvertrages von Versicherungsunternehmen (§ 29 Abs. 4 GWB)[1–4]

Bundeskartellamt[5]
Kaiser-Friedrich-Str. 16
53113 Bonn

Betr.: Anmeldung der Prämien- und Provisionsvereinbarung für die Versicherung von ......

I.–VIII. wie Form II.L.1, Abschnitt I.–VIII.
IX. Eine weitere Ausfertigung der Anmeldung ist für die Aufsichtsbehörde beigefügt.[6]
X. Der Vertrag steht im Zusammenhang mit Tatbeständen, die der Genehmigung (oder Überwachung) durch das Bundesaufsichtsamt für das Versicherungswesen unterliegen, weil ......[7]
XI. Der Vertrag ist geeignet und erforderlich, die Leistungsfähigkeit der beteiligten Unternehmen in technischer (oder betriebswirtschaftlicher oder organisatorischer) Beziehung insbesondere durch zwischenbetriebliche Zusammenarbeit (oder durch Vereinheitlichung von Vertragsbedingungen) zu heben (oder zu erhalten) und dadurch die Befriedigung des Bedarfs zu verbessern, weil ......[7]
XII. Der zu erwartende Erfolg steht in angemessenem Verhältnis zu der damit verbundenen Wettbewerbsbeschränkung, weil ......

......
(Kartellvertreter)

Verwaltungsgrundsätze: Sie gibt es für diese Kartellart nicht. Es erscheint jedoch gerechtfertigt, sich bei den Anmeldeformalitäten nach der Bekanntmachung des Bundeskartellamts Nr. 109/98 vom 16. 12. 1998 (BAnz. Nr. 8 vom 14. 1. 1999) über Verwaltungsgrundsätze des Bundeskartellamts für die Behandlung der Anmeldung vom Rationalisierungskartellen (§ 5 GWB) Strukturkrisenkartellen (§ 6 GWB) und Sonstigen Kartellen (§ 7 GWB) zu richten.

Anmerkungen

1. Die möglichen Gegenstände des Kartells ergeben sich aus § 29 Abs. 1 oder Abs. 4 iVm. §§ 5–7 GWB.

2. Das Kartell bedarf zu seiner Wirksamkeit der Anmeldung bei der Kartellbehörde (§ 29 Abs. 3 S. 1 oder Abs. 4 GWB). Es wird nur wirksam, wenn ihm die Kartellbehörde nicht innerhalb der Frist von drei Monaten seit Eingang der Anmeldung widerspricht oder vorher erklärt, dass sie nicht widersprechen wird.

3. Die Anmeldung ist im Bundesanzeiger bekanntzumachen (§ 29 Abs. 3 S. 1 oder Abs. 4 iVm. § 11 Abs. 2 GWB). Unter bestimmten Voraussetzungen kann die Kartellbehörde von der Bekanntmachung absehen.

4. Bleibt der Kartellvertrag ohne Widerspruch, dann ist dies im Bundesanzeiger bekanntzumachen (§ 29 Abs. 3 S. 1 oder Abs. 4 iVm. § 11 Abs. 2 Nr. 3 GWB).

5. Zur Zuständigkeit vgl. § 48 GWB.

6. Dies empfiehlt sich, weil das BKartA eine Ausfertigung der Anmeldung an die zuständige Aufsichtsbehörde weiterleiten muss (§ 29 Abs. 5 S. 3 GWB) und sie ihre Verfügungen im Benehmen mit dieser Behörde erlässt (§ 29 Abs. 5 S. 4 GWB).

7. Diese Begründungen sind unerlässlich, weil sonst die Anmeldung unvollständig ist und die dreimonatige Widerspruchsfrist nicht zu laufen beginnt (BKartA 22. 6. 1993, HUK-Mietwagen-Empfehlung, WuW/E BKartA 2573, 2583).

Kosten und Gebühren

Das Verfahren ist gebührenpflichtig (§ 80 Abs. 1 S. 2 Nr. 1 iVm. Abs. 2 Nrn. 2, 3 oder 4 GWB).

10. Freistellungsantrag für ein Strukturkrisenkartell (§ 6 GWB)[1–4]

Bundeskartellamt[5]
Kaiser-Friedrich-Str. 16
53113 Bonn

Betr.: Freistellungsantrag für ein Strukturkrisenkartell für ......

I. Als Kartellvertreter[6] des Strukturkrisenkartells für ...... beantrage ich die Freistellung vom Kartellverbot für den Kartellvertrag vom ......

II. Die Urschrift[7] des Kartellvertrages mit den Unterschriften[8] der Kartellmitglieder füge ich in der Anlage 1 bei.

III. Das Kartell hat die Rechtsform einer BGB-Gesellschaft. Die Geschäftsstelle des Kartells ist in ......

IV. Kartellvertreter ist ......, wohnhaft in ......

V. Die Firmen- oder sonstigen Bezeichnungen der Kartellmitglieder ergeben sich aus Anlage 2.

VI. Die Namen und Anschriften der Inhaber oder Gesellschafter der Kartellmitglieder, bzw. bei juristischen Personen der gesetzlichen Vertreter, ergeben sich aus der Anlage 3.

VII. Der Inhalt des Kartellvertrages ist in der Anlage 4 beschrieben.

VIII. Meine Vertretungsbefugnis[9] als Kartellvertreter ergibt sich aus dem in der Anlage 1 vorgelegten Kartellvertrag.

IX. 1. Der Absatzrückgang in den Jahren ...... betrug ......
2. Er beruht auf einer nachhaltigen Änderung der Nachfrage, weil[10]......

X. Der Kartellvertrag ist notwendig, um eine planmäßige Anpassung der Kapazität an den Bedarf herbeizuführen, weil ......

XI. Die kartellrechtliche Regelung erfolgt unter Berücksichtigung der Wettbewerbsbedingungen in den betroffenen Wirtschaftszweigen, weil ......

XII. Der Antrag auf Freistellung wird für einen Zeitraum von 5 Jahren gestellt, weil[11] ......

(Kartellvertreter)

Verwaltungsgrundsätze: Bekanntmachung des Bundeskartellamts Nr. 109/98 vom 16. 12. 1998 (BAnz. Nr. 8 vom 14. 1. 1999) über Verwaltungsgrundsätze des Bundeskartellamts für die Behandlung der Anmeldung vom Rationalisierungskartellen (§ 5 GWB) Strukturkrisenkartellen (§ 6 GWB) und Sonstigen Kartellen (§ 7 GWB).

Anmerkungen

1. Die Kartellmitglieder müssen im Kartellvertrag oder in einer anderen rechtsverbindlichen Vereinbarung festlegen, wie und wann die Kapazitäten verringert werden, um sie dem Bedarf anzupassen (Kapazitätsabbau- bzw. Stilllegungsplan) (BKartA 14. 12. 1959, Schuhbeschlag, WuW/E BKartA 114, 116).

„Zum Zeitpunkt der Erlaubnis muss nicht in jedem Fall ein in allen Punkten für die gesamte Vertragszeit vollständiger Kapazitätenabbauplan vorgelegt werden. Die spätere Vervollständigung eines Abbauplans kann das Bundeskartellamt allerdings durch Auflagen sicherstellen. Nachweisbar erforderlichen Anpassungen eines Kapazitätsabbauplans an geänderte Markt- und Unternehmensdaten wird sich das BKartA nicht verschließen“. (So BKartA-Bekanntmachung Nr. 109/98 Abschnitt B.II. 3.)

Eventuell können flankierende Preis- und/oder Quotenabsprachen aufgenommen werden (vgl. Bekanntmachung Nr. 109/98 Abschnitt B.II. 4.). (Vgl. hierzu BKartA 31. 5. 1983, Betonstahlmatten, WuW/E BKartA 2049.) Bei der Verlängerung des Strukturkrisenkartells der Hersteller von Betonstahlmatten um 2 Jahre (ursprünglich 3 Jahre) wurde nur noch eine Quotenregelung, aber keine Preisabsprache mehr erlaubt (BKartA-Bericht 1985/86, BT-Drucks. 11/554, S. 578; BKartA-Bericht 1999/2000, BT-Drucks. 14/6300, S. 109). Das Strukturkrisenkartell „Leichtbauplatten“ (BKartA 22. 7. 1987, WuW/E BKartA 2271/72) enthält keine Preis- oder Quotenabsprachen.

2. Das Strukturkrisenkartell bedarf zu seiner Wirksamkeit der Freistellung durch die Kartellbehörde (§ 10 Abs. 1 S. 2 GWB).

3. Der Freistellungsantrag ist im Bundesanzeiger bekanntzumachen (§ 11 Abs. 2 S. 1 Nr. 2 GWB).

4. Das Wirksamwerden ist im Bundesanzeiger bekanntzumachen (§ 11 Abs. 2 S. 1 Nr. 3 GWB).

5. Der Freistellungsantrag ist an das Bundeskartellamt zu richten, wenn die Wirkung der Marktbeeinflussung über das Gebiet eines Bundeslandes hinausreicht. Andernfalls ist die Anmeldung bei der Kartellbehörde des Landes vorzunehmen, in dem die Marktbeeinflussung eintritt (§ 48 Abs. 2 GWB).

6. Vgl. Rdn. 6 zu Form. II. L. 1.

7. Vgl. Rdn. 7 zu Form. II. L. 1.

8. Vgl. Rdn. 8 zu Form. II. L. 1.

9. Vgl. Rdn. 9 zu Form. II. L. 1.

10. „Nachhaltig im Sinne des Gesetzes ist jedenfalls jede wesentliche Änderung der Nachfrage, die sich zum Zeitpunkt der Freistellung vorhersehbar über einen längeren Zeitraum erstrecken wird, für den ein auf diesem Nachfragerückgang beruhender nichtleistungsmäßiger bzw. übermäßiger Ausscheidungsprozess zu erwarten ist“.

(So BKartA Bekanntmachung Nr. 109/98 Abschnitt B.II. 2.).

Vgl. hierzu auch BKartA 31. 5. 1983, Betonstahlmatten, WuW/E BKartA 2049. Nach Auffassung des BKartA muss der Rückgang der Nachfrage gravierend sein und sich voraussichtlich über mehrere Jahre erstrecken (BKartA-Bericht 1983/1984, BT-Drucks. 10/3550, S. 34; BKartA-Bericht 1999/2000, BT-Drucks. 14/6300, S. 109).

11. Nach § 10 Abs. 4 S. 1 GWB ist die Freistellung zu befristen. Die Kartellbehörde hat ein Ermessen bei der Festlegung der Dauer der Freistellung. Sie soll fünf Jahre nicht überschreiten (§ 10 Abs. 4 S. 2 GWB).

Kosten und Gebühren

Das Verfahren ist gebührenpflichtig (§ 80 Abs. 1 S. 2 Nr. 1 iVm. Abs. 2 S. 2 Nr. 2 GWB). Die Gebühr beträgt höchstens EUR 25.000,–. In Ausnahmefällen das Doppelte (§ 80 Abs. 2 S. 3 GWB).

11. Freistellungsantrag für ein Rationalisierungskartell (§ 5 Abs. 1 GWB)[1, 2]

Bundeskartellamt[3]
Kaiser-Friedrich-Str. 16
53113 Bonn

Betr.: Freistellungsantrag für ein Rationalisierungskartell für ......

I.–VIII. wie Form. II. L. 10, Abschnitte I.–VIII.

IX. Der Vertrag dient der Rationalisierung wirtschaftlicher Vorgänge[4], weil ......

X. Er ist geeignet, die Leistungsfähigkeit[5] (oder Wirtschaftlichkeit) der beteiligten Unternehmen in technischer (oder betriebswirtschaftlicher oder organisatorischer) Beziehung wesentlich zu heben, weil ......

XI. Der Bedarf wird dadurch besser befriedigt, dass ......[6]

XII. Der Rationalisierungserfolg steht im angemessenen Verhältnis zu der damit verbundenen Wettbewerbsbeschränkung, weil ......[7]

XIII. Die Wettbewerbsbeschränkung führt nicht zur Entstehung oder Verstärkung einer marktbeherrschenden Stellung, weil ......[8]

XIV. Der Antrag auf Freistellung wird für einen Zeitraum von 5 Jahren gestellt, weil ......[9]

......
(Kartellvertreter)

Verwaltungsgrundsätze: Bekanntmachung des Bundeskartellamts Nr. 109/98 vom 16. 12. 1998 (BAnz. Nr. 8 vom 14. 1. 1999) über Verwaltungsgrundsätze des Bundeskartellamts für die Behandlung der Anmeldung vom Rationalisierungskartellen (§ 5 GWB) Strukturkrisenkartellen (§ 6 GWB) und Sonstigen Kartellen (§ 7 GWB).

Anmerkungen

1. Das Rationalisierungskartell, das nach § 5 Abs. 1 GWB freigestellt werden soll, darf keine Preisabreden enthalten. Auch darf die Rationalisierung nicht durch Bildung von gemeinsamen Beschaffungs- oder Vertriebseinrichtungen verwirklicht werden. Sind diese Wettbewerbsbeschränkungen erforderlich, dann ist der Freistellungsantrag nach § 5 Abs. 2 GWB zu stellen.

2. Vgl. Rdn. 2–4 zu Form. II. L. 10.

3. Vgl. Rdn. 5 zu Form. II. L. 1.

4. Unter der Rationalisierung wirtschaftlicher Vorgänge sind solche Maßnahmen zu verstehen, durch die bei jedem beteiligten Unternehmen der betriebliche Aufwand für wirtschaftliche Vorgänge wie Finanzierung, Investition, Einkauf, Produktion und Absatz – umgerechnet auf die Produktionseinheit – verringert wird (BKartA 21. 3. 1979, Bimsbausteine III, WuW/E BKartA 1794, 1795; BKartA 2. 9. 1994, Fußball-Fernsehübertragungsrechte II, WuW/E BKartA 2696, 2697; BKartA 9. 7. 1999, Fleurop II, WuW/DE-V 127 ff., 129; BKartA v. 3. 12. 2001, B9 – 63401 – 194/00, System Alliance). Der wesentliche Rationalisierungserfolg muss bei allen Kartellmitgliedern zu erwarten sein (BGH 18. 5. 1982, Basalt-Union, WuW/E BGH 1929; KG 6. 4. 1984, Nordhessische Basalt-Union, WuW/E OLG 3279).

5. Die Leistung eines Unternehmens erschöpft sich nicht im innerbetrieblichen Produktionsprozess, sondern umfasst auch die Unterbringung der Produkte auf dem Markt. Die Leistungsfähigkeit eines Unternehmens kann deshalb auch verbessert werden, wenn es bei unverändertem Produktionsablauf in die Lage versetzt wird, seine Produkte besser gegenüber den Wettbewerbern auf dem Markt durchzusetzen (so BKartA-Bekanntmachung Nr. 37/78 vom 31. 3. 1978).

6. Vgl. BKartA 29. 1. 1994, Baulogistik Potsdamer Platz, WuW/E BKartA 2617; BKartA-Bericht 1999/2000, BT-Drucks. 14/6300, S. 168 „Interbankenentgelt".

7. Vgl. BKartA 21. 3. 1979, Bimsbausteine III, WuW/E BKartA 1794, 1795; 12. 2. 1982, AKO-Abflussrohrkontor, WuW/E BKartA 2047; 31. 3. 1987, System-gut Logistik Service, WuW/E BKartA 2267; BKartA v. 3. 12. 2001, B9 – 63401 – 194/00, System Alliance.

8. Vgl. BKartA 9. 7. 1999, Fleurop II, WuW/DE-V 127 ff., 130; BKartA-Bericht 1999/2000, BT-Drucks. 14/6300, S. 151. Für die Beurteilung der Entstehung oder Verstärkung einer marktbeherrschenden Stellung sind folgende Angaben beizufügen:

a) Die Gesamtumsätze eines jeden beteiligten Unternehmens in den letzten beiden Kalenderjahren vor Antragstellung. Ist ein beteiligtes Unternehmen ein Konzernunternehmen, so sind auch die Umsätze des Konzerns insgesamt anzugeben (vgl. § 36 Abs. 2 GWB).

b) Die Umsätze, die jedes der beteiligten Unternehmen mit den von der Rationalisierung betroffenen und gleichartigen Waren oder gewerblichen Leisten in den letzten beiden Kalenderjahren vor Antragstellung erzielt hat. Die Angaben sind nach dem Umsatz innerhalb und außerhalb des Geltungsbereichs des GWB aufzugliedern.

c) Firma und Sitz sowie Waren und Leistungen der übrigen Unternehmen, mit denen die beteiligten Unternehmen in bezug auf die von der Rationalisierung betroffenen Waren oder gewerblichen Leistungen im Wettbewerb stehen.

d) Der in den letzten beiden Kalenderjahren vor Antragstellung innerhalb des Geltungsbereichs des GWB ereichte Anteil jedes der beteiligten Unternehmen am Markt für die von der Rationalisierung betroffenen und gleichartigen Waren oder gewerblichen Leistungen und die den Angaben über diese Anteile zugrunde liegenden Berechnungen (vgl. Bekanntmachung Nr. 109/98 vom 16. 12. 1998 Abschnitt A. 2.2.).

Die Kartellbehörde muss über den Freistellungsantrag entscheiden. Eine Frist, in der die Entscheidung der Behörde herbeizuführen ist, gibt es nicht. Die Kartellbehörde entscheidet durch Verfügung.

9. Vgl. Form II. L. 10 Abschnitt XII.

Kosten und Gebühren

Vgl. Form. II. L. 10.

12. Freistellungsantrag für ein Rationalisierungskartell mit Preisabreden oder gemeinsamen Beschaffungs- oder Vertriebseinrichtungen (§ 5 Abs. 2 GWB)[1,2]

1. wie Form. II. L. 11.

2. Im Freistellungsantrag sollte zusätzlich dargelegt werden, dass der Rationalisierungszweck nicht auf andere Weise als durch die vereinbarten Wettbewerbsbeschränkungen erreicht werden kann (vgl. BKartA 31. 3. 1987, Systemgut Logistik Service, WuW/E BKartA 2267 betr. bundesweite Beförderung von Packstücken im Schnellverkehr; dazu Fortsetzungsfreistellung BKartA v. 3. 12. 2001, B9 – 63401 – 194/00 System Alliance; LKartB Hessen 13. 4. 1990, Pauschalhöchstpreissystem, WuW/E LKartB 289; BKartA 24. 1. 1994, Baulogistik Potsdamer Platz, WuW/E BKartA 2617).

13. Freistellungsantrag für ein Kartell, das nicht von §§ 2 bis 6 GWB erfasst ist („Sonstiges Kartell" § 7 Abs. 1 GWB)[1]

Bundeskartellamt
Kaiser-Friedrich-Str. 16
53113 Bonn

Betr.: Freistellungsantrag für ein Kartell, das nicht von §§ 2–6 GWB erfasst wird (Sonstiges Kartell)

I.–VIII. wie Form. II. L. 10., Abschnitte I.–VIII.

IX. Der Freistellungsantrag betrifft eine Vereinbarung, die weder eine Rationalisierung wirtschaftlicher Vorgänge durch Spezialisierung oder auf andere Weise, den gemeinsamen Einkauf von Waren oder die gemeinsame Beschaffung gewerblicher Leistungen oder die einheitliche Anwendung von Konditionen zum Gegenstand hat, sondern eine unternehmerische Zielsetzung verfolgt, die davon verschieden ist. Im einzelnen: ……[2]

X. Die Vereinbarung, die Gegenstand des Freistellungsantrages ist, trägt zur Verbesserung der Entwicklungen von Waren (oder Dienstleistungen) (oder der Verbesserung der Erzeugung, Verteilung, Beschaffung, Rücknahme oder Entsorgung von Waren oder ggf. Dienstleistungen) bei, weil ……[3]

XI. Diese Verbesserung geschieht unter angemessener Beteiligung der Verbraucher an dem entstehenden Gewinn, weil ……[4]

XII. Die beschriebene Verbesserung kann von den beteiligten Unternehmen auf andere Weise nicht erreicht werden, weil ……[5]

XIII. Die Verbesserung steht in einem angemessenen Verhältnis zu der damit verbundenen Wettbewerbsbeschränkung, weil ……[6]

XIV. Die Vereinbarung führt nicht zur Entstehung oder Verstärkung einer marktbeherrschenden Stellung, weil …[7]

……
(Kartellvertreter)

Verwaltungsgrundsätze: Bekanntmachung des Bundeskartellamtes Nr. 109/98 vom 16. 12. 1998 über Verwaltungsgrundsätze des Bundeskartellamtes für die Behandlung der Anmeldung von Rationalisierungskartellen (§ 5 GWB), Strukturkrisenkartellen (§ 6 GWB) und Sonstigen Kartellen (§ 7 GWB) (BAnz. Nr. 8 vom 14. 1. 1999).

Anmerkungen

1. Das Kartell bedarf zu seiner Wirksamkeit der Anmeldung bei der Kartellbehörde (§ 10 Abs. 1 S. 1 GWB). Eine Frist für die Entscheidung über den Freistellungsantrag ist nicht vorgesehen. Die Kartellbehörde entscheidet über Gewährung oder Ablehnung der Freistellung durch Verfügung (§ 10 Abs. 2 GWB). Die Wirksamkeit des Kartellvertrags tritt mit Bestandskraft der Verfügung ein (§ 10 Abs. 1 S. 2 GWB).

2. Gegenstand eines sonstigen Kartells gemäß § 7 Abs. 1 GWB kann nur eine Form der Zusammenarbeit sein, die nicht bereits nach den Tatbestandsmerkmalen des Konditionen-, Spezialisierungs-, Mittelstands-, Einkaufs- oder Rationalisierungskartells gemäß der §§ 2–5 GWB nach den dort genannten Voraussetzungen freistellbar ist. Eine Zusammenarbeit von Zeitungsverlegern zur Kombination von Stellenanzeigen für Führungskräfte wurde vom Bundeskartellamt als Vereinbarung angesehen, die nicht nach §§ 2–5 GWB freistellbar war (Bundeskartellamt vom 25. 8. 1999, Stellenmarkt für Deutschland II, WuW/E DE-V 209 ff., 214).

3. Die Voraussetzung der Verbesserung der Entwicklung, Erzeugung, Verteilung, Beschaffung, Rücknahme oder Entsorgung von Waren oder Dienstleistungen ist angelehnt an die Freistellungsvoraussetzungen nach Art. 81 Abs. 3 EGV. Es muss ausgeführt werden, dass die Vereinbarung zumindest nach einer wertenden Prognose kausal für die beschriebene Verbesserung ist.

4. Durch die angemessene Beteiligung der Verbraucher wird grundsätzlich auf die Marktgegenseite abgestellt, unabhängig davon, ob die Abnehmer Weiterverarbeiter oder Endverbraucher sind.

5. Die Unerlässlichkeit der Wettbewerbsbeschränkung zur Erreichung der Verbesserung ist vergleichbar mit den in § 5 Abs. 2 genannten Voraussetzungen. Vgl. Form II. L. 11. Anm. 7. Sie wurde verneint für die Kooperation von Zeitungsverlegern für die gemeinschaftliche Publikation von Stellenangeboten für Führungskräfte, da das Bundeskartellamt weniger einschneidende Maßnahmen und wettbewerbskonforme Lösungen anstelle der wettbewerbsbeschränkenden Vereinbarung als möglich ansah (BKartA 25. 8. 1999, Stellenmarkt für Deutschland II, WuW/E DE-V 209 ff. 213, bestätigt durch Kammergericht vom 19. 7. 2000 Kart. 49/99, aufgehoben durch Beschluss des BGH vom 9. 7. 2002 KVR 1/01, noch nicht veröffentlicht.

6. Für das angemessene Verhältnis von Verbesserung und Wettbewerbsbeschränkung wird auf Form. II. L. 11 Abschnitt XII. verwiesen.

7. Für die Entstehung oder Verstärkung einer marktbeherrschenden Stellung wird auf Form. II. L. 11 Abschnitt XIII. und Anmerkung 7. verwiesen.

Kosten und Gebühren

Das Verfahren ist gebührenpflichtig (§ 80 Abs. 1 S. 1 Nr. 2 in Verbindung mit Abs. 2 S. 2 Nr. 2 GWB). Sie beträgt höchstens EUR 25.000,–. In Ausnahmefällen das Doppelte (§ 80 Abs. 2 S. 3 GWB).

14. Antrag auf Verlängerung der Freistellung vom Kartellverbot (§ 10 Abs. 5 S. 1 GWB)[1–3]

Bundeskartellamt
Kaiser-Friedrich-Str. 16
53113 Bonn

Betr.: Antrag auf Freistellungsverlängerung für das Kartell ......

I. Als Kartellvertreter des Kartells ...... beantrage ich die Verlängerung der Freistellung vom Kartellverbot, die durch Verfügung des Bundeskartellamtes vom ...... erteilt wurde und befristet ist auf den ......

II. Für den Kartellvertrag, die Kartellmitglieder, die Rechtsform des Kartells, die Bezeichnung der Kartellmitglieder sowie deren Inhaber oder Gesellschafter, den Inhalt des Kartellvertrages und meine Vertretungsbefugnis als Kartellvertreter wird auf die Anmeldung des Kartells vom ...... verwiesen. Änderungen, die sich seit Bestandskraft der Freistellungsverfügung vom ...... ergeben haben, sind im folgenden aufgelistet: ...... [4]

III. Die Freistellungsvoraussetzungen für das Kartell liegen vor, weil ...... [5]

IV. Die von den beteiligten Unternehmen jeweils schriftlich gegenüber dem Bundeskartellamt abzugebenden Erklärungen, dass sie jeweils mit der Verlängerung der Freistellung für das Kartell einverstanden sind, sind im Anlagenkonvolut 1 beigefügt. Sämtliche Erklärungen sind innerhalb eines Zeitraums von drei Monaten vor Ablauf der Frist, die in der Freistellungsverfügung vom ... festgesetzt ist, abgegeben worden.[6]

V. Die Freistellung wird für eine Dauer von fünf Jahren beantragt.

......
(Kartellvertreter)

Anmerkungen

1. Befristete Freistellungen für Kartelle gemäß §§ 5–8 GWB sind gemäß § 10 Abs. 5 S. 1 auf Antrag zu verlängern. Der Verlängerungsantrag entspricht weitgehend dem Antrag der erstmaligen Freistellung.

2. Für die Formalangaben kann auf die Erstanmeldung verwiesen werden. Sämtliche Änderungen müssen in der jeweils für die Erstanmeldung geltenden Form angegeben werden.

3. Die materiellen Freistellungsvoraussetzungen müssen entsprechend dem Freistellungstatbestand, der der ursprünglichen Freistellungsverfügung zugrunde liegt, vorgetragen werden. Hierzu gelten die Ausführungen zu den Kartellen gemäß §§ 5–8 GWB.

4. Die Erklärungen eines jeden einzelnen beteiligten Unternehmens muss unmittelbar gegenüber dem Bundeskartellamt erfolgen. Sie können jedoch gesammelt mit dem Antrag durch den Kartellvertreter vorgelegt werden. Den beteiligten Unternehmen soll so die wirtschaftliche Freiheit verbleiben, sich unabhängig von den anderen beteiligten Unternehmen für oder gegen die Fortsetzung des Kartells zu entscheiden. Die Erklärung darf nicht eher als drei Monate vor Ablauf der Freistellungsfrist abgegeben werden. Die beteiligten Unternehmen sollen gerade erst gegen Ende der Freistellungsfrist die Entscheidung über die Fortsetzung des Kartells treffen. Eine Verpflichtung der Kartellmitglieder zur Abgabe der Einverständniserklärung ist nach § 1 GWB unwirksam.

5. Der Verlängerungsantrag ist im Bundesanzeiger bekanntzumachen (§ 11 Abs. 2 Nr. 2 GWB).

6. Das Wirksamwerden ist dem Bundesanzeiger bekanntzumachen (§ 11 Abs. 2 S. 2 Nr. 3 GWB).

Kosten und Gebühren

Das Verfahren ist gebührenpflichtig (§ 80 Abs. 1 S. 1 Nr. 2 iVm. Abs. 2 S. 2 Ziff. 2 GWB). Vgl. Form. II. L. 13.

15. Antrag auf Ministererlaubnis für ein Sonderkartell (§ 8 GWB)[1–4]

Bundesministerium für Wirtschaft und Technologie
Der Bundesminister
Scharnhorststraße 34–37
10115 Berlin

Betr.: Freistellungsantrag für ein Sonderkartell

I.–VIII. wie Form. II. L. 10, Abschnitte I.–VIII.

IX. Die Stellungnahmen der betroffenen inländischen Erzeuger und Abnehmer sind in den Anlagen 5 und 6 beigefügt.

X. Die Beschränkung des Wettbewerbs ist aus überwiegenden Gründen der Gesamtwirtschaft und des Gemeinwohls notwendig, weil ......
oder[6]
Mit dem Kartellvertrag soll der unmittelbaren Gefahr für den Bestand des überwiegenden Teils der Unternehmen des Wirtschaftszweiges ...... in der Weise entgegengewirkt werden, dass ......
Andere gesetzliche oder wirtschaftspolitische Maßnahmen können nicht oder nicht rechtzeitig getroffen werden, weil ...... Die Beschränkung des Wettbewerbs ist geeignet, die Gefahr für den Bestand des überwiegenden Teils der Unternehmen des Wirtschaftszweiges ...... abzuwenden, weil ......

XI. Die Voraussetzungen der §§ 2 bis 7 GWB liegen nicht vor, weil ......

XII. Der Antrag wird gestellt für eine Dauer von ......

......
(Kartellvertreter)

Anmerkungen

1. Das Sonderkartell, auch Ministerkartell genannt, ist für Fälle gedacht, in denen die Voraussetzungen für die Ausnahmen vom Kartellverbot in den §§ 2 bis 7 GWB nicht vorliegen und trotzdem die Beschränkung des Wettbewerbs aus übergeordneten Gesichtspunkten notwendig ist.

2. Die Wirksamkeit des Sonderkartells setzt die Erlaubnis durch den Bundesminister für Wirtschaft voraus.

3. Der Erlaubnisantrag ist im Bundesanzeiger bekanntzumachen (§ 11 Abs. 2 S. 1 Nr. 2 GWB).

4. Das Wirksamwerden ist im Bundesanzeiger bekanntzumachen (§ 10 Abs. 2 S. 1 Nr. 3 GWB).

5. Die Zuständigkeit des Bundesministers für Wirtschaft ergibt sich aus § 48 Abs. 2 iVm. § 8 Abs. 1 GWB.

6. Es ist strittig, ob der § 8 GWB nur einen Erlaubnistatbestand, bestehend aus den Absätzen 1 und 2, oder zwei Erlaubnistatbestände enthält.

Beispiele für Sonderkartelle:

Einschränkung des Preiswettbewerbs, um Abgaben für die Stilllegung von Überkapazitäten aufzubringen (Verfügung des Bundesministers für Wirtschaft vom 15. 7. 1969, Mühlenkartelle, WuW/E BWM 135).

Werbebeschränkung, die dem Schutz der Volksgesundheit dient (Verfügung des Bundesministers für Wirtschaft vom 14. 3. 1972, Fernsehwerbung für Zigaretten, WuW/E BWM 143).

Einschränkung der Abgabe von Arzneimittelmuster (Verfügung des Bundesministers für Wirtschaft vom 12. 1. 1976, WuW/E BWM 153; vom 31. 3. 1981, WuW/E BWM 175) und vom 26. 3. 1984, WuW/E BWM 183).

Kosten und Gebühren

Das Verfahren ist gebührenpflichtig (§ 80 Abs. 1 S. 2 Nr. 2 iVm. Abs. 2 S. 2 Nr. 2. Vgl. Form II.L. 13 GWB).

16. Antrag, die Aufnahme eines Unternehmens in eine Wirtschaftsvereinigung anzuordnen (§ 20 Abs. 6 iVm. § 32 GWB)[1–3]

Bundeskartellamt[4]
Kaiser-Friedrich-Str. 16
53113 Bonn

Betr.: Antrag gemäß § 20 Abs. 6 i. V. m. § 32 GWB

I. Ich beantragte, dass das Bundeskartellamt im Wege der Verfügung gem. § 32 GWB anordnet, dass die Wirtschaftsvereinigung A das Unternehmen U als Mitglied aufzunehmen hat.

II. Die Wirtschaftsvereinigung A hat den Aufnahmeantrag des Unternehmens U durch Bescheid vom ...... abgelehnt[5]. Der Ablehnungsbescheid wird in der Anlage 1 vorgelegt.

III. Durch die Ablehnung des Aufnahmeantrags behandelt die Wirtschaftsvereinigung das Unternehmen U gegenüber den anderen Mitgliedern der Vereinigung, insbesondere gegenüber den Unternehmen F, G und H ungleich[6], weil ......

IV. Die Ablehnung führt zu einer unbilligen Benachteiligung[6] des Unternehmens U im Wettbewerb, weil ......[6]

V. Die Vereinigung hat im Ablehnungsbescheid nicht nur die Ungleichbehandlung in Abrede gestellt, sondern auch geltend gemacht, die Ungleichbehandlung sei sachlich gerechtfertigt, weil ......
Diese Argumente überzeugen nicht. Die Ungleichbehandlung ist nicht sachlich gerechtfertigt, weil ......[6]

......
(Rechtsanwalt)

Anmerkungen

1. Den Wirtschaftsvereinigungen sind gleichgestellt die Berufsvereinigungen und die Gütezeichengemeinschaften.

2. Die Kartellbehörde kann nicht die Mitgliedschaft des antragstellenden Unternehmens bewirken. Sie kann nur anordnen, dass die Vereinigung die Aufnahme des Antragstellers vorzunehmen hat.

3. Der Antragsteller kann an Stelle des Aufnahmeverfahrens nach § 20 Abs. 6 i. V. m. § 32 GWB sein Verlangen auf Zulassung zu der Wirtschaftsvereinigung auch vor den Zivilgerichten verfolgen. Anspruchsgrundlage ist § 826 BGB (BGH 2. 12. 1974, Rad- und Kraftfahrerbund, WuW/E BGH 1347, 1352; BGH 10. 12. 1985, Aikido-Verband, WuW/E BGH 2226; KG 1. 10. 1986, Deutscher Pool-Billard-Bund, WuW/E OLG 4003) oder § 35 i. V. m. § 20 Abs. 6 GWB (BGH 25. 2. 1959, Großhändlerverband II, WuW/E BGH 288, 290). Der Klagantrag geht dahin, den Beklagten zu verurteilen, in den Aufnahmeantrag des Klägers einzuwilligen und ihn in die Vereinigung aufzunehmen. Wenn die Wirtschaftsvereinigung Waren oder gewerbliche Leistungen anbietet, kommt als Anspruchsgrundlage auch § 20 Abs. 1 GWB in Betracht (BGH 22. 4. 1980, Taxibesitzervereinigung, WuW/E BGH 1707, 1708).

4. Vgl. Rdn. 5 zu Form. II. L. 1.

5. Eine Aufnahmeverweigerung liegt auch vor, wenn über den Aufnahmeantrag nicht in zumutbarer Frist entschieden wurde (KG 27. 9. 1978, WuW/E OLG 2028, 2030, BGH 11. 3. 1986, Verband für Deutsches Hundewesen, WuW/E BGH 2269, 2270).

6. Die Ungleichbehandlung und die unbillige Benachteiligung hat der Antragsteller darzulegen und zu beweisen. Für die sachliche Rechtfertigung der Ungleichbehandlung ist die Vereinigung darlegungs- und beweispflichtig.

Zur sachlichen Rechtfertigung des Ausschlusses bei Wettbewerbsverstößen vgl. BGH 11. 3. 1986, Bund für Deutsches Hundewesen, WuW/E BGH 2269, 2270; OLG Karlsruhe 11. 5. 1988, Tankuntersuchung, WuW/E OLG 4313.

Kosten und Gebühren

Das Verfahren ist gebührenpflichtig (§ 80 Abs. 1 Satz 2 Nr. 2 iVm. Abs. 2 S. 2 Nr. 2. Vgl. Form. II.L. 13 GWB).

17. Antrag auf Anerkennung von Wettbewerbsregeln (§ 24 GWB)[1–4]

Bundeskartellamt[5]
Kaiser-Friedrich-Str. 16
53113 Bonn

Betr.: Antrag auf Anerkennung von Wettbewerbsregeln für ......

I. Die Wirtschaftsvereinigung A hat für ihren Bereich Wettbewerbsregeln aufgestellt. Die Regeln werden in der Anlage 1 beigefügt.
II. Die Wirtschaftsvereinigung beantragt die Anerkennung dieser Wettbewerbsregeln.
III. Die Wirtschaftsvereinigung hat die Rechtsform ......, ihre Anschrift ist ......
IV. Ihr Vertreter ist ......, wohnhaft in ......
V. Die Wettbewerbsregeln erstrecken sich auf folgende sachlichen und örtlichen Anwendungsbereiche ......
VI. Diesem Antrag werden beigefügt:
1. Der Wortlaut der Wettbewerbsregeln;
2. die Satzung der Wirtschaftsvereinigung A;
3. der Nachweis, dass die Wettbewerbsregeln satzungsgemäß aufgestellt sind;

4. eine Aufstellung von außenstehenden Wirtschafts- oder Berufsvereinigungen und Unternehmen der gleichen Wirtschaftsstufe sowie der Lieferanten- und Abnehmervereinigungen und der Bundesorganisationen der beteiligten Wirtschaftsstufen des betreffenden Wirtschaftszweiges.

......
(Geschäftsführer)

Anmerkungen

1. Wettbewerbsregeln sind Bestimmungen, die das Verhalten von Unternehmen im Wettbewerb zu dem Zweck regeln, einem den Grundsätzen des lauteren oder der Wirksamkeit eines leistungsgerechten Wettbewerbs zuwiderlaufenden Verhalten im Wettbewerb entgegenzuwirken und ein diesen Grundsätzen entsprechendes Verhalten im Wettbewerb anzuregen (§ 24 Abs. 2 GWB).

2. Den Vereinigungen steht es frei, ob sie die Anerkennung ihrer Regeln beantragen (§ 24 Abs. 3 GWB).

3. Die Vereinbarungen zur Einhaltung der Wettbewerbsregeln fallen nicht unter das Kartellverbot des § 1 GWB (§ 26 Abs. 2 S. 1 GWB).

4. Der Anerkennungsantrag, die Anerkennung sowie die Änderungen, Ergänzungen und Löschungen der Regeln sind im Bundesanzeiger bekanntzumachen (§ 27 Abs. 2 GWB).

5. Vgl. Rdn. 5 zu Form. II. L. 1.

Kosten und Gebühren

Das Verfahren ist gebührenpflichtig (§ 80 Abs. 1 S. 2 Nr. 2 iVm. Abs. 2 S. 2 Nr. 4. Sie beträgt höchstens EUR 5.000,–. In Ausnahmefällen das Doppelte (§ 80 Abs. 2 S. 3 GWB).

18. Anmeldung eines Zusammenschlussvorhabens (§ 39 Abs. 2 GWB)[1, 2]

Bundeskartellamt[3]
Kaiser-Friedrich-Str. 16
53113 Bonn

Betr.: Anmeldung des Zusammenschlussvorhabens der Unternehmen Er-GmbH (Erwerber) und A- GmbH (erworbenes Unternehmen)

I. Namens und in Vollmacht (Vollmacht in der Anlage 1) des Unternehmens Er-GmbH melde ich[4] ein Zusammenschlussvorhaben der Er-GmbH und der A-GmbH an.

II. Die Er-GmbH beabsichtigt, am .....[5] von der Ve-GmbH (Veräußerer) 30% der stimmberechtigten Geschäftsanteile[6] der A-GmbH zu erwerben[7, 8].

III. Am Zusammenschluss sind folgende Unternehmen beteiligt[9]:

1. Auf Seiten der Er-GmbH (Erwerber):
Die Er-GmbH. Diese wird von der Er-AG beherrscht, die am Stammkapital der Er-GmbH mit 75 % beteiligt ist. Die Er-AG ihrerseits wird beherrscht von der Er-OHG, die am Grundkapital der Er-AG mit 60 % beteiligt ist.

2. Auf Seiten der A-GmbH (erworbenes Unternehmen):
Die A-GmbH. Diese wird beherrscht von der A-AG, die am Stammkapital der A-GmbH mit 51 % beteiligt ist. Die A-AG ihrerseits wird zu je 50 % des Grundkapitals von F-GmbH und G-GmbH gehalten, die aufgrund einer Stimmbindungsvereinbarung die A-AG gemeinsam beherrschen.

IV. Die beteiligten Unternehmen haben folgende mit ihnen verbundene[10] Unternehmen:
1. Die Er-GmbH ihre 100%ige Tochtergesellschaft Er-Tochter GmbH.
2. Die A-AG ihre 100%ige Tochtergesellschaft A-Tochter GmbH.

V. Für die beteiligten und die mit ihnen verbundenen Unternehmen (eventuell Konzernunternehmen i.S.d. § 18 Aktiengesetz) mache ich gem. § 39 Abs. 3 GWB folgende Angaben:
1. Fa. und Sitz: ......
......
2. Art des Geschäftsbetriebs: ......[11]
......
3. Die folgenden Angaben werden für jedes beteiligte Unternehmen einschließlich der mit ihm verbundenen Unternehmen insgesamt, aber nicht gesondert für jedes einzelne verbundene Unternehmen gemacht.[12]
a) Er-GmbH und verbundene Unternehmen:
aa) Umsatzerlöse im Inland, in der Europäischen Union und weltweit im letzten Geschäftsjahr: ......[13]
bb) Marktanteile im Inland einschließlich der Grundlagen für ihre Berechnung oder Schätzung: ......[14]
b) A-GmbH und verbundene Unternehmen:
aa) Umsatzerlöse im Inland, in der Europäischen Union und weltweit im letzten Geschäftsjahr: ......
bb) Marktanteile im Inland einschließlich der Grundlagen für ihre Berechnung oder Schätzung: ......

VI. Soweit gesetzliche Vermutungen eingreifen: Sachvortrag, der die Vermutungen entkräftet.[15]

VII. Ich erbitte die Bestätigung, dass diese Anmeldung vollständig ist[16].

......
(Rechtsanwalt)

Verwaltungsgrundsätze: BKartA Grundsatzabteilung: Merkblatt zur deutschen Fusionskontrolle vom November 2000; BKartA Stellungnahme zur Anwendung des GWB auf Wettbewerbsbeschränkungen, die sich im Geltungsbereich des GWB auswirken (§ 130 Abs. 2 GWB) vom Januar 1999; BKartA Grundsatzabteilung E/G4: Auslegungsgrundsätze zur Entstehung oder Verstärkung einer marktbeherrschenden Stellung vom Oktober 2000. Sämtliche Dokumente sind abrufbar über www.bundeskartellamt.de/fusionskontrolle.html.

Anmerkungen

1. Zusammenschlussvorhaben, die von den Vorschriften über die Zusammenschlusskontrolle gemäß § 35 ff. GWB erfasst werden, sind vor Vollzug beim Bundeskartellamt anzumelden (§ 39 Abs. 1 GWB). Die nach altem Recht vorgesehene Unterscheidung der Anmeldung von Zusammenschlussvorhaben (§ 24 a GWB alte Fassung) und der Anzeige von bereits vollzogenen Zusammenschlüssen (§ 23 GWB alte Fassung) ist entfallen.

Die Verpflichtung zur Anmeldung gemäß § 39 Abs. 2 GWB entsteht, wenn die beteiligten Unternehmen ein Zusammenschlussvorhaben im Sinne von § 37 GWB beabsichtigen und die beteiligten Unternehmen die Umsatzschwellen gemäß § 35 GWB erreichen oder überschreiten.

1.1. Die Zusammenschlussformen, die die Anmeldepflicht gemäß § 39 Abs. 2 GWB auslösen können, sind abschließend in § 37 GWB aufgelistet. Die wesentlichen Zusammenschlussformen sind dabei:

a) Erwerb des Vermögens eines anderen Unternehmens ganz oder zu einem wesentlichen Teil (§ 37 Abs. 1 S. 1 Nr. 1 GWB).

b) Der Erwerb der unmittelbaren oder mittelbaren Kontrolle durch ein oder mehrere Unternehmen über die Gesamtheit oder Teile eines oder mehrerer anderer Unternehmen (§ 37 Abs. 1 S. 2 Nr. 2 GWB).

c) Der Erwerb von Anteilen an einem anderen Unternehmen, wenn die Anteile allein oder zusammen mit anderen den Unternehmen bereits gehörenden Anteilen die Schwelle von 25 % oder von 50 % des Kapitals oder der Stimmrechte beim erworbenen Unternehmen erreichen.

d) Jede sonstige Verbindung von Unternehmen, aufgrund deren ein oder mehrere Unternehmen unmittelbar oder mittelbar einen wettbewerblich erheblichen Einfluss auf ein anderes Unternehmen ausüben.

Für Kreditinstitute, Finanzinstitute oder Versicherungsunternehmen gelten die vorstehenden Zusammenschlussformen nicht als Zusammenschluss im Sinne von § 37 GWB, so lange diese Unternehmen das Stimmrecht nicht ausüben und sofern die Veräußerung innerhalb eines Jahres erfolgt (§ 37 Abs. 3 S. 1 GWB).

1.2. Gemäß § 37 GWB unterliegt der beschriebene Zusammenschluss der Zusammenschlusskontrolle, wenn im letzten Geschäftsjahr vor dem Zusammenschluss

a) die beteiligten Unternehmen insgesamt weltweit Umsatzerlöse von mehr als EUR 500 Mio. und

b) mindestens ein beteiligtes Unternehmen im Inland Umsatzerlöse von mehr als EUR 25 Mio. erzielt haben.

Beteiligtes Unternehmen ist das erwerbende Unternehmen unter Einbeziehung aller beherrschenden und abhängigen Unternehmen (§ 36 Abs. 2 GWB) sowie das erworbene Unternehmen, nicht aber das veräußernde Unternehmen.

Die Zusammenschlusskontrolle greift unter zwei Voraussetzungen nicht ein und eine Anmeldung gemäß § 39 Abs. 2 GWB ist nicht erforderlich, wenn

a) ein Unternehmen, das nicht im Sinne von § 36 Abs. 2 GWB abhängig ist und das im letzten Geschäftsjahr weltweit Umsatzerlöse von weniger als EUR 10 Mio. erzielt hat mit einem anderen Unternehmen ein Zusammenschlussvorhaben durchführt oder

b) wenn ein Markt betroffen ist, auf dem seit mindestens fünf Jahren Waren oder gewerblich Leistungen angeboten werden und auf dem im letzten Kalenderjahr weniger als EUR 15 Mio. umgesetzt wurden (§ 35 Abs. 2 S. 1 Nr. 1 und 2 GWB).

2. Die Anmeldung eines Zusammenschlussvorhabens ist im BAnz. nicht bekanntzumachen. Erst die Anzeige eines nach Freigabe durch das BKartA vollzogenen Zusammenschlusses ist im BAnz. bekanntzumachen (§ 43 S. 1 Nr. 1 GWB).

3. Die Anmeldung ist immer an das BKartA zu richten (§ 48 Abs. 2 Nr. 1 GWB).

4. Die Anmeldepflicht besteht für die am Zusammenschluss beteiligten Unternehmen (§ 39 Abs. 2 Nr. 1 GWB) und bei Fällen des Vermögens- und Anteilserwerbs für den Veräußerer (§ 39 Abs. 2 Nr. 2 GWB). Die Anmeldung ist bewirkt, wenn eines der verpflichteten Unternehmen eine vollständige Anmeldung herbeiführt.

5. Ein Zeitpunkt, zu dem die Anmeldung beim Bundeskartellamt eingehen muss, ist nicht vorgegeben. Es gibt keine sanktionierte Anmeldepflicht. Die Unterlassung einer Anmeldung ist als solche folgenlos, jedoch dürfen die beteiligten Unternehmen ein Zusammenschlussvorhaben gemäß § 41 Abs. 1 GWB nicht vollziehen, so lange es nicht angemeldet und vom Bundeskartellamt nicht freigegeben worden ist.

6. Beim Anteilserwerb iSd. § 37 Abs. 1 S. 1 Nr. 3 GWB ist die Höhe der zu erwerbenden und der insgesamt gehaltenen Beteiligung anzugeben (§ 39 Abs. 3 S. 2 Nr. 5 GWB). Für die Berechnung der Gesamtbeteiligung ist § 37 Abs. 1 S. 2 GWB maßgebend.

7. In der Anmeldung ist die Form des Zusammenschlusses anzugeben. Dem ist genüge getan, wenn eine zusammenfassende Beschreibung des Zusammenschlussvorhabens gegeben wird, das einen der in § 37 Abs. 1 GWB aufgelisteten Tatbestände erfüllt. Die Angabe der genauen Alternative des § 37 Abs. 1 GWB, die durch die beabsichtigte Form des Zusammenschlussvorhabens verwirklicht wird, ist nicht erforderlich. Die Beschreibung des Zusammenschlussvorhabens muss jedoch so detailliert sein, dass dem Bundeskartellamt die Feststellung möglich ist, welcher Zusammenschlusstatbestand des § 37 Abs. 1 GWB erfüllt ist.

8. Eine gesetzliche Verpflichtung zur Vorlage von Vertragsdokumenten besteht nicht. Die Vollständigkeit der Anmeldung ist nicht von der Vorlage von Vertragsdokumenten abhängig. Das BKartA kann jedoch nach Eingang der Anmeldung die Vorlage von Dokumenten verlangen.

9. Beteiligt sind bei den einzelnen Zusammenschlussformen:

9.1 Unmittelbar Beteiligte:

a) Vermögenserwerb (§ 37 Abs. 1 S. 1 Nr. 1 GWB)
Beteiligt ist das erwerbende und das veräußerte Unternehmen.

b) Anteilserwerb (§ 37 Abs. 1 S. 1 Nr. 3 GWB)
Beteiligt ist der Erwerber und das Unternehmen, an dem die Anteile erworben werden, nicht jedoch der Veräußerer.

c) Beteiligung an einem „Gemeinschaftsunternehmen" (§ 37 Abs. 1 Nr. 3 S. 3 GWB)
Erwerben mehrere Unternehmen (A und B) (gleichzeitig oder nacheinander) gem. § 37 Abs. 1 Nr. 3 S. 1 GWB Anteile in Höhe von 25% oder mehr an einem anderen Unternehmen (Gemeinschaftsunternehmen), so gilt dies als Zusammenschluss der Unternehmen A und B, allerdings nur hinsichtlich der Märkte, auf denen das Gemeinschaftsunternehmen tätig ist.

d) Verträge zum Erwerb der mittelbaren oder unmittelbaren Kontrolle (§ 37 Abs. 1 S. 1 Nr. 2 GWB). Beteiligt sind das Unternehmen, das die Kontrolle erwirbt sowie das kontrollierte Unternehmen. Je nach Ausgestaltung der Unternehmenskontrolle können Beteiligte etwa die Vertragspartner von Konzernbildungsverträgen sein, die Vertragspartner von Betriebsführungs- oder Gewinnabführungsverträgen oder die Vertragspartner von Unternehmenspachtverträgen.

e) Unternehmensverbindung mit wettbewerblich erheblichem Einfluss (§ 37 Abs. 1 Nr. 4 GWB)
Beteiligt sind das einflussnehmende und das beeinflusste Unternehmen.

9.2 Mittelbar Beteiligte:
Zu den beteiligten Unternehmen gehören gemäß § 36 Abs. 2 S. 1 GWB diejenigen Unternehmen, die nach aktienrechtlichen Grundsätzen mit dem unmittelbar beteiligten Unternehmen als abhängiges oder herrschendes Unternehmen im Sinne des § 17 AktG oder als Konzernunternehmen im Sinne des § 18 AktG ein einheitliches Unternehmen bilden. Grundsätzlich gilt, dass die Beherrschung gesellschaftsrechtlich bedingt oder vermittelt sein muss. Einflussfaktoren außerhalb der gesellschaftsrechtlich vermittelten Beherrschungsmöglichkeit werden nur in bestimmten Fallgestaltungen herangezogen, etwa bei der Bewertung des faktischen Gleichordnungskonzerns als einheitliches Unternehmen oder bei der Frage der Zurechenbarkeit einer 50%igen Beteiligung an einem Unternehmen, die weder eine alleinige noch eine gemeinschaftliche Kontrolle vermittelt.

Beteiligt sind auch die Unternehmen, die aufgrund einer Vereinbarung oder in sonstiger Weise dergestalt zusammen wirken, dass sie gemeinsam einen beherrschenden

Einfluss ausüben können (§ 36 Abs. 2 S. 2 GWB). Voraussetzung für das Vorliegen dieser „Mehrmütterklausel" ist eine gesicherte gemeinsame Beherrschungsmöglichkeit. Diese kann durch Vereinbarung oder durch tatsächliche Verhältnisse begründet sein.

(BGH 29. 10. 1985, Morris-Rothmans, WuW/E BGH 2211; BGH 22. 9. 1987, Gruner + Jahr-Zeit, WuW/E BGH 2433; BGH 19. 1. 1993, Zurechnungsklausel, WuW/E BGH 2882). Hält ein Unternehmen 50% der Anteile eines anderen Unternehmens, dann geht das BKartA in der Regel davon aus, dass das Unternehmen (mit) beherrschenden Einfluss auf das andere Unternehmen ausüben kann (aA. BGH 8. 5. 1979, Westdeutsche Allgemeine Zeitungsverlagsgesellschaft, WuW/E BGH 1608, wonach die paritätische Beteiligung allein noch nicht die Beherrschungsmöglichkeit gibt; BGH 30. 9. 1986, Mischguthersteller, WuW/E BGH 2321; BGH 18. 11. 1986, Hussel-Mara, WuW/E BGH 2337).

10. Sind die beteiligten Unternehmen mit anderen Unternehmen verbunden (herrschende, abhängige oder Konzernunternehmen), dann sind die Tatsachen anzugeben, die das Herrschafts-, Abhängigkeits- bzw. Konzernverhältnis begründen (§ 39 Abs. 3 S. 3 GWB).

11. Anzugeben sind: Branche, Wirtschaftsstufe, Waren- bzw. Dienstleistungsangebot.

12. Vgl. § 39 Abs. 3 S. 3 GWB.

13. Bei Kreditinstituten, Finanzinstituten und Bausparkassen sind anstelle des Umsatzes der Gesamtbetrag der Erträge gemäß § 38 Abs. 4 GWB und bei Versicherungsunternehmen die Prämieneinnahmen anzugeben (§ 39 Abs. 3 S. 1 Nr. 3 Hs. 2 GWB).

14. Die Marktanteile sind nur anzugeben, sofern 20% erreicht werden.

Zum sogenannten relevanten Markt gehören solche Waren und gewerblichen Leistungen, die aus der Sicht der Abnehmer bzw. der Lieferanten nach Beschaffenheit, Verwendungszweck und Preis zur Deckung eines bestimmten Bedarfs als austauschbar anzusehen sind. (BGH 24. 6. 1980, Mannesmann-Brueninghaus, WuW/E BGH 1711; 25. 6. 1985, Edelstahlbestecke, WuW/E BGH 2150, wonach auf der Abnehmerseite auf den Endabnehmer abzustellen ist; 11. 3. 1986, Metro-Kaufhof, WuW/E BGH 2231; 26. 5. 1987, Inter-Mailand-Spiel, WuW/E BGH 2406; 10. 11. 1987, Singener Wochenblatt, WuW/E BGH 2443; KG 16. 12. 1987, Kampffmeyer-Plange, WuW/E OLG 4167, 4168, wonach auf der Abnehmerseite auf den Handel abzustellen ist; BGH 7. 3. 1989, Kampffmeyer-Plange, WuW/E BGH 2575, 2576, wo die Frage offen blieb, ob es bei den Abnehmern auf die Handels- oder die Endverbraucherstufe ankomme, „weil die Sicht des Lebensmittelhandels weitgehend durch die Sicht der von ihm belieferten privaten Haushalte bestimmt wird"; KG 26. 6. 1991, Radio NRW, WuW/E OLG 4811, 4825; BGH 28. 4. 1992, Kaufhof/Saturn, WuW/E BGH 2771, 2772; KG 20. 10. 1999 Herlitz/Landré, WuW/E DE-R 451 mit der Feststellung, dass sich die Nachfrage des Handels von der Nachfrage der Endverbraucher ableitet; ebenso BKartA 20. 9. 1999 Henkel/Lukas, WuW/E DE-V 177; BKartA 21. 6. 2000 Melitta, WuW/E DE-V 275).

Der räumlich relevante Markt ist in gleicher Weise abzugrenzen. Er kann nicht größer sein als das Bundesgebiet (BGH 24. 10. 1995, Backofenmarkt, WuW/E BGH 3026, 3029; KG 18. 10. 1995, Fresenius/Schiwa, WuW/E OLG 5549, 5556; BGH 8. 12. 1998 Pirmasenser Zeitung, WuW/E DE-R 243).

15. Die Vermutungen iSd. § 19 Abs. 3 GWB sind keine Vermutungen im zivilrechtlichen Sinne. Sie greifen im Sinne einer materiellen Beweislastverteilung erst dann ein, wenn die Kartellbehörde bzw. das Gericht in freier Würdigung des gesamten Verfahrensergebnisses eine marktbeherrschende Stellung des Unternehmens oder des Oligopols weder ausschließen noch bejahen kann (BGH 2. 12. 1980, Klöckner-Becorit, WuW/E BGH 1749, 1754; BGH 11. 3. 1986, Metro-Kaufhof, WuW/E BGH 2231, 2237; BGH

22. 9. 1987, Gruner + Jahr-Zeit, WuW/E BGH 2433, 2441; BGH 19. 12. 1995, Raiffeisen, WuW/E BGH 3037, 3039).

16. Diese Bestätigung ist wichtig wegen der Bedeutung der Vollständigkeit der Anmeldung.

Kosten und Gebühren

Die Anmeldung ist gebührenpflichtig (§ 80 Abs. 1 S. 2 Nr. 2 GWB). Sie beträgt höchstens EUR 50.000,–. In Ausnahmefällen das Doppelte (§ 80 Abs. 2 S. 3 GWB). Eine Gebührenpflicht entfällt, wenn das Bundeskartellamt nach Anmeldung feststellt, dass ein fusionskontrollpflichtiger Zusammenschluss nicht vorliegt, sei es, weil bereits die Aufgreifschwellen gemäß § 37 Abs. 1 oder § 35 Abs. 1 GWB nicht erfüllt sind oder weil die Anschlussklausel oder die Bagatellmarktklausel gemäß § 35 Abs. 2 GWB eingreift. Diese Feststellung, dass das Vorhaben fusionskontrollfrei ist, bleibt dann gebührenfrei. Maßstab für die Bemessung der Gebühren ist gem. § 80 Abs. 3 S. 1 GWB der personelle und sachliche Aufwand der Kartellbehörde unter Berücksichtigung der wirtschaftlichen Bedeutung der gebührenpflichtigen Handlung. Nach ständiger Rechtsprechung kommt der wirtschaftlichen Bedeutung grundsätzlich besonderes Gewicht zu (KG 29. 3. 1988, Objektgesellschaft, WuW/E OLG 4143, 4145; KG 28. 4. 1988, SPAR, WuW/E OLG 4366; KG 10. 4. 1991, Kostenbeschluss, WuW/E OLG 4764; KG 29. 11. 1991, Versicherungsgebühren, WuW/E OLG 4859; KG 7. 7. 1992, geringe Anmeldegebühr, WuW/E OLG 4995; KG 17. 3. 1992, Joint-Venture-Gebühr, WuW/E OLG 5003). Dabei sind die Auswirkungen des Zusammenschlusses auf das Marktgeschehen und auch die Höhe des Umsatzes erheblich. Beim Umsatz sind auch die Gesamtumsätze der am Zusammenschluss beteiligten, in Deutschland ansässigen Unternehmen zu berücksichtigen (KG 13. 5. 1994, Untergeordnete Bedeutung, WuW/E OLG 5339, 5341). Letztlich maßgebend sind das Kostendeckungsprinzip des § 80 Abs. 2 S. 1 GWB und die Umstände des Einzelfalles. Der Untersagungsnähe oder -ferne des Zusammenschlusses hat keine ausschlaggebende Bedeutung (KG 30. 3. 1994, Kleinhammer, WuW/E BGH 5259, 5261).

19. Anzeige eines vollzogenen Zusammenschlusses (§ 39 Abs. 6 GWB)[1]

Bundeskartellamt
Kaiser-Friedrich-Str. 16
53113 Bonn

Betr.: Anzeige des Vollzugs des Zusammenschlusses zwischen A-GmbH und B-GmbH

I. Ich zeige an, dass das mit Anmeldung vom ...... und mit Schreiben vom ...... durch das Bundeskartellamt freigegebene Zusammenschlussvorhaben am ...... vollzogen worden ist[2].

II. Für die Angaben gemäß § 39 Abs. 6 GWB verweisen wir auf die Anmeldung vom ...... sowie den ergänzenden Schriftverkehr vom ...... mit dem Bundeskartellamt[3, 4].

......
(Rechtsanwalt)

Anmerkungen

1. Die Anzeige des Vollzugs eines Zusammenschlusses ist von den beteiligten Unternehmen unverzüglich nach Vollzug vorzunehmen. Die Anzeige gilt als bewirkt, wenn eines der Beteiligten Unternehmen diese gegenüber dem Bundeskartellamt vorgenommen hat. Die Unterlassung der Anzeige ist eine Ordnungswidrigkeit gemäß § 81 Abs. 1 Nr. 4 GWB. Regelmäßig mahnt das Bundeskartellamt bei der anmeldenden Partei nach Ablauf von 3–4 Monaten nach Freigabe des Zusammenschlussvorhabens eine Erklärung über den Stand der Vollzughandlungen an. Ist der Vollzug bis dahin noch nicht erfolgt, fordert das Bundeskartellamt zu einer Prognose über den möglichen Zeitpunkt des Vollzugs auf.

2. Die Angabe des Datums des Vollzugs ist nicht erforderlich.

3. Bei der Vollzugsanzeige kann auf die Wiederholung der in der Anmeldung gemachten Angaben verzichtet werden und auf die Korrespondenz verwiesen werden.

4. Die Vollzugsanzeige ist im Bundesanzeiger bekanntzumachen (§ 43 S. 1 Nr. 1 GWB).

Kosten und Gebühren

Die Anzeige ist nicht gebührenpflichtig. Das Bundeskartellamt erhebt jedoch die Kosten der öffentlichen Bekanntmachung als Auslagen (§ 80 Abs. 1 Satz 3 GWB).

20. Erlaubnisantrag für einen Zusammenschluss (§ 42 GWB)[1, 2, 5–7]

Bundesministerium für Wirtschaft und Technologie
Der Bundesminister
Scharnhorststraße 34–37
10115 Berlin

Betr.: Erlaubnisantrag für den Zusammenschluss der Er-GmbH und der A-GmbH

I. Die Antragsteller haben am ...... beim BKartA ihren Zusammenschluss angemeldet (Anlage 1).

II. Das BKartA hat durch Beschluss vom ...... den Erwerb von 30% der Geschäftsanteile an der A-GmbH durch die Er-GmbH von der Ve-GmbH untersagt. Der Beschluss, der in der Anlage 2 vorgelegt wird, wurde am ...... zugestellt.

III. Namens und in Vollmacht (Vollmacht in der Anlage 3) des Unternehmens Er-GmbH[4] beantrage ich die Erlaubnis für den Zusammenschluss dieser Unternehmen.

IV. Die Wettbewerbsbeschränkungen werden von den gesamtwirtschaftlichen Vorteilen des Zusammenschlusses aufgewogen, weil ......[8]
oder:
Der Zusammenschluss wird durch das überragende Interesse der Allgemeinheit gerechtfertigt, weil ......

V. Durch das Ausmaß der Wettbewerbsbeschränkung wird die marktwirtschaftliche Ordnung nicht gefährdet, weil ......

......
(Rechtsanwalt)

Anmerkungen

1. Bevor der Erlaubnisantrag gestellt werden kann, muss die Untersagungsverfügung des BKartA den Anmeldern zugestellt sein. Die Unternehmen haben nach der Untersagungsverfügung folgende Möglichkeiten: Sie erheben entweder Beschwerde gegen die Untersagungsverfügung und führen dieses Verfahren bis zur Rechtskraft durch und stellen dann, wenn der Zusammenschluss untersagt ist, den Erlaubnisantrag beim BMWi oder sie stellen den Erlaubnisantrag beim BMWi, ohne zunächst das Beschwerdeverfahren durchzuführen. Die Frist für die Beschwerde gegen die Untersagungsverfügung beginnt dann erst mit der Zustellung der Entscheidung des BMWi (§ 66 Abs. 1 S. 3 GWB). Daneben können die beteiligten Unternehmen das Ministererlaubnisverfahren parallel zum Beschwerdeverfahren gegen die Untersagungsverfügung führen. Beide Verfahren schließen sich gegenseitig nicht aus. Der Ausgang eines Verfahrens kann jedoch zur Erledigung des anderen Verfahrens führen.

2. Der Erlaubnisantrag ist binnen einer Frist von einem Monat seit Zustellung der Untersagungsverfügung des BKartA zu stellen (§ 42 Abs. 3 S. 1 GWB).

Wird die Verfügung des BKartA entsprechend § 66 Abs. 1 GWB angefochten, dann läuft die Einmonatsfrist erst von dem Zeitpunkt an, zu dem die Verfügung des BKartA unanfechtbar geworden ist (§ 42 Abs. 3 S. 2 GWB).

3. Der Antrag ist an den Bundesminister für Wirtschaft und Technologie zu richten, und zwar schriftlich (§ 42 Abs. 3 S. 1 GWB). Der Bundesminister für Wirtschaft und Technologie hat eine gutachtliche Stellungnahme der Monopolkommission einzuholen (§ 42 Abs. 4 S. 2 GWB). Im Erlaubnisverfahren besteht eine Bindung hinsichtlich der vom BKartA gemäß § 36 Abs. 1 GWB festgestellten Wettbewerbsbeschränkungen sowie der dazugehörigen Feststellungen, die als richtig zu unterstellen sind (KG 7. 2. 1978, Thyssen-Hüller, WuW/E OLG 1937; BMWi 9. 12. 1981, IBH-Wibau, WuW/E BWM 177); BMWi 16. 6. 1992, BayWA/WLZ Raiffeisen AG, WuW/E BWM 213, 219.

4. Der Erlaubnisantrag kann, wie die Beschwerde gegen die Untersagungsverfügung, von allen iSd. § 35 GWB beteiligten Unternehmen und in den Fällen des § 37 Abs. 1 Nr. 1 und 3 GWB von den Veräußerern gestellt werden. Es genügt jedoch, dass ein beteiligtes Unternehmen den Erlaubnisantrag stellt.

5. Zur Beiladung vgl. Verfügung des BMWi vom 30. 3. 1979, WuW/E BWM 173.

6. Der Erlaubnisantrag ist im Bundesanzeiger bekanntzumachen (§ 43 S. 1 Nr. 3 GWB).

7. Gegen die ablehnende Entscheidung des BMWi kann Beschwerde erhoben werden (§ 63 GWB). Das Beschwerdegericht kann die Erwägungen des BMWi zum Gemeinwohl und seine Abwägung zwischen Gemeinwohl und Wettbewerbsbeschränkung nicht nachprüfen. Das Beschwerdegericht prüft aber nach, ob die Tatsachen ohne Verfahrensverstoß richtig und vollständig festgestellt wurden (KG 7. 2. 1978, Thyssen-Hüller, WuW/E OLG 1937). Abweichend OLG Düsseldorf Kart 25/02 vom 12. 7. 2002.

8. Vgl. BMWi 20. 2. 1986, VEW-Ruhrkohle, WuW/E BWM 185; 6. 9. 1989, Daimler-MBB, WuW/E BWM 191; 24. 1. 1990, MAN-Sulzer, WuW/E BWM 207; 16. 6. 1992, BayWA AG/WLZ Raiffeisen AG, WuW/E BWM 213; 22. 7. 1979, Kali + Salz/PCS, WuW/E BMW 225 E.ON/Gelsenberg und E.ON/Bergemann Gz.: BMWT I B1 – 220840/129 noch nicht veröffentlicht.

Kosten und Gebühren

Der Erlaubnisantrag ist gebührenpflichtig (§ 80 Abs. 1 Satz 2 Nr. 2 iVm. Abs. 2 S. 2 Nr. 1. Vgl. Form. II. L. 18 GWB).

21. Beiladungsantrag (§ 54 Abs. 2 Nr. 3 GWB)[1,2]

Bundeskartellamt[3]
Kaiser-Friedrich-Str. 16
53113 Bonn

Betr.: Beiladungsantrag zum Verfahren ......

I. Beim BKartA ist gegen das Unternehmen A ein Verfahren wegen Missbrauchs einer marktbeherrschenden Stellung i. S. d. § 19 GWB anhängig (Aktenzeichen ......).
Das Unternehmen A verpflichtet seine Abnehmer, mit der Hauptware R auch die sachlich nicht zugehörige Ware S abzunehmen.

II. Zahlreiche Großhandelsabnehmer des Unternehmens A sind Mitglieder des antragstellenden Verbandes.

III. Ich beantrage[4], den Verband ...... e. V. zum Missbrauchsverfahren gegen das Unternehmen A beizuladen.

IV. Die Interessen der Verbandsmitglieder, die Abnehmer von A sind, werden durch die zu erwartende Entscheidung der Kartellbehörde erheblich berührt[5], weil ......

V. Nachdem der Verband beigeladen worden ist, werde ich Akteneinsicht[6] beantragen.

......
(Verbandsgeschäftsführer)

Anmerkungen

1. Die in § 54 Abs. 2 Nrn. 1, 2 und 4 GWB aufgeführten Personen, Personenvereinigungen, Unternehmen und Unternehmensvereinigungen sind kraft Gesetzes am Verfahren vor der Kartellbehörde beteiligt.

Andere Personen, Personenvereinigungen, Unternehmen und Unternehmensvereinigungen sind nur auf Grund eines Beiladungsantrags und einer entsprechenden Verfügung der Kartellbehörde am Verfahren beteiligt.

2. Die Beigeladenen können zur Sach- und Rechtslage Ausführungen machen und Anträge stellen.

Sie sind auch beschwerdeberechtigt (§ 63 Abs. 2 GWB).

3. Der Beiladungsantrag ist an die Kartellbehörde zu richten, bei der das Verfahren anhängig ist.

4. Der Antrag ist an keine Form gebunden. Er unterliegt auch keiner zeitlichen Begrenzung. Die Beiladung kann jedoch nur solange erfolgen, als das Verfahren bei der Kartellbehörde anhängig ist (KG 31. 5. 1968, WuW/E OLG 933, 934; 3. 12. 1974, Saba, WuW/E OLG 1548, 1549; BMWi 30. 3. 1979, WuW/E BWM 173; KG 11. 1. 1984, WuW/E OLG 3217; KG 11. 4. 1997, Großverbraucher, WuW/E OLG 5849, 5850, also auch noch nach Erlass der Verfügung, jedoch bevor Beschwerde eingelegt worden ist (BGH 10. 4. 1984, Coop-Supermagazin, WuW/E BGH 2077, 2078; dabei reicht es aus, dass der Antrag auf Beiladung vor Einlegung der Beschwerde gestellt wurde, KG v. 21. 2. 1989, Wieland-Langenberg, WuW/E OLG 4363, 4365).

Die Beiladung zum Hauptverfahren erstreckt sich auch auf die Zwischenverfahren, z. B. das Verfahren über eine einstweilige Anordnung (KG 3. 12. 1974, Saba, WuW/E OLG 1548, 1549).

Die Kartellbehörde kann unter mehreren potentiell Beizuladenden eine sachgerechte Auswahl treffen (KG 22. 8. 1980, Sonntag Aktuell, WuW/E OLG 2356, 2359; KG

13. 11. 1981, WuW/E OLG 2686). Im Beschwerde- und im Rechtsbeschwerdeverfahren ist eine Beiladung nicht mehr möglich (§ 67 Abs. 1 Nr. 3 GWB). Hat der Ausgang des Verfahrens rechtsgestaltende Wirkung für Dritte, dann sind sie zum Verfahren beizuladen (KG 15. 3. 1991, VW-Leasing, WuW/E 4753, 4759). Dies gilt auch, soweit sie von dem Ausgang des Verfahrens betroffen sind (KG 26. 11. 1993, Importarzneimittel-Boykott, WuW/E OLG 5241, 5247). Für das Fusionskontrollverfahren hat das Bundeskartellamt in der jüngeren Praxis bestätigt, dass auch nach der förmlichen Freigabeentscheidung eine Beiladung erfolgen kann, jedenfalls dann, wenn bei Einreichung des Beiladungsantrages noch keine Beschwerde eingelegt und noch keine Bestandskraft eingetreten ist (BKartA vom 1. 4. 1999 B 9-164/98). Wenn ein Beiladungsantrag jedoch nach Freigabe eines Zusammenschlussvorhabens ohne Einleitung des Hauptprüfverfahrens gestellt wird, ist die Beiladung ausgeschlossen. Das Kammergericht hat diese Auffassung bestätigt (KG vom 5. 4. 2000 BKartA. 38/99).

5. Eine mittelbare Interessenberührung genügt, nicht jedoch eine entfernte oder absolut geringfügige (KG 13. 1. 1978, Bahnhofsbuchhandel, WuW/E OLG 2021; 22. 8. 1980, Sonntag Aktuell, WuW/E OLG 2356). Die Interessen werden erheblich berührt, wenn sie nicht nur entfernt oder absolut geringfügig berührt werden. Es muss sich dabei um kartellrechtlich relevante wirtschaftliche Interessen handeln. Dies sind Interessen, die mit der Freiheit des Wettbewerbs oder der Wettbewerbsstruktur im relevanten Markt zusammenhängen. Bloß individuelle vertragliche Einzelinteressen genügen nicht (OLG Düsseldorf vom 5. 7. 2002, SPNV, WuW/E DE-R 523, 525). Zum Fusionskontrollverfahren vgl. BKartA 7. 9. 1981, Morris-Rothmans, WuW/E BKartA 1915; KG 13. 11. 1981, WuW/E OLG 2686; KG 26. 6. 1991, Radio NRW, WuW/E OLG 4811; KG 21. 9. 1994, Beiladung RTL 2, WuW/E OLG 5355, 5356. Der Beiladungsantrag wird, um Geschäftsgeheimnisse bereinigt, den übrigen am Verfahren beteiligten Unternehmen bekanntgemacht. Diese haben ein Recht zur Stellungnahme bevor die Kartellbehörde über den Beiladungsantrag entscheidet.

Unterlässt die Kartellbehörde die Beiladung, obgleich die Voraussetzungen des § 54 Abs. 1 Nr. 3 GWB gegeben sind, dann kann der Betroffene, unabhängig von der Beiladung, Beschwerde einlegen (KG 12. 1. 1982, Gepäckstreifenanhänger, WuW/E OLG 2720). Der Beigeladene muss durch die der Rechtskraft fähigen Entscheidungsformel beschwert sein. Sein Interesse an tatsächlichen oder rechtlichen Vorfragen ist unbeachtlich (KG 19. 1. 1983, Coop-Supermagazin, WuW/E OLG 2970; BGH 10. 4. 1984, Coop- Supermagazin, WuW/E BGH 2077). Die Beiladungsverfügung kann von den anderen Verfahrensbeteiligten nach § 63 GWB angefochten werden.

6. Akteneinsicht

a) Das GWB regelt in § 72 GWB das Recht zur Akteneinsicht im Beschwerdeverfahren. Eine Bestimmung für das Verwaltungsverfahren fehlt.

b) Aus § 72 GWB kann jedoch abgeleitet werden, dass keine Akteneinsicht besteht, soweit die Kartellbehörde gem. § 72 Abs. 2 S. 2 GWB verpflichtet ist, ihre Zustimmung zur Einsicht in die ihr gehörigen Unterlagen zu versagen. Dies ist der Fall, soweit wichtige Gründe, insbesondere die Wahrung von Fabrikations-, Betriebs- oder Geschäftsgeheimnissen der Akteneinsicht entgegenstehen (vgl. KG 2. 10. 1981, WuW/E OLG 2603; 12. 9. 1985, Aldi, WuW/E OLG 3542).

c) Im Übrigen wird § 29 des Verwaltungsverfahrensgesetzes anzuwenden sein. Das Recht zur Akteneinsicht besteht insoweit, als es zur Geltendmachung oder Verteidigung der rechtlichen Interessen dessen, der Einsicht begehrt, erforderlich ist und berechtigte Geheimhaltungsinteressen der Behörde oder Dritter nicht entgegenstehen (vgl. auch KG 13. 11. 1981, WuW/E OLG 2686; 19. 8. 1986, WuW/E OLG 3908, 3916).

Der nach § 56 GWB gegebene Anspruch auf rechtliches Gehör umfasst nicht das Recht auf Bekanntgabe des vollen Wortlauts eingereichter Schriftsätze der Beteiligten;

es genügt vielmehr eine Mitteilung des wesentlichen Inhalts, sofern nur sämtliche Punkte, auf die die Kartellbehörde ihre Entscheidung stützt, bekanntgegeben werden. Soweit es sich um bloße behördeninterne Überlegungen handelt, besteht kein Anspruch auf vollständige Mitteilung (vgl. § 29 Abs. 1 VwVfG) (OLG Düsseldorf, 5. 7. 1977, Anzeigenpreise, WuW/E OLG 1881, 1882).

d) Ob die Verfahrensbeteiligten Kopien der Amtsakten verlangen können, ist noch nicht geklärt (vgl. KG 21. 6. 1979, Einbauküchen, WuW/E OLG 2140). Soweit schriftliche Zeugenvernehmungen durchgeführt werden, ergibt sich der Anspruch auf Kopien der Protokolle über die Vernehmungen aus § 54 Abs. 2 GWB iVm. § 299 ZPO (KG 21. 6. 1979). Verneint die Kartellbehörde die Akteneinsicht, dann verletzt sie den Anspruch des Beteiligten auf rechtliches Gehör.

22. Antrag auf Erlass einer einstweiligen Anordnung (§ 60 GWB)[1–3]

Bundeskartellamt
Kaiser-Friedrich-Str. 16
53113 Bonn

Betr.: Antrag auf Erlass einer einstweiligen Anordnung zur vorläufigen Erlaubnis eines Rationalisierungskartells

I. Ich nehme Bezug auf den am ...... beim BKartA gestellten Antrag auf Erlaubnis zu einem Rationalisierungskartell nach § 5 Abs. 1 und 2 GWB.

II. Ich beantrage, durch einstweilige Anordnung zu beschließen, dass dieses Rationalisierungskartell bis zur Entscheidung des BKartA über den Erlaubnisantrag erlaubt wird.

III. Zur Begründung nehme ich Bezug auf den Erlaubnisantrag vom ...... und seine Begründung.

IV. Die einstweilige Anordnung ist erforderlich, um erhebliche wirtschaftliche Nachteile von den Kartellmitgliedern abzuwenden, die darin liegen, dass ......

V. Die Interessen der übrigen Marktbeteiligten (Lieferanten und Abnehmer) und das öffentliche Interesse stehen dem Erlass der einstweiligen Anordnung nicht entgegen, weil ......

......
(Kartellvertreter)

Anmerkungen

1. Im Erlaubnisverfahren, einschließlich Verlängerung, Änderung und Widerruf, kann die Kartellbehörde bis zur endgültigen Entscheidung einstweilige Anordnungen zur Regelung einstweiliger Zustände treffen (§ 60 Nrn. 1–3 GWB).

2. Die Kartellbehörde zieht als Maßstab den § 65 Abs. 1 GWB heran, wonach sie die sofortige Vollziehung einer Verfügung anordnen kann, wenn dies im öffentlichen Interesse oder im überwiegenden Interesse eines Beteiligten geboten ist, verschärft diesen Maßstab jedoch, weil es sich im Gegensatz zur sofortigen Vollziehung einer Entscheidung um eine vorläufige Entscheidung in der Hauptsache handelt (BKartA 6. 3. 1978, Bimsbausteine II, WuW/E BKartA 1707). Das Kammergericht zieht die Rechtsvorschriften für den Erlass gerichtlicher einstweiliger Anordnungen (§§ 80 Abs. 2, §§ 123 VwGO, 940 ZPO und 32 BVerfGG) zur Auslegung heran. Die Anordnung kommt also nur in Betracht, wenn sie aus Gründen des Allgemeinwohls oder im überwiegenden Interesse eines Beteiligten oder Dritten notwendig ist, um wesentliche Nachteile und

drohende Gefahren abzuwenden (KG 26. 1. 1977, Kombinationstarif, WuW/E OLG 1767, 1774; 13. 6. 1979, Sonntag Aktuell II, WuW/E OLG 2145, 2146; 10. 12. 1990, Hamburger Benzinpreise, WuW/E OLG 4640, 4642; vgl. auch OLG München 7. 5. 1992, Herr der Gezeiten, WuW/E OLG 4990, 4992). Die endgültige Entscheidung darf nicht vorweggenommen werden (KG 11. 1. 1993, ernstliche Untersagungszweifel, WuW/E OLG 5151, 5164). Eine zeitlich begrenzte Vorwegnahme ist jedoch möglich, wenn das öffentliche Interesse dies unabweisbar gebietet (OLG Düsseldorf 22. 1. 1985, WuW/E OLG 3335; OLG Naumburg v. 9. 7. 1999, Lokalfernsehen, WuW/E DE-R 388).

3. Der Antrag auf Erlass einer einstweiligen Anordnung kann bei der Kartellbehörde nur gestellt werden, solange das Erlaubnisverfahren bei ihr anhängig ist, also nicht mehr, nachdem ihre Entscheidung rechtskräftig wurde oder Beschwerde dagegen eingelegt wurde.

Kosten und Gebühren

Die einstweilige Anordnung ist gebührenpflichtig. Die Regelgebühr ist nicht mehr als ein Fünftel der Gebühr in der Hauptsache (§ 80 Abs. 1 Satz 2 Nr. 2 iVm. Abs. 2 S. 2 Nr. 9d GWB).

23. Anfechtungsbeschwerde an das OLG (§ 63 Abs. 1 S. 1 GWB)[1, 2, 6, 9]

Bundeskartellamt
Kaiser-Friedrich-Str. 16
53113 Bonn

In der Verwaltungssache Gesch.-Z. des BKartA

des Unternehmens ......

wegen Missbrauchs einer marktbeherrschenden Stellung beim Verkauf der Ware G

lege ich gegen den Beschluss der Kartellbehörde vom ......, zugestellt am ......

Beschwerde[3]

ein.

Begründung[4]**:**

I. Ich beantrage, für Recht zu erkennen:
1. Der Beschluss des BKartA vom ...... wird aufgehoben.
2. Die Gerichtskosten werden dem BKartA auferlegt. Das BKartA hat dem Beschwerdeführer die außergerichtlichen Kosten zu erstatten.
3. Hilfsweise rege ich an, die Rechtsbeschwerde zuzulassen.[7, 8]
II. Die Beschwerde stützt sich auf folgende Tatsachen: ......
Ich benenne dafür folgende Beweismittel: ......
III. Die vertraulichen Angaben betr. ...... sind in dem separaten Beistück A enthalten[5]**.**
IV. Zur Höhe des Verfahrenswertes der Beschwerde mache ich die Angaben, die in dem verschlossenen Beistück B enthalten sind.
V. Ich beantrage Akteneinsicht[6]**.**
VI. Ich bitte, nicht ohne mündliche Verhandlung zu entscheiden.[6]

......
(Rechtsanwalt)

Anmerkungen

1. Die Beschwerde kann sich dagegen richten, dass die Kartellbehörde eine Verfügung erließ (Anfechtungsbeschwerde, vgl. diesen Abschnitt) oder den Erlass einer beantragten Verfügung ablehnte (Verpflichtungsbeschwerde) (vgl. II. L. 24.). Unterformen der Verpflichtungsbeschwerde sind die Untätigkeitsbeschwerde (vgl. II. L. 24., Rdn. 2) und die Leistungsbeschwerde (vgl. II. L. 24., Rdn. 3).

Eine allgemeine Feststellungsbeschwerde kennt das GWB nicht (KG 18. 11. 1985, Aral, WuW/E OLG 3685, 3697; 4. 4. 1990, Blockheizkraftwerk, WuW/E OLG 4589, 4591; KG 3. 11. 1993, Bekanntmachungsgebühren, WuW/E OLG 5225), ausgenommen die sogenannte Fortsetzungsfeststellungsbeschwerde nach § 70 Abs. 2 S. 2 GWB.

2. Die Anfechtungsbeschwerde richtet sich gegen hoheitliche Maßnahmen der Kartellbehörde (BGH 17. 5. 1973, Asbach-Uralt, WuW/E BGH 1264, 1265; KG 19. 8. 1986, WuW/E OLG 3908, 3909), insbesondere Verfügungen.

a) Verfügungen sind alle Maßnahmen der Kartellbehörden zur Regelung eines Einzelfalles. Dazu gehören insbesondere:
- Widerspruch gegen ein nach §§ 2–4 GWB angemeldetes Kartell
- Erteilung, Verlängerung, Einschränkung oder Widerruf der Freistellung zu einem Kartellvertrag (§ 10 GWB)
- Maßnahmen gemäß § 12 GWB
- Aufhebungen von vertikalen Preisbindungen (§ 15 GWB) und Ausschließlichkeitsvereinbarungen (§ 16 GWB)
- Freistellung für Lizenzvertrag (§ 17 Abs. 3 GWB)
- Missbrauchsverfügung, durch die ein Verhalten untersagt oder ein Vertrag für unwirksam erklärt wird (§ 19 i. V. m. § 32 GWB)
- Untersagung eines Zusammenschlusses (§ 36 Abs. 1 GWB)
- Freigabe eines Zusammenschlusses (§ 40 Abs. 6 GWB)
- Freigabe eines Zusammenschlusses durch Ministererlaubnis (§ 42 Abs. 1 GWB)
- Auflösung eines Zusammenschlusses (§ 41 Abs. 3 S. 2 GWB)
- Anordnung der Aufnahme in eine Wirtschafts- oder Berufsvereinigung (§ 20 Abs. 6 GWB)
- Anerkennung von Wettbewerbsregeln sowie ihre Ablehnung, Zurücknahme und Widerruf (§ 24 GWB)
- Untersagungsverfügung (§ 32 GWB)
- Mehrerlösabschöpfung (§ 81 Abs. 2 S. 1 GWB)
- Maßnahmen gegen unverbindliche Preisempfehlungen (§ 22 Abs. 6 GWB)
- Auskunftsverlangen (§ 59 Abs. 1 GWB)
- Einsicht und Prüfung geschäftlicher Unterlagen (§ 59 Abs. 2 GWB)
- Maßnahmen gemäß Art. 81 EGV (§ 50 Abs. 2 GWB)
- Vorabentscheidung über Zuständigkeit (§ 55 GWB)
- Beweiserhebung (§ 57 GWB)
- Beschlagnahme (§ 58 GWB)
- einstweilige Anordnung (§ 60 GWB)
- Ablehnung der Akteneinsicht (§ 72 GWB)
- Bescheide über Gebühren und Auslagen (§ 80 GWB)

b) Keine Verfügungen sind:
- Einleitung eines Verwaltungsverfahrens (§ 54 GWB)
- Einstellung eines Verwaltungsverfahrens (§ 61 Abs. 2 GWB)
- Mitteilung an einen „Antragsteller“, dass ein Verfahren nicht eingeleitet werde (KG 10. 11. 1976, Medizinischer Badebetrieb, WuW/E OLG 1813, 1814)
- Abmahnungen, die einer Missbrauchsverfügung vorangehen

- Nichtwiderspruch gegen ein angemeldetes Kartell (BGH 8. 4. 1965, Linoleum III, WuW/E BGH 680, 681)
- Bekanntmachungen im Bundesanzeiger (§§ 11, 27, 43, 62 GWB) (KG 14. 12. 1977, WAZ, WuW/E OLG 1967; 12. 10. 1990, Bayerische Landesbank, WuW/E OLG 4645; 3. 11. 1993, Bekanntmachungsbeschwerde, WuW/E OLG 5267).
- bloße Äußerungen von Rechtsauffassungen (KG 4. 4. 1990, Blockheizkraftwerk, WuW/E OLG 4589, 4592)

3. Beschwerde

a) Berechtigung

Beschwerdeberechtigte sind die Personen, Personenvereinigungen, Unternehmen und Unternehmensvereinigungen sowie Wirtschafts- und Berufsvereinigungen, die am Verfahren vor der Kartellbehörde beteiligt waren (§ 63 Abs. 2 iVm. § 54 Abs. 2 und 3 GWB), (BGH 25. 6. 1985, Edelstahlbestecke, WuW/E BGH 2150, 2151 betr. ein herrschendes Unternehmen beim Zusammenschluss eines abhängigen Unternehmens), sofern bei ihnen eine formelle und materielle Beschwer gegeben ist (BGH 10. 4. 1984, Coop-Supermagazin, WuW/E BGH 2077, 2079).

Über den Wortlaut des § 62 Abs. 2 GWB hinaus ist beschwerdeberechtigt, wer durch eine Verfügung in seinen Rechten verletzt sein kann. Dies ist insbesondere der Fall, wenn Dritte am Verwaltungsverfahren nicht beteiligt waren, diese aber durch die Verfügung materiell beschwert sind (KG WuW/E 4811 ff. 4820). Soweit aber die Möglichkeit besteht, über die Beantragung der Beiladung formal die Stellung eines Verfahrensbeteiligten zu erlangen, wird eine Beschwerdebefugnis allein wegen der Verletzung materieller Rechtsposition abzulehnen sein. Dies gilt insbesondere für die Beschwerdebefugnis von Dritten im Fusionskontrollverfahren (§ 40 Abs. 6 GWB), die durch eine Freigabe eines Zusammenschlussvorhabens in ihren materiellen Rechten betroffen sind (OLG Düsseldorf vom 19. 9. 2001 „NetCologne" WuW/E DE-R 759, 762). Zusätzlich soll für die Anfechtungsbeschwerde eines Dritten eine materielle Beschwerde erforderlich sein. Diese ergibt sich aus der drohenden Verschlechterung der Wettbewerbsbedingungen auf dem relevanten Markt (OLG Düsseldorf vom 19. 9. 2001 „NetCologne" WuW/E DE-R 759, 764).

b) Frist

aa) Die Beschwerdefrist ist ein Monat (§ 66 Abs. 1 S. 1 GWB). Sie ist auch dann gewahrt, wenn die Beschwerde innerhalb der Frist beim Beschwerdegericht eingeht (§ 66 Abs. 1 S. 4 GWB).

bb) Die Frist beginnt mit der Zustellung der Verfügung der Kartellbehörde (§ 66 Abs. 1 S. 2 iVm. § 61 Abs. 1 Satz 2 GWB). Die Zustellung muss an alle formell Beteiligten iSd. § 54 Abs. 2 und 3 GWB erfolgen. Die Verfügung muss mit einer Begründung und der Rechtsmittelbelehrung versehen und nach den Vorschriften des Verwaltungszustellungsgesetzes zugestellt sein. Andernfalls läuft die Beschwerdefrist nicht (BGH 5. 12. 1963, Zigaretten, WuW/E BGH 559, 560; KG 14. 12. 1977, Westdeutsche Allgemeine Zeitungsverlagsgesellschaft, WuW/E OLG 1967, 1968; BGH 24. 3. 1987, Coop Schleswig-Holstein – Deutscher Supermarkt, WuW/E BGH 2389). Die Zustellung kann gemäß § 9 Abs. 1 VwZG geheilt werden (KG 16. 6. 1981, Veba/Stadtwerke Wolfenbüttel, WuW/E OLG 2507).

c) Form

Die Beschwerde ist schriftlich einzureichen (§ 66 Abs. 1 S. 1 GWB). Sowohl die Beschwerdeschrift als auch die Beschwerdebegründung müssen durch einen bei einem deutschen Gericht zugelassenen Rechtsanwalt unterzeichnet sein (§ 66 Abs. 5 Hs. 1 GWB); dies gilt nicht für die Beschwerde bei Akteneinsicht (§ 72 Abs. 2 S. 6 GWB) und für die Beschwerde der Kartellbehörde (§ 66 Abs. 5 Hs. 2 GWB).

d) Adressat
Die Beschwerde ist bei der Kartellbehörde einzulegen (§ 66 Abs. 1 S. 1 GWB). Es genügt, wenn sie innerhalb der Beschwerdefrist beim Beschwerdegericht eingeht (§ 66 Abs. 1 S. 4 GWB).

4. Beschwerdebegründung

a) Frist
Sie beträgt einen Monat und beginnt mit der Einlegung der Beschwerde. Sie kann auf Antrag vom Vorsitzenden des Beschwerdegerichts verlängert werden (§ 66 Abs. 3 GWB).

b) Inhalt
Sie muss enthalten:

aa) die Erklärung, inwieweit die Verfügung angefochten und ihre Abänderung oder Aufhebung beantragt wird (§ 66 Abs. 4 Nr. 1 GWB). Bei der Anfechtungsbeschwerde geht der Antrag auf Aufhebung oder teilweise Aufhebung der Verfügung der Kartellbehörde (§ 71 Abs. 2 S. 1 GWB). Die Erklärung muss nicht formell als Antrag erfolgen. Sie muss sich aber aus der Begründung entnehmen lassen (KG WuW/E 4859, 4861). Zur Beschwerdebegründung bei mehreren Beschwerdeführern vgl. KG 2. 7. 1982, Springer-Elbe-Wochenblatt II, WuW/E OLG 2753.

bb) Angabe der Tatsachen und Beweismittel, auf die sich die Beschwerde stützt, § 66 Abs. 4 Nr. 2 GWB (BGH 27. 2. 1969, Papierfiltertüten II, WuW/E BGH 990, 993; KG 8. 11. 1995, Fernsehübertragungsrechte, WuW/E OLG 5565, 5579).
Unter dem Gesichtspunkt des Untersuchungsgrundsatzes (§ 70 Abs. 1 GWB) hat das Beschwerdegericht nicht allen denkbaren Möglichkeiten von Amts wegen nachzugehen; vielmehr obliegt ihm eine Aufklärungs- und Ermittlungspflicht nur insoweit, als der Vortrag der Beteiligten oder der Sachverhalt bei sorgfältiger Überlegung der sich aufdrängenden Gestaltungsmöglichkeiten dazu Anlass gibt (BGH 27. 2. 1969, Papierfiltertüten II, WuW/E BGH 990, 993; 22. 11. 1983, Druckereikonditionen, WuW/E BGH 2044, 2046; KG 5. 3. 1986, WuW/E OLG 3821, 3824).

5. Berechtigt zur Einsicht in die Akten sind der Beschwerdeführer, die Kartellbehörde, deren Verfügung angefochten wird und das Bundeskartellamt, wenn sich die Beschwerde gegen eine Verfügung einer obersten Landesbehörde richtet, sowie Beigeladene. Der Umfang der Akteneinsicht ergibt sich aus § 72 Abs. 2 GWB (§ 72 Abs. 1 S. 1 iVm. § 67 GWB).

6. Vgl. § 69 Abs. 1 Halbsatz 2 GWB.

7. Die Beschwerde kann bis zur Rechtskraft der Entscheidung des Oberlandesgerichts – und zwar auch noch im Rechtsbeschwerdeverfahren – zurückgenommen werden (BGH 29. 6. 1982, Stuttgarter Wochenblatt, WuW/E BGH 1947).

8. Die Rechtsbeschwerde ist, sofern die gesetzlichen Voraussetzungen vorliegen, von Gerichts wegen zuzulassen. Ein Antrag ist daher nicht erforderlich und auch nicht zulässig. Der Beschwerdeführer kann jedoch anregen, die Rechtsbeschwerde zuzulassen (§ 74 Abs. 2 GWB).

9. Fortsetzungsfeststellungsbeschwerde

a) Hat sich die Verfügung vorher durch Zurücknahme oder auf andere Weise erledigt, kann der Beschwerdeführer, wenn er ein berechtigtes Interesse hat, (vgl. KG 6. 9. 1995, Fortsetzungsfeststellungsinteresse, WuW/E OLG 5497, 5501), beantragen, festzustellen, dass die Verfügung der Kartellbehörde unzulässig oder unbegründet war (§ 71 Abs. 2 S. 2 GWB) (OLG München 2. 9. 1982, Kaufmarkt II, WuW/E OLG 2872; KG 12. 2. 1982, WuW/E OLG 2614 zum Feststellungsinteresse nach erteilter Auskunft; KG 11. 1. 1984, WuW/E OLG 3217, 3218; BGH 10. 4. 1984, Coop-

Supermagazin, WuW/E BGH 2077; KG v. 6. 9. 1995, Fortsetzungsfeststellungsinteresse, WuW/E OLG 5497, 5502). Das Feststellungsinteresse entfällt nicht dadurch, dass sich die Verfügung der Kartellbehörde bereits vor Einlegung der Beschwerde erledigt hat (KG 18. 6. 1971, Import-Schallplatten, WuW/E OLG 1189, 1190; KG v. 11. 1. 1984, WuW/E OLG 3217ff., 3221).

„Berechtigtes Interesse“ ist umfassender als das rechtliche Interesse iSd. § 256 ZPO. Darunter fallen auch wirtschaftliche Interessen (BGH 5. 5. 1967, Großgebinde IV, WuW/E BGH 852, 853; OLG München 2. 9.1982, Kaufmarkt II, WuW/E OLG 2872; KG 7. 12. 1983, Zum bösen Wolf, WuW/E OLG 3213; KG v. 10. 12. 1990, Hamburger Benzinpreise, WuW/E OLG 4640, 4641).

b) Hat sich eine Missbrauchsverfügung nach § 32 GWB erledigt, kann der Betroffene, aber auch die Kartellbehörde beantragen, feststellen, in welchem Umfange und bis zu welchem Zeitpunkt die Verfügung begründet war (§ 71 Abs. 3 GWB).

Kosten und Gebühren

1. Rechtsgrundlage für Kostentragung und -festsetzung ist § 78 S. 1 GWB.

a) § 78 GWB betrifft die gerichtlichen und die außergerichtlichen Kosten (KG 12. 1. 1982, Gepäckstreifenanhänger, WuW/E OLG 2720, 2721; OLG München 2. 3. 1987, Kart 4/84, WuW/E OLG 3978).

Der BGH ging grundsätzlich davon aus, dass jeder Beteiligte – unabhängig vom Verfahrensausgang – seine Kosten selbst zu tragen habe (BGH 20. 3. 1984, WuW/E BGH 2084). Das Bundesverfassungsgericht entschied (Beschluss vom 3. 12. 1986 – 1 BvR 872/82, WuW/E VG 313), dass § 78 Abs. 1 GWB im Hinblick auf Art. 3 Abs. 1 GG nicht dahin ausgelegt werden dürfe, dass ein Beschwerdeführer auch dann, wenn er eine Verletzung in seinen Rechten geltend gemacht und im Verfahren obsiegt hat, im Normalfall seine außergerichtlichen Kosten selbst tragen müsse (BVerfG 5. 10. 1988, Coop-Wandmaker, WuW/E VG 339, 342).

b) Nach Erledigung der Hauptsache muss nach billigem Ermessen ohne nähere Würdigung des zweifelhaften Verfahrensausgangs über die bisherigen Kosten entschieden werden. Die Gerichtskosten sind grundsätzlich zu teilen, es sei denn, der Verfahrensausgang ist eindeutig zu erkennen (KG 25. 5. 1988, WuW/E OLG 4243; OLG München 2. 3. 1987, WuW/E OLG 3978, 3979; a.A. OLG Düsseldorf 30. 12. 1987, Allkauf ./. Nordmende, WuW/E OLG 4149, das § 91a ZPO anwendet und damit den bisherigen Sach- und Streitstand berücksichtigt).

c) Der Beigeladene hat im Falle des Obsiegens keinen Erstattungsanspruch, wenn hierfür nicht besondere Billigkeitsgründe sprechen (KG 13. 6. 1980, Levi's Jeans, WuW/E OLG 2425, 2428; 8. 7. 1988, Sportübertragungen, WuW/E OLG 4267, 4287; a.A. BGH 14. 3. 1990, Sportübertragungen, WuW/E BGH 2627, 2643).

2. Der Verfahrenswert wird gem. § 78 a.F. GWB iVm. § 3 ZPO unter Berücksichtigung von § 13 GKG festgesetzt (KG 14. 4. 1978, Rama-Mädchen, WuW/E OLG 1983, 1988). § 78 a.F. GWB wurde ersatzlos gestrichen. Es bleibt aber bei der Behandlung der Beschwerdeverfahren nach gebührenrechtlichen Grundsätzen wie sie für den Zivilprozess in der Berufungsinstanz gelten. Der Verfahrenswert ist in der Regel nach den wirtschaftlichen Auswirkungen des Obsiegens des Beschwerdeführers zu berechnen (BGH 7. 8. 1978, KVR 4/77, nicht veröffentlicht; Bericht in BKartA-Bericht 1978, BT-Drucks. 8/2980, S. 107). Der wirtschaftliche Wert bemisst sich nach den Jahresumsätzen mit der Vertragsware (KG 25. 2. 1981, GUR Rauchtabak, WuW/E OLG 2481, 2485); im Fusionskontrollverfahren ist beim Anteilserwerb vor allem der Kaufpreis der zu erwerbenden Anteile maßgebend (BGH 7. 8. 1978, WuW/E BGH 1804). Dabei wird aber in der Praxis nicht der volle Kaufpreis angesetzt, sondern z.B. nur 25%. Auch der Umsatz des zu erwerbenden Unternehmens spielt eine Rolle. Auch er wird nur mit einem Prozentsatz (z.B. 10%) berücksichtigt.

3. Die Entscheidung über die Gebühren der Kartellbehörde richtet sich nach der Entscheidung des Beschwerdegerichts über die Gerichtskosten (KG 15. 7. 1975, BP, WuW/E OLG 1620).

24. Verpflichtungsbeschwerde an das OLG (§ 63 Abs. 3 S. 1 GWB)[1, 2, 3, 7]

Bundeskartellamt
Kaiser-Friedrich-Str. 16
53113 Bonn

In der Verwaltungssache Gesch.-Z. des BKartA

des Unternehmens ......

wegen seiner Aufnahme in die Wirtschaftsvereinigung ...... e.V.

lege ich gegen den Beschluss der Kartellbehörde vom ......, mit dem der Antrag, die Aufnahme des Unternehmens ...... in die Wirtschaftsvereinigung ...... e.V. anzuordnen, abgelehnt wurde,

Beschwerde[4]

ein.

Begründung[5]:

I. Ich beantrage[6], für Recht zu erkennen:
1. Der Beschluss des BKartA vom ...... wird aufgehoben.
2. Das BKartA hat anzuordnen, dass die Wirtschaftsvereinigung ...... e.V. das Unternehmen ...... aufzunehmen hat.
3. Die Gerichtskosten werden dem BKartA auferlegt. Das BKartA hat dem Beschwerdeführer die außergerichtlichen Kosten zu erstatten.
4. Hilfsweise rege ich an, die Rechtsbeschwerde zuzulassen.
II. Die Beschwerde stützt sich auf folgende Tatsachen: ......
Ich benenne dafür folgende Beweismittel: ......
III.–VI. wie Form. II.L. 23, Abschnitte III.–VI.

......
(Rechtsanwalt)

Anmerkungen

1. Diese Beschwerde richtet sich dagegen, dass die Kartellbehörde die beantragte Verfügung nicht oder abweichend vom Antrag (BGH 31. 10. 1978, Air-Conditioning-Anlagen, WuW/E BGH 1562) erließ, insbesondere den Erlass der beantragten Verfügung ablehnte oder die beantragte behördliche Handlung nicht vornahm.

a) Die Zulässigkeit der Beschwerde setzt voraus, dass der Beschwerdeführer am Verfahren vor der Kartellbehörde beteiligt war (§ 63 Abs. 2 iVm. § 54 Abs. 2 und 3 GWB) und formell und materiell beschwert ist (BGH 31. 10. 1978, Air-Conditioning-Anlagen, WuW/E BGH 1562, 1563; 10. 4. 1984, Coop-Supermagazin, WuW/E BGH 2077, 2079) und einen Sachverhalt vorträgt, der einen Rechtsanspruch auf die beantragte Verfügung (BGH 14. 11. 1968, Taxiflug, WuW/E BGH 995, 996; BGH 31. 10. 1978, Weichschaum III, WuW/E BGH 1556, 1557) oder auf die Vornahme des beantragten behördlichen Handels (KG 14. 12. 1977, Westdeutsche Allgemeine Zeitungsverlagsgesellschaft, WuW/E OLG 1967, 1968) ergeben kann.

Die Beschwerde ist unzulässig, wenn das vom Beschwerdeführer behauptete Recht unter keinem rechtlichen Gesichtspunkt bestehen oder ihm zustehen kann (BGH 14. 11. 1968, Taxiflug, WuW/E BGH 995, 996; 31. 10. 1978, Weichschaum III, WuW/E BGH 1556, 1557). Der Beschwerdeführer muss einen eigenen Rechtsanspruch behaupten, er kann sich nicht Rechtspositionen Dritter zu eigen machen (vgl. KG v. 31. 3. 1992 Verbandsbeschwerde, WuW/E OLG 4973, 4975, OLG Düsseldorf 19. 9. 2001, NetCologne, WuW/E DE-R 759, 764).

b) Die Beschwerde ist begründet, wenn der Beschwerdeführer ein Recht auf Erlass der beantragten Verfügung oder die Vornahme des behördlichen Handelns hat.

Das GWB normiert diese Rechte nicht ausdrücklich. Soweit es jedoch den Unternehmen die Befugnis einräumt, Anträge an die Kartellbehörde zu richten, haben sie das Recht auf Erlass der beantragten Verfügung, sofern die jeweiligen gesetzlichen Voraussetzungen gegeben sind.

Ein solches Antragsrecht besteht für Freistellungen von Kartellverträgen (§§ 5–8 GWB), von Lizenzverträgen (§ 17 Abs. 3 GWB), für eine Ministererlaubnis zu einem Zusammenschluss (§ 42 Abs. 3 GWB).

Weiter besteht das Antragsrecht zur Aufnahme in eine Wirtschafts- oder Berufsvereinigung bzw. Gütezeichengemeinschaft (§ 20 Abs. 6 GWB), auf Anerkennung von Wettbewerbsregeln (§ 24 GWB) und zur Unwirksamkeitserklärung einer vertikalen Preisbindung (§ 15 Abs. 3 GWB).

Verfahrensmäßig besteht das Recht auf Beiladung gem. § 54 Abs. 2 Nr. 3 GWB.

Kein Antragsrecht besteht, soweit eine Missbrauchsverfügung der Kartellbehörde begehrt wird (zu § 19 GWB vgl. OLG Celle, 21. 2. 1973, Bauleitplan, WuW/E OLG 1387, 1389; BGH 14. 11. 1968, Taxiflug, WuW/E BGH 995, 996; BGH 22. 10. 1973, Strombezugspreis, WuW/E BGH 1299, 1300; BGH 19. 12. 1995, Nichtzulassungsbeschwerde, WuW/E BGH 3035, 3036; BGH 11. 3. 1997, Rechtsschutz gegen Berufsordnung, WuW/E BGH 3113). Der Verletzte ist auf zivilrechtliche Unterlassungs- und Schadensersatzansprüche beschränkt.

2. Eine Unterform der Verpflichtungsbeschwerde ist die *Untätigkeitsbeschwerde* (§ 63 Abs. 3 S. 2 und 3 GWB).

Die Zulässigkeit dieser Beschwerde setzt voraus, dass die Kartellbehörde die beantragte Verfügung ohne zureichenden Grund in angemessener Frist nicht beschieden hat und der Beschwerdeführer substanziiert behauptet, ein Recht auf Erlass der beantragten Verfügung oder das behördliche hoheitliche Handeln zu haben und die Rechtsbeeinträchtigung möglich erscheint (BGH 14. 11. 1968, Taxiflug, WuW/E BGH 995, 996; KG 31. 3. 1992, Verbandsbeschwerde, WuW/E OLG 4973, 4975).

3. Eine weitere Unterform der Verpflichtungsbeschwerde ist die *Leistungsbeschwerde.* Sie ist zulässig, wenn durch schlichtes Verwaltungshandeln eine Rechtsbeeinträchtigung gegeben ist (KG 14. 12. 1977, WAZ, WuW/E OLG 1967, 1968; BGH 8. 5. 1979, WAZ, WuW/E BGH 1608) oder wenn nur durch sie ein lückenloser Rechtsschutz gewährleistet ist (BGH 18. 2. 1992, Unterlassungsbeschwerde, WuW/E BGH 2760, 2761; KG 3. 11. 1993, Bekanntmachungsbeschwerde, WuW/E OLG 5267, 5270). Die Leistungsbeschwerde kann auch eine *vorbeugende Unterlassungsbeschwerde* sein (KG 18. 11. 1985, Aral, WuW/E OLG 3685, 3698; KG 12. 10. 1990, Landesbank, WuW/E OLG 4645; BGH 18. 2. 1992, Unterlassungsbeschwerde, WuW/E BGH 2760, 2761).

4. Vgl. Rdn. 3 b), c), d) zu Form. II. L. 23.

5. Zur Frist vgl. Rdn. 4 a) zu Form. II. L. 23.

6. Der Antrag geht auf Verpflichtung der Kartellbehörde zum Erlass der beantragten, von ihr aber unterlassenen, insbesondere abgelehnten Verfügung (§ 71 Abs. 4 GWB)

(KG 13. 1. 1978, Bahnhofsbuchhandel, WuW/E OLG 2021, 2023) oder zur Vornahme des behördlichen Handelns.

7. Fortsetzungsfeststellungsbeschwerde: Hat sich der Rechtsanspruch des Beschwerdeführers auf Erlass der Verfügung während des Verfahrens erledigt, kann der Beschwerdeführer, wenn er ein berechtigtes Interesse hat, beantragen festzustellen, dass die Kartellbehörde verpflichtet war, die Verfügung zu erlassen, § 71 Abs. 2 S. 2 GWB (vgl. Rdn. 9 zu Form. II.L. 23).

Kosten und Gebühren

Vgl. Form. II.L. 23.

25. Antrag an das OLG, die aufschiebende Wirkung einer Beschwerde anzuordnen (§ 65 Abs. 3 S. 3 GWB)[1, 2, 4]

OLG Düsseldorf
– Kartellsenat –
Cecilienallee 3
40474 Düsseldorf

In der Kartellverwaltungssache

des Unternehmens ......

gegen

das Bundeskartellamt

wegen Unzulässigkeitserklärung einer unverbindlichen Preisempfehlung für Markenwaren gem. § 22 Abs. 6 GWB
beantrage ich,

1. **die aufschiebende Wirkung der am ...... eingelegten Beschwerde gegen den nach § 22 Abs. 6 GWB ergangenen Beschluss des BKartA vom ...... anzuordnen;**
2. **dem BKartA die Gerichtskosten und die außergerichtlichen Kosten des Beschwerdeführers aufzuerlegen.**

Begründung:

1. **Die Beschwerde vom ...... hat keine aufschiebende Wirkung (Gegenschluss aus § 64 Abs. 1 GWB).**
2. **An der Rechtmäßigkeit des angefochtenen Beschlusses des BKartA vom ...... bestehen ernsthafte Zweifel, weil ......**
   oder:
   Die fehlende aufschiebende Wirkung der Beschwerde hat für den Betroffenen eine unbillige Härte zur Folge, weil ......
   Sie ist nicht durch überwiegende öffentliche Interessen geboten, weil ......
3. **Die Tatsachen, auf die dieser Antrag gestützt wird, werden wie folgt glaubhaft gemacht[3]: ......**

......
(Rechtsanwalt)

Anmerkungen

1. Soweit die Beschwerde keine aufschiebende Wirkung hat, können die Betroffenen beim Beschwerdegericht den Antrag stellen, die aufschiebende Wirkung ganz oder teilweise anzuordnen (§ 65 Abs. 3 S. 3 GWB). Diese Befugnis steht auch Dritten gegen die sofortige Vollziehbarkeit eines Zusammenschlusses zu, soweit eine formelle und materielle Beschwer vorliegt (OLG Düsseldorf 11. 4. 2001, Net Cologne, WuW/E DE-R 665, 666; OLG Düsseldorf 25. 6. 2001, Trienekens, WuW/E DE-R 681, 683). Ist die Verfügung zum Zeitpunkt der Entscheidung des Beschwerdegerichts schon vollzogen, kann beantragt werden, die Aufhebung der Vollziehung anzuordnen (§ 65 Abs. 4 S. 3 GWB).

2. Die Beschwerde hat in den Fällen des § 64 Abs. 1 GWB aufschiebende Wirkung. Die Beschwerde gegen eine Entflechtungsanordnung aus öffentlichrechtlichem Vertrag hat ebenfalls aufschiebende Wirkung (KG 13. 4. 1994, Krupp-Hoesch-Brüninghaus, WuW/E OLG 5263). Im Übrigen sind die Verfügungen sofort wirksam, ausgenommen bei der Vorabentscheidung über die Zuständigkeit (§ 55 GWB). In den Fällen, in denen die Beschwerde keine aufschiebende Wirkung hat, kann die Kartellbehörde die Vollziehung aussetzen (§ 65 Abs. 3 S. 2 GWB).

3. Vgl. § 65 Abs. 4 S. 2 GWB.

4. Ist das Verfahren in der Rechtsbeschwerdeinstanz anhängig, dann ist das Beschwerdegericht für die Anordnung der aufschiebenden Wirkung nicht mehr zuständig (KG 20. 9. 1982, WuW/E OLG 2875).

26. Antrag an das OLG, die aufschiebende Wirkung einer Beschwerde wiederherzustellen (§ 65 Abs. 3 S. 1 GWB)[1, 2, 8, 9]

OLG Düsseldorf
– Kartellsenat –
Cecilienallee 3
40474 Düsseldorf

In der Kartellverwaltungssache

des Unternehmens ......

gegen

das Bundeskartellamt
wegen Untersagungsverfügung gem. § 19 GWB und Anordnung der sofortigen Vollziehung der Untersagungsverfügung gem. § 65 Abs. 1 GWB

beantrage ich:

1. **die aufschiebende Wirkung der am ...... eingelegten Beschwerde[3] gegen die nach § 19 GWB ergangene Untersagungsverfügung des BKartA vom ...... wiederherzustellen;**
2. **dem BKartA die Gerichtskosten und die außergerichtlichen Kosten des Beschwerdeführers aufzuerlegen.**

Begründung:

1. **Das BKartA hat die sofortige Vollziehung der Untersagungsverfügung vom ...... angeordnet (§ 65 Abs. 1 GWB), weil dies im öffentlichen Interesse geboten sei.**

2. Die aufschiebende Wirkung der Beschwerde ist wiederherzustellen. Die sofortige Vollziehung liegt nicht im öffentlichen Interesse[4] oder im überwiegenden Interesse eines Beteiligten, weil ......
oder:
Es bestehen ernsthafte Zweifel an der Rechtsmäßigkeit der angefochtenen Verfügung[5], weil ......
oder:
Die sofortige Vollziehung der Verfügung vom ...... hat für den Betroffenen eine unbillige, nicht durch überwiegende öffentliche Interessen gebotene Härte zur Folge[6], weil ......
3. Die Tatsachen, auf die dieser Antrag gestützt wird, werden wie folgt glaubhaft gemacht[7]: ......

......
(Rechtsanwalt)

Anmerkungen

1. Hat die Beschwerde aufschiebende Wirkung (§ 64 Abs. 1 GWB) und ordnet die Kartellbehörde die sofortige Vollziehung ihrer Verfügung an (§ 65 Abs. 1 GWB), dann kann der Betroffene den Antrag stellen, die aufschiebende Wirkung der Beschwerde wiederherzustellen.

2. Ist die Verfügung zum Zeitpunkt der Entscheidung des Beschwerdegerichts schon vollzogen, kann beantragt werden, die Aufhebung der Vollziehung anzuordnen (§ 65 Abs. 4 S. 3 GWB).

3. Sofern die Kartellbehörde die sofortige Vollziehung ihrer Verfügung bereits vor Einreichung der Beschwerde angeordnet hat, kann der Antrag, die aufschiebende Wirkung der Beschwerde wiederherzustellen, schon vor Einreichung der Beschwerde gestellt werden (§ 65 Abs. 4 S. 1 GWB).

4. Vgl. KG 3. 5. 1974, Kalkulationsklausel, WuW/E OLG 1465, 1466; 14. 5. 1974, BP, WuW/E OLG 1467, 1468; 7. 6. 1974, Agip I, WuW/E OLG 1497; OLG Stuttgart 22. 10. 1979, Gemeinsamer Anzeigenteil, WuW/E OLG 2297; KG 19. 12. 1979, Basalt-Union, WuW/E OLG 2193, 2194.

Das öffentliche Interesse an der sofortigen Vollziehung muss über das Interesse hinausgehen, das den Verwaltungsakt selbst rechtfertigt (KG 14. 5. 1974, BP, WuW/E OLG 1467, 1468). Bei der Prüfung der Voraussetzungen für die sofortige Vollziehung sind strenge Anforderungen zu stellen (OLG Stuttgart 22. 10. 1979, Gemeinsamer Anzeigenteil, WuW/E OLG 2297; KG 16. 7. 1993, Empfehlung Ersatzwagenkostenerstattung, WuW/E OLG 5132, 5133). Daneben reicht es aus, wenn ein überwiegendes Interesse eines individuell Betroffenen gegeben ist. Der Begriff des Beteiligten geht hier über den des Verfahrensbeteiligten gemäß § 54 Abs. 2 GWB hinaus (BKartA v. 19. 7. 2002, Fuchs Gewürze, B2 – 52274 – R – 12/00).

5. Vgl. KG 15. 11. 1974, Valium-Librium I, WuW/E OLG 1547; 14. 5. 1974, BP, WuW/E OLG 1467, 1468; 5. 1. 1976, WuW/E OLG 1673).

6. Vgl. KG 4. 2. 1975, Brotindustrie, WuW/E OLG 1561.

7. Vgl. § 65 Abs. 4 S. 2 GWB.

8. Zur Wiederherstellung der aufschiebenden Wirkung bei Zusammenschlussvorhaben, deren Untersagung durch das Bundeskartellamt erfolgt ist mit dem Ziel, sofort das Vorhaben zu vollziehen vgl. KG 26. 11. 1980, Synthetischer Kautschuk II, WuW/E OLG 2419, 2420; 17. 7. 1981, Gaslöschanlagen, WuW/E OLG 2571.

9. Gegen die Entscheidung des Beschwerdegerichts ist keine Rechtsbeschwerde gegeben (KG 19. 12. 1979, Basalt-Union, WuW/E OLG 2193).

27. Antrag an das OLG, eine einstweilige Anordnung zu erlassen (§ 64 Abs. 3 i.V.m. § 60 GWB)[1, 2, 4]

OLG Düsseldorf
– Kartellsenat –
Cecilienallee 3
40474 Düsseldorf

In der Kartellverwaltungssache

des Rationalisierungskartells gemäß § 5 Abs. 1 GWB für ......

gegen

das Bundeskartellamt

wegen Freistellung für dieses Rationalisierungskartell gemäß § 5 Abs. 1 GWB

beantrage ich,

1. **durch einstweilige Anordnung zu beschließen, dass das Rationalisierungskartell für ...... vom ...... bis zur Entscheidung des Senats über die Beschwerde vom ...... gegen die Ablehnung der Freistellung durch das BKartA durchgeführt werden darf;**
2. **dem BKartA die Gerichtskosten und die außergerichtlichen Kosten des Beschwerdeführers aufzuerlegen.**

Begründung:

1. **Ich nehme Bezug auf den Freistellungsantrag an das BKartA vom ......, die Ablehnung des Antrags durch das BKartA vom ...... und die Beschwerde hiergegen vom ......**
2. **Die einstweilige Anordnung ist im überwiegenden Interesse der Antragsteller notwendig, um wesentliche Nachteile und drohende Gefahren abzuwenden, weil ......[3]**

......
(Rechtsanwalt)

Anmerkungen

1. Vgl. die Rdn. zu Form. II. L. 23.

2. Die Rechtsprechung zieht die Rechtsvorschriften für den Erlass gerichtlicher einstweiliger Anordnungen (§§ 123 VwGO, 940 ZPO und 32 BVerfGG) zur Auslegung heran. Die Anordnung kommt also nur in Betracht, wenn sie aus Gründen des Allgemeinwohls oder im überwiegenden Interesse eines Beteiligten oder Dritten notwendig ist, um wesentliche Nachteile und drohende Gefahren abzuwenden (KG 26. 1. 1977, Kombinationstarif, WuW/E OLG 1767, 1774; 13. 6. 1979, Sonntag Aktuell II, WuW/E OLG 2145, 2146; 10. 12. 1990, Hamburger Benzinpreise, WuW/E OLG 4640, 4642). Voraussetzung für eine einstweilige Anordnung des Beschwerdegerichts ist das Vorliegen einer Beschwerde.

3. Zur einstweiligen Anordnung bei Zusammenschlussvorhaben, deren Untersagung ausgesprochen war und gegen die eine Beschwerde anhängig war, vgl. KG 26. 11. 1980, Synthetischer Kautschuk II, WuW/E OLG 2419, 2421, „schwere formelle und möglicherweise materielle Fehler der Untersagungsverfügung und irreparabler Schaden für einen Beteiligten“; 17. 7. 1981, Gaslöschanlagen, WuW/E OLG 2571, 2572.

4. Ist das Verfahren in der Rechtsbeschwerdeinstanz, dann ist für die einstweilige Anordnung das Beschwerdegericht zuständig (§ 76 Abs. 5 S. 2 GWB).

28. Nichtzulassungsbeschwerde an den BGH (§ 75 GWB)[1, 4]

OLG Düsseldorf
– Kartellsenat –
Cecilienallee 3
40474 Düsseldorf

In der Kartellverwaltungssache

des Unternehmens ......

– Beschwerdeführer –
– Rechtsbeschwerdeführer –

gegen

das Bundeskartellamt,
wegen Aufnahme in die Wirtschaftsvereinigung ...... e. V.

lege ich gegen den Beschluss des Senats vom ......, durch den die Rechtsbeschwerde gegen Beschluss vom ...... nicht zugelassen wurde,

Nichtzulassungsbeschwerde[2]

ein.

Begründung[3]:

I. Ich beantrage, für Recht zu erkennen:
1. Der Beschluss des Kartellsenats des OLG Düsseldorf vom ...... über die Nichtzulassung der Rechtsbeschwerde wird aufgehoben.
Die Rechtsbeschwerde gegen den Beschluss vom ...... wird zugelassen.
2. Die Gerichtskosten der Nichtzulassungsbeschwerde werden dem BKartA auferlegt. Das BKartA hat dem Rechtsbeschwerdeführer die außergerichtlichen Kosten zu erstatten.

II. Der Kartellsenat des OLG Düsseldorf hatte über die Rechtsfrage ...... zu entscheiden.
Sie ist von grundsätzlicher Bedeutung, weil ......

......
(Rechtsanwalt)

Anmerkungen

1. Ist der Beschluss des OLG in der Hauptsache ergangen und hat es die Rechtsbeschwerde nicht zugelassen, weil nach seiner Auffassung die Voraussetzungen des § 74 Abs. 2 Nr. 1 oder Nr. 2 GWB nicht gegeben sind, oder hat das OLG aus Versehen über die Zulassung nicht entschieden, kann dagegen die Nichtzulassungsbeschwerde erhoben werden (§ 75 GWB).

Ein Beschluss ist dann nicht in der Hauptsache erlassen, wenn er sich in der Entscheidung von Neben- und Zwischenfragen erschöpft, ohne das vor der Kartellbehörde geführte Verfahren über das eigentliche Streitverhältnis ganz oder teilweise zum Abschluss zu bringen (KG 19. 2. 1980, Schulbuch-Vertrieb, WuW/E OLG 2441, 2446). Auskunftsverlangen, auch gegen Dritte, und Beiladungen sowie Prüfungsanordnungen gegen Dritte (KG 4. 2. 1981, Metro-Kaufhof, WuW/E OLG 2433) sind keine Entscheidungen in der Hauptsache.

2. Die Nichtzulassungsbeschwerde ist binnen einer Frist von einem Monat nach Zustellung der OLG- Entscheidung schriftlich beim OLG einzulegen (§ 75 Abs. 3 S. 1 GWB). Sie muss von einem Rechtsanwalt unterzeichnet sein, es sei denn, die Kartellbehörde ist Beschwerdeführerin (§ 75 Abs. 4 S. 1 iVm. § 66 Abs. 5 GWB).

3. Die Beschwerde ist innerhalb einer Frist von einem Monat, nachdem sie eingelegt wurde, zu begründen (§ 75 Abs. 4 iVm. § 66 Abs. 3 GWB), (BGH 19. 12. 1995, Nichtzulassungsbeschwerde, WuW/E BGH 3035, 3036). Die Begründung kann auch beim Rechtsbeschwerdegericht eingereicht werden (BGH 18. 5. 1993, Pauschalreisen-Vermittlung II, WuW/E BGH 2869, 2871).

Die Begründung muss den Antrag enthalten, den Beschluss über die Nichtzulassung der Beschwerde aufzuheben und die Rechtsbeschwerde zuzulassen (§ 75 Abs. 4 iVm. § 66 Abs. 4 Nr. 1 GWB).

4. Für die Beurteilung der Frage, ob einer der Zulassungsgründe des § 74 Abs. 2 GWB vorliegt, ist von dem in der angegriffenen Entscheidung festgestellten Sachverhalt auszugehen. Das Ergebnis etwaiger mit der beabsichtigten Rechtsbeschwerde zu erhebender Verfahrensrügen ist nicht zu berücksichtigen (BGH 16. 6. 1981, Levi's Jeans, WuW/E BGH 1867).

29. Rechtsbeschwerde an den BGH (§ 74 GWB)[1, 2, 6, 7]

OLG Düsseldorf
– Kartellsenat –
Cecilienallee 3
40474 Düsseldorf

In der Kartellverwaltungssache

des Unternehmens ......

– Beschwerdeführer –
– Rechtsbeschwerdeführer –

gegen

das Bundeskartellamt,

wegen Aufnahme in die Wirtschaftsvereinigung ...... e. V.
lege ich gegen den Beschluss des Senats vom ......

Rechtsbeschwerde[3]

ein.

Begründung[4]:

I. Ich beantrage für Recht zu erkennen:

1. Der Beschluss des Kartellsenats des OLG Düsseldorf vom ...... und der Beschluss des BKartA vom ......werden aufgehoben.
Hilfsweise: Der Beschluss des Kartellsenats des OLG Düsseldorf vom ...... wird aufgehoben und der Rechtsstreit an dieses Gericht zurückverwiesen.

2. Die Gerichtskosten des Beschwerde- und des Rechtsbeschwerdeverfahrens werden dem BKartA auferlegt. Das BKartA hat dem Rechtsbeschwerdeführer die außergerichtlichen Kosten des Beschwerde- und des Rechtsbeschwerdeverfahrens zu erstatten.

II. Ich rüge die Verletzung folgender Verfahrensvorschriften: ......
Die Verfahrensverstöße[5] beruhen auf folgenden Tatsachen: ......
III. Ich rüge die Verletzung folgender Vorschriften des materiellen Rechts: ......

......
(Rechtsanwalt)

Anmerkungen

1. Ist der Beschluss des OLG in der Hauptsache ergangen (vgl. hierzu BGH 15. 12. 1960, IG Bergbau, WuW/E BGH 415, 417; 16. 11. 1970, Feuerfeste Steine, WuW/E BGH 1161, 1162; 20. 11. 1975, Zementmahlanlage, WuW/E BGH 1377, 1378; 25. 1. 1983, Haribo, WuW/E BGH 1982; 15. 10. 1991, Rechtsbeschwerde, WuW/E BGH 2739, 2740), was nicht der Fall ist, wenn sich der Beschluss in der Entscheidung über Neben- und Zwischenfragen erschöpft, ohne das Verfahren über das eigentliche Streitverhältnis zum Abschluss zu bringen (BGH 6. 12. 1962, WuW/E BGH 547; BGH 25. 1. 1983, Haribo, WuW/E BGH 1982; 15. 10. 1991, Rechtsbeschwerde, WuW/E BGH 2739, 2740), und hat das OLG die Rechtsbeschwerde zugelassen (§ 74 Abs. 1 GWB) oder hat der BGH auf die Nichtzulassungsbeschwerde die Rechtsbeschwerde zugelassen (§ 75 Abs. 2 GWB) oder bedurfte es einer Zulassung der Rechtsbeschwerde nicht (§ 74 Abs. 4 GWB), (BGH 25. 10. 1983, Internord, WuW/E BGH 2058) können die am Beschwerdeverfahren Beteiligten (§ 76 Abs. 1 iVm. § 67 GWB) sowie die Kartellbehörde Rechtsbeschwerde einlegen, sofern der Rechtsbeschwerdeführer durch die Beschwerdeentscheidung beschwert ist. Maßgebend ist, ob seinen Sachanträgen nicht stattgegeben wurde. Zur Zulässigkeit der außerordentlichen Beschwerde vgl. BGH 14. 3. 2000, Gewerbliche Spielgemeinschaften, WuW/E DE-R 492.

2. Beteiligt am Rechtsbeschwerdeverfahren sind die Beteiligten des Beschwerdeverfahrens (§ 76 Abs. 5 S. 1 iVm. § 67 GWB). (Vgl. BGH 14. 3. 1968, Fahrlehrer, WuW/E BGH 941; 28. 6. 1983, Taxi-Funk-Zentrale Kassel, WuW/E BGH 2010).

3. Die Rechtsbeschwerde ist binnen einer Frist von einem Monat nach Zustellung des OLG-Beschlusses durch Anwaltsschriftsatz (ausgenommen die Rechtsbeschwerde durch die Kartellbehörde) beim OLG einzulegen (§ 76 Abs. 3 S. 1 GWB).

Wird die Verletzung von Verfahrensvorschriften gerügt, sind diese zu bezeichnen und die Tatsachen anzugeben, die den Verfahrensverstoß begründen (BGH 27. 6. 1968, Zementverkaufsstelle Niedersachsen, WuW/E BGH 967, 970).

Soweit der Verstoß materiellen Rechts gerügt wird, sollen die entsprechenden Vorschriften angegeben und die Art ihrer Verletzung bezeichnet werden.

4. Die Rechtsbeschwerde ist innerhalb einer Frist von einem Monat, nachdem sie eingelegt wurde, zu begründen (§ 76 Abs. 5 S. 1 iVm. § 66 Abs. 3 GWB). Die Begründung muss den Antrag enthalten, inwieweit der Beschluss des OLG angefochten und seine Abänderung oder Aufhebung beantragt wird (§ 76 Abs. 5 iVm. § 66 Abs. 4 Nr. 1 GWB).

Hat sich die angefochtene Verfügung in der Rechtsbeschwerdeinstanz erledigt, kann der Beschwerdeführer beantragen festzustellen, dass die angefochtene Verfügung unzulässig oder unbegründet war (§ 76 Abs. 5 iVm. § 71 Abs. 2 S. 2 GWB) (BGH 5. 5. 1967, Großgebinde IV, WuW/E BGH 852, 853; 19. 6. 1975, Zementverkaufsstelle Niedersachsen, WuW/E BGH 1367, 1368).

5. Für das Rechtsbeschwerdeverfahren gelten, soweit das GWB keine besonderen Vorschriften enthält, die in anderen Gesetzen enthaltenen Vorschriften und die dazu von der Rechtsprechung aufgestellten Grundsätze (BGH 27. 6. 1968, Zementverkaufsstelle Niedersachsen, WuW/E BGH 967).

Wird das Bundeskartellamt am Beschwerdeverfahren gegen eine Verfügung einer Landeskartellbehörde entgegen § 67 Abs. 2 GWB nicht beteiligt, dann ist dies ein absoluter Rechtsbeschwerdegrund (BGH 28. 6. 1983, Taxi-Funk-Zentrale Kassel, WuW/E BGH 2010).

6. Anträge auf Erlass einstweiliger Anordnungen sind während des Rechtsbeschwerdeverfahrens an das OLG zu richten (§ 76 Abs. 5 S. 2 iVm. § 64 Abs. 3 iVm. § 60 GWB).

7. Ob Anträge, die aufschiebende Wirkung einer Beschwerde anzuordnen bzw. wiederherzustellen, in der Rechtsbeschwerdeinstanz gestellt werden können, ist streitig.

Verfahren in Bürgerlichen Rechtsstreitigkeiten

30. Klage auf Belieferung gem. § 20 Abs. 2 GWB bei der Kartellkammer des Landgerichts (§§ 87, 89 GWB)

Landgericht[1]
Kammer f. Handelssachen[2]
– Kartellkammer –
Postfach 10 29 55
70025 Stuttgart[3]

Klage

der Firma ...... GmbH, ..., 70000 Stuttgart,
vertreten durch ihren Geschäftsführer, ...

– Klägerin –

Prozessbevollmächtigte: ......

gegen

die Firma ...... GmbH, ..., 74000 Tübingen,
vertreten durch ihren Geschäftsführer, ...

– Beklagte –

wegen Belieferung gem. § 20 Abs. 2 S. 1 GWB.[4]
Streitwert: EUR ...... (vorläufig).

I. Namens und in Vollmacht der Klägerin beantrage ich, für Recht zu erkennen:
   1. Die Beklagte wird verurteilt, an die Klägerin die Erzeugnisse ...... Zug um Zug gegen Zahlung der zum Zeitpunkt der Lieferung gültigen Listenpreise des Beklagten zu liefern[5].
   2. Die Beklagte hat der Klägerin allen Schaden zu ersetzen, der ihr durch die Nichtbelieferung mit den zu 1. genannten Erzeugnissen seit dem ...... entstanden ist.

II. Hilfsweise beantrage ich Vollstreckungsschutz mit der Maßgabe, dass Sicherheit durch selbstschuldnerische Bürgschaft einer bundesdeutschen Großbank oder öffentlichen Sparkasse erbracht werden kann.

III. Begründung
   1. Der mit der Klage geltend gemachte Belieferungsanspruch wird auf §§ 33, 20 Abs. 2 GWB gestützt.
   Der Rechtsstreit ergibt sich aus dem GWB. Damit ist das angerufene Landgericht ausschließlich zuständig (§ 87 Abs. 1 S. 1 GWB).[1]

2. An sich wäre das LG Tübingen örtlich zuständig. Die Zuständigkeit des LG Stuttgart ergibt sich jedoch aus der Verordnung des Justizministeriums Baden-Württemberg über die Zuständigkeit der Landgerichte nach dem Gesetz gegen Wettbewerbsbeschränkungen vom 29. 9. 1994, GBl. 1994, 584.[3]

3. Die Voraussetzungen des § 20 Abs. 2 GWB:

a) Die Klägerin ist ein kleines (oder mittleres) Unternehmen[6] und als Nachfragerin von ...... in der Weise von der Beklagten abhängig, dass ausreichende und zumutbare Möglichkeiten, auf andere Unternehmen auszuweichen, nicht bestehen, weil ......[7].

b) Die Klägerin ist mit den von der Beklagten belieferten Unternehmen gleichartig[8], weil ......

c) Der Geschäftsverkehr mit der Beklagten ist Unternehmen, die der Klägerin gleichartig sind, üblicherweise zugänglich[9], weil ......

d) Die Beklagte behandelt die Klägerin gegenüber ihren Abnehmern unterschiedlich, weil sie diese, nicht jedoch die Klägerin, beliefert.

e) Die Beklagte hat keinen sachlich gerechtfertigten Grund[10, 11] dafür, dass sie die Klägerin – im Gegensatz zu ihren anderen Abnehmern – nicht beliefert. Unter Verwahrung gegen die Darlegungs- und Beweislast trage ich hierzu vor: ......

f) Die Beklagte handelt schuldhaft, weil ......[12, 13]

......
(Rechtsanwalt)

Anmerkungen

1. Die Landgerichte sind für bürgerliche Rechtsstreitigkeiten, die sich aus dem GWB oder aus Kartellvereinbarungen oder Kartellbeschlüssen ergeben, ausschließlich zuständig (§ 87 GWB). Die ausschließliche Zuständigkeit der Landgerichte ist seit der sechsten Novelle des GWB ausdrücklich auch gegeben für die Rechtsstreitigkeiten, deren Entscheidung ganz oder teilweise von einer Entscheidung abhängt, die nach dem GWB zu treffen ist, § 87 Abs. 1 S. 2 GWB. Die Unterscheidung zwischen Rechtsstreitigkeiten aus Kartellvereinbarungen und Kartellbeschlüssen einerseits und kartellrechtlichen Vorfragen (§ 96 Abs. 2 GWB a.F.) ist aufgegeben. Entgegen der früheren Aussetzung des Rechtsstreits und seiner Fortsetzung nach Klärung der Vorfrage, verliert das Nicht-Kartellgericht jetzt seine Zuständigkeit für den Rechtsstreit insgesamt, sobald festgestellt ist, dass die Entscheidung von einer kartellrechtlichen Vorfrage abhängt. Die unökonomische Aufspaltung der Zuständigkeit ist damit entfallen. Für die Übergangsregelung vgl. BGH v. 14. 3. 2000, Subunternehmervertrag II, WuW/E DE-R 505, 506.

a) Bürgerliche Rechtsstreitigkeiten aus dem GWB sind Klagen aus § 33 GWB iVm.:

aa) § 1 GWB; unwirksamer Kartellvertrag:
Ob § 1 GWB ein Schutzgesetz ist, kann mit der Neufassung von § 1 GWB als unmittelbar geltendes „Kartellverbot" bejaht werden. Es umfasst den Personenkreis, der rechtserheblich betroffen ist. Dies sind die Konkurrenten, aber auch die Lieferanten und Abnehmer, jedenfalls dann, wenn die Kartellvereinbarung gezielt eingesetzt wurde, um ihnen gegenüber den Marktzutritt zu erschweren oder die Konditionen zu verschlechtern (vgl. OLG Stuttgart 22. 5. 1998, Carpartner II, WuW/E DE-R 161, 163).

bb) § 14 GWB; nichtiger Vertikalbindungsvertrag:
§ 14 GWB schützt auch die Individualinteressen (BGH 21. 2. 1978, 4 zum Preis von 3, WuW/E BGH 1519, 1520). Dies ist durch die Neufassung von § 14 als unmittelbares Verbot außer Zweifel.

cc) §§ 17, 18 GWB; unwirksame Bindungen im Lizenzvertrag.

dd) § 19 GWB: Missbrauchsverbot für marktbeherrschende Unternehmen: Nach der sechsten Novelle des GWB von 1998 ist der Missbrauch einer marktbeherrschenden Stellung unmittelbar verboten. Eine Verbotsverfügung der Kartellbehörde ist für die Geltendmachung eines Anspruchs, der sich auf § 19 GWB stützt, nicht erforderlich. Dies gilt insbesondere auch für den Anspruch auf Zugang zu Netzen und Infrastruktureinrichtungen Dritter gemäß § 19 Abs. 4 S. 4 GWB (OLG Düsseldorf 5. 12. 2001, Linzer Gaslieferant, WuW/E DE-R 847, 851).

ee) § 20 Abs. 1 GWB: unbillige Behinderung und unterschiedlich Behandlung ohne sachlich gerechtfertigten Grund: Der Schutzzweck der Norm umfasst alle unmittelbaren oder mittelbaren Diskriminierungspraktiken marktbeherrschender Unternehmen oder solcher, die gegenüber ihren Lieferanten oder Abnehmern eine überlegene Marktmacht innehaben. Der Anspruch auf Beseitigung einer verbotenen Behinderung oder Diskriminierung kann auf positives Tun gerichtet werden (Lieferpflicht; Gestattung der Durchleitung; vgl. BGH 12. 5. 1998 Depotkosmetik, WuW/E DE-R 206, 209).

ff) § 20 Abs. 6 GWB: Der Aufnahmezwang in eine Wirtschafts- oder Berufsvereinigung.

gg) § 21 Abs. 1 GWB: Boykottverbot: Der Anspruch kann sich nur gegen das Unternehmen richten, das den Boykott ausspricht, nicht diejenigen, die den Boykottaufruf befolgen; vgl. OLG Stuttgart 18. 12. 1998, Gerüstbau, WuW/E DE-R 256, 257).

hh) § 21 Abs. 2 GWB; Androhen oder Zufügen eines Nachteils:
§ 21 Abs. 2 GWB dient dem Schutz des unter Drohung gesetzten Unternehmens (BGH 24. 6. 1965, Brotkrieg II, WuW/E BGH 690, 693).

ii) § 21 Abs. 3 GWB; Ausübung von Zwang.

jj) § 22 Abs. 1 GWB, unzulässige Preisempfehlung; (OLG Koblenz 16. 2. 1984, Landesapothekerverein, WuW/E OLG 3263; BGH 4. 2. 1986, Herstellerpreiswerbung, WuW/E BGH 2256, 2259).

b) Kartellvereinbarungen und Kartellbeschlüsse sind die in den §§ 1 bis 8 sowie §§ 28–30 GWB geregelten Vereinbarungen (BGH 9. 7. 1958, WuW/E BGH 244, 246, 30. 5. 1978, Fertighäuser, WuW/E BGH 1525; BGH 30. 10. 1975, Mehrpreis von 11%, WuW/E BGH 1413, 1416).
Die Individualverträge der §§ 14 ff. GWB sind keine Kartellverträge.
Für die Ermittlung der Zuständigkeit ist daher die Zuordnung zu § 1 bzw. § 14 GWB erheblich (vgl. BGH 30. 5. 1978, Fertighäuser, WuW/E BGH 1525). Gerade diese Zuordnung ist aber mit erheblichen Unsicherheiten verbunden.
Bürgerliche Rechtsstreitigkeiten, die sich aus den Artikeln 81 oder 82 EG und aus den Artikeln 53 oder 54 EWRV ergeben, begründen die ausschließliche Zuständigkeit des Landgerichts iSd. § 87 GWB (vgl. § 96 GWB).

2. Die Streitigkeiten iSd. § 87 GWB sind Handelssachen iSd. §§ 93 bis 114 GVG (§ 87 Abs. 2 GWB). Sie müssen nicht von der Kammer für Handelssachen, sondern können auch von der Zivilkammer entschieden werden (BGH 30. 5. 1978, Pankreaplex, WuW/E BGH 1553.

Welche Kammer innerhalb eines Landgerichts „Kartellkammer" ist, entscheidet der Geschäftsverteilungsplan. Entscheidet versehentlich eine Nicht-Kartellkammer als Kartellkammer, dann hat doch das Landgericht iSd. § 87 Abs. 1 GWB entschieden (OLG Düsseldorf 14. 7. 1975, WuW/E OLG 1618, 1619).

3. Gem. § 89 GWB haben Bundesländer einem Landgericht für die Bezirke mehrerer Landgerichte die ausschließliche Zuständigkeit zugewiesen:
Vgl. die Aufstellung in Schönfelder, Deutsche Gesetze, zu § 89 GWB.

4. § 20 GWB hat § 26 Abs. 2–5 GWB a.F. ersetzt. Materiell ist bedeutsam die Aufnahme des Regelbeispiels der unbilligen Behinderung bei Verkauf unter Einstandspreisen gemäß § 20 Abs. 4 S. 2 GWB (vgl. OLG Düsseldorf 19. 12. 2001, Wal-Mart, WuW/E DE-R 781, 785 ff.).

Im vorliegenden Muster wird der Fall des § 20 Abs. 2 GWB behandelt, d.h. die Klägerin ist ein kleines oder mittleres Unternehmen, das als Nachfrager von einem Lieferanten in der Form abhängig ist, dass es keine ausreichenden und zumutbaren Möglichkeiten hat, auf einen anderen Lieferanten auszuweichen.

5. Zum Klagantrag bei der Leistungsklage vgl. BGH 26. 10. 1961, Gummistrümpfe, WuW/E BGH 442, 448; BGH 9. 11. 1967, Jägermeister II, WuW/E BGH 886; BGH 10. 7. 1969, Flughafenunternehmen, WuW/E BGH 1131, 1133; BGH 24. 9. 1979, Modellbauartikel II, WuW/E BGH 1629; OLG Koblenz 14. 7. 1982, Bitburger Pils, WuW/E OLG 2898; BGH 22. 1. 1985, Technics, WuW/E BGH 2125). Die Leistungsklage ist nur dann zulässig, wenn sie auf eine konkrete, genau bestimmte Leistung gerichtet ist. Andernfalls ist die Feststellungsklage zu wählen (KG 22. 1. 1997, U-Bahn-Buchhandlungen, WuW/E OLG 5875, 5876; OLG Hamburg, 15. 5. 1997, Programmvorschau, WuW/E OLG 5861, 5862).

Zulässig ist es, an Stelle der Leistungsklage die Feststellungsklage zu erheben, wonach der Beklagte verpflichtet ist, den Kläger mit bestimmten Produkten zu beliefern. Das Rechtsschutzinteresse besteht (BGH 20. 11. 1964, Rinderbesamung I, WuW/E BGH 647, 648; 17. 1. 1979, Nordmende, WuW/E BGH 1567; BGH 24. 3. 1981, SB-Verbrauchermarkt, WuW/E BGH 1793, 1794; BGH 22. 1. 1985, Technics, WuW/E BGH 2125; OLG Karlsruhe, Direktabbuchungsklausel, WuW/E OLG 5066, 5068; LG Berlin 27. 6. 2000, Fortum WuW/E DE-R 533, 535).

Der Feststellungsantrag kann lauten: Es wird festgestellt, dass die Beklagte verpflichtet ist, die Klägerin mit ...... in handelsüblichen Mengen zu ihren bei gleicher Mengenabnahme üblichen Preisen und Konditionen zu beliefern (BGH 30. 6. 1981, Adidas, WuW/E BGH 1885; BGH 1. 12. 1981, Dispositionsrecht, WuW/E BGH 1879). Das Feststellungsbegehren braucht nicht zeitlich begrenzt zu werden (KG 13. 10. 1982, Taschenbücher, WuW/E OLG 2825).

Das Unternehmen, das liefern soll, kann die negative Feststellungsklage erheben, wonach es nicht verpflichtet ist, den Lieferauftrag des Beklagten vom ...... anzunehmen (BGH 20. 11. 1975, Rossignol, WuW/E BGH 1391, 1396).

Die Zuständigkeit richtet sich nach dem mit der Klage geltend gemachten Anspruch, nicht nach den Einwänden des Beklagten und auch nicht nach den zu entscheidenden Vorfragen (BGH 11. 11. 1959, Gärungsgetränke, WuW/E BGH 354, 355; BGH 4. 4. 1975, Abschleppunternehmen, WuW/E BGH 1383; BGH 30. 5. 1978, Fertighäuser, WuW/E BGH 1525).

Die Zuständigkeit des Kartellgerichts ist auch für etwa konkurrierende Ansprüche aus Vertrag, Geschäftsführung ohne Auftrag, ungerechtfertigter Bereicherung, oder § 6 EnWG begründet (OLG Hamm 17. 11. 1978, Badebetrieb, WuW/E OLG 2043, 2044; LG Magdeburg 14. 4. 2000, EuroPower, WuW/E DE-R 542, 543; OLG Odenburg 14. 7. 1999, Neuenhauser Gasnetz, WuW/E DE-R 393, 394). Eine bürgerliche Rechtsstreitigkeit ist Kartellstreitsache iSd. § 87 Abs. 1 GWB auch dann, wenn die Klage neben anderen Anspruchsgrundlagen auf eine kartellrechtliche gestützt ist (OLG Karlsruhe 9. 1. 1980, Fach-Tonband-Kassetten, WuW/E OLG 2300; OLG Stuttgart 10. 10. 1986, Fiat-Bonus, WuW/E OLG 4001). Dies gilt nicht für kartellrechtlich begründete Ansprüche zwischen Krankenkasse und Leistungserbringer. Auch soweit Rechte Dritter betroffen sind, sind für diese Rechtsverhältnisse gemäß § 69 SGB V die Sozialgerichte zuständig; § 87 Abs. 1 S. 3 GWB (vgl. BGH 14. 3. 2000, Hörgeräteakustik, WuW/E DE-R 469, 470).

Ist das angerufene Gericht nicht das Kartellgericht und damit nicht zuständig, dann ist die Klage wegen Unzuständigkeit abzuweisen, es sei denn, der Kläger stellt den Antrag auf Verweisung (§ 281 ZPO) an das zuständige Kartellgericht (OLG Karlsruhe 9. 1. 1980, Fach-Tonband-Kassetten, WuW/E OLG 2300).

Nach dem Urteil des OLG Stuttgart vom 13. 10. 1978 (WuW/E OLG 2018) ist für eine Diskriminierungsklage auch das Gericht am Sitz des Diskriminierten (§ 32 ZPO) zuständig; a. A. OLG Frankfurt 4. 4. 1986 (WuW/E OLG 3984).

6. Bei der Bestimmung des „kleinen oder mittleren Unternehmens" i. S. d. § 20 Abs. 2 GWB kommt es, je nach Interessenlage dieses Unternehmens, auf den Größenvergleich mit seinen Wettbewerbern (horizontaler Vergleich) oder mit dem marktstarken Unternehmen, von dem das Unternehmen abhängig ist (vertikaler Vergleich), an (vgl. BGH 19. 1. 1993, Herstellerleasing, WuW/E BGH 2875, 2879; BGH 21. 2. 1995, Importarzneimittel, WuW/E BGH 2990, 2993).

7. Muß ein Händler, um wettbewerbsfähig zu sein, zwar keine bestimmten, aber mehrere allgemein anerkannte Markenwaren führen, besteht eine Abhängigkeit iSd. § 20 Abs. 2 GWB grundsätzlich gegenüber den Anbietern, welche die stärkste Stellung am Markt haben, sofern andere Anbieter, deren Markenwaren ebenfalls geeignet sind, die zur Wettbewerbsfähigkeit erforderliche Sortimentsbreite herzustellen, nicht bereit sind, die Nachfrage des Händlers zu befriedigen (BGH 17. 1. 1979, Nordmende, WuW/E BGH 1567, 1569; BGH 24. 9. 1979, robbe-Modellsport, WuW/E BGH 1671, 1674; BGH 22. 1. 1985, Technics, WuW/E BGH 2125; BGH 16. 12. 1986, belieferungsunwürdiger Verkaufsstätten II, WuW/E BGH 2351; BGH 24. 3. 1987, Saba-Primus, WuW/E BGH 2419; BGH 9. 5. 2000, Designer-Polstermöbel, WuW/E DE-R 481, 483).

Eine unternehmensbedingte Abhängigkeit besteht, wenn ein Abnehmer sein Unternehmen so auf die Produkte des Lieferanten ausgerichtet hat, dass er nur unter Inkaufnahme erheblicher Wettbewerbsnachteile auf einen anderen Lieferanten ausweichen kann. Dies gilt unabhängig davon, ob sich die Investitionen des abhängigen Unternehmens amortisiert haben oder nicht (BGH 23. 2. 1988, Opel-Blitz, WuW/E BGH 2491, 2493; KG 11. 4. 1990, Messevertragsspediteur, WuW/E OLG 4566, 4567; BGH 19. 1. 1993, Flaschenkästen, WuW/E BGH 2855, 2856; BGH 21. 2. 1995, Kfz-Vertragshändler, WuW/E BGH 2983, 2988).

Bei der Abhängigkeit eines Lieferanten von einem Abnehmer (nachfragebedingte Abhängigkeit) gelten die gleichen Grundsätze (BGH 13. 11. 1990, Zuckerrübenanlieferungsrecht, WuW/E BGH 2683).

Zur selbstgeschaffenen Abhängigkeit vgl. OLG Karlsruhe, 23. 5. 1990, Trainingszentrale für Rennpferde, WuW/E OLG 4710; BGH 19. 1. 1993, Flaschenkästen, WuW/E BGH 2855.

8. Für die Beurteilung der Gleichartigkeit ist die unternehmerische Tätigkeit und die wirtschaftliche Funktion der zu vergleichenden Unternehmen im Verhältnis zum Adressaten des Diskriminierungsverbotes maßgebend. Sie dienen nur einer verhältnismäßig groben Sichtung (BGH 22. 9. 1981, Original-VW-Ersatzteile II, WuW/E BGH 1829, 1833; BGH 26.4. 1987, Krankentransporte, WuW/E BGH 2399; BGH 26. 5. 1987, Krankentransporte, WuW/E BGH 2399, 2403; BGH 25. 10. 1988, Lüsterbehangsteine, WuW/E BGH 2535, 2538; BGH 21. 2. 1995, Importarzneimittel, WuW/E BGH 2990, 2994; BGH 19. 3. 1996, Pay-TV-Durchleitung, WuW/E BGH 3058, 3063; KG 4. 6. 1997, Großbildfilmprojektoren, WuW/E DE-R 35, 37).

9. Der üblicherweise zugängliche Geschäftsverkehr richtet sich danach, was sich innerhalb der in Betracht kommenden Kreise in natürlicher Entwicklung als allgemein geübt und als angemessen empfunden herausgebildet hat (BGH 22. 9. 1981, Original-VW-Ersatzteile II, WuW/E BGH 1829, 1833; BGH 23. 2. 1988, Opel-Blitz, WuW/E BGH 2491, 2494; BGH 25. 10. 1988, Lüsterbehangsteine, WuW/E BGH 2535, 2538; BGH 13. 11. 1990, Zuckerrübenanlieferungsrecht, WuW/E BGH 2683, 2686; BGH 6. 10. 1992, Stromeinspeisung, WuW/E BGH 2805, 2807).

10. Bei der Ermittlung, ob eine unbillige Behinderung vorliegt, sind die Interessen des Behinderten und des Behindernden gegeneinander abzuwägen, wobei die auf die Freiheit des Wettbewerbs gerichtete Zielsetzung des GWB zu berücksichtigen ist (BGH 21. 2. 1995, Kfz-Vertragshändler, WuW/E BGH 2983, 2988; BGH 19. 3. 1996, Pay-TV-Durchleitung, WuW/E BGH 3058, 3063).

11. Ob ein sachlich gerechtfertigter Grund für die ungleiche Behandlung vorliegt, ist auf Grund einer Abwägung der Interessen der Beteiligten unter Berücksichtigung der auf die Freiheit des Wettbewerbs gerichteten Zielsetzung des GWB zu entscheiden (BGH 30. 6. 1981, Allkauf-Saba, WUW/E BGH 1814, 1819; BGH 8. 3. 1983, Modellbauartikel II, WuW/E BGH 1995; OLG Hamburg 27. 2. 1986, Polen-Zement, WuW/E OLG 3870; OLG München 30. 4.1987, Dolmetscherverzeichnis, WuW/E OLG 4030; BGH 26. 5. 1987, Krankentransporte, WuW/E BGH 2399; BGH 8. 5. 1990, Physikalisch-therapeutische Behandlung, WuW/E BGH 2665, 2667; BGH 12. 3. 1991, Krankenhaustransportunternehmen II, WuW/E BGH 2707, 2717; BGH 21. 2. 1995, Kfz-Vertragshändler, WuW/E BGH 2983, 2985; BGH 19. 3. 1996, Pay-TV-Durchleitung, WuW/E BGH 3058, 3064; KG 4. 6. 1997, Großbildfilmprojektoren, WuW/E DE-R 35, 37).

Auch die Kündigung eines Vertragsverhältnisses kann unwirksam sein, wenn kein sachlich gerechtfertigter Grund für die Kündigung vorlag (BGH 7. 3. 1989, Lotterievertrieb, WuW/E BGH 2584, 2587; BGH 21. 2. 1995, Kfz-Vertragshändler, WuW/E BGH 2983, 2987).

Dem Normadressaten des § 20 Abs. 2 GWB ist es jedoch nicht verwehrt, den Absatz seiner Erzeugnisse nach eigenem Ermessen so zu gestalten, wie er es für wirtschaftlich richtig und sinnvoll hält (BGH 26. 5. 1987, Krankenhaustransporte, WuW/E BGH 2399, 2404 betr. Nachfrager; BGH 25. 10. 1988, Lüsterbehangsteine, WuW/E BGH 2535, 2539; BGH 7. 3. 1989, Lotterievertrieb, WuW/E BGH 2584, 2587; BGH 13. 11. 1991, Zuckerrübenanlieferungsrecht, WuW/E BGH 2683, 2686 betr. Nachfrager; BGH 12. 11. 1991, Aktionsbeiträge, WuW/E BGH 2755, 2758; BGH 6. 10. 1992, Stromeinspeisung, WuW/E BGH 2805, 2809; BGH 22. 3. 1994, Orthopädisches Schuhwerk, WuW/E BGH 2919, 2922 betr. Nachfrager; OLG Hamburg 11. 4. 1996, fachdental nord 1994, WuW/E OLG 5703, 5709; OLG Celle 22. 7. 2000, VAG Vertrieb, WuW/E DE-R 581, 583).

12. Das Unternehmen, das unterschiedlich behandelt, trägt die Darlegungs- und Beweislast dafür, dass die unterschiedliche Behandlung sachlich gerechtfertigt ist (BGH 1. 7. 1976, BMW-Direkthändler, WuW/E BGH 1455, 1457; BGH 24. 9. 1979, robbe-Modellsport, WuW/E BGH 1671, 1675; 30. 6. 1981, Allkauf-Saba, WuW/E BGH 1814, 1819; BGH 12. 11. 1991, Amtsanzeiger, WuW/E BGH 2762, 2768). (Zum EV-Verfahren vgl. OLG Düsseldorf 14. 4. 1981, WuW/E OLG 2650; OLG Karlsruhe 12. 7. 1989, Müllverbrennung, WuW/E OLG 4619, 4620).

13. Zur Durchsetzung des Lieferanspruchs im einstweiligen Verfügungsverfahren vgl. OLG Düsseldorf 14. 4. 1981, WuW/E OLG 2650; 29. 10. 1985, Renault, WuW/E OLG 3787; OLG Stuttgart 31. 7. 1987, Blaupunkt, WuW/E OLG 4047; OLG Stuttgart, 9. 3. 1990, NJW-RR 1990, 940; KG 12. 9. 1990, Berlin-Ausgabe des Gong, WuW/E OLG 4628; OLG Hamburg 11. 4. 1996, fachdental nord 1994, WuW/E OLG 5703, 5705; OLG Düsseldorf 15. 11. 2000, Fetting, WuW/E DE-R 619, 621). Dem Antragsteller müssen wesentliche Nachteile drohen, die im Hauptverfahren nicht aufgefangen werden können (OLG Stuttgart 8. 3. 1991, Katalysatornachrüstsätze, WuW/E OLG 4829).

31. Berufung an den Kartellsenat des OLG (§ 91 GWB)[1–4]

Hinweis: Die Förmlichkeiten der Berufungen in Kartellsachen sind die gleichen wie in Nicht-Kartellsachen. Sie werden daher hier nicht wiedergegeben. Besonderheiten beste-

hen nur bei der Zuständigkeit der Kartellsenate der OLGe. Sie werden in den Anmerkungen behandelt.

Anmerkungen

1. Zuständigkeit der Kartellsenate beim OLG:
Über die Berufung gegen Endurteile und die Beschwerde gegen sonstige Entscheidungen in bürgerlichen Rechtsstreitigkeiten nach § 87 Abs. 1 GWB entscheiden die Kartellsenate beim OLG (§ 91 GWB).

Die Berufungszuständigkeit der Kartelloberlandesgerichte ist gegeben, wenn das Landgericht als Kartellspruchkörper entschieden hat. Auf eine Bezeichnung der entscheidenden Kammer als Kartellkammer kommt es nicht mehr an, seit mit der sechsten Novelle des GWB festgelegt ist, dass das Kartell-OLG für alle bürgerlichen Rechtsstreitigkeiten nach § 87 Abs. 1 GWB zuständig ist. Die Zuständigkeit richtet sich also danach, ob objektiv das Verfahren in der Vorinstanz einen Rechtsstreit betraf, der ganz oder zu einem Teil nach dem GWB zu entscheiden war.

2. Fristwahrung:
Die Berufung, über die ein Kartell-OLG zu entscheiden hat, kann – entgegen dem Wortlaut des § 91 GWB – fristwahrend auch beim allgemein zuständigen OLG eingelegt werden, das dann auf Antrag die Sache nach § 281 ZPO an das Kartell-OLG zu verweisen hat (BGH 30. 5. 1978, Pankreaplex, WuW/E BGH 1553, 1556).

3. Verweisung:
Ist die Berufung – fälschlich – nicht beim Kartellsenat des OLG, sondern beim allgemein zuständigen OLG-Senat eingelegt worden, kann der Berufungskläger gem. § 281 ZPO die Verweisung des Rechtsstreits an den zuständigen Kartellsenat des OLG beantragen (BGH 9. 11. 1967, Kugelschreiber, WuW/E BGH 873, 876; BGH 30. 5. 1978, Pankreaplex, WuW/E BGH 1553, 1556; OLG Karlsruhe 12. 8. 1992, DB-Versorgung, WuW/E OLG 5063, 5064). Mit dem Verweisungsbeschluss ist der Rechtsstreit beim Kartellsenat des OLG anhängig. Er hat dem Beschluss zu entsprechen.

4. Ausschließliche Zuständigkeit des OLG:
Gem. §§ 92, 93 GWB können die einzelnen Bundesländer, sofern sie mehrere Oberlandesgerichte haben, „einem oder einigen der Oberlandesgerichte oder dem obersten Landesgericht die ausschließliche Zuständigkeit" zuweisen.

Vgl. die Aufstellung in Schönfelder, Deutsche Gesetze, zu § 89 GWB.

32. Revision an den Kartellsenat des BGH (§ 94 Abs. 1 Nr. 3 GWB)

Hinweis: Die Förmlichkeiten der Revisionen in Kartellsachen sind die gleichen wie in Nicht-Kartellsachen. Sie werden daher hier nicht wiedergegeben. Besonderheiten ergeben sich nur aus der Zuständigkeit des Kartellsenats des BGH. Sie werden in den Anmerkungen behandelt.

Anmerkungen

1. Zuständigkeit des BGH:
Die Revisionszuständigkeit des Kartellsenats beim BGH ist gegeben „in bürgerlichen Rechtsstreitigkeiten, die sich aus dem GWB oder aus Vereinbarungen und Beschlüssen der in den §§ 1 bis 8 GWB bezeichneten Art" ergeben (§ 94 Abs. 1 Nr. 3 GWB).

Diese Regelung entspricht der sachbezogenen Zuständigkeit der LGe (BGH 4. 4. 1975, Abschleppunternehmen, WuW/E BGH 1383, 1384). Für die Zuständigkeit des BGH ist es also nicht entscheidend, ob in erster oder zweiter Instanz das LG bzw. OLG als Kartellgericht entschieden hat.

Der BGH ist bei der Ermittlung der Zuständigkeit nicht von der rechtlichen Beurteilung des Vorderrichters abhängig (BGH 4. 4. 1975, Abschleppunternehmen, WuW/E BGH 1383, 1384).

2. Verweisung

a) Ist ein Kartellrechtsstreit iSd. § 94 Abs. 1 Nr. 3 GWB bei einem Zivilsenat des BGH anhängig, dann hat er auf Antrag des Revisionsklägers den Rechtsstreit an den Kartellsenat zu verweisen (BGH 28. 2. 1985, Abwehrblatt WuW/E BGH 2187).

b) Weist der Kartellsenat des BGH den Rechtsstreit in einer Kartellsache an das Berufungsgericht zurück, und entscheidet in der Berufungsinstanz ein Zivilsenat, also nicht der Kartellsenat, dann erfolgt die Verweisung an das für Entscheidungen nach dem GWB zuständige Oberlandesgericht (BGH 30. 10. 1975, Mehrpreis von 11%, WuW/E BGH 1413, 1416).

M. Vergaberecht

1. Rüge gemäß § 107 Abs. 3 GWB

An den
[Auftraggeber][1]
……, den ……[2]

Verfahren zur Vergabe von EDV-Gerätelieferungen

Rüge gemäß § 107 Abs. 3 GWB

Sehr geehrte Damen und Herren,[3]

wir sind beauftragt, die rechtlichen Interessen der [……] wahrzunehmen. Eine Vollmacht ist beigefügt.[4] Namens und in Vollmacht unserer Mandantin rügen wir hiermit gemäß § 107 Abs. 3 GWB folgenden Vergaberechtsverstoß:[5]

Position …… der Leistungsbeschreibung sowie Position …… des Leistungsverzeichnisses verlangen, dass als Monitor für die zu liefernde Computer-Konfiguration ausschließlich das Produkt XY angeboten wird. Auf dem Markt ist jedoch eine Vielzahl von gleichwertigen Erzeugnissen erhältlich, die die gestellten Anforderungen mindestens in gleicher Weise erfüllen. Die genannte Position der Leistungsbeschreibung bzw. des Leistungsverzeichnisses verstößt damit gegen § 8 Nr. 3 Abs. 3 VOL/A. Danach dürfen bestimmte Erzeugnisse nur dann ausdrücklich vorgeschrieben werden, wenn dies durch die Art der zu vergebenden Leistungen gerechtfertigt ist. Eine Rechtfertigung für die ausschließliche Vorgabe, Produkte der Marke XY anzubieten, ist jedoch weder der Ausschreibung zu entnehmen noch sonst durch allgemeine Umstände nachvollziehbar. Darüber hinaus verstößt die Leistungsbeschreibung damit gegen § 8 Nr. 3 Abs. 5 VOL/A, wonach Bezeichnungen für bestimmte Erzeugnisse, wenn sie ausnahmsweise gewählt werden, nur mit dem Zusatz „oder gleichwertiger Art“ verwendet werden dürfen.

Mit freundlichen Grüßen

Unterschrift

Schrifttum: Bechthold, Kartellgesetz, Gesetz gegen Wettbewerbsbeschränkungen, 2. Aufl. 1999; *Boesen,* Vergaberecht, 2000; *Byok,* Die Entwicklung des Vergaberechts seit 1999, NJW 2001, 2295; *Byok/Jaeger,* Kommentar zum Vergaberecht, 2000; *Daub/Eberstein,* Kommentar zur VOL/A, 2000; *Fischer/Noch,* Entscheidungssammlung Europäisches Vergaberecht, Stand: Dezember 2001; *Gröning,* Das Beschwerdeverfahren im neuen Vergaberecht, ZIP 5/99, 181; *Gröning,* Das vergaberechtliche Akteneinsichtsrecht, NZBau 2000, 366; *Hertwig,* Praxis der öffentlichen Auftragsvergabe, 2001; *Immenga/Mestmäcker* (Hrsg.), Kommentar zum Kartellgesetz, 3. Aufl. 2001; *Ingenstau/Korbion,* Kommentar zur VOB, 14. Aufl. 2001; *Kapellmann/Vuygen,* Jahrbuch Baurecht 2000; *Korbion,* Vergaberechtsänderungsgesetz, 1999; *Motzke/ Pietzcker/Prieß* (Hrsg.), Beck'scher Kommentar zur VOB/A, 2001; *Niebuhr/Kulartz/Kus/Portz,* Kommentar zum Vergaberecht, 2000; *Noch,* Vergaberecht kompakt, 2. Aufl. 2002; *Prieß,* Handbuch des europäischen Vergaberechts, 2. Aufl. 2001; *ders.,* Das Vergaberecht in den Jahren 1999 und 2000, EuZW 2001, 365; *ders.,* Ausschreibungspflichten kommunaler Versorgungsunternehmen, DB 1998, 405; *Reith/Stickler/Glahs,* Kommentar zum Vergaberecht, 2000; *Tilmann,* Rechtsfragen des gerichtlichen Vergabe-Kontrollverfahrens, WuW 1999, 342.

Anmerkungen

1. Die Rüge ist gemäß § 107 Abs. 3 gegen den Auftraggeber zu richten, und zwar in der Regel gegen die in den Vergabeunterlagen genannte Vergabestelle (Behörde) (vgl. VÜA Sachsen-Anhalt, Beschl. v. 6. 4. 1999 – VK 2/99, S. 3; Beschl. v. 22. 4. 1999 – VK 11/99, S. 3; Saarländisches OLG, Beschl. v. 22. 10. 1999 – 5 Verg. 1/99, S. 21; VK Düsseldorf, Beschl. v. 24. 8. 1999 – VK 11/99-B, S. 5). Fehlende Kenntnis hinsichtlich der Zuständigkeiten gehen zu Lasten des Bieters (*Prieß,* S. 201 mwN.). Wird ein privater Dritter mit der formalen Durchführung der Ausschreibung beauftragt, so kann auch gegenüber diesem die Rüge erhoben werden (OLG Jena, NZBau 2000, 539).

2. Erkannte Fehler müssen unverzüglich gerügt werden (§ 107 Abs. 3 Satz 1 GWB). „Unverzüglich" bedeutet ohne schuldhaftes Zögern. Als Maßstab ist § 121 BGB heranzuziehen (OLG Düsseldorf, NJW 2000, 145). Die Frist bestimmt sich nach dem Einzelfall. Die Rechtsprechung nennt Zeiträume zwischen 3–4 Tagen und zwei Wochen, in Einzelfällen sogar drei Wochen (*Prieß,* EuZW 2001, 371 mwN.). Maßgebend ist letztlich, ob nach den Umständen des Einzelfalls unter Berücksichtigung des Prinzips von Treu und Glauben eine Rüge für den Bieter zumutbar war und ihm ausreichend Zeit zur Verfügung stand, zu entscheiden, ob er rügen will (VK Brandenburg, Beschl. v. 21. 1. 2000, 1 VK 61/99, S. 4; VK Sachsen, Beschl. v. 3. 2. 2000, 1 SVK 2–00, S. 6). Eine allgemein verbindliche Rügefrist kann deshalb nicht bestimmt werden. Es empfiehlt sich gleichwohl, die Möglichkeit bzw. Notwendigkeit einer Rüge in engen zeitlichen Grenzen zu prüfen. „Taktieren" lässt § 107 Abs. 3 GWB nicht zu. Verstöße gegen Vergabevorschriften, die auf Grund der Bekanntmachung erkennbar sind, müssen spätestens bis zum Ablauf der in der Bekanntmachung genannten Frist zur Angebotsabgabe oder zur Bewerbung gegenüber dem Auftraggeber gerügt werden (§ 107 Abs. 3 Satz 2 GWB). Eine nachträgliche Verlängerung der Angebotsfrist bewirkt nicht zugleich auch eine Verlängerung der Rügefrist (KG Berlin, BauR 2000, 1620, 1622).

3. Die Rüge ist nur erforderlich in Hinblick auf Verstöße, die das fragliche Unternehmen erkannt hat. Das setzt positive Kenntnis der Tatsachen und deren rechtliche Beurteilung voraus. Bei der Frage der Kenntnis und damit dem Beginn der Rügefrist ist zu unterscheiden zwischen der Kenntnis eines bestimmten Sachverhalts und der Erkenntnis, dass darin ein Vergaberechtsverstoß liegt. Kenntnis im Sinne des § 107 Abs. 3 GWB setzt voraus, dass der Bieter die seiner Ansicht nach den Verstoß begründenden Tatsachen kennt und diese bei objektiver Wertung einen Mangel des Vergabeverfahrens darstellen. Verdächtigungen sind rechtlich nicht geboten (vgl. BayObLG, Beschl. v. 21. 5. 1999, Verg 1/99, ZVgR 1999, 111, 113). Dem Bieter wird im Hinblick auf die rechtliche Wertung regelmäßig zugestanden, fachlich qualifizierten anwaltlichen Rat hinzuzuziehen, es sei denn, der Rechtsverstoß liegt auf der Hand (zB. bei Ungenauigkeiten im Leistungsverzeichnis, VK Bund, ZVgR 1999, 222, 228).

Die Rüge unterliegt keiner Formvorschrift. Sie kann grundsätzlich also auch mündlich erfolgen (OLG Brandenburg, NZBau 2001, 226, 227). Aus Gründen der Beweisbarkeit ist jedoch eine schriftliche Rüge zu empfehlen.

4. Verfahrensverstöße können vom Bieter, Bewerber oder Interessenten selbst sowie von einem hierzu bevollmächtigten Vertreter gerügt werden. Die Rüge ist als Verfahrenshandlung dem Verwaltungsverfahren zuzurechnen, das zum Erlass des Verwaltungsakts führt, den die Vergabekammer gemäß § 114 Abs. 3 Satz 1 GWB erlässt. Daher finden die Vertretungsregeln des § 14 VwVfG Anwendung. Entsprechend dem Grundsatz der Nichtförmlichkeit des Verwaltungsverfahrens gemäß § 10 VwVfG ist daher für die Vollmacht keine Form vorgeschrieben; die Vollmacht ist dem Auftraggeber lediglich auf Verlangen schriftlich nachzuweisen (vgl. BKartA, VergabeR 2002, 296, 297, m. Anm. *Krohn;* OLG Düsseldorf, Beschl. v. 20. 8. 2001, Verg 32/01).

Vereinzelt wenden Vergabestellen bei Rügen durch Vertreter § 174 BGB analog an. Zwar ist diese Verwaltungspraxis vergaberechtlich nicht zweifelsfrei und bisher nicht abschließend geklärt. Zur Vermeidung etwaiger Risiken empfiehlt es sich jedoch, dem Rügeschreiben vorbeugend eine Vollmacht im Original beizufügen.

5. Gegenstand der Rüge sind gemäß § 107 Abs. 3 Satz 1 GWB die im Vergabeverfahren erkannten Rechtsverstöße. Es ist also positive Kenntnis aller die Rechtswidrigkeit begründenden Tatsachen notwendig (VK Rheinland-Pfalz, EWiR 2000, 917). Zudem müssen die bekannten Tatsachen objektiv einen eindeutigen Vergaberechtsverstoß darstellen. Positive Kenntnis ist nicht anzunehmen, wenn, etwa bei unklarer Rechtslage, ein Sachverhalt nicht eindeutig als Rechtsverstoß qualifiziert werden kann (*Marx* in: *Motzke/Pietzcker/Prieß,* § 107 GWB Rdn. 27). Gemäß § 107 Abs. 3 Satz 2 GWB müssen auch Fehler gerügt werden, die bereits auf Grund des Ausschreibungstextes erkennbar waren.

Sinn und Zweck der Rügepflicht ist es, dem Auftraggeber zu ermöglichen, die gerügten Mängel zu beseitigen (BKartA, BauR 2000, 149). Die Rüge muss daher die gerügten Verstöße konkret benennen und den Auftraggeber auffordern, diese abzustellen (Thüringer OLG, BauR 2001, 691). Zudem muss sie erkennen lassen, dass der Bieter von den sich aus dem Fehler des Vergabeverfahrens für ihn ergebenden Rechten Gebrauch machen will (OLG Brandenburg, NZBau 2001, 226, 227f.). Eine „Bitte um Aufklärung" oder ein „Widerspruch" unter allgemeiner Bezugnahme auf die Vorschriften des GWB erfüllt nicht die Anforderungen des § 107 Abs. 3 GWB (*Prieß,* EuZW 2001, 371 mwN.). Einer genauen Bezeichnung der verletzten Vorschriften bedarf es nicht (VK Bund, Beschl. v. 26. 8. 1999, VK 2–22/99, S. 9), sofern die den Rechtsverstoß begründenden Tatsachen benannt werden; gleichwohl ist zur Vermeidung von Zweifeln und Missverständnissen eine Benennung der verletzten Normen empfehlenswert.

2. Nachprüfungsantrag an die Vergabekammer

An die
[Vergabekammer ......][1]
......, den ......[2]

Antrag gemäß § 107 Abs. 1 GWB

In Sachen
der Firma A[3], vertreten durch die Geschäftsführer ......,

– Antragstellerin –

– Verfahrensbevollmächtigte[4]: Rechtsanwälte ...... –

gegen

die Stadt S[5]

– Auftraggeber und Antragsgegner –

beizuladen[6] gemäß § 109 GWB: X-GmbH

erheben wir namens und in Vollmacht der Antragstellerin Nachprüfungsantrag betreffend das Vergabeverfahren ...... und beantragen:[7]

1. den Antragsgegner zu verpflichten, den Zuschlag nur unter Berücksichtigung des Angebots der Antragstellerin zu erteilen;
2. der Antragstellerin Einsicht in die Vergabeakten zu gewähren;[8]
3. die Hinzuziehung des Verfahrensbevollmächtigten der Antragstellerin gem. § 128 Abs. 4 GWB für notwendig zu erklären;
4. dem Antragsgegner die Kosten des Verfahrens einschließlich der Kosten der zweckentsprechenden Rechtsverfolgung der Antragstellerin aufzuerlegen.

Begründung:[9]

Teil 1: Sachverhalt[10]

Der Antragsgegner schrieb den Abschluss von Rahmenverträgen über den Kauf und die Lieferung von PC's, Monitoren und Druckern in Losen durch Bekanntmachung im Supplement zum Amtsblatt der Europäischen Gemeinschaften vom ...... europaweit aus. Die Bekanntmachung ist beigefügt als

Anlage Ast 1.

Die Verdingungsunterlagen sind als

Anlage Ast 2

beigefügt. Für das Jahr ...... ist danach die Beschaffung von 300 Computern und Monitoren sowie ca. 200 Druckern beabsichtigt (vgl. Seite ...... der Verdingungsunterlagen). Die Antragstellerin gab am ...... ein Angebot ab. Das Angebot ist in Kopie VERTRAULICH, NICHT DER BEIZULADENDEN ZUGÄNGLICH ZU MACHEN[11], beigefügt als

Anlage Ast 3.

Mit Schreiben vom ......, beigefügt als

Anlage Ast 4,

forderte der Antragsgegner die Antragstellerin auf, ...-Zertifikate für die angebotenen Komponenten vorzulegen. Noch am ...... wurden seitens der Antragstellerin die entsprechenden Zertifikate zur Verfügung gestellt, in Kopie beigefügt als

Anlage Ast 5.

Aufgrund eines Versehens seitens der Antragstellerin bezogen sich diese Zertifikate jedoch nicht auf die von ihr angebotene Baureihe. Dieser Fehler war für den Auftraggeber bei Durchsicht der Unterlagen ohne weiteres erkennbar.
Mit Schreiben vom ......, beigefügt als

Anlage Ast 6,

teilte der Antragsgegner der Antragstellerin mit, dass ihr Angebot auf Grund der fehlenden ......-Zertifizierung nicht berücksichtigt worden sei. Die Antragstellerin rügte daraufhin mit Schreiben vom ......, beigefügt als

Anlage Ast 7,

gegenüber dem Antragsgegner ihren Ausschluss. Gleichzeitig übersandte sie die korrekten Zertifikate für die von ihr angebotene Baureihe, beigefügt als

Anlage Ast 8.

Inzwischen hat die Antragstellerin erfahren, dass der Zuschlag an einen anderen Bieter vergeben werden soll. Auf telefonische Rückfrage teilte Herr ......, Mitarbeiter der Antragsgegnerin, der Mitarbeiterin der Antragstellerin, Frau ......, mit, das Angebot der Antragstellerin sei zwar das preislich günstigste gewesen, müsse aber wegen der fehlenden Zertifikate ausgeschlossen werden.

Beweis:[12] Zeugnis der Frau ......, zu laden über die Antragstellerin

Teil 2: Rechtliche Würdigung[13]

Der Antrag auf Nachprüfung ist zulässig und begründet.

A. Zulässigkeit[14]

Die Voraussetzungen des § 107 GWB sind erfüllt.
I. Maßgeblicher Schwellenwert

Der für die Anwendbarkeit des vierten Teils des GWB und damit auch die Vorschriften über das Nachprüfungsverfahren gemäß § 100 GWB erforderliche Schwellenwert ist überschritten. Bei Liefer- und Dienstleistungsaufträgen wie dem vorliegenden Kauf und der Lieferung von Computern, Monitoren und Druckern beträgt der Schwellenwert gemäß § 127 Nr. 1 GWB in Verbindung mit § 2 Nr. 3 VgV EUR 200.000,–. Das Auftragsvolumen übersteigt diese Grenze.
Bei dem Auftrag handelt es sich um einen Rahmenvertrag. In diesem Fall wird der Auftragswert gemäß § 3 Abs. 8 VgV auf der Grundlage des geschätzten *Höchstwertes* aller für den Zeitraum der Rahmenvereinbarung geplanten Bestellungen berechnet (*Müller,* in: *Daub/Eberstein,* § 1a Rdn. 99).
Nach den Verdingungsunterlagen (Anlage Ast 2) ist für das Jahr ...... die Anschaffung von 300 Computern sowie 200 Druckern beabsichtigt (Seite 8 der Verdingungsunterlagen). Bei diesem Auftragsvolumen ist bei einem marktüblichen Preis von ...... für Computer mit ...... Monitor und ...... für Drucker von einem Auftragswert von über EUR 200.000,– auszugehen.

II. Antragsbefugnis

Die Antragstellerin ist antragsbefugt. Sie hat ein Angebot abgegeben und hat damit gemäß § 107 Abs. 2 Satz 1 GWB ein Interesse an dem Auftrag. Außerdem macht sie eine Verletzung in ihren Rechten nach § 97 Abs. 7 GWB durch Nichtbeachtung von Vergabevorschriften geltend. Die Voraussetzungen eines Ausschlusses des Angebots der Antragstellerin gemäß § 25 Nr. 1 VOL/A lagen nicht vor.
Durch diese Verletzung des Vergaberechts droht der Antragstellerin ein Schaden zu entstehen (§ 107 Abs. 2 Satz 2 GWB). Insoweit genügt es, wenn Umstände aufgezeigt werden, aus denen sich schlüssig die Möglichkeit eines Schadens ergibt (BayObLG, Beschl. vom 21. Mai 1999, Verg 1/99, S. 23).
Die Antragstellerin hätte bei Berücksichtigung ihres Angebots gute Aussichten auf den Zuschlag gehabt. Ihr Angebot war nach der telefonischen Auskunft des Antragsgegners das preislich günstigste.

III. Unverzügliche Rüge

Der Rechtsverstoß ist von der Antragstellerin mit dem Schreiben vom ...... (Anlage Ast 7) auch rechtzeitig gemäß § 107 Abs. 3 GWB gerügt worden. Die Rüge erfolgte unverzüglich nach Bekanntwerden des Ausschlusses vom ......

IV. Kein zwischenzeitlicher Zuschlag

Der Zulässigkeit des Antrags stünde auch ein zwischenzeitlich erteilter Zuschlag nicht entgegen. Denn der mit Zuschlagserteilung geschlossene Vertrag mit dem anderen Bieter wäre gemäß § 13 VgV nichtig. Die Antragstellerin hat keine Mitteilung über die Vergabeabsicht des Antragsgegners erhalten, die den Voraussetzungen des § 13 VgV genügte. Das Schreiben der Vergabestelle vom ...... (Anlage Ast 6) enthielt lediglich die formel-

hafte Miteilung des Ausschlusses gem. „§ 25 Nr. 1 *oder* Nr. 2 Abs. VOL/A" und bezog sich in keiner Weise auf die beabsichtigte Auftragserteilung an einen bestimmten Mitbieter.
Zudem wäre selbst nach einer ausreichenden Mitteilung nach § 13 VgV oder sofern das Schreiben vom ...... als Mitteilung im Sinne von § 13 VgV anzusehen wäre, die 14-tägige Wartefrist ab Zugang der Information bei den Bietern vor Erteilung des Zuschlags einzuhalten gewesen. Der Zuschlag kann, wenn überhaupt, nicht vor dem ...... wirksam erteilt werden.

B. Begründetheit

Der Nachprüfungsantrag ist auch begründet. Der Ausschluss der Antragstellerin war vergaberechtswidrig und verletzte die Antragstellerin in ihren Rechten (§ 97 Abs. 7 GWB).
Auf § 25 Nr. 1 VOL/A konnte der Ausschluss der Antragstellerin aus dem Vergabeverfahren (entgegen der formelhaften Erwähnung im Schreiben der Vergabestelle vom ......) in keinem Fall gestützt werden, da es sich bei den als unvollständig bemängelten Zertifikaten unzweifelhaft nicht um „wesentliche Preisangaben" im Sinne des § 25 Nr. 1 Abs. 1 Buchst. a VOL/A handelt und auch keiner der anderen in § 25 Nr. 1 VOL/A genannten *zwingenden* Ausschlussgründe vorlag.
In Betracht hätte allenfalls ein fakultativer Ausschluss nach § 25 Nr. 2 Buchst. a VOL/A kommen können wegen Unvollständigkeit des Angebots der Antragstellerin nach § 21 Nr. 1 Abs. 1 Satz 1 VOL/A. Auch diese Vorschrift bietet jedoch im vorliegenden Fall keine Rechtsgrundlage für den Ausschluss, denn die nachgeforderten Zertifikate waren in der Leistungsbeschreibung nicht als Mindestanforderungen genannt ......
Die Hinzuziehung des Verfahrensbevollmächtigten durch die Antragstellerin war notwendig. Die Antragstellerin verfügt als mittelständisches Unternehmen nicht über das zur zweckentsprechenden Durchführung dieses Verfahrens notwendige rechtskundige Personal. Zudem sind die zu entscheidenden Rechtsfragen so komplex und speziell, dass von der Antragstellerin nicht erwartet werden kann, dass sie diese ohne Hinzuziehung eines spezialisierten Rechtsanwalts im bestehenden engen zeitlichen Rahmen selbst mit hinreichender Klarheit zu vertreten vermag.

Dem Antrag ist deshalb stattzugeben.

Rechtsanwalt

Schrifttum: S. Form II. M. 1.

Anmerkungen

1. Das Nachprüfungsverfahren vor der Vergabekammer wird nur auf Antrag eingeleitet (§ 107 Abs. 1 GWB). Ein Verfahren von Amts wegen kommt nicht in Betracht. Der Antrag muss gemäß § 108 Abs. 1 GWB bei der zuständigen Vergabekammer schriftlich eingereicht werden. Für Vergaben des Bundes ist die Vergabekammer des Bundes beim Bundeskartellamt zuständig (§ 106 Abs. 1 GWB). Für Vergaben der Länder und der Kommunen sind auf Länderebene Vergabekammern durch Landesrecht (siehe dazu im Einzelnen *Prieß*, S. 196f. Fn. 104) eingerichtet (§ 106 Abs. 2 GWB). Die zuständige Vergabekammer sowie ihre Anschrift muss sich grundsätzlich aus der Vergabebekanntmachung und den Vergabeunterlagen ergeben (§ 17 Satz 1 VgV).

Das Schriftformerfordernis ist wohl im Sinne von § 66 Satz 1 GWB auszulegen. Die Übermittlung kann direkt, per Post oder sonstigem Boten, per Telefax oder auch per E-Mail mit digitaler Signatur nach dem Signaturgesetz erfolgen (*Marx*, in: *Motzke/*

Pietzcker/Prieß, §§ 107, 108 GWB Rdn. 8; *Dreher*, in: *Immenga/Mestmäcker*, § 108 Rdn. 3). Der Antrag ist gemäß § 23 VwVfG in deutscher Sprache abzufassen (*Marx*, in: *Motzke/Pietzcker/Prieß*, §§ 107, 108 GWB, Rdn. 9). Anträge in fremder Sprache können nicht zugestellt werden. Die Vergabekammer hat allerdings unverzüglich auf die Vorlage einer Übersetzung hinzuweisen (§ 23 Abs. 2 Satz 1 VwVfG).

Eine unzuständige Vergabekammer ist grundsätzlich verpflichtet, dafür zu sorgen, dass der Antrag unverzüglich zur zuständigen Vergabekammer weitergeleitet wird (*Marx*, in: *Motzke/Pietzcker/Prieß*, § 107 GWB Rdn. 5). Ob das in der Praxis auch so gehandhabt wird, ist aber zweifelhaft.

2. Eine bestimmte Frist für den Antrag gemäß § 107 Abs. 1 GWB ist gesetzlich nicht vorgesehen. Zeitlicher Zwang ergibt sich lediglich daraus, dass ein Antrag auf Einleitung eines Nachprüfungsverfahrens nach wirksamer Zuschlagserteilung unzulässig ist (§ 114 Abs. 2 Satz 1 GWB; vgl. BGH, NZBau 2001, 151). Zum Ausgleich verpflichtet § 13 VgV den Auftraggeber, die nicht berücksichtigten Bieter mindestens 14 Tage vor Zuschlagserteilung über die beabsichtigte Zuschlagserteilung zu informieren. Rechtsfolge des Verstoßes gegen diese Vorschrift ist die Nichtigkeit des abgeschlossenen Vertrages. Unterbleibt die Zuschlagsinformation nach § 13 VgV oder wird die vorgesehene 14-Tages-Frist nicht eingehalten, so ist der Nachprüfungsantrag nach dem Abschluss des unwirksamen Vertrages zulässig.

3. Grundsätzlich kann der Nachprüfungsantrag von jeder als Unternehmen im Sinne des § 97 Abs. 7 GWB zu qualifizierenden Person gestellt werden. Im Antrag ist das Unternehmen mit genauer Bezeichnung und ladungsfähiger Anschrift zu benennen. Bietergemeinschaften werden als Unternehmen iSv. § 107 Abs. 2 GWB angesehen und können deshalb als solche (durch einen bevollmächtigten Vertreter) Nachprüfungsanträge stellen (BayObLG, WuW/E Verg 239). Gemäß § 108 Abs. 1 Satz 2 GWB haben Antragsteller ohne Wohnsitz oder gewöhnlichen Aufenthalt oder Geschäftsleitung im Geltungsbereich des GWB einen Empfangsbevollmächtigten im Geltungsbereich des GWB zu benennen.

4. Im Vergabenachprüfungsverfahren gilt in der ersten Instanz vor der Vergabekammer (anders als in der zweiten Instanz vor dem Oberlandesgericht, § 117 Abs. 3 GWB) kein Anwaltszwang. Der Antrag kann auch durch das um Nachprüfung ersuchende Unternehmen selbst gestellt werden.

5. Inhalt des Antrags muss der eindeutige Wille sein, ein bestimmtes Vergabeverfahren durch die Vergabekammer überprüfen zu lassen. Deshalb muss gemäß § 108 Abs. 2 1. Halbsatz GWB der Antragsgegner, also ein bestimmter Auftraggeber, im Nachprüfungsantrag genannt werden. Anträge ohne konkrete Bezeichnung des Auftraggebers sind unzulässig. Das Nachprüfungsverfahren kann deshalb auch nicht etwa gegen einen Mitbieter beantragt werden. Soweit der Auftraggeber dennoch aus dem Antrag erkennbar ist, dürfte der Antrag gleichwohl zulässig sein. Um die Zustellung zu beschleunigen, sollte der Auftraggeber/Antragsgegner mit genauer Anschrift benannt werden.

6. Gemäß § 108 Abs. 2 2. Halbsatz GWB soll der Antrag, soweit bekannt, die sonstigen Verfahrensbeteiligten benennen. Verfahrensbeteiligte im Nachprüfungsverfahren sind gemäß § 109 GWB der Antragsteller und der öffentliche Auftraggeber. Darüber hinaus prüft die Vergabekammer von Amts wegen, ob Unternehmen beizuladen sind, deren Interessen durch die angefochtene Entscheidung der Vergabestelle schwerwiegend berührt werden. Auf die Beiladung kann der Antragsteller durch entsprechenden Hinweis hinwirken. Die Entscheidung der Vergabekammer über die Beiladung ist unanfechtbar (§ 109 Satz 2 GWB).

7. Der Antrag soll gemäß § 108 Abs. 1 Satz 2 GWB ein bestimmtes Begehren enthalten. Aus § 114 Abs. 1 GWB folgt, dass das Begehren auf die Beseitigung einer behaupteten Rechtsverletzung gerichtet sein muss. Der Antrag ist also ein Leistungsantrag und kein Feststellungsantrag (*Dreher*, in: *Immenga/Mestmäcker*, § 108 Rdn. 9). Für die Einleitung eines Nachprüfungsverfahrens mit dem alleinigen Ziel der Feststellung der Rechtswidrigkeit besteht kein Rechtsschutzbedürfnis. Antragsziel muss immer sein, der Vergabestelle ein bestimmtes Verhalten aufzugeben oder bestimmte Verhaltensweisen untersagen zu lassen (OLG Naumburg, Beschl. v. 17. 1. 2000, 1 Verg 2/99). Anderes gilt nur für den Fortsetzungsfeststellungsantrag nach Erledigung des Vergabeverfahrens im laufenden Nachprüfungsverfahren unter den Voraussetzungen von § 114 Abs. 2 GWB. Die Vergabekammer ist jedoch an die Anträge nicht gebunden. Gemäß § 114 Abs. 1 GWB kann die Vergabekammer unabhängig von den Anträgen auf die Rechtmäßigkeit des Vergabeverfahrens einwirken und geeignete Maßnahmen ergreifen, um eine Rechtsverletzung zu beseitigen.

8. Die Verfahrensbeteiligten können gemäß § 111 Abs. 1 GWB die Akten bei der Vergabekammer einsehen und sich auf ihre Kosten Ausfertigungen, Auszüge oder Abschriften erteilen lassen. Das Akteneinsichtsrecht besteht allerdings nur, sofern der Nachprüfungsantrag zulässig ist (OLG Dresden, WuW/E, Verg 359, 362 mwN.). Die Grenze dieses Einsichtsrechtes bezeichnet § 111 Abs. 2 GWB, wonach die Einsicht in Unterlagen „aus wichtigen Gründen" zu versagen ist. Diese Einschränkung des Rechtes auf rechtliches Gehör aus Art. 103 GG ist verfassungskonform dahingehend auszulegen, dass auch hier, wie im Beschwerdeverfahren (gemäß § 120 Abs. 2 GWB iVm. § 72 Abs. 2 GWB), eine Abwägung des Gebots des rechtlichen Gehörs mit dem Geheimhaltungsinteresse stattzufinden hat (OLG Naumburg, *Fischer/Noch,* VII 2.14.1 S. 5, 15). Maßgeblich für die Auslegung des § 111 Abs. 2 GWB ist eine im Beschwerdeverfahren umfassend nachprüfbare objektive Betrachtungsweise durch die Vergabekammer, wobei diese den Zweck des Vergabeprüfungsverfahrens zu beachten hat und im Interesse des subjektiven Rechtsschutzes der Verfahrensbeteiligten die Akteneinsicht erst dann versagen darf, wenn sie davon überzeugt ist, dass das fragliche Material dem betriebsbezogenen Vertraulichkeitsbereich eines Verfahrensbeteiligten angehört und dass wichtige Gründe des Geheimschutzes gebieten, es der Kenntnisnahme Dritter vorzuenthalten (OLG Jena, NZBau 2000, 354; kritisch *Gröning,* NZBau 2000, 367).

9. Die Begründung des Antrages muss gemäß § 108 Abs. 1 Satz 1 GWB unverzüglich erfolgen. Diese Voraussetzung ist jedenfalls erfüllt, wenn die Begründung dem Antrag beigefügt ist. Ausreichend ist aber auch, wenn die Begründung unverzüglich, d.h. im Sinne von § 121 Abs. 1 BGB ohne schuldhaftes Zögern, nachgereicht wird, wobei dies auf Grund der kurzen Entscheidungsfrist für die Vergabekammer von nur fünf Wochen (§ 113 Abs. 1 Satz 1 GWB) innerhalb kürzester Frist geschehen sollte. Im Übrigen kann die Vergabekammer die nach § 110 Abs. 2 GWB vor der Zustellung des Antrags beim Auftraggeber vorgesehene überschlägige Prüfung des Nachprüfungsantrags regelmäßig erst nach Vorlage der schriftlichen Begründung vornehmen. Da der Suspensiveffekt (Zuschlagsverbot, § 115 Abs. 1 GWB) erst mit der Zustellung des Antrags beim Auftraggeber eintritt, empfiehlt es sich insbesondere zur Rechtswahrung, die Begründung mit dem Nachprüfungsantrag vorzulegen (*Hertwig,* Rdn. 235).

10. Die Begründung des Nachprüfungsantrags muss eine Darstellung des wesentlichen Sachverhalts enthalten (§ 108 Abs. 2 GWB). Dabei genügt grundsätzlich eine allgemeine Darstellung in Umrissen (*Marx,* in: *Motzke/Pietzcker/Prieß,* §§ 107, 108 GWB, Rdn. 18; *Portz,* in: *Niebuhr/Kulartz/Kus/Portz,* § 108 Rdn. 2). Zu beachten ist allerdings, dass die Vergabekammer schon mit dem Antrag und seiner Begründung eine vernünftige Arbeitsbasis erhalten soll, insbesondere um die vor der Zustellung des Antrags notwendige Prüfung auf offensichtliche Unzulässigkeit bzw. Unbegründetheit gemäß § 110 Abs. 2 GWB durchführen zu können. Ein ins Blaue hinein gestellter Antrag, der auf zusätzliche Erkenntnisse durch die Akteneinsicht vertraut, läuft insbesondere Gefahr, bereits an der Hürde des § 110 Abs. 2 GWB zu scheitern. Durch die Beschreibung des Sachverhalts wird, zusammen mit den Anträgen, der Gegenstand der Nachprüfung zunächst faktisch eingegrenzt. Allerdings ist die Vergabekammer auf Grund des Untersuchungsgrundsatzes nach § 110 Abs. 1 GWB an das Vorbringen oder Beweisanträge der Beteiligten nicht gebunden. Die Vergabekammer bestimmt nach pflichtgemäßem Ermessen die Art und den Umfang der Ermittlungen (vgl. *Marx,* in: *Motzke/Pietzcker/Prieß,* § 110 GWB Rdn. 6). Eine konkrete Verpflichtung zur Sachaufklärung besteht aber wohl nur dann, wenn konkrete Anhaltspunkte für die Aufnahme von Ermittlungen in eine bestimmte Richtung bestehen (KG, Beschl. v. 12. 4. 2000, *Fischer/Noch,* VII, 2.3.2.). Es liegt insoweit an der Antragstellerin, durch die Sachverhaltsdarstellung die Vergabekammer auch auf Aspekte des Verfahrens zu lenken, für die die Antragstellerin naturgemäß vor der Einsicht in die Vergabeakte über keine umfassende Sachverhaltskenntnis verfügen kann, die nach ihrer Auffassung jedoch durch die Vergabekammer aufzuklären sind.

11. Im laufenden Vergabeverfahren gilt gemäß § 22 Nr. 8 VOB/A und § 22 Nr. 6 VOL/A ein umfassender Geheimnisschutz für die Angebote der Bieter sowie damit verbundene Unterlagen und Informationen. Dies ist bereits durch den in § 97 Abs. 1 GWB verankerten Wettbewerbsgrundsatz geboten, der insbesondere den Geheimwettbewerb zwischen den Bietern schützt. Dem ist in besonderem Maße in Vergabenachprüfungsverfahren Rechnung zu tragen, die während des laufenden Angebotswettbewerbs stattfinden. So ist auch in § 111 Abs. 3 GWB zur Akteneinsicht geregelt, dass die Beteiligten mit Übersendung ihrer Akten oder Stellungnahmen auf Geheimnisse im Sinne von § 111 Abs. 2 GWB hinweisen und diese in den Unterlagen entsprechend kenntlich zu machen haben. Es ist deshalb in dem Nachprüfungsantrag oder auch nachfolgenden Schriftsätzen jeweils darauf hinzuweisen, wenn bestimmte Unterlagen wegen des Geheimnisschutzes anderen Beteiligten nicht zugänglich zu machen sind.

12. Neben der Sachverhaltsbeschreibung muss die Begründung auch die verfügbaren Beweismittel nennen. Dazu eignet sich alles, was in der Lage ist, die Kammer vom Vorhandensein oder Nichtvorhandensein bestimmter Tatsachen zu überzeugen oder für bestimmte Wertungen zu gewinnen. Insoweit können sowohl Sachverständige als auch Zeugen sowie alle denkbaren schriftlichen Dokumente, insbesondere solche aus dem Vergabeverfahren Beweismittel sein. Wegen des Beschleunigungsgrundsatzes aus § 113 Abs. 2 GWB sind nur die verfügbaren Beweismittel vorzulegen. Insbesondere ist der Antragsteller nicht gehalten, Beweismittel aus dem Vergabeverfahren zu beschaffen, die er bei rechtmäßigem Verlauf des Vergabeverfahrens nicht erhalten darf (zum Beispiel Unterlagen über interne Vorgänge beim Auftraggeber). Ob die Vergabekammer die von den Beteiligten genannten Beweismittel heranzieht oder nicht, liegt auf Grund des Untersuchungsgrundsatzes nach § 110 GWB in ihrem pflichtgemäßen Ermessen. Aus der Geltung des Untersuchungsgrundsatzes folgt die Geltung des Grundsatzes der freien Beweiswürdigung. Deshalb trifft den Antragsteller, abgesehen von der Pflicht zur Angabe der Beweismittel nach § 108 Abs. 1 Satz 2 GWB (ebenso wie die anderen Verfahrensbeteiligten) keine Beweisführungslast (*Dreher,* in: *Immenga/Mestmäcker,* § 110 Rdn. 11). Bleibt jedoch trotz umfassender Aufklärungsversuche durch die Vergabekammer der Sachverhalt unaufklärbar, fällt die materielle Beweislast demjenigen zu, der einen bestimmten Sachverhalt für sich in Anspruch nehmen will.

13. Die Begründung muss gemäß § 108 Abs. 2 GWB zumindest eine Beschreibung der behaupteten Rechtsverletzung enthalten. Damit ist der Antragsteller nicht zu einer ins Einzelne gehenden Darlegung konkret verletzter Vergabenormen verpflichtet. Es empfiehlt sich jedoch im Hinblick auf die Vorprüfung des Antrages gemäß § 110 Abs. 2 GWB, die behauptete Rechtsverletzung soweit wie möglich rechtlich zu würdigen und insbesondere die Zulässigkeitsvoraussetzungen des Antrags abzuhandeln.

14. Zulässigkeitsbestimmungen finden sich hinsichtlich der Antragsbefugnis in § 107 Abs. 2 und 3 GWB. §§ 98, 108 GWB bestimmen den personellen Anwendungsbereich, die §§ 99, 100 GWB den sachlichen Anwendungsbereich des 4. Teils des GWB und damit des Nachprüfungsverfahrens.

Zulässig ist ein Nachprüfungsantrag nur, soweit es sich um einen öffentlichen Auftrag gemäß § 99 GWB handelt, der von einem öffentlichen Auftraggeber gemäß § 98 GWB vergeben wird.

Nach § 100 Abs. 1 GWB sollen die Vergaberegeln des GWB nur bei Aufträgen anzuwenden sein, die die in den EG-Richtlinien festgesetzten Schwellenwerte erreichen oder übersteigen. Die Schwellenwerte sind im deutschen Recht in § 2 VgV festgelegt. § 100 Abs. 2 GWB nimmt die Bereiche von der Anwendung des GWB aus, die auch durch die EG-Vergaberichtliniennicht nicht erfasst werden.

Antragsbefugt ist jedes Unternehmen, das ein Interesse an dem betreffenden Auftrag hat und gem. § 107 Abs. 2 GWB darlegt, dass es in seinen Rechten aus § 97 Abs. 7 GWB verletzt ist und dass ihm durch die behauptete Rechtsverletzung ein Schaden entstanden ist oder zu entstehen droht. Ein Interesse am Auftrag können insbesondere alle potentiellen Teilnehmer eines Vergabeverfahrens haben. Der Bewerber/Bieter kann das Interesse am Auftrag durch jedes Schriftstück belegen, aus dem sich die Teilnahme am konkreten Verfahren ergibt (*Marx,* in: *Motzke/Pietzcker/Prieß,* § 107 GWB Rdn. 23). Der Antragsteller muss aber nicht zwingend als Bieter in Erscheinung getreten sein (z. B. wenn noch kein Angebot abgegeben wurde). Das Interesse am Auftrag wird ggf. auch durch die Stellung eines Nachprüfungsantrags dokumentiert (OLG Stuttgart, BauR 2001, 98, 99). Bei vergaberechtswidrig unterbliebener Ausschreibung genügt jedenfalls das nachdrückliche Betreiben eines Nachprüfungsverfahrens sowie das Angebot der Dienste eines potentiellen Bewerbers/Bieters (OLG Düsseldorf, VergabeR 2001, 329, 335). Der Antragsteller muss geltend machen können, durch Nichtbeachtung von Vergabevorschriften durch den Auftraggeber in seinen eigenen Rechten gemäß § 97 Abs. 7 GWB verletzt zu sein. Dieses Kriterium soll, parallel zu § 42 Abs. 2 VwGO (vgl. OLG Rostock, NZBau 2000, 447, 448), Popularklagen verhindern. Damit sind Klagen von Subunternehmern und Zulieferern von Bewerbern/Bietern ausgeschlossen (OLG Rostock, NZBau 2000, 447, 448 sowie VK Bund, WuW/E, Verg 414; a. A. *Byok,* in: *Byok/Jaeger,* § 107 Rdn. 677). Auch nach Aufhebung der Ausschreibung kommt eine Rechtsverletzung des Antragstellers nach ursprünglicher Auffassung der deutschen Gerichte nicht mehr in Betracht, mit der Folge, dass ein Nachprüfungsantrag dann unzulässig ist (OLG Rostock, NZBau 2000, 597; OLG Düsseldorf, Beschl. v. 13. 4. 1999, Verg 1/99, 18 ff.). Diese Auffassung dürfte allerdings nach der Entscheidung des EuGH in der Rs. C-92/00 (Urt. v. 28. 6. 2001, Rdn. 34), wonach im Rechtsmittelverfahren auch die Rechtmäßigkeit der Aufhebung des Vergabeverfahrens überprüfbar sein muss, überholt sein (vgl. bereits *Prieß,* S. 195 f.). Da § 97 Abs. 7 GWB nicht zwischen einzuhaltenden Vergabevorschriften und solchen, die dem Schutz von Unternehmen dienen, unterscheidet, erübrigt sich nach hM. regelmäßig die Frage nach dem unternehmensschützenden Charakter einer Norm (*Marx,* in: *Motzke/Pietzcker/Prieß,* § 107 GWB Rdn. 24; *Dreher,* in: *Immenga/Mestmäcker,* § 97 Rdn. 186 mwN.). Ebenso wie bei § 42 Abs. 2 VwGO reicht die Darlegung der bloßen Möglichkeit einer Rechtsverletzung als Zulässigkeitsvoraussetzung aus.

Ferner muss der Antragsteller darlegen, dass ihm durch die behauptete Rechtsverletzung ein Schaden entstanden ist oder zu entstehen droht. Voraussetzung dafür ist, dass der Sachvortrag des Antragstellers schlüssig ergibt, dass durch die Einzelnen gerügten Verstöße gegen die Vergabebestimmungen die Aussicht des Antragstellers auf den Zuschlag beeinträchtigt worden sind oder dass die Zuschlagschancen zumindest verschlechtert worden sein könnten (*Byok,* NJW 2001, 2295, 2300 mwN.). Es muss das Bestehen einer „echten Chance" auf den Auftrag dargelegt werden (BayObLG, NVwZ 1999, 1138, 1141). Umstritten ist, ob der Antragsteller sich grundsätzlich durch Abgabe eines eigenen Angebotes am Wettbewerb beteiligt haben muss (*pro:* OLG Rostock, IBR 2001, 637, *contra:* KG Berlin, BauR 2000, 1579, 1580). Die Voraussetzungen sind jedenfalls dann nicht erfüllt, wenn der antragstellende Bieter selbst dann *evident* keine Aussicht auf Erteilung des Zuschlages hat, wenn der geltend gemachte Vergabeverstoß ausgeräumt würde (OLG Naumburg, Beschl. v. 1. 11. 2000, 1 Verg 7/00 S. 13). Gleiches gilt, wenn der Bewerber von vornherein keine Zuschlagschancen hat, weil er die Mindestbedingungen nicht erfüllt (OLG Düsseldorf, Beschl. v. 13. 11. 2000, Verg 18/00 S. 15).

Gemäß § 107 Abs. 3 Satz 1 GWB ist der Antrag unzulässig, soweit der Antragsteller den gerügten Verstoß gegen Vergabevorschriften bereits im Vergabeverfahren erkannt und gegenüber dem Auftraggeber nicht unverzüglich gerügt hat (vgl. zu den Voraussetzungen der Rüge Form. II. M. 1). Dafür, dass die Rüge ordnungsgemäß erfolgt ist, trägt der Antragsteller nach verbreiteter Auffassung die Darlegungs- und Beweislast. Das gilt nach einzelnen Entscheidungen der Rechtsprechung auch für den Zeitpunkt der Kenntniserlangung der Vergabemängel im Hinblick auf die Unverzüglichkeit der Rüge (vgl. VK Hessen, ZVgR 1999, 281; VK Berlin, Beschl. v. 31. 5. 2000, VK-B2–15/00, S. 19).

Da der Nachprüfungsantrag gemäß § 114 Abs. 2 GWB nach wirksamer Erteilung des Zuschlags unzulässig ist, ist ggf. darzulegen, dass der Zuschlag noch nicht erteilt wurde. Damit kann die Vergabekammer auch auf die Eilbedürftigkeit der Zustellung hingewiesen werden. Durch die Pflicht zur Zuschlagsinformation und Einhaltung einer Wartefrist von 14 Tagen nach Zugang der Information bei den Bietern (vgl. KG Berlin, Beschl. v. 4. April 2002, KartVerg 5/02, S. 10) nach § 13 VgV sowie die Rechtsfolge der Nichtigkeit eines unter Verstoß gegen diese Pflichten abgeschlossenen Vertrages ist die Gefahr des verfristeten Nachprüfungsantrags jedoch neuerdings erheblich vermindert. Gleichwohl sollte die Vergabekammer darauf hingewiesen werden, wenn der Ablauf der Wartefrist nach § 13 VgV unmittelbar bevorsteht.

Kosten und Gebühren

Die Kosten des Verfahrens vor der Vergabekammer bestimmen sich nach § 128 GWB. Gemäß § 128 Abs. 2 GWB bestimmt sich die Höhe der Gebühren nach dem personellen und sachlichen Aufwand und soll zwischen EUR 2.500,– und EUR 25.000,– liegen. Aus Gründen der Billigkeit kann der Betrag bis auf ein Zehntel ermäßigt werden, im Einzelfall, wenn der Aufwand oder die wirtschaftliche Bedeutung besonders hoch sind, kann die Gebühr aber auch bis auf EUR 50.000,– erhöht werden. Die Zustellung des Nachprüfungsantrages wird bei einzelnen Vergabekammern von einer Vorschusszahlung von EUR 2.500,– abhängig gemacht.

§ 128 Abs. 4 Satz 2 GWB ordnet an, dass der im Verfahren vor der Vergabekammer Unterliegende die zur zweckentsprechenden Rechtsverfolgung oder Rechtsverteidigung notwendigen Auslagen des Antragsgegners zu tragen hat. Damit wird der Kostenerstattungsanspruch für den Fall geregelt, dass die Anrufung der Vergabekammer nicht erfolgreich ist (OLG Stuttgart, NZBau 2000, 597, 598). Die Aufwendungen für die Zuziehung eines Verfahrensbevollmächtigten sind erstattungsfähig, wenn seine Zuziehung notwendig war. Das ist nicht nur in schwierigen und umfangreichen Verfahren zu bejahen, sondern entspricht der Regel (OLG Stuttgart, NZBau 2000, 597, 598 mwN.), sollte aber vorsorglich begründet werden. Die Höhe der Rechtsanwaltsgebühren bestimmt sich nach § 118 Abs. 1 iVm. § 12 Abs. 1 BRAGO (BayObLG, BauR 2001, 239).

Fristen und Rechtsmittel

Gegen die Entscheidung der Vergabekammer kann gemäß §§ 116, 117 GWB binnen einer Notfrist von zwei Wochen nach Zustellung der Entscheidung sofortige Beschwerde bei dem zuständigen Oberlandesgericht eingelegt werden (siehe Form. II. M. 6).

Die Kostenentscheidung der Vergabekammer ist als selbstständiger Verwaltungsakt isoliert anfechtbar (BayObLG, BauR 2001, 239).

3. Antrag auf Beiladung[1] gemäß § 109 GWB

An die
[Vergabekammer ......]
......, den ......[2]

Antrag auf Beiladung gemäß § 109 GWB

In Sachen
der Firma A

– Antragstellerin –

gegen

die Stadt S

– Antragsgegnerin –

Namens und in Vollmacht[3] der X-AG beantragen wir

die X-AG [genaue Adresse], vertreten durch ...... gemäß § 109 GWB beizuladen.

Begründung:

Teil 1: Sachverhalt

Die Antragsgegnerin ist öffentlich-rechtliche Trägerin der Abfallentsorgung im Kreis ...... Sie hat mit der Beizuladenden am ...... einen „Rahmenvertrag über die Übertragung von Aufgaben der Abfallentsorgung, beigefügt als

Anlage B 1,

geschlossen. Auf der Grundlage dieses Rahmenvertrages kam es zu Einzelvereinbarungen über einzelne Leistungen. Am ...... wurde eine weitere Vereinbarung unter der Bezeichnung „Eckpunkte für die Abfallentsorgung“, beigefügt als

Anlage B 2,

getroffen. Gegenstand der Eckpunkte-Vereinbarung ist die vorgesehene Neuregelung des Auftragsverhältnisses über die Erbringung von Abfallentsorgungsleistungen. Die Antragsgegnerin wendet sich im Rahmen des Nachprüfungsverfahren gegen die Eckpunktevereinbarung. Sie ist der Auffassung, dass durch die neuerliche Vereinbarung der Rahmenvertrag in wesentlichen Punkten (z.B. Preis und Leistungsinhalt) geändert wird. Außerdem werde deutlich, dass neue über den Rahmenvertrag hinausgehende Leistungen vereinbart werden sollen. Ein derartiger Vertrag hätte nach Meinung der Antragsgegnerin erneut ausgeschrieben werden müssen.

Teil 2: Rechtliche Würdigung

Die Voraussetzungen einer Beiladung liegen vor.
Gemäß § 109 GWB sollen[4] Unternehmen[5] beigeladen werden, deren Interessen durch die Entscheidung schwerwiegend berührt werden[6].
Die Beizuladende ist durch noch laufende Verträge mit den in Rede stehenden Aufgaben der Abfallwirtschaft durch die Antragsgegnerin beauftragt worden. Diese Rechtstellung wäre schwerwiegend berührt, wenn der Antragsgegner im Nachprüfungsverfahren verpflichtet würde, die der Beizuladenden zugewiesenen Aufgaben vor Auslaufen entsprechender Vereinbarungen einer Ausschreibung zuzuführen. Der Beizuladenden muss Gelegenheit gegeben werden, angehört[7] zu werden, um zu verdeutlichen, dass durch die sog. Eckpunkte-Vereinbarung keine neuen Beschaffungsvorgänge ausgelöst werden, sondern lediglich der Rahmen bestehender Verträge ausgefüllt wird.

Rechtsanwalt

Schrifttum: S. Form. II. M. 1.

Anmerkungen

1. Ein Antrag auf Beiladung ist nicht zwingend erforderlich. Die Prüfung der Beiladung erfolgt gemäß § 109 GWB von Amts wegen (*Portz,* in: *Niebuhr/Kulartz/Kus/Portz,* § 109 Rdn. 5; *Dreher,* in: *Immenga/Mestmäcker,* § 109 Rdn. 12; aA. *Bechthold,* § 109 Rdn. 3). Das betroffene Unternehmen kann jedoch seine Beiladung – und sollte dies vorsichtshalber auch – bei der Vergabekammer in Form eines Antrages anregen (vgl. auch BayObLG, NVwZ 1999, 1138, 1139; *Gröning,* in: *Motzke/Pietzcker/Prieß,* § 109 Rdn. 43).

2. Eine Beiladung ist bis zum Abschluss des Verfahrens, also bis zur rechtskräftigen Entscheidung der Vergabekammer möglich. Nach einer Entscheidung des Oberlandesgerichts Düsseldorf (Beschl. vom 17. 4. 2001, Verg 3/01) kann sie in einer analogen Anwendung der §§ 109, 119 GWB auch erstmals im Rahmen eines Beschwerdeverfahrens erfolgen (aA. noch *Reidt,* in: *Reidt/Stickler/Glahs,* § 109 Rdn. 27). Die Beiladung dient der Gewährung rechtlichen Gehörs und dem subjektiven Rechtsschutz. Dieser Rechtsschutzgedanke beansprucht nicht nur in der ersten Instanz vor der Vergabekammer, sondern auch im Verfahren der sofortigen Beschwerde vor dem Oberlandesgericht Geltung, und zwar gerade dann, wenn die Beiladung in erster Instanz, aus welchen Gründen auch immer, unterblieben ist.

3. § 108 Abs. 1 Satz 2 GWB sieht vor, dass ein ausländischer Antragsteller einen Empfangsbevollmächtigten in der Bundesrepublik Deutschland zu benennen hat. Der damit verfolgte Zweck, das Nachprüfungsverfahren zu beschleunigen, greift auch bezüglich beizuladender Unternehmen. Eine solche Benennung kann daher in entsprechender Anwendung des § 108 Abs. 1 Satz 2 GWB aufgegeben werden (*Reidt,* in: *Reidt/Stickler/Glahs,* § 109 Rdn. 35).

4. Es ist zwischen einfacher und notwendiger Beiladung zu unterscheiden. Im allgemeinen Kartellrecht steht die Beiladung nach § 54 Abs. 2 Nr. 3 GWB im pflichtgemäßen Ermessen der Kartellbehörde. Entsprechend § 13 Abs. 2 Satz 2 VwVfG, der auch im Rahmen der Beiladungsentscheidung nach § 54 Abs. 2 Nr. 3 GWB herangezogen wird, besteht allerdings eine Rechtspflicht zur Beiladung, wenn der Ausgang des Verfahrens rechtsgestaltende Wirkung für einen Dritten haben kann. Gleiches gilt hinsichtlich der Beiladung gemäß § 109 GWB (*Dreher,* in: *Immenga/Mestmäcker,* § 109 Rdn. 11). Liegen die Voraussetzungen einer notwendigen Beiladung vor (wie zB. im dargestellten Fall), sollte eine Beiladung von Amts wegen erfolgen. Geschieht dies pflichtwidrig nicht oder liegen die Voraussetzungen nicht vor, kann ein Beiladungsantrag gestellt werden (Dreher, aaO.).

5. Beiladungsfähig sind alle in- und ausländischen natürlichen und juristischen Personen des privaten und öffentlichen Rechts, die als Träger eines Unternehmens im Sinne von § 97 Abs. 7 GWB in Frage kommen (*Gröning,* in: *Motzke/Pietzcker/Prieß,* § 109 Rdn. 24).

6. Anders als § 13 Abs. 2 Satz 1 VwVfG verlangt § 109 Satz 1 GWB nicht ausdrücklich eine Berührung rechtlicher Interessen, sondern eine Berührung nicht näher charakterisierter Interessen. Damit genügen auch wirtschaftliche Interessenberührungen (*Gröning,* in: *Motzke/Pietzcker/Prieß,* § 109 Rdn. 24; *Portz,* in: *Niebuhr/Kulartz/Kus/Portz,* § 109 Rdn. 13; einschränkend *Dreher,* in: *Immenga/Mestmäcker,* § 109 Rdn. 5). Der Begriff der schwerwiegenden Interessenberührung ist in Abgrenzung zur erheblichen Interessenberührung im Sinne des allgemeinen Kartellrechts (z. B. § 67 Abs. 1 Nr. 3 GWB) eigenständig zu interpretieren (*Dreher,* in *Immenga/Mestmäcker,* § 109 Rdn. 7). Keine Rolle spielen quantitative Erwägungen hinsichtlich des Umfangs der Betroffenheit des Unternehmens generell im Vergabewettbewerb oder speziell in dem konkreten Vergabewettbewerb (*Dreher,* aaO.). Maßgeblich ist vielmehr die Qualität der Betroffenheit. In der

Vergabenachprüfung geht es ausschließlich um das Interesse an bestimmten, einzelnen Aufträgen. Gemeint ist das Interesse, einen solchen zu erhalten. Ein entfernteres, nur mittelbares Interesse reicht nicht aus (*Gröning,* in: *Motzke/Pietzcker/Prieß,* § 109 Rdn. 34). In diesem Sinne schwerwiegend berührt sind regelmäßig die Bieter, die im Rahmen der Wertung der Angebote (vgl. §§ 25, 25 a VOB/A bzw. VOL/A) in die engere Wahl gekommen sind, insbesondere dann, wenn ihre Angebote nach einer bereits vorliegenden Wertung dem Angebot des Antragsstellers vorgehen (Amtl. Begründung zum Regierungsentwurf des Vergaberechtsänderungsgesetzes, BT-Drucks. 13/9340, S. 18). Schwerwiegend berührt sein kann jedoch auch ein Unternehmen, das bereits im Vorfeld der engeren Wertungsphase trotz gegebener Eignung völlig zu Unrecht ausgeschlossen worden ist und dem dadurch von vornherein die Möglichkeit genommen wurde, in die engere Wahl zu gelangen (*Portz,* in: *Niebuhr/Kulartz/Kus/Portz,* § 109 Rdn. 14). Neben den Unternehmen, die im Rahmen eines Vergabeverfahrens eine echte Chance gehabt hätten, den Auftrag zu erhalten, können auch weitere Unternehmen, die, wie im dargestellten Fall, mit dem betroffenen Unternehmen z. B. in enger Vertragsbeziehung stehen und die je nach Ausgang des Verfahrens einen rechtlichen oder wirtschaftlichen Nachteil zu erwarten haben, zu den Beigeladenen gehören (*Portz,* aaO. Rdn. 15). Eine hinreichend qualifizierte Betroffenheit ist nicht anzunehmen bei Unternehmen, die gar nicht in das Bewerbungsverfahren einbezogen worden sind, so z. B. Subunternehmen. Eine Unterstützung des Antragstellers oder des Antragsgegners verbessert in diesen Fällen regelmäßig nicht die eigene Position (*Gröning,* in: *Motzke/Pietzcker/Prieß,* § 109 Rdn. 41 f.).

Entgegen dem insofern missverständlichen Wortlaut genügt die Möglichkeit der Interessenberührung. Eine tatsächliche Betroffenheit durch die Entscheidung der Vergabekammer muss also noch nicht definitiv feststehen, sondern unter sachgerechter Berücksichtigung aller Umstände möglich erscheinen (*Reidt,* in: *Reidt/Stickler/Glahs,* § 109 Rdn. 10). Dies ergibt sich daraus, dass zum frühen Zeitpunkt der Beiladungsentscheidung noch nicht endgültig klar ist, ob auch tatsächlich ein schwerwiegendes Berührtsein gegeben ist (*Portz,* in: *Niebuhr/Kulartz/Kus/Portz,* § 109 Rdn. 12).

7. Der Beigeladene hat die gleiche Rechtsstellung wie die anderen Beteiligten. Er hat einen Anspruch auf Akteneinsicht gemäß § 111 GWB. Außerdem hat der Beigeladene die gleichen „Angriffs- und Verteidigungsrechte wie der Antragssteller" (Amtl. Begründung zum Regierungsentwurf des Vergaberechtsänderungsgesetzes, BT-Drucks. 13/9340, S. 18). Insbesondere ist wegen der mit der Beiladung verbundenen Rechtskraft und Bindungswirkung der Entscheidung der Vergabekammer gemäß § 116 Abs. 1 Satz 2 GWB dem Beigeladenen die sofortige Beschwerde gegen die Entscheidung der Vergabekammer möglich. Nach erfolgter Beiladung kann der Beigeladene bis zum bestands- oder rechtskräftigen Abschluss des Nachprüfungsverfahrens keinen eigenen Antrag auf Einleitung eines zusätzlichen Nachprüfungsverfahrens bezüglich des schon streitigen Vergabeverfahrens stellen. Ein solcher Antrag ist unzulässig (*Dreher,* in: *Immenga/Mestmäcker,* § 109 Rdn. 15). Die Beiladungsentscheidung ist gemäß § 109 Satz 2 GWB unanfechtbar. Ziel auch dieser Regelung ist die Beschleunigung des Vergabeverfahrens (*Portz,* in: *Niebuhr/Kulartz/Kus/Portz,* § 109 Rdn. 19).

Kosten und Gebühren

Die Kostentragung richtet sich nach § 128 Abs. 3 und Abs. 4 GWB, wonach ein Beigeladener, der unterliegt, die Kosten – evtl. als Gesamtschuldner – zu tragen hat. Das Unterliegen setzt voraus, dass der Beigeladene Anträge gestellt oder Rechtsmittel eingelegt hat (*Dreher,* in: *Immenga/Mestmäcker,* § 109 Rdn. 17). Nach § 128 Abs. 4 Satz 3 GWB in Verbindung mit § 80 VwVfG und den entsprechenden Vorschriften der Verwaltungsverfahrensgesetze der Länder können Beigeladene ausnahmsweise dann einen Erstattungsanspruch haben, wenn deren notwendige Aufwendungen aus Billigkeit demjenigen, der die Kosten des Nachprüfungsverfahrens zu tragen hat, auferlegt werden (BayObLG, Beschl. v. 28. 11. 2000, Verg. 11/00).

4. Antrag auf Aufhebung des Suspensiveffekts gem. § 115 Abs. 2 S. 1 GWB[1]

An die
[Vergabekammer ......[2]]

......, den ......[3]

Antrag auf Gestattung des Zuschlags gem. § 115 Abs. 2 Satz 1 GWB

In dem Nachprüfungsverfahren

wegen der Vergabe eines Bauauftrags zur Erstellung eines Transplantationsforschungszentrums und einer Frauenklinik

der Firma A

– Antragstellerin –

– Verfahrensbevollmächtigte: Rechtsanwälte ...... –

gegen

das Stadthochbauamt ......

– Antragsgegnerin –

– Verfahrensbevollmächtigte: Rechtsanwälte ...... –[4]

beigeladen gemäß § 109 GWB: Firma B[5]

beantragen wir namens und in Vollmacht der Antragsgegnerin[6],

> dieser zu gestatten, den Zuschlag nach Ablauf von zwei Wochen seit Bekanntgabe dieser Entscheidung gemäß § 115 Abs. 2 Satz 1 GWB zu erteilen.

Begründung[7]:

A: Sachverhalt

Ausweislich der als

Anlage AG 1

beigefügten Bekanntmachung schrieb die Antragsgegnerin im Verhandlungsverfahren mit vorherigem Teilnahmewettbewerb den Neubau und die Finanzierung eines Transplantationsforschungszentrums und einer Frauenklinik aus. In der Ausschreibung wurde zur Abgabe von Angeboten aufgefordert für
Los A: schlüsselfertige Erstellung des Objektes als Ganzes durch einen Generalunternehmer,
Los B: Bereitstellung der Finanzierungsmittel durch Forfaitierung oder mittels anderer projektbezogener Finanzierungsalternativen und
Los C: Finanzierung und Bau aus einer Hand.
In dem Teilnahmewettbewerb wählte die Antragsgegnerin je Los sieben Bewerber aus und forderte diese am ...... zur Angebotsabgabe auf.

Im weiteren Verlauf verhandelte die Antragsgegnerin mit den Bietern über ihre Angebote. Am ...... forderte die Antragsgegnerin die in der engeren Wahl verbliebenen Bieter, zu denen die Antragstellerin mit einem Angebot für Los C gehörte, zur Abgabe von „Optimierungsangeboten" für die Lose B und C auf. Die Antragstellerin gab ein solches Angebot für Los C innerhalb der gesetzten Frist ab, beigefügt als

Anlage AG 2.

Die Antragsgegnerin verhandelte daraufhin mit der Beigeladenen, die ein Angebot für das Los A abgegeben hatte, bis zum Zuschlag.
Die Antragsgegnerin teilte danach der Antragstellerin ausführlich die Gründe für deren Nichtberücksichtigung mit und an wen aus welchen Gründen die Zuschläge erteilt werden sollten.
Daraufhin hat die Antragstellerin am ...... ein Nachprüfungsverfahren beantragt, da ihrer Auffassung nach das offene Verfahren statt des Verhandlungsverfahrens hätte gewählt werden müssen. Mit Schreiben vom ...... teilte die Vergabekammer mit, die Frist zur Entscheidung über den Nachprüfungsantrag müsse auf Grund von tatsächlichen Schwierigkeiten bei der Behandlung des Nachprüfungsantrags bis zum ...... verlängert werden.
Um eine unzumutbare Verzögerung der Zuschlagserteilung zu verhindern, beantragt die Vergabestelle nun, ihr zu gestatten den Zuschlag an die Firma B bereits vor Abschluss des durch die Antragstellerin in Gang gesetzten Nachprüfungsverfahrens zu erteilen.

Teil 2: Rechtliche Würdigung

Der Antrag auf Gestattung der vorzeitigen Zuschlagserteilung ist zulässig und begründet.

A. Zulässigkeit
Die Voraussetzungen des § 115 Abs. 2 Satz 1 GWB sind erfüllt. Die Antragstellerin hat einen zulässigen Nachprüfungsantrag i. S. des § 107 GWB gestellt, durch dessen Zustellung bei der Vergabestelle (§ 110 Abs. 2 GWB) der automatische Suspensiveffekt des § 115 Abs. 1 GWB ausgelöst wurde.
Gegen dieses Zuschlagsverbot kann der Antragsgegner mit dem Antrag auf Gestattung der sofortigen Zuschlagserteilung gem. § 115 Abs. 2 Satz 1 GWB vorgehen.

B. Begründetheit[8]
Vorliegend überwiegen die konkreten Interessen der Vergabestelle und der Allgemeinheit am schnellen Verfahrensabschluss eindeutig das Interesse der Antragstellerin am Erhalt ihrer Rechte aus § 97 Abs. 7 GWB[9] (§ 115 Abs. 2 Satz 1 GWB).
Das besondere Interesse der Vergabestelle an der vorzeitigen Zuschlagserteilung ergibt sich aus mehreren Gesichtspunkten. Bei einer nicht plangemäßen Fertigstellung der Klinikgebäude auf Grund einer verzögerten Auftragserteilung wäre die Vergabestelle auf eine weitere Nutzung des Provisoriums in der ...... Privatklinik angewiesen. Eine solche ist aber auf Grund der bereits erfolgten Kündigung des Mietvertrages nicht mehr möglich,

Anlage AG 3.

Angesichts der akuten Platznot im Bereich der Gesundheitsversorgung im Kreis ......, der auch der Ausschreibung zugrunde lag, besteht kaum eine Chance, kurzfristig einen weiteren Mietvertrag mit einer anderen Klinik abschließen zu können, um weiterbehandeln zu können und voraussichtliche Einnahmenausfälle in Höhe von ca. EUR 150.000,– zu vermeiden.
Es besteht außerdem die nahe liegende Gefahr von Mehrforderungen der günstigsten Bieter für ihre Leistungen, wenn der Zuschlag verschoben wird. Die Firma B hat zudem bereits schriftlich darauf hingewiesen, dass sie im Anschluss an das vorgesehene Projektende einen anderen Auftrag habe, so dass ihr eine Verschiebung des Bauzeitraums um mehr als zwei Wochen unter keinen Umständen möglich sei[10]

Anlage AG 4.

Vor allem muss aber auch das besondere öffentliche Interesse an der schnellen Fertigstellung des Bauvorhabens berücksichtigt werden ……

Anlage AG 5

Die Tatsache, dass der Nachprüfungsantrag der Antragstellerin offensichtlich keinen Erfolg haben wird, da das Verhandlungsverfahren angesichts der dargelegten Dringlichkeit richtige Verfahrensart war (§ 3 Abs. 3 Nr. 4 lit. d VOB/A) spricht zusätzlich für ein Überwiegen des Interesses am schnellen Zuschlag[11]……
Eine Entscheidung im Eilverfahren bedeutet im vorliegenden Fall auch einen deutlichen Zeitgewinn für die Vergabestelle, da das Nachprüfungsverfahren durch die Verlängerung der Entscheidungsfrist gem. § 113 Abs. 1 GWB jedenfalls länger dauern wird als fünf Wochen.
Angesichts des Gewichts dieser Interessen muss im vorliegenden Fall das Interesse der Antragstellerin am Erhalt ihrer Primärrechtsschutzmöglichkeiten bzw. letztendlich des Zuschlages zurückstehen. Dabei fällt auch die Tatsache ins Gewicht, dass die Aussichten der Antragstellerin auf den Zuschlag angesichts der Vielzahl von wirtschaftlicheren Angeboten verschwindend gering sind.
Aufgrund der dargestellten Sachlage sollte so bald wie möglich die Zuschlagserteilung gestattet werden[12].

Rechtsanwalt

Schrifttum: S. Form. II. M. 1.

Anmerkungen

1. Nach § 115 Abs. 1 GWB führt die Zustellung eines Antrags auf Nachprüfung beim Auftraggeber dazu, dass dieser vor einer Entscheidung der Vergabekammer und dem Ablauf der Beschwerdefrist (§ 117 Abs. 1 GWB) den Zuschlag nicht mehr erteilen darf, d. h. dass ein automatischer Suspensiveffekt im noch schwebenden Vergabeverfahren eintritt. Ein unter Verstoß gegen das gesetzliche Zuschlagsverbot abgeschlossener Vertrag ist gemäß § 134 BGB nichtig (Amtl. Begründung zu § 125 des Regierungsentwurfes des Vergaberechtsänderungsgesetzes BT-Drucks. 13/9340; *Marx,* in: *Motzke/Pietzcker/Prieß,* § 115 Rdn. 7 u. 8). Der Auftraggeber kann aber ausnahmsweise die Gestattung der vorzeitigen Zuschlagserteilung beantragen, wenn die Voraussetzungen des § 115 Abs. 2 Satz 1 GWB vorliegen.

2. Der Antrag ist an die Vergabekammer zu richten, bei der das Hauptsacheverfahren anhängig ist. Lehnt die Vergabekammer die Zuschlagsgestattung ab, kann die Vergabestelle gem. § 115 Abs. 2 Satz 3 GWB vor dem Beschwerdegericht erneut einen Antrag auf Zuschlagsgestattung stellen. Dieser Antrag ist an das Beschwerdegericht i. S. von § 116 Abs. 3 GWB zu richten. Das vor der Vergabekammer begonnene Eilverfahren geht damit gemäß § 115 Abs. 2 Satz 5 GWB in ein besonderes eigenständiges Beschwerdeverfahren vor dem OLG nach § 115 Abs. 2 Satz 3 (und **nicht** § 116 Abs. 1 GWB) über (*Müller-Wrede,* in: *Ingenstau/Korbion,* § 115 Rdn. 9).

3. Eine Frist für die Einreichung eines Antrages nach § 115 Abs. 2 Satz 1 oder 3 GWB sieht das Gesetz zwar nicht vor. Aber sowohl aus der Gesetzessystematik als auch nach dem Sinn und Zweck dieses Antragsverfahrens (im Gegensatz zu dem nach § 121 GWB) ergibt sich, dass ein solcher Antrag nur während des laufenden Nachprüfungsverfahrens vor der Vergabekammer gestellt werden kann (OLG Naumburg, NZBau 2001, 642; *Reidt,* in: *Reidt/Stickler/Glahs,* § 115 Rdn. 57, 62; a. A.: *Gröning,* in: *Motzke/Pietzcker/*

Prieß, § 121 Rdn. 57: die entscheidende Zäsur sei erst die Einlegung der Beschwerde durch eine Partei).

4. Für das Verfahren vor der Vergabekammer besteht unstreitig kein Anwaltszwang. Gleiches muss angesichts der fehlenden Verweisung auf § 121 Abs. 3 Satz 4 bzw. § 120 GWB in § 115 Abs. 2 Satz 4 GWB auch für das Eilverfahren vor dem Beschwerdegericht gelten (*Marx,* in: *Motzke/Pietzcker/Prieß,* § 115 Rdn. 18 Fn. 26; *Reidt,* in: *Reidt/Stickler/Glahs,* § 115 Rdn. 55; zweifelnd: *Kus,* in: *Niebuhr/Kulartz/Kus/Portz,* § 115 Rdn. 50).

5. Die weiteren Verfahrensbeteiligten i. S. v. § 109 GWB müssen bei einem Antrag auf vorzeitige Gestattung des Zuschlags nicht erneut beigeladen werden. Die für das Nachprüfungsverfahren selbst erfolgte Beiladung wirkt auch für das Eilverfahren (*Reidt,* in: *Reidt/Stickler/Glahs,* § 115 Rdn. 31).

6. Nach dem eindeutigen Gesetzeswortlaut kann nur der Auftraggeber selbst eine vorzeitige Gestattung des Zuschlags gem. § 115 Abs. 2 Satz 1 bzw. 3 GWB beantragen. Sonstigen Verfahrensbeteiligten i. S. des § 109 GWB steht diese Möglichkeit nicht zu (*Dreher,* in: *Immenga/Mestmäcker*, GWB Kommentar, § 115 Rdn. 33; *Boesen,* § 115 Rdn. 22; a. A.: *Müller-Wrede,* in: *Ingenstau/Korbion,* § 115 Rdn. 3).

7. Nach dem Gesetzeswortlaut muss der Antrag nach § 115 Abs. 2 Satz 1 GWB zwar nicht begründet werden. Eine ausführliche Begründung ist aber dringend anzuraten, um die Voraussetzungen für die vorzeitige Gestattung als Ausnahme von der Regel des Suspensiveffekts überzeugend zu belegen und der Vergabekammer die betroffenen Interessen darzulegen. Der Antrag nach § 115 Abs. 2 Satz 1 GWB kann während des gesamten Verfahrens vor der Vergabekammer grundsätzlich formlos, d. h. auch mündlich gestellt werden (*Reidt,* in: *Reidt/Stickler/Glahs,* § 115 Rdn. 29). Aus verfahrenstaktischen Gründen empfiehlt es sich dennoch, nach Möglichkeit einen den Anforderungen des § 108 GWB entsprechenden Antrag zu stellen (*Boesen,* § 115 Rdn. 23). In der Praxis wird der Eilantrag auf Zuschlagsgestattung auch häufig mit dem Antrag auf Zurückweisung des Nachprüfungsantrags der Antragstellerin und der Erwiderung auf den Nachprüfungsantrag verbunden.

Der (erneute) Antrag vor dem Beschwerdegericht (§ 115 Abs. 2 Satz 3 GWB) unterliegt gem. § 115 Abs. 2 Satz 4 GWB den Formvorschriften des § 121 Abs. 2 Satz 1 und 2 GWB. Er ist somit schriftlich zu stellen und gleichzeitig zu begründen; die zur Begründung des Antrags vorgetragenen Tatsachen sowie der Grund für die Eilbedürftigkeit müssen glaubhaft gemacht werden (*Kus,* in: *Niebuhr/Kulartz/Kus/Portz,* § 115 Rdn. 46).

8. Um eine Vorwegnahme der Hauptsache durch die **endgültige** Vorabgestattung des Zuschlags zu rechtfertigen, wird von den Vergabestellen in der Regel die konkrete und substantiierte Darlegung ganz außergewöhnlicher Gründe für das besondere Eilbedürfnis verlangt. Der übliche Termindruck bei Leistungen im öffentlichen Interesse oder rein fiskalische Erwägungen wie der Ablauf des Haushaltsjahres reichen hier als Begründung nicht aus (vgl. OLG Dresden, Beschl. v. 14. 6. 2001, WVerg 0004/01). Denn der Suspensiveffekt des § 115 Abs. 1 GWB und die vorzeitige Zuschlagsgestattung stehen in einem Regel-Ausnahmeverhältnis. Die Vergabekammern und auch die Gerichte haben deshalb bisher auch eine sehr zurückhaltende Praxis der Vorabgestattung des Zuschlags im Rahmen des § 115 Abs. 2 GWB erkennen lassen (vgl. VK Bund, Beschl. v. 30. 6. 1999, VK 2 – 14/99; VK Magdeburg, Beschl. v. 21. 12. 1999, VK 44/99; OLG Celle, VergabeR 4/2001, 338, *Müller-Wrede,* in: *Ingenstau/Korbion,* § 115 Rdn. 3 mwN.). Dahinter steht die Überlegung, dass mit der Vorabgestattung des Zuschlags der Primärrechtsschutz des Antragstellers vollständig beendet wird, was einen entscheidenden Einschnitt bedeutet. Zudem unterliegt das gesamte Nachprüfungsverfahren gemäß § 113 Abs. 1 GWB ohnehin dem Beschleunigungsgebot und wird in der Regel innerhalb von fünf Wochen abgeschlossen, so dass ein darüber hinausgehendes besonderes Beschleunigungsinteresse der Vergabestelle in der Mehrzahl der Fälle nicht erkennbar ist (*Jaeger,* in: *Byok/Jaeger,* § 118 GWB Rdn. 806).

9. Die Entscheidung über die Gestattung des Zuschlags hat auf der Grundlage einer umfassenden Interessenabwägung zu erfolgen (*Prieß,* S. 209). In die Abwägung sind nicht nur die Interessen der Antragstellerin und des Auftraggebers sondern *sämtliche* möglicherweise geschädigten Interessen der Beteiligten des Vergabeverfahrens einzustellen (*Marx,* in: *Motzke/Pietzcker/Prieß,* § 115 Rdn. 12; *Kus,* in: *Niebuhr/Kulartz/Kus/Portz,* § 115 Rdn. 29). Maßgebend sind die **konkreten Interessen im Einzelfall.** Auf Seiten des Antragstellers ist dies in erster Linie das Interesse an der Erhaltung seines Rechts aus § 97 Abs. 7 GWB auf ein rechtmäßiges Vergabeverfahren, das bei einer Gestattung des Zuschlags unwiderruflich untergehen würde. Auch wirtschaftliche Interessen können die Abwägung beeinflussen, wenn es z.B. um Vorhaben von erheblicher Dimension geht oder das Unternehmen zur Erhaltung oder Schaffung von Arbeitsplätzen oder der Vermeidung von betrieblichen Schäden auf die Auftragserteilung angewiesen ist (*Müller-Wrede,* in: *Ingenstau/Korbion,* § 115 Rdn. 3). Dem stehen Interessen der Allgemeinheit und des Auftraggebers gegenüber wie beispielsweise das Interesse an der Realisierung von öffentlichen Investitionen (*Jaeger,* in: *Byok/Jaeger,* § 118 GWB Rdn. 806). Auch das Interesse der aussichtsreichsten Bieter an baldiger Klarheit darüber, wer den Zuschlag erhält, ist zu berücksichtigen, um diesen Unternehmen eine gewisse Planungssicherheit zu gewährleisten und betriebliche Schäden zu vermeiden. Das Interesse des Auftraggebers und der Allgemeinheit an einem baldigen Abschluss des Verfahrens innerhalb des Zeitplans an sich kann ebenfalls berücksichtigungsfähig sein – dies allerdings nur dann, wenn es im Einzelfall von besonderem Wert ist und konkret dargestellt und substantiiert wird (*Marx,* in: *Motzke/Pietzcker/Prieß,* § 115 Rdn. 14). Anhaltspunkt für ein besonderes Gewicht dieses Interesses ist beispielsweise, wenn hinter der Eilbedürftigkeit im konkreten Fall das Interesse am Schutz der Gesundheit, der Aufrechterhaltung und Funktionsfähigkeit des Verkehrs oder der Versorgung der Bevölkerung steht, d.h. an Aufgaben, deren Erfüllung in der Regel gerade dem öffentlichen Auftraggeber obliegt (vgl. *Kus,* in: *Niebuhr/Kulartz/Kus/Portz,* § 115 Rdn. 35). Für nicht ausreichend befand das OLG Dresden (Beschl. v. 14. 6. 2001, WVerg 0004/01) beispielsweise die bloße Behauptung, die verspätete Fertigstellung werde aus Dispositionsgründen der Lieferanten einen „Dominoeffekt" auslösen. Im gleichen Fall stellte das OLG auch nochmals klar, dass nur direkt kausale Folgen der verspäteten Zuschlagserteilung ein Interesse am früheren Zuschlag begründen können (vgl. auch VK Sachsen, Beschl. v. 18. 9. 2001, 1/SVK/92–01g).

10. Eine mögliche Bindefristüberschreitung mit der Folge, dass ein oder mehrere der günstigsten Bieter möglicherweise nicht mehr zur Verfügung stehen, kann nach Ansicht der Rechtsprechung (VK Bund, Beschl. v. 30. 6. 1999, VK 2–14/99, S. 8/9; OLG Celle, VergabeR 2001, 338, 339) nicht als Argument für die besondere Eilbedürftigkeit angeführt werden, da ein Nachprüfungsverfahren *regelmäßig* zu einer Überschreitung der Frist führe und zudem in der Regel die Bieter einer Verlängerung der Frist zustimmen würden, um ihre Zuschlagschancen zu wahren. Anders dürfte jedoch der Fall liegen, wenn der besonders günstige Bieter aus nachvollziehbaren Gründen abzuspringen droht (vgl. *Marx,* in: *Motzke/Pietzcker/Prieß,* § 115 Rdn. 15; vgl. zur Bindefristverlängerung auch BayObLG, WuW 1999, 1037).

11. Ob bei der Interessenabwägung im Rahmen des § 115 Abs. 2 Satz 1 bzw. Satz 3 GWB auch auf die Erfolgsaussichten in der Hauptsache abzustellen ist, wird unterschiedlich beurteilt. Insbesondere die Vergabekammern lehnen jede Berücksichtigung der Erfolgsaussichten des Nachprüfungsantrags im Rahmen des § 115 Abs. 2 Satz 1 GWB ab (VK Bund, Beschl. v. 30. 6. 1999, VK 2 – 14/99; VK Nordbayern, Beschl. v. 9. 12. 1999, VK 22/99; VK Südbayern, Beschl. v. 14. 9. 2000, 120.3–3194.1–18–08/00; vgl. auch *Gröning,* ZIP 5/99, 184). Begründet wird dies v.a. damit, dass § 115 Abs. 2 Satz 1

GWB im Gegensatz zu den vergleichbaren Eilregelungen in §§ 118 Abs. 2 Satz 1 und 121 Abs. 1 Satz 1 GWB nicht ausdrücklich die Berücksichtigung der Erfolgsaussichten des Hauptsacherechtsbehelfs vorschreibt (vgl. *Prieß,* S. 209f.; *ders.*, DB 1998, 405, 409). Die inzwischen herrschende Rechtsprechung der Oberlandesgerichte und der überwiegende Teil der Literatur hingegen hält die Erfolgsaussichten zumindest insoweit für einen potentiell abwägungsrelevanten Belang, als eine offensichtliche, bei der summarischen Prüfung sofort ins Auge fallende Unbegründetheit oder eine ebensolche des Nachprüfungsantrags, das Gewicht der Interessen der Vergabestelle bzw. der Antragstellerin verstärken können (OLG Dresden, Beschl. v. 14. 6. 2001, WVerg 0004/01; OLG Thüringen, Beschl. v. 14. 11. 2001, 6 Verg 6/01; OLG Celle, VergabeR 2001, 338; OLG Schleswig, Beschl. v. 14. 8. 2000, 6 Verg 2/00; *Marx,* in: *Motzke/Pietzcker/Prieß,* § 115 Rdn. 16; *Jaeger,* in: *Byok/Jaeger,* § 118 Rdn. 805). Diese Auffassung vermeidet das unbillig erscheinende Ergebnis der Auffassung der Vergabekammer des Bundes, dass die vorzeitige Erteilung des Zuschlags selbst bei ganz offensichtlichen Rechtsverstößen im Vergabeverfahren zu gestatten wäre, wenn nur das Interesse am Zuschlag gewichtig genug ist (*Boesen,* § 115 Rdn. 31). Aus verfahrenstaktischen Erwägungen sollte eine ins Auge fallende Unbegründetheit des Nachprüfungsantrags in jedem Fall im Antrag nach § 115 Abs. 2 Satz 1 bzw. Satz 3 GWB erwähnt werden, da diese im schlimmsten Fall nicht mit in die Abwägung einbezogen wird, im besten aber das Ergebnis zugunsten der Vergabestelle beeinflussen kann.

12. Für die Entscheidung der Vergabekammer über den Antrag des Auftraggebers nach § 115 Abs. 2 Satz 1 GWB ist im Gesetz keine Entscheidungsfrist vorgesehen. Angesichts des Beschleunigungszwecks der Regelung soll aber möglichst umgehend eine Entscheidung erfolgen. Auch wenn der Zuschlag vorab gestattet wird, muss die Vergabestelle allerdings eine Wartefrist von 2 Wochen ab Bekanntgabe dieser Entscheidung an den Antragsteller einhalten, um dem Antragsteller die Möglichkeit zu lassen, innerhalb dieser Zeit durch das Rechtsmittel des § 115 Abs. 2 Satz 2 GWB den Suspensiveffekt durch das Beschwerdegericht wiederherstellen zu lassen. Eine Zuschlagsgestattung durch das Beschwerdegericht in der Beschwerde-Instanz des Eilverfahrens nach § 115 Abs. 2 Satz 3 GWB hat hingegen zur Folge, dass der Zuschlag sofort nach der Entscheidung des Beschwerdegerichts erteilt werden kann

Kosten und Gebühren

Der Eilentscheidung der Vergabekammer nach § 115 Abs. 2 Satz 1 GWB wird keine Kostenentscheidung beigefügt. Die Kostenentscheidung der Vergabekammer ergeht gem. § 128 GWB einheitlich im Rahmen der Entscheidung über die Hauptsache (VK Bund, Beschl. v. 30. 6. 1999, VK 2–14/99; *Jaeger,* in: *Byok/Jaeger,* § 118 Rdn. 808; s. hierzu die Ausführungen in Form. II. M. 6). Die Aufwendungen für die Zuziehung eines Verfahrensbevollmächtigten sind auch für die Vergabestellen als Behörden, die an sich selbst sachkundig sein sollten, ersatzfähig, wenn es wie beim Stellen eines Antrags nach § 115 Abs. 2 GWB (auch) um prozesstaktische Fragen geht (OLG Dresden, Beschl. v. 11. 12. 2001, VergabeR 2002, 314).

Fristen und Rechtsmittel

Im Falle einer ablehnenden Entscheidung der Vergabekammer kann der Auftraggeber gem. § 115 Abs. 2 Satz 3 GWB vor dem Beschwerdegericht Antrag auf Gestattung des sofortigen Zuschlags stellen. Gestattet die Vergabekammer die vorzeitige Zuschlagserteilung, kann gem. § 115 Abs. 2 Satz 2 GWB jeder dadurch beschwerte Verfahrensbeteiligte innerhalb der zweiwöchigen Wartefrist (§ 115 Abs. 2 Satz 1 GWB) vor dem Beschwerdegericht die Wiederherstellung des Zuschlagsverbotes beantragen (vgl nachfolgend Form. II. M. 5).

5. Sofortige Beschwerde zur Wiederherstellung des Suspensiveffekts gem. § 115 Abs. 2 S. 2 GWB[1]

An das
[Oberlandesgericht/Vergabesenat ......][2]

......, den ......[3]

Antrag auf Wiederherstellung des Suspensiveffekts gemäß § 115 Abs. 2 Satz 2 GWB

In dem Vergabenachprüfungsverfahren betreffend einen Lieferauftrag über ein Einsatzleitsystem für die Polizei

der Firma A-OHG[4]

– Antragstellerin –

Verfahrensbevollmächtigte: Rechtsanwälte ......

gegen

das Land ......, vertreten durch das
Innenministerium, dieses vertreten durch ......

– Vergabestelle –

Verfahrensbevollmächtigte: Rechtsanwälte ......

beigeladen: Firma B
beantragen wir namens und mit Vollmacht[5] der Antragstellerin,

1. das Verbot des Zuschlags gemäß § 115 Abs. 2 Satz 2 GWB wiederherzustellen;
2. das Verbot des Zuschlags gemäß § 115 Abs. 2 Satz 1 GWB bis zu einer Entscheidung über die Wiederherstellung des Zuschlagsverbots gemäß § 115 Abs. 2 Satz 2 GWB zu verlängern[6].

Begründung[7]:

Teil 1: Sachverhalt:

Die Vergabestelle schrieb im Jahr [......] im Rahmen eines Offenen Verfahrens nach der VOL/A einen Lieferauftrag über ein Einsatzleitsystem für die ...... Polizei europaweit aus. Als Schlusstermin für den Angebotseingang war der ......, ein Sonntag, festgesetzt.

Anlage Bf 1

Auf der Grundlage dieser Ausschreibung forderte auch die Antragstellerin die Angebotsunterlagen an. Das Angebot der Antragstellerin ging unstreitig erst am Montag ein. Mit Schreiben vom ...... teilte die Vergabestelle der Antragstellerin mit, dass beabsichtigt sei, den Zuschlag am ...... der Firma B zu erteilen. Das Angebot der Antragstellerin sei auszuschließen, weil es nicht bis zum Ablauf der Angebotsfrist bei der Vergabestelle eingegangen sei.
Nach ordnungsgemäßer Rüge

Anlage Bf 2

stellte die Antragstellerin am ...... bei der Vergabekammer einen Nachprüfungsantrag gem. § 107 GWB.

Anlage Bf 3

Die Vergabekammer verlängerte mit Verfügung ihres Vorsitzenden vom ...... die Entscheidungsfrist um drei Wochen.
Die Vergabestelle beantragte daraufhin, ihr gem. § 115 Abs. 2 Satz 1 GWB den vorzeitigen Zuschlag zu gestatten, da sich gegenüber dem Zeitpunkt der ursprünglichen Ausschreibung die Sicherheitslage in der Bundesrepublik durch die terroristischen Anschläge vom 11. September 2001 in den USA so dramatisch verändert habe, dass die potentiel-

len Gefahren für die Innere Sicherheit ein weitaus höheres Rechtsgut darstellten als das wirtschaftliche Einzelinteresse der Antragsteller an dem Auftrag. Die Realisierung des Einsatzleitsystems sei unter diesen Umständen für die ...... Polizei äußerst dringlich und eine Verzögerung durch Abwarten der Beendigung des Nachprüfungsverfahrens (insbesondere unter Berücksichtigung der Verlängerung der Entscheidungsfrist der Vergabekammer) nicht zumutbar.
Die Vergabekammer gestattete unter weitgehender Übernahme dieser Argumente am ...... die vorzeitige Zuschlagserteilung. Insbesondere stellte sie fest, dass die Erfolgsaussichten des Nachprüfungsantrags der Antragstellerin für die Interessenabwägung im Rahmen des § 115 Abs. 2 Satz 1 GWB keine Rolle spielen könnten.

Anlage Bf 4

Um zu verhindern, dass durch Erteilung des Zuschlags der Primärrechtsschutz vereitelt wird, beantragt die Antragstellerin die Wiederherstellung des Suspensiveffekts durch das Oberlandesgericht.

Teil 2: Rechtliche Würdigung

Der Antrag auf Wiederherstellung des Suspensiveffekts ist zulässig und begründet.

A. Zulässigkeit

Die Vergabekammer hat der Vergabestelle auf deren Antrag den vorzeitigen Zuschlag gestattet. Die Vergabestelle hat angekündigt, von dieser Gestattung nach Ablauf der zweiwöchigen Wartefrist (§ 115 Abs. 2 Satz 1 GWB) sofort Gebrauch machen zu wollen, um weitere Verzögerungen mit ihres Erachtens negativen Auswirkungen auf die Sicherheitslage zu vermeiden. Damit droht unmittelbar die Zuschlagserteilung, durch welche der Primärrechtsschutz der Antragstellerin endgültig entfallen würde (§§ 115 Abs. 2 Satz 2, 114 Abs. 2 Satz 1 GWB). Um dies zu verhindern, kann die Antragstellerin als durch die Entscheidung der Vergabekammer beschwerte Verfahrensbeteiligte die Wiederherstellung des Suspensiveffekts gem. § 115 Abs. 2 Satz 2 GWB beantragen.

B. Begründetheit[8]

Die Voraussetzungen des § 115 Abs. 2 Satz 1 GWB, unter denen die Vergabekammer ausnahmsweise den vorzeitigen Zuschlag gestatten kann, liegen nicht vor. Die Vergabestelle hat insbesondere nicht überzeugend dargelegt, dass eine unabweisbare Dringlichkeit für die sofortige Zuschlagserteilung des Einsatzleitsystems besteht. Der vorgesehene Zeitplan zur Einführung des Systems beinhaltet eine sukzessive Einführung des Systems innerhalb von 2 Jahren. Die durch das Vergabenachprüfungsverfahren zu erwartende Verzögerung fällt deshalb nicht entscheidend ins Gewicht, zumal diese Verzögerungen durch die gesetzlichen Fristen und das Beschleunigungsgebot beschränkt sind.
Die Antragstellerin hat ein im Vergleich mit den übrigen Bietern sehr wirtschaftliches Angebot abgegeben, welches offensichtlich verfahrensfehlerhaft von der Wertung ausgeschlossen wurde (§ 193 BGB bzw. VO 1182/71 des Rates v. 3. 6. 1971: die Frist endete erst am Montag, den ...... um 24.00 Uhr). Die Tatsache, dass der Nachprüfungsantrag der Antragstellerin hier ganz überwiegende Aussicht auf Erfolg hat, verstärkt das Gewicht des Rechtsschutzinteresses der Antragstellerin[9]. Die Rechtsfragen liegen offen zu Tage und können bei der im Eilverfahren vorzunehmenden summarischen Prüfung unschwer berücksichtigt werden. Die stark überwiegenden Erfolgsaussichten des Nachprüfungsantrags sind daher in die Interessenabwägung zu Gunsten der Antragstellerin mit einzubeziehen (vgl. OLG Schleswig, Beschl. v. 14. 8. 2000, 6 Verg 2/00; OLG Thüringen, Beschl. v. 14. 11. 2001, 6 Verg 6/01; OLG Dresden, Vergaberecht 2001, 342). Angesichts dieser Sachlage ist es der Vergabestelle zuzumuten, die Entscheidung in der Hauptsache abzuwarten.

Rechtsanwalt

Schrifttum: S. Form. II. M. 1.

Anmerkungen

1. Hat die Vergabekammer den vorzeitigen Zuschlag auf Antrag der Vergabestelle gem. § 115 Abs. 2 Satz 1 GWB gestattet, so kann das Beschwerdegericht nach § 115 Abs. 2 Satz 2 GWB auf Antrag das Zuschlagsverbot wiederherstellen. Das vor der Vergabekammer begonnene Eilverfahren geht gemäß § 115 Abs. 2 Satz 5 GWB in ein besonderes eigenständiges Beschwerdeverfahren vor dem OLG nach § 115 Abs. 2 Satz 2 GWB (und *nicht* § 116 Abs. 1 GWB) über (*Marx,* in: *Motzke/Pietzcker/Prieß,* § 115 Rdn. 18).

2. Der Antrag ist an das zuständige Beschwerdegericht i. S. des § 116 Abs. 3 GWB zu richten (siehe dazu Form. II. M. 6 Anm. 1).

3. Eine Frist zur Stellung des Antrags auf Wiederherstellung des Suspensiveffekts ist zwar gesetzlich nicht vorgesehen, ergibt sich aber aus Sachzwängen. Im zweiten Halbsatz des § 115 Abs. 2 Satz 2 GWB wird mit dem Verweis auf § 114 Abs. 2 Satz 1 GWB klargestellt, dass ein bereits erteilter Zuschlag nicht mehr vom Beschwerdegericht aufgehoben werden kann. Das bedeutet im Ergebnis, dass wegen der Beendigung des Zuschlagsverbots zwei Wochen nach Zuschlagsgestattung durch die Vergabekammer (§ 115 Abs. 2 Satz 1 GWB) das Beschwerdegericht über den Wiederherstellungsantrag innerhalb dieser zwei Wochen oder zumindest bis zur möglicherweise erst späteren Zuschlagserteilung bereits entschieden haben muss (*Gröning,* ZIP 1999, 181, 184; *Kus,* in: *Niebuhr/Kulartz/Kus/Portz,* § 115 Rdn. 55). Ist der Zuschlag nach Ablauf der Zwei-Wochen-Frist bereits erteilt, dürfte der Antrag entsprechend § 114 Abs. 2 Satz 1 GWB unzulässig sein. Der Antrag sollte daher schnellstmöglich nach Erhalt der Vergabekammerentscheidung und unter Hinweis auf die konkrete Gefahr einer Zuschlagserteilung gestellt werden.

4. Der Gesetzeswortlaut sieht für einen Antrag nach § 115 Abs. 2 Satz 2 GWB keine Beschränkung auf das Unternehmen vor, das den Nachprüfungsantrag gestellt hat. Wie im Rahmen des § 116 GWB sind bei der gerichtlichen Überprüfung der Vorabentscheidung über den Zuschlag im Rahmen des § 115 Abs. 2 GWB auch die anderen Verfahrensbeteiligten, also insbesondere Beigeladene, beschwerdeberechtigt, sofern sie eine eigene Beschwer darlegen können (*Tilmann,* WuW 1999, 342, 344; zu weitgehend wohl: *Dreher,* in: *Immenga/Mestmäcker,* § 115 Rdn. 40, beschwerdeberechtigt soll jeder beschwerte Vergabeinteressent sein, selbst wenn er im Hauptsacheverfahren noch nicht beigeladen ist).

5. Da § 115 Abs. 2 Satz 4 GWB nicht auf § 121 Abs. 3 Satz 4 GWB bzw. unmittelbar auf § 120 GWB verweist, besteht für das Verfahren auf Wiederherstellung des Zuschlagsverbotes durch das Beschwerdegericht wohl kein Anwaltszwang (*Marx,* in: *Motzke/Pietzcker/Prieß,* § 115, Rdn. 18 Fn. 26; *Tilmann,* WuW 1999, 342, 344).

6. Das Eilverfahren beim Oberlandesgericht führt nicht zu einer Aussetzung des Vergabeverfahrens. Deshalb kann der Zuschlag nur verhindert werden, wenn innerhalb der Zwei-Wochen-Frist entweder der Beschl. des OLG oder wenigstens eine Zwischenverfügung erreicht wird, nach der das für zwei Wochen geltende Zuschlagsverbot nach § 115 Abs. 2 Satz 1 GWB zumindest vorläufig bis zur Entscheidung des Gerichts gem. § 115 Abs. 2 Satz 2 GWB aufrechterhalten bleibt (*Reidt,* in: *Reidt/Stickler/Glahs,* § 115 Rdn. 49). Eine solche einstweilige Suspendierung durch das Gericht auf Antrag oder von Amts wegen wird überwiegend als zulässig und zur Gewährung effektiven Rechtsschutzes (Art. 19 Abs. 4 GG) geboten angesehen (KG, Beschl. v. 6. 7. 1999, KartVerg. 4/99; vgl. auch *Tilmann,* WuW 1999, 342, 347; *Jaeger,* in: *Byok/Jaeger,* § 118 Rdn. 809). Da das Beschwerdegericht innerhalb der Zwei-Wochen-Frist häufig noch keine Beschwerdeentscheidung gemäß § 115 Abs. 2 Satz 2 GWB treffen kann, sollte stets beantragt werden, den Suspensiveffekt vorläufig bis zur Entscheidung über den Antrag auf Wiederherstellung des Zuschlagsverbots zu verlängern (*Prieß*, S. 210).

7. § 115 Abs. 2 Satz 4 GWB verweist auf die Formvorschriften des § 121 Abs. 2 Satz 1 und 2 GWB. Somit muss der Antrag schriftlich und mit einer Begründung versehen gestellt werden. Die zur Begründung vorzutragenden Tatsachen, sofern sie streitig sind und sofern es nach der Antragsbegründung überhaupt auf Tatsachenwürdigung und nicht nur auf Rechtsfragen ankommt, sind glaubhaft zu machen (vgl. z. B. zu den hohen Anforderungen an die konkrete Glaubhaftmachung eines geldwerten Verzögerungsschadens: OLG Dresden, Beschl. v. 14. 6. 2001, WVerg 0004/01; OLG Celle, Beschl. v. 21. 3. 2001, 13 Verg 4/01).

8. Das OLG trifft im Rahmen des Antrags auf Wiederherstellung des Suspensiveffekts nach § 115 Abs. 2 Satz 2 GWB eine eigene Entscheidung über die Gestattung oder Versagung der vorzeitigen Zuschlagserteilung in entsprechender Anwendung des Prüfungsmaßstabs des § 115 Abs. 2 Satz 1 GWB. Obwohl in § 115 Abs. 2 Satz 2 eine dem § 115 Abs. 2 Satz 3 entsprechende Verweisung auf den Entscheidungsmaßstab des § 115 Abs. 2 Satz 1 GWB fehlt, ist auch der Entscheidung über die Wiederherstellung des Zuschlagsverbots nach deren Sinn und Zweck dieser Maßstab einer umfassenden Interessenabwägung zugrunde zu legen (*Dreher*, in: *Immenga/Mestmäcker*, § 115 Rdn. 36; *Bechthold*, § 115 Rdn. 5). Die materiellen Leitlinien für die Entscheidung des Gerichts sind dieselben wie die für die Vergabekammer. Das OLG hat daher innerhalb seiner Ermessensentscheidung die betroffenen Interessen zu bestimmen und die für diese Interessen vorteilhaften und nachteiligen Folgen einer Verzögerung der Vergabe gegeneinander abzuwägen (vgl. beispielhaft OLG Celle, Beschl. v. 21. 3. 2001 – 13 Verg 4/01; *Boesen*, § 115 Rdn. 49). Das Gericht stellt das Zuschlagsverbot wieder her, wenn es die Interessen anders gewichtet als die Vergabekammer. Hinsichtlich der möglicherweise geschädigten Interessen, die in die Abwägung einzustellen sind, wird auf das Form. II. M. 4 Anm. 8–11 verwiesen.

9. Die im Beschwerdeverfahren nach § 115 Abs. 2 Satz 2 GWB zuständigen Oberlandesgerichte befürworten eine Berücksichtigung der Erfolgsaussichten des Nachprüfungsantrags im Rahmen der Interessenabwägung zumindest dann, wenn der Nachprüfungsantrag ganz **offensichtlich** begründet oder unbegründet ist (OLG Schleswig, Beschl. v. 14. 8. 2000, 6 Verg 2/00; OLG Thüringen, Beschl. v. 14. 11. 2001, 6 Verg 6/01; OLG Dresden, VergabeR 2001, 342; *Byok*, in: *Byok/Jaeger*, § 115 Rdn. 760). Die Berücksichtigung der Erfolgsaussichten darf jedoch nicht überdehnt werden: sobald zur Beurteilung der Erfolgsaussichten des Hauptsacheverfahrens tatsächliche Feststellungen über die Aktenlage hinaus getroffen werden müssten, kommt eine Berücksichtigung im Rahmen des § 115 Abs. 2 GWB nicht mehr in Betracht, da ein solch ermittelndes Tätigwerden des Gerichts dem Beschleunigungszweck des Eilverfahrens widerspräche (OLG Dresden, Beschl. v. 14. 6. 2001, WVerg 0004/01; vgl. *Prieß*, S. 209)

Kosten und Gebühren

Im Hinblick auf die vor dem OLG entstehenden besonderen Kosten (vgl. Art. 2 Abs. 1 Nr. 4 lit. c und Abs. 2 VgRÄG) muss das OLG in diesem Antragsverfahren eine Kostenentscheidung treffen (BayObLG, Beschl. v. 23. 12. 1999 – Verg 9/99; KG, Beschl. v. 9. 11. 1999 – KartVerg 12/99; *Gröning*, ZIP 5/99, 181, 186). Die Kostenentscheidung ist entsprechend dem Obsiegen oder Unterliegen – in Analogie zu § 128 Abs. 3 und 4 GWB oder zu §§ 91 ff. ZPO (vgl. Form. II. M. 6) – zu treffen. Der Streitwert beträgt nach § 12 a Abs. 2 GKG 5% der Auftragssumme.

6. Sofortige Beschwerde gemäß §§ 116ff. GWB und Antrag auf Verlängerung des Suspensiveffektes gemäß § 118 Abs. 1 S. 3 GWB

An das
Oberlandesgericht ......[1]
– Vergabesenat –

......, den ......[2]

Sofortige Beschwerde/[3]
Antrag auf Verlängerung der aufschiebenden Wirkung

In dem Vergabenachprüfungsverfahren

wegen der Vergabe eines Bauauftrags zur Errichtung einer Hochwasserschutzanlage

der Bietergemeinschaft ......, bestehend aus ......, vertreten durch ......

– Antragstellerin und Beschwerdeführerin –

– Verfahrensbevollmächtigte[4]: Rechtsanwälte ...... –

gegen

das Land A, vertreten durch ......

– Antragsgegnerin und Beschwerdegegnerin –

Weitere Beteiligte[5]:

1. A GmbH und Co. KG
2. Bietergemeinschaft B

legen wir namens und in Vollmacht der Beschwerdeführerin gegen die Entscheidung der Vergabekammer ...... vom ...... – Aktenzeichen: ...... –

sofortige Beschwerde

ein und beantragen[6],

1. die Entscheidung der Vergabekammer ...... vom ...... – Aktenzeichen: ...... – aufzuheben,
2. die Vergabestelle zu verpflichten, das Nebenangebot der Beschwerdeführerin zu werten und ihr als Mindestbietende den Zuschlag zu erteilen.
3. hilfsweise,[7] die Vergabekammer zu verpflichten, unter Berücksichtigung der Rechtsauffassung des angerufenen Gerichts über die Sache erneut zu entscheiden,
4. die Hinzuziehung eines Prozessbevollmächtigten durch die Beschwerdeführerin für notwendig zu erklären und
5. der Beschwerdegegnerin die Kosten des Verfahrens sowie die notwendigen Auslagen aufzuerlegen.
   Zugleich beantragen wir,
6. gemäß § 118 Abs. 1 Satz 3 GWB die aufschiebende Wirkung der sofortigen Beschwerde bis zur Entscheidung über die Beschwerde zu verlängern[8].

Eine entsprechende Vollmacht ist als

Anlage Bf 1

beigefügt.

Begründung[9]:

A. Sachverhalt

Am ...... schrieb die Vergabestelle in einem offenen Verfahren den Bau einer Hochwasserschutzanlage in der Ortslage ...... aus. Von den insgesamt vier abgegebenen Angeboten gab die Beschwerdeführerin zwei Angebote – ein Hauptangebot sowie ein Nebenangebot – ab. Das von der Beteiligten zu 1. eingereichte Angebot wertete die Beschwerdegegnerin im Submissionstermin am ...... als das preisgünstigste. Das Hauptangebot der Beschwerdeführerin lag im Ergebnis an dritter Stelle hinter dem von der Beteiligten zu 2. eingereichten Angebot. Das von der Beschwerdeführerin als

Anlage Bf 2

beigefügte Nebenangebot wurde dagegen von der Beschwerdegegnerin nicht gewertet, obgleich Nebenangebote weder in der als

Anlage Bf 3

beigefügten Bekanntmachung noch in den als

Anlage Bf 4

beigefügten Vergabeunterlagen ausgeschlossen waren und die Nebenangebote auf besondere Anlage gemacht sowie als solche deutlich gekennzeichnet waren. Auf einer Kopie, beigefügt als

Anlage Bf 5

des Nebenangebots war bereits am ...... vermerkt worden: „Wird nicht zur Wertung empfohlen“. Die Beschwerdegegnerin beabsichtigte, der Beteiligten zu 1. den Zuschlag zu erteilen.

Vor Ablauf der Zuschlagsfrist hat die Beschwerdeführerin bei der Vergabekammer den als

Anlage Bf 6

beigefügten Nachprüfungsantrag mit dem Ziel gestellt, die Beschwerdegegnerin zu verpflichten, das bisher von ihr nicht berücksichtigte Nebenangebot in die Wertung mit einzubeziehen und auf dieses Angebot, das von den eingereichten Angeboten das wirtschaftlich günstigste darstellt, den Zuschlag zu erteilen.

Ausweislich des als

Anlage Bf 7

beigefügten Beschlusses vom ......, der Beschwerdeführerin am ...... zugestellt, hat die Vergabekammer den Nachprüfungsantrag als unzulässig verworfen, da der für die Zuständigkeit der Vergabekammer gemäß § 100 Abs. 1 GWB maßgebliche Schwellenwert nicht erreicht sei. Die Vergabekammer hat sich dabei auf die Vorgaben der Beschwerdegegnerin gestützt, wonach der Gesamtauftragswert für das Bauvorhaben schätzungsweise EUR 4 Mio. betrage.

Nach einem Gutachten des von der Beschwerdeführerin beauftragten Sachverständigen ......, beigefügt als

Anlage Bf 8

beträgt der Auftragswert mehr als EUR 6 Mio., unabhängig davon, welche der vorgesehenen Bauvarianten zur Ausführung kommt. Die Sachkunde des Sachverständigen und die Richtigkeit seines Gutachtens stehen außer Zweifel. Er ist Hochschullehrer an der Fachhochschule in A. auf dem Gebiet der Bauverfahrenstechnik im Zusammenhang mit vergleichender Kostenbewertung einzelner Bauverfahren.

B. Rechtslage

Den Anträgen der Beschwerdeführerin ist stattzugeben, da die sofortige Beschwerde zulässig und begründet ist.

I. Zulässigkeit der sofortigen Beschwerde
Die sofortige Beschwerde ist gemäß § 116 Abs. 1 GWB statthaft. Die Beschwerdeführerin richtet sich gegen eine Entscheidung[10] der Vergabekammer gemäß § 116 Abs. 1 GWB. Entscheidungen sind Verwaltungsakte (§ 114 Abs. 3 GWB), mit denen die Vergabekammer Anträge auf Gewährung von primärem Rechtsschutz beschieden hat (*Gröning,* in: *Motzke/Pietzcker/Prieß,* § 116 Rdn. 20). Die Vergabekammer hat den Nachprüfungsantrag als unzulässig verworfen.
Die Beschwerdeführerin war als Antragstellerin am Verfahren vor der Vergabekammer beteiligt und ist deshalb gemäß § 116 Abs. 1 Satz 2 GWB zur sofortigen Beschwerde berechtigt[11].
Die sofortige Beschwerde ist gemäß § 117 GWB form- und fristgerecht eingelegt. Die Entscheidung der Vergabekammer wurde dem Unterzeichner am ...... gemäß § 3 VwZG mit Zustellungsurkunde zugestellt. Damit endet die Beschwerdefrist gemäß §§ 120 Abs. 2, 73 Nr. 2 GWB, 222 Abs. 1 ZPO, 188 Abs. 2 BGB am ......
Schließlich ist die Beschwerdeführerin durch die Entscheidung der Vergabekammer beschwert[12]. Durch die Ablehnung des Nachprüfungsantrags als unzulässig ist sie formell beschwert. Sie ist auch materiell beschwert, denn auf das von ihr eingereichte Nebenangebot hätte der Zuschlag erteilt werden müssen.

II. Begründetheit der sofortigen Beschwerde
Die sofortige Beschwerde ist auch begründet, weil der Nachprüfungsantrag der Beschwerdeführerin zulässig und begründet ist.
Die Vergabekammer hat den Nachprüfungsantrag zu Unrecht als unzulässig verworfen. Die Voraussetzungen für ein Nachprüfungsverfahren lagen vor. Der objektive Anwendungsbereich des GWB-Vergaberechts gemäß § 100 Abs. 1 GWB war eröffnet, denn der Auftragswert der zu vergebenden Bauleistungen überschreitet den maßgeblichen Schwellenwert von EUR 5 Mio. (§ 100 Abs. 1 GWB i.V.m. § 2 Nr. 4 VgV). Nach dem Sachverständigengutachten (Anlage Bf 8) beträgt der Auftragswert mehr als EUR 6 Mio.
Schließlich hat die Beschwerdegegnerin gegen §§ 25 Nr. 1 Abs. 1 lit. d, 10 Nr. 5 Abs. 4 VOB/A verstoßen. Da die Beschwerdegegnerin weder in der Bekanntmachung noch in den Verdingungsunterlagen Nebenangebote ausgeschlossen hat, hätte sie das Nebenangebot der Beschwerdeführerin nicht von der Angebotswertung ausschließen dürfen. Da das zu wertende Nebenangebot im Vergleich zu den verbleibenden drei Angeboten das wirtschaftlich günstigste ist, hätte auf dieses Angebot der Zuschlag erteilt werden müssen.

III. Verlängerung der aufschiebenden Wirkung der Beschwerde (§ 118 Abs. 1 und 2 GWB)
Dem Antrag der Beschwerdeführerin[13] auf Verlängerung der aufschiebenden Wirkung bis zur Entscheidung über die Beschwerde gemäß § 118 Abs. 1 Satz 3 GWB ist begründet, da die sofortige Beschwerde Aussicht auf Erfolg[14] hat (§ 118 Abs. 2 S. 1 GWB).
Die nach § 118 Abs. 2 Satz 2 GWB an die Prüfung der Erfolgsaussichten der sofortigen Beschwerde anschließende Interessenabwägung[15] fällt ebenfalls zu Gunsten der Beschwerdeführerin aus. Der Antrag auf Verlängerung der aufschiebenden Wirkung gemäß § 118 Abs. 2 Satz 2 GWB ist nur dann abzulehnen, wenn unter Berücksichtigung aller möglicherweise geschädigten Interessen sowie des Interesses der Allgemeinheit an einem raschen Abschluss des Vergabeverfahrens die nachteiligen Folgen einer Verzögerung der Vergabe bis zur Entscheidung über die Beschwerde die damit verbundenen Vorteile überwiegen. Eine derartige Eilbedürftigkeit des Abschlusses des Vergabeverfahrens lässt sich nicht feststellen. Bei dem zu vergebenden Auftrag handelt es sich zwar um den Bau einer Hochwasserschutzanlage und damit um eine dringliche Maßnahme des Katastrophenschutzes. Allerdings führt das Abwarten des Ausgangs des Nachprüfungsverfahren nicht zu einer nennenswerten Bauverzögerung. Geht man von einer dreimona-

tigen Verfahrensdauer aus, wird die auf 20 Monate festgeschriebene Ausführungsfrist auch dann immer noch vor Beginn des Winters ...... beendet sein, so dass die Gemeinde O. vor einem sich eventuell im Frühjahr ...... sich ereignenden Hochwasser geschützt wird. In diesem Zusammenhang ist auch darauf hinzuweisen, dass die Vergabestelle erst 15 Jahre nach dem letzten verheerenden Hochwasser das zur Errichtung einer Wasserschutzanlage notwendige Raumordnungsverfahren eingeleitet hat. Unter diesen Umständen verdient das Interesse des Bieters auf effektiven Rechtsschutz zur Einhaltung der zu seinem Schutz erlassenen Vergabebestimmungen (§ 97 Abs. 7 GWB) Vorrang.

Rechtsanwalt[16]

Schrifttum: S. Form. II. M. 1.

Anmerkungen

1. Nach § 116 Abs. 3 Satz 1 GWB ist das für den Sitz der Vergabekammer zuständige Oberlandesgericht ausschließlich für das Verfahren der sofortigen Beschwerde sachlich und örtlich zuständig. Durch § 116 Abs. 4 GWB werden die Landesregierungen ermächtigt, die Zuständigkeit sowohl landesintern als auch landesübergreifend auf andere Oberlandesgerichte oder auf das Oberste Landgericht zu übertragen. Die Übertragung dient der Konzentration und damit der Entwicklung einer einheitlichen Rechtsprechung (*Stockmann,* in: *Immenga/Mestmäcker* § 116 Rdn. 20). Von den landesinternen Konzentrationsmöglichkeiten ist durchweg Gebrauch gemacht worden, so dass in allen Bundesländern Vergabesenate nur an jeweils einem Oberlandesgericht bestehen:

Baden-Württemberg – OLG Stuttgart; Bayern – BayObLG München; Berlin – KG Berlin; Brandenburg – OLG Brandenburg; Bremen – OLG Bremen; Hamburg – OLG Hamburg; Hessen – OLG Hessen; Mecklenburg-Vorpommern – OLG Rostock; Niedersachsen – OLG Celle; Nordrhein-Westfalen (einschließlich VK Bund) – OLG Düsseldorf; Rheinland-Pfalz – OLG Koblenz; Saarland – OLG Saarbrücken; Sachsen – OLG Dresden; Sachsen-Anhalt – OLG Naumburg; Schleswig-Holstein – OLG Schleswig; Thüringen – OLG Jena.

2. Gemäß § 117 Abs. 1 GWB ist die sofortige Beschwerde binnen einer Notfrist (vgl. § 223 Abs. 2 und 3 ZPO) von zwei Wochen schriftlich (vgl. Anm. 3) bei dem Beschwerdegericht einzulegen. Da es sich um eine (nicht verlängerbare) Notfrist handelt, kommt im Falle der Versäumung lediglich die Wiedereinsetzung in den vorherigen Stand gemäß §§ 120 Abs. 2, 73 Nr. 2 GWB i.V.m. §§ 230ff. ZPO in Betracht (*Stockmann,* in: *Immenga/Mestmäcker,* § 117 Rdn. 4).

Die Frist beginnt mit der Zustellung der Entscheidung der Vergabekammer an den jeweiligen Beteiligten bzw. dessen Prozessbevollmächtigten (§ 176 ZPO), so dass für unterschiedliche Beteiligte unterschiedliche Fristen laufen können (*Stickler,* in: *Reidt/Stickler/Glahs,* a.a.O. § 117, Rdn. 5). Für die Berechnung der Frist gelten §§ 120 Abs. 2, 73 GWB, 222 ZPO, 187 bis 193 BGB, so dass der Tag der Zustellung nicht mitzurechnen ist (§ 187 Abs. 1 BGB). Die Notfrist beginnt nur wirksam zu laufen, wenn die Entscheidung der Vergabekammer eine Rechtsmittelbelehrung (siehe § 114 Abs. 3 Satz 3, § 61 Abs. 1 GWB) enthält. Bezüglich des Inhalts der Rechtsmittelbelehrung ist § 58 Abs. 1 VwGO analog heranzuziehen (*Reidt,* in: *Reidt/Stickler/Glahs,* § 11 Rdn. 67). Unterbleibt die Rechtmittelbelehrung oder ist sie fehlerhaft, gilt wohl nicht die Jahresfrist gemäß § 58 Abs. 2 VwGO. Vielmehr dürfte § 117 Abs. 1 2. Alt. i.V.m. § 116 Abs. 2 GWB anwendbar sein, d.h. die Beschwerdefrist beginnt mit dem Ablauf der fünfwöchigen Entscheidungsfrist (§ 113 Abs. 1 GWB) der Vergabekammer (str., siehe *Reidt,* in: *Reidt/Stickler/Glahs,* § 11 Rdn. 68; *Boesen,* § 114 Rdn. 95. a.A. wohl VÜA Thüringen, *Fischer/Noch,* IV Nr. 16.3; VÜA Sachsen, *Fischer/Noch,* IV Nr. 13.27; *Noch,* S. 79).

In Fällen der Nichtentscheidung der Vergabekammer (sog. Untätigkeitsbeschwerde) gemäß § 116 Abs. 2 GWB beginnt die Rechtsmittelfrist mit Ablauf der Fünf-Wochen-Frist gemäß § 113 Abs. 1 Satz 1 bzw. der gemäß § 113 Abs. 1 Satz 2 GWB verlängerten Frist (OLG Celle, Beschl. v. 20. 4. 2001, Verg. 7/01). Gemäß §§ 120 Abs. 2, 73 Nr. 2 GWB, 222 Abs. 1 ZPO, 187 Abs. 2 BGB beginnt die Rechtsmittelfrist mit dem Tag an zu laufen, der auf den Tag des Fristablaufs nach § 113 Abs. 1 GWB folgt (*Boesen,* § 117 Rdn. 18). Streitig ist, wann die Beschwerdefrist abläuft, wenn die Vergabekammer nach Ablauf der Entscheidungsfrist, doch noch vor Ablauf der damit beginnenden Beschwerdefrist entscheidet. Während nach teilweise vertretenen Auffassung die Beschwerdefrist mit Zustellung der Entscheidung erneut zu laufen beginnt (*Stockmann,* in: *Immenga/Mestmäcker,* § 117 Rdn. 3; *Hunger,* in *Niebuhr/Kulartz/Kus/Portz,* § 117 Rdn. 5 f.; *Dreher,* in: *Immenga/Mestmäcker;* § 117, Rdn. 3), ist nach anderer Ansicht die durch Ablauf der Entscheidungsfrist in Gang gesetzte Frist maßgeblich (*Noch,* S. 76; *Tilmann,* WuW 1999, 342, 347). Da die Vergabekammer die Entscheidungsfrist nach § 113 Abs. 1 GWB wohl nicht rückwirkend (ggf. konkludent) durch die nachträgliche Entscheidung verlängern kann, spricht vieles dafür, vorsorglich von einem Beginn der Beschwerdefrist mit Ablauf der Entscheidungsfrist gemäß § 113 Abs. 1 GWB auszugehen.

3. Gemäß § 117 Abs. 1 GWB ist die Beschwerde schriftlich einzulegen. Erforderlich ist eine eigenhändige Unterschrift, wobei die Schriftform auch bei der Benutzung von Telegrammen, Fernschreiben oder Telefaxen gewahrt ist (*Gröning,* in: *Motzke/Pietzcker/Prieß,* § 117 Rdn. 6; *Stockmann,* in: *Immenga/Mestmäcker,* § 117 Rdn. 6). Für den Fall der Übermittlung mittels Telefax fordert die Rechtsprechung, dass die Kopiervorlage von einem postulationsfähigen Rechtsanwalt unterschrieben worden ist und dass dessen Unterschrift auf der Kopie wiedergegeben wird (BGH, NJW 1990, 188). Bei einem Telegramm und Telex genügt es, wenn die vom Absender geleistete Unterschrift maschinenschriftlich wiedergegeben wird oder wenn die Person des Absenders aus dem Text des Telegramms oder der sogenannten Kennung zweifelsfrei erkennbar ist (*Boesen,* § 117 Rdn. 11). Nach einer Entscheidung des Gemeinsamen Senats der Obersten Gerichtshöfe des Bundes ist eine Rechtsmitteleinlegung auch durch sogenanntes Computerfax zulässig (Gms-OGB 1/98, ZIP 2000, 1356 f.).

4. Gemäß § 120 Abs. 1 GWB müssen sich die Beteiligten im Verfahren vor dem Oberlandesgericht durch einen bei einem deutschen Gericht zugelassenen Rechtsanwalt als Bevollmächtigten vertreten lassen.

Nicht unter den Anwaltszwang fallen gemäß § 120 Abs. 1 Satz 2 GWB alle juristischen Personen öffentlichen Rechts. Sie können sich durch Beamte oder Angestellte mit der Befähigung zum Richteramt vertreten lassen. Andere Adressaten des § 98 GWB in privater Rechtsform unterliegen dagegen dem Anwaltszwang.

Ob § 120 Abs. 1 GWB nur für die der Einlegung der Beschwerde folgenden Prozesshandlungen (so *Gröning,* in: *Motzke/Pietzcker/Prieß,* § 120 Rdn. 1) oder auch für die Einlegung selbst gilt (so *Bechthold,* § 120 Rdn. 2; *Boesen,* § 120 Rdn. 4), ist umstritten. Soweit ein Privater, also regelmäßig der Bieter, sofortige Beschwerde einlegt, ist der Streit obsolet, da gemäß § 117 Abs. 3 Satz 1 GWB bereits die Beschwerdeschrift von einem bei einem deutschen Gericht zugelassenen Rechtsanwalt unterzeichnet sein muss, sofern nicht eine juristische Person des öffentlichen Rechts die Beschwerde eingelegt hat. Vorsorglich sollten sich auch juristische Personen des öffentlichen Rechts bereits bei der Einlegung der sofortigen Beschwerde von einem Beamten oder Angestellten mit Befähigung zum Richteramt vertreten lassen.

Die übrigen Beteiligten (Beigeladene) sind nur dann auf einen Rechtsanwalt angewiesen, wenn sie sich aktiv durch Stellungnahmen am Verfahren beteiligen wollen. Sehen sie davon ab, so wird ihre Stellung als Beteiligte im Übrigen nicht berührt (*Boesen,* § 120 Rdn. 4; *Bechthold,* § 120 Rdn. 1).

5. Gemäß § 117 Abs. 4 GWB sind mit der Einlegung der Beschwerde die anderen Beteiligten des Verfahrens vor der Vergabekammer vom Beschwerdeführer durch Übermittlung einer Ausfertigung der Beschwerdeschrift zu unterrichten. Die Vorschrift ist zwingend (OLG Naumburg, NZBau 2000, 96). Sie dient der Beschleunigung des Nachprüfungsverfahren durch möglichst schnellen Informationsfluss (*Gröning*, in: *Motzke/Pietzcker/Prieß*, § 117 Rdn. 17). Die Formulierung „mit der Einlegung" deutet darauf hin, dass die anderen Verfahrensbeteiligten zeitgleich zu informieren sind (*Hunger*, in: *Niebuhr/Kulartz/Kus/Portz*, § 117 Rdn. 13). Eine Sanktion für den Verstoß gegen die Unterrichtungspflicht sieht das Gesetz nicht vor. Insbesondere führt der Verstoß nicht zur Unzulässigkeit der Beschwerde (OLG Stuttgart, *Fischer/Noch* VII 2.1.1; OLG Düsseldorf, BauR 1999, 751, 756). Dennoch sollte der Unterrichtungspflicht nachgekommen werden. Eine Versäumung kann dazu führen, dass das Gericht den anderen Verfahrensbeteiligten mehr Zeit für ihre Gegenäußerungen belassen muss, wodurch eine Verzögerung des Verfahrens eintritt. Außerdem hat nach einer – wenn auch – umstrittenen Entscheidung des OLG Naumburg (NZBau 2000, 96; ablehnend *Gröning*, in: *Motzke/Pietzcker/Prieß*, § 117 Rdn. 19; *Hunger*, in: *Niebuhr/Kulartz/Kus/Portz*, § 118 Rdn. 2; kritisch: *Boesen*, § 117 Rdn. 49) die Nichterfüllung der Unterrichtungspflicht gemäß § 117 Abs. 4 GWB zur Folge, dass der Auftraggeber trotz aufschiebender Wirkung der Beschwerde (§ 118 Abs. 1 Satz 1 GWB) den Zuschlag rechtwirksam erteilen kann.

6. § 117 Abs. 2 Nr. 1 GWB verlangt lediglich, dass in der Beschwerdebegründung, die zeitgleich mit der Einlegung der Beschwerde erfolgen muss, erklärt wird, inwieweit die Entscheidung der Vergabekammer angefochten und eine abweichende Entscheidung beantragt wird. Insoweit ist allgemein anerkannt, dass der Beschwerdeführer keinen tenorierungsfähigen Antrag stellen muss, soweit sich das Beschwerdebegehren hinreichend aus der Begründung ergibt (OLG Düsseldorf, BauR 1999, 711, 756 = *Fischer/Noch*, VII 2.10.1; *Bechtold*, § 177 Rdn. 3; *Boesen*, § 117 Rdn. 27). Gleichwohl empfiehlt sich eine genaue Formulierung des Beschwerdeantrags (*Jaeger*, in: *Byok/Jaeger*, § 117 Rdn. 793 f.). Denn das Beschwerdeverfahren ist – anders als das Verfahren vor der Vergabekammer – auf die ausdrücklich mit der Beschwerde gerügten Gesichtspunkte des Vergabeverfahrens beschränkt (BayObLG, NVwZ 1999, 1138). Ein pauschaler Hinweis auf die Rechtswidrigkeit der Entscheidung oder die pauschale Behauptung des Beschwerdeführers, in seinen Rechten verletzt zu sein, wird den Anforderungen des § 117 Abs. 2 Satz 2 Nr. 1 GWB jedenfalls nicht gerecht (OLG Koblenz, Beschl. v. 15. 3. 01, Verg 1/01; *Boesen*, § 117 Rdn. 27).

7. Der Antragsteller muss sich in seinem Antrag nicht auf eine bestimmte Entscheidungsalternative des § 123 Satz 2 GWB, also Zurückverweisung oder eigene Entscheidung des OLG festlegen, da das Gericht insoweit eine Ermessensentscheidung trifft, die nur schwer prognostizierbar ist (*Boesen*, § 117 Rdn. 28).

8. Gemäß § 118 Abs. 1 Satz 1 GWB hat die sofortige Beschwerde aufschiebende Wirkung. Allerdings entfällt die aufschiebende Wirkung gemäß § 118 Abs. 1 Satz 2 GWB automatisch zwei Wochen nach Ablauf der Beschwerdefrist. Somit bleiben dem Bieter im Ergebnis vier Wochen ab Zustellung der Entscheidung der Vergabekammer, um eine Entscheidung des OLG über die Verlängerung der aufschiebenden Wirkung zu erlangen. Es empfiehlt sich daher – und ist in der Praxis auch üblich – den Antrag auf Verlängerung der aufschiebenden Wirkung gemäß § 118 Abs. 1 Satz 3 GWB mit dem Hauptsacheantrag zu verbinden (*Stockmann*, in: *Immenga/Mestmäcker*, § 118 Rdn. 11; *Boesen*, § 117 Rdn. 28). Der Antrag kann wegen der zwingenden Verbindung mit dem Beschwerdeverfahren frühestens zeitgleich mit der sofortigen Beschwerde und jedenfalls noch innerhalb der Zwei-Wochen-Frist nach § 118 Abs. 1 Satz 2 GWB gestellt werden. Problematisch ist, ob ein Antrag auf Verlängerung bzw. Wiederherstellung der aufschiebenden Wirkung auch noch nach Ablauf der zweiwöchigen Beschwerdefrist gemäß

§ 118 Abs. 1 Satz 2 GWB und dem Ende des Suspensiveffekts zwei Wochen nach Ablauf der Beschwerdefrist gestellt werden kann. Der Wortlaut des § 118 Abs. 1 Satz 3 GWB („verlängern" und nicht „wiederherstellen") könnte zumindest gegen eine Antragstellung nach Ablauf der Beschwerdefrist sprechen (so *Korbion,* § 118 Rdn. 5; *Tilmann,* S. 347). In Betracht käme dann nur noch ein Antrag auf Wiedereinsetzung in den vorherigen Stand gemäß §§ 233 ff. ZPO i. V. m. §§ 120 Abs. 2, 73 GWB. Nach der überwiegenden Auffassung wird jedoch bei fehlendem Zuschlag ein Antrag auf Verlängerung/Wiederherstellung der aufschiebenden Wirkung bis zur verfahrensabschließenden Entscheidung des Beschwerdegerichts für möglich gehalten (so *Bechthold,* § 118 Rdn. 3, *Stockmann,* in: *Immenga/Mestmäcker,* § 118 Rdn. 11, *Hunger,* in: *Niebuhr/Kulartz/Kus/Portz,* § 118 Rdn. 4). Ein Antrag auf Wiederherstellung der aufschiebenden Wirkung dürfte wohl auch kaum erneut zulässig sein, wenn der Zuschlag auch nach einer abschlägigen Entscheidung des OLG über den Antrag nach § 118 Abs. 1 Satz 3 GWB noch nicht erteilt wurde und der Beschwerdeführer im Laufe des Beschwerdeverfahrens (z. B. auf Grund erstmals gewährter Akteneinsicht) neue Gründe für die Erfolgsaussichten der Beschwerde vortragen kann.

Das Verfahren auf Verlängerung der aufschiebenden Wirkung nach § 118 Abs. 1 Satz 3 GWB erfordert einen Antrag, der gemäß § 120 Abs. 1 GWB von einem Rechtsanwalt gestellt wird (vgl. insoweit Anm. 4). Der Antrag unterliegt keinen besonderen Formvorschriften und kann daher nicht nur schriftlich, sondern auch mündlich gestellt werden. Aus Beweisgründen sollte jedoch die Schriftform gewählt werden (*Korbion,* § 118 Rdn. 5; *Boesen,* § 117 Rdn. 28).

9. Gemäß § 117 Abs. 2 Satz 1 GWB ist die sofortige Beschwerde zugleich mit ihrer Einlegung zu begründen. Nach dem Wortlaut und dem Willen des Gesetzgebers (Begr. RegE VgRÄG, BT-Drs. 13/9340, S. 21) könnte eine zeitgleiche Begründung der sofortigen Beschwerde mit deren Antragstellung als Zulässigkeitsvoraussetzung zu verstehen sein. Ein Auseinanderfallen von der Erhebung der sofortigen Beschwerde und deren Begründung wird in der Literatur jedoch dann als unschädlich angesehen, wenn die Begründung noch innerhalb der Beschwerdefrist vollständig vorliegt (*Stockmann,* in: *Immenga/Mestmäcker,* § 117 Rdn. 4; *Hunger,* in: *Niebuhr/Kulartz/Kus/Portz,* § 117 Rdn. 7).

Gemäß § 117 Abs. 2 Satz 2 Nr. 1 GWB muss die Beschwerdebegründung die Erklärung enthalten, inwieweit die Entscheidung der Vergabekammer angefochten und eine abweichende Entscheidung beantragt wird. Bei der Anfertigung der Beschwerdebegründung ist darauf zu achten, dass trotz der an sich bestehenden Aufklärungspflicht des Gerichts der Sachverhalt umfassend aufbereitet ist, damit ohne zeitliche Verzögerung eine Entscheidung getroffen werden kann (*Noch,* S. 79 f.).

Nach einer Entscheidung des Bayrischen Oberlandesgerichts (BayObLG, Beschl. v. 21. 5. 1999, Verg 1/99 S. 13 f.) prüft das Beschwerdegericht von Amts wegen die Entscheidung der Vergabekammer nicht umfassend, sondern nur diejenigen Rechtsverstöße, die der Beschwerdeführer ausdrücklich benannt hat. Noch nicht abschließend geklärt ist die Frage, ob und inwieweit die Beschwerde auf neue Tatsachen und Beweismittel gestützt werden kann. Während vereinzelt die Frage bejaht wird (vgl. OLG Jena, BauR 2000, 388), darf nach anderer Auffassung in das Beschwerdeverfahren nichts eingebracht werden, was nicht schon Gegenstand des Verfahrens vor der Vergabekammer war (BayObLG, *Fischer/Noch,* VII 2.2.1, S. 13 f.). Letztere Auffassung ist zumindest dann abzulehnen, wenn sich die Kenntnis der einen Rechtsverstoß begründenden Tatsachen erst zu einem Zeitpunkt ergibt, in dem diese nicht mehr in das Verfahren vor der Vergabekammer eingebracht werden können (*Boesen,* § 117 Rdn. 36). Darüber hinaus kann im Beschwerdeverfahren auch gerügt werden, durch die Entscheidung der Vergabekammer neu beschwert zu sein (so auch BayObLG, *Fischer/Noch* VII 2.2.1, S. 14 f.). Der Wortlaut des § 117 Abs. 2 Satz 2 GWB passt nur auf Anfechtungsbeschwerden im

Sinne von § 116 Abs. 1 GWB und muss auf Untätigkeitsbeschwerden sinngemäß angewandt werden (*Boesen,* § 117 Rdn. 29). Das heißt die Beschwerde muss auf den nicht beschiedenen Antrag verweisen und ein bestimmtes Rechtsschutzbegehren enthalten.

Gemäß § 117 Abs. 2 Satz 2 Nr. 2 GWB muss die Begründung auch die Angabe der Tatsachen und Beweismittel, auf die sich die Beschwerde stützt, enthalten. Die Regelung dient der Beschleunigung des Verfahrens und der Klarstellung des Streitstoffes (*Boesen,* § 117 Rdn. 39). Versäumt der Beschwerdeführer, einzelne Tatsachen und Beweise anzugeben, führt dies nicht zur Unzulässigkeit des Antrages. Da das Gericht jedoch andere als die vorgetragenen Tatsachen und Beweismittel nur berücksichtigen muss, wenn der Sachverhalt dazu Anlass bietet, ist zu empfehlen, bei der Darlegung der Tatsachen und Beweismittel (auch zum Verlauf des Verfahrens vor der Vergabekammer) größtmögliche Sorgfalt walten zu lassen.

10. Gemäß § 116 Abs. 1 Satz 1 GWB ist die sofortige Beschwerde gegen Entscheidungen der Vergabekammer statthaft. Mit „Entscheidungen“ sind in erster Linie die nach § 114 Abs. 1 GWB ergangenen Verwaltungsakte gemeint, mit denen die Vergabekammer Anträge auf Gewährung von primären Rechtsschutz beschieden hat (*Gröning,* in: *Motzke/Pietzcker/Prieß,* § 116 Rdn. 20). Die sofortige Beschwerde ist aber auch in den Fällen statthaft, in denen sich das Nachprüfungsverfahren durch Erteilung des Zuschlages oder in sonstiger Weise erledigt und die Vergabekammer eine Feststellungsentscheidung nach § 114 Abs. 2 Satz 2 GWB getroffen hat (*Gröning,* aaO.). Die Beschwerde ist gemäß § 116 Abs. 2 GWB ferner statthaft, wenn die Vergabekammer nicht innerhalb der Frist des § 113 Abs. 1 GWB entschieden hat. Der Antrag gilt gemäß § 113 Abs. 1 letzter Halbsatz GWB als abgelehnt.

Der sofortigen Beschwerde nicht zugänglich sind vorläufige Regelungen der Vergabekammer gemäß § 115 Abs. 2 und 3 GWB, wie sich aus § 115 Abs. 2 Satz 5 und § 115 Abs. 3 Satz 3 GWB eindeutig ergibt.

Dagegen unterliegen selbstständig anfechtbare Nebenentscheidungen, wie der Bescheid, durch den die Vergabekammer die von einem Beteiligten im Verfahren vor der Kammer zu erstattenden Kosten festsetzt, (§ 128 Abs. 4 Satz 3 GWB) der sofortigen Beschwerde (BayObLG, *Fischer/Noch* VII 2.2.2; OLG Düsseldorf, *Fischer/Noch* VII 1.8; vgl. auch *Boesen,* § 116 Rdn. 12f.).

Ob darüber hinaus auch Entscheidungen der Vergabekammer, die den Charakter von Zwischenentscheidungen oder verfahrensleitenden Entscheidungen haben, mit der sofortigen Beschwerde angegriffen werden können, ist fraglich. Dies wird überwiegend unter Hinweis auf den das Nachprüfungsverfahren bestimmenden Grundsatz der Beschleunigung abgelehnt (*Hunger,* in: *Niebuhr/Kulartz/Kus/Portz,* § 116 Rdn. 4; *Boesen,* § 116 Rdn. 18; vgl. auch OLG Düsseldorf, Beschl. v. 18. 1. 2000, Verg. 2/00 bezüglich Entschließung der Vergabekammer, den Nachprüfungsantrag dem öffentlichen Auftraggeber gemäß § 110 Abs. 2 GWB zuzustellen; ähnliches dürfte für Verfügungen gelten, mit denen die Vergabekammer von der Vergabestelle die Zusendung der Vergabeakten verlangt, § 110 Abs. 2 GWB). Nach teilweise vertretener Auffassung sind die §§ 116ff. GWB auf Zwischenentscheidungen, wie z.B. bei Streitigkeiten über das Akteneinsichtsrecht aus § 111 GWB, entsprechend anzuwenden (*Gröning,* in: *Motzke/Pietzcker/Prieß,* § 116 Rdn. 21).

11. Nach § 116 Abs. 1 Satz 2 GWB steht das Recht zur Beschwerde den am Verfahren vor der Vergabekammer beteiligten zu. Der Kreis der Verfahrensbeteiligten ergibt sich aus § 109 GWB. Beschwerdeberechtigt sind somit der Antragsteller, der Auftraggeber und diejenigen Unternehmen, welche die Vergabekammer zu dem Verfahren beigeladen hat. Soweit eine Beiladung erfolgte, spielt es auf Grund der Bindungswirkung der Entscheidung (§ 109 Satz 2 GWB) keine Rolle, ob die Voraussetzungen einer Beiladung gemäß § 109 Satz 1 GWB vorlagen (*Stickler,* in: *Reidt/Stickler/Glahs,* § 116 Rdn. 13). Ob ein Unternehmen, welches – möglicherweise zu Unrecht – nicht beigeladen wurde, zur Beschwerde berechtigt ist, ist hingegen umstritten. Teilweise wird allein auf die formelle Stellung als Verfahrensbeteiligter abgestellt und eine Beschwerdeberechtigung des Nicht-Beigeladenen abgelehnt (*Stickler,* in: *Reidt/Stickler/Glahs,* § 116 Rdn. 13; *Hunger,* in *Niebuhr/Kulartz/Kus/Portz,* § 119 Rdn. 1; *Jaeger,* in *Byok/Jäger,* Rdn. 775). Nach einer anderen Auffassung ist einem nicht beigeladenen Unternehmen auf Grund der Rechtsschutzgarantie aus Art. 19 Abs. 4 GG unter der Voraussetzung, dass es durch die Entscheidung der Vergabekammer in seinen Rechten verletzt ist, eine Beschwerdeberechtigung zuzubilligen (*Boesen,* § 116 Rdn. 40; *Stockmann,* in: *Immenga/Mestmäcker,* § 116 Rdn. 11).

Die Antragsbefugnis entfällt, wenn sich das Vergabeverfahren durch Aufhebung erledigt hat (OLG Frankfurt a.M., BauR 2000, 1595) Etwas anderes gilt jedoch, wenn die Vergabekammer nach § 114 Abs. 2 GWB über einen Fortsetzungsfeststellungsantrag entschieden hat und sich die Beschwerde gegen diese Entscheidung wendet.

12. Entgegen dem Wortlaut des Gesetzes ist die bloße Beteiligung am Verfahren vor der Vergabekammer nicht ausreichend, um die Beschwerdebefugnis zu begründen. Neben der Beteiligung am Verfahren muss darüber hinaus beim Rechtsmittelführer eine Beschwer vorliegen. Die Notwendigkeit der Beschwer als Voraussetzung eines Rechtsmittel ist allgemeiner Verfahrensgrundsatz und gilt auch im Nachprüfungsverfahren (*Boesen,* § 116 Rdn. 22, *Gröning,* in: *Motzke/Pietzcker/Prieß,* § 116 Rdn. 22).

Hinsichtlich Antragsteller und Vergabestelle muss zunächst eine formelle Beschwer vorliegen. Sie liegt vor, wenn der Inhalt der Entscheidung von dem gestellten Antrag des Beteiligten negativ abweicht (*Boesen*, § 116 Rdn. 25, vgl. auch BGH WuW/E 1562/1563 – Air-Conditioning-Anlagen). Demnach ist der Antragsteller formell beschwert, wenn sein Antrag insgesamt oder teilweise abgelehnt wurde bzw. wenn die Vergabekammer hinter seinem Antrag zurückgeblieben ist. Die Vergabestelle ist formell beschwert, wenn sie beantragt hat, den Antrag abzulehnen, die Vergabekammer aber dem Antrag – sei es auch nur teilweise – stattgegeben hat. Soweit dem ursprünglichen Antrag des Beschwerdeführers entsprochen wurde, ist er durch die Entscheidung der Vergabekammer nicht beschwert, auch wenn beispielsweise die Begründung der Entscheidung der Rechtsauffassung des Beschwerdeführers nicht entspricht oder für ihn nachteilige Feststellungen enthält (*Stickler,* in: *Reidt/Stickler/Glahs,* § 116 Rdn. 14, *Bechthold,* § 116 Rdn. 2).

Nach überwiegender Auffassung muss neben der formellen Beschwer auch eine materielle Beschwer im Sinne einer rechtlichen oder zumindest wirtschaftlichen Interessenberührung gegeben sein (*Stockmann,* in: *Immenga/Mestmäcker,* § 116 Rdn. 14; *Boesen,* § 116 Rdn. 28, a.A. *Bechthold,* § 116 Rdn. 2). Allerdings muss diese in der Regel nicht besonders vorgetragen oder bewiesen werden, da es beim Vorliegen einer formellen Beschwer nur ausnahmsweise an der materiellen fehlt (*Stockmann,* in: *Immenga/Mestmäcker,* § 116 Rdn. 14). Der Beschwerdeführer muss nicht darlegen, durch die angefochtene Entscheidung möglicherweise in seinen Rechten verletzt zu sein, wie dies etwa für die Klagebefugnis nach § 42 Abs. 2 VwGO notwendig ist (*Bechthold,* § 116 Rdn. 2; *Boesen,* § 116 Rdn. 28; a.A. ist offenbar *Korbion,* § 116 Rdn. 3, wonach der Beteiligte in seinen Rechten aus § 97 Abs. 7 GWB beschwert sein muss). Die materielle Beschwer kann daher auch dann vorliegen, wenn der Beschwerdeführer in wirtschaftlichen Interessen nachteilig betroffen ist.

Im Falle der Beschwerde eines Beigeladenen ist zu differenzieren. Hat der Beigeladene im Verfahren vor der Vergabekammer Anträge zur Sache gestellt, ist eine formelle Beschwer erforderlich. Darüber hinaus muss er eine materielle Beschwer darlegen (*Gröning,* in: *Motzke/Pietzcker/Prieß,* § 116 Rdn. 35 *Boesen,* § 116 Rdn. 35). Sie ist gegeben, wenn seinem materiellen Anliegen durch die anzufechtende Entscheidung nicht entsprochen worden ist (vgl. zur entsprechenden Problematik im Kartellverfahren BGH WuW/E 2078/2081). Die Berührung rechtlicher Interessen ist auch hier nicht erforderlich (*Gröning,* in: *Motzke/Pietzcker/Prieß,* § 116 Rdn. 35).

Hat der Beigeladene dagegen keine Sachanträge gestellt, ist die Beschwerdebefugnis fraglich. Nach teilweise vertretener Auffassung ist die sofortige Beschwerde eines Beigeladenen, der im Verfahren vor der Vergabekammer kein Rechtsschutzziel erkennen ließ, insbesondere keine Anträge stellte, als unzulässig zu verwerfen (*Stockmann*, in: *Immenga/Mestmäcker*, § 116 Rdn. 13; *Bechthold*, § 116 Rdn. 2). Nach überwiegender Auffassung ist eine Beschwerde auch in diesem Fall möglich (*Gröning*, in: *Motzke/Pietzcker/Prieß* § 116 Rdn. 36; *Boesen*, § 116 Rdn. 36; *Jaeger*, in: *Byok/Jaeger*, Rdn. 778). Art, Inhalt und „Richtung" der Interessen, deren Schutz die Beiladung gemäß § 109 GWB bezweckt, sind dann anhand seines Vorbringens vor der Vergabekammer, an das er für die Feststellung der Beschwer gebunden bleibt, zu ermitteln (*Jaeger*, in: *Byok/Jaeger*, Rdn. 778). Hat sich der Beigeladene im Verfahren vor der Vergabekammer überhaupt nicht geäußert, ist seine Interessenlage nach Aktenlage in objektiv wertender Betrachtung zu ermitteln (*Jaeger*, in: *Byok/Jaeger*, aaO.). Er ist dann materiell beschwert, wenn ihn die Entscheidung in seinen festgestellten Interessen nachteilig berührt (vgl. OLG Dresden, Beschl. v. 14. 4. 2000, Verg 1/00).

Bezüglich eines nicht beigeladenen Unternehmens setzt die Beschwerdebefugnis, sofern eine Beschwerde in diesen Fällen überhaupt für zulässig erachtet wird (vgl. Anm. 10), voraus, dass das Unternehmen analog § 42 Abs. 2 VwGO geltend machen kann, durch die Entscheidung in seinen Rechten verletzt zu sein (*Boesen*, § 116 Rdn. 38). Darüber hinaus muss das Unternehmen darlegen, durch die Entscheidung materiell beschwert zu sein, was bei der – weitergehenden – Verletzung eigener Rechte regelmäßig der Fall sein wird (*Boesen*, aaO.).

13. Antragsberechtigt ist gemäß § 118 Abs. 1 Satz 3 GWB der Beschwerdeführer. Aus dem Wortlaut der Vorschrift („Hat die Vergabekammer den Antrag auf Nachprüfung abgelehnt, ...") wird teilweise gefolgert, der Antrag auf Verlängerung der aufschiebenden Wirkung stünde nur dem in der ersten Instanz unterlegenen Antragssteller, also dem Bieter zu (*Boesen*, § 118 Rdn. 26; *Korbion*, § 118 Rdn. 4). Nach dem OLG Jena ZVgR 2000, 38, 41) kommen hingegen alle durch die Ablehnung des Nachprüfungsantrages beschwerten Unternehmen in Betracht. Demnach sind auch Beigeladene im Falle einer eigenen Beschwer antragsberechtigt (OLG Jena, Beschl. v. 30. 10. 2001, Verg. 3/01; *Stockmann*, in: *Immenga/Mestmäcker*, § 116 Rdn. 13; *Jaeger*, in: *Byok/Jaeger*, Rdn. 812).

14. Unter welchen Voraussetzungen allein die Erfolgsaussichten entscheidend sind und wann es zusätzlich zu einer Interessenabwägung gemäß § 118 Abs. 2 Satz 2 GWB kommt, wird angesichts des offenen Wortlautes des § 118 Abs. 2 Satz 1 GWB („berücksichtigt") unterschiedlich beantwortet. Nach einer Entscheidung des OLG Jena (NZBau 2000, 354 f) ist bereits dann in die Interessenabwägung einzutreten, wenn die Beschwerde nicht offensichtlich unzulässig oder unbegründet ist. Nach dem OLG Koblenz (*Fischer/Noch* VII 2.11.1) wird der Antrag allein auf Grund unzureichender Erfolgsaussichten abgelehnt, wenn sich das Rechtsmittel aller Wahrscheinlichkeit nach als unzulässig oder unbegründet erweisen wird. Das BayObLG (NZBau 2000, 201) stellt allein allgemein auf die fehlende Erfolgsaussicht ab. Umgekehrt wird das Gericht dem Antrag auf Verlängerung der aufschiebenden Wirkung stattgeben, wenn die Beschwerde mit erheblicher Wahrscheinlichkeit Erfolg haben wird (*Boesen*, § 118 Rdn. 30). Sind die Erfolgsaussichten nicht derart eindeutig kommt es auf die Interessenabwägung gemäß § 118 Abs. 2 Satz 2 GWB an.

Im Hinblick auf die Begründung des Antrags nach § 118 Abs. 1 Satz 3 GWB ist dringend zu empfehlen, den Sachverhalt einschließlich des Ablaufs des Verfahrens vor der Vergabekammer umfassend darzulegen und mit der Vorlage der entsprechenden Unterlagen einschließlich der Entscheidung der Vergabekammer zu belegen. Es ist nicht davon auszugehen, dass das OLG innerhalb der knappen Entscheidungsfrist bereits über die Akten der Vergabekammer verfügt oder diese bereits gesichtet hat. § 117 Abs. 2 Nr. 2 GWB wirkt sich insoweit auch auf den Antrag nach § 118 Abs. 1 Satz 3 GWB aus.

15. Bei der Interessenabwägung sind alle möglicherweise geschädigten Interessen sowie das Interesse der Allgemeinheit zu berücksichtigen. Einzusetzen ist zunächst das Interesse des beschwerdeführenden Unternehmens an der ordnungsgemäßen Vergabe. Dem sind die Interessen aller derjenigen entgegenzusetzen, die von der Verlängerung der aufschiebenden Wirkung nachteilig betroffen sein können. Von erheblicher Bedeutung ist dabei die Dringlichkeit der Auftrages, insbesondere, ob dem Kreis der durch den Aufschub betroffenen Dritten, wie anderen Unternehmen, Bürgern, Vereinigungen und Verbänden eine weitere Verzögerung zumutbar ist. Dabei ist neben vermögenswerten Interessen auch an ideelle Belange zu denken (vgl. zum Ganzen *Dreher,* in: *Immenga/Mestmäcker,* § 118 Rdn. 16; *Gröning,* ZIP 1999, 181, 183; *Jaeger,* in: *Kapellmann/Vuygen,* S. 107, 130; *Prieß,* S. 214).

Das Ergebnis der Interessenabwägung hängt von den konkreten Umständen des Einzelfalls, insbesondere von der Einschätzung der Erfolgsaussicht ab. Beurteilt das OLG die Erfolgsaussicht der Beschwerde negativ, wird es den Antrag in aller Regel ablehnen. Insoweit muss ein besonderes Interesse an der aufschiebenden Wirkung vorgetragen werden. Ergibt sich hingegen eine überwiegende Wahrscheinlichkeit für den Erfolg der Beschwerde, müssen die gegenläufigen Interessen der übrigen Beteiligten, insbesondere des Auftraggebers, und/oder der Allgemeinheit an einer baldigen Zuschlagserteilung vor Beendigung des Beschwerdeverfahrens von besonders starkem Gewicht sein, damit die Ablehnung des Antrages in Betracht gezogen werden kann (vgl. KG, BauR 2000, 95). Erscheint der Ausgang des Verfahrens völlig offen dann setzt die Ablehnung des Antrags nach überwiegender Auffassung voraus, dass bei wertender Betrachtung diejenigen Interessen, die für einen raschen Abschluss des Vergabeverfahrens sprechen, die Gegeninteressen überwiegen (*Jaeger,* in: *Byok/Jaeger,* Rdn. 816; im Ergebnis ebenso bei einem nur als „möglich scheinenden" Beschwerdeerfolg: BayObLG, BauR 2000, 258, 261; ebenso bei „nicht offenkundig erfolglosen" Beschwerde: OLG Jena, BauR 2000, 95; a.A. *Bechthold,* § 118 Rdn. 4; *Stockmann,* in: *Immenga/Mestmäcker,* § 118 Rdn. 16).

Wegen der für das Oberlandesgericht häufig kaum zu realisierenden Entscheidung innerhalb der Zwei-Wochen-Frist des § 118 Abs. 1 Satz 2 GWB verlängern die Vergabesenate – sofern der Antrag nicht offensichtlich unbegründet ist – den Suspensiveffekt häufig zunächst vorläufig.

16. Gemäß § 117 Abs. 3 GWB muss die Beschwerdeschrift durch einen bei einem deutschen Gericht zugelassenen Rechtsanwalt unterzeichnet sein.

Kosten und Gebühren

Für das Beschwerdeverfahren vor dem OLG besteht keine spezielle gesetzliche Regelung der Kostentragung. Beide in Rechtsprechung und Literatur vertretenen Ansätze – sowohl die Analogie zu § 128 Abs. 3 und 4 GWB (OLG Düsseldorf, WuW/E Verg 319; WuW/E Verg 230, 233) als auch die analoge Anwendung der §§ 91 ff. ZPO (OLG Thüringen, ZVgR 2000, 38; OLG Brandenburg, WuW/E Verg 231) – führen zum Ergebnis einer Kostenregelung entsprechend dem Obsiegen und Unterliegen. Der Streitwert beträgt nach § 12a Abs. 2 GKG 5% der Auftragssumme. Die Höhe der Rechtsanwaltsgebühren bestimmt sich nach § 118 Abs. 1 i.V.m. § 12 Abs. 1 BRAGO (BayObLG, BauR 2001, 239).

Fristen und Rechtsmittel

Gegen die Entscheidung des OLG über die sofortige Beschwerde besteht kein Rechtsmittel. Der BGH wird gemäß § 124 Abs. 2 GWB nur auf Vorlage des OLG tätig, wenn das OLG von der Entscheidung eines anderen OLG in einem vergaberechtlichen Nachprüfungsverfahren abweichen will (Divergenzvorlage). Der BGH entscheidet dann anstelle des OLG.

7. Antrag auf Vorabentscheidung über den Zuschlag gem. § 121 GWB[1]

An das
[Oberlandesgericht/Vergabesenat][2]

……, den ……[3]

Antrag auf Vorabentscheidung über den Zuschlag gem. § 121 Abs. 1 GWB

In Sachen

der Firma A, vertreten durch ……

– Antragstellerin und Beschwerdegegnerin –

– Verfahrensbevollmächtigte[4]: Rechtsanwälte …… –

gegen

die Stadt [……], vertreten durch ……

– Antragsgegner und Beschwerdeführerin –

– Verfahrensbevollmächtigte: Rechtsanwälte …… –

beigeladen gemäß § 109 GWB: B GmbH

Namens und mit Vollmacht der Beschwerdeführerin beantragen[5] wir,

> dieser im Wege der Vorabentscheidung gemäß § 121 GWB die Fortsetzung des Vergabeverfahrens und die Erteilung des Zuschlags zu gestatten.

Begründung[6]:

Teil 1: Sachverhalt[7]

Die Beschwerdeführerin hat mit Bekanntmachung vom …… im EU-weiten Nicht offenen Verfahren mit öffentlichem Teilnahmewettbewerb die Vergabe von Unterhaltsreinigungen von Kliniken ausgeschrieben (siehe Anlage Bf 1 der Beschwerdebegründung). Auf den Teilnahmeantrag der Beschwerdegegnerin wurde dieser mit Schreiben vom …… (Anlage Bf 2 der Beschwerdebegründung) mitgeteilt, dass sie nicht an der Ausschreibung beteiligt werde. Die Auswahl erfolgte entsprechend § 7a Nr. 2 Abs. 6, Nr. 3 VOL/A nach den Gesichtspunkten „Fachkunde, Leistungsfähigkeit und Zuverlässigkeit". In zwei von fünf Referenzanfragen (Anlage Bf 3 der Beschwerdebegründung) ist die Antragsstellerin mit „befriedigend" gewertet worden. Die zur Ausschreibung zugelassenen Unternehmen wurden hingegen durchgehend mit „gut" gewertet. Nach einer Rüge (Anlage Bf 4 der Beschwerdebegründung) auf Grund der Nichtberücksichtigung vom …… hat die Beschwerdegegnerin am …… die Vergabekammer angerufen (Anlage Bf 5 der Beschwerdebegründung). Mit Beschluss vom …… (Anlage Bf 6 der Beschwerdebegründung) verpflichtete die Vergabekammer die Beschwerdeführerin, im Rahmen des anhängigen Vergabeverfahrens erneut in die Auswahl der zur Angebotsabgabe aufzufordernden Bieter einzutreten und auch die Antragstellerin zur Abgabe eines Angebots aufzufordern. Zur Begründung wurde angeführt, die Beschwerdeführerin habe keine ordnungsgemäße Auswahl im Sinne der §§ 2 Nr. 3, 7a Nr. 3 VOL/A getroffen. Bei der Größe des Unternehmens der Beschwerdegegnerin hätte die Beschwerdeführerin mindestens acht bis zehn Referenzen abfordern müssen. Ausgebliebene Referenzen hätte sie für die Beschwerdegegnerin telefonisch erfragen müssen. Gegen diese Entscheidung richtet sich die sofortige Beschwerde der Beschwerdeführerin vom ……

Die bestehenden Verträge über Unterhaltsreinigung, beigefügt als

Anlage Bf 7[8],

laufen zum …… aus. Bei einer weiteren Verzögerung der Vergabe besteht die Gefahr, von diesem Zeitpunkt an kein Reinigungsunternehmen mehr zu haben, was zu massiven Beeinträchtigungen in den Kliniken führen würde.

Bezüglich weiterer Einzelheiten wird auf die Begründung der sofortigen Beschwerde nebst Anlagen verwiesen.

Teil 2: Rechtliche Würdigung

Der Antrag ist zulässig[9]. Die Beschwerdeführerin hat bereits am ...... sofortige Beschwerde eingelegt[10].
Der Antrag ist auch begründet. Dies ergibt sich bereits aus der positiven Einschätzung der Erfolgsaussichten der sofortigen Beschwerde[11]. Es hat eine ordnungsgemäße Auswahl im Sinne der §§ 2 Nr. 3, 7 a Nr. 3 VOL/A stattgefunden. Die Einholung von Referenzen stellt eine geeignete und vergaberechtskonforme Maßnahme dar, die es dem Auftraggeber erleichtert, eine Auswahl zu treffen. Die Auswahl der fünf Referenzen nach dem Zufallsprinzip ist nicht zu beanstanden und verstößt nicht gegen das Willkürverbot. Die Vergabestelle ist nicht verpflichtet für die Antragstellerin weitere Referenzen einzuholen oder die mangelhafte Referenz mit ihr zu erörtern. Außerdem hätte die Einholung weiterer – möglicherweise mit „gut" bewerteter – Referenzen keine Auswirkung auf die Entscheidung gehabt, da die übrigen Bieter durchweg mit „gut" gewertet worden sind. Im Einzelnen wird auf die Beschwerdebegründung verwiesen.
Eine (zusätzliche) Interessenabwägung nach § 121 Abs. 1 Satz 2 GWB findet nur dann statt, wenn die Fortsetzung des Vergabeverfahrens und der Zuschlag nicht ohnehin schon auf Grund der Erfolgsaussichten des Rechtsmittels zu gestatten sind (OLG Naumburg, NZBau 2001, 642, 643; OLG Bremen, *Fischer/Noch* VII 2.5.1; *Jaeger* in: *Byok/Jaeger,* § 121 Rdn. 836). Selbst wenn man – hilfsweise – eine Interessenabwägung[12] gemäß § 121 Abs. 1 Satz 2 GWB für erforderlich hielte, geht diese zugunsten einer Zuschlagsgestattung aus. Die Reinigung der Kliniken muss gewährleistet sein. Eine Verzögerung der Zuschlagserteilung und die damit verbundene Beeinträchtigung des ordentlichen Klinkbetriebes können nicht hingenommen werden. Das Interesse des Beschwerdegegners an der Auftragserteilung tritt hinter dieses Allgemeinwohlinteresse zurück.

Rechtsanwalt[13]

Schrifttum: S. Form. II. M. 1.

Anmerkungen

1. Das Vorabentscheidungsverfahren nach § 121 Abs. 1 GWB ist das Eilverfahren vor dem OLG für die Auftraggeberseite. Es wird regelmäßig unter der Voraussetzung eingeleitet, dass der Auftraggeber vor der Vergabekammer zumindest teilweise unterlegen ist und die Kammer die Verletzung von Rechten des Antragstellers (§ 107 GWB) festgestellt und bestimmte Abhilfemaßnahmen angeordnet hat (OLG Naumburg, NZBau 2001, 642; Beschl. v. 30. 6. 2000, 1 Verg 4/00; *Gröning,* in: *Motzke/Pietzcker/Prieß,* § 121 Rdn. 6). Soweit die Kammer dem Nachprüfungsantrag stattgegeben hat, gilt das Zuschlagsverbot grundsätzlich bis zu einer gegenteiligen Entscheidung des Beschwerdegerichts (vgl. § 118 Abs. 3 GWB). Das Eilverfahren des § 121 GWB soll verhindern, dass durch überlange Hauptsacheverfahren vor dem OLG, die – anders als Verfahren vor der Vergabekammer (§ 113 GWB) – keiner Fristbindung unterliegen, eine unerträgliche Verzögerung von Beschaffungsvorhaben entsteht (vgl. Begründung zu § 131, RegE VgRÄG, BT-Drucks. 13/9340, S. 21). Nach § 121 Abs. 3 GWB hat das OLG zur Entscheidung darüber, ob der Zuschlag vorab gestattet werden kann, maximal fünf Wochen Zeit.

2. Zuständiges Gericht ist das Oberlandesgericht, bei dem das Hauptsacheverfahren der sofortigen Beschwerde des Auftraggebers anhängig ist.

3. Eine Frist für die Einlegung des Antrags auf Vorabentscheidung nach § 121 GWB ist im Gesetz nicht vorgesehen. Dem Auftraggeber ist jedoch dringend anzuraten, den Antrag so früh wie möglich zu stellen, da es mit laufender Verfahrensdauer immer schwieriger werden wird, die besondere Eilbedürftigkeit glaubhaft zu machen. Frühestens kann der Antrag nach oder zugleich mit der Beschwerdeeinlegung gestellt werden, wie sich unzweifelhaft aus § 121 Abs. 1 Satz 1 GWB („Berücksichtigung der Erfolgsaussichten der sofortigen Beschwerde") und aus § 121 Abs. 2 Satz 3 GWB ergibt (*Jaeger*, in: *Byok/Jaeger*, § 121 Rdn. 832).

4. Aufgrund der ausdrücklichen Anordnung in § 121 Abs. 3 Satz 4 GWB ist § 120 GWB anwendbar. Daher muss sich der Auftraggeber schon bei der Stellung des Antrages gemäß § 121 GWB durch einen bei einem deutschen Gericht zugelassenen Rechtsanwalt vertreten lassen, es sei denn, es handelt sich um eine juristische Person des öffentlichen Rechts; bei ihr reicht eine Vertretung durch Beamte oder Angestellte mit Befähigung zum Richteramt (vgl. insoweit auch Form. II. M. 6 Anm. 4).

5. Gemäß § 121 Abs. 2 Satz 1 GWB ist der Antrag schriftlich zu stellen. Bezüglich der Einzelheiten, wird auf die Ausführungen im Rahmen der sofortigen Beschwerde verwiesen (Form. II. M. 6 Anm. 3).

6. Gemäß § 121 Abs. 2 Satz 2 GWB ist der Antrag gleichzeitig zu begründen. Nach überwiegender Auffassung ist ein Antrag, der keine Begründung enthält, unzulässig (*Stickler*, in: *Reidt/Stickler/Glahs*, § 121 Rdn. 7; *Gröning*, in: *Motzke/Pietzcker/Prieß*, § 121 Rdn. 36; *Korbion*, § 121 Rdn. 4; a. A. *Bechthold*, § 121 Rdn. 3). An die Begründung des Antrages sind keine strengen Anforderungen zu stellen, wenngleich eine sorgfältige Begründung des Antrages aus prozesstaktischen Gründen dringend anzuraten ist (*Boesen*, § 121 Rdn. 20). Dazu gehören sowohl die für die Rechtmäßigkeit des Vergabeverfahrens sprechenden Tatsachen, als auch die Gründe, die für einen raschen Abschluss des Vergabeverfahren sprechen und daher bei der Interessenabwägung zu berücksichtigen sind (*Boesen*, aaO.).

7. Die Sachverhaltsdarstellung kann unter Verweis auf die Begründung der sofortigen Beschwerde verkürzt erfolgen. Der Antrag auf Vorabentscheidung kann mit der sofortigen Beschwerde verbunden werden (zum Umfang der Darstellung vgl. Form. II. M. 6 Anm. 9).

8. Gemäß § 121 Abs. 2 Satz 2 GWB sind die zur Begründung des Antrags vorzutragenden Tatsachen (soweit dies noch nicht im Rahmen der Beschwerdebegründung erfolgt ist) sowie der Grund für die Eilbedürftigkeit glaubhaft zu machen. Nach § 294 ZPO kann sich der Antragssteller zur Glaubhaftmachung sämtlicher Beweismittel (§§ 355–455 ZPO – Urkunde, Augenschein, Zeugen, Sachverständigem, Parteivernehmung) einschließlich der eidesstattlichen Versicherung bedienen, sofern die Beweismittel eine sofortige Beweiserhebung ermöglichen (§ 294 Abs. 2 ZPO). Die eidesstattliche Versicherung ist nicht formbedürftig und kann daher auch mündlich oder per Telefax abgegeben werden. Die glaubhaft zu machenden Tatsachen müssen in der eidesstattlichen Versicherung dargestellt werden; eine bloße Bezugnahme auf andere Schriftsätze genügt nicht. Als weiteres zur Glaubhaftmachung geeignetes Mittel ist insbesondere die anwaltliche Versicherung anzusehen (*Boesen*, § 121 Rdn. 22). Hinsichtlich des Beweismaßes wird zum Teil ein hohes Maß an Wahrscheinlichkeit gefordert (*Boesen*, § 121 Rdn. 22). Größtenteils wird eine überwiegende Wahrscheinlichkeit für ausreichend erachtet (*Gröning*, in: *Motzke/Pietzcker/Prieß*, § 121 Rdn. 10; *Stockmann*, in: *Immenga/Mestmäcker*, § 121 Rdn. 8).

9. Ungeschriebene Voraussetzung für die Zulässigkeit des Antrages auf Vorabentscheidung über den Zuschlag ist, dass der Auftraggeber ein schutzwürdiges Interesse an einer gerichtlichen Sachentscheidung hat. Das ist allgemein zu verneinen, wenn es eine einfachere und effektivere Möglichkeit zur Erlangung des begehrten Zieles gibt, wenn die begehrte Entscheidung die Rechtsposition des Antragsstellers nicht zu verbessern vermag oder wenn der Antrag offensichtlich rechtsmissbräuchlich ist (*Boesen,* § 121 Rdn. 24). In aller Regel wird ein Antrag nach § 121 Abs. 1 GWB als unzulässig verworfen, wenn er nicht der Verhinderung übermäßig langer Verfahren vor den Beschwerdegerichten dient, sondern faktisch die Verkürzung der gesetzlich angeordneten Regelsperrfrist für die Erteilung des Zuschlags (§§ 115 Abs. 1, 118 Abs. 1 Satz 2 GWB) bezweckt (OLG Naumburg, NZBau 2001, 642). Wenn der Auftraggeber vor der Vergabekammer teilweise oder vollständig obsiegt hat, entfällt der durch eine sofortige Beschwerde des Antragstellers dagegen entstandene Suspensiveffekt ohnehin in angemessener Frist, nämlich zwei Wochen nach Ablauf der Beschwerdefrist, so dass ein Rechtsschutzbedürfnis für ein Eilverfahren nach § 121 GWB grundsätzlich nicht ersichtlich ist. Anders könnte sich die Situation nur darstellen, wenn nach bereits angeordneter Verlängerung der aufschiebenden Wirkung (§ 118 Abs. 1 Satz 3 GWB) neue tatsächliche Umstände eintreten, die eine vorzeitige Zuschlagsgestattung rechtfertigen (*Stickler* in: *Reidt/Stickler/Glahs,* § 121 Rdn. 4). Das Rechtsschutzinteresse fehlt nicht schon deshalb, weil das Beschwerdegericht einen Antrag des Auftraggebers auf Gestattung des Zuschlages nach § 115 Abs. 2 Satz 3 GWB abgelehnt hat (mit unterschiedlicher Begründung, im Ergebnis ebenso: *Boesen,* § 121 Rdn. 7; *Stockmann,* in: *Immenga/Mestmäcker,* § 121 Rdn. 9). Hat es der Auftraggeber versäumt, einen Antrag nach § 115 Abs. 2 GWB vor der Vergabekammer zu stellen, ist nach der Auffassung des OLG Naumburg (Beschl. v. 11. 7. 2000, Verg 4/00) ein Antrag gemäß § 121 Abs. 1 GWB mangels Eilbedürftigkeit jedenfalls unzulässig.

Ein Antrag auf Vorabentscheidung ist nach §121 Abs. 1 GWB analog statthaft, wenn die Vergabestelle nach eigener Auffassung einen Zuschlag bereits erteilt hat, die Vergabekammer dies aber verneint. Das Vergabeverfahren endet nicht mit Zuschlagserteilung, sondern mit Abschluss eines wirksamen zivilrechtlichen Vertrages (OLG Dresden, BauR 2001, 235). Analog § 121 Abs. 1 GWB kann auch die Wirksamkeit eines Zuschlages festgestellt werden (OLG Dresden, Beschl. v. 25. 9. 2000, Verg 04/00).

10. Da nach § 121 Abs. 1 Satz 1 das Gericht im Rahmen der Prüfung des Antrags die Erfolgsaussichten der sofortigen Beschwerde zu berücksichtigen hat, ist die vorherige oder gleichzeitige Beschwerdeeinlegung Zulässigkeitsvoraussetzung des Vorabentscheidungsantrages. Während der Antrag nach § 121 Abs. 1 GWB dem Auftraggeber vorbehalten ist, kann die sofortige Beschwerde jedoch auch durch einen anderen Verfahrensbeteiligten eingelegt worden sein (*Stickler* in: *Reidt/Stickler/Glahs,* § 121 Rdn. 5; vgl. auch OLG Naumburg, NZBau 2001, 642).

11. Bei der Vorabentscheidung hat das Gericht zunächst die Erfolgsaussichten des Rechtsmittels gegen die Vergabekammerentscheidung zu berücksichtigen. Wenn die Erfolgsaussichten der sofortigen Beschwerde positiv zu beurteilen sind und eine Verletzung des Antragstellers in seinen Rechten mit überwiegender Wahrscheinlichkeit zu verneinen ist, ist das Vergabeverfahren für den Zuschlag auf Antrag der Vergabestelle freizugeben (§ 121 Abs. 1 Satz 1 GWB). Eine (zusätzliche) Interessenabwägung nach § 121 Abs. 1 Satz 2 GWB findet nur dann statt, wenn die Fortsetzung des Vergabeverfahrens und der Zuschlag nicht ohnehin schon auf Grund der Erfolgsaussichten des Rechtsmittels zu gestatten sind (OLG Naumburg, NZBau 2001, 642, 643; OLG Bremen, *Fischer/Noch* VII 2.5.1; *Gröning,* in: *Motzke/Pietzcker/Prieß,* § 121 Rdn. 13; *Jaeger* in: *Byok/Jaeger,* § 121 Rdn. 836). Bezüglich der unterschiedlichen Ansätze in der Rechtsprechung kann auf die Ausführungen zu der spiegelbildlich angelegten (*Stockmann,* in: *Immenga/Mestmäcker,* § 121 Rdn. 10) Regelung des § 118 Abs. 1 Satz 2 GWB über die Verlängerung der aufschiebenden Wirkung verwiesen werden (vgl. Form. II. M. 6 Anm. 14).

12. Die Vorabentscheidung unter Berücksichtigung der Erfolgsaussichten (§ 121 Abs. 1 Satz 1 GWB) und auf Grund einer Interessenabwägung (§ 121 Abs. 1 Satz 2 GWB) stellen zwei grundsätzlich unabhängige Entscheidungsparameter dar. Im Rahmen einer zweistufigen Prüfung sind zunächst die Erfolgsaussichten der Beschwerde zu prüfen und erst auf einer zweiten Stufe eine allgemeine Abwägung sämtlicher möglicherweise geschädigten Interessen vorzunehmen. Die nachteiligen Folgen einer Verzögerung der Vergabe sind von vornherein gering zu gewichten, wenn wahrscheinlich ist, dass das Beschwerdegericht in der Hauptsacheentscheidung die Erteilung des Zuschlags verbietet und umgekehrt hoch zu gewichten, wenn die auf Zuschlagsgestattung gerichtete Beschwerde voraussichtlich Erfolg haben wird. Bezüglich der Einzelheiten der Interessenabwägung wird erneut auf die Ausführungen zu § 118 Abs. 1 Satz 2 GWB verwiesen (vgl. Form. II. M. 5 Anm. 15).

Auch wenn der Wortlaut des § 121 Abs. 1 GWB insoweit unklar ist („auch"), kann das Beschwerdegericht auf Grund rechtsstaatlicher Erwägungen keine endgültige Regelung wie die Vorabgestattung des Zuschlags nach § 121 GWB treffen, ohne eine Beurteilung der Sach- und Rechtslage vorgenommen zu haben (*Müller-Wrede,* in: *Ingenstau/Korbion,* § 121 Rdn. 1a; *Boesen,* § 121 Rdn. 7).

13. Siehe Form. II. M. 6 Anm. 16.

Kosten und Gebühren

Eine gesonderte Kostenentscheidung ist bei dem mit dem Beschwerdeverfahren verbundenen Vorabentscheidungsverfahren nur dann angezeigt, wenn der Antrag zurückgewiesen wird. Denn in diesem Fall beendet der Beschluss das Vergabenachprüfungsverfahren (§ 122 GWB). Die Entscheidung über sämtliche Kosten des Beschwerdeverfahrens ergeht im Übrigen einheitlich gemäß § 128 GWB im Rahmen der Entscheidung über die Hauptsache.

Fristen und Rechtsmittel

Gegen eine Entscheidung nach § 121 GWB ist ein Rechtmittel nicht zulässig (§ 121 Abs. 4 GWB). Die **Entscheidung des Beschwerdegerichts ist endgültig** und beendet in der Regel das Beschwerdeverfahren. Gibt das Gericht dem Antrag statt, wird der Auftraggeber unmittelbar danach den Zuschlag erteilen. Das Nachprüfungsverfahren kann in diesem Fall vom die Nachprüfung ursprünglich begehrenden Bieter allenfalls im Wege der Fortsetzungsfeststellungsbeschwerde nach § 123 Satz 3 GWB weiterverfolgt werden. Unterliegt der Auftraggeber, endet das Verfahren gemäß § 122 GWB nach Ablauf von zehn Tagen nach Zustellung der Entscheidung, es sei denn der Auftraggeber ergreift die in der Entscheidung genannten Maßnahmen zur Herstellung der Rechtmäßigkeit des Verfahrens. Der Antrag nach § 121 GWB ist deshalb für den Auftraggeber durchaus mit Risiken verbunden. Er sollte nur gestellt werden, wenn sich der Auftraggeber vom weiteren Verfahrensverlauf keine prozesstaktischen Vorteile mehr verspricht bzw. wenn er sich der Erfolgsaussichten des Antrags einigermaßen sicher ist.

N. Gesetz gegen den unlauteren Wettbewerb

1. Wettbewerbsrechtliche Abmahnung[1]

Firma B ......[2]
Geschäftsleitung

Betr.: A ....../. B ......

Sehr geehrte Damen und Herren!

Hiermit zeige ich Ihnen an, dass mich die Firma A mit der Wahrnehmung ihrer Interessen beauftragt hat, in deren Namen ich Ihnen auf Grund mir erteilter und in der Anlage beigefügten Vollmacht[3] das Folgende mitzuteilen habe:

1. Meine Mandantin betreibt seit 19...... den Handel mit Orientteppichen. Sie verfügt über ein Geschäftslokal hier in X-Stadt, ... straße. Sie betreiben ebenfalls den Handel mit Orientteppichen. Allerdings verfügen Sie nicht über ein Geschäftslokal, sondern lediglich über einen Lagerraum im Hafengebiet der X-Stadt. Zwischen Ihnen und meiner Auftraggeberin besteht ein unmittelbares Wettbewerbsverhältnis.[4]
2. Meine Mandantin hat die Feststellung getroffen, dass Sie ungebeten Privatleute, deren Telefonnummern Sie aus dem Telefonbuch erlangt haben, anrufen und ihnen das Angebot unterbreiten, einmal mit einem Teppich, der eine „besonders günstige Gelegenheit" sei, vorbeizuschauen. Ist der Angerufene mit einem Besuch von Ihnen einverstanden, so vereinbaren Sie einen Termin. Fühlt sich der Angerufene gestört, so brechen Sie, was diesseits nicht verschwiegen werden soll, das Gespräch sofort höflich ab[5].
   Der vorstehende Sachverhalt ist durch meine Auftraggeberin jederzeit beweismäßig zu belegen.
3. Mit dem vorstehend wiedergegebenen Verhalten verstoßen Sie gegen die Bestimmung des § 1 UWG. Danach ist ein Verhalten im geschäftlichen Verkehr zu Wettbewerbszwecken untersagt, das gegen die guten Sitten verstößt. Es ist unlauter, Privatpersonen ungebeten telefonisch anzurufen, um mit diesen Geschäftsabschlüsse anzubahnen, insbesondere Waren anzubieten. Darin liegt ein ungerechtfertigtes Eindringen in die Privatsphäre des Anschlussinhabers. Wer Inhaber eines privaten Telefonanschlusses ist, hat sich diesen regelmäßig nur deshalb legen lassen, um seinerseits nach Belieben von den Vorteilen des Telefons Gebrauch zu machen bzw. von demjenigen Personenkreis angerufen zu werden, hinsichtlich dessen nach allgemeiner Auffassung ein anerkennenswertes Bedürfnis für die Benutzung des Telefons zum Zwecke der Ansprache des Anschlussinhabers bejaht werden kann. Der Inhaber eines Telefonanschlusses hat sein Heim jedoch nicht gegenüber jedermann, insbesondere nicht zur Anbahnung geschäftlicher Beziehungen öffnen wollen. Hält man sich vor Augen, dass der ungebeten Angerufene sich zunächst einmal auf das Gespräch einlassen muss, um sich Gewissheit über den Zweck des Anrufes zu verschaffen, dass er dabei des Weiteren genötigt ist, ungebeten Werbung zur Kenntnis zu nehmen, bevor er sich entscheiden kann, ob er das Gespräch abbrechen will, so wird das Anstößige einer derartigen Werbung unmittelbar offenbar. Eine solche Belästigung ist mit lauterem Verhalten im Wettbewerb nicht vereinbar[6].
   Neben einem Anspruch auf Unterlassung stehen meiner Mandantin gemäß § 1 UWG auch Ansprüche auf Schadensersatz sowie auf Auskunftserteilung zu. Es kann von

Ihnen nicht geleugnet werden, dass der von Ihnen gewonnene Wettbewerbsvorsprung sich zum Nachteil der übrigen Mitbewerber und damit auch meiner Mandantin auswirkt und so der Eintritt eines Schadens wahrscheinlich ist. Da meine Auftraggeberin die Höhe des ihr entstandenen Schadens ohne nähere Kenntnis betreffend den Umfang Ihrer wettbewerbswidrigen Handlungen nicht berechnen kann, steht ihr auch ein Auskunftsanspruch zu[7].

4. Meine Auftraggeberin hat mich ermächtigt, Ihnen vor Einleitung gerichtlicher Schritte Gelegenheit zur außergerichtlichen Bereinigung des Streitverhältnisses zu geben. Ich habe Sie hiermit namens und in Vollmacht meiner Auftraggeberin aufzufordern, sich ihr gegenüber zu meinen Händen zu verpflichten,
   a) es bei Meidung einer für jeden Fall der Zuwiderhandlung fälligen Vertragsstrafe in Höhe von EUR 5.001,– (in Worten: EURO fünftausendeins) zu unterlassen,
   im geschäftlichen Verkehr zu Wettbewerbszwecken im Zusammenhang mit dem Vertrieb von Orientteppichen Privatpersonen per Telefon auf die Möglichkeit eines Erwerbs eines derartigen Teppiches anzusprechen, ohne von diesen Personen zuvor dazu ausdrücklich aufgefordert worden zu sein[8];
   b) meiner Auftraggeberin die durch meine Einschaltung entstandenen Kosten auf der Grundlage eines Gegenstandswertes von EUR ...... in Höhe einer $^{7,5}/_{10}$ Rechtsanwaltsgebühr zuzüglich Auslagen und Mehrwertsteuer zu erstatten[9].

Ich weise darauf hin, dass nur durch die Abgabe der vorstehenden Erklärungen, für deren Eingang ich mir den

......[10]

vorgemerkt habe, die Wiederholungsgefahr für den meiner Mandantin zustehenden Unterlassungsanspruch und damit auch das Rechtsschutzbedürfnis für die Einleitung gerichtlicher Schritte ausgeräumt werden können[11]. Ihre Kostenerstattungspflicht ergibt sich unter den rechtlichen Gesichtspunkten sowohl des Schadensersatzes als auch der auftraglosen Geschäftsführung[9]. Nach dem letztgenannten Rechtsgrundsatz ist meine Mandantin berechtigt, den wettbewerbswidrigen Störungszustand, den Sie durch Ihr Verhalten geschaffen haben, durch dieses Schreiben zu beseitigen und von Ihnen den dafür erforderlichen Aufwand, nämlich die Kosten meiner Einschaltung, erstattet zu verlangen. Ich bin berechtigt, für meine Mandantin zu erklären, dass diese auf die Geltendmachung ihrer Ansprüche auf Auskunftserteilung und Schadensersatz verzichtet, wenn innerhalb der von mir gesetzten Frist die vorstehend geforderten Erklärungen eingegangen sind[12]. Sollten Sie die Frist ungenutzt verstreichen lassen, werde ich meiner Mandantin empfehlen, unverzüglich gerichtliche Hilfe in Anspruch zu nehmen.[13]

Rechtsanwalt

Schrifttum: UWG: *Amann/Jaspers,* RWW/Rechtsfragen in Wettbewerb und Werbung, Loseblattsammlung, Stand 1995; *Baumbach/Hefermehl,* Wettbewerbsrecht, 22. Aufl. 2001; *Berlit,* Wettbewerbsrecht, 3. Aufl. 1998; *Emmerich,* Das Recht des unlauteren Wettbewerbs, 5. Aufl. 1998; *von Gamm,* Gesetz gegen den unlauteren Wettbewerb, 3. Aufl. 1993; *ders.,* Wettbewerbsrechtliche Nebengesetze, 1977; *ders.,* Neue höchstrichterliche Rechtsprechung zum Wettbewerbsrecht (UWG), 5. Aufl. 1987 (RWS-Skript 36); *ders.,* Wettbewerbsrecht, mit Zugabe- und Rabattrecht sowie mit Nebengesetzen und kartellrechtlichen Vorschriften, 2 Halbbände, 1987; *Gloy* (Herausgeber), Handbuch des Wettbewerbsrechts (mit Ergänzungsband), 2. Aufl. 1999; *Jacobs/Lindacher /Teplitzky* (Herausgeber), UWG-Großkommentar, im Erscheinen; *Köhler/Piper,* UWG, 2. Aufl. 2001; *Klamroth/Künsberg/Walter,* Wettbewerbsrechtliche Entscheidungssammlung (2 Bände, 1983, 1985); *Nordemann,* Wettbewerbs- und Markenrecht, 8. Aufl. 1996; *Schmidt,* Unlauterer Wettbewerb und Wettbewerbsprozeß 1992 (RWS-Grundkurs 9); *Pastor,* Wettbewerbs-Alphabet, 1971; *ders.,* Wettbewerbs-Alphabet, 2. Teil:

1970 bis 1976, 1977; *Piper,* Aktuelle Rechtsprechung des Bundesgerichtshofs zum Wettbewerbsrecht, 1992 (RWS-Skript 252); *Schräder/Hohl, Wettbewerbsrecht und Werbung*/Der Wettbewerbsberater, Loseblattsammlung, Stand 2001; *Teplitzky,* Wettbewerbsrechtliche Ansprüche, 7. Aufl. 1997; *Vogt,* Lexikon des Wettbewerbsrechts, 1994.

Wettbewerbsprozeß: *Ahrens,* Wettbewerbsverfahrensrecht, 1983; *Ahrens/Spätgens,* Einstweiliger Rechtsschutz und Vollstreckung in UWG-Sachen, 3. Aufl. 1997; *Bernecke,* Die einstweilige Verfügung in Wettbewerbssachen, 1995; *Borck,* Die anwaltliche Praxis in Wettbewerbssachen, 1992; *Kemper,* Beweisprobleme im Wettbewerbsrecht, 1992; *Melullis,* Handbuch des Wettbewerbsprozesses, 3. Aufl. 2000; *Nieder,* Außergerichtliche Konfliktlösung im gewerblichen Rechtsschutz, 1999; *Nirk/Kurtze,* Wettbewerbsstreitigkeiten, 2. Aufl. 1992; *Nordemann,* Taktik im Wettbewerbsprozeß, 2. Aufl. 1984, RWS-Skript 134; *Pastor/Ahrens,* Der Wettbewerbsprozeß, 4. Aufl. 1999; *Speckmann,* Die Wettbewerbssache, 2. Aufl. 1999; *Traub,* Wettbewerbsrechtliche Verfahrenspraxis, 2. Aufl. 1991.

Wettbewerbsrechtliche Abmahnung und außerprozessuale Unterwerfung: *Borck,* Obliegt es dem Opfer, den Täter zu warnen?, WRP 1974, 241 ff.; *ders.,* Über Schwierigkeiten im Gefolge von Mehrfachabmahnungen, WRP 1985, 311 ff.; *Burchert,* Der Zugang der Abmahnung, WRP 1985, 478 ff.; *Eser,* Probleme der Kostentragung bei der vorprozessualen Abmahnung und beim Abschlußschreiben in Wettbewerbsstreitigkeiten, GRUR 1986, 35 ff.; *Gruber,* Drittwirkung (vor) gerichtlicher Unterwerfung, GRUR 1991, 354 ff.; *Heinz/Stillner,* Abmahnung ohne schriftliche Vollmacht, WRP 1993, 379; *Lindacher,* Gesicherte Unterlassungserklärung, Wiederholungsgefahr und Rechtsschutzbedürfnis, GRUR 1975, 413 ff.; *Mellulis,* Hdb. des Wettbewerbsprozesses, 3. Aufl. 2000, S. 31 ff., 562 ff.; *Mes,* Unterwerfungserklärung und Kostenerstattung, GRUR 1978, 345 ff.; *Nieder,* Außergerichtliche Konfliktlösung, 1999, Seiten 15 ff.; *Pastor/Ahrens,* Der Wettbewerbsprozeß, 4. Aufl. 1999, S. 7 ff.; *Schmittmann,* Zur Problematik der wettbewerbsrechtlichen Abmahnung mittels Telefax, WRP 1994, 225; *Schuschke,* Wiederholte Verletzungshandlungen: Natürliche Handlungseinheit, Fortsetzungszusammenhang und Gesamtstrafe im Rahmen des § 890 ZPO, WRP 2000, 1008; *Ulrich,* Die Aufklärungspflichten des Abgemahnten – Zur sinngemäßen Anwendung des § 93 ZPO zugunsten des Klägers/Antragstellers – WRP 1985, 117 ff.; *ders.,* Die fortgesetzte Handlung im Zivilrecht, WRP 1997, 73; *ders.,* Der Zugang der Abmahnung, WRP 1998, 124; *ders.,* Die Abmahnung und der Vollmachtsnachweis, WRP 1998, 258; *Wilke/Jungeblut,* Abmahnung, Schutzschrift und Unterlassungserklärung im gewerblichen Rechtsschutz, 2. Aufl. 1995; *Krahe,* Die Schutzschrift, Kostenerstattung und Gebührenanfall, 1991; *Köhler,* Vertragsstrafe und Schadensersatz, GRUR 1994, 260.

Zur Kostenerstattung bei außergerichtlicher Unterwerfung vgl. *Steinmetz,* Der „kleine" Wettbewerbsprozeß, 1993; zur Erstattung von Anwaltskosten bei unberechtigter Abmahnung: *Selke,* Erstattung von Rechtsanwaltskosten bei unberechtigter Abmahnung aus culpa in contrahendo, WRP 1999, 286.

Zur Neuregelung der Verbandsklagebefugnis gem. § 13 Abs. 2 UWG: *Gloy,* Hat die Einschränkung der Klagebefugnis gewerblicher Verbände sich bewährt?, WRP 1999, 34; *Mees,* Verbandsklagebefugnis in Fällen des ergänzenden wettbewerbsrechtlichen Leistungsschutzes, WRP 1999, 62.

Hinweis: Ein weiteres Beispiel einer wettbewerbsrechtlichen Abmahnung findet sich bei *Mes/Bopp,* Münchener Prozeßformularbuch/Gewerblicher Rechtsschutz, Urheber- und Presserecht, 2000, S. 1 ff.

Anmerkungen

1. Literatur und Rechtsprechung zur wettbewerbsrechtlichen Abmahnung sind nahezu unübersehbar. Nach hM. muss der durch eine Wettbewerbshandlung rechtswidrig Verletzte den Verletzer vor Einleitung gerichtlicher Schritte, auch im Falle eines Antrags auf Erlass einer einstweiligen Verfügung, abmahnen, um dem Risiko zu entgehen, gemäß § 93 ZPO die Kosten eines gerichtlichen Verfahrens tragen zu müssen, wenn der Verletzer das Rechtschutzbegehren sofort anerkennt (vgl. *Baumbach/Hefermehl* UWG Einl. Rdn. 529ff.; zu Ausnahmen vgl. Form. II. L. 7. und dort Anm. 8 bis 12). Die vorprozessuale Abmahnung ist mithin unter Kostengesichtspunkten wesentliche Prozessvorbereitungsmaßnahme. Sie dient ferner der Vermeidung eines Prozesses zwischen Gläubiger und Störer. Insbesondere begründet sie ein vorprozessuales Rechtsverhältnis, das den Abgemahnten gegenüber dem Abmahnenden nach Treu und Glauben (§ 242 BGB) Aufklärungspflichten auferlegt (BGH GRUR 1990, 381, 382 – Antwortpflicht des Abgemahnten; 1987, 640, 641 – Wiederholte Unterwerfung II; 1987, 54, 55 – Aufklärungspflicht des Abgemahnten – m. Anm. *Lindacher*).

2. Um einen Beleg für den Zugang der Abmahnung zu erhalten, wird empfohlen, das Abmahnungsschreiben als Einschreiben/Rückschein abzusenden. Notwendig ist dies allerdings nicht; die (im Zweifel zu beweisende) Absendung in Form eines einfachen Schreibens genügt (vgl. z. B. OLG Köln WRP 1984, 230 mwN; *Burchert* WRP 1985, 479 mwN), denn das Zugangsrisiko einer Abmahnung trägt nicht der Verletzte (Abmahnende), sondern der Verletzer (vgl. zB. OLGe Düsseldorf GRUR 1994, 170 und 210; WRP 1996, 1111 – allerdings zuletzt in GRUR-RR 2001, 199, 200 – Anforderungen für Zugang – in Frage gestellt; Hamburg GRUR 1976, 444; Frankfurt WRP 1985, 87f.; Oldenburg WRP 1987, 718; Hamm WRP 1987, 43/44 li. Sp.; Saarbrücken WRP 1990, 373, 374; KG MD 1991, 93; 1992, 567; 1993, 735; OLG Karlsruhe WRP 1997, 477; a. A. OLG Dresden WRP 1997, 1201; *Mellulis,* Hdb. des Wettbewerbsprozesses, 3. Aufl. 2000, Rdn. 793ff., insbesondere Rdn. 793a u. b; *Ulrich,* WRP 1998, 124ff.). Es ist fraglich, ob infolge der Verwendung eines Einschreiben/Rückscheins eine tatsächliche Schlechterstellung des Abmahnenden in der Weise erfolgen darf, dass der Eingang des Rückscheins vom Abmahnenden abgewartet werden muss, wie es ohne überzeugende Begründung OLG München WRP 1979, 817/818 re. Sp. fordert. Der Rückschein wird von der Post als einfache Postkarte befördert; er geht daher teilweise verloren, teilweise verspätet beim Abmahnenden ein. Im Falle eines fehlenden Rückganges des Rückscheines können über seinen Verbleib keine verbindlichen Feststellungen getroffen werden. Infolgedessen ist eine Abwartepflicht im Hinblick auf den Eingang des Rückscheins zu verneinen (vgl. z. B. BGHZ 67, 277; OLGe Karlsruhe WRP 1993, 42; Köln WRP 1984, 230; Hamm WRP 1984, 220; *Nieder,* Außergerichtliche Konfliktlösung im gewerblichen Rechtsschutz, 1999, Seite 17 zu Fußn. 65). Erkennt allerdings der Abmahnende, dass das Einschreiben nicht zugegangen ist, kann es zur Vermeidung von Kostennachteilen geboten sein, die Abmahnung unter kurzer Fristsetzung zu wiederholen (OLG Köln WRP 1989, 47). Die Übersendung per Telefax genügt regelmäßig, um den Zugang beim Empfänger zu belegen (OLG Düsseldorf GRUR 1990, 310; KG MD 1994, 19).

3. Nach bisher wohl herrschender Ansicht muss eine Vollmacht nicht beigefügt werden, da die Abmahnung – im Normalfall – weder einseitiges Rechtsgeschäft noch geschäftsähnliche Handlung ist, so dass § 174 BGB keine Anwendung findet (OLG Köln WRP 1985, 360f.; KG GRUR 1988, 79). Demgegenüber vertreten OLGe Düsseldorf (GRUR 1999, 1039; GRUR-RR, 2001, 286), Nürnberg (GRUR 1991, 387; 1999, 1039) und Dresden (GRUR 1999, 377) die gegenteilige Auffassung. Danach sollte eine Vollmacht aus Vorsichtsgründen beigefügt werden, wie im Textbeispiel auch vorgesehen. Zum Meinungsstreit vgl. *Heinz/Stillner,* WRP 1993, 379; *Ulrich,* WRP 1998, 258.

4. Die Aktivlegitimation für die Geltendmachung wettbewerbsrechtlicher Ansprüche steht dem unmittelbar betroffenen Mitbewerber zu (BGH in GRUR 1966, 445, 446 – Glutamal – für §§ 1 oder 3 UWG; ferner GRUR 1988, 620, 621 – Vespa-Roller; OLG Hamburg GRUR 1995, 130 und 132; KG WRP 1995, 218; OLG Frankfurt WRP 1995, 409; *Baumbach/Hefermehl,* UWG, Einl., Rdn. 225 und § 13 UWG Rdn. 2b und 19; a.A. OLG Bremen WRP 1996, 19: Klagebefugnis nur unter den Einschränkungen des § 13 Abs. 2 Nr. 1 UWG). Maßgeblich für diese Art der Herleitung der Aktivlegitimation ist das Bestehen eines unmittelbaren Wettbewerbsverhältnisses zwischen den Parteien, mit der Folge, dass sich das wettbewerbswidrige Verhalten der einen Partei unmittelbar zum Nachteil der anderen auswirken kann (BGH GRUR 1966, 445, 446 r. Sp.). So ist der dem Formular zugrunde liegende Sachverhalt gelagert. Neben der Aktivlegitimation des unmittelbar Betroffenen besteht diejenige gemäß § 13 Abs. 2 Nrn. 1 bis 4 UWG. Danach sind neben den Verbänden zur Förderung gewerblicher Interessen (§ 13 Abs. 2 Nr. 2 UWG) und den Verbraucherverbänden (§ 13 Abs. 2 Nr. 3 UWG) insbesondere gemäß § 13 Abs. 2 Nr. 1 UWG auch die Gewerbetreibenden aktivlegitimiert, die Waren oder gewerbliche Leistungen gleicher oder verwandter Art vertreiben, mithin nur in einem sogenannten abstrakten Wettbewerbsverhältnis mit dem Störer stehen (vgl. dazu *Baumbach/Hefermehl,* UWG, Rdn. 11ff. zu § 13 m.w.N.). Diese sogenannte erweiterte Klagebefugnis/Aktivlegitimation ist durch Gesetz vom 25. Juli 1994 deutlich eingeschränkt worden. Die geltende Fassung des § 13 Abs. 2 Nr. 1 UWG bestimmt, dass in den Fällen der §§ 1, 3, 4, 6 bis 6c, 7 und 8 UWG der Anspruch auf Unterlassung nur noch unter einschränkenden Bedingungen geltend gemacht werden kann. Für sämtliche in Betracht kommenden gewerbetreibenden/rechtsfähigen Verbände zur Förderung gewerblicher Interessen/qualifizierten Einrichtungen gem. § 13 Abs. 2 Nrn. 1 bis 3 UWG ist die Aktivlegitimation/Klagebefugnis jeweils davon abhängig, dass es sich bei der streitgegenständlichen Handlung um eine solche handelt, die den Wettbewerb auf dem interessierenden Markt wesentlich zu beeinträchtigen geeignet ist (§ 13 Abs. 2 Nrn. 1 u. 2 UWG) bzw. durch die wesentlichen Belange der Verbraucher berührt werden (§ 13 Abs. 2 Nr. 3 UWG). Damit soll verhindert werden, dass Bagatellverstöße verfolgt werden. Es genügt für die Bejahung einer wesentlichen Beeinträchtigung des Wettbewerbs nicht, dass überhaupt nur die Verletzung eines gesetzlichen Ge- oder Verbots vorliegt oder dass der Verstoß geeignet ist, irgendeinen geringfügigen Wettbewerbsvorsprung zu begründen (BGH GRUR 2001, 258, 259 – Immobilienpreisangaben; 2001, 1166, 1169 – Fernflugpreise). Maßgeblich sind Art und Schwere des Verstoßes und die zu erwartenden Auswirkungen auf den Wettbewerb sowie der Schutzzweck der betroffenen Wettbewerbsnorm, ferner die Anreizwirkung der Werbung für den Umworbenen und schließlich die Größe des erzielten Wettbewerbsvorsprungs (BGH GRUR 1998, 955 – Flaschenpfand II; 1995, 419, 422 – Knoblauchkapseln; 1995, 122, 123 – Laienwerbung für Augenoptiker). Neben dem Merkmal der wesentlichen Beeinträchtigung des Wettbewerbs ist sowohl für die Herleitung der Aktivlegitimation/Klagebefugnis gem. § 13 Abs. 2 Nr. 1 als auch nach Nr. 2 UWG Voraussetzung, dass die streitgegenständliche Handlung den Wettbewerb auf dem jeweils interessierenden Markt wesentlich beeinträchtigt. Jeweils interessierender Markt ist im Falle des § 13 Abs. 2 Nr. 1 UWG derjenige, auf dem der Mitbewerber die Waren oder gewerblichen Leistungen gleicher oder verwandter Art vertreibt. Gemeint ist der räumliche und sachliche Bereich, in dem sich die Mitbewerber im Wettbewerb um denselben Kunden befinden (OLG Koblenz WRP 1996, 125, 127; OLG Hamburg GRUR 1995, 439; KG WRP 1995, 206, 207). Es kann sich dabei um einen engeren örtlichen Bereich wie auch um das ganze Bundesgebiet handeln (BGH GRUR 1996, 804, 805 – Preisrätselgewinnauslobung III). § 13 Abs. 2 Nr. 1 UWG befasst sich mit der Aktivlegitimation/Klagebefugnis von Gewerbetreibenden, wohingegen § 13 Abs. 2 Nr. 2 UWG diejenige von rechtsfähigen Verbänden zur Förderung gewerblicher Interessen regelt. Diese ist zusätzlich davon abhängig, dass ihnen eine erhebliche Zahl von Gewerbetreibenden angehört, die Waren oder gewerbliche

Leistungen gleicher oder verwandter Art auf demselben Markt vertreiben und dass die Verbände personell, sachlich und finanziell in der Lage sind, ihre Aufgabe wahrzunehmen. Zu den Voraussetzungen des § 13 Abs. 2 Nr. 2 UWG muss der Verband vortragen (OLG Koblenz WRP 1996, 125 – BMW-Vertragshändler). Nach BGH WRP 1997, 325 – Architektenwettbewerb – umfasst die Klagebefugnis eines Verbandes Wettbewerbsverstöße von oder gegenüber Mitgliedern einschließlich das Verhalten daran mitbeteiligter Dritter.

Der im Wettbewerbsrecht tätige Anwalt tut gut daran, frühzeitig darüber nachzudenken, ob sich die Aktivlegitimation seiner Partei schon aus einer unmittelbaren Betroffenheit ableiten lässt oder nur auf Grund eines abstrakten Wettbewerbsverhältnisses gemäß § 13 Abs. 2 Nr. 1 UWG, weil bei Anwendung dieser Bestimmung zusätzliche Hindernisse zu überwinden sind. Das hat insbesondere auch Bedeutung für den Gerichtsstand, sofern dieser unter dem Blickwinkel der unerlaubten Handlung des § 24 Abs. 2 UWG am Begehungsort begründet werden soll (vgl. dazu Anm. 1 zu Form. II. L. 2.). Keine Aktivlegitimation besteht gemäß § 13 Abs. 2 UWG in den Fällen, in denen in erster Linie gemäß § 1 UWG Individualinteressen verfolgt werden, wie dies bei Nachahmungen der Fall ist. In einem solchen Fall ist regelmäßig nur der Hersteller der nachgeahmten Erzeugnisse aktivlegitimiert (BGH GRUR 1991, 223, 224 re. Sp. – Finnischer Schmuck).

5. Der dem Formular zugrunde gelegte Sachverhalt entspricht der Entscheidung BGH GRUR 1970, 523 f. – Telefonwerbung I; vgl. auch BGH GRUR 1989, 753; 1990, 280; 1991, 764 und 1995, 220 – Telefonwerbung I bis V; weitere Fälle unzulässiger Telefonwerbung: BGH GRUR 2001, 1181 – Telefonwerbung für Blindenwaren; OLG Köln GRUR 1993, 562; OLG Stuttgart GRUR 2002, 457; OLG Karlsruhe GRUR 2002, 459; insgesamt zur Telefonwerbung: *Vehslage,* Auswirkungen der Fernabsatzrichtlinie auf die Telefon- und e-mail-Werbung, GRUR 1999, 656; zur Telefax-Werbung vgl. BGH GRUR 1996, 208 = WRP 1996, 100 – Telefax-Werbung; OLG Hamm GRUR 1990, 689; OLG München MD 1993, 507; weitere Nachweise bei *Steckler,* GRUR 1993, 865 ff.; zum Thema „Unlautere Telefax-Werbung“ vgl. *Unger/Sell,* GRUR 1993, 24 ff.

6. Es empfiehlt sich, eine wettbewerbsrechtliche Abmahnung im Hinblick auf Sachverhaltsdarstellung und rechtliche Bewertung so ausführlich zu gestalten, dass diese auch dem nicht juristisch Ausgebildeten verständlich wird (vgl. z. B. OLG Koblenz WRP 1983, 700 f.; OLG Düsseldorf WRP 1988, 107, 108 r. Sp.). Eine wettbewerbsrechtliche Abmahnung muss neben der Darstellung des Sachverhalts und des geltend gemachten Wettbewerbsverstoßes ein Unterwerfungs- und Vertragsstrafeverlangen, eine Fristsetzung und schließlich die Androhung gerichtlicher Schritte enthalten (vgl. OLG Düsseldorf WRP 1988, 107/108 re. Sp.). Nach Auffassung des OLG Hamburg (WRP 1989, 32) gehört eine vorformulierte Unterlassungsverpflichtungserklärung nicht zu den zwingenden Inhaltserfordernissen einer Abmahnung, ebenso nicht eine rechtliche Begründung (MD 1993, 137).

7. Zu den Ansprüchen auf Auskunft und Schadensersatz vgl. Anm. 8 und 9 zu Form II. L. 4; ferner BGH GRUR 1980, 227/232 – Monumenta Germaniae Historica – und GRUR 1988, 307/308 – Gaby. Zu den Auskunftsansprüchen nach dem Produktpirateriegesetz und ihre analoge Anwendung auf Wettbewerbsverstöße vgl. *Asendorf* in Festschrift für Fritz Traub, 1994, S. 21 ff.; BGH GRUR 1994, 630 – Cartier-Armreif – mit Anm. *Jacobs* für Nachahmungstatbestände des § 1 UWG; ferner GRUR 1994, 635 – Pulloverbeschriftung – mit Anm. *Ahrens.*

8. Es handelt sich um eine sogenannte strafbewehrte Unterlassungsverpflichtungserklärung. Diese besteht aus zwei Teilen, nämlich der Beschreibung des Unterlassungsgebotes (a) sowie dem Strafgedinge (b).

a) Hinsichtlich des Unterlassungsgebotes gilt der Grundsatz, dass die sogenannte konkrete Verletzungsform so bestimmt als irgendmöglich zu bezeichnen ist (instruktiv:

OLG Frankfurt GRUR 1988, 563). Dazu kann auf die Ausführungen Anm. 6 zu Form. II. L. 3 ergänzend verwiesen werden. Das Unterlassungsgebot darf auch Verallgemeinerungen beinhalten, sofern es sich um im Kern gleichartige Verletzungsformen handelt (BGH GRUR 1996, 290, 291 – Wegfall der Wiederholungsgefahr I). Ein zu weit gefasstes Unterlassungsgebot enthebt den Abgemahnten jedoch nicht der Obliegenheit, ggf. eine enger gefasste Unterlassungsverpflichtungserklärung abzugeben (vgl. OLG Stuttgart WRP 1985, 53; OLG Düsseldorf WRP 1988, 107/108 r. Sp.; OLG München MD 1994, 87; OLG Köln WRP 2000, 226; zuvor WRP 1988, 62, 65; a. A. OLG München, WRP 1982, 600, 601). Im Kern muss die Verpflichtungserklärung dem Unterlassungsanspruch entsprechen, anderenfalls die Wiederholungsgefahr nicht ausgeräumt ist (BGH GRUR 1996, 290, 291 – Wegfall der Wiederholungsgefahr I; 1996, 781, 783, 784 – Verbrauchsmaterialien; 1997, 379 – Wegfall der Wiederholungsgefahr II; OLG Saarbrücken WRP 1997, 603).

b) Die hier gewählte Formulierung des Vertragsstrafeversprechens entspricht der Bestimmung des § 339 S. 2 BGB; sie hat sich in der Praxis bewährt. Gemäß §§ 316, 317 BGB ist es grundsätzlich zwar auch möglich, die Höhe der Vertragsstrafe durch den Unterlassungsberechtigten oder durch einen Dritten bestimmen zu lassen, wobei „Dritter" keinesfalls ein Gericht sein darf (BGH GRUR 1978, 192 ff. mit Anm. *Schade* – Hamburger Brauch). Wegen der Unsicherheit, die mit der Bestimmung einer Vertragsstrafe durch einen Dritten sowohl in tatsächlicher als auch in rechtlicher Hinsicht verbunden ist, wird eine entsprechende Formulierung hier nicht vorgeschlagen (vgl. dazu aber Münchener Vertragshandbuch Bd. 3, Form. VII. 12 Anm. 10). Erhebliche Unsicherheitsmomente sind auch mit einer Vertragsstrafe verbunden, deren Höhe vom Gläubiger in einem vom Schuldner vorgegebenen Rahmen zu bestimmen ist (vgl. dazu BGH GRUR 1985, 155 f. und 937 – Vertragsstrafe bis zu ... I und II mit jeweiliger Anm. *Ahrens*). Allerdings beseitigt ein solches Vertragsstrafeversprechen die Wiederholungsgefahr. Gleiches gilt für eine einseitige Unterlassungsverpflichtungserklärung, bei der die Bestimmung der Vertragsstrafe im Falle der Zuwiderhandlung dem Unterlassungsgläubiger in der Weise überlassen bleibt, dass keine Obergrenze für die Vertragsstrafe genannt ist (BGH GRUR 1990, 1051 = WRP 1991, 27). Das Formular sieht die Zahlung der versprochenen Vertragsstrafe an den Gläubiger vor. Es ist in Rechtsprechung und Schrifttum umstritten, ob auch eine Klaglosstellung des Gläubigers dadurch erfolgen kann, dass Zahlung an einen Dritten (zB. an eine gemeinnützige Organisation) versprochen wird. Der Bundesgerichtshof stellt auf die Umstände des Einzelfalles ab, ob diese eine ausreichende Ernstlichkeit des Unterlassungsversprechens erkennen lassen (BGH WRP 1987, 724 m. N. insbesondere der OLG-Rechtsprechung – Getarnte Werbung II). Hat der Gläubiger ausdrücklich Zahlung der Vertragsstrafe an sich verlangt und verweigert der Unterlassungsschuldner dies ohne einsichtige Begründung, so spricht dies dafür, die Ernstlichkeit des Unterlassungswillens in Zweifel zu stellen (BGH aaO. S. 725/726). Zur Ernsthaftigkeit einer aufschiebenden Befristung (Vordatierung) der Unterwerfungserklärung vgl. BGH GRUR 2002, 180 – Weit-Vor-Winter-Schluss-Verkauf.

Die vereinbarte Vertragsstrafe soll für jeden Fall der Zuwiderhandlung verwirkt sein. Fraglich ist, ob bei Mehrfachverstößen die Vertragsstraße nur einmal oder entsprechend der Anzahl einzelner Handlungen mehrfach verwirkt ist. Das ist - insbesondere nach dem Wegfall der (strafrechtlichen) Grundsätze des Fortsetzungszusammenhangs – Auslegungsfrage, bei der insbesondere die Grundsätze für die Verhängung von Ordnungsmitteln bei der Unterlassungsvollstreckung nach § 890 ZPO nicht ohne weiteres anwendbar sind (vgl. BGH GRUR 2001, 758, 759 – Trainingsvertrag). Auch die Rechtsgrundsätze des Fortsetzungszusammenhangs sind nicht ohne weiteres anwendbar (BGH GRUR 2001, 758, 759 – Trainingsvertrag; anders noch BGHZ 121, 13, 15 ff. = NJW 1993, 721 – Fortsetzungszusammenhang). Will der Gläubiger die Anwendung der Rechtsgrundsätze des Fortsetzungszusammenhangs vermeiden, so muss er den Vorschlag einer strafbewehrten Unterlassungsverpflichtungserklärung entsprechend formulieren bzw. darauf achten, dass der Schuldner eine Erklärung abgibt, in der ausdrücklich auf die Anwendung der Rechtsgrundsätze des Fortsetzungszusammenhangs verzichtet wird, beispielsweise mit der Formulierung: „... unter Ausschluss der Rechtsregeln betreffend den Fortsetzungszusammenhang". Zu weiteren Einzelheiten vgl. Anm. 4 zu Form. II. N. 12.

Ist erkennbar, dass die etwaige Zuwiderhandlung gegen eine strafbewehrte Unterlassungsverpflichtungserklärung in Form von einzelnen Werbeblättern, -ausgaben oder Prospekten erfolgt, bietet es sich an, die Höhe der Vertragsstrafe im Hinblick auf die einzelnen, bestimmt zu bezeichnenden Zuwiderhandlungen in Form einer bestimmten Mindesthöhe festzulegen, etwa mit der Formulierung: „In Höhe von EUR 5.001,–, mindestens jedoch in Höhe von EUR 10,– für jeden der Unterlassungsverpflichtungserklärung widersprechenden Werbeprospekt ...". In diesem Fall hat der Gläubiger der Unterlassungsverpflichtungserklärung gegen den Schuldner überdies auch einen Auskunftsanspruch über die Zahl der verteilten Prospekte bzw. Zuwiderhandlungen.

Häufig findet sich die Formulierung, dass für jeden Fall schuldhafter Zuwiderhandlung eine Vertragsstrafe versprochen wird. Eine solche Formulierung sollte der Gläubiger nicht verwenden. Er muss sie im Falle des Angebots durch den Schuldner jedoch akzeptieren. Mit ihr ist nämlich keine Beweislastumkehr dahingehend verbunden, dass der Gläubiger das Verschulden des Schuldners im Falle eines objektiven Verstoßes gegen die Unterlassungserklärung beweisen muss (BGH GRUR 1982, 688, 690, 691 = WRP 1982, 634 – Seniorenpass).

Zur Höhe der Vertragsstrafe lassen sich keine generalisierenden Angaben machen. Es kommt jeweils auf sämtliche Umstände des Einzelfalles unter Berücksichtigung des Zweckes der Vertragsstrafe an, künftige Wettbewerbsverstöße zu verhindern (BGH GRUR 2002, 180, 181 – Weit-Vor-Winter-Schluss-Verkauf). Insbesondere sind Art, Schwere und Ausmaß der Zuwiderhandlung, das Verschulden des Verletzers und die Gefährlichkeit des Verstoßes für den Gläubiger bedeutsam (BGH GRUR 1983, 127, 129. – Vertragsstrafeversprechen; 1994, 146, 147 – Vertragsstrafebemessung; 2002, 180, 181 re. Sp. – Weit-Vor-Winter-Schluss-Verkauf). Angemessen erscheint häufig die Summe von EUR 5.001,–, um im Falle eines Streites über die Verwirkung der Vertragsstrafe die Zuständigkeit des Landgerichts zu begründen (§ 23 Nr. 1 GVG). Im Falle einer künftigen Änderung der Streitwertgrenzen durch den Gesetzgeber müsste sodann in Zukunft als Vertragsstrafe die Streitwertgrenze (für das Amtsgericht) zuzüglich EUR 1,– vereinbart werden. Wurde trotz Unterwerfungserklärung der Wettbewerbsverstoß wiederholt, muss eine erheblich höhere Vertragsstrafe versprochen werden, um die neuerlich begründete Wiederholungsgefahr auszuräumen (BGH GRUR 1990, 534 = WRP 1990, 622 – Abrufcoupon). Insbesondere genügt im Fall einer neuerlich begründeten Wiederholungsgefahr das Versprechen einer Vertragsstrafe nach sogenanntem „Hamburger Brauch" nicht, d. h. einer solchen, deren Höhe der Gläubiger nach billigem Ermessen bestimmen darf und deren Angemessenheit vom zuständigen Gericht zu überprüfen ist (KG MD 1993, 747, 749).

Nach herrschender Auffassung beseitigt die Abgabe einer strafbewehrten Unterlassungsverpflichtung ein Tatbestandsmerkmal des Unterlassungsanspruchs, nämlich die Wiederholungs- bzw. die Begehungsgefahr (vgl. BGH GRUR 1996, 260, 261 – Wegfall der Wiederholungsgefahr I), allerdings nur dann, wenn sie frei von Bedingungen und Befristungen ist (BGH GRUR 1993, 677, 679 – Bedingte Unterwerfung). Nach Meinung des OLG Hamburg fehlt dem Gläubiger, wenn der Schuldner eine ausreichend strafbewehrte Unterlassungsverpflichtungserklärung abgegeben hat, für die gerichtliche Durchsetzung seines Unterlassungsanspruchs das Rechtsschutzbedürfnis (vgl. OLG Hamburg GRUR 1974, 108 = WRP 1973, 653; so auch früher BGH, z. B. WRP 1978, 38, 39 – Hamburger Brauch; noch heute: *Thomas/Putzo*, ZPO, 24. Aufl. 2002, Rdn. 27 Vorbem. § 253). Dieser Meinungsstreit kann dahinstehen. Die der strafbewehrten Unterlassungsverpflichtungserklärung eigene Wirkung der Klaglosstellung beruht letztlich darauf, dass der Gläubiger infolge des Vertragsstrafeversprechens gegen den Schuldner Druck ausüben kann, die eingegangene Verpflichtung einzuhalten (BGH GRUR 1984, 72/73 – Vertragsstrafe für versuchte Vertreterabwerbung). Damit ist eine dem § 890 ZPO vergleichbare Beugewirkung begründet, denn in der wirtschaftlichen Auswirkung sind Ordnungsgeld gemäß § 890 ZPO und Vertragsstrafe für den Schuldner gleich spürbar. Wird eine Unterwerfungserklärung angenommen, begründet dies ein auf ein Unterlassen gerichtetes Dauerschuldverhältnis (BGH GRUR 1995, 678, 679 – Kurze Verjährungsfrist). Der Inhalt der Unterlassungspflicht ergibt sich durch Auslegung; diese kann enger oder weiter sein als bei einem gerichtlichen Verbot (BGH GRUR 1997, 931, 932 – Sekundenschnell).

Zu den Rechtsfolgen einer zwar abgegebenen, jedoch unbegründet zurückgewiesenen Unterwerfungserklärung vgl. *Teplitzky* GRUR 1983, 609f.; BGH GRUR 1996, 290 – Wegfall der Wiederholungsgefahr I.

Liegt noch keine Wettbewerbsverletzung, sondern lediglich die Berühmung vor, eine konkrete Wettbewerbshandlung vornehmen zu dürfen, so genügt für die Beseitigung der Erstbegehungsgefahr regelmäßig die Aufgabe der Berühmung, beispielsweise in der uneingeschränkten und eindeutigen Erklärung, dass die beanstandete Handlung in der Zukunft nicht vorgenommen wird (BGH GRUR 2001, 1174 – Berühmungsaufgabe).

9. Zur Kostenerstattungspflicht des Wettbewerbsstörers unter dem rechtlichen Gesichtspunkt der Geschäftsführung ohne Auftrag vgl. BGHZ 52, 393, 399 – Fotowettbewerb; BGH MDR 1973, 483 = GRUR 1973, 384 – Goldene Armbänder; GRUR 1984, 129ff. – shop in the shop; GRUR 1985, 924 r. Sp. – Schallplattenimport II; BGHZ 115, 210, 212 = GRUR 1992, 176 – Abmahnkostenverjährung; BGH WRP 2000, 633, 636 – Sicherungsschein; BGH GRUR 2001, 1166, 1169 re. Sp. – Fernflugpreise. Sie besteht auch dann gemäß § 13 Abs. 6 UWG, wenn sich der Wettbewerbsstörer schon zuvor gegenüber einem Dritten unterworfen hatte (vgl. Anm. 11; LG Köln GRUR 1987, 741; LG Hamburg GRUR 1990, 216; OLG München GRUR 1988, 843 mwN.). Die Durchsetzung des Kostenerstattungsanspruchs ist oft mühsam und erfordert häufig einen sogenannten „kleinen" Wettbewerbsprozess mit allen Risiken eines „normalen" Prozesses in wettbewerbsrechtlichen Streitigkeiten. Vgl. dazu *Steinmetz,* Der „kleine" Wettbewerbsprozess, 1993. Zur Bemessung des Gegenstandswertes einer Abmahnung gelten die gleichen Grundsätze wie bei der Inanspruchnahme gerichtlicher Hilfe und damit zur Bemessung des Streitwertes. Vgl. dazu Anm. 3 zu Form. II. L. 9.

10. Welche Frist angemessen ist, hängt jeweils von den Umständen des Einzelfalles ab. Grundsätzlich kann in wettbewerbsrechtlichen Streitigkeiten eine relativ kurze Erklärungsfrist gesetzt werden. Angemessen erscheinen im Normalfall ca. 7 bis 14 Tage. Die Erklärungsfrist kann in Einzelfällen bedeutend kürzer sein und z. B. nur Stunden betragen (OLG Hamburg WRP 1976, 180/181 und 1989, 325; OLG Koblenz WRP 1983, 305; z. B. 2 Stunden: OLG München MD 1993, 510; ferner KG GRUR 1993, 778). Bei einer nur nach Stunden bemessenen Abmahnfrist kann freilich der Abmahnende gehalten sein, einer Bitte um Fristverlängerung zu entsprechen, um Kostennachteile zu vermeiden. Zur Länge der Abmahnfrist vgl. auch „Fristen und Rechtsmittel".

11. Nach Auffassung des BGH kann im Einzelfall auch die schon gegenüber einem Dritten abgegebene strafbewehrte Unterlassungsverpflichtungserklärung die Wiederholungsgefahr gegenüber dem Verletzten ausschließen (GRUR 1983, 186, 187 und 1987, 640 – Wiederholte Unterwerfung I und II); ebenso durch Unterlassungsanerkenntnisurteil (OLG Köln WRP 1997, 482); wohl auch durch streitiges Urteil (KG WRP 1993, 22, 24; OLG Karlsruhe WRP 1991, 619; a. A. OLG Hamm GRUR 1991, 706; *Baumbach/Hefermehl,* UWG, 22. Aufl. 2001, Rdn. 285 zu Einl.). Das ist eine wertungsbedürftige Tatfrage, so dass eine im Verlauf des Revisionsverfahrens gegenüber einem Dritten abgegebene Unterlassungsverpflichtungserklärung keine Berücksichtigung finden kann

(BGH WRP 1990, 319, 320 – Gruppenprofil). Zu den sich daraus für den Wettbewerbsgläubiger ergebenden Problemen vgl. z.B. KG WRP 1985, 152f.; *Kues* WRP 1985, 196ff.; *Borck* WRP 1985, 311ff.; *Rödding* WRP 1988, 514ff.; *Gruber,* GRUR 1991, 354ff. Für den Abgemahnten ergibt sich für den Fall der Drittunterwerfung eine Aufklärungspflicht, und zwar sowohl gegenüber einem abmahnenden Wettbewerber (BGH GRUR 1987, 54f. m. Anm. *Lindacher* – Aufklärungspflicht des Abgemahnten – und GRUR 1987, 640, 641 r. Sp. – Wiederholte Unterwerfung II; OLG Frankfurt/M. WRP 1989, 391 m. Anm. *Traub*) als auch gegenüber einem Verband (BGH GRUR 1988, 716 – Aufklärungspflicht gegenüber Verbänden – und GRUR 1990, 381 = WRP 1990, 276 – Antwortpflicht des Abgemahnten; vgl. auch *Baumbach/Hefermehl,* UWG 22. Aufl. 2001, Rdn. 550 zu Einl.).

12. In wettbewerbsrechtlichen Streitigkeiten ist es regelmäßig das Interesse des Verletzten, möglichst rasch das wettbewerbswidrige Verhalten des Verletzers beendet zu sehen. Häufig nimmt der Verletzer zur Verteidigung seines Verhaltens nur deshalb Zuflucht, um der Geltendmachung von Schadensersatzansprüchen vorbeugend entgegenzutreten. Da ein bezifferter Schaden im Falle einer Wettbewerbsverletzung nur sehr schwer geltend gemacht werden kann, hat der Verletzte regelmäßig kein vorrangiges Interesse an der Geltendmachung seines Schadens. Gleiches gilt für den vorbereitenden Auskunftsanspruch. Dementsprechend sieht das Formular im Interesse einer raschen Beilegung des Konfliktes vor, dem Schuldner vorzuschlagen, dass der Gläubiger unter der Bedingung des rechtzeitigen Eingangs der geforderten Erklärungen auf Schadensersatz- und Auskunftsansprüche verzichtet.

13. Der BGH sieht den Abgemahnten als verpflichtet an, innerhalb der gesetzten Frist auf die Abmahnung zu antworten, und zwar entweder dahingehend, dass er eine ausreichend strafbewehrte Unterlassungsverpflichtungserklärung abgibt oder deren Abgabe ablehnt (BGH GRUR 1990, 381 = WRP 1990, 276 – Antwortpflicht des Abgemahnten). Darüber hinaus wird man den Abgemahnten auch für verpflichtet halten müssen, die Abmahnung vollständig und wahrheitsgemäß zu beantworten (BGH GRUR 1990, 542 – Aufklärungspflicht des Unterwerfungsschuldners; KG WRP 1989, 659). Kommt der Abgemahnte seinen Verpflichtungen nicht nach, so kann sich daraus zu seinen Lasten eine Schadensersatzverpflichtung (z.B. zur Erstattung von Kosten in analoger Anwendung des § 93 ZPO bei Verzichtsurteil, vgl. OLG Frankfurt MD 1993, 475) ergeben. Auf eine Abmahnung hin bestehen für den Verwarnten folgende Reaktionsmöglichkeiten:

a) Uneingeschränkte Abgabe der geforderten Erklärungen, in eindeutiger Form (vgl. KG MD 1993, 751 und nachstehend a.E. dieser Anmerkung), bedingungsfrei (vgl. BGH GRUR 1993, 677, 679 – Bedingte Unterwerfung) sowie ohne Angabe eines Endtermins (BGH GRUR 2002, 180 – Weit-Vor-Winter-Schluss-Verkauf);
b) im Falle mehrfacher Abmahnungen verschiedener Wettbewerbsgläubiger: Abgabe der strafbewehrten Unterwerfungserklärung gegenüber einem der Gläubiger und im Übrigen Verweisung auf den Wegfall der Wiederholungsgefahr gegenüber den übrigen Gläubigern (vgl. dazu im einzelnen BGH GRUR 1983, 186 und 1987, 640 – Wiederholte Unterwerfung I und II). Der später Abmahnende hat wohl auch einen Kostenerstattungsanspruch gegen den Wettbewerbsstörer, wenn dieser zuvor gegenüber einem Dritten eine strafbewehrte, nach der Rechtsprechung des Bundesgerichtshofs die Wiederholungsgefahr ausschließende Unterlassungsverpflichtungserklärung abgegeben hat und der später Abmahnende davon keine Kenntnis hatte. Die Kostenerstattungspflicht folgt aus dem Gesichtspunkt des Schadensersatzes aus unerlaubter Handlung, z.B. gemäß § 13 Abs. 6 UWG (vgl. LG Köln GRUR 1987, 741; OLG München in MD 1988, 473/476 = GRUR 1988, 843 – Anwaltskosten bei zeitlich früherer Abmahnung). Zur missbräuchlichen Mehrfachabmahnung verschiedener Gläubiger vgl. BGH GRUR 2002, 357 – Missbräuchliche Mehrfachabmahnung; OLG München GRUR 2002, 119 – Rechtsmissbrauch.

c) Abgabe der geforderten Erklärungen mit Einschränkungen, die allerdings der Gläubiger nicht zu akzeptieren braucht (vgl. dazu z.B. BGH GRUR 1993, 677 – Bedingte Unterwerfung) oder mit abweichenden Formulierungen:
  aa) in materieller Hinsicht, z.B. abweichende Formulierung der Unterlassungsverpflichtungserklärung (unbedenklich, sofern sie im Kern dem Unterlassungsanspruch entspricht, BGH GRUR 1996, 290, 291 – und 1997, 379 – Wegfall der Wiederholungsgefahr I und II; weitere Einzelheiten vgl. zuvor Anm. 8), abweichende Bestimmung der Höhe der Vertragsstrafe, im Hinblick auf etwaige geltend gemachte Auskunfts- und Schadensersatzansprüche; ferner Inanspruchnahme von Aufbrauch- und Umstellungsfristen, die im Wege insbesondere eines Vergleichsangebotes unterbreitet werden; zur Inanspruchnahme einer Aufbrauchsfrist vgl. OLG Hamburg MD 1991, 110. Ein Unterlassungsvertrag zwischen Gläubiger und Schuldner kommt auch dann zustande, wenn der Schuldner eine ihm im Wege der Abmahnung übermittelte vorbereitete Unterlassungsverpflichtungserklärung abändert, im Begleitschreiben jedoch ausführt, er gehe davon aus, dass mit der abgeänderten Verpflichtungserklärung die Abmahnung als erledigt angesehen werden könne, sofern er nichts Gegenteiliges höre und der Gläubiger dem nicht widerspricht, OLG Köln WRP 2000, 226;
  bb) unter der auflösenden Bedingung einer durch Gesetz oder durch höchstrichterliche Rechtsprechung erfolgenden allgemein verbindlichen Erklärung des zu unterlassenden Verhaltens als rechtmäßig. Eine solche (Rechts-)Bedingung ist zulässig (BGH GRUR 1993, 677, 679 – Bedingte Unterwerfung; WRP 1997, 318, 320 re. Sp. – Altunterwerfung II);
  cc) Gegebenenfalls ist die Angabe einer aufschiebenden Befristung in Form eines Anfangstermins zulässig, sofern sie keine Zweifel an der Ernsthaftigkeit des Unterlassungsversprechens begründet (BGH GRUR 2002, 180 – Weit-Vor-Winter-Schluss-Verkauf);
  dd) im Hinblick auf den etwaig geltend gemachten Kostenerstattungsanspruch;

d) vorbereitende Verteidigungsmaßnahmen, z.B. Einreichung einer Schutzschrift (vgl. Form. II. L. 2); keine Abgabe einer Unterlassungsverpflichtungserklärung; jedoch trifft den Abgemahnten eine Antwortpflicht (vgl. BGH GRUR 1990, 381, 382 = WRP 1990, 276 – Antwortpflicht des Abgemahnten –, ggf. auch eine Aufklärungspflicht: KG WRP 1989, 659; BGH GRUR 1990, 542 – Aufklärungspflicht des Unterwerfungsschuldners).

Gemäß vorstehend c) wird eine abweichende Formulierung vor allem dann in Betracht kommen, wenn die Formulierung der Unterlassungsverpflichtungserklärung entweder mit den tatsächlichen oder mit den rechtlichen Gegebenheiten nicht im Einklang steht. Des Weiteren muss der Inanspruchgenommene regelmäßig prüfen, inwieweit ihn die Abgabe einer Unterlassungsverpflichtungserklärung für die Zukunft bindet, insbesondere ob künftig beabsichtigte Handlungen unter die abgegebene Erklärung subsumiert werden können. Das zwingt häufig dazu, die geforderte Unterlassungsverpflichtungserklärung lediglich unter Einschränkungen abzugeben. Solche Einschränkungen und/oder Umformulierungen der geforderten Unterlassungsverpflichtungserklärung begründen freilich ein neues Risiko. Gibt nämlich der Verwarnte entsprechend vorstehend unter c) abweichende Erklärungen als von ihm gefordert ab, bedeutet dies die Unterbreitung eines inhaltlich von dem seitens des Gläubigers erwarteten abweichenden Angebots. Der Verwarner muss sodann prüfen, ob er das Angebot des Verwarnten annimmt. Im Falle der Annahme empfiehlt es sich, diese dem Verwarnten mitzuteilen, um zum Abschluss eines Unterlassungsvertrages zu kommen, der die Rechtslage zwischen den Parteien verbindlich regelt (OLG Celle GRUR 1990, 481 – Vertragsstrafeversprechen; ein stillschweigender Verzicht auf den Zugang der Annahmeerklärung nach § 151 BGB scheidet aus (vgl. OLG Celle aaO.; zur Begründung eines auf Unterlassung gerichteten Dauerschuldverhältnisses vgl. BGH GRUR 1995, 678, 679 – Kurze Verjährungsfrist).

Nimmt der Verwarner hingegen die vom Verwarnten angebotene und von der Forderung des Verwarners abweichend formulierten Verpflichtungserklärungen nicht an, sondern gerichtliche Hilfe in Anspruch, so ist in diesem Verfahren zu prüfen, ob Wiederholungsgefahr für den geltend gemachten Unterlassungsanspruch noch besteht (vgl. den Fall BGH GRUR 1996, 290 – Wegfall der Wiederholungsgefahr I). Das Risiko einer Fehleinschätzung – der Verwarner hält beispielsweise die abgegebene Unterlassungsverpflichtungserklärung für nicht ausreichend – trägt der Verwarner (vgl. dazu Anm. 8). Nach Auffassung einiger Oberlandesgerichte (z. B. OLG Köln WRP 1979, 392 ff. u. 816 – dazu *Schulte* GRUR 1980, 470 ff. – und WRP 1983, 42; OLG Hamburg WRP 1969, 119; OLG Frankfurt WRP 1979, 311) besteht eine Verpflichtung des Abgemahnten gegenüber dem Abmahnenden zur Mitteilung solcher Tatsachen, die den geltend gemachten Anspruch und seine prozessuale Durchsetzung ausschließen. Eine Verletzung dieser Pflicht soll nach dieser Auffassung zu einer Kostentragungslast des Abgemahnten analog §§ 91 a, 93 ZPO führen (vgl. auch *Ulrich* WRP 1985, 117 ff.) bzw. zu einer Schadensersatzpflicht aus positiver Forderungsverletzung (vgl. BGH GRUR 1987, 54, 55 m. Anm. *Lindacher* = WRP 1986, 672/673 – Aufklärungspflicht des Abgemahnten; GRUR 1990, 542 – Aufklärungspflicht des Unterwerfungsschuldners; GRUR 1990, 381 = WRP 1990, 276 – Antwortpflicht des Abgemahnten; KG WRP 1989, 659, 661, 662; OLG Frankfurt/M. WRP 1991, 249; OLG Köln WRP 1991, 257). Zu den Reaktionsmöglichkeiten im Falle einer Abmahnung vgl. auch *Borck* WRP 1980, 375 ff.

Die Abgabe einer Unterlassungsverpflichtungserklärung kann auch in Form eines Fern- oder Telefaxschreibens erfolgen. Zum Beleg der Ernstlichkeit des Unterwerfungswillens ist der Unterlassungsschuldner gehalten, auf Verlangen des Gläubigers diesem eine schriftliche Bestätigung zu erteilen (BGH GRUR 1990, 530 = WRP 1990, 685 – Unterwerfung durch Fernschreiben; OLG München MD 1993, 773; zuvor KG GRUR 1988, 567 und 568 – Telex-Unterlassungsverpflichtung I und II; dazu kritisch *Lachmann*, Telexunterwerfung nicht vollwertig? GRUR 1989, 96).

Kosten und Gebühren

Zur materiellen Kostenerstattungspflicht vgl. Anm. 9. Die Höhe der zu erstattenden Anwaltskosten bestimmt sich, wenn noch kein Auftrag zur Klageerhebung vorliegt, gemäß § 118 Abs. 1 Nr. 1 BRAGO, der einen Gebührenrahmen von $^{5}/_{10}$ bis $^{10}/_{10}$ zur Verfügung stellt (so die wohl hM., vgl. z. B. OLGe Köln GRUR 1979, 76 = WRP 1978, 918; Hamburg WRP 1981, 470 ff.; Karlsruhe WRP 1996, 591, 594; Nürnberg WRP 1992, 588; jetzt auch *Pastor/Ahrens*, Der Wettbewerbsprozeß, 4. Aufl. 1999; kritisch dazu: *Mellulis*, Hdb. des Wettbewerbsprozesses, 3. Aufl. 2000, Rdn. 806 a, *Heerma*, WRP 2000, 148 ff.;). Regelmäßig angemessen ist eine mittlere Gebühr, damit eine Gebühr von $^{7,5}/_{10}$ (vgl. z. B. OLG Frankfurt GRUR 1985, 239; a. A. *Heerma*, WRP 2000, 148: nur 5/10). Liegt hingegen Klageauftrag vor, so ist gemäß § 32 BRAGO eine Gebühr von $^{5}/_{10}$ in Ansatz zu bringen. Vgl. zum Vorstehenden im Zusammenhang mit einem sogenannten Abschlussschreiben: BGH MDR 1973, 483 = GRUR 1973, 384 – Goldene Armbänder. Folgt der Abmahnung ein gerichtliches Verfahren, so ist eine Anrechnung der Abmahnungskosten gem. § 118 Abs. 2 BRAGO vorzunehmen; die Anwaltsgebühren für ein Abschlussschreiben (vgl. Form. II. L. 4.) entstehen selbstständig (vgl. OLG Hamburg WRP 1981, 470 ff.; OLG Köln GRUR 1986, 96). Vorgerichtliche Abmahnkosten können im Kostenfestsetzungsverfahren geltend gemacht werden (OLG Dresden GRUR 1997, 318).

Fristen und Rechtsmittel

Schon bei der Bearbeitung der Abmahnung und der Bemessung der der Gegenseite zu setzenden Frist ist der weitere Ablauf der Auseinandersetzung zu berücksichtigen. Dabei kommt es insbesondere häufig darauf an, die Voraussetzung der Dringlichkeit für ein etwaig nachfolgendes Verfügungsverfahren zu erhalten (vgl. dazu Form. II. L. 3 Anm. 13). Die Verjährungsfrist für wettbewerbsrechtliche Ansprüche beträgt 6 Monate (§ 21 UWG); sie gilt auch für Abmahnkosten (BGH GRUR 1992, 176, 177 – Abmahnkostenverjährung).

2. Schutzschrift

Landgericht
Kammer für Handelssachen[1]
Zivilkammer[2]

Schutzschrift[3]

in einem etwaigen einstweiligen Verfügungsverfahren
der Firma A[4]

– mutmaßliche Antragstellerin –

gegen

Firma B[4]

– mutmaßliche Antragsgegnerin –

Verfahrensbevollmächtigter[5] **: Rechtsanwalt ......**[6] **.**

wegen angeblich unlauteren Wettbewerbs

Hiermit bestelle ich mich zum Verfahrensbevollmächtigten[6] **für die Firma B (im Folgenden: Antragsgegnerin) für den Fall, dass die Firma A (im Folgenden: Antragstellerin) wegen des nachstehend wiedergegebenen Sachverhalts einen Antrag auf Erlass einer einstweiligen Verfügung stellen sollte.**

Ich beantrage,

1. **einen etwaigen Antrag auf Erlass einer einstweiligen Verfügung abzuweisen**[7]**;**
2. **hilfsweise: über einen etwaigen Antrag auf Erlass einer einstweiligen Verfügung nicht ohne vorherige mündliche Verhandlung zu entscheiden**[8]**;**
3. **für den Fall der Abweisung des Verfügungsantrages oder seiner Zurücknahme: der Antragstellerin die Kosten des Verfügungsverfahrens einschließlich derjenigen aufzuerlegen, die durch die Hinterlegung dieser Schutzschrift entstanden sind**[9]**.**

Ich bin damit einverstanden, dass

- **Termin zur mündlichen Verhandlung unter Abkürzung der Ladungsfrist bestimmt wird**[10]**;**
- **der Antragstellerin die vorliegende Schutzschrift zugänglich gemacht wird, sofern diese einen Antrag auf Erlass einer einstweiligen Verfügung stellen sollte**[11]**.**

Begründung[12]

1. Beide Parteien stellen her und vertreiben gebrauchsfertige Säuglings- und Kleinkindernahrung. Zwischen ihnen herrscht ein scharfer Wettbewerb. Die Antragsgegnerin wirbt seit ca. 1 Jahr für ihr Erzeugnis „X-Fertigbrei“ unter anderem mit Werbeanzeigen, die ein lachendes kleines Kind zusammen mit der Packung des in Rede stehen-

den Erzeugnisses zeigen. Unterhalb der Packung erscheint sodann in blickfangmäßiger Hervorhebung die Angabe „Mutti gibt mir immer nur das Beste“. Als Anlage 1 überreiche ich die Abbildung der in Rede stehenden Werbung[13].
Mit dem als Anlage 2 überreichten Anwaltsschreiben vom ...... hat die Antragstellerin die Antragsgegnerin abgemahnt und sie zur Abgabe einer strafbewehrten Unterlassungsverpflichtungserklärung betreffend die Werbeaussage „Mutti gibt mir immer nur das Beste“ aufgefordert. Die Antragsgegnerin hat mit dem als Anlage 3 überreichten Schreiben ihres Verfahrensbevollmächtigten erwidert und insbesondere die Abgabe einer strafbewehrten Unterlassungsverpflichtungserklärung abgelehnt. Infolgedessen muss die Antragsgegnerin damit rechnen, dass die Antragstellerin den Versuch unternehmen wird, gegen sie eine einstweilige Verfügung zu erwirken. In tatsächlicher und rechtlicher Hinsicht ist dazu unter ausdrücklicher Bezugnahme auf den Inhalt des diesseitigen Antwortschreibens gemäß Anlage 3 Folgendes zu bemerken:

2. Die in der Abmahnung gemäß Anlage 2 geäußerte Rechtsauffassung der Antragstellerin, die streitgegenständliche Werbeaussage beinhalte eine gemäß § 3 UWG unzulässige Alleinstellung, ist rechtsirrig. Das gilt schon deshalb, weil nur eine solche Werbeaussage den Tatbestand einer Alleinstellungswerbung begründen kann, die vom Publikum als Tatsachenangabe über geschäftliche Verhältnisse, insbesondere betreffend die Eigenschaften einer Ware, verstanden werden könnte. Angaben im Sinne des § 3 sind nämlich lediglich nachprüfbare Aussagen[14]. Der Werbeslogan „Mutti gibt mir immer nur das Beste“ wird allein als ein Kaufappell verstanden, nämlich dahingehend, dass die Mütter aufgefordert werden, ihrem Kind jeweils nur das Beste zu geben. Auch soweit die räumliche Druckanordnung der gegenständlichen Werbeaussage zur Packung des X-Fertigbreis der Antragsgegnerin eine gedankliche Verbindung zwischen dem Superlativ „das Beste“ und dem Erzeugnis der Antragsgegnerin herstellt, ist diese nicht geeignet, der streitgegenständlichen Werbeaussage Alleinstellungscharakter zu verleihen. Das gilt deshalb, weil im Bereich der Kindernahrungsmittel der Begriff „das Beste“ überhaupt nicht erfassbar ist. Denn die Bekömmlichkeit eines jeden Nahrungsmittels hängt von der Konstitution des einzelnen Kleinkindes ab. Des Weiteren differieren die Auffassungen darüber, welche Ernährungsweise für die Kleinkinder die geeignetste sei, erheblich. Diese Gegebenheiten sind insbesondere den durch die Werbung der Antragsgegnerin angesprochenen Hausfrauen und Müttern bekannt. Dementsprechend werden sie die Werbeaussage als das erkennen, was sie tatsächlich ist, nämlich als eine Werbebehauptung im Sinne eines eindeutig subjektiven Werturteils[15].
3. Ein etwaiges Verfügungsbegehren der Antragstellerin wäre jedoch auch schon deshalb zurückzuweisen, weil es an der für den Erlass einer einstweiligen Verfügung erforderlichen Dringlichkeit fehlt[16]. Insbesondere ist die Dringlichkeitsvermutung gemäß § 25 UWG widerlegt. Die Antragsgegnerin wirbt mit der angegriffenen Werbeaussage in erheblichem Umfang schon seit ca. 1 Jahr. Das war der Antragstellerin auch bekannt. So ist beispielsweise das Mitglied der Geschäftsleitung Y der Antragsgegnerin von dem Mitglied der Geschäftsleitung Z der Antragstellerin vor ca. 9 Monaten auf die streitgegenständliche Werbeaussage angesprochen worden. Seitdem ist die Antragstellerin – mit Ausnahme des Abmahnungsschreibens gemäß Anlage 2 – nicht mehr auf die Angelegenheit zurückgekommen. In einer etwaigen mündlichen Verhandlung werde ich entsprechende Glaubhaftmachungsmittel, nämlich eidesstattliche Versicherungen der Geschäftsleitung der Antragsgegnerin, vorlegen. Wer jedoch mehr als 9 Monate in Kenntnis eines vermeintlichen Wettbewerbsverstoßes zuwartet, bevor er gerichtliche Hilfe in Anspruch nimmt, kann sich nicht mehr auf die Dringlichkeitsvermutung des § 25 UWG berufen[17]. Jedenfalls ist die besondere Dringlichkeit i.S. der §§ 937 Abs. 2, 944 ZPO nicht mehr gegeben, die den Erlass einer einstweiligen Verfügung ohne mündliche Verhandlung durch den Herrn Vorsitzenden allein gestattet[18].
Weiterer Sachvortrag bleibt vorbehalten.

Eine beglaubigte und eine einfache Abschrift sind zum Zwecke der Aushändigung an die Antragstellerin für den Fall beigefügt, dass ein Verfügungsantrag tatsächlich gestellt wird.

Rechtsanwalt

Schrifttum: Pastor, Die Schutzschrift gegen wettbewerbliche einstweilige Verfügungen, WRP 1972, 229ff.; *ders./Ahrens,* Der Wettbewerbsprozeß, 4. Aufl. 1999, S. 84ff.; *Ahrens,* Wettbewerbsverfahrensrecht, 1983, S. 189ff.; *Borck,* Kostenfestsetzung auf Grund von Schutzschrift-Hinterlegung?, WRP 1978, 262ff.; *Teplitzky,* Die Schutzschrift als vorbeugendes Verteidigungsmittel gegen einstweilige Verfügungen, NJW 1980, 1667ff.; *ders.,* Schutzschrift, Glaubhaftmachung und besondere Dringlichkeit bei § 937 Abs. 2 ZPO, WRP 1980, 373ff.; *ders.,* Wettbewerbsrechtliche Ansprüche, 7. Aufl. 1997, Kap. 55, Rd. 51ff.; *May,* Die Schutzschrift im Arrest- und Einstweiligen-Verfügungs-Verfahren, 1983; *Hilgard,* Die Schutzschrift im Wettbewerbsrecht, 1985; *Herr,* Vom Sinn und Unsinn der Schutzschriften, GRUR 1986, 436; *Deutsch,* Die Schutzschrift in Theorie und Praxis, GRUR 1990, 327; *Wilke/Jungeblut,* Abmahnung, Schutzschrift und Unterlassungsverpflichtungserklärung im gewerblichen Rechtsschutz, 1995; *Krahe,* Die Schutzschrift, Kostenerstattung und Gebührenanfall, 1991; *Mellulis,* Hdb. des Wettbewerbsrechts, 3. Aufl. 2000, Rdn. 43ff.

Hinweis: Ein weiteres Textbeispiel einer wettbewerbsrechtlichen Schutzschrift findet sich bei *Mes/Bopp,* Münchener Prozeßformularbuch, Bd. 4, Gewerblicher Rechtsschutz, Urheber- und Presserecht, 2000, S. 23ff.

Anmerkungen

1. Häufig, wenn nicht gar in der Regel, werden einstweilige Verfügungen auf Antrag „in dringenden Fällen" ohne mündliche Verhandlung erlassen (§ 937 Abs. 2 ZPO). Dem entgegenzuwirken dient die Schutzschrift. Schutzschriften sind an dasjenige Gericht und – beim Landgericht – an diejenige Kammer zu richten, das/die erwartungsgemäß der mutmaßliche Antragsteller anrufen wird. Handelt es sich wie hier um eine wettbewerbsrechtliche Streitigkeit, so ist gemäß §§ 94, 95, Abs. 1 Nr. 5 GVG, § 27 Abs. 1 UWG die Kammer für Handelssachen zuständig. Häufig ist es wegen des im Wettbewerbsrecht geltenden sogenannten fliegenden Gerichtsstandes (§ 24 Abs. 2 UWG) notwendig, eine Schutzschrift bei mehreren Gerichten zu hinterlegen (gegen „Übertreibungen" zu Recht *Herr* GRUR 1986, 436). Die Anwendbarkeit des „fliegenden Gerichtsstandes", nämlich desjenigen der unerlaubten Handlung, ist allerdings durch § 24 Abs. 2 UWG erheblich eingeschränkt. Danach gilt der Gerichtsstand des § 24 Abs. 2 S. 1 UWG im Falle der Herleitung der Aktivlegitimation aus § 13 Abs. 2 Nrn. 1 bis 4 UWG (und damit für die nach Sicht des Gesetzgebers überwiegende Mehrzahl der Fälle) nur dann, wenn der Beklagte im Inland keinen Wohnsitz hat. Der in Wettbewerbssachen tätige Anwalt muss der Frage Beachtung schenken, ob der Antragsteller/Kläger seine Aktivlegitimation aus unmittelbarer Betroffenheit (z.B. gemäß §§ 1, 3 UWG) oder nur aus § 13 Abs. 2 UWG herleiten kann (vgl. dazu Anm. 4 zu Form. II. L. 1. mwN.). Bei eigener unmittelbarer Betroffenheit kann der Gerichtsstand des § 24 Abs. 2 S. 1 UWG in Anspruch genommen werden (vgl. OLG Düsseldorf, GRUR 1994, 837, 838 – Fliegender Gerichtsstand; OLG Hamburg, GRUR 1995, 129 – Unmittelbarer Verletzer; OLG München WRP 1995, 1055; *von Linstow,* WRP 1994, 789).

2. Es empfiehlt sich, aus Vorsichtsgründen eine Schutzschrift trotz der Zuständigkeit der Kammer für Handelssachen auch an die Zivilkammer zur richten. Gemäß § 96 Abs. 1 GVG hat der Kläger – im einstweiligen Verfügungsverfahren der Antragsteller – ein Wahlrecht zwischen Zivilkammer und Kammer für Handelssachen. Dieses gilt trotz

§ 27 Abs. 1 UWG auch für die Geltendmachung wettbewerbsrechtlicher Ansprüche, wenn diese in Anspruchsgrundlagenkonkurrenz zu bürgerlichrechtlichen Ansprüchen geltend gemacht werden (vgl. *Baumbach/Hefermehl* UWG § 27 Rdn. 2). Bei einigen Landgerichten sind Zivilkammern als Spezialwettbewerbskammern eingerichtet (z. B. bei den Landgerichten Frankfurt/M., Düsseldorf, Hamburg und Köln). Diese werden in der Praxis häufig auch in „reinen" Wettbewerbsstreitigkeiten angerufen, in der ebenfalls ganz überwiegend bestätigten Erwartung, dass der Beklagte keinen Verweisungsantrag gem. § 98 Abs. 1 S. 1 GVG stellt.

3. Das Institut der Schutzschrift ist in der geltenden Zivilprozessordnung nicht ausdrücklich verankert. Es hat gewohnheitsrechtlichen Charakter und ist als eine außerhalb eines anhängigen Verfahrens nur für den Fall des Anhängigwerdens eines einstweiligen Verfügungsverfahrens erfolgte Anregung an das Gericht zu verstehen. Ihre Beachtlichkeit für das angerufene Gericht im Falle einer tatsächlichen Antragstellung auf Erlass einer einstweiligen Verfügung ergibt sich als Ausformung des Grundsatzes vom rechtlichen Gehör (Art. 103 Abs. 1 GG) auf Grund des summarischen Charakters des einstweiligen Verfügungsverfahrens und insbesondere infolge der Regelung gemäß § 937 Abs. 2 ZPO, wonach in besonders dringenden Fällen die Entscheidung durch das Gericht auch ohne mündliche Verhandlung – regelmäßig durch den Vorsitzenden (§ 944 ZPO) – erfolgen kann. Diese prozessuale Möglichkeit gibt dem Antragsteller eine sehr scharfe Waffe in die Hand, denn eine so ergangene Beschlussverfügung bildet einen ohne Sicherheitsleistung vorläufig vollstreckbaren Titel, dessen Nichtbeachtung ein erhebliches Ordnungsmittelrisiko (§ 890 ZPO) mit sich bringt. Es erfordert durch das angerufene Gericht eine sehr sorgfältige und strenge Überprüfung, ob insbesondere die Voraussetzung besonderer Dringlichkeit gem. § 937 Abs. 2 ZPO für den Erlass der beantragten einstweiligen Verfügung ohne mündliche Verhandlung gegeben ist (vgl. dazu *Teplitzky* GRUR 1978, 286 f. und WRP 1980, 374/375; OLG Karlsruhe WRP 1989, 265).

4. Die mutmaßlichen Parteien des etwaigen einstweiligen Verfügungsverfahrens sind im Aktiv- und Passivrubrum – wie auch sonst – möglichst genau zu bezeichnen.

5. Die Schutzschrifthinterlegung unterliegt keinem Anwaltszwang; sie wird nicht in, sondern *vor* einem gerichtlichen Verfahren eingereicht (*Mellulis,* Hdb. des Wettbewerbsrechts, 3. Aufl. 2000, Rdn. 45).

6. Erfolgt die Hinterlegung der Schutzschrift durch einen zugelassenen Rechtsanwalt, so muss die Zustellung einer etwaig ergehenden Beschlussverfügung an ihn erfolgen (§ 176 ZPO), anderenfalls grundsätzlich keine Vollziehung der Verfügung vorliegt (Gefahr des Verstreichens der Vollziehungsfrist, § 929 Abs. 2 ZPO; vgl. dazu OLG Düsseldorf WRP 1982, 531 f. und GRUR 1984, 79, 80; OLG Karlsruhe WPR 1986, 166 ff.; zur Problematik vgl. auch *Melullis* WRP 1982, 249 ff.; zur Heilung eines Zustellungsmangels gem. § 187 ZPO im Bereich des § 929 Abs. 2 ZPO vgl. OLG Karlsruhe aaO. mwN; OLG Frankfurt WRP 2000, 411). Hat der Antragsteller in nicht vorwerfbarer Weise keine Kenntnis davon, dass sich für den Antragsgegner ein Anwalt bestellt hat, so kann die Zustellung an den Antragsgegner persönlich als Vollziehung ausreichen (OLG Hamburg GRUR 1987, 66; OLG Frankfurt MD 1988, 1105, 1106).

7. Es ist Ziel einer Schutzschrift, die vorstehend in Anm. 3 geschilderten und zu Lasten des mutmaßlichen Antragsgegners bestehenden prozessualen Nachteile auszugleichen. Da des Weiteren bei Einreichung einer Schutzschrift ein Antrag auf Erlass einer einstweiligen Verfügung regelmäßig noch nicht vorliegt, ist durch die Schutzschrift selbst ein Prozessrechtsverhältnis noch nicht begründet (str., a. A. OLG Hamburg WRP 1977, 495 f.), so dass ein Sachantrag nicht ohne weiteres möglich erscheint. Gemäß § 937 Abs. 2 ZPO kann jedoch nicht nur in dringenden Fällen, sondern auch dann, wenn der Verfügungsantrag aus prozessualen oder sachlichen Gründen zurückzuweisen ist, eine Entscheidung ohne mündliche Verhandlung ergehen. Es ist mithin schon in der Schutz-

schrift ein Zurückweisungsantrag zu stellen (zur Zulässigkeit eines Sachantrages vgl. *Hilgard,* Die Schutzschrift beim Wettbewerbsrecht, 1985, S. 14 mwN.; *Teplitzky,* Wettbewerbsrechtliche Ansprüche, 7. Aufl. 1997, Kap. 55 Rd. 52 mwN.; *Wilke/Jungeblut,* Abmahnung und Schutzschrift, S. 95).

8. Dieser Antrag verwirklicht den eigentlichen Zweck der Schutzschrift (vgl. Anm. 3).

9. Der Kostenantrag hat für den Fall Bedeutung, dass es trotz Einreichung eines Antrags auf Erlass einer einstweiligen Verfügung nicht zur Durchführung einer mündlichen Verhandlung kommt, weil entweder der Verfügungsantrag durch Beschluss zurückgewiesen (vgl. zu dieser Möglichkeit Anm. 7) oder vom Antragsteller zurückgenommen wird. Kommt es zur Zurückweisung des Verfügungsantrags durch Beschluss, so muss das Gericht schon von Amts wegen gemäß § 308 Abs. 2 ZPO dem Antragsteller die Kosten des Verfahrens auferlegen, ohne zu prüfen, ob dem Antragsgegner erstattungsfähige Kosten entstanden sind oder nicht (zutr. OLG Hamburg WRP 1983, 586 für den Fall der Antragsrücknahme). Zu den Kosten des Verfügungsverfahrens gehören auch diejenigen der Hinterlegung einer Schutzschrift (str., wie hier die wohl überwiegende Auffassung der Oberlandesgerichte, vgl. dazu die Nachweise bei *Teplitzky* in Anm. zu OLG Düsseldorf GRUR 1988, 405; insbesondere OLGe Frankfurt WRP 1996, 117; Düsseldorf GRUR 1995, 171 = WRP 1995, 499; Koblenz WRP 1995, 246; München JurBüro 1994, 632).

10. Zustimmungserklärung gemäß §§ 217, 224 Abs. 1 ZPO, die zwar entbehrlich (Ladungsfristen können gemäß § 226 Abs. 3 ZPO auch ohne Zustimmung des Antraggegners abgekürzt werden), jedoch üblich ist und dem besonderen Eilcharakter des Verfügungsverfahrens entspricht. Eine Einlassungsfrist (§ 274 Abs. 3 ZPO) gibt es im einstweiligen Verfügungsverfahren nicht.

11. Diese Erklärung verwirklicht das Prinzip des rechtlichen Gehörs, diesmal für den Antragsteller.

12. Der Sachverhalt entspricht der Fallgestaltung der Entscheidung BGH GRUR 1965, 363 f. – Fertigbrei.

13. Es empfiehlt sich, das Streitverhältnis kurz darzustellen, insbesondere eine etwaig angegriffene Werbeanzeige zum Zwecke der Anschauung zu übermitteln. Im Hinblick auf die in § 937 Abs. 2 ZPO vorgesehene Möglichkeit, einen Verfügungsantrag sowohl aus prozessualen wie auch aus materiellen Gründen ohne mündliche Verhandlung durch Beschluss zurückzuweisen, sollte nicht nur zu den prozessualen Fragen der Dringlichkeit, die in Wettbewerbsangelegenheiten gemäß § 25 UWG vermutet wird, und der besonderen Dringlichkeit der §§ 937 Abs. 2, 944 ZPO, sondern auch zur materiellrechtlichen Streitfrage in tatsächlicher und rechtlicher Hinsicht Stellung genommen werden (vgl. dazu auch *Teplitzky* NJW 1980, 1667 mwN.).

14. Vgl. *Baumbach/Hefermehl* UWG § 3 Rdn. 15.

15. Vgl. BGH GRUR 1965, 363, 365 linke Sp. – Fertigbrei.

16. Soweit zur Dringlichkeit als der Zulässigkeitsvoraussetzung eines Antrags auf Erlass einer einstweiligen Verfügung Stellung genommen wird, enthält die Schutzschrift eine die Zurückweisung des Antrags auf Erlass einer einstweiligen Verfügung betreibende Verteidigung (vgl. § 937 Abs. 2 ZPO).

17. Vgl. *Baumbach/Hefermehl* UWG § 25 Rdn. 11 ff., insbesondere 13 a ff. mwN. aus der sehr kontroversen Rspr. Im Bereich des § 3 UWG wird teilweise die Auffassung vertreten, dass die für den Erlass einer einstweiligen Verfügung erforderliche Dringlichkeit ohne Berücksichtigung des Zeitablaufs gegeben sei (vgl. OLG Hamburg WRP 1977, 109; kritisch: *Teplitzky* WRP 1978, 117 ff. und WRP 1980, 375 Fn. 29). Die Kenntnis des Gläubigers vom Wettbewerbsverstoß und damit die Widerlegung der Dringlichkeit muss der Wettbewerbsstörer darlegen und gegebenenfalls glaubhaft machen (*Baumbach/ Hefermehl* UWG § 25 Rdn. 13b).

18. Wird die für den Erlass einer einstweiligen Verfügung erforderliche Dringlichkeit vom Gericht angenommen, so ist damit noch nicht die Annahme besonderer Dringlichkeit gemäß §§ 937 Abs. 2, 944 ZPO gerechtfertigt (vgl. Anm. 3), wenngleich auch in der Praxis regelmäßig bejaht. Dennoch sollte auf die besondere Problematik bei Annahme der besonderen Dringlichkeit in der Schutzschrift hingewiesen werden.

Kosten und Gebühren

Zur Höhe von Anwaltsgebühren im Zusammenhang mit der Hinterlegung von Schutzschriften vgl. *Hilgard,* Die Schutzschrift im Wettbewerbsrecht, 1985, S. 112ff.; *May,* Die Schutzschrift im Arrest- und Einstweiligen-Verfügungsverfahren, 1983, S. 109ff.; *Wilke/ Jungeblut,* Abmahnung und Schutzschrift, 1995, S. 98ff.

Die jüngere Rechtsprechung der OLGe bejaht eine prozessuale Kostenerstattungspflicht für die Hinterlegung einer Schutzschrift durch den unterlegenen Antragsteller bzw. im Falle der Rücknahme seines Verfügungsantrags (OLGe Koblenz GRUR 1995, 171; Frankfurt GRUR 1996, 229; Düsseldorf Mitt. 1995, 192; ferner oben Anm. 9). Die Anwaltsgebühren für die Anfertigung und Hinterlegung einer Schutzschrift bestimmen sich nach §§ 31ff. BRAGO:

Nach wohl noch überwiegender Meinung entsteht durch Hinterlegung einer Schutzschrift gemäß §§ 40, 31 Abs. 1 Nr. 1 BRAGO nur eine 5/10 Prozessgebühr, auch wenn sie einen Sachantrag enthält (OLG Köln GRUR 1988, 725; OLGR 96, 51; OLG München WRP 1992, 811; OLG Düsseldorf Rpfleger 1995, 381; KG WRP 1999, 547; *Göttlich/Mümmler,* BRAGO, 18. Aufl. 1994, 1231; *Gerold/Schmidt/v. Eicken/Madert,* BRAGO, 14. Aufl. 1999, Rdn. 30 zu § 40; a. A., nämlich Entstehung einer 10/10 Prozessgebühr: OLG Koblenz, JurBüro 1990, 1160; GRUR 1995, 171; *Teplitzky,* Wettbewerbsrechtliche Ansprüche, 7. Aufl. 1997, Kap. 55, Rdn. 57; *Köhler/Piper,* UWG, 2. Aufl. 2001 § 25 Rdn. 40; *Deutsch,* GRUR 1990, 327, 332).

Geht man davon aus, dass die Kosten einer Schutzschrift nicht als Prozesskosten erstattungsfähig sind, so ist § 118 Abs. 1 BRAGO einschlägig. Danach besteht ein Gebührenrahmen zwischen 5/10 und 10/10 Anwaltsgebühr (vgl. *Borck* WRP 1978, 265; *May,* Die Schutzschrift im Arrest- und Einstweiligen-Verfügungsverfahren, 1983, S. 111, der regelmäßig eine 5/10 Gebühr für angemessen hält; ebenso zuvor schon *Pastor* WRP 1972, 229/237 r. Sp.).

3. Antrag auf Erlass einer einstweiligen Verfügung wegen irreführender Werbung und unerlaubter Bezugnahme

Landgericht
Kammer für Handelssachen[1]

Antrag

auf Erlass einer einstweiligen Verfügung

der Industrie- und Handelskammer zu Düsseldorf, Ernst-Schneider-Platz 1, 40212 Düsseldorf, vertreten durch den Vorstand, dieser vertreten durch ......, ebenda,

– Antragstellers –

Verfahrensbevollmächtigter: Rechtsanwalt ......

gegen

die Firma B ......

– **Antragsgegnerin** –

wegen unlauteren Wettbewerbs

Streitwert: vorläufig geschätzt EUR ......[2]

Namens und in Vollmacht[3] der Antragstellerin beantrage ich,
das Gericht möge im Wege der einstweiligen Verfügung – wegen besonderer Dringlichkeit ohne mündliche Verhandlung durch Beschluss –[4] anordnen:

I. Der Antragsgegnerin wird es bei Meidung eines für jeden Fall der Zuwiderhandlung fälligen Ordnungsgeldes bis zu EUR 250.000,–, ersatzweise Ordnungshaft bis zu 6 Monaten oder Ordnungshaft bis zu 6 Monaten, im Wiederholungsfall Ordnungshaft bis zu zwei Jahren[5], untersagt,
sich im geschäftlichen Verkehr zu Wettbewerbszwecken zur Kennzeichnung ihres auf den Vertrieb von fabrikmäßig hergestellten Brotes gerichteten Geschäftsbetriebes der Bezeichnung

„Die Backstube"

zu bedienen[6];

II. der Antragsgegnerin werden die Kosten des einstweiligen Verfügungsverfahrens auferlegt.

Begründung:

I.

1. Die Antragstellerin ist die Industrie- und Handelskammer zu Düsseldorf. Sie ist zur Geltendmachung wettbewerbsrechtlicher Ansprüche gemäß § 13 Abs. 2 Nr. 4 UWG aktivlegitimiert[7].
2. Die Antragsgegnerin stellt fabrikmäßig Backwaren her. Sie verfügt beispielsweise über eine Fabrik in ...... stadt. Zum Zwecke der Glaubhaftmachung überreiche ich als Anlage 2 Angebotsunterlagen der Antragsgegnerin, aus denen sich die fabrikmäßige Herstellung ihrer Backerzeugnisse ergibt. Die Antragsgegnerin ist dazu übergegangen, ihre Backerzeugnisse nicht nur wie bisher durch Lebensmittelfilialisten und die Fachabteilungen der Kaufhäuser abzusetzen, sondern auch eigene Vertriebsstellen gegenüber dem Endverbraucher einzurichten. Eine derartige Vertriebsstelle befindet sich beispielsweise in ...... Bei dem Vertrieb ihrer Erzeugnisse durch eigene Vertriebsstellen gegenüber dem Endverbraucher bedient sich die Antragsgegnerin jedoch unzulässiger Mittel, indem sie ihre Vertriebsstellen jeweils als „Die Backstube" bezeichnet. Diese Bezeichnung bringt sie beispielsweise außerhalb des Ladengeschäftes an.
   Glaubhaftmachung: Foto des Ladengeschäftes der Antragsgegnerin in ...... stadt; überreicht als Anlage 3[8].
3. Die Antragsgegnerin ist vor Antragstellung durch Übersendung eines Anwaltsschreibens unter Fristsetzung von einer Woche ergebnislos abgemahnt worden. Insoweit ist der anhängig gemachte Antrag auf Erlass einer einstweiligen Verfügung zur Durchsetzung der Rechte der Antragstellerin dringend geboten[9].

II.

Die rechtliche Bewertung ergibt das Folgende:

1. Das Verhalten der Antragsgegnerin verstößt gegen § 3 UWG. Wird wie hier eine Bezeichnung „Die Backstube" im Zusammenhang mit einem Ladengeschäft und den

darin angebotenen gewerblichen Leistungen benutzt, so handelt es sich um eine Angabe im Sinne des § 3 UWG[10]. Der Begriff „Backstube" weist auf eine handwerklich ausgeführte Tätigkeit des Bäckereigewerbes hin. In einer „Backstube" backt nach den Vorstellungen des Publikums der Bäcker; eine Fabrikationshalle, in denen Backwaren fabrikmäßig hergestellt werden, pflegt nicht als „Backstube" bezeichnet zu werden. Infolgedessen ist die Angabe „Backstube" im Zusammenhang mit dem Vertrieb von fabrikmäßig hergestellten Backwaren geeignet, das Kaufpublikum über den Herstellungsort, die Herstellungsweise und insbesondere auch die Qualität derartiger Backwaren irrezuführen. Denn allgemein besteht die Vorstellung, dass dasjenige, was „von Hand gebacken" ist, in der Qualität besser sei als die fabrikmäßige Herstellung. Da die Mitglieder der angerufenen Kammer ebenfalls zu den hier interessierenden Verkehrskreisen – den Letztverbrauchern – gehören und es sich um Waren des täglichen Bedarfs handelt, kann die Kammer auf Grund eigener Sachkunde und Erfahrung die hier geltend gemachte Irreführung bejahen[11].

2. Neben dem Verstoß gegen § 3 UWG liegt auch eine Verletzung des § 1 UWG in der Verwendung der Bezeichnung „Die Backstube" im Zusammenhang mit dem Vertrieb von Fabrikbackwaren. Mit der Bezeichnung „Backstube" wird nämlich anlehnend Bezug genommen auf das Bäckereihandwerk, indem die mit dem Bäckereihandwerk verbundenen Qualitätsvorstellungen der dort erzeugten Waren zum Vorspann für die eigene Leistung gemacht werden. Die in Rede stehende Bezugnahme ist auch ausreichend individualisiert, da der Kreis der Betroffenen überschaubar ist. Es handelt sich um die ortsansässigen Bäcker und Konditoren, an deren Leistungen sich die Antragsgegnerin anlehnt. Auf die Frage der Individualisierbarkeit der Bezugnahme kommt es hier jedoch schon deshalb nicht an, weil der streitgegenständlichen Angabe der Antragsgegnerin zu eigen ist, anstelle sachlicher Information in suggestiver Weise das Kaufpublikum durch die Verwendung einer Bezeichnung anzulocken, mit der es eine andere und günstigere Vorstellung verbindet, als es der wirklichen Sachlage entspricht. Ein solches Verhalten ist unzulässig (vgl. BGH WRP 1967, 184 ff. – Maßkleidung)[12].
3. Der Verfügungsgrund wird in Wettbewerbssachen gemäß § 25 UWG vermutet. Tatsächlich liegt die Dringlichkeit auch auf der Hand. Würde es der Antragsgegnerin gestattet, ihr unzulässiges Verhalten weiterhin fortzusetzen, so würde den Mitgliedern der Innungsverbände des Antragstellers ein nicht wieder gutzumachender Schaden entstehen. Es ist ein allgemeiner Erfahrungssatz im Wettbewerbsrecht, dass im Nachhinein durch die Geltendmachung von Schadensersatz der tatsächlich entstandene Schaden nicht mehr ausgeglichen werden kann. Damit ist zugleich auch die besondere Dringlichkeit für den Erlass einer einstweiligen Verfügung gemäß § 937 Abs. 2 ZPO ohne mündliche Verhandlung dargetan[13].
4. Die Zuständigkeit des angerufenen Gerichts ergibt sich daraus, dass die Antragsgegnerin auch im Gerichtsbezirk über eine Vertriebsstätte verfügt.

   Glaubhaftmachung: Eidesstattliche Versicherung gemäß Anlage 4.

Eine beglaubigte und eine einfache Abschrift sind zum Zwecke der Zustellung[14] beigefügt[15].

Rechtsanwalt

Schrifttum: Ahrens, Wettbewerbsverfahrensrecht/Zum vorbeugenden Rechtsschutz durch einstweiligen Rechtsschutz, 1983; *Bernecke,* Die einstweilige Verfügung in Wettbewerbssachen, 1995; *Ulrich,* Die Beweislast in Verfahren des Arrestes und der einstweiligen Verfügung, GRUR 1985, 201 ff.; *ders.,* Die Aufbrauchsfrist in Verfahren der einstweiligen Verfügung, GRUR 1991, 26 ff.; *ders.,* Die Befolgung und Vollziehung einstweiliger Unterlassungsverfügungen sowie der Schadensersatzanspruch gem. § 945 ZPO, WRP 1991, 361 ff.; *Mes,* Kenntnis Dritter und Dringlichkeitsvermutung des § 25

UWG, FS für *Nirk,* 1992, S. 661; *Traub,* Verlust der Eilbedürftigkeit durch prozessuales Verhalten des Antragstellers, GRUR 1996, 707; vgl. die weiteren Hinweise in der Schrifttumsübersicht zu Form. II. L. 1.

Hinweis: Ein weiteres Beispiel für einen Antrag auf Erlass einer einstweiligen Verfügung wegen irreführender Werbung bei *Mes/Bopp,* Münchener Prozeßformularbuch, Gewerblicher Rechtsschutz, Urheber- und Presserecht, 2000, S. 29 ff.

Anmerkungen

1. Die Zuständigkeit der Kammer für Handelssachen ergibt sich gemäß §§ 94, 95 Abs. 1 Nr. 5 GVG, § 27 Abs. 1 UWG. Vgl. zur Zuständigkeit auch Anm. 2 zu Form. II. L. 2. Vor jedem Antrag auf Erlass einer einstweiligen Verfügung sowie insbesondere vor der Zustellung einer Beschlussverfügung sollte sorgfältig das sich im Zusammenhang mit § 945 ZPO ergebende Schadensersatzrisiko erwogen werden. Erweist sich nämlich die ergangene einstweilige Verfügung von Anfang an als unbegründet, so ist der Antragsteller verpflichtet, dem Antragsgegner den sich aus der Vollziehung (= Zustellung) der Unterlassungsverfügung entstehenden Schaden zu erstatten. Auf ein Verschulden des Antragstellers kommt es dabei nicht an. Instruktiv sind hierzu die Entscheidungen BGH GRUR 1992, 203 – Roter mit Genever; 1993, 998 – Verfügungskosten. Enthält allerdings eine einstweilige Verfügung keine Strafandrohung, so entfällt eine Schadensersatzpflicht aus § 945 ZPO (BGH WRP 1996, 104). Ein unterlassener Widerspruch kann ein den Schadensersatzanspruch ausschließendes Mitverschulden begründen (OLG Nürnberg GRUR 1996, 998). Zum Sonderfall des Ersatzes eines durch die Vollziehung entstandenen Schadens gemäß § 945 ZPO auch ohne Vollziehung vgl. *Ulrich,* WRP 1999, 280.

2. Gegenstand eines Verfügungsbegehrens ist regelmäßig lediglich ein Unterlassungsanspruch, dessen vorläufige Sicherung erstrebt wird (zur Geltendmachung von Auskunftsansprüchen im Verfahren der einstweiligen Verfügung vgl. *Traub,* WRP 1997, 135). Bei einigen Gerichten hat sich daher die Übung herausgebildet, den Streitwert eines wettbewerbsrechtlichen Verfügungsverfahrens geringer als denjenigen eines Hauptklageverfahrens mit gleichem Unterlassungsantrag anzusetzen. LG Berlin und KG gehen z. B. davon aus, dass der Streitwert des Verfügungsverfahrens lediglich $1/3$ der Hauptklage betrage (vgl. KG WRP 1982, 157; 1977, 793; dagegen *Ahrens* GRUR 1988, 727). Die Rspr. der Oberlandesgerichte ist nicht einheitlich (vgl. *Kur,* Streitwert und Kosten im Verfahren wegen unlauteren Wettbewerbs. Abmahnung, einstweilige Verfügung, Hauptsacheklage, Streitwertbegünstigung; *Ahrens,* Wettbewerbsverfahrensrecht, S. 227 ff., 279 ff.). Es erscheint häufig angemessen, den Streitwert des Unterlassungsverfügungsverfahrens in vergleichbarer Höhe wie denjenigen des Hauptklageverfahrens zu bestimmen. Die rasche Durchsetzung des Unterlassungsinteresses des Gläubigers im Verfügungsverfahren wiegt ebenso schwer wie seine langfristige Durchsetzung in einem Hauptklageverfahren. Hinzu kommt, dass der Weg der einstweiligen Verfügung vom Wettbewerbsgläubiger häufig mit dem Ziel beschritten wird, eine endgültige Regelung zu bewirken (vgl. z. B. das Instrument des Abschlussschreibens, Form. II. L. 4; wie hier OLG Hamburg WRP 1980, 209, 213; vgl. auch *Baumbach/Hefermehl,* UWG, § 25, Rdn. 45 mwN; a. A. *Teplitzky,* Wettbewerbsrechtliche Ansprüche, 7. Aufl. 1997, Kap. 49, Rdn. 25 bis 29). Zum Streitwert einer Wettbewerbsklage vgl. Form. II. L. 9 Anm. 3. Der Angabe eines Streitwertes in wettbewerbsrechtlichen Anträgen auf Erlass einer einstweiligen Verfügung oder in einer Klage kommt nur indizielle Bedeutung zu (OLG Köln MD 1994, 80). Dem wird durch die Hinzufügung der Worte „vorläufig geschätzt" Rechnung getragen. Es kann sich empfehlen – am Ende der Antragsschrift oder der Klage –, die Streitwertangabe näher zu begründen.

3. Gemäß § 88 Abs. 2 ZPO ist bei Einreichung eines Antrags auf Erlass einer einstweiligen Verfügung die Beifügung einer Vollmacht nicht erforderlich.

4. Besondere Verfahrensbitte gemäß § 937 Abs. 2 ZPO. Diese beinhaltet zugleich regelmäßig auch die Verfahrensbitte gemäß § 944 ZPO, dass der Vorsitzende der angerufenen Kammer allein entscheiden möge.

5. Vgl. § 890 Abs. 1 ZPO. Das Höchstmaß der ersatzweisen Ordnungshaft beträgt ebenfalls sechs Monate. (vgl. *Pastor,* Der Wettbewerbsprozess, 3. Aufl. 1980, S. 840 mwN.; a.A. unter Hinweis auf Art. 6 Abs. 2 EStGB *Baumbach/Lauterbach/Albers/Hartmann* ZPO, 60. Aufl. 2002, Rdn. 17 zu § 890: 6 Wochen). Es wird die Auffassung vertreten, dass bei Personalgesellschaften oder juristischen Personen Ordnungshaft, auch in Form der Ersatzordnungshaft, nicht angedroht werden könne (vgl. OLG Bremen WRP 1979, 464/466 mwN.). Ein entsprechender Antrag auf Androhung schadet jedoch nicht.

6. Zur Bestimmung des Antragsinhalts vgl. *Borck,* WRP 2000, 824; *Brandner/Bergmann*, WRP 2000, 842; *Teplitzky,* Wettbewerbsrechtliche Ansprüche, 7. Aufl. 1997, Kap. 51, Rdn. 1 ff.; *ders.*, WRP 1999, 75. In wettbewerbsrechtlichen Streitigkeiten gilt der Grundsatz, dass der Unterlassungsantrag eine „Kurzfassung" der Klageschrift bzw. des Antrags auf Erlass einer einstweiligen Verfügung sein muss. In ihm müssen diejenigen Tatumstände gekennzeichnet sein, die das Verhalten des Verletzers nach Auffassung des Rechtsschutzsuchenden als wettbewerbswidrig erscheinen lassen. Mit anderen Worten: Zu beschreiben ist die sogenannte „konkrete Verletzungshandlung". Um einen entsprechenden Antrag formulieren zu können, ist zuvor zu fragen: „Was erscheint im Verhalten des Gegners wettbewerbswidrig? Was soll angegriffen (untersagt) werden?". Maßgeblich ist, dass ein Antrag (in einer Klage – oder in einer Antragsschrift auf Erlass einer einstweiligen Verfügung) deutlich gefasst sein muss, um den Streitgegenstand und den Umfang der Prüfungs- und Entscheidungsbefugnis des Gerichtes klar zu umreißen; ferner muss sich der Beklagte erschöpfend verteidigen können und im Ergebnis darf dem Vollstreckungsgericht nicht die Entscheidung darüber überlassen bleiben, was dem Beklagten verboten ist (BGH st. RechtSpr., z.B. GRUR 2002, 72, 73 li. Sp. – Ironisierender Preisvergleich). Instruktiv: BGH GRUR 2002, 72 – Ironisierender zulässiger Preisvergleich; 2002, 86 – Laubhefter; ferner die BGH-Entscheidungen: GRUR 1979, 859/860 – Hausverbot II; 1984, 593/594 r. Sp. – Adidas; 1986, 898/900 – Frank der Tat; 1987, 371/373 – Kabinettwein; 1991, 254 = WRP 1991, 216 – Unbestimmter Unterlassungsantrag; GRUR 1992, 625 – Therapeutische Äquivalenz; WRP 1993, 478 – Faltenglätter; GRUR 1994, 310 – Mozarella II; WRP 1999, 842 – Auslaufmodelle II; OLG Frankfurt GRUR 1988, 563. Zum Begriff der konkreten Verletzungshandlung vgl. *Teplitzky* aaO Kap. 5, Rdn. 3 ff. Zur Tathandlung des Mitwirkens im Unterlassungsantrag BGH GRUR 1996, 502, 507 – Energiekosten-Preisvergleich; 1997, 139, 140 – Orangenhaut; zur Zulässigkeit von Verallgemeinerungen BGH GRUR 1996, 290 und 1997, 379 – Wegfall der Wiederholungsgefahr I und II; 1996, 781, 783, 784 – Verbrauchsmaterialien.

7. Eines weiteren Sachvortrages zur Glaubhaftmachung der Aktivlegitimation der Antragstellerin bedarf es nicht. Gemäß § 13 Abs. 2 Nr. 4 UWG sind die dort aufgeführten Institutionen, nämlich die Industrie- und Handelskammern sowie die Handwerkskammern ohne die Beschränkungen, die für die Fälle des § 13 Abs. 2 Nrn. 1 bis 3 UWG gelten, aktivlegitimiert. Es bedarf mithin keiner gesonderten Darlegung zusätzlicher Voraussetzungen, wie die Eignung der angegriffenen Handlung, den Wettbewerb auf einem relevanten Markt wesentlich zu beeinträchtigen (§ 13 Abs. 2 Nrn. 1 und 2 UWG) oder dass es sich um eine Handlung handelt, durch die wesentliche Belange der Verbraucher berührt werden (§ 13 Abs. 2 Nr. 3 UWG). Zu Einzelheiten für die Herleitung der Aktivlegitimation nach § 13 Abs. 2 Nrn. 1 bis 3 UWG vgl. Form. II. L. 1 Anm. 4 mwN.

8. Mit diesem Sachvortrag und den entsprechenden Glaubhaftmachungsmitteln wird der Verletzungstatbestand glaubhaft gemacht.

9. Eines Hinweises auf eine vorprozessuale Abmahnung bedarf es zur Begründung des Verfügungsbegehrens nicht. Ein entsprechender Sachvortrag indiziert jedoch die besondere Dringlichkeit, weil infolge der Fruchtlosigkeit der Abmahnung die Annahme nahe liegt, dass eine rasche gerichtliche Entscheidung dringend geboten ist. *Herr* schlägt vor, eine einstweilige Verfügung ohne mündliche Verhandlung dann nicht zu erlassen, wenn der Antragsteller nicht dem Verfügungsantrag das Abmahnschreiben beifügt und nicht über die Reaktion des Abgemahnten unterrichtet (GRUR 1986, 436 r. Sp.); dieser Auffassung ist die Praxis bisher nicht gefolgt.

10. § 3 UWG enthält ein Verbot, im geschäftlichen Verkehr zu Zwecken des Wettbewerbs über geschäftliche Verhältnisse, insbesondere über die Beschaffenheit, den Ursprung, die Herstellungsart oder die Preisbemessung einzelner Waren oder gewerblicher Leistungen oder des gesamten Angebots, über Preislisten, über die Art des Bezuges oder die Bezugsquelle von Waren, über den Besitz von Auszeichnungen, über den Anlass oder den Zweck des Verkaufs oder über die Menge der Vorräte irreführende Angaben zu machen. Der Begriff der Angabe ist wertfrei; er umfasst jede Aussage über geschäftliche Verhältnisse, gleichgültig in welcher Weise sie geschieht, ob mündlich, schriftlich, ausdrücklich oder schlüssig. Insbesondere kann auch in der Bezeichnung einer Firma, eines Ladengeschäftes usw. eine Angabe liegen. So liegt der Fall hier. Weitere anspruchsbegründende Voraussetzung ist, dass es sich um eine irreführende Angabe handelt, die darüber hinaus geeignet sein muss, die Entschließung der Umworbenen irgendwie zu beeinflussen (vgl. zu diesem Erfordernis wettbewerbsrechtlicher Relevanz *Baumbach/Hefermehl* UWG § 3 Rdn. 87ff.).

11. Die Feststellung der Verkehrsauffassung der Allgemeinheit obliegt dem Tatrichter. Ist der Tatrichter Teil dieser Allgemeinheit, so ist er dazu regelmäßig ohne weiteres in der Lage (vgl. BGH GRUR 2002, 550, 552 – Elternbriefe). Nach früherer Rechtsprechung des Bundesgerichtshofs waren höhere Anforderungen an die Feststellung der Verkehrsauffassung kraft eigener Sachkunde und Lebenserfahrung zu stellen, wenn ein Gericht den Tatbestand einer Irreführung bejahen wollte (vgl. z.B. BGH GRUR 1992, 406, 407 = WRP 1992, 469 – Beschädigte Verpackung I; zuvor BGH GRUR 1963, 270, 273 = WRP 1962, 404 – Bärenfang; GRUR 1978, 652, 653 = WRP 1978, 656 – mini-Preis). In neuerer Rechtsprechung geht der Bundesgerichtshof jedoch davon aus, dass bei der Ermittlung des Verkehrsverständnisses auf einen situationsadäquat durchschnittlich aufmerksamen, informierten und verständigen Verbraucher abzustellen ist (BGH GRUR 2000, 619, 621 = WRP 2000, 517 – Orientteppichmuster; GRUR 2000, 820, 821 = WRP 2000, 724 – Space Fidelity Peep-Show; GRUR 2001, 1166, 1169 li.Sp. – Fernflugpreise; 2002, 550, 552 – Elternbriefe). Kommt es auf die Vorstellung eines aufmerksamen Durchschnittsverbrauchers an und nicht auf die davon möglicherweise abweichende Anschauung einer Minderheit von Verbrauchern, so ist es letztlich ohne Bedeutung, ob der Tatrichter seine Sachkunde und Lebenserfahrung zur Bejahung oder zur Verneinung einer Irreführungsgefahr einsetzt (BGH GRUR 2002, 550, 552 – Elternbriefe; vgl. *Bornkamm,* WRP 2000, 830, 832, 834).

12. Sachverhalt und Begründung des Formulars sind der Entscheidung OLG Bremen WRP 1979, 464ff. entnommen.

13. Die Angaben zur Dringlichkeit sollten sich sowohl auf die Bestimmung des § 25 UWG – Dringlichkeitsvermutung – als auch insbesondere auf die Darlegung der besonderen Dringlichkeit gemäß § 937 Abs. 2 ZPO beziehen.

Vor Einreichung eines Antrags auf Erlass einer einstweiligen Verfügung muss freilich vom Antragsteller schon im Vorgriff auf ein etwaiges Verteidigungsvorbringen des Antragsgegners geprüft werden, ob die Dringlichkeitsvermutung des § 25 UWG widerlegt werden kann (vgl. dazu Form. II. L. 2). Die Dringlichkeitsvermutung kann dann entfallen, wenn dem Antragsteller eine Durchsetzung seines Anspruchs im ordentlichen Verfahren zuvor möglich war oder noch ist (OLG Frankfurt MD 1993, 666, 667; GRUR 1989, 227; *Traub,* GRUR 1996, 707). Sie ist regelmäßig dann widerlegt, wenn der Antragsteller durch sein Verhalten zu erkennen gegeben hat, dass es ihm mit der Durchsetzung des geltend gemachten Unterlassungsanspruchs nicht eilig ist. So kann die Dringlichkeitsvermutung widerlegt sein, wenn ein Antragsteller, der in erster Instanz mit seinem Antrag abgewiesen worden war, in der Berufungsinstanz den Verfügungsantrag zurücknimmt und diesen erneut vor einem anderen erstinstanzlichen Gericht anhängig macht (OLG Karlsruhe GRUR 1993, 135). Es kann für die Widerlegung genügen, dass sich der Antragsteller mit der Zustellung der einstweiligen Verfügung 2 Wochen Zeit lässt (OLG Düsseldorf WRP 1999, 865). Für die Annahme fehlender Eilbedürftigkeit spricht jede längere Untätigkeit in Kenntnis des Wettbewerbsverstoßes (allg. Meinung, vgl. die Nachweise bei *Baumbach/Hefermehl* UWG Rdn. 13 zu § 25 UWG). Die Frage, welcher Zeitraum seit Kenntnis des Wettbewerbsverstoßes verstrichen sein muss, um die Dringlichkeitsvermutung des § 25 UWG zu widerlegen, wird durch die Oberlandesgerichte uneinheitlich beantwortet:

Es scheint ein Nord-Südgefälle zu geben. Das Oberlandesgericht Hamburg beurteilt die Dringlichkeit relativ großzügig. Eine kritische Grenze ist bei einem Zuwarten von ca. 6 Monaten erreicht (vgl. OLG Hamburg GRUR 1977, 175, WRP 1981, 326, GRUR 1983, 134 – Frische-Werbung; WRP 1984, 418; MD 1996, 737). Soweit Allgemeininteressen berührt sind, wie es insbesondere bei einer Anspruchsherleitung aus § 3 UWG der Fall ist, steht das OLG Hamburg auf dem Standpunkt, dass auch nach längeren Zeitabläufen die Dringlichkeit – grundsätzlich – zu bejahen ist (vgl. OLG Hamburg GRUR 1977, 161; GRUR 1978, 313; dagegen: *Teplitzky* WRP 1978, 117 ff. und WRP 1980, 375 Fn. 29). Demgegenüber vertritt das Oberlandesgericht München die Auffassung, dass ein Zuwarten von 4 Wochen durch den Antragsteller bis zum Antrag auf Erlass einer einstweiligen Verfügung, eine Verlängerung der Berufungsbegründungsfrist durch ihn sowie die Ausschöpfung der verlängerten Frist oder die Führung von Verhandlungen über einen Zeitraum von etwa 40 Tagen mit dem Ziel einer gütlichen Beilegung der Angelegenheit die Dringlichkeitsvermutung widerlegen (vgl. OLG München GRUR 1976, 150 – Q-Tip's, WRP 1981, 49/50 rechte Sp., 1983, 643 f.; MD 1991, 72 und 1996, 1027 (einen Monat); GRUR 1992, 328; im Hinblick auf die Verlängerung der Berufungsfrist und deren Ausschöpfung ebenso OLG Köln WRP 1975, 745; ferner OLG Köln MD 1993, 408 = GRUR 1993, 685: Zuwarten von ca. 2 Monaten. Nicht ganz so einschneidend ist die Rechtsprechung des OLG Koblenz WRP 1973, 484: ein Zuwarten von 2 bis 3 Monaten soll die Dringlichkeit ausschließen. Nach einer vermittelnden, wohl noch in der Praxis als vorherrschend anzusehenden Auffassung (vgl. dazu Bericht in GRUR 1977, 209; OLG Stuttgart WRP 1997, 355, 357 re. Sp.), gilt eine Grenze von ca. 6 Monaten, nach deren Ablauf die Dringlichkeitsvermutung widerlegt ist. Lässt der Antragsteller mehr als einen Monat verstreichen, kann die Begründung des Verfügungsgrundes schon Schwierigkeiten machen. Maßgeblich sind jeweils die Umstände des Einzelfalles; insbesondere, ob es notwendig war, den Sachverhalt weiter aufzuklären. Dann können großzügigere Maßstäbe (ein Verstreichenlassen von 2 oder 3 Monaten) angelegt werden (vgl. KG WRP 1980, 491; OLG Hamm GRUR 1988, 717).Zur Problematik vgl. *U. Krieger* GRUR 1975, 168 ff.; *Klaka* GRUR 1979, 593 ff. Zum Verlust der Dringlichkeitsvermutung durch prozessuales Verhalten vgl. *Traub,* GRUR 1996, 707.

Hatte ein Wettbewerber keine positive Kenntnis von der streitgegenständlichen Werbemaßnahme, so hindert auch eine langjährige und umfassend betriebene Werbung nicht die Annahme der Dringlichkeit gem. § 25 UWG (allg. Meinung, vgl. *Baumbach/Hefermehl,* UWG, § 25 Rdn. 12 mwN.; a. A. OLG Koblenz WRP 1985, 578/579). Insbesondere trifft einen Wettbewerber keine Marktbeobachtungspflicht, so dass lediglich positive Kenntnis von einem Wettbewerbsverstoß bei längerem Zuwarten geeignet ist, die Dringlichkeitsvermutung des § 25 UWG zu widerlegen (OLG Koblenz aaO.; OLG München GRUR 1980, 1017, 1019 li. Sp.; *Mes,* FS für *Nirk,* S. 661, 667f.; str., vgl. zum Meinungsstand *Baumbach/Hefermehl* UWG Rdn. 12 zu § 25 UWG). Allerdings kann die Dringlichkeitsvermutung des § 25 UWG im Einzelfall so stark erschüttert sein, dass den Gläubiger eine verstärkte Darlegungs- und Glaubhaftmachungslast im Hinblick auf den Zeitpunkt trifft, wann genau er bzw. seine Organe und/oder zuständigen Mitarbeiter erstmals Kenntnis von einem Wettbewerbsverstoß genommen haben. Ein solcher Fall liegt z.B. dann vor, wenn durch einen Wettbewerber eine Werbung angegriffen wird, die mehr als ein Jahr in großformatigen Zeitungsinseraten ständig wiederholt wurde und bei Annahme normaler Umstände der Wettbewerber von eben dieser Werbung hätte Kenntnis nehmen müssen (OLG Düsseldorf WRP 1985, 266ff.).

Ist die Dringlichkeitsvermutung widerlegt, so muss der Antragsteller die Dringlichkeit gesondert darlegen und ggf. glaubhaft machen, z.B. damit, dass neue Umstände eine sofortige gerichtliche Entscheidung erfordern. Zum „Wiederaufleben" der Dringlichkeit vgl. OLG Köln GRUR 1977, 220/221 – Charlie; WRP 1978, 557; OLG Koblenz GRUR 1995, 499 – Änderung der Wettbewerbslage; insbesondere bei Verstärkung der Werbung: OLG Köln MD 1999, 131; OLG Frankfurt NJWE-WettbR 1997, 23).

Schließlich kann die Dringlichkeitsvermutung widerlegt sein, wenn Dritte von dem gerügten Wettbewerbsverstoß Kenntnis hatten und dies dem Antragsteller zurechenbar ist (Fall der sog. Wissensvertretung; vgl. *Mes,* in FS für *Nirk,* 1992, S. 661ff.; *Baumbach/Hefermehl,* UWG, § 25 Rdn. 13b).

14. Zur Wahrung der einmonatigen Vollziehungsfrist (§§ 929 Abs. 2, 936 ZPO) ist es erforderlich, die Unterlassungsverfügung, auch soweit sie durch Urteil ergangen ist, im Parteibetrieb zuzustellen; eine amtswegige Zustellung der Urteilsverfügung gem. § 317 ZPO reicht insoweit nicht aus (so die wohl h.M., vgl. BGHZ 120, 79, 86 = GRUR 1993, 415, 416 – Straßenverengung – mit Nachweisen zum Meinungsstand; OLG Düsseldorf, GRUR-RR 2001, 94; OLG Frankfurt WRP 2000, 411; a.A. OLG Stuttgart WRP 1997, 350, 352, 353; zur fristgebundenen Vollziehung vgl. *Ahrens,* WRP 1999, 1). Dabei ist insbesondere der Fall der Hinterlegung einer Schutzschrift zu beachten. Gemäß § 176 ZPO ist an den Anwalt, der sich mit einer Schutzschrift bestellt hat, zuzustellen (allg. Meinung, vgl. statt vieler OLG Köln GRUR-RR 2001, 71; a.A. OLGe Stuttgart WRP 1996, 60 und Hamburg GRUR 1987, 66 für den Fall, dass Antragsteller ohne Verschulden keine Kenntnis von Schutzschrift hatte). Eine Heilung dieses Zustellungsmangels ist gemäß § 187 ZPO möglich (zu dieser Streitfrage vgl. OLG Hamburg MD 1993, 916ff. mit umfassender Übersicht des Meinungsstandes), allerdings nur in der Vollziehungsfrist des § 929 Abs. 2 ZPO (OLG Frankfurt WRP 2000, 411). Vgl. Form. II. L. 2. Anm. 6.

Die einmonatige Vollziehungsfrist beginnt bei Erlass einer Beschlussverfügung mit der Zustellung der Verfügung an den Gläubiger (vgl. § 329 Abs. 2 S. 2 ZPO; streitig; wie hier *Baumbach/Hefermehl,* UWG, § 25 Rdn. 56; a.A. h.M., wonach die formlose Aushändigung an den Gläubiger genügen soll, z.B. OLG Düsseldorf GRUR 1984, 76; weitere Nachweise bei *Baumbach/Hefermehl* aaO.). Im Falle einer Urteilsverfügung beginnt die einmonatige Vollziehungsfrist mit der Verkündung des Urteils (OLG Stuttgart WRP 1997, 873, 875; OLG Celle NJW 1986, 2441; *Baumbach/Hefermehl,* UWG, § 25 Rdn. 58 mwN.). Die Richtigkeit der hier vertretenen Auffassung wird durch die Neufassung des § 204 Abs. 1 Nr. 9 BGB bestätigt. Danach wird die Verjährung u.a. durch die Zustellung einer einstweiligen Verfügung gehemmt, wenn diese innerhalb eines Monats seit Verkündung (im Falle der Urteilsverfügung) bzw. Zustellung an den Gläubiger (Beschlussverfügung) dem Schuldner zugestellt wird.

Zur Wahrung der Vollziehungsfrist genügt es, wenn nur der Zustellungsantrag innerhalb der Frist gestellt wird, die Zustellung selbst aber erst demnächst erfolgt (OLG Düsseldorf GRUR-RR, 2001, 94; LG Frankfurt NJW-RR 2000, 1236; OLG Celle, OLGR 1996, 226; zur Problematik vgl. *Treffer,* MDR 1998, 951.

Bei einer im Wege des Parteibetriebs notwendigen Zustellung der einstweiligen Verfügung werden häufig Fehler gemacht, die dazu führen, dass die Vollziehungsfrist nicht gewahrt ist. So muss beispielsweise eine zugestellte Ausfertigung die Urschrift der ergangenen einstweiligen Verfügung wortgetreu wiedergeben. Gibt die zugestellte Ausfertigung die Unterschrift eines Richters wieder, der die Beschlussverfügung bzw. das Urteil nicht selbst unterschrieben hat, enthält die Ausfertigung einen derart schwerwiegenden Mangel, dass die Zustellung nicht als wirksam angesehen werden kann (OLG Hamm WRP 1989, 262). Durch die ordnungsgemäße Amtszustellung des vollständig abgefassten Urteils wird dieser Zustellungsmangel nicht geheilt (OLG Hamm, aaO.). Gleiches gilt für die Zustellung einer Beschlussverfügung, die keine Ordnungsmittelandrohung enthält (OLG Hamm GRUR 1991, 336). Die Zustellung einer einfachen Abschrift (OLG Zweibrücken GRUR-RR 2001, 288) oder einer beglaubigten Fotokopie einer einfachen Abschrift (ohne Ausfertigungsvermerk) ist wirkungslos. Diese Zustellungsmängel sind auch nicht gemäß § 187 ZPO heilbar (vgl. OLG Zweibrücken GRUR-RR 2001, 288; OLG Karlsruhe 1989, 744; OLG Hamburg MD 1994, 283, 284). Ist eine einstweilige Verfügung gemäß § 927 ZPO wegen Vollziehungsmangels (§ 929 ZPO) nachträglich wieder aufzuheben, so sind die Kosten des ursprünglichen Verfügungsverfahrens dem dortigen Antragsteller aufzuerlegen (vgl. OLG Hamm GRUR 1990, 714 gegen OLG München NJW-RR 1986, 998). Häufig wird übersehen, dass sich nach Einlegung eines Widerspruchs der Tenor einer Beschlussverfügung durch das bestätigende Urteil sachlich ändert. In einem solchen Fall muss das Urteil im Parteibetrieb erneut zugestellt werden, um die Vollziehungsfrist des § 929 ZPO zu wahren (a.A. OLG Stuttgart WRP 1997, 350, das überhaupt eine amtswegige Zustellung ausreichen lässt). Die Versäumung der Vollziehungsfrist ist ein veränderter Umstand im Sinne des § 927 ZPO (OLG Hamm GRUR 1989, 931; zur Kostenentscheidung vgl. OLG Karlsruhe WRP 1996, 120; *Ulrich,* WRP 1996, 84).

15. Achtung: Wettbewerbsrechtliche Ansprüche verjähren in nur 6 Monaten (§ 21 UWG; vgl. dazu *Neu* GRUR 1985, 335).

Die Zustellung einer einstweiligen Verfügung hemmt die Verjährung nicht (§ 204 Abs. 1 Nr. 9 BGB; vgl. *Tilmann,* Mitt. 2001, 282).

Kosten und Gebühren

Vgl. Anmerkung zu Form. I. R. 1.

Fristen und Rechtsmittel

1. Für den Antragsteller/Kläger:
Gegen die Abweisung des Verfügungsantrags ohne mündliche Verhandlung durch Beschluss ist die einfache (nicht fristgebundene) Beschwerde gegeben, gegen die Abweisung durch Urteil die Berufung. Ein längeres Zuwarten bis zur Einlegung eines Rechtsmittels oder bis zu seiner Begründung kann die Dringlichkeit beseitigen (vgl. oben Anm. 13 und *Baumbach/Hefermehl* UWG Rdn. 17 zu § 25 UWG).

2. Für den Antragsgegner/Beklagten:
Gegen die ohne mündliche Verhandlung ergangene einstweilige Verfügung Widerspruch gem. § 924 ZPO (vgl. Form. II. L. 5 bis 8), gegen die durch Urteil nach mündlicher Verhandlung erlassene oder bestätigte einstweilige Verfügung Berufung. Im Übrigen: Antrag auf Fristsetzung zur Erhebung einer Hauptklage gem. § 926 ZPO und/oder

Antrag auf Aufhebung einer einstweiligen Verfügung wegen veränderter Umstände gem. § 927 ZPO. Widerspruch und die Anträge gem. §§ 926, 927 ZPO sind nicht fristgebunden.

4. Wettbewerbsrechtliches Abschlussschreiben[1]

Firma
B ......
......

Betr.: A ....../. B ......
– ...... LG X –
(einstweiliges Verfügungsverfahren)

Sehr geehrte Damen und Herren!

In der im Betreff bezeichneten Angelegenheit habe ich für meine Mandantin, die Firma A ......, gegen Sie einen Antrag auf Erlass einer einstweiligen Verfügung beim Landgericht X anhängig gemacht. Das Landgericht X hat diesem Antrag durch Beschluss vom ...... stattgegeben. Die ergangene Verfügung ist Ihnen ausweislich der mir vorliegenden Zustellungsurkunde am ...... zugestellt worden[2].
Die bisher im einstweiligen Verfügungsverfahren getroffene Regelung hat lediglich vorläufigen Charakter. Das Ihnen auferlegte Verbot beseitigt weder die Wiederholungsgefahr für den meiner Mandantin zustehenden Unterlassungsanspruch noch das Rechtsschutzbedürfnis für die Erhebung einer Klage[3]. Zwar hemmt die Einreichung des Antrags auf Erlass einer einstweiligen Verfügung die Verjährung für den Unterlassungsanspruch, jedoch nicht für die meiner Mandantin zustehenden Ansprüche auf Schadensersatz und Auskunftserteilung. Es kann nicht geleugnet werden, dass meiner Auftraggeberin durch die im Verfügungsantrag und im Verfügungstenor bezeichneten Handlungen ein Schaden entstanden ist und künftighin weiter entstehen wird. Des Weiteren kann Ihr Verschulden nicht bestritten werden. Als Fachfirma sind Sie verpflichtet, insbesondere die wettbewerbsrechtlichen Bestimmungen zu beachten[5]. Zur Vermeidung der Erhebung einer Hauptklage[6] habe ich Sie daher namens und in Vollmacht meiner Mandantin aufzufordern, sich dieser gegenüber zu meinen Händen dahingehend zu erklären, dass

1. **Sie die am ...... ergangene einstweilige Verfügung des Landgerichts X (Aktenzeichen: ......) als endgültige und zwischen den Parteien materiell-rechtlich verbindliche Regelung anerkennen und insbesondere auf die Einlegung eines Widerspruchs gemäß § 924 ZPO sowie auf die Rechtsbehelfe der §§ 926, 927 ZPO, meiner Mandantin eine Frist zur Erhebung der Hauptklage setzen zu lassen und/oder die Aufhebung der einstweiligen Verfügung wegen veränderter Umstände zu beantragen, verzichten[7];**
2. **Sie sich verpflichten, meiner Mandantin allen denjenigen Schaden zu erstatten, der ihr durch die im Verfügungstenor bezeichneten Handlungen entstanden ist und künftighin entstehen wird[8];**
3. **Sie sich verpflichten, meiner Mandantin darüber Auskunft zu erteilen, in welchem Umfang Sie die im Verfügungstenor bezeichneten Handlungen begangen haben, insbesondere unter Angabe etwaig betriebener Werbung, aufgeschlüsselt nach Werbeträgern, Kalendervierteljahren und Bundesländern[9];**
4. **Sie sich verpflichten, die meiner Mandantin durch meine Einschaltung entstandenen Kosten auf der Grundlage eines Gegenstandswertes von EUR ...... in Höhe einer 5/10 Rechtsanwaltsgebühr zuzüglich Auslagen und Mehrwertsteuer zu erstatten[10].**

Für den Eingang der vorstehenden Erklärungen[11] habe ich mir den

......[12]

vorgemerkt. Nach fruchtlosem Fristablauf werde ich davon ausgehen, dass Sie einer gerichtlichen Entscheidung den Vorzug geben.

Schrifttum: Ahrens, Wettbewerbsverfahrensrecht, 1983, S. 356 ff.; *ders.*, Die Abschlußerklärung. Zur Simulation der Rechtskraft von Verfügungstiteln, WRP 1997, 907; *Eser,* Probleme der Kostentragung bei der vorprozessualen Abmahnung und beim Abschlußschreiben in Wettbewerbsstreitigkeiten, GRUR 1986, 35 ff.; *Klaka,* GRUR 1979, 601 f.; *Krenz,* Die Geschäftsführung ohne Auftrag beim wettbewerbsrechtlichen Abschlußschreiben, GRUR 1995, 30 ff.; *Teplitzky,* Wettbewerbsrechtliche Ansprüche, 7. Aufl. 1997, Kap. 43; *Spehl,* Abschlußschreiben und Abschlußerklärung im Wettbewerbsverfahrensrecht, 1987.

Hinweis: Ein weiteres Textbeispiel für ein Abschlußschreiben findet sich bei *Mes/Bopp,* Münchener Prozeßformularbuch/Gewerblicher Rechtsschutz, Urheber- und Presserecht, S. 47 ff.

Anmerkungen

1. Einstweilige Verfügung und Abschlussschreiben sind das wettbewerbsverfahrensrechtliche Instrumentarium, um Streitigkeiten rasch zu beenden. Mit dem Abschlussschreiben soll die rechtliche Auseinandersetzung lediglich auf das einstweilige Verfügungsverfahren beschränkt bleiben, dieses quasi zur Hauptsache werden. Damit hat das Abschlussschreiben einen Doppelcharakter. Zum einen ist es Aufforderung zum Abschluss einer Vereinbarung, die im einstweiligen Verfügungsverfahren getroffene Regelung als endgültig und zwischen den Parteien verbindlich anzuerkennen; dies macht es notwendig, auch das Abschlussschreiben am Bestimmtheitserfordernis betreffend den Verbotsumfang des Titels, der endgültig werden soll, auszurichten (vgl. BGH WRP 1989, 572, 573 – Bioäquivalenzwerbung); zum anderen ist es Abmahnung im Hinblick auf das Hauptklageverfahren, was sich beispielsweise insbesondere dann äußert, wenn zugleich Ansprüche auf Auskunftserteilung und Schadensersatz geltend gemacht werden. Zur Notwendigkeit des Abschlussschreibens, um dem Kostenrisiko des § 93 ZPO zu entgehen vgl. OLG Hamburg WRP 1980, 208; OLG Köln WRP 1987, 188; OLG Frankfurt WRP 1982, 365. Der Unterlassungsschuldner kann den Gläubiger nur durch eine schriftliche Abschlusserklärung klaglos stellen (KG GRUR 1991, 258 = WRP 1991, 237). Die Abschlusserklärung muss bedingungsfrei abgegeben werden, da andernfalls das Rechtsschutzbedürfnis für eine Hauptklage fortbesteht (BGH WRP 1991, 97 – Rechtsschutzbedürfnis). Es kann sich auch die Notwendigkeit eines zweiten Abschlussschreibens ergeben (OLG Düsseldorf GRUR 1991, 479). Kündigt der Antragsgegner nach Zustellung der einstweiligen Verfügung ausdrücklich an, Widerspruch einlegen zu wollen, so ist ein Abschlussschreiben entbehrlich. Unterbleibt sodann der Widerspruch, bedarf es keines weiteren Nachfassens durch den Antragsteller vor Erhebung der Hauptklage (OLG Hamburg, GRUR 1993, 778).

2. Während der Bundesgerichtshof in der Entscheidung GRUR 1973, 384 = MDR 1973, 483 – Goldene Armbänder – die Absendung eines Abschlussschreibens noch vor der Zustellung der einstweiligen Verfügung für angemessen hielt und insbesondere einen Kostenerstattungsanspruch für das Abschlussschreiben zubilligte, ist diese Praxis durch die Rechtsprechung der Instanzgerichte unter rechtliche Zweifel gestellt. Nach LG Berlin WRP 1979, 240/241 und 1983, 119 (vgl. auch *Pastor,* Der Wettbewerbsprozess, 3. Aufl. 1980, S. 462 zu Fn. 22 b) sollen die Kosten eines Abschlussschreibens erst dann erstattungsfähig sein, wenn zwischen Zustellung der einstweiligen Verfügung und Absendung des Abschlussschreibens ein Monat verstrichen ist. Nach Auffassung des LG Hamburg beträgt der angemessene Zeitraum 14 Tage (WRP 1981, 58; offen gelassen in

WRP 1983, 449 ff.). Zu dieser Problematik vgl. auch *Nordemann,* Taktik im Wettbewerbsprozess, 2. Aufl. 1984, S. 43 f. Aus Gründen anwaltlicher Vorsorge sollte mindestens dieser Zeitraum beachtet werden; jedenfalls dann, wenn vor Antrag auf Erlass der einstweiligen Verfügung der Störer nicht abgemahnt worden ist. Grundsätzlich ist es des Weiteren ein Gebot der Fairness, dem Störer die Chance zu geben, nach Zustellung der einstweiligen Verfügung von sich aus ohne besondere Aufforderung eine Abschlusserklärung abzugeben.

Hat allerdings der Wettbewerbsstörer gegen eine ergangene Beschlussverfügung Widerspruch eingelegt, so bedarf es der Übersendung eines Abschlussschreibens nicht. In einem solchen Fall kann eine Hauptklage ohne Kostennachteil sogleich erhoben werden (OLG Hamm GRUR 1991, 336 r. Sp. oben). Das Gleiche gilt, wenn der Antragsgegner ankündigt, Widerspruch einzulegen (vgl. zuvor Anm. 1 a. E.). Hat der Wettbewerbsgläubiger einen Antrag auf Erlass einer einstweiligen Verfügung anhängig gemacht und ist über diesen noch nicht entschieden, so kann er sogleich auch Hauptklage erheben, ohne Kostennachteile des § 93 ZPO befürchten zu müssen (OLG Hamm GRUR 1991, 336).

3. Vgl. BGH GRUR 1973, 384 = MDR 1973, 483 – Goldene Armbänder. Zur Problematik der Zurechnung des Abschlussschreibens (noch) zum Verfügungsverfahren oder (schon) zur Hauptklage, von deren Lösung die Frage der Kostentragungspflicht des Störers ua. mit abhängt, vgl. *Pastor,* Der Wettbewerbsprozess, 3. Aufl. 1980, S. 463 ff.; OLG Köln GRUR 1986, 96 – „Abschlussschreiben“: Vorbereitung der Hauptklage. Für den Fall der Versendung eines Abschlussschreibens nach einer Beschlussverfügung will *Pastor* aaO. S. 465 f. eine Kostenerstattungspflicht des Störers für die Abmahnkosten verneinen (a. A. BGH aaO.; OLG Köln aaO. gegen OLG Köln WRP 1969, 423/4242 f.). Die Auffassung überzeugt schon deshalb nicht, weil bei der Beschlussverfügung vorausgegangener Verwarnung der Wettbewerbsstörer ausreichend unterrichtet worden ist und es einer besonderen Zurückhaltung durch den Gläubiger, seinen berechtigten Unterlassungsanspruch rasch und im Wege der Hauptklage durchzusetzen, nicht bedarf.

4. Für wettbewerbsrechtliche Ansprüche ist die Verjährungsfrist von besonderer Bedeutung, da sie nur 6 Monate beträgt (§ 21 Abs. 1 UWG) In Abänderung des früheren Rechtszustandes (vgl. dazu BGH GRUR 1979, 121 – Verjährungsunterbrechung; 1981, 447/448 – Abschlussschreiben), bestimmt § 204 Abs. 1 Nr. 9 BGB mit Wirkung zum 1. Januar 2002, dass die Zustellung des Antrags auf Erlass einer einstweiligen Verfügung oder einer einstweiligen Anordnung, oder, wenn der Antrag nicht zugestellt wird, (schon) dessen Einreichung die Verjährung hemmt, wenn die einstweilige Verfügung oder die einstweilige Anordnung innerhalb eines Monats seit Verkündung oder Zustellung an den Gläubiger dem Schuldner zugestellt wird. Allerdings bestimmt § 212 Abs. 1 Nr. 2 BGB, dass die Verjährung erneut beginnt, wenn der Gläubiger eine gerichtliche oder behördliche Vollstreckungshandlung beantragt hat. Die Vollziehung der einstweiligen Verfügung durch Zustellung im Wege des Parteibetriebs ist jedoch keine derartige Vollstreckungshandlung, da sie nicht (unmittelbar) auf eine gerichtliche oder behördliche Handlung ausgerichtet ist; diese wird erst dann erstrebt, wenn der Schuldner der ordnungsmittelbedrohten Verfügung/Anordnung zuwiderhandelt. Im Falle des Anhängigwerdens eines derartigen Ordnungsmittelantrags (gem. § 890 ZPO) ist allerdings § 212 Abs. 1 Nr. 2 BGB und der dort angeordnete Neubeginn der Verjährung zu beachten. Der Hemmungstatbestand des § 204 Abs. 1 Nr. 9 BGB umfasst zwei Tatbestände, nämlich zum einen die Zustellung des Antrags auf Erlass einer einstweiligen Verfügung, eines Arrestes oder einer einstweiligen Anordnung und hilfsweise, für den Fall, dass der Antrag nicht zugestellt wird, den Zeitpunkt seiner Einreichung; im letztgenannten Fall muss allerdings der Arrestbefehl, die einstweilige Verfügung oder die einstweilige Anordnung innerhalb eines Monats seit Verkündung oder Zustellung an den Gläubiger dem Schuldner zugestellt worden sein. Auf diese Variante nimmt das

Textbeispiel im Formular Bezug, vgl. Anm. 2. Gem. § 213 BGB gelten die Tatbestände der Hemmung, der Ablaufhemmung und des erneuten Beginns der Verjährung auch für Ansprüche, „die aus demselben Grund wahlweise neben dem Anspruch oder an seiner Stelle gegeben sind". Neben dem Anspruch auf Unterlassung kann der Wettbewerbsgläubiger gegen den Wettbewerbsschuldner regelmäßig Ansprüche auf Auskunftserteilung und Schadensersatz geltend machen. Diese Ansprüche sind nicht solche, die „wahlweise neben dem Anspruch (auf Unterlassung) oder an seiner Stelle gegeben sind", so wie dies § 213 BGB vorsieht. Denn diese Bestimmung erfasst jedenfalls nicht Ansprüche, die der Sache nach unabhängig voneinander bestehen (vgl. *Dauner-Lieb/Heidel/Lepa/Ring,* Anwaltskommentar zum Schuldrecht, 2002, Rdn. 5 ff. zu § 213 BGB).

5. Zum Erfordernis des Verschuldens vgl. *Baumbach/Hefermehl* UWG, Einl. Rdn. 366 ff.; es genügt leichte Fahrlässigkeit (*Baumbach/Hefermehl* aaO. Rdn. 372). Das Verschulden von Angestellten oder Beauftragten wird dem Betriebsinhaber zugerechnet (§ 13 Abs. 4 UWG).

6. Mit dieser Formulierung wird dem Abmahnungscharakter des Abschlussschreibens Rechnung getragen.

7. Die unter Ziffer 1 im Formular geforderte sogenannte Abschlusserklärung ist Prozessvertrag, indem sie die im einstweiligen Verfügungsverfahren ergangene Regelung als zwischen den Parteien endgültig prozessual verbindlich festschreibt; insoweit ist der Verzicht auf sämtliche Rechtsbehelfe, die zur Aufhebung der einstweiligen Verfügung führen könnten, von Bedeutung (vgl. OLG Stuttgart WRP 1996, 152, 153). Ob dazu auch der Verzicht auf den Rechtsbehelf des § 927 ZPO gehört, ist in Rspr. und Schrifttum umstritten (zum Meinungsstand vgl. OLG Koblenz GRUR 1986, 94 f. = WRP 1985, 439 f. – „Veränderte Umstände"; bejahend OLG Stuttgart WRP 1996, 152, 153). Zur Sicherung des Gläubigers erscheint es unumgänglich, dass der Schuldner jedenfalls insoweit auf die Rechte aus § 927 ZPO verzichtet, als die zurzeit der Abgabe der Abschlusserklärung vorliegenden Umstände betroffen sind (OLG Stuttgart WRP 1983, 586; weitergehend OLG Hamburg GRUR 1993, 1001, 1002).

Der Schuldner kann freilich der geforderten Abschlusserklärung dadurch ausweichen, dass er eine – ausreichend vertragsstrafebewehrte – Unterlassungsverpflichtungserklärung abgibt (OLG Hamburg MD 1999, 1108; a. A. OLG Köln WRP 1996, 333, 338). Dadurch entfällt für den geltend gemachten Unterlassungsanspruch regelmäßig die Wiederholungsgefahr, so dass eine Hauptklage insoweit unbegründet wäre (vgl. Form. II. L. 1, Anm. 8 und 11).

Nach abgegebener Abschlusserklärung entfällt für eine Hauptklage das Rechtsschutzbedürfnis (BGH GRUR 1991, 76, 77 – Abschlusserklärung; OLG Hamm WRP 1982, 592).

8. Diese Formulierung bietet keine Besonderheit. Die Rechtsgrundlage der Schadensersatzverpflichtung ist § 1 UWG. Es genügt die bloße Wahrscheinlichkeit eines Schadenseintritts (vgl. BGH GRUR 1993, 926, 927 – Apothekenzeitschriften; GRUR 1992, 61, 63 = WRP 1991, 654 – Preisvergleichsliste; GRUR 1974, 735, 736 – Pharmamedan; GRUR 1961, 241, 243 – Sosil).

9. Zum wettbewerbsrechtlichen Auskunftsanspruch, vgl. *Baumbach/Hefermehl* UWG, Einl. Rdn. 398 ff. Der sogenannte wettbewerbsrechtliche Auskunftsanspruch ist in der Rechtsprechung und im Schrifttum allgemein anerkannt. Er findet seine Rechtsgrundlage in einer schon den Rang von Gewohnheitsrecht (BGH GRUR 1988, 307/308 – Gaby; GRUR 1980, 227/232 – Monumenta Germaniae Historica) einnehmenden Anwendung des § 242 BGB. Danach besteht nach Treu und Glauben eine Auskunftspflicht des Verpflichteten gegenüber dem Berechtigten, wenn der Berechtigte auf die Auskunft zur Rechtsverfolgung angewiesen ist oder zumindest die Auskunft seine Rechtsverfolgung erleichtert, er über den Inhalt der der Auskunft unterliegenden Wissensmitteilungen entschuldbar im Unklaren ist und der Verpflichtete die Auskunft unschwer erteilen kann (BGH GRUR 2001, 841, 842 – Entfernung der Herstellungsnummer II). Ein solcher Auskunftsanspruch dient insbesondere der Vorbereitung von Schadensersatzansprüchen. Er ist bei wettbewerbsrechtlichen Ansprüchen jeder Art gegeben (vgl. BGH GRUR 1965, 313/314 – Umsatzauskunft und GRUR 1972, 558/560 – Teerspritzmaschinen). Neben dem Auskunftsanspruch als Hilfsanspruch zur Vorbereitung eines Schadensersatzanspruches gibt es auch einen solchen, der seinem Rechtscharakter nach schon Schadensbeseitigung bzw. Vorbereitung zur Beseitigung einer Störung ist (vgl. z. B. BGH GRUR 1972, 558/560 – Teerspritzmaschinen). Zum Umfang des wettbewerbsrechtlichen Auskunftsanspruchs, vgl. insbesondere BGH GRUR 1978, 52 – Fernschreibverzeichnisse – und GRUR 1981, 286, 288 – Goldene Karte I. Da der wettbewerbsrechtliche Auskunftsanspruch nicht der Durchsetzung eines Ausschlussrechtes dient, geht er seinem Inhalt nach regelmäßig nicht so weit wie der Rechnungslegungsanspruch, den Rechtsprechung und Schrifttum im Falle der Verletzung eines Ausschlussrechtes (Patent, Gebrauchsmuster, Warenzeichen, Urheberrecht usw.) zubilligen; insbesondere ist er grds. nicht auf Umsatzangaben gerichtet (vgl. BGH GRUR 1981, 286, 288 – Goldene Karte I). Das Produktpirateriegesetz vom 7. März 1990 hat den Auskunftsanspruch für gewerbliche Schutzrechte nach Inhalt (sog. Drittauskunft) und Art seiner Durchsetzung (im Verfügungsverfahren) deutlich verstärkt (z. B. §§ 19 MarkenG, 140 b PatG). Zur analogen Anwendung dieser Bestimmungen auf Wettbewerbsverstöße vgl. *Asendorf* in Festschrift für Fritz Traub, 1994, S. 21 ff.; vgl. auch BGH GRUR 1994, 630 mit Anm. *Jacobs* (Cartier-Armreif); 1994, 635 mit Anm. *Ahrens* (Pulloverbeschriftung); 2001, 841 – Entfernung der Herstellungsnummer II).

Um die Verlässlichkeit einer Auskunft beurteilen zu können, kann diese zugunsten des Gläubigers im Einzelfall auch auf eine Vorlage von Belegen durch den Schuldner gerichtet sein (BGH LM § 810 BGB Nr. 5; GRUR 2001, 841, 845 – Entfernung der Herstellungsnummer II).

10. Zur Kostenerstattungspflicht vgl. Anm. 9 zu Form. II. L. 1.

11. *Spehl* Anh. VIII, Fn. 22, schlägt vor, in das Abschlussschreiben auch einen Verzicht auf die Geltendmachung eines Schadensersatzanspruches gemäß § 945 ZPO aufzunehmen. Davon wird im Formular abgesehen, da es nach den vom Schuldner geforderten Erklärungen nicht mehr zu einer gerichtlichen Auseinandersetzung kommen kann, nach deren Inhalt sich die ergangene einstweilige Verfügung von Anfang an als ungerechtfertigt im Sinne des § 945 ZPO erweisen könnte.

12. Da der Gläubiger durch die erlassene einstweilige Verfügung schon über einen Vollstreckungstitel gegen den Schuldner verfügt, sollte die Erklärungsfrist nicht allzu knapp bemessen werden. Aus Vorsichtsgründen sollte sie einen Monat betragen, da einige Instanzgerichte analog der Berufungsfrist eine Fristsetzung von einem Monat für erforderlich halten (OLG Karlsruhe WRP 1977, 117/119; KG WRP 1978, 213, wobei in der letztgenannten Entscheidung die Einmonatsfrist ab der Zustellung der einstweiligen Verfügung berechnet wird; OLG Frankfurt WRP 1982, 365: länger als eine Verwarnungsfrist vor einem Antrag auf Erlass einer einstweiligen Verfügung, mindestens 2 Wochen). Der Schuldner wahrt – selbstverständlich – die gesetzte Frist nicht dadurch, dass er die Abgabe einer Abschlusserklärung durch seine Anwälte ankündigen lässt (KG MD 1994, 259).

Kosten und Gebühren

Für das Abschlussschreiben ergibt sich die gebührenrechtliche Grundlage regelmäßig aus §§ 37 Nr. 1, 32 Abs. 1 BRAGO. Das Abschlussschreiben ist Vorbereitung des Hauptklageverfahrens, so dass eine $^{5}/_{10}$ Rechtsanwaltsgebühr in Ansatz gebracht werden kann. Liegt kein Klageauftrag vor, so gilt § 118 Abs. 1 BRAGO mit einem Gebührenrahmen von $^{5}/_{10}$–$^{10}/_{10}$ Rechtsanwaltsgebühr. Regelmäßig wird auch dann eine $^{5}/_{10}$ Gebühr in Ansatz zu bringen sein, sofern es sich nicht um eine schwierige Sache handelt (vgl. OLG Hamburg WRP 1981, 470, 473 re. Sp.). Zur grundsätzlichen Problematik der Kostenerstattungspflicht des Störers in Zusammenhang mit einem Abschlussschreiben vgl. Anm. 2 und 3.

5. Formeller Widerspruch gegen eine einstweilige Verfügung[1]

Landgericht
...... Kammer ......[2]

In Sachen

A ...... (RA: ......)

gegen

B ...... (RA: ......)

– Aktenzeichen: ...... –

zeige ich an, dass ich die Vertretung der Antragsgegnerin übernommen habe.
Namens und in Vollmacht der Antragsgegnerin erhebe ich gegen die einstweilige Verfügung der angerufenen Kammer vom ......

Widerspruch.

Anträge und Begründung bleiben einem gesonderten Schriftsatz vorbehalten.
Ich richte an die angerufene Kammer die Bitte um Anberaumung eines möglichst nahen Verhandlungstermins.

Rechtsanwalt

Schrifttum: Bernreuther, Zusammentreffen von Unterlassungserklärung und Antrag auf Erlass einer einstweiligen Verfügung, GRUR 2001, 400.

Anmerkungen

1. Mit einem formellen Widerspruch wird seitens des Antragsgegners dem Eilcharakter des einstweiligen Verfügungsverfahrens Rechnung getragen, indem gegenüber dem Gericht Widerspruch eingelegt und des Weiteren die Bitte geäußert wird, die Anberaumung eines Verhandlungstermins zu veranlassen. Dementsprechend sollte ein formeller Widerspruch erst dann eingelegt werden, wenn tatsächlich seitens des Antragsgegners im Hinblick auf seinen Verteidigungswillen und die Chancen einer Rechtsverteidigung Klarheit besteht, die Verteidigung ausreichend vorbereitet ist und es nur noch in untergeordneten Punkten einer weiteren Bearbeitung bedarf. Ist die Verteidigung vollständig vorbereitet, so sollte sogleich ein Widerspruch mit Anträgen und Widerspruchsbegründung eingereicht werden (vgl. Form. II. L. 6). Zwar ist es grundsätzlich im einstweiligen Verfügungsverfahren nicht erforderlich, dass der Antragsgegner zur Vorbereitung der mündlichen Verhandlung sein Verteidigungsvorbringen schriftsätzlich vorträgt; er kann dementsprechend auch im einstweiligen Verfügungsverfahren nicht mit lediglich mündlich Vorgetragenem oder mit einem in der mündlichen Verhandlung überreichten Schriftsatz ausgeschlossen werden. Die wettbewerbsrechtliche Prozesspraxis zeigt jedoch, dass es empfehlenswert ist, dem Gericht ausreichend vor der mündlichen Verhandlung Gelegenheit zu geben, die Verteidigungsargumente im Einzelnen zu prüfen. Bietet die materielle Verteidigung keine Aussicht auf Erfolg und hat der Antragsteller vor Einleitung des Verfügungsverfahrens nicht oder nicht ordnungsgemäß abgemahnt (zur Abmahnung vgl. Form. II. L. 1), so ist an die Einlegung eines Kostenwiderspruchs zu denken (vgl. Form. II. L. 7).

Dem Antragsgegner steht ferner die Verteidigungsmöglichkeit offen, dem Antragsteller gemäß § 926 ZPO eine Frist zur Erhebung der Hauptklage setzen zu lassen. Dies kann mit dem nachstehend skizzierten Antrag geschehen:

„In Sachen pp.

richten wir an das angerufene Gericht die Bitte, dem Antragsteller gemäß § 926 ZPO eine Frist zur Erhebung der Hauptklage zu setzen, vorzugsweise von einem Monat.“

Der Antragsgegner wird den Weg des § 926 ZPO, nämlich einen Austrag der Streitfragen im Hauptklageprozess wählen, wenn es sich entweder um Rechtsfragen von grundsätzlicher Bedeutung handelt oder wenn sich die Beschränkung der Beweismittel, die im einstweiligen Verfügungsverfahren gegeben ist, zum Nachteil des Antragsgegners auswirken kann. Zu Einzelheiten vgl. *Teplitzky,* Wettbewerbsrechtliche Ansprüche, 7. Aufl. 1997, Kap. 56 Rdn. 2ff.

Schließlich steht dem Antragsgegner auch die Möglichkeit offen, gemäß § 927 ZPO die Aufhebung der einstweiligen Verfügung wegen veränderter Umstände zu beantragen, z.B. wenn die Vollziehungsfrist des § 929 Abs. 2 ZPO verstrichen ist (OLG München GRUR 1985, 160) oder durch eine Entscheidung des Bundesverfassungsgerichts gemäß § 31 Abs. 1 BVerfGG eine Änderung der Gesetzeslage eingetreten ist (vgl. OLG Köln GRUR 1985, 458/460 = WRP 1985, 362/363). Auch dann, wenn der der einstweiligen Verfügung zugrunde liegende Anspruch im Hauptklageverfahren rechtskräftig verneint worden ist, verliert die einstweilige Verfügung nicht per se ihre Wirkung, sondern muss gemäß § 927 ZPO aufgehoben werden (BGH NJW 1978, 2157/2158; WM 1976, 134; GRUR 1987, 125/126 – Berühmung).

2. Regelmäßig gehören Wettbewerbsstreitigkeiten vor die Kammern für Handelssachen (§§ 94, 95 Abs. 1 Nr. 5 GVG, § 27 UWG). Selbstverständlich ist der Widerspruch jedoch bei der Kammer einzulegen, die die einstweilige Verfügung erlassen hat. Handelt es sich um eine Zivilkammer, kann ggf. Verweisung an die zuständige Kammer für Handelssachen beantragt werden.

Kosten und Gebühren

Der Widerspruch bildet die Fortsetzung des einstweiligen Verfügungsverfahrens; es handelt sich mithin um eine Angelegenheit (§ 40 Abs. 2 BRAGO).

Fristen und Rechtsmittel

Der Widerspruch gemäß § 924 ZPO sowie die Anträge gemäß §§ 926, 927 ZPO sind nicht fristgebunden.

6. Widerspruch mit Anträgen und Widerspruchsbegründung[1]

Landgericht

...... Kammer ......[2]

In Sachen

A …… (RA: ……)

gegen

B …… (RA: ……)

– Aktenzeichen …… –

bestelle ich mich für die Antragsgegnerin und erhebe gegen die einstweilige Verfügung der angerufenen Kammer vom …… namens und in Vollmacht der Antragsgegnerin

Widerspruch.

Ich richte an die angerufene Kammer die Bitte,
einen möglichst nahen Verhandlungstermin anzuberaumen[3],

in dem ich beantragen werde,

1. unter Aufhebung der einstweiligen Verfügung vom …… den Antrag der Antragstellerin vom …… zurückzuweisen;
2. der Antragstellerin die Kosten des einstweiligen[4] Verfügungsverfahrens aufzuerlegen.

Begründung:

Es besteht weder ein Verfügungsanspruch noch ein Verfügungsgrund[5]. Im Einzelnen:

1. Zum Verfügungsanspruch:
   ……
2. Zum Verfügungsgrund:
   ……

Rechtsanwalt

Anmerkungen

1. Bei Einlegung des Widerspruchs sollte auf Seiten des Antragsgegners schon Klarheit im Hinblick auf seinen Verteidigungswillen und auf die Beurteilung der Chancen einer Verteidigung bestehen. Insoweit ist es grundsätzlich in wettbewerbsrechtlichen Streitigkeiten zu empfehlen, das Verteidigungsvorbringen gegenüber dem Gericht rechtzeitig in Form eines Schriftsatzes mitzuteilen, damit dieses vor der mündlichen Verhandlung Gelegenheit hat, die Argumente des Antragsgegners im Einzelnen kennenzulernen. Damit wird der Rechtstatsache Rechnung getragen, dass in Wettbewerbsstreitigkeiten das Verfahren der einstweiligen Verfügung in vielen Fällen Hauptsachecharakter hat, indem es zu einer abschließenden Regelung führt (vgl. Form. II. L. 4: Abschlussschreiben). Durch eine sorgfältige schriftsätzliche Vorbereitung des Verhandlungstermins im einstweiligen Verfügungsverfahren durch den Antragsgegner wird insbesondere auch die Funktion des angerufenen Gerichts gestärkt, gemäß § 279 Abs. 1 ZPO auf eine gütliche Beilegung des Rechtsstreits oder einzelner Streitpunkte hinzuwirken.

Mit dem Vorstehenden steht es nicht in Widerspruch, dass infolge des besonderen Charakters des einstweiligen Verfügungsverfahrens keine der Prozessparteien mit neuem Vorbringen in der mündlichen Verhandlung ausgeschlossen werden kann. Der Wert von „Überraschungsangriffen" in der mündlichen Verhandlung wird jedoch häufig überschätzt.

2. Vgl. Anm. 2 zu Form. II. L. 5.

3. Regelmäßig wird der Antragsgegner daran interessiert sein, einen möglichst nahen Verhandlungstermin zu erreichen, um rasch die Aufhebung der einstweiligen Verfügung erwirken zu können. Wird über eine einstweilige Verfügung bald verhandelt, so kann dies geeignet sein, einer etwaigen Neigung des Antragstellers zur Versendung eines Abschlussschreibens (vgl. Form. II. L. 4) entgegenzuwirken.

4. Mit dem Erlass der beantragten einstweiligen Verfügung durch das Gericht ist in kostenmäßiger Hinsicht eine Zäsur eingetreten. Für die bis zum Erlass einer einstweiligen Verfügung entstandenen Kosten verfügt der Antragsteller schon über einen Kostentitel. Über die durch die mündliche Verhandlung über den Widerspruch entstehenden Kosten ist bisher noch nicht entschieden. Durch den Kostenantrag ist klargestellt, dass insgesamt die Kosten des einstweiligen Verfügungsverfahrens dem Antragsteller auferlegt werden sollen.

5. Es wird davon abgesehen, in Form eines Beispiels eine Widerspruchsbegründung im Formular vorzustellen. Es soll lediglich darauf hingewiesen werden, dass eine Verteidigungsmöglichkeit sowohl in prozessualer Hinsicht (Verfügungsgrund) als auch in materieller Hinsicht (Verfügungsanspruch) gegeben sein kann.

7. Kostenwiderspruch[1]

Landgericht
...... Kammer ......[2]

In Sachen

A ...... (RA: ......)

gegen

B ...... (RA: ......)

– Aktenzeichen: ...... –

zeige ich an, dass ich die Vertretung der Antragsgegnerin übernommen habe, in deren Namen und Vollmacht ich gegen den Beschluss der angerufenen Kammer vom ......

Widerspruch

einlege, den ich ausdrücklich auf die Kosten beschränke.[3]
Ich richte an die angerufene Kammer die Bitte, möglichst rasch einen Termin zur mündlichen Verhandlung anzuberaumen, in dem ich beantragen werde,

der Antragstellerin die Kosten des einstweiligen Verfügungsverfahrens aufzuerlegen.

Begründung:

1. **Der auf die Kosten beschränkte Widerspruch ist zulässig.[4] Mit Anwaltsschreiben vom ...... hat die Antragsgegnerin gegenüber der Antragstellerin die ergangene einstweilige Verfügung als endgültige Regelung – ausgenommen den Kostenpunkt[5] – anerkannt und insbesondere auf Widerspruch und den Rechtsbehelf des § 926 ZPO verzichtet[6].**
2. **Der erhobene Kostenwiderspruch ist auch begründet. Die Antragstellerin hat die Antragsgegnerin vor Einleitung des einstweiligen Verfügungsverfahrens nicht abgemahnt[7]. Es ist kein Gesichtspunkt ersichtlich, der eine Abmahnung entsprechend den von der höchstrichterlichen Rechtsprechung entwickelten Ausnahmegrundsätzen entbehrlich macht. Im Einzelnen:**
   a) **In der Rechtsprechung der Oberlandesgerichte ist anerkannt, dass dann eine Abmahnung entbehrlich sein kann, wenn bei objektiver Würdigung sämtlicher erkennbarer Umstände der Verletzte davon ausgehen durfte, dass sich der Verletzer nur einem gerichtlichen Verbot beugen werde[8]. Von einer derartigen Annahme darf insbesondere dann seitens eines Verletzten ausgegangen werden, wenn Anhaltspunkte dafür bestehen, dass es sich bei dem vermeintlichen Verletzer um ein bedeutendes Unternehmen handelt, das in jeglicher Hinsicht werbetechnisch wie auch anwaltlich beraten ist, so dass die Frage der Zulässigkeit der angegriffenen**

Werbemaßnahme zuvor überprüft worden ist. In einem derartigen Fall liegt es nahe, dass auf eine Abmahnung hin nicht sofort mit der Einstellung der unzulässigen Werbeaktion und der Abgabe einer durch eine Vertragsstrafe gesicherten Unterlassungserklärung reagiert wird[9]. Diese Voraussetzungen sind nicht gegeben. Bei der Antragsgegnerin handelt es sich erkennbar um ein kleines Unternehmen ...... (wird ausgeführt).

b) Eine weitere Ausnahme vom Grundsatz der Abmahnungslast kann sich bei vorsätzlichen oder bewusst fahrlässigen Verstößen ergeben, wenn es sich zB. um einen ganz klaren Wettbewerbsverstoß handelt[10]. Ein derartiger Sachverhalt ist nicht gegeben. Zwar will die Antragsgegnerin, da sie ihren Widerspruch nur auf die Kosten beschränkt hat, die Frage nach der Wettbewerbswidrigkeit des den Gegenstand des einstweiligen Verfügungsverfahrens bildenden Verhaltens nicht vertiefen. Es wird jedoch darauf hingewiesen, dass das streitbefangene Verhalten der Antragsgegnerin nicht zweifelsfrei als wettbewerbswidrig angesehen werden kann. So hat beispielsweise das Oberlandesgericht ...... in seiner Entscheidung ...... ein derartiges Verhalten als zulässig erachtet. Von einem eindeutigen, insbesondere krassen Wettbewerbsverstoß kann daher nicht die Rede sein.

c) Schließlich kann die Antragstellerin auch nicht eine besondere Eilbedürftigkeit zu ihren Gunsten anführen, die möglicherweise eine Abmahnung entbehrlich erscheinen lassen kann[11]. Die Voraussetzungen dieses Ausnahmetatbestandes liegen nicht vor ...... (wird ausgeführt). Es bedurfte daher keiner sofortigen Inanspruchnahme gerichtlicher Hilfe[12].

Rechtsanwalt

Schrifttum: Nieder, Der Kostenwiderspruch gegen wettbewerbliche einstweilige Verfügungen, WRP 1979, 350 ff.; *Lemke,* Der Kostenwiderspruch gegen einstweilige Verfügungen, DRiZ 1992, 339; *Mellulis,* Hdb. des Wettbewerbsprozesses, 3. Aufl. 2000, Rdn. 243 ff.

Anmerkungen

1. Der Kostenwiderspruch ist das Verteidigungsmittel gegen eine einstweilige Verfügung, bei der Verfügungsanspruch und Verfügungsgrund so begründet erscheinen, dass eine Verteidigung keine Aussicht auf Erfolg bietet. In einem solchen Fall steht lediglich noch die Frage im Raum, ob der Antragsteller den Antragsgegner hätte zuvor abmahnen müssen (vgl. Form. II. L. 1). Auf diese Frage ist dann auch die Verteidigung des Antragsgegners beschränkt, da die einstweilige Verfügung in ihrer sachlichen Entscheidung nicht angegriffen wird (vgl. OLG Düsseldorf WRP 1979, 863, 865, 866; OLG Frankfurt WRP 1985, 563). Neben dem Kostenwiderspruch steht zur Wahl, gegen die einstweilige Verfügung umfassenden Widerspruch einzulegen, sodann jedoch in der Hauptsache eine strafbewehrte Unterlassungsverpflichtungserklärung mit der Folge abzugeben, dass der Antragsteller den Verfügungsanspruch für erledigt erklären muss, so dass über die Kosten des einstweiligen Verfügungsverfahrens gemäß § 91 a ZPO zu entscheiden ist (a. A. OLG Bremen WRP 1989, 523). Der letztgenannte Weg ist jedoch gebührenmäßig teurer, da für den anwaltlichen Bevollmächtigten des Antragsgegners zumindest eine Gebühr nach dem vollen Streitwert anfällt, wobei bei Einlegung eines Kostenwiderspruchs – sofern der Auftrag von vornherein auf die Einlegung eines Kostenwiderspruchs beschränkt ist – Prozess- und Verhandlungsgebühr sich jeweils nur nach dem Kostenstreitwert des einstweiligen Verfügungsverfahrens berechnen.

In einzelnen Fällen kann ein Interesse daran bestehen, den Verfügungstitel zu beseitigen; in derartigen Fällen empfiehlt sich dann nicht die Einlegung eines Kostenwiderspruchs, sondern die Kombination umfassender Widerspruch/strafbewehrte Unterlassungsverpflichtungserklärung. Hatte der Antragsteller zuvor nicht abgemahnt, so findet auch nach Erledigung der Hauptsache § 93 ZPO analoge Anwendung (str., wie hier OLG Hamburg MD 1993, 913; OLG Köln WRP 1990, 543).

2. Regelmäßig gehören Wettbewerbsstreitigkeiten vor die Kammern für Handelssachen (§§ 94, 95 Abs. 1 Nr. 5 GVG, 27 Abs. 1 UWG). Selbstverständlich ist der Widerspruch jedoch bei der Kammer einzulegen, die die einstweilige Verfügung erlassen hat.

3. Nach OLG Düsseldorf WRP 1986, 273/274 li. Sp. mwN. muss der Antragsgegner in Analogie zu § 93 ZPO **sofort,** vorzugsweise im Widerspruchsschriftsatz, spätestens im Widerspruchsbegründungsschriftsatz (OLG Düsseldorf aaO. S. 274 r. Sp. unten) den Widerspruch auf die Kosten beschränken (ebenso OLGe Bremen WRP 1989, 523; Celle WRP 1983, 157; Hamm MDR 1989, 1001 und 1991, 357; vgl. auch *Mellulis,* Hdb. des Wettbewerbsprozesses, 3. Aufl. 2000, Rdn. 247). OLG Hamm GRUR 1990, 309 sieht in der Einlegung eines Widerspruchs und der gleichzeitigen Erklärung, „der Unterlassungsanspruch wird uneingeschränkt anerkannt", keinen nur auf die Kosten beschränkten Widerspruch. Vgl. auch OLG Köln GRUR 1990, 310, das es nicht als veranlasst ansieht, den Störer mit einem Teil der Kosten nur deshalb zu belasten, weil er den Weg des Vollwiderspruchs, verbunden mit einer Unterwerfungserklärung, gewählt hat.

4. H.M., vgl. die Rechtsprechungsnachweise in Anm. 3, ferner OLGe Düsseldorf WRP 1976, 127; 1986, 273; Hamburg WRP 1976, 180; Köln WRP 1975, 173; Frankfurt WRP 1982, 226; 1985, 563; KG WRP 1982, 350; jeweils mwN.

5. Will der zur Abschlusserklärung Aufgeforderte sich den Kostenwiderspruch vorbehalten, so ist dies bei Abgabe der Abschlusserklärung ausdrücklich klarzustellen. Wird eine derartige Klarstellung unterlassen, besteht die Gefahr des Verlustes dieses Rechtsbehelfes (vgl. dazu OLG Hamm WRP 1981, 475 f.).

6. Es ist str., ob es die Zulässigkeit des Kostenwiderspruchs erfordert, dass der Antragsgegner ausdrücklich die ergangene einstweilige Verfügung – mit Ausnahme der Kosten – als endgültige Regelung anerkennt, insbesondere auf den Rechtsbehelf gemäß § 926 ZPO verzichtet, dem Antragsteller eine Frist zur Erhebung der Hauptklage setzen zu lassen. Während die bisher wohl herrschende Meinung allein die Einlegung eines Kostenwiderspruchs dahingehend deutete, dass der Antragsgegner die einstweilige Verfügung im Übrigen als endgültige Regelung hinnehmen wolle und somit in der Einlegung des Kostenwiderspruchs zugleich der Verzicht auf das Antragsrecht zur Hauptsache liege (vgl. *Nieder* WRP 1979, 351 Fn. 12 mwN.), hat sich das OLG Düsseldorf auf den Standpunkt gestellt, dass der Antragsgegner dann, wenn er mit seinem Kostenwiderspruch auch die Sachentscheidung in Zweifel zieht, gerade nicht die ergangene einstweilige Verfügung als endgültige Regelung anerkennt und somit sich den Weg freihalten möchte, eine abweichende Entscheidung in der Hauptsache im Hauptklageverfahren zu suchen (WRP 1979, 863 ff.; unerörtert in WRP 1986, 273 f.). Ob dieser Auffassung zuzustimmen ist, bleibt hier unerörtert. In der Mehrzahl der Fälle wird es keine Probleme geben, weil regelmäßig der Entschluss, lediglich Kostenwiderspruch einzulegen, auch dem Antragsteller zuvor mitgeteilt wird und in einem derartigen Mitteilungsschreiben auch eine sogenannte Abschlusserklärung enthalten sein wird (zur Formulierung der Abschlusserklärung vgl. Form. II. L. 4; zum Erfordernis der Verdeutlichung, dass die Abschlusserklärung nicht die Kostenentscheidung der einstweiligen Verfügung mitumfasst und dass dagegen Kostenwiderspruch vorbehalten bleibt, vgl. zuvor Anm. 5). Um auch der einschränkenden Rechtsprechung des Oberlandesgerichts Düsseldorf Rechnung zu tragen, ist im Formular ein Hinweis auf die Abgabe einer Abschlusserklärung enthalten.

7. Zur Abmahnungslast vgl. *Borck* WRP 1974, 241 ff.; weitere Einzelheiten bei *Baumbach/Hefermehl* UWG Einl. Rdn. 529 ff.

8. Vgl. OLG Düsseldorf GRUR 1961, 252; BB 1967, 93; WRP 1969, 454; 1971, 134 und 535; NJW 1970, 335; OLG Hamburg WRP 1969, 496; GRUR 1973, 50; OLG München WRP 1967, 69; OLG Köln NJW 1969, 935; OLG Saarbrücken WRP 1990, 548.

9. Vgl. z.B. OLG Düsseldorf BB 1971, 583/584; zur Frage der anwaltlichen Beratung des Verletzers, die eine Abmahnung entbehrlich machen kann, vgl. insbesondere auch OLG Düsseldorf WRP 1972, 257/258. Des Weiteren ist eine Abmahnung entbehrlich, wenn sich die angegriffene Werbemaßnahme lediglich als Fortsetzung mit anderen Mitteln einer schon zuvor untersagten Werbung darstellt (OLG Hamburg WRP 1974, 632 und GRUR 1989, 707; OLG Nürnberg WRP 1981, 342).

10. Vgl. z.B. OLG Düsseldorf WRP 1972, 258 re. Sp.; OLG Karlsruhe WRP 1981, 542; OLG Frankfurt WRP 1985, 87f. und GRUR 1989, 630; OLG Celle WRP 1993, 812; offen gelassen von OLG Hamm GRUR 1993, 778; *Baumbach/Hefermehl* UWG Einl. Rdn. 543 mwN.; bei den Oberlandesgerichten scheint jedoch die gegenteilige Auffassung herrschend, vgl. OLG Düsseldorf GRUR 1979, 191 – Stahlbadewanne; OLG Karlsruhe WRP 1986, 165; OLG Saarbrücken WRP 1988, 198; OLG Köln GRUR 1988, 487; OLG Oldenburg GRUR 1990, 548 = WRP 1991, 193.

11. Diese Voraussetzungen sind allenfalls dann gegeben, wenn ohne sofortige gerichtliche Entscheidung der Wettbewerbsverstoß nicht mehr verhindert werden kann, z.B. im Falle des Verstoßes gegen die Bestimmungen im Zusammenhang mit Saisonschlussverkäufen (Karenzzeit), vgl. z.B. OLG Hamburg WRP 1973, 591 und GRUR 1975, 39f.; vgl. auch den Beispielsfall OLG Karlsruhe WRP 1981, 542/543 betr. die Ausgabe von Taxi-Gutscheinen, die ohne sofortiges gerichtliches Verbot nicht mehr verhindert werden konnte; ferner OLG Hamm GRUR 1990, 642 und 1993, 778.

12. Eine weitere Ausnahme von der Abmahnungslast kann dann bestehen, wenn der Wettbewerbsgläubiger neben seinem Unterlassungsanspruch einen Sequestrationsanspruch im Verfügungsverfahren geltend machen will, wie z.B. im Fall der Verhinderung des Vertriebs gefälschter Waren (z.B. Markenpiraterie), vgl. OLG Hamburg WRP 1985, 40 und 1988, 47; ferner *Ingerl/Rohnke*, MarkenG, 1998, Rdn. 30 zu § 18 mwN.).

Kosten und Gebühren

Wird der Widerspruch von Anfang an auf die Kosten beschränkt, so bemisst sich der Streitwert ab Einlegung des Widerspruchs nach Maßgabe des Kostenwerts (OLG Frankfurt JurBüro 1982, 283; OLG Hamburg JurBüro 1985, 283; OLG Celle JurBüro 1988,1499; jetzt auch OLG Köln JurBüro 1999, 244).

Fristen und Rechtsmittel

Die Entscheidung über einen Kostenwiderspruch ergeht durch Urteil. Gegen dieses Urteil ist in analoger Anwendung des § 99 Abs. 2 ZPO das Rechtsmittel der sofortigen Beschwerde gegeben (h.M.; z.B. OLG Köln WRP 1975, 173 und 1983, 43 mwN; OLG Düsseldorf WRP 1976, 127 und 1986, 273, 274; OLG Celle WRP 1983, 157; OLG Hamburg WRP 1976, 180; auch OLG München GRUR 1990, 482, gegen GRUR 1985, 327). Zu beachten ist, dass die Rechtsmittelfrist (Frist zur sofortigen Beschwerde) lediglich 2 Wochen beträgt.

8. Widerspruch mit Ankündigung der Abgabe einer strafbewehrten Unterlassungsverpflichtungserklärung[1]

Landgericht
...... Kammer ......[2]

In Sachen

A ...... (RA: ......)

gegen

B ...... (RA: ......)

– Aktenzeichen ...... –

bestelle ich mich zum Verfahrensbevollmächtigten der Antragsgegnerin, in deren Namen und auf Grund mir erteilter Vollmacht ich gegen die einstweilige Verfügung der angerufenen Kammer vom ......

Widerspruch

einlege.
Vor Eintritt in die mündliche Verhandlung werde ich für die Antragsgegnerin folgende strafbewehrte Unterlassungsverpflichtungserklärung abgeben, nämlich,

dass sich die Antragsgegnerin gegenüber der Antragstellerin verpflichtet, es bei Meidung einer für jeden Fall der schuldhaften[3] Zuwiderhandlung fälligen Vertragsstrafe in Höhe von EUR 5.001,– ...... zu unterlassen, im geschäftlichen Verkehr zu Wettbewerbszwecken ......[4]
Ich werde mich der Erklärung der Antragstellerin, dass der Rechtsstreit in der Hauptsache erledigt ist, anschließen und beantragen,

der Antragstellerin gemäß § 91 a ZPO die Kosten des einstweiligen Verfügungsverfahrens aufzuerlegen.

Zur

Begründung

wird das Folgende ausgeführt[5]:
......

Rechtsanwalt

Schrifttum: Bernreuther, Zusammentreffen von Unterlassungserklärung und Antrag auf Erlass einer einstweiligen Verfügung, GRUR 2001, 400; *Nieder,* Aufbrauchfrist via Unterwerfungserklärung?, WRP 1999, 583; *v. der Groeben,* Zuwiderhandlungen gegen die einstweilige Verfügung zwischen Verkündung und Vollziehung des Unterlassungsurteils, GRUR 1999, 674.

Anmerkungen

1. Grundsätzlich ist der lediglich auf die Kosten beschränkte Widerspruch kostengünstiger (vgl. Anm. 1 zu Form. II. L. 7). Es kann jedoch Fälle geben, bei denen dem Antragsgegner zwar an der streitigen Durchführung des Verfügungsverfahrens – z. B. aus Kostengründen oder wegen zweifelhafter Chancen –, nicht jedoch an der Beseitigung des Verfügungstitels gelegen ist. Solche Gründe können etwa in einem Wettbewerbsverhältnis der Parteien bestehen, das besorgen lässt, dass der Antragsgegner mit der einstweiligen Verfügung im gemeinsamen Kundenkreis „hausieren" geht (worin freilich regelmäßig eine unzulässige Behinderung gemäß § 1 UWG zu sehen ist). Zur Beseitigung des Verfügungstitels bietet sich für den Antragsgegner der Weg an, eine strafbewehrte Unterlassungsverpflichtungserklärung (vgl. dazu Form. II. L. 1) abzugeben. Wegen der damit verbundenen Klaglosstellung kann der Antragsteller (Gläubiger) lediglich noch das einstweilige Verfügungsverfahren für in der Hauptsache erledigt erklären. Es ist fraglich, ob damit die ergangene Entscheidung wirkungslos geworden und nicht mehr geeignet ist, als Grundlage einer Zwangsvollstreckung gemäß § 890 ZPO zu dienen (so die wohl h.M., z.B. OLG Köln GRUR 1974, 172; 1986, 335f.; OLG Düsseldorf GRUR 1987, 575f. – Titelfortfall; NJW-RR 1988, 510; OLG Nürnberg GRUR 1996, 79 = WRP 1996, 145 für die Erledigung eines zeitlich befristeten Verbots). Demgegenüber hat das OLG Düsseldorf in einer jüngeren Entscheidung (GRUR-RR 2002, 151 – Hartnäckige Zuwiderhandlung) die Auffassung vertreten, dass Ordnungsmittel wegen Zuwiderhandlungen gegen einen Unterlassungstitel auch dann noch verhängt werden können, wenn die Parteien den Rechtsstreit in der Hauptsache wegen nachträglicher Umstände übereinstimmend für erledigt erklärt haben. Das Oberlandesgericht Düsseldorf vertritt die Auffassung, dass eine Ahndung nicht voraussetze, dass die Hauptsache nur für die Zeit nach den Zuwiderhandlungen für erledigt erklärt worden ist. Für den Fall, dass eine zeitliche Beschränkung der Erklärungen aber doch gefordert werden sollte, – so das Oberlandesgericht Düsseldorf – liege es nahe, sie bei Fehlen ausdrücklicher Erklärungen – der Interessenlage gemäß – als konkludent erfolgt anzusehen (OLG Düsseldorf GRUR-RR 2002, 151 – Hartnäckige Zuwiderhandlung; vgl. zuvor schon OLG Hamburg MDR 1986, 418; WRP 1987, 260; OLG Karlsruhe GRUR 1992, 207; vgl. insbesondere zum Thema der Unterlassungsvollstreckung aus erledigten Titeln *Melullis,* GRUR 1993, 241ff.).

In der Vorauflage ist aaO. (Anm. 1 zu II. L. 8) die Auffassung vertreten worden, dass dann, wenn der Antragsgegner arglistig handelt, man davon auszugehen habe, dass die Nichtannahme einer strafbewehrten Unterlassungsverpflichtungserklärung durch den Gläubiger für diesen ohne Rechtsnachteil ist und er dementsprechend auch das einstweilige Verfügungsverfahren/Hauptklageverfahren nicht für erledigt zu erklären braucht. Ein derartiger Fall wird angenommen werden können, wenn der Schuldner (Antragsgegner) bewusst dem Unterlassungstitel zuwidergehandelt hat und nunmehr einer Bestrafung gemäß § 890 ZPO dadurch vorbeugen will, dass er den Gläubiger zwingt, das einstweilige Verfügungsverfahren für erledigt zu erklären (vgl. dazu *Melullis,* GRUR 1993, 241ff.).

Zu Zuwiderhandlungen gegen die einstweilige Verfügung zwischen Verkündung und Vollziehung des Unterlassungsurteils vgl. *v. der Groeben,* GRUR 1999, 674.

Handelt freilich der Antragsgegner arglistig, so wird man davon auszugehen haben, dass die Nichtannahme einer strafbewehrten Unterlassungsverpflichtungserklärung durch den Gläubiger für diesen ohne Rechtsnachteil ist und er dementsprechend auch das einstweilige Verfügungsverfahren nicht für erledigt zu erklären braucht. Ein derartiger Fall wird angenommen werden können, wenn der Schuldner (Antragsgegner) bewusst der einstweiligen Verfügung zuwidergehandelt hat und nunmehr einer Bestrafung gemäß § 890 ZPO dadurch vorbeugen will, dass er den Gläubiger zwingen will, das einstweilige Verfügungsverfahren für erledigt zu erklären (vgl. dazu *Melullis,* GRUR 1993, 241ff.).

2. Vgl. Anm. 2 zu Form. II. L. 5.

3. Zur Beschränkung der Unterlassungsverpflichtungserklärung auf ein schuldhaftes Zuwiderhandeln vgl. BGH GRUR 1982, 688/691 = WRP 1982, 634 – Seniorenpass; GRUR 1985, 155/156 – Vertragsstrafe bis zu ...... I – sowie Form. II. L. 1 Anm. 8.

4. Zur Formulierung einer strafbewehrten Unterlassungsverpflichtungserklärung und deren Rechtswirkungen sowie zur Höhe der Vertragsstrafe vgl. Form. II. L. 1, insbesondere Anm. 8.

5. Es gilt das in Anm. 1 zu Form. II. L. 6 Ausgeführte. Im Gegensatz zum Kostenwiderspruch (Form. II. L. 7.) ist der Antragsgegner nicht in seiner Verteidigung auf den Gesichtspunkt fehlender Abmahnung beschränkt, sondern kann ferner geltend machen, Verfügungsanspruch und -grund bestünden nicht. Durch Abgabe einer Unterwerfungserklärung begibt sich der Antragsgegner nicht automatisch in die Rolle des Unterlegenen (*Baumbach/Hefermehl* UWG, Einl. UWG, Rdn. 562 mwN. der Rspr. der OLGe; *Mes* GRUR 1978, 345 ff.). Bei fehlender, aber erforderlicher Abmahnung ist im Verfahren der Erledigung gemäß § 91 a ZPO auch § 93 ZPO analog mit der Folge anwendbar, dass der Antragsteller die Kosten des Verfahrens trägt (OLG Hamburg MD 1993, 913; OLG Köln WRP 1990, 543; str.).

9. Wettbewerbsrechtliche Klage wegen Alleinstellungswerbung[1]

Landgericht
Kammer für Handelssachen[2]

Klage

der Firma A ......

– Klägerin –

Prozessbevollmächtigter: Rechtsanwalt ......

gegen

die Firma B ......

– Beklagte –

wegen unlauteren Wettbewerbs

Streitwert: vorläufig geschätzt EUR ......[3]

Namens und in Vollmacht der Klägerin erhebe ich Klage und werde beantragen,

I. Die Beklagte zu verurteilen,

1. es bei Meidung eines für jeden Fall der Zuwiderhandlung vom Gericht festzusetzenden Ordnungsgeldes bis zu EUR 250.000,–, ersatzweise Ordnungshaft bis zu 6 Monaten oder Ordnungshaft bis zu 6 Monaten zu unterlassen[4],
im geschäftlichen Verkehr zu Wettbewerbszwecken in Bezug auf das Bier „X-Alt“ die Werbeangabe

„Der Alt-Meister“

zu benutzen[5];

2. der Klägerin Auskunft darüber zu erteilen, in welchem Umfang die Beklagte die vorstehend zu I 1 bezeichneten Handlungen begangen hat, wobei die Angaben nach Werbeträgern, Auflage der Werbeträger, Bundesländern und Kalendervierteljahren aufzuschlüsseln sind[6];

II. festzustellen, dass die Beklagte verpflichtet ist, der Klägerin allen denjenigen Schaden zu erstatten, der ihr durch die vorstehend zu I 1 bezeichneten Handlungen entstanden ist und künftig noch entstehen wird[7];

III. die Kosten des Rechtsstreits der Beklagten aufzuerlegen;

IV. das Urteil – gegebenenfalls gegen Sicherheitsleistung (Bank- oder Sparkassenbürgschaft) – für vorläufig vollstreckbar zu erklären;
hilfsweise der Klägerin nachzulassen, die Zwangsvollstreckung gegen Sicherheitsleistung (Bank- oder Sparkassenbürgschaft) abzuwenden.

......[8, 9]

Begründung:

I.

Beide Parteien sind Altbier-Brauereien und stehen miteinander in unmittelbarem Wettbewerb[10]. Die Beklagte wirbt für ihr Erzeugnis in Form der Abbildung eines Glases mit der schlagwortartig hervorgehobenen Bezeichnung „Der Alt-Meister“. Um der angerufenen Kammer eine Vorstellung der Werbung der Beklagten zu vermitteln, überreiche ich als Anlage 1 ein Foto eines entsprechenden Plakatanschlages[11].
Die Klägerin hat die Beklagte mit dem als Anlage 2 überreichten Schreiben erfolglos abgemahnt[12]. Daher ist Klage geboten.

II.

Die rechtliche Bewertung des vorgetragenen Sachverhalts ergibt das Folgende:

1. Die angegriffene Werbung der Beklagten verstößt gegen § 3 UWG[13]. In der Angabe „Der Alt-Meister“ liegt die Inanspruchnahme einer Alleinstellung, die der Beklagten nicht zusteht.
   Die Werbeaussage „Der Alt-Meister“ stellt eine irreführende Angabe im Sinne des § 3 UWG dar. Maßgeblich für die Annahme einer Angabe sowie für die Bewertung ihres Inhaltes als einer unzulässigen Alleinstellungswerbung ist allein die Auffassung der angesprochenen Werbeadressaten, d. h. hier der Letztverbraucher, wobei es schon genügt, wenn sich die streitige Angabe für einen nicht unerheblichen Teil der Letztverbraucher als Alleinstellungsberühmung darstellt. Ist eine Angabe mehrdeutig, so muss jede der verschiedenen Bedeutungen den Tatsachen entsprechen. Etwas anderes gilt nicht schon deswegen, weil die streitgegenständliche Werbung einen gewissen Sprachwitz verrät und ein Wortspiel beinhaltet. Das Attribut „Alt“ kann sowohl auf den Begriff „Meister“ als auch auf das Alt-Bier-Erzeugnis der Beklagten bezogen werden. Es ist jedoch davon auszugehen, dass auch diejenigen Teile des Publikums, die diesen Sprachwitz erkennen, davon ausgehen, dass das in Rede stehende Wortspiel gerade deswegen verwendet worden ist, weil jede der möglichen Deutungen „passt“.
   Die streitgegenständliche Angabe „Alt-Meister“ wird in der Werbung der Beklagten ausweislich des Beispiels gemäß Anlage 1 nicht auf den Herstellungsbetrieb der Beklagten selbst, sondern auf das Produkt bezogen. Eine derartige Personalisierung eines Produktes ist nichts Ungewöhnliches. Als Beispiel wird verwiesen auf die Tatsache, dass Produkte häufig als „Renner“, „Spitzenreiter“, „unser Star“ usw. bezeichnet werden.
   Die Bezeichnung „Meister“ vermittelt gegenüber einem rechtlich relevanten Teil des Kaufpublikums den Eindruck einer Alleinstellung, wobei dieser Eindruck noch durch die Hinzugabe des bestimmten Artikels deutlich verstärkt wird. Der Begriff des Meisters ist dem Durchschnittsverbraucher sowohl aus dem Bereich des Sports wie auch aus demjenigen des Handwerks allgemein bekannt. Zwar mag von der Sache her an sich im Zusammenhang mit Bier die Beziehung zu dem handwerklichen Bereich näher liegen. Mit einem derartigen Handwerksmeister hat das allgemeine Publikum es jedoch nur noch selten zu tun. Viel häufiger begegnen ihm die Begriffe „Meister“ und „Meisterschaften“ im Bereich des Sports. Diese Deutung liegt hier umso näher, wenn man sich vor Augen führt, dass der Vorjahresmeister, beispielsweise im Fußballsport, als der „Alt-Meister“ bezeichnet wird. Es ist daher davon auszugehen, dass der Letztverbraucher bei Betrachtung der beanstandeten Werbung in erster Linie an den vertrauten Begriff des Meisters aus dem Bereich des Sports denkt, zumal dieser Begriff von der Beklagten keiner Person, sondern einem Produkt zugeordnet wird, mit dem man auch im übertragenen Sinne nicht ohne weiteres die Vorstellung verbinden kann, dass es sich um einen Meister im Sinne handwerklicher Kategorien handelt. Ein Pro-

dukt jedoch wird häufig und in üblicher Form im Sinne sportlicher Kategorien als „Renner", „Spitzenreiter", „Tabellenführer" oder eben auch als Meister im Gegensatz zu den Vizemeistern, den Nächstplazierten usw. bezeichnet.

Im Bereich des Sports kann nach allgemeiner Vorstellung nur jeweils einer „Meister" sein. Daraus ergibt sich der Alleinstellungscharakter der angegriffenen Werbeaussage. Dieser Charakter gilt insbesondere auch, soweit das Wortspiel „Alt-Meister" in Rede steht. Denn ein „Alt-Meister" ist jedenfalls der Meister der vergangenen Saison, dessen „Meisterehre" auch häufig noch in der gegenwärtigen Saison, nämlich bis zu dem Zeitpunkt anhält, bis ein neuer Meister den „Alt-Meister" ablöst.

Des Weiteren wird darauf hingewiesen, dass selbst diejenigen, die die angegriffene Werbung mit Vorstellungen aus dem Bereich des Handwerks in Verbindung bringen, in ihr die Behauptung einer Alleinstellung sehen werden, da ein Meister unangefochten an der Spitze einer Hierarchie (Lehrling – Geselle – Meister) steht.

Es ist in der angegriffenen Werbung nicht ausdrücklich erkennbar, worin die Alleinstellung der Beklagten liegen soll. Für den Letztverbraucher liegt jedoch nahe, dass die alleinstehende Spitzenstellung im Zusammenhang mit der geschmacklichen Qualität bestehen soll. Denn neben dem Preis, der bei den hier interessierenden Bieren kaum Unterschiede aufweist, ist es vor allem die geschmackliche Qualität, die für das Kaufpublikum von Interesse ist. Dieses Interesse wird auch mit der konkreten Werbung der Beklagten angesprochen, indem dort ein appetitlich aussehendes Glas Bier abgebildet ist. Zwar kann man über Geschmack bekanntlich nicht streiten und entzieht sich dementsprechend Geschmack einer eindeutigen Bewertung. Trotz dieser Relativität gibt es jedoch auch für die geschmackliche Qualität eines für den Konsum bestimmten Erzeugnisses einen objektiven Maßstab, nämlich den der allgemeinen Beliebtheit, der sich in den Umsatzzahlen niederschlägt. Dementsprechend ist davon auszugehen, dass die von der Beklagten beanspruchte Spitzenstellung auf einen durch Umsatzzahlen belegten Vorsprung in der geschmacklichen Qualität des beworbenen Bieres liegen soll.

Die Werbeangabe „Der Alt-Meister" wird vom Kaufpublikum auch durchaus ernst genommen und als nachprüfbare Tatsachenangabe bewertet. Insbesondere kann durch die Wahl eines Wortspieles nicht auf mangelnde Ernstlichkeit geschlossen werden. Es ist vielmehr davon auszugehen, dass das Kaufpublikum zu Recht von der Annahme ausgeht, dass das Wortspiel deswegen gewählt worden ist, weil jede der nur denkbaren Deutungen passt. Die Bezeichnung des Produktes „Alt-Meister" ist auch ungewöhnlich und gerade deswegen geeignet, ernstgenommen zu werden. Der hier zu beurteilende Fall ist nicht vergleichbar mit den Angaben „Meister-Pils", „Meister-Bock" oder „Meister-Bräu"; in allen letztgenannten Fällen bezieht sich die Bezeichnung „Meister" vordringlich auf den Hersteller des Bieres, nicht jedoch auf das Erzeugnis selbst, das nicht als Meister bezeichnet wird.

Mit der streitgegenständlichen Werbung wendet sich die Beklagte an die Letztverbraucher. Zu diesen Verkehrskreisen gehören auch die Mitglieder der angerufenen Kammer. Dementsprechend kann die angerufene Kammer auf Grund eigener Sachkunde und Erfahrung den Tatbestand einer Irreführung feststellen[14].

Höchst vorsorglich treten wir dafür, dass das allgemeine Publikum die streitgegenständliche Werbeaussage der Beklagten in dem vorbezeichneten Sinn versteht und würdigt, Beweis an durch

Gutachten eines anerkannten Markt- und Meinungsforschungsinstituts[15].

2. Zwischen den Parteien des Rechtsstreits besteht ein unmittelbares Wettbewerbsverhältnis, da beide auf dem gleichen regionalen Markt gegenüber den gleichen Abnehmern ihre Erzeugnisse anbieten und vertreiben. Infolgedessen wirkt sich das streitgegenständliche Verhalten der Beklagten im Wettbewerbsverhältnis der Parteien unmittelbar zum Nachteil der Klägerin aus.

3. Gemäß §§ 3, 13 Abs. 6 Nr. 1 S. 1 UWG ist die Beklagte auch zu Schadensersatz verpflichtet. Infolge der irreführenden Alleinstellungsberühmung der Beklagten ist ein Schadenseintritt bei der Klägerin zumindest wahrscheinlich[16]. Die Beklagte handelt auch fahrlässig-schuldhaft, denn bei Beachtung der im Verkehr erforderlichen Sorgfalt hätte sie ohne weiteres das Wettbewerbswidrige ihres Verhaltens, nämlich das irreführende Moment ihrer Werbung erkennen können. Die Beklagte handelt seit Empfang der diesseitigen anwaltlichen Abmahnung vom ...... darüber hinaus auch vorsätzlich-schuldhaft.
Der mit Klageantrag I 2 geltend gemachte Auskunftsanspruch ist als vorbereitender Hilfsanspruch zum Schadensersatzbegehren auf Grund gewohnheitsrechtlicher Anwendung der Bestimmung des § 242 BGB in Verbindung mit den Rechtsregeln betreffend die auftragslose Geschäftsführung begründet. Die Klägerin kann nämlich ohne Kenntnis vom Umfang der wettbewerbswidrigen Handlungen der Beklagten den ihr entstandenen Schaden ziffernmäßig nicht bestimmen. Damit ist zugleich auch die Zulässigkeit des Schadensersatzfeststellungsbegehrens gem. Klageantrag II dargetan[17].

4. Die Zuständigkeit des angerufenen Gerichts ergibt sich aus der Tatsache, dass die Beklagte im Gerichtsbezirk ihren Sitz hat[18].

Rechtsanwalt

Anmerkungen

1. Die wettbewerbsrechtliche Beurteilung von Fällen der sogenannten Alleinstellungswerbung ist regelmäßig nicht einfach. Dem Formular ist der Sachverhalt der Entscheidungen LG Düsseldorf WRP 1979, 404 ff. und OLG Düsseldorf WRP 1979, 717 ff. zugrundegelegt. Das LG Düsseldorf hatte die Klage abgewiesen, das OLG Düsseldorf erkannte sie zu. Insbesondere sind die Rechtsgrundsätze der vergleichenden Werbung gemäß § 2 UWG zu berücksichtigen, die im Textbeispiel allerdings nicht einschlägig sind (vgl. dazu *Baumbach/Hefermehl,* UWG, 22. Aufl. 2001, Rdn. 1 ff. m. w. N.).

2. Zur Zuständigkeit vgl. Anm. 1 und 2 zu Form. II. L. 2.

3. Zur Bemessung des Streitwertes vgl. *Pastor,* Der Wettbewerbsprozeß – Verwarnung – einstweilige Verfügung – Unterlassungsklage, 3. Aufl. 1980, S. 923 ff.; *Teplitzky,* Wettbewerbsrechtliche Ansprüche, 7. Aufl. 1997, Kap. 49, Rd. 1 ff.; *Ulrich,* GRUR 1984, 177 ff.; *Kur,* Streitwert und Kosten im Verfahren wegen unlauteren Wettbewerbs, 1980. Einzelheiten können nur wie folgt skizziert werden:
Bei wettbewerbsrechtlichen Streitigkeiten unterliegt die Streitwertbestimmung gem. § 3 ZPO freiem richterlichem Ermessen. Dazu dient die Angabe in der Klageschrift als Anregung, nämlich wie der Kläger selbst seine für die Streitwertbemessung maßgeblichen Interessen bewertet (OLG Köln, MD 1994, 80: nur indizielle Bedeutung der Streitwertangabe durch den Kläger). Als objektive Kriterien kommen für die Streitwertbemessung in Betracht: Größe und wirtschaftliche Bedeutung der Parteien, insbesondere des Klägers; Intensität des Wettbewerbsverstoßes (zB. umfangreiche Zeitschriftenwerbung einerseits oder Plakatanschlag an einem Ladenlokal andererseits), Dauer des Wettbewerbsverstoßes (vgl. aber OLG Stuttgart WRP 1997, 239 – Streitwert –, das für einen Unterlassungsanspruch nicht auf die Intensität der Handlung abstellen will), Auswirkungen des Wettbewerbsverstoßes. *Pastor,* Der Wettbewerbsprozess, 3. Aufl. 1980, S. 957 f. empfiehlt den Gerichten, für „normale" Wettbewerbsstreitigkeiten einen „Regelstreitwert" einzuführen, den er unter Geltung der DM mit DM 20.000,– bewertet, wobei sodann je nach den Umständen des Einzelfalles Zu- und Abschläge gemacht werden sollen. In rechtstatsächlicher Hinsicht haben sich Regelstreitwerte jedoch nicht feststellen lassen (vgl. dazu *Kur,* Streitwert und Kosten im Verfahren wegen unlauteren Wett-

bewerbs, 1980, S. 90). *Kur* hat (aaO. S. 90) – unter Geltung der DM-Währung – die nachfolgend wiedergegebenen Streitwerte ermittelt, die für die Geltendmachung eines Unterlassungsanspruches jeweils als Anhaltspunkte gelten können, wobei allerdings diese Angaben auf Ermittlungen beruhen, die schon ca. 20 Jahre zurückliegen:

a) für Bagatellverstöße und Massenverfahren: bis zu EUR 5.000,–;
b) für „übliche" Verstöße: EUR 10.000,– bis zu EUR 25.000,– (zunehmend mit der Tendenz bis zu EUR 50.000,–);
c) besonders unlautere Verstöße oder solche von größeren Unternehmen: EUR 50.000,– bis zu EUR 125.000,– (zunehmend mit der Tendenz bis zu EUR 150.000,– und höher).

Für die Bemessung des Streitwertes bei Unterlassungsansprüchen enthält § 23a UWG zwei Besonderheiten. Beruht die Geltendmachung der Unterlassungsansprüche auf §§ 1, 3, 4, 6, 6a bis 6c, 7 und/oder 8 UWG, so ist es wertmindernd zu berücksichtigen, wenn die Sache nach Art und Umfang einfach gelagert ist. Des Weiteren soll streitwertmindernd berücksichtigt werden, wenn die Belastung eine der Parteien mit den Prozesskosten nach dem vollen Streitwert angesichts ihrer Vermögens- und Einkommensverhältnisse nicht tragbar erscheint.

Werden, wie im Formular, neben einem Unterlassungsanspruch auch Ansprüche auf Auskunftserteilung und Schadensersatz geltend gemacht, so ist zur Bemessung des Streitwertes eine Aufteilung vorzunehmen. Hier gilt der Grundsatz, dass der Unterlassungsanspruch am Gesamtstreitwert einen Anteil von ca. 2/3 ausmacht, wohingegen auf den Schadensersatzanspruch und den Auskunftsanspruch das verbliebene Drittel entfällt. Hinsichtlich der beiden letztgenannten prozessualen Ansprüche hat das Schadensersatzfeststellungsbegehren ein Übergewicht gegenüber dem Auskunftsbegehren, wobei wiederum als grober Maßstab die Aufteilung 2/3 (Schadensersatzfeststellungsbegehren) zu 1/3 (Auskunftsbegehren; höhere Festsetzung bei KG GRUR 1992, 611 – T-Shirt) angesetzt werden kann.

4. Zur Formulierung der Strafandrohungsklausel im Unterlassungsantrag vgl. Anm. 5 zu Form. II. L. 3.

5. Zur Bestimmung des Antragsinhalts vgl. Anm. 6 zu Form. II. L. 3. Zur Konkretisierung der angegriffenen Verletzungshandlung ist es häufig – wie im Antrag vorgesehen – erforderlich, dass eine Konkretisierung im Hinblick auf bestimmt bezeichnete Waren (oder einen bestimmt bezeichneten Geschäftsbetrieb) erfolgt, ferner im Hinblick auf bestimmt bezeichnete Handlungen (vgl. BGH GRUR 1984, 593/594 r. Sp. – Adidas; 1986, 898/900 – Frank der Tat; WRP 1993, 478 – Faltenglätter; GRUR 1994, 310 – Mozarella II; weitere interessierende Entscheidungen in Anm. 6 zu Form. II. L.3).

6. Zur Rechtsnatur und zum Umfang des wettbewerbsrechtlichen Auskunftsanspruches vgl. Anm. 9 zu Form. II. L. 4.

7. Zum wettbewerbsrechtlichen Schadensersatzanspruch vgl. Anm. 8 zu Form. II. L. 4. Anders als § 1 UWG enthält § 3 UWG nicht zugleich die Anordnung einer Schadensersatzverpflichtung desjenigen, der gegen das dort aufgestellte Verbot verstößt. Diese ist in § 13 Abs. 6 Nr. 1 UWG enthalten. Es hat sich im Bereich des Wettbewerbsrechts bewährt, die Schadensersatzverpflichtung des Verletzers lediglich feststellen zu lassen. Daraus ergibt sich die Kombination der Klageanträge auf Auskunftserteilung und Schadensersatzfeststellung. Eine derartige Klagenverbindung ist gegenüber der an sich gegebenen Möglichkeit der Erhebung einer Stufenklage gem. § 254 ZPO (erste Stufe: Auskunft, zweite Stufe: Schadensersatz) prozessual zulässig (allg. Meinung und BGH in st. RechtSpr, zuletzt GRUR 2001, 1177, 1178 – Feststellungsinteresse II) und vorzuziehen, da der gesamte Prozess einheitlich durch die Instanzen geführt und damit auch rascher erledigt werden kann (vgl. auch Anm. 10 zu Form. II. M. 3). Das gem. § 256 Abs. 1 a.E. ZPO erforderliche rechtliche Interesse an alsbaldiger Feststellung ergibt sich

sowohl aus dem Unvermögen des Gläubigers, ohne nähere Kenntnis vom Umfang der wettbewerbswidrigen Handlungen des Schuldners den Schaden, der in seiner Entstehung regelmäßig des Weiteren noch nicht abgeschlossen ist, ziffernmäßig zu bestimmen, als auch aus der drohenden Verjährung des Schadenersatzanspruches (Verjährungsfrist gem. § 21 UWG: 6 Monate).

8. Die amtswegige Übertragung des Rechtsstreits auf den Einzelrichter entfällt bei Kammern für Handelssachen (§§ 348, 349 ZPO), so dass es einer Stellungnahme des Klägers (§ 253 Abs. 3 ZPO; vgl. Form. I. D. 1.) nicht bedarf.

9. Macht nach Kenntnis des Klägers die angerufene Kammer von der Möglichkeit eines schriftlichen Vorverfahrens Gebrauch, so kann es sich empfehlen, schon in die Klageschrift Anträge nach §§ 307 Abs. 2, 331 Abs. 3 ZPO aufzunehmen. In der Praxis kommt dies in UWG-Sachen selten vor. Zu einem solchen Antrag vgl. Form. I. D. 1.

§ 278 Abs. 2 ZPO sieht vor, dass der mündlichen Verhandlung zum Zwecke der gütlichen Beilegung des Rechtsstreits eine Güteverhandlung vorauszugehen hat. Eine Ausnahme besteht, wenn bereits ein Einigungsversuch vor einer außergerichtlichen Gütestelle stattgefunden hat oder die Güteverhandlung erkennbar aussichtslos erscheint. Es bietet sich an, im Anschluss an die Anträge eine Stellungnahme zur Durchführung einer derartigen Güteverhandlung abzugeben. Ein Textbeispiel für eine (begründete) Ablehnung einer Güteverhandlung findet sich zu I. F. 6.

10. Mit dem Sachvortrag zum Bestehen eines Wettbewerbsverhältnisses wird zur Aktivlegitimation der Klägerin vorgetragen. Die Ausführungen werden nachstehend zu II. 2 im Formular noch vertieft. Durch die Neufassung des § 24 Abs. 2 UWG, die den Gerichtsstand der unerlaubten Handlung für Wettbewerbsverstöße den nach § 13 Abs. 2 Nrn. 1 bis 4 UWG Aktivlegitimierten nur noch eingeschränkt eröffnet und ferner durch die Neufassung des § 13 Abs. 2 Nr. 1 und Nr. 2 UWG, die die Aktivlegitimation ebenfalls einschränkt, ist es angebracht, schon frühzeitig – d.h. bei der Entscheidung über die Abmahnung – die Frage der Aktivlegitimation zu bedenken. Zur Vertiefung wird auf Anm. 4 zu Form. II. L. 1 und nachfolgend Anm. 18 verwiesen.

11. Häufig bedarf es in wettbewerbsrechtlichen Streitigkeiten keines ausführlichen Tatsachenvortrages, sondern es genügt und erscheint sachgerecht, das angerufene Gericht insbesondere durch Übergabe von Mustern zu informieren.

12. Die Mitteilung, dass vor Klageerhebung erfolglos abgemahnt worden ist, ist zur Begründung des Unterlassungsantrages nicht erforderlich; sie hat jedoch Bedeutung für die Feststellung des Verschuldens, vgl. dazu im Form. die Ausführungen unter II 3.

13. Zur Anwendung der Bestimmung des § 3 UWG vgl. schon Anm. 10 zu Form. II. L. 3. Die Anwendungsvoraussetzungen dieser Bestimmungen sind die folgenden:

a) Es muss sich um ein Verhalten im geschäftlichen Verkehr zu Wettbewerbszwecken handeln;
b) es muss sich um eine Angabe im Sinne des § 3 UWG handeln;
c) die Angabe muss sich auf geschäftliche Verhältnisse des Werbungstreibenden beziehen; diese Voraussetzung liegt insbesondere dann vor, wenn über die Beschaffenheit, den Ursprung, die Herstellungsart oder die Preisbemessung einzelner Waren oder gewerblicher Leistungen oder des gesamten Angebots, über Preislisten, über die Art des Bezugs oder die Bezugsquelle von Waren, über den Besitz von Auszeichnungen, über den Anlass oder den Zweck des Verkaufs oder über die Menge der Vorräte eine Aussage gemacht wird;
d) die Angabe muss insbesondere geeignet sein, auf die Entschließung der Werbeadressaten einzuwirken (zu diesem besonderen, häufig übersehenen Merkmal der wettbewerbsrechtlichen Relevanz vgl. *Baumbach/Hefermehl* UWG § 3 Rdn. 87ff.; *Mees*, GRUR 1995, 262, 263).

Die Voraussetzungen des § 3 UWG und ihre Auslegungskriterien sind im Formular im Einzelnen an einem prägnanten, wenn auch nicht einfach gelagerten Beispiel behandelt. Darauf wird verwiesen.

14. Zu den Beweisfragen im Zusammenhang mit einer Anspruchsherleitung aus § 3 UWG vgl. *Baumbach/Hefermehl* UWG § 3 Rdn. 110ff. Gehören die Mitglieder des angerufenen Gerichts – wie regelmäßig bei Waren des täglichen Bedarfs – ebenfalls zu den angesprochenen Werbungsadressaten, kann das Gericht von sich aus auf Grund eigener Sachkunde und Erfahrung sowohl das Vorhandensein der Irreführungsgefahr selbst feststellen als auch dieses Vorhandensein verneinen. Der Bundesgerichtshof hat in jüngerer Zeit seine Rechtsprechung geändert (BGH GRUR 2002, 550, 552 – Elternbriefe). Während nach früherer Auffassung eine Feststellung auf Grund eigener Sachkunde und Lebenserfahrung der Richter im Hinblick auf die Zugehörigkeit zu den angesprochenen Verkehrskreisen dann eher in Betracht kam, wenn es um die Bejahung einer Irreführungsgefahr ging als dann, wenn diese verneint werden sollte (BGH GRUR 1992, 406, 407 – Beschädigte Verpackung), geht der Bundesgerichtshof in seiner jüngeren Rechtsprechung davon aus, dass bei der Ermittlung des Verkehrsverständnisses auf einen situationsadäquaten durchschnittlich aufmerksamen, informierten und verständigen Verbraucher abzustellen ist (BGH GRUR 2000, 619, 621 – Orientteppichmuster; 2000, 820, 821 – Space Fidelity Peep-Show; 2002, 1166, 1169 li.Sp. – Fernflugpreise; 2002, 550, 552 – Elternbriefe). Ist die Vorstellung eines derartigen Durchschnittsverbrauchers maßgeblich, so kommt es nicht auf die möglicherweise hiervon abweichenden Anschauungen einer Minderheit von Verbrauchern an. Daher macht es grundsätzlich keinen Unterschied, ob der Tatrichter seine Sachkunde und Lebenserfahrung zur Bejahung oder zur Verneinung einer Irreführungsgefahr einsetzen möchte (BGH GRUR 2002, 550, 552 – Elternbriefe; *Bornkamm,* WRP 2000, 830, 832f., 834). Zu der abweichenden Auffassung nach früherer Rechtsprechung, wonach es im Bereich des § 3 UWG auch auf die Vorstellungen nicht ganz unerheblicher Teile der Verkehrsbeteiligten ankam, vgl. die Vorauflage Anm. 14 zu Form. II. L. 9 m.w.N.

Es bleibt der Rechtsgrundsatz, wonach § 291 ZPO es dem Gericht nicht gestattet, ein bestimmtes Verkehrsverständnis vom Inhalt einer Werbeaussage seiner Entscheidung als gerichtskundig zu Grunde zu legen, wenn ein davon abweichendes Verständnis der angesprochenen Verkehrskreise unter Beweisantritt vorgetragen worden ist (BGH GRUR 1990, 607 – Meister-Kaffee; dazu auch BGH GRUR 1991, 215 – Emilio Adani). Das Gericht kann schließlich auch gehalten sein, den beweisbelasteten Kläger auf die Notwendigkeit eines Beweisantritts in Form eines demoskopischen Gutachtens hinzuweisen (BGH WRP 1991, 100 – Versäumte Meinungsumfrage).

15. Beweismittel sind insbesondere Auskünfte von Industrie- und Handelskammern sowie von Wirtschaftsverbänden und des Weiteren demoskopische Meinungsumfragen.

16. Die Wahrscheinlichkeit eines Schadenseintritts genügt (vgl. BGH GRUR 1993, 926, 927 – Apothekenzeitschriften – mwN.; vgl. ferner Anm. 8 zu Form. II. L. 4).

17. Zum Auskunftsanspruch vgl. Anm. 9 zu Form. II. L. 4; zu seiner Durchsetzung im EV–Verfahren: *Ulrich,* WRP 1997, 135; LG Düsseldorf WRP 1997, 253 betreffend Bezugsquelle einer Nachahmung; zur Drittauskunft betreffend Vorlieferanten: BGH GRUR 2001, 841 – Entfernung der Herstellungsnummer II.

18. Gerichtsstand der gewerblichen Niederlassung gem. § 24 Abs. 1 UWG. Daneben hat insbesondere der Gerichtsstand der wettbewerbswidrigen Handlung gem. § 24 Abs. 2 UWG Bedeutung (dazu z.B. OLG Köln GRUR 1988, 148 – Kaminöfen). Beide Gerichtsstände des § 24 sind ausschließlich und somit einer Prorogation gem. § 40 Abs. 2 ZPO entzogen.

Zur Begründung des Gerichtsstandes gem. § 24 Abs. 2 UWG genügt jedes wettbewerbliche Verhalten der streitgegenständlichen Art, wobei vordringlich Werbeanzeigen in Zeitungen, die auch im Gerichtsbezirk vertrieben werden, Angebote und Lieferungen in den Gerichtsbezirk als Anknüpfungspunkt in Betracht kommen (zum sog. „fliegenden Gerichtsstand" im Zusammenhang mit Zeitungsanzeigen einschränkend OLG Düsseldorf WRP 1981, 278 und *von Maltzahn* GRUR 1983, 711 ff.; aufgegeben von OLG Düsseldorf WRP 1987, 476). Eine Einschränkung findet sich in § 24 Abs. 2 S. 2 UWG. Danach ist für den Fall der Herleitung der Aktivlegitimation aus § 13 Abs. 2 Nrn. 1 bis 4 UWG der Gerichtsstand der unerlaubten Handlung des § 24 Abs. 2 UWG nur dann anwendbar, wenn der Beklagte im Inland keinen Wohnsitz hat. Diese Beschränkung gilt nicht, wenn der durch den Wettbewerbsverstoß unmittelbar Betroffene klagt bzw. einen Antrag auf Erlass einer einstweiligen Verfügung anhängig macht, der mithin seine Aktivlegitimation nicht aus § 13 Abs. 2 Nrn. 1 bis 4 UWG herleitet (z. B. im Formular wegen Alleinstellungsberühmung des Wettbewerbers). Die Rechtsprechung des Bundesgerichtshofs anerkennt seit langem die Aktivlegitimation des unmittelbar durch einen Wettbewerbsverstoß Betroffenen, und zwar sowohl für § 1 UWG als auch für § 3 UWG (vgl. GRUR 1966, 445, 446 – Glutamal; 1988, 620, 621 – Vespa-Roller – und Form. II. L. 1. Anm. 4). Im Falle der Herleitung der Aktivlegitimation aus unmittelbarer Betroffenheit kann die Beschränkung des § 24 Abs. 2 UWG nicht wirksam werden. Hier verbleibt es bei dem Rechtszustand der recht großzügigen Annahme des sogenannten fliegenden Gerichtsstandes (vgl. OLGe Düsseldorf, GRUR 1994, 837, 838; Hamburg GRUR 1995, 129 – Unmittelbarer Verletzer; München WRP 1995, 1055; *von Linstow*, WRP 1994, 789).

Kosten und Gebühren

Vgl. Hinweise zu Form. I. D. 1.

10. Antrag auf Erlass einer einstweiligen Verfügung wegen unzulässiger Sonderveranstaltung

Landgericht
Kammer für Handelssachen[1]

Antrag
auf Erlass einer einstweiligen Verfügung

der Firma A ......

– Antragstellerin –

Verfahrensbevollmächtigter: Rechtsanwalt ......

gegen

die Firma B ......

– Antragsgegnerin –

wegen unlauteren Wettbewerbs

Streitwert: vorläufig geschätzt EUR ......[2]

Namens und in Vollmacht[3] **der Antragstellerin beantrage ich,**
das Gericht möge im Wege der einstweiligen Verfügung – wegen besonderer Dringlichkeit ohne mündliche Verhandlung durch Beschluss[4] **– anordnen:**

I. Der Antragsgegnerin wird es bei Meidung eines für jeden Fall der Zuwiderhandlung fälligen Ordnungsgeldes ......[5] **untersagt,**

im geschäftlichen Verkehr zu Wettbewerbszwecken in Bezug auf ihren auf den Vertrieb von Lebens- und Genussmitteln gerichteten Geschäftsbetrieb anzukündigen:
„Wir feiern Geburtstag.
Feiern Sie mit.
Es gibt einen Grund zum Feiern.
6 Jahre ...... SB-Warenhaus ......
Wir machen Ihnen deshalb Geburtstagsangebote. Wählen Sie!, z. B. ......“,

insbesondere, wenn zugleich ca. 40 Artikel aus dem Lebensmittelbereich unter Preisangaben beworben werden, wobei durchgestrichenen älteren und höheren Preisen neue und niedrigere Preise gegenübergestellt sind[6].

II. Der Antragsgegnerin werden die Kosten des Verfahrens auferlegt.

Begründung:

Die Antragstellerin ist ein Lebensmittelfilialunternehmen mit Sitz in ......, das unter anderem auch eine Niederlassung im Gerichtsbezirk unterhält.
Glaubhaftmachung: Eidesstattliche Versicherung ......
Ebenfalls im Gerichtsbezirk betreibt die Antragsgegnerin einen SB-Markt, in dem sie ebenfalls Lebensmittel vertreibt[7]. Die Antragstellerin ist schon auf Grund des unmittelbar zwischen den Parteien bestehenden Wettbewerbsverhältnisses aktivlegitimiert, da sie durch das noch zu schildernde wettbewerbswidrige Verhalten der Antragsgegnerin im Wettbewerb deutlich benachteiligt wird. Zudem ergibt sich die Aktivlegitimation der Antragstellerin auch aus § 13 Abs. 2 Nr. 1 UWG, weil sie auf dem gleichen Markt wie die Antragsgegnerin Waren gleicher Art vertreibt und das streitgegenständliche Verhalten der Antragsgegnerin geeignet ist, den Wettbewerb auf diesem Markt wesentlich zu beeinträchtigen. Denn die Antragsgegnerin hat anlässlich ihres 6-jährigen Bestehens in einer ganzseitigen Zeitungsanzeige die als Anlage 1 überreichte Werbeanzeige veröffentlicht[8]. Diese hat folgenden Wortlaut:

„Wir feiern Geburtstag!
Feiern Sie mit!
Es gibt einen Grund zum Feiern.
6 Jahre ...... SB-Warenhaus.
Das erste SB-Warenhaus in ......
Tausende Käufer besuchen allwöchentlich diese leistungsfähige Einkaufsstätte. Aber nicht nur diese ...... – ...... SB-Märkte gibt es in vielen Städten ...... SB-Markt-Kunden: Anspruchsvolle und scharf rechnende Käufer. Die große Familie wächst von Woche zu Woche. Ist das alles nicht ein triftiger Grund zum Feiern ...... zum Mitfeiern? Wir haben uns deshalb Geburtstagsangebote ausgedacht, auch welche, damit Sie zu Hause mitfeiern können. Kribbelnd, spritzig ...... Prosit!“

Im Anschluss an den vorstehend wiedergegebenen Text werden sodann ca. 40 einzeln aufgeführte Artikel des Lebensmittelbereichs genannt, wobei die Antragsgegnerin durchgestrichenen höheren Preisen nunmehr geltende niedrige Preise gegenüberstellt.

2. Mit der vorstehend wiedergegebenen Werbeanzeige verstößt die Antragsgegnerin gegen § 7 Abs. 1 UWG und das dort geregelte Verbot der Ankündigung sowie der Durchführung von Sonderveranstaltungen. Im Einzelnen[9, 10]:
Die unter der blickfangmäßigen Hervorhebung „Wir feiern Geburtstag – feiern Sie mit“ von der Antragsgegnerin ausgelobten „besonderen Geburtstagsangebote“ stellen keine erlaubten Sonderangebote gemäß § 7 Abs. 2 UWG dar. Es fehlt zunächst schon an dem Merkmal, dass lediglich einzelne Waren angeboten werden. Die blickfangmäßige Herausstellung des besonderen Anlasses „Geburtstag“ sowie die ausdrückliche Kennzeichnung der Angebote der Antragsgegnerin als „Geburtstagsangebote“ erwecken den Eindruck, dass das Angebot der Antragsgegnerin sich nicht nur auf einzelne

Waren, sondern vielmehr auf ihr gesamtes Sortiment bezieht. Auch soweit in der Werbeanzeige der Antragsgegnerin eine Vielzahl vòn einzelnen Artikeln, nämlich insgesamt ca. 40 Artikel, unter Preisangabe beworben werden, handelt es sich ebenfalls schon wegen dieser Menge nicht mehr um „einzelne Waren" i.S. des § 7 Abs. 2 UWG. Des Weiteren fügt sich das streitgegenständliche Angebot der Antragsgegnerin infolge seiner Bezeichnung „Geburtstagsangebote" nicht in den regelmäßigen Geschäftsverkehr ein; Geburtstagsangebote werden nur zu besonderer Gelegenheit eines Geburtstages geboten[11]. Es fehlt somit an den Voraussetzungen für die Annahme eines zulässigen Sonderangebotes gemäß § 7 Abs. 2 UWG.

Die streitgegenständliche Ankündigung der Antragsgegnerin verwirklicht demgegenüber sämtliche Tatbestandsmerkmale einer unzulässigen Sonderveranstaltung gemäß § 7 Abs. 1 UWG. Es handelt sich um eine – wie vorstehend schon ausgeführt – außerhalb des regelmäßigen Geschäftsverkehrs erfolgende Veranstaltung im Einzelhandel. Diese ist auch Verkaufsveranstaltung. Sie dient des Weiteren der Beschleunigung des Warenabsatzes. Ihre Ankündigung erweckt den Eindruck, dass besondere Kaufvorteile gewährt werden. Das ergibt sich sowohl aus dem Wortlaut der vorstehend wiedergegebenen Werbeanzeige der Antragsgegnerin, als auch insbesondere aus der Angabe, dass „Geburtstag" gefeiert werde und dass „besondere Geburtstagsangebote" geboten würden. Insoweit ist auf die Wertung des Gesetzgebers in § 7 Abs. 3 Nr. 2 UWG hinzuweisen, die klarstellt, dass Jubiläumsverkäufe immer, nämlich besonders typische Sonderveranstaltungen sind. Die gleiche Bewertung verdienen „Geburtstagsverkäufe".

3. Die streitgegenständliche Werbeankündigung der Antragsgegnerin enthält ein die Unlauterkeit qualifizierendes Merkmal. Das gilt insoweit, als eine Vielzahl von Artikeln mit Preisgegenüberstellungen beworben werden. Dieser Teil der Werbeankündigung ist geeignet, den Charakter einer Sonderveranstaltung noch besonders zu betonen. Insoweit ist es angebracht, das Angebot von Waren unter gleichzeitiger Preisgegenüberstellung in Form des Insbesondere-Teils des Verfügungsantrags in das vom Gericht auszusprechende Verbot mit aufzunehmen.[12, 13]

Rechtsanwalt

Schrifttum: Baumbach/Hefermehl, UWG, 22. Aufl 2001 (Kommentierung zu §§ 7ff. UWG); *Kamin/Wilke,* Die Verkaufsveranstaltungen im Handel, 5. Aufl. 1987; *Kind,* Sonderveranstaltungen (Handbuch des Ausverkaufsrechts), 1979; *Gloy, Klosterfelde/Jaeger-Lenz,* Handbuch des Wettbewerbsrechts, 2. Aufl. 1997, § 54; *Nacken,* Preisgegenüberstellung, Mengenmäßige Beschränkung, Sonderveranstaltungen, 1990; *v. Strobl-Albeg,* Sonderveranstaltungen, Sonderangebote und Räumungsverkäufe, 2. Aufl. 1999; *Tetzner,* Sonderveranstaltungen und Sonderangebote im Einzelhandel nach der Anordnung – AO – vom 4. 7. 1935, 1979.

Hinweis: Weitere Beispiele eines gerichtlichen Vorgehens gegen Sonderveranstaltungen finden sich bei *Mes/Sambuc,* Münchener Prozeßformularbuch/Gewerblicher Rechtsschutz, Urheber- und Presserecht, 2000, S. 116ff.

Anmerkungen

1. Vgl. Anm. 1 und 2 zu Form. II. L. 2.

2. Zur Streitwertbemessung vgl. Anm. 3 zu Form. II. L. 9 und Anm. 2 zu Form. II. L. 3.

3. Vgl. Anm. 3 zu Form. II. L. 3.

4. Vgl. Anm. 4 zu Form. II. L. 3.

5. Zur Formulierung der Strafandrohungsklausel vgl. die Ausführungen in Form. II. L. 3 und Anm. 5.

6. Zur Formulierung der konkreten Verletzungshandlung vgl. Anm. 6 zu Form. II. L. 3 sowie Anm. 7 zu Form. II. L. 1. Die Erfassung der besonderen Tatbestandsmerkmale ist für die Beschreibung einer Sonderveranstaltung im Antrag wesentlich (BGH GRUR 1997, 476 – Geburtstagswerbung II). Der im Formular wiedergegebene Unterlassungsantrag weist eine weitere, in wettbewerbsrechtlichen Streitigkeiten häufige Besonderheit auf, nämlich einen „Insbesondere-Teil". Die Hinzufügung eines „Insbesondere-Teils" mit weiteren Umständen hat eine Mehrfachfunktion. Sie dient einmal dazu, quasi eine „Auffangstellung" für den Fall zu schaffen, dass das angerufene Gericht der Auffassung des Antragstellers, wonach schon die allgemein gekennzeichnete Handlung des Antragsgegners unzulässig ist, nicht folgen sollte (vgl. BGH GRUR 1982, 374, 376 r. Sp – Ski-Auslaufmodelle). Des Weiteren besteht Veranlassung, auch gerade diejenigen Verhaltensweisen in den Antrag ausdrücklich aufzunehmen, die zusätzlich das Wettbewerbswidrige im angegriffenen Verhalten qualifizieren (vgl. dazu BGH GRUR 1965, 485 = WRP 1965, 140 – Versehrtenbetrieb – und *Pastor,* Der Wettbewerbsprozess – Verwarnung – einstweilige Verfügung – Unterlassungsklage – 3. Aufl. 1980, S. 686 zu Anm. 77). In diesem Fall handelt es sich um einen sogenannten „unechten Hilfsantrag" (dazu *Gloy/Spätgens,* Handbuch des Wettbewerbsrechts 2. Aufl. 1997, § 68 Rdn. 7; *Mes/Sambuc,* Münchener Prozessformularbuch/Gewerblicher Rechtsschutz, Urheber- und Presserecht, 2000, S. 119 Anm. 2). Schließlich gibt es Fälle, wo der Insbesondere-Teil nur Beispielcharakter hat (vgl. KG GRUR 1988, 78; BGH GRUR 1993, 834, 835 re. Sp. – Haftungsbeschränkung bei Anwälten; dazu auch *Kurtze* in Festschrift für Nirk, 1992, S. 571 ff.).

7. Die Aktivlegitimation eines Klägers/Antragstellers kann im Zusammenhang mit einer unerlaubten Sonderveranstaltung (§§ 7, 8 UWG) sowohl aus den Gründen des § 13 Abs. 2 UWG als auch aus unmittelbarer Betroffenheit gegeben sein. Der Bundesgerichtshof hat bisher nur zu §§ 1 und 3 UWG auf Grund eines konkreten Wettbewerbsverhältnisses und daraus folgenden konkreten Wettbewerbsnachteilen neben der Aktivlegitimation aus § 13 Abs. 2 Nr. 1 UWG diejenige einer unmittelbaren Betroffenheit angenommen (vgl. BGH GRUR 1966, 445, 446 re. Sp. – Glutamal; 1988, 620, 621 – Vespa-Roller). Diese Begründung muss konsequenterweise auch z. B. für § 7 UWG gelten. Im Formular wird aus Vorsichtsgründen zu § 13 Abs. 2 Nr. 1 UWG vorgetragen.

8. Die Glaubhaftmachung der Passivlegitimation der Antragsgegnerin und deren wettbewerblichen Verhaltens ergibt sich aus der als Anlage 1 überreichten Zeitung.

9. Das Recht der Sonderveranstaltung war früher in der Anordnung des Reichswirtschaftsministers betreffend Sonderveranstaltungen vom 4. Juli 1935 geregelt, die auf der Grundlage des § 9a UWG a. F. bis zum 31. 12. 1986 in Kraft war (allg. M., vgl. BVerfG WRP 1970, 319; BGH GRUR 1958, 395 – Sonderveranstaltung). Durch die UWG-Novelle 1986 ist das Recht der Sonderveranstaltungen mit Wirkung zum 1. 1. 1987 – teilweise vereinfacht – neu geregelt in §§ 7, 8 UWG. § 7 Abs. 1 UWG betrifft die (unerlaubten) Sonderveranstaltungen, § 7 Abs. 2 die (erlaubten) Sonderangebote, wobei in dieser Bestimmung mit Wirkung zum 1. 8. 1994 durch Gesetz vom 25. 7. 1994 die Worte „ohne zeitliche Begrenzung" gestrichen worden sind. § 7 Abs. 3 UWG bezieht sich auf Winter- und Sommerschlussverkäufe sowie auf Jubiläumsverkäufe, wohingegen § 8 UWG Räumungsverkäufe regelt.

Die anspruchsbegründenden Voraussetzungen des § 7 Abs. 1 UWG lassen sich wie folgt gliedern:

a) Es hat sich als zweckmäßig erwiesen (BGH GRUR 1977, 794/795 – Geburtstagswerbung I), zunächst zu prüfen, ob der Ausnahmetatbestand des § 7 Abs. 2 UWG gegeben ist und es sich um ein zulässiges Sonderangebot handelt (BGH GRUR 1997, 476, 477 – Geburtstagswerbung II);

b) es muss sich um eine Veranstaltung im Einzelhandel handeln;
c) es muss sich um eine Veranstaltung handeln, die außerhalb des regelmäßigen Geschäftsverkehrs liegt;
d) es muss sich um eine Verkaufsveranstaltung handeln, die überdies der Beschleunigung des Warenabsatzes dient;
e) es muss sich um die Ankündigung einer Verkaufsveranstaltung im Einzelhandel handeln, die den Eindruck hervorruft, dass besondere Kaufvorteile gewährt werden.

Zur Reihenfolge der vorstehend empfohlenen Prüfung vgl. z.B. BGH GRUR 1977, 794 ff. – Geburtstagswerbung I.

10. Bei der wettbewerbsrechtlichen Beurteilung einer Werbemaßnahme bzw. Werbeankündigung sind jede Auslegung und Ausdeutung zu Grunde zu legen, die die angesprochenen Verkehrskreise der Ankündigung beimessen. Es kommt somit entscheidend auf die Auffassung der beteiligten Verkehrskreise an. Das gilt insbesondere im Hinblick auf die Ankündigung einer Sonderveranstaltung. Beteiligte Verkehrskreise bei einer Sonderveranstaltung sind – da es sich um eine Maßnahme im Einzelhandel handelt – die Letztverbraucher. Zu diesen Verkehrskreisen gehören insbesondere auch Richter. Das hat Bedeutung für die beweismäßige Feststellung. Handelt es sich nämlich um Werbeangaben über Gegenstände des allgemeinen Bedarfs, so wird der angerufene Richter meist selbst die Feststellung treffen können, wie das angesprochene Publikum die Werbeankündigung versteht (BGH GRUR 2002, 550, 552 – Elternbriefe). Maßgeblich ist das Verständnis eines „situationsadäquat durchschnittlich aufmerksamen, informierten und verständigen Verbrauchers" (BGH GRUR 2000, 619, 621 – Orient-Teppichmuster; 2000, 820, 821 – Space Fidelity Peep-Show; 2001, 1166, 1169 – Fernflugpreise; 2002, 550, 552 – Elternbriefe).

11. Zum Merkmal „außerhalb des regelmäßigen Geschäftsverkehrs" vgl. insbesondere *Baumbach/Hefermehl* UWG § 7 Rdn. 7 ff. Bei Waren des täglichen Bedarfs soll die Annahme eines aus Anlass eines Jubiläums gewährten Geschenks eher fern liegen (BGH GRUR 1997, 476, 477 – Geburtstagswerbung II).

12. Zur Formulierung des Insbesondere-Teils des Antrags vgl. Anm. 6.

13. Im Formular wird, wie bei Sonderveranstaltungen häufig, lediglich ein Verbot der Ankündigung der Sonderveranstaltung erstrebt. An sich verbietet § 7 Abs. 1 UWG die Abhaltung von Verkaufsveranstaltungen, die die Tatbestandsmerkmale einer Sonderveranstaltung verwirklichen, so dass auch ein Verbot betreffend die Durchführung der Sonderveranstaltung durchgesetzt werden kann; ein solches Vorhaben scheitert in der Praxis häufig daran, dass einerseits Einzelheiten der Durchführung dem Antragsteller nicht bekannt sind und andererseits eine an sich erlaubte Verkaufsveranstaltung erst durch ihre Ankündigung den Charakter einer – unerlaubten – Sonderveranstaltung gewinnt (vgl. z.B. BGH GRUR 1962, 42/44 – Sonderveranstaltung II und GRUR 1973, 125 – Sonderveranstaltung III). Da die Ankündigung einer Sonderveranstaltung Teil der Sonderveranstaltung ist, kann sie ebenfalls untersagt werden.

Soll auch die Durchführung der Sonderveranstaltung untersagt werden, so bietet es sich an, den Unterlassungsantrag I im Textbeispiel wie folgt zu formulieren:

„I. Der Antragsgegnerin wird es bei Meidung eines für jeden Fall der Zuwiderhandlung fälligen Ordnungsgeldes ... untersagt;
a) im geschäftlichen Verkehr zu Wettbewerbszwecken in Bezug auf ihren auf den Vertrieb von Lebens- und Genussmitteln gerichteten Geschäftsbetriebs anzukündigen: ... (folgt Ankündigung);
b) eine so angekündigte Sonderveranstaltung durchzuführen."

11. Anrufung der Einigungsstelle[1]

Einigungsstelle
zur Beilegung von
Wettbewerbsstreitigkeiten
in der gewerblichen Wirtschaft
bei der Industrie- und Handelskammer
......[2]

Antrag auf Einleitung eines Einigungsverfahrens

der Firma A ......

Antragstellerin

Verfahrensbevollmächtigter: Rechtsanwalt ......[3]

gegen

die Firma B ......

Antragsgegnerin

wegen unlauteren Wettbewerbs

Namens und in Vollmacht der Antragstellerin beantrage ich,
die Einigungsstelle möge ein Einigungsverfahren gemäß § 27a UWG eröffnen, Termin zur mündlichen Verhandlung anberaumen und die Antragsgegnerin zum Verhandlungstermin laden.
In dem Verhandlungstermin werde ich beantragen,
die Antragsgegnerin möge sich verpflichten, es bei Meidung einer für jeden Fall der Zuwiderhandlung fälligen Vertragsstrafe in Höhe von EUR ...... zu unterlassen, im geschäftlichen Verkehr zu Wettbewerbszwecken ......[4]

Begründung:

...... (folgen Sachverhaltsschilderung und rechtliche Bewertung)[5, 6, 7, 8].

Rechtsanwalt

Schrifttum: Samwer in *Gloy,* Handbuch des Wettbewerbsrechts, 2. Aufl. 1997, § 75; *Köhler,* „Das Einigungsverfahren nach § 27a UWG: Rechtstatsachen, Rechtsfragen, Rechtspolitik", WRP 1991, 617ff.; *Probandt,* Die Einigungsstelle nach § 27a UWG, 1993

Hinweis: Ein weiteres Beispiel für einen Antrag an die Einigungsstelle findet sich bei *Mes/Völker,* Münchener Prozeßformularbuch/Gewerblicher Rechtsschutz, Urheber- und Presserecht, 2000, S. 212ff.

Anmerkungen

1. Die im Formular behandelte Rechtsmaterie ist in § 27a UWG geregelt. Der in § 27a Abs. 1 UWG enthaltenen Verpflichtung zur Einrichtung von Einigungsstellen sind sämtliche Länder im Wesentlichen übereinstimmend nachgekommen. Es kann davon ausgegangen werden, dass bei jeder Industrie- und Handelskammer eine entsprechende Einigungsstelle gegeben ist.

2. Die im Formular wiedergegebene Bezeichnung der Einigungsstelle ergibt sich aus der Bestimmung des § 27a Abs. 1 UWG. Die Anschrift der jeweiligen Industrie- und Handelskammer ist zu ergänzen.

Die Einigungsstelle ist mit drei Mitgliedern besetzt. Wird sie von einem letzten Verbraucher oder von einem Verbraucherverband i. S. des § 13 Abs. 2 Nr. 3 UWG angerufen, so muss der Vorsitzende die Befähigung zum Richteramt haben; als Beisitzer fungieren in gleicher Zahl je letzte Verbraucher und Gewerbetreibende. Ist ein Gewerbetreibender oder sonst jemand, der gemäß § 13 Abs. 2 UWG aktivlegitimiert ist, Antragsteller, braucht der Vorsitzende nicht die Befähigung zum Richteramt zu haben; als Beisitzer sind mindestens zwei Gewerbetreibende vorzusehen. Jedenfalls soll der Vorsitzende auf dem Gebiet des Wettbewerbsrechts erfahren sein (§ 27a Abs. 2 UWG).

Die sachliche Zuständigkeit der Einigungsstellen betrifft vordringlich die Beilegung von Wettbewerbsstreitigkeiten gemäß § 13 und § 13a UWG im Zusammenhang mit Wettbewerbshandlungen gegenüber Letztverbrauchern. Hier kann die Einigungsstelle auch ohne Zustimmung des Gegners angerufen werden. Handelt es sich um Wettbewerbshandlungen, die nicht gegenüber Letztverbrauchern erfolgen, so muss der Gegner der Anrufung der Einigungsstelle zustimmen (§ 27a Abs. 3 UWG).

Die Verfahrensregelungen der Einigungsstellen ergeben sich aus § 27a UWG sowie ergänzend aus den von den Bundesländern erlassenen Durchführungsverordnungen (vgl. dazu *Baumbach/Hefermehl* UWG § 27a Rdn. 9).

3. Bei den Einigungsstellen herrscht kein Anwaltszwang.

4. Die vorgeschlagene Antragsformulierung trägt der Tatsache Rechnung, dass das Einigungsverfahren die Herbeiführung eines gütlichen Ausgleichs bezweckt (§ 27a Abs. 3 und Abs. 6 UWG). Die Tätigkeit der Einigungsstelle ist keine schiedsrichterliche Tätigkeit; eine irgendwie geartete „Verurteilung" des Antragsgegners kommt nicht in Betracht.

Da mit der Anrufung der Einigungsstelle durch den Antragsteller der Versuch einer gütlichen Beilegung des wettbewerbsrechtlichen Konfliktes unternommen wird, ersetzt die Anrufung der Einigungsstelle die Abmahnung (vgl. Form. II. L. 1). Die Anrufung der Einigungsstelle hat des Weiteren die Wirkung, dass gemäß § 27a Abs. 9 UWG die Verjährung in gleicher Weise wie durch Klageerhebung gehemmt wird.

5. Der Inhalt der Antragsschrift folgt im Wesentlichen den für einen Antrag auf Erlass einer einstweiligen Verfügung bzw. eine wettbewerbsrechtliche Klage geltenden Grundsätzen. Allerdings ist zu beachten, dass es sich um ein gütliches Einigungsverfahren handelt, so dass Tatsachenvortrag und rechtliche Bewertung recht knapp gehalten werden können. Es wird regelmäßig auch kein Beweis angetreten zu werden brauchen.

6. Die örtliche Zuständigkeit der angerufenen Einigungsstelle richtet sich nach § 24 UWG (§ 27a Abs. 4 UWG).

7. Sofern die Einigungsstelle sich selbst für zuständig und den geltend gemachten Anspruch für begründet hält, wird sie das Einigungsverfahren einleiten und eine mündliche Verhandlung anberaumen. Die Eröffnung des Verfahrens kann von der Einigungsstelle abgelehnt werden, sofern die zuvor bezeichneten Voraussetzungen nicht gegeben sind (vgl. § 27a Abs. 8 UWG).

Kosten und Gebühren

Für die Anrufung der Einigungsstellen werden von diesen keine oder nur geringfügige Kosten erhoben. Zur Erstattungsfähigkeit dieser Kosten sowie derjenigen etwaig hinzugezogener Anwälte kann auf die allgemeinen Grundsätze betreffend die Abmahnung verwiesen werden (vgl. Form. II. L. 1 Anm. 9). Hat der Gegner zuvor die Abgabe einer

Unterlassungsverpflichtungserklärung abgelehnt, weil er sein Verhalten als gerechtfertigt ansieht, so können die Kosten einer dennoch erfolgten Anrufung der Einigungsstelle nicht entspr. den Rechtsgrundsätzen der auftragslosen Geschäftsführung erstattet verlangt werden (OLG Hamm GRUR 1988, 715).

12. Vergleich in einer wettbewerbsrechtlichen Angelegenheit

......[1]

1. Die Antragsgegnerin (Beklagte) verpflichtet sich, es bei Meidung einer für jeden Fall schuldhafter[2] Zuwiderhandlung fälligen Vertragsstrafe[3] in Höhe von EUR 5.001,–, mindestens in Höhe von EUR 50,– für jede der Verpflichtung widersprechende schriftlich Werbeverlautbarung, es zu unterlassen, im geschäftlichen Verkehr zu Wettbewerbszwecken ......[4]

2. Die Antragstellerin (Klägerin) verzichtet auf die Geltendmachung von Ansprüchen auf Auskunftserteilung und Schadensersatz, die zu ihren Gunsten in Zusammenhang mit den vorstehend unter Ziffer 1 bezeichneten Handlungen entstanden sind oder entstehen können[5].

3. Die Kosten des Rechtsstreits, mit Ausnahme dieses Vergleichs, trägt die Antragsgegnerin (Beklagte); die Kosten dieses Vergleichs trägt jede Partei selbst[6].

Anmerkungen

1. Der wiedergegebene materielle Inhalt des Vergleichs ist unabhängig von der Form, die er gefunden hat, ob es sich um einen Prozessvergleich, um einen Vergleich vor einer Einigungsstelle gemäß § 27a UWG oder um einen lediglich materiell-rechtlichen Vergleich handelt. Auf die Einhaltung etwaiger Formvorschriften wird hier daher nicht abgestellt (zB. für einen Prozessvergleich: volles Rubrum, Protokollvermerk „vorgelesen und genehmigt", Anwaltszwang). Auf den sogenannten Anwaltsvergleich des § 1044b ZPO wird hingewiesen. Danach kann ein außergerichtlicher Vergleich einen Vollstreckungstitel bilden, wenn er von den Parteien **und** deren Anwälten unterzeichnet ist.

2. Zur Aufnahme des Merkmals des Verschuldens in eine Unterlassungsverpflichtungserklärung mit Strafgedinge vgl. BGH GRUR 1982, 688/690/691 = WRP 1982, 634 – Seniorenpass – u. Anm. 8 zu Form. II. L. 1.

3. Ein Prozessvergleich (§ 794 Abs. 1 Nr. 5 ZPO, ebenso ein Schiedsvergleich mit Unterwerfungsklausel gemäß § 1044a ZPO oder ein – außergerichtlicher – Anwaltsvergleich gemäß § 1044b ZPO – können auf Antrag gemäß § 890 Abs. 2 ZPO mit einer gerichtlichen Strafandrohungsklausel versehen werden. Insoweit kann eine Formulierung im Vergleich lauten: „Die Parteien stimmen überein, dass der Gläubiger (Antragsteller, Kläger) befugt ist, die Unterlassungsverpflichtung dieses Vergleichs gemäß § 890 Abs. 2 ZPO mit einer gerichtlichen Strafandrohungsklausel versehen zu lassen". Nach wohl h. M. besteht eine Antragsbefugnis gemäß § 890 Abs. 2 ZPO allerdings auch dann, wenn der Schuldner eine Vertragsstrafe versprochen hat (OLG Saarbrücken, WRP 1979, 253; NJW 1980, 461; OLG Köln NJW 1969, 756; GRUR 1986, 688, 689; OLG Stuttgart WRP 1969, 289; 1976, 119m. zust. Anm. *Pastor; Samwer* in *Gloy,* Hdb. WettbewerbsR, 2. Aufl. 1997, § 74 Rdn. 4, 5; *Ahrens/Spätgens,* Die gütliche Streiterledigung in UWG-Sachen, 2. Aufl. 1987, S. 7, 8 mwN.; a. A. OLG Hamm GRUR 1985, 82).

Ob der Gläubiger im Falle einer Zuwiderhandlung sowohl die Zahlung einer Vertragsstrafe an sich als auch die Verhängung eines Ordnungsgeldes/-mittels gem. § 890 Abs. 1 ZPO verlangen kann, ist zweifelhaft (bejahend: OLG Köln WRP 1987, 265/266;

GRUR 1986, 688/689; a.A. OLG Hamm GRUR 1985, 82; zum Meinungsstand vgl. *Ahrens/Spätgens* S. 8 mwN.; *Samwer* aaO.).

4. Zur Formulierung einer strafbewehrten Unterlassungsverpflichtungserklärung vgl. Form. II. L. 1, insbes. Anm. 7 sowie Form. II. L. 3 Anm. 6. Bei Vertragsstrafeformulierungen spielt häufig die Frage eine Rolle, ob bei Mehrfachverstößen die Vertragsstrafe nur einmal oder entsprechend der Anzahl einzelner Handlungen mehrfach verwirkt sein soll. Da die bisher geltenden strafrechtlichen Grundsätze des Fortsetzungszusammenhangs weggefallen sind, kommt es ausschließlich auf eine Vertragsauslegung im Einzelfall an, wobei diese auch Elemente einer ergänzenden Vertragsauslegung beinhalten kann (BGH GRUR 2001, 758 – Trainingsvertrag). Dabei geht der Bundesgerichtshof davon aus, dass bei Vertragsstrafeversprechen regelmäßig – sofern die Parteien nichts anderes vereinbart haben – nicht auf die Grundsätze zurückgegriffen werden kann, die für die Verhängung von Ordnungsmitteln bei der Unterlassungsvollstreckung nach § 890 ZPO maßgebend sind (BGH GRUR 1992, 61, 62 – Preisvergleichsliste I; 2001, 758, 759 – Trainingsvertrag). Dementsprechend kommt es regelmäßig nicht auf die Frage an, ob bei Anwendung des § 890 ZPO von einem zivilrechtlichen Rechtsbegriff des Fortsetzungszusammenhangs auszugehen ist, bei dessen Anwendung mehrere Einzelverstöße gegen ein Unterlassungsgebot als im Fortsetzungszusammenhang stehende Teilakte einer rechtlich einheitlichen Tat anzusehen wäre (BGH GRUR 2001, 758, 759 – Trainingsvertrag). Des Weiteren kann regelmäßig auch nicht von der Anwendung eines vorgegebenen Rechtsbegriffs der fortgesetzten Handlung ausgegangen werden; ein derartiger bürgerlich-rechtlicher Rechtsbegriff der Fortsetzungstat wird vom Bundesgerichtshof im Bereich der Vertragsstrafe nunmehr nicht mehr anerkannt (BGH GRUR 2001, 758, 759 – Trainingsvertrag; anders noch BGHZ 121, 13, 15 ff. – Fortsetzungszusammenhang). Der BGH wendet für Mehrfachzuwiderhandlungen sowohl den Grundsatz der natürlichen Handlungseinheit an (BGHZ 33, 163 = GRUR 1961, 307 – Krankenwagen II; vgl. auch *Kaiser,* Die Vertragsstrafe im Wettbewerbsrecht, 1999, 58 ff.; *Schuschke,* WRP 2000, 1008, 1012), ferner im Wege der Auslegung des Vertrages den Grundsatz, dass einzelne Taten nach dem objektiven Erklärungsinhalt des konkreten Vertrages sich als rechtliche Einheit darstellen und somit als jeweils eine einzige Zuwiderhandlung zu behandeln sein sollen. Der Bundesgerichtshof unterstellt in diesem Zusammenhang, dass die ausnahmslose Verwirkung weiterer Vertragsstrafen für jeden Einzelakt in aller Regel von den Vertragsparteien nicht gewollt sei, da die sonst mögliche Folge einer Aufsummierung von Vertragsstrafen mit dem Gerechtigkeitsgedanken nicht zu vereinbaren sei (BGH GRUR 2001, 758, 760 – Trainingsvertrag). Etwas anderes könne nur dann gelten, wenn ein hohes Sicherungsbedürfnis des Gläubigers vorhanden oder die Wahrscheinlichkeit gegeben sei, dass dem Gläubiger durch die zu unterlassenen Taten ein entsprechend hoher Schaden entstehen könnte (BGH GRUR 2001, 758, 760 – Trainingsvertrag). Diese Grundsätze gelten auch für Kaufleute (BGH GRUR 2001, 758, 760 – Trainingsvertrag).

Um in geeigneten Fällen einem besonderen Sicherungsbedürfnis des Gläubigers Rechnung tragen zu können, wird im Formular vorgeschlagen, dass jedenfalls ein Mindestbetrag für z.B. jedes Prospektblatt, Erzeugnis, Rechnung oder dergleichen versprochen wird, auf dem sich die wettbewerbswidrige Handlung, z.B. Werbeäußerung, findet.

5. Der Verzicht auf die Geltendmachung von Schadensersatz- und Auskunftsansprüchen ist die „Belohnung", die der Verletzte dem Verletzer für sein rasches Einlenken gewährt. Ein solches Nachgeben ist regelmäßig auch sachlich gerechtfertigt, da dann, wenn der Wettbewerbsverstoß nur kurze Zeit andauert, auch die Wahrscheinlichkeit eines nachweisbaren Schadens für den Verletzten gering ist.

6. Die vorgeschlagene Kostenregelung entspricht demjenigen, was bei etwas zweifelhaften wettbewerbsrechtlichen Fragen vereinbart wird. Handelt es sich hingegen um einen wettbewerbsrechtlich eindeutigen Verstoß des Verletzers, wird ein Nachgeben im Kostenpunkt durch den Verletzten im Hinblick auf die Vergleichskosten kaum in Betracht kommen. Das gilt umso weniger, als meist eine Abmahnung entsprechend dem Form. II. L. 1 vorausgegangen ist, in der zweckmäßigerweise schon zugleich ein Verzicht auf Schadensersatz- und Auskunftsansprüche in Aussicht gestellt werden kann.

13. Anregung des Beklagten, den Rechtsstreit gemäß Artikel 234 EG-Vertrag dem Europäischen Gerichtshof zur Vorabentscheidung vorzulegen

Landgericht
...... Kammer für Handelssachen
......

In Sachen

A ......

(RAe. ......)

gegen

B ......

(RAe. ......)

– AZ: ...... –

rege ich in Ergänzung des bisherigen Verteidigungsvorbringens für die Beklagte – hilfsweise – an, das erkennende Gericht möge gemäß Artikel 234 Abs. 2 EG-Vertrag dem Europäischen Gerichtshof die folgende Frage zur Vorabentscheidung vorlegen:

> „Sind die Artikel 28 und 30 EG-Vertrag dahingehend auszulegen, dass sie der Anwendung einer nationalen Vorschrift über den unlauteren Wettbewerb entgegenstehen, die es erlaubt, die Einfuhr und den Vertrieb eines in einem anderen europäischen Land rechtmäßig hergestellten und/oder rechtmäßig vertriebenen kosmetischen Produkts mit der Begründung zu untersagen, durch den Produktnamen ‚Clinique' würden die Verbraucher irregeführt werden – sie verstünden es als medizinisches Produkt –, wenn dieses Produkt unter diesem Namen in anderen Ländern der Europäischen Gemeinschaft rechtmäßig und unbeanstandet vertrieben wird?".[1, 2, 3]

Ich beantrage ferner,[4]

> den Rechtsstreit bis zur Vorabentscheidung des europäischen Gerichtshofs gemäß Artikel 234 Abs. 2 EG-Vertrag auszusetzen.

Für den Fall, dass die befasste Kammer die vorstehend wiedergegebene Vorlagefrage nicht als sachgerecht formuliert ansieht, richte ich an das Gericht die Bitte, seinerseits eine entsprechende Formulierung zu wählen, die den nachstehend skizzierten rechtlichen Überlegungen der Beklagten entspricht:

1. Das Begehren der Klägerin ist darauf gerichtet,[5] der Beklagten möge es durch das angerufene Gericht untersagt werden, im geschäftlichen Verkehr zu Wettbewerbszwecken kosmetische Erzeugnisse unter der Kennzeichnung „Clinique" zu vertreiben, wenn diese Erzeugnisse keine heilende oder sonst wie therapeutische Wirkung aufweisen. Die Klägerin ist insoweit der Auffassung, ein entsprechendes Verhalten der Beklagten verstoße gegen § 27 LMBG[6] sowie ferner gegen § 3 UWG. Dabei liegt die Besonderheit des Streitfalles in einem europarechtlichen Bezug. Denn die Beklagte ist die Tochtergesellschaft einer französischen Muttergesellschaft. Das von der Klägerin unter dem Blickwinkel vermeintlicher Irreführung gemäß § 27 Abs. 1 Nr. 1 LMBG sowie gemäß § 3 UWG angegriffene kosmetische Erzeugnis der Beklagten wird von ihrer französischen

Muttergesellschaft in Frankreich hergestellt und dort sowie im Übrigen europaweit unter der gleichen Aufmachung wie auch im Bereich der Bundesrepublik Deutschland vertrieben. Die das Wesen des Rechtsstreits kennzeichnende Frage lässt sich mithin dahingehend formulieren, ob durch nationale, insbesondere wettbewerbsrechtliche Bestimmungen der Beklagten dieses Rechtsstreits etwas verboten werden kann, was ihr bzw. ihrer Muttergesellschaft im Übrigen europäischen Ausland, insbesondere im Herkunftsland Frankreich, erlaubt ist. Nach Sicht der Beklagten ist diese Frage zu verneinen. Eine entsprechende Auslegung des § 27 LMBG und/oder des § 3 UWG würde aus den nachfolgend zu 2 wiedergegebenen Gründen gegen Artikel 28 und 30 EG-Vertrag verstoßen.

2. Gemäß Artikel 28 EG-Vertrag sind mengenmäßige Einfuhrbeschränkungen sowie alle Maßnahmen gleicher Wirkung zwischen den Mitgliedsstaaten verboten. Artikel 28 EG-Vertrag wird u.a. durch Artikel 30 EG-Vertrag dahingehend ergänzt, dass Einfuhr-, Ausfuhr- und Durchführverbote oder -beschränkungen nicht untersagt sind, die aus Gründen der öffentlichen Sittlichkeit, Ordnung und Sicherheit, zum Schutze der Gesundheit und des Lebens von Menschen, Tieren oder Pflanzen, des nationalen Kulturgutes von künstlerischem, geschichtlichem oder archäologischem Wert oder des gewerblichen kommerziellen Eigentums gerechtfertigt sind. Soweit Verbote oder Beschränkungen gemäß Artikel 30 EG-Vertrag erlaubt sind, dürfen diese jedoch weder ein Mittel zur willkürlichen Diskriminierung noch eine verschleierte Beschränkung des Handels zwischen den Mitgliedsstaaten darstellen[7]. Ausgangspunkt der Rechtsprechung des Europäischen Gerichtshofs ist die Dassonville-Entscheidung[8]. In der dort aufgestellten Grundregel hat der Europäische Gerichtshof als eine Maßnahme gleicher Wirkung wie eine mengenmäßige Einfuhrbeschränkung „jede Regelung der Mitgliedsstaaten, die geeignet ist, den innerstaatlichen Handel unmittelbar oder mittelbar, tatsächlich oder potenziell zu behindern" bezeichnet. Damit gilt das Verbot des Artikel 28 EG-Vertrag insbesondere auch für solche Hemmnisse des freien Warenverkehrs, die sich daraus ergeben, dass Waren bestimmten Vorschriften entsprechen müssen, und zwar selbst dann, wenn diese Vorschriften unterschiedslos für alle Erzeugnisse gelten, sofern sich die Anwendung dieser Vorschriften nicht durch einen Zweck rechtfertigen lässt, der im Allgemeininteresse liegt und den Erfordernissen des freien Warenverkehrs vorgeht[9].
Im Streitfall kann keinesfalls die Voraussetzung bejaht werden, dass das Verbot der Bezeichnung „Clinique" auf der Verpackung eines kosmetischen Erzeugnisses durch ein Irreführungsverbot im Allgemeininteresse zwingend gefordert wird und dies bei Abwägung den Erfordernissen des freien Warenverkehrs vorgeht. Insoweit ist von Bedeutung, dass die kosmetischen Erzeugnisse der Beklagten dieses Rechtsstreits ausschließlich durch Parfümerien und durch die Kosmetikabteilungen von Kaufhäusern vertrieben werden und keines dieser Erzeugnisse in Apotheken erhältlich ist. Das ist zwischen den Parteien unstreitig. Des Weiteren sind die den Klagegrund bildenden Erzeugnisse der Beklagten ihrem äußeren Anschein nach als kosmetische Mittel und nicht als Arzneimittel aufgemacht. Insbesondere wird seitens des Klägers nicht behauptet, dass die Aufmachung den für kosmetische Mittel geltenden Vorschriften nicht entspreche. Schließlich ist seitens der Beklagten auch substanziiert vorgetragen worden, dass in den anderen europäischen Ländern die Kosmetika der Beklagten bzw. ihrer Muttergesellschaft rechtmäßig unter der Bezeichnung „Clinique" vertrieben werden, ohne dass die Verbraucher durch die Verwendung dieser Bezeichnung irregeführt würden[10, 11].

Schrifttum: Grabitz/Hilf, Kommentar zur Europäischen Union, Loseblatt, Stand: 19. EL, 2002, *Geiger,* EG-Vertrag. 3. Aufl. 1999; *von der Groeben/Thiesing/Ehlermann,* Kommentar zum EU-/EG-Vertrag, 5. Aufl. 1997; *Dauses,* Das Vorabentscheidungsverfahren nach Artikel 177 EGV, 2. Aufl. 1995; *Leckmann,* Probleme des Vorabentscheidungsverfahrens nach Art. 177 EWGV, 1988. Weitere Schrifttumsnachweise zu Form. IX 1.

Hinweis: Weitere Beispiele zu Vorlageersuchen gem. Art. 234 EGV nachfolgend zu IX 1 sowie bei *Mes/Bopp*, Münchener Prozessformularbuch Gewerblicher Rechtsschutz, Urheber- und Presserecht, 2000, Form. A. 38.

Anmerkungen

1. Gemäß Art. 234 Abs. 2 EGV **kann** ein Gericht eines Mitgliedsstaates eine Vorabentscheidung des Europäischen Gerichtshofes einholen, wenn es diese zum Erlass eines Urteils für erforderlich hält. Die Nummerierung ist durch den Vertrag von Amsterdam geändert. Zuvor hat es sich um Art. 177 EGV gehandelt. Gemäß Art. 234 Abs. 3 EGV **muss** ein nationales Gericht eine Vorabentscheidung unter den Voraussetzungen des Art. 234 Abs. 2 EGV einholen, wenn seine Entscheidungen selbst nicht mehr mit Rechtsmitteln des innerstaatlichen Rechts angefochten werden können. Der dem Formular zugrunde gelegte Sachverhalt geht von einem erstinstanzlichen Verfahren und damit lediglich von einer Anregung der Beklagten gegenüber dem Gericht aus, gemäß Art. 234 Abs. 2 EGV die entscheidungserhebliche Vorfrage dem Europäischen Gerichtshof vorzulegen.

2. Vorlagefrage und der dem Formular zugrundeliegende Sachverhalt sind der Entscheidung des Europäischen Gerichtshofs *„Clinique"* vom 2. Februar 1994 – Rechtsache – C-315/92 – entnommen, die in GRUR 1994, 303 ff. abgedruckt ist. Sie befassten sich mit Artt. 30, 36 EGV, die nunmehr als Artt. 28 und 30 EGV inhaltsgleich gelten. Ein weiteres Beispiel für eine Anregung, den Rechtsstreit gemäß Art. 234 EGV zur Vorabentscheidung vorzulegen, findet sich in Form. IX. 1.

3. Die Formulierung der Vorlagefrage durch den Beklagten/die Partei kann selbstverständlich nur eine Anregung sein. „Verbindlich" ist die Vorlagefrage durch das etwaig vorlegende Gericht zu formulieren.

4. Der Aussetzungsantrag beruht auf einer analogen Anwendung des § 148 ZPO; vgl. OLG Düsseldorf, NJW 1993, 1661: Die Wirksamkeit einer rechtlichen Vorschrift ist kein „Rechtsverhältnis" im Sinne des § 148 ZPO.

5. Zum besseren Verständnis des den Klagegrund bildenden Streitverhältnisses wird dieses im Formular noch einmal skizziert. Dies erscheint sinnvoll, um dem Gericht, dem gegenüber angeregt wird, die Streitfrage vorzulegen, noch einmal den Sachverhalt und die interessierenden rechtlichen Fragen zu verdeutlichen. Das befasste Gericht ist nämlich bei einer Vorlage gegenüber dem Europäischen Gerichtshof gehalten, diesem gegenüber die Gründe darzulegen, aus denen es eine Beantwortung der Vorlagefrage für entscheidungserheblich hält. Insoweit ist es geboten, dass das befasste Gericht den rechtlichen Rahmen umreißt, in den sich die erbetene Auslegung einfügen soll, ohne dass der Europäische Gerichtshof seinerseits befugt wäre, die Erheblichkeit der Vorlage für die Endentscheidung des vorlegenden Gerichtes abschließend nachzuprüfen. Die Angabe eines rechtlichen Rahmens, in den die Vorlageentscheidung sich einfügt, ist deshalb sinnvoll, um zum einen dem Europäischen Gerichtshof eine bessere Beurteilung der Entscheidungsgrundlagen des vorlegenden Gerichtes zu ermöglichen, zum anderen jedoch die Regierungen der Mitgliedsstaaten sowie sonstige Betroffene besser in den Stand zu versetzen, im Verfahren vor dem Europäischen Gerichtshof sachdienliche Erklärungen abzugeben (vgl. dazu *Wohlfahrt* in *Grabitz/Hilf,* Rdn. 36 und 37 zu Art. 234).

6. Die hier einschlägige Bestimmung des § 27 Abs. 1 Nr. 1 LMBG lautet:

„Es ist verboten, kosmetische Mittel unter irreführender Bezeichnung, Angabe oder Aufmachung gewerbsmäßig in den Verkehr zu bringen oder für kosmetische Mittel allgemein oder im Einzelfall mit irreführenden Darstellungen oder sonstigen Aussagen zu werben. Eine Irreführung liegt insbesondere dann vor,

1. wenn kosmetischen Mitteln Wirkungen beigelegt werden, die ihnen nach den Erkenntnissen der Wissenschaft nicht zukommen oder die wissenschaftlich nicht hinreichend gesichert sind; ..."

7. Die komplizierte Rechtslage kann hier im Einzelnen nicht dargestellt werden. Insoweit muss auf die Kommentierung der Artt. 30 und 36 EGV a. F. (nunmehr: Artt. 28 und 30 EGV), insbesondere bei *Matthies* in *Grabitz/Hilf* verwiesen werden. Im Formular wird die Rechtsprechung des Europäischen Gerichtshofs nur skizziert wiedergegeben.

8. Rechtssache 8/74, *Dassonville,* Sammlung 1974, Seite 837, 852.

9. Vgl. Europäischer Gerichtshof in GRUR 1994, 303 re. Sp. – *Clinique;* zuvor in den verbundenen Rechtssachen *Keck* und *Mithouard,* GRUR 1994, 296 ff. m. Anm. *Bornkamm,* aaO. 297 ff.; dazu auch *Stuyck,* WRP 1994, 578 ff.

10. Die Darlegung der Gründe für das Fehlen eines Zweckes, der im Allgemeininteresse liegt und den Erfordernissen des freien Warenverkehrs vorgeht, entspricht der Zusammenfassung in Rdn. 21 bis 23 der Erwägungen der Entscheidung des Europäischen Gerichtshofs in GRUR 1994, 303, 304.

11. Eine Anregung gemäß Art. 234 Abs. 2 EGV, dem Europäischen Gerichtshof eine vorgreifliche Rechtsfrage zur Entscheidung vorzulegen, kann nur in gesondert gelagerten Ausnahmefällen in Betracht kommen. Die Häufung entsprechender Vorlagefälle in jüngerer Zeit zeigt zugleich auch eine Abnutzung. An Fällen in jüngerer Zeit seien beispielhaft aufgeführt: EuGH in GRUR Int. 1991, 215 ff. *Pall/Dahlhausen;* EuGH in GRUR 1994, 296 ff. – *Keck* und *Mithouard* – m. Anm. *Bornkamm;* EuGH GRUR 1994, 299 f. – *Hünermund;* EuGH 1994, 303 f. – *Clinique;* EuGH in GRUR 1993, 747 – *Yves Rocher I,* dazu BGH in GRUR 1994, 306 f. – *Yves Rocher II* zu § 6 e UWG, der durch das Gesetz zur Änderung des Gesetzes gegen den unlauteren Wettbewerb vom 25. Juli 1994 mit Wirkung zum 1. August 1994 aufgehoben worden ist (Bundesgesetzblatt 1994, Teil I, Seite 1738); dazu auch OLG Düsseldorf in GRUR 1994, 313 ff. und LG Düsseldorf in GRUR 1994, 314 ff.). BGH WRP 1999, 424 – Bonusmeilen – hat jüngst (in Bezug auf Art. 59 EGV) eine Vorlagepflicht verneint.

O. Patent-, Gebrauchsmuster-, Geschmacksmuster-, Kennzeichen- und Urheberrecht

Patent- und Gebrauchsmusterrecht

1. Abmahnung wegen Patentverletzung[1]

Firma
B ......
– Geschäftsleitung –
......

Betr.: A ..../. B ......

DE ...... betreffend ein Mosaik-Schaltbild[2]

Sehr geehrte Damen und Herren!

Die Firma A ...... hat mich mit der Wahrnehmung ihrer Interessen beauftragt. Namens und in Vollmacht[3] meiner Mandantin teile ich Ihnen das Folgende mit:

1. Meine Mandantin ist alleinige und ausschließlich verfügungsberechtigte Inhaberin des DE ...... betreffend ein Mosaik-Schaltbild[2]. Die zugrundeliegende Patentanmeldung erfolgte am 2. Januar 1995.[4] Sie wurde am 15. Juni 1997 bekanntgemacht. Die Veröffentlichung der Patenterteilung erfolgte am 12. Februar 1998.[5] Ich überreiche als Anlage A zu Ihrer Unterrichtung die zugehörige Patentschrift[6].
2. Das Patent lehrt eine gegenüber dem bisherigen Stand der Technik neue, auf erfinderischer Tätigkeit beruhende und gewerblich anwendbare[7] Verbesserung von Mosaik-Schaltbildern, soweit die Ausgestaltung der Randabschlüsse betroffen ist. Der Inhalt der DE-PS ...... ist aus sich heraus verständlich, so dass weitere Bemerkungen von mir nicht veranlasst sind.
3. Meine Mandantin hat Kenntnis davon erlangt, dass Sie Mosaik-Schaltbilder herstellen und vertreiben, die in das DE ...... eingreifen. So haben Sie beispielsweise am ...... an die Firma X ...... ein Mosaik-Schaltbild geliefert, das aus einer Montagewand mit zellenförmiger Struktur und darauf befestigten, die Zellengröße aufweisenden Mosaiksteinen bestand, wobei insbesondere die den Rand des Mosaik-Schaltbildes bildenden Steine breiter sind als die übrigen Mosaiksteine und darüber hinaus über den Rand der Montagewand vorstehen. Damit wird bei den von Ihnen angebotenen Mosaik-Schaltbildern vom Hauptanspruch des DE ...... wortsinngemäß Gebrauch gemacht[8]. Infolgedessen sind Sie gegenüber meiner Mandantin gemäß §§ 139, 9 PatG zu Unterlassung, Rechnungslegung und Schadensersatz verpflichtet, ferner gemäß § 33 PatG zur angemessenen Entschädigung sowie gemäß § 140 b PatG zur Auskunftserteilung z. B. über den Vertriebsweg Ihrer Erzeugnisse und schließlich gemäß § 140 a PatG zur Vernichtung. Alle vorstehend skizzierten Ansprüche werden hiermit geltend gemacht.[9]
4. Meine Mandantin hat mich ermächtigt, Ihnen Gelegenheit zur außergerichtlichen Bereinigung des Streitverhältnisses zu geben. Ich habe Sie daher namens und in Vollmacht meiner Mandantin aufzufordern, sich ihr gegenüber zu meinen Händen rechtsverbindlich zu verpflichten[9 a],

(1) es bei Meidung einer für jeden Fall der Zuwiderhandlung fälligen Vertragsstrafe in Höhe von EUR ...... (in Worten: EURO ......) zu unterlassen[10],
im Bereich der Bundesrepublik Deutschland[11] Mosaik-Schaltbilder, bestehend aus einer Montagewand mit zellenförmiger Struktur und darauf befestigten, die Zellengröße aufweisenden Mosaik-Steinen herzustellen, anzubieten, in den Verkehr zu bringen oder zu gebrauchen oder zu den genannten Zwecken entweder einzuführen oder zu besitzen, bei denen die den Rand des Mosaik-Schaltbildes bildenden Steine breiter sind als die übrigen Mosaik-Steine und über den Rand der Montagewand vorstehen[12];

(2) meiner Mandantin für die Zeit ab 12. März 1998 Auskunft über die Herkunft und den Vertriebsweg der unter vorstehend (1) beschriebenen Erzeugnisse zu erteilen, insbesondere unter Angabe der Namen und Anschriften der Hersteller, der Lieferanten und deren Vorbesitzer, der gewerblichen Abnehmer oder Auftraggeber sowie unter Angabe der Menge der hergestellten, ausgelieferten, erhaltenen oder bestellten Erzeugnisse;[13]

(3) meiner Mandantin über den Umfang[14] der vorstehend zu (1) beschriebenen und seit dem 15. Juli 1997[15] begangenen Handlungen Rechnung zu legen, und zwar unter Vorlage eines Verzeichnisses mit der Angabe der Herstellungsmengen und -zeiten sowie der einzelnen Lieferungen unter Nennung[16]
   a) der Liefermengen, Typenbezeichnungen, Artikel-Nummern, Lieferzeiten, Lieferpreise und Namen und Anschriften der Abnehmer,
   b) der Gestehungskosten unter Angabe der einzelnen Kostenfaktoren sowie des erzielten Gewinns[16 a]
   und unter Angabe der einzelnen Angebote und der Werbung unter Nennung
   c) der Angebotsmengen, Typenbezeichnungen, Artikel-Nummern, Angebotszeiten und Angebotspreise sowie der Namen und Anschriften der Angebotsempfänger,
   d) der einzelnen Werbeträger, deren Auflagenhöhe, Verbreitungszeitraum und Verbreitungsgebiet,
   wobei
   e) Ihnen vorbehalten bleiben mag,[17] die Namen und Anschriften der Angebotsempfänger und der nicht gewerblichen Abnehmer statt meiner Mandantin einem von dieser zu bezeichnenden und ihr gegenüber zur Verschwiegenheit verpflichteten vereidigten Wirtschaftsprüfer mitzuteilen, sofern Sie die durch seine Einschaltung entstandenen Kosten tragen und ihn ermächtigen, meiner Mandantin auf Anfrage mitzuteilen, ob bestimmte Abnehmer und/oder Lieferungen in der erteilten Rechnung enthalten sind,
   f) und die Adressatin dieses Briefes die Angaben vorstehend zu b) erst für die Zeit seit dem 12. März 1998 zu machen hat;[20]

(4) die in Ihrem unmittelbaren oder mittelbaren Besitz oder Eigentum befindlichen Erzeugnisse entsprechend vorstehend (1) zu vernichten oder nach Ihrer Wahl an einen von meiner Mandantin zu bezeichnenden Treuhänder zum Zwecke der Vernichtung auf Ihre Kosten herauszugeben;[18]

(5) meiner Mandantin für die zu vorstehend (1) bezeichneten Handlungen eine angemessene Entschädigung zu zahlen, soweit diese in der Zeit ab 15. Juli 1997 bis 11. März 1998 begangen worden sind;[19]

(6) meiner Mandantin allen Schaden zu erstatten, der ihr durch die vorstehend zu (1) bezeichneten und seit dem 12. März 1998 begangenen[21] Handlungen entstanden ist und künftig noch entstehen wird;

(7) meiner Mandantin die ihr durch meine Einschaltung entstandenen Kosten auf der Grundlage eines Gegenstandswertes von EUR ...... in Höhe einer 7,5/10 Rechtsanwaltsgebühr zuzüglich Auslagen und Mehrwertsteuer zu erstatten.[22]

Die diesseits geltend gemachte Kostenerstattungspflicht findet ihre Grundlage in dem rechtlichen Gesichtspunkt des Schadensersatzes sowie demjenigen der auftraglosen Ge-

schäftsführung. Sie ist in der höchstrichterlichen Rechtsprechung seit langem anerkannt.[22]

Ich erwarte den Eingang der vorstehenden Verpflichtungserklärungen bis zum ......[23]

Sollten Sie die gesetzte Frist ungenutzt verstreichen lassen, werde ich meiner Mandantin empfehlen, gerichtliche Schritte einzuleiten.[24]

Schrifttum: Kommentare: *Benkard/Bearbeiter,* Patentgesetz und Gebrauchsmustergesetz, 9. Aufl. 1993; *Busse/Bearbeiter,* Patentgesetz, 5. Aufl. 1999; *Mes,* Patent- und Gebrauchsmustergesetz 1997; *Schulte,* Patentgesetz mit EPÜ, 6. Aufl. 2001.

Lehrbücher und Monographien: *Bernhardt/Kraßer,* Lehrbuch des Patentrechts, 4. Aufl. 1986; *Brändel,* Technische Schutzrechte, 1995; *Bruchhausen,* Patent-, Sortenschutz- und Gebrauchsmusterrecht (*Schaeffers,* Grundriß des Rechts und der Wirtschaft, Bd. 15, Teilbd. 1), 1985; *Chrocziel,* Einführung in den gewerblichen Rechtsschutz und das Urheberrecht, 1995; *Ensthaler,* Gewerblicher Rechtsschutz und Urheberrecht, 1998; *Goebel,* Das Patentgesetz 1981 in der Praxis des Deutschen Patentamtes (DPA), 1984 (RWS-Skript 132); *Hubmann/Götting,* Gewerblicher Rechtsschutz, 6. Aufl. 1998; *Osterrieth,* Patentrecht, 2000; *Rebel,* Gewerbliche Schutzrechte, 2. Aufl. 1997; *Schramm/Bearbeiter,* Der Patentverletzungsprozeß – Patent- und Prozeßrecht –, 4. Aufl. 1999.

Zur Patentverwarnung: *Nieder,* Außergerichtliche Konfliktlösung im gewerblichen Rechtsschutz, 1999; *Horn,* Die unberechtigte Verwarnung aus gewerblichen Schutzrechten, 1971; *ders.,* Das Urteil des Bundesgerichtshofs im Fall „Maschenfester Strumpf", GRUR 1974, 235; *Reuthal,* Die unberechtigte wettbewerbliche Abmahnung unter besonderer Berücksichtigung der unberechtigten Schutzrechtsverwarnung, 1985; *Sack,* Die Haftung für unbegründete Schutzrechtsverwarnungen, WRP 1976, 733 ff.; zur immer problematischen Abnehmerverwarnung, d. h. derjenigen Verwarnung, die an die Kunden eines Herstellers gerichtet ist, vgl. *Brandi-Dohrn,* Die Abnehmerverwarnung in Rechtsprechung und Praxis, GRUR 1981, 679 ff.

Zum Europapatent und zum Europäischen Patentübereinkommen (EPÜ): *Fraulob,* Neuregelung des internationalen Patentrechts, 1978; *Singer,* Das neue Europäische Patentsystem, 1979; *Beier/Haertel/Schricker,* Europäisches Patentübereinkommen, Münchener Gemeinschaftskommentar (ab 1984 im Erscheinen); *Singer/Stauder,* Europäisches Patentübereinkommen, 2. Aufl. 2000; *Teschemacher,* Die Erteilung des Europäischen Patents, GRUR 1985, 802 ff.; *Bezzenberger,* Gedanken zum europäischen Patentrecht, GRUR Int. 1987, 367 ff.; *Preu/Brandi-Dohrn/Gruber,* Europäisches und internationales Patentrecht, 4. Aufl. 1998; *Brinkhof,* Prozessieren aus europäischen Patenten, GRUR 1993, 177; *Rogge,* Abwandlungen eines europäischen Patents in Sprache und Inhalt, GRUR 1993, 282.

Zum Gemeinschaftspatent: *A. Krieger,* Wann endlich kommt das Europäische Gemeinschaftspatent?, GRUR 1998, 256; *Schäfers,* Anmerkung zu einem gemeinschaftsrechtlichen Gemeinschaftspatent, GRUR 1999, 820.

Sonstiges: Anders, Aus der Rechtsprechung des Bundespatentgerichts (Patentrecht und Gebrauchsmusterrecht), Jahresberichte: 1998 (GRUR 1999, 649); 1999 (GRUR 2000, 257); *Kellerer,* Aus der Rechtsprechung des Bundespatentgerichts 2000, GRUR 2001, 276; 200
1, GRUR 2002, 289.

Hinweis: Weitere Textbeispiele für patentrechtliche Abmahnungen finden sich bei *Mes/Mes,* Münchener Prozeßformularbuch (Bd. 4, Gewerblicher Rechtsschutz, Urheber- und Presserecht, 2000, zu C 2 und 3).

Anmerkungen

Hinweis: Die nachfolgende Darstellung bezieht sich auf das deutsche Patentrecht. Das europäische Patent – nach dem Europäischen Patentübereinkommen (EPÜ) – und das Gemeinschaftspatent – nach dem Gemeinschaftspatentübereinkommen – sind in den Anmerkungen zu den Formularen, soweit erforderlich, mitbehandelt.
Zu den Wirkungen der Vereinigung Deutschlands für gewerbliche Schutzrechte und insbesondere Patente vgl. die Vorauflage.

1. In § 59 Abs. 2 S. 2 PatG 1981 ist die **Abmahnung (= Verwarnung)** wegen Patentverletzung angesprochen. Sie ist die „Aufforderung des Patentinhabers, eine angebliche Patentverletzung zu unterlassen"; mithin ein ernsthaftes und endgültiges Unterlassungsbegehren (BGH GRUR 1997, 896, 897 – Mecki-Igel III; *Benkard/Bruchhausen* Rdn. 13 vor §§ 9 bis 14 PatG m. w. N.). Die Verwarnung aus dem Patent ist einerseits notwendige Prozessvorbereitungsmaßnahme, um für den Fall der Klageerhebung und im Falle des sofortigen Anerkenntnisses des Klagebegehrens durch den Patentverletzer den Kläger davor zu bewahren, gemäß § 93 ZPO die Kosten des Rechtsstreits tragen zu müssen; andererseits birgt die patentrechtliche Verwarnung beträchtliche Risiken. Die unbegründete Verwarnung stellt sich als Verstoß gegen §§ 1, 3 UWG und/oder als einen Eingriff in den eingerichteten und ausgeübten Gewerbebetrieb dar und verpflichtet, sofern Verschulden gegeben ist gem. § 823 Abs. 1 BGB zu Schadensersatz (vgl. BGH GRUR 1978, 492 – Fahrradgepäckträger II: für Patent; 1997, 741 – Chinaherde: für Gebrauchsmuster; 1979, 332 – Brombeerleuchte: für Geschmacksmuster und Urheberrecht; zur Rechtsprechung vgl. *Ullmann,* GRUR 2001, 1027, der allerdings die nachstehend skizzierten Folgen einer Schadensersatzverpflichtung entgegen der ständigen Rechtsprechung des Bundesgerichtshofs ablehnt. Bevor ein Patentverletzer verwarnt wird, sollten daher sehr sorgfältig die Schutzfähigkeit des geltend gemachten Schutzrechtes sowie der Verletzungstatbestand überprüft werden (uU. durch Geltendmachung eines Vorlegungs-/Besichtigungsanspruchs im Hinblick auf eine angegriffene Vorrichtung gem. § 809 BGB; vgl. dazu BGH GRUR 1985, 512 ff. – Druckbalken). Geschieht dies sorgfältig und sachkundig, zieht insbesondere der Verwarner Patent- und Rechtsanwälte zu Rate, ist im Hinblick auf das Verschulden ein Entlastungsbeweis möglich (vgl. BGH GRUR 1976, 715 ff. – Spritzgießmaschine). Dabei wird eher im Falle eines erteilten und nicht mehr einsprechbaren Patentes eine Fehleinschätzung seiner Schutzfähigkeit als unverschuldet angesehen werden können, wenn das Patent im Nachhinein auf eine Nichtigkeitsklage hin (vgl. Form. II. O. 5) vernichtet wird, als eine Fehleinschätzung des Verletzungstatbestandes.

Ebenso wie die ungerechtfertigte Verwarnung stellt auch die unbegründet erhobene Verletzungsklage einen Eingriff in das Recht am eingerichteten und ausgeübten Gewerbebetrieb des Verwarnten dar (vgl. BGHZ 38, 200, 206/207 – Kindernähmaschine). Zur Verjährung eines Schadensersatzsanspruchs wegen ungerechtfertigter Schutzrechtsverwarnung vgl. BGH GRUR 1978, 492 = NJW 1978, 1377 – Fahrradgepäckträger II.

Von der Verwarnung zu unterscheiden ist der sogenannte **Schutzrechtshinweis** (vgl. dazu Form. II. O. 8; ein weiteres Beispiel findet sich bei *Mes/Mes,* Münchener Prozessformularbuch/Gewerblicher Rechtsschutz, Urheber- und Presserecht, 2000, zu C. 1 m. w. Hinweisen), mit dem lediglich ein die Tatsachen- und Rechtslage aufklärender Meinungsaustausch mit dem etwaigen Schutzrechtsverletzer eröffnet werden soll. Ein solcher Hinweis begründet regelmäßig, sofern er z. B. nicht gegenüber einem Dritten, etwa einem Abnehmer des vermeintlichen Verletzers erfolgt, keinen rechtswidrigen Eingriff in den eingerichteten und ausgeübten Gewerbebetrieb und damit keinen Schadensersatzanspruch. Die Abgrenzung zwischen Verwarnung und bloßem Schutzrechtshinweis ist oft schwierig (vgl. Form. II. O. 8 Anm. 1).

Ein Schaden des ungerechtfertigt Verwarnten ist in vielerlei Hinsicht denkbar (Produktions- und Liefereinstellung infolge der Verwarnung, Kosten durch Inanspruchnahme rechtsanwaltlicher und/oder patentanwaltlicher Hilfe). Erscheinen tatsächliche Umstände und Rechtslage im Einzelfall nicht ausreichend geklärt, sollte infolge des hohen Risikos, das mit einer Verwarnung verbunden ist, anstelle einer Verwarnung gegenüber dem vermeintlichen Verletzer lediglich ein Schutzrechtshinweis erfolgen.
An eine Verwarnung schließen sich häufig Vergleichsverhandlungen an, die auch mit einem Lizenzvertrag enden können. Zum Muster eines solchen Vertrages vgl. Münchener Vertragshandbuch Bd. 3/*Schultz-Süchting* Form. VI. 1.

2. Die Patentnummer ist im Formular offengelassen, der Patentgegenstand kurz bezeichnet.

3. Zur Problematik, ob der Abmahnung eine Vollmacht beigefügt sein muss, vgl. Form. II. N. 1 Anm. 3 m. w. N.; grundsätzlich ist die Beifügung einer Vollmacht zu empfehlen.

4. Die Daten des im Formular zugrundegelegten Patents unterfallen der Geltung des Patentgesetzes 1981, das zum 1. Januar 1981 in Kraft getreten ist. Bei älteren Schutzrechten kann die geltende Patentgesetzeslage durch das Nebeneinander von PatG 1968, PatG 1980 und PatG 1981 schwer zu durchschauen sein, soweit Patentanmeldungen vor dem 1. Januar 1981 erfolgt sind. Diese Fälle werden infolge Zeitablaufs seltener. Zu dem Nebeneinander/Nacheinander der verschiedenen Patentgesetzfassungen vgl. die Ausführungen in der Vorauflage am gleichen Ort.

5. Die im Formular angegebenen Daten haben Bedeutung nicht nur für das anzuwendende Recht (vgl. Anm. 4), sondern insbesondere für den Beginn der sich aus der Patentanmeldung bzw. dem erteilten Patent ergebenden Ansprüche des Patentinhabers. Ab Offenlegung (Bekanntmachung) der Patentanmeldung entsteht im Falle der Benutzung durch Dritte ein Anspruch auf angemessene Entschädigung (vgl. Anmerkungen 6 und 15). Ab Veröffentlichung der Patenterteilung setzt die Ausschließungsbefugnis des Patentinhabers mit zugehörigen Ansprüchen ein (vgl. Anm. 6 und 15).

6. Eine Patentanmeldung gibt ihrem Inhaber ein Benutzungsmonopol und gewährt ihm Ausschließlichkeitsrechte (vgl. §§ 9, 10 PatG) erst dann, wenn das Patent erteilt und die Veröffentlichung der Erteilung im Patentblatt erfolgt sind (§§ 49, 58 Abs. 1 PatG). Gleichzeitig mit der Veröffentlichung der Patenterteilung im Patentblatt wird die Patentschrift (= Deutsche Patentschrift = DE-PS) veröffentlicht. In ihr sind die Patentansprüche, die Beschreibung und die Zeichnungen, auf Grund deren das Patent erteilt worden ist, enthalten (§ 32 Abs. 3 S. 1 PatG). Ferner sind in der Patentschrift die Druckschriften anzugeben, die das Patent- und Markenamt für die Beurteilung der Patentfähigkeit des Anmeldungsgegenstandes geprüft hat (§§ 32 Abs. 3 S. 2, 43 Abs. 1 PatG). Schließlich enthält die Patentschrift die sog. Zusammenfassung (§ 36 PatG), bei der es sich um eine der technischen Unterrichtung dienenden Kurzfassung handelt, deren gesetzlich vorgeschriebener Inhalt sich aus § 36 Abs. 2 PatG ergibt. Die Patentschrift ist somit die ursprünglich eingereichte Patentanmeldung in der Gestalt, die sie im Anmelde- und Prüfungsverfahren gewonnen hat. Dementsprechend sind in § 34 Abs. 3 PatG die Erfordernisse einer Patentanmeldung analog zum Inhalt der Patentschrift bestimmt, wobei insbesondere in § 34 Abs. 4 PatG ausgeführt ist, dass die Erfindung in der Anmeldung so deutlich und vollständig zu offenbaren ist, dass ein Fachmann sie ausführen kann. Die Patentschrift, die nach Abschluss des Erteilungsverfahrens veröffentlicht wird, muss nicht die erste Unterrichtung der Öffentlichkeit über die Existenz seiner Patentanmeldung sein. Es kann zuvor schon eine Offenlegungsschrift (= Deutsche Offenlegungsschrift = DE-OS) gem. § 32 Abs. 1 Nr. 1 PatG veröffentlicht worden sein. Das geschieht dann, wenn es nicht schon zuvor (wegen rascher Beendigung des Erteilungsverfahrens) zur Veröffentlichung einer Patentschrift gekommen ist (§ 32 Abs. 2 S. 3 PatG) und die

Akten einer Patentanmeldung jedermann zur Einsicht freistehen, nämlich wenn entweder der Anmelder sich gegenüber dem Patent- und Markenamt mit der Akteneinsicht einverstanden erklärt und den Erfinder benannt hat (§ 31 Abs. 1 Nr. 1 PatG) oder seit dem Anmelde- bzw. seit dem Prioritätstag der Anmeldung – vgl. dazu Anm. 20 zu Form. II. O. 3–18 Monate verstrichen sind. Im Falle einer Offenlegung einer Patentanmeldung erfolgt eine entsprechende Anzeige im Patentblatt (§ 32 Abs. 5 PatG). Die Offenlegungsschrift enthält die in § 34 Abs. 3 Nrn. 2–5 PatG bezeichneten Unterlagen der Anmeldung in der ursprünglich eingereichten oder in derjenigen Form, wie sie vom Patent- und Markenamt zur Veröffentlichung zugelassen worden ist (vgl. §§ 32 Abs. 2 S. 1, 34 Abs. 3 Nrn. 2–5 PatG).

Die gesetzlichen Wirkungen des Patentes treten mit der Veröffentlichung der Erteilung des Patentes im Patentblatt ein (§ 58 Abs. 1 PatG). Es sind folgende:

a) Das Patent gewährt dem Patentinhaber sowohl ein positives Benutzungsrecht als auch – negative – Verbietungsrechte. Der Umfang dieser Rechte ist in §§ 9 und 10 PatG positiv beschrieben, in §§ 11–13 PatG negativ im Sinne von Beschränkungen der Wirkungen des Patents. Besondere Bedeutung haben die in § 139 Abs. 1 u. 2 PatG ausdrücklich statuierten Ansprüche des Patentinhabers auf Unterlassung sowie auf Schadensersatz. Weitere Ansprüche gewähren §§ 140 a und 140 b PatG, die durch das Produktpirateriegesetz vom 7. März 1990 (gleich lautend auch für andere gewerbliche Schutzrechte, z. B. Marken, Sortenschutzrechte, Geschmacksmuster) mit Wirkung zum 1. Juli 1990 eingefügt worden sind (vgl. *Ernsthaler,* Produktpirateriegesetz, GRUR 1992, 273; *Cremer,* Die Bekämpfung der Produktpiraterie in der Praxis, Mitteilungen der Deutschen Patentanwälte 1992, 153 ff.; die amtliche Begründung ist in Blatt für Patent-, Muster- und Zeichenwesen 1990, 173 ff. abgedruckt). § 140 a PatG gibt den Anspruch, patentverletzende Erzeugnisse zu vernichten bzw. vernichten zu lassen, § 140 b PatG einen Anspruch auf Auskunftserteilung, dessen näherer Inhalt in § 140 b Abs. 1 und 2 PatG bestimmt ist. § 140 b Abs. 3 PatG gewährt das Recht, in Fällen offensichtlicher Patentverletzungen den Auskunftsanspruch auch im Wege der einstweiligen Verfügung geltend zu machen. Diese Möglichkeit ergibt sich in der Praxis allerdings nur selten, weil kaum „offensichtliche" Patentverletzungen vorkommen (vgl. allerdings den Fall OLG Düsseldorf GRUR 1993, 818, 821 – Mehrfachkleiderbügel). Wie § 140 b Abs. 5 PatG ausdrücklich klarstellt, bleibt neben dem Auskunftsanspruch dieser Bestimmung der einhellig anerkannte und von der ständigen Rechtsprechung gewährte Anspruch auf Rechnungslegung (über Einzelheiten vgl. Anm. 13, 14 und Form. II. O. 3 Anm. 10) unberührt.

b) Der Schutzbereich eines Patentes ist in § 14 PatG ausdrücklich so festgeschrieben, dass er durch den Inhalt der Patentansprüche bestimmt wird, wobei die Beschreibung und die Zeichnungen jedoch zur Auslegung der Patentansprüche heranzuziehen sind (vgl. Anm. 12). Die Schutzdauer eines Patentes beträgt zwanzig Jahre (§ 16 Abs. 1 S. 1 PatG).

c) Aufgrund der bloßen Offenlegung einer Patentanmeldung können aus dieser keine Ansprüche auf Unterlassung, Rechnungslegung und Schadensersatz hergeleitet werden. § 33 Abs. 1 PatG gewährt jedoch ab dem Zeitpunkt der Offenlegung einen Anspruch auf eine den Umständen nach angemessene Entschädigung (vgl. *U. Krieger,* Der Entschädigungsanspruch des § 33 Abs. 1 PatG, GRUR 2001, 965), wenn der Benutzer entweder von der Patentanmeldung wusste oder infolge Fahrlässigkeit von ihr keine Kenntnis hatte. Wer vom Gegenstand einer offengelegten Patentanmeldung Gebrauch macht, handelt allerdings nicht rechtswidrig (BGH GRUR 1989, 411 – Offenend-Spinnmaschine).

Das Patent unterliegt innerhalb einer Frist von 3 Monaten nach der Veröffentlichung der Erteilung dem Einspruch (§ 59 Abs. 1 PatG). Der Einspruch kann nur auf die Behauptung gestützt werden, das Patent sei zu Unrecht erteilt und dementsprechend zu widerrufen (§§ 59 Abs. 1 S. 3, 21, 61 PatG). Ist die Einspruchsfrist verstrichen, kann gegen das Patent nur im Wege der Nichtigkeitsklage vorgegangen werden (§§ 81 ff. PatG).

Insbesondere wird eine Verletzung des EP nach nationalem Recht behandelt (Art. 64 Abs. 3 EPÜ). Für eine Verletzungsklage auf der Grundlage eines EP sind die deutschen Verletzungsgerichte zuständig (zu den Bemühungen, eine „europäische" Gerichtsbarkeit einzuführen, vgl. *Brinkhof,* Die Schlichtung von Patentstreitigkeiten in Europa, GRUR 2001, 600; *Sedemund-Treiber,* Braucht ein Europäisches Patentgericht den technischen Richter?, GRUR 2001, 1004; *Sydow,* Die Ausdifferenzierung des Gerichtssystems der EU, 2001, 689; *Tilmann,* Die Zukunft der Patent-Streitregelung in Europa, GRUR 2001, 1079). Der Einspruch gegen ein EP ist beim Europäischen Patentamt einzureichen, das auch über eine Beschwerde gegen eine Einspruchsentscheidung entscheidet (Artt. 99 ff., 106 ff. EPÜ). Nach der Neuregelung des Art. 112 a EPÜ ist bei schwerwiegenden, in Abs. 2 dieser Bestimmung aufgeführten Fällen eine Überprüfung der Beschwerdeentscheidung durch die Große Beschwerdekammer des Europäischen Patentamts vorgesehen (vgl. dazu *Messerli,* Die Überprüfung von Entscheidungen der Beschwerdekammern des Europäischen Patentamts nach dem neuen Art. 112 a EPÜ, GRUR 2001, 979). Hingegen ist für eine Nichtigkeitsklage gegen ein EP in erster Instanz das Bundespatentgericht, in zweiter Instanz der Bundesgerichtshof zuständig (vgl. Art. 138 EPÜ), wobei dort allerdings über den Rechtsbestand des EP nur für den Bereich der Bundesrepublik Deutschland entschieden wird. Das EP hat eine Laufzeit von 20 Jahren, gerechnet ab dem Anmeldetag (Art. 63 EPÜ). Seine Erteilung wird veröffentlicht und es wird eine Patentschrift (EU-PS) ausgegeben (Art. 65, 98 EPÜ). Zur Ausgabe einer Europäischen Offenlegungsschrift vgl. Art. 93 EPÜ. Die Schutzwirkungen einer offengelegten europäischen Patentanmeldung entsprechen in der Bundesrepublik Deutschland denjenigen einer nationalen Patentanmeldung; mithin kann bei Benutzung ein Anspruch auf angemessene Entschädigung geltend gemacht werden (vgl. dazu nachstehend Anm. 19 und *Benkard/Ullmann,* Internationaler Teil PatG/EPÜ, Rdn. 122 ff.).
Zum Gemeinschaftspatent:

In Art. 142 Abs. 1 EPÜ ist vorgesehen, dass ein einheitliches Europäisches Patent (Gemeinschaftspatent) geschaffen wird, das für alle Staaten (der Europäischen Gemeinschaft) gemeinsam erteilt werden soll. Zu einer Einigung sämtlicher EG-Staaten ist es bisher jedoch noch nicht gekommen (vgl. Einzelheiten bei *Benkard/Ullmann,* Internationaler Teil PatG/GPÜ, Rdn. 155).

7. Vgl. §§ 1 Abs. 1; 3, 4 und 5 PatG.

8. Um der Gefahr der Kostenauferlegung gemäß § 93 ZPO zu entgehen, muss der Verwarner den Verwarnten in den Stand versetzen, die Rechtslage nachprüfen zu können (OLG Düsseldorf GRUR 1970, 432; vgl. auch OLG Düsseldorf GRUR 1980, 135). Dazu gehört es regelmäßig, dass die Patentschrift übersandt, gegebenenfalls kurz erläutert und auf den Verletzungstatbestand eingegangen wird. Im Formular ist die entsprechende Schilderung sehr knapp gehalten. Das ist aus den dort angeführten Gründen insbesondere dann gut vertretbar, wenn es sich beim Verwarnten um ein Fachunternehmen sowie um einen einfachen Verletzungstatbestand handelt. In den meisten Fällen der Praxis ist freilich der Verletzungstatbestand in tatsächlicher und rechtlicher Hinsicht schwieriger gelagert (vgl. z. B. den Fall OLG Düsseldorf GRUR 1980, 135 re. Sp. unten). In Ausnahmefällen – z. B. Verstößen auf einer Messe – soll nach OLG Frankfurt GRUR 1988, 32 – Messeverstoß – auch eine mündliche Abmahnung ausreichen. Eine Verwarnung kann insbesondere dann gegen §§ 1, 3 UWG verstoßen, wenn sie zu pauschal und unsubstantiiert, irreführend oder sonst sachlich unrichtig ist (OLG Düsseldorf Mitt. 1996, 60). Eine sachlich sich als unbegründet erweisende Verwarnung sollte zur Beseitigung eines Störungszustandes widerrufen werden, um weitere Schadensersatzansprüche zu vermeiden (BGH GRUR 1995, 424, 426 – Abnehmerverwarnung).

9. Die im Formular nachfolgend zu 4. aufgeführten Verpflichtungserklärungen entsprechen den Ansprüchen, die § 139 PatG gewährt, nämlich auf Unterlassung, Schadensersatz und Rechnungslegung. Zu Einzelheiten vgl. insbesondere *Mes,* PatG, 1997 Rdn. 3 zu § 139 PatG. Der Rechnungslegungsanspruch ist freilich in § 139 PatG 1981 nicht ausdrücklich erwähnt, wird jedoch von der ganz herrschenden Meinung wie auch sonst bei gewerblichen Schutzrechten anerkannt (vgl. dazu Anm. 14). Dabei gilt im Patentrecht ebenso wie auch sonst im Bereich des gewerblichen Rechtsschutzes der Grundsatz, dass nur die strafbewehrte Unterlassungsverpflichtungserklärung den Patentinhaber in Hinblick auf den Unterlassungsanspruch klaglos stellt (vgl. Form. II. O. 1 zu Anm. 8 und aaO. Anm. 8). Die ebenfalls im Formular geltend gemachten Ansprüche auf Auskunftserteilung und Vernichtung sind in §§ 140a und 140b PatG geregelt (vgl. zuvor Anm. 6 mit weiteren Erläuterungen, ferner Anm. 13, 17 und 18).

9a. Angebot, einen Vertrag mit den nachfolgenden Verpflichtungen abzuschließen.

10. Die hier gewählte Formulierung des Vertragsstrafeversprechens entspricht der Bestimmung des § 339 S. 2 BGB; sie hat sich in der Praxis bewährt. Gemäß §§ 316, 317 BGB ist es grundsätzlich zwar auch möglich, die Höhe der Vertragsstrafe durch den Unterlassungsgläubiger oder durch einen Dritten bestimmen zu lassen, wobei „Dritter" keinesfalls ein Gericht sein darf (BGH GRUR 1978, 192ff. mit Anm. *Schade* – Hamburger Brauch). Wegen der Unsicherheit, die mit der Bestimmung einer Vertragsstrafe durch einen Dritten sowohl in tatsächlicher als auch in rechtlicher Hinsicht verbunden ist, wird eine entsprechende Formulierung hier nicht vorgeschlagen. Das Formular sieht die Zahlung der versprochenen Vertragsstrafe an den Gläubiger vor. Es ist in Rechtsprechung und Schrifttum umstritten, ob auch eine Klaglosstellung des Gläubigers dadurch erfolgen kann, dass Zahlung an einen Dritten (zB. an eine gemeinnützige Organisation) versprochen wird (verneinend OLG Stuttgart WRP 1978, 232ff. mwN. gegen zB. OLG Frankfurt WRP 1976, 699). Maßgeblich sind die Umstände des Einzelfalles, ob nämlich aus ihnen auf eine ausreichende Ernstlichkeit des Unterlassungsversprechens geschlossen werden kann (BGH WRP 1987, 724 m. w. N. – Getarnte Werbung II). Zu weiteren Einzelheiten der möglichen Gestaltung einer Vertragsstrafe vgl. Form. II. N. 1 Anm. 8.

11. Der Hinweis auf die räumliche Beschränkung der Unterlassungsverpflichtung ist an sich überflüssig, weil sich entsprechend der nur territorialen Geltung eines deutschen Patentes in Deutschland dessen Schutzwirkungen nur hier entfalten können. Der Hinweis schadet aber nicht. Er hat Bedeutung zum einen im Falle eines ausländischen Gegners, zum anderen für den Fall, dass der nationale (deutsche) Teil eines europäischen Patentes geltend gemacht wird. Dann könnte auch formuliert werden: „... im deutschen Geltungsbereich des EP ...".

12. Die Unterlassungsverpflichtungserklärung ist die kurzgefasste Beschreibung der konkreten Verletzungsform. Sie hat sich am Anspruch bzw. an den Ansprüchen des Patentes zu orientieren. Den Patentansprüchen kommt besondere Bedeutung zu. Gemäß § 14 S. 1 PatG bestimmen sie vordringlich den Schutzbereich des Patentes. In ihnen ist angegeben, was seitens des Patentanmelders als patentfähig beansprucht und was im Falle der Patenterteilung durch das Patentamt als patentfähig angesehen worden ist. Der Patentanspruch beschreibt somit die patentfähige Erfindung = den Gegenstand der Erfindung (BGH GRUR 1993, 651 – Tetraploide Kamille). Gemäß § 1 Abs. 1 PatG werden Patente für Erfindungen erteilt, die neu sind, auf einer erfinderischen Tätigkeit beruhen und gewerblich anwendbar sind (vgl. §§ 1ff. PatG; ebenso für europäische Patente, Art. 54 bis 57 EPÜ). Die Beschreibung des Erfindungsgegenstandes in den Patentansprüchen erfolgt überwiegend in der Weise, dass der Patentanspruch in einen Oberbegriff (= summarische Wiedergabe des vorbekannten Standes der Technik) sowie in einen kennzeichnenden Teil (Zusammenfassung der gegenüber dem vorbekannten Stand der Technik für sich oder in Kombination neuen Merkmale; vgl. § 1 Abs. 2 Patentanmeldeverordnung) untergliedert ist, ohne dass diese Unterteilung für die rechtliche Bewertung einer angegriffenen Ausführungsform als patentverletzend von Bedeutung ist (BGH GRUR 1994, 357 – Muffelofen). Sie folgt allein Zweckmäßigkeitsüberlegungen. Ein Patentanspruch kann auch sogenannt „einteilig" gefasst sein, d.h. nicht nach Oberbegriff und kennzeichnendem Teil unterschieden (vgl. dazu *Flad,* GRUR 1994, 478, 479). Die Unterteilung in Oberbegriff und Kennzeichen ist auch der Unterlassungsverpflichtungserklärung im Formular zugrundegelegt. Es hat sich als zweckmäßig erwiesen, „Oberbegriff" und „Kennzeichen" in der Unterlassungsverpflichtungserklärung in der Weise voneinander zu trennen, dass zwischen beide die Benutzungshandlungen aufgenommen werden, die der Patentverletzer unterlassen soll. Sie entsprechen den Befugnissen des Patentinhabers und sind in §§ 9ff. PatG aufgeführt. Da der Fall mittelbarer Patentverletzung (§ 10 PatG) seltener ist (vgl. dazu das Textbeispiel in *Mes/Mes,* Münchener Prozessformularbuch, Bd. 4, Gewerblicher Rechtsschutz, Urheber- und Presserecht, C 8, S. 423ff.), ist im Formular lediglich der Fall unmittelbarer Patentverletzung (§ 9 PatG) behandelt, des Weiteren bezieht sich das Formular auf ein Sachpatent i.S.d. § 9 Nr. 1 PatG. BGH GRUR 1987, 626/627 li.Sp. – Rundfunkübertragungssystem – vertritt zu § 6 S. 1 PatG 1968 die Auffassung, dass ein Einführen keine Patentverletzung begründen könne, da es (noch) an einer Veräußerung = Indenverkehrbringen fehle (a.A. zuvor passim BGHZ 73, 182/186 = GRUR 1979, 461/462 li.Sp. – Farbbildröhre). Vgl. zum patentrechtlich relevanten Besitz und Import *Benkard/Bruchhausen* Rdn. 46 und 47 zu § 9 PatG.

Um die Verletzungsform sowohl zutreffend zu erfassen als auch als patentverletzend zu charakterisieren, ist es notwendig, den Wortlaut der Patentansprüche, insbesondere des Hauptanspruchs und den darin festgelegten Gegenstand der Erfindung einerseits und die angegriffene Ausführungsform andererseits unter Berücksichtigung von *Aufgabe* (= technisches Problem) und *Lösung* des Patentes miteinander zu vergleichen. Grundsätzlich empfiehlt es sich, eine Merkmalsanalyse aufzustellen (das Muster einer derartigen Merkmalsanalyse findet sich in Form. II. O. 3; zu den Methoden der Erstellung einer Merkmalsanalyse vgl. *Meier-Beck,* Patentanspruch und Merkmalsgliederung, GRUR 2001, 967; *Kaess,* Die Merkmalsanalyse als Maßstab für die Eingriffsprüfung im Patentverletzungsprozess, GRUR 2000, 637). Anhand einer derartigen Merkmalsanalyse kann sodann die Verletzungsform im Hinblick auf bestehende Gemeinsamkeiten/Unterschiede mit dem Erfindungsgegenstand überprüft werden. Ob eine Verletzung des Streitpatentes vorliegt, bestimmt sich nach seinem Schutzumfang, der durch die Regelung des § 14 PatG festgelegt wird. Danach gilt, dass der Schutzumfang des Patentes durch den Inhalt der Patentansprüche bestimmt wird, wobei Beschreibung und Zeichnungen zur Auslegung heranzuziehen sind. Ob ein Patentverletzungstatbestand vorliegt, ist durch einen Vergleich des Gegenstandes des Patentes (so wie in den Ansprüchen nach Maßgabe des § 14 niedergelegt) und der angegriffenen Ausführungsform (Verletzungsform) miteinander nach Aufgabe (= technisches Problem) und Lösung zu ermitteln. Unter den Schutz eines Patents fällt jedenfalls die identische (wortlautgemäße = unmittelbar gegenständliche) Benutzung (vgl. z.B. BGHZ 98, 12ff. = GRUR 1986, 802/804 li.Sp. unten – Formstein). Dabei ist nicht an einem philologischen Wortlaut des Patentanspruchs zu haften, sondern maßgeblich ist der technisch verstandene und häufig erst im Wege der Auslegung zu ermittelnde Wortsinn der Formulierungen des Patentanspruchs (instruktiv: BGH Mitt. 1999, 365 – Sammelförderer; GRUR 1999, 909 – Spannschraube). Neben einem wortsinngemäßen Gebrauchmachen von den Merkmalen eines Patentanspruchs fällt unter den Schutz eines Patentes auch diejenige Benutzung, die zwar vom Wortsinn abweicht, jedoch die Lehre des Patentes mit gleichwirkenden Mitteln (= Äquivalenz) verwirklicht (BGH GRUR 1996, 802/805 – Formstein; 1991, 436, 439 – Befestigungsvorrichtung II). Äquivalent sind freilich nur solche Mittel, die der Durchschnittsfachmann anhand von Überlegungen, die am Sinngehalt des Patentanspruchs anknüpfen, als gleichwirkend auffinden kann (BGHZ 98, 19 = GRUR 1986, 805 – Formstein; 1991,

436, 439 – Befestigungsvorrichtung II). Abwandlungen, die auf erfinderischer Tätigkeit beruhen, unterfallen nicht dem Schutzbereich (BGH GRUR 1994, 597 – Zerlegvorrichtung für Baumstämme). Dabei lässt der Bundesgerichtshof allerdings die Verteidigung zu, die als äquivalent angegriffene Ausführungsform stelle mit Rücksicht auf den vorbekannten Stand der Technik keine patentfähige Erfindung dar (BGH GRUR 1986, 802, 805, 806 – Formstein). Damit soll gewährleistet sein, dass sich der Schutz des Patentes nicht auf diejenige Weiterentwicklung des freien Standes der Technik erstreckt, die nicht erfinderisch ist und somit für den Gemeingebrauch offen stehen soll. Der Rechtsgedanke des Vertrauensschutzes auf den Wortlaut eines erteilten Anspruchs – Gebot der Rechtssicherheit – erfordert Beachtung (BGH GRUR 1989, 903, 905 r.Sp. unten – Batteriekastenschnur).

Ob es unter Geltung des § 14 PatG möglich ist, eine sogenannte Unterkombination oder einen Teilschutz als Patentverletzungstatbestand zu bewerten, ist bis zur Stunde durch die Rechtsprechung noch nicht entschieden (vgl. LG Düsseldorf, GRUR Int. 1990, 382 – Adapter; BGH GRUR 1992, 40 – Beheizbarer Atemluftschlauch). Auslegung von Patentansprüchen und Ermittlung ihres Schutzbereichs gehören zu den schwierigsten anwaltlichen Aufgaben im Zusammenhang mit der Bearbeitung eines Patentverletzungsrechtsstreits. Dazu sind in jüngerer Zeit die nachstehend aufgeführten bedeutsamen Entscheidungen ergangen, die im Einzelnen hier aus Platzgründen nicht näher kommentiert werden können: BGH GRUR 1999,909 – Spannschraube; 2002, 511 – Kunststoffrohrteil; 2002, 515 – Schneidmesser I; 2002, 519 – Schneidmesser II; 2002, 523 – Custodiol I; 2002, 527 – Custodiol II. Die in diesen Entscheidungen getroffenen Aussagen lassen sich dahingehend zusammenfassen, dass zum einen alles dasjenige, was in den Ansprüchen nicht konkret seinen Niederschlag gefunden hat, nicht unter den Schutzumfang der Ansprüche fallen kann, und dass zum anderen die in den Ansprüchen enthaltenen Festlegungen (z.B. anhand von Maß- und Bereichsangaben) für die Auslegung der Patentansprüche regelmäßig beschränkende Bedeutung haben.

13. Den im Formular geltend gemachten Auskunftsanspruch gibt § 140b Abs. 1 und 2 PatG seit dem 1. Juli 1990 (vgl. Anm. 6). Die zu erteilenden Auskünfte sollen den Patentinhaber insbesondere befähigen, weitere Patentverletzungen durch Dritte zu unterbinden. Für die Praxis hat die Mitteilung der gewerblichen Abnehmer besondere Bedeutung, ermöglicht sie doch, etwaige weitere Patentverletzer in Erfahrung zu bringen (vgl. OLG Düsseldorf GRUR 1993, 818 – Mehrfachkleiderbügel). Ein Wirtschaftsprüfervorbehalt ist vom Gesetz nicht vorgesehen und nur in Ausnahmefällen (z.B. sehr enges Wettbewerbsverhältnis) denkbar. Denn gemäß § 140b Abs. 1 PatG sind die im Gesetz vorgesehenen Auskünfte zu erteilen, es sei denn, „dass dies im Einzelfall unverhältnismäßig ist" (vgl. BGH GRUR 1995, 338 – Kleiderbügel; s. nachf. Anm. 17). Der Auskunftsanspruch des § 140b PatG ist nicht mit dem allgemeinen Rechnungslegungsanspruch identisch, der aus den nachstehend in Anm. 14 wiedergegebenen Gründen gewährt wird (§ 140b Abs. 5 PatG).

14. Nach ständiger höchstrichterlicher Rechtsprechung kann im Falle der Patentverletzung wie auch sonst im Bereich gewerblicher Ausschließlichkeitsrechte der Schaden in dreifacher Weise berechnet werden (Ersatz des unmittelbaren Schadens, der durch die Patentverletzung entstanden ist, insbesondere des entgangenen Gewinns; die Zahlung einer angemessenen Lizenzgebühr und Herausgabe des Verletzergewinns; vgl. statt vieler *Benkard/Rogge* Rdn. 61ff. mwN. zu § 139 PatG; *Melullis,* Zur Schadensberechnung im Wege der Lizenzanalogie bei zusammengesetzten Vorrichtungen, in Festschrift für *Fritz Traub,* 1994, Seiten 287ff.; zur dogmatischen Herleitung der Schadensersatzberechnungsmethode nach dem herauszugebenden Verletzergewinn vgl. BGH GRUR 2001, 329 – Gemeinkostenanteil). Um sich hinsichtlich der von ihm zu wählenden Berechnungsart schlüssig zu werden und seinen Schaden ziffernmäßig bestimmen zu können, kann der Verletzte neben dem Anspruch auf Auskunft gemäß § 140b PatG einen Rechnungslegungsanspruch geltend machen, der in § 140b Abs. 5 PatG lediglich als „weitergehender Anspruch" angeführt, jedoch in ständiger höchstrichterlicher Rechtsprechung auf der Grundlage des § 242 BGB gewährt wird und gewohnheitsrechtlichen Charakter hat (vgl. BGH GRUR 1962, 398, 400 – Atomschutzvorrichtung; GRUR 1984, 728/729 li. Sp. – Dampffrisierstab II; zum Rechnungslegungsanspruch vgl. auch *Tilmann* GRUR 1987, 251ff.). Die im Formular verlangten Angaben werden ebenfalls gewohnheitsrechtlich zuerkannt (vgl. z.B. BGH GRUR 1982, 723f. – Dampffrisierstab I). Sie folgen den in der geltend gemachten Unterlassungsverpflichtung aufgeführten Benutzungshandlungen. Soweit die Namen und Anschriften von nicht gewerblichen Abnehmern bzw. Angebotsempfängern in Rede stehen, besteht die Besonderheit eines Wirtschaftsprüfervorbehalts (vgl. dazu Anm. 17). Zum Problem der aufgelaufenen Zinsen, wenn der Geschädigte seinen Schaden im Weg der Lizenzanalogie berechnet, vgl. Form. II. O. 21 Anm. 3 mwN. Dazu, ob zum Inhalt des Rechnungslegungsanspruchs auch Angaben zu Gemeinkosten (Fixkosten) gehören, vgl. BGH GRUR 2001, 329, 331 – Gemeinkostenanteil; unter bestimmten Voraussetzungen umfasst ein Auskunfts-/Rechnungslegungsanspruch auch die Vorlage von Belegen (BGH GRUR 2001, 841, 845 li. Sp. oben – Entfernung der Herstellungsnummer II).

15. Dem wegen Patentverletzung in Anspruch Genommenen wird ein Prüfungszeitraum von einem Monat ab Veröffentlichung der Patenterteilung eingeräumt. Erst nach Ablauf dieses Zeitraums kommen ein Verschulden und damit eine Haftung (auf Rechnungslegung und Schadensersatz) in Betracht (BGH GRUR 1986, 803, 806 – Formstein).

Im Formular ist noch die Besonderheit gegeben, dass auch Entschädigung für die Benutzung der offengelegten Patentanmeldung gefordert wird (vgl. sogleich die Verpflichtungserklärung zu (5) im Formular). Daher ist für die geforderte (und vom Benutzer auch geschuldete – vgl. BGHZ 107, 161 = GRUR 1989, 411 – Offenendspinnmaschine) Rechnungslegung auf das Datum der Offenlegung (Bekanntmachung) der Patentanmeldung zuzüglich einen Monat Karenzzeit abzustellen.

16. Die im Formular angeführten Angaben benötigt der Patentinhaber, um seinen Schaden beziffern, insbesondere entscheiden zu können, welche Berechnungsart er seinem Schadensersatzanspruch zugrundelegen will (vgl. dazu Anm. 14).

16a. Zu den Gestehungskosten gehören nicht die Gemeinkostenanteile (Fixkosten); diese dürfen vom Verletzer im Falle der Geltendmachung des Anspruchs auf Herausgabe des Verletzergewinns nicht abgezogen werden; vgl. BGH GRUR 2001, 329, 331 – Gemeinkostenanteil. In geeigneten Fällen kann es sich anbieten, auch einen Anspruch auf Vorlage von Belegen geltend zu machen (BGH GRUR 2001, 841, 845 li. Sp. oben – Entfernung der Herstellungsnummer II).

17. Bis zum Inkrafttreten des § 140b PatG am 1. Juli 1990 räumte die Rechtsprechung – bei bestehender Wettbewerbslage zwischen den Parteien von Amts wegen – dem Beklagten (Inanspruchgenommenen) einen umfassenden Wirtschaftsprüfervorbehalt ein (vgl. BGH GRUR 1981, 535; zu weiteren Einzelheiten vgl. 6. Aufl. Anm. 12 zu Form. II. M. 1). Das ist mit dem Wortlaut des § 140b PatG nicht mehr vereinbar. Von einer Unverhältnismäßigkeit einer Auskunftserteilung/Rechnungslegung im Einzelfall im Sinne des § 140b Abs. 1 PatG kann nur im Hinblick auf die Namen und Anschriften der nicht gewerblichen Abnehmer ausgegangen werden, weil diese in der Folge nur im privaten Bereich das patentgeschützte Erzeugnis zu nicht gewerblichen Zwecken benutzen werden und daher als mögliche Patentverletzer gemäß § 11 Nr. 1 PatG ausscheiden. Eine weitere Ausnahme ist gerechtfertigt für (bloße) Angebotsempfänger, weil diese ebenfalls nicht als Patentverletzer in Betracht kommen. Von einem derartig eingeschränkten Rechnungslegungs-/Auskunftsanspruch wird im Formular ausgegangen und es wird ein entsprechender Wirtschaftsprüfervorbehalt vorgeschlagen (vgl. BGH GRUR 1995, 338, 341, 342 – Kleiderbügel).

18. Vgl. § 140a PatG. Die Vernichtung soll nach dem Wortlaut des Gesetzes durch den Verletzer selbst erfolgen (*Benkard/Rogge,* Rdn. 8 zu § 140a PatG; a.A. *Cremer,* Mitt. 1992, 153, 163 und LG Köln, Der Markenartikel, 1993, 15: durch den Verletzten); die ebenfalls im Formular vorgesehene Wahlmöglichkeit belastet den Schuldner nicht.

19. Vgl. § 33 PatG; für europäische Patentanmeldungen, mit denen auch für Deutschland Schutz beansprucht wird, gilt eine vergleichbare Regelung (Art. 67 Abs. 2 S. 3 EPÜ iVm. Art. II § 1a Abs. 1 IntPatÜG i.d.F. des 2. Gemeinschaftspatentgesetzes vom 20. Dezember 1991), allerdings nur dann, wenn die Anmeldung in deutscher Sprache veröffentlicht worden ist bzw. ab dem Zeitpunkt, an dem bei fremdländischer Sprache die Ansprüche in deutscher Sprache veröffentlicht worden sind oder der Anmelder dem Benutzer die Ansprüche in deutscher Sprache übermittelt hat (Art. II § 1a Abs. 2 IntPatÜG). Die Benutzung einer offengelegten Patentanmeldung ist nicht rechtswidrig (BGHZ 107, 161 = GRUR 1989, 411 – Offenendspinnmaschine). Eine Haftungserstreckung auf Geschäftsführer einer GmbH oder Vorstandsmitglieder einer Aktiengesellschaft unter dem rechtlichen Gesichtspunkt der unerlaubten Handlung (vgl. dazu Form. II. M. 14 Anm. 2) ist nicht möglich (BGH aaO.).

Im Formular ist eine sogenannte Karenzzeit von einem Monat vorgesehen. Dem Benutzer einer offengelegten Patentanmeldung soll eine ausreichende Frist zum Kennenlernen der Patentanmeldung und zur Entschließung zugestanden werden. Erst nach Ablauf dieses Zeitraums sind die subjektiven Tatbestandsmerkmale des § 33 Abs. 1 PatG begründbar, nämlich Kenntnis oder fahrlässige Unkenntnis der Patentanmeldung.

Der Entschädigungsanspruch errechnet sich in seiner Höhe im Wege der Lizenzanalogie (vgl. dazu Anm. 14). Die Herausgabe des Benutzergewinns oder der Ersatz des entgangenen eigenen Gewinns können seitens des Inhabers der Patentanmeldung nicht verlangt werden (BGHZ 107, 161 = GRUR 1989, 411 – Offenendspinnmaschine). Daraus folgt auch eine nur eingeschränkte Rechnungslegungspflicht des Benutzers (vgl. auch Anm. 20).

20. In dieser zeitlichen Einschränkung kommt die Besonderheit des patentrechtlichen Entschädigungsanspruchs (§ 33 PatG) zum Ausdruck. Da es sich bei der Benutzung einer offengelegten Patentanmeldung nicht um eine Patentverletzung handelt, besteht kein Anspruch auf Schadensersatz, sondern nur auf angemessene Entschädigung. Zur Vorbereitung dieses Entschädigungsanspruchs gibt es nur einen beschränkten Rechnungslegungsanspruch; Angaben über den Verletzergewinn können nicht gefordert werden (BGHZ 107, 161 = GRUR 1989, 411, 413, 414 – Offenendspinnmaschine; vgl. auch Anm. 19).

Das im Formular in diesem Zusammenhang angegebene Datum ist dasjenige der Veröffentlichung der Patenterteilung zuzüglich einen Monat Karenzzeit, weil für die Zeit vor diesem Datum eben nur ein eingeschränkter Anspruch, nämlich nur auf angemessene Entschädigung gilt.

21. Hier ist wieder vom Datum der Veröffentlichung der Patenterteilung zuzüglich einen Monat Karenzzeit auszugehen (vgl. Anm. 15).

22. Zur Begründung der Kostenerstattungspflicht aus Geschäftsführung ohne Auftrag: vgl. BGHZ 52, 393/399 – Fotowettbewerb; BGH MDR 1973, 483 = GRUR 1973, 384 – Goldene Armbänder; GRUR 1984, 129ff. – shop in the shop; GRUR 1985, 924 r. Sp. – Schallplattenimport II; zuletzt BGH GRUR 1995, 338, 342 – Kleiderbügel: Kostenerstattungspflicht beruht auf der Verpflichtung zu Schadensersatz; zur Erstattungsfähigkeit der Kosten eines ebenfalls eingeschalteten Patentanwalts vgl. *Rehmann* GRUR 1985, 332ff.

23. Die Überprüfungs- und Erklärungsfrist sollte nicht zu kurz bemessen sein. Angemessen ist grundsätzlich ca. 1 Monat.

24. Zu den Reaktionsmöglichkeiten eines Verwarnten vgl. Form. II. L. 1 Anm. 13. Zusätzlich und in Abweichung zu dem aaO. Ausgeführten wird ein wegen vermeintlicher Patentverletzung Verwarnter folgendes zu prüfen haben, wobei die umfassende Materie hier nur skizziert und auf weniges beschränkt werden kann (zu weiteren Einzelheiten vgl. *Mes,* PatG 1997, Rdn. 28 ff. zu § 9 PatG):

a) Ist der Tatbestand einer Patentverletzung gegeben?
b) Besteht ein privates Vorbenutzungsrecht (§ 12 PatG)?
c) Ist das geltend gemachte Patent schutzfähig oder ist druckschriftlicher oder offenkundig vorbenutzter Stand der Technik gegeben, der die Schutzvoraussetzungen (Neuheit und Erfindungshöhe für ab dem 1. Jan. 1978 angemeldete Erfindungen; Neuheit, Fortschrittlichkeit und Erfindungshöhe für Erfindungen, die vor dem 1. Jan. 1978 angemeldet wurden) zumindest als so zweifelhaft erscheinen lässt, dass ein Einspruch, ggf. ein Beitritt zu einem Einspruchsverfahren (§ 59 PatG) oder eine Nichtigkeitsklage gegen das Patent (vgl. dazu Form. II. M. 6) überwiegende Aussicht auf Erfolg bieten? Bietet eine Schutzrechtsrecherche Aussicht auf Erfolg, die Patentfähigkeit in Zweifel ziehendes Material zu ermitteln?
d) Liegt der Tatbestand einer widerrechtlichen Entnahme (§ 8 PatG) vor, der auch einredeweise im Verletzungsprozess geltend gemacht werden kann (vgl. *Benkard/Bruchhausen* Rdn. 11 zu § 8 PatG)?
e) Ist eine unzulässige Erweiterung der Patentanmeldung gegeben (§ 38 PatG, wichtig: Akteneinsicht beantragen, vgl. Form. II. O. 4 Anm. 6)?
f) Ist der mit der angegriffenen Ausführungsform erzielte Umsatz zur Zeit und/oder zukünftig von so großem Interesse, dass die regelmäßig nicht unbedeutenden Kosten eines Patentverletzungsprozesses einschließlich einer etwaigen Nichtigkeitsklage angemessen erscheinen? Für die Beantwortung dieser Frage wird es häufig von großer Bedeutung sein, ob eine zweifelsfrei nicht unter das geltend gemachte Patent fallende Umgehungsform gefunden und unter erträglichen wirtschaftlichen Bedingungen hergestellt werden kann.
g) Erscheint eine Lizenznahme möglich und vertretbar?

Kosten und Gebühren

Die Höhe der zu erstattenden Anwaltskosten bestimmt sich, wenn noch kein Auftrag zur Klageerhebung vorliegt, gem. § 118 Abs. 1 Nr. 1 BRAGO, der einen Gebührenrahmen von $^{5}/_{10}$ bis $^{10}/_{10}$ zur Verfügung stellt. Regelmäßig angemessen ist eine mittlere Gebühr, damit eine Gebühr von $^{7,5}/_{10}$. Liegt hingegen Klageauftrag vor, so ist gem. § 32 BRAGO eine Gebühr von $^{5}/_{10}$ in Ansatz zu bringen (vgl. zu Vorstehendem im Zusammenhang mit einem sogen. Abschlussschreiben: BGH MDR 1973, 483 = GRUR 1973, 384 – Goldene Armbänder). Folgt der Abmahnung ein gerichtliches Verfahren, so findet gem. § 118 Abs. 2 BRAGO eine Anrechnung statt. Zu weiteren Einzelheiten vgl. die im Wesentlichen übertragbaren Ausführungen zu „Kosten und Gebühren" bei Form. II. N. 1 mwN. sowie bei Form. II. O. 3 und zuvor Anm. 22.

2. Abmahnung wegen Patentverletzung unter gleichzeitiger Übersendung eines Klageentwurfes[1]

Firma
B ......
– Geschäftsleitung –

Betr.: A ..../. B ......
DE ...... betreffend ein Mosaik-Schaltbild

Sehr geehrte Damen und Herren!

In dieser Angelegenheit teile ich Ihnen mit, dass mich die Firma A ...... beauftragt hat, gemeinsam mit Herrn Patentanwalt X ...... ihre Interessen wahrzunehmen. Meine Mandantin hat mir die bisher zwischen Ihnen und Herrn Patentanwalt X ...... gewechselte Korrespondenz übergeben. In Abstimmung mit Herrn Patentanwalt X ...... teile ich Ihnen namens und in Vollmacht[2] meiner Mandantin das Folgende mit:

1. Sie sind aus der Vorkorrespondenz darüber unterrichtet, dass meine Auftraggeberin ausschließliche und alleinige Inhaberin des DE ...... ist. Das in Rede stehende Schutzrecht, dessen Patentschrift Ihnen schon übersandt worden ist, betrifft ein Mosaik- Schaltbild. Sie stellen her und vertreiben Mosaik-Schaltbilder, die in die Rechte meiner Auftraggeberin an dem vorbezeichneten Schutzrecht eingreifen. Zur Vermeidung von Wiederholungen kann ich auf die Vorkorrespondenz verweisen.
2. Meine Auftraggeberin hat mich beauftragt, Klage zu erheben. Ich füge zu Ihrer Unterrichtung den von mir ausgearbeiteten Entwurf einer Klage bei, wobei ich von einer Übersendung der Anlagen zur Klage absehe, da diese sich schon in Ihrem Besitz befinden[3].
3. Meine Mandantin hat mich zugleich ermächtigt, Ihnen noch einmal – diesmal allerdings letztmalig – Gelegenheit zur außergerichtlichen Bereinigung des Streitverhältnisses zu geben. Sie können die Erhebung der Klage gegenstandslos machen, wenn Sie sich entsprechend dem diesseitigen Klagebegehren verpflichten, nämlich in Form der Abgabe folgender Erklärungen[4]:
   a) einer strafbewehrten Unterlassungsverpflichtungserklärung entsprechend der Formulierung des Klageantrags I 1 des beigefügten Entwurfs, wobei anstelle der gesetzlichen Ordnungsmittel von Ihnen eine diesseits als geboten angesehene Vertragsstrafe in Höhe von EUR ......[5] einzusetzen wäre;
   b) einer Verpflichtungserklärung zur Auskunftserteilung entsprechend dem Klageantrag I 2;
   c) einer Verpflichtungserklärung zur Rechnungslegung entsprechend dem Klageantrag I 3;
   d) einer Verpflichtungserklärung zur Vernichtung entsprechend dem Klageantrag I 4;
   e) eines Anerkenntnisses betreffend Ihre Verpflichtungen zu angemessener Entschädigung und zu Schadensersatz entsprechend den Klageanträgen II 1 und 2;
   f) einer Verpflichtungserklärung zur Übernahme der meiner Auftraggeberin durch meine Einschaltung sowie durch Einschaltung von Herrn Patentanwalt X ...... entstandenen Kosten, und zwar in Höhe von je einer $^5/_{10}$ Rechtsanwaltsgebühr für die Tätigkeit des Herrn Patentanwalts X ...... als auch für die Tätigkeit des Unterzeichners auf der Grundlage eines Gegenstandswertes von EUR ...... zuzüglich Auslagen und Mehrwertsteuer[6].

Für den Eingang der vorstehenden Erklärungen habe ich mir den
......[7]
vorgemerkt. Nach fruchtlosem Fristablauf gehe ich davon aus, dass Sie einem gerichtlichen Austrag den Vorzug geben.

Rechtsanwalt

Schrifttum: Vgl. die Hinweise zu Form. II. O. 1.

Hinweis: Ein weiteres Textbeispiel findet sich bei *Mes/Mes,* Münchener Prozessformularbuch/Gewerblicher Rechtsschutz, Urheber- und Presserecht, 2000, zu C. 3.

Anmerkungen

1. Es handelt sich um die schärfste Form der Verwarnung. Durch Übersendung des Klageentwurfes wird dem Inanspruchgenommenen nicht nur die Entschlossenheit des Patentinhabers vor Augen geführt, sondern insbesondere auch die Art der Argumentation, die der Patentinhaber im gerichtlichen Verfahren einschlagen will, gezeigt. Diese Art der Verwarnung erscheint dann angebracht, wenn schon einige Zeit außerprozessual und aus der Sicht des Patentinhabers erfolglos korrespondiert worden ist. Über die Risiken einer Verwarnung vgl. Form. II. O. 1 Anm. 1.

2. Zur Frage, ob eine Vollmachtsurkunde beizufügen ist, vgl. Form. II. N. 1 Anm. 3 und Form. II. O. 1 Anm. 3.

3. Der Inhalt dieser Verwarnung kann kurz gehalten werden, da gleichzeitig ein Klageentwurf mitübersandt wird. Die Abmahnung bezieht sich inhaltlich auf Form. II. O. 3. Im obigen Textbeispiel wird davon ausgegangen, dass schon ein Klageauftrag erteilt ist. Dann ist allerdings die Erstattungspflicht auf eine $^{5}/_{10}$ Gebühr beschränkt (§ 32 Abs. 1 BRAGO). Ist noch kein Klageauftrag erteilt, so ist § 118 Abs. 1 Nr. 1 BRAGO anwendbar, der einen Gebührenrahmen von $^{5}/_{10}$ bis $^{10}/_{10}$ zur Verfügung stellt. In dem Fall, dass noch kein Klageauftrag erteilt ist, kann folgende Formulierung gewählt werden: „Meine Auftraggeberin hat mich beauftragt, zur Prüfung der Rechtslage eine Klage zu entwerfen."

4. Es kann sich auch empfehlen, die von dem Inanspruchgenommenen geforderten Verpflichtungserklärungen in vorformulierter Form auf einem gesonderten Blatt zu übersenden. Das ist eine reine Zweckmäßigkeitsfrage. Die hier vorgeschlagenen Formulierungen erfordern vom Inanspruchgenommenen ein gewisses Mitdenken, indem er die Klageanträge entsprechend umformulieren muss. Das wird vom Verfasser als vorteilhaft angesehen, um dem Inanspruchgenommenen auch die Bedeutung dessen, was er erklärt, im Einzelnen bewusst zu machen. Zum Inhalt der geforderten Erklärungen vgl. Form. II. O. 1 Anm. 9 ff.

5. Zur Höhe der Vertragsstrafe lassen sich keine allgemein verbindlichen Angaben machen. Maßgeblich sind die Umstände des Einzelfalles, vornehmlich die bisherige Intensität der Verletzungshandlungen. Jedenfalls muss die Vertragsstrafe so hoch bemessen sein, dass sie geeignet erscheint, künftigen Zuwiderhandlungen des Schuldners vorzubeugen. Bei Patentverletzungen wird man regelmäßig Vertragsstrafen von EUR 5.000,– und mehr für jeden Fall der Zuwiderhandlung für angemessen halten dürfen. Ein Problem betreffend die Zuständigkeit des Landgerichts für die etwaige Vertragsstrafenklage stelle sich nicht, da für Patentstreitsachen – zu denen auch die derartige Klage gehört (OLG Düsseldorf GRUR 1984, 650) – eine ausschließliche Zuständigkeit des Landgerichts besteht (§ 143 Abs. 1 PatG 1981). Vgl. ferner Form. II. N. 1 zu Anm. 8 und aaO. Anm. 8 sowie Form. II. O. 1 Anm. 10.

6. Zur Kostenerstattungspflicht vgl. Form. II. O. 1 Anm. 22. Die Kostenerstattungspflicht betreffend den Patentanwalt ergibt sich nach Grund und Höhe aus § 143 Abs. 5 PatG. Diese Bestimmung ist mit Wirkung ab 1. Januar 2002 neu gefasst und erweitert den Umfang der zu erstattenden Kosten.

7. Die Erklärungs- und Überlegungsfrist sollte ca. 1 Monat betragen, um dem Inanspruchgenommenen eine ausreichende Überlegung zu ermöglichen.

Kosten und Gebühren

Wenn Klageauftrag erteilt ist, kann gemäß § 32 Abs. 1 BRAGO lediglich eine $^5/_{10}$ Gebühr gefordert werden. Ist dem Rechtsanwalt hingegen der Auftrag erteilt, die Rechtslage zu prüfen und je nach Ergebnis der Prüfung eine Klage zu entwerfen und diese sodann dem Gegner zur Kenntnis zu bringen, bemisst sich der Rahmen der erstattungsfähigen Kosten gemäß § 118 Abs. 1 BRAGO. Danach besteht ein Gebührenrahmen von $^5/_{10}$ bis $^{10}/_{10}$. Man wird regelmäßig eine mittlere Gebühr von $^{7,5}/_{10}$ als angemessen ansehen können. Zur Erstattungsfähigkeit der Kosten eines hinzugezogenen Patentanwalts vgl. § 143 Abs. 5 PatG. Diese Bestimmung ist mit Wirkung zum 1. Januar 2002 neu gefasst und erweitert den erstattungsfähigen Kostenrahmen. Zu weiteren Einzelheiten vgl. „Kosten und Gebühren" zu Form. II. N. 1 mwN. und zu Form. II. O. 1 und 3.

3. Patentverletzungsklage

Landgericht
4. Zivilkammer[1]
40002 Düsseldorf[1]

Klage

der Firma A

Prozessbevollmächtigter: RA ......

gegen

die Firma B[2]

wegen: Patentverletzung
Streitwert: vorläufig geschätzt EUR ......[3]

Namens und in Vollmacht der Klägerin erhebe ich Klage und werde beantragen,

I. die Beklagte zu verurteilen,
   1. es bei Meidung eines für jeden Fall der Zuwiderhandlung fälligen Ordnungsgeldes bis zu EUR 250.000,–, ersatzweise Ordnungshaft bis zu 6 Monaten oder Ordnungshaft bis zu 6 Monaten, im Wiederholungsfalle Ordnungshaft bis zu 2 Jahren, zu unterlassen[4],
   in der Bundesrepublik Deutschland[5] Mosaik-Schaltbilder, bestehend aus einer Montagewand mit zellenförmiger Struktur und darauf befestigten, die Zellengröße aufweisenden Mosaiksteinen[6], (herzustellen), anzubieten, in den Verkehr zu bringen oder zu gebrauchen oder zu den genannten Zwecken entweder einzuführen oder zu besitzen[7], bei denen die den Rand des Mosaik-Schaltbildes bildenden Mosaiksteine breiter sind als die übrigen Mosaiksteine und über den Rand der Montagewand vorstehen[8];
   2. der Klägerin für die Zeit ab dem 12. März 1998 Auskunft über (die Herkunft und) den Vertriebsweg der unter vorstehend zu I 1 beschriebenen Erzeugnisse zu erteilen, insbesondere unter Angabe der Namen und Anschriften (der Hersteller) der Lieferanten und deren Vorbesitzer, der gewerblichen Abnehmer oder Auftraggeber sowie unter Angabe der Menge der (hergestellten), ausgelieferten, erhaltenen oder bestellten Erzeugnisse;[9]
   3. der Klägerin über den Umfang[10] der vorstehend zu I 1 bezeichneten und seit dem 15. Juli 1997 begangenen Handlungen Rechnung zu legen, und zwar unter Vor-

lage eines Verzeichnisses (der Herstellungsmengen und Herstellungszeiten sowie)[10a] der einzelnen Lieferungen unter Angabe

a) der Liefermengen, Typenbezeichnungen, Artikel-Nummern, Lieferzeiten, Lieferpreise und Namen und Anschriften der Abnehmer,
b) der Gestehungskosten unter Nennung der einzelnen Kostenfaktoren sowie des erzielten Gewinns[10b],
c) der einzelnen Angebote und der Werbung unter Nennung der Angebotsmengen, Typenbezeichnungen, Artikel-Nummern, Angebotszeiten und Angebotspreise sowie der Namen und Anschriften der Angebotsempfänger,
d) der einzelnen Werbeträger, deren Auflagehöhe, Verbreitungszeitraum und Verbreitungsgebiet,

wobei

e) der Beklagten vorbehalten bleiben mag[11], die Namen und Anschriften der Angebotsempfänger und der nicht gewerblichen Abnehmer statt der Klägerin einem von dieser zu bezeichnenden und ihr gegenüber zur Verschwiegenheit verpflichteten vereidigten Wirtschaftsprüfer mitzuteilen, sofern die Beklagte die durch seine Einschaltung entstehenden Kosten trägt und ihn zugleich ermächtigt, der Klägerin auf Anfrage mitzuteilen, ob bestimmte Abnehmer und/oder Lieferungen in der erteilten Rechnung enthalten sind,
f) und die Beklagte die Angaben vorstehend zu b) erst für die Zeit seit dem 12. März 1998 zu machen hat[12, 12a],

4. die im unmittelbaren oder mittelbaren Besitz oder im Eigentum der Beklagten befindlichen Erzeugnisse entsprechend vorstehend (1) an einen von der Klägerin zu beauftragenden Gerichtsvollzieher zum Zwecke der Vernichtung auf Kosten der Beklagten herauszugeben;[13]

II. festzustellen, dass die Beklagte verpflichtet ist,
   1. der Klägerin eine angemessene Entschädigung für die vorstehend zu I 1 bezeichneten und in der Zeit vom 15. Juli 1997 bis 11. März 1998 begangenen Handlungen zu zahlen[14];
   2. der Klägerin allen Schaden zu ersetzen, der ihr durch die zu I 1 bezeichneten und seit dem 12. März 1998 begangenen Handlungen entstanden ist und künftig noch entstehen wird[15];

III. der Beklagten die Kosten des Rechtsstreits aufzuerlegen;

IV. das Urteil – gegebenenfalls gegen Sicherheitsleistung (Bank- oder Sparkassenbürgschaft) – für vorläufig vollstreckbar zu erklären;
hilfsweise der Klägerin nachzulassen, die Zwangsvollstreckung durch Sicherheitsleistung (Bank- oder Sparkassenbürgschaft) abzuwenden[16].

Es handelt sich um eine patentrechtliche Streitigkeit, so dass eine Übertragung auf den Einzelrichter nicht angezeigt erscheint[17].
Es wird gebeten, von der Anberaumung einer Güteverhandlung abzusehen. Sie bietet erkennbar keine Aussicht auf Erfolg. Die Parteien haben sich außergerichtlich erfolglos schon um eine Einigung bemüht.[17a]
......[18]

Begründung:

I.

1. Die Klägerin ist eingetragene, alleinige und ausschließlich verfügungsberechtigte Inhaberin des DE ......[19] betreffend ein Mosaik-Schaltbild (im Folgenden auch: Klagepatent). Die dem Klagepatent zugrundeliegende Anmeldung erfolgte am 2. Januar 1990[20] und wurde am 15. Juni 1991 bekanntgemacht. Die Veröffentlichung der Patenterteilung erfolgte am 12. Februar 1992[21]. Das Klagepatent steht in Kraft.

Beweis: Auskunft des Deutschen Patentamtes[22]

Ich überreiche als Anlage 1 – für das angerufene Gericht 3-fach[23] – die das Klagepatent betreffende Patentschrift. Die Erfindung nach dem Klageschutzrecht betrifft ein Mosaik-Schaltbild. Derartige Schaltbilder werden im Zusammenhang mit Mess-, Steuer- und Überwachungswarten benutzt. Auf ihnen sind durch entsprechende Symbole Anlagen oder Anlagenteile schematisch dargestellt, wobei zur schematischen Darstellung Informationselemente benutzt werden. Soweit auf derartigen Schaltbildern Flächen nicht als Informationselemente beansprucht werden und dementsprechend frei bleiben, werden diese Flächen durch Abdeckplatten abgedeckt. Informationselemente und Abdeckplatten werden zusammenfassend als Mosaiksteine bezeichnet. Mosaik-Schaltbilder bestehen somit aus einer Montagewand und darauf befestigten Mosaiksteinen.
Das Klageschutzrecht geht von einem Stand der Technik[24] derartiger Mosaik-Schaltbilder aus, die aus einer Montagewand mit zellenförmiger Struktur und darauf befestigten, die Zellengröße aufweisenden Mosaiksteinen bestehen. Des Weiteren ist der im Klageschutzrecht zugrundegelegte vorbekannte Stand der Technik dadurch gekennzeichnet, dass die in Rede stehenden Mosaiksteine der Mosaik-Schaltbilder alle gleich groß sind, so dass es zum randseitigen Abschluss dieser Schaltbilder besonderer Abschlussrahmen bedarf. Die Herstellung und Anbringung solcher Abschlussrahmen ist aus mehreren Gründen nachteilig. Sie stellen regelmäßig kostenintensive Sonderanfertigungen dar, beeinträchtigen die Erkennbarkeit des Mosaik-Schaltbildes bei seitlicher Betrachtung, stören in architektonischer Hinsicht und bilden eine endgültige Begrenzung des Mosaik-Schaltbildes, die bei jeder Erweiterung des Schaltbildes entfernt werden, so dass ein neuer Abschlussrahmen geschaffen werden muss.
Von dem vorstehend beschriebenen Stand der Technik ausgehend, liegt der Erfindung nach dem Klagepatent die Aufgabe[25] zugrunde, ein Mosaik-Schaltbild der eingangs beschriebenen Art so auszugestalten und weiterzubilden, dass Abschlussrahmen nicht mehr benötigt werden. Diese Aufgabe wird dadurch gelöst[26], dass die den Rand des Mosaikbildes bildenden Mosaiksteine breiter sind als die übrigen Mosaiksteine und über den Rand der Montagewand vorstehen. Dadurch wird eine ebene Fläche unter Einschluss des randseitigen Abschlusses geschaffen, bei dem kein Abschlussrahmen hinsichtlich der Betrachtung oder hinsichtlich der architektonischen Gestaltung stört. Schließlich ist insbesondere noch der Vorteil gegeben, dass bei der Erweiterung eines solchen Mosaik-Schaltbildes es keines neuen oder geänderten Abschlussrahmens bedarf.
Zur weiteren Erläuterung des Gegenstandes des Klagepatents kann auf die Beschreibung und Figuren der als Anlage 1 überreichten Patentschrift verwiesen werden, die aus sich heraus verständlich sind.

2. Der für den Rechtsstreit allein interessierende Hauptanspruch[27] hat folgenden Wortlaut:
„Mosaik-Schaltbild, bestehend aus einer Montagewand mit zellenförmiger Struktur und darauf befestigten, die Zellengröße aufweisenden Mosaiksteinen, dadurch gekennzeichnet, dass die den Rand des Mosaik-Schaltbildes bildenden Rand-Mosaiksteine breiter sind als die übrigen Mosaiksteine und über den Rand der Montagewand vorstehen."
Überträgt man die Merkmale des Hauptanspruchs in eine Merkmalsanalyse[28], so ergibt sich folgendes:
Mosaik-Schaltbild
(1) das Schaltbild besteht aus einer Montagewand
(2) die Montagewand hat zellenförmige Struktur
(3) auf der Montagewand sind Mosaiksteine befestigt
(4) die Mosaiksteine weisen die Größe der Zellen der Montagewand auf

– Oberbegriff[29] –

(5) die den Rand des Mosaik-Schaltbildes bildenden Rand-Mosaiksteine sind breiter als die übrigen Mosaiksteine

(6) die Rand-Mosaik-Steine stehen über den Rand der Montagewand vor

– kennzeichnender Teil[30] –.

Ich überreiche die Merkmalsanalyse – für das Gericht 3-fach – als Anlage 2.

3. Die Beklagte stellt her und vertreibt Mosaik-Schaltbilder, die vom Hauptanspruch wortsinngemäß[31] Gebrauch machen. So hat die Beklagte beispielsweise am ...... an den Abnehmer X ein Mosaik-Schaltbild angeboten, verkauft und geliefert, das sämtliche Merkmale vorstehend wiedergegebenen Merkmalsanalyse verwirklicht. Ich überreiche, nur zu den Gerichtsakten, das von der Beklagten gelieferte Erzeugnis als Anlage 3. Es handelt sich um ein Mosaik-Schaltbild, das aus einer Montagewand (Merkmal 1) mit zellenförmiger Struktur (Merkmal 2) besteht, wobei auf der Montagewand Mosaiksteine befestigt (Merkmal 3) sind, die die Größe der Zellen der Montagewand aufweisen (Merkmal 4). Das gelieferte Mosaik-Schaltbild weist keinen gesonderten Abschlussrand auf; der Rand wird durch Rand-Mosaiksteine gebildet, wobei diese breiter als die übrigen Mosaiksteine (Merkmal 5) sind und im Übrigen über den Rand der Montagewand vorstehen (Merkmal 6).
Die Beklagte ist vorprozessual erfolglos abgemahnt worden. Insoweit ist Klage geboten. Mit ihr werden die sich aus der Patentverletzung der Beklagten ergebenden Ansprüche der Klägerin geltend gemacht.

II.

Das Klagebegehren ist in seinem vollen Umfang gemäß §§ 139, 9 PatG[32] in Verbindung mit § 242 BGB sowie gemäß § 140a und § 140b PatG begründet:

1. Der mit Klageantrag I 1 geltend gemachte Unterlassungsanspruch findet seine rechtliche Begründung in § 139 Abs. 1 in Verbindung mit § 9 PatG. Die von der Beklagten hergestellten und feilgehaltenen Vorrichtungen verwirklichen wortlautgemäß sämtliche Merkmale des Anspruchs 1 des Klagepatents. Infolge der schon vorgekommenen Patentverletzungen ist Wiederholungsgefahr gegeben.
2. Es kann nicht geleugnet werden, dass der Klägerin durch das Verhalten der Beklagten ein Schaden entstanden ist und künftighin entstehen wird[33]. Bei Beachtung der ihr als Fachfirma obliegenden Sorgfalt hätte die Beklagte das Klagepatent kennen müssen und dementsprechend den Tatbestand einer Patentverletzung erkennen können, so dass ihr zumindest grobe Fahrlässigkeit zur Last fällt. Im Übrigen ist die Beklagte vorprozessual abgemahnt worden, so dass ihr seit diesem Zeitpunkt auch positive Kenntnis und dementsprechend Vorsatz zur Last fällt[34]. Infolgedessen ist das mit Klageantrag II 2 geltend gemachte Schadensersatzfeststellungsbegehren dem Grunde nach begründet. Die Begründetheit des Rechnungslegungsanspruches ergibt sich daraus, dass die Klägerin ohne nähere Kenntnis vom Umfang der Verletzungshandlungen nicht in der Lage ist, ihren Schaden ziffernmäßig zu bestimmen, so dass die Beklagte in gewohnheitsrechtlicher Anwendung des § 242 BGB und der Rechtsregeln betreffend die auftraglose Geschäftsführung verpflichtet ist, der Klägerin die mit Klageantrag I 3 verlangte Rechnung zu legen[35]. Zugleich rechtfertigt sich die Zulässigkeit des Schadensersatzfeststellungsantrags.
Der mit Klageantrag I 2 geltend gemachte Auskunftsanspruch findet seine rechtliche Grundlage in § 140b Abs. 1 und 2 PatG[36]. Aus § 140a PatG ergibt sich der Vernichtungsanspruch gemäß Klageantrag I 4[37].
Für die Zeit ab Bekanntmachung der dem Klagepatent zugrundeliegenden Anmeldung steht der Klägerin gegen die Beklagte ein Entschädigungsanspruch gemäß § 33 PatG zu, der mit Klageantrag II 1 dem Grunde nach geltend gemacht wird[38]. Zur Vorbereitung seiner ziffernmäßigen Bestimmung bedarf es der Rechnungslegung durch die Beklagte gemäß Klageantrag I 3, wobei dem beschränkten Umfang des

Rechnungslegungsanspruchs für den Entschädigungsanspruch durch die Formulierung im Klageantrag I 3 zu f Rechnung getragen wird[39]. Die Klageanträge I 2 und 3 sowie II werden von der Klägerin unter Berücksichtigung einer Karenzzeit von je einem Monat zu Gunsten der Beklagten geltend gemacht[40]. Daraus ergeben sich, bezogen auf die Daten der Bekanntmachung der Anmeldung des Klagepatents und der Bekanntmachung der Veröffentlichung der Patenterteilung, die Zeitangaben in den vorstehend bezeichneten Klageanträgen.

III.

Die Zuständigkeit des angerufenen Gerichts ergibt sich daraus, dass es sich um eine Patentverletzungsstreitigkeit handelt und die Beklagte ihren allgemeinen Gerichtsstand im Lande Nordrhein-Westfalen hat[41].

IV.

Ich zeige an, dass die Klägerin neben ihrem Prozessbevollmächtigten

Herrn Patentanwalt ......

zur Mitwirkung in diesem Rechtsstreit bestellt hat[42, 43, 44].

Rechtsanwalt

Schrifttum: Vgl. die Hinweise zu Form. II. O. 1; ergänzend: *Meier-Beck,* Probleme des Sachantrags im Patentverletzungsprozeß, GRUR 1998, 276; *Mes,* Si tacuisses. – Zur Darlegungs- und Beweislast im Prozeß des gewerblichen Rechtsschutzes, GRUR 2000, 934; *ders.,* Die mittelbare Patentverletzung, GRUR 1998, 281.

Hinweis: Weitere Textbeispiele für Patentverletzungsklagen bei *Mes/Mes,* Münchener Prozeßformularbuch/Gewerblicher Rechtsschutz, Urheber- und Presserecht, 2000 zu C. 5 bis C. 8.

Anmerkungen

1. Gemäß § 143 Abs. 1 PatG besteht in Patentstreitsachen (zum Begriff der Patentstreitigkeiten vgl. *Mes,* PatG 1997, Rdn. 2ff. zu § 143 PatG, dazu gehören insbesondere Verletzungsprozesse auf der Grundlage nationaler, nämlich deutscher wie auch europäischer Patente) eine ausschließliche Zuständigkeit der Landgerichte. Gemäß § 143 Abs. 2 PatG sind die Landesregierungen ermächtigt, durch Rechtsverordnung die Patentstreitsachen für die Bezirke mehrerer Landgerichte einem von ihnen zuzuweisen. Von dieser Ermächtigung haben nahezu alle Bundesländer Gebrauch gemacht. Es gilt folgende Regelung: Baden-Württemberg (LG Mannheim); Bayern (LG München I für den OLG-Bezirk München; LG Nürnberg-Fürth für die OLG-Bezirke Nürnberg und Bamberg); Brandenburg, Bremen, Hamburg, Mecklenburg-Vorpommern und Schleswig-Holstein (LG Hamburg); Hessen (LG Frankfurt); Niedersachsen (LG Braunschweig); Nordrhein-Westfalen (LG Düsseldorf); Rheinland-Pfalz (ebenso wie Hessen: LG Frankfurt); Sachsen (LG Leipzig); Thüringen (LG Erfurt). Des Weiteren sind für ihren Bezirk die Landgerichte Berlin (Land Berlin) und Saarbrücken (Saarland) zuständig.

2. Handelt es sich bei der Beklagten um eine Personengesellschaft, so empfiehlt es sich regelmäßig, die Klage zur Erweiterung des Haftungsvermögens nicht nur gegen die Gesellschaft selbst, sondern gegen sämtliche haftende Gesellschafter zu erstrecken. Richtet sich die Klage – auch – gegen eine Gesellschaft mit beschränkter Haftung, sollten die verantwortlichen Geschäftsführer ebenfalls mitverklagt werden. Sie haften als Organe der Gesellschaft täterschaftlich, da es sich bei Patentverletzungen um unerlaubte Handlungen im weiteren Sinne handelt. Bei einer Aktiengesellschaft ist die Klage gegebenenfalls auf die verantwortlichen Vorstandsmitglieder zu erstrecken. Vgl. dazu BGH in GRUR 1986, 248, 250 – Sporthosen; *Baumbach/Hefermehl,* UWG, Rdn. 329 Einl. UWG; kritisch: *Götting,* GRUR 1994, 6.

3. Die Höhe des Streitwertes richtet sich in Patentverletzungsprozessen vordringlich – wie sonst auch – nach einer Bewertung der wirtschaftlichen Interessen des Klägers. Dabei steht regelmäßig der Unterlassungsanspruch, nämlich das Interesse des Klägers im Vordergrund, im Hinblick auf das ihm durch das Patentrecht gewährte Benutzungsmonopol nicht gestört zu werden. Dieses Interesse wird bei der Bewertung des Gesamtstreitwertes mit ca. 2/3 zu veranschlagen sein. Den Rest machen Auskunfts-/Rechnungslegungs- und Schadensersatzfeststellungsbegehren, ferner der Anspruch auf Vernichtung aus, wobei das Schadensersatzfeststellungsbegehren eindeutig – ebenfalls mit ca. 2/3 zu veranschlagen – überwiegt. Allgemein gültige Angaben hinsichtlich der Beurteilung des Gesamtstreitwertes lassen sich nicht machen. Dieser hängt im Wesentlichen von der wirtschaftlichen Bedeutung des geltend gemachten Patents ab. Bei Patentverletzungsprozessen kann regelmäßig – soweit nicht besondere Gesichtspunkte erkennbar sind – ein Streitwert in Höhe von EUR 125.000,– zugrundegelegt werden. Gem. § 144 PatG kann auf Antrag der Streitwert herabgesetzt werden, sofern glaubhaft gemacht wird, dass die Belastung der dies beantragenden Partei nach dem vollen Streitwert ihre wirtschaftliche Lage erheblich gefährden würde. Die Herabsetzung ist vor der Verhandlung zur Hauptsache zu beantragen (§ 144 Abs. 2 S. 2 PatG; OLG Düsseldorf GRUR 1985, 219 f.). Von dieser Möglichkeit wird in der Praxis selten Gebrauch gemacht.

4. Der Wortlaut der Strafandrohungsklausel folgt § 890 Abs. 1 ZPO; vgl. die Hinweise in Form. II. N. 3 Anm. 5.

5. Der Hinweis auf die räumliche Beschränkung des Unterlassungsantrags ist an sich überflüssig: Ein in Deutschland geltendes (nationales oder europäisches) Patent entfaltet nur hier Schutzwirkungen. Der Hinweis schadet aber nicht. Im Falle der Geltendmachung eines europäischen Patentes könnte auch formuliert werden: „... im deutschen Geltungsbereich des EU ...".

6. Entsprechend der Formulierung der Patentansprüche in der Patentschrift unterteilt man in einen sogenannten „Oberbegriff" und in einen „kennzeichnenden Teil" (vgl. dazu Anm. 8). Diese Unterteilung ist für die rechtliche Bewertung einer angegriffenen Ausführungsform als patentverletzend ohne Bedeutung und folgt allein Zweckmäßigkeitsüberlegungen. Hier handelt es sich um den sogenannten Oberbegriff der Verletzungsform. Vgl. ferner Anm. 12 zu Form. II. O. 1.

7. Die dem Patentinhaber vorbehaltenen und dementsprechend für Dritte untersagten Benutzungshandlungen sind in §§ 9 ff. PatG festgehalten. Dabei regeln §§ 9 und 10 PatG die Wirkungen des Patentes betreffend die unmittelbare und die mittelbare Benutzung, §§ 11 bis 13 PatG die Beschränkungen der Wirkungen des Patentes. Die Formulierung im Klageantrag folgt dem Wortlaut des § 9 Nr. 1 PatG. Die bis einschl. 6. Aufl. enthaltene Beschränkung auf gewerbliche Verhaltensweisen (vgl. § 11 Nrn. 1 und 2 PatG) wurde als überflüssig – wenngleich auch nicht schädlich – fallengelassen. Herstellungshandlungen können nur dann verboten werden, wenn sie entweder durch den Verletzer vorgekommen sind (Wiederholungsgefahr) oder zu besorgen sind (Begehungsgefahr). Infolgedessen ist zum begehrten Verbot der Herstellung durch den Kläger substantiiert vorzutragen. Hat freilich der Patentverletzer den Verletzungsgegenstand angeboten oder sonstwie in Verkehr gebracht, so ergeben sich die im Antrag nachstehend aufgeführten Benutzungshandlungen ohne nähere Substantiierung. Insoweit gilt der Grundsatz der Einheitlichkeit der Benutzungshandlungen. Zur Formulierung vgl. auch Anm. 12 zu Form. II. O. 1 und *Mes,* PatG 1997, Rdn. 55, 56 zu § 139 PatG. Hat der Beklagte die patentverletzenden Erzeugnisse nicht hergestellt, so entfallen die in Klammern gesetzten Antragsformulierungen.

8. Sogenannter kennzeichnender Teil der Verletzungsform. Bei jedem Patentverletzungsprozess besteht die Notwendigkeit, gem. § 253 Abs. 2 Nr. 2 ZPO die Verletzungshandlung im Klageantrag zu konkretisieren. Es würde dazu nicht ausreichen, wenn man beispielsweise dem Beklagten untersagen wollte, es zu unterlassen, das (deutsche/europäische) Patent Nr. ... des Klägers zu verletzen. Damit wird im Ergebnis lediglich das gesetzlich bestehende Verbot im Wortlaut wiederholt. Bei einer solchen Formulierung wäre eine Vollstreckung gem. § 890 Abs. 1 ZPO nicht möglich. Dementsprechend kommt es darauf an, so genau wie irgend möglich die sogenannte Verletzungsform zu bezeichnen. Dies geschieht anhand eines Vergleichs zwischen dem Wortlaut der Patentansprüche, wobei maßgeblich regelmäßig nur der Hauptanspruch ist, und dem darin festgelegten Gegenstand der Erfindung einerseits und der angegriffenen Ausführungsform andererseits. Grundsätzlich empfiehlt es sich, eine Merkmalsanalyse aufzustellen, wie sie in dem Muster einer Patentverletzungsklage vorstehend auch in der Begründung aufgeführt ist, anhand deren sodann die Verletzungsform im Hinblick auf bestehende Gemeinsamkeiten mit dem Erfindungsgegenstand überprüft werden kann. Aus Gründen der vereinfachten Darstellung und eines erleichterten Verständnisses wurde der Fall einer wortlautgemäßen Verletzung ausgewählt. Des Weiteren ist ein einfaches Beispiel zugrunde gelegt worden. Die Mehrzahl der Fälle liegt schwieriger. Zur Problematik des Schutzumfangs eines Patents vgl. Anm. 12 zu Form. II. O. 1.

9. Dieser Anspruch ergibt sich aus § 140 b PatG, der seit dem 1. Juli 1990 gilt. Zu Einzelheiten vgl. Anm. 6, 9 und 13 zu Form. II. O. 1.

Hat der Beklagte die patentverletzenden Erzeugnisse nicht hergestellt, so entfallen die in Klammern gesetzten Antragsformulierungen.

10. Nach ständiger höchstrichterlicher Rechtsprechung kann der Verletzte seinen Schaden in dreifacher Weise berechnen (Ersatz des unmittelbaren Schadens, der ihm durch die Patentverletzung entstanden ist, insbesondere des entgangenen Gewinns; die Zahlung einer angemessenen Lizenzgebühr und die Herausgabe des Verletzergewinns). Vgl. dazu, zum Rechnungslegungsanspruch und zum Beginn der Verantwortlichkeit des in Anspruch Genommenen erst nach Ablauf einer Prüfungsfrist von ca. einem Monat Anm. 14 bis 17 zu Form. II. O. 1. Soweit die Namen und Anschriften von nicht gewerblichen Abnehmern bzw. von Angebotsempfängern in Rede stehen, besteht die Besonderheit eines Wirtschaftsprüfervorbehalts. Vgl. dazu BGH GRUR 1995, 338, 341, 342 – Kleiderbügel – und Anm. 17 zu Form. II. O. 1 und die nachfolgende Anmerkung. Die Praxis der Patentkammer des Landgerichts Düsseldorf kombiniert den Auskunftsanspruch des § 140 b PatG mit dem herkömmlichen Rechnungslegungsanspruch, so dass anstelle der im Formular vorgeschlagenen getrennten Aufgliederung in den Anträgen I 2 und 3 ein einheitlicher Antrag wie folgt zu formulieren ist:

„... der Klägerin darüber Rechnung zu legen, in welchem Umfang die Beklagte die zu I 1 bezeichneten Handlungen seit dem ... begangen hat, und zwar unter Angabe

a) der Herstellungsmengen und -zeiten (sofern Herstellungshandlungen vorgekommen sind; sollten Herstellungshandlungen nicht substantiiert vorgetragen werden können, dann: ... der Menge der erhaltenen oder bestellten Erzeugnisse sowie der Namen und Anschriften der Hersteller, Lieferanten und anderer Vorbesitzer),
b) der einzelnen Lieferungen, aufgeschlüsselt nach Liefermengen, -zeiten und -preisen (gegebenenfalls Typenbezeichnungen) sowie der Namen und Anschriften der Abnehmer,
c) der einzelnen Angebote, aufgeschlüsselt nach Angebotsmengen, -zeiten und -preisen (und gegebenenfalls Typenbezeichnungen) sowie der Namen und Anschriften der Angebotsempfänger,
d) der betriebenen Werbung, aufgeschlüsselt nach Werbeträgern, deren Auflagenhöhe, Verbreitungszeitraum und Verbreitungsgebiet,

e) der nach den einzelnen Kostenfaktoren aufgeschlüsselten Gestehungskosten und des erzielten Gewinns."

Die Verurteilung zur Rechnungslegung wegen Patentverletzung beschränkt sich auf den Zeitraum bis zur letzten mündlichen Verhandlung (OLG Düsseldorf GRUR-RR 2002, 48 – Zeitraum der Rechnungslegung).

10a. Zur Problematik, ob der Beklagte tatsächlich die patentverletzenden Erzeugnisse hergestellt hat, vgl. vorstehend Anm. 7 und 10. Kann nicht davon ausgegangen werden, dass Herstellungshandlungen des Beklagten vorgekommen oder zu besorgen sind, so entfallen die in Klammern gesetzten Teile des Antrags.

10b. Es besteht ein Anspruch auf Mitteilung produktbezogener Gestehungskosten, wobei nicht produktbezogene Fixkosten die Schadensersatzverpflichtung des Verletzers nicht mindern (BGH GRUR 2001, 329 – Gemeinkostenanteil). Unter bestimmten Voraussetzungen besteht auch ein Anspruch auf Vorlage von Belegen (BGH GRUR 2001, 841, 845 li. Sp. oben - Entfernung der Herstellungsnummer II).

11. Besteht – wie meist – zwischen den Parteien eines Patentverletzungsprozesses ein Wettbewerbsverhältnis, so empfiehlt es sich, von vornherein das Rechnungslegungsbegehren mit einem Wirtschaftsprüfer-Vorbehalt zu versehen, da bei einer Verurteilung zur Rechnungslegung durch das Gericht von Amts wegen ein derartiger Vorbehalt zugunsten des Beklagten einzufügen ist (BGH GRUR 1981, 535 – Wirtschaftsprüfervorbehalt), allerdings wegen des § 140b PatG nur noch in einem eingeschränkten Umfang (vgl. Anm. 10). Kommt der Kläger dem durch eine entsprechende Formulierung des Rechnungslegungsantrags zuvor, so vermeidet er den möglichen Eindruck einer Teilabweisung. Zum Wirtschaftsprüfervorbehalt vgl. im einzelnen Anm. 12 zu Form. II. O. 1.

12. Die Benutzung einer offengelegten Patentanmeldung verpflichtet gemäß § 33 PatG zur Zahlung einer angemessenen Entschädigung sowie zur Rechnungslegung. Dazu vgl. Form. II. O. 1 Anm. 17.

12a. Für den (infolge Zeitablaufs immer seltener werdenden) Fall, dass Verletzungshandlungen für den Zeitraum vor dem 1. Mai 1992 gegeben sind und die sich daraus ergebenden Rechtsfolgen betreffend Schadensersatz, Rechnungslegung und Auskunftserteilung geltend gemacht werden, ist folgendes zu beachten: Vor der Wiedererlangung der staatlichen Einheit Deutschlands beschränkten sich die Schutzwirkungen der Patente auf das Gebiet der Bundesrepublik Deutschland in den vor dem 2. Oktober 1990 geltenden Grenzen einschließlich West-Berlin. Das Gesetz über die Erstreckung von gewerblichen Schutzrechten (ErstrG) vom 23. April 1992 hat die Schutzwirkung seinerzeit bestehender Patente mit Wirkung zum 1. Mai 1992 ausgedehnt. Liegt mithin ein Fall vor, der einen Zeitraum vor dem 1. Mai 1992 berührt, ist wie folgt zu formulieren:

> „... und wobei sich ferner die Verpflichtung zur Rechnungslegung für vor dem 1. Mai 1992 begangenen Handlungen auf das Gebiet der Bundesrepublik Deutschland in den bis zum 2. Oktober 1990 bestehenden Grenzen einschließlich West-Berlin beschränkt."

13. Dieser Antrag findet seine Grundlage in § 140a PatG. Vgl. dazu Form. II. O. 1 Anm. 6, 9 und 18. Die Tathandlung des Vernichtens im Sinne des § 140a PatG ist eine vertretbare Handlung, so dass an sich die Zwangsvollstreckung gemäß § 887 erfolgen kann. Das setzt allerdings voraus, dass ein Dritter – und somit auch der Gläubiger – sich in den Besitz der zu vernichtenden Sachen setzen kann. Weigert sich der Schuldner, die Sachen selbst zu vernichten oder die Sachen zur Vernichtung herauszugeben, so kann die Zwangsvollstreckung nach dem Wortlaut des § 140a PatG nicht durchgeführt werden. Insoweit erscheint es sachgerechter, wie im Formular vorgeschlagen, zu formulieren und die Herausgabe an einen Gerichtsvollzieher (Sequester) zum Zwecke der Vernichtung zu beantragen (so wohl auch BGH GRUR 1997, 899 – Vernichtungsanspruch – zu § 18 Abs. 1 MarkenG; a. A. LG und OLG Düsseldorf; nach der dort geübten Praxis ist zu formulieren: „... die im unmittelbaren oder mittelbaren Besitz oder im Eigentum der Beklagten befindlichen Erzeugnisse entsprechend vorstehend (1) zu vernichten").

14. Neben einem Schadensersatzanspruch wegen (rechtswidriger) Patentverletzungshandlungen besteht ein Anspruch auf angemessene Entschädigung wegen (rechtmäßiger) Patentbenutzungshandlungen nach Offenlegung der Patentanmeldung (vgl. §§ 33, 32 Abs. 5 PatG; dazu BGH GRUR 1989, 411 – Offenend-Spinnmaschine). Je nachdem, wie weit die Benutzungshandlungen des(r) Beklagten zurückreichen, kann es erforderlich sein, auch im Hinblick auf diesen Entschädigungsanspruch neben einem Rechnungslegungsanspruch auch ein Feststellungsbegehren betreffend die Verpflichtung zur angemessenen Entschädigung geltend zu machen. Davon wird im Formular ausgegangen. Zur Verbindung von Feststellungsbegehren und Rechnungslegungsanspruch vgl. die nachfolgende Anmerkung 15.

15. Es hat sich im Bereich des gewerblichen Rechtsschutzes bewährt, die Schadensersatzverpflichtung (ebenso wie die Verpflichtung zur angemessenen Entschädigung) des Verletzers lediglich feststellen zu lassen. An sich besteht auch die Möglichkeit einer Stufenklage gemäß § 254 ZPO, wobei der Verletzte vom Verletzer nach Maßgabe erfolgter Rechnungslegung Schadensersatz verlangen kann. Eine derartige Stufenklage führt jedoch dazu, dass zunächst der Prozess auf der ersten Stufe, nämlich dem Unterlassungs- und Rechnungslegungsbegehren, durch die Instanzen geführt werden muss, bevor eine Entscheidung auf der zweiten Stufe (Schadensersatz/Entschädigung) ergehen kann. Demgegenüber ist eine einheitliche Prozessführung durch Kombination von Rechnungslegungs- und Schadensersatz-(Entschädigungs-)Feststellungsbegehren vorzuziehen (allg. Meinung; BGH in st. Rechtspr., z.B. GRUR 2001, 1077, 1078 – Feststellungsinteresse II). Zur Höhe des Schadens und zu seiner Berechnung vgl. Form. II. O. 1 Anm. 14. Zum Problem der aufgelaufenen Zinsen bei einer Schadensberechnung im Wege der Lizenzanalogie vgl. Form. II. O. 21 Anm. 3.

Zur Beschränkung des Feststellungsbegehrens auf diejenigen schadensverursachenden Verletzungshandlungen, die bis zur letzten mündlichen Tatsachenverhandlung begangen sind, vgl. *Klauer-Möhring,* PatG und GebrMG, 3. Aufl. 1971, Rdn. 46 zu § 47 PatG m.w.N.

Neben dem Schadensersatzanspruch gibt es schließlich noch den sogenannten Restschadensersatzanspruch, den § 141 PatG dann gewährt, wenn der Schadensersatzanspruch – infolge der nur 3jährigen Verjährungsfrist – ganz oder teilweise verjährt ist. Gemäß § 141 S. 3 PatG ist nämlich auch nach eingetretener Verjährung der Patentverletzer verpflichtet, dasjenige, was er durch die Verletzung auf Kosten des Berechtigten erlangt hat, nach den Vorschriften über die Herausgabe einer ungerechtfertigten Bereicherung herauszugeben. Der Restschadensersatzanspruch erhält regelmäßig dem Berechtigten die Möglichkeit, vom Verletzer Ausgleich im Wege der sogenannten Lizenzanalogie zu erlangen (vgl. dazu *Mes,* PatG 1997, Rdn. 14 zu § 141 PatG).

16. Kosten- und Vollstreckungsanträge sind zwar entbehrlich, da die Nebenentscheidungen von Amts wegen zu treffen sind. Sie werden aber regelmäßig in der Praxis gestellt.

17. Stellungnahme gemäß §§ 253 Abs. 3, 348 Abs. 1 Nr. 1 ZPO.

17a. § 278 Abs. 2 ZPO sieht (mit Wirkung ab dem 1. Januar 2002) vor, dass der mündlichen Verhandlung zum Zwecke der gütlichen Beilegung des Rechtsstreits eine Güteverhandlung vorausgehen soll. Sie soll entfallen können, wenn bereits ein Einigungsversuch vor einer außergerichtlichen Gütestelle stattgefunden hat oder wenn die Güteverhandlung erkennbar aussichtslos erscheint. Im Bereich des gewerblichen Rechtsschutzes, insbesondere im Zusammenhang mit der Bearbeitung von Patentverletzungsstreitigkeiten ist es die Regel, dass die Parteien vor Anrufung des Gerichts einen gütlichen Ausgleich untereinander suchen. Das ist wegen der Komplexität der zu beurteilenden Sachverhalte und widerstreitenden Interessen oft nicht möglich. Wenn mithin Klage erhoben wird, kann regelmäßig davon ausgegangen werden, dass nur gerichtliche Hilfe den Konflikt der Parteien lösen kann. Infolgedessen würde es auch auf eine Überforderung der Gerichte hinauslaufen, in gewerblichen Rechtsschutzstreitigkeiten vor Eintritt in die mündliche Verhandlung eine Güteverhandlung durchzuführen. Dem trägt der im Textbeispiel vorgeschlagene Formulierungsvorschlag Rechnung. Ein weiteres Beispiel findet sich in Form. I. F. 6.

18. Dem Formular liegt die Verfahrensweise der Patentkammer (4. Zivilkammer) des Landgerichts Düsseldorf zugrunde. Hier wird der ausführliche Termin zur mündlichen Verhandlung durch einen frühen ersten Termin gemäß § 275 ZPO vorbereitet, in dem die Bearbeitungsfristen für Klageerwiderung und Replik sowie ein ausführlicher Termin zur mündlichen Verhandlung bestimmt werden, wenn nicht die Streitsache schon im frühen ersten Termin erledigt werden kann. Das schriftliche Vorverfahren gemäß § 276 ZPO eignet sich zur Erledigung einer Patentstreitsache vom Grundsatz her weniger. Für den Fall, dass die angerufene Patentkammer grundsätzlich oder im Ausnahmefall das schriftliche Vorverfahren gemäß § 276 ZPO wählt, ist hier höchst vorsorglich der Antrag auf Erlass eines Anerkenntnis- bzw. Versäumnisurteils gemäß § 307 Abs. 2, § 331 Abs. 3 ZPO für den Fall fehlender Verteidigungsbereitschaft der Beklagten vorzusehen.

19. Aus einer Patentanmeldung können Ansprüche auf Unterlassung, Rechnungslegung und Schadensersatz erst dann hergeleitet werden, wenn das Patent erteilt und die Veröffentlichung der Erteilung im Patentblatt erfolgt sind (§§ 49, 58 Abs. 1 PatG; Art. 64, 67 EPÜ). Gleichzeitig wird die Patentschrift ausgegeben (§ 58 Abs. 1 S. 2 PatG; Art. 98 EPÜ). Zum Inhalt der Patentschrift sowie zum Gang des Erteilungsverfahrens vgl. Anm. 6 zu Form. II. O. 1.

Zur Geltendmachung von Ansprüchen auf der Grundlage eines Patents sind deren Inhaber sowie der ausschließliche Lizenznehmer befugt (BGH GRUR 1965, 591, 592 – Wellplatten; 1995, 338 – Kleiderbügel). Hinsichtlich des einfachen Lizenznehmers ergibt sich für die Geltendmachung eines patentrechtlichen Unterlassungsanspruchs eine entsprechende Befugnis nur auf Grund gewillkürter Prozessstandschaft (Prozessführungsermächtigungserklärung), bei Ansprüchen auf Auskunft, Rechnungslegung und Schadensersatz einschließlich Entschädigung sowie auf Vernichtung nur infolge einer Abtretung. Zur Prozessführungsermächtigung vgl. BGH GRUR 1995, 54, 57 – Nicoline. Eine entsprechende Erklärung könnte folgenden Wortlaut haben:

„ Abtretungs- und Prozessführungsermächtigungserklärung

Wir/ich (Firma/Person) sind/bin alleinige, eingetragene und ausschließlich verfügungsberechtigte Inhaberin des DE ... betreffend ... Dieses Patent wird von ... ohne unsere/meine Zustimmung benutzt. Die sich aus den unerlaubten Benutzungshandlungen ergebenden Ansprüche auf Rechnungslegung, Vernichtung, Schadensersatz und Entschädigung treten wir/trete ich hiermit an die diese Erklärung annehmende Firma (den diese Erklärung annehmenden ...) ab. Wir/ich ermächtige(n) des Weiteren ... den uns/mir zustehenden Unterlassungsanspruch gerichtlich in eigenem Namen geltend zu machen. Auf einen Zugang der Annahmeerklärung verzichten wir (verzichte ich). „

Die Abtretung von Ansprüchen ist zweiseitiges Rechtsgeschäft, die Ermächtigung ist einseitiges Rechtsgeschäft. Auf den Zugang der Annahmeerklärung für die Abtretungserklärung kann verzichtet werden, nicht auf die Annahmeerklärung selbst (§ 151 BGB).

20. Die Mitteilung des Anmeldetages interessiert für die Berechnung der äußerstenfalls gemäß § 16 Abs. 1 S. 1 PatG (oder Art. 63 Abs. 1 EPÜ) 20-jährigen Schutzdauer. Des Weiteren interessiert der Anmeldetag, soweit er – wie regelmäßig – den Zeitrang der Anmeldung begründet, auch deshalb, weil sich die Schutzfähigkeit des Gegenstandes des Patentes nach den zum Zeitpunkt des Zeitranges geltenden Verhältnissen, insbesondere nach dem seinerzeit bekannten Stand der Technik und dem Fachwissen zum Zeitpunkt dieses Tages richtet.

Der Anmeldetag ist in allen über die Patentanmeldung berichtenden Schriften (Offenlegungsschrift, Patentschrift) ausdrücklich angegeben. Kann eine Auslandspriorität in Anspruch genommen werden, so ist der Tag der entsprechenden Auslandsanmeldung „Prioritätstag", so dass in einem solchen Fall eine Vorverlagerung des maßgeblichen Zeitpunktes eintreten kann (vgl. Artikel 4 der „Pariser Verbandsübereinkunft zum Schutz des gewerblichen Eigentums" – PVÜ vom 20. 3. 1883, die verschiedentlich revidiert worden ist, zuletzt in Stockholm am 14. Juli 1967; vgl. im Einzelnen *Mes,* PatG 1997, Rdn. 1 ff. zu § 41 PatG).

21. Das Formular geht analog dem Form. II. O. 1 von einer Patentanmeldung aus, die in der Bundesrepublik Deutschland nach dem 1. Januar 1981 getätigt worden ist, so dass das PatG 1981, das zum 1. Januar 1981 in Kraft getreten ist, in vollem Umfang anwendbar ist. Zu dem Fall, dass die Bekanntmachung der Patentanmeldung vor dem 1. Januar 1981 beschlossen worden ist, vgl. die Vorauflage aaO.

22. Vgl. § 31 PatG. In dieser Bestimmung ist das Recht der Akteneinsicht dahingehend geregelt, dass vom Grundsatz zwar auf Antrag Einsicht in die Akten gewährt wird, wenn und soweit ein berechtigtes Interesse glaubhaft gemacht wird (§ 31 Abs. 1 S. 1 PatG), der Ausnahmekatalog, wonach jedoch ohne Glaubhaftmachung eines entsprechenden Interesses Akteneinsicht zu gewähren ist, tatbestandsmäßig überwiegt (vgl. § 31 Abs. 1 S. 2 u. Abs. 2 PatG; zu Einzelheiten vgl. *Mes,* PatG 1997, Rdn. 1 ff. zu § 31 PatG). Das Patentamt ist insbesondere zur Erteilung von Rollenauszügen verpflichtet. Der in Rede stehende Beweisantritt wird selten praktisch, weil die Beteiligten einer Patent- bzw. Gebrauchsmusterverletzungsstreitigkeit regelmäßig die Amtsakten schon kennen oder diese Akten – meist auf Antrag des Beklagten – vom Verletzungsgericht beigezogen werden (vgl. als Beispiel für einen Aktenbeiziehungsantrag Form. II. O. 4).

23. Die Überreichung der Patentschrift für jedes Gerichtsmitglied empfiehlt sich, damit die gesamte Kammer der mündlichen Verhandlung, bei der regelmäßig insbesondere technische Einzelheiten zur Sprache kommen, ohne Schwierigkeiten anhand der Schrift des Klageschutzrechtes folgen kann. Ein Gleiches gilt für die im Formular als Anlage 2 vorgesehene Merkmalsanalyse.

24. Jede Erfindung stellt eine Lehre zum technischen Handeln dar, die – neben anderen Voraussetzungen – insbesondere neu, auf einer erfinderischen Tätigkeit beruhen und gewerblich anwendbar sein muss (so für deutsche Patentanmeldungen: § 1 Abs. 1 PatG; für europäische Patentanmeldungen: Art. 54 bis 57 EPÜ). Schon diese Voraussetzungen erfordern es, den Gegenstand des streitgegenständlichen Schutzrechtes gegenüber dem vorbekannten Stand der Technik näher herauszuarbeiten. Es empfiehlt sich, dem Gericht den behandelten Stand der Technik in Form von Anlagen zu überreichen.

25. Jede Erfindung besteht aus *Aufgabe* (= technischem Problem) und *Lösung.* Ist der relevante Stand der Technik dargestellt, so ergibt sich regelmäßig ohne Schwierigkeit die der Neuerung zugrundeliegende *Aufgaben*stellung.

26. Entsprechend dem in Anm. 25 Ausgeführten erfolgen nunmehr Ausführungen zur *Lösung* der gestellten Aufgabe.

27. Zur Bedeutung der Patentansprüche vgl. Anm. 6 und 12 zu Form. II. O. 1. Die Bedeutung der Ansprüche für die Bestimmung des Schutzumfangs eines Patents ist in § 14 Satz 1 PatG 1981 niedergelegt. Regelmäßig bestehen mehrere Ansprüche. Dabei ist vom Grundsatz her der erste Anspruch der allgemeinste, der den Erfindungsgedanken am umfassendsten beschreibt. Dieser Anspruch wird als Hauptanspruch bezeichnet. Ihm sind weitere Ansprüche nachgeordnet, die regelmäßig auf den Hauptanspruch Bezug nehmen (sogenannte echte Unteransprüche) und damit vom Grundsatz her Gestaltungen beinhalten, die nicht selbstständig patentfähig sind. Es gibt freilich auch Patente, bei denen die Unteransprüche selbstständig schutzfähige Erfindungen beinhalten (sogenannte Nebenansprüche, vgl. *Benkard/Ullmann* Rdn. 20 ff. zu § 14 PatG).

28. In einer *Merkmalsanalyse* ist die Zusammenfassung des Gegenstandes des Patentes, wie sie im Patentanspruch aufscheint, in Einzelmerkmale aufgegliedert (vgl. *Kaess,* Die Merkmalsanalyse als Maßstab für die Eingriffsprüfung im Patentverletzungsprozess, GRUR 2000, 637; *Meier-Beck,* Patentanspruch und Merkmalsgliederung, GRUR 2001, 967). Diese Aufgliederung dient dem Vergleich der angegriffenen Ausführungsform (= Verletzungsform) unter Berücksichtigung von Aufgabe und Lösung mit dem Patentgegenstand. Damit ist zugleich auch die Frage des Schutzumfanges eines jeden Patentes angesprochen. Vgl. dazu Anm. 12 zu Form. II. O. 1. Es wird empfohlen, die Merkmalsanalyse als gesonderte Anlage – für das Gericht 3-fach – zu überreichen, damit alle Beteiligten der mündlichen Verhandlung besser folgen können.

29. Entsprechend der Formulierung des Hauptanspruches bildet auch die Merkmalsanalyse einen „Oberbegriff".

30. Entsprechend der Formulierung im Hauptanspruch gibt es neben dem „Oberbegriff" (Anm. 29) den – die erfindungswesentlichen Merkmale – „kennzeichnenden Teil".

31. Aus Verständnisgründen wurde der einfachste Fall einer Patentverletzung ausgewählt, nämlich derjenige eines wortsinngemäßen, im Formular sogar identischen (= wortlautgemäßen) Gebrauchmachens. Zum Schutzumfang eines Patentes und den sich daraus ergebenden Verletzungsmöglichkeiten vgl. Anm. 12 zu Form. II. O. 1.

32. Verfügt der Kläger über mehrere Patente, die er gegen den Verletzer geltend machen will, so muss er dies in einer Klage tun, da anderenfalls eine spätere Klage unzulässig ist (vgl. § 145 PatG und *Mes,* PatG 1997, Rdn. 1 ff. zu § 145 PatG).

33. Ein Patent gibt seinem Inhaber ein Benutzungsmonopol. Wird dieses dadurch verletzt, dass auch ein anderer von der patentgemäßen Lehre Gebrauch macht, so ist schon allein auf Grund dieses Umstandes der Eintritt eines Schadens höchstwahrscheinlich. Diese Wahrscheinlichkeit genügt zur Geltendmachung eines Schadensersatzfeststellungsbegehrens, insbesondere wenn schon ein Verletzungsfall festgestellt worden ist (vgl. BGH GRUR 1960, 423/426 rechte Sp. – Kreuzbodenventilsäcke; GRUR 1964, 496/497 re. Sp. – Formsand II).

34. Zum Erfordernis eines Verschuldens vgl. die Ausführungen bei *Benkard/Rogge* PatG, Rdn. 42 ff. zu § 139 PatG; *Mes,* PatG 1997, Rdn. 23 ff. zu § 139 PatG.

35. Vgl. zum Rechnungslegungsanspruch Anm. 14 bis 17 zu Form. II. O. 1, Anm. 10 zu Form. II. O. 3, die Ausführungen bei *Benkard/Rogge* Rdn. 88 ff. § 139 PatG sowie *Tilmann* GRUR 1987, 251 ff.

36. Vgl. zum Inhalt und zu den Voraussetzungen dieses Anspruchs Form. II. O. 1 Anm. 13.

37. Vgl. oben Anm. 13.

38. Vgl. oben Anm. 14.

39. Da die Benutzung einer offengelegten Patentanmeldung nicht rechtswidrig ist, gibt es weder einen Anspruch auf Herausgabe des Benutzergewinns noch auf Ersatz des entgangenen eigenen Gewinns. Daher besteht auch nur ein eingeschränkter Rechnungslegungsanspruch (vgl. Form. II. O. 1 Anm. 19 und 20).

40. Zur Überlegungsfrist (Karenzzeit) von einem Monat vgl. Form. II. O. 1 Anm. 19.

41. Die örtliche Zuständigkeit des Patentstreitgerichts folgt den ZPO-Gerichtsständen, wobei gem. § 143 Abs. 2 PatG eine Konzentration auf ein einziges Landgericht erfolgt (vgl. dazu Anm. 1).

42. Die Mitwirkung eines Patentanwalts ist in Patentverletzungsstreitigkeiten dringend zu empfehlen. Die Erstattungsfähigkeit der Kosten des mitwirkenden Patentanwalts ist in § 143 Abs. 5 PatG 1981 bestimmt. Bei Patentverletzungsstreitigkeiten kommt es auf die Notwendigkeit der Mitwirkung eines Patentanwalts nicht an. Diese wird vom Gesetzgeber quasi als gegeben angesehen. § 143 Abs. 5 PatG 1981 ist mit Wirkung ab 1. Januar 2002 neu gefasst. Zu den Kosten eines mitwirkenden Patentanwalts vgl. *Rehmann* GRUR 1985, 332 ff.

43. *Literatur zum einstweiligen Verfügungsverfahren in Patentsachen: Brinks/Fritze,* Einstweilige Verfügung in Patentverletzungssachen in den USA und Deutschland, GRUR Int. 1987, 133 ff.; *Schultz-Süchting,* Einstweilige Verfügung in Patent- und Gebrauchsmustersachen, GRUR 1988, 571 ff.; *Marshall,* Die einstweilige Verfügung in Patentstreitsachen, in FS für *Klaka,* 1987, S. 99 ff.; *Meier-Beck,* Die einstweilige Verfügung wegen Verletzung von Patent- und Gebrauchsmusterrechten, GRUR 1988, 861 ff.; *Fischer,* Festschrift für *Fritz Traub,* 1994, Seiten 105 ff.; *Rogge,* Einstweilige Verfügungen in Patent- und Gebrauchsmustersachen, Festschrift für *von Gamm,* 1990, Seiten 461 ff.

Der patentrechtliche Unterlassungsanspruch ist auch im Wege der einstweiligen Verfügung durchsetzbar. Dies ist jedoch die – seltene – Ausnahme. Die komplizierte Rechtslage kann hier nur skizziert werden (vgl. dazu *Mes,* PatG 1997, Rdn. 71 ff. zu § 139 PatG und das Textbeispiel betreffend einen Antrag auf Erlass einer einstweiligen Verfügung wegen Patentverletzung (unmittelbare Patentverletzung) bei *Mes/Mes,* Münchener Prozessformularbuch, Gewerblicher Rechtsschutz, Urheber- und Presserecht, 2000, C. 21 m.w. umfassenden Nachweisen). Verfügungsanspruch sowie Verfügungsgrund sind vorzutragen und glaubhaft zu machen.

(1) Zum Verfügungsanspruch gehören Bestand des Patentes sowie der Verletzungstatbestand. Insoweit unterscheidet sich ein Verfügungsantrag nicht von einer Patentverletzungsklage.

(2) Besondere Schwierigkeiten macht der Verfügungsgrund. Um die „Notwendigkeit" eines gerichtlichen Verbotes zur Abwehr „wesentlicher Nachteile" (§§ 935, 940 ZPO) zu begründen, müssen regelmäßig folgende Voraussetzungen gegeben sein (OLG Düsseldorf GRUR Int. 1990, 471 – Epilady I; OLG Karlsruhe GRUR 1988, 900 – Dutralene; OLG Hamburg 1984, 105; LG Düsseldorf Mitt. 1995, 190; LG Hamburg, GRUR-RR 2002, 45 – Felodipin):

a) Die Schutzfähigkeit des Verfügungspatentes muss sich als so gesichert darstellen, dass „sich keine durchgreifenden Zweifel aufdrängen" (so OLG Karlsruhe GRUR 1982, 169/171 – Einhebelmischarmatur – und 1988, 900 – Dutralene; strenger: OLG Düsseldorf, GRUR 1959, 619: „über jeden Zweifel erhaben"; vgl. aber auch – großzügiger – OLG Düsseldorf GRUR 1983, 79/80; Mitt. Deutscher Patentanwälte 1982, 230/231); die Schutzfähigkeit muss jedenfalls so gesichert erscheinen, dass in einem Hauptklageverfahren eine Aussetzung wegen eines anhängigen Einspruchs- oder Nichtigkeitsverfahrens nicht in Betracht käme (OLG Düsseldorf Mitt. 1996, 87, 88 – Captopril; noch großzügiger OLG Karlsruhe GRUR 1979, 700 – Knickarm-Markise, das Zweifel an der Schutzfähigkeit durch Anordnung einer Sichtheitsleistung kompensieren möchte; dagegen wiederum *Benkard/Rogge* Rdn. 153 zu § 139 PatG).

   Von einer ausreichend gesicherten Schutzfähigkeit des Verfügungspatentes wird man in der Praxis regelmäßig nur dann ausgehen können, wenn dieses in einem Einspruchs- oder Nichtigkeitsverfahren „erhärtet" worden ist (vgl. dazu Bericht über die Düsseldorfer Praxis von *Bierbach* GRUR 1981, 464 li. Sp.). Der Verletzte muss ferner zur Schutzfähigkeit des Verfügungspatents den Stand der Technik vortragen (vgl. z.B. OLG Düsseldorf, Mitteilungen Deutscher Patentanwälte 1982, 230, 231 re. Sp.). Dazu ist es regelmäßig erforderlich, zum Anmelde- und zu weiteren das Patent betreffenden Verfahren im Einzelnen unter Überreichung des einschlägigen Standes der Technik (in jeweils deutscher Übersetzung fremdsprachigen Standes der Technik) vorzutragen und gegebenenfalls auf Einwendungen des als Verletzter Inanspruchgenommenen einzugehen (vgl. dazu sogleich nachfolgend c).

b) Der Verletzungstatbestand muss zweifelsfrei und darüber hinaus so gelagert sein, dass er im summarischen Verfügungsverfahren auch für Nichttechniker nachvollziehbar ist (vgl. OLG Düsseldorf GRUR 1983, 79, 80; OLG Karlsruhe GRUR 1988, 900 f. – Dutralene; LG Hamburg GRUR-RR 2002, 45 – Felodipin).

c) Der als Verletzer Inanspruchgenommene muss Gelegenheit gehabt haben, seine Einwendungen (insbesondere zum Stand der Technik) vorzubringen. Es ist daher regelmäßig eine umfassende, insbesondere auch über den einschlägigen Stand der Technik unterrichtende (gegebenenfalls müssen die Literaturstellen übersandt werden) vorprozessuale Abmahnung des Verletzers erforderlich. Diese sowie die Antwort des Inanspruchgenommenen und die weitere wesentliche Korrespondenz sind ebenfalls in das Verfügungsverfahren einzuführen.

d) Die Dringlichkeitsvermutung des § 25 UWG ist für patentrechtliche Streitigkeiten nicht anwendbar (OLG Düsseldorf, Mitteilungen Deutscher Patentanwälte 1980, 117; GRUR 1983, 79, 80; 1994, 508 – Dringlichkeit; anderer Ansicht: OLG Karlsruhe GRUR 1979, 700 – Knickarm-Markise; 1982, 169/171 – Einhebelmischarmatur). Die Dringlichkeit in einem einstweiligen Verfügungsverfahren betreffend Patentverletzung geht nicht durch Zeitablauf, der wegen Untersuchung der Ware verstreicht, verloren (OLG Hamburg, GRUR 1987, 899 – Verbandsmaterial), auch nicht durch Ausschöpfung von Rechtsmittelfristen (OLG Frankfurt, GRUR 2002, 236 – Eilbedürfnis in Patentsachen).

44. Für den Auskunftsanspruch des § 140 b PatG hat der Gesetzgeber in Fällen „offensichtlicher Rechtsverletzungen" ausdrücklich den Weg der einstweiligen Verfügung eröffnet. Das bedeutet allerdings nicht, dass zur Frage der Dringlichkeit nicht vorgetragen werden müsste (vgl. *Eichmann,* GRUR 1990, 575, 586), die insbesondere nicht analog § 25 UWG vermutet wird (vgl. Anm. 43 zu d). § 140 b Abs. 3 PatG ändert die frühere Gesetzeslage nur insoweit, als für die schon endgültige Befriedigung des Gläubigers des Auskunftsanspruchs das einstweilige Verfügungsverfahren vorgesehen wird. Es muss sich ferner um einen Fall der **offensichtlichen** Rechtsverletzung handeln (dazu die Beispiele OLG Braunschweig GRUR 1993, 669 – Stoffmuster – verneinend für ein Geschmacksmuster; OLG Düsseldorf GRUR 1993, 818 – Mehrfachkleiderbügel – bejahend für ein Patent und ein – paralleles – Gebrauchsmuster; vgl. auch OLG Frankfurt GRUR 2002, 236, 238 li. Sp. unten – Eilbedürfnis in Patentsachen). Weitere Einzelheiten bei *Mes,* PatG 1997, Rdn. 1 ff. zu § 140 b PatG.

Kosten und Gebühren

Es gelten die allgemeinen Grundsätze. Besonderheiten des Patentverletzungsprozesses bestehen gem. §§ 143, 144 PatG.

§ 143 PatG ist durch das Gesetz zur Änderung des Rechts der Vertretung durch Rechtsanwälte vor den Oberlandesgerichten vom 23. Juli 2002, das am 1. August 2002 in Kraft getreten ist, geändert worden. Absätze 3 und 4 dieser Bestimmung wurden aufgehoben, der bisherige Abs. 5 wurde Abs. 3. Infolgedessen gilt: § 143 Abs. 3 PatG: Die Kosten eines mitwirkenden Patentanwalts sind grundsätzlich, ohne dass die Notwendigkeit seiner Mitwirkung zu prüfen wäre, in Patentstreitsachen erstattungsfähig. Nach der zum 1. Januar 2002 geltenden Neufassung des § 143 Abs. 5 (nunmehr: Abs. 3) PatG ist die Erstattungsfähigkeit auch nicht mehr bis zur Höhe einer vollen Gebühr nach § 11 BRAGO beschränkt. § 144 PatG: Streitwertherabsetzung.

4. Formelle[1] Klageerwiderung in einer Patentverletzungsstreitigkeit[2]

Landgericht
Zivilkammer (Patentkammer)[3]

In Sachen

Firma A (Rechtsanwalt: ......)

gegen

Firma B (Rechtsanwalt ......)

Aktenzeichen: ......

zeige ich an, dass ich die Vertretung der Beklagten übernommen habe.

Vorab mache ich gegen die Zulässigkeit der Klage folgendes geltend: ...... (z. B. die Einrede der ......) ......[4]

Ich werde beantragen,
1. die Klage abzuweisen;
2. hilfsweise der Beklagten für den Fall ihrer Verurteilung zur Rechnungslegung nach ihrer Wahl vorzubehalten, die Namen und Anschriften ihrer nicht gewerblichen Abnehmer und Empfänger von Angeboten statt der Klägerin einem von dieser zu bezeichnenden, ihr gegenüber zur Verschwiegenheit verpflichteten vereidigten Wirtschaftsprüfer mitzuteilen, sofern die Beklagte dessen Kosten trägt und ihn zugleich ermächtigt, der Klägerin darüber Auskunft zu geben, ob eine bestimmt bezeichnete Lieferung oder ein bestimmt bezeichneter Abnehmer oder ein bestimmt bezeichneter Empfänger eines Abgebotes in der Rechnung enthalten ist[5];
3. der Klägerin die Kosten des Rechtstreits aufzuerlegen[6];
4. das Urteil – gegebenenfalls gegen Sicherheitsleistung (Bank- oder Sparkassenbürgschaft) – für vorläufig vollstreckbar zu erklären[6];
   hilfsweise der Beklagten zu gestatten, die Zwangsvollstreckung gegen Sicherheitsleistung (Bank- oder Sparkassenbürgschaft) abzuwenden[6].
   Des Weiteren beantrage ich,
   die Erteilungsakten des DE ...... beizuziehen und der Beklagten für die Dauer ihrer vom Gericht zu bestimmenden Schriftsatzfrist zur Einsichtnahme zur Verfügung zu stellen[7].

Die Beklagte teilt die Auffassung der Klägerin, dass eine Übertragung auf den Einzelrichter wegen der tatsächlichen und rechtlichen Schwierigkeiten, die die vorliegende Patentstreitsache bietet, nicht angezeigt erscheint[8]. Die Beklagte ist in Übereinstimmung mit der Klägerin der Ansicht, dass von einer Güteverhandlung gemäß § 278 Abs. 2 ZPO abgesehen werden sollte.[8]

Rechtsanwalt

Anmerkungen

1. Es handelt sich um eine formelle Klageerwiderung, die kein materielles Klageverteidigungsvorbringen, sondern lediglich die Ankündigung der Anträge, die Erklärung gem. §§ 348 Abs. 1, 271 Abs. 3 ZPO und einen etwaigen Antrag auf Aktenbeiziehung enthält. Eine derartige formelle Klageerwiderung ist nur dann veranlasst, wenn das angerufene Gericht nicht den Weg des schriftlichen Vorverfahrens wählt, sondern einen frühen ersten Termin zur mündlichen Verhandlung anberaumt.

2. Das Formular stellt die Klageerwiderung zu Form. II. O. 3 dar.

3. Patentstreitsachen gehören gem. § 143 Abs. 2 PatG vor die Patentkammer der berufenen und insoweit ausschließlich zuständigen Landgerichte (vgl. Form. II. O. 3 Anm. 1). Darauf soll durch die Hervorhebung im Formular aufmerksam gemacht werden. Selbstverständlich ist die Klageerwiderung an die tatsächlich befasste Kammer zu richten, ungeachtet ihrer geschäftsplanmäßigen Zuständigkeit oder der Frage der Zuständigkeit überhaupt des befassten Landgerichts; ggf. ist auf Verweisung des Rechtsstreits hinzuwirken bzw. Klageabweisung als unzulässig zu beantragen. Zum Umfang des Wirtschaftsprüfervorbehalts vgl. Anm. 17 zu Form. II. O. 1.

4. Da die formelle Klageerwiderung die erste mündliche Verhandlung vorbereitet, sind in ihr gem. § 282 Abs. 3 ZPO sämtliche Rügen, die die Zulässigkeit der Klage betreffen, gleichzeitig (und vor der Verhandlung zur Hauptsache) vorzubringen. Insoweit handelt es sich nicht nur um alle prozesshindernden Einreden des § 274 a.F. ZPO, sondern um sämtliche Prozesshindernisse und Prozessvoraussetzungen im Sinne des § 280 Abs. 1 ZPO. Ob beispielsweise die Rüge fehlenden Rechtsschutzbedürfnisses schon in der ersten mündlichen Verhandlung im Zusammenhang mit der formellen Klageerwiderung geltend gemacht werden kann, muss bezweifelt werden. In der Praxis sind die vorab in der formellen Klageerwiderung zu bringenden Rügen jedenfalls diejenigen der prozesshindernden Einreden der fehlenden Prozesskostensicherheit gemäß § 269 Abs. 6 ZPO, der fehlenden Ausländersicherheit gem. §§ 110 ff. ZPO, der Einrede des Schiedsvertrages gem. § 1032 ZPO sowie die Einrede der fehlenden örtlichen Zuständigkeit, § 39 ZPO.

5. In dem Form. II. O. 3, an dem sich dieses Formular inhaltlich ausrichtet, ist zwar der Wirtschaftsprüfervorbehalt von vorneherein schon in den Rechnungslegungsantrag mit aufgenommen. Es empfiehlt sich jedoch, einen entsprechenden Vorbehalt auch in die Anträge auf Klageabweisung aufzunehmen. Zum Inhalt des Antrags vgl. BGH GRUR 1995, 338, 341, 342 – Kleiderbügel.

6. Die Anträge zu den Nebenentscheidungen sind an sich überflüssig, werden jedoch in der Praxis gestellt. Soweit Vollstreckungsschutz beantragt wird, muss dieser begründet werden. Zum Vollstreckungsschutzantrag und seiner Begründung in der Berufungsinstanz BGH GRUR 1996, 512 – Fehlender Vollstreckungsschutzantrag II). Handelt es sich bei dem Beklagten um einen EU-Ausländer, so kann wie folgt formuliert werden: „... das Urteil gegen den Beklagten lediglich gegen Sicherheitsleistung in Höhe von EUR ... für vorläufig vollstreckbar zu erklären und dem Beklagten nachzulassen, die Sicherheitsleistung durch Erbringung einer Bürgschaft einer Bank oder öffentlich-rechtlichen Sparkasse mit dem Sitz in der Europäischen Union zu erbringen."

7. Die Erteilungsakten können für die Beurteilung einer Patentverletzungsstreitigkeit von Bedeutung sein. Allerdings gehören sie seit BGHZ 3, 365, 370 – Schuhsohle – nicht zu den üblichen Auslegungsmitteln eines Patents. Insbesondere kommt es grundsätzlich für die Bestimmung des Schutzbereiches eines Patents nicht auf Vorgänge im Erteilungsverfahren an, die der Patenterteilung vorausgegangen sind (BGH GRUR 2002, 511, 513, 514 – Kunststoffrohrteil; 1992, 40 – Beheizbarer Atemluftschlauch). Die Entscheidung des BGH GRUR 2002, 511 – Kunststoffrohrteil – lässt es jedoch offen, ob die Beiziehung der Erteilungsakten im Verletzungsprozess zulässig ist oder nicht. Nach der bisherigen Praxis des Patentverletzungsprozesses können die Erteilungsakten zumindest erhebliche indizielle Wirkung für die Ermittlung des Schutzumfanges des Patents haben. Nur aus den Erteilungsakten ergibt sich eine unzulässige Erweiterung (§ 38 PatG). Auch sonst sind die Erteilungsakten aufschlussreich; zB. können sich aus ihnen Indizien für die Kenntnisse des Durchschnittsfachmannes ergeben, indem aus ihnen beispielsweise ersichtlich ist, wie die Fachleute des Deutschen Patent- und Markenamtes einen bestimmten Ausdruck zurzeit der Anmeldung des Patentes verstanden haben, des Weiteren wie beispielsweise der Anmelder einen bestimmten Ausdruck verstanden wissen wollte usw. (zur Bedeutung der Erteilungsakten vgl. *Benkard/Ullmann* Rdn. 33f. zu § 14 PatG). Ohne Kenntnis der Erteilungsakten lässt sich ein Patentverletzungsprozess nicht sachgerecht bearbeiten. Das Recht der Akteneinsicht ist in § 31 PatG geregelt; dazu *Mes*, PatG 1997, Rdn. 1ff. zu § 31 PatG.

8. Stellungnahme gem. §§ 348 Abs. 1, 271 Abs. 3 ZPO.

9. Erklärung des Beklagten zur Frage der Notwendigkeit einer Güteverhandlung gem. § 278 Abs. 2 ZPO.

5. Materielle[1] Klageerwiderung mit Aussetzungsantrag in einer Patentverletzungsstreitigkeit[2]

Landgericht
Zivilkammer (Patentkammer)

In Sachen

Firma A

(Rechtsanwalt ......)

gegen

Firma B (Rechtsanwalt ......)

Aktenzeichen: ......

Termin: ......

werde ich in Ergänzung zu den Anträgen auf Klageabweisung im Schriftsatz vom ...... des Weiteren beantragen,

> **den Rechtsstreit bis zur rechtskräftigen Erledigung der gegen das Klagepatent ...... erhobenen Nichtigkeitsklage[3] auszusetzen[4].**

Zur

Begründung

der Klageabweisungsanträge sowie des Antrags auf Aussetzung des Rechtsstreits wird ausgeführt:

I.

Das Klagepatent ...... ist nicht rechtsbeständig[5]. Die Beklagte hat daher unter dem Datum des ...... Nichtigkeitsklage erhoben, die ich als Anlage A überreiche. Zur Vermeidung von Wiederholungen nehme ich auf den Inhalt der Nichtigkeitsklage gemäß Anlage A Bezug und überreiche die darin angeführten Literaturstellen, nämlich
als Anlage A 1 die GB-PS 837.496
als Anlage A 1a die deutsche Übersetzung der vorstehend bezeichneten britischen Patentschrift
als Anlage A 2 die FR-PS 1.234.567
als Anlage A 2a die deutsche Übersetzung der vorstehend bezeichneten französischen Patentschrift.
Der der Nichtigkeitsklage zugrundegelegte Stand der Technik ist im Erteilungsverfahren nicht berücksichtigt worden. Er nimmt, wie im Einzelnen in der Nichtigkeitsklage beschrieben ist, den Gegenstand des Klageschutzrechtes neuheitsschädlich vorweg. Es war

nämlich im Stand der Technik vorbekannt, ein Mosaikschaltbild gattungsgemäßer Art so auszubilden, dass die den Rand des Mosaikschaltbildes bildenden Rand-Mosaiksteine breiter als die übrigen Mosaiksteine sind (Merkmal 5 der Merkmalsanalyse der Klageschrift) und die Rand-Mosaiksteine darüber hinaus über den Rand der Montagewand vorstehen (Merkmal 6).

Des Weiteren ist die Nichtigkeitsklage auf eine neuheitsschädliche offenkundige Vorbenutzung gestützt. Ein Mosaik-Schaltbild der vorbeschriebenen Art ist ein Jahr vor dem Anmeldetag des Klagepatents, nämlich am ...... von der Firma X in der Bundesrepublik Deutschland angeboten und vertrieben worden, u. a. z. B. an das Elektrizitätswerk Y/Karlsruhe, wo es auch in dem Überwachungsraum für jedermann sichtbar installiert worden ist.

Glaubhaftmachung: eidesstattliche Versicherung des Zeugen X[6].

II.

Des Weiteren fehlt es an einer Verletzung des Klagepatents[7].

1. Aufgabe des Klagepatents (vgl. Spalte 2 Zeilen 25–31) ist es, bei Mosaik-Schaltbildern gattungsmäßiger Art infolge des Vorhandenseins eines festen Abschlussrahmens bestehende Nachteile zu beseitigen, nämlich dass jeder Abschlussrahmen für jedes Mosaik- Schaltbild je nach dessen Größe eine Sonderanfertigung darstellt und damit mit einem besonderen Aufwand verbunden ist, dass die Erkennbarkeit des Mosaik-Schaltbildes bei seitlicher Betrachtung durch die Abschlussrahmen beeinträchtigt werden kann, dass der Abschlussrahmen in architektonischer Hinsicht stört und schließlich, dass der Abschlussrahmen die an sich gegebene Erweiterungsmöglichkeit von Mosaik-Schaltbildern beeinträchtigt. Diese Aufgabe soll nach dem kennzeichnenden Teil des Hauptanspruchs des Klagepatents dadurch gelöst werden, dass anstelle eines Abschlussrahmens Rand-Mosaik-Steine vorgesehen sind, die breiter sind als die übrigen Mosaiksteine (Merkmal 5) und darüber hinaus über den Rand der Montagewand vorstehen (Merkmal 6).

2. Vergleicht man die angegriffene Ausführungsform mit dem Gegenstand des Klagepatents nach Aufgabe und Lösung[8], so ergeben sich die Annahme einer Patentverletzung ausschließende Unterschiede. Die von der Beklagten hergestellten und in Verkehr gebrachten Mosaik-Schaltbilder weisen einen Abschlussrahmen auf und benutzen daher nicht die den Gegenstand des Klagepatents kennzeichnenden Merkmale 5 und 6. Der Rand des Mosaik-Schaltbildes wird nämlich nicht durch einzelne Rand-Mosaiksteine gebildet (Merkmal 5), sondern die Beklagte verwendet einen durchgehenden, einstückig ausgebildeten Abschlussrahmen. Es fehlt des Weiteren auch das Merkmal 6 des Klagepatents, nach welchem Rand-Mosaiksteine über den Rand vorstehen sollen. Bei dem Erzeugnis der Beklagten wird das Mosaik-Schaltbild in einen festen Rahmen eingefügt, über den die Abschlussleisten am Rand nicht hinausreichen.

Beweis: 1. Augenscheinseinnahme
2. Zeugnis ......

Rechtsanwalt

Schrifttum: v. Maltzahn, Die Aussetzung im Patentverletzungsprozeß nach § 148 ZPO bei erhobener Patentnichtigkeitsklage, GRUR 1985, 163 ff.; *Rogge,* Zur Aussetzung in Patentverletzungsprozessen, GRUR Int. 1996, 386; *U. Krieger,* Nochmals: Die Aussetzung des Patentverletzungsprozeses, GRUR 1996, 941.

Hinweis: Weitere Textbeispiele für materielle Klageerwiderungen in Patentverletzungsstreitigkeiten bei *Mes/Mes,* Münchener Prozeßformularbuch/Gewerblicher Rechtsschutz, Urheber- und Presserecht, 2000, C. 10 bis C. 13.

Anmerkungen

1. Im Gegensatz zur „formellen“ Klageerwiderung enthält die materielle Klageerwiderung das sachliche Verteidigungsvorbringen des Beklagten.

2. Das Formular bezieht sich inhaltlich auf Form. II. O. 3 und II. O. 4. Zu den Verteidigungsmöglichkeiten im Falle der Inanspruchnahme wegen Patentverletzung vgl. Form. II. O. 1 Anm. 24.

3. Vgl. Form. II. O. 6. Die Nichtigkeitsklage ist gemäß § 81 Abs. 2 PatG subsidiär gegenüber dem Rechtsbehelf des Einspruchs. Sie ist unzulässig, solange der wegen Patentverletzung Inanspruchgenommene Einspruch gegen das Patent einlegen oder sich an einem schon anhängigen Einspruchsverfahren durch Beitritt beteiligen kann (§ 59 Abs. 2 PatG). Sollte somit eine Nichtigkeitsklage ausscheiden und nur ein Einspruch bzw. Beitritt zu einem Einspruchsverfahren in Betracht kommen, so ist der Aussetzungsantrag wie folgt zu formulieren:

> „... den Rechtsstreit bis zur rechtskräftigen Erledigung des gegen das Klagepatent ... anhängigen Einspruchs auszusetzen.“

Vgl. zu weiteren Einzelheiten Anm. 4.

4. Grundlegend zur Aussetzungsproblematik: *v. Maltzahn* GRUR 1985, 163 ff. Der Akt der Patenterteilung ist ein begünstigender, nämlich ein Ausschluss- sowie ein Benutzungsrecht begründender Verwaltungsakt. Die ausschließliche Prüfungskompetenz im Hinblick auf die materiellen Schutzvoraussetzungen für ein Patent liegen beim Deutschen Patentamt, beim Bundespatentgericht sowie beim Bundesgerichtshof. Solange ein Patent formell in Kraft steht, ist demnach das Verletzungsgericht an den Akt der Patenterteilung gebunden (Tatbestandswirkung) und hat – vom Grundsatz her – das Patent so hinzunehmen, wie es erteilt worden ist (Feststellungswirkung; vgl. *Benkard/Rogge* Rdn. 25 zu § 139 PatG und *Benkard/Ullmann* Rdn. 99 zu § 14 PatG; LG Düsseldorf GRUR 1994, 509 – Rollstuhlfahrrad). Infolge dieser Bindung des Verletzungsrichters kann im Verletzungsprozess vom Grundsatz her seitens des Beklagten die vermeintlich fehlende Schutzfähigkeit des Klagepatents nicht eingewendet werden. Insoweit bedarf es der Erhebung einer Nichtigkeitsklage (vgl. Form. II. O. 6) bzw. im Falle der §§ 81 Abs. 2, 59 Abs. 2 PatG 1981 eines Einspruchs oder des Beitritts zu einem anhängigen Einspruchsverfahren mit dem Ziel, gem. § 148 ZPO eine Aussetzung des Patentverletzungsprozesses zu erreichen. Einspruch und Nichtigkeitsklage hemmen die Rechtswirkungen des Patentes nicht (§ 58 Abs. 1 Satz 3 PatG; BGH GRUR 1987, 284 – Transportfahrzeug). Die Verletzungsgerichte sind zu Recht mit der Anwendung des § 148 ZPO zurückhaltend. Durch eine Aussetzung wird der Verletzungsprozess erheblich – meist um ein Jahr und länger – verzögert und wird dementsprechend der Patentinhaber an der Durchsetzung seines zeitlich befristeten Ausschlussrechtes gehindert. Infolgedessen kommt eine Aussetzung auf Grund einer erhobenen Nichtigkeitsklage regelmäßig nur dann in Betracht, wenn diese mit *hoher Wahrscheinlichkeit* erfolgreich sein wird (vgl. BGH GRUR 1987, 284 – Transportfahrzeug; OLG Düsseldorf GRUR 1979, 188 – Flachdachabläufe; 1979, 636 – Ventilanbauvorrichtung; ähnlich OLG München GRUR 1990, 352, 353 li. Sp. – Regal-Ordnungssysteme: Schon der voraussichtliche Erfolg soll ausreichen; großzügiger: OLG Düsseldorf Mitt. 1996, 87, 88 – Captopril; danach genügen „einige Erfolgsaussichten“; diese letztgenannte Entscheidung des OLG Düsseldorf ist jedoch in einem einstweiligen Verfügungsverfahren ergangen und möglicherweise auf normale Patentverletzungsprozesse nicht ohne weiteres übertragbar). Regelmäßig formuliert das Oberlandesgericht Düsseldorf nach Maßgabe der nachstehend wiedergegebenen Umstände und ist nur dann im Zusammenhang mit der Aussetzung eines Rechtsstreits großzügiger, wenn der Patentinhaber in erster Instanz ein obsiegendes Urteil erzielt hat

(OLG Düsseldorf Mitt. 1997, 257 – Steinknacker). Von der Voraussetzung einer hohen Wahrscheinlichkeit der Nichtigerklärung bzw. des Widerrufs eines Patents kann im Allgemeinen nur dann ausgegangen werden, wenn es im Stand der Technik neuheitsschädlich vorweggenommen oder die Erfindungshöhe angesichts des vorliegenden Standes der Technik so fragwürdig geworden ist, dass sich kein vernünftiges Argument für die Zuerkennung der Erfindungshöhe finden lässt. Bloße Zweifel des Verletzungsgerichts an der Erfindungshöhe rechtfertigen regelmäßig eine Aussetzung nicht. Außerdem muss der dem Verletzungsgericht vorgelegte Stand der Technik dem Klagepatent näherstehen als derjenige, der im Patenterteilungsverfahren bereits berücksichtigt worden ist. Denn der berücksichtigte Stand der Technik hat die zuständige Erteilungsbehörde gerade nicht veranlasst, das Patent zu versagen. Die Beurteilung der Frage, ob einem Patent Erfindungshöhe zuzuerkennen ist, ist eine wertende Entscheidung, die nicht vom Verletzungsgericht zu treffen ist (OLG Düsseldorf in st. RechtSpr., z. B. Mitt. 1997, 257, 258 – Steinknacker; gebilligt von BGH GRUR 1987, 284 – Transportfahrzeug).

Eine großzügigere Handhabung der Aussetzung eines Patentverletzungsprozesses wegen anhängiger Nichtigkeitsklage/anhängigen Einspruchsverfahrens kann in der Berufungsinstanz Platz greifen, nämlich dann, wenn der Patentinhaber bereits in erster Instanz ein Unterlassungsurteil erstritten hat und daraus vollstrecken kann. In einem solchen Fall kann eine Aussetzung auch erfolgen, wenn der gegen das Klagepatent gerichtete Rechtsbehelf sich nur auf bereits gewürdigten Stand der Technik stützt, sofern ihm nur hinreichende Erfolgsaussichten zukommen (OLG Düsseldorf, Mitt. 1997, 257, 258 – Steinknacker).

Scheidet wegen §§ 81 Abs. 2, 59 PatG eine Nichtigkeitsklage als subsidiär aus, so gelten die vorstehend aufgezeigten Grundsätze prinzipiell auch für ein anhängiges Einspruchsverfahren. Auch hier ist vom Grundsatz her im Hinblick auf die Frage einer Aussetzung des Verletzungsprozesses Zurückhaltung geboten, wobei freilich eine Aussetzung deshalb eher in Betracht kommen kann, weil bis zur Erteilung des Patentes ohne Beteiligung Dritter nur derjenige Stand der Technik berücksichtigt worden ist, den der Patentanmelder selbst und/oder den das Deutsche Patentamt ermittelt hat. Bei einem noch nicht durch ein Einspruchsverfahren „erhärteten" Patent ist daher die Möglichkeit grundsätzlich größer, dass neuer, bisher noch nicht berücksichtigter Stand der Technik aufgefunden wird.

Für Alt-Anmeldungen, d.h. solche, die vor dem 1. Januar 1981 bekannt gemacht worden sind, vgl. die Darstellung in der 7. Aufl. 1995, S. 867.

Regelmäßig wird eine Aussetzung gem. § 148 ZPO zunächst nur bis zur erstinstanzlichen Entscheidung im Nichtigkeits- bzw. Einspruchverfahren in Betracht kommen. Ein darüber hinausgehender Antrag (wie im Formular vorgesehen) schadet jedoch nicht.
Die Aussetzung erfolgt durch Beschluss des Verletzungsgerichts. Dagegen ist einfache Beschwerde möglich (§§ 252, 567ff. ZPO), über die das Beschwerdegericht (Oberlandesgericht) entscheidet. Dieses darf die zur Begründung der Vorgreiflichkeit einer Entscheidung im Einspruchs- bzw. Nichtigkeitsverfahren vorgenommene Würdigung der Verletzungsfrage durch das Landgericht nicht im Einzelnen überprüfen, sondern nur darauf, ob die Entscheidung ermessensfehlerfrei erfolgt ist (OLG Düsseldorf GRUR 1994, 507, 508 – Prüfungskompetenz des Beschwerdegerichts).

Die Parteien können auf die Begründung des Aussetzungsbeschlusses verzichten. Insbesondere können die Parteien sich auch auf eine Aussetzung verständigen.

5. Zum besseren Verständnis der nachfolgenden Ausführungen zum Inhalt der Nichtigkeitsklage vgl. Anm. 4.

6. Das Verletzungsgericht muss im Wege des Freibeweises die Wahrscheinlichkeit eines Erfolges der Nichtigkeitsklage bzw. des Einspruchs prüfen und bewerten. Infolgedessen wird es regelmäßig nicht Beweis erheben; es genügen sonstige Beweismittel wie Prospekte, Fotografien, Zeitungsberichte und insbesondere Glaubhaftmachung durch eidesstattliche Versicherung eines Zeugen. Zu Einzelheiten vgl. *Mes*, PatG 1997, Rdn. 57 ff. zu § 139 PatG.

7. Mit den im Formular nachfolgend wiedergegebenen Ausführungen wird der Verletzungstatbestand bestritten. Zur weiteren Verteidigungsmöglichkeit vgl. Form. II. O. 1 Anm. 24.

8. Vgl. *Benkard/Ullmann* Rdn. 116 zu § 14 PatG und Form. II. O. 1 Anm. 12; *Mes*, PatG 1997, Rdn. 5 ff., insbesondere 23 ff. zu § 14 PatG.

6. Patentnichtigkeitsklage

An das
Bundespatentgericht[1]

Namens und in Vollmacht

der Firma B ......

wird

Klage[2]

gegen den Inhaber des DE ......[3]

die Firma A ......[4],

wegen Nichtigkeit des DE ......[4] ...... erhoben und beantragt:

1. das DE ...... in vollem Umfang für nichtig zu erklären[5];
2. der Beklagten die Kosten des Verfahrens aufzuerlegen[6].

Der Streitwert[7] wird auf Grund vorläufiger Schätzung mit EUR ... angegeben. Die sich insoweit ergebenden Gerichtskosten[8] in Höhe von EUR ...... werden durch Erteilung einer Einziehungsermächtigung vom Inlandskonto der Klägerin ...... beglichen; die Einziehungsermächtigung ist beigefügt[9]. Die Vertretervollmacht ist ebenfalls beigefügt[10].

Begründung[11]:

I.

1. Das Streitpatent ......[12] betrifft gemäß dem Oberbegriff des Hauptanspruchs ein Mosaik-Schaltbild mit folgenden Merkmalen:
   (1) Das Schaltbild besteht aus einer Montagewand,
   (2) die Montagewand hat zellenförmige Struktur,
   (3) auf der Montagewand sind Mosaiksteine befestigt,
   (4) die Mosaiksteine weisen die Größe der Zellen der Montagewand auf.
   Nach der Beschreibungseinleitung (Sp. 1, Zeilen ......) geht das Streitpatent damit von einem Stand der Technik aus, bei dem die Mosaiksteine der hier interessierenden Mosaik-Schaltbilder alle gleich groß sind, so dass es zum randseitigen Abschluss der Mosaik- Schaltbilder besonderer Abschlussrahmen bedarf. Das wird aus mehreren Gründen als nachteilig bezeichnet, da Abschlussrahmen für jedes Mosaik-Schaltbild je nach dessen Größe Sonderanfertigungen darstellen, des weiteren Abschlussrahmen die Erkennbarkeit des Mosaik-Schaltbildes, nämlich bei seitlicher Betrachtung, beeinträchtigen. Schließlich stören Abschlussrahmen nach der Beschreibung des Streitpatents häufig in architektonischer Hinsicht. Der besonders gravierende Nachteil eines notwendigen Abschlussrahmens besteht jedoch nach dem in der Beschreibung des Streitpatents berücksichtigten Stand der Technik darin, dass an sich die gegebene Erweiterungsmöglichkeit von Mosaik-Schaltbildern, die gattungsgemäß aus einer Montagewand mit zellenförmiger Struktur und darauf befestigten, Zellengröße aufweisen-

den Mosaiksteinen bestehen, dadurch erschwert wird, dass ein neuer Abschlussrahmen geschaffen bzw. der vorhandene Abschlussrahmen aufgetrennt und vergrößert werden muss. Von diesem Stand der Technik ausgehend, liegt der vermeintlichen Erfindung des Streitpatents das technische Problem (die Aufgabe) zugrunde, ein Mosaik-Schaltbild der eingangs beschriebenen Art so auszugestalten und weiterzubilden, dass Abschlussrahmen nicht mehr benötigt werden (Sp. ......, Zeilen ......). Nach dem kennzeichnenden Teil des Hauptanspruchs wird diese Aufgabe mit folgenden Merkmalen gelöst:

(5) Die den Rand des Mosaik-Schaltbildes bildenden Rand-Mosaiksteine sind breiter als die übrigen Mosaiksteine;

(6) die Rand-Mosaik-Steine stehen über den Rand der Montagewand vor.

2. Der Gegenstand des Streitpatents ist gemäß §§ 1 Abs. 1, 3 Abs. 1 PatG nicht patentfähig[13]. Er ist durch den im Folgenden behandelten druckschriftlichen Stand der Technik, der im Erteilungsverfahren keine Berücksichtigung gefunden hat, neuheitsschädlich vorweggenommen. Im Einzelnen:

   a) Ich überreiche als Anlage 1 die GB-PS ......[14], die am ...... und damit ca. 1 Jahr vor dem Anmeldetag des Streitpatentes veröffentlicht worden ist. Es handelt sich damit um einen gemäß § 3 Abs. 1 PatG relevanten druckschriftlichen Stand der Technik. In dieser Literaturstelle (vgl. Sp. ......, Zeilen ......) ist ein Mosaik-Schaltbild der gattungsgemäßen Art beschrieben. Dazu wird insbesondere auf den Hauptanspruch sowie auf die Beschreibung, Sp. ......, Zeile ...... verwiesen. Während der Hauptanspruch ein Mosaik-Schaltbild der gattungsgemäßen Art mit einer festen Abschlussleiste betrifft, ist im Unteranspruch 3 der hier behandelten Literaturstelle ein Mosaik-Schaltbild behandelt, das sämtliche Merkmale des Kennzeichens des Hauptanspruchs des Streitpatents aufweist, indem dort vorgeschlagen wird, anstelle eines festen Randes bei einem Mosaik-Schaltbild einzelne Mosaiksteine vorzusehen, die überdies sogar noch breiter sein sollen als die übrigen Mosaiksteine (Merkmal 5) und dementsprechend über den Rand der Montagewand ebenfalls vorstehen (Merkmal 6).

   b) Des Weiteren überreiche ich als Anlage 2 die FR-PS ......[14]. Diese zeigt ebenfalls in Figur 3 in Zusammenhang mit dem Unteranspruch 4 ein Mosaik-Schaltbild der hier interessierenden Art, wobei auch insoweit kein fester Rand vorgesehen, sondern vielmehr der Rand durch einzelne Mosaiksteine gebildet wird. Zwar sind bei der Literaturstelle gemäß Anlage 2 die den Rand bildenden Mosaiksteine nicht so ausgebildet, dass sie über die Montagewand hinausragen; sie weisen jedoch eine als äußere Abschlusskante dienende Umbördelung auf. Es stellt eine technische Banalität und damit eine glatt äquivalente Maßnahme dar, anstelle einer derartigen Umbördelung und dem damit verbundenen Übergreifen des Randes eine „schlichte“ Verbreiterung des Mosaiksteines vorzusehen[15]. Sofern das angerufene Gericht entgegen der hier vertretenen Auffassung in der französischen Literaturstelle gemäß Anlage 2 nicht schon eine neuheitsschädliche Vorwegnahme sehen will, kann kein Streit darüber herrschen, dass der Schritt von der französischen Patentschrift gemäß Anlage 1 zum Gegenstand des Streitpatentes keine ausreichende Erfindungshöhe aufweist.

3. Der Gegenstand des Streitpatentes ist darüber hinaus auch wegen neuheitsschädlicher offenkundiger Vorbenutzung nicht patentfähig. Im Einzelnen:
Mit Angebot vom ...... hat die Firma XYZ aus X-Stadt ein Mosaikschaltbild patentgegenständlicher Art an die Firma ...... in ...... geliefert[16]. Ich füge als Anlage 3 dieses Angebot in Kopie bei[17]. Das an die Firma ...... gelieferte und dementsprechend vorbenutzte Mosaik-Schaltbild besteht aus einer Montagewand (Merkmal 1), die zellenförmige Struktur hat (Merkmal 2) und auf der Mosaiksteine befestigt sind (Merkmal 3), wobei die Mosaiksteine die gleiche Größe wie die Zellen der Montagewand haben (Merkmal 4). Der Rand des gelieferten Mosaik-Schaltbildes wird nicht

durch eine Abschlussleiste, sondern durch einzelne Mosaiksteine gebildet, die über den Rand der Montagewand vorstehen, da sie breiter als die übrigen Mosaiksteine sind (Merkmale 5 und 6).

Für die Richtigkeit des Vorgetragenen berufe ich mich zum Beweis auf das Zeugnis ......

4. Des Weiteren beruht der Gegenstand des Anspruchs 1 auch nicht auf einer erfinderischen Tätigkeit im Sinne des § 4 PatG ......[18]

5. Wegen fehlender Patentfähigkeit ist das Streitpatent gem. §§ 21 Abs. 1 Nr. 1, 22 Abs. 1 PatG für nichtig zu erklären[19].

II.

Die beiden Unteransprüche 2 und 3 können nach Vernichtung des Hauptanspruchs des Streitpatentes keinen Bestand mehr haben. Beide Unteransprüche sind echte Unteransprüche, nämlich auf den Hauptanspruch rückbezogen. Sie enthalten lediglich Ausgestaltungen, die im handwerklichen Durchschnittskönnen liegen[20].

Rechtsanwalt/Patentanwalt

Schrifttum: Vogel, Zur Auswirkung des Vertrages über die Herstellung der Einheit Deutschlands auf die Verfahren vor dem Deutschen Patentamt und dem Bundespatentgericht, GRUR 1991, 83 ff.; *van Venroy,* Rechtskraftwirkung des klageabweisenden Urteils in Patentnichtigkeitsverfahren, GRUR 1991, 92 ff.; *Flad,* Änderungen des Patents im Einspruchs-, Einspruchsbeschwerde-, Nichtigkeits- und Beschränkungsverfahren, GRUR 1995, 178; *Dihm,* Die Klarstellung von Patentansprüchen im Nichtigkeitsverfahren, GRUR 1995, 295; *Pitz,* Die Entwicklung der Nichtigkeitsklage vom patentamtlichen Verwaltungsverfahren zum zivilprozessualen Folgeverfahren gegen europäische Patente, GRUR 1995, 231; *Pakuscher,* Zur Zuständigkeit des Bundesgerichtshofs und des Bundespatentgerichts in Patentnichtigkeitsverfahren, GRUR 1995, 705; *Rogge,* Die Nichtigerklärung europäischer Patente in Deutschland, GRUR Int. 1996, 1111.

Hinweis: Weitere Textbeispiele für das Patentnichtigkeitsverfahren bei *Mes/Mes,* Münchener Prozeßformularbuch/Gewerblicher Rechtsschutz, Urheber- und Presserecht, 2000, C. 14 bis C. 16, C. 18.

Anmerkungen

1. Ausschließliche Zuständigkeit des Bundespatentgerichts gemäß § 65 Abs. 1 S. 1 PatG 1981, und zwar für deutsche wie auch für europäische Patente, soweit deren Schutzerstreckung auf das Gebiet der Bundesrepublik Deutschland betroffen ist (Art. II § 6 IntPatÜG; dazu *Mes,* PatG 1997, Rdn. 2 zu § 81 PatG).

2. Die Nichtigkeitsklage ist schriftlich beim Bundespatentgericht zu erheben (§ 81 Abs. 3 S. 1 PatG).

3. Die Nichtigkeitsklage ist gegen den in der Patentrolle als Patentinhaber Eingetragenen zu richten (§ 81 Abs. 1 S. 2 PatG).

4. Die Klage muss die Parteien und den Streitgegenstand bezeichnen (§ 81 Abs. 5 S. 1 PatG).

5. Die Klage soll einen bestimmten Antrag enthalten (§ 81 Abs. 5 S. 1 PatG). Das Formular bezieht sich auf ein deutsches Patent. Richtet sich die Klage gegen ein Europapatent, müsste der Antrag lauten: „das EU ... in vollem Umfang für das Hoheitsgebiet der Bundesrepublik Deutschland für nichtig zu erklären“. Es kann sowohl bei deutschen als auch bei europäischen Patenten auf eine Teilnichtigkeit geklagt werden, z. B. in der

Form, dass nur einige Ansprüche des Patents angegriffen werden. Der Kläger hat es allerdings nicht in der Hand, seinerseits im Klageantrag dem Patentinhaber eine bestimmte Formulierung der Ansprüche des Streitpatents vorzuschreiben (BGH GRUR 1997, 272, 273 li. Sp. – Schwenkhebelverschluss).

6. Gemäß § 84 Abs. 2 S. 1 PatG ist über die Kosten von Amts wegen durch das Bundespatentgericht zu entscheiden. Der Kostenantrag hat jedoch eigenständige Bedeutung deshalb, weil gemäß § 84 Abs. 2 S. 2 PatG die Kostenentscheidung in Ausnahmefällen nicht nach dem Maß des Obsiegens oder Unterliegens gem. § 91 ZPO, sondern nach billigem Ermessen erfolgt und mit einem Kostenantrag der Nichtigkeitskläger unterstreicht, dass der – unterlegene – Beklagte die Kosten tragen soll. Zur Erklärung der Vollstreckbarkeit betreffend die Kostenentscheidung vgl. BPatG GRUR 1986, 48f. – Kostenvollstreckung; *Mes,* PatG 1997, Rdn. 30ff. zu § 84 PatG.

7. Das System der Kosten/Gebühren für das Nichtigkeitsverfahren hat sich grundlegend in Abweichung zum bisherigen Zustand (§ 81 Abs. 6 PatG 1981) geändert. Maßgeblich ist das Gesetz zur Bereinigung von Kostenregelungen auf dem Gebiet des geistigen Eigentums vom 13. Dezember 2001, das in Art. 1 das „Gesetz über die Kosten des Deutschen Patent- und Markenamts und des Bundespatentgerichts" (Patentkostengesetz – PatKostG) enthält (abgedr. in PMZ 2002, 14ff.). Das Gesetz ist zum 1. Januar 2002 in Kraft getreten. Gem. § 2 Abs. 2 Satz 1 PatKostG richten sich die Gebühren für Klagen und einstweilige Verfügungen vor dem Bundespatentgericht nach dem Streitwert. Infolgedessen muss – entgegen bisheriger Gepflogenheit – nunmehr in der Klageschrift ein Streitwert angegeben werden. Für die Festsetzung des Streitwerts gelten gem. § 2 Abs. 2 Satz 4 PatKostG die Vorschriften des Gerichtskostengesetzes entsprechend. In gleicher Weise sind auch die Regelungen über die Streitwertherabsetzung (§ 144 PatG) entsprechend anwendbar (§ 2 Abs. 2 Satz 5 PatKostG). Der Streitwert einer Nichtigkeitsklage wird nunmehr vom Amts wegen festgesetzt. Die Angabe in der Klageschrift ist lediglich ein Vorschlag des Klägers. Die Höhe des Streitwerts bestimmt sich nach dem Interesse der Allgemeinheit an der Vernichtung des angegriffenen Patents. Das ist der gemeine (objektive) Wert des Patents zum Zeitpunkt der Klageerhebung (bzw. zum Zeitpunkt der Berufungseinlegung) zuzüglich des Betrages der bis dahin entstandenen Schadensersatzansprüche (BGH GRUR 1957, 79; 1985, 511 – Stückgutverladeanlage; BPatG GRUR 1987, 286 – PA-Kosten im Nichtigkeitsverfahren). Die Höhe der Schadensersatzansprüche wird auf der Grundlage der Lizenzanalogie berechnet (BPatG Mitt. 1996, 61). Entgangener Gewinn des Patentinhabers (BPatG Mitt. 1996, 61) bleibt unberücksichtigt. Die Streitwertangaben eines Verletzungsprozesses enthalten keine zuverlässige Aussage über den Wert des Schutzrechts (BPatG GRUR 1986, 240 – Gbm-Streitwert). Die gleichen Grundsätze gelten für das sog. Schutzzertifikat sowie auch für das Verfahren wegen Erklärung der Zurücknahme des Patents.

Im Verfahren wegen Erteilung einer Zwangslizenz bestimmt sich der Streitwert nach dem Interesse des Klägers an der Lizenz.

Die Festsetzung des Streitwertes durch das Bundespatentgericht erfolgt durch Beschluss.

8. Die Höhe der Gerichtsgebühren bestimmt sich gem. § 2 Abs. 2 Satz 2 PatKostG nach § 11 Abs. 2 GKG. Danach ist der Wert des Streitgegenstandes (Streitwert) maßgeblich. Wie viele Gebühren zu zahlen sind, ergibt sich aus dem Gebührenverzeichnis „B. Gebühren des Bundespatentgerichts" nach Maßgabe des § 2 Abs. 1 PatKostG. Für eine Nichtigkeitsklage ist die Nr. 412.100 einschlägig. Danach werden für die Nichtigkeitsklage 4,5 Gerichtsgebühren fällig.

9. Die Einzahlung der Gebühren konnte bisher insbesondere durch Übersendung eines Verrechnungsschecks erfolgen. Gem. § 1 Abs. 2 Nr. 2 PatKostG wird das Bundesministerium der Justiz ermächtigt, durch Rechtsverordnung zu bestimmen, welche Zahlungswege für die an das Deutsche Patent- und Markenamt sowie an das Bundespatentgericht zu zahlenden Kosten (Gebühren und Auslagen) gelten und Bestimmungen über den Zahlungstag zu treffen. Das ist durch die Verordnung über die Zahlung der Kosten des Deutschen Patent- und Markenamts und des Bundespatentgerichts (Patentkostenzahlungsverordnung – PatKostZV) vom 20. Dezember 2001, die am 1. Januar 2002 in Kraft getreten ist, geschehen. Gem. § 1 Abs. 1 Nr. 5 PatKostG kann insbesondere eine Einziehungsermächtigung von einem Inlandskonto erteilt werden. Dazu finden sich die entsprechenden Vordrucke auf der Internet-Seite des Deutschen Patent- und Markenamts. Überwiesen werden kann ferner gem. § 1 Abs. 1 Nr. 2 PatKostG auch auf ein Konto der Zahlstelle des Deutschen Patent- und Markenamts (Konto der Zahlstelle: BBk München, BLZ 700 000 000, Konto-Nr.: 700 010 54).

Schon mit Einreichung der Klage werden die Gerichtsgebühren fällig (§ 3 Abs. 1 PatKostG).

10. § 97 PatG 1981. Die Vollmacht kann nachgereicht werden.

11. Zu den Erfordernissen einer Begründung vgl. § 81 Abs. 5 S. 2 PatG.

12. Der Inhalt des Formulars ist an den Form. II. O. 3 und O. 5 ausgerichtet. Zunächst wird das Streitpatent erläutert, und zwar nach dem in ihm zugrundegelegten Stand der Technik und dem sich daraus ergebenden technischen Problem sowie der Lösung der gestellten Aufgabe.

13. Es folgt die Darlegung der Gründe, die die Rechtsbeständigkeit des Streitpatentes zweifelhaft erscheinen lassen, nämlich: Neuheitsschädlicher druckschriftlicher Stand der Technik und neuheitsschädliche offenkundige Vorbenutzung.

14. Druckschriftlicher, vorbekannter Stand der Technik (§ 3 Abs. 1 PatG).

15. Zum Offenbarungsgehalt einer Druckschrift, insbesondere in Bezug auf sog. Austauschmittel vgl. BGH GRUR 1995, 330, 332 – Elektrische Steckverbindung; *Mes,* PatG 1997, Rdn. 13 zu § 3 PatG.

16. Offenkundige Vorbenutzung (für Patente, die vor dem 1. 1. 1978 angemeldet worden sind, kann nur eine *inländische* offenkundige Vorbenutzung relevant sein; vgl. § 2 S. 1 PatG aF. vom 2. 1. 1968).

17. Wird offenkundige Vorbenutzung geltend gemacht, empfiehlt es sich, etwaig vorhandene schriftliche Unterlagen (Prospekte, Angebote, Zeichnungen u. dergl.) vorzulegen. Der Beweis mit einer bloßen Zeugenaussage ist mit Zurückhaltung zu betrachten, da das menschliche Gedächtnis meist schwach ist und es sich regelmäßig um längere Zeit zurückliegende Vorgänge handelt. Zu den Erfordernissen im Hinblick auf Sachvortrag und Beweisantritt bei offenkundiger Vorbenutzung vgl. BGH GRUR 1975, 254 – Ladegerät II.

18. Zur fehlenden Erfindungshöhe muss im Einzelnen vorgetragen werden. Dabei empfiehlt es sich, vom sogenannten nächstliegenden Stand der Technik (demjenigen Stand der Technik, der dem Gegenstand der Erfindung nach dem Streitpatent am nächsten kommt) auszugehen. Von diesem Stand der Technik ausgehend sind die Weiterentwicklungen des Gegenstandes der Erfindung im Hinblick auf Erfindungshöhe zu beurteilen. Im Gegensatz zu einem Neuheitsvergleich hängt die Beurteilung der Erfindungshöhe von einer Betrachtung des gesamten einschlägigen Standes der Technik ab.

19. Die Nichtigkeitsgründe sind in § 22 Abs. 1 iVm. § 21 Abs. 1 Nrn. 1 bis 4 PatG abschließend aufgeführt (BGH GRUR 1988, 757, 760 re. Sp. – Düngerstreuer). Zusätzlich nennt § 22 Abs. 1 PatG den weiteren Nichtigkeitsgrund der nachträglichen Erweiterung, nämlich die Erweiterung des Schutzbereichs des erteilten Patents (ebenso Art. 138 Abs. 1 d EPÜ). Nichtigkeitsgründe sind mithin:

- fehlende Patentfähigkeit (§ 21 Abs. 1 Nr. 1 PatG)
- nicht ausreichende Offenbarung (§ 21 Abs. 1 Nr. 2 PatG)
- widerrechtliche Entnahme (§ 21 Abs. 1 Nr. 3 PatG)
- unzulässige Erweiterung (§ 21 Abs. 1 Nr. 4 PatG)
- und die nachträgliche Erweiterung des Schutzbereichs des erteilten Patents (§ 22 Abs. 1 PatG).

20. Unteransprüche können im Laufe eines Nichtigkeitsverfahrens insbesondere dann Bedeutung haben, wenn sich der Gegenstand des Hauptanspruchs als nicht rechtsbeständig erweist. Dann kommt häufig eine Kombination mit Merkmalen der Unteransprüche in Betracht. Insoweit kann es sich in Einzelfällen empfehlen, schon vorab auch Einzelheiten der Unteransprüche in der Nichtigkeitsklage zu behandeln.

Fristen und Rechtsmittel

Das Berufungsverfahren gegen Urteile des Bundespatentgerichts ist durch Art. 2 Nrn. 28 u. 29 des zweiten PatÄndG mit Wirkung zum 1. November 1998 durch Neufassung der §§ 110 bis 114 und 121 PatG neu geregelt worden. Nunmehr ist das Berufungsverfahren weitgehend den Vorschriften der ZPO nachgebildet.

Gegen die Urteile der Nichtigkeitssenate des Bundespatentgerichts findet die Berufung zum Bundesgerichtshof statt (vgl. §§ 110ff. PatG). Die Berufung wird durch Einreichung der Berufungsschrift beim Bundesgerichtshof eingelegt (§ 110 Abs. 2 PatG). Die Berufungsfrist beträgt einen Monat, die mit der Zustellung des in vollständiger Form abgefassten Urteils, spätestens aber mit dem Ablauf von 5 Monaten nach der Verkündung beginnt (§ 110 Abs. 3 PatG). Zum Inhalt der Berufung vgl. § 110 Abs. 4 PatG. Es soll mit der Berufungsschrift eine Ausfertigung oder beglaubigte Abschrift des angefochtenen Urteils vorgelegt werden (§ 110 Abs. 5 PatG). Die Berufungsbegründung ist, sofern sie – wie häufig – nicht bereits in der Berufungsschrift enthalten ist, in einem gesonderten Schriftsatz beim Bundesgerichtshof einzureichen (§ 111 Abs. 2 Satz 1 PatG). Die Berufungsbegründungsfrist beträgt einen Monat, die mit der Einlegung der Berufung beginnt (§ 111 Abs. 2 Satz 2 PatG). Das Gesetz zur Reform des Zivilprozesses vom 27. Juni 2001, in Kraft getreten am 1. Januar 2002, hat zwar § 520 Abs. 2 ZPO gegenüber dem früheren Rechtszustand dahingehend geändert, dass die Frist für die Berufungsbegründung 2 Monate beträgt und mit der Zustellung des in vollständiger Form abgefassten erstinstanzlichen Urteils beginnt. Diese Änderung umfasst jedoch nicht die Sonderregelung des § 111 Abs. 2 Satz 2 PatG.

Kosten und Gebühren

Zu der Neuregelung der Kosten und Gebühren für das Nichtigkeitsverfahren vor dem Bundespatentgericht vgl. vorstehend Anm. 7, 8 und 9.

Zu den Gebühren des Bundesgerichtshofs: Es gilt § 11 Abs. 1 GKG iVm. Anlage 1, nämlich dem Kostenverzeichnis. Maßgeblich sind Nrn. 1240 bis 1249. Danach wird für das Verfahren im Allgemeinen beim Bundesgerichtshof der doppelte Satz der Gebühr nach § 11 Abs. 2 GKG gefordert. Diese Gebühr wird gem. § 61 GKG schon mit Einreichung der Berufung fällig. Ergeht ein das die Berufungsinstanz beim Bundesgerichtshof abschließendes Urteil mit Begründung, werden weitere 4 Gebühren fällig.

7. Klage wegen Patentberühmung

Landgericht
Zivilkammer (Patentkammer)[1]

Klage

der Firma A ......

Klägerin,

Prozessbevollmächtigter: RA ......

gegen

die Firma B ......

Beklagte,

wegen Patentberühmung
Streitwert: vorläufig geschätzt EUR ......[2]

Namens und in Vollmacht der Klägerin erhebe ich Klage und werde beantragen,

1. die Beklagte zu verurteilen,
   der Klägerin Auskunft darüber zu geben, auf welches Patent, im Falle des Bestehens mehrerer Patente, auf welche Patente sich die Verwendung der Bezeichnung „Patente" bzw. „Patent" bezieht, die die Beklagte im Zusammenhang mit dem Vertrieb und dem Feilhalten von elektronischen Rechengeräten benutzt;
2. ......[3]
3. ......[3]

Begründung:

1. Die Parteien des Rechtsstreits sind Wettbewerber. Beide stellen her und vertreiben elektronische Rechengeräte.
2. Die Beklagte ist in jüngster Zeit dazu übergegangen, ihre Rechengeräte mit den Hinweisen auf das Bestehen von Patentschutz zu vertreiben. Derartige Hinweise sind in dem als Anlage 1 überreichten Prospekt der Beklagten enthalten, mit der diese für ihre elektronischen Rechengeräte Werbung treibt. Es findet sich in der Anlage 1 sowohl der Hinweis „Patent" als auch „Patente". Die Beklagte hat sich vorprozessual geweigert, der Klägerin auf die als Anlage 2 überreichte Anfrage mitzuteilen, um welches Patent bzw. welche Patente es sich handelt[5]. Dementsprechend ist Klage geboten. Mit ihr wird der der Klägerin gemäß § 146 PatG zustehende Auskunftsanspruch geltend gemacht. Die Beklagte verwendet den Hinweis „Patent" bzw. „Patente" in öffentlichen Verlautbarungen, nämlich entsprechend der Anlage 1. Sie ist dementsprechend verpflichtet, jedem, der ein berechtigtes Interesse an der Kenntnis der Rechtslage hat, auf Verlangen Auskunft darüber zu geben, auf welches Patent bzw. welche Patente sich die Verwendung der Bezeichnung stützt. Die Klägerin verfügt infolge des bestehenden Wettbewerbsverhältnisses über ein berechtigtes Interesse an der den Gegenstand der Klage bildenden Auskunft[4].
3. Es handelt sich um eine patentrechtliche Auseinandersetzung, so dass sich die Zuständigkeit des angerufenen Gerichts auf Grund der Tatsache ergibt, dass die Beklagte ihren Sitz im Land ...... hat[6, 7].

Rechtsanwalt

Schrifttum: Hubbuch, Der Schutzhinweis, GRUR 1975, 481 f.; *Geißler,* Patent und § 3 UWG, GRUR 1973, 506 ff.; *Lambsdorff/Skora,* Die Werbung mit Schutzrechtshinweisen, 1977: *Lambsdorff/Hamm,* Zur wettbewerbsrechtlichen Zulässigkeit von Patent-

Hinweisen, GRUR 1985, 244 ff.; *von Gravenreuth,* Geschichtliche Entwicklung und aktuelle Probleme zum Auskunftsanspruch nach einer Schutzrechtsberühmung, Mitt. 1985, 207; *Bogler,* Werbung mit Hinweisen auf zukünftige oder bestehende Patente, DB 1992, 413.

Hinweis: Ein weiteres Textbeispiel für eine Klage wegen Patentberühmung bei *Mes/Mes,* Münchener Prozeßformularbuch, Gewerblicher Rechtsschutz, Urheber- und Presserecht, 2000, C. 24.

Anmerkungen

1. Da die geltend gemachte Rechtsfolgenbehauptung ihre Grundlage in § 146 PatG findet, handelt es sich um eine Patentstreitsache im Sinne des § 143 Abs. 1 PatG.

2. Die Höhe des Streitwertes ist gemäß § 3 ZPO zu ermitteln. Maßgeblich sind einerseits das Auskunftsinteresse des Klägers, andererseits die Bedeutung der Patentberühmung und der sich daraus ergebende Wettbewerbsvorsprung des Beklagten. Regelmäßig liegt der Streitwert für eine Patentberühmungsklage in der Größenordnung von EUR 10.000,– bis EUR 25.000,–.

3. Im Hinblick auf die Anträge zu den Nebenentscheidungen vgl. Anträge III und IV in Form. II. O. 3; zu den weiteren Erklärungen/Anträgen vgl. Form. II. O. 3 Anm. 17, 17 a und 18. Bei einer Patentberühmungsklage macht eine Güteverhandlung gem. § 278 Abs. 2 ZPO durchaus Sinn, so dass gegebenenfalls eine entsprechende Anregung durch den Kläger gegeben werden sollte.

4. Zu den Voraussetzungen des § 146 PatG vgl. den Wortlaut dieser Bestimmung sowie die Kommentierung bei *Mes,* PatG 1997, Rdn. 1 ff. zu § 146 PatG.

5. § 146 PatG begründet nur einen Anspruch auf Auskunft „auf Verlangen". Infolgedessen ist das vorherige Auskunftsverlangen notwendiges Tatbestandsmerkmal (vgl. *Mes,* PatG 1997, Rdn. 7 zu § 146).

6. Zur Zuständigkeit vgl. § 143 Abs. 2 PatG und die Ausführungen in Anm. 1 zu Form. II. O. 3.

7. Die Reaktionsmöglichkeiten für den Beklagten sind folgende:

a) Verfügt er tatsächlich über ein Patent und bezieht sich die Patentberühmung auf dieses, so ist er im Grundsatz zur Auskunft verpflichtet.

b) Verfügt der Beklagte nicht über ein entsprechendes Patent, so ist dies ebenfalls mitzuteilen. In einem solchen Fall sollte der Auskunftsverpflichtete zugleich auch eine strafbewehrte Unterlassungsverpflichtungserklärung abgeben, die den Gläubiger im Hinblick auf den wegen einer unzulässigen Patentberühmung gemäß §§ 1, 3 UWG gegebenen Unterlassungsanspruch klaglos stellt, da anderenfalls der Gläubiger nach erlangter Auskunft, dass kein Patent besteht, einen solchen Anspruch mit einiger Wahrscheinlichkeit geltend machen wird.

Zur Frage der Gebrauchsmusterberühmung vgl. § 30 Gebrauchsmustergesetz, der der Bestimmung des § 146 PatG entspricht. Zur Frage einer Geschmacksmusterberühmung vgl. Form. II. O. 17.

8. Hinweis auf das Bestehen eines Gebrauchsmusters[1]

Firma
B ......
– Geschäftsleitung –

Betr.: A ..../. B ......
DE-GM ...... betreffend einen Gasflaschenkasten mit eingebauten Unterlegkeilen

Sehr geehrte Herren!

Hiermit zeige ich Ihnen an, dass mich die Firma A ...... mit der Wahrnehmung ihrer Interessen beauftragt hat. Namens und in Vollmacht[2] meiner Mandantin teile ich Ihnen das Folgende mit:

1. Meine Mandantin ist alleinige und ausschließliche Inhaberin des DE-GM ...... betreffend einen Gasflaschenkasten mit eingebauten Unterlegkeilen, insbesondere für Wohnwagen. Das Gebrauchsmuster ist am 30. April 1998 angemeldet und am 13. August 1999 eingetragen worden. Es steht in Kraft. Zu Ihrer Unterrichtung füge ich die Gebrauchsmusterschrift meinem Schreiben in der Anlage A bei.
2. Das Gebrauchsmuster meiner Mandantin befasst sich mit einer möglichst zweckmäßigen Ausgestaltung von Gasflaschenkästen. Derartige Kästen werden insbesondere bei Wohnwagen benutzt. Insoweit liegt dem Gebrauchsmuster die Aufgabe zugrunde, Gasflaschenkästen herkömmlicher Art so zu verbessern, dass sie auch Unterlegkeile aufnehmen können, die für Wohnwagen benötigt werden, um diesen gesicherten Stand, beispielsweise auf abschüssiger Strecke, zu vermitteln. Zur Lösung dieser Aufgabe wird vorgeschlagen, die Unterlegkeile in dem Gasflaschenkasten unterzubringen und diesen dementsprechend so auszugestalten, dass an den Vorder- oder Hinterkanten des Gehäuses Einformungen oder den Einformungen entsprechende Öffnungen vorhanden sind, die die Unterlegkeile und deren Befestigungsvorrichtungen aufnehmen.
3. Nach Feststellung meiner Mandantin stellen Sie her und vertreiben ebenfalls Gasflaschenkästen, die so ausgestaltet sind, wie die den Gegenstand des Gebrauchsmusters meiner Mandantin bildende Raumform. Bitte teilen Sie mir mit, auf Grund welcher Gesichtspunkte Sie sich für berechtigt ansehen, in das Schutzrecht meiner Mandantin einzugreifen. Ich sehe Ihrer Stellungnahme bis zum

......[3]

entgegen, anderenfalls gehe ich davon aus, dass Ihnen keine rechtfertigenden Gründe zur Seite stehen.

Schrifttum: Vgl. die Hinweise zu Form. II. O. 1; die dort angeführten Kommentare enthalten in der Mehrzahl auch eine Erläuterung des Gebrauchsmustergesetzes; vgl. ferner *Bühring,* Gebrauchsmustergesetz, 5. Aufl. 1997; *Loth,* Gebrauchsmustergesetz, 2001; *Pietzcker,* Das Gebrauchsmuster nach der Neuordnung des Patentgesetzes, GRUR 1982, 385 ff.; *Starck,* Gebrauchsmusterrecht – Bemerkungen zur neueren Entwicklung der Rechtsprechung, GRUR 1982, 5 ff.; *ders.,* Aktuelle Fragen des Gebrauchsmusterrechts nach der Neuordnung des Patentrechts, GRUR 1983, 401 ff.; *Tronser,* Auswirkungen des Produktpirateriegesetzes vom 7. März 1990 auf das Gebrauchsmusterrecht, GRUR 1991, 10 ff.; *U. Krieger,* Das deutsche Gebrauchsmusterrecht – Eine Bestandsaufnahme, GRUR Int. 1996, 354; *Pietzcker,* Gebrauchsmusterrecht, Das technische Schutzrecht der Zukunft?, GRUR Int. 1996, 380; *Breuer,* Der erfinderische Schritt im Gebrauchsmusterrecht, GRUR 1997, 11; *Westendorp/Viktor,* Das Gebrauchsmuster – Eine schärfere Waffe als das Patent?, Mitt. 1998, 452; *Kraßer,* Neuere Entwicklungen des Gebrauchsmusterrechts in Europa, GRUR 1999, 527; *Nieder,* Anspruchsbeschränkung im Gebrauchsmusterverletzungsprozeß, GRUR 1999, 222; *Goebel,* Gebrauchsmuster – Beschränkte Schutzansprüche und Kostenrisiko im Löschungsverfahren, GRUR 1999, 833; *ders.,* Schutzansprüche und Ursprungsoffenbarung – Der Gegenstand des Gebrauchsmusters im Löschungsverfahren, GRUR 2000, 477; *ders.,* Der abgezweigte Gegenstand – Zum Begriff derselben Erfindung nach § 5 I 1 GebrMG, GRUR 2001, 604; *ders.,* Schutzwürdigkeit kleiner Erfindungen in Europa – Die materiellen Schutzvoraussetzungen für Gebrauchsmuster in den nationalen Gesetzen und dem EU-Richtlinienvorschlag, GRUR 2001, 916.

Hinweis: Ein weiteres Textbeispiel betreffend einen Hinweis auf bestehenden Gebrauchsmusterschutz (sog. Berechtigungsanfrage) findet sich bei *Mes/von Schwerin*, Münchener Prozeßformularbuch, Gewerblicher Rechtsschutz, Urheber- und Presserecht, 2000, D. 1.

Anmerkungen

1. Da es sich bei einem Gebrauchsmuster um ein ungeprüftes Schutzrecht handelt, ist die Verwarnung aus einem Gebrauchsmuster gegenüber derjenigen aus einem Patent besonders problematisch. Sie bedarf einer sorgfältigen Überprüfung insbesondere der Schutzfähigkeit des Gebrauchsmusters, um den unberechtigt Verwarnenden vor der Inanspruchnahme unter dem rechtlichen Gesichtspunkt des § 823 Abs. 1 BGB wegen eines rechtswidrigen Eingriffs in den eingerichteten und ausgeübten Gewerbebetrieb und/oder eines Wettbewerbsverstoßes gemäß §§ 1, 3 UWG zu bewahren (BGH GRUR 1997, 741 – Chinaherde; vgl. dazu insbesondere Anm. 1 zu Form. II. O. 1). Das bestehende Risiko bei der Verwarnung aus einem ungeprüften Schutzrecht führt häufig dazu, dass zunächst der Versuch einer weiteren Aufklärung des Sachverhalts unternommen wird, indem unmittelbar an den möglichen Verletzer eine Anfrage gerichtet wird, weshalb er sich berechtigt glaube, von den Merkmalen des Gegenstandes des Gebrauchsmusters Gebrauch machen zu dürfen (sog. Berechtigungsanfrage). Da mit einer derartigen Anfrage kein unmittelbarer Druck auf die Entschließungsfreiheit des Inanspruchgenommenen ausgeübt wird, kann diese nicht als Eingriff in den eingerichteten und ausgeübten Gewerbebetrieb angesehen werden. Grundsätzlich ist freilich Vorsicht geboten. Die Abgrenzung zwischen Verwarnung und Hinweis ist oft schwierig. Zur Problematik der Abgrenzung vgl. *Bruchhausen*, Der Meinungsaustausch über Patentverletzungen, Mitteilungen der deutschen Patentanwälte 1969, 286, 290; ferner *Brandi-Dohrn* GRUR 1981, 679/682.

2. Da es sich lediglich um einen Meinungsaustausch handelt, bedarf es der Übersendung einer Vollmachtsurkunde an sich nicht. Im Zusammenhang mit einer Abmahnung ist streitig, ob eine Vollmachtsurkunde beigefügt werden muss. Normalerweise ist die Abmahnung weder einseitiges Rechtsgeschäft noch geschäftsähnliche Handlung. § 174 BGB findet mithin keine Anwendung (OLG Köln WRP 1985, 360 f.; KG GRUR 1988, 79). Demgegenüber haben die Oberlandesgerichte Düsseldorf (GRUR 1999, 1039; GRUR-RR 2001, 286), Nürnberg (GRUR 1991, 387; 1999, 1039) und Dresden (GRUR 1999, 377) für den Fall der Abmahnung die gegenteilige Auffassung vertreten.

3. Auch bei einem Hinweisschreiben sollte dem Adressaten ausreichend Zeit und Gelegenheit gegeben werden, Stellung zu nehmen. Das liegt hier im besonderen Interesse des Hinweisenden, da auch er daran interessiert sein muss, diejenigen Gründe kennenzulernen, die möglicherweise das objektiv schutzrechtswidrige Verhalten rechtmäßig erscheinen lassen.

9. Gebrauchsmusterverletzungsklage

An das
Landgericht
Zivilkammer (Patentkammer)[1]

Klage

der Firma A ......
Klägerin,
– Prozessbevollmächtigter: RA ......

gegen

die Firma B ......[2]

Beklagte,

wegen Gebrauchsmusterverletzung
Streitwert: vorläufig geschätzt EUR ......[3#]

Namens und in Vollmacht der Klägerin erhebe ich Klage und werde beantragen,

I. die Beklagte zu verurteilen,

1. es bei Meidung ...... zu unterlassen[4],
   in der Bundesrepublik Deutschland[5] Gasflaschenkästen, deren Gehäuse mit Befestigungsvorrichtungen für die Unterlegkeile von Wohnwagen oder dergleichen versehen sind, (herzustellen), in den Verkehr zu bringen, anzubieten oder zu gebrauchen oder zu den genannten Zwecken einzuführen oder zu besitzen[6], bei denen das Gehäuse an den Vorder- oder Hinterkanten mit die Unterlegkeile und deren Befestigungsvorrichtungen aufnehmenden Öffnungen versehen ist[7],
   insbesondere, wenn die dem Radius angepassten Seiten der Unterlegkeile dem Innenraum des Gehäuses zugewandt sind[8].
   (Ansprüche 1 und 2 des DE-GM ......);
2. der Klägerin für die Zeit ab 26. Oktober 1999[8 a] Auskunft über (die Herkunft und) den Vertriebsweg der vorstehend unter I 1 beschriebenen Erzeugnisse zu erteilen, insbesondere unter Angabe der Namen und Anschriften der Hersteller, der Lieferanten und deren Vorbesitzer, der gewerblichen Abnehmer oder Auftraggeber sowie unter Angabe der Mengen, (der hergestellten), ausgelieferten, erhaltenen oder bestellten Erzeugnisse[9];
3. der Klägerin Rechnung darüber zu legen[10], in welchem Umfang die Beklagte die vorstehend unter I 1 bezeichneten Handlungen seit dem 26. Oktober 1999[8 a] begangen hat, und zwar unter Vorlage eines Verzeichnisses mit der Angabe (der Herstellungsmengen und -zeiten sowie) der einzelnen Lieferungen unter Nennung
   a) der Liefermengen, Typenbezeichnungen, Artikel-Nummern, Lieferzeiten, Lieferpreise und Namen und Anschriften der Abnehmer,
   b) der Gestehungskosten unter Angabe der einzelnen Kostenfaktoren sowie des erzielten Gewinns[10 a]

   und unter Angabe der einzelnen Angebote und der Werbung unter Nennung
   c) der Angebotsmengen, Typenbezeichnungen, Artikel-Nummern, Angebotszeiten und Angebotspreise sowie der Namen und Anschriften der Angebotsempfänger,
   d) der einzelnen Werbeträger, deren Auflagenhöhe, Verbreitungszeitraum und Verbreitungsgebiet,

   wobei
   e) der Beklagten vorbehalten bleiben mag[11], die Namen und Anschriften der Angebotsempfänger und der nicht gewerblichen Abnehmer statt der Klägerin einem von dieser zu bezeichnenden und ihr gegenüber zur Verschwiegenheit verpflichteten vereidigten Wirtschaftsprüfer mitzuteilen, sofern die Beklagte die durch seine Einschaltung entstehenden Kosten trägt und ihn ermächtigt, der Klägerin auf Anfrage mitzuteilen, ob bestimmte Abnehmer und/oder Lieferungen in der erteilten Rechnung enthalten sind;
4. die im unmittelbaren oder mittelbaren Besitz oder Eigentum der Beklagten befindlichen Erzeugnisse entsprechend vorstehend 1 an einen von der Klägerin zu

bezeichnenden Sequester zum Zwecke der Vernichtung auf Kosten der Beklagten herauszugeben[12];

II. festzustellen, dass die Beklagte verpflichtet ist, der Klägerin allen Schaden zu erstatten, der ihr aus den vorstehend zu I 1 bezeichneten und seit dem 26. Oktober 1999 begangenen[8 a] Handlungen entstanden ist und künftighin entstehen wird[13 13 a];

III. der Beklagten die Kosten des Rechtsstreits aufzuerlegen;

IV. das Urteil – gegebenenfalls gegen Sicherheitsleistung (Bank- oder Sparkassenbürgschaft) – für vorläufig vollstreckbar zu erklären;
hilfsweise der Klägerin nachzulassen, die Zwangsvollstreckung gegen Sicherheitsleistung (Bank- oder Sparkassenbürgschaft) abzuwenden[14].

Es handelt sich um eine gebrauchsmusterrechtliche Streitigkeit, so dass eine Übertragung auf den Einzelrichter nicht angezeigt erscheint[15].

Es wird gebeten, von der Anberaumung einer Güteverhandlung abzusehen. Sie bietet erkennbar keine Aussicht auf Erfolg. Die Parteien haben sich außergerichtlich erfolglos schon um eine Einigung bemüht.[16]

......[16 a]

Begründung:

I.

1. Die Klägerin ist eingetragene, ausschließliche und allein verfügungsberechtigte Inhaberin des DE-GM ...... betreffend einen Gasflaschenkasten mit eingebauten Unterlegkeilen, insbesondere für Wohnwagen. Das Klagegebrauchsmuster ist am 30. April 1998 angemeldet[17] und am 13. August 1999 in die Gebrauchsmusterrolle beim Deutschen Patentamt eingetragen worden. Die Bekanntmachung im Patentblatt erfolgte am 26. September 1999[18]. Es steht in Kraft.

Beweis: Auskunft des Deutschen Patentamtes[19].

Wir überreichen – für das angerufene Gericht dreifach[20] – die Schrift des DE-GM ...... als Anlage 1.

Das Klagegebrauchsmuster befasst sich mit einer möglichst zweckmäßigen Ausgestaltung von Gasflaschenkästen. Derartige Kästen werden insbesondere bei Wohnwagen benutzt, um die zur Befeuerung und Speisung der Gas-Feuerstelle dienenden Gasflaschen aufzunehmen. Vor dem Prioritätstag des Klagegebrauchsmusters lag es im Stand der Technik, derartige Gasflaschenkästen so auszugestalten, dass sie lediglich geeignet waren, die Gasflaschen und sonst nichts mehr aufzunehmen. Demgegenüber hat es sich der Erfinder des Klagegebrauchsmusters zur Aufgabe gemacht[21], Gasflaschenkästen so auszugestalten, dass sie auch Unterlegkeile aufnehmen können, die für Wohnwagen benötigt werden, um diesen auf abschüssigen Flächen einen gesicherten Stand zu vermitteln. Es war nämlich vor dem Prioritätstag des Klagegebrauchsmusters lediglich üblich gewesen, die Unterlegkeile im Wohnwagen selbst oder in einem außerhalb am Wohnwagen angebrachten Kasten unterzubringen. Das führte häufig dazu, dass die Unterlegkeile im Gefahrenfalle erst gesucht werden mussten. Des Weiteren ist eine derartige Art der Unterbringung nachteilig, weil der Einbau eines Keilekastens aufwändig ist. Zur Beseitigung der geschilderten Nachteile wird im Klagegebrauchsmuster vorgeschlagen[22], die Unterlegkeile in dem Gasflaschenkasten unterzubringen und diesen dementsprechend so auszugestalten, dass an den Vorder- oder Hinterkanten des Gehäuses Einformungen oder den Einformungen entsprechende Öffnungen vorhanden sind, die die Unterlegkeile und deren Befestigungsvorrichtungen aufnehmen. In einer besonderen Ausführungsform[23] wird vorgeschlagen, Unterlegkeile so anzubringen, dass ihre dem Radius angepassten Seiten dem Innenraum des Gehäuses zugewandt sind.

Mit Eingabe vom 30. 3. 2001 hat die Klägerin neue Schutzansprüche eingereicht, die an die Stelle der bisherigen Schutzansprüche entsprechend der Anlage 1 treten[24]. Ich überreiche die entsprechende Eingabe als Anlage 2.

Dementsprechend haben die hier interessierenden Ansprüche 1 und 2 des Klagegebrauchsmusters folgenden Wortlaut:

1. Gasflaschenkasten, dessen Gehäuse mit Befestigungsvorrichtungen für die Unterlegkeile von Wohnwagen oder dergleichen versehen ist, dadurch gekennzeichnet, dass das Gehäuse (1) an den Vorder- oder Hinterkanten mit die Unterlegkeile und deren Befestigungsvorrichtungen (3) aufnehmenden Einformungen (2) oder den Einformungen (2) entsprechenden Öffnungen versehen ist.
2. Gasflaschenkasten nach Anspruch 1, dadurch gekennzeichnet, dass die dem Radius angepassten Seiten der Unterlegkeile dem Innenraum des Gehäuses (1) zugewandt sind.

2. Die Beklagte stellt her und vertreibt Gasflaschenkästen, die das Klageschutzrecht unmittelbar gegenständlich verletzen. Die Beklagte hat in der vorprozessualen Korrespondenz nicht bestritten, dass der von ihr in den Verkehr gebrachte Gasflaschenkasten ein Gehäuse mit Befestigungsvorrichtungen für die Unterlegkeile von Wohnwagen oder dergleichen aufweist, wobei das Gehäuse an den Vorder- und den Hinterkanten mit die Unterlegkeile und deren Befestigungsvorrichtungen aufnehmenden Öffnungen versehen ist[25].

Da die Beklagte erfolglos abgemahnt worden ist, ist Klage geboten. Mit ihr werden die der Klägerin infolge der Gebrauchsmusterverletzungshandlungen zustehenden Ansprüche geltend gemacht.

II.

1. Das Unterlassungsbegehren ist gemäß §§ 24 Abs. 1, 12 a, 11 GebrMG begründet. Die Beklagte ist auch gemäß Klageantrag II auf der Grundlage des § 24 Abs. 2 GebrMG gegenüber der Klägerin zu Schadensersatz verpflichtet. Es kann von ihr nicht geleugnet werden, dass der Klägerin durch die Gebrauchsmusterverletzungshandlungen ein Schaden entstanden ist[26]. Des Weiteren hat die Beklagte auch schuldhaft gehandelt. Die Beklagte ist verpflichtet, bestehende Schutzrechte zu beachten. Dabei ist die Klägerin zu Gunsten der Beklagten davon ausgegangen, dass dieser ein Prüfungszeitraum von ca. einem Monat zuzubilligen ist, gerechnet ab dem Veröffentlichungstag der Eintragung des Klagegebrauchsmusters.[27] Im Übrigen ist sie auf die Schutzrechte der Klägerin ausdrücklich hingewiesen worden[28]. Da die Klägerin ohne nähere Kenntnis vom Umfang der Verletzungshandlungen ihren Schadensersatzanspruch nicht beziffern kann, ist die Beklagte gemäß § 242 BGB zu der mit Klageantrag I 3 verlangten Rechnungslegung verpflichtet[29]. Die bei der Klägerin zurzeit bestehende Unsicherheit betreffend die Berechnungsgrundlagen ihres Schadensersatzanspruches rechtfertigt auch die Zulässigkeit des Schadensersatzfeststellungsbegehrens gemäß § 256 ZPO. Der mit Klageantrag I 2 geltend gemachte Auskunftsanspruch findet seine Grundlage in § 24 b GebrMG, der Vernichtungsanspruch gemäß Klageantrag I 4 in § 24 a GebrMG.
2. Die Zuständigkeit des angerufenen Gerichts ergibt sich daraus, dass die Beklagte ihre gebrauchsmusterverletzenden Gasflaschenkästen auch im Lande ...... anbietet und vertreibt (§ 27 Abs. 2 GebrMG)[30].

III.

Ich teile mit, dass die Klägerin neben ihren Prozessbevollmächtigten

Herrn Patentanwalt ......

zur Mitwirkung in diesem Rechtsstreit bestellt hat[31].

Rechtsanwalt

Schrifttum: Vgl. die Hinweise zu Form. II. O. 1 und II. O. 8.

Hinweis: Weitere Textbeispiele zum Gebrauchsmusterverletzungsprozeß finden sich bei *Mes/v. Schwerin,* Münchener Prozeßformularbuch/Gewerblicher Rechtsschutz, Urheber- und Presserecht, 2000, D. 5 bis D. 12.

Anmerkungen

1. § 27 Abs. 1 und 2 GebrMG folgen der Regelung für Patentstreitsachen in § 143 PatG. Gemäß § 27 Abs. 1 GebrMG sind die Zivilkammern der Landgerichte für Gebrauchsmusterstreitsachen ohne Rücksicht auf den Streitwert ausschließlich zuständig. § 27 Abs. 2 GebrMG enthält eine Ermächtigung der Landesregierungen, die Zuständigkeit für Gebrauchsmusterstreitsachen auf ein Landgericht zu konzentrieren. Davon haben einige Bundesländer Gebrauch gemacht. Es gilt eine gleiche Regelung wie in Patentsachen (vgl. Form. II. O. 3 Anm. 1). Die Kosten eines mitwirkenden Patentanwalts zuzüglich notwendiger Auslagen sind erstattungsfähig, ohne dass im Einzelfall die Notwendigkeit der Hinzuziehung eines Patentanwaltes zu prüfen wäre (§ 27 Abs. 3 GebrMG). § 27 GebrMG ist durch Art. 4 des Gesetzes zur Änderung des Rechts der Vertretung durch Rechtsanwälte vor den Oberlandesgerichten vom 23. Juli 2002 mit Wirkung zum 1. August 2002 geändert worden.

2. Handelt es sich bei der Beklagten um eine Gesellschaft, so empfiehlt es sich regelmäßig, die Klage zur Erweiterung des Haftungszugriffs auf die persönlich haftenden Gesellschaften bzw. die verantwortlichen Geschäftsführer bei einer GmbH, gegebenenfalls die verantwortlichen Vorstandsmitglieder bei einer AG zu erstrecken. Vgl. dazu Form. II. O. 3 Anm. 2.

3. Die Höhe des Streitwertes bemisst sich maßgeblich nach den Interessen des Klägers, wobei – analog den Patentstreitigkeiten – sein Interesse im Vordergrund steht, dass der Beklagte die schutzrechtsverletzenden Handlungen in Zukunft unterlässt. Allgemeingültige Angaben zur Streitwerthöhe lassen sich nicht machen. Alles hängt vom Einzelfall ab. In Gebrauchsmusterverletzungsstreitigkeiten liegen die Streitwerte regelmäßig niedriger als diejenigen in Patentverletzungsprozessen, und zwar in einer Größenordnung von ca. EUR 50.000,– bis EUR 150.000,–.

4. Zum Wortlaut der Strafandrohungsklausel vgl. Klageantrag I 1 sowie Anm. 5 in Form. II. N. 3.

5. Vgl. Anm. 11 zu Form. II. O. 1 und 5 zu Form. II. O. 3. Da ein Gebrauchsmuster von vornherein nur territorialen Schutz für den Bereich der Bundesrepublik Deutschland entfalten kann, ist die Angabe im Klageantrag I 1 an sich überflüssig. Sie schadet nicht. Sie ist insbesondere dann vorteilhaft, wenn es sich um einen ausländischen Beklagten handelt.

6. Die Formulierung folgt dem Wortlaut des § 11 Abs. 1 GebrMG. Die Systematik des Gebrauchsmustergesetzes folgt derjenigen des Patentgesetzes, so dass auf Form. II. O. 1 Anm. 12 und die dort erörterten Tathandlungen verwiesen werden kann. Besonderes Augenmerk ist auf das Verbot des Herstellens zu richten. Sind keine Herstellungshandlungen bisher vorgenommen oder zu besorgen (die Beklagte ist zB. nur ein Handelsunternehmen), so muss diese Handlung zur Vermeidung einer teilweisen Klageabweisung in den Klageanträgen entfallen. Sie ist daher im Textbeispiel in Klammern gesetzt. Im Übrigen gilt der Grundsatz der sog. Einheitlichkeit der Benutzungshandlungen.

7. Sogenannte Konkretisierung der Verletzungshandlung, die gem. § 253 Abs. 2 Nr. 2 ZPO erforderlich ist. Zu Einzelheiten vgl. Form. II. O. 3 Anm. 8; die dortigen Ausführungen lassen sich auf den Fall einer Gebrauchsmusterverletzung übertragen. Besonderheit: Gebrauchsmusteransprüche können in – einem beschränkten Rahmen – durch nachträgliche Eingaben beschränkt (nicht erweitert) werden (vgl. Anm. 24).

8. Der Klageantrag I 1 verbindet Haupt- und Unteranspruch des Klagegebrauchsmusters mit dem Wort „insbesondere". Vgl. zu dieser Formulierung Form. II. N. 10 Anm. 6. Auch in Gebrauchsmusterrechtsstreitigkeiten sind derartige Formulierungen häufig, um im Falle der Feststellung der Schutzunfähigkeit des Gegenstandes des Hauptanspruches durch Hinzunahme eines besonderen zusätzlichen Ausgestaltungsmerkmales eines Unteranspruches ein „Minus" zu erhalten, das das Gericht im Falle der Abweisung des weitergehenden Antrages zuerkennen kann, indem es das Wort „insbesondere" im Urteilstenor streicht (*Nieder,* GRUR 1999, 222).

8 a. Analog einer Patentverletzung ist auch bei einer Gebrauchsmusterverletzung ein Prüfungszeitraum einzuräumen (vgl. Form. II. O. 1 Anm. 15), der vernünftigerweise erst ab Bekanntmachung der Gebrauchsmustereintragung im Patentblatt zu laufen beginnen kann, obgleich die Schutzwirkungen des Gebrauchsmusters schon mit der Eintragung beginnen (§§ 11, 24 GebrMG).

9. Antrag gemäß § 24 b GebrMG. Diese Bestimmung ist durch das Produktpirateriegesetz gleich lautend in das Gebrauchsmustergesetz, das Patentgesetz, das Geschmacksmustergesetz, das Urhebergesetz und das Markengesetz mit Wirkung zum 1. Juli 1990 eingefügt worden. Zu Einzelheiten vgl. Form. II. O. 1 Anm. 6, 9 und 13 sowie Form. II. O. 3 Anm. 9. Hat die Beklagte die gebrauchsmusterverletzenden Erzeugnisse nicht hergestellt (vgl. Klageantrag I 1), so entfallen die in Klammern gesetzten Antragsteile.

10. Es handelt sich um die tatsächlichen Angaben, auf deren Mitteilung der Gebrauchsmusterinhaber als Inhaber eines Ausschließlichkeitsrechts nach allgemeiner Auffassung einen Anspruch hat, um seinen Schaden berechnen zu können. Zu Einzelheiten vgl. Form. II. O. 1 Anm. 14 bis 17. Bei verübten Herstellungs-Handlungen vgl. Anm. 9 aE.

10 a. Zu den Gestehungskosten gehören nicht die Gemeinkosten (Fixkosten); diese dürfen vom Verletzer im Falle der Geltendmachung des Anspruchs auf Herausgabe des Verletzergewinns nicht abgezogen werden (BGH GRUR 2001, 329, 331 – Gemeinkostenanteil). In geeigneten Fällen kann es sich anbieten, auch einen Anspruch auf Vorlage von Belegen geltend zu machen (BGH GRUR 2001, 841, 845 li. Sp. oben – Entfernung der Herstellungsnummer II).

11. Zum Wirtschaftsprüfervorbehalt gelten die Ausführungen wie in Form. II. O. 1 Anm. 17 und Form. II. O. 3 Anm. 11.

12. Der mit diesem Klageantrag geltend gemachte Vernichtungsanspruch beruht auf § 24 a GebrMG, der ebenso wie der Auskunftsanspruch des § 24 b GebrMG (vgl. Anm. 9) in das Gebrauchsmustergesetz wie auch in weitere Gesetze betreffend Sonderausschließlichkeitsrechte zum 1. Juli 1990 eingefügt worden ist (vgl. zu Einzelheiten Form. II. O. 1 Anm. 6, 9 und 18; zur Antragsformulierung vgl. Form. II. O. 3 Anm. 13).

13. Zur Zweckmäßigkeit der Verbindung von Rechnungslegungsantrag und Schadensersatzfeststellungsbegehren vgl. Form. II. O. 3 Anm. 15.

13 a. Zu sämtlichen Anträgen vgl. insbesondere die Anmerkungen und Hinweise zu den Antragsformulierungen und erforderlichen Substantiierungspflichten in Form. II. O. 3.

14. Kosten- und Vollstreckungsanträge sind zwar entbehrlich, da diese Nebenentscheidungen von Amts wegen zu treffen sind. Die Anträge werden aber nach wie vor in der Praxis gestellt. Ein Vollstreckungsschutzantrag bedarf der besonderen Begründung. Zu den Anforderungen – in der Berufungsinstanz – BGH GRUR 1996, 512 – Fehlender Vollstreckungsschutzantrag II.

15. Stellungnahme gemäß § 253 Abs. 3, § 348 Abs. 1 Nr. 1 ZPO.

16. § 278 Abs. 2 ZPO sieht mit Wirkung ab dem 1. Januar 2002 vor, dass der mündlichen Verhandlung zum Zweck der gütlichen Beilegung des Rechtsstreits eine Güteverhandlung vorausgeht. Sie soll entfallen können, wenn bereits ein Einigungsversuch vor einer außergerichtlichen Gütestelle stattgefunden hat oder wenn die Güteverhandlung erkennbar aussichtslos erscheint. Im Bereich des gewerblichen Rechtsschutzes ist es die Regel, dass die Parteien vor Anrufung des Gerichts einen gütlichen Ausgleich untereinander suchen. Das ist wegen der Komplexität der zu beurteilenden Sachverhalte und der widerstreitenden Interessen oft nicht möglich. Ist mithin Klage erhoben, kann regelmäßig davon ausgegangen werden, dass nur gerichtliche Hilfe den Konflikt der Parteien lösen kann. Das Gericht ist auch wegen weitgehend fehlender Kenntnis des komplexen Sachverhalts nicht in der Lage, zu diesem frühen Zeitpunkt einen geeigneten Vergleichsvorschlag zu unterbreiten. Dem trägt die im Formular vorgeschlagene Formulierung Rechnung. Weitere Einzelheiten z. B. in Form. I. F. 6.

16a. Ist damit zu rechnen, dass die befasste Kammer das schriftliche Vorverfahren gem. § 276 ZPO anordnet, sollte hier höchst vorsorglich der Antrag auf Erlass eines Anerkenntnisses bzw. Versäumnisurteils gem. §§ 307 Abs. 2, 331 Abs. 3 ZPO für den Fall der fehlenden Verteidigungsbereitschaft der Beklagten gestellt werden.

17. Die Mitteilung des Anmeldetages ist erforderlich für die Berechnung der drei – und nach Verlängerung um weitere 3 und zweimal 2 Jahre – insgesamt 10jährigen Schutzdauer des Gebrauchsmusters (§ 23 Abs. 1 und 2 und 6 S. 1 GebrMG). Der Anmeldetag hat als sogenannter Prioritätstag auch Bedeutung für die Beurteilung der Schutzfähigkeit der als Gebrauchsmuster angemeldeten Erfindung. Sie bemisst sich nach dem Stand der Technik und dem Fachwissen zum Zeitpunkt der Anmeldung. Zur Prioritätsverlagerung bei Inanspruchnahme der sogenannten Unionspriorität vgl. Artikel 4 der „Pariser Verbandsübereinkunft zum Schutz des gewerblichen Eigentums" vom 20. 3. 1883 und Form. II. O. 3 Anm. 20.

18. Die Mitteilung dieses Datums ist für die Ermittlung der sogenannten Karenzzeit wichtig. Vgl. dazu Anm. 8a.

19. Der Beweisantritt wird selten praktisch. Die beim Deutschen Patentamt geführte Gebrauchsmusterrolle ist ein öffentliches Register, in das jedermann Einsicht nehmen kann. Regelmäßig werden die Eintragungsakten des Klagegebrauchsmusters auf Antrag des Beklagten hin beigezogen und ihm zur Einsichtnahme zugänglich gemacht. Vgl. für einen solchen Antrag Form. II. O. 10. Allerdings sind die Eintragungsakten für ein Gebrauchsmuster nur selten aufschlussreich, da es sich bei einem Gebrauchsmuster um ein ungeprüftes Schutzrecht handelt, mithin regelmäßig kein Meinungsaustausch zwischen Anmelder und Eintragungsbehörde erfolgt. In den Amtsakten kann sich jedoch ein Beschränkungsbegehren des Gebrauchsmusterinhabers finden (dazu vgl. nachfolgend Anm. 24).

20. Es hat sich als zweckmäßig erwiesen, für jedes Mitglied des Verletzungsgerichts die Gebrauchsmusterschrift zu überreichen (vgl. Form. II. O. 3 Anm. 23).

21. Der Aufbau einer Gebrauchsmusterverletzungsklage erfolgt im Wesentlichen wie eine Patentverletzungsklage (vgl. dazu Form. II. O. 3). Es empfiehlt sich, kurz den Inhalt der Klagegebrauchsmusterschrift wiederzugeben, um das angerufene Gericht in die technische Problematik einzuführen. Insbesondere kommt es darauf an, die erfindungsgemäße Raumform des Gebrauchsmusters vorzustellen. Eine Erfindung setzt sich aus einer *Aufgabe* (dem technischen Problem) und deren *Lösung* zusammen. Die nachfolgenden Ausführungen im Formular beschreiben die Aufgabe.

22. Auseinandersetzung mit der Lösung der Aufgabe.

23. Die im Formular bezeichnete „besondere Ausführungsform" bezieht sich auf einen Unteranspruch (vgl. dazu Form. II. O. 3 Anm. 27).

24. Bei einem Gebrauchsmuster handelt es sich um ein ungeprüftes Schutzrecht. Für die Ermittlung des Schutzumfangs kommt es zwar maßgeblich auf die Formulierung der Ansprüche an (§ 12a GebrMG; BGH GRUR 1997, 454, 457 – Kabeldurchführung; *Mes*, PatG 1997, Rdn. 1 zu § 12a GebrMG). Dennoch begegnet es rechtlich keinen Bedenken, wenn der Gebrauchsmusterinhaber im nachhinein den Wortlaut der ursprünglich eingereichten Schutzansprüche durch einen anderen ersetzt, sofern die geänderte Fassung der Schutzansprüche einen Gegenstand beschreibt, der in den ursprünglichen Anmeldungsunterlagen ausreichend offenbart ist. Der Sache nach handelt es sich bei der Einreichung eingeschränkter Schutzansprüche des Gebrauchsmusterinhabers zur Akte des eingetragenen Gebrauchsmusters um eine schuldrechtlich bindende Erklärung an die Allgemeinheit, Schutz aus dem Gebrauchsmuster für die Vergangenheit und Zukunft nur noch im Umfang der Neufassung geltend machen zu wollen (BGH GRUR 1998, 910 = NJW 1998, 1494 = LM § 17 GebrMG 1986 Nr. 4 – *Scherbeneis; Nirk*, Anm. zu BGH LM § 17 GebrMG 1986 Nr. 4 – *Scherbeneis; Nieder*, GRUR 1999, 222). Des Weiteren gilt in Gebrauchsmusterrechtsstreitigkeiten die Besonderheit, dass der Verletzungsrichter entgegen der Bindung, die bei einem Patent besteht (vgl. dazu Form. II. O. 5 Anm. 4), die Schutzfähigkeit des Gebrauchsmusters selbst überprüfen und dabei seinen Schutzumfang selbst festlegen muss (Ausnahme: es ist ein Löschungsantrag anhängig, vgl. Form. II. O. 12 und Form. II. O. 11 Anm. 3; Einzelheiten bei *Mes*, PatG 1997, Rdn. 1 ff. zu § 16 GebrMG).

25. Da es sich um einen einfachen Sachverhalt handelt, ist im Formular von einer sogenannten Merkmalsanalyse Abstand genommen worden. Bei der Beurteilung schwieriger Fälle ist eine solche Analyse zweckmäßig. Ein Beispiel zeigt Form. II. O. 3.

26. Vgl. Form. II. O. 3 Anm. 33.

27. Zum Verschulden vgl. *Benkard/Rogge* PatG, Rdn. 7 ff. zu § 22 GebrMG.

28. Zum Rechnungslegungsbegehren vgl. Anm. 10, Form. II. O. 1 Anm. 16, 17.

29. Zur Zuständigkeit vgl. Anm. 1. Anzugeben ist jeweils das Bundesland, in dem Verletzungshandlungen vorgekommen sind.

30. Ebenso wie in Patentverletzungsstreitigkeiten empfiehlt sich regelmäßig auch in Gebrauchsmusterrechtsstreitigkeiten die Hinzuziehung eines Patentanwaltes, dessen Mitwirkung angezeigt wird. Zur Erstattung der Kosten eines Patentanwalts vgl. oben Anm. 1.

31. Der gebrauchsmusterrechtliche Unterlassungsanspruch ist bei Vorliegen besonderer Voraussetzungen auch im Verfügungsverfahren gerichtlich durchsetzbar. Unter Beachtung, dass es sich bei einem Gebrauchsmuster um ein nicht geprüftes Recht handelt, gelten die gleichen Grundsätze wie bei einer einstweiligen Verfügung in einer patentrechtlichen Streitigkeit (vgl. Form. II. O. 3 Anm. 43 und 44). Es besteht Anlass, gerade im Zusammenhang mit gebrauchsmusterrechtlichen Verfügungsverfahren auf das Schadensersatzrisiko des § 945 ZPO hinzuweisen.

Kosten und Gebühren

Vgl. die Hinweise zu Form. II. O. 3. Das dort Ausgeführte gilt auch für Gebrauchsmusterstreitigkeiten, da § 27 GebrMG eine inhaltsgleiche Regelung wie § 143 PatG trifft. In § 26 GebrMG ist eine Streitwertherabsetzung vorgesehen; dazu vgl. Anm. 3 zu Form. II. O. 3.

10. Formelle[1] Klageerwiderung auf eine Gebrauchsmusterverletzungsklage

Landgericht
Zivilkammer[2]

In Sachen
......[3]

zeige ich an, dass ich die Beklagte vertrete. Namens und in Vollmacht der Beklagten werde ich beantragen,

1. die Klage abzuweisen,
2. ......[4]

Des Weiteren beantrage ich,
die Akten des DE-GM ...... beizuziehen und der Beklagten für die Dauer einer ihr noch zu bestimmenden Schriftsatzfrist zugänglich zu machen[5].
Es handelt sich um eine Gebrauchsmusterverletzungsstreitigkeit, so dass eine Übertragung auf den Einzelrichter nicht angezeigt erscheint[6]. Die Beklagte teilt die Auffassung der Klägerin, dass eine Güteverhandlung nicht sinnvoll ist[7].

Rechtsanwalt

Anmerkungen

1. Zur Bedeutung einer formellen Klageerwiderung vgl. Form. II. O. 4 und Anm. 1 aaO.
2. Zur Zuständigkeit vgl. Form. II. O. 8 Anm. 1. Es gelten auch hier die Ausführungen in Anm. 3 zu Form. II. O. 4.
3. Zur Ausgestaltung des Rubrums vgl. beispielsweise Form. II. O. 4.
4. Zu den Anträgen vgl. Form. II. O. 4.
5. Das Recht der Akteneinsicht ist in § 8 Abs. 5 GebrMG geregelt.
6. Stellungnahme gem. § 271 Abs. 3 ZPO.
7. Erwiderung auf die entsprechende Verfahrensanregung der Klägerin (vgl. Form. II. O. 9 zu Anm. 16). Für den Fall, dass die Beklagte sehr wohl meint, eine Güteverhandlung sollte durchgeführt werden, ist dies hier mitzuteilen.

11. Materielle Klageerwiderung auf eine Gebrauchsmusterverletzungsklage mit Aussetzungsantrag

Landgericht
Zivilkammer[1]

In Sachen
......[2]

werde ich des Weiteren beantragen,

den Rechtsstreit bis zur rechtskräftigen Erledigung des gegen das Deutsche Gebrauchsmuster ...... erhobenen Löschungsantrags auszusetzen[3].

Zur

Begründung

des vorstehenden Antrags sowie der diesseitigen Anträge auf Klageabweisung im Schriftsatz vom ...... trage ich das Folgende vor:

......[4]

Rechtsanwalt

Anmerkungen

1. Zur Zuständigkeit vgl. Form. II. O. 10 Anm. 2.
2. Zum Rubrum vgl. zB. Form. II. O. 4.
3. Zur Ausgestaltung eines Gebrauchsmusterlöschungsantrages vgl. das nachfolgende Form. II. O. 12. Zur Frage der Aussetzung wegen eines Löschungsantrages vgl. die gesetzliche Regelung in § 19 GebrMG. Ihr liegt folgender Regelungsgehalt zugrunde: Bei einem bekanntgemachten oder erteilten Patent ist der Verletzungsrichter an den rechtsgestaltenden Verwaltungsakt der Patenterteilung gebunden. Dementsprechend sind Zweifel im Hinblick auf die Patentfähigkeit im Patentverletzungsprozess nur im Zusammenhang mit der Frage beachtlich, ob im Hinblick auf eine Nichtigkeitsklage oder ein Einspruchsverfahren gegen das Klagepatent eine Aussetzung geboten erscheint. Beim Gebrauchsmuster hingegen handelt es sich um ein ungeprüftes Schutzrecht. Dementsprechend kann der Beklagte im Gebrauchsmusterverletzungsprozess selbst fehlende Schutzfähigkeit des Gebrauchsmusters einwenden. Das Verletzungsgericht hat die Schutzvoraussetzungen des Gebrauchsmusters selbstständig zu überprüfen (§ 13 GebrMG; vgl. Mes, PatG 1997, Rdn. 1ff. zu § 13 GebrMG). Im Gegensatz zu einem Patentverletzungsprozess ist daher der Beklagte, will er fehlende Schutzfähigkeit des Gebrauchsmusters einwenden, nicht gezwungen, einen – gesonderten – Löschungsantrag (beim Bundespatentamt) anhängig zu machen. Die Praxis zeigt freilich, dass sich ein derartiger Antrag, soweit für ihn Erfolgsaussicht besteht, empfiehlt. § 19 S. 1 GebrMG stellt insoweit klar, dass es im Ermessen des Gerichtes steht, den Verletzungsprozess bis zur Entscheidung über den Löschungsantrag auszusetzen. Gemäß § 19 S. 2 GebrMG besteht freilich eine richterliche Pflicht zur Aussetzung, wenn das Gericht die Gebrauchsmustereintragung für unwirksam hält. Gemäß § 19 S. 3 GebrMG ist das Verletzungsgericht an die einen Löschungsantrag zurückweisende Entscheidung nur gebunden, wenn sie zwischen denselben Parteien ergangen ist (Einzelheiten bei Mes, PatG 1997, Rdn. 1ff. zu § 19 GebrMG).
4. Der Aufbau einer Klageverteidigung im Gebrauchsmusterverletzungsprozess folgt demjenigen einer Verteidigung gegen eine Patentverletzungsklage. Zur Vermeidung von Wiederholungen wird dazu auf Form. II. O. 5 verwiesen.

12. Gebrauchsmusterlöschungsantrag

Deutsches Patent- und Markenamt
Gebrauchsmusterabteilung[1]

Antrag

des ......[2]

Antragstellers,

Verfahrensbevollmächtigter: ......

gegen

.....[3]

Antragsgegners,

wegen Löschung des Gebrauchsmusters .....

Es wird beantragt,

1. das DE-GM ..... in vollem Umfang zu löschen[4];
2. dem Antragsgegner die Kosten des Löschungsverfahrens aufzuerlegen[5].

Die amtliche Gebühr in Höhe von EUR ..... wird auf das Konto der Zahlstelle des Deutschen Patent- und Markenamts gleichzeitig überwiesen[6]. Ich füge eine auf mich lautende Vollmacht bei[7].

Begründung[8]:

vgl. Form. II. O. 6.

Rechtsanwalt/Patentanwalt

Schrifttum: Goebel, Gebrauchsmuster – Beschränkte Schutzansprüche und Kostenrisiko im Löschungsverfahren, GRUR 1999, 833; *Osenberg,* Das Gebrauchsmusterlöschungsverfahren in der Amtspraxis, GRUR 1999, 838; weitere Schrifttumshinweise vgl. Form. II. O.

Anmerkungen

1. Die Löschungsgründe für ein Gebrauchsmuster sind in § 15 Abs. 1 GebrMG aufgeführt. Es sind dies die fehlende Schutzfähigkeit gemäß §§ 1 bis 3 GebrMG, die Wesensgleichheit mit einem früheren Patent oder Gebrauchsmuster (§ 15 Abs. 1 Nr. 2 GebrMG), die unzulässige Erweiterung (§ 15 Abs. 1 Nr. 3 GebrMG) und die widerrechtliche Entnahme (§ 15 Abs. 2 in Verbindung mit § 13 Abs. 2 GebrMG).

2. Aktivlegitimiert ist in den Fällen des § 15 Abs. 1 GebrMG jedermann (vgl. §§ 15 Abs. 1, 16 GebrMG), im Falle der widerrechtlichen Entnahme nur der Verletzte (§ 15 Abs. 2 GebrMG).

3. Der Löschungsantrag richtet sich gegen den als Inhaber Eingetragenen (§ 17 Abs. 1 GebrMG).

4. Das Verfahren unterliegt weitgehend der Parteidisposition. Es ist ein bestimmter Antrag zu stellen (§ 16 S. 1 GebrMG). Dieser kann auch auf Teillöschung des Gebrauchsmusters lauten (§ 15 Abs. 3 GebrMG). An den Antrag ist das Deutsche Patent- und Markenamt gem. § 308 Abs. 1 ZPO analog gebunden (vgl. z. B. BPatG GRUR 1991, 313, 315 – Verpackungsbehälter mit Diebstahlssicherung). Die Prüfungskompetenz des Deutschen Patent- und Markenamts ist auf den geltend gemachten Löschungsgrund beschränkt (vgl. BPatG GRUR 1981, 908 – Brustprothese). Gemäß § 17 Abs. 1 GebrMG teilt das Patent- und Markenamt dem Inhaber des Gebrauchsmusters den Antrag mit und fordert ihn gleichzeitig auf, sich dazu innerhalb einer Frist von einem Monat zu erklären. Widerspricht der Gebrauchsmusterinhaber nicht rechtzeitig, erfolgt die Löschung (§ 17 Abs. 1 S. 2 GebrMG). Widerspricht der Gebrauchsmusterinhaber, so tritt das Patent- und Markenamt in das Löschungsverfahren nach Maßgabe des § 17 Abs. 2 bis 4 GebrMG ein. Es findet eine mündliche Verhandlung statt (§ 17 Abs. 3 GebrMG), nach deren Schließung ein Beschluss über den Löschungsantrag ergeht. Dieser enthält auch eine Kostenentscheidung (§ 17 Abs. 4 GebrMG).

5. Die Kostenentscheidung ist durch das Patent- und Markenamt gemäß § 17 Abs. 4 S. 2 GebrMG i.V.m. § 34 Abs. 2 S. 2 PatG zu treffen. Die letztgenannte Vorschrift bezieht sich auf §§ 91 ff. ZPO, lässt jedoch die Möglichkeit, nach billigem Ermessen eine abweichende Regelung zu treffen. Das Patent- und Markenamt ist daher nicht zwingend an die Regelung der §§ 91 ff. ZPO gebunden. Grundsätzlich entspricht es jedoch billigem Ermessen, diese Grundsätze entsprechend anzuwenden.

6. Die Höhe der Amtsgebühr ergibt sich aus dem Gebührenverzeichnis entsprechend dem Gesetz über die Kosten des Deutschen Patent- und Markenamts und des Bundespatentgerichts (PatKostG), das Art. 1 des Gesetzes zur Bereinigung von Kostenregelungen auf dem Gebiet des geistigen Eigentums vom 13. Dezember 2001 bildet. Dieses Gesetz ist mit Wirkung zum 1. Januar 2002 in Kraft getreten. Die Höhe der Gebühren bestimmt sich gem. § 2 Abs. 1 PatKostG nach dem Gebührenverzeichnis der Anlage zu diesem Gesetz, das zu 323.100 für das Löschungsverfahren (§ 16 GebrMG) eine Gebühr in Höhe von EUR 300,– vorsieht. Die Gebühr ist mit Einreichung des Löschungsantrags fällig (§ 3 Abs. 1 PatKostG). Das PatKostG ist abgedruckt in PMZ 2002, 14 ff.

In § 1 Abs. 2 PatKostG ist zugunsten des Bundesministeriums der Justiz eine Ermächtigung enthalten, die Zahlungswege für die an das Deutsche Patent- und Markenamt sowie an das Bundespatentgericht zu zahlenden Kosten (Gebühren und Auslagen) zu regeln. Das ist durch die Patentkostenzahlungsverordnung (PatKostZV) vom 20. Dezember 2001 geschehen. Gem. § 1 Abs. 1 PatKostZV können Kosten des Deutschen Patent- und Markenamts und des Bundespatentgerichts u.a. durch Überweisung auf ein Konto der Zahlstelle des Deutschen Patent- und Markenamts, sowie durch Erteilung einer Einziehungsermächtigung von einem Inlandskonto beglichen werden. Das Konto der Zahlstelle des Deutschen Patent- und Markenamts ist BBk München 700 010 54 (BLZ 700 000 00).

Die Einzahlung der Gebühr ist gem. § 16 S. 3 GebrMG Antragswirksamkeitsvoraussetzung; bei Nichtzahlung der Gebühr gilt der Antrag als nicht gestellt.

7. Das Löschungsverfahren ist in §§ 16 f. GebrMG nur in seinen Grundzügen geregelt. Der Nachweis einer Vertretervollmacht ist ein allgemein (insbesondere auch im Verwaltungsverfahren) geltendes Erfordernis (vgl. § 14 Abs. 1 S. 2 VwVfG).

8. Der Löschungsantrag erfordert eine Begründung (§ 16 S. 2 GebrMG). Diese unterscheidet sich im Wesentlichen nicht von einer Begründung beispielsweise einer Patentnichtigkeitsklage. Darauf kann zur Vermeidung von Wiederholungen verwiesen werden (vgl. Form. II. O. 6).

Kosten und Gebühren

Vgl. PatKostG vom 13. Dezember 2001, abgedr. in PMZ 2002, 14 ff. sowie die Ausführungen zu Anm. 6. Für die erste Instanz des Gebrauchsmusterlöschungsverfahrens beim Deutschen Patent- und Markenamt wie auch für das Beschwerdeverfahren vor dem Bundespatentgericht wird grundsätzlich kein Streitwert festgesetzt. Es kommen die Gebühren des Verzeichnisses Nrn. 323 100 und 421 100 zur Anwendung. Eine Streitwertfestsetzung erfolgt nur auf Antrag. Bevor ein Löschungsantrag anhängig gemacht wird, empfiehlt es sich zur Vermeidung einer Kostenauferlegung analog § 93 ZPO (im Falle des Verzichts des Gebrauchsmusterinhabers), den Gebrauchsmusterinhaber zum Verzicht aufzufordern (BPatG GRUR 1989, 587).

Fristen und Rechtsmittel

Nach Eingang des Löschungsantrags teilt das Bundespatentamt dem Gebrauchsmusterinhaber diesen mit und fordert ihn auf, sich dazu innerhalb eines Monats (durch Widerspruch) zu erklären. Widerspricht er nicht, wird das Gebrauchsmuster gelöscht (§ 17 Abs. 1 GebrMG).

Gegen die Entscheidung des Patentamtes über den Löschungsantrag ist die Beschwerde an das Bundespatentgericht statthaft (§ 18 Abs. 1 GebrMG), für die eine Frist von einem Monat nach Zustellung gilt (§ 18 Abs. 3 GebrMG iVm. § 73 Abs. 2 S. 1 PatG). Die Beschwerde ist (wegen bestehender Abhilfemöglichkeit – § 18 Abs. 3 Satz 1 GebrMG iVm. § 63 Abs. 2 Satz 1 und Abs. 4 PatG) beim Patent- und Markenamt einzulegen. Es ist eine Beschwerdegebühr zu entrichten (§ 18 Abs. 2 GebrMG; s.o. unter „Kosten und Gebühren"; vgl. Einzelheiten bei *Mes*, PatG 1997, Rdn. 1 ff. zu § 18 GebrMG).

Geschmacksmusterrecht

13. Abmahnung[1] wegen Verletzung eines Geschmacksmusters

Firma B ......
z. H. der Geschäftsleitung

Betr.: A ..../. B ......
Geschmacksmuster

Sehr geehrte Herren!

Die Firma A. ...... hat mich mit der Wahrnehmung ihrer Interessen beauftragt. Namens und auf Grund beigefügter Vollmacht[2] meiner Mandantin teile ich Ihnen das Folgende mit:

1. Meine Mandantin ist alleinige und ausschließlich berechtigte Inhaberin des beim Deutschen Patent- und Markenamt[3] am ...... angemeldeten[4] und am ...... eingetragenen[5] Geschmacksmusters betreffend eine Sitzschale aus Kunststoff. Die Bekanntmachung[6] erfolgte am .... Ich füge zu Ihrer Unterrichtung als Anlage A die Kopie der Geschmacksmustereintragungsakten einschließlich der niedergelegten beiden Abbildungen der Sitzschale meiner Auftraggeberin bei[7]. Sie können daraus ersehen, dass der Gesamteindruck der hier interessierenden Sitzschale durch die Kombination folgender Merkmale[8] begründet wird:
   a) Die Krümmung des Sitz- und Lehnenbereichs erfolgt stetig und ohne Unterbrechung,
   b) entlang den beiden Längsseiten der seitlichen konkaven Vorwärtswölbungen der Sitzfläche befinden sich deutliche Fasen, die ihre größte Breite am Übergang von Sitz und Lehne haben und sowohl nach vorn als auch nach oben jeweils spitzwinklig auslaufen,
   c) die Außenseitenflächen wirken im Wesentlichen eben und sind zu den Fasen kantig abgewinkelt und verlaufen ungefähr rechtwinklig zum Längsmittelbereich des Sitzes und der Lehne, wobei die rechtwinklig zu den Kanten verlaufenden Linien dieser Seitenflächen ungefähr gerade sind und diese Seitenflächen sich vom Übergangsbereich Sitz/Lehne nach oben und nach vorn stetig verjüngen,

d) die Breite der Lehne nimmt vom Übergangsbereich Sitz/Lehne in aufwärtiger Richtung linear ab und schließt dann zu dem oberen Rand der Lehne führende Rundungen an, die stetig in den schwach konvex gewölbten oberen Rand der Lehne übergehen.

Die den Gegenstand des Geschmacksmusters meiner Mandantin bildende Sitzschale ist geschmacksmusterschutzfähig. Insbesondere sind die Voraussetzungen der Neuheit und der Eigentümlichkeit gegeben. Aufgrund Ihrer langjährigen Tätigkeit auf dem hier betreffenden Gebiet der Herstellung und des Vertriebes von Stühlen und Sitzschalen werden Sie ohne weiteres bestätigen können, dass es bisher keine Schale auf dem Markt gegeben hat, die in ihren Gestaltungsmerkmalen mit dem Erzeugnis meiner Auftraggeberin vergleichbar wäre[9].

2. Meine Auftraggeberin hat die Feststellung treffen müssen, dass Sie seit kurzer Zeit eine Sitzschale herstellen und vertreiben, die auf Grund ihrer äußeren Übereinstimmung mit dem niedergelegten Modell als dessen Nachbildung anzusehen ist[10]. Mit der Herstellung und dem Vertrieb dieser Nachbildung greifen Sie in die Geschmacksmusterrechte meiner Mandantin ein. Ich habe Sie daher zur Vermeidung einer gerichtlichen Auseinandersetzung aufzufordern, sich gegenüber meiner Mandantin zu meinen Händen bis zum

......[11]

zu verpflichten,

a) es bei Meidung einer für jeden Fall der Zuwiderhandlung fälligen Vertragsstrafe[12] in Höhe von EUR 5.001,– (in Worten: EURO fünftausendeins) zu unterlassen[13], im Bereich der Bundesrepublik Deutschland[14] Sitzschalen für Stühle (herzustellen), feilzuhalten oder in den Verkehr zu bringen[15], die nach Maßgabe der folgenden Abbildungen gestaltet sind und somit folgende Gestaltungsmerkmale aufweisen

(a') ......
(b') ......
(c') ......
(d') ......

(Es folgen Fotos des Verletzungsgegenstandes)[16];

b) meiner Mandantin Auskunft[17] über die Herkunft und den Vertriebsweg der vorstehend unter a) beschriebenen Erzeugnisse zu erteilen, insbesondere unter Angabe der Namen und Anschriften (der Hersteller), der Lieferanten und deren Vorbesitzer, der gewerblichen Abnehmer oder Auftraggeber sowie unter Angabe der Mengen der (hergestellten, ausgelieferten), erhaltenen oder bestellten Erzeugnisse;

c) meiner Mandantin darüber Rechnung[18] zu legen, in welchem Umfang Sie die vorstehend unter a) bezeichneten Handlungen begangen haben, und zwar unter Vorlage eines Verzeichnisses mit der Angabe (der Herstellungsmengen und -zeiten sowie) der einzelnen Lieferungen unter Angabe

aa) der Liefermengen, Typenbezeichnungen, Artikel-Nummern, Lieferzeiten, Lieferpreise und Namen und Anschriften der Abnehmer,

bb) der Gestehungskosten unter Angabe der einzelnen Kostenfaktoren sowie des erzielten Gewinns[18 a]

und unter Angabe der einzelnen Angebote und der Werbung unter Nennung

cc) der Angebotsmengen, Typenbezeichnungen, Artikel-Nummern, Angebotszeiten und Angebotspreise sowie der Namen und Anschriften der Angebotsempfänger,

dd) der einzelnen Werbeträger, deren Auflagenhöhe, Verbreitungszeitraum und Verbreitungsgebiet

wobei

ee) Ihnen vorbehalten bleiben mag[19], nach Ihrer Wahl die Namen und Anschriften der Angebotsempfänger und der nicht gewerblichen Abnehmer statt meiner Mandantin einem von dieser zu bezeichnenden und ihr gegenüber zur Verschwiegenheit verpflichteten vereidigten Wirtschaftsprüfer mitzuteilen, sofern Sie dessen Kosten tragen und ihn ermächtigen, meiner Mandantin auf Anfrage mitzuteilen, ob eine bestimmte Lieferung oder der Name oder die Anschrift eines bestimmt bezeichneten Liefer- oder Angebotsempfängers in der erteilten Rechnung enthalten ist;

d) die in Ihrem unmittelbaren oder mittelbaren Besitz oder Eigentum befindlichen Erzeugnisse entsprechend vorstehend a) zu vernichten oder nach Ihrer Wahl an einen von meiner Mandantin zu bezeichnenden Treuhänder zum Zwecke der Vernichtung auf Ihre Kosten herauszugeben[20];

e) meiner Auftraggeberin allen denjenigen Schaden zu erstatten, der ihr aus den vorstehend unter a) bezeichneten Handlungen entstanden ist und künftighin entstehen wird[21];

f) meiner Mandantin die durch meine Einschaltung entstandenen Kosten auf der Grundlage eines Gegenstandswertes von EUR ...... in Höhe einer 7,5zehntel Rechtsanwaltsgebühr zuzüglich Auslagen und Mehrwertsteuer (insgesamt EUR ......) zu erstatten[22, 23].

Ihre Verpflichtungen zur Unterlassung sowie zu Schadensersatz finden ihre Grundlage in § 14a Abs. 1 S. 1 GeschmMG. Der Anspruch meiner Mandantin auf Rechnungslegung ist in gewohnheitsrechtlicher Anwendung des § 242 BGB sowie der Rechtsregeln betreffend die auftraglose Geschäftsführung begründet. Der vorstehend ebenfalls geltend gemachte Auskunftsanspruch betreffend Angaben über den Vertriebsweg und etwaige Vorbesitzer findet seine Grundlage in § 101 a UrhG in Verbindung mit § 14a Abs. 3 GeschmMG. Gemäß § 98 UrhG in Verbindung mit § 14a Abs. 3 GeschmMG kann meine Mandantin schließlich auch verlangen, dass alle rechtswidrig hergestellten, verbreiteten oder zur rechtswidrigen Verbreitung bestimmten Vervielfältigungsstücke, die in Ihrem Besitz oder in Ihrem Eigentum stehen, vernichtet werden. Zur Kostenerstattung sind Sie sowohl unter dem rechtlichen Gesichtspunkt des Schadensersatzes als auch unter demjenigen der auftraglosen Geschäftsführung verpflichtet[24].

Sollten Sie die Ihnen gesetzte Frist ungenutzt verstreichen lassen, gehe ich davon aus, dass Sie einem gerichtlichen Austrag den Vorzug geben und werde meiner Mandantin empfehlen, gerichtliche Hilfe in Anspruch zu nehmen[25].

Schrifttum: Eichmann/von Falckenstein, GeschmMG, 2. Aufl. 1997; *Furler,* GeschmMG, 4. Aufl. 1985, neu bearbeitet von *Bauer* und *Loschelder; von Gamm,* GeschmMG, 2. Aufl. 1989; *Gerstenberg/Buddeberg,* GeschmMG, Kommentar und Handbuch, 3. Aufl. 1996; *Nirk/Kurtze,* GeschmMG, 2. Aufl. 1997.

Aufsätze und Monografien zum Geschmacksmusterrecht; Buddeberg, Kennzeichen- und Geschmacksmusterrecht (RWS-Skript), 1992; *Eichmann,* Der Schutzumfang von Geschmacksmustern, GRUR 1982, 651 ff.; *Erdmann,* Neue höchstrichterliche Rechtsprechung zum Urheberrecht und Geschmacksmusterrecht, 1985 (RWS-Skript 152); *von Falkenstein,* Das Geschmacksmuster-Eintragungsverfahren, gegenwärtiger Stand, GRUR 1991, 98 ff.; *ders.,* Das neue Geschmacksmusterrecht, GRUR 1989, 631 ff.; *von Gamm,* Entwicklungen und Reformvorschläge zum Geschmacksmusterrecht, GRUR 1985, 889 ff.; *Gerstenberg,* Neue Rechtsprechung zum Geschmacksmusterrecht, GRUR 1981, 567 ff.; *ders.,* Zum Schutzumfang eines Geschmackmusters, GRUR 1981, 15 ff.; *Kahlenberg,* Ein europäisches Geschmacksmusterrecht, 1997; *Kelbel,* Der Schutz typographischer Schriftzeichen, GRUR 1982, 79 ff.; *ders.,* Der Schutz typographischer Schriftzeichen, 1984; *Schickedanz,* Zur Offenbarung des Geschmacksmusters, GRUR 1999, 291; *Schliebs,* Merkmalanalyse und Schutz der Unterkombination eines Geschmacksmusters, GRUR 1979, 685 ff.; *von Falckenstein/Richter,* Das neue Geschmacksmustergesetz vor dem Start, GRUR 1988, 577 ff. und 583 ff.

Hinweis: Weitere Textbeispiele für geschmacksmusterrechtliche Streitigkeiten bei *Mes/Eichmann,* Münchener Prozeßformularbuch/Gewerblicher Rechtsschutz, Urheber- und Presserecht, 2000, F. 1 bis F. 12.

Anmerkungen

1. Das Formular zeigt das Beispiel einer Abmahnung (Verwarnung). Verwarnungen auf der Grundlage gewerblicher Schutzrechte stellen für den Verwarner ein erhebliches Risiko dar. Eine unbegründete Abmahnung wird von der ständigen höchstrichterlichen Rechtsprechung als ein Eingriff in das Recht des Verwarnten am eingerichteten und ausgeübten Gewerbebetrieb angesehen, der bei Verschulden zu Schadensersatz verpflichtet (BGH GRUR 1974, 290 – Maschenfester Strumpf, dazu *Horn* GRUR 1974, 235 ff.; BGH WRP 1977, 704 – Klarsichtverpackung; GRUR 1979, 332 – Brombeerleuchte; *Ullmann,* GRUR 2001, 1027; weitere Nachweise in Anm. 1 zu Form. II. O. 1). Bei einem ungeprüften Schutzrecht, wie beispielsweise einem Geschmacksmuster, sind die Sorgfaltspflichtanforderungen, die an den Schutzrechtsinhaber betreffend die Prüfung der Schutzfähigkeit zu stellen sind, recht hoch. Derjenige Verwarner handelt – lediglich – nicht schuldhaft, der „sich durch eine gewissenhafte Prüfung und auf Grund vernünftiger und billiger Überlegungen" die Überzeugung verschafft hat, sein Schutzrecht werde rechtsbeständig sein (BGH GRUR 1974, 290 – Maschenfester Strumpf). Bestehen hinsichtlich der Schutzfähigkeit Zweifel oder erscheint der Verletzungstatbestand noch nicht ausreichend aufgeklärt, kann es sich gerade in Geschmacksmusterangelegenheiten empfehlen, anstelle einer Verwarnung zunächst nur auf die Existenz des Geschmacksmusters hinzuweisen und eine sogenannte Berechtigungsanfrage herauszusenden. Anstelle der Verpflichtungserklärung zu nachfolgenden Anm. 16 bis 23 würde dann folgende Formulierung aufscheinen: „Ich habe Sie daher namens und in Vollmacht meiner Mandantin aufzufordern, bis zum ... mitzuteilen, aus welchen Gründen Sie sich berechtigt glauben, das Schutzrecht meiner Mandantin nicht zu beachten" (vgl. Form. II. O. 8). Vgl. zu den Sorgfaltsanforderungen bei einer Verwarnung aus einem Geschmacksmuster insbesondere BGH GRUR 1979, 332/336 – Brombeerleuchte – m. Anm. *Horn.* S. ferner Anm. 1 zu Form. II. O. 1.

2. Ob die Vorlage einer Vollmacht erforderlich ist, ist streitig. Nach bisher wohl herrschender Ansicht muss eine Vollmacht nicht beigefügt werden, da die Abmahnung – im Normalfall – weder einseitiges Rechtsgeschäft noch geschäftsähnliche Handlung ist, so dass § 174 BGB keine Anwendung findet (OLG Köln, WRP 1985, 360 f.; KG GRUR 1988, 79). Demgegenüber vertreten OLGe Düsseldorf (GRUR 1999, 1039; GRUR-RR 2001, 286), Nürnberg (GRUR 1991, 387; 1999, 1039) und Dresden (GRUR 1999, 377) die gegenteilige Auffassung. Demnach sollte eine Vollmacht aus Vorsichtsgründen beigefügt werden, wie im Textbeispiel auch vorgesehen. Zum Meinungsstreit vgl. *Heinz/Stillner,* WRP 1993, 379; *Ullrich,* WRP 1998, 258.

3. Dem Textbeispiel liegt das Geschmacksmustergesetz in der Fassung vom 13. Dezember 2001 zugrunde.

Gemäß § 8 Abs. 1 GeschmMG wird das Musterregister vom Patent- und Markenamt geführt. Dieses macht die Eintragung der Anmeldung in das Musterregister nebst einer Abbildung der Darstellung sowie jede Verlängerung der Schutzdauer durch einmalige Veröffentlichung im Geschmacksmusterblatt bekannt (§ 8 Abs. 2 GeschmMG). Gemäß § 8 b Abs. 1 GeschmMG hat der Anmelder die Möglichkeit, zugleich mit der Anmeldung zu beantragen, dass die Bekanntmachung einer Abbildung der Darstellung des Musters oder Modells um 18 Monate, gerechnet von dem Tag an, der auf die Anmeldung folgt, aufzuschieben ist. Allerdings ist die Bekanntmachung der Anmeldung wesentlich für die Vermutung eines Nachbildungstatbestandes. Dazu ist auf die Rechtsprechung zum früheren Geschmacksmusterrecht zu verweisen. Dieses kannte eine offene oder verschlossene Niederlegung. Bei einer offenen Niederlegung war der prima-facie-Beweis einer Nachbildung einfacher zu führen als bei einer geschlossenen Niederlegung. Was nämlich der Öffentlichkeit nicht zugänglich ist, kann auch nicht nachgebildet werden (vgl. BGH GRUR 1978, 168 – Haushaltsschneidemaschine). Hatte seinerzeit eine verschlossene Niederlegung stattgefunden, musste vorgetragen und ggf. bewiesen werden, dass eine Verwertung und damit Verbreitung des niedergelegten Musters stattgefunden hatte (vgl. BGH aaO.; GRUR 1981, 273, 276 li.Sp. – Leuchtenglas). Diese Rechtsgrundsätze lassen sich auf die Bekanntmachung bzw. die aufgeschobene Bekanntmachung übertragen.

Neben der Möglichkeit, nationalen Geschmacksmusterschutz durch Anmeldung und Niederlegung beim Deutschen Patentamt zu erlangen, gibt es die internationale Hinterlegung auf Grund des Haager Abkommens über die internationale Hinterlegung gewerblicher Muster und Modelle vom 6. November 1925 (in der Folgezeit mehrfach revidiert). Das Haager Abkommen gilt für die Bundesrepublik Deutschland seit dem 1. August 1984. Es eröffnet die Möglichkeit, durch einen einzigen Formalakt, nämlich Hinterlegung des Schutzgegenstandes beim „Internationalen Büro für den Schutz des geistigen Eigentums" (WIPO/OMPI) in Genf in den Verbandsländern jeweils nationale Geschmacksmuster zu erwirken. Die materiellen Schutzvoraussetzungen und -folgen richten sich nach nationalem – hier deutschem – Recht. In den folgenden Ausführungen wird nicht nach deutschen und internationalen Geschmacksmustern unterschieden, sofern nicht ausdrücklich etwas Gegenteiliges angeführt ist.

4. Gemäß § 9 Abs. 1 GeschmMG beginnen die Schutzwirkungen der Geschmacksmusterhinterlegung mit dem Tag, der der Anmeldung folgt. Die Schutzdauer beträgt 20 Jahre nach Ablauf des Monats, in den der Anmeldetag fällt.

5. Während Anmeldung und Niederlegung des Geschmacksmusters konstitutiv sind, ist die Eintragung ohne materielle Wirkung. Da das Musterregister ein öffentliches Register ist, bewirkt die Eintragung jedoch die Beweiskraft öffentlicher Urkunden gemäß §§ 415, 418 ZPO betreffend die Anmeldung, Niederlegung und gegebenenfalls die Verlängerung eines Geschmacksmusters (vgl. BGHZ 22, 209/213 – Morgenpost).

6. Die Bekanntmachung hat ebenfalls für die Begründung von Geschmacksmusterschutz keine konstitutive Wirkung. Sie führt allerdings dazu, dass jedenfalls mit der Bekanntmachung das Muster zum bekannten Formenschatz gehört. Das wiederum hat Bedeutung für den Vermutungstatbestand der Nachbildung (vgl. Anm. 3).

7. Da die Abmahnung der möglichst raschen außergerichtlichen Streiterledigung dient, empfiehlt es sich, dem Verwarnten eine sofortige Überprüfung des Wahrheitsgehaltes der Abmahnung zu ermöglichen. Insoweit ist die Übersendung vorhandener Kopien der Geschmacksmustereintragungsunterlagen erforderlich. Unterlässt der Verwarner eine ausreichende Unterrichtung, so besteht für ihn ein erhöhtes Kostenrisiko gem. § 93 ZPO (vgl. OLG Düsseldorf GRUR 1970, 432 und GRUR 1980, 135, jeweils für Patentverwarnungen; für Verwarnungen aus einem Geschmacksmuster vgl. OLG Düsseldorf GRUR 1979, 719/721 – Diamantschmuck).

8. Während beim Patent und beim Gebrauchsmuster die den Gegenstand des Schutzrechtes ausmachende Merkmalskombination schon regelmäßig aus dem Wortlaut der Schutzansprüche hergeleitet werden kann, müssen die Merkmale, deren Gesamteindruck den Gegenstand des niedergelegten Geschmacksmusters ausmacht, im Einzelnen herausgearbeitet und in Worte gekleidet werden (BGH GRUR 1996, 767, 768, 769 re.Sp. – Holzstühle; ein Beispiel einer Merkmalsanalyse: BGH GRUR 2000, 1023, 1024, 1025– 3-Speichen-Felgenrad). Das begegnet häufig erheblichen Schwierigkeiten. Denn bei einem Geschmacksmuster wird nicht eine wörtliche Beschreibung eines technischen Gegenstandes niedergelegt, sondern ein Geschmacksmuster bezieht sich auf eine ästhetische

Gestaltung. Diese entzieht sich meist der genauen Wiedergabe durch Worte (BGH GRUR 1967, 375, 378 – Kronleuchter).

9. Verwiesen wird auf den Inhalt der Anm. 1 und die dort hervorgehobene Notwendigkeit einer sorgfältigen Prüfung der Geschmacksmusterschutzfähigkeit. Diese ist anhand des vorbekannten Formenschatzes im Hinblick auf Neuheit und Eigentümlichkeit (vgl. § 1 Abs. 2 GeschmMG) vorzunehmen. Die Neuheitsprüfung erfolgt auf der Grundlage des ästhetischen Gesamteindrucks im Wege des Einzelvergleichs zwischen Geschmacksmustergegenstand und jeweiliger Entgegenhaltung, die Prüfung der Eigentümlichkeit im Wege eines Gesamtvergleichs mit den vorbekannten Formgestaltungen (BGH GRUR 1996, 767 – Holzstühle; GRUR 2000, 1023, 1025–3-Speichen-Felgenrad). Dabei sind zunächst der ästhetische Gesamteindruck des Musters und die Gestaltungsmerkmale, auf denen dieser Gesamteindruck beruht, zu ermitteln (BGH GRUR 2000, 1023, 1025–3-Speichen-Felgenrad).

Im vorprozessualen Stadium genügt regelmäßig ein Sachvortrag wie im Formular vorgesehen, um den die Neuheit betreffenden Vermutungstatbestand des § 13 GeschmMG auszufüllen (vgl. dazu *von Gamm* § 13 Rdn. 5 mwN.; BGH GRUR 1958, 508/510 li. Sp. – Schlafzimmermodell; OLG Düsseldorf GRUR 1985, 545/546 li. Sp. – Schlüsselanhänger). Da durch § 13 GeschmMG kein Vermutungstatbestand zugunsten einer ausreichenden Gestaltungshöhe (Eigentümlichkeit) begründet wird, bedarf es insoweit einer besonderen kurzen Begründung. Diese wird im Formular durch den Hinweis auf die bisherige Einmaligkeit und Besonderheit des hinterlegten Modelles gegeben. Besteht der Hinterlegungsgegenstand aus einer Kombination vorbekannter Formelemente, dürfen die Anforderungen an die erforderliche eigenschöpferische Gestaltungshöhe nicht zu niedrig angesetzt werden (BGH GRUR 1975, 81, 83 – Dreifachkombinationsschalter – und 1988, 369, 370 – Messergriff).

10. Eine derartige Darlegung des Verletzungstatbestandes genügt für eine Abmahnung. Die vor der Abmahnung erforderliche Überprüfung des Verletzungstatbestandes bedarf freilich größerer Sorgfalt. In dem dem Formular zugrunde liegenden Fallbeispiel wird davon ausgegangen, dass eine Bekanntmachung der Eintragung des Geschmacksmusters in das Musterregister beim Deutschen Patentamt schon vor dem Tatbestand des Aufscheinens von Nachahmungserzeugnissen erfolgt war. Zu den Voraussetzungen einer Geschmacksmusterverletzung in objektiver und subjektiver Hinsicht vgl. Form. II. O. 14, insbesondere zu Anm. 27 bis 30 und die vorbezeichneten Anm. selbst.

11. Für die Bemessung der Länge der Äußerungsfrist gibt es keine festen Regeln. Die Frist muss angemessen, d. h. so lang sein, dass dem Verwarnten eine Überprüfung der tatsächlichen und rechtlichen Angaben der Abmahnung möglich ist und ihm ausreichende Zeit zur Entschließung, gegebenenfalls zur Einholung von Rechtsrat verbleibt. Regelmäßig wird bei Geschmacksmusterverletzungen wie auch bei sonstigen Verletzungen von gewerblichen Schutzrechten eine Frist von ca. 1 Monat angemessen sein. Die Erklärungsfrist kann kürzer bemessen werden, wenn davon auszugehen ist, dass dem Verwarnten das Schutzrecht seit geraumer Zeit bekannt ist oder besondere Umstände eine Frist von einem Monat als zu lang erscheinen lassen (zB. besondere Eilbedürftigkeit; besondere Bekanntheit des geschmacksmustergeschützten Gegenstandes infolge umfassender Werbung; besonders intensive Verletzungshandlungen).

12. Zur Bedeutung der Abgabe einer strafgesicherten Unterlassungsverpflichtungserklärung, vgl. Form. II. N. 1 Anm. 8, wo die wettbewerbsrechtliche Unterlassungsverpflichtungserklärung behandelt ist. Hier wie dort hat die Vertragsstrafe nicht den Charakter einer Privatstrafe, sondern dient ausschließlich dazu, die Ernsthaftigkeit des Willens des Versprechenden zu belegen, die eingegangene Unterlassungsverpflichtung auch einzuhalten. Zugleich ist sie pauschaler Schadensersatz (BGHZ 105, 25, 27; GRUR 1993, 926 re. Sp. – Apothekenzeitschriften). Zu den Möglichkeiten einer anderen

Form des Vertragsstrafeversprechens, vgl. ebenfalls Form. II. N. 1 Anm. 8. Die Höhe der Vertragsstrafe braucht nicht so gewählt zu werden, dass die Zuständigkeit des Landgerichts begründet wird. Gemäß § 15 Abs. 1 GeschmMG gehören alle Geschmacksmusterstreitsachen (dazu zählt auch eine Vertragsstrafenklage) vor die Landgerichte, ohne Rücksicht auf den Streitwert.

13. Der geltend gemachte Unterlassungsanspruch findet seine Grundlage in § 14a Abs. 1 S. 1 GeschmMG. Die für die Annahme eines Unterlassungsanspruchs erforderliche Wiederholungsgefahr ergibt sich aus der Tatsache, dass Rechtsverletzungen vorgekommen sind. Das bedarf bei der Abmahnung keiner besonderen Hervorhebung.

14. Zur territorialen Beschränkung der Geltung gewerblicher Schutzrechte vgl. Anm. 11 zu Form. II. O. 1. Für internationale Geschmacksmuster, die auch in Deutschland gelten, könnte formuliert werden: „... im deutschen Geltungsbereich des internationalen Geschmacksmusters ...".

15. Die Aufzählung der streitgegenständlichen Benutzungshandlungen folgt dem Wortlaut des § 14a Abs. 1 S. 1 GeschmMG. Die dort angeführte Benutzungshandlung des Verbreitens wird in der Praxis des gewerblichen Rechtsschutzes regelmäßig aufgegliedert in die Handlungen des „Feilhaltens" und des „In-den-Verkehr-bringens".

16. Der Verletzungsgegenstand ist in Anlehnung an die herausgearbeitete und den Gegenstand des Geschmacksmusters kennzeichnende Merkmalskombination, die im vorstehenden Formular in Form eines Beispiels unter Ziffer 1a–d aufgeführt ist, so konkret wie möglich zu bezeichnen, um den Gegenstand der Unterlassungsverpflichtung gemäß § 241 BGB so zweifelsfrei wie möglich festzulegen. Es empfiehlt sich regelmäßig, Abbildungen des Verletzungsgegenstandes einzufügen, da nichts so deutlich wie eine Fotografie die Einzelmerkmale des Verletzungsgegenstandes zeigen kann (vgl. dazu BGH GRUR 1966, 81 – Laternenflasche; GRUR 1977, 406/407 – Elektroschalter; GRUR 1981, 273 – Leuchtenglas).

17. Ein Geschmacksmuster ist insbesondere ein Ausschließungsrecht. Jedermann – ausgenommen der Geschmacksmusterinhaber – ist es verboten, das geschmacksmustergeschützte gewerbliche Muster oder Modell ganz oder teilweise nachzubilden (§§ 1 Abs. 1, 5 GeschmMG). Wer dieses Ausschließlichkeitsrecht des Geschmacksmusterinhabers verletzt, kann gemäß § 14a Abs. 1 S. 1 GeschmMG auf Beseitigung der Beeinträchtigung und bei Wiederholungsgefahr auf Unterlassung in Anspruch genommen werden. Der mit dem Formular geltend gemachte Anspruch auf die sog. Drittauskunft beruht auf § 14a Abs. 3 GeschmMG in Verbindung mit § 101a UrhG und dient dem Zweck, weiteren Geschmacksmusterverletzungen zu begegnen. Der Anspruch ist durch das Produktpirateriegesetz gleich lautend in die verschiedenen Gesetze betreffend gewerbliche Schutzrechte mit Wirkung zum 1. Juli 1990 eingefügt worden (vgl. Form. II. O. 1 Anm. 5 und 13; Form. II. O. 3 Anm. 9).

18. Ein Geschmacksmuster gibt neben einem positiven Benutzungsrecht insbesondere dem Geschmacksmusterinhaber die Befugnis, Dritte von der nachahmenden Benutzung des Gegenstandes des Geschmacksmusters auszuschließen (vgl. zur Diskussion einer allgemeinen, dh. nicht nur die Nachbildung erfassenden Sperrwirkung des Geschmacksmusters *von Gamm* GRUR 1985, 891). Infolge des Ausschließlichkeitscharakters kann der Inhaber eines Geschmacksmusters seinen Schaden nach allen drei Berechnungsmethoden des gewerblichen Rechtsschutzes berechnen (BGH GRUR 1966, 97/100 – Zündaufsatz; zur Berechnung des Verletzergewinns: BGH GRUR 2001, 329 – Gemeinkostenanteil). Dementsprechend kann der Geschmacksmusterinhaber entweder seinen konkret entgangenen eigenen Gewinn, die Herausgabe des Verletzergewinnes (so ausdrücklich § 14a Abs. 1 S. 2 GeschmMG einschließlich zugehöriger Rechnungslegung) oder eine angemessene Lizenzgebühr verlangen (allgemeine Meinung; vgl. *von Gamm* § 14 Rdn. 37–40 mwN.; ferner insbesondere BGH GRUR 1974, 53 – Nebelscheinwerfer;

GRUR 2001, 329 – Gemeinkostenanteil). Der Rechnungslegungsanspruch ist Hilfsanspruch zum Schadensersatzbegehren; er hat vorbereitenden Charakter, um dem Geschmacksmusterinhaber diejenigen Kenntnisse zu verschaffen, die er benötigt, um seine Wahl zwischen den verschiedenen bestehenden Schadensberechnungsmethoden zu treffen und im Übrigen seinen Schaden ziffernmäßig bestimmen zu können. Der Rechnungslegungsanspruch hat infolge seiner jahrzehntelangen Anerkennung durch die höchstrichterliche Rechtsprechung den Charakter von Gewohnheitsrecht. Das gilt auch für das Geschmacksmusterrecht (vgl. zB. BGH GRUR 1965, 198/202 – Küchenmaschine; GRUR 1966, 97/100 – Zündaufsatz).

18 a. Zu den Gestehungskosten gehören nicht die Gemeinkosten (Fixkosten); diese dürfen vom Verletzer im Falle der Geltendmachung des Anspruchs auf Herausgabe des Verletzergewinns nicht abgezogen werden (BGH GRUR 2001, 329, 331 – Gemeinkostenanteil). In geeigneten Fällen kann es sich anbieten, auch einen Anspruch auf Vorlage von Belegen geltend zu machen (BGH GRUR 2001, 841, 845 li. Sp. oben – Entfernung der Herstellungsnummer II).

19. Die im Formular angeführten Einzelangaben werden von der höchstrichterlichen Rechtsprechung grundsätzlich zuerkannt (vgl. die Nachweise in Form. II. O. 1 Anm. 14). Eine Besonderheit besteht hinsichtlich der Namen und Anschriften von nichtgewerblichen Abnehmern und der Angebotsempfänger. Hier ist die Frage des Wirtschaftsprüfervorbehalts aufgeworfen. Ausgehend vom Wortlaut des § 101 a Abs. 2 UrhG ist der Wirtschaftsprüfervorbehalt nur noch insoweit anzuerkennen, als es um die nichtgewerblichen Abnehmer und um die Empfänger von Angeboten geht. Diese sind in § 101 a Abs. 2 UrhG nicht aufgeführt. Wäre im Falle einer gerichtlichen Auseinandersetzung in dem vorstehend beschriebenen Umfang ein Wirtschaftsprüfervorbehalt von Amts wegen einzuräumen (BGH GRUR 1981, 535; 1995, 338, 341, 342 – Kleiderbügel: für den patentrechtlichen Auskunftsanspruch gem. § 140 b PatG), so erscheint es gerechtfertigt, diesen von vornherein auch in der Abmahnung zu berücksichtigen (vgl. Form. II. O. 1 Anm. 17).

20. Den mit dieser Aufforderung geltend gemachten Vernichtungsanspruch gewährt § 14 a Abs. 3 GeschmMG in Verbindung mit § 98 UrhG, ebenfalls eingefügt durch das Produktpirateriegesetz vom 7. März 1990. Zu Einzelheiten vgl. Form. II. O. 1. Anm. 6 und 18 sowie Form. II. O. 3 Anm. 13. Gemäß § 99 UrhG besteht die Möglichkeit, die ausschließlich oder nahezu ausschließlich zur rechtswidrigen Herstellung von Vervielfältigungsstücken benutzten oder bestimmten Vorrichtungen des Verletzers ebenfalls zu vernichten. Diese müssen allerdings im Eigentum des Verletzers stehen. Ausnahmen zu §§ 98, 99 UrhG finden sich in § 101 UrhG für schuldlose Verletzer sowie für nur teilweise geschmacksmusterverletzende Vervielfältigungsstücke bzw. Vorrichtungen. Grundsätzlich ist die Vernichtung von geschmacksmusterverletzenden Erzeugnissen nicht unverhältnismäßig (BGH GRUR 1997, 899 – Vernichtungsanspruch: für Markenverletzung).

21. Zur Schadensersatzverpflichtung vgl. Anm. 18.

22. Es empfiehlt sich, die Frage der Kostenerstattung gesondert neben der Schadensersatzverpflichtung im Abmahnungsschreiben anzusprechen, da zur Kostenerstattung auch derjenige verpflichtet ist, der möglicherweise nicht schuldhaft gehandelt hat (vgl. Anm. 24).

23. Um den Verwarnten nicht über die Höhe der auf ihn zukommenden Kosten im Falle der Abgabe einer Unterwerfungserklärung im Unklaren zu lassen, können die Kosten konkret angegeben werden. Ebenso ist der Gegenstandswert anzugeben. Zur Höhe des Gegenstandswertes vgl. Anm. 3 zu Form. II. O. 14.

24. Zur Kostenerstattung unter dem rechtlichen Gesichtspunkt der (zwischenzeitlich gewohnheitsrechtlich anerkannten) auftraglosen Geschäftsführung: BGHZ 52, 393/399

– Fotowettbewerb; BGH GRUR 73, 384 = MDR 1973, 483 – Goldene Armbänder; GRUR 1984, 129ff. – shop in the shop; GRUR 1985, 924 r.Sp. – Schallplattenimport II; zur Kostenerstattung auf Grund unerlaubter Handlung (Verschulden): BGH GRUR 1995, 338, 342 – Kleiderbügel.

25. Das Beispiel einer geschmacksmusterrechtlichen Klage zeigt Form. II. O. 14.

Kosten und Gebühren

Zur Kostenerstattungspflicht vgl. Anm. 24. Zur Höhe der Kosten vgl. die Hinweise zu Form. II. O. 1.

14. Geschmacksmusterverletzungsklage

**Landgericht
Kammer für Handelssachen/Zivilkammer[1]**

Klage

der Firma A ......

Klägerin,

– Prozessbevollmächtigter: Rechtsanwalt ......

gegen

die Firma B ......[2]

Beklagte,

**wegen Geschmacksmusterverletzung
vorläufiger Streitwert: ......[3]**

Namens und in Vollmacht der Klägerin erhebe ich Klage und werde beantragen,

I. die Beklagte zu verurteilen,

1. es bei Meidung eines für jeden Fall der Zuwiderhandlung festzusetzenden Ordnungsgeldes bis zu EUR 250.000,–, ersatzweise Ordnungshaft bis zu 6 Monaten oder Ordnungshaft bis zu 6 Monaten, im Wiederholungsfalle bis zu 2 Jahren[4], zu unterlassen,
Sitzschalen für Stühle (herzustellen), feilzuhalten oder in den Verkehr zu bringen[5], die nach Maßgabe der folgenden Abbildungen gestaltet sind und somit folgende Gestaltungsmerkmale aufweisen:
- **die Krümmung des Sitz- und Lehnenbereichs erfolgt stetig und ohne Unterbrechung,**
- **entlang den beiden Längsseiten der seitlichen konkaven Vorwärtswölbungen der Sitzfläche befinden sich deutliche Fasen, die ihre größte Breite am Übergang von Sitz und Lehne haben und sowohl nach vorn als auch nach oben jeweils spitzwinklig auslaufen,**
- **die Außenseitenflächen wirken im Wesentlichen eben und sind zu den Fasen kantig abgewinkelt und verlaufen ungefähr rechtwinklig zum Längsmittelbereich des Sitzes und der Lehne, wobei die rechtwinklig zu den Kanten verlaufenden Linien dieser Seitenflächen ungefähr gerade sind und diese Seitenflächen sich vom Übergangsbereich Sitz/Lehne nach oben und nach vorn stetig verjüngen,**
- **die Breite der Lehne nimmt vom Übergangsbereich Sitz/Lehne in aufwärtiger Richtung linear ab und schließt dann zu dem oberen Rand der Lehne führende**

Rundungen an, die stetig in den schwach konvex gewölbten oberen Rand der Lehne übergehen,
(folgt Wiedergabe von Fotos des Verletzungsgegenstands)[6]

2. der Klägerin Auskunft[7] über (die Herkunft und) den Vertriebsweg der unter vorstehend zu I 1 beschriebenen Erzeugnisse zu erteilen, insbesondere unter Angabe der Namen und Anschriften der Hersteller, der Lieferanten und deren Vorbesitzer, der gewerblichen Abnehmer oder Auftraggeber sowie unter Angabe der Mengen der (hergestellten), ausgelieferten, erhaltenen oder bestellten Erzeugnisse;
3. der Klägerin über den Umfang der vorstehend zu I 1 bezeichneten Handlungen Rechnung[8] zu legen, und zwar unter Vorlage eines Verzeichnisses mit der Angabe (der Herstellungsmengen und Herstellungszeiten sowie) der einzelnen Lieferungen unter Nennung
   a) der Liefermengen, Typenbezeichnungen, Artikel-Nummern, Lieferzeiten, Lieferpreise und Namen und Anschriften der Abnehmer,
   b) der Gestehungskosten unter Angabe der einzelnen Kostenfaktoren sowie des erzielten Gewinns,

   und unter Angabe der einzelnen Angebote und der Werbung unter Nennung
   c) der Angebotsmengen, Typenbezeichnungen, Artikel-Nummern, Angebotszeiten und Angebotspreise sowie der Namen und Anschriften der Angebotsempfänger,
   d) der einzelnen Werbeträger, deren Auflagehöhe, Verbreitungszeitraum und Verbreitungsgebiet,

   wobei
   e) der Beklagten vorbehalten[9] bleiben mag, die Namen und Anschriften der Angebotsempfänger und der nicht gewerblichen Abnehmer statt der Klägerin einem von dieser zu bezeichnenden und ihr gegenüber zur Verschwiegenheit verpflichteten vereidigten Wirtschaftsprüfer mitzuteilen, sofern die Beklagte die durch seine Einschaltung entstehenden Kosten trägt und ihn zugleich ermächtigt, der Klägerin mitzuteilen, ob ein konkret von ihr angefragter Abnehmer und/oder eine konkret von ihr angefragte Lieferung in der erteilten Rechnung enthalten sind;
4. die im unmittelbaren oder mittelbaren Besitz oder im Eigentum der Beklagten befindlichen Erzeugnisse entsprechend vorstehend I 1 an einen von der Klägerin zu beauftragenden Gerichtsvollzieher zum Zwecke der Vernichtung[10] auf Kosten der Beklagten herauszugeben;

II. festzustellen, dass die Beklagte verpflichtet ist, der Klägerin allen Schaden zu erstatten, der ihr durch die zu Ziffer I 1 bezeichneten Handlungen entstanden ist und künftig noch entstehen wird[11];

III. die Kosten des Rechtsstreits der Beklagten aufzuerlegen;

IV. das Urteil – gegebenenfalls gegen Sicherheitsleistung (Bank- oder Sparkassenbürgschaft) – für vorläufig vollstreckbar zu erklären;
hilfsweise der Klägerin nachzulassen, die Zwangsvollstreckung gegen Sicherheitsleistung (Bank- oder Sparkassenbürgschaft) abzuwenden[12].

……[13, 14, 14 a]

Begründung:

I.

1. Die Parteien sind Wettbewerber. Beide stellen her und vertreiben Sitzschalen aus thermoplastischen Kunststoffen.
   Die Klägerin ist alleinige und ausschließlich verfügungsberechtigte Inhaberin des beim Deutschen Patentamt[15] am …… angemeldeten[16] und am …… eingetragenen Geschmacksmusters betreffend eine Sitzschale aus Kunststoff. Das Klagegeschmacks-

muster wurde am ...... bekanntgemacht.[17] Das Muster steht in Kraft. Ich überreiche als Anlage 1 eine Kopie der Geschmacksmusterakten und trete für die Richtigkeit des Vorstehenden Beweis an durch
Antrag auf Beiziehung der Geschmacksmusterakten ...... des Deutschen Patent- und Markenamts.
Das Klagegeschmacksmuster betrifft eine Sitzschale. Insoweit sind von der Klägerin zwei Fotos einer Sitzschale hinterlegt (vgl. Anlage 1). Die Fotos zeigen eine Sitzschale, deren ästhetischer Gesamteindruck durch folgende Einzelmerkmale bestimmt wird:
a) ......
b) ......
c) ......
d) ......
......[18]

2. Die Beklagte stellt her und vertreibt eine thermoplastische Sitzschale, die mit dem Originalerzeugnis der Klägerin verwechselbar[19] übereinstimmt. Ich überreiche als Anlage 2 die betreffende Sitzschale der Beklagten, die diese unter der Bezeichnung ...... in den Verkehr bringt. Schon eine flüchtige Inaugenscheinnahme ergibt, dass die Sitzschale gemäß Anlage 2 alle wesentlichen Gestaltungselemente entsprechend der vorstehenden Merkmalsanalyse unter I 1 aufweist. Die Übereinstimmungen sind so augenfällig, dass von einer Wiederholung dieser Merkmale abgesehen werden kann. Ein einziger Unterschied besteht lediglich darin, dass die Sitzschale der Beklagten im oberen Lehnenbereich eine nach hinten abfallende Krümmung aufweist. Dieser Unterschied fällt jedoch nicht ins Auge, zumal er lediglich bei einer Betrachtung der Rückseite des Stuhles überhaupt bemerkt werden kann[20]. Zur Vermeidung von Wiederholungen verweise ich zur Beschreibung der Sitzschale der Beklagten auf den Inhalt des Klageantrags I 1 und die dort wiedergegebenen Abbildungen.
3. Die Beklagte hat einer vorprozessualen Abmahnung nicht Folge geleistet[21]. Daher ist Klage geboten. Mit ihr werden die Ansprüche der Klägerin wegen der unzulässigen Nachbildung ihres Geschmacksmusters geltend gemacht.

II.

Der mit Klageantrag I 1 geltend gemachte Unterlassungsanspruch sowie das Schadensersatzfeststellungsbegehren gemäß Klageantrag II finden ihre rechtliche Begründung in § 14 a Abs. 1 GeschmMG. Auf die mit Klageantrag I 3 verlangte Rechnungslegung hat die Klägerin gemäß § 14 a Abs. 1 GeschmMG in Verbindung mit § 242 BGB Anspruch. Die weiteren Ansprüche auf Auskunft betreffend den Vertriebsweg und die Vernichtung ergeben sich aus § 14 a Abs. 3 GeschmMG und §§ 98, 101 a UrhG.
1. Das Klagegeschmacksmuster ist schutzfähig. Es handelt sich um eine Gestaltung, die den durch das Auge vermittelten Formensinn anzuregen geeignet ist[22].
2. Des Weiteren ist der Gegenstand des Klagegeschmacksmusters neu und eigentümlich[23]. Dabei sind der Prüfung die vorstehend unter I 1 angeführten konkreten Merkmale zugrundezulegen[24]. Die Schutzvoraussetzung der Neuheit wird gemäß § 13 GeschmMG vermutet[25]. Der Gegenstand des Klagegeschmacksmusters ist auch eigentümlich. Wie schon der Augenschein lehrt, handelt es sich um eine das Durchschnittskönnen eines Designers bei weitem übersteigende Leistung, die den Charakter des Eigenpersönlichen und Schöpferischen trägt. Das wird offenbar, sofern man sich einmal die eintönigen landläufigen Plastiksitzschalen vor Augen führt, die im Bereich des täglichen Lebens in Warteräumen, Gastwirtschaften, Parkanlagen oder sonstwie aufzufinden sind. Gegenüber diesem Einerlei hebt sich der Gegenstand des Klageschutzrechtes wohltuend und eindeutig ab[26].
3. Infolge der verwechselbaren Ähnlichkeit[27] zwischen der Sitzschale der Beklagten und dem Gegenstand des Klagegeschmacksmusters ist davon auszugehen, dass der objek-

tive Tatbestand der Nachbildung gegeben ist[28]. Zugleich liegt damit auch der subjektive Tatbestand einer Nachbildung auf der Hand[29]. Denn es wird von der Beklagten nicht bestritten werden können, dass sie erst dann mit ihrer Sitzschale auf den Markt gelangt ist, nachdem das Klagegeschmacksmuster hinterlegt und im übrigen Erzeugnisse nach dem Klagegeschmacksmuster von der Klägerin schon vertrieben worden waren. Infolgedessen ist nach Anscheinsbeweisgrundsätzen davon auszugehen, dass die Beklagte in Nachbildungsabsicht gehandelt hat[30].

4. Der mit Klageantrag I 1 geltend gemachte Unterlassungsanspruch ist gemäß § 14 a Abs. 1 S. 1 GeschmMG begründet. Im Hinblick auf die Verletzung des Geschmacksmusterrechts der Klägerin besteht Wiederholungsgefahr.
5. Das mit Klageantrag II geltend gemachte Schadensersatzfeststellungsbegehren ist ebenfalls gemäß § 14 a Abs. 1 S. 1 GeschmMG begründet. Es kann nicht geleugnet werden, dass der Klägerin durch die geschmacksmusterverletzenden Handlungen der Beklagten ein Schaden entstanden ist, beispielsweise dadurch, dass sie Umsatzeinbußen erlitten hat[31]. Die Beklagte hat auch mindestens fahrlässig-schuldhaft gehandelt. Bei Anspannung der gebotenen Sorgfalt hätte sie das Geschmacksmuster auch unabhängig von der Abmahnung kennen und erkennen können, dass die angegriffene Sitzschale nicht den erforderlichen Abstand zum Gegenstand des Klageschutzrechtes einhält[32].
   Da die Klägerin die Höhe des ihr entstandenen und künftig noch entstehenden Schadens nur dann ziffernmäßig bestimmen kann, wenn sie genaue Kenntnis vom Umfang der geschmacksmusterverletzenden Handlungen der Beklagten erlangt hat, ist diese gemäß § 242 BGB zur Rechnungslegung verpflichtet[33]. Des Weiteren besteht eine Rechnungslegungsverpflichtung der Beklagten gemäß § 14 a Abs. 1 S. 2 GeschmMG. Daraus ergeben sich die Begründetheit des mit Klageantrag I 2 geltend gemachten Rechnungslegungsbegehrens sowie das gemäß § 256 ZPO für die Zulässigkeit der Schadensersatzfeststellungsklage notwendige Feststellungsinteresse[34]. Die mit Klageanträgen I 2 und 4 geltend gemachten Ansprüche auf Auskunft betreffend den Vertriebsweg sowie auf Herausgabe der das Klagegeschmacksmuster verletzenden Erzeugnisse rechtfertigen sich gemäß § 14 a Abs. 3 GeschmMG in Verbindung mit §§ 98, 101 a UrhG.
6. Die Zuständigkeit des angerufenen Gerichts besteht auf Grund der Tatsache, dass die Beklagte die angegriffene Nachbildung auch im Gerichtsbezirk vertreibt[37, 38, 39].

Rechtsanwalt

Schrifttum: Vgl. die Hinweise zu Form. II. O. 13.

Hinweis: Ein weiteres Beispiel einer Geschmacksmusterverletzungsklage bei *Mes/Eichmann,* Münchener Prozeßformularbuch/Gewerblicher Rechtsschutz, Urheber- und Presserecht, 2000, F. 9.

Anmerkungen

Vorbemerkung: Das Formular ist inhaltlich an Form. II. O. 13 ausgerichtet. Die Ausführungen dort gelten auch weitgehend hier.

1. Es handelt sich um eine Handelssache gem. § 95 Abs. 1 Nr. 4 c GVG. Soweit bei Landgerichten Spezialkammern für Geschmacksmusterstreitsachen gebildet sind, kann die Klage auch an diese Zivilkammer gerichtet werden (aber: Verweisungsmöglichkeit an die Kammer für Handelssachen gemäß § 98 Abs. 1 S. 1 GVG).

§ 15 GeschmMG enthält eine besondere, an § 143 PatG ausgerichtete Zuständigkeitsregelung. Gemäß § 15 Abs. 1 GeschmMG sind ohne Rücksicht auf den Streitwert ausschließlich die Landgerichte zuständig. § 15 Abs. 2 GeschmMG ermächtigt die Landesregierungen, die Zuständigkeit für Geschmacksmusterstreitigkeiten auf eines von mehreren Landgerichten zu konzentrieren. Davon haben einige Länder Gebrauch gemacht. Insoweit gilt folgende Regelung: Baden-Württemberg – für den OLG-Bezirk Karlsruhe: LG Mannheim, für den OLG-Bezirk Stuttgart: LG Stuttgart; Bayern – für den OLG-Bezirk München: LG München I, und für die OLG-Bezirke Nürnberg und Bamberg: LG Nürnberg; Hessen – LG Frankfurt; Niedersachen – LG Braunschweig; Rheinland-Pfalz – für OLG-Bezirke Koblenz und Zweibrücken: LG Frankenthal; Nordrhein-Westfalen – für den OLG-Bezirk Düsseldorf: LG Düsseldorf, für die Landgerichtsbezirke Bielefeld, Detmold und Paderborn: LG Bielefeld, für die Landgerichtsbezirke Bochum, Dortmund und Essen: LG Bochum, für die Landgerichtsbezirke Arnsberg, Hagen und Siegen: LG Hagen und für den OLG-Bezirk Köln: LG Köln; Mecklenburg-Vorpommern – für den OLG Bezirk Rostock: LG Rostock (vgl. die Übersicht in GRUR 1996, 396). Die Regelung der anwaltlichen Vertretungsbefugnis sowie diejenige der Kosten entspricht § 143 PatG (vgl. den Wortlaut des § 15 GeschmMG und die nachstehenden Ausführungen zu „Kosten und Gebühren").

2. Handelt es sich bei der Beklagten um eine Gesellschaft mit beschränkter Haftung oder um eine Kommanditgesellschaft, deren persönlich haftende Gesellschafterin eine Gesellschaft mit beschränkter Haftung ist, so empfiehlt es sich, zur Erweiterung des Haftungsrahmens auch die verantwortlichen Geschäftsführer der GmbH zu verklagen. Bei einer Geschmacksmusterverletzung handelt es sich um eine unerlaubte Handlung im weiteren Sinne. Dementsprechend haften die Geschäftsführer einer Gesellschaft mit beschränkter Haftung auf Grund eigenen (täterschaftlichen) Verhaltens sowie die GmbH selbst unter dem rechtlichen Gesichtspunkt der Organhaftung (§ 31 BGB). Gleiches gilt zB. für den Vorstand einer Aktiengesellschaft. Weitere Einzelheiten in Form. II. O. 3 Anm. 2.

3. Wie auch sonst im Bereich des gewerblichen Rechtsschutzes im Zusammenhang mit Schutzrechtsverletzungen beruhen die Streitwertangaben analog § 3 ZPO auf Schätzungen. Maßgeblich ist das Interesse des Klägers, das sich im Wesentlichen nach dem wirtschaftlichen Wert des den Klagegrund bildenden Geschmacksmusters richtet. Dieser bestimmt sich ua. nach der Laufzeit des Schutzrechtes, den Umsätzen, die der Kläger mit nach dem Schutzrecht hergestellten Erzeugnissen erzielt, sowie nach der Intensität der Verletzungshandlungen. Im Vordergrund steht das Unterlassungsinteresse des Klägers. Zur Streitwertbemessung bei Geschmacksmusterverletzungen im Einzelnen: *von Gamm* § 14 Rdn. 23.

4. Die Strafandrohungsformel entspricht dem Wortlaut des § 890 Abs. 1 ZPO.

5. Vgl. Form. II. O. 13 Anm. 15. Die Tathandlung des Herstellers bedarf besonderer Beachtung, um eine Teilabweisung zu vermeiden. Handelt es sich zB. bei der Beklagten um ein Vertriebsunternehmen, sind die in Klammern enthaltenen, Herstellungshandlungen betreffenden Antragsformulierungen zu streichen.

6. Es gelten die Ausführungen in Form. II. O. 13 Anm. 16.

7. Dieser Antrag findet seine Grundlage in § 14a Abs. 3 GeschmMG in Verbindung mit § 101a UrhG. Vgl. dazu Form. II. O. 13 Anm. 17. Eine genauere Aufgliederung der Angaben findet sich z.B. in Form. II. O. 3 zu Anm. 10.

8. Zur Rechnungslegungsverpflichtung des Verletzers siehe § 14a Abs. 1 S. 2 GeschmMG und die Ausführungen in Form. II. O. 13 Anm. 18, 18a und 19.

9. Zum Wirtschaftsprüfervorbehalt vgl. Form. II. O. 13 Anm. 19.

10. Zum Vernichtungsanspruch siehe § 14a Abs. 3 GeschmMG in Verbindung mit §§ 98, 99 UrhG. Einzelheiten in Form. II. O. 13 Anm. 20. Zur Formulierung des Klageantrags vgl. Form. II. O. 3 Anm. 13. Im Formular wird davon abgesehen, von der Möglichkeit des § 99 UrhG Gebrauch zu machen und auch Vernichtung derjenigen Vorrichtungen oder Vorrichtungsteile (zB. Spritzgussform) zu beanspruchen, die zur Herstellung der Plagiate benutzt werden bzw. wurden. Die Durchsetzung eines derartigen Anspruchs ist in der Praxis schwierig, zB. schon deshalb, weil der Kläger nicht wissen kann, ob die Vorrichtung, wie dies § 99 UrhG verlangt, im Eigentum des Beklagten steht oder nicht (z.B. wegen Sicherungseigentums einer finanzierenden Bank). Die Vernichtung schutzrechtsverletzender Erzeugnisse ist regelmäßig nicht unverhältnismäßig (BGH GRUR 1997, 899 – Vernichtungsanspruch: für Markenrecht).

11. Zur Verbindung von Feststellungsklage und Rechnungslegungsbegehren vgl. Form. II. O. 3 Anm. 15. Die dortigen Ausführungen zum Patentverletzungsprozess gelten auch für den Geschmacksmusterverletzungsprozess.

12. Die Nebenentscheidungen werden von Amts wegen getroffen. Dennoch entsprechen die Anträge allgemeiner Übung. Der Vollstreckungsschutzantrag muss besonders begründet werden; zu den Anforderungen (in der Berufungsinstanz) vgl. BGH GRUR 1996, 512 – Fehlender Vollstreckungsschutzantrag II.

13. Wird der Geschmacksmusterrechtsstreit vor die Zivilkammer gebracht, so erfordert § 253 Abs. 3 ZPO eine Erklärung des Klägers darüber, ob Gründe entgegenstehen, die Sache auf den Einzelrichter zu übertragen (§ 348 ZPO). Regelmäßig sind Geschmacksmusterstreitigkeiten nicht für eine Entscheidung durch den Einzelrichter geeignet. Darauf sollte in der Klageschrift hingewiesen werden, beispielsweise mit folgender Formulierung: „Es handelt sich um eine geschmacksmusterrechtliche Streitigkeit, die tatsächlich und rechtlich nicht einfach gelagert ist. Insoweit erscheint eine Übertragung auf den Einzelrichter nicht angezeigt."

14. Eine geschmacksmusterrechtliche Streitigkeit eignet sich in der Mehrzahl der Fälle nicht so sehr zur Vorbereitung eines späteren Verhandlungstermins im Wege des schriftlichen Vorverfahrens. Aus Vorsichtsgründen kann empfohlen werden, dennoch die Anträge gemäß §§ 307 Abs. 2, 331 Abs. 3 ZPO in die Klageschrift aufzunehmen.

14a. Gem. § 278 Abs. 2 ZPO soll der mündlichen Verhandlung zum Zwecke der gütlichen Beilegung des Rechtsstreits eine Güteverhandlung vorausgehen, sofern nicht zuvor bereits ein Einigungsversuch vor einer außergerichtlichen Gütestelle stattgefunden hat oder die Güteverhandlung erkennbar aussichtslos erscheint. In der ganz überwiegenden Mehrzahl der Streitigkeiten des gewerblichen Rechtsschutzes bietet eine Güteverhandlung keine Aussicht auf Erfolg. Insbesondere kann das Gericht in diesem frühen Stadium keine eigenen Kenntnisse/Vorschläge einbringen. Es bietet sich daher an, eine Stellungnahme zur Durchführung einer derartigen Güteverhandlung abzugeben. Ein Textbeispiel für eine (begründete) Ablehnung einer Güteverhandlung findet sich in Form. I. F. 6.

15. Zur Zuständigkeit des Deutschen Patent- und Markenamts vgl. Anm. 3 zu Form. II. O. 13. AaO. finden sich auch Ausführungen zur internationalen Hinterlegung. Liegt eine solche der Klage zugrunde, so ist darauf hinzuweisen und sind die entsprechenden Daten anzuführen.

16. Gemäß § 9 Abs. 1 GeschmMG beginnen die Schutzwirkungen der Geschmacksmusterhinterlegung mit dem Anmeldetag; insoweit ist die Mitteilung des Anmeldetages anspruchsbegründendes Erfordernis, zB. für die Berechnung der Schutzdauer. Der Anmeldetag ist des Weiteren der für die Beurteilung der Schutzfähigkeit des Geschmacksmusters entscheidende Zeitpunkt.

17. An sich sind die Eintragung eines Geschmacksmusters und seine Bekanntmachung ohne konstitutive Wirkung. Geschmacksmusterschutz wird durch bloße Anmeldung und Niederlegung des Musters oder Modells beim Deutschen Patent- und Markenamt bzw. durch eine internationale Hinterlegung mit Wirkung auch für Deutschland erlangt. Die

Tatsache der Eintragung hat jedoch Beurkundungsfunktion und dementsprechend Beweiskraft gemäß §§ 415, 418 ZPO betreffend die Anmeldung, Niederlegung und gegebenenfalls Verlängerung (vgl. BGHZ 22, 209/213 – Morgenpost). Nach der Bekanntmachung gehört freilich das Muster zum vorbekannten Formenschatz (BGH GRUR 1978, 168, 169 – Haushaltsschneidemaschine I). Es tritt dann insbesondere im Zusammenhang mit einer Nachahmung ein Vermutungstatbestand ein. Vgl. dazu Anm. 3 und 6 zu Form. II. O. 13.

18. Vgl. die beispielartige Ausfüllung der Merkmalskombination in Form. II. O. 13.

19. Die Begriffe „Verwechslungsgefahr“ und „Verwechselbarkeit“ gehören an sich dem Kennzeichnungsrecht an und sind dem Geschmacksmusterrecht fremd. Lässt sich jedoch von einem Erzeugnis sagen, dass es einem anderen verwechselbar ähnlich ist, so kann dies als wesentliches Indiz für eine Geschmacksmusterverletzung gewertet werden (vgl. BGH GRUR 1961, 640/642 – Straßenleuchte).

20. Bei der Beurteilung der Frage, ob eine Nachbildung vorliegt, kommt es nicht entscheidend auf die Unterschiede, sondern auf die Übereinstimmungen und deren Bedeutung für den Gesamteindruck zwischen dem Geschmacksmustergegenstand und dem angegriffenen Erzeugnis an (BGH in ständiger Rechtsprechung, vgl. dazu statt vieler BGH GRUR 1965, 198/201 – Küchenmaschine; 1980, 235, 237 – Play-Family; *Gerstenberg/Buddeberg,* GeschmMG, Anm. 2 zu § 5). Für den Vergleich zwischen dem geschmacksmustergeschützten Original und der Nachahmung ist eine Merkmalsanalyse hilfreich (vgl. Form. II. O. 13, Anm. 8). Sie allein kann jedoch den Gesamteindruck des Musters und die Gestaltungsmerkmale, auf denen dieser Gesamteindruck beruht, nicht widerspiegeln. Insoweit ist es über die äußere Beschreibung der Merkmale des Geschmacksmusters hinaus erforderlich, die einzelnen Formen des Musters in Bezug auf ihre Maßgeblichkeit für den Gesamteindruck zu bewerten und zu gewichten (BGH GRUR 2000, 1023, 1025–3-Speichen-Felgenrad; 2001, 503, 505 – Sitz-Liegemöbel). Wird sodann für den Nachbildungsgegenstand festgestellt, dass relevante Abweichungen nicht erkennbar sind, so ist vom Nachahmungstatbestand auszugehen (§ 5 Abs. 1 GeschmMG; BGH GRUR 2001, 503, 506 re. Sp. – Sitz-Liegemöbel).

21. Ein Beispiel einer Abmahnung findet sich in Formular II. O. 13.

22. Es handelt sich um die gesetzliche Schutzvoraussetzung des § 1 Abs. 1 GeschmMG. Danach sind Muster (= flächenhafte Erzeugnisse) und Modelle (= Raumformen) schutzfähig (vgl. BGH GRUR 1962, 144/146 – Buntstreifensatin). Geschmacksmusterschutzunfähig sind Gestaltungen, die nicht den Formen- oder Farbensinn, sondern nur dem Gehör-, dem Geruchs- oder dem Geschmackssinn zugänglich sind. Des Weiteren ist nur die Gestaltung geschmacksmusterschutzfähig, nicht sind es jedoch die ihr zugrundeliegenden Ideen, allgemeinen Gedanken und Lehren (vgl. BGH GRUR 1979, 705 – Notizklötze mit Anm. *Klaka*).

23. Schutzvoraussetzungen gemäß § 1 Abs. 2 GeschmMG.

24. Vgl. BGH GRUR 1965, 198/200 ff. – Küchenmaschine. Es kommt auf die Gesamtheit der Merkmale und auf die sich aus ihnen ergebende ästhetische Wirkung an (BGH GRUR 2000, 1023–3-Speichen-Felgenrad; 2001, 503, 505 – Sitz-Liegemöbel).

25. Die höchstrichterliche Rechtsprechung dehnt den Wortlaut des § 13 GeschmMG auch auf die Neuheitsvermutung (vgl. *von Gamm* § 13 Rdn. 5 mwN. und GRUR 1985, 894; vgl. zB. BGH GRUR 1979, 240/241 – Küchenschütte) sowie darauf aus, dass der Anmelder das Muster selbst geschaffen hat (vgl. zB. BGH GRUR 1958, 509, 510 – Schlafzimmermodell; *von Gamm* GRUR 1985, 895).

26. Die Beurteilung der Frage der erforderlichen Eigentümlichkeit gehört zu den schwierigen Problemen des Geschmacksmusterrechts. Hier gilt die Vermutung des § 13 GeschmMG nicht (BGH GRUR 1963, 328, 329 – Fahrradschutzbleche). Als Faustregel kann gelten: Die Zubilligung einer eigenschöpferischen geschmacksmusterschutzfähigen Leistung hängt entscheidend von dem Durchschnittskönnen ab, das das betreffende Gestaltungsgebiet allgemein kennzeichnet (vgl. BGH GRUR 1969, 90/95 – Rüschenhaube). Dabei sind die Anforderungen, die für den Geschmacksmusterschutz zu stellen sind, niedriger als diejenigen, die für ein Kunstwerk zu verlangen sind (BGH GRUR 1966, 96/99 – Zündaufsatz). Soweit es jedoch – wie häufig – um die Kombination an sich vorbekannter Formelemente geht, dürfen die Anforderungen an die erforderliche eigenschöpferische Gestaltungshöhe nicht zu niedrig angesetzt werden (BGH LM § 1 GeschmMG, Nr. 11, Blatt 2 – Dreifachkombinationsschalter = GRUR 1975, 81; GRUR 1988, 369, 370 – Messergriff). Gegenüber dem vorbekannten Formenschatz muss ein Gesamtvergleich stattfinden (BGH GRUR 1996, 767 – Holzstühle; 2000, 1023–3-Speichen-Felgenrad; 2001, 503 – Sitz-Liegemöbel).

27. Vgl. Anm. 19 und die dort angeführte Entscheidung BGH GRUR 1961, 640/642 rechte Sp. unten – Straßenleuchte.

28. BGH GRUR 1961, 640/642/643 – Straßenleuchte; GRUR 1965, 198/201 – Küchenmaschine; GRUR 1979, 240/242 – Küchenschütte. Eine einschränkende Betrachtung findet sich in der Entscheidung des BGH GRUR 1980, 235 – Play-family – für den (Ausnahme-)Fall der Nachbildung von der menschlichen Gestalt angenäherten Spielzeugfiguren (vgl. die krit. Bemerkungen dazu von *Gerstenberg* GRUR 1981, 15).

29. Begriffsnotwendig ist eine „Nachbildung“ im geschmacksmusterrechtlichen Sinn nur gegeben, wenn das Geschmacksmuster als „Vorbild“ für das „Nachgebildete“ gedient hat, der Verletzer das Vorbild somit gekannt hat. Dabei genügt auch mittelbare Kenntnis infolge von Abbildungen, Beschreibungen oder Anregungen Dritter (vgl. BGH GRUR 1958, 510–511 – Schlafzimmermodell), auch wenn diese nur unbewusst wahrgenommen worden sind (vgl. BGH GRUR 1981, 273/275/276 – Leuchtenglas).

30. Ständige Rechtsprechung, RGZ 142, 148; BGH GRUR 1958, 97 – Gartensessel; GRUR 1961, 640/643 – Straßenleuchte; GRUR 1965, 198/201 – Küchenmaschine; GRUR 1974, 406/410 – Elektroschalter; GRUR 1979, 240/242 – Küchenschütte; GRUR 1981, 273/275/276 – Leuchtenglas.

31. Für die Feststellung einer Schadensersatzverpflichtung genügt die Wahrscheinlichkeit eines Schadenseintritts (vgl. BGH GRUR 1960, 256/260 – Chérie-Musikwecker; GRUR 1965, 198/202 – Küchenmaschine).

32. Der Schuldvorwurf ist zu differenzieren von der Nachbildungsabsicht.

33. Der Anspruch auf Rechnungslegung ist ein Hilfsanspruch zum Schadensersatzanspruch, indem er darauf gerichtet ist, dem Verletzten die tatsächlichen Grundlagen für die Berechnung seines konkreten Schadens zu ermitteln. Als Anspruchsgrundlage wird überwiegend § 242 BGB angenommen, teilweise §§ 681, 687 Abs. 2, 666 BGB. Es erscheint vertretbar, diesen Theorienstreit dahinstehen zu lassen. Der Rechnungslegungsanspruch hat gewohnheitsrechtlichen Charakter; demzufolge wird er in höchstrichterlichen Entscheidungen des Bundesgerichtshofs zum Geschmacksmusterrecht ohne jede rechtsdogmatische Begründung zuerkannt (vgl. zB. BGH GRUR 1965, 198/202 re. Sp. – Küchenmaschine; GRUR 1966, 97/100 li. Sp. – Zündaufsatz). Die in § 14a Abs. 1 S. 2 GeschmMG enthaltene Regelung des Rechnungslegungsanspruchs enthält keine Einschränkung (vgl. BGH GRUR 1979, 240/242 – Küchenschütte).

34. Allgemeine Meinung und ständige Rechtsprechung, zB. BGH GRUR 1965, 198/202 re. Sp. unten – Küchenmaschine.

35. Zu Einzelheiten des Anspruchs auf Auskunft s. o. Anm. 7 und Form. II. O. 13 Anm. 17.

36. Vgl. zum Vernichtungsanspruch oben Anm. 10 mit weiteren Hinweisen. Soll entgegen dem Vorschlag des Formulars auch ein Anspruch auf Vernichtung der die Plagiate herstellenden Vorrichtung (z.B. Spritzgussform) geltend gemacht werden, muss dazu vorgetragen werden, dass die Form im Eigentum des Verletzers steht und sie ferner ausschließlich oder nahezu ausschließlich zur Herstellung der Plagiate benutzt wird bzw. dazu bestimmt ist.

37. Gerichtsstand der unerlaubten Handlung (§ 32 ZPO).

38. Bei Geschmacksmusterverletzungsklagen stellt sich häufig die Frage, ob Ansprüche nicht auch auf § 1 UWG zu stützen sind. Diese greifen freilich nur selten durch (vgl. z.B. BGH GRUR 1980, 235, 237, 238 – Play-family; GRUR 1982, 371, 373 – Scandinavia). Zum wettbewerbsrechtlichen Nachahmungsschutz vgl. grundlegend *Sambuc,* Der UWG-Nachahmungsschutz, 1996; *Baumbach/Hefermehl,* UWG, 22. Aufl. 2001, Rdn. 439ff. zu § 1 UWG; ein Textbeispiel für eine Klage wegen Nachahmung eines Produkts (§ 1 UWG) findet sich bei *Mes/Sambuc,* Münchener Prozessformularbuch/Gewerblicher Rechtsschutz, Urheber- und Presserecht 2000, A. 12.

39. Der geschmacksmusterrechtliche Unterlassungsanspruch kann – bei geeignetem Sachverhalt – auch im Wege des einstweiligen Verfügungsverfahrens gerichtlich durchgesetzt werden. Analog den Rechtsgrundsätzen, die im Zusammenhang mit einstweiligen Verfügungsverfahren in patentrechtlichen und gebrauchsmusterrechtlichen Streitigkeiten herrschen (vgl. dazu Form. II. O. 3 Anm. 43 und Form. II. O. 9 Anm. 31), kommt der Erlass einer einstweiligen Verfügung in einer geschmacksmusterrechtlichen Streitigkeit nur dann in Betracht, wenn die Schutzfähigkeit des (nicht geprüften) Geschmacksmusters sowie der Verletzungstatbestand eine so ausreichend sichere Beurteilung erlauben, dass unter Berücksichtigung des Interesses des Verfügungsbeklagten eine Entscheidung im summarischen Verfahren geboten erscheint. Insbesondere ist es Aufgabe des Antragstellers/Klägers, zur Schutzfähigkeit des geltend gemachten Geschmacksmusters sowie zum Verletzungstatbestand substantiiert vorzutragen, insbesondere auch den vorbekannten Formenschatz vorzulegen.

§ 14a Abs. 3 GeschmMG in Verbindung mit § 101a Abs. 3 UrhG eröffnet die Möglichkeit, in Fällen „offensichtlicher Rechtsverletzung" für den Auskunftsanspruch den Weg des einstweiligen Verfügungsverfahrens zu beschreiten. Die Darlegung einer offensichtlichen Rechtsverletzung bedarf besonderer Anstrengung. Das geltend gemachte Geschmacksmuster muss unter Berücksichtigung des vorbekannten Formenschatzes ausreichend rechtsbeständig sein (kritisch dazu z.B. OLG Braunschweig, GRUR 1993, 669, 670 – Stoffmuster), die Verletzung evident.

Ein Textbeispiel für einen Antrag auf Erlass einer einstweiligen Verfügung wegen Geschmacksmusterverletzung (mit Herausgabeanordnung) findet sich bei *Mes/Eichmann,* Münchener Prozessformularbuch/Gewerblicher Rechtsschutz, Urheber- und Presserecht, 2000, F. 6.

Kosten und Gebühren

Es gelten die allgemeinen Grundsätze, mit folgenden Besonderheiten des Geschmacksmusterverletzungsprozesses:

§ 15 Abs. 3 GeschmMG: Die Kosten eines mitwirkenden Patentanwalts sind grundsätzlich, ohne dass die Notwendigkeit seiner Mitwirkung zu prüfen wäre, einschließlich notwendiger Auslagen erstattungsfähig.

15. Formelle[1] Klageerwiderung in einer geschmacksmusterrechtlichen Auseinandersetzung[2]

Landgericht
Kammer für Handelssachen[3]

In Sachen

......[4]

Aktenzeichen: ......

zeige ich an, dass ich die Beklagte vertrete.

Ich werde beantragen,

1. die Klage abzuweisen;
2. ......[5]
3. ......[6]

Des Weiteren beantrage ich,
die Akten des Klagegeschmacksmusters des Deutschen Patent- und Markenamts beizuziehen und der Beklagten für die Dauer ihrer vom Gericht zu bestimmenden Schriftsatzfrist zur Einsichtnahme zur Verfügung zu stellen[7].
Der Anregung der Klägerin, von der Anberaumung einer Güteverhandlung Abstand zu nehmen, stimme ich zu.[8]
......[9]

Rechtsanwalt

Anmerkungen

1. Zum Charakter einer „formellen" Klageerwiderung vgl. Form. II. O. 4, insbesondere Anm. 1 aaO.

2. Das Formular folgt inhaltlich der Klage gemäß Form. II. O. 14.

3. Es wird davon ausgegangen, dass die Klage schon an die Kammer für Handelssachen gerichtet worden ist (vgl. vorstehende Anm. 2). Mithin erübrigt sich die sonst anzustellende Prüfung, ob Verweisungsantrag gemäß §§ 98 Abs. 1 S. 1, 95 Abs. 1 Nr. 4c GVG an die Kammer für Handelssachen gestellt werden soll.

4. Zur Ausgestaltung des Rubrums siehe das Beispiel in Form. II. O. 4.

5. Es empfiehlt sich, hilfsweise zu beantragen, dass eine Verurteilung zur Rechnungslegung lediglich unter Wirtschaftsprüfervorbehalt erfolgt. Zur Formulierung eines solchen Antrages vgl. Form. II. O. 4.

6. Die Nebenentscheidungen sind von Amts wegen zu treffen. Entsprechende Anträge werden in der Praxis jedoch regelmäßig gestellt. Ein Vollstreckungsschutzantrag muss ausreichend begründet werden (BGH GRUR 1996, 512 – Fehlender Vollstreckungsschutzantrag II).

7. Geschmacksmusterschutz kann nur das genießen, was ordnungsgemäß hinterlegt worden ist. Ohne Kenntnis des Inhalts der Geschmacksmusterakten ist eine Bearbeitung der Klageverteidigung nicht möglich. Sind z.B. bei der Einzelanmeldung eines Modells als Geschmacksmuster mehrere Fotografien hinterlegt worden, die das Modell in verschiedenen Ausführungsformen zeigen, führt eine Abweichung der Fotografien voneinander nicht zu einer Vermehrung der Schutzgegenstände, sondern sie müssen vielmehr bei der Bestimmung des Schutzgegenstandes des Musters außer Betracht bleiben (BGH GRUR 2001, 503 – Sitz-Liegemöbel).

Das Formular geht davon aus, dass zunächst lediglich eine formelle Klageerwiderung eingereicht wird, bevor materiell zur Klage Stellung genommen wird. Das erklärt auch die Annahme, dass der Beklagten eine Schriftsatzfrist zur materiellen Klageerwiderung gesetzt werden wird. Es ist freilich darauf hinzuweisen, dass diese Punkte schon bei der Prüfung der Ladung und der Einleitungsverfügung des befassten Gerichtes beachtet werden müssen. Gegebenenfalls muss ein klärendes Telefongespräch mit dem Gerichtsvorsitzenden bzw. dem Berichterstatter geführt werden.

8. Stellungnahme zu einer etwaigen Äußerung des Klägers im Hinblick auf eine Güteverhandlung gem. § 278 Abs. 2 ZPO.

9. Sofern die Klage bei einer Zivilkammer eingereicht worden ist und der Beklagte sich entschlossen hat, keine Verweisung des Rechtsstreits an die Kammer für Handelssachen zu beantragen, muss zur Frage Stellung genommen werden, ob der Übertragung des Rechtsstreits auf den Einzelrichter Bedenken entgegenstehen (§§ 348 Abs. 1, 271 Abs. 3 ZPO).

16. Materielle[1] Klageerwiderung in einer geschmacksmusterrechtlichen Streitigkeit

Landgericht
Kammer für Handelssachen

In Sachen

A ...... (RA: ......)

gegen

B ...... (RA: ......)

Aktenzeichen: ......

begründe ich die Anträge auf Klageabweisung vom ......:

1. **Eine Einsichtnahme in die Geschmacksmusterakten hat ergeben, dass die Klägerin ihr Begehren auf Abbildungen des Hinterlegungsgegenstandes stützt, die erst im Nachhinein, nämlich 3 Monate nach dem Anmeldetag, zu den Registerakten eingereicht worden sind.**

   Beweis: Geschmacksmusterakten ......

   Schon ein flüchtiger Vergleich zeigt, dass die von der Klägerin nachgereichten Fotos nicht dasjenige zeigen, was die Klägerin seinerzeit entsprechend den von ihr ursprünglich eingereichten Abbildungen geschützt wissen wollte. Auf den zum Anmeldetag eingereichten Fotos sind die Merkmale (a), (b) und (c) der dem Klagebegehren zugrunde gelegten Merkmalskombination nicht erkennbar. Die zum Anmeldetag von der Klägerin eingereichten Fotos zeigen vielmehr eine Sitzschale, die zwischen Sitz- und Lehnenbereichausgesprochen eckig wirkt und damit keinesfalls eine „stetige körpergerechte Krümmung“ entsprechend dem Merkmal (a) der Merkmalskombination in der Klageschrift aufweist. Auch das Merkmal (b) liegt nicht vor. Die von der Klägerin als schutzbegründend beanspruchten „Fasen“ waren bei den ursprünglichen Abbildungen überhaupt nicht erkennbar. Schließlich weist die Sitzschale entsprechend den ursprünglich von der Klägerin eingereichten Abbildungen keine „Außenseitenflächen“ auf (Merkmal c).

Wegen der konstitutiven Wirkung, die im Geschmacksmusterrecht der Anmeldung und Niederlegung des Musters bzw. Modells zukommt, ist eine nachträgliche Abänderung, z.B. – wie hier – in Form des Austausches des Niederlegungsgegenstandes nicht mehr möglich, so dass sich der Geschmacksmusterschutz tatsächlich lediglich auf dasjenige beschränkt, was zum Zeitpunkt der Anmeldung niedergelegt worden ist[2].

2. Sollte die angerufene Kammer wider Erwarten von der Annahme ausgehen, dass als maßgeblich diejenige Gestaltungsform zugrunde zu legen ist, die sich aus den von der Klägerin zu ihrer Geschmacksmusteranmeldung nachgereichten Fotos ergibt und auf die die Klägerin ihr Begehren stützt, so ist vorsorglich diesseits darauf hinzuweisen, dass insoweit das Klagegeschmacksmuster schutzunfähig ist. Im Einzelnen:
   a) Die Klägerin hat den Gegenstand ihres Geschmacksmusters 7 Monate vor dessen Anmeldetag, und zwar am ...... vorverbreitet. Sie hat 30 derartige Sitzschalen, mit Untergestellen zu Stühlen vervollständigt, an den Gastwirt ...... geliefert, der diese in seinem Biergarten aufgestellt und damit einer beliebigen Öffentlichkeit zur Kenntnis gebracht hat.
   Beweis: Zeugnis ......
   Infolgedessen ist das Klagegeschmacksmuster gemäß § 7a GeschmMG schutzunfähig[3].
   b) Des Weiteren ist der Gegenstand des Klagegeschmacksmusters zum Zeitpunkt der Anmeldung keinesfalls mehr neu gewesen. Zum vorbekannten Formenschatz gehören die Sitzschalen gemäß Anlagen A und B, die ich in einem – nur für das Gericht bestimmten – Exemplar überreiche. Ein Vergleich beider Anlagen mit dem von der Klägerin in diesem Rechtsstreit beanspruchten Gegenstand des Klagegeschmacksmusters zeigt, dass sämtliche interessierenden Merkmale (a) bis (d) schon – und zwar auch in Kombination – vorweggenommen waren[4].
   c) Fehlt es dem Klagegeschmacksmuster an der erforderlichen Neuheit, bedarf es keiner Ausführungen im Hinblick auf das Erfordernis der Eigentümlichkeit[5].
3. Schließlich liegt auch keine Nachbildung im Sinne des § 5 GeschmMG vor. Die Sitzschale der Beklagten ist von dem bekannten Designer XYZ nach dem Vorbild eines seit langem bekannten und gegenüber dem Klagegeschmacksmuster vorverbreiteten Kindersitz geschaffen worden, von dem ich als Anlage C ein Exemplar – nur zu den Gerichtsakten – überreiche. Dieser Kindersitz ist schon 1955 in der Bundesrepublik Deutschland vertrieben worden. Das ergibt sich aus dem als Anlage D überreichten Prospekt. Da Vorbild für das Erzeugnis der Beklagten somit nicht die als Geschmacksmuster niedergelegte Sitzschale der Klägerin war, liegt ein für die Annahme einer Nachbildung erforderlicher Nachbildungswille aufseiten der Beklagten nicht vor[6]. Des Weiteren fehlt es auch an der objektiven Übereinstimmung, da es entgegen der Annahme der Klägerin lediglich auf diejenigen Abbildungen ankommt, die diese zum Zeitpunkt der Anmeldung niedergelegt hat. Von der sich aus diesen Abbildungen ergebenden Gestaltungsform weicht die Sitzschale der Beklagten, wie der Augenschein ergibt, eindeutig ab[7].

Rechtsanwalt

Hinweis: Ein weiteres Beispiel einer Klageerwiderung auf eine Geschmacksmusterverletzungsklage bei *Mes/Eichmann,* Münchener Prozessformularbuch/Gewerblicher Rechtsschutz, Urheber- und Presserecht, 2000, F. 10.

Anmerkungen

1. Im Gegensatz zur „formellen“ Klageerwiderung enthält die „materielle“ Klageerwiderung die gesamte Einlassung des Beklagten. Wegen der Vielfältigkeit möglicher Sachverhaltsgestaltungen kann das Formular nur beispielhaft die bestehenden Verteidigungsmöglichkeiten zeigen.

2. Maßgeblich ist allein dasjenige, was zum Geschmacksmuster angemeldet und aus angemeldeten Abbildungen erkennbar ist (vgl. *von Gamm,* § 7 Rdn. 14; bei Unterschieden in einzelnen Abbildungen vgl. BGH GRUR 2001, 503 – Sitz-Liegemöbel). Das Formular geht von einem besonders krassen Fall aus, der dadurch gekennzeichnet ist, dass nachgereichte Fotos vom Deutschen Patent- und Markenamt anstelle der ursprünglich eingereichten Abbildungen im Geschmacksmusterblatt veröffentlicht worden sind (§ 8 Abs. 2 GeschmMG). Dadurch soll gezeigt werden, worauf es ankommt: Es ist darauf zu achten, dass das Klagegeschmacksmuster als Schutzgegenstand auch dasjenige hergibt, was der Kläger geltend macht. Insbesondere kommt es dabei auf eine kritische Überprüfung der gegebenen Merkmalskombination an (vgl. BGH GRUR 1979, 705 ff. – Notizklötze m. Anm. *Klaka*). Eine Merkmalsanalyse kann beispielsweise unzutreffend sein. Insbesondere ist sie regelmäßig nur eine Hilfe für das Herausarbeiten derjenigen Merkmale eines Geschmacksmusters, die den ästhetischen Gesamteindruck bestimmen. Auf den ästhetischen Gesamteindruck kommt es entscheidend an. Dieser ist über die äußere Beschreibung der Merkmale hinaus zu ermitteln, und zwar wie die einzelnen Merkmale des Geschmacksmusters in Bezug auf ihre Maßgeblichkeit für den Gesamteindruck zu bewerten und zu gewichten sind (BGH GRUR 2001, 503, 505 re. Sp. – Sitz-Liegemöbel).

3. § 1 Abs. 2 GeschmMG erfordert insbesondere, dass die hinterlegten Muster und Modelle neu sind. In § 7 Abs. 2 GeschmMG a. F. war das Merkmal der Neuheit ein weiteres Mal insoweit aufgegriffen, als dort bestimmt war, dass die Anmeldung und Niederlegung des Geschmacksmusters erfolgen musste, bevor ein nach dem Muster oder Modell gefertigtes Erzeugnis vorverbreitet worden war (dazu vgl. BGH GRUR 1969, 90/93 li. Sp. – Rüschenhaube; GRUR 1977, 796 – Pinguin; GRUR 1982, 371 – Scandinavia). Mit Geltung für alle Geschmacksmusteranmeldungen ab 1. Juli 1988 ist durch die Geschmacksmusternovelle vom 18. Dezember 1986 eine wesentliche Änderung der Rechtslage erfolgt. Gem. § 7a GeschmMG gilt eine 6-monatige sog. Neuheitsschonfrist. Danach ist es nicht neuheitsschädlich, wenn der Anmelder oder sein Rechtsvorgänger innerhalb von sechs Monaten vor dem für den Zeitraum der Anmeldung maßgeblichen Tag den als Muster oder Modell hinterlegten Geschmacksmustergegenstand der Öffentlichkeit zugänglich gemacht hat.

Im Formular wird davon ausgegangen, dass außerhalb der Neuheitsschonfrist, nämlich sieben Monate vor dem Anmeldetag eine Vorverbreitung erfolgt ist. Eine weitere Ausnahme von dem Grundsatz der Neuheitsschädlichkeit einer Vorverbreitungshandlung wird durch Ziffer 2 des Gesetzes betreffend den Schutz von Erfindungen, Mustern und Warenzeichen auf Ausstellungen vom 18. März 1904 (RGBl. I S. 141) begründet. Danach muss es sich um eine sog. privilegierte Ausstellung handeln, die zuvor im Bundesgesetzblatt als solche bekannt gemacht worden ist. Des Weiteren muss das Muster oder Modell auf der Ausstellung öffentlich zur Schau gestellt worden sein (vgl. BGH GRUR 1983, 31 – Klarsichtbecher) und schließlich gilt eine Frist von sechs Monaten ab dem Eröffnungstag der Messe.

4. Es geschieht lediglich zu Demonstrationszwecken, dass das Formular von einer neuheitsschädlichen Vorwegnahme sämtlicher Kombinationsmerkmale ausgeht. Regelmäßig liegt der Sachverhalt schwieriger, da allenfalls einzelne Kombinationsmerkmale als vorbekannt nachgewiesen werden können. Für derartige Fälle ist auf BGH GRUR 1975, 81 ff. – Dreifach-Kombinationsschalter – und GRUR 1988, 369, 370 – Messergriff – hinzuweisen. Danach dürfen die Anforderungen an die hinreichende eigenschöpferische Gestaltungshöhe nicht zu niedrig angesetzt werden, sofern die Gestaltung des Mustergegenstandes lediglich durch die Kombination vorbekannter Formenelemente erfolgt ist. Maßgeblich ist jeweils eine Herausarbeitung des Gesamteindrucks, und zwar sowohl des Geschmacksmusters als auch des vorbekannten Formenschatzes (BGH GRUR 2001, 503 – Sitz-Liegemöbel).

5. Vgl. vorstehende Anm. 4 und Form. II. O. 14 Anm. 26.

6. Die Annahme der Nachbildung erfordert Kenntnis hinsichtlich des Vorbildes und den Willen, das Vorbild nachzubilden. Beides ist regelmäßig nicht konkret nachweisbar. Es besteht jedoch eine prima-facie-Beweiserleichterung dahingehend, dass grundsätzlich bei Übereinstimmung im ästhetischen Gesamteindruck zwischen Gegenstand des Geschmacksmusters und angegriffenem Erzeugnis von beiden subjektiven Voraussetzungen für die Nachbildung auszugehen ist. Dieser Erfahrungssatz ist durch Gegenbehauptungen zu entkräften, zB. insbesondere durch Vorarbeiten im eigenen Geschäftsbetrieb. Da für die Annahme eines natürlichen Nachbildungswillens auch die bloß unbewusste Ausnutzung der Kenntnis vom prioritätsälteren Geschmacksmuster ausreicht, ist die Gegenbehauptung geeignet, den prima-facie-Beweis zu erschüttern, die auf das Fehlen eines Nachbildungswillens abzielt, beispielsweise die bewusste Schaffung des nachgebildeten Erzeugnisses nach einem gegenüber dem Geschmacksmuster vorverbreiteten Erzeugnis (vgl. dazu *von Gamm* § 5, Rdn. 30; str., a. A. BGH in BGH GRUR 1981, 273/276 – Leuchtenglas, wo eine Erschütterung des prima-facie-Beweises für den subjektiven Nachbildungswillen nur dann als möglich angesehen wird, wenn der Gestalter des angegriffenen Erzeugnisses das Vorbild nicht gekannt haben kann, weil es nach damals geltendem Recht nur geschlossen hinterlegt worden war (heute vergleichbar dem Fall der verschobenen Bekanntmachung gem. § 8 b GeschmMG).

7. Fehlt es an der objektiven Übereinstimmung in dem ästhetischen Gesamteindruck, so liegt schon aus diesem Grund keine Nachbildung vor. Für die Beurteilung des Vorhandenseins und Übereinstimmung gelten die gleichen Grundsätze, wie sie vom Bundesgerichtshof im Zusammenhang mit dem Gesamteindruck des Geschmacksmusters einerseits und des vorbekannten Formenschatzes andererseits angewandt werden (vgl. dazu BGH GRUR 2000, 1023–3-Speichen-Felgenrad; s. o. Anm. 2). Doch schon im Tatsächlichen können die Auffassungen betreffend einen „objektiv übereinstimmenden Gesamteindruck" sehr weit auseinander gehen (vgl. als ein Beispiel die Entscheidung des BGH GRUR 2002, 629 – Blendsegel – für einen Fall des § 1 UWG), so dass diese Verteidigung im Formular bewusst an den Schluss gestellt worden ist, obgleich sie rechtsdogmatisch vor die subjektiven Nachbildungsvoraussetzungen gehört. Diese Verteidigung stärkt zugleich diejenige fehlenden Nachbildungswillens (vgl. Anm. 6).

17. Klage wegen Geschmacksmusterberühmung

Landgericht
Kammer für Handelssachen[1]

Klage

der Firma A ......

Klägerin,

– Prozessbevollmächtigter: Rechtsanwalt ......

gegen

die Firma B ......

Beklagte,

wegen Geschmacksmusterberühmung
Streitwert: vorläufig geschätzt EUR ......[2]

Namens und in Vollmacht der Klägerin erhebe ich Klage und werde beantragen,

1. die Beklagte zu verurteilen, die Klägerin dahingehend zu unterrichten, auf welches in einem Register eingetragene Schutzrecht sich die von der Beklagten beim Vertrieb von folgenden Waren:
Artikel-Nr. ...... (Papierkorb mit Goldrand)
Artikel-Nr. ...... (Papierkorb mit Silberrand)
Artikel-Nr. ...... (Papierkorb mit Lederrand)
benutzte Bezeichnung „gesetzlich geschützt", auch in der Schreibweise „ges. gesch.", stützt[3];
2. der Beklagten die Kosten des Rechtsstreits aufzuerlegen;
3. das Urteil – gegebenenfalls gegen Sicherheitsleistung (Bank- oder Sparkassenbürgschaft) – für vorläufig vollstreckbar zu erklären;
hilfsweise der Klägerin nachzulassen, die Zwangsvollstreckung gegen Sicherheitsleistung (Bank- oder Sparkassenbürgschaft) abzuwenden.
......[4, 5, 6]

Begründung[7]:

1. Die Klägerin stellt her und vertreibt Bürobedarfsartikel, u. a. Papierkörbe. Die Beklagte vertreibt im Wege des Versandhandels Geschenkartikel, u. a. auch die im Klageantrag 1 aufgeführten Papierkörbe. Dabei wirbt die Beklagte mit den Angaben „gesetzlich geschützt", auch in der Schreibweise „ges. gesch.".
Die Klägerin hat von der Beklagten vorprozessual Auskunft darüber gefordert, welche Schutzrechte, insbesondere Geschmacksmuster[8], die vorstehend bezeichneten Angaben betreffen. Die Beklagte hat jedoch jede Auskunft verweigert. Deshalb ist Klage geboten.

2. Die von der Beklagten benutzten Angaben „gesetzlich geschützt" und „ges. gesch." werden im Verkehr üblicherweise als Abkürzung für bestehende Geschmacksmuster benutzt[9]. Zwar ist im Geschmacksmustergesetz keine Bestimmung vorgesehen, die bei Geschmacksmusterberühmung einen Auskunftsanspruch gibt, wie beispielsweise die §§ 146 PatG, 30 GebrMG. Die bestehende Lücke ist jedoch sachgerecht durch eine analoge Anwendung der vorbezeichneten Bestimmungen auch für das Geschmacksmusterrecht zu schließen. An einer Aufklärung betreffend die Existenz vermeintlicher Geschmacksmuster besteht ein ebenso berechtigtes Interesse wie bei werblichen Hinweisen auf das Bestehen von Patenten oder Gebrauchsmustern[10]. Sofern die Beklagte geltend machen will, die streitgegenständlichen Angaben würden als Hinweise auf das Bestehen von Patent- bzw. Gebrauchsmusterschutz verstanden, ergibt sich die Berechtigung des Klagebegehrens aus den vorbezeichneten Bestimmungen der §§ 146 PatG, 30 GebrMG.

Rechtsanwalt

Schrifttum: Lambsdorff/Skora, Die Werbung mit Schutzrechtshinweisen, 1977; *Lambstorff/Hamm,* Zur wettbewerbsrechtlichen Zulässigkeit von Patent-Hinweisen, GRUR 1985, 244 ff.; *Bogler,* Werbung mit Hinweisen auf zukünftige oder bestehende Patente, DB 1992, 413.

Anmerkungen

1. Es handelt sich um eine Handelssache gemäß § 95 Abs. 1 Nr. 4c GVG. Wird die Klage bei einer Zivilkammer anhängig gemacht, besteht für den Beklagten die Möglichkeit, den Rechtsstreit an die Kammer für Handelssachen gemäß § 98 Abs. 1 S. 1 GVG verweisen zu lassen. Zur Konzentration von geschmacksmusterrechtlichen Streitigkeiten bei nur einigen Gerichten vgl. Form. II. O. 14 Anm. 1.

2. Ebenso wie bei einer Geschmacksmusterverletzungsklage (vgl. Form. II. O. 14) beruht auch hier die Streitwertangabe auf Schätzung (§ 3 ZPO). Maßgeblich ist wiederum das Interesse des Klägers, diesmal am Erhalt der streitgegenständlichen Auskunft. Regelmäßig wird analog den Streitwerten für Auskunftsklagen gem. § 146 PatG (vgl. Form. II. O. 7), ein Streitwert in der Größenordnung von ca. EUR 10.000,– in Betracht kommen.

3. Der Antrag ist nicht nur auf eine Auskunftserteilung betreffend bestehende Geschmacksmuster gerichtet, sondern erfasst zugleich auch etwaig bestehende Patent- und Gebrauchsmusterrechte, da die Bezeichnung „gesetzlich geschützt" auch häufig für die letztgenannten Schutzrechte benutzt wird (vgl. dazu *Lambsdorff/Skora*, Die Werbung mit Schutzrechtshinweisen, 1977, Rdn. 80ff., 89).

4. Hier sind gegebenenfalls die Anträge auf Erlass eines Anerkenntnis- bzw. Versäumnisurteils im schriftlichen Verfahren gemäß §§ 307 Abs. 2, 331 Abs. 3 ZPO anzuschließen.

5. Wird die Zivilkammer angerufen, muss eine Stellungnahme gemäß § 348 ZPO betreffend die Frage der Übertragung des Rechtsstreits auf den Einzelrichter erfolgen.

6. Gegebenenfalls Erklärung zum Stattfinden einer Güteverhandlung gem. § 278 Abs. 2 ZPO (vgl. Anm. 9 zu Form. II. N. 9).

7. Der Sachverhalt ist der Entscheidung des Oberlandesgerichts Düsseldorf GRUR 1976, 34 – Becherhalter – nachgebildet.

8. Vgl. den Literaturhinweis in Anm. 3.

9. Vgl. OLG Düsseldorf aaO.

10. Vgl. Form. II. O. 7.

Kennzeichenrecht

18. Markenverletzungsklage[1] und Klage auf Löschung einer nichtigen Marke

Landgericht
Kammer für Handelssachen[2]

Klage

der Firma A ......

– Klägerin –

Prozessbevollmächtigter: RA ......
gegen

1. die Firma B ...... GmbH, X-Stadt, vertreten durch ihren Geschäftsführer, den Beklagten zu 2, ebenda, ... Straße
2. Herrn ......[3]

– Beklagte –

wegen Markenverletzung und Löschung einer Marke
Streitwert: vorläufig geschätzt EUR ......[4]

Namens und in Vollmacht der Klägerin erhebe ich Klage und werde beantragen,

I. die Beklagten zu verurteilen,

1. es bei Meidung eines für jeden Fall der Zuwiderhandlung fälligen Ordnungsgeldes bis zu EUR 250.000, –, ersatzweise Ordnungshaft bis zu 6 Monaten oder Ordnungshaft bis zu 6 Monaten, im Wiederholungsfall bis zu 2 Jahren, wobei die Ordnungshaft hinsichtlich der Beklagten zu 1) an ihrem jeweiligen Geschäftsführer zu vollstrecken ist[5], zu unterlassen, im Bereich der Bundesrepublik Deutschland[6] ohne Zustimmung der Klägerin das Zeichen „Magnet" im geschäftlichen Verkehr im Zusammenhang mit Möbeln, insbesondere Kleinmöbeln, Camping-Sesseln, Camping-Tischen und/oder Badezimmerschränken zu benutzen, insbesondere das vorstehend bezeichnete Zeichen auf den vorstehend bezeichneten Waren oder ihrer Aufmachung oder Verpackung anzubringen, unter dem vorstehend bezeichneten Zeichen die vorstehend wiedergegebenen Waren anzubieten, in den Verkehr zu bringen oder zu den genannten Zwecken zu besitzen, einzuführen oder auszuführen und schließlich das vorstehend bezeichnete Zeichen in Geschäftspapieren oder in der Werbung zu benutzen[7].
2. der Klägerin Auskunft[8] über die Herkunft und den Vertriebsweg der unter vorstehend zu I 1 beschriebenen Erzeugnisse zu erteilen, insbesondere unter Angabe der Namen und Anschriften der Hersteller, der Lieferanten und deren Vorbesitzer, der gewerblichen Abnehmer oder Auftraggeber sowie unter Angabe der Mengen der ausgelieferten, erhaltenen oder bestellten Erzeugnisse;
3. der Klägerin über den Umfang der vorstehend zu I 1 bezeichneten Handlungen Rechnung zu legen, und zwar unter Angabe des unter der Kennzeichnung „Magnet" mit Möbeln, insbesondere Kleinmöbeln, Camping-Sesseln, Camping-Tischen und Badezimmerschränken erzielten Umsatzes sowie unter Angabe des Umfangs der betriebenen Werbung, aufgeschlüsselt nach Kalendervierteljahren, Bundesländern und Werbeträgern[9, 10];

II. die Beklagte zu 1) zu verurteilen, in die Löschung der für die Waren „Möbel" am 15. August 2000 beim Deutschen Patent- und Markenamt angemeldeten und am 1. August 2001 in das Register beim Deutschen Patent- und Markenamt eingetragene Marke Nr. ...... „Magnet" gegenüber dem Deutschen Patent- und Markenamt einzuwilligen[11];

III. festzustellen, dass die Beklagten gesamtverbindlich verpflichtet sind, der Klägerin allen Schaden zu erstatten, der ihr aus den vorstehend unter Ziffer I 1 bezeichneten Handlungen entstanden ist und künftighin entstehen wird[12];

IV. den Beklagten die Kosten des Rechtsstreits aufzuerlegen[13];

V. das Urteil – gegebenenfalls gegen Sicherheitsleistung (Bank- oder Sparkassenbürgschaft) – für vorläufig vollstreckbar zu erklären;
hilfsweise der Klägerin nachzulassen, die Zwangsvollstreckung gegen Sicherheitsleistung (Bank- oder Sparkassenbürgschaft) abzuwenden[13].
......[14]

Begründung:

I.

1. Die Klägerin ist ein 1973 gegründetes Unternehmen, das den Einzelhandel mit Möbeln betreibt und über Zweigniederlassungen in X-Stadt, Y-Stadt sowie im Gerichts-

bezirk verfügt. Sie ist alleinige und ausschließlich verfügungsberechtigte Inhaberin der Marke 934.344 MAGNET, die am 26. Juli 1973 angemeldet und am 15. November 1973 eingetragen worden ist. Das Waren- und Dienstleistungsverzeichnis erfasst die Waren „Möbel". Als Anlage 1 überreiche ich in Kopie einen Rollenauszug betreffend die Eintragung der Marke 934.344 im Register. Das Klagezeichen steht in Kraft.

Beweis: Auskunft des Deutschen Patent- und Markenamtes.

Es wird von der Klägerin in erheblichem Umfang benutzt.[15] Sämtliche von ihr vertriebenen Möbel sind mit der Kennzeichnung „Magnet" versehen.[16] Als Beispiel überreiche ich als Anlage 2 einen entsprechenden Aufkleber. Des Weiteren benutzt die Klägerin ihre Marke „Magnet" in erheblichem Umfang in Werbeprospekten, Zeitungsanzeigen und ähnlichem zur Kennzeichnung der von ihr vertriebenen Möbel. Ich überreiche als Anlage 3 ein Kompendium von entsprechenden Werbeunterlagen, für das angerufene Gericht im Original, im Übrigen in Kopie. Zum Beweis für alles Vorstehende berufe ich mich auf das Zeugnis ......

2. Die Beklagte zu 1) ist ein 1999 gegründetes Unternehmen, das wie die Klägerin Möbel vertreibt, nämlich insbesondere Kleinmöbel sowie Möbel für den Camping-Bedarf. Als Anlage 4 überreiche ich einen Prospekt der Beklagten zu 1), mit dem sie ihre Artikel, nämlich unter anderem Kleinmöbel, Camping- Sessel, Camping-Tische und Badezimmerschränke anbietet. In dem in Rede stehenden Prospekt ist auf jeder Seite blickfangmäßig hervorgehoben:

   „Magnet",

   und zwar jeweils in unmittelbarer Nähe mit den bildlich dargestellten und unter Preisangabe beworbenen vorbezeichneten Erzeugnissen.

   Die Beklagte zu 1) hat die Kennzeichnung „Magnet" auch als Marke eintragen lassen. Die entsprechende Anmeldung der Beklagten ist prioritätsjünger als das Klagekennzeichen. Die Anmeldung erfolgte am 15. August 2000, die Eintragung am 1. August 2001. Die Marke der Beklagten zu 1) trägt die Nummer .... Das Waren- und Dienstleistungsverzeichnis lautet: „Möbel".

3. Die Beklagte zu 1), deren Geschäftsführer der Beklagte zu 2) ist, ist vorprozessual durch die Klägerin erfolglos mit Anwaltsschreiben abgemahnt worden[17]. Deshalb ist Klage geboten. Mit ihr werden die sich aus der Markenverletzung der Beklagten ergebenden Rechte der Klägerin geltend gemacht. Zugleich klagt die Klägerin auf Löschung der prioritätsjüngeren Marke der Beklagten zu 1.

II.

1. Der mit Klageantrag I 1 geltend gemachte Unterlassungsanspruch findet seine Grundlage in § 14 Abs. 5 MarkenG. Diese Bestimmung gewährt dem Inhaber einer Marke einen Unterlassungsanspruch gegen denjenigen, der die Marke entgegen der Ausschließungsbefugnis des Markeninhabers benutzt. Die Klägerin ist formell eingetragene Inhaberin des Klagekennzeichens, das seine Schutzwirkungen mit Eintragung in das Register beim Patentamt entfaltet (§§ 4 Nr. 1, 14 Abs. 1 MarkenG)[18].

   Zwischen den Waren des dem Klagezeichen zugrundeliegenden Warenverzeichnisses, nämlich „Möbeln" und denjenigen Waren, für die die Beklagten die Bezeichnung „Magnet" benutzen, besteht Warenidentität.[19] Sämtliche im Klageantrag I 1 aufgeführten Erzeugnisse der Beklagten sind Möbel. Zum Begriff Möbel gehören insbesondere auch Camping-Möbel, nämlich zusammenklappbare Möbel, selbst wenn diese aus Metall und/oder Aluminium hergestellt sind.

   Die Benutzung der Bezeichnung „Magnet" durch die Beklagten erfolgt auch markenmäßig.[20] In dem Prospekt gemäß Anlage 4 wird die Bezeichnung „Magnet" in schlagwortartiger Hervorhebung zur Kennzeichnung der dort beworbenen Produkte nach Art einer Marke ohne jeden warenbeschreibenden Bezug benutzt.

Die einander gegenüberstehenden Kennzeichen sind identisch[21].

2. Der mit Klageantrag I 2 geltend gemachte Auskunftsanspruch betreffend die markenverletzenden Erzeugnisse der Beklagten findet seine Grundlage in § 19 Abs. 1 und Abs. 2 MarkenG.[22]
3. Durch die mit Klageantrag I 1 beschriebene Verletzungshandlung der Beklagten ist der Klägerin auch ein Schaden entstanden. Das gilt allein schon deshalb, weil die Beklagten in das ausschließliche Benutzungsrecht der Klägerin am Klagezeichen „Magnet" eingegriffen haben[23]. Den Beklagten hätte bei Anwendung der im kaufmännischen Verkehr erforderlichen Sorgfalt das prioritätsältere Zeichen der Klägerin nicht verborgen bleiben können[24]; des Weiteren sind sie mit Anwaltsschreiben vom ...... auf das Klagezeichen ausdrücklich aufmerksam gemacht worden, ohne dass sie jedoch die streitgegenständlichen Benutzungshandlungen eingestellt hätten. Die Beklagten haben daher mindestens grob fahrlässig, seit dem Empfang des Abmahnungsschreibens vom ...... sogar vorsätzlich schuldhaft gehandelt[25]. Infolgedessen sind sie gesamtverbindlich[26] der Klägerin gegenüber zu Schadenersatz gemäß § 14 Abs. 6 MarkenG iVm. §§ 830, 840 BGB analog verpflichtet. Da die Klägerin den Umfang des ihr entstandenen Schadens ohne nähere Kenntnis vom Umfang der rechtswidrigen Benutzungshandlungen der Beklagten nicht beziffern kann, sind die Beklagten ihr gegenüber infolge gewohnheitsrechtlicher Anwendung des § 242 BGB und der Rechtsregeln über die auftragslose Geschäftsführung, ferner gem. § 19 MarkenG auch zur Rechnungslegung entsprechend dem Klageantrag I 3 verpflichtet.[27] Aus dem Vorstehenden ergibt sich zugleich die Zulässigkeit des Schadensersatzfeststellungsbegehrens gemäß Klageantrag III.[28]
4. Die Verantwortlichkeit der Beklagten zu 1) ergibt sich gemäß § 31 BGB analog unter dem rechtlichen Gesichtspunkt der Organhaftung; diejenige des Beklagten zu 2) auf Grund eigenen Verhaltens.
5. Der mit Klageantrag II geltend gemachte Anspruch auf Einwilligung in die Löschung der Marke Nr. ...... „Magnet" findet seine Rechtsgrundlage in §§ 55, 51 MarkenG. Das Klagekennzeichen ist, wie vorstehend vorgetragen und unter Beweis gestellt, von der Klägerin auf Grund einer früheren Anmeldung für identische, zumindest ähnliche Waren in der Zeichenrolle eingetragen, für das auch die gleich lautende Marke der Beklagten zu 1) eingetragen ist. Dementsprechend kann die Klägerin die Löschung dieser Marke fordern[29, 30].

III.

Die Zuständigkeit des angerufenen Gerichts ergibt sich daraus, dass die Beklagte zu 1) den Prospekt gemäß Anlage 4 auch im Bezirk des Oberlandesgericht ...... versandt hat[31]. Dieser Prospekt ist beispielsweise Herrn ...... als Postwurfsendung zugegangen. Für den Fall des Bestreitens werde ich entsprechenden Beweis antreten.

......[32, 33, 34]

IV.

Ich zeige an, dass die Klägerin

Herrn Patentanwalt ......

zur Mitwirkung in diesem Rechtsstreit bestellt hat.[35]

Rechtsanwalt

Schrifttum: Althammer/Ströbele/Klaka, MarkenG, 6. Aufl. 2000; *von Bechtolsheim/Gantenberg,* Die konturlose Farbmarke, GRUR 2001, 705; *Berlit,* Das neue Markenrecht, 3. Aufl. 1999; *ders.,* Die Verkehrsbekanntheit von Kennzeichen, GRUR 2002, 572; *Dreiss/Klaka,* Das neue Markengesetz, 1995; *Fezer,* Markenrecht, 3. Aufl. 2001; *ders.,* Zum Anwendungsbereich des Werktitelrechts, GRUR 2001, 369; *von Gamm,* Zur

Warenzeichenrechtsreform, WRP 1993, 793 ff.; *ders.*, Schwerpunkt des neuen Markenrechts, GRUR 1994, 775 ff.; *Hacker,* Rechtsgrund und Reichweite des § 8 Abs. 2 Nr. 1 MarkenG, GRUR 2001, 630; *Hager,* Verletzung von Formmarken, GRUR 2002, 566; *Harte-Bavendamm/Scheller,* Die Auswirkungen der Markenrechtsrichtlinie auf die Lehre von der internationalen Erschöpfung, WRP 1994, 571 ff.; *Helm,* Zur ergänzenden Anwendung wettbewerbsrechtlicher Bestimmungen auf markenrechtliche Tatbestände, GRUR 2001, 291; *Ingerl/Rohnke,* Die Umsetzung der Markenrechts-Richtlinie durch das deutsche Markengesetz, NJW 1994, 1247 ff.; *ders.*, Markengesetz 1998; *Kern,* Verkehrsdurchsetzung für den Anmelder – Ein Erfordernis des Verfahrens nach § 8 Abs. 3 MarkenG?, GRUR 2001, 792; *Klaka,* Erschöpfung und Verwirkung im Licht des Markenrechtsreformgesetzes, GRUR 1994, 321 ff.; *Klett,* Die durchschnittlich aufmerksame Verbraucherin und der durchschnittlich gut ausgebildete Fachmann, GRUR 2001, 549; *Kliems,* Relativer Ähnlichkeitsbegriff bei Waren/Dienstleistungen im neuen Markenrecht?, GRUR 1995, 198 ff.; *ders.*, Zur Neuregelung der Nichtbenutzungseinreden im Markenrecht, GRUR 1999, 11; *ders.*, Reduzierter Schutz für Unternehmenskennzeichen in kollidierenden Marken?, GRUR 2001, 635; *Kunz-Hallstein,* Zur „Benutzungslast" im Markenrecht, GRUR 2001, 643; *Lehmann/Schönfeld,* Die neue europäische und deutsche Marke: Positive Handlungsrechte im Dienste der Informationsökonomie, GRUR 1994, 481 ff.; *Marx,* Deutsches und europäisches Markenrecht, 1997; *Meyer,* Neue Begriffe in Neuen Medien – Eine Herausforderung für das Markenrecht, GRUR 2001, 204; *Munzinger,* Zur Eintragungsbewilligungsklage – Probleme des zweigleisigen Rechtsschutzes bei Zeichenkollisionen im Amts- und Gerichtsverfahren nach altem und neuen Markenrecht –, GRUR 1995, 12 ff.; *Rößler,* Die Ausnutzung der Wertschätzung bekannter Marken im neuen Markenrecht, GRUR 1994, 559 ff.; *Rohnke,* Die Bindung des Verletzungsgerichts an die eingetragene Marke, GRUR 2001, 696; *Seibt,* Das europäische Verbraucherleitbild – Ein Abschied von der Verwechslungsgefahr als Rechtsfrage?, GRUR 2002, 465; *Schmieder,* Neues deutsches Markenrecht nach europäischem Standard, NJW 1994, 1241 ff.; *Winkler,* Das Widerspruchsverfahren nach dem neuen Markenrecht, GRUR 1994, 569 ff.; *Goebel,* Schutz geografischer Herkunftsangaben nach dem neuen Markenrecht, GRUR 1995, 98 ff.; *Knaak,* Der Schutz geografischer Herkunftsangaben im neuen Markengesetz, GRUR 1995, 103 ff.; *Grabrucker,* Der Schutzgegenstand der Farbmarke, GRUR 1999, 850; *dies.*, Aus der Rechtsprechung des Bundespatentgerichts: Markenrecht, GRUR 1999, 605; GRUR 2000, 366; GRUR 2001, 373; GRUR 2002, 377; *dies.*, Braucht die Dienstleistungsgesellschaft die Einzelhandelsmarke?, GRUR 2001, 623; *Raßmann,* Der Schutz des Freihaltebedürfnisses im Rahmen von § 23 MarkenG, GRUR 1999, 384; *Ströbele,* Die Eintragungsfähigkeit neuer Markenformen, GRUR 1999, 1041; *ders.*, Absolute Eintragungshindernisse im Markenrecht, GRUR 2001, 658; *von Falckenstein,* Markenrecht versus Geschmacksmusterrecht – Zur ausreichenden Offenbarung dreidimensionaler Marken, GRUR 1999, 881; *Körner/Gründig-Schnelle,* Markenrecht und Produktschutz durch die dreidimensionale Marke, GRUR 1999, 535; *Nieder,* Zur Bekanntgabe von Abnehmern, Abnahmemengen, Lieferdaten und -preisen im Kennzeichenrecht, GRUR 1999, 654; *Obergfell,* „Warsteiner" – Ein Fall für den EuGH – zugleich eine Anmerkung zu BGH, Beschluss vom 2. Juli 1998 – I ZR 54/96 – und BGH, Urt. vom 2. Juli 1998 – I ZR 55/56 – GRUR 1999, 551; *dies.*, „Qualitätsneutrale" geografische Herkunftsangaben als Schutzdomäne des nationalen Rechts – Zur Entscheidung des EuGH vom 7. November 2000 – Warsteiner, GRUR 2001, 313; *Thun,* Zur Markenrechtsfähigkeit der Gesellschaft bürgerlichen Rechts, GRUR 1999, 862; *Albrecht,* Fachübergreifende Argumentationsweisen zu Abwandlungen im Markenrecht – Mögliche Hilfestellungen der Sprachforscher, GRUR 2000, 658; *ders.*, Fremdsprachige Wörter im Markenrecht, GRUR 2001, 470; *Allmendinger,* Probleme bei der Umsetzung namens- und markenrechtlicher Unterlassungsverpflichtungen im Internet, GRUR 2000, 966; *Baronikians,* Buchstabenkombinationen als Unternehmenskennzeichen – Anm. zu und im Zusammenhang mit BGH, GRUR 2001,

344 – DB Immobilienfond, GRUR 2001, 795; *Boeckh,* Markenschutz an Namen und Bildnissen realer Personen, GRUR 2001, 29; *Deutsch,* Allgemeiner Kennzeichenschutz für geistige Produkte – Eine Erwiderung –, GRUR 2000, 126; *Erdmann,* Schwerpunkte der markenrechtlichen Rechtsprechung des Bundesgerichtshofs, GRUR 2001, 609; *Lückenbach,* Der Benutzungszwang im Markenrecht aufgrund der Neuregelung durch das Markengesetz – Gesetzgeberische Ziele und deren Umsetzung durch die Rechtsprechung –, GRUR 2000, 7; *Schmidt-Bugatzky,* Zeichenrechtliche Fragen im Internet, GRUR 2000, 959; *Varadinek,* Trefferlisten von Suchmaschinen im Internet als Werbeplatz für Wettbewerber – Zugleich ein Beitrag zum Erfordernis des kennzeichenmäßigen Gebrauchs nach neuem Markenrecht –, GRUR 2000, 279.

Zur Gemeinschaftsmarke: *Knaak,* Die Durchsetzung der Rechte aus der Gemeinschaftsmarke, GRUR 2001, 21; *von Mühlendahl,* Europäisches Markenrecht: Rechtsmittel gegen die Entscheidungen des Harmonisierungsamtes für den Binnenmarkt, GRUR 2001, 667.

Hinweis: Weitere Formulare zum Markenrecht bei *Mes/Rohnke,* Münchener Prozeßformularbuch/Gewerblicher Rechtsschutz/Gewerblicher Rechtsschutz, Urheber- und Presserecht, 2000, B. 1 bis B. 19.

Anmerkungen

1. Vom Abdruck einer Abmahnung wegen einer Markenverletzung wurde abgesehen. Zur Formulierung einer Abmahnung kann auf die ansonsten im Formularbuch enthaltenen Vorschläge verwiesen werden (vgl. Form. II. N. 1, II. O. 1, II. O. 2, II. O. 8 und II. O. 13). Wie eine konkrete Verletzungshandlung in Bezug auf eine Kennzeichenverletzung zu formulieren ist, zeigt der Klageantrag I 1. Eine Marke ist ein nur eingeschränkt, nämlich nur im Hinblick auf die sogenannten absoluten Eintragungshindernisse (§ 8 MarkenG) geprüftes Schutzrecht. Das gibt Anlass, im Hinblick auf die Notwendigkeit und auf die Risiken einer vorprozessualen Abmahnung besondere Vorsicht walten zu lassen. Insoweit wird auf die Ausführungen in Anm. 1 zu Form. II. O. 8 verwiesen.
§§ 140ff. MarkenG enthalten besondere (dem Patentverletzungsprozess nachgebildete, vgl. dazu Form. II. O. 3 Anm. 1 und 41 sowie aaO. unter „Kosten und Gebühren") Bestimmungen für die sogenannten Kennzeichenstreitsachen. Das sind gemäß § 140 Abs. 1 MarkenG alle Klagen (wie auch Anträge auf Erlass einer einstweiligen Verfügung), durch die ein Anspruch aus einem Rechtsverhältnis geltend gemacht wird, das im MarkenG geregelt wird. Das MarkenG regelt wesentlich umfassender das früher im Warenzeichengesetz sowie in einzelnen Bestimmungen des Wettbewerbsrechts enthaltene Kennzeichenrecht. Insbesondere handelt es sich um die Regelung von Ansprüchen im Zusammenhang mit geschützten Marken (§ 1 Nr. 1 MarkenG), geschäftliche Bezeichnungen (§ 1 Nr. 2 MarkenG) und geografische Herkunftsangaben (§ 1 Nr. 3 MarkenG). Zu den Marken gehören insbesondere die eingetragenen Zeichen (§ 4 Nr. 1 MarkenG), ferner die nicht eingetragenen Zeichen, die Verkehrsgeltung erworben haben (§ 4 Nr. 2 MarkenG) oder die notorisch bekannten Marken im Sinne des Art. 6 bis der Pariser Verbandsübereinkunft zum Schutz des gewerblichen Eigentums. Zu den geschützten Marken gehören des Weiteren die sogenannten Kollektivmarken (§§ 97ff. MarkenG) sowie die international registrierten (IR-)Marken (§§ 107ff.; 119ff. MarkenG). Die geschäftlichen Bezeichnungen des § 1 Nr. 2 MarkenG sind in § 5 MarkenG näher definiert. Es handelt sich um die Unternehmenskennzeichen (§ 5 Abs. 2 MarkenG) und die Werktitel (§ 5 Abs. 3 MarkenG), die bis zum 1. Januar 1995 nach § 16 UWG alter Fassung geschützt waren.

2. § 140 Abs. 1 MarkenG begründet ohne Rücksicht auf den Streitwert die sachliche Zuständigkeit der Landgerichte. Dort sind gemäß §§ 94, 95 Abs. 1 Nr. 4c GVG die

Kammern für Handelssachen zuständig. In § 140 Abs. 2 MarkenG werden die Landesregierungen ermächtigt, durch Rechtsverordnung die Kennzeichenstreitsachen insgesamt oder teilweise für die Bezirke mehrerer Landgerichte einem von ihnen zuzuweisen, wobei die einzelnen Bundesländer untereinander wiederum ein für mehrere Bundesländer zuständiges Gericht eines anderen Landes festlegen können. Davon haben folgende Länder Gebrauch gemacht und dabei folgende Gerichte bestimmt: Baden-Württemberg (zuständig sind das Landgericht Mannheim für Markensachen im OLG-Bezirk Karlsruhe und das Landgericht Stuttgart für den OLG-Bezirk Stuttgart); Bayern (Landgericht München I für den OLG-Bezirk München und das Landgericht Nürnberg-Fürth für die OLG-Bezirke Nürnberg und Bamberg); Hessen (Landgericht Frankfurt für die Bezirke sämtlicher Landgerichte); Nordrhein-Westfalen (Landgericht Düsseldorf für den OLG-Bezirk Düsseldorf, Landgericht Bielefeld für die Landgerichtsbezirke Bielefeld, Detmold und Paderborn, Landgericht Bochum für die LG-Bezirke Bochum, Dortmund und Essen, Landgericht Hagen für die LG-Bezirke Arnsberg, Hagen und Siegen, LG Köln für den OLG-Bezirk Köln); Rheinland-Pfalz (Landgericht Frankenthal für den OLG-Bezirk Zweibrücken und Landgericht Koblenz für den OLG-Bezirk Koblenz; vgl. *Engels,* WRP 1997, 77 und die Aufstellung in GRUR 1996, 396).

3. Zur Erweiterung der Zugriffsmöglichkeit infolge der Ausdehnung der Klage auf Organe juristischer Personen vgl. Form. II. O. 3 Anm. 2.

4. Auch für Kennzeichenstreitsachen gelten zur Frage des Streitwerts die Anm. 3 zu Form. II. O. 3 und die dort wiedergegebenen Feststellungen. Haben ein Unternehmen und die verletzte Marke große wirtschaftliche Bedeutung und werden hohe Umsatzzahlen erzielt, so muss dies bei der Streitwertfestsetzung berücksichtigt werden, auch wenn die konkret beanstandete Verletzungshandlung nur eine vergleichsweise geringe Menge der Markenartikel erfasst (OLG Zweibrücken, GRUR-RR 2001, 285 – Verletztenumsatz). § 142 MarkenG sieht die Herabsetzung des Streitwertes auf Antrag (vor der Einlassung zur Hauptsache) vor. Von dieser Möglichkeit wird nur selten Gebrauch gemacht.

5. Vgl. § 890 ZPO. Zur Formulierung der Strafandrohungsklausel vgl. auch Form. II. N. 3 Anm. 5.

6. Die im Unterlassungsantrag I 1 im Formular vorgesehene territoriale Beschränkung ist an sich überflüssig, schadet jedoch nicht. Sie dient insbesondere Klarstellungszwecken, wenn es sich um eine ausländische Partei handelt, die im Bereich der Bundesrepublik Deutschland wegen einer Kennzeichenverletzung angegriffen wird. Die Klarstellung ist insbesondere dann angezeigt, wenn es sich um eine international registrierte Marke, mithin eine Marke nach dem Madrider Markenabkommen handelt, deren Schutz auf das Gebiet der Bundesrepublik Deutschland erstreckt worden ist (vgl. dazu §§ 107ff. MarkenG).

7. Die Beschreibung der konkreten Verletzungshandlung (vgl. zu diesem Begriff Form. II. N. 3 Anm. 6; Form. II. N. 9 Anm. 5) ist am Wortlaut des § 14 Abs. 2 und Abs. 3 MarkenG ausgerichtet. In § 14 Abs. 3 MarkenG sind diejenigen Handlungen aufgeführt, die einem Dritten insbesondere untersagt sind. Bei der Verletzung von Kennzeichnungsrechten ist es zur Konkretisierung der Verletzungshandlungen insbesondere erforderlich, die angegriffenen Benutzungshandlungen, den interessierenden Geschäftsbetrieb und die interessierenden Waren genau zu bezeichnen (vgl. BGH GRUR 1974, 88 – Trumpf – zum Rechtszustand vor Geltung des Markengesetzes; zum Markengesetz: OLG Hamburg WRP 1997, 106 – Gucci).

8. Dieser Auskunftsanspruch betreffend den Vertriebsweg und die Herkunft der rechtswidrig gekennzeichneten Erzeugnisse findet seine Grundlage in § 19 MarkenG. Mit diesem durch das Produktpirateriegesetz vom 7. März 1990 mit Wirkung zum 1. Juni 1990 eingefügten Auskunftsanspruch sollen Markenverletzungen durch Dritte, die ihre Quelle möglicherweise in dem Verhalten des Beklagten des anhängigen Rechtsstreits haben, unterbunden werden. Zu Einzelheiten eines derartigen Auskunftsanspruchs vgl. Form. II. O. 1 Anm. 13 und Form. II. O. 3 Anm. 9 und 10. Die in Form. II. O. 1 Anm. 17 behandelte Problematik eines Wirtschaftsprüfervorbehalts besteht bei Kennzeichenverletzungen aus den nachstehend im Zusammenhang mit der Berechnung des Schadensersatzes und dem zugehörigen Rechnungslegungsanspruch erörterten Gründen nicht.

9. In kennzeichnungsrechtlichen Streitigkeiten wird – gewohnheitsrechtlich – seit langem anerkannt, dass der Verletzte seinen Schaden in dreifacher Weise berechnen kann (in Form des eigenen entgangenen Gewinns, des Verletzergewinns oder im Wege der Lizenzanalogie). Das ist seit BGH GRUR 1973, 375 ff. – Miss. Petite – herrschende Auffassung. Da nach der Lebenserfahrung der Verletzergewinn jedoch nur teilweise auf die Kennzeichenverletzung zurückzuführen ist, besteht nach Auffassung des Bundesgerichtshofs (GRUR 1973, 375, 378 li. Sp.) grundlegend kein Interesse des Verletzten daran, von dem Verletzer die Lieferdaten, -zeiten und -preise im Hinblick auf den erzielten Umsatz zu erfahren (kritisch: *Nieder,* GRUR 1999, 654). Dementsprechend gewährt die höchstrichterliche Rechtsprechung bei einer Kennzeichenverletzung im Grundsatz nur einen „kleinen" Rechnungslegungsanspruch, wie er der Antragsformulierung zu Grunde liegt (vgl. ferner BGH GRUR 1977, 491, 494 li. Sp. – Allstar; *Nieder,* GRUR 1999, 654). § 19 MarkenG gibt dem Inhaber einer Marke oder einer geschäftlichen Bezeichnung insoweit keine weitergehenden Ansprüche, sondern formuliert in § 19 Abs. 5 MarkenG lediglich, dass weitergehende Ansprüche auf Auskunft unberührt bleiben. Deshalb ist davon auszugehen, dass die Rechtsgrundsätze zum „bisherigen" Kennzeichenrecht (und damit insbesondere auch zum bisherigen Warenzeichenrecht) im Wesentlichen unverändert anwendbar bleiben.

10. Im Formular ist kein auf Vernichtung gerichteter Antrag enthalten, so wie er an sich gemäß § 18 MarkenG vorgesehen ist (BGH GRUR 1997, 899 – Vernichtungsanspruch; vgl. dazu die Ausführungen betreffend den parallelen patentrechtlichen Vernichtungsanspruch in Form. II. O. 1 Anm. 18). § 18 Abs. 1 MarkenG sieht eine Vernichtung von im Besitz oder im Eigentum des Verletzers befindlichen widerrechtlich gekennzeichneten Gegenständen nur insoweit vor, als der durch die Rechtsverletzung verursachte Zustand der Gegenstände auf andere Weise nicht beseitigt werden kann und die Vernichtung für den Verletzer oder den Eigentümer im Einzelfall nicht unverhältnismäßig ist. Bei dem im Formular zugrundeliegenden Sachverhalt wird man davon ausgehen können, dass zum einen Aufkleber, Anhängeetiketten u. ä. an den Möbeln ohne weiteres entfernt werden können und zum anderen die Vernichtung von Möbeln unverhältnismäßig wäre. Ein Beispiel für die Geltendmachung eines Vernichtungsanspruchs im Wege der einstweiligen Verfügung in Verbindung mit einem Auskunftsanspruch zeigt das nachfolgende Formular II. O. 19.

11. In § 55 MarkenG ist das Löschungsverfahren vor den ordentlichen Gerichten im Wesentlichen in Übereinstimmung mit § 11 WZG a. F. geregelt. Danach kann die Klage auf Löschung wegen des Bestehens älterer Rechte (§ 51 MarkenG) von den Inhabern eben dieser älteren Rechte, die in §§ 9 bis 13 MarkenG aufgeführt sind, erhoben werden. In § 51 Abs. 1 MarkenG heißt es dazu lediglich, dass die Eintragung einer Marke auf Klage wegen Nichtigkeit gelöscht werden kann, wenn ihr ein Recht im Sinne der §§ 9 bis 13 mit älterem Zeitrang entgegensteht. Wie der entsprechende Löschungsantrag zu formulieren ist, ist im Gesetz nicht geregelt. Insoweit lehnt sich das Formular an den bisherigen Rechtszustand an (zur Formulierung eines zeichenrechtlichen Löschungsantrags nach altem Recht, § 11 WZG a. F., vgl. *Baumbach/Hefermehl,* WZG, 12. Aufl. § 11 Rdn. 5 und *von Gamm,* Wettbewerbsrecht, 5. Aufl. II. Halbbd. 1987, Kap. 57, Rdn. 49 zum vergleichbar gelagerten Fall der Löschung einer Firma im Handelsregister).

12. Zur Schadensersatzverpflichtung vgl. § 14 Abs. 6 MarkenG. Danach ist derjenige, der eine Marke vorsätzlich oder fahrlässig verletzt, dem Inhaber der Marke zum Ersatz des durch die Verletzungshandlungen entstandenen Schadens verpflichtet. Zur Zweckmäßigkeit der Verbindung von Rechnungslegungsantrag und Schadensersatzfeststellungsbegehren vgl. Form. II. O. 3 Anm. 15. Es lässt sich formulieren, dass dies geradezu die „klassische“ Klagenkombination im gewerblichen Rechtsschutz ist. Die Gesamtschuld der Beklagten ergibt sich aus §§ 830, 840 BGB. Zur Haftung des Geschäftsführers einer GmbH bzw. des Vorstands einer AG neben der GmbH bzw. der AG vgl. Form. II. O. 3 Anm. 2 und oben Anm. 3.

13. Die Nebenentscheidungen sind von Amts wegen zu treffen. Auf sie gerichtete Anträge sind jedoch üblich.

14. Ist beim Landgericht eine Zivilkammer als Spezialkammer für Kennzeichenstreitsachen eingerichtet (so zB. die 4. Zivilkammer beim Landgericht Düsseldorf) und wird die Klage dort eingereicht, so bedarf es einer Stellungnahme zu der Frage, ob die Übertragung des Rechtsstreits auf den Einzelrichter erfolgen soll (vgl. § 253 Abs. 3 ZPO). Grundsätzlich ist eine Kennzeichenstreitigkeit nicht geeignet, auf den Einzelrichter übertragen zu werden. Auch bei Bestehen einer Spezialzivilkammer bleibt die Zuständigkeit der Kammer für Handelssachen erhalten.

Hier ist auch eine Stellungnahme dazu erforderlich, ob eine Güteverhandlung gem. § 278 Abs. 2 ZPO für zweckmäßig gehalten wird (vgl. Anm. 9 zu Form. II. N. 9).

15. Ist eine Marke mindestens 5 Jahre in der Markenrolle eingetragen, so bedarf die Frage der Benutzung der Marke besondere Aufmerksamkeit. Gemäß § 25 Abs. 1 MarkenG kann der Inhaber einer eingetragenen Marke gegen Dritte Ansprüche im Sinne der §§ 14, 18 und 19 MarkenG nicht geltend machen, wenn die Marke innerhalb der letzten 5 Jahre vor der Geltendmachung des Anspruchs für die Waren oder Dienstleistungen, auf die er sich zur Begründung seines Anspruchs beruft, nicht gemäß § 26 MarkenG benutzt worden ist, vorausgesetzt, die Marke war zu diesem Zeitpunkt seit mindestens 5 Jahren eingetragen. § 25 Abs. 2 MarkenG setzt diese Bestimmung in eine prozessuale Regelung um, nämlich dahingehend, dass der Kläger auf Einrede des Beklagten nachweisen muss, dass die eingetragene Marke innerhalb der letzten 5 Jahre ausreichend benutzt worden ist. Was unter einer ausreichenden Benutzung zu verstehen ist, regelt § 26 MarkenG (vgl. dazu nachfolgend Anm. 16).

Auf Grund des Vorstehenden wird im Formular schon vorbeugend zur Benutzung des Klagezeichens vorgetragen. Der Sachvortrag im Formular hat jedoch Bedeutung auch für den mit Klageantrag II geltend gemachten Löschungsanspruch. Denn gemäß § 51 Abs. 2 MarkenG ist Voraussetzung für den Löschungsanspruch, dass die Marke, auf Grund deren Löschung geltend gemacht wird, ausreichend benutzt ist.

Für Marken oder geschäftliche Bezeichnungen, die vor dem 1. Januar 1995 im Wege der Eintragung oder im Wege der Benutzung begründet worden sind, ergibt sich aus den Übergangsvorschriften des Markengesetzes eine weitere Komplikation. Da diese Fälle nur noch selten vorkommen, wird dazu auf die Ausführungen in der Vorauflage verwiesen.

16. § 26 MarkenG bestimmt die Anforderungen, die an die Benutzung einer Marke zu stellen sind. Gemäß § 26 Abs. 4 MarkenG gilt als eine Benutzung im Inland auch das Anbringen der Marke auf Waren oder deren Aufmachung oder Verpackung im Inland, wenn die Waren ausschließlich für die Ausfuhr bestimmt sind. In § 26 Abs. 1 MarkenG ist lediglich formuliert, dass die Marke „im Inland ernsthaft benutzt worden sein muss“. Es wird hier davon ausgegangen, dass eine rechtserhaltende Benutzung der Marke in Übereinstimmung mit den bisherigen Anforderungen der Rechtsprechung regelmäßig nur dann gegeben sein wird, wenn ein Indenverkehrbringen der mit dem Zeichen versehenen Waren erfolgt ist (vgl. BGH GRUR 1979, 511 – Lamod; GRUR 1980, 52 – Contiflex). Die Anbringung des Zeichens lediglich auf Prospekten, in Katalogen oder sonstwie in der Werbung stellt nach bisherigem Recht keine zeichenmäßige Benutzung dar (OLG Karlsruhe GRUR 1989, 270, 271 – Heinkel; so auch *Althammer/Ströbele/Klaka,* Markengesetz, 6. Aufl. 2000, Rdn. 11 zu § 26 m. w. N.). Besonderheiten gelten für Arzneimittelspezialitäten. Infolge deren langen Entwicklungsdauer sowie der Notwendigkeit, sie registrieren zu lassen, gilt auch eine Benutzung im Registrierungsverfahren als rechtserhaltend (BGHZ 70, 143 – Orbicin; GRUR 1980, 1075 – Frisium). Die Benutzung der Marke durch einen Dritten mit Zustimmung des Inhabers gilt als ausreichende Benutzung (§ 26 Abs. 2 UrhG). Abweichungen, die den kennzeichnenden Charakter der Marke nicht verändern, sind unschädlich (§ 26 Abs. 3 S. 1 MarkenG).

17. Zur Schlüssigkeit der Klage ist es nicht erforderlich vorzutragen, dass vorprozessual abgemahnt worden ist. Die Abmahnung hat allerdings Bedeutung für das Verschulden des Verletzers (vgl. dazu Anm. 25).

18. Das Formular geht quasi von dem „Grundfall" einer Markenverletzung aus, nämlich der Verletzung einer eingetragenen Marke durch ein identisches Zeichen für identische Waren (§ 14 Abs. 2 Nr. 1 MarkenG). Die Systematik des § 14 MarkenG lässt sich wie folgt skizzieren:

a) Die Klagekennzeichnung muss in Kraft stehen.

b) Ob das angegriffene Verhalten einen zeichenmäßigen Benutzungstatbestand (Benutzung nach Art einer Marke, wobei die zeichenmäßigen Benutzungshandlungen insbesondere in § 14 Abs. 3 MarkenG formuliert sind; das Gegenteil, nämlich nicht zeichenmäßige Benutzungshandlungen findet sich in § 23 MarkenG) begründen muss, ist zweifelhaft, wird jedoch von der jetzt wohl herrschenden Meinung gefordert (KG WRP 1997, 85; OLG Stuttgart WRP 1996, 634, 637; OLG München, Mitt. 1996, 174; *Keller,* GRUR 1996, 607; *Piper,* GRUR 1996, 429, 434; weitere Nachw. bei *Kur,* GRUR 1997, 250 Fußn. 103; a. A. *Starck,* GRUR 1996, 488; *Fezer,* GRUR 1996, 566.

c) Die Folge der Benutzung im Sinne einer „Gefahr von Verwechslungen"
   aa) braucht nach dem Wortlaut des § 14 Abs. 2 Nr. 1 MarkenG nicht mehr gesondert geprüft zu werden, wenn sowohl zwischen den einander gegenüberstehenden Marken/Kennzeichnungen als auch im Hinblick auf die Waren/Dienstleistungen, für die die angegriffene Benutzung erfolgt, Identität besteht;
   bb) bedarf gemäß § 14 Abs. 2 Nr. 2 MarkenG im Sinne des Bestehens der Gefahr von Verwechslungen der Prüfung wie folgt: Besteht entweder nur Ähnlichkeit der einander gegenüberstehenden Marken/Zeichen bei Identität der zu vergleichenden Waren/Dienstleistungen oder besteht Identität der einander gegenüberstehenden Marken/Zeichen bei bloßer Ähnlichkeit der zu vergleichenden Waren/Dienstleistungen, so ist ausdrücklich gemäß § 14 Abs. 2 Nr. 2 MarkenG zu prüfen, ob „für das Publikum die Gefahr von Verwechslungen besteht, einschließlich der Gefahr, dass das Zeichen mit der Marke gedanklich in Verbindung gebracht wird".

Neben den vorstehend behandelten Fällen enthält § 14 Abs. 2 Nr. 3 MarkenG die Ausformulierung eines weiteren bisher nur von der Rechtsprechung entwickelten Rechtsgrundsatzes. Die Marke gewährt danach auch einen Schutz gegen die bisher sogenannte „Verwässerungsgefahr". Die tatbestandlichen Voraussetzungen ergeben sich unmittelbar aus § 14 Abs. 2 Nr. 3 MarkenG.

In § 14 Abs. 3 und Abs. 4 MarkenG sind die Abwehrbefugnisse des Markeninhabers näher aufgeführt. Die in § 14 Abs. 3 MarkenG aufgeführten zeichenmäßigen Benutzungshandlungen entsprechen den bisherigen Handlungen des § 15 WZG a. F. Diese Benutzungshandlungen sind im Klageantrag I 1 wiedergegeben. § 14 Abs. 4 MarkenG gibt dem Markeninhaber schon einen Unterlassungsanspruch quasi im „Vorfeld" markenmäßiger Benutzung. Gemäß § 14 Abs. 4 MarkenG ist es Dritten untersagt, ohne Zustimmung des Inhabers der Marke im geschäftlichen Verkehr ein mit der Marke identisches oder ähnliches Zeichen auf Aufmachungen oder Verpackungen oder auf Kennzeichnungsmitteln wie Etiketten usw. anzubringen, ohne dass der Dritte selbst unmittelbar schon so gekennzeichnete Waren in den Verkehr zu bringen braucht. Es genügt, dass die Gefahr besteht, dass die Aufmachungen/Verpackungen/Kennzeichnungsmittel ihrerseits zur Kennzeichnung von Waren oder Dienstleistungen durch weitere Dritte benutzt werden, bei denen die Benutzung des Zeichens nach den Absätzen 2 und 3 des § 14 MarkenG unerlaubt wäre. Der etwas schwierig zu verstehende § 14 Abs. 4 MarkenG befasst sich in Nr. 1 mit dem Tatbestand des Anbringens des verletzenden Zeichens, in Nr. 2 mit dem Tatbestand des Anbietens, Inverkehrbringens oder des Besitzens entsprechend gekennzeichneter Aufmachungen, Verpackungen oder Kennzeichnungsmittel und schließlich in Nr. 3 mit den Tathandlungen des Einführens oder Ausführens, wobei vorstehend skizzierte Verhaltensweisen gemäß § 14 Abs. 4 a.E. MarkenG nur dann unerlaubt sind, wenn die skizzierten Handlungen tatsächlich zu einer „Begehungsgefahr" für Markenverletzungen entsprechend den Absätzen 2 und 3 des § 14 MarkenG führen.

Bei allen vorstehend behandelten Absätzen 2 bis 4 MarkenG ergibt sich für den Markeninhaber gemäß § 14 Abs. 5 MarkenG ein Unterlassungsanspruch. Im Formular ist im Klageantrag I 1 nur der Sachverhalt der Absätze 2 und 3 des § 14 MarkenG behandelt.

19. Das Markengesetz verwendet den Begriff der „Warengleichartigkeit" des früheren Warenzeichenrechts nicht mehr, sondern spricht von identischen oder ähnlichen Waren/Dienstleistungen. Zur Frage der Ähnlichkeit der einander gegenüberstehenden Waren/Dienstleistungen wird man die Ergebnisse der bisherigen Spruchpraxis des Bundespatentamts, des Bundespatentgerichts sowie der Zivilgerichte einschließlich insbesondere des Bundesgerichtshofs zum bisherigen Begriff der „Warengleichartigkeit" nach wie vor verwenden können (vgl. dazu *Richter/Stopppel,* Die Ähnlichkeit von Waren und Dienstleistungen, 12. Aufl. 2002). Allerdings wird dies mit Vorsicht zu geschehen haben, und zwar insbesondere unter Berücksichtigung der Tatsache, dass mit dem Begriff der „Ähnlichkeit" das neue Markenrecht einen neuen und eigenständigen Rechtsbegriff geschaffen hat, dessen nähere inhaltliche Ausfüllung der Rechtsprechung obliegt (BGH GRUR 1995, 216, 219 re.Sp. – Oxygenol II). Die Ähnlichkeit der Waren bzw. Dienstleistungen ist nicht mehr, wie nach bisherigem Recht, „selbstständiges" Tatbestandsmerkmal, sondern im Zusammenhang mit der Beurteilung der Verwechslungsgefahr zu gewichtendes Kriterium, wie die Branchennähe im Zusammenhang mit § 16 UWG a.F. (vgl. dazu BGH aaO.; zum Problemkreis vgl. ferner *Kliems,* GRUR 1995, 198, 202ff.).

20. Zur zeichenmäßigen Benutzung vgl § 14 Abs. 3 MarkenG, oben Anm. 18 und insbesondere auch § 23 MarkenG, wo die nicht-zeichenmäßigen Benutzungstatbestände aufgeführt sind.

21. Bei Identität der gegenüberstehenden Kennzeichnungen und Identität der Waren/Dienstleistungen ist die Prüfung der Verwechslungsgefahr entbehrlich (so § 14 Abs. 2 Nr. 1 MarkenG). Bei bloßer Ähnlichkeit der Zeichen und/oder Waren/Dienstleistungen erfordert § 14 Abs. 2 Nr. 2 MarkenG das Bestehen von Verwechslungsgefahr. Nach der ständigen Rechtsprechung sowohl des EuGH als auch des BGH ist die Frage der markenrechtlichen Verwechslungsgefahr unter Berücksichtigung aller Umstände des Einzelfalles zu beurteilen (EuGH GRUR 1998, 387, 389 – Sabèl/Puma; GRUR 1998, 922, 923 – Canon; BGH GRUR 2001, 158, 159 – Drei-Streifen-Kennzeichnung; GRUR 2002, 171, 173 re.Sp. – Marlboro-Dach). Neben den Verkehrsbeteiligten (Endverbraucherpublikum oder Fachkreise) kommt es auf insbesondere drei in Wechselbeziehung zueinander stehende Beurteilungselemente an. Das sind die Identität oder Ähnlichkeit der in Frage stehenden Waren, die Identität oder Ähnlichkeit der Marken sowie die Kennzeichnungskraft der verletzten Marke. Insoweit besteht eine Wechselbeziehung dahingehend, dass ein geringerer Grad der Ähnlichkeit der Marken durch einen höheren Grad der Ähnlichkeit der Waren und/oder eine besondere Bekanntheit der prioritätsälteren Kennzeichnung ausgeglichen werden kann und umgekehrt (BGH GRUR 2000, 506, 508

– ATTACHÉ/TISSERAND; 2001, 158, 160 – Drei-Streifen-Kennzeichnung; 2001, 507, 508 – EVIAN/REVIAN; 2002, 171, 173 re. Sp. – Marlboro-Dach; 2002, 626, 629 – IMS). Insbesondere ist zu berücksichtigen, dass es bei der Beurteilung der Verwechslungsgefahr maßgeblich auf den Gesamteindruck der einander gegenüberstehenden Zeichen ankommt (BGH GRUR 1996, 198, 199 – Springende Raubkatze; 1996, 200, 201 – Innovadiclophlont; 96, 977 – DRANO/P3-drano; 1997, 897, 898 – Ionofil) und dass ferner die in Frage stehenden Kennzeichnungen sich regelmäßig nicht gleichzeitig gegenübertreten und oft nur flüchtig wahrgenommen werden (BGH GRUR 1990, 450, 452 – St. Petersquelle; 1993, 972, 974, 975 – Sana/Schosana). Das führt dazu, dass es eher auf die Übereinstimmungen als auf die Unterschiede ankommt (BGH aaO. – Sana/Schosana).

22. Zu Einzelheiten vgl. Anm. 8 und 9.

23. Wie auch sonst bei der Verletzung gewerblicher Schutzrechte genügt die bloße Wahrscheinlichkeit eines Schadenseintritts, BGH in ständiger Rechtsprechung, vgl. GRUR 1972, 180/183 – Cherie; GRUR 1974, 735 – Pharmamedan. Die materielle Anspruchsgrundlage ist § 14 Abs. 6 MarkenG.

24. Es besteht eine Erkundigungspflicht, BGH GRUR 1971, 251/253 – Oldtimer.

25. Ist der Beklagte vor Erhebung der Klage vorprozessual auf das Bestehen des Klagezeichens hingewiesen worden, so besteht seit diesem Zeitpunkt positive Kenntnis und dementsprechend – regelmäßig – Vorsatz im Hinblick auf die Verletzungshandlungen.

26. Die Gesamtschuld ergibt sich aus §§ 830, 840 BGB. Die Verantwortlichkeit des Geschäftsinhabers für das Verhalten von Angestellten oder Beauftragten regelt § 14 Abs. 7 MarkenG entsprechend § 13 Abs. 4 UWG im Sinne einer Erfolgshaftung. Zu Einzelheiten kann daher auf *Baumbach/Hefermehl,* Wettbewerbsrecht, 22. Aufl. 2001, § 13 UWG Rdn. 60 ff. verwiesen werden; ferner *Köhler,* Die Haftung des Betriebsinhabers für Wettbewerbsverstöße seiner Angestellten und Beauftragten (§ 13 Abs. 4 UWG), GRUR 1991, 344 ff.

27. Vgl. Anm. 7.

28. Zur Zweckmäßigkeit der Verbindung des Schadensersatzfeststellungsbegehrens mit dem Rechnungslegungsanspruch sowie zur Zulässigkeit des Schadensersatzfeststellungsbegehrens vgl. oben Anm. 12.

29. Zur Löschungsklage vgl. §§ 48 ff. MarkenG. In § 55 MarkenG ist das Löschungsverfahren vor den ordentlichen Gerichten geregelt. Dieser Regelung folgt das Formular. Im MarkenG ist unterschieden zwischen der Klage auf Löschung wegen Verfalls (§§ 49, 55 MarkenG) und der Klage auf Löschung wegen des Bestehens älterer Rechte (§§ 51, 55 MarkenG). Zuständig für beide Klagen sind die ordentlichen Gerichte. Passivlegitimiert ist der als Inhaber der Marke Eingetragene oder sein Rechtsnachfolger (§ 55 Abs. 1 MarkenG). Aktivlegitimiert ist für die Klage auf Löschung wegen Verfalls jedermann (§ 55 Abs. 2 Nr. 1 MarkenG), in den Fällen des Antrags auf Löschung wegen des Bestehens von Rechten mit älterem Zeitrang die Inhaber der in den §§ 9 bis 13 MarkenG aufgeführten Rechte (§ 55 Abs. 2 Nr. 2 MarkenG). Soll die Löschung der eingetragenen Marke wegen einer prioritätsälteren geografischen Herkunftsangabe erfolgen (§ 51 Abs. 1 in Verbindung mit § 13 Abs. 2 Nr. 5 MarkenG), so besteht eine erweiterte Aktivlegitimation auf den Kreis der in § 13 Abs. 2 UWG Genannten.

Neben der Klage auf Löschung wegen Verfalls (§§ 49, 55 Abs. 1 MarkenG) kann auch ein Löschungsantrag beim Deutschen Patent- und Markenamt gemäß § 53 MarkenG gestellt werden. Das ist das billigere und einfache Verfahren für den Fall, dass der Markeninhaber der Löschung wegen Verfalls (Nichtbenutzung seines Zeichens) nicht widersprechen wird. Erfolgt kein Widerspruch des Inhabers der eingetragenen Marke innerhalb von 2 Monaten nach Zustellung der Mitteilung, dass ein Löschungsantrag anhängig gemacht worden ist, wird die Eintragung gemäß § 53 Abs. 3 MarkenG gelöscht. Widerspricht allerdings der Markeninhaber, so teilt das Patent- und Markenamt dies dem Antragsteller mit und unterrichtet ihn darüber, dass der Antrag auf Löschung durch Klage gemäß § 55 MarkenG geltend zu machen ist (§ 53 Abs. 4 MarkenG). Im Formular wird davon ausgegangen, dass Identität im Hinblick auf sämtliche Waren, nämlich „Möbel", besteht und daher das gesamte Zeichen zu löschen ist. Häufig kann jedoch nur Einwilligung in eine Teillöschung verlangt werden, wenn z.B. das Waren-/Dienstleistungsverzeichnis der angegriffenen Marke nur für einen Teil der eingetragenen Waren mit demjenigen des prioritätsälteren Zeichens übereinstimmt oder nur für einen Teil der Waren-/Dienstleistungen der Tatbestand des Verfalls (der Löschungsreife wegen Nichtbenutzung) geltend gemacht werden kann. Dann ist der Klageantrag zu formulieren: „... in die Löschung der Marke ... für die Waren-/Dienstleistungen ... einzuwilligen". Zur Teillöschungsklage vgl. *Fezer,* Markenrecht, 3. Aufl. 2001, Rdn. 1ff. zu § 48 MarkenG.

30. Nach früherem Recht wurde zwischen zeichenrechtlicher und außerzeichenrechtlicher Löschungsklage unterschieden, wobei der außerzeichenrechtlichen Löschungsklage andere als zeichenrechtliche Anspruchsgrundlage bzw. prioritätsältere Rechte zu Grunde lagen. Diese Unterscheidung kann nach der Systematik des § 55 Abs. 1 MarkenG entfallen. Zum einen ist das bisherige Unternehmenskennzeichenrecht in das Markenrecht integriert (§§ 1 Nr. 2, 4 Nr. 2, 5 MarkenG), zum anderen definiert § 13 MarkenG mögliche prioritätsältere Rechte umfassend, wobei gemäß § 13 Abs. 2 MarkenG zu den prioritätsälteren sonstigen Rechten gehören können: Namensrechte, das Recht einer eigenen Abbildung, Urheberrechte, Sortenbezeichnungen, geografische Herkunftsangaben und sonstige gewerbliche Schutzrechte. Auch schon gegen eine Markenanmeldung werden Inhaber prioritätsälterer Rechte vorgehen können (so BGH GRUR 1993, 556 = WRP 1993, 399 – TRIANGLE – für das bisherige Warenzeichenrecht).

31. Gerichtsstand der unerlaubten Handlung. Beachte § 141 MarkenG, der den – ausschließlichen – Gerichtsstand des § 24 Abs. 2 UWG auf die Fälle beschränkt, in denen das Klagebegehren nicht auf Bestimmungen des Markengesetzes gestützt ist. Findet auch nur einer der geltend gemachten Ansprüche seine Grundlage in einer Bestimmung des Markengesetzes, so kann der Beklagte Verweisung an das Markengericht beantragen (zu den Bundesländern, in denen Kennzeichenstreitgerichte bestehen, vgl. Anm. 2).

32. Ein markenrechtlicher Unterlassungsanspruch ist grundsätzlich auch im Wege des einstweiligen Verfügungsverfahrens durchsetzbar, sofern der Sachverhalt dies zulässt. Vgl. dazu Form. II. O. 19.

33. Die Verteidigungsmöglichkeiten eines wegen Markenverletzung Inanspruchgenommenen sind wie folgt zu skizzieren:

a) Die den Klagegrund bildende Marke ist nicht rechtsbeständig. Allerdings ist das Verletzungsgericht an den Tatbestand der Eintragung der Marke gebunden. Der fehlende Rechtsbestand der Marke ist seitens des Beklagten geltend zu machen, und zwar
   - die Nichtigkeitsgründe des § 50 Abs. 1 MarkenG durch Antrag beim Deutschen Patentamt auf Löschung (§ 54 MarkenG) und im Verletzungsprozess durch Antrag gemäß § 148 ZPO, den Rechtsstreit auszusetzen;
   - die nicht ausreichende Benutzung der Marke und damit ihrer Löschungsreife wegen Nichtbenutzung (Verfall) durch Einrede gemäß § 25 MarkenG, gegebenenfalls durch Widerklage auf Löschung gemäß §§ 55 Abs. 1, 49 MarkenG.

b) Es liegt eine Benutzung i.S. des § 23 MarkenG vor, wobei von besonderem Interesse § 23 Nrn. 2 und 3 MarkenG sind (Nr. 2: keine zeichenmäßige Benutzung; Nr. 3: bloße Benutzung als Hinweis im Zusammenhang mit Zubehör- oder Ersatzteilvertrieb; zu Nrn. 2 und 3 vgl. OLG Hamburg WRP 1997, 106 – Gucci).

c) Es besteht keine Identität/Ähnlichkeit der einander gegenüberstehenden Marken/ Zeichen bzw. Dienstleistungen/Waren und dementsprechend keine Gefahr von Verwechslungen.
d) Dem Beklagten stehen prioritätsältere oder zumindest im Zeitrang gleichrangige Rechte zu (§ 6 MarkenG).
e) Der Beklagte ist Inhaber eines wirksam erworbenen Zwischenrechts (§ 22 MarkenG).
f) Die Ansprüche des Markeninhabers sind verwirkt (§ 21 MarkenG).
g) Das Markenrecht ist erschöpft (§ 24 MarkenG); BGH GRUR 1996, 271 – Gefärbte Jeans – m. Anm. *Albert/Heath; Sack,* GRUR 1997, 1 ff.). Die Darlegungs- und Beweislast für den Tatbestand der Erschöpfung trifft regelmäßig denjenigen, der sich auf die Erschöpfung beruft (BGH GRUR 2000, 299 – Karate – für die patentrechtliche Erschöpfung).
h) Einrede der Verjährung (gegenüber Ansprüchen auf Rechnungslegung und Schadensersatz) gemäß § 20 MarkenG.

34. Neben den zivilrechtlichen Anspruchsherleitungen gibt es noch die Möglichkeit, im Falle von Kennzeichenverletzungen eine Beschlagnahme der rechtswidrig gekennzeichneten Waren bei Grenzübertritten durch die Zollbehörde zu erreichen. Die Regelungen dazu finden sich in §§ 146 ff. MarkenG (Einzelheiten zur analogen patentrechtlichen Grenzbeschlagnahme bei *Mes,* PatG 1997, Rdn. 1 ff. zu § 142 a PatG; ein Textbeispiel für einen Grenzbeschlagnahmeantrag findet sich bei *Mes/Rohnke,* Münchner Prozessformularbuch/Gewerblicher Rechtsschutz, Urheber- und Presserecht, 2000, B. 19).

35. Ebenso wie in patentrechtlichen Streitigkeiten kann es sich empfehlen, in kennzeichenrechtlichen Angelegenheiten einen Patentanwalt zur Mitwirkung hinzuzuziehen. Die Kosten sind regelmäßig erstattungsfähig (vgl. § 140 Abs. 5 MarkenG; s. auch „Kosten und Gebühren").

Kosten und Gebühren

Es gelten die allgemeinen Grundsätze mit folgenden Besonderheiten für Kennzeichenstreitsachen:

§ 140 Abs. 3 MarkenG: Die Kosten, die durch die Mitwirkung eines (ggf. auch ausländischen, OLG Frankfurt GRUR 1994, 852) Patentanwalts in einer Kennzeichenstreitsache entstehen, sind unter Einschluss der notwendigen Auslagen des Patentanwaltes zu erstatten. Die Frage, ob die Mitwirkung des Patentanwalts notwendig war, ist nicht zu prüfen.

§ 142 MarkenG: Es besteht die Möglichkeit der Herabsetzung des Streitwertes, wenn eine Partei glaubhaft macht, dass die Belastung mit den Prozesskosten nach dem vollen Streitwert ihre wirtschaftliche Lage erheblich gefährden würde. Gemäß § 142 Abs. 3 S. 2 MarkenG ist ein derartiger Streitwertbegünstigungsantrag vor der Verhandlung zur Hauptsache zu stellen. Der Gegner ist zu hören (§ 142 Abs. 3 S. 4 MarkenG).

19. Antrag auf Erlass einer einstweiligen Verfügung wegen Markenverletzung auf Unterlassung, Auskunft und Vernichtung

Landgericht
Zivilkammer/
Kammer für Handelssachen[1]
……

Antrag auf Erlass einer einstweiligen Verfügung

der ......

– Antragstellerin –

Verfahrensbevollmächtigter: RA ......

gegen

die Firma ......

– Antragsgegnerin –

wegen: Markenverletzung
Streitwert[2]: vorläufig geschätzt EUR ......

Namens und in Vollmacht der Antragstellerin beantrage ich, das Gericht möge im Verfahren der einstweiligen Verfügung – wegen besonderer Dringlichkeit ohne mündliche Verhandlung durch Beschluss[3] – anordnen:

I. Der Antragsgegnerin wird es
1. bei Meidung eines für jeden Fall der Zuwiderhandlung fälligen Ordnungsgeldes bis zu EUR 250.000,–, ersatzweise Ordnungshaft bis zu 6 Monaten oder Ordnungshaft bis zu 6 Monaten, im Wiederholungsfall Ordnungshaft bis zu 2 Jahren, untersagt[4], ohne Zustimmung der Antragstellerin im geschäftlichen Verkehr das nachstehend wiedergegebene Zeichen
(folgt Abbildung des Nachahmungszeichens)[5]
für Bekleidungsstücke, insbesondere Sporthemden, zu benutzen, insbesondere das vorstehend bezeichnete Zeichen auf Bekleidungsstücken oder ihrer Aufmachung oder Verpackung anzubringen, unter dem vorstehend bezeichneten Zeichen Bekleidungsstücke anzubieten, in den Verkehr zu bringen oder zu den genannten Zwecken zu besitzen, einzuführen oder auszuführen oder das vorstehend bezeichnete Zeichen in Geschäftspapieren oder in der Werbung zu benutzen[6, 7];
2. aufgegeben, mit dem vorstehend zu I 1 wiedergegebenen Zeichen versehene Bekleidungsstücke, insbesondere Sporthemden, die sich im Besitz oder im Eigentum der Antragsgegnerin befinden, an einen Gerichtsvollzieher als Sequester zur Verwahrung herauszugeben[8];
3. aufgegeben, der Antragstellerin Auskunft[9] innerhalb einer Frist von 14 Tagen nach Zustellung der einstweiligen Verfügung über die Herkunft und den Vertriebsweg der zu I 1 bezeichneten Erzeugnisse zu erteilen, insbesondere unter Angabe des Namens und der Anschrift des Herstellers, des Lieferanten und etwaiger anderer Vorbesitzer, der gewerblichen Abnehmer oder der Auftraggeber, ferner über die Menge der hergestellten, ausgelieferten, erhaltenen oder bestellten Waren;

II. der Antragsgegnerin die Kosten des Verfahrens aufzuerlegen[10].

Begründung[11, 12]:

I.

1. Die Antragstellerin ist alleinige und ausschließlich verfügungsberechtigte Inhaberin des Bildzeichens „Elefant“, das unter der Nummer 1003 700 in die Zeichenrolle beim Deutschen Patent- und Markenamt eingetragen ist. Anmeldetag des vorstehend bezeichneten Zeichens (im Folgenden auch: Verfügungszeichens) ist der ......, Eintragungstag der ...... Das Verfügungszeichen steht in Kraft. Ich überreiche dazu zum Zwecke der Glaubhaftmachung als

Anlage Ast 1

einen beglaubigten Registerauszug des Deutschen Patent- und Markenamts.

2. Ich gehe davon aus, dass das Verfügungszeichen gerichtsbekannt ist. Es gehört zu den bekanntesten Zeichen auf dem Gebiet der Textilien im Bereich der Bundesrepublik

Deutschland, das vielfältig beworben worden ist. Die Umsätze der Antragstellerin mit dem Verfügungszeichen versehenen Bekleidungstextilien sind außerordentlich hoch. Sie betragen Jahr für Jahr mehr als EUR 200 Mio. Auch die Werbeaufwendungen, die die Antragstellerin für ihre Erzeugnisse hat, erreichen Jahr für Jahr die Größenordnung von mehr als EUR 15 Mio. Alles Vorgetragene ergibt sich aus der als

Anlage Ast 2

überreichten eidesstattlichen Versicherung[13]. Zum Zwecke der Anschauung überreiche ich des Weiteren als

Anlage Ast 3

– nur zu den Gerichtsakten – ein Original-Sporthemd der Antragstellerin. Dieses ist in der – nach diesseitiger Sicht gerichtsbekannten, weil allgemeinkundigen – Art und Weise mit „dem Elefanten" entsprechend dem Verfügungszeichen gekennzeichnet. Das Verfügungszeichen zeigt die Seitenansicht eines Elefanten, wobei der Kopf des Elefanten mit deutlich ausgebildeten Stoßzähnen nach links weist. Der Elefant ist blau, die Stoßzähne sind weiß.

3. Bei der Antragsgegnerin handelt es sich um einen Textil-Großhandel, der insbesondere darauf spezialisiert ist, die großen Kaufhäuser und Einkaufsringe mit Damen- und Herrenoberbekleidung, insbesondere Sportbekleidung zu beliefern[14]. Dazu verweise ich auf den Inhalt der eidesstattlichen Versicherung gemäß Anlage Ast 2. Die Antragstellerin hat soeben das als

Anlage Ast 4

in Kopie überreichte Werberundschreiben der Antragsgegnerin erhalten. Darin bietet die Antragsgegnerin die „Original-Elefanten-Hemden" der Antragstellerin zu „sensationellen Preisen" an. Die Antragstellerin hat diese Ankündigung zum Anlass genommen – über einen Mittelsmann –, sich ein detailliertes Angebot der Antragsgegnerin zu beschaffen und insbesondere eines der angebotenen Hemden von der Antragsgegnerin sich im Original übersenden zu lassen. Sie hat dabei festgestellt, dass es sich bei den von der Antragsgegnerin angebotenen „Elefanten"-Hemden um Plagiate handelt. Ich überreiche das von der Antragsgegnerin der Antragstellerin übersandte Hemd – nur zu den Gerichtsakten – als

Anlage Ast 5

und verweise zum Zwecke der Glaubhaftmachung des vorgetragenen Sachverhalts ein weiteres Mal auf die eidesstattliche Versicherung gemäß Anlage Ast 2[13].
Im Wege der

Inaugenscheinseinnahme

ist ohne weiteres zu erkennen, dass das in Form eines Stoffetikettes im Brustbereich wiedergegebene Bildzeichen „Elefant" mit dem Bildzeichen der Antragstellerin gemäß Anlage Ast 1 nahezu identisch in Farbe und Größe übereinstimmt. Es besteht lediglich ein Unterschied dahingehend, dass der Elefant bei dem Nachahmungserzeugnis der Antragsgegnerin mit seinem Kopf und mit seinen Stoßzähnen nach rechts weist. Für den bekanntermaßen flüchtigen Verkehrsbeteiligten ist dieser geringfügige Unterschied jedoch nicht erkennbar. Er wird vielmehr das Plagiat der Antragsgegnerin für das Original-Elefanten-Hemd der Antragstellerin halten. Dabei will ersichtlich auch die Antragsgegnerin einen derartigen Irrtum bei ihren Abnehmern fördern bzw. ausnutzen, indem sie in ihrem Werberundschreiben gemäß Anlage Ast 4 von „Original-Elefanten-Hemden" spricht, die sie darüber hinaus noch zu einem „sensationellen Preis" anbietet.

Die Antragstellerin macht mit diesem Antrag auf Erlass einer einstweiligen Verfügung die ihr zustehenden markenrechtlichen Ansprüche geltend[15].

II.

Die rechtliche Bewertung[16] ergibt die Begründetheit des Verfügungsbegehrens:

1. Der mit Verfügungsantrag I 1 geltend gemachte Unterlassungsanspruch findet seine Grundlage in § 14 Abs. 5 in Verbindung mit Absätzen 2 und 3 MarkenG. Wie zuvor zu I 1 glaubhaft gemacht, ist die Antragstellerin alleinige und ausschließlich verfügungsberechtigte Inhaberin des als Anlage Ast 1 überreichten „Elefanten-Zeichens". Nach Sicht der Antragstellerin ist das seitens der Antragsgegnerin benutzte Zeichen im Sinne des § 14 Abs. 2 Nr. 1 MarkenG identisch. Jedenfalls ist es im Sinne des § 14 Abs. 2 Nr. 2 MarkenG ähnlich. Der geringfügige Unterschied betreffend die spiegelbildliche Umkehr des Elefantenbildes ist für den insbesondere flüchtigen Verkehrsbeteiligten nicht bemerkbar. Das Verfügungszeichen genießt Schutz für Bekleidungsstücke, insbesondere Sport- und Freizeithemden. Das mit dem Verfügungszeichen identische, zumindest ähnliche Zeichen der Antragsgegnerin wird von dieser für identische Waren, nämlich Sporthemden, eingesetzt. Infolgedessen greift die Antragsgegnerin mit der Benutzung dieses Zeichens in die Marke der Antragstellerin ohne deren Zustimmung ein. Daraus rechtfertigt sich der mit Verfügungsantrag I 1 geltend gemachte Unterlassungsanspruch.
   Lediglich ergänzend wird darauf hingewiesen, dass sich der Unterlassungsanspruch der Antragstellerin gemäß Verfügungsantrag I 1 auch aus §§ 1, 3 UWG rechtfertigt. Die Antragsgegnerin täuscht die Werbungsadressaten, indem sie ihnen Fälschungen als Original-Ware anbietet und im Falle der Lieferung unterschiebt[17].
2. Die Antragsgegnerin ist des Weiteren gemäß § 18 Abs. 1 MarkenG verpflichtet, die in ihrem Besitz oder Eigentum befindlichen widerrechtlich gekennzeichneten Bekleidungsstücke zu vernichten. Die Antragstellerin macht im einstweiligen Verfügungsverfahren zunächst einen die Vernichtung nur vorbereitenden Verwahrungsanspruch[18] geltend, nämlich dahingehend, dass die Antragsgegnerin an einen Gerichtsvollzieher (Sequester) die zu vernichtenden Bekleidungsstücke herausgibt. Es sei schon in diesem Zusammenhang darauf hingewiesen, dass die Antragsgegnerin sich nicht damit verteidigen kann, es käme eine Vernichtung nicht in Betracht, sondern die Stoffetiketten mit den nachgeahmten Elefanten seien von den Bekleidungsstücken zu entfernen und sodann eben nur diese Etiketten zu vernichten, wohingegen die Bekleidungsstücke selbst der Antragsgegnerin zu belassen seien. Gerade eine derartige Verteidigung hat der Gesetzgeber in der Begründung zum Produktpirateriegesetz im Zusammenhang mit der Bestimmung des § 18 Abs. 1 MarkenG als nicht mehr vertretbar angesehen; er wollte eine derartige Möglichkeit ausschließen. Dies bedarf letztlich im einstweiligen Verfügungsverfahren keiner abschließenden Bewertung.
3. Der mit Verfügungsantrag I 3 geltend gemachte Auskunftsanspruch findet seine Grundlage in § 19 MarkenG. Insbesondere ist gemäß § 19 Abs. 3 MarkenG für die Durchsetzung des der Antragstellerin zustehenden Auskunftsanspruchs das einstweilige Verfügungsverfahren eröffnet. Es liegt der Fall einer offensichtlichen Rechtsverletzung vor. Dass das Verfügungszeichen der Antragstellerin zusteht und darüber hinaus die Antragstellerin eben für dieses in Kraft befindliche Zeichen Rechtsschutz beanspruchen kann, ist nicht ernsthaft zu bezweifeln. Infolge der Bekanntheit des Verfügungszeichens wären sogar – ohne dass es dazu hier darauf ankäme – die Voraussetzungen für die Annahme der Entstehung eines Markenschutzes ohne formale Eintragung gemäß § 4 Nr. 2 MarkenG infolge erworbener Verkehrsgeltung gegeben. Des Weiteren können die Mitglieder der angerufenen Kammer auch den Fall der Rechtsverletzung ohne weiteres auf Grund eigener Inaugenscheinseinnahme abschließend schon im einstweiligen Verfügungsverfahren bewerten. Es liegt mithin ein Tatbestand vor, der nach Sicht des Gesetzgebers eine Durchsetzung des Auskunftsanspruchs im Wege des

einstweiligen Verfügungsverfahrens ermöglicht, weil jedenfalls die Rechtsverletzung so eindeutig ist, dass eine Fehlentscheidung oder eine andere Beurteilung im Rahmen des richterlichen Ermessens und damit eine ungerechtfertigte Belastung des Antragsgegners kaum möglich ist (vgl. die Begründung zum Produktpirateriegesetz vom 7. März 1990 zu III 4b, abgedruckt in Blatt für Patent-, Muster- und Zeichenwesen 1990, S. 173, 184 li. Sp.).

Im Streitfall wird seitens der Antragstellerin darauf hingewiesen, dass die Auskunftserteilung die Antragsgegnerin auch nicht ungebührlich belastet. Bei der Antragsgegnerin handelt es sich um einen Großhandel, so dass nur eine überschaubare Zahl von Abnehmern der verfügungsgegenständlichen Erzeugnisse in Betracht kommt. Des Weiteren hat die Antragstellerin ein dringendes Interesse daran, die Abnehmer der Antragsgegnerin in Erfahrung zu bringen, um weiteren Markenverletzungen vorzubeugen. Ein Gleiches gilt insbesondere auch für die Vorlieferanten und die Vorbesitzer der Antragsgegnerin. Um im Übrigen der Antragsgegnerin ausreichend Gelegenheit zur Erteilung der Auskunft zu geben, ist im Verfügungsantrag I 3 eine Zweiwochenfrist ab Zustellung der einstweiligen Verfügung vorgesehen.

4. Die für den Erlass der einstweiligen Verfügung erforderliche Dringlichkeit wird für den mit Verfügungsantrag I 1 geltend gemachten Unterlassungsanspruch in analoger Anwendung des § 25 UWG vermutet[19]. Im Übrigen ergibt sich die erforderliche Dringlichkeit für sämtliche Verfügungsansprüche der Antragsstellerin schon daraus, dass ohne die diesseits beantragte einstweilige Verfügung der Markenschutz der Antragstellerin ins Leere laufen würde. So hat die Antragstellerin ein rechtschutzwürdiges Interesse daran, von vornherein zu verhindern, dass markenverletzende Bekleidungsstücke seitens der Antragsgegnerin an deren Großabnehmer geliefert werden. Dieser Zielsetzung dienen die geltend gemachten Ansprüche auf Unterlassung und Verwahrung. Soweit schon Lieferungen an Großabnehmer erfolgt sind, hat die Antragstellerin des Weiteren ein rechtsschutzwürdiges Interesse daran, dass sie auch infolge des von ihr geltend gemachten Auskunftsanspruchs in den Stand versetzt wird, eben diese Großabnehmer an der Begehung von künftigen Markenverletzungen zu hindern. Damit liegt die Dringlichkeit für den Erlass der diesseits beantragten einstweiligen Verfügung auf der Hand. Insbesondere geht es nicht an, die Antragsstellerin auf den Weg der Hauptklage und die Möglichkeit zu verweisen, von der Antragsgegnerin Schadensersatz zu erlangen. Es gehört zu den bekannten Erfahrungssätzen im Kennzeichenrecht, dass Markenverletzungen in der Folgezeit auch durch Zuerkennung von Schadensersatz nicht ausreichend ausgeglichen werden können.

   Zugleich ergibt sich aus den vorstehenden Ausführungen die besondere Dringlichkeit im Sinne des § 937 Abs. 2 ZPO[20], entsprechend dem diesseitigen Antrag, die einstweilige Verfügung ohne vorherige mündliche Verhandlung zu erlassen. Soweit der Verwahrungsanspruch gemäß I 2 in Rede steht, wäre eine mündliche Verhandlung für die Antragstellerin erkennbar nachteilig, weil die Antragsgegnerin in den Stand versetzt werden würde, die Ware aus ihrem Besitz oder Eigentum wegzuschaffen, so dass das berechtigte Interesse der Antragstellerin, dafür zu sorgen, dass die rechtswidrig gekennzeichnete Ware der Antragsgegnerin nicht weiter in den Verkehr gelangen kann, vereitelt werden würde.

5. Die Zuständigkeit des angerufenen Gerichts beruht auf ......[21].

III.

Ich zeige an, dass die Antragstellerin neben ihrem Verfahrensbevollmächtigten

Herrn Patentanwalt[22]

......

zur Mitwirkung in diesem Rechtsstreit bestellt hat.

Ich richte an das Gericht die Bitte, von einer etwaigen Anordnung, Anlagen zu diesem Antrag auf Erlass einer einstweiligen Verfügung der Antragsgegnerin zuzustellen, die Anlagen ...... auszunehmen, da diese nicht kopierbar sind.
Beglaubigte und einfache Abschriften sind zum Zwecke der Zustellung beigefügt.

Rechtsanwalt

Schrifttum und Materialien zum Produktpirateriegesetz: Amtliche Begründung zum Produktpirateriegesetz, abgedruckt in Blatt für Patent-, Muster- und Zeichenwesen (herausgegeben vom Deutschen Patentamt), 1990, Seiten 173ff.; *Ensthaler,* Produktpirateriegesetz, GRUR 1992, 273ff.; *Cremer,* Die Bekämpfung der Produktpiraterie in der Praxis, Mitt. der Deutschen Patentanwälte 1992, Seiten 153ff.;
Schrifttum zum Markengesetz: Vgl. die Hinweise bei Form. II. O. 18.

Hinweis: Ein weiteres Textbeispiel für einen Antrag auf Erlaß einer einstweiligen Verfügung wegen „Domain Grabbing" bei *Mes/Rohnke,* Münchener Prozeßformularbuch/ Gewerblicher Rechtsschutz, Urheber- und Presserecht, 2000, B. 11.

Anmerkungen

1. Zuständig sind für Kennzeichenstreitsachen, damit insbesondere Markenverletzungen, die Landgerichte, und zwar ohne Rücksicht auf den Streitwert (§ 140 Abs. 1 MarkenG). Sofern besondere Kennzeichenstreitgerichte gebildet worden sind (§ 140 Abs. 2 MarkenG), sind diese zuständig. Zu Einzelheiten vgl. Form. II. O. 18 Anm. 2.

2. Auch für Kennzeichenstreitsachen gelten zur Frage des Streitwertes die in Anm. 3 zu Form. II. N. 3 wiedergegebenen Angaben. Im Formular werden drei Ansprüche im Verfügungsverfahren geltend gemacht, nämlich auf Unterlassung, Vernichtung und Auskunftserteilung. Jeder dieser Ansprüche ist gesondert zu bewerten. Im Hinblick auf den Unterlassungsanspruch gelten die Bemessungsgrundsätze in Form. II. N. 3. Anm. 2. Insbesondere kommt es auf die Gefährlichkeit der zu unterbindenden Markenverletzung an (OLG Koblenz WRP 1996, 40). Dabei spielen zur Bemessung des Streitwertes für den Unterlassungsanspruch eine große Bekanntheit der verletzten Marke sowie die mit ihr erzielten hohen Umsatzzahlen auch dann die entscheidende Rolle, wenn die konkret beanstandete Verletzungshandlung nur einen vergleichsweisen geringen Umfang hat (OLG Zweibrücken GRUR-RR 2001, 285). Im Hinblick auf den Auskunftsanspruch wird man diesen mit ca. $^1/_5$ des Unterlassungsanspruchs bewerten können. Im Hinblick auf den Vernichtungsanspruch erscheint ca. $^1/_3$ des Wertes des Unterlassungsanspruchs gerechtfertigt. Zur Bewertung eines Auskunftsanspruchs im Verfügungsverfahren vgl. KG GRUR 1992, 611 – T-Shirts.

3. Besondere Verfahrensbitte gemäß § 937 Abs. 2 ZPO. Diese beinhaltet zugleich regelmäßig auch die Verfahrensbitte gemäß § 944 ZPO, dass der Vorsitzende der angerufenen Kammer allein entscheiden möge.

4. Die Formulierung dieses Teils des Antrags folgt der gesetzlichen Bestimmung des § 890 Abs. 1 ZPO. Vgl. dazu Form. II. N. 3 Anm. 5.

5. Hier ist das angegriffene, d.h. das verletzende Zeichen einzufügen. Im Formular wird davon ausgegangen, dass es sich um ein Bildzeichen handelt.

6. Die Formulierung der sogenannten konkreten Verletzungsform (vgl. zu diesem Begriff Form. II. N. 3 Anm. 6; Form. II. N. 9 Anm. 5) folgt dem Wortlaut des § 14 Abs. 2 und Abs. 3 MarkenG (vgl. Form. II. O. 18 Anm. 7). Der Verletzungstatbestand besteht darin, dass seitens der Antragsgegnerin Sporthemden vertrieben werden. Insoweit erscheint eine Verallgemeinerung durch die Formulierung „Bekleidungstextilien" vertretbar. Sollte das angerufene Gericht insoweit Bedenken haben, könnte es von sich aus den Antrag gemäß §§ 935, 940 ZPO dahingehend abändern, dass nur Sporthemden verbleiben. Nach OLG Hamburg WRP 1997, 106 Gucci – setzt § 23 MarkenG einer Verallgemeinerung im Unterlassungstenor bzw. in einer Verpflichtungserklärung Grenzen.

7. Rechtliche Grundlage des Unterlassungsanspruchs ist § 5 Abs. 5 MarkenG, der von einer Marke im Sinne des § 4 gemäß § 14 Abs. 1 MarkenG ausgeht. Handelt es sich um eine geschäftliche Bezeichnung, gilt § 15, der in Abs. 4 ebenfalls einen Unterlassungsanspruch vorsieht.

8. Die Formulierung des Verfügungsantrags I 2 folgt der Bestimmung des § 18 MarkenG, die einen Vernichtungsanspruch zu Gunsten des Inhabers einer Marke oder einer geschäftlichen Bezeichnung vorsieht (BGH GRUR 1997, 899 – Vernichtungsanspruch). Da eine einstweilige Verfügung nur vorläufigen Charakter hat, wird im Formular auch nur eine vorläufige Maßnahme beantragt, nämlich die Herausgabe von markenrechtswidrig gekennzeichneten Erzeugnissen an einen Gerichtsvollzieher als Sequester zum Zwecke der Aufbewahrung. Die Aufbewahrung dient der Sicherstellung für eine etwaige spätere Vernichtung. Nach OLG Hamburg WRP 1997, 106 – Gucci – richtet sich dieser Antrag gegen das in § 14 Abs. 3 Nr. 2 und Abs. 4 Nr. 2 MarkenG enthaltene Verbot des Besitzens. Ist die zu vernichtende Ware beschlagnahmt bzw. befindet sie sich in der Verwahrung eines Gerichtsvollziehers, so schließt der Vernichtungsanspruch des § 18 Abs. 1 MarkenG auch den Anspruch auf Herausgabe an den Markeninhaber zum Zwecke der Vernichtung ein (BGH GRUR 1997, 899 – Vernichtungsanspruch).

9. Dieser Anspruch beruht auf § 19 MarkenG. Er folgt in seiner Formulierung auch dieser Bestimmung. Eine Besonderheit liegt in der Angabe einer Frist. Dieser Vorschlag des Formulars beruht auf der Überlegung, dass ein derartiger Antrag nach § 888 ZPO durch Verhängung eines Zwangsgeldes (Erzwingungsgeldes) für den Fall der Nichterteilung der Auskunft vollstreckt werden muss. Insoweit muss dem Antragsgegner/Schuldner eine ausreichende Zeit zugestanden werden, um die erforderlichen Angaben zusammenzustellen.

10. Der Anspruch auf Kostenerstattung ist überflüssig; er wird in der Praxis jedoch ständig gestellt.

11. Der Aufbau der Begründung der einstweiligen Verfügung folgt den tatbestandlichen Voraussetzungen der §§ 14, 25, 26 MarkenG. Zu diesen wird auf Form. II. O. 18. Anm. 18 verwiesen. Es bedarf insbesondere einer Glaubhaftmachung des Tatbestandes einer „offensichtlichen Rechtsverletzung", wie dies zum materiellen Anspruchsgrund des im Wege des einstweiligen Verfügungsverfahrens geltend zu machenden Auskunftsanspruchs gehört (§ 19 Abs. 3 MarkenG). Dazu ist es regelmäßig erforderlich, zum formellen Rechtsbestand des Verfügungszeichens vorzutragen, ferner zur Benutzungslage und zur etwaigen Bekanntheit infolge umfangreicher Benutzung und Werbung. Allerdings ist die Bekanntheit einer Marke kein Tatbestandsmerkmal des Unterlassungsanspruchs gemäß § 14 Abs. 5 MarkenG. Die Bekanntheit einer Marke spielt jedoch eine Rolle für die Durchsetzung des Vernichtungsanspruchs gemäß § 18 MarkenG und des Auskunftsanspruchs gemäß § 19 MarkenG.

12. Der dem Formular zugrundeliegende Sachverhalt ist so gewählt, dass sich bei Abwägung der Interessen der Parteien für den Erlass der beantragten einstweiligen Verfügung kein allzu schwerwiegender Nachteil für den Antragsgegner im Falle seiner Verurteilung zur Auskunftserteilung gemäß § 19 MarkenG ergibt. Der Antragsgegner ist Großhändler. Zugleich zeigt das im Formular wiedergegebene Beispiel den besonderen Wert des § 19 MarkenG und des darin gewährten Auskunftsanspruchs: Kann ein Markenzeicheninhaber schon drohenden Verletzungen seines Zeichens auf der Großhandelsstufe begegnen, ist der Schaden von vornherein begrenzbar.

13. In der eidesstattlichen Versicherung sollten die zur Glaubhaftmachung erforderlichen Angaben näher dargestellt sein, und zwar regelmäßig deutlich umfassender als in der Antragsschrift selbst.

14. Die nachfolgenden Ausführungen beziehen sich auf die anspruchsbegründenden Voraussetzungen des § 14 Abs. 2 Nr. 1 und/oder Nr. 2 MarkenG. Die einander gegenüberstehenden Waren sind im Beispielsfall identisch. Es kann auch mit guten Gründen eine Identität der einander gegenüberstehenden Zeichen bejaht werden. Geht man im Hinblick auf das Verletzungszeichen von bloßer Ähnlichkeit aus, so ist gemäß § 14 Abs. 2 Nr. 2 MarkenG zusätzlich zu prüfen, ob durch die Benutzung eines ähnlichen Zeichens für das Publikum die Gefahr von Verwechslungen besteht, wobei auch die Gefahr bedeutsam sein kann, dass das verletzende Zeichen mit der Marke (nur) gedanklich in Verbindung gebracht wird. Zu weiteren Einzelheiten vgl. Form. II. O. 18 Anm. 18.

15. In dem dem Formular zugrundeliegenden Sachverhalt ist der Markenverletzer zuvor nicht abgemahnt worden. Eine solche Abmahnung ist untunlich, wenn – wie im Formular vorgesehen – ein Sequestrationsanspruch geltend gemacht wird. Durch eine Abmahnung würde der Verletzer vorgewarnt und wäre insbesondere in den Stand versetzt, die kennzeichenverletzenden Erzeugnisse wegzuschaffen, um sie später erneut selbst oder durch Dritte wieder in den Markt einzuschleusen. Von der grundsätzlichen Erforderlichkeit der Abmahnung wird in derartigen Fällen auch durch die Rechtsprechung abgesehen (vgl. Form. II. N. 7 Anm. 12 m. w. N.).

16. Die rechtliche Begründung folgt den einschlägigen Bestimmungen des § 14 Abs. 5 MarkenG (für den Unterlassungsanspruch) und des § 18 MarkenG (für den Vernichtungsanspruch).

17. Dieser Irreführungstatbestand ist in nahezu allen Markenplagiatsfällen verwirklicht. Im Formular wird davon Abstand genommen, in wettbewerbsrechtlicher Hinsicht nähere Ausführungen zu machen. Der Benutzer des Formularbuchs wird sich freilich vor Augen halten müssen, dass in vielen Fällen durchaus Ergänzungen erforderlich sind.

18. Vgl. oben Anm. 9.

19. § 25 UWG gilt unmittelbar nur für wettbewerbsrechtliche Streitigkeiten. Nach herrschender Auffassung ist die Dringlichkeitsvermutung des § 25 UWG analog auch auf Ansprüche aus dem Markengesetz anwendbar (OLG Hamburg WRP 1997, 106 – Gucci; GRUR 1999, 739 – Eastpak; MD 1997, 602, 603 – Brinckmann; OLG Stuttgart WRP 1997, 118, 119 – Basics; OLG München MD 1996, 1029 – T. Golf).

20. Die Ausführungen zur Dringlichkeit folgen der Bestimmung des § 937 Abs. 2 ZPO, und zwar insbesondere auch für die besondere Dringlichkeit, die beantragte einstweilige Verfügung ohne vorherige mündliche Verhandlung zu erlassen.

21. Die Zuständigkeit des angerufenen Gerichts muss im Einzelnen begründet werden. Insbesondere kommt der Gerichtsstand der unerlaubten Handlung unter der Berücksichtigung des Bestehens besonderer Kennzeichenstreitgerichte in Betracht (vgl. Form. II. O. 18 Anm. 31).

22. Zur Hinzuziehung eines Patentanwalts vgl. Form. II. O. 18 Anm. 35.

Kosten und Gebühren

Vgl. Anmerkungen zu Form. II. O. 18.

20. Klage wegen Verletzung eines Unternehmenskennzeichens

Landgericht
Kammer für Handelssachen[1]

Klage

der Firma A ...... Magnet ......

– Klägerin –

Prozessbevollmächtigter: Rechtsanwalt ......

gegen

1. die Firma B ...... Magnet GmbH, X-Stadt, vertreten durch ihren Geschäftsführer, den Beklagten zu 2), ebenda, ... straße ......
2. Herrn ......

– Beklagte –[2]

wegen Namens- und Firmenrechtsverletzung[3]
Streitwert: vorläufig geschätzt EUR ......[4]

Namens und in Vollmacht der Klägerin erhebe ich Klage und werde beantragen,

I. die Beklagten zu verurteilen,

1. es bei Meidung eines für jeden Fall der Zuwiderhandlung fälligen Ordnungsgeldes bis zu EUR 250.000,– ersatzweise Ordnungshaft bis zu 6 Monaten oder Ordnungshaft bis zu 6 Monaten, im Wiederholungsfalle bis zu 2 Jahren, wobei die Ordnungshaft hinsichtlich der Beklagten zu 1 an ihrem jeweiligen Geschäftsführer zu vollstrecken ist[5], zu unterlassen,
sich im geschäftlichen Verkehr zur Kennzeichnung ihres auf den Vertrieb von Wohn- und Heimwerkerartikeln gerichteten Geschäftsbetriebes der Kennzeichnung

„Magnet“

und/oder

„Magnet-Wohnbau-Markt“

zu bedienen[6];

2. der Klägerin über den Umfang der vorstehend unter I 1 bezeichneten Handlungen Rechnung zu legen unter Angabe des erzielten Umsatzes sowie der Art und des Umfangs betriebener Werbung, aufgeschlüsselt nach Werbeträgern, Kalendervierteljahren und Bundesländern[7];

II. die Beklagte zu 1) zu verurteilen, in die Löschung des Firmenbestandteils

„Magnet“

in ihrer beim Amtsgericht ...... HRB ...... eingetragenen Firma
B ...... Magnet GmbH
einzuwilligen[8];

III. festzustellen, dass die Beklagten gesamtverbindlich verpflichtet sind, der Klägerin allen Schaden zu erstatten, der ihr aus den vorstehend unter I 1 bezeichneten Handlungen entstanden ist und künftighin entstehen wird[9]

IV. den Beklagten die Kosten des Rechtsstreits aufzuerlegen[10, 10 a];

V. das Urteil – gegebenenfalls gegen Sicherheitsleistung (Bank- oder Sparkassenbürgschaft) – für vorläufig vollstreckbar zu erklären;

hilfsweise der Klägerin nachzulassen, die Zwangsvollstreckung gegen Sicherheitsleistung (Bank- oder Sparkassenbürgschaft) abzuwenden[10 a, 10 b].

Begründung:

I.

1. Die Klägerin ist ausweislich des als Anlage 1 überreichten Handelsregisterauszuges ein am 3. März 1973 beim Amtsgericht X-Stadt unter der Register-Nr. HRB ...... eingetragenes Unternehmen, das den Handel mit Möbeln und Einrichtungsgegenständen aller Art betreibt[11]. Die Firmenbezeichnung der Klägerin lautet wie im Aktivrubrum angegeben. Die Klägerin verfügt unter anderem über Niederlassungen in X-Stadt, Y-Stadt und im Gerichtsbezirk. Die Klägerin hat für ihren Geschäftsbetrieb unter Herausstellung der Kennzeichnung „Magnet" seit Beginn ihrer Tätigkeit in erheblichem Umfang geworben. Ich überreiche als Anlage 2 – zu den Gerichtsakten – ein Kompendium von Werbeanzeigen[12].
2. Die Beklagte zu 1, deren alleiniger Geschäftsführer der Beklagte zu 2 ist, ist vor ca. 4 Monaten, nämlich durch Gesellschaftsvertrag vom ...... gegründet und am ...... in das Handelsregister beim Amtsgericht ...... unter der Nr. HRB ...... eingetragen worden. Als Anlage 3 überreiche ich einen entsprechenden Handelsregisterauszug. Die Beklagte zu 1 hat sodann vor ca. zwei Monaten, nämlich am ...... im Gerichtsbezirk einen „Magnet- Wohnbau-Markt" eröffnet. Ich überreiche dazu als Anlage 4 eine von mehreren Eröffnungsanzeigen, die in überregionalen Zeitungen sowie in der im Gerichtsbezirk erscheinenden Zeitung ...... unter dem Datum des ...... erschienen sind. Dort heißt es in blickfangmäßiger Hervorhebung:
   „Premiere: Heute, Punkt 9.00 Uhr hebt sich der Vorhang!
   Magnet-Wohnbau-Markt eröffnet in ......-Stadt!"

   Des Weiteren erscheint im Text der Anzeige verschiedentlich zur Kennzeichnung des Unternehmens der Beklagten zu 1 die Bezeichnung „Magnet" in Alleinstellung. Ausweislich des Inhalts der als Anlage 4 überreichten Anzeige werden neben ausgesprochenen Heimwerkerartikeln, wie z.B. Vibrationsschleifern und Bohrständern, auch Artikel des Wohnbereiches angeboten, nämlich z.B. Kleinmöbel. Des Weiteren werden Artikel angeboten, die mit Möbeln identisch, zumindest aber ähnlich sind. Es handelt sich dabei um folgende in der Anzeige gemäß der Anlage 4 aufgeführten Erzeugnisse:
   Alu-Haushaltsleiter,
   Fußmatte,
   Camping-Sessel,
   Sonnenschirm,
   Zweibein-Liege,
   Camping-Tisch,
   Fußbodenbeläge,
   Badezimmerschrank,
   Wohnraumleuchte,
   Spiegel.
3. Die Beklagten sind mit dem als Anlage 5 beigefügten Anwaltsschreiben vom ...... vergeblich aufgefordert worden, die die Namens- und Firmenrechte der Klägerin verletzenden Handlungen zu unterlassen[13]. Deshalb ist Klage geboten. Mit ihr werden die sich aus den Rechtsverletzungen der Beklagten ergebenden Ansprüche geltend gemacht.

II.

Die rechtliche Bewertung ergibt die Begründetheit der Klage:

1. Der gemäß Klageantrag I 1 geltend gemachte Unterlassungsanspruch ist gemäß § 15 Abs. 2 MarkenG begründet[14]. Nach dieser Vorschrift in Verbindung mit § 5 S. 1 und 2 MarkenG genießt der Name bzw. die Firma der Klägerin den Ausschließlichkeitsschutz eines Unternehmenskennzeichens. Denn kennzeichnender Bestandteil in der Firmenbezeichnung der Klägerin ist die Bezeichnung „Magnet". Diese Bezeichnung ist von Hause aus kennzeichnungskräftig[15], da ein Wort der Umgangssprache in sprachunüblicher Hinsicht benutzt wird; das Publikum pflegt ein Möbelhaus nicht als „Magnet" zu bezeichnen[16]. Infolge der Aufnahme ihrer Tätigkeit und ihrer Eintragung im Handelsregister schon im Jahre 1973 verfügt die Klägerin gegenüber der erst vor vier Monaten gegründeten Beklagten zu 1 über namens- und firmenrechtliche Priorität im Sinne des § 6 Abs. 3 MarkenG[17]. Da des Weiteren die Unternehmensbereiche der Klägerin und der Beklagten zu 1 in Teilbereichen deckungsgleich sind, im Übrigen jedoch nahe beieinander liegen, kann die Klägerin von den Beklagten verlangen, die weitere Benutzung der Kennzeichnung „Magnet", auch in Form „Magnet-Wohnbau-Markt", zu unterlassen. Denn infolge der Identität der einander gegenüberstehenden Zeichen in Form des Firmen- bzw. Namensbestandteils „Magnet" sowie der Identität, zumindest der Ähnlichkeit der Geschäftsbereiche, in denen die Parteien tätig sind, ist die Gefahr von Verwechslungen zu besorgen[18].
2. Es kann seitens der Beklagten nicht geleugnet werden, dass der Klägerin durch das Verhalten der Beklagten ein Schaden entstanden ist und weiterhin entsteht. Dieser verwirklicht sich schon allein infolge der unberechtigten Firmenbenutzung durch die Beklagten. Die Beklagten handeln auch schuldhaft. Bei Anwendung der im kaufmännischen Verkehr erforderlichen Sorgfalt hätte ihnen die prioritätsältere Firmenkennzeichnung der Klägerin nicht verborgen bleiben können. Sie sind im Übrigen auf das Rechtswidrige ihres Verhaltens mit Anwaltsschreiben gem. Anlage 5 hingewiesen worden und verfügen seitdem über positive Kenntnis von der Existenz der Firmenkennzeichnung der Klägerin. Seit dem letztgenannten Zeitpunkt handeln die Beklagten daher vorsätzlich-schuldhaft. Sie sind infolgedessen der Klägerin gegenüber gesamtverbindlich zu Schadensersatz verpflichtet[19] (§§ 15 Abs. 5 MarkenG, 830, 840 BGB).
   Dabei beruht die Verantwortlichkeit der Beklagten zu 1 auf dem Gesichtspunkt der Organhaftung gemäß § 31 BGB analog für das Verhalten ihres Geschäftsführers, des Beklagten zu 2.[20] Dessen Haftung ergibt sich auf Grund eigenen Verhaltens.[20]
   Da die Klägerin den Umfang ihres Schadens nicht ohne nähere Kenntnis vom Umfang der Verletzungshandlungen ziffernmäßig bestimmen kann, sind die Beklagten auch auf Grund gewohnheitsrechtlicher Anwendung der Bestimmung des § 242 BGB sowie der Rechtsregeln betreffend die auftraglose Geschäftsführung ihr gegenüber zur Rechnungslegung verpflichtet[21]. Aus dem Vorgetragenen ergibt sich des Weiteren die Zulässigkeit des Schadensersatzfeststellungsbegehrens[22].
3. Die Beklagte zu 1 ist des Weiteren verpflichtet, den durch die Eintragung des in die Rechte der Klägerin eingreifenden Firmenbestandteils „Magnet" im Handelsregister bestehenden Störungszustand zu beseitigen. Daher ist auch der mit Klageantrag II geltendgemachte Löschungsantrag gerechtfertigt[23].
4. Die Zuständigkeit des angerufenen Gerichts ergibt sich aus der Tatsache, dass die Beklagte zu 1 ihren Sitz im Gerichtsbezirk hat[24].

Rechtsanwalt

Vorbemerkung: Am 1. Januar 1995 ist das „Gesetz zur Reform des Markenrechts und zur Umsetzung der Ersten Richtlinie 89/104/EWG des Rates vom 21. Dezember 1988 zur Angleichung der Rechtsvorschriften der Mitgliedstaaten über die Marke" („Markenrechtsreformgesetz") (BGBl. 1994, Teil I, S. 3082 ff.) in Kraft getreten. Mit diesem MarkenG erfolgt eine Neuordnung des gesamten Kennzeichenrechts, das zuvor für Warenzeichen und Ausstattungen (= Marken nach neuem Recht) im Warenzeichengesetz (WZG) sowie für Namen, Firmen, Werktitel und sonstige geschäftliche Bezeichnungen im Wettbewerbsrecht (UWG), überdies teilweise im bürgerlichen Recht und teilweise im Handelsrecht geregelt war. Die geschäftlichen Bezeichnungen werden nunmehr gemäß § 1 Nr. 2 MarkenG dem Markenschutz unterstellt.

Schrifttum zum bisherigen Recht: Pietzker, Auskunft, Rechnungslegung und Schadensersatz bei wettbewerbswidrigem Eingreifen in fremde Firmenrechte, GRUR 1972, 151 ff.; *Knaak,* Firma und Firmenschutz, 1986.

Schrifttum zum Markengesetz: vgl. Hinweise zu Form. II. O. 18.

Hinweis: Ein weiteres Textbeispiel für eine Klage wegen Verletzung einer geschäftlichen Bezeichnung bei *Mes/Rohnke*, Münchener Prozeßformularbuch/Gewerblicher Rechtsschutz, Urheber- und Presserecht, 2000, B. 15.

Anmerkungen

1. Auch für Streitfälle im Zusammenhang mit geschäftlichen Bezeichnungen gilt § 140 Abs. 1 MarkenG, der für Kennzeichenstreitsachen ohne Rücksicht auf den Streitwert die Zuständigkeit der Landgerichte begründet. Zur Existenz von Kennzeichenstreitgerichten vgl. § 140 Abs. 2 MarkenG und Form. II. O. 18 Anm. 2. Zuständig sind nach §§ 94, 95 Abs. 1 Nr. 4 b und c GVG die Kammern für Handelssachen. Soweit bei Landgerichten Spezialzivilkammern als Kennzeichenstreitkammern eingerichtet sind (so z. B. die 4. Zivilkammer des Landgerichts Düsseldorf), können Kennzeichenstreitsachen auch bei diesen Kammern anhängig gemacht werden. Der Beklagte hat allerdings das Recht, Verweisung an die an sich zuständigen Kammern für Handelssachen zu beantragen (§ 98 GVG).

2. Zum Zwecke der Erweiterung des Zugriffs empfiehlt es sich, bei einer GmbH auch den Geschäftsführer mitzuverklagen, der für eigenes Verhalten unter dem rechtlichen Gesichtspunkt der unerlaubten Handlung im weiteren Sinne haftet. Zur Störereigenschaft allgemein vgl. BGH GRUR 1990, 373, 374 r. Sp. – Schönheitschirurgie; zur Haftung des Geschäftsführers einer GmbH vgl. die interessante Entscheidung des BGH GRUR 1986, 248 ff. – Sporthosen; *Maier* WRP 1986, 71 ff.; weitere Einzelheiten in Form. II. O. 3 Anm 2 und Form II. O. 14 Anm. 2.

3. Nach §§ 1 Nr. 2, 5 MarkenG könnte hier auch formuliert werden: „Wegen Verletzung einer geschäftlichen Bezeichnung“ oder „Wegen Verletzung eines Unternehmenskennzeichens“. Es ist im Formular die bisher übliche Bezeichnung beibehalten worden. Das erscheint im Hinblick auf den Wortlaut des § 5 Abs. 2 MarkenG vertretbar.

4. Namens- und Firmenrechte sind Ausschlussrechte. Wie auch sonst im Bereich des gewerblichen Rechtsschutzes beruht die Streitwertfestsetzung bei nichtbezifferten Anträgen auf § 3 ZPO. Zur Streitwertbemessung vgl. die Hinweise in Anm. 3 zu Form. II. N. 9. Auf die Höhe des Streitwerts haben insbesondere die Bekanntheit einer Kennzeichnung und die Höhe des im Zusammenhang mit ihr erzielten Umsatzes Einfluss, und zwar auch dann, wenn die Verletzungshandlungen geringen Umfang haben sollten (OLG Zweibrücken, GRUR-RR 2001, 285).

5. Vgl. § 890 ZPO und Anm. 5 zu Form. II. N. 3. Folgt man der Auffassung, dass gegen Personalgesellschaften oder juristische Personen Ordnungshaft und Ersatzordnungshaft weder angedroht noch verhängt werden können (vgl. OLG Bremen WRP 1979, 464, 466 mwN. und Anm. 5 zu Form. II. N. 3), so kann die Strafandrohung wie folgt formuliert werden:

„es bei Meidung eines für jeden Fall der Zuwiderhandlung fälligen Ordnungsgelds bis zu EUR 250.000,–, im Hinblick auf den Beklagten zu 2 außerdem ersatzweise Ordnungshaft oder Ordnungshaft bis zu sechs Monaten, zu unterlassen, ..."

6. Sogenannte Konkretisierung der Verletzungshandlung; vgl. dazu Anm. 6 zu Form. II. N. 3 sowie Anm. 5 zu Form. II. N. 9. Die Konkretisierung der Verletzungshandlung bei Streitigkeiten im Zusammenhang mit Kennzeichnungsrechten erfordert nicht nur, dass die angegriffene Kennzeichnung angegeben wird. Es muss auch eine genaue Bestimmung im Hinblick auf die Waren, den Geschäftsbetrieb und die zu untersagenden Benutzungsarten erfolgen (vgl. dazu BGH GRUR 1974, 88 – Trumpf; GRUR 1997, 468, 470 – Netlom).

7. Zwar kann auch im Falle einer Firmen- oder Namensrechtsverletzung der Verletzte seinen Schaden in dreifacher Weise berechnen (eigener entgangener Gewinn, Verletzergewinn oder Lizenzanalogie. Das ist seit BGH GRUR 1973, 375 ff. – Miss Petite – herrschende Meinung). Da nach der Lebenserfahrung der Verletzergewinn jedoch nur teilweise auf die Namensrechtsverletzung zurückzuführen ist, besteht nach Auffassung des Bundesgerichtshofs aaO., S. 378, li. Sp., kein Interesse des Verletzten daran, von dem Verletzer die Lieferdaten, -zeiten und -preise im Hinblick auf den erzielten Umsatz zu erfahren. Dementsprechend gewährt die höchstrichterliche Rechtsprechung bei einer Namens- und Firmenrechtsverletzung im Grundsatz nur einen „kleinen" Rechnungslegungsanspruch, wie er der Antragsformulierung zu Grunde liegt (a. A. *Nieder,* Zur Bekanntgabe von Abnehmern, Abnahmemengen, Lieferdaten und -preisen im Kennzeichenrecht, GRUR 1999, 654). Neben dem allgemeinen Rechnungslegungsanspruch, der der Vorbereitung der Bezifferung eines Schadensersatzanspruchs dient, sieht § 19 MarkenG auch im Falle der Verletzung eines Unternehmenskennzeichens einen Auskunftsanspruch vor (Zur Natur und zu Einzelheiten vgl. Form. II. O. 18 Anm. 8, Form. II. O. 1 Anm. 13 und Anm. 17). Für die Verletzung eines Unternehmenskennzeichens durch eine firmenmäßige Benutzung, wie sie in dem dem Formular zugrundeliegenden Sachverhalt verwirklicht ist, passt § 19 MarkenG allerdings nicht. Deshalb ist von der Geltendmachung eines Auskunftsanspruchs gemäß § 19 MarkenG Abstand genommen worden. § 19 Abs. 5 MarkenG stellt ausdrücklich klar, dass der im Formular vorgesehene Rechnungsanspruch weiterhin besteht.

8. Die Löschung einer Firma oder eines Firmenbestandteils erfolgt auf Antrag, mithin auf Einwilligung des Betroffenen (§ 31 Abs. 1 HGB). Daher ist der Klageantrag auf die Abgabe einer Willenserklärung gerichtet (§ 894 ZPO; vgl. *v. Gamm,* Wettbewerbsrecht, 5. Aufl., II. Halbbd. 1987, Kap. 57 Rdn. 49). Ebenso möglich erscheint jedoch auch eine Antragsformulierung, wonach die Beklagte zu verurteilen ist, „... die Löschung ihrer Firma/ihres Firmenbestandteils ... beim Handelsregister herbeizuführen" (so hier bis zur 6. Aufl. und z. B. die Antragsformulierung in BGH GRUR 1974, 162 – etirex). Der letztgenannte Antrag ist sodann gemäß § 888 ZPO zu vollstrecken.

9. Zur Kombination von Schadensersatzfeststellungsbegehren und Rechnungslegungsantrag, vgl. Anm. 7 zu Form. II. N. 9, dort auch zur Zulässigkeit der Feststellungsklage.

10. Mehrere Beklagte haften im Hinblick auf den Unterlassungsanspruch nicht als Gesamtschuldner, so dass eine gesamtverbindliche Kostenauferlegung nicht in Betracht kommt (§ 100 Abs. 1 ZPO). Soweit eine gesamtschuldnerische Haftung besteht, zB. für den geltend gemachten Schadenersatzanspruch, ist eine Aufteilung der Kostenentscheidung in eine teilweise gesamtverbindliche Haftung und in eine solche nach Kopfteilen untunlich und nicht praktikabel. § 100 Abs. 2 ZPO trifft diesen Fall nicht. Trotz der vorstehenden Ausführungen wird in der Praxis häufig die gesamtverbindliche Auferlegung der Kosten beantragt und zuerkannt.

10 a. Die Nebenentscheidungen sind von Amts wegen durch das Gericht zu treffen; darauf gerichtete Anträge sind mithin überflüssig, werden jedoch regelmäßig gestellt.

10b. Je nach der Verfahrensgestaltung durch die befasste Kammer – schriftliches Vorverfahren oder Anberaumung eines frühen ersten Termins zur mündlichen Verhandlung – sollten hier Anträge gem. §§ 307 Abs. 2, 331 Abs. 3 ZPO gestellt werden. Zugleich ist eine Stellungnahme zur Güteverhandlung gem. § 278 Abs. 2 ZPO abzugeben. Dazu vgl. Anm. 9 zu Form. II. N. 9.

11. § 5 Abs. 2 MarkenG enthält keine ausdrückliche Bestimmung, ab wann ein Unternehmenskennzeichenschutz besteht. S. 1 dieser Regelung schützt die im geschäftlichen Verkehr benutzten Zeichen. Infolgedessen ist davon auszugehen, dass in Übereinstimmung mit dem bisherigen Recht der Unternehmenskennzeichenschutz schon bei der ersten inländischen Ingebrauchnahme im geschäftlichen Verkehr entsteht (vgl. zu früherem Recht *Baumbach/Hefermehl,* UWG, 17. Aufl. 1993, § 16 Rdn. 40 m.w.N.; wie hier *Fezer,* Markenrecht, 3. Aufl. 2001, Rdn. 3 zu § 5 MarkenG). Es erweist sich jedoch als sachgerecht, zugleich auch in der Klagebegründung den Zeitpunkt der Eintragung der Klägerin in das Handelsregister mitzuteilen. Bei einer GmbH ist die Eintragung konstitutiv (§ 13 Abs. 1 GmbH-Gesetz; zum Erwerb von Namensrechten vor der Eintragung vgl. BGH GRUR 1993, 404 – Columbus). Soweit es sich allerdings um Geschäftsabzeichen und sonstige betriebliche Unterscheidungszeichen im Sinne von § 5 Abs. 2 Satz 2 MarkenG handelt, beginnt deren Kennzeichenschutz nicht schon mit der ersten Benutzungsaufnahme, sondern erst zu dem Zeitpunkt, zu dem diese Zeichen innerhalb der beteiligten Verkehrskreise als Kennzeichen des Geschäftsbetriebs gelten (*Fezer,* Markenrecht, 3. Aufl. 2001, Rdn. 4 zu § 5 MarkenG). Im Textbeispiel geht es jedoch um ein Unternehmenskennzeichen gem. § 5 Abs. 2 Satz 1 MarkenG in Form des Namens bzw. der Firma.

12. Sofern sich Anlagen nicht oder nur mit beträchtlichem Aufwand kopieren lassen, ist es vertretbar, sie nur zu den Gerichtsakten zu reichen. Selbstverständlich besteht ein Einsichtsrecht des Gegners (§§ 133, 134 ZPO).

13. Dieser Sachvortrag ist zur Schlüssigkeit der Klage nicht erforderlich. Die Übersendung einer Abmahnung hat jedoch Bedeutung für den Nachweis des erforderlichen Verschuldens, da mindestens ab Empfang der Abmahnung positive Kenntnis des Verletzers von der Existenz einer kollisionsbegründenden prioritätsälteren Firmenkennzeichnung besteht. Für den Zeitpunkt vor Empfang einer Abmahnung ergibt sich für denjenigen, der eine geschäftliche Bezeichnung benutzen will, die Pflicht, sich soweit möglich und zumutbar darüber zu vergewissern, dass dem Vorhaben keine Rechte Dritter entgegenstehen (zum Umfang einer Nachforschungspflicht vgl. *Baumbach/Hefermehl* UWG 17. Aufl. 1993, Rdn. 158 mwN. zu § 16 UWG a.F.).

14. Neben der zitierten Bestimmung ist an sich auch § 37 Abs. 2 S. 1 HGB einschlägig. Danach kann bei unbefugtem Firmengebrauch der Verletzte einen Unterlassungsanspruch geltend machen. Unbefugt im Sinne der §§ 17ff. HGB ist ein Firmengebrauch im Falle einer Kollision jedoch nur in dem örtlichen Bereich der gleichen Gemeinde bzw. desselben Ortes (vgl. § 30 Abs. 1 HGB). Gegenüber dem Namensrecht gem. § 12 BGB geht der kennzeichenrechtliche Schutz aus §§ 5, 15 MarkenG in seinem Anwendungsbereich grundsätzlich vor (BGH GRUR 2002, 622 – shel.de).

15. Ist ein Zeichen von Hause aus nicht unterscheidungskräftig und dementsprechend auch nicht kennzeichnungskräftig, dh. ist es ungeeignet, von sich aus als Herkunftshinweis auf ein bestimmtes Unternehmen zu dienen, so können aus einer solchen Bezeichnung gem. § 5 Abs. 2 S. 2 MarkenG Rechte nur dann hergeleitet werden, wenn sie Verkehrsgeltung im Inland erlangt hat (s. dazu oben Anm. 11; *Fezer,* Markenrecht, 3. Aufl. 2001, Rdn. 4 zu § 5 und Rdn. 120ff. zu § 15 MarkenG). Der Nachweis der Verkehrsgeltung sowie des Zeitpunkts ihrer Entstehung ist häufig sehr schwer zu führen. Das MarkenG trifft dazu keine Regelung.

16. Ein Wort der Umgangssprache kann von Hause aus für die Kennzeichnung eines Unternehmens ausreichende Namensfunktion haben, wenn es in sprachunüblicher Hinsicht benutzt wird (vgl. dazu *Baumbach/Hefermehl* UWG 17. Aufl. 1993, § 16 Rdn. 29, 30 mit Beispielen sprachunüblicher Benutzung; vgl. ferner BGH GRUR 1977, 226 – Wach und Schließ; für einen Sachbuchtitel BGH GRUR 1991, 153 = WRP 1991, 151 – Pizza Pasta; OLG Hamburg GRUR 1986, 475 – Blitz-Blank; vgl. *Albrecht,* Fachübergreifende Argumentationsweisen zu Abwandlungen im Markenrecht – mögliche Hilfestellungen der Sprachforscher –, GRUR 2000, 648). Ob eine Bezeichnung sprachüblich oder sprachunüblich benutzt wird, lässt sich häufig durch eine Gegenprobe feststellen. Pflegt der Verkehr ein Unternehmen der interessierenden Art oder seinen Geschäftsgegenstand mit dem Klagekennzeichen, beispielsweise auch in Form einer Kurzbezeichnung zu bezeichnen? Ist diese Frage, wie im Formular zu verneinen, kann häufig von einer sprachunüblichen Benutzung ausgegangen werden.

17. § 6 Abs. 1 MarkenG formuliert ausdrücklich den Grundsatz der Priorität, wobei Abs. 2 und 3 den maßgeblichen Zeitrang festlegen. Abs. 4 bestimmt, dass bei gleichem Tag als zu bestimmender Zeitrang kein Recht gegenüber dem anderen den Vorrang hat; beide Rechte sind gleichrangig und begründen keine Ansprüche.

18. § 18 Abs. 2 MarkenG stellt auf das Bestehen von Verwechslungsgefahr ab. Ob diese besteht, wird vordringlich von der Branchennähe und der Identität/Ähnlichkeit der einander gegenüberstehenden Unternehmenskennzeichen abhängen. § 18 Abs. 3 MarkenG geht über Abs. 2 für im Inland bekannte geschäftliche Bezeichnungen hinaus. Danach besteht eine Ausschließungsbefugnis auch dann, wenn keine Gefahr von Verwechslungen im Sinne des § 18 Abs. 2 MarkenG besteht, soweit die Benutzung des verletzenden Zeichens die Unterscheidungskraft oder die Wertschätzung der geschäftlichen Bezeichnung ohne rechtfertigenden Grund in unlauterer Weise ausnutzt oder beeinträchtigt. Diese Bestimmung erfasst mithin die im bisherigen Recht nicht gesetzlich geregelten Fälle der unerlaubten Anlehnung sowie der Verwässerung.

19. Vgl. BGH GRUR 1973, 375 ff. – Miss Petite; zum Verschulden vgl. die vorangehenden Ausführungen im Form. sowie Anm. 13.

20. Vgl. *Baumbach/Hefermehl* Wettbewerbsrecht, 22. Aufl. 2001, Einl Rdn. 328; zur Haftung des Geschäftsführers einer GmbH: OLG Hamm GRUR 1980, 732 – Kadett 80; BGH GRUR 1986, 248 ff. – Sporthosen; BGHZ 99, 298; 98, 148, 152; *Baumbach/Hefermehl,* aaO. Rdn. 329; oben Anm. 2.

21. Wie Anm. 19 und Anm. 7.

22. Wie Anm. 19.

23. Vgl. dazu schon RG GRUR 1937, 1090, 1093 für Warenzeichen. Ob auf Löschung der gesamten Firma oder lediglich des die Rechte des Klägers verletzenden Bestandteils zu klagen ist, ist eine Frage des Einzelfalles. Auf Löschung der gesamten Firma kann geklagt werden, wenn sich Erlaubtes und Unerlaubtes nicht trennen lassen, insbesondere der verbleibende Teil registerwidrig (vgl. BGH GRUR 1968, 212; RG GRUR 1927, 66; *Baumbach/Hefermehl* UWG, 17. Aufl. 1993 § 16 Rdn. 155) oder irreführend ist (vgl. zB. BGH GRUR 1970, 321 – für den Unterlassungsanspruch). Die Löschung der gesamten Firma ist ein weitergehender Eingriff in die Rechtsstellung des Schuldners als diejenige eines Firmenbestandteils, so dass regelmäßig nur die Löschung des unzulässigen Bestandteils beantragt werden wird (vgl. BGH GRUR 1974, 162/164 – etirex; GRUR 1981, 60, 64 – Sitex; *v. Gamm,* Wettbewerbsrecht, II. Halbbd., 5. Aufl. 1987, Kap. 57, Rdn. 49 und Kap. 55, Rdn. 17).

24. Zur Zuständigkeit des Gerichts vgl. Anm. 1 und Form. II. O. 18 Anm. 2.

21. Schadensersatzhöheklage wegen Markenverletzung[1]

Landgericht
Kammer für Handelssachen[2]

Klage

der Firma A ......

– Klägerin –

Prozessbevollmächtigter: Rechtsanwalt ......

gegen

1. die Firma B ...... GmbH ......
2. Herrn Geschäftsführer ......,

– Beklagte –

wegen Markenverletzung
Streitwert: EUR ......

Namens und in Vollmacht der Klägerin erhebe ich Klage und werde beantragen,

I. die Beklagten zu verurteilen, an die Klägerin gesamtverbindlich EUR ...... nebst ......% Zinsen nach Maßgabe der nachstehenden Aufstellung zu zahlen: (folgt Zinsaufstellung)[4];
II. den Beklagten gesamtverbindlich die Kosten des Rechtsstreits aufzuerlegen;
III. das Urteil – gegebenenfalls gegen Sicherheitsleistung (Bank- oder Sparkassenbürgschaft) – für vorläufig vollstreckbar zu erklären;
hilfsweise der Klägerin nachzulassen, die Zwangsvollstreckung wegen der Kosten durch Sicherheitsleistung (Bank- oder Sparkassenbürgschaft) abzuwenden.

Begründung:

Es handelt sich um einen Prozess über die Höhe eines Schadensersatzanspruchs. Die Parteien sind der angerufenen Kammer aus dem vorangegangenen Markenverletzungsprozess gleichen Rubrums LG ...... Aktenzeichen ...... bekannt. Das Oberlandesgericht ...... hat durch Urteil vom ...... festgestellt, dass die Beklagten gesamtverbindlich verpflichtet sind, der Klägerin allen denjenigen Schaden zu ersetzen, der ihr dadurch entstanden ist, dass die Beklagten unter der Kennzeichnung „Magnet“ Möbel feilgehalten, in den Verkehr gebracht und vertrieben haben. Des Weiteren sind die Beklagten durch vorstehend bezeichnetes Urteil zur Rechnungslegung verurteilt worden. Das Urteil des Oberlandesgerichts ...... ist rechtskräftig.

Beweis: Beiziehung der Akten des LG ...... = OLG ......

Die Beklagten haben für den Zeitraum ...... entsprechend ihrer durch Urteil festgestellten Verpflichtung Rechnung gelegt. Ich füge die in Rede stehende Rechnungslegung in Kopie als Anlage 1 bei. Daraus ergibt sich, dass die Beklagte zu 1) in der hier interessierenden Zeit mit den streitbefangenen Verletzungshandlungen einen Umsatz in Höhe von EUR ...... erzielt hat. Des Weiteren ergibt sich aus der Rechnungslegung gemäß Anlage 1, dass die Beklagte zu 1) in sehr hohem Umfang Werbung betrieben hat. Ihre Werbeaufwendungen haben EUR ...... betragen.
Aus Vereinfachungsgründen wählt die Klägerin für die Berechnung ihres Schadens den Weg der Lizenzanalogie[5], wobei sie sich vorbehält, auf eine andere Schadensersatzberechnungsmethode überzugehen[6]. In Berücksichtigung der Messmer-Tee-II-Entscheidung des Bundesgerichtshofs in GRUR 1966, 375 erscheint der Klägerin ein Lizenz-

satz in Höhe von 1% vom Umsatz angemessen. Daraus errechnet sich die geltend gemachte Klageforderung. Dass ein Lizenzsatz von 1% angemessen ist, kann die angerufene Kammer gemäß § 287 ZPO im Wege freier Schadensschätzung unter Berücksichtigung der nachfolgend wiedergegebenen Umstände ohne weiteres selbst ermitteln. Im Einzelnen[6]:

Die Höhe der geschuldeten Lizenzgebühr richtet sich in erster Linie nach dem Verkehrswert des verletzten Ausschließlichkeitsrechtes. Bei Marken sind daher maßgeblich der Bekanntheitsgrad und der Ruf des Zeichens. Hier ist festzustellen, dass es sich bei der Klagemarke um eine im Bewusstsein des allgemeinen Publikums fest verankerte und sehr bekannte Kennzeichnung handelt, die über einen ausgezeichneten Ruf verfügt. Zur Vermeidung von Wiederholungen verweise ich auf die Feststellungen der angerufenen Kammer sowie des Oberlandesgerichts ...... im vorangegangenen Verletzungsprozess, wie sie in den Urteilen vom ...... und vom ...... festgehalten sind. Danach kann es als unstreitig gelten, dass die Klägerin ihre Marke seit 1974 mit jährlichen Werbeaufwendungen von mehr als EUR 10 Mio. durch Werbeanzeigen in großen Publikumszeitschriften bekanntgemacht hat.

Des Weiteren ist für die Höhe einer Markenlizenz von Bedeutung, welche Einbußen und Schädigungen der Markeninhaber durch die Verletzungshandlungen hinnehmen muss. Insoweit kommt es insbesondere auf das Maß der Verwechslungsgefahr und der Warennähe an. Die Marken der Beklagten ist mit derjenigen der Klägerin identisch. Des Weiteren erfolgten die streitgegenständlichen Benutzungshandlungen der Beklagten auf dem gleichen Warengebiet; es besteht nicht nur Ähnlichkeit der Waren, sondern sogar Warenidentität.

Hält man sich sämtliche vorbezeichneten Umstände vor Augen, so ist davon auszugehen, dass eine Höhe von 1% der Umsatzerlöse als Schadensersatz angemessen ist. Im Falle einer freiwilligen Vereinbarung würde ein Markeninhaber die Schwächung des wirtschaftlichen Wertes seiner Marke, insbesondere ihrer Herkunftsfunktion in die Lizenzvereinbarung mit einfließen lassen, die dadurch begründet wird, dass ein selbstständiger Dritter die Marke ebenfalls in identischer oder verwechselbarer Form benutzt, und es würde ein verständiger Lizenznehmer diesen Gesichtspunkt auch akzeptieren, so dass schon insoweit eine Mindestvergütung in Höhe von 1% angemessen erscheint[3].

Der geltend gemachte Zinsanspruch rechtfertigt sich im Hinblick auf den Zinslauf unter dem rechtlichen Gesichtspunkt der sog. aufgelaufenen Zinsen. Denn bei einer Schadensersatzlizenz ist der Schädiger nicht besser und nicht schlechter zu stellen als ein vertraglicher Lizenznehmer. Dieser hätte mit der Klägerin eine Verzinsung rückständiger Lizenzgebühren spätestens jeweils zum 1. Quartal des nachfolgenden Jahres vereinbart[3]. Im Hinblick auf die Zinshöhe bestimmt § 288 Abs. 2 BGB, dass bei Rechtsgeschäften, an denen ein Verbraucher nicht beteiligt ist, der Zinssatz für Entgeltforderungen 8 Prozentpunkte über dem Basiszinssatz beträgt[4].

Rechtsanwalt

Anmerkungen

1. Das Formular ist inhaltlich an Form. II. O. 18 ausgerichtet. Ihm liegt der Sachverhalt zugrunde, dass die Beklagten in der Zwischenzeit Rechnung gelegt haben, auf deren Grundlage nunmehr ein bezifferter Schadensersatzanspruch geltend gemacht wird.

2. Zur Zuständigkeit vgl. Form. II. O. 18 Anm. 2.

3. Als übliche Lizenzsätze können 1 bis 3% angesehen werden. *Althammer/Ströbele/Klaka,* Markengesetz, 6. Aufl. 2000, Rdn. 164 zu § 14 bezeichnen Lizenzsätze von 1 bis 3% als „in der Praxis häufig festgestellt".

4. Die Höhe der Verzugszinsen wird in Absätzen 1 und 2 des § 288 BGB bestimmt. Grundsätzlich ist eine Geldschuld während des Verzugs zu verzinsen. Der Verzugszinssatz beträgt für das Jahr 5 Prozentpunkte über dem Basiszinssatz (§ 288 Abs. 1 BGB). Handelt es sich um Rechtsgeschäfte, an denen ein Verbraucher nicht beteiligt ist, beträgt der Zinssatz für Entgeltforderungen 8 Prozentpunkte über dem Basiszinssatz (§ 288 Abs. 2 BGB). Es stellt sich die Frage der Anwendbarkeit des § 288 Abs. 1 BGB mit Verzugszinsen in Höhe von 5 Prozentpunkten über dem Basiszinssatz oder von § 288 Abs. 2 BGB, der 8 Prozentpunkte über dem Basiszinssatz vorsieht. Das hängt davon ab, ob der – fiktiv zu unterstellende – Lizenzvertrag als ein Rechtsgeschäft im Sinne des § 288 Abs. 2 BGB angesehen werden kann oder ob es sich – schwerpunktmäßig – doch nur um Schadensersatz handelt, so dass § 288 Abs. 1 BGB Anwendung findet. Eine höchstrichterliche Entscheidung ist dazu bisher nicht ergangen.

Die Bestimmung des § 352 Abs. 1 HGB erscheint nicht anwendbar. Danach beträgt die Höhe der sog. Kaufmannszinsen 5%. Dies gilt jedoch nicht für Verzugszinsen. Vor der Abänderung des § 288 BGB durch Art. 1 des Schuldrechtsmodernisierungsgesetzes vom 26. November 2001 ist die Auffassung vertreten worden, der im Wege des Schadensersatzes zu Lizenzzahlungen Verpflichtete habe die von ihm geschuldeten Beträge schon zu Zeitpunkten vor Eintritt des Verzugs bzw. der Rechtshängigkeit zu verzinsen (vgl. LG München GRUR 1972, 424 – Krampfaderstrümpfe). OLG Düsseldorf wendete §§ 352, 353 HGB analog an und begründete dies mit der Erwägung, dass der Verletzer zwar nicht schlechter, aber eben auch nicht besser gestellt sein dürfe als ein vertraglicher Lizenznehmer; infolgedessen sei vom ersten Monat nach Abschluss eines Abrechnungsjahres die Schadensersatzlizenz zu verzinsen (vgl. OLG Düsseldorf GRUR 1981, 45/52f. – Absatzhaltehebel). Auf Revision des Beklagten hat der Bundesgerichtshof diese praxisnahe Lösung des OLG Düsseldorf bestätigt (GRUR 1982, 286 – Fersenabstützvorrichtung), sogleich freilich dabei darauf hingewiesen, dass die Schlussfolgerung des OLG Düsseldorf auf dem Gebiet der Tatsachenfeststellung liege. Infolgedessen wird jeder Einzelfall darauf zu prüfen sein, ob vergleichbare Voraussetzungen, wie vom Oberlandesgericht Düsseldorf angenommen, vorliegen. Eine Erstattung von Auflaufzinsen durch den im Wege des Schadensersatzes oder des Bereicherungsausgleiches Lizenzpflichtigen wird regelmäßig dann in Betracht kommen, wenn es sich bei den Parteien um Kaufleute handelt und üblicherweise – gegebenenfalls durch Vorlage von Verträgen zu belegen – bei vertraglichen Lizenznahmen Fälligkeitszinsen für Lizenzzahlungen vereinbart werden. In einer weiteren Entscheidung – Kunststoffhohlprofil II – in GRUR 1982, 301 hat der Bundesgerichtshof eine Verpflichtung zur Erstattung von Auflaufzinsen – diesmal unter dem Gesichtspunkt des § 818 Abs. 2 BGB – bestätigt. Kommt auch eine Verpflichtung des Verletzers auf Zahlung aufgelaufener Zinsen in Betracht, so ist der jeweilige Zinszeitpunkt zu ermitteln (im konkreten Fall des OLG Düsseldorf, GRUR 1981, 45/53 li. Sp. – Absatzhalter: jeweils ab einem Monat nach Abschluss eines Abrechnungsjahres). Die Zinshöhe ist aaO. mit 5% angenommen worden (zustimmend BGH GRUR 1982, 286/289 – Fersenabstützvorrichtung). Die 4. Zivilkammer des Landgerichts Düsseldorf hat in ständiger Spruchpraxis von vornherein den Weg gewählt, den § 288 BGB nunmehr vorsieht, indem sie die Zinshöhe regelmäßig mit 3,5% über dem jeweiligen Diskontsatz der Deutschen Bundesbank festgesetzt hat (z.B. LG Düsseldorf Mitt. 1990, 101; vgl. dazu *Mes*, PatG 1997, Rdn. 35 zu § 139 PatG).

Im Formular wird § 288 Abs. 1 BGB angewandt. Das steht unter Zweifel.

5. Zu den Berechnungsmethoden vgl. Form. II. O. 3 Anm. 10 und – für den Fall einer Zeichenverletzung – Form. II. O. 18 Anm. 9.

6. Zur Möglichkeit des Übergangs auf eine andere Berechnungsmethode noch im Laufe des Prozesses, selbst nach erteilter Auskunft (allerdings nicht nach rechtskräftiger Zuerkennung des Schadensersatzanspruchs) vgl. BGH GRUR 1993, 55 – Tchibo-Rolex II; GRUR 1974, 53 – Nebelscheinwerfer.

7. Die nachfolgende Begründung folgt dem Gedankengang der Messmer-Tee-II-Entscheidung des Bundesgerichtshofes, GRUR 1966, 375 ff.; vgl. dazu auch *Althammer/Ströbele/Klaka*, Markengesetz, 6. Aufl. 2000, Rdn. 163, 164 zu § 14.

22. Eintragungsbewilligungsklage[1]

Landgericht
Kammer für Handelssachen[2]

Klage

der Firma A ......

– Klägerin –

Prozessbevollmächtigter: RA ......

gegen

Firma B ......

– Beklagte –

wegen: Bewilligung der Eintragung einer Marke
Streitwert: vorläufig geschätzt: EUR ......[3]

Namens und in Vollmacht der Klägerin erhebe ich Klage und werde beantragen,

1. die Beklagte zu verurteilen,
   gegenüber dem Deutschen Patent- und Markenamt darin einzuwilligen, dass die unter dem Aktenzeichen M ...... Wz beim Deutschen Patent- und Markenamt angemeldete Marke „Magnet“ in das Register des Deutschen Patent- und Markenamtes eingetragen wird[4];
2. der Beklagten die Kosten des Rechtsstreits aufzuerlegen[5];
3. das Urteil – gegebenenfalls gegen Sicherheitsleistung (Bank- oder Sparkassenbürgschaft) – für vorläufig vollstreckbar zu erklären;
   hilfsweise der Klägerin nachzulassen, die Zwangsvollstreckung gegen Sicherheitsleistung (Bank- oder Sparkassenbürgschaft) abzuwenden[5].
   ......[6].

Begründung:

I.

1. Die Klägerin ist ein 1973 gegründetes Unternehmen, das den Einzelhandel mit Möbeln betreibt. Sie verfügt über Zweigniederlassungen in insgesamt 12 Städten in der Bundesrepublik Deutschland, verteilt über das gesamte Bundesgebiet, und zwar in den Städten ...... Seit Beginn ihrer Tätigkeit hat die Klägerin als Firmenschlagwort die Kennzeichnung „Magnet“ in den Vordergrund gestellt. Ich überreiche dazu als Anlage 1 entsprechende Benutzungsbeispiele, beginnend vom Jahr 1973 bis zum Zeitpunkt der Klageerhebung. Für die Richtigkeit des Vorgetragenen berufe ich mich ferner zum Beweis auf das
   Zeugnis ......
2. Die Klägerin hat am 2. Januar 2001 die im Klageantrag 1 bezeichnete Markenanmeldung betreffend ihr Firmenschlagwort „Magnet“ getätigt. Das Waren-/Dienstleistungsverzeichnis umfasst die Waren „Möbel“. Die Beklagte hat gegen die vorbezeichnete Markenanmeldung aus der Marke Nummer 840.366 „Magnet“ Widerspruch erhoben. Die Widerspruchsmarke ist am 6. Oktober 1995 angemeldet und am 5. Februar 1996 eingetragen worden, und zwar für die Beklagte für die Waren

„Glühlampen". Das Patent- und Markenamt hat im Widerspruchsverfahren die Marke der Klägerin gelöscht[7]. Dieser Beschluss des Deutschen Patent- und Markenamtes hat vor 3 Monaten, nämlich am ......, Rechtskraft erlangt[8].

3. Die Widerspruchsmarke ist wegen Nichtbenutzung löschungsreif. Des Weiteren steht ihr das prioritätsältere Firmenrecht der Klägerin entgegen. Da die Beklagte nicht bereit ist, sich entsprechend der Rechtslage zu verhalten, ist Klage geboten. Mit ihr wird gemäß § 44 MarkenG der der Klägerin zustehende Anspruch auf Einwilligung in die Eintragung der angemeldeten Marke „Magnet" geltend gemacht.

II.

Die rechtliche Bewertung ergibt die Berechtigung des Klagebegehrens[9]:

1. Die Widerspruchsmarke „Magnet" ist löschungsreif, da sie seit mehr als 5 Jahren von der Beklagten nicht mehr benutzt worden ist. Zwar hat die Beklagte dem von der Klägerin angemeldeten Wortmarke „Magnet" im Widerspruchsverfahren Benutzungsbeispiele der Widerspruchsmarke „Magnet" entgegengehalten und diese in Form der Überreichung von Prospektmaterialien glaubhaft gemacht. Die Beklagte hat jedoch verschwiegen, dass die in Rede stehenden Benutzungsbeispiele nicht von ihr selbst, sondern von einem Konkurrenzunternehmen stammen. Eine Rückfrage der Klägerin bei diesem Unternehmen hat ergeben, dass es die Bezeichnung „Magnet" zwar für Glühlampen benutzt, jedoch ohne Zustimmung der Beklagten (§ 26 Abs. 2 MarkenG).[10] Dementsprechend hätte der Widerspruch der Beklagten zurückgewiesen werden müssen (§ 43 Abs. 2 S. 2 MarkenG).[11]
2. Die Bezeichnung „Magnet" hat für den Geschäftsbetrieb der Klägerin Namensfunktion und ist somit Unternehmenskennzeichen im Sinne des § 5 Abs. 2 S. 1 MarkenG. Wie die Benutzungsbeispiele gemäß Anlage 1 zeigen, wird die in Rede stehende Kennzeichnung von der Klägerin neben ihrer Firma als eine besondere Kennzeichnung in sämtlichen Werbemitteln, öffentlichen Verlautbarungen, Preislisten usw. besonders herausgestellt. Das geschieht seit der Firmengründung. Die in Rede stehende Bezeichnung ist von Hause aus unterscheidungskräftig, so dass die Klägerin mit Aufnahme ihrer Benutzung im Jahre 1973 an dieser Kennzeichnung über eine Priorität verfügt (§ 5 Abs. 2 S. 1 MarkenG).[12] Damit ist die Klagekennzeichnung prioritätsälter als die Widerspruchsmarke der Beklagten. Als prioritätsälteres Zeichen setzt es sich gegenüber der Marke der Beklagten auch im Rahmen dieser Eintragungsbewilligungsklage durch.

Ich zeige an, dass in diesem Rechtsstreit aufseiten der Klägerin auch

Herr Patentanwalt[13]

......

mitwirkt.

Rechtsanwalt

Schrifttum: Munzinger, Zur Eintragungsbewilligungsklage, GRUR 1995, 12ff.

Hinweis: Ein weiteres Textbeispiel für eine Eintragungsbewilligungsklage findet sich bei *Mes/Rohnke*, Münchener Prozeßformularbuch/Gewerblicher Rechtsschutz, Urheber- und Presserecht, 2000, B. 7.

Anmerkungen

1. Vgl. § 44 MarkenG.

2. Es handelt sich um eine Kennzeichenstreitsache im Sinne des § 140 Abs. 1 MarkenG. Zur Zuständigkeit vgl. im einzelnen Form. II. O. 18 Anm. 2.

3. Die Höhe des Streitwertes ist analog § 3 ZPO zu bestimmen. Maßgeblich ist das Interesse des Klägers an dem Erwerb der den Klagegrund bildenden Marke. Dieses Interesse erreicht größenordnungsmäßig die Streitwertangaben in Markenverletzungsprozessen (vgl. dazu Form. II. O. 18 Anm. 4).

4. Die Eintragungsbewilligungsklage ist Leistungsklage, gerichtet auf Abgabe einer Willenserklärung (§ 894 Abs. 1 ZPO). Sie ist in § 44 MarkenG geregelt. Darin werden besondere Zulässigkeitsvoraussetzungen für die Eintragungsbewilligungsklage aufgestellt. Der Anspruchsgrund selbst ist in § 44 MarkenG nicht geregelt. Zulässigkeitsvoraussetzungen für die Eintragungsbewilligungsklage sind nach dem Wortlaut des § 44 MarkenG:
- Es liegt ein Beschluss des Deutschen Patentamts vor, mit dem die angemeldete Marke gelöscht worden ist;
- der Beschluss des Patentamts ist unanfechtbar;
- die Eintragungsbewilligungsklage ist rechtzeitig, nämlich binnen einer Frist von 6 Monaten nach Unanfechtbarkeit der Entscheidung, mit der die Eintragung gelöscht worden ist, erhoben worden.

5. Die Nebenentscheidungen sind vom Gericht von Amts wegen zu treffen. Dennoch werden sie regelmäßig beantragt.

6. Im Falle der Anrufung der Zivilkammer ggf. Stellungnahme gemäß § 253 Abs. 3 ZPO. Wird von der Kammer von einem schriftlichen Vorverfahren Gebrauch gemacht bzw. ist damit zu rechnen, können hier die Anträge gem. §§ 307 Abs. 2, 331 Abs. 3 ZPO aufzunehmen sein. Ferner ist eine Stellungnahme nach § 278 Abs. 2 ZPO (Güteverhandlung) vorzusehen, vgl. dazu Form. II. N. 9 Anm. 9.

7. Die Löschung der Eintragung ist für die Eintragungsbewilligungsklage Zulässigkeitsvoraussetzung (vgl. Anm. 4). Nach früherem Recht, nämlich im Hinblick auf die Eintragungsbewilligungsklage des § 6 Abs. 2 WZG a.F., entfalteten die Feststellungen des Patentamts (Bundespatentgerichts) in mehrfacher Hinsicht eine Bindungswirkung. Weder konnte geltend gemacht werden, das Patentamt bzw. Bundespatentgericht habe Warengleichartigkeit und/oder Verwechslungsgefahr zu Unrecht festgestellt, noch konnte eingewandt werden, es fehle an den Eintragungsvoraussetzungen (vgl. dazu *Baumbach/Hefermehl,* WZG, 12. Aufl. 1985, § 6 Rdn. 10). Zur Bindungswirkung im Zusammenhang mit § 44 MarkenG vgl. *Fezer,* Markenrecht, 3. Aufl. 2001, Rdn. 3 und 9 zu § 44 MarkenG.

8. Die Einhaltung der 6-Monatsfrist nach Unanfechtbarkeit der Löschungsentscheidung ist Zulässigkeitsvoraussetzung gemäß § 44 Abs. 2 MarkenG.

9. Die frühere Unterscheidung, wonach eine Eintragungsbewilligungsklage auf zeichenrechtliche Gründe wie auch auf sachlichrechtliche Gründe gestützt werden konnte (vgl. dazu im Einzelnen *Baumbach/Hefermehl,* WZG, 12. Aufl. 1985, § 6 Rdn. 11 und 12), hat für § 44 MarkenG weitgehend ihre Bedeutung verloren. Das MarkenG hat ein umfassendes Kennzeichenrecht geschaffen, so dass die bisherigen früheren „nicht zeichenrechtlichen" Gründe, wie z.B. sämtliche prioritätsälteren Rechte an geschäftlichen Bezeichnungen (§ 5 MarkenG) nunmehr Teil des umfassenderen Markenrechtes sind (*Fezer,* Markenrecht, 3. Aufl. 2001, Rdn. 11 zu § 44 MarkenG).

10. Der Wortlaut dieser Bestimmung dürfte die frühere Diskussion darüber, ob die Benutzung eines Zeichens durch einen Dritten ohne vorherige Einwilligung des Zeicheninhabers eine ausreichende Benutzung im Sinne der Bestimmungen des warenzeichenrechtlichen Benutzungszwanges darstellte (§§ 5 Abs. 7, 11 Abs. 1, Abs. 5 WZG a.F., vgl. u.a. *Schricker,* GRUR Int. 1969, 14ff.; *Heisecke* WRP 1974, 308ff.), beendet haben.

11. Neben der Eintragungsbewilligungsklage kann die Löschung eines verfallenen Zeichens gemäß §§ 49, 43 MarkenG durch Antrag beim Patent- und Markenamt betrieben werden. Widerspricht allerdings der Inhaber der eingetragenen Marke der Löschung nach Mitteilung eines entsprechenden Antrags durch das Patent- und Markenamt (§§ 53 Abs. 2 und 4 MarkenG), so ist – gegebenenfalls in Kombination mit einer Eintragungsbewilligungsklage – das Löschungsverfahren wegen Verfalls im Wege der Klage vor den ordentlichen Gerichten anhängig zu machen (§ 55 MarkenG).

12. Die im Formular zugrundegelegte Rechtsauffassung beruht auf dem Wortlaut des § 5 Abs. 2 MarkenG, der zwei verschiedene Tatbestände regelt. Zum einen sind in § 5 Abs. 2 S. 1 MarkenG die Unternehmenskennzeichen angesprochen, hinsichtlich deren gesagt wird, dass sie Zeichen sind, die im geschäftlichen Verkehr als Name, als Firma oder als besondere Bezeichnung eines Geschäftsbetriebes oder eines Unternehmens benutzt werden. Zum anderen befasst sich § 5 Abs. 2 S. 2 MarkenG mit solchen Geschäftsabzeichen und sonstigen zur Unterscheidung des Geschäftsbetriebs von anderen Geschäftsbetrieben bestimmten Zeichen, „die innerhalb beteiligter Verkehrskreise als Kennzeichen des Geschäftsbetriebs gelten". Infolgedessen wird im Formular davon ausgegangen, dass Unternehmenskennzeichen nur solche sind, die von Hause aus unterscheidungskräftig sind und dementsprechend ab Benutzungsaufnahme Schutz genießen, wohingegen Geschäftsabzeichen und die sonstigen zur Unterscheidung des Geschäftsbetriebes bestimmten Zeichen im Sinne des § 5 Abs. 2 S. 2 MarkenG solche sind, die Schutz erst dann erhalten, sofern sie Verkehrsgeltung erworben haben. Vgl. dazu *Fezer*, Markenrecht, 3. Aufl. 2001, Rdn. 4 zu § 5, Rdn. 120ff. zu § 15 MarkenG.

13. Zur Mitwirkung eines Patentanwalts vgl. § 140 Abs. 5 MarkenG.

Kosten und Gebühren

Vgl. § 140 Abs. 2 und Abs. 3 MarkenG. Gegebenenfalls ermäßigter Streitwert. Vgl. ferner die Angaben zu „Kosten und Gebühren" bei Form. II. O. 18.

Urheberrecht

23. Urheberrechtsverletzungsklage[1]

Landgericht
Zivilkammer[2]

Klage

der Frau ......

– Klägerin –

Prozessbevollmächtigter: RA ......

gegen

1. **die Firma Kunstvertrieb GmbH, ..., vertreten durch ihren Geschäftsführer, den Beklagten zu ......**[2]
2. **Herrn Geschäftsführer ......**[3]

– Beklagte –

wegen Urheberrechtsverletzung
Streitwert: vorläufig geschätzt EUR ......[4]

Namens und in Vollmacht der Klägerin erhebe ich Klage und werde beantragen,

I. die Beklagten zu verurteilen,

1. es bei Meidung ...... zu unterlassen[5], die nachfolgend wiedergegebene Figur „Sitzendes Mädchen" (folgt Abbildung)[6]
(herzustellen), feilzuhalten oder in den Verkehr zu bringen[7];
2. der Klägerin Auskunft über die Herkunft und den Vertriebsweg der vorstehend zu I 1 beschriebenen Figur zu erteilen, insbesondere unter Angabe der Namen und Anschriften der Hersteller, der Lieferanten und deren Vorbesitzer, der gewerblichen Abnehmer oder Auftraggeber sowie unter Angabe der Menge der (hergestellten), ausgelieferten, erhaltenen oder bestellten Vervielfältigungsstücke[8];
3. der Klägerin über den Umfang[9] der vorstehend zu I 1 beschriebenen Handlungen Rechnung zu legen, und zwar unter Vorlage eines Verzeichnisses mit der Angabe (der Herstellungsmengen und -zeiten sowie) der einzelnen Lieferungen unter Nennung
a) der Liefermengen, Lieferzeiten, Lieferpreise und Namen und Anschriften der Abnehmer,
b) der Gestehungskosten unter Angabe der einzelnen Kostenfaktoren
c) sowie des erzielten Gewinns
und unter Angabe der einzelnen Angebote und der Werbung unter Nennung
d) der Angebotszeiten und Angebotspreise sowie Namen und Anschriften der Angebotsempfänger,
e) der einzelnen Werbeträger, deren Auflagenhöhe, Verbreitungszeitraum und Verbreitungsgebiet;
4. die in unmittelbarem oder mittelbarem Besitz oder Eigentum der Beklagten befindlichen Vervielfältigungsstücke der Figur „Sitzendes Mädchen" zu vernichten;[10]

II. festzustellen, dass die Beklagten gesamtverbindlich verpflichtet sind, der Klägerin allen Schaden zu erstatten, der ihr aus den vorstehend zu I 1 bezeichneten Handlungen der Beklagten entstanden ist und künftig noch entstehen wird[11];

III. der Klägerin die Befugnis zuzusprechen, nach Rechtskraft des Urteils dieses in der Zeitschrift X auf Kosten der Beklagten bekanntzumachen[12];

IV. ...... (Kosten) ......[13]

V. ...... (vorläufige Vollstreckbarkeit) ......[13]

Es handelt sich um eine urheberrechtliche Streitigkeit, so dass die Übertragung auf den Einzelrichter nicht angezeigt erscheint[14].
......[14 a]

Begründung:

I.

Die Klägerin ist die Tochter des am 13. Juli 1993[15] verstorbenen Bildhauers ......, der schon zu seinen Lebzeiten mit seinen Werken große Anerkennung und Berühmtheit erlangt hat. Sie ist die Alleinerbin. Als Anlage 1 überreiche ich den auf sie lautenden Erbschein des Amtsgerichts ...... vom ......
Unter den nachgelassenen Werken des Bildhauers ...... befindet sich die Plastik „Sitzendes Mädchen". Diese Plastik ist auf mehreren Ausstellungen noch vor dem Tode des Bildhauers ...... gezeigt worden. Sie hat infolge ihrer gestalterischen Qualität großes Aufsehen beim allgemeinen Publikum wie auch insbesondere in der Fachwelt gefunden. Zahlreiche Artikel sind in internationalen Fachzeitschriften über diese Plastik veröffentlicht worden, in denen ihre besondere Ausdruckskraft hervorgehoben wird. Ich überreiche als Anlage 2 in Kopie ein Kompendium derartiger Veröffentlichungen, unter deren Verfasser sich so bekannte Namen wie ...... befinden.

Die Beklagte zu 1), deren alleiniger Geschäftsführer der Beklagte zu 2) ist, unterhält im Gerichtsbezirk eine Galerie, in der sie Werke der bildenden Kunst feilhält. Die Klägerin hatte den Beklagten auf deren Bitten das im Besitz der Klägerin befindliche Original der Plastik „Sitzendes Mädchen“ für eine Ausstellung zur Verfügung gestellt. Sie hat von den Beklagten nach Beendigung der Ausstellung die Plastik zwar zurückerhalten, jedoch zu ihrer Überraschung feststellen müssen, dass die Beklagte zu 1) sie plagiiert hat und davon Vervielfältigungsstücke, nämlich Nachgüsse, anbietet und vertreibt. Auf diesen Sachverhalt von der Klägerin unmittelbar angesprochen, haben die Beklagten sich dahingehend eingelassen, da der Vater der Klägerin als der Schöpfer des Werkes verstorben sei, sei es ihnen gestattet, das in Rede stehende Werk zu vertreiben. Insoweit bestehe ein Interesse der Allgemeinheit. Auf ihren Rechtsirrtum angesprochen, waren die Beklagten jedoch nicht bereit, ihre Urheberrechtsverletzungshandlungen einzustellen. Daher ist Klage geboten. Mit ihr werden die sich aus der Urheberrechtsverletzung der Beklagten ergebenden Ansprüche der Klägerin geltend gemacht.

II.

1. Der mit Klageantrag I 1 geltend gemachte Unterlassungsanspruch findet seine Grundlage in § 97 Abs. 1 S. 1 UrhG[16].
   Die Plastik „Sitzendes Mädchen“ ist ein geschütztes Werk der bildenden Kunst gemäß § 2 Abs. 1 Nr. 4 UrhG in Verbindung mit § 2 Abs. 2 UrhG[17]. Der sich unmittelbar dem Auge mitteilende ästhetische Gehalt der Plastik weist einen hohen schöpferischen Eigentümlichkeitsgrad auf, der nach allen bisher bekannt gewordenen Stimmen der auf dem einschlägigen Gebiet vertrauten Verkehrskreise das in Rede stehende Werk als eine persönliche geistige Schöpfung ausweist, so dass ohne weiteres von seiner Urheberrechtsschutzfähigkeit auszugehen ist[18]. Ich verweise dazu auf die in Anlage 2 zusammengestellten Publikationen.
   Die von den Beklagten hergestellten und vertriebenen Erzeugnisse stimmen unmittelbar mit dem Original der Plastik überein. Dementsprechend greifen die Beklagten mit der Herstellung und dem Vertrieb derartiger Erzeugnisse in die allein dem Urheberrechtsberechtigten vorbehaltenen Verwertungsrechte gemäß §§ 15 ff. UrhG ein, indem sie in unzulässiger Weise vervielfältigen (§ 16 Abs. 1 UrhG) und verbreiten (§ 17 Abs. 1 UrhG).
   Die sich daraus ergebenden Ansprüche gerichtlich geltend zu machen, ist die Klägerin als die Erbin des Urhebers aktivlegitimiert[19]. Da unbestritten Vervielfältigungs- und Verbreitungshandlungen im Hinblick auf die Plagiate seitens der Beklagten stattgefunden haben, ist Wiederholungsgefahr gegeben und ist dementsprechend der mit Klageantrag I 1 geltend gemachte Unterlassungsanspruch gemäß § 97 Abs. 1 S. 1 UrhG begründet.
   Der mit Klageantrag I 2 geltend gemachte Auskunftsanspruch besteht gemäß § 101 a UrhG[20].
2. Mit Klageanträgen I 3 und II werden die Ansprüche auf Rechnungslegung und Schadensersatzfeststellung geltend gemacht. Sie sind ebenfalls gemäß § 97 Abs. 1 S. 1 UrhG begründet. Es kann seitens der Beklagten nicht geleugnet werden, dass der Klägerin als der Alleinverwertungsberechtigten am Urheberrecht im Hinblick auf die hier interessierende Plastik durch das Verhalten der Beklagten ein Schaden entstanden ist und künftighin entstehen wird[21]. Die Beklagten können auch nicht leugnen, mindestens grob fahrlässig-schuldhaft gehandelt zu haben. Seit Kenntnis des Bestehens der Urheberrechtsberechtigung der Klägerin handeln die Beklagten sogar vorsätzlich-schuldhaft[22].
   Da die Klägerin den Umfang ihres Schadens nicht ohne nähere Rechnungslegung der Beklagten bestimmen kann, ist der mit Klageantrag I 3 geltend gemachte Rechnungslegungsanspruch infolge einer gewohnheitsrechtlichen Anwendung der Bestimmung des § 242 BGB begründet[23]. Das unverschuldete Unvermögen der Klägerin, ihren

Schadensersatzanspruch zu beziffern, rechtfertigt auch die Zulässigkeit des Schadenersatzfeststellungsbegehrens.

3. Der mit Klageantrag I 4 geltend gemachte Vernichtungsanspruch findet seine Grundlage in § 98 Abs. 1 UrhG. Alle Vervielfältigungsstücke sind rechtswidrig, nämlich ohne Zustimmung des Urheberrechtsberechtigten, hergestellt. Einer solchen Zustimmung hätte es jedoch bedurft, da das Urheberrecht an der hier interessierenden Plastik mit dem Tode des Urhebers entgegen der Auffassung der Beklagten nicht erloschen, sondern vielmehr auf die Klägerin übergegangen ist. Das Urheberrecht steht noch 70 Jahre nach dem Tode des Urhebers in Kraft[24]. Da die Beklagten mindestens grob-fahrlässig, wenn nicht gar vorsätzlich-schuldhaft gehandelt haben, ist die Vernichtung der bei ihnen vorhandenen Vervielfältigungsstücke auch das gebotene Mittel, um weiteren Urheberrechtsverletzungen vorzubeugen[25].
4. Da es sich um einen besonders krassen Fall einer Urheberrechtsverletzung handelt und da des Weiteren eine erhebliche Verunsicherung interessierter Kunstkreise zu befürchten ist, ist der Klägerin die Veröffentlichung des Urteils zu gestatten[26].
5. Die rechtliche Verantwortlichkeit des Beklagten zu 2) ergibt sich auf Grund eigener Tätigkeit; diejenige der Beklagten zu 1) unter dem rechtlichen Gesichtspunkt der Organhaftung (§ 31 BGB analog) auf Grund der Zurechnung des Verhaltens der Beklagten zu 2).
6. Das angerufene Gericht ist zuständig, weil ......[27]

Rechtsanwalt

Schrifttum: Kommentare: *Von Gamm,* Urheberrechtsgesetz, 1968; *Fromm/Nordemann,* Urheberrecht, 9. Aufl. 1998; *Mestmäcker/Schulze,* Kommentar zum Deutschen Urheberrecht, Loseblatt (Stand: September 1997); *Möhring/Nicolini,* Urheberrechtsgesetz, 2. Aufl. 2000; *Nordemann/Vinck/Hertin,* Int. Urheberrecht und Leistungsschutzrecht der deutschsprachigen Länder unter Berücksichtigung auch der Staaten der Europäischen Gemeinschaft, 1977; *Schricker/Bearbeiter,* Urheberrechtsgesetz, 2. Aufl. 1999.

Lehrbücher und Monografien: Delp, Das Recht des geistigen Schaffens, 1993; *ders.,* Der Verlagsvertrag, 5. Aufl. 1990; *Erdmann,* Neue höchstrichterliche Rechtsprechung zum Urheberrecht und Geschmacksmusterrecht, 1985 (RWS-Skript 152); *Gerstenberg,* Die Urheberrechte an Werken der Kunst, der Architektur und der Photographie, 1968; *Haberstumpf,* Handbuch des Urheberrechts, 1996; *Locher,* Das Recht der bildenden Kunst, 1970; *Rehbinder,* Urheberrecht, 11. Aufl. 2001; *Ulmer,* Urheber- und Verlagsrecht, 3. Aufl. 1980; *Schulze,* Meine Rechte als Urheber, Urheber- und Verlagsrecht, 1991.

Aufsätze (in Auswahl): *Ahlberg,* Der Einfluß des § 31 Abs. 4 UrhG auf die Auswertungsrechte von Tonträgerunternehmen, GRUR 2002, 313; *Heermann,* Zum Schutzumfang von Sprachwerken der Wissenschaft und die urheberrechtliche Stellung von Hochschulangehörigen, GRUR 1999, 468; *Koch,* Begründung und Grenzen des urheberrechtlichen Schutzes objektorientierter Software, GRUR 2000, 191; *Kuck,* Kontrolle von Musterverträgen im Urheberrecht, GRUR 2000, 285; *Plaß,* Open Contents im deutschen Urheberrecht, GRUR 2002, 670; *Schneider,* Urheberrechtsverletzungen im Internet bei Anwendung des § 5 TDG, GRUR 2000, 969; *Schulze/Bettinger,* Wiederaufleben des Urheberrechtsschutzes bei gemeinfreien Fotografien, GRUR 2000, 12; *Spindler,* Europäisches Urheberrecht in der Informationsgesellschaft, GRUR 2002, 105;

Hinweis: Zahlreiche weitere Textbeispiele für Urheberrechtsverletzungsstreitigkeiten finden sich bei *Mes/Lutz,* Münchener Prozeßformularbuch/Gewerblicher Rechtsschutz, Urheber- und Presserecht, 2000, S. 767ff.

Anmerkungen

1. Urheberrechte und urheberrechtsverwandte Leistungsschutzrechte sind ungeprüfte Schutzrechte. Es empfiehlt sich daher jedenfalls, vor Einleitung gerichtlicher Schritte den Verletzer abzumahnen (zum Risiko einer Schutzrechtsverwarnung vgl. Form. II. O. 9 Anm. 1 und Form. II. O. 1 Anm. 1). Von dem Abdruck einer entsprechenden Abmahnung wird abgesehen, da im Formularbuch anderweitige Formulierungsvorschläge enthalten sind (vgl. Form. II. N. 1, II. O. 1, II. O. 2, II. O. 8 und II. O. 13). Die Konkretisierung der Verletzungshandlung in Urheberrechtsstreitigkeiten ergibt sich aus dem im Formular wiedergegebenen Unterlassungsantrag I 1.

2. Urheberrechtsstreitigkeiten gehören nicht vor die Kammern für Handelssachen, sondern vor die Zivilkammern. § 105 UrhG enthält eine Konzentrationsermächtigung. Dieser sind die Mehrheit der Bundesländer gefolgt. Dementsprechend bestehen bei ausgewählten Gerichten (Amts- und Landgerichte) Spezial-Abteilungen bzw. Spezial-Kammern. Auf die Übersicht bei *Fromm/Nordemann* § 105 Rdn. 1 wird verwiesen. § 104 UrhG enthält eine Rechtswegregelung.

3. Zur Erweiterung der Zugriffsmöglichkeit infolge der Ausdehnung der Klage auf Organe juristischer Personen vgl. Form. II. O. 3 Anm. 2. Die dort für den Patentverletzungsprozess gemachten Aussagen gelten auch für Urheberrechtsverletzungsstreitigkeiten.

4. Zu den Bemessungsgrundsätzen für die Streitwertbestimmung vgl. Form. II. O. 3 Anm. 3. Zur Streitwertbemessung in Urheberrechtsverletzungsstreitigkeiten vgl. insbesondere auch *von Gamm* § 97 Rdn. 24.

5. Vgl. § 890 ZPO. Zur Formulierung der Strafandrohungsklausel s. Form. II. N. 3 Anm. 5.

6. Zur Einfügung von Abbildungen vgl. Form. II. O. 13 Anm. 16.

7. Diese Formulierung wird in der Praxis häufig benutzt. Sie entspricht nicht dem Sprachgebrauch des Urheberrechtsgesetzes. Alternativ kann entsprechend §§ 15ff. UrhG formuliert werden „... zu vervielfältigen oder zu vertreiben“. Sofern der Beklagte nicht herstellt (vervielfältigt), sondern – weil zB. Händler – nur vertreibt, entfallen die in Klammern gesetzten Antragsteile, die auf ein Verbot des Herstellens gerichtet (bezogen) sind.

8. Vgl. § 101 a UrhG, eingefügt durch das Produktpirateriegesetz vom 7. März 1990. Vgl. dazu Form. II. O. 1 Anm. 13. Zur Geltendmachung im Wege der einstweiligen Verfügung bei offensichtlicher Rechtsverletzung vgl. Form. II. O. 19. Fehlt es an der Handlung des Herstellens (Vervielfältigens), so entfallen die in Klammern gesetzten Antragsformulierungen.

9. Zum Rechnungslegungsanspruch vgl. Form. II. O. 1 Anm. 14 und II. O. 3 Anm. 10. Er ist auch im Urheberrecht allgemein anerkannt, vgl. statt vieler *Fromm/Nordemann* § 97 Rdn. 27. Für das Fehlen von Herstellungshandlungen vgl. Anm. 8 a.E.

Da in dem dem Formular zugrundeliegenden Sachverhalt zwischen den Parteien kein Wettbewerbsverhältnis besteht, bedarf es auch keiner Einschränkung des Rechnungslegungsanspruches durch einen sogenannten Wirtschaftsprüfervorbehalt, der allerdings bei § 101 a UrhG nur eingeschränkt möglich ist (vgl. dazu zB. Form. II. O. 1 Anm. 17).

10. Der Vernichtungsanspruch ist in § 98 UrhG geregelt. Zu Einzelheiten und zur Antragsformulierung vgl. Form. II. O. 19, insbesondere auch zur Geltendmachung im einstweiligen Verfügungsverfahren. Zum Vernichtungsanspruch siehe BGH GRUR 1997, 899 – Vernichtungsanspruch.

11. Zur Verbindung von Rechnungslegungs- und Schadensersatzfeststellungsbegehren vgl. Form. II. O. 3 Anm. 15. Das dort Ausgeführte gilt auch für Urheberrechtsverletzungsstreitigkeiten. Das Schadensersatzbegehren findet seine Grundlage in § 97 Abs. 1 S. 1 UrhG.

Es wird darauf aufmerksam gemacht, dass § 97 Abs. 2 UrhG – im Ausnahmefall – auch einen Anspruch auf Ersatz des *immateriellen* Schadens gewährt.

12. Vgl. § 103 UrhG. Gegenstand der Veröffentlichungsbefugnis ist nach dem Wortlaut des § 103 Abs. 1 S. 1 UrhG „das Urteil". Regelmäßig kommt jedoch nur eine Veröffentlichung des verfügenden Teils in Betracht. Art und Umfang der Veröffentlichung werden durch das Gericht bestimmt; dementsprechend brauchen die Einzelumstände der Veröffentlichung nicht näher beantragt zu werden; es steht dem Kläger freilich frei, Anregungen zu geben.

13. Die Nebenentscheidungen werden von Amts wegen getroffen; sie werden in der Praxis jedoch üblicherweise beantragt.

14. Stellungnahme gemäß § 253 Abs. 1 aE. ZPO.

14a. Ist zu erwarten, dass die Kammer von einem schriftlichen Vorverfahren Gebrauch macht, sollten hier die Anträge gem. §§ 307 Abs. 2, 331 Abs. 3 ZPO aufgenommen sein. Ferner ist eine Stellungnahme nach § 278 Abs. 2 ZPO (Güteverhandlung) vorzusehen, vgl. dazu Form. II. N. 9 Anm. 9.

15. Die Mitteilung des Sterbedatums eines Künstlers ist von Bedeutung für die Berechnung der Dauer des Urheberrechtsschutzes (vgl. dazu §§ 64 ff. UrhG). Gemäß § 64 Abs. 1 UrhG erlischt das Urheberrecht 70 Jahre nach dem Tode des Urhebers.

16. Die anspruchsbegründenden Voraussetzungen des § 97 Abs. 1 UrhG sind Folgende:
- Es besteht ein Urheberrecht (oder ein urheberrechtsähnliches Leistungsschutzrecht, vgl. §§ 69a ff., 70f. und 72 ff. UrhG);
- das geschützte Recht wird verletzt;
- die Verletzung ist widerrechtlich.

Sind die vorstehend wiedergegebenen Voraussetzungen gegeben, so besteht ein Anspruch auf Beseitigung der Beeinträchtigung;
besteht Wiederholungsgefahr, so ist gemäß § 97 Abs. 1 S. 1 UrhG ein Unterlassungsanspruch begründet. Handelt des Weiteren der Verletzer fahrlässig oder vorsätzlich, so besteht ein Anspruch auf Schadensersatz (gemäß § 97 Abs. 1 S. 2 UrhG: auf Herausgabe des Verletzergewinns), einschließlich eines vorbereitenden Rechnungslegungsanspruchs.

Zur Geltendmachung der vorstehenden Ansprüche sind befugt:
- Der Inhaber des Urheberrechts;
- der Inhaber eines ausschließlichen Nutzungsrechtes gemäß § 31 Abs. 3 UrhG (vgl. BGH GRUR 1995, 338 – Kleiderbügel – für den Inhaber einer ausschließlichen Lizenz an einem Patent);
- im Wege der Prozessstandschaft (im Hinblick auf den Unterlassungsanspruch, im Übrigen infolge von Abtretung): der einfach Nutzungsberechtigte gemäß § 31 Abs. 2 UrhG.

17. Die Voraussetzungen für die Urheberrechtsschutzfähigkeit sind in § 2 UrhG geregelt. § 2 Abs. 1 zählt die schutzfähigen Werke auf, während § 2 Abs. 2 die Schutzvoraussetzungen festlegt (es muss sich um ein Werk handeln, das eine persönliche geistige Schöpfung darstellt). Zu den Einzelheiten dieser sehr schwierigen Materie vgl. die eingangs genannte Literatur und insbesondere die Ausführungen bei *Fromm/Nordemann/Finck,* Urheberrecht, 9. Aufl. 1998, Rdn. 2 ff. zu § 2 UrhG.

18. Sehen die beteiligten Verkehrskreise ein Werk als Kunstwerk an, so spricht dies für Urheberrechtsschutzfähigkeit; vgl. *von Gamm* § 2 Rdn. 16 mwN.

19. Zur Übertragbarkeit des Urheberrechts vgl. §§ 28ff. UrhG. Das Urheberrecht ist gemäß § 28 Abs. 1 UrhG vererblich.

20. Vgl. oben Anm. 8.

21. Für die Begründetheit des Schadensersatzfeststellungsbegehrens genügt der Sachvortrag, dass ein Schadenseintritt wahrscheinlich ist. Vgl. dazu Form. II. O. 3 Anm. 33. Das dort für den Patentverletzungsprozess Ausgeführte gilt auch für Urheberrechtsverletzungsstreitigkeiten. Zum immateriellen Schaden vgl. § 97 Abs. 2 UrhG.

22. Zum Verschulden vgl. § 97 Abs. 1 S. 1 UrhG.

23. Zur Anspruchsgrundlage betreffend das Rechnungslegungsbegehren vgl. *Fromm/Nordemann,* § 97 UrhG, Rdn. 27, ferner Form. II. O. 1 Anm. 13, 14.

24. Zur Dauer des Urheberrechtes vgl. §§ 64ff. UrhG.

25. Vgl. die anspruchshindernden Ausnahmen gemäß § 101 UrhG; weitere Einschränkungen des Anspruchs enthalten Absätze 3 und 4 des § 98 UrhG.

26. Vgl. Anm. 11. § 103 Abs. 3 UrhG regelt des Weiteren einen Anspruch auf Vorauszahlung der Kosten der Veröffentlichung.

27. Zur Zuständigkeit gelten die allgemeinen Regelungen. Zu beachten ist § 105 UrhG.

Kosten und Gebühren

Es gelten die allgemeinen Grundsätze.

P. Presserecht

Schrifttum: Damm/Rehbock, Widerruf, Unterlassung und Schadensersatz in Presse und Rundfunk 2. Aufl. 2001; *Löffler,* Presserecht, 4. Aufl. 1997; *Löffler/Ricker,* Handbuch des Presserechts, 4. Aufl. 2000; *Seitz/Schmidt/Schoener,* Der Gegendarstellungsanspruch in Presse, Film, Funk und Fernsehen, 3. Aufl. 1998; *Soehring,* Presserecht, 3. Aufl. 2000; *Wenzel,* Das Recht der Wort- und Bildberichterstattung, 4. Aufl. 1994.

1. Gegendarstellung[1]

Überschrift[2]

In der XY-Zeitung, Ausgabe Nr. . . . . . ., vom . . . . . .[3], ist auf Seite . . . . . . ein Beitrag unter der Überschrift . . . . . . enthalten mit unrichtigen Behauptungen[4], die ich wie folgt richtigstelle[5]:
a) [6] Unwahr ist . . . . . .
Wahr ist . . . . . .
b) [6] Unrichtig ist die Behauptung . . . . . .
Richtig ist . . . . . .
c) [6] Zu der Behauptung . . . . . . ist zu ergänzen . . . . . .

. . . . . ., den . . . . . .

. . . . . .[7/8]
Unterschrift

Anmerkungen

1. a. Rechtsgrundlagen: § 11 der Landespressegesetze, in Bayern, Berlin, Hessen, Mecklenburg-Vorpommern, Saarland (SMG), Sachsen und Sachsen-Anhalt jeweils § 10, in Brandenburg § 12.

Gegendarstellungen gegenüber Funk und Fernsehen:

Baden-Württemberg: Südwestrundfunk § 10 SWR-Staatsvertrag; Privater Rundfunk § 9 LMedienG.

Bayern: Bayerischer Rundfunk Art. 17 BayRG; Privater Rundfunk Art. 18 BayMG.

Berlin: Sender Freies Berlin § 10 LPG; Privater Rundfunk § 56 BerlBrandenb-Staatsvertrag.

Brandenburg: Ostdeutscher Rundfunk § 11 ORBG; Privater Rundfunk § 56 BerlBrandenb-Staatsvertrag.

Bremen: Radio Bremen § 24 RBG; Privater Rundfunk § 23 BremLMG.

Hamburg: Norddeutscher Rundfunk § 12 NDR-Staatsvertrag; Privater Rundfunk § 14 HambMedienG.

Hessen: Hessischer Rundfunk § 3 HessRfG, § 10 LPG; Privater Rundfunk § 28 HPRG.

Mecklenburg-Vorpommern: Norddeutscher Rundfunk § 12 NDR-Staatsvertrag; Privater Rundfunk § 24 RGMV.

Niedersachsen: Norddeutscher Rundfunk § 12 NDR-Staatsvertrag; Privater Rundfunk § 26 NdsRfG.

Nordrhein-Westfalen: Westdeutscher Rundfunk § 9 WDRG; Privater Rundfunk § 18 NRWRfG.

Rheinland-Pfalz: Südwestrundfunk § 10 SWR-Staatsvertrag; Privater Rundfunk § 42 LRfG.

Saarland: § 10 SMG, auch f. privaten Rundfunk.

Sachsen: Mitteldeutscher Rundfunk § 15 MDR-Staatsvertrag; Privater Rundfunk § 19 SächsPRG.

Sachsen-Anhalt: Mitteldeutscher Rundfunk § 15 MDR-Staatsvertrag; Privater Rundfunk § 20 GPRSA.

Schleswig-Holstein: Norddeutscher Rundfunk § 12 NDR-Staatsvertrag; Privater Rundfunk § 31 Schl-HRfG.

Thüringen: Mitteldeutscher Rundfunk § 15 MDR-Staatsvertrag; Privater Rundfunk § 24 TPRG

Bundesweite Regelungen: ARD: § 8 ARD-Staatsvertrag; ZDF: § 9 ZDF-Staatsvertrag; Deutschlandradio: § 9 DRStaatsvertrag; Deutsche Welle: § 17 DWG. Mediendienste: § 10 MDStV.

Europaweite Regelung Art. 8 Europ. Übereink. über das grenzüberschreitende Fernsehen in Europa.

Näheres bei Löffler/Sedelmeier § 11 Rdn. 2 und 243 ff.; Wenzel Rdn. 11.253 ff.; Normen nach dem Stand von 1998 abgedruckt bei Seitz/Schmidt/Schoener Anhang III.

b. Rechtsnatur. Der Gegendarstellungsanspruch setzt keine Rechtsverletzung, geschweige denn eine schuldhafte Rechtsverletzung voraus und er ist nicht auf die Erforschung der materiellen Wahrheit gerichtet. Er dient deshalb weder der Beseitigung noch der Wiedergutmachung geschehenen Unrechts. Mit den teilweise scheinbar ähnlichen oder verwandten aus unerlaubter Handlung fließenden Ansprüchen auf Unterlassung, Widerruf und Schadensersatz hat der Gegendarstellungsanspruch nichts zu tun, er kann auch nicht aus unerlaubter Handlung abgeleitet werden (vgl. *Löffler/Sedelmeier* § 11 Rdn. 37 und 44). Er beruht auf dem allgemeinen Persönlichkeitsrecht und dient der Mitwirkung bei der öffentlichen Meinungsbildung und ist ein eigenartiger zivilrechtlicher Anspruch mit besonderer Ausprägung und besonderen Voraussetzungen, der (außer in Bayern, Hessen und Sachsen, wo das Verfahren der einstweiligen Verfügung alternativ zur ordentlichen Klage gegeben ist) nur in einem besonderen landesrechtlich geregelten Verfahren vor den Zivilgerichten geltend gemacht werden kann.

c. Die Berechtigten. Den Anspruch auf Abdruck einer Gegendarstellung hat jede Person oder Stelle, in Bayern jede unmittelbar betroffenen Person oder Behörde, die durch eine in der Presse aufgestellte Tatsachenbehauptung betroffen ist. Personen sind sowohl natürliche wie juristische Personen, ferner die Handelsgesellschaften, die als solche klagen und verklagt werden können. Stellen sind in erster Linie Behörden, ferner alle Körperschaften, Organisationen, Anstalten, Institute und Verbände, soweit sie nicht unter den Begriff der Person fallen (vgl. *Löffler/Sedelmeier* § 11 Rdn. 48/94). Betroffen ist, wer durch eine Tatsachenbehauptung in der Erstmitteilung als Individuum selbst angesprochen ist (vgl. *Löffler/Sedelmeier* § 11 Rdn. 54 ff).

d. Die Verpflichteten. Gegendarstellungspflichtig sind nur Verleger und verantwortlicher Redakteur eines periodischen Druckwerks. Das sind Zeitungen und Zeitschriften und andere, in ständiger, wenn auch unregelmäßiger Folge und im Abstand von nicht mehr als sechs Monaten erscheinende Druckwerke (§ 7 IV LPG), in Bayern Zeitungen und Zeitschriften (s. § 6 II LPG), Gegendarstellungspflichtig sind ferner die öffentlich rechtlichen und privaten Rundfunk- und Fernsehanbieter und die Mediendienste.

e. Die Voraussetzungen. Die Gegendarstellung dient nicht der Erforschung der materiellen Wahrheit. Der Einwand, die Erstmitteilung sei wahr, die Gegendarstellung sei unwahr, greift nicht durch, der Betroffene muss die Wahrheit seiner Gegendarstellung nicht dartun oder (im Verfahren) glaubhaft machen bzw. beweisen. Andererseits ist der Anspruch an besondere strenge materielle Voraussetzungen und Formerfordernisse gebunden (*Löffler/Sedelmeier* § 11 Rdn. 114 ff, 137 ff). Der Anspruch ist nicht gegeben, wenn ein berechtigtes Interesse an der Veröffentlichung der Gegendarstellung fehlt (*Löffler/Sedelmeier* § 11 Rdn. 61 ff). Dieses ist zu verneinen bei Belanglosigkeit der Gegendarstellung, bei offensichtlicher Unwahrheit, bei irreführendem Inhalt, oder wenn die Gegendarstellung keine abweichende Aussage gegenüber der Erstmitteilung enthält. Die Pflicht zum Abdruck einer Gegendarstellung besteht nur eingeschränkt gegenüber Anzeigen (*Löffler/Sedelmeier* § 11 Rdn. 68 ff), sie entfällt außerdem bei wahrheitsgetreuen Parlaments- und Gerichtsberichten (*Löffler/Sedelmeier* § 11 Rdn. 72 ff). Amtliche und harmlose Schriften sind, auch wenn sie periodische sind, von der Gegendarstellungspflicht befreit. Der Umfang der Gegendarstellung ist begrenzt (*Löffler/Sedelmeier* § 11 Rdn. 133 ff). Die Gegendarstellung ihrerseits unterliegt nicht dem Entgegnungszwang.

f. Die Abdruckpflicht. 11 Abs. 3 LPG bestimmt, dass der Abdruck in der nach Empfang der Einsendung nächstfolgenden, für den Druck nicht bereits abgeschlossenen Nummer im gleichen Teil des Druckwerks und in gleicher Schrift wie der beanstandete Text zu erfolgen hat. Der verantwortliche Redakteur und der Verleger haben die Gegendarstellung „ohne Einschaltungen und Weglassungen" abzudrucken. Zur Erfüllung des Anspruchs aus § 11 LPG gehört neben dem Abdruck die Verbreitung der Gegendarstellung. Nur wenn der Abdruck der Gegendarstellung nach Form und Inhalt den gesetzlichen Erfordernissen entspricht, ist der Gegendarstellungsanspruch erfüllt.

2. Die Überschrift kann entweder nur aus dem Wort „Gegendarstellung" bestehen oder sie kann auch sachlichen Inhalt haben. Dabei kann sie entweder lauten „Gegendarstellung zum ......-Bericht", oder sie kann den Inhalt der Gegendarstellung zusammenfassend vorwegnehmen oder eine Verneinung der Schlagzeile in der Erstmitteilung sein.

3. Die Gegendarstellung muss – außer in Bayern – unverzüglich, spätestens innerhalb von drei Monaten (Hessen nur unverzüglich) dem Verpflichteten zugeleitet werden. In Bayern gilt die Aktualitätsgrenze (OLG München AfP 90, 311). Die Ausschlussfristen beim Rundfunk und Fernsehen sind oft kürzer, sie liegen zwischen einem und drei Monaten.

4. Eine Gegendarstellung ist immer nur gegenüber Tatsachenbehauptungen in der Erstmitteilung, nicht gegenüber Meinungsäußerungen zulässig (vgl. *Löffler/Sedelmeier* § 11 Rdn. 88 ff.). Auszugehen ist davon, dass der Tatsachenbegriff des § 11 LPG derselbe ist wie der in den §§ 186 und 263 StGB, bzw. derselbe, wie er der zivilrechtlichen Rechtsprechung im Äußerungsrecht, insbesondere zum Widerrufsanspruch, zugrunde liegt. Tatsachen sind danach Sachverhalte, Begebenheiten, Vorgänge, Verhältnisse oder Zustände, die der Vergangenheit oder Gegenwart angehören. Zum Begriff der „Tatsache" gehören nicht nur die sinnlich wahrnehmbaren sog. äußeren Tatsachen, sondern auch die Vorgänge und Zustände des Seelenlebens, die sog. inneren Tatsachen. Eine innere Tatsache ist immer und nur dann anzunehmen, wenn ein innerer Vorgang in Beziehung zu bestimmten äußeren Geschehnissen gesetzt wird, durch die dieser in den Bereich der wahrnehmbaren äußeren Welt getreten ist. Der Gegensatz zur Behauptung einer Tatsache ist die Äußerung bloßer Meinungen und Wertungen, Äußerungen, die auf ihren Wahrheitsgehalt im Beweisweg objektiv nicht zu überprüfen sind, weil sie nur eine subjektive Meinung, ein wertendes Urteil wiedergeben. Meinungen sind im Unterschied zu Tatsachenbehauptungen durch die Elemente der Stellungnahme, des Dafürhaltens oder Meinens geprägt. Werturteile können im Rechtssinne Tatsachenbehauptungen oder Meinungsäußerungen sein, je nachdem ob ihre Richtigkeit oder Unrichtigkeit objektiv feststellbar ist oder nicht. Voraussetzung des Gegendarstellungsanspruchs ist, dass die Tatsachenbehauptung in dem periodischen Druckwerk aufgestellt worden ist, die Tatsache muss demnach öffentlich mitgeteilt, d. h. den Lesern zur Kenntnis gebracht worden sein.

5. In materieller Hinsicht verlangt das Gesetz in § 11 Abs. 2, dass die Gegendarstellung keinen strafbaren Inhalt hat und sich auf tatsächliche Angaben beschränkt. Es darf nur mit Gegentatsachen, die im Bezug zu den in der Erstmitteilung enthaltenen Tatsachen stehen, oder für die zutreffende Unterrichtung der Leser notwendigen Ergänzungen entgegnet werden. Im Einzelnen vgl. *Löffler/Sedelmeier* § 11 Rdn. 120 ff.; *Wenzel* Rdn. 11.85 ff. Der Inhalt der Gegendarstellung muss mit den Tatsachen der beanstandeten Presseveröffentlichung in gedanklichem Zusammenhang stehen, er muss auf sie Bezug haben und nehmen. Es muss ein Gegensatz zur Erstmitteilung bestehen. § 11 Abs. 2 LPG begrenzt den Raum der Gegendarstellung auf den „angemessenen Umfang".

6. Die gewählten Formulierungen sind sämtlich zulässig. Zweckmäßig bei Geschehenem und bei Zuständen wahr und unwahr, bei wertenden Tatsachenbehauptungen richtig und falsch, bei Ergänzungen die Formulierung unter c).

7. Die Unterzeichnung muss durch den Betroffenen oder seinen gesetzlichen Vertreter erfolgen in Baden-Württemberg, Brandenburg, Hamburg, Mecklenburg-Vorpommern, Nordrhein-Westfalen, Rheinland-Pfalz, Saarland, Sachsen und Schleswig-Holstein. Bayern fordert Unterzeichnung durch den Einsender, Hessen und Thüringen durch den Betroffenen, was in der Sache nichts ändert. Berlin, Bremen, Niedersachsen und Sachsen-Anhalt fordern lediglich Schriftform. Dort wird rechtsgeschäftliche Vertretung als zulässig angesehen. In den anderen Ländern ist rechtsgeschäftliche Vertretung ausgeschlossen, was insbesondere bei Gesellschaften und Vereinen beachtet werden muss. Hier genügt nicht Unterzeichnung durch den zuständigen Prokuristen oder Abteilungsleiter, sondern es muss jeweils der gesetzliche oder satzungsmäßige gesetzliche Vertreter unterzeichnen (vgl. *Löffler/Sedelmeier* § 11 Rdn. 142 ff.). Für eine „Stelle" zeichnet deren Leiter (*Löffler/Sedelmeier* § 11 Rdn. 52).

8. Unterzeichnung muss handschriftlich erfolgen, Übermittlung per Telex oder Telefax nach h. M. nicht zulässig (*Löffler/Sedelmeier* § 11 Rdn. 145, OLG Hamburg NJW 90, 1613, *Seitz/Schmidt/Schoener* Rdn. 200; str. s. z. B. *Wenzel* Rdn. 11, 147, *Löffler/Ricker* S. 181; aA. f. Telefax OLG München NJW 90, 2895 und U. v. 10.12.97, 21 U 5795/97, zit. n. *Seitz/Schmidt/Schoener*, KG AfP 93, 748, OLG Saarbrücken AfP 92, 287, LG Köln AfP 95, 648).

2. Aufforderungsschreiben zum Abdruck einer Gegendarstellung

Sehr geehrte Damen und Herren[1],

in der Anlage übersende ich eine Gegendarstellung des Herrn/der Frau A. zu Ihrem Bericht in der XY-Zeitung vom . . . . . . auf Seite . . . . . . unter der Überschrift . . . . . . mit der Aufforderung, die Gegendarstellung in der nächsten für den Druck noch nicht abgeschlossenen Ausgabe der Zeitung entsprechend der Vorschrift des § 11 LPG[2] zu veröffentlichen. Ich habe Sie ferner aufzufordern, die Gegendarstellung im Inhaltsverzeichnis unter der Rubrik . . . . . . anzukündigen[3].

Mit vorzüglicher Hochachtung

. . . .
Unterschrift[4/5]

Anmerkungen

1. Verpflichtet zum Abdruck einer Gegendarstellung sind der Verleger und der verantwortliche Redakteur (Begriff vgl. *Löffler/Sedelmeier* § 9 Rdn. 17 ff.; *Löffler/Ricker* S. 102 ff.; *Wenzel* Rdn. 11.80), nicht der Verfasser, (zur Ausstrahlung in Funk und Fernsehen die Anstalt oder der Veranstalter bzw. Anbieter). Es genügt, die Gegendarstellung

an die Zeitung als solche zu richten. Dies ist aber nur dann zu empfehlen, wenn der verantwortliche Redakteur oder der Verleger nicht ohne weiteres zu ermitteln ist.

2. S. Form. II. P. 1 Anm. 1 f.

3. Wenn die Erstmitteilung im Inhaltsverzeichnis angekündigt war, kann auch die Ankündigung der Gegendarstellung im Inhaltsverzeichnis verlangt werden (*Löffler/Sedelmeier* § 11 Rdn. 176, OLG Hamburg ArchPR 1974, 113 und 1975, 44). Zurückhaltender OLG München ArchPR 1974, 112 für den Fall, dass das Inhaltsverzeichnis nicht vollständig ist und die Gegendarstellung sich nur gegen einen verhältnismäßig kurzen Abschnitt eines ausführlichen Berichts wendet.

4. Im Gegensatz zur Gegendarstellung selbst ist beim Aufforderungsschreiben gewillkürte Stellvertretung zulässig.

5. Kosten sind nach den LPG nicht zu erstatten. Kostenerstattung nur, wenn die Erstmitteilung die Voraussetzungen der §§ 823, 824, 826 BGB erfüllt oder bei Verzug nach § 286 BGB.

3. Ablehnung der Veröffentlichung einer Gegendarstellung

Sehr geehrte(r) Frau . . . . . ./Herr . . . . . .

Wir bestätigen den Eingang Ihres Schreibens vom . . . . . ., mit dem Sie die Veröffentlichung der beigefügten Gegendarstellung fordern. Wir sind zur Veröffentlichung der Gegendarstellung nicht bereit, da sie nicht den Anforderungen des Landespressegesetzes entspricht.

Mit vorzüglicher Hochachtung

Unterschrift

Anmerkung

Teilweise wird in der Rechtsprechung qualifizierte Ablehnung verlangt, um den Einwand der fehlenden Unverzüglichkeit zu erhalten und bei Änderung der Gegendarstellung Prozesskostenpflicht zu vermeiden. Näheres bei *Löffler/Sedelmeier* § 11 Rdn. 182 ff. u. *Wenzel* Rdn. 11. 197 ff. Bei qualifizierter Ablehnung muss angegeben werden, aus welchem Grund der Abdruck verweigert wird (OLG Stuttgart AfP 1979, 363). Schutzschrift s. Formular II. P. 9.

4. Antrag auf Anordnung der Veröffentlichung einer Gegendarstellung

An das
Landgericht[1] (Amtsgericht)

Antrag gem. § 11 Landespressegesetz[2]

des . . . . . .
(Antragstellers)
Prozessbevollm.: RA . . . . . .

gegen
1. den Verleger[3] . . . . . .

2. den verantwortlichen Redakteur[3] ......
(Antragsgegner)
wegen Veröffentlichung einer Gegendarstellung.

Vorläufiger Streitwert: EUR 7.500,–[4]

Namens und in Vollmacht des Antragstellers bitte ich unter Abkürzung der Einlassungs- und Ladungsfrist um Anberaumung eines möglichst nahen Termins zur mündlichen Verhandlung (vor der Kammer)[5], in dem ich den Antrag stellen werde, wie folgt zu erkennen:

1. Den Antragsgegnern als Gesamtschuldnern wird aufgegeben, in der nächsten für den Druck noch nicht abgeschlossenen Ausgabe der Zeitung ...... im Teil[6] ...... unter Ankündigung im Inhaltsverzeichnis[7] mit gleicher Schrift wie die Erstmitteilung ohne Einschaltungen und Weglassungen die nachfolgende Gegendarstellung zu veröffentlichen:
2. Die Antragsgegner haben als Gesamtschuldner die Kosten des Verfahrens zu tragen.

Begründung:

Der Antragsteller ist Betroffener der folgenden in der XY-Zeitung[8] Nr....... vom ...... auf Seite ...... unter der Überschrift ...... aufgestellten Behauptung ......
......

– Anlage 1 –

Der Antragsgegner zu 1 ist Verleger, der Antragsgegner zu 2 verantwortlicher Redakteur der Zeitung.
Der Antragsteller hat mit Aufforderungsschreiben[9] vom ...... (Anlage 2) die Veröffentlichung der in Anlage 3 beigefügten Gegendarstellung[10] gefordert.
Die Antragsgegner haben den Abdruck grundlos verweigert[11].
Die Ankündigung im Inhaltsverzeichnis hat zu erfolgen, weil auch die Erstmitteilung im Inhaltsverzeichnis angekündigt war und das Inhaltsverzeichnis den Inhalt der Zeitung vollständig erfasst[7].

Anlagen

Rechtsanwalt

Anmerkungen

1. Bis 5.000,– EUR Streitwert Amtsgericht, ab 5.001,– EUR Landgericht. Örtlich zuständig ist nur das Gericht am allgemeinen Gerichtsstand des Antragsgegners, näheres s. *Löffler/Sedelmeier* § 11 Rdn. 192.

2. In Mecklenburg-Vorpommern, Sachsen-Anhalt und Berlin § 10 LPG, in Brandenburg § 12, im Saarland § 10 SMG, in Bayern, Hessen und Sachsen Antrag auf Erlass einer einstweiligen Verfügung, wobei es einer gesonderten Begründung der Dringlichkeit nicht bedarf. Hauptverfahren in Baden-Württemberg, Berlin, Brandenburg, Bremen, Nordrhein-Westfalen, Saarland und Schleswig-Holstein ausgeschlossen. In Niedersachsen, Rheinland-Pfalz, Sachsen-Anhalt und Thüringen findet § 926 ZPO keine Anwendung. In Hessen, Hamburg und Mecklenburg-Vorpommern keine ausdrückliche gesetzliche Regelung. In Bayern und Sachsen ordentliches Klageverfahren wahlweise anstatt (nicht aber neben) dem Verfügungsverfahren zulässig (s. *Löffler/Sedelmeier* § 11 Rdn. 187).

3. S. Form. II. P. 2 Anm. 1.

4. Streitwert von mehr als EUR 5.000,– zur Begründung der LG-Zuständigkeit dürfte für durchschnittliche Verfahren angemessen sein, ansonsten Streitwerte nach der Erfahrung im Rahmen zwischen etwa 2.500,– bis EUR 25.000,–.

5. Anordnung ohne mündliche Verhandlung zulässig, aber wegen der Vielzahl der möglichen Einwendungen und der sofortigen Vollstreckbarkeit unzweckmäßig und unüblich (vgl. *Löffler/Sedelmeier* § 11 Rdn. 205), anders in ständiger Praxis LG Hamburg mit Billigung des Hanseatischen Oberlandesgerichts (OLG Hamburg AfP 1978, 25; 1979, 349; 1979, 361; 1980, 210; 1981, 408).

6. Z. B. Wirtschaftsteil, Lokalteil, evtl. auch Theaterseite und in besonderen Fällen auch die Titelseite (*Löffler/Sedelmeier* § 11 Rdn. 174).

7. S. Form. II. P. 2 Anm. 3.

8. Bzw. andere periodische Druckschriften, s. § 7 LPG, Bayern, Berlin, Mecklenburg-Vorpommern, Sachsen, Sachsen-Anhalt und Thüringen § 6 LPG, Hessen § 4 LPG, Saarland § 2 II 2 SMG, oder Rundfunk bzw. Fernsehen s. Form. II. P. 1 Anm. 1.

9. Form. II. P. 2.

10. Form. II. P. 1.

11. Alternativ: Die Antragsgegner haben den Abdruck mit der Begründung verweigert . . . . . . Die Verweigerung ist unbegründet, weil . . . . . .

5. Antrag auf Zurückweisung eines Antrags auf Veröffentlichung einer Gegendarstellung

An das
Landgericht (Amtsgericht)

In Sachen
. . . ./. . . . . . .

zeigen wir an, dass wir den Antragsgegner vertreten.
Wir werden den Antrag stellen,
den Antrag kostenpflichtig zurückzuweisen.

Begründung[1]:

1. a) Der Antragsgegner ist nicht passivlegitimiert, weil er weder Verleger noch verantwortlicher Redakteur ist[2].
b) der Antragsteller ist nicht aktivlegitimiert, weil er durch die streitgegenständliche Veröffentlichung nicht betroffen ist.
c) Der Antragsgegner ist nicht gegendarstellungspflichtig, weil die Erstmitteilung nicht in einem periodischen Druckwerk erschienen ist.
d) Die Verpflichtung zum Abdruck einer Gegendarstellung besteht nicht, weil die Erstmitteilung in einer Anzeige enthalten war, die ausschließlich dem geschäftlichen Verkehr dient[3].
e) Eine Verpflichtung zur Veröffentlichung der Gegendarstellung besteht nicht, weil die Erstmitteilung ein wahrheitsgetreuer Bericht über eine öffentliche Sitzung eines gesetzgebenden oder beschließenden Organs bzw. eines Gerichts war.[4]

2. Die Gegendarstellung entspricht nach Form und Inhalt nicht § 11 LPG:
a) Die Gegendarstellung ist nicht fristgemäß verlangt worden[5].
b) Die Gegendarstellung ist vom Betroffenen (alt. vom gesetzlichen Vertreter des Betroffenen) nicht eigenhändig handschriftlich unterzeichnet[6].

c) Die Gegendarstellung bezieht sich nicht auf Tatsachenbehauptungen in der Erstmitteilung, sondern auf Meinungsäußerungen.
d) Die Gegendarstellung besteht ihrerseits nicht aus tatsächlichen Behauptungen, sondern aus Meinungsäußerungen.
e) Zwischen der Gegendarstellung und der Behauptung in der Erstmitteilung, an die sie anknüpft, besteht kein innerer Bezug.

3. Die Gegendarstellung braucht nicht veröffentlicht zu werden, weil
a) sie strafbaren Inhalt hat ......
b) sie unangemessen lang ist ......
c) an ihrer Veröffentlichung kein berechtigtes Interesse besteht, weil ......

Rechtsanwalt

Anmerkungen

1. In der Antragsbeantwortung sind die wesentlichen und häufigsten Einwendungen gegen die Verpflichtung zum Abdruck einer Gegendarstellung kumulativ zusammengefasst. Selbstverständlich sind nur die zutreffenden Einwendungen unter Aufführung der tatsächlichen Umstände vorzutragen. Unerheblich ist bloße Unwahrheit der Gegendarstellung.

2. Siehe Form. II. P. 2 Anm. 1.

3. Zu den Besonderheiten in Bayern, Hamburg, Hessen, Mecklenburg-Vorpommern und Schleswig-Holstein s. *Löffler/Sedelmeier* § 11 Rdn. 71 und *Seitz/Schmidt/Schoener* Rdn. 286.

4. Gilt in Bayern nicht für Gerichtsberichte (s. *Löffler/Sedelmeier* § 11 Rdn. 73).

5. Zur unverzüglichen Zuleitung Löffler/Sedelmeier § 11 Rdn. 151 ff. u. OLG Hamburg AfP 1981, 408 u. AfP 1981, 410.

6. S. Form. II. P. 1 Anm. 7 u. 8.

6. Zwangsvollstreckung

An das
Landgericht (Amtsgericht)

AZ.:
In Sachen
..../. ......
beantrage ich, die Schuldnerin durch Zwangsmittel gem. § 888 ZPO zum Abdruck der mit Urteil vom ...... angeordneten Gegendarstellung anzuhalten.

Begründung:

Der Schuldnerin ist durch das o. a. Urteil (Beschluss) aufgegeben worden, in der nächsten für den Druck noch nicht abgeschlossenen Ausgabe der Zeitung ...... im Teil ...... unter Ankündigung im Inhaltsverzeichnis mit gleicher Schrift wie die Erstmitteilung ohne Einschaltungen und Weglassungen die dort wiedergegebene Gegendarstellung abzudrucken. Das Urteil (Beschluss) wurde der Schuldnerin am ...... zugestellt. Ein Abdruck ist bis heute nicht erfolgt.

Rechtsanwalt

Anmerkung

Alternativ: der in der Ausgabe vom vorgenommene Abdruck war nicht ordnungsgemäß, weil ...... s. *Löffler/Sedelmeier* § 11 Rdn. 224, *Seitz/Schmidt/Schoener* Rdn. 778.

7. Unterlassungsanspruch[1] – vorprozessuale Abmahnung

Sehr geehrte Damen und Herren,

A.[2] hat mich mit der Wahrnehmung seiner (ihrer) Interessen beauftragt.
In der XY-Zeitung[3] Nr. ...... vom ...... auf Seite ...... haben Sie unter der Überschrift ...... über A. folgendes behauptet:

......

Die Behauptung ist rechtswidrig. Sie ist geeignet, A. in seiner (ihrer) persönlichen Ehre[4] zu verletzen und zudem unwahr[5].
Ich habe Sie aufzufordern, bei Vermeidung gerichtlicher Schritte die in der Anlage beigefügte Verpflichtungserklärung[6] postwendend unterzeichnet zurückzusenden. Dem Eingang der Erklärung sehe ich bis ...... entgegen.

Mit vorzüglicher Hochachtung

Unterschrift

Anmerkungen

1. Unterlassungsansprüche haben im Bereich des Äußerungsrechts neben den Gegendarstellungsansprüchen die wichtigste praktische Bedeutung. Sie sind als negatorische oder quasi negatorische Ansprüche von der Rechtsprechung auf der Basis der §§ 1004, 823 ff. BGB entwickelt worden und darauf gerichtet, künftige Beeinträchtigungen der Rechtspositionen dessen, der durch eine rechtswidrige Handlung betroffen war oder der eine Verletzung seiner Rechte zu befürchten hat, im Vorfeld (erneuter) Rechtsverletzungen abzuwehren. Neben dem Äußerungsrecht haben sie vor allem große praktische Bedeutung im gewerblichen Rechtsschutz, insbesondere im Wettbewerbsrecht, wo feste Regeln entwickelt worden sind, die weitgehend, aber nicht ausnahmslos, im Äußerungsrecht entsprechend gelten. Anders als Gegendarstellungsansprüche, die dem Betroffenen auch gegenüber rechtmäßiger Berichterstattung zustehen und nichts mit der Vermeidung oder Wiedergutmachung von Rechtsverletzungen zu tun haben, setzen Unterlassungsansprüche eine drohende Rechtsverletzung voraus, wobei sich die Bedrohung aus bereits begangenen (Wiederholungsgefahr) oder auf Grund konkreter Tatsachen ernsthaft zu befürchtenden rechtswidrigen Handlungen (Erstbegehungsgefahr) ergeben kann (s. u. Form. II. P. 8 Anm. 1). Im Bereich des Äußerungsrechts kommen Unterlassungsansprüche in Betracht bei drohender Verletzung des allgemeinen oder eines besonderen Persönlichkeitsrechts, des Rechts am Unternehmen, bei drohender Verletzung der Ehre oder des Kredits, bei drohender sittenwidriger Schädigung oder bei drohenden Wettbewerbsverstößen (s. *Löffler/Steffen* § 6 Rdn. 52). In der Praxis am bedeutsamsten sind Unterlassungsansprüche gegenüber unwahren Tatsachenbehauptungen, gegenüber Meinungsäußerungen, die die Grenze der Schmähkritik überschreiten (*Löffler/Steffen* § 6 Rdn. 186 ff.) sowie gegen Berichte, die die Privat-, Geheim-, oder Intimsphäre verletzen (*Löffler/Steffen* § 6 Rdn. 214 ff.) und gegen unzulässige Bildnisveröffentlichungen (*Löffler/Steffen* § 6 Rdn. 118 ff.).

Anspruchsverpflichtet sind der Behauptende und der Verbreiter ohne Rücksicht auf Verschulden, also insbesondere der Verfasser, der Verleger, der zuständige Ressortredakteur, u.U. der Chefredakteur, der Herausgeber, (str. s. *Damm/Rehbock* Rdn. 533–535, *Löffler/Steffen* § 6 Rdn. 227, *Soehring* Rdn. 28.8, *Wenzel* Rdn. 12.58), ggf. auch der Drucker, nicht der verantwortliche Redakteur als solcher (vgl. BGH NJW 1974, 1762 und 1977, 626; ferner *Damm/Rehbock* Rdn. 538/39, *Löffler/Sedelmeier* § 9 Rdn. 38 ff., *Löffler/Steffen* § 6 Rdn. 226, *Soehring* Rdn. 28.12, *Wenzel* Rdn. 12.57).

2. Anspruchsberechtigt ist, wer durch eine drohende rechtswidrige Behauptung betroffen und erkennbar, nicht notwendigerweise namentlich, genannt, ist.

3. Alternativ: Jede Art von Druckschriften, also auch Zeitschriften, Bücher, ferner Funk- und Fernsehsendungen.

4. Alternativ: in seinem allgemeinen oder besonderen Persönlichkeitsrecht, in seinem wirtschaftlichen Ruf, in seinem Kredit.

5. Bei Meinungsäußerungen Unterlassungsanspruch nur gegenüber der sog. Schmähkritik (BGH LM Art. 5 GG Nr. 40 – Halsabschneider, *Löffler/Steffen* § 6 Rdn. 262 u. 186 ff), gegenüber wahren Tatsachenbehauptungen nur soweit der Betroffene in sonstigen Rechten verletzt ist, insbesondere im allgemeinen Persönlichkeitsrecht, also vor allem bei Berichten aus der Privat-, Geheim- oder Intimsphäre.

6. Form. II. P. 8.

8. Unterlassungsanspruch – Verpflichtungserklärung

B. verpflichtet sich hiermit gegenüber A., es bei Vermeidung einer Konventionalstrafe[1] in Höhe von EUR ......[2] für jeden Fall der Zuwiderhandlung unter Ausschluss des Fortsetzungszusammenhanges[3] zu unterlassen, wörtlich oder sinngemäß[4] die Behauptung aufzustellen und/oder zu verbreiten

......

B. verpflichtet sich ferner, die A. durch die Inanspruchnahme der Rechtsanwälte ...... entstandenen Kosten aus einem Gegenstandswert von EUR ...... zu erstatten.

......, den ...... **Unterschrift**

Anmerkungen

1. Eine rechtswidrige Berichterstattung begründet in aller Regel eine Vermutung für deren Wiederholung (Wiederholungsgefahr). Dies gilt aber nicht uneingeschränkt. Die Vermutung besteht nicht, wenn nach der Art der Störung oder auf Grund der Umstände eine Wiederholung vernünftigerweise nicht zu befürchten ist, dies kann z.B. bei der Wiedergabe von Äußerungen Dritter, insbes. Interviewäußerungen der Fall sein (*Löffler/Steffen* § 6 Rdn. 266, *Soehring* 30.9/9 a). Für die Ausräumung der Wiederholungsgefahr ist regelmäßig, aber nicht in allen Fällen, z.B. nach freiwilliger Richtigstellung (s. *Löffler/Steffen* § 6 Rn 268, *Soehring* 30.11), eine strafbewehrte Unterlassungserklärung erforderlich. War die Berichterstattung trotz sich später herausstellender Unrichtigkeit zunächst rechtmäßig, weil die Medien in Wahrnehmung berechtigter Interessen gehandelt, insbesondere ihre Recherchierungspflicht erfüllt haben, dann kommt die Annahme einer Wiederholungsgefahr nicht in Betracht, es besteht – falls überhaupt – allenfalls Erstbegehungsgefahr, zu deren Ausräumung nach h. M. ein Strafversprechen nicht erforderlich ist (näheres s. *Löffler/Steffen* § 6 Rdn. 269, *Wenzel* Rdn. 12.9, *Soehring* Rdn 30.10, *Damm/Rehbock* Rdn. 575, 580).

2. Höhe je nach Bedeutung des Falles, Größenordnung in durchschnittlichen Fällen ab EUR 5.100,– (LG-Zuständigkeit).

3. Zweckmäßig, vgl. BGHZ 33, 163: Auch bei einem „für jeden Fall der Zuwiderhandlung“ gegen eine Unterlassungspflicht abgegebenen Strafversprechen ist, sofern die Auslegung nichts Gegenteiliges ergibt, eine Zusammenfassung mehrerer gleichartiger Einzelhandlungen zu einem Fall der Zuwiderhandlung möglich.

4. Bei tatsächlichen Behauptungen. Meinungsäußerungen, die nur wegen ihrer Form unzulässig sind, können nicht sinngemäß verboten werden, vgl. BVerfG AfP 1976, 115; *Wenzel* Rdn. 12, 78 ff.

9. Schutzschrift

An das
Landgericht (Amtsgericht) . . . . . .

Schutzschrift

in Sachen . . . . . . gegen
. . . . . .

In obiger Angelegenheit ist möglicherweise mit einem Antrag auf Erlass einer einstweiligen Verfügung der Rechtsanwälte . . . . . . zu rechnen.

Für den Fall, dass ein solcher Antrag auf Erlass einer einstweiligen Verfügung eingehen sollte, bitten wir, diese Schutzschrift der zuständigen Kammer (dem zuständigen Richter) vorzulegen.

Wir beantragen,
den Antrag auf Erlass einer einstweiligen Verfügung kostenpflichtig zurückzuweisen,
hilfsweise,
über den Antrag auf Erlass einer einstweiligen Verfügung nicht ohne mündliche Verhandlung zu entscheiden.

Der Antragsgegner ist bereit, sich binnen kürzester Frist, auch auf telefonische Ladung, zur Sache einzulassen.

Wir legen in der

– Anlage –

das Abmahnschreiben der Rechtsanwälte . . . . . . vom . . . . . . und unser heutiges Antwortschreiben vor, auf das wir zur Begründung unseres Antrages Bezug nehmen.

Rechtsanwalt

Anmerkung

Die Schutzschrift ist ein in der ZPO nicht vorgesehenes Verteidigungsmittel, das nicht dem Anwaltszwang unterliegt. Sie kann auch gegenüber einem Gegendarstellungsverlangen sinnvoll sein. Das Gericht darf den Vortrag und die Glaubhaftmachung in der Schutzschrift nur nach mündlicher Verhandlung oder bei der Entscheidung berücksichtigen, ob es über den Antrag auf Erlass einer einstweiligen Verfügung ohne mündliche Verhandlung entscheidet. Eine Zurückweisung eines schlüssig vorgetragenen und hinreichend glaubhaft gemachten Anspruches ohne mündliche Verhandlung auf Grund der Schutzschrift ist nicht zulässig. Die Kosten der Schutzschrift hat nach hM bei Zurückweisung oder Rücknahme des Antrages das Antragsteller zu erstatten (str).

10. Antrag auf Unterlassungsverfügung

An das
Landgericht[1] (Amtsgericht)
. . . . . .

Antrag auf Erlass einer einstweiligen Verfügung

des . . . . . . – Antragstellers –
Prozessbevollm.: . . . . . .

gegen

den Verleger[2] . . . . . . – Antragsgegner –

wegen Unterlassung.

Vorläufiger Streitwert: EUR . . . . . .[3]

Namens und in Vollmacht des Antragstellers beantragen wir – der äußersten Dringlichkeit des Falles halber ohne mündliche Verhandlung und durch den (die) Kammervorsitzende(n)[4] – im Wege der einstweiligen Verfügung folgendes anzuordnen:

1. Der Antragsgegner hat es bei Vermeidung von Ordnungsgeld bis zu EUR 250.000,–, ersatzweise Ordnungshaft oder Ordnungshaft bis zu sechs Monaten zu unterlassen, wörtlich oder sinngemäß[5] die Behauptung aufzustellen und/oder zu verbreiten . . . . . .
2. Der Antragsgegner hat die Kosten des Verfahrens zu tragen.

Begründung:

Der Antragsgegner ist Verleger der in . . . . . . erscheinenden XY-Zeitung[6].

In der Ausgabe Nr. . . . . . . vom . . . . . . dieser Zeitung ist über den Antragsteller folgendes behauptet worden: . . . . . .

Glaubhaftmachung: XY-Zeitung, Ausgabe Nr. . . . . . . vom . . . . . .

– Anlage –

Die Behauptung ist geeignet, den Antragsteller in seiner Ehre zu verletzen[7].
Die Behauptung ist zudem unwahr[8]. . . . . . .[9]
Glaubhaftmachung: eidesstattliche Versicherung des . . . . . .
. . . . . .

– Anlage –

Der Unterzeichnete hat namens des Antragstellers den Antragsgegner mit dem in der Anlage beigefügten Anwaltsschreiben vom . . . . . . abgemahnt[10].

– Anlage –

Der Antragsgegner hat es, wie aus der Anlage ersichtlich, abgelehnt, die ihm mit der Abmahnung übersandte Verpflichtungserklärung[11] unterzeichnet zurückzusenden[12]. Wiederholungsgefahr ist deshalb gegeben[13].
Die außerordentliche Dringlichkeit für den Erlass der einstweiligen Verfügung ohne mündliche Verhandlung durch den (die) Kammervorsitzende(n) ergibt sich aus der Natur der Sache, da eine Wiederholung der Behauptung zu jedem Zeitpunkt erfolgen kann. Darüber hinaus ergibt sich die außergewöhnliche Dringlichkeit aus folgenden Umständen: . . . . . .
Für den Fall, dass über diesen Antrag nicht ohne mündliche Verhandlung entschieden werden sollte, bitten wir, unter Abkürzung der Einlassungs- und Ladungsfrist möglichst nahen Termin zur mündlichen Verhandlung vor der Kammer zu bestimmen[4].
Der Gerichtsstand . . . . . . ist gegeben, da die XY-Zeitung auch in . . . . . . verbreitet wird[14].

Rechtsanwalt

Anmerkungen

1. Bis Streitwert EUR 5.000,– Amtsgericht, ab EUR 5.001 Landgericht.

2. S. Form. II. P. 7 Anm. 1.

3. Streitwert bei Angelegenheiten von mittlerer Bedeutung über EUR 5.000,–, so dass Zuständigkeit des Amtsgerichts kaum praktisch werden dürfte.

4. Alternativ: „. . . unter Abkürzung der Einlassungs- und Ladungsfrist möglichst nahen Termin zur mündlichen Verhandlung zu bestimmen, in dem wir den Antrag stellen werden . . .", vgl. Hilfsantrag am Schluss der Begründung.

5. S. Form. II. P. 8 Anm. 4.

6. Bzw. anderer periodischer oder nicht periodischer Druckerzeugnisse, evtl. auch Rundfunk- oder Fernsehanstalt, Verfasser von Rundschreiben etc.

7. Alternativ: in seinem allgemeinen oder einem besonderen Persönlichkeitsrecht zu verletzen, in seinem wirtschaftlichen Ruf zu verletzen, in seinem Recht am eingerichteten und ausgeübten Gewerbebetrieb zu verletzen, erforderlichenfalls nähere Darlegung.

8. Unwahrheit nicht erforderlich bei Verletzung besonderer Persönlichkeitsrechte oder bei Verletzung des allgemeinen Persönlichkeitsrechts durch Eindringen in die Geheim- oder Intimsphäre. Bei Unterlassungsansprüchen gegenüber unzulässigen Meinungsäußerungen (Schmähkritik – BGH LM Art. 5 GG Nr. 40 – Halsabschneider) kommt Unwahrheit nicht in Betracht.

9. Schilderung des Sachverhalts unter Angabe geeigneter Mittel zur Glaubhaftmachung erforderlich.

10. Form. II. P. 7.

11. Form. II. P. 8.

12. Alternativ: „Der Antragsgegner hat innerhalb der ihm gesetzten angemessenen Frist auf das Abmahnschreiben nicht geantwortet."

13. S. Form. II. P. 8 Anm. 1.

14. Gerichtsstand neben dem Verlags- oder Erscheinungsort jeder Ort, an dem die Druckschrift verbreitet wird: § 32 ZPO.

11. Zwangsvollstreckung

An das
Landgericht (Amtsgericht)
. . . . . .

Antrag gemäß § 890 ZPO

In Sachen
. . . . . .
beantragen wir,

gegen den Schuldner wegen Verstoßes gegen das Verbot in der einstweiligen Verfügung vom . . . . . . ein empfindliches Ordnungsgeld, eventuell Ordnungshaft festzusetzen.

Begründung:

Mit einstweiliger Verfügung[1] vom . . . . . . ist dem Schuldner verboten worden, über den Gläubiger wörtlich oder sinngemäß die Behauptung aufzustellen und/oder zu verbrei-

ten . . . . . . Für jeden Fall der Zuwiderhandlung ist dem Schuldner Ordnungsgeld bis zu EUR 250.000,–, ersatzweise Ordnungshaft oder Ordnungshaft bis zu sechs Monaten angedroht worden. Die einstweilige Verfügung[1] vom . . . . . . ist dem Schuldner wie aus anliegender Zustellungsurkunde

– Anlage –

ersichtlich, am . . . . . . zugestellt worden.

Der Schuldner hat gegen das Verbot verstoßen, indem er . . . . . .
Beweis: . . . . . .

Rechtsanwalt

Anmerkung

1. Alternativ im ordentlichen Verfahren: Urteil.

12. Abschlussschreiben[1]

Sehr geehrter Damen und Herren . . . . . .!

A . . . . . . hat uns mit der Wahrnehmung seiner Interessen beauftragt und uns gebeten, Ihnen folgendes mitzuteilen:
Mit einstweiliger Verfügung des Landgerichts (Amtsgerichts) . . . . . . vom . . . . . . ist ihnen verboten worden, über A . . . . . . wörtlich oder sinngemäß die Behauptung aufzustellen und/oder zu verbreiten . . . . . .
Wir haben Sie aufzufordern[2], rechtsverbindlich zu erklären, dass Sie die einstweilige Verfügung des Landgerichts (Amtsgerichts) . . . . . . vom . . . . . . als endgültige Regelung hinnehmen, d. h. gegen die einstweilige Verfügung keinen Widerspruch einlegen und keinen Antrag nach §§ 926, 927 ZPO stellen werden[3].
Wir sehen Ihrer Erklärung bis zum . . . . . . entgegen[4].
Die Kosten unserer Inanspruchnahme haben Sie zu erstatten[5]. Wir haben Sie aufzufordern, den unten aufgeführten Betrag an uns zu überweisen.

Hochachtungsvoll

Rechtsanwalt

Kosten
. . . . . .

Anmerkungen

1. Nach Durchführung des Verfügungsverfahrens notwendig, da der Unterlassungsanspruch durch die einstweilige Verfügung nur einstweilen gesichert ist. Nach Verjährung droht Aufhebung der einstweiligen Verfügung. Einstweilige Verfügung hemmt – anders als die Klage im ordentlichen Verfahren – die Verjährung nicht und führt auch nicht zur dreißigjährigen Verjährung nach § 197 I 3 BGB.

2. Falls weitergehende Ansprüche in Betracht kommen, also insbesondere Widerrufsansprüche, Auskunftsansprüche, Schadensersatzansprüche und Ansprüche auf Ersatz des immateriellen Schadens, ist es zweckmäßig, diese Ansprüche zusammen mit dem Abschlussschreiben außergerichtlich geltend zu machen, um eventuelle Kosten bei sofortigem Anerkenntnis oder Unterwerfung zu vermeiden.

3. Bei einstweiliger Verfügung, die auf Grund mündlicher Verhandlung durch Urteil erlassen worden ist, Verzicht auf Berufung und Verzicht auf Antrag nach §§ 926, 927 ZPO. Ist die einstweilige Verfügung im Berufungsverfahren erlassen oder bestätigt worden, so lediglich Verzicht auf Fristsetzung nach § 926 ZPO und Aufhebung nach § 927 ZPO.

4. Die Frist muss mindestens einen Monat nach Zustellung der einstweiligen Verfügung und mindestens zwei Wochen nach Zugang des Abschlussschreibens betragen (vgl. KG WRP 1978, 451). Erhebt der Antragsteller ohne Einhaltung dieser Frist Klage, so kann der Antragsgegner sich unter Verwahrung gegen die Kostenlast unterwerfen oder anerkennen, er hat dann keinen Anlass zur Klageerhebung gegeben.

5. Die Kosten des Abschlussschreibens hat der Antragsgegner regelmäßig zu erstatten (vgl. BGH NJW 1973, 901), wenn er Gelegenheit hatte, von sich aus innerhalb einer Frist von 14 Tagen nach Zustellung der einstweiligen Verfügung eine Abschlusserklärung abzugeben und dies nicht getan hat.

13. Widerruf (Rücknahme, Richtigstellung, Klarstellung)[1]

In der XY-Zeitung, Ausgabe Nr. ......, vom ......, haben wir auf Seite ...... unter der Überschrift ...... über A behauptet[2], ...

Die Behauptung widerrufen wir hiermit als unwahr[3] („nehmen wir zurück", „stellen wir dahin richtig/klar ......")[1, 4]

......
Unterschrift

Anmerkungen

1. Einteilung der verschiedenen Widerrufsarten nach *Wenzel* Rdn. 13.57 ff. Anstatt des Widerrufs kommen als mildere Form die Rücknahme, bei teilweiser Unwahrheit oder falschem Anschein die Richtigstellung und bei verdeckten Behauptungen die Klarstellung in Betracht (s. *Wenzel* Rdn. 13.62 bis 13.67).

2. Widerrufsansprüche bestehen ausschließlich gegenüber Tatsachenbehauptungen, nicht gegenüber Meinungsäußerungen und Werturteilen. Über die Abgrenzung s. o. Form. II. P. 1 Anm. 1, Näheres vgl. *Wenzel* Rdn. 4.38 ff.

3. Bei zu widerrufenden Tatsachenbehauptungen über Geschehenes „unwahr", bei Tatsachenbehauptungen im Rechtssinne mit wertendem Inhalt „unrichtig". Der volle Widerruf setzt den Nachweis der Unwahrheit bzw. Unrichtigkeit voraus, wobei die volle Beweislast beim Kläger liegt.

4. Evtl. Mitteilung des tatsächlichen Vorganges, vgl. *Wenzel* Rdn. 13.61.

14. Eingeschränkter Widerruf

Erklärung

In der XY-Zeitung, Ausgabe Nr. ......, vom ......, haben wir auf Seite ...... unter der Überschrift ...... über A behauptet[1], ...

Diese Behauptung erhalten wir nicht aufrecht[2].

......
Unterschrift

Anmerkung

1. Auch der eingeschränkte Widerruf ist nur gegenüber Tatsachenbehauptungen gegeben.

2. Im Gegensatz zum vollen Widerruf, der den Nachweis der Unwahrheit oder Unrichtigkeit der Erstmitteilung voraussetzt, ist der eingeschränkte Widerruf gegeben, wenn die Unwahrheit der Erstmitteilung nicht mit absoluter Sicherheit feststeht, wenn aber eine gewisse Wahrscheinlichkeit dafür nachgewiesen ist, so dass es für einen objektiven Beurteiler an ernsten Anhaltspunkten für die Wahrheit des Vorwurfs fehlt. Ergibt sich im Prozess ein non liquet oder ein hoher Grad von Wahrscheinlichkeit für die Richtigkeit der angegriffenen Erstmitteilung, dann scheidet ein Widerrufsanspruch aus. Zweifel gehen immer zu Lasten des Klägers (vgl. *Wenzel* Rdn. 13.69 mit zahlreichen Nachw.).

15. Distanzierung

Erklärung

In der XY-Zeitung, Ausgabe Nr. . . . . . ., vom . . . . . ., haben wir auf Seite . . . . . . unter der Überschrift . . . . . . einen Beitrag von B veröffentlicht, in dem dieser über A behauptet hat, ...

Von der Darstellung des B distanzieren wir uns.

. . . . . .
Unterschrift

Anmerkung

Die Distanzierung hat grundsätzlich dieselben Voraussetzungen wie der volle Widerruf. Sie kommt in Betracht, wenn Behauptender und Verbreiter auseinanderfallen (zB. bei Zitaten) und der Anspruch nur gegen den Verbreiter geltend gemacht wird. Zur Sonderform der berichtigenden Kommentierung s. *Wenzel* Rdn. 13.81 ff. Der Anspruch auf Distanzierung steht ggf. selbstständig neben dem Widerrufsanspruch gegenüber dem Behauptenden (vgl. dazu *Wenzel* Rdn. 13.78 ff.).

16. Berichtigende Ergänzung

Ergänzung

In der XY-Zeitung, Ausgabe Nr. . . . . . ., vom . . . . . ., ist auf Seite . . . . . . ein Beitrag unter der Überschrift . . . . . . enthalten, der geeignet ist, über A. einen falschen Eindruck zu vermitteln.

Zu der Mitteilung über A. ist ergänzend darauf hinzuweisen, dass . . . . . .

. . . . . .
Unterschrift

Anmerkung

Eine berichtigende Ergänzung kommt in Betracht, wenn infolge von Weglassungen ein den Tatsachen widersprechendes falsches Bild entstanden ist. So etwa, wenn über eine

Verurteilung berichtet, dabei aber nicht erwähnt wird, dass die Verurteilung nicht rechtskräftig ist oder dass eine Strafe zur Bewährung ausgesetzt worden ist. Im Übrigen sind die Voraussetzungen dieselben wie beim vollen Widerruf. Vgl. dazu *Wenzel* Rdn. 13.72.

17. Nachträgliche Ergänzung

Ergänzung

In der XY-Zeitung, Ausgabe Nr. . . . . . ., vom . . . . . ., Seite . . . . . . ist unter der Überschrift . . . . . . über A. berichtet worden, dass . . . . . .

Hierzu teilt A. ergänzend mit, dass . . . . . .

. . . . . .
Unterschrift

Anmerkung

Der Anspruch auf nachträgliche Ergänzung ist bisher vom BGH mit Billigung des BVerfG ausschließlich im Falle eines Freispruchs anerkannt worden, der im Anschluss an einen zutreffenden Bericht über eine strafgerichtliche Verurteilung ergangen ist (BGH NJW 1972, 431, BVerfG AfP 97, 619). Die nachträgliche Ergänzung setzt eine Tatsachenbehauptung voraus, nicht aber dass die Erstmitteilung unrichtig war. Die ursprünglich richtige Behauptung muss vielmehr durch die spätere Entwicklung unrichtig geworden sein. Der Betroffene kann die Veröffentlichung einer eigenen Mitteilung, nicht jedoch einer Mitteilung des Publikationsorgans verlangen (BGH, aaO, OLG München AfP 97, 636/639, abw. Ausgangsfall BVerfG AfP 97, 619). Der Anspruch auf nachträgliche Ergänzung ist außerordentlich umstritten und nur unter ganz außergewöhnlichen Umständen anzuerkennen. Vgl. dazu *Wenzel* Rdn. 13.74 ff.; *Löffler/Steffen* § 6 Rdn. 294 OLG München aaO.

18. Vorläufiger Widerruf

In der XY-Zeitung, Ausgabe Nr. . . . . . ., vom . . . . . ., Seite . . . . . . ist ein Beitrag unter der Überschrift . . . . . . enthalten, der über A. die folgende Behauptung enthält: . . . . . .

Diese Behauptung kann vorläufig nicht aufrecht erhalten werden.

. . . . . .
Unterschrift

Anmerkung

Der vorläufige Widerruf kommt in Anbetracht der strengen Beweisvoraussetzungen für einen vollen und selbst für einen eingeschränkten Widerruf vor allem bei nicht abgeschlossenen Sachverhalten in Betracht, ferner wenn die endgültige Aufklärung unverhältnismäßig viel Zeit in Anspruch nehmen würde und schließlich dann, wenn ein Widerrufsanspruch (ausnahmsweise) im Verfügungsverfahren „vorläufig" durchgesetzt wird. Die Zulässigkeit der Durchsetzung des vorläufigen Widerrufs im Verfügungsverfahren ist außerordentlich umstritten. Grundsätzlich verneinend zuletzt OLG Bremen AfP 1979, 355. OLG Köln AfP 1981, 358. Vgl. iü. *Wenzel* Rdn. 13.102.

19. Klage auf Unterlassung, Widerruf, Schadensersatzfeststellung und Zahlung immateriellen Schadens[1]

An das
Landgericht (Amtsgericht)
. . . . . .

Klage

des . . . . . . – Klägers –
Prozessbevollm.: . . . . . .
gegen
den Verleger . . . . . . – Beklagten –
wegen Unterlassung, Widerrufs, Feststellung und immateriellen Schadensersatzes
Vorläufiger Streitwert: EUR . . . . . .

Namens und in Vollmacht des Klägers erhebe ich Klage und werde beantragen:

I. 1. Der Beklagte hat es bei Vermeidung von Ordnungsgeld bis zu EUR 250.000,–, ersatzweise Ordnungshaft oder Ordnungshaft bis zu 6 Monaten zu unterlassen, wörtlich oder sinngemäß die Behauptung aufzustellen und/oder zu verbreiten:
. . . . . .
2. Der Beklagte hat die oben in Ziffer 1 genannte Behauptung zu widerrufen und den Widerruf in der nächsten für den Druck noch nicht abgeschlossenen Ausgabe der XY-Zeitung wie folgt in einer vom Gericht zu bestimmenden Größe und Aufmachung zu veröffentlichen:
. . . . . .
3. Es wird festgestellt, dass der Beklagte verpflichtet ist, dem Kläger denjenigen Schaden zu ersetzen, der dem Kläger aus der Verbreitung der in Ziffer 1 genannten Behauptung entstanden ist und künftig entstehen wird.
4. Der Beklagte wird verurteilt, an den Kläger zum Ausgleich des dem Kläger durch die Verbreitung der in Ziffer 1 genannten Behauptung entstandenen immateriellen Schadens einen Betrag zu zahlen, dessen Höhe in das Ermessen des Gerichts gestellt wird.

II. Der Beklagte hat die Kosten des Verfahrens zu tragen.

III. Das Urteil ist – eventuell gegen Sicherheitsleistung (Bankbürgschaft) – vorläufig vollstreckbar.

Begründung[2]:

Der Beklagte ist Verleger der in . . . . . . erscheinenden XY-Zeitung.
In der Ausgabe Nr. . . . . . . vom . . . . . . dieser Zeitung ist über den Kläger folgendes behauptet worden:
. . . . . .
Beweis: XY-Zeitung Ausgabe Nr. . . . . . . vom . . . . . .
– Anlage –

1. Die Behauptung ist geeignet, den Kläger in seiner Ehre zu verletzen[3].
Die Behauptung ist zudem unwahr[4]. . . . . . .[5]:
Beweis: . . . . . .
Der Unterzeichnete hat namens des Klägers den Beklagten mit dem in der
– Anlage –
beigefügten Anwaltschreiben vom . . . . . . abgemahnt[6].
Der Beklagte hat es wie aus der

– Anlage –

ersichtlich abgelehnt, die ihm mit der Abmahnung übersandte Verpflichtungserklärung[7] unterzeichnet zurückzusenden[8]. Wiederholungsgefahr ist deshalb gegeben. Der geltend gemachte Unterlassungsanspruch ist demzufolge begründet.

2. Die vom Beklagten aufgestellte Behauptung muss der Beklagte widerrufen, da es sich um eine nachweisbar unwahre Tatsachenbehauptung handelt[9].
Der Widerruf der Behauptung ist auch notwendig, da die vom Beklagten über den Kläger aufgestellte Tatsachenbehauptung fortwirkt[9], also eine Quelle gegenwärtiger Rufbeeinträchtigung darstellt, deren Beseitigung der Kläger auf Grund des § 1004 BGB verlangen kann. Die Voraussetzungen für den Widerrufsanspruch sind damit gegeben.

3. Auch der Schadenersatzfeststellungsantrag ist begründet: Die Behauptung ist nicht bloß infolge ihrer Unwahrheit und ihres rufschädigenden Charakters rechtswidrig, der Beklagte hat auch schuldhaft gehandelt ......
Außerdem ist dem Kläger ein Schaden entstanden, den der Beklagte durch die Verbreitung seiner Behauptung kausal verursacht hat: ......

Beweis: ......

Da die Höhe des dem Kläger entstandenen und künftig entstehenden Schadens noch nicht feststeht, ist die Verpflichtung des Beklagten, den Schaden zu ersetzen, festzustellen (§ 256 ZPO).

4. Schließlich hat der Kläger auch Anspruch auf Ersatz des ihm entstandenen immateriellen Schadens. Angesichts der schweren Persönlichkeitsbeeinträchtigung, die der Kläger durch die Verbreitung der Behauptung erleiden musste und angesichts des schweren Verschuldens, das dem Beklagten anzulasten ist, besteht ein unabwendbares Bedürfnis für einen finanziellen Ausgleich: ......[10]
Andere Ausgleichsmöglichkeiten fehlen: ......[11]

Der Gerichtsstand ...... ist gegeben, da die XY-Zeitung auch in ...... verbreitet wird[12].

Gerichtskostenvorschuss in Höhe von EUR ...... in Kostenmarken anbei.

Anlagen

Rechtsanwalt

Anmerkungen

1. bis Streitwert EUR 5.000,– Amtsgericht, ab EUR 5.001,– Landgericht. Zu den Ansprüchen vgl. Form. II. P. 7, wobei für die Klageansprüche Ziff. 3 und 4 Verschulden erforderlich ist.

2. Das Formular geht von einer rechtswidrigen Tatsachenbehauptung aus. Bei unzulässigen Werturteilen oder Meinungsäußerungen (vgl. Form. II. P. 7 Anm. 5) besteht kein Anspruch auf Widerruf, außerdem kann die Wiederholung nicht „wörtlich oder sinngemäß" verboten werden, vgl. Form. II. P. 8 Anm. 4. Evtl. kann anstelle des Widerrufs die Veröffentlichung des Unterlassungsurteils oder einer Unterlassungserklärung verlangt werden (vgl. BGH NJW 87, 1400).

3. Alternativ: in seinem allgemeinen oder einem besonderen Persönlichkeitsrecht zu verletzen, in seinem wirtschaftlichen Ruf zu verletzen, in seinem Recht am eingerichteten und ausgeübten Gewerbebetrieb zu verletzen (s. Form. II. P. 7. Anm. 1), erforderlichenfalls nähere Darlegung.

4. Unwahrheit nicht erforderlich bei Verletzung besonderer Persönlichkeitsrechte oder bei Verletzung des allgemeinen Persönlichkeitsrechts durch Eindringen in die Geheim- oder Intimsphäre. Bei Unterlassungsansprüchen gegenüber unzulässigen Meinungsäußerungen (Schmähkritik – BGH LM Art. 5 GG Nr. 40 – Halsabschneider) kommt Unwahrheit nicht in Betracht.

5. Schilderung des Sachverhalts mit geeigneten Beweisantritten.

6. Vgl. Form. II. P. 7., bei vorausgegangener einstweiliger Verfügung Form. II. P. 12.

7. Vgl. Form. II. P. 8.

8. Alternativ: „Der Beklagte hat innerhalb der ihm gesetzten angemessenen Frist auf das Abmahnschreiben (Abschlussschreiben) nicht geantwortet."

9. Nähere Darlegungen zur Frage Tatsachenbehauptung/Meinungsäußerung und zur Fortwirkung der Beeinträchtigung nur erforderlich und zweckmäßig, wenn der Sachverhalt dazu besonderen Anlass bietet.

10. Anspruch auf Ersatz immateriellen Schadens setzt eine besonders schwere Persönlichkeitsverletzung voraus, je nach Lage des Falles auch schweres Verschulden. Ggf. kann der Anspruch entfallen, wenn andere Ausgleichsmöglichkeiten etwa durch Widerruf oder Gegendarstellung bestehen. Näheres vgl. *Löffler/Steffen* § 6 Rdn. 332 ff., *Wenzel* Rdn. 14.94 ff.

11. Ausführungen hierzu nur erforderlich und zweckmäßig, wenn der Sachverhalt dazu besonderen Anlass bietet.

12. Gerichtsstand neben dem Verlags- oder Erscheinungsort jeder Ort, an dem die Druckschrift verbreitet wird: § 32 ZPO.

20. Klageerwiderung

An das
Landgericht (Amtsgericht)
. . . . . .

In Sachen

. . . . . .
Prozessbevollm.: . . . . . .

gegen

. . . . . .

zeigen wir an, dass wir den Beklagten vertreten.

Wir werden beantragen,
die Klage kostenpflichtig abzuweisen
hilfsweise,
evtl. gegen Sicherheitsleistung (Bankbürgschaft)
Vollstreckungsschutz zu gewähren.

Begründung[1]:

Der Kläger macht mit seiner Klage Unterlassungs-, Widerrufs-, Schadensersatzfeststellungs- und immaterielle Schadensersatzansprüche geltend. Für die Ansprüche fehlt es an allen Voraussetzungen:
Es ist richtig, dass der Beklagte Verleger der XY-Zeitung ist und es ist auch richtig, dass in der Ausgabe Nr. . . . . . . über den Kläger die in der Klage wiedergegebene Behauptung aufgestellt worden ist[2].

1. Der Unterlassungsanspruch ist nicht gegeben, weil die Behauptung nicht ehrenrührig ist und den Kläger auch nicht in einem anderen Recht verletzt.

Zudem ist die Behauptung keine Tatsachenbehauptung, sondern eine durch Art. 5 GG gedeckte Meinungsäußerung ....
Soweit die Behauptung tatsächlichen Charakter haben sollte, ist sie wahr: ......

Beweis: ......

Schließlich scheitert der Unterlassungsanspruch daran, dass keine Wiederholungsgefahr besteht, weil ......

Beweis: ......

2. Ein Widerrufsanspruch besteht unabhängig von der Frage der Wahrheit oder Unwahrheit nicht, weil es sich bei der angegriffenen Behauptung nicht um eine Tatsachenbehauptung, sondern um eine durch Art. 5 GG gedeckte Meinungsäußerung handelt ....
Soweit das Gericht der Behauptung tatsächlichen Charakter beimessen sollte, ist sie wahr: ......

Beweis: ......

Jedenfalls wird es dem Kläger nicht gelingen, den ihm obliegenden Beweis für die Unwahrheit zu erbringen.
Im Übrigen ist der Widerruf nicht zur Beseitigung einer Quelle gegenwärtiger Rufbeeinträchtigung notwendig, weil die Behauptung nicht fortwirkt: ......
3. Schadensersatzansprüche bestehen nicht, weil die Behauptung – wie oben ausgeführt – nicht rechtswidrig ist. Zudem trifft den Beklagten kein Verschulden und er hat auch nicht für das Verschulden Dritter einzustehen, weil ......

Beweis: ......

Es wird ferner bestritten, dass dem Kläger ein Schaden entstanden ist. Soweit der Kläger einen Schaden behauptet, ist dieser durch die Behauptung nicht kausal verursacht worden: ......
4. Immaterielle Schadensersatzansprüche scheiden von vornherein aus, weil von einer schweren Persönlichkeitsrechtsverletzung auch dann nicht die Rede sein könnte, wenn überhaupt eine Persönlichkeitsrechtsverletzung vorliegen sollte: ......

In jedem Falle fehlt es am Verschulden, insbesondere am schweren Verschulden.[3]
Schließlich hätte der Kläger andere Möglichkeiten gehabt, den von ihm behaupteten immateriellen Schaden auszugleichen, nämlich ...... Er hat aber davon keinen Gebrauch gemacht.

Rechtsanwalt

Anmerkungen

1. In der Klageerwiderung, die sich auf die Klage in Form. II. P. 19 bezieht, sind die wesentlichen schlüssigen Einwendungen gegen die mit der Klage erhobenen Ansprüche kumulativ zusammengefasst. Selbstverständlich sind nur die zutreffenden Einwendungen unter Aufführung der tatsächlichen Umstände vorzutragen.

2. Alternativ: Der Beklagte hat die beanstandete Behauptung weder aufgestellt noch verbreitet, oder: er hat die Behauptung nicht so aufgestellt, wie dies in der Klage behauptet wird.

3. Schweres Verschulden ist nicht Voraussetzung des Anspruchs. Ein fehlendes schweres Verschulden kann aber bei der erforderlichen Gesamtabwägung dazu führen, dass ein Schmerzensgeldanspruch zu verneinen ist (vgl. *Löffler/Steffen* § 6 Rdn. 335, *Wenzel* Rdn. 14.109 ff.).

Q. AGB-Recht

1. AGB-rechtliche Abmahnung[1]

Sehr geehrte Herren,

hiermit zeige ich Ihnen an, dass mich die Verbraucherzentrale ......[2] mit der Wahrnehmung ihrer Interessen beauftragt hat. Namens und in Vollmacht meiner Mandantin teile ich Ihnen folgendes mit:
Sie verwenden als Fertighausherstellerin für eine Vielzahl von Verträgen vorformulierte Vertragsbedingungen, die Sie anderen Vertragsparteien (Fertighausabnehmern) bei Abschluss des Vertrages stellen[3]. Ein Hinweis hierfür ist Ihr gedruckt vorliegender Mustervertrag. Der Verbraucherzentrale sind jedoch drei Fälle bekannt, in denen Sie dieselben vorformulierten Bestimmungen drei verschiedenen Kunden[4], die keine Kaufmannseigenschaft aufweisen, zum Zwecke des Vertragsabschlusses vorlegten.
Der von Ihnen vorgelegte Vertrag hat AGB-Charakter. Er unterliegt der Inhaltskontrolle der §§ 307–309 BGB und verstößt in verschiedenen Punkten gegen AGB rechtliche Bestimmungen. Im Einzelnen[5]:

1. Nach Ziff. 5 Ihrer AGB sind die Gewährleistungsansprüche gegen Sie auf ein Recht auf Nacherfüllung beschränkt, ohne dass dem anderen Vertragsteil das Recht vorbehalten wird, bei Fehlschlagen der Nacherfüllung oder Ersatzlieferung Herabsetzung der Vergütung zu verlangen. Diese Bestimmung Ihrer AGB verstößt, weil es sich um Verträge über Lieferungen neu hergestellter Sachen und Leistungen handelt, gegen §§ 309 Nr. 8 b bb BGB[6].
2. In Ziff. 8 Ihrer AGB ist bestimmt, dass Ihre Bauleistungen mit Inbenutzungnahme als abgenommen gelten. Diese Bestimmung verstößt gegen § 308 Nr. 5 BGB, weil dem Vertragspartner keine angemessene Frist zur Abgabe einer ausdrücklichen Erklärung eingeräumt ist und Sie sich nicht verpflichtet haben, den Vertragspartner bei Beginn der Frist auf die vorgesehene Bedeutung seines Verhaltens besonders hinzuweisen. Gerade bei Bauleistungen werden Baumängel häufig erst nach Abnahme sichtbar.

Meine Mandantin hat mich ermächtigt, Ihnen vor Einleitung gerichtlicher Schritte Gelegenheit zur außergerichtlichen Bereinigung zu geben. Ich habe Sie hiermit namens und in Vollmacht meiner Mandantin aufzufordern, sich ihr gegenüber zu meinen Händen zu verpflichten,

1. es bei Vermeidung einer für jeden Fall der Zuwiderhandlung fälligen Vertragsstrafe von EUR 2000,–[7] (in Worten: zweitausend EUR) zu unterlassen, im Zusammenhang mit Verträgen über Lieferung und Erstellung von Fertighäusern folgende oder inhaltsgleiche Bestimmungen in Ihren Allgemeinen Geschäftsbedingungen zu verwenden oder sich auf solche Klauseln zu berufen[8], sofern nicht Verträge mit einem Kaufmann im Rahmen seines Handelsgeschäfts vorliegen[9]:
   a) Gewährleistungsansprüche gegen uns sind auf das Recht zur Nacherfüllung beschränkt;
   b) unsere Leistung gilt mit Inbenutzungnahme als abgenommen;
2. die meiner Mandantin entstandenen Aufwendungen in Höhe von EUR 120,– zu erstatten[10].

Ich weise darauf hin, dass nur durch die Abgabe der vorstehenden Erklärungen bis

......

die Wiederholungsgefahr und damit das Rechtsschutzbedürfnis für die Einleitung gerichtlicher Schritte ausgeräumt werden können. Sollte nicht fristgerecht eine schriftliche

Erklärung im obigen Sinn bei mir eingehen, so wird meine Mandantin gerichtliche Maßnahmen einleiten[11].

Schrifttum: Bunte, Entscheidungssammlung zum AGB-Gesetz 1982 ff.; *ders.,* Handbuch der AGB 1982; *Koch/Stübing,* Allgemeine Geschäftsbedingungen Kommentar, 1. Aufl. 1977; *Locher,* AGBG in NJW-Schriftenreihe, Bd. 72, 3. Aufl. 1997; *Löwe/ v. Westphalen/Trinkner,* Kommentar zum Gesetz zur Regelung des Rechts der Allgemeinen Geschäftsbedingungen, 2. Aufl. 1983; *Lindacher,* ZZP 1990, 397; *Kötz/Gerlach,* Münchener Kommentar zum Bürgerlichen Gesetzbuch, 3. Aufl. 1992 ff.; *E. Schmidt* NJW 1989, 1192; *Schlosser/Coester-Waltjen/Graba,* Kommentar zum Gesetz zur Regelung des Rechts der Allgemeinen Geschäftsbedingungen, 1. Aufl. 1977; *Schmidt/Salzer,* Allgemeine Geschäftsbedingungen, NJW-Schriftenreihe, 2. Aufl. 1977; *Ulmer/Brandner/Hensen,* AGB-Gesetz, 9. Aufl. 2001; *v. Westphalen,* Vertragsrecht und AGB-Klauselwerke, 1996 nebsz 5. Ergänzungslieferung 1997; *v. Westphalen* NJW 2002, 12 ff.; *Wolf/Horn/Lindacher* AGB-Gesetz 4. Aufl. 1999.

Vorbemerkung

Das AGB-Gesetz ist durch das Schuldrechtsmodernisierungsgesetz aufgehoben und in die §§ 305 ff. BGB integriert worden. Die materiellen Bestimmungen des AGB-Gesetzes wurden weitgehend unverändert – mit kleinen Korrekturen – unter Berücksichtigung der bisherigen Rechtsprechung in die §§ 305 ff. BGB übernommen. Wesentliche Neuerungen betreffen die generelle Geltung für Versicherungsverträge, die eingeschränkte Geltung im Individualarbeitsrecht sowie die Einschränkung der Ausnahmevorschriften für Post und Telekommunikation. Das Transparenzgebot ist in die Generalklausel der Inhaltskontrolle (§ 307 Abs. 1 S. 2 BGB) aufgenommen, die Möglichkeit, die Haftung für Körperschäden auf grobe Fahrlässigkeit zu beschränken, ausgeschlossen worden (§ 309 Nr. 7 lit a BGB). Die verfahrensrechtlichen Vorschriften des bisherigen AGB-Gesetzes über die Verbandsklage wurden zusammen mit anderen Vorschriften in einem Gesetz über Unterlassungsklagen bei Verbraucherrechts- und anderen Verstößen (Unterlassungsklagengesetz – UKlaG –) zusammengefasst.

Anmerkungen

1. Das prozessuale Vorgehen auf Unterlassung scheitert nicht mangels Rechtsschutzbedürfnisses, wenn keine Abmahnung erfolgt. Der Kläger riskiert jedoch nach § 93 ZPO Kostentragung, wenn er nicht vorher abmahnt. Darüber hinaus kann sich die Abmahnpflicht aus der Satzung der Verbände und Kammern ergeben. Ähnlich wie im Wettbewerbsrecht ist die Abmahnung auch im AGB-Recht zu einem gesicherten Rechtsinstitut geworden.

Auf die Abmahnung kann ausnahmsweise verzichtet werden, wenn der Verwender die Wiederholungsgefahr durch Abgabe der verlangten Verpflichtungserklärung ausgeräumt hat, gleichwohl sich anschließend wiederum derselben oder inhaltsgleicher unwirksamer AGB bedient (*Ulmer/Brandner/Hensen* § 13 AGBG Rdn. 66).

2. Das AGB-Recht räumt weder dem Vertragspartner noch einer zentralen Wettbewerbsbehörde oder sonstigen Dritten Unterlassungs- und Widerrufsansprüche ein. Nach § 13 Abs. 2 AGBG war der Kreis der Klagebefugten beschränkt auf die dort angeführten Verbraucherverbände, Wirtschaftsverbände und Kammern.

Nunmehr sind anspruchsberechtigte Stellen für Unterlassungs- und Widerrufsansprüche bei Allgemeinen Geschäftsbedingungen gem. § 1 UKlaG u. a. qualifizierte Einrichtungen, die nachweisen, dass sie in die Liste qualifizierter Einrichtungen nach § 4 oder in dem Verzeichnis der Kommission der Europäischen Gemeinschaften nach Art. 4 der

Richtlinie 98/27/EG des Europäischen Parlaments und des Rates v. 19. Mai 1998 über Unterlassungsklagen zum Schutz der Verbraucherinteressen in der jeweils geltenden Fassung eingetragen sind. Der Sache nach ist eine „qualifizierte Einrichtung" inhaltlich gleich bedeutend mit dem Verbraucherschutzverein (*Ulmer/Brandner/Hensen* AGBG § 13 Rdn. 36). Die Klagebefugnis ist davon abhängig, dass der Verbraucherschutzverband in die vom Bundesverwaltungsamt geführte Liste der qualifizierten Einrichtungen eingetragen ist (§ 4 UKlaG).

3. Hier wird auf die AGB-Definition des § 305 BGB verwiesen. Der Verwender „stellt" seine vorformulierten Bedingungen der anderen Vertragspartei, wenn er von ihr den Abschluss zu den vorformulierten Bedingungen verlangt. Während im „normalen" Geschäftsverkehr die Anwendung der AGB-rechtlichen Kontrolle voraussetzt, dass es sich um zur Mehrfachverwendung vorformulierte rechtliche Bestimmungen handelt, die der Verwender der anderen Vertragspartei „stellt", also wenn er von ihm den Abschluss zu den vorformulierten Bedingungen verlangt, unterliegen bei **Verbraucherverträgen** die Bestimmungen gem. der AGB-rechtlichen Kontrolle auch dann, wenn die vorformulierten Vertragsbedingungen auch nur zur einmaligen Verwendung bestimmt sind, soweit der Verbraucher auf ihren Inhalt keinen Einfluss nehmen konnte (§ 310 Abs. 3 Ziff. 1 BGB). Dabei ist es gleichgültig, ob die vorformulierten Vertragsklauseln auf Vorschlag des Unternehmers oder eines Dritten in den Vertrag einbezogen wurden. Bei Verbraucherverträgen gelten AGB als vom Unternehmer gestellt, es sei denn, dass sie durch den Verbraucher in den Vertrag eingeführt wurden (§ 310 Abs. 3 Ziff. 1 BGB). Außerdem sind bei Verbraucherverträgen alle den Vertragsschluss begleitenden Umstände mit einzubeziehen (§ 310 Abs. 3 Ziff. 3 BGB). Diese Bestimmungen des § 310 Abs. 3 BGB für Verbraucherverträge gelten jedoch nur für Verträge zwischen einer Person, die in Ausübung ihrer gewerblichen oder beruflichen Tätigkeit handelt (Unternehmer) und einer natürlichen Person, die den Vertrag zu einem Zweck abschließt, der weder einer gewerblichen noch einer selbstständigen beruflichen Tätigkeit zugerechnet werden kann (Verbraucher).

Im vorliegenden Beispiel kann ein Verbrauchervertrag vorliegen, je nach dem, wer der Besteller ist. Ist dies zu bejahen, so ist der Text der Abmahnung anzupassen. Es ist nicht mehr auf für eine Vielzahl von Verträgen vorformulierte Vertragsbestimmungen abzuheben, jedoch Ausführungen über die Ausübung der gewerblichen oder beruflichen Tätigkeit und dem Status des Vertragspartners des Verwenders zu machen.

4. Die Beweislast dafür, dass AGB vorliegen, trägt der Abmahnende. Sind die Bedingungen gedruckt, so besteht zumindest ein Anscheinsbeweis dafür, dass AGB-Charakter vorliegt. Der Nachweis des Individualcharakters von Vertragsbedingungen, also des individuellen Aushandelns, obliegt dann dem Verwender.

5. Die Abmahnung sollte schriftlich ergehen, möglichst zur Sicherung des Zugangs mit Einschreiben-Rückschein erfolgen. Dem Verwender sind die Bestimmungen der AGB im Einzelnen zu nennen, die als unwirksam angesehen werden.

6. Die Unwirksamkeit einer Klausel, die gegen ein Klauselverbot ohne Wertungsmöglichkeit verstößt, muss nicht im Einzelnen begründet werden, jedoch in der Regel die Unwirksamkeit einer Klausel nach § 307 BGB und einer Klausel mit Wertungsmöglichkeiten (§ 308 BGB). Der Verwender soll die Möglichkeit haben, sich anhand der Argumente des Klagebefugten zu entscheiden, ob er die beanstandeten AGB weiter verwenden will oder nicht (*Ulmer/Brandner/Hensen* § 13 Rdn. 51; *Löwe/v. Westphalen/Trinkner* § 15 Rdn. 13); eine Begründung halten „kaum für erforderlich" *Wolf/Horn/Lindacher* § 13 Rdn. 89.

7. Als Faustregel dürfte angemessen sein, eine Vertragsstrafe von 2.000,– EUR pro Zuwiderhandlung, bei Verstoß gegen Verpflichtung nicht mehr zu empfehlen, ein erheblich höherer Betrag *(Ulmer/Brandner/Henssen* § 13 Rdn. 56). Bedenklich: sog. „Hamburger Brauch" (Offenlassen der Strafhöhe mit Antrag auf gerichtliche Festsetzung) (vgl. BGH BB 1978, 12 und Form. II. L. 1 Anm. 8 mwN.)

8. Vgl. hierzu BGH BB 1981, 934.

9. Die Inhaltskontrolle der §§ 308, 309 BGB – im Gegensatz zu der nach § 307 BGB – bezieht sich gemäß § 310 Abs. 1 BGB nicht auf Allgemeine Geschäftsbedingungen, die gegenüber einem Unternehmer verwendet werden.

10. Grundsätzlich treffen die Kosten der Abmahnung den Abmahnenden. Während nach wettbewerbsrechtlichen Gesichtspunkten die Kosten dem Abgemahnten unter dem Gesichtspunkt der Geschäftsführung ohne Auftrag auferlegt werden (BGHZ 52, 399), dürfte eine Übernahme dieser Gesichtspunkte in das AGB-Recht nicht zulässig sein, streitig wie hier (*Koch/Stübing* § 13 Rdn. 32; *Schlosser/Coester-Waltjen/Graba* § 13 Rdn. 60; *Ulmer/Brandner/Hensen* § 13 Rdn. 63; aA. *Löwe/v. Westphalen/Trinkner* § 15 Rdn. 17; und mit anderer Begründung: *Wolf/Horn/Lindacher* AGB-Gesetz § 13, Rdn. 108).

Dagegen hat das LG Frankfurt (WRP 1977, 129) in Wettbewerbssachen eine Erstattungspflicht für Auslagen zugelassen. Vgl. auch OLG Nürnberg BB 1980, 179.

11. Dem Verwender ist eine angemessene Frist zur Abgabe der Verpflichtungserklärung zu setzen, die zumindest zwei Wochen betragen sollte. Außerdem sind gerichtliche Maßnahmen für den Fall anzudrohen, dass der Anspruchsgegner die verlangten Erklärungen nicht innerhalb der Frist abgibt.

2. Antrag auf Erlass einer einstweiligen Verfügung wegen Verstoßes gegen AGB-rechtliche Bestimmungen[1]

An das
Landgericht

Antrag

auf Erlass einer einstweiligen Verfügung[2]

des Verbraucherschutzverbandes ......,
vertreten durch ...... (Antragsteller)

Verfahrensbevollmächtigter: Rechtsanwalt ......

gegen

Herrn ...... (Antragsgegnerin)

wegen

Verstoßes gegen das AGB-Gesetz.
Vorläufiger Streitwert: EUR ...... (geschätzt)[3]

Namens und in Vollmacht des Antragstellers beantrage ich, das Gericht möge im Wege der einstweiligen Verfügung[4] – wegen besonderer Dringlichkeit ohne mündliche Verhandlung – durch Beschluss[5] anordnen:

I. Dem Antragsgegner wird es bei Vermeidung eines für jeden Fall der Zuwiderhandlung fälligen Ordnungsgeldes bis zu 250.000 EUR ersatzweise Ordnungshaft bis zu 6 Monaten, untersagt, in AGB folgende Klausel oder inhaltsgleiche Bestimmungen – ausgenommen gegenüber Unternehmern – zu verwenden: „Die Gewährleistungsfrist beträgt 2 Jahre ab Abnahme der Architektenleistung"[6, 7].

II. Dem Antragsgegner werden die Kosten des einstweiligen Verfügungsverfahrens auferlegt.

Begründung:

1. Der Antragsteller ist als Verbraucherschutzverband gemäß § 1 UklaG zur Geltendmachung von Unterlassungs- und Widerrufsansprüchen bei Verstößen nach §§ 307–309 BGB befugt.

Beweis: Satzung der Antragstellerin (Anlage 1). Er ist gem. § 3 UKlaG anspruchsberechtigte Stelle.

Beweis: ......

2. Der Antragsgegner ist Architekt. Er verwendet vorgedruckte AGB (Architektenformularvertrag), die er seinen Vertragspartnern stellt

Beweis: Vorlage der gedruckten AGB (Anlage 2–3);
eidesstattliche Versicherung der ...... über die Verwendung dieser AGB (Anlage 3)[8].

Der Antragsgegner ist vor Antragstellung durch Anwaltsschreiben unter Fristsetzung von 2 Wochen ergebnislos abgemahnt worden.

Beweis: Abmahnungsschreiben (Anlage 4);
eidesstattliche Versicherung, dass innerhalb der Frist keine Unterwerfungserklärung einging (Anlage 5).

3. Das Verhalten der Antragsgegner stellt einen Verstoß gegen § 309 Nr. 8 lit bff. BGB dar.

Die Abkürzung der fünfjährigen Gewährleistungsfrist des § 634 a Abs. 1 Nr. 2 ist nach § 309 Nr. 8 lit bff. BGB in AGB nicht zulässig.

Rechtsanwalt

Anmerkungen

1. Nach § 5 UKlaG finden auf das Verfahren die Vorschriften der Zivilprozessordnung und die §§ 23a, 23b und 25 des Gesetzes gegen den unlauteren Wettbewerb Anwendung. Die §§ 8ff. enthalten Bestimmungen über Klageantrag und Anhörung, Besonderheiten der Urteilsformel, Einwendung wegen abweichender Entscheidung und Wirkungen des Urteils.

2. Es war umstritten, ob im Rahmen des § 13 AGBG einstweilige Verfügungen zulässig sind. Das AGB-Gesetz erwähnte die einstweilige Verfügung nicht.

Gegen die Zulässigkeit einstweiliger Verfügungen haben sich ausgesprochen: *Koch,* BB 1978, 1638; *Koch/Stübing* § 13 Rdn. 34; OLG Düsseldorf NJW 1978, 2512, das seine Auffassung in einer Entscheidung (NJW 1989, 1487) geändert hat. Die ganz überwiegende Meinung bejaht jedoch die Zulässigkeit der einstweiligen Verfügung für den Unterlassungs-, nicht jedoch für den Widerrufsanspruch. Bei letzterem würde es um eine endgültig erfüllende Regelung gehen (MünchKomm/*Gerlach* § 15 AGBG Rdn. 21; *Wolf/Horn/Lindacher* § 13 Rdn. 122). Für die Zulässigkeit der einstweiligen Verfügung: KG BB 1981, 148, OLG Hamburg NJW 1981, 2420; *Heinz/Stillner* WRP 1978, 726; *Locher,* AGBG S. 169; *Löwe/v. Westphalen/Trinkner* § 21 Rdn. 16ff.; *Schlosser/Coester-Waltjen/Graba* § 13 Rdn. 18; *Ulmer/Brandner/Hensen* § 15 Rdn. 11;

3. Der Streitwert war bei Rechtsstreitigkeiten auf Grund des AGB-Gesetzes nach § 22 AGBG beschränkt bis auf DM 500.000,–. Durch das Kostenrechtsänderungsgesetz 1994 (BGBl. I, 1325) wurde die den Streitwert für Kontrollklagen festlegende Bestimmung des § 22 aufgehoben und in § 12 Abs. 1, Satz 2 GKG aufgenommen. Je nach Größe des Unternehmens dürfte der Regelstreitwert pro beanstandeter Klausel mit 5.000 DM anzunehmen sein, soweit es sich um Verwendungsunterlassung handelt, für Klagen auf Unterlassung und Widerruf einer Empfehlung mit 10.000,– DM.

4. Bei einstweiligen Verfügungen gegen die Wirksamkeit einer verwendeten oder empfohlenen Klausel ist der Streitwert nach § 23a UWG zu ermäßigen, wobei i.d.R. der Streitwert auf die Hälfte des Streitswerts des Hauptsacheverfahrens festgesetzt werden soll (vgl. zur Streitwerthöhe im AGB-rechtlichen Verfahren: *Ulmer/Brandner/Hensen* § 15 Rdn. 31). Der Verfügungsanspruch iSd. §§ 935, 940, 936, 916 Abs. 1 ZPO ist der den

Verbänden und Kammern nach §§ 1, 3 UKlaG zustehende Anspruch auf Unterlassung. Die Wiederholungsgefahr ist im Allgemeinen nur durch Abgabe einer strafbewehrten Unterlassungserklärung zu beseitigen (*Locher* AGB 5165; *Löwe* BB 1979, 708). Vgl. auch BGH NJW 1981, 405 und BGH NJW 1982, 2311.

5. Die Dringlichkeit wird seit der Aufnahme des § 25 UWG in das AGB – Verfahrensrecht – gesetzlich vermutet, ergibt sich aber auch aus der Natur der Sache – der Störung des Rechtsfriedens. Die Dringlichkeit ist anzunehmen, wenn das Abmahnverfahren erfolglos geblieben ist. Sie folgt regelmäßig aus der Natur der Sache, dem Umgang mit zu beanstandenden AGB (für engere Voraussetzungen „grobe Unbilligkeit": MünchKomm/ *Gerlach* § 15 Rdn. 27, „erhebliche Belastung": *Schlosser/Staudinger* § 15 Rdn. 8).

Hinsichtlich des Antrags, dass ohne mündliche Verhandlung entschieden werden soll (§ 937 Abs. 2 ZPO), muss das Vorliegen eines dringenden Falles glaubhaft gemacht werden. Es muss eine Gefährdung des Zwecks der einstweiligen Verfügung zu besorgen sein. Die Darlegung eines dringenden Falles wird deshalb Schwierigkeiten machen. Der Antrag, ohne mündliche Verhandlung zu entscheiden, ist aber unschädlich.

6. Nach § 309 Nr. 8 lit b ff. BGB kann eine Abkürzung der gesetzlichen Gewährleistungsfrist nur im Wege individuellen Aushandelns nach § 305 Abs. 3 BGB wirksam erfolgen.

7. Die Entscheidung darf dem Antrag entsprechen (*Ulmer/Brandner/Hensen* § 15 Rdn. 17). Dagegen wollen *Schlosser/Coester-Waltjen/Graba* (§ 13 Rdn. 18) nur eine Entscheidung zulassen, die den Verwender verpflichtet, seine AGB mit dem Zusatz zu versehen, die angefochtenen Klauseln würden zurzeit gerichtlich überprüft und nur im Falle ihrer Zulässigkeit weiter verwendet werden. Bei Verwendungsunterlassung auch für „offene Verfügung": *Wolf/Horn/Lindacher* AGB-Gesetz § 13 Rdn. 128.

8. Die Darlegung und Glaubhaftmachung, dass die AGB vom Antragsgegner tatsächlich verwendet worden sind, ist im einstweiligen Verfügungsverfahren erforderlich.

3. Unterlassungsklage nach dem AGB-Recht[1]

An das
Landgericht[2]

Klage

des Verbraucherschutzverbandes ...... **(Kläger)**
Prozessbevollmächtigter: Rechtsanwalt ......

gegen

den Makler ...... **(Beklagter)**

wegen

Verstoßes gegen das AGB-Gesetz.
Vorläufiger Streitwert: DM ...... (geschätzt)

Namens und in Vollmacht des Klägers erhebe ich Klage und werde beantragen:

I. Der Beklagte hat es bei Vermeidung eines für jeden Fall der Zuwiderhandlung vom Gericht festzusetzenden Ordnungsgeldes bis zu 250.000 EUR, ersatzweise Ordnungshaft bis zu 6 Monaten, zu unterlassen, im Zusammenhang mit Maklerverträgen in AGB folgende oder inhaltsgleiche Klauseln zu verwenden und sich bei der Abwicklung bestehender Vertragsverhältnisse auf die Bestimmung zu berufen: „Unser Provisionsanspruch entsteht unabhängig vom Zustandekommen des Geschäfts[3]."

II. Der Beklagte trägt die Kosten des Rechtsstreits.

III. Dem Kläger wird die Befugnis zugesprochen, die Urteilsformel mit der Bezeichnung des verurteilten Verwenders auf Kosten des Beklagten im Bundesanzeiger, im Übrigen auf eigene Kosten bekanntzumachen[4].

„Begründung:

. . . . . .“

Rechtsanwalt

Anmerkungen

1. Werden AGB-Bestimmungen, die nach §§ 307–309 BGB unwirksam sind, verwendet, so entsteht den in §§ 3, 4 UKlaG genannten Verbänden und Kammern ein auf dauernde Unterlassung der Verwendung gerichteter Anspruch, der nach hM. als materiellrechtlicher Unterlassungsanspruch anzusehen ist (BGH NJW – RR 1990, 886; *Ulmer/Brandner/Hensen* § 13 Rdn. 23). Wie bei jedem materiell-rechtlichen Unterlassungsanspruch muss die Wiederholungsgefahr gegeben sein. Wer AGB seinem rechtsgeschäftlichen Verkehr, zugrundelegt, indiziert die Absicht zur Mehrfachverwendung. Im Ausnahmefall kann jedoch die Wiederholungsgefahr entfallen. (Beispiel: Ein 12 Jahre altes, schrottreifes Fahrzeug wird von einem Privatmann unter Benutzung von AGB an einen anderen Privatmann verkauft.)

2. Die Zuständigkeit ergibt sich aus § 6 UKlaG. Zuständig ist deshalb ausschließlich das Gericht, in dessen Bezirk der Beklagte seine gewerbliche Niederlassung oder in Ermangelung einer solchen seinen Wohnsitz hat.

Die Landesregierungen werden ermächtigt, durch Rechtsverordnung einem Landgericht für die Bezirke mehrerer Landgerichte Rechtsstreitigkeiten nach dem AGB-Gesetz zuzuweisen (§ 14 Abs. 2 AGBG). Davon haben Bayern, Nordrhein-Westfalen, Hessen, Sachsen und Mecklenburg-Vorpommern Gebrauch gemacht.

3. Die Klage ist materiell auf § 307 BGB gestützt. Ein Verstoß gegen die Generalklausel des § 307 setzt AGBG eine unangemessene Benachteiligung des Vertragspartners des Verwenders entgegen den Geboten von Treu und Glauben voraus. Sie ist im Zweifel anzunehmen, wenn eine Bestimmung mit wesentlichen Grundgedanken der gesetzlichen Regelung, von der abgewichen wird, nicht zu vereinbaren ist oder wesentliche Rechte oder Pflichten, die sich aus der Natur des Vertrages ergeben, so eingeschränkt werden, dass die Erreichung des Vertragszwecks gefährdet ist.

Die angefochtene Bestimmung wird an der Leitbild- und Ordnungsfunktion des dispositiven Rechts gemessen. Das Leitbild des Maklervertrags ist in § 652 BGB niedergelegt, der die Vergütung vom Erfolg der Maklerbemühungen abhängig macht. Abweichungen hiervon können nur durch Individualabreden wirksam getroffen werden. Schon vor Inkrafttreten des AGB-Gesetzes hat die Rechtsprechung die Begründung eines erfolgsunabhängigen Provisionsanspruchs in AGB abgelehnt (vgl. zB. BGH NJW 1965, 246; BGH WM 1970, 392). Nach Inkrafttreten des AGB-Gesetzes war eine solche Vereinbarung in AGB nicht mit § 9 Abs. 2 Nr. 1 AGBG vereinbar (BGH NJW 1985, 2477). Zu Klauseln über erfolgsunabhängigen Aufwendungsersatz: (*Ulmer/Brandner/Hensen* Anh. §§ 9–11 Rdn. 490).

4. § 7 UKlaG regelt die Veröffentlichungsbefugnis. Sie bedarf des Antrags des Klägers. Das Gericht „kann“ dem Kläger bei einem Erfolg seiner Klage die Veröffentlichungsbefugnis zusprechen. Das Gericht hat eine Interessenabwägung vorzunehmen. Während bei einem Widerrufsurteil, das durch die nach § 9 Nr. 4 UKlaG dem Kläger aufgegebene Bekanntgabe an die Empfänger schon die erforderliche Breitenwirkung erreichen, und sich dann eine Veröffentlichung erübrigen kann, wird die Veröffentlichung eines Unterlassungsurteils vor allem dann in Frage kommen, wenn der Verwender einen größeren Kundenkreis hat und die beanstandeten AGB in erheblichem Ausmaße verwendet wurden.

4. Klage auf Unterlassung und Widerruf gegen Empfehler[1] von AGB-rechtswidrigen AGB

An das
Landgericht

Klage

des Verbraucherschutzverbandes ...... (Kläger)
Prozessbevollmächtigter: ......

gegen

den Verband ...... (Beklagter)

wegen

Unterlassung und Widerruf AGBG-rechtswidriger Empfehlungen.
Vorläufiger Streitwert: EUR ......

Namens und mit Vollmacht des Klägers erhebe ich Klage und werde beantragen:

1. Der Beklagte wird verurteilt, bei Vermeidung von Ordnungsgeld bis zur Höhe von 250.000 EUR oder von Ordnungshaft, folgende Bestimmungen in Allgemeinen Geschäftsbedingungen im Verkehr mit Nichtkaufleuten für Verträge für den Verkauf von Textilien an Einzelhandelskunden oder inhaltsgleiche Bestimmungen nicht mehr zu empfehlen: „Mängel jedweder Art werden nicht mehr berücksichtigt, wenn sie nicht innerhalb einer Ausschlussfrist von 3 Tagen ab Auslieferung der Ware schriftlich gerügt werden."
2. Der Beklagte wird verurteilt, die Empfehlung dadurch zu widerrufen, dass er eine Abschrift des Urteils seinen Verbandsmitgliedern übersendet[2, 3].
3. Dem Kläger wird die Befugnis zugesprochen, die Urteilsformel mit der Bezeichnung des verurteilten Empfehlers auf Kosten des Beklagten im Bundesanzeiger, im Übrigen auf eigene Kosten, bekanntzumachen.

Begründung:

Der Kläger ist ein Verbraucherschutzverband, zu dessen satzungsgemäßen Zwecken Verbraucheraufklärung und -beratung gehört. Er übt diese Tätigkeit auch aus[4].

Beweis: Satzung;
eidesstattliche Versicherung.

Der Beklagte ist ein Verband zur ...... Seine Verbandsmitglieder verkaufen Textilien an Einzelhandelskunden.

Beweis: ......

Der Beklagte hat mit „Informationsbrief Nr. 10" im Hinblick auf das AGB-Recht seinen Verbandsmitgliedern die Überarbeitung der bisher von ihnen verwendeten AGB angeraten und die in dem Informationsbrief Nr. 10 enthaltenen „Musterbedingungen" empfohlen. Diese enthalten unter Ziff. 10 die folgende Bestimmung: „Mängel jedweder Art werden nicht mehr berücksichtigt, wenn sie nicht innerhalb einer Ausschlussfrist von 3 Tagen ab Auslieferung der Ware schriftlich gerügt werden."
Diese Bestimmung verstößt gegen § 310 Nr. 9 lit b ff. BGB, wonach bei Verträgen über Lieferung neu hergestellter Sachen eine Regelung in Allgemeinen Geschäftsbedingungen unwirksam ist, in der der Verwender dem anderen Vertragsteil für die Anzeige nicht offensichtlicher Mängel eine Ausschlussfrist setzt, die kürzer ist als die Verjährungsfrist für den gesetzlichen Gewährleistungsanspruch. Die Zulassung der Ausschlussfrist erfolgt in den Musterbestimmungen des Beklagten nicht nur bei offensichtlichen Mängeln.
Der Kläger hat den Beklagten ohne Erfolg abgemahnt.

Beweis: Abmahnungsschreiben vom ......[5];
eidesstattliche Versicherung.

Da der Informationsbrief an eine Vielzahl von Verbandsmitgliedern, die ihren Geschäftssitz in verschiedenen Teilen der Bundesrepublik haben, versandt wurde und anzunehmen ist, dass Verbandsmitglieder von dieser Empfehlung bereits Gebrauch gemacht haben, ist der Antrag auf Veröffentlichungsbefugnis gerechtfertigt[6].

Rechtsanwalt

Anmerkungen

1. Unter den Begriff des Empfehlers fallen in erster Linie Wirtschafts- und Berufsverbände, die ihren Verbandsmitgliedern branchenspezifische AGB empfehlen (Verbandsempfehler). Werden unwirksame AGB empfohlen, so erwächst den in § 3 UKlaG bezeichneten Stellen auch ein Anspruch auf Widerruf empfohlener AGB.

2. Der Widerruf wird durch den Empfehler dadurch vollzogen, dass er den Empfängern der empfohlenen AGB-rechtlich unzulässigen Bestimmungen, also hier den Verbandsmitgliedern, die Unwirksamkeit der einzelnen Bestimmungen mitteilt. Die Form des Widerrufs ist in § 9 Nr. 4 UKlaG geregelt.

Da im vorliegenden Fall der Empfehler durch Verbandsmitteilungen (Informationsbriefe) die beanstandeten AGB bekanntgemacht hat, ist das Urteil in einem weiteren Informationsbrief oder in anderen Verbandsmitteilungen zu veröffentlichen (*Ulmer/Brandner/Hensen* § 17 Rdn. 8).

3. Ein Unterlassungsanspruch gegen den Verbandsempfehler ist nicht so dringend wie beim sonstigen Verwender. Es fehlt aber nicht an der Wiederholungsgefahr, weil der Verband neu aufgenommenen Mitgliedern die Verbandsempfehlung zukommen lassen kann.

4. BGH NJW 1972, 1988.

5. Vgl. Form. II. O. 1.

6. Eine Aufbrauchsfrist kann bei Verstößen gegen das AGB-Recht nicht verlangt werden (vgl. BGH 1980, 2518).

5. Negative Feststellungsklage des Verwenders[1]

An das
Landgericht[2]

Klage

der Firma ...... **(Klägerin)**
Prozessbevollmächtigter: ......

gegen

den Verbraucherschutzverband ...... **(Beklagter)**

wegen

Feststellung der Rechtswirksamkeit von AGB.
Vorläufiger Streitwert: EUR ......

Namens und mit Vollmacht der Klägerin erhebe ich Klage und werde beantragen:

I. Es wird festgestellt, dass die von der Klägerin in ihren AGB für den Verkauf von Gebrauchtwagen verwendete Klausel „gebraucht, wie besichtigt und unter Ausschluss jeder Gewährleistung“ wirksam ist, soweit sie nicht in Verträgen mit Verbrauchern verwendet wird.

II. Der Beklagte trägt die Kosten des Rechtsstreits.

Begründung:

Die Klägerin betreibt in der Rechtsform der GmbH einen Handel mit gebrauchten Kraftfahrzeugen. Der Beklagte ist ein Verbraucherschutzverband, der mit Schreiben vom ...... die Klägerin hinsichtlich der Verwendung der Klausel „gebraucht, wie besichtigt und unter Ausschluss jeder Gewährleistung“ abgemahnt hat.

Beweis: Abmahnungsschreiben.

Die Klägerin hat durch Anwaltsschreiben vom ...... ihren Rechtsstandpunkt zum Ausdruck gebracht, dass die verwendete AGB-Klausel nicht gegen § 307 BGB verstoße, und hat den Beklagten aufgefordert, bis ...... zu erklären, dass die Klausel von ihm nicht mehr beanstandet werde.

Beweis: Anwaltsschreiben vom ......

Der Beklagte hat durch Anwaltsschreiben vom ...... erwidert, dass er nach wie vor die Klausel im Hinblick auf § 307 BGB für unwirksam halte und dass er sich sämtliche weiteren Schritte vorbehalte.

Beweis: Anwaltsschreiben vom ......

Die Klausel ist mit § 307 BGB vereinbar. Der Gesetzgeber hat bereits durch die Beschränkung des § 310 Nr. 8 lit b aa auf neu hergestellte Sachen zum Ausdruck gebracht, dass bei Gebrauchtwaren ein vollständiger Gewährleistungsausschluss nicht von vornherein unzulässig ist. Zum Leitbild des Gebrauchtwagenverkaufs durch einen Gebrauchtwagenhändler gehört der vollständige Gewährleistungsausschluss, weil der Händler nur beschränkte Möglichkeiten hat, sich über den Zustand des zu verkaufenden Fahrzeugs zu unterrichten. Ihn trifft keine allgemeine Untersuchungspflicht; dem Gebrauchtwagenkauf haftet grundsätzlich ein gewisses Risiko an. Der Käufer wird durch den Gewährleistungsausschluss auch nicht rechtlos gestellt, da ein Gewährleistungsausschluss nach § 444 BGB bei arglistigem Verschweigen eines Mangels unwirksam ist[3]. Die Klausel wird nur in Verträgen verwendet, bei denen Vertragspartner des Verwenders nicht Verbraucher, sondern gewerblich oder selbstständig beruflich Tätige sind[4].
Das Rechtsschutzbedürfnis für die Feststellungsklage ist zu bejahen. Der für den Geschäftssitz der Klägerin zuständige Verbraucherschutzverband berühmt sich, Ansprüche nach § 1 UKlaG zu haben. Die Klägerin muss wissen, ob sie weiterhin ihre AGB mit der beanstandeten Klausel verwenden kann. Solange die Klägerin, die einen erheblichen Umsatz mit gebrauchten Fahrzeugen hat und die ständig ihre AGB verwendet, keine Klarheit erlangt, ob die verwendete Klausel wirksam ist und ob der Beklagte seine Androhung, eine einstweilige Verfügung zu beantragen oder Klage zu erheben, wahrmacht, ist sie in der Ausübung ihres Gewerbebetriebs beeinträchtigt.[5]

Rechtsanwalt

Anmerkungen

1. Ein besonderes Rechtsschutzbedürfnis für Klagen von Verbänden und Kammern auf Feststellung, dass Bestimmungen in AGB unwirksam sind, besteht nicht, da sogleich auf Leistung, also auf Unterlassung oder Widerruf, geklagt werden kann. Dagegen können Feststellungsklagen von Verwendern und Empfehlern gegen die nach §§ 3, 4 UKlaG zur Klage Befugten erhoben werden, wenn ein rechtliches Interesse (§ 256 Abs. 1 ZPO) an der Feststellung der Wirksamkeit der AGB besteht. Dem Vertragspartner des Verwenders steht kein eigener Anspruch auf Unterlassung oder Widerruf zu; Streitigkeiten zwischen dem Vertragspartner des Verwenders und dem Verwender über die Rechtswirksamkeit von AGB können nur im normalen Rechtsstreit ausgetragen werden. Deshalb kommen als Klagegegner einer Feststellungsklage nur die in §§ 3, 4 UKlaG genannten Verbände und Kammern in Frage. Werden sie nach Abmahnung aufgefordert, den

Anspruch fallenzulassen, und kommen sie dieser Aufforderung nicht nach, so ist ein Rechtsschutzbedürfnis für die Feststellungsklage gegeben (*Palandt/Heinrichs* § 15 AGBG Rdn. 8; *Ulmer/Brandner/Hensen* § 15 Rdn. 26). Die Aufforderung der Rücknahme halten für entbehrlich *Wolf/Horn/Lindacher* AGBG § 13 Rdn. 145.

2. Die Zuständigkeit regelt sich nach § 6 UKlaG.

3. Vgl. BGH NJW 1979, 1886 mit Anm. *Löwe* BB 1979, 1063 und Anm. *Rudolf* BB 1979, 1377 mit Anm. *Löwe*; BGH NJW 1983, 217; *Ulmer/Brandner/Hensen* Anh §§ 9–11 Rdn. 434.

4. Im vorliegenden Fall ist die Haftungsbeschränkung wirksam, da der Verbrauchsgüterkauf von der Klausel ausgenommen ist. Würde die Klausel uneingeschränkt, also auch im Rechtsverkehr mit Verbrauchern, verwendet werden, so wäre sie im Hinblick auf §§ 474, 475 BGB unwirksam. Bei Beschränkung auf Rechtsgeschäfte, die zu einem Zweck abgeschlossen werden, der der gewerblichen oder selbstständigen beruflichen Tätigkeit zugerechnet werden kann, dürfte an der AGB-rechtlichen Wirksamkeit der Klausel kein Zweifel bestehen.

5. Erhebt der beklagte Verband seinerseits Leistungswiderklage, so entfällt nach h. M. das Rechtsschutzbedürfnis für die Feststellungsklage. Der Kläger muss die Erledigung der Hauptsache erklären (vgl. hierzu: *Wolf/Horn/Lindacher* AGB-Gesetz § 13 Rdn. 147).

6. Beitritt einer Empfehlerin als Nebenintervenientin[1]

An das
Landgericht

In der Sache ......

gegen

......

wegen

Feststellung der Rechtswirksamkeit von AGB

erkläre ich namens und in Vollmacht der Streitverkündeten als Empfehlerin der vom Kläger verwendeten AGB:

> **Die Streitverkündete tritt dem Rechtsstreit auf Seiten des Klägers als Nebenintervenientin bei[2].**

Sie schließt sich als Nebenintervenientin dem in der Klageschrift gestellten Antrag an[3] und beantragt außerdem

> **der Beklagten, die durch die Nebenintervention verursachten Kosten aufzuerlegen[4].**

Ergänzend zur Klagebegründung wird folgendes vorgetragen ......[5].

Anmerkungen

1. Der Beitritt als Nebenintervenientin erfolgt entweder gem. § 74 ZPO auf eine Streitverkündung hin oder bei Vorliegen eines rechtlichen Interesses am Obsiegen einer Partei nach § 66 ZPO (vgl. Form. IJ 3). Das rechtliche Interesse, das § 66 ZPO voraussetzt wird für die Empfehlerin angenommen (*Ulmer/Brandner/Hensen* § 15 Rdn. 24). Es liegt einmal darin, dass die Verbands-Empfehlerin interessiert ist, Klarheit zu bekommen, ob die von ihr ausgearbeiteten „Empfehlungen" rechtlich haltbar sind, zum andern aber auch möglicherweise darin, dass ein Verbandsangehöriger u. U. Schadensersatzansprüche gegen die Verbands-Empfehlerin hat, sofern die empfohlenen Bestimmungen nicht haltbar sind.

Außerdem wird auch die Nebenintervention paralleler Verwender inhaltsgleicher AGB zugelassen, sofern die Parallelverwender dieselbe Art der Rechtsgeschäfte i.S.d. § 15 Abs. 2 Nr. 2 betreiben (*Löwe/v. Westphalen/Trinkner* § 15 Rdn. 23; *Ulmer/Brandner/Hensen* § 15 Rdn. 24; a.A. *Wolf/Horn/Lindacher* § 15 Rdn. 16).

Im vorliegenden Fall hat sich der Kläger auf die Verbandsempfehlung verlassen und auf Grund dieser geklagt, während der Vertragspartner des Verwenders – Beklagte – die Unwirksamkeit der „empfohlenen" Klausel geltend macht.

2. Es muss die Partei, der beigetreten werden will, genannt werden, der Streitverkündete jedoch nicht auf Seiten des Streitverkünders beitreten. Er könnte auch auf Seiten der Gegenpartei beitreten, wenn insoweit ein rechtliches Interesse am Obsiegen dieser Partei besteht.

3. Der Nebenintervenient kann sich die Anträge der Partei zu eigen machen oder auch weitergehende Anträge stellen. Erklärungen oder Handlungen des Nebenintervenienten sind jedoch grundsätzlich unwirksam, soweit sie derjenigen der unterstützten Partei zuwiderlaufen würden (§ 67 ZPO).

4. Über die Kosten hat das Gericht von Amts wegen zu entscheiden. Der Antrag ist deshalb nicht mehr als ein „Erinnerungsposten".

5. Im vorliegenden Fall wird die Nebenintervenientin vor allem Rechtsausführungen zu der Frage machen, ob und wieso die angegriffene AGB-Klausel ihrer Ansicht nach rechtlich haltbar ist.

III. Zwangsvollstreckung, Anfechtungsgesetz, Insolvenzordnung

A. Allgemeines Vollstreckungsrecht

Allgemeine Vollstreckungsvoraussetzungen

1. Anträge auf Notfrist- und Rechtskraftzeugnis und auf einfache Vollstreckungsklausel (§§ 706, 724 ZPO)

An das
...... gericht ......
Geschäftsstelle[1]
Az. ......

In der Sache

X ./. Y

überreiche ich anliegend Kurzausfertigung[2] des Urteils des ...... gerichts ......, Az. ......, vom ...... mit Zustellungsbescheinigung – und Notfristzeugnis – sowie Rechtskraftzeugnis[3] – und bitte,

- das Notfristzeugnis[4]
- das Rechtskraftzeugnis[5]
- die Vollstreckungsklausel[6] mit Zustellungsbescheinigung

zu erteilen.

Rechtsanwalt

Anmerkungen

1. a) Das Notfristzeugnis erteilt die Geschäftsstelle des Rechtsmittelgerichtes, § 706 Abs. 2 ZPO.
b) Das Rechtskraftzeugnis erteilt die Geschäftsstelle des Gerichtes erster Instanz oder die höherer Instanz, solange der Prozess dort anhängig ist, § 706 Abs. 1 ZPO.
c) Die Vollstreckungsklausel erteilt der Urkundsbeamte der Geschäftsstelle, im Übrigen wie b), § 724 Abs. 2 ZPO.
Anwaltszwang besteht für keinen der drei Anträge.

2. Verwendung der Kurzausfertigung, § 317 Abs. 2 S. 2 ZPO, ist für die Vollstreckung zweckmäßig.

3. Das Formular ist für alle 3 Anträge tauglich. Nichtzutreffendes streichen.

4. Ein Notfristzeugnis erübrigt sich für Sprungrevision, wo das Revisionsgericht die Akten anfordert, §§ 566 Abs. 3 S. 2 mit 706 Abs. 2 S. 2 ZPO.

5. Es setzt – außer bei Erteilung durch das Rechtsmittelgericht, § 706 Abs. 1, 2. Alt. ZPO – die Notfristbescheinigung voraus, vgl. Anm. 4. Rechtsmittel wegen eines Teilbetrages hemmt idR. die Rechtskraft insgesamt (BGH NJW 1994, 657).

6. Sie wird auch für vorläufig vollstreckbare Urteile erteilt, setzt also das Rechtskraftzeugnis nicht voraus. Das ist in der Vollstreckung nur für die Sicherheitsleistung von Bedeutung, § 751 Abs. 2 ZPO. Diese entfällt bei Sicherungsvollstreckung, § 720a ZPO.

Die Vollstreckungsklausel ist generelle Vollstreckungsvoraussetzung für alle Arten von Titeln, §§ 795, 724 ZPO, außer
a) beim Arrestbefehl, § 929 Abs. 1 ZPO,
b) beim Vollstreckungsbescheid, § 796 Abs. 1 ZPO,
c) beim Kostenfestsetzungsbeschluss auf dem Urteil, § 795a ZPO.

Sonstige Vollstreckungstitel benennt § 794 ZPO. Weitere Vollstreckungstitel vgl. *Baumbach/Lauterbach/Albers/Hartmann* § 794 Rdn. 45–59 und § 68 GVGA.

Den Wortlaut der Vollstreckungsklausel schreibt § 725 ZPO vor.

Kosten und Gebühren

a) Gericht: keine besondere Gerichtsgebühr.

b) Anwalt: für Notfrist- und Rechtskraftzeugnis sowie erstmalige Erteilung der Vollstreckungsklausel (außer bei Klage nach § 731 ZPO) keine besondere Anwaltsgebühr, §§ 37 Nr. 7 und 58 Abs. 2 Nr. 1 BRAGO.

c) In Ostdeutschland nur 90% der gesetzlichen Gebühren.

Fristen und Rechtsmittel

Bei Ablehnung der Erteilung von Notfrist- oder Rechtskraftzeugnis kann der Antragsteller gegen diese Entscheidung des Urkundsbeamten der Geschäftsstelle befristetete Erinnerung einlegen, § 573 Abs. 1 ZPO, ebenso der Gegner bei Erteilung dieser Zeugnisse.

Das Gleiche gilt bei Ablehnung der Erteilung der Vollstreckungsklausel vgl. BGH NJW 1984, 806. Bei ihrer Erteilung kann der Schuldner gemäß §§ 732 oder 768 ZPO vorgehen (vgl. Form. III. A. 12 und Form. III. A. 19).

2. Klage auf Vollstreckbarkeit eines ausländischen Urteils (§§ 722, 723 ZPO, nur Verweisung)

(vgl. Form. I. T.4)

3. Antrag auf Klauselerteilung bei bedingter Leistung etc. (§ 726 Abs. 1 ZPO)

An das
...... gericht ......[1]

In ......[2]

überreiche ich anliegend Ausfertigung des Scheidungsvergleichs[3] vom ...... und bitte namens der Klägerin,

die Vollstreckungsklausel gemäß § 726 Abs. 1 ZPO

zu erteilen.

Der Vergleich ist geschlossen „für den Fall der rechtskräftigen Scheidung der Parteien“[4]. Ich überreiche daher weiter das Scheidungsurteil des dortigen Gerichts vom ......, Az. ......, mit Rechtskraftzeugnis[5].

Rechtsanwalt

Anmerkungen

1. Gerichtliche Zuständigkeit wie bei der einfachen Klausel, Form. III. A. 1 Anm. 1. Die qualifizierte Klausel wird aber vom Rechtspfleger erteilt, § 20 Nr. 12 Rechtspflegergesetz.

2. Kurzrubrum mit Az. wie Form. III. A. 1.

3. Titel gemäß § 794 Abs. 1 Nr. 1 ZPO. Soweit in §§ 795 a bis 800 ZPO nicht abweichende Vorschriften enthalten sind, gelten alle Vorschriften über Urteile in §§ 724 bis 793 ZPO entsprechend für die sonstigen Vollstreckungstitel, § 795 ZPO.

4. Der Beweis für den Bedingungseintritt ist durch öffentliche oder öffentlich beglaubigte (qualifizierte) Urkunden zu führen, § 726 Abs. 1 ZPO. Sicherheitsleistung ist erst bei Vollstreckungsbeginn dem Vollstreckungsorgan nachzuweisen, § 751 Abs. 2 ZPO.

Nachweis erst bei Vollstreckungsbeginn reicht auch bei Zug-um-Zug-Leistungen, § 756 ZPO, außer wenn die Leistung des Schuldners eine Willenserklärung ist, § 726 Abs. 2 ZPO. Denn diese gilt bei Zug-um-Zug-Leistungen mit Klauselerteilung als abgegeben, § 894 Abs. 1 S. 2 ZPO.

5. Der Urkundsbeweis entfällt, wenn die Tatsache beim Gericht im Sinne von § 291 ZPO offenkundig ist (*Baumbach/Lauterbach/Albers/Hartmann* § 726 Rdn. 5). Auch ein Geständnis des Schuldners bei Anhörung nach § 730 ZPO ersetzt den Urkundsbeweis (im Einzelnen *Münzberg* NJW 1992, 201 ff.). Sind diese Wege nicht gangbar, muss nach § 731 ZPO geklagt werden, vgl. Form. III. A. 5.

Kosten und Gebühren

a) Gericht: keine besonderen Gerichtsgebühren.

b) Anwalt: wie Form. III. A. 1. Nur bei Einwendungen des Schuldners nach § 732 ZPO fällt eine $^3/_{10}$ Gebühr an, auch für Gläubigeranwalt, §§ 57, 58 Abs. 3 Nr. 1 BRAGO.

c) In Ostdeutschland nur 90% der gesetzlichen Gebühren.

Fristen und Rechtsmittel

Bei Ablehnung für Gläubiger sofortige Beschwerde, § 567 Abs. 1 ZPO mit § 11 Abs. 1 RPflG. Bei Erteilung für Schuldner Erinnerung(Einwendungen) nach § 732 ZPO (vgl. Form. III. A. 12) oder Klage nach § 768 ZPO (vgl. Form. III. A. 19), vgl. *Zöller/Stöber*, Rdn. 13 zu § 724)

4. Antrag auf Klauselerteilung für und gegen Rechtsnachfolger (§§ 727–729 ZPO)

An das
...... gericht ......[1]

In ......[2]

überreiche ich anliegend meine Vollmacht sowie die vollstreckbare Ausfertigung[3] des Urteils vom ...... und beantrage,

1. eine vollstreckbare Ausfertigung für den Rechtsanwalt Z als Insolvenzverwalter der Gläubigerin zu erteilen,
2. die vollstreckbare Ausfertigung auch gegen die P-GmbH zu erteilen.

Weiter überreiche ich Ausfertigung des Insolvenzverwalterzeugnisses gemäß § 56 Abs. 2 InsO des AG ......, wonach mein Auftraggeber Insolvenzverwalter der Gläubigerin[4] und damit Rechtsnachfolger i. S. von § 727 ZPO ist[5].
Ich überreiche weiter beglaubigten Handelsregisterauszug des AG ......, wonach die P-GmbH am ......, also nach Rechtskraft des Urteils, in die schuldnerische OHG eingetreten ist. Auf diesen Fall ist § 729 Abs. 2 ZPO entsprechend anwendbar[6].

Rechtsanwalt

Anmerkungen

1. Zuständigkeit wie Form. III. A. 1 Anm. 1. Beim Mahnbescheid ist das Mahngericht zuständig.

2. Kurzrubrum mit Az. wie Form. III. A. 1.

3. Damit Gläubiger nicht 2 Vollstreckungstitel hat, muss die erteilte vollstreckbare Ausfertigung zurückgereicht werden (vgl. unten Form. III. A. 7). Meist wird die neue qualifizierte Klausel auf die bisherige Titelurkunde (ggf. Rückseite) gesetzt oder dieser angeheftet.

4. Wie bei Form. III. A. 3 Anm. 4 ersetzt auch hier Offenkundigkeit den Urkundsbeweis (Offenkundigkeit in der Klausel zu erwähnen, § 727 Abs. 2 ZPO), ebenso das Schuldnergeständnis bei Anhörung gem. § 730 ZPO. Sonst Klage nach § 731 ZPO.

5. Rechtsnachfolge ist hier im weitesten Sinne zu verstehen (LG Bremen KTS 1977, 124) auch wenn, wie beim Insolvenzverwalter oder nach Forderungspfändung, keine Rechtsnachfolge im engeren Sinne vorliegt. Auch dafür ist aber Umschreibung des Titels erforderlich, kann also nicht unter der alten Parteibezeichnung weitervollstreckt werden. Auch der gem. § 265 ZPO während des Prozesses eingetretene Neugläubiger benötigt die qualifizierte Klausel des § 727 ZPO, selbst wenn die Zahlung an ihn tituliert ist, BGH NJW 1984, 806.

Weitere Fälle sind auf Gläubigerseite (in Klammern die erforderliche qualifizierte Beweisurkunde):
a) Forderungsabtretung (notariell beglaubigte Abtretungsurkunde, vgl. § 403 BGB);
b) Erbe (Erbschein), dieser ggf. auch als „Rechtsnachfolger" des Testamentsvollstreckers, §§ 327, 728 Abs. 2 S. 1 ZPO;
c) Miterbe, aber Beschränkung nach § 2039 BGB (Erbschein);
d) Nacherbe als „Rechtsnachfolger" des Vorerben, §§ 326, 728 Abs. 1 ZPO (Erbschein);
e) Die Parteien kraft Amtes, nämlich Insolvenzverwalter, Nachlass- und Zwangsverwalter, Pfleger des Sammelvermögens nach § 1914 BGB, Testamentsvollstrecker vgl.

§ 749 ZPO (jeweils das gerichtliche Zeugnis über Amtsinhaberschaft, § 56 Abs. 2 InsO etc.); umgekehrt auch der jeweilige Vermögensinhaber nach Wegfall des Amtes;
f) Pfändungspfandgläubiger (Pfändungs- und Überweisungsbeschluss);
g) Kanzleiabwickler nach § 55 BRAO (Bestallungsurkunde);
h) Firmenübernehmer nach § 25 HGB, Fälle der Verschmelzung und Umwandlung im Gesellschaftsrecht (beglaubigter Handelsregisterauszug);
i) gesetzliche Forderungsübergänge, zB. §§ 774, 426 BGB, § 6 EFZG, §§ 90, 91 BSHG (mit rechtskräftiger Überleitungsanzeige), § 67 VVG.

6. Vgl. *Eickmann* RPfleger 1974, 260; weitere Fälle auf Schuldnerseite:
a) Zunächst die Fälle oben 5. b., c., d., h., die auch als Nachfolge in die Verbindlichkeit in Betracht kommen (zT. beschränkt oder beschränkbar);
b) die Parteien kraft Amtes oben 5. e., aber nur zT., zB. der Insolvenzverwalter für die Aussonderungsrechte, während einfache Forderungen, auch wenn tituliert, zur Tabelle angemeldet werden müssen, vgl. LG Bonn ZIP 1980, 263;
c) Schuldübernahme und -beitritt (notarielle Vertragsurkunde).
d) Bei Aufspaltung nach dem UmwG kann der Titel auf alle neuen Rechtsträger umgeschrieben werden, vgl. OLG Frankfurt/M. BB 2000, 1000.

Kosten und Gebühren

a) Gericht: keine besonderen Gerichtsgebühren.

b) Anwalt: wie Form. III. A. 3, d.h. die $^{3}/_{10}$ Gebühren gemäß §§ 57, 58 BRAGO entsteht mit dem Auftrag zur Beantragung der Klausel, deckt aber zugleich eine durch sie vorbereitete erste Vollstreckungsmaßnahme.

c) In Ostdeutschland nur 90% der gesetzlichen Gebühren.

Fristen und Rechtsmittel

Wie Form. III. A. 3.

5. Klage auf Klauselerteilung (§ 731 ZPO)

An das
...... gericht ......[1]

Klage

des ......

(Klägers)

Prozessbevollmächtigter: ......

gegen

den ......

(Beklagten)

wegen Feststellung einer Rechtsnachfolge, § 731 ZPO[2]

Streitwert: ...... EUR[3]

Namens und mit Vollmacht des Klägers erhebe ich Klage und werde beantragen zu erkennen:

I. Es wird festgestellt, dass der Kläger Rechtsnachfolger des X für die durch rechtskräftiges Urteil des Gerichtes in der Sache X gegen den Beklagten vom ......, Az. ......, titulierte Forderung ist und ihm entsprechend Vollstreckungsklausel zur Zwangsvollstreckung gegen den Beklagten zu erteilen ist[4].

II. Der Beklagte trägt die Kosten des Rechtsstreites.

Begründung:

I.

Für X erging das im Antrag genannte Urteil auf Zahlung von ...... EUR zuzüglich Zinsen und Kosten. Ich bitte die Akte des Vorprozesses beizuziehen. Mit Privaturkunde vom ...... trat X die Forderung an den Kläger ab.

Beweis: 1. anliegende Privaturkunde,
2. Zeugnis des Y.

Wenige Tage später gab X seine Wohnung auf und verzog ohne Abmeldung mit unbekanntem Ziel, so dass notarielle Beurkundung, § 403 BGB, ausscheidet[5].

Beweis: Unauffindbarkeitsbescheinigung der Meldebehörde

II.

Der Beklagte leistete nicht, obgleich ihm die Abtretung gemäß § 409 Abs. 1 S. 2 BGB angezeigt und er zur Zahlung aufgefordert wurde.

Beweis: Aufforderungsschreiben und Gerichtsvollzieherzustellungsurkunde gemäß § 132 Abs. 1 BGB, verbunden mit der oben vorgelegten Abtretungsurkunde.

Der Kläger hat Klauselerteilung gemäß § 727 ZPO betrieben und beantragt, den Beklagten gemäß § 730 ZPO zu hören, damit er die Rechtsnachfolge zugestehe[6]. Der Beklagte hat nicht Stellung genommen. Mangels Urkundsbeweises hat der Rechtspfleger die Klauselerteilung abgelehnt[7], so dass Klage geboten ist.

Rechtsanwalt

Anmerkungen

1. Zuständig ist das erstinstanzliche Gericht des Vorprozesses, § 731 ZPO (beim Vollstreckungsbescheid vgl. § 796 Abs. 3 ZPO, bei vollstreckbarer Urkunde § 797 Abs. 5 ZPO).

2. Ungenau ist die Bezeichnung als Klage auf Vollstreckungsklausel. Der Beklagte und auch das Prozessgericht erteilen die Klausel nicht. Es wird die Rechtsnachfolge mit normalen Beweismitteln durch Urteil festgestellt. Damit kann der Titel nach § 727 ZPO umgeschrieben werden.

Der Vorteil gegenüber einer völlig neuen Klage ist der beschränkte Streitgegenstand. Hier ist nur die Rechtsnachfolge im Streit, nicht die Forderung selbst.

3. Streitwert ist der Wert des noch beizutreibenden Anspruches, OLG Köln RPfleger 1969, 247.

4. Der Antrag kombiniert verschiedene gebräuchliche Antragsfassungen.

5. Sonst wäre § 727 ZPO gegeben und für § 731 ZPO fehlte das Rechtsschutzbedürfnis.

6. Auch dies würde für § 727 ZPO ausreichen, vgl. Form. III. A. 4 Anm. 4.

7. Kann der Kläger den Nachweis nach §§ 727 ff. ZPO führen oder die dafür erforderlichen Urkunden mit zumutbarem Aufwand beschaffen, fehlt für eine Klage das

Rechtsschutzbedürfnis, RGZ 124, 151. Ob stets zunächst ein Antrag nach §§ 727 ff. ZPO gestellt werden muss (damit der Schuldner die Klage durch Geständnis der Rechtsnachfolge erübrigen kann), ist strittig (dazu *Baumbach/Lauterbach/Albers/Hartmann* § 731 Rdn. 2; *Stein/Jonas/Münzberg* Anm. 2 und 4 zu § 731 und *Zöller/Stöber* Rdn. 2 zu § 731). Nach BGH NJW 1987, 2863 soll die Klagmöglichkeit nach § 731 ZPO nicht eine normale neue Klage aus dem Schuldverhältnis ausschließen.

Kosten und Gebühren

a) Gericht: Normale Verfahrensgebühren, KV-Nr. 1201 f.
b) Anwalt: Normale $^{10}/_{10}$ Prozessgebühren nach §§ 31 ff. BRAGO, vgl. §§ 37 Nr. 7 und 58 Abs. 2 Nr. 1 BRAGO.
c) In Ostdeutschland 90% der gesetzlichen Gebühren.

Fristen und Rechtsmittel

Wie im normalen Prozessverfahren, vgl. Form. I. O. 1.

6. Zustellungsauftrag an Gerichtsvollzieher

An das Amtsgericht ......
Verteilungsstelle für Gerichtsvollzieheraufträge[1]

(oder: Herrn Obergerichtsvollzieher ......[2])

In Sachen

X ./. Y

überreiche ich in Vollmacht des Gläubigers anliegend Ausfertigung und ...... beglaubigte Abschriften[3]

des Pfändungs- und Überweisungsbeschlusses des AG ...... vom ...... Az. ......

zur Zustellung[4] an

1. Herrn X als Drittschuldner (bitte nicht an Frau X ersatzzustellen, da Schuldnerin, § 178 Abs. 2 ZPO),
2. dessen Ehefrau, Frau X, als Schuldnerin[5].

Die mit Zustellungsurkunden versehene Ausfertigung erbitte ich zurück.

Mein Auftraggeber hat – keine – Prozesskostenhilfe.

Besondere Hinweise:
Zur Beurkundung der Drittschuldnererklärung gemäß § 840 ZPO bitte ich die Zustellung an den Drittschuldner durch den Gerichtsvollzieher persönlich zu bewirken[6].

Rechtsanwalt

Anmerkungen

1. Vgl. § 753 Abs. 2 ZPO, wenn der zuständige Gerichtsvollzieher nicht bekannt ist, bei dem für die Zustellanschrift zuständigen Amtsgericht.

2. Zustellungen im Parteiauftrag werden vom Gerichtsvollzieher bewirkt, § 192 ZPO. Bei Vertretung beider Seiten durch Anwälte können Zustellungen ggf. einfacher und kostensparend zwischen diesen direkt bewirkt werden, § 195 ZPO.

3. Fehlen die Abschriften, so fertigt und beglaubigt der Gerichtsvollzieher sie, § 192 Abs. 2 ZPO – jedoch auf Kosten des Gläubigers (§ 13 Gerichtsvollzieherkostengesetz, Nr. 102 und 700 des Kostenverzeichnisses dazu).

4. Urteile werden von Amts wegen zugestellt, § 317 ZPO, ebenso der Vollstreckungsbescheid, soweit nichts anderes beantragt ist, § 699 Abs. 4 ZPO. Den Pfändungsbeschluss muss der Gläubiger gemäß §§ 191 ff. ZPO zustellen lassen, § 829 Abs. 2 S. 1 ZPO, meist durch Vermittlung der Gerichtsgeschäftsstelle, § 192 Abs. 3 ZPO. Obwohl Zustellung durchgängig Vollstreckungsvoraussetzung ist, § 750 ZPO (Ausnahme: Arrest, § 929 Abs. 3 ZPO), erfolgt sie also nur in Eil- und Sonderfällen im direkten Auftrag des Gläubigers.

Bei Vollstreckung wird meist der Zustellungsauftrag gem. § 750 Abs. 1 S. 1 ZPO mit dem Vollstreckungsauftrag verbunden, vgl. Form. III. B. 1. Bei Sicherungsvollstreckung nach § 720 a ZPO muss aber nach § 750 Abs. 3 ZPO zwei Wochen vor Vollstreckungsbeginn zugestellt werden.

5. Anzugeben ist eine vom Gläubiger zu ermittelnde zustellfähige Anschrift, vgl. im Übrigen §§ 178 ff. ZPO.

6. Die Zustellung kann der Gerichtsvollzieher auch durch Aufgabe zur Post bewirken, § 193 ZPO. Beim Pfändungsbeschluss soll das aber nicht ausreichen, um bei der Erklärungsaufforderung an den Drittschuldner nach § 840 ZPO dessen Schadensersatzpflicht zu begründen (LG Tübingen MDR 1974, 677; aA. LG Schweinfurt DGVZ 56, 71). Daher ist vorsorglich vom Gerichtsvollzieher in Person zuzustellen.

Kosten und Gebühren

a) Anwalt: keine besondere Gebühr §§ 37 Nr. 7 und 58 Abs. 2 Nr. 1 BRAGO
b) Gerichtsvollzieher: 7,50 EUR für pers. Zustellung, Nr. 100 des Kostenverzeichnisses zum Gerichtsvollzieherkostengesetz.

Fristen und Rechtsmittel

Unbefristete Erinnerung, § 766 ZPO, vgl. Form. III. A. 15.

7. Antrag auf weitere vollstreckbare Ausfertigung (§ 733 ZPO)

An das

...... gericht ......[1]

In ......[2]

beantrage ich,

dem Gläubiger eine zweite vollstreckbare Ausfertigung[3] des Urteils vom ...... Az. ...... gegen den Schuldner zu 2.) zu erteilen.

Begründung:

In dem genannten Urteil war der Schuldner zu 2.) gemeinsam mit der Schuldnerin zu 1.), seiner damaligen Ehefrau, als Gesamtschuldner verurteilt[4]. Die Schuldner sind geschieden. Gegen die Schuldnerin zu 1.) vollstreckt der Gläubiger zurzeit mit Haftauftrag.

Beweis: beigefügte Kopie des Haftauftrages

Der Gläubiger erfuhr, dass der Schuldner zu 2.) in ...... wohnt. Um gegen ihn zu vollstrecken[5], benötigt der Gläubiger eine zweite vollstreckbare Ausfertigung gegen diesen Schuldner[6].

Rechtsanwalt

Anmerkungen

1. Zuständig der Rechtspfleger (§ 20 Nr. 12 RPflG) des Prozessgerichtes.

2. Kurzrubrum mit Az. wie Form. III. A. 1.

3. Weitere Ausfertigungen sollen jeweils als 2. etc. bezeichnet werden, § 733 Abs. 3 ZPO. Fehlen macht aber nicht unwirksam (*Baumbach/Lauterbach/Albers/Hartmann* § 733 Rdn. 7).

4. Ein Fall von § 733 ZPO ist die gleichzeitige Vollstreckung gegen mehrere Gesamtschuldner. Die Regelung im Mahnverfahren (1 Titel gegen jeden Gesamtschuldner) zeigt, dass ohne besondere Voraussetzungen ein vollstreckbarer Titel pro Gesamtschuldner erteilt wird. Sonst wäre die haftungserweiternde Wirkung der Gesamtschuld faktisch eingeschränkt.

5. Der Gläubiger muss sein Rechtsschutzbedürfnis glaubhaft machen, meist, indem er den betreffenden Sachverhalt eidesstattlich versichert. Ggf. reicht die bloße Tatsache der Gesamtschuld (vgl. oben 4.). Die Angabe des konkreten Anlasses ist aber jedenfalls zweckmäßig.

Der Schuldner erhält die Mitteilung nach § 733 Abs. 2 ZPO.

6. Weitere Fälle von § 733 ZPO sind zB.:

a) Verlust der ersten Ausfertigung (vgl. LG Köln Büro 1969 Sp. 1218);
b) versehentliche Aushändigung an Schuldner vor Tilgung (vgl. OLG Hamm Rpfleger 1979, 431);
c) Beschädigung, erschwerte Lesbarkeit oder Unübersichtlichkeit der ersten Ausfertigung, unter deren Rückgabe. Dann aber Neuerteilung nach § 724 ZPO, nicht nach § 733;
d) bei gleichzeitiger Vollstreckung an mehreren Orten (OLG Karlsruhe EwiR 1999, 863).

Kosten und Gebühren

a) Gericht: keine besondere Verfahrensgebühr, nur Schreibauslagen, § 64 GKG KV-Nr. 9000, 0,50 EUR pro Seite.

b) Anwalt: $^{3}/_{10}$ Gebühr, §§ 57, 58 Abs. 3 Nr. 2 BRAGO.

c) In Ostdeutschland 90% der gesetzlichen Gebühren.

Fristen und Rechtsmittel

wie Form III. A. 3.

8. Antrag auf Rubrumsberichtigung (§§ 319, 727 ZPO)

An das
...... gericht ......[1]

In ......[2]

überreiche ich anliegend Vollstreckungsbescheid des dortigen Gerichts vom ...... und beantrage[3],

die Schuldnerbezeichnung dahin zu ergänzen, dass die Schuldnerin jetzt den Familiennamen X trägt.

Begründung:

Gemäß beigefügter standesamtlicher Urkunde[4] vom ...... führt die Schuldnerin jetzt durch Namensänderung[5] den Familiennamen X. Um die Feststellung der Nämlichkeit bei Fortsetzung der Vollstreckung zu erleichtern[6], bitte ich um entsprechende Ergänzung.

Rechtsanwalt

Anmerkungen

1. Zuständigkeit bei dem Gericht, das den Titel erließ. Die Fälle betreffen nur Berichtigung oder Ergänzung des Rubrums nach Vorliegen einer vollstreckbaren Entscheidung. Zur Rubrumsberichtigung im Prozess vgl. Form. I. J. 4.

Berichtigung oder Ergänzung liegt vor, wenn bei Identität der Vollstreckungspartei deren Bezeichnung oder Name sich ändert (einschließlich des Wechsels oder Wegfalls gesetzlicher Vertreter).

Bei Parteiwechsel dagegen kommt nur Titelumschreibung in Betracht, vgl. Form. III. A. 4 und 5.

2. Kurzrubrum mit Az. wie Form. III. A. 1.

3. Unklar ist, ob eine Berichtigung in entsprechender Anwendung von § 319 ZPO (so wohl *Baumbach/Lauterbach/Albers/Hartmann* § 750 Rdn. 1 und BAG BB 1978, 453) oder von § 727 ZPO erfolgt. Letzteres nimmt *Petermann* Rpfleger 1973, 156 an, wenn die Parteibezeichnung sich nachträglich geändert hat, § 319 ZPO dagegen, wenn die Partei schon im Prozess irrig falsch bezeichnet war. In beiden Fällen muss eindeutig belegt sein, dass sich der Name, nicht aber die Partei geändert hat. Die analoge Anwendung von § 727 ZPO verdient den Vorzug, da sie bei fehlenden Beweisurkunden die Klage nach § 731 ZPO eröffnet (LG Berlin MDR 1977, 236), während bei Fehlschlag des Vorgehens nach § 319 ZPO völlig neu geklagt werden muss.

Noch zutreffender wohl *Zöller/Stöber* Rdn. 31 ff. zu § 727 ZPO, wonach es sich um eine Fortsetzung des Klauselerteilungsverfahrens, §§ 724, 725 ZPO, handelt, nämlich nur um einen klarstellenden Zusatz zur Klausel, so auch OLG Bremen Rpfleger 1989, 172. Dann ist weiter der Urkundsbeamte zuständig, öffentliche oder öffentlich beglaubigte Urkunden sind nicht zwingend erforderlich, und die geänderte Klausel muss nicht erneut zugestellt werden.

4. Andere Nachweise wären zB. Einwohnermeldeamtsbescheinigungen, Gerichtsvollzieherprotokolle, oder schriftliche Bestätigung des Schuldners.

5. Weitere Fälle der praktisch nicht unwichtigen Berichtigung oder Ergänzung zB.:

a) fehlerhafte Namensschreibung, fehlender Vorname oder Vorname nur mit Anfangsbuchstaben,
b) Alias-Namen, Künstlernamen, Spitznamen,
c) Ergänzung, Wechsel oder Wegfall bei gesetzlichen Vertretern,
d) Privatname des Inhabers einer Einzelfirma bei Titel auf Firmenbezeichnung, § 17 Abs. 2 HGB (vgl. OLG Frankfurt Rpfleger 1973, 64).

Vgl. im Übrigen zu allem immer noch *Petermann* Rpfleger 1973, 153ff.

6. Kann die Identität der Partei vom Vollstreckungsorgan ohne besondere Ermittlungen festgestellt werden, etwa weil der Namenswechsel durch qualifizierte – zB. über § 792 ZPO beschaffte – amtliche Urkunde belegt ist, oder beim Wechsel nur der gesetzlichen Vertreter der Schuldnerpartei, ist zu vollstrecken, ohne dass es vorheriger Titelberichtigung bedarf (*Petermann* Rpfleger 1973, 156). Um verzögernden Streit darüber zu vermeiden, kann man vorsorglich die Rubrumsberichtigung betreiben.

Kosten und Gebühren

a) Gericht: keine besondere Gerichtsgebühr

b) Anwalt: keine besondere Gebühr, weder bei entsprechender Anwendung von § 319 ZPO (vgl. § 37 Nr. 6 BRAGO), noch bei entsprechender Anwendung von § 727 ZPO (dann § 58 Abs. 2 Nr. 1 BRAGO, außer in den Sonderfällen, in denen die Anwaltstätigkeit auf diesen Antrag beschränkt ist (dann Gebühren entweder nach § 56 oder §§ 57, 58 BRAGO).

c) In Ostdeutschland 90% der gesetzlichen Gebühren.

Fristen und Rechtsmittel

Legt man die Auffassung von *Zöller/Stöber* zugrunde (vgl. oben Anm. 3), Rechtsmittel wie bei Form. III. A. 1; legt man § 727 ZPO zugrunde, wie bei Form. III. A. 3.

9. Antrag auf Urkundenerteilung für Gläubiger (§ 792 ZPO)

An das
Amtsgericht
Nachlassgericht[1]

Antrag auf Erbscheinserteilung

In der Nachlasssache
X
zuletzt wohnhaft ......

Namens und in Vollmacht des Y beantrage ich die Erteilung eines Erbscheins nach dem am ...... in ...... verstorbenen Kaufmann X, wonach dessen Sohn, der Kaufmann Z, sein alleiniger Erbe ist.
Über die erbrechtlichen Verhältnisse überreiche ich anliegend eidesstattliche Versicherung meines Mandanten in notariell beglaubigter Form[2]**.**

Ich bitte, die Herbeischaffung der erforderlichen Familienstandsurkunden gemäß § 2358 BGB dem Erben aufzugeben[3].
Das Antragsrecht meines Mandanten ergibt sich aus § 792 ZPO[4]. Gemäß dem beigefügten vollstreckbaren Urteil des LG ...... vom ...... Az. ...... war der Verstorbene Schuldner meines Mandanten. Dieser benötigt den Erbschein, um für den Titel gemäß § 727 ZPO eine vollstreckbare Ausfertigung gegen den Erben zu erlangen[5].

Rechtsanwalt

Anmerkungen

1. Zuständig ist das AG, in dessen Bezirk der Erblasser den letzten Wohnsitz, hilfsweise den letzten Aufenthaltsort hatte, §§ 72, 73 FGG.

2. Die nach § 2356 BGB erforderliche Versicherung kann auch der Gläubiger abgeben (*Baumbach/Lauterbach/Albers/Hartmann* § 792 Rdn. 2), vor dem Notar oder dem Gericht, § 2356 Abs. 2 BGB. Zum Inhalt der Erklärung vgl. Beck'sches Form.-Buch VI.32.

3. Es besteht Amtsermittlungspflicht und Beweiserhebungsmöglichkeit, § 2358 BGB. Der Gläubiger kann also auch entsprechende Beweise, etwa Zeugen, anbieten, soweit er Urkunden nicht, etwa auch nach § 792 ZPO, beschaffen kann.

4. Der Gläubiger muss sich durch den Vollstreckungstitel legitimieren. Ist bereits ein Erbschein erteilt, so ist dem Gläubiger eine Ausfertigung zu erteilen, § 792 ZPO mit § 85 FGG.

Der Erbschein wird auch bei der Vollstreckung in Grundstücke des Erblassers nach § 867 ZPO oder § 17 ZVG benötigt (§§ 14, 39 GBO), soweit die Vollstreckung nicht noch nach § 779 ZPO fortgesetzt werden kann.

5. § 792 ZPO nennt den Erbschein nur beispielhaft. Andere Fälle wären die Zeugnisse der Parteien kraft Amtes, vgl. oben Form. III. A. 4 Anm. 5 d, wenn gegen diese vollstreckt werden soll. Ebenso die notarielle Urkunde bei Vermögensübernahme. Wohl auch anwendbar für Bescheide über behördliche Leistungen an Schuldner (Arbeitslosengeld), die Gläubiger für Billigkeitsvortrag nach § 54 SGB ggf. benötigt, da „im weitesten Sinne auszulegen" (vgl. *Stein/Jonas/Münzberg* Anm. 1 zu § 792 ZPO).

Kosten und Gebühren

Die Kosten richten sich nach den für den jeweiligen Antrag geltenden Vorschriften, beim Erbscheinsantrag also §§ 107ff. KostO (Gerichtskosten) und § 118 BRAGO (Anwaltskosten).

Die Antragskosten und die Kosten etwa erforderlicher Beurkundungen sind solche der Vollstreckung, also nach § 788 ZPO zu behandeln.

In Ostdeutschland 90% der gesetzlichen Gebühren.

10. Antrag auf Festsetzung von Vollstreckungskosten (§ 788 Abs. 2 ZPO)

An das
Amtsgericht ......
Vollstreckungsgericht[1]

Antrag auf Kostenfestsetzung nach § 788 Abs. 2 ZPO[2]

in der Vollstreckungssache

X ./. Y

Namens und in Vollmacht des Gläubigers beantrage ich, die nachfolgend spezifizierten und belegten Kosten der bisherigen Zwangsvollstreckung gegen den Schuldner festzusetzen und die Verzinsung des Gesamtbetrages in Höhe von 5% über dem Basiszinssatz ab Eingang dieses Antrages auszusprechen:[3]

1. Anwalts- und Gerichtsvollzieherkosten der Mobiliarpfändung vom .... EUR

2. Anwalts-, Gerichts- und Zustellkosten des Pfändungsbeschlusses vom .... EUR

3. ......

Zusammen ...... EUR.

Die Kostenbelege sind beigefügt.[4]

Rechtsanwalt

Anmerkungen

1. Zuständig ist nach § 788 Abs. 2 ZPO das Vollstreckungsgericht, in dessen Bezirk zurzeit der Antragstellung ein Vollstreckungsverfahren (auch durch GerVollz. oder Grundbuchamt) anhängig ist oder zuletzt war. Sind noch mehrere Verfahren anhängig, hat der Gläubiger die Gerichtsstandswahl (MK/*K. Schmidt*, Rdn. 33 zu § 35 ZPO). Bei den vom Prozessgericht durchgeführten Vollstreckungsmaßnahmen nach §§ 887, 888 und 890 ZPO ist dieses zuständig, § 788 Abs. 2 S. 2 ZPO.

2. Diese Festsetzung wird man betreiben, wenn die Vollstreckungskosten erheblich und kurzfristige Vollstreckungserfolge nicht absehbar sind. Sie bringt verschiedene Vorteile:

a) Die Kosten werden als notwendig i. S. von § 788 Abs. 1 ZPO festgestellt.
b) Sie werden für die Zukunft verzinslich.
c) Bei weiteren Vollstreckungen muss man nicht mehr die zahlreichen Einzelbelege beifügen, sondern nur noch den darüber erlassenen Kostenfestsetzungsbeschluss.

3. Der Zinsantrag muss entsprechend § 104 Abs. 1 S. 2 ZPO gesondert gestellt werden.

4. Jeder Betrag ist zu belegen, wie bei Mitvollstreckung früherer Vollstreckungskosten nach § 788 Abs. 1 S. 1 (vgl. unten Form. III. B. 1 Anm. 3).

Kosten und Gebühren

a) Gericht: keine besondere Gebühr
b) Anwalt: keine besondere Gebühr, § 37 Nr. 7 BRAGO.

Fristen und Rechtsmittel

Wie bei der Kostenfestsetzung nach § 104 ZPO, d.h. sofortige Beschwerde, § 104 Abs. 3 S. 1 ZPO mit § 11 Abs. 1 RPflG, wenn der Wert des Beschwerdegegenstandes

50 EUR übersteigt, § 567 Abs. 2 S. 2; bei Beträgen bis 50 EUR Rechtspflegererinnerung, § 11 Abs. 2 RPflG.

11. Antrag auf richterliche Durchsuchungsanordnung für die Schuldnerwohnung (§ 758a ZPO)

An das
Amtsgericht
Vollstreckungsgericht[1]

Antrag auf Durchsuchungserlaubnis[2]
in der Vollstreckungssache

X ./. Y

Namens und in Vollmacht des Gläubigers beantrage ich zu beschließen:

Die zwangsweise Öffnung und Durchsuchung von Wohnung und Geschäftsräumen[3] des Schuldners in ...... X-Straße einschließlich der Öffnung und Durchsuchung aller Räumlichkeiten und Behältnisse darin zum Zwecke der Vollstreckung aus dem Urteil des LG ...... vom ...... Az. ...... wird einschließlich der Anwesenheit des Gläubigers oder seines Vertreters dabei[4] gestattet.

Begründung:

Nach dem anliegenden Gerichtsvollzieherprotokoll vom ...... DRNr. ...... ist die Vollstreckung aus dem gleichfalls anliegenden im Antrag genannten Urteil[5] erfolglos geblieben, da der Schuldner die Durchsuchung seiner Räume verweigert hat[6].
Daher ist richterliche Gestattung der Durchsuchung geboten[7], nebst Anwesenheit des Gläubigers, der zur Klärung etwa geltend gemachter Rechte Dritter am Pfändungstermin teilnehmen will.
Den Durchsuchungsbeschluss nebst Titel und Vollstreckungsunterlagen (die ich beifüge) bitte ich direkt an die dortige Verteilungsstelle für Gerichtsvollzieheraufträge weiterzuleiten zur Vermittlung der Fortführung der Vollstreckung durch den zuständigen Gerichtsvollzieher.

Rechtsanwalt

Anmerkungen

1. Zuständig ist gemäß § 758a Abs. 1 ZPO das AG des Vollstreckungsortes, dort der Richter, nicht der Rechtspfleger.

2. Das BVerfG und jetzt das Gesetz nehmen sehenden Auges (BVerfG NJW 1979, 1540) in Kauf, dass der Schuldner zunächst den Gerichtsvollzieher abweist und bis zu dessen Wiedererscheinen mit Durchsuchungsbeschluss pfändbare Habe beiseite schafft oder darüber verfügt (zu den Auswirkungen OLG Köln NJW 1980, 1531; *Schneider* NJW 1980, 2377; *Bischof* ZIP 1983, 522). Den formelhaften bzw. formularmäßigen Durchsuchungsanträgen entsprechen die routinemäßigen richterlichen Beschlüsse, nachdem man jahrzehntelang ohne Richtervorbehalt auskam. Immerhin kann der Gläubiger die Durchsuchungsverweigerung des Schuldners zum Anlass nehmen, direkt zum Antrag auf Abnahme der Offenbarungsversicherung überzugehen, vgl. § 807 Abs. 1 Nr. 3 ZPO.

3. Der Begriff der Wohnung im Sinne von Art. 13 GG wird in der Rechtsprechung des BVerfG weit ausgedehnt (vgl. BVerfG NJW 1998, 1627, 1631 mwN.). Er umfasst danach auch Nebenräume und Geschäftsräume, selbst solche, die der Inhaber der Öffentlichkeit zugänglich gemacht hat

4. Sie ist bei Zwangsvollstreckung zulässig (KG DGVZ 1983, 72; *Baumbach/Lauterbach/Hartmann* § 758 Rdn. 25; *Zöller/Stöber* Rdn. 8 zu § 758; aber strittig), und häufig nützlich. Sie sollte daher zur Klarstellung erwähnt sein, zumal teilweise vertreten wird, dass die Durchsuchungsanordnung ohne entsprechenden Zusatz nicht zur Anwesenheit des Gläubigers berechtigt.

5. Die Anordnung ist erforderlich für alle Titel, die nicht direkt die Durchsuchung implizieren, wie die Titel zur Herausgabe von Räumen (nicht aber von sonstigen Sachen) oder der Haftbefehl nach § 901 ZPO, vgl. § 758 a Abs. 2 ZPO.

6. Alternative Begründung:
„....., da der Schuldner mehrfach nicht angetroffen werden konnte."
Es ist zulässig (aber aufwändig), dem Vollstreckungsauftrag einen vorbereiteten Gläubigerantrag beizufügen mit der Bitte, diesen bei Zutrittsweigerung des Schuldners bei Gericht einzureichen (vgl. *Zöller/Stöber* Rdn. 23 zu § 758a ZPO und Form. III. B. 1).

7. Nach § 758a Abs. 1 S. 2 ZPO ist die Vollstreckung ohne Durchsuchungsanordnung bei Gefahr im Verzuge zugelassen, zB. bei konkreten Anhaltspunkten für drohende Vollstreckungsvereitelung (dazu BVerfG NJW 2001, 1121)
Ob Gefahr im Verzuge vorliegt, entscheidet der Gerichtsvollzieher (dazu näher *Behr,* NJW 1992, 2125 und *van den Hövel,* NJW 1993, 2031).

Zumindest bei ohne mündliche Verhandlung erlassenen Arresten und einstweiligen Verfügungen wird der glaubhaft gemachte Arrestgrund zugleich die Gefahr im Verzuge implizieren (vgl. *Zöller/Stöber* Rdn. 32 zu § 758a mwN.; *Herdegen* NJW 1982, 368 str.).

Lehnt der Gerichtsvollzieher Vollstreckung ohne Beschluss ab, sollte man den hiesigen Antrag stellen, da eine Erinnerung gegen die Weigerung des Gerichtsvollziehers nach § 766 ZPO unpraktikabel lange dauert.

Die Vollstreckung zur Nachtzeit (21 Uhr bis 6 Uhr, § 758a Abs. 4 S. 2 ZPO) und an Sonn- und Feiertagen liegt nun (nach jahrzehntelangem Richtervorbehalt) im pflichtgemäßen Ermessen des GerVollz., § 758a Abs. 4 ZPO, in Wohnungen aber nur wenn richterliche Durchsuchungsanordnung für die Vollstreckung als solche vorliegt, § 758a Abs. 4 S. 1 letzter Halbsatz ZPO.

Kosten und Gebühren

a) Gericht: keine besondere Gebühr
b) Anwalt: keine besondere Gebühr, § 58 Abs. 2 Nr. 3 BRAGO.

Fristen und Rechtsmittel

Die Anordnung sollte in angemessener Frist (maximal 6 Monate) zum Vollzug gegeben werden, da sie sonst kraftlos werden soll (BVerfG NJW 1997, 2165, allerdings zur StPO).

Rechtsbehelf ist für den Gläubiger bei Ablehnung der Anordnung die sofortige Beschwerde, § 567 Abs. 1 Nr. 2 ZPO.

Für den Schuldner ist die Erteilung der Anordnung nicht gesondert anfechtbar, da keiner der Fälle von § 567 Abs. 1 vorliegt.

Rechtsbehelfe in der Zwangsvollstreckung

12. Erinnerung gegen Erteilung der Vollstreckungsklausel (§ 732 ZPO) mit Antrag auf einstweilige Einstellung

An das
...... gericht ......[1]

Az. ......

Erinnerung nach § 732 ZPO

in der Sache

X ./. Y

Namens und in Vollmacht des Schuldners beantrage ich zu beschließen:

„Die Zwangsvollstreckung aus der für die vollstreckbare notarielle Urkunde des Notars X vom ...... URNr. ...... von Notar X erteilten Vollstreckungsklausel vom ......[2] wird für unzulässig erklärt[3]. Der Gläubiger trägt die Kosten dieses Antragsverfahrens."

Ich beantrage ferner, vorab durch einstweilige Anordnung zu erkennen:

„Die Zwangsvollstreckung aus der für die notarielle Urkunde des Notars X vom ...... URNr. ...... von Notar X erteilten Vollstreckungsklausel vom ...... wird einstweilen eingestellt[4]."

Begründung:

Der Schuldner hat sich in der notariellen Urkunde der sofortigen Zwangsvollstreckung unterworfen. Der Gläubiger hat Notar X in seiner Eigenschaft als Rechtsanwalt mit der Vollstreckung aus der Urkunde beauftragt. Dieser hat selbst die Klausel erteilt, obgleich er insoweit von der Amtstätigkeit ausgeschlossen ist (vgl. LG Hildesheim NJW 1962, 1257). Daher ist die Klauselerteilung nichtig[5].

Rechtsanwalt

Anmerkungen

1. Zuständig ist bei Urteilen das Gericht, dessen Geschäftsstelle (oder dessen Rechtspfleger in den Fällen von §§ 726 ff. ZPO) die Klausel erteilt hat, § 732 Abs. 1 ZPO, also das Gericht nach § 724 Abs. 2 ZPO. Beim Sonderfall der vollstreckbaren notariellen Urkunde ist das Amtsgericht zuständig, in dessen Bezirk der Notar seinen Amtssitz hat, § 797 Abs. 3 ZPO.

2. Die Vollstreckungsklausel für vollstreckbare notarielle Urkunden, § 794 Abs. 1 Nr. 5 ZPO (dessen Anwendungsbereich seit 1. 1. 99 erweitert ist) wird vom amtierenden Notar erteilt, § 797 Abs. 2 ZPO.

3. Die Antragsformel ergibt sich aus § 775 Nr. 1 ZPO. Denn die Rückgabe der vollstreckbaren Ausfertigung durch den Gläubiger kann nicht erzwungen werden (OLG Hamburg Hamburger Gerichtszeitung 1941, 141).

4. Hier ergibt sich die Formel aus § 775 Nr. 2 ZPO.

5. Ein anderer Fall von § 732 ZPO ist zB. Klauselerteilung nach unwirksamer Zustellung des Urteils (BGH BB 2002, 482, 484). Weitere Fälle bei *Zöller/Stöber* Rdn. 6–12 zu § 732 ZPO.

Neben der Einwendung nach § 732 ZPO kann ggf. die Klage aus § 768 ZPO stehen, § 768 S. 1 letzter Halbs. (vgl. Form. III. A. 19).

Kosten und Gebühren

a) Gericht: keine besondere Gebühr; aber Kostenentscheidung erforderlich.
b) Anwalt: $^3/_{10}$ Gebühr nach §§ 57, 58 Abs. 3 Nr. 1 BRAGO, sowohl für Anwalt des Schuldners als auch für Anwalt des Gläubigers.
c) Gegenstandswert: Wert des zu vollstreckenden Anspruches.
d) In Ostdeutschland 90% der gesetzlichen Gebühren.

Fristen und Rechtsmittel

Für Gläubiger und Schuldner sofortige Beschwerde, § 567 Abs. 1 ZPO (näher *Baumbach/Lauterbach/Albers/Hartmann,* Rdn. 7–10 zu § 732).

13. Allgemeiner Vollstreckungsschutzantrag (§ 765 a ZPO)

An das
Amtsgericht
Vollstreckungsgericht[1]

Antrag nach § 765 a ZPO

in der Vollstreckungssache

der X-GmbH (ladungsfähige Anschrift),

Gläubigerin

gegen

den Rechtsanwalt A als Insolvenzverwalter[2] der Y-KG (ladungsfähige Anschrift)

Schuldner

wegen Zwangsversteigerung, Az. ...... des dortigen Gerichts.
Namens und in Vollmacht des Schuldners beantrage ich zu beschließen:

1. In dem Zwangsversteigerungsverfahren dieses Gerichts, Az. ......, für das Grundstück ...... (Anschrift), eingetragen im Grundbuch von ...... Band ...... Blatt ......, wird der Zuschlag an den Meistbietenden, den Kaufmann K, versagt[3].
2. Der Gläubigerin werden die Kosten dieses Verfahrens auferlegt[4].

Begründung:

Die Gläubigerin, am Grundstück erstrangig besichert, betreibt die Zwangsversteigerung, obgleich sich der Insolvenzverwalter seit Verfahrenseröffnung intensiv bemühte, freihändig zu verwerten.
Der Verkehrswert wurde auf 1,2 Mio. EUR festgesetzt. Im ersten wie auch im nach § 85 a Abs. 2 ZVG abgehaltenen zweiten Termin vom ...... wurde ein Meistgebot von 686.000,– EUR abgegeben, durch das die Gläubigerin voll befriedigt, die Masse aber nur ca. 75.000,– EUR erhalten würde[5]. Der Verwalter hat nun einen Käufer gefunden. Ich überreiche anliegend das notarielle Kaufangebot der Firma L über 0,97 Mio. EUR.

Die Gläubigerin hat es abgelehnt, daraufhin das Versteigerungsverfahren aufzuheben. Ihr Geschäftsführer hat geäußert, da er auch in der Versteigerung zu seinem Geld komme, interessiere ihn der Mehrerlös nicht[6].

Beweis: Zeugnis des N[7] (ladungsfähige Anschrift)

Daher ist Vollstreckungsschutz gemäß § 765 a ZPO in der Form des § 33 ZVG geboten. Ein Schutzbedürfnis der Gläubigerin wird nicht verletzt, da ihre Befriedigung sichergestellt ist. Aber ohne den bei freihändigem Verkauf in die Masse fließenden Mehrerlös wäre das Insolvenzverfahren mangels Masse einzustellen.

Beweis: anliegender Bericht des Verwalters gem. § 156 InsO.

Daher wäre die Fortsetzung der Vollstreckung eine Härte für die Gesamtheit der Insolvenzgläubiger, die nicht mit den guten Sitten vereinbar ist[8].

Rechtsanwalt

Anmerkungen

1. Zuständig ist das Vollstreckungsgericht, § 765 a Abs. 1 ZPO, also das Amtsgericht, in dessen Bezirk die Vollstreckungshandlung stattfindet, § 764 Abs. 2 ZPO, hier das Amtsgericht der Grundstücksbelegenheit, § 1 ZVG. Es entscheidet der Rechtspfleger, § 20 Nr. 17 RPflG.

2. Auch ein Insolvenzverwalter kann nach § 765 a ZPO vorgehen (h. M., OLG Hamm NJW 1976, 1754; *Zöller/Stöber* Rdn. 3 zu § 765 a ZPO).

3. Nach Ende der Versteigerung kann die Aufhebung oder Einstellung nur noch durch Zuschlagsversagung erfolgen, § 33 ZVG mit § 83 Nr. 6 ZVG, um für den Meistbietenden klare Verhältnisse zu schaffen. Antrag nach § 30 c ZVG ist hier wegen Ablauf der Frist von § 30 c Abs. 2 ZVG unzulässig. Seit dem 1. 1. 1999 gelten für Schuldnerschutzanträge des Insolvenzverwalters §§ 30 d–f ZVG, und das Gericht kann einstweilige Anordnungen (auf Einstellung der Vollstreckung nach § 732 Abs. 2 ZPO beschließen, § 765 a Abs. 1 S. 2 ZPO.

4. Regelmäßig hat der Schuldner auch bei erfolgreichem Antrag nach § 765 a ZPO die Kosten zu tragen, § 788 Abs. 1 ZPO. Bei unbilligem Verhalten des Gläubigers können sie ausnahmsweise zum Teil oder ganz diesem auferlegt werden, § 788 Abs. 4 ZPO.

5. § 765 a ZPO ist eine eng auszulegende (*Baumbach/Lauterbach/Albers/Hartmann* § 765 a Rdn. 1) Ausnahmevorschrift, die nur eine untragbare krasse Unbilligkeit vermeiden soll. Sie kann nicht auf Einwände gegen den Anspruch selbst gestützt werden (dafür § 767 ZPO oder Wiederaufnahme), sondern auf Unbilligkeit der Vollstreckung, meist aber nur einer bestimmten Maßnahme.

Allein ein Missverhältnis zwischen Meistgebot und Verkehrswert rechtfertigt den Antrag noch nicht (OLG Hamm NJW 1976, 1755), wie auch § 85 a Abs. 2 ZVG zeigt.

6. Erst wenn konkrete Aussichten für baldigen deutlichen Mehrerlös bestehen, wird das Beharren des Gläubigers auf Zuschlagerteilung sittenwidrig (OLG Hamm NJW 1976, 1755).

7. Wegen der Tragweite des Beschlusses (bei Aufhebung einer Maßnahme ggf. Rangverlust des Gläubigers) muss Schuldner beweisen, nicht nur glaubhaft machen (*Baumbach/Lauterbach/Albers/Hartmann* § 765 a Rdn. 28).

8. § 765 a ZPO findet in allen Vollstreckungsverfahren Anwendung, einschließlich des Verfahrens zur Abnahme der Offenbarungsversicherung (Beispiele bei *Zöller/Stöber* Rdn. 9 zu § 765 a; *Baumbach/Lauterbach/Albers/Hartmann* § 765 a Rdn. 13–27). S. auch Form. II. B. 15. Praktisch bedeutsam ist § 765 a ZPO vor allem im Zwangsversteigerungsverfahren, meist aber nur als Mittel zur Verzögerung. In Räumungssachen muss der Antrag regelmäßig 2 Wochen vor dem Räumungstermin gestellt werden, § 765 a Abs. 3 ZPO.

Kosten und Gebühren

a) Gericht: Festgebühr von 10,– EUR, KV zum GKG Nr. 1941, die mit Eingang des Antrags fällig wird, § 61 GKG.

b) Anwalt: $^{3}/_{10}$ Gebühr nach §§ 57, 58 Abs. 3 Nr. 3 BRAGO, da besondere Angelegenheit.

c) Gegenstandswert: Das Interesse an der beantragten Schutzmaßnahme, § 3 ZPO; nur in Ausnahmefällen, etwa wenn die Vollstreckung gänzlich eingestellt wird, der volle Wert des Vollstreckungsgegenstandes.

d) In Ostdeutschland 90% der gesetzlichen Gebühren.

Fristen und Rechtsmittel

Für Gläubiger und Schuldner die sofortige Beschwerde nach § 11 Abs. 1 RPflG, § 793 ZPO binnen zwei Wochen *(Baumbach/Lauterbach/Albers/Hartmann,* Rdn. 31; *Zöller/Stöber,* Rdn. 23; *Musielak/Lackmann,* Rdn. 27, jeweils zu § 765 a ZPO).

14. Erinnerung gegen Gerichtsvollziehermaßnahmen (§ 766 ZPO)

An das
Amtsgericht
Vollstreckungsgericht[1]

Erinnerung nach § 766 ZPO[2]

in der Vollstreckungssache

X ./. Y

Namens und in Vollmacht des Gläubigers überreiche ich das vollstreckbare Urteil des LG ...... vom ...... Az. ...... sowie das Vollstreckungsprotokoll des Gerichtsvollziehers A vom ...... DRNr. ...... und beantrage,

den Gerichtsvollzieher anzuweisen, auch die Behandlungsstühle Nr. 1 und 2 im Frisiersalon des Schuldners zu pfänden.

Begründung:

Nach dem Pfandprotokoll hat der Gerichtsvollzieher beim Schuldner zwar die Behandlungsstühle Nr. 3 bis 6 gepfändet, die Pfändung der weiteren beiden Stühle aber nach § 811 Nr. 5 ZPO abgelehnt[3]. Dies ist unberechtigt, weil die Stühle im Vorbehaltseigentum des Gläubigers stehen.

Beweis: anliegender vom Schuldner unterzeichneter Kaufvertrag[4]

Der Schuldner hat den Kaufpreis nicht gezahlt. Die Vollstreckung erfolgt wegen der Kaufpreisforderung, wie sich aus der Begründung des vorgelegten Urteils ergibt. Dies Vorbehaltseigentum war dem Gerichtsvollzieher bei der Pfändung auch durch Beifügung des Kaufvertrages nachgewiesen worden.

Beweis: anliegende Kopie des Vollstreckungsauftrages

Unter diesen Umständen ist die Berufung des Schuldners auf den Pfändungsschutz des § 811 Nr. 5 ZPO unzulässig[5], und der Gerichtsvollzieher durfte die Pfändung nicht ablehnen[6].

Rechtsanwalt

Anmerkungen

1. Zuständig ist das Vollstreckungsgericht, § 766 ZPO, vgl. Form. III. A. 13 Anm. 1.

2. Über die Erinnerung entscheidet der Richter, § 20 Nr. 17 RPflG. Sie ist nicht fristgebunden. Rechtsschutzbedürfnis besteht jedoch nur von der unmittelbar bevorstehenden Vollstreckung bis zu ihrer Beendigung. Vor der Entscheidung des Richters kann das Vollstreckungsorgan (Gerichtsvollzieher oder Rechtspfleger) abhelfen (*Schmidt,* DGVZ 00, 35).

3. Der Gerichtsvollzieher muss den Mittelweg zwischen den rechtlich geschützten Interessen der Beteiligten finden. Vorliegend wäre auch Schuldnererinnerung denkbar auf Aufhebung der Pfändung weiterer Behandlungsstühle. Für den Schuldner empfiehlt sich stets zusätzlich der Antrag auf einstweilige Einstellung, § 766 Abs. 1 S. 2 mit § 732 Abs. 2 ZPO, um die Beendigung der Vollstreckung zu verhindern.

4. Der Erinnerungsführer muss vollen Beweis antreten (AG Springe NJW 1978, 834).

5. Das regelt jetzt ausdrücklich § 811 Abs. 2 ZPO. Der Gerichtsvollzieher darf nur pfänden, wenn ihm das Vorbehaltseigentum durch Urkunden nachgewiesen ist, § 811 Abs. 2 S. 2 ZPO.

6. Die Erinnerung ist in allen Vollstreckungsverfahren gegen Maßnahmen von Gerichtsvollzieher oder Vollstreckungsgericht gegeben; bei sonstigen Vollstreckungsorganen nur, soweit nicht die spezielleren Rechtsbehelfe der für diese geltenden Verfahrensordnungen eingreifen (vgl. Form. III. A. 16 Anm. 1). Sie kann von den Vollstreckungsparteien, aber auch von betroffenen Dritten eingelegt werden.

Für die Abgrenzung zwischen Erinnerung nach § 766 ZPO, Rechtspflegererinnerung und sofortiger Beschwerde vgl. unten Form. III. A. 22 und *Musielak/Lackmann,* Rdn. 10–14 zu § 766 ZPO. Für weitere Beispielsfälle vgl. *Baumbach/Lauterbach/Albers/Hartmann* § 766 Rdn. 15–23, und *Zöller/Stöber* Rdn. 14 bis 18 zu § 766 ZPO.

Kosten und Gebühren

a) Gericht: keine besondere Gebühr.

b) Anwalt: Für Gläubigeranwalt mit Vollstreckungsgebühr abgegolten, gem. § 58 Abs. 2 BRAGO. Für Schuldneranwalt oder den eines Dritten, der bisher bezüglich dieser Vollstreckung nicht tätig war, entsteht die 3/10 Gebühr nach §§ 57, 58 BRAGO. Erst bei Beschwerde entstehen für beide weitere Gebühren, § 61 Abs. 1 Nr. 1 BRAGO.

c) Gegenstandswert: Wert des strittigen Vollstreckungsgegenstandes.

d) In Ostdeutschland 90% der gesetzlichen Gebühren.

Fristen und Rechtsmittel

Für Gläubiger und Schuldner sofortige Beschwerde binnen zwei Wochen, §§ 793 ZPO.

15. Erinnerung gegen Vollstreckungsgerichtsmaßnahmen (§ 766 ZPO)

An das
Amtsgericht
Vollstreckungsgericht[1]

Erinnerung nach § 766 ZPO
in der Vollstreckungssache
X ./. Y

Namens und in Vollmacht des Kaufmanns Z (ladungsfähige Anschrift) beantrage ich im Wege der Erinnerung,

den Pfändungs- und Überweisungsbeschluss in obiger Sache vom ...... aufzuheben und den Antrag auf Erlass des Pfändungsbeschlusses abzuweisen[2].

Begründung:

Der Pfändungsbeschluss pfändet das Arbeitseinkommen des Schuldners. Mein Mandant hat es mit Pfändungsbeschluss des AG K, Az. ......, vom ......, den ich beifüge, nachrangig gepfändet[3]. Der vom Gläubiger X erwirkte Pfändungsbeschluss ist unwirksam. Er ist vom unzuständigen Gericht erlassen. Gemäß beigefügter Bescheinigung des Einwohnermeldeamtes ...... wohnt der Schuldner schon seit dem ......, also vor dem Antrag des Gläubigers, in K.

Für K ist das AG K ausschließlich zuständig, § 764 Abs. 2 mit § 802 ZPO. Daher ist der Beschluss aufzuheben[4].

Rechtsanwalt

Anmerkungen

1. Zuständiges Vollstreckungsgericht vgl. Form. III. A. 13. Bei Grundbuchamt (Zwangshypothek) und Prozessgericht als Vollstreckungsorganen sind statt der Erinnerung die in deren Verfahrensordnungen einschlägigen Rechtsbehelfe gegeben, so nach § 71 GBO beim Grundbuchamt *(Zöller/Stöber* Rdn. 4 zu § 766), beim Prozessgericht als Vollstreckungsorgan (§ 887ff. ZPO) die sofortige Beschwerde. Neben die Erinnerung kann die Dienstaufsichtsbeschwerde treten, die nach altem Spott formlos, fristlos aber (meistens) auch fruchtlos ist.

2. Die Aufhebung beseitigt die Pfändungswirkung, § 776 ZPO, und wirkt insoweit rangzerstörend.

3. Die Erinnerung ist auch für Dritte statthaft, die beschwert sind, hier wegen Rangverlust, § 804 Abs. 3 ZPO (näher *Musielak/Lackmann,* Rdn. 19 zu § 766 ZPO). Sie können alle zur Aufhebbarkeit führenden Mängel rügen, zB. zu unbestimmte Anspruchs- oder Drittschuldnerbezeichnung, Zustellungsmängel bei Titel oder Pfändungsbeschluss etc.

Deshalb lohnt – bei größeren Forderungen – für nachrangig pfändende Gläubiger die Prüfung vorrangiger Pfändungsbeschlüsse auf solche Fehler. Einsicht in sie kann er sich notfalls gem. §§ 853, 856 ZPO verschaffen, vgl. Form. III. B. 16.

4. Der Gläubiger wird stattdessen Verweisung ans zuständige AG beantragen. Aber ihm geht der Pfändungsrang verloren, da die Heilung durch neuerlichen Erlass des Pfändungsbeschlusses nur vom zweiten Beschluss, ex nunc wirkt (hM. vgl. RGZ 125, 288;

BGHZ 30, 175; *Zöller/Stöber* Vorbem. zu § 704 Rdn. 35; aA. OLG Hamburg MDR 1961, 329.

Kosten und Gebühren

Wie Form. III. A. 14.

Fristen und Rechtsmittel

Vgl. Form. III. A. 14.

16. Vollstreckungsabwehrklage mit Antrag auf einstweilige Einstellung (§ 767 ZPO)

An das
Landgericht[1]

Klage gemäß § 767 ZPO[2]

Klage und Antrag auf einstweilige Anordnung

des ......[3]

wegen Unzulässigkeit der Zwangsvollstreckung

Streitwert: ......[4]

Namens und in Vollmacht des Klägers erhebe ich Klage und werde beantragen zu erkennen:

1. Die Zwangsvollstreckung aus dem vollstreckbaren Urteil des LG ...... vom ...... Az. ...... wird für unzulässig erklärt[5].
2. Der Beklagte wird verurteilt, die ihm erteilte vollstreckbare Ausfertigung des genannten Urteils an den Kläger herauszugeben.[6]
3. Gemäß § 770 ZPO wird angeordnet, dass die Vollstreckung aus dem Urteil des LG ...... vom ...... Az. ...... bis zur Rechtskraft dieses Urteils einstweilen eingestellt wird.
4. Hilfsweise dazu wird beantragt das Urteil ohne Sicherheitsleistung für vorläufig vollstreckbar zu erklären.[7]
5. Zugleich beantrage ich, vorab im Wege der einstweiligen Anordnung zu beschließen:

Die Vollstreckung aus dem Urteil des LG ...... vom ...... Az. ...... wird bis zum Erlass des Urteils in dieser Sache einstweilen eingestellt[8].

Begründung:

Der Kläger wurde im Vorprozess[9] zu Rechnungslegung über das A-Meta-Geschäft der Parteien vom ...... sowie zur Zahlung von ...... EUR rechtskräftig verurteilt.
Der Kläger hat Rechnung gelegt[10]. Ich überreiche als

Anlage 1

die Abrechnung vom ......, die dem Beklagten zugegangen ist. Dieser bestreitet, dass die Abrechnung richtig und vollständig sei. Er beanstandet das Fehlen von Belegen. Dies zu Unrecht. Belege pflegen branchenüblich nicht erteilt zu werden (§ 259 Abs. 1 BGB).

**Beweis: 1. Auskunft der Handelskammer,
2. anliegende eidesstattliche Versicherung.**

Im Übrigen ist die Abrechnung auch richtig und vollständig (ist auszuführen). Auch die Forderung ist beglichen. Der Kläger hat mit dem als

Anlage 2

vorgelegten Schreiben an den Beklagten vom ...... die Aufrechnung mit einer Gegenforderung erklärt, die er nach dem Urteil im Vorprozess erworben hat[11]. Außerdem hat der Beklagte in Zeugengegenwart ausdrücklich auf die Forderung verzichtet, da er „die ganze Sache endlich erledigen wolle"[12].

Beweis: Zeugnis des A (ladungsfähige Anschrift),

dessen Aussage ich zugleich in Form der eidesstattlichen Versicherung beifüge[13]. Nunmehr hat der Beklagte mit dem als

Anlage 3

beigefügten Schreiben vom ...... angedroht, er werde die Zwangsvollstreckung betreiben. Daher ist nicht nur Klage, sondern auch der Antrag auf einstweilige Anordnung geboten[14].

Rechtsanwalt

Anmerkungen

1. Zuständig ist ausschließlich das erstinstanzliche Gericht des Vorprozesses, §§ 767 Abs. 1, 802 ZPO.

2. Die Klage gehört noch zum Rechtszug des Vorprozesses im Sinne von §§ 78 ff. ZPO. Daher gelten die erteilten Prozessvollmachten weiter. Beim Anwaltsprozess ist also der Anwalt des Gegners anzugeben und an ihn zuzustellen.

3. Volles Rubrum wie Form. III. A. 5.

4. Streitwert nach dem Betrag, für den die Vollstreckung ausgeschlossen werden soll (OLG Köln RPfleger 1976, 138), hier also der volle Streitwert des Vorprozesses.

5. Die Fassung ergibt sich aus § 775 Nr. 1 ZPO. § 767 ZPO ist auch bei den übrigen Vollstreckungstiteln anwendbar, Beispiele bei *Baumbach/Lauterbach/Albers/Hartmann* § 767 Rdn. 9 ff.

6. Dieser ergänzende Antrag kann vorsorglich gestellt werden, wenn man Missbrauch der vollstreckbaren Ausfertigung durch den Gläubiger befürchten muss (vgl. *Zöller-Stöber,* Rdn. 21 zu § 767).

7. Die zugleich beantragte einstweilige Anordnung gem. § 769 ZPO (nachfolgend Anm. 8) wirkt nur bis zum Erlass des Urteils im Verfahren nach § 767 ZPO, vgl. § 769 Abs. 1 S. 1 ZPO). Da das Urteil, sofern nicht ein Fall von § 708 ZPO vorliegt, nur gegen Sicherheitsleistung des Klägers/Schuldners vorläufig vollstreckbar ist, bietet § 770 ZPO die Möglichkeit, die nach § 769 erlassene Anordnung zu bestätigen. Das kann von Amts wegen geschehen, sollte aber vorsorglich beantragt werden (MüKo-ZPO/*Schmidt,* Rdn. 5 zu § 770).

Die hilfsweise beantragte vorläufige Vollstreckbarkeit des Urteils ohne Sicherheitsleistung des Klägers verhindert gleichfalls die Fortsetzung der Vollstreckung aus dem angegriffenen Titel. Sie erfordert aber die schwierige Darlegung der Voraussetzungen von § 710 ZPO, so dass der Weg über § 770 für den Kläger/Schuldner leichter ist.

8. Vgl. § 769 ZPO. Die Vollstreckungseinstellung gegen Sicherheit oder die Beschränkung auf Fortsetzung gegen Sicherheit sind ein Minus zur unbedingten Einstellung, also von diesem Antrag umfasst. Hat die Vollstreckung schon begonnen, kommt zusätzlich ein Antrag auf Aufhebung der Vollstreckungsmaßregel in Betracht, jedoch nur gegen Sicherheitsleistung des Schuldners (§ 769 Abs. 1 S. 1 letzter Halbs. ZPO). Nach dem Ende der Vollstreckung fehlt das Rechtsschutzbedürfnis. Der Schuldner ist dann auf etwaige Bereicherungs- oder Schadensersatzansprüche angewiesen.

9. Die Parteirollen sind idR. umgekehrt wie im Vorprozess.

10. Andere Fälle von § 767 ZPO vgl. bei *Baumbach/Lauterbach/Albers/Hartmann* § 767 Rdn. 18–38; *Zöller/Stöber,* Rdn. 12/13 zu § 767. Auch für Klage gegen Zahlungstitel ohne materielle Rechtskraft, vgl. BGH ZIP 1994, 67.

11. Als Folge der Rechtskraft schließt § 767 Abs. 2 ZPO Einwendungen aus, die schon während des Vorprozesses bestanden. Zum maßgeblichen Ausschlusszeitpunkt bei den verschiedenen Vollstreckungstiteln vgl. *Musielak/Lackmann,* Rdn. 32 zu § 767 ZPO. Bei vollstreckbaren Urkunden entfällt diese Präklusionswirkung, § 797 Abs. 4 ZPO.

Es kommt lediglich auf das Bestehen der Einwendung im Vorprozess an, nicht auf Kenntnis des Berechtigten davon (ggf. Wiederaufnahme). Bei Gestaltungsrechten, insbesondere Aufrechnung, ist auf die Aufrechnungslage abzustellen (so BGHZ 24, 97; 42, 37; *Baumbach/Lauterbach/Albers/Hartmann* § 767 Rdn. 53; BAG NJW 1980, 143) ganz hM., kritisch dazu *Stein/Jonas/Münzberg* Rdn. 30–39 zu § 767. Der Schuldner muss seine Gegenforderung dann gesondert einklagen und kann damit nicht den Titel des Gläubigers entwerten.

12. § 767 Abs. 3 ZPO zwingt den Kläger, alle seine Einwendungen in der Klage zu konzentrieren.

13. Soweit die Beweise nicht, etwa durch Urkunde, mit der Klage vorgelegt werden, ist für den Antrag auf einstweilige Anordnung nach § 769 ZPO Glaubhaftmachung erforderlich, § 769 Abs. 1 S. 2 ZPO. Im Beispielsfall ist aber Glaubhaftmachung auch für die Branchenunüblichkeit von Belegerteilung erforderlich.

Zur Beweislastverteilung bei Vollstreckungsabwehrklage *Münch,* NJW 1991, 795, und BGH ZIP 1991, 544.

14. Will der Gläubiger nicht oder nicht mehr vollstrecken, kann das Rechtsschutzbedürfnis fehlen. Der beklagte Gläubiger kann ggf. nach § 93 ZPO vorgehen.

Bei Arrest ist § 767 ZPO wegen des einfacheren Weges nach §§ 926, 927 ZPO nicht gegeben (*Baumbach/Lauterbach/Albers/Hartmann* § 767 Rdn. 14).

Kosten und Gebühren

a) Gericht: normale Gebühren des Erkenntnisverfahrens, KV zum GKG Nr. 1201 ff.
b) Anwalt: normale Gebühren des Erkenntnisverfahrens, §§ 31 ff. BRAGO.
c) In Ostdeutschland 90% der gesetzlichen Gebühren.

Fristen und Rechtsmittel

Wie im normalen Prozess, vgl. Form. I. O. 1

Gegen die einstweilige Anordnung des Prozessgerichts kein Rechtsbehelf, analog § 707 Abs. 2 S. 2 ZPO, außer bei greifbar gesetzwidriger Entscheidung (zuletzt OLG Saarbrücken NJW-RR 2001, 1573; OLG Köln MDR 96, 716; *Zöller/Stöber,* Rdn. 13 zu § 769 mwN.).

17. Antrag auf einstweilige Einstellung an das Vollstreckungsgericht (§ 769 Abs. 2 ZPO)

An das
Amtsgericht
Vollstreckungsgericht[1]

Antrag nach § 769 Abs. 2 ZPO

In der Vollstreckungssache ......[2]

Namens und in Vollmacht des Schuldners beantrage ich zu beschließen:

1. Die Zwangsvollstreckung aus dem Urteil des LG ...... vom ...... Az. ...... wird einstweilen eingestellt[3].
2. Die erfolgte Pfändung des schuldnerischen Warenlagers gemäß Pfandprotokoll des Gerichtsvollziehers A vom ...... DRNr. ...... wird gegen Sicherheitsleistung von ...... EUR aufgehoben[4].

Begründung:

Die Vollstreckung des Gläubigers aus dem Urteil ist nicht mehr berechtigt. Ich verweise dazu auf die in Kopie beigefügte Vollstreckungsabwehrklage des Schuldners gegen den Gläubiger mit Antrag auf einstweilige Anordnung, die ich zugleich beim LG ...... erhebe[5]. Dort beigefügte eidesstattliche Versicherung überreiche ich gesondert und vom Prokuristen des Schuldners unterzeichnet.
Das heute gepfändete Warenlager ist für den schuldnerischen Geschäftsbetrieb unentbehrlich, da aus ihm ständig Waren zur Verarbeitung entnommen werden. Sonst muss der Schuldner schon morgen seinen Betrieb schließen. Durch die weiterlaufenden Löhne und die fehlende Erledigung dringlicher Aufträge wird der Schuldner dann unabsehbare wirtschaftliche Nachteile haben. Zum Beweis überreiche ich die weitere eidesstattliche Versicherung des Prokuristen X[6].
Danach sind unverzügliche Maßnahmen erforderlich. Ich bitte, mich von der Entscheidung telefonisch zu verständigen.

Rechtsanwalt

Anmerkungen

1. Zuständig das Vollstreckungsgericht, § 769 Abs. 2 ZPO (vgl. Form. III. A. 13 Anm. 1), dort der Rechtspfleger, § 20 Nr. 17 RPflG.

2. Volles Rubrum wie Form. III. A. 13.

3. Als vorläufige Maßnahme kommt nur Einstellung in Betracht, nicht Unzulässigerklärung der Vollstreckung insgesamt. Dieser Antrag umfasst als Minus die Einstellung gegen Sicherheitsleistung.

4. Ausnahmsweise können ergangene Maßnahmen aufgehoben werden (Rangverlust des Gläubigers!), aber ausschließlich gegen Sicherheitsleistung, § 769 Abs. 1 S. 2 letzter Halbs. ZPO. Ohne Sicherheit, aber dann erst nach Rechtskraft des Beschlusses, § 765 a Abs. 4 ZPO, könnte allenfalls eine Aufhebung nach § 765 a ZPO beantragt werden.

5. Diese Klage mit dem Antrag auf einstweilige Anordnung des Prozessgerichtes sollte – aber muss nicht – zugleich erhoben werden. Das Vollstreckungsgericht muss ohnehin Frist zur Beibringung der Entscheidung des Prozessgerichtes setzen, § 769 Abs. 2 S. 1 ZPO.

Aus dem Sachvortrag sollte sich auch ergeben, weshalb der Antrag nach § 769 Abs. 2 ZPO erst jetzt gestellt wird. Wenn die Dringlichkeit vom Schuldner selbst verschuldet ist, ist sein Antrag arglistig (*Baumbach/Lauterbach/Albers/Hartmann* § 769 Rdn. 8).

6. Zusätzlich zu den Voraussetzungen von §§ 767, 769 Abs. 1 ZPO (Form. III. A. 16) ist die besondere Dringlichkeit für das Einschreiten des Vollstreckungsgerichtes glaubhaft zu machen, § 769 Abs. 2 mit Abs. 1 S. 2 ZPO (Hauptfall: Prozessgericht ist ein auswärtiges Kollegialgericht, was aber bei heutigen Verkehrs- und Nachrichtenverbindungen nur noch ausnahmsweise das Tätigwerden des Vollstreckungsrichters rechtfertigen dürfte).

Kosten und Gebühren

a) Gericht: keine besonderen Gebühren.

b) Anwalt: keine besondere Gebühr neben den Prozessgebühren, soweit keine besondere mündliche Verhandlung über den Antrag stattfindet, § 37 Nr. 3 BRAGO. Bei besonderer mündlicher Verhandlung über den Antrag erhält der Anwalt 3/10 der in § 31 BRAGO bestimmten Gebühren, § 49 Abs. 1 BRAGO, jedoch nur einmal, auch wenn der Antrag sowohl beim Prozessgericht (§ 769 Abs. 1 ZPO) als auch beim Vollstreckungsgericht (§ 769 Abs. 2 ZPO) gestellt wird.

c) In Ostdeutschland 90% der gesetzlichen Gebühren.

Fristen und Rechtsmittel

Da der Rechtspfleger entscheidet, wie Form. III. B. 13.

18. Vollstreckungsabwehrklage gegen Vollstreckungsklausel (§ 768 ZPO)

An das
...... gericht ......[1]

Klage gemäß § 768 ZPO[2]
und Antrag gemäß § 769 ZPO

des ......[3]

wegen Unzulässigkeit der Vollstreckung

Streitwert: ...... EUR[4]

Namens und in Vollmacht des Klägers erhebe ich Klage und werde beantragen,

die Zwangsvollstreckung aus der notariellen Urkunde des Notars A vom ...... URNr. ...... mit der Vollstreckungsklausel vom ...... für unzulässig zu erklären[5].

Weiter beantrage ich,
gemäß § 769 Abs. 1 ZPO die Vollstreckung aus der genannten Urkunde einstweilen einzustellen[6].

Begründung:

Der Kläger hat sich in der genannten Urkunde verpflichtet, die Forderung von insgesamt ...... EUR in monatlichen Raten von 1.000,– EUR zu zahlen. Er hat sich insoweit der

sofortigen Vollstreckung unterworfen. Bei Verzug mit einer Rate sollte der Restbetrag fällig werden. Mit der Behauptung, die Dezember-Rate sei nicht gezahlt, hat die Beklagte für die Restforderung die vollstreckbare Ausfertigung der Urkunde beantragt und erhalten. Dies zu Unrecht. Zwar ist die Dezember-Rate tatsächlich nicht gezahlt. Aber der Beklagte hatte zuvor, nämlich am ...... dem Kläger Stundung dieser Rate für einen Monat gewährt.

Beweis: Zeugnis des L, dessen eidesstattliche Versicherung ich zugleich vorlege[7].

Wegen Stundung ist der Kläger also nicht in Verzug gekommen[8]. Danach durfte die Klausel für den Restbetrag nicht erteilt werden.

Rechtsanwalt

Anmerkungen

1. Zuständig bei Klagen gegen Urteile das Prozessgericht erster Instanz, wie Form. III. A. 16 Anm. 1. Hier im Sonderfalle der vollstreckbaren Urkunde ist zuständig das nach §§ 13 oder 23 ZPO zuständige Gericht, § 797 Abs. 5 ZPO.

2. Die Klage nach § 768 ZPO hat einen sehr beschränkten Streitgegenstand. Sie ist nicht bei Einwänden gegen den materiellen Anspruch (dann § 767 ZPO), sondern nur bei Einwänden gegen die Klauselerteilung zulässig. Da aber wieder nur bei materiellen Mängeln der Klausel (zB. Fälligkeit des Anspruches nicht eingetreten, Rechtsnachfolge ist nicht erfolgt oder unwirksam), nicht aber bei formellen Mängeln (Klausel ist ohne gehörigen Nachweis oder durch ausgeschlossenen Notar erteilt), dann § 732 ZPO vgl. oben Form. III. A. 12 (vgl. OLG Köln NJW 97, 1451).

Da § 732 ZPO stets neben § 768 ZPO zulässig ist (§ 768 letzter Halbs.), aber nicht umgekehrt, empfiehlt es sich, im Zweifel nach § 732 ZPO vorzugehen. Rechtskräftige Klauselerteilung nach § 731 ZPO schließt Einwendungen sowohl nach § 732 als nach § 768 ZPO aus.

3. Rubrum wie Form. III. A. 5.

4. Streitwert wie Form. III. A. 16 Anm. 3.

5. Formel ergibt sich aus § 775 Nr. 1 ZPO.

6. Antrag nach § 769 ZPO ist auch bei Klage nach § 768 ZPO geboten. Denn mit Fortsetzung und Beendigung der Vollstreckung würde sich sonst die Hauptsache erledigen bzw. die Klage mangels Rechtsschutzbedürfnisses unzulässig werden.

7. Die Glaubhaftmachung ist für den Antrag nach § 769 Abs. 1 ZPO erforderlich.

8. Der Schuldner muss schlüssig einen solchen materiellen Einwand gegen die Klausel vortragen (RGZ 50, 366).

Kosten und Gebühren

Wie Form. III. A. 16.

Fristen und Rechtsmittel

Wie Form. III. A. 16.

19. Drittwiderspruchsklage (§§ 771–774 ZPO)

An das
...... gericht ......[1]

Drittwiderspruchsklage, § 771 ZPO,
und Anordnungsantrag gemäß §§ 771 Abs. 3, 769 ZPO

des Kaufmannes X (ladungsfähige Anschrift)

Klägers,

Prozessbevollmächtigter:
RA B

gegen

1. den Baustofflieferanten Y (ladungsfähige Anschrift)

Beklagten zu 1.)

2. den Maurermeister Z (ladungsfähige Anschrift)

Beklagten zu 2.)

wegen Unzulässigkeit der Zwangsvollstreckung und Herausgabe[2].

Streitwert: ...... EUR[3]

Namens und in Vollmacht des Klägers erhebe ich Klage und werde beantragen:

1. Die von dem Beklagten zu 1.) aus dem vollstreckbaren Urteil des LG ...... vom ...... Az. ...... gegen den Beklagten zu 2.) betriebene Vollstreckung in die Betonmischmaschine Marke ......, Bau-Nr. ...... wird für unzulässig erklärt.
   Gemäß §§ 770, 769 ZPO wird angeordnet dass die Vollstreckung in die genannte Betonmischmaschine bis zur Rechtskraft dieses Urteils einstweilen eingestellt wird[4].
2. Der Beklagte zu 2.) wird verurteilt, die genannte Maschine an den Kläger herauszugeben[5].

Ferner beantrage ich, vorab durch einstweilige Anordnung zu beschließen:

Die vom Beklagten zu 1.) aus dem genannten Urteil betriebene Zwangsvollstreckung in die genannte Betonmischmaschine wird einstweilen eingestellt[6].

Begründung:

Der Kläger verkaufte die Betonmischmaschine an den Beklagten zu 2.) unter Eigentumsvorbehalt (ist näher auszuführen, unter Beweis zu stellen und glaubhaft zu machen)[7]. Der Beklagte zu 2.) bezahlte nicht. Mit dem als

Anlage 2

beigefügten Schreiben wurde er – erfolglos – zur Herausgabe der Maschine aufgefordert. Durch Zufall erfuhr der Kläger, dass die Maschine durch den Gerichtsvollzieher A mit Pfandprotokoll vom ...... DRNr. ...... für den Beklagten zu 1.) gepfändet ist. Versteigerung steht an am ......

Beweis: anliegende Ausfertigung des Protokolls[8]

Der Beklagte zu 1.) ist zur Freigabe aufgefordert worden, verweigert diese aber[9]. Der Kläger will die Maschine zurücknehmen. Daher ist Klage gegen beide Beklagten geboten. Um den Rechtsverlust durch die Versteigerung zu verhindern, bitte ich um unverzügliche Vorabentscheidung über den Antrag auf einstweilige Anordnung[10].

Rechtsanwalt

Anmerkungen

1. Ausschließlich zuständig ist örtlich das Gericht, „in dessen Bezirk die Zwangsvollstreckung erfolgt", §§ 771 Abs. 1, 802 ZPO. Sachliche Zuständigkeit nach §§ 23, 71 GVG, also je nach Streitwert AG oder LG.

2. Die Klage soll, wie das Aussonderungsrecht nach § 47 InsO, dingliche Rechte Dritter am Vollstreckungsgegenstand schützen. Das kann vom Vollstreckungsorgan nicht geprüft werden, so dass bei Streit um das Bestehen solcher Rechte ein Erkenntnisverfahren erforderlich ist (vgl. *Blomeyer* AcP 165, 483).

3. Streitwert ist die Höhe der Vollstreckungsforderung, ohne Zinsen und Kosten, höchstens aber der Wert des Vollstreckungsgegenstandes (OLG München RPfleger 1977, 336).

4. Zur Antragsformel vgl. § 775 Nr. 1 ZPO. Aufhebung der erfolgten Pfändung muss nicht gesondert beantragt werden, § 776 mit § 775 Nr. 1 ZPO. Zum ergänzenden Antrag nach § 770 ZPO vgl. Form. III. A. 16 Anm. 7.

5. Diese besondere Klagehäufung gestattet § 771 Abs. 2 ZPO ausdrücklich.

6. Antrag gemäß §§ 771 Abs. 3, 769 Abs. 1 ZPO. Ergänzend kann, wenn die Drittberechtigung eindeutig glaubhaft gemacht werden kann, Aufhebung der Vollstreckungsmaßregel sogar ohne Sicherheitsleistung beantragt werden, § 771 Abs. 3 S. 2 ZPO (im Gegensatz zu § 769 Abs. 1 ZPO).

7. Dritteigentum oder sonstige dingliche Rechte sind die Hauptfälle für § 771 ZPO. Auch der Sicherungseigentümer kann bei Besitz des Sicherungsgebers einer Pfändung bei diesem widersprechen, h. M., vgl. BGHZ 80, 296. Umgekehrt kann der Sicherungsgeber der Pfändung beim Sicherungsnehmer/Sicherungseigentümer widersprechen, aber nur, wenn der Sicherungsnehmer noch nicht zur Verwertung der Sicherheit befugt war, BGH BB 1978, 1441. Weitere Beispiele für Widerspruchsrechte bei *Baumbach/Lauterbach/Albers/Hartmann* § 771 Rdn. 14–28 und *Zöller/Herget* Rdn. 14 zu § 771.

8. Zu beschaffen nach § 760 ZPO. Nach Verwertung und Erlösauskehrung fehlt für die Drittwiderspruchsklage das Rechtsschutzbedürfnis. Der Berechtigte kann dann nur noch Herausgabe der Bereicherung und bei Bösgläubigkeit ggf. Schadensersatz vom Gläubiger verlangen.

9. Der Pfändungsgläubiger muss unter Glaubhaftmachung der Drittrechte (d. h. also mindestens durch eidesstattliche Versicherung belegt) zur Freigabe aufgefordert werden. Sonst kann er nach § 93 ZPO vorgehen (*Baumbach/Lauterbach/Albers/Hartmann* § 93 Rdn. 82).

Der Pfändungsgläubiger hat alle Einwendungen gegen das Recht des Dritten, hier zB. fehlenden Eigentumsvorbehalt. Eine Einwendung entsteht zB. auch, wenn der Drittberechtigte arglistig das Angebot des Pfändungsgläubigers auf Zahlung des Restkaufpreises ablehnt (*Baumbach/Lauterbach/Albers/Hartmann* § 771 Rdn. 10).

10. §§ 772 bis 774 ZPO enthalten 3 Fälle entsprechender Anwendung von § 771 ZPO:

a) § 772 ZPO, bei relativem Veräußerungsverbot. Antrag dann nur auf Unzulässigkeit der Verwertung, nicht der Pfändung, die – nachrangig – zulässig bleibt. Einfacher kann die Verwertung, die § 772 S. 1 ZPO verbietet, durch Erinnerung verhindert werden (*Baumbach/Lauterbach/Albers/Hartmann* § 772 Rdn. 4).

b) § 773 ZPO. Hier kann der Nacherbe in bestimmten Fällen die Verwertung verhindern, nicht die Pfändung. Der Antrag geht auch hier nur auf Unzulässigkeit der Verwertung. Auch hier stattdessen Erinnerung, § 766 ZPO, wegen des Verbots in § 773 S. 1 ZPO.

c) § 774 ZPO. Hier kann der (mit-) verwaltende Ehegatte entgegen § 741 ZPO die Vollstreckung ins Gesamtgut verhindern, wenn ausnahmsweise materiell das Gesamtgut nicht haftet (zB. Unkenntnis des verwaltenden Gatten vom Gewerbebetrieb; Kenntnis des Gläubigers von fehlender Genehmigung des Gatten; keine Geschäftsschuld). Der Antrag geht dann auf Unzulässigkeit der Vollstreckung in die zum Gesamtgut gehörenden Gegenstände. Aber eheliche Gütergemeinschaft kommt kaum noch vor.

d) Entsprechend § 771 ZPO muss auch der Erbe vorgehen, in dessen persönliches Vermögen Nachlassgläubiger vollstrecken, und umgekehrt, wenn Gläubiger des Erben vor Erbschaftsannahme bereits in die Erbschaft vollstrecken, § 778 ZPO. Auch hier kann aber stattdessen die Vollstreckung, die § 778 ZPO verbietet, durch Erinnerung, § 766 ZPO, verhindert werden (vgl. *Baumbach/Lauterbach/Albers/Hartmann* § 778 Rdn. 8).

Kosten und Gebühren

Wie im normalen Prozess, Form. I. O. 1. Für den Antrag auf Einstellung nach § 769 Abs. 1 ZPO vgl. Anm. „Kosten und Gebühren" zu Form. III. A. 17.

Fristen und Rechtsmittel

Wie im normalen Prozess, vgl. Form. I. O. 1.

20. Erinnerung bei dinglicher Gläubigersicherung (§ 777 ZPO)

An das
Amtsgericht
Vollstreckungsgericht[1]

Erinnerung gemäß § 777 ZPO

In ......[2]

Namens und in Vollmacht des Schuldners beantrage ich zu beschließen:

Die Zwangsvollstreckung aus dem Urteil des AG ...... Az. ...... wird eingestellt[3]**.**
Die erfolgte Pfändung des Gerichtsvollziehers A vom ...... DRNr. ...... in das Kraftfahrzeug des Schuldners Marke ......, Fahrgestell-Nr. ...... wird aufgehoben[4]**.**

Ferner bitte ich gemäß §§ 777, 766 Abs. 1 S. 2, 732 Abs. 2 ZPO vorab zu beschließen:

Die Zwangsvollstreckung aus dem Urteil des AG ...... Az. ...... des Gerichtsvollziehers A vom ...... DRNr. ...... in das genannte Kraftfahrzeug wird einstweilen eingestellt.

Begründung:

Der Gläubiger betreibt die Vollstreckung aus dem genannten Räumungs- und Zahlungsurteil in Höhe von ...... EUR. Er ist aber durch die vom Schuldner gestellte Mietkaution in Höhe von ...... EUR für diese Forderung vollen Umfanges gesichert[5]**. Quittung über Einzahlung der Kaution bei Beginn des Mietverhältnisses füge ich bei**[6]**. Daher ist die Vollstreckung in das übrige Vermögen des Schuldners unzulässig**[7]**.**

Rechtsanwalt

Anmerkungen

1. Zuständig das Vollstreckungsgericht des Pfändungsortes, §§ 777, 766, 764 Abs. 2 ZPO.

2. Rubrum wie Form. III. A. 13.

3. Vgl. § 775 Nr. 1 ZPO.

4. Vgl. § 776 ZPO.

5. Erforderlich ist ein Besitzpfand an beweglichen Sachen, bei Sicherungsübereignung, Eigentumsvorbehalt und den besitzlosen Pfandrechten (Vermieter, Verpächter, Gastwirt) erst ab Besitzergreifung. § 777 ZPO entsprechend anwendbar bei hinterlegter Sicherheit des Schuldners (*Baumbach/Lauterbach/Albers/Hartmann* § 777 Rdn. 2). Auch anwendbar auf die Zurückbehaltungsrechte nach §§ 273, 1000 BGB und § 369 HGB (*Stein/Jonas/Münzberg* § 777 Anm. II 1) und, wie hier, auf die Mietkaution, LG München, DGVZ 84, 78.

6. Der Schuldner muss die Voraussetzungen beweisen.

7. Der Gläubiger kann Haftung dieser Sachen für andere Forderungen einwenden, § 777 S. 2 ZPO, hier etwa Haftung der Kaution für Ansprüche aus § 548 BGB.

Kosten und Gebühren

Wie bei Erinnerung nach § 766 ZPO, Form. III. A. 14.

Fristen und Rechtsmittel

Wie bei Erinnerung nach § 766 ZPO, Form. III. A. 14.

21. Klage auf vorzugsweise Befriedigung (§ 805 ZPO)

An das
...... gericht ......[1]

Klage nach § 805 ZPO[2]
und Antrag auf einstweilige Anordnung

des ......[3]

wegen vorzugsweiser Befriedigung
Streitwert: ...... EUR[4]

Namens und in Vollmacht des Klägers erhebe ich Klage und werde beantragen zu erkennen:

Der Kläger ist vor dem Beklagten aus dem Erlös der Pfandverwertung des Gerichtsvollziehers A zur DRNr. ...... wegen der Druckmaschine Marke ......, Bau-Nr. ...... zu befriedigen[5]**.**

Zugleich beantrage ich, im Wege der einstweiligen Anordnung zu beschließen:

Der Erlös der Pfandverwertung des Gerichtsvollziehers A zur DRNr ...... wegen der Druckmaschine Marke ...... Bau-Nr. ...... ist in Höhe von ...... EUR bis zum rechtskräftigen Urteil in dieser Sache zu hinterlegen[6]**.**

Begründung:

Der Beklagte hat die genannte Maschine auf Grund vollstreckbaren Urteils des LG ...... vom ...... Az. ...... bei dem Schuldner Z pfänden lassen.

Beweis: anliegende Ausfertigung des Pfandprotokolls

Die Maschine unterlag jedoch an diesem Tage bereits dem Vermieterpfandrecht des Klägers[7]. Der Schuldner Z hat die Räume seiner Druckerei vom Kläger gemietet.

Beweis: anliegende Mietvertragskopie

Er ist für die Zeit vom ...... bis ...... die Miete schuldig, zurzeit mit einem Betrag von ...... EUR.

Beweis: anliegendes Anerkenntnis des Schuldners Z.

Danach geht das Vermieterpfandrecht dem Pfändungspfandrecht des Beklagten vor. Der Beklagte hat sich trotz Aufforderung geweigert, dem Kläger den Vorrang einzuräumen[8].

Beweis: sein anliegendes Schreiben vom ......

Danach sind Klage und Anordnungsantrag geboten.

Rechtsanwalt

Anmerkungen

1. Zuständigkeit nach § 805 Abs. 2 ZPO wie bei § 771 ZPO, vgl. Form. III. A. 19 Anm. 1.

2. § 805 ZPO ist eine mindere Form der Widerspruchsklage des § 771 ZPO für Rechte, die wie die Absonderung im Insolvenzrecht, §§ 50, 166ff. InsO, nur Anspruch auf Vorabbefriedigung gewähren. Wer nach § 771 ZPO klagen kann, kann sich als Minus mit der Klage nach § 805 ZPO begnügen, wenn er selbst den Gegenstand auch verwerten will (*Baumbach/Lauterbach/Albers/Hartmann* § 805 Rdn. 1).

3. Volles Rubrum wie Form. III. A. 20.

4. Streitwert ist der Wert (ohne Zinsen und Kosten) der Forderung des Klägers oder der des Beklagten, und zwar der kleinere von beiden (*Baumbach/Lauterbach/Albers/Hartmann* Anh. zu § 3 Rdn. 136, „Vorzugsklage").

5. Diese Feststellung ist vom Vollstreckungsorgan oder der Hinterlegungsstelle bei der Erlösverteilung zu berücksichtigen.

Zusätzlich kann auch hier der Schuldner selbst als Streitgenosse in Anspruch genommen werden (vgl. oben Form. III. A. 19 Anm. 5), § 805 Abs. 3 ZPO, zB. auf Duldung der Pfandverwertung auch zugunsten des Klägers.

6. Der Kläger kann nicht, wie nach § 769 ZPO, Einstellung oder Aufhebung der Zwangsvollstreckung verlangen, da er kein hinderndes Recht hat. Da aber mit Auskehrung des Erlöses an den Beklagten die Klage aus § 805 ZPO in der Hauptsache erledigt wäre (für den Kläger dann ggf. Anspruch aus § 812 BGB, vgl. BGH NJW 1986, 2426 kann Kläger als vorläufige Maßnahme Hinterlegung verlangen, § 805 Abs. 4 ZPO.

7. Weitere Fälle für § 805 ZPO bei *Baumbach/Lauterbach/Albers/Hartmann* § 805 Rdn. 2 und 3.

8. Auch hier sollte wegen § 93 ZPO der Kläger dem Beklagten außergerichtlich sein Vorrecht glaubhaft machen und Vorrangseinräumung verlangen. Der Beklagte hat alle Einwendungen gegen das Vorrecht, hier ggf. den Einwand aus § 562a S. 2, letzter Halbs. BGB, dass die übrigen Sachen des Mieters den Kläger ausreichend sichern.

Kosten und Gebühren

a) Gericht: Gebühren des Erkenntnisverfahren, KV zum GKG Nr. 1201 ff.
b) Anwalt: Gebühren des Erkenntnisverfahrens, §§ 31 ff. BRAGO
c) In Ostdeutschland 90% der gesetzlichen Gebühren.

Fristen und Rechtsmittel

Wie im normalen Prozess, vgl. Form. I. O. 1.

22. Sofortige Beschwerde (§ 793 ZPO)

An das
Amtsgericht[1]

Sofortige Beschwerde[2]

in der Vollstreckungssache

X ./. Y

Namens und in Vollmacht des Gläubigers lege ich gegen den Beschluss des dortigen Gerichtes in obiger Sache vom ......

sofortige Beschwerde

ein und beantrage,

den Beschluss aufzuheben und dem Antrag auf Erlass eines Pfändungs- und Überweisungsbeschlusses stattzugeben.

Begründung:

Auf Antrag des Gläubigers erließ der Rechtspfleger den Pfändungsbeschluss vom ......, Az. ...... Auf die dagegen eingelegte Erinnerung des Schuldners[3] **wurde der Pfändungsbeschluss durch den hier angegriffenen Beschluss aufschiebend bedingt**[4] **aufgehoben, weil der Schuldnervorname im Titel „Friedrich“, in der Zustellungsurkunde dagegen „Fritz“ laute, daher die Nämlichkeit nicht feststehe, § 750 Abs. 1 ZPO.**
Es besteht jedoch Nämlichkeit zwischen Titelschuldner und Zustellungsempfänger (ist näher auszuführen, ggf. unter Beweis zu stellen)[5]**.**

Rechtsanwalt

Anmerkungen

1. Einzureichen bei dem Gericht, das entschieden hat, § 569 ZPO, oder (aber meist weniger sinnvoll) direkt beim Beschwerdegericht, § 569 Abs. 1 S. 1, 2. Halbs. ZPO.

2. § 793 ZPO regelt, wann sofortige Beschwerde in der Vollstreckung statthaft ist. Im Übrigen gelten §§ 567 ff. ZPO, vgl. Form. I. O. 10 und 11 (beachte Beschwerdegrenze von 50 EUR bzw. 100 EUR bei Kostenentscheidungen, § 567 Abs. 2 ZPO).

Statthaft ist sofortige Beschwerde vom Beginn bis zur Beendigung der Vollstreckung gegen „Entscheidungen“, wenn also unter Anhörung beider Seiten entschieden wurde (hM., vgl. *Baumbach/Lauterbach/Albers/Hartmann* Rdn. 2 zu § 793 mwN.), gleich ob – ausnahmsweise – durch den Richter oder durch den RPfl entschieden wurde. Bei allen sonstigen Maßnahmen in der Vollstreckung Erinnerung, § 766 ZPO, auf die dann eine (ggf. beschwerdefähige) Entscheidung ergeht.

3. Eine Vollstreckungserinnerung, § 766 ZPO, da der Pfändungsbeschluss ohne Anhörung des Schuldners ergeht, § 834 ZPO.

4. Die Aufhebung muss unter der aufschiebenden Bedingung der Rechtskraft des Aufhebungsbeschlusses erfolgen. Sonst würde auf jeden Fall zunächst die Pfändungswirkung – und damit der Pfändungsrang – entfallen. Das kann bei unberechtigter Aufhebung Amtshaftungsansprüche auslösen, vgl. OLG Köln RPfleger 1986, 441.

5. Bei eindeutigem Nachnamen wird hier an der Nämlichkeit des Schuldners kein Zweifel bestehen. Bei einem Häufigkeitsnachnamen und ggf. einem Adressenwechsel könnte es anders sein (vgl. näher *Petermann* RPfleger 1973, 153).

Kosten und Gebühren

a) Gericht: Beschwerdegebühr (volle Gebühr) nach KV zum GKG Nr. 1957, bei Festgebühr für die vorangegangene Entscheidung (wie hier) Festgebühr von 25 EUR nach KV-Nr. 1956, aber jeweils nur, soweit die Beschwerde erfolglos bleibt.

b) Anwalt: $^{5}/_{10}$ Gebühr nach § 61 Abs. 1 Nr. 1 BRAGO.

c) Gegenstandswert: nach § 3 ZPO idR. der Betrag der zu vollstreckenden Forderung, aber der Wert des Vollstreckungsgegenstandes, wenn er geringer ist.

d) In Ostdeutschland 90% der gesetzlichen Gebühren.

Fristen und Rechtsmittel

Rechtsmittel gegen die Beschwerdeentscheidung ist ab 1. 1. 2002 nur noch die Rechtsbeschwerde gem. § 574 ZPO. Sie ist statthaft nur wenn (§ 574 Abs. 1 Nr. 1 ZPO) dies entweder im Gesetz ausdrücklich bestimmt ist (sehr selten, und auch dann nur bei grundsätzlicher Bedeutung oder Sicherung der Rechtsfortbildung, § 574 Abs. 2 ZPO), oder wenn das Beschwerdegericht sie in seinem Beschluss zugelassen hat (was gleichfalls, schon wegen der Geltung von § 574 Abs. 2 ZPO selten sein dürfte). Rechtsbeschwerdegericht ist stets der BGH (§ 133 GVG), in Bayern das BayObLG. Deshalb Einlegung nur durch einen beim Rechtsbeschwerdegericht zugelassenen Anwalt (BGH BB 2002, 964).

Keine außerordentliche Beschwerde, auch nicht bei „greifbarer Gesetzeswidrigkeit" der Beschwerdeentscheidung, BGH NJW 2002, 1577.

Frist: Für die Rechtsbeschwerde: Ein Monat ab Zustellung für die Einlegung, ein weiterer Monat für die Begründung, § 575 ZPO.

Sonstiges

23. Klage auf Schadensersatz wegen vorläufiger Vollstreckung (§ 717 Abs. 2 ZPO)

A. durch Zwischenantrag im schwebenden Prozess[1]

An das
Oberlandesgericht
Az. ……

Antrag nach § 717 Abs. 2 ZPO[2]

in der Sache

Firma X-GmbH ./. Firma Y-GmbH
/RA. A/ /RA. B./

Namens und in Vollmacht des Beklagten beantrage ich – in Ergänzung des bisherigen Berufungsantrages –,

die Klägerin zu verurteilen, an die Beklagte als Schadensersatz[3] nach § 717 Abs. 2 ZPO ...... EUR zu zahlen zuzüglich ...... % Zinsen[4] seit dem ...... auf ...... EUR.

Begründung:

I.

Die Klägerin hat aus dem hier mit der Berufung angegriffenen Urteil nach Sicherheitsleistung vollstreckt, durch Pfändung und Versteigerung des Lkw der Beklagten Marke ...... gemäß Protokoll des Gerichtsvollziehers ...... vom ...... DRNr. ......

Beweis: anliegende Ausfertigung des Protokolls.

Nach der in zweiter Instanz durchgeführten Beweisaufnahme wird das Urteil der ersten Instanz aufzuheben sein. Daher ist die Klägerin verpflichtet, der Beklagten den aus der Vollstreckung dieses Urteils entstandenen Schaden zu ersetzen[5], § 717 Abs. 2 ZPO.

II.

Der Schaden errechnet sich wie folgt: (ist auszuführen)[6]

Rechtsanwalt

B. durch gesonderte Klage[7]

An das
Landgericht[8]

Klage

des ...... [9]
wegen Schadensersatz nach § 717 Abs. 2 ZPO

Streitwert: ...... EUR

Namens und in Vollmacht der Klägerin erhebe ich Klage und werde beantragen,
......[10]

Begründung:

I.

Zwischen den Parteien schwebte ein Rechtsstreit gleichen Rubrums vor dem LG ...... Az. ...... und dem OLG ...... Az. ......, in dem die Klägerin die Beklagte auf Unterlassung wettbewerbswidrigen Verhaltens in Anspruch nahm, mit einem Streitwert von ...... EUR. Die Klägerin unterlag in erster Instanz. Die Beklagte hat aus dem zu ihren Gunsten ergangenen Kostenfestsetzungsbeschluss des LG ...... vom ...... vollstreckt, indem sie (folgt näherer Sachverhalt) ......
In zweiter Instanz hat die Klägerin überwiegend obsiegt, so dass durch das rechtskräftige Urteil des OLG vom ...... die Kosten beider Instanzen zu $^2/_3$ der Beklagten auferlegt wurden. Daher hat die Beklagte der Klägerin den ihr aus der Vollstreckung des Kostenfestsetzungsbeschlusses entstandenen Schaden zu ersetzen, § 717 Abs. 2 ZPO[11].

II.

Danach errechnet sich der Schaden der Klägerin wie folgt: (ist auszuführen)[12]

Rechtsanwalt

Anmerkungen

1. Der Zwischenantrag ist bis zum Schluss der mündlichen Verhandlung, auch noch in der Revision, zulässig (*Baumbach/Lauterbach/Albers/Hartmann* § 717 Rdn. 14). Da er kostenmäßig wie eine Widerklage nach § 19 GKG behandelt wird (hM., BGHZ 38, 238; *Baumbach/Lauterbach/Albers/Hartmann* § 717 Rdn. 14), ist das Kostenrisiko geringer als bei gesonderter Klage.

2. Der Zwischenantrag ist nach § 261 Abs. 2 ZPO geltend zu machen, zweckmäßig durch Schriftsatz, sonst kein Versäumnisurteil möglich, § 335 Abs. 1 Nr. 3 ZPO.

3. Der Anspruch aus § 717 Abs. 2 ZPO ist Ersatzanspruch aus unerlaubter Handlung, jedoch ohne Verschuldenserfordernis (*Baumbach/Lauterbach/Albers/Hartmann* § 717 Rdn. 5). Daher gelten §§ 249ff. BGB. Der Anspruch richtet sich also zunächst auf Wiederherstellung. Erst in zweiter Linie, etwa nach Abschluss der Vollstreckung durch Pfandverwertung, geht er auf Geldersatz, § 251 BGB. Dies muss bei der Antragsfassung im Einzelfall beachtet werden.

4. Nach § 717 Abs. 2 S. 2 2. Halbs. ZPO gilt der Anspruch hier (nicht aber bei gesonderter Klage gem. B.) als rechtshängig seit Schadenseintritt. Von da ab können also Prozesszinsen verlangt werden, jetzt in Höhe von 5% oder 8% über dem Basiszins, §§ 291, 288 BGB.

5. Der Anspruch ist nicht gegeben für die meisten Urteile der Oberlandesgerichte, § 717 Abs. 3 ZPO, aber auch nicht in Sonderfällen, wenn der Grund für die Titelaufhebung erst später entstand oder erhoben wurde (OLG Karlsruhe, Rpfleger 96, 73). Dort haftet der Vollstreckende nur nach Bereicherungsgrundsätzen.

6. Auch für die Schadensberechnung gelten §§ 249ff. BGB, also zB. entgangener Gewinn etc. Aber es gilt auch der Mitverschuldenseinwand, § 254 BGB, etwa bei verspäteter Erhebung von Einreden, bei unterlassenen Vollstreckungsschutzanträgen nach §§ 719, 707 ZPO oder dann, wenn der Kläger es unterlassen hat, auf einen drohenden ungewöhnlich hohen Vollstreckungsschaden hinzuweisen.

7. Die gesonderte Klage nach rechtskräftiger Entscheidung des Vorprozesses ist trotz der Vorteile des Zwischenantrages gem. Anm. 1 und Anm. 4 vorzuziehen, wenn der Ausgang des Vorprozesses unsicher ist.

8. Außer im allgemeinen Gerichtsstand des Beklagten, § 13 ZPO, kann die Klage auch am Ort der Vollstreckung oder Verwertungshandlung als dem Gerichtsstand der unerlaubten Handlung, § 32 ZPO, erhoben werden (vgl. *Baumbach/Lauterbach/Albers/Hartmann* § 717 Rdn. 13).

9. Volles Rubrum zu Form. III. A. 5.

10. Antrag wie oben unter A.

11. Entgegen dem Wortlaut von § 717 Abs. 2 ZPO kann der Anspruch sich auch gegen den Beklagten des Vorprozesses richten, wenn dieser aus einem später aufgehobenen Titel vollstreckt hat, etwa dem Kostenfestsetzungsbeschluss oder einem Widerklageurteil (vgl. *Baumbach/Lauterbach/Albers/Hartmann* § 717 Rdn. 6). Der Rechtsgedanke des § 717 Abs. 2 ZPO ist auch auf andere Vollstreckungstitel anwendbar; ferner, wenn ein Titel nur teilweise aufgehoben wird (Beispiele und Einschränkungen bei *Baumbach/Lauterbach/Albers/Hartmann* § 717 Rdn. 21–37).

12. Dass die auf Grund des aufgehobenen Kostentitels gezahlten oder überzahlten Beträge im Kostenfestsetzungsverfahren „rückfestgesetzt" werden können, wenn sie unstreitig sind, ist hM. (*Baumbach/Lauterbach/Albers/Hartmann* § 104 Rdn. 14 mwN.). Jedenfalls bei Streit über diese Kosten und bei darüberhinausgehendem Schadensersatz, etwa entgangenem Gewinn, ist aber das Verfahren nach § 717 Abs. 2 ZPO erforderlich.

Kosten und Gebühren

a) Gericht: Gebühren des Erkenntnisverfahrens, KV zum GKG Nr. 1210ff.
b) Anwalt: Gebühren des Erkenntnisverfahrens, §§ 31 ff. BRAGO.
c) Gegenstandswert: Wert des Ersatzanspruches ohne Zinsen und Kosten, BGHZ 38, 238; bei Zwischenantrag (Fall A.) unter Anwendung von § 19 GKG zu berechnen.
d) In Ostdeutschland 90% der gesetzlichen Gebühren.

Fristen und Rechtsmittel

1. Verjährung jetzt wie bei allen Ansprüchen aus unerlaubter Handlung in der Regelfrist von 3 Jahren gem. §§ 195, 199 BGB, für einen danach verbleibenden Anspruch aus ungerechtfertigter Bereicherung in 10 Jahren bzw. 30 Jahren gemäß § 852 BGB.
2. Rechtmittel wie im normalen Erkenntnisverfahren, vgl. Form. I. O. 1.

B. Zwangsvollstreckung wegen Geldforderungen

Zwangsvollstreckung in bewegliche Sachen

1. Vollstreckungsauftrag mit Varianten (§ 754 ZPO)

(insbesondere kombiniert mit Antrag auf Abnahme der eidesstattlichen Versicherung)

An die
Verteilungsstelle für Gerichtsvollzieheraufträge
beim Amtsgericht[1]

Betr.: Vollstreckungsauftrag

In der Sache

X ./. Y

überreiche ich anliegend vollstreckbaren Schuldtitel – sowie beglaubigte Abschrift – mit dem Auftrag zur – Zustellung des Schuldtitels[2] (falls erforderlich) und – Zwangsvollstreckung wegen folgender Beträge:

1. Hauptforderung		...... EUR
2. vorgerichtliche Mahnkosten/Wechselkosten des Gläubigers		...... EUR
3. festgesetzte Kosten		...... EUR
4. Kosten des Mahnbescheides		...... EUR
5. Kosten des Vollstreckungsbescheides		...... EUR
6. Kosten früherer Vollstreckungsmaßnahmen (gemäß beigefügten Nachweisen)		...... EUR
insgesamt		...... EUR
7. ......% Zinsen aus EUR ...... seit dem ...... bis heute		...... EUR
8. 5% Zinsen über Basiszinssatz auf ...... EUR seit dem ...... bis heute		...... EUR
Summe		...... EUR
9. Kosten dieses Auftrages:		
a) Zwangsvollstreckungsgebühr, § 57 BRAGO:	...... EUR	
b) Postgebührenpauschale, § 26 BRAGO	...... EUR	
c) Mehrwertsteuer 16%	...... EUR	
Summe der Kosten	...... EUR	...... EUR
insgesamt		...... EUR[3]
zuzüglich der ab morgen anfallenden Zinsen, Tageszins		...... EUR.

I. Ich bitte,
- mich über die getroffenen Maßnahmen und alle sachdienlichen Feststellungen (§ 806a ZPO) durch Protokollabschrift zu informieren, ggf. mit Unpfändbarkeitsattest[4],
- um Überweisung eingezogener Beträge an mich[5] gem. versicherter Geldempfangsvollmacht.

II. Bei Arbeitgeberermittlung oder Feststellung sonstiger pfändbarer Forderungen bitte ich

a) um Ausbringung einer Vorpfändung nach § 845 Abs. 1 S. 2 ZPO und
b) um unverzügliche Nachricht6.

III. Bei Durchsuchungsverweigerung durch den Schuldner bitte ich, den beigefügten vorbereiteten Antrag auf Durchsuchungsanordnung kurzerhand einzureichen unter Beifügung des Protokolls und der Vollstreckungsunterlagen7.

Alternativ (im Regelfall): Bei Durchsuchungsverweigerung durch den Schuldner oder, wenn sonst die Voraussetzungen von § 807 Abs. 1 ZPO vorliegen, beantrage ich,

dem Schuldner die eidesstattliche Versicherung gem. §§ 807, 899 ff. abzunehmen,

Im Weigerungs- oder Nichterscheinensfalle beantrage ich hiermit gegenüber dem zuständigen Vollstreckungsgericht

den Erlass eines Haftbefehls gem. § 901 ZPO.

Die Vollstreckungsunterlagen erbitten wir mit dem offenbarten Vermögensverzeichnis zurück.

IV. Bei Ratenangebot des Schuldners bitte ich gleichwohl zu pfänden, ggf. eine erste Rate einzuziehen und den Schuldner zum Abschluss eines Teilzahlungsvergleichs an mich zu verweisen[8].

Alternativ: Mit Ratenabwicklung gemäß § 813 a oder § 806 b ZPO bin ich einverstanden.

Besondere Hinweise:

(hier sind, je nach Kenntnis des Gläubigers von den Verhältnissen des Schuldners zB. folgende Varianten denkbar:)

1. (Anwesenheit des Gläubigers)
Da der Gläubiger/Gläubigervertreter an der Vollstreckung teilnehmen wird, bitte ich um Aufgabe des Vollstreckungstermins[9].
2. (Besondere Vermögensgegenstände)
Ich bitte insbesondere um Zugriff auf das Kraftfahrzeug des Schuldners Marke ...... amtliches Kennzeichen ...... Fahrgestell-Nr. ......, das der Schuldner in der X-Straße vor dem Hause Nr. ...... tagsüber zu parken pflegt[9a].
3. (Hinweise zur Taschen- bzw. Kassenpfändung)
Mir ist bekannt, dass der Schuldner seinen gesamten Geldbedarf bar aus der Kasse seines Ladengeschäftes entnimmt und daher stets größere Geldbeträge bei sich trägt. Ich bitte daher insbesondere um Taschen- und Kassenpfändung.
4. (Besondere Räume oder Behältnisse)[10]
Ich weise darauf hin, dass der Schuldner auf dem Hof des Wohnblocks, in dem sich seine Wohnung befindet, eine Reparaturwerkstatt betreibt. Ich bitte, auch dort zu vollstrecken.
5. (Austauschpfändungsmöglichkeit)
Mir ist bekannt, dass eine fast neuwertige Stereo-Anlage Marke ...... im Werte von ...... EUR im Eigentum des Schuldners steht. Ich bitte ggf. um vorläufige Austauschpfändung, § 811 b ZPO, sowie um rasche Benachrichtigung, damit ich den Antrag nach § 811 a ZPO stellen kann[11].
6. (Vorwegpfändung)
Das Kraftfahrzeug Marke ...... amtliches Kennzeichen ...... Fahrgestell-Nr. ...... im Eigentum des Schuldners hat dieser bislang für sein Reisegewerbe benutzt, so dass es wegen § 811 Nr. 5 ZPO unpfändbar war. Wie sich aus beiliegendem Stundungsgesuch ergibt, wird der Schuldner jedoch zum 1. 7. sein Gewerbe aufgeben und sich in X-Stadt zum Bürokaufmann umschulen lassen. Dann besteht für das Fahrzeug kein Pfändungsschutz mehr[12]. Ich bitte daher um Vorwegpfändung gemäß § 811 c ZPO.

7. **(Pfändung bei Drittgewahrsam)**
Die Schuldnerin hat einen Nerzmantel beim Pelzhaus A in der B-Straße eingelagert. Ich bitte, dort zu pfänden. Pfändungs- und Überweisungsbeschluss des AG ...... vom ...... Az. ...... auf den Herausgabeanspruch füge ich bei[13].
8. **(Pfändung bei Mitgewahrsam – Bankschließfach)**
Der Schuldner hält bei der V-Bank das Bankschließfach Nr. ...... Ich bitte, dem Schuldner die Schließfachschlüssel wegzunehmen und den pfändbaren Inhalt des Schließfaches zu pfänden. Pfändungs- und Überweisungsbeschluss des AG ...... vom ...... Az. ...... auf die Mitwirkungsrechte der V-Bank für die Schließfachöffnung überreiche ich anliegend[14].
9. **(Pfändung bei Eigentumsvorbehalt)**

Ich bitte, das Kraftfahrzeug des Schuldners Marke ...... Fahrgestell-Nr. ...... zu pfänden, auch wenn Schuldner Vorbehaltseigentum des Verkäufers nachweist. Ich überreiche anliegend Pfändungs- und Überweisungsbeschluss des AG ...... vom ...... Az. ......, wonach für den Gläubiger das Anwartschaftsrecht an diesem Fahrzeug gepfändet ist[15].

Rechtsanwalt[16]

Schrifttum: Hintzen/Wolf Handbuch der Mobiliarvollstreckung, 2. Aufl. 1999; *Nies,* Praxis der Mobiliarvollstreckung, 1998

Anmerkungen

1. Da der für die Vollstreckungsanschrift örtlich zuständige Gerichtsvollzieher meist nicht bekannt ist, sollte der Auftrag regelmäßig über die Geschäftsstelle des für den Vollstreckungsort zuständigen AG erteilt werden, § 753 Abs. 2 ZPO, § 62 GVGA.

2. Der Vollstreckungsauftrag kann mit dem Zustellungsauftrag verbunden werden, § 750 Abs. 1 ZPO, was die Regel ist. Für reine Zustellungsaufträge vgl. Form. III. A. 6.

3. Die Kostenaufstellung enthält teils titulierte Beträge (Hauptforderung, festgesetzte Kosten), teils solche, die als Vollstreckungskosten ohne besondere Titulierung beizutreiben sind, § 788 Abs. 1 ZPO. Der Gläubiger muss sie aber glaubhaft machen *(Baumbach/Lauterbach/Albers/Hartmann* § 788 Rdn. 13). Also sind die Kostenbelege aus etwaiger früherer Vollstreckung beizufügen, ebenso die Berechnung der Anwaltskosten und die Belege für sonstige Vollstreckungskosten des Gläubigers, zB. für Anschriften- oder Arbeitgeberermittlungen.

Erteilt man im Kosteninteresse den Auftrag nur über einen Teilbetrag oder nach Teilzahlungen über einen Restbetrag, so muss eine Abrechnung über die schon gezahlten Beträge und deren Verrechung entgegen der Forderung vieler Vollstreckungsorgane nicht beigefügt werden. Denn die Darlegungs- und Beweislast für weitergehende Tilgung hat ja der Schuldner, durch Klage nach § 767 ZPO, vgl. Form. III. A. 16 (so nun nachdrücklich auch *Stöber* Rdn. 464 und *Zöller/Stöber* Rdn. 7 zu § 753 mit zahlreichen Nachweisen; aber streitig). Bei EDV-Bearbeitung wird man lieber die Aufstellung fertigen und übersenden, statt darüber zu streiten.

Die Zinsen bis zum Tage des Auftrages sind zu errechnen und anzusetzen. Denn auch nach ihnen bemisst sich der Gegenstandswert für die Vollstreckung, § 57 Abs. 2 BRAGO. Für weitere Zinsberechnungen, etwa eines zahlungswilligen Schuldners, sollte man den künftigen Tageszins nennen. Mit EDV sind diese Angaben heute mit geringem Aufwand möglich.

4. Der Gerichtsvollzieher teilt Ermittlungsergebnisse über den Schuldner durch Protokollübersendung mit. Die Schreibgebühr von 0,50 EUR dafür (gem. Nr. 700 des KV zum GVKostG) fällt gegen den Wert solcher Informationen nicht ins Gewicht. Daher sollte man stets um Protokollabschrift bitten.

Durch § 806a ZPO ist der Gerichtsvollzieher jetzt auch gesetzlich verpflichtet, nach Forderungen des Schuldners und insbesondere nach dem Arbeitgeber zu fragen und das Ergebnis dem Gläubiger mitzuteilen.

Führt die Pfändung nicht zur vollen Befriedigung des Gläubigers, bescheinigt der Gerichtsvollzieher Unpfändbarkeit. Das ist Voraussetzung für den Antrag auf Offenbarungsversicherung, § 807 Abs. 1 ZPO.

5. Prozessvollmacht, die sich ggf. aus dem Titel ergibt, umfasst ausdrücklich nur die Befugnis zur Empfangnahme der Kosten, § 81 letzter Halbs. ZPO; § 62 Nr. 2 GVGA. Betreibt der Prozessbevollmächtigte auch die Vollstreckung, so kann Geldempfangsvollmacht als stillschweigend erteilt angesehen werden (so *Baumbach/Lauterbach/Albers/Hartmann* § 81 ZPO Rdn. 10).

6. Diese Möglichkeit eröffnet § 845 Abs. 1 S. 2 ZPO. Erforderlich ist ausdrücklicher Auftrag. Nicht möglich bei Pfändung nach § 857 ZPO, vgl. § 857 Abs. 7. Die Monatsfrist von § 845 Abs. 2 ZPO für das Nachschieben des Pfändungsbeschlusses ist zu beachten (Näheres bei *Stöber* Rdn. 801 ff.).

7. Die – aufwändige – Beifügung des Antrages kann es dem Gerichtsvollzieher ermöglichen, den Schuldner zur Gestattung der Durchsuchung zu bewegen. Für den Regelfall wird es sinnvoller sein, alternativ mit nachfolgendem Antrag gemäß § 807 Abs. 1 Nr. 3 ZPO zur Offenbarungsversicherung überzugehen, die seit 1999 vom GerVollz. abgenommen wird. Verweigert der Schuldner auch deren Abgabe, so kann man vorsorglich Haftbefehl beantragen. Häufig wird allerdings der GerVollz. die Vollstreckungsunterlagen zur gesonderten Antragstellung zurücksenden. Der vorsorgliche Antrag kann aber dem Schuldner den weiteren Gang verdeutlichen.

8. Ratenzahlungsbereitschaft hindert Verwertung erst nach einem Beschluss gemäß § 813b ZPO (vgl. unten Form. III. B. 4). Häufig wird ohne den Beschluss ähnlich abgewickelt, indem der Gerichtsvollzieher gemäß § 813a ZPO die Verwertung regelmäßig gegen Ratenzahlung bis zu einem Jahr aufschiebt oder bei erfolgloser Pfändung gemäß § 806b ZPO zuwartet, solange der Schuldner angemessene Raten (für eine Tilgung binnen ca. 6 Monaten, § 806b S. 3) zahlt. Im Regelfall sollte man dies gem. der Alternativformulierung dem GerVollz. überlassen.

9. Die Anwesenheit des Gläubigers oder seines mit Vollmacht versehenen Vertreters ist zulässig (*Baumbach/Lauterbach/Albers/Hartmann* § 758 Rdn. 14). Häufig ist sie sachdienlich, zB. bei umfangreichen Pfändungen, Suche nach bestimmten Gegenständen etc. Der Gläubiger kann zugleich als Zeuge nach § 759 ZPO fungieren (*Baumbach/Lauterbach/Albers/Hartmann* § 759 Rdn. 4).

Ob die Anwesenheit des Gläubigers in der Wohnung des Schuldners ohne dessen Zustimmung besonderer Erlaubnis in der richterlichen Durchsuchungsanordnung bedarf, ist umstritten; dafür *Zöller/Stöber* Rdn. 8 zu § 758 unter Hinweis auf LG Hof DGVZ 1991, 123, vgl. Form. III. A. 11, Anm. 4.

9a. Zur Gewahrsamslage von Fahrzeugen außerhalb der Schuldnergrundstücke vgl. OLG Düsseldorf NJW-RR 1997, 998.

10. Umstritten ist, ob bei mehreren Wohnungen des Schuldners oder bei Trennung von Wohnung und Geschäftsräumen Unpfändbarkeit iSv. § 807 ZPO Pfändungsversuch in allen Räumlichkeiten voraussetzt oder nur im Hauptwohnsitz (für Letzteres OLG Frankfurt RPfleger 1977, 415; *Thomas/Putzo* Rdn. 13 zu § 807; a. A. *Baumbach/Lauterbach/Albers/Hartmann* Rdn. 14 zu § 807). Pfändung in Nebenwohnsitz oder Geschäft ist aber allenfalls erforderlich, wenn der Gläubiger diese kennt oder zumutbar ermitteln kann, *Zöller/Stöber* Rdn. 14 zu § 807.

11. Die Austauschpfändung, § 811 a ZPO, die vorläufig vom Gerichtsvollzieher vorgenommen werden kann, § 811 b ZPO, ermöglicht für einige Fälle die Pfändung in dem nach § 811 ZPO geschützten Bereich, vgl. Form. III. B. 3.

12. Vgl. LG Braunschweig MDR 1970, 338. Sowohl die Vorwegpfändung als auch die vorläufige Austauschpfändung (Anm. 11) gehören auch ohne besonderen Auftrag zu den Dienstpflichten des Gerichtsvollziehers. Ohne gezielten Hinweis wird er jedoch häufig diese Pfändungsmöglichkeit nicht erkennen können.

13. Sachen des Schuldners im Drittgewahrsam sind bei Herausgabebereitschaft des Dritten pfändbar, § 809 ZPO, und bei arglistiger Verweigerung der Herausgabe oder Scheingewahrsam des Dritten (str., vgl. *Baumbach/Lauterbach/Albers/Hartmann* § 809 Rdn. 1; *Zöller/Stöber* Rdn. 5 zu § 809). Sonst muss Gläubiger nach § 847 ZPO den Herausgabeanspruch des Schuldners gegen den Dritten pfänden und sich überweisen lassen. Weigert sich der Dritte auch dann noch, muss gegen ihn in entsprechender Anwendung von § 841 ZPO auf Herausgabe geklagt werden, *Baumbach/Lauterbach/Albers/Hartmann* § 847 Rdn. 6.

14. Beim Bankschließfach besteht kein Herausgabeanspruch gegen die Bank auf den Fachinhalt, sondern nur ein Anspruch auf Mitwirkung zur Öffnung (meist durch zweiten Schlüssel). Dieser Anspruch ist zu pfänden, wenn Bank sonst Öffnung verweigert (vgl. *Noack*, Kommunale Kassen-Zeitschrift 1975, 223). Danach kann der Gerichtsvollzieher Widerstand der Bank notfalls gewaltsam brechen, § 758 Abs. 2 ZPO (*Stöber* Rdn. 1752 ff. mwN.; anders wohl *Baumbach/Lauterbach/Albers/Hartmann* Grundz. vor § 704 Rdn. 105, danach Klage auf Duldung).

Ist Schlüssel des Schuldners nicht auffindbar, muss Gerichtsvollzieher das Fach ggf. durch Schlosser öffnen lassen, was erhebliche Kosten verursacht.

15. Zur Anwartschaftsrechtspfändung vgl. *Baumbach/Lauterbach/Albers/Hartmann* Grundz. vor § 704 Rdn. 60; *Stöber* Rdn. 1484 ff., beide mwN.

Da der Gerichtsvollzieher Sachen im ersichtlichen Eigentum Dritter nicht pfändet (§ 119 Abs. 2 GVGA), ist der besondere Hinweis geboten. Die Sachpfändung kann auch vorgehen und die Rechtspfändung nachgeholt werden.

Vgl. im Übrigen Form. III. B. 28.

Weitere Hinweise sind je nach Sachlage und möglichst unter Heranziehung der GVGA denkbar, zB. die Bitte, nicht gepfändete Gegenstände genau zu bezeichnen, so dass ihre Unpfändbarkeit vom Gläubiger geprüft werden kann, vgl. aber § 135 Nr. 6 GVGA.

Kosten und Gebühren

a) Anwalt: $^{3}/_{10}$ Gebühr nach § 57 Abs. 1 BRAGO. Zu beachten: Auch diese Gebühr erhöht sich bei mehreren Gläubigern nach § 6 BRAGO, maximal auf $^{6}/_{10}$ Gebühren, vgl. *Gerold/Schmidt* BRAGO Rdn. 20 zu § 57.

b) GerVollz: Nunmehr (seit 2001) Festgebühren von zB. 12,50 EUR für erfolglose Pfändung bzw. 20 EUR für Pfändung mit Erhöhung nach Aufwand gem. KV zum GerVollzKostG, (nicht mehr nach Gegenstandswert). Für die Abnahme der Offenbarungsversicherung entsteht eine gesonderte Festgebühr von 30 EUR, KV-NR. 260, ebenso für Verhaftung, KV-Nr. 270.

c) Gegenstandswert: für den Anwalt der Betrag der Forderung, wegen derer vollstreckt wird, bei Pfändung einer bestimmten Sache deren Wert, jeweils einschließlich der Nebenforderungen (Kosten und Zinsen bis zum Tage des Auftrages), § 57 Abs. 2 BRAGO, diese berechnet ohne die Kosten des Pfandauftrages selbst.

d) In Ostdeutschland 90% der gesetzlichen Gebühren.

Fristen und Rechtsmittel

Für Gläubiger und Schuldner gegen die Art und Weise der Vollstreckung Erinnerung, § 766 ZPO, vgl. Form. III. A. 14.

2. Vollstreckungsauftrag bei Sonderfällen (§§ 720a, 751, 756 ZPO)[1]

a) Vollstreckungsauftrag bei betagter Vollstreckbarkeit, § 751 Abs. 1 ZPO

......
überreiche ich anliegend den vollstreckbaren, auf den 3. 9. ...... betagten Schuldtitel – sowie beglaubigte Abschrift – mit dem Auftrag zur – Zustellung des Schuldtitels und – Zwangsvollstreckung nach dem 3. 9. ...... wegen folgender Beträge[2]:
(im Übrigen wie Form. III. B. 1)

b) Vollstreckungsauftrag bei Sicherheitsleistung, § 751 Abs. 2 ZPO

......
überreiche ich anliegend den gegen Sicherheit durch Bankbürgschaft von ...... EUR vollstreckbaren Schuldtitel – sowie beglaubigte Abschrift – und Bürgschaft der X-Bank über ...... EUR – sowie beglaubigte Abschrift – mit Auftrag zur Zustellung des Titels und der Bürgschaftsurkunde und zur Vollstreckung wegen folgender Beträge[3]:
(im Übrigen wie Form. III. B. 1)

c) Vollstreckungsauftrag bei Sicherungsvollstreckung, § 720a ZPO

......
überreiche ich anliegend den gegen Sicherheit vollstreckbaren Schuldtitel mit Vollstreckungsklausel, beide am 18. 8. ...... zugestellt, zur Sicherungsvollstreckung gemäß § 720a ZPO durch Pfändung – vorerst ohne Verwertung – wegen folgender Beträge[4]:
(im Übrigen wie Form. III. B. 1)

d) Vollstreckungsauftrag bei Zug-um-Zug-Leistung, § 756 ZPO

......
überreiche ich anliegend den Zug um Zug gegen Lieferung von 10 Pumpventilen Marke ...... Katalog-Nr. ...... vollstreckbaren Schuldtitel – sowie beglaubigte Abschrift – und 10 Pumpventile Marke ...... Katalog-Nr. ...... in Originalverpackung mit Auftrag zur Zustellung des Titels, zum Anbieten der Ventile und zur Vollstreckung wegen folgender Beträge[5]:
(im Übrigen wie Form. III. B. 1)

Anmerkungen

1. Während regelmäßig besondere Voraussetzungen der Vollstreckung schon vor Klauselerteilung nachzuweisen sind, vgl. oben Form. III. A. 3, ist in §§ 751 und 756 ZPO die Prüfung leicht feststellbarer besonderer Voraussetzungen dem Vollstreckungsorgan selbst zugewiesen.

2. § 751 ZPO gilt für alle Vollstreckungsarten. Für Forderungspfändung wird er durchbrochen durch Vorratspfändung, § 850d Abs. 3 ZPO (vgl. *Baumbach/Lauterbach/Albers/Hartmann* § 751 Rdn. 3; insbes. *Stöber* Rdn. 687ff.).

3. Bei Sicherheitsleistung durch Hinterlegung, § 108 Abs. 1 S. 2 ZPO, ist die Hinterlegungsanordnung der Hinterlegungsstelle als öffentliche Urkunde zuzustellen.

Praktisch häufiger ist Sicherheitsleistung durch Bankbürgschaft. Dabei wird die Bürgschaftsurkunde im Anwaltsprozess dem Gegner nach § 195 ZPO zugestellt. Seine Empfangsbescheinigung gilt als öffentliche Urkunde iSv. § 751 Abs. 2 ZPO (so OLG Koblenz ZIP 1993, 297 mwN.; LG Mannheim JurBüro 1989, 859, str.; dagegen *Zöller/Herget* Rdn. 11 zu § 108). Vorsorglich sollte man deshalb die Bürgschaftsurkunde gem. § 132 BGB durch GerVollz. zustellen lassen.

Es kann auch teilweise Sicherheit geleistet werden, um wg. eines Teilbetrages zu vollstrecken, § 752 ZPO.

4. § 720a ZPO eröffnet die Möglichkeit, ohne Sicherheitsleistung zu pfänden, aber nicht zu verwerten. Titel und Klausel müssen aber 2 Wochen vor Vollstreckungsbeginn zugestellt sein, § 750 Abs. 3 ZPO. Der Schuldner kann diese Vollstreckung durch eigene Sicherheitsleistung abwenden, § 720a Abs. 3 ZPO, wofür ihm das Gesetz 2 Wochen Schonfrist einräumt, § 750 Abs. 3 ZPO.

Die heftige Kritik von Lambsdorff, NJW 2002, 1303 an dieser Vollstreckungsmöglichkeit ist ganz einseitig. Der Gläubiger kann ebenso existentiell auf die Sicherung seiner Forderung angewiesen sein, wie der Schuldner auf deren Abwendung. Und der Gläubiger hat eine wenn auch vorläufige gerichtliche Entscheidung für sich!

5. Für Umfang und Inhalt der Angebotspflicht gelten §§ 293ff. BGB. Der Gerichtsvollzieher muss, ggf. durch Sachverständige, prüfen, ob die geschuldete Gegenleistung angeboten wird. Der Umfang dieser Prüfungspflicht ist im Einzelnen sehr str. (vgl. *Baumbach/Lauterbach/Albers/Hartmann* § 756 Rdn. 2–8 mwN.).

Sofern nicht der Gerichtsvollzieher die Gegenleistung anbietet, muss durch qualifizierte Urkunde nachgewiesen werden, dass Befriedigung oder Angebot vorher erfolgt sind, § 756 ZPO, sofern sich das nicht aus dem Urteilstenor ergibt. Entsprechende Tenorierung sollte man deshalb bei Schuldnerverzug schon im Klagantrag beantragen (vgl. Form. II. A. 1 Anm. 3).

Seit 1999 reicht es aus, wenn der GerVollz. wörtlich anbietet und der Schuldner die Annahme verweigert, § 756 Abs. 2 ZPO.

Kosten und Gebühren

Wie Form. III. B. 1. Der GerVollz. erhält für das Leistungsangebot im Rahmen einer Vollstreckung nach § 756 ZPO nur 5 EUR für die Beurkundung, bei Angebot außerhalb der Vollstreckung dagegen 12,50 EUR, KV zum GerVollzKostG Nr. 410 und 411.

Fristen und Rechtsmittel

Wie Form. III. B. 1

3. Antrag auf Gestattung der Austauschpfändung (§ 811a ZPO)

An das
Amtsgericht
Vollstreckungsgericht[1]

Antrag nach § 811a ZPO

in der Vollstreckungssache

X ./. Y

Namens und in Vollmacht des Gläubigers beantrage ich zu beschließen:

Die mit Protokoll des Gerichtsvollziehers A vom ...... DR-Nr. ...... erfolgte Pfändung[2] des schuldnerischen Kraftfahrzeuges Marke ...... Fahrgestell-Nr. ...... wird gegen Übereignung des gebrauchten Kraftfahrzeuges Marke ...... Fahrgestell-Nr. ...... im Werte von ...... EUR an den Schuldner zugelassen. Dieser Betrag ist dem Gläubiger aus dem Vollstreckungserlös zu erstatten[3].

Begründung:

Der Schuldner repariert gewerbsmäßig Landmaschinen, so dass sein Fahrzeug unter § 811 Abs. 1 Nr. 5 ZPO fällt[4]. Der im Antrag als Austauschobjekt genannte Kleinlieferwagen ist für sein Gewerbe ebenso geeignet wie die jetzt von ihm benutzte Limousine[5]. Dem Gläubiger liegt ein Verkaufsangebot für einen solchen Kleinlieferwagen vor, das ich mit der Expertise über den Zustand und einen Wert des Fahrzeuges von ...... EUR beifüge. Der Wagen des Schuldners hat nach der Angabe des Gerichtsvollziehers im Pfändungsprotokoll einen fast doppelt so hohen mutmaßlichen Verwertungserlös[6]. Danach ist die Austauschpfändung angemessen[7].

Rechtsanwalt

Anmerkungen

1. Zuständig ist das örtliche Vollstreckungsgericht, §§ 811 a Abs. 2, 764 Abs. 2 ZPO, und zwar der Rechtspfleger, § 20 Nr. 17 RPflG.

2. Vorläufige Austauschpfändung, § 811 b ZPO; § 811 b Abs. 2 ZPO: zweiwöchige Antragsfrist ab Benachrichtigung durch den Gerichtsvollzieher.

3. Ist Gläubiger zur Zwischenfinanzierung außerstande, kann der Antrag nach § 811 a Abs. 1 2. Halbs. ZPO erweitert werden. Sinnvoll ist häufig auch zusätzlicher Antrag auf freihändige Verwertung nach § 825 ZPO (vgl. unten Form. III. B. 5).

4. Vgl. OLG Celle Rpfleger 1968, 290 = MDR 1969, 226. Austauschpfändung nur bei Pfändungsschutz nach § 811 Nr. 1, 5 und 6 zulässig.

5. Der Austausch muss „nach Lage der Verhältnisse angemessen" sein, § 811 a Abs. 2 ZPO.

6. Der Verkaufswert wird nach § 813 ZPO geschätzt. In der Regel schätzt der Gerichtsvollzieher ergänzend den niedrigeren gewöhnlichen Verwertungserlös.

7. Weitere Beispiele für Austauschpfändung:
- Radio gegen Musiktruhe, LG Kassel MDR 1951, 45
- einfacher Fernseher gegen Luxusgerät, ggf. auch Radio gegen Fernseher, OLG Stuttgart NJW 1970, 152; a. A. OLG Stuttgart NJW 1987, 196.
- Einfache Uhr gegen goldene Uhr.

Kosten und Gebühren

a) Gericht: keine Gebühr.

b) Anwalt: besondere 3/10 Gebühr nach §§ 57, 58 Abs. 3 Nr. 4 BRAGO.

c) Gegenstandswert: Wertdifferenz zwischen Pfandgegenstand und Austauschgegenstand.

d) Kostentragung: Die Kosten dieses Verfahrens trägt regelmäßig der Schuldner, nur ausnahmsweise nach § 788 Abs. 3 ZPO der Gläubiger.

e) In Ostdeutschland 90% der gesetzlichen Gebühren.

Fristen und Rechtsmittel

Bei vorläufiger Austauschpfändung muss der Antrag binnen 2 Wochen ab Benachrichtigung von dieser Pfändung gestellt werden, § 811 b Abs. 2 ZPO.
Gegen Entscheidung des Rpflegers wie Form. III. A. 13.

4. Antrag des Schuldners auf Aussetzung der Verwertung (§ 813 b ZPO)

An das
Amtsgericht
Vollstreckungsgericht[1]

Antrag nach § 813 b ZPO

in der Vollstreckungssache

X ./. Y

Namens und im Auftrage des Schuldners beantrage ich zu beschließen:

Die Zwangsvollstreckung in die vom Gerichtsvollzieher A gemäß Protokoll vom ...... DR-Nr. ...... für den Gläubiger gepfändeten Druckmaschinen wird einstweilen eingestellt[2], wenn und solange der Schuldner an den Gläubiger monatliche Raten von ...... EUR beginnend mit dem ......, bis zur Tilgung der titulierten Forderung einschließlich Kosten und Zinsen bezahlt.
Bis zur Entscheidung über diesen Antrag bitte ich vorab, die oben benannte Vollstreckung gem. § 813 b Abs. 1 S. 2 mit § 732 Abs. 2 ZPO vorläufig einstweilen einzustellen.
Der Gläubiger trägt die Kosten dieses Verfahrens gem. § 788 Abs. 3 ZPO.

Begründung:

Durch Krankheit, die ich durch anliegende ärztliche Bescheinigung belege, geriet der Schuldner in Zahlungsverzug[3]. Der Gläubiger ließ pfänden, obgleich der Schuldner bereits zweimal monatliche Teilbeträge von ...... EUR gezahlt hat, über die ich Posteinlieferungsscheine beifüge. Mehr kann der Schuldner seinem kleinen Geschäft monatlich nicht entziehen. Dies ergibt sich aus der anliegenden eidesstattliche Versicherung[4] seines Steuerberaters über seine wirtschaftlichen Verhältnisse.
Eine Ratenzahlungsvereinbarung oder Abwicklung nach § 813 a ZPO hat der Gläubiger gemäß seinem beigefügten Schreiben vom ...... abgelehnt. Mit den angebotenen Raten ist die Forderung in 7 Monaten[5] beglichen. Dem Gläubiger ist dieser Aufschub zuzumuten, weil ...... (näher auszuführen und ggf. glaubhaft zu machen)[6].
Da der GerVollz. Versteigerungstermin anberaumt hat, bitte ich um die vorläufige Einstellung. Der Schuldner stellt den Antrag erst jetzt, da er zunächst die Entscheidung des Gläubigers auf seine Ratenzahlungsbitte abgewartet hat.

Rechtsanwalt

Anmerkungen

1. Zuständigkeit wie oben Form. III. B. 3.

2. Formel nach § 775 Nr. 2 ZPO, da die „Aussetzung" eine Einstellung iS. dieser Vorschrift ist (*Baumbach/Lauterbach/Albers/Hartmann* § 813 a Rdn. 6). Es können ergänzend vorläufige Maßnahmen nach § 732 Abs. 2 ZPO beantragt und erlassen werden, vgl. § 813 b Abs. 1 S. 2 ZPO.

3. Es muss dargelegt werden, dass der Schuldner vertrauenswürdig ist und sich nicht schuldhaft in seine Lage gebracht hat. Außerdem darf Gläubiger nicht dringend auf den Erlös angewiesen sein.

Vorausgesetzt wird hier, dass die Maschine nicht schon unter § 811 Nr. 5 ZPO fällt.

4. Glaubhaftmachung reicht aus, § 813b Abs. 5 S. 2.

5. § 813b Abs. 4 ZPO zeigt, dass die Ratenabwicklung längstens – in Ausnahmefällen – ein Jahr betragen darf. Praktisch wird eine Zwangsstundung bewilligt, die einen Stundungsvergleich oder gar ein Insolvenzverfahren ersetzen kann (*Baumbach/Lauterbach/Albers/Hartmann* § 813b Rdn. 1).

6. Nach § 813b Abs. 1 S. 2 ZPO sind – zB. wenn noch Beweise erhoben werden müssen – einstweilige Anordnungen entsprechend § 732 Abs. 2 zulässig. Weit häufiger als nach § 813b ZPO werden solche Ratenabwicklungen, auch mit längerer Laufzeit, zwischen den Parteien direkt oder über den GVZ nach § 813a ZPO ohne Einschaltung des Gerichts getroffen. Für die Ratenabwicklung durch das Gericht nach § 813b ZPO bleiben nur noch Fälle der Ratenverweigerung durch den Gläubiger.

Kosten und Gebühren

a) Gericht: Festgebühr von 10,– EUR nach KV zum GKG Nr. 1642.
b) Anwalt: besondere $^{3}/_{10}$ Gebühr nach §§ 57, 58 Abs. 3 Nr. 3 BRAGO
c) Gegenstandswert: Nach neuerer Auffassung (BGH NJW 1991, 2280) wird die einstweilige Einstellung der Vollstreckung (§§ 707, 719, 771 Abs. 3 ZPO) nach § 3 ZPO mit einem Bruchteil, meist $^{1}/_{5}$, des zu vollstreckenden Betrages bzw. des Wertes der gepfändeten Sache bewertet. Das muss auch für die Einstellung nach § 813a ZPO gelten.

Kostentragung: Darüber muss im Beschluss mitentschieden werden (*Baumbach/Lauterbach/Albers/Hartmann* § 813b Rdn. 12). Regelmäßig treffen die Kosten den Schuldner, nur ausnahmsweise nach § 788 Abs. 4 ZPO den Gläubiger, so wohl, wenn er die außergerichtliche Stundung verweigert, obwohl die Voraussetzungen von § 813a ZPO ersichtlich vorliegen.
d) In Ostdeutschland 90% der gesetzlichen Gebühren.

Fristen und Rechtsmittel

1. Der Schuldner muss den Antrag binnen zwei Wochen nach Pfändung stellen, sonst droht Abweisung ohne Sachprüfung, § 813b Abs. 2 ZPO.
2. Der Beschluss ist unanfechtbar, § 813b Abs. 5 S. 4 ZPO, wenn er durch den Richter ergeht. Da regelmäßig der Rechtspfleger entscheidet, kann in diesen Fällen die Erinnerung nach § 11 RPflG eingelegt werden. Die Entscheidung des Amtsrichters darüber kann nur „bei greifbarer Gesetzeswidrigkeit" (zB. Stundung für mehr als 1 Jahr) mit sofortiger Beschwerde angefochten werden, *Baumbach/Lauterbach/Albers/Hartmann* Rdn. 14 zu § 813b.

5. Antrag auf andere Verwertung (§ 825 ZPO)

Frau/Herrn GerVollz. ……

Antrag nach § 825 ZPO

in der Vollstreckungssache

X ./. Y

Namens und in Vollmacht des Gläubigers beantrage ich, den durch Ihre Austauschpfändung mit Protokoll vom ...... DR-Nr. ...... gepfändeten Pkw Marke ...... dem B als Käufer zum Preise von ...... EUR zu verkaufen[2].

Begründung:

Sie haben lt. dem genannten Protokoll den mutmaßlichen Versteigerungserlös des Pkw mit ...... EUR geschätzt. Der Gläubiger hat sich intensiv um Interessenten bemüht und B für den im Antrag genannten Preis gewonnen[3].

Beweis: anliegendes Schreiben
des B

Dieser Preis liegt 40% über dem mutmaßlichen Versteigerungserlös. Daher bitte ich, dem Antrag im Kosteninteresse beider Parteien stattzugeben.

Rechtsanwalt

Anmerkungen

1. Seit 1999 ist für die Entscheidung über solche Anträge der GerVollz. selbst zuständig. Nur die Versteigerung durch eine andere Person als den GerVollz. (vgl. Anm. 2e) ist weiterhin durch das örtlich zuständige Vollstreckungsgericht anzuordnen.

2. Denkbare Anordnungen nach § 825 ZPO sind zB. (vgl. *Baumbach/Lauterbach/Albers/Hartmann* § 825 Rdn. 11 ff.):
a) Verwertung zu anderer Zeit, etwa bei Saisonwaren.
b) Verwertung an anderem Ort, § 816 Abs. 2 ZPO.
c) Freihändiger Verkauf, auch an eine bestimmte Person, ggf. zu festgesetztem Preis (AG Charlottenburg DGVZ 1978, 92).
d) Überweisung an Gläubiger zu bestimmten Preis oder an Schuldner, wenn etwa Dritter für ihn zahlt.
e) Versteigerung durch andere Person, zB. Auktionator oder Notar.
f) Stundung des Steigerungspreises, entgegen § 817 Abs. 2 ZPO.

3. Versteigerungserlöse liegen meist unter dem Erlös freihändiger Verwertung. Letztere ist daher im Interesse von Gläubiger und Schuldner. Beide können den Antrag nach § 825 ZPO stellen. Der Antrag kann ggf. zur Obliegenheit des Gläubigers werden, wenn er so Befriedigung erlangen kann (LG Oldenburg NJW 1969, 2243).

Kosten und Gebühren

a) Gericht: keine Gebühr. Der GerVollz. erhält auch für die „andere“ Verwertung die Verwertungsgebühr von 40 EUR gem. Nr. 300 des KV zum GVKostG, bei **Mitwirkung** an der Versteigerung durch einen Dritten die Gebühr nach Nr. 310 des KV von 12,50 EUR.

b) Anwalt: besondere 3/10 Gebühr nach §§ 57, 58 Abs. 3 Nr. 4 a BRAGO.

c) Kostentragung: § 788 Abs. 1 ZPO.

d) In Ostdeutschland 90% der gesetzlichen Gebühren.

Fristen und Rechtsmittel

Für Gläubiger und Schuldner gegen die Entscheidung des GerVollz. die Erinnerung gem. § 766 ZPO (Form. II. A. 14); bei Entscheidung des Gerichtes (vgl. Anm. 1) sofortige Beschwerde nach § 11 Abs. 1 RPflG, § 793 ZPO binnen 2 Wochen, bzw. die Erinnerung nach § 766 ZPO (Form. III. A. 15), wenn ohne Anhörung der anderen Partei entschieden wird (*Zöller/Stöber* Rdn. 21 zu § 825; *Baumbach/Lauterbach/Albers/Hartmann* Rdn. 23, 24 zu § 825 ZPO).

Zwangsvollstreckung in Geldforderungen

6. Pfändungs- und Überweisungsantrag (§§ 829, 835 ZPO)

An das
Amtsgericht
Vollstreckungsgericht[1]

Antrag auf Erlass eines Pfändungs- und Überweisungsbeschlusses[2]

in der Vollstreckungssache

X ./. Y

Nach dem Urteil des LG ...... vom ...... Az. ......, dessen vollstreckbare zugestellte Ausfertigung[3] **nebst Kostenfestsetzungsbeschluss ich beifüge, kann der Gläubiger vom Schuldner beanspruchen:**

1. Hauptforderung ...... EUR
2. .... EUR[4]

Namens und mit Vollmacht des Gläubigers beantrage ich zu beschließen:

Wegen dieser Ansprüche sowie wegen der Kosten für diesen Beschluss und seine Zustellung[5] **wird die angebliche Kaufpreisforderung**[6] **des Schuldners gegen**

die Firma Z, A-Straße in B[7] **– Drittschuldner**
aus Kaufvertrag über einen gebrauchten Pkw
Marke ...... vom ......[8]
einschließlich etwaiger zukünftiger Ansprüche aus diesem Rechtsverhältnis
gepfändet und dem Gläubiger in Höhe des Pfandbetrages zur Einziehung überwiesen[9].

Dem Drittschuldner wird verboten, an den Schuldner zu leisten, soweit gepfändet ist.

Dem Schuldner wird verboten, über die Forderung zu verfügen, insbesondere sie einzuziehen[10], **soweit gepfändet ist.**

Ich bitte,
die Zustellung zu vermitteln, an den Drittschuldner durch Gerichtsvollzieher persönlich mit der Aufforderung nach § 840 ZPO[11, 12].

Rechtsanwalt

Schrifttum: Stöber, Forderungspfändung, 13. Aufl. 2002.

Anmerkungen

1. Abweichend von § 764 Abs. 2 ZPO das Wohnsitzgericht des Schuldners, § 828 Abs. 2 ZPO, und ggf. der Vermögensgerichtsstand von § 23 ZPO, also der Sitz des Drittschuldners. Verweisung auf Antrag ist möglich; sie bindet das Zweitgericht nicht § 828 Abs. 3 ZPO (dazu OLG Zweibrücken NJW 2000, 929).

2. Der Pfändungsbeschluss schafft Pfandverstrickung der Forderung und Pfandrecht des Gläubigers daran (*Baumbach/Lauterbach/Albers/Hartmann* § 829 Rdn. 45). Erst der Überweisungsbeschluss ermöglicht die Verwertung, idR. durch Einziehung. Deshalb werden beide Beschlüsse verbunden. Anders nur in Sonderfällen, zB. beim Arrest oder der Sicherungsvollstreckung gem. § 720a ZPO (nur Pfändung) oder bei indossablen Wertpapieren (nur Überweisung).

Für die praktisch häufigen Forderungsarten (Arbeitslohn, Arbeitslosengeld, Ansprüche gegen Finanzamt, Banken und Lebensversicherungen) empfiehlt sich dringend die Verwendung handelsüblicher Antragsformulare mit Entwurf des Gerichtsbeschlusses.

3. Zur Forderungspfändung müssen alle Voraussetzungen nach § 750 Abs. 1 ZPO vorliegen, **auch die Zustellung** und ggf. die Vorraussetzungen nach §§ 751, 756 ZPO. Bei Antragsmängeln Zwischenverfügung des Gerichts, § 139 ZPO (*Stöber* Rdn. 479). Das kann zu Rangverlust gegenüber zwischenzeitlichen fehlerfreien Anträgen Dritter führen).

4. Forderungsaufstellung und Glaubhaftmachung wie Form. III. B. 1, dort Anm. 3; vgl. auch *Stöber* Rdn. 834. Pfändung erfolgt „wegen dieser (hier berechneten) Ansprüche“. Wird zB. nach Teilzahlungen nur noch wegen eines Teils oder Restes der Hauptforderung gepfändet, kann – entgegen der Praxis mancher Amtsgerichte – eine Abrechnung über die erfolgten Zahlungen vom Gläubiger nicht gefordert werden, vgl. oben Form. III. B. 1, Anm. 3 mwN.

5. Die außergerichtlichen (Anwalts-)Kosten (§ 57 BRAGO) sollten am Schluss des Antrages berechnet werden. Gerichts- und Zustellungskosten werden von Amts wegen angesetzt (*Stöber* Rdn. 837). Die handelsüblichen Antragsformulare enthalten entsprechende Rubriken.

6. Im Pfändungsverfahren, das ohne Anhörung von Schuldner (§ 834 ZPO, anders bei Pfändung von Sozialleistungen, vgl. unten Form. III. B. 10) und Drittschuldner erfolgt, ist nicht zu prüfen, ob und in welcher Höhe die Forderung gegen den Dritten besteht. Das müssen Gläubiger und Drittschuldner ggf. durch Erkenntnisverfahren, § 841 ZPO, klären (*Stöber* Rdn. 485a; OLG Frankfurt RPfleger 1978, 229 mwN.; *Baumbach/Lauterbach/Albers/Hartmann* § 829 Rdn. 14). Nur wenn offenkundig die Forderung nicht besteht oder zB. der Höhe nach nicht pfändbar ist, fehlt für den Antrag das Rechtsschutzbedürfnis (*Stöber* Rdn. 488 mwN.).

Strittig ist die Rechtslage, wenn die Forderung bei Zustellung der Pfändung an einen Vierten abgetreten ist und später an den Schuldner zurückfällt, etwa durch Anfechtung. BGH (BGH NJW 2002, 755) und BAG (NJW 1993, 2699) halten die Pfändung für dauernd (auch nach Rückfall der Forderung) unwirksam, außer bei Pfändung fortlaufender Bezüge. Das RG nahm an (Recht 1922, Nr. 1542), dass nach dem Rückfall die Pfändung wieder wirksam wird. Das erspart eine erneute Pfändung, vgl. im Einzelnen *Tiedtke* ZIP 1993, 1452.

7. Der Drittschuldner soll so bezeichnet sein wie eine Prozesspartei. Da Gläubiger meist nur ungenaue Kenntnis über ihn hat, genügt aber eine Bezeichnung, die bei Auslegung die Person des Drittschuldners ausreichend individualisiert (Beispiele *Stöber* Rdn. 517ff.; auch BGH NJW 1967, 822).

8. Auch die Forderung muss nach Rechtsgrund und Gegenstand (RGZ 140, 342) möglichst konkret bezeichnet werden. Mindestens muss sie bei Auslegung auch für Dritte in allgemeinen Umrissen erkennbar sein (BGH NJW 2001, 2976). Sonst ist die Pfändung unwirksam, was jeder Beteiligte, auch ein nachrangiger Gläubiger, durch Erinnerung geltend machen kann (MüKo-ZPO/*Smid*, Rdn. 71 zu § 829). Hat Schuldner mehrere Forderungen gegen Drittschuldner, muss die Konkretisierung weitergehen (BGH Betr. 1970, 1486; *Stöber* Rdn. 512ff.).

Die Pfändung erfasst ohne weiteres auch Nebenrechte im Sinne von § 401 BGB, etwa Kündigungsrechte (*Stöber* Rdn. 693; *Baumbach/Lauterbach/Albers/Hartmann* § 835 Rdn. 10). Zur Klarstellung ist aber ihre Erwähnung empfehlenswert.

Formulierungsbeispiele für die Anspruchsbezeichnung von 81 verschiedenen Anspruchsarten bei *Stöber* Rdn. 65 ff. (vgl. auch „Vollstreckungsschlüssel" bei *Baumbach/Lauterbach/Albers/Hartmann* Rdn. 59 der Grundz. vor § 704; Hinweise zu weiteren Forderungsarten bei *Baumbach/Lauterbach/Albers/Hartmann* Rdn. 3–9 zu § 829 und *Zöller/Stöber* Rdn. 33 zu § 829).

9. Die Überweisung zur Einziehung, § 835 Abs. 1 1. Alt. ZPO, ist die Regel. Überweisung an Zahlungs Statt, §§ 835 Abs. 1 2. Alt. ZPO, § 364 Abs. 1 BGB ist bei langfristigen, dinglich gesicherten Forderungen praktikabel.

Bei vorläufigen Vereinbarungen mit Schuldner und Drittschuldner sollte man nur auf die Rechte aus der Überweisung verzichten, aber wegen des Pfändungsranges nicht auf die aus der Pfändung.

10. Formulierung ergibt sich aus § 829 Abs. 1 ZPO.

11. Die Regel ist Zustellung durch Vermittlung der Geschäftsstelle, § 829 Abs. 2 S. 3 ZPO, die wegen § 192 Abs. 3 ZPO ausdrücklich beantragt werden sollte. Nur in Sonderfällen wird der Gläubiger Zustellung selbst veranlassen, § 829 Abs. 2 S. 1 und 2 ZPO. In beiden Fällen soll aber Zustellung an Drittschuldner nicht durch Aufgabe zur Post, § 194 ZPO, sondern durch Gerichtsvollzieher persönlich mit Aufforderung nach § 840 Abs. 2 ZPO erfolgen, damit Drittschuldnererklärung nach § 840 Abs. 3 ZPO an Gerichtsvollzieher erfolgen kann. Sonst kann Schadensersatzpflicht nach § 840 Abs. 2 S. 2 ZPO entfallen (hM., LG Tübingen MDR 1974, 677; *Stöber* Rdn. 633 mwN.; mE. falsch, da der Drittschuldner nach § 840 ZPO „dem Gläubiger zu erklären" hat, was Erklärungsmöglichkeit an GerVollz. nicht voraussetzt; ebenso LG Schweinfurt DGVZ 1956, 71).

Die Pfändung wird wirksam mit Zustellung an Drittschuldner, § 829 Abs. 3 ZPO, sodass diese vordringlich ist. Str. ist, ob beim Drittschuldner Ersatzzustellung an den Schuldner wirksam ist (dafür RGZ 87, 414; auch *Zöller/Stöber* Rdn. 14 zu § 829; *Noack* DGVZ 1981, 33; dagegen BAG NJW 1981, 1399; *Baumbach/Lauterbach/Albers/Hartmann* § 829 ZPO Rdn. 38 und *Hamme* NJW 1994, 1035), vgl. auch § 178 Abs. 2 ZPO. Deshalb sollte vorsorglich eine an den Schuldner erfolgte Ersatzzustellung anders wiederholt werden.

Nach zutreffender hM. kann der Drittschuldner vom Gläubiger keine Erstattung von Kosten für die Erfüllung seiner gesetzlichen Auskunftspflicht, etwa Anwaltskosten, erstattet verlangen (BGH NJW 2000, 651; BAG NJW 1985, 1181; auch *Stöber,* Rdn. 647), erst recht nicht für die weitere Abwicklung der gepfändeten Forderung (BGH NJW 1985, 1155).

12. Auslandsfälle

a) Sitzt oder befindet sich der Schuldner im Ausland, ist das unschädlich. Denn die Pfändung ist wirksam mit Zustellung des Beschlusses an den Drittschuldner, § 829 Abs. 3 ZPO.
b) Sitzt der Drittschuldner im Ausland, so scheitert eine deutsche Pfändung regelmäßig an der fehlenden Rechtshilfe ausländischer Staaten dafür, außer bei den EU-Staaten gem. Verordnung (EG) Nr. 1348/2000 vom 29. 5. 2000 (vgl. *Stöber* Rdn. 38 (39)). Sonst bleibt nur die Vollstreckung im Ausland nach dortigem Recht.

Kosten und Gebühren

a) Gericht: Festgebühr von 10,– EUR nach KV zum GKG Nr. 1640.

b) Anwalt: $^3/_{10}$ Gebühr nach § 57 BRAGO. Auch bei Pfändung mehrerer Forderungen in einem Antrag fällt die Gebühr nur einmal an (LG Lübeck Büro, 53, 494), ebenso die Gerichtsgebühr. Gegenstandswert: Gesamtforderung incl. Zinsen und Kosten, § 57 Abs. 2 BRAGO, sofern die zu pfändende Forderung geringer ist. Die Auffassung, der Mindeststreitwert von z. Zt. 300 EUR sei anzusetzen, wenn sich – nachträglich – herausstellt, dass die zu pfändende Forderung nicht bestand (LG Kiel SchlHA 1990, 12) ist unsinnig. Nach dieser Logik wäre auch der Streitwert einer erfolglosen Zahlungsklage der Mindeststreitwert.

c) GerVollz.: Zustellungsgebühr von 7,50 EUR bei persönlicher Zustellung gemäß Nr. 100 des KV zum GVKostG.

d) In Ostdeutschland 90% der gesetzlichen Gebühren.

Fristen und Rechtsmittel

Für Gläubiger bei Ablehnung der Pfändung befristete Erinnerung nach § 11 Abs. 2 RPflG binnen zwei Wochen. Für Schuldner bei Pfändung Erinnerung nach § 766 ZPO, ebenso für sonstige Beteiligte, da sie nicht gehört werden, § 834 ZPO (OLG Köln NJW-RR 2001, 69; näher *Baumbach/Lauterbach/Albers/Hartmann* Rdn. 63–64 zu § 829).

7. Vorpfändung (§ 845 ZPO)

Vorläufiges Zahlungsverbot nach § 845 ZPO

Nach dem vollstreckbaren Versäumnisurteil[1] des LG ...... vom ...... AZ ...... kann der Gläubiger,

Firma X (volle Parteibezeichnung),

Bevollmächtigter: RA. Y

von dem Schuldner

Z (volle Parteibezeichnung),

die Zahlung folgender Beträge verlangen:

1. Hauptforderung ...... EUR
2. .... EUR[2]

Wegen dieses Anspruches steht die Pfändung der angeblichen Forderung des Schuldners gegen

die Firma (volle Drittschuldnerbezeichnung)

Drittschuldnerin

aus ......[3]
bevor.

Davon benachrichtige ich für den Gläubiger hiermit Drittschuldner und Schuldner.
Den Drittschuldner fordere ich auf, nicht an den Schuldner zu zahlen.
Den Schuldner fordere ich auf, sich jeder Verfügung über die Forderung, insbesondere ihrer Einziehung, zu enthalten.
Ich weise darauf hin, dass diese Benachrichtigung von ihrer Zustellung an die Arrestpfändung der Forderung bewirkt, §§ 845, 930 ZPO[4] und entgegenstehende Verfügungen unwirksam sind.

RA/GerVollz[5]

An die
GerVollz-Verteilungsstelle
des Amtsgerichts
Herrn GerVollz. ......
zur Zustellung an[6]

1. Drittschuldner
2. Schuldner

Anmerkungen

1. Die Vorpfändung verhindert Verschlechterung der Vollstreckungsmöglichkeiten während der Bearbeitung des Pfändungsantrages (Form. III. B. 6) beim Gericht. Sie kann vor Klauselerteilung und vor Zustellung erfolgen, § 845 Abs. 1 S. 3 ZPO, auch vor Erteilung einer Ausfertigung des Titels, LG Frankfurt RPfleger 1983, 32 mwN. und nach hM. auch vor Ablauf der Frist nach § 750 Abs. 3 ZPO, MüKo-ZPO/*Smid,* Anm. 2 zu § 845 mwN. Sie ist auch bei Sicherungsvollstreckung nach § 720a ZPO zulässig, BGH NJW 1985, 863.

2. Forderungsaufstellung wie in Form. III. B. 1.

3. Bezeichnung von Drittschuldner und Forderung wie beim Pfändungsantrag selbst, Form. III. B. 6 Anm. 7 und 8.

4. Diese Erläuterung ist für die Wirksamkeit der Pfändung unerheblich. Sie ist verständlicher als die Gesetzesformulierung „hat die Wirkung eines Arrestes". Es ist str., aber im Ergebnis gleich, ob die Vorpfändung ein bis zur Pfändung auflösend bedingtes Pfandrecht (*Stöber* Rdn. 802ff.; *Baumbach/Lauterbach/Albers/Hartmann* § 845 Rdn. 9) oder ein aufschiebend bedingtes Pfandrecht mit Vorwirkungen schafft. Jedenfalls wird sie rückwirkend wirkungslos, wenn nicht die Pfändung – durch Zustellung des Pfändungsbeschlusses an den Drittschuldner – binnen eines Monats bewirkt wird, § 845 Abs. 2 ZPO. Zahlt der Drittschuldner trotz Zahlungsverbotes an Schuldner, so bleibt er bei fristgerecht nachfolgender Pfändung dem Gläubiger zur Zahlung verpflichtet. Andererseits ist der Drittschuldner, solange nur eine Vorpfändung vorliegt, noch nicht berechtigt, schuldbefreiend an den Gläubiger zu zahlen, vgl. LG Hildesheim NJW 1988, 1916. Er kann hinterlegen.

Die Monatsfrist muss beim Gläubigeranwalt notiert und überwacht werden.

5. Die Vorpfändung kann bei ausdrücklichem Auftrag auch vom GerVollz. ausgebracht werden, § 845 Abs. 1 S. 2 ZPO, vgl. Form. III. B. 1 Anm. 6.

6. Die Benachrichtigung muss an Drittschuldner (Wirksamkeitserfordernis) und Schuldner zugestellt werden. Man kann ins Formular die Bitte zur Abgabe der Erklärung nach § 840 ZPO aufnehmen. Allerdings besteht die Verpflichtung dazu erst ab Pfändung, nicht ab Vorpfändung (BGH NJW 1977, 1199; *Stöber* Rdn. 810).

Kosten und Gebühren

a) Anwalt: Keine besondere Gebühr neben der $^{3}/_{10}$ Pfändungsgebühr, §§ 57, 58 Abs. 1 BRAGO für den Pfändungsantrag selbst.
b) GerVollz.: 7,50 EUR Zustellungskosten wie beim Pfändungsbeschluss, vgl. Form. III. B. 6. Für die selbstständige Ausbringung der Vorpfändung gemäß § 845 Abs. 1 S. 2 ZPO eine Festgebühr von 12,50 EUR nach Nr. 200 des KV zum GVKostG.
c) In Ostdeutschland 90% der gesetzlichen Gebühren.

Fristen und Rechtsmittel

Da die Vorpfändung ein bedingtes Pfandrecht schafft, ist sie mit einfacher nicht fristgebundener Erinnerung nach § 766 ZPO angreifbar (vgl. oben Form. III. A. 15), *Baumbach/Lauterbach/Albers/Hartmann* Rdn. 15 zu § 845.

Da die Wirkung auf einen Monat beschränkt ist, kommt das Rechtsmittel praktisch kaum vor, der Streit wird dann um die Hauptpfändung selbst ausgetragen.

8. Überweisungsantrag bei verbrieften Forderungen (§§ 831, 835 ZPO)

An das
Amtsgericht
Vollstreckungsgericht[1]

Überweisungsantrag[2]

in der Sache

X ./. Y

Namens und im Auftrage des Gläubigers überreiche ich den Vollstreckungsbescheid des AG ...... vom ...... Az. ...... sowie Ausfertigung des Pfandprotokolls des GerVollz. ...... DR-Nr. ...... vom ...... und beantrage zu beschließen:

Die Rechte aus dem vom GerVollz. ...... gemäß dem Pfandprotokoll gepfändeten Blankowechsel, ausgestellt von B, von C als Bezogener angenommen, zahlbar am ...... in ......, werden hiermit einschließlich des Rechtes zur Ausfüllung des Wechsels in Höhe von ...... EUR[3] zur Höhe von ...... EUR zuzüglich ......% Zinsen hieraus seit ...... und ...... EUR Kosten dem Gläubiger zur Einziehung überwiesen.

Begründung:

......[4].

Rechtsanwalt[5]

Anmerkungen

1. Zur Zuständigkeit vgl. § 828 Abs. 2 ZPO.

2. Wertpapiere im engeren Sinne, bei denen das Recht aus dem Papier dem Recht am Papier folgt, werden einschließlich der verkörperten Forderung ohne Pfändungsbeschluss wie bewegliche Sachen gepfändet, § 808 Abs. 2 ZPO und § 831 ZPO. Soweit sie ohne Indossament durch Einigung und Übergabe übertragen werden oder sonstige Rechte verkörpern (zB. Aktie), erfolgt ihre Verwertung nach §§ 821 bis 823 ZPO (vgl. Aufzählung bei *Baumbach/Lauterbach/Albers/Hartmann* § 821 Rdn. 2). Bei den indossablen Forderungspapieren ergibt sich aus §§ 831, 835 ZPO, dass sie durch Überweisung zu verwerten sind (*Stöber* Rdn. 2085 ff.), also einen Überweisungsbeschluss erfordern. Dies gilt für
- Wechsel
- kaufmännische Orderpapiere nach § 363 HGB (auch Warenforderungen),

– Schecks nach Art. 14 Abs. 1 ScheckG auf bestimmte Person mit Orderklausel (Verrechnungsschecks, die begeben sind, werden vom GerVollz. über sein Dienstkonto eingezogen und der Erlös an den Gläubiger ausgekehrt, LG Göttingen NJW 1983, 635).

3. Auch der Blankowechsel ist nach § 831 ZPO verwertbar. Das Ausfüllungsrecht ist mitgepfändet (*Schmalz* NJW 1964, 143 mwN.) und wird zur Einziehung bzw. Ausübung überwiesen (*Stöber* Rdn. 2090 ff.).

4. In der Antragsbegründung ist darzulegen – zB. nach Angaben des Schuldners gemäß § 836 Abs. 3 ZPO – in welcher Höhe der Wechsel auszufüllen ist.

5. Der Beschluss ist zuzustellen wie ein Pfändungsbeschluss, § 835 Abs. 3 ZPO.

Kosten und Gebühren

a) Gericht: Festgebühr von 10,– EUR nach KV zum GKG Nr. 1640.

b) Anwalt: keine besondere Gebühr neben der durch Pfändung nach § 831 ZPO entstandenen 3/10 Gebühr, §§ 57, 58 Abs. 1 BRAGO.

c) GerVollz.: für die Pfändung nach § 831 ZPO Pfändungsgebühren, vgl. III. B. 1. Für Zustellung des Überweisungsbeschlusses Zustellungsgebühren wie beim Pfändungsbeschluss, vgl. Form. III. B. 6.

d) In Ostdeutschland 90% der gesetzlichen Gebühren.

Fristen und Rechtsmittel

Wie Form. III. B. 6.

9. Pfändungsantrag bei Hypotheken und Grundschulden[1] (§ 830 ZPO)

a) Hypothekarisch gesicherte Forderung[2]

......[2a]

wird die angebliche Forderung des Schuldners gegen

den A – als persönlicher Drittschuldner –

aus dem Grundstückskaufpreis gemäß Kaufvertrag vom ...... mit der angeblich für diese Forderung im Grundbuch von ...... Bd. ...... Bl. ...... in Abt. III Nr. ...... auf dem Grundstück H-Straße Nr. ...... in K-Stadt

des B – als dinglichem Drittschuldner –[3]

eingetragenen Briefhypothek[4]
in Höhe von ...... EUR[5] nebst ......% Zinsen seit dem ...... gepfändet und dem Gläubiger in Höhe des Pfandbetrages zur Einziehung überwiesen.
(Nur bei Briefhypothek: Die Pfändung erfolgt auch wegen der noch nachzuweisenden Kosten in Höhe von ca. ...... EUR für Briefwegnahme[6].
Es wird angeordnet, dass der Schuldner den Hypothekenbrief an den Gläubiger, ggf. im Wege der Zwangsvollstreckung, herauszugeben hat[7].)

......[8]

b) Durch Grundschuld gesicherte Forderung

Wie oben a), nur „Grundschuld" anstelle von „Hypothek"[9].

c) Eintragungsantrag an das Grundbuchamt (nur bei Buch-Hypothek)

An das
Amtsgericht
Grundbuchamt

Antrag nach § 830 Abs. 1 ZPO

Im Grundbuch von ...... Bd. ...... Bl. ...... ist in Abt. III Nr. ...... auf dem Grundstück H-Straße Nr. ...... in K für den Y eine Buch-Hypothek für eine Kaufpreisforderung von ...... EUR nebst ......% Zinsen eingetragen. Diese Hypothekenforderung ist gemäß beigefügtem Pfändungs- und Überweisungsbeschluss des AG ...... vom ...... Az. ...... für den Gläubiger X gepfändet[10], und zwar auch für Zustellungskosten von ...... EUR.

Ich beantrage namens und in Vollmacht des Gläubigers,
diese Pfändung in das Grundbuch einzutragen[11].

Die Gerichtskosten für die Eintragung in Höhe von ...... EUR zahle ich zugleich ein[12].

Rechtsanwalt

Schrifttum: Böttcher, Zwangsvollstreckung im Grundbuch, 1997.

Anmerkungen

1. Die Vorschriften für die Pfändung einer hypothekarisch gesicherten Forderung gelten nach § 857 Abs. 6 ZPO entsprechend für Grundschuld, Rentenschuld und Reallast. Sie gelten auch für die Pfändung einer Eigentümergrundschuld, die ein vom Grundstückseigentum verschiedenes Vermögensrecht des Schuldners ist (näher *Stöber,* Rdn. 1913 ff.).
Sie gelten nach § 830 Abs. 3 ZPO nicht für
a) die rückständigen Nebenleistungen, § 1159 BGB. Sie werden nach § 829 ZPO gepfändet.
b) die Sicherungshypothek für Inhaberpapiere, § 1187 BGB. Für sie gelten §§ 831, 821 ZPO vgl. oben Form. III. B. 8.
c) für die Höchstbetragshypothek, § 1190 BGB, vgl. § 837 Abs. 3 ZPO. Für sie gilt § 829 ZPO.

2. Forderung und Hypothek sind rechtlich untrennbar verbunden, haben also stets denselben Gläubiger. Da die Hypothek Nebenrecht ist, § 401 BGB, erfasst die Forderungspfändung das Hypothekenrecht an sich mit. Wegen der Publizitätsanforderungen im Grundbuchrecht verlangt § 830 ZPO aber neben dem Pfändungsbeschluss einen grundpfandrechtlichen Publizitätsakt, Sicherstellung des Briefes bei Briefhypothek oder Grundbucheintragung der Pfändung bei Buchhypothek. Erst dadurch wird die Pfändung bewirkt!

2 a. Rubrum, Forderungsberechnung und Einleitung des Antrags wie Form. III. B. 6.

3. (Dritt-)Schuldner der Forderung und (Dritt-)Schuldner der Hypothek können verschiedene Personen sein. Da die Zustellung an den Drittschuldner hier kein Wirksamkeitserfordernis ist, schadet ungenaue Bezeichnung nicht, wie auch ungenaue Bezeichnung der Hypothek die Pfändung wegen der zwangsläufigen Verbindung nicht unwirksam macht (*Baumbach/Lauterbach/Albers/Hartmann* § 830 ZPO Rdn. 2; *Stöber* Rdn. 1805). Sie muss aber beim Eintragungsantrag ohnehin genau bezeichnet werden.

4. Alternativ: Buchhypothek.

5. Vollstreckungsforderung mit Nebenforderungen.

6. Alternativ bei Buchhypothek: Grundbucheintragung.

7. Den Brief kann Gläubiger durch Hilfspfändung wegnehmen lassen. §§ 830 Abs. 1, 836 Abs. 3, 883 ZPO. Dies ergibt sich aus dem Gesetz, Aufnahme in den Beschluss ist aber zur Klarstellung gegenüber dem Schuldner empfehlenswert, da der Beschluss Herausgabetitel gegen ihn ist (BGH NJW 1979, 2045; näher *Stöber* Rdn. 1813). Besitzen Dritte den Brief, vgl. Form. III. B. 1 Anm. 13. Neben Wegnahme oder Eintragung ist Zustellung des Beschlusses an die Drittschuldner anzuraten, um die relative Wirkung nach § 830 Abs. 2 ZPO zu erreichen. Dafür sind ggf. 2 Ausfertigungen des Beschlusses zu beantragen.

8. Weitere Formulargestaltung wie Form. III. B. 6.

9. Bei Hypothek ist die Pfändung der Forderung ohne die Hypothek unwirksam (*Stöber* Rdn. 1797). Grundschuld und Forderung sind dagegen rechtlich selbstständig und können einzeln gepfändet werden, die Forderung nach § 829 ZPO, die Grundschuld nach §§ 857 Abs. 6, 830 ZPO. Wegen der sonst entstehenden Einwendungen ist stets die Pfändung beider Rechte ratsam (vgl. *Stöber* Rdn. 1880 ff.).

10. Der Beschluss ist die „zu der Eintragung erforderliche" öffentliche Urkunde iSv. § 29 GBO. Er muss weder mit einer Vollstreckungsklausel versehen noch zugestellt sein. Der Eintragungsantrag bedarf daher nicht der notariellen Beurkundung oder Beglaubigung, ebenso wenig die Vollmacht, § 30 GBO. Ist der Gläubigervertreter bereits im Pfändungsbeschluss als solcher bezeichnet, braucht er dem Grundbuchamt keine gesonderte Vollmacht einzureichen (vgl. *Stöber* Rdn. 1836).

11. Die Verwertung erfolgt auch hier durch Überweisung, vgl. § 837 Abs. 1 ZPO. Wirtschaftlich wird sich meist der Antrag auf andere Verwertung empfehlen, § 844 ZPO (vgl. unten Form. III. B. 15).

12. Zur Berechnung vgl. unten „Kosten und Gebühren". Für die Kosten haftet das Grundstück entsprechend § 867 Abs. 1 S. 3 ZPO; vgl. dazu unten Form. III. B. 32 Anm. 7.

Kosten und Gebühren

a) Gericht: Für Pfändungsbeschluss 10 EUR, wie Form. III. B. 6. Für die Grundbucheintragung nach c) des Formulars, eine halbe Gebühr nach der Tabelle zu § 32 KostO, § 64 Abs. 1 KostO.

b) Anwalt: für die gesamte Vollstreckungsmaßnahme, also Pfändungsantrag einschließlich Auftrag an GerVollz. zur Briefwegnahme (Briefhypothek) oder Eintragungsantrag (Buchhypothek), erhält der Anwalt nur eine $^3/_{10}$ Gebühr. §§ 57, 58 Abs. 1 BRAGO.

c) GerVollz.: für Briefwegnahme entsteht die Wegnahmegebühr von 20 EUR gem. Nr. 221 des KV zum GVKostG.

d) In Ostdeutschland 90% der gesetzlichen Gebühren.

Fristen und Rechtsmittel

Bezüglich des Pfändungsantrages vgl. Form. III. B. 6.

Bezüglich des Grundbuchantrages die i. d. R. unbefristete Beschwerde nach § 71 GBO.

10. Pfändungsantrag bei Sozialleistungen (§ 54 SGB I)

a) Bei Sozialleistungsansprüchen auf einmalige Geldleistungen, § 54 Abs. 2 SGB I:

wie Form. III. B. 6[1], jedoch ergänzt um eine Begründung für die Billigkeit der Pfändung[2]; zB. beim Sterbegeld nach § 58 SGB V:
Das Sterbegeld ist gemäß § 58 SGB V ein „Zuschuss zu den Bestattungskosten". Seine Pfändung für solche Bestattungskosten, wie sie hier beantragt wird, entspricht daher der Billigkeit.

b) Bei Sozialleistungsansprüchen auf laufende Geldleistungen, § 54 Abs. 4 SGB I[3]

(wie Form. III. B. 17)[4, 5]

Anmerkungen

1. § 54 SGB erlaubt die Pfändung von dem Schuldner zustehenden Ansprüchen auf Sozialleistungen mit Einschränkungen. Verfahren und Zuständigkeiten bestimmen sich nach §§ 828 ff. ZPO. Die Bezeichnung der Forderungen ergibt sich für die wichtigsten Sozialleistungen aus §§ 18–29 SGB I. Dort sind zugleich die zuständigen Leistungsträger genannt, die als Drittschuldner zu benennen sind. Die örtlichen und sachlichen Zuständigkeiten dabei, etwa nach Landesrecht, müssen im Einzelnen genau aufgeklärt werden. Denn die Pfändung etwa gegen ein örtlich nicht zuständiges Arbeitsamt ist wirkungslos (vgl. *Stöber* Rdn. 1353).

Die Pfändung erst künftig fällig werdender Leistungen (zB. künftiger Alters- oder Erwerbsunfähigkeitsrenten) ist zulässig, BFH NJW 1992, 855; OLG Celle Rpfleger 1992, 260; eingehende Nachweise bei *Stöber* Rdn. 1369. Vgl. auch *Zöller/Stöber* Rdn. 27 zu § 850 i ZPO. Bei noch sehr jungen Schuldnern mag das Rechtsschutzbedürfnis für eine solche Pfändung zweifelhaft sein, LG Heilbronn JurBüro 2000, 104 (Schuldner 24 Jahre alt).

2. § 54 Abs. 2 SGB fordert bei Pfändung einmaliger Geldleistungen zusätzlich eine allgemeine Billigkeitsprüfung, die das Vollstreckungsgericht vorzunehmen hat. Wesentliches Kriterium muss dabei die Zweckbestimmung der Leistung sein (vgl. Begründung zu § 54, BT-Drucks. 7/868 vom 27. 6. 73, S. 32; *Stöber* Rdn. 1341). Fällt der zu vollstreckende Anspruch in den Rahmen der Zweckbestimmung (zB. Bestattungskosten bei Sterbegeld, Pflegeleistungen bei Pflegegeld), oder ist die Leistung allgemein einkommensersetzend, ist von der Billigkeit der Pfändung auszugehen. Zu den einzelnen Billigkeitskriterien von Abs. 2 vgl. *Stöber* Rdn. 1338 ff. und KassKomm/*Seewald* Rdn. 25–33 zu § 54 SGB I.

3. Seit Neufassung der Vorschrift 1994 sind Ansprüche auf laufende Geldleistungen generell pfändbar wie Arbeitslohn. Zu beachten sind noch die Einschränkungen aus Abs. 3 und Abs. 5 von § 54. Vgl. im Einzelnen *Stöber* Rdn. 1361 ff. und KassKomm/*Seewald* Rdn. 34 ff. zu § 54 SGB I.

4. Pfändbare laufende Sozialleistungen sind vor allem:
- Arbeitslosengeld (§§ 117 ff. SGB III) dessen Pfändung auch nachher bewilligte Arbeitslosenhilfe umfasst, BSG BB 1988, 2180
- Arbeitslosenhilfe (§§ 190 ff. SGB III)
- Krankengeld (§§ 44 ff. SGB V
- Unfallrente und Unfallhinterbliebenenrente (§ 56 ff. SGB VII)
- Altersrente und Witwenrente (§ 35 ff. SGB VI)

- Ausgleichsrenten (§§ 30–35 BVG)
- Wohngeld nach dem WohngeldG (LG Hamburg, JurBüro 1997, 439)

Für die Pfändung von Kindergeld gelten Besonderheiten, jetzt geregelt in § 54 Abs. 5 SGB.

Unpfändbar sind Sozialhilfeansprüche, § 4 BSHG.

5. Zulässig ist auch die Vorpfändung, § 845 ZPO, Form. III. B. 7 (*Stöber* Rdn. 1414 ff.).

Die unpfändbaren Leistungsteile sind auch nach der Auszahlung an den Schuldner als Kontoguthaben und Bargeld gem. § 55 SGB I geschützt.

Kosten und Gebühren

Wie Form. III. B. 6.

Fristen und Rechtsmittel

Wie Form. III. B. 6.

11. Pfändungsantrag auf Steuererstattungsansprüche (§ 46 AO)

wie Form. III. B. 6, mit folgender Pfändungsformulierung:

a) Einkommenssteuererstattungsanspruch:

„Gepfändet wird die angebliche Forderung des Schuldners gegen

das Finanzamt A in X, Y-Straße[1]

auf Auszahlung des Erstattungsbetrages, der sich bei Abrechnung der Einkommenssteuer einschließlich Solidaritätszuschlag[2] **und der auf sie anzurechnenden Leistungen des Schuldners für die Jahre 1992 bis 2002**[3] **ergibt.“**

b) Anspruch aus dem Lohnsteuerjahresausgleich[4] **gegen Finanzamt:**

„Gepfändet wird die angebliche Forderung des Schuldners gegen

das Finanzamt A in X, Y-Straße,

auf Auszahlung des Erstattungsbetrages, der sich bei Durchführung des Lohnsteuerjahresausgleichs zugunsten des Schuldners für die Jahre 1980 bis 1995 ergibt.“

c) Lohnsteuererstattungsanspruch gegen Arbeitgeber:

„Gepfändet wird die angebliche Forderung des Schuldners gegen

seinen Arbeitgeber, Firma B in H, K-Straße[5]

auf Durchführung des Lohnsteuerjahresausgleichs und auf Auszahlung des Erstattungsbetrages, der sich danach zugunsten des Schuldners für das laufende Jahr und alle folgenden Kalenderjahre ergibt[6]**.“**

Anmerkungen

1. Pfändung ist zulässig nach § 46 Abs. 1 AO. Drittschuldner ist nach § 46 Abs. 7 AO die Finanzbehörde, die über den Erstattungsanspruch zu entscheiden hat. Es muss also das örtlich und sachlich zuständige Finanzamt ermittelt werden. Bei Großstädten mit

mehreren Finanzämtern ist eine Pfändung gegen das falsche Finanzamt innerhalb der Stadt unwirksam (*Forgach* BB 1976, 266; *Stöber* Rdn. 368). Notfalls Pfändung gegen mehrere Finanzämter zugleich.

2. Steuerart und Erstattungsgrund müssen bezeichnet werden. Leerformeln wie „Ansprüche auf Steuererstattung jeder Art“ sind unbestimmt und daher unwirksam (näher *Stöber* Rdn. 367 mwN.). Im Zweifel sollten alle in Betracht kommenden Steuerarten genannt werden.

Bei Firmenschuldnern kommen, gerade bei schlechter Geschäftslage, Erstattungsansprüche bei Körperschafts- oder Umsatzsteuer in Betracht. Meist stehen aber andere Steuerschulden dagegen, mit denen das Finanzamt aufrechnet.

3. § 46 Abs. 6 AO beschränkt die Pfändbarkeit auf entstandene Ansprüche. Bei Jahressteuern wie Einkommens- und Körperschaftssteuer entsteht die Steuer und damit auch ein etwaiger Rückerstattungsanspruch mit dem Jahresende (zB. § 36 Abs. 1 EStG. Zu anderen Steuern vgl. *Stöber* Rdn. 357 ff.), soweit nicht ausnahmsweise während des Jahres die Steuerpflicht endet. Ein vorher gestellter Pfändungsantrag ist also unzulässig. Er wird aber mit Jahresablauf zulässig, soweit er noch nicht zurückgewiesen ist (OLG Düsseldorf NJW 1978, 2603). Gemäß § 46 Abs. 6 AO ist ein vor dem Jahreswechsel erlassener Beschluss nichtig (näher *Stöber* Rdn. 370 ff. mwN.). Ob die Pfändung „für 2002 und die früheren Jahre“ ausreichend bestimmt ist, kann str. sein. Daher empfiehlt sich die Benennung eines bestimmten langen Zeitraums.

4. Ob Pfändung der Einkommenssteuererstattung hierauf zu erstrecken ist, kann str. sein (dagegen *Stöber* Rdn. 367). Daher sind im Zweifel beide Ansprüche zu pfänden.

5. Soweit der Arbeitgeber den Lohnsteuerjahresausgleich durchführt, § 42 b EStG, ist er Drittschuldner. Für ihn gilt die Pfändungsbeschränkung nach § 46 Abs. 6 AO nicht, so dass der Anspruch auch für die Zukunft pfändbar ist, § 832 ZPO, und zwar, da kein Arbeitseinkommen, in voller Höhe (LAG Hamm BB 1965, 669; *Stöber* Rdn. 380).

Ob die Lohnpfändung durch Auslegung auch diesen Anspruch umfasst, ist str. (dafür LAG Saarland Betr. 1976, 1870). Vorsorglich sollte man diesen Anspruch im Lohnpfändungsantrag gesondert mitpfänden.

6. Der Gläubiger kann nach neuerer Rechtsprechung (BFH) auch nach Pfändung nicht anstelle des Schuldners das Festsetzungsverfahren betreiben, etwa den Antrag auf Durchführung des Lohnsteuerjahresausgleichs stellen. Deshalb erübrigt sich auch die Herausgabe der Lohnsteuerkarte an den Gläubiger. Unterlässt der Schuldner zweckdienliche Anträge, die zu Steuererstattungen führen würden, kann das aber Vollstreckungsvereitelung gem. § 288 StGB sein.

Kosten und Gebühren

Wie Form. III. B. 6.

Fristen und Rechtsmittel

Wichtig ist, dass gem. Anm. 3 Bei Jahressteuern erst zu Beginn des Folgejahres gepfändet werden kann, also zum 1. Januar. Im Übrigen wie Form. III. B. 6.

12. Pfändungsantrag auf Kontoguthaben und sonstige Ansprüche gegen Banken pp.

......[1]

werden die angeblichen Ansprüche des Schuldners gegen

die A-Bank, Zweigstelle B (Anschrift)

(bei Postgirokonten: die Postbank AG, vertr. durch die Niederlassung A)

aus Kontoverbindung jeder Art, einschließlich von Festgeldkonten, insbesondere zur Kontonummer ......[2] gepfändet,

- bei Sparkonten einschließlich des Anspruchs auf Auskehrung aller gegenwärtigen und künftigen Guthaben, auf Rückzahlung der Einlage, Zahlung von Zinsen und auf Kündigung der Guthaben[3].

Zugleich wird angeordnet, dass der Schuldner die über die gepfändeten Konten ausgestellten Sparbücher/Sparurkunden[4] an den Gläubiger herauszugeben hat.[5, 6]

- bei Girokonten einschließlich des Anspruchs – bei Kontokorrent nach Saldoziehung[7] – auf alle gegenwärtigen und zukünftigen Guthaben, ggf. je nach Saldoziehung und einschließlich der sonstigen pfändbaren Ansprüche aus dem Girovertrag, insbesondere des Anspruchs auf Gutschrift künftiger Eingänge, auf fortlaufende Auszahlung des Guthabens[8], auf Durchführung von Überweisungen an Dritte und auf Kündigung des Vertrages.[9, 10, 11]

Gepfändet werden weiter die angeblichen Ansprüche des Schuldners gegen die Bank als Inhaber eines Stahlkammerfaches (Safe),
insbesondere zur Nummer ......, oder anderer Stahlkammerfächer, insbesondere die Ansprüche auf Zutritt zum Fach und auf Mitwirkung der Bank bei dessen Öffnung, einschließlich Öffnung durch die Bank allein, wobei der Gläubiger den Zutritt durch einen Gerichtsvollzieher zum Zwecke der Pfändung des Inhalts nehmen lassen kann.[12]

Gepfändet werden weiter die angeblichen Ansprüche auf Auszahlung oder Gutschrift gewährter Kredite einschließlich eingeräumter Dispositions- und Überziehungskredite, ggf. nach Abruf des Kredites durch den Schuldner.[13]

Gepfändet werden weiter die angeblichen Ansprüche aus Wertpapierdepotvertrag, insbesondere die Ansprüche auf Herausgabe verwahrter Wertpapiere sowie auf Zahlung, Gutschrift und Auskehrung von Wertpapiererträgen.

Gepfändet werden schließlich die angeblichen Ansprüche auf Herausgabe und Freigabe freigewordener und noch freiwerdender Sicherheiten, insbesondere hinterlegter Wertpapiere, Grundschuldbriefe, Goldbarren oder -stücke und sonstiger Kostbarkeiten, ggf. nach Zahlung der Restschuld unter Pfändung des Schuldnerrechtes zum Widerspruch gegen Drittzahlung, § 267 Abs. 2 BGB, einschließlich des Anspruches auf Auszahlung von Übererlösen nach Verwertung von Sicherheiten durch die Bank
speziell auch ......[14]

Die gepfändeten Ansprüche werden in Höhe des Pfandbetrages dem Gläubiger zur Einziehung überwiesen.[15]
...... (im Übrigen wie Form. III. B. 6)

Anmerkungen

1. Rubrum, Forderungsberechnung und Einleitung des Antrags wie Form. III. B. 6. Kontopfändung ist nach der Lohnpfändung die wichtigste Art der Forderungspfändung, insbesondere bei Firmenschuldnern.

2. Angabe von Kontonummer und kontoführender Zweigstelle ist für Wirksamkeit der Pfändung nicht erforderlich (hM. zB. OLG Köln NJW-RR 1999, 1224; *Stöber* Rdn. 332 mwN.), aber zur Klarheit und Beschleunigung dringend anzuraten. Die Pfändung auf Verdacht gegen eine Vielzahl von Banken soll rechtsmissbräuchlich sein (LG Hannover ZIP 1985, 60 s. Amn. *K. Schmidt* in EWiR 1985, 215). § 829 Abs. 1 S. 3 ZPO ermöglicht seit 1999 aber ausdrücklich die Pfändung gegen mehrere Drittschuldner in einem Beschluss. Auch bei Nennung einer konkreten Kontonummer ist die Pfändung mit dieser Formulierung nicht etwa auf das mit Nummer benannte Konto beschränkt, BGH NJW 1988, 2543.

3. Diese Nebenrechte sind im Zweifel auch ohne besondere Nennung mitgepfändet (vgl. Form. III. B. 6 Anm. 8).

4. Inhaber der Forderung muss nicht notwendig der im Buch benannte Berechtigte sein (*Canaris* NJW 1973, 825 ff.; *Stöber* Rdn. 339). Dies ist nicht im Pfändungsverfahren zu prüfen, sondern in den Verfahren nach § 841 ZPO oder § 771 ZPO.

5. Dieser Beschluss ist Titel für die Wegnahme nach § 836 Abs. 3 ZPO. Ist das Buch nicht auffindbar, muss Gläubiger ggf. das Aufgebotsverfahren nach § 808 Abs. 2 BGB mit §§ 1003, 1023 ZPO betreiben. Drittschuldner sollte vorher zahlen, um dem Schuldner die ihn gem. § 788 ZPO treffenden Kosten des Aufgebotsverfahrens zu ersparen.

6. Ist das Sparguthaben auf den Todesfall des Spares einem Dritten zugewendet, § 331 BGB, so hindert das zu Lebzeiten des Sparers die Pfändung durch seinen Gläubiger nicht. Dieser sollte aber das Bezugsrecht des Dritten sogleich widerrufen, da sonst bei Tod des Sparers der unbelastete Anfall beim Dritten eintritt (näher *Stöber* Rdn. 340).

7. Beim Kontokorrent muss der Saldo gepfändet werden, nicht die einzelne Gutschrift (dazu eingehend BGH RPfleger 1981, 290). Die Kontoauszüge erhält weiter der Schuldner, LG Itzehoe ZIP 1988, 1540. Den gepfändeten Saldo kann die Bank nur um bestehende, nicht um später von ihr erworbene Gegenansprüche kürzen, BGH NJW 1997, 2322.

8. Nach der Grundsatzentscheidung BGH NJW 1982, 2193 (bestätigt in BGH NJW 1997, 1857)dürfte unstreitig sein, dass dieser Anspruch auf den Tagessaldo und die künftigen Salden pfändbar ist (vgl. auch noch *Staub/Canaris* § 357 HGB Anm. 23 und 27; *Stöber* Rdn. 164 ff. mwN.).

9. Sonst könnte der Schuldner zwischen den Rechnungsabschlüssen über das Konto verfügen, also eingehende Beträge abheben. Obgleich als Nebenrechte wohl mitgepfändet (LG Hannover NJW 1974, 1095 mit Anm. *Schläger*), empfiehlt sich die ausdrückliche Nennung. Die verfehlte Auffassung, diese Nebenansprüche seien, weil höchstpersönlich, nicht pfändbar, hat sich nicht durchgesetzt, vgl. OLG Stuttgart RPfleger 1981, 445 und, oben erwähnt, BGH NJW 1982, 2193.

10. Ander- und Sonderkonten werden bei Pfändung gegen Treuhänder nur bei ausdrücklicher Nennung ergriffen. Treugeber muss dann mit Drittwiderspruchsklage vorgehen. Gläubiger des Treugebers können nicht das Anderkonto pfänden, sondern nur den Anspruch gegen den Treuhänder auf Rückgabe des Treugutes (näher *Stöber* Rdn. 400 ff.).

Andere Sonderfälle:

a) Bei einer Mehrheit von Schuldnern bzw. Kontoinhabern ergeben sich die Folgen aus §§ 420 ff. BGB. Beim „Oder-Konto" hat jeder Inhaber gem. § 428 BGB den vollen Anspruch. Er kann gepfändet werden, hindert aber nicht Verfügungen der anderen Inhaber. Beim „Und-Konto" kommt es darauf an, ob Gesamthands- oder Bruchteilsgemeinschaft vorliegt (Letzteres wohl selten). Im ersten Fall ist ein Titel gegen alle Kontoinhaber erforderlich. Im letzten kann der Bruchteil des Schuldners gepfändet werden und seine Ansprüche gegen die Gemeinschaft auf deren Aufhebung (vgl. unten Form. III. B. 26, näher vgl. *Stöber* Rdn. 341 und 342 und BGH NJW 1985, 1218; a. A. LG Nürnberg NJW 2002, 973).

b) Sind Gläubiger und Schuldner gemeinsam Kontoinhaber, kann beim „Oder-Konto" der Gläubiger ohne Titel über ein Guthaben verfügen. Beim „Und-Konto" kann er die Mitbefugnisse des Schuldners durch Kontopfändung nach diesem Muster pfänden, und dann die Ansprüche aus dem Kontoguthaben gegen die Bank geltend machen.

11. Die Postbank AG ist seit der Privatisierung vollstreckungsrechtlich ein Kreditinstitut wie andere auch. Ob es berechtigt ist, bei ihr die Nennung der kontoführenden Niederlassung zur Wirksamkeitsvoraussetzung einer Pfändung zu machen, (so *Stöber,* Rdn. 279) wie hier im Antragsrubrum vorgesehen, kann deshalb zweifelhaft sein. Zweckmäßig ist die Nennung, wenn man die Niederlassung kennt, fraglos.

Auch die Postbank-Girokonten werden jetzt als Kontokorrentkonten geführt.

12. Auf diese Weise können – Pfändung sonstiger Rechte gem. § 857 ZPO – die vom Schuldner in einem Stahlkammerfach (Schließfach, Safe) der Bank verwahrten Gegenstände gepfändet werden (vgl. dazu Form. III. B. 1 Anm. 8).

13. Ob diese Ansprüche pfändbar sind, ist sehr strittig. Dazu jetzt grundlegend BGH BB 2001, 1115 m. Anm. *Brandi-Dohm.* Danach ist pfändbar ein Dispositionskredit, sowie ein eingeräumter Kredit, wenn sie abgerufen werden. Für die Pfändbarkeit des Anspruches auf Auszahlung eingeräumten Kredites („Kreditlinie") LG Itzehoe NJW-RR 1987, 819 und *Grunsky* ZZP 1982, 264. Dagegen LG Essen NJW-RR 2002, 553 und *Stöber* Rdn. 115 ff. mwN.

Die praktische Bedeutung ist gering. Der Drittschuldner (Bank) wird die Pfändung zum Anlass nehmen, das Kreditversprechen gem. § 490 Abs. 1 BGB zu widerrufen.

14. Wenn irgendmöglich sollte man die Sicherheiten konkret benennen, da sonst die Pfändung möglicherweise wegen Unbestimmtheit der Anspruchsbezeichnung unwirksam ist (vgl. OLG Koblenz Rpfleger 1988, 72 und BGH NJW 1975, 980).

„Geübte" Schuldner übertragen ihr Konto auf eine nahe stehende Person – die nicht Titelschuldner ist – und lassen sich eine umfassende Kontovollmacht einräumen. Ob die Ansprüche und Rechte an einer solchen Vollmacht pfändbar sind, ist strittig (vgl. dazu *Vortmann* NJW 1991, 1038). Jedenfalls sollte der dann bestehende Herausgabeanspruch gem. § 667 BGB gegen die nahe stehende Person gepfändet werden.

17. Für die Auskehrung ist die Zwei-Wochen-Sperrfrist von § 835 Abs. 3 ZPO zu beachten (vgl. auch Form. III. B. 23).

Kosten und Gebühren

Wie Form. III. B. 6. Nach BGH ZIP 1999, 1090 dürfen die Banken nicht durch AGB von ihren Kunden Gebühren für die Bearbeitung von Kontopfändungen erheben.

Fristen und Rechtsmittel

Wie Form. III. B. 6.

13. Pfändungsantrag auf GmbH-Stammeinlage

......[1]

wird die angebliche Forderung der Schuldnerin[2] gegen

1. den Kaufmann A (Anschrift)
2. den Kaufmann B[3] (Anschrift)

aus dem Gesellschaftsvertrag vom ...... auf Zahlung der Stammeinlage gepfändet ......[4]

Begründung:

Die Forderung stammt, wie aus dem Titel ersichtlich, aus durchgeführter Warenlieferung an die Schuldnerin. Dieser ist damit voller Gegenwert zugeflossen. Daher ist die Inanspruchnahme des Stammkapitals zur Befriedigung der Forderung zulässig.

Schrifttum: Volmer, Die Pfändbarkeit der Stammeinlageforderung eines GmbH-Gesellschafters, GmbHR 1998, 579.

Anmerkungen

1. Rubrum, Forderungsberechnung und Einleitung des Antrags wie Form. III. B. 6.

2. Schuldnerin ist die GmbH, Drittschuldner sind die Gesellschafter, die ihren Gesellschaftsanteil nicht oder nicht voll gezahlt haben. Im Drittschuldnerstreit nach § 841 ZPO sind die Gesellschafter darlegungs- und beweispflichtig, dass, bzw. wann und wie sie ihre Einlage erbracht haben (OLG Köln NJW-RR 1996, 939). Hin- und Herzahlungen sind als Umgehung von Sacheinlagen gem. § 19 Abs. 5 GmbH-Gesetz keine wirksame Erfüllung. Für den außenstehenden Gläubiger ist das aber schwer beweisbar.

3. Die Einlagen sind gleichmäßig von den Gesellschaftern zu leisten, § 19 Abs. 1 GmbHG. Eine ältere Ansicht (RGZ 133, 81; *Baumbach/Hueck* GmbHG § 19 Anm. 2 B) fordert daher auch bei Pfändung gleichmäßig Heranziehung. Vorsorglich sind daher alle noch offenen Einlagenforderungen zu pfänden, obgleich nach neuerer Ansicht die Einwendung bei Pfändung nicht besteht (BGH NJW 1980, 2253; *Hachenburg/Ulmer* § 19 Anm. 17).

4. Weiter wie Form. III. B. 6, aber mit ergänzender Begründung. Der Anspruch ist zweckgebunden für die Beschaffung des Haftungskapitals. Dritten kann er nur zustehen, wenn sie vollwertige Gegenleistung ins Gesellschaftsvermögen erbracht haben oder die Gesellschaft nicht mehr werbend tätig ist (BGH BB 1992, 1515). Dies muss im Pfändungsantrag schlüssig vorgetragen werden (*Stöber* Rdn. 345).

5. Bei Forderungen gegen eine sonst vermögenslose sollte auch geprüft werden, ob dieser nicht Schadensersatzansprüche gegen ihre Geschäftsführer nach § 43 GmbH-Gesetz zustehen (dazu BGH BB 2000, 581).

Nach masseloser Insolvenz ist ggf. auch pfändbar der Schadensersatzanspruch aus § 64 Abs. 2 GmbH-Gesetz, vgl. die Fallgestaltung bei BGH NJW 2001, 304.

Kosten und Gebühren

Wie Form. III. B. 6.

Fristen und Rechtsmittel

Wie Form. III. B. 6.

14. Pfändungsantrag auf sonstige Geldforderungen

a) Bausparvertrag

......[1]

werden die angeblichen Ansprüche des Schuldners gegen

die Bausparkasse ...... (Anschrift)

aus Bausparvertrag, insbesondere zu Vertrags-Nr. ......, einschließlich der Ansprüche auf Auszahlung der Bausparsumme[2] nach Zuteilung, auf Auszahlung des Sparguthabens nach voller Einzahlung[3], auf Rückzahlung des Sparguthabens nach Kündigung und auf Kündigung[4] und Änderung, insbesondere Teilung, des Vertrages gepfändet. ......

b) Erbrechtliche Ansprüche

......[1]
wird die angebliche Forderung des Schuldners gegen

die A (Anschrift)[5]
auf Auszahlung eines Geldvermächtnisses gemäß dem Testament vom ...... aus dem Nachlass des am ...... in ...... verstorbenen B gepfändet ......[6].

c) Lebensversicherung

......[1]

werden die angeblichen Ansprüche des Schuldners gegen

die A-Versicherungs AG (Anschrift)[7]

aus Versicherungsvertrag, insbesondere Lebensversicherungsvertrag Nr. ......[8], einschließlich der Ansprüche auf Zahlung der Versicherungssumme und der Gewinnanteile, auf Auszahlung des bei Aufhebung oder Kündigung des Vertrages sich ergebenden Rückkaufswertes, auf Kündigung und Umwandlung der Versicherung[9] und auf Bestimmung, Widerruf oder Änderung der Bezugsberechtigung[10]
gepfändet und dem Gläubiger in Höhe des Pfändungsbetrages zur Einziehung überwiesen.
Es wird angeordnet, dass der Schuldner die Versicherungspolice und die letzte Prämienquittung an den Gläubiger herauszugeben hat[11].
Die Pfändung erfolgt auch wegen der noch nachzuweisenden Kosten für die Wegnahme von Versicherungspolice und letzter Prämienquittung in Höhe von ca. ...... Euro.
......

Anmerkungen

1. Im Übrigen (Rubrum etc.) wie Form. III. B. 6.

2. Die Bausparsumme nach Zuteilung besteht aus angespartem Eigenkapital und dem Darlehen. Letzteres ist als Baugeld zweckbestimmt und daher nur für Baugläubiger pfändbar (*Baumbach/Lauterbach/Albers/Hartmann* § 851 ZPO Rdn. 3–4).

3. Nimmt der Bausparer das Darlehen nicht in Anspruch, sondern zahlt voll ein, besteht ein normales Sparguthaben.

4. Vor Zuteilung oder für Nichtbaugläubiger muss das Sparguthaben durch Kündigung rückzahlbar gemacht werden, wobei ggf. Prämien verfallen (näher *Stöber* Rdn. 86 ff.).

5. Drittschuldner ist, wie auch beim Pflichtteilsanspruch (§ 2303 BGB), beim Zusatzpflichtteil (§ 2305 BGB) und beim Pflichtteilsergänzungsanspruch (§ 2325 BGB) der Erbe, außer im Fall des Untervermächtnisses. Da das Vermächtnis erst mit dem Erbfall pfändbar ist (§ 2176 BGB), ist der Todestag des Erblassers anzugeben. Angabe der letztwilligen Verfügung ist nützlich, aber für die Wirksamkeit der Pfändung nicht erforderlich.

6. Nach § 852 ZPO sind erst ab Anerkennung oder Rechtshängigkeit pfändbar
- der Pflichtteilsanspruch
- der Zugewinnausgleichsanspruch
- der Rückforderungsanspruch des verarmten Schenkers.

Ein vorher erlassener Pfändungsbeschluss wird geheilt (*Baumbach/Lauterbach/Albers/Hartmann* § 852 ZPO Rdn. 2). Anerkennung oder Rechtshängigkeit müssen im Pfändungsantrag dargelegt werden.

Zum Anteil an einer Erbengemeinschaft vgl. Form. III. B. 26.

Bei unbekannten Erben kann ein Nachlasspfleger bestellt werden, dem als Drittschuldner oder im anderen Fall auch als Schuldner zugestellt werden kann, vgl. AG Düsseldorf NJW-RR 1997, 922.

7. Drittschuldner ist die Versicherungsgesellschaft, zuzustellen ist an ihre Haupt- oder die zuständige Zweigniederlassung. Zustellung an Agenturen ist unwirksam.

8. Die Angabe der Vertrags-Nr. ist nicht erforderlich, aber zweckmäßig. Die Pfändung geht ins Leere, wenn der Schuldner den Anspruch zur Besicherung eines ihm gewährten Kredites abgetreten hat, zB. an den Versicherer, vgl. OLG Düsseldorf, NJW 1999, 1406.

9. Für zeitnahe Verwertung ist Ausübung dieser Gestaltungsrechte (§ 165 VVG) möglich, wenn die Prämien für 3 Jahre bezahlt sind (§ 173 VVG).

10. Ist ein Dritter widerruflich bezugsberechtigt, erwirbt er den Anspruch erst mit Eintritt des Versicherungsfalls. Vorher kann die Bezugsberechtigung auch durch den Pfändungsgläubiger widerrufen werden. Zur Klarstellung sollten diese Nebenrechte aber genannt werden (näher *Stöber* Rdn. 191 ff.). Im Erlebensfall stehen Versicherungssumme und Gewinnanteile ohnehin dem Versicherungsnehmer zu.

11. Sind die Unterlagen nicht auffindbar, muss notfalls gemäß §§ 4 VVG, 808 BGB, 1003 und 1023 ZPO das Aufgebotsverfahren durchgeführt werden, vgl. auch Form. III. B. 12 Anm. 5.

12. Denkbar sind pfändbare Geldforderungen aus zahlreichen weiteren Schuldverhältnissen, in denen der Schuldner jeweils Gläubiger ist. Sie müssen aber jeweils konkret und nicht nur pauschal bezeichnet werden.

81 Antragsmuster bei *Stöber,* S. 32 ff.; 193 Antragsmuster bei *Gross/Diepold/Hintzen,* Musteranträge für Pfändung und Überweisung, 6. Aufl. 1996.

Kosten und Gebühren

Wie Form. III. B. 6.

Fristen und Rechtsmittel

Wie Form. III. B. 6.

15. Antrag auf andere Verwertung (§ 844 ZPO)

An das
Amtsgericht
Vollstreckungsgericht[1]

Antrag nach § 844 ZPO[2]

in der Vollstreckungssache

X ./. Y.

Namens und in Vollmacht des Gläubigers[3] **beantrage ich zu beschließen:**

Der durch Pfändungsbeschluss dieses Gerichtes vom ...... Az. ...... für den Gläubiger gepfändete Gesellschaftsanteil des Schuldners von ...... EUR an der Z-GmbH ist durch von dem Gerichtsvollzieher A durchzuführende Versteigerung[4] **zu verwerten.**

Begründung:[5]

Nach dem als

Anlage 1

beigefügten Gesellschaftsvertrag der Z-GmbH ist die Vertragskündigung ausgeschlossen. Daher ist Verwertung durch Versteigerung geboten.

Rechtsanwalt

Anmerkungen

1. Zuständigkeit nach §§ 844, 828 Abs. 2 ZPO. Es entscheidet der Rechtspfleger.

2. Bedeutsamer als bei Geldforderungen ist die entsprechende Anwendung, § 857 Abs. 1 ZPO, von § 844 ZPO bei Vollstreckung in andere Vermögensrechte. Stets muss dargelegt werden, dass die Einziehung „mit Schwierigkeiten verbunden" ist (zu Einzelheiten *Stöber* Rdn. 1466ff.).

3. Den Antrag kann auch der Schuldner stellen.

4. Außerdem kommen in Betracht (*Stöber* Rdn. 1472ff.):
- freihändiger Verkauf durch eine andere Versteigerungsperson
- Überweisung an Zahlungs Statt zu einem Betrag unter Nennwert (sonst § 835 Abs. 1 2. Alt. ZPO);
- Ausübung des Rechts durch einen anderen, zB. Verwaltung, Verpachtung, Lizenzerteilung, insbesondere bei nur zur Ausübung pfändbaren Rechten, etwa Urheberrechten, § 857 Abs. 3 u. Abs. 4 ZPO.

5. Dieser Antrag sollte nicht mit dem Pfändungsantrag verbunden, sondern nachgeschoben werden. Denn nach § 844 Abs. 2 ZPO ist der Schuldner entgegen § 834 ZPO zu hören. Dadurch entfiele die Überraschung und die Pfändung würde verzögert (drohender Rangverlust).

Kosten und Gebühren

a) Gericht: keine Gebühr.

b) Anwalt: neben der 3/10 Gebühr für die Pfändung keine besondere Gebühr für diesen Antrag, §§ 57, 58 Abs. 1 BRAGO.

c) In Ostdeutschland 90% der gesetzlichen Gebühren.

Fristen und Rechtsmittel

Da nach Anhörung entschieden wird, sofortige Beschwerde, wie Form. III. A. 13.

16. Klage nach § 856 ZPO auf Hinterlegung durch Drittschuldner

An das
Amtsgericht ......

Klage

und Streitverkündung

des ......

– Klägers –

gegen

den ......

– Beklagten –

wegen Hinterlegung gem. § 853 ZPO[1].
Gegenstandswert: ......[2]

Streitverkündeter: Der Schuldner A (ladungsfähige Anschrift)[3]

Namens und in Vollmacht des Klägers erhebe ich Klage und beantrage, den Beklagten zu verurteilen

1. den pfändbaren Teil der Bezüge seines Angestellten A für die Monate ...... bis ...... und für die folgenden Monate bis zur Abdeckung der vorletzten beim Beklagten vorliegenden Lohnpfändung[4] für den Lohn des A bei der Hinterlegungsstelle des AG ...... zu hinterlegen
2. diese Hinterlegung mit Nennung der Mehrfachpfändung und unter Aushändigung der dem Beklagten zugestellten Pfändungsbeschlüsse für den Lohn des A dem Amtsgericht anzuzeigen, dessen Lohnpfändungsbeschluss ihm zuerst zugestellt wurde[5].

Für den Kläger verkünde ich dem A

den Streit

und fordere ihn auf, dem Rechtsstreit aufseiten des Klägers beizutreten.

Die Streitverkündung erfolgt gem. §§ 856, 841 ZPO. Die Lage des Rechtsstreits ergibt sich aus der vorliegenden Klagschrift[6].

Ich bitte dem Streitverkündeten ein Exemplar der Klagschrift zuzustellen und füge dafür zusätzliches beglaubigtes Exemplar bei.

Begründung:

I.

Dem Kläger steht gegen den Streitverkündeten aus dem Vollstreckungsbescheid des Amtsgerichts ...... vom ...... Az. ...... eine Forderung in Höhe von ......EUR zzgl. ......% Zinsen seit dem ...... zu. Außerdem sind ...... EUR an festgesetzten Kosten entstanden, die seit dem ...... mit 5% über dem Basiszinssatz zu verzinsen sind, außerdem weitere ...... EUR an bisherigen Vollstreckungskosten.

Beweis: Vorlage von Titel und Vollstreckungsunterlagen.

II.

Der Streitverkündete ist Arbeitnehmer des Beklagten. Sein Lohnanspruch gegen den Beklagten ist vom Kläger durch Pfändungs- und Überweisungsbeschluss[7] des AG ...... vom ...... gepfändet worden. Der Beschluss ist dem Beklagten am ...... zugestellt worden.

Beweis: Vorlage des Pfändungsbeschlusses mit Zustellungsbescheinigung.

Der Beklagte hat bei Zustellung nur angegeben, dass „Vorpfändungen vorlägen"[8]. Nachdem er auch auf Aufforderung keine nähere Auskunft gab, hat der Kläger ihn mit gem. § 132 BGB zugestelltem Brief[9] unter Fristsetzung aufgefordert, die pfändbaren Lohnteile gem. § 853 ZPO zu hinterlegen.

Beweis: anliegender Brief mit Zustellungsurkunde.

Nachdem der Beklagte gleichwohl nicht hinterlegt hat, ist Klage geboten[10].

III.

Aufgrund der bisherigen Weigerung des Beklagten besteht die Besorgnis, dass er auch künftig die pfändbaren Beträge nicht gem. § 853 ZPO hinterlegen würde. Daher rechtfertigt sich der auch auf künftige Hinterlegung gerichtete Klaganspruch, § 259 ZPO.

Rechtsanwalt

Anmerkungen

1. Eingeklagt wird ein eigener gesetzlicher Anspruch des Klägers (Gläubiger) gegen den Beklagten (Drittschuldner), also nicht etwa der gepfändete Anspruch des Schuldners gegen den Drittschuldner, der im Beispielsfall ein arbeitsrechtlicher Anspruch wäre. Für den Anspruch aus § 853 ZPO sind die Zivilgerichte zuständig.

2. Der Streitwert bemisst sich nach dem Interesse des Klägers, hier also nach dem Wert seiner titulierten Forderung, höchstens aber dem Wert des vom Beklagten zu hinterlegenden Betrages, hier wohl entsprechend § 17 Abs. 3 GKG des 3-Jahres-Betrages der pfändbaren Bezüge.

3. Diese Streitverkündung ist entsprechend § 841 ZPO erforderlich (hM., zB. *Musielak/Becker* Rdn. 2. zu § 856 ZPO).

4. Der Anspruch setzt nach § 853 ZPO voraus, dass **mehrere** Pfandgläubiger vorhanden sind.

5. Die Antragsformel ergibt sich aus den Verpflichtungen, die § 853 ZPO dem Drittschuldner auferlegt. Wenn Drittschuldner etwa alle Pfändungen unbeachtet lässt und die Pfändungsränge klar sind, kann ein nachrangiger Gläubiger zur Vereinfachung auch auf Zahlung an den Bestberechtigten klagen, LAG Berlin, BB 1991, 144.

6. Diese Angaben fordert § 73 ZPO für eine Streitverkündung.

7. Der Anspruch aus § 853 ff. ZPO steht nur dem Überweisungsgläubiger, nicht dem bloß pfändenden Gläubiger (zB. Arrestgläubiger) zu, der aber Streitgenosse sein kann, § 856 Abs. 2 ZPO.

8. Das Hinterlegungsverlangen nach § 853 ZPO kann – bei mehr als einer Pfändung – auch gestellt werden, wenn vollständig und umfassend Auskunft erteilt ist. Es ist nicht, wie bei § 827 Abs. 2. ZPO, Streit um die Rangfolge erforderlich. Dem Drittschuldner, der das Recht zur Hinterlegung hat, soll das Risiko der Rangbestimmung abgenommen werden, dem Gläubiger soll Klärung der Rangfolge, ggf. ihrer Abänderung ermöglicht werden (dazu Form. III. B. 30 und 31).

9. Das ist zumindest bei unklarem Drittschuldnerverhalten zum Nachweis des Zugangs zu empfehlen.

10. Dem Beklagten soll (zB. *Baumbach/Lauterbach/Albers/Hartmann* Rdn. 5 zu § 856) der Einwand offen stehen, dass er inzwischen – nach der Hinterlegungsaufforderung – an den Bestberechtigten gezahlt habe. Beweist er das, dürfte für die Klage das Rechtsschutzbedürfnis fehlen. Der Kläger kann dann klagändernd Feststellung beantragen, dass der Beklagte Schadensersatz wegen Nichterfüllung seiner Hinterlegungsverpflichtung schuldet. Dann trägt der Beklagte die Kosten (für die entsprechende Lage bei Drittschuldnerklage *Baumbach/Lauterbach/Albers/Hartmann* § 840 Rdn. 17 mwN.; *Zöller/Stöber* Rdn. 14 zu § 840, jetzt vor allem BGHZ 79, 275 ff.).

Kosten und Gebühren

a) Gericht: Gebühren des Erkenntnisverfahrens, KV zum GKG Nr. 1201 ff.
b) Anwalt: Gebühren des Erkenntnisverfahrens, §§ 31 ff. BRAGO.
c) In Ostdeutschland 90% der gesetzlichen Gebühren.

Fristen und Rechtsmittel

Wie im normalen Erkenntnisverfahren, vgl. Form. I. O. 1.

Insbesondere: Vollstreckung in laufende Bezüge

17. Pfändungsantrag bei Arbeitseinkommen (§§ 850 ff. ZPO)

......
......
wird die angebliche Forderung des Schuldners gegen seinen Arbeitgeber

Fa. A (Anschrift)

auf das gesamte pfändbare Arbeitseinkommen (§ 850 ZPO)[2] einschließlich des Wertes von Sachbezügen[3] gepfändet[4] und dem Gläubiger bis zur Abdeckung seiner Forderung zur Einziehung überwiesen.

A. Für die Berechnung des pfändbaren Arbeitseinkommens gilt folgendes[5]: (folgt der Wortlaut von § 850 e Nr. 1 u. 3 und § 850 a ZPO).

B. Dieses Arbeitseinkommen ist unpfändbar, wenn es ...... (folgt der Wortlaut von § 850 c Abs. 1 bis Abs. 3 S. 1 ZPO).

Im Übrigen wird für die Berechnung des pfändbaren Betrages auf die Tabelle zu § 850 c Abs. 3 ZPO Bezug genommen.[6]
Dem Drittschuldner (Arbeitgeber) wird verboten, an den Schuldner zu zahlen, soweit gepfändet ist.
......[7]

Anmerkungen

1. Rubrum, Forderungsberechnung und Einleitung des Antrags wie Form. III. B. 6. Die Pfändung von Arbeitseinkommen erfolgt grundsätzlich wie die anderer Geldforderungen, § 829 ZPO. Besonderheiten ergeben sich aus den sozialstaatlich begründeten Pfändungsfreigrenzen und aus der regelmäßig erfolgenden Pfändung künftig fälliger Forderungsteile.

2. § 850 Abs. 2 u. Abs. 4 ZPO erfassen unter dem Begriff „Arbeitseinkommen" alle in Betracht kommenden Bezüge in weitestem Umfang, auch zB. Ansprüche auf Kündigungsschutzabfindung oder auf Urlaubsgeld und Urlaubsabgeltung (so nunmehr BAG ZIP 2001, 2100), so dass besondere Klarstellung kaum erforderlich ist.

3. Sie sind auf den unpfändbaren Einkommensteil anzurechnen, § 850e Nr. 3 ZPO.

4. Gemäß § 832 ZPO erfasst dies auch die künftig fällig werdenden Lohnansprüche, anders zB. bei Mietforderungen.

Zu den Folgen der Abtretung und der unwirksamen Abtretung der Lohnforderung BAG NJW 1993, 2701.

Nach § 833 Abs. 2 ZPO wirkt eine Lohnpfändung auch nach einer Unterbrechung des Arbeitsverhältnisses bis zu 9 Monaten fort.

Beim Betriebsübergang gem. § 613a BGB bleiben auch gegenüber dem neuen Arbeitgeber Pfandverstrickung und Rangfolge der Lohnpfändungen erhalten, LAG Hessen, NZA 2000, 615.

5. Da meist die Familienverhältnisse des Schuldners unbekannt sind und er nicht gehört wird, § 834 ZPO, erfolgt die Pfändung als Blankettbeschluss ohne Bezifferung des pfandfreien Betrages mit Bezugnahme auf die gesetzliche Pfändungstabelle, § 850c Abs. 3 S. 2 ZPO (KG RPfleger 1978, 335; *Stöber* Rdn. 1054 mwN.). Die zusätzliche Nennung der einschlägigen Vorschriften stellt jedoch klar.

6. Die Pfändungsfreibeträge werden gemäß § 850c Abs. 2a ZPO künftig **jährlich** zum 1. Januar angepasst, was die Bearbeitung von Lohnpfändungen beim Arbeitgeber zusätzlich erschwert.

7. Weitere Ausführungen wie Form. III. B. 6. Näher zur Lohnpfändung vgl. *Stöber* Rdn. 871 ff.; für Lohnpfändung und Lohnpfändung wegen Unterhaltsansprüchen, § 850d ZPO, sind die handelsüblichen Vordrucke zu empfehlen.

Werden zeitlich vorrangige Pfändungen oder Lohnabtretungen vorgelegt, sollte der Gläubiger sie kritisch auf formelle und materielle Mängel prüfen. Wird bei einer Lohnabtretung zB. die Auszahlung des abgetretenen Betrages an den Schuldner gestattet, ist die Abtretung gegenüber dem später pfändenden Gläubiger unwirksam, BAG ZIP 1980, 287, ebenso bei unklaren Abtretungskonditionen, LG Münster ZIP 1991, 1282.

Bei vorrangiger Abtretung muss der Gläubiger bei erfolgreicher Anfechtung nach der sehr formalistischen Entscheidung BAG ZIP 1993, 940 nochmals pfänden. Werden unplausibel niedrige Löhne behauptet, sollte geprüft werden ob verschleiertes Arbeitseinkommen gem. § 850h ZPO vorliegt. Zur Pfändungsrangfolge dann BGH ZIP 1990, 1626.

Kosten und Gebühren

Wie Form. III. B. 6. Der Arbeitgeber als Drittschuldner muss den manchmal erheblichen Aufwand zur Bearbeitung etwa mehrerer Lohnpfändungen selbst tragen. Er kann durch arbeitsvertragliche Regelung die Kosten dem Arbeitnehmer auferlegen. Ob dies auch durch AGB-Arbeitsvertrag noch möglich ist, dürfte nach der grundsätzlichen Geltung des AGB-Rechtes auch für das Arbeitsrecht (§ 310 Abs. 4 S. 2 BGB) zweifelhaft sein (dazu *Hannewald,* NZA 2001, 19 unter Hinweis auf BGH NJW 1999, 2276 und 2000, 651).

Fristen und Rechtsmittel

Wie Form. III. B. 6.

18. Pfändungsantrag auf bedingt pfändbare Bezüge (§ 850b ZPO, Taschengeldanspruch)[1]

......[2]

wird die angebliche Forderung der Schuldnerin gegen

ihren Ehemann A (Anschrift)

auf Zahlung des pfändbaren Barunterhalts (Taschengeld)[3] einschließlich der künftig fällig werdenden Beträge[4] unter Bezug auf die Tabelle nach § 850c ZPO in Höhe von ...... EUR gepfändet ......[5]

Begründung:

Wie das beigefügte Vollstreckungsprotokoll des GerVollz. B vom ...... DR-Nr. ...... ergibt, ist die Schuldnerin unpfändbar und Hausfrau ohne eigenes Arbeitseinkommen. Sonstige pfändbare Forderungen der Schuldnerin sind dem Gläubiger nicht bekannt[6].
Die Schuldnerin entzieht sich seit ...... der Vollstreckung ...... (näher auszuführen). Wenn sie jetzt ihr Einkommen im vom Ehemann zu zahlenden Unterhalt findet, ist dies Einkommen jedenfalls für Mietgläubiger als pfändbar anzusehen[7].
Der Ehemann der Schuldnerin hat ein Nettoeinkommen von (mindestens) 2.500,– EUR. Da Kinder nicht vorhanden sind, hat die Schuldnerin nach der Düsseldorfer Tabelle einen Unterhaltsanspruch von 1.071,– EUR ($^3/_7$ von 2.500,– EUR), wovon nach § 850c ZPO 98,– EUR pfändbar sind. Das in bar zu leistende Taschengeld beläuft sich auf 5–7% des Familieneinkommens[8], also auf mindestens 125,– EUR, sodass der Betrag von 98,– EUR pfändbar ist[9] (zum Rechengang vgl. BGH NJW 1998, 1553)[10].

Rechtsanwalt

Anmerkungen

1. § 850b ZPO gilt für einkommensersetzende privatrechtliche Ansprüche (bei öffentlich-rechtlichen Ansprüchen § 54 SGB, Form. III. B. 10), die unter besonderen Voraussetzungen, § 850b Abs. 2 ZPO, pfändbar sind, dann wie Arbeitseinkommen (näher *Stöber* Rdn. 1005 ff.).

2. Rubrum, Forderungsberechnung und Einleitung des Antrags wie Form. III. B. 6.

3. Ob dieser Anspruch – auch der des „Hausmannes“ gegen die verdienende Ehefrau (BGH NJW 1998, 1553) – überhaupt besteht und gemäß § 850b Abs. 1 Nr. 2 ZPO pfändbar ist, ist weiterhin heftig umstritten (dafür ua. BVerfG FamRZ 1986, 773; KG NJW 2000, 149 mwN.; *Palandt/Diederichsen* § 1360a Rdn. 4; *Baumbach/Lauterbach/Albers/Hartmann* § 850b Rdn. 4 mwN.; dagegen ua. AG Rendsburg NJW 2000, 3653; *Zöller* Rdn. 1015 ff.; *Braun* NJW 2000, 97 und MüKo-ZPO/*Smid* Rdn. 7 zu § 850b),

Ohne diese Pfändungsmöglichkeit wären alle nicht berufstätigen Ehepartner ohne eigenes Vermögen – ein erheblicher Teil der Gesamtbevölkerung – gegen Zwangsvollstreckung immun. Und der Höhe nach kommt sie ohnehin nur bei Nettoeinkommen des anderen Ehegatten oberhalb von ca. 2.200,– EUR zum Zuge – in monatlichen Kleinbeträgen.

Zuvor sollte der Gläubiger stets prüfen, ob seine Forderung aus einem Geschäft zur angemessenen Deckung des Familienbedarfs stammt. Dann haftet gem. § 1357 BGB („Schlüsselgewalt") der andere Ehepartner direkt.

4. Nur Klarstellung, da § 832 ZPO entsprechend anwendbar.

5. Weitere Ausführungen wie Form. III. B. 6, aber mit Begründung.

6. Nach § 850b Abs. 2 ZPO muss die erfolglose Vollstreckung in das bewegliche Vermögen dargetan werden. Offenbarungsversicherung nicht erforderlich (*Zöller/Stöber* Rdn. 15 zu § 850b).

7. Dass dies bei einkommensersetzenden Bezügen gewollt ist, zeigt § 54 SGB, vgl. Anm. 4 zu Form. III. B. 10. Der Gläubiger muss zur Billigkeit der Pfändung vortragen, ua. zur Art seines Anspruchs.

8. Vgl. auch *Palandt/Diederichsen* Rdn. 4 zu § 1360a BGB mwN.; jetzt auch OLG Köln NJW 1993, 3335.

9. Zur Berechnung vgl. OLG Celle NJW 1991, 1960. Die Berechnung zeigt, dass es entgegen der die Pfändung ablehnenden Meinung, objektive Maßstäbe zur Bemessung des Anspruches gibt. Andere Berechnungsart bei *Stöber* Rdn. 1031c und d.

10. Zum Umfang der Darlegungslast vgl. OLG Hamm Rpfleger 1979, 272. Als Ausnahme zu § 834 ZPO sind Schuldner und Drittschuldner zu hören, § 850b Abs. 3 ZPO.

Kosten und Gebühren

Wie Form. III. B. 6.

Fristen und Rechtsmittel

Wie Form. III. B. 6.

19. Antrag auf Nichtberücksichtigung von Unterhaltsberechtigten (§ 850c Abs. 4 ZPO)

An das
Amtsgericht
Vollstreckungsgericht

Antrag gemäß § 850c Abs. 4 ZPO[1]

in der Vollstreckungssache

X ./. Y.

Namens und in Vollmacht des Gläubigers beantrage ich zu beschließen:

Der Pfändungsbeschluss des Gerichtes in dieser Sache vom ...... Az. ...... wird dahin ergänzt, dass ab dem ......[2]

1. die Ehefrau Z des Schuldners bei der Berechnung des unpfändbaren Teils des Arbeitseinkommens unberücksichtigt bleibt,

2. der Sohn A des Schuldners nur teilweise berücksichtigt wird, nämlich in der Weise, dass A bei der Berechnung des unpfändbaren Einkommenteils nach § 850c Abs. 1 S. 2 ZPO als erste Person nur mit 175,– EUR und bei der Berechnung nach § 850c Abs. 2 ZPO als erste Person nur mit $1/10$ des den nach § 850c Abs. 1 ZPO unpfändbaren Betrag überschießenden Einkommens anzusetzen ist[3].

Begründung:

Der Schuldner macht Lohnpfändungsschutz für seine Ehefrau und seinen Sohn geltend. Die Ehefrau verdient als Raumpflegerin 500,– EUR netto monatlich,

Beweis: Zeugnis des Arbeitgebers M.

Da dieser Betrag einen angemessenen Unterhalt der Ehefrau deckt, ist ihre zusätzliche Berücksichtigung im Pfändungsschutz ihres Mannes unbillig und daher aufzuheben. Der Sohn ist Auszubildender und erhält 350,– EUR Ausbildungsbeihilfe.

Beweis: Zeugnis des Ausbilders N

Der Betrag mag zum Unterhalt allein nicht ausreichen, trägt aber erheblich dazu bei. Daher entspricht es der Billigkeit, A nur noch teilweise, nämlich zur Hälfte im Pfändungsschutz seines Vaters zu berücksichtigen[4].

Rechtsanwalt

Anmerkungen

1. Auch ohne Antrag bleiben Angehörige unberücksichtigt, die sich selbst unterhalten können, § 1602 Abs. 1 BGB, und solche, denen der Schuldner trotz Verpflichtung keinen Unterhalt zahlt (*Stöber* Rdn. 1061). Nur bei geringerem Verdienst, der den Unterhaltsanspruch mindert, aber nicht beseitigt, greift § 850c Abs. 4 ZPO ein.

2. Der Antrag kann, wenn die Verhältnisse ausreichend bekannt sind, mit dem Pfändungsantrag verbunden werden. Aber auch spätere Abänderung ist zulässig, ebenso weitere Abänderung nach § 850g ZPO.

3. Bei teilweiser Berücksichtigung ist Bezugnahme auf die Tabelle für diese Person unzulässig, § 850c Abs. 4 2. Halbs. ZPO, da die Tabelle teilweise Berücksichtigung nicht vorsieht. Es ist also in Abänderung der Regelung in § 850c Abs. 1 u. 2 ZPO ziffern- bzw. anteilsmäßig anzugeben, wie die Person zu berücksichtigen ist (*Stöber* Rdn. 1062ff.).

4. Die Darlegungslast liegt beim Gläubiger (*Stöber* Rdn. 1065). Er kann die Informationen nach § 836 Abs. 3 ZPO beschaffen (wenig praktikabel), aus dem Vermögensverzeichnis des Schuldners, durch Detektivermittlung oder Zufallsinformation (dazu eingehend *Hintzen,* Nichtberücksichtigung eines Unterhaltsberechtigten, NJW 1995, 1861).

Kosten und Gebühren

a) Gericht: keine besondere Gebühr neben der Pfändungsgebühr nach KV zum GKG, Nr. 1149.

b) Anwalt: keine besondere Gebühr neben der $3/10$ Pfändungsgebühr, §§ 57, 58 Abs. 1 BRAGO.

c) In Ostdeutschland 90% der gesetzlichen Gebühren.

Fristen und Rechtsmittel

Da bei diesem vom Pfändungsantrag gesonderten Antrag der Schuldner gehört wird, ist Rechtsbehelf die sofortige Beschwerde, wie in Form. III. A. 13.

20. Pfändungsantrag bei Forderung aus unerlaubter Handlung (§ 850f Abs. 2 ZPO)

......[1]

Für die Berechnung des pfändbaren Arbeitseinkommens gilt folgendes:

(folgt Wortlaut von § 850e Nr. 1 und 3 ZPO und § 850a ZPO)[2].

Die Pfändung erfolgt wegen einer Forderung aus vorsätzlicher unerlaubter Handlung, § 850f Abs. 2 ZPO.

Vom Arbeitseinkommen ist daher unpfändbar ein Betrag von 700,– EUR monatlich für den notwendigen Unterhalt des Schuldners[3].
Dieser Betrag erhöht sich um die gemäß § 850c Abs. 1 S. 2 ZPO anzusetzenden Beträge für Personen, denen der Schuldner Unterhalt gewährt.[4]

Übersteigt das Arbeitseinkommen den Betrag, bis zu dessen Höhe ...... (Folgt der Wortlaut von § 850c Abs. 2 S. 2 u. Abs. 3 S. 1 ZPO).
......[5]

Begründung:

Nach dem Titel stammt die Forderung des Gläubigers aus einer vorsätzlich begangenen unerlaubten Handlung des Schuldners, nämlich aus ......[6]. Zur Erfüllung seiner Unterhaltspflichten gegen seine nicht berufstätige Ehefrau und 2 Kinder sind ihm die dafür nach § 850c ZPO zustehenden Beträge als Maximalbeträge belassen[7].

Rechtsanwalt

Anmerkungen

1. Rubrum, Forderungsberechnung und Pfändungsformel wie Form. III. B. 17.

2. Forderungen wegen – vorsätzlicher – unerlaubter Handlung sind durch Wegfall der Pfändungsgrenzen von § 850c ZPO privilegiert. Für die Berechnung des pfändbaren Einkommens gilt aber nichts besonderes. Str. ist, ob die Privilegierung auch Prozesskosten, Vollstreckungskosten und Zinsen zukommt (dagegen für Prozesskosten LG München I RPfleger 1965, 278; *Zöller/Stöber* Rdn. 5 zu § 850f; *Schneider* EWiR 1990, 309; anders LG Dortmund Rpfleger 1989, 75 und für Vollstreckungskosten *Stöber* Rdn. 1191.). Sie sind also ggf. vom Antrag auszunehmen. Der Antrag für die privilegierte Forderung kann auch nach einer zunächst für die Gesamtforderung erfolgten „normalen" Lohnpfändung gestellt werden.

Bei teleologischer Auslegung ist nicht einsichtig, dass nur die Hauptforderung privilegiert ist, nicht aber die Nebenforderungen, die dadurch entstehen, dass der Schuldner die Hauptforderung rechtswidrig nicht befriedigt.

3. Untergrenze für notwendigen Unterhalt ist der je nach Wohnort unterschiedliche Sozialhilfesatz (*Stöber* Rdn. 1093ff.; zur Berechnung *Berner* RPfleger 1958, 307). Sonderbedarf (zB. Krankheit) muss Schuldner durch Erinnerung geltend machen (*Zöller/Stöber* Rdn. 8 zu § 850f).

4. Wenn, wie meist, die Familienverhältnisse des Schuldners nicht bekannt sind, empfiehlt sich ein solcher Blankettbeschluss, vgl. Form. III. B. 18 Anm. 5.

Die Unterhaltsberechtigten sind vor dem Gläubiger zu berücksichtigen, aber höchstens mit den nach § 850c ZPO für sie zu berücksichtigenden Beträgen (LG Berlin Büro 1974, 375; *Stöber* S. 434). Da Unterhaltsansprüche, etwa nach der Düsseldorfer Tabelle, auch bei niedrigem Einkommen meist die Sätze nach § 850c ZPO erreichen, können zur Vereinfachung durchgängig diese Ansätze berücksichtigt werden. Sind die Familienverhältnisse bekannt, kann statt des Blankettbeschlusses die Pfändung des gesamten pfändbaren Einkommens abzüglich eines in Anlehnung an die Sozialhilfesätze zu wählenden festen Freibetrages für den Schuldner und seine Unterhaltsgläubiger beantragt werden (OLG Karlsruhe MDR 1971, 401). Dabei ist sonstiges Familieneinkommen, zB. Kindergeld, vom Freibetrag abzusetzen (LG Berlin Büro 1974, 375).

5. Weitere Ausführungen wie Form. III. B. 6, aber mit ergänzender Begründung.

6. Ggf. sind Tatumstände zu schildern, die für das Maß des Pfändungseingriffs bedeutsam sein können (*Baumbach/Lauterbach/Albers/Hartmann* § 850f Rdn. 9). Str. ist, ob Herkunft der Forderung aus vorsätzlicher unerlaubter Handlung vom Vollstreckungsgericht festgestellt werden kann (so *Stöber* Rdn. 1193 mwN.; LG Düsseldorf RR 1987, 758; näher *Büchmann* NJW 1987, 172). Insbesondere bei Titulierung durch Mahnbescheid sollte man also durch die Forderungsbezeichnung deutlich machen, dass die Forderung aus vorsätzlicher unerlaubter Handlung stammt. Sonst ist ggf. später Feststellungsklage darauf erforderlich, vgl. BGH NJW 1990, 834 mit Anm. *Link*.

7. Noch weitergehend wird der Schuldner bei Vollstreckung von Unterhaltsforderungen beschränkt (§ 850d ZPO).

Kosten und Gebühren

Wie Form. III. B. 6.

Fristen und Rechtsmittel

Da Schuldner vor Pfändung gem. § 834 ZPO nicht gehört wird (hM. *Zöller/Stöber* Rdn. 16 zu § 850f.; LG Frankenthal RPfleger 1982, 231), vgl. Form. III.B. 6.

21. Schuldnerantrag auf Erhöhung des Pfandfreibetrages (§ 850f Abs. 1 ZPO)

An das
Amtsgericht
Vollstreckungsgericht[1]

Antrag nach § 850f Abs. 1 ZPO

in der Vollstreckungssache

X ./. Y.

Namens und in Vollmacht des Schuldners beantrage ich zu beschließen:

In Abänderung des Pfändungsbeschlusses dieses Gerichtes vom ...... Az. ...... wird gemäß § 850f Abs. 1 ZPO dem Schuldner abweichend von § 850c Abs. 1 ZPO ein Betrag von 1.100,– EUR statt 939,99 EUR als unpfändbar belassen.

Begründung:

Gemäß beigefügtem Attest des behandelnden Arztes ist der Schuldner erkrankt und benötigt besondere Diätkost, für die monatlich Mehrkosten von ca. 160,– EUR entstehen[2]. Daher muss der Pfändungsfreibetrag entsprechend heraufgesetzt werden[3].

Rechtsanwalt

Anmerkungen

1. Da der Antrag keine Erinnerung ist, sondern Abänderung bezweckt (LG Berlin RPfleger 1977, 224), entscheidet der Rechtspfleger. Der Beschluss ist Gläubiger, Schuldner und Drittschuldner von Amts wegen zuzustellen (*Stöber* Rdn. 1187).

2. Der Gläubiger, der zu hören ist, kann zB. Kostentragung durch die Krankenkasse einwenden oder dass – bei hohem Schuldnereinkommen – die Belastung aus dem pfandfreien Betrag zu tragen ist.

3. Weitere Fälle zB.:
- Sozialhilfesatz liegt ausnahmsweise über dem Pfändungsfreibetrag, jetzt ausdrücklich geregelt in § 850f Abs. 1 S. 1a) ZPO
- es sind mehr als die 5 in § 850c ZPO berücksichtigten Unterhaltsberechtigten vorhanden.

Kosten und Gebühren

a) Gericht: keine Gebühr.

b) Schuldneranwalt: 3/10 Gebühr nach § 57 BRAGO.

c) Gläubigeranwalt: keine besondere Gebühr neben der 3/10 Pfändungsgebühr nach §§ 57, 58 Abs. 1 BRAGO, auch nicht für die Gläubigeranträge nach § 850f. Abs. 2 und Abs. 3 ZPO (*Zöller/Stöber* Rdn. 21 zu § 850f ZPO).

d) In Ostdeutschland 90% der gesetzlichen Gebühren.

Fristen und Rechtsmittel

Da nach Anhörung entschieden wird, sofortige Beschwerde wie Form. III. A. 13.

22. Schuldnerantrag im Sonderfall (§ 850i ZPO)

An das
Amtsgericht
Vollstreckungsgericht[1]

Antrag nach § 850i ZPO

in der Vollstreckungssache

X ./. Y.

Namens und in Vollmacht des Schuldners beantrage ich zu beschließen:
Der Pfändungsbeschluss dieses Gerichtes vom ...... Az. ...... wird dahin geändert, dass die Pfändung für einen Teilbetrag von ...... EUR aufgehoben und dieser Teilbetrag dem Schuldner belassen wird[3].

Begründung:

Gepfändet ist Architektenhonorar des Schuldners. Gemäß beigefügter Bestätigung des Bauherrn, für deren Richtigkeit ich mich auf dessen Zeugnis berufe, hat das Projekt den Schuldner 2 Monate voll in Anspruch genommen, nämlich vom ...... bis ...... Da ein Anschlussauftrag fehlt, ist es angemessen, dem Schuldner vom Pfandbetrag dreimal den monatlichen Pfändungsfreibetrag gemäß § 850 c ZPO für sich, seine Ehefrau und seinen Sohn zu belassen[4].
Da ausweislich der Bescheinigung in erheblichem Maße Sonntags- und Nachtarbeit erforderlich war, ist in entsprechender Anwendung von § 850 a Nr. 1 ZPO zusätzlich ein Betrag von 5% des Gesamthonorars pfandfrei zu belassen. Hieraus ergibt sich die beantragte Freigabe.

Rechtsanwalt

Anmerkungen

1. Da keine Erinnerung, entscheidet der Rechtspfleger (*Stöber* Rdn. 1237 mwN.).

2. Der Antrag wird unzulässig, wenn die Vollstreckung beendet ist, also Drittschuldner an Gläubiger gezahlt hat (*Baumbach/Lauterbach/Albers/Hartmann* § 850 i Rdn. 3).

3. § 850 i ZPO bringt Pfändungsschutz für Selbständige, Künstler etc., die kein laufendes Arbeitseinkommen iSv. § 850 ZPO haben. Ähnlichen Schutz für Landwirte bietet § 851 a ZPO, für Vermieter und Verpächter, allerdings nur für Grundstücksunterhaltung, § 851 b ZPO und für gemischte Verträge § 850 i Abs. 2 ZPO.

4. Die Einkünfte sind auf den Zeitraum zu verteilen, für den sie das alleinige Einkommen des Schuldners darstellen (*Baumbach/Lauterbach/Albers/Hartmann* § 850 i Rdn. 3). §§ 850 a, c, d, e und f ZPO sind entsprechend anzuwenden (*Stöber* Rdn. 1239).

Kosten und Gebühren

Wie Form. III. B. 21.

Fristen und Rechtsmittel

Da nach Anhörung entschieden wird, sofortige Beschwerde, wie Form. III. A. 13.

23. Schuldnerantrag gegen Kontenpfändung (§ 850 k ZPO)

An das
Amtsgericht
Vollstreckungsgericht

Antrag nach § 850 k ZPO
in der Vollstreckungssache
X ./. Y.

Namens und in Vollmacht des Schuldners beantrage ich zu beschließen:

Der Pfändungsbeschluss dieses Gerichtes vom ...... Az. ...... wird dahin geändert, dass die erfolgte Pfändung des Guthabens zur Konto-Nr. ...... bei der Z-Bank in Höhe von ...... EUR[1] und die Pfändung künftiger Geldeingänge in einer Höhe von monatlich ...... EUR aufgehoben werden[2].

Ich beantrage weiter,

vorab die Pfändung in Höhe von ...... EUR aufzuheben und bitte um sofortige Entscheidung[3].

Ich beantrage ferner,

gemäß §§ 850k Abs. 3, 732 Abs. 2 ZPO die Vollstreckung aus dem genannten Pfändungsbeschluss in Höhe von ...... EUR einstweilen einzustellen.

Begründung:

1. **Nach den beigefügten Überweisungsbelegen ist das Gehaltskonto des Schuldners gepfändet[4]. Nach der in Kopie beigefügten Lohnsteuerkarte unterhält der Schuldner folgende Personen ......, so dass ihm ein Pfändungsfreibetrag nach §§ 850a u. c ZPO von ...... EUR zusteht[5]. Da die Pfändung gemäß Bankmitteilung am 21. des Monats zugestellt wurde und die Zahlung ausweislich der Überweisungsbelege monatlich am 1. des Monats erfolgt, ist die Pfändung in Höhe von ⅓ dieses Betrages aufzuheben. Da die Pfändung auch künftige Geldeingänge erfasst, ist sie für diese zugleich in Höhe des monatlich unpfändbaren Betrages aufzuheben.**
2. **Der Schuldner verfügt nach beigefügter eidesstattlicher Versicherung über keinerlei Bargeld mehr. Ich bitte daher vorab die Pfändung in der für den notwendigen Unterhalt erforderlichen Höhe für das restliche Monatsdrittel aufzuheben[6].**
3. **Da zu besorgen ist, dass die Entscheidung über den Hauptantrag erst nach Ablauf der 2-Wochen-Sperrfrist von § 835 Abs. 3 S. 2 ZPO ergeht und dann an den Gläubiger gezahlt werden muss, bitte ich, vorab die Vollstreckung in Höhe des voraussichtlichen Freibetrages einstweilen einzustellen. Ich bitte, mich von der Entscheidung vorab telefonisch zu unterrichten.**

Rechtsanwalt

Anmerkungen

1. § 850k ZPO verlängert den Lohnpfändungsschutz, um bargeldlose Zahlung zu ermöglichen. Bei Barzahlung schützt § 811 Nr. 8 ZPO entsprechend. Ähnlichen Kontoschutz bietet § 851b Abs. 1 S. 2 ZPO, einen verstärkten § 55 SGB.

2. Bei Pfändung künftiger Geldeingänge (vgl. Form. III. B. 12 Anm. 2) ist auch für die Zukunft aufzuheben (*Stöber* Rdn. 1297).

3. § 850k Abs. 2 ZPO soll den notwendigen Unterhalt unverzüglich sichern.

4. Nicht erforderlich ist, dass gerade das gepfändete Guthaben aus Gehaltsüberweisung stammt (hM.; *Baumbach/Lauterbach/Albers/Hartmann* § 850k Rdn. 2; *Arnold* BB 1978, 1320).

5. Schuldner muss die Voraussetzungen der Pfändungsfreiheit dartun.

6. Notwendig ist mindestens der Sozialhilfesatz (vgl. Form. III. B. 20 Anm. 2).

Kosten und Gebühren

Wie Form. III. B. 21, wobei für die Nebenanträge nach § 850k Abs. 2 und Abs. 3 keine besonderen Gebühren entstehen.

Kostentragung: § 788 Abs. 3 ZPO, regelmäßig durch Schuldner, ausnahmsweise durch Gläubiger, wenn er etwa auf außergerichtliche Darlegung die Pfändung nicht beschränkt hat.

Fristen und Rechtsmittel

Da nach Anhörung entschieden wird, sofortige Beschwerde wie Form. III. A. 13.

24. Klage gegen Drittschuldner auf Arbeitslohn

An das
Arbeitsgericht[1]

Klage[2]

und

Streitverkündungsschrift[3]

der Firma ......

Klägerin,

Prozessbevollmächtigter ......

gegen

die Firma ......

Beklagte,

wegen Zahlung.

Streitwert[4]: ......

Streitverkündeter: Schlosser A (ladungsfähige Anschrift)[5]

Namens und in Vollmacht der Klägerin erhebe ich Klage und werde beantragen,

die Beklagte zu verurteilen,

1. **an die Klägerin ...... EUR nebst ......%[6] Zinsen auf diesen Betrag seit dem ...... zu zahlen,**
2. **künftig für die Dauer der Beschäftigung des Streitverkündeten bei ihr ...... EUR monatlich, beginnend mit dem ......, bis zur völligen Abdeckung des Betrages von ...... EUR nebst ......% Zinsen an die Klägerin zu zahlen.**

Außerdem verkünden wir ......[7]

Begründung:[8]

...... Seither steht die Lohnforderung des Streitverkündeten, soweit sie pfändbar ist, in Höhe des sich aus Hauptforderung, Zinsen und Kosten ergebenden Betrages der Klägerin zu. Diese hat die Beklagte mehrfach, erstmals mit Einschreiben vom ...... zur Abgabe der gesetzlich vorgeschriebenen Erklärung nach § 840 ZPO und zur Zahlung der sich danach ergebenden Beträge aufgefordert[9]. Die Beklagte hat nicht reagiert. Daher ist Klage geboten.

III.

Der Streitverkündete ist bei der Beklagten als KFZ-Schlosser tätig. Nach dem einschlägigen Tarifvertrag, nämlich dem Lohntarifvertrag für das KFZ-Handwerk vom ......, verdient ein Schlosser tariflich ...... EUR netto monatlich[10]. Der Streitverkündete verdient bei der Beklagten mindestens diesen Betrag.

Beweis: 1. Vernehmung des Buchhalters X der Beklagten,
2. Vernehmung des Streitverkündeten,
3. Vernehmung des Inhabers der Beklagten als Partei.

Der Streitverkündete hat ...... Unterhaltsberechtigte (Ehefrau und ...... Kinder). Pfändbar ist danach monatlich ein Betrag von ...... EUR. Mindestens diesen Betrag musste die Beklagte für jeden Lohnfälligkeitstermin nach dem Zustellungstage an die Klägerin abführen, bis die Forderung gegen den Streitverkündeten abgedeckt ist. Seit Zustellung des Pfändungs- und Überweisungsbeschlusses ist der Lohn ......mal fällig gewesen. Hieraus ergibt sich die Klageforderung zu 1. Die Klägerin arbeitet mit einem die Klage- und die Hauptforderung übersteigenden Bankkredit, für den sie mindestens ......% Zinsen zahlen muss

Beweis: 1. Bankbescheinigung,
2. Zeugnis des zuständigen Kreditsachbearbeiters der klägerischen Hausbank.

Danach rechtfertigt sich der Zinsanspruch nach Grund und Höhe.

IV.

Aufgrund der bisherigen Zahlungsverweigerung der Beklagten besteht die Besorgnis, dass sie auch die zukünftig fällig werdenden gepfändeten Beträge nicht an die Klägerin auszahlt. Daher rechtfertigt sich der auf zukünftige Zahlung gerichtete Klageanspruch zu 2., § 259 ZPO[12].

Anmerkungen

1. Eingeklagt wird der gepfändete Anspruch des Schuldners/Arbeitnehmers gegen den Drittschuldner/Arbeitgeber. Dies ist eine Arbeitssache im Sinne von § 2 ArbGG. Die örtliche Zuständigkeit richtet sich daher über §§ 46, 48 ArbGG nach der ZPO, Arbeitsgericht des Beklagtensitzes oder des Erfüllungsortes.

2. Obsiegt der Kläger, muss der Beklagte ihm Anwaltskosten nicht erstatten, § 12a Abs. 1 S. 1 ArbGG (BAG NJW 1990, 2643). Unterliegt er, weil der Beklagte – wie es häufig geschieht – im Prozess Auskunft erteilt und danach kein pfändbarer Anspruch bestand, so kann er nach jetzt h. M. (BAG NJW 1990, 2643, unter Aufgabe der bisherigen Rechtsprechung; *Zöller/Stöber* Rdn. 14 zu § 840) die Klage ändern auf Zahlung der ihm entstandenen Kosten, auch der Anwaltskosten (so bisher schon die Zivilgerichte OLG Stuttgart DJ 1986, 460; LG Köln JurBüro 1990, 262).

Jedenfalls sind solche Kosten, soweit sie vom Drittschuldner nicht zu erlangen sind, notwendige Kosten der Vollstreckung und vom Schuldner zu tragen, § 788 ZPO (LG München MDR 1966, 338; LG Ulm AnwBl. 1975, 239; *Baumbach/Lauterbach/Albers/Hartmann,* § 788 Rdn. 22, Stichwort „Drittschuldner").

3. Der Gläubiger muss dem Schuldner den Streit verkünden, sofern dieser eine ladungsfähige Anschrift im Inland hat, § 841 ZPO. Der dazu nach § 73 ZPO erforderliche Schriftsatz kann mit der Klageschrift verbunden werden. Dann muss eine zusätzliche beglaubigte Abschrift zur Zustellung an den Streitverkündeten beigefügt werden.

4. Der Streitwert bemisst sich nicht nach dem Wert der Vollstreckungsforderung, sondern nach dem eingeklagten Teil der gepfändeten Forderung, maximal nach dem Wert der Vollstreckungsforderung, bzw. wegen der eingeklagten widerkehrenden Leistungen mit dem Wert des dreifachen Jahresbeitrages gem. § 12 Abs. 7 S. 2 ArbGG, vgl. LAG Hamm, AnwBl. 1983, 38.

5. Da an ihn zuzustellen ist (vgl. oben Anm. 3), muss der Streitverkündete mit ladungsfähiger Anschrift angegeben werden.

6. Als Zinsforderung darf nicht etwa diejenige aus dem Vollstreckungstitel angesetzt werden. Denn diese schuldet der Drittschuldner nicht. Forderungen auf Prozess- oder Verzugszinsen gegen ihn müssen also wie sonst auch spezifiziert begründet werden (vgl. näher *Wenzel* MDR 1966, 971, 974), sofern man nicht auf die inzwischen ja deutlich erhöhten gesetzlichen Zinsen zurückgreift.

7. Folgt Streitverkündung, wie Form. III. B. 16.

8. Begründung in I. und in II. erster Absatz wie in Form. III. B. 16.

9. Erst so werden Verzugszinsen gegen den Drittschuldner begründet, vgl. oben Anm. 6, soweit nicht § 284 Abs. 2 BGB eingreift.

10. Sofern der tatsächlich gezahlte Nettolohn nicht bekannt ist, verlangen viele Arbeitsgerichte zur schlüssigen Darlegung die Angabe des Tariflohnes. Dies setzt Ermittlung der Art der Tätigkeit und des einschlägigen Tarifvertrages voraus, was sehr aufwändig ist. Da Drittschuldnerprozesse ohnehin häufig durch VU enden, ist es empfehlenswert, zunächst die Geltendmachung des Anspruches gegen den Drittschuldner im – arbeitsgerichtlichen – Mahnverfahren zu versuchen.

11. Mit dieser Berechnung ist der Anspruch gegen den Drittschuldner schlüssig dargelegt (vgl. im Einzelnen zu den Schlüssigkeitserfordernissen *Wenzel* MDR 1966, 971 und *Süsse* BB 1970, 671). Bestreitet der beklagte Drittschuldner, ist der Kläger/Gläubiger beweispflichtig, LAG Hamm BB 1988, 488.

12. Die h. M. (BGH NJW 1984, 1901) hält bei schweigendem Drittschuldner nur diese Zahlungs-, nicht aber eine Auskunftsklage für zulässig (anders, für Auskunftsklage, BAG NJW 1985, 1181).

Kosten und Gebühren

a) Gericht: Gebühr nach § 12 ArbGG, GV Nr. 9111
b) Anwalt: normale Gebühren des Erkenntnisverfahrens, §§ 31 ff. BRAGO, die auch die Streitverkündung abdecken.
c) In Ostdeutschland 90% der gesetzlichen Gebühren.

Fristen und Rechtsmittel

Die des normalen, hier arbeitsgerichtlichen Klageverfahrens, vgl. Abschnitt IV. D.

Zwangsvollstreckung in sonstige Rechte

25. Pfändungsantrag bei drittschuldnerlosem Recht (§ 857 Abs. 2 ZPO)[1]

......[2]
Wegen dieser Forderung sowie dem nachzuweisenden Kostenbetrag von ca. ...... EUR für die Wegnahme der Patenturkunde wird das angeblich unter Nr. ...... beim Deut-

schen Patentamt für den Schuldner eingetragene Patent betreffend ...... einschließlich der Rechte aus diesem Patent gepfändet[3].
Dem Schuldner wird aufgegeben, die Patenturkunde an den Gläubiger herauszugeben[4].
Dem Schuldner wird verboten, über das Patent und die Rechte aus dem Patent zu verfügen.
Ich bitte, die Zustellung an den Schuldner zu vermitteln[5].

Rechtsanwalt

Anmerkungen

1. § 857 Abs. 1 ZPO macht die Vorschriften über Forderungspfändung entsprechend auf sonstige Vermögensrechte anwendbar, die nicht der Immobiliarvollstreckung unterliegen zB. das Nutzungsrecht des Leasingsnehmers, vgl. OLG Düsseldorf NJW 1988, 1676 (Listen sonstiger Vermögensrechte bei *Baumbach/Lauterbach/Albers/Hartmann,* Rdn. 3 zu § 857; MüKo-ZPO/*Smid* Rdn. 15 ff. zu § 857; *Stöber* Rdn. 1481 ff.). Davon sind drittschuldnerlos u. a.
- die Eigentümergrundschuld (§ 857 Abs. 6 mit § 830 ZPO)
- Urheber-, Patent-, Gebrauchs- und Geschmacksmusterrechte, wenn sie nur einer Person zustehen (sonst Mitberechtigte Drittschuldner),
- Seit 1992 sind auch Warenzeichen pfändbar, vgl. näher *Repern* NJW 1994, 175, vgl. jetzt § 29 MarkenG
- ggf. Nacherbschaft, aber strittig (*Stöber* Rdn. 1657 mwN.), weshalb vorsorglich dem Vorerben als Drittschuldner zugestellt werden sollte, ebenso bei Auflassungsanwartschaft, vgl. Form. III. B. 28.

Die **Internet-Domain** als elektronische Adresse kann erheblichen Marktwert haben und ist nach h. M. pfändbar. Strittig ist, ob sie drittschuldnerloses Recht im Sinne von § 857 Abs. 2 ZPO ist, oder ob die Domainverwaltungsgesellschaft DENIC eG Drittschuldner ist (vgl. näher *Musielak/Becker* Rdn. 13 a zu § 857 ZPO und *Stöber* Rdn. 1645 ff.). Vorsorglich sollte man jedenfalls an die DENIC als Drittschuldnerin zustellen.

2. Rubrum und Forderungsberechnung wie Form. III. B. 6.

3. Pfändbar schon vor Erteilung und sogar vor Anmeldung des Patentes (näher *Pinzger* ZZP 60, 414; *Schulte* GRUR 1961, 527; *Stöber* Rdn. 1718 ff. mwN.). Die Pfändung erfasst nicht vorher begründete Ansprüche aus Lizenzverträgen und aus Patentverletzung. Sie müssen normal unter Benennung des Drittschuldners gepfändet werden, wegen der verschiedenen Wirksamkeitsvoraussetzungen (Zustellung an Schuldner einer – an Drittschuldner andererseits) ggf. durch gesonderten Antrag.

4. Gemäß § 836 Abs. 3 ZPO.

5. Hier ist Zustellung an Schuldner für Wirksamkeit der Pfändung maßgeblich. Verwertung nicht durch Überweisung, sondern nach § 844 ZPO, vgl. Form. III. B. 15 insbes. Anm. 5.

Kosten und Gebühren

Wie Form. III. B. 6, nur Kosten für die Zustellung an Drittschuldner entfallen. Wird eine Verwaltung nach § 857 Abs. 4 ZPO angeordnet, fällt für den Anwalt mit Ausführung der Verwaltung eine gesonderte 3/10 Gebühr an, § 58 Abs. 3 Nr. 5 BRAGO.

Fristen und Rechtsmittel

Wie Form. III. B. 6.

26. Pfändungsantrag bei Gemeinschafts-, Gesellschafts- oder Genossenschaftsanteilen

Schrifttum: Behr, Vollstreckung in Personengesellschaften, NJW 2000, 1137

a. Bruchteilsgemeinschaft, §§ 741 ff. BGB insbesondere an einem Grundstück

......[1]

werden die angeblichen Ansprüche des Schuldners aus der Bruchteilsgemeinschaft an dem Grundstück X-Straße Nr. Y in Z, eingetragen im Grundbuch von Z, Bd. ...... Bl. ......, dessen Miteigentümer zu 1/2 er ist neben seiner Ehefrau

A (vollständige Anschrift), Drittschuldnerin[2]

insbesondere die Ansprüche gegen die Drittschuldnerin/Miteigentümerin[3]

- auf Aufhebung der Gemeinschaft
- auf Aufteilung des Verwertungserlöses und
- auf Auszahlung des anteiligen Erlöses und der anteiligen Einnahmen

gepfändet[4] ......[5]

b. BGB-Gesellschaft, oHG, KG, Partnerschaft, EWIV

......[1]

wird der angebliche Anteil des Schuldners als Gesellschafter am Vermögen der mit den Ärzten

1. A (vollständige Anschrift)
2. B (vollständige Anschrift), Drittschuldner[6]

eingegangenen BGB-Gesellschaft (Gemeinschaftspraxis) einschließlich der jetzigen und zukünftigen Ansprüche auf[7]

- Zahlung des dem Schuldner für Geschäftsführung zustehenden Entgeltes[8],
- Zahlung des Gewinnanteils,
- Zahlung des Auseinandersetzungsguthabens,[8 a]
- Rückzahlung von Darlehen oder nach sonstiger Vereinbarung der Gesellschaft gegebenen oder belassenen Beträge

gepfändet. ......[5, 9]

c. GmbH

......[1]

werden die angeblichen Geschäftsanteile des Schuldners an der

X-GmbH, vertreten durch den Geschäftsführer, den Kaufmann Y,

Drittschuldnerin[10]

einschließlich der jetzigen und zukünftigen Ansprüche auf Nutzungen bzw. Gewinnanteile[11]
auf Vergütung für die Leistung persönlicher Dienste durch den Schuldner[12]
und auf Kündigung der Gesellschaft[13]
gepfändet. ......[5]

d. Genossenschaft

. . . . . .[1]

werden die angeblich dem Schuldner als Genosse

der X-e. G.

Drittschuldnerin[14]

zustehenden jetzigen und zukünftigen Ansprüche
– auf Auszahlung des Gewinns,
– auf Auszahlung des Geschäfts- bzw. Auseinandersetzungsguthabens

gepfändet[15]. . . . . . .[5]

e. Erbengemeinschaft

. . . . . .[1]

wird der angebliche Miterbenanteil des Schuldners am ungeteilten Nachlass des am . . . . . . in . . . . . . verstorbenen A mit den weiteren Miterben

1. B (vollständige Anschrift)
2. C (vollständige Anschrift), Drittschuldner[16]

einschließlich des Rechtes auf Nachlassauseinandersetzung gepfändet[17] . . . . . .[5]

Anmerkungen

1. Rubrum, Forderungsberechnung und Pfändungsformel wie Form. III. B. 6.

2. Drittschuldner sind alle anderen Miteigentümer, denen zuzustellen ist, § 829 Abs. 2 u. 3 ZPO (näher *Furtner* NJW 1969, 871).

3. Die Einzelansprüche sind als Nebenrechte mitgepfändet, vgl. § 751 S. 2 BGB, und nur zur Klarstellung genannt (*Stöber* Rdn. 1548).

4. Bruchteilseigentum an einem Grundstück als solches ist nicht nach § 857 ZPO pfändbar. Es unterliegt der Immobiliarvollstreckung (*Furtner* NJW 1957, 1620). Nach § 857 Abs. 3 ZPO können aber die hier genannten Ansprüche zur Ausübung gepfändet werden (hM. *Stöber* Rdn. 1544 mwN.; *Zeller/Stöber* ZVG § 180 Rdn. 11.3).

Aus dem Pfändungs- und Überweisungsbeschluss kann der Gläubiger ggf. Teilungsversteigerung betreiben, BGH NJW 1984, 1968, vgl. Form. III. B. 4. Es kommt dann das Gesamtgrundstück zur Versteigerung (sog „großes" Antragsrecht), nicht nur der Miteigentumsanteil, der allein meist kaum verwertbar ist. Zuvor ist zur Rangsicherung Zwangshypothek auf dem Bruchteil des Schuldners zu empfehlen.

5. Weiter wie Form. III. B. 6. In gleicher Weise kann auch Miteigentum an beweglichen Sachen sowie an Forderungen gepfändet werden, vgl. *Stöber* Rdn. 1547 und 1548. Drittschuldner sind jeweils die Miteigentümer/Gemeinschafter.

6. Nachdem der BGH die BGB-Gesellschaft als parteifähig ansieht (NJW 2001, 1056), wird man sie als Drittschuldner ansehen und ggf. ihre aussagekräftige Bezeichnung als Drittschuldnerbezeichnung anstelle der Nennung aller Gesellschafter ausreichen lassen müssen (vgl. schon *Smid* (MüKo-ZPO/*Smid* Rdn. 6 zu § 859; jetzt *Stöber,* Rdn. 1557 mwN.). Damit dürfte auch jedenfalls Zustellung nur an die geschäftsführenden Gesellschafter ausreichen (so schon BGH NJW 1986, 1991; *Stöber* Rdn 1557 mwN.; anders noch BGH BB 1998, 2128) – wenn man die genaue Geschäftsführung kennt. Bei KG braucht nur den Komplementären zugestellt werden.

7. Ansprüche auf Gewinnanteil und Auseinandersetzungsguthaben sind im Zweifel mitgepfändet, die übrigen müssen gesondert genannt werden, außer dem Kündigungsrecht, vgl. § 725 BGB.

8. Der Anspruch kann nach §§ 850 ff. ZPO unpfändbare Beträge enthalten, daher ggf. gesonderte Pfändung nach Form. III. B. 17 zu empfehlen.

8 a. Der Gläubiger muss die Gesellschaft gemäß § 725 BGB kündigen. Dem Schuldner muss die Kündigung nicht zugehen, allenfalls bekannt werden, vgl. BGH NJW 1993, 1003. Sofern im Gesellschaftsvertrag nichts anderes vorgesehen ist (zB. Ausscheiden des Schuldners gegen Zahlung des Abfindungsguthabens) ist gemäß § 730 ff. BGB zu liquidieren – durch die bisherigen Gesellschafter. Verzögern diese die Liquidation, kann der Gläubiger sie anstelle des Schuldners selbst betreiben (*Stöber* Rdn. 1572, aber strittig). Gehört der Gesellschaft ein Grundstück, so muss der Gläubiger in diesem Fall auch Teilungsversteigerung betreiben können, BGH NJW 1992, 830. Für die schlichte Rechtsgemeinschaft ist diese Gläubigerbefugnis unstreitig, vgl. oben Anm. 4.

9. Die Formulierung ist für Anteile an oHG und KG entsprechend verwendbar. Dort reicht jedenfalls die Firmenbezeichnung der Gesellschaft und Zustellung an sie, also an die vertretungsberechtigten Gesellschafter (ganz hM., Großkomm. HGB/*Ulmer* § 135 Anm. 11; *Schmidt* JR 1977, 178; *Stöber* Rdn. 1584 mwN.). Ausgleichsansprüche gegen andere Gesellschafter bei Liquidation müssen gesondert gepfändet werden (Großkomm. HGB/*Ulmer* § 135 Anm. 11).

Das Kündigungsrecht hat Gläubiger kraft Gesetzes, § 135 HGB und § 161 Abs. 2 HGB. Die anderen Gesellschafter können Kündigung durch Zahlung gemäß § 268 BGB abwenden. Außerdem muss vorher die Mobiliarvollstreckung versucht sein, § 135 HGB.

Auch Anteile an einer Partnerschaft sowie einer EWIV sind wie OHG-Anteile pfändbar. Drittschuldner sind die übrigen Gesellschafter, zuzustellen ist die Pfändung an die geschäftsführenden Gesellschafter, vgl. *Stöber* Rdn. 1596 ff. und 1597.

10. Drittschuldnerin ist allein die GmbH. Verwertung nach § 844 ZPO, Form. III. B. 15. (näher *Stöber* Rdn. 1611 ff. mwN.).

11. Da str. ist, ob der Gewinnanspruch stillschweigend umfasst ist (aA. *Schuler* NJW 1960, 1424; dafür *Pfaff* GmbHRdsch. 1964, 92), sollte er ausdrücklich mitgepfändet werden.

12. Dieser Anspruch wird häufig Arbeitseinkommen umfassen, so dass ggf. gesondert nach § 850 ff. ZPO zu pfänden ist, Form. III. B. 17.

13. Zur Klarstellung zu nennen (LG Karlsruhe Büro 1968, 1008), aber nur wirksam, wenn in der Satzung vorgesehen. Gesetzliches Kündigungsrecht hat der Pfandgläubiger nicht. Die Pfändung geht im Rang einer etwa schon bestehenden Abtretung des Auseinandersetzungsguthabens vor, da dies nur ein künftiger Anspruch ist, BGH NJW 1989, 458. Der Gesellschaftsvertrag kann vorsehen, dass der Gesellschafter bei Pfändung seines Anteils aus der Gesellschaft ausscheidet. Er kann nicht vorsehen, dass dies ohne oder mit zu geringer Abfindung geschieht (*Stöber* Rdn. 1616 ff.).

14. Drittschuldner ist die Genossenschaft, vertreten durch den Vorstand, dem zuzustellen ist.

15. Pfändbar sind die aus der Beteiligung fließenden Ansprüche, § 66 GenG. Der Pfandgläubiger kann dann kraft Gesetzes, § 66 Abs. 1 GenG, das Kündigungsrecht des Genossen (Schuldners) ausüben (*Hettich/Pöhlmann,* Genossenschaftsgesetz, 1995 Rdn. 1 zu § 66), jedoch erst nach fruchtloser Mobiliarvollstreckung. Letztere kann nach der Anspruchspfändung nachgeholt werden. Danach ist das Kündigungsrecht erneut zur Ausübung zu überweisen (*Stöber* Rdn. 1636). Möglich auch Verwertung durch Verkauf des Anteils § 844 ZPO.

16. Drittschuldner sind und zuzustellen ist daher an die übrigen Miterben (BGHZ 49, 206). Bei Testamentsvollstreckung zur Nachlassteilung und bei Nachlassverwaltung sind aber Testamentsvollstrecker bzw. Nachlassverwalter als Verfügungsberechtigte die Drittschuldner (*Stöber* Rdn. 1670).

17. Um wirksame Verfügungen an gutgläubige Dritte zu hindern, sollte Gläubiger die Pfändung bei zum Nachlass gehörenden Grundstücken und grundstücksgleichen Rechten ins Grundbuch eintragen lassen (RGZ 90, 237; *Stöber* Rdn. 1946). Verwertung des Anteils außer durch Aufhebung der Erbengemeinschaft auch nach § 844 ZPO.

Kosten und Gebühren

Wie Form. III. B. 6.

Fristen und Rechtsmittel

Wie Form. III. B. 6.

27. Pfändungsantrag bei Herausgabeanspruch (§§ 846ff. ZPO)[1]

a) bewegliche Sachen

......[2]

wird der angebliche Anspruch des Schuldners

gegen Firma X (Anschrift)

– Drittschuldnerin[3] –

auf Herausgabe des zur Reparatur übergebenen Kraftfahrzeuges Marke ......, polizeiliches Kennzeichen ......, gepfändet und dem Gläubiger zur Einziehung überwiesen.

Zugleich wird angeordnet, dass das Fahrzeug an einen vom Gläubiger zu beauftragenden Gerichtsvollzieher herauszugeben ist[4]. ......[5].

b) unbewegliche Sachen

......[1]

wird der angebliche Anspruch des Schuldners

gegen Herrn A (Anschrift)

– Drittschuldner –

auf Übertragung des Eigentums durch Auflassung und Eintragungsbewilligung an dem Grundstück B-Straße, Nr. ...... in, ... eingetragen im Grundbuch von ...... Bd. ...... Bl. ......,

gepfändet und dem Gläubiger zur Einziehung überwiesen.

Zugleich wird angeordnet, dass das Grundstück an einen vom Amtsgericht ...... zu bestellenden Sequester (Treuhänder), wofür ich Herrn B vorschlage, herauszugeben und an ihn als Vertreter des Schuldners aufzulassen ist[6].

......[5]

Anmerkungen

1. §§ 846 ff. ZPO machen mit Abweichungen die Vorschriften für Pfändung von Geldforderungen entsprechend anwendbar, mithin auch Vorpfändung, § 845 ZPO.

2. Rubrum, Forderungsberechnung und Pfändungsformel wie Form. III. B. 6.

3. Die Anspruchspfändung ist nur erforderlich, wenn der Dritte nicht zur Herausgabe bereit ist, sonst § 809 ZPO. Nach § 846 ZPO ist auch vorzugehen zB. bei Pfändung des Geldinhalts von Automaten, wenn der Zugang zum Aufstellungsort verweigert wird, LG Aurich NJW 1991, 1188.

4. Da, anders als bei Geldforderung, mit Leistung des Drittschuldners der Geldanspruch des Gläubigers nicht befriedigt ist, ist anschließend Verwertung erforderlich, § 847 Abs. 2 ZPO. Um Zwischenverfügungen des Schuldners zu hindern, muss Drittschuldner nicht an ihn, sondern an Gerichtsvollzieher leisten. Dann entsteht aus dem Pfandrecht an der Forderung ein Pfandrecht an der Sache (*Baumbach/Lauterbach/Albers/Hartmann* § 847 Rdn. 5). Leistet Drittschuldner nicht, Drittschuldnerklage, vgl. Form. III. B. 24, auf Herausgabe an GerVollz.

Hat er Gegenforderungen, etwa auf Werklohn, kann Gläubiger ihn befriedigen. Die Kosten sind Kosten der Vollstreckung, § 788 ZPO, und bei Verwertung der Sache zu berücksichtigen (*Stöber* Rdn. 2024 und 1500).

5. Weiter wie in Form. III. B. 6.

6. Zur Formulierung *Hoche* NJW 1955, 163. Herausgabe muss bei unbeweglichen Sachen durch Auflassung ergänzt werden. Sie darf, wieder zur Vermeidung von Schuldnerverfügungen, nur an einen Treuhänder als Vertreter des Schuldners erfolgen. Den Treuhänder sollte der Gläubiger vorschlagen, ggf. im Pfändungsantrag.

Mit Eigentumsübergang auf Schuldner entsteht kraft Gesetzes – ohne Eintragung – eine Sicherungshypothek, § 848 Abs. 2 S. 2 ZPO. Deren Eintragung gem. § 848 Abs. 2 S. 3 ZPO ist nur deklaratorisch (RGZ 71, 430), um gutgläubigen lastenfreien Erwerb Dritter zu hindern (*Baumbach/Lauterbach/Albers/Hartmann* § 848 Rdn. 8). Die weitere Vollstreckung nach Eintragung der Sicherungshypothek erfolgt durch Zwangsversteigerung (näher *Stöber* Rdn. 2034 ff.).

Kosten und Gebühren

Für Gericht und Anwalt wie Form. III. B. 6. Der GerVollz. erhält im Falle a) eine Gebühr von 12,50 EUR nach Nr. 206 des KV zum GVKostG.

Die Bestellung des Sequesters im Fall b) ist für den Anwalt keine besondere Angelegenheit, § 58 Abs. 2 Nr. 4 BRAGO. Der Sequester erhält, soweit er sich nicht Zahlung durch Vertrag ausbedingt, eine vom Gericht analog zu § 153 ZVG festzusetzende Vergütung. Sie gehört, wie auch eine angemessene vertragliche Vergütung, zu den notwendigen Vollstreckungskosten nach § 788 ZPO.

In Ostdeutschland 90% der gesetzlichen Gebühren.

Fristen und Rechtsmittel

Wie Form. III. B. 6.

28. Pfändung von Anwartschaften an beweglichen Sachen[1] und Grundstücken

a) bewegliche Sachen

……[2]

wird das angebliche Anwartschaftsrecht des Schuldners gegen

Firma X-GmbH (Anschrift)

– Drittschuldnerin –[3]

auf das Eigentum an dem unter Eigentumsvorbehalt gekauften Kraftfahrzeug Marke ……, polizeiliches Kennzeichen ……, Fahrgestell-Nr. ……, einschließlich der gegenwärtigen und zukünftigen Ansprüche auf

- Entgegennahme des Restkaufpreises,
- Widerspruch gegen Drittzahlung, § 267 Abs. 2 BGB[4],
- Rückzahlung der nach Auflösung des Kaufvertrages, gleich aus welchem Grunde, zurückzuerstattenden Kaufpreisraten[5]

gepfändet.

……[6]

b) Grundstücke (Auflassungsanwartschaft)

……[7]

wird das angebliche Anwartschaftsrecht des Schuldners aus der Auflassung des Grundstücks in A, B-Straße Nr. ……, Grundbuch von …… Band …… Blatt ……, an ihn durch den Verkäufer[8] …… am …… zu URNr. …… des Notars ……

gepfändet und dem Gläubiger zur Einziehung überwiesen[9]. Dem Schuldner wird verboten, über das Anwartschaftsrecht zu verfügen.

……[10]

Schrifttum: Balser/Bögner/Ludwig, Vollstreckung im Grundbuch, 10. Aufl. 1994.

Anmerkungen

1. Da das Anwartschaftsrecht mit Zahlung des Restkaufpreises erlischt und mangels einer § 848 Abs. 2 S. 2 ZPO entsprechenden Vorschrift für bewegliche Sachen ein Pfandrecht an der Sache nicht kraft Gesetzes entsteht, ist nach hM. stets zusätzlich die Sache selbst nach § 808 ZPO zu pfänden (h. M. BGH NJW 1954, 1325; *Baumbach/Lauterbach/Albers/Hartmann* Rdn. 60 vor § 704; *Stöber* Rdn. 1487 mwN.).

2. Rubrum, Forderungsberechnung und Pfändungsformel wie Form. III. B. 6.

3. Nachdem BGH NJW 1968, 493 bei Auflassungsanwartschaft den Verkäufer nicht als Drittschuldner ansieht, ist zweifelhaft, ob auch bei Anwartschaften an beweglichen Sachen Zustellung an Schuldner selbst ausreicht (*Strutz* NJW 1969, 831; anders noch BGH NJW 1954, 1325). Vorsorglich sollte an Schuldner **und Drittschuldner** zugestellt werden (*Stöber* Rdn. 1489).

4. Nennung erfolgt teilweise nur zur Klarstellung. Drittschuldner kann dann Zahlung des Gläubigers nicht mehr ablehnen, § 267 Abs. 1 BGB (BGH NJW 1965, 1475, 1476). Mit Zahlung des Gläubigers erwirbt Schuldner Eigentum, belastet mit Pfandrecht des Gläubigers. Wirtschaftlich sinnvoll ist dies nur, wenn Pfandverwertung mehr als Restkaufpreis plus Kosten erbringt. Der gezahlte Restkaufpreis gehört nach zutreffender herrschender Meinung zu den Vollstreckungskosten, § 788 ZPO, und wird aus dem Verwertungserlös erstattet; *Stöber* Rdn. 1500 mwN.).

5. Der Anspruch kann bei Rücktritt des Drittschuldners, etwa wegen Zahlungsverzuges, entstehen.

6. Weiter wie Form. III. B. 6.

7. Rubrum, Forderungsberechnung und Pfändungsformel wie Form. III. B. 6.

8. In entsprechender Anwendung, § 857 Abs. 1 ZPO, von § 848 Abs. 2 S. 2 ZPO entsteht mit Umschreibung auf den Schuldner – ohne Treuhänder – für den Gläubiger eine Sicherungshypothek (*Stöber* Rdn. 2058 mwN.), vgl. Form III. B. 27 Anm. 4.

9. Umstritten ist, ob Auflassungsanwartschaften nur pfändbar sind, wenn Auflassung und Umschreibungsanträge erfolgt sind (so BGH NJW 1989, 1039), oder auch, wenn nur Auflassung erfolgte. Vorsorglich sind daher in diesen Fällen Anwartschaft und Übereignungsanspruch, (§ 848 ZPO, vgl. Form. III. B. 27) kumulativ zu pfänden (*Münzberg* in Festschrift für Schiedermair, 1976, S. 443; *Stöber* Rdn. 2068).

10. Weiter wie Form. III. B. 6.

Kosten und Gebühren

Wie Form. III. B. 6.

Fristen und Rechtsmittel

Wie Form. III. B. 6.

29. Pfändung von Rückübertragungsansprüchen bei nicht- oder teilvalutierenden Grundschulden

......[1]

werden gepfändet die angeblichen Ansprüche des Schuldners

gegen die X-Bank (vollständige Anschrift), Drittschuldnerin[2]

- **auf Rückübertragung der Grundschuld[3] durch Rückabtretung, Aufhebung oder Verzicht hinsichtlich der Grundschuld oder eines Teils der Grundschuld eingetragen auf dem Grundstück in A, B-Str. Nr. C, eingetragen im Grundbuch von A, Bd. ......, Bl. ...... in Abt. III Nr. ......**
- **einschließlich des Anspruches auf Auszahlung des Mehrerlöses[4] oder Abtretung des Anspruches auf Zahlung des Mehrerlöses für den Fall, dass bei Verwertung der Grundschuld, insbesondere bei Zwangsversteigerung, ein Betrag erlöst wird, der die durch die Grundschuld gesicherten Ansprüche des Drittschuldners gegen den Schuldner übersteigt,**
- **auf Berichtigung des Grundbuches durch gänzliche oder teilweise Umschreibung der oben bezeichneten Grundschuld in eine Eigentümergrundschuld (Buchgrundschuld)[5]**
- **sowie bei Nichtvalutierung der Grundschuld der Anspruch des Schuldners auf Herausgabe des über die oben bezeichnete Grundschuld gebildeten Grundschuldbriefes (Briefgrundschuld)**
- **sowie bei teilweiser Valutierung der genannten Grundschuld der Miteigentumsanteil des Schuldners am Grundschuldbrief und der Anspruch auf Aufhebung der Gemein-**

schaft am Grundschuldbrief und der Anspruch auf Vorlage des Briefes beim Grundbuchamt zwecks Bildung von Teilgrundschuldbriefen sowie der Anspruch auf Aushändigung des Teilbriefes über die Teileigentümergrundschuld[6]

- **auf die danach dem Schuldner gegenwärtig und zukünftig zustehende Eigentümergrundschuld[7]**

......[8]

Schrifttum: Balser/Bögner/Ludwig, Vollstreckung im Grundbuch, 10. Aufl. 1994.

Anmerkungen

1. Rubrum, Forderungsbezeichnung und Pfändungsformel wie Form. III. B. 6.

2. Insbesondere bei älteren Grundpfandrechten ist durch regelmäßige Tilgung häufig ein Teil oder sogar schon die ganze dem Grundpfandrecht zugrundeliegende schuldrechtliche Forderung (meist Darlehen) getilgt. Bei Hypotheken entsteht insoweit eine Eigentümergrundschuld kraft Gesetzes, § 1177 BGB. Sind nachrangige Grundpfandrechte vorhanden, besteht insofern aber meist der gesetzliche Löschungsanspruch, § 1179 a BGB, so dass Pfändung sinnlos ist.

3. Grundschulden stehen dagegen, von der Forderung abstrakt, weiterhin in voller Höhe dem eingetragenen Inhaber zu. Vorbehaltlich anderslautender Sicherungsabreden ist der jedoch gem. § 812 BGB verpflichtet, die Grundschuld ganz oder teilweise rückzuübertragen oder Löschung zu bewilligen. Dieser Anspruch wird hier gepfändet.

4. Ist in einer Zwangsversteigerung über das Schuldnergrundstück schon Zuschlag erteilt, so wird der auf die rückzuübertragende Grundschuld entfallende Versteigerungserlös zwingend dem eingetragenen Inhaber zugeteilt (*Zeller/Stöber* ZVG, 15. Aufl. Rdn. 7.5 zu § 114). Die dann dem Grundeigentümer/Schuldner zustehenden Ansprüche werden hier gepfändet.

5. Dieser Anspruch ist nur bei der – praktisch seltenen – Buchgrundschuld relevant.

6. Die Übertragung der Briefgrundschuld wird durch Briefübergabe bewirkt. Bei nur teilweiser Rückübertragung müssen entsprechende Teilgrundschuldbriefe gebildet werden.

7. Die Rückübertragung der Grundschuld durch den Drittschuldner muss zur Vermeidung von Zwischenverfügungen des Schuldners an einen Sequester erfolgen (vgl. Form. III. B. 27, Anm. 6), den Gläubiger dann benennen sollte. Bei Buchgrundschulden muss auch noch die Eintragung des Pfändungsvermerks ins Grundbuch beantragt werden (vgl. Form. III. B. 9 unter c).

8. Weiter wie Form. III. B. 6.

Gehört das Grundstück mehreren Personen (praktisch häufig: einem Ehepaar) in Bruchteilsgemeinschaft, so ist zu unterscheiden:

a) Ruht die Grundschuld nur auf dem Anteil des Schuldners, so gelten keine Besonderheiten.

b) Ruht die Grundschuld auf dem Gesamtgrundstück, so kann die Pfändung nur dessen Bruchteil an den Forderungen gegen den Drittschuldner erfassen. Gegen den Mitberechtigten ist dann noch vorzugehen (ggf. im selben Pfändungsantrag) durch Pfändung des Miteigentumsanteils an den Forderungen, vgl. Form. III. B. 26.a., Anm. 5.

Kosten und Gebühren

Wie Form. III. B. 6.

Rechtsmittel und Fristen

Wie Form. III. B. 6.

Verteilungsverfahren

30. Widerspruch gegen den Teilungsplan (§ 876 ZPO)

An das
Amtsgericht
Vollstreckungsgericht

Widerspruch
nach §§ 876 ZPO, 115 ZVG im Zwangsversteigerungsverfahren[1]

X ./. Y.

Namens und in Vollmacht des Gläubigers A erhebe ich gegen den in obiger Sache erstellten Teilungsplan

Widerspruch[2]

insoweit als nach Abschnitt IV Nr. ...... des Planes auf den Gläubiger der Zwangshypothek Abt. III. Nr. ...... ein Betrag von ...... EUR zugeteilt ist[3].

Begründung:

Die Eintragung der Zwangshypothek war rechtsfehlerhaft, weil ......[4]

Anmerkungen

1. Hauptbedeutung hat das Verteilungsverfahren durch entsprechende Anwendung der §§ 876 bis 882 ZPO im Zwangsversteigerungsverfahren, § 115 Abs. 1 ZVG. Sonstige Anwendungsfälle sind §§ 827, 853, 854 und 858 ZPO, und zwar nur dann, wenn Erlös zur Befriedigung aller Gläubiger nicht ausreicht und sie sich nicht einigen (vgl. *Martin,* Pfändungspfandrecht und Widerspruchsklage im Verteilungsverfahren, 1963; *Pieper* AcP 166, 536).

2. Widerspruch auch mündlich im Termin oder vorher zu Protokoll der Geschäftsstelle (§ 877 Abs. 1 ZPO).

3. Der Widerspruch muss erkennen lassen, welche Verteilung der Widersprechende beanstandet und wer insoweit vom Widerspruch betroffen wird (RGZ 26, 424). Bei formellen Fehlern im Verteilungsverfahren befristete Erinnerung, § 11 RpflegerG bzw.

sofortige Beschwerde (*Baumbach/Lauterbach/Albers/Hartmann* § 876 Rdn. 2; *Zöller/Stöber* Rdn. 12 zu § 876 ZPO.

4. Begründung ist für Wirksamkeit des Widerspruches – befristete Aussetzung der Planausführung, § 878 Abs. 1 ZPO – nicht erforderlich, für eine sinnvolle Widerspruchsverhandlung nach § 876 S. 2 ZPO aber zweckdienlich.

Kosten und Gebühren

a) Gericht: für Verteilungsverfahren über bewegliche Habe, §§ 872ff. ZPO eine halbe Gebühr nach KV zum GKG Nr. 1646.

Für Verteilungsverfahren im Zwangsversteigerungsverfahren nach § 115 Abs. 1 ZVG und §§ 872ff. ZPO eine halbe Gebühr nach KV zum GKG Nr. 5218, die sich nach Nr. 5219 auf eine 1/4 Gebühr ermäßigt bei außergerichtlicher Verteilung nach §§ 143, 144 ZVG.

b) Anwalt: für Vertretung im Verteilungsverfahren über bewegliche Habe eine 5/10 Gebühr, die sich bei Erledigung vor dem Termin auf 3/10 mindert, § 60 BRAGO.

c) Gegenstandswert:
- für Gerichtsgebühren der zur Teilung hinterlegte Betrag einschließlich aufgelaufener Zinsen (§ 8 HinterlO).
- für Anwaltsgebühren die vertretene Forderung, maximal der zu verteilende Betrag, § 57 Abs. 2 S. 4 BRAGO.

d) In Ostdeutschland 90% der gesetzlichen Gebühren.

Fristen und Rechtsmittel

Der Widerspruch schiebt, bis zu seiner Erledigung nach §§ 878ff. ZPO, die Ausführung des Teilungsplanes auf, soweit er durch den Widerspruch betroffen ist. Da über Aufschub oder Ausführung der Rechtspfleger unter Anhörung der Beteiligten entscheidet, ist gegen seine Entscheidung (etwa trotz nicht erledigten Widerspruchs auszuführen) sofortige Beschwerde nach § 11 Abs. 1 RPflG § 793 ZPO binnen zwei Wochen gegeben (vgl. auch Anm. 3 und Form. III. A. 13).

31. Widerspruchsklage gegen beteiligte Gläubiger (§ 878 ZPO)

An das
...... gericht ......[1]

Widerspruchsklage, § 878 ZPO

......[2]
wegen Abänderung eines Teilungsplanes.
Streitwert: ...... EUR[3]
Namens und in Vollmacht des Klägers beantrage ich zu erkennen:

I.

Der Widerspruch des Klägers gegen den Teilungsplan des AG ...... vom ...... im Verteilungsverfahren Az.: ...... ist begründet[4]. Der Teilungsplan wird dahin geändert, dass der Kläger mit seiner Forderung in Höhe von ...... EUR vor derjenigen des Beklagten in Höhe von ...... EUR zu befriedigen ist[5].

II.

Der Beklagte trägt die Kosten des Verfahrens.

Begründung:

Der Pfändungsbeschluss, auf dem der Vorrang des Beklagten beruht, ist wegen unzureichender Bezeichnung der gepfändeten Forderung unbestimmt und daher unwirksam[6] ...... (näher auszuführen).

Rechtsanwalt

Anmerkungen

1. Rubrum wie Form. III. A. 20.

2. Zuständig das Verteilungsgericht (AG), bei höherem Streitwert das übergeordnete Landgericht, § 879 Abs. 1 ZPO.

3. Der Betrag, der wegen Widerspruches nicht ausgezahlt wird, sondern hinterlegt bleibt, meist also der Betrag der Forderung des Beklagten, soweit darauf zugeteilt ist, höchstens aber die Forderung des Klägers, vgl. § 6 ZPO.

4. Dies ist vom Streitgericht zu prüfen, nicht schon vom Verteilungsgericht (*Zöller/Stöber* Rdn. 8 zu § 876).

5. Die Klageerhebung ist binnen Monatsfrist dem Verteilungsgericht nachzuweisen, § 878 Abs. 1 S. 1 ZPO, etwa durch Klageschriftkopie mit Gerichtseingangsstempel oder durch Terminsladung des Prozessgerichtes. Bei späterer Klage kann trotz Klage Verteilung angeordnet werden (*Baumbach/Lauterbach/Albers/Hartmann* § 878 Rdn. 4; RGZ 99, 205 ff.; *Zöller/Stöber* Rdn. 16 zu § 878). Der Kläger muss dann zur Bereicherungsklage außerhalb des Verteilungsverfahrens übergehen, § 878 Abs. 2 ZPO.

6. Zu möglichen Klagegründen vgl. *Baumbach/Lauterbach/Albers/Hartmann* § 878 Rdn. 7–10. Die Pfändung ist zB. unwirksam, wenn dem Drittschuldner eine Ausfertigung des Pfändungsbeschlusses zugestellt wird, die anstelle der Unterschrift des Rechtspflegers ein Fragezeichen aufweist (BGH RPfleger 1981, 437). Zum Verteilungsverfahren bei Pfändung laufender Forderungen (Lohn, Miete) *Zöller/Stöber* Rdn. 8 zu § 874. Erklärt sich der Gläubiger, gegen dessen Recht sich der Widerspruch richtet, für außergerichtlich durch den Ersteher befriedigt, so muss die Klage gegen den Ersteher gerichtet werden, BGH NJW 1980, 2586.

Kosten und Gebühren

a) Gericht: Gebühren des Erkenntnisverfahrens KV zum GKG Nr. 1210.
b) Anwalt: Gebühren des Erkenntnisverfahrens, §§ 31 ff. BRAGO.
c) In Ostdeutschland 90% der gesetzlichen Gebühren.

Fristen und Rechtsmittel

Wie im normalen Erkenntnisverfahren, vgl. Form. I. O. 1.

Zwangsvollstreckung in das unbewegliche Vermögen: Zwangshypothek

32. Antrag auf Eintragung einer Zwangshypothek bei Grundstück, Erbbaurecht, Wohnungseigentum (§ 867 ZPO)

a) Grundstück (hier: hälftiger Miteigentumsanteil an zwei Grundstücken auf einem Grundbuchblatt)

An das
Amtsgericht
Grundbuchamt[1]

Antrag auf Eintragung einer Zwangshypothek

[2, 3] ......

Namens und mit Vollmacht[3 a] des Gläubigers beantrage ich

wegen dieser Ansprüche eine Zwangshypothek auf dem hälftigen Miteigentumsanteil des Schuldners an dem Grundstück in (Anschrift, FlSt.-Nr.), eingetragen[4] im Grundbuch von ...... Bd. ...... Bl. ......, einzutragen[5],
und zwar zu ...... EUR der Hauptforderung zuzüglich ......% Zinsen darauf seit ...... auf dem Miteigentum des Schuldners an dem Grundstück Bestandsverzeichnis Nr. 1, FlSt.-Nr. ...... und für die restliche Forderung von ...... (mit Zinsen und Kosten anzugeben) auf dem Miteigentum des Schuldners an dem Grundstück Bestandsverzeichnis Nr. 2, FlSt.-Nr. ......[6].

Titel und Vollstreckungsunterlagen erbitte ich anschließend zurück.
Die Kosten des Eintragungsantrages berechne ich nachstehend[7, 8].

Rechtsanwalt

b) Wohnungseigentum

......[2]

auf dem Wohnungseigentum des Schuldners in (Anschrift), eingetragen im Wohnungs-Grundbuch von ...... Bd. ...... Bl. ......, einzutragen
...... (im Übrigen wie a.)[9]

c) Erbbaurecht

......[2]

auf dem Erbbaurecht des Schuldners auf dem Grundstück in (Anschrift) eingetragen im Erbbaugrundbuch von ...... Bd. ...... Bl. ...... einzutragen.

Die Zustimmung des Grundstückseigentümers füge ich in notariell beglaubigter Form bei[10].
...... (im Übrigen wie oben a.)

Schrifttum: Stöber, Zwangsvollstreckung in das unbewegliche Vermögen, 7. Aufl. 1999; *Hintzen,* Handbuch der Immobiliarvollstreckung, 3. Aufl. 1999

Anmerkungen

1. Zuständig das Grundbuchamt des Amtsgerichts der Grundstücksbelegenheit, § 1 GBO. Der Antrag ist formlos zulässig. Rücknahme und Löschung aber nur in notariell beglaubigter Form, wegen § 29 GBO.

Wirtschaftlich wird dieser Antrag nur ausnahmsweise Erfolg haben. Denn bei Gewerbegrundstücken regelmäßig und bei Wohngrundstücken jedenfalls in den ersten Jahren nach Bau oder Erwerb sind die werthaltigen Rangstellen für die Finanzierung ausgeschöpft.

2. Rubrum und Forderungsberechnung wie Form. III. B. 6.

3. Voraussetzung ist ein vollstreckbarer zugestellter Titel, § 750 ZPO. Die nicht titulierten bisherigen Vollstreckungskosten sind zu belegen (Form. III. B. 1 Anm. 1). Für mehrere Titel, so Urteil und Kostenfestsetzungsbeschluss, kann „eine einheitliche Sicherungshypothek eingetragen werden“, § 866 Abs. 3 S. 2 ZPO. Die Gesamtforderung einschließlich Kosten, ohne Zinsen, muss 750 EUR übersteigen, § 866 Abs. 3 S. 1 ZPO.

3a. Wenn der Anwalt nicht schon im Titel als Bevollmächtigter des Gläubigers ausgewiesen ist, ist schriftliche Vollmacht beizufügen.

4. Schuldner muss Eigentümer und eingetragen sein (Ausnahmen bei *Zeller/Stöber* ZVG Einl. Rdn. 63.5).

5. Mit Eintragung hat der Gläubiger nur eine Sicherung erlangt. Sie wird kraft Gesetzes unwirksam (§ 88 InsO), wenn binnen eines Monats nach Eintragung Antrag auf Eröffnung des Insolvenzverfahrens gestellt und das Verfahren eröffnet wird.

6. Regelmäßig soll eine Forderung nur mit einer Zwangshypothek besichert werden (Ausnahmen bei *Zeller/Stöber* ZVG Einl. Rdn. 68.5). Bei Belastung mehrerer Grundstücke – auch auf einem Grundbuchblatt (!), § 4 GBO – muss die Forderung auf die einzelnen Grundstücke verteilt werden, § 867 Abs. 2 ZPO. Sonst erfolgt ungünstigstenfalls kurzerhand Antragsabweisung, richtigerweise aber eine – nicht rangwahrende – Zwischenverfügung (vgl. BGH NJW 1958, 1090; *Zöller/Stöber* Rdn. 4 zu § 867). Verteilung auch bei mehreren getrennten Grundstücken erforderlich vgl. BGH NJW 1991, 2022, was durch Eintragung auf dem Titel, § 867 Abs. 1 S. 1 ZPO gesichert wird. In jeweils voller Höhe seiner Forderung kann der Gläubiger sich den Rang an zwei Schuldnergrundstücken sichern, indem er auf dem ersten Grundstück eine Zwangshypothek eintragen lässt und dann auf dem zweiten Grundstück die Zwangsversteigerung beantragt.

Will der Gläubiger, etwa um sich auf einem anderen Grundstück rangbesser zu sichern, auf eine Zwangshypothek verzichten, muss er nach § 1168 BGB vorgehen; dazu, mit Formulierungsvorschlag, *Bruder* NJW 1990, 1163.

7. Die Antragskosten sind nur zu berechnen, nicht in die einzutragende Forderung aufzunehmen, da das Grundstück für sie kraft Gesetzes haftet, § 867 Abs. 1 S. 2 ZPO. Sonst evtl. Zurückweisung (*Löscher* Rpfleger 1960, 355), richtigerweise aber nur Nichteintragung dieser Kosten (*Zeller/Stöber* ZVG § 1 Einl. Rdn. 70.2).

8. Da der Miteigentumsanteil, zumal bei einem Einfamilienhaus, selten Marktwert hat, weitere Vollstreckung durch Aufhebung der Gemeinschaft und Versteigerung des Gesamtgrundstücks, „großes Antragsrecht“(Form. III. B. 26 Anm. 4).

9. Wohnungs- oder Teileigentum unterliegt als besonders ausgestalteter Grundstücksmiteigentumsanteil wie ein solcher der Vollstreckung. Anzugeben ist die Wohnungsgrundbuchstelle, § 7 WEG.

10. Auch ins Erbbaurecht kann wie in ein Grundstück vollstreckt werden, § 11 ErbbauVO. Anzugeben ist die Erbbaugrundbuchbezeichnung, § 14 ErbbauVO. Ist für Belastungen Zustimmung des Eigentümers nach § 5 ErbbauVO vereinbart, muss diese vor

Eintragung in der Form des § 29 GBO nachgewiesen werden, § 15 ErbbauVO. Bei grundloser Weigerung kann das Recht auf Zustimmung und Ersetzung nach § 7 ErbbauVO zur Ausübung gepfändet und die Zustimmung durch das Gericht ersetzt werden (BGH NJW 1960, 2093; *Stöber* Rdn. 1535).

Kosten und Gebühren

a) Gericht: volle Gebühr nach Tabelle zu § 32 KostO, gemäß § 62 Abs. 1 KostO. Bei Verteilung auf mehrere Grundstücke liegen mehrere Zwangshypotheken vor, für die jeweils gesondert die Eintragungsgebühr erhoben wird, § 63 Abs. 1 KostO.

b) Anwalt: besondere 3/10 Vollstreckungsgebühr nach §§ 57, 58 Abs. 3 Nr. 6 BRAGO.

c) In Ostdeutschland 90% der gesetzlichen Gebühren.

Fristen und Rechtsmittel

Da das Grundbuchamt tätig wird, sind bei unberechtigter Eintragung oder unberechtigter Ablehnung die Rechtsbehelfe nach der Grundbuchordnung gegeben, einfache (nicht fristgebundene) Beschwerde, § 71 GBO zum LG und weitere Beschwerde zum OLG. Gegen eine zu Unrecht erfolgte Eintragung kann sie meist nur zur Eintragung eines Amtswiderspruchs zur Verhinderung gutgläubigen Erwerbs führen, § 71 Abs. 2 GBO.

Zwangsversteigerung

33. Zwangsversteigerungsantrag für Grundstück, Erbbaurecht, Wohnungseigentum

a. bei persönlicher Forderung[1]

An das
Amtsgericht
Vollstreckungsgericht[2]

Zwangsversteigerungsantrag

......[2a]

Der Schuldner ist als Eigentümer des Grundstücks (oder zB.: ...... des Miteigentumsanteils zu 1/2 an dem Grundstück ......[3])
(oder: ...... als Erbbauberechtigter des Erbbaurechts auf dem Grundstück ......[4])
(oder: ...... als Wohnungseigentümer auf dem Grundstück[5])
in A, X-Straße Nr. ......, FlSt.-Nr. ......, im Grundbuch (oder: im Erbbaugrundbuch; oder: im Wohnungsgrundbuch) von ...... Bd. ...... Bl. ......[6] eingetragen. Ich beziehe mich insoweit auf die angegebene Grundbuchstelle[7].
Wegen der obigen Ansprüche des Gläubigers sowie wegen der Kosten dieses Verfahrens von ...... EUR Anwaltskosten, ... EUR Kosten für beglaubigten Grundbuchauszug

und ca. ...... EUR Reisekosten zum Versteigerungstermin[8] beantrage ich namens und mit Vollmacht des Gläubigers,

die Zwangsversteigerung dieses Grundstücks
(oder: des Miteigentums des Schuldners an diesem Grundstück)
(oder: dieses Erbbaurechts)
(oder: dieses Wohnungseigentums)
anzuordnen.

Zugleich beantrage ich,
den Anordnungsbeschluss dem Pächter (Mieter) des Grundstücks, Herrn M, zuzustellen[9].

Rechtsanwalt

b. bei dinglich gesicherter Forderung[10]

......[2a]
Nach dem Urteil des Landgerichts ...... vom ...... Az. ......, dessen vollstreckbare zugestellte Ausfertigung ich beifüge, ist der Schuldner zur Duldung der Zwangsvollstreckung in das Grundstück (Anschrift, FlSt.-Nr.), eingetragen im Grundbuch von ...... Bd. ...... Bl. ......, aus der in Abteilung III Nr. ...... eingetragenen Grundschuld über ...... EUR zuzüglich ......% Zinsen ab ...... verpflichtet[11].
Wegen dieses dinglichen Anspruches[12] sowie wegen der Kosten für
– die Erwirkung des dinglichen Titels
– und diesen Antrag[13]
beantrage ich namens und mit Vollmacht des Gläubigers,
die Zwangsversteigerung des genannten Grundstücks anzuordnen.

Rechtsanwalt

Schrifttum: Zeller/Stöber, ZVG, 16. Aufl. 1999; *Storz*, Praxis des Zwangsversteigerungsverfahrens, 8. Aufl. 2000; *Balser/Bögner/Ludwig*, Vollstreckung im Grundbuch, 10. Aufl. 1994.

Anmerkungen

1. Man kann neben oder vor dem Versteigerungsantrag eine Zwangshypothek beantragen, vgl. § 866 Abs. 2 ZPO. Da auch die Eintragung des Zwangsversteigerungsvermerks bzw. der Beitritt (vgl. Form. III. B. 34) den Rang sichern, ist das wegen der Kosten nur sinnvoll, wenn vor der Zwangsversteigerung noch andere Vollstreckungsmaßnahmen erfolgen sollen.

Wirtschaftlich hat der Antrag eines bislang dinglich nicht am Grundstück besicherten Gläubigers nur ausnahmsweise Erfolg. Denn die werthaltigen Rangstellen sind i.d.R. durch Grundpfandrechte belegt (vgl. Form. III. B. 32 Anm. 1).

Bei Vorbelastungen weit über dem Verkehrswert kann für den Versteigerungsantrag das Rechtsschutzbedürfnis fehlen oder das Verfahren nach § 765a ZPO aufgehoben werden, Form. III. A. 13 (vgl. dazu OLG Koblenz RPfleger 1986, 25 mit Anm. *Meyer-Stolte*).

2. Zuständig ist für Zwangsversteigerung das Vollstreckungsgericht, § 15 ZVG, örtliche Zuständigkeit nach § 1 ZVG beim AG der Grundstücksbelegenheit.

2a. Rubrum, Eingang und Forderungsaufstellung wie Form. III. B. 6. Die Auffassung (LG Frankfurt RPfleger 1979, 433; LG Oldenburg RPfleger 1981, 492), bei geringer

Gläubigerforderung sei der Antrag nur unter erschwerten Voraussetzungen (fehlgeschlagene Mobiliarpfändung oä.) zulässig, ist im Ansatz verfehlt. Wenn der Schuldner noch mobiles Vermögen hat, muss er dies zur Tilgung der geringen Schuld einsetzen. Ihn, nicht den Gläubiger, treffen insoweit Obliegenheiten, vgl. *Musielak/Lackmann* Rdn. 8 zu § 765 a ZPO unter Hinweis auf BVerfG NJW 1983, 559.

3. Wirtschaftlich ist die Versteigerung nur des Anteils („kleines Antragsrecht") nicht zu empfehlen, vgl. Form. III. B. 32 Anm. 8.

4. Nach hM. (BGH NJW 1960, 2093; *Zeller/Stöber* ZVG § 15 Rdn. 13.8 mwN.) muss eine nach § 5 ErbbauVO erforderliche Veräußerungszustimmung des Grundeigentümers erst bei Zuschlag, nicht schon bei Anordnung vorliegen, im übrigen Form. III. B. 32 Anm. 10. Bei Zwangsverwaltung ist Zustimmung nicht erforderlich (*Mohrbutter,* Handbuch des gesamten Vollstreckungs- und Insolvenzrechts, 2. Aufl. 1974, S. 608).

5. Auch beim Wohnungseigentum kann zur Veräußerung die Zustimmung Dritter erforderlich sein, § 12 WEG. Auch hier muss sie erst bei Zuschlag vorliegen. Der Gläubiger kann sie direkt, ohne vorherige Pfändung des Zustimmungsanspruches, verlangen, nach § 43 Abs. 1 WEG oder durch Klage, vgl. *Zeller/Stöber* ZVG § 15 Rdn. 45.7.

6. Zu den Antragserfordernissen vgl. § 16 ZVG.

7. Nur zulässig, wenn das Grundbuch, wie regelmäßig, beim gleichen Gericht geführt wird, § 17 Abs. 2 S. 2 ZVG. Sonst muss Zeugnis über die Eintragung des Schuldners als Eigentümer vorgelegt werden, § 17 Abs. 2 S. 1 ZVG.

8. Für Verfahrenskosten (vgl. auch Anm. 13) haftet das Grundstück kraft Gesetzes im Rang der Hauptforderung, § 10 Abs. 2 ZVG. Sie sind aber anzumelden und Berechnung im Antrag erspart gesonderte Anmeldung, § 114 Abs. 1 S. 2 ZVG (*Zeller/Stöber* ZVG § 10 Rdn. 15.8).

9. Um Verfügungen des Schuldners über die Miete zu verhindern, vgl. § 57b Abs. 1 ZVG. Alternativer Antrag: „...... Ermittlungen nach den Pächtern oder Mietern anzustellen." (näher *Zeller/Stöber* ZVG § 57b Rdn. 6).

10. Zur Vollstreckung im Range einer Reallast, Hypothek oder Grundschuld benötigt der Gläubiger einen Duldungstitel gegen den Eigentümer, §§ 1147, 1192, 1107 BGB, sofern er nicht bei Bestellung der Belastung durch vollstreckbare notarielle Urkunde geschaffen wurde, § 800 ZPO. Für die Zwangshypothek ist gem. § 867 Abs. 3 ZPO ein besonderer dinglicher Titel für die Zwangsversteigerung nicht mehr erforderlich. Die Klage auf Duldung verteuert und verzögert das Verfahren erheblich. Die Vollstreckung aus der persönlichen Forderung wäre nachrangig.

11. Zur dinglichen Klage vgl. Form. II. F. 12.
Der dingliche Titel ermöglicht gem. §§ 1147, 1123 BGB auch den vorrangigen Zugriff auf die für Vermietung des Grundstücks bestehenden Mietforderungen.

12. Wenn zugleich, etwa bei vollstreckbarer Urkunde, auch aus dem persönlichen Anspruch vollstreckt werden soll, ist dies anzugeben (*Zeller/Stöber* ZVG § 15 Rdn. 4.4).

13. Für alle nicht aus dem Grundbuch ersichtlichen Ansprüche ist Anmeldung erforderlich, entweder schon im Antrag (dann hier mit genauer Spezifizierung) oder spätestens bis zum Beginn der Bietungsstunde, § 37 Nr. 4 mit § 45 ZVG (*Zeller/Stöber* ZVG § 45 Rdn. 2.6). Bei eingetragenen Rechten sind anzumelden vor allem die Rechtsverfolgungskosten sowie rückständige Zinsen (näher zur Anmeldung *Zeller/Stöber,* ZVG Rdn. 3 und 5 zu § 45). Bei verspäteter Anmeldung droht Rangverlust, bei Unterlassung Anspruchsverlust. Für noch nicht entstandene Kosten können Pauschalen angesetzt werden, die vor Aufnahme in den Teilungsplan zu spezifizieren sind (*Dassler/Schiffhauer/Gerhardt* ZVG, 12. Aufl. 1991, § 10 Anm. XI.).

Kosten und Gebühren

a) Gericht: Für die Entscheidung über den Antrag wird jetzt eine Festgebühr von 51 EUR erhoben, KV zum GKG Nr. 5210, für das weitere Verfahren i.d.R. 2 Gerichtsgebühren, vgl. KV Nr. 5210ff.

b) Anwalt: für Zwangsversteigerungsantrag eine 3/10 Gebühr nach § 68 Abs. 1 Nr. 1 BRAGO.

c) Gegenstandswert: Wert der zu vollstreckenden Forderung ohne Nebenkosten (§ 22 Abs. 1 GKG), maximal der Grundstückswert, vgl. näher § 29 Abs. 1 GKG und § 68 Abs. 3 Nr. 1 BRAGO.

d) In Ostdeutschland 90% der gesetzlichen Gebühren.

Fristen und Rechtsmittel

Der Schuldner, der bei Anordnung nicht gehört wird, hat die einfache Erinnerung, § 766 ZPO. Der Gläubiger hat, wenn die Anordnung der Versteigerung abgelehnt wird, die sofortige Beschwerde nach § 11 RPflG § 95 ZVG, binnen zwei Wochen (näher: *Zeller/Stöber*, ZVG, Rdn. 5 zu § 15).

34. Antrag auf Zwangsversteigerungsbeitritt

An das
Amtsgericht
Vollstreckungsgericht

Antrag auf Zwangsversteigerungsbeitritt[1]

……[2]

beantrage ich namens und mit Vollmacht des Gläubigers,
den Beitritt zu der mit Beschluss vom …… Az. …… für dieses Grundstück bereits angeordneten[3] Zwangsversteigerung[4] zuzulassen.

Rechtsanwalt

Anmerkungen

1. Es kann auch ohne Nachteil Zwangsversteigerung wie Form. III. B. 33 beantragt werden. Das führt kraft Gesetzes zum Beitritt, § 27 Abs. 1 ZVG, wenn schon Zwangsversteigerung angeordnet ist. Der Beitrittsantrag wird automatisch als Anordnungsantrag behandelt, wenn der Vorantrag zB. durch Rücknahme wegfällt (*Zeller/Stöber* ZVG § 27 Rdn. 2.2 und 2.3).

Ob für den Beitritt der Eintragungsnachweis nach § 17 Abs. 2 ZVG erforderlich ist, ist str. (vgl. *Zeller/Stöber* ZVG § 27 Rdn. 2.5), deswegen vorsorglich geboten.

2. Rubrum, Forderungsaufstellung und Eingangsformel wie Form. III. B. 33.

3. Die dortige Beschlagnahme wirkt auch für den Beitretenden, § 27 Abs. 2 ZVG, aber erst von seinem Beitritt an (*Mohrbutter,* Handbuch des gesamten Vollstreckungs- und Insolvenzrechts, 2. Aufl. 1974, § 33 III).

4. Der Beitrittsantrag kann auch bei aussichtslosem Rang nützlich sein, vgl. „Taktische Hinweise" bei *Storz,* Praxis des Zwangsversteigerungsverfahrens, 8. Aufl. 2000, Abschn. C. 1. 4. 4.

Kosten und Gebühren

Wie Form. III. B. 33, da der Beitrittsantrag rechtlich ein selbstständiges Versteigerungsverfahren einleitet.

Fristen und Rechtsmittel

Wie Form. III. B. 33.

35. Antrag auf Einstellung der Zwangsversteigerung

a) erneuter Gläubigerantrag, § 30 ZVG

An das
Amtsgericht
Vollstreckungsgericht

Einstellungsantrag

In der Zwangsversteigerungssache

X ./. Y

nehme ich Bezug auf die Einstellungsbewilligung des Gläubigers vom ......[1].
Namens und in Vollmacht des Gläubigers beantrage ich,
die Fortsetzung des Versteigerungsverfahrens und bewillige zugleich die erneute einstweilige Einstellung[2].
Die Verhandlungen über außergerichtliche Erledigung sind noch nicht abgeschlossen[3].

Rechtsanwalt

b) Schuldnerantrag, § 30 a ZVG[4]

......
beantrage ich namens und in Vollmacht des Schuldners,
das am ......[5] angeordnete Versteigerungsverfahren einstweilen bis ......[6] einzustellen.

Begründung:

1. Nach der beigefügten Bescheinigung des Autobahnneubauamtes O wird es das Grundstück in den nächsten Wochen zu ca. ...... EUR aufkaufen. Dieser Preis deckt die Forderung beider betreibenden Gläubiger. Der Schuldner hat, wie aus dem weiter beigefügten Schreiben hervorgeht, dem Gläubiger die Abtretung des Kaufpreises in entsprechender Höhe angeboten, um die Versteigerung zu vermeiden[7].

2. ...... (zu Verhältnissen des Schuldners und Belangen des Gläubigers vgl. Begründung zu Form. III. B. 4).

3. Da das Grundstück bisher als Ackerland genutzt und verkauft werden sollte, besteht die Gefahr eines Wertverlustes nicht.

4. Da nach Ausführungen zu 2. der Schuldner bis zum Verkauf höhere Leistungen als bisher auf die Zinsen nicht erbringen kann, bitte ich von einer Anordnung nach § 30a Abs. 3 ZVG abzusehen[8].

Rechtsanwalt[9]

Anmerkungen

1. Der Gläubiger kann das Versteigerungsverfahren einstweilen einstellen lassen, zB. wenn Leistung des Schuldners oder eines Dritten außergerichtlich in Aussicht steht. Er muss aber binnen 6 Monaten Fortsetzung beantragen, sonst Verfahrensaufhebung, § 31 Abs. 1 ZVG, mit Verlust der Beschlagnahmewirkung! **Also Frist ab Einstellung notieren!**

2. Der Gläubiger kann nur zweimal für jeweils maximal 6 Monate einstellen lassen, § 30 Abs. 1 S. 2 ZVG. Schließt die zweite Einstellung an die Erste an, ist vorsorglich wegen § 31 Abs. 1 ZVG Fortsetzung zu beantragen und zugleich erneute Einstellung zu bewilligen (*Ordemann* AcP 157, 470). Antrag auf „Verlängerung der Einstellung" ist aber entsprechend umzudeuten (*Zeller/Stöber* ZVG § 30 Rdn. 3.1 mwN.).

3. Begründung nicht erforderlich, aber zur Information nützlich.

4. Um unnötige Wertverluste durch Versteigerung zu vermeiden, kann der Schuldner unter strengen formellen und materiellen Voraussetzungen in Anlehnung an § 813b ZPO Einstellung beantragen, vgl. Form. III. B. 4.

5. Der Antrag ist binnen einer Notfrist von 2 Wochen nach Belehrung über Antragsrecht und Antragsfrist zu stellen, § 30b Abs. 1 ZVG. Die Belehrung wird meist mit dem Anordnungsbeschluss zugestellt, vgl. § 30b Abs. 1 S. 3 ZVG.

6. Höchstens 6 Monate, § 30a Abs. 1 ZVG. Einmal kann unter noch engeren Voraussetzungen erneute Einstellung beantragt werden, § 30 c ZVG. Zur Anwendung von § 765a ZPO – Form. III. A. 13 – neben oder nach § 30a ff. ZVG, auch entgegen § 30c Abs. 2 ZVG, vgl. *Zeller/Stöber* ZVG § 30 c Rdn. 7. Zur Kombination der verschiedenen Einstellungsanträge *Zeller/Stöber* ZVG § 30 Rdn. 6.

7. An die Aussicht, Versteigerung zu vermeiden, stellt die Praxis mit Recht strenge Anforderungen. Vage Ankündigungen reichen nicht.

8. Der Schuldner sollte auch zum Fehlen der Voraussetzungen von § 30a Abs. 2 u. Abs. 3 ZVG vortragen, insbesondere dartun, weshalb er nicht wenigstens die laufenden Zinsen aufbringen kann.

9. Insolvenz hindert die Zwangsversteigerung aus dinglichem Anspruch nicht § 49 InsO. Ein laufendes Versteigerungsverfahren wird durch Insolvenz auch nicht nach § 240 ZPO unterbrochen (AG Göttingen ZIP 1999, 2107 mwN. Aber der Insolvenzverwalter kann einstweilige Einstellung geltend machen, § 30d ZVG. Häufigster Fall ist die beabsichtigte Verwertung eines Betriebes mit dem Betriebsgrundstück.

Auch das Prozessgericht kann auf die allgemeinen Rechtsbehelfe hin die Vollstreckung einstweilen einstellen, zB. nach §§ 707, 719, 732 Abs. 2, 769 bis 775, 785, 786, 794a ZPO. Dies führt zur Einstellung der Zwangsversteigerung durch das Vollstreckungsgericht nach § 775 Nr. 2 ZPO.

Zur Möglichkeit, durch ständige Schuldnerschutzanträge das Verfahren faktisch zu verschleppen vgl. *Engel* RPfleger 1981, 81 ff., mit Abhilfevorschlägen; zur Abhilfe auch OLG Köln RPfleger 1980, 234.

Kosten und Gebühren

Für das Einstellungsverfahren, gleich ob auf Gläubiger- oder Schuldnerantrag, fallen gesonderte Gebühren nicht an.

Die Tätigkeit des Gerichtes ist mit der allgemeinen Verfahrensgebühr von 0,5 der vollen Gebühr für die Zeit bis zum Beginn des Versteigerungstermins, KV zum GKG Nr. 5212, danach durch die Terminsgebühr, KV zum GKG Nr. 5215 abgegolten.

Die Tätigkeit des Anwalts wird auf Gläubiger- und Schuldnerseite, durch die allgemeine 3/10 Versteigerungsverfahrensgebühr nach § 68 Abs. 1 Nr. 1 BRAGO abgegolten, wie § 68 Abs. 1 S. 1 BRAGO nun ausdrücklich bestimmt.

Soweit der Schuldnerantrag nach §§ 30a ff. ZVG auch als Antrag nach § 765a ZPO gestellt oder ein solcher daneben gesondert gestellt wird, ist strittig, ob hierfür eine besondere 3/10 Anwaltsvollstreckungsgebühr anfällt, was angesichts der ausdrücklichen Regelung in § 58 Abs. 3 Nr. 3 BRAGO zu bejahen ist (so auch *Zeller/Stöber* ZVG Einleitung Rdn. 89.7 mwN.).

In Ostdeutschland 90% der gesetzlichen Gebühren.

Fristen und Rechtsmittel

Antragsfrist für Schuldner zwei Wochen, vgl. Anm. 5. Gegen die Entscheidung über einen Schuldnerantrag auf Einstellung ist die sofortige Beschwerde gegeben, § 30b Abs. 3 ZVG, binnen zwei Wochen.

36. Beschwerde gegen Verkehrswertfestsetzung[1] (§ 74a Abs. 5 S. 3 ZVG)

An das
Amtsgericht
Vollstreckungsgericht

Sofortige Beschwerde[2]

in der Zwangsversteigerungssache

X ./. Y.

Namens und mit Vollmacht des Schuldners[3] beantrage ich,

den Wertfestsetzungsbeschluss in dieser Sache vom ...... aufzuheben und den Verkehrswert auf mindestens ...... EUR festzusetzen[4].

Begründung:

Das Sachverständigengutachten vom ......, auf dem die Festsetzung beruht, leidet unter erheblichen Mängeln ...... (näher auszuführen).

Dass der Verkehrswert mindestens ...... EUR beträgt, ergibt sich daraus, dass ...... (näher auszuführen)[5].

Rechtsanwalt

Anmerkungen

1. Nach § 85 a ZVG wird, um Verschleuderung zu verhindern, im 1. Versteigerungstermin der Zuschlag von Amts wegen versagt, wenn das Meistgebot die Hälfte des Verkehrswertes nicht erreicht. Nach § 74 a Abs. 1 ZVG geschieht das auf Antrag bei Meistgebot unter 7/10 des Verkehrswertes. Die dafür bedeutsame Verkehrswertfestsetzung erfolgt nach § 74 a Abs. 5 ZVG durch Beschluss, der vor Zuschlag, § 74 a Abs. 5 S. 3 ZVG, aber nicht mehr bei Zuschlag, § 74 a Abs. 5 S. 4 ZVG, anfechtbar ist.

2. Die in § 74 a Abs. 5 S. 3 ZVG gegebene Beschwerde ist nach § 11 Abs. 1 RPflG auch gegen die Entscheidung des RPflg. gegeben.

3. Beschwerdeberechtigt ist auch der Schuldner (OLG Frankfurt BB 1954, 1053; *Zeller/Stöber* ZVG § 74 a Rdn. 9.2 mwN., früher str.).

4. Es kann auch Herabsetzung des Wertes beantragt werden, z B. durch einen nach § 114 a ZVG Beteiligten (hM., *Zeller/Stöber* ZVG § 74 a Rdn. 9.4; *Dassler/Schiffhauer/Gerhardt* ZVG, 12. Aufl. 1991, § 74 a Rdn. 35; anders LG Göttingen RPfleger 1973, 105). In der Regel strebt der Schuldner eine höhere, ein Gläubiger dagegen eine niedrigere Festsetzung des Wertes an. Aber auch gegenteilige Interessenlagen sind möglich, vgl. *Storz,* Praxis des Zwangsversteigerungsverfahrens, 8. Aufl. 2000, Abschn. C 2.2.4.

5. Zur Verkehrswertermittlung vgl. BGH NJW 1970, 2018 und *Zeller/Stöber* ZVG § 74 a Rdn. 7.3 ff. mwN.

Kosten und Gebühren

a) Für Gericht: bei Verwerfung oder Zurückweisung der Beschwerde eine Viertelgebühr gem. KV Nr. 5241 zum GKG.
b) Für Anwalt hälftige Gebühren nach § 70 Abs. 1 BRAGO.
c) Gegenstandswert: Nach KG Rpfleger 1968, 403 ein Drittel der angestrebten Wertdifferenz.
d) In Ostdeutschland 90% der gesetzlichen Gebühren.

Fristen und Rechtsmittel

Durch das ZPO-Reformgesetz ist per 1. 1. 2002 der Rechtsbehelfsausschluss in § 74 a Abs. 5 S. 3 2. Halbsatz ZVG entfallen. Daher ist bei Zulassung durch das Beschwerdegericht die Rechtsbeschwerde nach §§ 574 ff. ZPO zulässig, vgl. Form. III. A. 22.

37. Antrag auf Aufhebung der Beschlagnahme von Zubehör (§ 37 Nr. 5 ZVG)

An das
Amtsgericht
Vollstreckungsgericht

In der Zwangsversteigerungssache

X ./. Y

beantrage ich namens und mit Vollmacht der Firma P (Adresse),

das Zwangsversteigerungsverfahren hinsichtlich der auf dem Versteigerungsgrundstück eingebauten Kegelbahnanlage Marke ...... mit 6 Bahnen (ggf. nähere Beschreibung) aufzuheben[1].

Begründung:

Die Bahn ist unter Eigentumsvorbehalt an den Schuldner verkauft und nicht bezahlt[2]. Der betreibende Gläubiger hat in seinem beigefügten Schreiben vom ...... zur Vorlage bei Gericht die Aufhebung der Versteigerung bezüglich der Kegelbahn bewilligt[3]. Sollten weitere betreibende Gläubiger vorhanden sein, bitte ich um Hinweis[4].

Rechtsanwalt

Anmerkungen

1. Zum Schutze des Bieters erstreckt sich die Versteigerung auch auf Zubehör im Besitz des Schuldners (nicht bei Alleinbesitz seiner Mieter, *Zeller/Stöber* ZVG § 55 Rdn. 3.2 mwN.). Ist es Eigentum Dritter, so obliegt es nach § 55 Abs. 2 mit § 37 Nr. 5 ZVG diesen, die teilweise Aufhebung oder Einstellung des Verfahrens für diese Gegenstände herbeizuführen. Sonst erwirbt der Ersteigerer an ihnen Eigentum, der Voreigentümer kann nur anteiligen Wertersatz aus dem Versteigerungserlös verlangen (näher *Zeller/Stöber* ZVG § 37 Rdn. 6.8).

2. Ob ein Gegenstand Zubehör oder Bestandteil ist, ist bei Bewilligung des Gläubigers oder prozessgerichtlicher Entscheidung vom Vollstreckungsgericht nicht zu prüfen (OLG Hamm MDR 1967, 773; *Zeller/Stöber* ZVG § 29 Rdn. 4.2; *Dassler/Schiffhauer/Gerhardt,* ZVG, 12. Aufl. 1991, § 55 Rdn. 8). Zur Abgrenzung Zubehör/Bestandteil vgl. *Palandt/Heinrichs* § 93 Rdn. 5, § 97 Rdn. 11.

3. Gibt der Gläubiger die Sache nicht frei, ist Klage nach § 771 ZPO erforderlich, Form. III. A. 19, ggf. mit dem dort Anm. 6 genannten Antrag auf einstweilige Anordnung. In Eilfällen, etwa im Versteigerungstermin, kann auch das Vollstreckungsgericht vorläufig gemäß § 769 Abs. 2 ZPO einstellen, Form. III. A. 17.

4. Alle betreibenden Gläubiger müssen die Aufhebung bewilligen.

Kosten und Gebühren

Auch diese Tätigkeit wird für Gericht und Gläubigeranwalt durch die allgemeinen Verfahrensgebühren abgegolten, vgl. Form. III. B. 35.

Auch der sein Recht anmeldende Eigentümer eines Zubehörteils ist Beteiligter iS. von § 9 ZVG (*Zeller/Stöber* ZVG § 9 Rdn. 2.5). Daher erhält sein Anwalt für den Aufhebungsantrag die allgemeine $^{3}/_{10}$ Verfahrensbeteiligungsgebühr nach § 68 Abs. 1 Nr. 1 BRAGO. Vertritt der Anwalt einen nicht iS. von § 9 ZVG Beteiligten, so fallen Gebühren nach § 118 BRAGO an, außer bei Vertretung eines Bieters, wofür eine $^{2}/_{10}$ Gebühr nach § 68 Abs. 2 BRAGO anfällt.

In Ostdeutschland 90% der gesetzlichen Gebühren.

Fristen und Rechtsmittel

Bei Ablehnung des Antrages – die bei Bewilligung des Gläubigers praktisch kaum vorkommen wird – hat der Antragsteller die sofortige Beschwerde nach § 11 Abs. RPflG mit § 793 ZPO binnen zwei Wochen, ebenso der Gläubiger, wenn der Rechtspfleger Beschlagnahme zu Unrecht aufhebt.

38. Antrag auf abweichende Versteigerungsbedingungen (§ 59 ZVG)

An das
Amtsgericht
Vollstreckungsgericht

In der Zwangsversteigerungssache

X ./. Y

beantrage ich namens und mit Vollmacht des betreibenden Gläubigers,

von den gesetzlichen Vorschriften abweichend als Versteigerungsbedingung festzustellen[1], dass das Bargebot vom Zuschlag an mit 8% zu verzinsen ist[2].

Die Zustimmung des Schuldners und der 3 nicht im geringsten Gebot stehenden Gläubiger füge ich in notariell beglaubigter Form bei[3].

Rechtsanwalt

Anmerkungen

1. Abweichende Versteigerungsbedingungen ermöglicht § 59 ZVG bei Zustimmung der beeinträchtigten Beteiligten. Mögliche Änderungen sind (vgl. *Zeller/Stöber* ZVG § 59 Rdn. 5) zB.
- Bestehen bleiben oder Erlöschen von Rechten abweichend zu § 52 ZVG,
- Fälligstellung oder Beseitigung der Fälligkeit bestehen bleibender Rechte,
- Ausschluss des Kündigungsrechtes nach § 57a ZVG,
- Mindestsatz für ein Meistgebot.

2. Gesetzliche Bedingung sind 4% Zinsen, § 49 Abs. 2 ZVG mit § 246 BGB, auch nach dem Schuldrechtsänderungsgesetz. Da die Zinserhöhung das Bargebot mindern kann, müssen Schuldner und die übrigen Gläubiger außerhalb des geringsten Gebotes zustimmen, und zwar im Termin zu Protokoll, sonst durch öffentlich beglaubigte Urkunde, § 84 Abs. 2 ZVG. Soll die höhere Verzinsung erst bei Nichtzahlung des Bargebots ab Verteilungstermin eintreten, wird kein Beteiligter beeinträchtigt, daher keine Zustimmung erforderlich (*Dassler/Schiffhauer/Gerhardt* ZVG, 12. Aufl. 1991, § 59 Rdn. 24).

3. Stimmt ein Beteiligter nicht zu und steht seine Beeinträchtigung durch die Abweichung (wie hier) nicht fest, ist mit und ohne Abweichung auszubieten (§ 59 Abs. 2 ZPO). Wird ohne Abweichung das höhere Gebot erzielt, ist mangels Zustimmung darauf zuzuschlagen. Wird mit Abweichung das höhere Gebot erzielt, so werden die Beteiligten durch die Abweichung nicht beeinträchtigt, so dass auch ohne Zustimmung darauf zuzuschlagen ist.

Kosten und Gebühren

Soweit der Antrag schriftlich vor dem Termin gestellt wird, Abgeltung durch die allgemeinen Verfahrensgebühren, vgl. Form. III. B. 35.

Wenn, wie praktisch häufig, solche Anträge erst im Termin gestellt werden, sind sie durch die pauschale Terminsgebühr abgegolten, für das Gericht eine halbe Gebühr nach KV zum GKG Nr. 5120, für den Anwalt eines Beteiligten eine $^{4}/_{10}$ Gebühr nach § 68 Abs. 1 Nr. 2 BRAGO.

In Ostdeutschland 90% der gesetzlichen Gebühren.

Fristen und Rechtsmittel

Die Entscheidung des Rechtspflegers ist wegen § 95 ZVG nicht gesondert, sondern nur im Rahmen des Zuschlagsbeschlusses angreifbar (*Dassler/Schiffhauer/Gerhardt* ZVG, 12. Aufl. 1991 § 59 Rdn. 61), vgl. Form. III. B. 39.

39. Beschwerde gegen den Zuschlagsbeschluss

An das
Amtsgericht

Sofortige Beschwerde (§ 96 ff. ZVG)[1]

in der Zwangsversteigerungssache

X u. a. ./. Y.

Namens und mit Vollmacht des Schuldners[2] beantrage ich,
den Zuschlagsbeschluss des Gerichtes in dieser Sache vom ......[3], aufzuheben und den Zuschlag zu versagen.

Begründung:

Der Schuldner hat nach dem Versteigerungstermin, aber noch vor dem Verkündungstermin nach § 87 ZVG gemäß § 765 a ZPO Antrag auf Zuschlagsversagung gestellt[4], auf dessen Begründung ich Bezug nehme[5].
Der Rechtspfleger hat im Zuschlagsbeschluss diesen Antrag abgewiesen, weil eine sittenwidrige Härte nicht vorliege.
Dies ist unrichtig ...... (näher auszuführen).

Rechtsanwalt

Anmerkungen

1. Da der Rechtspfleger entscheidet, § 3 Nr. 1i RPflG, ist die sofortige Beschwerde nach § 11 Abs. 1 RPflG mit § 793 ZPO gegeben. Gegenüber der ZPO-Beschwerde gelten einige Abweichungen, §§ 96 bis 104 ZVG.

2. Die Beschwerdeberechtigung regelt § 97 ZVG. Auf Verzögerung gerichtete Beschwerden des Schuldners können mangels Rechtsschutzbedürfnis unzulässig sein, OLG Köln Rpfleger 1980, 233.

3. Die zweiwöchige Beschwerdefrist beginnt in Abweichung von § 569 Abs. 1 ZPO bei Zuschlagsversagung schon mit Verkündung, ebenso bei Zuschlag für die terminanwesenden Beteiligten, § 98 ZVG (näher *Zeller/Stöber* § 98 Anm. 2). Schon deshalb kann Teilnahme am Versteigerungs- und Verkündungstermin geboten sein.

4. § 100 ZVG beschränkt die Beschwerde auf die in §§ 81, 83 bis 85a ZVG genannten Fälle und die Abänderung der Versteigerungsbedingungen. Hier liegt, wenn der Antrag nach § 765a ZPO begründet war (hohe Anforderungen), ein Beschwerdegrund nach § 83 Nr. 6 ZVG vor.

5. Vgl. Form. III. A. 13. Neue, nach Zuschlagsentscheidung entstandene Gründe, so die Konkretisierung einer besseren Verwertungsmöglichkeit sind unzulässig (OLG Hamm NJW 1976, 1754; *Dassler/Schiffhauer/Gerhardt* ZVG, 12. Aufl. 1991, § 100 Rdn. 1).

Kosten und Gebühren

a) Gericht: Es entsteht, wenn die Beschwerde erfolglos bleibt, eine 0,25 Gerichtsgebühr nach KV zum GKG Nr. 5241.

b) Anwalt: Es fallen gemäß § 70 Abs. 1 BRAGO jeweils 5/10 Gebühren an, zunächst die 5/10 Prozessgebühr, ggf. auch Terminsgebühr und Beweisgebühr.

c) Gegenstandswert: Für das Gericht nach § 29 Abs. 2 S. 1 GKG der Betrag des Gebotes, auf das zugeschlagen wird, und dementsprechend auch für die Anwaltsgebühr, § 70 Abs. 2 BRAGO.

d) In Ostdeutschland 90% der gesetzlichen Gebühren.

Fristen und Rechtsmittel

Bei Zulassung durch das Beschwerdegericht Rechtsbeschwerde nach § 574ff. ZPO, vgl. Form. III. A. 2. § 101 ZVG regelt den Inhalt der Rechtsbeschwerdeentscheidung, und § 102 ZVG erweitert den Kreis der Rechtsbeschwerdeberechtigten bei Zuschlagsaufhebung auf diejenigen, denen Erlös zugeteilt wurde.

40. Vereinbarung des Bestehenbleibens (§ 91 Abs. 2 ZVG)[1]

An das
Amtsgericht
Vollstreckungsgericht

In der Zwangsversteigerungssache

X ./. Y

überreiche ich namens und mit beigefügter Vollmacht des Erstehers die notariell beglaubigte Vereinbarung[2] vom ...... zwischen Ersteher und dem Gläubiger der Buchgrundschuld Abt. III Nr. ......, wonach diese Grundschuld zu einem rangersten Teilbetrag[3] von ...... EUR gemäß § 91 Abs. 2 ZVG bestehen bleiben[4] soll.

Ich bitte daher,
die Löschung gemäß § 130 ZVG nur für den restlichen Teilbetrag von ...... EUR zu veranlassen.

Rechtsanwalt

Anmerkungen

1. Nach § 91 Abs. 1 ZVG erlöschen durch Zuschlag die nicht bestehen bleibenden Rechte. An ihre Stelle tritt, soweit die Rechte nicht ausfallen, der Anspruch auf das anteilige Bargebot. Stattdessen kann der Ersteher die Belastung übernehmen. Dafür mindert sich das Bargebot entsprechend, § 91 Abs. 3 S. 1 ZVG. Zu den Wirkungen im Übrigen *Dassler/Schiffhauer/Gerhardt,* ZVG, 12. Aufl. 1991, § 91 Rdn. 22ff. Zu den Zinsen BGH NJW 1970, 1188 mit Anm. *Drischler* und *Zeller/Stöber* § 91 Rdn. 4.6.

2. Die Vereinbarung kann im Verteilungstermin zu Protokoll erklärt werden, sonst Nachweis in öffentlich beglaubigter Urkunde, § 91 Abs. 2 ZVG, bei Briefrechten unter Beifügung des Briefes.

3. Die Vereinbarung ist auch für einen Teilbetrag zulässig.

4. Der Grundschuldgläubiger verzichtet auf einen entsprechenden Anteil am Versteigerungserlös. Soweit er wegen Nichtvalutierung der Grundschuld den Anteil an den früheren Grundstückseigentümer hätte auskehren müssen (vgl. zu diesem Anspruch Form. III. B. 29 Anm. 4), bleibt dieser Anspruch durch die hiesige Vereinbarung unberührt, BGH NJW 1985, 388.

Kosten und Gebühren

a) Gericht: keine besondere Gebühr neben der allgemeinen halben Gebühr für das Verteilungsverfahren nach KV zum GKG Nr. 5140.
b) Anwalt: für den Antrag auf Liegenbelassung keine besondere Gebühr neben der allgemeinen $^{3}/_{10}$ Verteilungsverfahrensgebühr nach § 68 Abs. 1 Nr. 3 BRAGO. Für den – außergerichtlichen – Abschluss der zugrunde liegenden Vereinbarung können daneben Gebühren nach § 118 BRAGO anfallen.
c) In Ostdeutschland 90% der gesetzlichen Gebühren.

Fristen und Rechtsmittel

Der Antrag muss eingereicht werden, bevor das Grundbuchamt um Löschung des Rechtes ersucht worden ist, § 91 Abs. 2 ZVG. Gegen eine Ablehnung des Antrages durch den Rechtspfleger ist sofortige Beschwerde gegeben, wie Form. III. A. 13. § 95 ZVG schließt sie nur vor dem Zuschlag aus.

Zwangsverwaltung[1]

41. Zwangsverwaltungsantrag

......[2]
...... beantrage ich namens und mit Vollmacht des Gläubigers,
die Zwangsverwaltung dieses Grundstücks anzuordnen.
Ich rege an, Herrn A (Anschrift) zum Zwangsverwalter zu bestellen[3].

Rechtsanwalt

Anmerkungen

1. Die Zwangsversteigerung erfasst den Substanzwert des Grundstücks, aber nicht die Nutzungen, § 24 ZVG. Die Zwangsverwaltung erfasst die Nutzungen, insbesondere also die Mieterträge, aber nicht den Substanzwert, § 148 Abs. 2 ZVG. Deshalb sind beide Verfahren, auch durch denselben Gläubiger, nebeneinander zulässig, § 866 Abs. 2 ZPO, und häufig sinnvoll. Selbst wenn die Zwangsverwaltung keine verteilungsfähigen Erträge bringt, kann die durch sie bewirkte ordnungsgemäße Verwaltung, § 152 ZVG, den Grundstückswert für das Versteigerungsverfahren erhalten oder steigern (näher *Storz,* Praxis des Zwangsversteigerungsverfahrens, 8. Aufl. 2000, Anm. 1.3.3).

2. Rubrum, Eingang, Forderungsaufstellung und Bezeichnung des der Vollstreckung unterliegenden Grundstücks wie Form. III. B. 33. Denn Anordnungs- und Beitrittsverfahren sind der Zwangsversteigerung entsprechend geregelt, § 146 Abs. 1 ZVG.

3. Die Auswahl des Zwangsverwalters steht im Ermessen des Vollstreckungsgerichtes. Der Gläubiger kann nur Anregungen geben (*Zeller/Stöber* ZVG § 150 Rdn. 2). Um die Verwaltungsvergütung, § 153 Abs. 1 ZVG, zu sparen, kann ein Institutszwangsverwalter, § 150a ZVG, oder, wenn die Verwaltung vor allem in Ziehung von Sachnutzungen besteht, der Schuldner bestellt werden, § 150b ZVG, für den dann eine Aufsichtsperson einzusetzen ist, § 150c ZVG.

Kosten und Gebühren

a) Gericht: Für die Anordnung eine Festgebühr von 51 EUR, KV zum GKG Nr. 5220 und für die Durchführung des Verfahrens jährlich eine halbe Gebühr, KV zum GKG 5221.

b) Anwalt: im Anordnungs- oder Beitrittsverfahren je eine $^{3}/_{10}$ Gebühr nach § 69 Abs. 1 Nr. 1 BRAGO.

c) Gegenstandswert: nach dem beizutreibenden Anspruch einschließlich der Nebenforderungen, näher § 69 Abs. 2 BRAGO.

d) In Ostdeutschland 90% der gesetzlichen Gebühren.

Fristen und Rechtsmittel

Wie Form. III. B. 33.

42. Räumungsantrag nach § 149 Abs. 2 ZVG

An das
Amtsgericht
Vollstreckungsgericht

Antrag nach § 149 Abs. 2 ZVG

in der Zwangsverwaltungssache

X ./. Y.

Namens und mit Vollmacht des Gläubigers beantrage ich,

dem Schuldner aufzugeben, die auf dem Verwaltungsgrundstück (Anschrift) belassenen Räume[1], nämlich ...... (genaue Angabe) geräumt an den Verwalter herauszugeben[2].

Begründung:

Der Schuldner, der den landwirtschaftlichen Betrieb völlig verwahrlosen ließ, legt es mit seiner Familie darauf an, eine Verpachtung des Anwesens zu verhindern, indem er …… (näher auszuführen und glaubhaft zu machen).
Da er die Verwaltung nicht nur gefährdet, sondern geradezu verhindert, ist sofortige Räumung durch ihn und seine Familie geboten[3].

Rechtsanwalt

Anmerkungen

1. Dem bei Beschlagnahme auf dem Grundstück wohnenden Schuldner sind die unentbehrlichen Räume zu belassen, § 149 Abs. 1 ZVG, allerdings ohne Nebenleistungen wie Zentralheizung oä., für die er zahlen muss (*Zeller/Stöber* ZVG § 149 Rdn. 2.3). Dies schränkt die Wirtschaftlichkeit einer Zwangsverwaltung zB. bei Einfamilienhäusern oder Eigentumswohnungen erheblich ein.

2. Die Räume müssen vollstreckungsfähig bezeichnet werden. Denn der auf Antrag des Zwangsverwalters, des betreibenden Gläubigers oder anderer Beteiligter nach § 9 ZVG (*Zeller/Stöber* ZVG § 149 Rdn. 3.4, letzteres str.) ergehende Räumungsbeschluss ist Räumungsvollstreckungstitel nach § 794 Abs. 1 Nr. 3 ZPO.

3. Nach dem Verhältnismäßigkeitsgrundsatz ist ggf. nur die Entfernung einzelner Familienmitglieder aufzugeben (str. für Ehegatten, *Zeller/Stöber* ZVG § 149 Rdn. 3.5 mwN.), oder es sind andere Sicherungsmaßnahmen nach § 25 ZVG, § 146 Abs. 1 ZVG zu treffen.

Kosten und Gebühren

Besondere Gebühren entstehen nicht. Für das Gericht ist dies Verfahren mit der allgemeinen Geschäftsgebühr von 0,5 für jedes angefangene Jahr der Verfahrensdauer nach KV zum GKG Nr. 5210 abgegolten, für den Anwalt durch die $^{3}/_{10}$ Geschäftsgebühr nach § 69 Abs. 1 Nr. 2 BRAGO.

Bei Rechtsmitteln gegen einen Räumungsbeschluss oder die Ablehnung eines solchen Beschlusses Gebühren wie Form. III. B. 39.

In Ostdeutschland 90% der gesetzlichen Gebühren.

Fristen und Rechtsmittel

Da nach Anhörung beider Seiten durch den Rechtspfleger entschieden wird, ist für Antragsteller und Schuldner Rechtsbehelf die sofortige Beschwerde gegeben, vgl. Form. III. A. 13.

43. Klage auf Planänderung (§ 159 ZVG)

An das
…… gericht ……[1]

Klage nach § 159 ZVG[2]

……[3]
wegen Änderung eines Verteilungsplans.

Streitwert ...... EUR[4]

Namens und mit Vollmacht des Klägers beantrage ich zu erkennen:

1. Der Teilungsplan des AG ...... vom ...... in dem Zwangsverwaltungsverfahren gegen Y, Az. ......, wird dahin geändert, dass der Anspruch des Beklagten in Abschnitt IV Nr. ...... des Plans auf Kosten, Zinsen und Hauptsache aus dem vollstreckbaren Titel des LG ...... vom ......, Az. ......, nicht vor dem Anspruch des Klägers in Abschnitt IV Nr. ...... des Plans zu befriedigen ist[5].

2. Der Beklagte trägt die Kosten des Verfahrens.

Begründung:

...... (zB. Fehlen von Vollstreckungsvoraussetzungen bei Antragstellung oder Beitritt, Erlöschen des Anspruches)

Rechtsanwalt

Anmerkungen

1. Da §§ 878ff. ZPO nicht anzuwenden sind (*Zeller/Stöber* ZVG § 159 Rdn. 2.1), Gerichtsstand nach §§ 13ff. ZPO.

2. Da die Verteilung ggf. langjährig, § 154 ZVG, in die Zukunft wirkt, ist Abänderungsklage auch noch möglich, wo Widerspruch und Widerspruchsklage (§§ 156 Abs. 2 S. 4, 115 ZVG, 876ff. ZPO) nicht erhoben wurden. Sie wirkt jedoch nur für die Zukunft, § 159 Abs. 2 ZVG. Für vorher materiell-rechtlich falsch verteilte Beträge ggf. Bereicherungsklage (*Dassler/Schiffhauer/Gerhardt* ZVG, 12. Aufl. 1991, § 159 Rdn. 6). Nach Antrag und Zweck entspricht die vorliegende Klage sonst weitgehend der nach § 878 ZPO, vgl. Form. III. B. 31.

3. Rubrum wie Form. III. A. 19.

4. Vgl. Form III. B. 31 Anm. 3.

5. Da bis zur vollstreckbaren Entscheidung der Plan ausgeführt wird, ggf. einstweilige Verfügung auf Hinterlegung (*Zeller/Stöber* ZVG § 159 Rdn. 2.2).

Kosten und Gebühren

a) Gericht: Gebühren des Erkenntnisverfahrens, KV zum GKG Nr. 1201 ff.
b) Anwalt: Gebühren des Erkenntnisverfahrens, §§ 31 ff. BRAGO.
c) In Ostdeutschland 90% der gesetzlichen Gebühren.

Fristen und Rechtsmittel

Wie im normalen Erkenntnisverfahren, vgl. Form. I. O. 1.

Teilungsversteigerung und ähnliche Verfahren

44. Teilungsversteigerungsantrag

a. Antrag des Miterben

An das
Amtsgericht
Vollstreckungsgericht[1]

Zwangsversteigerungsantrag nach § 180 ZVG[2]

des A (Anschrift)
Verfahrensbevollmächtigter: RA. ......
gegen

1. B (Anschrift)
2. C (Anschrift)

Namens und mit Vollmacht des A beantrage ich[3]
gemäß § 180 ZVG die Zwangsversteigerung des Grundstücks (Anschrift und FlSt.-Nr.), eingetragen im Grundbuch von ...... Bd. ...... Bl. ......, anzuordnen[4].

Begründung:

Eingetragener Eigentümer des obigen Grundstücks ist X, wofür ich auf die angegebene Grundbuchstelle Bezug nehme. X ist am ...... in ...... verstorben. Er wurde beerbt von

A zu 1/2,
B zu 1/4,
C zu 1/4.

Hierüber lege ich den Erbschein des AG ...... vom ...... Az. ...... vor[5]. Mein Mandant betreibt die Nachlassauseinandersetzung[6]. Da eine Einigung über die Verwertung unter den Miterben nicht erfolgte und Realteilung nicht in Betracht kommt[7], ist Zwangsversteigerung geboten.

Rechtsanwalt[8]

b. Antrag des Pfändungsgläubigers eines Bruchteilseigentümers[9]

...... (Anschrift, Überschrift und Antrag wie oben a.).

Begründung:

Eingetragene Eigentümer des obigen Grundstücks sind die Eheleute X und Y je zur Hälfte in Bruchteilsgemeinschaft[10], wofür ich auf die angegebene Grundbuchstelle Bezug nehme. Der Anspruch auf Aufhebung der Gemeinschaft[11], Aufteilung des Verwertungserlöses und Auszahlung des anteiligen Erlöses ist durch den beigefügten zugestellten Pfändungsbeschluss des AG ...... vom ...... Az. ...... für meinen Mandanten gepfändet. Daher steht ihm das Antragsrecht nach § 181 Abs. 2 S. 1 letzter Halbsatz ZVG zu. Der Anspruch auf Aufhebung der Gemeinschaft ist geltendgemacht. Einvernehmliche Verwertung konnte nicht erreicht werden.

Rechtsanwalt

Anmerkungen

1. Zuständigkeit wie Form. III. B. 33 Anm. 1.

2. Bei Aufhebung einer Gemeinschaft (Bruchteils- und Gesamthandsgemeinschaft) werden die Regeln der Zwangsversteigerung entsprechend angewandt, § 180 Abs. 1 ZVG, soweit §§ 181–185 ZVG nichts anderes regeln. Der Antragsteller ist in der Rolle des Gläubigers, die übrigen Beteiligten in der des Schuldners (BGH NJW 1969, 929, 932). Sie haben ähnlich zu § 30b ZVG aufschiebenden Vollstreckungsschutz nach § 180 Abs. 2 ZVG, vgl. Form. III. B. 35b. Nicht anwendbar ist daneben § 765a ZPO (streitig; wie hier LG Berlin FamRZ 1987, 1067 und Rpfleger 1993, 297; *Baumbach/Lauterbach/Albers/Hartmann* Rdn. 5 zu § 765a; dagegen vor allem *Zöller/Stöber* Rdn. 2 zu § 765a mwN.; OLG Köln NJW-RR 1992, 126, auch *Zeller/Stöber* ZVG Einl. Rdn. 52.6 mwN.).

3. Ein Vollstreckungstitel ist nicht erforderlich, § 181 Abs. 1 ZVG.

4. Diesen Antrag kann auch stellen, wer nur Miterbe eines Bruchteilseigentümers ist, sog. großes Antragsrecht (hM., OLG Hamm, RPfleger 1964, 351; *Zeller/Stöber* ZVG § 180 Rdn. 3.7), im Gegensatz zum kleinen Antragsrecht, nur auf Teilungsversteigerung des Bruchteils. Antragsberechtigt auch Testamentsvollstrecker uä.

5. Die vorzutragenden Antragserfordernisse ergeben sich aus § 181 Abs. 2 S. 1 ZVG.

6. Dieser Wille wird jedenfalls mit Antragstellung vermutet (RG JW 1919, 42).

7. Dies sind die Möglichkeiten, Teilungsversteigerung zu vermeiden.

8. § 180 ZVG ist weiter anwendbar, ggf. nach vorheriger Kündigung, auf Grundstücke in (*Zeller/Stöber* ZVG § 180 Rdn. 2.4)
- Bruchteilsgemeinschaft, § 741 BGB (bei Ehegatten BGH NJW 1977, 1234),
- ehelicher Gütergemeinschaft bei deren Auflösung,
- BGB-Gesellschaft,
- oHG und KG.

Vgl. auch die ähnlichen Verfahren nach § 172 ZVG (Versteigerung auf Antrag des Insolvenzverwalters) und nach § 175 ZVG (Versteigerung auf Antrag des Erben).

9. Vgl. Form. III. B. 26 Fall a., auch zB. bei Miterbenanteilspfändung (KG NJW 1953, 1832).

10. Beim Teilungsversteigerungsantrag eines Ehegatten muss die Zustimmung des anderen nach § 1365 BGB vorliegen (oder durch das Vormundschaftsgericht nach § 1365 Abs. 2 BGB ersetzt sein), wenn der Grundstücksanteil nahezu das ganze Vermögen des Antragstellers ausmacht, schon bei Antragstellung (BGHZ 35, 135; OLG Düsseldorf NJW 1982, 1543; *Zeller/Stöber* ZVG § 180 Rdn. 3.13). Dies gilt aber nicht für den Pfändungsgläubiger des Ehegatten (h. M., zuletzt OLG Düsseldorf NJW 1991, 851 mwN.; dagegen *Zeller/Stöber* ZVG § 180 Rdn. 3.13. q).

11. Bei Teilungsversteigerung unter Ehegatten ist die zusätzliche Einstellungsmöglichkeit gem. § 180 Abs. 3 ZVG zum Schutz von Kindern zu beachten, ggf. auch beim Antrag des Pfändungsgläubigers eines Ehegatten, *Zeller/Stöber* ZVG § 180 Rdn. 13.3.

Kosten und Gebühren

Wie in Form. III. B. 33, da die Teilungsversteigerung als Zwangsversteigerung durchgeführt wird. Die die einzelnen Beteiligten treffenden Kosten sind aber außerhalb des Verteilungsverfahrens, ggf. im Rahmen der Erlösverteilung, nach gemeinschaftsrechtlichen Grundsätzen, §§ 753 Abs. 2, 756 BGB, auszugleichen (*Zeller/Stöber* ZVG § 180 Rdn. 7.14 mwN.).

Fristen und Rechtsmittel

Wie Form. III. B. 33. Materielle Einwände, etwa dass statt Versteigerung Realteilung möglich ist, müssen im Erkenntnisverfahren verfolgt werden, nach § 771 ZPO (*Zeller/Stöber* ZVG § 180 Rdn. 7.20), oder richtiger wohl entsprechend § 767 ZPO (vgl. den Klagantrag in BGH NJW 1972, 818).

C. Zwangsvollstreckung wegen sonstiger Ansprüche

Herausgabe von Sachen

1. Vollstreckungsauftrag wegen Herausgabe beweglicher Sachen (§ 883 Abs. 1 ZPO)

An
......[1]

überreiche ich anliegend vollstreckbaren Schuldtitel – sowie beglaubigte Abschrift – mit dem Auftrag zur – Zustellung des Schuldtitels[2] – und Zwangsvollstreckung durch Wegnahme der vom Schuldner herauszugebenden[3] im Titel näher bezeichneten Sachen[4]. Zugleich bitte ich, wegen der titulierten Kosten und der Vollstreckungskosten um Mobiliarvollstreckung wegen folgender Beträge:[5]
......

Anmerkungen

1. Rubrum wie Form. III. B. 1.

2. Auch hier gelten die allgemeinen Vollstreckungsvoraussetzungen, § 750 ZPO, auch zB. § 758a ZPO.

3. Bei Anspruch auf Übereignung wird der Übergabeanspruch nach § 883 ZPO vollstreckt, § 897 ZPO, die Einigungserklärung nach § 894 ZPO ersetzt. Das Verfahren nach § 883 ist auch anzuwenden, wenn der Schuldner die Sache nur vorlegen muss, *Baumbach/Lauterbach/Albers/Hartmann* Rdn. 13 zu § 883.

4. Hauptproblem bei Herausgabevollstreckung ist die Bestimmung des Vollstreckungsgegenstandes (*Zöller/Stöber,* Rdn. 5 zu § 883). Er muss im Titel – mithin schon im Klageantrag (vgl. Form. II. F. 1.) – so genau als möglich bezeichnet werden, um dem GerVollz. eine sichere Auslegung zu ermöglichen. Da ergänzende Angaben im Vollstreckungsauftrag einen unklaren Titel nicht heilen, ist nähere Bezeichnung nicht erforderlich. Bezugnahme auf Titel reicht aus.

Der Anspruch kann aber auf eine Sachgesamtheit lauten, zB. eine Bücherei oder Hausrat einer bestimmten Wohnung (vgl. LG Essen Büro 1975, 962).

5. Im Übrigen wie Form. III. B. 1. Meist wird neben dem Herausgabeanspruch wegen Kosten die Geldvollstreckung durchzuführen sein. Dabei, nicht aber für den Herausgabeanspruch, sind §§ 811 ff. ZPO zu beachten.

Die Herausgabevollstreckung kann durch Gläubigerhinweise auf Aufbewahrungsort, durch Anwesenheit des Gläubigers und ggf. Stellung von Transportmitteln etc. sehr gefördert werden, vgl. Form. III. B. 1. Anm. 9.

Bei Gewahrsam Dritter gilt § 886 ZPO, also ggf. Pfändung des Herausgabeanspruches, Drittschuldnerklage, und dann Vollstreckung nach § 883 ZPO, vgl. Form. III. B. 1. Anm. 13.

Wird die Sache nicht gefunden, muss der Schuldner auf Gläubigerantrag nach § 883 Abs. 2 ZPO die eidesstattliche Versicherung abgeben, vgl. Form. III. D. 1. Auch hierfür ist jetzt gem. § 899 Abs. 1 ZPO der GerVollz. zuständig. Es ist deshalb sinnvoll, auch hier den Antrag zu kombinieren mit dem Antrag auf Abnahme der Offenbarungsversicherung gem. § 883 Abs. 2 ZPO, vgl. oben Form III. B. 1 Anm. 7. Dabei kann nach § 883 Abs. 3 ZPO zB. auch Auskunft verlangt werden, wie und an wen der Schuldner den Besitz verlor.

Kosten und Gebühren

a) Anwalt: $^3/_{10}$ Gebühr nach § 57 BRAGO.

b) GerVollz.: Festgebühr von 20,– EUR, KV zum GVKostG Nr. 221, und Zeitzuschlag nach Nr. 500 bei mehr als 3 Stunden Dauer. Wird die Sache nicht vorgefunden, nur 12,50 EUR nach KV Nr. 604. Daneben ggf. Kosten für Geldvollstreckung, wie Form. III. B. 1.

c) Die Abgabe der eidesstattlichen Versicherung nach § 883 Abs. 2 ZPO ist für alle beteiligten Vollstreckungsorgane eine besondere Angelegenheit, vgl. § 58 Abs. 3 Nr. 11 BRAGO. und KV zum GVKostG Nr. 260. Dazu vgl. Form. III. D. 1.

d) In Ostdeutschland 90% der gesetzlichen Gebühren.

Fristen und Rechtsmittel

Wie Form. III. B. 1., da Sonderfall des Vollstreckungsauftrages.

2. Vollstreckungsauftrag wegen Räumung (§ 885 ZPO)

An
……[1]

…… mit dem Auftrag zur – Zustellung des Schuldtitels – und Zwangsvollstreckung durch Räumung[2] der im Titel näher bezeichneten Wohnung[3], nämlich
……
Falls das nicht wegen der Kosten zu pfändende Wohnungsmobiliar einer der in § 885 Abs. 2 ZPO genannten Personen nicht übergeben werden kann, bietet der Gläubiger zur Vermeidung von Lagerkosten an, die Gegenstände im Keller des Hauses zu lagern[4]. Ein Vertreter des Gläubigers wird insoweit an der Räumung teilnehmen. Daher bitte ich um Aufgabe von Termin und Kostenvorschuss[5].
Zugleich bitte ich, soweit die Schuldtitel auf Zahlung gerichtet sind, um Zwangsvollstreckung wegen folgender Beträge[6]:
……

Anmerkungen

1. Rubrum und Eingang wie Form. III. C. 1. bzw. Form. III. B. 1.

2. Der GerVollz. muss dem Schuldner – notfalls mit unmittelbarem Zwang und Amtshilfe der Polizei (§ 758 Abs. 3 ZPO) – die Verfügungsgewalt entziehen, ihm die Schlüssel abnehmen und ihn aus der Wohnung schaffen. Zur Zuweisung der Verfügungsgewalt an den Gläubiger ist dessen oder seines Vertreters Anwesenheit, wenn nicht geboten, so jedenfalls zweckmäßig (näher § 180 GVGA).

Da normalerweise der Räumungstitel mit einer Räumung verbraucht ist, bestimmt nun § 885 Abs. 1 S. 3 ZPO, dass Räumungstitel aus einstweiligen Anordnungen nach dem Gewaltschutzgesetz mehrfach vollziehbar sind.

3. Auch hier muss das Vollstreckungsobjekt im Titel, also schon im Klageantrag, möglichst genau bezeichnet werden, einschließlich etwaiger Nebenräume, Boden, Keller etc. Der Titel wirkt nach überwiegender Ansicht gegen Familienangehörige, auch Ehegatten, die nicht selbst Mieter sind (LG Berlin ZMR 1990, 146; MüKo-ZPO/*Schilken* Rdn. 8–10 zu § 885 mwN.; *Baur/Stürner* Rdn. 659; *Baumbach/Lauterbach/Albers/Hartmann* § 885 Rdn. 9 + 10; aA. *Zöller/Stöber* Rdn. 6 ff. zu § 885 mwN.), sowie sonstige Partner (LG Berlin DGVZ 1993, 173; aA. AG Schönau NJW 1992, 3308; einschränkend OLG Hamburg NJW 1992, 3308, wonach kein besonderer Titel erforderlich ist, wenn der Mitbesitz der weiteren Person dem Vermieter verheimlicht wurde). Bei mehreren Mietern (Ehegatten) oder bei selbstständigen Untermietern muss Räumungstitel auch gegen diese vorhanden sein.

4. Der Gläubiger muss – zT. erheblich, 1.500 EUR und mehr – Vorschuss leisten für Kosten der Räumung und einer ersten Einlagerung (weitergehend – ganze Einlagerung – OLG Karlsruhe RPfleger 1974, 408) von Sachen, die weder Zubehör des Grundstückes sind noch für Kosten oder andere Geldforderungen (Restmiete) gepfändet und verwertet werden. Holt Schuldner solche Sachen nicht alsbald ab, Verwertung nach § 885 Abs. 4 ZPO. Gerümpel kann der GerVollz. als Müll behandeln (LG Karlsruhe DGVZ 1980, 14 und § 180 Nr. 5 a.E. GVGA). Gemäß § 885 Abs. 3 S. 2 ZPO sind unpfändbare oder nicht verwertbare Sachen auf Verlangen an den Schuldner herauszugeben. Nach § 885 Abs. 4 ZPO kann der GerVollz. nach 2 Monaten ohne Gerichtsbeschluss die Sachen verwerten oder vernichten.

5. Vgl. dazu auch § 180 GVGA.

6. Weiter wie Form. III. B. 1.

Kosten und Gebühren

a) Anwalt: 3/10 Gebühr nach § 57 BRAGO.
b) GerVollz.: Festgebühr, 75,– EUR KV zum GVKostG Nr. 240, ggf. dazu noch Zeitzuschlag nach KV Nr. 500.
c) In Ostdeutschland 90% der gesetzlichen Gebühren.

Fristen und Rechtsmittel

Wie Form. III. B. 1. Ggf. kann der Schuldner Räumungsschutz nach § 721 Abs. 2 und 3 ZPO oder nach § 765 a ZPO beantragen, um die Räumung hinauszuzögern. Zum Räumungsschutz nach § 765 a ZPO vgl. *Walker* NJW 1996, 352.

Vornahme vertretbarer Handlungen

3. Antrag auf Gestattung der Ersatzvornahme und Leistung eines Kostenvorschusses (§ 887 ZPO)

An das
...... gericht ......[1]

Antrag nach § 887 ZPO
in der Vollstreckungssache

X ./. Y.

Namens und mit Vollmacht des Gläubigers beantrage ich zu beschließen:

1. **Der Gläubiger wird ermächtigt, die nach dem vollstreckbaren Urteil des ...... Gerichts ...... vom ...... Az. ...... dem Schuldner obliegende Entfernung des Schäferhundes aus der Wohnung des Schuldners in A, B-Straße Nr. ......, 2. Stock rechts, durch einen vom Gläubiger zu beauftragenden Tierfänger vornehmen zu lassen[2].**
2. **Der Schuldner ist verpflichtet, zu diesem Zweck das Betreten und die Durchsuchung seiner Wohnung durch den beauftragten Tierfänger zu dulden und diesem Zugang zu verschaffen[3].**
   Dies gilt zugleich als Durchsuchungsanordnung im Sinne von Art. 13 Abs. 2 GG[4].
3. **Der Schuldner wird verpflichtet, die für die Entfernung des Hundes und die vorläufige Unterbringung im Tierheim entstehenden voraussichtlichen Kosten in Höhe von 250,– EUR an den Gläubiger vorauszuzahlen[5].**

Begründung:

Der Schuldner ist der Verpflichtung aus dem im Antrag genannten Urteil, dessen vollstreckbare zugestellte Ausfertigung ich als

Anlage 1

beifüge, bis heute nicht nachgekommen. Daher ist Vollstreckung durch Ersatzvornahme geboten[6].
Nach dem als

Anlage 2

beigefügten Kostenvoranschlag des Tierheims C belaufen sich die Kosten einer Entfernung des Hundes nebst Unterbringung im Tierheim für zunächst eine Woche auf 250,– EUR. Da nach dem bisherigen Verhalten des Schuldners zu befürchten ist, dass er den Zutritt zu seiner Wohnung verweigert, ist ihm insoweit Duldung aufzugeben.
Ich bitte, mir eine vollstreckbare Ausfertigung des Beschlusses zu erteilen.

Rechtsanwalt

Anmerkungen

1. Zuständig ist – als Vollstreckungsorgan – das Prozessgericht erster Instanz, § 887 Abs. 1 ZPO, dort nicht der Rechtspfleger, sondern der Richter, § 20 Nr. 17 RPflG. Dabei besteht Anwaltszwang nach den allgemeinen Regeln (hM. OLG Nürnberg MDR 1984, 58; *Zöller/Stöber* Rdn. 4 zu § 887.

2. Vgl. OLG Hamm NJW 1966, 2415. Beispiele zur Abgrenzung zwischen vertretbaren Handlungen (Vollstreckung nach § 887 ZPO) und unvertretbaren Handlungen (Vollstreckung nach § 888 ZPO) bei *Baumbach/Lauterbach/Albers/Hartmann* § 887 Rdn. 20–43 und *Zöller/Stöber* Rdn. 3 zu § 887. Auch die Befreiung von einer Geldschuld oder einer anderen Verbindlichkeit, etwa einem Grundpfandrecht oder einer Grundstücksbelastung ist nach § 887 ZPO zu vollstrecken, *Baumbach/Lauterbach/Albers/Hartmann* Rdn. 2 zu § 887.

3. Der Schuldner – nicht ein Dritter – muss die Ersatzvornahme dulden, soweit sie in seinen Bereich eingreift. Zur Klarstellung sollte das Gericht dies aussprechen und ggf. im Einzelnen regeln.

4. Leistet der Schuldner gegen die Vornahme einer Handlung Widerstand, so ist dieser nach § 892 ZPO durch einen Gerichtsvollzieher zu brechen. Vorsorglich ist klarzustellen, dass das Gericht hier ausdrücklich die Durchsuchung der Wohnung iSv. Art. 13 Abs. 2 anordnet (vgl. Form. III. A. 11. Anm. 4).

5. Der Vorauszahlungsbeschluss nach § 887 Abs. 2 ZPO ist Titel für die Geldvollstreckung gegen den Schuldner nach § 794 Abs. 1 Nr. 3 ZPO. Der Gläubiger muss die Höhe der Kosten darlegen, der Schuldner wird nach § 891 ZPO dazu gehört. Nachforderung ist zulässig, § 887 Abs. 2 ZPO (zu Einzelheiten vgl. *Baumbach/Lauterbach/Albers/Hartmann* Rdn. 17ff. zu § 887).

6. Macht der Schuldner Erfüllung geltend, so kann wohl offen bleiben, ob er das im Verfahren nach § 887 ZPO einwenden kann (OLG Köln NJW-RR 1996, 100; *Baumbach/Lauterbach/Albers/Hartmann* § 887 Rdn. 5 mwN.) oder gem. § 767 ZPO vorgehen muss (OLG Düsseldorf MDR 1996, 309, vgl. Form. III. A. 16). Denn auch für das Verfahren nach § 887 ZPO ist ja der Prozessrichter zuständig, der notfalls Beweis erheben kann, MüKo-ZPO/*Schilken* Rdn. 8 zu § 887.

Kosten und Gebühren

a) Gericht: keine Gebühr für das gesamte Vollstreckungsverfahren vor dem Prozessgericht (*Zöller/Stöber* Rdn. 15 zu § 887).

b) Anwalt: für den Antrag eine $^3/_{10}$ Verfahrensgebühr nach § 57 BRAGO. Hier entstehen in der Praxis häufiger auch die $^3/_{10}$ Terminsgebühr und die $^3/_{10}$ Beweisgebühr nach §§ 31, 57 Abs. 1 BRAGO.

Die weitere Vollstreckung aus dem nach § 887 Abs. 2 ZPO ergehenden Beschluss ist besondere Vollstreckungsangelegenheit, § 58 Abs. 3 Nr. 7 BRAGO, so dass dafür eine weitere $^3/_{10}$ Gebühr anfällt.

c) In Ostdeutschland 90% der gesetzlichen Gebühren.

Fristen und Rechtsmittel

Sofortige Beschwerde, § 793 ZPO mit §§ 567ff. ZPO, binnen zwei Wochen nach Zustellung der Entscheidung, § 569 Abs. 1 ZPO.

Vornahme unvertretbarer Handlungen

4. Antrag auf Festsetzung von Zwangsmitteln (§ 888 ZPO)

An das
...... gericht ......[1]

Antrag nach § 888 ZPO
in der Vollstreckungssache
X ./. Y.

Namens und mit Vollmacht des Gläubigers beantrage ich zu beschließen:

Gegen den Schuldner wird wegen Nichtvornahme der Erstellung einer Auseinandersetzungsbilanz per ...... für die von ihm und dem Gläubiger eingegangene stille Gesellschaft gemäß gerichtlichem Vergleich des LG ...... vom ...... Az. ...... ein Zwangsgeld festgesetzt[2] und für den Fall, dass dieses nicht beigetrieben werden kann, Zwangshaft[3].

Begründung:

In dem im Antrag genannten Vergleich, dessen vollstreckbare zugestellte Ausfertigung ich beifüge[4], hat der Schuldner unter II. die fragliche Verpflichtung übernommen. Trotz Zustellung des Titels und trotz zusätzlicher Aufforderung vom ......, die ich in Kopie beifüge, hat er die Bilanz bis heute nicht vorgelegt. Daher ist Festsetzung eines empfindlichen Zwangsgeldes geboten[5].

Rechtsanwalt[6]

Anmerkungen

1. Zuständigkeit wie Form. III. C. 3 Anm. 1.

2. Die Zwangsmittel des § 888 ZPO – Zwangsgeld und Zwangshaft – werden nach § 888 Abs. 2 ZPO nicht mehr angedroht, sondern auf Gläubigerantrag sogleich festgesetzt. Der Schuldner kann die Beitreibung des Zwangsgeldes, zugunsten der Staatskasse, jederzeit vor Beitreibung durch Erfüllung abwenden (*Jauernig* NJW 1973, 1673).

3. Ersatzweise Zwangshaft soll neben dem Zwangsgeld schon von Amts wegen angeordnet werden (*Baumbach/Lauterbach/Albers/Hartmann* § 888 Rdn. 10). Die Höhe der Zwangsmittel steht im gesetzlichen Rahmen (Zwangsgeld: bis 25.000,– EUR; Zwangshaft 1 Tag bis 6 Monate; *Zöller/Stöber* Rdn. 9 und 10 zu § 888) ebenso wie die Wahl der Zwangsmittel im Ermessen des Gerichtes. Antrag auf Zwangsmittel in bestimmter Höhe unzweckmäßig, da sonst ggf. Teilabweisung. Da das Zwangsgeld an die Staatskasse geht, wird Gläubiger an der Höhe weniger interessiert sein.

4. Vollstreckungsvoraussetzungen wie sonst, § 750 ZPO.

5. Erfüllung muss Schuldner nach § 767 ZPO geltend machen (str., vgl. Form. III. C. 3 Anm. 6). Das Zwangsgeld soll auf Gläubigerantrag nach § 1 Abs. 1 Nr. 3 der Justizbeitreibungsordnung in das Schuldnervermögen vollstreckt werden (vgl. *Baumbach/Lauterbach/Albers/Hartmann* § 888 Rdn. 18; OLG München NJW 1983, 947), nach anderer Ansicht durch Gläubigerauftrag an den GerVollz. oder andere Vollstreckungsorgane zugunsten der Staatskasse (so jetzt vor allem BGH NJW 1983, 1859; OLG Frankfurt JurBüro 1986, 1259; *Zöller/Stöber* Rdn. 14 zu § 888), was effektiver sein dürfte. Zwangshaft wird gegen den Handlungspflichtigen, also zB. den gesetzlichen Vertreter des Schuldners, Geschäftsführer einer GmbH oä. (*Baumbach/Lauterbach/Albers/Hartmann* § 888 Rdn. 19) vollstreckt.

Soll sofort Zwangshaft festgesetzt werden, ist der entsprechende Antrag besonders zu begründen, zB. mit Dringlichkeit der Erfüllung oder Fluchtgefahr.

6. Beispiele für unvertretbare Handlungen bei *Zöller/Stöber* Rdn. 3 zu § 888. Die Hinterlegung von Geld ist nicht nach § 888 zu vollstrecken, sondern als normale Geldvollstreckung, bei der lediglich nicht an den Gläubiger abzuführen sondern zu hinterlegen ist (KG JW 1934, 3218). Beachte die 3 Ausnahmen des § 888 Abs. 3 ZPO. Die Nennung des Erzeugernamens durch die Mutter an das nichteheliche Kind ist kein Fall von § 888 Abs. 3 ZPO (OLG Bremen NJW 2000, 963).

Ist nach § 510 b BGB schon im Urteil für den Fall der Nichterfüllung der Handlungspflicht eine Entschädigung ausgeurteilt, entfällt nach § 888 a ZPO die Handlungsvollstreckung.

Kosten und Gebühren

a) Gericht: keine Gebühr für das Verfahren. Erst bei Beitreibung des Zwangsgeldes für die Staatskasse entstehen Beitreibungskosten.

b) Anwalt: 3/10 Gebühr nach § 58 Abs. 3 Nr. 8 BRAGO. M.E. sind der hiesige Antrag und ein anschließender Auftrag an den GVZ zur Vollstreckung des Zwangsgeldes zwei Angelegenheiten. Denn der hiesige Antrag schafft ja erst den Titel für die anschließende Geldvollstreckung zugunsten der Staatskasse (anders – eine Angelegenheit – *Zöller/Stöber* Rdn. 20 zu § 888).

c) Gegenstandswert (für Anwaltsgebühren): Interesse des Gläubigers an der Vornahme der Handlung, also nicht Höhe des Zwangsgeldes sondern idR. Streitwert des Erkenntnisverfahrens. Für den Rechtsmittelstreitwert jetzt BGH, ZIP 1995, S. 506, wonach es auf Zeitaufwand und Kosten für die Erfüllung ankommt.

d) In Ostdeutschland 90% der gesetzlichen Gebühren.

Fristen und Rechtsmittel

Wie vorstehend Form. III. C. 3.

Erzwingung von Unterlassungen und Duldungen

5. Ordnungsmittelantrag (§ 890 ZPO)

An das
...... gericht ......[1]

Bestrafungsantrag[2] nach § 890 ZPO
in der Vollstreckungssache
X ./. Y.

Namens und mit Vollmacht des Gläubigers beantrage ich zu beschließen:

1. Gegen den Schuldner wird wegen Verstoßes gegen das Verbot, seinen Betrieb als „größtes Möbelhaus am Platze“ zu bezeichnen, ein Ordnungsgeld[3], und für den Fall dass dies nicht beigetrieben werden kann, Ordnungshaft[4] festgesetzt.

2. Der Schuldner ist verpflichtet, ab Zustellung dieses Beschlusses bis zum Ablauf des ...... eine Sicherheit von ...... Euro zugunsten des Gläubigers zu leisten[5] für dessen durch fernere Zuwiderhandlung entstehenden Schaden.

Begründung:

Nach der vom angerufenen Gericht erlassenen einstweiligen Verfügung vom ...... Az. ......, deren zugestellte Ausfertigung[6] ich als

Anlage 1

beifüge, war dem Schuldner unter Androhung[7] eines für jeden Fall der Zuwiderhandlung festzusetzenden Ordnungsgeldes bis zu 250.000,– EUR, ersatzweise Ordnungshaft bis zu 6 Monaten, oder von Ordnungshaft bis zu 6 Monaten[8] verboten worden, im ge-

schäftlichen Verkehr zu Zwecken des Wettbewerbs seinen Betrieb als „größtes Möbelhaus am Platze" zu bezeichnen.
Nach Zustellung der einstweiligen Verfügung erschien in der A-Zeitung vom ...... ein Inserat des Schuldners, in dem sein Betrieb wiederum als „größtes Möbelhaus am Platze"[9] bezeichnet wird. Zum Beweis[10] füge ich als Anlage 2 ein Exemplar der Zeitung bei[11].
Außerdem hat der Schuldner bis heute nicht die Aufschrift an der Giebelwand seines Geschäftshauses abgeändert, die gleichfalls die Bezeichnung „Größtes Möbelhaus am Platze" enthält[12]. Zum Beweis beziehe ich mich auf

1. Augenscheinseinnahme
2. Zeugnis des B (ladungsfähige Anschrift)

Wegen dieses mehrfachen Verstoßes muss der Schuldner durch empfindliches Ordnungsgeld[13] zur Einhaltung des gerichtlichen Gebotes gezwungen werden. Da der Schuldner keinerlei Anstalten zur Einhaltung des Gebotes macht, sind weitere Verstöße zu besorgen. Daher ist Sicherheitsleistung für die entstehenden Schäden des Gläubigers geboten, deren Höhe sich wie folgt ergibt ......[14].

Rechtsanwalt

Schrifttum: Pastor, Die Unterlassungsvollstreckung nach § 890 ZPO, 3. Aufl. 1982; *Kramer,* Der richterliche Unterlassungstitel im Wettbewerbsrecht, 1982.

Anmerkungen

1. Zuständigkeit wie Form. III. C. 3 Anm. 1. Vgl. auch Form. II. N. 9.

2. Das Ordnungsgeld ist zwar keine Kriminalstrafe (*Brehm* NJW 1975, 249). Es enthält aber repressive strafrechtliche Elemente und erfordert deshalb Verschulden (BVerfG NJW 1991, 3139). Deshalb ist diese Bezeichnung jedenfalls nicht schädlich und für die Parteien weit prägnanter als die korrekte, aber farblose Bezeichnung als „Ordnungsmittelantrag".

3. Wie beim Antrag nach § 888 ZPO (Form. III. C. 4 Anm. 3) sollte Gläubiger nur ausnahmsweise die Höhe des Ordnungsgeldes im Antrag beziffern – und dann idR. nur als Mindestbetrag. Bei zu geringem Ordnungsgeld Beschwerde des Gläubigers, § 793 ZPO (OLG Hamm NJW-RR 1988, 960), bei zu hohem Beschwerde des Schuldners.

4. Schon von Amts wegen ist neben dem Ordnungsgeld ersatzweise Ordnungshaft festzusetzen (*Baumbach/Lauterbach/Albers/Hartmann* § 890 Rdn. 17).

5. Vgl. § 890 Abs. 3 ZPO. Jedoch sind neben dem Verstoß gegen das Unterlassungsgebot (*Baumbach/Lauterbach/Albers/Hartmann* § 890 Rdn. 36) nach Möglichkeit weitere Umstände vorzutragen, zB. wiederholte, besonders hartnäckige oder für den Gläubiger besonders nachteilige Verstöße.

6. Es müssen alle Vollstreckungsvoraussetzungen gegeben sein, § 750 ZPO, bei einstweiliger Verfügung zwar nicht die Klausel, §§ 936 mit 929 Abs. 1 ZPO, aber die Zustellung.

7. Diese vorherige Androhung, die beim Verstoß dem Schuldner bekannt, aber nicht notwendig zugestellt sein muss (OLG Hamburg BB 1973, 1189; *Baumbach/Lauterbach/Albers/Hartmann* § 890 Rdn. 19), ist Voraussetzung für die Verhängung der Ordnungsmaßnahme, § 890 Abs. 2 ZPO. Regelmäßig wird sie in den Titel aufgenommen, so bei Unterlassungsverfügungen im Wettbewerbsrecht und bei Duldungs- oder Unterlassungsverfügungen nach § 1004 BGB, den Hauptfällen der Vollstreckung nach § 890

ZPO. Wo Androhung, wie beim gerichtlichen Vergleich (KG JurBüro 1983, 781; *Baumbach/Lauterbach/Albers/Hartmann* § 890 Rdn. 7; str.) im Titel fehlt, ist zunächst Antrag nach § 890 Abs. 2 ZPO erforderlich. Er gleicht dem Antrag nach § 890 Abs. 1 ZPO, geht nur auf Androhung, nicht auf Festsetzung.

8. Die Festsetzung muss im Rahmen der Androhung bleiben, die aber regelmäßig in der gesetzlichen Maximalhöhe erfolgt. Str. ist, ob die Ordnungsmaßnahme noch verhängt wird, wenn das Verbot nach dem Verstoß, aber vor dem Beschluss nach § 890 Abs. 1, aufgehoben oder unwirksam wird (dafür OLG Hamburg NJW-RR 1987, 1024 mwN.; *Bettermann* DVBl. 1969, 119; *Baur/Stürner* Rdn. 694 mwN.; dagegen OLG Düsseldorf NJW-RR 1988, 510; *Zöller/Stöber* Rdn. 9a zu § 890).

9. Praktisch wichtig und umstritten ist die Frage, welche nicht identischen Verstöße noch vom „Kern der Verletzungsform" umfasst werden und daher nach § 890 ZPO ohne neue Klage sanktioniert sind (*Baumbach/Lauterbach/Albers/Hartmann* § 890 Rdn. 2–5 mwN.).

10. Voller Beweis erforderlich, nicht nur Glaubhaftmachung (*Baumbach/Lauterbach/Albers/Hartmann* § 890 Rdn. 20).

11. Der Schuldner kann sich – bei Anhörung nach § 891 ZPO – zB. damit verteidigen, dass er die geschaltete Anzeige nach Kenntnis von Verbot und Androhung nicht mehr verhindern konnte. Dann wird die Streitfrage bedeutsam, ob die Ordnungsmaßnahme Verschulden voraussetzt (ganz hM., BVerfG 58, 159; BGH NJW 1988, 1854; MüKo-ZPO/*Schilken* Rdn. 9 zu § 890 mwN.; jetzt auch *Baumbach/Lauterbach/Albers/Hartmann* § 890 Rdn. 21 mwN.).

12. Auch die aktive Beseitigung eingetretener Verstöße wird nach § 890 ZPO erzwungen (OLG Koblenz MDR 1965, 51; *Zöller/Stöber* Rdn. 3 zu § 890; OLG Hamburg WRP 1973, 276); anders, § 887 ZPO, OLG Koblenz WRP 1982, 427).

13. Der Gläubiger kann auch eine bestimmte Höhe oder Mindesthöhe anregen (*Baumbach/Lauterbach/Albers/Hartmann* § 890 Rdn. 12, vgl. auch Anm. 3).

Die Vollstreckung erfolgt von Amts wegen nach der Justizbeitreibungsordnung, *Zöller/Stöber* Rdn. 23 zu § 890 (hier allg. Ansicht, vgl. aber Form. III. C. 4 Anm. 5).

14. Ist ggf. näher auszuführen. Den Schaden muss der Gläubiger ggf. nach § 893 ZPO einklagen. Da er in Wettbewerbssachen nur selten nachweisbar ist (*Pastor,* Wettbewerbsprozess, 3. Aufl. 1982, S. 1004), wird sich die Sicherheitsleistung meist nur auf künftige Kosten beziehen können.

Auch Unterlassungsanordnungen nach dem Gewaltschutzgesetz sind nach § 890 ZPO zu vollstrecken. Beachte auch in diesem Zusammenhang die Möglichkeit, unmittelbaren Zwang gegen Zuwiderhandlungen nach dem neuen § 892a ZPO durch oder über den GerVollz. auszuüben.

Kosten und Gebühren

a) Gericht: keine Gebühren.

b) Anwalt: für jeden Antrag nach § 890 Abs. 1 ZPO entstehen die Gebühren nach § 31 BRAGO jeweils zu $^{3}/_{10}$, §§ 57 Abs. 1 und 58 Abs. 3 Nr. 9 BRAGO.

Der Antrag auf Androhung des Ordnungsgeldes nach § 890 Abs. 2 ZPO ist im Erkenntnisverfahren von den Prozessgebühren abgegolten. Bei gesondertem Antrag nach Titulierung fällt die $^{3}/_{10}$ Gebühr nach § 57 Abs. 1 BRAGO an (OLG München NJW 1968, 411), er stellt aber mit einem nachfolgenden Antrag nach § 890 Abs. 1 ZPO nur eine Angelegenheit dar, § 58 Abs. 2 Nr. 6 BRAGO.

Der Antrag auf Sicherheitsleistung nach § 890 Abs. 3 ZPO ist stets besondere Angelegenheit, § 58 Abs. 3 Nr. 10 BRAGO, so dass dafür eine weitere 3/10 Gebühr anfällt. Für den obigen Antrag ist also eine 6/10 Anwaltsgebühr verdient.

c) In Ostdeutschland 90% der gesetzlichen Gebühren.

Für die Kostenentscheidung verweist § 891 S. 3 ZPO auf die Prozesskostenregeln in §§ 91 ff. ZPO. § 788 ZPO ist also nicht anwendbar.

Fristen und Rechtsmittel

Wie vorstehend Form. III. C. 3.

D. Das Verfahren zur Abgabe der eidesstattlichen Versicherung

1. Antrag auf Abnahme der Offenbarungsversicherung[1] (§§ 807, 900 ZPO)

An das
Amtsgericht
Verteilungsstelle für GerVollz. Aufträge

Antrag auf Bestimmung eines Termins zur Abgabe der Offenbarungsversicherung, §§ 807, 900 ZPO[3]

in der Vollstreckungssache

X ./. Y.

Namens und mit Vollmacht des Gläubigers beantrage ich beim zuständigen GerVollz., Termin gemäß §§ 807, 900 ZPO zur Abgabe eines Vermögensverzeichnisses und der eidesstattlichen Versicherung des Schuldners[4] zu bestimmen.
Der Antrag wird auch für den Fall gestellt, dass gegen den Schuldner bereits Haft zur Erzwingung der Abgabe der eidesstattlichen Versicherung angeordnet ist[5].
Soweit der Schuldner in den letzten 3 Jahren die eidesstattliche Versicherung nach § 807 ZPO oder § 284 AO abgegeben hat, erkläre ich vorstehenden Antrag für erledigt[6]. In diesem Fall bitte ich um

Übersendung von Abschriften des Terminsprotokolls und des Vermögensverzeichnisses jener Versicherung,

sowie um Rückgabe der Vollstreckungsunterlagen[7].
Falls der Schuldner im Termin nicht erscheint[8] oder die Abgabe der Versicherung ohne Grund verweigert, wird schon jetzt bei dem Vollstreckungsgericht

Haftbefehl gemäß § 901 ZPO

beantragt[9].
Ich bitte, mir umgehend nach dem Termin Protokoll und Vermögensverzeichnis oder Haftbefehl zu übersenden.
Ich überreiche anliegend vollstreckbaren zugestellten Schuldtitel, Antragskopie[10] und Vollstreckungsunterlagen, wonach der Gläubiger noch beanspruchen kann[11]:
......
Außerdem trägt der Schuldner die Kosten dieses Verfahrens (§ 788 ZPO), nämlich

1. $^3/_{10}$ Geb. gem. §§ 11, 31, 57, 58 Abs. 3 Nr. 11 BRAGO,
2. Postgebührenpauschale, § 26 BRAGO,
3. Mehrwertsteuer,

Die Voraussetzungen von § 807 Abs. 1 ZPO mache ich glaubhaft durch ......[12].

Rechtsanwalt

Anmerkungen

1. Kurzbezeichnung zur Unterscheidung von eidesstattlichen Versicherungen nach bürgerlichem Recht, § 889 ZPO, oder als Mittel der Glaubhaftmachung, § 294 ZPO.

Regelmäßig wird dieser Antrag ergänzend zum Pfändungsauftrag gestellt werden, vgl. Form. III B. 1 Anm. 7. § 900 Abs. 2 ZPO legt das nahe. Isoliert wird der Antrag nur noch ausnahmsweise vorkommen, wenn die Vorraussetzungen von § 807 Abs. 1 ZPO vorliegen, aber die Offenbarungsversicherung, etwa wegen Zahlungszusagen des Schuldners, bislang nicht durchgeführt wurde.

2. Zuständig der GerVollz., § 899 Abs. 1 ZPO. Darüber keine Parteivereinbarung, um die ortsrichtige Eintragung nach § 915 ZPO zum Schutz des Rechtsverkehrs zu gewährleisten, ebenso keine Umgehung durch Abgabe der Versicherung vor einem Notar (LG Düsseldorf RPfleger 1981, 151) oder nach § 259 BGB mit §§ 163, 79 FGG. Aber der Gläubiger kann sich natürlich mit einem solchen Verzeichnis (das nur er kennt, und nicht auch konkurrierende Gläubiger!) zufrieden geben und den hiesigen Antrag für erledigt erklären. Dann wird der Schuldner nicht in das Verzeichnis nach § 915 ZPO eingetragen.

Umzug des Schuldners nach Antragstellung ist unerheblich (*Zöller/Stöber* Rdn. 2 zu § 899). Bei juristischen Personen kommt es auf den registermäßigen Sitz an, auch wenn dort kein Geschäftslokal mehr unterhalten wird und der gesetzliche Vertreter an anderem Ort wohnt (*Zöller/Stöber* Rdn. 2 zu § 899). Gemäß § 899 Abs. 2 ZPO wird abgegeben, wenn ein anderes Gericht zuständig ist.

3. §§ 899 ff. ZPO regeln sowohl das Verfahren nach § 807 ZPO als auch das nach § 883 ZPO (vgl. Form. III. C. 1. Anm. 5) und das nach § 836 Abs. 3 ZPO, so dass die Norm anzugeben ist, aus der sich die Verpflichtung des Schuldners ergibt. Die Fassung des Antrages ergibt sich aus § 900 Abs. 1 ZPO.

4. Bei Prozessunfähigen und juristischen Personen ist der gesetzliche Vertreter – der im Rubrum zu bezeichnen ist – zu laden, bei der GmbH auch der ausgeschiedene Geschäftsführer, wenn kein neuer bestellt ist (OLG Frankfurt MDR 1983, 135; *Zöller/Stöber* Rdn. 8 zu § 807 mwN.; OLG Hamm ZIP 1984, 1482; vgl. auch BayObLG NJW-RR 2000, 179). Zum Umfang der Aussagepflicht des Geschäftsführers vgl. LG München I RPfleger 1983, 448. Bei einer wegen Vermögenslosigkeit gelöschten GmbH muss der letzte Geschäftsführer oder Liquidator offenbaren, wenn das Rechtsschutzbedürfnis des Gläubigers dadurch begründet werden kann, dass er spezifiziert vorträgt, weshalb trotz der Löschung wegen Vermögenslosigkeit noch Vermögen vorhanden sein kann (KG NJW-RR 1991, 933).

5. Dies wird, weil hartnäckige Nichtzahlung anzeigend, im Schuldnerverzeichnis eingetragen, hindert aber nicht erneute Terminsanberaumung.

6. Der GerVollz. prüft von Amts wegen die Vorraussetzungen, auch, ob Schuldner noch im Schuldnerverzeichnis eingetragen ist. Ein Fortsetzungsantrag nach § 903 ZPO wäre dann zurückzuweisen, soweit nicht die Ausnahmen nach § 903 ZPO vorliegen, dazu Form. III. D. 3. Der Gläubiger kann, wenn ihm die Abgabe der Versicherung bekannt ist oder durch Hinweis des GerVollz. bekannt wird, unter Vorlage des Titels (dazu KG NJW 1989, 534) eine Abschrift vom Protokoll und Verzeichnis beantragen.

7. Beim Gericht fällt für die Erteilung einer Abschrift des Vermögensverzeichnisses für den Drittgläubiger die Gebühr nach KV Nr. 1644 an, jetzt 10 EUR. Sie entsteht auch für bloße Einsicht in das Verzeichnis, KV zum GKG Nr. 1645.

8. Der Gläubiger oder sein Vertreter können am nach § 169 GVG nichtöffentlichen Verfahren teilnehmen, vgl. § 900 Abs. 1 S. 4 ZPO, und Fragen stellen, die die des amtlichen Fragenkataloges sachdienlich ergänzen (LG Göttingen NJW 1994, 1164. Für die Vollständigkeit der Offenbarung und den Abschluss von Ratenzahlungsvereinbarungen ist dies nützlich, aber aufwändig. Der Gläubiger kann stattdessen solche Fragen schriftlich dem Antrag beifügen (vgl. Gottwald, Zwangsvollstreckung, 4. Aufl. Rdn. 29 zu § 900 mwN.). Ein Arzt muss bei Forderungen gegen Privatpatienten zB. deren Namen und Anschrift nennen, um die Pfändung zu ermöglichen (*Brötel*, NJW 1998, 3387, aber strittig).

9. Der Antrag ist schon mit dem Antrag nach § 900 ZPO zulässig (*Zöller/Stöber* Rdn. 2 zu § 901; *Baumbach/Lauterbach/Albers/Hartmann* § 901 Rdn. 3) und zur Beschleunigung anzuraten.

10. Die Vollstreckungsvoraussetzungen, § 750 ZPO, müssen vorliegen.

11. Forderungsaufstellung wie Form. III. B. 1. Sie ist nicht Antragserfordernis (hM. *Stein/Jonas/Münzberg* § 900 Anm. III. 1.; *Baumbach/Lauterbach/Albers/Hartmann*, Rdn. 4 zu § 900; str.). Bei Ansatz eines Teilbetrages – den die Streitwertregelung in § 57 Abs. 2 Nr. 4 BRAGO nahelegt – oder Restbetrages ist sie daher nicht erforderlich. Sie ist aber zur Kostenberechnung, sowie zur Beurteilung von Zahlungsangeboten nach § 900 Abs. 3 ZPO zweckmäßig.

12. Regelmäßig wird das Unpfändbarkeitsattest des GerVollz. vorgelegt, Form. III. B. 1. Anm. 4. Die in der Gerichtspraxis verwendete Regel, dass es nicht zu alt, nicht älter als zB. 6 Monate sein darf, hat keine Stütze im Gesetz (so überzeugend *Schneider* MDR 1976, 533; *Dempewolff* BB 1977, 1630; ähnlich *Zöller/Stöber* Rdn. 16 zu § 807; *Baumbach/Lauterbach/Albers/Hartmann* § 807 Rdn. 6) und provoziert – zum Kostennachteil des Schuldners, § 788 ZPO – aussichtslose Vollstreckungsaufträge.

Erfolglosigkeit künftiger Pfändung wird meist glaubhaft gemacht durch Bescheinigung des GerVollz., dass er in jüngster Zeit in anderer Sache gegen den Schuldner die Pfändung ohne Erfolg versucht habe. Eine Bescheinung über verweigerte Durchsuchung ist ausreichend, § 807 Abs. 1 Nr. 3 ZPO, ebenso wiederholtes Nichtantreffen des Schuldners durch den GerVollz., § 807 Abs. 1 Nr. 4 ZPO.

Bei Versicherung nach § 883 Abs. 2 ZPO ist durch GerVollz.-Protokoll glaubhaft zu machen, dass die herauszugebende Sache beim Schuldner nicht gefunden wurde.

Kosten und Gebühren

a) Anwalt: 3/10 Gebühren nach § 58 Abs. 3 Nr. 11 BRAGO, vgl. die Kostenaufstellung am Ende des Formulars. Ggf. auch die Verhandlungs- oder Erörterungsgebühr bei Teilnahme am Termin.

Die $^{3}/_{10}$ Verfahrensgebühr entsteht auch bei Anforderung des Vermögensverzeichnisses (LG Köln JB 1977, 217).

Als Gegenstandswert ist nur die restliche Hauptforderung einschließlich Zinsen, aber ohne Kosten anzusetzen, maximal 1.500,– EUR, § 57 Abs. 2 Nr. 4 BRAGO.

b) GerVollz.: Festgebühr von 30,– EUR gem. KV zum GVKostG Nr. 260

c) In Ostdeutschland 90% der gesetzlichen Gebühren.

Fristen und Rechtsmittel

Da der Rechtspfleger entscheidet, gegen Ablehnung der Terminbestimmung die Erinnerung nach § 766 ZPO, (*Zöller/Stöber* Rdn. 39 zu § 900), vgl. Form. III. A. 14. Der Schuldner hat gegen die Terminbestimmung keinen Rechtsbehelf (AG Ulm RPfleger 1982, 480 mwN.). Er muss, und zwar nicht nur schriftlich, sondern auch im Termin selbst, ggf. Widerspruch nach § 900 Abs. 4 ZPO einlegen, über den der der GerVollz entscheidet, vgl. Form. III. D. 4. Eine Befugnis zu ratenweiser Tilgung der Gläubigerforderung (ähnlich § 813 a ZPO, vgl. oben Form. III. B. 4) kann der Schuldner durch Vertagungsanträge nach § 900 Abs. 3 ZPO erhalten, für maximal 8 Monate.

2. Ergänzung der eidesstattlichen Versicherung

An das
Amtsgericht
Verteilungsstelle für GerVollz Aufträge

Az. ......

Antrag
auf Ergänzung der eidesstattlichen Versicherung[1]
in der Vollstreckungssache
X ./. Y.

Namens und mit Vollmacht des Gläubigers beantrage ich beim zuständigen GerVollz., den Schuldner zur Ergänzung des zu obigem Az. am ...... beim dortigen Gericht hinterlegten Vermögensverzeichnisses und zur eidesstattlichen Versicherung der Richtigkeit und Vollständigkeit zu laden, wegen folgender Punkte:

1. Der Schuldner möge für die unter Nr. 20 des Verzeichnisses angegebene Lebensversicherung den Drittschuldner, den Versicherungsbeginn und die Versicherungs-Nr. angeben[2].

2. Der Schuldner möge die Angabe in Nr. 14 des Verzeichnisses, er arbeite für ständig wechselnde Arbeitgeber, konkretisieren durch deren ladungsfähige Benennung gemäß LG München RPfleger 1982, 231[3].

Titel und Vollstreckungsunterlagen füge ich bei und bitte um baldige Veranlassung[4].
Für den Fall, dass der Schuldner im anzusetzenden Termin nicht erscheint, beantrage ich schon jetzt beim Gericht den Erlass eines Haftbefehls.

Rechtsanwalt[5]

Anmerkungen

1. Zur Ergänzung des Vermögensverzeichnisses und eidesstattlicher Versicherung der Richtigkeit und Vollständigkeit (§ 807 Abs. 3 ZPO) dieser Ergänzung ist der Schuldner zu laden, wenn sich herausstellt, dass das bisherige Verzeichnis unvollständig war (OLG Köln RPfleger 1975, 180; LG Memmingen AnwBl. 1988, 589; *Zöller/Stöber* Rdn. 14 zu § 903). Dann wird man aber zunächst in dies bekannt gewordene Vermögen pfänden. Praktisch wichtiger sind Ungenauigkeit und Unvollständigkeit in den Vermögensangaben nach § 807 Abs. 1 S. 1 letzter Halbs. ZPO (*Schneider* MDR 1976, 535 f.; *Baumbach/Lauterbach/Albers/Hartmann* § 903 Rdn. 3 mwN.), die den Zugriff erschweren.

2. Andere häufige Auslassungen – deren Hinnahme durch den GerVollz. pflichtwidrig ist und Amtshaftung auslöst (BGHZ 7, 293; OLG Köln MDR 1975, 498; LG Göttingen NJW 1994, 1164) – sind zB. unzureichende Drittschuldnerbezeichnung bei Arbeitslohn, Sozialleistungen und Steuererstattungen, fehlende Standortangaben bei Kraftfahrzeugen (OLG Frankfurt MDR 1976, 320) sowie fehlende Vertrags- und Beweismittelbezeichnung bei Kaufpreis-, Werklohn- und ähnlichen Ansprüchen. Fehlen nur für die Vollstreckung nicht unbedingt erforderliche Angaben, wie die Versicherungs-Nr., so kann keine Ergänzung verlangt werden (AG Nürnberg RPfleger 1971, 265), vgl. Form. III. B. 14 Anm. 7.

3. Nach dieser praxisnahen Entscheidung ist „ständig wechselnd" eine rechtliche Würdigung. Der Schuldner muss Tatsachen nennen, also angeben, bei welchen Arbeitgebern er wie lange in letzter Zeit (ca. 1 Jahr) gearbeitet hat und mit welchem Tagesverdienst, LG Frankfurt/M RPfleger 1985, 245. Ähnliches muss für die beliebte Angabe „ständig wechselnder Auftraggeber“ bei Gewerbetreibenden gelten.

4. Mit der Ergänzung wird das alte Verzeichnis nachgebessert, so dass die Voraussetzungen von § 903 ZPO nicht vorliegen müssen (*Zöller/Stöber* Rdn. 14 zu § 903 mwN.; ebenso *Baumbach/Lauterbach/Albers/Hartmann* § 903 Rdn. 3). Daher ist auch erneuter Unpfändbarkeitsnachweis unnötig, selbst wenn die Ergänzung erst nach Jahr und Tag von einem anderen Gläubiger beantragt wird (*Schneider* MDR 1976, 536). Die Ergänzung setzt das alte Verfahren fort (*Baumbach/Lauterbach/Albers/Hartmann* § 903 Rdn. 5), so dass der Schuldner die Verhältnisse am Tage der Ergänzung als dem Tag der letzten mündlichen Verhandlung, § 136 Abs. 4 ZPO, offenbaren muss, nicht die ggf. überholten am Tage der ersten Versicherung.

5. Möglich sind auch mehrere Ergänzungsverfahren nacheinander, LG Kassel RPfleger 1991, 118.

Kosten und Gebühren

a) Anwalt: keine besondere Gebühr, wenn er im bisherigen Verfahren, das zum unvollständigen Verzeichnis führte, tätig war. Eine $^{3}/_{10}$ Gebühr nach § 58 Abs. 3 Nr. 11 BRAGO, wenn er im bisherigen Verfahren nicht tätig war, etwa einen anderen Gläubiger vertritt.

b) GerVollz.: Regelmäßig keine Gebühr nach KV zum GVKostG Nr. 260, da das frühere Offenbarungsverfahren fortgesetzt wird.

c) In Ostdeutschland 90% der gesetzlichen Gebühren.

Fristen und Rechtsmittel

Wie Form. III. D. 1.

3. Wiederholte eidesstattliche Versicherung[1] (§ 903 ZPO)

An das
Amtsgericht
Verteilungsstelle für GerVollz-Aufträge

Antrag
auf Bestimmung eines Termins zur wiederholten Abgabe der Offenbarungsversicherung, § 903 ZPO
in der Vollstreckungssache
X ./. Y.

Namens und mit Vollmacht des Gläubigers beantrage ich,

Termin gemäß § 903 ZPO zur wiederholten Abgabe eines Vermögensverzeichnisses und der eidesstattlichen Versicherung des Schuldners zu bestimmen.

Der Antrag wird auch für den Fall gestellt, dass gegen den Schuldner bereits Haft zur Erzwingung der Abgabe der eidesstattlichen Versicherung angeordnet ist.
Falls der Schuldner im Termin nicht erscheint oder die Abgabe der Versicherung ohne Grund verweigert, wird schon jetzt bei dem Vollstreckungsgericht

Haftbefehl gemäß § 901 ZPO

beantragt.

Ich bitte, mir umgehend nach dem Termin Protokoll und Vermögensverzeichnis oder Haftbefehl zu übersenden.
Ich überreiche anliegend Schuldtitel, Antragskopie und Vollstreckungsunterlagen, wonach der Gläubiger noch beanspruchen kann[2]:
......
Der Schuldner hat am ...... vor dem AG ...... zum Az. ...... die eidesstattliche Versicherung abgegeben[3].
Gemäß beigefügter Erklärung des damaligen Arbeitgebers, Firma ......, ist das dort bestehende Arbeitsverhältnis aufgelöst[4].
Danach ist der Schuldner zur erneuten Abgabe der Versicherung verpflichtet[5].

Rechtsanwalt

Anmerkungen

1. Der Schuldner muss erst 3 Jahre nach einer Offenbarungsversicherung sein Vermögen erneut offenbaren, § 903 ZPO. Vorher muss er dies nur, wenn
- die Eintragung im Schuldnerverzeichnis nach § 915a Abs. 2 1. Alt. ZPO vorher gelöscht wurde,
- Vermögenserwerb glaubhaft gemacht wird (der konkrete Zufluss einer nennenswerten Summe, etwa aus Verkauf eines bisher gem. § 811 Nr. 5 ZPO unpfändbaren PKW reicht aus),
- Auflösung eines bisherigen Arbeitsverhältnisses glaubhaft gemacht wird,
- Unrichtigkeit des ersten Verzeichnisses glaubhaft gemacht wird (vgl. unten Anm. 5).

In allen vier Fällen besteht eine Vermutung für neue Vollstreckungsaussichten, die nach § 903 ZPO unverzüglich geklärt werden sollen.

2. Berechnung von Forderung und Antragskosten wie oben Form. III. D. 1, vgl. dort auch Anm. 10.

3. Neuer Unpfändbarkeitsnachweis ist nicht erforderlich, so ausdrücklich § 903 S. 2 ZPO.

4. Dies ist der praktisch häufigste Fall. Die Glaubhaftmachung von Vermögenserwerb ist selten, weil der Gläubiger dann meistens direkt pfänden kann. § 903 ZPO ist auch anwendbar, wenn ein erst nach der ersten Versicherung aufgenommenes Arbeitsverhältnis beendet ist (LG Bremen NJW 1969, 152). Die Vorschrift ist entsprechend anwendbar, wenn der Schuldner eine selbstständige Tätigkeit aufgibt (LG Augsburg JurBüro 1998, 325, 90; *Zöller/Stöber* Rdn. 8 zu § 903 mwN.; *Baumbach/Lauterbach/Albers/Hartmann* § 903 Rdn. 16.) oder bisherige Arbeitslosigkeit oder Rentenbezug endet (LG Berlin Rpfleger 1997, 221; *Zöller/Stöber* aaO. mwN.; ggf. glaubhaft zu machen durch Bescheinigung des Arbeitsamtes über Wegfall von Leistungen), auch bei sonstigem Wegfall der bisherigen Lebensgrundlage, etwa einer Witwenpension (OLG Hamm RPfleger 1983, 323 mwN.). Auch wenn der arbeitslose Schuldner später keine Arbeitslosenunterstützung beantragt, ist glaubhaft gemacht, dass er einen neuen Arbeitsplatz hat (LG Kassel MDR 1980, 237; LG Duisburg MDR 1982, 504 mwN.).

5. Er ist zur Abgabe eines vollständigen Verzeichnisses verpflichtet, nicht nur zu Einzelangaben, etwa über einen neuen Arbeitgeber (KG MDR 1968, 674; LG Krefeld MDR 1986, 1035; *Zöller/Stöber* Rdn. 10 zu § 903; *Baumbach/Lauterbach/Albers/Hartmann* § 903 Rdn. 2).

Zur wiederholten vollständigen Abgabe – nicht nur Ergänzung – ist der Schuldner in entsprechender Anwendung von § 903 ZPO auch verpflichtet, wenn das frühere Verzeichnis zwar äußerlich vollständig, aber – meist strafbar – inhaltlich unrichtig war (OLG Köln MDR 1975, 498; *Schneider* MDR 1976, 536), wenn er also zB. beim angegebenen Arbeitgeber nie tätig oder bereits bei der ersten Versicherung ausgeschieden war (LG Berlin RPfleger 1971, 325).

Kosten und Gebühren

Da das Verfahren nach § 903 ZPO ein neues Verfahren ist, für das nur die 3jährige Sperrfrist entfällt, fallen die Gebühren an wie in Form. III. D. 1.

Fristen und Rechtsmittel

Wie Form. III. D. 1.

4. Widerspruch des Schuldners (§ 900 Abs. 4 ZPO)

Frau/Herrn GerVollz. ......[1]

DR. Nr. ......

Widerspruch
gemäß § 900 Abs. 4 ZPO
in der Vollstreckungssache
X ./. Y.

Namens und mit Vollmacht des Schuldners lege ich gegen die Verpflichtung zur Abgabe der Offenbarungsversicherung zu obigen Az.

Widerspruch

ein und beantrage,

die Terminsbestimmung aufzuheben[2] und dem Gläubiger die Kosten des Verfahrens aufzuerlegen.

Begründung:

Für den Antrag des Gläubigers fehlt das Rechtsschutzbedürfnis[3]. Ihm sind als bisherigem Steuerberater des Schuldners dessen Vermögensverhältnisse genau bekannt. Dies ergibt sich auch aus einem Briefwechsel der Parteien, den ich als Anlage beifüge. Ergänzend überreiche ich anliegend eine eidesstattliche Versicherung des Schuldners, wonach die dem Gläubiger bekannten Angaben richtig und vollständig sind[4].
Daher ist der Termin aufzuheben[5].

Rechtsanwalt[6]

Anmerkungen

1. Der Antrag ist an den GerVollz. zu richten, der den Schuldner vorgeladen hat. Es entscheidet aber „das Gericht", § 900 Abs. 4 S. 1 ZPO, dort der Rechtspfleger, § 20

Nr. 17 RPflG, dem der GerVollz. seine Akte vorlegt. Der Antrag muss jedenfalls auch mündlich im Termin gestellt werden, § 128 Abs. 1 ZPO. Sonst ist er unbeachtlich.

2. Dies ist das Ziel des Widerspruchs. Die bloße Bezeichnung als Widerspruch ohne den konkreten Antrag wäre aber entsprechend auszulegen.

3. Nach zutreffender h. M. kann der Schuldner mit Widerspruch nur prozessuale Mängel geltend machen (zB. fehlende Klausel; Zustellungsmängel; fehlendes Rechtsschutzbedürfnis; Mängel des Unpfändbarkeitsattestes; Prozessunfähigkeit; Verstoß gegen § 903 ZPO; Härte iSv. § 765 a ZPO), nicht aber Einwendungen gegen den Anspruch oder die Klausel, die nach § 767 (Form. III. A. 16) bzw. § 732 ZPO (Form. III. A. 12) geltend zu machen sind (*Zöller/Stöber* Rdn. 22 ff. zu § 900 mwN.; *Baumbach/Lauterbach/Albers/Hartmann* § 900 Rdn. 24 ff.).

4. Diese Versicherung ist nur prozessuales Beweismittel, § 294 ZPO, also nicht in die Schuldnerliste nach § 915 ZPO einzutragen. Umfassende Kenntnis des Gläubigers vom Vermögen des Schuldners kann das Rechtsschutzbedürfnis ausschließen (LG Köln Rpfleger 1987, 511). Belegt der Gläubiger, dass die Angaben des Schuldners unzuverlässig sind, ist sein Rechtsschutzbedürfnis gleichwohl gegeben.

In der Praxis dürften die unbegründeten, nur auf Zeitgewinn zielenden Widersprüche weit überwiegen. Bei fehlender Begründung ist der Widerspruch unbeachtlich, vgl. § 901 S. 1 2. Alternative.

5. Nach § 900 Abs. 4 S. 2 ZPO bringt auch ein erfolgloser Widerspruch Zeitgewinn, selbst wenn nach Rechtskraft unverzüglich neu terminiert wird. Der Schuldner muss aber alle im Zeitpunkt des Widerspruchs bekannten Gründe geltend machen, sonst wird er präkludiert (Gottwald, Zwangsvollstreckung, 4. Aufl. Rdn. 42 zu § 900). Mit neuen Gründen ist erneuter Widerspruch zulässig, dem aber die aufschiebende Wirkung genommen werden kann, § 900 Abs. 4 S. 2 2. Halbs. ZPO.

Zahlungsaufschub kann der Schuldner bis zu 8 Monaten nach § 900 Abs. 3 ZPO ähnlich wie nach § 813 a ZPO (Form. III. B. 4) oder nach § 30 a ZVG (Form. III. B. 35) erhalten.

6. Statt mit Widerspruch versuchen Schuldner häufig wegen Krankheit den Offenbarungstermin hinauszuzögern. Bei Bettlägerigkeit muss aber ggf. der GerVollz. die Versicherung am Krankenbett abnehmen (OLG Jena RPfleger 1997, 446; *Musielak/Voit* Rdn. 7 zu § 900). Seelische Belastung durch die Offenbarungsversicherung beseitigt die Verpflichtung nicht (KG NJW 1967, 59), da die Abgabe der Versicherung den redlichen Schuldner seelisch entlastet (OLG Köln RPfleger 1978, 32). Ohnehin werden nur wenige Krankheiten den Schuldner wirklich hindern, einen Fragebogen auszufüllen und dessen Richtigkeit zu versichern.

Kosten und Gebühren

a) Gericht: keine besondere Gebühr für die Bescheidung des Widerspruches.

b) Anwalt des Gläubigers: keine besondere Gebühr neben der $^{3}/_{10}$ Verfahrensgebühr nach §§ 57, 58 Abs. 3 Nr. 11 BRAGO.

c) Anwalt des Schuldners: soweit er für den Widerspruch erstmals eingeschaltet wird, entstehen für ihn die $^{3}/_{10}$ Gebühren für das Offenbarungsversicherungsverfahren nach §§ 31, 57 Abs. 1, 58 Abs. 3 Nr. 11 BRAGO.

d) GerVollz.: Keine besondere Gebühr für das Widerspruchsverfahren

d) In Ostdeutschland 90% der gesetzlichen Gebühren.

Fristen und Rechtsmittel

Da der Rechtspfleger über den Widerspruch unter Beteiligung beider Seiten ohne mündliche Verhandlung durch Beschluss entscheidet, sofortige Beschwerde, wie Form. III. A. 13.

5. Verhaftungsauftrag (§ 909 ZPO)

An das[1]
Amtsgericht ......
Verteilungsstelle für GerVollz.-Aufträge

Betr.: Verhaftungsauftrag[2]

In der Vollstreckungssache

X ./. Y

überreiche ich namens und mit Vollmacht des Gläubigers anliegend vollstreckbaren zugestellten Schuldtitel sowie Haftbefehl des AG ...... vom ...... Az. ...... und beglaubigte Abschrift[3] mit dem Auftrag,
den Schuldner zu verhaften und ihm ggf. gem. § 902 ZPO die eidesstattliche Versicherung abzunehmen[4].

Die Vollstreckung erfolgt wegen der Verhaftungskosten und wegen folgender Beträge gemäß anliegender Vollstreckungsunterlagen[5]:
......
Bei Teilzahlung von mindestens ...... EUR monatlich stimme ich ratenweiser Erledigung zu und bitte um Überweisung auf mein Konto[6]

Rechtsanwalt[7]

Anmerkungen

1. Wie Form. III. B. 1. Ggf. sollte dieser Antrag schon vorsorglich mit dem Pfändungsauftrag gestellt werden, vgl. Form. III. B. 1. Anm. 7.

Man kann auch versuchen, den Schuldner zunächst durch außergerichtliche Übersendung des Haftbefehls (den viele für eine strafrechtliche Maßnahme halten) zur Zahlung zu bewegen.

2. Kommt der Schuldner ohne ausreichende Entschuldigung nicht zum Offenbarungstermin oder verweigert er ohne Grund die Offenbarung, wird zur Erzwingung ein Haftbefehl erlassen, § 901 ZPO, den der Gläubiger durch den GerVollz. vollstrecken lassen kann, § 909 ZPO.

Gegen die Haftanordnung – die der Richter vornimmt, § 4 Abs. 2 Nr. 2 RPflG – kann der Schuldner nicht erneut die Gründe eines schon abgewiesenen Widerspruchs einwenden (*Zöller/Stöber* Rdn. 14 zu § 901). Ausgeschlossen ist er nach überwiegender Ansicht auch mit Gründen, wegen derer er Widerspruch hätte einlegen können (*Baumbach/Lauterbach/Albers/Hartmann* § 901 Rdn. 15 mwN.; aA. OLG Frankfurt RPfleger 1976, 27 mwN.).

3. Beglaubigte Abschrift des Haftbefehls erforderlich wegen § 909 Abs. 1 S. 2 ZPO. Der Haftbefehl muss aber nicht vor dem Vollzug zugestellt werden, § 901 S. 3 ZPO.

4. Regelmäßig wird, wenn der GerVollz. den Schuldner antrifft, dann die Versicherung abgegeben, so dass Haftvollzug fast nie vorkommt. Zum Verfahren des GerVollz. vgl. auch § 187 GVGA

5. Forderungsaufstellung wie Form. III. B. 1. Sie ist nicht Antragserfordernis. Da aber zur Abwendung der Verhaftung häufig die Forderung ganz oder in Raten gezahlt wird, ist die Angabe zweckmäßig und sollte durch Beifügung der Vollstreckungsunterlagen belegt werden.

6. Zur Geldempfangsvollmacht Form. III. B. 1. Anm. 5.

7. Der Haftbefehls kann bis zu 3 Jahren nach Erlass vollzogen werden, § 909 Abs. 2 ZPO.

Die Vollziehung sollte ggf. durch Gläubigerhinweise über den Schuldneraufenthalt erleichtert werden. Zur Verhaftung in den Räumen des Schuldners ist eine Durchsuchungsanordnung nach Art. 13 GG (Form. III. A. 11) nicht erforderlich, so ausdrücklich § 758 a Abs. 2 ZPO.

Kosten und Gebühren

a) Anwalt: keine besondere Gebühr neben der $^{3}/_{10}$ Gebühr des Offenbarungsversicherungsverfahrens, da keine besondere Angelegenheit iS. von § 58 Abs. 3 BRAGO. Der Verhaftungsauftrag kann aber mit einem Vollstreckungsauftrag (Form. III. B. 1) verbunden werden (AG Büdingen DGVZ 1985, 78 mwN.), für den dann eine besondere $^{3}/_{10}$ Gebühr anfällt. Umstritten ist allerdings, ob und wann diese Gebühr vom Schuldner zu erstatten ist, wann sie also notwendig iS. von § 788 ZPO war.
b) GerVollz.: Festgebühr von 30,– EUR gem. KV zum GVKostG Nr. 270.
c) In Ostdeutschland 90% der gesetzlichen Gebühren.

Fristen und Rechtsmittel

Gegen die Ablehnung oder Anordnung der Haft haben, da sie durch den Richter erfolgt (vgl. Anm. 2), beide Parteien die sofortige Beschwerde binnen zwei Wochen gemäß § 793 ZPO, vgl. Form. III. A. 22. Gegen das Verfahren des Gerichtsvollziehers bei der Verhaftung ist – unbefristete – Erinnerung nach § 766 ZPO gegeben.

6. Schuldnerantrag auf Löschung im Schuldnerverzeichnis (§ 915 a ZPO)

**An das
Amtsgericht
Schuldnerverzeichnis[1]**

**Antrag
auf Löschung im Schuldnerverzeichnis[2]
in der Vollstreckungssache
X ./. Y.**

in obiger Sache ist zum Az. ...... beim dortigen Gericht am ...... Haftbefehl gemäß § 901 ZPO gegen den Schuldner ergangen. Namens und mit Vollmacht des Schuldners beantrage ich,

die darüber nach § 915 Abs. 1 ZPO erfolgte Eintragung im Schuldnerregister zu löschen.

Nach der beigefügten Bescheinigung des Gläubigervertreters besteht die Forderung nicht mehr[3].

Rechtsanwalt

Anmerkungen

1. Um den Rechtsverkehr vor zahlungsunfähigen oder zahlungsunwilligen Schuldnern zu schützen, werden nach § 915 Abs. 1 ZPO beim Vollstreckungsgericht Schuldner in ein Verzeichnis eingetragen,

- die in den letzten 3 Jahren die eidesstattliche Versicherung nach § 807 ZPO oder § 284 AO (also nicht nach § 883 ZPO) abgegeben haben,
- gegen die nach § 901 ZPO Haft angeordnet oder sogar 6 Monate vollstreckt wurde.

Bei Wohnsitzwechsel kann der Schuldner auch in das Schuldnerverzeichnis eines weiteren Amtsgerichtes eingetragen werden, § 915 Abs. 2 ZPO.

Da den Schuldnern damit Kreditgeschäfte weitgehend unmöglich werden, übt die drohende oder erfolgte Eintragung bzw. deren Bekanntgabe insbesondere über die Schufa und die berufsständischen Kammern starken Druck aus, sich um Tilgung zu bemühen.

Löschung und Auskunfterteilung sind seit 1. 1. 1995 – übertrieben akribisch – geregelt in §§ 915 a–h ZPO.

2. Vor Ablauf des dritten Jahres seit Eintragung (dann Löschung von Amts wegen) erfolgt die Löschung nach § 915 a nur

- wenn die Befriedigung des Gläubigers nachgewiesen wird,
- bei Wegfall des Eintragungsgrundes, sei es durch Befriedigung, sei es durch Rechtsmittel.

3. Der Nachweis (voller Beweis) kann auch anders geführt werden, zB. durch Vorlage des quittierten Titels, § 757 ZPO. Der Wegfall der Forderung kann auch auf Erlass beruhen (LG Hannover RPfleger 1970, 442). Bloße Stundung oder Ratenvereinbarung berechtigt nicht zur Löschung, ebenso wenig – wegen der Warnfunktion für Dritte – die bloße Zustimmung des Gläubigers zur Löschung (LG Tübingen RPfleger 1986, 24). Die Parteien können aber auf die bisherige Forderung verzichten und eine neue vereinbaren, etwa abstraktes Schuldanerkenntnis oder Darlehen. Dann sind aber ggf. die komplizierten Regeln des Verbraucherkreditrechtes zu beachten, §§ 491 ff. BGB.

Ggf. ist auch die Löschung im Verzeichnis des weiteren Gerichtes zu beantragen, § 915 a Abs. 1 S. 2 ZPO.

Kosten und Gebühren

a) Gericht: keine besondere Gebühr. Auch für mündliche und schriftliche Auskünfte aus dem Verzeichnis nach § 915 b ZPO entstehen keine Gebühren.

b) Anwalt: da das Verfahren auf Löschung besondere Angelegenheit ist, § 58 Abs. 3 Nr. 12 BRAGO, fallen gesonderte $^{3}/_{10}$ Gebühren nach §§ 31, 57 Abs. 1 BRAGO an, ggf. auch beim Gläubigeranwalt, wenn der Gläubiger gehört wird oder dem Löschungsantrag entgegentritt.

c) In Ostdeutschland 90% der gesetzlichen Gebühren.

Fristen und Rechtsmittel

Über die Löschung entscheidet der Rechtspfleger durch Beschluss. Da die Beschwerde ausgeschlossen ist, § 915c ZPO, steht den Parteien nur die befristete Erinnerung nach § 11 Abs. 2 RPflG binnen zwei Wochen zu, die zur endgültigen Entscheidung des Amtsrichters führt.

E. Besonderheiten der Arrest- und Verfügungsvollstreckung

1. Pfändungsantrag bei Sicherungsverfügung mit Vereinbarung von Sequestration

An die
......[1]
überreiche ich namens und mit Vollmacht des Gläubigers anliegend Beschluss[2] des LG ...... vom ......[3] Az. ...... mit dem Auftrag zur Zwangsvollstreckung[4] durch Wegnahme der vom Schuldner herauszugebenden, im Titel näher bezeichneten Sachen.
Zugleich bitte ich wegen der Vollstreckungskosten um Pfändung in das sonstige Schuldnervermögen[5] wegen folgender Beträge:

1. Kosten dieses Antrages	...... EUR
2. Gerichtsvollzieherkosten, die ich hinzuzusetzen bitte	...... EUR
3. Sequestrationskosten, die ich hinzuzusetzen bitte	...... EUR

Wegen der herauszugebenden Sachen ist Sequestration angeordnet[6]. Ich bitte den zuständigen Gerichtsvollzieher, das Amt des Sequesters zu übernehmen[7] und mir die dafür beanspruchte Vergütung aufzugeben[8, 9].

Rechtsanwalt

Anmerkungen

1. Ausgangsfall ist eine Sicherungsverfügung über Eigentumsvorbehaltsware, die bei drohendem wirtschaftlichem Zusammenbruch des Schuldners gefährdet ist.

Adressierung ggf. wie Form. III. B. 1. Allerdings wird man zur Beschleunigung durch Anruf beim Gericht Namen und Anschrift des zuständigen GerVollz. ermitteln, ihm direkt den Auftrag übermitteln und vorab mit ihm telefonisch besprechen. Zuständigkeit nach §§ 936, 930 Abs. 1 ZPO wie sonst bei Mobiliarvollstreckung.

2. Arresttitel (entsprechend auch Verfügungstitel, § 936 ZPO) benötigen außer bei Titelumschreibung keine Vollstreckungsklausel (§ 929 Abs. 1 ZPO). Um den Arrestschuldner – der einen Arrestgrund geliefert hat! – zu überraschen, kann sogar die Zustellung der Vollstreckung nachfolgen – um maximal eine Woche! –, § 929 Abs. 3 ZPO.

3. Die Vollstreckbarkeit ist aber zeitlich auf einen Monat seit Verkündung, seit Aushändigung oder seit Zustellung des Beschlusses an den Gläubiger beschränkt, § 929 Abs. 2 ZPO. Wird innerhalb dieser Frist nicht vollstreckt, ist der Arrest auf Widerspruch aufzuheben (*Baumbach/Lauterbach/Albers/Hartmann* § 929 Rdn. 16), also Vollziehungspflicht! Heute wird allgemein angenommen, dass es als „Vollziehung des Arrestbefehls" anzusehen ist, wenn vor Ablauf der Frist die Vollstreckungsmaßnahme ordnungsgemäß (!) beantragt ist. Die Maßnahme selbst kann auch nach Fristablauf vollzogen werden (h.M.: BGH NJW 1991, 497; MüKo-ZPO/*Heinze* Rdn. 7 zu § 929 mwN; *Musielak/Huber* Rdn. 6 zu § 929 ZPO mwN.). Mit dem Antrag beginnt aber die Wochenfrist von § 929 Abs. 3 ZPO (RGZ 81, 289). Der Gläubiger sollte ggf. 2 Ausfertigungen beantragen, um den Titel zur Wahrung beider Fristen vorlegen zu können.

4. Dass diese Vollstreckung, wie stets bei Arrest, §§ 930–932 ZPO, und meist bei einstweiliger Verfügung nur auf Sicherung, nicht auf Befriedigung geht, muss der Titel ergeben, der bei Herausgabe zB. auf Herausgabe an einen Sequester lautet, nicht an den Gläubiger.

5. Nach § 928 ZPO gilt § 788 ZPO entsprechend, so dass auch wegen des Kostenanspruches vollstreckt werden kann (*Baumbach/Lauterbach/Albers/Hartmann* § 928 Rdn. 6), soweit er nicht schon in einer Kostenpauschale mit tituliert ist.

6. Anordnung nach § 938 Abs. 2 ZPO. Ob sie – und mithin der Antrag darauf – zweckmäßig ist, hängt von der Beschaffenheit der herauszugebenden Sachen und der Art der Gefährdung ab. Sind Straftaten wie Siegel- und Verstrickungsbruch nicht zu befürchten, kann eine auf Pfändung und Siegelung beschränkte Verfügung unter Belassung der Sachen beim Schuldner erhebliche Kosten sparen.

Sequestration erfordert eine zur Übernahme des Amtes bereite Person, der eine Vergütung zusteht (*Noack* Büro 1977, 1317). Sequestration (= Treuhandverwaltung) sollte daher nur beantragt werden, wo etwas zu verwalten ist, zB. bei Wertpapieren mit Coupons, bei Einziehung von Mieten etc. Geht es nur um Lagerung von Waren, so kann bei Gefährdung Pfändung, entgegen § 808 Abs. 2 ZPO verbunden mit Wegnahme, beantragt werden, die zu amtlicher Verwahrung (Pfandkammer) führt und deren Durchführung der GerVollz. nicht ablehnen darf (vgl. *Nies,* Praxis der Mobiliarvollstreckung, Kap. V Rdn. 42–44). Allerdings können die landesrechtlich geregelten Kosten amtlicher Verwahrung, auf die Zeit zwischen Pfändung und Versteigerung kalkuliert, bei Verwahrung bis zum Abschluss des Hauptverfahrens ganz erheblich sein.

Dann hilft nur Verwertung nach Parteivereinbarung oder Antrag nach § 930 Abs. 3 ZPO, den auch der Schuldner stellen kann.

Kostengünstiger ist vielfach, Verwahrung durch einen Lagerhalter anzuordnen, bei besonderen Lageranforderungen (Kühlung, Warenpflege) auch Verwahrung durch den Gläubiger (Lieferanten) unter Aufsicht des GerVollz. oder eines anderen Sequesters. Bei einstweiliger Verfügung ist, anders als beim Arrest, auch Übertragung an den Gläubiger zur Verwertung gegen ausreichende Sicherheitsleistung denkbar und zB. bei marktgängigen, aber verderblichen Waren (Lebensmittel) sehr zweckmäßig.

7. Soweit danach Sequestration überhaupt zweckmäßig ist, wird man sie stets zuvor mit dem GerVollz. absprechen. Zur Übernahme des Amtes ist nämlich der GerVollz. auch bei Benennung im Beschluss nicht verpflichtet, da sie für ihn nicht Dienstpflicht, sondern Nebenamt ist (*Baumbach/Lauterbach/Albers/Hartmann,* Rdn. 23 zu § 938). Er braucht auch die Zustimmung seiner Dienstbehörde (OLG Koblenz MDR 1981, 855), die aber idR. erteilt wird. Daher ist telefonische Abstimmung schon vor dem Verfügungsantrag ratsam, um nachträgliche Titeländerungen zu vermeiden. Ebenso sollte Stellung von Transportraum und Hilfskräften abgesprochen sein.

Zum Sequester können auch andere Personen, zB. Anwälte, ernannt werden, an die der GerVollz. dann die weggenommenen Sachen abzugeben hat.

8. Zwar kann die Vergütung vom Gericht festgesetzt werden (OLG Celle RPfleger 1969, 216). Praktisch wird aber Vereinbarung und Vorschusszahlung verlangt, was wirksam ist (OLG Hamburg RPfleger 1957, 87 und KTS 1977, 176).

9. Bei Forderungspfändung mit Arresttitel (dazu oben Form. I. R. 1) ist abweichend von Form. III. B. 6 nur zu beachten, dass
- die Überweisung der Forderung unzulässig ist und
- das Arrestgericht zuständiges Vollstreckungsgericht ist, § 930 Abs. 1 S. 3 ZPO.

Letzteres ermöglicht, zur Beschleunigung den Pfändungsantrag mit dem Arrestantrag zu verbinden. Das Gericht verbindet dann Arrestbeschluss mit dem Pfändungsbeschluss (*Baumbach/Lauterbach/Albers/Hartmann* § 930 Rdn. 5; *Zöller/Vollkommer* Rdn. 3 zu § 930).

Bei Pfändung mehrerer Forderungen mit verschiedenen Drittschuldnern sollten mehrere Ausfertigungen beantragt werden, um gleichzeitig die Zustellung an die Drittschuldner zu betreiben. Auch bei Arrestvollstreckung an mehreren Orten oder in verschiedene Vermögensstücke sind mehrere Ausfertigungen – die wegen § 929 Abs. 1 ZPO taugliche Titel sind – geboten und bei entsprechender Darlegung zulässig (OLG Karlsruhe RPfleger 1977, 453), vgl. auch Form. III. A. 7 Anm. 6.

Kosten und Gebühren

a) Anwalt: 3/10 Gebühr nach §§ 31, 57 Abs. 1, 58 Abs. 1, 59 Abs. 1 BRAGO, die auch eventuelle Maßnahmen nach § 930 Abs. 3 ZPO abgilt.

b) GerVollz.: volle Pfändungsfestgebühr nach KV zum GVKostG Nr. 205 von 20,– EUR, ggf. mit Zeitzuschlag nach KV Nr. 500.

Da die Übernahme des Sequesteramtes nicht Dienstpflicht des GerVollz. ist, besteht keine amtliche Kostenregelung.

c) In Ostdeutschland 90% der gesetzlichen Gebühren.

Fristen und Rechtsmittel

Wie Form. III. B. 1, da, abgesehen von dem besonderen Titel mit der fehlenden Verwertungsbefugnis, normale Mobiliarpfändung vorliegt, § 930 Abs. 1 ZPO.

2. Arrestpfändung in eingetragenes Schiff (§ 931 ZPO)

An die
......[1]

überreiche ich namens und mit Vollmacht des Gläubigers anliegend Arrestbeschluss des LG ...... vom ...... Az. ...... mit Pfändungsanordnung[2] für das Motorschiff ...... Schiffsregister-Nr. ......[3] des AG ...... und Heimathafen ...... mit dem Auftrag,

die Pfändung vorzunehmen[4].

Das Schiff befindet sich zurzeit im ...... hafen, Kai ......
Ich zahle nebengehend gemäß Absprache Kostenvorschuss von ......EUR.
Ich bitte, anschließend unverzüglich dem Arrestschuldner Arrestbeschluss und Pfändungsanordnung in der Frist des § 929 Abs. 3 ZPO zuzustellen[5] und füge entsprechend beglaubigte Kopie bei.

Rechtsanwalt

Anmerkungen

1. Adressierung wie Form. III. B. 1. Auch hier wird man aber stets die Pfändung dem GerVollz. telefonisch avisieren und dann die Unterlagen an ihn direkt übersenden.

2. Neben dem Arresttitel – ohne Klausel und Zustellungsurkunde – ist eine besondere Pfändungsanordnung in das Schiff erforderlich, § 931 Abs. 3 S. 1 ZPO. Sie wird zusammen mit dem Arrest beantragt, und dann mit ihm verbunden (*Zöller/Vollkommer* Rdn. 1 zu § 931). Sonst, wenn etwa das Schiffseigentum erst nachträglich, aber vor Ablauf der Monatsfrist von § 929 Abs. 2 ZPO bekannt wird, muss die Pfändungsanordnung gesondert beantragt werden, zweckmäßig unter Vorlage eines Schiffsregisterauszuges zur Glaubhaftmachung des Schuldnereigentums.

3. Die Sonderregelung von § 931 ZPO (Mischung von Mobiliar-, Forderungs- und Immobiliarvollstreckung) gilt nur für in Deutschland, auch im Zweitregister eingetragene Schiffe. Durch „Ausflaggung" sind sie heute auch in deutschen Häfen eher die Ausnahme. Nicht eingetragene oder ausländische Schiffe sind normale bewegliche Sachen, Arrestpfändung nach § 930 Abs. 1 ZPO, bei Seeschiffen zT. beschränkt auf „Seeforderungen", vgl. Übereinkommen über den Arrest in Seeschiffe, BGBl. 1972 II, 653.

4. Das geschieht durch Inbesitznahme und anschließende Bewachung („an die Kette legen"). Hierfür hat der Gläubiger den nötigen Kostenvorschuss zu leisten und ggf. nachzuzahlen, bei Meidung der Aufhebung des Arrestes, § 934 Abs. 2 ZPO. Die Pfändung ist – mit Ausnahmen – unzulässig bei Seeschiffen, die sich bereits auf der Reise befinden § 482 HGB.

5. Evtl. sind Pfändungsvollziehung und Zustellung mit 2 Ausfertigungen gleichzeitig zu betreiben.

Die Inbesitznahme durch den GerVollz. soll das faktische Verschwinden des eben doch beweglichen Schiffes verhindern. Das Pfandrecht, § 931 Abs. 2 ZPO, entsteht dagegen durch Zustellung der Pfändungsanordnung an den Schuldner (*Baumbach/Lauterbach/Albers/Hartmann* § 931 Rdn. 2), also wie beim drittschuldnerlosen Recht, § 857 Abs. 2 ZPO. Zugleich wird im Schiffsregister eine Vormerkung eingetragen, § 931 Abs. 3 ZPO. Das außerhalb des Registers entstandene Pfandrecht muss der Gläubiger zur Vermeidung gutgläubigen Erwerbs Dritter eintragen lassen, § 931 Abs. 6 ZPO. Es wirkt wie eine Hypothek, § 931 Abs. 6 S. 2 ZPO.

Kosten und Gebühren

a) Gericht: für Anordnung der Pfändung keine besondere Gebühr neben der Arrestgebühr.

b) Anwalt: $^3/_{10}$ Gebühr gemäß §§ 31, 57 Abs. 1, 59 Abs. 1 BRAGO. Muss die Pfändungsanordnung nach § 931 Abs. 3 ZPO gesondert beantragt werden, dient dies der Pfändungsvorbereitung, daher keine gesonderte Gebühr, § 58 Abs. 2 BRAGO.

c) GerVollz.: volle Pfändungsfestgebühr nach KV zum GVKostG. Nr. 205 von 20,– EUR zzgl. Zeitzuschlag nach KV Nr. 500 und Bewachungsgebühr nach KV Nr. 400 von 75,– EUR. Diese Kosten sind aber „peanuts" im Verhältnis zu den zusätzlich in voller Höhe zu erstattenden Auslagen, etwa gem. Nr. 703, 704 und 707 für die Verholung und den Liegeplatz des Schiffes, die leicht fünfstellige Beträge erreichen können.

d) In Ostdeutschland 90% der gesetzlichen Gebühren.

Fristen und Rechtsmittel

Wie Form. III. B. 1, bzgl. des GerVollz.

3. Antrag auf Arresthypothek (§ 932 ZPO)

An das
Amtsgericht
Grundbuchamt

Antrag
auf Eintragung einer Arresthypothek[1]
in der Vollstreckungssache
X ./. Y

Namens und mit Vollmacht des Gläubigers überreiche ich anliegend Arrestbeschluss des LG ...... vom ......[2] Az. ...... und beantrage[3],

in Höhe der Lösungssumme[4] eine Arresthypothek auf dem Grundstück des Schuldners in (Anschrift, Flurstück-Nr.), eingetragen im Grundbuch von ...... Bd. ...... Bl. ...... einzutragen.

Titel bitte ich alsbald zurückzureichen. Die Kosten des Eintragungsantrages berechne ich nachstehend.

Rechtsanwalt[5]

Anmerkungen

1. Die Arresthypothek unterscheidet sich von der Zwangshypothek, § 867 ZPO (Form. III. B. 32), vor allem durch das Fehlen des gesetzlichen Löschungsanspruchs, § 932 Abs. 1 S. 2 ZPO (dazu *Stöber* RPfleger 1977, 426). Daher ist mit dem Titel aus dem Hauptprozess die Umwandlung der Arrest- in eine Zwangshypothek gesondert zu beantragen (OLG Frankfurt RPfleger 1975, 103 mwN.; *Baumbach/Lauterbach/Albers/Hartmann* § 932 Rdn. 3).

2. Sofern der Erlass des Arrestes einen Monat zurückliegt, muss wegen § 929 Abs. 2 ZPO dargetan werden, dass der Fristbeginn – Zustellung an den Gläubiger (!) – noch keinen Monat zurückliegt.

3. Der Antrag allein gilt hier ausdrücklich, § 932 Abs. 3 ZPO, als Vollziehung des Arrestes, vgl. Form. III. E. 1 Anm. 3. Er muss mangelfrei sein, oder Mängel – wie fehlende Verteilung bei mehreren Grundstücken, Form. III. B. 32 Anm. 5 – müssen vor Ende der Monatsfrist des § 929 Abs. 2 ZPO beseitigt sein.

4. Die Arresthypothek wird als Höchstbetragshypothek in Höhe der Arrestlösungssumme des § 923 ZPO eingetragen. Zinsen und Kosten sind in diese Summe einzurechnen, etwa titulierte zukünftige Leistungen gleichfalls (*Zöller/Vollkommer* Rdn. 3 zu § 932).

5. Im Übrigen gelten die Vorschriften über die Zwangshypothek entsprechend, auch die Wertuntergrenze von 750,– EUR (für den Höchstbetrag), §§ 932 Abs. 2, 866 Abs. 3 S. 1 ZPO, vgl. Form. III. B. 32.
Zwangsversteigerung oder -verwaltung finden aus einem Arresttitel nicht statt.

Kosten und Gebühren

Wie Form. III. B. 32.

Fristen und Rechtsmittel

Wie Form. III. B. 32.

F. Anfechtungsgesetz und Insolvenzrecht

Anfechtung

1. Anfechtungsankündigung durch einfaches Schreiben[1]

Frau A

(Ort, Datum)

Sehr verehrte Frau A,
hiermit zeige ich an, dass die Firma B ...... von mir anwaltlich vertreten wird.
Für meine Mandantin habe ich gegen Ihren Ehemann, Herrn A, ein Urteil bei dem Landgericht ...... Az. ...... vom ...... über eine Kaufpreisforderung in Höhe von EUR ...... nebst Zinsen und Kosten erstritten[2]. Das Urteil ist noch nicht rechtskräftig[3].
Im Laufe der letzten mündlichen Verhandlung vor dem Landgericht habe ich in Erfahrung gebracht, dass Ihr Ehemann Ihnen durch notariellen Schenkungsvertrag vom ...... das Grundstück (Ort, Straße) eingetragen im Grundbuch von (Ort, Grundbuchstelle) übertragen hat[4].
Diese Übertragung stellt einen anfechtbaren Rechtserwerb gem. §§ 3 und 4 des Anfechtungsgesetzes dar. Ihnen war bekannt, dass durch diese Grundstücksübertragung jegliche Vollstreckungsversuche gegen Ihren Ehemann vereitelt werden sollten. Ich kündige Ihnen hierdurch an, dass ich Klage auf Rückgewähr dieses Grundstückes zum Schuldnervermögen gem. den §§ 1, 4 und 11 des Anfechtungsgesetzes in Form der Duldung der Zwangsvollstreckung in dieses Grundstück erheben werde[5]. Sie können diese Klage auch durch Zahlung der Forderung an mich abwenden. In Ihrem eigenen Interesse fordere ich Sie auf, sich über diesen Sachverhalt mir gegenüber bis zum ...... zu erklären.
Nach fruchtlosem Ablauf dieser Frist bin ich gegebenenfalls gezwungen, Klage auf Duldung der Zwangsvollstreckung zu erheben oder den Rückgewähranspruch meiner Mandantin im Wege des Arrestes[6] zu sichern.
Inkassovollmacht ist in anwaltlich beglaubigter Fotokopie beigefügt.

Rechtsanwalt

Schrifttum: Huber, Anfechtungsgesetz, 9. Aufl. 2000; *Marotzke,* Dingliche Wirkungen der Gläubiger- und Konkursanfechtung, KTS 1987, 1ff.; *Huber,* Das neue Recht der Gläubigeranfechtung außerhalb des Insolvenzverfahrens, ZIP 1998, 897ff.

Anmerkungen

1. Nach § 7 AnfG durch Zustellung eines Schriftsatzes, jedoch nicht im technischen Sinne, es genügt einfache schriftliche Benachrichtigung, zB. durch eingeschriebenen Brief (mit Rückschein). Eine förmliche Zustellung der Anfechtunganzeige ist entbehrlich, wenn ihr Zugang auf andere Art und Weise bewiesen werden kann (BGH NJW 1983, 1738). Die Rechtsfolge der Anfechtungsankündigung gem. § 7 Abs. 2 AnfG ist die Wahrung der Anfechtungsfristen (vgl. *Huber* AnfG § 7 Rdn. 34, 46).

2. Zum notwendigen Inhalt gehört die genaue Bezeichnung der Forderung, wegen der die Anfechtung stattfinden soll, § 7 AnfG.

3. Es dürfen nicht schon sämtliche Voraussetzungen für die gerichtliche Geltendmachung des Anfechtungsanspruches selbst vorliegen. Entweder darf noch keine Fälligkeit der Forderung des Gläubigers gegen den Schuldner gegeben oder ein vollstreckbarer Schuldtitel darf noch nicht erlangt sein. Die Anfechtungsankündigung ist aber bereits zulässig, wenn weder Fälligkeit gegeben noch ein Schuldtitel erlangt ist (vgl. *Huber* AnfG § 7 Rdn. 41). In diesem Beispiel fehlt es an der Rechtskraft, und eine Vollstreckbarkeit liegt noch nicht vor, weil zB. die Klausel oder die Zustellung noch ausstehen.

4. Weiteres Inhaltserfordernis ist die genaue Kennzeichnung der Rechtshandlung des Schuldners, die angefochten werden soll. Hier kommen alle im Sinne der §§ 3 und 4 AnfG anfechtbaren Rechtshandlungen des Schuldners in Betracht.

5. Die Wirkung dieser Anfechtungsankündigung ist eine doppelte, nämlich einerseits die Wahrung der Fristen gem. §§ 3 und 4 AnfG und um diese möglichst weit nach „rückwärts" zu verschieben (Rückrechnung vom Datum der Zustellung der Erklärung an den Anfechtungsgegner), andererseits die Ingangsetzung der 2-Jahresfrist, innerhalb der der Anfechtungsanspruch gerichtlich geltend gemacht werden muss (zB. durch Anfechtungsklage). Zur Berechnung der Anfechtungsfristen und zu den Unterschieden nach altem und neuem Recht vgl. *Huber* AnfG § 7 Rdn. 30, 33.

Zur Problematik der Gläubigeranfechtung im Zusammenhang mit der Vollstreckungstätigkeit des Finanzamtes (gem. § 191 Abs. 1 AO 1977 durch Haftungs- oder Duldungsbescheid) vgl. die Darstellung bei *App* BB 1983, 309 ff. u. FG Schleswig-Holstein ZIP 1984, 1275 ff., OLG Karlsruhe ZIP 1993, 1484 sowie BGH WPM 1985, 245 ff., ferner BGH WPM 1991, 79 ff. (keine Bindung der Zivilgerichte an einen noch nicht bestandskräftigen, eine Gläubigeranfechtung geltend machenden Duldungsbescheid der Finanzverwaltung). Nach BFH ZIP 1997, 285 besteht noch kein Recht des Finanzamtes auf Erlass eines Duldungsbescheides gegen den Käufer eines Grundstücks, wenn lediglich zu dessen Gunsten eine Vormerkung eingetragen ist, eine Auflassung jedoch noch nicht erfolgt ist, ebenso wenig eine Eintragung.

Bezüglich der Geltendmachung der Anfechtung durch Duldungsbescheid besteht seit dem 1. 1. 1999 eine neue Rechtslage. Die Neufassung des § 7 Abs. 1 knüpft für die Berechnung der Anfechtungsfristen ausdrücklich an die gerichtliche Geltendmachung an. Dadurch hat der Gesetzgeber zum Ausdruck gebracht, dass die Finanzbehörden nicht mehr berechtigt sein sollen, das Anfechtungsrecht im Wege eines Duldungsbescheides nach § 191 AO geltend zu machen (vgl. *Huber* AnfG § 7 Rdn. 21 mwN.). Ein Duldungsbescheid ist daher kraft Gesetzes ab 1. 1. 1999 unzulässig. Er bewirkt nur noch eine Fristverlängerung nach § 7 Abs. 2, weil er als Anfechtungskündigung im Sinne dieser Vorschrift zu werten ist.

Mit dieser Änderung der Rechtslage wollte sich jedoch die Finanzverwaltung nicht abfinden. Im Gesetz zur Bereinigung von steuerrechtlichen Vorschriften (StBereinG 1999) vom 22. 12. 1999 (BGBl I, 2601) wurde in Art. 17 Nr. 14 der § 191 AO in Abs. 1 ergänzt. Darin ist jetzt geregelt, dass die Anfechtung wegen Ansprüchen aus dem Steuerschuldverhältnis außerhalb des Insolvenzverfahrens durch Duldungsbescheid erfolgen kann (vgl. hierzu auch *Huber*, ZIP 2000, 337 f.).

2. Gläubigeranfechtung durch Klage auf Duldung der Zwangsvollstreckung in eine Forderung

An das
Landgericht[1] **(Ort, Datum)**

Klage

des Herrn A

– Klägers –

Prozessbevollmächtigter:

gegen

den Herrn B

– Beklagten –

wegen Forderung

Streitwert: EUR ......

Namens und mit Vollmacht des Klägers erhebe ich Klage und werde beantragen:

1. Der Beklagte wird verurteilt, zugunsten des Klägers bis in Höhe von EUR ......[2] die Zwangsvollstreckung in das Sparbuch Nr. ...... der Bank C zu dulden, hilfsweise, Wertersatz durch Zahlung in Höhe von EUR ...... an den Kläger zu leisten.
2. Der Beklagte trägt die Kosten des Rechtsstreites.
3. Das Urteil ist gegen Sicherheitsleistung vorläufig vollstreckbar, die auch durch selbstschuldnerische, unbefristete Bürgschaft eines im Inland als Steuer- und Zollschuldner zugelassenen Kreditinstitutes erbracht werden kann[3].

Begründung:

I. Der Kläger hat mit Urteil des LG ......, Az. ...... vom ...... einen vollstreckbaren Schuldtitel gegen den Schuldner D in ...... über die Zahlung von insgesamt EUR ...... einschließlich Zinsen und Kosten erstritten. Ein Zwangsvollstreckungsversuch gegen den Schuldner am ...... ist ausweislich des Pfändungsprotokolls des Gerichtsvollziehers E vom ...... erfolglos geblieben; der Schuldner hat außerdem am ...... eine eidesstattliche Versicherung abgegeben.

Beweis: 1. Vorlage des Urteils des LG ...... vom ......
2. Vorlage des Pfändungsprotokolls vom ......
3. Vorlage der eidesstattlichen Versicherung vom ......

II. Der Kläger hat in Erfahrung gebracht[4], dass der Schuldner D am ...... auf Grund einer letztwilligen Verfügung durch Erbfall seiner Mutter ein Sparbuch der Bank in C, Nr. ...... im Wege der Erbfolge zugewendet bekommen hat. Dieses Sparbuch übergab der Schuldner dem Beklagten am ...... als angebliche Sicherheit für einen eventuellen Ausgleichsanspruch des Beklagten gegenüber dem Schuldner aus einem zwischen den Parteien bestehenden Handelsvertreterverhältnis. Hiervon ist richtig, dass zwischen dem Schuldner, Herrn D, und dem Beklagten und Anfechtungsgegner B zwar ein Handelsvertretervertrag besteht,

Beweis: 1. Zeugnis F (ladungsfähige Anschrift)
2. Vorlage des Handelsvertretervertrages

dass aber ein Ausgleichsanspruch des Beklagten gegen den Schuldner weder besteht noch zu entstehen droht, da das Verhältnis zwischen diesen Parteien seit Jahren störungsfrei abgewickelt wird.

Beweis: Zeugnis des Prokuristen G (ladungsfähige Anschrift)

Der Schuldner wollte vielmehr durch die Weggabe dieses Sparbuches verhindern, dass der Kläger sich als Gläubiger aus dem Urteil vom ...... befriedigen konnte.
Dies wusste der Beklagte aus mehreren Gesprächen mit dem Schuldner, da dieser ihn auf die bevorstehende Verurteilung und drohende Pfändung hingewiesen hatte.
Zum Beweis[5] für den Inhalt dieser Gespräche bezieht sich der Kläger auf das Zeugnis H (ladungsfähige Anschrift).

H ist Sekretärin im Gewerbebetrieb des Schuldners. Sie hat am ...... an geschäftlichen Besprechungen zwischen dem Schuldner und dem Beklagten teilgenommen, in deren Verlauf der Schuldner den Beklagten zunächst darauf hingewiesen hatte, dass

„der Kläger von seinem Urteil nichts haben dürfe, er wolle ihm schon zeigen, dass bei ihm nichts zu holen sei, dafür gebe es Mittel und Wege", und dass dem Beklagten dann anlässlich eines weiteren Gespräches am ...... das Sparbuch übergeben worden sei; mit dem Bemerken, „es gut aufzuheben und vorerst verschwinden zu lassen."
Beweis: Zeugnis H (ladungsfähige Anschrift)

Dadurch wusste der Beklagte, dass der Kläger in seiner Vollstreckung behindert und benachteiligt werden sollte und dass durch die Weggabe des Sparbuchs letztlich sogar eine Befriedigung des Klägers vereitelt werden sollte.

Diese Handlungsweise des Schuldners erfüllt den Tatbestand des § 3 Abs. 1 AnfG[6], so dass der Beklagte als Rückgewährschuldner verpflichtet ist, gem. § 11 AnfG das von dem Schuldner an ihn abgegebene Sparbuch als noch zum Vermögen des Schuldners gehörig zurückzugewähren[7]. Er hat daher entweder die Zwangsvollstreckung in das Sparbuch zu dulden oder auf Grund der Wertersatzregelung Zahlung in Höhe der titulierten Forderung an den Kläger zu leisten; für den Fall, dass der Beklagte zwischenzeitlich über das Sparbuch verfügte, oder sonstwie eine Rückgewähr in Natur nicht mehr möglich ist, hat der Kläger hilfsweise den Anspruch auf Leistung von Wertersatz durch Zahlung in der Klage beantragt.

Rechtsanwalt

Anmerkungen

1. Der Anfechtungsrechtsstreit ist eine bürgerlich-rechtliche Rechtsstreitigkeit, § 13 GVG, vgl. hierzu auch BGH WPM 1991, 249: Der gesetzliche Rückgewährungsanspruch des § 11 AnfG ist auch dann dem bürgerlichen Recht zuzuordnen, wenn er von einer Finanzbehörde zum Zwecke der Befriedigung einer Steuerforderung geltend gemacht wird. Die Zuständigkeit der Klage richtet sich nach den allgemeinen Vorschriften der ZPO zur sachlichen und örtlichen Zuständigkeit; es gelten jedoch nicht die Regeln über die besonderen Gerichtsstände der §§ 24, 29, 32 ZPO. Der Streitwert ist maßgebend für die Gebührenberechnung und die Bestimmung des zuständigen Gerichts (AG oder LG). Für die Bemessung kommt es auf die Höhe der Forderung an, deren Befriedigung die Anfechtung dienen soll, sie ist einschließlich der zugesprochenen Zinsen und Kosten anzusetzen. Ist jedoch die Forderung höher als der Gegenstandswert der Anfechtung, dann ist dieser für die Streitwertbemessung maßgebend (vgl. *Huber* AnfG § 13 Rdn. 31 und BGH WPM 1982, 1443).

2. Das Anfechtungsrecht begründet ein unmittelbar auf Gesetz beruhendes, auf „Rückgewähr" gerichtetes Schuldverhältnis zwischen dem Anfechtungsberechtigten (dem Gläubiger der befriedigungsbedürftigen Forderung) und dem Anfechtungsgegner als Erwerber der anfechtbaren Leistung (Handlung) des Schuldners. Der Hauptanspruch muss ein Geldsummenanspruch sein (BGH NJW 1970, 752; WPM 1969, 35; RGZ 143, 267). Auch ein Steuervorauszahlungsbescheid kann ein zur Anfechtung geeigneter Titel sein (BGH NJW 1976, 967). Gem. § 13 AnfG muss der Klageantrag bezeichnen, in welchem Umfang und in welcher Weise die Rückgewähr seitens des Empfängers bewirkt werden soll (vgl. zu den verschiedenen Möglichkeiten der Fassung des Klageantrages die Beispiele bei *Huber* AnfG § 13 Rdn. 8, 13 ff.). Anfechtungsberechtigt kann auch ein gewillkürter Prozessstandschafter sein (BGH NJW 1983, 1678). Rechtshandlungen des Schuldners kann auch derjenige anfechten, der zurzeit ihrer Vornahme noch nicht Gläubiger war, wenn er nur später durch sie benachteiligt wird (BGH WPM 1987, 881).

Bei der Abtretung einer Geldforderung geht der Anspruch, wenn die Forderung noch nicht eingezogen ist, auf Duldung der Zwangsvollstreckung mit anschließender Pfändung und Überweisung; nach Einzug der Forderung ist der Anfechtungsgegner zum Wertersatz, also zur Zahlung des Betrages der früheren Forderung an den Kläger verpflichtet (*Huber* AnfG § 13 Rdn. 19).

3. Zur Klagebegründung gehören im Einzelnen:
a) die Kennzeichnung der Forderung (einschl. Zinsen und Kosten) des Gläubigers gegen den Schuldner, zugunsten derer die Anfechtung erfolgt;
b) die Angabe der Tatsachen, welche die Anfechtbarkeit einer Rechtshandlung des Schuldners ergeben, und zwar so genau, dass eine Zuordnung zu den einzelnen Anfechtungstatbeständen möglich ist;
c) schließlich die genaue Kennzeichnung aller einzelnen Anfechtungsgegenstände, deren Rückgewähr verlangt wird. Zu weiteren Einzelheiten vgl. *Huber* AnfG § 13 Rdn. 8 ff.

Es wird weiter ein spezielles Rechtsschutzbedürfnis verlangt, das gem. § 2 AnfG Fälligkeit, Vollstreckbarkeit und Uneinbringlichkeit der Forderung gegen den Schuldner voraussetzt (vgl. *Huber* AnfG § 2 Rdn. 2 und OLG Köln ZIP 1983, 1316). Speziell zur Darlegung der Unzulänglichkeit des Schuldnervermögens und zur Beweislast vgl. BGH in ZIP 1990, 1420 ff. Die Anfechtungsklage muss die bestimmte Angabe enthalten, für welche vollstreckbare Forderung und für welchen Betrag der Rückgewähranspruch geltend gemacht wird. Andernfalls wahrt sie die Anfechtungsfrist nicht (BGH WPM 1987, 228).

4. Im Regelfall der Vorsatzanfechtung gem. § 3 Abs. 1 AnfG ist Voraussetzung eine Rechtshandlung des Schuldners, die er in Gläubigerbenachteiligungsabsicht vorgenommen hat sowie die Kenntnis des anderen Teils von der Benachteiligungsabsicht. Das Erfordernis objektiver Benachteiligung eines Gläubigers gilt dabei für sämtliche Anfechtungstatbestände (RGZ 150, 42; BGH WPM 1978, 1182).

Zu den Unterschieden der Absichts- und Vorsatzanfechtung nach altem und neuem Recht vgl. die Übersicht bei *Huber* AnfG, § 3 Rdn. 3 ff.

Neu ist die Vermutung der Kenntnis gem. § 3 Abs. 1 S. 2 AnfG. Es genügt, wenn der Schuldner die Benachteiligung als mutmaßliche Folge seines Handelns erkannt und gebilligt hat (BGH WPM 1961, 671; WPM 1975, 1182; OLG Celle WPM 1982, 941). Es ist nicht erforderlich, dass die Gläubigerbenachteiligung das ausschließliche Motiv des Handelns des Schuldners ist (BGH MDR 1976, 221). Beim anderen Teil muss Kenntnis dieser Benachteiligungsabsicht vorliegen, wobei es genügt, wenn dieser die Überzeugung hat, der Schuldner handle in Benachteiligungsabsicht (*Huber* AnfG § 3 Rdn. 33). Zur Problematik der Gläubigerbenachteiligungsabsicht bei Zwischenschaltung eines Strohmannes vgl. BGH ZIP 1981, 346 ff. Die Frist, innerhalb der eine anfechtbare Rechtshandlung nach § 3 Abs. 1 AnfG angefochten werden muss, beträgt 10 Jahre. Die Anfechtung nach § 3 Abs. 1 AnfG setzt nicht voraus, dass der Anfechtungsgegner die Gläubiger des Schuldners benachteiligen wollte (BGH WPM 1985, 923). Keine Anfechtbarkeit, wenn bei Geschäften zwischen Eltern und Kindern (zB. Schenkung) das Kind die Benachteiligungsabsicht des Schuldners nicht gekannt hat (BGH WPM 1985, 815). Die Gläubigeranfechtung ist auch nicht deswegen ausgeschlossen, weil der Gläubiger an der später angefochtenen Vermögensübertragung mitgewirkt hat (BGH KTS 1992, 243). Keine anfechtbare Rechtshandlung iSd. Anfechtungsrechts stellt das Unterlassen der Geltendmachung eines Pflichtteilsrechts dar (BGH WM 1997, 1407 ff.). Ebenso wie die Ausschlagung einer Erbschaft ist auch der Erbverzicht nicht anfechtbar (vgl. hierzu auch *Huber* AnfG § 1 Rdn. 26 und 27).

Das Entscheidungsrecht des Pflichtteilsberechtigten, so der BGH aaO, ob der Anspruch gegen den Erben durchgesetzt werden soll, darf nicht durch Anwendung der Gläubigeranfechtungsvorschriften unterlaufen werden. Ein schlichtes Untätigbleiben des Schuldners, um den Pflichtteilsanspruch für die Gläubiger unerreichbar zu machen, ist nicht anfechtbar, ein solches Unterlassen liegt außerhalb der Reichweite des Gläubigeranfechtungsrechts.

5. Zur Beweislast im Anfechtungsprozess: Der Kläger (der Anfechtende) muss beweisen: die Vornahme der anfechtbaren Handlung durch den Schuldner; die Beeinträchtigung des haftenden Vermögens zum Nachteil des anfechtenden Gläubigers durch diese Rechtshandlung; die Gläubigerbenachteiligungsabsicht des Schuldners sowie die Kennt-

nis des anderen Teils von der Benachteiligungsabsicht des Schuldners (vgl. *Huber* AnfG § 3). Beruft sich der anfechtende Gläubiger auf die Vermutung des § 3 Abs. 1 S. 2, so hat er zu beweisen, dass bei Vornahme der angefochtenen Rechtshandlung die Zahlungsunfähigkeit des Schuldners drohte (§ 18 Abs. 2 InsO), dass die Handlung die Gläubiger mittelbar benachteiligte und der Anfechtungsgegner beide Umstände positiv kannte (*Huber* AnfG § 3 Rdn. 31).

6. Zur Frage des Verhältnisses zwischen Gläubigeranfechtung und § 138 Abs. 1 BGB vgl. BGH NJW 1973, 513, ferner *Huber* AnfG § 1 Rdn. 68. Ein Rechtsgeschäft ist anfechtbar und nicht nichtig, wenn bei seinem Abschluss nur eine dem anderen Teil bekannte Gläubigerbenachteiligungsabsicht vorlag. Um eine Nichtigkeit wegen Sittenverstoßes annehmen zu können, müssen noch besondere Umstände hinzukommen (BGH WPM 1987, 1172).

7. Der Anfechtungsanspruch ist gerichtet auf die Wiederherstellung der Zugriffslage vor der anfechtbaren Rechtshandlung des Schuldners; das durch diese Handlung aus dem Vermögen des Schuldners Weggegebene muss als noch zu ihm gehörig vom Empfänger zurückgewährt werden (BGH NJW 1961, 1463 und WPM 1963, 219). Ziel ist die Duldung der Befriedigung des Gläubigers aus dem anfechtbar erlangten Vermögenswert; seine Zwangsvollstreckungsbefugnis wird erweitert im Wege einer gesetzlich begründeten Haftung für fremde Schuld beim Empfänger des anfechtbar erworbenen Gegenstandes.

Der neugefasste § 11 AnfG spricht nicht mehr von „Rückgewähr", sondern der Gläubiger soll auf das, was veräußert, weggegeben oder aufgegeben wurde, wieder zugreifen können, als ob es sich noch bei seinem Schuldner befände, weshalb das Weggegebene „zur Verfügung gestellt werden" muss (so der Gesetzestext).

3. Gläubigeranfechtung durch Klage auf Zahlung anfechtbar abgetretener Forderung

An das
Landgericht **(Ort, Datum)**

Klage

des Herrn A

– Klägers –

Prozessbevollmächtigter:

gegen

Frau B

– Beklagte –

wegen Forderung

Streitwert: EUR ......

Namens und mit Vollmacht des Klägers erhebe ich Klage und werde beantragen:

1. Die Beklagte wird verurteilt, an den Kläger EUR ...... nebst ......% Zinsen hieraus seit Rechtshängigkeit zu bezahlen[1].
2. Die Beklagte trägt die Kosten des Rechtsstreites.
3. Das Urteil ist gegen Sicherheitsleistung vorläufig vollstreckbar, die auch durch selbstschuldnerische, unbefristete Bürgschaft eines im Inland als Steuer- und Zollschuldner zugelassenen Kreditinstitutes erbracht werden kann.

Begründung:

I. Der Kläger hat gegen den Schuldner C am ...... ein vollstreckbares Urteil des Landgerichts ...... Az. ...... über die Zahlung von EUR ...... nebst ......% Zinsen hieraus seit dem ...... und Kosten erstritten, insgesamt bisher EUR ......[2]. Ein Vollstreckungsversuch aus diesem Titel ist am ...... fehlgeschlagen.

Beweis: 1. Urteil des LG ...... vom ......
2. Pfändungsprotokoll des Gerichtsvollziehers D vom ....

II. Die Beklagte ist die Chefsekretärin des Schuldners in seiner Praxis in (Ort). Angesichts des gegen ihn seit dem ...... schwebenden Prozesses, den der Kläger mit dem besagten Urteil vom ...... gewonnen hat, hat der Schuldner es vorgezogen, sich aller greifbaren Vermögensgegenstände zu entledigen. Insgesamt sind gegen den Schuldner noch 5 weitere Prozesse vor dem LG in ...... anhängig, so dass es dem Schuldner darum ging, möglichst viel von seinen Vermögensgegenständen vor dem Zugriff der Gläubiger auf die Seite zu bringen.
Die Benachteiligungsabsicht des Schuldners gegenüber dem Kläger als seinem Gläubiger und die Kenntnis der Beklagten hiervon als Zuwendungsempfängerin ergibt sich eindeutig aus einem Gespräch des Schuldners, das dieser am ...... mit der Beklagten führte und das die Ehefrau des Schuldners mitanhörte.

Beweis: Zeugnis der Frau C (ladungsfähige Anschrift)

III. Am ...... trat der Schuldner dann seinen fällig gewordenen Anspruch auf Auszahlung der Lebensversicherung in Höhe von EUR ......, bei der Lebensversicherungs-AG, Nr......., an die Beklagte ab. Dies geschah durch Erklärung mit Brief vom ...... an die Lebensversicherungs-AG.

Beweis: 1. Vorlage des Briefes des Schuldners vom ...... an die Lebensversicherungs-AG
2. Zeugnis des Sachbearbeiters der Lebensversicherungs-AG, Herr E (ladungsfähige Anschrift)

Die Summe, insgesamt EUR ...... wurde am ...... an die Beklagte ausbezahlt.

Beweis: Zeugnis des Sachbearbeiters der Lebensversicherungs-AG, Herr E, wie zuvor benannt

Zur Erhellung des Hintergrundes für diese Zuwendung ist zu bemerken, dass die Beklagte schon seit 2 Jahren mit dem Schuldner intime Beziehungen unterhält, deretwegen ein Scheidungsverfahren vor dem Amtsgericht...... anhängig ist.

Beweis: Beiziehung der Akten, Az. ...... des AG ......

Die Beklagte hat diese Summe zugewendet bekommen, ohne dass sie dafür eine Gegenleistung erbracht hat[3].
Sie ist daher auf Grund der §§ 4, 11 AnfG verpflichtet, die Summe der Lebensversicherung dem Kläger zum Zwecke seiner Befriedigung so zur Verfügung zu stellen, dass er in diese vollstrecken kann. Dies geschieht dadurch, dass der Kläger Zahlung an sich verlangen kann, da die Forderung zwischenzeitlich von der Beklagten eingezogen wurde und damit der Anspruch auf Wertersatz4 gerichtet ist.

Rechtsanwalt

Anmerkungen

1. Der Klageantrag bedarf der genauen Angabe, wie die Rückgewähr bewirkt werden soll, in diesem Falle lautet er direkt auf Zahlung, da die abgetretene Forderung eingezo-

gen worden ist und der Anfechtungsgegner danach zum Wertersatz verpflichtet ist (vgl. *Huber* AnfG § 11 Rdn. 33ff., § 13 Rdn. 14ff., 22); wäre die Forderung noch nicht ausbezahlt, müsste der Klageantrag auf „Duldung der Zwangsvollstreckung" lauten, wobei der Anfechtungsgläubiger dann die Forderung pfänden und sich überweisen lassen kann (*Huber* AnfG § 13 Rdn. 19ff.).

2. Zur Begründung der Klage gehört die genaue Kennzeichnung der Forderung einschließlich Zinsen und Kosten, wegen der die Anfechtung erfolgt, die Angabe der Tatsachen, welche die Anfechtbarkeit der Rechtshandlung des Schuldners ergeben, sowie die genaue Kennzeichnung aller Anfechtungsgegenstände (Forderungen, Rechte), deren Rückgewähr verlangt wird (*Huber* AnfG § 13 Rdn. 8ff.). Zum Inhalt des Anfechtungsanspruchs für den Fall eines Treuhandverhältnisses ausführlich BGH ZIP 1994, 218ff. Vgl. ferner zu aktuellen Tendenzen in der Rechtsprechung zur Konkurs- und Einzelanfechtung, *Häsemeyer* in ZIP 1994, 418.

3. Im vorliegenden Falle handelt es sich um eine Schenkungsanfechtung gem. § 4 AnfG. Die frühere Schenkungsanfechtung in § 3 AnfG a.F. ist jetzt neu geregelt in § 4 AnfG, dort heißt es Anfechtung wegen „unentgeltlicher Leistungen." Die Anfechtungsfrist wurde auf vier Jahre verlängert. Ein Überblick über die Verschärfungen und der Vergleich zwischen altem und neuem Recht findet sich bei *Huber* AnfG § 4 Rdn. 5ff.

Der Begriff der „unentgeltlichen Leistung" ist weit zu fassen und geht weiter als eine Schenkung, § 516 BGB (vgl. *Huber* AnfG § 4 Rdn. 14ff.). Zu den Grundsätzen bei einer Schenkungsanfechtung und der Frage der unentgeltlichen Bestellung eines Grundpfandrechts vgl. BGH NJW 1983, 1679. Bei einer Gegenleistung des Anfechtungsgegners an einen Dritten soll keine Schenkungsanfechtung möglich sein, vgl. hierzu BGH ZIP 1992, 1089.

4. Grundsätzlich geht der Anspruch auf Duldung der Zwangsvollstreckung in den anfechtbar erworbenen Gegenstand („Zur Verfügung stellen" gem. § 11 AnfG). Ist dagegen eine solche Zwangsvollstreckung nicht möglich oder führt sie nicht zum Erfolg, etwa weil der Gegenstand nachträglich untergegangen, veräußert, in seinem Zustand verschlechtert oder im Verkehrswert gemindert ist, so ist der Anfechtungsgegner dem Gläubiger insoweit zum Wertersatz verpflichtet (BGH NJW 1972, 719). Zur Berechnung des vom Anfechtungsgegner geschuldeten Wertersatzes vgl. BGH KTS 1988, 125. Der maßgebende Zeitpunkt für die Feststellung der eingetretenen Wertsteigerung ist die letzte mündliche Tatsachenverhandlung im Anfechtungsprozess (BGH KTS 1997, 95). Dabei sind Wertsteigerungen, die seit der Vornahme der anfechtbaren Rechtshandlung eingetreten sind, grundsätzlich zugunsten des Anfechtungsgläubigers zu berücksichtigen (zB. Wertsteigerung infolge der allgemeinen Marktlage). Hat allerdings der Anfechtungsgegner den Wert unter Einsatz eigener Mittel wesentlich erhöht, kann er bei der Verteilung des Erlöses Ersatz seiner Aufwendungen beanspruchen (vgl. BGH aaO). Allgemein zu den Grundsätzen des Wertersatzes vgl. *Huber* AnfG § 11 Rdn. 37ff.

4. Gläubigeranfechtung durch Klage auf Duldung der Zwangsvollstreckung in ein Grundstück

An das
Landgericht **(Ort, Datum)**

Klage

der Firma A GmbH
vertreten durch ihren Geschäftsführer Herrn B, ebenda

– Klägerin –

Prozessbevollmächtigter:

gegen

Frau C

– Beklagte –

wegen Duldung der Zwangsvollstreckung

Streitwert: EUR ......

Namens und mit Vollmacht der Klägerin erhebe ich Klage und werde beantragen:

1. Die Beklagte wird verurteilt, wegen der vollstreckbaren Forderung der Klägerin in Höhe von EUR ...... auf Grund des Urteils des LG ......, Az. ...... vom ...... die Zwangsvollstreckung in das Grundstück (Ort, Straße), Flurstück Nr. der Gemarkung (Ort), eingetragen im Grundbuch von (Ort, Grundbuchstelle) zu dulden[1].
2. Die Beklagte trägt die Kosten des Rechtsstreites.
3. Das Urteil ist vorläufig vollstreckbar gegen Sicherheitsleistung, die auch durch selbstschuldnerische, unbefristete Bürgschaft eines im Inland als Steuer- und Zollschuldner zugelassenen Kreditinstitutes erbracht werden kann.

Begründung:

I. Die Klägerin hat gegen den Schuldner am ...... ein vollstreckbares Urteil des LG ......, Az. ...... auf Zahlung von EUR ...... nebst Zinsen und Kosten, insgesamt bisher EUR ......, erstritten.
Die Zwangsvollstreckungsversuche am ...... und am ...... sind erfolglos geblieben. Am ...... hat der Schuldner im Rahmen der Abgabe einer eidesstattlichen Versicherung angegeben, das Grundstück, Flurstück Nr., Gemarkung (Ort), eingetragen im Grundbuch von (Ort, Grundbuchstelle), an seine Ehefrau durch notariellen Vertrag am ...... verschenkt zu haben. Das Grundstück ist frei von Belastungen[2].

Beweis: 1. Vorlage des Urteils des LG vom ......
2. Vorlage des Pfändungsprotokolls vom ......
3. Vorlage der eidesstattlichen Versicherung des AG ...... vom ......
4. Vorlage des Schenkungsvertrages, Urkunde des Notariats, Urkundenrolle Nr. ...... vom ....

II. Diese Grundstücksschenkung stellt eine gem. § 4 Abs. 1 AnfG anfechtbare Rechtshandlung dar, so dass die Beklagte gehalten ist, die Klägerin so zu stellen, als ob sie das Grundstück in das Vermögen des Schuldners zurückgewährt hätte und dementsprechend die Klägerin sich im Wege der Zwangsvollstreckung in dieses Grundstück befriedigen kann.
Die 4-Jahresfrist gem. § 4 Abs. 1 AnfG ist auch noch nicht verstrichen[3].

III. Der Schuldner der Klägerin wollte durch diese Grundstücksschenkung die Zwangsvollstreckung der Klägerin aus den vollstreckbaren Titeln, nämlich Urteil des LG ...... vom ...... sowie Kostenfestsetzungsbeschluss des LG ...... vom ......, in sein Vermögen vereiteln und damit die Klägerin als Gläubigerin benachteiligen.
Die Benachteiligung ergibt sich daraus, dass der Klägerin beim Schuldner nun keine Vollstreckungsmöglichkeiten mehr offen stehen (vgl. das Vermögensverzeichnis des Schuldners vom ......).
Die Beklagte wusste auch, dass ihr das Grundstück[4] von ihrem Ehemann nur deshalb geschenkt worden ist, weil er es dem Zugriff seiner Gläubiger entziehen wollte, da vor dem beurkundenden Notar über diesen Tatbestand und die sich daraus ergebenden Konsequenzen gesprochen wurde und der Notar noch auf die möglichen

Auswirkungen hingewiesen hat. Trotzdem wurde diese Verfügung vorgenommen. Dies kann der Zeuge D bestätigen, der bei dem Notartermin anwesend war.

Beweis: Zeugnis des D, (ladungsfähige Anschrift).

Rechtsanwalt

Anmerkungen

1. Bei anfechtbaren Grundstücksübertragungen stellt sich das dem Gläubiger eingeräumte Anfechtungsrecht gem. § 11 AnfG so dar, dass das aus dem Vermögen des Schuldners weggegebene Grundstück haftungsmäßig als noch zum Vermögen des Schuldners gehörig angesehen werden muss, so dass der Anspruch auf Duldung der Zwangsvollstreckung in das Grundstück geht (*Huber* AnfG § 11 Rdn. 19 RGZ 60, 423). Wäre das Grundstück weiterveräußert worden, ginge der Anspruch auf Wertersatz, in diesem Falle dann unmittelbar auf Zahlung einer Geldsumme an den Anfechtungsgläubiger (vgl. *Huber* AnfG § 11 Rdn. 37, 38). Dieser Antrag kann vorsorglich auch als Hilfsantrag gestellt werden; ein Übergang in eine Wertersatzklage wird allerdings in der Revisionsinstanz als nicht mehr zulässig angesehen (BGH KTS 1977, 105 ff.).

2. Bei belasteten Grundstücken gilt folgendes: Ist das Grundstück zurzeit der Übertragung auf einen Dritten bereits wertausschöpfend belastet, scheitert die Anfechtungsmöglichkeit an der fehlenden objektiven Benachteiligung des Anfechtungsgläubigers (vgl. *Huber* AnfG § 1 Rdn. 39, § 11 Rdn. 19; OLG Nürnberg KTS 1966, 250 ff.; *Blomeyer* KTS 1976, 85). Der Gläubiger ist nur dann benachteiligt, wenn zwischen Belastung und Verkehrswert noch eine freie Spitze vorhanden ist. Zu Einzelheiten im Zusammenhang mit der anfechtbaren Abtretung einer Restkaufpreisforderung vgl. jetzt BGH WPM 1981, 776 ff.

Wird das Grundstück erst nach dem Erwerb durch den Empfänger belastet, erwächst dem Anfechtungsgläubiger ein Rückgewähranspruch auf ein lastenfreies Grundstück bzw. ein Anspruch auf Rückgewähr in der Weise, dass der Anfechtungsgegner von seinem Recht gegenüber dem Anfechtungsgläubiger keinen Gebrauch macht (*Huber* AnfG § 11 Rdn. 19; RGZ 47, 222). Zur Gläubigerbenachteiligung bei Schenkung eines mit Grundpfandrechten belasteten Grundstücks vgl. BGH ZIP 1996, 1907.

3. Durch dieses Klagebeispiel soll eine unentgeltliche Leistung (hier Schenkung) des Schuldners zugunsten seines Ehegatten angefochten werden. Die Ehegattenschenkungsanfechtung (§ 4 Abs. 1) wurde vom BVerfG als verfassungsgemäß eingestuft (vgl. BVerfG ZIP 1991, 736 und die Anmerkung hierzu von *Wagner* KTS 1991, 379 ff.) Zum Begriff der unentgeltlichen Leistung vgl. *Huber* AnfG § 4 Rdn. 14. Auch der Verzicht auf ein Pflichtteilsrecht stellt eine unentgeltliche Leistung im Sinne von § 4 Abs. 1 AnfG dar (BGH ZIP 1991, 454). Dieser Anfechtungstatbestand erfasst Rechtshandlungen des Schuldners, die innerhalb der letzten vier Jahre vor der Anfechtung vorgenommen worden sind. Zur Anfechtbarkeit von Eheverträgen allgemein und Güterrechtsverträgen (Begründung bzw. Veränderung von Güterständen), vgl. BGH NJW 1972, 48 ff. und *Huber* AnfG § 4. Zur Pfändbarkeit und Anfechtbarkeit eines Pflichtteilsanspruches, die jetzt vom BGH zugelassen wird, vgl. BGH ZIP 1993, 1662.

Maßgeblich für den Fristbeginn ist die Vornahme der Rechtsbehandlung. In § 8 Abs. 2 ist eine Neuregelung für mehraktige Rechtsgeschäfte erfolgt. Diese Vorschrift lässt (im Gegensatz zum bisherigen Recht) für den Eintritt der in § 8 Abs. 2 S. 1 beschriebenen Wirkungen schon den Antrag auf Eintragung einer Vormerkung genügen (vgl. *Huber* AnfG § 8 Rdn. 3 und 13, ferner BGH WM 1999, 225).

4. Hier wird davon ausgegangen, dass das Grundstück unbebaut ist und es zwischen Schenkung und Anfechtung keinerlei Zustandsveränderung erfahren hat. Zu den Problemen, die sich ergeben, wenn nach Eigentumserwerb Verwendungen (zB. Bebauung) gemacht worden sind, vgl. *Huber* AnfG § 11 Rdn. 45. Zum Anspruch des Anfechtungsgegners auf Aufwendungsersatz wegen durchgeführter werterhöhender Maßnahmen vgl. BGH WPM 1984, 843.

Bei Grundstücken gelten für die Vollstreckung selbst die §§ 866ff. ZPO und das ZVG; auch die Erwirkung einer Zwangshypothek ist zulässig (RGZ 151, 169); bei anfechtbarer Übereignung eines Miteigentumsanteils geht der Klageantrag auf Duldung der Zwangsvollstreckung in den Anteil; bei zwischenzeitlicher Verfügung der Miteigentümergemeinschaft über die Sache als ganzes kann nur noch Klage auf Wertersatz in Höhe des Anteilswertes gegen den erhoben werden, der in anfechtbarer Weise einen Miteigentumsanteil erworben hat (vgl. hierzu KG NJW 1974, 243 und jetzt BGH WPM 1984, 440 sowie BGH WPM 1985, 427). Zur Problematik der Klage auf Duldung der Zwangsversteigerung des gesamten Grundstücks bei anfechtbarer Übertragung eines Miteigentumsanteils an den Miteigentümer vgl. BGH ZIP 1985, 372. Zur Vollstreckung bei einem anfechtbar geschenkten Wohn- und Nutzungsrecht vgl. BGH WPM 1990, 1697, ferner BGH ZIP 1995, 1364. Zu den Problemen beim Anfechtungsrecht eines Pfändungsgläubigers in den Vermögensgegenstand einer GbR vgl. BGH ZIP 1992, 109. Bei Anfechtung einer Auflassungsvormerkung kann der Klagantrag auf Duldung der Zwangsvollstreckung in das Grundstück lauten. Dieser Antrag enthält gleichzeitig das Begehren, dass der Anfechtungsgegner bei einer Zwangsversteigerung gegenüber dem Gläubiger von der Vormerkung keinen Gebrauch machen darf (vgl. hierzu BGH ZIP 1996, 1516).

5. Geltendmachung des Anfechtungsanspruches im Wege der Einrede

An das
Landgericht **(Ort, Datum)**

In Sachen

A

gegen

B

Az. ......

trage ich für den Beklagten B[1] im Wege der Einrede gem. § 9 AnfG[2] gegen die Inanspruchnahme gem. § 771 ZPO folgendes vor:

I. Die Klägerin hat den streitbefangenen PKW (genaue Bezeichnung) in anfechtbarer Weise erworben und ist daher verpflichtet, diesen PKW dem Schuldnervermögen zurückzugewähren in der Form, dass dem Beklagten gestattet ist, diesen PKW im Wege der Pfändung und Versteigerung zu verwerten und die Klägerin verpflichtet ist, die Zwangsvollstreckung in diesen Gegenstand zu dulden. Folgender Tatbestand liegt der Anfechtungseinrede des Beklagten zugrunde:

II. Der Beklagte hat am ...... einen Vollstreckungsbescheid, Az. ...... gegen den Schuldner C über EUR ...... erstritten[3]; dieser ist dem Schuldner am ...... zugestellt worden.

III. Eine am ...... durchgeführte Vollstreckung führte zur Pfändung des PKW (genaue Bezeichnung) durch den Gerichtsvollzieher D. Die Klägerin beruft sich mit dieser Klage auf ihr Sicherungseigentum an diesem Fahrzeug, das ihr der Schuldner mit Vertrag vom (Datum) übertragen habe[4]. Dieses Sicherungseigentum hat die Klägerin

jedoch in anfechtbarer Weise erworben, so dass der Tatbestand des § 3 Abs. 1 AnfG erfüllt ist.

IV. Zum Zeitpunkt der Sicherungsübertragung kam es dem Schuldner darauf an, alle verwertbaren Gegenstände, die er noch besaß, vor dem Zugriff der Gläubiger in Sicherheit zu bringen. In diesem Sinne äußerte sich der Schuldner beiläufig in einem Gespräch mit dem Zeugen E anlässlich eines Frühschoppens am ...... in der Gaststätte (Name) in ....

Beweis: Zeugnis des E (ladungsfähige Anschrift)

Der Klägerin war die prekäre finanzielle Situation des Schuldners auch bereits seit längerem bekannt. Sie hatte sich zur Absicherung ihrer Forderung bereits am ...... eine werthaltige, selbstschuldnerische Bürgschaft von dem Zeugen F geben lassen, so dass in der Sicherungsübereignung des Fahrzeuges an die Klägerin vom ...... darüber hinaus möglicherweise eine unzulässige Übersicherung vorliegt, da der Zeuge F vermögend ist.
Die Klägerin kannte die Umstände, die zu einem Vermögensverfall beim Schuldner geführt haben und wusste, dass der Schuldner durch die Weggabe des PKW seine Gläubiger benachteiligen wollte.
Anlässlich des Gespräches, das der Schuldner am ...... in den Geschäftsräumen der Klägerin führte und dabei auch den Kraftfahrzeugbrief an den Geschäftsführer G übergab, äußerte er nämlich, dass „wohl einige Prozesse gegen ihn laufen würden, er aber schon dafür sorgen werde, dass bei ihm nichts gepfändet werden könne, lieber gebe er vorher alles weg". Diese Äußerung hörte der zufällig anwesende Zeuge H.

Beweis: Zeugnis des H (ladungsfähige Anschrift)

Dadurch steht die Gläubigerbenachteiligungsabsicht des Schuldners und die Kenntnis der Klägerin hiervon fest. Die Klägerin muss sich die Kenntnis des Geschäftsführers G wie eigene Kenntnis anrechnen lassen, § 166 BGB. Danach hat die Klägerin den PKW gem. § 3 Abs. 1 AnfG in anfechtbarer Weise erworben und muss sich so behandeln lassen, als ob der PKW noch zum Schuldnervermögen gehören würde (§ 11 AnfG), so dass der Beklagte sich aus dem PKW im Wege der Zwangsvollstreckung befriedigen kann.

Rechtsanwalt

Anmerkungen

1. Dem Formular liegt der Sachverhalt zugrunde, dass der Beklagte bei einem Schuldner einen PKW gepfändet hat, woraufhin sich ein Dritter (zB. eine Bank) berühmt, dass dieser PKW ihr sicherungsübereignet worden sei und die Drittwiderspruchsklage gem. § 771 ZPO erhoben hat.

2. Die Geltendmachung erfolgt hier durch einen Schriftsatz und nachfolgenden Vortrag in der mündlichen Verhandlung im Rahmen einer Drittwiderspruchsklage (vgl. *Huber* AnfG § 9 Rdn. 3).

Zur Geltendmachung eines Anfechtungsrechts im Wege der Einrede im Prozess nach § 771 ZPO, vgl. weiterhin *Blomeyer* KTS 1976, 81 ff., 91 ff.

3. Die Einrede kann auch schon erhoben werden, bevor ein vollstreckbarer Schuldtitel für die Forderung erlangt, ist § 9 AnfG; in diesem Falle hat das Gericht dem Gläubiger eine Frist zur Beibringung des Titels zu setzen (zB. 1 Jahr, vgl. OLG Frankfurt WPM 1977, 1240; vgl. hierzu *Huber* AnfG § 9 Rdn. 12).

4. Zum Umfang des Begriffs der Rechtshandlungen des Schuldners vgl. *Huber* AnfG § 3 Rdn. 6.

6. Geltendmachung des Anfechtungsrechts durch Replik[1]

Einschreiben
Firma A

(Ort, Datum)

Betr.: Ihre Einwendung gem. § 840 ZPO gegen die von uns bewirkte Forderungspfändung

Sehr geehrte Herren,

wie Ihnen bekannt ist, haben wir durch Pfändungs- und Überweisungsbeschluss des Amtsgerichts ……, Az. …… vom …… die unserem Schuldner B gegen Sie zustehende Forderung auf Rückzahlung des Darlehens vom …… in Höhe von EUR …… gepfändet und uns zur Einziehung überweisen lassen.
Sie teilen uns nun nach Aufforderung gem. § 840 ZPO mit, dass der Schuldner Ihnen diese Darlehensforderung am …… erlassen habe. Da dieser Erlass somit knapp 1 Monat vor Erlass des Urteils gegen den Schuldner Ihnen gegenüber ausgesprochen worden ist, sehen wir uns veranlasst, diesen Erlass gem. § 3 Abs. 1 AnfG anzufechten. Der Schuldner hat in anfechtbarer Weise auf die Rückzahlung des gewährten Darlehens verzichtet, um uns als Gläubiger zu benachteiligen. Davon hatten Sie Kenntnis.
Wir haben einen Zeugen für die Abreden, die zwischen Ihnen und unserem Schuldner anlässlich des angeblichen „Erlasses“ der Darlehensforderung am …… getroffen worden sind. Es ist dies Fräulein C, die bei den Gesprächen in …… am …… zugegen war und zufällig mit dem Gläubiger der Hauptforderung weitläufig verwandt ist.
Wir fordern Sie daher auf, uns gem. §§ 9, 11 AnfG dadurch Befriedigung zu verschaffen, dass Sie uns die gepfändete Forderung bezahlen und so der Pfändung vom …… genügen. Sie haben die Zwangsvollstreckung in diese Forderung nach § 11 AnfG so zu dulden, als gehöre diese Forderung noch zum Vermögen des Schuldners.
Falls keine Zahlung bis zum …… erfolgt, sehen wir uns gezwungen, Anfechtungsklage gegen Sie zu erheben.

Anmerkungen

1. Hier erfolgt die Geltendmachung des Anfechtungsrechts gem. § 9 AnfG im Wege einer Replik. Folgender Sachverhalt liegt dabei zugrunde:

Aufgrund eines vollstreckbaren Titels gegen den Hauptschuldner über einen bestimmten Betrag hat der Gläubiger eine Forderung des Hauptschuldners gegen den Drittschuldner (hier Firma A) gepfändet und sich zur Einziehung überweisen lassen. Der Drittschuldner wendet nun ein, der Hauptschuldner habe ihm zwischenzeitlich die Forderung (hier auf Rückzahlung eines Darlehens) erlassen (vgl. noch die Beispiele bei *Huber* AnfG § 5 Rdn. 5). Im Prozess erfolgt die Geltendmachung durch Vortrag in der mündlichen Verhandlung unter Bezugnahme auf entsprechenden Schriftsatz. Im vorliegenden Beispiel hat die Geltendmachung des Anfechtungsrechts durch Schriftsatz außerhalb des Prozesses gleichzeitig die Wirkung gem. § 7 Abs. 2 AnfG (Ankündigungswirkung und Fristwahrung).

7. Arrestantrag wegen drohender Vereitelung eines Anfechtungsanspruchs[1]

An das
Amtsgericht[2]

(Ort, Datum)

In Sachen

A

– Antragstellers –

Verfahrensbevollmächtigter: ......

gegen

Frau B

– Antragsgegnerin –

wegen Arrest

Vorläufiger Streitwert: EUR ......

wird namens und mit Vollmacht des Antragstellers beantragt, wegen Dringlichkeit ohne mündliche Verhandlung folgenden Arrest zu erlassen:

1. Der dingliche Arrest in das bewegliche Vermögen der Antragsgegnerin wird angeordnet[3].
2. In Vollzug dieses Arrestes wird der PKW (genaue Bezeichnung) der Antragsgegnerin mit der Maßgabe gepfändet, ihn an den Gerichtsvollzieher als Sequester herauszugeben.
3. Der Antragsgegnerin werden die Kosten des Verfahrens auferlegt.

Begründung:

I. Der Antragsteller A hat in einem Rechtsstreit vor dem LG ...... unter dem Aktenzeichen ...... am ...... ein rechtskräftiges, vollstreckbares Urteil über die Zahlung von EUR ...... gegen Herrn B (Anschrift), Ehemann der Antragsgegnerin, erstritten.

Beweis: Vorlage des Urteils vom ....

II. Wie der Antragsteller jetzt erfuhr, hat Herr B während des Prozesses, nämlich am ......, seiner Ehefrau, der Antragsgegnerin, sein Kraftfahrzeug (genaue Bezeichnung) im Werte von EUR ...... geschenkt. Die Weggabe des Fahrzeuges an die Antragsgegnerin ist anfechtbar gem. § 4 AnfG. Die Antragsgegnerin muss dem Antragsteller den PKW so zurückgewähren, dass dieser zur Befriedigung seines vollstreckbaren Titels vom ...... zur Verfügung steht (§ 11 AnfG). Ein Zwangsvollstreckungsversuch gegen Herrn B vom ...... ist erfolglos geblieben.

Beweis: Vorlage des Pfändungsprotokolls des Gerichtsvollziehers C vom ....

III. Bei der Schenkung des PKW durch Herrn B an die Antragsgegnerin hat Herr B bewusst in der Absicht gehandelt, den Antragsteller als Gläubiger zu benachteiligen und seine Vollstreckungsmöglichkeiten zu vereiteln. Dies wusste die Antragsgegnerin.
Zur Glaubhaftmachung der Kenntnis beider Eheleute B beziehe ich mich auf die als Anlage beigefügte eidesstattliche Versicherung des Zeugen D (ladungsfähige Anschrift).

IV. Der Antragsteller wird in Kürze beim LG ...... Klage gegen die Antragsgegnerin auf Duldung der Zwangsvollstreckung in den PKW gem. den §§ 4, 11 AnfG erheben. Es steht jedoch zu befürchten, dass in der Zwischenzeit die Realisierung des vollstreck-

baren Anspruches des Antragstellers dadurch vereitelt wird, dass die Antragsgegnerin den PKW veräußert und außer Landes zieht, da Herr B und seine Ehefrau, die Antragsgegnerin, Vorbereitungen treffen, sich nach Südamerika abzusetzen. Sie sind dabei, ihren Haushalt aufzulösen und haben sich bereits Flugtickets nach Rio de Janeiro bestellt.

Beweis: 1. Vorlage der Wochenendausgabe der Zeitung (Name, Datum) mit der Kleinanzeige unter dem Namen der Antragsgegnerin auf Seite 12 „Haushaltsauflösung"
2. Eidesstattliche Versicherung der Zeugin D, Sachbearbeiterin im Reisebüro (Name)

Wegen der Gefahr des drohenden baldigen Verkaufes im Zusammenhang mit der bevorstehenden Abreise der Antragsgegnerin wird gebeten, im Beschlusswege ohne mündliche Verhandlung zu entscheiden.
Für die Höhe der Lösungssumme gem. § 923 ZPO ist die zu sichernde Forderung maßgeblich. Sie beträgt einschließlich Zinsen und Kosten bisher EUR …… Urteil und Kostenfestsetzungsbeschluss vom …… sind beigefügt.

Rechtsanwalt

Anmerkungen

1. Allgemein zum Arrest vgl. Form. I. R. 1. und 2.

2. Die Zuständigkeit richtet sich hier nach § 919 ZPO, nämlich das Amtsgericht des mit Arrest zu belegenden Gegenstandes; weiterhin kann das AG zuständig sein, wenn die Antragsgegnerin hier ihren allgemeinen Gerichtsstand hat und der mit der Hauptsacheklage zu verfolgende Anfechtungsanspruch wegen des Streitwertes ebenfalls zur Zuständigkeit des AG gehört.

3. Dieses Formular soll das bestehende Anfechtungsrecht durch Arrest sichern (vgl. hierzu *Huber* AnfG § 2 Rdn. 40–42). Vorliegen müssen Arrestanspruch (anfechtbare Handlung) und Arrestgrund. Die Hauptsacheklage ist der nachfolgende Anfechtungsprozess gegen die Ehefrau. Zur einstweiligen Verfügung wegen Sicherung des Anfechtungsanspruches gegen den Empfänger eines anfechtbar geschenkten Grundstücks vgl. OLG Köln NJW 1955, 717 und OLG Koblenz ZIP 1992, 1754.

Eine ausführliche Darstellung des Verfahrens bei Sicherung eines Anfechtungsanspruchs aus der Schenkung eines Miteigentumsanteils durch einstweilige Verfügung oder Arrest findet sich bei *Wilhelm* (ZIP 1999, S. 267 ff.).

8. Anfechtungsklage im Wege der Stufenklage

An das
Landgericht **(Ort, Datum)**

Klage

des Herrn A

– Klägers –

Prozessbevollmächtigter: ……

gegen

den Herrn B

– Beklagten –

wegen Auskunft und Duldung der Zwangsvollstreckung

Vorläufiger Streitwert: EUR ......

Namens und mit Vollmacht des Klägers erhebe ich hiermit Klage und werde beantragen:

1. Der Beklagte wird verurteilt, dem Kläger durch Aufstellung eines Verzeichnisses Auskunft über den Bestand der Aktien zu erteilen, die ihm am ...... von C übergeben worden sind, sowie eine eidesstattliche Versicherung über die Vollständigkeit dieses Verzeichnisses abzugeben[1].
2. Der Beklagte wird weiterhin verurteilt, zugunsten der vollstreckbaren Forderung des Klägers über insgesamt EUR ...... gemäß dem Urteil des Landgerichts ...... vom ...... nebst Zinsen und Kostenfestsetzungsbeschluss vom ...... die Zwangsvollstreckung in die bei ihm befindlichen, nach Vorliegen des Verzeichnisses gem. Ziff. 1 des Antrages genau zu bezeichnenden Aktien des Schuldners C zu dulden, hilfsweise Wertersatz durch Zahlung in Höhe von EUR ...... zu leisten[2].
3. Der Beklagte trägt die Kosten des Rechtsstreites.
4. Das Urteil ist gegen Sicherheitsleistung vorläufig vollstreckbar, die auch durch selbstschuldnerische, unbefristete Bürgschaft eines im Inland als Steuer- und Zollschuldner zugelassenen Kreditinstitutes erbracht werden kann.

Begründung:

I. Der Kläger hat am ...... ein vollstreckbares Urteil gegen den Schuldner C über insgesamt EUR ...... vor dem Landgericht ...... erstritten. Der Schuldner schuldet daneben laut Kostenfestsetzungsbeschluss vom ...... weitere EUR ......, zusammen mit Zinsen insgesamt bisher EUR ......
Die Zwangsvollstreckung ist fehlgeschlagen.

Beweis: Vorlage des Urteils vom ......
Vorlage des Kostenfestsetzungsbeschlusses vom ......
Vorlage des Pfändungsprotokolls des Gerichtsvollziehers vom ......

II. Der Kläger hat in Erfahrung gebracht, dass der Schuldner am ...... dem Beklagten ein Aktienpaket im Werte von EUR ...... zur Sicherung übereignet hat.
Diese Übergabe stellt eine anfechtbare Rechtshandlung im Sinne des § 3 Abs. 1 AnfG dar. Der Schuldner wollte den Kläger als Gläubiger benachteiligen und seine Zwangsvollstreckung vereiteln. Dies ergibt sich aus dem Gespräch, das der Schuldner am ...... anlässlich der Übergabe dieses Aktienpaketes an den Beklagten mit ihm im Beisein des Zeugen D führte, in dessen Verlauf er erklärte, dass „er dieses Paket vor dem drohenden Zugriff seiner Gläubiger in Sicherheit bringen müsse".

Beweis: Zeugnis des D, (ladungsfähige Anschrift).

III. Daraus ergibt sich auch die Kenntnis des Beklagten von der Benachteiligungsabsicht, die der Schuldner bei der Weggabe des Aktienpaketes hegte.
Der Beklagte ist daher verpflichtet, die Aktien in das Vermögen des C zurückzugewähren und sie der Zwangsvollstreckung des Klägers so zur Verfügung zu stellen, dass dieser die Aktien pfänden kann. Dem berechtigten Auskunftsverlangen des Klägers ist der Beklagte trotz Aufforderung und Fristsetzung bisher nicht nachgekommen.

Beweis: Vorlage des Mahnschreibens des Klägers vom ......

Klage ist daher geboten.

Rechtsanwalt

Anmerkungen

1. Die Stellung des nach § 13 AnfG erforderlichen Klagantrags ist uU. nur möglich, wenn der Anfechtungsgegner vorher Auskunft erteilt hat; diese ist dann Bestandteil der Rückgewährpflicht gem. § 11 AnfG (RGZ 150, 44; *Huber* AnfG § 11 Rdn. 35).

2. Aus § 13 AnfG ergibt sich, dass im Klagantrag der Anfechtungsklage die Art und Weise und der Umfang der Rückgewähr von Seiten des Empfängers bezeichnet werden müssen (vgl. *Huber* AnfG § 13 Rdn. 1). Zum Umfang ist die Angabe des Forderungsbetrages unter Einbeziehung der Zinsen und Kosten erforderlich, aber auch ausreichend. Der vorliegende Klagantrag ist bewusst ausführlicher gehalten, indem die Forderung, zugunsten derer die Anfechtung erfolgt, genauer beschrieben wird. In der Begründung muss in jedem Fall die Forderung genau individualisiert werden.

9. Anfechtung im Wege einer einstweiligen Verfügung

An das
Landgericht **(Ort, Datum)**

Antrag auf Erlass einer einstweiligen Verfügung

In Sachen

Sparkasse ......, gesetzl. vertr. durch die Vorstände A, B u. C

– Antragstellerin –

Prozessbev.: ......

gegen

1. Herrn A
2. Frau B

– Antragsgegner –

Prozessbev.: ......

Vorläufiger Streitwert: EUR ......

Namens und mit Vollmacht der Antragstellerin beantrage ich hiermit den Erlass einer einstweiligen Verfügung[1] gegen die Antragsgegner wegen Dringlichkeit ohne mündliche Verhandlung mit folgendem Inhalt:

1. Bis zum Erlass einer letztinstanzlichen Entscheidung in der Hauptsache wird den Antragsgegnern untersagt, über ihr Eigentum an dem Grundstück ......, eingetragen im Grundbuch von ......, Blatt ......, Flurstück Nr. ......, Hof und Gebäudefläche, zur Größe von ...... m² zu verfügen. Den Antragsgegnern wird insbesondere verboten, das Grundstück zu veräußern, zu belasten oder zu verpfänden.
2. Den Antragsgegnern wird angedroht, für den Fall der Zuwiderhandlung gegen die in Ziff. 1 ausgesprochene Verpflichtung gegen sie ein Ordnungsgeld bis in Höhe von EUR 250.000,– zu verhängen, ersatzweise für den Fall, dass dieses nicht beigetrieben werden kann, Ordnungshaft bis zu sechs Monaten festzusetzen.
3. Die Antragsgegner tragen als Gesamtschuldner die Kosten des Verfahrens.

Begründung

I. Die Antragstellerin hat gegen die Eltern der Antragsgegner, nämlich gegen die Eheleute U., und B. F., wohnhaft in ...... Forderungen aus verschiedenen, bereits

gekündigten Darlehen in einer Größenordnung von gegenwärtig EUR 1,5 Mio. zzgl. Zinsen hieraus seit dem 1. 1. 1997. Die Darlehensschulden beruhen im Wesentlichen auf einer Finanzierung von zwei größeren Bauvorhaben in ......
Als Sicherheiten für dieses Kreditengagement stehen der Antragstellerin diverse Grundschulden zur Verfügung, nämlich ......

Zur Glaubhaftmachung: Vorlage der entsprechenden Urkunden

II. Die Eheleute F. kamen ihren Verpflichtungen auf Rückzahlung der Darlehen seit Anfang 1996 nicht mehr nach. Nach mehreren vergeblichen Fristsetzungen und Gesprächen mit den Eltern der Antragsgegner fand am ...... im Hause der Antragstellerin eine Besprechung mit den Schuldner statt.
Den Schuldnern wurde der Ernst der Situation deutlich gemacht, ihnen wurde zur Forcierung der Verkaufsbemühungen bezüglich der beiden Grundstücke in ...... eine letzte Frist bis zum ...... gesetzt, außerdem wurde die Einleitung von Zwangsvollstreckungsmaßnahmen angedroht bis hin zur Abgabe der eidesstattlichen Versicherung.

Zur Glaubhaftmachung: Vorlage einer eidesstattlichen Versicherung der Zeugen E. u. H., Kreditsachbearbeiter bei der Antragstellerin
In der Folgezeit kamen die Eltern der Antragsgegnerin als Schuldner ihren Verpflichtungen nicht nach, so dass das Gesamtkreditengagement durch Schreiben vom ...... fristlos gekündigt wurde.

III. Im Anschluss an die Kreditkündigung wurden gegen die Eltern der Antragsgegner umfangreiche Vollstreckungsmaßnahmen durchgeführt. So wurden u. a. mit Pfändungs- und Überweisungsbeschluss vom ...... die Ansprüche gegen die Z-Bank gepfändet. Die Pfändung war jedoch erfolglos, wie sich aus der Drittschuldnererklärung der Z-Bank vom ...... ergibt.

Zur Glaubhaftmachung: Vorlage des Kreditkündigungsschreibens vom ...... und der Erklärung der Z-Bank vom ......

Ein weiterer Pfändungs- und Überweisungsbeschluss wurde gegen die L. Versicherungs AG gerichtet, gepfändet wurden die Ansprüche der Eheleute F. aus zwei Lebensversicherungen Nr. ...... Auch diese Pfändung war erfolglos, wie sich aus der Drittschuldnererklärung der L. Versicherungs AG vom ...... ergibt.

Zur Glaubhaftmachung: Vorlage des Auskunftsschreibens der L. Versicherungs AG vom ......

IV. Gegen die Eheleute F. wurden außerdem Pfändungsmaßnahmen durch den zuständigen Gerichtsvollzieher durchgeführt. Ausweislich des Pfändungsprotokolls des Gerichtsvollziehers vom ...... sind bei den Eheleuten F. keine pfändbaren Vermögensgegenstände vorhanden, sie haben am ...... vor dem Amtsgericht in ...... die eidesstattliche Versicherung abgegeben.
Bezüglich des Grundstücks in ...... wurde inzwischen die Zwangsversteigerung angeordnet.

Zur Glaubhaftmachung: Vorlage des Pfändungsprotokolls vom ...... sowie des Beschlusses über die Anordnung der Zwangsversteigerung vom ......

V. Wie die Antragstellerin erst jetzt in Erfahrung bringen konnte, haben die Eheleute F. als Folge der eingeleiteten Zwangsvollstreckungsmaßnahmen bereits am ...... das streitgegenständliche Grundstück in ...... im Wege einer Schenkung auf die Antragsgegner, ihre Kinder, übertragen.
Der Eigentumswechsel wurde am ...... im Grundbuch eingetragen[2].

Zur Glaubhaftmachung: Vorlage der notariellen Urkunde Nr. ...... vom ...... sowie Grundbuchauszug vom ......

VI. Die Übertragung des Grundstücks von den Eltern auf die Antragsgegner erfolgte ersichtlich zum Zwecke der Benachteiligung der Gläubiger, insbesondere, um das letzte noch pfändbare Vermögen zum Nachteil der Antragstellerin zu verschieben.

VII. Der Anfechtungsanspruch stützt sich primär auf § 4 AnfG, da die Grundstücksübertragung vom ...... unentgeltlich erfolgt ist[3].

Auch der Anfechtungstatbestand des § 3 Abs. 2 AnfG ist begründet, da es sich um ein Rechtsgeschäft unter nahen Angehörigen handelt, wo die Gläubigerbenachteiligungsabsicht vermutet wird, die Beweislast also insoweit der Antragsgegner trägt (BGH NJW 1975, 2193). Eine Vollstreckung in das anfechtbar weggegebene Grundstück verspricht auch Aussicht auf Erfolg, weshalb die Sicherung des Anfechtungsrechts nicht rechtsmissbräuchlich erscheint.

Das Grundstück in ...... ist ausweislich der Schenkungsurkunde vom ...... in Abteilung III lediglich mit einer Grundschuld in Höhe von EUR 50.000,– belastet, die nicht valutiert ist.

Der Verkehrswert dürfte bei mindestens EUR 150.000,– liegen.

Die örtliche Zuständigkeit des angerufenen Gerichts folgt aus § 24 ZPO. Der in der Hauptsache gegebene Anspruch auf Duldung der Zwangsvollstreckung gem. § 7 AnfG ist am ausschließlichen dinglichen Gerichtsstand geltend zu machen, der somit auch für das einstweilige Verfügungsverfahren begründet ist.

Ein Verfügungsgrund muss nicht glaubhaft gemacht werden. Dies folgt aus einer entsprechenden Anwendung der §§ 885 Abs. 1, S. 2, 899 Abs. 2 S. 2 BGB (OLG Koblenz, ZIP 1992, 1754).

Rechtsanwalt

Anmerkungen

1. Bei dem vorliegenden Muster handelt es sich um die Durchsetzung der Eintragung eines Veräußerungs- und Verfügungsverbotes im Wege einer einstweiligen Verfügung, in dem gewählten Beispielsfall gegen die Kinder der Schuldner, denen das Grundstück in anfechtbarer Art und Weise geschenkt wurde. Die Klage in der Hauptsache ist dann mit dem Antrag einzureichen, dass die Zwangsvollstreckung in das Grundstück zu dulden ist.

In der Praxis finden sich neuerdings immer häufiger Beispiele, bei denen Grundbesitz weggegeben wird (verschenkt wird) unter gleichzeitiger Einräumung eines Nießbrauchs zugunsten der Schenker (Schuldner).

In diesen Fällen sind die ursprünglichen Eigentümer (= Schuldner) mitzuverklagen. Die Anträge gegen diese Nießbrauchsberechtigten sind dann dergestalt zu fassen, dass „die Beklagten (Antragsgegner) zu verurteilen sind, von dem zu ihren Gunsten eingetragenen Nießbrauchsrecht, an dem Grundstück ...... straße ...... in ......, eingetragen im Grundbuch von ......, Flurstück Nr. ......, zur Größe von ......, dem Kläger gegenüber keinen Gebrauch zu machen und in die Auszahlung des bei einer Zwangsversteigerung anfallenden Erlöses an den Kläger einzuwilligen."

Falls noch zusätzlich etwa eine Rückauflassungsvormerkung eingetragen sein sollte, ist diese ebenfalls mit dem entsprechend angepassten Antrag anzugreifen. Zur Antragstellung im einstweiligen Verfügungsverfahren vgl. auch OLG Hamm, NZI 2002, 59 ff.

Diese umfassenden Anträge sind gem. § 13 AnfG gerechtfertigt (vgl. BGH ZIP 1995, 1364).

2. Bei der hier unterstellten Konstellation handelt es sich um eine Schenkungsanfechtung, bei der die Frist nach dem neuen § 4 AnfG auf vier Jahre verlängert wurde.

Zum Begriff der „nahe stehenden Personen“ gem. § 3 Abs. 2 AnfG vgl. die Ausführungen bei *Huber* AnfG § 3 Rdn. 39ff.

3. Zur Vollstreckung und zur Rückgewähr eines anfechtbar geschenkten Wohn- und Nutzungsrechts vgl. zuletzt ausführlich BGH ZIP 1995, 1364. Auch die Einräumung eines Wohnrechts, einer Reallast oder eines Nießbrauchs stellt ein Zugriffshindernis dar, dessen Beseitigung von § 11 AnfG gestützt wird (vgl. BGH a.a.O. unter Hinweis auf BGH ZIP 1994, 218).

10. Antrag des Schuldners auf Eröffnung des Insolvenzverfahrens[1]

(Ort, Datum)

An das
Amtgericht[2]
– Insolvenzgericht –

Als alleinvertretungsberechtigter Geschäftsführer[3] der Firma A. Gesellschaft mit beschränkter Haftung[4] beantrage ich, über das Vermögen der Gesellschaft das Insolvenzverfahren zu eröffnen.
Die Gesellschaft betreibt seit ...... in ...... ein (Art des Unternehmens) unter der Firma A. Sie ist im Handelsregister des Amtsgerichts ...... unter Nr. (Angabe der Registernummer) eingetragen. Aus der Eintragung im Handelsregister ergibt sich auch meine Legitimation zur Alleinvertretung der Schuldnerin.
Die Gesellschaft ist überschuldet. Auch mussten mangels flüssiger Mittel die Zahlungen am ...... eingestellt werden. Die von den Lieferanten akzeptierten Wechsel gehen deshalb zu Protest. Da auch die Löhne und Gehälter nicht mehr bezahlt werden konnten, ist mit Zustellungen von Zahlungsklagen der Arbeitnehmer durch das zuständige Arbeitsgericht in den nächsten Tagen zu rechnen[5].
Pfändungen liegen bis jetzt noch nicht vor. Ein Teil des Warenbestandes und der Geschäftseinrichtung ist frei von Rechten Dritter. Auch sind die Außenstände nicht abgetreten. Darüber hinaus ist aus der Verwertung des Geschäftsgrundstücks ein Überschuss nach Befriedigung der hierauf lastenden Grundschulden zu erwarten.
Zur Deckung der Kosten des Verfahrens sind somit ausreichende Vermögenswerte vorhanden[6].
Eine Vermögensübersicht sowie ein Verzeichnis der Gläubiger und Schuldner werden nachgereicht[7].

B
Geschäftsführer

Schrifttum: *Frege/Keller/Riedel,* Handbuch der Rechtspraxis, Bd. 3, Insolvenzrecht, 6. Aufl. 2002; *Gottwald,* Insolvenzrechts-Handbuch, 2. Aufl. 2001; Heidelberger Kommentar zur Insolvenzordnung, 2. Aufl. 2001; *Kilger/Karsten Schmidt,* Insolvenzgesetze, 17. Aufl. 1997; Kölner Schrift zur Insolvenzordnung, 2. Aufl. 2000; *Kübler/Prütting,* InsO Kommentar zur Insolvenzordnung; Münchner Kommentar zur Insolvenzordnung, Band 1, 2001, Band 2, 2002.

Anmerkungen

1. Der Eröffnungsantrag ist schriftlich einzureichen (vgl. MünchKommInsO/*Schmahl* § 13 Rdn. 73). Die Einreichung durch Telefax ist zulässig (vgl. *Frege/Keller/Riedel* Rdn. 383), jedoch nicht durch PC-Fax oder e-mail (BGH NJW 1998, 3649). Der Antrag

kann auch zu Protokoll der Geschäftsstelle bei jedem Amtsgericht gestellt werden (§ 4 InsO iVm §§ 496, 129a ZPO, § 153 GVG)

Antragsberechtigt sind die Gläubiger und der Schuldner (§ 13 Abs. 1 S. 2 InsO).

Eine Pflicht zur Stellung des Antrags auf Insolvenzeröffnung besteht nur, soweit dies gesetzlich vorgeschrieben ist, so zB. bei der GmbH für die Geschäftsführer nach § 64 GmbHG, bei der Aktiengesellschaft für den Vorstand nach § 92 Abs. 2 S. 1 AktG, bei der Genossenschaft für den Vorstand nach § 99 Abs. 1 S. 1 GenG.

Für natürliche Personen ist keine Antragsverpflichtung gegeben, jedoch ist bei einer verzögerten Antragstellung auf Antrag eines Gläubigers die Restschuldbefreiung zu versagen (§ 290 Abs. 1 Nr. 4 InsO).

Die sachliche Zuständigkeit des Amtsgerichts ergibt sich aus § 2 InsO. Von dem Grundsatz der Konzentration auf ein Amtsgericht im Landgerichtsbezirk können durch die Landesregierungen Abweichungen festgelegt werden (§ 2 Abs. 2 InsO). Einzelheiten vgl. MünchKommInsO/*Ganter* § 2 Rdn. 18.

Die örtliche Zuständigkeit ergibt sich aus § 3 InsO. Der allgemeine Gerichtsstand wird durch §§ 13 bis 19 ZPO bestimmt.

Beim Mittelpunkt der Tätigkeit ist an die tatsächlichen Verhältnisse anzuknüpfen. Der Mittelpunkt der selbständigen wirtschaftlichen Tätigkeit liegt dort, von wo aus der wesentliche Teil der Geschäfte selbstständig getätigt wird (vgl. MünchKommInsO/*Ganter* § 3 Rdn. 10). Die Eintragung in das Handelsregister ist nicht maßgeblich, sondern stellt nur ein Indiz für das tatsächliche Geschäftszentrum dar.

Nach § 3 Nr. 2e RPflG ist die gerichtliche Führung des Insolvenzverfahrens dem Rechtspfleger übertragen. § 18 RPflG regelt im Einzelnen die Zuständigkeit des Richters und des Rechtspflegers. Dem Richter ist gemäß § 18 Abs. 1 Nr. 1 RPflG im Regelinsolvenzverfahren das Verfahren bis zur Entscheidung über den Eröffnungsantrag unter Einschluss dieser Entscheidung und der Ernennung des Insolvenzverwalters vorbehalten (vgl. *Frege/Keller/Riedel* Rdn. 202).

2. Der Antragsteller muss seine Legitimation darlegen und nachweisen. Es genügt die Bezugnahme auf die beim gleichen Gericht geführten Akten, so zB. die Handelsregisterakten, aus denen sich die Vertretungsbefugnis ergibt. Für den Eigenantrag juristischer Personen und Gesellschaften ohne Rechtspersönlichkeit enthält § 15 InsO gesonderte Regelungen.

3. Das Insolvenzverfahren setzt Insolvenzfähigkeit, die sich weitgehend mit der passiven Parteifähigkeit deckt, voraus (vgl. *Frege/Keller/Riedel* Rdn. 286, 288). Die Prüfung der Insolvenzfähigkeit ist von Amts wegen durch das Insolvenzgericht vorzunehmen. Die BGB-Gesellschaft ist insolvenzfähig (§ 11 Abs. 2 Nr. 1 InsO) sowie rechts- und parteifähig (BGH ZIP 2001, 330).

4. Sachliche Voraussetzung für die Eröffnung des Verfahrens ist ein Insolvenzgrund, nämlich Zahlungsunfähigkeit und/oder Überschuldung bei der juristischen Person (§ 19 Abs. 1 InsO). Bei Eigenanträgen ist auch die drohende Zahlungsunfähigkeit (§ 18 InsO) Insolvenzeröffnungsgrund.

Der Eröffnungsgrund ist durch den Schuldner nicht glaubhaft zu machen. Ausnahmen bestehen jedoch §§ 15 Abs. 1 S. 1, 317 Abs. 2 S. 1 und 333 Abs. 2 S. 2 InsO. Eine erforderliche Glaubhaftmachung erfolgt gemäß § 294 ZPO. Es genügt, wenn der Schuldner einen Insolvenzgrund schlüssig behauptet (vgl. *Kirchhof* in HK-InsO, § 13 Rdn. 5).

Beim Gläubigerantrag sind die Forderung und der Eröffnungsgrund glaubhaft zu machen (§ 14 Abs. 1 InsO). Die Glaubhaftmachung der Überschuldung wird in der Regel dem Gläubiger nicht möglich sein (vgl. MünchKommInsO/*Schmahl* § 14 Rdn. 37). Auch Gläubiger einer öffentlich-rechtlichen Forderung haben diese glaubhaft zu machen. In diesem Fall ist Teil des anspruchsbegründenden Sachverhalts die Vollstreckbarkeit der Forderung (vgl. MünchKommInsO/*Schmahl* § 14 Rdn. 69ff.).

Beim Eröffnungsantrag des Schuldners ist der behauptete Eröffnungsgrund substanziiert zu begründen (§ 4 InsO iVm § 253 Abs. 2 Nr. 2 ZPO). Wird der Antrag wegen drohender oder eingetretener Zahlungsunfähigkeit gestellt, ist die Liquiditätslage nachvollziehbar darzustellen. Wird der Antrag wegen Überschuldung gestellt, so ist eine aktuelle Vermögensübersicht unter Angabe des tatsächlichen Wertes der einzelnen Bilanzpositionen vorzulegen.

Die Insolvenzeröffnung darf nur erfolgen (§ 27 InsO), wenn das Insolvenzgericht von der Richtigkeit der Schuldnerangaben überzeugt ist und diese den Eröffnungsgrund ergeben; sonst ist das Insolvenzgericht zu eigenen Ermittlungen (§ 5 Abs. 1 InsO) verpflichtet. Art und Umfang der Ermittlungen liegen im pflichtgemäßen Ermessen des Insolvenzgerichts (BGH KTS 1957, 12, 13). Auch die Aufklärungsmittel wählt das Insolvenzgericht nach pflichtgemäßem Ermessen aus. Die Aufzählung der Zeugen und Sachverständigen in § 5 Abs. 1 S. 2 InsO erfolgt nur beispielhaft (vgl. *Prütting*, Kölner Schrift, 2. Aufl. S. 221, 235 ff. Rdn. 44).

5. Der Hinweis auf die Massekostendeckung ist zweckmäßig, obgleich die Prüfung der Massekostendeckung zu den Amtspflichten des Insolvenzgerichts gehört (vgl. *Kilger/Karsten Schmidt* § 107 Anm. 2). Sind die Kosten des Verfahrens iSv § 54 InsO für die gesamte Dauer des Verfahrens nicht gedeckt, ist der Insolvenzantrag mangels Masse abzuweisen (§ 26 Abs. 1 S. 1 InsO).

6. Im Gegensatz zu § 104 KO hat der Schuldner weder ein Gläubiger- und Schuldnerverzeichnis noch eine Vermögensübersicht einzureichen. Die Erfüllung dieser Aufgaben obliegt nach Eröffnung des Insolvenzverfahrens dem Insolvenzverwalter (§§ 152, 153 InsO). Die Zustellung des Eröffnungsbeschlusses an Gläubiger und Drittschuldner (§ 30 Abs. 2 InsO) verzögert sich hierdurch. Wird zum Nachweis der Überschuldung eine Vermögensübersicht eingereicht (vgl. Anm. 5 Abs. 4), sind auch dort Grundstücke und grundstücksgleiche Rechte anzugeben. In diesem Fall hat das Insolvenzgericht das Grundbuchamt um die Eintragung der Insolvenzeröffnung zu ersuchen (§ 32 Abs. 1 InsO). Auch der Verwalter ist berechtigt, die Eintragung der Insolvenzeröffnung im Grundbuch zu beantragen (§ 32 Abs. 2 S. 2 InsO). Die Anträge müssen der Formvorschrift des § 29 GBO entsprechen (LG Zweibrücken NZI 2000, 327).

11. Antrag eines Gläubigers auf Eröffnung des Insolvenzverfahrens[1]

(Ort, Datum)

An das
Amtsgericht[2]
– Insolvenzgericht –

Az.: neu
Abschrift anbei[3]

A n t r a g[4]

des A

– Antragsteller –

Verfahrensbevollmächtigte: ……

gegen

den B

– Antragsgegner –

wegen Insolvenzeröffnung

zeige ich an, dass der Antragsteller von mir anwaltlich vertreten wird[5].

In seinem Namen beantrage ich, über das Vermögen des B in ...... das Insolvenzverfahren zu eröffnen[6].

Begründung:

Der Antragsteller hat eine titulierte Forderung in Höhe von EUR ...... aus rückständigem Arbeitsentgelt[7]. Die Zwangsvollstreckung aus dem Urteil des Arbeitsgerichts ...... vom ...... Az.: ...... – war fruchtlos. Ausweislich des Pfändungsprotokolls des Gerichtsvollziehers C ...... vom ...... sind Zwangsvollstreckungsmaßnahmen bei dem Antragsgegner in der letzten Zeit erfolglos gewesen. Der Antragsgegner ist zahlungsunfähig[8].
Zur Glaubhaftmachung[9] sind beigefügt:

1. Original der vollstreckbaren Ausfertigung des Urteils des Arbeitsgerichts ...... vom ...... – Az.: ......
2. Fruchtlosigkeitsbescheinigung des Gerichtsvollziehers C vom ......

Ferner rege ich die Anordnung von Sicherungsmaßnahmen nach §§ 21, 22 InsO an[10].

Rechtsanwalt

Anmerkungen

1. Vgl. Form. III. F. 10 Anm. 1.

2. Vgl. Form. III. F. 10 Anm. 2.

3. Der Gläubiger hat seinem Antrag eine Abschrift sowie die Anlagen zum Antrag beizufügen, da der Antrag dem Schuldner zuzustellen ist (vgl. MünchKommInsO/*Schmahl* § 14 Rdn. 112). Sonst sind die Abschriften auf Kosten des Antragstellers von Amts wegen herzustellen (vgl. *Frege/Keller/Riedel* Rdn. 412).

4. Das Eröffnungsverfahren ist beim Gläubigerantrag eine besondere Art des streitigen Verfahrens (vgl. MünchKommInsO/*Schmahl* § 14 Rdn. 94). Gläubiger und Schuldner stehen sich ähnlich wie in einem Zivilprozess als Parteien eines Rechtsstreits gegenüber (BGH NJW 1961, 2016).

5. Die Bevollmächtigung ist durch eine schriftliche Vollmacht nachzuweisen, die sich ausdrücklich auf die Insolvenzantragstellung beziehen muss (§ 80 Abs. 1 ZPO). Bei der Vertretung durch einen Rechtsanwalt gilt § 88 Abs. 2 ZPO. Ein vollmachtloser Vertreter ist nicht einstweilen zuzulassen (§ 89 ZPO), da sich dies nicht mit den wirtschaftlichen Folgen für den Schuldner mit der Antragstellung vereinbaren lässt (vgl. *Frege/Keller/Riedel* Rdn. 380).

6. Vgl. Form. III. F. 10 Anm. 4.

7. Antragsberechtigt ist jeder, auch der öffentlich-rechtliche Gläubiger (vgl. MünchKommInsO/*Schmahl* § 14 Rdn. 65).
Auch der Arbeitnehmer ist wegen seiner rückständigen Arbeitsentgeltansprüchen insolvenzantragsberechtigt, obgleich diese Ansprüche für die letzten drei Monate vor Insolvenzeröffnung über Insolvenzgeld gesichert sind, da diese Ansprüche auf die Bundesanstalt für Arbeit erst mit Stellung des Antrags auf Insolvenzgeld übergehen (§ 187 SGB III).

8. Die Forderung des antragstellenden Gläubigers ist glaubhaft zu machen (§ 14 Abs. 1 InsO). Die Zahlungsunfähigkeit wird ua. durch das Protokoll eines Gerichtsvollziehers über einen erfolglosen Zwangsvollstreckungsversuch, aus dem sich ergibt, dass der Schuldner pfändbare bewegliche Sachen nicht besitzt oder die entsprechende

Fruchtlosigkeitsbescheinigung, glaubhaft gemacht (vgl. *Frege/Keller/Riedel* Rdn. 409). Der Beweiswert ist von dem zeitlichen Abstand zwischen dem Zwangsvollstreckungsversuch und dem Insolvenzeröffnungsantrag abhängig (vgl. MünchKommInsO/*Schmahl* § 14 Rdn. 33). Das Vorhandensein eines vollstreckbaren Titels ist nicht zwingend erforderlich (vgl. *Kirchhof* in HK-InsO, § 14 Rdn. 9). Liegt der Forderung des Gläubigers ein vollstreckbarer Titel zugrunde, ist Rechtsgrund der Forderung der Titel (BGHZ 110, 319, 322). In diesem Fall sind Einwendungen des Schuldners gegen die Forderung für die Zulässigkeit des Eröffnungsantrags nur erheblich, wenn hierdurch die Vollstreckbarkeit des Titels entfällt (vgl. MünchKommInsO/*Schmahl* § 14 Rdn. 23). Erforderlich ist eine Entscheidung des zuständigen Prozessgerichts, durch welche die Zwangsvollstreckung aus dem Titel einstweilen eingestellt wird. Materiellrechtliche Einwendungen gegenüber einem vollstreckbaren Titel sind unbeachtlich (vgl. MünchKommInsO/*Schmahl* § 14 Rdn. 23).

9. Der Gläubiger hat neben seiner Forderung auch den Eröffnungsgrund glaubhaft zu machen (§ 14 Abs. 1 InsO). Mittel der Glaubhaftmachung sind präsente Beweismittel (§ 294 Abs. 2 ZPO) oder eine entsprechende eidesstattliche Versicherung. Die eidesstattliche Versicherung muss die Wahrnehmungen des Erklärenden im Einzelnen wiedergeben; eine Bezugnahme auf die Ausführungen in der Antragsschrift ist nicht zulässig (BGH NJW 1988, 2045). Ebenso ist eine Bezugnahme auf andere Schriftstücke unzulässig.

Voraussetzung für die Zulassung des Insolvenzantrags ist, dass der beantragende Gläubiger ein rechtlich anzuerkennendes Interesse an der Insolvenzeröffnung hat (vgl. *Kirchhof* in HK-InsO, § 14 Rdn. 16). Ein solches Rechtsschutzbedürfnis liegt vor, wenn die sonstigen Zulässigkeitsvoraussetzungen wie Glaubhaftmachung der Forderung und des Eröffnungsgrundes, vorliegen. Die Möglichkeit, auf einfachere oder zweckmäßigere Art und Weise, etwa im Wege der Einzelzwangsvollstreckung, Befriedigung der Forderung erlangen zu können, lässt das Rechtsschutzbedürfnis für eine Antragstellung dann entfallen, wenn die Forderung tituliert ist und aussichtsreiche Vollstreckungsmöglichkeiten gegeben sind (vgl. *Frege/Keller/Riedel* Rdn. 400). Das Rechtsschutzbedürfnis fehlt dann, wenn verfahrensfremde Ziele verfolgt werden (vgl. MünchKommInsO/*Schmahl* § 14 Rdn. 50). Wird der Insolvenzantrag als Druckmittel genutzt, fehlt gleichfalls das Rechtsschutzinteresse.

Ein Rechtsschutzinteresse fehlt Gläubigern, welche ein Aussonderungsrecht besitzen, da diese ihr Recht außerhalb des Verfahrens (§ 47 InsO) geltend machen können (vgl. *Kirchhof* in HK-InsO, § 14 Rdn. 17). Der PSV aG hat in der Regel kein Rechtsschutzbedürfnis für einen Insolvenzantrag, da er die Forderung erst mit Insolvenzeröffnung erwirbt (§ 9 Abs. 2 S. 1 BetrAVG). Nachrangige Insolvenzgläubiger (§ 39 InsO) haben wegen § 174 Abs. 3 InsO ein Rechtschutzinteresse nur bei absehbarer Befriedigungsaussicht (vgl. *Kirchhof* in HK-InsO, § 14 Rdn. 18; aA MünchKommInsO/*Schmahl* § 14 Rdn. 46).

Das Rechtsschutzbedürfnis für einen Gläubigerantrag ist von der Höhe der Forderung unabhängig. Die Eröffnung des Insolvenzverfahrens kann auch wegen einer geringfügigen Forderung beantragt werden (BGH NJW-RR 1986, 1188).

10. Der Anregung zur Anordnung von Sicherungsmaßnahmen nach §§ 21, 22 InsO bedarf es nicht, da bei einem zulässigen Insolvenzantrag das Insolvenzgericht von Amts wegen unter Berücksichtigung der Erfordernisse im Einzelfall zu prüfen hat (vgl. MünchKommInsO/*Haarmeyer* § 21 Rdn. 19), ob und welche Sicherungsmaßnahmen erforderlich sind.

12. Antrag auf Eröffnung des Insolvenzverfahrens[1] über das Vermögen einer Kommanditgesellschaft wegen drohender Zahlungsunfähigkeit[2] und Anordnung der Eigenverwaltung[3]

An das
Amtsgericht[4]
– Insolvenzgericht –

(Ort, Datum)

In meiner Eigenschaft als alleiniger Komplementär[5] der Firma A Kommanditgesellschaft[6] beantrage ich über das Vermögen der Gesellschaft und der persönlich haftenden Gesellschafterin[7] das Insolvenzverfahren wegen drohender Zahlungsunfähigkeit[8] zu eröffnen.
Ich beantrage weiter die Anordnung der Eigenverwaltung[9].
Die Kommanditgesellschaft wurde am ...... gegründet und ist im Handelsregister des Amtsgerichts ...... unter HRA ...... eingetragen. Sitz der Gesellschaft ist ....
Als Gesellschafter sind an der Gesellschaft beteiligt[10]:
a) (Name und Anschrift) als Komplementär mit einem Kapitalanteil von ...... EUR
b) (Name und Anschrift) als Kommanditist mit einem Kapitalanteil von ...... EUR
c) (Name und Anschrift) als Kommanditist mit einem Kapitalanteil von ...... EUR
Die Gesellschaft droht zahlungsunfähig[11] zu werden. Sie wird voraussichtlich nicht in der Lage sein, die bestehenden und bevorstehenden Zahlungsverpflichtungen im Zeitpunkt der Fälligkeit zu erfüllen.
Die Prognose[12] der drohenden Zahlungsunfähigkeit ergibt sich aus folgenden Umständen:
Ausweislich der beigefügten Vermögensübersicht stehen per (Datum) aktiven Vermögenswerten der Gesellschaft von insgesamt ...... EUR Verbindlichkeiten von insgesamt ...... EUR gegenüber. Auch bei sofortiger Einleitung von Sanierungsmaßnahmen[13] entstehen bis zum (Datum) Zahlungsverpflichtungen in Höhe von ca. ...... EUR, denen Zuflüsse in Höhe von ca. ...... EUR gegenüber stehen. Die Zahlungsverpflichtungen und zu erwartenden Zahlungseingänge ergeben sich aus der beigefügten Finanz- und Liquiditätsrechnung[14].
Die Finanz- und Liquiditätsrechnung lässt erkennen, dass Zahlungsunfähigkeit spätestens im (Monat)[15] eintreten wird, da die auf die Gesellschaft zukommenden Zahlungsverpflichtungen im Zeitpunkt der Fälligkeit nicht bedient werden können.

Eine die Kosten des Verfahrens deckende, verfügbare, Masse ist vorhanden.

B
Komplementärin

Anlagen: 1. Finanz- und Liquiditätsrechnung[16]
2. Handelsregisterauszug[17]

Anmerkungen

1. Vgl. Form. III. F. 10 Anm. 1.

2. Der Eröffnungsgrund der drohenden Zahlungsunfähigkeit steht nur dem Schuldner zur Verfügung (§ 18 Abs. 1 InsO). Der schuldnerische Eigenantrag ist für natürliche Personen, einschließlich der Verbraucher, bedeutsam, da sie als Schuldner den Eröffnungsantrag nicht auf Überschuldung stützen können (vgl. *Kirchhof* in HK-InsO, § 18 Rdn. 3). Eine Antragspflicht wegen drohender Überschuldung besteht nicht.

Die drohende Zahlungsunfähigkeit iSv § 18 Abs. 2 InsO ist auch für die strafrechtliche Verantwortlichkeit bedeutsam (§§ 283 Abs. 1, 283 d Abs. 1 Nr. 1 StGB).

3. Die Eigenverwaltung setzt einen Antrag des Schuldners voraus (§ 270 Abs. 1 Nr. 1 InsO). Der Antrag kann gestellt werden, solange der Insolvenzeröffnungsbeschluss noch nicht ergangen ist (vgl. *Landfermann* in HK-InsO, § 270 Rdn. 2 a). Die Eigenverwaltung darf für die Insolvenzgläubiger nicht ungünstiger sein als die Durchführung des Regelinsolvenzverfahrens. Aus diesem Grunde muss der Schuldner die für die Eigenverwaltung sprechenden Tatsachen darlegen und zugleich ein Konzept für die Durchführung der Eigenverwaltung mit dem Antrag vorlegen (vgl. *Frege/Keller/Riedel* Rdn. 2030).

Sieht das Insolvenzgericht die Voraussetzungen für die Eigenverwaltung wegen Verzögerung des Insolvenzverfahrens oder sonstiger Nachteile für die Gläubiger (§ 270 Abs. 2 Nr. 3 InsO) für nicht gegeben, soll das Insolvenzgericht den Antragsteller hierauf hinweisen (vgl. *Landfermann* in HK-InsO, § 270 Rdn. 2 a).

Die Anordnung der Eigenverwaltung erfolgt im Beschluss über die Eröffnung des Insolvenzverfahrens (§ 270 Abs. 1 S. 1 InsO).

Im Falle der Anordnung der Eigenverwaltung bleibt der Schuldner verfügungsbefugt (§ 270 Abs. 1 S. 1 InsO); der Eröffnungsbeschluss wird nicht in das Grundbuch oder andere sachenrechtliche Register eingetragen (§ 270 Abs. 3 S. 3 InsO).

Gegen die Anordnung oder Ablehnung der Eigenverwaltung im Eröffnungsbeschluss ist kein Rechtsmittel gegeben. Die sofortige Beschwerde gegen den Eröffnungsbeschluss (§ 34 Abs. 2 InsO) ermöglicht kein isoliertes Rechtsmittel gegen die Ablehnung der Eigenverwaltung (vgl. *Landfermann* in HK-InsO, § 270 Rdn. 8).

Bei Anordnung der Eigenverwaltung gelten die allgemeinen Vorschriften der InsO (§ 270 Abs. 1 S. 2 InsO). An Stelle eines Insolvenzverwalters wird ein Sachwalter bestellt, dessen Befugnisse sich aus § 274 Abs. 1 u. 2 InsO ergeben.

4. Vgl. Form. III. F. 10 Anm. 2.

5. Bei juristischen Personen und Gesellschaften ohne Rechtspersönlichkeit ist das Antragsrecht nach § 15 InsO durch § 18 Abs. 3 InsO eingeschränkt. Ein wirksamer Antrag kann somit nur durch alle persönlich haftende Gesellschafter, alle Mitglieder des Vertretungsorgans gemeinsam gestellt werden, es sein denn, der/die Antragsteller sind einzelvertretungsberechtigt (vgl. MünchKommInsO/*Drukarczyk* § 18 Rdn. 50).

6. Vgl. Form. F. III. 10 Anm. 4.

7. Durch die gesamtschuldnerische Haftung (§ 128 S. 1 HGB) führt der Insolvenzantrag der KG automatisch zur Überschuldung, Zahlungsunfähigkeit oder drohenden Zahlungsunfähigkeit bei der Komplementärin und je nach Rechtsform zur Insolvenzantragspflicht.

Im eröffneten Insolvenzverfahren der Komplementärin ist allein der Insolvenzverwalter der KG zur Forderungsanmeldung befugt (§ 93 InsO). Forderungsanmeldungen von Gläubigern sind deshalb zu bestreiten, es sei denn, dass persönliche Gläubigerforderungen bestehen (vgl. *Eickmann* in HK-InsO, § 93 Rdn. 3).

8. Die drohende Zahlungsunfähigkeit iSv § 18 Abs. 2 InsO setzt voraus, dass die Zahlungspflichten im Zeitpunkt der Entscheidung über die Verfahrenseröffnung dem Grunde nach bestehen müssen (vgl. *Kirchhof* in HK-InsO, § 18 Rdn. 6). Die Verbindlichkeiten müssen künftig fällig sein und aufgrund verfügbarer Zahlungsmittel nicht mit wenigstens 90% zu tilgen sein (vgl. *Kirchhof* in HK-InsO, § 18 Rdn. 12). Der Eintritt der Zahlungsunfähigkeit im maßgeblichen Zeitpunkt muss wahrscheinlicher sein als ihre Vermeidung (vgl. MünchKommInsO/*Drukarczyk* § 18 Rdn. 19).

Die Gegenüberstellung von Aktiva und Passiva ist nicht ausreichend. Es ist ein Finanzplan vorzulegen (vgl. MünchKommInsO/*Drukarczyk* § 18 Rdn. 13), aus dem sich die erwarteten Ein- und Auszahlungen für den vom Schuldner angenommenen Zeitpunkt ergeben (vgl. *Kirchhof* in HK-InsO, § 18 Rdn. 14).

9. Vgl. Anm. 3.

10. Vgl. Anm. 4. Die Angaben sind erforderlich, um die Antragsberechtigung darzutun (§ 18 Abs. 3 InsO).

11. Vgl. Anm. 8.

12. Bei der Prognose ist die gesamte Entwicklung der Finanzlage des Schuldners bis zur Fälligkeit aller Verbindlichkeiten unter Berücksichtigung künftiger Zahlungsverpflichtungen und der zu erwartenden Einnahmen einzubeziehen (vgl. *Frege/Keller/Riedel* Rdn. 332). Die Zahlungsunfähigkeit muss nach der Prognoserechnung wahrscheinlicher sein als die Zahlungsfähigkeit, um den Tatbestand der drohenden Zahlungsunfähigkeit zu belegen(vgl. MünchKommInsO/*Drukarczyk* § 18 Rdn. 32).

13. Die Auswirkungen von Sanierungsmaßnahmen (Kostenabbau) sind im Finanzplan ebenso darzustellen wie objektiv nutzbare Möglichkeiten der Außenfinanzierung (Eigenkapitalzufuhr, Kredite, Gesellschafterdarlehen etc.) (vgl. MünchKommInsO/*Drukarczyk* § 18 Rdn. 17).

14. Die Prognoserechnung erfordert Finanzpläne, Planbilanzen und Plan – GuV – Rechnungen. Um die Prognoserechnung auf Plausibilität überprüfen zu können, ist die Vorlage von Bilanzen, Finanzplänen und GuV-Rechnungen erforderlich (vgl. MünchKommInsO/*Drukarczyk* § 18 Rdn. 37).

15. Der Prognosezeitraum ist identisch mit den zum Zeitpunkt der Liquiditätsplanung bestehen Zahlungsverpflichtungen, dh., die Fälligkeit der letzten Zahlungsverpflichtung im Prognosezeitraum ist identisch mit dem Endtermin des Prognosezeitraums (vgl. MünchKommInsO/*Drukarczyk* § 18 Rdn. 44). Eine Prognose für einen längeren Zeitraum als 1 bis 2 Jahren ist mangels Zuverlässigkeit nicht vertretbar (vgl. *Kirchhof* in HK-InsO, § 18 Rdn. 8).

16. Vgl. Anm. 14. Der Finanzplan ist unter Beifügung von erläuternden Unterlagen so aufzubereiten, dass sich das Insolvenzgericht, gegebenenfalls unter Hinzuziehung eines Gutachters, von der drohenden Zahlungsunfähigkeit überzeugen kann (vgl. MünchKommInsO/*Drukarczyk* § 18 Rdn. 49). In klaren Fällen, wie Kreditkündigung ohne andere Finanzierungsquellen, genügt dieser Nachweis aufgrund von Indizien (vgl. *Kirchhof* in HK-InsO, § 18 Rdn. 14), so dass die Vorlage eines Liquiditätsplanes entbehrlich ist.

17. Vgl. Anm. 5 u. 10.

13. Antrag eines Gläubigers auf Aufhebung der Eigenverwaltung[1]

An das **(Ort, Datum)**
Amtsgericht[2]
– Insolvenzgericht –

Az.:

Abschrift anbei[3]

Antrag

des A

– Antragstellers –

Prozessbevollmächtigter:

gegen

Firma B GmbH

– Antragsgegnerin –

zeige ich die anwaltliche Vertretung des Antragstellers an[4]. Namens und in dessen Vollmacht beantrage ich die Aufhebung der Anordnung der Eigenverwaltung[5].

Hilfsweise beantrage ich anzuordnen[6], dass der beabsichtigte Kauf der CNC-Fräsmaschine zum Preis von EUR ...... der Zustimmung des Sachwalters bedarf.

Begründung:

In dem Insolvenzverfahren über das Vermögen der Antragsgegnerin ist der Antragsteller ausweislich des nach § 152 InsO erstellten und eingereichten Gläubigerverzeichnisses Insolvenzgläubiger[7]. Bei Insolvenzeröffnung wurde die Eigenverwaltung angeordnet. Die Eigenverwaltung führt zu Nachteilen für die Insolvenzgläubiger[8], da die Schuldnerin ohne Zustimmung des Sachwalters Anschaffungen tätigt, die nicht zum gewöhnlichen Geschäftsbetrieb gehören. Auf die als Anlage beigefügte eidesstattliche Versicherung[9] darf ich verweisen.
Sollte das Insolvenzgericht die Eigenverwaltung nicht aufheben, so ist zumindest zum Kauf der CNC-Fräsmaschine die Zustimmung des Sachwalters erforderlich[10]. Die Anschaffung der CNC-Fräse ist für den Geschäftsbetrieb der Schuldnerin entbehrlich und entzieht der Insolvenzmasse notwendige Liquidität für die Betriebsfortführung. Auf die beigefügte eidesstattliche Versicherung[11] darf ich verweisen.

Rechtsanwalt

Anmerkungen

1. Die Aufhebung der Eigenverwaltung kann vom Schuldner (§ 272 Abs. 1 Nr. 3 InsO), einer Gläubigerversammlung (§ 272 Abs. 1 Nr. 1 InsO) oder durch Gläubiger (§ 272 Abs. 1 Nr. 2 InsO) beantragt werden. Ein aussonderungsberechtigter Gläubiger ist zu der Antragstellung nicht befugt.
Der Antrag des Schuldners und der Gläubigerversammlung bedarf keiner Begründung. Bei einem Gläubigerantrag ist Voraussetzung, dass nunmehr eine Verzögerung des Verfahrens eintritt oder sonstige Nachteile für die Gläubiger entstehen (§§ 272 Abs. 1 Nr. 2, 270 Abs. 2 Nr. 3 InsO).

2. Vgl. Form. F. III. 10 Anm. 2.

3. Vgl. Form. F. III. 11 Anm. 3.

4. Vgl. Form. F. III. 11 Anm. 5.

5. Die Eigenverwaltung wird im Beschluss über die Eröffnung des Insolvenzverfahrens (§ 27 InsO) angeordnet (§ 270 Abs. 1 S 1 InsO). Die Aufhebung der Anordnung der Eigenverwaltung erfordert einen Antrag (vgl. Anm. 1) und erfolgt niemals von Amts wegen.

6. An Stelle der Aufhebung der Anordnung der Eigenverwaltung kann das Gericht auch für bestimmte Rechtsgeschäfte die Zustimmung des Sachwalters als Wirksamkeitsvoraussetzung anordnen (§ 277 Abs. 1 S. 1 InsO). Der Antrag ist durch die Gläubigerversammlung stellen. Nur dann, wenn ein sofortiges Handeln und im Interesse der Insolvenzgläubiger unaufschiebbar geboten ist (§ 277 Abs. 2 S. 1 InsO), ist auch auf Antrag eines absonderungsberechtigten Gläubigers oder eines Insolvenzgläubigers die Anordnung vorzunehmen.
Auch ohne ausdrücklichen Hilfsantrag ist das Gericht zur Prüfung verpflichtet, ob an Stelle der Aufhebung der Eigenverwaltung die Anordnung der Zustimmungsbedürftigkeit zur Interessenwahrung der Gläubiger nicht ausreichend ist, da grundsätzlich das Gericht weniger als beantragt zusprechen darf (vgl. *Reichhold* in *Thomas/Putzo* § 308 Rdn. 3).

7. Die Gläubigereigenschaft muss für den Antrag nachgewiesen sein (§ 272 Abs. 1 Nr. 2 InsO).

8. Die ursprünglichen Voraussetzungen für die Anordnung der Eigenverwaltung müssen weggefallen sein (§ 272 Abs. 1 Nr. 2 InsO). Es muss nunmehr erwartet werden, dass entweder eine Verzögerung im Verfahren eintritt oder sonstige Nachteile für die Gläubiger entstehen.

9. Die Voraussetzungen für den Gläubigerantrag sind glaubhaft zumachen (§ 272 Abs. 2 S. 1 InsO). Eine Glaubhaftmachung durch die Gläubigerversammlung oder den Schuldner ist nicht erforderlich. Die Mittel der Glaubhaftmachung ergeben sich aus § 4 InsO iVm § 294 ZPO.

Gegen die Entscheidung des Insolvenzgerichts stehen dem Gläubiger und Schuldner die sofortige Beschwerde zu (§ 272 Abs. 2 S. 3 InsO). Wird der Antrag der Gläubigerversammlung durch das Insolvenzgericht abgewiesen, stehen jedem absonderungsberechtigten Gläubiger und jedem nicht nachrangigem Insolvenzgläubiger die sofortige Beschwerde zu (§ 78 Abs. 2 S. 2 InsO).

10. Vgl. Anm. 6.

11. Vgl. Anm. 9.

14. Antrag eines Gläubigers[1] auf Ladung des Geschäftsführers der Schuldnerin zur Abgabe der eidesstattlichen Versicherung[2]

An das **(Ort, Datum)**
Amtsgericht
– Insolvenzgericht –[3]

Az.:
Abschrift anbei[4]

In dem Insolvenzverfahren über das Vermögen des A wird der Insolvenzgläubiger B von mir anwaltlich[5] vertreten.
Seine titulierte Insolvenzforderung habe ich mit Schreiben vom ...... unter Vorlage des Originals der vollstreckbaren Ausfertigung des Urteils des Amtsgerichts in ...... vom ...... beim Insolvenzverwalter zur Insolvenztabelle angemeldet[6].
Namens des von mir vertretenen Gläubigers beantrage[7] ich, den Geschäftsführer der Schuldnerin zur Abgabe der eidesstattlichen Versicherung[8] zu laden[9].
Für den Fall, dass der Geschäftsführer der Schuldnerin nicht erscheint oder die Abgabe der eidesstattlichen Versicherung verweigert, beantrage ich den Erlass eines Haftbefehls[10].

Begründung:

Durch Einsichtnahme in das bei den Insolvenzakten befindliche Inventar[11], welches durch den Insolvenzverwalter, Herrn Rechtsanwalt C, angefertigt und auf der Geschäftsstelle des Insolvenzgerichts niedergelegt wurde, habe ich festgestellt, dass der PKW (genaue Bezeichnung) mit einem Zeitwert[12] von mindestens EUR ...... nicht erfasst ist. Da dieses Fahrzeug im Zeitpunkt des Insolvenzeröffnung im Eigentum der Schuldnerin stand, unterliegt es dem Insolvenzbeschlag.
Das Verzeichnis der Massegegenstände ist somit unvollständig und deshalb der Antrag auf Abgabe der eidesstattlichen Versicherung gerechtfertigt[13].

Rechtsanwalt

Anmerkungen

1. Das Antragsrecht ist nicht auf Insolvenzgläubiger beschränkt. Antragsberechtigt sind alle Gläubiger, also auch die aus- und absonderungsberechtigten Gläubiger sowie die Massegläubiger. Nachrangige Insolvenzgläubiger sind nur nach gerichtlicher Aufforderung zur Anmeldung ihrer Forderungen (§ 174 Abs. 3 InsO) zur Antragstellung befugt (vgl. MünchKommInsO-*Füchsl/Weishäupl* § 153 Rdn. 19). Die Forderungsanmeldung muss vorliegen, weil erst durch sie die Gläubigerstellung im Insolvenzverfahren ersichtlich wird (vgl. MünchKommInsO/*Füchsl/Weishäupl* § 153 Rdn. 19). Die Antragsberechtigung wird auch durch das Gläubigerverzeichnis (§ 152 InsO) sowie den Tabelleneintrag (§ 175 InsO) nachgewiesen. Das Bestreiten einer angemeldeten Forderung durch den Schuldner ist unbeachtlich (vgl. MünchKommInsO/*Füchsl/Weishäupl* § 153 Rdn. 20).

2. Auf das Verfahren zur Abgabe der eidesstattlichen Versicherung nach § 153 Abs. 2 InsO finden die Vorschriften der ZPO gem. §§ 807, 899 ff. entsprechende Anwendung (vgl. *Frege/Keller/Riedel* Rdn. 854).

3. Zuständig für die Abnahme einer eidesstattlichen Versicherung ist das Insolvenzgericht (vgl. *Frege/Keller/Riedel* Rdn. 1665). Die Abnahme der eidesstattlichen Versicherung erfolgt durch Beschluss des Insolvenzgerichts. Die Anordnung zur Abnahme der eidesstattlichen Versicherung ist nicht anfechtbar. Lediglich bei der Rechtspflegerentscheidung ist die Erinnerung nach § 11 Abs. 2 RPflG gegeben (vgl. *Frege/Keller/Riedel* Rdn. 1853).

4. Vgl. Form. III. F. 11 Anm. 3. Mit der Terminsladung ist zweckmäßigerweise dem Schuldner zum Zwecke der Terminsvorbereitung der Antrag in Abschrift zu übersenden.

5. Vgl. Form. III. F. 11 Anm. 5.

6. Vgl. Anm. 1.

7. Der Antrag ist schriftlich oder zu Protokoll der Geschäftsstelle zustellen (§ 4 InsO iVm §§ 496 ff. ZPO). Zur Antragstellung sind der Insolvenzverwalter und die Gläubiger (vgl. Anm. 1.) berechtigt. Weitere Voraussetzung ist die Aufstellung der Vermögensübersicht durch den Insolvenzverwalter. Die Vermögensübersicht (§ 153 Abs. 1 S. 1 InsO) umfasst neben dem Verzeichnis der Massegegenstände (§ 151 InsO) auch das Gläubigerverzeichnis (§ 152 InsO).

Für die Begründetheit des Antrages ist nicht erforderlich, dass der Verdacht besteht, der Schuldner habe wahrheitswidrige Angaben gemacht (vgl. *Frege/Keller/Riedel* Rdn. 854).

8. Der Inhalt der eidesstattlichen Versicherung bezieht sich auf die Vollständigkeit des vom Insolvenzverwalter erstellten Verzeichnisses der Massegegenstände, des Gläubigerverzeichnisses sowie der Passivseite (vgl. MünchKommInsO/*Füchsl/Weishäupl* § 153 Rdn. 33). Zu dem Aktivvermögen gehören auch Anfechtungslagen nach §§ 129 ff. InsO, vermögenswerte Anwartschaften und Auslandsvermögen (BGH ZIP 1983, 961). Völlig wertlose Gegenstände sind nicht aufzuführen (BGH NJW 1953, 151). Das insolvenzfreie Vermögen (§ 36 InsO) ist nicht anzugeben.

Der Inhalt der eidesstattlichen Versicherung bezieht sich auf die Richtigkeit und Vollständigkeit des von dem Insolvenzverwalter erstellten Verzeichnisses der Massegegenstände, des Gläubigerverzeichnisses und der Verbindlichkeiten.

Ein Eintrag in das Schuldnerverzeichnis (§ 915 ZPO) erfolgt nicht.

§ 153 Abs. 2 S. 1 InsO ist lex spezialis, so dass §§ 899 ff. ZPO nicht ergänzend anwendbar sind (aA MünchKommInsO/*Füchsl/Weishäupl* § 153 Rdn. 17). Ein Widerspruch nach § 900 Abs. 4 ZPO ist nicht möglich. Gegen die Anordnung der eidesstattlichen Versicherung ist keine Beschwerde statthaft (§ 6 Abs. 1 InsO).

Die Verpflichtung zur Abgabe der eidesstattlichen Versicherung nach § 153 Abs. 2 S. 1 InsO besteht grundsätzlich bis zur Beendigung des Insolvenzverfahrens.

Nach Abgabe der eidesstattlichen Versicherung kann im gleichen Insolvenzverfahren neuerlich die Abgabe einer eidesstattlichen Versicherung verlangt werden, sofern neue oder weitergehende (ergänzende) Angaben verlangt werden (vgl. *Eickmann* in HK-InsO, § 98 Rdn. 6).

9. Nach Terminsbestimmung durch das Insolvenzgericht ist der Insolvenzschuldner von Amts wegen zu laden (§ 214 ZPO iVm § 4 InsO). Die Ladungsfrist beträgt 3 Tage (§ 217 ZPO iVm § 4 InsO). § 900 Abs. 1 S. 2 ZPO findet keine Anwendung.

Die Erklärungen des Schuldners sind in einem Protokoll festzuhalten. Der Schuldner ist über die strafrechtlichen Folgen einer falsch abgegebenen Versicherung an Eides statt zu belehren (§§ 156, 163 StGB). Nach Abschluss der Vernehmung ist das Protokoll zu verlesen und die Genehmigung zu vermerken (§§ 162 Abs. 1, 160 Abs. 3 Nr. 3 ZPO iVm § 4 InsO).

Der Schuldner hat auch Tatsachen zu offenbaren, auf Grund derer er sich der Verfolgung wegen einer Straftat oder Ordnungswidrigkeit aussetzen würde (vgl. *Frege/Keller/Riedel* Rdn. 1362). Im Strafverfahren besteht jedoch ein Verwertungsverbot (BVerfG ZIP 1981, 361).

10. Verweigert der Insolvenzschuldner die Abgabe der eidesstattlichen Versicherung (§ 98 Abs. 2 Nr. 1 InsO), kann das Insolvenzgericht den Insolvenzschuldner zwangsweise vorführen und nach Anordnung in Haft nehmen lassen (§ 153 Abs. 2 S. 2 iVm § 98 Abs. 2 InsO). Die Anordnung ergeht durch den Insolvenzrichter (§ 4 Abs. 2 Nr. 2 RPflG). Für die Anordnung der Haft gelten §§ 904 bis 910, 913 ZPO (§ 98 Abs. 3 S. 1 InsO). Der Haftbefehl ist aufzuheben, sobald die Voraussetzungen für eine Haft nicht mehr vorliegen (§ 98 Abs. 3 S. 2 InsO).

Gegen die Anordnung der Haft und gegen die Abweisung eines Antrags auf Aufhebung des Haftbefehls wegen Wegfalls seiner Voraussetzungen ist die sofortige Beschwerde statthaft (§ 98 Abs. 3 S. 3 InsO).

Ist der Insolvenzschuldner eine natürliche Person, ist er persönlich zur Abgabe der eidesstattlichen Versicherung verpflichtet (§ 478 ZPO iVm § 98 Abs. 1 S. 2 InsO).

Ist der Insolvenzschuldner keine natürliche Person, so ergibt sich der Kreis der Auskunfts- und Eidesverpflichteten aus § 101 Abs. 1 InsO (vgl. § 153 Abs. 2 S. 2 InsO).

Hat die Insolvenzschuldnerin keinen organschaftlichen Vertreter, so ist analog § 29 BGB ein Notgeschäftsführer oder Notvorstand zu bestellen (vgl. MünchKommInsO/*Füchsl/Weishäupl* § 153 Rdn. 30).

Bei einer Mehrheit von Verpflichteten ist jeder auskunfts- und eidespflichtig.

Angestellte oder frühere Angestellte der Insolvenzschuldnerin sind wohl auskunftspflichtig (§ 101 Abs. 2 InsO), jedoch nicht eidespflichtig. § 153 Abs. 2 S. 2 InsO verweist nicht auf § 101 Abs. 2 InsO.

11. Die Vermögensübersicht ist auf der Geschäftsstelle des Insolvenzgerichts niederzulegen (§ 154 InsO). Zur Einsicht berechtigt sind alle Beteiligten. Es muss ein berechtigtes Interesse an der Einsichtnahme bestehen (vgl. MünchKommInsO/*Füchsl/Weishäupl* § 154 Rdn. 2).

12. Der Wert ist anzugeben, da völlig wertlose Gegenstände nicht in das Verzeichnis der Massegegenstände (§ 151 InsO) aufzunehmen sind. Andererseits sind Gegenstände, bezüglich derer ein Absonderungsrecht besteht sowie auch Gegenstände mit Aussonderungsrechten in das Verzeichnis aufzunehmen, obgleich diese nicht zur Insolvenzmasse gehören, solange der Insolvenzverwalter von seinem Wahlrecht (§§ 103, 107 Abs. 2 S. 1 InsO) noch keinen Gebrauch gemacht hat.

Da nur Gegenstände aufzuführen sind, die zum Zeitpunkt der Insolvenzeröffnung vorhanden waren (§ 153 Abs. 1 S. 1 InsO), ist Neuerwerb (§ 35 InsO) nicht anzugeben, obgleich dieser dem Insolvenzbeschlag unterliegt.

13. Vgl. Anm. 6.

15. Anmeldung einer Insolvenzforderung zur Insolvenztabelle[1]

Herrn (Ort, Datum)
Rechtsanwalt ......[2]
in ......

Betr: Insolvenzverfahren über das Vermögen des Herrn ......

Hier: Forderungsanmeldung der A Gesellschaft mit beschränkter Haftung

Sehr geehrter Herr Kollege,

in dem vorbezeichneten Insolvenzverfahren zeige ich an, dass die Firma A GmbH als Insolvenzgläubigerin[3] von mir anwaltlich vertreten wird. Eine auf mich lautende Vollmacht füge ich als Anlage bei[4].
Namens und in Vollmacht meiner Mandantin melde ich folgende Forderungen[5] zur Insolvenztabelle[6] an:

1. Forderung aus Warenlieferung[7] gemäß Rechnung vom .... EUR
2. Forderung aus Wechsel per ...... ausgestellt am .... EUR
3. Forderung aus vorsätzlich begangener unerlaubter Handlung[8] ...... EUR
4. Anwaltskosten[9] gemäß Rechnung vom .... EUR
5. Aufgelaufene Zinsen[10] gemäß beigefügter Aufstellung ...... EUR
   insgesamt ...... EUR

Abschriften der Lieferscheine und Rechnungen sind beigefügt[11]. Weiter füge ich Fotokopie des Urteils des LG ...... vom ...... AZ. ...... sowie den Originalwechsel[12] bei.
Nach Abhaltung des allgemeinen Prüfungstermins bitte ich um Übersendung einer Bestätigung[13], dass die angemeldete Forderung in voller Höhe anerkannt wurde.
Doppel dieses Schreibens nebst Anlagen füge ich bei[14].

Mit freundlichen kollegialen Grüßen

Rechtsanwalt

Anmerkungen

1. Der Insolvenzeröffnungsbeschluss (§ 27 InsO) wird neben der öffentlichen Bekanntmachung (§§ 30 Abs. 1, 9 Abs. 1 InsO) den bekannten Gläubigern und Drittschuldnern durch Aufgabe zur Post (§§ 8 Abs. 1 S. 1, 30 Abs. 2 InsO) zugestellt. In der Regel übertragen die Insolvenzgerichte die Zustellung dem Insolvenzverwalter (§ 8 Abs. 3 InsO).

Für die Forderungsanmeldung besteht kein Formularzwang (vgl. *Frege/Keller/Riedel* Rdn. 1552). Es hat sich bewährt, dass Formblätter zur Forderungsanmeldung in zweifacher Ausfertigung sowie ein Merkblatt für die Insolvenzgläubiger (vgl. *Frege/Keller/Riedel* Rdn. 1554) der Aufforderung zur Forderungsanmeldung (§ 28 Abs. 1 S. 1 InsO) beigefügt werden.

Die Anmeldung hat schriftlich (vgl. *Frege/Keller/Riedel* Rdn. 1551) in deutscher Sprache zu erfolgen. Nach Art. 39 EuInsVO kann jeder Gläubiger, der seinen gewöhnlichen Aufenthalt, Wohnsitz oder Sitz in einem anderen Mitgliedsstaat der europäischen Union – mit Ausnahme Dänemarks – hat, seine Forderung schriftlich in dem Insolvenzverfahren in einer der Amtssprachen der europäischen Union oder in der Amtssprache des Staates der Verfahrenseröffnung anmelden (Art. 42 Abs. 2 S. 1 EuInsVO). Die Forderungsanmeldung muss die Überschrift „Anmeldung einer Forderung“ in der Amtssprache des Eröffnungsstaates tragen (Art. 42 Abs. 2 S. 2 EuInsVO). Von dem anmeldenden Gläubiger kann jedoch eine Übersetzung der Anmeldung in die Amtssprache oder eine der Amtssprachen des Staates der Verfahrenseröffnung verlangt werden (Art. 42 Abs. 2 S. 3 EuInsVO).

Die nach den Vorschriften des § 174 InsO vorgenommene Anmeldung hemmt die Verjährung (§ 204 Abs. 1 Nr. 10 BGB). Wegen der verjährungshemmenden Wirkung muss der Insolvenzverwalter dafür Sorge tragen, dass die tägliche Eingangspost auf Anmeldungen zur Tabelle überprüft wird. Die Anmeldungen und Anlagen hierzu sind mit dem Tagesstempel zu versehen.

Die im Eröffnungsbeschluss bestimmte Anmeldefrist (§ 28 Abs. 1 S. 1 InsO) ist keine Ausschlussfrist. Wegen der Behandlung nachträglicher Anmeldungen s. § 177 InsO.

2. Insolvenzgläubiger, die an dem Insolvenzverfahren teilnehmen wollen, müssen ihre Forderungen bei dem Insolvenzverwalter (§ 174 Abs. 1 S. 1 InsO) anmelden. Unterlassen Insolvenzgläubiger aus welchen auch immer gearteten Gründen die Forderungsanmeldung, so sind sie weder am Insolvenzverfahren beteiligt noch können sie mangels Eintrages in die Insolvenztabelle einen vollstreckbaren Titel für die Zeit nach Beendigung des Insolvenzverfahrens gemäß § 201 Abs. 2 InsO erhalten.

Kein Insolvenzgläubiger, ob er am Insolvenzverfahren beteiligt ist oder nicht, kann zufolge § 89 InsO die Einzelzwangsvollstreckung während des Insolvenzverfahrens gegen die Insolvenzschuldnerin betreiben. Dies gilt wegen des Universalitätsprinzips auch für das Auslandsvermögen (BGHZ 88, 147).

Das Vollstreckungsverbot des § 89 Abs. 1 InsO betrifft sowohl die Insolvenzgläubiger iSv § 38 InsO als auch die nachrangigen Insolvenzgläubiger (§ 39 InsO). Die Folge hiervon ist, dass auch wegen Zinsen, die seit Eröffnung des Insolvenzverfahrens entstehen (§ 39 Abs. 1 Nr. 1 InsO), eine Vollstreckung nicht möglich ist. Neugläubiger fallen nicht unter den Begriff der Insolvenzgläubiger iSv § 38 InsO.

3. Dem Begriff „Insolvenzgläubiger“ entspricht der Begriff „Insolvenzforderung“. Neben den zur Zeit der Eröffnung des Insolvenzverfahrens begründeten Vermögensansprüchen gegen den Schuldner (§ 38 InsO) sind Insolvenzforderungen auch solche Ansprüche, die erst in Folge der Insolvenzeröffnung entstehen (vgl. § 103 Abs. 2 S. 1, § 104 Abs. 3 S. 2, § 105 S. 1, § 108 Abs. 2, § 109 Abs. 1 S. 2, § 113 Abs. 1 S. 3 InsO).

4. Vgl. Form. III. F. 11. Anm. 5.

5. Die Anmeldung hat gem. § 174 InsO zu enthalten:

a) Betrag der Forderung getrennt nach Hauptforderung, Kosten und Zinsen bis zur Insolvenzeröffnung. Mehrere selbständige Forderungen sind getrennt aufzuführen.
b) Genaue Bezeichnung des Schuldgrundes und zwar die der Forderung zugrunde liegenden Lebenssachverhalte, ohne rechtliche Würdigung. Bei Anmeldung der Ansprüche aus Kontokorrent ist das Kontokorrentverhältnis der Schuldgrund, so dass die Anmeldung des Saldos genügt.
c) Die Forderung ist beziffert anzugeben. Erforderlichenfalls ist die Forderung durch den Gläubiger in inländischer Währung umzurechnen (§ 45 S. 2 InsO).

6. Die Eintragung der angemeldeten Forderungen in die Insolvenztabelle erfolgt durch den Insolvenzverwalter (§ 175 S. 1 InsO). Die Tabellenführung kann mittels EDV erfolgen (§ 5 Abs. 3 InsO).

Gemäß § 175 S. 2 InsO sind die Anmeldungen und die beigefügten Urkunden im ersten Drittel zwischen dem Tag des Ablaufs der Anmeldefrist und dem Prüfungstermin in der Geschäftsstelle des Insolvenzgerichts zur Einsicht der Beteiligten niederzulegen. Beteiligte sind: Insolvenzschuldner, Insolvenzverwalter, Insolvenzgläubiger, Gläubigerausschussmitglieder sowie die Massegläubiger.

7. Der Forderungsgrund ist in der Anmeldung anzugeben. Gemeint ist die Anspruchsgrundlage (vgl. *Frege/Keller/Riedel* Rdn. 1559). Der Insolvenzverwalter oder ein Dritter müssen ohne weiteres die Anspruchsgrundlage der Forderung erkennen. Der Forderungsgrund ist in die Insolvenztabelle einzutragen (§§ 174 Abs. 2, 175 S. 1 InsO). Die Angabe des Forderungsgrundes ist ua. wegen der Feststellungswirkung (§ 178 InsO) erforderlich.

Die Anmeldungen sind durch den Insolvenzverwalter auf Zulässigkeit und Vollständigkeit zu prüfen. Unzulässige oder unvollständige Forderungsanmeldungen kann er zurückweisen (vgl. *Irschlinger* in HK-InsO, § 175 Rdn. 7). Der Insolvenzverwalter hat insbesondere Forderungsanmeldungen für nachrangige Forderungen (§ 39 InsO) zurückzuweisen, solange das Insolvenzgericht nicht zur Anmeldung aufgefordert hat (§ 174 Abs. 2 S. 1 InsO).

8. Macht der Insolvenzgläubiger eine Forderung aus vorsätzlich unerlaubt begangener Handlung geltend, hat er diese Forderung gesondert anzugeben (§ 174 Abs. 2 InsO). Die Angabe hat nur in Insolvenzverfahren über das Vermögen natürlicher Personen im Rahmen der Forderungsanmeldung Bedeutung, da im Rahmen der Restschuldbefreiung eines Schuldners Forderungen aus vorsätzlich unerlaubt begangener Handlung von der Restschuldbefreiung nicht erfasst werden (§ 302 Nr. 1 InsO).

9. Der Gläubiger hat neben dem Grund und dem Betrag die Tatsachen anzugeben, aus den sich nach seiner Einschätzung ergibt, dass der Forderung eine vorsätzlich begangene unerlaubte Handlung des Schuldners zugrunde liegt. Allein der Hinweis auf § 823 BGB oder § 266a StGB ist nicht ausreichend.

Die Feststellung der Forderung aus deliktischer Handlung zur Insolvenztabelle nach § 178 InsO erfasst auch den Rechtsgrund der Forderung. Ein Widerspruch des Schuldners steht der Feststellung nicht entgegen (§ 178 Abs. 1 S. 2 InsO).

10. Nicht anmeldefähig sind die Kosten, welche dem Gläubiger durch die Teilnahme an dem Insolvenzverfahren erwachsen, da es sich um nachrangige Forderungen handelt (§ 39 Abs. 1 Nr. 2 InsO). Dies gilt auch für die Anwaltsgebühren für den Antrag auf Eröffnung des Insolvenzverfahrens (vgl. *Eickmann* in HK-InsO, § 39 Rdn. 8).

Anmeldefähig sind die Kosten, sofern sie vor dem Insolvenzverfahren entstanden sind, zB. die Kosten bisheriger Vollstreckungsmaßnahmen oder Gebühren nach § 118 Abs. 1 Nr. 1 BRAGO.

11. Zinsen sind bis zum Tage der Insolvenzeröffnung (arg. § 39 Abs. 1 Nr. 1 InsO) anmeldefähig.

Die Tatsache, dass es sich bei den ab Insolvenzeröffnung entstehenden Zinsen um nachrangige Insolvenzforderungen iSv § 39 Abs. 1 Nr. 1 InsO handelt, bedeutet jedoch nicht, dass ab Insolvenzeröffnung grundsätzlich keine Zinsen mehr gefordert werden können. Sofern für die Hauptforderung ein Absonderungsrecht besteht, kann zu Lasten des abzusondernden Gegenstandes Befriedigung für die Zinsen gefordert werden (BGH ZIP 1997, 120). § 39 Abs. 1 Nr. 1 InsO gilt auch nicht für die Zinsen von Masseansprüchen (BSG ZIP 1988, 659).

Die Zinsen sind gesondert mit dem Prozentsatz und dem Zinsbeginn anzumelden. Einer betragsmäßigen Errechnung durch den Insolvenzgläubiger bedarf es nicht. Werden Verzugszinsen geltend gemacht, ist der Verzugseintritt (§ 286 BGB) sowie die Höhe der Verzugszinsen, sofern sie über dem gesetzlichen Zinssatz (§§ 288 BGB; 352 HGB) liegen, nachzuweisen (vgl. *Irschlinger* in HK-InsO, § 174 Rdn. 12).

12. Der Anmeldung sind die urkundlichen Nachweise, aus denen sich die Forderung ergibt, in Abschrift beizufügen (§ 174 Abs. 1 S. 2 InsO). Eine Verweisung auf die Unterlagen der Insolvenzschuldnerin ist unzulässig, da jeder Gläubiger das Recht zur Einsicht in die Anmeldeunterlagen besitzt und er nur aufgrund vollständiger Anmeldeunterlagen prüfen kann, ob er von seinem Widerspruchsrecht im Prüfungstermin (§ 176 S. 2 InsO) Gebrauch machen soll.

Beweisstücke sind beispielsweise Verträge, Rechnungen, Mahnungen, Schuldscheine, Lieferscheine, Quittungen, Abrechnungen über die Forderung, Mahnbescheide, Wechsel und Wechselproteste bei öffentlich-rechtlichen Forderungen entsprechende Bescheide (vgl. *Frege/Keller/Riedel* Rdn. 1562).

13. Aus § 178 Abs. 2 InsO folgt, dass Wechsel und sonstige Schuldurkunden, wie zB. Schuldtitel, im Original vorzulegen sind, da auf diesen Urkunden die Feststellung zu vermerken ist (vgl. *Frege/Keller/Riedel* Rdn. 1563). Die Weigerung, eine Urkunde im Original vorzulegen, steht einer Feststellung der Forderung nicht entgegen. Die mangelnde Vorlage kann jedoch zum Widerspruch des Insolvenzverwalters oder Insolvenzschuldners führen, da zB. nur durch den Feststellungsvermerk ein Schuldtitel seine Vollstreckungswirkung verliert und damit vermieden wird, dass über identische Forderungen zwei Vollstreckungstitel, der Auszug aus der Insolvenztabelle und der Ursprungstitel, vorhanden sind.

Der Originaltitel ist spätestens im Prüfungstermin vorzulegen (vgl. *Frege/Keller/Riedel* Rdn. 1563). Wird der Originaltitel nicht im Prüfungstermin vorgelegt, gilt die Forderung als nicht tituliert. Im Falle des Bestreitens durch den Insolvenzverwalter trifft die Feststellungslast nach § 179 Abs. 1 InsO den Gläubiger. Bei einer titulierten Forderung hat den Widerspruch der Widersprechende zu verfolgten (§ 179 Abs. 2 InsO).

Der Feststellungsvermerk in der Insolvenztabelle wirkt wie ein rechtskräftiges Urteil (§ 178 Abs. 3 InsO). Es muss vermieden werden, dass der anmeldende Gläubiger nach Aufhebung des Insolvenzverfahrens zwei Vollstreckungstitel, nämlich den Ursprungstitel und den Tabellenauszug, in der Hand hat.

14. Insolvenzgläubiger festgestellter Forderungen erhalten von dem Ergebnis des Prüfungstermins weder Nachricht noch einen Auszug aus der Insolvenztabelle (§ 179 Abs. 3 S. 3 InsO). Dies gilt auch dann, wenn der Insolvenzschuldner der Feststellung widersprochen hat.

Hat der Insolvenzverwalter oder ein Insolvenzgläubiger im Prüfungstermin die angemeldete Forderung ganz oder teilweise bestritten, ist ihm ein beglaubigter Auszug aus der Insolvenztabelle zu übersenden (§ 179 Abs. 3 S. 1 InsO). Der beglaubigte Auszug aus der Insolvenztabelle ist Prozessvoraussetzung für die Feststellungsklage nach § 180 InsO.

Hat der Insolvenzschuldner im Prüfungstermin oder im schriftlichen Verfahren eine Forderung ganz oder teilweise bestritten, so kann der Gläubiger Klage auf Feststellung gegen den Insolvenzschuldner erheben (§ 184 S. 1 InsO). Es handelt sich um eine echte Feststellungsklage iSv § 256 ZPO (vgl. MünchKommInsO/*Schumacher* § 184 Rdn. 3). Das Feststellungsinteresse ergibt sich daraus, dass die rechtskräftige, gerichtliche, Feststellung den Schuldnerwiderspruch beseitigt und damit die Vollstreckung in das Schuldnervermögen aus der Eintragung der Feststellung in die Tabelle nach Beendigung des Insolvenzverfahrens ermöglicht (§ 201 Abs. 2 InsO).

Soweit im Prüfungstermin der Insolvenzverwalter die angemeldete Forderung vorläufig bestreitet, ist dem Gläubiger ein Tabellenauszug zu erteilen (OLG Köln KTS 1979, 119). Auch bei vorläufigem Bestreiten ist für eine Feststellungsklage das Rechtsschutzbedürfnis gegeben (vgl. MünchKommInsO/*Schumacher* § 178 Rdn. 37). Der Gläubiger muss dem Bestreitenden zur endgültigen Erklärung, ob das Bestreiten als endgültig anzusehen ist, eine angemessene Frist geben. Erhebt er ohne eine solche Rückfrage und Fristsetzung Feststellungsklage oder nimmt er einen unterbrochenen Rechtsstreit auf, trägt der Gläubiger bei sofortigem Anerkenntnis des Insolvenzverwalters die Kosten des Rechtsstreits (OLG Düsseldorf ZIP 1982, 201; OLG Karlsruhe ZIP 1989, 791, 792). Hat der Gläubiger der Anmeldung die erforderlichen Unterlagen nicht beigefügt und holt er dies bis zur Klagerhebung nicht nach, hat der Verwalter die Erhebung der Feststellungsklage gemäß 93 ZPO nicht veranlasst, so dass der Gläubiger die Prozesskosten zu tragen hat (OLG Dresden ZIP 1997, 327; OLG Celle ZIP 1994, 1197).

Nimmt der Insolvenzverwalter sofort nach der Klageerhebung den vorläufigen Widerspruch zurück und erklären die Parteien daraufhin, den Rechtsstreit für erledigt trägt der Gläubiger die Kosten des Rechtsstreits (vgl. MünchKommInsO/*Schumacher* § 178 Rdn. 37). Der Rechtsgedanke des § 93 ZPO ist im Rahmen der Kostenentscheidung nach § 91a ZPO zu berücksichtigen (OLG Karlsruhe ZIP 1989, 791; OLG Düsseldorf ZIP 1994, 638).

15. Das Beifügen einer Abschrift der Anmeldung und der Anlagen zur Anmeldung ist nicht zwingend, obgleich die Anmeldungen mit den beigefügten Urkunden beim Insolvenzgericht einzureichen sind (§ 175 S. 2 InsO).

16. Anmeldung[1] einer Ausfallforderung[2] durch einen ab-[3] und aussonderungsberechtigten[4] Gläubiger

Herrn (Ort, Datum)
Rechtsanwalt[5] ......
in

Betr.: Insolvenzverfahren über das Vermögen der Firma ......

Hier: Firma A GmbH

Sehr geehrter Herr Kollege,

in dem vorbezeichneten Insolvenzverfahren zeige ich an, dass die Firma A GmbH als aus- und absonderungsberechtigte Gläubigerin[6] durch mich anwaltlich vertreten wird. Eine auf mich lautende Vollmacht füge ich als Anlage[7] bei.
Namens und Auftrags der Firma A GmbH melde ich die nachfolgend bezeichnete Forderung[8] zur Insolvenztabelle[9] für den Ausfall[10] an:
Forderung aus Kontokorrent[11] EUR ......
Zum Nachweis der Forderung füge ich Fotokopie des Kontokorrentkontos[12] bei.
Die Schuldnerin hat der A GmbH folgende Sicherheiten[13] bestellt:

1. Grundschuld[14] über EUR ...... nebst ...... % Zinsen p.a. ab (Datum der Eintragung im Grundbuch) gem. Grundschuldbestellungsurkunde vom ......[15], Grundschuldbrief (genaue Bezeichnung) vom ...... und Eintragungsnachricht ...... des Grundbuchamtes in ......
2. Abtretung der Forderungen gem. Erklärung vom ......[16]
3. Übereignung[17] folgender Fahrzeuge gem. Vertrag vom ......
   a) Personenkraftwagen (genaue Bezeichnung)
   b) Lastkraftwagen (genaue Bezeichnung)

Zum Nachweis der Bestellung dieser Sicherheiten füge ich Fotokopie der genannten Urkunden[18] bei. Auch weise ich darauf hin, dass die Gläubigerin im Besitz der Kraftfahrzeugbriefe für die übereigneten Fahrzeuge ist.
Die Firma A GmbH verlangt aus dem Sicherungsgut abgesonderte Befriedigung[19] ihrer Kontokorrentforderung sowie der Kosten und auflaufenden Zinsen bis zum Zeitpunkt der Verwertung[20].
Da die Lieferungen der Gläubigerin unter Eigentumsvorbehalt erfolgten, wurden auch die Aussonderungsrechte bereits durch Schreiben vom ...... gegenüber dem Insolvenzverwalter geltend gemacht[21].
Die Firma A GmbH besitzt weiterhin für einen Teilbetrag in Höhe von EUR ...... eine selbstschuldnerische unbefristete Bürgschaft[22] des Gesellschafters C.
Trotz dieser Aus- und Absonderungsrechte sowie der teilweisen gesamtschuldnerischen Haftung des Bürgen ist nicht mit einer vollen Befriedigung der Forderung der Firma A GmbH, sondern mit einem erheblichen Ausfall[23] zu rechnen. Die vom Insolvenzverwal-

ter mit Schreiben vom ...... erbetene Auskunft über die den Umfang, den Verbleib und die Werthaltigkeit des Sicherungsgutes liegt noch nicht vor[24].
Doppel dieses Schreibens nebst Anlagen füge ich bei[25].

Rechtsanwalt

Anmerkungen

1. Vgl. Form. III. F. 15 Anm. 1.

2. Die Ausfallforderung findet ihre gesetzliche Grundlage in § 52 InsO (früher: § 64 KO). § 52 InsO regelt den Fall, dass der Insolvenzschuldner auch persönlicher Gläubiger eines Absonderungsberechtigten ist (vgl. MünchKommInsO/*Ganter* § 52 Rdn. 2). In der Person des Insolvenzschuldners müssen sich die dingliche Haftung und die persönliche Schuld vereinigen. Verzichtet der Gläubiger nicht auf das Absonderungsrecht, so kann er insolvenzmäßige Befriedigung wegen seiner persönlichen Forderung nur hinsichtlich des tatsächlichen Ausfalls verlangen. § 52 InsO verankert diesen Ausfallgrundsatz. Die Regelung ist zwingend.

3. Nach § 49 InsO berechtigen die Gegenstände, die der Zwangsvollstreckung in das unbewegliche Vermögen unterliegen, zur abgesonderten Befriedigung für diejenigen, die ein Recht auf Befriedigung aus dem Gegenstand haben. Gegenstände der abgesonderten Befriedigung aus dem unbeweglichen Vermögen sind: Grundstücke, grundstücksgleiche Rechte (Erbbaurecht, Bergwerkseigentum), eingetragene Schiffe, Schiffsbauwerke, Hochseekabel und Luftfahrzeuge.

Die Immobiliarabsonderung gewähren Hypotheken, Grund- und Rentenschulden.

Die Hypothek erstreckt sich gem. § 1120 BGB auf das eigene Zubehör des Grundstückseigentümers. Veräußert der Schuldner vor Insolvenzeröffnung Gegenstände, welche gem. §§ 1121 ff. BGB mithaften, so fallen diese Gegenstände nicht in die Insolvenzmasse. Der Erwerber hat ein Aussonderungsrecht.

Veräußert der Insolvenzverwalter vor Beschlagnahme, also Anordnung der Zwangsversteigerung, die Zubehörstücke, ist der Erlös analog § 48 InsO im Rahmen der Ersatzaussonderung herauszugeben. Andererseits darf der Insolvenzverwalter im Rahmen ordnungsmäßiger Wirtschaft Zubehörstücke veräußern (BGHZ 60, 267, 270).

Absonderungsberechtigt sind nach § 50 InsO auch Gläubiger, die an einem Massegegenstand ein durch Rechtsgeschäft bestelltes Pfandrecht haben.

Ein Pfändungspfandrecht iSv § 50 Abs. 1 S. 1 InsO kann an bewegliche Sachen, Forderungen und Rechten entstehen. Das Pfändungspfandrecht entsteht mit wirksamer Pfändung (BGH NJW 1998, 2969, 2970). Das Pfändungspfandrecht berechtigt nur dann zur Absonderung, wenn es vor Insolvenzeröffnung und vor Anordnung von Maßnahmen nach § 21 Abs. 2 Nr. 2 u. 3 InsO entstanden ist. Ist das Pfändungspfandrecht im letzten Monat vor Eröffnung dieses Insolvenzverfahrens entstanden, wird es gem. § 88 InsO mit der Eröffnung des Insolvenzverfahrens unwirksam. Maßgeblich ist der Zeitpunkt der Erlangung der Sicherung und nicht der Vollstreckungshandlung (vgl. MünchKommInsO/*Breuer* § 88 Rdn. 21).

Das gesetzliche Pfandrechts des Vermieters oder Verpächters gewährt ebenfalls ein Absonderungsrecht (§ 50 Abs. 2 S. 1 InsO). Voraussetzung des Pfandrechtes ist, dass die Sachen vom Schuldner eingebracht wurden. Das Absonderungsrecht sichert Miet- oder Pachtzinsen sowie andere Forderungen (vgl. MünchKommInsO/*Ganter* § 50 Rdn. 92) aus dem Miet- oder Pachtverhältnis für die Dauer von zwölf Monaten vor der Insolvenzeröffnung.

Weitere rechtsgeschäftliche Pfandrechte bestehen für den Gastwirt (§ 704 BGB), den Werkunternehmer (§ 647 BGB), den Kommissionär, den Spediteur bzgl. der mit dem konkreten Speditionsgeschäft zusammenhängenden Forderungen, den Lagerhalter, Frachtführer und den Haftpflichtgläubiger (§ 157 VVG). Der geschädigte Dritte hat kein gesetzliches Absonderungsrecht, sondern ein gesetzliches Pfandrecht (BGH NJW 1996, 2035, 2036).

Ferner berechtigen zur Absonderung:

- Sicherungsübereignung und Sicherungsabtretung (§ 51 Nr. 1 InsO);
- Zurückbehaltungsrecht aufgrund nützlicher Verwendungen (§ 51 Nr. 2 InsO);
- das kaufmännische Zurückbehaltungsrecht (§§ 369–372 HGB § 51 Nr. 3 InsO), jedoch nicht das Zurückbehaltungsrecht nach § 273 BGB (BGH ZIP 2002, 858, 861);
- Sicherheiten für Zölle und Steuern (§ 51 Nr. 4 InsO) (Einzelheiten: vgl. MünchKomm-InsO/*Ganter* § 51 Rdn. 246–250).

Die Verwertung des Absonderungsguts erfolgt gem. §§ 165 ff. InsO. Bei unbeweglichen Gegenständen kann der Insolvenzverwalter die Zwangsversteigerung und/oder Zwangsverwaltung betreiben (§ 165 InsO). Zuständig ist das Vollstreckungsgericht (§ 1 Abs. 1, 2 ZVG). Für die so genannte Verwalterversteigerung gilt das ZVG (§§ 172 ff. ZVG). So weit bewegliche Gegenstände der Zubehörhaftung unterliegen, erhält die Insolvenzmasse pauschal 4% für die Kosten der Feststellung. Die Kostenpauschale gewährt ein Recht auf Befriedigung aus dem Grundstück (§ 10 Abs. 1 Nr. 1a ZVG). Das Recht ist durch den Insolvenzverwalter anzumelden der Insolvenzverwalter kann aus dem Recht des § 10 Abs. 1 Nr. 1a ZVG die Zwangsversteigerung bitte erheben und beantragen, dass bei der Feststellung des geringsten Gebots nur die diesem Recht vorgehenden Rechte berücksichtigt werden (§ 174a ZVG).

Bewegliche Gegenstände, welche der Insolvenzverwalter aufgrund seiner Verpflichtung zur Inbesitznahme der Insolvenzmasse (§ 148 Abs. 1 InsO) in seinem Besitz hat, kann er trotz des Absonderungsrechts verwerten. Die Insolvenzmasse erhält die Pauschalen nach § 171 Abs. 1 u. 2 InsO sowie die Umsatzsteuer (§ 171 Abs. 2 S. 2 InsO). Der Insolvenzverwalter hat auf Verlangen den Gläubiger vom Zustand der Sache oder Forderung (§ 167 InsO) und ihn von der Veräußerungsabsicht zu unterrichten (§ 168 InsO). Verzichtet der Insolvenzverwalter auf seinen Verwertungsrecht hat der absonderungsberechtigte Gläubiger die pauschalen Feststellungskosten sowie die Umsatzsteuer der Insolvenzmasse zu erstatten (§ 170 Abs. 2 InsO). Dem absonderungsberechtigten Gläubiger sind ab dem Berichtstermin die vom Schuldner geschuldeten Zinsen zu Lasten der Insolvenzmasse zu erstatten (§ 169 InsO). Maßgeblich ist die vereinbarte Zinshöhe (vgl. *Landfermann* in HK-InsO, § 169 Rdn. 10).

4. Vgl. unten Anm. 21.

Während das Absonderungsrecht auf vorzugsweise Befriedigung einer Forderung aus einem zur Insolvenzmasse gehörenden Gegenstand geht, wird mit der Geltendmachung des Aussonderungsrechts gem. § 47 InsO ein Ausscheiden eines Gegenstandes aus der Insolvenzmasse verlangt, weil er iSv § 35 InsO dem Schuldner nicht gehört (vgl. MünchKommInsO/*Ganter* § 47 Rdn. 3). § 47 InsO entspricht im Grundsatz der früheren Rechtslage (§ 43 KO). Die Aussonderung bedeutet die haftungsrechtliche Trennung von der Insolvenzmasse, während die Absonderung die Zuerkennung eines Vorzugsrechts trotz der haftungsrechtlichen Zuordnung zur Insolvenzmasse bedeutet (vgl. MünchKommInsO/*Ganter* § 47 Rdn. 12).

Gegenstand des Aussonderungsrechts können unbewegliche und unbewegliche Sachen, dingliche und persönliche Rechte, Forderungen sowie der Besitz sein.

Die Verlängerungs- und Erweiterungsformen des Eigentumsvorbehalts berechtigen zur Absonderung (vgl. *Eickmann* in HK-InsO, § 51 Rdn. 3).

5. Vgl. Form. III. F. 15 Anm. 2.

6. Vgl. oben Anm. 3.

7. Vgl. Form. III. F. 11 Anm. 4. Die Vollmacht ist nur auf Rüge des Insolvenzverwalters oder eines Insolvenzgläubigers zu prüfen (vgl. MünchKommInsO/*Nowak* § 174 Rdn. 5).

8. Vgl. Form. III. F. 15 Anm. 5.

9. Vgl. Form. III. F. 15 Anm. 6.

10. Vgl. oben Anm. 2.

Führt die Aus- und/oder Absonderung nicht zur vollen Befriedigung der Ansprüche des Gläubigers, verbleibt eine Restforderung, die in der Praxis für den Ausfall zur Insolvenztabelle angemeldet wird. Die Prüfung der Insolvenzforderung erfolgt in voller Höhe. Beim Nichtbestreiten durch den Insolvenzverwalter oder Insolvenzgläubiger wird die Forderung als „Insolvenzforderung für den Ausfall" festgestellt (vgl. *Kübler/Prütting/Holzer*, InsO, § 190 Rdn. 10). In einem Insolvenzplanverfahren sind Aussonderungsberechtigte nicht beteiligt und werden deshalb in § 217 InsO nicht genannt (vgl. MünchKommInsO/*Ganter* § 47 Rdn. 494).

Bei Abschlagsverteilungen sind die Forderungen absonderungsberechtigter Gläubiger dann aufzunehmen, wenn der Gläubiger dem Verwalter nachweist, dass er die Verwertung des dem Absonderungsrecht unterliegenden Gegenstands betreibt und die Höhe des mutmaßlichen Ausfalls nachweist (vgl. *Frege/Keller/Riedel* Rdn. 1656). Die Behandlung der Forderungen absonderungsberechtigter Gläubiger bei der Schluss- und Nachtragsverteilung ergibt sich aus § 190 Abs. 1 InsO.

Die für die absonderungsberechtigten Gläubiger bestimmten Beträge werden mit der Schlussverteilung frei und müssen nicht zurückgehalten oder hinterlegt werden (vgl. *Kübler/Prütting/Holzer*, InsO, § 203, Rdn. 11).

11. Vgl. Form. III. F. 15. Anm. 7.

12. Vgl. Form. F. 15. Anm. 11.

13. Nach § 50 InsO können auch an beweglichen Gegenständen (§§ 1204 ff. BGB) und Forderungen (§ 1279 BGB) Absonderungsrechte durch rechtsgeschäftlich bestellte Pfandrechte begründet werden. Die Verwertung erfolgt nach Maßgabe von §§ 166–173 InsO. Bei Sachbesitz des Insolvenzverwalters und bei Forderungen erfolgt die Verwertung durch den Insolvenzverwalter unter Berechnung des Unkostenbeitrags und der Umsatzsteuer (§ 171 InsO). In anderen Fällen durch den Absonderungsberechtigten nach den allgemeinen Regeln.

In dem Insolvenzverfahren des Sicherungsgebers hat der Sicherungseigentümer kein Aus-, sondern ein Absonderungsrecht (§ 51 Nr. 1 InsO). Das Verwertungsrecht steht dem Insolvenzverwalter zu, sofern er den sicherungsübereigneten Gegenstand in Besitz hat (§ 166 Abs. 1 InsO).

Unabhängig davon, ob der Insolvenzverwalter den sicherungsübereigneten Gegenstand nutzt, sind dem Gläubiger am Tag nach dem Berichtstermin (§ 187 Abs. 1 BGB) die geschuldeten Zinsen zu zahlen (§ 169 S. 1 InsO). Die Zinszahlungsverpflichtung ist Verschuldens unabhängig. Die Höhe der Zinszahlungen bemisst sich nach der vertraglichen Abrede (vgl. *Landfermann* in HK-InsO, § 169 Rdn. 10) oder nach Gesetz (vgl. MünchKommInsO/*Lwowski* § 169 Rdn. 44). Keine Zinszahlungsverpflichtung besteht für die Zeit vor dem Berichtstermin (vgl. *Kübler/Prütting/Kemper*, InsO, § 169 Rdn. 11; aA MünchKommInsO/*Lwowski* § 169 Rdn. 43).

14. Die Grundschuld gewährt nach § 49 InsO ein Recht auf Befriedigung aus dem belasteten Grundstück. Der berechtigte Gläubiger kann aufgrund dieses Rechts außerhalb des Insolvenzverfahrens die Absonderung im Wege der Zwangsversteigerung und/oder Zwangsverwaltung betreiben (vgl. MünchKommInsO/*Ganter* § 49 Rdn. 84). Der dingliche Titel berechtigt auch zur Beschlagnahme der Mietzinsforderungen (LG Traunstein NZI 2000, 438) im Wege der Forderungspfändung (§§ 829, 835 ZPO).

Das Vollstreckungsverfahren ist gegen den Insolvenzverwalter zu richten (§ 80 Abs. 1 InsO). Der Gläubiger benötigt einen Vollstreckungstitel gegen den Insolvenzverwalter (vgl. MünchKommInsO/*Ganter* § 49 Rdn. 89). Dem Insolvenzverwalter müssen der Vollstreckungstitel (§ 750 Abs. 1 ZPO), die umgeschriebene Vollstreckungsklausel und eine Abschrift dieser Urkunde (§ 750 Abs. 2 ZPO) zugestellt werden.

Da das Recht auf abgesonderte Befriedigung nicht auf der persönlichen Forderung, sondern auf dem dinglichen Recht beruht und nach § 89 InsO die unbeschränkte Zwangsvollstreckung in das schuldnerische Vermögen unzulässig ist, kann sich eine Klage zur Erwirkung eines Titels nur auf Duldung der Zwangsvollstreckung in den Pfandgegenstand richten. Sofern der Gläubiger bereits zur Zeit der Insolvenzeröffnung einen Vollstreckungstitel zB. eine Grundschuldbestellungsurkunde besitzt, ist bei der Titelumschreibung darauf zu achten, dass die Umschreibung nur in dinglicher Hinsicht erfolgt. So weit persönliche Ansprüche verfolgt werden, ist der Insolvenzverwalter nicht Rechtsnachfolger der Schuldnerin (vgl. *Zöller/Stöber*, ZPO, § 727 ZPO, Rdn. 18). Wird der Titel auch in persönlicher Hinsicht umgeschrieben, steht dem Insolvenzverwalter die Erinnerung zu (§ 732 ZPO). Zuständig ist Amtsgericht als Zivilgericht (vgl. *Zöller*, ZPO, § 797 ZPO Rdn. 9).

Eine freihändige Veräußerung des Grundstücks durch den Insolvenzverwalter gilt als Realisierung der Absonderungsrechte (BGH ZIP 1987, 764). Die Befriedigungsregeln nach §§ 10–13 ZVG und die zeitliche Begrenzung von Zinsrückständen (§ 10 Abs. 1 Nr. 4 iVm § 13 ZVG) sind zu beachten (vgl. *Eickmann* in HK-InsO, § 49 Rdn. 12).

15. Die Angabe, wann die Sicherheit bestellt wurde, ist im Hinblick auf die Anfechtungsvorschriften (§§ 129 ff. InsO) erforderlich. Bei dinglichen Rechtsgeschäften wird der Vornamenzeitpunkt auf den Eingang des Eintragungsantrags vorverlegt, wenn das Rechtsgeschäft wirksam und für den Schuldner unwiderruflich geworden es (§ 140 Abs. 2 InsO).

16. Vgl. Anm. 11.

17. Vgl. Anm. 13

18. Vgl. Form. III. F. 15. Anm. 11.

19. Zur Verwertung des dem Absonderungsrecht unterliegenden Gegenstands oder/ und Rechts ist der Insolvenzverwalter befugt (§ 166 Abs. 1 u. 2 S. 1 InsO). Eine Frist, innerhalb derer der Insolvenzverwalter die Verwertung vornehmen muss, besteht nicht. Lediglich durch die Zinszahlungsverpflichtung ab dem Berichtstermin (§ 169 InsO) wird ein gewisser Druck ausgeübt (vgl. MünchKommInsO/*Lwowski* § 166 Rdn. 176). Soweit der absonderungsberechtigte Gläubiger zur Verwertung berechtigt ist, wenn die Voraussetzungen nach § 166 Abs. 1 u. 2 S. 1 InsO nicht vorliegen, kann der Verwalter durch das Insolvenzgericht dem Gläubiger eine Verwertungsfrist setzen lassen (§ 173 Abs. 2 S. 1 InsO).

Die Verwertung der Insolvenzmasse, zu der auch die mit Absonderungsrechten belasteten Gegenstände zählen (vgl. MünchKommInsO/*Görg* § 159 Rdn. 4), kann grundsätzlich erst nach dem Berichtstermin erfolgen (§ 159 InsO). Nur in Ausnahmefällen der Eilbedürftigkeit kann der Insolvenzverwalter bereits vor dem Berichtstermin die Verwertung durchführen (vgl. MünchKommInsO/*Lwowski* § 169 Rdn. 16).

20. Die Verrechnung des Erlöses auf Kosten, Zinsen und Hauptsache geschieht nach § 367 BGB bzw. § 11 Abs. 3 VerbrKrG (vgl. *Eickmann* in HK-InsO, § 50 Rdn. 8).

21. Vgl. oben Anm. 4.

Eigentumsvorbehaltsrechte gewähren im Insolvenzverfahren kein Ab-, sondern ein Aussonderungsrecht (§ 47 InsO). Das Aussonderungsrecht ist außerhalb des Insolvenzverfahrens nach allgemeinen Regeln zB. Herausgabeanspruch (vgl. *Eickmann* in HK-InsO, § 47 Rdn. 1) gegenüber dem Insolvenzverwalter geltend zumachen. Der Insolvenzverwalter des Käufers hat die Anfrage des Verkäufers, ob der Vertrag erfüllt wird

(§ 103 Abs. 2 S. 2 InsO), erst nach dem Berichtstermin zu beantworten (§ 107 Abs. 2 S. 1 InsO). Durch den Insolvenzverwalter kann der Aussonderungsanspruch beseitigt werden, in dem er gem. § 103 Abs. 1 InsO vom Verkäufer Erfüllung verlangt und den Kaufpreis entrichtet (vgl. MünchKommInsO/*Ganter* § 47 Rdn. 63). Der beidseitig nicht oder nicht vollständig erfüllte Vertrag erlischt nicht mit Insolvenzeröffnung(BGH ZIP 2002, 1093 unter Aufgabe BGHZ 129, 336, 338; 135, 25, 26). Die ausstehenden Erfüllungsansprüche, mit Ausnahme von Ansprüchen auf die Gegenleistung bereits erbrachter Leistungen, können nicht durchgesetzt werden (vgl. MünchKommInsO/*Kreft* § 103 Rdn. 13). Mit der Erfüllungswahl des Insolvenzverwalters erhalten bei teilbaren Leistungen die beiderseitigen Ansprüche für die Zeit nach Insolvenzeröffnung die Rechtsqualität von originären Masseverbindlichkeiten und -forderungen (vgl. MünchKommInsO/*Kreft* § 103 Rdn. 39ff.).

Die gerichtliche Geltendmachung des Aussonderungsrechts erfolgt außerhalb des Insolvenzverfahrens im normalen Streitverfahren vor dem Prozessgericht. Die Aussonderung kann im Wege des Angriffs durch Klage oder einredeweise geltendgemacht werden (vgl. MünchKommInsO/Ganter § 47 Rdn. 473).

22. Bei einem Gesamtschuldverhältnis, wie zB. bei der Bürgschaft, kann der Gläubiger nach § 43 InsO seine zum Zeitpunkt der Insolvenzeröffnung bestehende Forderung sowohl in voller Höhe im Insolvenzverfahren als auch gegenüber dem Gesamtschuldner bis zu einer vollen Befriedigung geltend machen. § 43 InsO findet auch Anwendung, wenn der Schuldner für die ganze Forderung, der Bürge aber nur für einen Teilbetrag haftet. Dann beschränkt sich die Anwendbarkeit des §§ 43 InsO auf den Forderungsteil, für den Gesamthaft besteht (BGH NJW 1960, 1295). Zahlt der Mithaftende den vollen Betrag seiner Haftung, kommt § 43 InsO nicht mehr zum Zuge (BGH KTS 1997, 256). Er kann also den auf ihn übergegangenen Teilbetrag zur Insolvenztabelle anmelden.

Zahlt der Mithaftende nach Eröffnung einen Teilbetrag, so wirkt § 43 InsO zu Gunsten des Gläubigers, der mit seinem vollen zur Insolvenztabelle angemeldeten Betrag Verfahrensbeteiligter bleibt. Der Mithaftende kann den auf ihn übergegangenen Teilbetrag nicht zur Insolvenztabelle anmelden (BGHZ 27, 51; 55, 117). Der Mithaftende kann die Forderung auch nicht als aufschiebend bedingte Forderung (§ 42 InsO) anmelden Diese Anmeldung ist erst nach Forderungsverzicht des Gläubigers möglich (§ 44 InsO).

23. Vgl. oben Anm. 2.

24. Der aus- und absonderungsberechtigte Gläubiger hat gegen den Insolvenzverwalter einen Auskunftsanspruch, der aus § 242 BGB herzuleiten ist (vgl. MünchKommInsO/*Ganter* § 47 Rdn. 461). Der Anspruch richtet sich auch dann gegen den Insolvenzverwalter, wenn es sich um Vorgänge vor der Verfahrenseröffnung handelt (BGHZ 49, 11, 16). Fehlende Informationen kann sich der Insolvenzverwalter vom Schuldner beschaffen (vgl. §§ 97, 98 InsO). Die Auskunft muss insbesondere Angaben über das Vorhandensein von unter Eigentumsvorbehalt gelieferten Waren enthalten (BGH NJW 2000, 3777, 3779). Der Umfang der Auskunftspflicht bemisst sich nach der Zumutbarkeit für den Insolvenzverwalter einerseits und dem schutzwürdigen Sicherungsinteresse des Gläubigers andererseits (OLG Karlsruhe ZIP 1990, 1187). Der Insolvenzverwalter kann den Aussonderungsberechtigten an Stelle der Auskunftserteilung ausnahmsweise auf eine Einsichtnahme in die Geschäftsunterlagen verweisen (LG Baden-Baden ZIP 1989, 1003, 1004), sofern für den Insolvenzverwalter die geforderte Auskunft mit vertretbarem Zeit- und Arbeitsaufwand nicht möglich ist (vgl. MünchKommInsO/*Ganter* § 47 Rdn. 462). Verweist der Insolvenzverwalter zurecht den Gläubiger auf die Einsichtnahme, fehlt einer Klage auf Auskunftserteilung das Rechtsschutzbedürfnis (BGHZ 49, 11, 16; 70, 86, 91).

25. Vgl. Form. III. F. 15. Anm. 14.

17. Schadensersatzklage gegen den Insolvenzverwalter

An das
Landgericht[1] Ort, Datum)

Klage

der Firma A

– Klägerin –

Prozessbevollmächtigter:[2]

gegen

Herrn B – Beklagten –

wegen Forderung[3]
Streitwert: EUR ......[4]

Namens und in Vollmacht der Klägerin erhebe ich Klage und werde beantragen zu erkennen:

1. Der Beklagte wird verurteilt an die Klägerin EUR ...... nebst 5% Zins über dem Basiszinssatz seit ...... zu zahlen.
2. Der Beklagte trägt die Kosten des Rechtsstreits.

Begründung:

Der Beklagte[5] wurde durch Beschluss des Amtsgerichts ...... vom ...... – Az.: ...... – zum Insolvenzverwalter über das Vermögen der Firma C bestellt. Mit Schreiben vom ...... machte die Klägerin gegenüber dem Beklagten an den von ihr an die Firma C unter Eigentumsvorbehalt gelieferten Stoffe Aussonderungsrechte[6] geltend und forderte den Beklagten unter Fristsetzung bis zum ...... zur Herausgabe[7] auf.

Beweis: Vorlage des Schreibens der Klägerin an den Beklagten vom ......

Nach Mahnung hatte der Beklagte das Aussonderungsrecht der Klägerin anerkannt. Er teilte jedoch mit, dass die von der Klägerin gelieferten Stoffe nach Eingang des Schreibens vom ...... zum Preise von EUR ...... verkauft worden seien. Den Anspruch aus ungerechtfertigter Bereicherung[8] der Klägerin könne er jedoch nicht erfüllen, da er mit Schriftsatz vom ...... gegenüber dem Amtsgericht ...... die Masseunzulänglichkeit angezeigt[9] habe. Ob und in welcher Höhe auf die Zahlungsansprüche der Klägerin eine Masseschuldquote entfalle, sei ungewiss.

Beweis: Vorlage des Schreibens des Beklagten an die Klägerin vom ......

Da der Beklagte die Aussonderungsgegenstände nicht von der Verwertung der Insolvenzmasse[10] ausnahm, obgleich ihm das Eigentumsrecht der Klägerin nachgewiesen war, handelte er schuldhaft[11] und haftet auf Schadensersatz[12].

Rechtsanwalt

Anmerkungen

1. Vgl. zunächst Form. I. D. 1.

Da hier der Insolvenzverwalter persönlich in Anspruch genommen wird, richtet sich die Zuständigkeit nach seinem allgemeinen Gerichtsstand gem. §§ 12ff. ZPO. § 19a ZPO kommt nicht zur Anwendung, da dieser besondere Gerichtsstand nur für Klagen gegen die Insolvenzmasse die örtliche Zuständigkeit regelt.

Die Verletzung des Eigentums eines Aussonderungsberechtigten stellt eine unerlaubte Handlung iSv § 823 Abs. 1 BGB dar (BGH NJW 1996, 2233), so dass der Anspruch aus § 60 InsO auch im Gerichtsstand der unerlaubten Handlung (§ 32 ZPO) geltend gemacht werden kann (OLG Celle WM 1988, 131, 133).

2. Vgl. I. D. 1. Anm. 5.

3. Vgl. I. D. 1. Anm. 6.

4. Vgl. I. D. 1. Anm. 7.

5. Die persönliche Verantwortlichkeit des Insolvenzverwalters gegenüber einem Beteiligten steht einer gleichzeitigen Haftung der Masse nicht entgegen (vgl. MünchKomm-InsO/*Brandes* §§ 60, 61 Rdn. 112). Es besteht ein Gesamtschuldverhältnis (BGHZ 21, 285, 287; BGH NJW 1975, 1969). Der Gesamtschuldnerausgleich (§ 426 BGB) vollzieht sich primär nach § 254 BGB und sekundär nach Kopfteilen (vgl. MünchKommInsO/*Brandes* §§ 60, 61 Rdn. 113).

Trifft ein Schaden infolge Masseverkürzung oder -schmälerung die Gesamtheit der Insolvenzgläubiger, kann dieser Anspruch nur durch einen neu bestellten Insolvenzverwalter geltend gemacht werden (§ 92 S. 2 InsO). Der Anspruch auf Ersatz eines Gesamtschadens gehört zur Insolvenzmasse.

Die Verantwortlichkeit des Insolvenzverwalters besteht gegenüber allen Beteiligten (§ 60 Abs. 1 S. 1 InsO), dem Schuldner, den Insolvenzgläubigern, Massegläubigern sowie den Aus- und Absonderungsberechtigten (vgl. MünchKommInsO/*Brandes* §§ 60, 61 Rdn. 68). Der Beteiligtenbegriff ist weit auszulegen, wobei eine Verfahrensbeteiligung nicht erforderlich ist. Beteiligt sind alle, denen gegenüber der Verwalter als solcher kraft Gesetzes oder Vertrages Pflichten zu erfüllen hat. Nur die Verletzung insolvenzverwalterspezifischer Pflichten wird durch §§ 60, 61 InsO sanktioniert (vgl. MünchKomm-InsO/*Brandes* §§ 60, 61 Rdn. 10; BGHZ 100, 346, 350). Der Insolvenzverwalter kann jedoch auch nach allgemeinen Grundsätzen, z.B. § 823 Abs. 1 BGB, §§ 241 Abs. 2 iVm § 311 Abs. 2 BGB, §§ 34, 69 AO, 321 SGB III (vgl. wegen Einzelheiten: MünchKomm-InsO/*Brandes* §§ 60, 61 Rdn. 72–88) haften.

Zu den Schadensersatzansprüchen, die zu einer Doppelhaftung des Insolvenzverwalters und der Insolvenzmasse führen können, zählen zB. Ansprüche aus der Verletzung von Urheber- oder Patentrechten oder Verstöße gegen die allgemeine Verkehrssicherungspflicht für erbaute oder unbebaute zu Masse gehörende Grundstücke (vgl. *Frege/Keller/Riedel* Rdn. 952).

Es wäre möglich, den Beklagten auch in seiner Eigenschaft als Insolvenzverwalter als Gesamtschuldner mit zu verklagen (BGH ZIP 1991, 42, 43), da die Voraussetzungen einer subjektiven Klagehäufung vorliegen (zu den Voraussetzungen: vgl. *Baumbach/Lauterbach/Hartmann* ZPO § 59 Anm. 3). Die subjektive Klagehäufung empfiehlt sich jedoch nicht, da aus der Selbständigkeit der durch eine Streitgenossenschaft verbundenen Prozesse folgt, dass ua. die örtliche Zuständigkeit des angerufenen Gerichts für jeden Streitgenossen begründet sein muss (vgl. *Baumbach/Lauterbach/Hartmann* ZPO § 59 Anm. 7). Da oftmals keine Identität des allgemeinen Gerichtsstands des Insolvenzverwalters und der Schuldnerin vorliegt, muss Teilverweisung mit Abtrennung erfolgen (§§ 145, 281 ZPO).

6. Vgl. zunächst Form. III. F. 16. Anm. 4 u. 21.

Der Aussonderungsgläubiger ist Beteiligter iSv §§ 60, 61 InsO (BGHZ 103, 310, 315). Der Insolvenzverwalter hat unmittelbar nach seiner Bestellung die Insolvenzmasse in Besitz zu nehmen (§ 148 Abs. 1 InsO). Er hat zu prüfen, was zur Insolvenzmasse gehört oder nicht. Er hat nur solche Rechte zu berücksichtigen, für die zumindest konkrete Anhaltspunkte für Fremdeigentum bestehen (vgl. MünchKommInsO/*Ganter* § 47 Rdn. 446). Wird die Aussonderung geltend gemacht, so ist diese durch den Insolvenzverwalter zu prüfen. Der die Aussonderung begehrende Gläubiger muss den auszusondernden Gegenstand konkret bezeichnen und konkret darlegen, worauf er sein Aussonderungsrecht stützt.

Eine Haftung gegenüber dem Aussonderungsberechtigten setzt voraus, dass der Berechtigte dem Insolvenzverwalter konkrete Hinweise auf das Aussonderungsrecht geben hat (BGH ZIP 1996, 1181 ff.). Die dem Schuldner vom Lieferanten erteilte Ermächtigung, die unter Eigentumsvorbehalt gelieferte Ware im ordnungsgemäßen Geschäftsverkehr weiterzuveräußern, ist ohne besondere Erklärung mit der Eröffnung des Insolvenzverfahrens erloschen (OLG Stuttgart ZIP 1990, 1091, 1092). Die Vereitelung der Ersatzaussonderung führt zum Schadensersatzanspruch nach § 61 InsO (BGHZ 103, 310, 315).

7. Der Eigentumsvorbehaltsanspruch berechtigt zur Aussonderung (§ 47 InsO).

Der Aussonderungsberechtigte muss die Sache abholen (vgl. MünchKommInsO/ *Ganter* § 47 Rdn. 463). Der Insolvenzverwalter ist nicht verpflichtet, das Aussonderungsgut dem Gläubiger zurückzusenden. Erforderlichenfalls muss der Aussonderungsberechtigte das Aussonderungsgut aussortieren und zur Abholung bereitstellen. Lediglich wenn der Insolvenzverwalter dem Aussonderungsberechtigten das Betreten der Räume des Schuldners verweigert, muss er das Aussonderungsgut aussortieren und zur Abholung bereitstellen (BGHZ 104, 304, 306).

Besteht ein Gläubigerausschuss, hat der Insolvenzverwalter entgegen § 133 Nr. 2 KO keine Genehmigung zur Aussonderung einzuholen. Lediglich wenn es sich bei dem Aussonderungsgut um einen für die Abwicklung des Verfahrens besonders wichtigen Gegenstand handelt, ist die Zustimmung des Gläubigerausschusses oder der Gläubigerversammlung nach § 160 Abs. 1 InsO einzuholen (vgl. MünchKommInsO/*Ganter* § 47 Rdn. 456).

8. Die Veräußerung des Aussonderungsgutes nach Eröffnung des Insolvenzverfahrens begründet Ersatzaussonderungsansprüche (§ 48 InsO). Der Ersatzaussonderungsanspruch setzt voraus, dass die Veräußerung unberechtigt war (§ 48 S. 1 InsO). Ist der Kaufpreis bezahlt, ist die Zahlung dann ersatzauszusondern, wenn sie sich noch unterscheidbar in der Masse befindet (§ 48 S. 2 InsO). Steht die Gegenleistung noch aus, so kann der Ersatzaussonderungsberechtigte Abtretung der Forderung nebst Nebenrechten (§ 401 BGB) fordern (§ 48 S. 1 InsO).

Erfolgt die Überweisung auf ein Bankkonto, so ist die Unterscheidbarkeit iSv § 48 S. 2 InsO ohne weiteres gewährleistet, auch wenn das Konto im Kontokorrent geführt wird, sofern eine Unterscheidung aufgrund von Buchungen und den dazugehörigen Belegen von dem übrigen Guthaben möglich ist (BGHZ 141, 116, 120 ff.; BGH ZIP 2002, 1093, 1097).

Eine vor Eröffnung des Insolvenzverfahrens erfolgte Zahlung stellt kein „Recht auf die Gegenleistung“ iSv § 48 InsO dar. Erfolgte die Zahlung im Insolvenzantragsverfahren auf ein Konto des Schuldners oder ein Konto des vorläufigen Insolvenzverwalters, fehlt es an den Voraussetzungen für eine Ersatzaussonderung, da die Gegenleistung dem Vermögen des Schuldners vor Eröffnung des Insolvenzverfahrens zugeflossen war (BGH ZIP 2002, 1093, 1094).

Kann der aussonderungsberechtigte Gläubiger sein Aussonderungsrecht erst nachweisen, nachdem der Gegenwert für die Veräußerung des Gegenstandes zur Masse geflossen ist und wurde das Geld mit anderem ununterscheidbar vermischt, besitzt der Gläubiger eine Masseverbindlichkeit wegen ungerechtfertigter Bereicherung der Masse (§ 55 Abs. 1 Nr. 3 InsO), sofern die für die Erfüllung der Masseverbindlichkeit erforderlichen Mittel noch vorhanden sind (vgl. MünchKommInsO/*Brandes* §§ 60, 61 Rdn. 56).

9. Allein der Insolvenzverwalter hat in eigener Verantwortung die eingetretene oder drohende Masseunzulänglichkeit festzustellen (vgl. *Landfermann* in HK-InsO, § 208 Rdn. 5) und dem Insolvenzgericht anzuzeigen (§ 208 Abs. 1 InsO). Eine gerichtliche Überprüfung erfolgt nicht. Das Gericht hat die Anzeige der Masseunzulänglichkeit öf-

fentlich bekannt zu machen und die Massegläubiger durch Zustellung, die regelmäßig analog § 8 Abs. 3 InsO dem Insolvenzverwalter übertragen wird, zu unterrichten (§ 208 Abs. 2 InsO).

Da der Insolvenzverwalter neben der Insolvenzmasse haftet, ist der geschädigte Gläubiger nicht gehindert, seiner Ansprüche gegen den Insolvenzverwalter bereits vor Abschluss des Masseverteilungsverfahrens nach § 209 InsO geltend zumachen (BGH WM 1977, 847).

10. Vgl. oben Anm. 6.

Der Insolvenzverwalter hat nach Eröffnung des Insolvenzverfahrens und Unterrichtung der Insolvenzgläubiger von der Verfahrenseröffnung mit der Verwertung der Insolvenzmasse eine angemessene Zeit zuwarten, wenn er keine konkreten Anhaltspunkte für das Bestehen von Aussonderungsrechten besitzt, jedoch solche nicht ausschließen kann (vgl. MünchKommInsO/*Ganter* § 47 Rdn. 459). Meldet innerhalb einer Frist von zwei bis drei Wochen kein Gläubiger ein Aussonderungsrecht an, kann der Insolvenzverwalter davon ausgehen, dass entweder kein Aussonderungsrecht besteht oder keines ernsthaft weiterverfolgt wird (OLG Karlsruhe NZI 1999, 231, 232).

11. Die persönliche Haftung des Insolvenzverwalters setzt Verschulden, also Vorsatz oder Fahrlässigkeit, voraus. Bei der Erfüllung insolvenzspezifischer Pflichten hat der Insolvenzverwalter für die Sorgfalt eines ordentlichen und gewissenhaften Insolvenzverwalters einzustehen (§ 60 Abs. 1 S. 2 InsO). Das Verschuldensmaß orientiert sich an den individuellen Anforderungen der Aufgabe des Insolvenzverwalters (vgl. MünchKommInsO/*Brandes* §§ 60, 61 Rdn. 90), wobei dieser nicht mit demselben Maßstab wie der Leiter des gesunden Unternehmens gemessen werden kann (vgl. *Kübler/Prütting/Lüke*, InsO, § 60 Rz 37).

Der Insolvenzverwalter haftet für Erfüllungsgehilfen (§ 278 BGB). Es ist unerheblich, ob der Erfüllungsgehilfe dem Insolvenzverwalter persönlich oder der Masse gegenüber verpflichtet ist (BGHZ 113, 262).

Ist der Insolvenzverwalter gezwungen, Personal des schuldnerischen Betriebes einzusetzen, so haftet er bei mangelnder Überwachung oder für Entscheidungen von besonderer Bedeutung (§ 60 Abs. 2 InsO). Der Insolvenzverwalter ist zB. auf das Personal wegen dessen speziellen Kenntnissen oder aus finanziellen Gründen, um eine Belastung der Insolvenzmasse zu vermeiden, angewiesen (vgl. *Kübler/Prütting/Lüke,* InsO, § 60 Rz 40).

Für die Schadensberechnung sind §§ 249 ff. BGB maßgebend (BGH NJW – RR 1990, 45). § 254 BGB findet Anwendung (BGH NJW 1993, 522), so dass je nach Verschuldensgrad Schadensersatzansprüche entfallen oder gemindert werden. Die Beweislast für das Mitverschulden oder den Vorteilsausgleich hat der Verwalter (vgl. MünchKommInsO/*Brandes* §§ 60, 61 Rdn. 95).

Führt der Insolvenzverwalter einen Beschluss der Gläubigerversammlung oder des Gläubigerausschusses aus, lässt dies die Haftung des Insolvenzverwalters nur gegenüber den Insolvenzgläubigern und den Absonderungsberechtigten, jedoch nicht den übrigen Beteiligten entfallen (vgl. MünchKommInsO/*Brandes* §§ 60, 61 Rdn. 102). Die Mitglieder des Gläubigerausschusses haften den aussonderungsberechtigten Gläubigern nicht, sondern nur den Insolvenzgläubigern und den absonderungsberechtigten Gläubigern (§ 71 InsO).

12. Ist die Pflichtverletzung ihrer Art nach geeignet, zu einem solchen Schaden zu führen, so ist nach dem Beweis des ersten Anscheins davon auszugehen, dass der Schaden auf der Pflichtverletzung beruht (vgl. MünchKommInsO/*Brandes* §§ 60, 61 Rdn. 106). Die Beweislast für das Verschulden des Insolvenzverwalters, die Ursächlichkeit seines Verhaltens sowie die Höhe des Schadens hat der geschädigte Gläubiger.

Der Insolvenzverwalter hat bei Verletzung des Aussonderungsrechts den Wiederbeschaffungswert zu ersetzen. Ein entgangener Gewinn ist nur zu ersetzen, wenn der Gewinn mit dem Aussonderungsgut zu erzielen gewesen wäre (BGH NJW 1958, 1351). Bei der Vereitelung der Ersatzaussonderung ist als Schaden der Wert der Gegenleistung zu ersetzen (BGH ZIP 1998, 298).

18. Klage auf Feststellung einer streitig gebliebenen Insolvenzforderung[1]

Amtsgericht[2] (Ort, Datum)
(Ort)

Klage

des A

– Klägers –

Prozessbevollmächtigter ......

gegen

den B, handelnd in seiner Eigenschaft als Insolvenzverwalter über das Vermögen der Firma C GmbH & Co KG

– Beklagten –

wegen Feststellung

Vorläufiger Streitwert[3] EUR ......
Namens und in Vollmacht des Klägers erhebe ich Klage und werde beantragen:

1. Die Forderung des Klägers wird in Höhe von EUR ...... zur Insolvenztabelle festgestellt[4].
2. Der Beklagte trägt die Kosten des Rechtsstreits[5].

Begründung:

Der Beklagte ist Insolvenzverwalter[6] in dem Insolvenzverfahren über das Vermögen der Firma GmbH & Co KG, das am ...... durch das Amtsgericht ...... – Az.: ...... eröffnet wurde.
Der Kläger meldete mit Schreiben vom ...... bei dem Beklagten seine nicht nachrangige Insolvenzforderung[7] in Höhe von EUR ...... zur Insolvenztabelle[8] an. Es handelt sich um eine Forderung aus getätigten Provisionsgeschäften für die Schuldnerin in der Zeit vom ...... bis zum Tage der Insolvenzeröffnung, die der Kläger als Handelsvertreter[9] vermittelt hat.

Beweis: 1. Vorlage des Handelsvertretervertrages vom ....
2. Vorlage der Abrechnung über die getätigten Geschäftsabschlüsse vom ...... nebst Durchschriften der Aufträge.

Aus der vertraglichen Regelung gem. Ziff. 5 und den vorgelegten Auftragsdurchschriften ergibt sich, dass der Kläger eine Provisionsforderung in Höhe von EUR ...... besitzt. Im Prüfungstermin wurde die angemeldete Forderung durch den Beklagten bestritten[10].
Als Anlage füge ich einen gerichtlich beglaubigten Auszug aus der Insolvenztabelle der Klageschrift bei[11].
Der vorläufige Streitwert ergibt sich daraus, dass auf die Insolvenzforderungen nach § 38 InsO nach Angaben des Beklagten zur Zeit eine Quote von ...... % zu erwarten ist[12].

Rechtsanwalt

Anmerkungen

1. Mit der Feststellungsklage gem. § 179 Abs. 1 InsO, die eine echte Feststellungsklage iSv § 256 ZPO ist (BGH NJW 1967, 1371), strebt ein Insolvenzgläubiger außerhalb des Insolvenzverfahrens an, eine gerichtliche Entscheidung über das Bestehen einer von ihm angemeldeten Insolvenzforderung (vgl. Form. III. F. 15.) zu erhalten. Das Feststellungsinteresse des klagenden Gläubigers ergibt sich aus § 189 InsO. Klageziel ist die Feststellung des Insolvenzgläubigerrechts durch Eintragung in die Insolvenztabelle. Sachurteilsvoraussetzung ist, dass die Forderung angemeldet und im Prüfungstermin bestritten worden ist.

Zum Widerspruch sind sowohl der Insolvenzverwalter als auch die Insolvenzgläubiger berechtigt (§ 178 Abs. 1 S. 1 InsO). Voraussetzung eines wirksamen Widerspruchs eines bestreitenden Gläubigers ist, dass er seine Forderung angemeldet hat und die Forderung zur Prüfung zugelassen worden ist (vgl. MünchKommInsO/*Schumacher* § 178 Rdn. 21). Nachrangige Insolvenzforderungen gewähren kein Widerspruchsrecht, solange das Gericht nicht zur Anmeldung (§§ 39, 174 Abs. 3 InsO) aufgefordert hat (vgl. *Kübler/Prütting/Pape,* InsO, § 176 Rdn. 11).

Ein Widerspruch des Schuldners steht der Feststellung der Forderung nicht entgegen (§ 178 Abs. 1 S. 2 InsO), jedoch ist nach Beendigung des Insolvenzverfahrens eine Zwangsvollstreckung aus dem Tabelleneintrag gegen den Schuldner persönlich nicht ermöglicht (§ 201 Abs. 2 S. 1 InsO). Im Gegensatz zur Regelung der KO kann der Insolvenzgläubiger bereits während des anhängigen Insolvenzverfahrens gegen den Schuldner Klage auf Feststellung der Forderung auch dann erheben, wenn zum Zeitpunkt der Eröffnung des Insolvenzverfahrens kein Rechtsstreit anhängig war (§ 184 InsO). Dem Schuldner ist bei Versäumung des Prüfungstermins auf Antrag Wiedereinsetzung in den vorigen Stand zu gewähren (§ 186 InsO).

2. Die Zuständigkeit richtet sich nach § 180 Abs. 1 InsO. Örtlich ausschließlich zuständig ist das Amtsgericht, bei den das Insolvenzverfahren anhängig ist oder bei entsprechendem Streitwert das übergeordnete Landgericht.

War zum Zeitpunkt der Eröffnung des Insolvenzverfahrens kein Rechtsstreit über die bestrittene Forderung anhängig, so ist Klage zu erheben (§ 180 Abs. 1 S. 1 InsO). Soweit in §§ 180 bis 183 InsO keine Sonderregelungen getroffen sind, gelten die Vorschriften der ZPO.

Eine Feststellungsklage ist in besonderen Verfahrensarten wie die Urkunds-, Wechsel- und Scheckklage unzulässig (BGH WM 1979, 614; aA MünchKommInsO/*Schumacher* § 180 Rdn. 7).

Das Mahnverfahren ist für die Feststellung von Insolvenzforderungen ungeeignet (vgl. *Kübler/Prütting/Pape*, InsO, § 180 Rdn. 2).

Der Insolvenzgläubiger und der Bestreitende können die Entscheidung durch ein Schiedsgericht vereinbaren (vgl. MünchKommInsO/*Schumacher* § 180 Rdn. 9). Der Insolvenzverwalter ist an eine Schiedsabrede des Schuldners gebunden (BGHZ 24, 15, 18). Gleiches gilt für den Widersprechenden, so weit der Bestand der Forderung in Frage steht (vgl. MünchKommInsO/*Schumacher* § 180 Rdn. 11).

War zum Zeitpunkt der Insolvenzeröffnung über den zur Insolvenztabelle angemeldeten und ganz oder teilweise bestrittenen Anspruch ein Rechtsstreit anhängig, so ist die Feststellung durch die Aufnahme des Rechtsstreits zu betreiben (§ 180 Abs. 2 InsO). Die Erhebung einer selbstständigen Feststellungsklage ist in diesem Falle unzulässig (BGHZ 105, 34, 37ff.).

Wäre zur Entscheidung über die streitige Forderung die Kammer für Handelssachen zuständig, so ist die Feststellungsklage vor der Kammer für Handelssachen anhängig zu machen (vgl. *Kübler/Prütting/Pape*, InsO, § 180 Rdn. 1).

Ist der Rechtsweg zu den ordentlichen Gerichten nicht gegeben, ist der Feststellungsprozess bei den zuständigen anderen Gerichten zu betreiben (§ 185 InsO). Die Feststellung kann durch Verwaltungsakt dann erfolgen, sofern außerhalb des Insolvenzverfahrens der Gläubiger zur Festsetzung der Forderung durch Verwaltungsakt befugt ist, also bei Steuerforderungen (§ 251 Abs. 3 AO), Zahlung einer Ausgleichsabgabe nach § 77 SGB IX, öffentlich-rechtlichem Erstattungsanspruch oder den Beitragsansprüchen der Sozialversicherungsträger (vgl. MünchKommInsO/*Schumacher* § 185 Rdn. 4).

3. Die Streitwertfestsetzung erfolgt gem. § 182 InsO, wobei der Streitwert nach der zu erwartenden Insolvenzdividende geschätzt wird. Die Schätzung hat das Prozessgericht vorzunehmen. Erforderlichenfalls hat es eine Auskunft des Insolvenzverwalters einzuholen oder die Insolvenzakten beizuziehen (BGH NZI 1999, 447). Für die sachliche Zuständigkeit erster Instanz ist die Quote maßgeblich, die zum Zeitpunkt der Einreichung der Klage zu erwarten ist. Für die Rechtsmittelbeschwer kommt es auf den Zeitpunkt des Eingangs des Rechtsmittels an (BGH NZI 1999, 447).

Wird gegen den bestreitenden Schuldner die Feststellungsklage erhoben, ist § 182 InsO unanwendbar. Der Streitwert bestimmt sich in diesem Fall nach dem Nennwert der Forderung abzüglich der auf die Forderung voraussichtlich entfallenden Insolvenzdividende (BGH MDR 1966, 996).

Ist eine Insolvenzquote nicht zu erwarten, so ist der Streitwert der Insolvenzfeststellungsklage nach der niedrigsten Gebührenstufe festzusetzen (BGH ZIP 1999, 1811; NZI 2000, 115).

4. Der Antrag lautet auf Feststellung der angemeldeten Forderung zur Insolvenztabelle (BGH ZIP 1994, 1193). Die Klage ist immer gegen den Widersprechenden zurichten, also entweder gegen den Insolvenzverwalter oder gegen einen oder mehrere widersprechende Gläubiger. Bei der Verbindung mehrerer Feststellungsklagen entsteht eine notwendige Streitgenossenschaft (BGHZ 112, 95).

Ist der Insolvenzgläubiger im Besitz eines Titels, ist es Sache des Bestreitenden, die titulierte Forderung im Klageweg anzugreifen (§ 179 Abs. 2 InsO). Der Antrag lautet in diesem Falle dahin, den Widerspruch gegen die Forderung für begründet zu erklären (BGH ZIP 1994, 1193). Ist der Titel unter Verletzung der §§ 240, 249 ZPO erlangt worden, ist kein Fall des § 179 Abs. 2 InsO gegeben (vgl. *Kübler/Prütting/Pape*, InsO, § 179 Rdn. 14).

War zum Zeitpunkt der Insolvenzeröffnung ein Rechtsstreit anhängig, so ist der unterbrochene Prozess durch den Gläubiger gegen den widersprechenden Insolvenzverwalter aufzunehmen. Die Aufnahme erfolgt bei dem Gericht, bei welchem der Rechtsstreit anhängig ist. Der Antrag ist der veränderten prozessualen Situation anzupassen (vgl. MünchKommInsO /*Schumacher* § 180 Rdn. 23).

Die Aufnahme eines Mahnverfahrens ist nicht möglich. Der Gläubiger muss eine neue Klage auf Feststellung erheben (vgl. MünchKommInsO/*Schumacher* vor §§ 85 bis 87 Rdn. 45). Nur wenn das Mahnverfahren bereits in der streitige Verfahren übergegangen war und dieses infolge der Insolvenzeröffnung gem. § 240 ZPO unterbrochen wurde, kommt eine Aufnahme gem. § 180 Abs. 2 InsO in Betracht.

5. Die Kostenentscheidung, die in dem aufgenommenen Verfahren ergeht, erfasst sämtliche vor und nach der Aufnahme entstandenen Kosten. Für die bis zur Aufnahme entstandenen Gebühren ist der ursprüngliche Wert maßgebend. Werden die Kosten des Rechtsstreits dem bestreitenden Verwalter auferlegt, stellen sie Masseverbindlichkeiten (§ 55 Abs. 1 Nr. 1 InsO) unabhängig davon dar, ob der Gebührentatbestand vor oder nach der Aufnahme verwirklicht wurde (aA vgl. MünchKommInsO/*Schumacher* § 85 Rdn. 20). Ist vor Eintritt des Insolvenzverwalters in der Rechtsstreit eine Instanz abgeschlossen worden, verbleibt es bei dieser Kostenentscheidung (OLG München NZI 1999, 498).

6. Im Formular richtet sich die Klage gegen den Insolvenzverwalter, der die angemeldete Forderung im Prüfungstermin bestritten hat. In sonstigen Fällen vgl. Anm. 2.

7. Nachrangige Insolvenzforderungen (§ 39 InsO) sind nur nach gesonderter Aufforderung durch das Insolvenzgericht anzumelden (§ 174 Abs. 3 S. 1 InsO).

8. Die Feststellungsklage kann nur auf Grund, Betrag und Rang der Forderung gestützt werden, die in der Anmeldung angegeben wurden (§ 181 InsO). Die Anmeldung und Prüfung der festzustellenden Forderung sind besondere Sachurteilsvoraussetzungen, die bis zum Schluss der letzten mündlichen Verhandlung vorliegen müssen (vgl. MünchKommInsO/*Schumacher* § 180 Rdn. 4).

Die Klage auf Feststellung ist unzulässig, so weit sie auf einen anderen als den in der Anmeldung angegebenen Anspruchsgrund gestützt wird (BGH ZIP 2001, 2099). Auch wenn der Gläubiger einen höheren Betrag oder im Rahmen des § 39 InsO einen besseren Rang als den angemeldeten geltend macht, führt dies zur Unzulässigkeit der Feststellungsklage (vgl. *Kübler/Prütting/Pape*, InsO, § 181 Rdn. 2).

Zum Nachweis der Anmeldung und Prüfung erteilt das Insolvenzgericht dem Gläubiger der bestrittenen Forderung einen beglaubigten Auszug aus der Tabelle (§ 179 Abs. 3 S. 1, 2 InsO).

9. Das Textbeispiel geht davon aus, dass keine sonstige Masseverbindlichkeit iSv §§ 55 InsO vorliegt, da auch im Fall der Erfüllungswahl durch den Insolvenzverwalter (§ 103 InsO) der Provisionsanspruch nicht mit der Folge, dass eine Masseverbindlichkeit entsteht, neu begründet wird.

10. Das Urteil wirkt mit Rechtskraft gegenüber dem Insolvenzverwalter und allen Insolvenzgläubigern (§ 183 Abs. 1 InsO). Der obsiegenden Partei obliegt es, beim Insolvenzgericht die Berichtigung der Tabelle zu betreiben (§ 183 Abs. 2 InsO), woraus sich zugleich ergibt, dass nach Abhaltung des Prüfungstermins die Tabellenführung dem Insolvenzgericht und nicht dem Insolvenzverwalter obliegt. Dem Berichtigungsantrag ist eine Urteilsausfertigung mit Rechtskraftvermerk (§ 706 ZPO) beizufügen (vgl. MünchKommInsO/*Schumacher* § 183 Rdn. 8).

11. Vgl. Anm. 8 am Ende.

12. Vgl. Anm. 3.

19. Aufnahme eines unterbrochenen Rechtsstreites durch den Gläubiger gegen den Insolvenzverwalter[1]

Landgericht[2] **(Ort, Datum)**
(Ort)
Az.:

in Sachen

A

– Kläger –

Prozessbevollmächtigter:

gegen

Firma B

– Beklagte –

wegen Herausgabe

nehme ich als Prozessbevollmächtigter für den Kläger den unterbrochenen Rechtsstreit auf.

Das Rubrum bitte ich auf Seiten der Beklagten wie folgt zu ändern:
C (ladungsfähige Anschrift), handelnd in seiner Eigenschaft als Insolvenzverwalter über das Vermögen der Firma B[3].
Dieser Schriftsatz ist dem Insolvenzverwalter zuzustellen[4].
Im Termin zur mündlichen Verhandlung werde ich folgende Anträge verlesen:

1. Der Beklagte wird verurteilt, an den Kläger die Werkzeugmaschine (genaue Bezeichnung) herauszugeben.
2. Der Beklagte trägt die Kosten des Rechtsstreites[5].
3. Das Urteil ist vorläufig vollstreckbar.

Begründung:

Durch Beschluss des Amtsgerichts ...... wurde über das Vermögen der Firma B am ......, Az.: ...... das Insolvenzverfahren eröffnet und der Beklagte zum Insolvenzverwalter bestellt.
Der Kläger hatte die Schuldnerin[6] bereits vor Eröffnung des Insolvenzverfahrens auf Herausgabe der Werkzeugmaschine verklagt. Diese wurde am ... unter Eigentumsvorbehalt geliefert. Die Schuldnerin hat bisher keine Zahlung geleistet.
Zur Begründung des Eigentumsrechts des Klägers beziehe ich mich ergänzend auf meine Ausführungen im Schriftsatz vom ......
Bei dem geltend gemachten Anspruch handelt es sich um ein Aussonderungsrecht gem. § 47 InsO, so dass der Kläger berechtigt ist, diesen Anspruch außerhalb des Insolvenzverfahrens durch Aufnahme des unterbrochenen Rechtsstreites gem. §§ 240, 250 ZPO, § 85 InsO weiterzuverfolgen.
Der Insolvenzverwalter hat nach dem Berichtstermin (§ 156 InsO) trotz Aufforderung vom... und Fristsetzung bis zum ...... die Maschine nicht herausgegeben und die Erfüllung des Vertrages verweigert[7].

Beweis: Vorlage des Schreibens des Beklagten vom ......

Die Aufnahme des Rechtsstreites ist daher geboten.

Rechtsanwalt

Anmerkungen

1. Durch die Insolvenzeröffnung werden kraft Gesetzes (§ 240 ZPO) alle Prozessverfahren, bei denen der Schuldner Prozesspartei ist, unterbrochenen. Gleiches gilt, wenn ein vorläufiger Insolvenzverwalter bestellt ist, auf den die Verwaltungs- und Verfügungsbefugnis iSv § 22 Abs. 1 S. 1 InsO übergegangen ist (§ 240 S. 2 ZPO). Unterbrochen werden auch das Mahnverfahren, sofern der Mahnbescheid vor Anordnung des allgemeinen Verfügungsverbotes oder der Eröffnung des Insolvenzverfahrens zugestellt war. § 240 ZPO findet auch Anwendung auf das Arrest- und einstweilige Verfügungsverfahren (vgl. *Eickmann* in HK-InsO, § 85 Rdn. 3). Auch das Kostenfestsetzungsverfahren wird unterbrochen (OLG Düsseldorf ZIP 1996, 1621; KG ZIP 2000, 279). Gleichfalls unterbrochen werden das arbeitsgerichtliche Verfahren (BAG ZIP 1983, 1095), das verwaltungsgerichtliche Verfahren (BVerwG KTS 1989, 439) und das steuerliche Prozessverfahren (BFH BB 1970, 1163). Das selbstständige Beweisverfahren wird nicht unterbrochen (vgl. *Kübler/Prütting/Lüke*, InsO, § 85 Rz 30).

Für die Fortsetzung der anhängigen und unterbrochenen Rechtsstreite gelten §§ 240, 250 ZPO, §§ 85, 86 InsO. Hierbei ist zu unterscheiden:

a) Aktivprozesse gem. § 85 InsO kann nur der Insolvenzverwalter aufnehmen. Die Aufnahme erfolgt nach pflichtgemäßem Ermessen. Handelt es sich um ein Verfahren mit „erheblichem Streitwert“, ist die Zustimmung des Gläubigerausschusses oder

der Gläubigerversammlung einzuholen (§ 160 Abs. 2 Ziff. 3 InsO). Die Aufnahme ohne Zustimmung gem. § 160 InsO ist im Außenverhältnis ohne Rechtsfolge (§ 164 InsO).

Die Aufnahme geschieht durch Zustellung eines Schriftsatzes (§ 250 ZPO). Die Fortsetzung kann auch konkludent, zB. durch den Antrag auf Änderung des Rubrums, erklärt werden (BGH ZIP 1983, 592).

Wird durch den Insolvenzverwalter die Entscheidung über die Aufnahme oder Ablehnung der Aufnahme des Rechtsstreits verzögert, ist der Insolvenzverwalter auf Antrag des Prozessgegners zur Aufnahme und zur Verhandlung der Hauptsache zu laden (§ 85 Abs. 1 S. 2 InsO iVm § 239 Abs. 2 ZPO). Der Insolvenzverwalter verzögert die Entscheidung, wenn er nicht ohne Entschuldigungsgrund innerhalb einer den Umständen nach angemessenen Frist eine Entscheidung trifft (vgl. MünchKommInsO/*Schumacher* § 85 Rdn. 35). Dem Insolvenzverwalter ist Gelegenheit zu geben, die Erfolgsaussichten des Prozessverfahrens zu beurteilen und zu prüfen, ob er bei einer Niederlage die Kostenerstattungsansprüche des Prozessgegners aus der Insolvenzmasse bezahlen kann (vgl. *Kübler/Prütting/Lüke*, InsO, § 85 Rdn. 60). Die Zustellung an den bisherigen Prozessbevollmächtigten ist unzulässig, da dessen Prozessvollmacht erloschen ist (§ 117 Abs. 1 InsO).

Lehnt der Insolvenzverwalter die Aufnahme des Rechtsstreits ab, können sowohl der Schuldner als auch der Prozessgegner den Rechtsstreit aufnehmen (§ 85 Abs. 2 InsO). Der vorläufige Insolvenzverwalter, auf den die Verfügungsbefugnis übergegangen ist (§ 22 Abs. 1 S. 1 InsO), kann lediglich über die Aufnahme des Rechtsstreits entscheiden (§ 24 Abs. 2 InsO). Ihm steht ein Entscheidungsrecht über die Ablehnung nicht zu (vgl. *Eickmann* in HK-InsO, § 85 Rdn. 13). Die Ablehnung der Aufnahme des Rechtsstreits gilt als Freigabe des Streitgegenstandes aus der Insolvenzmasse (RGZ 127, 200).

b) Passivprozesse gem. § 86 InsO sind anhängige Rechtsstreitigkeiten gegen den Schuldner, die in der Insolvenz Ansprüche auf Aussonderung, abgesonderte Befriedigung oder Masseverbindlichkeiten zum Gegenstand haben. Diese Prozesse können sowohl durch den Insolvenzverwalter als auch den Prozessgegner aufgenommen werden. Die Aufnahme des Rechtsstreits erfolgt gem. § 250 ZPO. Der Aussonderung des Eigentums dient zB. die Klage auf Herausgabe gem. § 985 BGB.

Nach § 86 Abs. 1 Nr. 2 InsO können sowohl der Insolvenzverwalter als auch der Gläubiger ein Verfahren, welches die abgesonderte Befriedigung betrifft, aufnehmen. Hat der Insolvenzverwalter die bewegliche Sache in Besitz, ist nach Eröffnung des Insolvenzverfahrens der Gläubiger nicht mehr zur Verwertung berechtigt (§§ 166 ff. InsO). Der Gegner kann dieser Rechtslage dadurch Rechnung tragen, dass er nach Aufnahme die Hauptsache für erledigt erklärt oder den Herausgabeantrag in einen Antrag auf Feststellung des Sicherungseigentums ändert (vgl. MünchKommInsO/*Schumacher* § 86 Rdn. 9).

Zu den Masseverbindlichkeiten (§ 86 Abs. 1 Nr. 3 InsO) zählen insbesondere Rechtsstreitigkeiten über Verbindlichkeiten des Schuldners aus beiderseits nicht (vollständig) erfüllten gegenseitigen Verträgen, deren Erfüllung durch den Insolvenzverwalter verlangt wird (§§ 55 Abs. 1 Nr. 2, 103 Abs. 1 InsO). Eine Aufnahme des Rechtsstreits ist erst nach dem Erfüllungsverlangen möglich (vgl. MünchKommInsO/*Schumacher* § 86 Rdn. 11). § 86 Abs. 1 Nr. 3 InsO findet auch Anwendung auf die Ansprüche aus Verträgen, die für die Zeit nach Eröffnung des Insolvenzverfahrens zu erfüllen sind (vgl. *Eickmann* in HK-InsO, § 86 Rdn. 6).

Die Unterscheidung zwischen Aktiv- und Passivprozessen ist nicht an die Parteistellung des Schuldners gebunden (BGHZ 36, 258, 260). Denkbar sind Aktivprozesse, in denen der Schuldner Beklagter ist (BGH NJW 1995, 1750). Ebenfalls können Prozessverfahren, die als Passivprozesse begonnen haben, zur Zeit der Unterbrechung Aktivprozesse sein. Hat zB. der Schuldner aufgrund eines vorläufigen vollstreckbaren

Urteils zur Abwehr der Vollstreckung eine Sicherheit geleistet, ist der Insolvenzverwalter zu Aufnahme des Rechtsstreits gem. § 85 InsO befugt (vgl. MünchKommInsO/*Schumacher* § 85 Rdn. 9).

Andere anhängige Rechtsstreite gegen den Schuldner, die Insolvenzforderungen zum Gegenstand haben, können erst aufgenommen werden, wenn die Forderungen gem. § 174 InsO zur Tabelle angemeldet und geprüft sind. Erst wenn die angemeldete Forderung im Prüfungstermin oder im schriftlichen Prüfungsverfahren bestritten wurde, kann der Gläubiger den Rechtsstreit gem. §§ 179, 180 Abs. 2, 184 S. 2 InsO gegen den Bestreitenden aufnehmen (vgl. MünchKommInsO/*Schumacher* vor §§ 85 bis 87 Rdn. 78). Auf die Einhaltung dieser Vorschriften können die Parteien nicht wirksam verzichten. Diese Insolvenzforderungen müssen gegebenenfalls im Wege der Feststellungsklage gem. § 179 Abs. 1 InsO weiterverfolgt und die Anträge auf Feststellung zur Tabelle umgestellt werden (vgl. MünchKommInsO/*Schumacher* § 180 Rdn. 23).

Wegen sonstiger prozessualer Folgen der Unterbrechung vgl. *Baumbach /Lauterbach/ Albers/Hartmann,* ZPO, § 240 Rdn. 1.

2. Die örtliche und sachliche Zuständigkeit des bisherigen Prozessgerichts wird durch die Insolvenzeröffnung nicht berührt (§ 261 Abs. 3 Nr. 2 ZPO). Die sachliche Zuständigkeit des Landgerichts besteht auch dann fort, wenn durch die nach § 182 InsO vorzunehmende Streitwertberechnung für eine selbstständige Klage das Amtsgericht zuständig wäre (vgl. MünchKommInsO/*Schumacher* § 180 Rdn. 26).

3. Der Prozess wird in der Lage aufgenommen, in der er sich befindet (vgl. *Eickmann* HK-InsO, § 85 Rdn. 9). Der Verwalter ist an die bisherige Prozessführung des Schuldners einschließlich eventueller Anerkenntnisse, Verzichte, Fristversäumnisse etc. gebunden (vgl. *Gottwald/Gerhardt* § 32 Rdn. 26). Liegen die tatbestandlichen Voraussetzungen vor, kann der Insolvenzverwalter gem. §§ 129ff. InsO die Rechtshandlungen des Schuldners anfechten.

Trat die Verfahrensunterbrechung nach Verkündung des Urteils, jedoch vor wirksamer Einlegung des Rechtsmittels ein, erfolgt die Aufnahme und Rechtsmitteleinlegung in einem Schriftsatz gegenüber dem Rechtsmittelgericht (BGHZ 111, 104, 109). Wird der Rechtsstreit gegen den Schuldner aufgenommen, so ist der Schriftsatz mit der Aufnahmeerklärung nicht mehr dem Schuldner oder seinen Prozessbevollmächtigten zuzustellen, sondern an den Insolvenzverwalter, da dieser gem. § 80 InsO die Prozessführungsbefugnis erlangt hat und die bisherige Prozessvollmacht durch die Insolvenzeröffnung erloschen ist (§ 117 Abs. 1 InsO).

Die Aufnahme des Rechtsstreits kann auch in der Revisionsinstanz unter Anpassung des Klageantrags erfolgen (BGH WM 1965, 626). Die Aufnahme des Rechtsstreits kann, wenn die angemeldete Forderung sowohl durch den Insolvenzverwalter als auch den Schuldner bestritten war, gegen beide aufgenommen werden. Insolvenzverwalter und Schuldner sind in diesem Fall einfache Streitgenossen (BGH ZIP 1980, 23).

4. Die Aufnahme des Rechtsstreits erfolgt durch einen bei Gericht gem. § 250 ZPO einzureichenden Schriftsatz, der dem Insolvenzverwalter von Amts wegen zuzustellen ist. Ein Mangel der Zustellung dieses Schriftsatzes kann durch ausdrücklichen oder konkludenten Verzicht geheilt werden (BGHZ 50, 397).

5. Bei den Kosten sind drei Fälle zu unterscheiden:

Unterliegt der Insolvenzverwalter, stellen die Kosten des Rechtsstreites in ihrer Gesamtheit Masseverbindlichkeiten nach § 55 Abs. 1 Nr. 1 InsO dar. Eine Unterscheidung nach Kosten, die vor Insolvenzeröffnung entstanden sind und solchen nach Insolvenzeröffnung, erfolgt nicht. Es gilt das Prinzip der Einheitlichkeit der Kostenentscheidung (vgl. *Gottwald/Gerhardt* § 32 Rdn. 27). § 105 InsO ist nicht analog anzuwenden (aA *Kübler/Prütting/Lüke*, InsO, § 85 Rdn. 59).

Hatte der Schuldner Veranlassung zur Klage gegeben und anerkennt der Insolvenzverwalter nach Verfahrensaufnahme (§ 86 Abs. 1 InsO) den Klageanspruch sofort an, trägt wohl die Insolvenzmasse die Kosten des Verfahrens. Der Kostenerstattungsanspruch gewährt dem Gläubiger jedoch nur eine Insolvenzforderung (§ 86 Abs. 2 InsO).

Hat der Schuldner zur Klageerhebung keine Veranlassung gegeben und obsiegt der Insolvenzverwalter, ist der Kostenerstattungsanspruch vom Gegner zur Insolvenzmasse zu erstatten. Es spielt keine Rolle, ob die Kosten vor oder nach Eröffnung des Insolvenzverfahrens entstanden sind (vgl. *Kübler/Prütting/Lüke*, InsO, § 86 Rdn. 18).

6. Der Schuldner kann nur dann selbst den Rechtsstreit aufnehmen, wenn der Insolvenzverwalter den Gegenstand aus der Insolvenzmasse freigegeben hat (vgl. *Kübler/Prütting/Lüke*, InsO, § 86 Rdn. 15). Mit der Freigabe geht die Prozessführungsbefugnis und damit das Wahlrecht auf den Schuldner über (BGH NJW 1973, 2065). Die wirksame Ablehnung gilt als Freigabe des Streitgegenstandes aus der Masse (vgl. *Eickmann* in HK-InsO, § 85 Rdn. 14). Aufgrund der Prozessführungsbefugnis kann der Schuldner nunmehr den Rechtsstreit aufnehmen (§ 86 Abs. 2 InsO). Die Unterbrechung endet erst mit der Aufnahme durch den Schuldner oder den Prozessgegner (BGH NJW 1970, 1790).

Obsiegt der Schuldner in dem aufgenommenen Rechtsstreit, stellt das Erlangte insolvenzfreies Vermögen dar. Obsiegt der Gegner, stellt der Kostenerstattungsanspruch eine Neuverbindlichkeit des Schuldners dar (vgl. *Eickmann* in HK-InsO, § 85 Rdn. 15).

7. Zur Anwendung des § 103 InsO in der Insolvenz des Vorbehaltskäufers vgl. MünchKommInsO/*Ganter* § 47 Rdn. 62 bis 74. Der Insolvenzverwalter muss die Erklärung zur Erfüllungswahl (§ 103 Abs. 2 S. 2 InsO) erst nach dem Berichtstermin abgeben (§ 107 Abs. 2 S. 1 InsO). Mit der Erfüllungsablehnung erlischt endgültig der Erfüllungsanspruch und der Vorbehaltsverkäufer kann die Vorbehaltsware umgehend aussondern (vgl. MünchKommInsO/*Ott* § 107 Rdn. 22; MünchKommInsO/*Ganter* § 47 Rdn. 72).

20. Klage eines Massegläubigers[1] bei Unzulänglichkeit der Masse[2]

An das **(Ort, Datum)**
Arbeitsgericht[3]

Klage

des A

– Klägers –

Prozessbevollmächtigter:

gegen

den B, handelnd in seiner Eigenschaft als Insolvenzverwalter über das Vermögen der Firma C[4]

– Beklagten –

wegen Forderung

Vorläufiger Streitwert[5]: EUR ……

Namens und in Vollmacht des Klägers erhebe ich Klage und werde beantragen:

1. Es wird festgestellt[6], dass dem Kläger eine Masseverbindlichkeit in Höhe von EUR …… zusteht.
2. Der Beklagte trägt die Kosten des Rechtsstreites.

Begründung:

Durch Beschluss des Amtsgerichts ...... vom ...... wurde unter dem Az. ...... über das Vermögen der Firma C das Insolvenzverfahren eröffnet und der Beklagte zum Insolvenzverwalter bestellt.

Beweis: Beiziehung der Akten des Amtsgerichts ...... als Insolvenzgericht.

Der Kläger war bei der Schuldnerin als... zu einem monatlichen Gehalt von brutto EUR ...... beschäftigt. Das Anstellungsverhältnis endete aufgrund Kündigung des Beklagten nach Anzeige der Masseunzulänglichkeit[7] zum ...... Mit der Kündigung stellte der Beklagte dem Kläger von der Arbeitsleistung frei[8].

Beweis: 1. Vorlage des Anstellungsvertrages vom ......
2. Vorlage des Kündigungsschreiben vom ......

Der Beklagte hat mit Schriftsatz vom ...... gegenüber dem Amtsgericht als Insolvenzgericht[9] die Masseunzulänglichkeit angezeigt.

Beweis: Beiziehung der Akten des Amtsgerichts ...... als Insolvenzgericht.

Dem Kläger stehen für die Zeit ab Insolvenzeröffnung bis zur Beendigung des Anstellungsvertrages Arbeitsentgeltansprüche als Masseverbindlichkeit[10] gem. § 55 Abs. 1 Nr. 2 InsO in Höhe von EUR ...... zu.
Der Beklagte bestreitet die Höhe der klägerischen Forderung[11].

Rechtsanwalt

Anmerkungen

1. Massegläubiger (§ 53 InsO) sind Gläubiger eigener Art (vgl. *Eickmann* in HK-InsO, § 53 Rdn. 3). Die Forderungen der Massegläubiger sind vorab (vgl. *Frege/Keller/Riedel* Rdn. 927) nach Vollzug von Absonderungen und Aufrechnungen aus der vorhandenen Masse in voller Höhe zu befriedigen, solange die Masse hier zu ausreicht.

Auf Massegläubiger findet § 87 InsO keine Anwendung. Die Massegläubiger können im Gegensatz zu den Insolvenzgläubigern (§ 89 InsO) wegen ihrer Forderungen die Zwangsvollstreckung in die Insolvenzmasse vornehmen. Das Vollstreckungsverbot von sechs Monaten seit Eröffnung des Insolvenzverfahrens (§ 90 Abs. 1 InsO) gilt nicht für Masseverbindlichkeiten aus Erfüllungswahl des Insolvenzverwalters (§ 103 InsO), aus Dauerschuldverhältnissen, soweit der Insolvenzverwalter für die Insolvenzmasse die Gegenleistung in Anspruch nimmt oder für die Zeit nach dem ersten möglichen Kündigungstermin (§ 90 Abs. 2 InsO). Für Massegläubiger mit Ansprüchen aus einem Sozialplan besteht ein gesetzliches Vollstreckungsverbot (§ 123 Abs. 3 S. 2 InsO). Nach Anzeige der Masseunzulänglichkeit besteht wegen Altmasseverbindlichkeiten iSv § 209 Abs. 1 Nr. 3 InsO ebenfalls ein Vollstreckungsverbot (§ 210 InsO).

Ein Massegläubiger kann seinen Anspruch, da § 87 InsO keine Anwendung findet, im Klagewege geltend machen und durch Zwangsvollstreckung, soweit diese nicht durch §§ 90, 123 Abs. 3 S. 2, 210 InsO ausgeschlossen ist, sichern oder sich aus der Insolvenzmasse befriedigen.

Die Massekostengläubiger ergeben sich aus § 54 InsO. Die sonstigen Masseverbindlichkeiten sind in § 55 Abs. 1 InsO aufgezählt. Diese werden um die von einem vorläufigen Insolvenzverwalter, auf den gem. § 22 Abs. 1 S. 1 InsO die Verwaltung- und Verfügungsbefugnis übergegangen ist, begründeten Verbindlichkeiten und um die aus einem Dauerschuldverhältnis resultierenden Verbindlichkeiten, soweit der Insolvenzverwalter die Gegenleistung in Anspruch genommen hat, erweitert (§ 55 Abs. 2 InsO).

Masseunzulänglichkeit liegt vor, wenn der Vergleich der vorhandenen Werte mit den noch zu erbringenden Leistungen ergibt, dass der Überschuss nicht ausreicht, um alle Masseansprüche der Massegläubiger zu befriedigen (vgl. *Frege/Keller/Riegel* Rdn. 1776). Ist ausreichendes Vermögen vorhanden oder sind entsprechende Massezuflüsse zu erwarten, ist die Masse jedoch zulänglich (BAG ZInsO 1999, 180).

2. Die Feststellung der Masseunzulänglichkeit obliegt dem Insolvenzverwalter (§ 208 Abs. 1 InsO). Eine Überprüfung, ob die Voraussetzungen der Masseunzulänglichkeit wirklich vorliegen, ist nach dem Willen des Gesetzgebers durch das Insolvenzgericht nicht vorzunehmen (vgl. *Frege/Kellner/Riedel* Rdn. 1769; BAG BB 2002, 890, 892). Anzuzeigen ist sowohl die Masseunzulänglichkeit als auch die drohende Masseunzulänglichkeit (§ 208 Abs. 1 S. 2 InsO). Für die Definition der drohenden Masseunzulänglichkeit ist die Parallele zu § 18 InsO zu ziehen (vgl. *Landfermann* in HK-InsO, § 208 Rdn. 4).

3. Auf einen die Teilungsmasse betreffenden Rechtsstreit findet § 13 GVG Anwendung. Die sachliche und örtlichen Zuständigkeit richtet sich nach den entsprechenden Vorschriften der ZPO, wobei auch die Zuständigkeit der besonderen Gerichtsbarkeiten wie Arbeits-, Sozial- und Verwaltungsgerichte usw. zu beachten ist. An eine früher vom Schuldner getroffene Schiedsabrede ist auch der Insolvenzverwalter gebunden.

Für Passivprozesse, welche die Insolvenzmasse betreffen, ergibt sich der allgemeine Gerichtsstand aus dem Sitz des Insolvenzgerichts (§ 19a ZPO).

4. Nach § 80 InsO wird ab Insolvenzeröffnung oder nach Erlass eines allgemeinen Verfügungsverbots im Antragsverfahren (§ 22 Abs. 1 S. 1 InsO) das Verwaltung- und Verfügungsrecht in Bezug auf die Insolvenzmasse an Stelle des Schuldners durch den Insolvenzverwalter oder vorläufigen Insolvenzverwalter ausgeübt. Infolge dessen erlangt der Insolvenzverwalter auch die Prozessführungsbefugnis. Der Insolvenzverwalter ist „Partei kraft Amtes" (vgl. *Gottwald/Klopp/Kluth* § 26 Rdn. 24), wobei er weder den Insolvenzschuldner, die Insolvenzgläubiger noch die Insolvenzmasse vertritt. Der Insolvenzverwalter nimmt seine Legitimation aus dem Gesetz. Der Insolvenzverwalter ist in Masseprozessen zur Parteivernehmung, der Schuldner oder Schuldnervertreter als Zeuge zugelassen (BFH 1997, 797).

5. Die Höhe des Streitwertes orientiert sich einerseits am Interesse des Klägers und andererseits an der zu erwartenden Quote. Eine analoge Anwendung von § 182 InsO bietet sich an (zur Streitwertfestsetzung nach § 182 InsO vgl. Form. III. F. 18).

6. Während vor Anzeige der drohenden oder eingetretenen Masseunzulänglichkeit jeder Massegläubiger seiner Forderung im Wege der Leistungsklage gerichtlich geltend machen und sich unter Berücksichtigung der Vollstreckungsverbote nach §§ 90, 123 Abs. 3 S. 2 InsO im Wege der Vollstreckung Sicherung und Befriedigung aus der Masse verschaffen kann, endet dieses Recht des Massegläubigers mit Anzeige der Masseunzulänglichkeit. Die Zahlungsklage eines Massegläubigers gegen den Insolvenzverwalter ist jetzt mangels Rechtsschutzbedürfnisses unzulässig, auch wenn über Grund und Höhe der Masseverbindlichkeit kein Streit besteht (BGH NZI 2001, 537, 539). Die Masseunzulänglichkeit ist durch den Insolvenzverwalter als Einwand geltend zu machen. Die Rechtsfolgen nach §§ 209ff. InsO treten mit der Anzeige der Masseunzulänglichkeit ein (LAG Stuttgart ZIP 2001, 657). Durch den Nachweis der Anzeige der Masseunzulänglichkeit gegenüber dem Insolvenzgericht genügt der Insolvenzverwalter seiner prozessualen Darlegungs- und Beweislast (vgl. MünchKommInsO/*Hefermehl* § 208 Rdn. 67). Weiterer Tatsachenvortrag des Insolvenzverwalters ist nicht erforderlich (vgl. *Frege/Keller/Riedel* Rdn. 1772).

Der Insolvenzverwalter haftet gem. § 61 InsO sowohl den Alt- als auch den Neumassegläubigern, wenn er zum Zeitpunkt der Begründung der Masseverbindlichkeit hätte erkennen können, dass die Insolvenzmasse zur Erfüllung der Verbindlichkeit nicht ausgereicht (vgl. *Frege/Keller/Riedel* Rdn. 1774). Eine spätere Anzeige der drohenden oder vorhandenen Masseunzulänglichkeit ändert an der Haftung des Insolvenzverwalters nichts.

Nach Anzeige der Masseunzulänglichkeit und deren Nachweis ist ein Leistungsurteil ebenso unzulässig (BAGE 31, 28; BAG BB 2002, 890, 891) wie der Erlass eines Kostenfestsetzungsbeschlusses (LAG Baden-Württemberg ZIP 2001, 657).

Der Leistungsantrag ist nach Anzeige der Masseunzulänglichkeit auf Feststellung umzustellen (vgl. *Frege/Keller/Riedel* Rdn. 1775; BAG KTS 1979, 305). Es handelt sich um keine Klageänderung (§ 264 Nr. 2 und 3 ZPO).

Ein Antrag auf Verurteilung des Insolvenzverwalters zur Zahlung der auf den klägerischen Masseanspruch entfallenden Quote ist unzulässig (LAG Köln ZInsO 2002, 293 mit Anm. *Bescheid;* BAG ZIP 2002, 628, 630). Durch § 209 InsO ist einerseits die Rangordnung der Masseverbindlichkeiten gesetzlich geregelt und andererseits durch § 211 Abs. 1 InsO die Verteilung der Insolvenzmasse. Die Massegläubiger haben Anspruch auf Abschlagszahlungen. Ist der Insolvenzverwalter trotz entsprechender Massemittel und ausreichender Rückstellung für die Ansprüche der vorrangigen Neumassegläubiger zur Zahlung nicht bereit, hat der Massegläubiger keinen einklagbaren Zahlungsanspruch, sondern kann nur das Insolvenzgericht nach § 58 InsO einschalten (vgl. MünchKommInsO/*Hefermehl* § 210 Rdn. 12).

Die Unzulässigkeit der Zwangsvollstreckung (§ 210 InsO) wegen Masseverbindlichkeiten von Altmassegläubigern (§ 209 Abs. 1 Nr. 3 InsO) ist mit der Erinnerung (§ 766 ZPO) geltend zu machen (vgl. *Landfermann* in HK- InsO, § 210 Rdn. 3). Die Erhebung einer Vollstreckungsgegenklage (§ 767 ZPO) ist weder notwendig noch möglich, da der Insolvenzverwalter das Vollstreckungsverbot analog § 89 Abs. 3 InsO beim Insolvenzgericht und nicht beim Vollstreckungsgericht (vgl. MünchKommInsO/*Hefermehl* § 210 Rdn. 15) geltend machen kann.

Gegenüber Neumassegläubigern (§ 209 Abs. 1 Nr. 2 InsO) gilt das Vollstreckungsverbot (§ 210 InsO) nicht. Vollstreckt ein Neumassegläubiger, muss der Insolvenzverwalter Vollstreckungsgegenklage (§ 767 ZPO) erheben (vgl. *Landfermann* HK-InsO § 210 Rdn. 3). § 208 InsO ist auf Neumassegläubiger nicht anwendbar. Der Insolvenzverwalter ist im gerichtlichen Verfahren für den Eintritt der Masseunzulänglichkeit darlegungs- und beweispflichtig. Er genügt seiner Verpflichtung durch öffentliche Bekanntmachung der Masseunzulänglichkeit und Einreichung eines zeitnahen Finanzstatus (BAG ZIP 1999, 36; BGH NZI 2001, 537, 539). Auch in diesem Fall hat der Massegläubiger von der Zahlungs- zur Feststellungsklage überzugehen (vgl. MünchKomm-InsO/*Hefermehl* § 210 Rdn. 23).

7. Nach der Anzeige der Masseunzulänglichkeit gilt die Rangordnung des § 209 InsO für sämtliche Masseverbindlichkeiten. Die Altmassegläubiger der Rangklasse 3 erhalten nur dann Zahlungen, wenn die vorrangigen Neumassegläubiger der Rangklasse 2 vollständig befriedigt werden (vgl. MünchKommInsO/*Hefermehl* § 209 Rdn. 13).

Bei gegenseitigen Verträgen besitzt der Insolvenzverwalter analog § 103 InsO ein Wahlrecht (§ 209 Abs. 2 Nr. 1 InsO). Hat der Insolvenzverwalter bereits nach Eröffnung des Insolvenzverfahrens gem. § 103 InsO die Erfüllung gewählt, kann dieses Wahlrecht nach Anzeige der Masseunzulänglichkeit neuerlich ausgeübt werden (vgl. MünchKommInsO/*Hefermehl* § 209 Rdn. 28).

Die Ansprüche aus Dauerschuldverhältnissen wie zB. aus Miet- und Arbeitsverhältnissen werden durch Insolvenzeröffnung nicht berührt. Die Ansprüche der Vertragspartner stellen Masseverbindlichkeiten nach § 55 Abs. 1 Nr. 2 InsO dar. Kündigt der Insolvenzverwalter nach Anzeige der Masseunzulänglichkeit das Miet- oder Arbeitsverhältnis zum nächstzulässigen Termin und nimmt er die Gegenleistung für die Insolvenzmasse nicht in Anspruch, besitzt der jeweilige Gläubiger eine Altmasseforderung (§ 209 Abs. 2 Nr. 2 iVm § 209 Abs. 2 Nr. 3 InsO). Der Eintritt der Masseunzulänglichkeit berechtigt nicht zur fristlosen Kündigung eines Vertragsverhältnisses (vgl. MünchKommInsO/*Hefermehl* § 209 Rdn. 31).

Nimmt der Insolvenzverwalter die Gegenleistung in Anspruch, insbesondere aus einem Arbeitsverhältnis, so besitzt der Gläubiger einen Neumasseschuldanspruch (§ 209 Abs. 2 Nr. 3 InsO).

Bei Arbeitsverhältnissen kann der Insolvenzverwalter iSv § 209. Abs. 2 Nr. 2 InsO erst dann kündigen, wenn Kündigungssperren wie zB. Zustimmung zur Kündigung eines Schwerbehinderten (§ 85 SGB IX) durch das Integrationsamt, Zulässigerklärung der Kündigung einer Schwangeren (§§ 9 Abs. 3 MuSchG) oder eines Arbeitnehmers/einer Arbeitnehmerin in Elternzeit (§ 18 Abs. 1 BErzGG) oder bei Vorhandensein eines Betriebsrates durch Abschluss eines Interessenausgleichs (§ 111 BetrVG) beseitigt sind.

8. Stellt der Insolvenzverwalter den Arbeitnehmer mit Ausspruch von der Kündigung von der Arbeitsleistung frei, so sind dessen Ansprüche nur nachrangig zu erfüllen. Dies gilt auch für die auf die Bundesanstalt für Arbeit gem. § 115 SGB X übergegangenen Ansprüche.

Versäumt der Insolvenzverwalter die erste Kündigungsmöglichkeit, so stellen die Ansprüche nach dem ersten Kündigungstermin Neumasseverbindlichkeiten nach § 209 Abs. 2 Nr. 2 InsO dar. Ob der Insolvenzverwalter den Arbeitnehmer beschäftigt, ist für das Entstehen der Neumasseverbindlichkeit (§ 209 Abs. 2 Nr. 2 InsO) bedeutungslos (vgl. *Kübler/Prütting/Pape*, InsO, § 209 Rdn 16).

9. Vgl. Anm. 2.

10. Auch wenn der Insolvenzverwalter bis zur Anzeige der Masseunzulänglichkeit die Arbeitsleistung für die Insolvenzmasse in Anspruch genommen hat, besitzt der Arbeitnehmer bei Anzeige der Masseunzulänglichkeit, Kündigung des Arbeitsverhältnisses nach Masseunzulänglichkeitsanzeige und Freistellung von der Arbeit keine Neumasseforderung nach § 209 Abs. 2 Nr. 3 InsO, sondern eine Altmasseforderung nach § 209 Abs. 1 Nr. 3 InsO.

11. Ist die Höhe der Masseverbindlichkeit unstreitig, sollte ein anhängige Rechtsstreit in analoger Anwendung von § 148 ZPO bis zur Feststellung der Quote ausgesetzt werden (BAG ZIP 1986, 1338, 1339).

Besteht über die Höhe der Masseverbindlichkeit zwischen dem Gläubiger und dem Insolvenzverwalter kein Streit, besteht für eine nach Anzeige der Masseunzulänglichkeit erhobene Feststellungsklage kein Rechtschutzbedürfnis.

IV. Der Arbeitsgerichtsprozess

A. Leistungsklagen der Arbeitnehmer mit den häufigsten Beklagtenformen im Rubrum

1. Zahlungsklage wegen rückständigen Lohnes und fehlerhafter Eingruppierung, auch im öffentlichen Dienst

An das
Arbeitsgericht

Klage

des Arbeiters/gewerblichen/kfm. Angestellten ...... Klägers
– Prozessbevollmächtigter: RA ...... –

gegen

den Handwerksmeister ...... Beklagten

wegen Arbeitsvergütung

Namens und mit Vollmacht des Klägers erhebe ich Klage und werde beantragen zu erkennen:

I. Der Beklagte wird verurteilt, ... EUR nebst Zinsen in Höhe von 5% über dem Basiszinssatz seit dem ...... an den Kläger zu zahlen[1].
II. Der Beklagte trägt die Kosten des Rechtsstreites.

Begründung:[2, 3]

Der am ...... geborene, verheiratete Kläger[4], der ...... Kinder hat, wurde am ...... von dem Beklagten eingestellt. Das Arbeitsverhältnis ist vom Kläger/Beklagten gekündigt zum ....../besteht ungekündigt fort/wurde am ...... beendet[5]. Der Beklagte betreibt einen Handwerksbetrieb für ......
Beide Parteien sind kraft Organisationszugehörigkeit tarifgebunden. Der Kläger ist Mitglied der IG ......, der Beklagte Mitglied der Handwerksinnung ......[6].
Es gilt mithin der für das ...... Handwerk geltende Lohntarifvertrag/Gehaltstarifvertrag vom ......
Nach § X des Lohnrahmenabkommens ist der Kläger nach seiner überwiegend verrichteten Tätigkeit einzugruppieren. Der Kläger ist in die Vergütungsgruppe/Gehaltsgruppe ...... einzugruppieren[7]. Die Gruppenmerkmale lauten ...... Zu dem Aufgabenbereich des Klägers gehört ......[8].
Der Beklagte zahlt nur Vergütung nach Lohngruppe/Gehaltsgruppe ...... Der Kläger hat mithin Anspruch auf die Lohndifferenz/Gehaltsdifferenz zur Vergütungsgruppe ...... Der Betriebsrat/Personalrat hat bei der Eingruppierung mitzuwirken (§§ 99 ff. BetrVG)/mitzubestimmen (§ 75 BPersVG). Er hat ......[9]. Die Vergütungsdifferenz beträgt in der Woche bei 40-stündiger Arbeitszeit ....../im Monat ...... Verlangt wird die Nachzahlung für die Zeit vom ...... bis ...... Der Beklagte ist am ...... zur Zahlung

aufgefordert worden und befindet sich in Verzug (§ 284 BGB). Er weigert sich zu zahlen[10].

Rechtsanwalt

Schrifttum: Hümmerich, Arbeitsrecht, 4. Aufl., 2002; *Kittner/Zwanziger,* Formularbuch Arbeitsrecht, 2002; *Vorwerk,* Das Prozessformularbuch, 7. Aufl., 2002.

Anmerkungen

1. Zulässig ist auch ein Feststellungsantrag, festzustellen, dass der Kläger Vergütung nach Vergütungsgruppe ... des Lohn/Gehaltstarifvertrages für ... vom ... zu beanspruchen hat (*Schaub* ArbV-Hdb. § 21; ArbR-Hdb. § 67 II). Im öffentlichen Dienst wird regelmäßig geklagt, dass der Arbeitnehmer aus einer bestimmten Vergütungsgruppe zu entlohnen ist (BAG AP Nr. 56 zu § 3 TOA; AP Nr. 46 zu § 256 ZPO; AP Nr. 53 zu §§ 22, 23 BAT; AP Nr. 4 zu § 23a BAT). Wird neben dem Zahlungsantrag im Wege kumulativer Klagehäufung eine Feststellungsklage erhoben, so ist diese als Zwischenfeststellungsklage (§ 256 Abs. 2 ZPO) regelmäßig zulässig (BAG AP Nr. 1 zu § 1 TVG Tarifverträge Waldarbeiter BB 1996, 2363). Die Zwischenfeststellungsklage wird nur dann unzulässig sein, wenn bereits die Leistungsklage die Rechtsbeziehungen endgültig klärt. Dagegen ist eine Klage unzulässig, wenn darüber hinaus die Feststellung begehrt wird, dass der Arbeitnehmer nach einer bestimmten Fallgruppe innerhalb der Vergütungsgruppe zu entlohnen sei (BAG AP Nr. 14 zu § 23a BAT; AP Nr. 3 zu §§ 22, 23 Kn AT; AP Nr. 10 zu § 24 BAT). Dies gilt auch, wenn davon der Bewährungsaufstieg abhängt. Mit der Feststellungsklage kann auch ein Antrag verbunden werden, die sich aus der Einreihung in die höhere Vergütungsgruppe ergebenden Nachzahlungen zu verzinsen (BAG AP Nr. 30 zu §§ 22, 23 BAT; anders bei fehlendem Verschulden: BAG AP 49 zu §§ 22, 23, BAT 1975 = NJW 1982, 2279; AP Nr. 2 zu § 21 MTL II; AP Nr. 1 zu § 21 MTL II). Im öffentlichen Dienst spricht das BAG in aller Regel nur Rechtshängigkeitszinsen aus dem Nettobetrag zu (BAG AP 49 zu §§ 22, 23 BAT 1975). Wegen des Zinsantrages war lange umstritten, ob Zinsen aus dem Brutto- oder nur dem Nettobetrag verlangt werden kann. Das BAG GS hat entschieden, dass der Arbeitnehmer die Verzugszinsen nach § 288 Abs. 1 S. 1 BGB aus der in Geld geschuldeten Bruttovergütung verlangen kann (BAG AP Nr. 4 zu § 288 BGB = NZA 2001, 1195 = NJW 2001, 3570). Umstritten ist ferner, ob die Geldschuld mit fünf oder acht Prozent über dem Basiszinssatz zu verzinsen ist. Die meisten Autoren kommen mit unterschiedlichen Begründungen zu einer Verzinsung von 5%.

2. Alternative für eine einfache Leistungsklage: Der im Jahre ... geborene Kläger steht seit dem ... als ... in den Diensten der Beklagten. Der Kläger verdiente ... EUR im Monat/in der Woche/in der Stunde. Der Beklagte hat seit dem ... keine Vergütung mehr gezahlt. Der Beklagte schuldet mithin Nachzahlung für die Zeit von ... bis ... in Höhe von ... EUR.

3. Alternative für eine Eingruppierungsklage im öffentlichen Dienst:[11]
Der Kläger ist graduierter Bauingenieur und steht seit dem ... als techn. Angestellter beim ... in den Diensten des Beklagten. Das Arbeitsverhältnis richtet sich aufgrund Organisationszugehörigkeit/einzelvertraglicher Vereinbarung nach dem Bundesangestelltentarifvertrag vom 1. 2. 1961 in seiner jeweils geltenden Fassung. Der Kläger bezieht nach seinem Arbeitsvertrag Vergütung nach VergGr IV a der Anlage 1 zum BAT. Der Kläger ist der Auffassung, dass ihm Vergütung nach VergGr ... der Anlage 1 zum BAT zusteht. Die Vergütungsgruppenmerkmale haben nachfolgenden Wortlaut ... Der Kläger wird im ... Amt beschäftigt. Dieses Amt wird von dem ... geleitet. Dem Amtsleiter unterstehen die vom Kläger geleitete Abteilung sowie die Abteilungen ... Der Amtsleiter ist

Dipl.-Ing. und als Angestellter in die VergGr ... BAT eingruppiert. Die Abteilungsleiter sind in die Vergütungsgruppe ... eingereiht. Nur der Kläger befindet sich in der VergGr IV a BAT. Der Kläger erfüllt die Voraussetzungen des Arbeitsvorganges ... Ihm obliegen nachfolgende Einzelaufgaben: (1) Aufstellen von Entwürfen ... (2) Ermittlung von Kostenbeteiligungen Dritter ... (3) Aufstellung und Prüfung von Ausschreibungsunterlagen ... (4) Bauüberwachung und Abrechnung ... usw.

Der Kläger erfüllt mit seiner Tätigkeit die Grundmerkmale der VergGr ... Er erfüllt aber auch die Heraushebungsmerkmale der VergGr ...

4. Im Arbeitsrecht ist es üblich, die Sozialdaten des Klägers anzugeben, auch wenn es nicht entscheidungserheblich ist.

5. Angaben zur Beendigung sind wegen Vergleichsbemühungen von Bedeutung.

6. Tarifgebunden sind die Parteien, wenn sie Mitglieder der den Tarifvertrag abschließenden Organisationen sind (§ 3 TVG) oder dieser für allgemeinverbindlich (§ 5 TVG) erklärt worden ist (*Schaub* ArbR-Hdb. §§ 206, 207). Für Betriebsnormen reicht auch die Tarifbindung des Arbeitgebers aus. Handwerksmeister sind idR. Mitglied der Innung (Landesinnung), die den Tarifvertrag abgeschlossen hat.

7. Die Eingruppierung hat nur deklaratorische, dagegen keine konstitutive Bedeutung (*Schaub* ArbR-Hdb. § 67 II; MünchKomm/*Schaub* § 612 Rdn. 34). Im allgemeinen erfolgt die Eingruppierung nach der überwiegend vom Arbeitnehmer verrichteten Tätigkeit. Eine Besonderheit besteht für Eingruppierungsklagen nach dem BAT. Hier sind zunächst die Arbeitsvorgänge zu ermitteln. Alsdann werden diese unter die einzelnen Gruppenmerkmale subsumiert.

8. Der Kläger ist für die Tatsachen darlegungs- und beweispflichtig, aus denen sich der Schluss ziehen lässt, dass er die tariflichen Tätigkeitsmerkmale unter Einschluss der darin vorgesehenen Qualifikationen erfüllt (BAG AP Nr. 16, 36 zu §§ 22, 23 BAT 1975).

9. Betriebs- und Personalrat haben bei der Ein-, Um- und Höhergruppierung ein Mitwirkungs-/Mitbestimmungsrecht (vgl. §§ 99 ff. BetrVG, § 75 BPersVG). Es sind mehrere Fallgruppen zu unterscheiden: (1) Nach § 99 Abs. 1 BetrVG hat der Betriebsrat, nach § 75 Abs. 1 BPersVG hat der Personalrat ein Mitwirkungsrecht bei der Eingruppierung. Das setzt voraus, dass ein Vergütungsgruppensystem besteht (BAG AP Nr. 62 zu § 99 BetrVG 1972). Besteht es, ist der Arbeitgeber zur Eingruppierung verpflichtet (BAG AP Nr. 111 zu § 99 BetrVG 1972). Dasselbe gilt nach dem BPersVG. Der Arbeitnehmer ist aber in die Vergütungsgruppe eingereiht, deren Voraussetzungen er erfüllt. Es gilt der sog. Tarifautomatismus. Hieraus folgt, dass das Mitwirkungsrecht des Betriebs- bzw. des Personalrates nur ein Mitbeurteilungsrecht ist. Wird das Mitwirkungsrecht des Betriebs- oder Personalrats verletzt, so kann dieser verlangen, dass das Zustimmungsersetzungsverfahren durchgeführt wird (BAG AP Nr. 105, 103 BetrVG 1972). Dagegen kann die Verletzung des Mitwirkungsrechts nichts an dem Tarifautomatismus ändern, dass der Arbeitnehmer in die zutreffende Vergütungsgruppe eingruppiert ist. Der einzelne Arbeitnehmer ist nicht gehindert, seine Eingruppierung überprüfen zu lassen (BAG AP Nr. 103 zu § 99 BetrVG 1972). Der tarifliche Lohnanspruch besteht unabhängig von der Beteiligung des Betriebsrats. (2) Der Betriebs- wie der Personalrat hat ein Mitwirkungsrecht, wenn dem Arbeitnehmer eine höherwertige Beschäftigung übertragen wird. Nach § 75 Abs. 1 BPersVG ergibt sich dies unmittelbar aus dem Wortlaut des Gesetzes. Wird bei der Übertragung das Mitwirkungsrecht verletzt, kann die Personalvertretung verlangen, dass die Maßnahme rückgängig gemacht wird oder seine Zustimmung eingeholt wird (BAG AP Nr. 5, 6 zu § 101 BetrVG 1972; AP Nr. 27 zu § 118 BetrVG 1972; AP Nr. 37 zu § 99 BetrVG 1972; AP Nr. 9 zu Art. 33 Abs. 2 GG). Hat der Arbeitnehmer in der Vergangenheit höherwertige Tätigkeit verrichtet, hat er Anspruch auf höhere

Vergütung (BAG AP Nr. 72, 95 zu §§ 22, 23 BAT; AP Nr. 8 zu §§ 22, 23 BAT 1975). (3) Umgruppierung ist jede Änderung der Einreihung in die tarifliche oder betriebliche Lohngruppenordnung. Hierzu gehört also die Herauf- wie die Herabgruppierung. Sie beruht häufig auf einer Ausübung des Direktionsrechts des Arbeitgebers. Denkbar ist aber auch, dass der Arbeitnehmer in die höherwertige Tätigkeit hineinwächst (vgl. einerseits BVerwG AP Nr. 10 zu § 71 PersVG; andererseits BAG AP Nr. 49, 52 BAT 1975; AP Nr. 54 zu § 22, 23 BAT). Auch bei der Umgruppierung hat die Personalvertretung ein Mitbeurteilungsrecht. Wird das Mitbeurteilungsrecht verletzt, kann der Arbeitgeber gezwungen werden, das Zustimmungsersetzungsverfahren einzuleiten. Dagegen folgt der Vergütungsanspruch des Arbeitnehmers wiederum dem Tarifautomatismus. Er hat nur Anspruch auf die Vergütung, die ihm bei korrekter Eingruppierung zustehen würde (BAG AP Nr. 31, 37 zu § 75 BPersVG). Die Personalvertretung kann mithin eine sog. korrigierende Rückgruppierung nicht verhindern, wenn der Arbeitgeber irrtümlich zu hoch eingruppiert hat (vgl. zu allem *Schaub* ArbR-Hdb. § 186 Rdn. 55a und für den Privatdienst § 67 Rdn. 4ff.). (4) Sowohl für die evangelische wie die katholische Kirche bestehen Mitarbeitervertretungsregelungen (vgl. *Schaub* ArbR-Hdb. § 186 Rdn. 172ff.). Für sie werden entsprechende Grundsätze gelten (BAG vom 6. 8. 1997 – 4 AZR 195/96).

10. Es ist nach prozesstaktischen Erwägungen zu entscheiden, ob die Einwendungen schon in der Klageschrift substantiiert werden oder nicht.

11. Nach § 22 Abs. 2 BAT ist der Angestellte in die Vergütungsgruppe einzugruppieren, deren Tätigkeitsmerkmale die gesamte von ihm nicht nur vorübergehend auszuübende Tätigkeit entspricht. Die gesamte auszuübende Tätigkeit entspricht den Tätigkeitsmerkmalen einer VergGr, wenn zeitlich mindestens zur Hälfte Arbeitsvorgänge anfallen, die für sich genommen die Anforderungen eines Tätigkeitsmerkmals oder mehrere Tätigkeitsmerkmale der VergGr erfüllen (§ 22 Abs. 2 Unterabs. 2 S. 1 BAT). Der Begriff des Arbeitsvorganges ergibt sich aus der Protokollnotiz Nr. 1 zu § 22 BAT. Das BAG hat den Arbeitsvorgang als eine unter Hinzuziehung der Zusammenhangstätigkeit und bei Berücksichtigung einer vernünftigen, praktischen Verwaltungsübung nach tatsächlichen Gesichtspunkten abgrenzbare und tariflich selbstständig bewertbare Arbeitseinheit der zu einem bestimmten Arbeitsergebnis führenden Tätigkeit eines Angestellten definiert (vgl. BAG AP Nr. 2 zu §§ 22, 23 BAT 1975). Ist ein Arbeitnehmer mit der Vollstreckung von Steuerbescheiden beauftragt, so ist Arbeitsergebnis die Beitreibung der Steuerforderung. Es liegt ein einheitlicher Arbeitsvorgang vor, unabhängig davon, ob in Grundstücke, bewegliche Sachen oder Forderungen vollstreckt wird. Der Kläger hat bei einer Eingruppierungsfeststellungsklage die Einzelheiten seiner Tätigkeit sowie sämtliche Tatsachen vorzutragen, die das Gericht zur rechtlichen Bestimmung der Arbeitsvorgänge kennen muss. Jedoch hat der Kläger nicht die Pflicht, seine Tätigkeit bereits nach Arbeitsvorgängen vorgegliedert den Tatsachengerichten zu schildern (BAG AP Nr. 36, 47, 67 zu §§ 22, 23 BAT 1975). Es gibt keinen Rechtsgrund dafür, den Angestellten des öffentlichen Dienstes tagebuchartige oder sonstige Aufzeichnungen über die Einzelheiten ihrer Tätigkeit und deren Zeitaufwand abzuverlangen (AP Nr. 36 aaO.). Ausgangspunkt der Rechtsprechung des BAG, welche Anforderungen an die Darlegung zum Arbeitsvorgang zu stellen sind, war die Entscheidung vom 28. 3. 1979 (BAG AP Nr. 19 zu §§ 22, 23 BAT 1975). Ein Kläger verlangte Vergütung nach VergGr. V BAT, Fallgr. 1c. Dort werden neben gründlichen und vielseitigen Fachkenntnissen selbständige Leistungen gefordert. Dazu wurde ausgeführt, dass mindestens zur Hälfte selbständige Leistungen anfallen müssen und die Tätigkeitsmerkmale für einen einzelnen tariflich zu bewertenden Arbeitsvorgang erst dann erfüllt sind, wenn im Arbeitsvorgang mindestens zur Hälfte selbständige Leistungen anfallen. Diese Rechtsprechung wurde bestätigt von BAG AP Nr. 53, 68, 89 zu §§ 22, 23 BAT 1975. Sie hat bei den Tarifpartnern keine Zustimmung gefunden; zu einer Änderung der Tarifverträge ist es jedoch nicht gekommen. Die Rechtsprechung konnte sich zum Vor- wie Nachteil der Arbeitnehmer auswirken. Fallen zB. 50% Arbeitsvorgänge an, in denen jeweils ein Drittel selbständige Leistungen zu erbringen waren, reichte bereits dieses aus, um eine Höhergruppierung zu erzielen. Andererseits konnte ein Arbeitnehmer mit 49% Arbeitsvorgängen mit selbstständigen Leistungen eine Höhergruppierung nicht erreichen. Dies hat zur Änderung der Rechtsprechung am 19. 4. 1986 geführt (BAG AP Nr. 116 zu §§ 22, 23 BAT 1975). Seither nimmt das BAG an, dass immer dann, wenn tarifliche Anforderungen in einem bestimmten zeitlichen Ausmaß gefordert werden, nicht darauf abzustellen ist, ob die Hälfte der Gesamtarbeitszeit ausmachende Arbeitsvorgänge ihrerseits das tariflich geforderte Ausmaß der Qualifizierung erfüllen, sondern jeweils zu prüfen ist, ob in dem geforderten Ausmaß der Gesamtarbeitszeit Arbeitsvorgänge anfallen, die ihrerseits die tariflichen Anforderungen erfüllen. Es muss also die Gesamttätigkeit darauf überprüft werden, ob sie noch den erforderlichen Anteil an Tätigkeiten enthält, die den Qualifizierungsmerkmalen genügt. Diese Rechtsprechung ist fortgesetzt in BAG AP Nr. 115, 120 zu §§ 22, 23 BAT 1975. Eine Übersicht über die von der Rechtsprechung anerkannten Arbeitsvorgänge ergibt sich aus *Schaub* ArbR Hdb. § 186 Rdn. 46 ff. Arbeitsvorgänge sind zB. Stoffsammlung für eine Dokumentation, Durchsicht von Zeitungen und Zeitschriften zum Zwecke der Unterbreitung von Themenvorschlägen, Zeitungslektüre zur persönlichen Unterrichtung bei einem Redakteur, Erstellung von Bebauungsplänen usw. Regelmäßig bauen die VergGr des öffentlichen Dienstes aufeinander auf. Es ist mithin zunächst darzulegen, dass der Arbeitsvorgang die Ausgangsvergütungsgruppe erfüllt; alsdann sind die jeweiligen Hervorhebungsmerkmale der höheren Vergütungsgruppe herauszustellen. Für die Feststellung, inwieweit Heraushebungsmerkmale aufeinander aufbauender Vergütungsgruppen erfüllt sind, kommt es auf einen Vergleich der Tätigkeit des Anspruchstellers mit den Tätigkeiten der im Tarifvertrag aufgeführten Angestellten an (BAG AP Nr. 256 zu §§ 22, 23 BAT 1975 = ZTR 1999, 78). Zusammenstellung der Rechtsprechung: *Schaub/Linck* ArbR-Hdb. § 186 Rdn. 44 ff.

12. Ist der BAT vertraglich in Bezug genommen und hat der Arbeitgeber dem Arbeitnehmer eine Vergütungsgruppe mitgeteilt, die nicht zutrifft, kann es zur korrigierenden Rückgruppierung kommen. Bei der Eingruppierung nach § 22 Abs. 2 BAT handelt es sich nicht um einen rechtsgestaltenden Akt, insbesondere nicht um eine Willenserklärung des Arbeitgebers, sondern um eine bewertende Subsumtion, nämlich um die Zuordnung der auszuübenden Tätigkeit zu einer Vergütungs- und/oder Fallgruppe des BAT. Die Eingruppierung nach § 22 Abs. 2 BAT ist von der wissentlichen Zubilligung einer tarifvertraglich nicht geschuldeten Vergütung nach einer höheren Vergütungsgruppe zu unterscheiden. Hat der Arbeitgeber dem Angestellten eine übertarifliche Vergütung arbeitsvertraglich zugesagt, so kann er keine korrigierende Rückgruppierung vornehmen. Die Darlegungs- und Beweislast dafür, dass eine übertarifliche Vergütung vereinbart worden ist, liegt bei dem, der daraus für sich Rechte herleitet. Stellt die Aufgabe/Mitteilung der Vergütungsgruppe keine wissentliche Zubilligung einer übertariflichen Vergütung dar, so kann der Arbeitgeber im Rahmen des BAT eine erneute tarifvertraglich Zuordnung der zu bewertenden Tätigkeit auch zu Lasten des Angestellten vornehmen (sog. korrigierende Rückgruppierung). Im Streitfall kann sich der Angestellte zunächst auf die ihm vom Arbeitgeber mitgeteilte Vergütungsgruppe berufen. Sodann muss der Arbeitgeber die objektive Fehlerhaftigkeit der mitgeteilten Vergütungsgruppe darlegen und beweisen. Die objektive Fehlerhaftigkeit liegt bereits vor, wenn auch nur eine der tariflichen Voraussetzungen für die bisherige Eingruppierung fehlt (BAG AP Nr. 3 zu § 2 NachwG = NZA-RR 2001, 216). Hat der Arbeitgeber die Voraussetzungen für die sog. korrigierende Rückgruppierung dargelegt und ggf. bewiesen, so ist es Sache des Angestellten, die Tatsachen darzulegen und ggf. zu beweisen, aus denen folgt, dass ihm die begehrte höhere Vergütung zusteht. Aus dem Nachweisgesetz und der EG-Nachweisrichtlinie (RL 91/533/EWG des Rates vom 14. Oktober 1991) ergeben sich im

Rahmen des BAT für die sog. korrigierende Rückgruppierung weder eine weitergehende Darlegungs- oder Beweislast des Arbeitgebers noch weitergehende Erleichterungen der Darlegungs- und Beweislast für den Angestellten (BAG AP Nr. 3 zu § 2 NachwG = NZA-RR 2001, 216). Der Arbeitgeber genügt seiner Darlegungslast für den die korrigierende Rückgruppierung auslösenden Irrtum, wenn er darlegt, bei der ursprünglichen Eingruppierung sei ein Qualifizierungsmerkmal als erfüllt angesehen worden, das es in der betreffenden Fallgruppe nicht gibt (BAG AP Nr. 239 zu §§ 22, 23 BAT 1975 = NZA 1998, 950–953). Für die Darlegung eines eine korrigierende Rückgruppierung auslösenden Irrtums genügt es, dass der Arbeitgeber darlegt und beweist, dass eine tarifliche Voraussetzung der mitgeteilten Vergütungsgruppe fehlt (BAG AP Nr. 18 zu §§ 22, 23 BAT-O).

Kosten und Gebühren

Berechnung des Beschwerdewertes: § 64 Abs. 6 ArbGG; §§ 511 a, 2 ff. ZPO; Berechnung des Gebührenstreitwertes: §§ 1 Abs. 3, 12, 17 GKG. Besonderheiten bei Alternativvorschlag Anm. 1: § 12 Abs. 7 ArbGG. Gerichtsgebühren: § 12 Abs. 1, 2 ArbGG. Rechtsanwaltsgebühren: § 9 Abs. 1 BRAGO; bei Veränderung des Streitwertes während Instanz: §§ 31, 10 Abs. 1 BRAGO. Nach hM. ist bei unrichtiger Festsetzung des Gebührenstreitwertes die Beschwerde nicht gegeben (§ 25 Abs. 2 GKG). Die abweichende Meinung der früheren Auflagen hat sich nicht durchgesetzt (LAG Hamburg AnwBl. 1989, 167).

2. Klage gegen Einzelkaufmann auf Über- und Mehrarbeitsstundenvergütung

An das
Arbeitsgericht

Klage

des kaufmännischen Angestellten ...... **Klägers**
– Prozessbevollmächtigter: RA ...... –

gegen

den Kaufmann ...... **Beklagten**

wegen Über- und Mehrarbeitsstundenvergütung.
Namens und mit Vollmacht des Klägers erhebe ich Klage und werde beantragen zu erkennen:

I. Der Beklagte wird verurteilt, ... EUR nebst Zinsen in Höhe von 5% über dem Basiszinssatz aus dem Bruttobetrag seit dem ...... an den Kläger zu zahlen.
II. Der Beklagte trägt die Kosten des Rechtsstreits.

Begründung:

Der am ...... geborene Kläger war vom ...... bis ...... als ...... bei dem Beklagten beschäftigt. Das Arbeitsverhältnis wurde vom Kläger beendet, weil es zu ständigen Auseinandersetzungen über die geforderte Über- und Mehrarbeit[1] gekommen ist. Die Parteien sind nicht tarifgebunden[2].
Der Kläger hat monatlich ...... EUR verdient. Im Betrieb des Beklagten wird betriebsüblich 37,5 Stunden wöchentlich in der 5-Tage-Woche gearbeitet[3]. Ein Tag ist in der Woche jeweils dienstfrei. Die freien Tage wechseln jeweils wöchentlich/monatlich.

Seit dem ...... musste der Kläger jedoch an allen Wochentagen während der geschäftsoffenen Zeit von 10 bis 20 Uhr arbeiten. Ihm wurde lediglich täglich eine Mittagszeit von 13.00–13.30 Uhr eingeräumt.

Der Beklagte hat die Über- und Mehrarbeitsstunden angeordnet[4–6], weil der Arbeitskollege des Klägers erkrankt ist und andere Arbeitnehmer in der Abteilung nicht zur Verfügung standen. Der Kläger hat bei einer Geschäftszeit von montags bis freitags von 10 bis 20 Uhr und sonnabends von 10 bis 15.00 Uhr 52,5 Stunden wöchentlich gearbeitet. Ihm steht mithin für wöchentlich 10,5 Stunden (52,5 minus 37,5 Stunden = 15, davon, 4,5 Stunden Mehrarbeit) Überstundenvergütung zu (§ 612 Abs. 1 BGB). Überstunden, also Stunden, die über die regelmäßige betriebliche Arbeitszeit hinaus geleistet werden, sind nur gegen eine besondere Vergütung zu erwarten (§ 612 Abs. 1 BGB). Die Überstundenvergütung ist nach § 612 Abs. 2 BGB zu berechnen[7]. Neben der Grundvergütung ist ein Tarifzuschlag von 25% üblich. Dem Kläger stehen mithin ...... für den Monat zu. Diese berechnen sich aus der Grundvergütung (Monatsgehalt × 3 Monate geteilt durch [37,5 h × 13 Wochen] und einem Zuschlag in Höhe von 25 vH. ...... Darüber hinaus hat der Kläger wöchentlich 4,5 Mehrarbeitsstunden geleistet. Die werktägliche Arbeitszeit darf acht Stunden nicht übersteigen (§ 3 ArbZG). Auch diese Zeit ist zu vergüten. Dies ergibt sich aus dem Arbeitsvertrag. Es ergibt sich mithin ein weiterer Anspruch in Höhe von ......

Der Beklagte weigert sich zu zahlen, weil er rechtsirrtümlich glaubt, Überstunden brauchten bei fehlender Tarifbindung nicht bezahlt zu werden.

Rechtsanwalt

Anmerkungen

1. Überstunden sind die über die regelmäßige betriebliche Arbeitszeit, Mehrarbeitsstunden die über die nach dem ArbZG zulässige Arbeitszeit geleisteten Stunden (*Schaub* ArbR-Hdb. § 45 Rdn. 46).

2. Zur Tarifbindung vgl. Form. IV. A. 1 Anm. 6.

3. Bei der in vielen Wirtschaftszweigen durchgeführten Flexibilisierung der Arbeitszeit werden Jahresarbeitszeitverträge mit Zeitkorridor geschlossen. Diese Verträge beruhen auf dem Prinzip, dass die Jahresarbeitszeit auf 46 Wochen × 37,5 Stunden = 1.725 Stunden festgelegt wird. Der Arbeitgeber ist berechtigt, in Zeiten schwacher Auftragslage die betriebliche Arbeitszeit etwa auf 32 Stunden herabzusetzen und bei starker Auftragslage auf 43 Stunden zu erhöhen. Insoweit handelt es sich um eine Verschiebung der Arbeitszeit, die für den Arbeitnehmer den Verlust der Überstundenvergütung bedingt. Regelmäßig wird bei derartigen Verträgen ein festes Gehalt vereinbart, das unabhängig von den anfallenden Stunden gezahlt wird. Einzelheiten *Schaub* ArbR-Hdb. Rdn. 54.

4. Alternative bei Tarifbindung: Nach dem Rahmentarifvertrag für ... vom ... hatte der Kläger eine wöchentliche Arbeitszeit von ..., diese war auf fünf Tage in der Woche verteilt. Wöchentlich war ein Tag dienstfrei .... Für geleistete Überarbeit ist tariflich ein Zuschlag von 25% vorgesehen. Der Kläger hat mithin Anspruch ...

5. Der Kläger ist im Über- und Mehrarbeitsstundenprozess darlegungs- und beweispflichtig: a) für die regelmäßige übliche Arbeitszeit; b) die täglich geleistete Überarbeit/Mehrarbeit; c) dass die Überarbeit/Mehrarbeit entweder angeordnet worden ist oder betriebsnotwendig war und vom Arbeitgeber geduldet worden ist (BAG AP Nr. 1 zu § 1 TVG Arbeiterwohlfahrt = NZA 1994, 1035; *Schaub* ArbR-Hdb. § 69 Rdn. 24). Ein bereits entstandener Anspruch auf Überstundenvergütung kann nicht mehr durch Freistellung von der Arbeit erfüllt werden, wenn keine Ersetzungsbefugnis vereinbart ist (BAG NZA 2002, 268).

6. Der Arbeitnehmer schuldet regelmäßig nur im Rahmen bestimmter Arbeitszeiten Arbeitsleistung. Leistet er Über- und Mehrarbeit, so folgt die Vergütungspflicht nach § 612 Abs. 1 BGB. Die Höhe wird nach § 612 Abs. 2 BGB berechnet. Der Arbeitnehmer ist auch insoweit darlegungs- und beweispflichtig (MünchKomm/*Schaub* § 612 Rdn. 204 ff.).

7. Die Darlegungs- und Beweislast für Mehrarbeitsstunden entspricht der bei Überstunden (*Schaub* ArbR-Hdb. § 69 Rdn. 5 ff., 24 II, III). Für die über die 48 Stunden hinaus geleistete Arbeit besteht nach dem ArbZG kein gesetzlicher Anspruch auf Vergütung. Der Anspruch muss mithin aus dem Arbeitsvertrag abgeleitet werden.

Kosten und Gebühren

Beschwerdewert: § 64 Abs. 6 ArbGG; §§ 511 a, 2 ff. ZPO. Gebührenstreitwert: § 1 Abs. 3 GKG. Gerichtsgebühren: § 12 Abs. 1, 2 ArbGG. Rechtsanwaltsgebühren: § 9 Abs. 1 BRAGO, bei Streitwertänderung §§ 31, 10 Abs. 1 BRAGO. Nach hM. ist bei unrichtiger Festsetzung des Gebührenstreitwertes die Beschwerde nicht gegeben (§ 25 Abs. 2 GKG). Die abweichende Meinung der Vorauflagen hat sich nicht durchgesetzt (LAG Hamburg AnwBl. 1989, 167).

3. Klage gegen einen Freiberufler auf Vergütungsfortzahlung bei Arbeitsverhinderung[1] und im Krankheitsfalle[2]

An das
Arbeitsgericht

Klage

des Arbeiters/Angestellten ...... **Klägers**
– Prozessbevollmächtigter RA ...... –

gegen

Rechtsanwalt ......

Beklagten

wegen Arbeitsverhinderung und Entgeltfortzahlung im Krankheitsfalle

Namens und mit Vollmacht des Klägers erhebe ich Klage und werde beantragen zu erkennen:

I. Der Beklagte wird verurteilt, ... EUR nebst Zinsen in Höhe von 5% über dem Basiszinssatz aus dem Bruttobetrag seit dem ...... an den Kläger zu zahlen.
II. Der Beklagte trägt die Kosten des Rechtsstreits.

Begründung:

Der ...... Jahre alte, verheiratete Kläger ist seit dem ...... bei dem Beklagten beschäftigt. Das Arbeitsverhältnis besteht ungekündigt fort. Der Kläger verdient ...... EUR monatlich.
Vom ...... bis ...... war der Kläger arbeitsunfähig krank. Der Kläger hat die Erkrankung unverzüglich angezeigt[3] und eine ärztliche Bescheinigung[4] vorgelegt.
Der Beklagte weigert sich zu Unrecht, Entgeltfortzahlung im Krankheitsfalle zu erbringen. Diese beträgt ......[5].
Der Beklagte wird sich voraussichtlich darauf berufen, der Kläger habe die Erkrankung verschuldet[6]. Dies ist aber unzutreffend. Die Erkrankung beruht auf einem Verkehrsunfall. Der Kläger ist an einer unübersichtlichen Stelle von einem überholenden Fahrzeug

gerammt worden. Allerdings hatte er keinen Sicherheitsgurt angelegt[7]. Hierauf ist jedoch der Unfall und die Erkrankung nicht zurückzuführen. Auch die Dauer der Erkrankung ist nicht beeinflusst worden.
Der Kläger musste nach Wiederherstellung seiner Arbeitsfähigkeit noch wiederholt zu Nachuntersuchungen und Heilbehandlungen eines Masseurs. Zu den Nachuntersuchungen ist er vom Arzt bestellt worden.

Beweis: ......
Den Massagetermin hat er jeweils mit dem Masseur vereinbart; aus medizinischen Gründen sollen die Massagen in bestimmten Zeitabständen verabfolgt werden. Die Massagetermine wurden daher auch entsprechend den Möglichkeiten des Masseurs vereinbart.

Beweis: ......
Hierdurch ergab sich die Notwendigkeit, dass die Arzt- wie die Masseurbesuche häufig während der Arbeitszeit stattfinden mussten. Der Beklagte hat dem Kläger wegen der Arztbesuche ...... EUR und wegen der Massagen ...... EUR vom Gehalt für den Monat ...... abgezogen. Dieser Abzug ist nicht gerechtfertigt. Er wird gleichfalls mit der Klage verlangt.

Rechtsanwalt

Anmerkungen

1. a) Grundsätzlich ist für alle Arbeitnehmer der Anspruch auf Vergütungsfortzahlung bei persönlicher Arbeitsverhinderung in § 616 BGB geregelt. Der Anspruch ist dispositiv. Regelmäßig finden sich aber eingehende tarifliche Regelungen.

b) Der Anspruch aus § 616 BGB hat drei Voraussetzungen, von denen der Arbeitnehmer zwei darzulegen und zu beweisen hat. (1) Der Arbeitnehmer muss vom vertragsmäßigen Beginn der Arbeitsleistung bis zu dessen Beendigung durch einen in seiner Person liegenden Grund an der Arbeitsleistung verhindert sein. Eine persönliche Arbeitsverhinderung ist dann gegeben, wenn dem Arbeitnehmer nach Treu und Glauben nicht zugemutet werden kann, seinen Arbeitspflichten nachzukommen. Hierzu gehören familiäre Ereignisse wie Tod, Begräbnis, Geburt, Hochzeiten, persönliche Arbeitshindernisse wie Arztbesuche, ärztliche Behandlungen, Erkrankungen von Kindern und naher Angehöriger bei notwendiger Pflege usw. sowie Wahrnehmung von öffentlichen Aufgaben bei Ladung zu Behörden, Gerichten, Ausübung politischer Ämter usw. Keine persönlichen Arbeitsverhinderungen sind objektive Leistungshindernisse wie Straßensperren, Witterungskatastrophen wie Schnee und Glatteis (BAG AP Nr. 58 zu § 616 BGB; AP Nr. 59 aaO. = NJW 1983, 1078) usw. Das Ereignis ist für die Verhinderung ursächlich, wenn der Arbeitnehmer vernünftigerweise die Angelegenheiten nicht außerhalb seiner Dienstzeit regeln konnte. Arztbesuche und Behandlungen können daher während der Arbeitszeit vorgenommen werden, wenn die Heil- oder Hilfsperson andere Termine nicht zur Verfügung stellt. (2) Die Zeitspanne der verhältnismäßig nicht erheblichen Zeit ist unter Berücksichtigung der Umstände des Einzelfalles zu bestimmen. Als Bestimmungskriterien kommen vor allem in Betracht das Verhältnis der Verhinderungszeit zur Gesamtdauer des Arbeitsverhältnisses, die für den Verhinderungsgrund objektiv notwendige Zeit. Im Krankheitsfall ist als nicht erhebliche Zeit ein Zeitraum von sechs Wochen, bei der Notwendigkeit der Pflege von erkrankten Kindern unter zwölf Jahren für jedes Kind längstens für 10 Arbeitstage, für Alleinerziehende für 20 Arbeitstage angemessen (vgl. § 45 SGB V). Die Arbeitsfreistellung braucht nicht in unmittelbarem Zusammenhang mit dem auslösenden Ereignis zu stehen (bei Sterbefall kann die Verhinderung der Begräbnistag sein). (3) Nach hM. ist ein vom Arbeitgeber darzulegendes und zu beweisendes Verschulden dann anzunehmen, wenn der Arbeitnehmer in grober Weise gegen das von einem verständigen Menschen in eigenem Interesse zu erwartende Verhalten verstößt.

c) Der Anspruch aus § 616 BGB kann durch Tarifvertrag oder Arbeitsvertrag für die Fälle der Arbeitsverhinderung, nicht dagegen der Krankheit abbedungen werden (BAG AP Nr. 1 zu § 26 ArbGG 1979; AP Nr. 62 zu § 616 BGB = NJW 1984, 1706). Eine tarifliche Abdingung ist aber noch nicht dann gegeben, wenn der Tarifvertrag keine abschließende Regelung der Verhinderungsfälle enthält (der Arbeitnehmer hat insbesondere Anspruch, wenn ...). Dagegen ist der Anspruch nach § 616 Abs. 1 S. 1 BGB ausgeschlossen, wenn der Tarifvertrag bestimmt, dass nur die geleistete Arbeit bezahlt wird und hiervon einzelne Ausnahmen macht (BAG AP Nr. 55, 58 zu § 616 BGB). Hieraus ergibt sich, dass in den verschiedenen Tarifverträgen unterschiedlich geregelt sein kann, ob Arztbesuche zu vergüten sind (vgl. BAG AP Nr. 22 zu § 1 TVG Tarifverträge: Metallindustrie = NJW 1984, 2720; AP Nr. 64 zu § 616 BGB = NJW 1984, 2720).

2. Durch das Gesetz zur sozialen Absicherung des Risikos der Pflegebedürftigkeit (Pflege-Versicherungsgesetz – PflegeVG) vom 26. 5. 1994 (BGBl I 1014) wurde das Gesetz über die Zahlung des Arbeitsentgelts an Feiertagen und im Krankheitsfall (Entgeltfortzahlungsgesetz) zul. geänd. 19. 6. 2001 (BGBl I S. 1046) erlassen. Nach seinem persönlichen Geltungsbereich gilt es für alle Arbeitnehmer und im Bereich der Heimarbeit. Arbeitnehmer sind Arbeiter und Angestellte und die zur Berufsausbildung Beschäftigten. Im Bereich der Seeschifffahrt bestehen noch einige Sonderregeln.

3. Alle Arbeitnehmer sind zur Anzeige verpflichtet; dies folgt aus vertraglicher Nebenpflicht und aus § 5 EntgeltFG. Im Falle der Nichtanzeige kann der Arbeitnehmer schadensersatzpflichtig werden; uU. besteht auch nach vorheriger Abmahnung ein Recht zur ordentlichen oder außerordentlichen Kündigung (*Schaub* ArbR-Hdb. §§ 98 Rdn. 123, 130 Rdn. 23 ff.).

4. Dauert die Arbeitsunfähigkeit länger als drei Kalendertage, hat der Arbeitnehmer eine ärztliche Bescheinigung über das Bestehen der Arbeitsunfähigkeit sowie deren voraussichtliche Dauer spätestens an dem darauffolgenden Arbeitstag vorzulegen. Gemeint ist der vierte und nicht der fünfte Tag. Der Arbeitgeber ist berechtigt, die Vorlage der ärztlichen Bescheinigung früher zu verlangen (§ 5 EntgeltFG). Der Arbeitgeber wird nicht generell die Vorlage am ersten Tag verlangen können. Andererseits braucht er für das Verlangen keinen besonderen Grund. Die Vorlage darf aber nicht missbräuchlich verlangt werden. Die nach § 5 Abs. 1 S. 3 EntgeltFG zulässige Anweisung des Arbeitgebers, Zeiten der Arbeitsunfähigkeit unabhängig von deren Dauer generell durch eine vor Ablauf des dritten Kalendertages nach Beginn der Arbeitsunfähigkeit vorzulegende Bescheinigung nachzuweisen, betrifft eine Frage der betrieblichen Ordnung im Sinne von § 87 Abs. 1 Nr. 1 BetrVG. Das danach bestehende Mitbestimmungsrecht des Betriebsrats ist nicht durch das Entgeltfortzahlungsgesetz ausgeschlossen. § 5 Abs. 1 S. 3 EntgeltFG eröffnet dem Arbeitgeber einen Regelungsspielraum hinsichtlich der Frage, ob und wann die Arbeitsunfähigkeit vor dem vierten Tag nachzuweisen ist. Bei dieser Regelung hat der Betriebsrat mitzubestimmen (BAG AP Nr. 34 zu § 87 BetrVG 1972 Ordnung des Betriebes = NZA 2000, 665). Es ist zulässig, im Arbeitsvertrag zu vereinbaren, dass eine ärztliche Bescheinigung bereits für den ersten Tag krankheitsbedingter Arbeitsunfähigkeit beizubringen ist (BAG AP Nr. 5 zu § 5 EntgeltFG = NZA 1998, 369). Kommt der Arbeitnehmer seiner Verpflichtung zur Beibringung einer Arbeitsunfähigkeitsbescheinigung (§ 5 Abs. 1 S. 2, 3 EntgeltFG) nicht nach, so folgt hieraus allein kein endgültiges Leistungsverweigerungsrecht des Arbeitgebers, sondern nur ein Zurückbehaltungsrecht (§ 7 Abs. 1 Nr. 1 EntgeltFG). Es endet, wenn der Arbeitnehmer anderweitig bewiesen hat, arbeitsunfähig krank gewesen zu sein (BAG AP Nr. 5 zu § 5 EntgeltFG = NZA 1998, 369). Der Nachweis kann in Ausnahmefällen auch durch andere Beweismittel geführt werden (BAG AP Nr. 5 zu § 5 EntgeltFG = NZA 1998, 369; AP Nr. 4 zu § 5 EntgeltFG = NZA 1998, 372).

Der Arbeitnehmer ist darlegungs- und beweispflichtig für die Voraussetzung der Arbeitsvergütung ohne Arbeitsleistung, also dass die Arbeitsunfähigkeit infolge Krankheit eingetreten ist. Der Nachweis wird regelmäßig durch ein ärztliches Attest geführt. Für seine Richtigkeit spricht der Anscheinsbeweis, er kann erschüttert werden, wenn der Arbeitgeber greifbare Anhaltspunkte dafür erbringt, dass der Arbeitnehmer nicht krank war (BAG AP Nr. 2 zu § 3 LohnFzG = NJW 1977, 350) oder das Attest ein Gefälligkeitsattest war. Hat der Arbeitgeber Umstände nachgewiesen, die zu ernsthaften Zweifeln an der Erkrankung Anlass bieten, so hat eine erschöpfende und in sich widerspruchsfreie Würdigung aller Umstände im Rahmen des § 286 ZPO zu erfolgen (*Schaub* ArbV-Hdb. § 35 Rdn. 13 ff.). Einer von einem ausländischen Arzt im Ausland ausgestellten Arbeitsunfähigkeitsbescheinigung kommt im allgemeinen der gleiche Beweiswert zu wie einer von einem deutschen Arzt ausgestellten Bescheinigung (EuGH NJW 1992, 2687). Insoweit haben mehrere Vorabentscheidungsverfahren geschwebt. In der zweiten Paletta-Entscheidung (EuGH vom 2. 5. 1996 – NZA 1996, 635) ist der EuGH bei dieser Rechtsprechung verblieben. Er hat aber darüber hinaus ausgeführt, dass es dem Arbeitgeber nicht verwehrt ist, Nachweise zu erbringen, anhand deren das nationale Gericht gegebenenfalls feststellen kann, dass der Arbeitnehmer missbräuchlich oder betrügerisch eine Arbeitsunfähigkeit gemeldet hat, ohne krank zu sein. Der Nachweis einer im Ausland aufgetretenen krankheitsbedingten Arbeitsunfähigkeit (§ 5 Abs. 2 EFZG) ist durch eine ärztliche Bescheinigung zu führen, die erkennen lässt, dass der Arzt zwischen Erkrankung und auf ihr beruhender Arbeitsunfähigkeit unterschieden hat. Den vorgenannten Anforderungen genügt eine Arbeitsunfähigkeitsbescheinigung nach Maßgabe des Deutsch-Türkischen Sozialversicherungsabkommens (BAG AP Nr. 4 zu § 5 EntgeltFG = NZA 1998, 372).

5. Die Beurteilung der Rechtslage bei der Berechnung der Entgeltfortzahlung im Krankheitsfall ist vielschichtig. a) Es gilt das Lohnausfallprinzip (§ 4 EntgeltFG). Es ist das Arbeitsentgelt fortzuzahlen, das dem Arbeitnehmer bei der für ihn maßgebenden regelmäßigen Arbeitszeit für den Zeitraum der Arbeitsunfähigkeit zustehen würde (vgl. BAG AP Nr. 40 zu § 63 HGB = NJW 1986, 2906). Bei Zeitlöhnern (5-Tage-Woche): Drei-Monatsverdienst geteilt durch 65 mal Zahl der mit Fehlzeit belegten Arbeitstage. Bei Leistungslöhnern Errechnung der wahrscheinlich ausgefallenen Vergütung. Hierbei kann auf den Durchschnitt der letzten drei Monate zurückgegangen werden. Entsprechendes gilt bei Zeitlöhnern mit wechselndem Zuschlag (*Schaub* ArbR-Hdb. § 98 Rdn. 87 ff.).

b) Durch das Arbeitsrechtliche Beschäftigungsförderungsgesetz vom 25. 9. 1996 (BGBl. I S. 1476) ist die Entgeltfortzahlung auf 80 vH. reduziert worden. Diese Rechtslage ist durch das sog. Korrekturgesetz wieder beseitigt worden.

c) Zum Arbeitsentgelt gehören nicht das zusätzlich für Überstunden gezahlte Arbeitsentgelt (§ 4 EntgeltFG). Die für die gesetzliche Entgeltfortzahlung im Krankheitsfall maßgebliche individuelle regelmäßige Arbeitszeit des Arbeitnehmers (§ 4 Abs. 1 a EntgeltFG) ergibt sich in erster Linie aus dem Arbeitsvertrag. Dabei ist auf das gelebte Rechtsverhältnis als Ausdruck des wirklichen Parteiwillens und nicht auf den Text des Arbeitsvertrags abzustellen. Wird regelmäßig eine bestimmte, erhöhte Arbeitszeit abgerufen und geleistet, ist dies Ausdruck der vertraglich geschuldeten Leistung. Schwankt die Arbeitszeit, weil der Arbeitnehmer stets seine Arbeitsaufgaben vereinbarungsgemäß zu erledigen hat, bemisst sich die Dauer nach dem Durchschnitt der vergangenen zwölf Monate. Überstunden iSv. § 4 Abs. 1 a EFZG liegen vor, wenn die individuelle regelmäßige Arbeitszeit des Arbeitnehmers überschritten wird. Überstunden werden wegen bestimmter besonderer Umstände vorübergehend zusätzlich geleistet. Die gesetzliche Entgeltfortzahlung im Krankheitsfall umfasst nicht (tariflich geregelte) Zuschläge für

Über- oder Mehrarbeit (BAG 21. 11. 2001 ArbuR 2002, 116). Gewährt der Arbeitgeber eine Anwesenheitsprämie für ein Quartal nur dann, wenn in diesem Zeitraum kein krankheitsbedingter Fehltag liegt, enthält diese Zusage die Kürzung einer Sondervergütung iS § 4a EFZG. Dem Arbeitnehmer steht deshalb bei krankheitsbedingten Fehlzeiten ein der gesetzlichen Kürzungsmöglichkeit entsprechender, anteiliger Anspruch auf die Anwesenheitsprämie zu (BAG DB 2001, 2608 = ZTR 2002, 42.

6. Der Beklagte ist für das Verschulden darlegungs- und beweispflichtig (BAG AP Nr. 13 zu § 1 ArbKrankG; AP Nr. 12 zu § 63 HGB; AP Nr. 8, 18, 26 zu § 1 LohnFzG). Hat der an Alkoholabhängigkeit erkrankte Arbeitnehmer sich einer stationären Entziehungskur unterzogen, ist er dabei über die Gefahren des Alkohols für sich aufgeklärt worden, und ist es ihm abschließend gelungen, für längere Zeit (mehrere Monate) abstinent zu bleiben, dann kann ein schuldhaftes Verhalten vorliegen, wenn er sich wieder dem Alkohol zuwendet und dadurch erneut arbeitsunfähig krank wird (BAG AP Nr. 75 zu § 616 BGB).

7. Nach Auffassung des BAG handelt ein Arbeitnehmer, der die vorgeschriebenen Sicherheitsgurte nicht anlegt, schuldhaft. Er verliert seinen Anspruch auf Lohnfortzahlung jedoch nur dann, wenn und soweit die bei einem Unfall erlittenen Verletzungen auf das Nichtanlegen des Sicherheitsgurts zurückzuführen sind (BAG NJW 1982, 1013).

Kosten und Gebühren

Beschwerdewert: § 64 Abs. 6 ArbGG, §§ 511a, 2ff. ZPO; Gebührenstreitwert: § 1 Abs. 3 GKG; Gerichtsgebühren: § 12 Abs. 1, 2 ArbGG; Rechtsanwaltsgebühren: § 9 Abs. 1 BRAGO, bei Streitwertänderung: §§ 31, 10 Abs. 1 BRAGO. Nach hM. ist bei unrichtiger Festsetzung des Gebührenstreitwertes die Beschwerde nicht gegeben (§ 25 Abs. 2 GKG). Die abweichende Meinung der Vorauflagen hat sich nicht durchgesetzt (LAG Hamburg AnwBl. 1988, 167).

4. Klage des Arbeiters gegen einen Sachverständigen wegen Vergütungsfortzahlung bei Kur und Krankheit

An das
Arbeitsgericht

Klage

des Arbeiters ......

– Klägers –

– Prozessbevollmächtigter: RA –

gegen

den Sachverständigen ......

Namens und mit Vollmacht des Klägers erhebe ich Klage und werde beantragen zu erkennen:

I. Der Beklagte wird verurteilt, ... EUR nebst Zinsen in Höhe von 5 Prozentpunkten über dem Basiszinssatz seit dem ...... und weitere ...... EUR nebst Zinsen in Höhe von fünf Prozentpunkten über dem Basiszinssatz seit dem ...... jeweils aus dem Bruttobetrag an den Kläger zu zahlen.

II. Der Beklagte trägt die Kosten des Rechtsstreits.

Begründung:

Der Beklagte ist Sachverständiger für Bauwesen. Er ist gemäß § 36 GewO öffentlich bestellt worden. Der Kläger ist seit dem ...... als Arbeiter bei dem Beklagten beschäftigt. Der Kläger war wegen eines Herzinfarktes vom 1. 3. ...... bis 15. 7. arbeitsunfähig krank. Nach seiner Genesung hat er wieder bei dem Beklagten gearbeitet. Am 15. 9. ...... bewilligte ihm die Landesversicherungsanstalt ein Heilverfahren in Bad ...... Die Kosten des Heilverfahrens sind von der Landesversicherungsanstalt getragen worden. Diesem Heilverfahren hat sich der Kläger in der Zeit vom 1. 4. ...... bis 15. 5. ...... des Folgejahres unterzogen[1]. Danach war dem Kläger noch für die Zeit vom 16. 5. bis 26. 5. Schonzeit bewilligt[2]. In dieser Zeit war er arbeitsunfähig krank. Das Heilverfahren wurde unter ärztlicher Aufsicht durchgeführt.
Der Kläger hat bislang weder für die Dauer der Erkrankung noch während des Heilverfahrens und der anschließenden Schonzeit Entgeltfortzahlung erhalten.
Nach § 3 EntgeltFG hat ein Arbeitnehmer Anspruch auf Entgeltfortzahlung bis zur Dauer von sechs Wochen, wenn er durch Arbeitsunfähigkeit infolge Krankheit an seiner Arbeitsleistung verhindert ist, ohne dass ihn ein Verschulden trifft. Demnach steht dem Kläger für die Zeit vom 1. 3. ...... bis 11. 4. ...... Entgeltfortzahlung zu. Dies wird der Beklagte auch nicht in Abrede stellen. Die Parteien können sich jedoch nicht über die Berechnung der Entgeltfortzahlung einigen. Der Kläger verdiente 15,– EUR in der Stunde. Zwischen den Parteien war eine 40-Stunden-Woche vereinbart. Der Kläger hat jedoch in den letzten drei Monaten vor seiner Erkrankung ständig wöchentlich fünf Überstunden geleistet. Beweis: Lohnabrechnungen ...... Es ist daher davon auszugehen, dass er ohne seine Erkrankung nach dem 1. 3. ..... Überstunden geleistet hätte, da die Aufträge im Frühjahr erfahrungsgemäß steigen. Der Beklagte meint jedoch, während der Erkrankung brauche er keine Überstunden zu bezahlen. Dies ist rechtsirrig[3]. Damit ergibt sich eine Klageforderung in Höhe von sechs Wochen × 45 h × 15,– EUR = 4.500,– EUR. Hinzu kommen die Zuschläge für Überstunden in Höhe von 30 Stunden × 3,75 EUR (25% von 15,– EUR) = 113,40 EUR insgesamt also EUR 4.613,40. Diese Forderung ist seit dem ...... zu verzinsen, da der Kläger den Beklagten zur Zahlung abgemahnt hat.
Der Beklagte schuldet dem Kläger aber auch Entgeltfortzahlung während des Heilverfahrens. Nach § 9 Abs. 1 EntgeltFG hat ein Arbeitnehmer bei Arbeitsverhinderung infolge einer Maßnahme der medizinischen Vorsorge oder Rehabilitation, die ein Träger der gesetzlichen Renten-, Kranken- oder Unfallversicherung, eine Verwaltungsbehörde der Kriegsopferversorgung oder ein sonstiger Sozialleistungsträger bewilligt hat und die in einer Einrichtung der medizinischen Vorsorge oder Rehabilitation durchgeführt wird, Anspruch auf Entgeltfortzahlung bis zur Dauer von sechs Wochen. Der Beklagte beruft sich zu Unrecht darauf, dass er für die Dauer des Heilverfahrens keine Entgeltfortzahlung zu erbringen brauche, da es sich insoweit um eine Fortsetzungserkrankung gehandelt habe[4]. Der Beklagte irrt jedoch. Nach § 3 Abs. 1 S. 2 EntgeltFG verliert bei erneuter Arbeitsunfähigkeit der Arbeitnehmer nicht den Anspruch auf Entgeltfortzahlung, wenn er vor erneuter Arbeitsunfähigkeit mindestens sechs Monate nicht infolge derselben Krankheit arbeitsunfähig war oder seit Beginn der ersten Arbeitsunfähigkeit infolge derselben Krankheit eine Frist von zwölf Monaten abgelaufen ist. Die Rahmenfrist rechnet vom 1. 3., so dass der Kläger auch für die Dauer des Heilverfahrens Anspruch auf Entgeltfortzahlung hat[5]. Während der 4-wöchigen Kur konnte der Kläger verlangen 4 × 40 Stunden × 15,– EUR = 2.400,– EUR.
Ferner steht dem Kläger noch Entgeltfortzahlung während der Schonzeit zu ......

Anmerkungen

1. Die Voraussetzungen, unter denen ein Arbeitgeber Entgeltfortzahlung bei Maßnahmen der medizinischen Vorsorge oder Rehabilitation (Kur und Heilverfahren) erbringen muss, sind für alle Arbeitnehmer in § 9 EntgeltFG vereinheitlicht. Ein Anspruch erwächst, wenn einer der genannten Sozialleistungsträger die Maßnahme bewilligt. Die Maßnahme muss in einer Einrichtung stationär durchgeführt werden. Die stationäre Durchführung setzt voraus, dass in der Einrichtung der medizinischen Vorsorge oder Rehabilitation Unterbringung, Verpflegung und medizinische Anwendung erbracht werden. Die tatsächliche Durchführung der Maßnahme muss zu einer maßgeblichen Gestaltung der Lebensführung des Arbeitnehmers während seines Aufenthalts in der Einrichtung geführt haben (BAG AP Nr. 1 zu § 9 EntgeltFG = NZA 2000, 773, 2279). Ist der Arbeitnehmer nicht Mitglied einer gesetzlichen Krankenkasse oder nicht in der gesetzlichen Rentenversicherung versichert, so gelten die Vorschriften entsprechend, wenn eine Maßnahme der medizinischen Vorsorge oder der Rehabilitation ärztlich verordnet worden ist und stationär in einer Einrichtung der medizinischen Vorsorge oder Rehabilitation oder einer vergleichbaren Einrichtung durchgeführt wird. Eine Kur i. S. der gesetzlichen Bestimmungen setzt voraus, dass sie vom Kurträger bewilligt und verantwortlich gestaltet wird. Kann der Arbeitnehmer die Kur in urlaubsmäßigem Zuschnitt verbringen, besteht kein Vergütungsfortzahlungsanspruch. Eine medikamentöse Behandlung ist nicht erforderlich; lediglich eine ärztliche Überwachung (BAG AP Nr. 4 zu § 7 LohnFzG). Hat ein Sozialversicherungsträger unter den gesetzlichen Voraussetzungen des SGB VI eine Kur bewilligt, ist die medizinische Notwendigkeit der Maßnahme im allgemeinen nicht gesondert zu prüfen (BAG AP Nr. 2 zu § 7 LohnFzG). Eine Abweichung vom Erfahrungssatz kann gelten, wenn handgreifliche Zweifel an der medizinischen Notwendigkeit der Kur bestehen (BAG AP Nr. 3 zu § 7 LohnFzG). Der Arbeitnehmer hat wie bei der Erkrankung die Kurbewilligung und den Kurantritt mitzuteilen und entsprechende Bescheinigungen vorzulegen (§ 9 EntgeltFG), andernfalls können Einreden (§§ 7, 9 EntgeltFG) für den Arbeitgeber erwachsen (BAG AP Nr. 1 zu § 7 LohnFzG).

2. Nach § 9 EntgeltFG besteht kein Anspruch auf Entgeltfortzahlung während der Schonungszeit. Eine Ausnahme ist dann gegeben, wenn der Arbeitnehmer arbeitsunfähig krank ist (§ 3 EntgeltFG). Nach § 7 Abs. 1 S. 2 BUrlG ist Urlaub zu gewähren, wenn der Arbeitnehmer dies im Anschluss an eine Maßnahme der medizinischen Vorsorge oder Rehabilitation beantragt.

3. Nach § 4 Abs. 1 S. 1 EntgeltFG hat ein Arbeitnehmer für die Dauer von sechs Wochen der Arbeitsunfähigkeit Anspruch auf Fortzahlung des Arbeitsentgelts, das ihm bei der für ihn maßgebenden regelmäßigen Arbeitszeit zusteht. Es gilt mithin das Lohnausfallprinzip. Zum Arbeitsentgelt gehören nicht das zusätzlich für Überstunden gezahlte Arbeitsentgelt und Leistungen für Aufwendungen des Arbeitnehmers, soweit der Anspruch auf sie im Falle der Arbeitsfähigkeit davon abhängig ist, dass dem Arbeitnehmer entsprechende Aufwendungen entstanden sind (§ 4 Abs. 1a EntgeltFG). Die für die gesetzliche Entgeltfortzahlung im Krankheitsfall maßgebliche individuelle regelmäßige Arbeitszeit des Arbeitnehmers (§ 4 Abs. 1 EntgeltFG) ergibt sich in erster Linie aus dem Arbeitsvertrag. Dabei ist auf das gelebte Rechtsverhältnis als Ausdruck des wirklichen Parteiwillens und nicht auf den Text des Arbeitsvertrags abzustellen. Wird regelmäßig eine bestimmte, erhöhte Arbeitszeit abgerufen und geleistet, ist dies Ausdruck der vertraglich geschuldeten Leistung. Schwankt die Arbeitszeit, weil der Arbeitnehmer stets seine Arbeitsaufgaben vereinbarungsgemäß zu erledigen hat, bemisst sich die Dauer nach dem Durchschnitt der vergangenen zwölf Monate. Überstunden iSv § 4 Abs. 1a EntgeltFG liegen vor, wenn die individuelle regelmäßige Arbeitszeit des Arbeitnehmers überschritten wird. Überstunden werden wegen bestimmter besonderer Umstände vorübergehend zusätzlich geleistet (BAG 21. 11. 2001 ArbuR 2002, 116). Der Arbeitnehmer ist darlegungs- und beweispflichtig dafür, dass er während der Erkrankung Überstunden geleistet hätte und die Voraussetzungen nach der Rechtsprechung vorliegen. Wenn ein Vergleichsmann fehlt, kann der Arbeitnehmer dieser Darlegungslast im allgemeinen nicht genügen. Die Rechtsprechung hat zugelassen, dass die Verhältnisse in einer 3-monatigen Bezugsperiode vor der Erkrankung dargelegt werden. Der Arbeitgeber muss alsdann den Beweis des ersten Anscheins zerstören (vgl. BAG AP Nr. 3, 4, 8 zu § 2 LohnFzG). Im allgemeinen besteht keine Fortzahlungspflicht bei Aufwendungsersatz (§ 4 Abs. 1a S. 1 EntgeltFG). Erhält der Arbeitnehmer eine auf das Ergebnis der Arbeit abgestellte Vergütung, so ist der von dem Arbeitnehmer in der für ihn maßgebenden regelmäßigen Arbeitszeit erzielbare Durchschnittsverdienst fortzuzahlen.

4. Eine Fortsetzungskrankheit ist dann gegeben, wenn ein Arbeitnehmer wiederholt an denselben Grundleiden erkrankt. Dagegen ist eine wiederholte Erkrankung wegen der gleichen Krankheit (z. B. Schnupfen) keine Fortsetzungskrankheit. Einzelh. bei *Schaub* ArbR-Hdb. § 98 Rdn. 64.

5. Die Rahmenfrist von einem Jahr rechnet ab dem Zeitpunkt der ersten Erkrankung (§ 3 Abs. 1 S. 2 EntgeltFG, vgl. früher BAG AP Nr. 33 zu § 1 LohnFzG; AP Nr. 56 aaO. = Betr. 1984, 351). Der Sozialversicherungsträger braucht weder dafür zu sorgen, dass das Heilverfahren in der Rahmenfrist noch vor Ablauf von sechs Monaten durchgeführt wird (vgl. ArbG Stuttgart AP Nr. 6 zu § 7 LohnFzG).

Kosten und Gebühren

Keine Besonderheiten; vgl. Form. IV. A. 2, 3.

5. Klage gegen Gesellschaft bürgerlichen Rechtes auf Urlaubsabgeltung

An das
Arbeitsgericht

Klage

des Arbeiters/Angestellten ...... Klägers
– Prozessbevollmächtigter: RA ...... –

gegen

die Architekten 1. ...... 2. ......
als Gesellschafter bürgerlichen Rechts.[1] Beklagte

Namens und mit Vollmacht des Klägers erhebe ich Klage und werde beantragen zu erkennen:

I. Die Beklagten werden als Gesamtschuldner verurteilt, ... EUR nebst Zinsen in Höhe von 5% über dem Basiszinssatz aus dem Bruttobetrag seit dem ...... an den Kläger zu zahlen.

II. Die Beklagten tragen die Kosten des Rechtsstreits.

Gründe

Der Kläger war vom ...... bis ...... bei den Beklagten als ...... beschäftigt. Im Jahre des Ausscheidens hat er noch keinen Urlaub erhalten/hat er ...... Tage Urlaub erhalten. Für jeden Monat der Beschäftigung stehen ihm nach § 5 Abs. 1 BUrlG 2 Tage Urlaub zu[2]. Der Kläger hat zuletzt ...... EUR verdient. Ihm stehen mithin zu ...... EUR[3, 4]. Die

Beklagten weigern sich zu zahlen, weil ...... Ihnen steht jedoch kein Leistungsverweigerungsrecht zu, denn ......

Rechtsanwalt

Anmerkungen

1. Die (Außen-)Gesellschaft bürgerlichen Rechts besitzt Rechtsfähigkeit, soweit sie durch Teilnahme am Rechtsverkehr eigene Rechte und Pflichten begründet. In diesem Rahmen ist sie zugleich im Zivilprozess aktiv und passiv parteifähig. Es ist umstritten, wie die GbR zu bezeichnen ist (*Wertenbruch* NJW 2002, 324; *Kemke* NJW 2002, 2218). In jedem Fall richtig scheint zu sein, „...... GbR., vertreten durch die geschäftsführenden Gesellschafter ......". Werden die Gesellschafter verklagt, sind diese aufzuführen. Sollen alle verklagt werden, ergibt sich ein Rubrum wie bei der oHG (vgl. Form. IV. A. 7, 8 Anm. 1). Soweit der Gesellschafter für die Verbindlichkeiten der Gesellschaft bürgerlichen Rechts persönlich haftet, entspricht das Verhältnis zwischen der Verbindlichkeit der Gesellschaft und der Haftung des Gesellschafters derjenigen bei der oHG (Akzessorietät) – Fortführung von BGH, 27. September 1999, BGHZ 142, 315) (BGH AP Nr. 9 zu § 50 ZPO = NJW 2001, 1056 = NZA 2001, 408). Es kann daher auch im Rubrum eine GbR aufgeführt werden und es haften wie bei einer oHG die Gesellschafter (BAG AP Nr. 145 zu § 242 BGB Ruhegehalt; AP Nr. 1 zu § 128 HGB; AP Nr. 67 zu § 4 TVG Ausschlussfristen; vgl. Form. IV. A. 8 Anm. 1).

2. § 3 Abs. 1 BUrlG ist mit Inkrafttreten zum 1. 1. 1995 dahin geändert, dass der gesetzliche Urlaubsanspruch 24 Werktage beträgt. Alternative: Für das Jahr 19 ... steht ihm der volle Urlaubsanspruch von 24 Tagen zu, da er nach Erfüllung der Wartezeit in der zweiten Hälfte des Jahres ausgeschieden ist.

Für die Höhe des Urlaubsanspruches können sich Besonderheiten aus dem Arbeitsvertrag, einem Tarifvertrag oder einer Betriebsvereinbarung ergeben. In Betriebsvereinbarungen werden vielfach Ansprüche auf Zusatzurlaub (Arbeitserschwernis, lange Betriebszugehörigkeit usw.) geregelt.

3. Für die Berechnung der Urlaubsabgeltung gilt das modifizierte Referenzprinzip. Entgelt der letzten 13 Wochen: 78 = Tagesverdienst. Bei nicht nur vorübergehenden Verdiensterhöhungen ist von dem erhöhten Geldfaktor auszugehen (*Schaub* ArbR-Hdb. § 102 Rdn. 99 ff., 115 ff.).

4. Die Rechtsprechung zur Urlaubsabgeltung hat sich wesentlich geändert (vgl. *Schaub* ArbR-Hdb. § 102 A Rdn. 99 ff.; Arbeitsrecht von A–Z, 16. Aufl., 2001). Die neuere Rechtsprechung betont, dass es für das Entstehen des Urlaubsanspruches nicht darauf ankommt, dass der Arbeitnehmer im Urlaubsjahr auch gearbeitet hat. Andererseits wird der Urlaubsanspruch streng an das Urlaubsjahr gebunden und erlischt mit dessen Ablauf, sofern die Übertragungsvoraussetzungen nicht vorliegen (zur Begründung *Leinemann* Betr. 1983, 989; *ders.* NZA 1985, 137; *ders.* ArbuR 1987, 193).

Kosten und Gebühren

Keine Besonderheiten; vgl. Form. IV. A. 2, 3.

6. Stufenklage[1] gegen Firma auf Erteilung einer Abrechnung und Auszahlung verdienter Provision

An das
Arbeitsgericht
......

Klage

des/der Angestellten ...... Kläger(in)
– Prozessbevollmächtigter: RA ...... –

gegen

die Firma ......

wegen Provisionsabrechnung und -zahlung Beklagte

Namens und mit Vollmacht des Klägers erhebe ich Klage und werde beantragen zu erkennen:

I. Die Beklagte wird verurteilt, dem Kläger Auskunft über die in der Zeit vom ...... bis ...... verdienten Provisionen zu erteilen[2, 3]

II. Die Beklagte wird verurteilt, die sich aus der Auskunft ergebenden Provisionen an den Kläger zu zahlen[4, 5].

III. Die Beklagte trägt die Kosten des Rechtsstreits.

Gründe

Der Kläger war vom ...... bis ...... bei der Beklagten als ...... beschäftigt. Das Arbeitsverhältnis endete auf die Kündigung des Klägers, weil die Parteien sich über die Höhe der Provision nicht einigen konnten.

In dem der Klage beigefügten Arbeitsvertrag vom ...... heißt es unter der Überschrift „Vergütung“:

„Herr/Frau/Fräulein ...... erhält ein Monatsgehalt in Höhe von ...... EUR.
Herr/Frau/Fräulein ...... erhält daneben eine betrieblich noch zu regelnde Provision.“

Die Beklagte hat während des Bestandes des Arbeitsverhältnisses eine Provisionsregelung nicht getroffen.

Sie hat zu Unrecht geleugnet, die Vergütungsvereinbarung sei wirksam und bestritten, zu einer Provisionsregelung wegen einer bevorstehenden Umstrukturierung des Betriebes in der Lage zu sein. Ist eine Vergütungsregelung im Arbeitsvertrag nicht getroffen, so bestimmt sich die Höhe der Vergütung nach § 612 Abs. 2 BGB, § 87b Abs. 1 HGB. Vorliegend hat sich die Beklagte die Bestimmung nach § 315 BGB vorbehalten. Trifft sie keine Bestimmung oder entspricht sie nicht der Billigkeit, ist sie durch rechtsgestaltendes Urteil bei der Zahlungsklage im Rahmen der Stufenklage zu bestimmen. Im Übrigen ist die Umstrukturierung längst abgeschlossen.

Der/die Kläger(in) hat die Abrechnung mit Schreiben vom ...... abgelehnt. Eine anwaltlich beglaubigte Abschrift ist beigefügt.

Die Beklagte hat im Rahmen der vorgerichtlichen Korrespondenz weiter eingewandt, dass Abrechnungs- und Provisionsanspruch infolge Ablaufes der tariflichen Ausschlussfrist erloschen seien. Auch dieser Einwand ist ungerechtfertigt. Allerdings unterliegt das Arbeitsverhältnis dem allgemeinverbindlichen Rahmentarifvertrag für den Groß- und Außenhandel vom ...... im Bezirk ...... Die Verfallfrist lautet ...... Der Kläger hat jedoch seinen Anspruch auf Festsetzung der Provision rechtzeitig am ...... geltend gemacht. Im übrigen sind der Provisions- wie Abrechnungsanspruch nicht verfallen, denn die Provisionsfestsetzung hat konstitutive Bedeutung. Vor ihrer Festsetzung kann die Fälligkeit nicht eintreten; ebensowenig kann zuvor der Auskunftsanspruch fällig geworden sein[6].

Rechtsanwalt

Anmerkungen

1. Die Stufenklage ist objektive Klagenhäufung. Als Ausnahme von § 253 Abs. 2 Nr. 2 ZPO ist in der letzten Stufe zunächst ein unbestimmter Klageantrag zulässig (BGH NJW 2000, 1645; *Thomas/Putzo* § 254 Rdn. 1; *Schaub* ArbV-Hdb. § 23 Rdn. 13ff.). Sie kann aber schon auf den Betrag beziffert sein, den der Kläger glaubt, mindestens beanspruchen zu können (BGH WM 1972, 1121). Der Antrag in der ersten Stufe kann auf Rechnungslegung (§ 259 Abs. 1 BGB, §§ 666, 675, 1978 BGB), auf Vorlage eines Verzeichnisses (§ 260 BGB) oder auf Auskunftserteilung (§ 260 Abs. 1, §§ 666, 675 BGB), auf Einsicht in Bücher (§§ 118, 166 HGB) sowie auf einen Buchauszug (§ 87c Abs. 2 HGB) gerichtet sein. In der zweiten Stufe wird häufig ein Antrag auf Abgabe einer eidesstattlichen Versicherung gestellt (vgl. §§ 259 Abs. 2, 260 Abs. 2 BGB). Vgl. Anm. 3. Grundsätzlich können in der Klageschrift schon alle Anträge der Stufenklage angekündigt werden. Dies ist umstr., aber hat sich aus Gründen der Prozessökonomie durchgesetzt (*Baumbach/Lauterbach* § 254 Rdn. 13; *Thomas/Putzo* § 254 Rdn. 4). Davon ist allerdings die Verfahrensweise zu unterscheiden. Das Gericht kann alle Stufen abweisen, weil es Auskunfts-, Versicherungs- und Zahlungsansprüche verneint. Will das Gericht der 1. Instanz jedoch zusprechen, ist sukzessive über jede Stufe zu verhandeln und durch Teilurteil zu entscheiden. Eine sachliche Entscheidung über eine spätere Stufe ist auch dem Grunde nach grundsätzlich unzulässig, solange nicht die vorhergehende Stufe durch Teilurteil erledigt ist (BGHZ 10, 386). Es muss jeweils die Fortsetzung des Verfahrens beantragt werden. Die 2. Instanz darf grundsätzlich nur über die 1. Stufe entscheiden, wenn das Gericht der 1. Instanz nur über die 1. Stufe entschieden hat (BAG AP Nr. 2 zu § 10 MuSchG = NJW 1963, 2142; OLG Celle NJW 1961, 786). Hiervon werden jedoch Ausnahmen gemacht, wenn (1) die Gründe des Berufungsgerichts für den noch in erster Instanz anhängigen Rest oder für eine Widerklage ebenfalls zutreffen (BGH 30, 213; NJW 1983, 1311); (2) für den in 1. Instanz verbliebenen Rest kein Raum mehr ist (BGH VersR 1977, 430); (3) die ganze Stufenklage abgewiesen wird (BAG AP Nr. 25 zu § 138 ZPO = NJW 1963, 2142; AP Nr. 8 zu § 75b HGB = NJW 1969, 678; bestr.); werden beide Anträge einer Stufenklage abgewiesen, kann das Revisionsgericht in entsprechender Anwendung von §§ 538 Abs. 1 Nr. 3, 540 ZPO den Rechtsstreit an das Arbeitsgericht zurückverweisen (BAG AP Nr. 3 zu § 87c HGB BB 1969, 777); (4) die Parteien einverstanden sind (BGHZ 97, 280; OLG Frankfurt JR 1984, 290).

2. Alternative, wenn Provisionsstaffel im Arbeitsvertrag bestimmt:

I. Die Beklagte wird verurteilt, die von dem Kläger in der Zeit vom ... bis ... verdienten Provisionen abzurechnen.

II. Dem Kläger über die in dieser Zeit verdienten Provisionen einen Buchauszug zu erteilen;

III. Dem Kläger die sich aus der Abrechnung ergebenden Provisionen zu zahlen.

Vgl. dazu *Schaub* ArbR-Hdb. § 76 Rdn. 51 ff.

3. Für den Fall, dass die Auskunft unrichtig ist oder der substantiiert darzulegende Verdacht der Unrichtigkeit besteht, kann in der zweiten Stufe beantragt werden: Die Beklagte wird weiter verurteilt, die Richtigkeit der Auskunft an Eides Statt zu versichern. Lässt der Kläger den Auskunftsanspruch fallen, weil er sie nicht mehr benötigt, ist nach der Rechtsprechung des OLG Düsseldorf keine Erledigungserklärung erforderlich (NJW-RR 1996, 839) Den Antrag in der zweiten Stufe kann der Kläger ohne Rücknahme fallen lassen und sogleich in die 3. Stufe übergehen (BGH NJW 2001, 833).

4. Die Verurteilung in der ersten Stufe schafft keine Bindungswirkung oder Rechtskraft für den Grund des Zahlungsanspruches (BGH NJW 1969, 880; BGH JZ 1970, 226; umstr.). Die materielle Rechtskraft greift jedoch ein, wenn die unmittelbar ausgesprochene Rechtsfolge im späteren Verfahren als Vorfrage von Bedeutung ist.

5. Weist die 1. Instanz die Klage überhaupt ab, verurteilt dagegen das Berufungsgericht zur Rechnungslegung, so ist bei den ordentlichen Gerichten wegen der weiteren Stufen der Rechtsstreit in die 1. Instanz (§ 538 Abs. 1 Nr. 3 ZPO) zurückzuverweisen (BGH NJW 1982, 236). Die Rechtslage wird bei den Gerichten für Arbeitssachen entsprechend sein (vgl. BAG AP Nr. 47 zu § 72 ArbGG 1953; AP Nr. 1 zu § 538 ZPO; AP Nr. 1 zu § 68 ArbGG 1979), da durch § 68 ArbGG keine Zurückverweisung nach § 538 ZPO unterbunden wird.

6. Die Argumentation entspricht einer unveröffentlichten Entscheidung des BAG vom 14. 2. 1980 – 3 AZR 806/77. Im übrigen unterbricht die Stufenklage Verjährungs- und Ausschlussfristen (BAG AP Nr. 58 zu § 4 TVG Ausschlussfristen = BB 1977, 1371). Die dritte Stufe wird mit Klageerhebung und Zustellung rechtshängig.

Kosten und Gebühren

Gebührenstreitwert: §§ 1, 18 GKG; sonst keine Besonderheiten vgl. Form. IV. A. 2, 3.

7. Stufenklage auf Erteilung einer Akkordabrechnung und Zahlung gegen Arbeitsgemeinschaft

An das
Arbeitsgericht

Klage

des Arbeiters ...... **Klägers**
– Prozessbevollmächtigter: ...... –

gegen
1. die Arbeitsgemeinschaft (Arge) ...... als Gesellschaft bürgerlichen Rechts, vertreten durch die bauleitende Firma ......[1]
2. und die BGB – Gesellschafter
a) die Bauunternehmung ......
b) Firma ......

vertreten durch die bauleitende Firma ......[2]

Beklagte

wegen Akkordabrechnung und Zahlung des Akkordlohnes[3]
Namens und mit Vollmacht des Klägers erhebe ich Klage und werde beantragen zu erkennen:
I. Die Beklagte zu 1 wird verurteilt, dem Kläger für den in der Zeit vom ...... bis ...... verdienten Lohn eine Akkordabrechnung zu erteilen.
II. Die Beklagte zu 1 wird weiter verurteilt, den sich aus der Akkordabrechnung ergebenden Lohn an den Kläger zu zahlen.
III. Die persönlich haftenden Gesellschafter haften für die Schulden der Gesellschaft als Gesamtschuldner.
IV. Die Beklagten tragen die Kosten des Rechtsstreits

Begründung:

Der Kläger wurde am ...... von der Beklagten zu 1 als ...... eingestellt. Die Beklagte zu 1 ist eine Arbeitsgemeinschaft, die aus mehreren Bauunternehmen besteht. Die Beklagten zu 2 sind die Gesellschafter der Arge. In dieser Arbeitsgemeinschaft hat die Beklagte zu 2 a die Geschäftsführung und Vertretung übernommen.

Beweis: ......

Am ...... wurde der Kläger mit seinem Einverständnis zur Arbeitsgemeinschaft abgestellt (§§ 2, 9 Bundesrahmen-Tarifvertrag für das Baugewerbe vom 3. 2. 1981 zul. i. d. F. v. 15. 5. 2001 (av. ab 1. 6. 2001).

Der Kläger hat im Gruppenakkord gearbeitet. Zur Errechnung seines Akkordverdienstes ist er nicht in der Lage. Die Beklagten sind nach § 5 Nr. 10 BRTV-Bau zur Erteilung einer Abrechnung verpflichtet.

Zur Wahrung der tariflichen Ausschlussfristen[4] ist schon jetzt Zahlungsklage zu erheben.[5]

Anmerkungen

1. Eine Gesellschaft bürgerlichen Rechts ist nach der Rechtsprechung des BGH aktiv und passiv parteifähig. Vgl. Form. IV. A 5 Anm. 1.

2. Gesellschafter bürgerlichen Rechtes sind nach § 714 BGB gesamtvertretungsberechtigt. Bei Arbeitsgemeinschaften übernimmt häufig eine Gesellschaft die „Federführung“.

3. Im Baugewerbe kommt der Geld- und Zeitakkord vor (*Schaub* ArbR-Hdb. § 64 Rdn. 2 ff.). Die Berechnungsformel für den Geldakkord lautet: Leistungseinheit qm verputzte Fläche, erstelltes Mauerwerk usw. × Geldfaktor; die für den Zeitakkord lautet: Vorgabezeit × Akkordrichtsatz : 60 × Geldfaktor. Die Auskunft muss sich daher auf die Leistungseinheit bzw. beim Zeitakkord auf Vorgabezeit, Arbeitsmenge und Geldfaktor erstrecken. Beim Gruppenakkord wird der Anteil des Gruppenmitgliedes errechnet. Ferner muss die Abrechnung die Abzüge ausweisen. Nach Auffassung des BAG gehört das Aufmaß nicht zur Abrechnung (BAG AP Nr. 93 zu § 4 TVG Ausschlussfristen = NZA 1986, 429).

4. Zur Geltendmachung einer Forderung gehört im allgemeinen die Spezifizierung nach Grund und Höhe (*Schaub* ArbR-Hdb. § 205 Rdn. 28 ff.). Fordert eine einstufige tarifliche Verfallfrist allein die schriftliche Geltendmachung einer Forderung, so kann statt der schriftlichen Geltendmachung sofort Klage erhoben werden, wenn diese innerhalb der tariflichen Verfallfrist zugeht (BAG AP Nr. 3 zu § 496 ZPO = NJW 1970, 583; AP Nr. 4 aaO. = NJW 1976, 1520; AP Nr. 4 zu § 345 ZPO = NJW 1974, 1103; AP Nr. 20 zu § 670 BGB = NJW 1975, 79). Zweifelhaft mag es sein, wenn sofort eine Stufenklage erhoben wird, weil diese in der Zahlungsstufe regelmäßig unbeziffert ist. In jedem Fall genügt die Stufenklage, um die tarifliche Klagefrist einer zweistufigen Ausschlussfrist zu wahren (Form. IV. A. 6 Anm. 6). Wenn ein Tarifvertrag gestufte Ausschlussfristen in der Weise vorsieht, dass ein Anspruch zunächst schriftlich und später gerichtlich geltend gemacht werden muss, so dient nur die erste Frist der schnellen Information über Inhalt und Umfang des erhobenen Anspruches (BAG AP Nr. 58 zu § 4 TVG Ausschlussfristen).

5. Alternative: Kommt der Beklagte seiner Verpflichtung zur Auskunftserteilung nicht binnen einer Frist von ... nach, so wird er zur Zahlung einer Entschädigung in Höhe von ... verurteilt. Nach § 61 Abs. 2 ArbGG ist der Beklagte auf Antrag des Klägers zur Zahlung einer Entschädigung zu verurteilen, wenn er eine Handlung nicht binnen einer festzusetzenden Frist vornimmt. Bei der Bemessung der Frist sind allgemeine rechtsstaatliche Grundsätze zu berücksichtigen, wie sie etwa in der Länge der allgemeinen Rechtsmittelfristen zum Ausdruck kommen (BAG AP Nr. 67 zu § 1 TVG Tarifverträge – Bau = EzA Nr. 30 zu § 4 TVG Bauindustrie).

Kosten und Gebühren

Vgl. Form. IV. A. 6.

8. Klage auf Zahlung einer Karenzentschädigung gegen eine OHG

An das
Arbeitsgericht

Klage

des/der Arbeiter(in)/Angestellten ...... Kläger(in)
– Prozessbevollmächtigter ...... –

gegen

1. die offene Handelsgesellschaft ......
   gesetzlich vertreten durch die persönlich haftenden Gesellschafter 1. ...... 2.......
2. die persönlich haftenden Gesellschafter ......

Beklagte

wegen Zahlung einer Karenzentschädigung.

Namens und mit Vollmacht des Klägers erhebe ich Klage und werde beantragen zu erkennen:

I. Die Beklagten werden verurteilt, ... EUR nebst Zinsen in Höhe von 5 Prozentpunkten über dem Basiszinssatz seit dem ...... an den Kläger zu zahlen.
II. Die persönlich haftenden Gesellschafter haften für die Schulden der Gesellschaft als Gesamtschuldner[1]
III. Die Beklagten tragen die Kosten des Rechtsstreits.

Begründung:

Der/Die Kläger(in) war vom ...... bis ...... bei der Beklagten als ...... beschäftigt. In dem schriftlich abgeschlossenen Arbeitsvertrag, der in der Anlage beigefügt ist, haben die Parteien für die Zeit nach der Beendigung des Arbeitsverhältnisses ein Wettbewerbsverbot[2] geschlossen.
Der/Die Kläger(in) hat sich an das Wettbewerbsverbot gehalten. Er/Sie ist seit dem ...... bei der Firma ...... beschäftigt, die mit der Beklagten nicht im Wettbewerb steht.
Der Kläger ist durch das Wettbewerbsverbot gezwungen worden, seinen Wohnsitz zu verlegen. Er hat im Umkreis seines bisherigen Wohnortes keine andere Stelle annehmen können. Er musste daher umziehen[3], um die Arbeit bei der Firma ...... aufzunehmen.
Der/Die Kläger(in) hat bei der Beklagten einen Monatsverdienst von ...... EUR gehabt. Z. Zt. verdient der/die Kläger(in) ...... EUR Er/Sie hat mithin Anspruch auf eine monatliche Karenzentschädigung in Höhe von ...... EUR[4, 5]. Die Beklagte weigert sich für die Zeit von ...... bis ...... zu Unrecht zu zahlen. Klage ist daher geboten.

Anmerkungen

1. Nach ständiger Rspr. des BAG haften eine Personengesellschaft und ihre persönlich haftenden Gesellschafter nicht als Gesamtschuldner (BAG AP Nr. 145 zu § 242 BGB Ruhegehalt; AP Nr. 1 zu § 128 HGB; AP Nr. 67 zu § 4 TVG Ausschlussfristen; BGHZ 47, 376, 378 f.; aber auch Betr. 1981, 2628).

2. Vgl. *Schaub* ArbR-Hdb. § 58.

3. Die erhöhte Abrechnungsgrenze gilt nur dann, wenn das Wettbewerbsverbot für den Wohnsitzwechsel des Arbeitnehmers ursächlich ist. Ein Zwang zur Wohnsitzveränderung besteht dann, wenn der Arbeitnehmer eine Arbeitsstelle außerhalb seines bisherigen Wohnortes antritt, weil er nur dort eine Tätigkeit ausüben kann, die nach Art, Vergütung und Aufstiegschancen seiner bisherigen Tätigkeit nahe kommt (BAG AP Nr. 9 zu § 74c HGB = Betr. 1982, 1471 = BB 1982, 1361; AP Nr. 12 aaO. = Betr. 1986, 334 = NZA 1986, 329; Folgeentscheidung AP Nr. 14 zu § 74c HGB = Betr. 1988, 1959). Ist am bisherigen Wohnsitz ein Unternehmen ansässig, bei dem die Aufnahme einer Tätigkeit dem Arbeitnehmer verboten ist, so muss der Arbeitnehmer nicht nachweisen, dass er – das nachvertragliche Wettbewerbsverbot hinweggedacht – bei diesem auch tatsächlich eine Anstellung gefunden hätte (BAG AP Nr. 17 zu § 74c HGB; AP Nr. 20 zu § 74c HGB = NZA 1999, 936). Für die Annahme der Ursächlichkeit eines Wohnsitzwechsels bedarf es keiner Darlegung des Arbeitnehmers, dass er ohne nachvertragliches Wettbewerbsverbot bei den am Ort ansässigen Wettbewerbern eine Anstellung gefunden hätte. Es ist vielmehr ausreichend, wenn der Arbeitnehmer darlegt, dass er mit Rücksicht auf das Wettbewerbsverbot eine seiner früheren Tätigkeit vergleichbare Beschäftigung nur bei einem branchenfremden ortsansässigen Arbeitgeber unter dem Vorbehalt der späteren Versetzung aufnehmen konnte (BAG AP Nr. 17 zu § 74c HGB).

4. Zur Berechnung der Karenzentschädigung *Schaub* ArbR-Hdb. § 58 Rdn. 73ff.; ArbR-Formb. § 4 Rdn. 11ff.:

a) Jahresberechnung: Letzte Jahresvergütung: 2 = Quotient, wenn Karenzentschädigung in Höhe von 50% der letzten Vergütung. Quotient : 12 = Monatlich zahlbare Karenzentschädigung, wenn nicht c.
b) Monatsberechnung: Letzte Monatsvergütung: 2 = Karenzentschädigung, wenn nicht c.
c) Berücksichtigung anderweitigen Verdienstes:
   aa) Letzte Jahresvergütung + 10 vH., im Falle des Wohnungswechsels 25 vH. Gesamtsumme von 110 oder 125 vH. – Karenzentschädigung = Nicht anrechenbare Vergütung.
   bb) Neues Jahreseinkommen – Nicht anrechenbare Vergütung aus aa) = Anrechenbare Vergütung.
   cc) Karenzentschädigung aus a) – Anrechenbare Vergütung aus bb) = Zahlbare Karenzentschädigung.

Vgl. aber auch § 75 HGB. Hierzu *Schaub* ArbR-Hdb. § 58 Rdn. 73.

5. Karenzentschädigungen unterliegen der Lohnsteuer (§ 2 Abs. 2 Nr. 4 LStDV; vgl. BFH v. 13. 2. 1987 BStBl. II 87, 386). Sie gehören nicht zu den außerordentlichen Einkünften iSv. § 34 EStG und sind nicht nach §§ 24, 34 EStG tarifbegünstigt. Sie sind kein Arbeitsentgelt iSv. § 14 SGB I; von ihr sind mithin keine Sozialversicherungsbeiträge abzuführen (*Schroeter* BB 1979, 1407; *Schneider* BlStSozArbR 1984, 104). Arbeitslosengeld ist auf die Karenzentschädigung anzurechnen (BAG AP Nr. 11 zu § 74c HGB = NJW 1986, 275 = Betr. 1986, 127). Dagegen hat das BAG die Anrechnung von Übergangsgeld verneint (BAG AP Nr. 15 zu § 74c HGB = NZA 1990, 397 = BB 1990, 711, 854 = DB 1990, 889). Wettbewerbsverbote liegen in berechtigtem Interesse des Arbeitgebers (§ 74a I 1 HGB), so dass es nicht gerechtfertigt ist, die Gemeinschaft der Beitragszahler mit der Erhöhung des Vermittlungsrisikos zu belasten (BSG v. 24. 9. 1992 – SozR 3–4100 § 128a Nr. 7). Der Eintritt der Erstattungspflicht hängt nicht von dem Nachweis des Kausalzusammenhangs zwischen der Beschränkung der beruflichen Tätigkeit des Arbeitnehmers und seiner Arbeitslosigkeit bzw. deren Dauer ab (BSG v. 28. 6. 1990 – SozR 4100 § 128a Nr. 3; v. 24. 9. 1992 Nr. 7). Sie tritt auch dann ein, wenn der Arbeitnehmer gekündigt hat oder der Arbeitgeber aus wichtigem Grund kündigen konnte (BSG v. 13. 3. 1990 – BB 1990, 2268; v. 9. 8. 1990 – NZA 1991, 159), oder der Arbeitnehmer sich unabhängig vom Wettbewerbsverbot aus anderen Gründen

um einen der verbotenen Arbeitsplätze beworben hat (BSG v. 13. 3. 1990 – NZA 1990, 906). Die ursprüngliche Regelung in § 148 SGB III war verfassungswidrig (BVerfG AP Nr. 3 zu § 128 a AFG = NJW 1999, 935 = NZA 1999, 191). Darauf ist die Erstattungspflicht des Arbeitgebers begrenzt worden (§ 148 SGB III). Erstattungsansprüche macht die BAnstArb. durch Verwaltungsakt geltend.

Kosten und Gebühren

Keine Besonderheiten, vgl. Form. IV. A. 2, 3.

9. Klage auf Feststellung der Ruhegeldverpflichtung und Zahlung von Ruhegeld gegen eine KG

An das
Arbeitsgericht

Klage

des/der Arbeiter(in)/Angestellten ...... Klägers(in)
– Prozessbevollmächtigter: RA ...... –

gegen

1. die Firma ...... KG gesetzlich vertreten durch den Komplementär ......
2. den Komplementär Kaufmann ......, ... Beklagte

wegen Zahlung von Ruhegeld

Namens und mit Vollmacht des/der Klägers(in) erhebe ich Klage und werde beantragen zu erkennen:

I. Es wird festgestellt, dass die Beklagte verpflichtet ist, dem/der Kläger(in) Ruhegehalt nach der Ruhegeldordnung vom ...... in Höhe von ...... zu zahlen.
II. Die Beklagte wird verurteilt, ... EUR nebst ...... Zinsen in Höhe von fünf Prozentpunkten über dem Basiszinssatz zu zahlen.
III. Der persönlich haftende Gesellschafter haftet für die Ruhegeldverbindlichkeit und die Schulden als Gesamtschuldner[1].
IV. Die Beklagten tragen die Kosten des Rechtsstreits.

Gründe

Der/die am ...... geborene Kläger(in) war vom ...... bis ...... bei der Beklagten als ...... beschäftigt.
Die Beklagte hat dem/der Kläger(in) eine Ruhegelddirektzusage[2] erteilt. Die Ruhegeldordnung der Beklagten ist beigefügt.
In der Ruhegeldordnung heißt es, dass die Beklagte allen ihren Mitarbeitern unter der Bedingung eine Ruhegeldzusage erteile, dass sie fünf Jahre in ihren Diensten stünden.
Diese Voraussetzung erfüllt der/die Kläger(in). Die Beklagte beruft sich zu Unrecht darauf, dass die Ruhegeldanwartschaft im Zeitpunkt des Ausscheidens des/der Kläger(in) verfallen sei. Die Beklagte vermochte den Kläger weder durch eine sog. Vorschaltzeit noch durch eine bedingte Ruhegeldzusage länger als fünf Jahre zu binden[3].
Inzwischen ist der Ruhegeldfall eingetreten. Der Ruhegeldfall tritt ein, wenn der Mitarbeiter die Altersgrenze erreicht oder berufs- oder erwerbsunfähig wird[4]. Der Kläger hat am ...... sein ...... Lebensjahr erreicht/ist berufsunfähig/erwerbsunfähig/vermindert erwerbsfähig geworden.

Beweis: ......

Es bedarf daher der Feststellung der Ruhegeldverpflichtung der Beklagten. Ferner wird das monatliche Ruhegeld von ...... für die Zeit vom ...... bis ...... verlangt. Der Beklagte zu 2 haftet für die Verbindlichkeit als Gesamtschuldner.

Rechtsanwalt

Anmerkungen

1. Vgl. Form. IV. A. 8 Anm. 1.

2. Die Arbeitgeber gewähren Ruhegelder aufgrund einer Direktzusage, also aus dem Firmenvermögen, über eine betriebliche Unterstützungskasse, eine Pensionskasse, einen Pensionsfonds oder aufgrund eines zugunsten des Arbeitnehmers abgeschlossenen Versicherungsvertrages (vgl. Form. IV. A. 10). Eine Unterstützungskasse ist eine rechtlich selbständige Versorgungseinrichtung, die auf ihre Leistungen keinen Rechtsanspruch einräumt (§ 1 Abs. 4 BetrAVG). Dagegen ist die Pensionskasse eine rechtlich selbständige Versorgungseinrichtung (§ 1 Abs. 3 BetrAVG), die Rechtsansprüche einräumt. Ein Pensionsfonds ist eine rechtsfähige Versorgungseinrichtung, die im Wege des Kapitaldeckungsverfahrens je nach Ausgestaltung der zu Grunde liegenden Pensionspläne beitragsbezogen mit der Zusage einer Mindestleistung oder leistungsbezogen ausschließlich Altersversorgungsleistungen für einen oder mehrere Arbeitgeber zugunsten von Arbeitnehmern erbringt. Ihre Rechtsrundlagen ergeben sich aus dem VAG (*Schaub* ArbR-Hdb. § 80 B Rdn. 102; § 81 Rdn. 454).

3. Eine Ruhegeldanwartschaft ist unverfallbar, wenn das Arbeitsverhältnis nach Eintritt des 30. Lebensjahres endet und die Versorgungszusage mindestens fünf Jahre bestanden hat (§ 1 b Abs. 1 BetrAVG). Vielfach wird versucht, die Unverfallbarkeitsfrist zu verlängern, sei es, dass eine sog. Vorschaltzeit geschaffen wird oder die Versorgungszusage selbst bedingt erteilt wird (vgl. BAG AP Nr. 3 zu § 1 BetrAVG Wartezeit = NJW 1977, 2376; AP Nr. 5 aaO. = NJW 1980, 2428; AP Nr. 7 aaO. = NJW 1981, 1855; AP Nr. 4, 8, 12 aaO.). Nach der Rspr. des BAG ist eine Ruhegeldzusage iSv. § 1 b BetrAVG dann erteilt, wenn dem Arbeitgeber kein Entscheidungsspielraum mehr verbleibt, ob er überhaupt Ruhegeld gewähren will, sondern die Entstehung des Anspruches allein vom Zeitablauf abhängt. Beruht die Versorgungsanwartschaft auf einer Betriebsvereinbarung, so besteht die „Ruhegeldzusage“ seit dem Zeitpunkt, seit dem der Arbeitnehmer unter den Geltungsbereich der Betriebsvereinbarung fällt.

4. IdR. ist Voraussetzung eines Ruhegeldanspruches:

a) Das Bestehen einer Versorgungszusage (Einzelzusage, Gesamtzusage, Tarifvertrag, Betriebsvereinbarung, Gleichbehandlung oder betriebliche Übung);
b) Ablauf der Wartezeit (diese ist nicht zu verwechseln mit der Unverfallbarkeitsfrist (BAG AP Nr. 1 zu § 1 BetrAVG Wartezeit); von dem Ablauf der Unverfallbarkeitsfrist des § 1 BetrAVG hängt ab, ob eine Ruhegeldanwartschaft unverfallbar wird; von der Wartefrist hängt die Entstehung des Ruhegeldanspruches ab. Ist die Wartefrist länger als die Unverfallbarkeitsfrist, kann sie noch in einem Folgearbeitsverhältnis (uU. sogar nach Eintritt eines Versorgungsfalles) zurückgelegt werden (§ 1 b Abs. 1 S. 5 BetrAVG).
c) Eintritt des Versorgungsfalles (Altersgrenze, Berufs- oder Erwerbsunfähigkeit, verminderte Erwerbsfähigkeit);
d) Versetzung in den Ruhestand.

Für diese Voraussetzungen ist der Arbeitnehmer darlegungs- und beweispflichtig.

Kosten und Gebühren

Beschwerdewert: §§ 64 Abs. 6, 12 Abs. 7 ArbGG; §§ 511 a, 2 ff. ZPO; Gebührenstreitwert: § 1 Abs. 3 GKG, § 12 Abs. 7 ArbGG; Gerichtsgebühren: § 12 Abs. 1, 2

ArbGG; Rechtsanwaltsgebühren: § 9 Abs. 1 BRAGO, bei Streitwertänderung §§ 31, 10 Abs. 1 BRAGO. Nach hM. ist bei unrichtiger Festsetzung des Gebührenstreitwerts die Beschwerde nicht gegeben (§ 25 Abs. 2 GKG). Die abweichende Meinung der Vorauflagen hat sich nicht durchgesetzt.

10. Feststellungsklage gegen eine Unterstützungskasse wegen einer unverfallbaren Versorgungsanwartschaft bei Anrechnung von Vordienstzeiten

An das
Arbeitsgericht

Klage

des/der kaufmännischen Angestellten ...... Klägers(in)
– Prozessbevollmächtigter RA –

gegen

1. Die Betriebsunterstützungskasse der Firma ......[1]
gesetzlich vertreten durch ......
2. Die Firma ...... KG[2]
gesetzlich vertreten durch den Komplementär ......

wegen des Bestehens einer Versorgungsanwartschaft

Namens und mit Vollmacht des/der Klägers(in) erhebe ich Klage und werde beantragen zu erkennen:

1. Es wird festgestellt, dass die Beklagte zu 1 bei Eintritt eines Versorgungsfalles Leistungen der betrieblichen Altersversorgung nach dem Leistungsplan vom ...... zu leisten verpflichtet ist.
2. Es wird festgestellt, dass die Beklagte zu 2 den Teil der Versorgungsleistungen zu erbringen hat, der auf der Anrechnung von Vordienstzeiten beruht.
3. Die Beklagten haben die Kosten des Rechtsstreites zu tragen.

Begründung:

Der/Die am ...... geborene Kläger(in) war vom ...... bis zum ...... bei der Firma ...... als Buchhalter(in) beschäftigt. Diese Firma gewährt Leistungen der betrieblichen Alters- und Hinterbliebenenversorgung. Auch der/die Kläger(in) besaß eine Versorgungszusage vom ......

Beweis: Vorlage des Versorgungsvertrages.

Am ...... trat der Kläger/die Klägerin in die Dienste der Beklagten zu 2. Im Arbeitsvertrag haben die Parteien vereinbart, dass die Klägerin Ruhegeld nach der jeweiligen Ruhegeldordnung der Beklagten zu 1 erhält. Indes werde die Beklagte zu 1) die Dienstzeit bei der Firma ...... anrechnen[3].

Beweis: Arbeitsvertrag vom ......

Die Beklagte zu 1 ist die Betriebsunterstützungskasse der Beklagten zu 2. Sie ist in der Rechtsform einer(s) GmbH/eingetragenen Vereins/Stiftung errichtet. Der Leistungsplan (Versorgungsordnung) der Beklagten zu 1 ist in von ihr erlassenen Richtlinien geregelt. Bei Begründung des Arbeitsverhältnisses galt der Leistungsplan idF. vom ...... In dem Leistungsplan ist vorgesehen, dass allen Arbeitnehmern nach einer Wartezeit von 15 Jahren eine Alters- und Hinterbliebenenversorgung gewährt wird in Höhe von 0,4% des letzten Monatsgehaltes für jedes Beschäftigungsjahr. Am ...... hat der Vorstand den Leistungsplan geändert. Hierdurch ist vorgesehen, dass nach einer Wartezeit von ......

für jedes Beschäftigungsjahr nur 3,– EUR gezahlt werden[4]. Die Änderung ist wegen Verletzung des Mitbestimmungsrechtes des Betriebsrats unwirksam[5].

Beweis: Leistungspläne vom ......

Am ...... wurde das Arbeitsverhältnis beendet. Nach ihrem Ausscheiden hat der/die Kläger(in) Auskunft über das Bestehen seiner/ihrer Versorgungsanwartschaft verlangt (§ 2 Abs. 6 BetrAVG).
Die Beklagte zu 1 hat dem/der Kläger(in) mitgeteilt, dass bei seinem/ihrem Ausscheiden die Versorgungsanwartschaft verfallen sei, weil er/sie die Voraussetzungen des BetrAVG nicht erfülle. Außerdem müsse er/sie sich auch die Änderung des Leistungsplanes entgegenhalten lassen.

Beweis: Schreiben vom ......, das in Fotokopie beigefügt ist.

Diese Auskunft ist in mehrfacher Hinsicht falsch.
Der/Die Kläger(in) besitzt eine unverfallbare Versorgungsanwartschaft. Nach § 1b Abs. 1 S. 1 BetrAVG behält ein Arbeitnehmer seine Versorgungsanwartschaft, wenn sein Arbeitsverhältnis vor Eintritt des Versorgungsfalles endet, sofern in diesem Zeitpunkt der Arbeitnehmer mindestens das 30. Lebensjahr vollendet hat und die Versorgungszusage für ihn mindestens fünf Jahre bestanden hat. Diese Voraussetzungen sind gegeben. Der/Die Kläger(in) ist ...... alt. Ausweislich des Arbeitsvertrages ist ihm/ihr die Vorsorgungszusage am ...... erteilt worden. Der/Dem Kläger(in) ist zugesagt, dass die Vordienstzeiten bei der ...... angerechnet würden. Das ist die Zeit vom ...... bis ...... Dagegen kommt es nicht darauf an, ob die/der Kläger(in) bereits die Wartezeit nach der Versorgungsordnung zurückgelegt hat. Diese Wartezeit kann er/sie notfalls noch in einem späteren Arbeitsverhältnis erfüllen (§ 1b Abs. 1 S. 5 BetrAVG).
Die/Der Kläger(in) braucht sich aber auch die Änderung der Versorgungsordnung nicht entgegenhalten zu lassen ......

Rechtsanwalt

Anmerkungen

1. Betriebliche Unterstützungskassen werden regelmäßig in der Rechtsform einer GmbH, eines eingetragenen Vereins und seltener auch in der einer Stiftung gegründet. Entsprechend ist das Rubrum anzupassen. Es kann auch geltend gemacht werden, dass der Komplementär neben der KG haftet (§§ 128, 161 HGB).

2. Wird die betriebliche Altersversorgung über eine Betriebsunterstützungskasse abgewickelt, so sind drei Rechtsbeziehungen zu unterscheiden, nämlich (1) Arbeitnehmer/Arbeitgeber, (2) Arbeitnehmer/Unterstützungskasse, (3) Unterstützungskasse/Arbeitgeber.

Im Verhältnis Arbeitnehmer/Arbeitgeber besteht der Arbeitsvertrag und das Versorgungsversprechen (BAG AP Nr. 3 zu § 1 BetrAVG Unterstützungskassen = NZA 1985, 22; AP Nr. 4 aaO. = NZA 1986, 57; AP Nr. 8 aaO. = NZA 1986, 357, 746). Die Betriebsunterstützungskasse ist lediglich das technische Hilfsmittel, dessen sich der Arbeitgeber zur Abwicklung der Ruhegeldverbindlichkeiten bedient. Hieraus folgt, dass sich der Arbeitnehmer grundsätzlich an die Unterstützungskasse halten soll, aber der Arbeitgeber gleichwohl für die Erfüllung der Verbindlichkeiten durch die Unterstützungskasse einstehen muss (BAG AP Nr. 2 zu § 242 BGB Ruhegehalt – Unterstützungskasse; AP Nr. 3 aaO. = NJW 1971, 1379; AP Nr. 5 aaO. = NJW 1973, 1016; AP Nr. 6 aaO. = NJW 1973, 1946; AP Nr. 12 aaO.; hierzu BVerfG NJW 1984, 476 = AP Nr. 2 zu § 1 BetrAVG Unterstützungskassen; AP Nr. 4 zu § 1 BetrAVG Unterstützungskassen = NZA 1986, 57 = DB 1986, 228; AP Nr. 6 zu § 1 BetrAVG Unterstützungskasse; AP Nr. 1 zu § 161 HGB = NZA 1990, 557). Das BVerfG hat entschieden, dass es verfassungsrechtlich nicht zu beanstanden ist, wenn in der Rspr. des BAG wegen der starken Abhängigkeit der Unterstützungskasse vom Trägerunternehmen angenommen werde, dass der Arbeitgeber entweder die zur Erbringung der Versorgungsleistungen benötigten Mittel zur Verfügung stellen müsse oder selbst die Leistungsverpflichtungen gegenüber den Arbeitnehmern zu erfüllen habe (BVerfG AP Nr. 11, 12, 13 zu § 1 BetrAVG Unterstützungskassen). Ohne spezielle Erfahrungen im Ruhegeldrecht ist es nicht ratsam, den Anspruch gegen den Arbeitgeber nicht anhängig zu machen oder vor dem Rechtsstreit mit der Unterstützungskasse rechtskräftig werden zu lassen. Dies zeigt der vorliegende Fall. Ist in der Ruhegeldordnung der Unterstützungskasse eine Anrechnung von Vordienstzeiten nicht vorgesehen, wird diese regelmäßig für daraus resultierende Ansprüche nicht einzustehen haben. Sie kann, darf und will nur im Rahmen ihrer Ruhegeldordnung leisten. Wegen dieses Anteils muss der Arbeitgeber einstehen.

Im Verhältnis Arbeitnehmer/Unterstützungskasse ist ein Rechtsanspruch auf Ruhegeldgewährung ausgeschlossen. Der Ausschluss des Rechtsanspruches erfolgt, damit die Unterstützungskasse nicht der Versicherungsaufsicht unterliegt und ihre Mittel im Unternehmen des Trägers anlegen kann. Der Ausschluss des Rechtsanspruches bedeutet aber nicht, dass die Kasse einzelne Arbeitnehmer von der Versorgung ausschließen könnte oder nach ihrem Ermessen die Leistungen ausschließen, einschränken oder ändern könnte. Insoweit verbietet der Gleichbehandlungsgrundsatz den Ausschluss einzelner Arbeitnehmer. In der Rechtsprechung hat der Ausschluss des Rechtsanspruches im allgemeinen nur die Bedeutung, dass dem Arbeitgeber vorbehalten ist, einen Leistungsplan zu ändern und der wirtschaftlichen Entwicklung anzupassen (vgl. BAG AP Nr. 8 zu § 242 BGB Ruhegehalt-Unterstützungskasse; AP Nr. 9 aaO. = NJW 1980, 79; AP Nr. 12 aaO., dazu BVerfG NJW 1984, 476; AP Nr. 1 zu § 1 BetrAVG Unterstützungskasse = NJW 1982, 1773; AP Nr. 4 aaO. = NZA 1986, 57; AP Nr. 23 aaO. = NZA 1989, 845 = BB 1989, 1984 = DB 1989, 1876). Das BVerfG hat auch diese Rspr. im Grundsatz gebilligt (BVerfG AP Nr. 11 zu § 1 BetrAVG Unterstützungskassen). Gleichwohl ergeben sich daraus erhebliche Unterscheidungen. Da der Ausschluss des Rechtsanspruchs nur die Bedeutung eines Widerrufsvorbehaltes hat, kann die Versorgungsordnung aus sachlichen Gründen und in genereller Form widerrufen und durch eine andere ersetzt werden oder zum Nachteil der Versorgungsberechtigten geändert werden. Bei den Änderungen müssen jedoch die Besitzstände gewahrt werden. Je stärker der Besitzstand ist, um so weniger kann in ihn eingegriffen werden (BAG GS AP Nr. 17 zu § 77 BetrVG 1972 = NZA 1987, 168, 185; AP Nr. 13 zu § 1 BetrAVG Besitzstand = NJW 1994, 77 = NZA 1993, 938). Insoweit hat das BAG ein Dreistufenmodell entwickelt. *(1)* Der Teil der Versorgungsanwartschaft, der bereits zeitanteilig erdient ist und nach § 2 Abs. 1, 4 BetrAVG berechnet wird, bleibt bei Beendigung des Arbeitsverhältnisses erhalten und ist gegen Insolvenz geschützt. Seine Änderung oder Verschlechterung ist nur aus zwingenden Gründen möglich. *(2)* Richtet sich der Anwartschaftswert nach dem Arbeitsentgelt des begünstigten Arbeitnehmers bis zum Eintritt des Versorgungsfalles (Halbdynamik) oder eines vergleichbaren Arbeitnehmers während des Ruhestandes (Volldynamik), so ist die Dynamik bis zum Zeitpunkt der Ablösung bereits erdient. Ihre Änderung oder Verschlechterung ist nur aus triftigem Grund möglich. *(3)* Dagegen können die noch nicht erdienten dienstzeitabhängigen Zuwachsraten aus sachlichem Grund geändert werden (BAG AP Nr. 4 zu § 1 BetrAVG Unterstützungskassen = NZA 1986, 57; AP Nr. 6 = NZA 1986, 60; AP Nr. 4 zu § 1 BetrAVG Ablösung = NZA 1986, 63; Zusammenfassung: AP Nr. 23 zu § 1 BetrAVG Unterstützungskasse = NZA 1989, 845 = BB 1989, 1984 = DB 1989, 1876; AP Nr. 8 zu § 1 BetrAVG Besitzstand = NZA 1991, 176; AP Nr. 11 = BB 1992, 2224; vom 17. 11. 1992 – AP Nr. 13). In dieses System hat das BVerfG eingegriffen. Es hat entschieden, dass immer dann, wenn die Versorgung auf Unterstützungskassen-Richtlinien beruht, die aus der Zeit vor Inkrafttreten des BetrAVG stammen, die Arbeitgeber darauf haben vertrauen können, dass zumindest aus triftigem Grund ein Widerruf möglich sei (BVerfG AP Nr. 2 zu § 1 BetrAVG Unterstützungskassen = NJW 1984, 468; AP Nr. 11, 12, 13 aaO.). Das BVerfG hat alsdann die Insolvenzfälle des § 7 Abs. 1 BetrAVG für Altfälle um den triftigen Grund erweitert. Schließlich hat das BAG die Rechtsprechung zusammengefasst, dass den Grundsätzen der Verhältnismäßigkeit und des Vertrauensschutzes dann genügt wird, wenn den abgestuften Besitzständen unterschiedlich gewichtige Eingriffsgründe des Arbeitgebers gegenübergestellt werden. Das Gewicht des Eingriffsgrundes muss der Stärke des Besitzstandes entsprechen. Bei den Besitzständen des Arbeitnehmers ist zu unterscheiden zwischen nur ausnahmsweise antastbaren, insolvenzgeschützten Teilbeträgen, die sich aus der Berechnung nach § 2 Abs. 1 BetrAVG ergeben, der sog. zeitanteilig erdienten Dynamik (Schutz des Berechnungsfaktors ruhegehaltsfähiges Entgelt) und den Steigerungsbeträgen, die ausschließlich von der weiteren Betriebszugehörigkeit des Arbeitnehmers abhängen. Bei den Eingriffsgründen ist zu unterscheiden zwischen zwingenden, triftigen und sachlich-proportionalen Gründen (BAG AP Nr. 13 zu § 1 BetrAVG Besitzstand = NJW 1994, 77 = NZA 1993, 938; 17. 8. 1999 – 3 AZR 295/98 Jur-CD n. a. v.). Ob die Rspr. des BVerfG auch zu sonstigen Widerrufsgründen von Bedeutung ist (zB. Treubruch), ist umstr.

Im Verhältnis Unterstützungskasse/Arbeitgeber hat zwar die Unterstützungskasse keinen Rechtsanspruch auf regelmäßige Dotierung; gleichwohl muss sie auf diesen einwirken, auf eine hinreichende Dotierung zu achten. Dotiert der Arbeitgeber die Unterstützungskasse nicht hinreichend, so muss der Arbeitgeber eintreten (BAG AP Nr. 7 zu § 242 BGB Ruhegehalt – Unterstützungskasse). Hat die Unterstützungskasse bereits Leistungen für den Arbeitgeber erbracht, hat sie gegen den Arbeitgeber einen Aufwendungsersatzanspruch (§ 670 BGB). Scheidet ein Arbeitgeber aus dem Kreis der Trägerunternehmen der Unterstützungskasse aus, so endet die Leistungspflicht. Vielmehr muss der Arbeitgeber hinfort die Leistungen selbst erbringen (BAG AP Nr. 17 zu § 1 BetrAVG Unterstützungskasse; AP Nr. 32 = NZA 1992, 931; AP Nr. 17 zu § 7 BetrAVG Widerruf = NJW 1992, 86 = NZA 1992, 934).

3. Der Arbeitgeber kann mit seinem Arbeitnehmer frei vereinbaren, ob er Vordienstzeiten anrechnen will oder nicht. Im Wege der Auslegung ist zu ermitteln, ob die Berücksichtigung von früheren Versorgungszusagen oder Vordienstzeiten nur die Höhe des Ruhegeldes verbessern oder sich auch auf die Unverfallbarkeitsfristen auswirken soll. Haben die Parteien nach der Entscheidung des Senats vom 10. 3. 1972 (BAG AP Nr. 156 zu § 242 BGB Ruhegehalt), mit der erstmals die Unverfallbarkeit einer Versorgungszusage nach 20-jähriger Betriebszugehörigkeit ausgesprochen wurde, eine Vereinbarung über die Anrechnung von Vordienstzeiten auf die Betriebszugehörigkeit getroffen, so besteht die Auslegungsregel, dass durch die Anrechnung nicht nur die Höhe des Ruhegeldes verbessert, sondern auch die Vordienstzeiten angerechnet werden sollen. Ist dagegen die Anrechnung zuvor vereinbart worden, so ist im Zweifel davon auszugehen, dass die Parteien nicht bedacht haben, ob die Vordienstzeiten sowohl für die Unverfallbarkeit als auch die Höhe der Versorgung Bedeutung haben soll. In diesen Fällen ist eine Vertragslücke erwachsen, die im Wege ergänzender Vertragsauslegung geschlossen werden muss. In diesen Fällen werden Dienstzeiten aus früheren Arbeitsverhältnissen grundsätzlich nur dann für die Unverfallbarkeit gewertet, wenn diese von einer Versorgungszusage begleitet waren (BAG AP Nr. 2 zu § 1 BetrAVG). Eine ganz andere Frage ist, ob Versorgungsanwartschaften, die wegen der Anrechnung von Zusagezeiten oder Vordienstzeiten unverfallbar geworden sind, den Insolvenzschutz genießen (BAG AP Nr. 1; AP Nr. 17 aaO. = NJW 1984, 1199; AP Nr. 54 aaO. = NZA 1990, 348 = BB 1990, 636 = DB 1990, 383). Hat der Arbeitgeber eine beamtenähnliche Versorgung versprochen, so hat die Anrechnung von Vordienstzeiten keine Bedeutung für die Unverfallbarkeitsfrist, da Beamtenversorgungen bei Beendigung des Beamtenverhältnisses vor Eintritt eines Versorgungsfalles erlöschen (BAG AP Nr. 7 zu § 1 BetrAVG Vordienstzeiten; AP Nr. 17 zu § 18 BetrAVG = Betr. 1988, 2463).

4. Der Leistungsplan einer Betriebsunterstützungskasse unterliegt der erzwingbaren Mitbestimmung des Betriebsrates (§ 87 Abs. 1 Nr. 8 BetrVG). Vgl. dazu BAG AP Nr. 5 zu § 87 BetrVG Altersversorgung = NJW 1979, 2534; AP Nr. 1 zu § 1 BetrAVG Unterstützungskassen = NJW 1982, 1773; AP Nr. 3 aaO. = NZA 1985, 22; AP Nr. 16 zu § 87 BetrVG 1972 Altersversorgung = Betr. 1988, 2411 = BB 1988, 2249; AP Nr. 34 zu § 1 BetrAVG Unterstützungskasse = NJW 1992, 3190 = NZA 1992, 949. Bei der Teilschließung einer Unterstützungskasse hat der Arbeitgeber die Mitbestimmungsrechte zu beachten. (1) Der Arbeitgeber kann die Mittel, die er für die Altersversorgung seiner Arbeitnehmer über eine Unterstützungskasse zur Verfügung stellen will (Umfang der finanziellen Verpflichtungen, Dotierungsrahmen) mitbestimmungsfrei kürzen. Das führt dazu, dass für die zur Verfügung stehenden Mittel ein neuer Verteilungsplan aufzustellen ist. (2) Der Betriebsrat hat bei der Aufstellung von Grundsätzen mitzubestimmen, nach denen die vom Arbeitgeber (Trägerunternehmen) zur Verfügung gestellten Mittel verteilt werden sollen. Das Mitbestimmungsrecht kann ausnahmsweise entfallen, wenn es an einem Regelungsspielraum für die Verteilung der verbleibenden Mittel fehlt (BAG AP Nr. 34 zu § 1 BetrAVG Unterstützungskasse = NJW 1992, 3190 = NZA 1992, 949). Um die Mitbestimmungsrechte des Betriebsrates zu wahren, können Betriebsvereinbarungen zwischen Betriebsrat und Arbeitgeber abgeschlossen werden. Alsdann muss der Arbeitgeber dafür Sorge tragen, dass die Unterstützungskasse den Leistungsplan übernimmt. Rechtstechnisch widerruft die Unterstützungskasse den Leistungsplan und erlässt einen neuen. Es ist aber auch denkbar, dass die Organe der Unterstützungskasse paritätisch besetzt werden und die Vertreter der Arbeitnehmerseite einen Betriebsausschuss bilden, der alsdann für den Betriebsrat Mitbestimmungsrechte ausübt (vgl. BAG AP Nr. 5 zu § 87 BetrVG 1972 Altersversorgung).

5. Ist die Änderung der Versorgungsordnung nach Beendigung des Arbeitsverhältnisses erfolgt, ist § 2 Abs. 5 BetrAVG zu beachten.

Kosten und Gebühren

Keine Besonderheiten, vgl. Form. IV. A. 9.

11. Anspruch auf betriebliche Altersversorgung durch Entgeltumwandlung[1, 2]

An das
Arbeitsgericht

Klage

Arbeiters/Angestellten
– Prozessbevollmächtigter Rechtsanwalt(in) ......

gegen

die Firma ......
gesetzlich vertreten durch ......

wegen Entgeltumwandlung

Namens und mit Vollmacht des/der Klägers(in) erhebe ich Klage und werde beantragen zu erkennen

I. Die Beklagte wird verurteilt, von den künftigen Entgeltansprüchen des/der Klägers(in) bis zu 4 vom Hundert der jeweiligen Beitragsbemessungsgrenze in der Ren-

tenversicherung der Arbeiter und Angestellten durch Entgeltumwandlung für die betriebliche Altersversorgung zu verwenden.[3]

II. Die Beklagte wird verurteilt, die betriebliche Altersversorgung über einen Pensionsfonds oder eine Pensionskasse durchzuführen.
Oder
Die Beklagte wird verurteilt, für die/den Kläger(in) ...... eine Direktversicherung abzuschließen.

III. Die Beklagte wird verurteilt, die Direktversicherung in der Weise abzuschließen, dass sie den Voraussetzungen einer staatlichen Förderung nach §§ 10 a, 82 Abs. 2 EStG genügt.[4]

IV. Die Beklagte trägt die Kosten des Rechtsstreits.

Begründung

Die/Der Kläger(in) steht seit dem ...... als ...... in den Diensten der Beklagten. Beide Parteien sind tarifgebunden. Die/Der Kläger(in) ist Mitglied der IG ...... Die Beklagte ist Mitglied des Arbeitgeberverbandes ...... Die/Der Kläger(in) ist in die Lohn/Gehaltsgruppe ...... eingruppiert. Neben dem tariflichen Entgelt bezieht sie/er eine übertarifliche Zulage in Höhe von ...... EUR. Die/Der Kläger(in) ist in der gesetzlichen Sozialversicherung pflichtversichert.
Die/Der Kläger(in) hat von der Beklagten verlangt, dass ...... X EUR des Entgelts monatlich gleichbleibend für die betriebliche Altersversorgung verwandt werden. Diesem Verlangen will die Beklagte nicht nachkommen, weil sie keine betriebliche Altersversorgung habe und die/der Kläger(in) über tarifliche Ansprüche nicht verfügen könne ...... Beide Einwände sind ungerechtfertigt ......[5]
Die Entgeltansprüche sind in eine wertgleiche Anwartschaft auf Versorgungsleistungen umzuwandeln.[6] Auch insoweit besteht Streit ...... Nach richtiger Ansicht ist die Wertgleichheit nach versicherungsmathematischen Grundsätzen zu ermitteln ......[7, 8]

Rechtsanwalt

Anmerkungen

1. Der Anspruch auf Entgeltumwandlung (§ 1a BetrAVG) hat folgende Voraussetzungen, für die – soweit es sich um Ausschlusstatbestände handelt – der Beklagte die Darlegungs- und Beweislast trägt: (1) Die Pflichtversicherung in der gesetzlichen Rentenversicherung (§ 17 Abs. 1 S. 3 BetrAVG), (2) der Anspruch ist begrenzt auf einen Höchstumwandlungsbetrag (§ 1 Abs. 1 S. 1 BetrAVG). Das sind im Jahr 2002 2.160,– EUR, (3) einen jährlichen Mindestumwandlungsbetrag in Höhe von 1/160 der Bezugsgröße nach § 18 SGB IV. Die Bezugsgröße beträgt 2002 2.345,– EUR im Westen und 1.960,– EUR im Osten, (4) gleichbleibende laufende Beträge im Kalenderjahr auf Verlangen der Beklagten: (5) Ausschluss des Anspruchs bei Bestehen einer durch Entgeltumwandlung finanzierten betrieblichen Altersversorgung (§ 1 Abs. 2 BetrAVG). Besteht ein Anspruch auf Entgeltumwandlung kann der Arbeitgeber den Anspruch erfüllen, über einen Pensionsfonds oder eine Pensionskasse, braucht es aber nicht, weil es eine Schutzvorschrift zu seinen Gunsten ist. Erfüllt er ihn nicht, kann der Arbeitnehmer verlangen, dass eine Lebensversicherung abgeschlossen wird (vgl. Anm. 5). Besteht ein Anspruch in geringerer Höhe, kann dieser noch in Höhe des Differenzbetrages geltend gemacht werden; der Arbeitnehmer kann aber auch auf die bestehende Entgeltumwandlung verzichten und den vollen Betrag geltend machen. (6) Einhaltung des Tarifvorrangs (§ 17 Abs. 5 BetrAVG). Es ist zunächst zu prüfen, ob ein Tarifvertrag zur Entgeltumwandlung besteht. Sind Arbeitnehmer und Arbeitgeber nicht tarifgebunden, kann der Anspruch geltend gemacht werden. Sind die Arbeitsvertragsparteien tarifgebunden, kann in jedem

Fall der übertarifliche Anteil umgewandelt werden. Sind die Arbeitsvertragsparteien tarifgebunden und besteht kein übertariflicher Bestandteil der Vergütung zur Verfügung ist eine Entgeltumwandlung nur möglich, wenn eine tarifliche Öffnungsklausel gegeben ist.

2. Für die Sozialversicherungspflicht bei Entegeltumwandlung gelten folgende Rechtsgrundsätze: (1) Bei der Direktzusage und der Unterstützungskassenversorgung besteht Beitragsfreiheit bis 4% der Beitragsbemessungsgrenze, (2) Bei Direktversicherung Beitragsfreiheit für pauschalbesteuerte Sonderzahlungen bis 1.752,– EUR bzw. 2.148,– EUR bis Ende 2008. Beitragspflicht besteht bei Umwandlung laufender Bezüge. (3) Bei Pensionskasse und Pensionsfonds besteht Beitragsfreiheit soweit steuerfreie Zuwendung nach § 3 Nr. 63 EStG bis Ende 2008. (4) Bei der sog Riester-Förderung besteht volle Beitragspflicht. (4) Ab 2009 für alle Durchführungswege volle Beitragspflicht.

Die Besteuerung ergibt sich aus folgender Übersicht: (1) Bei Direktzusage und Unterstützungskasse besteht keine Besteuerung der Dotierung, keine Obergrenze. Renten unterliegen der Besteuerung, aber Versorgungsfreibetrag und Arbeitnehmer – Pauschbetrag; bei Kapital § 34 EStG. (2) Bei Direktversicherung § 40 b EStG; Ertragsanteilsbesteuerung. (3) Bei Pensionskasse und Pensionsfonds ist die Dotierung bis 4% steuerfrei (§ 3 Nr. 63 EStG). Volle nachgelagerte Besteuerung. (4) Riester-Rente aus versteuertem Einkommen (§ 10 a EStG). Aber Zulage/Sonderausgaben. Volle nachgelagerte Besteuerung (§ 22 Nr. 5 EStG).

3. Der Antrag sollte bei Arbeitern und Angestellten wegen der Sozialversicherung angepasst werden.

4. Der Anspruch auf die sog. Riesterrente ist ein Unterfall der Entgeltumwandlung. Der Anspruch kann nur über die Direktversicherung, eine Pensionskasse oder einen Pensionsfonds umgesetzt werden. Der Anspruch (§ 1 a Abs. 3 BetrAVG) setzt voraus: (1) Unterwerfung der Entgeltumwandlung der individuellen Steuer- und Abgabenbelastung, (2) Die förderungsfähigen Leistungen sind beschränkt auf eine Leibrente oder einen Auszahlungsplan mit Restkapitalversicherung. (3) Auf den Umwandlungsbetrag werden durch den Staat Zulagen gezahlt. Gegebenenfalls ergeben sich im Rahmen des Sonderausgabenabzugs zusätzliche Vergünstigungen aus dem Steuerbescheid.

5. Die Durchführung des Anspruches des Arbeitnehmers wird durch Vereinbarung geregelt (§ 1 a Abs. 1 S. 2 BetrAVG). Zur Wahl stehen alle fünf Durchführungswege der betrieblichen Altersversorgung (Direktzusage, Unterstützungskasse, Direktversicherung, Pensionskasse, Pensionsfonds). Verlangt der Arbeitnehmer die Riesterrente, reduzieren sich die Durchführungswege auf die Direktversicherung, Pensionskasse und Pensionsfonds. Ist der Arbeitgeber zu einer Durchführung über einen Pensionsfonds oder eine Pensionskasse bereit ist die betriebliche Altersversorgung dort durchzuführen (§ 1 a Abs. 1 S. 3 BetrAVG). Der Arbeitgeber bestimmt den konkreten Versorgungsträger. Einigen sich Arbeitgeber und Arbeitnehmer nicht über einen Durchführungsweg und bietet der Arbeitgeber auch keine Pensionskasse oder Pensionsfonds an, so erfolgt die betriebliche Altersversorgung über eine Lebensversicherung, die der Arbeitgeber aber auswählt (§ 1 Abs. 1 S. 3 BetrAVG). Der Arbeitnehmer muss die in § 1 a Abs. 1 S. 4 BetrAVG genannten Beträge umwandeln. Der Arbeitgeber kann eine gleichbleibende Umwandlung verlangen (§ 1 Abs. 1 S. 5 BetrAVG).

6. Die künftigen Entgeltansprüche sind in eine wertgleiche Anwartschaft umzuwandeln Was wertgleich ist, ist umstritten. Sie ist nach richtiger Ansicht nach versicherungsmathematischen Grundsätzen zu bestimmen.

7. Die Regelung des § 17 Abs. 5 BetrAVG gilt nur für Altfälle. Laufende Entgeltumwandlungen werden nicht berührt.

8. Die Unverfallbarkeit ist besonders in § 1 b Abs. 5 BetrAVG geregelt.

12. Beitragsorientierte betriebliche Altersversorgung[1, 2]

An das
Arbeitsgericht

Klage

des Arbeiters/Angestellten
– Prozessbevollmächtigter RA –

gegen

die Firma ......
gesetzlich vertreten durch

wegen beitragsorientierter betrieblicher Altersversorgung.

Namens und mit Vollmacht des/der Klägers(in) erhebe ich Klage und werde beantragen zu erkennen:

I. Es wird festgestellt, dass die/der Kläger(in) wegen der Dienstzeit eine unverfallbare Versorgungsanwartschaft auf Grund einer beitragsorientierten Versorgungszusage mit Mindestleistung hat.[3]
II. Die Beklagte trägt die Kosten des Rechtsstreits.

Begründung

Die/Der Kläger(in) ist am ...... in die Dienste der Beklagten getreten. Die Arbeitvertragsbedingungen sind in einem Arbeitsvertrag vom ...... geregelt. Am ...... hat die Beklagte nachfolgende Versorgungszusage erteilt:
„Das Unternehmen verpflichtet sich, an einen Pensionsfonds/Pensionskasse/Direktversicherung ...... einen Beitrag in Höhe von monatlich ...... EUR zur Verfügung zu stellen. Sie wird ferner die aus den Beiträgen erzielten Erträge, mindestens aber die eingezahlten Beiträge für die Altersversorgung überlassen.“
Die/Der Kläger(in) ist nach Ablauf von vier Jahren aus dem Arbeitsverhältnis ausgeschieden. Sie/Er hat verlangt, dass die unverfallbare Versorgungsanwartschaft nach § 2 Abs. 6 BetrAVG dokumentiert wird. Die Beklagte hat mitgeteilt, dass die/der Kläger(in) keine unverfallbare Versorgungsanwartschaft hat. Dies ist unzutreffend ......

Anmerkungen

1. Die klassische Form der Versorgungszusage ist die Leistungszusage. Bei ihr sagt der Arbeitgeber bei Eintritt eines Versorgungsfalles eine bestimmte Leistung zu, z. B. 100,– EUR Monatsrente. Betriebliche Altersversorgung liegt aber auch vor, wenn der Arbeitgeber sich verpflichtet, bestimmte Beiträge in die betriebliche Altersversorgung zu zahlen (§ 1 Abs. 2 Nr. 1, 2 BetrAVG). Bereits seit einiger Zeit war das Bestreben in der Wirtschaft, statt von vornherein eine Leistung zuzusagen, zunächst den Aufwand festzulegen, der für die betriebliche Altersversorgung zur Verfügung gestellt werden soll. Mit Hilfe von Transformationstabellen wird dann ermittelt, welche Leistungen mit den Mitteln finanziert werden kann. Die beitragsorientierte Leistungszusage ist nunmehr auch in das Gesetz aufgenommen. Sie ist keine echte Beitragszusage. Sie kommt in zwei Formen vor. Die beitragsorientierte Leistungszusage liegt vor, wenn der Arbeitgeber sich verpflichtet, bestimmte Beiträge in eine Anwartschaft auf Alters-, Invaliditäts- oder Hinterbliebenenrente umzuwandeln (§ 1 Abs. Nr. 1 BetrAVG). Die Zusage beinhaltet zwar auch die Leistung, verdeutlicht aber auch den Aufwand für die betriebliche Altersversorgung. Mit der Beitragszusage mit Mindestleistung verpflichtet sich der Arbeitgeber, Beiträge an einen Pensionsfonds, eine Pensionskasse oder eine Direktversicherung zu zahlen. Im Leistungsfall muss dann das angesammelte Deckungskapital und die aus den Beiträgen erzielten Erträge zur Verfügung gestellt werden, mindestens die Summe der zugesagten Beiträge, soweit sie nicht durch einen biometrischen Risikoausgleich verbraucht werden (§ 1 Abs. 2 Nr. 2 BetrAVG). Der Arbeitnehmer trägt mithin das gesamte Risiko des Ertrages. Der Arbeitgeber trägt das Risiko, dass dieser hinter den gezahlten Beiträgen zurückbleibt.

2. Es ist damit zu rechnen, dass die beitragsorientierten Zusagen die klassischen Leistungszusagen ablösen. Man wird abwarten müssen, welche Musterstreitfälle sich entwickeln. Es werden vermutlich drei Gruppen sein, (1) ob und inwieweit betriebliche Altersversorgung vorliegt, (2) wann die Versorgungszusage unverfallbar wird und (3) Rechtsfragen um die Überlassung der Erträgnisse.

3. In § 1 b BetrAVG ist die beitragsorientierte Versorgungszusage nicht erwähnt. Dagegen enthält § 2 Abs. 5 b eine Berechnungsvorschrift für den Wert der Anwartschaft. Es ist umstritten, ob eine beitragsorientierte Versorgungszusage mit Mindestleistung unter den Voraussetzungen des § 1 b BetrAVG unverfallbar wird oder ob sie mit der Zusage unverfallbar wird. Letzteres ist wohl richtig, da die Beitragszusage ein Vertrag zu Gunsten Dritter enthält (§ 328 BGB). Der Vorbehalt eines Widerrufs wird nach §§ 307, 308 Nr. 4 BGB unwirksam sein. Für den Wert der Versorgungsanwartschaft werden die geleisteten Beiträge und die bis zum Ausscheiden erwirtschafteten Erträge, mindestens aber die geleisteten Beiträge maßgebend sein.

13. Klage gegen eine GmbH auf Anpassung des Ruhegeldes[1, 2]

An das
Arbeitsgericht

Klage

des/der Rentners/Rentnerin ......

Klägers(in)

– Prozessbevollmächtigter RA –

gegen

die Firma ...... GmbH ......,
gesetzlich vertreten durch den Geschäftsführer ......,

wegen Anpassung des Ruhegeldes **Beklagte**

Namens und mit Vollmacht des/der Klägers(in) erhebe ich Klage und werde beantragen zu erkennen:

I. Es wird festgestellt, dass der Beklagte verpflichtet ist, vom ...... bis ...... eine Betriebsrente in Höhe von ...... und für die Zeit ab ...... eine Betriebsrente in Höhe von ...... zu zahlen[3].

II. Die Beklagte wird verurteilt, ... EUR nebst Zinsen in Höhe von fünf Prozentpunkten über dem Basiszinssatz seit dem ...... an den/die Kläger(in) zu zahlen.

III. Die Beklagte hat die Kosten des Rechtsstreits zu tragen.

Begründung[4, 5]

Der/die am ...... geborene, ledige/verheiratete/geschiedene/verwitwete Kläger(in) war vom ...... bis zu seiner/ihrer Versetzung in den Ruhestand am ...... bei der Beklagten beschäftigt.

Die Beklagte hat dem/der Kläger(in) am ...... eine Versorgungszusage erteilt. Wegen der Einzelheiten wird auf anliegende Versorgungsordnung verwiesen. Seit der Versetzung in den Ruhestand am ...... erhielt der/die Kläger(in) ein betriebliches Ruhegeld von monatlich ...... EUR. Die Sozialversicherungsrente des/der Kläger(in) betrug von ...... bis .... EUR und von ...... bis .... EUR.

Die Beklagte hätte die Versorgungsbezüge nach § 16 Abs. 1 BetrAVG anpassen müssen. Hiernach hat der Arbeitgeber alle drei Jahre eine Anpassung der laufenden Leistungen der betrieblichen Altersversorgung zu prüfen und hierüber nach billigem Ermessen zu entscheiden. Dabei sind insbesondere die Belange der Versorgungsempfänger und die wirtschaftliche Lage des Arbeitgebers zu berücksichtigen.

Die Beklagte hätte nach Versetzung des/der Klägers(in) in den Ruhestand sowohl 1994 als auch 1997 eine Anpassung vornehmen müssen. Seit Versetzung des/der Klägers(in) in den Ruhestand im Jahre 1990 ist der Preisindex für die Lebenshaltung von 4-Personen-Arbeitnehmerhaushalten mit mittlerem Einkommen, Basisjahr 1991 im Dez. 1993 um 5,6% gestiegen[6]. Bis zum Jahre 1997 ist ein weiterer Anstieg um 5,6% zu verzeichnen. Damit ergibt sich von 1991 bis 1997 ein Preisanstieg von 11,2%[7]. Die Beklagte muss diesen Geldwertschwund ausgleichen, so dass sich ein monatlich zu zahlendes Ruhegeld in Höhe von ...... EUR ergibt.[8, 9]

Die wirtschaftlichen Verhältnisse der Beklagten lassen auch eine entsprechende Anpassung zu. Jedenfalls hat die Beklagte nichts Gegenteiliges dargelegt.

Ab 1997 errechnet sich das monatlich zu zahlende Ruhegeld wie folgt ......

Die Beklagte vermag sich auch nicht darauf zu berufen, der Geldwertschwund sei bereits durch die Steigerung der Sozialversicherungsrente ausgeglichen. Die Sozialversicherungsrente bleibt bei der Berechnung der Anpassung grundsätzlich unberücksichtigt. Die reallohnbezogene Obergrenze wird bei der geforderten Anpassung nicht überschritten.

Die Beklagte ist daher für die Zeit vom 1. 1. 1994 bis 31. 12. 1997 zur Zahlung einer Betriebsrente von monatlich ...... EUR und ab 1. 1. 1998 zur Zahlung einer Betriebsrente in Höhe von ...... EUR verpflichtet. Insoweit bedarf es der gerichtlichen Feststellung.

Daneben wird die Nachzahlung der Bezüge für den Zeitraum von ...... bis ...... verlangt.

Rechtsanwalt

Anmerkungen

1. Durch Art. 8 Nr. 17 des Rentenreformgesetzes 1999 vom 16. 12. 1997 (BGBl. I S. 2988) und das AVmG vom 26. 11. 2001 (BGBl. I S. 3610) ist § 16 BetrAVG geändert worden. Betriebsrenten unterliegen als langfristige, in Teilbeträgen fällig werdende Leistungen der Anpassung (§ 16 Abs. 1 BetrAVG). Die Anpassungsverpflichtung gilt als erfüllt, wenn die Anpassung nicht geringer ist als der Anstieg des Preisindexes für die Lebenshaltung von 4-Personen-Haushalten von Arbeitern und Angestellten mit mittlerem Einkommen oder Nettolöhne vergleichbarer Arbeitnehmergruppen im Prüfungszeitraum (§ 16 Abs. 2 BetrAVG). Die Anpassungsverpflichtung entfällt, wenn sich der Arbeitgeber verpflichtet laufende Renten jährlich um wenigstens 1 v.H. anzupassen. Der Arbeitgeber verliert alsdann die Möglichkeit sich auf wirtschaftliche Schwierigkeiten zu berufen. Diese Möglichkeit ist auf Zusagen beschränkt, die nach dem 1. 1. 1999 erteilt wurden (§ 16 Abs. 5 BetrAVG). Die Anpassungsverpflichtung entfällt, wenn bei Direktversicherungen und Pensionskassen unter den Voraussetzungen von § 16 Abs. 3 Nr. 2 der Arbeitgeber die Überschussanteile in die Versorgung einbringt. Bei der Entgeltumwandlung, die nach dem 1. 1. 2001 vereinbart wurde, hat der Arbeitgeber eine jährliche Mindestanpassung von 1% vorzunehmen (§ 16 Abs. 5 BetrAVG). Nicht der Anpassungsverpflichtung unterliegen einmalige Kapitalzahlungen, unverfallbare Versorgungsanwartschaften ausgeschiedener Arbeitnehmer und Leistungen, die auf Beitragszusagen mit Mindestgarantie beruhen.

2. Anpassungsverpflichteter ist der Arbeitgeber. Dies gilt auch dann, wenn das Ruhegeld über eine betriebliche Unterstützungskasse oder Pensionskasse gewährt wird. Die Anpassung kann durch die Kassen vorgenommen werden. Der Pensionssicherungsverein ist nicht zur Anpassung verpflichtet (BAG AP Nr. 14 zu § 16 BetrAVG = NJW 1983, 2902; v. 5. 10. 1993 – AP Nr. 28), es sei denn, dass bereits in der Versorgungszusage eine Anpassungsverpflichtung enthalten war (BAG AP Nr. 3 zu § 7 BetrAVG = BB 1078, 1825 *Arend/Förster)*. Sonderprobleme können sich bei Anpassung gegenüber Dienstnehmern ergeben (vgl. BGH AP Nr. 12 zu § 16 BetrAVG = NJW 1981, 2059). Die Anpassungsüberprüfung nach § 16 Abs. 1 BetrAVG hat alle drei Jahre zu erfolgen; der Dreijahres-Rhythmus begann in den alten Bundesländern mit dem Inkrafttreten des BetrAVG, abgerundet dem 1. 1. 1975 (BAG AP Nr. 1 zu § 16 BetrAVG = NJW 1976, 1861; AP Nr. 2 aaO.; AP Nr. 4 aaO. = NJW 1977, 828; BGH AP Nr. 6 aaO.). Auf das Überschreiten einer Opfergrenze kommt es nicht an (BAG AP Nr. 4 zu § 16 BetrAVG = NJW 1977, 828). Wegen der regelmäßigen Anpassung kann eine betriebliche Übung erwachsen (BAG AP Nr. 18 zu § 16 BetrAVG = Betr. 1986, 2551 = NZA 1986, 787; AP Nr. 20 aaO. = NZA 1987, 666 = BB 1987, 1673 = DB 1987, 2046). Der Ermittlung des Anpassungsbedarfs war der Preisindex (Basisjahr 1970) zugrunde zu legen, der für die Lebenshaltung von 4 Personen-Arbeitnehmer-Haushalten mit mittlerem Einkommen vom Statistischen Bundesamt ermittelt und veröffentlicht wird (BAG AP Nr. 4 zu § 16 BetrAVG = NJW 1977, 828). Inzwischen kann von einem späteren Basisjahr ausgegangen werden. Der vorgeschriebene Dreijahres-Rhythmus zwingt nicht zu starren, individuellen Prüfungsterminen. Der Arbeitgeber kann die in einem Jahr fälligen Anpassungsprüfungen zu einem bestimmten Zeitpunkt innerhalb oder am Ende des Jahres vornehmen (BAG AP Nr. 24 zu § 16 BetrAVG = BB 1992, 2152).

3. Wegen der Anpassung für die zurückliegende Zeit kann zweifelhaft sein, ob der Feststellungsantrag zulässig ist. Im übrigen ist die Feststellungsklage zulässig. Bei einer auf § 16 BetrAVG gestützten Anpassungsklage ist kein beziffertes Leistungsantrag nötig. Dem Bestimmtheitsgebot des § 253 Abs. 2 Nr. 2 ist genügt, wenn der Kläger den anspruchsbegründenden Sachverhalt und einen Mindestbetrag der Anpassung angibt (BAG AP Nr. 34 zu § 16 BetrAVG = NZA 1996, 1038).

4. Steht aufgrund der Anpassungsüberprüfung nach bisherigem Recht fest, dass ein Anpassungsbedarf besteht, so hat der Arbeitgeber die Anpassungsentscheidung nach billigem Ermessen zu treffen. Bei der Berücksichtigung der Belange des Arbeitnehmers sind nicht die individuellen Verhältnisse, sondern die Entwicklung der Lebenshaltungspreise zu berücksichtigen. Der Arbeitgeber darf seine wirtschaftlichen Verhältnisse in Rechnung stellen. Dabei ist auf die zukünftige Entwicklung des Unternehmens abzustellen (BAG AP Nr. 17 zu § 16 BetrAVG = NZA 1985, 496 = Betr. 1985, 1642; AP Nr. 16 zu § 16 BetrAVG = NZA 1985, 499 = Betr. 1985, 1645; AP Nr. 22 aaO. = NZA 1989, 844 = BB 1989, 1902 = DB 1989, 1471). In deren Beurteilung sind einzubeziehen Ertragskraft des Unternehmens, Gewinn, Umsatz, Rendite, Auftragslage, notwendige Investitionen, Lohnerhöhungen, Preissteigerungen. Das BAG hat seine Rechtsprechung zusammengefasst: Bei der Beurteilung der wirtschaftlichen Lage sind zu berücksichtigen: (1) Bei der Beurteilung für die erforderliche Prognose ist die wirtschaftliche Entwicklung des Unternehmens in der Zeit vor dem Anpassungsstichtag zu Grunde zu legen, soweit daraus Schlüsse für die weitere Entwicklung gezogen werden können. (2) Für eine einigermaßen zuverlässige Prognose muss die bisherige Entwicklung über einen längeren, repräsentativen Zeitraum von i. d. R. mindestens drei Jahren zu Grunde gelegt werden. (3) Der am Anpassungsstichtag absehbare Investitionsbedarf, auch für Rationalisierungen und die Erneuerung von Betriebsmitteln ist zu berücksichtigen. (4) Scheingewinne bleiben unberücksichtigt. (5) Die Betriebssteuern verringern die verwendungsfähigen Mittel. Bei den Steuern von Einkommen ist zu beachten, dass nach einer Anpassungsentscheidung die Rentenerhöhungen den steuerpflichtigen Gewinn verringern (BAG AP Nr. 35 zu § 16 BetrAVG = NZA 1997, 155). Bei der Anpassung ist der Gleichbehandlungsgrundsatz zu berücksichtigen (BAG AP Nr. 3, 4 zu § 16 BetrAVG; AP Nr. 13 aaO. = NJW 1982, 350). Die Anpassung braucht nicht notwendig rentenförmig geleistet werden; sie kann auch durch einmalige Zahlungen erfolgen (BAG AP Nr. 15 zu § 16 BetrAVG = NZA 1984, 357 = Betr. 1984, 1833). Wurde in der Vergangenheit kein voller Geldwertausgleich gewährt, ist bei Folgeprüfungen der Kaufkraftverlust seit Rentenbeginn und nicht erst seit den letzten Jahren zu berücksichtigen (BAG AP Nr. 24 zu § 16 BetrAVG = BB 1992, 2152; AP Nr. 25 = BB 1992, 2292; AP Nr. 26 = BB 1992, 2296); v. 17. 4. 1996 – 3 AZR 56/95 – NZA 1997, 155). Die nachholende Anpassung betrifft die Höhe des Versorgungsbedarfs und besagt, dass – bezogen auf einen Anpassungstermin – nicht nur die Teuerung in den letzten drei Jahren, sondern der Kaufkraftverlust seit Rentenbeginn zu berücksichtigen ist. Davon ist die nachträgliche Anpassung zu unterscheiden. Durch eine nachträgliche Anpassung soll die Betriebsrente bezogen auf einen früheren Anpassungsstichtag unter Berücksichtigung der damaligen wirtschaftlichen Lage des Unternehmens erhöht werden. (1) Wenn der Versorgungsempfänger die Anpassungsentscheidung des Arbeitgebers für unrichtig hält, muss er dies vor dem nächsten Anpassungsstichtag dem Arbeitgeber gegenüber wenigstens außergerichtlich geltend machen. Mit dem nächsten Anpassungsstichtag entsteht ein neuer Anspruch auf Anpassungsprüfung und Entscheidung. Der Anspruch auf Korrektur der früheren Anpassungsentscheidung erlischt. (2) Hat der Arbeitgeber bis zum nächsten Anpassungsstichtag die Betriebsrenten weder erhöht noch sich zur Anpassung ausdrücklich geäußert, so hat er damit stillschweigend erklärt, dass er zum zurückliegenden Zeitpunkt keine Anpassung vornimmt. Die Erklärung des Versorgungsschuldners, nicht anpassen zu wollen, gilt nach Ablauf von drei Jahren ab Anpassungstermin als abgegeben. Der Versorgungsberechtigte kann die stillschweigend abgelehnte Anpassungsentscheidung bis zum übernächsten Anpassungstermin rügen BAG AP Nr. 35 zu § 16 BetrAVG = NZA 1997, 155). Nach § 16 Abs. 4 BetrAVG entfällt die Verpflichtung zur nachholenden Anpassung, wenn diese berechtigt unterblieben ist (Anm. 4).

5. Nach der ab 1. 1. 1999 geltenden Fassung entfällt die Anpassungsverpflichtung für nach dem 1. 1. 1999 erteilte Versorgungszusagen, wenn der Arbeitgeber sich verpflichtet, die laufenden Leistungen jährlich um wenigstens eins vom Hundert anzupassen oder die betriebliche Altersversorgung über eine Direktversicherung im Sinne des § 1 Abs. 2 BetrAVG oder über eine Pensionskasse im Sinne des § 1 Abs. 3 BetrAVG durchgeführt wird, ab Rentenbeginn sämtliche auf den Rentenbestand entfallenden Überschussanteile zur Erhöhung der laufenden Leistungen verwendet werden und zur Berechnung der garantierten Leistung der nach § 65 Abs. 1 Nr. 1 lit. a des Versicherungsaufsichtsgesetzes festgesetzte Höchstzinssatz zur Berechnung der Deckungsrückstellung nicht überschritten wird (§ 16 Abs. 3 BetrAVG). Sind laufende Leistungen nicht oder nicht in vollem Umfang anzupassen (zu Recht unterbliebene Anpassung), ist der Arbeitgeber nicht verpflichtet die Anpassung nachzuholen. Eine Anpassung gilt als zu Recht unterblieben, wenn der Arbeitgeber dem Versorgungsempfänger die wirtschaftliche Lage des Unternehmens schriftlich dargelegt, der Versorgungsempfänger nicht binnen drei Kalendermonaten nach Zugang der Mitteilung schriftlich widersprochen hat und er auf die Rechtsfolgen eines nicht fristgemäßen Widerspruches hingewiesen wurde (§ 16 Abs. 4 BetrAVG).

6. Beträgt die veröffentlichte Indexzahl (Basisjahr 1991 = 100) für Dezember 1993 108,8 und für November 1996 114,9, so erfolgt die Berechnung (114,9 : 108,8 – 1) = 5,6%. Seit Januar 1999 stellt das Statistische Bundesamt auf das Basisjahr 1995 ab. Dadurch ändert sich an der Rechenformel nichts. Ferner werden zurzeit für die alten Bundesländer die Lebenshaltungskosten für 4-Personenhaushalte von Arbeitern und Angestellten mit mittlerem Einkommen veröffentlicht. Diese Tabelle wird ersetzt durch einen Preisindex für die Lebenshaltung aller privaten Haushalte. Die Indizes können abgerufen werden im Internet unter www.destatis.de unter der dortigen Rubrik „Preise".

Preisindizes für die Lebenshaltung Früheres Bundesgebiet 1995=100			**Preisindizes für die Lebenshaltung** **Deutschland: Alle privaten Haushalte** 1995=100
	Alle privaten Haushalte	**4-Personen-Haushalte von Arbeitern und Angestellten mit mittlerem Einkommen**	**Gesamtindex (alle 12 Abteilungen)**
1991	89,0	88,7	87,2
1992	92,5	92,3	91,6
1993	95,8	95,7	95,7
1994	98,4	98,4	98,3
1995	100,0	100,0	100,0
1996	101,3	101,3	101,4
1997	103,2	103,1	103,3
1998	104,1	104,0	104,3
1999	104,8	104,7	104,9
2000	106,9	106,5	106,9
2001	109,4	109,1	109,6

7. War im Dezember 1998 ein Ruhegeld von 300,– DM zugesagt, so wären ab 1. 1. 2001 (107,2 : 103,5 – 1) × 100 = 3,6% (Basiszahlen 1991) oder 300,– + (300 × 3,6%) = 310,80 DM zu zahlen. Der Betrag von 10,80 DM entspricht 5,25 EUR. Für die 1. Anpassung im Jahre 1975 hatte das BAG das sog. Halbierungsprinzip zugelassen. Dagegen hat es erkannt, dass für die 2. Anpassung im Jahre 1978 der halbe Teuerungsausgleich grundsätzlich nicht mehr billigem Ermessen genügt (BAG AP Nr. 7 zu § 16 BetrAVG = NJW 1980, 1181).

8. Die wirtschaftliche Lage des Arbeitgebers kann bereits dann eine Anpassung der Betriebsrente an die Kaufkraftentwicklung ausschließen, auch wenn keine Notlage gegeben ist (BAGAP Nr. 13 zu § 16 BetrAVG = NJW 1982, 350; AP Nr. 17 zu § 16 BetrAVG = EWiR § 16 BetrAVG 1/85; AP Nr. 22 aaO. = NZA 1989, 844 = BB 1989, 1902 = DB 1989, 1471; AP Nr. 24 = BB 1992, 2152; AP Nr. 25 = BB 1992, 2292). Es muss eine hinreichende Kapitalausstattung gewahrt bleiben (BAG AP Nr. 46 zu § 16 BetrAVG). Eine angemessene Eigenkapitalverzinsung, die für die Anpassung der Betriebsrenten nach § 16 BetrAVG von entscheidender Bedeutung ist, besteht aus einem Basiszins und einem Risikozuschlag. Der Basiszins entspricht der Umlaufrendite öffentlicher Anleihen. Der Risikozuschlag beträgt für alle Unternehmen einheitlich 2%. Ein Geldentwertungsabschlag darf unterbleiben (BAG NZA 2001, 1251). Ein Ausschluss ist im allgemeinen dann gerechtfertigt, wenn der Teuerungsausgleich nicht aus dem Wertzuwachs des Unternehmens und dessen Erträgen in der Zeit nach dem Anpassungsstichtag aufzubringen ist. Für die Ausschlusstatbestände trägt der Arbeitgeber die Darlegungs- und Beweislast. Wegen der wirtschaftlichen Verflechtung von Konzerngesellschaften kann es bei der Beurteilung der wirtschaftlichen Lage auf die des Konzerns ankommen (BAG AP Nr. 22 zu § 16 BetrAVG; AP Nr. 25 = BB 1992, 2292; AP 32 = NZA 1995, 368 = WiB 1995, 556). Der Arbeitgeber kann die Anpassung verweigern, wenn dadurch das Unternehmen übermäßig belastet wird. Dies ist dann der Fall, wenn es dem Unternehmen nicht gelingen wird, den Teuerungsausgleich aus dem Wertzuwachs zu erwirtschaften (BAG AP Nr. 29 zu § 16 BetrAVG = NZA 1994, 551). Die gegen das letzte Urteil eingelegte Verfassungsbeschwerde blieb erfolglos (BVerfG v. 12. 2. 1993 – AP Nr. 25 a zu § 16 BetrAVG). Rentenerhöhungen im letzten Jahr vor Eintritt des Insolvenzfalles nehmen am Versicherungsschutz nicht teil (BAG AP Nr. 30 zu § 16 BetrAVG = NZA 1995, 73).

9. Das BAG hat daran festgehalten, dass bei der Anpassung die Sozialversicherungsrente grundsätzlich unberücksichtigt bleiben muss (BAG AP Nr. 5 zu § 16 BetrAVG = NJW 1977, 2370; AP Nr. 8 aaO. = NJW 1980, 1184). Das BAG hat die im Schrifttum entwickelte absolute (AP Nr. 8 aaO. NJW 1980, 1184) und relative Obergrenze (BAG AP Nr. 10 zu § 16 BetrAVG = NJW 1981, 190) abgelehnt. Es hat stattdessen die reallohnbezogene Obergrenze entwickelt (BAG AP Nr. 11 zu § 16 BetrAVG = NJW 1982, 957; AP Nr. 23 aaO. = NZA 1989, 675 = BB 1989, 1554 = DB 1989, 1422). Bei der Gruppenbildung zur Anwendung der reallohnbezogenen Obergrenze hat der Arbeitgeber einen weitgehenden Entscheidungsspielraum. Es genügt, dass klare, verdienstbezogene Abgrenzungskriterien die Einteilung als sachgerecht erscheinen lassen (BAG NZA 2001, 1076). Diese Rechtsprechung hat der Gesetzgeber nach § 16 Abs. 2 Nr. 2 BetrAVG übernommen. Wenn die aktive Belegschaft keinen vollen Teuerungsausgleich erhält, müssen sich auch die Betriebsrentner mit einer entsprechend geringeren Anpassungsrate begnügen. Deshalb widerspricht es nicht der Billigkeit, wenn der Arbeitgeber die durchschnittliche Steigerungsrate der Reallöhne als Maßstab bei der Anpassung der Betriebsrente verwendet.

14. Klage gegen eine GmbH & Co KG auf Dokumentation der Ruhegeldanwartschaft

An das
Arbeitsgericht

Klage

des/der Arbeiter(in)/Angestellten ......
– Prozessbevollmächtigter RA – – Klägers(in)

gegen

die Firma ...... GmbH & Co KG,
gesetzlich vertreten durch die ...... GmbH,
diese wiederum vertreten durch den Geschäftsführer ......, Beklagte

wegen Dokumentation einer Ruhegeldanwartschaft.

Namens und mit Vollmacht des Klägers erhebe ich Klage und werde beantragen zu erkennen:

I. Die Beklagte wird verurteilt, eine Bescheinigung zu erteilen, in welcher Höhe Anspruch auf Versorgungsleistungen bei Erreichen der in der Versorgungsordnung der Beklagten vom ...... vorgesehenen Altersgrenze besteht[1].
II. Die Beklagte trägt die Kosten des Rechtsstreits.

Begründung:

Der/Die am ...... geborene, ledige/verheiratete Kläger(in) war vom ...... bis ...... bei der Beklagten als ...... beschäftigt. Die Beklagte hat dem/der Kläger(in) am ...... eine Versorgungszusage erteilt. Die Einzelheiten sind aus dem anliegenden Versorgungsvertrag zu ersehen.

Da der/die Kläger(in) bei Beendigung des Arbeitsverhältnisses das 30. Lebensjahr vollendet hat und die Versorgungszusage für ihn/sie mindestens fünf Jahre bestanden hat (§ 1b BetrAVG), ist die Versorgungsanwartschaft unverfallbar geworden. Die Beklagte hat dem/der Kläger(in) gemäß § 2 Abs. 6 BetrAVG den Wert der Versorgungsanwartschaft zu dokumentieren[2].

Allerdings wird die Beklagte einwenden, vor Erteilung der Versorgungszusage sei eine Vorschaltzeit vereinbart worden. Diese Einwendung ist indes unbegründet[3].

Rechtsanwalt

Anmerkungen

1. Kommt der Arbeitgeber seiner Auskunftspflicht nicht nach, kann der Arbeitnehmer den Auskunftsanspruch im Wege der Leistungsklage gerichtlich geltend machen. Sachlich zuständig ist das Arbeitsgericht, soweit es sich um Klagen der Arbeitnehmer handelt. Dies gilt auch dann, wenn die Ruhegelder durch eine Pensions- oder Unterstützungskasse gezahlt werden. Ist die Auskunft unvollständig oder unrichtig erteilt, so kann der Arbeitnehmer grundsätzlich nicht nach §§ 259 Abs. 2, 260 Abs. 2 BGB vorgehen, da es sich nicht um Tatsachenmitteilungen handelt. Vielmehr kann der Arbeitnehmer auf die Feststellung der Versorgungsanwartschaft (vgl. Form. IV. A. 10) klagen (BAG AP Nr. 3 zu § 2 BetrAVG = Betr. 1984, 836). Die Auskunft stellt kein deklaratorisches Schuldanerkenntnis dar (BAG AP Nr. 3 aaO.). Hat der Arbeitgeber jedoch schuldhaft die fehlerhafte Auskunft erteilt, so kann er wegen positiver Forderungsverletzung schadensersatzpflichtig werden.

2. Die Auskunft muss sich darauf beziehen, ob die Voraussetzungen der Unverfallbarkeit gegeben sind und in welcher Höhe Versorgungsleistungen in Zukunft zu erwarten sind. Da nur dem Arbeitgeber die Beschäftigungsdaten bekannt sein können, bezieht sich die Auskunftspflicht insoweit nur auf ihn und nicht etwa auf rechtlich selbständige Versorgungsträger. Die Auskunft muss so gründlich sein, dass dem Arbeitnehmer eine Nachprüfung ermöglicht ist. Sind bei der Berechnung der Anwartschaft Renten der gesetzlichen Rentenversicherung zu berücksichtigen, so kann nach § 2 Abs. 5 S. 2 BetrAVG das bei der Berechnung von Pensionsrückstellungen allgemein zulässige Verfahren (sog Näherungsverfahren) zugrunde gelegt werden, wenn nicht der ausgeschiedene Arbeitnehmer die Anzahl der im Zeitpunkt des Ausscheidens erreichten Entgeltpunkte nachweist. Weder der Arbeitgeber noch die ausgeschiedenen Arbeitnehmer können das Näherungsverfahren gegen den Willen ihres Vertragspartners durchsetzen. a) Wenn der Arbeitnehmer die Anzahl der im Zeitpunkt seines Ausscheidens erreichten sozialversicherungsrechtlichen Entgeltpunkte nachweist, darf der Arbeitgeber das Näherungsverfahren nicht mehr anwenden. b) Wenn der Arbeitnehmer diesen Nachweis nicht erbringt, steht dem Arbeitgeber ein Wahlrecht zu, das er gemäß § 315 BGB nach billigem Ermessen ausüben muss (Fortführung des Urteils des Senats vom 12. November 1991 – 3 AZR 520/90 – BAGE 69, 19, 27 = AP Nr. 26 zu § 2 BetrAVG, zu II 4 der Gründe). Hat der Arbeitgeber die individuelle Berechnung gewählt, so trifft den Arbeitnehmer die arbeitsvertragliche Nebenpflicht, dem Arbeitgeber die benötigten sozialversicherungsrechtlichen Unterlagen auf dessen Kosten zu beschaffen. Solange der Arbeitnehmer dieser Pflicht nicht nachkommt, kann der Arbeitgeber die Auskunft nach § 2 Abs. 6 BetrAVG verweigern (BAG AP Nr. 27 zu § 2 BetrAVG).

3. Eine Versorgungszusage iS. von § 1 BetrAVG ist dann gegeben, wenn dem Arbeitgeber kein Entscheidungsspielraum mehr verbleibt, ob er überhaupt betriebliche Altersversorgung erbringen will. Sie ist dann gegeben, wenn die Leistungsverpflichtung nur noch vom Zeitablauf oder dem Eintritt eines Stichtages abhängt. Eine Zusage liegt mithin auch bei einer Betriebsvereinbarung vor, wenn der Arbeitnehmer zum Kreis der Begünstigten gehört. BAG AP Nr. 3 zu § 1 BetrAVG Wartezeit = NJW 1977, 2376; AP Nr. 4, 7 aaO.; AP Nr. 5 BetrAVG Wartezeit = NJW 1980, 2428.

Kosten und Gebühren

Vgl. Form. IV. A. 10.

15. Schadensersatzklage gegen eine Gemeinde wegen Verletzung der Beratungs- und Belehrungspflicht über die Altersversorgung

An das
Arbeitsgericht

Klage

des/der Angestellten ...... Klägers(in)
Prozessbevollmächtigter RA –

gegen

...... Beklagte[1]

wegen fehlerhafter Belehrung über die Altersversorgung.

Namens und mit Vollmacht des Klägers erhebe ich Klage und werde beantragen zu erkennen:

I. Es wird festgestellt, dass die Beklagte verpflichtet ist, dem Kläger allen Schaden zu ersetzen, den er daraus erleidet, dass er nicht ab ...... (sondern erst ab ......) bei der Versorgungsanstalt des Bundes und der Länder versichert ist[2].
II. Die Beklagte trägt die Kosten des Rechtsstreits.

Begründung:

Der/Die ...... im Jahre ...... geb. Kläger(in) ist von Beruf Journalist(in). Bis zum Jahre ...... war er/sie als Redakteur(in) bei dem Zeitungsverlag ...... beschäftigt. Während dieser Zeit war er/sie bei dem Versorgungswerk der Presse GmbH Stuttgart versichert. Im Jahre ...... trat er/sie in die Dienste der Beklagten und wurde beim Presse- und Informationsamt eingesetzt. Das Arbeitsverhältnis richtet sich nach dem BAT vom 23. 2. 1961 und den diesen ergänzenden Tarifverträgen.
Bei der Einstellung wurde der/die Kläger(in) von dem Leiter der Personalabteilung der Beklagten über die Versorgungsmöglichkeiten im öffentlichen Dienst belehrt. Er/Sie wurde u.a. darauf hingewiesen, dass er/sie bei der gesetzlichen Sozialversicherung, also bei der Bundesversicherungsanstalt für Angestellte versichert werde. Ferner bestehe die Möglichkeit, dass er/sie bei der Versorgungsanstalt des Bundes und der Länder zusatzversichert werde. Nach § 6 Abs. 4 des Tarifvertrages über die Versorgung des Arbeitnehmers des Bundes und der Länder sowie von Arbeitnehmern kommunaler Verwaltungen und Betriebe (VersorgungsTV) vom 4. 11. 1966 habe er/sie jedoch die Möglichkeit, sich von der Zusatzversorgung befreien zu lassen, da sie freiwillig Mitglied einer berufsständischen Versicherung oder Versorgungseinrichtung sei. Er/Sie werde alsdann einen entsprechenden Zuschuss zu den bestehenden Versicherungen nach § 18 VersorgungsTV erhalten (Der VersorgungsTV ist mit Wirkung vom 1. 3. 2002 für die Zukunft abgelöst). Nach der bisherigen beruflichen Entwicklung empfehle er einen entsprechenden Antrag zu stellen. Er werde einen solchen vorbereiten.
Diese Empfehlung war falsch. Der/Die Kläger(in) kann den Befreiungsantrag nach § 6 Abs. 4 VersorgungTV nicht widerrufen. Wäre der/die Kläger(in) bereits seit der Einstellung bei der Versorgungsanstalt des Bundes und der Länder zusatzversichert worden, hätte er/sie bei Eintritt eines Versorgungsfalles im Jahre ...... voraussichtlich Rentenansprüche in Höhe von ......

Beweis: Auskunft der VBl.

Dagegen erlangt sie im Versorgungswerk der Presse nur Ansprüche in Höhe von ......

Beweis: Auskunft des Versorgungswerkes.

Die Beklagte muss diesen Schaden ausgleichen ......[3].

Anmerkungen

1. Da die Gemeindeordnungen in der Bundesrepublik unterschiedlich sind, kann das Rubrum nicht allgemein vorformuliert werden.

2. Schadensersatzansprüche können im Wege der Feststellungsklage verfolgt werden, wenn der schädigende Zustand noch andauert und die Entstehung weiteren Schadens zu erwarten ist (BAG AP Nr. 5 zu § 256 ZPO; AP Nr. 32, 33 zu Art. 9 GG Arbeitskampf).

3. Vor allem im öffentlichen Dienst spielen Belehrungs- und Beratungspflichten bei der Begründung oder im Verlaufe des Arbeitsverhältnisses eine Rolle. Der Arbeitgeber muss einen Arbeitnehmer über die verschiedenen Versorgungsmöglichkeiten belehren; dagegen braucht er keine Ratschläge zu erteilen, welche Versorgung er für die zweckmäßigste hält. Erteilt er aber einen Ratschlag, so muss dieser richtig, vollständig und eindeutig sein (vgl. dazu BAG AP Nr. 5, 6 zu § 611 BGB Öffentlicher Dienst; AP Nr. 6 zu § 242 BGB Ruhegehalt-VBL; BAG AP Nr. 3 zu § 1 BetrAVG Zusatzversorgungskassen = NZA 1985, 459; AP Nr. 5 = NZA 1985, 712; AP Nr. 6 aaO. = NZA 1985, 712; AP Nr. 12 aaO. = NJW 1986, 2208; AP Nr. 28 = NZA 1989, 402; AP Nr. 32 = NZA 1992, 973). Vor Abschluss eines Aufhebungsvertrages muss sich der Arbeitnehmer, dessen Arbeitsverhältnis aufgelöst werden soll, selbst über die rechtlichen Folgen dieses Schrittes Klarheit verschaffen. Dies gilt auch für den Verlust einer Versorgungsanwartschaft. Nur ausnahmsweise kann der Arbeitgeber verpflichtet sein, den Arbeitnehmer über den Verlust der Versorgungsanwartschaft zu belehren. Eine solche Verpflichtung kommt dann in Betracht, wenn der Arbeitnehmer aufgrund besonderer Umstände darauf vertrauen kann, der Arbeitgeber werde bei der Beendigung des Arbeitsverhältnisses die Interessen des Arbeitnehmers wahren und ihn redlicher Weise vor unbedachten nachteiligen Folgen, insbesondere bei der Versorgung bewahren. Nach der Rspr. des BAG bestehen nur nach den Umständen des Einzelfalles zu beurteilende Belehrungspflichten BAG AP Nr. 5 zu § 1 BetrAVG Zusatzversorgungskassen = NZA 1985, 712; AP Nr. 6 aaO. = NZA 1985, 712; AP Nr. 22 aaO. = NZA 1989, 690 = BB 1989, 1274 = DB 1989, 1527; AP Nr. 23 aaO. = NZA 1989, 512 = BB 1989, 988 = DB 1989, 932; AP Nr. 28 aaO. = NZA 1989, 442 = BB 1990, 211 = DB 1989, 2492; AP Nr. 24 zu § 1 BetrAVG = NZA 1990, 971. Schied ein Arbeitnehmer vor Eintritt eines Versorgungsfalles aus dem öffentlichen Dienst aus, wandelte sich nach dem VersorgungsTV der Versorgungsrentenanspruch in einen Versichertenrentenanspruch, dessen Wert nur einen Bruchteil beträgt. Nach dem neuen Tarifvertrag werden die Rentenansprüche in Punkte umgerechnet. Das BAG hat eine Belehrungspflicht verneint, wenn eine Arbeitnehmerin ausschied, um zu heiraten; es hat sie bejaht, wenn ein häufig erkrankter Arbeitnehmer veranlasst wurde, auszuscheiden und sich arbeitslos zu melden, um vorgezogenes Altersruhegeld zu beziehen (vgl. BAG AP Nr. 6 zu § 1 BetrAVG Zusatzversorgungskassen = NZA 1985, 712; AP Nr. 5 aaO. = NZA 1985, 712; AP Nr. 2 aaO. = NZA 1985, 184).

16. Ansprüche des Arbeitnehmers wegen Verletzung des Grundsatzes der Gleichbehandlung und der Lohngleichheit

An das
Arbeitsgericht

Klage

Der Arbeitnehmerin ...... **– Klägerin**
– Prozessbevollmächtigter RA –

gegen die Firma ...... – Beklagte

gesetzlich vertreten durch ......

wegen Verkaufsprämie

Namens und mit Vollmacht der Klägerin erhebe ich Klage und werde beantragen zu erkennen:

I. Die Beklagte wird verurteilt, der Klägerin ...... EUR nebst Zinsen in Höhe von fünf Prozentpunkten über dem Basiszinssatz seit dem ...... zu zahlen[1].

II. Die Beklagte wird verurteilt, der Klägerin einen Dienstwagen der Marke ...... zu überlassen.

III. Die Beklagte trägt die Kosten des Rechtsstreits.

Begründung:

Die im Jahre ...... geborene Klägerin trat am ...... als Sachbearbeiterin für den Export in die Dienste des Beklagten. Aufgrund ihrer Befähigung wurde sie am ...... zur 1. Sachbearbeiterin befördert. Seit dem ...... ist sie Abteilungsleiterin der Abteilung für ...... Am ...... wurde ihr Prokura erteilt.

Am ...... hat die Klägerin geheiratet und am ...... ein Kind geboren. Aus diesem Grunde arbeitet sie seit dem ...... nur noch in Teilzeitbeschäftigung.

Die Beklagte stellt allen Abteilungsleitern mit Prokura einen Dienstwagen zur Verfügung. Am ...... hat die Beklagte bekannt gemacht, dass sie allen Abteilungsleitern, denen nach dem ...... Prokura erteilt worden ist, keinen Dienstwagen mehr überlasse. Dies verstößt gegen den Gleichbehandlungsgrundsatz ......[2]. Die Beklagte hat bislang vergleichbaren Abteilungsleitern einen Wagen der Marke ...... überlassen.

Die Beklagte bezahlt seit dem ...... allen Abteilungsleitern eine monatliche Verkaufsprämie in Höhe von ...... Lediglich die teilzeitbeschäftigten Abteilungsleiter werden hiervon ausgenommen.[3]

Die Klägerin ist der Auffassung, dass dies gegen das Diskriminierungsverbot des Teilzeit- und Befristungsgesetz verstößt. Die Prämie mag zwar entsprechend der Arbeitszeit gekürzt werden; ein völliger Ausschluss der Teilzeitbeschäftigten ist jedoch nicht möglich. Die Beklagte beruft sich allerdings darauf, dass sie die Vollzeitbeschäftigung anreizen wolle, weil bei diesen die Personalnebenkosten geringer seien, die Vollzeitbeschäftigten während der gesamten Dienstzeit zur Verfügung ständen und mit diesen eine bessere Personaleinsatzplanung möglich sei. In der Exportwirtschaft müsse ein Abteilungsleiter während der ganzen Dienstzeit zur Verfügung stehen, weil die Kunden dies erwarteten.

In jedem Fall verstößt die Beklagte gegen den Grundsatz der Lohngleichheit von Mann und Frau bzw. des gleichen Entgeltes (Art. 119 EG-Vertrag/Art. ...... EUV; Art. 3 GG), wenn die Teilzeitbeschäftigten von der Prämiengewährung ausgeschlossen werden[4, 5]. Insoweit liegt eine mittelbare Frauendiskriminierung vor ......

Rechtsanwalt

Anmerkungen

1. Es ist nur ein Leistungsantrag gestellt; um aber die Verpflichtung klarzustellen, kann sich zusätzlich ein Feststellungsantrag empfehlen.

2. Der Gleichbehandlungsgrundsatz wird in der Rechtsprechung des BAG zur Anspruchsbegründung und zur Inhaltskontrolle von vertraglichen Regelungen verwandt.

Er verbietet die willkürliche Schlechterstellung einzelner Arbeitnehmer. Er enthält das Verbot der sachfremden Differenzierung zwischen vergleichbaren Arbeitnehmern in einer bestimmten Ordnung (BAG AP Nr. 176 zu § 242 BGB Ruhegehalt; AP Nr. 42 zu § 242 BGB Gleichbehandlung = NJW 1979, 181; AP Nr. 44 zu § 242 BGB Gleichbehandlung = NJW 1980, 2374; NJW 1984, 83; AP Nr. 21 zu § 5 BetrAVG = NZA 1986, 748; AP Nr. 2 zu § 2 BeschFG 1985 = NZA 1989, 209 = BB 1989, 1127 = DB 1989, 1726). Schematisiert ausgedrückt liegt ein Verstoß gegen den Gleichbehandlungsgrundsatz vor, wenn (1) der Arbeitgeber eine bestimmte Ordnung in der Reihe oder in der Zeit (Stichtage) geschaffen hat, (2) ein oder einzelne Arbeitnehmer von dieser Ordnung ausgenommen werden, (3) für die Ausnahme kein sachlicher Grund besteht. Dabei wird jedoch auch überprüft, ob die vom Arbeitgeber getroffene Ordnung (Gruppeneinteilung) selbst sachlich gerechtfertigt ist. Den Arbeitnehmer trifft die Darlegungs- und Beweislast für die Ordnung und seine Ausnahme. Wegen des sachlichen Grundes wird der Arbeitgeber die Gründe darlegen und der Arbeitnehmer sie widerlegen müssen, dass diese nicht richtig sind oder nicht zutreffen. Bei der Festlegung der Vergütung hat der Grundsatz der Vertragsfreiheit Vorrang vor dem arbeitsrechtlichen Gleichbehandlungsgrundsatz. Dies gilt aber nur für individuell vereinbarte Arbeitsentgelte. Dagegen beansprucht der Gleichbehandlungsgrundsatz nach ständiger Rechtsprechung des Bundesarbeitsgerichts uneingeschränkt Geltung, wenn der Arbeitgeber Leistungen nach einem erkennbaren und generalisierenden Prinzip festlegt (BAG ZTR 1999, 379).

Der Gleichbehandlungsgrundsatz dient zur Anspruchsbegründung; konstruktiv ist der Ausschluss des Benachteiligten unwirksam. Alsdann erwächst eine Regelungslücke, die im Wege ergänzender Auslegung zu schließen ist. Dabei wird die Auslegung im allgemeinen zur Anpassung führen. Er dient auch zur Inhaltskontrolle von Regelungen, wenn durch sie bestimmte nicht gerechtfertigte Gruppeneinteilungen geschaffen werden (*Schaub* NZA 1984, 73).

3. Das Verbot der Ungleichbehandlung zwischen Voll- und Teilzeitbeschäftigung wird vor allem aus § 4 TzBfG abgeleitet. Ein teilzeitbeschäftigter Arbeitnehmer darf wegen der Teilzeitarbeit nicht schlechter behandelt werden als ein vergleichbarer vollzeitbeschäftigter Arbeitnehmer, es sei denn, dass sachliche Gründe eine unterschiedliche Behandlung rechtfertigen. Einem teilzeitbeschäftigten Arbeitnehmer ist Arbeitsentgelt oder eine andere teilbare geldwerte Leistung mindestens in dem Umfang zu gewähren, der dem Anteil seiner Arbeitszeit an der Arbeitszeit eines vergleichbaren vollzeitbeschäftigten Arbeitnehmers entspricht. Auf unteilbare Leistungen hat der Teilzeitbeschäftigte denselben Anspruch wie ein Vollzeitbeschäftigter. Das BAG hat schon bisher angenommen, dass eine unterschiedliche anteilige Vergütung für Voll- und Teilzeitbeschäftigte unwirksam ist (BAG AP Nr. 2 zu § 2 BeschFG 1985 = NZA 1989, 209; Nr. 6 = NZA 1990, 37; Nr. 9 = NZA 1991, 247). Dies gilt im Allgemeinen auch für die betriebliche Altersversorgung (BAG AP Nr. 18 zu § 1 BetrAVG Gleichbehandlung = NZA 1993, 215; AP Nr. 6 zu § 1 BetrAVG Teilzeitarbeit. Vorübergehend hat das BAG eine geringere Vergütung eines Teilzeitbeschäftigten zugelassen, wenn dieser noch einen Hauptberuf ausübt. Diese Rechtsprechung hat es inzwischen aufgegeben (BAG AP Nr. 50 zu § 612 BGB = NZA 1996, 813).

4. Der Grundsatz der Lohngleichheit für Männer und Frauen ist durch das arbeitsrechtliche EG-Anpassungsgesetz in § 612 Abs. 3 BGB innerstaatlich umgesetzt worden (BAG AP Nr. 60 zu § 612 BGB = NJW 2000, 3589 = NZA 2000, 1050). Nach dieser Vorschrift darf für gleiche oder gleichwertige Arbeit nicht wegen des Geschlechts des Arbeitnehmers eine geringere Vergütung vereinbart werden als mit einem Arbeitnehmer des anderen Geschlechts. Der Anspruch folgt mithin aus § 612 BGB. Um die gleiche Arbeit handelt es sich, wenn Arbeitnehmer identische oder gleichartige Tätigkeiten ausüben. Ob die Arbeit gleich ist, muss durch einen Gesamtvergleich der Tätigkeiten ermittelt werden. Bei einzelnen Abweichungen ist die jeweils überwiegende Tätigkeit maßgebend. Ein nur teilweiser und vorübergehender Einsatz an denselben Maschinen rechtfertigt die Annahme gleicher Arbeit nicht, wenn die betreffenden Arbeitnehmer auch andere Tätigkeiten ausüben, für die sie nach dem Inhalt ihrer Arbeitsverträge eingestellt worden sind. Um eine gleichwertige Arbeit handelt es sich, wenn Arbeitnehmer Tätigkeiten ausüben, die nach objektiven Maßstäben der Arbeitsbewertung denselben Arbeitswert haben. Auch insoweit ist ein Gesamtvergleich erforderlich. Dabei ist der jeweils erforderliche Umfang der Vorkenntnisse und Fähigkeiten zu berücksichtigen (BAG AP Nr. 48 zu § 612 BGB = NZA 1996, 579). Die Tarifpraxis und die Verkehrsanschauung können Anhaltspunkte geben. Werden Arbeitnehmer, wie im Arbeitsvertrag vereinbart, zu mehreren unterschiedlichen Arbeiten eingeteilt, so kann dies eine insgesamt höhere Bewertung der Arbeit rechtfertigen als die jeweils geschuldete Einzeltätigkeit (BAG AP Nr. 48 zu § 612 BGB = NZA 1996, 579).

5. Die Rechtsprechung des BAG zum Grundsatz der Lohngleichheit bzw. des gleichen Entgelts von Männern und Frauen war nicht einheitlich. Nach der Rechtsprechung des 5. Senats wird der arbeitsrechtliche Grundsatz der Gleichbehandlung inhaltlich vom Gleichberechtigungsgrundsatz des Art. 3 Abs. 2 GG und vom Benachteiligungsverbot geprägt (BAG AP Nr. 117 zu Art. 3 GG = NJW 1982, 416; AP Nr. 53 zu § 242 BGB Gleichbehandlung = NJW 1983, 190). Dagegen heißt es in der Rechtsprechung des 3. Senates, dass der Gleichberechtigungssatz wesentlich über den allgemeinen Gleichheitssatz und den arbeitsrechtlichen Gleichbehandlungsgrundsatz hinausgeht. Die Gestaltungsfreiheit des Arbeitgebers aus sachlichen Gründen bis zur Grenze der Willkür zu differenzieren, wird insoweit ausgeschlossen, wie das Geschlecht als Unterscheidungsmerkmal dient. Die biologischen und funktionalen Unterschiede der Geschlechter sind nach dem Willen der Verfassung grundsätzlich unerheblich, solange sie nicht unterschiedliche Regelungen geradezu gebieten (BAG AP Nr. 1 zu § 1 BetrAVG Gleichbehandlung = NJW 1982, 2013). Die Rspr. zum Lohngleichheitssatz wird zumeist auf Art. 119 EWG-Vertrag Art. 141 EGV, § 612 Abs. 3 BGB und, soweit Teilzeitbeschäftigte betroffen sind, auf § 4 Abs. 1 TzBfG gestützt. Nach der Rechtsprechung des Europäischen Gerichtshofs entfaltet dieser Grundsatz der Lohngleichheit unmittelbare Wirkung in den Mitgliedsstaaten, wenn allein anhand der in der Vorschrift des Art. 119 Abs. 1 EWG-Vertrag Art. 141 EGV verwendeten Merkmale „gleiche Arbeit" und „gleiches Entgelt" festgestellt werden kann, dass eine Diskriminierung aufgrund des Geschlechts vorliegt, ohne dass gemeinschaftliche oder nationale Maßnahmen zur Bestimmung dieser Kriterien erforderlich sind. Insoweit kann sich der betroffene Arbeitnehmer vor den nationalen Gerichten unmittelbar auf Art. 119 Abs. 1 EWG-Vertrag Art. 141 EGV berufen (BAG 7. 7. 1993 Jur-CD n. a. v.). Eine unmittelbare Diskriminierung ist untersagt. Bei der unmittelbaren Geschlechtsdiskriminierung wird unmittelbar an das Geschlecht angeknüpft oder an Merkmale, die regelmäßig nur von Personen eines Geschlechtes erfüllt werden (verdeckte Diskriminierung). Nach Art. 119 EWG-Vertrag Art. 141 EGV ist aber auch eine mittelbare Diskriminierung untersagt. Ausgangsentscheidung des EuGH ist die Bilka-Entscheidung (EuGH AP Nr. 10 zu Art. 119 EWG-Vertrag = NJW 1980, 3020 = BB 86, 1525), die alsdann durch das BAG in ständiger Rspr. in der betrieblichen Altersversorgung umgesetzt worden ist (BAG AP Nr. 11 = NJW 1987, 2183 = DB 1986, 2237; AP Nr. 5 zu § 1 BetrAVG Gleichberechtigung = NJW 1990, 68 = NZA 1990, 25; Nr. 7 = NZA 1990, 778; AP Nr. 20 zu § 1 BetrAVG Lebensversicherung = NZA 1994, 315). Das BVerfG hat diese Rspr. gebilligt (BVerfG vom 28. 9. 1992 – AP Nr. 32 zu Art. 119 EWG-Vertrag). Nach der Rspr. des 3. Senats liegt eine mittelbare Diskriminierung vor, wenn *(1)* eine Regelung gegeben ist, durch die eine bestimmte Gruppe von Arbeitnehmern ausgeschlossen ist, *(2)* durch diese Regelung wesentlich mehr Personen des einen als des anderen Geschlechts betroffen werden, *(3)* die nachteilige Regelung mit dem Geschlecht oder der Geschlechtsrolle zu erklären ist. Liegt eine mittelbare Diskriminierung vor, so kann die Unterscheidung gerechtfertigt sein, wenn das gewählte Mittel *(1)* einem wirklichen Bedürfnis des Arbeitgebers entspricht, *(2)* zur Erreichung des Zieles geeignet ist und *(3)* nach den Grundsätzen der Verhältnismäßigkeit erforderlich ist (*Pfarr* NZA 1986, 585). Zu den sog. Leichtlohngruppen hat der EuGH (AP Nr. 13 zu Art. 119 EWG-Vertrag = NJW 1987, 1138) entschieden: „Ein System der Differenzierung von Lohnstufen nach dem Grad der erforderlichen muskelmäßigen Anstrengung ist nicht allein deshalb diskriminierend, weil es auf Eigenschaften abstellt, die Männer eher besitzen. Ein System der beruflichen Einordnung muss jedoch, um insgesamt nicht diskriminierend zu sein und damit den Grundsätzen der Richtlinie 75/117 zu entsprechen, so ausgestaltet sein, dass es, wenn die Art der in Frage stehenden Tätigkeiten es zulässt, als gleichwertig anerkannte Arbeitsplätze umfasst, bei denen andere Kriterien berücksichtigt werden, hinsichtlich deren die weiblichen Arbeitnehmer besonders geeignet sein können". Das BAG hat darauf entschieden (AP Nr. 32 zu § 1 TVG Tarifverträge: Einzelhandel = NZA 1993, 181): „Schwere körperliche Arbeit kann sich ergeben wegen der bei der Tätigkeit notwendigen Körperhaltung, bei taktgebundener oder repetetiver Arbeit, aus nervlicher oder sensorischer Belastung, Lärm und sonstigen Umwelteinwirkungen, sozialen Belastungsfaktoren." Auf dem Gebiet der Entlohnung hat der EuGH entschieden (EuGH AP Nr. 19 = Nr. 27 zu Art. 119 EWG-Vertrag = NZA 1990, 772: „Die EG-Richtlinie 75/117 zur Angleichung der Rechtsvorschriften der Mitgliedstaaten über die Anwendung des Grundsatzes des gleichen Entgelts für Männer und Frauen ist wie folgt auszulegen: *(1)* Wenn in einem Unternehmen ein Entlohnungssystem angewandt wird, dem jede Durchschaubarkeit fehlt, obliegt dem Arbeitgeber der Nachweis, dass seine Lohnpolitik nicht diskriminierend ist, sofern der weibliche Arbeitnehmer auf der Grundlage einer relativ großen Zahl von Arbeitnehmern belegt, dass das durchschnittliche Entgelt der weiblichen Arbeitnehmer niedriger ist als das der männlichen Arbeitnehmer. *(2)* Ergibt sich, dass die Anwendung von Zulagekriterien wie Flexibilität, Berufsausbildung oder Anciennität des Arbeitnehmers die weiblichen Arbeitnehmer systematisch benachteiligt, so – kann der Arbeitgeber die Anwendung des Kriteriums der Flexibilität rechtfertigen, wenn es so verstanden wird, dass es sich auf die Anpassungsfähigkeit an unterschiedliche Arbeitszeiten und Orte bezieht, indem er darlegt, dass diese Anpassungsfähigkeit für die Ausführung der dem Arbeitnehmer übertragenen spezifischen Aufgaben von Bedeutung ist, nicht aber, wenn dieses Kriterium so verstanden wird, dass es die Qualität der vom Arbeitnehmer verrichteten umfasst; – kann der Arbeitgeber die Anwendung des Kriteriums der Beraufsausbildung rechtfertigen, in dem er darlegt, dass diese Ausbildung für die Ausführung der dem Arbeitnehmer übertragenen spezifischen Aufgaben von Bedeutung ist; – braucht der Arbeitgeber die Anwendung des Kriteriums der Anciennitäten nicht besonders zu rechtfertigen". Zu den Folgeentscheidungen des BAG gehören vor allem BAG AP Nr. 1 zu § 611 BGB Diskriminierung = EzA § 612 BGB Nr. 16: „*(1)* Sind männliche und weibliche Arbeitnehmer mit der gleichen Arbeit beschäftigt und entlohnt der Arbeitgeber fast die Hälfte der Männer, dagegen nur ein $^1/_{10}$ der Frauen über Tarif, dann liegt hierin ein Verstoß gegen § 612 Abs. 3 BGB, wenn die höhere Entlohnung der männlichen Arbeitnehmer nicht durch Gründe gerechtfertigt ist, die nicht auf das Geschlecht bezogen sind. *(2)* Die nach § 612 Abs. 3 S. 3 i. V. mit § 611 a Abs. 1 S. 3 BGB für die Verlagerung der Beweislast auf den Arbeitgeber erforderlichen Tatsachen, die eine Benachteiligung wegen des Geschlechts vermuten lassen, sind jedenfalls dann durch die zahlenmäßige wesentlich größere nachteilige Betroffenheit der Angehörigen eines Geschlechts glaubhaft gemacht, wenn die Kriterien für die Entlohnungspraxis des Arbeitgebers für die Arbeitnehmer nicht durchschaubar sind. *(3)* Nach dem Grundsatz der gemeinschaftsrechtskonformen Auslegung beruht eine Entgeltdiskriminierung jedenfalls dann auf einer Vereinbarung i. S. des § 612 Abs. 3 S. 1 BGB, wenn der unterschiedlichen Behandlung zumindest eine Vereinbarung mit den begünstigten Arbeitnehmern zugrunde liegt. Eine Vereinbarung mit den benachteiligten Arbeitnehmern muss nicht hinzukommen. Es bleibt unentschieden, ob angesichts der Vorgaben des Gemeinschaftsrechts dem Tatbestandsmerkmal der Vereinbarung in § 612 Abs. 3 S. 1 BGB eigenständige Bedeutung zukommen kann. *(4)* Im Falle eines Verstoßes gegen § 612 Abs. 3 BGB haben die wegen ihres Geschlechts benachteiligten Arbeitnehmer Anspruch auf die Leistungen, die der bevorzugten Gruppe gewährt werden." In der Entscheidung AP Nr. 2 zu § 612 Diskriminierung = BB 1993,

1664 (L) heißt es: „*(1)* Ist die mit einem teilzeitbeschäftigten Arbeitnehmer getroffene Vergütungsvereinbarung wegen Verstoßes gegen Art. 1 § 2 Abs. 1 BeschFG 1985 (jetzt § 4 Abs. 1 TzBfG) nichtig, so ist die Höhe der dem Teilzeitbeschäftigten nach § 612 Abs. 2 BGB zustehenden üblichen Vergütung anhand der Vergütung zu ermitteln, die der Arbeitgeber vergleichbaren Vollzeitbeschäftigten zahlt. *(2)* Dies gilt auch, wenn die dem Vollzeitbeschäftigten gewährte Vergütung übertariflich ist, sofern nicht insoweit sachliche Gründe für die ungleiche Behandlung vorliegen. *(3)* Die Wahrung sozialer Besitzstände ist als sachlicher Grund zur Rechtfertigung einer unterschiedlichen Behandlung geeignet". Aus dieser Rspr. ergibt sich vor allem, dass das BAG bei den Voraussetzungen der mittelbaren Diskriminierung von dem dritten Tatbestandsmerkmal (Geschlecht und Geschlechtsrolle) abrückt, das später auch vom EuGH nicht mehr erwähnt wird. Schwierigkeiten bereitet vor allem, die Vergleichszahlen darzulegen. Dies ist in AP Nr. 1 zu § 612 BGB Diskriminierung ausführlich erklärt. Die Entscheidung EuGH AP Nr. 19, 27 zu Art. 119 EWG-Vertrag wird darüber hinaus weitgehende Auswirkungen auf die Eingruppierung von Arbeitnehmern nach ihrer beruflichen Ausbildung haben (BAG AP Nr. 51 zu Art. 119 EWG – Vertrag = NZA 1994, 1136). Dagegen hat die Rechtsprechung keinen Verstoß gegen die Grundsätze der Gleichbehandlung und der Gleichberechtigung darin gesehen, dass Teilzeitbeschäftigte erst dann Überstundenzuschläge erhalten, wenn sie über die betriebliche Arbeitszeit hinaus arbeiten (EuGH AP Nr. 7 zu § 611 BGB Teilzeit = NZA 1995, 218; AP Nr. 39 zu Art. 119 EWG-Vertrag = NZA 1992, 687; BAG AP Nr. 1 zu § 1 Tarifverträge Nährmittelindustrie = NZA 1996, 597).

Kosten und Gebühren

Keine Besonderheiten, vgl. Form. IV. A. 10.

17. Klage des Arbeitnehmers wegen Geschlechtsdiskriminierung

An das
Arbeitsgericht
......

Klage

des/der Angestellten
– Prozessbevollmächtigter – **Klägers/in**

gegen

die Firma ......

wegen Geschlechtsdiskriminierung

Namens und mit Vollmacht des/der Klägers/in erhebe ich Klage und werde beantragen zu erkennen:

I. Die Beklagte wird verurteilt, ... EUR nebst Zinsen in Höhe von fünf Prozentpunkten über dem Basiszinssatz seit dem ...... an den/die Kläger(in) zu zahlen.
II. Der Beklagte trägt die Kosten des Rechtsstreits.

Begründung[1, 2]

Die am ...... geborene, ledige Klägerin hat ein Hochschulstudium zurückgelegt und hat das Studium erfolgreich mit dem Examen für ...... abgeschlossen. Das Prüfungsergebnis war überdurchschnittlich gut.

Beklagte ist die Technische Hochschule/Universität ...... Diese unterhält ein Institut für ...... Im Institut muss die Stelle eines Laboringenieurs besetzt werden.
Die Beklagte hatte die Stelle am ...... in der Zeitschrift ...... für ausgeschrieben, dass ein Laboringenieur gesucht werde. Die Stellenausschreibung ist in der Anlage 1 beigefügt[3]. Die Klägerin hat sich auf die Stellenausschreibung beworben. Am ...... hat sie sich bei dem Institutsdirektor Prof. Dr. ...... vorgestellt. Bei dem Vorstellungsgespräch ist die Klägerin gefragt worden, ob sie beabsichtige, in absehbarer Zeit zu heiraten. Dies hat sie verneint, weil sie ihren Beruf ausüben will. Herr Prof. Dr. ...... hat gleichwohl erklärt, dass er lieber einen Mann einstelle, weil bei dem Aufbau von Laborversuchen gelegentlich körperlich schwere Arbeit verrichtet werden müsse. Die Universität hat der Klägerin geschrieben, dass die Stelle inzwischen anderweitig besetzt worden sei.[4, 5]
Die Klägerin ist bei der Einstellung wegen ihres Geschlechtes diskriminiert worden. Die Beklagte hat der Klägerin eine Entschädigung nach § 611 a BGB zu zahlen. Angesichts der Schwere der Diskriminierung wird diese auf drei Monatsverdienste festzusetzen sein. Der Anspruch auf Entschädigung ist am ...... geltend gemacht worden. Die Klage ist innerhalb der Klagefrist erhoben (§ 61 b Abs. 1 ArbGG).

Anmerkungen

1. Der Arbeitgeber darf einen Arbeitnehmer bei einer Vereinbarung oder einer Maßnahme, insbesondere bei der Begründung des Arbeitsverhältnisses, beim beruflichen Aufstieg, bei einer Weisung oder einer Kündigung nicht wegen des Geschlechts benachteiligen (§ 611 a Abs. 1 S. 1 BGB). Untersagt ist jede Benachteiligung tatsächlicher oder rechtlicher Art (*Schaub* ArbR-Hdb, § 165). Kommt es zwischen Arbeitgeber und Arbeitnehmer zum Streit, ob eine Benachteiligung wegen des Geschlechtes vorliegt, so enthält § 611 a Abs. 1 S. 3 BGB eine Beweisregelung. Der oder die Benachteiligte braucht allein Tatsachen glaubhaft zu machen, aus denen auf eine Benachteiligung wegen des Geschlechtes zu schließen ist. In diesem Fall trägt der Arbeitgeber die Darlegungs- und Beweislast dafür, dass nicht auf das Geschlecht bezogene, sachliche Gründe eine unterschiedliche Behandlung rechtfertigen oder dass das Geschlecht unverzichtbare Voraussetzung für die auszuübende Tätigkeit ist. Eine geschlechtsbezogene Unterscheidung ist nur dann erlaubt, wenn die Differenzierung sich an der auszuübenden Tätigkeit orientiert und ein bestimmtes Geschlecht für diese Tätigkeit „unverzichtbare Voraussetzung" ist. Das entspricht der europarechtlichen Vorgabe, die Differenzierungen nur erlaubt, wenn ein bestimmtes Geschlecht „unverzichtbare Voraussetzung" der beruflichen Tätigkeit darstellt (Art. 2 Abs. 2 der Gleichbehandlungsrichtlinie 76/207/EWG vom 9. Februar 1976). Eine unverzichtbare Voraussetzung in diesem Sinne stellt erheblich höhere Anforderungen an das Gewicht des rechtfertigenden Umstandes als ein sachlicher Grund, denn das Geschlecht ist nur dann unverzichtbar, wenn ein Angehöriger des jeweils anderen Geschlechts die vertragsmäßige Leistung nicht erbringen könnte und dieses Unvermögen auf Gründen beruht, die ihrerseits der gesetzlichen Wertentscheidung der Gleichberechtigung beider Geschlechter genügen (BAG AuA 2000, 281).

2. Die Rechtsfolgen bei einem Verstoß gegen das Diskriminierungsverbot sind durch das 2. GleiBG neu geregelt worden, da sie den Vorgaben des Europäischen Rechts nicht genügt haben. Der Arbeitnehmer hat zwar keinen Anspruch auf Einstellung (§ 611 a Abs. 2 BGB). Er erlangt aber nach § 611 a Abs. 2 BGB einen Anspruch auf angemessene Entschädigung in Geld. Die Höhe der Entschädigung ist im Einzelfall nach der Schwere der diskriminierenden Handlung, dem Grad des Verschuldens des Arbeitgebers und den Auswirkungen beim Bewerber zu bemessen. Die Entstehung des Schadenersatzanspruches darf aber nicht vom Verschulden des Arbeitgebers abhängig gemacht werden (EuGH ZIP 1991, 117 – Fall Dekker). Wäre ein Bewerber auch bei benachteiligungsfreier Auswahl nicht eingestellt worden, so hat der Arbeitgeber eine angemessene Entschädigung in Höhe von höchstens drei Monatsverdiensten zu leisten (§ 611 a Abs. 3 BGB). Auch diese Regelung ist inzwischen vom EuGH als unvereinbar mit der Richtlinie v. 9. 2. 1976 76/207/EWG erkannt worden. In der Entscheidung v. 22. 4. 1997 – NJW 1997, 1839 (Nils Draehmpaehl) hat der EuGH ausgeführt, dass die Richtlinie einer Regelung entgegenstehe, die für einen Anspruch auf Schadensersatz wegen Diskriminierung auf Grund des Geschlechts bei der Einstellung die Voraussetzung des Verschuldens aufstellt. Die Richtlinie steht einer innerstaatlichen gesetzlichen Regelung nicht entgegen, die für den Schadenersatz, den ein Bewerber verlangen kann, eine Höchstgrenze von drei Monatsgehältern vorsieht, wenn der Arbeitgeber beweisen kann, dass der Bewerber die zu besetzende Position wegen der besseren Qualifikation des eingestellten Bewerbers auch bei diskriminierungsfreier Auswahl nicht erhalten hätte. Die Richtlinie steht jedoch einer innerstaatlichen gesetzlichen Regelung entgegen, die für den Schadenersatz, den ein Bewerber verlangen kann, der bei der Einstellung aufgrund des Geschlechts diskriminiert worden ist, im Gegensatz zu sonstigen innerstaatlichen zivil- und arbeitsrechtlichen Regelungen eine Höchstgrenze von drei Monatsgehältern vorgibt, falls dieser Bewerber bei diskriminierungsfreier Auswahl die zu besetzende Position erhalten hätte. Darauf hat das Gesetz die jetzige Fassung bekommen.

3. Nach § 611 b BGB dürfen Stellen grundsätzlich nicht nur für Männer oder für Frauen ausgeschrieben werden. Ein Verstoß gegen das Gebot geschlechtsneutraler Ausschreibung führt zu erheblichen Nachteilen in der Darlegungs- und Beweislast. Insbesondere ist versucht worden, Schadensersatzansprüche zu begründen, in dem bei fehlerhafter Ausschreibung Bewerber sich nur zum Schein beworben haben. § 611 a Abs. 2 S. 1 BGB stellt nicht auf die formale Position eines allein durch die Einreichung eines Bewerbungsschreibens begründeten Status als „Bewerber“, sondern auf die materiell zu bestimmende objektive Eignung als Bewerber ab. Deshalb kann im Stellenbesetzungsverfahren nur benachteiligt werden, wer sich subjektiv ernsthaft beworben hat und objektiv für die zu besetzende Stelle in Betracht kommt. Eine unmittelbare Benachteiligung wegen des Geschlechts ist gemäß § 611 a Abs. 1 BGB nur zulässig, wenn die Differenzierung sich an der auszuübenden Tätigkeit orientiert und ein bestimmtes Geschlecht „unverzichtbare Voraussetzung“ für diese Tätigkeit ist. Allein ein sachlicher Grund rechtfertigt keine geschlechtsbezogene Differenzierung. Das weibliche Geschlecht ist keine unverzichtbare Voraussetzung der Bestellung zur Gleichstellungsbeauftragten gemäß § 5 Gemeindeordnung Nordrhein-Westfalen (BAG AP Nr. 16 zu § 611 a BGB = NZA 1999, 371).

4. Eine Klage auf Entschädigung nach § 611 a Abs. 2 BGB wegen Diskriminierung bei der Begründung des Arbeitsverhältnisses muss innerhalb von drei Monaten, nachdem der Anspruch schriftlich geltend gemacht worden ist, erhoben werden. Es muss demnach eine doppelte Frist beachtet werden; der Anspruch muss rechtzeitig geltend gemacht und eingeklagt werden (§ 61 b ArbGG). Nach Ablauf der Fristen erlischt der Anspruch. Denkbar ist, dass dem Erlöschen des Anspruches mit dem Einwand der Arglist begegnet werden kann. Machen mehrere Bewerber wegen Benachteiligung bei der Begründung eines Arbeitsverhältnisses eine Entschädigung gerichtlich geltend, so wird auf Antrag des Arbeitgebers das Arbeitsgericht, bei dem die erste Klage erhoben ist, auch für die übrigen Klagen ausschließlich zuständig. Die Rechtsstreitigkeiten sind von Amts wegen an dieses Arbeitsgericht zu verweisen. Die Prozesse sind zur gleichzeitigen Verhandlung und Entscheidung zu verbinden (§ 61 b Abs. 2 ArbGG).

5. § 611 a BGB sieht auch eine Regelung für sonstige Diskriminierungen durch den Arbeitgeber vor. Insoweit ist eine flankierende Regelung in § 61 b ArbGG enthalten. (vgl. *Schaub* ArbR-Hdb. § 165).

18. Klage wegen sexueller Belästigung

An das
Arbeitsgericht
......

Klage

der kaufmännischen Angestellten ......
– Prozessbevollmächtigter: Rechtsanwalt ......

Klägerin

gegen

die Firma ......

wegen sexueller Belästigung[1, 2]

Namens und mit Vollmacht der Klägerin erhebe ich Klage und beantrage zu erkennen:[3, 4]

I. Es wird festgestellt, dass die Beklagte verpflichtet ist, den Angestellten ...... aus der Buchhaltung in eine andere Abteilung zu versetzen:
II. Die Beklagte zu verurteilen, der Klägerin eine Entschädigung in Höhe von ...... EUR zu zahlen
III. Die Beklagte trägt die Kosten des Rechtsstreits.

Begründung[5, 6]

Die am ...... geborene, ledige Klägerin hat bei der Beklagten eine Ausbildung als Industriekauffrau gemacht. Nach der Ausbildung ist sie am ...... als kaufmännische Angestellte eingestellt worden. Sie arbeitet in der Buchhaltung. Abteilungsleiter der Buchhaltung ist der Angestellte ......
Das Verhältnis zwischen der Klägerin und dem Abteilungsleiter war nie gut. Der Abteilungsleiter hatte stets etwas an der Klägerin auszusetzen. Am ...... ist es zu einer heftigen Auseinandersetzung gekommen. Der Abteilungsleiter hat der Klägerin dabei erklärt, ihr Verhältnis werde sich schlagartig ändern, wenn sie nicht so prüde wäre. Dabei hat er ihr an die Brust gegriffen und ins Gesäß gekniffen ......
Die Klägerin hat sich darauf bei der Geschäftsleitung beschwert. Dort ist ihr alsdann gesagt worden, sie solle sich nicht so anstellen ...... Wenn sie Gruppenleiterin werden wolle, müsse sie sich mit dem Abteilungsleiter gut stellen ......
Sowohl der Abteilungsleiter wie die Geschäftsleitung haben die Klägerin wegen ihres Geschlechts diskriminiert. Die Geschäftsleitung hätte eine Maßnahme gegen den Abteilungsleiter ergreifen müssen. Dies hat sie unterlassen, obwohl sie dazu verpflichtet war. Sie hätte den Abteilungsleiter wegen seines untragbaren Verhaltens versetzen müssen ......
Die Beklagte schuldet aber auch eine Entschädigung nach § 611 a Abs. 2, 4 BGB ......
Der Anspruch ist am ...... geltend gemacht worden (§ 611 a Abs. 4 BGB).

Rechtsanwalt

Anmerkungen

1. In Art. 10 des 2. GleiBG ist das Gesetz zum Schutz der Beschäftigten vor sexueller Belästigung am Arbeitsplatz (Beschäftigtenschutzgesetz) enthalten. Ziel des Gesetzes ist die Wahrung der Würde von Frauen und Männern durch Schutz vor sexueller Belästigung am Arbeitsplatz. Der Geltungsbereich des Gesetzes ergibt sich aus § 1 Abs. 2

BSchG. Beschäftigte im Sinne des Gesetzes sind alle Arbeitnehmerinnen und Arbeitnehmer in Betrieben und Verwaltungen des privaten und öffentlichen Rechtes, arbeitnehmerähnliche Personen, Heimarbeiter und ihnen Gleichgestellte sowie Beamtinnen, Richterinnen, Beamte und Richter sowie weibliche und männliche Soldaten. Das BSchG gilt damit im privaten und öffentlichen Dienst ohne Ausnahmen.

2. Begriff. Der Begriff der sexuellen Belästigung ist in § 2 Abs. 2 BSchG definiert. Sexuelle Belästigung am Arbeitsplatz ist jedes vorsätzliche, sexuell bestimmte Verhalten, das die Würde von Beschäftigten am Arbeitsplatz verletzt. Der Tatbestand ist mithin durch drei Tatbestandsmerkmale markiert. Es muss ein sexuell bestimmtes Verhalten vorliegen. Hierzu werden alle Verhaltensweisen zählen, die sich geschlechtsbezogen auf Personen des anderen Geschlechtes auswirken. Die Verhaltensweise muss vorsätzlich vorgenommen werden. Das zufällige Anrempeln der Sekretärin auf dem Bürokorridor wird mithin nicht erfasst. Durch die sexuelle Verhaltensweise muss die Würde der Frau oder des Mannes beeinträchtigt sein. Die Definitionsversuche zur Würde des Menschen gehen im allgemeinen aus vom christlichen Würdebegriff und von der Lehre Kants von der Autonomie des sittlich handelnden Menschen. Nach der Objekttheorie heißt es: „Die Menschenwürde ist getroffen, wenn der konkrete Mensch zum Objekt, zu einem bloßen Mittel, zur vertretbaren Größe herabgewürdigt wird". Das BVerfG hat diese Auffassung übernommen (BVerfGE 50, 205/215 = NJW 1979, 1040). Es hat den Begriff aber relativiert: „Allgemeine Formeln wie die, der Mensch dürfe nicht zum bloßen Objekt der Staatsgewalt herabgewürdigt werden, können lediglich die Richtung andeuten, in der Fälle von Verletzung der Menschenwürde gefunden werden können. Der Mensch ist nicht selten bloß Objekt nicht nur der Verhältnisse und der gesellschaftlichen Entwicklung, sondern auch das Rechts, insofern er ohne Rücksicht auf sein Interesse sich fügen muss". Alle Definitionen haben eine hohe Abstraktionshöhe. Zur sexuellen Belästigung gehören Handlungen und Verhaltensweisen, die nach den strafgesetzlichen Vorschriften unter Strafe gestellt sind. Hierzu zählen vor allem die Straftaten gegen die sexuelle Selbstbestimmung nach §§ 174 bis 184c StGB. Ferner gehören dazu *(1)* sonstige sexuelle Handlungen und Aufforderungen zu diesen, *(2)* sexuell bestimmte körperliche Berührungen, *(3)* Bemerkungen sexuellen Inhalts, *(4)* Zeigen und sichtbares Anbringen von pornographischen Darstellungen, die von den Betroffenen erkennbar abgelehnt werden. Bei der Anhörung der Sachverständigen am 11. 11. 1993 wurden als Beispiel für sexuell belästigendes Verhalten genannt: Hinterherpfeifen, Anstarren, Bemerkungen über das Äußere machen, scheinbar zufälliges Berühren, unerwünschtes Küssen und Umarmen, Zeigen pornographischer Darstellungen am Arbeitsplatz, Auffordern zu sexuellen Handlungen, deren Aufdrängen. Weitere Beispiele auf konkrete sexuelle Belästigungen ergeben sich aus den stenografischen Protokollen der Anhörung des Bundestagsausschusses für Frauen und Jugend (BT-Drucks. 12/5468). Grundsätzlich besteht kein Schadensersatzanspruch wegen Verletzung des allgemeinen Persönlichkeitsrechts durch sexualbezogene Gespräche, Witze und andere gleichgerichtete Äußerungen, wenn diese sich nicht gezielt gegen eine Person richten, sondern in einem (Arbeits-)Umfeld fallen, in dem solche Verhaltensweisen an der Tagesordnung waren (OLG Frankfurt NJW-RR 2000, 976). Die ehemalige Bundesministerin für Frauen und Jugend Dr. Angela Merkel hat in einem Aufsatz berichtet, dass 72% aller Befragten an ihren Arbeitsplätzen sexuellen Belästigungen ausgesetzt seien (AuA 1994, 265, 267). Dabei seien später mehr die Belästigten als die Belästiger benachteiligt worden (vgl. LAG Rheinland-Pfalz NZA-RR 1997, 169).

3. Pflichten des Arbeitgebers. Arbeitgeber und Dienstvorgesetzte haben die Beschäftigten vor sexueller Belästigung am Arbeitsplatz zu schützen. Dieser Schutz umfasst auch vorbeugende Maßnahmen (§ 2 Abs. 1 BSchG). Die Schutzpflicht ist eine arbeitsvertragliche Nebenverpflichtung, deren nähere Ausgestaltung im Gesetz nur wenig ausformuliert ist. Bei sexueller Belästigung hat der Arbeitgeber die im Einzelfall angemessenen arbeitsrechtlichen Maßnahmen wie Abmahnung, Umsetzung, Versetzung oder Kündigung zu ergreifen (§ 4 Abs. 1 Nr. 1 BSchG). Es gilt mithin der Grundsatz der Verhältnismäßigkeit. Es muss ein Ausgleich zwischen den Interessen des Verletzten und des Störers gefunden werden. Für den öffentlichen Dienst heißt es entsprechend, dass der Dienstvorgesetzte die erforderlichen dienstrechtlichen und personalwirtschaftlichen Maßnahmen zu treffen hat. Da der Schutz vor sexueller Belästigung eine vertragliche Nebenpflicht darstellt, wird dem Arbeitgeber ein Ermessens- und Beurteilungsspielraum zustehen, welche Maßnahmen er ergreift. Dagegen wird der belästigte Beschäftigte keine konkrete Maßnahme klageweise verlangen können. Da die Maßnahmen des Arbeitgebers zur Ordnung des Betriebes gehören oder sich in personellen Maßnahmen auswirken können, heißt es in § 4 Abs. 1 Nr. 1 S. 2: „Die Rechte des Betriebsrates nach § 87 Abs. 1 Nr. 1, §§ 99 bis 102 BetrVG sowie den entsprechenden Vorschriften des BPersVG oder der LPersVG bleiben unberührt." Parallel hierzu sind die Befugnisse des Personalrats in öffentlich-rechtlichen Rechtsverhältnissen (Beamtenverhältnissen) angesprochen.

4. Verstoß gegen das BSchG. In § 2 Abs. 3 BSchG wird die sexuelle Belästigung am Arbeitsplatz als eine Verletzung arbeitsvertraglicher Pflichten oder als ein Dienstvergehen gekennzeichnet. Hieraus folgt, dass die sexuelle Belästigung ein verhaltensbedingter Kündigungsgrund oder ein wichtiger Grund zur Kündigung (BAG AP Nr. 3 zu § 2 BeschSchG = NZA 2001, 91; LAG Düsseldorf ArbuR 2000, 191) sein kann. Insoweit wird es wieder von den Umständen des Einzelfalles abhängen, welche Maßnahmen der Arbeitgeber ergreifen muss.

5. Die Rechte des belästigten Beschäftigten ergeben sich aus § 3, § 4 Abs. 2 und 3 BSchG. Die belästigten Beschäftigten haben das Recht, sich bei den zuständigen Stellen des Betriebes oder der Dienststelle zu beschweren, wenn sie sich vom Arbeitgeber, vom Vorgesetzten, von anderen Beschäftigten oder von Dritten am Arbeitsplatz sexuell belästigt im Sinne von § 2 Abs. 2 BSchG fühlen. Das Beschwerderecht ist §§ 84, 85 BetrVG nachgebildet. Es ist aber von dessen Voraussetzungen unabhängig; damit ist eine Beschwerde auch in nicht beschwerdepflichtigen Betrieben möglich bzw. steht auch leitenden Angestellten zu. Der Arbeitgeber oder Dienstvorgesetzte hat die Beschwerde zu prüfen und die geeigneten Maßnahmen zu ergreifen. Ergreift der Arbeitgeber oder Dienstvorgesetzte keine oder offensichtlich ungeeignete Maßnahmen zur Unterbindung der sexuellen Belästigung, sind die belästigten Beschäftigten berechtigt, ihre Tätigkeit am betreffenden Arbeitsplatz ohne Verlust des Arbeitsentgeltes und der Bezüge einzustellen, soweit dies zu ihrem Schutz erforderlich ist (§ 4 Abs. 2 BSchG). Der Belästigte erlangt mithin ein Zurückbehaltungsrecht an seiner Arbeitsleistung. Andererseits behält er seine Bezüge nach § 615 S. 1 BGB. Die Ausübung des Zurückbehaltungsrechtes ist mit erheblichen Unsicherheiten belastet. Der Belästigte muss beurteilen, ob der Arbeitgeber keine Maßnahmen ergriffen hat. Wie soll er z. B. von einer Abmahnung erfahren. Darüber hinaus muss er beurteilen, ob die ergriffenen Maßnahmen offensichtlich unzulänglich sind. Schließlich steht die Ausübung des Zurückbehaltungsrechtes unter dem Vorbehalt der Verhältnismäßigkeit. Das Zurückbehaltungsrecht kann nur ausgeübt werden, soweit dies zum Schutz des Belästigten erforderlich ist. Der Arbeitgeber oder Dienstvorgesetzte darf die belästigten Beschäftigten nicht benachteiligen, weil diese sich gegen eine sexuelle Belästigung gewehrt und in zulässiger Weise ihre Rechte ausgeübt haben (§ 4 Abs. 3 BSchG). Das Benachteiligungsverbot verbietet die Umsetzung oder Versetzung des Belästigten, seine Kündigung oder sonstige Maßregelungen. Vorausgesetzt wird aber auch hier eine zulässige Rechtsausübung. Auf die Unterlassung von Behauptungen, die Gegenstand eines Beschwerdeverfahrens nach dem Beschäftigtenschutzgesetz sind, besteht kein Anspruch. Das gilt nur dann nicht, wenn die Behauptungen bewusst unwahr oder leichtfertig aufgestellt wurden (LAG Frankfurt NZA-RR 2001, 79).

6. Schadensersatz. Neben den aufgezählten Rechten ist aber auch denkbar, dass es zu Schadensersatzverpflichtungen des Arbeitgebers kommt. Dies ist dann der Fall, wenn

der Arbeitgeber oder Dienstvorgesetzte Maßnahmen ergreift, die sich diskriminierend im Sinne von § 611 a BGB auswirken.

19. Ansprüche des Arbeitnehmers aus betrieblicher Übung

An das
Arbeitsgericht

Klage

des/der Arbeiters(in)/Angestellten ...... Klägers(in)
– Prozessbevollmächtigter: RA –

gegen

die Bundesrepublik Deutschland gesetzlich vertreten durch ......

Namens und mit Vollmacht des/der Klägers(in) erhebe ich Klage und werde beantragen zu erkennen:

I. Es wird festgestellt, dass die Beklagte verpflichtet ist, dem/der Kläger(in) auch weiterhin für die Arbeit am ...... einen Lohnzuschlag in Höhe von ...... zu zahlen[1].

II. Die Beklagte trägt die Kosten des Rechtsstreites.

Begründung:

Der/Die ...... Jahre alte Kläger(in) ist seit dem ...... bei der Beklagten beschäftigt. Das Arbeitsverhältnis richtet sich kraft Organisationszugehörigkeit/kraft Verweisung nach den jeweiligen Bestimmungen des BAT vom 23. 2. 1961 einschl. seiner Anlagen und Ergänzungen in der jeweiligen Fassung[2]. Der/Die Kläger(in) ist in die Vergütungsgruppe ...... eingereiht. Er/Sie arbeitet als ...... in der Abteilung ...... der ......
Die Beklagte zahlt seit dem ...... für die Arbeitsleistung eine tarifliche Zulage in Höhe von ...... des Stundenlohnes. Die Zahlungen sind auch bei der Tarifänderung vom ...... beibehalten worden. Durch diese Verhaltensweise ist für den/die Kläger(in) ein Vertrauenstatbestand erwachsen, so dass er/sie für seine/ihre Arbeitsleistung auch weiterhin eine Zulage erhalten wird[3].
Mit Wirkung vom ...... hat die Beklagte die Zahlungen eingestellt[4].
Sie beruft sich darauf, dass sie sich nur tarifgerecht habe verhalten wollen. In Wirklichkeit lägen die Voraussetzungen für die Zulage nicht vor. Sie sei mithin berechtigt, die Zahlung einzustellen. Dies ist unzutreffend ......[5].
Die Beklagte handelt arglistig, wenn sie eine Zahlungsverpflichtung leugnet, weil die Zahlung einer Zulage nicht schriftlich vereinbart worden ist. Nach § 4 Abs. 2 BAT bedürfen Nebenabreden allerdings der Schriftform. Die Berufung der Beklagten auf die Einhaltung der Schriftform ist aber arglistig, weil ......[6].

Rechtsanwalt

Anmerkungen

1. Ein Leistungsantrag wäre möglich. Gegen öffentliche Arbeitgeber wird aber regelmäßig ein Feststellungsantrag gestellt (*Schaub* ArbV-Hdb. § 21 Rdn. 24 m. weit. Nachw.). In neuerer Zeit weigert sich die öffentliche Hand gelegentlich, Entscheidungen des BAG zu befolgen. Ratsam ist daher ein Leistungsantrag, kumuliert mit einer Zwischenfeststellungsklage (§ 256 Abs. 2 ZPO).

2. Richtet sich das Arbeitsverhältnis nach den Bestimmungen eines Tarifvertrages, sollte dies in jedem Falle vorgetragen werden. Zu unterscheiden sind die Tarifbindung und der tarifliche Geltungsbereich (*Schaub* ArbR-Hdb. §§ 203, 205).

3. Die betriebliche Übung kann zur Anspruchsbegründung wie auch als Auslegungsregel im Arbeitsrecht dienen (*Schaub* ArbR-Hdb. § 111). Die Bindungswirkung der betrieblichen Übung wurde mit normativen, Rechtsgeschäfts- und Zurechnungstheorien begründet. Die normativen Theorien, nach denen die betriebliche Übung ein Gewohnheitsrecht des Betriebes darstellt, sind überholt. Nach der Theorie von der objektiven Zurechnung erwächst aufgrund betrieblicher Übung ein Anspruch, wenn (1) das Verhalten des Arbeitgebers objektiv geeignet war, das Vertrauen des Arbeitnehmers auf den Fortbestand der Übung zu erwecken (objektiver Vertrauenstatbestand), (2) der Arbeitgeber die das Vertrauen begründeten Tatsachen kannte oder infolge von Fahrlässigkeit nicht kannte und (3) der Arbeitnehmer auf die Fortsetzung der Übung vertraute und sich darauf eingerichtet hat. Bei kollektiven Übungen entsteht die bindende Wirkung mit Eintritt des Arbeitnehmers in den Betrieb, so dass das Einrichten des Arbeitnehmers fehlen kann. Bei Übungen, die den Arbeitnehmer benachteiligen, wird allerdings auch zumeist von den Vertretern der Erwirkungslehre eine rechtsgeschäftliche Theorie vertreten. Diese steht im Vordergrund der Rechtsprechung des BAG.

Die Rechtsgeschäftstheorie geht von der Erwägung aus, dass eine Willenserklärung ausdrücklich oder konkludent abgegeben werden kann. Zum inneren Tatbestand gehört alsdann Handlungswillen, Erklärungsbewusstsein und Geschäftswille. Dabei ist das Erklärungsverhalten vom Standpunkt eines Dritten auszulegen, so wie dieser es verstehen durfte. Die betriebliche Übung wird mithin als konkludentes Vertragsangebot aufgefasst. Demnach setzt die betriebliche Übung ein langandauerndes gleichbleibendes Verhalten voraus, aus dem der Arbeitnehmer auf einen Bindungswillen des Arbeitgebers schließen durfte (vgl. dazu BAG AP Nr. 1 zu § 3 TV ArbBundespost; AP Nr. 56 zu § 611 BGB Dienstordnungsangestellte = EzA Nr. 9 zu § 242 BGB Betriebliche Übung; AP Nr. 15 zu § 242 BGB Betriebliche Übung = Betr. 1984, 1252; AP Nr. 1 zu § 1 BetrAVG Betriebliche Übung = NZA 1985, 531 = Betr. 1985, 1747; AP Nr. 19 zu § 242 BGB Betriebliche Übung; AP Nr. 32 aaO. = NZA 1989, 57 = BB 1989, 356 = DB 1989, 281; Nr. 34, 35; AP Nr. 3 zu § 12 AVR Diakonisches Werk = NZA 1994, 88). Ob aus einem wiederholten tatsächlichen Verhalten des Arbeitgebers eine betriebliche Übung mit Anspruch auf eine zukünftige Gewährung entsteht oder ob aus dem Verhalten des Arbeitgebers nur eine Vergünstigung für das jeweilige Jahr abzuleiten ist, muss sich im Wege der Auslegung unter Berücksichtigung aller Umstände ergeben (BAG AP Nr. 43 zu § 242 BGB Betriebliche Übung = NJW 1994, 3372 = NZA 1994, 694). Die Rechtsprechung geht grundsätzlich davon aus, dass dieses Angebot vom Arbeitnehmer konkludent angenommen wird (vgl. Anm. 6). Lediglich in einer Entscheidung hat das BAG angenommen, dass die betriebliche Übung ein einseitiger Verpflichtungstatbestand sei (BAG AP Nr. 90 zu § 242 BGB Ruhegehalt = NJW 1963, 1996).

4. Unter welchen Voraussetzungen die betriebliche Übung wieder beseitigt werden kann, ist noch nicht abschließend geklärt (vgl. *Schaub* ArbR-Hdb. § 111). Soweit aufgrund der betrieblichen Übung im Arbeitsverhältnis bereits Ansprüche erwachsen sind, können diese nur im Wege individualvertraglicher Gestaltungsmittel beseitigt werden. Teilt der Arbeitgeber durch Aushang mit, er könne aufgrund der wirtschaftlichen Lage des Betriebes in diesem Jahr kein Weihnachtsgeld zahlen, so liegt darin kein Angebot an die Arbeitnehmer, die betriebliche Übung zu ändern. In der zunächst widerspruchslosen Weiterarbeit der Arbeitnehmer kann keine Annahme des Angebots gesehen werden (BAG AP Nr. 47 zu § 242 BGB Betriebliche Übung = NJW 1997, 212). Die betriebliche Übung für zukünftig begründete Arbeitsverhältnisse wird beseitigt, wenn der Vertrauenstatbestand für den Arbeitnehmer wegfällt. Allein daraus, dass der Arbeitgeber einmalig die durch betriebliche Übung begründeten Ansprüche nicht erfüllt, lässt sich die

Aufgabe der Übung nicht herleiten (BAG AP Nr. 32 zu § 242 BGB Betriebliche Übung = NZA 1989, 57). Dagegen hält das BAG an seiner Rechtsprechung fest, dass eine betriebliche Übung dadurch geändert werden kann, dass die Arbeitnehmer einer neuen Handhabung über einen Zeitraum von drei Jahren nicht widersprechen (Bestätigung von BAG AP Nr. 50 zu § 242 BGB Betriebliche Übung). Die Annahme einer geänderten betrieblichen Übung in bezug auf die Zahlung eines Weihnachtsgeldes nur noch unter dem Vorbehalt der Freiwilligkeit der Leistung erfordert jedoch, dass der Arbeitgeber klar und unmissverständlich erklärt, die bisherige betriebliche Übung einer vorbehaltlosen Zahlung solle beendet und durch eine Leistung ersetzt werden, auf die in Zukunft kein Rechtsanspruch mehr bestehe (BAG AP Nr. 55 zu § 242 BGB Betriebliche Übung = NZA 1999, 1162).

5. Wegen des rechtsgeschäftlichen Willens geht das BAG im öffentlichen Dienst von einer Auslegungsregel aus, dass der öffentliche Arbeitgeber sich regelmäßig nur normgemäß verhalten will, dagegen keine weitergehenden, übertariflichen sozialen Leistungen auf Dauer erbringen will. Die Zahlung von Zulagen, deren tarifliche Voraussetzungen irrtümlich angenommen worden ist, kann mithin eingestellt werden (BAG AP Nr. 16 zu § 242 BGB Betriebliche Übung = Betr. 1985, 183; AP Nr. 19 aaO. = NJW 1986, 2596 = NZA 1986, 604; AP Nr. 12 zu § 4 BAT = BB 1986, 2056; AP Nr. 38 zu § 242 BGB Betriebliche Übung = NZA 1993, 749). Dasselbe gilt, wenn ein Tarifvertrag des öffentlichen Dienstes in Bezug genommen worden ist (BAG AP Nr. 29 zu § 242 BGB Betriebliche Übung = NZA 1987, 778 = BB 1987, 1885 = DB 1987, 1996). Etwas anderes gilt in der Privatwirtschaft, da insoweit nicht von einer strikten Tarifeinhaltung ausgegangen werden kann. Ist der Arbeitgeber tarifgebunden und wendet er zur Gleichstellung der Außenseiter mit Gewerkschaftsmitgliedern einheitlich die tariflichen Vorschriften an, so ergibt die Auslegung weiterhin, dass mit den Außenseitern im Zweifel keine statische Inbezugnahme der Tarifverträge in einer bestimmten Fassung beabsichtigt ist, sondern eine Verweisung auf den entsprechenden Tarifvertrag in seiner jeweiligen Fassung (BAG EzA-SD 2002, Nr. 7, 16 = Jur-CD).

6. Vom öffentlichen Arbeitgeber wird zumeist eingewandt, aufgrund betrieblicher Übung könnten keine Ansprüche erwachsen. Nach § 4 Abs. 2 BAT und vergleichbaren Vorschriften für Arbeiter sind Nebenabreden nur wirksam, wenn sie schriftlich vereinbart werden. An der Einhaltung der Schriftform fehlt es regelmäßig. In der Rechtsprechung des 3. und 4. Senats des BAG bestanden Divergenzen. Nach der Rechtsprechung des 4. Senates sind Nebenabreden alle Vereinbarungen, die sich auf Leistungen beziehen, die nicht im Gegenseitigkeitsverhältnis des Arbeitsvertrages stehen. Nach der Rechtsprechung des 3. Senates sind Nebenabreden alle, die sich auf irreguläre Leistungen im Arbeitsverhältnis erstrecken (Einzelh. BAG AP Nr. 1–8 zu § 4 BAT sowie BAG AP Nr. 1 zu § 3 TV ArbBundespost). Der vorübergehend zuständige 7. Senat hat sich der Rspr. des 3. Senats angeschlossen (BAG AP Nr. 29 zu § 242 BGB Betriebliche Übung = Betr. 1987, 1996). Der zweite Einwand bezieht sich auf die Mitbestimmungsrechte. Insoweit ergibt sich eine Neuorientierung der Rspr. aus BAG AP Nr. 31 zu § 75 BPersVG = NZA 1990, 899; Nr. 37 = NZA 1993, 469.

20. Klage wegen fehlerhafter Ausübung des Direktionsrechtes

An das
Arbeitsgericht

Klage

des/der ...... **Klägers(in)**
– Prozessbevollmächtigte(r) RA –

gegen

die Firma ...... Beklagte

wegen fehlerhafter Ausübung des Direktionsrechtes[1].

Namens und mit Vollmacht des/der Klägers(in) erhebe ich Klage und werde beantragen zu erkennen:

I. Es wird festgestellt, dass die Beklagte nicht berechtigt ist, den Kläger in die Filiale ...... zu versetzen[2].

II. Die Beklagte trägt die Kosten des Rechtsstreits.

Begründung:

Der/Die im Jahre ...... geborene Kläger(in), der/die verheiratet und für ...... minderjährige Kinder unterhaltspflichtig ist, trat am ...... als ...... in die Dienste der Beklagten. Das Arbeitsverhältnis richtet sich kraft Organisationszugehörigkeit/vertraglicher Vereinbarung nach dem Tarifvertrag vom ...... und den diesen ergänzenden Tarifverträgen. Der/Die Kläger(in) war in der Filiale ...... eingesetzt[3]. Am ...... hat die Beklagte angeordnet, dass der/die Kläger(in) hinfort in der Filiale ...... arbeitet. Der/Die Kläger(in) hat dieser Versetzung sofort widersprochen[4]. Der/Die Kläger(in) hat sich auch an den Betriebsrat gewandt; dieser hat erklärt, dass er von der Versetzung überhaupt nichts wisse[5].

Beweis: Betriebsratsvorsitzender ......

Gleichwohl beharrt die Beklagte darauf, dass der/die Kläger(in) hinfort in ...... arbeitet. Die Versetzung ist unwirksam, weil ......

Anmerkungen

1. Art, Ort und Inhalt der vom Arbeitnehmer zu leistenden Arbeit ergeben sich aus dem Arbeitsvertrag, der unter Berücksichtigung kollektivvertraglicher Normen nach Treu und Glauben und der Verkehrssitte sowie einer etwa bestehenden betrieblichen Übung auszulegen ist. Im Rahmen des Arbeitsverhältnisses kann der Arbeitgeber aufgrund des Direktionsrechts (Weisungsrechtes) den Inhalt des Arbeitsverhältnisses näher bestimmen (BAG AP Nr. 26 zu § 611 Direktionsrecht = EzA § 611 BGB Direktionsrecht Nr. 2 = BB 1980, 1267).

2. Der Inhalt des Arbeitsverhältnisses kann im Wege der Feststellungsklage nach § 256 ZPO geklärt werden, da es sich insoweit um ein Rechtsverhältnis handelt (§ 256 Abs. 1 ZPO).

3. I. d. R. ist der Leistungsort des Arbeitsverhältnisses der Betriebssitz des Arbeitgebers. Das Weisungsrecht kann jedoch erweitert sein, wenn der Arbeitnehmer nach dem Inhalt des Arbeitsvertrages auch an anderen Stellen eingesetzt werden soll. Nach langjähriger Beschäftigung konkretisiert sich die Arbeitspflicht auf den Beschäftigungsort, wenn der Arbeitnehmer nicht mehr mit einer Änderung des Arbeitsortes zu rechnen braucht. Unberührt bleibt das Recht der Umsetzung im Betrieb, auch wenn der Arbeitnehmer langfristig an einem konkreten Arbeitsplatz beschäftigt war. Nach dem Inhalt des Arbeitsvertrages richtet sich auch die Art der zu leistenden Arbeit. Je genauer die Arbeitsleistung im Arbeitsvertrag umschrieben wird, umsomehr ist das Weisungsrecht eingeschränkt. Im allgemeinen herrscht der Grundsatz, dass dem Arbeitnehmer keine geringer wertige Arbeit als im Arbeitsvertrag vereinbart, zugewiesen werden kann. Geringer wertig ist jede geringer entlohnte, aber auch in der sozialen Anschauung geringer bewertete Arbeit (*Schaub* ArbR-Hdb. § 45 Rdn. 36 ff.). Im öffentlichen Dienst ist im allgemeinen eine Versetzung im Rahmen der Vergütungsgruppe möglich (BAG AP Nr. 10 zu § 24 BAT).

4. Bei jeder Versetzung ist individualrechtlich und kollektivrechtlich die Wirksamkeit der Versetzung zu beurteilen.

Es bedarf daher zunächst der Prüfung, ob die Direktionsrechtsmaßnahme individualvertraglich wirksam ist. Eine dringende ärztliche Empfehlung zum Arbeitsplatzwechsel aus gesundheitlichen Gründen berechtigt den Arbeitgeber regelmäßig, dem Arbeitnehmer einen anderen Arbeitsbereich zuzuweisen (BAG AP Nr. 27 zu § 618 BGB = NZA 1999, 33). Sie kann durch Gesetz, Tarifvertrag, Betriebsvereinbarung oder Einzelvertrag ausgeschlossen werden. In jedem Fall darf der Arbeitgeber nur im Rahmen von § 315 BGB die Arbeitsleistung des Arbeitnehmers bestimmen. Kann ein Arbeitnehmer nach dem Arbeitsvertrag nur innerhalb eines bestimmten Arbeitsbereichs versetzt werden (im Fall: eine Layouterin/Redakteurin eines großen Verlagshauses nur innerhalb der Redaktion der von ihr betreuten Zeitschrift), so ist bei einer wegen Wegfalls dieses Arbeitsbereichs erforderlichen betriebsbedingten Kündigung keine Sozialauswahl unter Einbeziehung der vom Tätigkeitsfeld vergleichbaren Arbeitnehmer anderer Arbeitsbereiche (Redaktionen anderer Zeitschriften des Verlages) vorzunehmen (BAG AP Nr. 36 zu § 1 KSchG 1996; AP Nr. 46 zu § 1 KSchG 1969 Soziale Auswahl = NJW 2000, 2604 = NZA 2000, 822).

5. Grenzen des Versetzungsrechtes ergeben sich aber vor allem aus den personellen Mitwirkungsrechten des Betriebsrates (§ 99 BetrVG). Insoweit ist auch der Vortrag anzupassen. Allerdings decken sich der individualvertragliche und betriebsverfassungsrechtliche Versetzungsbegriff nicht völlig (Einzelheiten bei *Schaub* ArbR-Hdb. § 45 Rdn. 14 ff., § 241). Keine Versetzung liegt vor, wenn einem gekündigten Arbeitnehmer einen Teil der Arbeitsaufgaben entzogen werden, ohne dass neue Aufgaben übertragen werden (BAG AP Nr. 39 zu § 95 BetrVG 1972 = NZA 2000, 2414). Eine Versetzung ist gegeben wenn eine Altenpflegerin von einer Station in eine andere selbstständige versetzt wird (BAG AP Nr. 36 zu § 95 BetrVG 1972 = NZA 2000, 1357). Eine Auslandsdienstreise mit Übernachtung im Ausland kann nach den Umständen des Einzelfalles eine Versetzung sein (BG AP Nr. 21 zu § 99 BetrVG 1972 Versetzung = NZA 2000, 781). Eine Versetzung, die ohne Zustimmung des Betriebsrats oder ohne Ersetzung der Zustimmung durch das Arbeitsgericht erfolgt, ist dem Arbeitgeber gegenüber unwirksam (BAG AP Nr. 50 zu § 99 BetrVG 1972 = NZA 1988, 476). Wird ein Arbeitnehmer auf Dauer in einen anderen Betrieb des Arbeitgebers versetzt, bedarf es neben der Zustimmung des Betriebsrats des aufnehmenden Betriebes auch der Zustimmung des Betriebsrates des abgebenden Betriebes, wenn der Arbeitnehmer mit der Versetzung nicht einverstanden ist (BAG AP Nr. 84 zu § 99 BetrVG 1972 = NZA 1991, 195; Nr. 102 = EzA § 99 BetrVG 1972 Nr. 112 = DB 1993, 1094).

Kosten und Gebühren

Keine Besonderheiten. Vgl. Form. IV. A. 9. Gelegentlich wird vertreten, bei der Schätzung des Streitwerts könne auf die Grenzen des § 12 Abs. 7 ArbGG zurückgegriffen werden. Dies ist kaum richtig.

B. Klagen des Arbeitnehmers und Klageentgegnungen im Zusammenhang mit der Beendigung des Arbeitsverhältnisses

1. Kündigungsschutzklage des Arbeitnehmers gegen eine AG

An das
Arbeitsgericht

Klage

des/der Arbeiter(in)/Angestellten ...... Klägers(in)
– Prozessbevollmächtigter: RA ...... –

gegen

die ...... AG

gesetzlich vertreten durch die Vorstandsmitglieder 1. ...... 2. ......, Beklagte

wegen Kündigungsschutz.

Namens und mit Vollmacht des Klägers erhebe ich Klage und werde beantragen zu erkennen:

I. Es wird festgestellt, dass das Arbeitsverhältnis durch die ordentliche/außerordentliche Kündigung vom ...... – zugegangen am ...... – nicht aufgelöst worden ist[1–6].
II. Die Beklagte trägt die Kosten des Rechtsstreites.

Begründung:

Der/Die am ...... geb., led./verh. Kläger(in), der/die ...... Kinder hat, wurde am ...... von der Beklagten eingestellt. Die Beklagte beschäftigt ...... Arbeitnehmer[7–10].
Die Beklagte hat das Arbeitsverhältnis mit Schreiben vom ...... – zugegangen am ...... – ordentlich/außerordentlich zum ...... gekündigt.

Beweis: Anliegendes Kündigungsschreiben.

Die im Kündigungsschreiben angegebenen Gründe sind unzutreffend[11–16].
Die Beklagte hat die dem Kläger zustehende Kündigungsfrist nicht gewahrt.

Beweis: Anliegender Arbeitsvertrag.

Bei der Beklagten besteht ein Betriebsrat. Dieser ist nicht/nicht ordnungsgemäß gehört/hat der Kündigung widersprochen.

Rechtsanwalt

Anmerkungen

1. Klagefrist: § 4 KSchG. Für die Kündigungsschutzklage gelten die Formvorschriften für bestimmende Schriftsätze. Indes stellt das BAG insoweit keine strengen Anforderungen. Es genügt, dass aus der Klage ersichtlich ist, gegen wen sie sich richtet, wo der Kläger tätig war und dass er seine Kündigung nicht als berechtigt anerkennen will (BAG AP Nr. 8 zu § 3 KSchG = NJW 1956, 1772; AP Nr. 7 zu § 4 KSchG 1969 = NJW 1982, 1174). Geht innerhalb der Frist des § 4 KSchG beim Arbeitsgericht ein nicht unterzeich-

neter, den Erfordernissen einer Klage genügender Schriftsatz ein, so kann der Mangel der Unterzeichnung nach § 295 ZPO geheilt werden (BAG AP Nr. 14 zu § 4 KSchG 1969 = NJW 1986, 3224 = NZA 1986, 761; vgl. zur Unterzeichnung einer Matritze in Massenverfahren: BAG AP Nr. 60 zu Art. 9 GG Arbeitskampf = NJW 1979, 233). Für die Parteistellung ist nicht allein die formelle Bezeichnung der Partei in der Klage maßgebend. Ist dieser das Kündigungsschreiben beigefügt und ergibt sich aus diesem, wer als beklagte Partei gemeint ist, so kann das Rubrum entsprechend geändert werden (BAG AP 46 zu § 4 KSchG). Zweifelhaft ist, in welchem Umfang die Klagefrist auch für außerordentliche Kündigungen im Berufsausbildungsverhältnis gilt. Das BAG hat angenommen, dass die Klagefrist jedenfalls dann nicht gilt, wenn gemäß § 111 Abs. 2 S. 5 ArbGG eine Verhandlung vor einem zur Beilegung von Streitigkeiten aus einem Berufsausbildungsverhältnis gebildeten Ausschuss stattfinden muss (BAG AP Nr. 21 zu § 4 KSchG 1969 = NZA 1990, 395 = BB 1989, 2256 = DB 1990, 586). Dagegen ist die Klagefrist dann einzuhalten, wenn ein solcher Ausschuss nicht besteht (BAG AP Nr. 23 zu § 4 KSchG 1969 = NJW 1991, 2101 = NZA 1991, 671; AP 43 zu § 4 KSchG 1969). Versäumung der Klagefrist, insbesondere bei zweifelhafter Rechtslage zur Frist, führt zu Haftungsfällen beim Rechtsanwalt (OLG Karlsruhe AP Nr. 20 zu § 4 KSchG 1969).

2. Nach der Rspr. des BAG gilt zu § 4 KSchG die sog. punktuelle Streitgegenstandstheorie (BAG AP Nr. 17 zu § 3 KSchG 1951 = NJW 1959, 1459; AP Nr. 18 aaO. = NJW 1959, 1387; AP Nr. 4 zu § 66 BetrVG = NJW 1955, 1374; AP Nr. 40 zu § 3 KSchG 1951 = NJW 1971, 1380; AP Nr. 2 zu § 81 ZPO; AP Nr. 50 zu § 256 ZPO = BB 1979, 1715; AP Nr. 3 zu § 4 KSchG 1969 = NJW 1977, 1895; AP Nr. 17 zu § 4 KSchG 1969 = NZA 1987, 273; AP Nr. 19 zu § 4 KSchG 1969 = NJW 1988, 890 = NZA 1988, 651; NZA 1994, 860; 1995, 595 = NJW 1995, 2310). Etwas verkürzt ausgedrückt prüft das Gericht mithin nur nach, ob ein Arbeitsverhältnis bestanden hat und ob es bis zum Zugang der Kündigung und durch die angegriffene Kündigung aufgelöst worden ist (vgl. BAG AP Nr. 19 zu § 4 KSchG 1969; NJW 1988, 890 = NZA 1988, 651 = Betr. 1988, 1758; AP Nr. 10 zu § 611 BGB Treuepflicht = NJW 1991, 518 = NZA 1991, 141; AP Nr. 28 zu § 4 KSchG 1969; 27. 1. 1994 – NZA 1994, 812; *Schaub* ArbR-Hdb. § 136 Rdn. 8ff; *v. Hoyningen-Huene/Linck* § 4 KSchG Rdn. 69; KR-*Friederich* § 4 KSchG Rdn. 225ff.). Die Wirksamkeit der Kündigung wird jedoch unter jedem rechtlichen Gesichtspunkt geprüft. Folgerungen: Wendet sich der Kläger gegen eine ihm gegenüber gleichzeitig ausgesprochene außerordentliche und (hilfsweise) ordentliche Kündigung, so muss das Urteil gesondert über den Hauptantrag und unechten Eventualantrag befinden (BAG AP Nr. 1 zu § 133b GewO = NJW 1959, 1149; AP Nr. 9 zu § 313 ZPO = NJW 1977, 1504). Ob eine unechte Eventualklage gegen eine in einer außerordentlichen Kündigung enthaltene ordentliche Kündigung gegeben ist, muss im Wege der Auslegung entschieden werden (vgl. BAG AP Nr. 1 zu Art. 5 Abs. 1 GG Meinungsfreiheit = NJW 1959, 1197). Im Allgemeinen empfiehlt sich Klarstellung (es wird beantragt, festzustellen, dass das Arbeitsverhältnis durch die Kündigung vom ...... weder außerordentlich, noch ordentlich zum ...... beendet worden ist; festzustellen, dass das Arbeitsverhältnis durch die fristlose Kündigung vom ...... nicht am ...... aufgelöst wurde, sondern erst mit Ablauf der Kündigungsfrist am ...... endet). Ein auf die fristlose Kündigung gerichteter Feststellungsantrag wahrt die Dreiwochenfrist, wenn der Arbeitnehmer noch bis zum Schluss der mündlichen Verhandlung erklärt, auch die hilfsweise erklärte ordentliche Kündigung angreifen zu wollen (BAG AP Nr. 38 zu § 3 KSchG 1951). Es ist auch unschädlich, wenn die Klage gegen eine außerordentliche Kündigung gerichtet wird, obwohl tatsächlich eine ordentliche ausgesprochen war (BAG AP Nr. 7 zu § 4 KSchG 1969 = NJW 1982, 1174). Will der Arbeitnehmer geltend machen, dass eine Kündigung aus anderen Gründen als mangelnde Sozialrechtfertigung oder Fehlen eines wichtigen Grundes unwirksam ist, so kann er das auch noch nach Ablauf der Klagefrist tun. § 7 KSchG gilt nicht für aus sonstigen Gründen unwirksame

Kündigung. Hat er aber einmal den Klageweg beschritten, so werden auch sonstige Unwirksamkeitsgründe verbraucht.

Ist zu erwarten, dass der Arbeitgeber im Prozess nicht nur die Auflösung des Arbeitsverhältnisses infolge Kündigung, sondern auch auf Grund anderer Tatbestände (Anfechtung, Auflösungsvertrag usw.) behaupten wird, so wird zweckmäßig im Wege der kumulativen Klagehäufung zugleich eine Feststellungsklage nach § 256 ZPO erhoben[3]. Stellt ein gekündigter Arbeitnehmer mit der Klageschrift den Antrag nach § 4 KSchG und fügt er – gleichsam prophylaktisch zur vermeintlichen Klarstellung – diesem Antrag den Zusatz bei, festzustellen, dass das Arbeitsverhältnis unverändert fortbestehe, hat der Richter zu fragen (§ 139), was mit diesem weiteren Antrag bezweckt wird (AP Nr. 28 zu § 4 KSchG 1969 = NJW 1994, 2780 = NZA 1994, 812; AP Nr. 33 zu § 4 KSchG 1969 = NJW 1996, 2179 = NZA 1996, 334; auch NZA 1996, 334). Bringt der Kläger zum Ausdruck, er wolle nur den Inhalt des Antrags nach § 4 KSchG etwa dahin verdeutlichen, wenn die angegriffene Kündigung unwirksam sei, bestehe das Arbeitsverhältnis eben fort, so hat der Zusatz als völlig überflüssig (sog. unselbstständiges Anhängsel) wegzubleiben und hat trotz des Zusatzes keine eigene prozessrechtliche Bedeutung. Beruft sich der Kläger dagegen darauf, es handele sich um eine vorsorgliche Feststellungsklage, es könne ja sein, dass irgendwann einmal eine Erklärung des Beklagten abgegeben werde, die eine Kündigung sein könne, ist diese Klage als unzulässig abzuweisen (BAG AP Nr. 28 zu § 4 KSchG 1969 = NJW 1994, 2780 = NZA 1994, 812; AP Nr. 29 zu § 4 KSchG 1969 = NZA 1994, 860). Spricht der Arbeitgeber mehrere Kündigungen hintereinander aus, so muss zur Meidung der Wirksamkeit der Kündigungen (§ 7 KSchG) jede einzelne Kündigung nach § 4 KSchG angegriffen werden. Es kann aber auch im Wege kumulativer Klagehäufung mit einer Kündigungsschutzklage nach § 4 KSchG gegen die erste Kündigung eine Feststellungsklage nach § 256 ZPO erhoben werden[3]. Streitgegenstand einer Feststellungsklage nach § 256 ZPO ist die Frage, ob ein Arbeitsverhältnis im Zeitpunkt der letzten mündlichen Verhandlung in der Tatsacheninstanz oder über einen bestimmten späteren Zeitpunkt hinaus fortbesteht (BAG AP Nr. 19 zu § 4 KSchG 1969 = NJW 1988, 890 = NZA 1988, 651 = Betr. 1988, 1758; AP Nr. 28, 29 zu § 4 KSchG 1969 = NZA 1994, 812; NZA 1994, 860; AP Nr. 33 zu § 4 KSchG 1969 = NJW 1996, 2179 = NZA 1996, 334). Die Feststellungsklage nach § 256 ZPO setzt im Kündigungsschutzprozess wie jede andere Feststellungsklage ein Rechtschutzinteresse voraus. Dies besteht nicht schon deshalb, weil eine bestimmt bezeichnete Kündigung ausgesprochen worden und wegen dieser ein Kündigungsrechtstreit anhängig ist. Es ist vielmehr erforderlich, dass der klagende Arbeitnehmer durch Tatsachenvortrag angeblich weitere Kündigungen oder Beendigungsgründe in den Prozess einführt oder wenigstens glaubhaft macht und damit belegt, warum dieser, die Klage nach § 4 KSchG erweiternde Antrag – noch dazu alsbald – gerechtfertigt sein soll (BAG AP Nr. 28 zu § 4 KSchG 1969 = NZA 1994, 812; AP Nr. 29 zu § 4 KSchG 1969 = NZA 1994, 860; AP Nr. 33 zu § 4 KSchG 1969 = NJW 1996, 2179 = NZA 1996, 334). Das Feststellungsinteresse fehlt, wenn der Arbeitnehmer jede einzelne Kündigung mit der Kündigungsschutzklage nach § 4 KSchG angegriffen hat (BAG AP Nr. 10 zu § 611 BGB Fürsorgepflicht = NZA 1991, 141 = NJW 1991, 518). Unabhängig davon fehlt das Interesse des Arbeitnehmers an der Feststellung der Sozialwidrigkeit einer Kündigung wegen eines gleichzeitig mit Ablauf der Kündigungsfrist wirksam werdenden Beendigungstatbestandes nur dann, wenn die Wirksamkeit dieser anderen Beendigung zwischen den Parteien unstreitig oder rechtskräftig festgestellt ist (BAG AP Nr. 8 zu § 4 KSchG 1969). Hat der Arbeitnehmer innerhalb der Klagefrist aus anderen als den in §§ 1 Abs. 2 und 3, 13 KSchG genannten Gründen Klage erhoben, so kann er nach § 6 KSchG diese Gründe noch in den Prozess einbeziehen. Dies gilt vor allem für die fehlende Anhörung des Betriebsrats (§ 102 BetrVG) oder gesetzliche Kündigungsverbote (§ 9 MuSchG, § 85 SGB IX). Das BAG bejaht eine entsprechende Anwendung von § 6 KSchG, wenn der Arbeitnehmer aus der Unwirksamkeit der Kündigung weitere Ansprüche geltend macht. Hat der Arbeitnehmer eine unzulässige oder unbegründete Feststellungsklage nach § 256 ZPO erhoben, so erlaubt ihm § 6 KSchG eine Erweiterung des Streitgegenstandes. Eine unzulässige Klage steht der Anwendung des § 6 KSchG nicht entgegen (BAG AP 16 zu § 3 KSchG = NJW 1959, 1512).

3. Alternative: Es wird festgestellt, dass das Arbeitsverhältnis durch die ordentliche/außerordentliche Kündigung vom ...... – zugegangen am – ...... nicht aufgelöst worden ist, sondern über den ...... fortbesteht. Vgl. wegen des Nachsatzes Anm. 2.

4. Alternative bei Auflösungsantrag:

I. Es wird festgestellt, dass das Arbeitsverhältnis durch die ordentliche/außerordentliche Kündigung vom ...... – zugegangen am ...... – nicht aufgelöst worden ist.

II. Das Arbeitsverhältnis wird gegen Zahlung einer Abfindung, deren Höhe in das Ermessen des Gerichtes gestellt wird, die aber EUR ...... nicht unterschreiten sollte, aufgelöst[5–6].

Das BAG hat darauf hingewiesen, dass in eine Klage nach § 256 ZPO eine eventuell später ausgesprochene Kündigung durch den Arbeitgeber in den Prozess eingebracht werden muss. Der Auflösungsantrag ist seiner Rechtsnatur nach ein unechter Eventualantrag, der nur für den Fall der Begründetheit des Feststellungsantrages gestellt wird (BAG AP Nr. 1 zu § 133 b GewO = NJW 1959, 1149; AP Nr. 20 zu § 7 KSchG = NJW 1965, 787). Ob ein Auflösungsantrag vorliegt, ist im Wege der Auslegung zu ermitteln, dies ist nicht der Fall, wenn der Arbeitgeber einen Auflösungsantrag gestellt hat und der Arbeitnehmer in der 2. Instanz allein eine höhere Abfindung begehrt (BAG AP Nr. 8 zu § 7 KSchG). Dagegen liegt in einem Zahlungsantrag auch denknotwendig der Auflösungsantrag (BAG AP Nr. 5 zu § 7 KSchG). Die Auflösung erfolgt zum Zeitpunkt des Zugangs einer außerordentlichen Kündigung oder bei ordentlicher Kündigung dem Ablauf der ordentlichen Kündigungsfrist (§ 9 Abs. 2 KSchG). Die Vorschrift des § 9 Abs. 2 KSchG ist verfassungsgemäß (BAG AP Nr. 12 zu § 9 KSchG 1969 = NJW 1985, 991 = NZA 1985, 60). Abfindungsurteile sind vorläufig vollstreckbar (AP Nr. 4 zu § 62 ArbGG 1979 = NZA 1988, 329 = Betr. 1988, 659 = BB 1988, 843).

5. Der Auflösungsantrag kann bis zum Schluss der mündlichen Verhandlung 2. Instanz gestellt werden. § 67 ArbGG steht nicht entgegen (arg. § 9 Abs. 1 S. 3 KSchG). Ist in der 1. Instanz kein Auflösungsantrag gestellt, so ist bei Obsiegen mangels Beschwer eine Berufung unzulässig, mit der allein die Auflösung des Arbeitsverhältnisses erstrebt wird. Einige LAG halten eine Berufung auch dann für zulässig, wenn ein unbezifferter Antrag auf Abfindung gestellt wird, diese aber ersichtlich hinter den Vorstellungen des Klägers zurückbleibt (LAG Hannover ArbuR 1969, 158; *v. Hoyningen-Huene/Linck* KSchG, § 10 Anm. 17). Wird eine zu hohe Abfindungsforderung gestellt, sind anteilige Kosten zu zahlen (BAG AP Nr. 3 zu § 10 KSchG 1969 = NZA 1987, 139). Ein Auflösungsantrag kann bis zum Schluss der letzten mündlichen Verhandlung in der Berufungsinstanz zurückgenommen werden (BAG AP Nr. 8 zu § 7 KSchG). Hierbei handelt es sich nicht um eine teilw. Klagerücknahme, so dass eine Einwilligung des Gegners nicht erforderlich ist (vgl. BAG AP Nr. 5 zu § 9 KSchG 1969 = NJW 1980, 1484). Ob in der Rücknahme ein Verzicht enthalten ist, muss durch Auslegung ermittelt werden (BAG AP Nr. 8 zu § 7 KSchG). Der vom Arbeitgeber neben dem Antrag auf Abweisung einer Kündigungsschutzklage hilfsweise gestellte Auflösungsantrag nach § 9 Abs. 1 S. 2 KSchG wird dann, wenn der Arbeitnehmer gegen die Abweisung der Kündigungsschutzklage durch das Landesarbeitsgericht Revision einlegt, auch ohne Anschlussrevision des Arbeitgebers in der Revisionsinstanz anhängig, wenn das Revisionsgericht auf die Revision der Kündigungsschutzklage stattgibt oder ein Feststellungsurteil des Arbeitsgerichts bestätigt. Dann ist zugleich über den Auflösungsantrag zu entscheiden (BAG AP Nr. 22 zu § 102 BetrVG 1972 = NJW 1981, 2316). Haben in einem Kündigungsschutzprozess beide Parteien einen Auflösungsantrag gestellt und löst das Arbeitsgericht das Arbeitsverhältnis auf, so ist der Arbeitnehmer, der die Höhe der festgesetzten Abfindung nicht angreift, durch dieses Urteil nicht beschwert und seine Berufung deshalb unzulässig, auch wenn das Arbeitsgericht das Arbeitsverhältnis auf den Antrag des Arbeitgebers hin auflöst. Der Arbeitnehmer kann in einem derartigen Fall nicht allein mit dem Ziel Berufung einlegen, seinen erstinstanzlich gestellten Antrag zurückzunehmen und eine Fortsetzung des Arbeitsverhältnisses zu erreichen (BAG AP Nr. 23 zu § 9 KSchG = NJW 1994, 1428 = NZA 1994, 264).

6. Abfindungen wegen einer vom Arbeitgeber veranlassten oder gerichtlich ausgesprochenen Auflösung sind nach § 3 Abs. 1 Nr. 9 EStG innerhalb bestimmter Grenzen steuerfrei (*Schaub,* ArbR-Hdb § 141 Rdn. 30ff.). Ob sie steuerfrei sind, beurteilt sich nach dem Steuerrecht. Die Arbeitsgerichte gehen daher grundsätzlich vom Bruttoprinzip aus (LAG Düsseldorf Betr. 1975, 2379). Verpflichtet sich der Arbeitgeber, vergleichsweise eine Nettoabfindung zu zahlen, so liegt darin möglicherweise eine Übernahme der Steuerschuld (LAG Berlin BB 1975, 1637 = Betr. 1976, 202). Die Auflösung ist vom Arbeitgeber veranlasst, wenn dieser die entscheidende Ursache für die Auflösung gesetzt hat (BFH BStBl II 1980, 205). Der formale Auflösungstatbestand ist unerheblich. Steuerfrei sind nur solche Abfindungen, die wegen der Auflösung des Arbeitsverhältnisses gezahlt werden (BStBl II 1980, 205). Rückständige, bereits verdiente Löhne, Urlaubsgelder usw. sind steuerpflichtig, auch wenn sie als Abfindungen bezeichnet werden. Zahlungen an einen von der Arbeit freigestellten Arbeitnehmer, die auf Grund eines arbeitsgerichtlichen Vergleichs bis zum vereinbarten Ende des Arbeitsverhältnisses geleistet werden, sind keine Abfindungen (BFH v. 27. 4. 1994 – EzA § 3 EStG Nr. 1). Der Gesamtbetrag der Abfindung muss im Zeitpunkt der Beendigung des Arbeitsverhältnisses feststehen. Unerheblich ist, ob er in einem Einmalbetrag oder in Raten gezahlt wird. Der in § 3 Nr. 9 EStG genannte Betrag ist ein Freibetrag. Zur Beitragspflicht der Abfindung in der Sozialversicherung vgl. BAG AP Nr. 6 zu § 10 KSchG 1969 = NJW 1989, 1381 = NZA 1989, 271 = Betr. 1989, 327 = BB 1989, 428; BSG v. 21. 2. 1990 – EzA Nr. 35 zu § 9 KSchG nF.; v. 21. 2. 1990 – EzA Nr. 37 aaO. Vgl. auch Form. IV. B. 16. Anm. 6.

7. Gesetzesübersicht der Anrechnung der Abfindung auf das Arbeitslosengeld: Die Rechtslage ist wiederholt geändert worden. Es gelten folgende Rechtsgrundsätze.

a) Entlassungsentschädigungen sind Zahlungen, die der Arbeitgeber des Beschäftigungsverhältnisses an den Ausscheidenden zahlt. Zwischen der Zahlung und der Beendigung des Arbeitsverhältnisses muss ein Kausalzusammenhang bestehen. Dagegen kommt es nicht mehr darauf an, ob das Arbeitsverhältnis vorzeitig beendet wird. Der Begriff der Entlassungsentschädigung enthält mithin die Abfindung des sozialen Besitzstandes, aber auch den Verlust zukünftig zu erwartenden Arbeitsentgeltes.

b) Wegen der Beendigung des Arbeits-/Beschäftigungsverhältnisses wird eine Abfindung dann gezahlt, wenn der Arbeitnehmer ohne Beendigung des Arbeits-/Beschäftigungsverhältnisses diese Leistungen nicht erhalten hätte. Zwischen der Beendigung des Arbeitsverhältnisses und der Abfindung muss ein ursächlicher Zusammenhang bestehen (BSG 21. 9. 1995 NZA-RR 1996, 308). Hieraus ergibt sich zugleich, dass es von der Bezeichnung der Leistung als Abfindung, Entschädigung usw. nicht abhängt, ob eine Anrechnung erfolgt oder nicht. Damit werden vom Begriff der Entlassungsentschädigung auch umfasst *(1)* Betriebsrenten, die nur gezahlt werden, weil das Arbeitsverhältnis beendet wurde, *(2)* Teilbeträge, die in Monatsraten gezahlt werden, *(3)* Beiträge, die teilweise zu einem anderen Zeitpunkt fällig werden als das Arbeitslosengeld, z. B. längere Zeit nach dem Ausscheiden des Arbeitnehmers, *(4)* die in einem Sozialplan vereinbart sind, *(5)* Beträge, deren Höhe zum Zeitpunkt des Ausscheidens des Mitarbeiters noch unbestimmt sind, weil sie z. B. von der Dauer der Arbeitslosigkeit oder von der Höhe des Arbeitslosengeldes, der Arbeitslosenhilfe oder sonstigem Einkommen abhängig sind, *(6)* die nicht vom Arbeitgeber selbst, sondern von einem Dritten, z. B. einer betrieblichen Sozialeinrichtung erbracht werden. Bei allen aufgelisteten Leistungen ist umstr., ob sie unter den Begriff der Entschädigung fallen.

c) Nicht berücksichtigt werden Leistungen, die nicht wegen, sondern anlässlich der Beendigung des Beschäftigungsverhältnisses gezahlt werden. Dies ist z. B. bei Leistungen der Fall, die der Arbeitgeber nicht vom Ausscheiden des Arbeitnehmers aus dem Arbeitsverhältnis abhängig macht, sondern die unabhängig von dem Ausscheiden des Arbeitnehmers zu einem bestimmten Zeitpunkt fällig werden. Dies trifft zu für Treueprämien bei Erreichen eines bestimmten Alters und einer bestimmten Betriebszugehörigkeit. Keine Entlassungsentschädigungen, die zur Anrechnung führen, sind Erfindervergütungen, rückständiger Arbeitslohn, Urlaubsabgeltungsbeträge, anteilige einmalige Leistungen, soweit sie aufgestauter Arbeitslohn sind.

d) Macht die Bundesanstalt für Arbeit geltend, ein Teil der zwischen Arbeitgeber und Arbeitnehmer vereinbarten Abfindung für den Verlust des Arbeitsplatzes sei wegen der Gewährung von Arbeitslosengeld auf sie übergegangen, so sind für die gegen den Arbeitnehmer gerichtete Klage auf Zustimmung zur Auszahlung des vom Arbeitgeber hinterlegten Betrages die Gerichte für Arbeitssachen zuständig (BAG 12. 6. 1997 NJW 1997, 2774).

8. Ruhen des Arbeitslosengeldes bei Restansprüchen. a) § 143 SGB III beruht auf dem Grundgedanken, dass Arbeitslosengeld als Lohnersatz nicht benötigt wird, wenn der Arbeitslose noch Vergütungsansprüche hat. Die Vorschrift entspricht dem Zweck des Arbeitslosengeldes. Der Arbeitnehmer soll gesichert werden, wenn er keine Verdienstansprüche hat. Er bedarf daher nicht des Arbeitslosengeldes, wenn er noch Entgeltansprüche hat. Hieraus folgt für die Auslegung im Einzelfall: Nur solches Entgelt führt zum Ruhen des Anspruchs auf Arbeitslosengeld, das für dieselbe Zeit gezahlt wird oder zu zahlen ist, in der Arbeitslosengeld begehrt wird. Hat der Arbeitslose vor Entstehung seines Leistungsanspruches (§ 117 SGB III) einen bestimmten Endtermin für das Arbeitsverhältnis vereinbart und gleichzeitig für eine bestimmte Zeit oder der Höhe nach auf Arbeitsentgelt verzichtet (vgl, BAG AP Nr. 25 zu § 794 BGB = DB 1978, 2083), so ist § 143 SGB III grundsätzlich nicht anwendbar. Ist z. B. das Arbeitsverhältnis am 10. 3. zum 30. 6. gekündigt und haben die Parteien am 30. 3. vereinbart, dass der Arbeitnehmer bis zum 30. 6. nur das halbe Gehalt bezieht, so ruht der Anspruch auf Arbeitslosengeld. Haben sie vereinbart, dass er nur bis zum 31. 5. Gehalt bezieht, so ruht der Anspruch bis 31. 5. Jedoch kann eine Sperrfrist in Betracht kommen. Erlässt der Arbeitnehmer vor Entstehung des Anspruches auf alg. Ansprüche auf Arbeitsentgelt, so ist dieser Erlass wirksam, und § 143 SGB III ist nicht anzuwenden.

b) Soweit der Arbeitslose die vorstehenden Leistungen nicht erhält, wird das Arbeitslosengeld auch für den Zeitraum gezahlt, in dem das Arbeitsverhältnis ruht. Nach § 115 SGB X geht der Anspruch in Höhe der Zahlungen auf die BAnstArb. über. Erlässt er Ansprüche nach dem Bezug von Arbeitslosengeld, so ist in aller Regel der Anspruch auf Arbeitsentgelt in Höhe des gezahlten Alg. auf die BAnstArb. übergegangen; der Verzicht ist unwirksam (BAG 23. 9. 1981 5 AZR 527/79 ZIP 1981, 1364; LAG Hamm NZA 1988, 773).

Hat der Arbeitgeber trotz des Rechtsübergangs die Leistungen an den Arbeitslosen oder einen Dritten gezahlt, hat der Bezieher das Arbeitslosengeld zu erstatten.

9. Ruhen des Anspruches auf Arbeitslosengeld bei Abfindung. a) Der Anspruch auf Arbeitslosengeld ruht bis zum Ende der ordentlichen Kündigungsfrist, wenn der Arbeitslose wegen der Beendigung des Arbeitsverhältnisses eine Abfindung, Entschädigung oder ähnliche Leistung erhalten oder zu beanspruchen hat und das Arbeitsverhältnis ohne Einhaltung einer der ordentlichen Kündigungsfrist des Arbeitgebers entsprechenden Frist beendet worden ist (§ 143 a SGB III). Das Ruhen des Anspruches tritt auch dann ein, wenn der Arbeitnehmer langfristig krank war und bei Beendigung des Arbeitsverhältnisses kein Entgeltansprüche mehr bestanden (BSG 20. 1. 2000 AP Nr. 18 zu § 117 AFG = NZS 2000, 568). Entlassungsentschädigungen sind Zahlungen, die der Arbeitgeber des Beschäftigungsverhältnisses an den Ausscheidenden zahlt. Zwischen der Zah-

lung und der Beendigung des Arbeitsverhältnisses muss ein Kausalzusammenhang bestehen. Der Begriff der Entlassungsentschädigung enthält mithin die Abfindung des sozialen Besitzstandes, aber auch den Verlust zukünftig zu erwartenden Arbeitsentgeltes. Zu den Leistungen, die zum Ruhen führen, gehören auch Schadensersatzleistungen nach § 628 II BGB (BSG NZA 1990, 829 = NJW 1990, 2772), nicht dagegen Karenzentschädigungen nach §§ 74ff. HGB oder Schadensersatzansprüche nach § 113 InsO. Bei ihnen handelt es sich um Entgelt für die Einhaltung des Wettbewerbsverbotes bzw. Schadensersatzleistungen für die Zeit nach Ablauf der ordentlichen Kündigungsfrist.

b) Vorzeitige Beendigung des Arbeitsverhältnisses. Abfindungen führen nur zum Ruhen, wenn das Arbeitsverhältnis vorzeitig beendet worden ist, also zu einem Zeitpunkt, zu dem der Arbeitgeber das Arbeitsverhältnis nicht beenden konnte. Die vorzeitige Beendigung führt auch dann zum Ruhen, wenn der Arbeitslose das ALG erst dann beantragt, in der er ohnehin arbeitslos gewesen wäre (BSG 5. 8. 1999 NZA-RR 2000, 553). Kein Ruhen wird ausgelöst bei wirksamer ordentlicher Kündigung, beim Auslaufen durch Befristung oder bei unwirksamer fristloser Kündigung. In diesen Fällen kann die Abfindung keine Entgeltanteile mehr enthalten. Nicht zum Ruhen führen Leistungen, auf die auch bei ordentlicher Kündigung ein Rechtsanspruch bestand, also Überbrückungsgelder, bereits zuvor verdiente Vergütungsbestandteile wie Abfindungen aus Betriebsrenten oder Gewinnanteile, Prämien, vermögenswirksame Leistungen, Mehrarbeitsvergütungen usw. Zweckmäßig wird daher bei Vergleichsformulierungen im Arbeitsrecht zwischen bereits erdienten und den noch nicht erdienten Ansprüchen unterschieden. Dies gilt insbesondere, wenn ein Arbeitsverhältnis rückwirkend zu einem Monatsletzten gelöst wird und die über den Monatsletzten bereits verdienten Vergütungsbestandteile in der Abfindung aufgehen sollen (BAG AP Nr. 5 zu § 96 AVAVG).

c) Ruhenszeitraum. Der Anspruch auf Arbeitslosengeld ruht für die Zeit zwischen der Beendigung des Arbeitsverhältnisses auf Grund nicht fristgerechter Kündigung oder Aufhebungsvertrag und dem Zeitpunkt, zu dem das Arbeitsverhältnis geendet hätte, wenn eine ordentliche Kündigung ausgesprochen worden wäre (§ 143a I SGB III). Es tritt demnach auch dann kein Ruhen ein, wenn der Arbeitnehmer eine ordentliche Kündigung des Arbeitgebers wegen Fehlens eines sie sozial rechtfertigenden Grundes mit der Kündigungsschutzklage (§ 4 KSchG) hätte angreifen können oder wenn auf eine zunächst nicht fristgerecht ausgesprochene Kündigung ein Beendigungszeitpunkt gewählt wird, der auch bei ordentlicher Kündigung eingetreten wäre. Zu den ordentlichen Kündigungsfristen gehören auch besondere Kündigungsfristen auf Grund Gesetz (z. B. § 113 InsO, Tarifvertrag, Betriebsvereinbarung und Einzelarbeitsvertrag). Ist die Kündigungsfrist zwischen den Parteien streitig, ist grundsätzlich von der rechtlich richtigen auszugehen.

d) Berechnung der Kündigungsfristen. Für die Berechnung der Kündigungsfristen ergeben sich Besonderheiten aus § 143a I 3–5 SGB III. Nach § 143a I 2 SGB III beginnt die wirkliche oder fiktive Kündigungsfrist mit der Kündigung, die der Beendigung des Arbeitsverhältnisses vorausgegangen ist, bei Fehlen einer solchen Kündigung mit dem Tage der Vereinbarung über die Beendigung des Arbeitsverhältnisses. Ist im Kündigungsschutzprozess streitig, ob überhaupt eine Kündigung ausgesprochen wurde, trägt hierfür der Arbeitnehmer die Darlegungs- und Beweislast. Ist die ordentliche Kündigung des Arbeitsverhältnisses durch den Arbeitgeber ausgeschlossen, so gilt bei zeitlich unbegrenztem Ausschluss (also z. B. der Unkündbarkeit des Arbeitnehmers) eine Kündigungsfrist von 18 Monaten, im Übrigen (also bei zeitweiligem Ausschluss wie bei Betriebsratsmitgliedern) die Kündigungsfrist, die ohne den Ausschluss der ordentlichen Kündigung maßgebend gewesen wäre. Kann dem Arbeitnehmer nur bei Zahlung einer Entlassungsentschädigung ordentlich gekündigt werden, so gilt eine Kündigungsfrist von einem Jahr (§ 143a I 4 SGB III). Hat der Arbeitslose noch Urlaubsabgeltung zu beanspruchen, so verlängert sich der Ruhezeitraum entsprechend.

e) Berechnung der längsten Ruhensdauer. § 143a II SGB III enthält eine Reihe von Begrenzungen, bis zu welchem Zeitpunkt das Arbeitslosengeld längstens ruht. Nach § 143a II 1 SGB III ruht der Anspruch längstens ein Jahr.

(1) Nach § 143a II 2 Nr. 1 SGB III ruht der Anspruch auf Arbeitslosengeld nicht über den Tag hinaus, bis zu dem der Arbeitslose bei Weiterzahlung des während der letzten Beschäftigungszeit kalendertäglich verdienten Arbeitsentgelts einen Betrag in Höhe von sechzig Prozent der nach Absatz 1 zu berücksichtigenden Entlassungsentschädigung als Arbeitsentgelt verdient hätte. Der anzurechnende Anteil vermindert sich nach längerer Beschäftigung und höherem Lebensalter (§ 143a II 3 SGB III). Nach einer von der BAnst-Arb. erarbeiteten Tabelle ergeben sich folgende Prozentsätze:

		Lebensalter am Ende des Arbeitsverhältnisses					
	Zu berücksichtigender Anteil der Abfindung, Entschädigung oder ähnlichen Leistung	unter 40 Jahre	ab 40 Jahre	ab 45 Jahre	ab 50 Jahre	ab 55 Jahre	ab 60 Jahre
		v.H.	v.H.	v.H.	v.H.	v.H.	v.H.
Betriebs- oder Unternehmens-zugehörigkeit	weniger als 5 Jahre	60	55	50	45	40	35
	5 und mehr Jahre	55	50	45	40	35	30
	10 und mehr Jahre	50	45	40	35	30	25
	15 und mehr Jahre	45	40	35	30	25	25
	20 und mehr Jahre	40	35	30	25	25	25
	25 und mehr Jahre	35	30	25	25	25	25
	30 und mehr Jahre		25	25	25	25	25
	35 und mehr Jahre			25	25	25	25

(2) Der Anspruch auf Arbeitslosengeld ruht nicht über den Tag hinaus, an dem das Arbeitsverhältnis infolge einer Befristung, die unabhängig von der Vereinbarung über die Beendigung des Arbeitsverhältnisses bestanden hat, geendet hätte. Gedacht ist an solche Fälle, bei denen das Arbeitsverhältnis befristet war und dem Arbeitnehmer die Möglichkeit zur Verlängerung des Arbeitsverhältnisses eingeräumt ist, sowie jene Fälle, die sich aus § 78a BetrVG ergeben, soweit während des Laufens der Befristung das Arbeitsverhältnis noch einmal gekündigt oder im Wege der Vereinbarung beendet worden ist. Wird also z.B. ein Mitglied der Jugendvertretung zu Unrecht fristlos gekündigt, so ruht der Anspruch auf Arbeitslosengeld längstens bis zum Auslaufen des Ausbildungsverhältnisses, wenn er von dem Recht zur Übernahme in ein Dauerarbeitsverhältnis keinen Gebrauch macht.

(3) Nach § 143a I 2 Nr. 3 SGB III ruht das Arbeitslosengeld nicht über den Tag hinaus, an dem der Arbeitgeber das Arbeitsverhältnis aus wichtigem Grund ohne Einhaltung einer Kündigungsfrist (vor Vergleichsabschluss) hätte kündigen können (BSG DB 1981, 1983; zum Vorlagebeschluss zu Überprüfung der Verfassungsmäßigkeit: BSG 13. 3. 1990 ZIP 90, 1499).

Denn war die außerordentliche Kündigung berechtigt, kann die Abfindung Arbeitsentgeltansprüche nicht decken. Der Gesetzgeber geht von der Vorstellung aus, dass ein Arbeitgeber im Falle berechtigter außerordentlicher Kündigung regelmäßig keine Abfindung mehr zahlt; nach seiner Vorstellung findet die Vorschrift allenfalls dann Anwendung, wenn unkündbare Arbeitnehmer, z.B. auf Grund eines Sozialplanes, eine Abfindung erhalten. Ob ein Grund zur fristlosen Kündigung vorliegt, ist im Sozialgerichtsprozess von Amts wegen zu prüfen. Der arbeitsgerichtliche Prozess muss damit ggf. im Sozialgerichtsprozess nachvollzogen werden.

10. Vergleichsformulierung. Es bedarf einer ausdrücklichen Regelung in einem Vergleich, wenn eine Abfindung im Kündigungsschutzprozess entgegen § 143a SGB III nicht um den darauf entfallenden Anteil der Arbeitslosenunterstützung gekürzt werden soll, sondern die auf die BAnstArb. übergegangenen Ansprüche vom Arbeitgeber getragen werden sollen (BAG 25. 3. 1992 AP Nr. 12 zu § 117 AFG = NJW 1993, 281 = NZA 1992, 1081).

11. Der Kläger ist darlegungs- und beweispflichtig für den Bestand des Arbeitsverhältnisses und Ablauf der 6monatigen Wartezeit (§ 1 Abs. 1 KSchG) sowie die Zahl der Arbeitnehmer (§ 23 Abs. 1 S. 2 KSchG). Bei der Feststellung der Zahl der beschäftigten Arbeitnehmer sind teilzeitbeschäftigte Arbeitnehmer mit einer regelmäßigen wöchentlichen Arbeitszeit von nicht mehr als 20 Stunden mit 0,5 und nicht mehr als 30 Stunden mit 0,75 zu berücksichtigen.

Zu besonderen Fragestellungen – namentlich auch im Hinblick auf den Rechtsweg – kann es kommen, wenn streitig ist, ob ein Rechtsverhältnis ein Arbeitsverhältnis oder ein Dienstverhältnis ist. Es werden drei Fallgestaltungen unterschieden: (1) Sic-non-Fall. Er ist gegeben, wenn die Klage nur dann Erfolg haben kann, wenn der Kläger Arbeitnehmer ist. Die arbeitsgerichtliche Zuständigkeit ist dann gegeben, wenn der Kläger die Rechtsbehauptung aufstellt, er sei Arbeitnehmer, er sich gegen die ordentliche Kündigung des Rechtsverhältnisses wendet, das er für ein Arbeitsverhältnis und der Beklagte für ein Dienstverhältnis hält. Ist der Kläger nicht Arbeitnehmer, ist die Klage als unbegründet abzuweisen. Eine Verweisung kommt nicht in Betracht. Diese Rspr. ist vom BVerfG gebilligt, weil der Kläger den Beklagten nicht dem gesetzlichen Richter entziehen kann (BVerfG 31. 8. 1999 EzA § 2 Nr 47; dazu *Kluth* NZA 2000, 463; 1275). Wird ein sic-non-Fall im Wege der Zusammenhangsklage mit weiteren Klagen verbunden, dann können hierdurch die Schlüssigkeitsanforderungen umgangen werden. Die bloße Rechtsbehauptung reicht nicht aus. Wendet sich der Kläger gegen eine außerordentliche Kündigung, liegt ein sic-non-Fall nicht vor. Die Entscheidung hängt von der Arbeitnehmereigenschaft und dem Vorliegen eines wichtigen Grundes ab. Es bedarf der Beweisaufnahme über den Status, die je nach Ausgang zur Abweisung der Klage als unzulässig führen kann. (2) Aut-aut-Fall. Ein solcher ist gegeben, wenn ein Anspruch entweder auf eine arbeitsrechtliche oder eine bürgerlich rechtliche Rechtsgrundlage gestützt werden kann, die sich aber wechselseitig ausschließen. (3) Et-et-Fall. Dieser ist gegeben, wenn ein Anspruch widerspruchslos sowohl auf eine arbeitsrechtliche als auch bürgerlich rechtliche Rechtsgrundlage gestützt werden kann. Das BAG hat in einer Entscheidung vom 10. 12. 1996 NZA 1997, 674 offen gelassen, ob es für den Rechtsweg zu den Gerichten für Arbeitssachen ausreicht, dass der Kläger im Rechtswegbestimmungsverfahren vorträgt, er sei Arbeitnehmer oder ob er bereits die Arbeitnehmereigenschaft beweisen muss.

Dieses System hat bei Organvertretern juristischer Personen zu folgenden Unterscheidungen geführt. (1) Endet die Organstellung, so besteht das Dienstverhältnis bis zu seinem Ablauf oder seiner Kündigung fort. Geht es um Rechtsstreitigkeiten, die die Rechtsstellung als Organ betreffen (Abberufung usw), so liegt eine arbeitsrechtliche Rechtsstreitigkeit nicht vor (BAG AP Nr 46 zu § 5 ArbGG = NZA 1999, 839). (2) Das Rechtsverhältnis eines Organvertreters ist nach h. M. regelmäßig ein Dienstverhältnis (BGH NJW 1987, 2073), kann aber auch ein Arbeitsverhältnis sein (BAG AP Nr 10 zu § 35 GmbHG = NZA 1999, 987). Da Mitglieder des Vertretungsorgans nach § 5 I 3 ArbGG nicht als Arbeitnehmer gelten, sind für deren Rechtsstreitigkeiten, auch wenn sie Arbeitnehmer sind, nicht die Arbeitsgerichte, sondern die ordentlichen Gerichte zuständig (BAG AP Nr. 46 zu § 5 ArbGG = NZA 1999, 839). Auch der Geschäftsführer einer VorGmbH gilt nach § 5 Abs. 1 Nr. 3 ArbGG nicht als Arbeitnehmer, sondern er vertritt die Gesellschaft kraft Gesellschaftsvertrages. Dabei ist es gleichgültig, ob er vorträgt, ihm sei im Innenverhältnis die Stellung des Arbeitnehmers eingeräumt worden (BAG NJW 1996, 2678 = NZA 1996, 952). Macht der Organvertreter Rechte nicht aus dem zugrunde liegenden Rechtsverhältnis, sondern einem nach seiner Darlegung weiterbestehenden Arbeitsverhältnis geltend, bedarf es einer unterscheidbaren Doppelstellung (BAG AP Nr. 3 zu § 5 ArbGG 1979; AP Nr. 3 zu § 2 ArbGG 1979 Zuständigkeitsprüfung = NZA 1997, 509). Dies kann der Fall sein, wenn der Organvertreter Rechte aus einem zuvor begründeten Arbeitsvertrag herleitet oder aus der Umwandlung in ein Arbeitsverhältnis nach der Umwandlung nach Abberufung. Diese Konstellation tritt vor allem auf, wenn ein leitender Angestellter zum Geschäftsführer bestellt wird, ohne dass das Arbeitsverhältnis ausdrücklich aufgehoben wird (BAG AP Nr. 49 zu § 5 ArbGG 1979 = NZA 2000, 1013). Beruft sich ein Kläger darauf, sein ruhendes Arbeitsverhältnis sei wieder aufgelebt, handelt es sich um einen sic-non-Fall und die bloße Rechtsbehauptung, er sei Arbeitnehmer reicht zur Zuständigkeitsbegründung aus (BAG AP Nr. 3 zu § 2 ArbGG 1979 Zuständigkeitsprüfung = NZA 1997, 509; AP Nr. 46 zu § 5 ArbGG 1979 = NZA 1999, 839). Dagegen liegt ein et-et-Fall vor, wenn das ehemalige Organmitglied sich gegen eine außerordentliche Kündigung wendet (BAG AP Nr. 4 zu § 2 ArbGG 1979 Zuständigkeitsprüfung = NZA 1997, 674).

Das Arbeitsgericht hat Rechtsstreitigkeiten über Bestehen oder Nichtbestehen eines Arbeitsverhältnisses nach Maßgabe von § 61a ArbGG zu beschleunigen. § 61a verdrängt als speziellere Norm § 56 ArbGG. Von § 61a werden alle Rechtsstreitigkeiten über Bestehen oder Nichtbestehen erfasst, also auch der Streit um Kündigungen, Anfechtungserklärungen, Befristungen. Nicht erfasst werden Klagen auf Einstellung oder Beschäftigung. Werden neben Bestandsstreitigkeiten Ansprüche aus Annahmeverzug oder Weiterbeschäftigung geltend gemacht, so nehmen diese an dem Beschleunigungsverfahren teil. Diese entfällt, wenn die Ansprüche abgetrennt werden. Welche Beschleunigungsmaßnahmen das Arbeitsgericht trifft, steht in seinem Ermessen. Insoweit enthält § 61a Abs. 2 bis 4 ArbGG nur Regelungsvorschläge. Nach Abs. 4 kann der Vorsitzende dem Kläger eine angemessene Frist zur Stellungnahme auf die Klageerwiderung setzen. Die Frist muss mindestens zwei Wochen betragen. Ob der Vorsitzende eine Auflage macht steht in seinem Ermessen. Die Frist kann zugleich mit der Fristsetzung für den Beklagten oder nach Eingang des Schriftsatzes des Beklagten erfolgen. In jedem Fall müssen Kläger wie Beklagte über die Rechtsfolgen der Fristversäumung konkret belehrt werden. Im Allgemeinen steht die besondere Prozessförderungspflicht einer Aussetzung des Verfahrens entgegen (LAG Hessen NZA 1994, 576). Versäumen die Parteien die ihnen gesetzten Fristen und war der Aufklärungsbeschluss hinreichend konkret gefasst und sind die Parteien über die Folgen der Fristversäumnis belehrt worden, so ist das Vorbringen der Parteien kraft Gesetzes ausgeschlossen (Abs. 5).

12. Zumeist ist es unzweckmäßig, selbst die Kündigungsgründe, für die der Arbeitgeber darlegungs- und beweispflichtig ist, in den Prozess einzuführen. Zweckmäßiger ist, die Klageentgegnung (§ 61a ArbGG) abzuwarten und dann umgehend zu erwidern. Ist in einem Kündigungsrechtsstreit entschieden, dass das Arbeitsverhältnis durch eine bestimmte Kündigung nicht aufgelöst worden ist, so kann der Arbeitgeber eine erneute Kündigung nicht auf Kündigungsgründe stützen, die er schon zur Begründung der ersten Kündigung vorgebracht hat und die in dem ersten Kündigungsschutzprozess materiell geprüft worden sind mit dem Ergebnis, dass sie die Kündigungen nicht rechtfertigen können (BAG AP Nr. 113 zu § 626 BGB = NZA 1994, 70).

13. Alternative bei Auflösungsantrag: Nach Zugang der Kündigung hat die Beklagte den Kläger grob beleidigt. Sie hat über den Kläger behauptet, ...

Beweis: ......

Mit Rücksicht hierauf ist dem Kläger die Fortsetzung des Arbeitsverhältnisses nicht mehr zumutbar. Es ist daher das Arbeitsverhältnis gegen Zahlung einer Abfindung aufzulösen. Die Abfindung sollte ...... EUR nicht unterschreiten, denn ......

Der Auflösungsantrag ist begründet, wenn dem Arbeitnehmer die Fortsetzung des Arbeitsverhältnisses nicht mehr zumutbar ist. Seine bisherige Auffassung, dass die Zumutbarkeit nach den gleichen Grundsätzen zu beurteilen sei, wie bei einer außerordentlichen

Kündigung (BAG AP Nr. 20 zu § 7 KSchG = NJW 1965, 767) hat das BAG aufgegeben (BAG AP Nr. 8 zu § 9 KSchG 1969 = Betr. 1982, 757). Das Verhalten dritter Personen ist als Grund für den Auflösungsantrag des Arbeitgebers nur geeignet, wenn der Arbeitnehmer dieses Verhalten entscheidend veranlasst hat (BAG AP Nr. 18 zu § 9 KSchG 1969).

14. Nach der in NRW geltenden Faustregel wird für jedes Beschäftigungsjahr $^1/_2$ Monatsgehalt zuerkannt und alsdann dieser Grundbetrag je nach den individuellen Verhältnissen erhöht oder vermindert. Die Faustregel ist jedoch in den Gerichtssprengeln verschieden. Bei der Bemessung der Abfindung sind zu berücksichtigen: Lebensalter, Dauer der Betriebszugehörigkeit, Familienstand, wirtschaftliche Lage des Arbeitgebers (nicht dagegen die des Arbeitnehmers), Verlust etwaiger betrieblicher Anwartschaftsrechte, Chancen auf dem Arbeitsmarkt, Maß der Sozialwidrigkeit (vgl. § 10 KSchG, dazu *Schaub* ArbR-Hdb. § 141 Rdn. 27 ff.). In welchem Umfang Abfindungen einer tariflichen Ausschlussfrist unterliegen, ist durch Auslegung der Verfallklausel zu ermitteln (vgl. BAG AP Nr. 7 zu § 9 KSchG 1969).

15. Auch dann, wenn der Arbeitgeber nach Erhebung der Kündigungsschutzklage die Kündigung zurücknimmt, bleibt das Rechtsschutzinteresse für die Klage bestehen. Die Kündigungsrücknahme nimmt dem Arbeitnehmer auch nicht das Recht, erst danach gem. § 9 KSchG die Auflösung des Arbeitsverhältnisses zu verlangen (BAG AP Nr. 6 zu § 9 KSchG 1969 = NJW 1982, 1118; AP Nr. 9 zu § 9 KSchG 1969).

16. Der Arbeitgeber ist für die ordnungsgemäße Anhörung des Betriebsrates darlegungs- und beweispflichtig (BAG AP Nr. 2, 5 zu § 102 BetrVG 1972). Zweckmäßig wird aber auf Mängel des Anhörungsverfahrens bei Klageerhebung hingewiesen.

Kosten und Gebühren

Vermögensrechtliche Streitigkeit: § 64 Abs. 2 ArbGG a. F.(BAG AP Nr. 1 zu § 64 ArbGG 1979 = NJW 1980, 2151); seit jeher ist die Bemessung des Streitwerts umstr. Nach der einen Meinung besteht bei der Kündigungsschutzklage ein Ermessensspielraum, ob der Streitwert auf 1,– EUR oder den Dreimonatsverdienst festgelegt wird (vgl. BAG AP Nr. 22 zu § 12 ArbGG 1953; AP Nr. 9 zu § 12 ArbGG 1979 = NZA 1985, 369; LAG Bad.-Württemberg AP Nr. 2 zu § 12 ArbGG 1979); nach anderer Meinung ist der Vierteljahresverdienst der Regelstreitwert (zumeist die LAG, die der Rspr. des BAG nicht gefolgt sind. LAG Frankfurt NZA 1986, 171; LAG München NZA 1986, 171; LAG Hamm BB 85, 1472; LAG Düsseldorf LAGE Nr. 41 zu § 12 ArbGG 1979 Streitwert; LAG Köln LAGE Nr. 42 zu § 12 ArbGG 1979 Streitwert; LAGE Frankfurt Nr. 45 zu § 12 ArbGG Streitwert; LAGE Niedersachsen Nr. 46 aaO.; LAGE Bremen Nr. 49 aaO.; LAGE München Nr. 50, 51 aaO.). Diese beruft sich darauf, dass dieser nach dem RegEntw. der Regelstreitwert war (BT-Drucks. I/3516 S. 26). Da der Rechtsstreit aber auch nur um eine zweiwöchige Kündigungsfrist geführt werden könnte, erhielt das Gesetz die vorliegende Fassung, obwohl man von einem Regelstreitwert eines Vierteljahres ausging (Prot. des Ausschusses für Rechtswesen und Verfassungsrecht v. 15. 1. 1953 Nr. 229 S. 4). Die Streitwertbemessung ist bei den einzelnen LAG unterschiedlich (Übersicht bei *Schaub* ArbV-Hdb § 48). Mit einer Rechtsprechungsänderung ist wegen der Änderung des Beschwerdeverfahrens zu rechnen. Hat ein Arbeitnehmer die Klage auf Feststellung des Fortbestehens eines Arbeitsverhältnisses (§ 256 ZPO) mit einer Kündigungsschutzklage nach § 1 KSchG verbunden, so gilt nach der Rspr. des BAG gleichfalls die Höchstgrenze des § 12 Abs. 7 ArbGG (BAG AP Nr. 8 zu § 12 ArbGG 1979 = NZA 1985, 296 = EzA Nr. 34 zu § 12 ArbGG 1979 Streitwert (krit. *Schneider* = NZA 1985, 296). Berechnung des Beschwerdewertes: §§ 64 Abs. 7, 12 Abs. 7 ArbGG, §§ 511 a, 2 ff. ZPO; Berechnung des Gebührenstreitwertes: § 12 Abs. 7 ArbGG. Wird ein Abfindungsantrag gestellt (Alternative Anm. 4), wird dieser nicht hinzugerechnet

(§ 12 Abs. 7 S. 1 ArbGG). Gerichtsgebühren: § 12 Abs. 1, 2 ArbGG. Rechtsanwaltsgebühren: § 9 Abs. 1 BRAGO; bei Veränderung des Streitwertes während der Instanz: §§ 31, 10 Abs. 1 BRAGO. Nach jetzt h. M. ist bei unrichtiger Festsetzung des Gebührenstreitwerts die Beschwerde nicht gegeben (§ 25 Abs. 2 GKG). Die abweichende Auffassung der früheren Auflagen hat sich nicht durchgesetzt (Einzelheiten zum Beschwerdeverfahren: *Bader* NZA 2002, 121).

2. Kündigungsschutzklage, Klage aus Annahmeverzug und auf Weiterbeschäftigung gegen eingetragene Genossenschaft

An das
Arbeitsgericht

Klage

des/der Arbeiters(in)/Angestellten ...... Klägers(in)
– Prozessbevollmächtigter: RA ...... –

gegen

die ...... eG,
gesetzlich vertreten durch den Vorstand 1. ...... 2. ......, Beklagte

Namens und mit Vollmacht des/der Klägers(in) erhebe ich Klage und werde beantragen zu erkennen:

I. Es wird festgestellt, dass das Arbeitsverhältnis durch die ordentliche Kündigung vom ...... – zugegangen am ...... – nicht aufgelöst worden ist.
II. Es wird festgestellt, dass das Arbeitsverhältnis über den ...... fortbesteht.
III. Die Beklagte wird verurteilt, ... EUR nebst Zinsen in Höhe von 5 Prozentpunkten über dem Basiszinssatz seit dem ...... an den/die Kläger(in) zu zahlen[1–2–3].
IV. Die Beklagte wird verurteilt, den/die Kläger(in) über den ...... zu unveränderten Bedingungen auf demselben Arbeitsplatz weiter zu beschäftigen[4–5].
V. Die Beklagte trägt die Kosten des Rechtsstreits.

Begründung:

Der/Die am ...... geb., led./verh. Kläger(in), der/die ...... Kinder im Alter von ...... bis ...... hat, wurde am ...... eingestellt.

Beweis: Anliegender Arbeitsvertrag.

Die Beklagte betreibt ein ......, sie beschäftigt ...... Arbeitnehmer.
Mit Schreiben vom ...... – zugegangen am ...... – hat die Beklagte dem/der Kläger(in) zum ...... gekündigt.

Beweis: Kündigungsschreiben vom ......

Die Beklagte hatte keinen Grund zur Kündigung. Die angegebenen Kündigungsgründe sind unzutreffend.
Der Betriebsrat ist vor Ausspruch der Kündigung gehört worden. Er hat der Kündigung widersprochen. Der Widerspruch ist fristgemäß unter Angabe der Widerspruchsgründe erfolgt[6]. Die Kündigung ist daher auch nach § 1 Abs. 2 S. 2 KSchG ungerechtfertigt[7].
Unabhängig hiervon hat der/die Kläger(in) nach § 102 Abs. 5 BetrVG Anspruch auf Weiterbeschäftigung über das Ende der ordentlichen Kündigungsfrist.
Der/Die Kläger(in) hat zuletzt ...... EUR verdient. Er/Sie hat seine/ihre Dienste am ...... angeboten[8]. Die Beklagte befindet sich mithin in Verzug. Sie ist zur Gehaltsfortzahlung verpflichtet.

Rechtsanwalt

Anmerkungen

1. Vor oder nach Einleitung der Kündigungsschutzklage kann es sich vielfach empfehlen, Kontakt mit dem Beklagten aufzunehmen. In jedem Fall ist es sinnvoll, die Arbeitsleistung des Mandanten noch einmal anzubieten, um in jedem Fall den Eintritt der Verzugsvoraussetzungen zu gewährleisten. Das BAG hat allerdings ausgeführt, dass der Arbeitgeber in Annahmeverzug gerät, wenn er dem Arbeitnehmer unberechtigt kündigt, ohne dass es eines Arbeitsangebots des Arbeitnehmers bedarf (BAG AP Nr. 34 zu § 615 BGB = NZA 1985, 119 = Betr. 1985, 552 = NJW 1985, 935; AP Nr. 35 aaO. = NZA 1985, 778 = NJW 1985, 2662 = Betr. 1985, 1744; AP Nr. 2 zu § 297 BGB = Betr. 1987, 377; dagegen aber BGH ZIP 1988, 453; NJW 2000, 1329). Zur Begründung hat es sich darauf berufen, dass es zur Arbeitsleistung einer Mitwirkungshandlung des Arbeitgebers bedürfe, die nach dem Kalender bestimmt sei. Er habe einen funktionsfähigen Arbeitsplatz zur Verfügung zu stellen und die Arbeit zuzuweisen. Der Arbeitnehmer müsse dagegen seine Arbeitskraft anbieten, wenn er im Zeitpunkt der Kündigung nicht leistungsfähig oder leistungsbereit sei. Auch insoweit hat es zunächst Einschränkungen gemacht (BAG AP Nr. 45 zu § 615 BGB = NZA 1991, 228; AP Nr. 50 aaO. = BB 1992, 356 = DB 1992, 586). War der Arbeitnehmer zum Zeitpunkt der – später für unwirksam erklärten – Kündigung und danach infolge Krankheit mehrfach befristet arbeitsunfähig geschrieben, so treten nach der neueren Rechtsprechung des BAG die Verzugsfolgen mit Eintritt der Arbeitsunfähigkeit unabhängig von der besonderen Anzeige ein, wenn der Arbeitnehmer dem Arbeitgeber durch Erhebung einer Kündigungsschutzklage oder sonstigen Widerspruch gegen die Kündigung seine weitere Leistungsbereitschaft deutlich gemacht hat (BAG AP Nr. 50 zu § 615 BGB = NJW 1992, 932 = NZA 1992, 403, 587; AP 60 zu § 615 BGB = NZA 1995, 263). Es hält aber an der Auffassung fest, dass der Arbeitgeber bei einer von ihm ausgesprochenen Kündigung gehalten ist, wegen § 296 BGB von sich aus den Arbeitnehmer zur Wiederaufnahme der Arbeit aufzufordern, wenn er die Folgen des Annahmeverzuges vermeiden will (BAG AP Nr. 53 zu § 615 BGB = NZA 1993, 550). An dieser Rechtslage hat auch das Schuldrechtsmodernisierungsgesetz nichts geändert.

Betrifft: Mitarbeiter ......

Sehr geehrte Damen und Herren!

Ihr Mitarbeiter ...... hat mich mit der Wahrnehmung seiner Interessen Ihrem Hause gegenüber beauftragt. Sie haben meinem Mandanten mit Schreiben vom ...... gekündigt. Namens und im Auftrag meines Mandanten habe ich zur Fristwahrung Kündigungsschutzklage beim Arbeitsgericht ...... erhoben. Gleichwohl bin ich der Auffassung, dass es im Interesse beider Parteien liegt, wenn die Rechtssache außergerichtlich beigelegt wird. Falls Sie Ihrerseits ebenfalls interessiert sind, bitte ich um Ihre Nachricht.

Mein Mandant wird Ihnen auch weiterhin seine Dienste anbieten. Namens und in Vollmacht meines Mandanten biete ich Ihnen seine Dienstleistungen an. Er wird sich fortlaufend zur Arbeitsleistung für Sie bereit halten.

Zur Wahrung etwaiger tariflicher Ausschlussfristen werden die Ansprüche meines Mandanten auf rückständiges und zukünftiges Arbeitsentgelt – gleich welcher Art oder Benennung – ausdrücklich geltend gemacht. Insbesondere werden geltend gemacht Ansprüche auf Grundgehalt, Zulagen, freiwillige Leistungen, Urlaubs- und Weihnachtsgelder, zwischenzeitliche Gehaltserhöhungen, Provisionen und Tantiemen sowie Gratifikationen aller Art.

Bitte bestätigen Sie den Eingang dieses Briefes binnen 10 Tagen, da ich sonst genötigt bin, ihn aus Beweisgründen durch einen Gerichtsvollzieher zustellen zu lassen.

Mit vorzüglicher Hochachtung

Sofern nur ein mündliches Angebot notwendig ist, reicht auch ein Arbeitsangebot durch einen Vertreter. Dagegen ist die pauschale Geltendmachung zur Wahrung der Ausschlussfrist im Allgemeinen unzureichend. Die Aufzählung soll als Merkposten für das Beratungsgespräch dienen.

2. Eine Klage auf zukünftige Leistung (§§ 257ff. ZPO) für die Zeit nach letzter mündlicher Verhandlung ist unzulässig (BAG AP Nr. 30 zu § 615 BGB = NJW 1975, 1336).

3. In manchen Tarifverträgen (z. B. Baugewerbe, Groß- und Außenhandel) gelten sog. 2-stufige Ausschlussklauseln, d. h., Vergütungsansprüche müssen innerhalb bestimmter Fristen schriftlich geltend gemacht werden und binnen weiterer Fristen eingeklagt werden. In der Erhebung der Kündigungsschutzklage kann eine schriftliche Geltendmachung (BAG AP Nr. 23 zu § 615 BGB = NJW 1963, 1517; AP Nr. 56 zu § 4 TVG Ausschlussfristen = NJW 1977, 74; AP Nr. 57 aaO. = NJW 1977, 544; AP Nr. 60 aaO. = NJW 1977, 2230; AP Nr. 63 aaO. = NJW 1978, 1942; AP Nr. 65, 66 aaO.; AP Nr. 46 zu § 615 BGB = NZA 1991, 226), dagegen keine gerichtliche Geltendmachung gesehen werden (BAG AP Nr. 31 zu § 4 TVG Ausschlussfristen = NJW 1966, 1477; AP Nr. 43 aaO. = NJW 1970, 1472; AP Nr. 56 aaO. = NJW 1977, 74; AP Nr. 1 zu § 8 TVG 1969; *Schaub* ArbR-Hdb. § 205 Rdn. 28ff.). Ist durch die Erhebung der Kündigungsschutzklage die tarifliche Frist gewahrt, so müssen nach Rechtskraft des Urteils im Kündigungsschutzprozess die tariflichen Lohnansprüche nicht erneut innerhalb der tariflichen Ausschlussfristen geltend gemacht werden (BAG AP Nr. 46 zu § 615 BGB = NZA 1991, 226). Eine Kündigungsschutzklage hemmt nicht die Verjährung (BAG AP Nr. 1 zu § 209 BGB = NJW 1960, 838, 1333; AP Nr. 2 aaO. = NJW 1961, 1787; AP Nr. 23 zu § 615 BGB = NJW 1963, 1517). Die gleichzeitige Erhebung der Lohnfortzahlungsklage ist gelegentlich daher unabdingbar. Im Baugewerbe haben die Tarifpartner die Notwendigkeit der Klageerhebung auf Vergütungsfortzahlungsansprüche während des Kündigungsschutzprozesses beseitigt (vgl. § 16 BRTV-Bau). Nach § 615 S. 2 BGB ist der anderweitige Verdienst des Arbeitnehmers auf die Vergütung für die gesamte Dauer des Annahmeverzuges und nicht nur auf die Vergütung für den Zeitabschnitt anzurechnen, in dem der Arbeitnehmer seine Dienste anderweitig verwendet (BAG AP Nr. 52 zu § 615 BGB = NZA 1994, 116).

4. Im Allgemeinen wird in der Rechtsprechung der LAGe ein Antrag auf Weiterbeschäftigung zu den bisherigen Arbeitsbedingungen als hinreichend bestimmt angesehen, so dass eine Umschreibung der bisherigen Tätigkeit entbehrlich ist (LAGE Hamm Nr. 4 zu § 888 ZPO; LAGE Schleswig Holstein Nr. 10 aaO.; LAGE Frankfurt Nr. 12 aaO.; LAGE Frankfurt Nr. 30 aaO.; einschränkend LAGE Berlin Nr. 27 aaO.). Bedenken werden nur dann geäußert, wenn der Umfang der bisherigen Beschäftigung umstritten ist (LAGE Rheinland-Pfalz Nr. 6 aaO.; LAGE Hamm Nr. 22 aaO.). Die Vollstreckung eines Beschäftigungstitels erfolgt nach § 888 ZPO. Dies ist inzwischen unstreitig. Eine Vollstreckung scheidet jedoch aus, wenn dem Schuldner eine Beschäftigung nicht mehr möglich ist, weil der Arbeitsplatz weggefallen ist (LAGE Hamm Nr. 5, 22 zu § 888 ZPO; LAGE Rheinland-Pfalz Nr. 6 aaO.; LAGE Berlin Nr. 7 aaO.) oder der Arbeitnehmer inzwischen versetzt worden ist (vgl. LAGE Rheinland-Pfalz Nr. 6 zu § 888 ZPO; LAGE Köln Nr. 15 aaO.). Insoweit kann die Rechtmäßigkeit der Versetzung nicht dem Vollstreckungsverfahren überlassen bleiben. Der Arbeitgeber kann sich aber der Verpflichtung zur Weiterbeschäftigung nicht durch eine Umorganisation des Betriebs entziehen (LAGE München Nr. 34 aaO.). Im Allgemeinen halten die LAGe die Festsetzung eines Zwangsgeldes für jeden Tag der Zuwiderhandlung gegen die Weiterbeschäftigungspflicht für unzulässig; vielmehr fordern sie, dass das Zwangsgeld in einer Summe festgesetzt wird (LAGE Berlin Nr. 3 zu § 888 ZPO; LAGE Hamm Nr. 4 aaO.; LAGE Frankfurt Nr. 8 aaO.; dagegen LAGE Hamburg Nr. 17 aaO.). Die Zwangsvollstreckung eines Urteils, das auf dem BAG GS beruht, endet, wenn das Urteil im Kündigungsschutzprozess rechtskräftig geworden ist (LAGE Köln Nr. 13 aaO.).

5. Gesetzlich ist der Weiterbeschäftigungsanspruch nur in § 102 Abs. 5 BetrVG geregelt. Ein derartiger Weiterbeschäftigungsanspruch kann auch im Wege der einstweiligen Verfügung (§§ 935, 940 ZPO) verfolgt werden. Der Arbeitgeber kann auf seinen Antrag nach § 102 Abs. 5 S. 2 BetrVG durch einstweilige Verfügung im Urteilsverfahren von der Weiterbeschäftigung entbunden werden. Es wird beantragt, den Beklagten von der Weiterbeschäftigung zu entbinden. Die Entbindung des Arbeitgebers von der Weiterbeschäftigungspflicht durch das Rechtsmittelgericht lässt für die Zeit bis zur Entbindungsentscheidung angefallene Vergütungsansprüche unberührt (BAG AP Nr. 9 zu § 102 BetrVG 1972 Weiterbeschäftigung = NZA 1996, 930).

Ob dem Arbeitnehmer unabhängig von § 102 BetrVG hiervon ein Weiterbeschäftigungsanspruch zusteht, war lange Zeit umstr. Das BAG GS NJW 1985, 2968 hat hierzu ausgeführt: Außerhalb der Regelung der § 102 Abs. 5 BetrVG, § 79 Abs. 2 BPersVG hat der gekündigte Arbeitnehmer einen arbeitsvertraglichen Anspruch auf vertragsgemäße Beschäftigung über den Ablauf der Kündigungsfrist oder bei einer fristlosen Kündigung über deren Zugang hinaus bis zum rechtskräftigen Abschluss des Kündigungsprozesses, wenn die Kündigung unwirksam ist und überwiegende schutzwerte Interessen des Arbeitgebers einer solchen Beschäftigung nicht entgegenstehen. Außer im Falle einer offensichtlich unwirksamen Kündigung begründet die Ungewissheit über den Ausgang des Kündigungsprozesses ein schutzwertes Interesse des Arbeitgebers an der Nichtbeschäftigung des gekündigten Arbeitnehmers für die Dauer des Kündigungsprozesses. Dieses überwiegt idR. das Beschäftigungsinteresse des Arbeitnehmers bis zu dem Zeitpunkt, in dem im Kündigungsprozess ein die Unwirksamkeit der Kündigung feststellendes Urteil ergeht. Solange ein solches Urteil besteht, kann die Ungewissheit des Prozessausgangs für sich allein ein überwiegendes Gegeninteresse des Arbeitgebers nicht mehr begründen. Hinzu kommen müssen dann vielmehr zusätzliche Umstände, aus denen sich im Einzelfall ein überwiegendes Interesse des Arbeitgebers ergibt, den Arbeitnehmer nicht zu beschäftigen. Der arbeitsvertragliche Beschäftigungsanspruch kann im Klagewege geltend gemacht werden. Eine Aussetzung des Verfahrens bis zum rechtskräftigen Abschluss eines anhängigen Rechtsstreits über die Wirksamkeit der Kündigung ist nicht zwingend. Ist die Wirksamkeit einer Kündigung nach den Vorschriften des Kündigungsschutzgesetzes zu beurteilen, so darf einer Beschäftigungsklage nur stattgegeben werden, wenn ein Gericht für Arbeitssachen auf eine entsprechende Kündigungsschutzklage des Arbeitnehmers hin festgestellt hat oder gleichzeitig feststellt, dass das Arbeitsverhältnis durch die Kündigung nicht aufgelöst worden ist. Wegen des allgemeinen Weiterbeschäftigungsanspruches wird regelmäßig eine einstweilige Verfügung nicht in Betracht kommen. Hat ein Gericht für Arbeitssachen festgestellt, dass eine bestimmte Kündigung unwirksam ist und hat es deshalb zur Weiterbeschäftigung verurteilt, so beendet eine danach ausgesprochene weitere Kündigung den Weiterbeschäftigungsanspruch dann, wenn sie zu einer Ungewissheit über den Fortbestand des Arbeitsverhältnisses führt. Dagegen bleibt der Weiterbeschäftigungsanspruch unberührt, wenn die weitere Kündigung offensichtlich unwirksam ist (BAG AP Nr. 17 zu § 611 BGB Beschäftigungspflicht = Betr. 1986, 176). Die Grundsätze des Beschlusses des Gr. Sen. gelten auch für befristete Arbeitsverhältnisse (BAG AP Nr. 19 aaO. = NJW 1987, 680 = BB 1986, 1437). Der Anspruch auf Weiterbeschäftigung wird nicht von tariflichen Ausschlussfristen erfasst; er kann mithin auch noch während des Kündigungsschutzverfahrens geltend gemacht werden (BAG AP Nr. 23 zu § 611 BGB Beschäftigungspflicht = NZA 1991, 979). Wird der Arbeitgeber zur Weiterbeschäftigung verurteilt und verliert er den Kündigungsschutzprozess, so besteht das alte Arbeitsverhältnis fort. Der Arbeitnehmer hat mithin alle Vergütungsansprüche. Wird dagegen die Kündigungsschutzklage rechtskräftig abgewiesen und ist der Arbeitnehmer weiterbeschäftigt worden, so ist nach der Rspr. des BAG zu unterscheiden: Ist der Arbeitnehmer einvernehmlich weiterbeschäftigt worden, so ist entweder das alte Arbeitsverhältnis resolutiv auf den Eintritt der Rechtskraft bedingt oder ein neues resolutiv bedingtes Arbeitsverhältnis abgeschlossen worden. Dies hat zur Folge, dass der Arbeitnehmer auch dann Vergütungsansprüche erwerben kann, wenn die Arbeitsleistung etwa wegen Arbeitsverhinderung oder Krankheit unterbleibt (BAG AP Nr. 66 zu § 1 LohnFzG = NJW 1986, 2133 = NZA 1986, 561; AP Nr. 22 zu § 611 BGB Beschäftigungspflicht = NZA 1987, 376 = Betr. 1987, 1154). Wird dagegen die Weiterbeschäftigung im Wege der Vollstreckung erzwungen oder nur zur Abwendung der Vollstreckung hingenommen, hat der Arbeitnehmer nur Ansprüche aus ungerechtfertigter Bereicherung (§§ 812 ff. BGB). Diese sollen im Falle der Arbeitsleistung allerdings den Vergütungsansprüchen entsprechen (BAG AP Nr. 1 zu § 611 BGB Weiterbeschäftigung = Betr. 1987, 1045; vgl. *Dütz* ArbuR 1987, 317; *v. Hoyningen-Huene* BB 1988, 264; *Barton/Hönsch* NZA 1987, 721).

6. Für den Widerspruch gelten strenge Formvorschriften (*Schaub* ArbR-Hdb. § 123 Rdn. 112).

7. Die Klage ist doppelt begründet nach § 1 Abs. 2 S. 1 KSchG und nach § 1 Abs. 2 S. 2 KSchG.

8. Zur Begründung des Annahmeverzuges gelten §§ 284 ff. BGB (MünchKomm/*Schaub* § 615 Rdn. 9; *Schaub/Linck* ArbR-Hdb. § 48). Es bedarf grundsätzlich des tatsächlichen oder wörtlichen Angebots der Arbeitsleistung, wenn diese zuvor unterbrochen war. Einzelheiten Anm. 1.

Kosten und Gebühren

Vgl. Form. IV. B. 1. Für die kumulative Klagehäufung gilt § 5 ZPO. Nach bisheriger, umstr. Rechtsprechung (BAG AP Nr. 16 zu § 12 ArbGG 1953) erfolgte jedoch bei zeitlicher wirtschaftlicher Identität keine Zusammenrechnung des Zahlungs- und Feststellungsanspruches (vgl. *Schaub* ArbV-Hdb. § 48 Rdn. 67). Vielmehr war der höhere Wert maßgebend (BAG AP Nr. 17 zu § 12 ArbGG 1953). Die Instanzgerichte verfahren vielfach großzügiger. Nach ihrer Auffassung ist bei Verbindung von Kündigungsfeststellungsklage und Gehaltsklage im Wege kumulativer Klagehäufung der Streitwert des Leistungsantrages dem Wert des Feststellungsantrages hinzuzurechnen. Das gelte namentlich für den Zeitraum, für den der Bestand des Arbeitsverhältnisses streitig sei (LAG Mannheim AnwBl. 1982, 75; LAG Berlin Betr. 1968, 180; 1984, 151; LAG Hamm MDR 1971, 428; LAG Hamburg NJW 1977, 2327; 1984, 150; LAG Düsseldorf AnwBl. 1979, 26; LAG Frankfurt EzA 32 zu § 12 ArbGG 1979; LAG Bad.-Württemberg EzA 16 zu § 12 ArbGG 1979 Streitwert; LAG Hamm EzA 21 aaO.). Ob die Geltendmachung des Weiterbeschäftigungsanspruches eine vermögensrechtliche Streitigkeit ist, wird inzwischen allgemein bejaht. Auch für die Streitwertbemessung hat sich in NRW eine h.M. herausgebildet. Alle LAG in NRW setzen einheitlich zwei Monatsgehälter als Gegenstandswert für den Weiterbeschäftigungsanspruch an (LAG Düsseldorf AnwBl. 1979, 26; LAG Düsseldorf/Köln EzA Nr. 1 zu § 12 ArbGG 1979 Streitwert; LAG Hamm AnwBl. 1984, 147, 149, 152; LAGE Hamm Nr. 56 zu § 12 ArbGG 1979 Streitwert: $^2/_3$ des Kündigungsschutzprozesses). Es handele sich um einen Fall der objektiven Klagehäufung, wobei über die Anträge nicht einheitlich entschieden zu werden brauche, so dass die verschiedenen Streitwerte zu addieren seien. Dagegen setzen an: LAG Bremen KostRspr. § 12 ArbGG 1979 Nr. 30; LAG Hamburg AnwBl. 1984, 316; LAG Bad.-Württemberg EzA 17 zu § 12 ArbGG 1979 Streitwert: ein Nettogehalt; LAG Mainz AnwBl. 1983, 36 die Hälfte des Streitwerts der Kündigungsschutzklage; BAG AP Nr. 1 zu § 11 GKG (nichtvermögensrechtliche Streitigkeit; damaliger Regelstreitwert von 2.000 DM).

3. Kündigungsschutzklage und Antrag auf nachträgliche Zulassung

An das
Arbeitsgericht

(Volles Rubrum und Angabe des Streitgegenstandes bei Form. IV. B. 1)

I. Es wird festgestellt, dass das Arbeitsverhältnis durch die ordentliche/außerordentliche Kündigung vom ...... – zugegangen am ...... – nicht aufgelöst worden ist, sondern über den ...... fortbesteht.[1]

II. Vorsorglich: Die Kündigungsschutzklage wird nachträglich zugelassen.

III. Der/Die Beklagte trägt die Kosten des Rechtsstreits.

Begründung:

Der/Die am ...... geb., led./verh. Kläger(in), der/die Kinder im Alter von ...... bis ...... hat, wurde am ...... von der/dem Beklagten als ...... eingestellt. Der/die Beklagte betreibt ein Unternehmen für ......; er/sie beschäftigt ...... Arbeitnehmer.

Vom ...... bis ...... befand sich der/die Kläger(in) in Urlaub. Als er/sie aus dem Urlaub am ...... zurückkehrte, fand er/sie im Briefkasten eine ordentliche/außerordentliche Kündigung zum ...... vor[2]. Für die Kündigung bestanden keine Gründe.

Der Betriebsrat ist gehört/nicht gehört worden. Die Kündigung ist daher schon rechtsunwirksam.

Der/Die Kläger(in) brauchte während des Urlaubs nicht mit einer Kündigung zu rechnen. Die Kündigung ist daher erst am ...... zugegangen. Bei einem Zugang am ...... hat der/die Beklagte die Kündigungsfrist nicht eingehalten.

Vorsorglich wird beantragt, die Kündigungsschutzklage nachträglich zuzulassen[3]. Der Antrag ist zulässig. Der/Die Kläger(in) hat erst am ...... von der Kündigung erfahren (§ 5 Abs. 3 KSchG). Der Antrag ist auch begründet, denn der/die Kläger(in) brauchte mit der Kündigung nicht zu rechnen. Im Übrigen ......[4].

Anlage: Eidesstattliche Versicherung[5].

Rechtsanwalt

Anmerkungen

1. Wegen des Antrages vgl. Form. IV. B. 1 Anm. 2.

2. Wird während des Urlaubs ein Kündigungsschreiben an die Heimatanschrift des Arbeitnehmers gerichtet, so geht dies im Allgemeinen zu (BAG AP Nr. 16 zu § 130 BGB = NZA 1988, 875, 877 = Betr. 1988, 2415). Dasselbe gilt, wenn sich der Arbeitnehmer in Auslieferungshaft befindet, auch wenn dem Arbeitgeber dies bekannt ist (BAG AP Nr. 17 zu § 130 BGB = NJW 1989, 2213 = NZA 1989, 635). Vorübergehend hat das BAG hiervon eine Ausnahme dann gemacht, wenn dem Arbeitgeber bekannt ist, dass der Arbeitnehmer verreist ist (vgl. BAG AP Nr. 11 zu § 130 BGB = NJW 1981, 1470 = EzA Nr. 10 zu § 130 BGB; vgl. *Schaub* ArbR-Hdb. § 123 Rdn. 15). Im Allgemeinen wird jedoch die Kündigung während des Urlaubs die nachträgliche Zulassung rechtfertigen (*Schaub* ArbR-Hdb. § 136 Rdn. 34ff. unter Hinweis auf die Rspr. des BVerfG; LAG Köln NZA-RR 1996, 455). Ist die Klagefrist bei Rückkehr aus dem Urlaub noch nicht abgelaufen, muss der Arbeitnehmer aber aus Datum und Zustellungsart der Kündigung entnehmen, dass die Drei-Wochenfrist verstrichen sei, ist die Kündigungsschutzklage – bei sonst fehlendem Verschulden – nachträglich zuzulassen, wenn der Antrag nach § 5

KSchG zwei Wochen nach Kenntnisnahme vom Kündigungsschreiben gestellt wird (LAG Köln vom 6. 9. 1996 Jur-CD).

3. Der Antrag kann stillschweigend gestellt werden (BAG AP Nr. 1 zu § 41 VerwGO); die verspätete Klageerhebung reicht jedoch nicht als Zulassungsantrag aus (LAG Berlin AP Nr. 11 zu § 4 KSchG 1951). Der Antrag ist mit der Klageerhebung zu verbinden oder in ihm ist auf die Klage Bezug zu nehmen. Er muss die die nachträgliche Zulassung begründenden Tatsachen und die Mittel für deren Glaubhaftmachung enthalten. Die Schuldlosigkeit an der Klagefristversäumung ist nach allen Richtungen schlüssig darzulegen. Seit jeher ist umstritten, ob sich der Arbeitnehmer ein Verschulden seines Prozessbevollmächtigten zurechnen lassen muss (bejahend LAG Frankfurt v. 1. 7. 1996 JurCD; bei Gewerkschaftssekretär LAG Rostock AuA 1994, 86; verneinend LAG Hamm NZA-RR 1996, 1158). Wird die als Anlage eines Antrages auf Prozesskostenhilfe eingereichte Klageschrift als Entwurf bezeichnet, kann sie auch dann nicht die Klagefrist wahren, wenn sie vom Anwalt unterzeichnet ist. Werden die Unterlagen zu Prozesskostenhilfe über die wirtschaftlichen Verhältnisse erst nach Ablauf der Klagefrist eingereicht, kann auch nicht von einer durch die Bewilligung der Prozesskostenhilfe bedingten rechtzeitigen Klage ausgegangen werden (LAG Köln NZA-RR 1996, 453 = BB 1996, 1176). Innerhalb der Antragsfrist können Gründe der nachträglichen Zulassung nachgeschoben werden; ob dies auch nach Ablauf der Frist gilt, ist umstr., aber zu verneinen, es sei denn, dass die Gründe nur zur Abrundung dienen (LAG Bad.-Württemberg AP Nr. 6 zu § 4 KSchG 1961; BB 1965, 496; 1966, 1188; MDR 1978, 789; LAG Hamm AP Nr. 7 zu § 5 KSchG 1969). Der Antrag wird zweckmäßig vorsorglich gestellt. Umstr. ist, auf welche Umstände sich die Prüfung im Verfahren der nachträglichen Zulassung erstreckt. Das Verfahren der nachträglichen Zulassung endete früher in jedem Fall in der 2. Instanz, während über das Verfahren in der Hauptsache auch das BAG entscheiden konnte. Dies ist jetzt anders (378 ArbGG). Gleichwohl wird auch nach Änderung des Beschwerdeverfahrens nach richtiger Auffassung im Verfahren der nachträglichen Zulassung der Kündigungszugang, die Einhaltung der Klagefrist sowie das Verschulden an der verspäteten Klageerhebung zu prüfen sein (BAG AP Nr. 4 zu § 5 KSchG 1969 = NJW 1984, 255; AP Nr. 6 = NJW 1984, 2488). Dagegen bleiben sonstige Vorfragen im Verfahren der nachträglichen Zulassung unberücksichtigt (z. B. Anwendung des KSchG, leitender Angestellter usw.; aA. LAG Hamm AP Nr. 8 zu § 5 KSchG 1969. Dazu *Schaub* ArbR-Hdb. § 136 Rdn. 34 ff.). Das Arbeitsgericht hat über die nachträgliche Zulassung durch die Kammer durch Beschluss zu entscheiden (§ 5 Abs. 4 S. 1 KSchG), der ohne mündliche Verhandlung ergehen kann. Wird gleichwohl über die nachträgliche Zulassung und über die Kündigungsschutzklage in gesetzwidriger Weise einheitlich durch Urteil entschieden, so können hiergegen sowohl die Berufung als auch die sofortige Beschwerde eingelegt werden. Wird nur das Rechtsmittel der Berufung eingelegt, muss das Landesarbeitsgericht die Berufung, soweit sie sich gegen die Entscheidung nach § 5 KSchG richtet, als sofortige Beschwerde behandeln und über die nachträgliche Zulassung endgültig durch Beschluss entscheiden. Entscheidet es durch Urteil und lässt gleichwohl die Revision zu, so kann hierdurch eine Erweiterung der Prüfungskompetenz des BAG nicht herbeigeführt werden (BAG AP Nr. 2 zu § 72 ArbGG 1979 = NJW 1984, 254). Wird erstmals in der Berufungsinstanz ein Antrag auf nachträgliche Zulassung gestellt, so hat in jedem Fall das Arbeitsgericht zunächst über den Zulassungsantrag zu entscheiden. Das Berufungsgericht hat das klageabweisende Urteil aufzuheben und die Sache zurückzuverweisen (LAGE Brandenburg § 5 KSchG Nr. 77; anders wenn erst in der Berufungsinstanz ein Parteiwechsel stattfindet: LAG Hamm BB 1993, 2022 = DB 1993, 1884). Der Beschluss, mit dem über die nachträgliche Zulassung entschieden worden ist, entfaltet für das Verfahren in der Hauptsache Bindungswirkung (BAG AP Nr. 4 zu § 5 KSchG 1969 = NJW 1984, 255).

4. Gegen die Zurückweisung des Antrages auf nachträgliche Zulassung ist binnen einer Frist von zwei Wochen die sofortige Beschwerde an das LAG gegeben (§ 5 Abs. 4 S. 2 KSchG, § 78 ArbGG). Die Rechtsbeschwerde an das BAG kann unter den Voraussetzungen von § 72 Abs. 2 zugelassen werden (§ 378 ArbGG).

5. Eidesstattliche Versicherung. In Kenntnis der Bedeutung einer eidesstattlichen Versicherung und nach Belehrung über die strafrechtlichen Folgen einer unrichtigen eidesstattlichen Versicherung versichere ich, der/die Kläger(in) ......, nachfolgendes an Eides Statt. Ich war vom ...... bis ...... in ...... in Urlaub. Als ich aus dem Urlaub zurückkehrte, fand ich in meinem Briefkasten eine Kündigung vor. Mir ist niemals erklärt worden, dass ich eine Kündigung zu gewärtigen hätte. Außerdem bin ich niemals abgemahnt worden usw.

Ein vom Arbeitnehmer selbst verfasster Antrag auf nachträgliche Zulassung kann regelmäßig dahin ausgelegt werden, dass sich der Arbeitnehmer zur Glaubhaftmachung auf die eigene eidesstattliche Versicherung beziehen will, soweit es um das eigene Verhalten und um eigene Wahrnehmungen geht. Dasselbe gilt für einen Rechtsanwalt, wenn es um dessen eigene Wahrnehmungen geht (LAG Hamm AP Nr. 7 zu § 5 KSchG 1969).

Kosten und Gebühren

Vgl. Form. IV. B. 1. Keine besonderen Gerichtsgebühren für Beschluss über nachträgliche Zulassung 1. Instanz. Gebührenstreitwert 2. Instanz: Grundsätzlich Vergütung eines Vierteljahres (§ 12 Abs. 7 ArbGG), es sei denn, dass noch sonstige Mängel der Kündigung behauptet, alsdann zwei Monatsgehälter. Gerichtsgebühren: § 12 Abs. 1 iVm. Anl. 1 zu § 12 ArbGG Nr. 9302.

4. Klageentgegnung bei Kündigung aus personenbedingten Gründen [1]

In Sachen

...... / ......

...... Ca ...... / ......

wird beantragt, die Klage abzuweisen.

Begründung:

Der Kläger ist am ...... geb.; er ist led./verh. und hat ...... Kinder. Er wurde am ...... als ...... eingestellt[2]. Die Beklagte beschäftigt ...... Arbeitnehmer. In der Abteilung, in der der Kläger arbeitet, werden noch ...... Arbeitnehmer beschäftigt. Im Berufsbild des Klägers hat die Beklagte in dieser Abteilung niemand/......[3].

Die Beklagte hat dem Kläger am ...... zum ...... gekündigt. Sie hat zuvor den Betriebsrat angehört. Dieser hat sich nicht geäußert/der Kündigung zugestimmt/ihr widersprochen[4].

Die Kündigung war aus personenbedingten Gründen gerechtfertigt. Die Beklagte ist sich bewusst, dass sie krankheitsbedingte Fehlzeiten ihrer Arbeitnehmer grundsätzlich durch Aushilfskräfte zu überbrücken versuchen muss[5]. Indes sind bei dem Kläger die Voraussetzungen der Kündigung wegen Krankheit gegeben.

Der Kläger war im Durchschnitt der letzten drei Jahre[6] an mehr als 14 v.H.[7] aller Arbeitstage arbeitsunfähig krank. So hat der Kläger gefehlt vom ...... bis ....

Beweis: Anliegende Personalkarte.
Personalsachbearbeiter(in): ......

Es ist auch damit zu rechnen, dass der Kläger in Zukunft in demselben Umfang krank sein wird. Der Kläger ist von unserem Personalleiter, Herrn ...... gehört worden[8]. Er hat bei dieser Gelegenheit erklärt, er leide an ...... und es sei nicht damit zu rechnen,

dass sich sein Gesundheitszustand in absehbarer Zeit bessere. Nach der Art der geschilderten Krankheitssymptome ist die Arbeit für den Kläger nicht geeignet.

Beweis: Personalleiter ......

Notfalls: Einholung eines Gutachtens über die Eignung des Klägers.
Gegenüber unserem Betriebsratsvorsitzenden hat der Kläger sogar geäußert, er wisse nicht, wann er die Arbeit wieder aufnehmen könne. Er müsse erst noch eine Kur machen.

Beweis: Betriebsratsvorsitzender ......

Die Beklagte muss den Arbeitsplatz des Klägers anderweitig besetzen. Die Interessen der Beklagten an der Beendigung des Arbeitsverhältnisses überwiegen[9] auch unter Beachtung des Grundsatzes der Verhältnismäßigkeit[10]. Die Beklagte beschäftigt in der Fachrichtung des Klägers nur ....../einen Mitarbeiter; es kommt daher immer zu betrieblichen Schwierigkeiten, wenn der Kläger ausfällt ...... (Ist auszuführen) ...... Infolge der häufig nur kurzfristigen Erkrankungen, die nicht durch fremde Aushilfskräfte überbrückt werden können, ist die Beklagte genötigt, bei Arbeitskollegen Über- und Mehrarbeitsstunden anzuordnen. ...... Kann die Beklagte den Ausfall nicht durch Mehr- und Überarbeitsstunden ausgleichen, weil sie nur den Kläger als Spezialisten beschäftigt ...... Dagegen kann der Kläger, dessen Entgeltfortzahlungsansprüche bei der Beklagten ohnehin erschöpft sind, auf dem Arbeitsmarkt leicht eine andere Stelle finden. Wegen der Dauer der Beschäftigung besteht ihm gegenüber keine besondere Fürsorgepflicht ......
Die Beklagte vermag die Kündigung auch nicht durch Versetzung auf einen anderen Arbeitsplatz zu vermeiden[11]. Sie hat sämtliche Versetzungsmöglichkeiten mit dem Betriebsrat geprüft; sie hat aber keinen geeigneten Arbeitsplatz gefunden. Auch der Kläger vermag nicht anzugeben, wo und wie er sich seine Weiterbeschäftigung denkt. [12]

Rechtsanwalt

Anmerkungen

1. Personenbedingte Kündigungsgründe sind solche, die auf persönlichen Eigenschaften des Arbeitnehmers beruhen (*Schaub* ArbR-Hdb. § 129). Der wichtigste Beispielsfall ist die Erkrankung, also ein regelwidriger Körper- oder Geisteszustand, der in der Behandlung wahrnehmbar zutage tritt (BAG AP Nr. 40 zu § 1 LohnfzG). Dem Krankheitsbegriff unterfallen mithin Suchtkrankheiten, insbesondere die Trunksucht (BAG AP Nr. 18 zu § 1 KSchG 1969 Krankheit) sowie seelische Erkrankungen (BAG AP Nr. 19 zu § 14 SchwBeschG = NJW 1960, 215; LAG Bad.-Württemberg BB 1961, 333; LAG Niedersachsen ArbuR 1963, 30; LAG Düsseldorf Betr. 1957, 144). Zur Kündigung wegen epileptischer Anfälle: LAG Bad.-Württemberg AP Nr. 80 zu § 1 KSchG; BB 1964, 135. Bei simulierter Krankheit kann eine verhaltensbedingte Kündigung in Betracht kommen.

Zu unterscheiden sind drei Fallgruppen krankheitsbedingter Kündigung: a) die langanhaltende Erkrankung; b) häufige Kurzerkrankungen; c) krankheitsbedingte Minderung der Leistungsfähigkeit. Beurteilungszeitpunkt für die Sozialrechtfertigung ist der Zugang der Kündigung (BAG AP Nr. 1 zu § 1 KSchG Krankheit = NJW 1968, 1693; AP Nr. 7 zu § 1 KSchG 1969 Krankheit = AP Nr. 16 zu § 1 KSchG 1969 Krankheit = NZA 1985, 357 = NJW 1985, 2783). Maßgeblich ist die objektive Lage; unterlässt es der Arbeitgeber, sich über den Verlauf zu erkundigen, führt dies nicht unmittelbar zur Sozialwidrigkeit (BAG AP Nr. 1 aaO. = NJW 1968, 1693; AP Nr. 4 zu § 1 KSchG 1969 Krankheit = NJW 1977, 2132; AP Nr. 6 aaO.).

Eine langanhaltende Krankheit berechtigt zur Kündigung, wenn der Arbeitnehmer längere Zeit krank war und bei prognostischer Betrachtung (BAG AP Nr. 16 zu § 1

KSchG 1969 Krankheit = NZA 1985, 357 = NJW 1985, 2783; AP Nr. 30 = NZA 1993, 497) die Genesung nicht absehbar ist. Die ordentliche Kündigung des Arbeitsverhältnisses ist aus Anlass einer Langzeiterkrankung erst dann sozial gerechtfertigt (§ 1 Abs. 2 KSchG), wenn u. a. eine negative Prognose hinsichtlich der voraussichtlichen Dauer der Arbeitsunfähigkeit vorliegt – erste Stufe –, eine darauf beruhende erhebliche Beeinträchtigung betrieblicher Interessen festzustellen ist – zweite Stufe – und eine Interessenabwägung ergibt, dass die betrieblichen Beeinträchtigungen zu einer billigerweise nicht mehr hinzunehmenden Belastung des Arbeitgebers führen – dritte Stufe – (Bestätigung der ständigen Rechtsprechung des BAG u. a. NZA 1993, 497 = AP Nr. 30 zu § 1 KSchG 1969 Krankheit; AP Nr. 36 zu § 1 KSchG 1969 Krankheit = NJW 2000, 893 = NZA 1999, 978). Die Dauer der zur Kündigung berechtigenden Erkrankung ist unter Berücksichtigung der Umstände des Einzelfalles zu beurteilen. Entscheidungskriterien: Ursache der Erkrankung (zur Beweislast bei betriebl. Ursachen BAG AP Nr. 22 zu § 1 KSchG 1969 Krankheit = NJW 1990, 2341 = NZA 1990, 307; zur Teilursache: AP Nr. 26 aaO. = NZA 1991, 185), Dauer, Art, Häufigkeit, Alter des Arbeitnehmers, Betriebszugehörigkeit, Länge der Kündigungsfrist (BAG AP Nr. 6 zu § 1 KSchG 1969 Krankheit = NJW 1981, 298; AP Nr. 1 zu § 1 KSchG Krankheit = NJW 1968, 1693; AP Nr. 7 zu § 1 KSchG Krankheit 1969). Der Arbeitgeber muss vor Ausspruch der Kündigung prüfen, ob er eine Ersatzkraft auf unbestimmte Zeit einstellt (BAG AP Nr. 7 zu § 1 KSchG Krankheit 1969). Soweit das BAG (AP Nr. 11 zu § 1 KSchG 1969 Krankheit = NJW 1984, 1417) die Auffassung vertreten hat, die spätere Entwicklung einer Krankheit nach Ausspruch einer Kündigung könne zur Bestätigung oder Korrektur der Prognose verwertet werden, wird daran nicht festgehalten. Auch für die Beurteilung einer krankheitsbedingten Kündigung ist vielmehr allein auf den Kündigungszeitpunkt abzustellen (im Anschluss an BAG, NZA 1990, 307 = NJW 1990, 2341 = AP Nr. 22 zu § 1 KSchG 1969 Krankheit = NJW 1990 = NZA 1990, 307; AP Nr. 1 zu § 1 KSchG 1969 Wiedereinstellung = NJW 1997, 2257 = NZA 1997, 757;AP Nr. 36 zu § 1 KSchG Krankheit = NJW 2000, 893 = NZA 1999, 978). Bei einer ordentlichen Kündigung wegen langanhaltender Krankheit trägt zwar der Arbeitnehmer grundsätzlich das Risiko einer Fehlprognose des behandelnden Arztes, sprechen jedoch schon im Kündigungszeitpunkt entgegen der Ansicht des behandelnden Arztes objektive Umstände dafür, dass die Wiederherstellung der Arbeitsfähigkeit in absehbarer Zeit sicher oder zumindest möglich ist, ist die Kündigung i. d. R. schon mangels negativer Prognose sozial ungerechtfertigt (BAG NZA 2001, 1071). Häufige, nicht unerhebliche Kurzerkrankungen berechtigen zur Kündigung, wenn auch in Zukunft eine Wiederholungsgefahr besteht (BAG AP Nr. 2 zu § 1 KSchG 1969 = NJW 1977, 351; AP Nr. 4 aaO. = NJW 1977, 2132; BAG AP Nr. 10 zu § 1 KSchG 1969 Krankheit = NJW 1984, 1836; AP Nr. 17 zu § 1 KSchG 1969 Krankheit = NJW 1983, 2897; AP Nr. 21 aaO. = NJW 1990, 2340 = NZA 1990, 307; AP Nr. 22 aaO. = NJW 1990, 2341 = NZA 1990, 307; AP Nr. 23 aaO. = NJW 1990, 2338 = NZA 1990, 434; vgl. auch BAG AP Nr. 16 zu § 1 KSchG 1969 Krankheit = NZA 1985, 357 = NJW 1985, 2783). Die Möglichkeit der Einstellung von Aushilfskräften ist allerdings bei häufigen Kurzerkrankungen eingeschränkt. Der Arbeitgeber ist darlegungspflichtig für Dauer und Häufigkeit, der Arbeitnehmer, dass aus der Zahl nicht auf die Wiederholungsgefahr zu schließen ist (BAG AP Nr. 10 zu § 1 KSchG 1969 Krankheit). Prognostizierte Fehlzeiten sind nur dann geeignet eine krankheitsbedingte Kündigung sozial zu rechtfertigen, wenn sie auch zu einer erheblichen Beeinträchtigung der betrieblichen Interessen führen, was als Teil des Kündigungsgrundes festzustellen ist. Betriebliche Gründe können Betriebsablaufstörungen und erhebliche Kostenbelastung des Arbeitgebers sein (BAG AP Nr. 27 zu § 1 KSchG 1969 Krankheit = NZA 1994, 67).

Zur Kündigung wegen Leistungsminderung: BAG AP Nr. 1 zu § 1 KSchG 1969 Krankheit = NJW 1977, 125; Betr. 1964, 1523; AP Nr. 18 zu § 1 KSchG = NJW 1957, 79; AP Nr. 25 zu § 1 KSchG 1969 Krankheit = NZA 1990, 727 = BB 1990, 1207; AP Nr. 28 aaO. = NZA 1992, 1073). Die krankheitsbedingte dauernde Unfähigkeit, die vertraglich geschuldete Leistung zu erbringen, kann als personenbedingter Kündigungsgrund den Arbeitgeber nach § 1 KSchG zur ordentlichen Kündigung berechtigen (BAG AP Nr. 25 zu § 1 KSchG 1969 Krankheit = NJW 1990, 2953 = NZA 1990, 727). Bei ihr ist in aller Regel ohne weiteres von einer erheblichen Beeinträchtigung der betrieblichen Interessen auszugehen (im Anschluss an BAG, NZA 1990, 727 = NJW 1990, 2953 AP nr. 25 zu § 1 KSchG 1969 Krankheit). Die Ungewissheit der Wiederherstellung der Arbeitsfähigkeit steht einer krankheitsbedingten dauernden Leistungsunfähigkeit dann gleich, wenn in den nächsten 24 Monaten mit einer anderen Prognose nicht gerechnet werden kann (BAG AP Nr. 36 zu § 1 KSchG 1969 = NJW 2000, 893 = NZA 1999, 978). Sie ist dagegen regelmäßig nicht geeignet einen wichtigen Grund für eine außerordentliche Kündigung abzugeben (BAG AP Nr. 7 zu § 626 BGB = NJW 1996, 2466 = NZA 1995, 1100).

Ein personenbedingter Kündigungsgrund ist auch bei fehlender Qualifikation des Arbeitnehmers gegeben. Hat der Arbeitnehmer einen Befähigungsnachweis verloren (Pilotenlizenz), muss dem Arbeitnehmer aber vor der Prüfung die Möglichkeit gegeben werden, die Prüfung nachzuholen (BAG AP Nr. 24 zu § 1 KSchG 1969 Personenbedingte Kündigung = NZA 2001, 607; AP Nr. 23 aaO. = NZA 2001, 1304).

2. Da es bei der Beurteilung der Sozialrechtfertigung auf die Abwägung der sozialen Verhältnisse des Klägers gegen die betrieblichen Interessen ankommt, sind diese genau zu überprüfen. Wenn betriebliche Verhältnisse (z.B. Staubluft) nicht die alleinige Ursache der Erkrankung sind, sind sie zwar bei der Abwägung zu berücksichtigen. Es ist aber unschädlich, wenn das LAG einer möglichen Mitursächlichkeit kein ausschlaggebendes Gewicht beimisst (BAG AP Nr. 26 zu § 1 KSchG 1969 Krankheit = NZA 1991, 185).

3. Die nähere Arbeitsumgebung sollte namentlich bei Kündigung wegen Krankheit geschildert werden.

4. Alternative, wenn Anhörung des Betriebsrats bestritten: Die Beklagte hat am ...... zu Händen des Betriebsratsvorsitzenden anliegendes Formblatt (*Schaub* ArbR-Formb. § 14 II) zur Anhörung des Betriebsrates gesandt. Der Betriebsratsvorsitzende hat am ...... nachfolgenden Beschluss mitgeteilt/hat sich bis zum ...... nicht geäußert. Im Anhörungsverfahren hat der Arbeitgeber dem Betriebsrat bei einer Kündigung wegen häufiger Kurzerkrankungen nicht nur die bisherigen Fehlzeiten und die Art der Erkrankung mitzuteilen, sondern auch die wirtschaftlichen Belastungen und Betriebsbeeinträchtigungen, die infolge der Fehlzeiten entstanden sind und mit denen noch gerechnet werden muss (BAG AP Nr. 30 zu § 102 BetrVG 1972 = Betr. 1984, 1149).

5. Vgl. im Einzelnen *Schaub* ArbR-Hdb. § 129 Rdn. 17.

6. Bei kürzerer Beschäftigungsdauer ist auf diese abzustellen.

7. Kürzeste vom BAG anerkannte Fehlzeit BAG AP Nr. 4 zu § 1 KSchG 1969 Krankheit = NJW 1977, 2132; AP Nr. 2 aaO. = NJW 1977, 351 17,9 vH.; AP Nr. 14 zu § 102 BetrVG = NJW 1978, 603 23 vH.; AP Nr. 20 zu § 1 KSchG 1969 Krankheit zwischen 24 vH. u. 41 vH.

8. BAG AP Nr. 4 zu § 1 KSchG 1969; AP Nr. 14 zu § 102 BetrVG 1972. Der Arbeitnehmer ist von sich aus nicht verpflichtet, den Arbeitgeber über Art und Verlauf seiner Krankheit zu informieren. Die fehlende Benachrichtigung des Arbeitgebers durch den Arbeitnehmer spricht daher ebenso wenig gegen die Sozialwidrigkeit wie die unterlassene Erkundigung des Arbeitgebers nach den Fortschritten der Genesung (BAG AP Nr. 7 zu § 1 KSchG 1969 Krankheit).

9. Betriebliche Interessen: Mangelnde Planungsmöglichkeiten, Auswirkungen auf den Arbeitsablauf, Zusammenarbeit der Arbeitnehmer, Überlastung der übrigen Arbeitnehmer, unverhältnismäßige Lohn- und Lohnnebenkosten (BAG AP Nr. 10 zu § 1 KSchG 1969 Krankheit = NJW 1984, 1836; AP Nr. 14 aaO. = NJW 1984, 2655 = NZA 1984,

86; AP Nr. 20 aaO. = NJW 1989, 3299 = NZA 1989, 923; AP Nr. 27 aaO. = NZA 1994, 67), Produktionsausfall, Verlust von Kundenaufträgen, nicht beschaffbares Ersatzpersonal. Der Arbeitgeber hat bei Kündigung wegen häufiger krankheitsbedingter Fehlzeiten ebenso wie bei einer Kündigung wegen langanhaltender Erkrankung im Einzelnen darzulegen, welche unzumutbaren Betriebsbeeinträchtigungen erwachsen. Durch den Hinweis auf eine bestimmte Krankheitsquote genügt der Arbeitgeber nicht der ihm obliegenden Darlegungslast (BAG AP Nr. 10 zu § 1 KSchG 1969 Krankheit = NJW 1984, 1836; AP Nr. 12 zu § 1 KSchG 1969 Krankheit = NJW 1984, 1837).

10. BAG AP Nr. 6 zu § 1 KSchG 1969 Krankheit.

11. Arbeitgeber trifft Last zur Überprüfung der Versetzungsmöglichkeit. Behauptet er, keine Versetzungsmöglichkeit zu haben, muss der Arbeitnehmer nach dem Prinzip der abgestuften Beweislast einen Arbeitsplatz bezeichnen. Alsdann trifft den Arbeitgeber die Beweislast, dass eine Beschäftigung dort nicht möglich ist (BAG AP Nr. 1 zu § 1 KSchG 1969 Krankheit = NJW 1977, 125; AP Nr. 14 zu § 102 BetrVG 1972 = NJW 1977, 2132).

12. Für die Begründung der Voraussetzungen eines Wiedereinstellungsanspruchs nach einer wirksamen krankheitsbedingten Kündigung genügt es nicht, dass der darlegungs- und beweispflichtige Arbeitnehmer Tatsachen vorträgt, die die negative Gesundheitsprognose erschüttern; vielmehr kommt ein Wiedereinstellungsanspruch allenfalls in Betracht, wenn nach dem Vorbringen des Arbeitnehmers von einer positiven Gesundheitsprognose auszugehen ist (BAG AP Nr. 37 zu § 1 KSchG 1969 Krankheit = NJW 2000, 2762 = NZA 1999, 1328).

5. Klageentgegnung bei Kündigung aus verhaltensbedingten[1] Gründen

In Sachen

...... / ......

...... Ca ...... / ......

wird beantragt, die Klage abzuweisen.

Begründung:

Der Kläger wurde am ...... eingestellt. Er ist verheiratet und hat ...... minderjährige Kinder. Dem Kläger wurden die Aufgaben eines ...... übertragen. Er verdiente zuletzt ...... EUR. Am ...... hat die Beklagte dem Kläger zum ...... gekündigt. Zur Kündigung hat sie den Betriebsrat gehört (§ 102 BetrVG). Dieser hat sich nicht geäußert/der Kündigung zugestimmt/Einwendungen erhoben/widersprochen.
Die Kündigung ist sozial gerechtfertigt; ihr lagen folgende Verfehlungen zu Grunde. 1. ...... 2. ...... 3. ......[2]. Der Kläger ist wiederholt mündlich und schriftlich abgemahnt worden[3]. Am ...... hat ihn der Meister ...... abgemahnt.

Beweis: ......

Die Einwendungen des Betriebsrates gegen die Kündigung sind nicht gerechtfertigt.

Rechtsanwalt

Anmerkungen

1. Verhaltensbedingte Kündigungsgründe sind vor allem Vertragsverletzungen, Umstände aus dem Verhältnis des Gekündigten zu Arbeitskollegen, betrieblichen und überbetrieblichen Einrichtungen, Organisationen und Behörden (*Schaub* ArbR-Hdb. § 130 mit zahlreichen Beispielen). Das BAG unterscheidet Fallgruppen nach bestimmten Pflichtbereichen im Arbeitsverhältnis (BAG AP Nr. 2 zu § 1 KSchG 1969 Sicherheitsbedenken = NJW 1990, 597 = NZA 1990, 614), also Pflichtwidrigkeiten im Leistungsbereich (z.B. Schlechtleistung), gegen die betriebliche Ordnung (Verstoß gegen Rauchverbot), im personalen Vertrauensbereich (z.B. Vollmachtsmissbrauch), bei nebenvertraglichen Pflichten (z.B. Verstoß gegen Verschwiegenheitspflicht), Nichtanzeige von Krankheiten (BAG AP Nr. 23 zu § 1 KSchG 1969 Verhaltensbedingte Kündigung = NZA 1990, 433 = BB 1990, 559 = DB 1990, 790; AP Nr. 26 aaO.; AP Nr. 27 = NZA 1993, 17), bei außerdienstlichem Verhalten (BAG AP Nr. 19 zu § 1 KSchG 1969 Verhaltensbedingte Kündigung = NJW 1988, 2261 = BB 1988, 1466 = DB 1988, 1757), Verbreitung ausländerfeindlicher Pamphlete (BAG AP Nr. 26 zu § 626 BGB Verdacht strafbarer Handlung = NJW 1996, 2253 = NZA 1996, 873), durch die das Arbeitsverhältnis konkret beeinträchtigt wird (Sittlichkeitsdelikt eines Lehrers), wiederholtes unentschuldigtes Fehlen, insbesondere, wenn es zu Störungen im Betriebsablauf kommt (BAG AP Nr. 25 zu § 1 KSchG 1969 Verhaltensbedingte Kündigungen = NJW 1991, 1906 = NZA 1991, 557). Verhaltensbedingter Kündigungsgrund kann auch die falsche Beantwortung von Fragen sein, etwa nach einer Verpflichtungserklärung für die Stasi (BAG AP Nr. 33 zu § 1 KSchG 1969 = DB 1996, 2088). Aus dem Grundsatz der Betriebsbezogenheit folgt, dass sich das Verhalten auf den und im Betrieb auswirkt (BAG AP Nr. 11 zu § 1 KSchG 1969 Verhaltensbedingte Kündigung = NJW 1985, 507; AP Nr. 13 aaO. = NJW 1985, 1882 = NZA 1985, 285; AP Nr. 22 aaO. = NJW 1990, 597 = NZA 1990, 614).

2. Es sind die Vertragsverletzungen substantiiert unter Beweisantritt darzulegen (vgl. BAG AP Nr. 8 zu § 626 BGB). Dies gilt auch für solche Umstände, die einen Entschuldigungs- oder Rechtfertigungsgrund für den Arbeitnehmer ausschließen (BAG AP Nr. 3 zu § 1 KSchG 1969; aA. BAG AP Nr. 8 zu § 611 BGB Treuepflicht = NJW 1977, 646). Ein Arbeitnehmer ist regelmäßig nicht verpflichtet, im laufenden Arbeitsverhältnis routinemäßigen Blutuntersuchungen zur Klärung, ob er alkohol- oder drogenabhängig ist, zuzustimmen (BAG AP 41 zu § 1 KSchG 1969 Verhaltensbedingte Kündigung = NJW 2000, 604 = NZA 1999, 1209). Will sich der Arbeitnehmer bei einem auf Grund objektiver Anhaltspunkte bestehenden Verdacht einer Alkoholisierung im Dienst mit Hilfe eines Alkoholtests entlasten, muss er i.d.R. einen entsprechenden Wunsch von sich aus – schon wegen des damit verbundenen Eingriffs in sein Persönlichkeitsrecht – an den Arbeitgeber herantragen (BAG, NZA 1995, 517 = AP Nr. 34 zu § 1 KSchG 1969 Verhaltensbedingte Kündigung = NZA 1995, 517; BAG NJW 2000, 828 = NZA 2000, 141).

3. Vor allem bei Störungen im Leistungsbereich oder der betrieblichen Ordnung, also regelmäßig bei Vertragsverletzungen, darf der Arbeitgeber erst als ultima ratio von der Kündigung Gebrauch machen. Er muss den Arbeitnehmer zuvor abmahnen (vgl. z.B. BAG AP Nr. 57 zu § 626 BGB; AP Nr. 1 zu § 124 GewO; AP Nr. 9 zu § 1 KSchG Verhaltensbedingte Kündigung; AP Nr. 116 zu § 626 BGB = NJW 1994, 2246 = NZA 1994, 656; LAG Düsseldorf DB 1979, 556). Nach § 314 BGB ist die außerordentliche Kündigung von Dauerschuldverhältnissen erst nach Abmahnung zulässig. Dann wird dies erst recht von ordentlichen Kündigungen im Arbeitsverhältnis gelten. Auch eine formell unwirksame Abmahnung wegen fehlender Anhörung des Arbeitnehmers nach § 13 BAT entfaltet die notwendige Warnfunktion (BAG AP Nr. 28 zu § 1 KSchG 1969 Verhaltensbedingte Kündigung = NJW 1993, 154 = NZA 1992, 1028). Dies kann aber auch gelegentlich bei Störungen im Vertrauensbereich notwendig sein, wenn mit der Wiederherstellung des Vertrauens gerechnet werden kann. Die Abmahnung muss dem Arbeitnehmer zugehen, damit er von ihr Kenntnis nehmen kann (BAG AP Nr. 12 zu § 1 KSchG 1969 Verhaltensbedingte Kündigung = NZA 1985, 124 = NJW 1985, 823 = Betr. 1984, 2703). Abmahnung ist der Ausdruck der Missbilligung wegen der Verlet-

zung arbeitsvertraglicher Pflichten durch den Arbeitnehmer unter Androhung von Rechtsfolgen (BAG AP Nr. 3 zu § 1 KSchG 1969 Verhaltensbedingte Kündigung = Betr. 1980, 1351; AP Nr. 3 zu § 1 KSchG 1969 Abmahnung = NJW 1989, 2493 = NZA 1989, 633). Abmahnungsberechtigt sind nicht nur die Kündigungsberechtigten, sondern alle Mitarbeiter, die verbindliche Anweisungen bezüglich des Ortes, der Zeit sowie der Art und Weise der arbeitsvertraglich geschuldeten Arbeitsleistung geben können (BAG AP Nr. 3 zu § 1 KSchG Verhaltensbedingte Kündigung; LAG Hamm Betr. 1983, 1930). In Ausnahmefällen kann die Abmahnung entbehrlich sein, z.B. wenn das KSchG keine Anwendung findet (BAG AP Nr. 26 zu § 611 BGB Abmahnung = NZA 2001, 951), der Arbeitnehmer nicht damit rechnen kann, der Arbeitgeber werde das Verhalten hinnehmen (BAG AP Nr. 42 zu § 15 KSchG 1969; AP Nr. 163 zu § 626 BGB = NJW 2001, 1086 = NZA 2000, 1282); bei hartnäckiger Arbeitsverweigerung (BAG AP Nr. 3 zu § 108 BPersVG = NZA 1995, 65). Die Abmahnung ist nicht nach § 87 Abs. 1 Nr. 1 BetrVG mitbestimmungspflichtig (BAG AP Nr. 2 zu § 87 BetrVG 1972 Betriebsbuße = NJW 1980, 856). Dies gilt auch dann, wenn sie gegenüber einem freigestellten Betriebsratsmitglied wegen der Versäumung von Arbeitszeit erfolgt, die dieser nicht zur Ausführung des Betriebsratsamts für erforderlich halten kann (BAG AP Nr. 39, 40 zu § 37 BetrVG 1972; AP Nr. 9 zu § 611 BGB Abmahnung). Mitbestimmungspflichtig wird die Abmahnung dann, wenn sie einen über den Warnzweck hinausgehenden Sanktionscharakter hat (BAG AP Nr. 3 zu § 87 BetrVG 1972 Betriebsbuße). Für die Abmahnung gibt es keine Ausschlussfristen, innerhalb derer das Rügerecht ausgeübt werden muss (BAG AP Nr. 96 zu § 611 BGB Fürsorgepflicht = NJW 1986, 1777 = BB 1986, 1437). Andererseits kann eine Abmahnung infolge Zeitablaufs unwirksam werden. Dieser muss nach den Umständen des Einzelfalls bemessen werden (BAG AP Nr. 17 zu § 1 KSchG Verhaltensbedingte Kündigung = BB 1987, 761). Der Arbeitnehmer braucht nicht gegen eine Abmahnung gerichtlich vorzugehen. Unterlässt er es, so sind hieraus für das Kündigungsschutzverfahren keine Folgerungen zu ziehen (BAG AP Nr. 18 zu § 1 KSchG Verhaltensbedingte Kündigung = NZA 1987, 518 = Betr. 1987, 1494). Der Arbeitnehmer kann die Entfernung der Abmahnung aus seinen Personalakten verlangen, wenn sie zu Unrecht erteilt worden oder für die Beurteilung nicht mehr von Bedeutung ist (BAG AP Nr. 100 zu § 611 BGB Fürsorgepflicht = NJW 1988, 2693 = NZA 1988, 654; AP Nr. 8 zu § 611 BGB Abmahnung). Dies gilt auch dann, wenn die Abwägung zwischen Meinungsfreiheit und Persönlichkeitsrecht falsch vorgenommen worden ist (BVerfG AP Nr. 24 zu § 611 BGB Abmahnung = NZA 1999, 77). Auch nach der Entfernung der Abmahnung aus der Personalakte kann der Arbeitnehmer noch einen Anspruch auf Widerruf der in der Abmahnung abgegebenen Erklärungen gerichtlich geltend machen (BAG AP Nr. 22 zu § 611 BGB Abmahnung = NJW 1999, 3576 = NZA 1999, 1037). Werden in einem Abmahnungsschreiben mehrere Pflichtverletzungen gerügt, von denen nur einige zutreffen, dann muss das ganze Abmahnungsschreiben aus der Personalakte entfernt werden (BAG AP Nr. 5 zu § 611 BGB Abmahnung = NJW 1991, 2510 = NZA 1991, 768). Auch bei verhaltensbedingten Kündigungen kann aus dem ultima-ratio-Prinzip folgen, dass der Arbeitgeber vor der Beendigungskündigung versuchen muss, seine Interessen durch eine Versetzung (BAG AP Nr. 5 zu § 1 KSchG Verhaltensbedingte Kündigung = NJW 1983, 700) oder Änderungskündigung zu wahren.

Bei Kündigung von Organvertretern juristischer Personen hält der BGH im Allgemeinen keine vorherige Abmahnung für erforderlich (BGH AP Nr. 16 zu § 611 BGB Organvertreter = NJW 2000, 1638 = NZA 2000, 543; BGH NJW-RR 2002, 173). Anders ist die Rspr. bei Handelsvertretern (BGH NJW-RR 1999, 599; 2001, 677).

6. Kündigung aus betriebsbedingten[1] Gründen

In Sachen

...... / ......

...... Ca ...... / ......

wird beantragt, die Klage abzuweisen.

Begründung:

Der am ...... geb., led./verh. Kläger, der ...... Kinder hat, wurde am ...... als ...... eingestellt. Am ...... hat der Beklagte dem Kläger aus betriebsbedingten Gründen gekündigt. Der Betriebsrat ist vor der Kündigung gehört worden; er hat sich nicht geäußert/der Kündigung zugestimmt/Einwendungen erhoben/ihr widersprochen (§ 102 BetrVG)[2].

Der Kläger hat auch eingesehen, dass die Beklagte betriebsbedingte Gründe hat, denn er hat bei Aushändigung seiner Arbeitspapiere eine Ausgleichsquittung unterschrieben, dass ihm „Ansprüche aus dem Arbeitsverhältnis und seiner Beendigung nicht mehr zustehen"[3]. Unabhängig hiervon war die Kündigung infolge Arbeitsmangels gerechtfertigt. Die Beklagte stellt ...... her. Bei normalem Geschäftsgang beträgt das Produktionsvolumen ...... zu einem Auftragswert von ...... So hatte die Beklagte in der Zeit von ...... bis ...... folgende Aufträge ...... Z. Zt. verfügt die Beklagte nur über einen Auftragsbestand von ...... Weitere Aufträge sind nicht in Sicht.

Infolge des Auftragsmangels ist der Arbeitsplatz des Klägers weggefallen[4] ...... Die Beklagte hat weiteren ...... Arbeitnehmern kündigen müssen[5]. Der Auftragsmangel kann nicht durch andere Maßnahmen überwunden werden, weil ...... Ebenso wenig vermag die Beklagte den Kläger in eine andere Abteilung zu versetzen.

Die Beklagte hat sorgfältig geprüft, welchen ihrer Arbeitnehmer die Kündigung am wenigsten hart trifft[6]. Hierbei ist die Auswahl auf den Kläger gefallen.

Rechtsanwalt

Anmerkungen

1. Nach § 1 Abs. 2 S. 1 KSchG ist eine Kündigung sozial ungerechtfertigt, wenn sie nicht durch dringende betriebliche Erfordernisse bedingt ist, die einer Weiterbeschäftigung des Arbeitnehmers in diesem Betrieb entgegenstehen. Damit erstreckt sich die Darlegungs- und Beweislast des Arbeitgebers auf: (1) Eine Unternehmerentscheidung, mit der einem veränderten Arbeitsbedarf Rechnung getragen wird. Die Unternehmerentscheidung ist das Konzept zur Anpassung des Personals an den Arbeitsbedarf (BAG AP Nr. 11 zu § 1 KSchG 1969 = Betr. 1986, 2236 = NZA 1986, 823); der Entschluss, die formale Arbeitgeberstellung aufzugeben, ist keine Unternehmerentscheidung; der Arbeitskräftebedarf bleibt gleich, wenn die Arbeitnehmer durch Leiharbeitnehmer ersetzt werden sollen (BAG AP Nr. 80 zu § 1 KSchG 1969 Betriebsbedingte Kündigung = BB 1996, 2255); Dagegen ist der Entschluss des Arbeitgebers, ab sofort keine neuen Aufträge mehr anzunehmen, allen Arbeitnehmern zum nächstmöglichen Kündigungstermin zu kündigen, zur Abarbeitung der vorhandenen Aufträge eigene Arbeitnehmer nur noch während der jeweiligen Kündigungsfristen einzusetzen und so den Betrieb schnellstmöglich stillzulegen, als unternehmerische Entscheidung grundsätzlich geeignet, die entsprechenden Kündigungen sozial zu rechtfertigen (BAG AB Nr. 115 zu § 1 KSchG 1969 Betriebsbedingte Kündigung = NJW 2001, 2116 = NZA 2001, 719). Ebenfalls kann die Organisationsentscheidung des öffentlichen Arbeitgebers, eine Angestelltenstelle, auf der hoheitliche Aufgabe erledigt werden, in eine Beamtenstelle umzuwandeln und mit einem Beamten zu besetzen, ein dringendes betriebliches Erfordernis zur Kündigung des bisherigen Stelleninhabers darstellen, wenn dieser die Voraussetzungen für eine Übernahme in ein Beamtenverhältnis nicht erfüllt (im Anschluss an BAG BAGE 4, 1 = NJW 1957, 886; AP Nr. 112 zu § 1 KSchG 1969 Betriebsbedingte Kündigung = NZA 2001, 255). Je näher die eigentliche Organisationsentscheidung an den Kündigungsentschluss rückt, umso mehr muss der Arbeitgeber durch Tatsachenvortrag verdeutlichen, dass ein Beschäftigungsbedürfnis für den Arbeitnehmer entfallen ist. Eine solche Unternehmerentscheidung ist hinsichtlich des Begriffs „Dauer" zu verdeutlichen, um dem Gericht im Hinblick auf die gesetzlich dem Arbeitgeber auferlegte Darlegungslast (§ 1 Abs. 2 S. 4 KSchG) eine Überprüfung zu ermöglichen. Insofern gelten die Grundsätze der abgestuften Darlegungslast: Zunächst hat der Arbeitgeber darzulegen, dass und wie die von ihm getroffene Maßnahme durchgeführt werden soll. Dann ist es Sache des Arbeitnehmers vorzutragen, warum die getroffene Maßnahme offensichtlich unsachlich, unvernünftig oder willkürlich sein soll. Alsdann hat sich der Arbeitgeber hierauf weiter einzulassen (BAG AP Nr. 102 zu § 1 KSchG 1969 Betriebsbedingte Kündigung = NJW 2000, 378 = NZA 1999, 1095; AP Nr. 103 aaO. = NZA 1999, 1157). (2) Betriebliche Erfordernisse; dies können alle wirtschaftlichen, technischen oder organisatorischen Ursachen sein. Unerheblich ist, worauf sie beruhen, z. B. gesamtwirtschaftlichen Rezessionserscheinungen, branchenspezifischen Strukturveränderungen, Entscheidungen des Arbeitgebers, selbst wenn sie „verschuldet" sind. Der Arbeitgeber kann grundsätzlich entscheiden, ob er veränderten Marktdaten durch Vorratswirtschaft, geringere Produktion, gesteigerte Werbung, Haltung einer Personalreserve, Personalabbau Rechnung tragen will. Im Falle der Betriebsstilllegung muss aber ein ernsthafter und endgültiger Beschluss gefasst sein (BAG AP Nr. 41 zu § 1 KSchG 1969 Betriebsbedingte Kündigung = NZA 1987, 700; AP Nr. 53 aaO. = NZA 1991, 891; AP Nr. 72 aaO. = NZA 1996, 307; v. 10. 10. 1996 – ZIP 1996, 122). Die wirtschaftliche Zweckmäßigkeit seiner Entscheidung kann von Ausnahmen abgesehen im Kündigungsschutzprozess nicht geprüft werden (BAG AP Nr. 6, 22 zu § 1 KSchG Betriebsbedingte Kündigung; AP Nr. 1 zu § 1 KSchG 1969 Betriebsbedingte Kündigung; AP Nr. 6 aaO. = NJW 1979, 902; AP Nr. 8 aaO. = NJW 1981, 301; AP Nr. 42 aaO. = NJW 1987, 3216 = NZA 1987, 776; AP Nr. 27 zu § 2 KSchG 1969 = NZA 1990, 734 = BB 1990, 1843 = DB 1990, 1773; AP Nr. 42 zu § 1 KSchG 1969 Betriebsbedingte Kündigung = NJW 1987, 3216 = NZA 1987, 776); (3) die Dringlichkeit des Erfordernisses. Hierin kommt der Grundsatz der Verhältnismäßigkeit zum Ausdruck. Die betriebsbedingte Kündigung ist nur als ultima ratio möglich; der Unternehmer hat mithin vor Ausspruch einer Kündigung zu prüfen, ob sie durch zumutbare technische, organisatorische oder wirtschaftliche Maßnahmen vermieden werden kann. Es muss geprüft werden, ob sie sich durch Abbau von Überstunden, Vorverlegung von Werksferien, Versetzung des Arbeitnehmers (BAG AP Nr. 21 zu § 1 KSchG 1969 Betriebsbedingte Kündigung = NZA 1985, 489) oder seine Änderungskündigung (BAG AP Nr. 8 zu § 2 KSchG 1969 = NJW 1985, 1797) usw. vermeiden lässt; dagegen sind Maßnahmen der Arbeitsstreckung der gerichtlichen Kontrolle entzogen; (4) voll nachprüfbar ist, ob die für die unternehmerische Entscheidung wesentlichen Umstände auch vorliegen (BAG AP Nr. 1 zu § 1 KSchG 1969 Betriebsbedingte Kündigung; AP Nr. 6 aaO. = NJW 1979, 1902). Dabei ist zwischen außer- und innerbetrieblichen Ursachen zu unterscheiden. Bei außerbetrieblichen Ursachen (z. B. Arbeitsmangel, Umsatzrückgang – BAG AP Nr. 45 zu § 1 KSchG 1969 Betriebsbedingte Kündigung = NZA 1990, 65) ist eine betriebsbedingte Kündigung gerechtfertigt, wenn dadurch der Arbeitsanfall so stark zurückgeht, dass der Bedarf zur Weiterbeschäftigung eines oder mehrerer Arbeitnehmer entfällt. Der Arbeitgeber hat mithin die Auswirkungen auf den einzelnen Arbeitsplatz darzustellen (BAG AP Nr. 45 zu § 1 KSchG 1969 Betriebsbedingte Kündigung = NZA 1990, 65 = DB 1989, 2384). Interne Ursachen (z. B. Gewinnverfall, Unrentabilität) begründen nicht unmittelbar betriebliche Erfordernisse, weil sie sich nicht unmittelbar auf die Verringerung der Arbeit auswirken. Sie rechtfertigen dann eine Kündigung, wenn der Arbeitgeber die Ertragslage zum Anlass nimmt, zur Kostenersparnis oder zur Verbesserung des Betriebsergebnisses durch technische oder organisatorische innerbetriebliche Maßnahmen die Zahl der Arbeitsplätze zu verringern; nach neuerer Rspr. ist auch insoweit die Auswirkung auf den einzelnen Arbeitsplatz darzulegen (BAG AP Nr. 24 zu § 1 KSchG 1969 Betriebsbedingte Kündigung = Betr. 1986, 232; vgl. AP Nr. 47 aaO. = NZA 1990, 607 = BB 1990, 1628). Eine Kündigung ist nicht betriebsbedingt, wenn der Arbeitnehmer auf einem freien Arbeitsplatz weiterbeschäftigt werden kann. Dabei sind solche Arbeitsplätze in die Beurteilung einzubeziehen, bei denen im Zeitpunkt der Kündigung bereits feststeht, dass sie in absehbarer Zeit nach Ablauf der Kündigungsfrist frei werden, soweit dem Arbeitgeber die Überbrückung dieses Zeitraumes zumutbar ist. Zumutbar ist ein solcher Zeitraum den ein anderer Stellenbewerber zur Einarbeitung benötigt (BAG AP Nr. 67 zu § 1 KSchG 1969 Betriebsbedingte Kündigung = NJW 1995, 1982 = NZA 1995, 521); (5) schließlich muss eine Interessenabwägung stattfinden. Es gilt der Grundsatz der Verhältnismäßigkeit (BAG AP Nr. 8 zu § 2 KSchG 1969 = NZA 1985, 455 = NJW 1985, 1797). Eine betriebsbedingte Kündigung ist nur dann sozial gerechtfertigt, wenn die betrieblichen Gründe bei verständiger Würdigung in Abwägung der Interessen der Vertragsparteien und des Betriebes die Kündigung als billigenswert erscheinen lassen. Insoweit ist zu überprüfen, Möglichkeit der Beschäftigung auf einem anderen Arbeitsplatz, ggf. nach Ausspruch einer Änderungskündigung oder zumutbare Umschulungs- und Fortbildungsmaßnahmen. Der Arbeitgeber muss mithin vor jeder Beendigungskündigung dem Arbeitnehmer eine zumutbare Weiterbeschäftigung auf einem freien Arbeitsplatz anbieten (BAG AP Nr. 8 zu § 2 KSchG 1969 = NZA 1985, 455 = NJW 1985, 1797); er braucht aber keine Beförderungsstelle anzubieten (BAG AP Nr. 50 zu § 1 KSchG 1969 Betriebsbedingte Kündigung = NJW 1991, 587 = NZA 1991, 181); beruft sich der Arbeitnehmer auf eine anderweitige Beschäftigungsmöglichkeit und bestreitet der Arbeitgeber eine solche, so muss der Arbeitnehmer darlegen, wie er sich die Weiterbeschäftigung denkt. Dies hat der Arbeitgeber alsdann zu widerlegen (BAG AP Nr. 8 zu § 1 KSchG 1969 Konzern = NJW 1994, 2246 = NZA 1994, 653); (6) wegen der Beurteilung ist jeweils auf den Zeitpunkt des Zugangs der Kündigung abzustellen. Einzelheiten *Schaub* NZA 1987, 217; *ders.* ArbR-Hdb. § 131.

2. Das BAG hat unter Aufgabe früherer Rechtsprechung entschieden, dass zur wirksamen Anhörung auch die sofortige Mitteilung der Gründe der sozialen Auswahl gehört (BAG AP Nr. 31 zu § 102 BetrVG 1972 = NJW 1984, 2374).

3. Der Arbeitnehmer kann nach Ausspruch der Kündigung vor Ablauf der Klagefrist auf die Erhebung der Kündigungsschutzklage verzichten. Eine Ausgleichsquittung beseitigt jedoch nur dann das Recht, eine Kündigungsschutzklage zu erheben, wenn sie eindeutig auf die Klagebefugnis Bezug nimmt (vgl. BAG AP Nr. 5 zu § 4 KSchG 1969 = NJW 1979, 287; AP Nr. 6 aaO. = NJW 1979, 2267).

4. Die Kündigung wird mit externen betrieblichen Ursachen begründet; es müssen also die Auswirkungen auf den einzelnen Arbeitsplatz dargestellt werden (vgl. Anm. 1).

5. Bei erheblichem Personalabbau muss möglicherweise ein Sozialplan abgeschlossen werden (BAG AP Nr. 3 zu § 111 BetrVG 1972; AP Nr. 4 = NJW 1980, 83; AP Nr. 5 aaO.; AP Nr. 7 aaO. = NJW 1980, 2094). Vgl. dazu § 112a BetrVG. Es können auch die Vorschriften über die Massenentlassung zu beachten sein (§§ 17ff. KSchG).

6. Bei einer personen- oder verhaltensbedingten Kündigung steht die Berechtigung der Kündigung fest, wenn ihre Tatbestandsmerkmale vorliegen. Bei der betriebsbedingten

Kündigung handelt es sich dagegen um einen zweistufigen Tatbestand. In der ersten Stufe ist zunächst festzustellen, ob betriebsbedingte Gründe vorliegen, also ob überhaupt eine Kündigung möglich ist. In der zweiten Stufe wird geprüft, wer von ihr betroffen wird. Nach § 1 Abs. 3 S. 1 KSchG in der Auslegung der Rechtsprechung hat der Arbeitnehmer einen materiellrechtlichen Anspruch auf die Mitteilung der Gründe, die für die soziale Auswahl maßgebend waren. Der Anspruch ist zweckmäßigerweise spätestens bei Klageerhebung geltend zu machen. Der Arbeitgeber hat im Umfang seiner materiellrechtlichen Mitteilungspflicht auch im Prozess die Gründe darzulegen, die ihn zu der sozialen Auswahl veranlasst haben. Im Übrigen trägt der Arbeitnehmer die Darlegungs- und Beweislast (BAG AP Nr. 12 zu § 1 KSchG 1969 Betriebsbedingte Kündigung = NJW 1984, 78 = EzA Nr. 21 zu § 1 KSchG Betriebsbedingte Kündigung; AP Nr. 4 zu § 1 KSchG 1969 Soziale Auswahl = Betr. 1984, 2303; AP Nr. 17 aaO. = NZA 1989, 264 = BB 1989, 75 = DB 1989, 485; ferner LAG Berlin EzA Nr. 22 zu § 1 KSchG Betriebsbedingte Kündigung).

7. Replik wegen fehlerhafter sozialer Auswahl[1]

In Sachen

...... / ......

...... Ca ...... / ......

wird auf die Klageentgegnung vom ...... erwidert.
Die vom Kläger unterzeichnete Ausgleichsquittung hat den Kündigungsschutz nicht beseitigt[2]. Die Klage ist begründet.
Selbst wenn die Beklagte gezwungen war, Mitarbeiter zu entlassen, so hat sie keine zutreffende soziale Auswahl getroffen. Der Kläger hat die Beklagte nach § 1 Abs. 3 S. 1 KSchG aufgefordert, die Gründe zur sozialen Auswahl mitzuteilen[3]. Schon aus dem in der Anlage beigefügten Schreiben ergibt sich, dass die Beklagte sich die Gründe zur sozialen Auswahl nicht hinreichend vergegenwärtigt hat[4]. Die Beklagte hat nicht sämtliche vergleichbaren Arbeitnehmer entlassen[5]. Sie beschäftigt noch ......, deren Arbeit der Kläger verrichten könnte. Zu den Arbeitnehmern, die von der Kündigung weniger hart betroffen sind, gehören ......
1. (Name) ...... 2. (Name) ......
Die benannten Arbeitnehmer sind erst kürzere Zeit beschäftigt ...... und sind zudem jünger[6] usw.

Beweis: Der Betriebsratsvorsitzende ......;
Leiter der Personalabteilung ......
zu laden bei der Beklagten.

Rechtsanwalt

Anmerkungen

1. Die soziale Auswahl wird in drei Prüfungsschritten vollzogen. (1) Welche Arbeitnehmer sind in die soziale Auswahl einzubeziehen; (2) welche Sozialdaten sind zu berücksichtigen und (3) welche Arbeitnehmer sind aus betriebsbedingten Gründen für den Betrieb notwendig. Bei der Ermittlung, wer im Falle der betriebsbedingten Kündigung gekündigt werden kann (vgl. Form. IV. B. 6 Anm. 6), sind sämtliche Arbeitnehmer des Betriebes in die Sozialauswahl einzubeziehen, die auf vergleichbaren Arbeitsplätzen beschäftigt werden. Kann ein Arbeitnehmer nach dem Arbeitsvertrag nur innerhalb eines bestimmten Arbeitsbereichs versetzt werden (im Fall: eine Layouterin/Redakteurin eines großen Verlagshauses nur innerhalb der Redaktion der von ihr betreuten Zeitschrift), so ist bei einer wegen Wegfalls dieses Arbeitsbereichs erforderlichen betriebsbedingten Kündigung keine Sozialauswahl unter Einbeziehung der vom Tätigkeitsfeld vergleichbaren Arbeitnehmer anderer Arbeitsbereiche (Redaktionen anderer Zeitschriften des Verlages) vorzunehmen (Fortsetzung der Senatsrechtsprechung zur Vergleichbarkeit bei der Sozialauswahl, vgl. etwa Senat, AP Nr. 36 zu § 1 KSchG Soziale Auswahl = NZA 1998, 1332 = NJW 1999, 667; AP Nr. 46 zu § 1 KSchG Soziale Auswahl = NJW 2000, 2604 = NZA 2000, 822). Die Pflicht zur sozialen Auswahl ist im Übrigen betriebsbezogen (BAG AP Nr. 4 zu § 1 KSchG Konzern = Betr. 1986, 2547 = NZA 1987, 125). Es ist mithin zu prüfen, welche Arbeitsplätze durch dringende betriebliche Erfordernisse ganz oder teilweise in Wegfall kommen. Alsdann ist festzustellen, ob es vergleichbare Arbeitsplätze im Betrieb gibt. Besteht zwischen mehreren Arbeitsplätzen nur eine partielle Identität, kommt es darauf an, ob der zur Kündigung ausersehene Arbeitnehmer auch die Funktionen auf dem partiell identischen Arbeitsplatz wahrnehmen kann. Ob bei der Kündigung teilzeitbeschäftigter Arbeitnehmer Vollzeitbeschäftigte und bei der Kündigung vollzeitbeschäftigter Arbeitnehmer Teilzeitbeschäftigte in die Sozialauswahl nach § 1 Abs. 3 KSchG einzubeziehen sind, hängt von der betrieblichen Organisation ab (BAG AP Nr. 39 zu § 1 KSchG 1969 Soziale Auswahl = NJW 1999, 1733 = NZA 1999, 431). Hat der Arbeitgeber eine Organisationsentscheidung getroffen, auf Grund derer für bestimmte Arbeiten Vollzeitkräfte vorgesehen sind, so kann diese Entscheidung als sogenannte freie Unternehmensentscheidung nur darauf überprüft werden, ob sie offenbar unsachlich, unvernünftig oder willkürlich ist. Liegt danach eine bindende Unternehmerentscheidung vor, sind bei der Kündigung einer Teilzeitkraft die Vollzeitkräfte nicht in die Sozialauswahl einzubeziehen (BAG AP Nr. 39 zu § 1 KSchG 1969 Soziale Auswahl = NJW 1999, 1733 = NZA 1999, 431). Die Grundsätze, die der Senat zur Vergleichbarkeit von teilzeitbeschäftigten und vollzeitbeschäftigten Arbeitnehmern bei der Sozialauswahl nach § 1 Abs. 3 KSchG im Urteil vom 3. 12. 1998 (AP Nr. 39 zu § 1 KSchG 1969 Soziale Auswahl = NZA 1999, 431 = NJW 1999, 1733) aufgestellt hat, wonach es entscheidend auf die betriebliche Organisation der Arbeitszeitgestaltung ankommt, gelten auch im öffentlichen Dienst (BAG AP Nr 44 zu § 1 KSchG 1969 Soziale Auswahl = NJW 2000, 533 = NZA 2000, 30). Der Arbeitnehmer kann sich auf eine mangelhafte Sozialauswahl nach § 1 Abs. 3 KSchG auch dann berufen, wenn der Verlust seines Arbeitsplatzes darauf beruht, dass er dem Übergang des Arbeitsverhältnisses auf einen Teilbetriebserwerber widersprochen hat (BAG AP Nr. 41 zu § 1 KSchG 1969 Soziale Auswahl = NJW 1999, 3508 = NZA 1999, 870). Der Arbeitnehmer kann sich auf eine mangelhafte Sozialauswahl nach § 1 Abs. 3 KSchG auch dann berufen, wenn der Verlust seines Arbeitsplatzes darauf beruht, dass er dem Übergang des Arbeitsverhältnisses auf einen Teilbetriebserwerber widersprochen hat (BAG AP Nr. 41 zu § 1 KSchG 1969 Soziale Auswahl = NJW 1999, 3508 = NZA 1999, 870). Die Grundsätze, die der Senat zur Vergleichbarkeit von teilzeitbeschäftigten und vollzeitbeschäftigten Arbeitnehmern bei der Sozialauswahl nach § 1 Abs. 3 KSchG im Urteil vom 3. 12. 1998 (AP Nr. 39 zu § 1 KSchG 1969 Soziale Auswahl = NZA 1999, 431 = NJW 1999, 1733, aufgestellt hat, wonach es entscheidend auf die betriebliche Organisation der Arbeitszeitgestaltung ankommt, gelten auch im öffentlichen Dienst (BAG AP Nr. 44 zu § 1 KSchG 1969 Soziale Auswahl = NJW 2000, 533 = NZA 2000, 30). Der vom Gesetzgeber weit gefasste Beurteilungsspielraum der Betriebspartner lässt es auch zu, bei der Gewichtung der Sozialkriterien das Schwergewicht auf die Unterhaltspflichten der betroffenen Arbeitnehmer zu legen. Der Dauer der Betriebszugehörigkeit kommt unter den Sozialkriterien – im Geltungsbereich des arbeitsrechtlichen Beschäftigungsförderungsgesetzes – keine Priorität mehr zu (BAG AP Nr. 45 zu § 1 KSchG 1969 Soziale Auswahl = NZA 2000, 531). Soweit im Fall der Kündigung unter mehreren Arbeitnehmern eine Auswahl zu treffen ist, hat auch der Arbeitgeber im Kleinbetrieb, auf den das Kündigungsschutzgesetz keine Anwendung findet, ein durch Art. 12 GG gebotenes Mindestmaß an sozialer Rücksichtnahme zu wahren (BVerfGE 97, 169 = NZA 1998, 470 = NJW 1998, 1475). Eine Kündigung, die dieser Anforderung nicht entspricht, verstößt gegen Treu und Glauben (§ 242 BGB) und ist deshalb unwirksam (BAG AP 12 zu § 242 BGB Kündigung = NZA 2001, 833). *Schaub* ArbR-Hdb. § 132.

2. Form IV. B. 6 Anm. 3.

3. a) Bei der Sozialauswahl zu berücksichtigende Umstände sind 1) die Dauer der Betriebszugehörigkeit, das Lebensalter, die Unterhaltspflichten des Arbeitnehmers und alle sonstigen sozialen Auswahlmerkmale. 2) Durch das Arbeitsrechtliche Wachstums- und Beschäftigungsförderungsgesetz von 1996 sind die Auswahlmerkmale vorübergehend auf die sog. Kerndaten beschränkt worden, die nach der Rspr. immer zu berücksichtigen waren. Die Beschränkung auf die Kerndaten ist durch das sog. Arbeitsrechtliche Korrekturgesetz wieder rückgängig gemacht worden. Die soziale Auswahl gilt nicht, wenn betriebstechnische, wirtschaftliche oder sonstige berechtigte betriebliche Bedürfnisse die Weiterbeschäftigung eines oder mehrerer bestimmter Arbeitnehmer bedingen und damit der Auswahl nach sozialen Gesichtspunkten entgegenstehen.

b) Kollektivrechtliche Einflüsse. In einem Tarifvertrag, einer Betriebsvereinbarung oder in einer entsprechenden Richtlinie nach dem Personalvertretungsrecht können Auswahlrichtlinien festgelegt werden, wie bei der sozialen Auswahl die Auswahlmerkmale zu gewichten sind. In begrenztem Umfang kann durch kollektivrechtliche Vereinbarungen die Rechtslage nach dem Beschäftigungsförderungsgesetz hergestellt werden. Liegen derartige Richtlinien vor, so wird die Auswahl nur auf grobe Fehlerhaftigkeit überprüft. Grobe Fehler sind dann gegeben, wenn die Grundlagen des Kündigungsschutzes verkannt worden sind. Insoweit eröffnet das Gesetz Auswahlrichtlinien mit Punktetabellen zu schaffen (§ 1 Abs. 4 S. 1).

c) Insolvenzverfahren. Zahlreiche Besonderheiten können im Insolvenzverfahren erwachsen. Vgl. Form. IV. B. 15.

4. Der Arbeitgeber hat die Erwägungen mitzuteilen, die für und gegen die getroffene soziale Auswahl sprechen (§ 1 Abs. 3 S. 1 KSchG). Sinn des materiellrechtlichen Auskunftsanspruches ist, dem Arbeitnehmer eine rechtzeitige Abwägung der mit der Kündigungsschutzklage verbundenen Prozessrisiken zu ermöglichen und ihn in den Stand zu versetzen, einen etwaigen Fehler in der sozialen Auswahl zu rügen. Nach seinem Inhalt hat der Arbeitgeber den Kreis der in die soziale Auswahl einzubeziehenden Personen, die auswahlerheblichen Sozialdaten und deren Bewertungsmaßstab anzugeben (BAG AP Nr. 17 zu § 1 KSchG 1969 Soziale Auswahl = NZA 1989, 264). Verletzt der Arbeitgeber die Mitteilungspflicht, führt dies nicht zur Unwirksamkeit der Kündigung, da auf die objektiven, im Prozess nachschiebbaren Umstände abzustellen ist. Indes können Schadenersatzansprüche erwachsen. Der Arbeitgeber ist darlegungspflichtig, welchen Personenkreis er in die Auswahl einbezogen, welche Sozialdaten er bei der Auswahl berücksichtigt und welchen Bewertungsmaßstab er hierbei angelegt hat. Dagegen trifft den Arbeitnehmer die Darlegungs- und Beweislast dahin, dass der Arbeitgeber die Sozialdaten nicht hinreichend oder unrichtig dargestellt habe (BAG AP Nr. 12 zu § 1 KSchG 1969 Betriebsbedingte Kündigung = NJW 1984, 78; AP Nr. 4 zu § 1 KSchG 1969 Soziale Auswahl = Betr. 1984, 2303; vgl. vor allem BAG AP Nr. 17 zu § 1 KSchG 1969 Soziale Auswahl = NZA 1989, 264 = BB 1989, 75 = DB 1989, 485).

5. Der Arbeitgeber ist im Rahmen der sozialen Auswahl nicht verpflichtet, von sich aus einem sozial schlechter gestellten Arbeitnehmer eine Weiterbeschäftigung zu geänderten, verschlechterten Bedingungen anzubieten, um für ihn durch Kündigung eines sozial besser gestellten Arbeitnehmers einen Arbeitsplatz freizumachen. Unentschieden war dies vorübergehend, wenn der Arbeitnehmer vor oder unmittelbar nach der Kündigung sich bereit erklärt (BAG AP Nr. 9 zu § 1 KSchG 1969 Soziale Auswahl = Betr. 1986,

436; jetzt verneint: BAG AP Nr. 30 zu § 1 KSchG 1969 Betriebsbedingte Kündigung = NJW 1991, 587 = NZA 1991, 181). Zur Sozialauswahl bei Massenkündigungen vor Inkrafttreten des Wachstums- und Beschäftigungsförderungsgesetzes (BAG AP Nr. 7 zu § 1 KSchG 1969 Soziale Auswahl = NZA 1986, 64 = NJW 1986, 274 = Betr. 1985, 2205; AP Nr. 6 zu § 1 KSchG 1969 Soziale Auswahl = NZA 1985, 423 = NJW 1985, 919, 2046 = Betr. 1985, 1083). Die Rechtsprechung ist weitgehend überholt.

6. Der Replik konnte mit einer Duplik aus § 1 Abs. 3 S. 2 KSchG begegnet werden. In seiner älteren Rechtsprechung stand das BAG auf dem Standpunkt, dass nur dann von der Sozialauswahl abgesehen werden könne, wenn die betriebstechnischen, wirtschaftlichen oder sonstigen berechtigten betrieblichen Belange die Weiterbeschäftigung eines anderen Arbeitnehmers zwingend notwendig machten. Hiervon ist das BAG später abgerückt; aus dem Vergleich der Tatbestandsmerkmale in § 1 Abs. 2 S. 1 (dringende betriebliche Erfordernisse) und § 1 Abs. 3 S. 2 (berechtigte betriebliche Bedürfnisse) kommt es zu dem Ergebnis, dass die Sozialauswahl bereits dann überwunden werden kann, wenn die Weiterbeschäftigung anderer Arbeitnehmer im betrieblichen Interesse notwendig ist. Das Wachstums- und Beschäftigungsförderungsgesetz hatte die Rechtslage völlig verändert. Nach § 1 Abs. 3 S. 2 KSchG werden Arbeitnehmer in die soziale Auswahl nicht einbezogen, deren Weiterbeschäftigung wegen ihrer Kenntnisse, Fähigkeiten und Leistungen oder zur Sicherung einer ausgewogenen Personalstruktur des Betriebes, im berechtigten betrieblichen Interesse liegt. Die Regelung ist durch das Korrekturgesetz beseitigt.

7. Wiedereinstellungsanspruch. Dem betriebsbedingt gekündigten Arbeitnehmer kann ein Wiedereinstellungsanspruch zustehen, wenn sich zwischen dem Ausspruch der Kündigung und dem Ablauf der Kündigungsfrist unvorhergesehen eine Weiterbeschäftigungsmöglichkeit ergibt. Entsteht diese erst nach Ablauf der Kündigungsfrist, besteht grundsätzlich kein Wiedereinstellungsanspruch (BAG NZA 1998, 254; AP Nr. 6 zu § 1 KSchG 1969 Wiedereinstellungsanspruch = NJW 2001, 1297 = NZA 2000, 1097). Dem Wiedereinstellungsanspruch können berechtigte Interessen des Arbeitgebers entgegenstehen. Diese können auch darin bestehen, dass der Arbeitgeber den in Betracht kommenden Arbeitsplatz bereits wieder besetzt hat (BAG AP Nr. 6 zu § 1 KSchG 1969 Wiedereinstellung = NJW 2001, 1297 = NZA 2000, 1097). Ein Abfindungsvergleich kann dem Wiedereinstellungsanspruch entgegenstehen. Der Arbeitgeber kann ihn auch bei der Auswahl des wiedereinzustellenden Arbeitnehmers berücksichtigen (BAG AP Nr. 6 zu § 1 KSchG 1969 Wiedereinstellung = NJW 2001, 1297 = NZA 2000, 1097).

8. Kündigungsschutzklage mit Antrag auf Auflösung des Arbeitsverhältnisses

An das
Arbeitsgericht

Klage

des/der ...... Kläger(in)
– Prozessbevollmächtigter: RA ...... –

gegen

die Firma ...... Beklagte
wegen Kündigungsschutz[1].

Namens und mit Vollmacht des/der Kläger(in) erhebe ich Klage und beantrage zu erkennen:

I. Es wird festgestellt, dass das Arbeitsverhältnis durch die Kündigung vom ...... nicht aufgelöst worden ist.

II. Das Arbeitsverhältnis wird gemäß §§ 9, 10 KSchG am ...... aufgelöst. Die Beklagte wird zur Zahlung einer Abfindung in Höhe von ...... EUR nebst Zinsen in Höhe von 5 Prozentpunkten über dem Basiszinssatz seit Rechtskraft des Abfindungsurteils verurteilt[2].

III. Die Beklagte hat die Kosten des Rechtsstreites zu tragen.

Begründung:

Der/Die im Jahre ...... geborene Kläger(in), der/die für ...... unterhaltsberechtigte Kinder im Alter von ...... zu sorgen hat, trat am ...... in die Dienste der Beklagten. Der Arbeitsvertrag wurde schriftlich abgeschlossen.

Beweis: Vertrag vom ......

Die Beklagte beschäftigt ...... Arbeitnehmer. Mit Schreiben vom ...... hat die Beklagte das Arbeitsverhältnis gekündigt. Diese Kündigung ist dem/der Kläger(in) am ...... zugegangen. Vor Ausspruch der Kündigung hat die Beklagte den Betriebsrat nicht gehört. Sie hat dem Betriebsrat zwar mitgeteilt, dass sie beabsichtige, den/die Kläger(in) zu kündigen. Sie hat ihm jedoch keine Gründe mitgeteilt[3]. Solche Gründe bestehen auch nicht.
Als der/die Kläger(in) widersprach, seine/ihre Arbeitskraft anbot und darauf hingewiesen hat, dass er/sie Klage erheben wird, hat der Inhaber der Beklagten erklärt, er/sie sei ein frecher unverschämter Kerl/Göre. Dies ist eine schwerwiegende Beleidigung. Es ist nunmehr dem/der Kläger(in) nicht zuzumuten, das Arbeitsverhältnis fortzusetzen[4, 5]. Es bedarf daher der Auflösung des Arbeitsverhältnisses gegen Zahlung einer Abfindung. Die Höhe der Abfindung wird in das Ermessen des Gerichtes gestellt. Sie sollte aber ...... EUR nicht unterschreiten.

Rechtsanwalt

Anmerkungen

1. Vgl. Form. IV. B. 1, 2.

2. Vgl. Form. IV. B. 1 Anm. 4–10. Die Vorschrift des § 13 Abs. 1 S. 3 KSchG über die Auflösung des Arbeitsverhältnisses auf Antrag des Arbeitnehmers nach unwirksamer fristloser Arbeitgeberkündigung ist auf das Berufsausbildungsverhältnis nicht anwendbar (BAG AP Nr. 6 zu § 13 KSchG 1969 = Betr. 1985, 2515). Haben in einem Kündigungsrechtsstreit beide Parteien einen Auflösungsantrag gestellt, so ist das Arbeitsverhältnis aufzulösen. Hat das Arbeitsgericht das Arbeitsverhältnis auf Antrag des Arbeitgebers aufgelöst, so ist ein Arbeitnehmer, der die Höhe der festgesetzten Abfindung nicht angreift, nicht beschwert, so dass seine Berufung unzulässig ist (BAG AP Nr. 23 zu § 9 KSchG 1969 = NJW 1994, 1428 = NZA 1994, 264). Die durch einen zulässigen Auflösungsantrag des Arbeitgebers nach § 9 KSchG begründete Ungewissheit über den Ausgang des Kündigungsprozesses begründet ein schutzwertes Interesse des Arbeitgebers an der Nichtbeschäftigung des gekündigten Arbeitnehmers (BAG AP Nr. 54 zu Einigungsvertrag Anlage I Kap XIX = NZA 1996, 589).

3. Zweckmäßig wird auch dann gerügt, der Betriebsrat sei nicht gehört, wenn ihm nicht hinreichend die Gründe zur Kündigung mitgeteilt worden sind. Hierdurch wird das Recht des Arbeitnehmers, die Auflösung des Arbeitsverhältnisses zu verlangen, nicht berührt. Jedoch wird das Recht des Arbeitnehmers, Auflösung zu verlangen nur dann nicht berührt, wenn der anderweitige Unwirksamkeitsgrund seinem Schutz dient (BAG AP Nr. 24 zu § 9 KSchG 1969 = NJW 1995, 1981 = NZA 1995, 309).

4. Das BAG hat die Anforderungen an einen Auflösungsantrag wesentlich gemildert (BAG AP Nr. 8 zu § 9 KSchG 1969 = NJW 1982, 2015). Das Verhalten dritter Personen ist zur Begründung des Auflösungsverlangens des Arbeitgebers nur dann geeignet, wenn der Arbeitnehmer darauf entscheidenden Einfluss genommen hat (BAG AP Nr. 18 zu § 9 KSchG 1969 = NZA 1988, 16).

5. Nach der Rechtsprechung ist die Auflösung zum Zeitpunkt des Ablaufs der ordentlichen Kündigungsfrist oder im Falle der außerordentlichen Kündigung auf den Zeitpunkt des Zugangs der Kündigung festzusetzen. Kommt die Umdeutung einer fristlosen Kündigung des Arbeitgebers in eine ordentliche Kündigung in Betracht, so hat der Arbeitnehmer die Möglichkeit, die Auflösung auf den Zeitpunkt der fristlosen Kündigung wie des Ablaufs der Kündigungsfrist zu beantragen (BAG AP Nr. 113 zu § 626 BGB = NZA 1994, 70). Die Bemessung der Abfindung unterliegt nur eingeschränkter Nachprüfung durch das Revisionsgericht (BAG NZA 1994, 309). Urteile auf Zahlung einer Abfindung nach Auflösung des Arbeitsverhältnisses sind vorläufig vollstreckbar (BAG AP Nr. 4 zu § 62 ArbGG 1979 = NZA 1988, 329 = Betr. 1988, 659). Zur Versteuerung und Beitragspflicht zum Ruhm des Anspruchs auf Arbeitslosengeld: Form IV. B.1 und Anm. 6.

Kosten und Gebühren

Keine Besonderheiten. Vgl. Form. IV. B. 1.

9. Kündigungsschutzklage bei Änderungskündigung

An das
Arbeitsgericht

Klage

des ...... **Klägers**
– Prozessbevollmächtigter: RA ...... –

gegen

die Firma ...... **Beklagte**

wegen Änderungskündigung[1, 2]

Namens und mit Vollmacht des Klägers erhebe ich Klage und werde beantragen zu erkennen:

I. Es wird festgestellt, dass die Änderung der Arbeitsbedingungen vom ...... sozial ungerechtfertigt ist und das Arbeitsverhältnis über den Ablauf der Kündigungsfrist am ...... unverändert fortbesteht[3, 4].

II. Die Beklagte trägt die Kosten des Rechtsstreits.

Begründung

Der im Jahre ...... geborene Kläger, der ledig/verh./verw./gesch. ist und für Kinder im Alter von ...... unterhaltspflichtig ist, trat am ...... in die Dienste der Beklagten. Diese beschäftigt ...... Arbeitnehmer. Die Arbeitsvertragsbedingungen sind schriftlich niedergelegt.

Beweis: Arbeitsvertrag Anlage 1.

Das Arbeitsverhältnis im Übrigen richtet sich nach dem ...... Tarifvertrag für ...... vom ...... und den diesen ergänzenden Tarifverträgen.
Im Arbeitsvertrag hat die Beklagte dem Kläger folgende besonderen Leistungen ...... zugesagt. Die Beklagte hat mit Schreiben vom ...... das Arbeitsverhältnis des Klägers gekündigt und diesem zugleich den Abschluss eines neuen Arbeitsvertrages angeboten.

Beweis: Schreiben vom ...... und Arbeitsvertrag vom ......; Anlage 2.

Die Beklagte hat den Betriebsrat vor Ausspruch der Kündigung gehört/nicht gehört[5]. Dieser hat sich nicht geäußert/geäußert/wie folgt geäußert/der Kündigung widersprochen ......
Der Kläger hat mit Schreiben vom ...... den Arbeitsvertrag zu den geänderten Bedingungen unter dem Vorbehalt angenommen, dass die Kündigung nicht sozial ungerechtfertigt ist[6].

Beweis: Schreiben vom ......; Anlage 3.

Die Kündigung ist jedoch sozial ungerechtfertigt[7]. Für sie bestanden weder personen- noch verhaltens- oder betriebsbedingte Gründe.
Die Beklagte ist daher zur Weiterzahlung des Gehaltes nach dem unveränderten Arbeitsvertrag verpflichtet. Dieser Anspruch wird zugleich vorsorglich geltend gemacht.

Rechtsanwalt

Anmerkungen

1. Der Begriff der Änderungskündigung ergibt sich aus § 2 KSchG. Die Änderungskündigung kommt im Wesentlichen in zwei Formen vor, nämlich als unbedingte Kündigung des Arbeitsverhältnisses verbunden mit einem neuen Vertragsangebot, oder als Kündigung unter der Potestativbedingung, dass sich der Kündigungsempfänger nicht mit dem Abschluss eines Arbeitsvertrages zu geänderten Bedingungen einverstanden erklärt (*Schaub* ArbR-Hdb. § 137 Rdn. 3 ff.). Zur Erklärung einer Änderungskündigung braucht nicht unbedingt die Bezeichnung Änderungskündigung verwandt werden. Vielfach wird versucht, eine Änderung des Arbeitsverhältnisses durch eine Maßnahme des Direktionsrechtes (Form. IV. A. 16) zu erzwingen. Vor Erhebung der Klage bedarf es daher der Abgrenzung und Auslegung der getroffenen Maßnahmen (vgl. Form. IV. A. 16 Anm. 1). Auch die Änderungskündigung muss schriftlich erklärt werden (§ 623 BGB). Ist nach dem Arbeitsvertrag der Entzug einer Zusatzaufgabe möglich (Checkpurser-Tätigkeit) und führt dies zum Wegfall der hierfür gezahlten außertariflichen Zulage, liegt darin auch der vorbehaltene Widerruf der Zulage. Eine Umgehung des Kündigungsschutzes liegt jedenfalls dann nicht vor, wenn die Zulage nur 15% der Gesamtbezüge des Arbeitnehmers ausmacht (BAG AP Nr. 20 zu § 1 TVG Tarifverträge Lufthansa = NZA 1996, 603). Die Arbeitsvertragsparteien können auch einzelne Arbeitsbedingungen befristet vereinbaren. Derartige Vereinbarungen sind jedoch nur dann wirksam, wenn für sie ein sachlicher Grund besteht. Insoweit gelten die Grundsätze des befristeten Arbeitsverhältnisses (BAG AP Nr. 19 zu § 2 KSchG 1969 = NZA 1987, 241; v. 21. 4. 1993 – AP Nr. 34 aaO. = NZA 1994, 476; vgl. *Leuchten* NZA 1994, 721). Ebenfalls ist möglich, durch eine Änderungskündigung eine nachträgliche Befristung des Arbeitsverhältnisses einzuführen (BAG AP Nr. 78 zu § 1 KSchG 1969 Betriebsbedingte Kündigung = NZA 1996, 1197).

2. Ihrer Rechtsnatur nach ist die Änderungskündigung eine echte Kündigung; sie kommt als ordentliche, außerordentliche oder Massenänderungskündigung vor. Hieraus folgt, der Arbeitgeber muss die Kündigungsfrist einhalten (§ 622 BGB), den Betriebsrat bzw. Personalrat anhören (§ 102 BetrVG, § 79 BPersVG), den besonderen Kündigungsschutz (Form. IV. B. 13) beachten. Insoweit können sich vor allem besondere Probleme bei der Massenänderungskündigung ergeben. Der Massenentlassungsschutz gilt nicht, wenn die Arbeitnehmer die Änderungskündigung unter dem Vorbehalt der sozialen Rechtfertigung angenommen haben (BAG AP Nr. 2 zu § 2 KSchG 1969 = NJW 1982, 2839). Andererseits muss auch der Arbeitnehmer, wenn er dem KSchG unterliegt (Form. IV. B. 1 Anm. 1), die Klagefrist einhalten (§ 4 KSchG); bei deren Versäumung kann die Änderungskündigung fiktiv wirksam werden.

Die Formalien der Änderungskündigung sind von besonderer Bedeutung. Das BAG hat die Auffassung vertreten, dass der Arbeitgeber nach dem Grundsatz der Verhältnismäßigkeit vor jeder ordentlichen Beendigungskündigung von sich aus dem Arbeitnehmer eine beiden Parteien zumutbare Weiterbeschäftigung auf einem freien Arbeitsplatz auch zu geänderten Arbeitsbedingungen anbieten muss (BAG AP Nr. 8 zu § 2 KSchG 1969 = NZA 1985, 455 = NJW 1985, 1797 = Betr. 1985, 1186).

Hat der Arbeitgeber dem Arbeitnehmer statt einer gemäß dem ultima–ratio–Prinzip erforderlichen Änderungskündigung eine Beendigungskündigung ausgesprochen, die mithin sozial ungerechtfertigt ist, so kommt der Arbeitgeber jedenfalls im Regelfall in Annahmeverzug (BAG AP Nr. 32 zu § 2 KSchG 1969 = NJW 1994, 2846 = NZA 1994, 840).

3. Die Formulierung des Klageantrages ist für den Streitgegenstand von Bedeutung, sie ist umstr. So wurde vorgeschlagen: (1) festzustellen, dass das Arbeitsverhältnis trotz der Änderungskündigung vom ...... und der Änderungsabsprache vom ...... unverändert fortgilt (*Adomeit* Betr. 1969, 2181), (2) festzustellen, dass das Arbeitsverhältnis über den Kündigungstermin hinaus unverändert fortbestanden hat (*Wenzel* MDR 1969, 977), (3) festzustellen, dass die Änderungskündigung unwirksam ist (*Schaub* RdA 1970, 235), (4) festzustellen, dass die Änderungen der Arbeitsbedingungen im Zusammenhang mit der Kündigung vom ...... sozial ungerechtfertigt ist (*Becker-Schaffner* BlStSozArbR 1975, 275), (5) festzustellen, dass die Änderung der Arbeitsbedingungen durch die Kündigung vom ...... unwirksam ist (KR-*Rost* § 2 KSchG RZ 154). Durch die Formulierung des Klageantrages muss gewährleistet sein, dass sämtliche der Änderungskündigung anhaftende Rechtsmängel und nicht nur die mangelnde Sozialrechtfertigung geprüft werden. Die Formulierung des Klageantrages sollte daher nicht zu eng an den Gesetzestext von § 2 KSchG angepasst sein. Der im Form. verwandte Klageantrag entspricht dem Gesetzestext. Wegen der Zulässigkeit des Nachsatzes vgl. Form. IV. B. Anm. 2.

4. Umstr. ist, ob auch ein Auflösungsantrag nach §§ 9, 10 KSchG gestellt werden kann. Zu unterscheiden ist, ob der Arbeitnehmer das Angebot zum Abschluss eines abgeänderten Arbeitsvertrages zurückgewiesen hat. Alsdann ist die Kündigung zu einer Beendigungskündigung geworden, so dass auch ein Auflösungsantrag gestellt werden kann. Hat dagegen der Arbeitnehmer die geänderten Vertragsbedingungen unter Vorbehalt angenommen, so scheidet ein Auflösungsantrag aus, wenn die Änderung sozial gerechtfertigt war. War die Kündigung dagegen sozial ungerechtfertigt, so sind die Meinungen über den Auflösungsantrag geteilt (verneinend *v. Hoyningen-Huene/Linck* § 9 Rz 17, § 4 Rz 30; KR-Spilger § 9 Rz 30; bejahend: *Herbst* BArbBl 1969, 976; *Maurer* BB 1971, 1327; *Schaub* RdA 1970, 235, 236; *Wenzel* MDR 1969, 976; *ders.* MDR 1978, 190). Teilweise wird auch die Möglichkeit eines Auflösungsantrages für die Ablösung der besseren Arbeitsbedingungen bejaht, wenn insoweit die Kündigung unwirksam ist (*Schaub* RdA 1970, 236).

5. Da die Änderungskündigung eine echte Kündigung ist, müssen auch Betriebs- bzw. Personalrat vor Ausspruch der Kündigung mitwirken (§ 102 BetrVG; § 79 BPersVG). Dem Betriebsrat müssen das Änderungsangebot und die Gründe der Kündigung mitgeteilt werden (BAG AP Nr. 53 zu § 102 BetrVG 1972 = NZA 1990, 529 = BB 1990, 704

= DB 1990, 993). Nimmt der Arbeitnehmer die Vertragsänderung unter Vorbehalt an, steht fest, dass das Arbeitsverhältnis nicht mehr sein Ende finden wird. Es können mithin nur noch die Betriebsratsrechte nach §§ 99ff. BetrVG, nach §§ 75ff. BPersVG in Betracht kommen (vgl. dazu BAG AP Nr. 12 zu § 99 BetrVG 1972 = NJW 1981, 2375; BVerwG AP Nr. 2 zu § 70 BPersVG Versetzung; *Schaub* ArbR-Hdb. § 241 Rdn. 1ff.).

6. Wird dem Arbeitnehmer eine Änderungskündigung erklärt, so kann er das Vertragsangebot unter dem Vorbehalt annehmen, dass die Änderung der Arbeitsbedingungen nicht sozial ungerechtfertigt ist. Dem Arbeitnehmer soll das Risiko abgenommen werden, dass er ein Vertragsangebot ausschlägt und damit den Arbeitsplatz überhaupt verliert. Die Rechtsnatur des Vorbehalts ist umstr. Die h.M. sieht darin in Abweichung von § 150 Abs. 2 BGB eine Vertragsannahme unter einer Bedingung (BAG AP 8, 49 zu § 2 KSchG 1969; *v. Hoyningen-Huene/Linck* § 2 Rdn. 84). Nach § 146 BGB gilt die Annahme eines Vertragsangebotes unter Einwendungen, Einschränkungen oder sonstigen Änderungen als Ablehnung verbunden mit einem neuen Antrag. Dies hat kaum geändert werden sollen. Der Vorbehalt hat daher nach einer Mindermeinung nur prozessuale Bedeutung. Der Arbeitnehmer nimmt die Vertragsänderung unbedingt an; sie steht jedoch unter der resolutiven Bedingung der Feststellung der Sozialwidrigkeit. Hieraus folgt, dass einem aus dem ursprünglichen Arbeitsvertrag erwachsenden höheren Lohnanspruch erst mit Rechtskraft der Klage stattgegeben werden kann. Ab diesem Zeitpunkt laufen Verjährungs- und Verfallfristen. In die Klage ist vorsorglich eine Geltendmachung von höheren Ansprüchen aufgenommen, da die Rechtslage noch nicht hinreichend geklärt ist (vgl. Form. IV. B. 2 Anm. 3).

Umstr. ist, bis zu welchem Zeitpunkt der prozessuale Vorbehalt erklärt werden muss. Nach richtiger Auffassung ist der Vorbehalt innerhalb der Kündigungsfrist und bei längerer als 3-wöchiger Frist innerhalb der Klagefrist zu erklären (*Schaub* ArbR-Hdb. § 137 Rdn. 16).Entscheidend für die Fristwahrung ist der Zugang beim Arbeitgeber (BAG AP Nr. 49 zu § 2 KSchG 1969). Versäumt der Arbeitnehmer die Frist, wird die Änderungskündigungsschutzklage unbegründet. Der Arbeitnehmer kann allenfalls noch die normale Kündigungsschutzklage erheben, sofern die Klagefrist noch läuft.

Die Vorschrift des § 4 S. 2 KSchG über die Änderungsschutzklage gegen ordentliche Änderungskündigungen ist auf die außerordentliche Änderungskündigung aus wichtigem Grund entsprechend anzuwenden (BAG AP Nr. 3 zu § 55 BAT = Betr. 1985, 446 = NZA 1985, 62). Dasselbe gilt für § 2 KSchG (BAG AP Nr. 16 zu § 2 KSchG 1969 = Betr. 1986, 2604). Das bedeutet, dass der Arbeitnehmer bei einer außerordentlichen Kündigung den Vorbehalt unverzüglich erklären muss. In der widerspruchs- und vorbehaltlosen Weiterarbeit kann eine konkludente Annahme enthalten sein (BAG AP Nr. 20 zu § 2 KSchG 1969 = NZA 1988, 737; 21. 1. 1993 NZA 1993, 1099; 26. 1995 NZA 1995, 626; 24. 4. 1997 NZA 1997, 1047).

7. Auch der Prüfungsmaßstab bei der Änderungskündigung ist umstr. Nach der Rechtsprechung sind der Bestands- und Inhaltsschutz zu unterscheiden. Im Falle der Änderungskündigung soll nur der Inhalt des Arbeitsvertrages geändert werden. Hieraus folgt, dass gegeneinander abzuwägen ist, ob für die ordentliche Kündigung Gründe i.S. von § 1 Abs. 2 KSchG (BAG AP Nr. 14 zu § 2 KSchG 1969 = NZA 1986, 824 = BB 1986, 2130 = DB 1986, 2442), für die außerordentliche solche aus § 626 BGB vorliegen und andererseits die neuen Bedingungen für den Arbeitnehmer zumutbar sind (BAG AP Nr. 1 zu § 626 BGB Änderungskündigung; AP Nr. 10 zu § 626 BGB Ausschlussfrist). Dieser Prüfungsmaßstab gilt auch dann, wenn der Arbeitnehmer das Änderungsangebot ablehnt (BAG AP Nr. 1 zu § 626 BGB Änderungskündigung; 6. 3. 1986 AP Nr. 19 zu § 15 KSchG 1969 NZA 1987, 102; 19. 5. 1993 AP Nr. 31 zu § 2 KSchG 1969 = NZA 1993, 1075; 21. 6. 1995 AP Nr. 36 zu § 15 KSchG 1969). Hieraus folgt im Einzelnen: Im ersten Prüfungsschritt ist zu überprüfen, ob die Kündigung sozial gerechtfertigt ist. Scheitert die Kündigung an einem Kündigungsverbot oder sonstigem Unwirksamkeits-

grund, ist bereits an dieser Stelle die Prüfung beendet (BAG 28. 5. 1998 NZA 1998, 1167). Im zweiten Prüfungsschritt ist das Änderungsangebot zu überprüfen. Das Angebot muss dem Grundsatz der Verhältnismäßigkeit genügen. Ferner ist zu differenzieren, ob das Vertragsangebot rechtmäßig oder der Umgehung eines gesetzlichen Verbotes dient. Verstößt das Vertragsangebot gegen ein gesetzliches Verbot, weil es auf einen verbotenen Arbeitsvertrag gerichtet, ist es unwirksam. Insbesondere umstritten ist die Rechtslage, wenn das Vertragsangebot auf tarifwidrige Arbeitsbedingungen gerichtet ist. Das BAG v. 10. 2. 1999 AP Nr. 52 zu § 2 KSchG 1969 = NJW 1999, 2541 = NZA 1999, 657 hält Vertragsangebot und Änderungskündigung für unwirksam. Die Entscheidung ist im Schrifttum umstr. (*Berkowsky* DB 1999, 1606; *Schleusener* SAE 1999, 308; *Rieble* RdA 2000, 40; *Adam* ZTR 2001, 112; zusammenfassend Quecke NZA 2001, 812). Nach richtiger Auffassung wird die Rückführung übertariflicher Arbeitsbedingungen auf das tarifliche Maß auch bei Tarifbindung möglich sein. Dagegen ist die Absenkung tariflicher Arbeitsbedingungen im Falle der Tarifbindung nicht möglich. § 139 BGB ist bei teilweiser Unwirksamkeit des Vertragsangebots nicht anzuwenden. Auch ein zweiter Fall bedarf der besonderen Aufmerksamkeit. Kann der Arbeitgeber das mit der Kündigung verbundene Änderungsangebot bereits im Wege der Ausübung des Direktionsrechts durchsetzen, führt die bei Annahme unter Vorbehalt nicht zur Unwirksamkeit des Angebots. Unverhältnismäßig ist nur die Kündigung, nicht aber das Angebot (BAG AP Nr. 36 zu § 2 KSchG 1969 = NZA 1995, 626; 26. 1. 1995 2 AZR 371/94; 15. 11. 1995 NZA 1996, 603) Bei einer betriebsbedingten Änderungskündigung unterliegt die Unternehmerentscheidung nur der Missbrauchskontrolle (Form. IV B 6 Anm. 1). Das macht es aber nicht entbehrlich zu überprüfen, ob die Organisationsänderung eine Beendigungs- oder Änderungskündigung unvermeidbar macht oder das geänderte unternehmerische Konzept nicht auch durch andere Maßnahmen verwirklicht werden kann (BAG AP Nr. 27 zu § 2 KSchG 1969 = NZA 1990, 734 = BB 1990, 1843 = DB 1990, 1773). Bei der Prüfung, ob ein dringendes Erfordernis zu einer Entgeltkürzung durch Änderungskündigung besteht, ist auf die wirtschaftliche Situation des Gesamtbetriebs, nicht eines unselbstständigen Betriebsteils abzustellen (BAG AP Nr. 47 zu § 1 KSchG 1969 Betriebsbedingte Kündigung; AP Nr. 50 zu § 2 KSchG 1969 = NJW 1999, 1735 = NZA 1999, 255). Er hat dabei den Gleichbehandlungsgrundsatz zu beachten. Die irrtümliche Eingruppierung eines einzelnen Arbeitnehmers in eine zu hohe Vergütungsgruppe der für den öffentlichen Dienst geltenden Vergütungsordnung kann zu einem dringenden betrieblichen Erfordernis für eine Änderungskündigung zum Zwecke der Rückgruppierung in die tariflich richtige Vergütungsgruppe führen (BAG AP Nr. 28 zu § 2 KSchG 1969 = NZA 1992, 120; AP Nr. 53 zu § 2 KSchG 1969 = NJW 2000, 756 = NZA 1999, 1336). Die Gleichbehandlung mit anderen Arbeitnehmern stellt kein dringendes betriebliches Erfordernis i. S. von § 1 II 1 KSchG dar, dass die Verschlechterung einer arbeitsvertraglichen Vergütungsregelung im Wege der Änderungskündigung bedingen kann (BAG NZA 1999, 1336); auch dass sich der Arbeitgeber auf eine die angestrebte Neuregelung vorgebende (Gesamt-)Betriebsvereinbarung berufen kann, erleichtert die Änderungskündigung nicht (BAG AP Nr. 40 zu § 103 BetrVG 1972 = NZA 2000, 592). Im Falle der betriebsbedingten Änderungskündigung gelten auch die Grundsätze der sozialen Auswahl (BAG AP Nr. 13 zu § 1 KSchG 1969 Soziale Auswahl = NZA 1987, 155). Dem KSchG lässt sich nicht die Wertung entnehmen, der Arbeitgeber müsse auf Grund einer Rationalisierung im Dienstleistungsbereich anstelle mehrerer Änderungskündigungen eine Beendigungskündigung aussprechen (BAG AP Nr. 31 zu § 2 KSchG 1969 = NJW 1993, 3218 = NZA 1993, 1075).

Kosten und Gebühren

Hat der Arbeitnehmer die ihm angetragene Vertragsänderung abgelehnt, so ist der Streitwert nach § 12 Abs. 7 KSchG festzusetzen (Form. IV. B. 1). Umstr. ist die Streitwertbemessung, wenn der Arbeitnehmer unter Vorbehalt die Änderungskündigung angenommen hat. Nach der einen Meinung steht fest, dass das Arbeitsverhältnis zu geänderten Bedingungen fortbesteht. Der Streitwert kann mithin nur auf die Differenz des Wertes der alten und neuen Vertragsbedingungen berechnet werden, wobei nach § 12 Abs. 7 ArbGG höchstens die Differenz für drei Monate den Streitwert ergeben kann (LAG Berlin AP Nr. 24 zu § 12 ArbGG 1953; modifizierend LAG Hamm EzA Nr. 14, 26 zu § 12 ArbGG 1979, das auch Gründe des Prestiges berücksichtigt. Bestätigend: LAGE Hamm Nr. 43 zu § 12 ArbGG 1979 Streitwert). Nach anderer Meinung hat die Streitwertbemessung nach §§ 3 ff. ZPO zu erfolgen; § 12 Abs. 7 ArbGG limitiert den Streitwert auf höchstens 3 Monatsverdienste, so dass dieser höher als die Differenz des Wertes des Arbeitsvertrages vor und nach der Änderungskündigung sein kann (LAG Köln EzA Nr. 13 zu § 12 ArbGG 1979 Streitwert; LAGE Rheinland-Pfalz Nr. 37 zu § 12 ArbGG 1979 Streitwert). Das BAG vertritt eine vermittelnde Meinung. Zunächst ist der Wert der Änderung gemäß § 17 Abs. 3 GKG für drei Jahre zu ermitteln und dieses an den Wertgrenzen des § 12 Abs. 7 ArbGG zu messen (BAG AP Nr. 1 zu § 17 GKG 1975 = BB 1989, 1348 = DB 1989, 1880). Nach LAG Düsseldorf EzA Nr. 35 zu § 12 ArbGG 1979 Streitwert zwei Monatsverdienste.

10. Feststellungsklage wegen Unwirksamkeit einer Teilkündigung

An das
Arbeitsgericht

Klage

des ...... **Klägers**
– Prozessbevollmächtigter: RA – ......

gegen

die Firma ...... **Beklagte**

wegen Teilkündigung[1].

Namens und mit Vollmacht des Klägers erhebe ich Klage und werde beantragen zu erkennen:

I. Es wird festgestellt, dass die Teilkündigung (Widerruf) vom ...... rechtsunwirksam ist und das Arbeitsverhältnis zu unveränderten Bedingungen, wie sie im Arbeitsvertrag vom ...... nebst Anlagen niedergelegt sind, fortbesteht[2].
II. Die Beklagte hat die Kosten des Rechtsstreits zu tragen.

Begründung:

Der im Jahre ...... geborene Kläger trat auf Grund des schriftlichen Arbeitsvertrages vom ...... am ...... in die Dienste der Beklagten.

Beweis: Arbeitsvertrag vom ......; Anlage 1.

Das Arbeitsverhältnis im Übrigen richtet sich kraft vertraglicher Vereinbarung/Organisationszugehörigkeit nach dem Tarifvertrag vom ...... Der Kläger ist Mitglied der ......; die Beklagte ist Mitglied des ......
Zu den Aufgaben des Klägers gehört der Verkauf von ...... im Außendienst. Ihm ist der Bezirk ...... übertragen. Für seine Tätigkeit erhält er ein Grundgehalt in Höhe von ...... Dies entspricht dem Tarifgehalt nach Vergütungsgruppe ...... Daneben erhält er eine Umsatzprovision nach anliegender Provisionsstaffel.

Beweis: Provisionsstaffel; Anlage 2.

Im Vertrag hat sich die Beklagte vorbehalten, die Provisionsstaffel jederzeit zu widerrufen. Hiervon hat sie mit Schreiben vom ...... Gebrauch gemacht.

Beweis: Schreiben vom ......; Anlage 3.

Dieser Widerruf ist jedoch ungerechtfertigt. Der Widerrufsvorbehalt ist unwirksam, da er dem Kläger den Kündigungsschutz gegen Änderungskündigungen nimmt[3]. Vor Ausspruch des Widerrufs hat die Beklagte auch nicht den Betriebsrat gehört[4]. Der Widerruf ist aber auch unbillig ......[5].

Rechtsanwalt

Anmerkungen

1. Mit der Teilkündigung sollen einzelne Bestimmungen des Arbeitsvertrages unter Fortbestand der übrigen gekündigt werden. Die Teilkündigung ist grundsätzlich unwirksam (BAG AP Nr. 25 zu § 123 GewO; AP Nr. 2 zu § 242 BGB Betriebliche Übung; AP Nr. 1, 2 zu § 620 BGB Teilkündigung). Nach älterer Auffassung war die Teilkündigung von Arbeitsbedingungen nur zulässig, wenn sie im Arbeitsvertrag vorgesehen war. Dem folgt die neuere Meinung nicht mehr (BAG AP Nr. 5 zu § 620 BGB Teilkündigung = NJW 1983, 2284). Sie unterscheidet zwischen solchen Arbeitsvertragsbedingungen, die im Gegenseitigkeitsverhältnis stehen und anderen. Bei solchen Arbeitsvertragszusagen, die im Gegenseitigkeitsverhältnis stehen, also z. B. Akkordvergütungen, Provisionen usw. wird die Teilkündigung als unwirksam angesehen, da der Arbeitnehmer auch einen Inhaltsschutz seines Arbeitsverhältnisses genießt und dieser durch die Teilkündigung ausgehöhlt wird (BAG AP Nr. 5 zu § 611 BGB Lohnzuschläge; AP Nr. 5 zu § 620 BGB Teilkündigung). Auf den Inhaltsschutz kann der Arbeitnehmer nicht verzichten. Widerruft dagegen der Arbeitgeber sonstige Arbeitsbedingungen, so handelt es sich nicht um eine Teilkündigung, sondern um einen Widerruf im Rechtssinne.

2. Je nach der vom Beklagten verwandten Ausdrucksweise scheint eine Anpassung im Klageantrag (Teilkündigung oder Widerruf) angemessen (vgl. Anm. 1).

3. Der Widerruf kann mit einer Kündigungsschutzklage nicht angefochten werden; jedoch wird der Widerruf von Arbeitsvertragsbedingungen nach § 256 ZPO überprüft. Der Prüfungsmaßstab ergibt sich aus § 315 BGB (vgl. dazu BAG AP Nr. 10 zu § 315 BGB; AP Nr. 12 aaO.; AP Nr. 4 zu § 611 BGB Arzt-Krankenhaus-Vertrag = NJW 1978, 1692).

4. Vgl. BAG AP Nr. 5 zu § 620 BGB Teilkündigung = NJW 1983, 2284. Eine objektive Umgehung des gesetzlichen Änderungskündigungsschutzes, die zu der Unwirksamkeit der Befristung einzelner Arbeitsbedingungen führt, liegt nicht bereits in der Befristung einer Provisionszusage, die neben das Tarifgehalt tritt und lediglich 15% der Gesamtvergütung ausmacht (BAG AP Nr. 34 zu § 2 KSchG 1969 = NZA 1994, 476).

5. Eine Anhörung des Betriebsrates nach § 102 BetrVG ist nicht notwendig. Möglicherweise hat der Betriebsrat wegen der Provisionsstaffel ein Mitbestimmungsrecht nach § 87 Abs. 1 Nr. 10 BetrVG).

11. Klagebeantwortung bei außerordentlicher Kündigung

An das
Arbeitsgericht

In Sachen

...... / ......
...... Ca ...... / ......

wegen außerordentlicher Kündigung[1]

wird beantragt,
I. die Klage abzuweisen;
II. das Arbeitsverhältnis wird gegen Zahlung einer Abfindung, deren Höhe in das Ermessen des Gerichts gestellt wird, aufgelöst[2].

Begründung:

Der im Jahre ...... geborene Kläger, der verheiratet ist und für ...... Kinder im Alter von ...... unterhaltspflichtig ist, wurde auf Grund des schriftlichen Arbeitsvertrages vom ...... als ...... eingestellt. Er verdiente zuletzt ...... EUR monatlich. Die Beklagte hat mit Schreiben vom ...... das Arbeitsverhältnis außerordentlich und hilfsweise ordentlich gekündigt.

Beweis: Schreiben vom ......

Sie hat zuvor den Betriebsrat gehört (§ 102 BetrVG); dieser hat der außerordentlichen/ordentlichen Kündigung zugestimmt/sich nicht geäußert/Bedenken gegen die Kündigung geäußert ...... Die Äußerung des Betriebsrates ist zur Kenntnis des Gerichtes beigefügt.

Schreiben des Betriebsrates ......

Die außerordentliche Kündigung ist gerechtfertigt. Der Kläger hat als ...... folgende Vertragsverletzungen begangen ...... Der Kläger ist mit Schreiben vom...... abgemahnt worden[3].

Beweis: Schreiben vom ......

Die Beklagte hat ihm erklärt, dass sie derartige Vertragsverletzungen nicht dulden könne und im Wiederholungsfalle mit einer Beendigung des Arbeitsverhältnisses zu rechnen sei.

Beweis: Zeugnis des ......

Auch der Betriebsratsvorsitzende hat den Kläger ermahnt.

Beweis: Betriebsratsvorsitzender ......

Das Verhalten des Klägers stellt einen wichtigen Grund dar ......[4]
Am ...... hat der Kläger die gleiche Vertragsverletzung wiederum begangen. Auch in diesem Falle hat sich die Beklagte begnügt, den Kläger nur abzumahnen.

Beweis: Zeugnis ......

Alle Ermahnungen und Abmahnungen haben jedoch nichts genützt. Am ...... hat der Kläger die gleiche Vertragsverletzung erneut begangen[5].

Beweis: Zeugnis des ......

Hiervon hat die Beklagte am ...... erfahren[6].
Der Beklagten war nicht zumutbar, den Kläger weiterzubeschäftigen.
Sollte das Gericht der Auffassung sein, dass die außerordentliche Kündigung nicht gerechtfertigt war, so hat die Beklagte jedoch vorsorglich die ordentliche Kündigung er-

klärt. / So ist die außerordentliche Kündigung in eine ordentliche Kündigung umzudeuten[7, 8]. Auch hierzu hat die Beklagte den Betriebsrat gehört ......[9]

Rechtsanwalt

Anmerkungen

1. Zur Klage wegen außerordentlicher Kündigung vgl. Form. IV. B. 1. Ergibt sich aus dem Klagevorbringen, dass ein Arbeitsverhältnis oder ein freies Mitarbeiterverhältnis in Betracht kommt, so dürfen sich die Arbeitsgerichte zur Feststellung der Zuständigkeit nicht mit einer Schlüssigkeitsprüfung begnügen (BAG AP Nr. 19 zu § 2 ArbGG 1979 = NJW 1994, 1172 = NZA 1994, 234; AP Nr. 6 zu § 17a GVG = NJW 1994, 604 = NZA 1994, 141). Vgl. Form IV. B. 1 Anm. 12.

2. Nach §§ 13 Abs. 1, 9 KSchG ist nach einer außerordentlichen Kündigung des Arbeitsverhältnisses durch den Arbeitgeber nicht vorgesehen, dass der Arbeitgeber einen Auflösungsantrag stellen kann. Der Auflösungsantrag kann daher allenfalls Wirkungen entfalten, wenn das Gericht zu der Auffassung kommt, dass die außerordentliche Kündigung ungerechtfertigt und auf die hilfsweise erklärte ordentliche Kündigung das Arbeitsverhältnis aufzulösen ist.

3. Die außerordentliche Kündigung ist die „ultima ratio". Im Allgemeinen muss vor ihrem Ausspruch eine Abmahnung des Arbeitnehmers erfolgen (vgl. Form. IV. B. 5 Anm. 3).

4. Der Kündigende ist für die Gründe der außerordentlichen Kündigung darlegungs- und beweispflichtig. Ein wichtiger Grund ist nur dann gegeben, wenn Tatsachen vorliegen, auf Grund derer dem Kündigenden unter Berücksichtigung aller Umstände des Einzelfalles und unter Abwägung der Interessen beider Vertragsteile nicht zugemutet werden kann, das Arbeitsverhältnis für die Dauer der Kündigungsfrist oder bis zur vereinbarten Beendigung fortzusetzen. Der wichtige Grund enthält mithin zwei Elemente. Es müssen Tatsachen vorliegen, die einer Weiterbeschäftigung entgegenstehen. Hierbei handelt es sich zumeist um Vertragsverletzungen, die in verschiedenen Bereichen des Arbeitsverhältnisses vorkommen können (bei der Begründung, im Leistungsbereich, im Bereich der betrieblichen Verbundenheit aller Mitarbeiter, im persönlichen Vertrauensbereich, aus der Person des Arbeitnehmers, im Unternehmensbereich usw.). Bei der Zumutbarkeitsprüfung sind Umstände darzulegen, die es dem Arbeitgeber unmöglich machen, das Arbeitsverhältnis über das Ende der Kündigungsfrist fortzusetzen.

5. Die zur Begründung der außerordentlichen Kündigung herangezogenen Vertragsverletzungen müssen im gleichen Unrechtsbereich liegen, andernfalls kann es geboten sein, vor Ausspruch der Kündigung erneut abzumahnen.

6. Nach § 626 Abs. 2 BGB kann die außerordentliche Kündigung nur innerhalb einer Ausschlussfrist von zwei Wochen ausgesprochen werden; sie muss innerhalb der Frist zugehen (BAG AP Nr. 12 zu § 626 BGB Ausschlussfrist = NJW 1978, 2168). Für die Einhaltung der Frist ist der Kündigende darlegungs- und beweispflichtig. Die Frist beginnt mit dem Zeitpunkt, in dem der Kündigungsberechtigte von den für die Kündigung maßgebenden Gründen sichere Kenntnis erlangt (Einzelheiten bei *Schaub* ArbR-Hdb. § 125 Rdn. 26ff.). Bei Dauertatbeständen kommt es darauf an, dass in den letzten zwei Wochen der Tatbestand angehalten hat (dauernde Arbeitsunfähigkeit: BAG AP Nr. 8 zu § 626 BGB Krankheit = NZA 1996, 871). Der Beginn der zweiwöchigen Ausschlussfrist ist nur gehemmt, solange der Kündigungsberechtigte die zur Aufklärung des Kündigungssachverhaltes nach pflichtgemäßem Ermessen notwendig erscheinende Maßnahmen mit der gebotenen Eile auch tatsächlich durchführt (BAG AP Nr. 32 zu § 626 BGB Ausschlussfrist = NJW 1994, 1891 = NZA 1994, 409).

7. Im Allgemeinen wird es sich empfehlen, außerordentlich und vorsorglich ordentlich zu kündigen. Eine außerordentliche Kündigung, die aus irgendeinem Grunde rechtsunwirksam ist, kann in eine ordentliche Kündigung zum nächstzulässigen Termin umgedeutet werden (§ 140 BGB). Da die außerordentliche Kündigung regelmäßig den Willen enthält, das Arbeitsverhältnis in jedem Falle zu beenden, ist im Zweifel davon auszugehen, dass eine unberechtigte außerordentliche Kündigung zum nächstzulässigen Termin gewollt ist. Die sich im Wege der Konversion ergebende ordentliche Kündigung kann nur dann Rechtswirkungen entfalten, wenn sie ihrerseits nicht mit Rechtsmängeln behaftet ist oder gegen Kündigungsbeschränkungen verstößt (vgl. *Schaub* ArbR-Hdb. § 123 Rdn. 160 ff.).

8. Soll eine Umdeutung erfolgen, muss der Arbeitgeber im Prozess über die außerordentliche Kündigung vor Urteilserlass die Gründe darlegen, aus denen eine Umdeutung erfolgen soll. Andernfalls ist er damit ausgeschlossen. Von Amts wegen hat das Gericht keine Veranlassung hierauf einzugehen (BAG AP Nr. 2 zu § 615 BGB Böswilligkeit; AP Nr. 3 zu § 13 KSchG 1969 = NJW 1975, 408; AP Nr. 10 zu § 626 BGB Druckkündigung = NJW 1976, 869). Dagegen hat es später ausgeführt, die Gerichte für Arbeitssachen müssen von sich aus prüfen, ob auf Grund feststehender Tatsachen eine Umdeutung der außerordentlichen Kündigungserklärung in Betracht kommt (BAG v. 15. 11. 2001 – 2 AZ R 310/00). Eine wegen Versäumung der Frist des § 626 II BGB unwirksame außerordentliche Kündigung eines Geschäftsführer-Anstellungsvertrages kann nur dann in eine ordentliche Kündigung umgedeutet werden, wenn dies dem Willen des Kündigenden entspricht und dieser Wille gegenüber dem Kündigungsempfänger erkennbar zum Ausdruck gebracht wird. Diese Voraussetzung fehlt schon dann, wenn das Stimmquorum für eine ordentliche Kündigung nicht erreicht ist (BGH AP Nr. 16 zu § 626 BGB Kündigungserklärung = NJW-RR 2000, 987 = NZA 2000, 430).

9. Die ordnungsgemäße Anhörung des Betriebsrats setzt voraus, dass der Arbeitgeber dem Betriebsrat die Art der beabsichtigten Kündigung, insbesondere also mitteilt, ob eine ordentliche oder eine außerordentliche Kündigung ausgesprochen werden soll. Will der Arbeitgeber sicherstellen, dass eine außerordentliche Kündigung notfalls in eine ordentliche Kündigung umgedeutet wird, so muss er den Betriebsrat deutlich darauf hinweisen (BAG AP Nr. 15 zu § 102 BetrVG 1972 = NJW 1979, 76; AP Nr. 58 aaO. = NZA 1992, 416). Der Wirksamkeit einer außerordentlichen Kündigung steht die fehlende Mitteilung der genauen Sozialdaten des zu kündigenden Arbeitnehmers dann nicht entgegen, wenn es dem Arbeitgeber wegen der Schwere der Kündigungsvorwürfe auf die genauen Daten ersichtlich nicht ankommt (BAG AP Nr. 73 zu § 102 BetrVG 1972 = NJW 1996, 1556 = NZA 1996, 419). Der Arbeitgeber muss nur die tragenden Umstände dem Betriebsrat mitteilen (BAG AP Nr. 68 zu § 102 BetrVG 1972 = NJW 1995, 1854 = NZA 1995, 363). Die Umdeutung einer außerordentlichen fristlosen Kündigung in eine außerordentliche Kündigung mit notwendiger Auslauffrist setzt grundsätzlich eine Beteiligung des Betriebs- bzw. Personalrats nach den für eine ordentliche Kündigung geltenden Bestimmungen voraus (BAG AP Nr. 9 zu § 626 BGB Krankheit = NZA 2001, 219 = NJW 2001, 1229). Hat der Arbeitgeber eine außerordentliche Kündigung ausgesprochen und der Betriebsrat dieser zugestimmt, so ist eine Konversion in eine ordentliche Kündigung zulässig, da grundsätzlich davon auszugehen ist, dass der Betriebsrat auch einer milderen Maßnahme zugestimmt hätte (BAG AP Nr. 15 zu § 102 BetrVG 1972 = NJW 1979, 76). Hat dagegen der Betriebsrat der außerordentlichen Kündigung widersprochen, so ist eine Konversion nur möglich, wenn der Arbeitgeber vorsorglich auch zur ordentlichen Kündigung angehört hat.

12. Klage bei befristetem Arbeitsverhältnis

An das
Arbeitsgericht

Klage

des/der ...... Klägers(in)
– Prozessbevollmächtigter: RA ...... –

gegen

die Bundesanstalt ...... Beklagte

wegen Befristung eines Arbeitsverhältnisses[1].

Namens und mit Vollmacht des/der Kläger(in) erhebe ich Klage und werde beantragen zu erkennen:

I. Es wird festgestellt, dass das Arbeitsverhältnis auf Grund der Befristung nicht beendet worden ist[2, 3].
II. Die Beklagte wird verurteilt, den/die Kläger(in) über den Ablauf des ...... weiterzubeschäftigen.
III. Die Beklagte hat die Kosten des Rechtsstreites zu tragen.

Begründung:

Der/Die im Jahre ...... geborene Kläger(in) trat am ...... als ...... in die Dienste der Beklagten. In dem schriftlich abgeschlossenen Arbeitsvertrag vom ...... ist vereinbart, dass das Arbeitsverhältnis mit dem ...... auflösend befristet abgeschlossen ist. Bei Beendigung des 1. Arbeitsverhältnisses haben die Parteien die Verlängerung des Arbeitsverhältnisses bis zum ...... vereinbart. Am ...... hat die Beklagte dem/der Kläger(in) mitgeteilt, dass das Arbeitsverhältnis nicht verlängert werde. Die Befristung ist jedoch unwirksam. Es bestand schon kein sachlicher Grund für die Befristung des ersten Arbeitsverhältnisses. Eine Verlängerung dieses Arbeitsverhältnisses war nicht möglich.[4, 5] Die Beklagte hat durch den Abschluss befristeter Arbeitsverträge gegen § 14 TzBfG verstoßen. ......

Rechtsanwalt

Anmerkungen

1. Befristete Arbeitsverträge können abgeschlossen werden, dass die Dauer des Arbeitsverhältnisses bestimmt wird oder dass die Dauer aus der Beschaffenheit oder dem Zweck der Dienste zu entnehmen ist (§ 3 Abs. TzBfG). Sie kommen vor allem im öffentlichen Dienst und im Hochschulbereich vor. Ist der Arbeitsvertrag zweckbefristet abgeschlossen, endet er mit Erreichung des Zwecks, frühestens jedoch zwei Wochen seit Zugang der schriftlichen Unterrichtung des Arbeitnehmers durch den Arbeitgeber über den Zeitpunkt der Zweckerreichung. Unterlässt der Arbeitgeber die Mitteilung oder erteilt er sie verspätet, so verlängert sich das Arbeitsverhältnis (§ 15 Abs. 2 TzBfG). Insoweit knüpft das Gesetz an frühere Rechtsprechung an (BAG AP Nr. 113 zu § 620 BGB Befristeter Arbeitsvertrag = NZA 1988, 201; AP Nr. 103 aaO. = NZA 1987, 238).

Nach § 14 Abs. 2 TzBfG ist die kalendermäßige Befristung eines Arbeitsvertrages bis zur Dauer von zwei Jahren ohne Vorliegen eines sachlichen Grundes zulässig. Bis zur Gesamtdauer von zwei Jahren ist auch die höchstens dreimalige Verlängerung eines befristeten Arbeitsvertrages zulässig. Die Verlängerung muss vor Beendigung des vorhergehenden Arbeitsvertrages erfolgen (BAG AP Nr. 4 zu § 1 BeschFG 1996 = NJW 2001, 532 = NZA 2001, 546; AP Nr. 6 aaO. = NZA 2001, 659; NZA 2001, 1425). Eine Befristung ist nicht zulässig, wenn mit demselben Arbeitgeber bereits zuvor ein befristetes oder unbefristetes Arbeitsverhältnis bestanden hat. Nach § 14 Abs. 3 TzBfG bedarf die Befristung keines sachlichen Grundes, wenn der Arbeitnehmer bei Beginn des befristeten Arbeitsverhältnisses das 58. Lebensjahr vollendet hat.

2. Soll die Unwirksamkeit einer Befristung geltend gemacht werden, so muss der Arbeitnehmer innerhalb von drei Wochen nach dem vereinbarten Ende des befristeten Arbeitsvertrages Klage beim Arbeitsgericht auf Feststellung erheben, dass das Arbeitsverhältnis auf Grund der Befristung nicht beendet ist (§ 17 S. 1 TzBfG). Ob auch ein Weiterbeschäftigungsanspruch über das Ende der Befristung besteht, war umstr., wird aber inzwischen bejaht (vgl. Form. IV. B. 2 Anm. 5). Die Feststellungsklage ist zulässig. Ob neben dem vorformulierten Antrag noch die Feststellung begehrt werden kann, dass das Arbeitsverhältnis über das Ende der Frist fortbesteht, wird nach den gleichen Grundsätzen wie bei der Kündigungsschutzklage zu beurteilen sein (Form. IV. B. Anm. 5).

3. Versäumt der Arbeitnehmer die Klagefrist, so gilt das Verfahren über die nachträgliche Zulassung einer Kündigungsschutzklage nach § 5 bis 7 KSchG entsprechend (vgl. Form IV. B. 3) Wird das Arbeitsverhältnis nach dem vereinbarten Ende fortgesetzt, so beginnt die dreiwöchige Klagefrist mit dem Zugang der schriftlichen Erklärung des Arbeitgebers, dass das Arbeitsverhältnis auf Grund der Befristung beendet sei (§ 17 S. 3 TzBfG). Die Bedeutung dieser Vorschrift ist umstritten.

4. In § 14 TzBfG ist eine Befristung des Arbeitsvertrages mit und ohne Sachgrund vorgesehen. Die Befristung eines Arbeitsvertrages ist zulässig, wenn sie durch einen sachlichen Grund gerechtfertigt ist (14 Abs. 1 S. 1 TzBfG). Nach BAG GS AP 16 zu § 620 BGB Befristeter Arbeitsvertrag war eine Befristung unzulässig, wenn für sie kein Sachgrund bestand und der Kündigungsschutz umgangen wurde. Hierdurch wurden Arbeitsverhältnisse vor Ablauf der sechsmonatigen Wartezeit des § 1 KSchG und Kleinbetriebe aus der Befristungskontrolle ausgeschieden. Zu § 14 TzBfG war zunächst heftig umstritten, ob die Umgehung des Kündigungsschutzes vorausgesetzt wird. Inzwischen ist h. M., dass nunmehr alle Arbeitsverhältnisse erfasst würden, wenngleich dies keinen rechten Sinn macht. In § 14 Abs. 1 S. 2 zählt das Gesetz Beispielsfälle auf, in denen eine Befristung sachlich gerechtfertigt ist. Der Katalog ist nicht abschließend.

Nach § 14 Abs. 2 TzBfG ist eine kalendermäßige Befristung eines Arbeitsvertrages ohne Vorliegen eines sachlichen Grundes bis zur Dauer von zwei Jahren zulässig. Bis zu dieser Gesamtdauer von zwei Jahren ist auch die höchstens dreimalige Verlängerung eines kalendermäßig befristeten Arbeitsvertrages zulässig. Die Verlängerung des Arbeitsvertrages muss vor dessen jeweiligem Ablauf erfolgen, weil sonst eine Verlängerung nicht gegeben ist (BAG AP Nr. 4 zu § 1 BeschFG 1996 = NJW 2001, 546; AP Nr. 6 aaO. = NZA 2001, 659; NZA 2001, 1425). Eine Befristung ohne Sachgrund ist nicht möglich, wenn mit demselben Arbeitgeber bereits zuvor ein befristetes oder unbefristetes Arbeitsverhältnis bestanden hat. Nach h. M. schließt selbst ein längere Zeit zurückliegendes Arbeitsverhältnis die Befristung aus. Durch Tarifvertrag kann die Anzahl der Verlängerungen oder die Höchstdauer der Befristung abweichend geregelt werden. Im Geltungsbereich eines solchen Tarifvertrages können nicht tarifgebundene Arbeitgeber und Arbeitnehmer die Anwendung der tariflichen Regelungen vereinbaren.

Die Befristung bedarf keines sachlichen Grundes, wenn der Arbeitnehmer bei Beginn des befristeten Arbeitsverhältnisses das 58. Lebensjahr vollendet hat (§ 14 Abs. 3 TzBfG). Vgl. *Schaub* ArbR. Hdb. § 39 Rdn. 96.

5. Bei Prüfung der Frage, ob eine Befristung rechtswirksam ist, ist zunächst zu prüfen, ob auf Grund Gesetz, Tarifvertrag oder Betriebsvereinbarung eine Befristung möglich ist. Gesetzliche Regeln bestehen für Auszubildende (§ 14 BBiG), wissenschaftliches Personal (§§ 57a ff. HRG idF. vom 19. 1. 1999 BGBl. I 18, zul. geänd. 16. 2. 2002 (BGBl. I 693), Ärzte in der Weiterbildung (G vom 15. 5. 1986 – BGBl. I 742, zul. geänd. 16. 2. 2002 (BGBl. I 693) und im TzBfG. Die Tarifpartner können die Befristung nur in begrenztem Umfang zum Nachteil des Arbeitnehmers regeln (§ 22 TzBfG). Von besonderer Bedeutung für den öffentlichen Dienst ist die SR 2y. Diese gelten für Angestellte a) deren Arbeitsverhältnis mit Ablauf einer kalendermäßig bestimmten Frist enden soll (Zeitangestellte), b) die für eine Aufgabe von begrenzter Dauer eingestellt sind und bei denen das Arbeitsverhältnis durch Eintritt eines bestimmten Ereignisses oder durch Ablauf einer kalendermäßig bestimmten Frist enden soll (Angestellte für Aufgaben von begrenzter Dauer), c) die zur Vertretung oder zeitweiligen Aushilfe eingestellt werden (Aushilfsangestellte). Bei der in Nr. 2 Abs. 1 SR 2y enthaltenen Regelung, nach der im Arbeitsvertrag zu vereinbaren ist, ob der Angestellte als Zeitangestellter, als Angestellter für Aufgaben von begrenzter Dauer oder als Aushilfsangestellter eingestellt wird, handelt es sich nicht um eine formbedürftige Nebenabrede (BAG AP Nr. 126 zu § 620 BGB Befristeter Arbeitsvertrag).

Ein befristetes Arbeitsverhältnis unterliegt nur dann der ordentlichen Kündigung, wenn diese einzelvertraglich oder im anwendbaren Tarifvertrag vereinbart ist (§ 15 Abs. 3 TzBfG). Ist die Befristung unwirksam, so gilt der befristete Arbeitsvertrag als auf unbestimmte Zeit geschlossen; er kann vom Arbeitgeber frühestens zum vereinbarten Ende ordentlich gekündigt werde, sofern nicht nach § 15 Abs. 3 TzBfG die ordentliche Kündigung zu einem früheren Zeitpunkt möglich ist. Ist die Befristung nur wegen des Mangels der Schriftform unwirksam, kann der Arbeitsvertrag auch vor dem vereinbarten Ende gekündigt werden (§ 16 TzBfG). Ist das Arbeitsverhältnis wirksam befristet, kann sich der Arbeitgeber grundsätzlich auf die Befristung berufen. Die Nichtverlängerung kann jedoch eine mittelbare Frauendiskriminierung darstellen. Das BAG hat schon immer angenommen, dass der Berufung auf die Befristung mit der Einrede der Arglist begegnet werden kann (BAG AP Nr. 26 zu § 620 BGB Befristeter Arbeitsvertrag; AP Nr. 8 zu § 1 BeschFG 1985 = NJW 1989, 3171).

6. Die Darlegungs- und Beweislast für die tatsächlichen Voraussetzungen der zulässigen Befristung trägt derjenige der sich auf die Befristung beruft (BAG NZA 1995, 780). Das ist regelmäßig der Arbeitgeber. Der Arbeitgeber muss nach § 14 Abs. 1 TzBfG darlegen und beweisen (1) die wirksame Vereinbarung der Befristung, (2) Einhaltung der Schriftform, (3) das Bestehen eines sachlichen Grundes. Dem Arbeitgeber obliegt auch die Darlegungs- und Beweislast für die erleichterten Voraussetzungen der Befristung (§ 14 Abs. 2 und 3 TzBfG). Das schließt die Darlegungs- und Beweislast für das Nichtbestehen vorausgegangener Arbeitsverträge ein. Nach der Gesetzesbegründung hat der Arbeitgeber ein Fragerecht wegen der vorausgegangenen Arbeitsverhältnisse (BT-Drucks. 14/4374, S. 14). Beantwortet der Arbeitnehmer eine Frage falsch, hat der Arbeitgeber ein Anfechtungsrecht wegen arglistiger Täuschung. Aus dieser Grundwertung folgt, dass der Arbeitnehmer die Darlegungs- und Beweislast trägt, wenn das Vorarbeitsverhältnis nicht erweisbar ist.

13. Anrufung des Arbeitsgerichts bei auflösend bedingtem Arbeitsvertrag

An das
Arbeitsgericht

Klage

des/r

Prozessbevollmächtigter: RA(in) **Klägers(in)**

gegen

die Firma

wegen Unwirksamkeit einer auflösenden Bedingung[1]

Namens und mit Vollmacht des/der Klägers(in) erhebe ich Klage und werde beantragen zu erkennen[2]:

I. Es wird festgestellt, dass das Arbeitsverhältnis durch die auflösende Bedingung vom ...... nicht aufgelöst worden ist.

II. Die Beklagte trägt die Kosten des Rechtsstreits.

Begründung[3, 4]:

Der/Die im Jahre ...... geborene Kläger(in) trat am in die Dienste der Beklagten. In dem Arbeitsvertrag vom ...... ist schriftlich[5] vereinbart, dass das Arbeitsverhältnis auflösend bedingt ist. Auflösende Bedingung sollte die Berechtigung der/des Beklagten sein,...... zu exportieren. Die auflösende Bedingung ist unwirksam, weil ......[6, 7]

Anmerkung

1. Wird ein Arbeitsvertrag unter einer auflösenden Bedingung geschlossen, gelten § 4 Abs. 2 (Diskriminierungsverbot), § 5 (Benachteiligungsverbot), § 14 Abs. 1 und 4 (Sachlicher Grund, Schriftform), § 15 Abs. 2, 3 (Ende des bedingten Arbeitsvertrages, Ausschluss ordentlicher Kündigung mangels Vereinbarung) und sowie die § 16 bis 20 (Rechtsfolgen der Bedingung usw.) TzBfG entsprechend (§ 21 TZBfG). Eine auflösende Bedingung ist dann gegeben, wenn das Arbeitsverhältnis bei Eintritt eines zukünftig ungewissen Ereignisses enden soll. Dagegen ist bei der Zweckbefristung der Eintritt gewiss.

2. Will der Arbeitnehmer geltend machen, dass die Bedingung unwirksam ist, muss innerhalb einer Frist von drei Wochen Klage erhoben werden. Der Klageantrag ergibt sich aus § 17 S. 1 TzBfG.

3. Mit der Verweisung in § 21 auf § 14 TzBfG ist klargestellt, dass auflösend bedingte Arbeitsverhältnisse zulässig sind, wenn hierfür ein sachlicher Grund besteht. Der Regelung ist die Wertung zu entnehmen, dass grundsätzlich alle Befristungsgründe auch die Bedingung rechtfertigen können. Das BAG hat in seiner Rechtsprechung Bedenken gegen auflösend bedingte Arbeitsverträge geäußert, weil dem Arbeitnehmer weitgehend das Risiko des Eintritts der Bedingung übertragen ist. Es wird daher wohl eine strenge Überprüfung des Sachgrundes vornehmen. Die in § 14 TzBfG aufgezählten Gründe sind der Befristungsrechtsprechung entnommen und passen nicht unmittelbar für bedingte Arbeitsverträge. Von der Rechtsprechung sind folgende Sachgründe als auflösende Bedingung anerkannt: Feststellung der Fluguntauglichkeit (BAG 11. 10. 1995 NZA 1996, 1212), Entzug der einem Wachmann erteilten Bewachungserlaubnis (BAG 25. 8. 1999 NZA 2000, 656), Beendigung im Falle der Abweisung der Kündigungsschutzklage (BAG 4. 9. 1986 NZA 1987, 376), Einstellung unter der auflösenden Bedingung der Zustimmungsverweigerung der Arbeitnehmervertretung (BAG AP Nr. 74 zu § 620 BGB Befristeter Arbeitsvertrag), Eintritt der Erwerbsunfähigkeit (BAG 28. 6. 1995 NZA 1996, 374), Feststellung der mangelnden gesundheitlichen Eignung (LAG Hessen LAGE Nr. 4 zu § 620 BGB Bedingung). In folgenden Fallgruppen wird von der Unzulässigkeit der auflösenden Bedingung ausgegangen: Nichtwiederaufnahme der Tätigkeit nach dem Urlaub (BAG AP Nr. 3 zu § 620 BGB Bedingung), Beendigung der bewilligten Beurlaubung, wenn vom Willen des Arbeitgebers abhängig (BAG 4. 12. 1991 NZA 1992, 838), Abstiegsklauseln in Sportlerarbeitsverträgen LAG Düsseldorf LAGE Nr. 5 zu § 620 BGB Bedingung), Gewährung einer Erwerbsunfähigkeitsrente auf Zeit (BAG 23. 2. 2000 NZA 2000, 821).

4. Im Unterschied zu befristeten Arbeitsverträgen gibt es keine Sondertatbestände für auflösend bedingte Arbeitsverträge ohne Sachgrund.

5. Die auflösende Bedingung bedarf zu ihrer Wirksamkeit der Schriftform. Dem Schriftformerfordernis ist nur genügt, wenn die Bedingung, von der die Beendigung des Arbeitsverhältnisses abhängt, hinreichend umschrieben ist.

6. Nach §§ 21, 15 Abs. 2 TzBfG tritt die Beendigung des Arbeitsverhältnisses nur ein, wenn der Arbeitgeber den Arbeitnehmer über den Zeitpunkt des Bedingungseintritts unterrichtet hat. Eine vorzeitige ordentliche Kündigung des Arbeitsverhältnisses ist nur möglich, wenn dies einzelvertraglich oder im anwendbaren Tarifvertrag vereinbart ist.

7. Im Übrigen bestehen keine Besonderheiten gegenüber befristeten Arbeitsverhältnissen.

14. Kündigungsschutzklage bei besonderem Kündigungsschutz

An das
Arbeitsgericht

Klage

des Betriebsratsmitgliedes ...... — **Klägers**
– Prozessbevollmächtigter: RA ...... –

gegen

die Firma ......

Beklagte

wegen Kündigungsschutz

Namens und mit Vollmacht des Betriebsratsmitgliedes ...... erhebe ich Klage und werde beantragen zu erkennen:

I. Es wird festgestellt, dass das Arbeitsverhältnis durch die Kündigung vom ...... nicht aufgelöst worden ist.
II. Die Beklagte trägt die Kosten des Rechtsstreites ......

Begründung:

Der/Die ...... Jahre alte Kläger(in) steht seit dem ...... in den Diensten der Beklagten. Im Jahre ...... wurde er/sie in den Betriebsrat gewählt. Am ...... hat die Beklagte das Arbeitsverhältnis außerordentlich gekündigt. Der Betriebsrat hat dieser Kündigung nicht zugestimmt. Sie ist daher nichtig[1, 2].

Rechtsanwalt

Anmerkungen

1. Sofern ein absoluter Kündigungsschutz besteht, kann die Klage mit wenigen Sätzen erhoben werden.

2. Alternative ...... Jahre alte Klägerin steht seit dem ...... in den Diensten der Beklagten. Die Beklagte hat das Arbeitsverhältnis am ...... ordentlich/außerordentlich gekündigt. Diese Kündigung ist nichtig. Die Klägerin befindet sich in anderen Umständen. Die Entbindung wird voraussichtlich am ...... stattfinden. Die Klägerin hat am ...... der Beklagten von der Schwangerschaft Mitteilung gemacht.

Kosten und Gebühren

Vgl. Form. IV. B. 1.

15. Klage eines Arbeitnehmers im Insolvenzverfahren

An das
Arbeitsgericht

Klage[1]

des/der kaufmännischen Angestellten ......
– Prozessbevollmächtigter: RA ...... – **Klägers/in**

gegen

den Insolvenzverwalter ...... **Beklagten**

wegen Kündigung

Namens und mit Vollmacht des/der Klägers/in erhebe ich Klage und beantrage zu erkennen:[2, 3]

I. Es wird beantragt, festzustellen, dass das Arbeitsverhältnis durch die Kündigung vom ...... nicht aufgelöst worden ist.

II. Der Beklagte trägt die Kosten des Rechtsstreits.

Begründung:

Der/Die Klägerin trat am ...... in die Dienste der Fa. ...... als kaufmännische(r) Angestellte(r). Das Arbeitsverhältnis richtete sich kraft Organisationszugehörigkeit/einzelvertraglicher Verweisung nach den Tarifverträgen für ...... Die tarifliche Kündigungsfrist beträgt mithin ......

Die Fa. ...... ist in wirtschaftliche Schwierigkeiten geraten. Am ...... ist über ihr Vermögen das Insolvenzverfahren eröffnet worden. Zum Insolvenzverwalter ist Rechtsanwalt ...... bestellt worden.

Die Gemeinschuldnerin hat ...... Arbeitnehmer beschäftigt. Bei ihr besteht ein Betriebsrat aus ...... Mitgliedern. Betriebsratsvorsitzender ist ......

Der Insolvenzverwalter hat allen Belegschaftsangehörigen mit Schreiben vom ...... (außerordentlich) gekündigt.

Das Schreiben ist dem/der Kläger(in) am ...... zugegangenen. Zur Begründung hat der Insolvenzverwalter sich darauf berufen, dass der Betrieb sofort stillgelegt werden müsse. Die Kündigung ist aus mehreren Gründen unwirksam ......[4]

Rechtsanwalt

Anmerkungen

1. Die InsO ist am 1. 1. 1999 in Kraft getreten. Durch Art. 6 des Arbeitsrechtlichen Beschäftigungsgesetzes vom 25. 9. 1996 (BGBl. I S. 1476) waren die arbeitsrechtlichen Vorschriften der InsO vorzeitig in den alten Bundesländern in Kraft gesetzt worden.

2. Nach § 113 Abs. 1 InsO kann ein Dienstverhältnis, bei dem der Schuldner der Dienstberechtigte ist, vom Insolvenzverwalter und vom anderen Teil ohne Rücksicht auf eine vereinbarte Vertragsdauer oder einen vereinbarten Ausschluss des Rechts zur ordentlichen Kündigung gekündigt werden. Die Kündigungsfrist beträgt drei Monate zum Monatsende, wenn nicht eine kürzere Kündigungsfrist maßgebend ist. Es war umstritten, ob durch § 113 InsO eine tarifliche oder vertragliche Kündigungsfrist abgekürzt werden kann. Das BAG ist davon ausgegangen, dass eine längere tarifliche Kündigungsfrist durch § 113 InsO verdrängt wird (BAG AP Nr. 3 zu § 113 InsO = NJW 2000, 972 = NZA 1999, 1331; AP Nr. 5 aaO. = NJW 2000, 2692 = NZA 2000, 658). Ist die Kündigungsfrist vertraglich vereinbart, so gilt die vertragliche Kündigungsfrist, es sei denn, die vertragliche ist kürzer (BAG AP Nr. 6 zu § 113 InsO = NJW 2001, 317 = NZA 2001, 23). Ist arbeitsvertraglich eine längere als die gesetzliche Kündigungsfrist vereinbart, so ist bei einer Kündigung in der Insolvenz bis zur Höchstfrist des § 113 Abs. 1 S. 2 InsO (drei Monate zum Monatsende) diese längere Frist maßgeblich (BAG AP Nr. 1 zu § 113 InsO = NJW 1999, 1571 = NZA 1999, 425). Dieser Rechtsprechung hat das BVerfG zugestimmt (BVerfG AP Nr. 2 zu § 113 InsO NZA 1999, 597; AP Nr. 4 aaO. = NZA 1999, 923). Will ein Arbeitnehmer geltend machen, dass die Kündigung seines Arbeitsverhältnisses durch den Insolvenzverwalter unwirksam ist, so muss er auch dann innerhalb von drei Wochen nach Zugang der Kündigung Klage beim Arbeitsgericht erheben, wenn er sich für die Unwirksamkeit der Kündigung auf andere als die in § 1 Abs. 2 und 3 KSchG bezeichneten Gründe beruft. Soweit die Kündigung des Insolvenzverwalters der Zustimmung einer Behörde bedarf, läuft die Frist zu Anrufung des Arbeitsgerichts erst von der Bekanntgabe der Entscheidung an den Arbeitnehmer ab. § 113 Abs. 2 InsO dient der beschleunigten Klärung von Streitigkeiten um die Wirksamkeit der Kündigung. Der Kläger muss mithin innerhalb der Dreiwochenfrist auch Fehler bei der Anhörung des Betriebsrates oder Verstöße gegen § 613 a BGB geltend machen. Insbesondere muss der Arbeitnehmer aber auch bei bestehendem Sonderkündigungsschutz die Dreiwochenfrist einhalten. Das gilt sowohl für schwerbehinderte Menschen wie für dem Mutterschutz unterliegende Frauen.

3. Wird die Klagefrist versäumt, so ist eine nachträgliche Zulassung der Klage vorgesehen. Insoweit wird auf § 5 KSchG verwiesen. Das Verfahren gilt insoweit entsprechend. Dagegen ist nicht auf §§ 6, 7 KSchG verwiesen. Es ist daher zweifelhaft, ob sich die Klagefrist nach § 6 KSchG verlängert. Dies ist wohl zu verneinen, weil Zweck des § 113 InsO die Verfahrensbeschleunigung ist. Durch die Verlängerung der Fristen wird aber das Verfahren verzögert. Durch die fehlende Verweisung auf § 7 KSchG ist keine Fiktion der Wirksamkeit der Kündigung gegeben. Insoweit scheint ein Redaktionsversehen vorzuliegen. Verneint man eine entsprechende Anwendung von § 7 KSchG, ist die Klage nicht als unbegründet, sondern als unzulässig abzuweisen. Vgl. Form. IV. B. 3.

4. Hat der Betrieb keinen Betriebsrat oder kommt aus anderen Gründen innerhalb von drei Wochen nach Verhandlungsbeginn oder schriftlicher Aufforderung zur Aufnahme von Verhandlungen ein Interessenausgleich nicht zustande, obwohl der Verwalter den Betriebsrat rechtzeitig und umfassend unterrichtet hat, so kann der Insolvenzverwalter beim Arbeitsgericht beantragen, festzustellen, dass die Kündigung bestimmter im Antrag bezeichneter Arbeitnehmer durch dringende betriebliche Erfordernisse bedingt und sozial gerechtfertigt ist. Die Entscheidung ergeht im Beschlussverfahren. Vgl. Form. IV E 13. Es bedarf einer Koordinierung für das Sammelverfahren nach § 126 InsO und der Individualklagen der Arbeitnehmer. Die soziale Auswahl der Arbeitnehmer kann nur im Hinblick auf die Dauer der Betriebszugehörigkeit, das Lebensalter und die Unterhaltspflichten nachgeprüft werden. Kündigt der Insolvenzverwalter einem Arbeitnehmer, der in dem Antrag nach § 126 InsO, also im Beschlussverfahren zum Kündigungsschutz bezeichnet ist, und erhebt der Arbeitnehmer Klage auf Feststellung, dass das Arbeitsverhältnis durch die Kündigung nicht aufgelöst oder die Änderung der Arbeitsbedingungen sozial ungerechtfertigt ist, so ist die im Beschlussverfahren zum Kündigungsschutz ergehende Entscheidung bindend. Es gilt der Vorrang des Beschlussverfahrens. Die bindende Wirkung muss nur dann zurücktreten, wenn sich die Sachlage

nach Schluss der letzten mündlichen Verhandlung wesentlich geändert hat (§ 127 Abs. 1 InsO). Hat dagegen der Arbeitnehmer schon vor Rechtskraft des Beschlussverfahrens Feststellungsklage erhoben, so ist die Verhandlung über die Klage auf Antrag des Verwalters bis zu diesem Zeitpunkt auszusetzen. Der Insolvenzverwalter hat eine Wahlmöglichkeit, ob er erst die Klagen abwarten und Aussetzung beantragt oder sofort das Beschlussverfahren einleitet. Dies hängt von prozesstaktischen Erwägungen ab. In jedem Fall muss der Arbeitnehmer klagen. Es gelten besondere Rechtsmittel und Kostenregelungen nach § 126 InsO (*Schaub,* ArbR.-Hdb. § 93 Rdn. 60 55).

16. Vergleich wegen Beendigung des Arbeitsverhältnisses[1]

Zwischen dem/der ...... nachstehend Arbeitnehmer

und

der Firma ...... nachstehend Arbeitgeber

wird ohne Präjudiz für die Sach- und Rechtslage nachfolgender Vergleich geschlossen.

1. Die Parteien sind sich darüber einig, dass das Arbeitsverhältnis auf die Kündigung des Arbeitgebers[2] mit dem ...... sein Ende finden wird.
2. Der Arbeitgeber verpflichtet sich, ... EUR in Monatsraten von je ...... EUR am ...... an den Arbeitnehmer auszuzahlen[3].
3. Der Arbeitnehmer wird mit sofortiger Wirkung von der Arbeit freigestellt[4]. Er ist berechtigt, schon vor Ablauf der Kündigungsfrist in ein anderes Arbeitsverhältnis zu treten. Etwaiger Zwischenverdienst wird auf die weiterzuzahlende Vergütung angerechnet/nicht angerechnet[5].
4. Der Arbeitgeber verzichtet während des Bestandes des Arbeitsverhältnisses auf die Einhaltung des gesetzlichen Wettbewerbsverbotes[6].
5. Die Arbeitsvertragsparteien sind sich darüber einig, dass etwaiger dem Arbeitnehmer noch zustehender Urlaub während der Arbeitsfreistellung in Natur gewährt wird[7]. Der Arbeitgeber verpflichtet sich, dem Kläger ein Urlaubsgeld in Höhe von ...... EUR zu zahlen.
6. Der Arbeitgeber verpflichtet sich, dem Arbeitnehmer eine Abfindung nach §§ 9, 10 KSchG, § 3 Nr. 9 EStG wegen Verlustes des Arbeitsplatzes in Höhe von ...... EUR zu zahlen[9, 10, 11].
7. Der Arbeitnehmer hat das Recht, den Personenkraftwagen ...... Pol.-Kz. ...... zu übernehmen. Der Übernahmepreis richtet sich nach dem Gutachten eines Sachverständigen, den der Arbeitgeber bestimmt. Der Arbeitnehmer kann binnen einer Frist von zwei Wochen seit Mitteilung des vom Gutachter ermittelten Preises das Übernahmerecht ausüben. Der Arbeitgeber ist berechtigt, den Übernahmepreis von der Abfindung abzuziehen.
   Der Arbeitgeber trägt die Kosten der Versteuerung und Versicherung des Kraftwagens bis zum ......
8. Sonstige Bestimmungen[12].
9. Der Arbeitgeber verpflichtet sich, dem Arbeitnehmer ein berufsförderndes Zeugnis zu erteilen, das sich auf Art und Dauer sowie Führung und Leistung in dem Arbeitsverhältnis erstreckt.[13]
10. Die Arbeitsvertragsparteien sind sich darüber einig, dass andere als in diesem Vergleich geregelten Ansprüche nicht mehr gegeneinander bestehen[11]. Von dieser Ausgleichsquittung nicht erfasst werden etwaige Ansprüche aus betrieblicher Altersversorgung.

Anmerkungen

1. Nach § 278 Abs. 6 ZPO ist der Abschluss eines gerichtlichen Vergleiches in einem schriftlichen Verfahren dadurch möglich, dass die Parteien einen Vergleichsvorschlag des Gerichts durch Schriftsatz gegenüber dem Gericht annehmen. Das Gericht hat Zustandekommen und Inhalt eines derartigen Vergleiches durch Beschluss festzustellen. Nach § 128 Abs. 4, § 53 Abs. 1 ArbGG kann die Entscheidung ohne mündliche Verhandlung und damit durch den Vorsitzenden des Arbeitsgerichts ergehen. Der Beschluss kann folgenden Wortlaut haben: „Es wird festgestellt, dass zwischen den Parteien ein Vergleich nachfolgenden Inhalts zustande gekommen ist ......" Ein derartiger Vergleich steht einem protokollierten Vergleich gleich (§ 794 Abs. 1 ZPO).

2. Gelegentlich wünschen die Arbeitsvertragsparteien, dass im Vergleichstext die Kündigung unerwähnt bleibt. Aus steuerrechtlichen Gründen ist aber notwendig, dass die Auflösung des Arbeitsverhältnisses auf Veranlassung des Arbeitgebers erfolgt.

3. Es soll gewährleistet sein, dass der Arbeitgeber bis zu einem in der Zukunft liegenden Termin noch die Monatsvergütung auszahlt. Aus Gründen des Vollstreckungsrechtes ist der Betrag in einer Summe ausgeworfen und alsdann in Raten fällig gestellt.

4. Der Arbeitnehmer hat nur in seltenen Ausnahmefällen einen Anspruch auf Suspendierung von der Arbeit. Dies kann etwa der Fall sein, wenn einem leitenden Angestellten erhebliche Befugnisse oder Vollmachten entzogen werden. Andererseits ist der Arbeitgeber nicht ohne weiteres berechtigt, den Arbeitnehmer vom Dienst zu suspendieren (BAG AP Nr. 7 zu § 628 BGB = NJW 1972, 2279; AP Nr. 4 zu § 611 BGB Beschäftigungspflicht = NJW 1977, 215).

5. Verzichtet der Arbeitgeber auf die Anrechnung etwaigen Zwischenverdienstes nicht, wird dieser angerechnet (BAG AP Nr. 24 zu § 615 BGB = NJW 1964, 1243; AP Nr. 25 aaO.).

6. Alternative: Der Arbeitnehmer ist bis zum Ablauf der Kündigungsfrist, also bis zum ...... zur Einhaltung des gesetzlichen Wettbewerbsverbotes nach §§ 60, 61 HGB verpflichtet.

7. Wird der Urlaub nicht erteilt, könnte bei Beendigung des Arbeitsverhältnisses noch ein Abgeltungsanspruch erwachsen. Ein Erlass des Abgeltungsanspruches ist aus Gründen des Arbeitnehmerschutzes unwirksam (vgl. *Schaub* ArbR-Hdb. § 102 A Rdn. 116).

8. Abfindungen wegen einer vom Arbeitgeber veranlassten oder gerichtlich ausgesprochenen Auflösung des Arbeitsverhältnisses sind bis zu 8.181 EUR steuerfrei (§ 3 Nr. 9 EStG). Bei Arbeitnehmern die das 50. Lebensjahr vollendet haben, ist dieser Betrag erhöht. Ist die Abfindung höher als der steuerfreie Betrag, kann sie als Entschädigung steuerbegünstigt sein (§§ 34 Abs. 1, 2; 24 Nr. 1 EStG). Arbeitnehmer sind alle Dienstpflichtigen im lohnsteuerrechtlichen Sinne, also auch leitende Angestellte, Vorstandsmitglieder, Geschäftsführer von Kapitalgesellschaften, Gesellschafter-Geschäftsführer von Kapitalgesellschaften und Arbeitnehmerehegatten. Voraussetzung ist aber, dass sie nicht erheblich am Kapital beteiligt sind. Die Auflösung ist vom Arbeitgeber veranlasst, wenn er die entscheidende Ursache für die Auflösung des Dienstverhältnisses gesetzt hat (BFH BStBl. II 1980, 205). Unerheblich ist der formale Auflösungsgrund. Nur solche Abfindungen sind steuerfrei, die wegen der Auflösung des Arbeitsverhältnisses gezahlt werden (BStBl. II 1980, 205). Soweit der Arbeitnehmer bei seinem Ausscheiden bereits von ihm erdiente Ansprüche auf Gehalt, Lohn, Tantieme, Urlaubsgeld ausgezahlt erhält, sind sie keine Abfindung, selbst wenn sie als solche bezeichnet oder zusammen mit Abfindungsbeträgen ausgezahlt werden. Dagegen sind alle darüber hinaus gezahlten, bisher also noch nicht verdienten Beträge keine Abgeltung bereits vertraglich erlangter Ansprüche.

Sie sind also Abfindungen. Für die Beurteilung der Frage, ob die Beträge bereits verdient waren, ist der vom Arbeitgeber und Arbeitnehmer vereinbarte Auflösungszeitpunkt maßgebend (BFH BStBl. II 1979, 155; II 1980, 205; II 1991, 723). Die Abfindung kann sowohl als Einmalbetrag als auch in Monatsraten gezahlt werden (BStBl. II 1980, 205). Wird die Abfindung in Teilbeträgen oder in fortlaufenden Raten ausgezahlt, so sind die einzelnen Raten so lange steuerfrei, bis der für den Arbeitnehmer maßgebende Freibetrag ausgeschöpft ist. Etwas anderes kann nach § 3 Nr. 9 S. 3 EStG gelten. Die Steuerfreiheit wird schon im Rahmen der Auszahlung der Abfindung im Lohnsteuerabzugsverfahren berücksichtigt. Werden die Beträge in Raten ausgezahlt, sind sie bis zum Höchstbetrag steuerfrei. Vgl. Form. IV. B. 1. Anm. 6.

9. In welchem Umfang Abfindungen dem Beitragsabzug zur gesetzlichen Sozialversicherung unterliegen, ist umstr. Der Beitragsabzug richtet sich nach §§ 15–17 SGB IV iVm. VO über die Bestimmung des Arbeitsentgelts in der Sozialversicherung idF. vom 18. 12. 1984 (BGBl. I 1642, 1644) m. spät. Änd. Das BAG nimmt an, dass Abfindungen, die nach Beendigung des Arbeitsverhältnisses gezahlt werden, beitragsfrei sind (BAG AP Nr. 6 zu § 10 KSchG 1969 = NJW 1989, 1381 = NZA 1989, 271 = Betr. 1989, 327 = BB 1989, 428). Auch das BSG hat nach vorübergehenden Besonderheiten die echte Abfindung als beitragsfrei angesehen (BSG v. 21. 2. 1990 – NJW 1990, 2274 = NZA 1990, 751). Es hat aber dann und insoweit eine Beitragspflicht bejaht, wenn die Abfindung verstecktes Arbeitsentgelt enthält (BSG v. 21. 2. 1990 – 12 RK 65/87 – EzA Nr. 37 zu § 9 KSchG n. F.).

10. Nach § 143 a SGB III ruht der Anspruch auf Arbeitslosengeld, wenn das Arbeitsverhältnis ohne Einhaltung einer der ordentlichen Kündigungsfrist des Arbeitgebers entsprechenden Frist beendet wird. Zum Ruhen des Arbeitslosengeldanspruches kommt es im Allgemeinen daher nur nach einer außerordentlichen Kündigung. Die Regelung ist sehr verwickelt (vgl. *Schaub* ArbR-Hdb., § 23 Rdn. 46 ff; Form. IV. B. 1. Anm. 7). Es bedarf einer ausdrücklichen Regelung in einem Vergleich, wenn eine Abfindung im Kündigungsschutzprozess entgegen § 143 a SGB III nicht um den darauf entfallenden Anteil der Arbeitslosenunterstützung gekürzt werden soll, sondern die auf die Bundesanstalt übergegangenen Ansprüche vom Arbeitgeber getragen werden sollen (BAG NZA 1992, 1081). Macht die Bundesanstalt für Arbeit geltend, ein Teil der zwischen Arbeitnehmer und Arbeitgeber vereinbarten Abfindung für den Verlust des Arbeitsplatzes sei wegen der Gewährung von Arbeitslosengeld auf sie übergegangen, so sind für die gegen den Arbeitnehmer gerichtete Klage auf Zustimmung zur Auszahlung des vom Arbeitgeber hinterlegten Betrags die Gerichte für Arbeitssachen zuständig (BAG AP Nr. 49 zu § 2 ArbGG 1979 = NJW 1997, 2774 = NZA 1997, 1070). Der Anspruch des Arbeitnehmers auf Arbeitsentgelt und Abfindung geht in Höhe des im Ruhenszeitraum bezogenen Arbeitslosengeldes auf die Bundesanstalt für Arbeit über (§ 143 a SGB III, § 115 I SGB X). Wollen Arbeitgeber und Arbeitnehmer im Innenverhältnis von der gesetzlichen Regel der Anrechenbarkeit abweichen, müssen sie dies vereinbaren. Eine allgemeine Ausgleichsklausel in einem Vergleich, den die Parteien im Kündigungsschutzprozess geschlossen haben, reicht dazu nicht aus (Bestätigung von BAG, NZA 1992, 1081 = NJW 1993, 281 L; AP Nr. 9 zu § 115 SGB X = NZA 1997, 376). Der Arbeitgeber ist im Allgemeinen nicht verpflichtet, den Arbeitnehmer über Sperrfristen und Ruhenstatbestände des Arbeitslosengeldes zu belehren (BAG AP Nr. 99 zu § 611 BGB Fürsorgepflicht = NJW 1989, 247 = NZA 1988, 837 = Betr. 1988, 2006).

11. Abfindungsvergleiche werden vor allem auch bei vorzeitiger Pensionierung geschlossen (vgl. *Schaub* ArbR-Formb. § 4 Rdn. 44, § 28 Rdn. 86, 93). Insbesondere sind die Verträge zur Altersteilzeit von Bedeutung.

12. Es kann sich empfehlen noch an folgende Rechtsverhältnisse zu denken: (1) Gewinnbeteiligungen, Tantiemen; (2) Provisionen; (3) Gratifikationen; (4) Werkswohnung;

(5) Darlehen; (6) Diensterfindung; (7) nachvertragliches Wettbewerbsverbot; (8) Betriebsgeheimnisse; (9) Firmenunterlagen; (10) sonstiges Firmeneigentum, Firmenausweise; (11) Zurückbehaltungsrechte; (12) Aufrechnungsverbot; (13) Arbeitsbescheinigung; (14) Kosten des Vergleichs; (15) salvatorische Klausel bei teilweiser Unwirksamkeit.

13. Gelegentlich wird empfohlen, den Arbeitnehmer ein Zeugnis entwerfen zu lassen, um Auseinandersetzungen über die Formulierung zu vermeiden.

17. Klage auf Herausgabe der Arbeitspapiere[1] und Erteilung eines Zeugnisses[2]

An das
Arbeitsgericht

Klage des ...... (volles Rubrum) wegen Herausgabe der Arbeitspapiere und Erteilung eines Zeugnisses

Es wird beantragt, den/die Beklagte(n) zu verurteilen,

I. die Arbeitspapiere des Klägers bestehend aus
1. Lohnsteuerkarte
2. Sozialversicherungs-Ausweis
herauszugeben[3];

II. dem Kläger ein Zeugnis zu erteilen, das sich auf Art und Dauer sowie Führung und Leistung in dem Arbeitsverhältnis erstreckt[4];

III. dem/der Beklagten die Kosten des Rechtsstreits aufzuerlegen.

Begründung:

Der/Die Kläger(in) war vom ...... bis ...... als ...... bei dem/der Beklagten beschäftigt. Nach Beendigung des Arbeitsverhältnisses ist der/die Beklagte verpflichtet, die Arbeitspapiere herauszugeben. Dem/Der Beklagten steht hieran ein Zurückbehaltungsrecht nicht zu. Ferner ist der/die Beklagte verpflichtet, dem/der Kläger(in) ein Zeugnis zu erteilen, das sich auf Art und Dauer sowie Führung und Leistung im Arbeitsverhältnis erstreckt (§ 109 GewO)[5, 6].

Rechtsanwalt

Anmerkungen

1. Vgl. *Schaub* ArbR-Hdb. § 149.

2. Vgl. *Schaub* ArbR-Hdb. § 146.

3. Nach § 2 Abs. 1 Nr. 3e ArbGG sind die Arbeitsgerichte zuständig für bürgerliche Rechtsstreitigkeiten über Arbeitspapiere. Die Herausgabe und vollständige Ausfüllung kann daher vor den Arbeitsgerichten verlangt werden. Umstr. ist, ob auch die Berichtigung von Eintragungen verlangt werden kann. Dies entspr. an sich der Vorstellung des Gesetzgebers (BT-Drucks. 8/2535 S. 34), wird aber in der Lit. zumeist mit der Begründung verneint, es handele sich nicht um eine bürgerlich rechtliche Rechtsstreitigkeit (*Schaub* ArbV-Hdb. § 10 Rdn. 66; *Wenzel* ArbuR 1979, 225; aA. wegen der Zwecksetzung *Grunsky* ArbGG § 2 Rdn. 104). Für die Berichtigung der Arbeitsbescheinigung sind die Sozialgerichte zuständig (BSG v. 12. 12. 1990 – NZA 1991, 696). Zum Sozialversicherungs-Ausweis vgl. *Schaub* ArbR-Hdb. § 134.

4. Die Formulierung des Zeugnisses ist Aufgabe des Arbeitgebers. Gleichwohl wird von großen Anwaltskanzleien gelegentlich empfohlen, den Arbeitnehmer einen Entwurf fertigen zu lassen.

5. Alternative für Berichtigungsantrag[6]: „Der/die Beklagte wird verurteilt, das dem Kläger am ...... ausgehändigte Zeugnis vom ...... in nachfolgenden Punkten zu berichtigen:
1. ......
2. ......

Im Berichtigungsprozess hat der Arbeitnehmer einen konkreten Antrag zu stellen (LAG Düsseldorf Betr. 1973, 1853). Da das Zeugnis ein einheitliches Ganzes ist, kann es u. U. vom Arbeitnehmer vorformuliert werden.

6. Der fristgerecht entlassene Arbeitnehmer hat spätestens mit Ablauf der Kündigungsfrist oder bei seinem tatsächlichen Ausscheiden Anspruch auf ein Zeugnis über Führung und Leistung (BAG AP Nr. 16 zu § 630 BGB = NZA 1987, 628; AP Nr. 21 zu § 630 BGB = NJW 1995, 2373 = NZA 1996, 671). Der Anspruch auf Erteilung eines Zeugnisses war in § 630 BGB, § 113 GewO, § 73 HGB geregelt. Er findet sich jetzt in § 109 GewO idF des dritten Gesetzes zur Änderung der GewO und sonstiger gewerberechtlicher Vorschriften v. 24. 8. 2002 (BGBl. I 3412). Das Zeugnis ist im Allgemeinen auf Firmen-papier zu verfassen (BAG AP Nr. 20 zu § 630 BGB = NZA 1993, 219). Oberster Grundsatz eines Zeugnisses ist, dass der Inhalt der Wahrheit entspricht. Es soll zwar von einem verständigen Wohlwollen für den Arbeitnehmer getragen werden. Die Rücksichtnahme findet dort ihre Schranke, wo sich die Interessen des künftigen Arbeitgebers an die Zuverlässigkeit des Arbeitnehmers aufdrängen (BAG AP Nr. 1 zu § 73 HGB = NJW 1960, 1073). Der Arbeitgeber ist für die Tatsachen beweispflichtig, die der Zeugniserteilung und der darin enthaltenen Bewertung zugrunde liegen (BAG AP Nr. 1 aaO.). Ein vom Arbeitgeber berichtigtes Zeugnis ist auf das ursprüngliche Ausstellungsdatum zurückzudatieren (BAG AP Nr. 19 zu § 630 BGB = NJW 1993, 2196 = NZA 1993, 698). Die Darlegungs- und Beweislast dafür, dass die Nichterteilung, die verspätete Erteilung oder die Erteilung eines unrichtigen Zeugnisses für einen Schaden des Arbeitnehmers ursächlich gewesen ist, liegt beim Arbeitnehmer (BAG AP Nr. 6 zu § 73 HGB = NJW 1968, 1350). Dabei können dem Arbeitnehmer Beweiserleichterungen zu Gute kommen (BAG AP Nr. 12 aaO.). Der Anspruch auf Erteilung eines qualifizierten Zeugnisses unterliegt im Allgemeinen einer tariflichen Verfallfrist (vgl. für § 70 BAT BAG AP Nr. 10 zu § 70 BAT = Betr. 1983, 2043) sowie der Verwirkung (BAG AP Nr. 17 zu § 630 BGB = NJW 1988, 1616 = NZA 1988, 427 = Betr. 1988, 978).

Kosten und Gebühren

Berechnung des Beschwerdewertes: § 64 Abs. 6 ArbGG, §§ 511a, 2ff. ZPO. Berechnung des Gebührenstreitwertes: § 1 Abs. 3 GKG. Bei der Streitwertbemessung werden idR. für die Herausgabe der Arbeitspapiere 150 EUR und für die Erteilung eines Zeugnisses ein Monatsgehalt (*Schaub* ArbR-Hdb. § 146 Rdn. 22; ArbV-Hdb § 48 Rdn. 58) angesetzt. Zum Teil wird der Regelstreitwert für das Zeugnis dann – mit nicht logischer Begründung – für zu hoch gehalten, wenn der Anspruch unstreitig und gelegentlich eines allgemeinen Vergleiches mitgeregelt wird (250 EUR). Im Übrigen vgl. Form. IV. A. 1 bis 3.

C. Anträge und Klagen des Arbeitgebers

1. Klage auf Unterlassung von Wettbewerb vor und nach Beendigung des Arbeitsverhältnisses[1]

An das
Arbeitsgericht

Klage des ...... (volles Rubrum)
wegen Unterlassung von Wettbewerb.
Namens und in Vollmacht des/der Klägers(in) werde ich beantragen zu erkennen:
I. Der/die Beklagte wird verurteilt,
   1. Wettbewerb zum Nachteil des/der Kläger(in), insbesondere den Vertrieb nachfolgender Gegenstände ...... im Bezirk ...... zu unterlassen[2, 3].
   2. Die Arbeit bei der Firma ...... einzustellen.
II. Der/Die Beklagte trägt die Kosten des Rechtsstreits.

Begründung:

Der/Die Kläger(in) betreibt ein Unternehmen für ...... Sie stellt her/vertreibt nachfolgende Gegenstände ...... Die Einzelheiten des Produktions- und Vertriebsprogramms ergeben sich aus anliegender Preisliste.
Der/Die Beklagte wurde am ...... als ...... eingestellt.

Beweis: Anliegender Arbeitsvertrag

Im Arbeitsvertrag ist eine Kündigungsfrist von ...... zum ...... vereinbart. Gleichwohl hat der/die Beklagte am ...... zum ...... ordentlich/außerordentlich gekündigt. Gründe für eine außerordentliche Kündigung bestehen nicht. Hierfür ist der/die Beklagte darlegungs- und beweispflichtig.
Am ...... ist der/die Beklagte in die Dienste der Firma ...... getreten. Die Firma ...... steht mit dem/der Kläger(in) in Konkurrenz. Das Produktions- und Vertriebsprogramm der Firma ergibt sich aus anliegender Angebotsliste.
Das Produktions- und Vertriebsprogramm ist namentlich wegen folgender Gegenstände gleich ....
Da die ordentliche Kündigungsfrist des/der Beklagten noch bis zum ...... läuft, ist der/die Beklagte zur Unterlassung von Wettbewerb und mithin zur Einstellung der Arbeit verpflichtet[4, 5].
Der/Die Kläger(in) hat aber auch für die Zeit nach Beendigung des Arbeitsverhältnisses ein Wettbewerbsverbot geschlossen und dieses dem/der Beklagten ausgehändigt (§ 74 Abs. 1 HGB). Das Wettbewerbsverbot ergibt sich aus dem als Anlage ...... zur Klageschrift eingereichten Arbeitsvertrag.
Der/Die Beklagte ist daher auch für die Zeit nach Beendigung des Arbeitsverhältnisses zur Unterlassung von Wettbewerb verpflichtet.[6]

Rechtsanwalt

Anmerkungen

1. *Schaub* ArbR-Hdb. §§ 57, 58; ArbR-Formb.; § 4 I Beck'sches Formularbuch des Bürgerlichen, Handels- und Wirtschaftsrechts/*Schaub* Form. III. F. 2 § 16.

2. Alternative: Der/die Beklagte wird verurteilt, dem/der Kläger(in) eine Vertragsstrafe in Höhe von ...... EUR nebst Zinsen in Höhe von 5 Prozentpunkten über dem Basiszinssatz seit dem ...... (Verzugsbeginn/Rechtshängigkeit) zu zahlen.

Alternative: Der/die Beklagte wird verurteilt, dem/der Kläger(in), ... EUR nebst 9,26% Zinsen für den Zeitraum ab Verzugsbeginn/Rechtshängigkeit sowie 9,26% Zinsen für die Zeit ab dem 1. 9. 2000 bis zu dem Tag der Antragstellung und ...... zu zahlen.

Die Alternative zwei zählt die Zinszeiträume auf. Gegen die erste Alternative wird gelegentlich eingewandt, sie sei nicht hinreichend bestimmt. *Schaub* ArbR-Hdb § 71 Rdn. 8 b.

Zur Vertragsstrafe: *Schaub* ArbR-Hdb. § 58 Rdn. 105 ff.; auch § 60.

3. Wird bei einem Wettbewerbsverbot rechtskräftig festgestellt, dass eine Unterlassungspflicht bestand, so ist in dem folgenden Schadensersatzprozess davon auszugehen, dass ein Verstoß gegen die Unterlassungspflicht rechtswidrig war (BAG AP Nr. 1 zu § 268 ZPO = NJW 1967, 1876; AP Nr. 22 zu § 74 HGB). Läuft während des Rechtsstreits die Verbotsfrist ab, so ist eine Verurteilung zur Unterlassung ausgeschlossen. Indes kann noch in der Revisionsinstanz eine Änderung der Unterlassungsklage in eine Feststellungsklage erfolgen, wenn hieran ein besonderes Feststellungsinteresse besteht (BAG AP Nr. 20 zu § 133 f. GewO; AP Nr. 22 zu § 74 HGB). UU. ist die Erledigung der Hauptsache eingetreten.

4. Das Wettbewerbsverbot folgt für kaufm. Angestellte aus § 60 HGB, für sonstige Angestellte aus der Treuepflicht (BAG AP Nr. 7 zu § 611 BGB Treuepflicht; AP Nr. 8 aaO. = NJW 1977, 646). In einer Entscheidung hat das BAG § 60 HGB auch auf sonstige Angestellte entsprechend angewandt.

5. Grundsätzlich kann der Arbeitgeber keine Unterlassung anderweitiger Beschäftigung verlangen. Indes kann er die Unterlassung von Wettbewerb begehren.

6. Wegen des nachvertraglichen Wettbewerbsverbotes hat das BAG die §§ 74 ff. HGB für sonstige Angestellte entsprechend angewandt. Aus § 110 GewO ergibt sich jetzt die entsprechende Anwendung.

Kosten und Gebühren

Vgl. Form. IV. A. 2–3. Der Streitwert für das Unterlassungsbegehren richtet sich nach dem Interesse des Klägers.

2. Schadensersatzklage des Arbeitgebers (Verkehrsunfall)[1]

An das
Arbeitsgericht

Klage des ...... (volles Rubrum)

wegen Schadensersatzes aus Verkehrsunfall.

Namens und in Vollmacht des Klägers werde ich beantragen zu erkennen:

I. Der/Die Beklagte wird verurteilt, ... EUR nebst Zinsen in Höhe von 5 Prozentpunkten über dem Basiszinssatz seit dem ...... an den Kläger zu zahlen.
II. Der/Die Beklagte trägt die Kosten des Rechtsstreits.

Begründung:

Der Kläger betreibt ein Speditionsunternehmen. Der/Die Beklagte war bei dem Kläger vom ...... bis ...... als Kraftfahrer(in) beschäftigt. Er/Sie verdiente zuletzt ...... DM. Am ...... befuhr der/die Beklagte mit dem dem Kläger gehörenden LKW Marke ......, Pol.-KZ. ......, die Straße ......von ...... nach .... In Höhe von Straßenkilometer ...... kam der/die Beklagte mit dem von ihm/ihr gelenkten LKW von der Straße ab und stürzte die Böschung herunter. Irgendwelche Gründe außerhalb des Verhaltens des/der Beklagten hierfür sind nicht ersichtlich[2]. Die Straße ist an der Unfallstelle gerade, mit Asphalt belegt; es herrschten gute Sichtverhältnisse. Zur Unfallzeit war es trocken.

Beweis: Unfallbericht der Polizeidienststelle ......

Der/Die Beklagte hat den Unfall mit schwerem Verschulden herbeigeführt[3–5]. Dies folgt aus ......
Infolge des Unfalls sind dem Kläger nachfolgende Schäden entstanden:
1. Kosten des LKW's bzw. Reparaturkosten,
2. Abschleppkosten,
3. Kosten des Sachverständigen,
4. Verdienstausfall.

Rechtsanwalt

Anmerkungen

1. Nach § 280 BGB kann der Gläubiger Ersatz des entstehenden Schadens verlangen, wenn der Schuldner seine Pflicht aus dem Schuldverhältnis verletzt. Schadensersatzklagen sind fast ausnahmslos nach dem gleichen Muster aufgebaut:
a) Haftungsbegründender Tatbestand (unerlaubte Handlung, verschuldete Vertragsverletzung),
b) Haftungsbegründender Kausalzusammenhang,
c) Schaden,
d) Haftungsausfüllende Kausalität und
e) Schadenshöhe.

Die Tatbestandsmerkmale von a–c sind nach § 286 ZPO, die nach d, e nach § 287 ZPO nachzuweisen (BAG AP Nr. 1 zu § 282 BGB Vertragsverletzung; AP Nr. 48, 58 zu § 611 BGB Haftung des Arbeitnehmers).

Macht der Kläger einen Teilbetrag aus mehreren selbstständigen Ansprüchen geltend, so bedarf es einer Abgrenzung der verschiedenen Ansprüche. Diese kann entweder dadurch erfolgen, dass der Kläger Teilbeträge der einzelnen Ansprüche bezeichnet, die zusammen den Betrag des Klageantrages ausmachen, oder dass er die einzelnen Ansprüche unter Bezifferung eines jeden derart in ein Abhängigkeitsverhältnis zueinander bringt, dass der eine Anspruch als Hauptanspruch und die übrigen in genau anzugebender Reihenfolge als Hilfsansprüche geltend gemacht werden (BAG AP Nr. 90 zu § 611 BGB Haftung des Arbeitnehmers = NZA 1988, 200).

2. Im Schuldrecht muss der Schuldner sich exculpieren bei Vertragsverletzungen. Durch das Schuldrechtsmodernisierungsgesetz ist § 619a BGB eingefügt worden. Abweichend von § 280 Abs. 1 BGB hat der Arbeitnehmer dem Arbeitgeber Ersatz für den aus der Verletzung einer Pflicht aus dem Arbeitsverhältnis entstehenden Schaden nur zu leisten, wenn er die Pflichtverletzung zu vertreten hat. Auch im Arbeitsrecht gelten die

Grundsätze des Anscheinsbeweises (*Schaub* ArbV- Hdb. § 35 Rdn. 20). Indes kann hieraus nicht auf grobes Verschulden geschlossen werden (BAG AP Nr. 5 zu § 282 BGB = NJW 1967, 269; AP Nr. 42 zu § 611 BGB Haftung des Arbeitnehmers = NJW 1968, 1799; *Schaub* ArbR-Hdb. § 52 Rdn. 39; ArbV-Hdb. § 35 Rdn. 23).

3. Das Haftungsrecht des Arbeitnehmers ist durch Entscheidungen des BAG wiederholt geändert worden. (1) Schon in der Rspr. des RG und des RAG war anerkannt, dass die Regelung des BGB für die Haftung des Arbeitnehmers zu weitgehend sei. Das BAG GS ist alsdann davon ausgegangen, dass die Haftung des Arbeitnehmers in den Fällen der gefahrgeneigten Arbeit eingeschränkt ist. Eine gefahr- oder schadensgeneigte Arbeit ist dann gegeben, wenn die Eigenart der vom Arbeitnehmer zu leistenden Arbeit es mit großer Wahrscheinlichkeit mit sich bringt, dass auch dem sorgfältigen Arbeitnehmer gelegentlich Fehler unterlaufen, die für sich allein betrachtet zwar jedes mal vermeidbar waren, mit denen aber angesichts der menschlichen Unzulänglichkeit als mit einem typischen Abirren der Dienstleistung erfahrungsgemäß zu rechnen ist (BAG GS AP Nr. 4 zu §§ 898, 899 RVO = NJW 1958, 235, 1086; AP Nr. 26 zu § 611 BGB Haftung des Arbeitnehmers; AP Nr. 78 aaO. = NJW 1976, 1229). (2) Im Rahmen des innerbetrieblichen Schadensausgleichs bei gefahrgeneigter Arbeit hatte nach älterer Rechtsprechung der Arbeitnehmer den ganzen Schaden zu ersetzen, wenn ihm Vorsatz oder grobe Fahrlässigkeit zur Last fällt; bei mittlerer (einfacher) Fahrlässigkeit war der Schaden in angemessenem Umfang zwischen Arbeitgeber und Arbeitnehmer zu verteilen; bei leichter Fahrlässigkeit trug der Arbeitgeber den Schaden allein. (3) Für die Entscheidung von Schadensersatzprozessen war vorübergehend der 7. Senat des BAG zuständig. Dieser hat entschieden, dass es auf eine Unterscheidung zwischen leichter und mittlerer Fahrlässigkeit nicht ankomme, da das vom Arbeitgeber in entsprechender Anwendung des § 254 BGB zu tragende Betriebsrisiko die Haftung des Arbeitnehmers für Schäden ausschließt, die in Ausübung gefahrgeneigter Arbeit weder vorsätzlich noch grob fahrlässig verursacht worden sind (BAG AP Nr. 82 zu § 611 BGB Haftung des Arbeitnehmers = NJW 1983, 1693 = EzA Nr. 14 zu § 611 BGB Gefahrgeneigte Arbeit; AP Nr. 84 aaO. = NJW 1984, 2488 = Betr. 1984, 1482). Für die Entscheidung von Schadensersatzprozessen war beim BAG erneut der 3. Senat zuständig geworden. Dieser hat wegen der grundsätzlichen Bedeutung einer Rechtssache den Gr. Senat angerufen. Im Ausgangsfall war eine Kinderkrankenschwester einem Säugling zum Schadensersatz verpflichtet worden, weil sie ihn hatte fallen lassen. Sie begehrte von ihrem Arbeitgeber Freistellung von der Schadensersatzverpflichtung, weil sie allenfalls leicht fahrlässig gehandelt habe (BAG AP Nr. 86 zu § 611 BGB Haftung des Arbeitnehmers = NJW 1986, 954 = Betr. 1985, 497, 2562). Die Anfrage an den Gr. Sen. hat sich erledigt, weil der Arbeitgeber die Erstattungsansprüche außergerichtlich anerkannt hat. Darauf haben die Parteien des Ausgangsverfahrens die Hauptsache für erledigt erklärt und der Arbeitgeber hat die Pflicht zur Kostenerstattung anerkannt (BAG AP Nr. 86 b zu § 611 BGB Haftung des Arbeitnehmers = NJW 1988, 990 = NZA 1988, 259). (4) Die Zuständigkeit für Schadensersatzprozesse ist auf den 8. Sen. des BAG übergegangen. Dieser hat entschieden: Schäden, die ein Arbeitnehmer bei gefahrgeneigter Arbeit nicht grob fahrlässig verursacht, sind bei normaler Schuld (auch normale, leichte oder mittlere Fahrlässigkeit oder mittleres Verschulden genannt) in aller Regel zwischen Arbeitgeber und Arbeitnehmer zu teilen, wobei die Gesamtumstände von Schadensanlass und Schadensfolgen nach Billigkeitsgrundsätzen und Zumutbarkeitsgesichtspunkten gegeneinander abzuwägen sind (BAG AP Nr. 93 zu § 611 BGB Haftung des Arbeitnehmers = NJW 1988, 2816 = NZA 1988, 579). Er ist damit zur Rspr. des BAG GS (unter (1)) zurückgekehrt. Er hat aber zunächst ausdrücklich offengelassen, ob die Haftung des Arbeitnehmers nicht allgemein, also unabhängig von der gefahrgeneigten Tätigkeit eingeschränkt sei. (5) Seit Beginn der 70er Jahre ist in Rspr. und Schrifttum umstr., ob ein Arbeitgeber gehalten ist, Kraftfahrzeuge kasko zu versichern. Hierzu hat der 8. Sen. in einer weiteren Entscheidung ausge-

führt (BAG AP Nr. 92 zu § 611 BGB Haftung des Arbeitnehmers = NJW 1988, 2820 = NZA 1988, 584): *(5.1)* Der Arbeitgeber ist gegenüber dem Arbeitnehmer, der ein betriebseigenes Kraftfahrzeug zu führen hat, nicht verpflichtet, eine Kraftfahrzeugkaskoversicherung abzuschließen, wenn sich dies nicht aus dem Arbeitsvertrag oder den das Arbeitsverhältnis gestaltenden normativen Bestimmungen ergibt. *(5.2)* Haftet der Arbeitnehmer, der als Fahrer eines Kraftfahrzeugs seines Arbeitgebers einen Unfall verschuldet hat, nach den Grundsätzen über den innerbetrieblichen Schadensausgleich (4) für den an dem Kraftfahrzeug des Arbeitgebers entstandenen Schaden anteilig, so kann bei Abwägung aller für den Haftungsumfang maßgebenden Umstände zu Lasten des Arbeitgebers ins Gewicht fallen, dass dieser für das Unfallfahrzeug keine Kaskoversicherung abgeschlossen hat. Dies kann dazu führen, dass der Arbeitnehmer nur in Höhe der Selbstbeteiligung haftet, die bei Abschluss einer Kaskoversicherung zu vereinbaren gewesen wäre. Unentschieden hat der Senat gelassen, ob die Haftung summenmäßig zu begrenzen ist. (6) In einer weiteren Entscheidung hat der 8. Senat schließlich ausgeführt, dass in den Fällen gefahrgeneigter Arbeit auch bei grober Fahrlässigkeit des Arbeitnehmers eine Schadensquotelung vorgenommen werden könne, wenn der Verdienst des Arbeitnehmers in einem deutlichen Missverhältnis zum Schadensrisiko stehe (BAG AP Nr. 97 zu § 611 BGB Haftung des Arbeitnehmers = NJW 1990, 468 = NZA 1990, 97). Schließlich hat der 8. Senat erneut den Gr. Sen. zu der Frage angerufen, ob die Haftung des Arbeitnehmers unabhängig von den Fällen der gefahrgeneigten Arbeit eingeschränkt werden könne (BAG AP Nr. 98 zu § 611 BGB Haftung des Arbeitnehmers = NZA 1990, 95 = BB 1990, 64 = DB 1989, 2173). Der Gr. Sen. des BAG hat am 27. 9. 1994 entschieden: Die Grundsätze über die Beschränkung der Arbeitnehmerhaftung gelten für alle Arbeiten, die durch den Betrieb veranlasst sind und auf Grund eines Arbeitsverhältnisses geleistet werden, auch wenn diese Arbeiten nicht gefahrgeneigt sind (BAG GS NZA 1994, 1083 = BB 1994, 2205 = DB 1994, 2237). Damit wird in allen Fällen der Arbeitnehmerhaftung nach dem Grad des Verschuldens gequotelt werden. Die Gefahrneigung wird im Rahmen der Quotelung von Belang bleiben. Eine Haftungsbeschränkung wird jedoch nur bei Arbeiten eingreifen, die durch den Betrieb veranlasst sind; nicht erfasst werden im Allgemeinen die Fälle der Unmöglichkeit und des Verzuges. Eine Ausnahme kann im Falle des Irrtums bestehen. Das BAG fasst den Begriff der betrieblichen Tätigkeit sehr weit. So hat es auch eine Flugbegleiterin teilweise von der Haftung freigestellt, die ihren Reisepass vergessen hatte und damit eine Einreisestrafe gegen ihre Fluggesellschaft ausgelöst hat (BAG AP Nr. 106 zu § 611 BGB Haftung des Arbeitnehmers = NJW 1995, 3204 = NZA 1995, 565). (7) Das Haftungssystem hat vor allem Bedeutung für *(7.1)* Schadensersatzansprüche des Arbeitgebers gegen den Arbeitnehmer, *(7.2)* Freistellungsansprüche des Arbeitnehmers gegen den Arbeitgeber, wenn der Arbeitnehmer von Dritten in Anspruch genommen wird, *(7.3)* Aufwendungsersatzansprüche des Arbeitnehmers gegen den Arbeitgeber, wenn der Arbeitnehmer sein Kraftfahrzeug im Interesse des Arbeitgebers einsetzt (vgl. BAG AP Nr. 6 zu § 611 BGB Gefährdungshaftung), *(7.4)* bei der Haftungsbeschränkung im Rahmen der Mankohaftung (*Schaub* ArbR-Hdb. § 52 Rdn. 100).

4. Bei Zusammentreffen gefahrgeneigter Arbeit und eines Mitverschuldens des Arbeitgebers wird zunächst nach § 254 BGB gequotelt, alsdann nach den Grundsätzen gefahrgeneigter Arbeit (BAG AP Nr. 61 zu § 611 BGB Haftung des Arbeitnehmers).

5. Der Arbeitgeber trägt die Darlegungs- und Beweislast für alle Tatbestandsvoraussetzungen der Haftung des Arbeitnehmers. In § 619 a BGB ist die Beweislast noch einmal ausdrücklich geregelt.

Kosten und Gebühren

Vgl. Form. IV. A. 2–3.

3. Schadensersatzklage des Arbeitgebers (Mankohaftung)[1]

An das
Arbeitsgericht

Klage des ...... (volles Rubrum)

wegen Schadensersatzes aus Mankohaftung.

Namens und in Vollmacht des Klägers werde ich beantragen zu erkennen:

I. Der/die Beklagte wird verurteilt, ... EUR nebst Zinsen in Höhe von 5 Prozentpunkten über dem Basisszinssatz seit dem ...... an den Kläger zu zahlen.

II. Der/die Beklagte trägt die Kosten des Rechtsstreits.

Begründung:

Der/die ...... Jahre alte, led./verh. Beklagte wurde am ...... als ...... eingestellt.

Beweis: Anliegender Arbeitsvertrag.

Dem/der Beklagten wurde die Führung der ...... Kasse übertragen. Der/die Beklagte hatte als einzige(r) Zugriff zur Kasse[2].
Daneben hatte der/die Beklagte die Kassengeschäfte zu verbuchen. Die Kasseneinnahmen hatte der/die Beklagte jeweils zu quittieren. Am ...... wurde eine Kassenprüfung vorgenommen. Bei dieser Überprüfung haben Ist- und Sollbestand der Kasse übereingestimmt. Vom ...... bis ...... sind ...... EUR zur Kasse verbracht worden. Die jeweils von dem/der Beklagten quittierten Beträge ergeben sich aus anliegender Aufstellung:

Beweis: Aufstellung der Kasseneinnahmen; Quittungen.

Am ...... wurde erneut eine Kassenprüfung vorgenommen. Bei dieser Überprüfung ergab sich ein Kassenfehlbestand in Höhe von ...... EUR. Diesen ist der/die Beklagte zu erstatten verpflichtet.

Rechtsanwalt

Anmerkungen

1. *Schaub* ArbR-Hdb. § 52 Rdn. 100; *ders.* ArbV-Hdb. § 97 Rdn. 44.

2. Der Arbeitgeber hat darzulegen und zu beweisen,

a) dass das Manko durch eine pflichtwidrige Handlung des Arbeitnehmers entstanden ist; der Nachweis kann durch Beweis des alleinigen Zugriffsrechtes des Arbeitnehmers geführt werden (BAG AP Nr. 67 zu § 611 BGB Haftung des Arbeitnehmers). Der Zugang Dritter ist dann unschädlich, wenn durchgreifende Zweifel bestehen, dass diese die fehlenden Gelder oder Waren entnommen haben (BAG AP Nr. 49 aaO.).

b) Bestand und Höhe des Mankos (§§ 667, 280, 282 BGB). Ist dem Arbeitnehmer auch die Buchführung übertragen, muss er diese gegen sich gelten lassen (BAG AP Nr. 49, 64, 67 zu § 611 BGB Haftung des Arbeitnehmers; AP Nr. 3 zu § 56 ZPO; AP Nr. 2

zu § 308 ZPO). Weitergehende Zugänge hat der Arbeitgeber, darüber hinausgehende Abgänge der Arbeitnehmer zu beweisen (BAG AP Nr. 4, 32 aaO.). Sind vorstehende Beweise erbracht, muss der Arbeitnehmer nachweisen, dass das Manko eine andere Ursache als sein Fehlverhalten hat.

c) Ein Vertrag über eine vertragliche Mankohaftung ohne besondere Vergütung ist unwirksam (BAG AP 3 zu § 611 BGB Mankohaftung). Auch bei der gesetzlichen Haftung gelten die Grundsätze der Haftungsbeschränkung (BAG AP 2 zu § 611 BGB Mankohaftung = NZA 99, 141).

Hat der Arbeitnehmer nicht den alleinigen Zugriff zum Kassen- oder Warenbestand, muss im Einzelnen die schuldhafte Schlechtleistung dargelegt und bewiesen werden.

Kosten und Gebühren

Vgl. Form. IV. A. 2–3.

4. Schadensersatzklage des Arbeitgebers wegen Vertragsbruch des Arbeitnehmers

An das
Arbeitsgericht

Klage

des ...... (volles Rubrum)

wegen Schadensersatz bei Vertragsbruch[1].

Namens und in Vollmacht des Klägers werde ich beantragen zu erkennen:

I. Der/Die Beklagte wird verurteilt, ... EUR nebst Zinsen in Höhe von 5 Prozentpunkten über dem Basiszinssatz seit dem ...... an den Kläger zu zahlen.

II. Der/Die Beklagte trägt die Kosten des Rechtsstreits.

Begründung:

Der/Die Beklagte wurde am ...... als ...... eingestellt.

Beweis: Arbeitsvertrag vom ......, Anlage 1.

Der/Die Beklagte hat die Arbeit nicht angetreten/hat die Arbeit am ...... ohne Einhaltung einer Kündigungsfrist verlassen. Rechtfertigende Gründe für den Nichtantritt der Arbeit oder das vorzeitige Verlassen der Arbeitsstelle standen dem/der Beklagten nicht zu. Am ...... hat der/die Kläger(in) den/die Beklagte noch einmal zur Arbeit aufgefordert. Dieser Aufforderung hat der/die Beklagte nicht Folge geleistet[2].
Infolge des Vertragsbruches hat der/die Kläger(in) für folgende Arbeitnehmer Überstunden anordnen müssen: ...... Durch die Anordnung der Überstunden sind folgende Kosten erwachsen: .... Dagegen hätte der/die Beklagte in dieser Zeit nur ...... EUR verdient. Diesen Schaden muss der/die Beklagte ersetzen[3].
Der/Die Klägerin hat ein Zeitungsinserat aufgegeben, um für den/die Kläger(in) eine Ersatzkraft einzustellen. Dieses Zeitungsinserat hat gekostet ...... EUR.

Beweis: Rechnung der Zeitung ...... Anlage [2].

Auch zum Ersatz dieser Kosten ist der/die Beklagte verpflichtet.

Rechtsanwalt

Anmerkungen

1. Im Falle der Nichtleistung der Arbeit, also wenn der Arbeitnehmer die Arbeit verspätet aufnimmt, überhaupt nicht beginnt, nach einer berechtigten Unterbrechung verspätet oder überhaupt nicht mehr aufnimmt oder vorzeitig einstellt oder mit seiner Arbeitskraft zurückhält, können für den Arbeitgeber folgende Rechte erwachsen: (1) Erfüllungsansprüche; es ist also auf Arbeitsleistung zu klagen (vgl. aber § 888 ZPO), (2) Zurückbehaltungsrechte und Einreden wegen der Arbeitsvergütung; (3) ordentliche oder außerordentliche Kündigungsrechte (vgl. aber IV. B. 5., 11.); (4) Schadensersatzansprüche; (5) Vertragsstrafenansprüche, wenn Vertragsstrafen vereinbart worden sind. Die Vereinbarung ist rechtswirksam (BAG AP Nr. 9 zu § 339 BGB = NJW 1985, 91 = NZA 1984, 255). Nach § 309 Nr. 6 BGB ist die Vereinbarung von Vertragsstrafen in allgemeinen Vertragsbedingungen unwirksam. Ob dies auch für das Arbeitsrecht gilt, ist umstritten (*Schaub* ArbR-Hdb. § 31 Rdn. 7ff., § 60 Rdn. 4). Dagegen ist im Allgemeinen nicht mehr von einer Verwirkung der Urlaubsansprüche auszugehen. Schließlich kann der Arbeitnehmer aus der Krankenkasse abgemeldet werden (vgl. dazu §§ 190ff. SGB V).

2. Eine Schadensersatzklage wegen Vertragsbruches setzt Darlegungen voraus a) über die Vertragsverletzung, b) Verschulden, c) den Kausalzusammenhang zwischen Vertragsverletzung und Schaden und d) Schaden.

3. Der Arbeitnehmer ist zum Ersatz des Schadens verpflichtet, der infolge der Vertragsverletzung erwachsen ist. Der Umfang des zu ersetzenden Schadens bestimmt sich nach §§ 249ff. BGB. Zu ersetzen können also entgangener Gewinn, Mehraufwendungen für den Einsatz anderer Arbeitnehmer, Aufwendungen für die Einrichtung des Arbeitsplatzes (BAG AP Nr. 10 zu § 276 BGB Vertragsbruch = Betr. 1984, 2701), Kosten wegen des Maschinenstillstandes und Konventionalstrafen des Arbeitgebers bei seiner verspäteten Leistung sein. Ein Ersatzanspruch wegen der Aufgabe von Inseraten wird im Allgemeinen nicht in Betracht kommen. Nach der Rechtsprechung sind nur solche Schäden zu ersetzen, die bei Einhaltung einer ordentlichen Kündigungsfrist vermeidbar gewesen wären. Ersatzpflichtig ist also nur der sog. Verfrühungsschaden (BAG AP Nr. 6 zu § 276 BGB Vertragsbruch; AP Nr. 7 aaO. = NJW 1981, 2430 = Betr. 1981, 1832; AP Nr. 8 aaO. = NJW 1984, 2846). Aber auch bei dem ersetzbaren Verfrühungsschaden sind Inseratskosten nur in angemessenem Umfang ersatzpflichtig.

5. Antrag des Arbeitgebers an Behörden auf Zustimmung zur Kündigung

An das
Integrationsamt[1–4]

Antrag auf Zustimmung zur außerordentlichen/ordentlichen/Änderungs-/Kündigung des schwerbehinderten Menschen/Gleichgestellten ......, geb. am ...... wohnhaft in ....

Der schwerbehinderte Mensch/Gleichgestellte ist led./verh./verw./gesch. und für ...... Kinder unterhaltspflichtig. Er hat einen Grad der Behinderung von ...... v.H.

Der Grad der Behinderung ist (nicht) nachgewiesen durch .... Ein Antrag auf Anerkennung des Grades der Behinderung ist beim Versorgungsamt ...... gestellt.

Der schwerbehinderte Mensch ist von Beruf .... Er wurde am ...... eingestellt und zuletzt zu einem Verdienst von ...... EUR beschäftigt. Die außerordentliche/ordentliche/Änderungs-/Kündigung soll mit einer gesetzlichen/tariflichen/vereinbarten Kündigungsfrist zum ...... erfolgen. Die Kündigung ist notwendig, weil ....
Der/die Antragsteller(in) beschäftigt ...... Arbeitnehmer. Die Pflichtzahl beträgt mithin ...... [5]. Es werden ...... schwerbehinderte Menschen/Gleichgestellte beschäftigt; darunter sind ...... schwerstbehinderte Menschen, die nach Art oder Schwere ihrer Behinderung im Arbeits- und Berufsleben besonders betroffen sind (§ 72 SGB IX). Ferner werden ...... Inhaber von Bergmannsversorgungsscheinen beschäftigt[6].
Für weitere Auskünfte steht der Sachbearbeiter ...... zur Verfügung. Beauftragter des Arbeitgebers für Angelegenheiten schwerbehinderter Menschen ist ...... Vertrauensmann der schwerbehinderter Menschen ist .... Der Betriebsratsvorsitzende heißt ......
Die Stellungnahme des Betriebsrates und der Schwerbehindertenvertretung ist beigefügt[7].
Anlage: Stellungnahme des Betriebsrates. Der Betriebsrat hat in seiner Sitzung vom ...... beschlossen, den Antrag auf Zustimmung zur Kündigung des schwerbehinderten Menschen/Gleichgestellten ...... (nicht) zu unterstützen, weil ....
Anlage: Stellungnahme der Schwerbehindertenvertretung[8].
Es wird beantragt, dem Antrag vom ...... zur Kündigung des schwerbehinderten Menschen/Gleichgestellten ...... (nicht) stattzugeben, weil ....

Anmerkungen

1. Weitere Anzeigen und Anträge kommen in Betracht nach
a) § 17 KSchG,
b) § 9 MuSchG,
c) § 18 BErzGG.

2. Für Anträge nach § 17 KSchG werden zweckmäßig die Formblätter der BAnstArb. verwandt. Deren Verwendung ist zwar nicht zwingend, aber zweckmäßig, weil verschiedene Arbeitsämter die Anträge zurückgeben, wenn sie nicht auf Formblatt erfolgen. Dies mag unzulässig sein. Auseinandersetzungen führen jedoch zu vermeidbaren Verzögerungen. Lediglich der Inhalt der Anzeigen ist gesetzlich vorgeschrieben (vgl. *Schaub* ArbR-Formb. § 9 I). Auch die Integrationsämter haben zumeist Formblätter.

3. Zum Antrag nach § 9 MuSchG: *Schaub* ArbR-Formb. § 9 III.

4. Zum Bestandsschutz *Schaub* ArbR-Hdb. § 179.

5. Vgl. *Schaub* ArbR-Hdb. § 178 Rdn. 32.

6. Vgl. § 75 Abs. 3 SGB IX; dazu *Schaub* ArbR-Hdb. § 180.

7. Vor Ausspruch der Kündigung ist der Betriebsrat zu hören (§ 102 BetrVG). Das Anhörungsverfahren kann bereits vor Abschluss des Zustimmungsverfahrens eingeleitet werden (BAG AP Nr. 6 zu § 12 SchwbG = NJW 1980, 1918; AP Nr. 2 zu § 18 SchwbG; AP Nr. 23 zu § 102 BetrVG 1972). Die Integrationsämter verlangen im Allgemeinen die Beifügung der Stellungnahme des Betriebsrats. Der Antrag auf Zustimmung zur außerordentlichen Kündigung kann nur binnen einer Frist von zwei Wochen gestellt werden (§ 91 Abs. 2 SGB IX, § 626 Abs. 2 BGB). Umstritten ist, ob auch die Anhörung des Betriebsrats innerhalb von zwei Wochen erfolgen muss oder ob die Anhörung nachgeholt werden kann, wenn die Hauptfürsorgestelle zustimmt oder sich verschweigt (§ 91 Abs. 3 SGB IX). Nach richtiger, aber noch nicht vom BAG bestätigter Auffassung, wird die Anhörung (§ 102 BetrVG) unverzüglich nach Zustimmung oder Ablauf der Zwei-Wochenfrist nachgeholt werden können, da die Anhörung nicht fristgebunden ist und der Standpunkt vertreten werden kann, dass vor Kündigung überhaupt feststehen muss, ob der Arbeitgeber kündigen kann.

8. Vgl. § 95 SGB IX; dazu *Schaub* ArbR-Hdb. § 178 Rdn. 70.

Kosten und Gebühren

Die Anträge auf Zustimmung zur Kündigung (Anm. 1) sind gebührenfrei (§ 64 SGB X). Soweit der Widerspruch gegen die Entscheidung erfolgreich ist, hat der Rechtsträger, dessen Behörde den angefochtenen Verwaltungsakt erlassen hat, demjenigen der Widerspruch erhoben hat, die zur zweckentsprechenden Rechtsverfolgung oder Rechtsverteidigung notwendigen Aufwendungen zu erstatten. Einzelheiten: § 63 SGB X.

6. Klage des Arbeitgebers wegen Widerrufs eines Ruhegeldes auf Grund wirtschaftlicher Notlage[1]

Klage

der Firma ...... Klägerin

Prozessbevollmächtigter: Rechtsanwalt......

gegen
1. den/die kfm. Angestellten/Arbeiter ......
2. den Pensionssicherungsverein, Versicherungsverein auf Gegenseitigkeit (PSVaG),

Beklagte

wegen Widerrufs eines Ruhegeldes infolge wirtschaftlicher Schwierigkeiten.
Namens und mit Vollmacht der Klägerin erhebe ich Klage und werde beantragen zu erkennen:

I. Es wird festgestellt, dass der Widerruf der betrieblichen Altersversorgung vom ...... gegenüber dem/der Beklagten zu 1) ...... gerechtfertigt ist[2].
II. Die Beklagten tragen die Kosten des Rechtsstreits.

Begründung:

Der/Die Beklagte zu 1) war vom ...... bis zu seiner/ihrer Versetzung in den Ruhestand am ...... bei der Klägerin beschäftigt[3]. Die Klägerin hat dem/der Beklagten zu 1) eine Versorgungszusage erteilt, deren Einzelheiten sich aus anliegendem Versorgungsvertrag ergeben. Seit der Versetzung in den Ruhestand bezieht der/die Beklagte zu 1) von der Klägerin[4] ein betriebliches Ruhegeld in Höhe von monatlich ...... EUR. Die Klägerin ist zur Weitergewährung des Ruhegeldes nicht mehr in der Lage[5]. Sie hat es daher aus wirtschaftlichen Gründen widerrufen.
Die Klägerin hat dem Beklagten zu 2) am ...... Mitteilung von der Erteilung einer Versorgungszusage an den/die Beklagte zu 1) gemacht. Am ...... hat sie den Beklagten zu 2) unter Vorlage der Bilanzen informiert, dass sie[6] zur Weiterzahlung der Ruhegelder nicht in der Lage ist. Der Beklagte zu 2) hat die Voraussetzungen eines Sicherungsfalles (§ 7 Abs. 1 S. 4 BetrAVG) zu Unrecht verneint. Nach der Rspr. des BAG ist die Klägerin daher gehalten, sowohl den Pensionär[7] als auch den Beklagten zu 2) vor den Gerichten für Arbeitssachen auf Feststellung zu verklagen, dass der Widerruf des Ruhegeldes aus wirtschaftlichen Gründen gerechtfertigt ist[8]. Das BAG will damit sicherstellen, dass der Ruheständler entweder von der zusagenden Firma oder dem Beklagten zu 2) Ruhegeld erhält.

Der Widerruf, der im Übrigen in der Versorgungszusage vorbehalten ist, ist aus wirtschaftlichen Gründen gerechtfertigt ......[9].

Rechtsanwalt

Anmerkungen

1. *Schaub* ArbR-Hdb. § 81 Rdn. 335ff.; 493ff. Arbeitnehmer und Pensionssicherungsverein sind Streitgenossen (BAG AP Nr. 33 zu § 36 ZPO = Betr. 1984, 400 = BB 1984, 409). Es ist zweifelhaft, ob das Form. noch von großer Bedeutung ist. In § 7 Abs. 1 BetrAVG ist der Widerruf wegen wirtschaftlichen Schwierigkeiten als Sicherungsfall nicht mehr erwähnt. Er ist in § 7 Abs. 1 S. 4 Nr. 2 BetrAVG enthalten. Gleichwohl kann es noch zu Schwierigkeiten kommen, wenn der PSV einen Sicherungsfall nicht anerkennt. Insoweit sind vor allem Fallgestaltungen nach S. 4 Nr. 2, 3 denkbar. Das Form. ist daher trotz mehrer Änderungen des BetrAVG nicht ausgeschieden.

2. Rechtsverhältnis ist eine aus dem vorgetragenen Sachverhalt abgeleitete rechtliche Beziehung von Personen untereinander oder zu einem Gegenstand. Darunter fällt auch die Ausübung eines Gestaltungsrechts; *Thomas/Putzo* § 256 Rdn. 5.

3. Alternative: Der/die Beklagte zu 1) war vom ...... bis ...... bei der Klägerin beschäftigt. Die Klägerin hat dem/der Beklagten zu 1) eine Versorgungszusage erteilt, deren Einzelheiten sich aus anliegendem Versorgungsvertrag ergeben. Bei dem Ausscheiden des/der Beklagten zu 1) war die Versorgungsanwartschaft unverfallbar.

4. Alternative: Von der Unterstützungskasse der Klägerin.

5. Alternative: Die Unterstützungskasse ist zur Weitergewährung nicht mehr in der Lage, da die wirtschaftlichen Mittel verbraucht sind .... Die Klägerin ist auch außer Stande, die Unterstützungskasse in größerem Umfang zu dotieren ....

6. Alternative: Ihre Unterstützungskasse.

7. Alternative: Den Anwartschaftsberechtigten.

8. BAG AP Nr. 4 zu § 7 BetrAVG = NJW 1980, 2398; AP Nr. 1 zu § 4 BetrAVG; krit. BGH AP Nr. 11 zu § 7 BetrAVG Widerruf = NJW 1985, 2951; darauf teilw. ändernd BAG AP Nr. 12 zu § 7 BetrAVG Widerruf = NZA 1987, 664.

9. Der Pensionssicherungsverein gibt Merkblätter heraus, unter welchen Voraussetzungen die Rspr. eine Kürzung oder Einstellung der betrieblichen Altersversorgung wegen wirtschaftlicher Schwierigkeiten zulässt. Zur Rspr.: BAG AP Nr. 1 zu § 7 BetrAVG Widerruf = NJW 1982, 1829; AP Nr. 8 aaO. = Betr. 1986, 2029 = NZA 1987, 62. Im Übrigen vgl. *Schaub* ArbR-Hdb. § 81 467ff.

Kosten und Gebühren

Vgl. Form. IV. A. 9.

7. Drittschuldnerklage nach § 850h ZPO[1]

a. An das
Arbeitsgericht[2]

Klage

des/der ...... **Klägers(in)**

Prozessbevollmächtigter ......

gegen

den/die Firma ...... Beklagte(r)
wegen Drittschuldnerklage

Namens und in Vollmacht des/der Klägers(in) erhebe ich Klage und werde beantragen zu erkennen:

I. Der/Die Beklagte wird verurteilt, ... EUR nebst Zinsen in Höhe von 5 Prozentpunkten über dem Basiszinssatz seit dem ...... an den/die Kläger(in) zu zahlen.
II. Der/Die Beklagte trägt die Kosten des Rechtsstreits.

Begründung:

Der/Die Klägerin besitzt eine titulierte Forderung über ...... EUR nebst ...... % Zinsen seit dem ...... gegen den/die Streitverkündete(n).

Beweis: Fotokopie des Vollstreckungstitels.

Wegen dieser Forderung hat die Klägerin gegen den/die Beklagte(n) einen Pfändungs- und Überweisungsbeschluss wegen der Vergütungsansprüche des Streitverkündeten gegen den/die Beklagte(n) ausgebracht. Der Pfändungs- und Überweisungsbeschluss ist dem/der Beklagten am ...... zugestellt worden[3].

Beweis: Pfändungs- und Überweisungsbeschluss vom ...... nebst Zustellungsnachweis.

Der/Die Streitverkündete und der/die Beklagte sind Eheleute[4]. Der Streitverkündete leistet dem/der Beklagten in einem ständigen Verhältnis Arbeit ...... [5].
Die von dem Streitverkündeten geleisteten Dienste werden üblicherweise vergütet[6] ......
Die Dienste werden gegen eine unverhältnismäßig geringe Vergütung geleistet. Der/Die Beklagte hat auf die nach § 840 ZPO gestellte Frage erklärt, der/die Streitverkündete erhalte nur Taschengeld/Unterhalt ...... [7].
Die übliche Vergütung beträgt ...... Mithin hat der/die Klägerin Anspruch auf die pfändbare Vergütung vom ...... bis ...... in Höhe von monatlich ......[8, 9]
Anlage: Streitverkündung.
Rechtsanwalt

b. An das
Arbeitsgericht

Streitverkündung

In Sachen

des/der ...... Klägers(in)

Prozessbevollmächtigter ......

gegen

den/die Firma ...... Beklagte(n)

verkünde ich namens und mit Vollmacht des/der Kläger(in) dem Arbeiter/Angestellten ......
den Streit und fordere ihn auf, dem Rechtsstreit auf der Seite des/der Kläger(in) beizutreten.

Begründung:

Der/Die Kläger(in) hat den/die Beklagte(n) auf Zahlung der gepfändeten Bezüge in Anspruch genommen. Der Sach- und Streitstand ergibt sich aus der Klageschrift, die in beglaubigter Abschrift beigefügt ist (§ 73 ZPO). Die Streitverkündung erfolgt nach § 841 ZPO.

Rechtsanwalt

Anmerkungen

1. Vgl. Form. III. B. 24, *Schaub* ArbR-Hdb. § 89 Rdn. 59; ArbR-Formb. § 12 Rdn. 10ff.

2. Bei wirtschaftlicher Abhängigkeit ist die Annahme begründet, der Familienangehörige sei eine arbeitnehmerähnliche Person (§ 5 Abs. 1 S. 2 ArbGG). Vgl. BGH NJW 1977, 853.

3. Wird die Vergütung eines Arbeitnehmers gepfändet und dem Gläubiger zur Einziehung überwiesen, so wird der Pfändungs- und Überweisungsbeschluss gegenstandslos, wenn das Arbeitsverhältnis beendet wird. Wird später ein neues Arbeitsverhältnis begründet, so erfasst der erste Pfändungs- und Überweisungsbeschluss nur dann Vergütungsansprüche, wenn beide Arbeitsverhältnisse in einem inneren Zusammenhang stehen (BAG AP Nr. 7 zu § 134 BGB = NJW 1993, 2701 = NZA 1993, 793). Ein Pfändungs- und Überweisungsbeschluss entfaltet keine vollstreckungsrechtlichen Wirkungen, wenn die Forderung abgetreten war. Die spätere Rückabtretung führt grundsätzlich nicht zur Entstehung eines Pfändungspfandrechts (BAG AP Nr. 4 zu § 832 ZPO = NJW 1993, 2699 = NZA 1993, 813). Die Fiktion verschleierten Arbeitseinkommens gilt nur zugunsten von Vollstreckungsgläubigern, dagegen nicht zugunsten der Gläubiger einer Lohnabtretung. Ist die Forderung bereits vorgepfändet, so ist auch in den Fällen der Pfändung einer fiktiven Forderung nach § 850h ZPO das Prioritätsprinzip anzuwenden (BGH AP Nr. 17 zu § 850h ZPO = NJW 1991, 491; BAG AP Nr. 18 zu § 850h ZPO = BB 1984, 2284).

4. Familienrechtliche Mitarbeit schließt die Anwendung von § 850h Abs. 2 ZPO nicht aus (BAG NJW 1978, 343; LAG Frankfurt AP Nr. 11 zu § 850h ZPO). Arbeitet ein Schuldner im Geschäft seiner Ehefrau mit, so kommt es für die Beurteilung darauf an, ob es sich um eine ständige und üblicher Weise zu vergütende Mitarbeit handelt (BAG NJW 1978, 343). Andererseits liegt keine sittenwidrige Schädigung vor, wenn ein Ehegatte seinem Ehegatten Unterhalt gewährt, ohne ihn mitarbeiten zu lassen (BAG AP Nr. 14 zu § 850h ZPO). Erfüllt der angestellte Geschäftsführer einer Vertriebs-GmbH vertragliche Verpflichtungen seiner Arbeitgeberin gegenüber deren Vertragspartner, ohne dass er selbst mit dem Vertragspartner ein Schuldverhältnis eingegangen ist, so kommt eine Anwendung des § 850h Abs. 1 ZPO nicht in Betracht (AP 19 zu § 850h ZPO = ZIP 1996, 1567)

5. ZB.: Der Streitverkündete arbeitet regelmäßig mit, arbeitet als Geschäftsführer, Personalleiter usw. Vorausgesetzt ist allein ein ständiges Verhältnis. Einzelheiten darlegen.

6. ZB.: Dienstleistung kommt Vermögenswert zu; anstelle des Streitverkündeten müsste eine andere Arbeitskraft eingestellt werden.

7. Eine unverhältnismäßig geringe Vergütung ist gegeben, wenn diese etwa 20 bis 30 vH. hinter der üblichen Vergütung zurückbleibt. Übliche Vergütung ist zumeist die tarifliche Vergütung (*Schaub* ArbR-Hdb. § 89 Rdn. 59ff.). Zur Anwendung von § 850h ZPO ist nicht der Nachweis erforderlich, dass das Arbeitsentgelt mit Rücksicht auf die Gläubiger besonders niedrig festgesetzt wurde (BGH AP Nr. 12 zu § 850h ZPO). Eine Verpflichtung des Gläubigers, dem Drittschuldner die Kosten der Auskunftserstattung zu ersetzen, besteht mangels Rechtsgrundlage nicht (BAG AP Nr. 4 zu § 840 ZPO = NJW 1985, 1181 = NZA 1985, 289).

8. Bei der Festsetzung der angemessenen Vergütung ist zunächst die „übliche" zu ermitteln und diese zu der vereinbarten in Relation zu setzen. Wenn sich dabei ergibt, dass der Schuldner gegen eine unverhältnismäßig geringe Vergütung arbeitet, ist unter Berücksichtigung aller Umstände die angemessene festzusetzen (BAG AP Nr. 10 aaO.).

9. Verletzt der Arbeitgeber als Drittschuldner die ihm nach § 840 Abs. 1 ZPO obliegende Erklärungspflicht, umfasst der Anspruch des Pfändungsgläubigers auf Schadensersatz gemäß § 840 Abs. 2 ZPO auch die Kosten für die Zuziehung eines Prozessbevollmächtigten zur Eintreibung der gepfändeten Forderung (BAG AP Nr. 6 zu § 840 ZPO = NJW 1990, 2643 = NZA 1991, 27 unter Aufgabe der früheren Rspr.).

Kosten und Gebühren

Keine arbeitsrechtlichen Besonderheiten. Vgl. Form. IV. A. 1–3.

D. Rechtsbehelfe und Rechtsmittel im Arbeitsgerichtsverfahren

1. Einspruch gegen ein Versäumnisurteil des Arbeitsgerichts

An das
Arbeitsgericht

Einspruch[1]

der Firma ...... **Beklagte**
– Prozessbevollmächtigter –

gegen

den/die ...... **Kläger(in)**

das Versäumnisurteil des erkennenden Gerichts

Namens und mit Vollmacht der Beklagten[2] lege ich gegen das Urteil des Arbeitsgerichts ...... vom ...... Ca ....../...... Einspruch ein und werde beantragen zu erkennen:

I. Das Versäumnisurteil[3] des erkennenden Gerichts vom ...... wird aufgehoben.
II. Die Klage wird abgewiesen.
III. Der/die Kläger(in) trägt die Kosten des Rechtsstreits mit Ausnahme der Kosten, die durch die Säumnis entstanden sind.

Begründung:

......

Anmerkungen

1. Der Einspruch wird beim ArbG schriftlich oder durch Abgabe einer Erklärung zur Niederschrift der Geschäftsstelle eingelegt (§ 59 S. 2 ArbGG). Die Einspruchsschrift muss enthalten.

a) die Bezeichnung des Urteils, gegen das der Einspruch gerichtet wird, nach Datum und Aktenzeichen;
b) die Erklärung, dass gegen dieses Urteil Einspruch eingelegt wird (§ 340 Abs. 2 ZPO). Genügt ein Einspruch nicht diesen Voraussetzungen, ist er unzulässig (BAG AP Nr. 2 zu § 340 ZPO = NJW 1971, 147).

Enthält der Einspruch dagegen keine Begründung oder wird diese nicht innerhalb der Einspruchsfrist nachgeholt, so ist er zwar zulässig, indes kann eine Partei mit weiterem Vorbringen ausgeschlossen werden (BAG AP Nr. 3 zu § 340 ZPO = Betr. 1984, 408; BGH NJW 1979, 1988; 1980, 1105; LAG Düsseldorf EzA Nr. 1 zu § 340 ZPO; LAG Berlin DB 1989, 1632). Voraussetzung ist die Belehrung über die Zurückweisungsmöglichkeit. Wenngleich nach § 47 Abs. 2 ArbGG regelmäßig keine Aufforderung an den Beklagten ergeht, sich auf die Klage schriftlich zu äußern, ist § 340 Abs. 3 ZPO auch im Arbeitsgerichtsverfahren anzuwenden (arg. §§ 46 Abs. 2, 59 ArbGG, § 330 ZPO). Voraussetzung einer Zurückweisung ist aber immer, dass der Termin, in dem das Versäumnisurteil ergangen ist, ordnungsgemäß angesetzt war. Das ist nach Ansicht des LAG Hamm EzA Nr. 2 zu § 340 ZPO dann nicht der Fall, wenn die Terminsverfügung nur mit einer Paraphe unterzeichnet war. Eine Zurückweisungsmöglichkeit besteht auch wegen des Einwandes einer Partei, sie fechte das Rechtsgeschäft wegen arglistiger Täuschung an. Unerheblich ist, ob bereits die Anfechtungsfrist nach § 124 BGB verstrichen ist oder noch läuft (BAG AP Nr. 3 zu § 340 ZPO = Betr. 1984, 408).

Ist ein Versäumnisurteil in einem Kammertermin ergangen, so kann bereits eine Frist nach §§ 56, 61a ArbGG (*Schaub* ArbV-Hdb. § 39 Rdn. 9) gesetzt worden sein. Vorbringen, das im Zeitpunkt der Terminsversäumnis verspätet war, bleibt es weiterhin.

Ist ein Versäumnisurteil ergangen, so hat das Gericht nach § 341 ZPO zu prüfen, ob der Einspruch an sich statthaft und in der gesetzlichen Form und Frist eingelegt ist. Fehlt es an einem dieser Erfordernisse, ist der Einspruch als unzulässig zu verwerfen. Die Verwerfung kann ohne mündliche Verhandlung erfolgen. Wird der Einspruch nicht verworfen, so ist Termin zur mündlichen Verhandlung über den Einspruch und die Hauptsache anzusetzen (§ 341a ZPO). Umstr. war, unter welchen Voraussetzungen das mit der Einspruchsschrift vorgetragene Vorbringen zurückgewiesen werden kann. Nach jetzt hM. hat das Gericht nach form- und fristgerechtem Einspruch Termin zur streitigen Verhandlung über Einspruch und Hauptsache zu bestimmen (§ 341a ZPO). Die durch die Säumnis bedingte Vorzögerung nimmt das Gesetz in Kauf. Der Einspruchsführer braucht die Säumnis nicht zu entschuldigen. Immer dann, wenn die Verspätung des Parteivorbringens durch zumutbare vorbereitende Maßnahmen des Gerichts ausgeglichen werden kann, wenn also die Beweismittel durch prozessleitende Verfügung des Gerichts beigeschafft werden können, ist das Vorbringen im Einspruchstermin zu berücksichtigen (BGH NJW 1980, 1105; OLG München NJW 1979, 2619; 1978, 2559). Weitere Einzelheiten *Schaub* ArbV-Hdb. § 40 Rdn. 26ff.

2. Bei Versäumnisurteil gegen Kläger: I. Das Versäumnisurteil des erkennenden Gerichts vom ... wird aufgehoben. II. Der/Die Beklagte wird verurteilt, ... III. Der Beklagte trägt die Kosten des Rechtsstreits mit Ausnahme der Kosten, die durch die Säumnis entstanden sind.

Bei Versäumnisurteil für die obsiegende Partei: Das Versäumnisurteil wird aufrechterhalten.

3. Ist ein Vollstreckungsbescheid ergangen, so ist nach § 46a Abs. 6 ArbGG ein Termin zu bestimmen. Es ist umstritten, ob dies auch bei einem unzulässigen Einspruch gilt (Bejahend: LAG Baden-Württemberg v. 2. 12. 1993 Jur-CD; NZA 1992, 83; LAG Bremen LAGE § 46 ArbGG 1979 Nr. 1 dagegen LAG Baden-Württemberg BB 1993, 1952).

2. Rechtsmittel wegen Verwerfung eines Einspruches gegen ein Versäumnisurteil[1, 2]

An das
Landesarbeitsgericht

Berufung[3, 4]

der Firma ......
Beklagte und Berufungsklägerin
– Prozessbevollmächtigter ...... –

gegen

den/die Angestellte(n)/Arbeiter/(in) ...... **Kläger(in) und Berufungsbeklagte(r)**

wegen Verwerfung eines Einspruches gegen ein Versäumnisurteil.

Namens und mit Vollmacht der Beklagten und Berufungsklägerin lege ich Berufung gegen das Urteil des Arbeitsgerichts ...... vom ...... – ...... Ca ....../...... – ein und werde beantragen zu erkennen[5].

I. Auf die Berufung des Beklagten wird das Urteil des Arbeitsgerichts ...... vom ...... – ...... Ca/...... – abgeändert[6, 7, 8].
II. Dem Beklagten wird die Wiedereinsetzung in den vorigen Stand gewährt.
III. Die Klage wird abgewiesen.
IV. Der/die Kläger(in) trägt die Kosten des Rechtsstreits.

Begründung:

Der/die Kläger(in) war bei der Beklagten als ...... beschäftigt. Mit Schriftsatz vom ...... hat der/die Kläger(in) gegen die Beklagte Klage auf ...... erhoben. Im Termin zur Güteverhandlung/streitigen Verhandlung vom ...... ist die Beklagte nicht erschienen und nicht vertreten gewesen. Auf Antrag des/der Klägers(in) hat das Arbeitsgericht die Beklagte im Wege des Versäumnisurteils zur Zahlung von ...... verurteilt. Dieses Versäumnisurteil ist der Beklagten am ...... zugestellt worden. Gegen dieses Versäumnisurteil hat die Beklagte Einspruch eingelegt. Diesen Einspruch hat das Arbeitsgericht durch Urteil zu Unrecht als unzulässig verworfen (§ 341 ZPO)[9].
Der Beklagte hat mit Schriftsatz vom ...... die Wiedereinsetzung in den vorigen Stand beantragt[10]. Der Antrag war zulässig, denn ...... Der Antrag war auch begründet, denn ......

Rechtsanwalt

Anmerkungen

1. Über die Zulässigkeit des Einspruchs kann das Arbeitsgericht aufgrund mündlicher Verhandlung oder ohne mündliche Verhandlung entscheiden (§ 341 ZPO). In jedem Fall muss die Entscheidung durch Urteil ergehen (§ 341 Abs. 2 ZPO). Nach der ZPO-Novelle soll es nur eine Entscheidungsform geben (BT-Drucks. 14/4722, S. 86 f.) Das hat zur Folge, dass auch außerhalb der mündlichen Verhandlung die ehrenamtlichen Richter hinzugezogen werden müssen. Gegen das Urteil des Arbeitsgerichts ist unter den Voraussetzungen von § 64 ArbGG die Berufung an das LAG statthaft. Die Berufungsfrist beträgt einen Monat, die Frist für die Berufungsbegründung zwei Monate (§ 66 Abs. 1 S. 1 ArbGG). Beide Fristen beginnen mit der Zustellung des in vollständiger Form abgefassten Urteils. Die Berufung muss innerhalb einer Frist von einem Monat nach Zustellung der Berufungsbegründung beantwortet werden. Hierauf ist der Berufungsbeklagte hinzuweisen (§ 66 Abs. 1 S. 3, 4 ArbGG). Gegen das Urteil des LAG ist unter den Voraussetzungen von § 72 ArbGG die Revision statthaft.

2. Nach § 64 Abs. 7 ArbGG findet § 59 ArbGG Anwendung. Das LAG entscheidet mithing gleichfalls durch Urteil über Zulässigkeit und Begründetheit des Einspruchs gegen ein von ihm erlassenes Versäumnisurteil. Ist unter den allgemeinen Voraussetzungen die Revision zulässig, kann Revision eingelegt werden.

3. Nach früherer Rspr. des BAG musste sich aus der Berufung die ladungsfähige Anschrift des Beklagten bzw. seines Prozessbevollmächtigten sowie die genaue Bezeichnung des Urteils ergeben (BAG AP Nr. 22, 23, 29, 30, 37, 44 zu § 518 ZPO; AP Nr. 27 aaO. = NJW 75, 1429; AP Nr. 33 aaO. = NJW 76, 727; AP Nr. 43 aaO. = NJW 79, 2000). Formfehler konnten aber noch innerhalb der Berufungsfrist behoben werden. Fehlte die genaue Anschrift des Berufungsbeklagten oder seines Prozessbevollmächtigten, so genügte es, wenn die erforderlichen Angaben fristgerecht nachgereicht wurden oder sich aus den übrigen Umständen ergaben (BAG AP Nr. 43 zu § 518 ZPO = NJW 79, 2000; AP Nr. 44, 47 aaO). Diese Rechtsprechung ist vom BAG GS AP Nr. 53 zu § 518 ZPO = NJW 1987, 1356 = NZA 1987, 136 = Betr. 1987, 544 aufgegeben. Im arbeitsgerichtlichen Verfahren ist eine Rechtsmittelschrift auch dann ordnungsgemäß, wenn sie nicht die ladungsfähige Anschrift des Rechtsmittelbeklagten oder seines Prozessbevollmächtigten enthält. Es werden nur noch diejenigen Anforderungen wie in der ordentlichen Gerichtsbarkeit (vgl. Form. IV. D. 6 Anm. 11 d) gestellt. Zu Rechtsmitteln mit modernen Kommunikationsmitteln: Vgl. Form. IV. D. 6 Anm. 11.

4. Die Berufung muss innerhalb von zwei Monaten seit Zustellung des in vollständiger Form abgefassten Urteils begründet werden. Alsdann ist bei der Berufung lediglich das Rubrum auszufüllen und das Urteil zu bezeichnen (§ 518 ZPO).

5. Vgl. § 528 S. 2 ZPO.

6. Das LAG kann die Sache an das Arbeitsgericht zur anderweiten Verhandlung zurückverweisen (§ 538 Abs. 1 Nr. 2, 6 ZPO), wenn durch das angefochtene Urteil ein Einspruch als unzulässig verworfen ist oder wenn das angefochtene Urteil ein Versäumnisurteil ist.

8. Bei Versäumnisurteil gegen den Kläger lautet der Antrag zu III: Der Beklagte wird verurteilt, ...

9. Vielfach ist die Zustellung des Versäumnisurteils nicht gesetzmäßig. Außerdem bestehen strenge Formvorschriften für die Rechtsmittelbelehrung, so dass sich Mängel eingeschlichen haben können. Sind insoweit Mängel vorhanden, ist die Einspruchsfrist nicht in Lauf gesetzt (BAG AP Nr. 1 zu § 9 ArbGG 1979 = NJW 1980, 1871). Einzelheiten *Schaub* ArbV-Hdb. § 29 Rdn. 64.

10. Für die Wiedereinsetzung in den vorigen Stand gelten im Arbeitsgerichtsverfahren keine Besonderheiten. Vgl. Form. I. F. 1.

Kosten und Gebühren

Berechnung des Beschwerdewertes: § 64 Abs. 6 ArbGG, §§ 511 a, 2 ff. ZPO. Berechnung des Gebührenstreitwertes: § 1 Abs. 3 GKG. Gerichtsgebühren: § 12 Abs. 3 ArbGG iVm. Anl. 1 zu § 12 ArbGG (bei Entscheidung durch Urteil: Anl. 1 zu § 12 ArbGG Nr. 2120 ff.; bei Entscheidung durch Beschluss: Anl. 1 zu § 12 ArbGG Nr. 2301). Rechtsanwaltsgebühren: § 62 BRAGO. Gegen die Festsetzung des Gebührenstreitwertes durch das LAG ist ein Rechtsmittel nicht gegeben (§ 78 ArbGG).

3. Abhilfe wegen Verletzung des rechtlichen Gehörs[1]

An das
Arbeitsgericht

Rügeschrift[2, 3]

Der Firma ...... **Beklagte**
– Prozessbevollmächtigter –

gegen

den/die Kläger(in)

wegen Verletzung des rechtlichen Gehörs in der Entscheidung ......[4, 5]

wird beantragt:
I. Den Prozess in Sachen (...... / ......, Aktenzeichen) fortzuführen[6]
II. In der Sache werden die Schlussanträge der Verhandlung ...... vom gestellt.
III. Kostenantrag[7]

Gründe

Der/Die Kläger(in) trat am ...... als ...... in die Dienste der Beklagten. Der Arbeitsvertrag war nach § 14 Abs. 2 TzBfG auf einen Monat in der Zeit vom 1. 7. bis 31. 7. ...... befristet. Am 25. 7. ...... verursachte der/die Klägerin aus grober Fahrlässigkeit einen schweren Verkehrsunfall. Er/Sie war mit erhöhter Geschwindigkeit bei Rot über die Ampel ...... gefahren und ist mit einem PKW, Pol. Kennzeichen ...... kollidiert. Die Beklagte hat noch am 25. 7. ...... durch ...... Brief außerordentlich gekündigt. Der/die Kläger(in) hat behauptet, er/sie habe den Brief nicht erhalten und Entgeltfortzahlung bis zum 31. 7. ...... verlangt. Die Beklagte hat mit Schriftsatz vom ......, der vor der mündlichen Verhandlung vom ...... eingegangen ist, die Kündigung unter Beweis gestellt durch ...... Von diesem Beweisantritt hat das Gericht keine Kenntnis genommen. In der Entscheidung vom heißt es, die Beklagte sei mit ihrer Kündigung beweisfällig geblieben. Hätte das Gericht Beweis erhoben, hätte es der Klage nicht stattgeben dürfen. Das Verfahren ist mithin fortzusetzen ......

Anmerkungen

1. § 321a ZPO, der nach § 46 Abs. 2 ArbGG auch im Arbeitsgerichtsverfahren anzuwenden ist, ist durch Art. 2 Abs. 1 Nr. 49 ZPO-RG eingeführt worden. Zweck der Vorschrift ist, die Möglichkeit der Selbstkorrektur bei unanfechtbaren Urteilen 1. Instanz im Falle der Verletzung rechtlichen Gehörs zu schaffen (Art. 103 Abs. 1 GG). Die Vorschrift dient der Entlastung des BVerfG. Die Rüge ist mangels Devolutiv-Effekt kein Rechtsmittel, sondern ein Rechtsbehelf. Einer Rechtsmittelbelehrung im Urteil des Arbeitsgerichts bedarf es daher nicht (§ 9 Abs. 5 ArbGG). Die Rüge hat Suspensiveffekt. Dies steht aber einer vorläufigen Vollstreckbarkeit der gerügten Entscheidung nicht entgegen (§ 321 Abs. 6 ZPO).

2. Die Rügeschrift ist ein bestimmender Schriftsatz (§ 129 ZPO). Er muss enthalten (1) die Bezeichnung des Prozesses, dessen Fortführung begehrt wird, (2) die Darlegung der Verletzung des Anspruches auf rechtliches Gehör und (3) der Entscheidungserheblichkeit der Verletzung (§ 321a Abs. 2 ZPO). Die Rügeschrift ist innerhalb einer Notfrist von zwei Wochen ab Zustellung des in vollständiger Form abgefassten Urteils bei dem Gericht des ersten Rechtszugs einzureichen. Die Einreichung beim Landesarbeitsgericht wirkt nicht fristwahrend. Die Rügefrist ist eine Notfrist, bei deren Versäumung die Wiedereinsetzung in den vorigen Stand möglich ist.

3. Statthaft ist die Rüge nur, wenn (1) die Berufung nach § 321a Abs. 1 Nr. 1 ZPO nicht zulässig ist; die Statthaftigkeit ergibt sich für das Arbeitsgerichtsverfahren aus § 64 ArbGG und nicht aus der ZPO. Insoweit ergibt sich keine Sondervorschrift aus dem ArbGG für die Rüge. Es entspricht allgemeiner Meinung, dass es sich um ein Redaktionsversehen handelt (*Schmidt/Schwab/Wildschütz* NZA 2001, 1161, 1166); (2) das Gericht des ersten Rechtszugs den Anspruch auf rechtliches Gehör in entscheidungserheblicher Weise verletzt hat. Bei Verletzung in der zweiten Instanz bleibt nur die Verfassungsbeschwerde. Entscheidungserheblichkeit ist gegeben, wenn nicht auszuschließen ist, dass das Gericht bei Berücksichtigung des Vorbringens anders entschieden hätte (BT-Drucks. 14/4722, S. 221). Eine Gewährung rechtlichen Gehörs an den Gegner ist nur notwendig, wenn dieser betroffen ist (§ 321a Abs. 3 ZPO).

4. Das Gericht hat von Amts wegen zu prüfen, ob die Rüge an sich statthaft und in der gesetzlichen Form und Frist eingelegt ist. Mangelt es an dieser Voraussetzung, ist die Rüge durch kurz zu begründenden Beschluss zu verwerfen (§ 321a Abs. 4 ZPO). Für die formelle Prüfung und den Verwerfungsbeschluss ist nach § 55 Abs. 1 Nr. 9 ArbGG der Vorsitzende allein zuständig. Eine mündliche Verhandlung ist nicht notwendig. Nach der Gesetzesbegründung erstreckt sich die Prüfungskompetenz auf den gesamten § 321a Abs. 2 S. 1 ZPO, also auch auf die Frage, ob Tatsachen aufgezeigt wurden, die eine

Verletzung des rechtlichen Gehörs schlüssig ergeben und ob die Entscheidungserheblichkeit dargelegt ist.

5. Ist die Rüge nicht begründet, ist sie durch die Kammer zurückzuweisen. Der Vorsitzende entscheidet nur dann allein, wenn die Entscheidung auch von ihm allein erlassen worden ist. Für die Zurückweisung ist keine mündliche Verhandlung notwendig (§ 46 Abs. 2, § 128 Abs. 4 ZPO). Ist die Rüge begründet, bedarf es keines Fortsetzungsbeschlusses. Vielmehr hilft das Gericht ihr ab, indem es den Rechtsstreit fortsetzt. Der Prozess wird in die Lage zurückversetzt, in der er sich vor Schluss der mündlichen Verhandlung befand. Insoweit die Entscheidung, die auf Grund der neuen Verhandlung zu erlassen ist, mit der vorhergehenden übereinstimmt, wird sie aufrechterhalten. Insoweit das nicht zutrifft, wird das vorhergehende Urteil aufgehoben. Es gilt also die Regelung wie im Versäumnisverfahren.

6. Der Rechtsanwalt, der im vorhergehenden Verfahren tätig war, erhält für die Durchführung des Rügeverfahrens keine zusätzliche Gebühr (§ 37 Nr. 5 BRAGO). Führt der Rechtsanwalt allein das Rügeverfahren durch, erhält er eine Gebühr nach § 55 BRAGO in Höhe $^{3}/_{10}$ der in § 31 BRAGO bestimmten Gebühren. Im zivilgerichtlichen Verfahren erwächst bei Verwerfung oder Zurückweisung in vollem Umfang eine Gebühr von EUR 50,– (§ 32 Nr. 1 ZPO-RG; Nr. 1960 Anlage 1 zum GKG).

4. Rechtsmittel wegen Verwerfung einer Berufung[1]

An das Bundesarbeitsgericht
Hugo-Preuß-Platz 1
99084 Erfurt
Postanschrift:
99113 Erfurt

Revisionsbeschwerde[2]

In Sachen

...... (volles Rubrum)

Namens und in Vollmacht des ...... lege ich Revisionsbeschwerde gegen den Beschluss des Landesarbeitsgerichts ...... vom ...... – ...... Sa ....../...... – ein und werde beantragen zu erkennen:

I. Der Beschluss des Landesarbeitsgerichtes ...... vom ...... – ...... Sa ...... /...... – wird aufgehoben.
II. Der/die ...... trägt die Kosten des Verfahrens.

Begründung:[3]

Der Kläger hat von dem/der Beklagten ...... verlangt. Das Arbeitsgericht hat die Klage abgewiesen/ihr stattgegeben. Das Urteil ist dem Kläger/der Beklagten am ...... zugestellt worden. Der Kläger/Beklagte hat mit Schriftsatz vom ...... – eingegangen beim Landesarbeitsgericht am ...... – Berufung eingelegt und diese mit einem weiteren Schriftsatz vom ...... – beim Landesarbeitsgericht eingegangen am ...... – begründet. Mit Schriftsatz vom ...... hat der Kläger/Beklagte die Wiedereinsetzung in den vorigen Stand wegen der Versäumung der Berufungsfrist/Berufungsbegründungsfrist beantragt. Das Landesarbeitsgericht hat die Berufung mit Beschluss vom ...... als unzulässig verworfen, weil sie nicht fristgemäß eingelegt/nicht fristgemäß begründet worden sei. In seinem Beschluss hat es die Revisionsbeschwerde zugelassen (§ 77 ArbGG).
Der Beschluss des Landesarbeitsgerichtes ist falsch, weil ......[4]

Rechtsanwalt

Anmerkungen

1. Das Landesarbeitsgericht kann über die Zulässigkeit der Berufung aufgrund mündlicher Verhandlung durch Urteil oder ohne mündliche Verhandlung durch Beschluss entscheiden (§ 522 Abs. 1 ZPO). Gegen ein Urteil ist unter den Voraussetzungen von § 72 ArbGG die Revision zulässig; vgl. Form. IV. D. 10. Dagegen ist die Revisionsbeschwerde nur dann zulässig (§ 77 ArbGG), wenn sie das LAG zugelassen hat. Die Revisionsbeschwerde ist zuzulassen, wenn die Rechtssache grundsätzliche Bedeutung hat oder eine Divergenz zu einer divergenzfähigen Entscheidung vorliegt (§ 77 S. 2 ArbGG). Insoweit ist eine abweichende Rechtsprechung des BAG seit dem ZPO-RG überholt. Die Nichtzulassung der Revisionsbeschwerde kann nicht selbständig durch Beschwerde angefochten werden. § 72a Abs. 1 ArbGG ist nicht entsprechend anwendbar. Die Revisionsbeschwerde ist zulässig gegen einen die Berufung verwerfenden Beschluss sowie gegen einen Beschluss, durch den die Wiedereinsetzung in den vorigen Stand wegen Versäumung der Berufungs- oder der Berufungsbegründungsfrist zurückgewiesen wird (BAG AP Nr. 6 zu § 77 ArbGG 1953; AP Nr. 7 aaO. = NJW 60, 2212; AP Nr. 12 aaO. = NJW 65, 1981; AP Nr. 14 zu § 233 ZPO 1977 = NJW 1989, 2708 = NZA 1989, 818). Verwirft das LAG unter Zurückweisung eines Antrages auf Wiedereinsetzung in den vorigen Stand wegen Versäumung der Berufungsfrist eine Berufung als unzulässig, so kann in dem nachfolgenden Beschluss, in dem ein Antrag auf Wiedereinsetzung in den vorigen Stand wegen Versäumung der Frist für einen Wiedereinsetzungsantrag wegen Versäumung der Berufungsfrist und ein erneuter Antrag auf Wiedereinsetzung in den vorigen Stand wegen Versäumung der Berufungsfrist zurückgewiesen wird, die Beschwerde an das BAG zugelassen werden (BAG AP Nr. 14 zu § 233 ZPO = NJW 1989, 2708 = NZA 1989, 818). Unzulässig ist die Beschwerde, wenn sie nicht in dem die Berufung verwerfenden Beschluss, sondern in einem späteren Beschluss zugelassen worden ist, in dem die Verwerfung noch einmal bestätigt wird (BAG AP Nr. 15 zu § 77 ArbGG). Das Rechtsschutzinteresse an einer Revisionsbeschwerde entfällt nicht deshalb, weil der Beschwerdeführer erneut beim LAG die Wiedereinsetzung in den vorigen Stand gegen die Versäumung der Berufungsbegründungsfrist beantragt (BAG AP Nr. 10 zu § 130 ZPO = NJW 1989, 1822 = NZA 1989, 525).

2. Auf die Revisionsbeschwerde sind die Vorschriften über die Rechtsbeschwerde anzuwenden (§ 77 S. 4 ArbGG). Die Rechtsbeschwerde ist beim BAG einzulegen (§ 77 S. 4 ArbGG, § 575 ZPO). Die Rechtsbeschwerde ist binnen einer Notfrist von einem Monat nach Zustellung des Beschlusses durch Einreichen einer Beschwerdeschrift einzulegen. Sie muss enthalten (1) die Bezeichnung der Entscheidung gegen die die Rechtsbeschwerde gerichtet ist und (2) die Erklärung, dass gegen die Entscheidung Rechtsbeschwerde eingelegt wird. Mit der Rechtsbeschwerdeschrift soll eine Ausfertigung oder beglaubigte Abschrift der angefochtenen Entscheidung vorgelegt werden. Die Rechtsbeschwerde ist, sofern die Beschwerdeschrift keine Begründung enthält, binnen einer Frist von einem Monat zu begründen. Die Frist beginnt mit der Zustellung der angefochtenen Entscheidung (§ 575 ZPO).

3. Die Begründung der Rechtsbeschwerde muss enthalten (1) die Erklärung, inwieweit die Entscheidung des Beschwerdegerichts angefochten und deren Aufhebung beantragt werde (Rechtsbeschwerdeanträge), (2) in den Fällen des § 574 Abs. 1 Nr. 1 ZPO eine Darlegung der Zulässigkeitsvoraussetzungen und (3) die Angabe der Rechtsbeschwerdegründe (§ 575 Abs. 2 ZPO). Die allgemeinen Vorschriften über die vorbereitenden Schriftsätze sind auf die Beschwerde und Beschwerdebegründung entsprechend anzuwenden (§ 575 Abs. 3, 4 ZPO).

4. Über die Rechtsbeschwerde entscheidet ein Senat des BAG ohne Hinzuziehung der ehrenamtlichen Richter (§ 77 S. 3 ArbGG).

Kosten und Gebühren

Berechnung des Gebührenstreitwertes: § 1 Abs. 3 GKG. Gerichtsgebühren: § 12 Abs. 3 ArbGG iVm. Anl. 1 zu § 12 ArbGG (bei Entscheidung durch Urteil Nr. 9120 ff.; bei Entscheidung durch Beschluss Nr. 2128). Rechtsanwaltsgebühren: § 62 BRAGO.

5. Sofortige Beschwerde gegen Beschluss über die Zulässigkeit des Rechtswegs

An das
Landesarbeitsgericht
......

Sofortige Beschwerde[1, 2, 3]

In Sachen
des/der kaufmännischen Angestellten ......
– Rechtsanwalt – Beschwerdeführer(in)

gegen

die Versicherungs-GmbH, ... Str. 10, ... X-Stadt

– Rechtsanwalt – Beschwerdegegnerin

wegen Zulässigkeit des Rechtswegs

Namens und in Vollmacht des/der Beschwerdeführer(in) lege ich gegen den Beschluss des Arbeitsgerichts Düsseldorf vom Datum und Aktenzeichen also ...... – ...... Ca ...... sofortige Beschwerde[4, 5] ein.
Es wird beantragt, den Beschluss des Arbeitsgerichts Düsseldorf vom ...... – ...... Ca ...... aufzuheben.[6]

Begründung

Der/Die Kläger(in) war bei der beklagten GmbH seit dem 1. 4. 1993 mit der Dienstbezeichnung eines(r) Direktionsbeauftragten als Spezialist(in) im Bereich der Kapital- und Risikolebensversicherung beschäftigt. Grundlage der vertraglichen Beziehung war ein Vertrag vom 1. 4. 1993, der als Geschäftspartnervertrag bezeichnet wird. In § 1 dieses Vertrags wird der/die Kläger(in) als selbständiger Handelsvertreter(in) bezeichnet. Nach der Vereinbarung erhielt der/die Kläger(in) Provisionen für die Lebens- und Unfallversicherungen. Betrug die Provision weniger als EUR 5.000,– monatlich, wurde der Unterschiedsbetrag als Vorschuss ausgezahlt. Der/die Kläger(in) erhielt ua. Fahrtkostenerstattung, 30 Werktage Urlaub und 42 Tage Entgeltfortzahlung im Krankheitsfall. Er/sie war über die verrichtete Tätigkeit berichtspflichtig. Mit Schreiben vom ...... kündigte die Beklagte das Dienstverhältnis fristlos. Hiergegen ist innerhalb der Dreiwochenfrist Kündigungsschutzklage erhoben worden. Darauf hat die Beklagte vorsorglich noch einmal fristgemäß gekündigt. Auch diese Kündigung ist fristgemäß mit der Kündigungsschutzklage angegriffen. Das Arbeitsgericht hat beide Verfahren verbunden. Die Beklagte hat die Einwendung fehlender sachlicher Zuständigkeit erhoben. Beide Parteien haben nach § 17 a Abs. 3 GVG beantragt, über die Zulässigkeit des Rechtswegs zu den Arbeitsgerichten vorab zu entscheiden.[7] Das Arbeitsgericht hat in dem angegriffenen Beschluss den Rechtsstreit an das Landgericht in ...... verwiesen. Dies ist falsch. Der/die Kläger(in) ist Arbeitnehmer(in) ...... Für die fristlose Kündigung bestand kein wichtiger Grund ...... Die ordentliche Kündigung ist sozial ungerechtfertigt.

Anmerkungen

1. § 48 ArbGG und §§ 17 bis 17b GVG sind durch das Vierte VwGO-ÄndG geändert worden. Seit der Neuregelung ist die Abgrenzung der Rechtsprechung der Arbeitsgerichte nicht nur gegenüber den Verwaltungs-, Finanz- und Sozialgerichten, sondern auch den ordentlichen Gerichten eine Frage der Zulässigkeit des Rechtswegs (BAG AP Nr. 7 zu § 48 ArbGG 1979 = NZA 1992, 954). § 48 Abs. 1 regelt wie zu verfahren ist, wenn die Zulässigkeit des Rechtswegs nicht gegeben ist. Die Vorschrift ist zwingend. § 48 ArbGG regelt das Verweisungsverfahren in einen anderen Rechtsweg, eine andere Verfahrensart, also vom Urteils- in das Beschlussverfahren und umgekehrt. Nicht von § 48 ArbGG erfasst ist die Prüfung der internationalen Zuständigkeit. Die Prüfung des Rechtswegs, der Verfahrensart sowie der sachlichen und örtlichen Zuständigkeit erfolgt ohne Antrag. Sie erfolgt nach dem Streitgegenstand, wie er sich aus dem Sachvortrag des Klägers und seinen Anträgen ergibt. Das Gericht prüft aufgrund seines Vorbringens, ob nach §§ 2, 2a ArbGG der Rechtsweg zu den Gerichten für Arbeitssachen gegeben ist und ob es in der richtigen Verfahrensart angegangen ist. Ist streitig, ob Ansprüche aus einem Arbeitsverhältnis oder freien Mitarbeiterverhältnis verfolgt werden, so ist über die Frage des Arbeitsverhältnisses Beweis zu erheben (BAG AP Nr. 6 zu § 17a GVG = NJW 1994, 604 = NZA 1994, 141; AP Nr. 19 zu § 2 ArbGG 1979 = NJW 1994, 1172 = NZA 1994, 234; vgl. die Fallgruppen Form. IV. B. 1). Macht der Kläger geltend, dass er Arbeitnehmer sei und wendet sich gegen eine Kündigung seines Rechtsverhältnisses und stützt die Unwirksamkeitsgründe allein auf die Arbeitnehmerstellung, so kommt eine Verweisung nicht in Betracht. Erweist sich, dass der Kläger nicht Arbeitnehmer ist, so ist die Klage als unbegründet abzuweisen (BAG AP Nr. 1 zu § 2 ArbGG 1979 Zuständigkeitsprüfung = NJW 1996, 2948 = NZA 1996, 1005). Dasselbe gilt, wenn ein Mitglied des Organs einer juristischen Person die Unwirksamkeit einer Kündigung mit der fehlenden Sozialrechtfertigung begründet (BAG AP Nr. 37 zu § 5 ArbGG 1979 = NJW 1997, 2973 = NZA 1997, 1126; AP Nr. 41 zu § 2 ArbGG 1979 = NJW 1997, 1724 = NZA 1997, 399). Der Rechtsweg zu den Gerichten für Arbeitssachen ist auch dann eröffnet, wenn der Kläger entweder Arbeitnehmer oder arbeitnehmerähnliche Person ist. Es handelt sich um eine auch bei der Rechtswegzuständigkeit zulässige Wahlfeststellung (BAG AP Nr. 41 zu § 2 ArbGG 1979 = NZA 1997, 399 = NJW 1997, 1724).

2. Bestehen gegen die Zulässigkeit des beschrittenen Rechtswegs Zweifel, so kann das Gericht hierüber durch Beschluss entscheiden (§ 17a Abs. 2 bis 4 GVG). Kommt das Gericht zu dem Ergebnis, dass der beschrittene Rechtsweg und die Verfahrensart zulässig ist, kann es dies vorab durch Beschluss aussprechen. Die Entscheidung ist für die anderen Gerichte bindend, wenn sie nicht mehr mit Rechtsmitteln angegriffen werden kann (BAG AP Nr. 25 zu § 2 ArbGG 1979 = NZA 1993, 617). Vor der Entscheidung ist den Parteien rechtliches Gehör zu gewähren; die Entscheidung kann ohne mündliche Verhandlung ergehen. Die Entscheidung über die Zulässigkeit des Rechtswegs, die richtige Verfahrensart und die örtliche Zuständigkeit kann auch zusammen mit der Klageentscheidung erfolgen. Hat das Gericht im Vorabentscheidungsverfahren entschieden, so wird das Hauptsacheverfahren erst nach der Rechtskraft der Entscheidung weiterbetrieben (BAG AP Nr. 7 zu § 48 ArbGG 1979 = NZA 1992, 954).

3. Kommt das Gericht zu dem Ergebnis, dass der beschrittene Rechtsweg nicht gegeben ist, so hat es dies durch Beschluss auszusprechen und in den richtigen Rechtsweg zu verweisen. Den Parteien ist rechtliches Gehör zu gewähren. Sind mehrere Gerichte zuständig, so erfolgt die Verweisung an das vom Kläger ausgewählte Gericht oder, soweit die Wahl unterbleibt, an ein von Amts wegen bestimmtes Gericht. Der Beschluss kann mit und ohne mündliche Verhandlung ergehen (§ 17a GVG). Der Beschluss erfolgt auch außerhalb der mündlichen Verhandlung stets durch die Kammer (§ 48 Abs. 1 Nr. 2), es sei denn, dass er nur die örtliche Zuständigkeit zum Gegenstand hat. Der Beschluss ist für das angegangene Gericht bindend. Das angegangene Gericht darf grundsätzlich nicht weiterverweisen. Ausnahme, wenn die Verweisung wegen Unzulässigkeit des Rechtswegs erfolgt ist, bei Verweisung an ein örtlich zuständiges Gericht (BAG AP Nr. 39 zu § 36 ZPO = NZA 1992, 1047; AP Nr. 43 zu § 36 ZPO = NJW 1994, 1815 = NZA 1994, 478). Bindungswirkung entfalten auch fehlerhafte Beschlüsse.

4. Gegen Beschlüsse nach § 17a Abs. 2 und 3 GVG findet die sofortige Beschwerde an das Landesarbeitsgericht statt. Nach § 48 Abs. 1 Nr. 1 ArbGG sind Beschlüsse über die örtliche Zuständigkeit unanfechtbar. Die sofortige Beschwerde kann nicht darauf gestützt werden, der Rechtsstreit hätte statt an das Amtsgericht an das Landgericht verwiesen werden müssen (BAG AP Nr. 23 zu § 17a GVG = NJW 1996, 742 = NZA 1996, 112).

5. Die Frist zur Einlegung der sofortigen Beschwerde beträgt zwei Wochen (§ 569 ZPO). Sie beginnt mit der Zustellung des Verweisungsbeschlusses, spätestens mit dem Ablauf von fünf Monaten nach Verkündung des Beschlusses Die Fünf-Monatsfrist beginnt nach Verkündung oder formloser Mitteilung des Verweisungsbeschlusses (BAG AP Nr. 39 zu § 36 ZPO = NZA 1992, 1047).

6. Eine weitere sofortige Beschwerde ist nur dann statthaft, wenn das LAG diese wegen grundsätzlicher Bedeutung oder Divergenz zugelassen hat (§ 17a Abs. 4 S. 4, 5 GVG; dazu BAG AP Nr. 21 zu § 5 ArbGG 1979 = NJW 1996, 143 = NZA 1995, 823). Eine Nichtzulassungsbeschwerde ist unstatthaft (BAG AP Nr. 2 zu § 78 ArbGG 1979 = NJW 1994, 2110 = NZA 1995, 1223). Über die Beschwerde entscheidet beim LAG der Vorsitzende allein ohne mündliche Verhandlung (BAG AP Nr. 4 zu § 17a GVG = NZA 1993, 619); beim BAG entscheidet der Senat ohne Hinzuziehung der ehrenamtlichen Richter (BAG AP Nr. 19 zu § 2 ArbGG 1979 = NJW 1994, 1172 = NZA 1994, 234).

7. Hat das Arbeitsgericht trotz Rüge einer Partei über die Zulässigkeit des beschrittenen Rechtswegs nicht entschieden, so kann die unterlegene Partei nach dem Grundsatz der Meistbegünstigung wahlweise sofortige Beschwerde oder Berufung einlegen (BAG AP Nr. 7 zu § 48 ArbGG 1979 = NZA 1992, 954).

6. Berufung und Berufungsbegründung[1, 2, 3, 4]

An das
Landesarbeitsgericht

In Sachen

des/der ...... Klägers(in)/Beklagten und Berufungsklägers(in)

Prozessbevollmächtigter: ......

gegen

den/die ...... Beklagter/Kläger(in) und Berufungsbeklagte(n)
Prozessbevollmächtigter 1. Instanz: ......

wegen ......

Ich lege namens und mit Vollmacht des ...... Berufung gegen das Urteil des Arbeitsgerichts ...... vom ...... – ...... Ca ...... /..... ein und werde beantragen zu erkennen:

I. Das Urteil des Arbeitsgerichts ...... vom ...... – ...... Ca /...... – wird abgeändert. Es wird nach den Schlussanträgen 1. Instanz erkannt[5].

II. Der/die ...... trägt die Kosten des Rechtsstreits.

Begründung[6, 7, 8, 9, 10]**:**

I. Der/Die Kläger(in)/Beklagte war vom ...... bis ...... bei der Beklagten/dem/der Kläger(in) beschäftigt. Mit der Klage hat der/die Kläger(in) vom/von der Beklagten ...... verlangt[11, 12, 13]

II. Das Arbeitsgericht hat durch Urteil vom ...... die Klage abgewiesen/der Klage stattgegeben, weil ......[8]

III. Das Urteil des Arbeitsgerichts beruht auf einer Rechtsverletzung (§ 513 ZPO)[14, 15]**. Das Arbeitsgericht hat folgende Rechtsnormen ...... verkannt.**

1. Der Tatbestand des Urteil bedarf der Ergänzung und Richtigstellung (§ 520 Abs. 3 Nr. 3 ZPO)

a) Ergänzender und richtigstellender Sachvortrag (§ 520 Abs. 3 Nr. 4 ZPO)[16]

b) Anhaltspunkte, die Zweifel an der Richtigkeit der Sachverhaltsfeststellung begründen (Übergehen von Vorbringen, fehlende Hinweise, Widersprüche im Urteil usw.)

c) Erheblichkeit des Vortrags

2. Bezeichnung der Umstände, aus denen sich die Rechtsverletzung ergibt.

a) Fehlerhaftigkeit der Rechtsauffassung des Arbeitsgerichts und eigene Rechtsauffassung

b) Erheblichkeit der Rechtsauffassung (Hätte das Arbeitsgericht eine zutreffende Rechtsauffassung vertreten, hätte es zu einer anderen Entscheidung kommen müssen) ......[17, 18]

Rechtsanwalt[11]

Anmerkungen

1. Wie im ordentlichen Zivilprozess können Berufung und Berufungsbegründung in jeweils gesonderten Schriftsätzen beim Landesarbeitsgericht eingereicht werden. Die Frist für die Einlegung der Berufung beträgt einen Monat, die Frist für die Begründung der Berufung zwei Monate (§ 66 Abs. 1 S. 1 ArbGG). Beide Fristen beginnen mit der Zustellung des in vollständiger Form abgefassten Urteils, spätestens aber mit Ablauf von fünf Monaten nach der Verkündung. Die Berufung muss innerhalb einer Frist von einem Monat nach Zustellung der Berufungsbegründung beantwortet werden (§ 66 Abs. 1 S. 3 ArbGG). Mit der Zustellung der Berufungsbegründung ist der Berufungsbeklagte auf die Frist für die Berufungsbeantwortung hinzuweisen.

2. Die Fristen zur Begründung der Berufung und zur Berufungsbeantwortung können vom Vorsitzenden einmal auf Antrag verlängert werden, wenn nach seiner freien Überzeugung der Rechtsstreit durch die Verlängerung nicht verzögert wird oder wenn die Partei erhebliche Gründe darlegt (§ 66 Abs. 1 S. 5 ArbGG). Der Fristverlängerungsantrag muss innerhalb der Berufungsbegründungsfrist eingehen, kann aber noch nach Fristablauf beschieden werden (BAG AP Nr. 31 zu § 233 ZPO). Es ist damit zu rechnen, dass wegen der Verlängerung ein strenger Maßstab angelegt wird. Berufungs- und Berufungsbegründungsfrist laufen ab Urteilszustellung. Je eher Berufung eingelegt wird, umso mehr Zeit bleibt für die Begründung der Berufung. Verlängerungsgründe sind Vergleichsverhandlungen, Urlaub, Krankheit, Arbeitsüberlastung. Die Gründe für die behauptete Belastung und ihre Auswirkungen auf das konkrete Verfahren brauchen im allgemeinen nicht besonders dargelegt und glaubhaft gemacht werden. Der Antrag muss von einem postulationsfähigen Vertreter unterschrieben werden. Für die Dauer der Verlängerung macht das Gesetz keine Angaben. Sie wird wegen des Beschleunigungsgrundsatzes nicht über einen Monat erfolgen. Vor Zurückweisung eines Antrags wird rechtliches Gehör gewährt werden müssen. Muster: Ich bitte die Frist zur Begründung der Berufung um einen Monat zu verlängern, da wegen umfangreicher Terminsachen eine rechtzeitige Bearbeitung nicht möglich war.

3. Die Berufungsfrist beginnt mit der Zustellung des in vollständiger Form abgefassten Urteils, spätestens aber mit dem Ablauf von fünf Monaten nach der Verkündung (§ 517 ZPO). Zum Urteil gehört auch die Rechtsmittelbelehrung (BAG AP Nr. 1 zu § 9 ArbGG 1979 = NJW 1980, 1871), die vom Gericht unterzeichnet und die vollständige Anschrift des Landesarbeitsgerichts enthalten muss. Ist die Belehrung unterblieben, so ist die Rechtslage seit dem ZPO-RG umstritten. Nach der bisherigen Rechtslage begann bei einer fehlenden oder unrichtigen Rechtsmittelbelehrung die Fünfmonatsfrist. Hieran schloss sich die Jahresfrist des § 9 Abs. 5 S. 4 ArbGG. Es werden nunmehr im Wesentlichen zwei Meinungen vertreten. Nach der Meinung von *Schmidt/Schwab/Wildschütz* (NZA 2001, 1217) besteht für die Rechtsprechung kein Bedürfnis mehr. In § 66 Abs. 1 S. 2 ArbGG sei eindeutig geregelt, dass die Frist spätestens mit Ablauf von fünf Monaten seit Verkündung beginne. Nach Ablauf dieser Frist könne die Berufung mit der fehlenden Absetzung begründet werden. Nach der Meinung von *Holthaus/Koch* (RdA 2002, 150) hat sich an der bisherigen Rechtsprechung nichts geändert. Ihr ist zu folgen, weil bei der ersten Meinung nicht ausreichend berücksichtigt ist, dass eine Partei überhaupt nicht zu wissen braucht, dass ein Rechtsmittel eingelegt werden kann. Die äußerste Rechtsmittelfrist kann mithin 17 Monat betragen. Hat das LAG in einem kurz vor Ablauf der Siebzehn-Monats-Frist mit Tatbestand und Entscheidungsgründen zugestellten Urteil gleichwohl die übliche Rechtsmittelbelehrung über die Revisionsfrist erteilt, so läuft die Revisionsfrist nicht vor dem angegebenen Zeitraum ab (BAG AP Nr. 12 zu § 12 ArbGG 1979 = NJW 1995, 2508 = NZA 1995, 654). Die Berufungsfrist kann sich also verlängern. Zu Belehrungsmängeln: *Schaub* ArbV-Hdb. § 44 Rdn. 27 ff.

4. Umstritten ist die Rechtslage, wenn die Berufung vor Zustellung des Urteils erster Instanz eingelegt worden ist. Hier gab es vor dem ZPO-RG folgende Möglichkeiten: *(1)* Ist das Urteil noch nicht zugestellt worden, so musste innerhalb der Berufungsbegründungsfrist begründet werden. Risiko: Es wurden die Formalien der Begründung verfehlt. *(2)* Es wurde wegen der Versäumung der Berufungsbegründungsfrist die Wiedereinsetzung in den vorigen Stand beantragt. Wiedereinsetzungsgründe lagen idR. nicht vor. Jedenfalls sind sie nicht wegen der fehlenden Zustellung der Urteilsgründe gegeben. *(3)* Eine zweite Verlängerung der Berufungsbegründungsfrist ist nach § 66 Abs. 1 S. 5 ArbGG auch dann unzulässig, wenn das Urteil noch nicht zugestellt ist. Eine nach Ablauf der Berufungsbegründungsfrist eingegangene Berufungsbegründung kann regelmäßig als zulässige Wiederholung der Berufung mit gleichzeitiger Begründung angesehen werden (BAG AP Nr. 12 zu § 66 ArbGG 1979 = NJW 1996, 1430 = NZA 1996, 466). *(4)* Der einfachste Weg ist, nach Zustellung des Urteils erneut Berufung einzulegen und diese fristgemäß zu begründen. Nach Erlass des ZPO-RG werden im wesentlichen zwei Meinungen vertreten. Nach der Meinung von *Schmidt/Schwab/Wildschütz* ist § 66 Abs. 1 ArbGG zu entnehmen, dass eine vorzeitig eingelegte Berufung zunächst nicht begründet zu werden braucht. Die Begründungsfrist beginnt mit der Zustellung des Urteils, spätestens fünf Monate nach Verkündung. Nach Auffassung von *Holthaus/Koch* (RdA 2002, 151) bestehe ein Regelungsmodell, dass eine vor Zustellung des Urteils eingelegte Berufung unzulässig sei; nach Ablauf von fünf Monaten werde die Berufung zulässig. Sie könne mit der verspäteten Absetzung begründet werden. Spätestens bis zum Ablauf von 17 Monaten müsse Berufung und Berufungsbegründung eingelegt werden (BAG AP Nr. 8 zu § 516 ZPO; AP Nr. 21 zu § 66 ArbGG 1979 = NJW 2000, 3515 = NZA 2001, 343). Beiden Meinungen kann nicht gefolgt werden. § 66 ArbGG enthält keine Zulässigkeitsregel sondern eine Fristenregel, bis zu welchem Zeitpunkt Berufung eingelegt werden kann. Nach § 517 ZPO beginnt die Berufungsfrist mit Zustellung des Urteils. Aber auch hieraus ist nicht abzuleiten, dass eine vorzeitige Berufungseinlegung unzulässig ist (BGH NJW 1999, 3269).

5. Im Allgemeinen wird der Antrag in der Form gestellt, in der später zu tenorieren ist. Es ergeben sich daher folgende Formulierungsvorschläge: (1) Rechtsmittel unzulässig: Die Berufung des/der … gegen das Urteil des Arbeitsgerichts vom … Ca. …/… wird als unzulässig verworfen. (2) Rechtsmittel zulässig, aber unbegründet: Die Berufung gegen das Urteil des Arbeitsgerichts … wird zurückgewiesen. (3) Rechtsmittel zulässig und begründet: Aufhebung oder Abänderung des Urteils des Arbeitsgerichts … und entweder ersetzende Entscheidung des LAG oder Zurückverweisung (§ 538 ZPO).

6. Die Berufung ist nur statthaft (*Schaub* ArbV-Hdb. § 51 Rdn. 4 ff.), a) wenn sie in dem Urteil des Arbeitsgerichts zugelassen worden ist; b) wenn der Wert des Beschwerdegegenstandes EUR 600,– übersteigt; c) in Rechtsstreitigkeiten über das Bestehen, das Nichtbestehen oder die Kündigung eines Arbeitsverhältnisses oder d) wenn es sich um ein Versäumnisurteil handelt, gegen das der Einspruch an sich nicht statthaft ist, wenn die Berufung oder Anschlussberufung darauf gestützt ist, dass der Fall der schuldhaften Versäumung nicht vorgelegen habe. In § 64 Abs. 2 ArbGG sind enumerativ die Gründe aufgezeigt, in denen die Berufung statthaft ist. In anderen Fällen ist sie selbst bei schwersten Fehlern unstatthaft.

7. Die Berufung ist zulässig, wenn sie vom Arbeitgericht zugelassen worden ist (§ 64 Abs. 2 lit. a ArbGG). Die Zulassung erfolgt von Amts wegen für den gesamten Rechtsstreit oder einen einzelnen prozessualen Anspruch (BAG AP Nr. 5 zu § 64 ArbGG 1979). Die Entscheidung, ob die Berufung zugelassen oder nicht zugelassen wird, ist in den Tenor aufzunehmen. Die Aufnahme muss immer dann erfolgen, wenn die Berufung – wie in den Fällen des § 64 Abs. 3 lit. c, d ArbGG – nicht ohnehin statthaft ist. Aufzunehmen ist mithin in den Fällen des § 64 Abs. 2 lit. b ArbGG. Dies gilt insbesondere bei teilbarem Streitgegenstand. Ist die Zulassung unterblieben, kann nach § 64 Abs. 3 a ArbGG binnen zwei Wochen nach Verkündung des Urteils beantragt werden, der Tenor des Urteils wird ergänzt. Die Berufung wird zugelassen. Von Amts wegen kann nach richtiger Auffassung die Zulassung nicht nachträglich erfolgen (GK-ArbGG/*Vossen* § 64 Rdn. 62 a; *Appel/Kaiser* ArbuR 2000, 281, 282). Ist die Berufung zugelassen, ist das LAG grundsätzlich daran gebunden. Das Arbeitsgericht muss die Berufung zulassen, (1) wenn die Sache grundsätzliche Bedeutung hat. An den Begriff sind geringere Anforderungen zu stellen als den in § 72 Abs. 2 ArbGG. Ausreichend ist grundsätzliche Bedeutung im Bezirk des LAG. Die Rechtsfrage, wegen der Zulassung erfolgt, muss klärungsfähig und bedürftig sein (vgl. Form. IV. D. 9 Anm. 7). (2) die Rechtssache Rechtsstreitigkeiten betrifft (a) zwischen Tarifvertragsparteien aus Tarifverträgen oder über das Bestehen oder Nichtbestehen von Tarifverträgen, (b) über die Auslegung eines Tarifvertrags, dessen Geltungsbereich sich über den Bezirk eines Arbeitsgerichts hinaus erstreckt, oder zwischen tariffähigen Parteien oder zwischen diesen und Dritten aus unerlaubten Handlungen, soweit es sich um Maßnahmen zum Zwecke des Arbeitskampfes oder um Fragen der Vereinigungsfreiheit einschließlich des hiermit im Zusammenhang stehenden Betätigungsrechts der Vereinigungen handelt, oder (3) das Arbeitsgericht in der Auslegung einer Rechtsvorschrift von einem ihm im Verfahren vorgelegten Urteil, das für oder gegen eine Partei ergangen ist, oder von einem Urteil des im Instanzenzug übergeordneten Landesarbeitsgericht abweicht und die Entscheidung auf dieser Abweichung beruht. Die Zulassung dient der Wahrung der Rechtseinheit im Bezirk des LAG. Weicht die Entscheidung des ArbG von einer Entscheidung des BAG oder eines anderen LAG ab, wird regelmäßig eine grundsätzliche Bedeutung vorliegen.

8. Die Berufung ist statthaft, wenn der Wert des Beschwerdegegenstandes EUR 600,– übersteigt. Voraussetzung ist die Beschwer einer Partei. Der Kläger ist durch das Urteil beschwert, wenn es hinter dem in der ersten Instanz gestellten Antrag zurückbleibt (formelle Beschwer). Ferner ist der Beschwerdewert von dem in der nächsten Instanz gestellten Antrag abhängig (BAG AP Nr. 6 zu § 64 ArbGG 1979; AP Nr. 9 zu § 12

ArbGG 1979). Der Beklagte ist beschwert (materielle Beschwer), wenn er eine für ihn günstigere Entscheidung begehrt. Dies ist auch der Fall, wenn die Klage als unzulässig und nicht als unbegründet abgewiesen worden ist (BAG AP Nr. 4 zu § 2 TVG Tarifzuständigkeit = NJW 1987, 514 = NZA 1986, 480). Mehrere Klageanträge werden zusammengerechnet. Die Berufung ist unstatthaft, wenn bei einem teilbaren Streitgegenstand nur einer angegriffen wird, der unterhalb EUR 600,– liegt (LAG Rheinland-Pfalz ArbuR 2001, 359). Bei Haupt- und Hilfsantrag erfolgt eine Addition nur, wenn über alle Anträge entschieden wird. Wird der Hauptantrag abgewiesen und über den Hilfsantrag entschieden, liegt der Beschwerdewert für den Kläger im Wert des Hauptantrags. Bei unbeziffertem Antrag ist der Kläger im Falle der Abweisung beschwert, wenn das Urteil hinter dem von ihm angezogenen Orientierungswert zurückbleibt. Hat er keinen genannt, ist die Rechtslage umstr. Zum Teil wird angenommen, dass bei einem zuerkannten Betrag mangels Beschwer keine Berufung eingelegt werden kann (LAG Hamm LAGE § 64 ArbGG 1979 Nr. 32). Zum Teil wird aber auch angenommen, dass Berufung eingelegt werden kann, wenn der Betrag hinter den objektiv begründeten Erwartungen zurückbleibt. Bei der Auskunftserteilung richtet sich die Beschwer nach den Kosten der Auskunft (BAG AP Nr. 17 zu § 64 ArbGG 1979). Der Beschwerdewert kann nicht höher sein als der Streitwert (vgl. BAG AP Nr. 11 zu § 64 ArbGG 1979 = NZA 1988, 705). Für die Feststellung des Beschwerdewertes ist auf den Zeitpunkt der Berufungseinlegung abzustellen. Dieser ist glaubhaft zu machen, anderenfalls wird er geschätzt. Der Beschwerdewert kann nicht dadurch erhöht werden, dass mit der Berufung der Streitwert erweitert oder Widerklage erhoben wird. Die Berufung wird unzulässig, wenn der Beschwerdewert unter die Rechtsmittelgrenze sinkt. Etwas anders gilt nur, wenn die Ermäßigung nach der Entwicklung des Rechtsstreits geboten war (BGH NJW 1983, 1063).

9. Die Berufung ist in allen Bestandsstreitigkeiten zulässig. Der Wortlaut entspricht § 2 Abs. 1 Nr. 3b ArbGG). Bestandsstreitigkeiten sind alle Rechtsstreite über Bestehen oder Nichtbestehen des Arbeitsverhältnisses. Es gehören hierhin Streitigkeiten über Kündigungen, Aufhebungs- und Abwicklungsverträge, Befristungen, Anfechtung usw.

10. Die Berufung ist gegen ein zweites Versäumnisurteil unabhängig von der Wertgrenze statthaft (§ 64 Abs. 2 lit. d ArbGG).

11. Die Form der Berufungseinlegung richtet sich nach § 519 ZPO.

a) Die Berufung wird durch Einreichung der Berufungsschrift bei dem Berufungsgericht eingelegt (§ 519 Abs. 1 ZPO). Die Berufung kann eingelegt werden durch Schriftsatz, telegraphisch (RGZ 151, 82, 86; BAG AP Nr. 1 zu § 129 ZPO = NJW 1971, 2190; AP Nr. 48 zu § 518 ZPO = Betr. 1984, 1688 = BB 1984, 856), durch Fernschreiben (BGHZ 79, 314, 316) oder durch Telekopie (BAG AP Nr. 54 zu § 1 LohnFzG = NJW 1984, 199; AP Nr. 2 zu § 94 ArbGG 1979 = NJW 1986, 1178 = NZA 1986, 578; BGH v. 20. 9. 1993 – AP Nr. 62 zu § 518 ZPO). Eine telegraphische Berufungsschrift muss wenigstens aus dem Zusammenhang erkennen lassen, welcher Rechtsanwalt für den Text verantwortlich ist und die Aufgabe des Telegramms veranlasst hat (BAG AP Nr. 48 zu § 518 ZPO). Bei Berufungseinlegung durch Telekopie muss die beim Landesarbeitsgericht eingehende Kopie die Unterschrift des Absenders wiedergeben (BSG AP Nr. 1 zu § 160a SGG; BAG AP Nr. 2 zu § 94 ArbGG 1979). Ausreichend ist, wenn die Telekopie einem Empfangsgerät des Rechtsmittelgerichts zugeht oder einem Empfangsgerät der Post und von dort auf postalischem Weg dem Rechtsmittelgericht zugeleitet wird. Unzureichend ist es, wenn die Telekopie einer Privatperson zugeleitet und von dieser durch Boten dem Gericht überbracht wird (BAG AP Nr. 39 zu § 519 ZPO = NJW 1990, 3165 = NZA 1990, 985). Liegen Anhaltspunkte dafür vor, dass die abgesandten Signale fristgerecht eingegangen sind, das Empfangsgerät daraus aber keinen vollständigen Ausdruck gefertigt hat, so ist der rechtzeitige Zugang eines Telefaxes zu fingieren (BVerfG NJW 1996, 2857; BGH NJW 1994,

1881). Ein Rechtsmittel kann wiederholt eingelegt werden (BAG AP Nr. 66 zu § 518 ZPO = NJW 1996, 1365 = NZA 1996, 278). Wird ein Rechtsmittel durch Telekopie eingereicht und darin die Übersendung beglaubigter Abschriften angekündigt, so liegt in der Übersendung aber keine neue Rechtsmitteleinlegung (BAG AP Nr. 66 zu § 518 ZPO = NJW 1996, 1365 = NZA 1996, 278). Die Verwendung der Empfängernummer kommt im Telefaxverkehr der Adressierung des Schreibens gleich. Der Rechtsanwalt muss mithin durch organisatorische Maßnahmen sicherstellen, dass der Sendebericht nicht nur auf vollständige und fehlerfreie Übermittlung, sondern auch auf die richtige Empfängernummer kontrolliert wird (BAG AP Nr. 11 zu § 66 ArbGG = NJW 1995, 2742 = NZA 1995, 805; BGH NJW 1993, 1655). Scheitert die Übermittlung eines fristgebundenen Schriftsatzes mittels Telekopie, so kann die Wiedereinsetzung nur bewilligt werden, wenn das Fehlen oder die Unzumutbarkeit anderweitiger Übermittlung dargelegt wird (BAG AP Nr. 34 zu § 233 ZPO = NJW 1995, 743 = NZA 1995, 138; BSG AP Nr. 26 zu § 233 ZPO = NZA 1993, 1056). Zur elektronischen Form § 130a ZPO. Eine an ein zuständiges Gericht adressierte Rechtsmittelschrift geht im Fall einer gemeinsamen Annahmestelle nur bei dem Gericht ein, an das sie adressiert ist; der Eingang beim zuständigen Gericht erfolgt erst nach der Weiterleitung an dieses. Ist in einem solchen Fall der Beamte der Annahmestelle zur Entgegennahme von Schriftstücken aller beteiligten Gerichte bestellt, erkennt er die Falschadressierung und leitet die Berufungsschrift deshalb unmittelbar an das Berufungsgericht weiter, so ist sie nach der Rechtsprechung des Bundesgerichtshofs, der sich das BAG angeschlossen hat, trotz der Falschadressierung sogleich beim Berufungsgericht eingegangen (BAG EzA – SD, Nr. 4, 13).

b) Die Berufung muss von einem bei einem deutschen Gericht zugelassenen Rechtsanwalt oder einem Verbandsvertreter unterzeichnet sein (§ 11 Abs. 2 ArbGG). Sie ist unzulässig, wenn die Berufungsschrift von einem angestellten Syndikusanwalt auf einem Firmenbogen für die Firma eingelegt wird, er als „Syndikusanwalt" unterzeichnet und auch im übrigen nicht zu erkennen gibt, dass er den Rechtsmittelführer als unabhängiger, bei einem deutschen Gericht zugelassener Rechtsanwalt vertritt (BAG AP Nr. 13 zu § 11 ArbGG 1979 Prozessvertreter = NZA 1996, 671) Ausreichend ist, wenn ein anderer Rechtsanwalt als der von der Partei Beauftragte „i. V." unterzeichnet; unzureichend dagegen „i. A." (BAG AP Nr. 11 zu § 518 ZPO = Betr. 1967, 1904). Ein Rechtsanwalt, der für „einen anderen Rechtsanwalt die Berufung begründet, handelt erkennbar als Unterbevollmächtigter" (BAG AP Nr. 38 zu § 519 ZPO = NJW 1990, 2706 = NZA 1990, 828). Hat ein zum Kreis der Prozessbevollmächtigten gehörender Rechtsanwalt in seiner Eigenschaft als Mitglied der bevollmächtigten Anwaltskanzlei eine von einem anderen Prozessbevollmächtigten abgefasste Rechtsmittel- oder Rechtsmittelbegründungsschrift mit einem auf den sachbearbeitenden Rechtsanwalt hinweisenden Zusatz unterzeichnet, so ist idR. davon auszugehen, dass er auch die Verantwortung für den Inhalt dieser fristwahrenden bestimmenden Schriftsätze übernimmt (BAG AP Nr. 54 zu § 518 ZPO). Eine beglaubigte, eigenhändig unterzeichnete Abschrift kann die Urschrift ersetzen (BAG AP Nr. 42 zu § 518 ZPO = NJW 1979, 183). Die Unterzeichnung des Beglaubigungsvermerkes unter einer Berufungsbegründungsschrift ist nur dann ausreichend, wenn sie von demselben Rechtsanwalt herrührt, der auch die Berufungsbegründung verfasst hat (BAG v. 2. 12. 1992 – AP Nr. 14 zu § 3 TVG). Die Unterschrift braucht nicht lesbar zu sein; sie muss aber charakteristische Schriftzeichen aufweisen (BAG AP Nr. 38 zu § 518 ZPO; AP Nr. 46 aaO. = NJW 1982, 1016). Unzureichend ist die Unterzeichnung mit einer Paraphe (BAG AP Nr. 1 zu § 130 ZPO); ausreichend dagegen, wenn eine Rechtsanwältin mit Doppelnamen ihren zweiten Namen abkürzt (BAG AP Nr. 6 zu § 130 ZPO = Betr. 1988, 920). Hat ein Rechtsmittelgericht aber zugelassen, dass ein Rechtsanwalt die Rechtsmittelschrift nur paraphiert, so verlangt der wirkungsvolle Rechtsschutz, dass vor einer Verwerfung des Rechtsmittels der Anwalt hierauf hingewiesen wird (BVerfG 7. 10. 1996 – 1 BvR 1183/95; BVerfGE 78, 123, 127; BAG AP Nr. 2 zu § 1 TVG Kündigung = NZA 1997, 1234).

c) Die Berufungsschrift muss das angefochtene Urteil bezeichnen (§ 519 Abs. 2 Nr. 1 ZPO). Es muss das Gericht angegeben werden, von dem das Urteil stammt (BAG AP Nr. 45 zu § 518 ZPO = Betr. 1981, 1037). Ist die Angabe unrichtig, ist die Berufung unzulässig (BAG AP Nr. 26 zu § 518 ZPO = Betr. 1975, 1324). Eine falsche Bezeichnung des Gerichts des ersten Rechtszuges kann unschädlich sein und formlos berichtigt werden, wenn nach Lage des jeweiligen Falles kein vernünftiger Zweifel bestehen kann, welches Gericht mit der unrichtigen Bezeichnung gemeint ist (BGH AP Nr. 58 zu § 518 ZPO = NJW 1989, 2395). Unschädlich ist, wenn nur das Aktenzeichen falsch angegeben ist (BAG AP Nr. 35 zu § 518 ZPO = NJW 1976, 2039). Das Verkündungsdatum ist entbehrlich, wenn das Urteil eindeutig zu identifizieren ist und nicht mehrere Urteile zwischen den Parteien ergangen sind (BAG AP Nr. 45 zu § 518 ZPO = Betr. 1981, 1037).

d) Innerhalb der Rechtsmittelfrist muss sich ergeben, für und gegen wen die Berufung eingelegt wird (BAG AP Nr. 15 zu § 518 ZPO = BB 71, 310; AP Nr. 31 aaO. = BB 75, 1439; AP Nr. 41 = NJW 1978, 2120; BGH AP Nr. 52 zu § 518 ZPO; BAG 17. 5. 2001 EzA Nr. 43 zu § 518 ZPO n. a. v.). Ergibt sich die Parteirolle nicht aus der Berufungsschrift, so können nur solche Umstände herangezogen werden, die dem Berufungsgericht innerhalb der Berufungsfrist bekannt geworden sind (BAG AP Nr. 14, 15, 29, 30, 31, 47 zu § 518 ZPO).

e) Das BAG hat in seiner früheren Rechtsprechung angenommen, dass sich aus der Berufung die ladungsfähige Anschrift des Beklagten ergeben müsse (vgl. Form. IV. D. 2 Anm. 3). Diese Rspr. hat das BAG inzwischen aufgegeben (BAG GS AP Nr. 53 zu § 518 ZPO = NJW 1987, 1356 = NZA 1987, 136).

12. Nach § 519 Abs. 2 Nr. 1 ZPO muss das Urteil bezeichnet sein (vgl. Anm. 11 c).

13. Berufungsanträge sind die Erklärung, inwieweit das Urteil angefochten und welche Abänderung des Urteils beantragt wird (§ 520 Abs. 3 Nr. 1 ZPO). Anträge brauchen nicht förmlich gestellt werden; ausreichend ist, wenn die Anträge mit hinreichender Klarheit (BGH NJW 1975, 2013) aus Berufung und Berufungsbegründung entnommen werden können (BAG AP Nr. 9 zu § 519 ZPO; AP Nr. 122 zu § 1 TVG Auslegung; AP Nr. 5 zu § 44 BAT). Enthält die Berufungsbegründung keine, auch nicht durch Auslegung zu ermittelnde Anträge, ist die Berufung unzulässig. Nach hM. können die Berufungsanträge auch nach Ablauf der Berufungsfrist erweitert werden (BGHZ 91, 194, 159; BAG AP Nr. 4 zu § 580 ZPO = NJW 1958, 1605; aA. *Grunsky* NJW 1966, 1393; ZZP 88, 49, 51 ff.). Eine Einschränkung ist unter den Voraussetzungen von § 516 ZPO möglich. Enthält eine Rechtsmittelschrift bereits einzelne, aber nicht alle vom Rechtsmittelführer in der Vorinstanz gestellte Anträge, so kann allein hieraus nicht auf eine Beschränkung des Rechtsmittels geschlossen werden (BGH NJW 1983, 1561; BAG v. 4. 8. 1993 – AP Nr. 38 zu § 1 TVG Tarifverträge: Einzelhandel). Eine Zurücknahme der Berufung ist bis zur Verkündung des Berufungsurteils zulässig. Sie erfolgt, wenn sie nicht bei der mündlichen Verhandlung erklärt wird, durch Einreichung eines Schriftsatzes (§ 516 ZPO). Gelegentlich wird vertreten, der Rechtsanwalt solle den Verkündungstermin wahrnehmen. Er könne sie dann noch zurücknehmen, wenn sie ihm aussichtslos erscheine. Eine Zustimmung der Gegenseite ist nicht mehr notwendig. Entscheidet das Urteil über mehrere Ansprüche, so sind für jeden eine Begründung und ein Antrag erforderlich. Eine Ausnahme gilt dann, wenn der eine Anspruch von dem anderen abhängt. Wenn die Klage des Arbeitnehmers auf Weiterbeschäftigung für die Dauer eines Kündigungsrechtsstreites vom Arbeitsgericht abgewiesen wird, weil es die Kündigung für wirksam hält, bedarf es im Berufungsverfahren keiner gesonderten Berufungsbegründung wegen des Weiterbeschäftigungsanspruches (BAG AP Nr. 96 zu § 626 BGB = NZA 1987, 808).

14. Für die Berufungsbegründung gelten im Arbeitsgerichtsverfahren die gleichen Grundsätze wie im Zivilprozess; vgl. daher Form. I. O. 2. Die Berufungsbegründung darf sich nicht in allgemeinen Redewendungen erschöpfen. Vielmehr muss gesagt werden, warum das Urteil keinen Bestand haben kann. Unzureichend: Verweisung auf Vorbringen erster Instanz (BAG AP Nr. 4 zu § 234 ZPO = NJW 1962, 1933; BGH AP Nr. 34 zu § 519 ZPO), Angabe eines verletzten Paragraphen (BAG AP Nr. 2 zu § 519 ZPO); ausreichend dagegen: Bezugnahme auf Prozesskostenhilfegesuch, sofern dieses die Voraussetzungen einer Berufungsbegründung erfüllt (BAG AP Nr. 12 zu § 519 ZPO = Betr. 1960, 388). Zum Novenrecht s. Anm. 16.

15. Der Inhalt der Berufungsbegründung ergibt sich aus § 520 Abs. 3 ZPO, der im Wesentlichen auch im Arbeitsgerichtsverfahren anzuwenden ist (§ 64 Abs. 6 ArbGG).

a) Die Berufungsbegründung muss die Berufungsanträge enthalten (vgl. Anm. 13).

b) Die Berufungsbegründung muss die Bezeichnung der Umstände enthalten, aus denen sich die Rechtsverletzung und deren Erheblichkeit für die angefochtene Entscheidung ergibt (§ 520 Abs. 3 Nr. 2 ZPO). Es ist demnach darzustellen, ob, warum und inwieweit eine Rechtsnorm fehlerhaft angewandt worden ist. Diese ist im Allgemeinen zu bezeichnen; fehlerhafte Nummerierung ist aber wie im Revisionsverfahren unschädlich. Es ist aufzuzeigen, dass die Rechtsverletzung für die fehlerhafte Entscheidung ursächlich ist und dass das Arbeitsgericht bei richtiger Rechtsanwendung zu einer anderen Entscheidung hätte kommen müssen (vgl. LG Stendal NJW 2002, 2886).

c) Die Berufungsbegründung muss die Bezeichnung konkreter Anhaltspunkte enthalten, die Zweifel an der Richtigkeit oder Vollständigkeit der Tatsachenfeststellungen im angefochtenen Urteil begründen und deshalb eine erneute Feststellung gebieten § 520 Abs. 3 Nr. 3 ZPO). Das LAG hat grundsätzlich die vom Arbeitsgericht festgestellten Tatsachen zu Grunde zu legen, soweit nicht konkrete Anhaltspunkte Zweifel an der Richtigkeit oder Vollständigkeit der entscheidungserheblichen Feststellungen begründen und deshalb eine erneute Feststellung gebieten (§ 529 Abs. 1 Nr. 1 ZPO). Will der Berufungskläger geltend machen, der Sachverhalt sei fehlerhaft festgestellt, hat er darzulegen (1) die aus seiner Sicht fehlerhafte oder unterbliebene Tatsachenfeststellung, (2) einen Verstoß gegen das Verfahrensrecht, (3) die Entscheidungserheblichkeit und (4) konkrete Tatsachen für die Fehlerhaftigkeit. Es ist unmittelbar die Würdigung und die Wiedergabe von Feststellungen anzugreifen; es ist also anzugeben, dass das erstinstanzliche zu Recht oder Unrecht eine Tatsache als streitig oder unstreitig angesehen hat oder die Beweisaufnahme ein anderes Ergebnis hatte, die Sachverhaltsfeststellungen widersprüchlich sind, die Annahmen des Arbeitsgericht beruhten auf einer fehlerhaften Anwendung des Verfahrensrecht, die Beweislast sei verkannt, denkgesetzwidrige Würdigung usw. Bei richtiger Anwendung hätte das Gericht zu einem anderen Ergebnis kommen müssen. Während des Gesetzgebungsverfahrens war umstritten, ob das Berufungsgericht von weiterer Aufklärung absehen kann, wenn es das Ergebnis der Feststellungen für richtig hält, aber diese in einem fehlerhaften Verfahren gewonnen worden sind. Nach richtiger Auffassung ist das zu verneinen.

d) Nicht anzuwenden ist § 520 Abs. 3 Nr. 4 ZPO. Dieser ist für das Arbeitsgerichtsverfahren durch § 67 ArbGG ersetzt.

e) Wird die Berufung nicht formgemäß begründet, können zwei Rechtsfolgen eingreifen. Sie kann insgesamt unzulässig sein. Bei Verstößen gegen § 520 Abs. 3 Nr. 3 ZPO können aber auch die Feststellungen des Arbeitsgerichts zu Grunde zu legen sein.

16. Das Novenrecht ist durch das ZPO-RG nur wenig geändert. Grundsätzlich können im Berufungsrechtszug unter Beachtung von § 520 Abs. 3 ZPO neue Tatsachen und Beweismittel vorgebracht werden Indes ist das Novenrecht eingeschränkt (§ 67 ArbGG). Die Vorschrift ist mehrstufig aufgebaut.

a) In § 67 Abs. 4 ArbGG ist bestimmt, ab wann neue Angriffs- oder Verteidigungsmittel zurückgewiesen werden können (unter e). Soweit das Vorbringen neuer Angriffs- und

Verteidigungsmittel zulässig ist, sind diese in der Berufungsbegründung oder in der Berufungsbeantwortung vorzubringen. Werden sie später vorgebracht, sind sie nur zuzulassen, wenn sie nach der Berufungsbegründung oder der Berufungsbeantwortung entstanden sind, oder das verspätete Vorbringen nach der freien Überzeugung des Landesarbeitsgerichts die Erledigung des Rechtstreits nicht verzögern würde oder nicht auf Verschulden der Partei beruht. Eine Verzögerung tritt auch dann nicht ein, wenn der Sachverhalt unstreitig ist.

b) Angriffs- und Verteidigungsmittel, die im ersten Rechtszug zu Recht zurückgewiesen worden sind, bleiben ausgeschlossen (§ 67 Abs. 1 ArbGG).

c) Ist dagegen ein Sachvorbringen in der 1. Instanz überhaupt noch nicht vorgebracht worden, obwohl dies nach § 282 Abs. 1, 2 ZPO der allgemeinen Prozessförderungspflicht entsprochen hätte, so ist es in der 2. Instanz nur zuzulassen, wenn die Zulassung nach der freien Überzeugung des Gerichtes die Erledigung des Rechtsstreites nicht verzögern würde oder wenn die Partei das Vorbringen im 1. Rechtszug nicht aus grober Nachlässigkeit unterlassen hatte (§ 67 Abs. 3 ArbGG). Das Gericht hat jedoch neu angebotene Beweismittel zu laden, wenn dies möglich ist (BAG AP Nr. 5 zu § 529 ZPO; AP Nr. 25 zu § 74 HGB; AP Nr. 97 zu § 611 BGB Haftung des Arbeitnehmers = NJW 1990, 468 = NZA 1990, 97 = BB 1990, 65). Ein in der Berufungsbegründung gestellter Beweisantrag ist nicht deshalb verspätet, weil die Partei in erster Instanz der vom Gegner beantragten urkundenbeweislichen Verwertung der Akten zugestimmt hat und deshalb den Beweisantrag unterlassen hat (BAG AP Nr. 97 zu § 611 BGB Haftung des Arbeitnehmers = NJW 1990, 468 = NZA 1990, 97). Eine der Partei anzulastende Verzögerung soll auch dann vorliegen, wenn ein verspätet benannter Zeuge trotz ordnungsgemäßer Ladung aus in seiner Person liegenden Gründen zur ersten mündlichen Verhandlung vor dem Berufungsgericht nicht erscheint (vgl. BGH NJW 1989, 719).

d) Hat der Vorsitzende des Arbeitsgerichtes den Parteien Auflagen zur Ergänzung und Erläuterung ihres Vorbringens oder zur Vorlage von Urkunden gemacht (§§ 56 Abs. 1 S. 2 Nr. 1, 61 a Abs. 3, 4 ArbGG), ohne dass die Parteien sachdienlich vorgetragen haben, so ist das Nachschieben dieser Gründe in der Berufungsinstanz nur zuzulassen, wenn nach der freien Überzeugung des LAG ihre Zulassung die Erledigung des Rechtsstreits nicht verzögern würde oder wenn die Partei die Verspätung genügend entschuldigt (§ 67 Abs. 21 S. 1 ArbGG). Der Entschuldigungsgrund ist auf Verlangen des LAG glaubhaft zu machen.

e) Ist das Vorbringen nach a–d überhaupt zulässig, so ist es vom Berufungskläger in der Berufungsbegründung und vom Berufungsbeklagten in der Berufungsbeantwortung vorzubringen, also innerhalb der jeweils fristgebundenen Schriftsätze (BAG AP Nr. 1 zu § 4 TVG Besitzstand = NZA 1986, 472 = BB 1986, 667). Wird das Vorbringen verspätet vorgebracht, so ist es nur zuzulassen, wenn es nach der Berufungsbegründung oder nach der Berufungsbeantwortung entstanden ist oder das verspätete Vorbringen nach der freien Überzeugung des LAG die Erledigung des Rechtsstreits nicht verzögern würde oder nicht auf Verschulden einer Partei beruht. Werden Tatsachen, die der Berufungsbeklagte in erster Instanz unter Beweis gestellt hat und auf die es nach der Beurteilung des Erstgerichtes nicht ankam, im Berufungsrechtszug infolge einer anderen rechtlichen Beurteilung des Berufungsgerichtes erheblich, so muss letzteres die entsprechenden Beweisanträge des Berufungsbeklagten aus dem ersten Rechtszug jedenfalls dann beachten, wenn der Berufungsbeklagte pauschal darauf Bezug genommen hat und das Berufungsgericht ihn nicht rechtzeitig vor der mündlichen Verhandlung auf seine von der des Erstgerichts abweichende Beurteilung der Tatsachen hingewiesen hat (BGH NJW 1982, 581). Das Gericht muss aber auch hier bei verspätetem Beweisantritt versuchen, den Zeugen im Wege prozessleitender Verfügung zu laden (BAG AP Nr. 104 zu § 1 TVG Tarifverträge Bau = NJW 1989, 1236 = NZA 1989, 489).

f) Das Verfassungsgebot des rechtlichen Gehörs ist verletzt, wenn ein Berufungsgericht ungewöhnlich komplizierte und umfangreiche Geschäftsunterlagen verwertet, die erst in der letzten mündlichen Verhandlung vorgelegt wurden und dem Prozessgegner innerhalb einer nachgelassenen Schriftsatzfrist nur für die Dauer von drei Arbeitstagen zur Prüfung, Erörterung und Stellungnahme vorlagen (BAG AP Nr. 33 zu Art. 103 GG).

Zum Begriff der Verzögerung: BGH NJW 1979, 1988, 2105; 1980, 945, 1102. Ob eine Verzögerung des Rechtsstreits eintritt, ist bezogen auf den Zeitpunkt des Vorbringens festzustellen. Nach jetzt h.M. wird der Rechtsstreit verzögert, wenn er bei Zulassung des verspäteten Vorbringens länger dauern würde als bei seiner Zurückweisung. Dies ist auch dann der Fall, wenn alle angetretenen Beweise in der ersten Berufungsverhandlung erhoben werden könnten, im Falle der Beweisführung aber andere unter Beweis gestellte Behauptungen entscheidungserheblich würden und durch die Erhebung dieser Folgebeweise ein neuer Termin anberaumt werden müsste (BGH NJW 1983, 1495).

Ist Parteivorbringen zu Unrecht zugelassen worden, so ist das unanfechtbar. Dies rechtfertigt sich aus der Überlegung, dass die Verzögerung des Rechtsstreits eingetreten ist und durch die Zurückweisung in der Rechtsmittelinstanz nicht mehr aufgeholt werden kann (BAG AP Nr. 2 zu § 21 TV AL II; AP Nr. 3 zu § 42 TV AL II = BB 1985, 799; BGH NJW 1981, 928).

17. Der Prüfungsumfang des Berufungsgerichts ist durch das ZPO-RG völlig verändert worden. Ein zentrales Anliegen der ZPO-Reform war es, die Berufungsinstanz von einer vollen zweiten Tatsacheninstanz in eine Kontrollinstanz umzugestalten (BT-Drucks. 14/4722, S. 61). Hieraus folgt, dass das Berufungsgericht grundsätzlich die von der 1. Instanz getroffenen Tatsachenfeststellungen zu übernehmen hat, es sei denn, dass die in Anm. 15 beschriebenen Ausnahmen gegeben sind. Der eingeschränkte Prüfungsmaßstab gilt auch im Arbeitsgerichtsverfahren (§ 64 Abs. 6 ArbGG, §§ 513, 529 ZPO).

a) Nach § 513 kann die Berufung nur darauf gestützt werden, dass die Entscheidung auf einer Rechtsverletzung (§ 546 ZPO) beruht oder nach § 529 ZPO zu Grunde zu legende Tatsachen eine andere Entscheidung rechtfertigen. Wegen des Begriffs der Rechtsverletzung ist auf das Revisionsverfahren (§ 546 ZPO) verwiesen. Unter Rechtsnorm ist jede gesetzliche Vorschrift zu verstehen; unerheblich ist, ob sie auf materiellem oder prozessualem Recht beruht (vgl. Einzelheiten Form. IV. D. 10 Anm. 3). Gegenüber dem bisherigen Recht hat das erhebliche Auswirkungen bei der Auslegung von Willenserklärungen oder bei unbestimmten Rechtsbegriffen. Die Auslegung von Willenserklärungen folgt den Auslegungsgrundsätzen im Revisionsrecht (vgl. Form. IV. D. 10 Anm. 7). Unbestimmte Rechtsbegriffe wie die personen-, verhaltens- und betriebsbedingte Kündigungsgründe oder der wichtige Grund können nur darauf kontrolliert werden, ob das Arbeitsgericht den Kernbereich erkannt hat und die Tatsachen widerspruchsfrei gewürdigt hat (vgl. Form. IV. D. 10 Anm. 7).

b) Nicht von Amts wegen zu berücksichtigende Verfahrensfehler werden nur dann berücksichtigt, wenn sie in den Formen des § 520 Abs. 3 ZPO dargelegt sind. Wegen der materiellrechtlichen Überprüfung ist das Berufungsgericht wie auch das BAG nicht an Verfahrensrügen gebunden.

c) Das Berufungsgericht ist grundsätzlich an die im ersten Rechtszug festgestellten Tatsachen gebunden. Ausnahmen bestehen nur dann, wenn hieran Zweifel bestehen (§ 529 Abs. 1 Nr. 1 ZPO). Wann Anhaltspunkte Zweifel an der Richtigkeit und Vollständigkeit der Feststellungen bestehen, ist im Gesetz nicht definiert. Nach Ansicht des Rechtsausschusses entfällt die Bindung an die erstinstanzlichen Feststellungen, wenn „aus Sicht des Berufungsgerichts eine gewisse – nicht notwendigerweise überwiegende Wahrscheinlichkeit dafür besteht, dass im Falle der Beweiserhebung die erstinstanzliche Feststellung keinen Bestand haben wird (BT-Drucks. 14/6036,

S. 124)." Das kann der Fall sein, wenn ein Rechtssatz oder eine Tatsachenfeststellung mit schlüssigen Argumenten in Frage gestellt werden kann. Umstritten sind auch die Rechtsfolgen bei Verstößen des Berufungsgerichts gegen § 529 Abs. 1 Nr. 1 ZPO. Es ist zu differenzieren. Hält sich das Berufungsgericht zu Unrecht an die Feststellungen gebunden, liegt ein revisibler Rechtsfehler vor. Trifft das Berufungsgericht neue Feststellungen, obwohl die Voraussetzungen der Bindung gegeben sind, liegt zwar auch ein Rechtsfehler vor. Es ist aber sinnwidrig, das BAG auf die Feststellungen erster Instanz zugreifen zu lassen. Die Arbeitskraft des Berufungsgerichts ist verbraucht. Dies gilt erst recht dann, wenn das Berufungsgericht zu anderen Feststellungen kommt.

18. Die Zurückverweisung an die Vorinstanz ergibt sich aus § 64 Abs. 6 ArbGG iVm. § 538 ZPO nach Maßgabe der Einschränkung von § 68 ArbGG. Für das Verfahren bei den ordentlichen Gerichten ergeben sich die Zurückverweisungsmöglichkeiten aus § 538 Abs. 2 ZPO. Dieser ist eingeschränkt durch § 68 ArbGG., wonach wegen eines Mangels im Verfahren nicht zurückverwiesen werden kann. Hieraus ergibt sich auch der Grundsatz, dass immer dann eine Zurückverweisung nicht stattfinden kann, wenn der Rechtsfehler in der zweiten Instanz korrigiert werden kann. Damit ergeben sich im Arbeitsgerichtsprozess folgende Besonderheiten. Eine Zurückverweisung nach § 538 Abs. 2 Nr. 1 ZPO scheidet aus. Sie kommt in Betracht, wenn der Einspruch gegen ein Versäumnisurteil nach § 341 ZPO als unzulässig verworfen wurde (§ 538 Abs. 2 Nr. 2 ZPO). Die Vorschrift wird entsprechend angewandt, wenn das Arbeitsgericht zu Unrecht einen Vergleich annimmt und die Fortsetzung des Prozesses ablehnt (BAG AP Nr. 17 zu § 794 ZPO), fehlerhaft eine übereinstimmende Erledigungserklärung annimmt (LAG Hamm LAGE § 1 BetrAVG Nr. 19). Sie ist nach § 538 Abs. Nr. 3 ZPO zulässig, wenn eine Feststellungsklage mangels Feststellungsinteresse als unzulässig abgewiesen worden ist (BAG AP Nr. 25 zu § 2 ArbGG 1953 Zuständigkeitsprüfung). Das LAG kann aber auch selbst entscheiden. § 538 Abs. 2 Nr. 4 und 5 ZPO ist für das Arbeitsgerichtsverfahren ohne Bedeutung. Eine Zurückverweisung ist möglich, wenn das angefochtene Urteil ein Versäumnisurteil ist (§ 538 Abs. 2 Nr. 6 ZPO) und nach § 538 Abs. 2 Nr. 7 ZPO, wenn die Voraussetzungen eines Teilurteils zu Unrecht angenommen worden sind.

Kosten und Gebühren

Das LAG berechnet den Beschwerdewert nach §§ 64 Abs. 6, 12 Abs. 7 ArbGG, §§ 511a, 2ff. ZPO. Der Gebührenstreitwert folgt aus § 1 Abs. 3 GKG, § 12 Abs. 7 ArbGG. Gerichtsgebühren: § 12 Abs. 2 iVm. Anl. 1 zu § 12 ArbGG Nr. 9120ff. Rechtsanwaltsgebühren: § 62 BRAGO.

7. Berufungsbeantwortung[1]

An das
Landesarbeitsgericht

In Sachen

....../......
...... SA ....../......

wird auf die Berufung erwidert:
Es wird beantragt:[2]

1. Die Berufung des/der Klägerin/Beklagten wird zurückgewiesen.
2. Die/der Berufungskläger(in) trägt auch die weiteren Kosten des Rechtsstreits.

Begründung:

1. **Stellungnahme zur Berufung**[3]
   a) **Zulässigkeit der Berufung und Formen der Berufungsbegründung**
   b) **Begründetheit der Berufung**
2. **Beschränkung**[4, 5]
   a) **Klageänderung**
   b) **Aufrechnung**
   c) **Widerklage**
3. **Anschlussberufung**[6]

Anmerkungen

1. Die Berufung muss innerhalb einer Frist von einem Monat nach Zustellung der Berufungsbegründung beantwortet werden (§ 66 Abs. 1 S. 3 ArbGG) Hierauf wird der Berufungsbeklagte hingewiesen. Die Frist zur Berufungsbeantwortung kann einmal auf Antrag verlängert werden, wenn durch die Verlängerung der Rechtsstreit nicht verzögert wird oder erhebliche Gründe vorgebracht werden (§ 66 Abs. 1 S. 5ArbGG). Wird bei Berufung nicht beantwortet, kann späteres Vorbringen zurückgewiesen werden.

2. Es müssen Anträge zur Berufung gestellt werden.

3. Zweckmäßig wird zur Berufung Stellung genommen. Dabei kann die Stellungnahme wie die Berufungsschrift gegliedert werden.

4. Nach § 67 ArbGG können neue Angriffs- und Verteidigungsmittel vorgebracht werden. Nach § 64 Abs. 6 ArbGG ist aber § 533 ZPO anzuwenden. Hiernach sind Klageänderung, Aufrechnungserklärung und Widerklage nur zulässig, wenn der Gegner einwilligt oder das Gericht dies für sachdienlich hält und diese auf Tatsachen gestützt werden können, die das Berufungsgericht seiner Verhandlung und Entscheidung ohnehin zugrunde zu legen hat. Klageänderung, Aufrechnungserklärung und Widerklage sind stark eingeschränkt worden, weil die Berufungsinstanz keine volle Tatsacheninstanz ist sondern der Fehlerkontrolle dienen soll. Sachdienlich sind die Verteidigungsmittel dann, wenn sie die Prozesswirtschaftlichkeit fördern. Unzulässig sind Klageänderung, Aufrechnungserklärung und Widerklage nach Nr. 2 stets, wenn sie nicht auf Tatsachen gestützt werden können, die das Berufungsgericht der Entscheidung über die Berufung nach § 529 ZPO zu Grunde legen darf (Form. IV. D. 6 Anm. 16). Namentlich im Kündigungsschutzverfahren kann es unzweckmäßig sein, die Ansprüche auf Abfindung bzw. aus Annahmeverzug erst in der zweiten Instanz zu stellen, da die Beschränkungen greifen können.

5. Im Falle der Nichtzulassung ist bei Klageänderung und Widerklage die Berufung und Anschlussberufung unbegründet. Die geänderte Klage oder Widerklage ist unzulässig. Bei der Aufrechnung ist zu differenzieren. Die Aufrechnungserklärung kann ein neues Angriffs- und Verteidigungsmittel (§ 531 ZPO) sein. Wird die Aufrechnungserklärung in der ersten Instanz zurückgewiesen, so ist darüber nicht entschieden. Wird dagegen die Aufrechnungserklärung in der zweiten Instanz neu vorgetragen, ist sie mangels Substantiierung unbegründet (*Thomas/Putzo* § 533 Rdn. 7ff.).

6. Nach § 64 Abs. 6 ArbGG findet die Vorschrift über die Anschlussberufung (§ 524 ZPO) Anwendung. Die Möglichkeit zur selbständigen Anschlussberufung ist entfallen. Sind beide Parteien beschwert, besteht die Möglichkeit, dass sie beide Berufung einlegen, wenn die Berufungsvoraussetzungen vorliegen. Eine Anschlussberufung ist nur notwendig, wenn mehr als die bloße Zurückweisung der Berufung erreicht werden soll. Die Anschlussberufung ist nur zulässig, wenn die Hauptberufung eingelegt und noch anhängig ist, sich gegen dasselbe Urteil richtet und sie vom Berufungsbeklagten oder seinem Streitgehilfen eingelegt ist. Eine Beschwer ist nicht notwendig (*Thomas/Putzo* § 524 Rdn. 17). Gegner der Anschlussberufung kann nur der Berufungsbeklagte oder sein notwendiger Streitgenosse sein. Die Anschlussberufung wird durch eine Berufungsanschlussschrift eingereicht (§ 524 Abs. 1 S. 2 ZPO). Die Anschließung ist auch statthaft, wenn die Berufungsbeklagte verzichtet hat oder die Berufungsfrist verstrichen ist (§ 524 Abs. 2 S. 1 ZPO). Form und Inhalt der Berufungsanschlussschrift entsprechen der der Berufungsschrift (§ 524 Abs. 3 S. 2 ZPO). Eine bedingte Anschließung ist möglich, wenn die Bedingung ein innerprozessualer Vorgang ist, z.B. dem Antrag auf Zurückweisung der Berufung wird nicht entsprochen (BGH NJW-RR 1986, 874). Die Anschlussberufung ist nur zulässig bis zum Ablauf eines Monats nach der Zustellung der Berufungsbegründungsschrift (§ 524 Abs. 2 S. 2 ZPO). Die Begründung muss in der Anschlussberufungsschrift erfolgen. Für sie gelten dieselben Grundsätze wie zur Berufungsbegründung. Die Anschlussberufung verliert ihre Wirkung, wenn die Berufung zurückgenommen, verworfen oder durch Beschluss zurückgewiesen wird (§ 524 Abs. 4 ZPO). Analog gilt Abs. 4 bei Klagerücknahme, Klageverzicht und Prozessvergleich, weil eine Entscheidung über Hauptberufung nicht möglich ist. Die Verwerfung der Anschlussberufung ist nötig, wenn sie unzulässig ist (BGH WM 1991, 383) oder wenn der Berufungsbeklagte sie nach wirksamer Rücknahme der Berufung weiterverfolgt (BGH NJW 2000, 3215).

8. Nichtzulassungsbeschwerde wegen Divergenz[1]

An das
Bundesarbeitsgericht

Nichtzulassungsbeschwerde

In Sachen

...... (volles Rubrum)[2]

Namens und mit Vollmacht des Klägers/Beklagten lege ich wegen der Nichtzulassung der Revision in dem Urteil des Landesarbeitsgerichts ...... vom ...... – ...... Sa ....../...... – Nichtzulassungsbeschwerde[3] ein und beantrage zu erkennen:
Die Revision gegen das Urteil des Landesarbeitsgerichtes ...... vom ...... – Sa ....../...... – wird zugelassen.

Begründung

I. Der Kläger war vom ...... bis ...... bei dem Beklagten beschäftigt. Der Kläger hat von dem Beklagten verlangt ...... Das Arbeitsgericht hat der Klage stattgegeben/hat die Klage abgewiesen. Die gegen dieses Urteil eingelegte Berufung hat das Landesarbeitsgericht zurückgewiesen/auf die gegen dieses Urteil eingelegte Berufung hat das Landesarbeitsgericht das Urteil abgeändert und erkannt ...... In seinem Urteil hat das Landesarbeitsgericht die Revision nicht zugelassen. Hiergegen richtet sich die Nichtzulassungsbeschwerde.

II. Das Landesarbeitsgericht hat der Klage stattgegeben/hat die Klage abgewiesen, weil ...... Es hat dabei folgenden Rechtsgrundsatz aufgestellt ......[4].
Mit diesem Rechtsgrundsatz ist es von der Entscheidung des BAG vom ...... – ...... AZR ....../...... abgewichen[5]. In dieser Entscheidung hat das BAG nachfolgenden Rechtsgrundsatz[6] aufgestellt ...... Das Urteil des Landesarbeitsgerichtes beruht auf dem von ihm aufgestellten Rechtsgrundsatz. Denn hätte das LAG den vom BAG aufgestellten Rechtsgrundsatz angewandt, hätte es der Klage stattgegeben/sie abweisen müssen. Denn ......[7]

Rechtsanwalt

Anmerkungen

1. Die Beschwerde ist bei dem BAG innerhalb einer Notfrist von einem Monat nach der Zustellung des in vollständiger Form abgefassten Urteils schriftlich einzulegen (§ 72a Abs. 2 ArbGG). Der Beschwerdeschrift soll eine Ausfertigung oder beglaubigte Abschrift des Urteils beigefügt werden, gegen das die Revision eingelegt werden soll (§ 72a Abs. 2 S. 2 ArbGG 1979). Sie ist binnen einer Notfrist von zwei Monaten nach Zustellung des in vollständiger Form abgefassten Urteils zu begründen (§ 72a Abs. 3 S. 1 ArbGG). Die Frist zur Begründung der Nichtzulassungsbeschwerde endet auch dann zwei Monate nach Zustellung der anzufechtenden Entscheidung, wenn der Beschwerdeführer die Beschwerdefrist versäumt hat und über seinen Wiedereinsetzungsantrag noch nicht entschieden ist (BAG AP Nr. 25 zu § 72a ArbGG 1979 = NJW 1989, 317 = NZA 1989, 150). Die Beschwerde ist beim BAG einzulegen; ihre Einlegung beim LAG wirkt nicht fristwahrend (BAG AP Nr. 7 zu § 72a ArbGG 1979). Die Nichtzulassungsbeschwerde kann nur unbedingt eingelegt werden (BAG AP Nr. 22 zu § 72a ArbGG 1979 = NZA 1985, 788 = MDR 86, 83). Sie ist mangels Devolutiveffekt in der Sache kein Rechtsmittel (BAG AP Nr. 5 zu § 72a ArbGG 1979 = NJW 1980, 2599). Das LAG braucht insoweit keine Rechtsmittelbelehrung (§ 9 ArbGG) erteilen, sondern lediglich auf deren Möglichkeit hinweisen. Werden durch das Urteil eines LAG beide Parteien beschwert, so können sie unabhängig voneinander Nichtzulassungsbeschwerde einlegen. Dies ist jedoch nur insoweit möglich, wie der Beschwerdeführer jeweils beschwert ist (BAG AP Nr. 11 zu § 72a ArbGG 1979 = NJW 1982, 72). Für jede Nichtzulassungsbeschwerde ist alsdann ihre Zulässigkeit und Begründetheit zu überprüfen. Wird mit einem unbeschränkt eingelegten Rechtsmittel eine Entscheidung über mehrere prozessuale Ansprüche angegriffen, so muss die Rechtsmittelbegründung sich auf jeden einzelnen der entschiedenen Ansprüche beziehen. Fehlen Ausführungen zu einem Anspruch so ist insoweit das Rechtsmittel als unzulässig zu verwerfen. Diese Grundsätze gelten auch im Nichtzulassungsbeschwerdeverfahren (BAG AP Nr. 32 zu § 72a ArbGG 1979 = NJW 1995, 1573 = NZA 1995, 445). Werden die Notfristen für die Einlegung oder Begründung der Nichtzulassungsbeschwerde versäumt, so ist die Wiedereinsetzung in den vorigen Stand möglich (§§ 233ff. ZPO). Indes stellt das Gericht strenge Anforderungen (vgl. BAG AP Nr. 7 zu § 72a ArbGG 1979; AP Nr. 11 aaO. = NJW 1982, 72). Hat eine Partei die Frist zur Einlegung der Nichtzulassungsbeschwerde schuldlos versäumt, weil sie außerstande war, die Kosten des Prozesses zu bestreiten (§ 114 ZPO), so ist ihr nach Gewährung der Prozesskostenhilfe unter den weiteren Voraussetzungen der §§ 234, 236 ZPO Wiedereinsetzung auch dann zu bewilligen, wenn sie die Frist zur Begründung der Beschwerde (§ 72a Abs. 3 ArbGG) ebenfalls versäumt hat. Der betreffenden Partei steht in diesem Fall zur Begründung der Beschwerde eine Frist von einem Monat zur Verfügung, die mit der Zustellung des die Wiedereinsetzung bewilligenden Beschlusses beginnt (BAG AP Nr. 18 zu § 72a ArbGG 1979 = NJW 1984, 941). Übernimmt das LAG in vollem Umfang die Entscheidung des Arbeitsgerichtes nach § 543 ZPO a.F./§ 540 ZPO n.F., so sind dessen Ausführungen Grundlage der Überprüfung (BAG AP Nr. 14 zu § 72a ArbGG 1979 = NJW 1981, 2717).

2. Das Gesetz enthält keine ausdrückliche Rechtsnorm, welchen Formvorschriften eine Nichtzulassungsbeschwerde genügen muss. Das BAG hat dazu die Auffassung vertreten, dass eine formgültige Nichtzulassungsbeschwerde erkennen lassen muss, wer Beschwerdeführer und wer Beschwerdegegner ist. Hingegen sei die Mitteilung der ladungsfähigen Anschriften von Parteien oder Parteivertretern entbehrlich (BAG AP Nr. 13 zu § 72a ArbGG 1979 = NJW 1982, 846; AP Nr. 53 zu § 518 ZPO = NJW 1987, 1356 = NZA 1987, 136).

3. Eine formgültige Nichtzulassungsbeschwerde muss das anzufechtende Berufungsurteil eindeutig bezeichnen. Dazu gehört die Angabe des Berufungsgerichts, das das anzufechtende Urteil erlassen hat (BAG AP Nr. 12 zu § 72a ArbGG 1979 = NJW 1982, 846).

4. Die Nichtzulassungsbeschwerde wegen Divergenz ist nur dann ordnungsgemäß begründet, wenn der Beschwerdeführer einander widersprechende abstrakte Rechtssätze aus dem Berufungsurteil und aus divergenzfähigen Entscheidungen gegenüberstellt (BAG AP Nr. 1 zu § 72a ArbGG 1979 = NJW 1980, 312; AP Nr. 2 aaO. = NJW 1980, 1814; AP Nr. 3, 6 aaO.; AP Nr. 42 aaO = NZA 2001, 520; st.Rspr.). Unzureichend ist es, wenn die Entscheidungen, von denen das Berufungsurteil abgewichen sein soll, nur nach Datum und Aktenzeichen bezeichnet werden oder wenn die Beschwerdebegründung nur angebliche Rechtsfehler des Berufungsurteils bezeichnet, wenn sie also zur Darlegung der Divergenz lediglich ausführt, das angefochtene Urteil weiche in der Handhabung von Vorschriften von der ständigen Rechtsprechung des BAG ab (BAG AP Nr. 1 zu § 72a ArbGG 1979 Divergenz). Ferner muss dargelegt werden, dass die angefochtene und die angezogene Entscheidung auf dem angeführten Rechtssatz beruht (BAG v. 10. 7. 1996 ZTR 1996, 420). Einzelheiten *Schaub* ArbV-Hdb. § 52 Rdn. 28ff. Die Regelung des § 72a Abs. 1 ArbGG 1979 und die Anforderungen, welche die Rechtsprechung des BAG für die Nichtzulassungsbeschwerde an die Darlegung einer Divergenz stellt, ist mit der Verfassung vereinbar (BVerfG AP Nr. 9, 10, 14, 16 zu § 72a ArbGG 1979; BAG AP Nr. 5 zu § 72a ArbGG 1979 Divergenz; BVerfG AP Nr. 5, 8a aaO.).

Wird die Beschwerde darauf gestützt, dass die anzufechtende und die angezogene Entscheidung in einer Rechtsfrage auf der Grundlage verschiedener Rechtsnormen abweichende Regelungen aufgestellt haben, kann die Beschwerde nur dann zulässig sein, wenn in der Beschwerdebegründung dargelegt wird, dass die angewandten Rechtsnormen im Wortlaut und im Regelungsinhalt übereinstimmen. Der Hinweis der Beschwerde auf die Vergleichbarkeit der Regelung genügt nicht (BAG AP Nr. 28 zu § 72a ArbGG 1979 Divergenz = NJW 1995, 1693 = NZA 1995, 447).

Ob das LAG einen abstrakten Rechtsgrundsatz aufgestellt hat, muss im Wege der Auslegung ermittelt werden. Dies ist dann der Fall, wenn es einen den Fall übergreifenden Rechtsgrundsatz aufgestellt hat, der für eine Vielzahl von Fällen gilt. Keine Divergenzbeschwerde ist möglich, wenn das LAG keinen Rechtsgrundsatz aufgestellt hat, aber u.U. rechtsfehlerhaft von einer vorangegangenen (BAG AP Nr. 6, 13 zu § 72a ArbGG 1979 Divergenz) Entscheidung eines divergenzfähigen Gerichts abgewichen ist oder wenn keine fallübergreifenden Rechtssätze aufgestellt sind, sondern Rechtssätze des BAG wörtlich übernommen werden (BAG AP Nr. 37 zu § 72a ArbGG 1979 Divergenz = NZA 1998, 900). Hierdurch kann die Rechtseinheit nicht gefährdet werden (BAG AP Nr. 1, 13 zu § 72a ArbGG 1979 Divergenz = NJW 1980, 1030; vgl. auch BAG AP Nr. 2 zu § 92a ArbGG 1979). Hat das LAG nach § 543 Abs. 1 ZPO a.F./§ 540 ZPO n.F. auf die Entscheidung des Arbeitsgerichts verwiesen, so wird seine Entscheidung so gelesen, als habe es die Entscheidungsgründe in sein Urteil aufgenommen (BAG AP Nr. 4 zu § 72a ArbGG 1979 Divergenz = Betr. 1981, 1340). Enthält das angezogene Urteil mehrere Begründungen, die jede für sich die Entscheidung tragen, so liegt eine Divergenz schon dann vor, wenn das LAG von einer Begründung abgewichen ist (BAG AP Nr. 2 zu § 72a ArbGG 1979 Divergenz). In diesen Fällen beruht aber die Entscheidung nicht auf der Abweichung, so dass die Voraussetzungen der Zulassung nicht gegeben sind (BAG 23. 7. 1996 BB 1996, 1944). Dagegen ist keine Divergenz gegeben, wenn von einem obiter dictum abgewichen wird. In der Rechtsprechung zur Divergenzrevision war das BAG davon ausgegangen, dass der abstrakte Rechtsgrundsatz aus der anzufechtenden wie aus der angezogenen Entscheidung unmittelbar und deutlich abzulesen war (BAG AP Nr. 24 zu § 72a ArbGG 1953 Divergenzrevision = NJW 1963, 2292; AP Nr. 31 aaO. = NJW 1968, 72; AP Nr. 33 aaO. = NJW 1968, 1981; AP Nr. 11 zu § 72a

ArbGG 1979 Divergenz). Lässt das LAG einen Gesichtspunkt unerwähnt, der nach der Rechtsprechung des BAG berücksichtigt werden muss, so ist daraus nicht zu schließen, dass es einen abweichenden Rechtsgrundsatz aufstellen wollte (BAG AP Nr. 40 zu § 72 a ArbGG 1979 = NZA 1998, 500). Eine Divergenzbeschwerde ist auch dann statthaft, wenn das LAG keinen abstrakten Rechtsgrundsatz aufgestellt hat, sich aber aus seinen Ausführungen unzweifelhaft ergibt, dass es von einem bestimmten abstrakten Rechtssatz ausgegangen sein muss (BAG AP Nr. 9 zu § 72 a ArbGG 1979 Divergenz = Betr. 1981, 2497; einschränkend: BAG AP Nr. 11, 13, 15, 24 zu § 72 a ArbGG 1979 Divergenz). Bei einer auf Divergenz gestützten Nichtzulassungsbeschwerde muss sich eindeutig erkennen lassen, dass das Berufungsgericht den Rechtssatz wirklich vertreten wollte (BVerfG AP Nr. 53 zu Art. 103 GG = NJW 1996, 45). Dies ist aber noch nicht dann anzunehmen, wenn das Berufungsgericht den vorgetragenen Sachverhalt unter bestimmten rechtlichen Aspekten überhaupt nicht gewürdigt hat. Eine Nichtzulassungsbeschwerde wegen Divergenz ist auch dann möglich, wenn nach Zurückverweisung einer Sache das Landesarbeitsgericht die damalige rechtliche Beurteilung des Revisionsgerichts gemäß § 565 Abs. 2 ZPO a. F./§ 563 ZPO n. F. seiner Entscheidung zugrundelegt, das BAG aber zwischenzeitlich seine Rechtsauffassung geändert hat (BAG AP Nr. 1 zu § 92 a ArbGG 1979 = BB 1981, 674; AP Nr. 21 zu § 72 a ArbGG 1979 Divergenz = NZA 1989, 183 = BB 1989, 700 = DB 1989, 487). Eine Divergenz bei der Kostenentscheidung reicht nicht aus, um eine Nichtzulassungsbeschwerde zu rechtfertigen (BAG AP Nr. 34 zu § 72 a ArbGG 1979 Divergenz = NZA 1996, 1231).

5. Die Nichtzulassung der Revision durch das LAG kann selbständig durch Beschwerde angefochten werden, wenn das Berufungsurteil von einer Entscheidung des Bundesverfassungsgerichts, von einer Entscheidung des Gemeinsamen Senats der Obersten Gerichtshöfe des Bundes, von einer Entscheidung des BAG oder, solange eine Entscheidung des Bundesarbeitsgerichts in der Rechtsfrage nicht ergangen ist, von einer Entscheidung einer anderen Kammer desselben Landesarbeitsgerichtes oder eines anderen Landesarbeitsgerichtes abweicht und die Entscheidung auf dieser Abweichung beruht. Entscheidungen der LAG sind nicht mehr divergenzfähig, wenn sie vom BAG aufgehoben worden sind (BAG AP Nr. 32 zu § 72 a ArbGG 1979 Divergenz = NJW 1996, 1493 = NZA 1996, 502). Die Entscheidungen anderer als der aufgezählten Gerichte wirken nicht divergenzbegründend (BAG AP Nr. 25 zu § 72 a ArbGG 1979 Grundsatz; AP Nr. 17 zu § 72 a ArbGG 1979 Divergenz = NJW 1986, 2456 = NZA 1986, 578). Dies gilt auch für Vorlagebeschlüsse an den Gr. Sen. (BAG AP Nr. 18 zu § 72 a ArbGG 1979 Divergenz = EzA Nr. 48 zu § 72 a ArbGG 1979). Die früher fehlende Divergenzfähigkeit von Entscheidungen des BVerfG ist durch eine Gesetzesänderung vom 2. 8. 1993 beseitigt. Abweichende ältere Rechtsprechung des BAG ist überholt. Grundlage einer Divergenzbeschwerde können keine Beweisbeschlüsse sein (BAG AP Nr. 22 zu § 72 a ArbGG 1979 Divergenz = NZA 1989, 281 = BB 1989, 76 = DB 1989, 1428). Die Entscheidung, von der abgewichen wird, muss bereits zuvor ergangen sein (BAG AP Nr. 6 zu § 72 a ArbGG 1979 Divergenz; AP Nr. 27 zu § 72 a ArbGG 1979 = NZA 1995, 286). Eine Entscheidung des BAG in einer Rechtsfrage ist schon dann im Sinne von § 72 a Abs. 2 Nr. 2 ArbGG ergangen, wenn das BAG lediglich in der Begründung einer Entscheidung zu einer anderen Rechtsfrage eine bestimmte Rechtsansicht geäußert hat (BAG AP Nr. 7 zu § 72 a ArbGG 1979 Divergenz).

6. In der Rechtsprechung zur Divergenzrevision hatte das BAG verlangt, dass in der angefochtenen wie angezogenen Entscheidung herauszuarbeitende Rechtsgrundsätze die jeweiligen Entscheidungen tragen. Zur Nichtzulassungsbeschwerde hat es diese Frage zunächst offengelassen (BAG AP Nr. 3 zu § 72 a ArbGG 1979). Später hat es entschieden, dass eine Divergenz nur vorliege, wenn das Berufungsgericht mit einem tragenden abstrakten Rechtssatz von einem abstrakten Rechtssatz einer angezogenen Entscheidung abweiche (BAG AP Nr. 11 zu § 72 a ArbGG 1979 Divergenz). Nach dem Wortlaut von

§ 72a Abs. 2 Nr. 2 ArbGG ist davon auszugehen, dass in jedem Fall dargelegt werden muss, dass die anzufechtende Entscheidung auf dem abstrakten Rechtsgrundsatz beruht (BAG AP Nr. 3 zu § 72a ArbGG 1979 Divergenz). Eine Divergenzbeschwerde ist mithin nicht statthaft, wenn die anzufechtende Entscheidung die Rechtsfrage dahingestellt lässt, einen Rechtssatz aufstellt, der sich auf die Entscheidung nicht auswirkt, eine Tatfrage abweichend beurteilt. Dagegen wird eine Divergenzbeschwerde bereits dann zulässig sein, wenn die Divergenz zu einem abstrakten Rechtsgrundsatz der angezogenen Entscheidung besteht.

Eine Divergenzrevision war nicht statthaft, wenn die angefochtene Entscheidung nur in der Hauptbegründung (BAG AP Nr. 27 zu § 72 ArbGG 1953 Divergenzrevision = NJW 1965, 1455) oder Hilfsbegründung (BAG AP Nr. 35 zu § 72 ArbGG 1953 Divergenzrevision) einen abweichenden Rechtsgrundsatz aufgestellt hat, die andere Begründung aber die Entscheidung trug. Zur Divergenzbeschwerde hat das BAG entschieden, dass in den Fällen der alternativen Begründung einer divergenzfähigen Entscheidung die Divergenzbeschwerde statthaft ist, wenn die angefochtene Entscheidung von einer Begründung abweicht (BAG AP Nr. 2 zu § 72a ArbGG 1979 Divergenz). Umgekehrt ist die Divergenzbeschwerde nicht zulässig, wenn die anzufechtende Entscheidung mehrere Begründungen enthält, die die Entscheidung tragen, von denen aber nur eine abweicht (BAG AP Nr. 3 aaO.). Enthält die Entscheidung eine Haupt- und Hilfsbegründung, so ist die Divergenzbeschwerde nur zulässig, wenn sowohl die Haupt- wie die Hilfsbegründung eine Divergenz enthält (BAG AP Nr. 39 zu § 72a 1979 Divergenz = NJW 1999, 1419 = NZA 1999, 222).

Entscheidet das LAG über mehrere Klagebegehren und weicht es nur bei der Beurteilung eines Anspruchs von einer divergenzfähigen Entscheidung ab, so kann nur insoweit die Revision zugelassen werden (BAG AP Nr. 8 zu § 72a ArbGG 1979 = NJW 1982, 351; AP Nr. 41 zu § 72a ArbGG 1979 = NZA 1999, 726).

7. Gegen den Beschluss durch den eine Nichtzulassungsbeschwerde verworfen wird, gibt es keine Gegenvorstellung (BAG AP Nr. 2 zu § 329 ZPO). Ebenso wenig gibt es ein Rechtsmittel gegen einen Beschluss, durch den die Revision oder Rechtsbeschwerde zugelassen worden ist (BAG AP Nr. 19 zu § 72a ArbGG 1979 = Betr. 1985, 136). Wird die Revision auf Nichtzulassungsbeschwerde zugelassen, beginnt die Revisionsfrist mit Zustellung der Zulassungsentscheidung (§ 72 Abs. 5 S. 7 ArbGG).

8. Im Nichtzulassungsbeschwerdeverfahren setzt die Einstellung der Zwangsvollstreckung voraus, dass für die mit der Beschwerde verfolgte Zulassung der Revision Aussicht auf Erfolg besteht (BAG AP Nr. 42 zu § 72a ArbGG 1979 = NZA 2000, 1072).

Kosten und Gebühren

§ 12 ArbGG iVm. Anl. 1 zu § 12 ArbGG Nr. 9302. Für das Verfahren der Nichtzulassungsbeschwerde kann auch dem Beschwerdegegner Prozesskostenhilfe bewilligt werden (BAG AP Nr. 6 zu § 72a ArbGG 1979). Wird um Prozesskostenhilfe für die Einlegung der Nichtzulassungsbeschwerde nachgesucht, so sind nach § 114 ZPO die Erfolgsaussichten darzulegen (anders BSG SozR SGG § 167 Nr. 4; BVerwG MDR 1965, 410). Nach richtiger Auffassung wird das Revisionsgericht prüfen, ob eine Divergenz sinnvoller weise dargelegt werden kann.

Fristen und Rechtsmittel

Vgl. Anm. 1, 2 und 7.

9. Nichtzulassungsbeschwerde wegen grundsätzlicher Bedeutung und fehlerhafter Tarifauslegung

An das
Bundesarbeitsgericht

Nichtzulassungsbeschwerde

In Sachen

...... (volles Rubrum)[1]

Namens und mit Vollmacht des/der Beklagten lege ich wegen der Nichtzulassung der Revision in dem Urteil des Landesarbeitsgerichts ...... vom ...... – ...... Sa. ....../...... – Nichtzulassungsbeschwerde[2] ein und werde beantragen zu erkennen:
Die Revision gegen das Urteil des Landesarbeitsgerichts vom ...... – ...... Sa. ....../...... – wird zugelassen.

Begründung[3]:

I. Der/die Kläger(in) ist seit dem ...... als Verwaltungsangestellte(r) bei dem/der Beklagten/dem beklagten Land beschäftigt. Auf das Arbeitsverhältnis ist kraft beiderseitiger Tarifbindung/kraft vertraglicher Vereinbarung der Bundesangestelltentarifvertrag einschließlich seiner Ergänzungen anzuwenden.
Seit dem ...... ist der/die Kläger(in) in der Abteilung ...... als ...... eingesetzt. Für die Zeit vom ...... bis ...... erhält der/die Kläger(in) Vergütung nach Vergütungsgruppe ...... der Anlage 1 zum BAT.
Mit der Klage hat die Klägerin von dem/der Beklagten/beklagten Land Vergütung nach Vergütungsgruppe ...... Fallgruppe ...... Anlage 1 zum BAT verlangt. Das Arbeitsgericht hat der Klage stattgegeben; das Landesarbeitsgericht hat die Berufung zurückgewiesen. Die Revision hat es nicht zugelassen. Mit der Nichtzulassungsbeschwerde erstrebt der/die Beklagte/das beklagte Land die Zulassung der Revision.

II. Das Landesarbeitsgericht hat die Revision zu Unrecht nicht zugelassen. Nach § 72 a Abs. 1 Nr. 2 iVm. § 72 Abs. 2 Nr. 1 ArbGG ist die Nichtzulassungsbeschwerde an das BAG zulässig, wenn die Rechtssache grundsätzliche Bedeutung hat und die Parteien über die Auslegung eines Tarifvertrages[4], dessen Geltungsbereich sich über den Bezirk des Landesarbeitsgerichtes hinaus erstreckt, streiten. Diese Voraussetzungen sind gegeben:
1. Der Bundesangestelltentarifvertrag gilt über den Bezirk des Landesarbeitsgerichtes ...... hinaus (§ 1 BAT)[5].
2. Der/die Kläger(in) ist in die Vergütungsgruppe ...... einzureihen, wenn sie nachfolgende Tatbestandsvoraussetzungen erfüllt ...... Das Landesarbeitsgericht hat das Tatbestandsmerkmal ...... wie folgt definiert ...... Dies ist unrichtig, weil ......[6].
3. Die Rechtssache hat grundsätzliche Bedeutung. Das Bundesarbeitsgericht hat dieses Tatbestandsmerkmal in seiner bisherigen Rspr. noch nicht ausgelegt ......[7, 8].

Rechtsanwalt

Anmerkungen

1. Vgl. Form. IV. D. 8 Anm. 2.

2. Vgl. Form. IV. D. 8 Anm. 3.

3. Die Beschwerde muss innerhalb einer Notfrist von einem Monat eingelegt werden (§ 72a Abs. 2 ArbGG). Sie muss innerhalb von zwei Monaten nach Zustellung des in vollständiger Form abgefassten Urteils begründet werden (§ 72a Abs. 3 ArbGG). Die Begründungsfrist kann nicht verlängert werden. In der Begründung müssen die Voraussetzungen von § 72a Abs. 1 und von § 72a Abs. 2 Nr. 1 ArbGG dargelegt werden. Vgl. Form. IV. D. 8 Anm. 1.

4. Die Grundsatzbeschwerde ist nur statthaft, wenn die Sache grundsätzliche Bedeutung hat und einen der in § 72a Abs. 1 ArbGG aufgezählten Fälle betrifft (BAG AP Nr. 7 zu § 72a ArbGG 1979 Grundsatz). Hierzu gehören Rechtsstreitigkeiten zwischen Tarifvertragsparteien aus Tarifverträgen oder über das Bestehen oder Nichtbestehen von Tarifverträgen; über die Auslegung eines Tarifvertrages, dessen Geltungsbereich sich über den Bezirk eines Landesarbeitsgerichts hinaus erstreckt oder zwischen tariffähigen Parteien oder zwischen diesen und Dritten aus unerlaubten Handlungen (BAG AP Nr. 33 zu § 72a ArbGG 1979 Grundsatz = BB 1987, 2099 = Betr. 1987, 2264), soweit es sich um Maßnahmen zum Zwecke des Arbeitskampfes oder um Fragen der Vereinigungsfreiheit einschließlich des hiermit im Zusammenhang stehenden Betätigungsrechts der Vereinigungen handelt (§ 72a Abs. 1 ArbGG 1979). Nach dem AGB-DDR wirksam zustande gekommene Rahmenkollektivverträge sind Tarifverträge iS. von § 72a ArbGG (BAG AP Nr. 26 zu § 72a ArbGG 1979). Die Grundsatzbeschwerde ist mithin nicht deshalb zulässig, weil sie auf einen Verstoß gegen die Rechte aus Art. 101 Abs. 1 S. 2, 103 Abs. 1 GG oder sonstige Gesetze gestützt ist (BAG AP Nr. 4, 21, 22, 27 zu § 72a ArbGG 1979; AP Nr. 24 = NZA 1986, 763 = Betr. 1986, 2688; AP Nr. 25, 28 zu § 72a ArbGG 1979 Grundsatz; NZA 2001, 1036 = NJW 2001, 3142). Bei einem Rechtsstreit über die Auslegung eines Tarifvertrages, der zwischen den Tarifvertragsparteien geführt wird, ist die Revision auf die Nichtzulassungsbeschwerde auch dann zuzulassen, wenn der Geltungsbereich des Tarifvertrages nicht über den Bezirk eines Landesarbeitsgerichts hinausgeht (§ 72a Abs. 1 Nr. 1 ArbGG). Die grundsätzliche Bedeutung der Rechtssache ergibt sich bereits aus der Bindungswirkung der rechtskräftigen Entscheidung für die Gerichte und Schiedsgerichte (§ 9 TVG) (BAG AP Nr. 51 zu § 72a ArbGG 1979 Grundsatz = NZA 1998, 500). Die Beschränkung der Grundsatzbeschwerde auf die in § 72a Abs. 1 Nr. 1–3 ArbGG genannten Streitigkeiten ist verfassungsgemäß (BAG AP Nr. 8, 9 zu § 72a ArbGG 1979 Grundsatz; AP Nr. 57 zu § 72a aaO = NZA 1999, 896; BVerfG AP Nr. 10 zu § 72a ArbGG 1979).

5. Die Nichtzulassungsbeschwerde ist auch dann zulässig, wenn in einem Land mehrere Landesarbeitsgerichte bestehen und der Tarifvertrag sich über den Bezirk eines Landesarbeitsgerichtes hinaus erstreckt. Der Geltungsbereich eines Tarifvertrages erstreckt sich aber nicht dann über den Bereich eines Landesarbeitsgerichts hinaus, wenn er wohl über den Bezirk von sog. detachierten Kammern, nicht aber über den des LAG hinausgeht (BAG AP Nr. 15 zu § 72a ArbGG 1979) oder wenn eine bestimmte Tarifnorm in anderen Tarifverträgen außerhalb des LAG-Bereichs wiederholt wird (BAG AP Nr. 10 zu § 72a ArbGG 1979 Grundsatz = Betr. 1981, 328). Stimmt ein Tarifvertrag, dessen Geltungsbereich auf den Bezirk eines Landesarbeitsgerichts beschränkt ist, in einem Regelungsbereich (hier Zuschüsse des Arbeitgebers zu Unterhalts- und Kurzarbeitergeld) mit mindestens einem in einem anderen Landesarbeitsgerichtsbezirk geltenden Tarifvertrag wörtlich überein und weisen beide Tarifverträge auch im übrigen keine für eine Auslegung unter Berücksichtigung des jeweiligen Regelungszusammenhangs erheblichen Unterschiede auf, so sind diese Tarifverträge für die Anwendung von § 72a Abs. 1 Nr. 2 ArbGG jeweils einem über den Bezirk eines Landesarbeitsgerichtes hinaus geltenden Tarifverträge gleich zu achten (BAG AP Nr. 21 zu § 72 ArbGG 1979 = NZA 1993, 849). Schließt ein Arbeitgeber für seine in einem Landesarbeitsgerichtsbezirk liegenden Betriebe einen Haustarifvertrag ab und verweist ein weiterer Tarifvertrag für

seine in einem anderen Landesarbeitsgerichtsbezirk liegenden Betriebe auf diesen Haustarifvertrag, so kann eine Nichtzulassungsbeschwerde auf die grundsätzliche Bedeutung dieses Haustarifvertrages gestützt werden (BAG AP Nr. 46 zu § 72a ArbGG 1979 = ZTR 1995, 137). Dasselbe gilt, wenn ein Haustarifvertrag für Betriebe in mehreren Landesarbeitsgerichtsbezirken gilt (BAG AP Nr. 61 zu § 72a ArbGG 1979 = NZA 2001, 286).

6. Nicht jeder Rechtsstreit, der über die Berechtigung eines tariflichen Anspruchs geführt wird, ist ein Rechtsstreit über die Auslegung des Tarifvertrages (*Schaub* ArbV-Hdb. § 52 Rdn. 21). Vielmehr ist der Begriff Auslegung des Tarifvertrages entspr. dem Sinn und Zweck der Nichtzulassungsbeschwerde zu beschränken, das Bundesarbeitsgericht in die Lage zu versetzen, der Rechtseinheit und Rechtsfortbildung zu dienen. Die Rechtseinheit wird durch das Revisionsgericht dadurch gewahrt, dass es zur Auslegung von Rechtsnormen oder zu sonstigen Rechtsfragen abstrakte und generelle Regeln aufstellt, die für die Instanzgerichte und die sonstige Rechtspraxis eine Richtschnur bei der Beurteilung von Einzelfällen darstellen können. Bei der Rechtsfortbildung soll durch die Aufstellung neuer abstrakt-genereller Regeln das geltende Recht Entwicklungen oder Veränderungen auf sozialem, wirtschaftlichem, technischem oder sonstigem Gebiet angepasst werden (BAG AP Nr. 1 zu § 72a ArbGG 1979 Grundsatz = NJW 1980, 1812; AP Nr. 2 aaO. = NJW 1980, 1815). Dem gemäß ist bereits in der Zulässigkeitsstation der Nichtzulassungsbeschwerde darzulegen, inwieweit die Definition eines bestimmten Tatbestandsmerkmals eines bestimmten Tarifvertrages durch das Landesarbeitsgericht fehlerhaft ist (BAG AP Nr. 4 zu § 72a ArbGG 1979 Grundsatz = Betr. 1980, 1029; AP Nr. 13, 27 aaO.). Es muss präzise der Rechtsbegriff bezeichnet werden (BAG AP 52 zu § 72a ArbGG 1979 = NZA 1997, 1238). Unzureichend ist, wenn nur dargelegt wird, die Auslegung eines Tarifvertrages sei fehlerhaft. Verweist der Tarifvertrag lediglich auf eine außertarifliche normative Regelung, so handelt es sich nicht um eine eigenständige tarifliche Regelung, so dass der Rechtsstreit nicht um die Auslegung des Tarifvertrages geführt wird (BAG AP Nr. 3 aaO. = Betr. 1980, 1029; AP Nr. 17 aaO. = NJW 1982, 595; AP Nr. 50 aaO. = NZA 1996, 483). Dasselbe gilt, wenn die grundsätzliche Regelung (wichtiger Grund) in den Tarifvertrag übernommen wird (BAG AP Nr. 17 zu § 72a ArbGG 1979 Grundsatz = NJW 1982, 595).

Von der Auslegung ist die Subsumtion des Sachverhaltes unter die Rechtsnorm zu unterscheiden. Bei unbestimmten Rechtsbegriffen (zB. wichtiger Grund) ist die Überprüfung durch das Revisionsgericht darauf beschränkt, ob der Rechtsbegriff selbst verkannt ist, ob die Unterordnung des Sachverhalts unter den Rechtsbegriff Denkgesetze oder allgemeine Erfahrungssätze verletzt und ob die Beurteilung wegen Außerachtlassung wesentlicher Umstände offensichtlich fehlerhaft ist (*Schaub* ArbV-Hdb. § 52 Rdn. 22). Nach neuerer Rspr. liegt eine Begriffsverkennung auch dann vor, wenn das Tatsachengericht den Rechtsbegriff zwar zunächst zutreffend darlegt, ihn aber bei der Subsumtion des Sachverhalts wieder aufgibt. Wegen des eingeschränkten Prüfungsmaßstabes des Revisionsgerichtes kann daher die Nichtzulassungsbeschwerde nur in Ausnahmefällen auf Subsumtionsfehler gestützt werden, wenn nämlich das Landesarbeitsgericht sich nicht im Rahmen seines Beurteilungsspielraumes hält (BAG AP Nr. 1 zu § 72a ArbGG 1979 Grundsatz = NJW 1980, 1812; AP Nr. 2 aaO. = NJW 1980, 1815; AP Nr. 16 aaO.).

Um eine Tarifauslegung handelt es sich nicht, wenn die Tarifauslegung die zwingende Folge einer möglicherweise falschen Gesetzesauslegung ist (BAG AP Nr. 7 zu § 72a ArbGG 1979 Grundsatz) oder unbewusste Tarifvertragslücken ergänzend ausgelegt werden müssen (BAG AP Nr. 31 zu § 72a ArbGG 1979 Grundsatz), ein Vorvertrag zu einem Tarifvertrag (BAG AP Nr. 23 aaO.), nicht tarifierte Auslegungsgrundsätze (BAG AP Nr. 29 zu § 72a ArbGG 1979 Grundsatz), Dienstordnungen der Sozialversicherungsträger (BAG AP Nr. 26 aaO.), die Richtlinien für Arbeitsverträge in den Einrichtungen des Deutschen Caritasverbandes (BAG AP Nr. 9 aaO.; AP Nr. 1 zu § 7 AVR Caritasverband = NZA 1988, 425 = BB 1988, 1749) der BAT-KF (AP Nr. 36 aaO. = NJW 1989, 549 = NZA 1988, 842; AP Nr. 37 aaO. = NJW 1990, 2033 = NZA 1989, 769), kirchliche Arbeitsordnungen, die auf einen Tarifvertrag verweisen, der selbst kirchliche Arbeitsverhältnisse ausnimmt (BAG AP Nr. 22 aaO.), Vergütungserlasse für Lehrer (BAG AP Nr. 9, 21, 42 zu § 72a ArbGG 1979 Grundsatz), Richtlinien der Tarifgemeinschaft Deutscher Länder über die Vergütung der im Angestelltenverhältnis tätigen Lehrkräfte (BAG AP Nr. 21 zu § 72a ArbGG 1979 Grundsatz) oder die Eingruppierung des im Angestelltenverhältnis beschäftigten Ausbildungspersonals an den Katastrophenschulen der Länder (BAG AP Nr. 30 zu § 72a ArbGG 1979 Grundsatz) ausgelegt werden oder allgemeine Grundsätze des Tarifrechts (AP Nr. 11 aaO.), bindende Festsetzungen nach dem HAG (BAG AP Nr. 12 aaO.), einen bundesweit geltenden Tarifvertrag ergänzende Betriebsvereinbarungen (BAG AP Nr. 15 zu § 72a ArbGG 1979 Grundsatz = Betr. 1981, 1292), Betriebsvereinbarungen der Gewerkschaften (BAG AP Nr. 58 zu § 72a ArbGG 1979 Grundsatz = NZA 1999, 1238) ausgelegt werden. Auf eine Tarifauslegung kommt es jedoch an, wenn der Tarifvertrag nur vertraglich in Bezug genommen ist. EWG-VOen sind keine Tarifverträge iS. von § 72a ArbGG (BAG AP Nr. 43 zu § 72a ArbGG 1979 Grundsatz; ArbuR 1998, 296).

Betrifft der Rechtsstreit mehrere prozessuale Ansprüche, muss die unbeschränkt eingelegte Nichtzulassungsbeschwerde dann nicht für jeden prozessualen Anspruch begründet werden, wenn das Landesarbeitsgericht die Klage aus einem einzigen allen gemeinsamen Grund abgewiesen hat; dann genügt die Auseinandersetzung mit diesem Grund. Beruht die Entscheidung des Landesarbeitsgerichts auf einer Doppelbegründung, ist die Revision sowohl im Falle der Divergenz- wie der Grundsatzbeschwerde nur zuzulassen, wenn mit der Nichtzulassungsbeschwerde beide Begründungen des Landesarbeitsgerichts angegriffen werden und die Rügen gegen jede der beiden Begründungen für sich betrachtet begründet sind. Dabei kann die Beschwerde hinsichtlich einer Begründung auf Divergenz, hinsichtlich der anderen auf grundsätzliche Bedeutung der Rechtssache gestützt werden (Fortführung der Rechtsprechung des Bundesarbeitsgerichts, zB Beschluss vom 23. Juli 1996 – 1 ABN 18/96 – AP Nr. 33 zu § 72a ArbGG 1979 Divergenz und zB. Beschluss vom 28. September 1989 – 6 AZN 303/89 – BAGE 63, 58 = AP Nr. 38 zu § 72a ArbGG 1979 Grundsatz). Entsprechendes gilt bei Entscheidungen mit mehr als zwei tragenden Begründungen (BAG AP Nr. 41 zu § 72a ArbGG 1979 = NZA 1999, 726).

7. Teilweise vermeiden die Senate des BAG die grundsätzliche Bedeutung positiv zu definieren. Der 4. Senat bejaht die grundsätzliche Bedeutung dann, „wenn die Entscheidung des Rechtsstreits von einer durch das Revisionsgericht klärungsfähigen und klärungsbedürftigen Rechtsfrage abhängt und diese Klärung entweder von allgemeiner Bedeutung für die Rechtsordnung ist oder sie wegen ihrer tatsächlichen (zB. wirtschaftlichen) Auswirkungen die Interessen der Allgemeinheit oder eines größeren Teils der Allgemeinheit eng berühren" (BAG AP Nr. 1 aaO. = NJW 1980, 1812; AP Nr. 20 aaO.). Eine grundsätzliche Bedeutung liegt mithin nicht vor, wenn die Entscheidung nicht von der Auslegung des dargelegten tariflichen Rechtsbegriffs abhängt (BAG AP Nr. 13 zu § 72a ArbGG 1979 Grundsatz = Betr. 1981, 1340; AP Nr. 27 aaO. = NZA 1985, 435 = Betr. 1985, 556) oder die Entscheidung des Rechtsstreits nur für wenige gleichgelagerte Sachverhalte von Bedeutung ist (BAG AP Nr. 20, 24 aaO). Klärungsfähig und klärungsbedürftig ist sie dann nicht, wenn sich zu einem Begriff bereits eine feste oberstgerichtliche Rechtsprechung gebildet hat oder wenn der Begriff offensichtlich eindeutig ist (BAG AP Nr. 13, 17 aaO.; AP Nr. 9 zu § 1 TVG Tarifverträge: Metallindustrie = Betr. 1982, 288; AP Nr. 32 zu § 72a ArbGG 1979 Grundsatz = Betr. 1987, 1948; AP Nr. 40 zu § 72a ArbGG = NZA 1998, 500), der Rechtsstreit nicht von seiner Auslegung abhängt (BAG AP Nr. 13, 27 aaO.) oder bei Alternativbegründung nur eine Be-

gründung die Tarifvorschrift betrifft (BAG AP Nr. 38 aaO. = NZA 1990, 201). Die Nichtzulassung der Revision kann nicht mit der Begründung angefochten werden, die Rechtssache habe eine grundsätzliche Bedeutung, weil die angefochtene Entscheidung Verfassungsrecht verletze (BAG AP Nr. 4 zu § 72a ArbGG 1979 = Betr. 1980, 1029), gegen Grundsätze der Darlegungs- und Beweislast des allgemeinen materiellen (BAG AP Nr. 7 aaO.) oder des formellen Rechts (BAG AP Nr. 2 aaO.) verstoße, Gesetzesrecht fehlerhaft auslege, selbst wenn es von verschiedenen obersten Gerichtshöfen des Bundes unterschiedlich ausgelegt wird (BAG AP Nr. 25 aaO.) oder der Streit- und Beschwerdewert bzw. der Begriff der vermögensrechtlichen Streitigkeit verkannt sei (BAG AP Nr. 6 aaO.). Bejaht worden ist die grundsätzliche Bedeutung, wenn es um die Frage geht, ob eine öffentliche Verwaltung die Zusatzversorgung des Arbeitnehmers bei der VBL schuldet, weil sie eine nach dem Versorgungstarifvertrag nicht versorgungspflichtige Tätigkeit zum Zwecke der getarnten übertariflichen Bezahlung wie eine zusatzversorgungspflichtige Tätigkeit bezahlt hat (BAG AP Nr. 5 zu § 72a ArbGG 1979 Grundsatz).

8. In einer rechtlich zweifelhaften Entscheidung hat das BAG ausgeführt, dass eine grundsätzliche Bedeutung nur dann gegeben sei, wenn die Auslegung für mindestens 20 Arbeitsverhältnisse von Bedeutung sei (BAG AP Nr. 49 zu § 72a ArbGG 1979 Grundsatz = NJW 1996, 2180 = NZA 1996, 2180). Gemeint war, dass keine grundsätzliche Bedeutung in rechtlichen Einzelfällen gegeben ist.

Kosten und Gebühren

Vgl. Form. IV. D. 8.

Fristen und Rechtsmittel

Vgl. Anm. 3 und 4; Form. IV. D. 8 Anm. 7.

10. Revision mit Aufklärungs- und Beweisrügen[1]

An das
Bundesarbeitsgericht

Revision

In Sachen

...... (volles Rubrum)

lege ich namens und mit Vollmacht des Klägers/Beklagten gegen das Urteil des Landesarbeitsgerichts ...... vom ...... – ...... Sa. ...... Revision ein und beantrage zu erkennen:

I. Auf die Revision des Klägers/Beklagten wird das Urteil des Landesarbeitsgerichtes ...... vom ...... – ...... Sa. ...... / ...... aufgehoben[2].
Auf die Berufung des Klägers/Beklagten wird das Urteil des Arbeitsgerichts ...... vom ...... – Ca ...... / ...... – abgeändert.
Die Beklagte wird verurteilt ...... / die Klage wird abgewiesen ......

II. Der Kläger/Beklagte trägt die Kosten des Rechtsstreits.

Begründung[3]:

I. Der Kläger war vom ...... bis ...... bei dem/der Beklagten als ...... beschäftigt. Seit dem ...... war er Prokurist. Mit seinem Ausscheiden ist der Kläger in den Ruhestand getreten. Am ...... hat der/die Beklagte dem Kläger eine Versorgungszusage erteilt. Der/die Beklagte hat dem Kläger geschrieben, er erhalte bei seinem Ausscheiden infolge der Altersgrenze ein betriebliches Ruhegeld (Anlage ...... zum Schriftsatz vom ...... ; Blatt ...... VA). Allerdings hat der/die Beklagte bei der Erteilung der Versorgungszusage die Höhe noch offengelassen[4].
Mit der Klage hat der Kläger die Gewährung von Versorgungsbezügen verlangt. Das Arbeitsgericht hat die Klage abgewiesen. Das Berufungsgericht hat die Berufung zurückgewiesen. Es hat die Revision zugelassen.

II. 1. Das Urteil des LAG unterliegt bereits aus prozessualen Gründen der Aufhebung. Die Entscheidung des LAG ist am ...... verkündet worden. Die Entscheidungsgründe sind dem Kläger erst am ...... zugestellt worden.
Das LAG hat in seinem Urteil festgestellt ...... Diese Feststellung ist falsch, wie sich aus dem Vortrag des Klägers/Beklagten aus dem Schriftsatz vom ...... ergibt. Hätte das LAG das Urteil rechtzeitig zugestellt, dann hätte der Kläger/Beklagte innerhalb der Frist zur Tatbestandsberichtigung diese beantragen können (§ 320 ZPO). Diese Frist ist wegen der verspäteten Zustellung versäumt worden[5].

2. Beide Vorinstanzen haben übereinstimmend die Klage mit der Begründung abgewiesen, die Versorgungszusage sei unwirksam, weil die Höhe des Ruhegeldes nicht bestimmt worden sei. Dies ist falsch, denn es wird die Rspr. des BAG über die Blankettzusage verkannt ......[6, 7].

3. Im übrigen hat das LAG den Sachverhalt nicht hinreichend aufgeklärt und nicht die angebotenen Beweise erhoben.

a) Der Kläger hat sich auf die ihm schriftlich erteilte Versorgungszusage berufen. Er hat ferner dargelegt, dass die Parteien beständig über das zu gewährende Ruhegeld verhandelt haben. Das LAG hat dem Kläger zum Vorwurf gemacht, diese Verhandlungen nicht substantiiert dargelegt zu haben. Insoweit hat es die Grundsätze des richterlichen Fragerechts und der Fragepflicht verletzt (§ 139 ZPO).
Hätte das LAG den Kläger aufgefordert, die Vertragsverhandlungen im einzelnen darzulegen, hätte der Kläger noch vorgetragen ...... Auch hierauf beruht die angefochtene Entscheidung ......[8].

b) Im übrigen hat das LAG auch die angebotenen Beweise nicht ausgeschöpft. Der Kläger hat auf Blatt ...... des Schriftsatzes vom ...... (Bl. ...... VA) vorgetragen, dass der Beklagte noch bei dem Ausscheiden des Klägers erklärt habe, dass er dem Kläger zwar Ruhegeld zugesagt habe, aber er sich wegen der fehlenden Bestimmung der Höhe verklagen lassen wolle. Dies hat der Kläger an der angegebenen Fundstelle in das Zeugnis des ......, zu laden bei ...... gestellt[9].

c) Im Übrigen ist die Beweiswürdigung des LAG unzureichend[10].

Rechtsanwalt

Anmerkungen

1. Die Revision ist nur statthaft, wenn das LAG oder auf Nichtzulassungsbeschwerde das BAG sie zulässt. Die Entscheidung erfolgt von Amts wegen, wenn die Voraussetzungen vorliegen. Ein Antrag stellt nur eine Anregung an das Gericht dar. Die Zulassung erfolgt im Tenor der Entscheidung (§ 72 Abs. 1 S. 2 iVm. § 64 Abs. 3 a ArbGG). Ist dies unterblieben, kann binnen zwei Wochen ab Verkündung des Urteils eine entsprechende Ergänzung beantragt werden. Die frühere Rechtsprechung des BAG ist überholt. Hat das LAG die Revision zugelassen, ist das BAG daran gebunden BAG AP 35 zu § 72 ArbGG 1979 = NZA 1998, 45). Lässt das Berufungsgericht die Revision nicht zu und begründet dies in den Entscheidungsgründen, so ist eine gleichwohl erteilte Rechtsmittelbelehrung über die Revisionseinlegung unbeachtlich (BAG AP Nr. 43 zu § 72 ArbGG = NJW 2001, 244 = NZA 2001, 52). Auch dann, wenn die Revision auf absolute Revisionsgründe gestützt wird, bedarf es der Revisionszulassung (BAG NZA 2001, 912). Die Revisionsfrist beträgt einen Monat und die Revisionsbegründungsfrist zwei Monate. Beide Fristen beginnen mit der Zustellung des in vollständiger Form abgefassten Urteils, spätestens aber mit Ablauf von fünf Monaten nach der Verkündung (§ 74 Abs. 1 ArbGG). Regelmäßig werden Revision und Revisionsbegründung in getrennten Schriftsätzen eingereicht. Die Revisionsbegründungsfrist kann einmal bis zu einem weiteren Monat verlängert werden (§ 74 Abs. 1 ArbGG). Es wird beantragt, die am ... ablaufende Revisionsbegründungsfrist um einen Monat zu verlängern. Gründe. Vor Begründung der Revision bedarf es noch einer Rücksprache mit der Partei. Diese ist jedoch nicht innerhalb der Revisionsbegründungsfrist durchzuführen, weil der Unterzeichner mit Arbeit überlastet ist ... Die Verlängerung kann auch noch nach Ablauf der Begründungsfrist erfolgen, sofern sie bis zum Ablauf des letzten Tages der Frist beantragt worden ist (BGHZ 83, 217; BAG GS AP Nr. 1 zu § 66 ArbGG 1979 = NJW 1980, 309; BAG AP Nr. 10 zu § 233 ZPO = NZA 1986, 107).

2. Soweit die Revision begründet ist, ist das Urteil aufzuheben (§ 564 ZPO). Es braucht nur ein Sachantrag gestellt werden; dagegen wird von Amts wegen aufgehoben und zurückverwiesen, wenn noch weitere Aufklärungen notwendig sind. Wenn das Urteil aufgehoben wird, muss über das Schicksal des Urteils des Arbeitsgerichtes entschieden werden. Alternative: Die Berufung des Klägers/Beklagten gegen das Urteil des Arbeitsgerichtes ... vom ... – ... Ca ... /... wird zurückgewiesen.

3. Der notwendige Inhalt der Revisionsbegründung ergibt sich aus § 554 Abs. 3 ZPO. Zur Form vgl. Form. IV. D. 6 Anm. 11.

a) Die Revisionsbegründung muss die Revisionsanträge enthalten (§ 551 Abs. 3 Nr. 1 ZPO). Ist weder in der Revisionsschrift noch in der Revisionsbegründungsschrift ein ausdrücklicher Revisionsantrag gestellt, so ist die Revision dann zulässig, wenn die Revisionsbegründung zweifelsfrei erkennen lässt, in welchem Umfang das Berufungsurteil angegriffen wird (BAG AP Nr. 24 zu § 611 BGB Ärzte, Gehaltsansprüche = NJW 1961, 2085; AP Nr. 4 zu § 59 PersVG = NJW 1966, 269; AP Nr. 1 zu § 20 BMT-G I). Ausnahme: Der Anspruch hängt von dem andern ab: BAG AP Nr. 27 zu § 72 ArbGG Streitwertrevision = BB 1976, 1553 = Betr. 1977, 360.

b) In der Revisionsbegründung müssen die Revisionsgründe angegeben werden (§ 551 Abs. 3 Nr. 2 ZPO). Zu unterscheiden sind materiellrechtliche Rügen und Verfahrensrügen. Bei Rüge einer Verletzung des materiellen Rechtes müssen die Umstände bezeichnet werden aus denen sich die Rechtsverletzung ergibt (§ 551 Abs. 3 Nr. 2a ArbGG). Bei Geltendmachung eines Verfahrensfehlers müssen die Tatsachen bezeichnet werden, aus denen sich der Fehler ergibt. Soweit die Revision wegen mehrerer Ansprüche statthaft ist, müssen die Revisionsgründe für jeden Anspruch angegeben werden, sonst ist die Revision teilweise unzulässig (BAG AP Nr. 1 zu § 32 AOG Tarifordnung = Betr. 1955, 667; AP Nr. 2 zu § 1 KSchG Verhaltensbedingte Kündigung = NJW 1961, 1421; AP Nr. 35 zu § 72 ArbGG 1979 = NZA 1998, 45). Dies gilt nur dann nicht, wenn die Begründetheit eines Anspruchs denknotwendig von dem anderen abhängt.

Soweit ein materiellrechtlicher Fehler gerügt wird, muss die verletzte Rechtsnorm bezeichnet werden. Ausreichend ist, wenn ein allgemeiner Rechtsgrundsatz genannt wird. Unschädlich ist selbst, wenn versehentlich eine unrichtige Vorschrift angegeben wird (BAG AP Nr. 2 zu § 161 ZPO = NJW 1957, 1492; AP Nr. 60 zu § 1 TVG Tarifverträge: Bau). Das Revisionsgericht ist an den geltend gemachten Fehler nicht gebunden. Ist die Revision einmal zulässig, überprüft das Gericht das Urteil insgesamt auf materiellrechtliche Fehler. Insoweit ist das Risiko auch bei geringer Revisionserfahrung nicht groß. Nach ganz hM. muss sich der Revisionskläger mit den Gründen der angefochtenen Entscheidung auseinandersetzen (BAG AP Nr. 15 zu § 554 ZPO = BB 1975, 1439; AP Nr. 60 zu § 1 TVG Tarifverträge: Bau; BSG AP Nr. 16 zu § 554 ZPO; AP Nr. 30 zu § 554 ZPO = NZA 1998, 336; 30. 5. 2001 – 4 AZR 272/00 Jur-CD).

Wird dagegen eine Verfahrensrüge erhoben, so ist (1) die verletzte Rechtsnorm, (2) der Sachverhalt, aus dem sich die Verfahrensverletzung ergibt und (3) der Kausalzusammenhang zwischen Verfahrensfehler und Urteilsinhalt darzulegen. Das Revisionsgericht überprüft grundsätzlich nur die gerügten Verfahrensverletzungen. Nach Ablauf der Revisionsbegründungsfrist können weitere Verfahrensrügen durch den Revisionskläger nicht nachgeschoben werden. Nach der Rspr. des BAG ist bei unverschuldeter Versäumung einer Verfahrensrüge die Wiedereinsetzung in den vorigen Stand nicht möglich (BAG AP Nr. 18, 20 zu § 72 ArbGG Divergenzrevision). Verfahrensrügen werden nur dann von Amts wegen berücksichtigt, wenn es sich um die sog. Prozessfortsetzungsbedingungen handelt. Insoweit ist aber manches streitig. Der Darlegung des Kausalzusammenhangs zwischen Verfahrensfehler und Urteilsinhalt bedarf es nicht bei den absoluten Revisionsgründen (§ 547 ZPO). Bei geringer Revisionserfahrung können irreparable Schäden erwachsen.

c) Ausnahmsweise kann der Revisionsbeklagte gezwungen sein, eine Verfahrensrüge zu erheben. Dies ist dann der Fall, wenn er beim Landesarbeitsgericht obsiegt hat und dort ein Verfahrensfehler unterlaufen ist. In diesen Fällen muss er die Möglichkeit haben, zur Meidung des Prozessverlustes noch eine Verfahrensrüge zu erheben, wenn eine Aufhebung des Urteils des LAG ansteht. Die Rüge kann bis zum Schluss der mündlichen Verhandlung vor dem Revisionsgericht erfolgen (BAG AP Nr. 2 zu § 276 BGB Vertragsbruch = NJW 1965, 2268). Der Revisionsbeklagte kann mithin noch vor dem BAG die verspätete Urteilsabsetzung rügen.

d) Revision und Revisionsbegründung müssen von einem bei einem deutschen Gericht zugelassenen Rechtsanwalt unterzeichnet sein (§ 11 Abs. 2 ArbGG; vgl. Form. IV. D. 6 Anm. 11 b).

e) Eine Klageänderung ist in der Revisionsinstanz grundsätzlich unzulässig, weil die Entscheidung über den neuen Streitgegenstand die Feststellung neuer Tatsachen erfordert (BAG AP Nr. 6 zu § 256 ZPO = Betr. 1957, 659; AP Nr. 27 zu § 620 BGB Befristeter Arbeitsvertrag; AP Nr. 46 zu §§ 22, 23 BAT). Eine Ausnahme von diesem Grundsatz gilt dann, wenn bei dem neuen Streitgegenstand ein „Weniger an Tatsachen" als beim bisherigen Streitgegenstand erforderlich ist. Dies ist der Fall beim Übergang von der Leistungs- zur Feststellungsklage (BAG AP Nr. 104 zu § 242 BGB Ruhegehalt = Betr. 1965, 1918; AP Nr. 20 zu § 133 f. GewO; AP Nr. 5 zu § 611 BGB Betriebsgeheimnis = NJW 1988, 1186 = NZA 1988, 502; AP Nr. 125 zu §§ 22, 23 BAT 1975). Ausnahmsweise reicht es für eine Revisionsbegründung aus, wenn der Revisionskläger die Revision ausschließlich auf neue Tatsachen stützt, sofern diese nach der mündlichen Verhandlung vor dem Berufungsgericht entstanden sind und auch unter Zugrundelegung der Rechtsauffassung in der angefochtenen Entscheidung zu einer anderen Beurteilung der Klageforderung führen können (BAG AP Nr. 21 zu § 554 ZPO = NJW 1990, 2641 = NZA 1990, 825).

4. Das Revisionsgericht ist an die Feststellungen des LAG gebunden (§ 559 Abs. 1 ZPO), so dass es fehlerhaft ist, anderen, neuen oder modifizierten Sachverhalt vortragen zu wollen. Es kann sich daher nur empfehlen, die Struktur des Tatbestandes unter Hervorhebung des Rechtsproblemes zusammenzufassen. Neuer Sachverhalt kann in der Revisionsinstanz nur berücksichtigt werden, wenn er zur Begründung einer Verfahrensrüge (§ 551 Abs. 3 Nr. 2 b ZPO) dient, in der Revisionsinstanz streitlos (vgl. BAG AP

Nr. 154 zu § 242 BGB Ruhegehalt) gestellt wird (z. B. ein Datum usw.) oder wenn der Revisionskläger die Revision ausschließlich auf neue Tatsachen stützt, sofern diese nach der letzten mündlichen Verhandlung vor dem Berufungsgericht entstanden sind und unter Zugrundelegung der Rechtsauffassung in der angefochtenen Entscheidung zu einer anderen Beurteilung der Klageforderung führen können (BAG AP Nr. 21 zu § 554 ZPO = NJW 1990, 2641 = NZA 1990, 825; AP Nr. 7 zu § 2 TVG Tarifzuständigkeit = NZA 1991, 21 = DB 1991, 104). Neu ist ein Vorbringen, wenn es in der Vorinstanz nicht vorgetragen war. Ob das der Fall ist, muss sich gemäß § 313 Abs. 1, § 314 ZPO aus dem Tatbestand des angefochtenen Urteils einschl. der darin in Bezug genommenen Schriftsätze ergeben (BAG AP Nr. 13 zu § 611 BGB Ärzte, Gehaltsansprüche = NJW 1960, 166). Hat das LAG Tatsachen fehlerhaft festgestellt, kann nach § 320 ZPO bei dem LAG ein fristgebundener Antrag auf Tatbestandsberichtigung gestellt werden. Dies muss auch geschehen, da sonst das Revisionsgericht von dem festgestellten Tatbestand ausgeht (BAG AP Nr. 2 zu § 7 KSchG; AP Nr. 32 zu § 611 BGB Haftung des Arbeitnehmers). Zum Tatbestand im Rechtssinne gehören alle tatsächlichen Feststellungen ohne Rücksicht auf ihre äußere Einordnung in den Zusammenhang des Urteils, also auch Teile der Entscheidungsgründe (BGH VersR 1974, 1021).

5. Verfahrensfehler werden in der Revisionsinstanz nur auf eine Verfahrensrüge nach § 551 Abs. 3 ZPO berücksichtigt (Anm. 3). (1) Grundsätzlich können Rügen, der Sachverhalt sei unrichtig festgestellt worden, in der Revisionsinstanz nicht berücksichtigt werden, weil dafür die Tatbestandsberichtigung gegeben ist (Anm. 4). Nur ausnahmsweise können sie auch in der Revisionsinstanz angebracht werden, wenn das Urteil des LAG nach Ablauf der Frist zur Tatbestandsberichtigung zugestellt worden ist (BAG AP Nr. 1 zu § 60 ArbGG = NJW 1956, 39; AP Nr. 2 zu § 60 ArbGG = NJW 1957, 1165; AP Nr. 1 zu § 320 ZPO). (2) Die Revision ist nicht bereits dann begründet, wenn das LAG das Urteil nach Ablauf der in § 69 ArbGG genannten Fristen zur Geschäftsstelle verbringt (BAG AP Nr. 1 zu § 60 ArbGG = NJW 1956, 39; AP Nr. 1 zu § 320 ZPO; seither ständig). Dagegen hat das BAG zunächst angenommen, dass der absolute Revisionsgrund dann gegeben sei, wenn das Urteil nach Ablauf eines Jahres zugestellt werde (BAG AP Nr. 10 zu § 551 ZPO = NJW 1981, 2079; AP Nr. 1 zu § 1 TVG Presse = NJW 1982, 302; AP Nr. 1 zu § 68 ArbGG 1979 = SAE 1982, 183 *(Grunsky);* AP Nr. 82 zu §§ 22, 23 BAT 1975 = Betr. 1984, 1203; AP Nr. 166 zu §§ 22, 23 BAT). Dieser Rechtsprechung ist der Gemeinsame Senat der Obersten Gerichtshöfe des Bundes nicht gefolgt. Er hat entschieden, dass ein bei Verkündung noch nicht vollständig abgesetztes Urteil als nicht mit Gründen versehen anzusehen ist, wenn Tatbestand und Entscheidungsgründe nicht binnen fünf Monaten nach Verkündung schriftlich niedergelegt, von den Richtern besonders unterschrieben und der Geschäftsstelle übergeben worden sind (GemSen OGH v. 27. 4. 1993 – AP Nr. 21 zu § 551 ZPO). Das BAG hat sich inzwischen dieser Rechtsprechung angeschlossen (BAG AP Nr. 22 zu § 551 ZPO = NZA 1993, 1150; AP Nr. 23 zu § 72 ArbGG 1979 = NZA 1994, 908; AP Nr. 22 zu § 1 TVG Tarifverträge Rundfunk = NZA 1995, 36). Die verspätete Urteilsabsetzung wird aber nur dann berücksichtigt, wenn eine entsprechende Verfahrensrüge erhoben wird. Haben gegen ein Berufungsurteil beide Parteien Revision eingelegt, erhebt aber nur eine Partei die Rüge des § 551 Nr. 6 ZPO, das Urteil sei wegen verspäteter Absetzung nicht mit Gründen versehen, so ist das Berufungsurteil insgesamt aufzuheben und der Rechtsstreit an das Berufungsgericht zurückzuverweisen (BAG AP Nr. 34 zu § 551 ZPO = NJW 1996, 870 = NZA 1996, 277). Die Überschreitung der fünfmonatigen Frist rechtfertigt aber nicht die Zulassung der Revision auf Nichtzulassungsbeschwerde (BAG AP Nr. 28 zu § 72a ArbGG 1979; AP Nr. 36 aaO. = NJW 1996, 2533 = NZA 1996, 554). Für einen Sonderfall hat das BAG entschieden, dass die verspätete Absetzung des Urteils kein Grund sei die Kosten in der Revisionsinstanz niederzuschlagen (BAG AP Nr. 2 zu § 8 GKG). Im allgemeinen werden aber die Kosten niedergeschlagen. Vgl. *Keil,* Das un-

pünktliche Urteil, NZA 1994, 817. (3) Zu den Grenzen der Bezugnahme auf das Urteil erster Instanz (§ 540 ZPO). Die frühere Rechtsprechung ist nur bedingt verwertbar, da durch das ZPO-RG die zweite Instanz keine zweite Tatsacheninstanz mehr ist. vgl. BAG AP Nr. 42 zu § 72 ArbGG 1953 = EzA Nr. 1 zu § 543 ZPO; AP Nr. 2 zu § 543 ZPO = NJW 1980, 2078 = EzA Nr. 2 zu § 543 ZPO; AP Nr. 3 zu § 543 ZPO = NJW 1982, 1832 = EzA Nr. 3 zu § 543 ZPO; AP Nr. 4, 5 aaO.; AP Nr. 2 zu § 92 ArbGG 1979; Zusammenfassung *Schaub* ArbV-Hdb. § 52).

6. Von einer Blankettzusage wird dann gesprochen, wenn Leistungen der betrieblichen Altersversorgung dem Grunde nach versprochen werden, deren Höhe aber noch offen bleibt, BAG AP Nr. 110, 167, 181 zu § 242 BGB Ruhegehalt.

7. Auslegungsfähig durch das Revisionsgericht sind typische Verträge. Das sind solche, bei denen nicht eine individuelle, auf den jeweiligen Vertrag zugeschnittene Vereinbarung getroffen wird, sondern ein bereits vorformulierter, gleichlautender, feststehender Vertragstext zu Grunde gelegt wird. In diesen Fällen kommt nicht mehr eine Auslegung nach dem Willen im Einzelfall, sondern nur nach dem jeweiligen Sinn in Betracht.

Einzelabreden kann das Revisionsgericht dann auslegen, wenn der festgestellte Sachverhalt und das vorgelegte Urkundenmaterial das ermöglichen. Steht der Sachverhalt lückenlos fest und liegt das Urkundenmaterial sowohl dem Berufungs- wie dem Revisionsgericht in gleicher Geschlossenheit vor, so ist das Revisionsgericht zur eigenen Auslegung von Willenserklärungen berechtigt. Im Übrigen ist revisibel, ob das Berufungsgericht alle tatsächlichen Umstände bei der Auslegung berücksichtigt hat. Revisibel ist ferner, ob die vom Berufungsgericht angenommene Bedeutung der Erklärungen den Auslegungsregeln der §§ 133, 157 widerspricht und mit den Denkgesetzen und allgemeinen Erfahrungssätzen übereinstimmt.

Unbestimmte Rechtsbegriffe überprüft das Revisionsgericht nur daraufhin, ob der Rechtsbegriff selbst verkannt ist oder bei der Subsumtion der Einzeltatsachen unter den unbestimmten Rechtsbegriff gegen Denkgesetze oder allgemeine Erfahrungssätze verstoßen ist oder wegen der Außerachtlassung wesentlicher Umstände fehlerhaft ist.

8. Muster einer Rüge nach § 139 ZPO: BAG AP Nr. 8 zu § 322 ZPO; AP Nr. 37 zu § 233 ZPO = NJW 1963, 877; AP Nr. 10 zu § 565 ZPO; AP Nr. 36, 70 zu §§ 22, 23 BAT. Bei einer Aufklärungsrüge ist mithin vorzutragen, (1) was das Gericht hätte fragen sollen und warum hierzu Veranlassung bestand, (2) was die Partei geantwortet hätte, (3) inwieweit hierdurch die Entscheidung beeinflusst worden wäre. Die Klage oder der Einwand müssen unter Berücksichtigung des Vortrags schlüssig werden.

9. Muster einer Rüge nach § 286 ZPO: BAG AP Nr. 22 zu § 620 BGB Befristeter Arbeitsvertrag; AP Nr. 8 zu § 322 ZPO. Die Beweisrüge setzt voraus (1) Beweisantrag und Beweisthema, (2) Angabe der Fundstelle in den Vorprozessakten, (3) Einfluss auf die Entscheidung.

10. Mit der Revision kann nicht eine andere Würdigung der erhobenen Beweise erreicht werden. Es müssen Widersprüche, Denkverstöße, Auslassungen usw. dargelegt werden, und dass die Würdigung des LAG hierauf beruht.

Kosten und Gebühren

§ 12 Abs. 3 ArbGG iVm. Anl. 1 zu § 12 ArbGG Nr. 9130 ff.

11. Rechtsbeschwerde[1, 2]

An das
Bundesarbeitsgericht

In Sachen

Volles Rubrum

lege ich namens und in Vollmacht des Klägers(in)/Beklagten gegen den Beschluss des Landesarbeitsgerichts ...... vom ...... Ta. ...... Rechtsbeschwerde ein und beantrage zu erkennen:

1. Auf die Rechtsbeschwerde des Klägers(in)/Beklagten wird der Beschluss des Landesarbeitsgerichts ...... vom ...... Ta. ...... aufgehoben.
2. Die Beschwerde gegen den Beschluss des Arbeitsgerichts ...... vom ....../...... wird zurückgewiesen.
3. Alternative
   Auf die Beschwerde wird der Beschluss des Arbeitsgerichts ...... abgeändert. Dem/der Klägerin wird nachträgliche Zulassung der Kündigungsschutzklage gewährt oder Der Antrag auf nachträgliche Zulassung der Kündigungsschutzklage wird zurückgewiesen.

Gründe[4]

Der/Die 45 Jahre alte Kläger(in) ist am ...... von der Beklagten als ...... Prokurist(in) eingestellt worden. Die Beklagte hat mit Schreiben vom ...... das Arbeitsverhältnis zum ...... aus betriebsbedingten Gründen gekündigt. Das Schreiben ist am 1. 7. 2002 zugegangen. Der Prozessbevollmächtigte des/der Klägers(in) hat mit Schriftsatz vom 18. 7. 2002 eine Kündigungsschutzklage gefertigt. Aus nicht mehr aufklärbaren Gründen ist die Kündigungsschutzklage nicht fristgemäß bei dem Arbeitsgericht ...... eingegangen.
Der/Die Kläger(in) hat bereits am 25. 7. 2002 einen Antrag auf nachträgliche Zulassung der Kündigungsschutzklage gestellt. Das Arbeitsgericht hat mit Beschluss vom ...... den Antrag auf nachträgliche Zulassung zurückgewiesen. Das Landesarbeitsgericht hat mit Beschluss vom ...... die sofortige Beschwerde zurückgewiesen. Es hat die Rechtsbeschwerde zugelassen. Es hat die Rechtsauffassung vertreten, der/die Kläger(in) müsse sich ein Verschulden seines Prozessbevollmächtigten nach § 85 Abs. 2 ZPO zurechnen lassen. Dieser Rechtsauffassung kann nicht gefolgt werden
Es ist in Rechtsprechung und Lehre streitig, ob sich ein Kläger bei der Einreichung einer Kündigungsschutzklage das Verschulden seines Prozessbevollmächtigte zurechnen lassen muss. Die gegenteilige Auffassung haben vertreten ...... Der gegenteiligen Meinung ist auch zu folgen, weil ......[5]
Der Beschluss des Landesarbeitsgerichts bedarf daher der Aufhebung ......

Rechtsanwalt

Anmerkungen

1. Durch das ZPO-RG ist das Beschwerdeverfahren völlig umgestaltet worden. Wegen der Beschwerde gegen Entscheidungen der Arbeitsgerichte oder ihrer Vorsitzenden gelten die für die Beschwerde der Amtsgericht maßgebenden Vorschriften der ZPO entsprechend (§ 78 S. 1 ArbGG). Für das Arbeitsgerichtsverfahren bestehen keine Besonderheiten. Insoweit kann auf Form. I. O. 6 verwiesen werden. Für die durch das ZPO-RG neu eingefügte Rechtsbeschwerde bestehen einige Besonderheiten. Zweck der

Rechtsbeschwerde ist die Herbeiführung einer höchstrichterlichen Entscheidung auch im Bereich der Nebenentscheidungen, soweit ihr Gegenstand von grundsätzlicher Bedeutung ist. Im Arbeitsgerichtsverfahren werden daher grundsätzliche Fragen der nachträglichen Zulassung von Kündigungsschutzklagen und der Streitwertfestsetzung der Rechtsprechung des BAG zugänglich werden.

2. Die Beschwerde ist statthaft, wenn sie das Landesarbeitsgericht nach § 574 Abs. 1 Nr. 2 ZPO durch Beschluss zugelassen hat. § 574 Abs. 1 Nr. 1 ZPO ist nicht anzuwenden. Die Beschwerde ist zuzulassen, wenn sie grundsätzliche Bedeutung hat oder von einer divergenzfähigen Entscheidung abweicht (§ 78 S. 2 iVm. § 72 Abs. 2 ArbGG). Das BAG ist an die Zulassung gebunden. Die Zulassung ist im Tenor auszusprechen. Wird die Rechtsbeschwerde nicht zugelassen, kann diese Entscheidung nicht angefochten werden. Auf eine Nichtzulassungsbeschwerde hat der Gesetzgeber verzichtet (BT-Drucks. 14/4722 S. 69). Der Rechtsbeschwerdegegner kann sich bis zum Ablauf einer Notfrist von einem Monat nach Zustellung der Begründungsschrift der Rechtsbeschwerde durch Einreichen der Rechtsbeschwerdeanschlussschrift anschließen (§ 574 Abs. 4 ZPO).

3. Die Rechtsbeschwerde ist binnen einer Notfrist von einem Monat nach Zustellung des Beschlusses durch Einreichen einer Beschwerdeschrift beim Bundesarbeitsgericht einzulegen. Die Rechtsbeschwerdeschrift muss enthalten (1) die Bezeichnung der Entscheidung gegen die die Rechtsbeschwerde gerichtet wird und (2) die Erklärung, dass gegen diese Entscheidung Rechtsbeschwerde eingelegt werde (§ 575 Abs. 1 ZPO). Mit der Rechtsbeschwerdeschrift soll eine Ausfertigung oder beglaubigte Abschrift der angefochtenen Entscheidung vorgelegt werden. Sofern die Begründung noch nicht in der Rechtsbeschwerdeschrift enthalten ist, binnen einer Frist von einem Monat zu begründen. Die Frist beginnt mit der Zustellung der angefochtenen Entscheidung (§ 575 Abs. 2 ZPO). Die Frist kann verlängert werden (§ 575 Abs. 2 iVm. § 551 Abs. 2 S. 5 und 6 ZPO). Der Inhalt der Beschwerdebegründung ergibt sich aus § 577 Abs. 3 und 4 ZPO. Er entspricht im wesentlichen der Revisionsbegründung.

4. Das BAG hat von Amts wegen zu prüfen, ob die Beschwerde an sich statthaft ist (§ 577 Abs. 1 ZPO). Ist sie unstatthaft, ist die Beschwerde als unzulässig zu verwerfen. Im übrigen ergeben sich die Entscheidungsbefugnisse aus § 577 Abs. 2 bis 4 ZPO. Ist die Beschwerde begründet, so ist die angefochtene Entscheidung aufzuheben und die Sache zurückzuverweisen (§ 577 Abs. 4 ZPO). Das BAG entscheidet ohne mündliche Verhandlung ohne die ehrenamtlichen Richter.

5. Ob die Beschwerde auch in Streitwert- bzw. Festsetzungen des Gegenstandswerts der Rechtsbeschwerde unterliegen, ist umstritten. Teils wird dies mir Rücksicht auf den Wortlaut §§ 5 Abs. 2 S. 3, 25 Abs. 3 S. 2 GKG, § 10 Abs. 2 S. 2 BRAGO verneint (*Bader* NZA 2002, 121, 122; *Kaiser* DB 2002, 324); teils bejaht, weil die Möglichkeit der Rechtsbeschwerde nicht habe beschnitten werden sollen. (*Holthaus/Koch* RdA 2002, 158).

E. Beschlussverfahren

1. Antrag auf Bestellung eines Wahlvorstandes zur Betriebsratswahl

An das
Arbeitsgericht

Antrag im Beschlussverfahren[1]

des 1. ...... 2. ...... 3. ......[2] Antragsteller

vertreten durch ......

gegen

die Firma ...... Beteiligte zu 2

wegen Bestellung eines Wahlvorstandes.

Namens und mit Vollmacht der Antragstellerin leite ich ein Beschlussverfahren[3] ein und werde beantragen zu beschließen:

Das Arbeitsgericht bestellt einen aus drei Personen bestehenden Wahlvorstand zur Durchführung der Betriebsratswahl bestehend aus
1. ...... als Vorsitzender sowie
2. Angestellte(r) ......,
3. Arbeiter(in) ...... als Beisitzende.

Begründung:

Die Antragstellerin beschäftigt ...... Arbeitnehmer. Sie ist daher gemäß § 1 BetrVG betriebsratspflichtig. Ein Betriebsrat besteht nicht.

Die Antragsteller/Antragstellerin haben/hat am ...... zu einer Betriebsversammlung eingeladen. Eine Betriebsversammlung hat nicht stattgefunden/hat einen Wahlvorstand nicht gewählt[4].

Die Beteiligte zu 2 ist ein Tochterunternehmen der ...... Es besteht ein Gesamtbetriebsrat. Der Gesamtbetriebsrat hat einen Wahlvorstand nicht bestellt (§ 17 BetrVG).

Beweis: ......

Gemäß § 17 Abs. 4 BetrVG hat daher das Arbeitsgericht einen Wahlvorstand zu bestellen. Die Vorgeschlagenen sind zur Übernahme des Amtes bereit.

Beweis: Anliegende Erklärungen.

Anmerkungen

1. a) Das Beschlussverfahren ist als selbständige Verfahrensart neben dem Urteilsverfahren im ArbGG ausgebildet. Es ist echte Rspr., bei der vom Gericht der Sachverhalt ermittelt und darauf Rechtsnormen angewandt werden. Insoweit bestehen wesentliche Unterschiede zu den Regelungsstreitigkeiten vor den betriebsverfassungsrechtlichen Einigungs- und Schlichtungsstellen. Gleichwohl sind die Unterschiede zwischen Beschluss- und Urteilsverfahren nicht sehr groß.

b) Beschluss- und Urteilsverfahren schließen sich wechselseitig aus (BAG AP Nr. 2 zu § 46 ArbGG; AP Nr. 1 zu § 80 ArbGG = NJW 1970, 349). Das Beschlussverfahren ist für die in § 2a ArbGG aufgezählten Fälle gegeben. Die Abgrenzung erfolgt nach der eigentlichen Anspruchsgrundlage. Soweit eine im anderen Verfahren zu entscheidende Frage als Vorfrage zu bescheiden ist, kann darüber inzidenter entschieden werden. Die Wahl der Verfahrensart erfolgt durch die Antragsschrift (Anm. 3).

c) Die richtige Verfahrensart ist Prozessvoraussetzung, die in jeder Lage des Verfahrens von Amts wegen geprüft wird. Ob dies auch für die höheren Instanzen zutrifft, war umstr., wurde aber von der h. M. bejaht (BAG AP Nr. 1, 2 zu § 78a BetrVG 1972; AP Nr. 1 zu § 23 SchwbG; a. A. *Grunsky* ArbGG, 7. Aufl. § 80 Rdn. 9). Inzwischen ist durch G. vom 17. 12. 1990 (BGBl. I 2809) § 48 ArbGG geändert und die Verweisung in die richtige Verfahrensart ausdrücklich geregelt; vgl. *Schaub* ArbV-Hdb. § 57 Rdn. 5 ff.

d) Zu den Verfahrensvoraussetzungen im übrigen Form. IV. E. 2 Anm. 4.

2. Nach § 16 BetrVG kann der Betriebsrat den Wahlvorstand bestellen. Durch das BetrVG n. F. ist aber auch dem Gesamtbetriebsrat oder Konzernbetriebsrat ein Bestellungsrecht eingeräumt. Zum Antragsrecht § 17 Abs. 3 BetrVG; vgl. *Schaub* ArbR-Hdb. § 217 Rdn. 1. Zu den vom Arbeitgeber nach § 20 Abs. 3 Satz 1 BetrVG zu tragenden Kosten einer Betriebsratswahl gehören auch die erforderlichen außergerichtlichen Kosten einer Gewerkschaft, die ihr durch die Beauftragung eines Rechtsanwalts in einem Beschlussverfahren zur gerichtlichen Bestellung eines Wahlvorstands entstanden sind (BAG AP Nr. 20 zu § 20 BetrVG 1972 = NZA 2001, 114).

3. Nach § 81 Abs. 1 ArbGG wird ein Beschlussverfahren nur auf Antrag eingeleitet. Hieraus folgt auch, dass im Schriftsatz hierauf besonders hingewiesen werden muss. Beschlussverfahren und Urteilsverfahren schließen sich wechselseitig aus. Zur Einleitung einer unrichtigen Verfahrensart: Anm. 1; *Schaub* ArbV-Hdb. § 13 Rdn. 3, § 57 Rdn. 5. Für den Antrag ist die voll besetzte Kammer des Arbeitsgerichtes im Beschlussverfahren zuständig (§ 2a ArbGG).

4. Das Arbeitsgericht hat nur eine subsidiäre Bestellungsfunktion (§ 17 Abs. 3 BetrVG; vgl. *Schaub* ArbR-Hdb. § 217 Rdn. 1 ff.).

Kosten und Gebühren

In Verfahren nach § 2a ArbGG werden Kosten nicht erhoben. Die Gerichte für Arbeitssachen erlassen daher keine Kostenentscheidung und setzen keinen Streitwert für die Gerichtsgebühren fest. Die Festsetzung des Gegenstandswerts für die Rechtsanwaltsgebühren richtet sich nach §§ 8 ff. BRAGO. Es handelt sich um eine nichtvermögensrechtliche Streitigkeit, da die Einrichtung des Betriebsrates im Streit ist. Bei der Schätzung ist die Zahl der beschäftigten Arbeitnehmer zu berücksichtigen und entspr. der Regelstreitwert zu ändern. Zur Durchsetzung des Honoraranspruches des Rechtsanwaltes Form. IV. E. 20.

2. Wahlanfechtung einer Betriebsratswahl[1]

An das
Arbeitsgericht

Antrag

im Beschlussverfahren

mit den Beteiligten

1. ...... 2. ...... 3. ......[2] **Antragsteller**

– Verfahrensbevollmächtigter: ...... –

gegen

Betriebsrat der Firma ......, vertreten durch den Betriebsratsvorsitzenden ......

Beteiligter zu 4

die Firma ......

Beteiligte zu 5

Betriebsratsmitglied ......

Beteiligter zu 6

wegen Anfechtung der Betriebsratswahl

Namens und mit Vollmacht der Antragsteller und Beteiligten zu 1 bis 3 wird ein Beschlussverfahren eingeleitet und beantragt,
festzustellen, dass anstelle des Beteiligten zu 6 der Arbeitnehmervertreter ...... in den Betriebsrat gewählt worden ist[3].

Begründung[4]:

Die Antragsteller sind drei im Betrieb der Antragsgegnerin und Beteiligten zu 5 beschäftigte Arbeitnehmer. Am ...... haben Betriebsratswahlen stattgefunden. Das Wahlergebnis ist am ...... durch den Wahlvorstand bekanntgemacht worden (§ 19 Abs. 2 BetrVG).

Beweis: Wahlakten

Die Wahl ist im Wege der Verhältniswahl durchgeführt worden. Es wurden ...... Wahlvorschläge mit ...... gültigen Stimmen abgegeben. Von den gültigen Stimmen erhielt die Liste 1 ...... und die Liste 2 ...... Stimmen. Auf der Liste 1 haben kandidiert 1. ...... 2. ...... usw. Auf der Liste 2 haben kandidiert 1. ...... 2. ...... Der Wahlvorstand hat die Auffassung vertreten, nachfolgende Bewerber seien gewählt worden 1. ...... 2. ...... Diese Ansicht ist rechtsirrig. Bei richtiger Anwendung des d'Hondtschen-Systems[5] sind folgende Bewerber gewählt ...... (vorrechnen).

Anmerkungen

1. Das Muster kann bei einer Anfechtung einer Aufsichtsratswahl entsprechend angewandt werden.

2. Antragsberechtigt sind drei Arbeitnehmer oder eine im Betrieb vertretene Gewerkschaft (§ 19 Abs. 2 BetrVG). Nimmt die Gewerkschaft eine Wahlanfechtung nicht wahr, so ist sie nicht Beteiligte eines von anderen angestrengten Beschlussverfahrens (BAG AP Nr. 12 zu § 19 BetrVG 1972 = NZA 1986, 368 = Betr. 1986, 864; AP Nr. 29 zu § 76 BetrVG (1952) = NZA 1993, 949). Ein von drei oder mehreren Arbeitnehmern eingeleitetes Wahlanfechtungsverfahren wird nicht unzulässig, wenn die Arbeitnehmer während der Dauer des Beschlussverfahrens aus dem Arbeitsverhältnis ausscheiden. Allerdings müssen wenigstens drei Arbeitnehmer das Beschlussverfahren weiterbetreiben (unter Aufgabe früherer Rspr.: BAG AP Nr. 17 zu § 19 BetrVG 1972 = NZA 1990, 115 = BB 1989, 1984 = Betr. 1989, 2626; gegen BAG AP Nr. 13 zu § 19 BetrVG 1972 = Betr. 1987, 232 = NZA 1987, 120, 166; vgl. auch BAG AP Nr. 27 zu § 76 BetrVG = NZA 1985, 786).

Anfechtungsgegner ist der Betriebsrat (BAG AP Nr. 14 zu § 18 BetrVG; AP Nr. 26 zu § 76 BetrVG = Betr. 1982, 2087 = NJW 1983, 701).

3. Das Muster ist auf die fehlerhafte Verteilung der Betriebsratssitze zugeschnitten.

Alternative: Es wird beantragt, die Betriebsratswahl vom ... für unwirksam zu erklären.

Zur Begründung sind alsdann Verstöße gegen wesentliche Vorschriften über das Wahlrecht, die Wählbarkeit oder das Wahlverfahren darzulegen; vgl. *Schaub* ArbR-Hdb. § 218 Rdn. 11 ff.

Alternative: Es wird beantragt, die Wahl des Betriebsrats bei der Betriebsratswahl vom ... für unwirksam zu erklären.

4. Wegen der Prozessvoraussetzungen gelten die Vorschriften des Urteilsverfahrens vielfach entspr.

a) Im Beschlussverfahren wird nicht von Parteien, sondern von Beteiligten gesprochen. Hierbei handelt es sich aber nur um eine abweichende Terminologie. Formell Beteiligter des Beschlussverfahrens ist, von und gegenüber wem betriebsverfassungsrechtliche Rechte geltend gemacht werden. Der Begriff der Beteiligungsfähigkeit entspricht dem der Parteifähigkeit. Wer im Urteilsverfahren parteifähig ist, ist auch beteiligungsfähig im Beschlussverfahren (BAG AP Nr. 2 zu § 97 ArbGG 1953 = Betr. 1971, 1577). Durch § 10 ArbGG ist die Beteiligungsfähigkeit erweitert. Vgl. Form. IV. E. 6 Anm. 2.

b) Das ArbGG enthält wegen der Prozessfähigkeit keine Sondervorschriften. Die Prozessfähigkeit richtet sich mithin nach §§ 51 ff. ZPO. Prozessfähig ist aber auch derjenige, der nach § 10 ArbGG beteiligungsfähig ist. Umstr. ist, ob der minderjährige Jugend- und Auszubildendenvertreter prozessfähig ist; dies wird im allgemeinen bejaht.

c) Jeder Beteiligte kann sich im Beschlussverfahren vertreten lassen. Der Betriebsrat kann sich durch einen Gewerkschaftsvertreter vertreten lassen, wenn nur ein Betriebsratsmitglied bei der Gewerkschaft Mitglied ist (BAG AP Nr. 7 zu § 11 ArbGG = NJW 1955, 477; AP Nr. 21 zu § 76 BetrVG = NJW 1971, 1151). Welche Gewerkschaftsvertreter mit der Vertretung beauftragt werden, richtet sich nach dem Beschluss des Betriebsrates (§ 33 BetrVG).

Im Beschlussverfahren kann ein Dritter für den Rechtsinhaber das Recht im eigenen Namen als Prozessstandschafter geltend machen. Fälle der Prozessstandschaft ergeben sich aus §§ 50 Abs. 2, 58 Abs. 2 BetrVG (vgl. BAG AP Nr. 1 zu § 69 BetrVG = NJW 1966, 1333). In gewillkürter Prozessstandschaft kann die Gewerkschaft ermächtigt werden, Ansprüche eines Betriebsratsmitgliedes geltend zu machen. Nach der Rspr. des BAG ist dazu aber ein eigenes Interesse der Gewerkschaft notwendig (BAG AP Nr. 4 zu § 40 BetrVG 1972 = Betr. 1974, 731; umstr., vgl. *Grunsky* § 80 Rdn. 20; *Schaub* ArbV-Hdb. § 57 Rdn. 26).

d) Besonderheiten ergeben sich für die örtliche Zuständigkeit im Beschlussverfahren (§ 82 ArbGG; *Schaub* ArbV-Hdb. § 58 Rdn. 13).

e) Im Beschlussverfahren sind Leistungs-, Feststellungs- und Gestaltungsanträge möglich. Der Feststellungsantrag ist wie im Urteilsverfahren dem Leistungsantrag subsidiär (BAG AP Nr. 1 zu § 80 ArbGG = Betr. 1962, 274, 308).

f) Der Antragsteller muss an der Durchführung des Beschlussverfahrens ein Rechtsschutzinteresse haben (vgl. Form. IV. E. 13 Anm. 3). Im betriebsverfassungsrechtlichen Wahlanfechtungsverfahren nach § 19 BetrVG entfällt das Rechtsschutzinteresse für einen Antrag, die Wahl für unwirksam zu erklären, mit Ablauf der Amtszeit des Gremiums, dessen Wahl angefochten wird (BAG AP Nr. 20 zu § 19 BetrVG 1972 = NZA 1991, 946).

g) Die Beschlüsse des Beschlussverfahrens erwachsen in Rechtskraft (vgl. Form. IV. E. 6 Anm. 3 a.E.). Ist in einem früheren Beschlussverfahren zwischen denselben Beteiligten der Feststellungsantrag des Arbeitgebers, die Mitglieder einer bestimmten Arbeitnehmergruppe seien keine Arbeitnehmer, rechtskräftig abgewiesen worden, so kann, solange sich die tatsächlichen Verhältnisse nicht wesentlich ändern, eine nachfolgende Betriebsratswahl nicht mit derselben Begründung angefochten werden (BAG AP Nr. 32 zu § 19 BetrVG 1972 = NZA 1996, 1058).

h) Im Wahlanfechtungsverfahren ist jeder beschwerdebefugt, der in seinen Rechten beeinträchtigt ist. Der Betriebsrat ist beschwerdebefugt, wenn das Arbeitsgericht einen von ihm gestellten Antrag abgewiesen oder die Betriebsratswahl für nichtig oder unwirksam erklärt hat (BAG v. 20. 3. 1996 – BB 1996, 2100).

5. Sind in einem Wahlgang mehrere Betriebsratssitze zu besetzen und zwei oder mehrere Vorschlagslisten für den Wahlgang eingereicht, so findet Verhältniswahl statt. Sie bezweckt einen angemessenen Minderheitenschutz. Sie wird als Listenwahl durchgeführt; dh., der Wähler kann keine Kandidaten streichen oder hinzusetzen. Die Verteilung der Sitze erfolgt entsprechend folgendem Beispiel: Zu wählen sind 19 Betriebsräte; eingereicht waren drei Listen; es sind entfallen auf Liste I 1150, Liste II 700, Liste III 600 Stimmen.

Liste I	Liste II	Liste III
1150 : 1 = 1150	700 : 1 = 700	600 : 1 = 600
: 2 = 575	: 2 = 350	: 2 = 300

Die Reihenfolge der Höchstzahlen ist 1150, 700, 600, 575, 350, 300. Gewählt ist jeweils der erste Kandidat jeder Liste.

Kosten und Gebühren

Vgl. Form. IV. E. 1. Nichtvermögensrechtliche Streitigkeit; zur Bemessung des Gegenstandswertes: *Schaub* ArbV-Hdb. § 48 Rdn. 72; Bertelsmann, Gegenstandswerte im arbeitsgerichtlichen Beschlussverfahren, 2000; Rspr.: LAG Hamm BB 1976, 746; Betr. 1977, 357 (DM 10.000,–; umfangreiche bei 3.600 Wahlberechtigten: DM 75.000,–). Das LAG Berlin will den Regelstreitwert bei der Wahlanfechtung annehmen, aber bei jedem Betriebsratsmitglied gemäß der Staffel des § 9 diesen um DM 1.500,– (also rund EUR 750,–) erhöhen (LAG Berlin NZA 1992, 327).

3. Verfahren zur Erstattung von Lohn oder Schulungskosten bei Betriebsratsschulung (§§ 37 Abs. 6, 40 BetrVG[1])

An das
Arbeitsgericht

Klage

....../...... (volles Rubrum)

Namens und mit Vollmacht des/der Klägers(in) erhebe ich Klage und werde beantragen zu erkennen:

I. Der/die Beklagte wird verurteilt, ... EUR nebst Zinsen in Höhe von 5% über dem Basiszinssatz seit dem ...... an den/die Kläger(in) zu zahlen[2].

II. Der/die Beklagte trägt die Kosten des Rechtsstreits.

Begründung:

Der/die Kläger(in) ist von Beruf ......
Er/sie ist seit dem ...... bei dem/der Beklagten beschäftigt. Seit dem ...... gehört er/sie dem Betriebsrat an. Im Betriebsrat hat er/sie folgende Funktionen ......
Der/die Beklagte ist ein Unternehmen für ...... Er/sie beschäftigt ...... Arbeitnehmer. Der Betriebsrat besteht mithin aus ...... Mitgliedern (§ 9 BetrVG).
Am ...... hat der Betriebsrat den Beschluss gefasst, dass der/die Kläger(in) an einer Bildungsveranstaltung der ...... mit dem Thema ...... teilnehmen soll.

Der Bildungsveranstaltung liegt folgender Themenkatalog zugrunde ......
Der Beschluss ist dem/der Beklagten am ...... mitgeteilt worden. Der/die Beklagte hat wegen des Zeitpunktes der Schulungsveranstaltung keine Einwendungen erhoben. Indes leugnet er/sie die Notwendigkeit der Schulung. Er/sie hat daher dem/der Kläger(in) für die Zeit vom ...... bis ...... keine Arbeitsvergütung gezahlt[3]. Hätte er/sie an der Schulungsveranstaltung nicht teilgenommen, hätte er/sie bei dem/der Beklagten ...... verdient[4].
Der Rechtsstandpunkt der Beklagten ist rechtsirrig. Nach § 37 Abs. 6 iVm. § 37 Abs. 2 BetrVG hat ein Mitglied des Betriebsrats Anspruch auf Lohnfortzahlung, wenn es an Schulungs- und Bildungsveranstaltungen teilnimmt, auf denen Kenntnisse vermittelt werden, die für die Arbeit des Betriebsrats erforderlich sind. Nach der Rspr. des BAG sind die vermittelten Kenntnisse dann erforderlich, wenn sie unter Berücksichtigung der konkreten Situation im Betrieb und im Betriebsrat benötigt werden, damit Betriebsratsmitglieder ihre derzeitigen oder demnächst anfallenden Aufgaben erfüllen können. Für die Schulung muss ein konkreter, betriebsbezogener Anlass vorhanden sein, der eine Vermittlung von Kenntnissen über bestimmte Aufgaben des Betriebsrats notwendig macht. In diesen Fällen hat der Arbeitgeber Vergütungsfortzahlung zu gewähren/die Schulungskosten zu tragen.
Diese Voraussetzungen sind unter Berücksichtigung des dem Betriebsrat zustehenden Ermessensspielraums gegeben.
Die Schulung vom ...... bezieht sich ausweislich ihres Themenplans auf Aufgaben des Betriebsrats ......[5].
Die Schulungsveranstaltung war nach den Verhältnissen des Betriebes und des Betriebsrats aktuell notwendig ......[6].
Der Kläger war schulungsbedürftig und es war ihm auch nicht zuzumuten, sich bei anderen Betriebsratsmitgliedern oder aus allgemein zugänglichen Quellen zu informieren, denn ......[7].
Auch der Besuch des Spezialkursus war notwendig, denn ......[8].
Die Dauer der Schulungsveranstaltung ist unter Berücksichtigung des zu vermittelnden Wissens angemessen ......[9].
Die Höhe der Vergütungsfortzahlung/der Schulungskosten beträgt ......

Rechtsanwalt

Anmerkungen

1. Verdienstausfall ist im Urteilsverfahren, Schulungskosten sind dagegen im Beschlussverfahren geltend zu machen. Die Darlegungslast ist im wesentlichen gleich. Zur Einleitung der richtigen Verfahrensart: Form. IV. E. 1 Anm. 1.

2. Alternative für Beschlussverfahren:
Der/die Antragsgegner(in) wird verpflichtet, EUR ... nebst Zinsen in Höhe von 5 Prozentpunkten über dem Basiszinssatz an den/die Antragsteller(in) zu erstatten.

3. Alternative: Im Rahmen eines Beschlussverfahrens über die Erstattung von Schulungskosten ist hier deren Höhe und Zusammensetzung darzulegen.

4. Für den Vergütungsfortzahlungsanspruch gilt das Lohnausfallprinzip. Der Arbeitnehmer hat Anspruch auf die Vergütung, die er erzielt hätte, wenn er gearbeitet hätte (BAG AP Nr. 3, 11 zu § 37 BetrVG 1972). Fortzuzahlen ist der Bruttolohn einschließlich aller Zulagen (BAG AP Nr. 43 zu § 37 BetrVG 1972), auch wenn infolge der Teilnahme an Schulungsveranstaltungen die Steuerfreiheit einzelner Vergütungsbestandteile wegfällt (BAG AP Nr. 37 zu § 37 BetrVG 1972; AP Nr. 50 aaO. = NZA 1986, 263 = BB 1986, 1222). Dauert die Schulung in die Freizeit hinein, erwachsen keine Ansprüche auf

Über- und Mehrarbeitsstundenvergütung (BAG AP Nr. 3, 31, 76 zu § 37 BetrVG 1972). Im Baugewerbe hat ein Betriebsratsmitglied auch dann nur Anspruch auf Schlechtwettergeld, wenn es während des Arbeitsausfalls Betriebsratstätigkeit verrichtet (BAG AP Nr. 55 zu § 37 BetrVG 1972). Fernauslösungen sind im allgemeinen pauschalierte Aufwandsentschädigungen, die nicht zum fortzuzahlenden Arbeitsentgelt im Sinne des § 37 BetrVG gehören (BAG AP Nr. 82 zu § 37 BetrVG 1972 = NZA 1992, 936). Umstr. ist die Bezahlung von Teilzeitarbeitnehmern, die außerhalb ihrer individuellen Arbeitszeit an Schulungsveranstaltungen teilgenommen haben. Dies gilt auch, soweit Mehr- und Überstundenvergütung in Rede steht. Das LAG Berlin hat in dem Ausschluss von Freizeit bzw. Bezahlung eine mittelbare Frauendiskriminierung gesehen (LAG Berlin v. 24. 10. 1990 – BB 1991, 142). Der EuGH hat im Falle Bötel (v. 4. 6. 1992 – AP Nr. 39 zu Art. 119 EWG-Vertrag) entschieden: Art. 119 EWG-Vertrag und die Richtlinie 75/117 EWG des Rates vom 10. Februar 1975 zur Angleichung der Rechtsvorschriften der Mitgliedstaaten stehen einer nationalen Regelung entgegen, die für eine erheblich größere Zahl von Frauen als von Männern gilt und die die Vergütung, die teilzeitbeschäftigte Betriebsratsmitglieder von ihrem Arbeitgeber in Form von bezahlter Arbeitsfreistellung oder von Bezahlung von Überstunden bei Teilnahme an Schulungsveranstaltungen – die für die Betriebsratstätigkeit erforderliche Kenntnisse vermitteln und die während der betrieblichen Vollarbeitszeit veranstaltet werden, deren Dauer aber über die individuelle Arbeitszeit dieser Teilzeitbeschäftigten hinausgeht – zu erhalten haben, auf ihre individuelle Arbeitszeit beschränkt, während vollzeitbeschäftigte Betriebsratsmitglieder bei Teilnahme an denselben Schulungsveranstaltungen eine Vergütung bis in die Höhe der Vergütung für Vollarbeitszeit erhalten. Es bleibt dem Mitgliedstaat unbenommen nachzuweisen, dass diese Regelung durch objektive Faktoren gerechtfertigt ist, die nichts mit einer Diskriminierung aufgrund des Geschlechts zu tun haben. Das BAG hat erneut ein Vorabentscheidungsverfahren eingeleitet, dass es an der bisherigen Rechtsprechung festhalten will, dass keinem Betriebsratsmitglied ein Anspruch auf Ausgleich der Freizeit zusteht, die es für eine außerhalb seiner individuellen Arbeitszeit liegende Schulungsveranstaltung aufgewandt hat (BAG v. 20. 10. 1993 – AP Nr. 90 zu § 37 BetrVG 1972). Der EuGH ist aber bei seiner Rechtsprechung verblieben (EuGH AP Nr. 72 zu Art. 119 EWG-Vertrag = NZA 1996, 319). Zur Schulung von Ersatzmitgliedern: BAG AP Nr. 53 zu § 37 BetrVG 1972 = NZA 1986, 803 = Betr 1986, 2189.

5. Einzelheiten darlegen, dass Themen zum Aufgabengebiet des Betriebsrates gehören. Vgl. zur Leistungsentlohnung: BAG AP Nr. 4, 9 zu § 37 BetrVG 1972; menschengerechte Arbeitsgestaltung: BAG AP Nr. 30 zu § 37 BetrVG 1972; Bilanzwesen: BAG AP Nr. 5 zu § 37 BetrVG 1972; Datenschutz: LAG Niedersachsen EzA Nr. 64 zu § 37 BetrVG 1972; Arbeitsschutz und Unfallverhütung (Arbeitssicherheit): BAG AP Nr. 54 zu § 37 BetrVG 1972 = NZA 1986, 803 = Betr. 1986, 2189; Grundkenntnissen im Arbeitsrecht: BAG AP Nr. 58 aaO. = Betr. 1987, 891; AP Nr. 67 aaO. = NZA 1990, 149 = Betr. 1990, 230; Erläuterung der aktuellen Rechtsprechung des BAG (BAG AP Nr. 113 zu § 37 BetrVG 1972 = NZA 1996, 895); Einführung in die Arbeit am PC (BAG AP Nr. 110 zu § 37 BetrVG 1972 = NZA 1996, 442); Schriftliche Kommunikation im Betrieb (BAG AP Nr. 106 zu § 37 BetrVG 1972 = NZA 1995, 1036); Managementtechnik (BAG AP Nr. 99 zu § 37 BetrVG 1972 = NZA 1995, 381). Nicht zu den Aufgaben gehören: Lohnsteuerrecht: BAG AP Nr. 5 zu § 80 ArbGG; Ziele gewerkschaftlicher Bildung: BAG AP Nr. 20 zu § 37 BetrVG 1972. Nicht erforderlich ist die Teilnahme an einem Kursus Sprechwirksamkeit: BAG AP Nr. 91 zu § 37 BetrVG 1972; Diskussionsführung und Verhandlungstechnik, es sei denn, dass herausgehobene Stellung (BAG AP Nr. 109 zu § 37 BetrVG 1972 = BB 1995, 2530).

6. Einzelheiten darlegen, zB. Betriebsvereinbarung über Arbeitszeit, Akkord usw.: BAG AP Nr. 36 zu § 37 BetrVG 1972.

7. Einzelheiten darlegen, zB.: erstmalige Mitgliedschaft, andere Betriebsratsmitglieder noch nicht geschult, durchgreifende Gesetzes- oder Tarifänderungen. Ein neu in den Betriebsrat gewähltes Betriebsratsmitglied kann idR. an einer Schulungsveranstaltung für Arbeitsrecht teilnehmen (BAG AP Nr. 18, 35 zu § 37 BetrVG 1972; AP Nr. 58 aaO. = Betr. 1987, 891; AP 67 aaO. = NZA 1990, 149; AP Nr. 12 zu § 40 BetrVG 1972).

8. Etwaige Mitgliedschaften in Ausschüssen usw. Nimmt ein Betriebsratsmitglied unmittelbar vor dem Ende seiner Amtszeit an einer Schulungsveranstaltung (hier § 37 Abs. 7) teil, so muss es darlegen, aufgrund welcher besonderen Umstände des Einzelfalles eine solche Festlegung des Zeitpunktes der Schulungsveranstaltung durch den Betriebsrat pflichtgemäßem Ermessen entsprochen habe (BAG AP Nr. 86 zu § 37 BetrVG 1972).

9. Zum Grundsatz der Verhältnismäßigkeit: BAG AP Nr. 26 zu § 37 BetrVG 1972.

Kosten und Gebühren

Für Anspruch auf Vergütungsfortzahlung im Urteilsverfahren Form. IV. A. 3; für Beschlußverfahren Form. IV. E. 1. Der Gegenstandswert entspricht dem Zahlungsantrag.

4. Antrag auf Freistellung eines Betriebsratsmitgliedes zur Schulungsveranstaltung

An das
Arbeitsgericht

In Sachen

des Betriebsrats der Firma ......[1]

vertreten durch den Betriebsratsvorsitzenden **Antragsteller**
– Verfahrensbevollmächtigter: RA ...... –

gegen

die Firma ...... **Antragsgegnerin**

Betriebsratsmitglied ...... **Beteiligter zu 1**

Namens und mit Vollmacht des Betriebsrates leite ich ein Beschlussverfahren ein und werde beantragen zu beschließen.
Der Antragsgegnerin wird aufgegeben, den Beteiligten zu 1 für die Teilnahme an dem Betriebsrätekursus ...... der ...... für die Zeit vom ...... bis ...... von der Arbeit freizustellen[2]**.**

Begründung:

Der Antragsteller ist der Betriebsrat der Beklagten. Er besteht aus ...... Mitgliedern. Der Beteiligte zu 1 ist seit dem ...... Betriebsratsmitglied. Ihm obliegen im Betriebsrat folgende Aufgaben ...... Von Beruf ist er ......
Die Antragsgegnerin ist ein Unternehmen ...... Sie beschäftigt ...... Arbeitnehmer.
Am ...... hat der Betriebsrat den Beschluss gefasst, dass der Beteiligte zu 1 an der Schulung für Betriebsräte der ...... teilnimmt. Diesen Beschluss hat er der Antragsgegnerin am ...... mitgeteilt[3]. Die Teilnahme an der Schulungsveranstaltung ist notwendig

......[4]. Die Antragsgegnerin hat der Teilnahme zu Unrecht widersprochen mit der Begründung, sie sei nicht notwendig.
Auch wegen des Zeitpunktes hat der Betriebsrat hinreichend die Interessen der Antragsgegnerin gewahrt. Insoweit hat diese auch keine Einwendungen erhoben.

Rechtsanwalt

Anmerkungen

1. Der Anspruch auf Teilnahme an einer Schulungsveranstaltung steht nach h. M. dem Betriebsrat zu. Zur Verfahrensart Form. IV. E. 1 Anm. 1. Erst aufgrund des Betriebsratsbeschlusses, welches Betriebsratsmitglied geschult wird, erwächst ein abgeleiteter Individualanspruch. Antragsteller ist daher der Betriebsrat. Ein vorangehender Beschluss über die Teilnahme an einem anderen Seminar genügt nicht. Ein Beschluss des Betriebsrats, der nach dem Besuch der Schulung gefasst wird und in dem die Teilnahme des Betriebsratsmitglieds gebilligt wird, begründet keinen Anspruch des Betriebsrats nach § 40 Abs. 1 BetrVG auf Kostentragung (Aufgabe von BAG AP Nr. 4 zu § 29 BetrVG 1972) § 29 Nr. 4 = EzA BetrVG 1972 § 29 Nr. 2). So jetzt BAG AP Nr. 68 zu § 40 BetrVG 1972 = NZA 2000, 838) Nach richtiger Auffassung ist aber auch das einzelne Betriebsratsmitglied antragsberechtigt (vgl. BAG AP Nr. 46 zu § 37 BetrVG 1972 = NZA 1984, 127 = Betr. 1984, 1785; LAG Hamm EzA Nr. 47 zu § 37 BetrVG 1972).

2. Der Arbeitgeber kann der Teilnahme eines Betriebsratsmitgliedes an einer Schulungsveranstaltung widersprechen, weil er sie für nicht notwendig hält oder weil er wegen des Zeitpunktes die betrieblichen Interessen nicht hinreichend gewahrt sieht. Widerspricht der Arbeitgeber, weil die Schulungsveranstaltung nicht notwendig ist, ist für die Entscheidung das Arbeitsgericht zuständig, das notfalls auch im Wege der einstweiligen Verfügung (§ 85 ArbGG) im Beschlussverfahren angerufen werden kann. Widerspricht dagegen der Arbeitgeber, weil die betrieblichen Interessen bei der Festlegung des Zeitpunktes nicht hinreichend gewahrt sind, so kann er die Einigungsstelle anrufen (§ 37 Abs. 6 S. 5 BetrVG). Der Spruch der Einigungsstelle ersetzt die Einigung zwischen Arbeitgeber und Betriebsrat. Er kann alsdann in einem Verfahren nach § 76 BetrVG überprüft werden. Ob das Betriebsratsmitglied schon vor Durchführung der Verfahren sich eigenmächtig von der Arbeit entfernen darf, ist im Schrifttum umstr. Es geschieht jedenfalls auf seine eigene Gefahr.

3. Der Betriebsrat hat dem Arbeitgeber die Teilnahme und die zeitliche Lage der Schulungsveranstaltung so rechtzeitig mitzuteilen, dass sich dieser auf sie einstellen und die Voraussetzungen der Freistellung noch überprüfen kann (BAG AP Nr. 27 zu § 37 BetrVG 1972). Bei der Mitteilung sind der Zeitraum, Ort der Veranstaltung und Themenplan bekannt zu geben (vgl. Form. IV. E. 3).

4. Zur Erforderlichkeit vgl. Form. IV. E. 3.

Kosten und Gebühren

Nicht vermögensrechtliche Streitigkeit; Gegenstandswert jedoch im allgemeinen in Höhe der Lohnkosten während der Freistellung. Vgl. im übrigen bei Form. IV. E. 1.

5. Antrag auf Freistellung und Kostenerstattung für die Beschaffung von Hilfsmaterial[1]

An das
Arbeitsgericht

Antrag im Beschlussverfahren

des Betriebsrats ...... Antragstellers

vertreten durch den Betriebsratsvorsitzenden ......
– Verfahrensbevollmächtigter: Rechtsanwalt ...... –

gegen

die Firma ...... Antragsgegnerin

wegen Beschaffung von Zeitschriften.

Namens und mit Vollmacht des Antragstellers leite ich ein Beschlussverfahren ein und werde beantragen zu erkennen:
Die Antragsgegnerin wird verpflichtet, den Antragsteller von seiner Verpflichtung für ...... in Höhe von ...... gegenüber ...... freizustellen[2].
Hilfsweise.
Die Antragsgegnerin wird verpflichtet, dem Antragsteller ...... auf ihre Kosten ab ...... zur Verfügung zu stellen.

Begründung:

Der Antragsteller ist der Betriebsrat der Antragsgegnerin. Er benötigt zur Durchführung seiner Aufgaben ...... Die Antragsgegnerin weigert sich, dem Betriebsrat ...... zur Verfügung zu stellen. Dies ist ungerechtfertigt. Der Betriebsrat benötigt aus folgenden Gründen ...... Die anfallenden Kosten sind auch nicht unverhältnismäßig ......

Rechtsanwalt

Anmerkungen

1. Der Betriebsrat kann u.U. Anschaffungen auf Kosten des Arbeitgebers zur Durchführung seiner Arbeit vornehmen (§§ 677, 683, 670 BGB). Der Freistellungsantrag bietet keine Besonderheiten. Auch das einzelne Betriebsratsmitglied kann Ansprüche auf Freistellung oder Kostenerstattung haben (BAG AP Nr. 28 zu § 40 BetrVG 1972 = NZA 1989, 641 = Betr. 1989, 1829). Die Kostenerstattungsforderung ist nach Eintritt des Verzugs oder der Rechtshängigkeit zu verzinsen (BAG AP Nr. 28 aaO.). Zu Rechtsverteidigungskosten des Betriebsratsmitgliedes: BAG AP Nr. 29 aaO. = NJW 1990, 853 = NZA 1990, 233. Mit dem Hilfsantrag soll der Arbeitgeber zur Überlassung der benötigten Gegenstände gezwungen werden (vgl. BAG AP Nr. 20 zu § 40 BetrVG 1972 = NJW 1984, 2309). Der Betriebsrat kann nicht die Überlassung einer Tageszeitung verlangen (Handelsblatt: BAG AP Nr. 32 aaO. = NZA 1990, 448 = Betr. 1990, 1093). Auch dann, wenn der Arbeitgeber seine Arbeitnehmer durch ein elektronisches Informationssystem mit Mailbox informiert, folgt nicht, dass er dieses auch dem Betriebsrat zur Verfügung stellen muss (BAG AP Nr. 37 zu § 40 BetrVG 1972 = NZA 1993, 854). Der Betriebsrat

hat Anspruch auf Überlassung von Gesetzestexten (BAG AP Nr. 52 zu § 40 BetrVG 1972 = BB 1996, 1844), Fachliteratur, insbesondere einer Fachzeitschrift (BAG AP Nr. 46 zu § 40 BetrVG 1972 = NZA 1995, 591), neuere Kommentare (BAG AP Nr. 43 zu § 40 BetrVG 1972 = NZA 1995, 386), bei Erforderlichkeit auf einen PC (BAG AP Nr. 57 zu § 40 BetrVG 1972 = NZA 1998, 953; AP Nr. 64 aaO. = NZA 1999, 945; AP Nr. 65 aaO. = NZA 1999, 1290), Anrufbeantworter, Fotokopierer, Fax (BAG 15. 11. 2000 – 7 ABR 9/99 Jur-CD).

2. Zur materiellen Anspruchsbegründung vgl. *Schaub* ArbR-Hdb. § 222.

Kosten und Gebühren

Vermögensrechtliche Streitigkeit. Gegenstandswert in Höhe des Zahlungsantrages. Vgl. Form. IV. E. 1.

6. Antrag auf Auflösung des Betriebsrates oder Ausschluss eines Betriebsratsmitgliedes

An das
Arbeitsgericht

In Sachen

der Gewerkschaft ...... **Antragstellerin[1]**

gegen

das Betriebsratsmitglied ...... **Antragsgegner**

weitere Beteiligte[2]
Betriebsrat der Firma ......

gesetzlich vertreten durch ...... **Beteiligter zu 1**

Firma ...... **Beteiligte zu 2**

wegen Ausschluss eines Betriebsratsmitgliedes.

Namens und mit Vollmacht der Antragstellerin leite ich ein Beschlussverfahren ein und beantrage zu erkennen.
Das Betriebsratsmitglied ...... wird aus dem Betriebsrat ausgeschlossen[3].

Begründung:

Die Antragstellerin ist im Betrieb der Beteiligten zu 2 vertreten. Sie hat dort ...... (mehrere) Mitglieder.

Beweis: Vernehmung des Vorsitzenden der Ortsstelle.

Beteiligter zu 1 ist der Betriebsrat der Firma ...... Dieser besteht aus ...... Mitgliedern. Der Antragsgegner wurde bei der Betriebsratswahl im Jahre ...... in den Betriebsrat gewählt.

Beweis: Betriebsratsvorsitzender ......

Der Antragsgegner ist aus dem Betriebsrat auszuschließen, denn er hat seine Pflichten als Betriebsratsmitglied grob verletzt ......[4].

Anmerkungen

1. Antragsberechtigt sind (1) mindestens ein Viertel der wahlberechtigten Arbeitnehmer, (2) der Arbeitgeber, (3) eine im Betrieb vertretene Gewerkschaft, (4) der Betriebsrat (§ 23 Abs. 1 BetrVG).

2. In einem Beschlussverfahren formal beteiligt ist, wer Rechtschutz gegen einen anderen begehrt (vgl. Form. IV. E. 2 Anm. 4). Der Begriff des formell Beteiligten, der durch die Antragsschrift bestimmt wird, ist von dem des materiell Beteiligten zu unterscheiden. Materiell Beteiligter ist derjenige, von dem behauptet wird, dass ihm Ansprüche der in § 2a ArbGG aufgezählten Art gegen einen anderen zustehen. Der Begriff des materiell Beteiligten entspricht demnach der Aktiv- und Passivlegitimation im Urteilsverfahren (BAG AP Nr. 2 zu § 81 ArbGG 1953; AP Nr. 6 zu § 20 BetrVG 1972; AP Nr. 3 zu § 47 BetrVG 1972; AP Nr. 70 Art. 9 GG Arbeitskampf). Die Zahl der formell Beteiligten richtet sich mithin nach der Antragstellung. Von dem Begriff des materiell Beteiligten hat das BAG eine besondere Antragsbefugnis des materiell Beteiligten abgespalten und methodisch fehlerhaft als besondere Prozessvoraussetzung behandelt (vgl. dazu BAG AP Nr. 38 zu § 37 BetrVG 1972 = NJW 1982, 68; AP Nr. 2 zu § 83 ArbGG 1979 = Betr. 1982, 546; AP Nr. 13 zu § 83 ArbGG 1979 = NZA 1986, 400 = Betr. 1986, 1024; AP Nr. 6 zu § 47 BetrVG 1972 = Betr. 1987, 1642 = NZA 1988, 27). In betriebsverfassungsrechtlichen Streitigkeiten ist antragsberechtigt nur, wer aus dem Betriebsverfassungsrecht eigene Rechte geltend macht oder Anträge zum Schutz seiner betriebsverfassungsrechtlichen Rechtsposition stellt (BAG AP Nr. 6 zu § 81 ArbGG 1979 = NZA 1988, 26). Werden in einem Beschlussverfahren im Wege objektiver Antragshäufigung mehrere Anträge gestellt, so ist wegen jedes Antrages zu prüfen, welche Personen und Stellen Beteiligte sind. Soweit sie nur bei einem Antrag Beteiligte sind, können sie kein Rechtsmittel wegen eines anderen Antrages einleiten (BAG AP Nr. 12 zu § 81 ArbGG 1979 = NZA 1989, 606 = BB 1989, 1128). Die Gewerkschaft hat keine Antragsbefugnis im Beschlussverfahren, die Feststellung der Unwirksamkeit einer Betriebsvereinbarung zu beantragen (BAG AP Nr. 6 zu § 81 ArbGG 1979 = NZA 1988, 26; AP Nr. 9 zu § 81 ArbGG 1979). Im Beschlussverfahren kann das Bestehen, der Inhalt oder der Umfang eines Beteiligungsrechts auch dann geklärt werden, wenn der konkrete Ausgangsfall zwar abgeschlossen ist, sich aber voraussichtlich in gleicher Weise wiederholen wird. In einem solchen Fall ist die Entscheidung nicht nur eine gutachterliche Auskunft, die den Betriebsparteien für ihr künftiges Verhalten nützlich sein mag, sondern klärt ein bestimmtes Rechtsverhältnis und stellt dessen Inhalt auch für die Zukunft hinreichend konkret fest (BAG 11. 12. 2001 – 1 ABR 9/01). Beteiligter ist grundsätzlich der Arbeitgeber. Das ist die juristische Person oder die Gesamthandgemeinschaft, vertreten durch ihre Organe. Bei Streitigkeiten auf Unternehmens- oder Konzernebene ist deren Spitze zu beteiligen, unabhängig, ob sie auch Arbeitgeber im arbeitsrechtlichen Sinne sind. Der Arbeitgeber ist nach h.M. auch dann zu hören, wenn er, wie in Innenstreitigkeiten des Betriebsrates, nicht unmittelbar betroffen ist, weil er daran interessiert ist, dass in seinem Betrieb die Betriebsverfassung korrekt eingehalten wird.

Beteiligte sind die Arbeitnehmer. In betriebsverfassungsrechtlichen Streitigkeiten werden diese durch die zuständigen Betriebsverfassungsorgane repräsentiert (BAG 2, 97, 98f = AP Nr. 2 zu § 81 BetrVG; AP Nr. 1 zu § 83 ArbGG). Der einzelne Arbeitnehmer wird nur dann gehört, wenn es um seine betriebsverfassungsrechtliche Stellung geht. Dies gilt vor allem für die Fälle des aktiven und passiven Wahlrechtes, der Mitgliedschaft in einem betriebsverfassungsrechtlichen Organ. In den Fällen der personellen Mitbestimmung ist dagegen manches streitig. Nach § 103 Abs. 2 S. 2 BetrVG ist der Arbeitnehmer beteiligt, wenn es um die Ersetzung der Zustimmung des Betriebsrates zur außerordentlichen Kündigung geht. Dasselbe gilt aber auch gegen die Rspr. des BAG dann, wenn es sich um sonstige Maßnahmen der personellen Mitbestimmung handelt wie bei Versetzungen (aA. BAG AP Nr. 3 zu § 80 ArbGG 1979 = NJW 1983, 192), Eingruppierungen (aA. BAG AP Nr. 6 zu § 101 BetrVG 1972 = Betr. 1983, 2313; AP Nr. 27 zu § 118 BetrVG 1972 = NJW 1984, 1143). Beteiligte sind aber auch der Ersatzmann des Arbeitnehmers, der beantragt hat, anstelle des Arbeitnehmers in ein Organ gewählt zu sein (BAG AP Nr. 6 zu § 76 BetrVG). Beteiligter ist der Betriebsrat im Verfahren über die Anfechtung der Wahl zur Jugend- und Auszubildendenvertretung (BAG AP Nr. 1 zu § 63 BetrVG 1972). Nicht beteiligt ist der beschwerdeführende Arbeitnehmer nach § 85 Abs. 2 BetrVG im Verfahren über die Wirksamkeit des Spruchs einer Einigungsstelle (BAG AP Nr. 1 zu § 85 BetrVG 1972 = NZA 1985, 189).

Beteiligter kann eine Gewerkschaft sein, wenn sie durch die Entscheidung unmittelbar berührt wird und Mitglieder im Betrieb hat. Nur eine Gewerkschaft hat betriebsverfassungsrechtliche Rechte und Pflichten (BAG AP Nr. 2 zu § 97 ArbGG = Betr. 1971, 1577). Inzwischen zeichnen sich einschränkende Tendenzen in der neuen Rspr. ab. Gelegentlich wird gesagt, dass sie nur dann beteiligt sind, wenn sie dem Verfahren beigetreten sind (vgl. BAG AP Nr. 20 zu § 37 BetrVG 1972 = Betr. 1975, 1084, 1996). Zur Beteiligung der Gewerkschaften vgl. bei: Streit um die Beteiligung bei Betriebsratswahlen: Bejahend BAG AP Nr. 1 zu § 56 BetrVG; AP Nr. 26 zu § 76 BetrVG; AP Nr. 3 zu § 47 BetrVG 1972 = NJW 1979, 2422; AP Nr. 24 zu § 118 BetrVG 1972 = NJW 1982, 1894; AP Nr. 10 zu § 19 BetrVG 1972 = Betr. 1983, 2142; einschränkend unter Aufgabe früherer Rspr. BAG AP Nr. 12 zu § 19 BetrVG 1972 = NZA 1986, 368; vgl. BVerwG 54, 172); Streit um die Beteiligung bei Aufsichtsratswahlen: vgl. BAG AP Nr. 1 zu § 56 BetrVG; AP Nr. 21 zu § 76 BetrVG = NJW 1971, 1151; AP Nr. 26 aaO. = NJW 1983, 701; Beteiligung an Betriebsabteilungsversammlungen: BAG AP Nr. 1 zu § 45 BetrVG = Betr. 1964, 446, 992; Freistellung von Betriebsratsmitgliedern zu Schulungsveranstaltungen: BAG AP Nr. 20 zu § 37 BetrVG 1972 = Betr. 1975, 1084, 1996); Streit um die Kompetenzverteilung zwischen Arbeitgeber und Betriebsrat: BAG AP Nr. 63 zu Art. 9 GG Arbeitskampf = NJW 1980, 140; Streit um die Entsendung von Gesamtbetriebsratsmitgliedern in den Konzernbetriebsrat: BAG AP Nr. 13 zu § 83 ArbGG 1979 = NZA 1986, 400 unter Aufgabe von BAG AP Nr. 3 zu § 47 BetrVG 1972 = NJW 1979, 2422.

Beteiligter ist im allgemeinen nicht die Einigungsstelle in Verfahren über die Wirksamkeit ihres Spruches (BAG AP Nr. 3 zu § 87 BetrVG 1972 Lohngestaltung = NJW 1981, 75; AP Nr. 3 zu § 87 BetrVG 1972 Arbeitssicherheit = NJW 1982, 2140; AP Nr. 2 zu § 87 BetrVG 1972 Urlaub = NJW 1982, 959; AP Nr. 1 zu § 87 BetrVG 1972 Vorschlagswesen = NJW 1982, 405).

Zumindest passiv beteiligt können Sprecherausschüsse für leitende Angestellte (alte Rechtslage) sein (BAG AP Nr. 9 zu § 5 BetrVG 1972). Vgl. das Sprecherausschussgesetz vom 20. 12. 1988 (BGBl. I S. 2330). Einzelheiten: *Schaub* ArbR-Hdb. §§ 245 ff.

Wer Beteiligter eines Verfahrens ist, hat das Gericht von Amts wegen zu prüfen (BAG AP Nr. 18 zu § 76 BetrVG = NJW 1969, 526; AP Nr. 36 zu § 2 TVG = NZA 1987, 947). Notfalls hat es von seinem Fragerecht Gebrauch zu machen. Ist die Anhörung eines Beteiligten in der 1. Instanz unterblieben, so ist die Anhörung fehlerhaft. Die Entscheidung erwächst gegenüber dem Nichtangehörten nur dann in Rechtskraft, wenn er Antragssteller oder Antragsgegner ist. Die übrigen nicht angehörten Beteiligten können dagegen nach h.M. ein Rechtsmittel einlegen (BAG AP Nr. 18 zu § 76 BetrVG = NJW 1969, 526; AP Nr. 14 zu § 2 TVG = Betr. 1963, 1681; 1964, 590; AP Nr. 8 zu § 89 ArbGG = BB 74, 372; AP Nr. 8 zu § 83 ArbGG = Betr. 1978, 168). In der Beschwerdeinstanz ist alsdann die Anhörung nachzuholen. Ist die Anhörung beim LAG unterblieben, ist der Beschwerdebeschluss aufzuheben und an das Landesarbeitsgericht zurückzuverweisen, wenn der Beschluss hierauf beruht (BAG AP Nr. 1 zu § 26 BetrVG 1972 = Betr. 1974, 1629). Dies gilt jedoch dann nicht, wenn nicht zu erwarten ist, dass durch die Anhörung neue Gesichtspunkte gewonnen werden (BAG AP Nr. 1 zu § 26 BetrVG 1972 = Betr. 1974, 1629). Das BAG verfährt im allgemeinen sehr großzügig bei der

Nachholung der Anhörung in der Rechtsbeschwerdeinstanz (BAG AP Nr. 16 zu § 40 BetrVG 1972 = Betr. 1979, 1706; AP Nr. 3 zu § 47 BetrVG 1972 = NJW 1979, 2422).

Ist dagegen jemand zu Unrecht als Beteiligter gehört worden, so ist er in der Rechtsmittelinstanz nicht mehr zu hören (BAG AP Nr. 11 zu § 76 BetrVG = Betr. 1963, 174). Etwas anderes gilt dann, wenn gegen oder für ihn jetzt Anträge gestellt werden. Ist unklar, ob jemand Beteiligter ist, kann die Anhörung in der Beschwerdeinstanz hierauf beschränkt werden (BAG AP Nr. 3 zu § 87 BetrVG 1972 Lohngestaltung = NJW 1981, 75; AP Nr. 1 zu § 87 BetrVG 1972 Vorschlagswesen = NJW 1982, 405). Der Verlust der Beteiligtenstellung ist auch noch im Rechtsbeschwerdeverfahren von Amts wegen zu berücksichtigen (BAG AP Nr. 4 zu § 97 ArbGG 1979).

3. Alternative: Der im Betrieb ... der Firma ... bestehende Betriebsrat wird aufgelöst. Alsdann ist der Betriebsrat Antragsgegner.

4. Zu groben Pflichtverletzungen vgl. *Schaub* ArbR-Hdb. § 219 Rdn. 19ff. Eine grobe Verletzung der gesetzlichen Pflichten des Betriebsrats im Sinne von § 23 Abs. 1 BetrVG liegt nur dann vor, wenn die Pflichtverletzung objektiv erheblich und offensichtlich schwerwiegend ist (BAG AP Nr. 22 zu § 23 BetrVG 1972 = NZA 1994, 184). Auf ein Verschulden kommt es nicht an (BAG AP Nr. 105 zu § 87 BetrVg 1972 Lohngestaltung = NZA 2000, 1066)

Kosten und Gebühren

Nicht vermögensrechtliche Streitigkeit, sowohl bei Ausschließungs- wie Auflösungsverfahren. Der Regelstreitwert wird angemessen zu erhöhen sein. Die außergerichtlichen Kosten des von einem Ausschlussverfahren betroffenen Betriebsratsmitgliedes können vom Arbeitgeber zu erstatten sein, wenn sie Kosten der Betriebsratstätigkeit sind (LAG Hamm DB 80, 213; vgl. auch BAG AP Nr. 16 zu § 40 BetrVG 1972); zum Erstattungsanspruch des Betriebsrats (BAG AP Nr. 14, 18 zu § 40 BetrVG 1972). Im übrigen vgl. Form. IV. E. 1.

7. Antrag auf Ersetzung der Zustimmung des Betriebsrates nach §§ 99, 100 BetrVG[1]

An das
Arbeitsgericht

In dem Beschlussverfahren

der Firma ......, vertreten durch ......

Antragstellerin

– Verfahrensbevollmächtigter: ...... –

gegen

den Betriebsrat der Firma ...... vertreten durch den Betriebsratsvorsitzenden ......

Antragsgegner und Beteiligter zu 2

Weitere Beteiligte: Arbeitnehmer ......

Beteiligter zu 3[2]

wegen Einstellung[3]

Namens und mit Vollmacht der Antragstellerin leite ich ein Beschlussverfahren ein und werde beantragen zu beschließen:

I. Die vom Antragsgegner verweigerte Zustimmung zur Einstellung des/der Arbeitnehmer(in) ...... wird ersetzt[4].

II. Es wird festgestellt, dass die am ...... vorgenommene vorläufige Einstellung[5] aus sachlichen Gründen gerechtfertigt ist.

Begründung:

Die Antragstellerin hat den Betriebsrat z. Hd. seines Vorsitzenden (Personalausschuss zu Hd. seines Vorsitzenden) am ...... über die beabsichtigte Einstellung[6] des Beteiligten zu 3 unterrichtet. Der Antragsgegner (Personalausschuss) hat mit Schreiben vom ...... seine Zustimmung zu den personellen Maßnahmen verweigert.

Beweis: Schreiben vom ......

Die vom Antragsgegner/Personalausschuss angegebenen Gründe zur Verweigerung sind nicht gerechtfertigt ......[7].

Die Antragstellerin hat den Beteiligten zu 3 am ...... vorläufig eingestellt[8]. Sie hat dies dem Antragsgegner (Personalausschuss) unverzüglich mitgeteilt. Der Antragsgegner (Personalausschuss) hat mit Schreiben vom ...... – zugegangen am ...... – bestritten, dass die vorläufige Maßnahme dringend erforderlich war[9]. Dies ist jedoch nicht zutreffend. Aus folgenden Gründen war die Maßnahme dringend erforderlich ......[10–11].

Rechtsanwalt

Anmerkungen

1. Vgl. *Schaub* ArbR-Hdb. § 241; ArbR-Formb. § 64.

2. Wird das Ersetzungsverfahren wegen Verweigerung der Zustimmung durchgeführt, so soll der betroffene Arbeitnehmer nicht Beteiligter sein (BAG AP Nr. 3 zu § 80 ArbGG 1979 = NJW 1983, 192; bei Ein- und Umgruppierungen: BAG AP Nr. 6 zu § 101 BetrVG 1972 = BB 1983, 1986 = Betr. 1983, 2313; AP Nr. 27 zu § 118 BetrVG 1972 = NJW 1984, 1143 = Betr. 1984, 995; BAG AP Nr. 18 zu § 99 BetrVG = BB 1984, 671 = Betr. 1983, 2638). Vgl. Form. IV. E. 6 Anm. 2.

3. Alternative: Eingruppierung/Umgruppierung.

Einstellung, die der Zustimmung des Betriebsrats nach § 99 BetrVG bedarf, ist die tatsächliche Beschäftigung im Betrieb, nicht aber der Abschluss des Arbeitsvertrages (BAG AP Nr. 98 zu § 99 BetrVG 1972; AP Nr. 9 zu § 72 LPVG NW). Eingruppierung ist die Einreihung in ein Vergütungsgruppenschema. Da sich die Eingruppierung in eine Vergütungsgruppe eines Tarifvertrages automatisch vollzieht (sog. Tarifautomatismus), hat der Betriebsrat ein Mitbeurteilungsrecht. Das Mitbestimmungsrecht des Betriebsrats bei einer Eingruppierung erschöpft sich nicht darin, dass der Arbeitgeber dem Betriebsrat die von ihm für richtig befundene Eingruppierung mitteilt und dem Betriebsrat Gelegenheit zur Stellungnahme gibt. Der Arbeitgeber hat vielmehr die Zustimmung des Betriebsrats zur beabsichtigten Eingruppierung einzuholen und bei deren Verweigerung ein Zustimmungsersetzungsverfahren einzuleiten (BAG AP Nr. 103 zu § 99 BetrVG 1972; AP Nr. 2 zu § 99 BetrVG 1972 = NZA 1995, 484; AP Nr. 103 zu § 99 BetrVG 1972 = NZA 1993, 664). Nach der Rechtsprechung des 1. Senats bezieht sich das Mitbestimmungsrecht des Betriebsrats auch auf die konkrete Fallgruppe einer Vergütungsgruppe (BAG AP Nr. 110 zu § 99 BetrVG 1972). Dagegen hat nach der Rechtsprechung des 4. Senats der einzelne Arbeitnehmer kein Feststellungsinteresse, auf die Vergütung nach einer bestimmten Fallgruppe zu klagen. Umgruppierung ist jede Änderung der Einreihung in Tarifgruppen. Es ist die Feststellung des Arbeitgebers, dass die Tätigkeit des Arbeitnehmers nicht – oder nicht mehr – den Tätigkeitsmerkmalen derjenigen Vergütungsgruppe entspricht, in die der Arbeitnehmer eingruppiert ist, sondern den Tätigkeitsmerkmalen einer anderen – höheren oder niedrigeren (BAG AP Nr. 79 zu § 99 BetrVG 1972).

4. Alternative: Die vom Antragsgegner verweigerte Zustimmung zur Eingruppierung/Umgruppierung in die Lohn-/Gehaltsgruppe ... des ... wird ersetzt.

5. Alternative: Eingruppierung/Umgruppierung. Beantragt der Arbeitgeber gemäß § 99 Abs. 4 BetrVG die Ersetzung der Zustimmung des Betriebsrats zu einer Umgruppierung eines Arbeitnehmers und erklärt er das Beschlussverfahren für erledigt, weil dem Arbeitnehmer im Laufe des Beschlussverfahrens eine andere Tätigkeit übertragen und er deshalb in eine höhere Tarifgruppe umgruppiert worden ist, ist das Verfahren auch dann einzustellen, wenn der Betriebsrat der Erledigung widerspricht (BAG AP Nr. 3 zu § 83a ArbGG 1979; AP Nr. 6 zu § 83a ArbGG 1979 = NZA 1999, 1226).

6. Alternative: Eingruppierung/Umgruppierung. Ein Antrag des Betriebsrats, den Arbeitgeber zu verpflichten, zu bereits vorgenommenen Einstellungen nachträglich die Zustimmung des Betriebsrats nach § 99 Abs. 1 BetrVG einzuholen, ist im Betriebsverfassungsgesetz nicht vorgesehen. Im Hinblick auf die Möglichkeit des Betriebsrats, nach § 101 BetrVG vorzugehen, ist ein solcher Antrag unzulässig (BAG NZA 2001, 1033 = AP Nr. 33 zu § 99 BetrVG 1972 Einstellung).

7. Den Betriebsrat trifft die Darlegungs- und objektive Beweislast für die Einhaltung der Formalien der Zustimmungsverweigerung, also zB. Einhaltung der Form und Frist. Dagegen trifft den Arbeitgeber die Darlegungs- und objektive Beweislast, dass die vom Betriebsrat behaupteten Verweigerungsgründe nach § 99 Abs. 1 Nr. 1, 2, 5, 6 und zum Teil auch für Nr. 3, 4 BetrVG nicht vorliegen. Das BAG hat zunächst angenommen, dass der Betriebsrat konkret Verweigerungsgründe des Kataloges geltend machen müsse. Von dieser Rechtsprechung ist es inzwischen abgerückt; nach neuerer Rspr. muss der Arbeitgeber das Zustimmungsersetzungsverfahren auch dann einleiten, wenn der Betriebsrat widerspricht und es nicht völlig ausgeschlossen ist, dass die Zustimmungsverweigerungsgründe vorliegen (BAG AP Nr. 50 zu § 99 BetrVG 1972 = NZA 1988, 476 = Betr. 1988, 1167). Dies sei gerechtfertigt, weil dem Arbeitgeber keine Schlüssigkeitsprüfung wegen des Verlangens des Betriebsrats obliege. Vgl. *Schaub* ArbR-Hdb. § 241 Rdn. 42ff.

8. Alternative: Vorläufig in die Gehalts-/Lohngruppe ... eingruppiert.

9. Bestreitet der Betriebsrat, dass die Maßnahme aus sachlichen Gründen dringend erforderlich ist, muss der Arbeitgeber die dreitägige Frist des § 100 Abs. 2 BetrVG beachten (vgl. BAG AP Nr. 46 zu § 99 BetrVG 1972 = Betr. 1988, 128 = NZA 1988, 101).

10. Das Arbeitsgericht hat folgende Entscheidungsmöglichkeiten: *a)* Kein Grund zur Zustimmungsverweigerung, Maßnahme dringlich: Obsiegen des Arbeitgebers. *b)* Zustimmungsverweigerung berechtigt, Maßnahme nicht dringlich: Obsiegen des Betriebsrats. Sanktion folgt aus § 101 BetrVG (Der Firma .... wird aufgegeben, ...; die Einstellung/Eingruppierung/Umgruppierung/Versetzung des Arbeitnehmers ... wird aufgehoben). Nach der Rspr. des BAG soll der Betriebsrat bei Eingruppierung des Arbeitnehmers ohne seine (des Betriebsrats) Zustimmung nicht die Aufhebung der Eingruppierung, sondern die nachträgliche Einholung seiner Zustimmung und, wenn er diese verweigert, die Durchführung des arbeitsgerichtlichen Zustimmungsersetzungsverfahrens verlangen können (BAG AP Nr. 27 zu § 118 BetrVG 1972 = NJW 1984, 1143 = Betr. 1984, 995). Bei Versetzung ist dagegen der Antrag auf Aufhebung gerichtet (BAG AP Nr. 10 zu § 101 BetrVG 1972 = NJW 1988, 370 = NZA 1988, 99). *c)* Zustimmungsverweigerung berechtigt; Maßnahme aber dringlich: Obsiegen des Betriebsrats. Vorläufige Maßnahme muss aufgehoben werden. Sanktion aus § 101 BetrVG (vgl. BAG

AP Nr. 4 zu § 100 BetrVG 1972 = NZA 1989, 183. *d)* Zustimmungsverweigerung nicht berechtigt, aber Maßnahme auch nicht dringlich. Die Rechtslage ist umstr. Nach wohl hM. soll der Arbeitgeber mit beiden Anträgen unterliegen, wenn die vorläufige Maßnahme offensichtlich ungerechtfertigt. In einer Entscheidung ist das BAG davon ausgegangen, dass mit einer Auslegung der Anträge das (zweifelhafte) Übermaß der gesetzlichen Reaktion zu vermeiden sei (BAG AP Nr. 4 zu § 100 BetrVG 1972 = NZA 1989, 183).

11. Erledigt sich das Ersetzungsverfahren, weil z. B. der Arbeitnehmer endgültig ausscheidet, so besteht nur ausnahmsweise ein Rechtsschutzinteresse an einer Antragsänderung, festzustellen, dass der Betriebsrat der Einstellung/Eingruppierung berechtigt widersprochen hat (BAG AP Nr. 3 zu § 81 ArbGG 1979).

Kosten und Gebühren

Vgl. Form. IV. E. 1. Nicht vermögensrechtliche Streitigkeit, da Streitgegenstand Mitbestimmung des Betriebsrats. Je nach Bedeutung der Sache Erhöhung oder Verminderung des Regelstreitwerts.

8. Anträge des Betriebsrates bei personeller Mitwirkung

An das
Arbeitsgericht

In der Beschlusssache

des Betriebsrates der Firma ......

vertreten durch den Betriebsratsvorsitzenden
– Verfahrensbevollmächtigter: Rechtsanwalt ...... – **Antragstellers**

gegen

die Firma ...... **Antragsgegnerin**

Arbeitnehmer[1] **Beteiligter**

wegen Festsetzung eines Zwangsgeldes[2].

Namens und in Vollmacht des Antragstellers wird ein Vollstreckungsverfahren im Beschlussverfahren eingeleitet und beantragt.
Der Antragsgegnerin wird aufgegeben, den Beteiligten ...... bei Meidung eines Zwangsgeldes, dessen Höhe in das Ermessen des Gerichts gestellt wird, aus dem Betrieb zu entlassen[3].

Begründung:

Der Beteiligte ...... wurde am ...... von der Antragstellerin eingestellt. Der Antragsteller hat mit Beschluss vom ...... seine Zustimmung zur Einstellung verweigert. Darauf hat die Antragsgegnerin den Beteiligten am ...... vorläufig eingestellt. Der vorläufigen Einstellung hat der Antragsteller widersprochen. Das Arbeitsgericht hat den Antrag der Antragsgegnerin, die Zustimmung des Antragsstellers zu ersetzen, mit Beschluss vom ...... abgewiesen.

Beweis: Beschluss des Arbeitsgerichtes vom ......

Akten des Arbeitsgerichtes, deren Beiziehung beantragt wird.

Auf den Antrag des Antragstellers hat das Arbeitsgericht der Antragsgegnerin aufgegeben, den Beteiligten zu entlassen. Der Beschluss ist rechtskräftig[4].
Beweis: Beschluss des Arbeitsgerichtes vom ......
Akten des Arbeitsgerichtes ...... deren Beiziehung beantragt wird.
Die Antragstellerin beschäftigt den Beteiligten gleichwohl weiter. Es bedarf daher der Festsetzung eines Zwangsgeldes, dessen Höhe in das Ermessen des Gerichts gestellt wird.

Rechtsanwalt

Anmerkungen

1. Nach der Rspr. des BAG ist der Arbeitnehmer nicht beteiligt. Vgl. Form. IV. E. 6 Anm. 2; E. 7 Anm. 2.

2. Wird der Antrag des Arbeitgebers auf Ersetzung der Zustimmung des Betriebsrates zur Einstellung, Eingruppierung, Umgruppierung (vgl. Form. IV. E. 7 Anm. 3) oder Versetzung zurückgewiesen oder stellt er überhaupt keinen Antrag, kann der Betriebsrat seinerseits gegen den Arbeitgeber vorgehen, um etwaige durchgeführte personelle Einzelmaßnahmen wieder zu beseitigen. Ein entsprechender Antrag für ein Verfahren nach § 101 BetrVG findet sich Form. IV. E. 7 Anm. 10.

3. Die Möglichkeit zur Festsetzung eines Zwangsgeldes nach § 101 S. 2 BetrVG ist Spezialregelung gegenüber § 85 Abs. 1 ArbGG und § 23 Abs. 3 S. 3 BetrVG und verdrängt diese (BAG AP Nr. 4 zu § 101 BetrVG 1972 = Betr. 1979, 1282; aufgegeben von BAG AP Nr. 7 zu § 23 BetrVG 1972 = NZA 1987, 786). Zweck ist nicht die Ahndung von Unrecht, sondern Zwangsmaßnahme zur Durchsetzung. Sie kann mithin unabhängig vom Verschulden des Arbeitgebers verhängt werden. Für die Festsetzung ist keine mündliche Verhandlung notwendig (§ 85 Abs. 1 ArbGG, § 891 ZPO). Der Beschluss kann alsdann durch den Vorsitzenden ergehen (§ 53 ArbGG). Die Vollstreckung erfolgt aus rechtskräftigen Beschlüssen (BAG AP Nr. 92 zu § 99 BetrVG) von Amts wegen (§ 704 ZPO). Die Zwangsgelder fließen der Staatskasse zu (Höchstmaß EUR 250,–).

4. Es bedarf keiner Erteilung der Vollstreckungsklausel (§ 724 ZPO). Sehr umstr.; vgl. die Rechtslage zu § 888 ZPO.

Kosten und Gebühren

Vgl. Form. IV. E. 1; nichtvermögensrechtliche Streitigkeit, da Streitgegenstand Mitbestimmung des Betriebsrates.

9. Antrag auf Ersetzung der Zustimmung des Betriebsrates zur Kündigung oder Versetzung eines Betriebsratsmitgliedes (§ 103 BetrVG)[1]

An das
Arbeitsgericht

Im Beschlussverfahren
der Firma ......

Antragstellerin und Beteiligte zu 1

– Verfahrensbevollmächtigter: ...... –

gegen

den Betriebsrat der Firma ……

Antragsgegner und Beteiligter zu 2

Weitere Beteiligte: Betriebsratsmitglied ……

Beteiligter zu 3[2]

wegen Ersetzung der Zustimmung zur Kündigung

Namens und mit Vollmacht der Antragstellerin leite ich ein Beschlussverfahren ein und werde beantragen zu beschließen:
Die Zustimmung des Betriebsrats zur Kündigung des Betriebsratsmitgliedes …… (Beteiligter zu 3) wird ersetzt[3].

Alternative:

Die Zustimmung zur Versetzung des Betriebsratsmitglieds …… (Beteiligter zu 3) wird ersetzt.[4]

Begründung:

Die Antragstellerin betreibt ein Unternehmen für …… Sie beschäftigt …… Arbeitnehmer. Antragsgegner ist der aus …… Mitgliedern bestehende Betriebsrat. Der Beteiligte zu 3 ist Mitglied des Betriebsrats.

Mit Schreiben vom …… hat die Antragstellerin den Betriebsrat um Zustimmung zur außerordentlichen Kündigung des Beteiligten zu 3 ersucht. Der Antragsgegner hat die Zustimmung verweigert und dies am …… mitgeteilt. Er hat seine Zustimmung zu Unrecht verweigert, denn der Beteiligte zu 3 hat einen wichtigen Grund zur Kündigung gesetzt [5, 6]. Denn …… [7, 8].

Rechtsanwalt

Anmerkungen

1. Der Arbeitgeber muss so rechtzeitig die Zustimmung bei dem Betriebsrat beantragen, dass er bei ihrer Nichterteilung noch innerhalb der Zwei-Wochenfrist des § 626 Abs. 2 BGB die Ersetzung der Zustimmung beim Arbeitsgericht beantragen kann (BAG AP Nr. 1 zu § 103 BetrVG 1972 = NJW 1975, 181; AP Nr. 2 aaO. = NJW 1975, 1575; AP Nr. 10 aaO. = NJW 1978, 661). Unzulässig ist eine vorsorgliche Einleitung für den Fall, dass der Betriebsrat seine Zustimmung nicht erteilt (BAG AP Nr. 18 zu § 103 BetrVG 1972 = Betr. 1986, 1883 = NZA 1986, 719). Die Zustimmung gilt als verweigert, wenn der Betriebsrat innerhalb von drei Tagen keine Erklärung abgibt. Im Zustimmungsverfahren nach § 103 BetrVG ist das Betriebsratsmitglied, dem gekündigt werden soll, rechtlich verhindert, an der Beratung und Beschlussfassung des Betriebsrats über die Kündigung teilzunehmen. Für das betroffene Betriebsratsmitglied war ein Ersatzmitglied zu laden. Ist ein solches nicht geladen worden, ist der Betriebsratsbeschluss nichtig. Der Arbeitgeber genießt einen eingeschränkten Vertrauensschutz (BAG AP Nr. 17 zu § 103 BetrVG 1972 = NJW 1985, 1976). *Schaub* ArbR-Hdb. § 143.

2. Das betroffene Betriebsratsmitglied ist beteiligt (§ 103 Abs. 2 S. 2 BetrVG) und selbständig beschwerdeberechtigt. Das betroffene Betriebsratsmitglied kann gegen den Ersetzungsbeschluss des Arbeitsgerichts selbst dann Beschwerde einlegen, wenn der Betriebsrat die gerichtliche Entscheidung hinnimmt (BAG AP Nr. 4 zu § 87 ArbGG 1979). Einzelheiten Form. IV. E. 6 Anm. 2; E. 7 Anm. 2.

3. Aus taktischen Gründen wird vielfach empfohlen, gleichzeitig ein Verfahren auf Ausschließung aus dem Betriebsrat anhängig zu machen (§ 23 BetrVG); vgl. BAG AP

Nr. 1 zu § 74 BetrVG 1972 = NJW 1978, 2216. Formulierungsvorschlag: Es wird beantragt, das Betriebsratsmitglied ... aus dem Betriebsrat auszuschließen (hierzu *Schaub* ArbR-Hdb. § 219 Rdn. 19ff.; vgl. Form. IV. E. 6).

4. Es war umstritten, ob auch zur Versetzung die Zustimmung des Betriebsrats notwendig ist. Das BAG hat dies verneint (BAG AP Nr. 44 zu § 103 BetrVG = NZA 2001, 516). Durch das Betriebsverfassungsreformgesetz ist § 103 Abs. 3 BetrVG eingefügt worden.

5. Wichtigen Grund darlegen. Ein wichtiger Grund (§ 626 Abs. 1 BGB) ist dann gegeben, wenn dem Arbeitgeber nicht zugemutet werden kann, das Arbeitsverhältnis bis zum Ablauf der ordentlichen Kündigungsfrist fortzusetzen. (BAG AP Nr. 96 zu § 626 BGB = NZA 1987, 808; vgl. auch BAG AP Nr. 31 zu § 622 BGB = NJW 1991, 3168 = NZA 1991, 803; AP Nr. 30 zu § 622 BGB = NZA 1991, 801 = BB 1991, 1785 = DB 1991, 2438; 2 AZR 323/84 (A) AP Nr. 29 zu § 622 BGB = NZA 1991, 797). Es ist also bei der Zumutbarkeitsprüfung auf die fiktive Kündigungsfrist abzustellen, die ohne den besonderen Kündigungsschutz bei einer ordentlichen Kündigung gelten würde (BAG AP Nr. 35 zu § 15 KSchG 1969 = NZA 1994, 74). An dieser Rechtsprechung hält das BAG jedenfalls für eine außerordentliche Änderungskündigung nicht fest (BAG AP Nr. 36 zu § 15 KSchG 1969 = NZA 1995, 1157). Wichtiger Grund kann die Bereitschaft zur Falschaussage sein (BAG AP Nr. 95 zu § 626 BGB = NZA 1987, 392). Der Betriebsrat hat bei Vorliegen der Voraussetzungen eines wichtigen Grundes keinen Ermessensspielraum, ob er die Zustimmung verweigern will (BAG AP Nr. 1, 7 zu § 103 BetrVG 1972). Es werden im Ersetzungsverfahren nur solche Gründe behandelt, die dem Betriebsrat mitgeteilt waren. Hat der Betriebsrat zunächst die Zustimmung verweigert, dann aber während des Ersetzungsverfahrens erteilt und haben Arbeitgeber und Betriebsrat die Hauptsache für erledigt erklärt, während das betroffene Betriebsratsmitglied widerspricht, dann wird nur geprüft, ob Erledigung eingetreten ist (BAG AP Nr. 2 zu § 83a ArbGG 1979 = NZA 1993, 1052). Scheidet ein Betriebsratsmitglied während des Zustimmungsersetzungsverfahrens nach § 103 BetrVG aufgrund einer Neuwahl des Betriebsrats aus dem Betriebsrat aus, ist für die außerordentliche Kündigung durch den Arbeitgeber eine erneute Anhörung des Betriebsrats nicht erforderlich (BAG RzK II 3 Nr. 20; BAG AP Nr. 41 zu § 103 BetrVG 1972 = NZA 2000, 899).

6. Zur Abgrenzung von Amtspflichtverletzungen und Arbeitsvertragsverletzungen *Schaub* ArbR-Hdb. § 143. Liegt nur eine Amtspflichtverletzung vor, kommt nur Ausschluss aus dem Betriebsrat in Betracht (BAG AP Nr. 2 zu § 13 KSchG = NJW 1955, 569, 606, 1052; AP Nr. 3 aaO. = NJW 1955, 1855; AP Nr. 4 aaO. = NJW 1956, 398; AP Nr. 57 zu § 626 BGB). Eine außerordentliche Kündigung kann dann berechtigt sein, wenn durch die Amtspflichtverletzung das Arbeitsverhältnis unmittelbar erheblich beeinträchtigt wird (BAG AP Nr. 19 zu § 13 KSchG = NJW 1970, 827; AP Nr. 1 zu § 103 BetrVG 1972 = NJW 1975, 181).

7. Hat das Arbeitsgericht die Zustimmung ersetzt, so kann der Arbeitgeber außerordentlich kündigen. Umstr. ist, binnen welcher Frist die Kündigung erfolgen muss. Nach Ansicht des BAG muss der Arbeitgeber nach Rechtskraft der die Zustimmung ersetzenden Entscheidung unverzüglich kündigen (BAG AP Nr. 3 zu § 103 BetrVG 1972 = NJW 1975, 1752; AP Nr. 10 aaO. = NJW 1978, 661; AP Nr. 12 aaO.; AP Nr. 36 aaO. = NZA 1998, 1273). Nach dem Eintritt der formellen Rechtskraft muss sich der Arbeitgeber erkundigen. Eine vor diesem Zeitpunkt erklärte Kündigung ist nicht nur schwebend unwirksam, sondern unheilbar nichtig (BAG AP Nr. 2 zu § 103 BetrVG 1972). Sofern das BAG angenommen hat, bei einer unzulässigen Divergenzbeschwerde müsse die Kündigung bereits vor Eintritt der formellen Rechtskraft erfolgen, hat es seine Rechtsprechung aufgegeben (BAG AP Nr. 36 zu § 103 BetrVG 1972 = NJW 1999, 444 = NZA 1998, 1273). Wird ein Betriebsratsmitglied während des Zustimmungsersetzungsverfahrens nicht wieder gewählt, so genießt es nur noch den nachwirkenden Kündigungsschutz. Das bedeutet, dass das Verfahren einzustellen ist (§ 83a ArbGG) und der Arbeitgeber ohne weitere Anhörung kündigen kann (BAG AP Nr. 4 zu § 15 KSchG 1969 = NJW 1980, 80; AP Nr. 14 zu § 103 BetrVG = NJW 82, 2891).

8. Auch nach Durchführung des Ersetzungsverfahrens hat das Betriebsratsmitglied noch ein Rechtsschutzinteresse an einer Kündigungsschutzklage. Der Ersetzungsbeschluss entfaltet wegen des wichtigen Grundes jedoch Bindungswirkung (BAG AP Nr. 3 zu § 103 BetrVG 1972).

9. Versetzung ist die in § 95 BetrVG definierte Versetzung, die der Arbeitgeber im Wege des Direktionsrechts durchführen kann. Die Versetzung muss zur Folge haben, dass der Betriebsrat sein Amt verliert. Das ist z. B. der Fall, wenn er in einen anderen Betrieb versetzt wird und damit die Wahlfähigkeit verliert. Eine Versetzung innerhalb des Betriebes begründet keinen Amtsverlust. Hier bestehen Beteiligungsrechte nach § 99 BetrVG. § 95 Abs. 3 ist anzuwenden bei einem Voll-, Übergangs- und Restmandat (§ 21 a, b BetrVG). Entscheidend ist allein, ob das Amt enden würde. Kein Amtsverlust tritt ein bei Betriebsaufspaltung oder Betriebszusammenlegung; der Betriebsrat wird nicht versetzt, sondern behält seinen Arbeitsplatz. Voraussetzung der Zustimmung zur Versetzung ist, wenn diese auch unter Berücksichtigung der betriebsverfassungsrechtlichen Stellung des betroffenen Arbeitnehmers aus dringenden betrieblichen Gründen notwendig ist. Aus dem Wort auch folgt, dass der Arbeitgeber im ersten Prüfungsschritt feststellen muss, ob er sein Direktionsrecht nach billigem Ermessen (§ 315 BGB) ausübt. Je schwerer sich die Versetzung in sozialer, familiärer, finanzieller oder gesundheitlicher Sicht auswirkt, um so gewichtiger müssen die betrieblichen Gründe sein. Im zweiten Prüfschritt sind die betriebsverfassungsrechtlichen Auswirkungen zu Überprüfen. Es kann eine Differenzierung der Amtsträger vorgenommen werden. Ein Betriebsratsvorsitzender ist schutzwerter als ein Wahlbewerber. Im dritten Prüfschritt ist festzustellen, ob dringende betriebliche Erfordernisse vorliegen. Es müssen Gründe vorliegen, die zwingend den Vorrang vor der Kontinuität des Betriebsrats haben. Im Allgemeinen wird angenommen, dass dies nur in Ausnahme- und Notfällen der Fall ist (*Fitting/Kaiser/Heither/Engels/Schmidt* § 103 Rdn. 74). Einen nachwirkenden Versetzungsschutz, also nach Ablauf der Amtszeit gibt es nicht.

Kosten und Gebühren

Vgl. Form. IV. E. 1. Obwohl es sich um eine nichtvermögensrechtliche Streitigkeit handelt, wird der Streitwert sowohl beim Ausschluss aus dem Betriebsrat (Anm. 2) als auch beim Zustimmungsersetzungsverfahren in der Praxis in Anlehnung an § 12 Abs. 7 ArbGG bestimmt (LAG Hamm MDR 1975, 260; AnwBl. 1975, 29). Das einzelne Betriebsratmitglied hat im Zustimmungsersetzungsverfahren grundsätzlich keinen Anspruch auf Anwaltskostenerstattung (BAG AP Nr. 14, 16 zu § 40 BetrVG 1972). Ausnahme: Antrag des Arbeitgebers wird abgewiesen: BAG AP Nr. 28 zu § 103 BetrVG 1972).

10. Antrag des Arbeitgebers auf Entbindung von der Weiterbeschäftigung eines Jugend- und Auszubildendenvertreters[1]

An das
Arbeitsgericht

Antrag
in der Beschlusssache[2]

der Firma ...... Antragstellerin
– Verfahrensbevollmächtigter: Rechtsanwalt ...... –

gegen

den/die Auszubildende(n) ...... gesetzlich vertreten durch ...... Antragsgegner(in)

Betriebsrat der Firma ...... vertreten durch den Betriebsratsvorsitzenden ......
Beteiligter zu 1

Jugend- und Auszubildendenvertretung der Firma ...... vertreten durch den Vorsitzenden der Jugend- und Auszubildendenvertretung ...... Beteiligter zu 2[3]

wegen Entbindung von der Weiterbeschäftigung eines Jugend- und Auszubildendenvertreters.
Namens und in Vollmacht der Antragstellerin leite ich ein Beschlussverfahren ein und werde beantragen:
Es wird festgestellt, dass ein Arbeitsverhältnis zwischen der Antragstellerin und dem/der Antragsgegner(in) nach Ablauf der Ausbildungszeit am ...... nicht begründet wird[4].

Begründung:

Die Antragstellerin betreibt ein Unternehmen für ...... Sie beschäftigt ...... Arbeitnehmer, darunter ...... Auszubildende. Die Antragstellerin hat mit dem/der Antragsgegner(in) einen Ausbildungsvertrag über die Ausbildung zum ...... geschlossen. Das Ausbildungsverhältnis ist in das Berufsausbildungsverzeichnis bei der Industrie- und Handelskammer eingetragen. Im Vertrag ist eine ......jährige Ausbildung für die Zeit vom ...... bis zum ...... vorgesehen. Das Ausbildungsverhältnis endet mithin voraussichtlich am ...... Der Prüfungstermin ist für den ...... vorgesehen.
Der/Die Antragsgegner(in) ist seit dem ...... Mitglied der Jugend- und Auszubildendenvertretung, der Beteiligten zu 2. Die Jugend- und Auszubildendenvertretung besteht aus ...... Personen; sie vertritt ...... jugendliche Betriebsangehörige. Die Antragstellerin hat dem/der Antragsgegner(in) bereits am ...... mitgeteilt, dass sie nicht beabsichtigt, mit ihm/ihr ein Arbeitsverhältnis einzugehen. Der/Die Antragsgegner(in) hat mit Schreiben vom ...... seine/ihre Weiterbeschäftigung verlangt.
Der Beteiligte zu 1 ist der Betriebsrat der Antragstellerin. Er hat gleichfalls die Weiterbeschäftigung verlangt/ihr widersprochen ......
Der Antragstellerin kann unter Berücksichtigung aller Umstände des/der Antragsgegners(in) nicht zugemutet werden[5]......

Rechtsanwalt

Anmerkungen

1. Das Berufsausbildungsverhältnis endet mit Ablauf der Ausbildungszeit oder zuvor mit Bestehen der Abschlussprüfung (§ 14 BBiG; dazu *Schaub* ArbR-Hdb. § 174 Rdn. 78ff.). Wird ein Auszubildender über die Ausbildungszeit hinaus weiter beschäftigt, so gilt ein Arbeitsverhältnis als auf unbestimmte Zeit begründet (§ 17 BBiG). Diese Rechtsfolge tritt nicht ein, wenn der Arbeitgeber den Auszubildenden nicht weiterbeschäftigt. Hier setzt der Schutz des § 78a BetrVG ein. Will der Arbeitgeber den Auszubildenden nicht weiterbeschäftigen, so hat er dies drei Monate vor Ablauf des Ausbildungsverhältnisses mitzuteilen. Bei Fristversäumnis geht das Arbeitsverhältnis nicht automatisch über (BAG AP Nr. 7 zu § 78a BetrVG 1972). Der Arbeitgeber wird allenfalls schadensersatzpflichtig (BAG AP Nr. 2 zu § 17 BBiG). Andererseits kann auch der

Auszubildende drei Monate vor Beendigung des Ausbildungsverhältnisses die Weiterbeschäftigung verlangen. Ein vorher gestelltes Verlangen ist unwirksam (BAG AP Nr. 7 aaO.). Bei Beendigung des Ausbildungsverhältnisses am 30. 4. kann das Verlangen frühestens am 1. 2. spätestens am 30. 4. gestellt werden (vgl. dazu BAG AP Nr. 15 zu § 78a BetrVG 1972 = Betr. 1986, 700).

2. Das BAG hat seine frühere Rechtsprechung, nach der über einen Antrag des Arbeitgebers im Urteilsverfahren zu entscheiden war (vgl. BAG AP Nr. 2 zu § 78a BetrVG 1972 = NJW 1976, 1230; AP Nr. 3 aaO.; AP Nr. 6 aaO. = NJW 1980, 1541) aufgegeben. Nach seiner jetzigen Auffassung ist im Beschlussverfahren zu entscheiden (BAG AP Nr. 13 zu § 78a BetrVG 1972 = NJW 1984, 2599).

3. Zum Begriff des Beteiligten: Form. IV. E. 6 Anm. 2; E. 7 Anm. 2.

4. Wird das Beschlussverfahren vor Beendigung des Berufsausbildungsverhältnisses eingeleitet, so ist der Antrag nach § 78a Abs. 4 Nr. 1 BetrVG zu stellen. Dieser Antrag kann nach Beendigung des Berufsausbildungsverhältnisses beibehalten werden (BAG AP Nr. 5 zu § 78a BetrVG 1972; wohl modifiziert: BAG AP Nr. 20 aaO. = NZA 1991, 233, 537 (Bengelsdorf)). Wird das Beschlussverfahren erst nach Beendigung des Berufsausbildungsverhältnisses eingeleitet, so ist der Antrag nach § 78a Abs. 4 Nr. 2 BetrVG zu stellen. Dies ist ein rechtsgestaltender Auflösungsbeschluss (BAG AP Nr. 24 zu § 78a BetrVG 1972 = NZA 1995, 647). Werden die gesetzlichen Voraussetzungen der Weiterbeschäftigung vom Arbeitgeber überhaupt geleugnet, kann der Feststellungsantrag und hilfsweise der Auflösungsantrag gestellt werden (BAG AP Nr. 9 aaO. = NJW 1980, 2271). Auf das Verfahren nach § 78a Abs. 4 S. 1 Nr. 2 ist die Ausschlussfrist nach § 626 Abs. 2 BGB und nach § 15 Abs. 4 BBiG nicht anzuwenden (BAG AP Nr. 12 zu § 78a BetrVG 1972 = NJW 1984, 2598).

5. Zur Zumutbarkeit vgl. BAG AP Nr. 5 zu § 78a BetrVG; AP Nr. 9 aaO. = NJW 1980, 2271; sowie *Schaub* ArbR-Hdb. § 227 Rdn. 13ff., 19). Ist im Zeitpunkt der Beendigung des Ausbildungsverhältnisses ein freier Arbeitsplatz vorhanden, hat bei der Prüfung der Unzumutbarkeit einer Weiterbeschäftigung ein künftiger Wegfall von Arbeitsplätzen unberücksichtigt zu bleiben (BAG AP Nr. 25 zu § 78a BetrVG 1972 = NZA 1996, 493). Hat ein Auszubildender die Weiterbeschäftigung verlangt und ist dem Arbeitgeber nur eine Weiterbeschäftigung in Teilzeitbeschäftigung zumutbar, so muss er das Verfahren nach § 78a BetrVG einleiten (BAG AP Nr. 18 zu § 78a BetrVG 1972 = NZA 1989, 439 = BB 1988, 2244 = Betr. 1988, 2414). Eine Übernahme in ein Teilzeitarbeitsverhältnis ist nur kraft vertraglicher Vereinbarung möglich (BAG AP Nr. 23 zu § 78a BetrVG 1972 = BB 1992, 352 = NZA 1992, 174).

6. Der Arbeitgeber hat nicht die Kosten einer anwaltlichen Tätigkeit zu tragen, die einem Mitglied der Jugend- und Auszubildendenvertretung in einem Verfahren nach § 78a Abs. 4 BetrVG entstanden sind (BAG AP Nr. 33 zu § 78a BetrVG 1972 = NZA 2000, 1178 = NZA 2000, 2280).

Kosten und Gebühren

Vgl. Form. IV. E. 1. Der Gegenstandswert wird auf drei Monatsvergütungen festzusetzen sein (§ 12 Abs. 7 ArbGG entspr.)

11. Klage des Jugend- und Auszubildendenvertreters auf Weiterbeschäftigung nach Beendigung des Ausbildungsverhältnisses

An das
Arbeitsgericht

Klage[1]

des/der Jugend- und Auszubildendenvertreters(in) ...... Klägers(in)
– Prozessbevollmächtigter: Rechtsanwalt ...... –

gegen

die Firma ...... Beklagte
wegen Weiterbeschäftigung nach Beendigung des Ausbildungsverhältnisses.

Namens und mit Vollmacht des/der Klägers(in) erhebe ich Klage und werde beantragen zu erkennen:

I. Die Beklagte wird verurteilt, den/die Kläger(in) über die Beendigung des Ausbildungsverhältnisses am ...... weiter zu beschäftigen.
II. Die Beklagte trägt die Kosten des Rechtsstreits.

Begründung:

Die Parteien haben am ...... einen Ausbildungsvertrag über die Ausbildung des/der Klägers(in) zum ...... geschlossen. Das Ausbildungsverhältnis ist in das Berufsausbildungsverzeichnis bei der Industrie- und Handelskammer eingetragen. Es wird voraussichtlich am ...... sein Ende finden. Am ...... wurde der/die Kläger(in) in die Jugend- und Auszubildendenvertretung gewählt.
Die Beklagte hat dem/der Kläger(in) am ...... mitgeteilt, dass sie nach Beendigung des Ausbildungsverhältnisses nicht weiterbeschäftigt werde. Der/Die Kläger(in) hat am ...... seine/ihre Weiterbeschäftigung verlangt. Damit ist nach § 78 a Abs. 2 S. 1 BetrVG ein Arbeitsverhältnis auf unbestimmte Zeit zustande gekommen[2]. Ein Antrag der Beklagten, sie von der Weiterbeschäftigung zu entbinden, hat das Arbeitsgericht zurückgewiesen.

Beweis: Beschluss vom ......

Gleichwohl kommt die Beklagte ihrer Beschäftigungspflicht nicht nach. Sie muss daher im Wege der Klage gezwungen werden.

Rechtsanwalt

Anmerkungen

1. Der Anspruch auf Weiterbeschäftigung im Arbeitsverhältnis ist ein individualvertraglicher. Er muss daher im Wege des Klageverfahrens geltend gemacht werden (BAG AP Nr. 1 zu § 78a BetrVG 1972). Insoweit hat das BAG seine Rechtsprechung bislang nicht geändert (BAG AP Nr. 11 zu § 78a BetrVG 1972 = NJW 1984, 2599 = Betr. 1984, 936). Regelmäßig wird jedoch auch eine einstweilige Verfügung nach §§ 935, 940 ZPO in Betracht kommen. Dasselbe gilt für den Anspruch nach dem BPersVG (BAG AP Nr. 4 zu § 9 BPersVG = Betr. 1987, 2104 = NZA 1987, 820). Will der Arbeitgeber nur in Teilzeit weiterbeschäftigen: vgl. BAG AP Nr. 20 zu § 78a BetrVG 1972; AP Nr. 23 aaO. = BB 1992, 352 = NZA 1992, 174.

2. Wegen der Einzelheiten der Auslegung von § 78a vgl. *Schaub* ArbR-Hdb. § 227 Rdn. 13ff.

Kosten und Gebühren

Streitwert des Beschäftigungsanspruches im allgemeinen drei Monatsgehälter, vgl. im übrigen Form. IV. E. 10.

12. Gerichtliche Zustimmung zur Durchführung einer Betriebsänderung[1]

An das
Arbeitsgericht
......

Antrag im Beschlussverfahren[2]

des Insolvenzverwalters ......
– Verfahrensbevollmächtigter: Rechtsanwalt ...... Antragsteller

gegen

den Betriebsrat der Firma ......
vertreten durch den Betriebsratsvorsitzenden Antragsgegner

wegen Zustimmung zur Betriebsänderung

Namens und mit Vollmacht des Insolvenzverwalters beantrage ich im Beschlussverfahren zu erkennen:

I. Es wird der Betriebsänderung ....../Betriebsstilllegung am ...... zugestimmt, ohne dass das Verfahren nach § 112 BetrVG durchgeführt wird.
II. Es wird angeregt die Rechtsbeschwerde an das BAG zuzulassen.[3]

Begründung

Die Fa. ...... hat sich mit der Herstellung von ...... befasst. Sie hat im Durchschnitt ...... Arbeitnehmer beschäftigt. Antragsgegner ist der Betriebsrat Betriebsratsvorsitzender ist ......

Am ...... ist über das Vermögen der Firma das Insolvenzverfahren eröffnet worden. Zum Insolvenzverwalter ist der Antragsteller bestellt worden.

Es ist folgende Betriebsänderung geplant ....../Es ist geplant den Betrieb stillzulegen, weil ...... Der Insolvenzverwalter hat den Betriebsrat umfassend unterrichtet ...... Er hat ihn am ...... zum Abschluss eines Interessenausgleiches aufgefordert. Ein Interessenausgleich ist innerhalb einer Frist von drei Wochen seit Aufnahme der Verhandlungen nicht zustande gekommen/Ein Interessenausgleich ist innerhalb von drei Wochen seit schriftlicher Aufforderung zu Verhandlungen nicht zustande gekommen. Es bedarf daher der Zustimmung des Arbeitsgerichts zur Durchführung der Betriebsänderung.[4, 5]

Der Antrag auf Zustimmung ist begründet, weil die wirtschaftliche Lage des Unternehmens auch unter Berücksichtigung der sozialen Belange der Arbeitnehmer erfordert, dass die Betriebsänderung ohne vorheriges Verfahren nach § 112 Abs. 2 BetrVG durchgeführt wird ......[6]

Anmerkungen

1. Nach § 122 Abs. 1 S. 1 InsO ist ein Antrag auf Zustimmung zur Betriebsänderung dann zulässig, wenn der Insolvenzverwalter den Betriebsrat rechtzeitig und umfassend unterrichtet und innerhalb einer Frist von drei Wochen nach Verhandlungsbeginn oder schriftlicher Aufforderung zur Aufnahme von Verhandlungen kein Interessenausgleich zustande kommt. Liegen diese Voraussetzungen nicht vor, ist der Antrag unzulässig. Es muss die Unterrichtung vor Verfahrenseinleitung erfolgen. Ausreichend ist aber auch, wenn die Unterrichtung durch die Antragsschrift erfolgt, sofern die mündliche Verhandlung erst nach dem Ablauf der Frist geschlossen wird. Streitigkeiten wird es insbesondere darüber geben, ob die Unterrichtung hinreichend war. Sind die Zulässigkeitsvoraussetzungen nicht gegeben, bewendet es bei § 113 Abs. 3 BetrVG.

2. Die Entscheidung ergeht im Beschlussverfahren. Beteiligte sind der Insolvenzverwalter und der Betriebsrat, nicht dagegen die entlassenen Arbeitnehmer (§ 122 Abs. 2 S. 2 InsO). Der Antrag ist nach Maßgabe des § 61 a Abs. 3 bis 6 ArbGG vorrangig zu erledigen. Bei Verletzung des Beschleunigungsgrundsatzes sind aber keine prozessrechtlichen Folgen normiert. Der Antrag muss darauf gerichtet sein, die Zustimmung zu einer bestimmten geplanten Betriebsänderung zu erteilen, ohne zuvor ein Einigungsverfahren über einen Interessenausgleich nach § 112 Abs. 2 BetrVG durchzuführen (*Nerlich/Römermann* § 122 Rdn. 142).

3. Im Interesse der Verfahrensbeschleunigung ist der Rechtsmittelzug geändert. Gegen den Beschluss des Arbeitsgerichts findet die Beschwerde an das Landesarbeitsgericht nicht statt. Dies gilt unabhängig davon, ob dem Antrag stattgegeben oder er abgewiesen worden ist. Gegen den Beschluss des Arbeitsgerichts findet die Rechtsbeschwerde an das BAG statt, wenn sie in dem Beschluss zugelassen worden ist. Für die Zulassung gelten die Grundsätze von § 72 Abs. 2 uns 3 ArbGG (§ 122 Abs. 3 InsO). Vgl. Form. IV. D. 10 ... Wird die Rechtsbeschwerde nicht zugelassen, ist eine Nichtzulassungsbeschwerde nicht vorgesehen. Die Rechtsbeschwerde ist innerhalb eines Monats nach Zustellung der in vollständiger Form abgefassten Entscheidung des Arbeitsgerichts beim BAG einzulegen und zu begründen (§ 122 Abs. 3 S. 3 InsO).

4. Der dem Antrag des Insolvenzverwalters stattgebende Beschluss gestattet es dem Insolvenzverwalter, die Betriebsänderung durchzuführen, ohne die Einigungsstelle anzurufen. Damit entfällt der Anspruch auf Nachteilsausgleich nach § 113 BetrVG. Gleichfalls ist der Unterlassungsanspruch des Betriebsrats ausgeschlossen, wenn er überhaupt bestanden hat. Vor Ablauf der Dreiwochenfrist darf der Insolvenzverwalter eine Betriebsänderung nur nach Abschluss eines Interessenausgleichs durchführen. Er hat zur Vermeidung des Anspruches auf Nachteilsausgleich das Verfahren nach § 112 BetrVG einzuhalten. Umstritten ist, ob dem Betriebsrat in dieser Frist ein Unterlassungsanspruch zusteht (vgl. LAG Düsseldorf DB 1997, 1068; LAG Niedersachsen ZIP 1997, 1201). Die ergehende Entscheidung hat Gestaltungswirkung. Diese wird dann eintreten, wenn der Beschluss rechtskräftig wird. Damit stellt sich die Frage, wann die Rechtskraft eintritt (Verkündung oder Ablauf der Rechtsmittelfrist). Die h.M. nimmt an, dass sie erst nach Ablauf der Rechtsmittelfrist bzw. der Verwerfung des unzulässigen Rechtsmittels eintritt (MünchKomm/*Krüger,* ZPO, 1992, § 705 Rdn. 5; *Stein/Jonas/Münzberg,* ZPO § 705 Rdn. 3 ff.). Damit könnte der vom Gesetzgeber gewollte Beschleunigungseffekt wieder zunichte gemacht werden. Es wird daher vertreten, dass die Wirkungen bereits mit Verkündung eintreten, wenn eine Rechtsbeschwerde nicht zugelassen wird (*Grunski/Moll,* Arbeitsrecht und Insolvenz, 1997, Rdn. 318).

5. Der Antrag des Insolvenzverwalters ist nur begründet, wenn die wirtschaftliche Lage des Unternehmens auch unter Berücksichtigung der sozialen Belange der Arbeitnehmer erfordert, dass die Betriebsänderung ohne vorheriges Verfahren nach § 112 Abs. 2 BetrVG durchgeführt wird. Insoweit bedarf es eines umfassenden Vortrages. Fehlt es insoweit an einem Vortrag und weist das Arbeitsgericht den Antrag als unbegründet ab, kann es zu erheblichen Verzögerungen kommen. Zweckmäßig wird daher das Verfahren nach § 122 InsO und § 112 BetrVG nebeneinander betrieben.

6. Zweifelhaft ist, ob der Insolvenzverwalter das Verfahren nach § 122 InsO auch im Wege der einstweiligen Verfügung betreiben kann. Im Beschlussverfahren sind zwar einstweilige Verfügungen zulässig (§ 85 Abs. 2 ArbGG). Da die Entscheidung des Arbeitsgerichts aber Gestaltungswirkung hat, würde damit auch eine Befriedigungswir-

kung eintreten. Eine einstweilige Verfügung auf Befriedigung ist nach allgemeinem Prozessrecht nur in Ausnahmefällen zulässig.

13. Beschlussverfahren zum Kündigungsschutz[1]

An das
Arbeitsgericht
......

Antrag im Beschlussverfahren[2]

des Insolvenzverwalters
– Verfahrensbevollmächtigter Rechtsanwalt ......

Antragsteller

gegen

den Betriebsrat der Fa ......
vertreten durch den Betriebsratsvorsitzenden ......

Antragsgegner

weitere Beteiligte
Arbeitnehmer 1

Beteiligter zu 3

Arbeitnehmer 2

Beteiligter zu 4

Arbeitnehmer 3

Beteiligter zu 5

......
Namens und Vollmacht des Insolvenzverwalters beantrage ich im Beschlussverfahren
I. festzustellen, dass die Kündigung nachfolgender Arbeitnehmer[3]
Arbeitnehmer 1
Arbeitnehmer 2
Arbeitnehmer 3
......
durch dringende betriebliche Erfordernisse bedingt und sozial gerechtfertigt ist.[4]

II. Es wird beantragt, nachfolgende Kündigungsschutzverfahren ...... auszusetzen.

III. Es wird angeregt, die Rechtsbeschwerde zuzulassen.[5]

Begründung

Die Fa ...... hat sich mit dem Vertrieb von ...... befasst. Sie beschäftigt ...... Arbeitnehmer. Antragsgegner ist der Betriebsrat. Betriebsratsvorsitzender ist ......
Über das Vermögen der Fa. ...... ist das Insolvenzverfahren eröffnet worden. Zum Insolvenzverwalter ist Rechtsanwalt ......, der Antragsteller bestellt.
Der Antragsteller plant die Betriebsabteilung ...... stillzulegen. Er hat den Betriebsrat am ...... aufgefordert in Verhandlungen über den Abschluss eines Sozialplanes einzutreten. Der Antragsteller hat den Betriebsrat rechtzeitig und umfassend unterrichtet ......
Gleichwohl ist ein Interessenausgleich nicht zustande gekommen ......
Es bedarf daher der Einleitung eines Sammelverfahrens zum Kündigungsschutz. Die im Antrag namentlich bezeichneten Arbeitnehmer sind am ...... gekündigt worden. Sie haben Kündigungsschutzklage erhoben.[6,7]
Ihre Kündigung ist aus betriebsbedingten Gründen gerechtfertigt ......
Die Kündigung ist auch sozial gerechtfertigt ......
Folgende Kündigungsschutzverfahren sind auszusetzen ......[8]

Anmerkungen

1. Ist eine Betriebsänderung geplant und kommt zwischen Insolvenzverwalter und Betriebsrat ein Interessenausgleich zustande, in dem die Arbeitnehmer, die gekündigt werden sollen, namentlich bezeichnet sind, so erwachsen mehrere Vermutungen. Es wird vermutet, dass die Kündigung aus dringenden betrieblichen Gründen erfolgt ist. Zum anderen kann die soziale Auswahl nur begrenzt überprüft werden. Der Interessenausgleich ersetzt die Stellungnahme des Betriebsrat nach § 17 Abs. 3 S. 2 KSchG. Besteht kein Betriebsrat oder kommt aus anderen Gründen innerhalb von drei Wochen seit Verhandlungsbeginn oder schriftlicher Aufforderung zur Aufnahme von Verhandlungen ein Interessenausgleich nach § 125 InsO nicht zustande, obwohl der Insolvenzverwalter den Betriebsrat rechtzeitig und umfassend unterrichtet hat, so kann der Insolvenzverwalter beim Arbeitsgericht beantragen, festzustellen, dass die Kündigung bestimmter, im Antrag bezeichneter Arbeitnehmer durch dringende betriebliche Erfordernisse bedingt ist und sozial gerechtfertigt ist. Das Sammelverfahren zum Kündigungsschutz ist zulässig in Kleinbetrieben mit maximal 20 Arbeitnehmern (vgl. § 111 BetrVG), wenn überhaupt kein Interessenausgleich abgeschlossen worden ist, nur ein teilweiser Interessenausgleich abgeschlossen worden ist (Insolvenzverwalter meint 50 Arbeitnehmer müssten entlassen werden, Betriebsrat hält 30 für ausreichend), sonst keine Einigung über die soziale Auswahl erzielt wird oder ein Interessenausgleich wegen Veränderung der Umstände gegenstandslos geworden ist.

2. Verfahrensbeteiligte sind der Insolvenzverwalter, der Betriebsrat und die im Antrag bezeichneten Arbeitnehmer. Zweifelhaft ist, ob auch sonstige Arbeitnehmer beteiligt sein können. Macht ein im Antrag bezeichneter Arbeitnehmer geltend, dass an seiner Stelle ein nicht bezeichneter Arbeitnehmer gekündigt werden müsste, so muss diesem rechtliches Gehör gewährt werden. Gegenüber den nicht beteiligten Arbeitnehmern erwächst der Beschluss nicht in Rechtskraft. Allerdings kann ein im Antrag nicht bezeichneter Arbeitnehmer dem Insolvenzverwalter als Streithelfer beitreten. Nicht beteiligt sind solche Arbeitnehmer, die mit der Kündigung einverstanden sind.

3. In dem Antrag müssen die Arbeitnehmer bezeichnet werden. Die Bezeichnung muss namentlich erfolgen, wenngleich dieses Wort im Unterschied zu § 125 InsO fehlt. Der Antrag muss aber hinreichend bestimmt sein.

4. Die Entscheidung ergeht im Beschlussverfahren. Der Antrag ist nach Maßgabe des § 61a Abs. 3 bis 6 ArbGG vorrangig zu erledigen (§ 126 Abs. 2 S. 2 InsO). In dem Verfahren haben die Beteiligten dieselben Dispositionsbefugnisse wie auch sonst in Beschlussverfahren. Der Insolvenzverwalter kann den Antrag ganz oder teilweise zurücknehmen (§ 81 Abs. 2 ArbGG), den Antrag ändern, in dem er Arbeitnehmer austauscht (§ 81 Abs. 3 ArbGG) oder einen Vergleich schließen. Widerspricht ein Arbeitnehmer dem Vergleichsabschluss, so ändert das nichts an der Verfahrensbedingung mit dem Betriebsrat, da der Arbeitnehmer auch an dem Interessenausgleich nach § 125 InsO nicht beteiligt ist. Der Vergleich entfaltet nur keine Bindungswirkung gegenüber dem Arbeitnehmer.

5. Die Entscheidung ergeht durch Beschluss. Wegen der Sozialauswahl besteht ein eingeschränkter Prüfungsmaßstab (§ 126 Abs. 1 S. 2 InsO). Gegen den Beschluss findet die Beschwerde an das Landesarbeitsgericht nicht statt (§ 126 Abs. 2 S. 2 iVm. § 22 Abs. 3 InsO). Die Rechtsbeschwerde an das Bundesarbeitsgericht findet statt, wenn sie vom Arbeitsgericht zugelassen ist. Für die Zulassung gelten die Grundsätze von § 72 Abs. 2 und 3 ArbGG (vgl. Form. IV. E. 12). Eine Nichtzulassungsbeschwerde ist nicht vorgesehen (BAG AP Nr. 44 zu § 72a ArbGG 1979 Divergenz = BB 2001, 2535). Eine besondere Ausgestaltung hat die Kostenerstattung in § 126 Abs. 3 InsO erfahren. Im ersten Rechtszug besteht kein Anspruch auf Kostenerstattung. Beim BAG richtet er sich nach der ZPO.

6. Kündigt der Insolvenzverwalter einem namentlich bezeichneten Arbeitnehmer, so ist die Entscheidung im Beschlussverfahren bindend (§ 127 Abs. 1 InsO). Dies gilt nicht, wenn sich die Verhältnisse geändert haben. Die Bindungswirkung führt dazu, dass der Arbeitnehmer nicht damit gehört wird, das Beschlussverfahren sei falsch entschieden. Der Arbeitnehmer verliert die Möglichkeit noch Tatsachen in der zweiten Instanz vorzutragen. Hat der Arbeitnehmer schon vor Rechtskraft der Entscheidung im Sammelverfahren Kündigungsschutzklage erhoben, so ist das Verfahren auszusetzen (§ 127 InsO).

7. Die Verfahren nach §§ 125, 126 InsO sind eingeführt worden, um die Abwicklung von Massenentlassungen im Insolvenzverfahren zu beschleunigen und größere Rechtssicherheit herbeizuführen. Gleichwohl sind sie nicht ganz unproblematisch. Sie führen zu einer erheblichen Belastung des Betriebsrates, in größeren Betrieben kann es wegen der Vielzahl der Beteiligten zu unübersichtlichen Verfahren kommen mit entsprechenden Verzögerungen und namentlich im Insolvenzverfahren kommt es zu ständigen Änderungen in der Notwendigkeit, Personalentscheidungen zu treffen. Der Insolvenzverwalter wird daher reiflich überlegen müssen, ob er von den Verfahren nach §§ 125, 126 InsO Gebrauch macht oder ob er es bei normalen Kündigungsschutzprozessen belässt.

8. Besonderheiten beim Betriebsübergang nach § 613 a BGB trägt § 128 InsO Rechnung.

14. Feststellung der Unwirksamkeit eines Sozialplanes und des Spruches einer Einigungsstelle

An das
Arbeitsgericht

Antrag im Beschlussverfahren

des Insolvenzverwalters ...... **Antragstellers**

Verfahrensbevollmächtigter ......

gegen

den Betriebsrat der Firma ...... vertreten durch den Betriebsratsvorsitzenden ......

Antragsgegner

wegen Feststellung der Unwirksamkeit eines Sozialplans
Namens und mit Vollmacht des Insolvenzverwalters leite ich ein Beschlussverfahren ein und werde beantragen zu beschließen:
Es wird festgestellt, dass der Sozialplan vom ...... unwirksam ist[1].

Begründung:

Die Beteiligten streiten über die Wirksamkeit des Sozialplanes. Die Firma ...... stellte am ...... ihre Zahlungen ein und beantragte die Einleitung eines Insolvenzverfahrens. Am ...... wurde das Insolvenzverfahren über das Vermögen der Firma eröffnet und der Antragsteller zum Insolvenzverwalter ernannt.
Am ...... haben die Verfahrensbeteiligten einen Interessenausgleich beschlossen. Dieser hat nachfolgenden Inhalt/Ein Interessenausgleich hat nicht stattgefunden (§ 112 BetrVG). Das Arbeitsgericht hat nach § 122 InsO einer Betriebsänderung ohne Interessenausgleich zugestimmt. Nachdem Verhandlungen zwischen dem Antragsteller und

dem Antragsgegner über die Aufstellung eines Sozialplanes gescheitert waren, trat am ...... die Einigungsstelle[2] zusammen und beschloss einen Sozialplan nachfolgenden Inhalts ......
Dieser Sozialplan verstößt gegen § 123 InsO ...... Er ist daher unwirksam ......[3, 4].

Anmerkungen

1. BAG AP Nr. 9 zu § 112 BetrVG 1972 = NJW 1980, 1542. Da auch ein auf dem Spruch der Einigungsstelle beruhender Sozialplan eine Vereinbarung der Beteiligten ist, wird dieser nicht aufgehoben, sondern bei Rechtsfehlern nur seine Unwirksamkeit festgestellt. Fehler des Spruches können sich ergeben, wenn der Spruch mit wechselnden Mehrheiten zustande gekommen ist (BAG AP Nr. 34 zu § 87 BetrVG 1972 Arbeitszeit = NJW 1989, 2771 = NZA 1989, 807), Interessenausgleich und Sozialplan unrichtig abgegrenzt sind (BAG AP Nr. 41 zu § 112 BetrVG 1972; AP Nr. 59 = NZA 1992, 227), die Grenzen des Mitbestimmungsrechts verkannt sind (BAG AP Nr. 8 zu § 76 BetrVG 1972 Einigungsstelle = NZA 2000, 495) oder der Vorsitzende mit Erfolg abgelehnt worden ist (BAG 11. 9. 2001 ZIP 2002, 541).

2. Entgegen einer verbreiteten Ansicht ist die Einigungsstelle nicht beteiligt (vgl. BAG AP Nr. 3 zu § 87 BetrVG 1972 Lohngestaltung; AP Nr. 1 zu § 87 BetrVG 1972 Vorschlagswesen; AP Nr. 7 zu § 111 BetrVG 1972). Einzelheiten: Form. IV. E. 6 Anm. 2.

3. Die Beschlüsse der Einigungsstelle können unwirksam sein, weil (1) sie gegen höherrangiges Recht verstoßen. Derartige Fehler können zu jeder Zeit geltend gemacht werden. Diese sind notfalls als Vorfrage in einem Individualprozess eines einzelnen Arbeitnehmers gegen den Arbeitgeber zu prüfen. Es verstößt nicht gegen § 75 BetrVG, wenn die Betriebspartner solche Arbeitnehmer von Sozialplanleistungen ausnehmen, die zum Zeitpunkt der Auflösung des Arbeitsverhältnisses die Voraussetzungen für den übergangslosen Rentenbezug erfüllen (BAG AP Nr. 103 zu § 112 BetrVG 1972 = BB 1996, 2472). Ferner können solche Arbeitnehmer ausgeschlossen werden, die durch Vermittlung des Arbeitgebers eine neue Stelle erhalten (BAG v. 19. 6. 1996 BB 1996, 2048). Es ist mit dem arbeitsrechtlichen Gleichbehandlungsgrundsatz vereinbar, wenn die Betriebspartner bei der Zuerkennung von Ansprüchen auf eine Abfindung in einem Sozialplan unterscheiden zwischen Arbeitnehmern, denen infolge der Betriebsänderung gekündigt worden ist und solchen, die ihr Arbeitsverhältnis durch eine Eigenkündigung oder einen Aufhebungsvertrag beendet haben. Eine Ausnahme von diesem Grundsatz gilt dann, wenn die Eigenkündigung oder der Aufhebungsvertrag vom Arbeitgeber veranlasst worden sind. In einem solchen Fall sind gekündigte Arbeitnehmer und Arbeitnehmer, die aufgrund einer Eigenkündigung oder eines Aufhebungsvertrages ausgeschieden sind, gleich zu behandeln. Eine Veranlassung in diesem Sinne liegt nur dann vor, wenn der Arbeitgeber den Arbeitnehmer im Hinblick auf eine konkret geplante Betriebsänderung bestimmt, selbst zu kündigen oder einen Aufhebungsvertrag zu schließen, um so eine sonst notwendig werdende Kündigung zu vermeiden. Ein bloßer Hinweis des Arbeitgebers auf eine unsichere Lage des Unternehmens, auf notwendig werdende Betriebsänderungen oder der Rat, sich eine neue Stelle zu suchen, genügt nicht. Auch die Unterscheidung zwischen Arbeitnehmern, die ihr Arbeitsverhältnis selbst kündigen, und solchen, die aufgrund eines von ihnen gewünschten Aufhebungsvertrages ausscheiden, ist in der Regel sachlich gerechtfertigt. Der Arbeitgeber kann so entscheiden, ob er den Arbeitnehmer für die ordnungsgemäße Durchführung der Betriebsänderung oder noch darüber hinaus benötigt oder ob ihm das freiwillige Ausscheiden des Arbeitnehmers nur eine ohnehin notwendige Kündigung erspart (Zusammenfassung der Rechtsprechung: BAG AP Nr. 96 zu § 112 BetrVG 1972 = NZA 1996, 271); (2) sie billiges Ermessen verletzen. Die Einigungsstelle überschreitet die Grenzen des ihr vorgegebenen Ermessensrahmens, wenn sie für alle infolge einer Betriebsänderung entlassenen Arbeitnehmer ohne Unterschied Abfindungen festsetzt, deren Höhe sich allein nach dem Monatseinkommen und der Dauer der Betriebszugehörigkeit bemisst (BAG AP Nr. 87 zu § 112 BetrVG 1972 = NZA 1995, 440). Nach § 112 Abs. 5 Nr. 2a BetrVG soll die Einigungsstelle die im SGB III vorgesehenen Förderungsmöglichkeiten zur Vermeidung von Arbeitslosigkeit berücksichtigen. Es soll die Möglichkeit von Transfersozialplänen bedacht werden. Nach § 76 Abs. 5 S. 3 BetrVG fasst die Einigungsstelle ihre Beschlüsse unter angemessener Berücksichtigung der Belange des Betriebes und der betroffenen Arbeitnehmer nach billigem Ermessen. Die Überschreitung der Grenzen des Ermessens kann durch den Arbeitgeber oder den Betriebsrat nur binnen einer Frist von zwei Wochen, vom Tage der Zuleitung des Beschlusses an gerechnet, beim Arbeitsgericht geltend gemacht werden (§ 76 Abs. 5 S. 4 BetrVG). Bei der Frist von zwei Wochen handelt es sich um eine materiellrechtliche Ausschlussfrist (BAG AP Nr. 26 zu § 76 BetrVG 1972 = NZA 1989, 26). Regelmäßig werden nur einzelne Bestimmungen des Spruches der Einigungsstelle gegen billiges Ermessen verstoßen, so dass sich empfiehlt, diese im Antrag genau zu bezeichnen. Zur Begründung ist alsdann die getroffene Regelung darzulegen und aus welchen Gründen sie billiges Ermessen verletzen soll. Der Antrag, die Unwirksamkeit des Spruches einer Einigungsstelle wegen der Überschreitung der Grenzen des Ermessens festzustellen, ist nicht deswegen unzulässig, weil diese nicht fristgemäß begründet worden ist. Unentschieden ist, ob er unbegründet ist und ob nach Fristablauf noch andere Tatsachen nachgeschoben werden können (BAG AP Nr. 16 zu § 76 BetrVG 1972 = Betr. 1985, 2153 = NZA 1985, 715). Die Betriebspartner können nicht vereinbaren, dass Meinungsverschiedenheiten zwischen Arbeitgeber und Arbeitnehmern aus der Anwendung des Spruches durch einen verbindlichen Spruch der Einigungsstelle entschieden werden sollen. Dies stellt eine unzulässige Schiedsabrede dar (BAG AP Nr. 22 zu § 76 BetrVG 1972 = NZA 1988, 207). Ebenso wenig kann die Fälligkeit von Abfindungen davon abhängig gemacht werden, dass die Arbeitnehmer gegen die Kündigung des Arbeitsverhältnisses keine Schritte unternehmen. Die Abfindungen können aber erst nach Rechtskraft des Urteils im Kündigungsschutzprozess fällig gestellt werden (BAG AP Nr. 33 zu § 112 BetrVG 1972 = NJW 1986, 785 = NZA 1986, 258).

4. Sozialpläne, die vor Eröffnung des Insolvenzverfahrens, jedoch nicht früher als drei Monate vor dem Eröffnungsantrag abgeschlossen worden sind, können vom Insolvenzverwalter als auch vom Betriebsrat widerrufen werden (§ 124 InsO). Forderungen aus dem Sozialplan sind Insolvenzforderungen (LAG Köln ZIP 2001, 1070). Im Falle des Widerrufs können die Arbeitnehmer bei einem neuen Sozialplan berücksichtigt werden. Die Sozialplanleistungen werden alsdann aus der Insolvenzmasse gezahlt. Sind aus dem widerrufenen Sozialplan bereits Leistungen erbracht, können sie nicht zurückgefordert werden. Ist ein Sozialplan mehr als drei Monate vorher abgeschlossen, können noch nicht beglichene Forderungen nur als Insolvenzforderungen geltend gemacht werden. In einem Sozialplan, der nach der Eröffnung des Insolvenzverfahrens aufgestellt worden ist, kann für den Ausgleich oder die Milderung der wirtschaftlichen Nachteile, die den Arbeitnehmern entstehen, ein Gesamtbetrag von bis zu zweieinhalb Monatsverdiensten (§ 10 Abs. 3 KSchG) der von einer Entlassung betroffenen Arbeitnehmern vorgesehen werden (absolute Obergrenze). Daneben besteht nach § 123 Abs. 2 S. 2 InsO eine relative Obergrenze. Für die Berichtigung von Sozialplanforderungen darf nicht mehr als ein Drittel der Masse verwandt werden, die ohne einen Sozialplan für die Verteilung zur Verfügung steht. Etwas anderes kann dann gelten, wenn ein Insolvenzplan besteht. Die Sozialplanforderungen sind Masseforderungen (§ 123 Abs. 2 S. 1 InsO). Die relative Obergrenze bewirkt, dass die Sozialplangläubiger nur dann befriedigt werden, wenn die übrigen Gläubiger voll befriedigt werden.

Kosten und Gebühren

Zur Festsetzung des Gebührenstreitwerts ist der wirtschaftliche Wert des Sozialplanes zu schätzen. Vgl. Form. IV. E. 1.

15. Beschlussverfahren über Umfang und Grenzen des Mitbestimmungsrechtes des Betriebsrates[1]

An das
Arbeitsgericht

In Sachen

des Betriebsrats der Firma ......

vertreten durch den Betriebsratsvorsitzenden ...... Antragstellers
– Verfahrensbevollmächtigter: Rechtsanwalt ...... –
gegen

die Firma ...... Antragsgegnerin

wegen eines Mitbestimmungsrechtes des Betriebsrates bei ......

Namens und mit Vollmacht des Antragstellers leite ich ein Beschlussverfahren bei dem Arbeitsgericht ein und werde beantragen zu erkennen:
Es wird festgestellt, dass dem Betriebsrat bei ...... ein Mitbestimmungsrecht zusteht[2–3].

Begründung:

Der Antragsteller ist der Betriebsrat der Antragsgegnerin. Er besteht aus ...... Personen und wird durch den Betriebsratsvorsitzenden ...... vertreten. Die Antragsgegnerin ist ein Unternehmen der ...... Sie stellt ...... her. Bei ihr werden ...... Arbeitnehmer beschäftigt.
Die Antragsgegnerin beschäftigt ...... Monteure zur Montage ihrer Aggregate bei den Kunden. ...... Monteure arbeiten nur im Ausland. Die bei den ausländischen Einsätzen auftretenden Fragen hinsichtlich des Versicherungsschutzes, der Familienheimfahrten, der Zahlung von Auslösungen und Spesen werden einzelvertraglich mit den Monteuren geregelt. Hierbei werden die von der Antragsgegnerin erlassenen Richtlinien für Monteure im Ausland zugrundegelegt. Der Betriebsrat hat der Antragsgegnerin den Entwurf einer Betriebsvereinbarung vorgelegt. Die Betriebsvereinbarung enthält ...... Paragraphen über die auftretenden Fragen wie regelmäßige Arbeitszeit, Mehr-, Nacht-, Sonn- und Feiertagsarbeit usw. Der Entwurf ist in der Anlage beigefügt.

Beweis: Entwurf einer Betriebsvereinbarung.

Die Parteien haben sich über den Entwurf nicht einigen können. Streit herrscht über die Mitbestimmungsrechte des Betriebsrates in folgenden Angelegenheiten ...... Dieser Streit bedarf der Klärung.

Rechtsanwalt

Anmerkungen

1. Über Bestehen, Umfang und Grenzen des Mitbestimmungsrechtes des Betriebsrates kann ein gerichtliches Verfahren durchgeführt werden. Dies kommt vor allem auch in

Betracht, wenn ein Einigungsstellenverfahren eingeleitet werden soll oder bereits eingeleitet ist (Form. IV. E. 16).

2. Wird über das Bestehen eines Mitbestimmungsrechtes gestritten, so bereitet vor allem die Formulierung des Antrages Schwierigkeiten: (1) Soll auf Antrag des Betriebsrates das Mitbestimmungsrecht festgestellt werden, so ist es im allgemeinen unzureichend, die Feststellung zu beantragen, dass dem Betriebsrat bei Abschluss der Betriebsvereinbarung vom ... ein Mitbestimmungsrecht zusteht. Vielmehr bedarf es im einzelnen der Angabe der mitbestimmungspflichtigen Tatbestände: BAG AP Nr. 19 zu § 80 BetrVG 1972 = BB 1983, 1984 = Betr. 1983, 1986; AP Nr. 2 zu § 81 ArbGG 1979 = BB 1984, 729 = Betr. 1984, 408; AP Nr. 9 zu § 87 BetrVG 1972 Überwachung = NJW 1985, 450 = NZA 1985, 28; AP Nr. 26 zu § 95 BetrVG 1972; AP Nr. 23 zu § 23 BetrVG 1972 = NZA 1995, 40 = NJW 1995, 1044; v. 20. 10. 1999 – Jur-CD. Die Formulierung könnte z.B. lauten, festzustellen, dass dem Betriebsrat ein Mitbestimmungsrecht zusteht „bei der Anordnung von Überstunden für das Verkaufspersonal anlässlich der Inventur", „bei der Anordnung von Überstunden nach Ausfall von Arbeitszeit für Wochenfeiertage", „bei der Anordnung von Überstunden für Betriebshandwerker zur Beseitigung von Störungsfällen", „bei der Regelung der Arbeitszeit zwischen Weihnachten und Neujahr", „anlässlich der Installation von Datensichtgeräten in der Abteilung Auftragsabwicklung", „bei der Veranstaltung des Verkaufswettbewerbs ... für die Außendienstmitarbeiter", „bei der Regelung des Zutrittsrechtes zu dem Forschungsbereich ...". Die Beispiele sind *Matthes* Betr. 1984, 453 entnommen. Es soll klargestellt werden, dass die einzelnen Streitfälle bezeichnet werden müssen. Das Gericht muss mit ja oder nein antworten können. Dagegen läuft die Antragstellung auf ein Rechtsgutachten hinaus, wenn es antworten müsste, wenn ... dann ... (2) Gelegentlich wird empfohlen, den Antrag zu formulieren, festzustellen, dass dem Betriebsrat ein Mitbestimmungsrecht nach § 87 Abs. 1 Nr. 10, 11 zusteht (vgl. auch BAG AP Nr. 1 zu § 87 BetrVG 1972 Provision = NJW 1977, 1654). Derartige Anträge bedürfen der Auslegung. Bei einem vom Betriebsrat gestellten positiven Feststellungsantrag wird die Bezeichnung der Gesetzesstelle im allgemeinen nur Begründung des Antrags sein. Dem Betriebsrat ist es gleichgültig, aus welcher Norm heraus er mitbestimmen kann. Beim Arbeitgeber ist die Bezeichnung der Gesetzesstelle sinnlos; ihm kommt es darauf an, dass der Betriebsrat überhaupt nicht mitbestimmen darf. Die Bezeichnung des Paragraphen ist daher im allgemeinen zur Individualisierung des Streitgegenstandes unzureichend. Vielmehr bedarf es seiner genauen Bezeichnung. (3) Stellt der Arbeitgeber den Antrag, festzustellen, dass der Betriebsrat bei dem Erlass einer von ihm geplanten Dienstreiseordnung für Reisende ... nicht mitzubestimmen habe, so leugnet er das Bestehen des Mitbestimmungsrechtes überhaupt. Die Entscheidung lautet nur auf Bejahung oder Verneinung des Mitbestimmungsrechtes. Dagegen ist das Gericht nicht in der Lage, über den Umfang des Mitbestimmungsrechtes zu entscheiden. Der Antrag ist daher im allgemeinen ungeeignet. Es bedarf auch der genauen Konkretisierung, in welchen Fällen ein Mitbestimmungsrecht verneint wird. So hat z.B. das BAG einen Antrag, festzustellen, dass der Gesamtbetriebsrat für die in seinem (beigefügten) Entwurf geplanten Gegenstände kein Mitbestimmungsrecht zusteht, ausgelegt. Es ist von einem Antrag ausgegangen, festzustellen, dass der Gesamtbetriebsrat anlässlich der Installation von Bildschirmgeräten an Büroarbeitsplätzen keine Regelung verlangen kann über (a) die Ausgestaltung der Bildschirmarbeitsplätze selbst, (b) die Arbeitszeit an Bildschirmarbeitsplätzen und deren Unterbrechung durch bezahlte Pausen, (c) die Beschäftigung von schwangeren Arbeitnehmerinnen an Bildschirmarbeitsplätzen usw. Vgl. dazu BAG AP Nr. 7 zu § 87 BetrVG 1972 Überwachung = NJW 1984, 1475 = Betr. 1984, 775.

3. Das Rechtsschutzinteresse für ein Verfahren über Umfang und Grenzen des Mitbestimmungsrechtes eines Betriebsrates wird regelmäßig vom BAG bejaht (BAG AP Nr. 5 zu § 87 BetrVG 1972 Arbeitszeit = NJW 1982, 671; AP Nr. 3 zu § 81 ArbGG 1979 =

NZA 1984, 364; AP Nr. 24 zu § 87 BetrVG 1972 Arbeitszeit = Betr. 1988, 341 = NZA 1988, 251). Vgl. auch Form. IV. E. 16. Gleichwohl bedarf es einiger Unterscheidungen. Beantragt der Arbeitgeber die Feststellung, dass dem Betriebsrat kein Mitbestimmungsrecht zusteht und hat dieser bereits die Einigungsstelle angerufen, wird im Allgemeinen das Rechtsschutzinteresse zu bejahen sein (anders, wenn die Einigungsstelle die Anregung des Betriebsrats nicht aufgreift – BAG AP Nr. 7 zu § 81 ArbGG 1979 = NZA 1988, 249). Handelt es sich im Übrigen um einmalige Fälle im Betrieb, so werden die Vorgänge regelmäßig im Verlauf des Verfahrens schon abgeschlossen sein. Alsdann wird der Antrag mangels Rechtsschutzinteresse unzulässig (BAG AP Nr. 5 zu § 83 ArbGG 1979 = Betr. 1983, 656), weil das Beschlussverfahren nicht dazu dient, einem Beteiligten zu attestieren, ob er Recht oder Unrecht hatte. Die Sache ist also für erledigt zu erklären. Etwas anderes gilt nur dann, wenn sich noch Folgewirkungen ergeben können. Handelt es sich dagegen um Fälle, die auch in Zukunft wieder vorkommen können, so kann noch die Feststellung begehrt werden, dass der Betriebsrat wegen der zukünftig zu regelnden Angelegenheiten ein Mitbestimmungsrecht hat (BAG AP Nr. 5 zu § 83 ArbGG 1979 = Betr. 1983, 656). Es bedarf jedoch der Darlegung, dass die Fälle wieder vorkommen können. Beispiele sind, dass bestimmt zu bezeichnende personelle Maßnahmen als Versetzung der Zustimmung des Betriebsrats bedürfen (BAG AP Nr. 33 zu § 99 BetrVG 1972 = NZA 1986, 616 = BB 1986, 2056 = Betr. 1986, 1523), ferner die Fragen, ob der Betriebsrat die Zustimmung zur Einstellung mit der Begründung verweigern kann, die vorgesehene Befristung sei unzulässig (BAG AP Nr. 21 zu § 99 BetrVG 1972 = NJW 1986, 2967 = NZA 1986, 163), oder ob bestimmte Personen oder Personengruppen zum Betriebsrat wahlberechtigt sind. Eine Antragsänderung von den vergangenen auf die zukünftigen Fälle ist jedoch in der Rechtsbeschwerdeinstanz nicht mehr zulässig (BAG AP Nr. 3 zu § 81 ArbGG 1979 = NZA 1984, 353). Das Rechtsschutzinteresse für einen Feststellungsantrag, ein Arbeitnehmer sei leitender Angestellter, entfällt, wenn der Arbeitnehmer aus dem Betrieb ausgeschieden ist (BAG AP Nr. 31 zu § 5 BetrVG 1979 = EzA Nr. 7 zu § 233 ZPO).

Kosten und Gebühren

Nicht vermögensrechtliche Streitigkeit, da Mitbestimmungsrecht des Betriebsrats Streitgegenstand ist. Je nach Gewicht Abweichung vom Regelstreitwert. Vgl. Form. IV. E. 1.

16. Vorabentscheidungsverfahren über Umfang des Mitbestimmungsrechts und Zuständigkeit einer Einigungsstelle[1]

An das
Arbeitsgericht

In Sachen

der Firma …… **Antragstellerin**
– Verfahrensbevollmächtigter: RA …… –

gegen

den Betriebsrat …… **Antragsgegner**

über die Zuständigkeit der Einigungsstelle[2].

Namens und mit Vollmacht der Antragstellerin leite ich ein Beschlussverfahren vor dem Arbeitsgericht ein und werde beantragen zu beschließen:
Es wird festgestellt, dass dem Betriebsrat kein Mitbestimmungsrecht bei …… zusteht[3].

Begründung:

Die Antragstellerin ist ein Unternehmen der ...... Sie beschäftigt ...... Arbeitnehmer. Der Antragsgegner ist ihr Betriebsrat. Er besteht aus ...... Mitgliedern. Betriebsratsvorsitzender ist ......
Die Antragstellerin leidet unter Auftragsmangel. Sie ist daher aus betriebsbedingten Gründen gezwungen ...... Arbeitnehmer zu entlassen. Der Antragsgegner ist der Auffassung, dass dies eine Betriebsänderung i.S. von § 112a Abs. 1 BetrVG sei. Er hat den Abschluss eines Interessenausgleichs und eines Sozialplanes verlangt. Die Antragstellerin hat sich geweigert, einen Interessenausgleich und Sozialplan abzuschließen. Ein Mitbestimmungsrecht des Betriebsrats besteht nicht ...... Darauf hat der Betriebsrat die Errichtung einer Einigungsstelle erzwungen. Er hat ...... Diese ist jedoch nicht zuständig ......[4, 5].

Anmerkungen

1. Die Durchführung eines Einigungsstellenverfahrens macht erhebliche Kosten. Im Verfahren zur Bestellung des Vorsitzenden einer Einigungsstelle bzw. der Bestimmung der Zahl ihrer Beisitzer wird deren Zuständigkeit grundsätzlich nicht überprüft. Wegen fehlender Zuständigkeit wird ein Antrag nur zurückgewiesen, wenn die Einigungsstelle offensichtlich unzuständig ist (§ 98 Abs. 1 S. 2 ArbGG; vgl. Form. IV. E. 19 Anm. 3). Vor allem der Arbeitgeber ist daher daran interessiert, in einem Beschlussverfahren die Zuständigkeit vorab klären zu lassen. Grundsätzlich ist die Einigungsstelle berechtigt, über ihre Zuständigkeit selbst zu befinden. Der Beschluss im Vorabentscheidungsverfahren entfaltet Bindungswirkung für spätere Verfahren (BAG AP Nr. 15 zu § 113 BetrVG 1972 = NZA 1988, 287).

2. Die sog. Vorabentscheidungsverfahren weisen zwei prozessuale Schwierigkeiten auf: (1) Der Antrag muss hinreichend bestimmt gefasst sein; (2) das Rechtsschutzinteresse muss gegeben sein.

3. Der Antrag muss konkret gefasst sein. Vom Gericht kann kein Rechtsgutachten erwartet werden (vgl. dazu Form. IV. E. 15 Anm. 2). Aus diesem Grunde sind gelegentlich Anträge empfohlen worden, festzustellen, „dass die angerufene Einigungsstelle zur Beschlussfassung über ... nicht zuständig ist". Diese Anträge sind nicht zulässig. Der Streit der Beteiligten geht regelmäßig nicht darum, ob die Einigungsstelle zuständig ist, sondern ob dem Betriebsrat ein erzwingbares Mitbestimmungsrecht in einer bestimmten Angelegenheit zusteht. Der Antrag ist also zu unbestimmt. Ein Feststellungsantrag über die Zuständigkeit der Einigungsstelle kann allenfalls in Betracht kommen, wenn die Beteiligten darüber streiten, ob die Einigungsstelle oder eine tarifliche Schlichtungsstelle zuständig ist (vgl. aber BAG AP Nr. 2 zu § 87 BetrVG 1972 Vorschlagswesen).

4. Entgegen einer verbreiteten Meinung im Schrifttum wird das Rechtsschutzinteresse für das Vorabentscheidungsverfahren grundsätzlich vom BAG bejaht (BAG AP Nr. 11 zu § 76 BetrVG 1972; AP Nr. 7 zu § 87 BetrVG 1972 Überwachung = NJW 1984, 1475 = Betr. 1984, 775). Beachte, dass in den Fällen des § 112a Abs. 2 BetrVG 1972 ein Interessenausgleich zur Vermeidung der Ansprüche aus § 113 BetrVG versucht werden muss, dagegen der Betriebsrat keinen Sozialplan erzwingen kann (BAG AP Nr. 18 zu § 113 BetrVG 1972 = NZA 1989, 278 = BB 1989, 773 = Betr. 1989, 331). Da das BAG jetzt einen vorbeugenden Unterlassungsanspruch (Anm. 5) bejaht, kommt dem Vorabentscheidungsverfahren kaum noch Bedeutung zu.

5. Das BAG bejaht einen vorbeugenden Unterlassungsanspruch bei Verletzung der Mitbestimmungsrechte des Betriebsrats nach § 87 BetrVG (BAG AP Nr. 23 zu § 23 BetrVG 1972 = NZA 1995, 40 = NJW 1995, 1044). Ob dies auch bei Verletzung der wirtschaftlichen Mitwirkung bei Abschluss eines Interessenausgleiches gilt, ist umstritten. Vgl. *Schaub* ArbR-Hdb. § 244.

Kosten und Gebühren

Vgl. Form. IV. E. 1. Es handelt sich um eine nicht vermögensrechtliche Streitigkeit, Schätzung entsprechend dem Wert des Interessenausgleichs und des Sozialplanes.

17. Verbot der Einführung von Kurzarbeit (einstweilige Verfügung im Beschlussverfahren)[1]

An das
Arbeitsgericht

Antrag

auf Erlass einer einstweiligen Verfügung im Beschlussverfahren

In Sachen

des Betriebsrats der Firma ......,

vertreten durch den Betriebsratsvorsitzenden ......

Antragstellers,

Verfahrensbevollmächtigter: Rechtsanwalt ......

gegen

die Firma ...... Antragsgegnerin,

wegen Unterlassung der Einführung von Kurzarbeit.

Namens und mit Vollmacht des Antragstellers beantrage ich den Erlass einer einstweiligen Verfügung im Beschlussverfahren:
Dem Arbeitgeber wird untersagt, ab ...... Kurzarbeit im Betrieb ...... der Firma ...... einzuführen.

Begründung:

Der Antragsteller ist der aus ...... Mitgliedern bestehende Betriebsrat der Antragsgegnerin für deren Betrieb ...... in ......
Die Antragsgegnerin betreibt ein Unternehmen für ......
Am ...... hat sich die Antragsgegnerin an den Antragsteller mit dem Ersuchen gewandt, eine Betriebsvereinbarung/Regelungsabsprache[2] über die Einführung von Kurzarbeit ab ...... abzuschließen. Zur Begründung hat sie sich darauf berufen, dass ......

Beweis: Schreiben vom ......

Der Betriebsrat hat in seiner Sitzung vom ...... die Einführung von Kurzarbeit abgelehnt, weil ......

Beweis: Beschluss des Betriebsrats vom ......;
Auszug aus dem Sitzungsprotokoll vom ......

Bevor der Betriebsrat Beschluss gefasst hat, haben die Betriebspartner am ...... über die Einführung von Kurzarbeit verhandelt.

Beweis: ......

Im Rahmen dieser Verhandlungen hat dem Betriebsrat jedoch die Notwendigkeit der Kurzarbeit nicht einsichtig gemacht werden können. Die Betriebspartner streiten im wesentlichen über folgende Punkte: ......

Nach Zuleitung des Beschlusses vom ...... hat die Antragsgegnerin mitgeteilt, dass sie ab ...... einseitig Kurzarbeit einführen werde. Dies ist unzulässig, denn dem Betriebsrat steht nach § 87 Abs. 1 Nr. 3 BetrVG bei der Einführung der Kurzarbeit ein erzwingbares Mitbestimmungsrecht zu[3]. Zur Wahrung der betriebsverfassungsrechtlichen Rechte des Betriebsrates und zur Vermeidung von Nachteilen für die Belegschaft bedarf es des Erlasses einer einstweiligen Verfügung.

Wegen der Kürze der zur Verfügung stehenden Zeit wird angeregt, dass die einstweilige Verfügung durch den Vorsitzenden der Kammer allein ergeht.[4, 5]

Rechtsanwalt

Anmerkungen

1. Nach § 85 Abs. 2 ArbGG ist der Erlas einer einstweiligen Verfügung auch im Beschlussverfahren zulässig. Für eine einstweilige Verfügung im Urteilsverfahren bedarf es der Darlegung eines Verfügungsanspruches, eines Verfügungsgrundes und der Glaubhaftmachung. Entsprechend ist auch eine einstweilige Verfügung im Beschlussverfahren zu gliedern. Im Rahmen der gestellten Anträge und des vorgetragenen Sachverhalts hat das Arbeitsgericht den Sachverhalt von Amts wegen zu ermitteln. Um Verfahrensverzögerungen zu vermeiden, sind aber die Mittel der Glaubhaftmachung zweckmäßig anzugeben. Einzelheiten *Schaub* ArbV-Hdb. § 62

2. Zur betrieblichen Einigung *Schaub* ArbR-Hdb. § 231.

3. Die Einführung von Kurzarbeit unterliegt der erzwingbaren Mitbestimmung des Betriebsrates (BAG AP Nr. 1–3 zu § 87 BetrVG Kurzarbeit). Es gehört zu den umstrittensten Fragen des Arbeitsrechts, ob der Betriebsrat Maßnahmen des Arbeitgebers mit einem Unterlassungsanspruch verhindern kann, wenn er seine Mitbestimmungsrechte noch nicht ausgeschöpft hat. Dies gilt zB. für die Einführung von Kurzarbeit, Anordnung von Über- und Mehrarbeitsstunden (§ 87 BetrVG), aber auch für den Ausspruch von Kündigungen bei Betriebsänderungen (§§ 112, 112a BetrVG), wenn noch kein Interessenausgleich und Sozialplan zustande gekommen sind. Das BAG hat einen allgemeinen Unterlassungsanspruch zunächst verneint (BAG AP Nr. 2 zu § 23 BetrVG 1972 = NJW 1984, 196; AP Nr. 19 zu § 80 BetrVG 1972 = Betr. 1983, 1986; AP Nr. 11 zu § 87 BetrVG 1972 Arbeitszeit = Betr. 1984, 1479). Die Rspr. ist auf zum Teil heftige Kritik gestoßen (vgl. auch BAG AP Nr. 5 zu § 23 BetrVG 1972 = NZA 1985, 783 = Betr. 1985, 2511). Die Rspr. der Landesarbeitsgerichte war unterschiedlich. Diese Rechtsprechung hat das BAG teilweise aufgegeben (BAG AP Nr. 23 zu § 23 BetrVG 1972 = NZA 1995, 40 = NJW 1995, 1044). Es hat angenommen, dass dem Betriebsrat bei Verletzung seiner Mitbestimmungsrechte (hier § 87 BetrVG) ein Anspruch auf Unterlassung der mitbestimmungspflichtigen Maßnahme zusteht. Dieser Anspruch setzt keine grobe Pflichtverletzung des Arbeitgebers im Sinne des § 23 Abs. 3 BetrVG voraus. Ist der Unterlassungsantrag des Betriebsrats so weit gefasst, dass er viele denkbare künftige Fallgestaltungen betrifft, ist er insgesamt unbegründet, wenn nicht in allen diesen Fällen ein Mitbestimmungsrecht besteht (BAG AP Nr. 23 zu § 23 BetrVG 1972 = NZA 1995, 40 = NJW 1995, 1044). Ein Unterlassungsanspruch auf Einführung von Über- oder Mehrarbeit wird jedenfalls unbegründet, wenn die Betriebspartner inzwischen die Beteiligung in einer Betriebsvereinbarung geregelt haben (BAG AP Nr. 8 zu § 81 ArbGG 1979 = NZA 1988, 517 = BB 1988, 1331 = Betr. 1988, 1272).

Alternativen: (1) Dem/Der Antragsgegner(in) wird die Unterlassung aufgegeben, Überstunden ohne Beachtung des Mitbestimmungsrechts des Betriebsrats bei ... anzuordnen oder zu dulden. (2) Für jeden Fall der Zuwiderhandlung gegen die Verpflichtung zu Nr. 1 wird dem/der Antragsgegner(in) – bezogen auf jeden Tag und jeden Arbeitnehmer – ein Ordnungsgeld, dessen Höhe in das Ermessen des Gerichtes gestellt wird, ersatzweise Ordnungshaft, angedroht.

(1) Dem/Der Antragsgegner(in) wird aufgegeben, es zu unterlassen, Einstellungen und Versetzungen vorzunehmen, solange der Antragsteller die Zustimmung nicht erteilt hat oder im Verweigerungsfalle die fehlende Zustimmung im arbeitsgerichtlichen Beschlussverfahren ersetzt worden ist. (2) Vollstreckungsandrohung.

4. Die einstweilige Verfügung wird durch die Kammer des Arbeitsgerichtes erlassen. Das Arbeitsgericht kann mit und ohne mündliche Verhandlung entscheiden. Die Entscheidung ergeht in jedem Falle durch Beschluss. Hat das Arbeitsgericht ohne mündliche Verhandlung die einstweilige Verfügung erlassen, ist gegen den Beschluss der Widerspruch gegeben. Hat dagegen das Arbeitsgericht aufgrund mündlicher Verhandlung entschieden, ist gegen den Beschluss die Beschwerde an das Landesarbeitsgericht gegeben. Es gelten insoweit die Regeln des Beschlussverfahrens (vgl. *Schaub* ArbV-Hdb. § 59).

5. Wird über eine einstweilige Verfügung im Beschlussverfahren wegen der Dringlichkeit ohne mündliche Anhörung der Beteiligten entschieden, so ergeht die Entscheidung des Arbeitsgerichts nicht durch den Vorsitzenden allein, sondern unter Hinzuziehung der ehrenamtlichen Richter, also durch die vollbesetzte Kammer (BAG AP Nr. 2 zu § 85 ArbGG 1979 = NZA 1992, 41).

Kosten und Gebühren

Nichtvermögensrechtliche Streitigkeit. Anhaltspunkt für die Schätzung des Gebührenstreitwerts ist die eingesparte Lohnsumme. Vgl. Form. IV. E. 1.

18. Unterlassungsanspruch gegen tarifwidrige Betriebsvereinbarung[1]

An das
Arbeitsgericht

Antrag im Beschlussverfahren

der IG ......

Antragstellerin

gegen

die Firma ...... **Antragsgegnerin**
Betriebsrat der Firma

Beteiligter zu 1

wegen Unterlassung einer tarifwidrigen Betriebsvereinbarung

Namens und mit Vollmacht der Antragstellerin leite ich ein Beschlussverfahren[2] ein und werde beantragen zu beschließen:

Die Antragsgegnerin wird verpflichtet, es zu unterlassen, die in der Betriebsvereinbarung vom ...... vereinbarten einzelvertraglichen Regelungen anzuwenden.

Begründung[3]

Die ...... GmbH stellt in ihrem Betrieb mit ...... Mitarbeitern ...... Erzeugnisse her. Sie ist Mitglied im Arbeitgeberverband ......
Die Antragstellerin ist die für die Antragsgegnerin zuständige Gewerkschaft. Sie ist im Unternehmen der Antragsgegnerin vertreten.
Der Beteiligte zu 1 ist der Betriebsrat der Antragsgegnerin. Er besteht aus ...... Mitgliedern.
Der Betriebsrat hat mit der Antragsgegnerin ein sog. Bündnis für Arbeit vereinbart.[4] Die Betriebsvereinbarung ist in der Anlage 1 beigefügt. In der Betriebsvereinbarung wird die Arbeitszeit auf 40 Stunden festgelegt. Sie weicht mithin von der tariflichen Arbeitszeit von 37,5 Stunden ab. Ferner ist in der Betriebsvereinbarung ein Anspruch auf Überstundenprozente für über 37,5 Stunden hinausgehende Arbeitszeit ausgeschlossen.
Die Antragsgegnerin hat sich in der Betriebsvereinbarung verpflichtet, den Betrieb nicht in das Ausland zu verlagern. Außerdem hat sie die Verpflichtung übernommen, für die Dauer von drei Jahren keine betriebsbedingten Kündigungen solchen Arbeitnehmern auszusprechen, die einzelvertraglich die Verlängerung der Arbeitszeit und den Verzicht auf die Überstundenprozente vereinbaren.
Die wechselseitigen Verpflichtungen sind in einem Musterarbeitsvertrag niedergelegt, der als Anlage 2 beigefügt ist.[5]
Die Betriebsvereinbarung ist unwirksam ......

Rechtsanwalt

Anmerkungen

1. In vielen Betrieben werden Bündnisse für Arbeit vereinbart, in denen von Arbeitnehmerseite auf Teile der tariflichen Vergütung verzichtet oder der Verlängerung der Arbeitszeit zugestimmt wird. Andererseits verpflichtet sich das Unternehmen, für eine bestimmte Zeit nicht betriebsbedingt zu kündigen. Derartige Betriebsvereinbarungen sind nach § 77 BetrVG unwirksam. Es ist daher versucht worden, die Regelungen in vertraglichen Einheitsregelungen zu treffen. Soweit Tarifbindung besteht, sind diese unwirksam (§ 4 TVG). Die Regelungssperre des § 77 Abs. 3 BetrVG betrifft nicht Regelungsabreden und vertragliche Einheitsregelungen, sondern nur Betriebsvereinbarungen. Eine vertragliche Einheitsregelung, die das Ziel verfolgt, normativ geltende Tarifbestimmungen zu verdrängen, ist geeignet, die Tarifvertragsparteien in ihrer kollektiven Koalitionsfreiheit (Art 9 Abs. 3 GG) zu verletzen. Das liegt insbesondere dann nahe, wenn ein entsprechendes Regelungsziel zwischen Arbeitgeber und Betriebsrat in Form einer Regelungsabrede vereinbart wird. Zur Abwehr von Eingriffen in die kollektive Koalitionsfreiheit steht der betroffenen Gewerkschaft ein Unterlassungsanspruch entsprechend § 1004 BGB zu. Diese kann gegebenenfalls auch verlangen, dass der Arbeitgeber die Durchführung einer vertraglichen Einheitsregelung unterlässt. Bei einem Günstigkeitsvergleich von tariflichen und vertraglichen Regelungen nach § 4 Abs. 3 TVG sind nur sachlich zusammenhängende Arbeitsbedingungen vergleichbar und deshalb zu berücksichtigen. § 4 Abs. 3 TVG lässt es nicht zu, dass Tarifbestimmungen über die Höhe des Arbeitsentgelts und über die Dauer der regelmäßigen Arbeitszeit mit einer betrieblichen Arbeitsplatzgarantie verglichen werden (BAG AP Nr. 89 zu Art 9 GG = NZA 1999, 887 = NJW 1999, 3281).

2. Über den Unterlassungsanspruch der Gewerkschaft wird im Beschlussverfahren entschieden (BAG AP Nr. 17 zu § 2a ArbGG 1979 = NJW 2001, 3724 = NZA 2001, 1037).

3. Voraussetzung des allgemeinen Unterlassungsanspruches (§§ 1004 Abs. 1, 823 Abs. 1 BGB) sind (1) die Koalitionsbetätigungsfreiheit als absolutes Recht, (2) Beeinträchtigung der Koalitionsbetätigungsfreiheit, (3) Tarifgebundenheit der betroffenen Arbeitnehmer, (4) Kollektive Wirkung der Tarifabweichung; das gilt vor allem für Regelungsabreden und vertragliche Einheitsregelungen, (5) Rechtswidrigkeit der Verletzung, (6) Günstigkeitsprinzip und Unzumutbarkeit.

4. Der Abschluss von tarifwidrigen Betriebsvereinbarungen und Regelungsabreden kann für den Betriebsrat eine grobe Pflichtwidrigkeit iSv. § 23 BetrVG sein.

5. Der einzelne Arbeitnehmer kann bei Tarifbindung sein Arbeitsentgelt einklagen. Wird er durch den Kündigungsschutz anderer Arbeitnehmer benachteiligt, kann er dies im Kündigungsschutzprozess geltend machen.

19. Antrag auf Errichtung einer Einigungsstelle[1]

An das
Arbeitsgericht

In Sachen

des Betriebsrats der Firma ......,
vertreten durch den Betriebsratsvorsitzenden ......

Antragstellers,

Verfahrensbevollmächtigter: ......

gegen

die Firma ...... **Antragsgegnerin,**

wegen Bestellung des Vorsitzenden einer Einigungsstelle.
Namens und mit Vollmacht des Antragstellers leite ich ein Beschlussverfahren vor dem Vorsitzenden der zuständigen Kammer des Arbeitsgerichtes ein[2] und werde beantragen zu beschließen:

I. Der Vorsitzende Richter am LAG ...... wird zum Vorsitzenden einer Einigungsstelle bei der Firma ...... bestellt.
II. Die Zahl der von jeder Seite zu benennenden Beisitzer wird auf ...... festgesetzt.

Begründung:

I. Die Betriebspartner streiten ......
II. Zur Beilegung der Regelungsstreitigkeit ist die Errichtung einer Einigungsstelle notwendig. Die Beteiligten haben sich auf den Vorsitzenden und die Zahl der von jeder Seite zu benennenden Beisitzer nicht einigen können. Es bedarf daher der Bestimmung durch das Gericht (§ 76 Abs. 2 BetrVG).
III. Die Antragsgegner werden sich darauf berufen, dass die Einigungsstelle zur Regelung nicht zuständig ist. Dies ist jedoch unzutreffend, denn ...... Im Rahmen des Errichtungsverfahrens hat das Arbeitsgericht die Zuständigkeit der Einigungsstelle nicht zu prüfen, denn die Einigungsstelle entscheidet über ihre Kompetenz allein. Ein Fall offenbarer Unzuständigkeit[3] der Einigungsstelle ist nicht gegeben (§ 98 ArbGG), denn ......

Anmerkungen

1. IdR. wird die Einigungsstelle durch Vereinbarung zwischen Arbeitgeber und Betriebsrat errichtet. Der in Aussicht genommene Vorsitzende wird telefonisch oder schriftlich gebeten, das Amt zu übernehmen. Beamte und Richter bedürfen zur Übernahme des Amtes einer Genehmigung durch die Dienstaufsichtsbehörde. Die Genehmigung wird erteilt, wenn der Richter dienstlich nicht mit der Sache befasst werden kann (§ 40 DRiG). Vgl. dazu OVG NRW Betr. 1983, 1312; LAG Rheinl.-Pfalz Betr. 1984, 56. BVerwG v. 30. 6. 1983 – 2 C 57/82 –. Nach § 98 Abs. 1 S. 5 ArbGG darf ein Richter nur dann zum Vorsitzenden der Einigungsstelle bestellt werden, wenn auf Grund der Geschäftsverteilung ausgeschlossen ist, dass er mit der Überprüfung, der Auslegung oder der Anwendung des Spruchs der Einigungsstelle befasst wird. Durch Tarifvertrag kann bestimmt sein, dass anstelle der vereinbarten Einigungsstelle eine tarifliche Schlichtungsstelle tritt (§ 76 Abs. 8 BetrVG).

2. Zuständig ist der geschäftsplanmäßig zuständige Vorsitzende § 98 ArbGG; dazu *Schaub* ArbV-Hdb. § 61 II; LAG Hamm AP Nr. 1 zu § 112 BetrVG 1972.

3. Offensichtlich unzuständig ist die Einigungsstelle, wenn sich die beizulegende Streitigkeit zwischen dem Arbeitgeber und dem Betriebsrat bei sachkundiger Beurteilung durch das Gericht sofort erkennbar nicht unter einen mitbestimmungspflichtigen Tatbestand des Gesetzes subsumieren lässt (LAG Berlin AP Nr. 1 zu § 98 ArbGG 1979; LAG Düsseldorf Betr. 1981, 849; vgl. auch LAG Rheinland-Pfalz NZA 85, 190; ArbG Kiel BB 1981, 1894; dagegen LAG Köln Betr. 1985, 1240 = NZA 1985, 91; LAG Hamburg BB 1985, 1729; LAG Bad.-Württemberg NZA 1985, 163; LAG Düsseldorf NZA 1985, 468; Betr. 1977, 1954; 1980, 213). Die Einigungsstelle ist nicht offensichtlich unzuständig, wenn der Betriebsrat eine Beschwerde nach § 85 Abs. 2 S. 1 BetrVG 1972 weiter verfolgt (LAGE Nr. 7 zu § 98 ArbGG 1979); offensichtlich unzuständig ist sie aber bei Streitigkeiten um die Rechtsfrage, ob am Arbeitskampf beteiligte Arbeitnehmer von Zuwendungen ausgeschlossen werden dürfen (LAGE Nr. 8 zu § 98 ArbGG 1979) oder sich zu der streitigen Frage eine gefestigte Rspr. des BAG entwickelt hat (LAGE Nr. 10 zu § 98 ArbGG 1979). Vgl. im übrigen die Übersichten bei *Schaub* ArbR-Hdb. § 232 u. ArbV-Hdb. § 61 Rdn. 13 ff. Hat der Vorsitzende die Bestellung wegen offensichtlicher Unzuständigkeit abgelehnt, so kann gleichwohl noch ein Beschlussverfahren anhängig gemacht werden. Umstr. war, ob bei Anhängigkeit eines Beschlussverfahrens über die Zuständigkeit das Bestellungsverfahren nach § 148 ZPO ausgesetzt werden kann. Dies ist nach überwiegender Ansicht zu verneinen (*Schaub* ArbV-Hdb. § 61 Rdn. 13 ff., BAG AP Nr. 11 zu § 76 BetrVG 1972 = Betr. 1982, 1413 = EzA Nr. 33 zu § 76 BetrVG 1972; AP Nr. 2 zu § 87 BetrVG 1972 Vorschlagswesen; AP Nr. 1 zu § 81 ArbGG 1979; a. A. LAGE Rheinland-Pfalz Nr. 9 zu § 98 ArbGG 1979). In jedem Fall ist das Vorabentscheidungsverfahren zulässig (vgl. Form. IV. E. 15 Anm. 3; IV. E. 16). Seine Aussetzung bis zur Entscheidung der Einigungsstelle ist unzulässig (BAG AP Nr. 10 zu § 76 BetrVG 1972).

Kosten und Gebühren

Nichtvermögensrechtliche Streitigkeit. Bei der Schätzung des Streitwertes ist der Wert der Regelungsstreitigkeit zu berücksichtigen. Teils wird idR. vom Regelgegenstandswert Sächs. LAG AiB 2000, 646; LAG Köln NZA-RR 2001, 52; LAG Niedersachsen LAGE § 8 BRAGO Nr. 40. Vgl. Form. IV. E. 1.

Fristen und Rechtsmittel

Gegen die Entscheidung des Vorsitzenden findet die fristgebundene Beschwerde an den zuständigen Vorsitzenden des Landesarbeitsgerichts statt. Die Beschwerde ist binnen einer Frist von zwei Wochen einzulegen und zu begründen (§ 98 Abs. 2 ArbGG).

20. Anhang: Honoraranspruch des Rechtsanwaltes

An das Arbeitsgericht ......

Antrag

im Beschlussverfahren

des Rechtsanwaltes ...... Antragstellers,

gegen

die Firma ...... Antragsgegnerin,

Weitere Verfahrensbeteiligte: Betriebsrat der Firma ......, vertreten durch den Betriebsratsvorsitzenden ...... Beteiligter zu 3

wegen Bezahlung von Rechtsanwaltskosten.

Gegen die Antragsgegnerin leite ich ein Beschlussverfahren ein und werde beantragen zu beschließen:
Die Antragsgegnerin wird verpflichtet, ... EUR nebst ......% Zinsen über dem Basiszinssatz seit dem ...... an den Antragsteller zu zahlen.

Begründung:

Der Betriebsrat und Beteiligter zu 3 hat in dem bei dem erkennenden Gericht unter dem Az. ...... geführten Beschlussverfahren von der Antragsgegnerin die Erstattung von Schulungskosten verlangt. Das erkennende Gericht hat dem Antrag des Betriebsrates durch Beschluss vom ...... stattgegeben/hat den Antrag des Betriebsrates mit Beschluss vom ...... abgewiesen. Der Beschluss ist rechtskräftig.
In diesem Beschlussverfahren ist der Betriebsrat durch den Antragsteller als Verfahrensbevollmächtigten vertreten worden[1]. Die bei dem Antragsteller erwachsenen Gebühren in Höhe von ...... weigert sich die Antragsgegnerin zu zahlen. Hierzu ist sie aber nach § 40 Abs. 1 BetrVG verpflichtet. Zu den erstattungsfähigen Betriebsratskosten gehören auch die Kosten für die Hinzuziehung eines Verfahrensbevollmächtigten[2]. Die Hinzuziehung eines Rechtsanwaltes war notwendig.
Die Gewerkschaft hat dem Betriebsrat keinen Rechtsschutz erteilt[3]. Die rechtskundige Vertretung des Betriebsrates war jedoch notwendig, da schwierige Sach- und Rechtsfragen zu behandeln waren. Dies ergibt sich bereits aus dem Beschluss des erkennenden Gerichtes vom ......, dessen Beiziehung beantragt wird.
Abgesehen davon ergibt sich die Schwierigkeit der Sachlage aus der Höhe des Gegenstandswerts des damaligen Verfahrens[4].
Der Betriebsrat hat mit Beschluss vom ...... seine Ansprüche auf Kostenerstattung an den Antragsteller abgetreten.

Beweis: Beschluss vom ......, der in beglaubigter Abschrift beigefügt wird.

Der Antragsteller hat die Abtretung angenommen[5].

Anmerkungen

1. In der Rechtsprechung des BAG hat jeweils der Betriebsrat die Erstattung der Anwaltskosten vom Arbeitgeber verlangt. Das BAG hat insoweit die Auffassung vertreten, dass der Verfahrensbevollmächtigte an dem Beschlussverfahren nicht beteiligt ist (BAG AP Nr. 14 zu § 40 BetrVG 1972; seither ständig).

Es dürften indes keine durchgreifenden verfahrensrechtlichen Bedenken bestehen, dass sich der Anwalt die Kostenerstattungsforderung abtreten lässt (vgl. BAG 24. 10. 2001 – BB 2002, 632; aA. LAG Berlin AP Nr. 25 zu § 40 BetrVG 1972; danach besteht allenfalls die Möglichkeit einer Prozessstandschaft).

2. Der Betriebsrat hat Wahlmöglichkeit, ob er das Verfahren selbst führt, einen Gewerkschaftssekretär hinzuzieht oder sich der Hilfe eines Rechtsanwalts bedient. Vgl. BAG AP Nr. 1, 7 zu § 39 BetrVG; AP Nr. 6 zu § 20 BetrVG 1972; AP Nr. 14, 16 zu § 40 BetrVG 1972; AP Nr. 18 aaO. = Betr. 1980, 2091. Zu Massenverfahren LAG Berlin AP Nr. 21 zu § 40 BetrVG 1972.

Honoraransprüche können insbesondere erwachsen, wenn der Betriebsrat sich im Verfahren vor der Einigungsstelle durch einen Rechtsanwalt vertreten lässt (vgl. BAG AP Nr. 34 zu § 76 BetrVG 1972 = NJW 1990, 404 = NZA 1990, 107). Über die Erforderlichkeit einer anwaltlichen Vertretung vor der Einigungsstelle entscheidet der Betriebsrat nach pflichtgemäßem Ermessen (BAG AP Nr. 5 zu § 76a BetrVG 1972 = NZA 1996, 892). Der Betriebsrat hat die Beauftragung eines Rechtsanwalts, ihn in einem arbeitsgerichtlichen Beschlussverfahren zu vertreten, grundsätzlich auf der Grundlage der gesetzlichen Vergütung vorzunehmen (BAG AP Nr. 67 zu § 40 BetrVG 1972 = NZA 2000, 556).

3. BAG AP Nr. 14, 16 zu § 40 BetrVG 1972; AP Nr. 18 aaO. = Betr. 1980, 2091.

4. Vor Inkrafttreten des ArbGG 1979 waren Rechtsanwälte bei Streitwerten bis 300.– DM vom Arbeitsgerichtsverfahren ausgeschlossen. In der ersten Entscheidung des BAG ging es um ein Verfahren mit einem Streitwert von über 300.– DM. BAG AP Nr. 14 zu § 40 BetrVG 1972; (der Beschluss betraf ein Verfahren vor Inkrafttreten des ArbGG 1979); AP Nr. 16 aaO. danach ständig ohne die Streitwertgrenze.

5. Zum Erstattungsanspruch, wenn ein einzelnes Betriebsratsmitglied vom Rechtsanwalt vertreten wurde: BAG AP Nr. 1 zu § 13 BetrVG 1972; AP Nr. 16, 19 zu § 40 BetrVG 1972; AP Nr. 29 aaO. = NJW 1990, 853 = NZA 1990, 233. Zum Honoraranspruch des Vorsitzenden einer Einigungsstelle: BAG AP Nr. 5 zu § 76 BetrVG 1972; zur Behandlung im Konkurs (Insolvenz) AP Nr. 7 aaO.; des Beisitzers einer Einigungsstelle: BAG AP Nr. 3, 6, 8 zu § 76 BetrVG 1972; AP Nr. 13 aaO. = Betr. 1984, 934; AP Nr. 15 aaO. = Betr. 1984, 2307 = NZA 1984, 330. Ein Rechtsanwalt hat für seine Tätigkeit als Einigungsstellenbeisitzer grundsätzlich keinen höheren Vergütungsanspruch als $^{7}/_{10}$ des Vorsitzendenhonorars (BAG AP Nr. 44 zu § 76 BetrVG 1972 = NZA 1991, 651 = NJW 1991, 1846). Ein mehrwertsteuerpflichtiger Rechtsanwalt, der zum Mitglied einer Einigungsstelle bestellt worden ist, konnte nach der Rspr. des BAG die Erstattung der auf das Honorar entfallenden Mehrwertsteuer nur verlangen, wenn dies – in der Regel vorher – vereinbart worden ist (BAG AP Nr. 19 zu § 76 BetrVG 1972 = Betr. 1987, 441); diese Rechtsprechung ist inzwischen überholt; Betriebliche Beisitzer einer Einigungstelle haben keinen Gebührenanspruch (BAG AP Nr. 2 zu § 76 BetrVG 1972). Durch das Gesetz zur Änderung des BetrVG, über Sprecherausschüsse der leitenden Angestellten und – zur Sicherung der Montan-Mitbestimmung vom 20. 12. 1988 (BGBl. I S. 2312) sind die Honoraransprüche näher geregelt worden. Eine RechtsVO ist aber bislang noch nicht ergangen. Vgl. *Schaub* ArbR-Hdb. § 232.

Kosten und Gebühren

Vermögensrechtliche Streitigkeit. Gebührenstreitwert in Höhe des Zahlungsantrages. Vgl. Form. IV. E. 1.

F. Rechtsmittel im Beschlussverfahren

1. Beschwerde[1, 2]

An das
Landesarbeitsgericht

In Sachen

...... (volles Rubrum, vgl. Beschluss des Arbeitsgerichtes[3])

Namens und mit Vollmacht der Antragsteller/Antragsgegner lege ich gegen den Beschluss des Arbeitsgerichts ...... vom ...... – ...... BV ....../...... – Beschwerde ein und werde beantragen zu erkennen:
Der Beschluss des Arbeitsgerichtes ...... vom ...... – ...... BV ....../...... – wird abgeändert.
Es wird festgestellt, .../der/die Beteiligte ...... wird verpflichtet ......

Begründung[4]:

I. ...... (Gedrängte Darstellung des Sach- und Streitstandes und etwaiger neuer Tatsachen).
II. ...... (Rechtliche Auseinandersetzung mit den Gründen des Arbeitsgerichtes).[5, 6]

Anmerkungen

1. Gegen die das Verfahren beendenden Beschlüsse der Arbeitsgerichte findet die Beschwerde an das Landesarbeitsgericht statt (§ 87 ArbGG).

a) Beschluss ist jeder instanzbeendende Beschluss des Arbeitsgerichtes im Beschlussverfahren. Hierzu gehören auch Teil- und Zwischenbeschlüsse. Die Beschwerde ist unabhängig von der Höhe der Beschwer statthaft. Unzulässig ist die Beschwerde ausschließlich wegen der Kostenentscheidung, § 99 Abs. 1 ZPO (BAG AP Nr. 9 zu § 92 ArbGG). Umstritten war, ob die unselbständige Anschlussbeschwerde zulässig ist. Dies hat das BAG zunächst wegen des Beschleunigungsprinzipes verneint. Diese Auffassung hat es jedoch inzwischen aufgegeben (BAG AP Nr. 3 zu § 87 ArbGG 1979 = NZA 1988, 217). Da im Berufungsverfahren die unselbständige Anschlussberufung beseitigt worden ist, wird dies auch für das Beschwerdeverfahren gelten.

b) Die Beschwerdebefugnis ist umstritten. Beschwerdebefugt sind alle Beteiligten, die durch die Entscheidung in ihren betriebsverfassungsrechtlichen, personalvertretungsrechtlichen oder mitbestimmungsrechtlichen Rechtsstellung betroffen sind (BAG AP Nr. 2 zu § 83 ArbGG 1979 = BB 1983, 579 = Betr. 1982, 546; AP Nr. 34 zu § 2 TVG = NJW 1986, 1708 = NZA 1986, 332; AP Nr. 4 zu § 2 TVG Tarifzuständigkeit = NJW 1987, 514 = NZA 1986, 480). Darüber hinaus ist jeder beschwerdebefugt, wer in der ersten Instanz einen Sachantrag gestellt hat. Soweit es darum geht, ob ein Beteiligter beteiligungsfähig ist (Form. IV. E. 6 Anm. 2), kann er in jedem Fall Beschwerde einlegen, um seine Beteiligungsfähigkeit prüfen zu lassen (BAG AP Nr. 3 zu § 87 BetrVG 1972 Lohngestaltung = Betr. 1980, 1895 = NJW 1981, 75). Ersetzt das Gericht gem. § 103 BetrVG die vom Betriebsrat verweigerte Zustimmung zur außerordentlichen Kündigung, so kann das betroffene Betriebsratsmitglied das hiergegen statthafte Rechtsmittel auch dann einlegen, wenn der Betriebsrat die gerichtliche Entscheidung hinnimmt (BAG AP Nr. 4 zu § 87 ArbGG 1979 = NZA 1993, 501).

c) Die Beschwerde ist nur zulässig, wenn der Beschwerdeführer beschwert ist (BAG AP Nr. 21 zu § 87 BetrVG 1972 Lohngestaltung = NZA 1986, 531). Hat der Beschwerdeführer in der ersten Instanz einen Antrag gestellt, so ist die Beschwer im allgemeinen wie bei der Berufung zu bestimmen. Eine Beschwerde ist dann gegeben, wenn der Beschluss des Arbeitsgerichtes hinter dem gestellten Antrag zurückbleibt. Sind dagegen auch die übrigen Beteiligten beschwerdebefugt, so ist die Beschwerde materiell zu bestimmen; sie ist gegeben, wenn die Entscheidung dem Beschwerdeführer ungünstig ist oder er in seiner kollektivrechtlichen Stellung beeinträchtigt ist.

d) Die Beschwerde muss innerhalb einer Beschwerdefrist von einem Monat eingelegt werden (§§ 87 Abs. 2 S. 1, 66 ArbGG). Sie muss binnen zwei Monaten begründet werden. Die Beschwerdefrist beginnt mit der Zustellung des angefochtenen Beschlusses. Bei ihrer Versäumung ist die Beschwerde unzulässig. Die Wiedereinsetzung in den vorigen Stand ist statthaft. Für einen Beteiligten, dem die Beschwerde nicht zugestellt worden ist, läuft die Beschwerdefrist nicht (BAG AP Nr. 8 zu § 89 ArbGG). Der Beschluss muss eine Rechtsmittelbelehrung enthalten (§ 9 Abs. 5 ArbGG). Bei verspäteter Zustellung vgl. aber Form. IV. D. 4 Anm. 1.

e) Die Beschwerde muss begründet werden. Die Begründungsfrist beträgt zwei Monate seit Zustellung des in vollständiger Form abgefassten Beschlusses (§§ 87 Abs. 2 S. 1, 66 ArbGG). Die Begründungsfrist kann einmal auf Antrag vom Vorsitzenden um einen Monat verlängert werden (§§ 87 Abs. 2 S. 1, 66 Abs. 1 S. 5 ArbGG). Die Beschwerdebegründung kann mithin wie die Berufungsbegründung in einem besonderen Schriftsatz erfolgen.

Ausnahme zu d und e: Im Verfahren zur Bestellung des Vorsitzenden einer Einigungsstelle und zur Bestimmung der Zahl der Beisitzer ist die Beschwerde innerhalb einer Frist von zwei Wochen einzulegen und zu begründen (§ 98 ArbGG).

2. Für das Beschwerdeverfahren gelten die für das Berufungsverfahren maßgebenden Vorschriften über die Einlegung der Berufung und ihrer Begründung entsprechend (§ 87 Abs. 2 S. 1 ArbGG).

a) Für die Prozessfähigkeit gilt nichts anderes als im Verfahren erster Instanz (Form. IV. E. 2 Anm. 4). Dasselbe gilt für die Beteiligungsfähigkeit (Form. IV. E. 2 Anm. 4). Im Beschwerdeverfahren sind mithin auch die Beteiligten zu hören, die in der ersten Instanz zu hören waren.

b) Für die Vertretung der Beteiligten gilt § 11 Abs. 1 ArbGG entsprechend (§ 87 Abs. 2 S. 2 ArbGG). Hieraus folgt, die Beteiligten können das Verfahren selbst führen; sie können sich aber auch vertreten lassen. Für das Beschwerdeverfahren gibt es keinen Vertretungszwang (LAG Berlin BB 1976, 605). Jedoch muss die Beschwerdeschrift von einem Rechtsanwalt oder einer sonst nach § 11 Abs. 2 S. 2 zur Vertretung befugten Person unterzeichnet sein (§ 89 Abs. 1 ArbGG). Ob dies auch für die Beschwerdebegründung gilt, ist umstritten (Anm. 3), aber zu bejahen.

c) Die Ladungsfristen bestimmen sich wegen der fehlenden Verweisung (§§ 87 Abs. 2 S. 1, 64 Abs. 7) auf § 47 ArbGG nach § 217 ZPO. Da kein Vertretungszwang besteht, beträgt die Ladungsfrist mindestens drei Tage. Für die Einlassungsfrist gilt das gleiche wie im Berufungsverfahren. Die Zustellung an die Beteiligten erfolgt von Amts wegen.

d) Nach der Verweisung von § 87 Abs. 2 S. 1 ArbGG auf § 66 Abs. 1 S. 3 ArbGG muss die Beschwerde innerhalb einer Frist von einem Monat nach Zustellung der Beschwerdebegründung beantwortet werden. Da im Beschwerdeverfahren aber auch das Amtsermittlungsprinzip gilt, ist zweifelhaft, ob diese Vorschrift entsprechend gilt. Die Beschwerdeschrift muss von einem Rechtsanwalt oder einem sonst Postulationsfähigen unterzeichnet sein (§ 11 Abs. 2 S. 2 ArbGG). Dies gilt nach richtiger Ansicht auch für die Beschwerdebegründung. Besonderheiten gelten für das Beschwerdeverfahren nach § 98 ArbGG (Bestellung des Vorsitzenden einer Einigungsstelle und Bestimmung der Zahl ihrer Mitglieder). Vgl. Form. IV. E. 19.

3. Für die Formalien gelten dieselben Vorschriften wie für die Berufung (Form. IV. D. 4 Anm. 1 u. 3). Die Beschwerdeschrift muss denselben Formalien genügen wie die Berufungsschrift.

a) Die Beschwerde wird beim Landesarbeitsgericht eingelegt. Wird sie beim Arbeitsgericht eingereicht, wird die Beschwerdefrist nur gewahrt, wenn sie rechtzeitig dem Landesarbeitsgericht zugeht.
b) Die Beschwerde kann durch Schriftsatz, telegrafisch oder durch Telekopie eingelegt werden (Form. IV. D. 4 Anm. 3).
c) Die Beschwerdeschrift muss von einem Rechtsanwalt oder einer sonst nach § 11 Abs. 2 S. 2 ArbGG postulationsfähigen Person unterzeichnet sein. Dasselbe wird aber auch für die Beschwerdebegründung gelten.
d) Innerhalb der Beschwerdefrist muss sich ergeben, für und gegen wen die Beschwerde eingereicht wird.
e) Dagegen führt das Fehlen der ladungsfähigen Anschrift des Beschwerdegegners nicht mehr zur Unzulässigkeit der Beschwerde (BAG GS Nr. 53 zu § 518 ZPO = NJW 1987, 1356 = NZA 1987, 136).

4. Die Beschwerdebegründung muss angeben, auf welche im einzelnen anzuführenden Beschwerdegründe sowie auf welche neuen Tatsachen die Beschwerde gestützt wird (§ 89 Abs. 2 S. 2 ArbGG).

a) Wie die Berufungsbegründung (Form. IV. D. 6 Anm. 15) muss die Beschwerdebegründung im einzelnen angeben, warum der angefochtene Beschluss abzuändern ist. Bei mehreren verfolgten Ansprüchen muss für jeden eine Begründung gegeben werden (BAG AP Nr. 4 zu § 94 ArbGG). Die Beschwerdebegründung darf sich nicht in formelhaften Redewendungen oder Bezugnahmen erschöpfen. Das Durchlesen des Beschlusses und der Beschwerdebegründung muss ergeben, warum der Beschwerdeführer den Beschluss für unrichtig hält (BAG AP Nr. 7 zu § 89 ArbGG = NJW 1973, 870).
b) § 87 Abs. 3 ArbGG enthält für die Zurückweisung von Vorbringen eine eigenständige Regelung. S. 1 entspricht § 67 Abs. 1 ArbGG. In erster Instanz zu Recht zurückgewiesenes Vorbringen bleibt ausgeschlossen. Wurde verspätetes Vorbringen nicht ausgeschlossen, ist es auch in der zweiten Instanz zu berücksichtigen, da die Verzögerung nicht zu vermeiden ist. In der Beschwerdeinstanz wird überprüft, ob das Vorbringen vom Arbeitsgericht zu Recht zurückgewiesen worden ist. Neues Vorbringen, das im ersten Rechtszug entgegen einer hierfür gesetzten Frist nicht vorgetragen worden ist, kann zurückgewiesen werden, wenn seine Zulassung nach der freien Überzeugung des Landesarbeitsgerichts die Erledigung des Beschlussverfahrens verzögern würde und der Beteiligte die Verzögerung nicht hinreichend entschuldigt. Eine Zurückweisung kann nicht erfolgen, wenn sich die Verzögerung durch prozessleitende Verfügungen hätte vermeiden lassen. Soweit neues Vorbringen nach § 87 Abs. 3 S. 2 zulässig ist, muss es der Beschwerdeführer in der Beschwerdebegründung, der Beschwerdegegner in der Beschwerdebeantwortung vortragen (S. 3). Wird es später vorgebracht, kann es zurückgewiesen werden, wenn die Möglichkeit es vorzutragen vor der Beschwerdebegründung oder der Beschwerdebeantwortung entstanden ist und das verspätete Vorbringen nach der freien Überzeugung des Landesarbeitsgerichts die Erledigung des Beschlussverfahrens verzögern würde und auf dem Verschulden des Beteiligten beruht.
c) Im ArbGG ist ein besonderer Beschwerdeantrag nicht erwähnt. Nach hM. ist hieraus aber nicht zu folgern, dass es keines Beschwerdeantrages bedarf. Es gelten daher in-

soweit die Grundsätze des Berufungsverfahrens (Form. IV. D. 6 Anm. 13). Der Antrag braucht zur Vermeidung der Unzulässigkeit zwar nicht ausdrücklich gestellt zu werden. Es muss sich aber deutlich ergeben, inwieweit eine Abänderung des angefochtenen Beschlusses erstrebt wird (BAG AP Nr. 6 zu § 1 TVG Tarifverträge: Bundesbahn = NZA 1986, 169; AP Nr. 24 zu § 99 BetrVG 1972). Der Antrag muss hinreichend bestimmt sein (BAG AP Nr. 50 zu § 81 ArbGG 1979). Werden in einem Beschlussverfahren im Wege objektiver Antragshäufung mehrere Anträge gestellt, so ist hinsichtlich eines jeden Antrages zu prüfen, welche Personen und Stellen Beteiligte am Verfahren über diesen Antrag sind. Beteiligte hinsichtlich eines Antrages sind nicht notwendig Beteiligte auch am Verfahren über einen anderen Antrag (BAG AP Nr. 12 zu § 81 ArbGG 1979 = NZA 1989, 606). Ob eine Antragsänderung in der Beschwerdeinstanz zulässig ist, ist umstritten (vgl. BAG AP Nr. 10 zu § 89 ArbGG 1953 = NJW 1976, 727). In der 3. Instanz ist eine Antragsänderung unzulässig (BAG AP Nr. 3 zu § 81 ArbGG 1979).

5. Hat des LAG eine Beschwerde als unzulässig verworfen, so ist gegen diesen Verwerfungsbeschluss die Rechtsbeschwerde auch dann unstatthaft und damit unzulässig, wenn das LAG sie ausdrücklich zugelassen hat (BAG AP Nr. 6 zu § 92 ArbGG 1979 = NZA 1990, 73 = BB 1989, 2119 = Betr. 1989, 2544).

6. Nach § 88 ArbGG findet § 65 ArbGG entsprechende Anwendung. Das Beschwerdegericht prüft nicht, ob der beschrittene Rechtsweg und die Verfahrensart (BAG AP 89 zu Art 9 GG) zulässig ist und ob die Berufung der ehrenamtlichen Richter Verfahrensmängel unterlaufen sind. Das gilt aber dann nicht, wenn das Arbeitsgericht nicht durch Vorabbeschluss entschieden hat.

Kosten und Gebühren

Keine Kostenentscheidung und kein Verfahrensstreitwert (§ 12 Abs. 5 ArbGG). Gebührenstreitwert für Rechtsanwälte §§ 8 ff. BRAGO. Rechtsanwaltsgebühren: § 62 Abs. 2 BRAGO.

2. Nichtzulassungsbeschwerde (§ 92 a ArbGG)[1, 2, 3]

An das
Bundesarbeitsgericht

In Sachen

...... (volles Rubrum, vgl. Beschluss des LAG)

Namens und mit Vollmacht der Antragsteller/Antragsgegner lege ich wegen der Nichtzulassung der Rechtsbeschwerde in dem Beschluss des Landesarbeitsgerichts ...... vom ...... – ...... / ...... – Nichtzulassungsbeschwerde ein und werde beantragen zu erkennen:
Die Rechtsbeschwerde gegen den Beschluss des Landesarbeitsgerichtes ...... vom ...... – TaBV ...... / ...... – wird zugelassen.

Begründung[4]:

Die Antragsgegnerin gehört zum ...... Konzern.
Sie beschäftigt sich mit der Planung und dem Engineering von ...... Sie beschäftigt ...... Arbeitnehmer; darunter befinden sich ...... leitende Angestellte und ...... AT-Angestellte.

Der Antragsteller ist der Betriebsrat der Antragsgegnerin. Bei der Antragsgegnerin werden Leistungen der betrieblichen Altersversorgung aufgrund der Konzernbetriebsvereinbarung vom ...... gewährt. Bei den von der Antragsgegnerin beschäftigten AT-Angestellten handelt es sich zumeist um hochqualifizierte Akademiker, die spät in das Berufsleben eingetreten sind. Die Antragsgegnerin hat diesen über die Konzernrichtlinien hinaus Versorgungszusagen gemacht. Der Antragsteller hat Auskunft verlangt, nach welchen Grundsätzen die Antragsgegnerin besondere Versorgungszusagen erteilt. Dies hat die Antragsgegnerin abgelehnt. Das Arbeitsgericht hat mit Beschluss vom ...... den Antrag des Antragstellers abgewiesen. Das LAG hat mit Beschluss vom ...... die Beschwerde zurückgewiesen. Die Rechtsbeschwerde hat es nicht zugelassen. Hiergegen richtet sich die Nichtzulassungsbeschwerde.

Diese ist zulässig und begründet. Das Landesarbeitsgericht hat den Rechtsgrundsatz aufgestellt, der Betriebsrat könne nur dann Auskunft über die Versorgungsgrundsätze der Antragsgegnerin verlangen, wenn er an der Auskunft ein berechtigtes Interesse darlege. Auf diesem Rechtsgrundsatz beruht die angefochtene Entscheidung. Demgegenüber hat das Bundesarbeitsgericht in seiner Entscheidung vom 19. 3. 1981 – 3 ABR 38/80 – AP Nr. 14 zu § 80 BetrVG 1972 den Grundsatz aufgestellt, dass ein Arbeitgeber, der seinen außertariflichen Angestellten individuelle Versorgungszusagen erteile, die über eine generelle Versorgungsordnung hinausgehen, dem Betriebsrat Auskunft über die dabei angewandten Grundsätze erteilen muss. Der Betriebsrat habe kein besonderes Interesse darzulegen.

Wäre das LAG von dem vom BAG aufgestellten Rechtsgrundsatz ausgegangen, hätte es dem Antrag stattgeben müssen. ......

Anmerkungen

1. Die Nichtzulassungsbeschwerde ist binnen Monatsfrist seit Zustellung des in vollständiger Form abgefassten Beschlusses beim BAG einzureichen (§§ 92a S. 2, 72a Abs. 2 ArbGG) und binnen zwei Monaten seit Zustellung des Beschlusses zu begründen (§§ 92a S. 2, 72a Abs. 3 ArbGG). Es gelten dieselben Grundsätze wie im Urteilsverfahren Form. IV. D. 8 Anm. 1–7.

2. Die Nichtzulassungsbeschwerde ist zulässig als Divergenzbeschwerde (§§ 92a S. 1, 72 Abs. 2 Nr. 2 ArbGG) und als Grundsatzbeschwerde (§§ 92a S. 1, 72 Abs. 2 Nr. 1 ArbGG). Eine Divergenz bei der Kostenentscheidung reicht nicht aus, um eine Nichtzulassungsbeschwerde zu rechtfertigen (BAG AP Nr. 34 zu § 72a ArbGG 1979 Divergenz = NZA 1996, 1231). Als Grundsatzbeschwerde ist sie nur dann zulässig, wenn die Rechtssache Streitigkeiten über die Tariffähigkeit und (gemeint ist oder) Tarifzuständigkeit (BAG AP Nr. 4 zu § 92a ArbGG 1979 = NZA 1984, 235; AP Nr. 1 zu § 92a ArbGG 1979 Grundsatz NZA 1992, 186) einer Vereinigung betrifft (vgl. Form. VI. D. 9 Anm. 4). Auf grundsätzliche Bedeutung kann die Nichtzulassungsbeschwerde auch dann nur gestützt werden, wenn die Rechtssache Streitigkeiten über die Tariffähigkeit oder Tarifzuständigkeit einer Vereinigung betrifft. Das ist nur der Fall, wenn einer dieser Fragen Streitgegenstand der gerichtlichen Auseinandersetzung ist. Es genügt nicht, dass derartige Fragen als Vorfragen in einem Beschlussverfahren mit einem anderen Streitgegenstand zu klären sind (BAG AP Nr. 1 zu § 92a ArbGG 1979 Grundsatz = NZA 1992, 186). Die Beschränkung der Grundsatzbeschwerde auf Streitigkeiten über die Tariffähigkeit oder Tarifzuständigkeit verstößt nicht gegen Art. 3 und Art. 19 Abs. 4 GG (BAG AP Nr. 3 zu § 92a ArbGG 1979 = Betr. 1985, 136 = NZA 1984, 98). Die Entscheidung des LAG im Beschlussverfahren ist bei fehlender Sachverhaltsfeststellung auch dann aufzuheben, wenn die Rechtsbeschwerde erst aufgrund einer Nichtzulassungsbeschwerde zugelassen worden ist (BAG AP Nr. 2 zu § 92 ArbGG 1979). Gegen den Beschluss des

Arbeitsgerichts im Beschlussverfahren nach § 126 InsO findet die Nichtzulassungsbeschwerde an das Bundesarbeitsgericht nicht statt (BAG AP Nr. 44 zu § 72a ArbGG 1979 Divergenz).

3. Zur Rechtsbeschwerde gegen Beschlüsse des LAG vgl. Form. VI. F. 1 Anm. 5.

4. Wegen der Formalien wird auf die Nichtzulassungsbeschwerde zur Eröffnung des Revisionsverfahrens verwiesen. Die Ausführungen gelten daher sinngemäß.

Kosten und Gebühren

Vgl. Form. IV. F. 1.

3. Rechtsbeschwerde[1]

An das
Bundesarbeitsgericht

In Sachen

...... (volles Rubrum, vgl. Beschluss des LAG)

Namens und mit Vollmacht der Antragsteller/Antragsgegner lege ich gegen den Beschluss des Landesarbeitsgerichts ...... vom ...... – ...... /...... – Rechtsbeschwerde ein und werde beantragen zu erkennen:

I. Der Beschluss des LAG ...... vom ...... – ...... TaBV ...... /...... – wird aufgehoben[2].

II. Es wird beantragt, ...

Begründung[3]:

......

Anmerkungen

1. Für die Rechtsbeschwerde gelten die für das Revisionsverfahren maßgebenden Vorschriften. Nach § 94 Abs. 2 S. 1 ArbGG muss die Rechtsbeschwerdeschrift den Beschluss bezeichnen, gegen den die Rechtsbeschwerde gerichtet ist, und die Erklärung enthalten, dass gegen diesen Beschluss die Rechtsbeschwerde eingelegt werde. Zum notwendigen Inhalt der Rechtsmittelschrift gehört dabei ebenso wie bei der Revision oder der Berufung die eindeutige Bezeichnung des Rechtsmittelführers. Die Bezeichnung des Rechtsmittelführers muss allerdings nicht ausdrücklich erfolgen. Es genügt, wenn sie sich innerhalb der Rechtsmittelfrist aus anderen dem Rechtsmittelgericht vorliegenden Unterlagen zweifelsfrei entnahmen lässt (BAG NZA 2001, 1214).

Die Rechtsbeschwerde findet nur gegen verfahrensbeendende Beschlüsse der Landesarbeitsgerichte statt (Ausnahme: Sprungrechtsbeschwerde § 96a ArbGG). Die Beschwerde ist statthaft, wenn sie das Landesarbeitsgericht zugelassen oder auf Nichtzulassungsbeschwerde (Form. IV. F. 2) durch das BAG zugelassen worden ist (§ 92 Abs. 1 ArbGG). In den Fällen des § 85 Abs. 2 ArbGG findet eine Rechtsbeschwerde nicht statt (§ 92 Abs. 1 S. 2 ArbGG). Ist die Rechtsbeschwerde nicht statthaft, wird sie auch nicht durch Zulassung des Landesarbeitsgerichts statthaft (BAG AP Nr. 4, 5, 11 zu § 92 ArbGG). Im Beschlußverfahren waren selbständige und unselbständige Anschlussrechtsbeschwerden zulässig (BAG AP Nr. 5 zu § 92 ArbGG 1979 = NZA 1989, 393; v. 12. 6.

1996 BB 1996, 2100). Da die unselbständige Anschlussrevision beseitigt worden ist, wird dies auch für die Anschlussbeschwerde gelten. Für die Rechtsbeschwerdebefugnis, Beschwerde und Beteiligungsbefugnis gelten die Ausführungen zur Beschwerde sinngemäß (Form. IV. F. 1). Für die Rechtsbeschwerde, die Begründung und das Verfahren herrscht Anwaltszwang. Rechtsbeschwerdefrist ein Monat seit Zustellung des Beschlusses; Rechtsbeschwerdebegründungsfrist zwei Monate seit Zustellung des in vollständiger Form abgefassten Beschlusses (§§ 92 Abs. 2 S. 1, 74 Abs. 1 S. 1 ArbGG). Die Rechtsbeschwerde kann durch Telekopie eingelegt werden. Die beim Rechtsmittelgericht eingehende Kopie muss die Unterschrift des Absenders wiedergeben (BAG AP Nr. 2 zu § 94 ArbGG 1994).

2. Wenn auch in der Beschwerdeinstanz unterlegen: Auf die Beschwerde wird der Beschluss des Arbeitsgerichts vom ... – ... BV .../... – abgeändert. Es gilt das gleiche Schema wie im Revisionsverfahren. Vgl. Form. IV. D. 10.

3. Es gelten im wesentlichen die gleichen Grundsätze wie für die Revisionsbegründung. Vgl. Form. IV. D. 10. Die Rechtsbeschwerdebegründung muss sich mit den Gründen der angefochtenen Entscheidung auseinandersetzen und darlegen, was der Rechtsbeschwerdeführer daran zu beanstanden hat (BAG AP Nr. 1 zu § 94 ArbGG 1979 = BB 1984, 2006; AP Nr. 41 zu § 112 BetrVG 1972 = BB 1988, 761 = DB 1988, 558 = NZA 1988, 203). Soweit im arbeitsgerichtlichen Beschlussverfahren nach § 94 Abs. 2 S. 2 ArbGG neben der Bezeichnung der verletzten Rechtsnorm ausdrücklich die Angabe verlangt wird, worin die Rechtsverletzung bestehen soll, wird nach ganz herrschender Auffassung angenommen, dass die Anforderungen an die Rechtsbeschwerdebegründung über die Anforderungen an eine Revisionsbegründung hinausgehen. Der Rechtsbeschwerdeführer muss sich mit den tragenden Gründen der angefochtenen Entscheidung auseinandersetzen und darlegen, warum er die Begründung des Beschwerdegerichts für unrichtig hält (BAG FA 2000, 434 = Jur-CD).

Über die Rechtsbeschwerde ist im allgemeinen ohne mündliche Anhörung der Beteiligten zu entscheiden (BAG AP Nr. 23 zu § 99 BetrVG 1972 = Betr. 1986, 593 = NZA 1986, 366). Ein arbeitsgerichtliches Beschlussverfahren kann in den Rechtsmittelinstanzen aufgrund einer lediglich einseitigen Erledigungserklärung eingestellt werden, wenn nach der ersten Instanz tatsächlich Umstände eintreten, die den Antragsteller hindern, seinen Antrag mit Aussicht auf Erfolg weiterzuverfolgen. Darauf, ob der Antrag von Anfang an zulässig und begründet war, kommt es nicht an (BAG v. 27. 8. 1996 BB 1996, 2524).

Kosten und Gebühren

Vgl. Form. IV. F. 1.

G. Vorabentscheidungsverfahren beim Europäischen Gerichtshof

1. Beschluss[1–3]

Der Fünfte Senat hat dem Europäischen Gerichtshof folgende Fragen zur Vorabentscheidung vorgelegt:[4–6]

1. Entfällt die Anwendbarkeit der Verordnung (EWG) Nr. 1408/71 für die Lohnfortzahlung durch den Arbeitgeber gemäß Art. 22 Abs. 1 im Hinblick auf das Erfordernis der Unverzüglichkeit der Leistungsgewährung dann, wenn die Leistung nach dem anzuwendenden deutschen Recht erst längere Zeit (3 Wochen) nach Eintritt der Arbeitsunfähigkeit fällig ist?

2. Bedeutet die vom EuGH in der Rechtssache – C-45/90 – im Urteil vom 3. Juni 1992 vorgenommene Auslegung von Art. 18 Absätze 1 bis 4 und 5 der Verordnung (EWG) Nr. 574/72 des Rates vom 21. März 1972, dass es dem Arbeitgeber verwehrt ist, einen Missbrauchstatbestand zu beweisen, aus dem mit Sicherheit oder hinreichender Wahrscheinlichkeit zu schließen ist, dass Arbeitsunfähigkeit nicht vorgelegen hat?

3. Falls die Frage zu 2. bejaht wird, verstößt Art. 18 der Verordnung (EWG) Nr. 574/72 des Rates vom 21. März 1972 dann gegen den Grundsatz der Verhältnismäßigkeit (Art. 3b Abs. 3 EGV)?

Gründe

A. Sachbericht

B. Die Entscheidung des Rechtsstreits hängt ab[7–8]

Anmerkungen

1. Vorabentscheidungsverfahren sind geregelt in Art. 177 des Vertrages zur Gründung der Europäischen Gemeinschaft v. 25. 3. 1977/Art. 234 EGV, Art. 41 des Vertrages über die Gründung der Europäischen Gemeinschaft für Kohle und Stahl v. 18. 4. 1951, Art. 150 des Vertrages zur Gründung der Europäischen Gemeinschaft (Euratom/ EAG) v. 25. 3. 1957 sowie Art. 1 des Protokolls v. 3. 6. 1971 betreffend die Auslegung des EuGVÜ (BGBl. 1972 II S. 846). Zweck des Vorabentscheidungsverfahrens ist die Regelung der Zusammenarbeit zwischen den mitgliedschaftlichen Gerichten und dem EuGH. Durch die Rspr. des EuGH soll gewährleistet sein, dass das Gemeinschaftsrecht in allen Mitgliedstaaten einheitlich ausgelegt und angewandt wird.

Mit Beschluss 88/591/EWG v. 24. 10. 1988 (ABl. 1988 L 319/1; ber. ABl. 1989 L 241/4; zul. geänd. 26. 4. 1999 (ABl. EG Nr. L 114/52) hat der Rat auf Antrag des EuGH ein Gericht erster Instanz der EG errichtet. Der Gerichtshof erster Instanz ist für die Bescheidung von Vorabentscheidungsverfahren nicht zuständig. Hierfür ist die Zuständigkeit des EuGH gegeben.

Das Verfahrensrecht des EuGH ergibt sich aus der Satzung des Gerichtshofes der Europäischen Wirtschaftsgemeinschaft v. 17. 4. 1957 (BGBl. II S. 1166) mit zahlreichen Änderungen, der Verfahrensordnung des Gerichtshofes der europäischen Gemeinschaft v. 19. 6. 1991 (ABl. EG v. 4. 7. 1991 Nr. L 176/7; ber. ABl. 1992 Nr. L 383/117) m. spät. Änd. und der zusätzlichen Verfahrensordnung des Gerichtshofes der Europäischen Gemeinschaft v. 8. 12. 1974 (ABl. Nr. L 350/29, geänd. am 16. 9. 1981 ABl. Nr. L 282/1 und am 8. 5. 1987 (ABl. Nr. L 165/4 sowie 11. 3. 1997, ABl. Nr. L 103/4).

Für das Gericht erster Instanz gibt es die Verfahrensordnung des Gerichts erster Instanz der Europäischen Gemeinschaften v. 2. 5. 1991 (ABl. Nr. L 136/1 v. 30. 5. 1991, ber. in ABl. Nr. L 193/44 v. 17. 7. 1991 und in ABl. Nr. L 317/34 v. 19. 11. 1991) m. spät. Änd. Die Vorabentscheidungssachen gehören grundsätzlich vor das Plenum des EuGH (Art. 165 Abs. 2 EGV/Art. 221 Abs. 2 EGV). Sie können jedoch nach Art. 95 VerfO EuGH vor die Kammer verwiesen werden. Hiervon hat der EuGH in der jüngsten Zeit in etwa 50% der Fälle Gebrauch gemacht.

Der EuGH hat Hinweise zur Vorlage von Vorabentscheidungsersuchen durch die innerstaatlichen Gerichte gegeben. Diese haben nachfolgenden Wortlaut:

„Die Entwicklung der Rechtsordnung der Gemeinschaft ist zu einem großen Teil das Ergebnis der Zusammenarbeit zwischen dem Gerichtshof der Europäischen Gemeinschaften und den innerstaatlichen Gerichten im Rahmen des Vorabentscheidungsverfahrens nach Artikel 177 EG-Vertrag und den entsprechenden Bestimmungen des EGKS- und des EAG-Vertrags (Ein Vorabentscheidungsverfahren ist ferner in den Protokollen zu einigen von den Mitgliedstaaten geschlossenen Übereinkommen, insbesondere dem Europäischen Übereinkommen über die gerichtliche Zuständigkeit und die Vollstreckung gerichtlicher Entscheidungen in Zivil- und Handelssachen (EuGVÜ), vorgesehen).

Um diese Zusammenarbeit noch fruchtbarer zu gestalten und so den Erwartungen der innerstaatlichen Gerichte durch sachdienliche Antworten auf die Vorabentscheidungsfragen bestmöglich gerecht zu werden, gibt der Gerichtshof den Beteiligten, insbesondere den innerstaatlichen Gerichten, folgende Hinweise.

Diese dienen ausschließlich der Information; sie haben keinerlei Normcharakter und legen die Bestimmungen über das Vorabentscheidungsverfahren nicht aus. Es handelt sich lediglich um praktische Hinweise, die angesichts der im Vorabentscheidungsverfahren gesammelten Erfahrungen nützlich sein können, um Schwierigkeiten zu vermeiden, denen sich der Gerichtshof bisweilen gegenüber gesehen hat.

1. Jedes Gericht eines Mitgliedstaates kann den Gerichtshof ersuchen, eine Norm der Verträge oder des abgeleiteten Gemeinschaftsrechts auszulegen, wenn es dies zur Entscheidung eines bei ihm anhängigen Rechtsstreits für erforderlich hält.

Die Gerichte, deren Entscheidungen nicht mehr mit Rechtsmitteln des innerstaatlichen Rechts angefochten werden können, sind verpflichtet, dem Gerichtshof die vor ihnen aufgeworfenen Auslegungsfragen vorzulegen, es sei denn, es liegt bereits eine einschlägige Rechtsprechung vor oder die richtige Anwendung des Gemeinschaftsrechts ist offenkundig (Urteil v. 6. 10. 1982, Cilfit (283/81, Slg. 1982, 3415, NJW 1983, 1257).

2. Der Gerichtshof entscheidet über die Gültigkeit der Handlungen der Gemeinschaftsorgane. Die innerstaatlichen Gerichte haben die Möglichkeit, die vor ihnen geltend gemachten Ungültigkeitsgründe zurückzuweisen. Dagegen muss jedes innerstaatliche Gericht, auch wenn seine Entscheidungen noch mit einem Rechtsmittel angefochten werden können, den Gerichtshof anrufen, wenn es die Gültigkeit einer Gemeinschaftshandlung in Frage stellen will (Urteil v. 22. 10. 1987, Foto-Frost (314/85, Slg. 1987, 4199, NJW 1988, 1451).

Gleichwohl kann das innerstaatliche Gericht, wenn es ernsthafte Zweifel an der Gültigkeit eines Rechtsaktes der Gemeinschaft hat, auf den eine innerstaatliche Maßnahme gestützt ist, ausnahmsweise die Anwendung dieses Rechtsaktes vorläufig aussetzen oder insoweit sonstige einstweilige Maßnahmen treffen. In diesem Fall ist das Gericht verpflichtet, die Gültigkeitsfrage dem Gerichtshof vorzulegen und dabei die Gründe anzugeben, aus denen es den Gemeinschaftsrechtsakt für ungültig hält (Urteile v. 21. 2. 1991, Zuckerfabrik (C-143/88 und C-92/89, Slg. 1991, I-415, NVwZ 1991, 460) und v. 9. 11. 1995, Atlanta (C-465/93, Slg. 1995, I-3761, NJW 1996, 1333).

3. Die Vorabentscheidungsfrage ist auf die Auslegung oder die Gültigkeit einer Gemeinschaftsnorm zu beschränken, da die Auslegung des nationalen Rechts und die Prü-

fung seiner Gültigkeit nicht in die Zuständigkeit des Gerichtshofes fallen. Für die Anwendung der Gemeinschaftsnorm in dem ihm unterbreiteten konkreten Fall ist das vorlegende Gericht zuständig.

4. Die Form des Vorabentscheidungsersuchens (im folgenden: „Vorlage“) richtet sich nach den Verfahrensregeln des innerstaatlichen Rechts. Das innerstaatliche Verfahren ist in der Regel bis zur Entscheidung des Gerichtshofes auszusetzen, doch entscheidet hierüber allein das innerstaatliche Gericht im Einklang mit seinem nationalen Recht.

5. Die Vorlage muss von den Dienststellen des Gerichtshofes in die anderen Amtssprachen der Gemeinschaft übersetzt werden. Da Fragen der Auslegung oder der Gültigkeit des Gemeinschaftsrechts meist von allgemeinem Interesse sind, haben die Mitgliedstaaten und die Gemeinschaftsorgane das Recht, sich hierzu zu äußern. Die Vorlage sollte daher so klar und genau wie möglich abgefasst sein.

6. Die Vorlage sollte knapp, aber so umfassend begründet werden, dass der Gerichtshof wie auch die Stellen, denen sie zu übermitteln ist (Mitgliedstaaten, Kommission sowie gegebenenfalls Rat und Europäisches Parlament), den tatsächlichen und rechtlichen Rahmen des Ausgangsverfahrens richtig erfassen können (Urteil v. 26. 1. 1993, Telemarsicabruzzo (C-320/90, Slg. 1993, I-393).

Sie muss eine Schilderung des Sachverhalts, dessen Kenntnis für das Verständnis der rechtlichen Bedeutung des Ausgangsverfahren unerlässlich ist, eine Darstellung der eventuell einschlägigen rechtlichen Gesichtspunkte, eine Darstellung der Gründe, die das innerstaatliche Gericht zur Vorlage der Frage veranlasst haben, und gegebenenfalls eine Darstellung des Vorbringens der Parteien enthalten; diese Informationen sollen den Gerichtshof in die Lage versetzen, dem innerstaatlichen Gericht eine sachdienliche Antwort zu geben.

Ferner sollten die Akten sowie etwaige für das Verständnis des Rechtsstreits nötige Unterlagen vorgelegt und die einschlägigen innerstaatlichen Rechtsvorschriften im Wortlaut mitgeteilt werden. Da die der Vorlage beigefügten Akten oder Unterlagen nicht immer vollständig in die verschiedenen Amtssprachen der Gemeinschaft übersetzt werden, sollte das vorlegende Gericht darauf achten, dass sein Vorlagebeschluss alle relevanten Informationen enthält.

7. Das innerstaatliche Gericht kann dem Gerichtshof eine Frage zur Vorabentscheidung vorlegen, wenn es für die Entscheidung des Rechtsstreits auf die Auslegung oder die Gültigkeit des Gemeinschaftsrechts ankommt. Der Gerichtshof entscheidet weder über streitige Sachverhaltsfragen des Ausgangsverfahrens noch über die Auslegung oder die Anwendung des innerstaatlichen Rechts. Die Vorlage sollte daher erst in einem Stadium des innerstaatlichen Verfahrens ergehen, in dem das Gericht in der Lage ist, den tatsächlichen und rechtlichen Rahmen des Problems, und sei es auch nur hypothetisch, zu bestimmen und darzulegen. Es kann im Interesse einer geordneten Rechtspflege liegen, die Vorabentscheidungsfrage erst nach streitiger Verhandlung vorzulegen (Urteil v. 28. 6. 1978, Simmenthal (70/77, Slg. 1978, 1453, RIW 1978, 610).

8. Die Vorlage und die relevanten Unterlagen sind vom innerstaatlichen Gericht per Einschreiben unmittelbar an den Gerichtshof (Kanzlei des Gerichtshofes der Europäischen Gemeinschaften, L–2925 Luxemburg; Tel.-Nr. ++352–43.031) zu senden. Bis zur Verkündung des Urteils bleibt die Kanzlei des Gerichtshofes in Verbindung mit dem innerstaatlichen Gericht und übermittelt ihm Kopie der anfallenden Verfahrensschriftstücke (schriftliche Erklärungen, Sitzungsbericht und Schlussanträge des Generalanwalts). Der Gerichtshof übermittelt dem vorlegenden Gericht auch das Urteil. Er würde es begrüßen, wenn ihn das innerstaatliche Gericht im weiteren darüber informiert, wie es die Vorabentscheidung im Ausgangsverfahren berücksichtigt hat, und wenn es ihm gegebenenfalls seine Endentscheidung zusendet.

9. Das Vorabentscheidungsverfahren ist gerichtskostenfrei; der Gerichtshof entscheidet nicht über die Kosten der Parteien des Ausgangsverfahrens.“

Der EuGH hat ferner Hinweise für Prozessvertreter (18 Seiten) herausgegeben. Diese können dem Internet entnommen werden (http:/www.curia.eu.int).

2. Der EuGH entscheidet nach Art. 177 EGV/Art. 234 EG im Wege der Vorabentscheidung (a) über die Auslegung des EGV, (b) über die Gültigkeit und die Auslegung der Handlungen der Organe der Gemeinschaft, (c) über die Auslegung der Satzungen der durch den Rat geschaffenen Einrichtungen, soweit diese Satzungen dies vorsehen. Gegenstand des Vorabentscheidungsverfahrens ist das gesamte primäre Gemeinschaftsrecht, also der EGV selbst, die in ihm genannten Anhänge und Protokolle, die nach Art. 239 EGV (jetzt Art. 311 EGV) Bestandteil des Vertrages sind, sowie die Änderungs- und Ergänzungsverträge. Im Vorabentscheidungsverfahren über die Gültigkeit und Auslegung der Handlungen der Organe der Gemeinschaft werden die in Art. 189 EGV (jetzt Art. 249 EGV) genannten Akte überprüft, also die Verordnungen, Richtlinien, Entscheidungen und Empfehlungen. Hierzu zählt das gesamte sekundäre Gemeinschaftsrecht. Die Auslegung der vom Rat geschaffenen Einrichtungen hat für das Arbeitsrecht noch keine Bedeutung erlangt. Das Vorabentscheidungsverfahren ist auf die Normen des Gemeinschaftsrechtes beschränkt. Der EuGH ist nicht berechtigt, nationales Recht auszulegen oder anzuwenden. Hierzu heißt es „*(1)* Der Gerichtshof ist im Vorabentscheidungsverfahren nicht befugt, die Rechtsvorschriften eines Mitgliedsstaates an Bestimmungen des Gemeinschaftsrechtes zu messen; dies ist Sache der staatlichen Gerichte, welche das Gemeinschaftsrecht auf den bei ihnen anhängigen Rechtsstreit anzuwenden haben. *(2)* Der Gerichtshof kann nicht über die Zuständigkeit der staatlichen Gerichte und die Zulässigkeit der bei ihnen erhobenen Klagen entscheiden. Der Gerichtshof ist wirksam angerufen und zur Entscheidung verpflichtet, wenn ein staatliches Gericht ihm ein in Art. 177 des Vertrages genannten Frage zur Vorabentscheidung vorlegt und eine Entscheidung über diese Frage zum Erlas seines Urteils für erforderlich hält (EuGH v. 19. 12. 1968 – RS 19/68 – Cicco u.a./LVA Schwaben – EuGHE 1968, 707).“ Er kann demnach nicht angerufen werden mit der Fragestellung, ob nationales Recht mit dem Gemeinschaftsrecht vereinbar ist. Der EuGH ist im Vorabentscheidungsverfahren nicht befugt, die Rechtsvorschriften eines Mitgliedsstaates an Bestimmungen des Gemeinschaftsrechtes zu messen; dies ist Sache der staatlichen Gerichte, die das Gemeinschaftsrecht auf den bei ihnen anhängigen Rechtsstreit anzuwenden haben. Der EuGH ist wirksam angerufen und zur Entscheidung verpflichtet, wenn ein staatliches Gericht ihm eine der in Art. 177 (jetzt Art. 234) des Vertrages genannten Fragen zur Vorabentscheidung vorlegt und eine Entscheidung über diese Frage zum Erlas seines Urteils für erforderlich hält (EuGHE 1968, S. 707 – Cicco u.a./LVA Schwaben –). Der EuGH überprüft auch nicht, ob das vorlegende Gericht vorschriftsmäßig besetzt war (EuGH v. 14. 1. 1982 AP Nr. 10 zu Art. 117 EWG-Vertrag).

3. Vorlageberechtigt sind alle Gerichte der Gemeinschaft. Gerichte deren Entscheidungen noch mit Rechtsmitteln angefochten werden können, sind zur Vorlage berechtigt, aber nicht verpflichtet (BVerwG – AP Nr. 15 zu Art. 177 EWG-Vertrag). Vorlagepflichtig sind alle Gerichte, deren Entscheidungen selbst nicht mehr mit Rechtsmitteln angegriffen werden können. Zur Auslegung, welche Gerichte vorlagepflichtig sind, werden die abstrakte und die konkrete Theorie vertreten. Nach der abstrakten Theorie sind nur die obersten Gerichtshöfe des Bundes und das BVerfG vorlagepflichtig. Nach der konkreten Theorie sind dagegen alle Gerichte vorlagepflichtig, gegen deren Entscheidung im Einzelfall kein Rechtsmittel mehr gegeben ist. Umstr. ist, ob die Nichtzulassungsbeschwerde ein Rechtsmittel ist. Diese Frage ist nach richtiger Auffassung zu verneinen, weil sie nur in begrenztem Umfang die 3. Instanz eröffnet.

Von der Vorlagepflicht können Ausnahmen bestehen. Der EuGH hat angenommen, dass die Vorlagepflicht nur für das Hauptverfahren gilt, dagegen noch nicht für ein Verfahren der einstweiligen Verfügung (EuGHE v. 24. 5. 1977 – RS 107/76 – Hoffmann – La Roche/Centrafarm – EuGHE 1977, 957, 972 ff.; v. 19. 6. 1990 – C 213/89 – EuGHE

I 1990, 2433 = RIW/AWD 1990, 677; ständig). In einer Entscheidung v. 9. 11. 1995 heißt es: „Art. 189 (jetzt Art. 249 EGV) ist dahin auszulegen, dass er die Befugnis der nationalen Gerichte nicht ausschließt, in bezug auf einen Nationalen Verwaltungsakt, der auf einer Gemeinschaftsverordnung beruht, deren Gültigkeit Gegenstand eines Vorabentscheidungsverfahrens ist, einstweilige Anordnungen zur vorläufigen Gestaltung oder Regelung der streitigen Rechtspositionen oder Verhältnisse zu treffen. Das nationale Gericht darf derartige einstweilige Anordnungen nur erlassen, (1) wenn es erhebliche Zweifel an der Gültigkeit der Handlung der Gemeinschaft hat und diese Gültigkeitsfrage, sofern der Gerichtshof mit ihr noch nicht befasst ist, diesem selbst vorlegt; (2) wenn die Entscheidung dringlich in dem Sinne ist, dass die einstweiligen Anordnungen erforderlich sind, um zu vermeiden, dass die sie beantragende Partei einen schweren und nicht wiedergutzumachenden Schaden erleidet; (3) wenn es das Interesse der Gemeinschaft angemessen berücksichtigt und (4) wenn es bei der Prüfung aller dieser Voraussetzungen die Entscheidungen des Gerichtshofes oder des EuG über die Rechtmäßigkeit der Verordnung oder einen Beschluss im Verfahren des vorläufigen Rechtsschutzes betreffend gleichartige einstweilige Anordnungen auf Gemeinschaftsebene beachtet (EuGH NJW 1996, 1333 – Atlanta Fruchthandelsgesellschaft)". Nach hM. entfällt die Vorlagepflicht, wenn ein vernünftiger Zweifel an der Gültigkeit oder der Auslegung des Gemeinschaftsrechtes nicht möglich ist. Zu berücksichtigen ist aber, dass das Gemeinschaftsrecht in mehreren Sprachen abgefasst ist. Es bedarf daher des Vergleiches der verschiedenen Formulierungen. Außerdem brauchen die Rechtsinstitute nicht mit dem nationalen Recht eines Mitgliedsstaates übereinstimmen. In keinem Fall kann mehr von einem acte clair gesprochen werden, wenn die Auslegungsfrage in der Rspr. und im Schrifttum umstr. ist oder wenn mehrere Auslegungen möglich sind (EuGH v. 6. 10. 1982 – RS 283/81 – AP Nr. 11 zu Art. 177 EWG-Vertrag = NJW 1983, 1257). Schließlich entfällt die Vorlagepflicht, wenn sich der EuGH selbst bereits in einem früheren Verfahren zu der gleichen Frage geäußert hat und neue Umstände, die Veranlassung zu einer neuen Auslegung geben könnten, nicht hervorgetreten sind (EuGH v. 27. 3. 1963 – RS 28–30/62 – Da Costa en Schaake – EuGHE 63, 63, 81 ff.; ständig).

Verletzt ein zur Vorlage verpflichtetes Gericht seine Verpflichtungen aus Art. 177 EWG-Vertrag (jetzt Art. 234 EGV), so stellt dies eine Vertragsverletzung dar, die zu einem Vertragsverletzungsverfahren gegen den Mitgliedstaat des vorlagepflichtigen Gerichtes führen kann Art. 169 EGV (jetzt Art. 226 EGV). Vertragsverletzungsverfahren finden sich insoweit nur selten. Das BVerfG hat dagegen in dem Solange-Beschluss II angenommen (BVerfG NJW 1987, 577; vgl. auch NJW 1991, 830; 1992, 678; 1993, 2864), dass der EuGH gesetzlicher Richter i. S. des Art. 101 Abs. 1 S. 2 GG ist. Allerdings geht es davon aus, dass die Vorlage willkürlich unterblieben ist. Damit bleibt bei Nichtvorlage die Verfassungsbeschwerde. Dieser Rechtsgrundsatz wird wiederholt: Der EuGH ist gesetzlicher Richter. Das BVerfG kontrolliert die Einhaltung des Art. 177 Abs. 3 EWGV (jetzt Art. 234 EGV) wie die anderer Zuständigkeitsregelungen im deutschen Verfahrensrecht. Es beanstandet die Auslegung und Anwendung von Zuständigkeitsnormen nur, wenn sie bei verständiger Würdigung der das GG bestimmenden Gedanken nicht mehr verständlich erscheinen (BVerfG NJW 1994, 2017 = RIW 1994, 519 Leitsatz der RIW-Redaktion).

Die einzelne Partei kann die Vorlage bei dem EuGH nur anregen, aber nicht erzwingen. Eine Ausnahme besteht bei Verstoß gegen den gesetzlichen Richter.

4. Nach Art. 177 EGV (jetzt Art. 234 EGV) entscheidet das nationale Gericht über die Erforderlichkeit der Vorlage. Im Unterschied zum BVerfG überprüft der EuGH nicht die Entscheidungserheblichkeit (vgl. Anm. 1). Ein Vorabentscheidungsverfahren ist zulässig, wenn es sich um einen Rechtsstreit handelt, auf den Gemeinschaftsrecht anwendbar ist, und wenn es sich um einen echten Rechtsstreit handelt, der nicht um einen konstruierten Fall geführt wird. Unzulässig ist die Vorlage, wenn das Vorlageverfahren zweckentfremdet wird und der EuGH in Wirklichkeit veranlasst werden soll, aufgrund eines fiktiven Rechtsstreites zu entscheiden oder offensichtlich ist, dass die Gemeinschaftsbestimmung nicht anwendbar sein kann (*Schaub* ArbV-Hdb. § 107 Rdn. 28ff. mwN. der Rspr.). Unzulässig wird das Vorabentscheidungsverfahren, wenn nicht nach der Auslegung des Gemeinschaftsrechtes, sondern nach der Vereinbarkeit nationalen Rechtes mit dem Gemeinschaftsrecht gefragt wird. Das erkennende Gericht muss mithin darlegen, dass es das Gemeinschaftsrecht für auslegungsbedürftig hält oder berechtigte Zweifel an der Rechtmäßigkeit einer Bestimmung des Gemeinschaftsrechtes hat.

Es muss eine Vorlagefrage gestellt werden. Die Vorlagefrage kann die Auslegung des Gemeinschaftsrechtes betreffen. Auslegung ist die Ermittlung des Inhalts und der Tragweite des Gemeinschaftsrechtes. Zur Auslegung gehört aber auch die Lückenschließung, Rechtsfortbildung und Ergänzung. Die Vorlagefrage nach der Gültigkeit des Gemeinschaftsrechtes bezieht sich auf dessen Rechtmäßigkeit. Die Rechtsmäßigkeitskontrolle erfolgt nicht anhand des nationalen Rechtes, sondern höherrangigen Gemeinschaftsrechtes. Im Rahmen der Normenhierarchie hat das primäre Gemeinschaftsrecht den höchsten Rang sowie die in der Gemeinschaftsordnung angenommenen allgemeinen Rechtsgrundsätze. Es folgen die völkerrechtlichen Verträge, an die die Gemeinschaft gebunden ist, sowie das sekundäre Gemeinschaftsrecht. Die Vorlagefrage muss abstrakt gestellt werden. Verfehlt sind Fragestellungen, ob der Ausschluss der Teilzeitbeschäftigten von der betrieblichen Altersversorgung mit dem Gemeinschaftsrecht vereinbar ist.

Der EuGH vermeidet, fehlerhafte Auslegungsfragen als unzulässig abzuweisen. Er darf sie zwar nicht in ihrem Wesensgehalt verändern. Er legt sie aber aus (vgl. EuGH v. 6. 4. 1962 – RS 13/61 – Bosch-Prozess – EuGHE 1962, 97ff., 110ff.; v. 15. 7. 1964 – RS 6/64 – Costa/Enel – EuGHE 1964, 1268). Der EuGH legt das Gemeinschaftsrecht aus, um das vorlegende Gericht in den Stand zu versetzen, daraus die Folgerungen für die Anwendbarkeit des nationalen Rechtes zu ziehen. Wird der EuGH wiederholt angegangen, entscheidet er zur Sache, weist aber auf seine früheren Entscheidungen hin.

Das Gemeinschaftsrecht hindert das vorlegende Gericht nicht, gemäß dem anwendbaren nationalen Recht festzustellen, dass ein Anerkenntnis der Forderungen des Rechtsmittelführers erfolgt ist und gegebenenfalls zur Erledigung der Hauptsache in den Ausgangsverfahren geführt hat. Solange das vorlegende Gericht nicht festgestellt hat, dass das Anerkenntnis nach dem nationalen Recht nicht zur Erledigung der Hauptsache geführt hat, ist der Gerichtshof für die Entscheidung über die Vorabentscheidungsfragen nicht zuständig (EuGH v. 15. 6. 1995 EuGHE I 1995, 1567 = NVwZ 1996, 368).

5. Soll ein Vorabentscheidungsverfahren durchgeführt werden, so hat das nationale Gericht sein Verfahren nach § 46 Abs. 2 ArbGG, § 148 ZPO auszusetzen (vgl. *Schaub* ArbV-Hdb. § 107 Rdn. 32 § 94 VIII 4). Daneben wird der Tenor des Vorlagebeschlusses in die Sitzungsniederschrift aufgenommen. Der Vorlagebeschluss selbst enthält im Tenor die Fragen zur Auslegung oder zur Wirksamkeit des Gemeinschaftsrechtes (vgl. Anm. 1–3). Alsdann folgen die Gründe, die aus einem Sachbericht (A) und der Begründung (B) bestehen. Als Muster einer Anfrage ist die Paletta-Entscheidung (BAG v. 27. 4. 1994 – NZA 1994, 683 = DB 1994, 1523) gewählt. Der Sachbericht soll dem EuGH den Tatbestand der Rechtssache vermitteln. Die Entscheidungsgründe müssen die wesentlichen Erwägungen wiedergeben. Es kann aber nicht fehlerhaft sein, wenn auf die Bedeutung der Sache für das nationale Recht hingewiesen wird. Die Anwendung des Ergebnisses der Auslegung des EuGH oder der Beurteilung der Wirksamkeit des Gemeinschaftsrechtes obliegt dagegen wieder dem nationalen Gericht. Der EuGH hat in einer Entscheidung v. 25. 6. 1996 EWS 1996, 325 (Italia Testa) ausgeführt:

(4) Eine sachdienliche Auslegung des Gemeinschaftsrechts ist nur möglich, wenn das nationale Gericht den tatsächlichen und rechtlichen Rahmen der gestellten Fragen umreißt oder zumindest die tatsächlichen Annahmen erläutert, auf denen diese Fragen beruhen (vgl. insbesondere Urteil v. 26. 1. 1993 in den verbundenen Rechtssachen C-320/90, C-321/90 und C-322/90, Telemarsicabruzzo u.a., Slg. 1993, I-393, Rdn. 6, und Beschlüsse v. 19. 3. 1993 in der Rechtssache C-157/92,

Banchero, Slg. 1993, I-1085, Rdn. 4, v. 23. 3. 1995 in der Rechtssache C-458/93, Saddik, Slg. 1995, I-511, Rdn. 12, v. 7. 4. 1995 in der Rechtssache C-167/94, Grau Gomis u. a., Slg. 1995, I-1023, Rdn. 8, v. 21. 12. 1995 in der Rechtssache C-307/95, Max Mara, Slg. 1995, I-5083 und v. 20. 3. 1996 in der Rechtssache C-2/96, Sunino und Data, noch nicht in der amtlichen Sammlung veröffentlicht, Rdn. 4).

(5) Die Angaben und Fragen in den Vorlageentscheidungen sollen nicht nur dem Gerichtshof sachdienliche Antworten ermöglichen, sondern auch den Regierungen der Mitgliedstaaten und den anderen Beteiligten die Möglichkeit geben, gemäß Artikel 20 der EG-Satzung des Gerichtshofes Erklärungen abzugeben (Beschluss in der Rechtssache Sunino und Data, aaO., Rdn. 5). Der Gerichtshof hat darauf zu achten, dass diese Möglichkeit gewahrt wird; dabei ist zu berücksichtigen, dass den Beteiligten nach der vorgenannten Vorschrift nur die Vorlageentscheidungen zugestellt werden (vgl. Urteil v. 1. 4. 1982 in den verbundenen Rechtssachen 141/81, 142/81 und 143/81, Holdijk u. a., Slg. 1982, 1299, Rdn. 6, und Beschlüsse in den Rechtssachen Saddik, Rdn. 13, Grau Gomis, Rdn. 10; Max Mara, Rdn. 8, und Sunino und Data, Rdn. 5, aaO.).

(6) Der Vorlagebeschluss enthält keine diesen Anforderungen genügenden Angaben zum tatsächlichen und rechtlichen Kontext. Das vorlegende Gericht nennt lediglich Straftatbestände des italienischen Urheberrechts, die eine Verantwortliche eines privaten Radiosenders erfüllt haben soll, und führt weiter nur aus, in diesem Zusammenhang stelle sich die Frage, ob das Monopol einer Gesellschaft, die zur ausschließlichen Verwertung von Urheberrechten und zur – durch strafrechtliche Sanktionen gesicherten – Erhebung von Gebühren befugt sei, mit dem Gemeinschaftsrecht vereinbar sei. Im übrigen erläutert es in hinreichender Weise weder den tatsächlichen Kontext des Ausgangsverfahrens noch den Rahmen im italienischen Recht noch die genauen Gründe, aus denen ihm die Auslegung des Gemeinschaftsrechts fraglich und die Vorlage von Vorabentscheidungsfragen an den Gerichtshof erforderlich erscheint.

(7) Somit erlauben es die Angaben des Vorlagebeschlusses wegen ihrer zu ungenauen Bezugnahme auf die rechtlichen und tatsächlichen Verhältnisse, von denen das nationale Gericht ausgeht, dem Gerichtshof nicht, eine sachdienliche Auslegung des Gemeinschaftsrechts zu geben.

Umstr. ist, ob der Aussetzungsbeschluss mit der Beschwerde angefochten werden kann. Für einen Aussetzungsbeschluss gilt § 252 ZPO. Das aus Art. 177 EGV resultierende Vorlagerecht kann jedoch nicht eingeschränkt werden. Hierdurch würde zudem in die gerichtliche Unabhängigkeit bei der Entscheidung eingegriffen. Der EuGH hat entschieden, dass er durch eine Beschwerde gegen den Vorlagebeschluss nicht an der Entscheidung gehindert sei (EuGH v. 6. 4. 1962 – RS 13/61 – EuGHE 62, 97, 109). Er verfolgt jedoch die Praxis, dass er Verfahren aussetzt, wenn ihm die Rechtsmitteleinlegung mitgeteilt wird oder das Vorlagegericht darum bittet (EuGH v. 3. 6. 1969 und 16. 6. 1970 – EuGHE 1970, 403 f., 404 f.).

6. Für die Verfahrensabwicklung vor dem EuGH bestehen keine besonderen Vorschriften. Der Verkehr mit dem EuGH erfolgt von Geschäftsstelle zu Geschäftsstelle, also nicht auf dem Dienstweg oder über diplomatische Instanzen. Form: Bundesarbeitsgericht Der Vors. des ... Senats. An den Gerichtshof der Europäischen Gemeinschaft, Palais de la Cour de Justice, Plateau du Kirchberg, L 2925 Luxembourg. In dem Rechtsstreit X ./. Y werden 13 beglaubigte Abschriften des Beschlusses des BAG v. ...... AktZ. ... vorgelegt. Die Akten des BAG und die vorinstanzlichen Prozessakten sind mit der Bitte um Rückgabe beigefügt. Der Vorsitzende des ... Senats Anlagen: 15 beglaubigte Abschriften des Beschlusses v. ... ein Band Akten ... zwei Bände Akten (Vorinstanzen) ... LAG .../ArbG ... Der Vorlagebeschluss wird vom Kanzler des EuGH den Mitgliedstaaten in der Originalfassung zusammen mit einer Übersetzung in der Amtssprache des Empfängerstaates übermittelt.

7. Das Verfahren vor dem EuGH richtet sich nach der VerfOEuGH v. 19. 6. 1991 (oben 1). Besonderheiten ergeben sich aus Art. 103, 104 VerfOEuGH. Hinsichtlich der Vertretung und des persönlichen Erscheinens der Parteien des Ausgangsverfahrens in den Vorabentscheidungsverfahren trägt der Gerichtshof den vor den nationalen Gerichten, die ihn angerufen haben, geltenden Verfahrensvorschriften Rechnung. Die Unternehmen und alle natürlichen und juristischen Personen müssen sich des Beistandes eines Anwalts bedienen, der zur Anwaltschaft in einem Mitgliedstaat zugelassen ist. Universitätsprofessoren, die Angehörige von Mitgliedstaaten sind, deren Gesetze ihnen ein Recht zum plädieren gibt, genießen beim Gerichtshof die den Anwälten in diesem Art. zuerkannten Rechte (Art. 20 EuGH Satzung/EGKS).

Stimmt eine zur Vorabentscheidung vorgelegte Frage offensichtlich mit einer Frage überein, über die der Gerichtshof bereits entschieden hat, so kann der Gerichtshof nach Unterrichtung des vorlegenden Gerichtes und nachdem er den in Art. 20 der EWG-Satzung, 21 der EAG-Satzung und Art. 103 § 3 dieser Verfahrensordnung bezeichneten Beteiligten Gelegenheit zur Äußerung gegeben hat, sowie nach Anhörung des Generalanwalts durch Beschluss entscheiden, der mit Gründen zu versehen ist und auf das frühere Urteil verweist (Art. 104 § 3 VerfOEuGH). Die Entscheidung über die Kosten des Vorabentscheidungsverfahrens ist Sache des nationalen Gerichtes. In besonderen Fällen kann der Gerichtshof im Rahmen der Prozesshilfe eine Beihilfe bewilligen, um es einer Partei zu erleichtern, sich vertreten zu lassen oder persönlich zu erscheinen.

8. Die Urteile des EuGH werden mit dem Tag ihrer Verkündung rechtskräftig (Art. 65 VerfOEuGH). Änderungen und Ergänzungen sind nur in engen Grenzen zulässig (Berichtigung von Schreibfehlern: Art. 66 VerfOEuGH; Korrektur versehentlich unterbliebener Behandlung von Anträgen: Art. 67 VerfOEuGH, unterbliebene Kostenentscheidung: Art. 67 VerfOEuGH). In Rechtskraft erwachsen Tenor und tragende Gründe. Die Rechtskraft beschränkt sich grundsätzlich auf die am Prozess unmittelbar Beteiligten. Die Rechtskraft kann durch Wiederaufnahme des Verfahrens (Art. 98 VerfO EuGH), Wiedereinsetzung in den vorigen Stand (Art. 42 Abs. 2 Satzung EWG) und Drittwiderspruchsklage (Art. 39 Satzung EWG) beseitigt werden. Der EuGH ist in den Folgeverfahren an seine frühere Entscheidung nicht gebunden (vgl. EuGH v. 12. 2. 1974 – RS 146/73 – Differenztheorie – EuGHE 1974, 139, 148). Von der Rechtskraft zu unterscheiden ist die Bindung.

Das erkennende Gericht und alle ihn im Instanzenzug vorgesetzten Gerichte sind an den Tenor der Entscheidung des EuGH gebunden. Der Urteilsausspruch ist in der Auslegung der Entscheidungsgründe zu bestimmen. Bei Unklarheiten kann das Gericht den EuGH erneut anrufen (EuGH v. 27. 3. 1963 – RS 28–30/62 – Da Costa en Schaake – EuGHE 63, 63, 81 f.; v. 13. 5. 1981 – 66/80 – EuGHE 81, 1191 = NJW 1982, 1205). Stellt der EuGH fest, dass ein Gemeinschaftsakt ungültig ist, stellt sich die Frage, ob die Ungültigkeitserklärung Rückwirkung entfaltet oder erst mit Erlass des Urteils eintritt. Der EuGH bezeichnet in entsprechender Anwendung von Art. 174 Abs. 2 EGV (jetzt Art. 231 Abs. 2 EGV) die Wirkungen des Rechtsaktes, die als fortgeltendes Recht zu betrachten sind. Die Entscheidung des EuGH hat nur Bindungswirkung für das Ausgangsverfahren. Grundsätzlich kann in einem anderen Rechtsstreit die Vorschrift des Gemeinschaftsrechtes anders ausgelegt werden. Insoweit greift aber wiederum Art. 177 EGV (jetzt Art. 234 EGV) ein, weil erneut ein Vorabentscheidungsverfahren durchgeführt werden muss. Insoweit haben die Entscheidungen präjudizielle Wirkung. Der EuGH kann alsdann von seiner früheren Entscheidung abweichen.

V. Das Verwaltungsstreitverfahren

A. Außergerichtliche Rechtsbehelfe und sonstige Rechtshandlungen

1. Anregungen zum Entwurf eines Flächennutzungsplanes

An den Bürgermeister der Stadt ...... (Stadtplanungsamt)

Betrifft: Anregungen zu dem in der Zeit vom 3. 2.–3. 3. ......[1] öffentlich ausgelegten Entwurf des Flächennutzungsplanes der Stadt ......[2]

Sehr geehrter Herr Bürgermeister!

In dieser Sache vertreten wir die ...... AG. Eine uns legitimierende Vollmacht liegt an.[3]

I. Unsere Mandantin ist Eigentümerin des etwa 20 000 qm großen Grundstücks A-Straße Nr....... Dieses Grundstück grenzt auf seiner Nordseite mit einer Länge von etwa 200 m an die A-Straße und auf seiner Westseite mit einer Länge von etwa 100 m an die B-Straße. Auf der Süd- und Ostseite schließen sich bisher unbebaute, landwirtschaftlich genutzte Flächen an.
Auf ihrem Gelände betreibt unsere Mandantin seit dem Jahre 1895 eine Brauerei mit einem Ausstoß von zZt. 1.500 Hektoliter je Tag als Vierteljahresdurchschnitt. Für alle Gebäude und Anlagen liegen die erforderlichen baurechtlichen und gewerbe- bzw. immissionsschutzrechtlichen Genehmigungen vor.
In dem Entwurf des Flächennutzungsplanes sind das Betriebsgelände unserer Mandantin und die nördlich der A-Straße sowie die westlich der B-Straße gelegenen Flächen als Gewerbegebiet (GE) dargestellt.[4] Südlich an das Betriebsgelände unserer Mandantin soll sich ein 100 m breiter Geländestreifen zur Anlage von Schutz- und Verkehrsgrün anschließen, daran eine Wohnbaufläche (W).
Der Bereich östlich des Grundstücks unserer Mandantin ist als Fläche für die Landwirtschaft vorgesehen.

II. Zu den geplanten Darstellungen tragen wir namens unserer Mandantin gem. § 3 Abs. 2 BauGB folgende Anregungen vor:[5]
1. Es bestehen zunächst Bedenken gegen die Darstellung des Betriebsgeländes unserer Mandantin als Gewerbegebiet (GE).
Die von unserer Mandantin betriebene Brauerei stellt eine nach dem BImSchG im vereinfachten Verfahren genehmigungspflichtige Anlage dar, § 4 BImSchG mit Nr. 7.27 zweite Spalte des Anhanges zur 4. BImSchVO. Solche Anlagen sind im allg. – vorbehaltlich der Möglichkeit einer Befreiung bei Vorliegen einer Ausnahmesituation[6] – nur in Industriegebieten (§ 9 BauNVO) zulässig, da sie nach der gesetzlichen Definition des § 4 BImSchG für ihre Umgebung zu erheblichen Belästigungen führen und deshalb in Gewerbegebieten (§ 8 BauNVO) grundsätzlich nicht zugelassen werden können (BVerwG NVwZ 1987, 885).
Unsere Mandantin beabsichtigt nicht, ihren Betrieb in absehbarer Zeit zu verlagern. Eine entsprechende Verlagerungsabsicht besteht auch bei der Stadt nicht. Folglich muss sich die Darstellung in dem Flächennutzungsplan an der ausgeübten Nutzung orientieren; eine davon abweichende Planung, deren Verwirklichung auf absehbare Zeit ausgeschlossen ist, wäre wegen Funktionslosigkeit unwirksam (BVerwG NJW 1977, 2325; UPR 1984, 24).

Wir regen nach allem an, das Betriebsgelände unserer Mandantin als Industriegebiet (GI) darzustellen.
Falls der Rat dieser Anregung nicht folgen kann, sollten die für eine gewerbliche Nutzung vorgesehenen Flächen unserer Mandantin unter Verzicht auf die Darstellung eines Baugebietes als gewerbliche Bauflächen (G) dargestellt werden. Aus diesen könnten dann im Rahmen der verbindlichen Bauleitplanung Gewerbegebiete (GE) und Industriegebiete (GI) entwickelt werden. Damit wäre die Möglichkeit eröffnet, in einem späteren Bebauungsplan zB. den westlichen Teil des Betriebsgeländes unserer Mandantin, auf dem sich im wesentlichen Verwaltungs- und Lagergebäude befinden, als Gewerbegebiet (GE) und den östlichen Teil mit den Produktionsanlagen als Industriegebiet (GI) festzusetzen, uU. unter Beschränkung des Industriegebietes auf die von unserer Mandantin betriebenen Anlagen (§ 1 Abs. 9 BauNVO).

2. Nach Nr. 161 des Anhanges zum Runderlass des Ministers für Umwelt, Raumordnung und Landwirtschaft des Landes NRW vom 21. 3. 1990 (Abstandserlass)[7] soll grundsätzlich zwischen einem Wohngebiet und einer Brauerei mit einem Ausstoß von 5.000 hl Bier oder mehr je Jahr ein Abstand von mindestens 200 m eingehalten werden. Im vorliegenden Falle beträgt der Abstand zwischen der südlichen Grenze des Betriebsgeländes und dem weiter südlich dargestellten Wohngebiet nur 100 m. Wir regen an, diesen Abstand durch Verringerung der Wohnbaufläche oder durch ihre Verschiebung auf mindestens 200 m zu vergrößern, um Beeinträchtigungen der Wohnnutzung durch die von dem Betrieb unserer Mandantin ausgehenden Immissionen zu vermeiden.

Rechtsanwalt

Schrifttum: Battis/Krautzberger/Löhr, Baugesetzbuch, 8. Aufl. 2002; *Schlichter/Stich,* Berliner Kommentar zum Baugesetzbuch, 2. Aufl. 1995; *Brügelmann,* Baugesetzbuch, Losebl.-Komm., Stand: November 2001; *Ernst/Zinkahn/Bielenberg,* Baugesetzbuch, Losebl.-Komm., Stand: Juni 2002; *Fickert/Fieseler,* Baunutzungsverordnung, 9. Aufl. 1998; *Gelzer/Bracher/Reidt,* Bauplanungsrecht, 7. Aufl. 2002; *Knaup/Stange,* Baunutzungsverordnung, 8. Aufl. 1997; *Schlez,* Baugesetzbuch, 4. Aufl. 1994; *ders.,* Baunutzungsverordnung, 3. Aufl. 1994; *Schrödter,* Baugesetzbuch, 6. Aufl. 1998; *Boeddinghaus/Dieckmann,* Baunutzungsverordnung, 4. Aufl. 2000; *Gaentzsch,* Baugesetzbuch 1991; *Cholewa/David/Dyong/von der Halde/Sailer,* Baugesetzbuch, 3. Aufl. 1994; *Müller/Weiss,* Baunutzungsverordnung, 7. Aufl. 1991; *Hoppenberg* (Hrsg.), Handbuch des öffentlichen Baurechts, Losebl., 11. Aufl. 2002; *Stüer,* Handbuch des Bau- und Fachplanungsrechts, 3. Aufl. 2002; *Finkelnburg/Ortloff,* Öffentliches Baurecht, Bd. 1, Bauplanungsrecht, 5. Aufl. 1998; *König/Roeser/Stock,* Baunutzungsverordnung, 1999.

Anmerkungen

1. Nach § 3 Abs. 2 BauGB hat die Gemeinde die Entwürfe der Bauleitpläne (Flächennutzungsplan, Bebauungsplan) auf die Dauer eines Monats öffentlich auszulegen. Ort und Dauer der Auslegung sind mindestens eine Woche vorher ortsüblich bekannt zu machen mit dem Hinweis darauf, dass Anregungen während der Auslegungsfrist vorgetragen werden können. Diese Frist ist allerdings keine Ausschlussfrist in dem Sinne, dass die Gemeinde nach Fristablauf eingehende Anregungen nicht mehr berücksichtigen dürfte; sie ist lediglich nicht verpflichtet, verspätet eingehende Eingaben zu prüfen und das Ergebnis mitzuteilen, da sich diese Pflicht nur auf die „fristgemäß vorgebrachten" Anregungen bezieht, § 3 Abs. 2 S. 4 BauGB.

2. Sinn der Anregungen ist es, dem Rat bei der Ausübung des ihm nach § 1 Abs. 5 und Abs. 6 BauGB eingeräumten Planungsermessens eine Entscheidungshilfe zu geben und es ihm zu ermöglichen, alle für die Planung maßgebenden Gesichtspunkte zu erkennen und zu berücksichtigen. Anregungen sind deshalb keine Rechtsmittel. Es ist deshalb falsch, wenn, wie dies in der Praxis häufig geschieht, gegen den Entwurf des Bauleitplanes innerhalb der Monatsfrist „Einspruch" oder „Widerspruch" eingelegt und die „Begründung" dazu erst nach Ablauf der Frist eingereicht wird.

Folgt der Rat den Anregungen nicht, so ist dagegen ein Rechtsmittel nicht gegeben. Es muss dann zunächst der Abschluss des Planaufstellungsverfahrens abgewartet werden. Leidet der Plan an formellen oder materiellen Mängeln, so sind diese innerhalb bestimmter Fristen geltend zu machen (s. dazu Form. V. A. 2).

3. Die Wirksamkeit einer von einem Bevollmächtigten in einem Verwaltungsverfahren abgegebenen Erklärung hängt nicht von der gleichzeitigen Überreichung einer Vollmacht ab. Die Vollmacht ist nur auf Verlangen schriftlich nachzuweisen, § 14 Abs. 1 S. 3 VwVfG (s. dazu BVerwG DVBl. 1979, 625).

4. Bei einem Flächennutzungsplan spricht man von „Darstellungen", § 5 BauGB, bei einem Bebauungsplan von „Festsetzungen", § 8 BauGB. Zu den möglichen Darstellungen in einem Flächennutzungsplan s. § 1 Abs. 1 und Abs. 2 BauNVO.

5. Da Anregungen Entscheidungshilfe für den Rat bei der Ausübung seines Planungsermessens sind (s. Anm. 2), erschöpft sich ihr Sinn nicht darin, eventuelle Rechtsfehler der beabsichtigten Planung aufzuzeigen. Zulässiger und sinnvoller Inhalt von Anregungen kann es auch sein, nur Planungswünsche vorzutragen oder darauf hinzuweisen, dass und warum eine andere als die vorgesehene Planung städtebaulich sinnvoller sei.

6. Dieser Hinweis erscheint geboten, weil keineswegs sicher ist, dass den Anregungen gefolgt und das Betriebsgelände als Industriegebiet (GI) dargestellt wird. Aus diesem Grunde sollte nicht schlechterdings ausgeschlossen werden, dass der Betrieb des Grundstückseigentümers auch in einem Gewerbegebiet (GE) planungsrechtlich zulässig sei. Für die Zulässigkeit könnte sprechen, dass die Brauerei hier zu den im vereinfachten Verfahren nach dem BImSchG zu genehmigenden Anlagen gehört (§ 2 Abs. 1 S. 1 Nr. 2 der 4. BImSchVO mit Nr. 7.27 zweite Spalte des Anhanges zu dieser VO) und sie im konkreten Falle – das sei angenommen – erhebliche Nachteile oder Belästigungen für die Umgebung nicht verursacht (s. dazu BVerwG GewA 1993, 86; OVG Berlin UPR 1985, 301).

7. NVwZ 1990, 944.

2. Geltendmachung von Verfahrens- und Formfehlern eines Bebauungsplanes

An den Bürgermeister der Stadt ...... (Stadtplanungsamt)[1]

Betrifft: Bebauungsplan der Stadt Nr. 27

Sehr geehrter Herr Bürgermeister!

Die Eheleute ...... haben mich in der vorbezeichneten Bauplanungsangelegenheit mit ihrer Vertretung beauftragt; meine Vollmacht liegt an.[2]
Meine Mandanten sind Eigentümer des mit einem Einfamilienwohnhaus bebauten Grundstücks A-Straße Nr.......
Der am ...... gem. § 10 Abs. 3 BauGB bekannt gemachte Bebauungsplan Nr. 27 leidet an folgenden formellen und materiellen Mängeln,[3] die hiermit in Wahrung der in § 7 Abs. 6 GO NRW und § 215 BauGB normierten Fristen[4] geltend gemacht werden:[5]

I. An der Sitzung des Rates vom ......, in der über die zu dem Bebauungsplan vorgetragenen Anregungen und Bedenken entschieden und der Bebauungsplan als Satzung

beschlossen wurde, hat Herr A teilgenommen. Der Bruder von Herrn A ist Eigentümer eines im Planbereich gelegenen Grundstücks. Herr A war deshalb von der Beratung und Entscheidung über den Bebauungsplan ausgeschlossen, § 31 Abs. 1 S. 1 Nr. 2 mit Abs. 5 S. 1 Nr. 3 GO NRW. Seine Mitwirkung war für die Entscheidung des Rates auch ursächlich, § 31 Abs. 6 GO NRW, da der Bebauungsplan nur mit einer Mehrheit von einer Stimme beschlossen worden ist.

II. Der Entwurf des Bebauungsplanes ist in der Zeit vom 3. 3. bis 3. 4. ...... öffentlich ausgelegt worden. Art und Dauer der Auslegung wurden am 27. 2. ...... in den beiden Tageszeitungen ......, die nach § ...... der Hauptsatzung Bekanntmachungsorgane der Stadt sind, bekanntgemacht. Die Bekanntmachung erfolgte weniger als eine Woche vor Beginn der Auslegung. Damit wurde gegen § 3 Abs. 2 S. 2 BauGB verstoßen, wonach Ort und Dauer der Auslegung mindestens eine Woche vor ihrem Beginn ortsüblich bekannt zu machen sind. Dieser Verfahrensfehler ist nach § 214 Abs. 1 S. 1 Nr. 1 BauGB beachtlich und führt zur Nichtigkeit des Bebauungsplanes.

III. Der Bebauungsplan sieht vor, dass unmittelbar an der rückwärtigen Grenze des Grundstücks meiner Mandanten ein sog. Bolzplatz angelegt wird. Diese Festsetzung beruht auf einem Mangel im Abwägungsvorgang, der offensichtlich und auf das Abwägungsergebnis von Einfluss gewesen und damit nach § 214 Abs. 3 S. 2 BauGB beachtlich ist. Denn im Planaufstellungsverfahren sind keine Ermittlungen dazu angestellt worden, welche Lärm- und Staubbelästigungen von einem Bolzplatz ausgehen und ob diese die Wohnqualität eines unmittelbar angrenzenden, zu einem reinen Wohngebiet gehörenden Wohnhauses beeinträchtigen ......[6]

Rechtsanwalt

Anmerkungen

1. Die Verletzung von Verfahrens- oder Formvorschriften muss gegenüber der Gemeinde gerügt werden, § 215 Abs. 1 BauGB, § 7 Abs. 6 S. 1d GO NRW. Es dürfte genügen, wenn der Fehler schriftsätzlich in einem mit der Gemeinde geführten Rechtsmittelverfahren (Widerspruchs-, Verwaltungsstreit-, Normenkontrollverfahren) dargelegt wird (so in einem obiter dictum BVerwG DÖV 1982, 905; ferner VGH Kassel BRS 52 Nr. 31; OVG Münster NWVBl. 1997, 346; aA. BGH NJW 1980, 1751/1752). Da dies aber nicht unzweifelhaft ist, sollte der Verfahrens- oder Formfehler auch dann, wenn ein Rechtsmittelverfahren anhängig ist, sicherheitshalber in einem gesonderten Schreiben an die Gemeinde gerügt werden.

2. Zur Vorlage einer Vollmacht s. Form. V. A. 1 Anm. 3.

3. Ob formelle oder materielle Mängel bestehen, kann oft nur durch eine Einsichtnahme in die Planaufstellungsakte festgestellt werden. Umstritten ist, ob eine solche Einsichtnahme verlangt werden kann (bejahend *Boecker* BauR 1979, 361/364; verneinend *Battis/Krautzberger/Löhr* § 215 Rdn. 4). Aus § 29 VwVfG folgt ein Akteneinsichtsrecht jedenfalls nicht, da das Verfahren zur Aufstellung eines Bebauungsplanes ein Rechtsetzungsverfahren und kein Verwaltungsverfahren iSd. § 9 VwVfG ist.

Ein Akteneinsichtsrecht besteht auf jeden Fall im gerichtlichen Verfahren, §§ 99, 100 VwGO, etwa im Rahmen eines Normenkontrollverfahrens gegen den Bebauungsplan (s. dazu Form. V. G. 1). Ein solches Verfahren muss notfalls eingeleitet werden, um Einsicht in die Planaufstellungsakte nehmen und Mängel des Verfahrens feststellen zu können.

4. Eine Verletzung von Verfahrens- oder Formvorschriften des BauGB muss innerhalb eines Jahres, Mängel der Abwägung müssen innerhalb von sieben Jahren seit Bekanntmachung des Flächennutzungsplanes oder des Bebauungsplanes gerügt werden, § 215

Abs. 1 BauGB; andernfalls ist der Fehler geheilt. Die Frist beginnt allerdings nur, wenn die Gemeinde bei der Bekanntmachung auf die Voraussetzungen für die Geltendmachung der Verletzung von Verfahrens- oder Formvorschriften und die Rechtsfolgen hinweist, § 215 Abs. 2 BauGB; § 7 Abs. 6 S. 2 GO NRW enthält für Verstöße gegen Vorschriften der GO eine ähnliche Regelung.

5. Für den Inhalt der Rüge gilt § 215 Abs. 1 2. Halbs. BauGB; danach ist der Sachverhalt, der die Verletzung der Verfahrens- oder Formvorschriften oder den Mangel der Abwägung begründen soll, darzulegen. Es genügt also nicht, nur diejenigen Gesetzesbestimmungen, die verletzt sein sollen, zu zitieren, vielmehr muss der die Verletzung ergebende Tatbestand vorgetragen werden. Diese Sachverhaltsschilderung ist andererseits auch ausreichend; es ist nicht notwendig, die verletzte Rechtsvorschrift zu bezeichnen.

6. Die Geltendmachung des Verfahrens- oder Formfehlers oder des Abwägungsmangels führt dazu, dass der Fehler nicht durch Zeitablauf geheilt wird, sondern in Zukunft in jedem Verfahren, in dem es auf die Gültigkeit des Bebauungsplanes ankommt, beachtlich bleibt. Auf den Fehler kann sich jedermann berufen, nicht nur derjenige, der ihn innerhalb der Frist geltend gemacht hat (BVerwG DÖV 1982, 905). In der Erklärung der Gemeinde, der gerügte Fehler bestehe nicht, liegt kein Verwaltungsakt, sondern lediglich die Äußerung einer Rechtsauffassung. Rechtsbehelfe gegen eine solche Erklärung sind deshalb weder möglich noch notwendig.

3. Geltendmachung eines Planungsschadens

An den Oberbürgermeister der Stadt ......[1] **...... den 16. 12. 2002**

Betrifft: Geltendmachung eines Planungsschadens wegen Änderung des Bebauungsplanes Nr. 62 Sb/02

Sehr geehrte Damen und Herren!

In dieser Sache vertreten wir die Eheleute ...... Eine uns legitimierende Vollmacht liegt an.[2]

I. Unsere Mandanten sind Eigentümer des 12 000 qm großen unbebauten Grundstücks Gemarkung ...... Flur ...... Flurstück ...... Das Grundstück grenzt mit seiner Westseite auf einer Länge von 80 m an die A-Straße und mit seiner Südseite auf einer Länge von 150 m an die in dem Bebauungsplan Nr. 62 Sb/02 festgesetzte Trasse einer von der A-Straße abzweigenden, in der Örtlichkeit noch nicht vorhandenen Stichstraße, die an der Ostgrenze des Grundstücks unserer Mandanten enden soll.

Der am 15. 2. 1996 in Kraft getretene Bebauungsplan Nr. 62 Sb/02 wies das Grundstück unserer Mandanten als allgemeines Wohngebiet (WA) aus und setzte eine dreigeschossige Bebauung mit einer Geschossflächenzahl (GFZ) von 1,0 fest. Inzwischen hat die Stadt den Bebauungsplan Nr. 62 Sb/02 durch den Bebauungsplan Nr. 62 Sb/03 ersetzt, der am 17. 5. 2001 in Kraft getreten ist. Der neue Bebauungsplan sieht für das Grundstück unserer Mandanten nur noch eine zweigeschossige Bebauung mit einer GFZ von 0,7 vor.

II. Durch die Herabsetzung des Maßes der Bebauung, insbesondere durch die Verringerung der GFZ von 1,0 auf 0,7 ist der Wert des Grundstücks nicht unwesentlich vermindert worden,[3] so dass unsere Mandanten nach § 42 Abs. 1 und Abs. 2 iVm. § 44 Abs. 1 S. 2 BauGB von der Stadt eine angemessene Entschädigung in Höhe der Differenz des Wertes des Grundstücks bei dreigeschossiger Bebaubarkeit mit einer GFZ von 1,0 und des Wertes bei einer zweigeschossigen Bebaubarkeit mit einer GFZ von 0,7 verlangen können.[4] Diese Wertdifferenz beträgt nach dem anliegend beigefügten Gutachten des Sachverständigen ......

III. Der Planungsschaden ist für das gesamte Grundstück entstanden. Denn das gesamte Grundstück konnte bis zum Inkrafttreten des neuen Bebauungsplanes gem. § 30 BauGB dreigeschossig mit einer GFZ von 1,0 bebaut werden.
Die nach § 30 BauGB erforderliche Sicherung der Erschließung war nicht nur für den unmittelbar an der A-Straße gelegenen Grundstücksteil gegeben, sondern auch für den Teil des Grundstücks, der durch die in dem Bebauungsplan festgesetzte, in der Örtlichkeit noch nicht vorhandene Stichstraße erschlossen werden soll.[5] Denn die Sicherung der Erschließung iSd. § 30 BauGB setzt nicht voraus, dass die notwendigen Erschließungsanlagen (öffentliche Verkehrsflächen, Versorgungs- und Abwasserleitungen) bereits im Zeitpunkt des Bauantrages vorhanden sind. Es genügt, wenn als gesichert angenommen werden kann, dass sie im Zeitpunkt der Fertigstellung des Bauvorhabens vorhanden sein werden (BGH ZfBR 1981, 101/102 mwN.). Davon kann vorliegend ausgegangen werden, weil unsere Mandanten und der Eigentümer der auf der anderen Seite der Stichstraße gelegenen Grundstücke bereit waren, mit der Stadt einen Erschließungsvertrag über den Bau der Stichstraße einschließlich der Grundstücksversorgungs- und abwasserleitungen abzuschließen und sie der Stadt mit Schreiben vom 12. 5. 1999 ein entspr. Angebot unterbreitet haben. Die Stadt konnte dieses Erschließungsangebot, dessen Annahme ihr zumutbar war, nicht ablehnen, ohne selbst erschließungspflichtig zu werden, § 124 Abs. 3 S. 2 BauGB. Dafür, dass die Annahme des Angebotes zumutbar war, spricht schon, dass die Stadt nach Inkrafttreten des neuen Bebauungsplanes den angebotenen Erschließungsvertrag abgeschlossen hat.

IV. Die Antragsfrist des § 44 Abs. 4 BauGB ist gewahrt.[6]

Schrifttum: S. Form. V. B.11.

Anmerkungen

1. Entschädigungsansprüche nach den §§ 39ff. BauGB sind in einem besonders geregelten Verfahren geltend zu machen; sie können nicht direkt bei Gericht eingeklagt werden (BGH NJW 1976, 1264). Es ist zunächst ein schriftlicher Antrag auf Leistung der Entschädigung bei dem Entschädigungspflichtigen (das ist idR. die Gemeinde, § 44 Abs. 1 S. 2 BauGB), zu stellen, § 44 Abs. 3 S. 1 und S. 2 BauGB. Kommt eine Einigung über die Höhe der Entschädigung nicht zustande, so entscheidet die höhere Verwaltungsbehörde, § 43 Abs. 2 S. 1 BauGB. Deren Entscheidung kann nach § 217 BauGB durch Antrag auf gerichtliche Entscheidung angefochten werden, über den das LG – Kammer für Baulandsachen – entscheidet, §§ 219, 220 BauGB (s. Form. V. B. 11).

2. Zur Vorlage einer Vollmacht s. Form. V. A. 1 Anm. 3.

3. Davon geht offenbar auch der BGH (ZfBR 1981, 101) aus.

4. Im vorliegenden Falle ist § 42 Abs. 2 und nicht § 42 Abs. 3 BauGB anwendbar, weil die zulässige Nutzung innerhalb von 7 Jahren (ab Zulässigkeit) geändert wurde: Der die Zulässigkeit begründende Bebauungsplan trat am 15. 2. 1996 in Kraft, der die Zulässigkeit ändernde Plan am 17. 5. 2001.

5. Eine bauliche Nutzung ist nur dann iSd. § 42 BauGB zulässig, wenn auf ihre Ausübung oder Verwirklichung nach den bauplanungsrechtlichen Vorschriften der §§ 30, 33, 34 oder 35 ein Anspruch besteht (*Battis/Krautzberger/Löhr* § 42 Rdn. 4). Es muss also ua. die Erschließung gesichert sein (BGH NJW 1997, 2115/2117). Bezieht sich die Aufhebung oder Änderung eines Bebauungsplanes auf Grundstücke, die wegen fehlender Sicherung der Erschließung nicht bebaubar waren, so kann ein Entschädigungsanspruch nach § 42 BauGB nicht entstehen.

6. Nach § 44 Abs. 4 mit Abs. 3 S. 1 und S. 2 BauGB muss der Entschädigungsanspruch innerhalb von drei Jahren seit Ablauf des Kalenderjahres, in dem er entstanden ist, schriftlich gegenüber dem Entschädigungspflichtigen geltend gemacht werden; andernfalls erlischt er. Vorliegend läuft die Frist, da der neue Bebauungsplan am 17. 5. 2001 in Kraft trat, am 31. 12. 2004 ab. Auf die Dreijahresfrist muss von der Gemeinde in der Bekanntmachung des den Entschädigungsanspruch auslösenden Bebauungsplanes hingewiesen werden, § 44 Abs. 5 BauGB; andernfalls beginnt die Frist nicht zu laufen (*Gelzer/Busse* Rdn. 633).

4. Widerspruch gegen einen belastenden Verwaltungsakt (Baurecht)

An den Bürgermeister der Stadt ......, Bauaufsichtsamt[1]

Betrifft: Grundstück Gemarkung ...... Flur ...... Flurstück ...... (Az. ......)

Sehr geehrte Damen und Herren!

In der vorbezeichneten Angelegenheit vertreten wir Herrn ...... Unsere Vollmacht liegt an[2].

Gegen Ihre Verfügung vom ......, zugestellt am ......[3], mit der Sie unserem Mandanten aufgegeben haben, das Wochenendhaus auf dem vorgenannten Grundstück bis zum 31. 7. 2002 abzureißen, legen wir hiermit

Widerspruch

ein. Zur Begründung führen wir aus[4]:

Es ist richtig, dass das Wochenendhaus von dem Voreigentümer des Grundstücks im Jahre 1988 ohne Baugenehmigung errichtet wurde und damit formell baurechtswidrig ist. Ob es auch gegen die Vorschriften des materiellen Baurechts, insbesondere § 35 BauGB verstößt, kann dahinstehen. Denn jedenfalls ist die angefochtene Ordnungsverfügung ermessensfehlerhaft, weil Sie im Wesentlichen gleichgelagerte Baufälle ohne sachlichen Grund ungleich behandelt haben (OVG Münster BRS 28 Nr. 166). Sie haben nämlich im Jahre 1989 die Genehmigung erteilt, auf dem unmittelbar angrenzenden Nachbargrundstück ...... an ein bestehendes Wochenendhaus einen etwa 8 m × 6 m großen Anbau zu errichten. Dieser Anbau hat etwa die gleiche Größe wie das Wochenendhaus unseres Mandanten und ist planungsrechtlich nicht anders zu beurteilen; er ist insbesondere nicht von dem Bestandsschutz des bereits bestehenden Gebäudes gedeckt.

Wenn aber das Wochenendhaus unseres Mandanten nach § 35 BauGB nicht errichtet werden durfte, ist auch der von Ihnen auf dem Nachbargrundstück genehmigte Anbau planungsrechtlich unzulässig. Dann aber verstößt es gegen den Gleichheitsgrundsatz und stellt einen Fehlgebrauch des Ihnen nach § 61 Abs. 1 S. 2 BauO NRW eingeräumten Ermessens dar, wenn Sie in einem der beiden gleich zu beurteilenden Fälle eine Beseitigung der baulichen Anlage verlangen und im anderen Falle die Anlage genehmigen.

Der eingelegte Widerspruch hat nach § 80 Abs. 1 VwGO aufschiebende Wirkung, so dass unser Mandant den angeordneten Abbruch zunächst nicht vorzunehmen braucht[5]. Eine Anordnung der sofortigen Vollziehung nach § 80 Abs. 2 Nr. 4 VwGO ist nicht erfolgt; sie ist insbesondere nicht darin zu sehen, dass zur Vornahme des Abbruchs eine Frist bis zum 31. 7. 2002 gesetzt wurde (*Kopp/Schenke* § 80 Rdn. 83 mwN.).

Schrifttum: Knack, Verwaltungsverfahrensgesetz, 7. Aufl. 2000; *Kopp/Ramsauer,* Verwaltungsverfahrensgesetz, 7. Aufl. 2000; *Obermayer,* Verwaltungsverfahrensgesetz, 3. Aufl. 1999; *Stelkens/Bonk/Sachs,* Verwaltungsverfahrensgesetz, 6. Aufl. 2002; *Ule/Laubinger,* Verwaltungsverfahrensgesetz, 4. Aufl. 1995; *Weides,* Verwaltungsverfahren und Widerspruchsverfahren, 3. Aufl. 1993; *Oerder*, Das Widerspruchsverfahren der Verwaltungsgerichtsordnung, 1989.

Anmerkungen

1. Der Widerspruch ist grundsätzlich bei der Behörde einzulegen, die den Verwaltungsakt erlassen hat, § 70 Abs. 1 S. 1 VwGO. Die Frist wird auch durch Einlegung bei der Behörde, die den Widerspruchsbescheid zu erlassen hat, gewahrt, § 70 Abs. 1 S. 2 VwGO.

2. Die Wirksamkeit des Widerspruchs ist von der Beifügung einer schriftlichen Vollmacht nicht abhängig; diese ist nur auf Verlangen der Behörde vorzulegen, §§ 79 2. Halbs., 14 Abs. 1 S. 3 VwVfG (s. dazu BVerwG DVBl. 1979, 625). Die Vorlage einer schriftlichen Vollmacht empfiehlt sich aber, weil in diesem Falle der Widerspruchsbescheid dem Bevollmächtigten zuzustellen, § 8 Abs. 1 S. 2 VwZG, und deshalb eine Kontrolle der mit dieser Zustellung beginnenden Klagefrist gewährleistet ist. Ohne Vorlage einer schriftlichen Vollmacht können alle Zustellungen auch an den Vertretenen erfolgen. § 8 Abs. 1 S. 1 VwZG.

3. Der Widerspruch ist innerhalb eines Monats seit Bekanntgabe des Verwaltungsakts einzulegen, § 70 VwGO.

4. Für den Widerspruch ist weder ein bestimmter Antrag noch eine Begründung vorgeschrieben (*Kopp/Schenke* § 70 Rdn. 5).

5. Dieser Hinweis ist zweckmäßig, um zu verhindern, dass die Behörde in Verkennung der Rechtslage Vollziehungsmaßnahmen einleitet.

Kosten und Gebühren

Sowohl in der Abhilfeentscheidung (§ 72 VwGO) als auch in dem Widerspruchsbescheid (§ 73 Abs. 3 S. 2 VwGO) ist zu bestimmen, wer die Kosten des Widerspruchsverfahrens trägt (Kostenlastentscheidung). Für den Inhalt der Kostenentscheidung sind sondergesetzliche Bestimmungen des Bundes und der Länder maßgebend, zB. § 80 VwVfG. S. dazu Form. V. A. 5.

Für die Vertretung im Vorverfahren erhält der Anwalt Gebühren nach den §§ 118, 119 Abs. 1 BRAGO.

5. Antrag auf Erstattung der Kosten eines isolierten Vorverfahrens[1]

An den
Bürgermeister der Gemeinde ......

Betr.: ...... Az: ......

Sehr geehrter Herr Bürgermeister!

Nachdem Sie unserem Widerspruch vom ...... abgeholfen und die angefochtene Ordnungsverfügung[2] vom ...... aufgehoben haben, beantragen wir:

I. Die Kosten des Widerspruchsverfahrens der Gemeinde aufzuerlegen,[3]

II. unsere Hinzuziehung im Vorverfahren für notwendig zu erklären[4] und

III. die von der Gemeinde unseren Mandanten zu erstattenden Anwaltsgebühren wie folgt festzusetzen:[5]

Gegenstandswert: 4.000,– EUR (§ 8 Abs. 2 S. 2 BRAGO)	
$^{7,5}/_{10}$ Geschäftsgebühr[6] gem. § 118 I Nr. 1 BRAGO	**183,75 EUR**
$^{22,5}/_{100}$ Mehrvertretungsgebühr gem. § 6 BRAGO	**55,13[7] EUR**
Auslagen gem. § 26 BRAGO (pauschal)	**20,00 EUR**
	258,88 EUR
16% Umsatzsteuer gem. § 25 II BRAGO	**41,42 EUR**
	300,30 EUR

Da nicht einfache Rechtsfragen (fehlerhafte Ermessensausübung bei Inanspruchnahme unserer Mandanten als Zustandsstörer nach § 18 Abs. 1 anstelle des Verhaltensstörers nach § 17 Abs. 1 OrdnungsbehördenG NRW) zu behandeln waren, war es notwendig, dass sich die Eheleute ...... bereits im Widerspruchsverfahren anwaltlicher Hilfe bedienten.[8]

Schrifttum: Odenthal, Das Verhältnis zwischen Grund- und Betragsentscheidung bei der Kostenentscheidung nach § 80 VwVfG, NVwZ 1990, 641.

Anmerkungen

1. Dieser Antrag kommt in Betracht, wenn der Widerspruch bereits im Vorverfahren Erfolg gehabt hat, weil ihm entweder von der Ausgangsbehörde abgeholfen (§ 72 VwGO) oder von der Widerspruchsbehörde stattgegeben wurde (§ 73 VwGO). Schließt sich dagegen, weil der Widerspruch erfolglos blieb, an das Vorverfahren eine Klage an und hat diese Erfolg, so kann Erstattung der Kosten des Vorverfahrens nach Maßgabe des § 162 Abs. 2 S. 2 VwGO begehrt werden. Zu dem dann zu stellenden Antrag s. Form. V.B. 1 Anm. 8.

Ein Widerspruch, dem die Widerspruchsbehörde stattgegeben hat, war auch dann iSd. § 80 Abs. 1 S. 1 VwVfG „erfolgreich", wenn er – an sich – unstatthaft oder unzulässig war (BVerwG NVwZ 1983, 544; DVBl. 1996, 1315).

2. § 80 VwVfG gilt nicht, wenn sich der Bürger erfolgreich gegen eine bloße Verfahrenshandlung der Behörde, die keinen Verwaltungsakt darstellt, wehrt (BVerwG NVwZ 1983, 345).

3. Diese Kostenentscheidung („Kostenlastentscheidung") wird von der Behörde, die den angefochtenen Verwaltungsakt erlassen und dem Widerspruch abgeholfen hat (§ 72 VwGO), oder von der Widerspruchsbehörde (§ 73 Abs. 3 S. 3 VwGO) getroffen. Hat die Behörde, wie hier, versehentlich nicht über die Kostenpflicht entschieden, so kann jederzeit Ergänzung der Entscheidung beantragt werden (OVG Münster DÖV 1992, 122; *Stelkens/Bonk/Sachs* § 80 Rdn. 22). Die Kostenentscheidung kann notfalls mit der Verpflichtungsklage erstritten werden (BVerwG NVwZ 1987, 249; DVBl. 1996, 1315/1316).

Die Kostenentscheidung hat für das Kostenfestsetzungsverfahren konstitutive Bedeutung (*Odenthal* NVwZ 1990, 641/642). Im Kostenfestsetzungsverfahren über die Höhe der zu erstattenden Aufwendungen kann das Bestehen einer Kostenerstattungspflicht dem Grunde nach nicht mehr verneint werden, wenn eine Kostenentscheidung zugunsten des Widerspruchsführers getroffen und die Hinzuziehung eines Bevollmächtigten für notwendig erklärt wurde und diese Verwaltungsakte rechtsbeständig geworden sind (BVerwG DÖV 1988, 1014).

4. Die Entscheidung darüber, ob die Hinzuziehung eines RA oder eines sonstigen Bevollmächtigten notwendig war, ist neben (s. dazu BVerwG NVwZ 1987, 489) der Kostenentscheidung (s. Anm. 3) zu treffen, § 80 Abs. 3 S. 2 VwVfG (BVerwG DÖV 1991, 554). Es handelt sich um einen Verwaltungsakt, der notfalls mit der Verpflichtungsklage erstritten werden kann (BVerwG NVwZ 1988, 249).

Der Beschluss über die Notwendigkeit der Zuziehung eines Bevollmächtigten für das Vorverfahren setzt voraus, dass der RA als Bevollmächtigter beauftragt war und nach außen gegenüber der Behörde aufgetreten ist. Eine nur beratende Tätigkeit genügt nicht (BVerwG E 79, 226/230f. = NVwZ 1988, 721; OVG Münster NWVBl. 1993, 312; NVwZ-RR 1996, 620; str.).

Kein Kostenerstattungsanspruch nach § 80 VwVfG besteht, wenn sich ein Widerspruchsverfahren ohne eine Entscheidung in der Sache selbst erledigt (BVerwG NJW 1982, 300; OVG Koblenz NJW 1982, 2460; str.; s. dazu *Dreier* NVwZ 1987, 474).

Eine Kostenentscheidung nach § 80 VwVfG kommt nur in Betracht, wenn das VwVfG des Bundes oder des jeweiligen Landes Anwendung findet.

In Kommunalabgabensachen ist die Kostenerstattung im isolierten Vorverfahren in den einzelnen Ländern unterschiedlich geregelt (zu der insgesamt sehr unübersichtlichen Situation s. *Stelkens/Bonk/Sachs* § 80 Rdn. 13f.). Dies hängt damit zusammen, dass das jeweilige VwVfG in Kommunalabgabensachen nicht oder nicht uneingeschränkt anwendbar ist und für die Kostenerstattung – bei Nichtanwendbarkeit des VwVfG mit seinem § 80 – teilweise Sonderregelungen bestehen. Auf Einzelheiten kann hier nicht eingegangen werden. Im Ergebnis findet in Abgabensachen eine „isolierte" Kostenerstattung nach erfolgreichem Widerspruch statt in den Ländern Baden-Württemberg, Bayern, Berlin, Bremen, Hamburg, Mecklenburg-Vorpommern, Niedersachsen, Rheinland-Pfalz, Saarland, Sachsen (VG Leipzig NVwZ 2002, 891), Sachsen-Anhalt und Schleswig-Holstein. Die Kostenerstattung ist nicht vorgesehen in den Ländern Brandenburg, Hessen, Nordrhein-Westfalen und Thüringen.

5. Der Betrag der zu erstattenden Kosten wird auf Antrag von der Behörde, die die Kostenentscheidung getroffen hat (s. Anm. 3), festgesetzt, § 80 Abs. 3 S. 1 VwVfG; dabei entscheidet die Behörde incident über die Höhe des Streitwertes mit; für eine gesonderte Streitwertfestsetzung ist kein Raum (OVG Koblenz DVBl. 1985, 1075).

6. Nach Ansicht des BVerwG (NVwZ-RR 2002, 73) entspr., soweit keine besonderen Umstände vorliegen, allein die Bestimmung des Mittelwertes der gesetzlichen Rahmengebühr durch den RA billigem Ermessen.

7. Nach § 11 Abs. 2 S. 2 BRAGO werden Gebühren auf den nächsten Cent auf- oder abgerundet; 0,5 Cent werden aufgerundet.

8. Die Zuziehung eines RA ist notwendig, „wenn es der Partei nach ihren persönlichen Verhältnissen nicht zuzumuten war, das Vorverfahren selbst zu führen" (BVerwG DÖV 1991, 554) oder wenn ein verständiger Bürger in der Lage des Klägers mit Blick auf die wirtschaftliche Bedeutung und den Schwierigkeitsgrad der Sache vernünftiger Weise die Zuziehung eines Bevollmächtigten für erforderlich halten darf (OVG Magdeburg NWwZ-RR 2000, 842). Da einschränkende Tendenzen in der Rspr. erkennbar sind (vgl. zB. OVG Berlin NVwZ-RR 1997, 264), empfiehlt sich in möglichen Zweifelsfällen eine etwas eingehendere Begründung. Im Streitfall ist der Anspruch auf Erstattung von Rechtsanwaltskosten nicht durch allg. Leistungsklage, sondern durch eine Verpflichtungsklage geltend zu machen (BVerwG NJW 1988, 87).

6. Antrag auf Wiederaufgreifen eines Verfahrens (Abgabenrecht)[1]

An den Bürgermeister der Stadt ...... Tiefbauverwaltungsamt

Betr.: Heranziehung zu einem Erschließungsbeitrag für das Grundstück X-Straße Nr....... Az: ......

Sehr geehrter Herr Bürgermeister!

In dieser Sache vertrete ich Herrn ...... Meine Vollmacht liegt an.[2]

Mit Bescheid vom ...... haben Sie meinen Mandanten zu einem Erschließungsbeitrag für das oa. Grundstück in Höhe von ...... herangezogen. Der Bescheid ist bestandskräftig geworden.[3]
Wie sich inzwischen herausgestellt hat, war der Heranziehungsbescheid rechtswidrig. Mein Mandant hat vor zwei Wochen erfahren, dass ein früherer Eigentümer des Grundstücks, der verstorbene Herr ......, mit der früheren Gemeinde ......, die seit dem ...... in die Stadt ...... eingemeindet ist, eine Ablösungsvereinbarung nach § 133 Abs. 3 S. 5 BauGB getroffen und den Ablösungsbetrag gezahlt hat. Damit konnte eine Beitragspflicht nicht mehr entstehen und war deshalb eine Heranziehung zu einem Erschließungsbeitrag nach endgültiger Herstellung der Straße nicht möglich. Eine Ablichtung der Ablösungsvereinbarung ist beigefügt.
Es wird beantragt, den Heranziehungsbescheid nach § 3 Abs. 1 Nr. 4c KAG Bad.-Württ. mit § 173 Abs. 1 Nr. 2 AO aufzuheben.[4] Mit dem Auffinden der Ablösungsvereinbarung sind nachträglich Tatsachen und Beweismittel bekannt geworden, aus denen sich ergibt, dass eine Erschließungsbeitragspflicht nicht entstanden und der Bescheid daher rechtswidrig ist. Daran, dass die Ablösungsvereinbarung erst jetzt bekannt geworden ist, trifft meinen Mandanten kein Verschulden ...... Damit ist nach den oa. Bestimmungen ein Rechtsanspruch auf Aufhebung des Bescheides gegeben.[5]

Anmerkungen

1. Im allg. Verwaltungsverfahren ist das Wiederaufgreifen des Verfahrens in § 51 VwVfG geregelt. Diese Bestimmung findet jedoch im kommunalen Abgabenrecht grundsätzlich keine Anwendung (zur Anwendung des jeweiligen LVwVfG auf Kommunalabgabensachen s. Form. V. A. 5 Anm. 4 und *Stelkens/Bonk/Sachs* § 2 Rdn. 55ff.).

Umstritten ist, ob § 51 VwVfG Ausdruck eines allg. Rechtsgedankens ist, der auch ohne ausdrückliche gesetzliche Regelung Anwendung finden kann (so OVG Münster KStZ 1980, 239; aA. *Hombitzer* KStZ 1984, 24 mwN.).

2. Zur Vorlage einer Vollmacht s. Form. V.A. 1 Anm. 3.

3. Vor Stellung eines Aufhebungsantrages ist vorrangig zu prüfen, ob nicht noch ein Widerspruch gegen den Verwaltungsakt möglich ist, weil zB. wegen einer unrichtigen Rechtsmittelbelehrung die einmonatige Widerspruchsfrist nicht begonnen hat und deshalb für den Widerspruch eine Frist von einem Jahr gegeben ist, §§ 70 Abs. 2, 58 Abs. 2 VwGO.

4. § 173 AO ist ferner anwendbar kraft Verweisung nach § 1 Nr. 1 Gesetz über die Anwendbarkeit der AO in Berlin; § 2 AbgabenG Bremen; § 3 Abs. 1 Nr. 4 KAG Rheinland-Pfalz; § 12 Abs. 1 KAG Mecklenburg-Vorpommern. In NRW ist § 173 AO auch nicht im Wege der Analogie anwendbar (OVG Münster DVBl. 1988, 912).

5. Die §§ 172, 173 AO regeln die Aufhebung und Änderung von Abgabenbescheiden abschließend; daneben ist für die Anwendung der allg. Vorschrift des § 130 AO kein Raum, § 172 Abs. 1 S. 1 Nr. 2d AO (*Jäger* KStZ 1984, 149).

Verweist das Landes-KAG nicht auf die §§ 172, 173 AO, sondern auf § 130 AO (zB. Art. 13 Abs. 1 Nr. 3b KAG Bay; § 4 Abs. 1 Nr. 3b KAG Hessen; § 12 Abs. 1 Nr. 3b KAG NRW; § 12 Abs. 1 Nr. 3b KAG Saarland), so ist die Aufhebung eines nachträglich als rechtswidrig erkannten Abgabenbescheides in das Ermessen der Behörde gestellt, wobei ein Anspruch auf fehlerfreie Ausübung dieses Ermessens besteht (OVG Münster KStZ 1980, 239). Es empfiehlt sich deshalb auch bei Nichtanwendbarkeit der Vorschriften über das Wiederaufgreifen des Verfahrens (§ 173 Abs. 1 Nr. 2 AO, § 51 VwVfG) einen Aufhebungsantrag zu stellen, wenn nachträglich Tatsachen oder Beweismittel bekannt werden, die die Rechtswidrigkeit des Abgabenbescheides ergeben.

B. Klageverfahren erster Instanz

1. Anfechtungsklage (Erschließungsbeitragsrecht)

An das
Verwaltungsgericht

Klage[1]

des ...... (Klägers)
Prozessbevollmächtigter: ......

gegen

den Bürgermeister der Gemeinde[2] ...... (Beklagten)

wegen: Heranziehung zu Erschließungsbeiträgen[3]
Streitwert: 6.350,– EUR[4]

Namens und mit Vollmacht[5] des Klägers erhebe ich Klage mit dem Antrag[6],

I. den Heranziehungsbescheid des Beklagten vom ...... und den Widerspruchsbescheid vom ...... aufzuheben,
II. dem Beklagten die Kosten des Verfahrens aufzuerlegen[7],
III. die Hinzuziehung des Prozessbevollmächtigten des Klägers im Vorverfahren für notwendig zu erklären[8],
IV. das Urteil hinsichtlich der Kosten für vorläufig vollstreckbar zu erklären[9],
V. dem Kläger zu gestatten, eine zulässige oder erforderliche Sicherheit auch durch Bankbürgschaft zu erbringen[10].

Zur Begründung führe ich aus[11]:

I. Der Kläger ist Eigentümer des Grundstücks X-Str. Nr....... in ...... Durch Bescheid vom ...... zog der Beklagte den Kläger zu einem Erschließungsbeitrag für die X-Straße in Höhe von 6.350,– EUR heran. Gegen den Bescheid legte der Kläger mit Schreiben vom ...... Widerspruch ein, den der Beklagte mit Widerspruchsbescheid vom ...... zurückwies. Der Widerspruchsbescheid wurde dem Kläger am ...... zugestellt[12]. Die angefochtenen Bescheide sind in Ablichtung beigefügt[13].

II. Der Heranziehungsbescheid in der Gestalt des Widerspruchsbescheides ist aus folgenden Gründen rechtswidrig:
Die Heranziehung ist gestützt auf die Erschließungsbeitragssatzung der Gemeinde ...... vom ...... Diese Satzung enthält jedoch keine dem § 132 Nr. 4 BauGB entspr. Bestimmung der Merkmale der endgültigen Herstellung der Erschließungsanlagen. § 9 Abs. 1 S. 1 der Satzung lässt neben dem „Eigentum der Gemeinde" an den Straßenflächen auch einen „rechtsverbindlichen Übertragungsvertrag zu Gunsten der Gemeinde" als Herstellungsmerkmal ausreichen. Ob ein solcher Vertrag vorliegt, lässt sich von den betroffenen Bürgern nicht anhand erkennbarer objektiver Kriterien hinreichend sicher feststellen. Diese die Rechtslage der Straßenfläche betreffende Unsicherheit führt zur Ungültigkeit der gesamten Herstellungsregelung des § 9 der Satzung (vgl. BVerwG DÖV 1980, 341). Damit ist eine Heranziehung des Klägers zu Erschließungsbeiträgen nicht möglich (OVG Münster BauR 1977, 269).
Ich bitte darum, die Verwaltungsvorgänge, insbesondere die Straßenbau- und Abrechnungsakte beizuziehen (§ 99 VwGO) und mir die Gelegenheit zur Einsichtnahme zu gewähren (§ 100 VwGO). Anschließend werde ich die Klage ergänzend begründen.

III. Meine Beauftragung im Widerspruchsverfahren war wegen der Schwierigkeit der zu behandelnden erschließungsbeitragsrechtlichen Fragen notwendig iSv. § 162 Abs. 2 S. 2 VwGO[14]. 2 Durchschriften sind beigefügt[15].

Rechtsanwalt[16]

Schrifttum: Bader/Funke-Kaiser/Kuntze/von Albedyll, Verwaltungsgerichtsordnung, 2. Aufl. 2002; *Eyermann,* Verwaltungsgerichtsordnung, 11. Aufl. 2000 mit Nachtrag 2002; *Kopp/Schenke,* Verwaltungsgerichtsordnung, 12. Aufl. 2000; *Redeker/von Oertzen,* Verwaltungsgerichtsordnung, 13. Aufl. 2000; *Schoch/Schmidt-Aßmann/Pietzner,* Verwaltungsgerichtsordnung, Losebl.-Komm., Stand: Januar 2002; *Hufen,* Verwaltungsprozessrecht, 4. Aufl. 2000; *Kuhla/Hüttenbrink,* Der Verwaltungsprozess, 3. Aufl. 2002; *Sodan/Ziekow,* Verwaltungsgerichtsordnung, Losebl.-Komm., Stand: Juli 2000; *Johlen* (Hrsg.), Münchener Prozessformularbuch, Bd. 6, Verwaltungsrecht, 1999; *Brand/Sachs,* Handbuch Verwaltungsverfahren und Verwaltungsprozess, 1999; *Johlen/Oerder* (Hrsg.), Münchener Anwaltshandbuch Verwaltungsrecht, 2002. – Zum Erschließungsbeitragsrecht: *Driehaus,* Erschließungs- und Ausbaubeiträge, NJW-Schriften 42, 6. Aufl. 2001; *Schmidt/Bogner/Steenbock,* Handbuch des Erschließungsrechts, Losebl.; *Quaas,* Kommunales Abgabenrecht, 1997; *Ludyga/Hesse,* Erschließungsbeitrag, Losebl.-Komm., Stand: 2001; *Matloch/Wiens,* Das Erschließungsbeitragsrecht in Theorie und Praxis, Losebl.-Komm., Stand: Februar 2001; *Fischer,* Erschließungs- und Erschließungsbeitragsrecht in Hoppenberg, Handbuch des öffentlichen Baurechts, Teil F, Losebl., 11. Aufl. 2002.

Anmerkungen

1. Der notwendige Inhalt der Klageschrift ergibt sich aus § 82 VwGO.

2. Die Klage ist grundsätzlich gegen die Körperschaft zu richten, § 78 Abs. 1 Nr. 1 VwGO. Dies gilt auch bei Anfechtungs- und Verpflichtungsklagen, wobei hier zur Bezeichnung des Beklagten die Angabe der Behörde genügt, § 78 Abs. 1 Nr. 1, 2. Halbs. VwGO. Nach § 78 Abs. 1 Nr. 2 VwGO kann durch Landesrecht bestimmt werden, dass die Anfechtungs- oder Verpflichtungsklage gegen die Behörde selbst zu richten ist; von dieser Ermächtigung haben das Saarland allgemein (§ 19 Abs. 2 AGVwGO), NRW mit Ausnahme von Klagen nach § 52 Nr. 4 VwGO (§ 5 Abs. 2 AGVwGO), Schleswig-Holstein (§ 6 S. 2 AGVwGO) und Niedersachsen (§ 8 Abs. 2 AGVwGO) für Landesbehörden Gebrauch gemacht.

3. Nach § 82 Abs. 1 S. 1 VwGO muss die Klage den Kläger, den Beklagten und den Gegenstand des Klagebegehrens bezeichnen. Die Angabe der Anschrift des Klägers, unter der er selbst tatsächlich erreichbar ist und unter der notfalls wegen der Verfahrenskosten gegen ihn vollstreckt werden kann, ist zwingend erforderlich (VGH Kassel NVwZ-RR 1996, 179; OVG Münster, NVwZ-RR 1997, 390). Fehlt es an einem dieser Erfordernisse, so kann der Vorsitzende oder Berichterstatter dem Kläger für die Ergänzung eine Ausschlussfrist setzen, § 82 Abs. 2 S. 2 VwGO. Der Streitgegenstand ergibt sich idR. bereits aus der Angabe des angefochtenen oder begehrten Verwaltungsakts oder aus der Begründung und braucht dann nicht noch einmal besonders genannt zu werden.

4. Nach § 23 GKG ist der Streitwert mit der Klage anzugeben. Die Bestimmung wird im Verwaltungsprozess praktisch nicht angewandt, die Unterlassung der Angabe ist unschädlich (*Redeker/von Oertzen* § 82 Rdn. 15). Zur Höhe des Streitwerts s. § 13 GKG. Hier ergibt sich der Streitwert aus der Höhe des mit dem angefochtenen Bescheid festgesetzten Beitrages, § 13 Abs. 2 GKG. – Zum Streitwert im Verwaltungsstreitverfahren im allg. s. den Streitwertkatalog NVwZ 1996, 563; ferner *Zimmer/Schmidt,* Der Streitwert im Verwaltungs- und Finanzprozess, NJW-Schriften 52.

5. Der Prozessbevollmächtigte muss eine schriftliche Vollmacht vorlegen, § 67 Abs. 3 S. 1 VwGO. Die für das Vorverfahren erteilte Vollmacht reicht ohne besonderen Zusatz nicht aus (*Redeker/von Oertzen* § 67 Rdn. 6). Die Vollmacht kann nachgereicht werden; hierfür kann das Gericht (nicht nur der Spruchkörper, sondern auch der Vorsitzende oder Berichterstatter, BVerwG NJW 1985, 2963) eine Frist setzen, § 67 Abs. 3 S. 2, 2. Halbs. VwGO. Diese Frist hat allerdings keine ausschließende Wirkung, sondern nur „eine gesteigerte Warnfunktion in dem Sinne ......, dass nach Ablauf der Frist mit der Entscheidung nicht mehr zugewartet zu werden braucht" (BVerwG NJW 1985, 2963).

Nach § 88 Abs. 2 ZPO hat das Gericht den Mangel der Vollmacht von Amts wegen zu berücksichtigen, wenn nicht als Bevollmächtigter ein Rechtsanwalt auftritt. Diese Vorschrift ist über § 173 VwGO im Verwaltungsprozess in der Weise anzuwenden, „dass bei Auftreten eines Rechtsanwalts als Prozessbevollmächtigtem eine Prüfung der Vollmacht von Amts wegen grundsätzlich nicht, wohl aber dann stattfindet, wenn besondere Umstände dazu Anlass geben, die Bevollmächtigung des Anwalts in Zweifel zu ziehen" (BVerwG NJW 1985, 1178/1179; ebenso BVerwG NJW 1985, 2963).

6. Das Fehlen eines Klageantrages macht die Klage nicht unzulässig, da § 82 Abs. 1 S. 2 VwGO nur eine Soll-Vorschrift ist.

7. Dieser Antrag ist üblich, aber nicht notwendig, da das Gericht über die Kosten von Amts wegen entscheidet, § 161 Abs. 1 VwGO.

8. Nach § 162 Abs. 2 S. 2 VwGO sind die durch die Beauftragung eines Bevollmächtigten im Vorverfahren entstandenen Gebühren und Auslagen nur erstattungsfähig, wenn das Gericht auf Antrag die Zuziehung eines Bevollmächtigten für das Vorverfahren für notwendig erklärt hat. Der Ausspruch darüber kann im Tenor des Urteils oder in einem gesonderten Beschluss erfolgen, der keine Urteilsergänzung darstellt und deshalb nicht an die Frist des § 120 Abs. 2 VwGO gebunden ist (BVerwG DÖV 1981, 343).

Ein Beschluss über die Notwendigkeit der Zuziehung eines Bevollmächtigten für das Vorverfahren kann nicht iR. eines Verfahrens nach § 80 Abs. 5 VwGO gefasst werden, sondern nur iR. eines Klageverfahrens. Nur zu diesem ist das Widerspruchsverfahren Vorverfahren iSv. § 162 Abs. 2 S. 2 VwGO (OVG Münster NWVBl. 1993, 312).

Ein Beschluss über die Notwendigkeit der Zuziehung eines Bevollmächtigten für das Vorverfahren setzt weiter voraus, dass der Bevollmächtigte nach außen aufgetreten ist. Eine nur interne Beratung reicht nicht aus, da sie nicht den Begriff der Bevollmächtigung erfüllt (BVerwGE 79, 226/230 f. = NVwZ 1988, 721; OVG Münster NWVBl. 1993, 312; NVwZ-RR 1996, 620; str.).

9. Da es sich um eine Anfechtungsklage handelt, kann das Urteil nur hinsichtlich der Kosten für vorläufig vollstreckbar erklärt werden, § 167 Abs. 2 VwGO. Über die vorläufige Vollstreckbarkeit ist von Amts wegen im Urteil zu entscheiden, §§ 167 Abs. 1 VwGO, 708 ZPO (BVerwG NJW 1963, 2042). Ein ausdrücklicher Antrag ist aber zweckmäßig, da die Erklärung der vorläufigen Vollstreckbarkeit in der Praxis oft unterbleibt.

10. §§ 167 VwGO, 709 ff., 108 ZPO.

11. Nach § 5 Abs. 3 VerkehrswegeplanungsbeschleunigungsG, § 20 Abs. 6 Allgemeines EisenbahnG, § 17 Abs. 6 b BundesfernstraßenG, § 19 Abs. 3 BundeswasserstraßenG, § 10 Abs. 7 LuftverkehrsG und § 29 Abs. 7 PersonenbeförderungsG hat der Kläger innerhalb einer Frist von 6 Wochen die zur Begründung seiner Klage dienenden Tatsachen und Beweismittel vorzutragen. Die Frist beginnt mit der Erhebung der Klage (BVerwG UPR 1994, 32; LKV 1997, 328/329; NVwZ-RR 1998, 592; NVwZ 2000, 681). Von diesen Sondervorschriften abgesehen gibt es keine gesetzliche Klagebegründungsfrist, da § 82 Abs. 1 S. 3 VwGO nur eine Soll-Vorschrift ist. Allerdings kann nach § 87b Abs. 1 S. 1 VwGO der Vorsitzende oder Berichterstatter dem Kläger eine Frist zur Angabe der Tatsachen setzen, durch deren Berücksichtigung oder Nichtberücksichtigung im Verwaltungsverfahren er sich beschwert fühlt. Nach Ablauf der Frist vorgebrachte Erklärungen und Beweismittel können unter den Voraussetzungen des § 87b Abs. 3 VwGO zurückgewiesen werden.

12. Das Datum der Zustellung des Widerspruchsbescheides ist für die Prüfung der Rechtzeitigkeit der Klageerhebung von Bedeutung; die Klagefrist beträgt einen Monat nach Zustellung des Widerspruchsbescheides, § 74 VwGO.

13. § 82 Abs. 1 S. 3 VwGO.

14. S. dazu Form. V. A. 5 Anm. 9.

15. § 81 Abs. 2 VwGO.

16. Eine Klage ist iSd. § 81 Abs. 1 S. 1 VwGO nur „schriftlich" erhoben, wenn die Klageschrift von dem Kläger oder seinem Vertreter eigenhändig unterschrieben ist (BGH NJW 1997, 3380; OVG Koblenz NVwZ 1997, 593). Eine maschinenschriftliche Unterzeichnung reicht nicht aus.

Dass eine Klage durch Telegramm, welches aber in jedem Falle als Unterschrift den Namen des Klägers oder des Bevollmächtigten wiedergeben muss (BGH NJW 1966, 1077), oder durch Fernschreiben (Telex), Telekopie und Telebrief oder „T-Online" erhoben werden kann, ist anerkannt (*Redeker/von Oertzen* § 81 Rdn. 9 mwN.). Als gebräuchlich und in der Rspr. anerkannt ist inzwischen die Übermittlung von Klagen und sonstigen bestimmenden Schriftsätzen durch Telefax (BVerfG NJW 1996, 2857; BGH NJW 1996, 2513; 1998, 3649; VGH München NJW 1993, 1125; *Pape/Notthoff* NJW 1996, 417). Auch in diesem Falle muss das Original eigenhändig unterschrieben sein (BVerwG NJW 1991, 1193; BGH NJW 1994, 2097). Für die Fristwahrung maßgeblich ist der Eingang des Telefax-Schreibens bei Gericht. Das später, zB. auf dem Postwege eingehende Originalschriftstück, stellt lediglich eine wiederholende Erklärung dar (VGH Kassel NJW 1992, 3055).

Ob eine Klageschrift, die durch Telefax direkt vom PC übermittelt wird, die Schriftform auch ohne Unterschrift wahrt, ist str. (Bejahend: BSG NJW 1997, 254; VG Karlsruhe NJW 1998, 77; verneinend: BGH NJW 1998, 3649/3650; OLG Karlsruhe NJW 1998, 1650).

Nach der neu eingeführten Vorschrift des § 126a BGB wahrt auch eine digitale Signatur die Schriftform. Die Entwicklung des SignaturG v. 16. 5. 2001 (BGBl. I S. 876) und seine Anwendung in der Praxis bleiben abzuwarten.

Kosten und Gebühren

In Verwaltungsstreitverfahren gelten für die Berechnung der Gerichtskosten die Nrn. 2110ff. KV. Nach § 188 VwGO werden in bestimmten Verfahren Gerichtskosten nicht erhoben. Eine Vorschusspflicht für den Kläger besteht im Verwaltungsstreitverfahren nicht, da § 65 GKG nur für bürgerliche Rechtsstreitigkeiten gilt. Persönliche Kostenfreiheit des Bundes, der Länder oder der Körperschaften und Anstalten öffentlichen Rechts besteht im Verwaltungsstreitverfahren nicht, § 2 Abs. 3 S. 1 GKG. Für Streitigkeiten über den Erlass von Gerichtskosten ist der Verwaltungsrechtsweg gegeben (OVG Berlin NVwZ 1983, 681).

Für die Berechnung der Rechtsanwaltsgebühren gelten nach § 114 Abs. 1 BRAGO die Vorschriften über die Gebühren in bürgerlichen Rechtsstreitigkeiten (§§ 31ff. BRAGO) entspr., soweit nicht § 114 Abs. 2 bis 4, 6, 7 BRAGO Sonderregelungen enthält. Wegen der Besonderheiten des anwaltlichen Gebührenrechts im Verwaltungsstreitverfahren s. *Johlen* AnwBl. 1983, 484 und *Madert/Hellstab*, Anwaltsgebühren in Verwaltungs-, Sozial- und Steuersachen, 2. Aufl. 1998.

2. Anfechtungsklage gegen einen Widerspruchsbescheid (Kündigungsschutz)[1]

An das
Verwaltungsgericht

Klage[2]

der Arbeiterin ...... (Klägerin)
Prozessbevollmächtigter: ......

gegen

die Bezirksregierung ......[3] (Beklagte)
beizuladen: RA ...... als Insolvenzverwalter über das Vermögen der Fa. ......[4]

wegen: Zulassung der Kündigung eines Arbeitsverhältnisses

Streitwert: 4.000,– EUR [5]

Namens der Klägerin erhebe ich Klage mit dem Antrag, den Widerspruchsbescheid der Beklagten vom ...... aufzuheben.[6]

Zur Begründung führe ich aus:[7]

I. Die Klägerin ist seit dem ...... bei der Fa. ...... als Arbeiterin tätig. Über das Vermögen der Fa. ...... wurde das Konkursverfahren eröffnet.
Am ...... beantragte RA ...... als Insolvenzverwalter beim Gewerbeaufsichtsamt, die Kündigung der schwangeren Klägerin gem. § 9 Abs. 3 S. 1 MuSchG zuzulassen. Diesen Antrag lehnte das Gewerbeaufsichtsamt mit Bescheid vom ...... ab. Gegen den Ablehnungsbescheid legte der Insolvenzverwalter Widerspruch ein. Diesem Widerspruch gab die Beklagte als zuständige Widerspruchsbehörde mit dem in einer Ablichtung beigefügten Widerspruchsbescheid vom ...... statt und ließ unter Aufhebung des ablehnenden Bescheides des Gewerbeaufsichtsamtes vom ...... die Kündigung zu.

II. Die Klage ist zulässig, da die Zulassung der Kündigung im Verhältnis zu dem zu kündigenden Arbeitnehmer einen Verwaltungsakt darstellt, für dessen Anfechtung der Verwaltungsrechtsweg gegeben ist (BVerwG E 10, 148/150).

III. Die Klage ist auch begründet.
Durch die Aufhebung des Ablehnungsbescheides des Gewerbeaufsichtsamtes und die Zulassung der Kündigung im Widerspruchsbescheid wurde die Klägerin als „Dritte“ beschwert. Für diesen Fall sieht § 71 VwGO vor, dass der Dritte vor Erlass des Widerspruchsbescheides gehört werden soll. Besondere Gründe, die die Beklagte als Widerspruchsbehörde dazu berechtigten, ausnahmsweise von einer Anhörung abzusehen, liegen hier nicht vor; damit liegt ein Verstoß gegen eine wesentliche Verfahrensvorschrift vor.
Der Widerspruchsbescheid beruht auch auf diesem Verstoß iSd. § 79 Abs. 2 S. 2 VwGO. Denn da die Zulassung der Kündigung in das Ermessen der Behörde gestellt ist, ist nicht auszuschließen, dass bei einer Anhörung der Klägerin eine andere Entscheidung in der Sache selbst getroffen worden wäre (vgl. §§ 79 2. Halbs., 46 VwVfG).

Rechtsanwalt

Anmerkungen

1. Es handelt sich um eine „isolierte“ Anfechtungsklage gegen einen Widerspruchsbescheid, durch den ein Dritter erstmalig beschwert wird.

2. Zum Inhalt der Klage im Allg. s. Form. V.B.1.

3. Die Klage ist nach § 78 Abs. 2 VwGO gegen die Widerspruchsbehörde bzw. die Körperschaft, zu der die Widerspruchsbehörde gehört, zu richten (s. dazu Form. V.B.1 Anm. 2).

4. Klagt ein Dritter gegen den Widerspruchsbescheid, so ist der Widerspruchsführer nach § 65 Abs. 2 VwGO notwendig beizuladen.

5. Nach § 13 Abs. 1 S. 1 GKG ist der Streitwert nach der sich aus dem Antrag des Klägers für ihn ergebenden Bedeutung der Sache nach Ermessen zu bestimmen. Beim Streit um die Zustimmung zur Kündigung ist nach Ziff. II 27.1 des Streitwertkatalogs (NVwZ 1996, 563/566) der Auffangwert des § 13 Abs. 1 S. 2 GKG zugrunde zu legen.

6. Angriffsziel der Klage ist nach § 79 Abs. 1 Nr. 2 VwGO nur der Widerspruchsbescheid, nicht der die Klägerin begünstigende Ausgangsbescheid des Gewerbeaufsichtsamtes. Dieser wird deshalb in dem Klageantrag nicht erwähnt.

Eines weiteren Vorverfahrens bedarf es in den Fällen, in denen ein Dritter durch den Abhilfebescheid oder den Widerspruchsbescheid erstmalig beschwert wird, nicht, § 68 Abs. 1 S. 2 Nr. 2 VwGO.

7. Vgl. OVG Bremen NVwZ 1983, 1869.

3. Verpflichtungsklage (Baurecht)

An das
Verwaltungsgericht

Klage[1]

des ...... **(Klägers)**
Prozessbevollmächtigter: RA ......

gegen

den Landrat des Kreises ...... **(Beklagten)**

wegen: Erteilung einer Bebauungsgenehmigung
beizuladen: 1. Die Gemeinde ......[2]
2. Die Bezirksregierung in ......[3]
Streitwert: 15.000,– EUR[4]

Namens des Klägers erhebe ich Klage mit dem Antrag,

unter Aufhebung des Bescheides des Beklagten vom ...... in der Gestalt des Widerspruchsbescheides der Bezirksregierung in ...... vom ...... den Beklagten zu verpflichten, dem Kläger den beantragten Vorbescheid für die Errichtung eines Einfamilienwohnhauses auf dem Grundstück ...... zu erteilen.

Zur Begründung führe ich aus:

I. Der Kläger ist Eigentümer des Grundstücks ...... Dieses liegt inmitten einer aus 7 Wohnhäusern und 2 Nebengebäuden bestehenden Ansiedlung, die 800 m vom Ortsrand von ...... entfernt ist.

Unter dem ...... beantragte der Kläger, ihm durch einen Vorbescheid die Genehmigung zur Bebauung seines Grundstücks mit einem Einfamilienwohnhaus zu erteilen. Diesen Antrag lehnte der Beklagte mit Bescheid vom ...... ab mit der Begründung, das Grundstück liege im Außenbereich und seine Bebauung beeinträchtige öffentliche Belange, zumal der Flächennutzungsplan den fraglichen Bereich als Fläche für die Landwirtschaft darstelle. Den gegen den Ablehnungsbescheid eingelegten Widerspruch wies die Bezirksregierung in ...... mit Widerspruchsbescheid vom ......, zugestellt am ......, zurück. Die angefochtenen Bescheide sind in Ablichtung beigefügt.

II. Die hier allein streitige planungsrechtliche Zulässigkeit des Vorhabens beurteilt sich nach § 35 Abs. 2 und 3 BauGB, weil die Ansiedlung wegen der geringen Zahl der Gebäude kein im Zusammenhang bebauter Ortsteil iSv. § 34 BauGB ist. Nach § 35 Abs. 2 BauGB ist der geplante Bau eines kleinen Wohnhauses mit einer Grundfläche von höchstens 100 qm und einer Geschossfläche von höchstens 160 qm zulässig, weil es an dem geplanten Standort öffentliche Belange nicht beeinträchtigt. Da das Wohnhaus in einer knapp 40 m breiten Lücke zwischen zwei innerhalb der Ansiedlung liegenden Wohnhäusern gleicher Größe errichtet werden soll, wird bei einer Zulassung der Bebauung die als Splittersiedlung zu charakterisierende Ansiedlung nicht räumlich erweitert. Sie wird zwar verfestigt, diese Verfestigung ist aber städtebaulich nicht unerwünscht und damit nicht zu „befürchten" iSv. § 35 Abs. 3 S. 1 Nr. 7 BauGB. Denn die hier vorzunehmende Schließung einer engen Baulücke rundet lediglich das Bild einer ohnehin vorhandenen Splittersiedlung ab (BVerwG E 54, 73; OVG Münster BRS 22 Nr. 74; 28 Nr. 33).

Eine Beeinträchtigung öffentlicher Belange liegt auch nicht deshalb vor, weil das Vorhaben den Darstellungen des Flächennutzungsplanes der Gemeinde widerspricht, § 35 Abs. 3 S. 1 Nr. 1 BauGB. Denn der Flächennutzungsplan ist insoweit wegen mangelnder Aussagekraft unbeachtlich (BVerwG NJW 1967, 1385; OVG Münster BauR 1978, 296). Er stellt die gesamte Ansiedlung als „Fläche für die Landwirtschaft" dar. Mit dieser Darstellung sollte jedoch angesichts des zwangsläufig groben Rasters des Flächennutzungsplan nicht strikt jegliche Bebauung, jedenfalls aber nicht die Schließung eindeutig baulich vorgeprägter Lücken, verhindert werden (BVerwG BRS 39 Nr. 82) ......

Rechtsanwalt

Verteiler: Gericht 5fach[5]

Schrifttum: Zum Bauplanungsrecht s. Form. V. A. 1.

Anmerkungen

1. Zum Inhalt der Klage im Allg. s. Form. V. B. 1.

2. Über die Zulässigkeit eines Bauvorhabens im Außenbereich nach § 35 BauGB wird im Einvernehmen mit der Gemeinde entschieden, § 36 Abs. 1 S. 1 BauGB. Diese ist deshalb nach § 65 Abs. 2 VwGO notwendig beizuladen (BVerwG NJW 1966, 1530).

3. Für die Erteilung einer Genehmigung nach § 35 Abs. 2 BauGB ist die Zustimmung der höheren Verwaltungsbehörde erforderlich, wenn die Landesregierung dies bestimmt, was hier geschehen sein soll, § 36 Abs. 1 S. 4 BauGB. Aus diesem Grunde ist hier auch die Bezirksregierung beizuladen (BVerwG E 52, 8). Die Beiladung braucht von dem Kläger aber nicht beantragt zu werden. Auch ist die Benennung der beizuladenden Personen in der Klageschrift nicht erforderlich.

4. Zum Streitwert in Bausachen s. Ziff. II. 7 des Streitwertkatalogs (NVwZ 1996, 563); ferner *Dombert* BauR 1989, 154 und *Noll,* Festschrift für Konrad Gelzer, S. 311. Nach Auffassung des VGH München (BauR 2001, 934) ist der Streitwert für eine Klage auf Erteilung eines Bauvorbescheides regelmäßig mit einem Zehntel der mutmaßlichen Bodenwertsteigerung zu bemessen, wenn allein oder vorwiegend die Bebaubarkeit des Grundstücks in Streit steht. Bei einer Klage auf Erteilung einer Baugenehmigung für eine Nutzungsänderung ist regelmäßig auf den angestrebten Jahresnutzwert abzustellen (BVerwG NJW 1997, 1985).

5. Damit wird berücksichtigt, dass neben dem Beklagten noch zwei Beigeladene am Verfahren beteiligt sind.

4. Untätigkeitsklage (Handwerksrecht)

An das
Verwaltungsgericht

Klage[1]

des …… (Klägers)
Prozessbevollmächtigter: RA ……

gegen

die Bezirksregierung …… (Beklagte)
beizuladen: Die Handwerkskammer ……[2]

wegen: Erteilung einer Ausnahmebewilligung nach § 8 HandwO
Namens des Klägers erhebe ich Klage mit dem Antrag[3], die Beklagte unter Aufhebung ihres Bescheides vom 18. 4. 2002 zu verpflichten, dem Kläger eine Ausnahmebewilligung zur Eintragung in die Handwerksrolle als Beton- und Stahlbetonbauer mit dem Teilgebiet „Herstellung von Stahlbetonstürzen" zu erteilen.[4]

Zur Begründung führe ich aus:

I. Der am 23. 1. 1955 geborene Kläger ist Maurergeselle. Im Einzelnen gestaltete sich sein beruflicher Lebensweg nach erfolgreichem Abschluss der Hauptschule wie folgt ……

Am 25. 2. 2002 beantragte der Kläger bei der Beklagten, ihm die Ausnahmebewilligung nach § 8 HandwO zu erteilen, nachdem sich für ihn überraschend die Möglichkeit ergeben hatte, von seinem Arbeitgeber dessen Betrieb, der sich mit der Herstellung von Stahlbetonstürzen befasst, zu übernehmen. Der Beklagte vertrat zunächst die Ansicht, dass ein Ausnahmefall iSd. § 8 Abs. 1 S. 2 HandwO vorliege und unterzog den Kläger zur Feststellung seiner Kenntnisse und Fertigkeiten einer Vergleichsprüfung, die der Kläger auch bestand.

Gleichwohl lehnte die Beklagte mit Bescheid vom 18. 4. 2002 die Erteilung der Ausnahmebewilligung mit der Begründung ab, eine erneute Prüfung habe ergeben, dass bei dem Kläger ein Ausnahmefall doch nicht vorliege. Gegen den Ablehnungsbescheid legte der Kläger mit Schreiben vom 23. 4. 2002 Widerspruch ein. Über diesen Widerspruch ist bis heute nicht entschieden.

II. Die Klage ist nach § 75 VwGO auch ohne Erlass eines Widerspruchsbescheides zulässig, nachdem seit Einlegung des Widerspruchs drei Monate vergangen sind und ein Grund für die Nichtbescheidung des Widerspruchs nicht ersichtlich ist.[5]

III. Die Klage ist auch begründet, da dem Kläger ein Rechtsanspruch auf Erteilung der Ausnahmebewilligung nach § 8 HandwO zusteht.

1. Der Kläger hat durch das Bestehen der Vergleichsprüfung nachgewiesen, dass er die Kenntnisse und Fertigkeiten zur selbstständigen Ausübung des Beton- und

Stahlbetonbauerhandwerks in dem Teilgebiet „Herstellung von Stahlbetonstürzen“ besitzt. Damit sind die Voraussetzungen des § 8 Abs. 1 S. 1 HandwO erfüllt, § 8 Abs. 2, 2. Halbs. HandwO.

2. Darüber hinaus liegt auch ein Ausnahmefall vor, weil die Ablegung der Meisterprüfung für den Kläger aus den nachfolgend dargelegten Gründen eine unzumutbare Belastung bedeuten würde, § 8 Abs. 1 S. 2 HandwO ......

IV. Ich rege an, den Streitwert auf 6.000,– EUR festzusetzen (so für Klagen auf Erteilung einer Ausnahmebewilligung zur Eintragung in die Handwerksrolle BVerwG NVwZ-RR 1992, 516).

Rechtsanwalt

Schrifttum: Aberle, Die Deutsche Handwerksordnung, Losebl., Stand: August 2001; *Honig,* Handwerksordnung, 2. Aufl. 1999; *Musielak/Detterbeck,* Das Recht des Handwerks, 3. Aufl. 1995, mit Nachtrag. – Zur Untätigkeitsklage: *Weides/Bertrams,* Die nachträgliche Verwaltungsentscheidung im Verfahren der Untätigkeitsklage, NVwZ 1988, 673.

Anmerkungen

1. Zur Gestaltung der Klage im Allg. s. Form. V. B. 1.

2. Die Notwendigkeit der Beiladung der Handswerkskammer ergibt sich aus § 8 Abs. 4, 2. Halbs. HandwO.

3. Die Besonderheit der Untätigkeitsklage nach § 75 VwGO besteht lediglich darin, dass es wegen der Untätigkeit der Behörde eines vollständigen Vorverfahrens nach § 68 VwGO nicht bedarf. Um eine besondere Klageart handelt es sich nicht. Die Klage ist nicht auf Bescheidung schlechthin zu richten, sondern wie bei einer normalen Anfechtungs- oder Verpflichtungsklage auf Aufhebung des – mit dem bisher nicht beschiedenen Widerspruch – angefochtenen oder auf Verpflichtung zum Erlass des beantragten Verwaltungsaktes (BVerwG NVwZ 1991, 1180/1181; OVG Koblenz NJW 1967, 2329; VGH Mannheim NJW 1970, 1143; *Postier* LKV 1992, 232).

4. Die Erteilung der Ausnahmebewilligung nach § 8 HandwO ist nicht in das Ermessen der Behörde gestellt. Die Bewilligung muss vielmehr erteilt werden, wenn die in § 8 HandwO genannten Voraussetzungen erfüllt sind (BVerwG NVwZ 2002, 341). Aus diesem Grunde wird hier ein Verpflichtungsantrag und nicht lediglich ein Bescheidungsantrag (s. Form. V. B. 5) gestellt.

5. Ergeht, nachdem die Klage gem. § 75 VwGO nach Ablauf der Dreimonatsfrist erhoben wurde, ein Bescheid, mit dem dem Antrag oder Widerspruch des Klägers stattgegeben wird, so ist die Hauptsache für erledigt zu erklären. Die Kosten werden dann nach § 161 Abs. 3 VwGO der beklagten Behörde durch Beschluss auferlegt, und zwar unabhängig davon, ob das Gericht der Behörde gem. § 75 S. 3 VwGO eine Frist gesetzt hatte (*Redeker/von Oertzen* § 161 Rdn. 10).

Ergeht eine negative Entscheidung, wird also der beantragte Verwaltungsakt abgelehnt oder der Widerspruch zurückgewiesen, und will der Kläger, weil die Ablehnungsgründe ihn überzeugen, das Verfahren nicht fortführen, so kann er den Rechtsstreit für in der Hauptsache erledigt erklären. Schließt sich der Beklagte der Erledigungserklärung an, so hat das Gericht nach § 161 Abs. 2 VwGO über die Kosten des Verfahrens zu entscheiden. Dabei sind die Kosten stets der Behörde aufzuerlegen, wenn der Kläger mit seiner Bescheidung vor Klageerhebung rechnen durfte, § 161 Abs. 3 VwGO. Ist dies nicht der Fall, hat der Kläger die Kosten zu tragen, weil er erfolglos geblieben ist und seine Erledigungserklärung einer Klagerücknahme gleichkommt (VGH München BayVBl. 1971, 25/26).

Will der Kläger sein Begehren weiter verfolgen, so gilt Folgendes.

Ist ein negativer Widerspruchsbescheid ergangen, so kann der Kläger diesen in das bereits anhängige Klageverfahren einfügen. Dies kann etwa mit folgender Formulierung geschehen: „In ...... ist inzwischen der in Ablichtung beigefügte Widerspruchsbescheid ergangen. Dieser wird hiermit zum Gegenstand der Klage gemacht. Es wird nunmehr beantragt, unter Aufhebung des Bescheides vom ...... in der Gestalt des Widerspruchsbescheides vom ...... den Beklagten zu verpflichten, ...“. Die mit der Zustellung des – mit ordnungsgemäßer Rechtsmittelbelehrung versehenen – Widerspruchsbescheides in Gang gesetzte Klagefrist sollte vorsorglich gewahrt werden, indem die Einführung des Widerspruchsbescheides in den Prozess innerhalb dieser Frist erfolgt.

Ist der begehrte Verwaltungsakt abgelehnt worden, so kann grundsätzlich die bereits erhobene Untätigkeitsklage unter Einbeziehung des Ablehnungsbescheides fortgeführt werden (VGH Mannheim NVwZ-RR 1997, 396). Ob es ausnahmsweise noch der Durchführung des Widerspruchsverfahrens bedarf, hängt vom Zeitpunkt der Klageerhebung sowie weiteren Umständen ab. Denkbar sind verschiedene, hier im Einzelnen nicht zu behandelnde Konstellationen (s. dazu die Übersicht bei *Dolde* in Schoch/Schmidt-Aßmann/Pietzner § 75 Rdn. 22 ff.). Vorsorglich sollte der Kläger in jedem Falle Widerspruch einlegen und das Gericht von dem Erlass des Ablehnungsbescheides und der Einlegung des Widerspruches unterrichten.

5. Bescheidungsklage[1] (Beamtenrecht)

An das
Verwaltungsgericht

Klage[2]

des Kreisoberinspektors ...... **(Klägers)**
Prozessbevollmächtigter: ...... RA ......

gegen

den Kreis ......, vertreten durch den Landrat, ...[3] **(Beklagten)**

wegen: Erteilung eines Dienstzeugnisses
Streitwert: 4.000,– EUR[4]

Namens des Klägers erhebe ich Klage mit dem Antrag, den Beklagten unter Aufhebung seines Bescheides vom ......[5] in der Gestalt des Widerspruchsbescheides[6] vom ...... zu verpflichten, dem Kläger ein neues Dienstzeugnis unter Beachtung der Rechtsauffassung des Gerichts zu erteilen.[7]

Zur Begründung führe ich aus:

I. Der Kläger steht seit 1985 im Dienste des Beklagten. Er war zunächst Angestellter und wurde zum 1. 3. 1994 zum Beamten ernannt. Nachdem er zunächst im Ordnungsamt eingesetzt war, war er vom Dezember 1987 bis September 1994 im Tiefbauamt tätig. Von dort wurde er Anfang Oktober 1994 zum Straßenverkehrsamt umgesetzt.

Im Oktober 2001 beantragte der Kläger die Ausstellung eines Dienstzeugnisses, das ihm unter dem ...... erteilt wurde. Mit Schreiben vom ...... bat er um Abänderung des Zeugnisses in einigen Punkten. Diesen Antrag lehnte der Beklagte mit Bescheid vom ...... ab. Den dagegen eingelegten Widerspruch wies der Beklagte auf Grund eines Beschlusses des Kreistages vom ...... mit Wider-

spruchsbescheid vom ...... zurück. Die angefochtenen Bescheide sind in Ablichtung beigefügt.

II. Der Kläger hat einen Anspruch auf erneute Bescheidung seines Antrages auf Erteilung eines Dienstzeugnisses.

1. Der Kläger hat iSd. § 104 Abs. 2 S. 1 Landesbeamtengesetz NRW ein berechtigtes Interesse an der Erteilung des Dienstzeugnisses, weil er beabsichtigt, sich beruflich zu verändern ......

2. Der Beklagte hat den Begriff des Dienstzeugnisses und den gesetzlichen Rahmen, innerhalb dessen er von seiner Beurteilungsermächtigung Gebrauch machen kann, verkannt. Er hat nicht genügend beachtet, dass ein Dienstzeugnis Aussagen über die gesamte Dauer des Bestehens des Beamtenverhältnisses enthalten muss, wie sich aus § 104 Abs. 2 S. 2 Landesbeamtengesetz NRW ergibt. Diesen Anforderungen wird das dem Kläger erteilte Zeugnis nicht gerecht; denn es gibt Auskunft nur über die Leistungen des Klägers seit dem 1. 10. 1994, nicht aber über die davor liegende Zeit seit Begründung des Beamtenverhältnisses ......

Rechtsanwalt

Schrifttum: Battis, Bundesbeamtengesetz, 2. Aufl. 1997; *Plog/Wiedow/Beck/Lemhöfer,* Bundesbeamtengesetz, Losebl.-Komm., Stand: September 2001; *Schnellenbach,* Beamtenrecht in der Praxis, NJW-Schriften 40, 5. Aufl. 2001; *ders.,* Die dienstliche Beurteilung der Beamten und der Richter, Losebl., Stand: September 2001; *Schütz/Maywald,* Beamtenrecht des Bundes und der Länder, Losebl.-Komm., Stand: April 2002; *von Roetteken/Rothländer,* Hessisches Beamtendienstrecht, Losebl.-Komm., Stand: April 2002.

Anmerkungen

1. Die Bescheidungsklage ist keine eigene Klageart, sondern eine Unterform der Verpflichtungsklage. Sie ist, anders als die Verpflichtungsklage, nicht auf den Erlass eines Verwaltungsaktes mit bestimmtem Inhalt gerichtet, sondern auf Bescheidung eines Antrages auf Erlass eines Verwaltungsaktes. Der Verwaltungsakt selbst kann nicht begehrt werden, weil noch keine Spruchreife besteht, § 113 Abs. 5 S. 2 VwGO.

2. Zur Gestaltung der Klage im Allg. s. Form. V.B. 1.

3. In NRW, wo der Fall spielen soll, sind in Beamtensachen auch Anfechtungs- und Verpflichtungsklagen nicht gegen die Behörde, sondern gegen die Körperschaft zu richten, § 5 Abs. 2 S. 2 AGVwGO NRW mit § 52 Nr. 4 VwGO (s. dazu auch Form. V.B. 1 Anm. 2).

4. Auffangstreitwert nach § 13 Abs. 1 S. 2 GKG. Allerdings kann, wenn nur Bescheidung beantragt wird, der Streitwert einen Bruchteil, mindestens jedoch ½ des Wertes der entspr. Verpflichtungsklage betragen, Ziff. I. 6 des Streitwertkatalogs (NVwZ 1996, 563).

5. Das Dienstzeugnis als solches ist ebenso wenig wie eine dienstliche Beurteilung ein Verwaltungsakt, wohl dagegen die Entscheidung der Behörde, mit der der Antrag auf Abänderung des Zeugnisses oder der Beurteilung abgelehnt wird (BVerwG E 21, 127; 28, 191; *Günther* ZBR 1981, 77; str.).

6. Nach § 126 Abs. 3 BRRG bedarf es in Beamtensachen immer eines Vorverfahrens nach den §§ 68ff. VwGO, also auch bei einer Leistungs- und Feststellungsklage und auch dann, wenn der Verwaltungsakt von der obersten Dienstbehörde erlassen worden ist.

7. Nach hM. ist eine dienstliche Beurteilung – Gleiches gilt für ein Dienstzeugnis – ein dem Dienstherrn vorbehaltener Akt wertender Erkenntnis. „Die verwaltungsgerichtliche Nachprüfung hat sich deshalb darauf zu beschränken, ob die Verwaltung den anzuwendenden Begriff oder den gesetzlichen Rahmen, in dem sie sich frei bewegen kann, verkannt hat oder ob sie von einem unrichtigen Sachverhalt ausgegangen ist, allg. gültige Wertmaßstäbe nicht beachtet, sachfremde Erwägungen angestellt oder gegen Verfahrensvorschriften verstoßen hat" (BVerwG NVwZ 1982, 101). Da deshalb das Gericht den Beklagten nicht zur Erteilung eines Dienstzeugnisses mit einem bestimmten Inhalt verpflichten kann, kommt nur ein Bescheidungsurteil in Betracht; dem trägt der Antrag Rechnung. Allerdings geht der Kläger kein Kostenrisiko ein, wenn er statt des Bescheidungs- einen Verpflichtungsantrag stellt. Denn der Erlass eines Bescheidungsurteils statt des beantragten Verpflichtungsurteils stellt für den Kläger kein teilweises Unterliegen iSd. § 155 Abs. 1 VwGO dar (*Redeker/von Oertzen* § 113 Rdn. 42; str.).

6. Kombinierte Anfechtungs- und Verpflichtungsklage (Asylrecht)[1]

An das
Verwaltungsgericht ......[2]

Klage

des ...... **(Klägers)**
Prozessbevollmächtigter: RA ......

gegen

die Bundesrepublik Deutschland, vertreten durch das Bundesministerium des Innern in Berlin, dieses vertreten durch den Präsidenten des Bundesamtes für die Anerkennung ausländischer Flüchtlinge, Außenstelle ......
Beteiligter: Der Bundesbeauftragte für Asylangelegenheiten, Rothenburger Str. 29, 90513 Zirndorf[3]
wegen: Asylrechts
Streitwert: 3.000,– EUR[4]

Namens und mit Vollmacht[5] des Klägers erhebe ich Klage mit dem Antrag,

I. die Beklagte unter Aufhebung des Bescheides des Bundesamts für die Anerkennung ausländischer Flüchtlinge vom ...... zu verpflichten, den Kläger als Asylberechtigten anzuerkennen;

II. den Bescheid des Bundesamtes vom ...... betreffend die Abschiebungsandrohung aufzuheben.[6]

Zur Begründung führe ich aus:

I. Der Kläger ist ...... Staatsangehöriger und syrisch-orthodoxer Christ. Er stammt aus der Stadt ...... in der Provinz ...... Ende ...... floh der Kläger aus seiner Heimat in die Bundesrepublik, nachdem es in der Region zunehmend zu schweren, von ...... an Christen begangenen Straftaten wie Mord, Mordversuch, Entführung, Viehdiebstahl und Sachbeschädigung gekommen war. Die Sachwalter des Staates ahndeten das Vorgehen der ...... auf Grund der weitgehend von feudalen Stammes- und Religionsführern bestimmten Machtstrukturen in der Region nicht oder nur völlig unzureichend.

Den Asylantrag lehnte die Beklagte mit Bescheid des Bundesamtes vom ...... ab.[7] Das Bundesamt drohte dem Kläger gleichzeitig die Abschiebung an, falls er nicht innerhalb von ...... aus der Bundesrepublik ausreise.[8]

II. Die Klage ist begründet, weil der Kläger entgegen der Ansicht der Beklagten einen Anspruch darauf hat, als asylberechtigt iSv. Art. 16a Abs. 1 GG iVm. dem AsylVfG anerkannt zu werden.

Nach der Rspr. des BVerfG (NVwZ 1990, 151) und des BVerwG (NVwZ 1990, 1175; DÖV 1994, 479) ist politisch verfolgt iSd. vorgenannten Bestimmungen, wer

wegen seiner Rasse, Religion, Nationalität, Zugehörigkeit zu einer sozialen Gruppe oder wegen seiner politischen Überzeugung Verfolgungsmaßnahmen mit Gefahr für Leib und Leben oder Beschränkungen seiner persönlichen Freiheit ausgesetzt ist oder solche Verfolgungsmaßnahmen begründet befürchtet.[9]

Der Kläger gehört einer durch die gemeinsame Religion miteinander verbundenen Gruppe an, die wegen ihrer Religion von Andersgläubigen verfolgt worden ist. Von dieser Verfolgung war auch der Kläger betroffen. Richtet sich politische Verfolgung gegen Gruppen von Menschen, die durch gemeinsame Merkmale wie etwa Rasse, Religion oder politische Überzeugung verbunden sind, so ist idR. davon auszugehen, dass sich diese Verfolgung gegen jeden Angehörigen der verfolgten Gruppe richtet (BVerfGE 83, 216/234; Informationsbrief Ausländerrecht 1993, 196; DVBl. 1993, 1003; BVerwG NVwZ 1992, 578; 1993, 192; DVBl. 1996, 623/624). Besondere Umstände, aus denen sich ergibt, dass der Kläger von der Gruppenverfolgung ausgenommen war (BVerwG NVwZ 1991, 768) sind nicht gegeben. Im Gegenteil ist der Kläger noch wenige Tage vor der Flucht aus seiner Heimatstadt von ...... Jugendlichen so geschlagen worden, dass ihm ein Arm brach.

Beweis: Zeugnis des ......[10]

Die dem Kläger zuteil gewordene Verfolgung ging zwar nicht unmittelbar vom Staat aus. Nach der Rspr. des BVerfG (NVwZ 1988, 237; 1990, 151; vgl. auch BVerwG NVwZ 1995, 391; 1996, 85) kann eine asylrechtlich beachtliche Verfolgung auch von nicht-staatlicher Seite ausgehen, sofern sie dem jeweiligen Staat zuzurechnen ist. Das gilt dann, wenn – wie hier – der Staat zur Gewährung von Schutz gegenüber den Betroffenen entweder nicht bereit ist oder wenn er sich nicht in der Lage sieht, die ihm an sich verfügbaren Mittel gegenüber Verfolgungsmaßnahmen bestimmter Dritter hinreichend einzusetzen (BVerwGE 99, 331/335 = NVwZ 1996, 476/477).

Entgegen der Ansicht der Beklagten ist der Asylantrag nicht deshalb abzulehnen, weil dem Kläger in anderen Regionen seines Heimatlandes keine Verfolgung drohe. Zwar ist nach st. Rspr. (BVerfG NVwZ 1990, 151; BVerwG NVwZ 1994, 1123; 1996, 1116; DVBl. 1998, 274/277) eine Anerkennung als Asylberechtigter nicht möglich, wenn dem Asylbewerber nur in Teilen seines Heimatstaates politische Verfolgung erstmalig oder wiederholt droht, er aber in anderen Teilen des Landes ohne Furcht vor politischer Verfolgung leben kann (sog. inländische Fluchtalternative). Im vorliegenden Falle muss jedoch davon ausgegangen werden, dass der Kläger landesweit in einer ausweglosen Lage ist; ihm drohen auch in anderen Landesteilen Verfolgungen, weil allg. eine starke Aversion gegen Christen besteht und es keine Gegend gibt, in der noch nicht Gewaltakte gegen Christen wegen ihres Glaubens verübt worden sind.[11] Damit ist nicht mit hinreichender Wahrscheinlichkeit auszuschließen, dass der Kläger bei seiner Rückkehr in seinen Heimatstaat erneut politisch verfolgt wird, was, weil der Kläger bereits einmal politischen Verfolgungen ausgesetzt war, für die Annahme seiner Asylberechtigung ausreicht (BVerwG Buchholz 402.24 § 28 Ausländergesetz Nr. 27). Der Anerkennung des Klägers als Asylberechtigter steht auch nicht entgegen, dass er sich vor der Einreise in das Bundesgebiet 5 Wochen in ...... aufgehalten hat;[12] denn er hatte dort keine anderweitige Sicherheit vor Verfolgung i.S.d. § 27 AsylVfG erlangt. Letzteres kann nach der Rspr. (BVerwG NVwZ 1988, 1136; 1990, 572; DÖV 1989, 993) erst dann angenommen werden, wenn die Flucht des politisch Verfolgten in dem Drittstaat ihr Ende gefunden hatte mit der Folge, dass zwischen der Flucht aus dem Heimatstaat und der Einreise in die Bundesrepublik kein Zusammenhang mehr besteht. Davon kann hier keine Rede sein, weil es sich bei dem Aufenthalt des Klägers in ...... um einen bloßen, die Flucht nicht beendenden Zwischenaufenthalt gehandelt hat.[13]

Rechtsanwalt

Schrifttum: Bamberger, Ausländerrecht und Asylverfahrensrecht, 2. Aufl. 1997; *Fritz,* Gemeinschaftskomm. zum Ausländerrecht, Losebl., Stand: März 2002; *ders.,* Gemeinschaftskomm. zum Asylverfahrensgesetz, Losebl., Stand: Februar 2002; *Hailbronner,* Ausländerrecht, Losebl.-Komm., Stand: Februar 2002; *Huber,* Handbuch des Ausländer- und Asylrechts, Losebl., 16. Aufl. 2002; *Jakober ua.,* Aktuelles Ausländerrecht, Losebl., Stand: 1997; *Renner,* Ausländerrecht, 7. Aufl. 1999; *Kloesel/Christ/Häußer,* Deutsches Ausländerrecht, Losebl.-Komm., Stand: April 2002; *Marx,* Asylverfahrensgesetz, 4. Aufl. 1999; *Göbel/Zimmermann,* Asyl- und Flüchtlingsrecht, 1999; *Schiedermair/Wollenschläger,* Handbuch des Ausländerrechts, Losebl., Stand: Dezember 2001.

Anmerkungen

1. Das Asylrecht hat durch das Gesetz vom 28. 6. 1993, mit dem Art. 16a in das GG eingeführt worden ist, wesentliche Änderungen erfahren (vgl. das AsylVfG idF. der Bekanntmachung vom 27. 7. 1993). In das materielle Asylrecht sind insbes. die sog. Drittstaatenklausel sowie die verfolgungsfreien Herkunftsländer aufgenommen worden. Das Verwaltungsverfahren ist unter teilweiser Einbeziehung der Grenzbehörden konzentriert, der Rechtsweg punktuell eingeschränkt worden.

2. Die Entscheidung im Klageverfahren soll nach Maßgabe des § 76 Abs. 1 und 2 AsylVfG dem Einzelrichter übertragen werden. Dagegen bestehen keine verfassungsrechtlichen Bedenken (BVerfG NJW 1984, 559). In Verfahren des vorläufigen Rechtsschutzes entscheidet gem. Abs. 4 ein Mitglied der Kammer als Einzelrichter (sog. originärer Einzelrichter). Zur örtlichen Zuständigkeit des VG s. § 52 Nr. 2 S. 3 VwGO und BVerwG DVBl. 1984, 1015; VGH Kassel NVwZ-RR 1996, 611; VG Frankfurt a. M. NVwZ-Beilage 2001, 95; OVG Koblenz NVwZ-RR 2000, 472. – Zum Inhalt der Klage im Allg. s. Form. V. B. 1.

3. Die Beteiligung des Bundesbeauftragten, der an Weisungen des Bundesministeriums des Innern gebunden ist, ergibt sich aus § 6 Abs. 2 AsylVfG. Er hat ein unbeschränktes Klagerecht gegen alle Entscheidungen des Bundesamtes nach den AsylVfG (BVerwG NVwZ 1997, 1136), insbes. kann er auch gegen Entscheidungen des Bundesamtes nach § 53 Abs. 4 AuslG klagen (OVG Weimar NVwZ-Beilage 2000, 69) und gegen ein Urteil des VG Berufung auch dann einlegen, wenn er sich im erstinstanzlichen Verfahren nicht beteiligt hatte (BVerwG NVwZ 1996, 79).

4. § 83b AsylVfG, der die Gerichtskostenfreiheit der Asylverfahren regelt (Abs. 1), enthält verbindliche Vorgaben für die Streitwertfestsetzung im Klageverfahren, im Verfahren nach § 80 Abs. 5 VwGO sowie im Hinblick auf sog. Familienklagen (Abs. 2).

5. Zum Umfang des Auftrages und der Vollmacht des RA in Asylsachen s. OVG Koblenz NJW 1983, 1509; OVG Weimar NVwZ-RR 1997, 390/391; OVG Hamburg NVwZ-Beilage 1998, 44; VG Münster AuAS 1997, 35/36. Zum bejahten Anspruch des RA auf Erstattung der Dolmetscherkosten, die im Zusammenhang mit der Vorbereitung der mündlichen Verhandlung und Besprechung mit einem Asylbewerber angefallen sind, vgl. VG Regensburg AuAS 1997, 156.

6. Zum Klageantrag s. VGH Kassel NVwZ 1982, 136.

Das auf Verpflichtung der Beklagten zur Anerkennung des Klägers als Asylberechtigten gerichtete Begehren umfasst den Antrag auf Feststellung der Gefahr politischer Verfolgung iS. des § 51 Abs. 1 AuslG mit. Gem. § 13 Abs. 2 AsylVfG wird nämlich mit jedem Asylantrag sowohl die Feststellung, dass die Voraussetzungen des § 51 Abs. 1 AuslG vorliegen, als auch – wenn der Ausländer dies nicht ausdrücklich ablehnt – die Anerkennung als Asylberechtigter begehrt. Folgerichtig hat das Bundesamt für die Anerkennung ausländischer Flüchtlinge gem. § 31 Abs. 2 AsylVfG ausdrücklich festzustellen, ob die Voraussetzungen des § 51 Abs. 1 AuslG vorliegen und ob der Antragsteller als Asylberechtigter anerkannt wird.

7. Das Bundesamt kann einen Asylantrag als (einfach) unbegründet oder unter den Voraussetzungen des § 30 AsylVfG als offensichtlich unbegründet ablehnen.

Die Wahl der Ablehnungsart hat für den Asylbewerber wegen der unterschiedlichen Rechtsfolgen wesentliche Bedeutung. Bei einer Ablehnung des Antrages als einfach unbegründet ist dem Asylbewerber eine Ausreisefrist von einem Monat zu setzen, § 38 Abs. 1 AsylVfG. Die Frist für eine Klage gegen den Ablehnungsbescheid beträgt – in Abweichung von der nach der VwGO geltenden einmonatigen Klagefrist – zwei Wochen nach Zustellung, § 74 Abs. 1, 1. Halbs. AsylVfG. Mit der Erhebung der Klage tritt aufschiebende Wirkung insoweit ein, als die Ausreisefrist erst einen Monat nach dem unanfechtbaren Abschluss des Asylverfahrens endet, § 38 Abs. 1 S. 2 AsylVfG.

Wird der Asylantrag dagegen als offensichtlich unbegründet abgelehnt (vgl. dazu BVerfG NVwZ-Beilage 6/1994 S. 41), beträgt die Ausreisefrist – wie bei unbeachtlichen Asylanträgen, § 29 AsylVfG – nur eine Woche, § 36 Abs. 1 AsylVfG. Die Klage ist gleichfalls binnen einer Woche zu erheben, § 74 Abs. 1, 2. Halbs. AsylVfG; sie entfaltet keine aufschiebende Wirkung, § 75 AsylVfG. Gegen die drohende Abschiebung kann wiederum innerhalb einer Woche Antrag nach § 80 Abs. 5 VwGO auf AO der aufschiebenden Wirkung der Klage gestellt werden, §§ 36 Abs. 3 S. 1, 74 Abs. 1, 2. Halbs. AsylVfG. Die Abschiebung darf vom Gericht nur ausgesetzt werden, wenn ernstliche Zweifel an der Rechtmäßigkeit des angegriffenen Verwaltungsaktes bestehen, Art. 16 a Abs. 4 GG. Solche Zweifel liegen erst dann vor, wenn erhebliche Gründe dafür sprechen, dass die Maßnahme einer rechtlichen Prüfung wahrscheinlich nicht standhält; dabei reicht ein Zweifel, dessen Intensität nicht messbar ist, nicht aus, vielmehr kommt es auf das objektive Gewicht der Faktoren an, die Anlass zu Zweifeln geben (BVerfG NVwZ 1996, 678). Für den Beschluss nach § 80 Abs. 5 VwGO wird dem Gericht – ein Novum in der Geschichte der Verwaltungsgerichtsbarkeit – mittels Soll-Vorschrift eine Entscheidungsfrist von einer Woche gesetzt, § 36 Abs. 3 S. 5 AslyVfG. Der Beschluss des Gerichts (Einzelrichter) ist rechtskräftig, weil die Beschwerde – wie auch für andere Beschlüsse im Asylverfahren (zB. betr. die Gewährung von Prozesskostenhilfe oder die Festsetzung des Streitwertes) – ausgeschlossen ist, § 80 AsylVfG.

8. Lehnt das Bundesamt den Asylantrag ab und besitzt der Ausländer keine Aufenthaltsberechtigung, so erlässt das Bundesamt nach den §§ 50 und 51 Abs. 4 AuslG die Abschiebungsandrohung. Eine Anhörung des Ausländers vor Erlass der Abschiebungsandrohung ist nicht erforderlich, § 34 Abs. 1 AsylVfG. Die Abschiebungsandrohung soll mit der Entscheidung über den Asylantrag verbunden werden, § 34 Abs. 2 AsylVfG.

Sowohl gegen die Ablehnung des Asylantrages als auch gegen die Androhung der Abschiebung findet ein Widerspruch nicht statt, ist vielmehr sogleich Klage gegeben, § 68 Abs. 1 S. 2, 1. Halbs. VwGO mit § 11 AsylVfG.

9. Von Vorverfolgungs- bzw. Vorfluchtgründen zu unterscheiden sind die sog. Nachfluchtgründe, § 28 AsylVfG. Auf Tatbestände, die nach der Flucht des Asylbewerbers aus seinem Heimatland entstanden sind, kann das Asylrecht nur insoweit erstreckt werden, als dies nach Sinn und Zweck der verfassungsrechtlichen Asylverbürgung geboten ist (BVerfG NVwZ 1987, 311; 1993, 195). Davon ist bei objektiven Nachfluchtgründen, die durch Ereignisse im Heimatstaat unabhängig von der Person des Asylbewerbers ausgelöst werden, auszugehen; dagegen kann bei subjektiven Nachfluchttatbeständen, die der Asylbewerber nach Verlassen des Heimatstaates aus eigenem Entschluss geschaffen hat, eine Asylberechtigung in aller Regel nur dann in Betracht gezogen werden, wenn diese Nachfluchttatbestände sich als Ausdruck und Fortführung einer schon während des Aufenthalts im Heimatstaat vorhandenen und er-

kennbar betätigten festen Überzeugung darstellen (BVerfG NVwZ 1987, 311). Ausnahmsweise kann auch schon die Beantragung von Asyl als selbstgeschaffener Nachfluchtgrund die Voraussetzungen für die Gewährung von Asyl erfüllen, wenn nämlich der Asylbewerber sich vor dem Verlassen seines Heimatstaates aus politischen Gründen in einer sog. latenten Gefährdungslage befunden hat (BVerwG DVBl. 1989, 722; 1992, 1543).

10. Auch in Asylsachen muss das Gericht die volle Überzeugung von der Wahrheit – und nicht nur von der Wahrscheinlichkeit – des vom Kläger behaupteten individuellen Schicksals erlangen, aus dem er seine Furcht vor politischer Verfolgung herleitet (BVerwG E 55, 83; DVBl. 1985, 956; NVwZ 1990, 171; kritisch dazu *Bertrams* DVBl. 1987, 1181).

Bei einem Beweisantrag auf Vernehmung eines Zeugen zum persönlichen Verfolgungsschicksal eines Asylbewerbers ist im Einzelnen darzulegen, welche Bekundungen über konkrete Wahrnehmungen von dem Zeugen zu erwarten sind, so dass das Gericht in die Lage versetzt wird, die Tauglichkeit des Beweismittels zu beurteilen.

Es genügt nicht, bei Angabe des Beweisthemas lediglich die Tatbestandsvoraussetzungen für die Anerkennung als Asylberechtigter zu wiederholen (BVerwG MDR 1983, 869; OVG Bremen NVwZ 1984, 58).

Die Vernehmung von im Heimatstaat des Asylbewerbers lebenden Zeugen ist idR. ein schlechthin ungeeigneter Beweisantritt, wenn die Vernehmung allenfalls durch Behörden oder Gerichte des angeblichen Verfolgerstaates möglich wäre (BVerwG NJW 1984, 574).

Auskünfte des Auswärtigen Amtes in Asylsachen stellen zulässige und selbstständige Beweismittel dar, die ohne förmliches Beweisverfahren im Wege des Freibeweises verwertet werden können (BVerwG NVwZ 1986, 35).

Vgl. im Einzelnen

- zur Beweiseignung einer eidesstattlichen Versicherung im asylrechtlichen Eilverfahren BVerwG NVwZ-Beilage 1994, 2,
- zur Einholung eines Sachverständigengutachtens BVerwG NVwZ-Beilage 1999, 89,
- zur Ablehnung eines Beweisantrages BVerfG NVwZ-Beilage 1999, 51,
- zur Verwertung von Sprachanalysen im Asylverfahren VG Potsdam NVwZ-Beilage 2001, 35,
- zur Protokollierung der Angaben eines Asylbewerbers in der mündlichen Verhandlung OVG Bautzen NVwZ-Beilage 2001, 103,
- zur vorweg genommenen Beweiswürdigung BVerwG NVwZ-Beilage 1998, 57; 2000, 17,
- zur Ablehnung eines Beweisantrages BVerwG NVwZ-Beilage 2000, 95,
- zu den Voraussetzungen einer Divergenzrüge VGH Kassel NVwZ-Beilage 1998, 111; 1999, 96; 2000, 6.

11. Bei der Beurteilung asylrechtlicher Sachverhalte ist auf den Zeitpunkt der letzten gerichtlichen Tatsachenentscheidung abzustellen, § 77 Abs. 1 AsylVfG. Es kommt also nicht etwa (auch) auf die Lage im Heimatland zur Zeit der Flucht an (BVerfGE 54, 341/359, 360; BVerwG DVBl. 1984, 95; NVwZ 1990, 654).

12. Will der Asylbewerber aus einem sog. sicheren Drittstaat einreisen, ist ihm die Einreise von den Grenzbehörden zu verweigern, § 18 Abs. 2 Nr. 1 AsylVfG. Wer aus einem sicheren Drittstaat ausreist, bedarf nämlich des Schutzes der grundrechtlichen Gewährleistung in der Bundesrepublik Deutschland nicht, weil er in diesem Staate Schutz vor politischer Verfolgung hätte finden können (BVerfG NVwZ 1996, 700; BVerwG 1999, 313). Sichere Drittstaaten iSd. Art. 16a Abs. 2 S. 1 GG sind gem. § 26a Abs. 2 AsylVfG die Mitgliedstaaten der Europäischen Gemeinschaften sowie weitere in der Anlage I zu § 26a AsylVfG aufgeführte Staaten, zB. Polen (zur Einreise aus Polen vgl. OVG Frankfurt (Oder) NVwZ-Beilage 6/1994 S. 42), Schweiz, Tschechische Republik (zur Einreise aus der Tschechischen Republik vgl. VGH München NVwZ-Beilage 1/1994 S. 4). Die für eine Bestimmung zum sicheren Drittstaat durch Gesetz gem. Art. 16a Abs. 2 S. 2 GG erforderliche Sicherstellung der Anwendung von Genfer Flüchtlingskonvention und Europäischer Menschenrechtskonvention setzt insbes. voraus, dass der jeweilige Staat den beiden Konventionen beigetreten ist; ferner ist erforderlich, dass nach seiner Rspr. ein Ausländer nicht an den angeblichen Verfolgerstaat abgeschoben werden darf, ohne dass zuvor geprüft worden ist, ob ihm dort Verfolgung, Folter oder unmenschliche oder erniedrigende Strafe oder Behandlung droht (BVerfG NVwZ 1996, 700). Zu einer iRe. Verfassungsbeschwerde erlassenen einstw. AO, mit der dem Grenzschutzamt die Vollziehung der verfügten Einreiseverweigerung untersagt und ihm die Gestattung der Einreise der Asylbewerberin aufgegeben worden war, vgl. BVerfG, Informationsbrief Ausländerrecht 1993, 388.

Ist der Asylbewerber aus einem sicheren Drittstaat eingereist, wird er nicht als Asylberechtigter anerkannt, § 26a Abs. 1 S. 2 AsylVfG.

Ein Asylbewerber, der in einem sonstigen Drittstaat vor Verfolgung sicher war, wird gleichfalls nicht als Asylberechtigter anerkannt, § 27 AsylVfG.

Der Antrag eines Asylbewerbers, der aus einem sicheren – dh. verfolgungsfreien – Herkunftsstaat stammt, ist als offensichtlich unbegründet abzulehnen, § 29a Abs. 1 AsylVfG. Sichere Herkunftsstaaten iSd. Art. 16a Abs. 3 S. 1 GG sind die in Anlage II zu § 29a AsylVfG bezeichneten Staaten, zB. Bulgarien (zur Einreise aus Bulgarien vgl. VG Stuttgart NVwZ-Beilage 1/1994 S. 8), Gambia, Slowakische Republik, Ungarn. Für die Bestimmung eines Staates zum sicheren Herkunftsstaat hat sich der Gesetzgeber anhand von Rechtslage, Rechtsanwendung und den allg. politischen Verhältnissen aus einer Vielzahl von einzelnen Faktoren ein Gesamturteil über die für politische Verfolgung bedeutsamen Verhältnisse in dem jeweiligen Staat zu bilden (BVerfG NVwZ 1996, 691); dabei setzt die Bestimmung eines Staates zum sicheren Herkunftsstaat voraus, dass Sicherheit vor politischer Verfolgung landesweit und für alle Personen- und Bevölkerungsgruppen besteht (BVerfG aaO.). Allerdings hat der Asylbewerber die Möglichkeit, die Vermutung – dass im Herkunftsstaat nicht verfolgt werde – durch entspr. Vorbringen zu entkräften. Sein individueller Vortrag darf deshalb nicht unter Hinweis auf die allg. Lage im Herkunftsstaat pauschal als unglaubhaft abqualifiziert werden (BVerfG DVBl. 1993, 1007).

Will ein Asylbewerber aus einem sicheren Herkunftsstaat über einen Flughafen einreisen und bei der Grenzbehörde um Asyl nachsuchen, wird das Asylverfahren vor der Entscheidung über den Asylantrag zunächst über die Einreise durchgeführt, § 18a Abs. 1 AsylVfG; dabei wird der Asylbewerber auf dem Gelände des Flughafens untergebracht, sog. Flughafenverfahren. Die in der Unterbringung im Transitbereich eines Flughafens liegende Begrenzung des Aufenthalts von Asylsuchenden während des Verfahrens nach § 18a AsylVfG stellt sich weder als Freiheitsentziehung noch als Freiheitsbeschränkung iSv. Art. 2 Abs. 2 S. 2 und 104 Abs. 1 und 2 GG dar (BVerfG NVwZ 1996, 678). Lehnt das Bundesamt den Asylantrag als offensichtlich unbegründet ab, ist dem Asylbewerber die Einreise zu verweigern (Abs. 3). Ein Antrag auf Gewährung vorläufigen Rechtsschutzes gem. § 80 Abs. 5 VwGO ist innerhalb von drei Tagen nach Zustellung des Beschlusses zu stellen (Abs. 4). Der Antrag zielt auf Gewährung der Einreise und richtet sich sodann gegen die Abschiebungsandrohung (Abs. 5). Der aus Art. 19 Abs. 4 GG entfließende Anspruch auf Gewährleistung effektiven Rechtsschutzes verpflichtet das Bundesamt sowie die Grenzschutzbehörden, dafür Sorge zu tragen, dass die Erlangung gerichtlichen Rechtsschutzes durch die obwaltenden Umstände nicht unzumutbar erschwert oder gar vereitelt wird (BVerfG NVwZ 1996, 678). So muss dem anwaltlich nicht vertretenen Asylbewerber Gelegenheit gegeben werden, asylrechtskundige Beratung in Anspruch zu nehmen, wobei er abschätzen kann, ob eine etwaige Beschreitung des Rechtsweges Aussicht auf Erfolg bietet. Dabei muss für die Begründung des innerhalb von drei Tagen zu stellenden Eilantrages jedenfalls ein Zeitraum von weiteren vier

Tagen ab Zustellung der behördlichen Entscheidungen zur Verfügung stehen (BVerfG aaO.).

13. Gegen das Endurteil des VG, mit dem die Klage als (einfach) unzulässig oder unbegründet abgewiesen wird, findet die Berufung nur statt, wenn sie durch Beschluss des OVG zugelassen wird, § 78 Abs. 2 S. 1 AsylVfG. In diesem Falle gelten für die Durchführung des Berufungsverfahrens nach Maßgabe des § 79 AsylVfG die allg. Vorschriften (s. dazu Form. V.C.2).

Die Berufung ist nur zuzulassen, wenn einer der in § 78 Abs. 3 AsylVfG aufgeführten Zulassungsgründe vorliegt. Grundsätzliche Bedeutung iSv. § 78 Abs. 3 Nr. 1 AsylVfG hat die Rechtssache einmal, wenn eine klärungsbedürftige Rechtsfrage zu entscheiden ist. Darüber hinaus umfasst dieser Berufungszulassungsgrund auch solche Fälle, in denen sich die grundsätzliche Bedeutung der Rechtssache allein aus den verallgemeinerungsfähigen Auswirkungen ergibt, die die in der Berufungsentscheidung zu erwartende Klärung von Tatfragen haben wird (BVerwG DVBl. 1984, 1016). Entspr. gilt für das Gebiet des Asylrechts auch für den Berufungszulassungsgrund der Abweichung, § 78 Abs. 3 Nr. 2 AsylVfG (*Säcker* DVBl. 1985, 1048/1056; zu den Voraussetzungen einer Divergenzrüge VGH Kassel NVwZ-Beilage 1998, 111; 1999, 96; 2000, 6). – Zu den Zulassungsgründen im Einzelnen s. *Marx* § 78 Rdn. 56.

Nach § 78 Abs. 4 AsylVfG ist die Zulassung der Berufung innerhalb von zwei Wochen nach Zustellung des Urteils zu beantragen. Der Antrag ist bei dem VG zu stellen. Er muss das angefochtene Urteil bezeichnen. Im Antrag sind die Gründe, aus denen die Berufung zuzulassen ist, darzulegen. Die Stellung des Antrags hemmt die Rechtskraft des Urteils.

Die Nichtzulassung der Berufung durch das OVG kann nicht mit der Beschwerde an das BVerwG angefochten werden, § 78 Abs. 5 S. 2 AsylVfG.

Lässt das OVG die Berufung zu, wird das Antragsverfahren als Berufungsverfahren fortgesetzt; der Einlegung einer Berufung bedarf es nicht, § 78 Abs. 5 S. 3 AsylVfG. Gem. § 78 Abs. 2 S. 2 AsylVfG findet die Revision gegen das Urteil des VG nicht statt.

Weist das VG die Klage als offensichtlich unzulässig oder als offensichtlich unbegründet ab, sind die Berufung und jedes weitere Rechtsmittel ausgeschlossen, § 78 Abs. 1 S. 1 AsylVfG. Dies gilt auch dann, wenn nur das Klagebegehren auf Gewährung des Asyls als offensichtlich unzulässig oder offensichtlich unbegründet abgewiesen wird, für das Klagebegehren gegen den asylaufenthaltsrechtlichen Bescheid dagegen eine „einfache" Klageabweisung erfolgt, § 78 Abs. 1 S. 2 AsylVfG. Nach ständiger Rspr. des BVerfG setzt die Abweisung einer Klage als offensichtlich unbegründet in tatsächlicher Hinsicht voraus, dass – bezogen auf den maßgeblichen Entscheidungszeitpunkt gem. § 77 Abs. 1 AsylVfG – an der Richtigkeit des vom Gericht zugrunde gelegten Sachverhalts kein vernünftiger Zweifel bestehen kann; in rechtlicher Hinsicht ist es erforderlich, dass sich – bei einem solchen Sachverhalt – nach allg. anerkannter Rechtsauffassung die Abweisung der Klage dem Gericht geradezu aufdrängt (BVerfG NVwZ 1997, 42).

Wegen der Rechtskraft der verwaltungsgerichtlichen Urteile und Beschlüsse nach § 80 Abs. 5 VwGO besteht die Möglichkeit der Erhebung von Verfassungsbeschwerden; denn das VG wendet mit Art. 16a GG unmittelbar Verfassungsrecht an (zur Vorlagepflicht auch im Eilverfahren vgl. BVerfG NVwZ-Beilage 1998, 81). Davon wird nicht selten Gebrauch gemacht, wie die steigende Zahl von Entscheidungen des Senates und der Kammern des BVerfG zeigt (vgl. dazu *Roeser* EUGRZ 1994, 85).

7. Kombinierte Anfechtungs- und Bescheidungsklage (Wehrpflichtrecht)

An das
Verwaltungsgericht

Klage[1]

des Wehrpflichtigen ...... (Klägers)
Prozessbevollmächtigter: RA ......

gegen

die Bundesrepublik Deutschland[2], vertreten durch das Bundesministerium der Verteidigung in Berlin, dieses vertreten durch die Wehrbereichsverwaltung ...... (Beklagte)

wegen: Zurückstellung vom Wehrdienst
Streitwert: 4.000,– EUR[3]

Namens des Klägers erhebe ich Klage mit dem Antrag,

I. den Einberufungsbescheid des Kreiswehrersatzamtes ...... vom 24. 2. 1997 in der Gestalt des Widerspruchsbescheides der Wehrbereichsverwaltung vom 18. 3. 1997 aufzuheben[4],

II. unter Aufhebung des Bescheides des Kreiswehrersatzamtes ...... vom 4. 3. 1997 in der Gestalt des Widerspruchsbescheides der Wehrbereichsverwaltung vom 18. 3. 1997 die Beklagte zu verpflichten, über den Antrag des Klägers auf Zurückstellung vom Wehrdienst unter Beachtung der Rechtsauffassung des Gerichts neu zu entscheiden[5].

Zur Begründung führe ich aus:

I. Der am 3. 1. 1981 geborene Kläger steht nach dem Musterungsbescheid des Kreiswehrersatzamtes ...... vom 28. 3. 2000 zur Ableistung des Grundwehrdienstes zur Verfügung. Nachdem der Kläger im Juni 2000 die Reifeprüfung bestanden hatte, trat er in das elterliche Textilgeschäft ein, um seinen zu dieser Zeit bereits schwer kranken Vater zu entlasten. Nachdem der Vater im August 2000 verstorben war, wurde der Kläger auf seinen Antrag hin bis zum 31. 12. 2001 gem. § 12 Abs. 4 S. 2 Nr. 2 WPflG vom Wehrdienst zurückgestellt. Am 1. 10. 2000 begann der Kläger ein rechtswissenschaftliches Studium.
Mit Einberufungsbescheid vom 25. 2. 2002 berief das Kreiswehrersatzamt ...... den Kläger zum 1. 4. 2002 zur Ableistung des Grundwehrdienstes ein. Dagegen legte der Kläger mit Schreiben vom 28. 2. 2002 Widerspruch[6] ein und beantragte gleichzeitig seine Zurückstellung vom Wehrdienst. Diesen Antrag lehnte das Kreiswehrersatzamt mit Bescheid vom 4. 3. 2002 ab. Den dagegen und gegen den Einberufungsbescheid eingelegten Widerspruch wies die Wehrbereichsverwaltung mit Widerspruchsbescheid vom 18. 3. 2002, zugestellt am 19. 3. 2002, zurück. Die angefochtenen Bescheide sind in Ablichtung beigefügt.

II. Der Kläger kann nach § 12 Abs. 4 S. 2 Nr. 3 a WPflG Zurückstellung vom Wehrdienst verlangen, da zum Zeitpunkt der Einberufung am 1. 4. 2002 sein Studium der Rechtswissenschaften weitgehend gefördert ist. Nach § 5 a Abs. 1 DRiG beträgt die Mindestdauer idR. dreieinhalb Jahre. Davon sind, da das Studium am 1. 10. 2000 begonnen wurde, am 1. 4. 2002 eineinhalb Jahre vorüber, also mehr als ein Drittel. Damit ist das Studium weitgehend gefördert (BVerwG NJW 1969, 1789; 1982, 2273). Die Antragsfrist des § 20 S. 1 WPflG ist gewahrt. Der Zurückstellungsgrund entstand, nachdem ein Drittel der vorgeschriebenen Studienzeit vorüber war, also am 1. 12. 2001. Innerhalb von drei Monaten, nämlich bis zum 1. 3. 2002, ist der Zurückstellungsantrag gestellt worden.

Die Geltendmachung des Zurückstellungsgrundes verstößt entgegen der Ansicht der Beklagten nicht gegen Treu und Glauben. Denn der Kläger hat die ihm wegen seiner Unentbehrlichkeit für den elterlichen Betrieb gewährte Zurückstellung nicht rechtsmissbräuchlich benutzt, um mit der Aufnahme des Studiums während der Zurückstellungsfrist einen neuen Zurückstellungsgrund zu schaffen (vgl. BVerwG NJW 1970, 1203). Denn der Zweck der zunächst gewährten Zurückstellung, die Erhaltung des elterlichen Betriebes, ist durch die intensive Mitarbeit des Klägers voll erreicht worden. Diesem war es auf Grund besonderen Einsatzes und rationeller Zeiteinteilung möglich, sowohl die für die Erhaltung des Betriebes, insbesondere die Einarbeitung eines neuen Geschäftsführers erforderliche Arbeitsleistung zu erbringen, als auch sich dem Studium der Rechtswissenschaften zu widmen ……
Da ein Zurückstellungsgrund besteht, konnte der Kläger nicht zum Wehrdienst einberufen werden, so dass auch der ergangene Einberufungsbescheid rechtswidrig ist.

Rechtsanwalt

Schrifttum: Boehm-Tettelbach, Wehrpflichtgesetz mit Kriegsdienstverweigerungsgesetz, Losebl.-Komm., Stand: August 2001; *Johlen,* Wehrpflichtrecht in der Praxis, NJW-Schriften 23, 4. Aufl. 1996; *Steinlechner,* Wehrpflichtgesetz, 5. Aufl. 1996.

Anmerkungen

1. Zum Inhalt der Klage im Allg. s. Form. V.B.1.

2. Klagegegner ist nach *§ 78 Abs. 1 Nr. 1 VwGO* die Bundesrepublik Deutschland; *§ 78 Abs. 1 Nr. 2 VwGO* findet keine Anwendung, da die hier tätigen Bundesbehörden nicht einer landesgesetzlichen Regelung unterliegen können (BVerwG NJW 1963, 350).

3. Nach der Rspr. des BVerwG beträgt der Streitwert in Wehrpflichtsachen regelmäßig gem. *§ 13 Abs. 1 S. 2 GKG 4.000,– EUR,* „weil sich das Interesse eines Klägers am Obsiegen in solchen Verfahren durch einen bestimmten Betrag nicht hinreichend objektivieren lässt" (NVwZ 1983, 607/608; kritisch dazu *Johlen* Rdn. 369).

4. Die Klage gegen den Einberufungsbescheid hat keine aufschiebende Wirkung, *§ 35 S. 1 WPflG.* Es empfiehlt sich deshalb, gleichzeitig einen Antrag auf Anordnung der aufschiebenden Wirkung nach den *§§ 35 S. 2 WPflG, 80 Abs. 5 VwGO* zu stellen (s. dazu Form. V. D. 2).

5. Nach § 12 Abs. 4 WPflG „soll" der Wehrpflichtige in Fällen besonderer Härte zurückgestellt werden. Die Behörde hat also einen, wenn auch kleinen, Entscheidungsspielraum. Sieht also das Gericht bei einer auf Zurückstellung gerichteten Verpflichtungsklage im Gegensatz zu der Behörde eine besondere Härte als gegeben an, so kann es, weil die Behörde von ihrem Ermessen noch keinen Gebrauch gemacht hat, nur ein Bescheidungsurteil nach § 113 Abs. 5 S. 2 VwGO erlassen *(s. Johlen Rdn. 114 mwN.).* Allerdings ist es unschädlich und begründet für den Kläger auch kein Kostenrisiko, wenn auf Erlass des beantragten Zurückstellungsbescheides und nicht nur auf Bescheidung des Zurückstellungsantrages geklagt wird (s. dazu Form. V. B. 5 Anm. 7).

6. In Wehrpflicht- und Zivildienstsachen beträgt die Widerspruchsfrist zwei Wochen, *§ 33 Abs. 1 WPflG, § 18 Abs. 1 KriegsdienstverweigerungsG, § 72 Abs. 2 ZivildienstG.*

8. Feststellungsklage (Wegerecht)

An das
Verwaltungsgericht

Klage[1]

der Eheleute ...... (Kläger)
Prozessbevollmächtigter: RA ......

gegen

die Gemeinde ......, vertreten durch den Bürgermeister[2] ...... (Beklagte)

wegen: Feststellung der Nichtöffentlichkeit eines Weges
Streitwert: 4.000,– EUR[3]

Namens der Kläger erhebe ich Klage mit dem Antrag,

festzustellen, dass der über das Grundstück der Kläger A-Straße Nr....... in ...... (Gemarkung ...... Flur ...... Flurstück ......) verlaufende Fußweg kein öffentlicher Weg ist.

Zur Begründung führe ich aus:

I. Die Kläger erwarben im Jahre 1997 das im Klageantrag bezeichnete, bis dahin unbebaute Grundstück, auf dem sie in den Jahren 1998/1999 ein Einfamilienwohnhaus errichteten.
Bereits zum Zeitpunkt des Kaufes des Grundstücks verlief auf dem westlichen Grundstücksteil entlang der seitlichen Grundstücksgrenze ein etwa 2 m breiter unbefestigter Weg, der allg. als fußläufige Verbindung zu der an der B-Straße befindlichen Omnibushaltestelle benutzt wird. Bei den Kaufverhandlungen erklärte der Grundstücksverkäufer, der Weg sei nicht öffentlich, die Benutzung des Grundstücks durch Dritte könne von den Klägern jederzeit unterbunden werden, vor allem im Falle einer Bebauung des Grundstücks.
Als die Kläger sich nach dem Bau ihres Einfamilienwohnhauses daranmachten, ihr Grundstück insgesamt einzufriedigen und gärtnerisch anzulegen, wurde ihnen von der Beklagten mitgeteilt, es handele sich nach Ansicht der Gemeinde um einen öffentlichen Weg, der von den Klägern deshalb nicht gesperrt werden dürfe. Der Weg werde seit dem Bau der B-Straße und der Anlegung einer Bushaltestelle im Jahre 1964 von der Allgemeinheit benutzt und sei als solcher in einem seit dem Jahre 1986 rechtsverbindlichen Bebauungsplan ausgewiesen.

II. Die erhobene Feststellungsklage ist zulässig. Bei der Öffentlichkeit oder Nichtöffentlichkeit eines Weges handelt es sich um ein Rechtsverhältnis iSv. § 43 Abs. 1 VwGO (OVG Münster OVGE 9, 32; 15, 294; OVG Magdeburg LKV 2000, 543). Die Kläger haben ein berechtigtes Interesse an der begehrten Feststellung, da die Beklagte sich der Öffentlichkeit des Weges berühmt. Die Kläger können auch nicht auf die Möglichkeit verwiesen werden, eine künftige, bei Sperrung des Weges möglicherweise ergehende Ordnungsverfügung anzufechten, § 43 Abs. 2 VwGO. Denn da die Einfriedigung des Grundstücks und die gärtnerische Gestaltung des bisher als Weg benutzten Grundstücksteils mit erheblichen Aufwendungen verbunden sind, die im Falle einer späteren Wiedereröffnung des Weges vergeblich wären, haben die Kläger ein berechtigtes Interesse daran, nicht erst den Erlass einer Ordnungsverfügung abzuwarten, sondern die Nichtöffentlichkeit des Weges bereits jetzt feststellen zu lassen (vgl. dazu BVerwG NJW 1967, 996).

III. Die Feststellungsklage ist auch begründet, da der Weg nicht öffentlich ist.
Seit Inkrafttreten des Landesstraßengesetzes NRW am 1. 1. 1962 kann ein öffentlicher Weg nur durch das in § 6 Straßen- und Wegegesetz NRW vorgeschriebene

förmliche Widmungsverfahren entstehen, das hier nicht stattgefunden hat. Eine tatsächliche Benutzung durch die Öffentlichkeit über einen längeren Zeitraum reicht für die Entstehung eines öffentlichen Weges nicht aus. Der Fall der Entstehung eines öffentlichen Weges nach dem Rechtsinstitut der unvordenklichen Verjährung (s. dazu OLG Hamm NVwZ-RR 1993, 227) ist nicht gegeben.
Eine förmliche Widmung ist auch nicht deshalb entbehrlich, weil die Wegefläche in dem Bebauungsplan als öffentliche Verkehrsfläche ausgewiesen ist. Denn der Bebauungsplan ersetzt die Widmung nicht (BVerwG BRS 28 Nr. 6; OVG Lüneburg DVBl. 1971, 792) ....

Rechtsanwalt

Schrifttum: Germershausen/Seydel/Marschall, Wegerecht und Wegeverwaltung in der Bundesrepublik Deutschland und deren Ländern, 5. Aufl. 1961; *Kodal/Krämer,* Straßenrecht, 6. Aufl. 1999; *Zeitler,* Bayerisches Straßen- und Wegegesetz, Losebl.-Komm., Stand: Juni 2001; *Walprecht/Neutzer/Wichary,* Straßen- und Wegegesetz des Landes Nordrhein-Westfalen, 2. Aufl. 1986.

Anmerkungen

1. Zum Inhalt der Klage im Allg. s. Form. V. B. 1.

2. Die Klage ist gegen den sachlichen Streitgegner zu richten, hier also gegen die Körperschaft (*Redeker/von Oertzen* § 43 Rdn. 28). § 78 Abs. 1 Nr. 2 VwGO gilt nur für Anfechtungs- und Verpflichtungsklagen und findet deshalb keine Anwendung. Die Gemeinde wird im konkreten Falle, der in NRW spielt, vom Bürgermeister vertreten, § 63 Abs. 1 S. 1 GO NRW.

3. Auffangstreitwert nach § 13 Abs. 1 S. 2 GKG.

9. Allgemeine Leistungsklage (Erschließungsvertrag)[1]

An das
Verwaltungsgericht

Klage[2]

der Gemeinde ......, vertreten durch den Bürgermeister ...... (Klägerin)
Prozessbevollmächtigter: RA ......

gegen

die ...... Wohnungsbaugesellschaft mbH, vertreten durch ihren Geschäftsführer ...... (Beklagte)

wegen: Schadensersatz wegen Nichterfüllung eines Erschließungsvertrages

Streitwert: 35.698,– EUR

Namens der Klägerin erhebe ich Klage mit dem Antrag,
I. die Beklagte zu verurteilen, an die Klägerin 35.698,– EUR nebst Zinsen in Höhe von fünf Prozentpunkten über dem Basiszinssatz seit Klagezustellung zu zahlen,
II. der Beklagten die Kosten des Verfahrens aufzuerlegen,
III. das Urteil für vorläufig vollstreckbar zu erklären[3],
IV. der Klägerin zu gestatten, zulässige oder erforderliche Sicherheiten auch durch Bürgschaft der Kreissparkasse ...... zu erbringen.

Zur Begründung führe ich aus:

I. Die Parteien schlossen am ...... einen Erschließungsvertrag nach § 124 BauGB. Darin verpflichtete sich die Beklagte, auf eigene Kosten die zur Erschließung des durch den Bebauungsplan Nr....... der Gemeinde festgesetzten Baugebietes erforderlichen Anlagen herzustellen. Die Einzelheiten ergeben sich aus dem bei den Verwaltungsvorgängen befindlichen Vertrag.
Die Beklagte führte die Erschließungsarbeiten bis auf die Aufbringung der Verschleißdecke auf der Fahrbahn der A-Straße und die Anlegung des Bürgersteiges auf der Nordseite dieser Straße durch. Anschließend stellte sie ihre Erschließungstätigkeit ein. Die Klägerin forderte die Beklagte mehrfach vergeblich zur Fertigstellung der Erschließungsanlagen auf. Zuletzt setzte sie mit Schreiben vom ...... eine letzte Frist bis zum ...... mit der Androhung, dass sie nach ergebnislosem Ablauf der Frist die restliche Erfüllung des Erschließungsvertrages durch die Beklagte ablehnen und die Restarbeiten auf Kosten der Beklagten durchführen lassen werde. Dies ist dann auch geschehen, nachdem die Beklagte die ihr gesetzte Frist verstreichen ließ. Nach den bei den Verwaltungsvorgängen befindlichen Rechnungen der Tiefbaufirma ...... hat die Fertigstellung der A-Straße 35.698,– EUR gekostet.

II. Der Verwaltungsrechtsweg ist nach § 40 Abs. 1 S. 1 VwGO gegeben, da der Erschließungsvertrag ein öffentlich-rechtlicher Vertrag iSv. § 54 VwVfG (BGHZ 54, 287; 58, 386; 76, 343; NVwZ 2000, 1845; BVerwGE 32, 37; OLG Rostock NVwZ 2000, 234) und deshalb die Klage auf Erfüllung von Ansprüchen aus diesem Vertrag eine öffentlich-rechtliche Streitigkeit ist. Der ordentliche Rechtsweg ist im vorliegenden Falle nach § 40 Abs. 2 VwGO nicht gegeben, da diese Vorschrift Schadenersatzansprüche aus der Verletzung eines öffentlich-rechtlichen Vertrages von der Verweisung an die ordentlichen Gerichte ausdrücklich ausnimmt.
Das Rechtsschutzinteresse für die erhobene Leistungsklage ist gegeben, da eine Durchsetzung der von der Beklagten übernommenen Pflichten durch Verwaltungsakt nicht möglich ist (BVerwGE 50, 171 = NJW 1976, 1516; OVG Münster NJW 1995, 3003). Eine Unterwerfung unter die sofortige Vollstreckung nach § 61 VwVfG ist nicht erfolgt.

III. Der Klageanspruch ist nach den § 62 S. 2 VwVfG, § 281 BGB begründet, da die Beklagte trotz Mahnung, Fristsetzung und Androhung der Erfüllungsablehnung die ihr nach dem Erschließungsvertrag obliegenden Pflichten nicht vollständig erfüllt hat ......

IV. Der geltend gemachte Zinsanspruch ergibt sich aus einer sinngemäßen Anwendung des § 291 BGB (BVerwGE 51, 287; NJW 1995, 3125; E 99, 53 = NJW 1995, 3135; E 111, 213 = NVwZ 2001, 327; E 114, 61 = NVwZ 2001, 1057).

V. Die Verwaltungsvorgänge sind beigefügt[4].

Rechtsanwalt

Anmerkungen

1. Die allg. Leistungsklage ist in der VwGO nicht ausdrücklich geregelt, sie wird jedoch in den §§ 43 Abs. 2, 111 und 113 Abs. 4 VwGO erwähnt. Für sie ist, außer in Beamtensachen, § 126 Abs. 3 BRRG, ein Vorverfahren nach den §§ 68 ff. VwGO nicht erforderlich.

2. Zum Inhalt der Klage im Allg. s. Form. V. B. 1.

3. Die Zulässigkeit der vorläufigen Vollstreckbarkeit ergibt sich aus § 167 Abs. 1 VwGO, §§ 709, 708 Nr. 11 ZPO. § 167 Abs. 2 VwGO findet auf die allg. Leistungsklage keine Anwendung. Das gilt auch für ein Urteil, durch das ein Hoheitsträger zum Unterlassen eines schlichthoheitlichen Verwaltungshandelns verurteilt wird (VGH Kassel NVwZ 1990, 272/273; aA. OVG Lüneburg NVwZ 1990, 275).

4. § 99 VwGO.

10. Antrag auf gerichtliche Entscheidung (Personalvertretungsrecht)

An das
Verwaltungsgericht
Fachkammer für Bundespersonalvertretungssachen

Antrag auf gerichtliche Entscheidung

In Sachen

des Personalrates des Bundesamtes für ......, vertreten durch seinen Vorsitzenden ......[1]
(Antragstellers)

Verfahrensbevollmächtigter: RA ......

gegen

den Präsidenten des Bundesamtes für ......[2] (Beteiligter)

wegen: Feststellung des Mitbestimmungsrechts

beantrage ich namens des Antragstellers:
Es wird festgestellt, dass der Antragsteller gem. § 75 Abs. 1 Nr. 1 BPersVG bei der Verlängerung eines Zeitarbeitsvertrages eines Angestellten oder Arbeiters mitzubestimmen hat[3].

Zur Begründung führe ich aus:

I. Bei dem Bundesamt für ...... ist der Angestellte ...... auf Grund eines Zeitarbeitsvertrages beschäftigt. Dieser Arbeitsvertrag endete am ...... und wurde von dem Beteiligten bis zum ...... verlängert, ohne dass dazu die Zustimmung des Antragstellers eingeholt wurde. Der Beteiligte ist der Ansicht, dass die Verlängerung eines Zeitarbeitsvertrages unter keine der in § 75 BPersVG aufgeführten mitbestimmungsbedürftigen Personalangelegenheiten falle.
II. Diese Auffassung ist unrichtig. Denn die Verlängerung eines Zeitarbeitsvertrages ist eine „Einstellung" iSd. § 75 Abs. 1 Nr. 1 BPersVG. Ich verweise hierzu auf den Beschluss des BVerwG vom 13. 2. 1979 (ZBR 1979, 278), in dem zutreffend ausgeführt ist ......
III. Der Antragsteller hat in seiner Sitzung vom ...... beschlossen, zur Klärung der zwischen ihm und dem Beteiligten streitigen Rechtsfrage eine gerichtliche Entscheidung nach § 83 Abs. 1 Nr. 3 BPersVG herbeizuführen[4].
IV. Es wird beantragt, den Wert des Gegenstandes der anwaltlichen Tätigkeit in Anlehnung an § 13 Abs. 1 S. 2 GKG auf 4.000,– EUR festzusetzen.[5]

Rechtsanwalt

Schrifttum: Altvater/Bacher/Hörter/Peiseler/Sabottig/Schneider/Vohs, Bundespersonalvertretungsgesetz, 4. Aufl. 1996; *Cecior/Dietz/Vallendar/Lechtermann/Klein,* Das Personalvertretungsrecht in Nordrhein-Westfalen, Losebl., Stand: Oktober 2001; *Dietz/Richardi,* Bundespersonalvertretungsgesetz, 2. Aufl. 1978; *Fischer/Goeres,* Personalvertretungsrecht des Bundes und der Länder, Losebl.-Komm., Stand: 1995; *Graben-*

dorff/Windscheid/Ilbertz/Widmaier, Bundespersonalvertretungsgesetz, 9. Aufl. 1999; *Havers,* Landespersonalvertretungsgesetz NRW, 9. Aufl. 1995; *Lorenzen/Schmitt/Etzel/Gerhold/Albers/Schlatmann,* Bundespersonalvertretungsgesetz, Losebl.-Komm., Stand: September 1997; *Schelter/Seiler,* Bayerisches Personalvertretungsgesetz, 3. Aufl. 2000.

Anmerkungen

1. Zum Vertretungsrecht des Vorsitzenden s. Anm. 4.

2. Beteiligter (Antragsgegner) ist der Leiter der Dienststelle, nicht der Dienstherr (BVerwGE 56, 330).

3. Für eine Kostenentscheidung und damit einen Kostenantrag ist im personalvertretungsrechtlichen Beschlussverfahren kein Raum (BVerwG NJW 1958, 1649; VGH Mannheim ZBR 1980, 259 Nr. 8).

4. Die Führung eines Rechtsstreits gegen den Leiter der Dienststelle ist kein vom Vorstand allein zu besorgendes laufendes Geschäft iSv. § 32 Abs. 1 S. 4 BPersVG. Aus diesem Grunde muss dem Antrag auf gerichtliche Entscheidung ein Beschluss des gesamten Personalrates zugrunde liegen. Im Rahmen dieses Beschlusses vertritt der Vorsitzende den Personalrat allein, § 32 Abs. 3 S. 1 BPersVG.

5. Der Gegenstandswert in personalvertretungsrechtlichen Streitigkeiten wird nach § 10 Abs. 1 iVm. § 8 Abs. 2 S. 2 BRAGO regelmäßig auf den Auffangwert von 4.000,– EUR festgesetzt (BVerwGE 105, 241 = DVBl. 1998, 634; OVG Hamburg PersR 2001, 253).

Kosten und Gebühren

Das Verfahren ist gerichtskostenfrei, § 83 Abs. 2 BPersVG, §§ 80 Abs. 1, 12 Abs. 5, 2a Abs. 1 ArbGG.

Der Anwalt erhält im Verfahren erster Instanz die normalen $^{10}/_{10}$ Gebühren, § 83 Abs. 2 BPersVG, § 62 Abs. 1 BRAGO.

Die dem Personalrat durch die Prozessführung entstandenen Kosten (insbes. Anwaltskosten) sind als durch die Tätigkeit des Personalrates entstandene Kosten von der Dienststelle zu erstatten, § 44 Abs. 1 S. 1 BPersVG (BVerwG NJW 1959, 1746; VGH Mannheim ZBR 1980, 259 Nr. 8).

11. Antrag auf gerichtliche Entscheidung (Kammer für Baulandsachen)[1]

An die
Bezirksregierung[2]

In Sachen

des ...... (Antragstellers)[3]
Verfahrensbevollmächtigter: RA ......[4]

gegen

die Gemeinde ......, vertreten durch den Bürgermeister ...... (Beteiligte)
stelle ich Antrag auf gerichtliche Entscheidung[5] und beantrage[6],

I. den Enteignungsbeschluss der Bezirksregierung in ...... vom ...... (Az: ......)[7] teilweise aufzuheben und die Beteiligte zu verurteilen[8], an den Antragsteller über die festgestellte Entschädigung hinaus

1. weitere 24.000,– EUR für das enteignete Grundstück
und
2. weitere 267,96 EUR Rechtsvertretungskosten
zu zahlen, und zwar jeweils nebst 2% Zinsen über dem Diskontsatz der Deutschen Bundesbank seit dem ……,

II. der Beteiligten die Kosten des Verfahrens aufzuerlegen[9],

III. das Urteil für vorläufig vollstreckbar zu erklären[10].

Zur Begründung führe ich aus[11].

I. Der Antragsteller war Eigentümer des im Gemeindegebiet der Beteiligten gelegenen unbebauten Grundstücks X-Straße Nr.…… Das Grundstück ist 2.400 qm groß. Es grenzt auf seiner Südseite mit einer Frontlänge von 60 m an die X-Straße. Die auf der West- und Ostseite angrenzenden sowie die auf der gegenüberliegenden Straßenseite gelegenen Grundstücke sind mit Einfamilienwohnhäusern bebaut.
Der seit dem …… rechtsverbindliche Bebauungsplan Nr.…… der Beteiligten setzt für das Grundstück des Antragstellers eine Nutzung als öffentliche Grünfläche fest. Nachdem Verhandlungen über einen freihändigen Erwerb zu keinem Ergebnis geführt hatten, beantragte die Beteiligte die Enteignung des Grundstücks. Mit dem angefochtenen Beschluss vom ……, zugestellt am ……[12], enteignete die Bezirksregierung das Grundstück und übertrug es der Beteiligten zu Eigentum. Die an den Antragsteller zu zahlende Entschädigung wurde auf 50,– EUR / qm, also auf insgesamt 120.000,– EUR, festgesetzt. Hinzu kommen die im Enteignungsverfahren entstandenen Rechtsvertretungskosten.

II. Der Antragsteller wendet sich gegen die Höhe der festgesetzten Entschädigung.

1. Nach § 95 Abs. 1 S. 1 BauGB bemisst sich die Entschädigung nach dem Verkehrswert (§ 194 BauGB) des enteigneten Grundstücks. Dabei ist für die Bestimmung der wertbildenden Faktoren der Zeitpunkt maßgebend, zu dem das Grundstück von einer konjunkturellen Weiterentwicklung ausgeschlossen wurde, also hier der Zeitpunkt des Inkrafttreten des Bebauungsplanes, der das Grundstück als öffentliche Grünfläche ausweist. Bis zu dieser Ausweisung war das Grundstück erschlossenes Bauland; es stellte eine Baulücke innerhalb eines im Zusammenhang bebauten Ortsteils dar und konnte deshalb nach § 34 BauGB bebaut werden. Davon geht auch die Bezirksregierung aus.
Maßgebend für die Ermittlung des Verkehrswertes ist der Zeitpunkt des Enteignungsbeschlusses, § 95 Abs. 1 S. 2 BauGB. Zu dieser Zeit war das Grundstück 60,– EUR/qm wert. Entgegen der Ansicht der Bezirksregierung ist der für die Wertermittlung maßgebende Zeitpunkt nicht deshalb gem. § 95 Abs. 2 Nr. 3 BauGB vorzuverlegen und dem Antragsteller nur eine Entschädigung von 50,– EUR/qm zu zahlen, weil die Beteiligte dem Antragsteller am …… ein Kaufpreisangebot über 50,– EUR/qm gemacht hat und dieses Angebot dem damaligen Verkehrswert entsprach. Denn die Beteiligte ist kurz darauf wieder von diesem Angebot abgerückt und hat dem Antragsteller nur noch 35,– EUR/qm angeboten, weil sie zu Unrecht annahm, dass es sich lediglich um Bauerwartungsland handele. Damit verlor das Angebot vom …… seine Eignung, gem. § 95 Abs. 2 Nr. 3 BauGB den Stichtag für die Preisverhältnisse auf den Zeitpunkt des Angebotes vorzuverlegen (BGH NJW 1976, 1255).
Dem Antragsteller steht mithin eine Entschädigung in Höhe von 2.400 qm à 60,– EUR = 144.000,– EUR zu. Über die festgesetzten 120.000,– EUR hinaus sind also noch 24.000,– EUR zu zahlen.

2. Zu der Enteignungsentschädigung gehören auch die Kosten der Rechtsvertretung im Enteignungsverfahren, § 121 Abs. 2 BauGB. Diese sind von der Bezirksregierung unter Zugrundelegung eines Gegenstandswertes von 120.000,– EUR mit 2.513,14 EUR ermittelt worden. Bei einem Gegenstandswert von 144.000,– EUR[13]

betragen die Rechtsvertretungskosten gem. anliegend beigefügter Kostenrechnung 2.781,10 EUR. Der Differenzbetrag von 267,96 EUR ist noch zu zahlen.

3. Der Zinsanspruch folgt aus § 99 Abs. 3 S. 1 BauGB.

Rechtsanwalt

2 Durchschriften sind beigefügt.

Schrifttum: Aust/Jacobs, Die Enteignungsentschädigung, 5. Aufl. 2002: *Gelzer/Busse,* Der Umfang des Entschädigungsanspruchs aus Enteignung und enteignungsgleichem Eingriff, NJW-Schriften 2, 2. Aufl. 1980; *Büchs,* Handbuch des Eigentums- und Entschädigungsrechts, 3. Aufl. 1996; *Krohn/Löwisch,* Eigentumsgarantie, Enteignung, Entschädigung, 3. Aufl. 1994; *Ossenbühl,* Staatshaftungsrecht, 5. Aufl. 1998; *Johlen/Oerder/Jeromin,* § 18 Rdn. 137ff.

Anmerkungen

1. Gegenstand eines Verfahrens vor der Kammer für Baulandsachen können nach § 217 Abs. 1 BauGB alle Verwaltungsakte sein, die in einem Umlegungs-, Grenzregelungs-, Enteignungs- oder Härteausgleichsverfahren ergehen, sowie alle im BauGB sonst noch vorgesehenen Verwaltungsakte, die eine Entschädigungsregelung enthalten oder enthalten sollen. Diese Verwaltungsakte werden nicht durch „Klage", sondern durch „Antrag auf gerichtliche Entscheidung" angefochten.

2. Der Antrag ist bei der Stelle einzureichen, die den Verwaltungsakt erlassen hat, § 217 Abs. 2 S. 1 BauGB, und zwar auch dann, wenn ein Widerspruchsverfahren (§ 212 BauGB) stattgefunden und eine von der Ausgangsbehörde verschiedene Widerspruchsbehörde entschieden hat (BGHZ 41, 249; 54, 364). Nicht fristwahrend ist die Einreichung bei Gericht (BGH NJW 1971, 97). Ein durch den Widerspruchsbescheid erstmalig beschwerter Beteiligter kann den Antrag auf gerichtliche Entscheidung wirksam auch bei der Widerspruchsbehörde einreichen (BGH NJW 1992, 2637).

3. Im Verfahren stehen sich nicht Kläger und Beklagter gegenüber, vielmehr gibt es nur einen (oder mehrere) Antragsteller und sonstige Beteiligte, § 222 Abs. 1 BauGB.

4. Ein Anwaltszwang besteht nur für Beteiligte, die Anträge in der Hauptsache stellen wollen, § 222 Abs. 3 S. 2 BauGB, § 78 ZPO. Dies bedeutet, dass der Antrag auf gerichtliche Entscheidung ohne anwaltliche Vertretung bei der Verwaltungsbehörde eingereicht werden kann (BGH NJW 1964, 1522; NJW-RR 1994, 1021), sich der Antragsteller aber für alle weiteren prozessualen Erklärungen in der Hauptsache einschl. der die Anträge ankündigenden Schriftsätze (OLG München NJW 1968, 2065) der Hilfe eines nach Maßgabe des § 222 Abs. 4 BauGB zugelassenen Anwaltes bedienen muss.

5. Über den Antrag entscheidet die beim LG gebildete Kammer für Baulandsachen in der in § 220 BauGB festgelegten Besetzung. Für das Verfahren gilt grundsätzlich die ZPO, § 221 Abs. 1 BauGB, jedoch kann das Gericht auch von sich aus Beweise erheben und nach Anhörung der Beteiligten auch solche Tatsachen berücksichtigen, die von ihnen nicht vorgebracht worden sind, § 221 Abs. 2 BauGB.

6. Ein bestimmter Antrag muss erst in der mündlichen Verhandlung gestellt werden, § 221 Abs. 1 BauGB, § 308 ZPO. Für die Antragsschrift ist ein bestimmter Antrag nicht zwingend vorgeschrieben, da § 217 Abs. 3 S. 2 BauGB nur eine Sollvorschrift ist.

7. Die Bezeichnung des angefochtenen Verwaltungsaktes ist nach § 217 Abs. 3 S. 1 BauGB unentbehrlich.

8. Mit dem Antrag auf gerichtliche Entscheidung kann nicht nur die Aufhebung eines Verwaltungsaktes, sondern auch die Verurteilung zum Erlass eines Verwaltungsaktes oder einer sonstigen Leistung sowie eine Feststellung begehrt werden, § 217 Abs. 1 S. 3 BauGB.

9. Ein Kostenantrag ist üblich, aber nicht notwendig, da das Gericht über die Kosten von Amts wegen zu entscheiden hat, § 221 Abs. 1 BauGB, § 308 Abs. 2 ZPO.

Stellt die Gemeinde als Beteiligte keinen dem Antrag auf gerichtliche Entscheidung widersprechenden Sachantrag und obsiegt der Antragsteller, so sind die Kosten des Verfahrens der Bezirksregierung aufzuerlegen, § 228 Abs. 1 BauGB, § 91 ZPO.

10. Aus den Besonderheiten des Baulandverfahrens ergibt sich, dass nach § 221 Abs. 1 BauGB, §§ 708 ff. ZPO nur Urteile, in denen eine Geldleistung festgesetzt wird, und Kostenentscheidungen für vorläufig vollstreckbar erklärt werden, ggf. gegen Sicherheitsleistung.

11. Die Begründung ist nur ein Sollerfordernis, § 217 Abs. 3 S. 3 BauGB.

12. Die Antragsfrist beträgt einen Monat nach Zustellung, § 217 Abs. 2 S. 1, oder 6 Wochen seit ortsüblicher Bekanntmachung, wenn eine solche vorgeschrieben ist, § 217 Abs. 2 S. 2 BauGB. Ob der Lauf der Frist von der in den §§ 211, 113 Abs. 1 S. 2 BauGB vorgeschriebenen Rechtsmittelbelehrung abhängt, ist umstritten, da die §§ 217 ff. BauGB eine dem § 58 VwGO entspr. Regelung nicht enthalten (dazu *Battis/Krautzberger/Löhr* § 211 Rdn. 3).

13. Die im Enteignungsverfahren entstandenen und nach § 121 Abs. 2 BauGB zu ersetzenden Anwaltsgebühren werden nicht nach dem Streitwert der Entschädigungsforderung des Enteigneten berechnet, sondern nach der Höhe der festgesetzten bzw. nach Ansicht des Gerichts festzusetzenden Entschädigung (*Gelzer/Busse* Rdn. 423).

Kosten und Gebühren

Nach § 221 Abs. 4 BauGB besteht die Verpflichtung zur Zahlung eines Gerichtskosten- und Auslagenvorschusses nach § 65 Abs. 1 S. 1 und S. 3 GKG nicht. Es verbleibt aber bei der Vorschusspflicht für Sachverständige oder Zeugen gem. § 68 GKG.

12. Klageerwiderung[1] (Erschließungsbeitragsrecht)

An das
Verwaltungsgericht
Az.: ......

In der Verwaltungsstreitsache ...... gegen ......

beantrage ich:

I. Den Kläger mit der Klage abzuweisen,
II. ihm die Kosten des Verfahrens aufzuerlegen[2],
III. das Urteil hinsichtlich der Kosten für vorläufig vollstreckbar zu erklären,
IV. dem Beklagten zu gestatten, eine zulässige oder erforderliche Sicherheit auch durch Bankbürgschaft zu erbringen.

Zur Begründung führe ich aus[3]:
Es mag dahinstehen, ob § 8 Nr. 1 der Erschließungsbeitragssatzung vom ...... eine dem § 132 Nr. 4 BauGB entspr. Bestimmung der Herstellungsmerkmale enthielt. Um Zweifel an der Gültigkeit der Satzung auszuräumen, hat der Rat der Gemeinde eine neue Erschließungsbeitragssatzung erlassen, deren neu gefasster § 8 auf jeden Fall den Anforderungen der Rspr. genügt. Damit ist die möglicherweise rechtswidrige Heranziehung

geheilt worden (BVerwGE 64, 218 = NJW 1980, 2209), ohne dass der neuen Satzung Rückwirkung beigelegt werden musste (BVerwG DVBl. 1982, 544; NVwZ 1984, 648)[4].
Weitere Ausführungen werde ich nach Eingang der angekündigten ergänzenden Klagebegründung machen.
Die Verwaltungsvorgänge sind beigefügt[5].

Unterschrift

Anmerkungen

1. Die Klageerwiderung bezieht sich auf die Klage Form. V.B. 1.

2. Zu diesem und den folgenden Klageanträgen s. Form. V.B. 1 Anm. 7, 9 und 10.

3. Mit der Übersendung der Klageschrift bittet das Gericht üblicherweise darum, innerhalb eines bestimmten Zeitraumes zu der Klage Stellung zu nehmen. Damit ist jedoch keine Erklärungsfrist mit der Folge gesetzt, dass nachträgliches Vorbringen ausgeschlossen werden könnte. Nach § 87b Abs. 2 VwGO kann aber der Vorsitzende oder der Berichterstatter einem Beteiligten unter Fristsetzung aufgeben, zu bestimmten Vorgängen Tatsachen anzugeben oder Beweismittel zu bezeichnen sowie Urkunden oder andere bewegliche Sachen vorzulegen, soweit der Beteiligte dazu verpflichtet ist. Nach Ablauf der Frist vorgebrachte Erklärungen und Beweismittel können unter den Voraussetzungen des § 87b Abs. 3 VwGO zurückgewiesen werden.

4. Wird ein ursprünglich rechtsfehlerhafter Bescheid während des Klageverfahrens von der Behörde geheilt und will der Kläger deshalb die Klage nicht fortführen, so kann er den Rechtsstreit für in der Hauptsache erledigt erklären (s. dazu Form. V. B.14). Die Kosten des Verfahrens sind dann der beklagten Behörde aufzuerlegen (BVerwGE 50, 2 = NJW 1976, 1115; VGH Kassel NVwZ-RR 1994, 125).

5. § 99 VwGO.

13. Fortsetzungsfeststellungsantrag[1] (Baurecht)

An das
Verwaltungsgericht
Az.: ......

In der Verwaltungsstreitsache ...... gegen: ......

beantrage ich nunmehr gem. § 113 Abs. 1 S. 4 VwGO festzustellen, dass der Bescheid des Beklagten vom ...... in der Gestalt des Widerspruchsbescheides der Bezirksregierung in ...... vom ...... rechtswidrig war.

Zur Begründung führe ich aus:

I. Wie in der Klageschrift vom ...... dargelegt wurde, durfte die beklagte Stadt die beantragte Baugenehmigung nicht versagen, da das Bauvorhaben des Klägers nach § 34 BauGB zulässig war. Inzwischen hat jedoch der Rat der Stadt nach § 2 Abs. 1 BauGB die Aufstellung eines Bebauungsplanes sowie den Erlass einer Veränderungssperre nach § 14 BauGB beschlossen, die am ...... in Kraft getreten ist. Da bei einer Verpflichtungsklage auf die Sach- und Rechtslage im Zeitpunkt der mündlichen Verhandlung abzustellen ist (BVerwGE 29, 304) und die begehrte Baugenehmigung nunmehr nicht mehr erteilt werden kann, hat sich die Klage in der Hauptsache erledigt.

II. Nach ständiger Rspr. ist § 113 Abs. 1 S. 4 VwGO entspr. anzuwenden, wenn sich der mit der Verpflichtungsklage verfolgte Anspruch während des Prozesses durch Erlöschen oder anders erledigt (BVerwG NJW 1981, 473). Der Kläger beabsichtigt, wegen der rechtswidrigen Verweigerung der Baugenehmigung Schadensersatzansprüche geltend zu machen. Er hat aus diesem Grunde ein berechtigtes Interesse an der Feststellung, dass der Ablehnungsbescheid bis zum Inkrafttreten der Veränderungssperre rechtswidrig war (vgl. dazu BVerwG NJW 1973, 1014; 1981, 2426/2428; 1986, 1826; NVwZ 1992, 1092)[2].

Rechtsanwalt

Schrifttum: Göpfert, Die Fortsetzungsfeststellungsklage, 1998.

Anmerkungen

1. Nach § 113 Abs. 1 S. 4 VwGO spricht das Gericht, wenn sich der Verwaltungsakt vor Erlass des Urteils durch Zurücknahme oder anders erledigt, auf Antrag durch Urteil aus, dass der Verwaltungsakt rechtswidrig gewesen ist, wenn der Kläger ein berechtigtes Interesse an dieser Feststellung hat.

Diese zunächst für Anfechtungsklagen geltende Regelung ist entspr. anzuwenden, wenn sich der mit einer Verpflichtungsklage verfolgte Anspruch während des Prozesses durch Erlöschen oder anders erledigt (BVerwG NJW 1991, 473; NVwZ 1992, 563; DVBl. 2000, 120; VGH Mannheim NVwZ 1997, 198/199).

§ 113 Abs. 1 S. 4 VwGO ist ferner entspr. anwendbar, wenn sich der Verwaltungsakt vor Erhebung der Klage erledigt (BVerwG NJW 1989, 2486; 1991, 581). In diesem Falle kann von vornherein Klage auf Feststellung der Rechtswidrigkeit des erledigten Verwaltungsakts erhoben werden, wenn ein berechtigtes Interesse an dieser Feststellung besteht. Dieses berechtigte Feststellungsinteresse besteht aber – anders als im Falle der nach Erhebung der Klage eingetretenen Erledigung – nicht, wenn die Fortsetzungsfeststellungsklage nur der Vorbereitung eines Amtshaftungsprozesses dienen soll (BVerwG NJW 1989, 2486; 14. 5. 1999 – 6 PKH 3/99 – Jüris).

2. Das Feststellungsinteresse ist in einem solchen Falle nicht gegeben, wenn der in Aussicht genommene Amtshaftungs- oder Entschädigungsprozess offensichtlich aussichtslos ist (BVerwG NJW 1988, 926; NVwZ 1989, 1156; 1999, 404). So kommt idR. ein Verschulden der Behörde nicht in Betracht, wenn ein mit mehreren Rechtskundigen besetztes Kollegialgericht das Verhalten der Behörde als rechtmäßig angesehen hat (BVerwG NVwZ 1985, 265; NJW 1985, 876; NVwZ 1989, 1156/1157; 1991, 270/271; 1999, 404). Dies ist zu bedenken, wenn sich der Rechtsstreit im Berufungs- oder Revisionsverfahren erledigt und die Klage in der Vorinstanz abgewiesen worden war, weil nach Ansicht des Gerichts der angefochtene Verwaltungsakt rechtmäßig war. In einem solchen Falle wird regelmäßig für einen Fortsetzungsfeststellungsantrag das Feststellungsinteresse fehlen, so dass es sich dann empfiehlt, das Verfahren durch Rücknahme des Rechtsmittels oder durch Erklärung der Erledigung der Hauptsache (s. dazu Form. V. B.14) zu beenden.

Zum Feststellungsinteresse bei Wiederholungsgefahr BVerwG DVBl. 1994, 168.

14. Kostenantrag nach Erledigung der Hauptsache

An das
Verwaltungsgericht

Az.: ......

In der Verwaltungsstreitsache ...... gegen ......

hat der Beklagte mit Bescheid vom ...... (Datum) den angefochtenen Erschließungsbeitragsbescheid aufgehoben. Damit ist der Rechtsstreit in der Hauptsache erledigt[1].

Ich beantrage[2],

die Kosten des Verfahrens gem. § 161 Abs. 2 VwGO dem Beklagten aufzuerlegen.

Es entspricht der Billigkeit, dass der Beklagte die Kosten des Verwaltungsstreitverfahrens trägt, da er sich durch die Aufhebung des Bescheides freiwillig in die Rolle des Unterlegenen begeben hat und außerdem die Klage ohne das erledigende Ereignis Erfolg gehabt hätte[3].

Rechtsanwalt

Schrifttum: Günther, Kostenentscheidung nach beiderseitiger Erledigungserklärung, DVBl. 1988, 612.

Anmerkungen

1. Ein Fall der Erledigung der Hauptsache ist ebenfalls gegeben, wenn die Behörde den angefochtenen Verwaltungsakt während des Klageverfahrens heilt (s. dazu Form. V.B. 12).

2. Ist der Rechtsstreit in der Hauptsache erledigt, so entscheidet das Gericht nach § 161 Abs. 2 VwGO über die Kosten des Verfahrens von Amts wegen durch Beschluss; eines Kostenantrages bedarf es nicht. Der Beschluss ist nach § 158 Abs. 2 VwGO unanfechtbar.

3. Das Gericht trifft seine Entscheidung nach billigem Ermessen unter Berücksichtigung des bisherigen Sach- und Streitstandes. Neben dem Prozessausgang spielt auch eine Rolle, ob einer der Beteiligten durch eigene Willensentschließung die Erledigung herbeigeführt hat (BVerwGE 46, 215/218). Das ist hier der Fall, da die beklagte Behörde den angefochtenen Bescheid aufgehoben hat.

Kosten und Gebühren

Für den Beschluss wird nach Nrn. 2118, 2128, 2138 KV in allen Instanzen grundsätzlich eine 1,5 Gerichtsgebühr erhoben.

Der RA, der den Adressaten des aufgehobenen Verwaltungsaktes vertritt, erhält eine Erledigungsgebühr nach § 24 BRAGO nur dann, wenn er eine besondere, über die Prozessführung hinausgehende, auf das Einlenken der Behörde gerichtete Tätigkeit ausgeübt hat (BVerwG AnwBl. 1982, 27; OVG Münster NVwZ-RR 1993, 111; AnwBl. 2000, 376; VGH Mannheim NVwZ-RR 1993, 448; OVG Greifswald JurBüro 1997, 641; OVG Hamburg JurBüro 1999, 361; aA LG Aachen AnwBl. 2000, 57).

15. Antrag auf Beiladung (Immissionsschutzrecht)

An das
Verwaltungsgericht
Az.: ......

In der Verwaltungsstreitsache ...... gegen ......

beantragen wir mit anliegender Vollmacht,

die Eheleute ...... (vollständige Anschrift) beizuladen.

Zur Begründung führen wir aus:
Mit der vorliegenden Klage begehrt die Klägerin die Verpflichtung des Beklagten, ihr gem. § 4 BImSchG die Genehmigung für die Erstellung eines Schotterwerkes und für die Erweiterung eines Steinbruchgeländes zu erteilen. Die beizuladenden Eheleute ...... sind Eigentümer eines mit einem Wohnhaus bebauten Grundstücks, welches in einer Entfernung von etwa 300 m von dem vorgesehenen Betriebsgelände der Klägerin liegt. Die Beizuladenden haben im förmlichen Genehmigungsverfahren rechtzeitig Einwendungen gegen das Vorhaben nach § 10 Abs. 3 BImSchG erhoben, da von der geplanten Anlage unzumutbare Immissionen ausgehen werden ......
Die beantragte Beiladung ist geboten, weil durch die ergehende gerichtliche Entscheidung rechtliche Interessen unserer Mandanten berührt werden, § 65 Abs. 1 VwGO (VGH Mannheim NJW 1977, 1308) ......
Die Stellung von Anträgen behalten wir uns vor[1].

Rechtsanwalt

Schrifttum: Feldhaus, Bundesimmissionsschutzrecht, Losebl., Stand: August 2002; *Jarass,* Bundes-Immissionsschutzgesetz, 5. Aufl. 2002; *Landmann/Rohmer,* Umweltrecht, Losebl.-Komm., Stand: 41. Aufl. 2002; *Sellner,* Immissionsschutzrecht und Industrieanlagen, NJW-Schriften 31, 2. Aufl. 1988; *Engelhardt/Schlicht,* Bundes-Immissionsschutzgesetz, 4. Aufl. 1997.

Anmerkungen

1. Der einfache Beigeladene kann (wirksam) Sachanträge nur im Rahmen der Sachanträge der Hauptbeteiligten (Kläger bzw. Beklagter) stellen, der notwendige Beigeladene, § 65 Abs. 2 VwGO, dagegen auch abweichende Sachanträge, § 66 VwGO.

Unabhängig davon, ob eine einfache oder notwendige Beiladung vorliegt, kann der Beigeladene selbstständig, dh. auch gegen den Willen der Hauptbeteiligten, Rechtsmittel einlegen, soweit er durch die Entscheidung in eigenen Rechten verletzt ist (BVerwG NJW 1982, 951).

Ob der Beigeladene einen eigenen Antrag stellt, sollte vor allem wegen des damit verbundenen Kostenrisikos sorgfältig überlegt werden. Nach § 154 Abs. 3 VwGO können dem Beigeladenen Kosten nur auferlegt werden, wenn er Anträge gestellt (oder Rechtsmittel eingelegt) hat, wobei es sich entgegen dem Wortlaut der Bestimmung nicht um eine Ermessensentscheidung handelt, das Gericht vielmehr bei Vorliegen der Voraussetzungen des § 154 Abs. 3 VwGO verpflichtet ist, dem Beigeladenen Kosten aufzuerlegen, wenn und soweit seinem Antrag nicht stattgegeben wurde.

Die Erstattung der dem Beigeladenen selbst entstandenen Kosten richtet sich nach § 162 Abs. 3 VwGO. Danach sind die außergerichtlichen Kosten des Beigeladenen nur erstattungsfähig, wenn sie das Gericht aus Billigkeit der unterliegenden Partei oder der

Staatskasse auferlegt. Die Erstattung der außergerichtlichen Kosten des Beigeladenen entspr. im allg. der Billigkeit, wenn er (erfolgreich) Anträge gestellt und damit nach § 154 Abs. 3 VwGO das Risiko eigener Kostenpflicht übernommen hat (*Kopp/Schenke* § 162 Rdn. 23; *Redeker/von Oertzen* § 162 Rdn. 15). Ist der notwendig Beigeladene materiell der Hauptbeteiligte des Rechtsstreits, so setzt eine Erstattung seiner außergerichtlichen Kosten nicht voraus, dass er einen Antrag gestellt oder das Verfahren wesentlich gefördert hat (VGH München NVwZ-RR 2000, 333; VGH Mannheim BRS 59 Nr. 205).

Die in einem Urteil versehentlich unterbliebene Entscheidung über die Erstattungsfähigkeit der außergerichtlichen Kosten des Beigeladenen kann nur im Wege der Urteilsergänzung nach § 120 VwGO nachgeholt werden (VGH München DVBl. 1990, 158). Der Antrag ist innerhalb einer Frist von 2 Wochen nach Zustellung des Urteils zu stellen, § 120 Abs. 2 VwGO. Eine Ergänzung des Urteils ohne entspr. Antrag von Amts wegen ist nicht möglich (BVerwG DVBl. 1994, 210; OVG Bautzen DÖV 1998, 936 – Leitsatz).

C. Rechtsmittel

1. Berufung (§§ 124ff. VwGO)

An das
Verwaltungsgericht ......[1]

In der Verwaltungsstreitsache

des ...... (Klägers)

gegen

den Bürgermeister der Gemeinde ...... (Beklagten)[2]
Prozessbevollmächtigte: RAe ......[3]

wegen: ......
Az. I. Instanz: ......

legen wir hiermit namens des Beklagten gegen das am ...... verkündete und am ...... zugestellte[4] Urteil der ...... Kammer des Verwaltungsgerichts[5] ...... die vom Gericht zugelassene[6]

Berufung

ein.

Eine Kopie der beiden ersten Seiten des Urteils mit dem Rubrum und dem Urteilstenor ist beigefügt[7].
Antrag und Begründung folgen in einem besonderen Schriftsatz.[8]

Rechtsanwalt

Schrifttum: S. die Komm zur VwGO (Form. V. B. 1).

Anmerkungen

1. Die vom VG zugelassene Berufung ist beim VG, also nicht beim OVG, einzulegen, § 124a Abs. 2 S. 1 VwGO.

2. Anders als im Zivilprozess ist es im Verwaltungsprozess üblich, das Rubrum unverändert zu lassen, also den Kläger weiterhin an erster Stelle zu nennen und nicht darauf abzustellen, wer Berufungskläger ist.

3. Nach § 67 Abs. 1 S. 1 VwGO muss sich vor dem OVG jeder Beteiligte, soweit er einen Antrag stellt, durch einen RA oder Rechtslehrer an einer deutschen Hochschule iSd. HochschulrahmenG mit Befähigung zum Richteramt als Bevollmächtigten vertreten lassen. Ausnahmen von diesem Grundsatz enthält für bestimmte Rechtsgebiete und bestimmte Beteiligte § 67 Abs. 1 S. 3 bis 7 VwGO. Dem Vertretungszwang unterliegen sämtliche Prozesshandlungen, insbes. auch die fristwahrende Einleitung des Verfahrens (OVG Koblenz DÖV 2002, 346). Der RA muss bei einem deutschen Gericht zugelassen sein; Ausnahmen bestehen lediglich für ausländische RAe aus Staaten der EU (BVerwG NJW 1998, 2991).

4. Die Berufung ist innerhalb eines Monats nach Zustellung des Urteils einzulegen, § 124a Abs. 2 S. 1 VwGO.

5. Die Berufung muss das angefochtene Urteil bezeichnen, § 124 a Abs. 2 S. 2 VwGO; es sind also das Gericht, die Beteiligten, das Az. und das Datum, an dem das Urteil verkündet/oder zugestellt wurde, anzugeben.

6. Die Berufung ist nur statthaft, wenn sei vom VG oder vom OVG zugelassen wurde, § 124 Abs. 1 VwGO. Hier soll die Berufung vom VG zugelassen worden sein. Ist dies nicht geschehen, kommt nur ein Antrag auf Zulassung der Berufung (s. Form. V. C. 2) in Betracht.

7. § 124 a VwGO enthält keine dem § 519 Abs. 3 ZPO entspr. Regelung. Gleichwohl kann es sinnvoll sein, der Berufungsschrift die ersten Seiten des angefochtenen Urteils mit dem Rubrum und dem Entscheidungstenor beizufügen, damit, sollte die Berufungsschrift selbst einen Schreibfehler enthalten, ausreichend bestimmt ist, gegen welches Urteil sich die Berufung richtet.

8. S. dazu Form. V. C. 4.

Kosten und Gebühren

Im Berufungsverfahren werden für das Verfahren im Allg. eine 1,5, Nr. 2121 KV, und für ein das Verfahren abschließendes Urteil eine 3,0 Gerichtsgebühr berechnet, Nr. 2125 KV. Weitere Einzelheiten regeln die Nrn. 2122 (Ermäßigung), 2123, 2124 und 2128 KV.

Der RA erhält 13/10 Gebühren nach den §§ 114 Abs. 1, 31, 11 Abs. 1 S. 4 BRAGO.

2. Antrag auf Zulassung der Berufung (§ 124 a VwGO)[1]

An das
Verwaltungsgericht ......[2]

In der Verwaltungsstreitsache

des ...... **(Klägers)**

gegen

den Bürgermeister der Gemeinde ...... **(Beklagten)[3]**
Prozessbevollmächtigte: RAe[4]

wegen: ......
Az. I. Instanz: ......

beantragen wir hiermit namens des Beklagten,
die Berufung gegen das am ...... verkündete und am ...... zugestellte[5] Urteil der ...... Kammer des Verwaltungsgerichts[6] ...... zuzulassen[7].
Die Begründung folgt in einem besonderen Schriftsatz.[8]

Rechtsanwalt

Anmerkungen

1. Der Antrag kommt in Betracht, wenn, was in der Praxis meistens der Fall ist, das VG die Berufung nicht zugelassen hat.

2. Der Antrag ist beim VG, nicht beim OVG zu stellen, § 124 a Abs. 4 S. 2 VwGO. Es besteht auch keine Pflicht des OVG, einen bei ihm eingegangenen Zulassungsantrag zum Zwecke der Fristwahrung an das zuständige VG weiterzuleiten (OVG Münster NVwZ 1997, 1235) oder den Antragsteller zu diesem Zweck telefonisch auf die geltenden Fristbestimmungen hinzuweisen (VGH Kassel DVBl. 1996, 1278 Nr. 22 – Leitsatz).

3. Zur Formulierung des Rubrums s. Form. V. C. 1 Anm. 2.

4. Zum Anwaltszwang s. § 67 VwGO und Form. V. C. 1 Anm. 3. Bereits der Antrag auf Zulassung der Berufung muss durch einen RA gestellt werden, § 67 Abs. 1 S. 2 VwGO.

5. Die Antragsfrist beträgt einen Monat, § 124 a Abs. 4 S. 1 VwGO. Der Antrag kann fristwahrend nicht beim OVG gestellt werden (OVG Münster NvwZ 1997, 1235; OVG Weimar DÖV 1997, 964).

6. Der Antrag muss das angefochtene Urteil bezeichnen, § 124 a Abs. 4 S. 3 VwGO. S. dazu Form. V. C. 1 Anm. 5.

7. Eine Berufung kann nicht in einen Antrag auf Zulassung der Berufung umgedeutet werden (BVerwG NVwZ 1998, 1297; 1999, 641; aA BVerwG NVwZ 1999, 405).

8. S. dazu Form. V. C. 3.

Kosten und Gebühren

Im Verfahren über die Zulassung der Berufung fällt nach Nr. 2120 KV eine 1,0 Gerichtsgebühr an, soweit der Antrag abgelehnt wird. Wird dem Antrag stattgegeben, fallen die für das Berufungsverfahren vorgeschriebenen Gebühren an.

Der RA erhält für die Vertretung im Berufungszulassungsverfahren eine $^{13}/_{10}$ Gebühr, §§ 11 Abs. 1 S. 6, 114 Abs. 4 BRAGO, die im Falle der Zulassung der Berufung auf die im Berufungsverfahren entstehenden Gebühren angerechnet wird, § 14 Abs. 2 S. 2 BRAGO.

3. Begründung des Antrages auf Zulassung der Berufung

**An das
Verwaltungsgericht ......[1]
Az.: ......[2]**

In der Verwaltungsstreitsache ......

führen wir zur Begründung des Antrages, die Berufung gegen das Urteil der Kammer vom ......, zugestellt am ......[3], zuzulassen, Folgendes aus.[4]

**Das VG hat den von dem Kläger angefochtenen Bescheid, mit dem der Kläger zu einer Vorausleistung auf den Kanalanschlussbeitrag herangezogen wurde, aufgehoben, weil das veranlagte Grundstück nach § 2 Abs. 1 der Beitrags- und Gebührensatzung nicht der Beitragspflicht unterliege. Das Grundstück sei kein Bauland, weil es nicht im Bereich eines wirksamen Bebauungsplanes liege. Der das klägerische Grundstück erfassende Bebauungsplan Nr. 21 sei nämlich „offensichtlich" nichtig, weil er nicht über eine ausreichende Begründung verfüge.
Die Berufung ist aus folgenden Gründen zuzulassen:[5]**

**1. Mit seiner Feststellung, der Beitragsbescheid sei aufzuheben, weil der Bebauungsplan Nr. 21 nichtig sei, weicht das VG von der Entscheidung des 15. Senates des OVG Münster vom 24. 10. 1995 – 15 A 3408/92 (Gemeindehaushalt 1996, 288) ab. Nach dieser Entscheidung ist für die Beitragserhebung grundsätzlich von der Rechtsverbindlichkeit des Bebauungsplanes auszugehen, solange dieser nicht aufgehoben oder durch gerichtliche Entscheidung für nichtig erklärt worden ist.
Die Entscheidung des VG beruht auf dieser Abweichung. Wäre das VG nämlich von der Rechtsgültigkeit des Bebauungsplanes ausgegangen. hätte es die Klage abweisen müssen,**

da das Grundstück als Bauland der Beitragspflicht unterliegt, der Vorausleistungsbescheid also rechtmäßig war.
Nach allem liegt der Zulassungsgrund des § 124 Abs. 2 Nr. 4 VwGO vor.

2. Darüber hinaus ist die Berufung zuzulassen, weil die Rechtssache grundsätzliche Bedeutung hat, § 124 Abs. 2 Nr. 3 VwGO.
Die Frage, ob und in welchem Umfange Bebauungspläne im beitragsrechtlichen Verfahren auf ihre Gültigkeit hin zu überprüfen sind, ist umstritten. Der VGH München äußert in seinen Urteilen vom 7. 11. 1988 (NVwZ 1990, 793) und 28. 11. 1988 (KStZ 1989, 145) die Auffassung, eine Inzidentprüfung des Bebauungsplanes könne ausgeschlossen sein. In einem weiteren Beschluss vom 9. 2. 1989 (BayVBl. 1990, 87) spricht er von einer „eingeschränkten" Prüfungsbefugnis der Gerichte. Nach Auffassung des 3. Senates des OVG Münster (NVwZ 1990, 795) beschränkt sich die Rechtskontrolle auf sich aufdrängende Fehler (so auch *Uechtritz* NVwZ 1990, 734). Demgegenüber hat der 15. Senat des OVG Münster in der oben (Nr. 1) zitierten Entscheidung nach der Art des Fehlers offenbar nicht differenzieren wollen. Das Berufungsverfahren wird dem Senat die Gelegenheit zur weiteren und abschliessenden Klärung der Frage geben, ob eine Inzidentprüfung auch dann nicht stattzufinden hat, wenn der Bebauungsplan an einem sich aufdrängenden Fehler leidet.

3. Schließlich ist die Berufung nach § 124 Abs. 2 Nr. 1 VwGO zuzulassen, weil ernstliche Zweifel an der Richtigkeit des Urteils bestehen. Denn der Bebauungsplan Nr. 21 ist nicht „offensichtlich" unwirksam.
Entgegen der Annahme des VG verfügt der Bebauungsplan Nr. 21 über eine Begründung, die den Anforderungen des § 9 Abs. 8 BauGB genügt. Diese Begründung ist zwar kurz, beschränkt sich aber keineswegs auf „nichts sagende Floskeln" ......[6]

Rechtsanwalt[7]

Schrifttum: Zu den Zulassungsgründen s. *Seibert* DVBl. 1997, 932; *Bader* NJW 1998, 409; *Roth* DÖV 1998, 191; *Kuhla* DVBl. 2001, 172.

Anmerkungen

1. Die Begründung ist beim VG einzureichen, § 124a Abs. 4 S. 5 VwGO, nicht beim OVG. Es ist deshalb irreführend, wenn in der Praxis häufig schon vor Einreichung der Zulassungsbegründung das Az. des OVG mitgeteilt wird, weil die Akte vom VG bereits an das OVG weitergegeben wurde.

2. Anzugeben ist das Az. des VG, nicht das des OVG (s. Anm. 1).

3. Die Begründung ist innerhalb von zwei Monaten nach Zustellung des Urteils einzureichen, § 124a Abs. 4 S. 4 VwGO. Die Frist kann nicht verlängert werden.

4. Nach § 124a Abs. 4 S. 4 VwGO sind die Gründe, aus denen die Berufung zuzulassen ist, „darzulegen". Das OVG prüft also nicht von Amts wegen, ob ein Zulassungsgrund gegeben ist. Der Zulassungsgrund muss sich unmittelbar aus der Antragsschrift iVm. dem Urteil ergeben, ohne dass das OVG gezwungen wäre, den gesamten Prozessstoff selbst aufzuarbeiten (VGH Mannheim NVwZ 1997, 1230; DÖV 1998, 165; OVG Berlin NVwZ 1998, 200). Eine allg. Bezugnahme auf die in erster Instanz eingereichten Schriftsätze reicht nicht aus. Kommen mehrere Zulassungsgründe in Betracht, so sollten diese vorsorglich sämtlich vorgetragen werden.

5. § 124 Abs. 2 VwGO nennt fünf Zulassungsgründe:

a) **Ernstliche Zweifel an der Richtigkeit des Urteils, Nr. 1.** Sie sind gegeben, wenn ein einzelner tragender Rechtssatz oder eine erhebliche Tatsachenfeststellung „mit schlüssigen Gegenargumenten in Frage gestellt" werden kann (BVerfG NVwZ 2000, 1163). In diesem Sinne werden Zweifel dadurch „dargelegt“, dass die Unrichtigkeit des Urteils in tatsächlicher und/oder rechtlicher Hinsicht schlüssig dargestellt wird. Insofern unterscheidet sich die Darlegung der „ernstlichen Zweifel“ kaum von einer Berufungsbegründung (*Berkemann* DVBl. 1998, 446, 454).

Sollen ernstliche Zweifel an der Richtigkeit des Urteils durch Tatsachenvortrag belegt werde, so ist zu differenzieren: Es kann zum einen geltend gemacht werden, dass das VG als Folge eines Aufklärungsmangels Tatsachen, die in erster Instanz bereits vorlagen, nicht berücksichtigt hat (VGH Mannheim 16. 5. 2000 – 9 S 702/00 – Juris). Diese „alten“ Tatsachen können dann neu vorgetragen werden (*Kuhla* DVBl. 2001, 172, 175). Ihre Nichtberücksichtigung sollte aber vorsorglich auch als ein Verfahrensmangel nach § 124 Abs. 2 Nr. 5 VwGO gerügt werden (s. u. e.)). Ob auch Tatsachen vorgetragen werden können, die sich erst nachträglich ergeben haben (Änderung der Sachlage, „neue Tatsachen“), ist str. (bejahend OVG Hamburg NVwZ 1998, 863; OVG Lüneburg DVBl. 1999, 476; *Seibert* in Sodan/Ziekow § 124 Rdn. 139; verneinend VGH Mannheim NVwZ 1998, 414). Gleiches gilt für die Frage, ob zur Begründung des Zulassungsantrages auch „alte Tatsachen“, deren Nichtberücksichtigung durch das VG nicht auf einem Aufklärungsmangel beruht, erstmals vorgetragen werden können (bejahend OVG Weimar DVBl. 1998, 849; VGH München Bay. VBl. 1998, 154; *Kuhla* DVBl. 2001, 172, 175; verneinend *Berkemann* DVBl. 1998, 446, 455). Vorsorglich sollte dies aber geschehen. Ebenso str. ist, ob eine Änderung der Rechtslage auf die Zulassung von Einfluss sein kann (bejahend OVG Koblenz DÖV 1998, 126; OVG Lüneburg DVBl. 1999, 476; VGH Kassel NVwZ 2000, 85; verneinend VGH Mannheim NVwZ 1998, 414; OVG Münster NVwZ 200, 334; VGH Kassel NVwZ-RR 2002, 235).

b) **Besondere tatsächliche oder rechtliche Schwierigkeiten, Nr. 2.** Dieser Begriff findet sich bereits in § 6 Abs. 1 S. 1 Nr. 1 VwGO, der die Übertragung des Rechtsstreites auf den Einzelrichter regelt. Nach der vorgenannten Bestimmung darf die Sache auf den Einzelrichter nur übertragen werden, wenn die Sache keine besonderen Schwierigkeiten tatsächlicher oder rechtlicher Art aufweist. Darüber, dass dies so ist, wird aber mit der Übertragung auf den Einzelrichter nicht mit materieller Rechtskraft für das weitere Verfahren entschieden (OVG Lüneburg NVwZ 1997, 1225; OVG Münster NVwZ 2000, 86), zumal gegen die Übertragungsentscheidung ein Rechtsmittel nicht gegeben ist, § 6 Abs. 4 S. 1 VwGO. Es kann also die Zulassung der Berufung gegen ein Urteil des Einzelrichters auch mit der Begründung beantragt werden, die Sache weise besondere tatsächliche oder rechtliche Schwierigkeiten auf.

Der Zulassungsgrund besonderer tatsächlicher oder rechtlicher Schwierigkeiten liegt nur dann vor, wenn die Rechtssache in tatsächlicher oder rechtlicher Hinsicht signifikant vom Spektrum der in verwaltungsgerichtlichen Verfahren zu entscheidenden Streitfällen abweicht (VGH Mannheim NVwZ 1997, 1230), was sich oft schon an dem Begründungsaufwand ablesen lässt (BVerfG NVwZ 2000, 1163).

Es ist zu prüfen, ob die Sache besondere Schwierigkeiten in dem Sinne bereitet, dass es zu ihrer Klärung eines Berufungsverfahrens bedarf, oder ob die Rechtssache bereits im Zulassungsverfahren geklärt werden kann. Der Zulassungsgrund der besonderen Schwierigkeit ist also nicht gegeben, wenn das Urteil eindeutig richtig oder eindeutig falsch ist. Im letzteren Falle ist die Berufung dann nach § 124 Abs. 2 Nr. 1 VwGO (ernstliche Zweifel) zuzulassen. Ist dagegen eine Prognose wegen der besonderen rechtlichen oder tatsächlichen Schwierigkeiten nicht möglich, ist die Berufung nach § 124 Abs. 2 Nr. 2 VwGO zuzulassen (*Seibert* DVBl. 1997, 932/935 f.).

c) **Grundsätzliche Bedeutung, Nr. 3.** Siehe dazu Form. V. C. 9. Eine die Berufungszulassung rechtfertigende grundsätzliche Bedeutung hat eine Rechtssache auch dann, wenn sich die zu klärende Rechtsfrage auf die Auslegung von Landesrecht bezieht (*Meyer-Ladewig* in Schoch/Schmidt-Aßmann/Pietzner § 124 Rdn. 31). Denn die Rspr. des OVG dient ja auch der Ermöglichung einer landeseinheitlichen Auslegung und Anwendung des Landesrechtes.

d) **Divergenz, Nr. 4.** Dieser Zulassungsgrund ist gegeben, wenn das Urteil von einer Entscheidung des OVG, des BVerwG, des GemSOGB oder des BVerfG abweicht und auf dieser Abweichung beruht. Zu beachten ist dabei, dass im erstgenannten Falle die Abweichung von einer Entscheidung „des" OVG des betreffenden Landes gegeben sein muss, also nicht von der Entscheidung des OVG eines anderen Landes. Im letzteren Falle kann aber uU. der Zulassungsgrund der grundsätzlichen Bedeutung gegeben sein. Zur Divergenz s. Form. V. C. 10.

e) **Verfahrensmangel, Nr. 5.** S. dazu Form. V. C. 11. Wird eine Verletzung des § 86 Abs. 1 VwGO gerügt, so muss dargelegt werden, „welche Beweise angetreten worden sind oder welche Ermittlungen sich dem Tatsachengericht hätten aufdrängen müssen, welche Beweismittel bzw. Aufklärungsmöglichkeiten in Betracht gekommen wären, welches Ergebnis die Beweisaufnahme bzw. weitere Aufklärung voraussichtlich gehabt hätte und inwieweit dieses Ergebnis zu einer dem Rechtsmittelführer günstigeren Entscheidungen hätte führen können" (VGH Mannheim DÖV 1997, 965/966).

6. Lässt das OVG die Berufung zu, so wird das Antragsverfahren als Berufungsverfahren fortgesetzt; der Einlegung einer Berufung bedarf es nicht, § 124 a Abs. 5 S. 5 VwGO. Die Zulassung eröffnet die Berufung in vollem Umfange, also nicht nur hinsichtlich der Gründe, derentwegen sie erfolgte (*Seibert* DVBl. 1997, 932/940).

7. Zum Vertretungszwang s. Form. V. C. 1 Anm. 3. Dem Gebot anwaltlicher Vertretung ist nicht genügt, wenn die von dem Antragsteller persönlich verfasste Antragsbegründung lediglich die Unterschrift des RA trägt, ohne von diesem selbst erarbeitet zu sein (BVerwG NJW 1997, 1865). Ebenso wenig reicht die Bezugnahme auf Schriftstücke eines nicht postulationsfähigen Dritten aus (VGH Mannheim NVwZ 1999, 429; OVG Lüneburg NVwZ-RR 2002, 468).

4. Berufungsbegründung (§ 124 a VwGO)

An das
Oberverwaltungsgericht[1]
Az.: ......

In der Verwaltungsstreitsache ......

beantrage ich namens des Beklagten, nachdem der Senat die Berufung mit Beschluss vom ......, zugestellt am ......, zugelassen hat, [2]
unter teilweiser Abänderung des angefochtenen Urteils den Kläger in vollem Umfange mit der Klage abzuweisen. [3]

Zur Begründung führe ich aus:

Entgegen der Auffassung des VG ist der von dem Kläger angefochtene Heranziehungsbescheid in vollem Umfange rechtmäßig. Er war deshalb nicht teilweise aufzuheben ......[4]
Ergänzend verweise ich auf mein Vorbringen in erster Instanz und im Verfahren auf Zulassung der Berufung.[5]

Rechtsanwalt

Anmerkungen

1. Die Begründung ist bei dem OVG einzureichen, und zwar unabhängig davon, ob das OVG oder das VG die Berufung zugelassen hat, § 124 a Abs. 6 S. 2, Abs. 3 S. 2 VwGO.

2. Die Berufung ist, wenn sie vom OVG zugelassen wurde, innerhalb eines Monats nach Zustellung des Zulassungsbeschlusses zu begründen, § 124a Abs. 6 S. 1 VwGO. Erfolgte die Zulassung durch das VG, so beträgt die Begründungsfrist zwei Monate ab Zustellung des Urteils, § 124a Abs. 3 S. 1 VwGO. Über die Frist muss belehrt werden; geschieht dies nicht, so läuft die Jahresfrist des § 58 Abs. 2 VwGO (BVerwG DVBl. 1999, 95; NVwZ 2000, 190; VGH Mannheim DÖV 1999, 347). Die Begründungsfrist kann auf einen vor ihrem Ablauf gestellten (und zu begründenden, § 57 Abs. 2 VwGO, § 224 Abs. 2 ZPO) schriftlichen (dazu BVerfG NVwZ 1994, 781) Antrag von dem Vorsitzenden verlängert werden, § 124a Abs. 3 S. 3, Abs. 6 S. 3 VwGO. Es kommt also nur darauf an, dass der begründete Verlängerungsantrag vor Ablauf der Frist beim OVG gestellt wird; die Verlängerung selbst kann nach Ablauf der Frist verfügt werden (BVerwGE 10, 75; BAG GS NJW 1980, 309).

3. Die Begründung muss einen bestimmten Antrag enthalten, § 124a Abs. 3 S. 4, Abs. 6 S. 3 VwGO. Soll das in der ersten Instanz verfolgte Begehren in vollem Umfange aufrechterhalten werden, so kann, wie es auch der Praxis entspr., wie folgt formuliert werden: „Unter Abänderung des angefochtenen Urteils nach den in erster Instanz gestellten Anträgen des Klägers/des Beklagten zu erkennen". Der Antrag, das Urteil ggfs. nach § 130 Abs. 2 VwGO aufzuheben und die Sache an das VG zurückzuverweisen, muss nicht gestellt werden. Dieser Antrag ist als ein Minus in dem (Haupt-)Berufungsantrag enthalten. Eine Berufung, die nur auf Aufhebung und Zurückverweisung gerichtet ist, ist unzulässig (VGH Mannheim DÖV 1997, 604 Nr. 127 – Leitsatz).

4. In der Berufungsbegründung muss im Einzelnen dargelegt werden, aus welchen Gründen das Urteil des VG unrichtig ist, § 124a Abs. 3 S. 4, Abs. 6 S. 3 VwGO. Dabei muss beachtet werden, dass „das Berufungsverfahren ...... nicht so sehr der rechtlichen Überprüfung des in der ersten Instanz ergangenen Urteils" dient, „sondern vielmehr der Herbeiführung der richtigen – und zwar nach dem Stande der letzten Berufungsverhandlung richtigen – Entscheidung des Rechtsstreits" (BVerwGE 23, 135/137, 138). Es ist deshalb nicht zu empfehlen, sich allzu sehr mit den Entscheidungsgründen des angefochtenen Urteils auseinanderzusetzen und/oder sich in einer umfangreichen Kritik am erstinstanzlichen Verfahrensablauf zu verlieren. Wichtig ist vielmehr darzulegen, dass entgegen der Ansicht des VG die Klage begründet bzw. unbegründet ist. Dazu können im gleichen Umfange wie in der ersten Instanz Tatsachen und Rechtsauffassungen vorgetragen werden. § 128 S. 1 VwGO, ohne Einschränkung insbes. durch den Grund der Zulassung der Berufung. Auch neu vorgebrachte Tatsachen und Beweismittel können berücksichtigt werden, § 128 S. 2 VwGO. Neue Erklärungen und Beweismittel, die im ersten Rechtszug entgegen einer hierfür gesetzten Frist (§ 87b Abs. 1 und 2 VwGO) nicht vorgebracht worden sind, sind nur zuzulassen, wenn nach der freien Überzeugung des Gerichts ihre Zulassung die Erledigung des Rechtsstreits nicht verzögern würde oder wenn der Beteiligte die Verspätung genügend entschuldigt, § 128a Abs. 1 S. 1 VwGO. Erklärungen und Beweismittel, die das VG zu Recht zurückgewiesen hat, bleiben auch im Berufungsverfahren ausgeschlossen, § 128a Abs. 2 VwGO.

5. Zweifelhaft ist, ob eine Berufungsbegründung auch dann notwendig ist, wenn das zur Begründung Erforderliche schon in dem Antrag auf Zulassung der Berufung ausgeführt wurde. Unverzichtbar ist es jedenfalls, nach der Zulassung der Berufung noch einen Schriftsatz zur Berufungsbegründung einzureichen (BVerwG DVBl. 1999, 95; OVG Münster DVBl. 1999, 997; NVwZ 1999, 208; VGH München VVwZ 1998, 864; VGH Mannheim DÖV 1999, 327). In diesem kann dann ggf. zur Begründung auf den Zulassungsantrag verwiesen werden, wenn dieser den Anforderungen (auch) einer Berufungsbegründung genügt (BVerwG DVBl. 1999, 95; NVwZ 2000, 67; 2001, 1029; OVG Münster NVwZ 1999, 208; DVBl. 1999, 997). Unzureichend ist es aber, wenn zur Begründung der Berufung lediglich auf das Vorbringen im Vorverfahren und im Verfahren erster Instanz verwiesen wird (VGH München NVwZ-RR 2001, 545).

5. Anschlussberufung (§ 127 VwGO)[1]

An das
Oberverwaltungsgericht ......[2]

In der Verwaltungsstreitsache ......
Az. ......

schließe ich mich namens des Klägers der vom Senat zugelassenen Berufung[3] des Beklagten[4] an mit dem Antrag[5], unter teilweiser Abänderung des angefochtenen Urteils den Heranziehungsbescheid des Beklagten vom ...... in der Gestalt des Widerspruchsbescheides vom ...... in vollem Umfange aufzuheben.
Zur Begründung führe ich aus ......[6]
Die Berufungsbegründung des Beklagten ist mir am ...... zugestellt worden.[7]

Rechtsanwalt

Schrifttum: Siems, Die selbständige Anschlussberufung im Verwaltungsprozess, NVwZ 2000, 160.

Anmerkungen

1. Es ist möglich, dass gegen das Urteil des VG von mehreren Beteiligten ein Antrag auf Zulassung der Berufung gestellt und nach Zulassung der Berufung das Berufungsverfahren durchgeführt wird. In diesem Falle sind die Zulassungs- und Berufungsverfahren voneinander unabhängig. Für ihre verfahrensrechtliche Abwicklung gelten keine Besonderheiten (sog. selbständige Anschlussberufung, vgl. dazu *Meyer-Ladewig* in Schoch/ Schmidt-Aßmann/Pietzner § 127 Rdn. 4).

Denkbar ist aber auch, dass, wie hier, ein Beteiligter sich der für den Prozessgegner zugelassenen Berufung anschließt, § 127 Abs. 1 S. 1 VwGO. Die Anschließung ist auch statthaft, wenn der Beteiligte auf die Berufung verzichtet hat oder die Frist für die Berufung oder den Antrag auf Zulassung der Berufung verstrichen ist, § 127 Abs. 2 S. 1 VwGO. Eine solche Berufung (sog. unselbständige Anschlussberufung) wird unwirksam, wenn die (Haupt-)Berufung zurückgenommen oder als unzulässig verworfen wird, § 127 Abs. 5 VwGO. In diesem Falle sind auch die Kosten der Anschlussberufung dem Kostenpflichtigen der Hauptsache aufzuerlegen, sofern nicht der Anschlussberufungsführer der Rücknahme zugestimmt hat (BGH NJW 1984, 2952; BVerwG E 72, 165/169; *Meyer-Ladewig* aaO § 127 Rdn. 13). Ein unselbständiger „Anschlusszulassungsantrag" (Antrag auf Zulassung der Berufung nach Ablauf der eigenen Antragsfrist) ist nicht zulässig (VGH München NVwZ 2000, 213).

Die Anschlussberufung selbst bedarf nicht der Zulassung, § 127 Abs. 4 VwGO.

2. Die Anschlussberufung ist beim OVG einzulegen, § 127 Abs. 1 S. 2 VwGO.

3. Eine Anschlussberufung setzt denknotwendig das Vorliegen einer Berufung voraus. Die Berufung ist aber erst mit ihrer Zulassung eingelegt, § 124a Abs. 5 S. 5 VwGO. Folglich ist eine unselbständige Anschlussberatung erst nach Zulassung der (Haupt-)Berufung möglich. In diesem Falle kann eine Anschlussberufung nur hinsichtlich des Streitgegenstandes erfolgen, der Gegenstand der zugelassenen Berufung ist (OVG Münster DVBl. 2001, 1308 – Leitsatz; VGH Mannheim VBlBW 2000, 117). Bei teilbarem Streitgegenstand darf sie sich nicht gegen einen anderen Teil des Urteils des VG richten als die Berufung des Prozessgegners (VGH München NVwZ-RR 1998, 9).

4. Die Berufung muss sich gegen den Anschlussberufungskläger richten. Aus Sinn und Zweck der Anschlussberufung folgt, dass ein in erster Instanz unterlegener Beteiligter sich der Berufung eines anderen Beteiligten nur anschließen kann, wenn sich dessen Rechtsmittel (auch) gegen ihn richtet. Ein Beteiligter kann sich nicht durch eine unselbständige Anschlussberufung Zugang zu dem nicht gegen ihn gerichteten Rechtsmittelverfahren beschaffen (BGH NJW 1991, 2569; BVerwG NVwZ-RR 1998, 457: Wenn von zwei Nachbarn, die als einfache Streitgenossen eine dem beigeladenen Bauherrn erteilte Baugenehmigung anfechten, der eine obsiegt und der andere unterliegt, kann sich der unterlegene Nachbar der Berufung des beigeladenen Bauherrn, die sich gegen den obsiegenden Nachbarn richtet, nicht im Wege der unselbständigen Anschlussberufung anschließen).

5. Auch die unselbständige Anschlussberufung muss einen bestimmten Antrag enthalten. Sei setzt keine Beschwer des Anschlussberufungsführers voraus. Entscheidend ist, dass mit der Anschlussberufung mehr erstrebt wird als die bloße Zurückweisung der Berufung (OVG Münster NWVBl. 1998, 110).

6. Die unselbständige Anschlussberufung muss in der Anschlussschrift begründet werden, § 124 a Abs. 3 S. 4, § 127 Abs. 3 S. 1 VwGO.

7. Die Anschlussberufung ist innerhalb eines Monats nach Zustellung der Berufungsbegründung einzulegen, § 127 Abs. 2 S. 2 VwGO.

6. Revision (§§ 132 ff. VwGO)

An das
Oberverwaltungsgericht[1]
...... Senat

Az.: ......

In der Verwaltungsstreitsache

des ...... (Klägers)
Prozessbevollmächtiger: RA ......[2]

gegen

die Stadt ...... (Beklagte)
beteiligt: Der Vertreter des öffentlichen Interesses bei dem Oberverwaltungsgericht ......

wegen: ......

lege ich namens des Klägers gegen das Urteil des Senates vom ......, zugestellt am ......[3],

Revision

ein[4].
Antrag und Begründung folgen in einem besonderen Schriftsatz[5].

Rechtsanwalt

Schrifttum: May, Die Revision, 2. Aufl. 1997.

Anmerkungen

1. Die Revision ist schriftlich bei dem Gericht einzulegen, dessen Urteil angefochten wird (iudex a quo), § 139 Abs. 1 S. 1 VwGO. Das ist normalerweise das OVG, § 132 Abs. 1 VwGO, bei der Sprungrevision (§ 134 VwGO) und beim Ausschluss der Beru-

fung (§ 135 VwGO) das VG. Die Einlegung beim BVerwG wahrt die Frist, § 139 Abs. 1 S. 2 VwGO.

2. Nach § 67 Abs. 1 S. 1 VwGO muss sich vor dem BVerwG jeder Beteiligte, soweit er einen Antrag stellt, durch einen RA oder Rechtslehrer an einer deutschen Hochschule iSd. HochschulrahmenG mit Befähigung zum Richteramt als Bevollmächtigten vertreten lassen. Das gilt auch für die Einlegung der Revision, § 67 Abs. 1 S. 2 VwGO. Ausnahmen für juristische Personen des öffentlichen Rechts und Behörden sieht § 67 Abs. 1 S. 3 VwGO vor.

3. Die Revisionsfrist beträgt einen Monat; sie beginnt nach § 139 Abs. 1 S. 1 VwGO mit der Zustellung des die Zulassung enthaltenen Urteils, im Falle der Sprungrevision mit Zustellung des die Revision zulassenden Beschlusses des VG, § 134 Abs. 3 S. 2 VwGO.

4. Die Revision gegen ein Urteil oder gegen einen Beschluss des OVG nach § 47 Abs. 5 S. 1 VwGO kann nur eingelegt werden, wenn sie vom OVG zugelassen wird, § 132 Abs. 1 VwGO. Die Nichtzulassung der Revision kann durch Beschwerde angefochten werden, § 133 VwGO (s. dazu Form. V. C. 8 bis 11). Zur Revision gegen Urteile des VG s. §§ 134, 135 VwGO.

5. Antrag und Begründung der Revision können nachgereicht werden, § 139 Abs. 3 VwGO. Zu der dafür bestehenden Frist s. Form. V.C. 7 Anm. 1.

Kosten und Gebühren

Für das Verfahren im Allg. werden 2,0 Gerichtsgebühren erhoben, Nr. 2130 KV, für ein die Instanz abschließendes Urteil 3,0 Gebühren, Nr. 2133 KV. Die allgm. Verfahrensgebühr ermäßigt sich in den in Nr. 2131 aufgeführten Fällen auf 0,5, eine 1,5 Gebühr wird für Beschlüsse nach § 93a Abs. 2 VwGO, Nr. 2132 KV, und nach § 161 Abs. 2 VwGO, Nr. 2138 KV, erhoben.

Für das Revisionsverfahren erhält der RA $^{13}/_{10}$ Gebühren nach den §§ 114 Abs. 1, 31, 11 Abs. 1 S. 4 BRAGO.

7. Revisionsbegründung[1]

An das
Bundesverwaltungsgericht[2]
...... Senat
Simsonplatz 1
04107 Leipzig

Az.: ......

Revisionsbegründung

In der Verwaltungsstreitsache

......

gegen den Landrat ......

beantrage ich[3]:

Unter Abänderung des angefochtenen Urteils des OVG ...... vom ...... den Beklagten unter Aufhebung seines Ablehnungsbescheides vom ...... in der Gestalt des Widerspruchsbescheides vom ...... zu verpflichten, die dem Beigeladenen am ...... erteilte

Baugenehmigung zur Errichtung eines Einfamilienwohnhauses auf dem Grundstück ...... zurückzunehmen[4].

Zur Begründung führe ich aus[5]:
Entgegen der Ansicht des Berufungsgerichts ist der Beklagte verpflichtet, die dem Beigeladenen erteilte Baugenehmigung zurückzunehmen, weil diese Genehmigung gegen § 34 BauGB verstößt und sie entgegen einer dem Kläger gegebenen Zusage erteilt worden ist (s. dazu BVerwG NJW 1976, 303).

I. Das Berufungsgericht hat das Schreiben des Beklagten vom ...... dahin ausgelegt, dass der Beklagte mit Bindungswillen dem Kläger die Zusage gegeben hat, dem Beigeladenen keine Genehmigung für ein Einfamilienwohnhaus zu erteilen, welches die durch die bereits vorhandene Bebauung gebildete einheitliche rückwärtige Baugrenze überschreitet oder die einheitliche Firsthöhe der benachbarten vier Häuser nicht einhält. An diese Auslegung ist das Revisionsgericht gebunden, § 137 Abs. 2 VwGO. Sie lässt einen Rechtsverstoß nicht erkennen. Das Berufungsgericht hat im Einklang mit der im öffentlichen Recht entspr. anwendbaren Vorschrift des § 133 BGB sich nicht allein an dem Wortlaut des Schreibens orientiert, sondern die gesamten Umstände, unter denen es an den Kläger gerichtet wurde, mitberücksichtigt ......

II. Die dem Kläger erteilte Zusage ist rechtsverbindlich, weil sie den formellen und materiellen Anforderungen des § 38 VwVfG NRW entspricht. Bei dieser Vorschrift handelt es sich nach § 137 Abs. 1 Nr. 2 VwGO um revisibles Recht, da sie ihrem Wortlaut nach mit § 38 VwVfG Bund übereinstimmt.
Entgegen der Ansicht des Berufungsgerichts ist die dem Kläger erteilte Zusage nicht deshalb unwirksam, weil sie ohne Mitwirkung der Gemeinde erfolgt ist. Zwar ist nach § 36 BauGB über die Zulässigkeit eines Vorhabens nach § 34 BauGB von der Baugenehmigungsbehörde im Einvernehmen mit der Gemeinde zu entscheiden. Dieses Einvernehmen ist jedoch nur dann erforderlich, wenn die Behörde die Genehmigung erteilt, nicht dagegen im Falle einer Versagung. Daraus folgt, dass nach § 38 Abs. 1 S. 2 VwVfG NRW nur die Zusage der Erteilung einer Baugenehmigung des Einvernehmens der Gemeinde bedarf, nicht dagegen die Zusage, eine Baugenehmigung (an einen Dritten) nicht zu erteilen (Dohle BauR 1976, 395/399). Vorliegend ist aber von dem Beklagten nicht die Erteilung (einer dem § 34 BauGB entsprechenden), sondern die Nichterteilung einer (dem § 34 BauGB widersprechenden) Baugenehmigung zugesagt worden.

III. Durch die Erteilung der auch nach Ansicht des Berufungsgerichts rechtswidrigen Baugenehmigung hat sich der Anspruch des Klägers gegen den Beklagten auf Einhaltung der Zusage in einen Anspruch auf Rücknahme der zusagewidrigen Baugenehmigung umgewandelt (BVerwG NJW 1976, 303/305). Dieser Rücknahme stehen rechtliche Hindernisse nicht entgegen, insbesondere nicht Gesichtspunkte des Vertrauensschutzes.

Rechtsanwalt

Anmerkungen

1. Für die Länge und den Lauf der Revisionsbegründungsfrist gilt folgendes:
Ist in dem Urteil des Berufungsgerichts die Revision zugelassen worden, so ist die Revision innerhalb von zwei Monaten nach Zustellung des vollständigen Urteils zu begründen, § 139 Abs. 3 S. 1, 1. Halbs. VwGO. Mit der Zustellung des Urteils beginnen also die einmonatige Revisionsfrist nach § 139 Abs. 1 S. 1 VwGO (s. dazu Form. V. C. 6 Anm. 3) und die zweimonatige Revisionsbegründungsfrist nach § 139 Abs. 3 S. 1, 1. Halbs. VwGO. Der Lauf der Revisionsbegründungsfrist ist vom Zeitpunkt der Einlegung der Revision und des Ablaufs der Revisionsfrist unabhängig.

Ist vom VG die Sprungrevision nach § 134 VwGO zugelassen worden, so beginnt die Revisionsbegründungsfrist mit der Zustellung des Zulassungsbeschlusses, § 139 Abs. 3 S. 1, 1. Halbs. VwGO.

Wird auf eine Revisionsnichtzulassungsbeschwerde hin die Revision zugelassen, so beträgt die Revisionsbegründungsfrist einen Monat; sie beginnt mit der Zustellung des Beschlusses über die Zulassung der Revision, § 139 Abs. 3 S. 1, 2. Halbs. VwGO.

Die Begründungsfrist kann auf einen vor ihrem Ablauf gestellten (und zu begründenden, § 57 Abs. 2 VwGO, § 224 Abs. 2 ZPO!) schriftlichen (dazu BVerfG NVwZ 1994, 781) Antrag durch den Vorsitzenden verlängert werden, § 139 Abs. 3 S. 3 VwGO. Es kommt also nur darauf an, dass der begründete Verlängerungsantrag vor Ablauf der Frist beim BVerwG (BVerwG KStZ 1993, 232) gestellt wird; die Verlängerung selbst kann nach Ablauf der Frist verfügt werden (BVerwG E 10, 75; BAG GS NJW 1980, 309).

Zu den Sorgfaltspflichten des RA bei der Überprüfung und Kontrolle der Revisionsbegründungsfrist s. BVerwG KStZ 1994, 153 und BSG DÖV 1997, 37.

2. Nach § 139 Abs. 3 S. 2 VwGO ist die Begründung beim BVerwG einzureichen. Die Einreichung beim Berufungsgericht wahrt die Frist nicht.

3. Die Revision oder die Revisionsbegründung müssen einen bestimmten Antrag enthalten, § 139 Abs. 3 S. 4 VwGO.

4. Es genügt auch die Bezugnahme auf den in der Vorinstanz gestellten schriftlichen Antrag, wenn dieser hinreichend bestimmt ist (BVerwGE 23, 41). Üblich ist dann die Formulierung: „Unter Abänderung des angefochtenen Urteils nach den Schlussanträgen des ...... im Berufungsverfahren zu erkennen."

Es ist nicht erforderlich, neben dem Hauptantrag hilfsweise zu beantragen, „das angefochtene Urteil aufzuheben und die Sache zur anderweitigen Verhandlung und Entscheidung an das Berufungsgericht zurückzuverweisen", weil dieser Antrag als ein Minus im Hauptantrag enthalten ist.

5. Die Revision kann nur auf die Verletzung einer Rechtsnorm gestützt werden, § 137 Abs. 1 VwGO. An die in dem angefochtenen Urteil getroffenen tatsächlichen Feststellungen ist das BVerwG gebunden, außer wenn in Bezug auf diese Feststellungen zulässige und begründete Revisionsgründe vorgebracht sind, § 137 Abs. 2 VwGO.

Gerügt werden kann grundsätzlich nur die Verletzung von Bundesrecht, § 137 Abs. 1 Nr. 1 VwGO. Landesrecht ist nur revisibel, wenn es durch Bundesgesetz für revisibel erklärt ist. Dies ist durch § 137 Abs. 1 Nr. 2 VwGO für Vorschriften des VwVfG eines Landes, die ihrem Wortlaut nach mit Vorschriften des VwVfG Bund übereinstimmen, geschehen, sowie durch § 127 Nr. 2 BRRG für Klagen aus einem Beamtenverhältnis.

Kein revisibles Bundesrecht liegt vor, wenn durch Landesrecht eine bundesrechtliche Vorschrift für entspr. anwendbar erklärt wird (BVerwG NVwZ 1984, 101).

Die Revisionsbegründung muss nach § 139 Abs. 3 S. 4 VwGO die verletzte Rechtsnorm und, soweit Verfahrensmängel gerügt werden, die Tatsachen bezeichnen, die den Mangel ergeben. Der Prozessbevollmächtigte des Revisionsklägers muss – für das Revisionsgericht objektiv erkennbar – eine Sichtung und Durchdringung des Streitstoffes vornehmen. Dieser ist nicht identisch mit dem Streitstoff der Vorinstanzen oder eines vorangegangenen Revisionsbeschwerdeverfahrens. Aus diesem Grund reicht eine Bezugnahme auf früher eingereichte Schriftsätze nicht aus (BVerwG NJW 1985, 1235). Dies gilt auch für die Nichtzulassungsbeschwerde (BVerwG DÖV 1978, 814; DVBl. 1989, 415). Eine „vollinhaltliche" Bezugnahme auf die Beschwerdeschrift lässt das BVerwG nur dann als Revisionsbegründung ausreichen, „wenn die Beschwerdeschrift den Anforderungen (auch) an eine Revisionsbegründung genügt und – bei mehreren im Beschwerdeverfahren geltend gemachten Zulassungsgründen – in der Revisions- bzw. Revisionsbegründungsschrift unmissverständlich klargestellt wird, welche der geltend gemachten Zulassungsgründe – nunmehr als Revisionsgründe – zur Stützung der Revision dienen sollen" (BVerwG NJW 1985, 1235/1236; ferner DVBl. 1989, 265). Wegen der damit verbundenen Unsicherheiten sollte stets von einer Bezugnahme auf andere Schriftsätze abgesehen und eine aus sich selbst heraus verständliche Revisionsbegründung verfasst werden.

8. Beschwerde gegen die Nichtzulassung der Revision[1] (§ 133 VwGO)

An das
Oberverwaltungsgericht[2]
Az.: ......

In der Verwaltungsstreitsache

des ...... (Klägers)
Prozessbevollmächtigter: RA[3] ......

gegen

den Oberbürgermeister ...... (Beklagten)

beteiligt: Der Vertreter des öffentlichen Interesses bei dem Oberverwaltungsgericht ......
wegen: Heranziehung zu einem Erschließungsbeitrag

lege ich hiermit namens des Klägers gegen die Nichtzulassung der Revision in dem Urteil des Senats vom ......, zugestellt am ......[4],

Beschwerde[5]

ein mit dem Antrag,
die Entscheidung des Oberverwaltungsgerichts ...... über die Nichtzulassung der Revision gegen sein Urteil vom ...... aufzuheben und die Revision zuzulassen.
Die Begründung reiche ich nach.[6, 7]

Rechtsanwalt

Schrifttum: Weyreuther, Revisionszulassung und Nichtzulassungsbeschwerde in der Rechtsprechung der obersten Bundesgerichte, NJW-Schriften 14, 1971; *Kummer,* Die Nichtzulassungsbeschwerde, 2002.

Anmerkungen

1. Die Nichtzulassung der Revision in dem Urteil des OVG oder (im Falle des § 135 VwGO) des VG kann durch Beschwerde angefochten werden, § 133 Abs. 1 VwGO. Die Einlegung der Beschwerde hemmt die Rechtskraft des Urteils, § 133 Abs. 4 VwGO. Sie führt dazu, dass das BVerwG Gericht der Hauptsache i. S. d. § 80 Abs. 5 VwGO wird.

2. Die Revisionsnichtzulassungsbeschwerde ist schriftlich bei dem Gericht einzureichen, dessen Entscheidung angefochten wird, also idR. beim OVG § 133 Abs. 2 S. 1 VwGO, im Falle des § 135 VwGO beim VG, § 135 S. 3 mit § 133 Abs. 2 S. 1 VwGO. Die Einlegung beim BVerwG wahrt die Frist nicht (BVerwG NW 1970, 75).

3. Es besteht im gleichen Umfange Anwaltszwang wie bei der Einlegung der Revision, § 67 Abs. 1 S. 2 mit S. 1 VwGO. S. dazu Form. V. C. 6 Anm. 2.

4. Die Beschwerdefrist beträgt einen Monat seit Zustellung des Urteils, § 133 Abs. 2 S. 1 VwGO. Die Beschwerde muss das angefochtene Urteil bezeichnen, § 133 Abs. 2 S. 2 VwGO. Sie braucht noch keine Begründung zu enthalten.

5. Die Umdeutung einer von einem RA eingelegten Revision in eine Beschwerde gegen die Nichtzulassung der Revision ist nicht möglich (BVerwG NVwZ 1998, 1297).

6. S. dazu Form. V. C. 9 bis 11.

7. Wird der Beschwerde gegen die Nichtzulassung der Revision abgeholfen oder lässt das BVerwG die Revision zu, so wird das Beschwerdeverfahren als Revisionsverfahren fortgeführt, wenn nicht das BVerwG das angefochtene Urteil nach § 133 Abs. 6 VwGO aufhebt (s. dazu Form. V. C. 11 Anm. 7); der Einlegung einer Revision durch den Beschwerdeführer bedarf es nicht, § 139 Abs. 2 S. 1 VwGO. Mit der Zustellung des Zulassungsbeschlusses beginnt die einmonatige Revisionsbegründungsfrist, § 139 Abs. 3 S. 1, 2. Halbs. VwGO.

Kosten und Gebühren

Nach Nr. 2503 KV wird eine 2,0 Gerichtsgebühr erhoben, wenn die Beschwerde verworfen oder zurückgewiesen wird.

Der RA erhält für die Vertretung im Revisionsnichtzulassungsbeschwerdeverfahren eine 13/20 Gebühr nach den §§ 114 Abs. 1, 61 Abs. 1 Nr. 1, 31, 11 Abs. 1 S. 1, 2, 4, 6 BRAGO (BVerwG JurBüro 1996, 416; 1999, 637).

9. Begründung der Revisionsnichtzulassungsbeschwerde wegen grundsätzlicher Bedeutung (§ 132 Abs. 2 Nr. 1 VwGO)

An das
Oberverwaltungsgericht ......[1]
Az.: ......

In der Verwaltungsstreitsache ......

führe ich zur Begründung der Beschwerde vom ...... gegen die Nichtzulassung der Revision in dem Urteil des Senates vom ......, zugestellt am ......[2] aus:[3]
Die Revision ist nach § 133 mit § 132 Abs. 2 Nr. 1 VwGO zuzulassen, weil die Rechtssache grundsätzliche Bedeutung hat.[4]
Die Rechtmäßigkeit der angefochtenen Ordnungsverfügung, mit der der Beklagte dem Kläger den Verkauf von Geranien, Fuchsien, Primeln, Eriken, Koniferen, Stauden und Sträuchern der Außenbepflanzung an Sonn- und Feiertagen untersagt hat, hängt von der Auslegung des Begriffs „Blumen" in § 12 Abs. 1 LadenschlussG, § 1 Abs. 1 Nr. 3 der VO über den Verkauf bestimmter Waren an Sonn- und Feiertagen, ab. Die Ordnungsverfügung ist rechtmäßig, wenn man unter „Blumen" nur Schnittblumen und Topfpflanzen versteht. Sie ist rechtswidrig, wenn man als „Blumen" alle Pflanzenarten ansieht, die nach den gerade herrschenden Kaufgewohnheiten der Bevölkerung als sonntägliches Geschenk oder Mitbringsel gefragt sind.[5]
Der Begriff „Blumen" in § 12 Abs. 1 LadenschlussG und § 1 Abs. 1 Nr. 1 der genannten VO ist in der höchstrichterlichen Rspr. bisher nicht geklärt. Ein Revisionsverfahren ist deshalb geeignet, eine Rechtsfrage von allgemeiner, über den hier zu entscheidenden Einzelfall hinausreichender Bedeutung zu entscheiden und damit zu einer einheitlichen Auslegung und Anwendung von Bundesrecht beizutragen ......[6, 7]

Anmerkungen

1. Die Begründung ist bei dem Gericht, gegen dessen Urteil Revision eingelegt werden soll, also idR. beim OVG, einzureichen, § 133 Abs. 3 S. 2 VwGO. Die Einreichung beim BVerwG wahrt die Begründungsfrist nicht.

2. Die Beschwerde ist innerhalb von zwei Monaten nach Zustellung des vollständigen Urteils zu begründen, § 133 Abs. 3 S. 1 VwGO. Die Frist ist mangels gesetzlicher Ermächtigung nicht verlängerbar (BVerwG BayVBl. 1990, 317; NVwZ 2001, 799).

3. In der Begründung muss die grundsätzliche Bedeutung der Rechtssache dargelegt werden, § 133 Abs. 3 S. 3 VwGO. Die Gründe für die Zulassung der Revision sind nicht mit den Revisionsgründen nach § 137 VwGO zu verwechseln.

Die Prüfung, ob die Revision zugelassen werden kann, ist auf die frist- und formgerecht vorgetragenen Zulassungsgründe des § 132 Abs. 2 VwGO beschränkt. Erforderlich ist eine Sichtung und rechtliche Durchdringung des Streitstoffes durch den Prozessbevollmächtigten des Beschwerdeführers und ein sorgfältiges Eingehen auf den jeweiligen Zulassungsgrund. Dieser muss schlüssig, aber nicht notwendig umfangreich dargestellt werden. UU. genügen schon „einige wenige Sätze" (BVerwG DÖV 1974, 105 Nr. 33 – Leitsatz). Gerade bei der Begründung einer Revisionsnichtzulassungsbeschwerde, deren Abfassung zu den schwierigsten anwaltlichen Aufgaben gehören kann, vor allem wenn Verfahrensmängel gerügt werden sollen (s. dazu Form. V. C. 11), kommt es weniger auf den Umfang als auf die Qualität (Klarheit, Verständlichkeit, Übersichtlichkeit) der Ausführungen an. „Eine umfangreiche Beschwerdebegründung" – im entschiedenen Falle 678 Seiten! – „entspricht jedenfalls dann nicht den formellen Erfordernissen, wenn die Ausführungen zu den Zulassungsgründen in unübersichtlicher, ungegliederter, unklarer, kaum auflösbarer Weise mit Einlassungen zu irrevisiblen oder für das Beschwerdeverfahren sonst unerheblichen Fragen vermengt sind. Es ist nicht Aufgabe des Beschwerdegerichts, aus einem derartigen Gemenge das herauszusuchen, was möglicherweise – bei wohlwollender Auslegung – zur Begründung der Beschwerde geeignet sein könnte" (BVerwG NJW 1996, 1554).

4. Bei der Grundsatzrüge (§ 132 Abs. 2 Nr. 1 VwGO) muss eine „über den jeweiligen Einzelfall hinausgreifende, in verallgemeinerungsfähiger Weise im Interesse der Rechtseinheit oder Fortentwicklung des Rechts klärungsfähige und klärungsbedürftige konkretisierte Rechtsfrage dargelegt werden" (BVerwG NJW 1996, 1554; ferner NJW 1997, 3328; NVwZ-RR 2001, 198). Wesentliche Stichworte zur Begründung einer Grundsatzrevision sind Begriffe wie Rechtssicherheit, Rechtsfortbildung, fehlende höchstrichterliche Klärung, praktische Bedeutung über den Einzelfall hinaus (*Hufen* § 41 Rdn. 7). Die rechtsgrundsätzliche Frage muss revisibles Recht betreffen, also grundsätzlich Bundesrecht, § 137 Abs. 1 Nr. 1 VwGO, ausnahmsweise auch Landesrecht, § 137 Abs. 1 Nr. 2 VwGO, § 127 Nr. 2 BRRG.

5. In der Beschwerdebegründung sind die klärungsbedürftige Frage und ihre grundsätzliche Bedeutung sowie ihre Entscheidungserheblichkeit aufzuzeigen. Es ist noch nicht auszuführen, wie die Frage – aus der Sicht des Beschwerdeführers – richtigerweise zu beantworten sein wird. Dies ist Aufgabe der Revisionsbegründung, die nicht vorweggenommen werden sollte. Eine solche Verfahrensweise würde nämlich den rechtssystematischen Unterschied zwischen Nichtzulassungsbeschwerde und Revisionsbegründung vernachlässigen (*Kuhla/Hüttenbrink* F 112). Verfehlt ist es jedenfalls, die Nichtzulassungsbeschwerde ausschließlich mit einer Kritik an der Entscheidung, gegen die Revision eingelegt werden soll, zu begründen.

6. Es reicht nicht aus, dass die Entscheidung nur tatsächlich, dh. für eine Vielzahl von gleichgelagerten Fällen bedeutsam ist (BVerwG E 13, 90/91 f. = NJW 1962, 218; Buchholz 310 § 132 VwGO Nr. 205) oder der Rechtsstreit eine erhebliche wirtschaftliche, soziale oder politische Bedeutung hat (BVerwG E 13, 90/91 f. = NJW 1962, 218).

Rechtsgrundsätzlich ist eine Frage auch dann nicht, wenn sie sich auf der Grundlage der Gesetze mit Hilfe der üblichen Regeln der Gesetzesauslegung ohne weiteres beantworten lässt (BVerwG NVwZ-RR 1994, 9; *Kuhla/Hüttenbrink* F 108). Ferner ist eine Frage nicht rechtsgrundsätzlich, wenn sie nicht mehr geltendes Recht betrifft, es sei denn, dass ihre Klärung noch für einen nicht überschaubaren Personenkreis in nicht absehbarer Zukunft von Bedeutung ist (BVerwG NVwZ-RR 1996, 712).

10. Begründung der Revisionsnichtzulassungsbeschwerde wegen Abweichung (§ 132 Abs. 2 Nr. 2 VwGO)[1]

An das
Oberverwaltungsgericht ......
Az.: ......

Die Revision ist nach § 133 mit § 132 Abs. 2 Nr. 2 VwGO zuzulassen, weil das OVG bei seinem Urteil von einer Entscheidung des BVerwG[2] abgewichen ist und sein Urteil auf dieser Abweichung beruht.[3]
Das OVG hat angenommen, dass die gerade verlaufende Stichstraße wegen ihrer Länge von nur 78 m in jedem Falle als unselbständig zu qualifizieren sei. Damit weicht das OVG von der nach Erlass seines Urteils verkündeten Entscheidung des BVerwG vom 26. 9. 2001 (11 C 16.00 – KStZ 2002, 98) ab.[4] Danach kann auch eine nur 75 m lange Stichstraße eine selbständige Erschließungsanlage sein, wenn sei in einem allgemeinen Wohngebiet liegt, auf ihrer überwiegenden Länge zu beiden Seiten in geschlossener Bauweise angebaut ist und sie zusätzlich der Erschließung einer an ihren Wendehammer anschließenden drei- bis viergeschossigen Bebauung dient. Von diesem Rechtssatz weicht das OVG ab, wenn es die Stichstraße unabhängig von der Bebauungsdichte nur wegen ihrer Länge von 78 m als unselbständig ansieht.[5] Das Urteil beruht auch auf dieser Abweichung.[6] Denn hätte das OVG nicht nur auf die Länge der Stichstraße, sondern auch auf die Intensität der an ihr vorhandenen Bebauung abgestellt, so wäre es zur Feststellung der Selbständigkeit der Erschließungsanlage gekommen ......

Anmerkungen

1. Zur Begründung der Revisionsnichtzulassungsbeschwerde im Allg. s. Form. V.C. 9.

2. Die Divergenzrevision ist gegeben, wenn das Urteil von einer Entscheidung des BVerwG, des GemSOGB oder des BVerfG abweicht und auf dieser Abweichung beruht, § 132 Abs. 2 Nr. 2 VwGO. Ist die Vorinstanz von der Entscheidung eines anderen Obersten Bundesgerichtes abgewichen, so dürfte regelmäßig der Zulassungsgrund der grundsätzlichen Bedeutung gegeben sein (BVerwG Buchholz 310 § 132 VwGO Nr. 124). Entscheidungen des EUGH sind nicht divergenzfähig (BVerwG 23. 1. 2001 – 6 B 35/00 – Juris).

Bei Klagen aus dem Beamtenverhältnis kann die Nichtzulassungsbeschwerde auch darauf gestützt werden, dass das Urteil von der Entscheidung eines anderen OVG abweicht und auf dieser Abweichung beruht, solange eine Entscheidung des BVerwG in der Rechtsfrage nicht ergangen ist, § 127 Nr. 1 BRRG.

3. Eine Divergenz iSd. § 132 Abs. 2 Nr. 2 VwGO ist nur gegeben, wenn das vorinstanzliche Gericht bei Anwendung derselben Rechtsvorschrift mit einem seiner Entscheidung tragenden abstrakten Rechtssatz zu einem in der Rspr. der in § 132 Abs. 2 Nr. 2 VwGO genannten Gerichte aufgestellten ebensolchen Rechtssatz in Widerspruch tritt (BVerwG NVwZ 1987, 1086; NVwZ-RR 1996, 712/713; NVwZ-RR 2000, 260). Eine Abweichung liegt nicht vor, wenn sich die unterschiedlichen Auslegungen auf verschiedene, wenn auch inhaltsgleiche Vorschriften beziehen (BVerwG Buchholz 310 § 132 VwGO Nr. 184). Dann dürfte allerdings der Fall grundsätzlicher Bedeutung (§ 132 Abs. 2 Nr. 1 VwGO) gegeben sein.

4. Der Zulassungsgrund muss in der Beschwerdebegründung durch Angabe der Entscheidung des BVerwG, von der abgewichen sein soll, und durch Darlegungen der miteinander in Widerspruch stehenden entscheidungstragenden Rechtssätze dargestellt werden (BVerwG Buchholz 448.6 § 1 KDVG Nr. 20). Die Entscheidung des BVerwG muss so genau bezeichnet werden, § 133 Abs. 3 S. 3 VwGO, „dass die Identität gesichert und die Heranziehung ohne Schwierigkeiten möglich ist" (*Weyreuther* Rdn. 219). Es müssen also Datum und AZ. (das Datum allein reicht nicht, BVerwG MDR 1964, 624) oder die Fundstelle angegeben werden.

Unerheblich ist, ob das Berufungsgericht bewusst von der Entscheidung des BVerwG abgewichen ist; auch eine nach Erlass des Urteils ergangene Entscheidung des BVerwG kann die Zulassung der Revision wegen Divergenz rechtfertigen (BVerwG Buchholz 310 § 132 VwGO Nr. 299; *Kopp/Schenke* § 132 Rdn. 17).

5. Wichtig ist, dass eine Divergenz zur Rspr. des BVerwG im rechtlichen Ansatz des Urteils deutlich gemacht wird. Es müssen sich zwei Rechtssätze unterschiedlicher Inhalte gegenüber stehen, also hier der Rechtssatz des OVG „Eine Stichstraße von 78 m Länge ist in jedem Falle unselbständiger Teil der Straße, von der sie abzweigt" und der Rechtssatz des BVerwG „Auch eine nur 75 m lange Straße kann eine selbständige Erschließungsanlage sein". Dagegen rechtfertigt die unrichtige Anwendung eines vom BVerwG entwickelten und vom Berufungsgericht nicht in Frage gestellten Rechtssatzes auf den zu entscheidenden Einzelfall die Zulassung der Revision nicht (BVerwG NJW 1997, 3328).

6. Die Divergenz allein reicht nicht aus, sie muss vielmehr auch ursächlich für die Entscheidung sein, § 132 Abs. 2 Nr. 2 VwGO.

11. Begründung der Revisionsnichtzulassungsbeschwerde wegen eines Verfahrensmangels (§ 132 Abs. 2 Nr. 3 VwGO)[1]

An das
Oberverwaltungsgericht ......
Az.: ......

Die Revision ist nach § 133 mit § 132 Abs. 2 Nr. 3 VwGO zuzulassen, weil das Berufungsgericht einen Verfahrensfehler begangen hat, auf dem die Entscheidung beruht.[2]
Nach Ansicht des OVG ist die angefochtene Festsetzung des Zwangsmittels der Ersatzvornahme rechtswidrig, wenn die zu vollziehende Abrissverfügung vom ...... 1996 in der Zeit nach ihrer Bestandskraft rechtswidrig geworden ist. Dies könnte der Fall sein, wenn die in der näheren Umgebung des streitbefangenen Wochenendhauses vorhandenen Bauwerke erst nach Bestandskraft der Abrissverfügung entstanden sind. Dieser von ihm als erheblich erkannten Frage ist das OVG nicht ausreichend nachgegangen. Es durfte sich nicht auf seine eigene Einschätzung des Alters der Bauwerke verlassen, sondern musste dem von dem Kläger in der mündlichen Verhandlung vor dem Berufungsgericht gestellten Beweisantrag nach § 86 Abs. 2 VwGO auf Beiziehung der Bauakten der Grundstücke ...... und Vernehmung der Zeugen ...... nachgehen. Das Berufungsgericht hat folglich mit der Ablehnung des Beweisantrages den Verfahrensfehler unvollständiger Aufklärung des Sachverhaltes, § 86 Abs. 1 VwGO, begangen.[3]
Dieser Verfahrensfehler[4] ist für die Entscheidung auch ursächlich.[5] Denn hätte das Berufungsgericht die beantragte Beweisaufnahme durchgeführt, so hätte sich ergeben, dass von den in der Umgebung des streitbefangenen Wochenendhauses vorhandenen Bauwerken vier in den Jahren 1997 bis 1999 genehmigt und errichtet worden sind, und zwar ...... Dann aber ist bei der Zugrundelegung der Rechtsauffassung des Berufungsgerichtes[6] die Abrissverfügung vom ...... 1996 rechtswidrig geworden und die angefochtene Verfügung über die Festsetzung der Ersatzvornahme aufzuheben.[7]

Anmerkungen

1. Zur Begründung der Revisionsnichtzulassungsbeschwerde im Allg. s. Form. V. C. 9.

2. Nach § 132 Abs. 2 Nr. 3 VwGO ist die Revision zuzulassen, wenn ein Verfahrensmangel geltend gemacht wird und vorliegt, auf dem die Entscheidung beruhen kann. In der Beschwerdebegründung muss der Verfahrensmangel „bezeichnet" werden, § 133 Abs. 3 S. 3 VwGO (s. dazu BVerwG NJW 1997, 3328). Es sind also Tatsachen vorzutragen und unter Beweis zu stellen, die den behaupteten Verfahrensmangel belegen. Notfalls hat also iRd. Beschwerdeverfahrens eine Beweisaufnahme stattzufinden (s. dazu BVerwG NJW 1986, 2771/2723).

3. Sinn der Revisionszulassung wegen eines Verfahrensmangels ist die Kontrolle des Verfahrensganges, nicht der Rechtsfindung (BVerwG NVwZ-RR 1996, 359). Dies muss bei der Rüge eines Verfahrensfehlers wegen Verletzung der richterlichen Aufklärungspflicht nach § 86 Abs. 1 VwGO beachtet werden. Ein Fehler in der Tatsachenfeststellung, in der Sachverhalts- und Beweiswürdigung ist grundsätzlich als Fehler bei der Rechtsfindung anzusehen und deshalb revisionsrechtlich nicht dem Verfahrensrecht, sondern dem sachlichen Recht zuzuordnen. „Mit Angriffen gegen die Sachverhalts- und Beweiswürdigung der Tatsacheninstanzen lässt sich die Zulassung der Revision deshalb jedenfalls in aller Regel nicht erreichen" (BVerwG aaO.). Aus diesem Grunde wird hier als Verfahrensmangel auch nicht die Tatsachenfeststellung als solche gerügt, sondern das Übergehen eines nach § 86 Abs. 2 VwGO förmlich gestellten Beweisantrages zu einem nicht vollständig aufgeklärten Sachverhalt. Auch bei unterlassenem förmlichen Beweisantrag kann der Verfahrensmangel fehlerhafter Sachverhaltsaufklärung gerügt werden, wenn sich eine weitergehende Sachaufklärung dem Gericht „aufdrängen musste" (BVerwG NJW 1994, 2243; 1997, 3328).

4. Als weitere Verfahrensfehler kommen in Betracht:
- der Erlass einer Überraschungsentscheidung unter Verstoß gegen § 86 Abs. 3 mit § 104 Abs. 1 VwGO,
- die Überschreitung der Zweiwochenfrist des § 116 Abs. 2 VwGO (BVerwG NVwZ 1998, 1176),
- die willkürliche Nichtvorlage gem. Art. 177 Abs. 2 EWG-Vertrag (BVerwG NVwZ 1993, 770),
- die fehlerhafte Ablehnung eines Wiedereinsetzungsantrages (BVerwG BayVBl. 1993, 30/31),
- das Vorliegen absoluter Revisionsgründe des § 138 VwGO, zB. der Versagung rechtlichen Gehörs, § 138 Nr. 3 VwGO (s. dazu BVerwG NJW 1997, 3328),
- nicht ordnungsgemäße Besetzung des Gerichts („schlafender Richter", BVerwG NJW 2001, 2898).

5. Bei einer auf einen Verfahrensmangel gestützten Zulassungsbeschwerde genügt es nicht, den Verfahrensmangel zu bezeichnen, vielmehr muss auch dargelegt werden, dass das Urteil auf diesem Mangel „beruhen kann", § 132 Abs. 2 Nr. 3 VwGO. Es muss also auch ausgeführt werden, dass, wenn das OVG den Verfahrensmangel nicht begangen, hier also die beantragte Beweisaufnahme durchgeführt hätte, es zu einem für den Rechtsmittelführer sachlich günstigeren Ergebnis hätte gelangen können (BVerwG NJW 1962, 2121; 1976, 1705).

6. Bei der Feststellung, ob ein Verfahrensmangel vorliegt, ist von der Rechtsauffassung des Berufungsgerichtes auszugehen, und zwar auch dann, wenn diese falsch sein sollte (BVerwG NVwZ-RR 1996, 358).

7. Stellt das BVerwG fest, dass der geltend gemachte Verfahrensmangel besteht und die Entscheidung auf diesem Mangel beruhen kann, so kann es in seinem Beschluss das angefochtene Urteil aufheben und den Rechtsstreit zur anderweitigen Verhandlung und Entscheidung zurückverweisen, § 133 Abs. 6 VwGO. Die Aufhebung und Zurückverweisung müssen in der Revisionsnichtzulassungsbeschwerde nicht ausdrücklich beantragt werden.

12. Antrag auf Zulassung der Sprungrevision (§ 134 VwGO)[1]

An das
Verwaltungsgericht
Az.: .. ...

In der Verwaltungsstreitsache

des ... ..

(Klägers)

Prozessbevollmächtigter: RA ......[2]
gegen
den Landrat des Kreises ......

(Beklagten)

Beigeladene: die Eheleute ......
beantrage ich namens des Klägers[3]:
Die Sprungrevision gegen das Urteil der Kammer vom ......
zugestellt am ......[4], zuzulassen.

Die Zustimmungserklärung des Beklagten[5] ist beigefügt.

Die Voraussetzungen für die Zulassung der Revision sind nach § 134 Abs. 2 S. 1 mit § 132 Abs. 2 Nr. 1 VwGO gegeben, weil die Rechtssache grundsätzliche Bedeutung[6] hat .. ...[7].

Rechtsanwalt

Anmerkungen

1. Nach § 134 Abs. 1 S. 1 VwGO kann gegen ein Urteil des VG unter Umgehung der Berufungsinstanz Revision (Sprungrevision) eingelegt werden, wenn der Kläger und der Beklagte schriftlich zustimmen und die Revision vom VG zugelassen wird. Die Zulassung durch das VG erfolgt im Urteil oder nachträglich auf Antrag durch Beschluss. Hier wird davon ausgegangen, dass die Revision im Urteil nicht zugelassen wurde, die Beteiligten eine Revision an das BVerwG wegen der aus den Entscheidungsgründen erkennbaren grundsätzlichen Bedeutung der Sache für sinnvoll und eine weitere Klärung des Sachverhalts und/oder eine Nachprüfung der tatsächlichen Feststellungen des VG durch die Berufungsinstanz nicht für notwendig halten.

Zur Rechtsmittelbelehrung bei der Zulassung der Sprungrevision und den Folgen einer falschen Belehrung BVerwG NVwZ-RR 1994, 361.

2. Für den Antrag auf Zulassung der Revision besteht kein Anwaltszwang.

3. Die Zulassung der Revision kann jeder Beteiligte, auch der Beigeladene und der Vertreter des öffentlichen Interesses, beantragen.

4. Der Antrag auf Zulassung der Revision ist innerhalb eines Monats nach Zustellung des vollständigen Urteils beim VG einzureichen, § 134 Abs. 1 S. 2 VwGO.

5. Nach § 134 Abs. 1 S. 1 VwGO müssen der Kläger und der Beklagte der Einlegung der Revision schriftlich zustimmen. Die Zustimmung kann auch zur Niederschrift des Gerichts erklärt werden (BVerwGE 14, 259/260; 69, 295/296; 92, 220; NVwZ-RR

1993, 219; 1994, 361; zur Weiterleitung per Telefax s. BSG NJW 1998, 1813). Sie muss sich auf die Einlegung der Revision, nicht nur auf den Antrag auf Zulassung der Revision, beziehen (BVerwG NVwZ 1986, 120; DVBl. 1989, 410; NVwZ-RR 1993, 219; NJW 1998, 1813/1814). Die Zustimmungserklärung ist dem Antrag auf Zulassung der Revision oder, wenn die Revision im Urteil zugelassen wurde, der Revisionsschrift beizufügen, § 134 Abs. 1 S. 3 VwGO. Im letzteren Falle kann die Zustimmung auch innerhalb der noch offenen Revisionsfrist nachgereicht werden (BVerwGE 39, 314/315; 81, 81/82; NVwZ-RR 1993, 219). Wurde die Zustimmung des Klägers und des Beklagten zu Protokoll erklärt, muss der Revisionsschrift keine beglaubigte Niederschrift beigefügt werden (BVerwG NVwZ 2002, 90). Ein in der mündlichen Verhandlung übereinstimmend gestellter Antrag auf Zulassung der Sprungrevision ersetzt die schriftliche Zustimmung nicht (BVerwG 11. 2. 1997 – 8 C 4/97 – Juris). Der Zustimmung eines Beigeladenen bedarf es nicht.

6. Nach § 134 Abs. 2 S. 1 VwGO ist die Revision vom VG nur zuzulassen, wenn die Voraussetzungen des § 132 Abs. 2 Nr. 1 (grundsätzliche Bedeutung der Sache) oder des § 132 Abs. 2 Nr. 2 VwGO (Abweichung von einer Entscheidung des BVerwG) vorliegen. Auf Mängel des Verfahrens kann die Sprungrevision nicht gestützt werden, § 134 Abs. 4 VwGO. Ein Verfahrensmangel liegt aber nicht vor, wenn geltend gemacht wird, das VG habe zu Unrecht die Klagebefugnis (BVerwG NVwZ 1998, 954) oder das Rechtsschutzbedürfnis (BVerwG NVwZ-RR 1999, 472) verneint.

7. Lehnt das VG den Antrag auf Zulassung der Revision durch Beschluss ab, beginnt mit der Zustellung dieser Entscheidung der Lauf der Frist für den Antrag auf Zulassung der Berufung von neuem, sofern der Antrag in der gesetzlichen Frist und Form gestellt und die Zustimmungserklärung beigefügt war, § 134 Abs. 3 S. 1 VwGO.

Lässt das VG die Revision durch Beschluss zu, beginnt mit der Zustellung dieser Entscheidung die einmonatige Revisionsfrist, § 134 Abs. 3 S. 2 VwGO, und die zweimonatige Frist zur Begründung der Revision, § 139 Abs. 3 S. 1, 1. Halbs. VwGO.

13. Beschwerde nach der VwGO (§§ 146 ff. VwGO)[1]

An das
Verwaltungsgericht[2]

In der Verwaltungsstreitsache

des ...... **(Antragsteller)**

Verfahrensbevollmächtigter: RA ......[3]

gegen

den Landrat des Kreises ...... **(Antragsgegner)**

Beigeladene: Eheleute ......

Az.: ......

lege ich hiermit gegen die Ziffer 1 des Beschlusses der Kammer vom ......, zugestellt am ......[4], mit der der Antrag auf Anordnung der aufschiebenden Wirkung des Widerspruches des Antragstellers gegen die den Beigeladenen erteilte Baugenehmigung vom ...... abgelehnt wurde,

Beschwerde

ein.
Antrag und Begründung folgen in einem besonderen Schriftsatz.[5]

Rechtsanwalt

Anmerkungen

1. Nach § 146 Abs. 1 VwGO ist die Beschwerde an das OVG gegeben gegen die Entscheidungen des VG, des Vorsitzenden oder des Berichterstatters, die nicht Urteile oder Gerichtsbescheide sind, soweit nicht die VwGO etwas anderes bestimmt. Die Beschwerde gegen die Festsetzung des Streitwertes richtet sich nach § 25 Abs. 3 GKG; die §§ 151, 146ff. VwGO sind hier nur für das Verfahren selbst anwendbar (*Redeker/von Oertzen*, § 165 Rdn. 18).

Nach der seit dem 1. 1. 2002 geltenden Fassung des § 146 VwGO bedarf auch die Beschwerde gegen Entscheidungen nach den §§ 80, 80a und 123 VwGO sowie gegen Beschlüsse im Verfahren der Prozesskostenhilfe keiner Zulassung.

2. Die Beschwerde ist bei dem Gericht, dessen Entscheidung angefochten wird, schriftlich oder zur Niederschrift des Urkundsbeamten der Geschäftsstelle einzulegen, § 147 Abs. 1 S. 1 VwGO. Die Beschwerde kann fristwahrend auch beim OVG eingelegt werden, § 147 Abs. 2 VwGO.

3. Nach § 67 Abs. 1 S. 2 VwGO gilt der Vertretungszwang des § 67 Abs. 1 S. 1 VwGO für Beschwerden, bei denen in der Hauptsache Vertretungszwang besteht, mit Ausnahme der Beschwerden gegen Beschlüsse im Verfahren der Prozesskostenhilfe. Diese Regelung gilt ungeachtet der Tatsache, dass die Beschwerde beim VG auch zur Niederschrift des Urkundsbeamten der Geschäftsstelle eingelegt werden, § 147 Abs. 1 S. 2 VwGO, und ihr das VG abhelfen kann, § 148 VwGO.

4. Die Beschwerde ist innerhalb von zwei Wochen nach Bekanntgabe der Entscheidung einzulegen, § 147 Abs. 2 S. 1 VwGO. Der Lauf der Frist setzt eine ordnungsgemäße Rechtsmittelbelehrung voraus, § 58 Abs. 1 VwGO. Zu dieser gehört aber nicht der Hinweis, dass die Beschwerde nach § 147 Abs. 2 VwGO auch beim OVG eingelegt werden kann (OVG Münster E 29, 183).

5. S. dazu Form. V. C. 14.

Kosten und Gebühren

Nach Nr. 2501 KV wird in Verfahren über Beschwerden gegen Entscheidungen nach § 123 VwGO eine 1,0 Gerichtsgebühr erhoben. Gleiches gilt nach Nr. 2504 KV in Verfahren über nicht besonders aufgeführte Beschwerden, die nicht nach anderen Vorschriften gebührenfrei sind, soweit die Beschwerde verworfen oder zurückgewiesen wird. Eine Sonderregelung für bestimmte Beschwerdeverfahren enthält Nr. 2502 KV.

Der RA erhält für die Durchführung des Beschwerdeverfahrens $^{5}/_{10}$ Gebühren nach den §§ 114 Abs. 1, 61 Abs. 1 Nr. 1, 31 BRAGO. – Zu den Gebühren im Beschwerdeverfahren gegen die Nichtzulassung der Revision s. Form. V. C. 5.

14. Begründung der Beschwerde (§ 146 Abs. 4 VwGO)[1]

An das
Oberverwaltungsgericht ......[2]

Az.: ......

In der Verwaltungsstreitsache

......

beantrage ich,[3]

unter Abänderung des Beschlusses des VG ...... vom ......, bekannt gegeben am ......[4], die aufschiebende Wirkung des Widerspruches des Antragstellers gegen die den Beigeladenen von dem Antragsgegner erteilte Baugenehmigung vom ...... anzuordnen.

Zur Begründung führe ich aus.[5]
Entgegen der Auffassung des VG[6] kommt der Festsetzung in den Bebauungsplan ...... eine drittschützende Wirkung zu. Zu dem Personenkreis, dessen Interessen mit der Festsetzung gewahrt werden sollen, gehört auch der Antragsteller ......

Rechtsanwalt

Anmerkungen

1. Außer bei Beschwerden gegen Beschlüsse des VG in Verfahren des vorläufigen Rechtsschutzes nach den §§ 80, 80a und 123 VwGO ist eine Begründung der Beschwerde nicht vorgeschrieben, aber in aller Regel zweckmäßig. Auch ein bestimmter Antrag ist nicht erforderlich, wenn sich nur das Begehren, insbesondere der Umfang der begehrten Überprüfung, aus dem Inhalt der Beschwerdeschrift ergibt (*Redeker/von Oertzen* § 147 Rdn. 3).

Im vorliegenden Falle ist die Beschwerde gegen eine Entscheidung nach § 80a VwGO eingelegt worden, so dass die Sonderregelung des § 146 Abs. 4 VwGO gilt.

2. Die Beschwerdebegründung ist, sofern sie nicht bereits in der Beschwerdeschrift enthalten war, beim OVG einzureichen, § 146 Abs. 4 S. 2 VwGO.

3. Die Beschwerdebegründung muss einen bestimmten Antrag enthalten, § 146 Abs. 4 S. 3 VwGO.

4. Die Beschwerde muss innerhalb von einem Monat nach Bekanntgabe der Entscheidung des VG begründet werden, § 146 Abs. 4 S. 1 VwGO.

5. Es sind die Gründe darzulegen, aus denen die Entscheidung abzuändern oder aufzuheben ist, § 146 Abs. 4 S. 3 VwGO. Das OVG prüft nur die dargelegten Gründe, § 146 Abs. 4 S. 6 VwGO.

6. Die Beschwerdebegründung muss sich mit der angefochtenen Entscheidung auseinandersetzen, also auf die Erwägungen des VG im Einzelnen eingehen, § 146 Abs. 4 S. 3 VwGO.

D. Vorläufiger Rechtsschutz[1]

Anträge nach § 80 VwGO

1. Antrag an die Behörde auf Aussetzung der Vollziehung (Abgabenrecht)

An den Bürgermeister der Gemeinde ......

Betrifft: Heranziehung zu Straßenbaubeiträgen für das Grundstück A-Straße Nr. ...... in ...... (Az.: ......)

Sehr geehrter Herr Bürgermeister!

Mit Schreiben vom ...... habe ich gegen Ihren Heranziehungsbescheid vom ...... namens der Grundstückseigentümer Widerspruch eingelegt und diesen Widerspruch begründet[2]. Ein Widerspruchsbescheid ist noch nicht ergangen. Ergänzend beantrage ich, die Vollziehung des Heranziehungsbescheides bis zum rechtskräftigen Abschluss des Widerspruchsverfahrens und eines eventuell nachfolgenden Klageverfahrens auszusetzen.
Die Aussetzung ist nach § 80 Abs. 4 S. 3 VwGO geboten, weil, wie aus meiner Widerspruchsbegründung hervorgeht, ernstliche Zweifel an der Rechtmäßigkeit des Heranziehungsbescheides bestehen. Darüber hinaus würde die Vollziehung für meine Mandanten eine unbillige, nicht durch überwiegende öffentliche Interessen gebotene Härte zur Folge haben. Denn eine freiwillige oder erzwungene Zahlung würde zur Vernichtung der wirtschaftlichen Existenz meiner Mandanten führen und ihnen damit einen Schaden zufügen, der über die mit der Zahlung verbundenen Nachteile weit hinausgeht und deshalb auch durch eine künftige Rückerstattung nicht wieder gutzumachen ist (vgl. BFH NJW 1967, 1440; OVG Münster OVGE 1, 77/78) ...... [3]
Ich bitte darum, über diesen Aussetzungsantrag bis zum ...... zu entscheiden. [4] Nach ergebnislosem Ablauf dieser Frist oder bei einer Ablehnung des Aussetzungsantrages werden meine Mandanten verwaltungsgerichtlichen Rechtsschutz in Anspruch nehmen.[5]

Unterschrift

Schrifttum: Finkelnburg/Jank, Vorläufiger Rechtsschutz im Verwaltungsstreitverfahren, NJW-Schriften 12, 4. Aufl. 1998; *Dunkl/Moeller/Baur/Feldmeier/Wetekamp,* Handbuch des vorläufigen Rechtsschutzes, 3. Aufl. 1999.

Anmerkungen

1. Zum vorläufigen Rechtsschutz bei Verwaltungsakten mit Doppelwirkung s. Form. V.E. 3 bis 5.

2. Eine Aussetzung der Vollziehung durch die Behörde setzt nicht voraus, dass gegen den Verwaltungsakt bereits Widerspruch eingelegt wurde (VGH Mannheim VBlBW 1991, 297; *Kopp/Schenke* § 80 Rdn. 108; *Schoch* in Schoch/Schmidt-Aßmann/Pietzner § 80 Rdn. 212; str.). Sie kommt nicht mehr in Betracht, wenn der Verwaltungsakt bestandskräftig geworden ist (BFH NJW 1976,1864; OVG Koblenz NJW 1976, 908).

3. Dies ist durch entspr. Tatsachenvortrag substantiiert darzulegen. „Routinemäßige Floskeln“ genügen dazu nicht (BFH NJW 1976, 1440). Entscheidend ist der unverhältnismäßig hohe durch die Vollziehung entstehende Schaden. An der Ursächlichkeit der Vollziehung für die Härtelage fehlt es, wenn die wirtschaftliche Lage des Schuldners bereits auf Grund anderer Umstände so ungünstig ist, dass er die Abgabe nicht zahlen kann. Zahlungsunfähigkeit allein erfüllt also nicht den Tatbestand einer unbilligen Härte.

4. Der Behörde sollte für die Entscheidung über den Aussetzungsantrag eine Frist gesetzt werden. Denn der Abgabenpflichtige muss an einer baldigen Entscheidung über den Aussetzungsantrag interessiert sein, weil er Gefahr läuft, im Falle einer Ablehnung der Aussetzung für die Zeit nach der Fälligkeit der Abgabe Säumniszuschläge iHv. 1 vH. je Monat zahlen zu müssen, § 240 AO. Die Säumniszuschläge sind selbst dann zu entrichten, wenn der Abgabenbescheid im Hauptverfahren aufgehoben wird, § 240 Abs. 1 S. 4 AO.

5. Gibt die Behörde dem Aussetzungsantrag nicht statt, so kommt als weiteres Mittel des Rechtsschutzes kein Widerspruch, sondern nur ein beim VG zu stellender Antrag auf AO der aufschiebenden Wirkung nach § 80 Abs. 5 VwGO (s. dazu Form. V. D. 2) in Betracht (VGH München NVwZ-RR 1997, 136; OVG Koblenz DÖV 1991, 1030; *Kopp/Schenke* § 80 Rdn. 119; *Redeker/von Oertzen* § 80 Rdn. 34; *Schoch* in Schoch/Schmidt-Aßmann/Pietzner § 80 Rdn. 216).

Kosten und Gebühren

Für den bei der Behörde gestellten Aussetzungsantrag erhält der RA keine besondere Gebühr. Das behördliche Aussetzungsverfahren ist zusammen mit dem Widerspruchsverfahren, für das der RA Gebühren nach den §§ 118, 119 Abs. 1 BRAGO erhält, eine Angelegenheit, § 119 Abs. 3 BRAGO.

2. Antrag auf Anordnung der aufschiebenden Wirkung der Anfechtungsklage (Abgabenrecht)

An das
Verwaltungsgericht

In Sachen

des ...... (Antragstellers)
Verfahrensbevollmächtigter: RA ......

gegen

den Bürgermeister der Gemeinde ...... (Antragsgegner)

wegen: Heranziehung zu Erschließungsbeiträgen
Streitwert: 1.587,50 EUR[1]

beantrage ich namens des Antragstellers und unter Hinweis auf meine im Klageverfahren überreichte Prozessvollmacht[2],

I. die aufschiebende Wirkung der gleichzeitig erhobenen Klage gegen den Heranziehungsbescheid des Antragsgegners vom ...... in der Gestalt des Widerspruchsbescheides vom ...... anzuordnen[3],

II. die Kosten des Aussetzungsverfahrens dem Antragsgegner aufzuerlegen[4].

Zur Begründung führe ich aus:
Die Anordnung der aufschiebenden Wirkung der Klage ist nach § 80 Abs. 5 mit Abs. 4 S. 3 VwGO geboten, da ernstliche Zweifel an der Rechtmäßigkeit des mit der Klage angefochtenen Heranziehungsbescheides bestehen. Diese sind immer dann gegeben, wenn auf Grund summarischer Prüfung der Sach- und Rechtslage ein Erfolg des Rechtsbehelfs/Rechtsmittels im Hauptsacheverfahren wahrscheinlicher als ein Misserfolg ist (OVG Koblenz DVBl. 1984, 1134; NVwZ 1993, 286; OVG Münster NVwZ 1989, 588; DVBl. 1990, 720; NVwZ-RR 1993, 269; OVG Saarlouis NVwZ 1992, 699/700; OVG Hamburg DVBl. 1991, 1325). Dies ist hier der Fall. Hierzu verweise ich auf den Inhalt der gleichzeitig eingereichten Klageschrift ......[5]
Der Antrag ist nach § 80 Abs. 6 VwGO statthaft. Der Antragsteller hat am ...... bei dem Antragsgegner die Aussetzung der Vollziehung des Beitragsbescheides beantragt. Diesen Antrag hat der Antragsgegner mit Schreiben vom ...... abgelehnt.[6]

Rechtsanwalt

Anmerkungen

1. Nach den §§ 20 Abs. 3, 13 Abs. 1 GKG ist der Wert des Streitgegenstandes für das Aussetzungsverfahren des § 80 Abs. 5 VwGO nach der sich aus dem Antrag des Antragstellers für ihn ergebenden Bedeutung der Aussetzung der Vollziehung nach dem Ermessen des Gerichts zu bestimmen. Dabei wird im Allg. wegen der Vorläufigkeit der Maßnahme das Interesse geringer zu bewerten sein als das im Hauptverfahren verfolgte Interesse an der endgültigen Aufhebung des Verwaltungsaktes. Für Aussetzungsverfahren, die Verwaltungsakte über öffentliche Abgaben oder Kosten betreffen, werden als Streitwert überwiegend 25 vH. des streitigen Abgabenbetrages zugrunde gelegt (VGH Mannheim NVwZ 1983, 42; VGH Kassel NVwZ 1983, 54; OVG Koblenz NVwZ-RR 1992, 110; OVG Münster NVwZ-RR 1992, 386).

2. Nach § 173 VwGO, § 82 ZPO umfasst die im Klageverfahren überreichte Prozessvollmacht auch das Aussetzungsverfahren.

3. Bis zur Entscheidung über den Aussetzungsantrag vergeht naturgemäß eine gewisse Zeitspanne. Im Allg. legen die Gerichte der Verwaltung unförmlich nahe, bis zur Entscheidung im Aussetzungsverfahren von einer Vollziehung abzusehen (*Redeker/von Oertzen* § 80 Rdn. 54). Dieses Absehen von einer Vollziehung ist nicht mit einer Aussetzung der Vollziehung gleichzusetzen. Dies bedeutet, dass, wenn die Aussetzung abgelehnt wird, Säumniszuschläge zu zahlen sind, und zwar selbst dann, wenn der Bescheid im Hauptverfahren aufgehoben wird, § 240 Abs. 1 S. 4 AO. Auf dieses Risiko sollte der Abgabenpflichtige hingewiesen werden.

4. Im Aussetzungsverfahren nach § 80 Abs. 5 VwGO hat das Gericht eine eigene Kostenentscheidung zu treffen, die nach § 161 Abs. 1 VwGO von Amts wegen erfolgt und deren Inhalt sich nach den §§ 154 ff. VwGO richtet.

5. S. Form. V. B. 1.

6. Nach § 80 Abs. 6 VwGO ist bei der Heranziehung zu öffentlichen Abgaben und Kosten ein Antrag nach § 80 Abs. 5 VwGO nur zulässig, wenn die Behörde einen Antrag auf Aussetzung der Vollziehung ganz oder zum Teil abgelehnt hat (zu einem solchen Antrag s. Form. V. D. 1). Dies gilt nicht, wenn die Behörde über den Antrag ohne Mitteilung eines zureichenden Grundes in angemessener Frist sachlich nicht entschieden hat oder eine Vollstreckung droht.

Die Ablehnung des bei der Behörde zu stellenden Aussetzungsantrages muss im Zeitpunkt der Antragstellung bei Gericht vorliegen. Der unterbliebene Aussetzungsantrag kann nicht während des gerichtlichen Verfahrens nachgeholt oder durch Einlassung der

Behörde als entbehrlich angesehen werden (OVG Koblenz DÖV 1992, 976; VGH München KStZ 1993, 177; NVwZ-RR 1994, 127; OVG Hamburg KStZ 1993, 232; VGH Kassel DVBl. 1994, 805).

Kosten und Gebühren

Nach Nr. 2210 KV entsteht im Verfahren nach § 80 Abs. 5 VwGO eine 0,5 Gerichtsgebühr.

Der RA erhält $^{10}/_{10}$ Gebühren nach den §§ 114 Abs. 6 S. 1, 40, 31 BRAGO. Wird der Antrag im Berufungs- oder Revisionsverfahren beim OVG oder BVerwG als Gericht der Hauptsache gestellt, tritt nach § 40 Abs. 3 BRAGO keine Gebührenerhöhung auf $^{13}/_{10}$ ein.

3. Antrag auf Wiederherstellung der aufschiebenden Wirkung des Widerspruchs (Entziehung der Fahrerlaubnis)

An das
Verwaltungsgericht

In Sachen

des ...... **(Antragstellers)**
Verfahrensbevollmächtigter: RA ......

gegen

den Oberbürgermeister der Stadt ......, Amt für öffentliche Ordnung, ...
(Antragsgegner)

wegen: Entziehung der Fahrerlaubnis
Streitwert: 2.000,– EUR[1]

beantrage ich,

I. die aufschiebende Wirkung des Widerspruchs des Antragstellers und einer eventuell nachfolgenden Anfechtungsklage[2] gegen die Verfügung des Antragsgegners vom ...... wiederherzustellen,

II. die Kosten des Aussetzungsverfahrens dem Antragsgegner aufzuerlegen[3].

Zur Begründung führe ich aus:

I. Der Antragsteller besitzt seit dem Jahre 1981 den Führerschein. Er ist bis heute unfallfrei gefahren. In der Zeit von August 1998 bis März 2002 wurden gegen ihn wegen Geschwindigkeitsüberschreitung, Verletzung der Wartepflicht, Fahren mit abgefahrenen Reifen und fahrlässiger Körperverletzung viermal Bußgelder verhängt. Im Verkehrszentralregister ist er deshalb mit 14 Punkten[4] eingetragen. Bei einer allgemeinen Fahrzeugkontrolle wurden schließlich am ...... im Pkw des Antragstellers 5 g Haschisch aufgefunden und beschlagnahmt. Mit Schreiben vom ...... wurde der Antragsteller gemäß § 11 Abs. 2 S. 1 FeV aufgefordert, sich einer medizinisch-psychologischen Begutachtung zu unterziehen und das Gutachten bis zum ...... vorzulegen. Dem kam der Antragsteller nach. Das MPU-Gutachten vom ...... ist im Kopie als Anlage beigefügt. Der Antragsgegner entzog daraufhin dem Antragsteller, gestützt auf § 3 Abs. 1 S. 1 StVG[5] iVm. §11 Abs. 1 S. 3 FeV, mit Bescheid vom ...... die Fahrerlaubnis und ordnete zugleich nach § 80 Abs. 2 S. 1 Nr. 4 VwGO die sofortige Vollziehung an. Gegen diese Verfügung legte der Antragsteller mit Schreiben vom ...... Widerspruch ein, über den noch nicht entschieden ist.

II. Die aufschiebende Wirkung des Widerspruchs ist aus folgenden Gründen nach § 80 Abs. 5 VwGO wiederherzustellen[6]:

Die Anordnung der sofortigen Vollziehung des Entzuges der Fahrerlaubnis und der Einziehung des Führerscheins ist nicht ausreichend begründet. Der Antragsgegner führt zur Begründung nur aus, der Antragsteller habe sich als ungeeignet zum Führen von Kraftfahrzeugen erwiesen. Damit sind aber lediglich die Gründe für die Entziehung der Fahrerlaubnis selbst (§ 3 Abs. 1 S. 1 StVG), nicht jedoch für deren sofortige Vollziehung dargetan, was nach § 80 Abs. 3 S. 1 VwGO erforderlich ist (VGH Mannheim VBlBW 1985, 92). Zwar kann die Begründung des besonderen Interesses an der sofortigen Vollziehung uU. zusammen mit der Begründung für die Entziehung der Fahrerlaubnis gegeben werden (OVG Bautzen LKV 1994, 224); dies ist hier jedoch nicht geschehen. Denn der Antragsgegner legt in dem angefochtenen Bescheid nicht dar, dass die Umstände, aus denen sich die Ungeeignetheit des Antragstellers zum Führen eines Kraftfahrzeugess ergeben sollen, gleichzeitig das besondere öffentliche Interesse an der sofortigen Vollziehung des Entzuges der Fahrerlaubnis begründen.

Darüber hinaus ist die Anordnung der sofortigen Vollziehung der Entziehung der Fahrerlaubnis nicht gerechtfertigt, weil ein überwiegendes Vollziehungsinteresse der Öffentlichkeit nicht besteht.[7] Denn ein genügend konkretisierter Verdacht, dass der Antragsteller zum Führen von Kraftfahrzeugen ungeeignet sei, und er deshalb andere Verkehrsteilnehmer so sehr gefährde, dass der Ausgang des Hauptverfahrens nicht abgewartet werden könne, ist nicht gegeben[8]. Der Antragsteller ist keinesfalls drogenabhängig, sondern konsumiert nur äußerst selten Haschisch. Diese Einlassung wird durch die Feststellungen in dem Gutachten gestützt …… Im Übrigen ist die Verhängung der Bußgelder gegen den Antragsteller in mindestens zwei Fällen zu Unrecht erfolgt ……[9]. Darüber hinaus hat der Antragsgegner nicht ausreichend berücksichtigt, dass der Antragsteller bis zur Entziehung der Fahrerlaubnis jahrelang unfallfrei gefahren ist …… .

Rechtsanwalt

Schrifttum: Hentschel, Straßenverkehrsrecht, 36. Aufl. 2001; *Himmelreich/Hentschel,* Fahrverbot – Führerscheinentzug, Bd. II: Verwaltungsrecht, 7. Aufl. 1992 (8. Aufl. in Vorb.); *Finkelnburg/Jank,* Vorläufiger Rechtsschutz im Verwaltungsstreitverfahren, 4. Aufl. 1998, Rdn. 1270 ff.; *Kuhla/Hüttenbrink,* Der Verwaltungsprozess, 3. Aufl. 2002, K XI. Fahrerlaubnisrecht, Rdn. 475 ff.

Anmerkungen

1. Zum Streitwert im Aussetzungsverfahren s. Form. V. D. 2 Anm. 1. Sofern es sich nicht um ein Aussetzungsverfahren betreffend öffentliche Abgaben oder Kosten handelt, beträgt der Streitwert des Aussetzungsverfahrens idR. ½ des Wertes der Hauptsache (vgl. Ziff. I. 7 des Streitwertkatalogs NVwZ 1996, 563); zum Streitwert bei Klagen gegen die Entziehung der Fahrerlaubnis BVerwG NVwZ-RR 1989, 670).

2. Wird der Widerspruch zurückgewiesen und gegen den Widerspruchsbescheid keine Klage erhoben, so endet mit der Bestandskraft des Bescheides auch die aufschiebende Wirkung des gegen ihn eingelegten Widerspruchs, § 80 b Abs. 1 S. 2 mit S. 1 VwGO. Wird gegen den Widerspruchsbescheid eine Klage erhoben, so gilt die aufschiebende Wirkung fort (OVG Münster NJW 1975, 794/795; OVG Hamburg DÖV 1989, 360 Nr. 59 – Leitsatz); aus diesem Grunde dient die hier gewählte Formulierung nur der Klarstellung.

Wird die Anfechtungsklage im ersten Rechtszuge abgewiesen und gegen das Urteil keine Berufung oder, wenn die Berufung nicht zugelassen wird, kein Antrag auf Zulassung der Berufung gestellt, so endet die aufschiebende Wirkung drei Monate nach Ablauf der gesetzlichen Begründungsfrist des gegen die abweisende Entscheidung gegebenen Rechtsmittels, § 80b Abs. 1 S. 1 VwGO. Das OVG kann auf Antrag anordnen, dass die aufschiebende Wirkung fortdauert, § 80b Abs. 2 VwGO.

3. Zu den Kosten s. Form. V. D. 2 Anm. 4.

Die Kostenentscheidung im Aussetzungsverfahren betrifft nicht die Kosten des Vorverfahrens. Es kann deshalb im Aussetzungsverfahren nicht nach § 162 Abs. 2 S. 2 VwGO darüber entschieden werden, ob die Zuziehung eines Bevollmächtigten für das Vorverfahren notwendig war (OVG Münster NWVBl. 1993, 312, VGH Kassel NVwZ-RR 1999, 346; *Schmidt* in Eyermann, § 162 Rdn. 12).

4. Das Punktesystem („Flensburger Punkte") findet seine gesetzliche Grundlage in § 4 StVG. Ein Fahrerlaubnisinhaber gilt als ungeeignet, wenn im Zentralregister für ihn 18 oder mehr Punkte erfasst sind. Die Fahrerlaubnisbehörde muss dann gem. § 4 Abs. 3 Nr. 3 StVG die Fahrerlaubnis entziehen. Zur Neuregelung des Punktesystems s. OVG Hamburg NJW 2000, 1353.

5. Gem. § 3 Abs. 1 S. 1 StVG muss die Verwaltungsbehörde einem Fahrerlaubnisinhaber, der sich zum Führen von Fahrzeugen als ungeeignet erweist, die Fahrerlaubnis entziehen. Dies wird in § 1ff. FeV dahingehend konkretisiert, dass insbesondere derjenige ungeeignet ist, der wegen körperlicher oder geistiger Mängel ein Kraftfahrzeug nicht sicher führen kann, bzw. der alkohol- oder betäubungsmittelabhängig ist oder gegen verkehrsrechtliche Vorschriften oder Strafgesetze erheblich verstoßen hat.

Zur Entziehung der Fahrerlaubnis wegen Cannabiskonsums vgl. OVG Saarlouis NVwZ-RR 2001, 606; VGH München NJW 2000, 304; VG Berlin NJW 2000, 2440.

6. Umstritten bei der Anordnung der sofortigen Vollziehung durch die Behörde ist, welche Rechtsfolgen es hat, wenn das besondere öffentliche Interesse an einer sofortigen Vollziehung des Verwaltungsakts, § 80 Abs. 2 S. 1 Nr. 4 VwGO, nicht in einer dem § 80 Abs. 3 S. 1 VwGO entspr. Weise dargestellt ist (s. dazu *Terwiesche* NWVBl. 1996, 461).

a) Nach einer Auffassung (OVG Münster NWVBl. 1994, 424/425; VGH München BayVBl. 1996, 633; OVG Schleswig NVwZ-RR 1996, 148/149) ist in diesem Falle die sofortige Vollziehung aufzuheben, was nach § 80 Abs. 1 VwGO automatisch die aufschiebende Wirkung des Widerspruchs zur Folge hat (VGH Mannheim DÖV 1996, 839).

b) Nach aA (OVG Schleswig NVwZ 1992, 688/690; OVG Magdeburg DVBl. 1994, 808; VGH München BayVBl. 1999, 466; *Schoch* in Schoch/Schmidt-Aßmann/Pietzner § 80 Rdn. 298; *Kopp/Schenke* § 80 Rdn. 148) ist die aufschiebende Wirkung des Widerspruchs bzw. der Klage wiederherzustellen.

c) Ebenso umstritten ist, ob das Nachschieben einer ausreichenden Begründung im gerichtlichen Aussetzungsverfahren unbegrenzt, etwa durch einen Schriftsatz an das Gericht (VGH Kassel DÖV 1985, 75; OVG Münster NJW 1986, 1894/1895; Berlin LKV 1992, 333), bis zur Stellung des Eilantrages möglich (OVG Koblenz NVwZ 1985, 919; *Finkelnburg/Jank* Rdn. 761) oder nicht möglich ist (OVG Koblenz NVwZ-RR 1995, 572; VGH München BayVBl. 1999, 465; *Redeker/v. Oertzen* § 80 Rdn. 27a; *Kopp/Schenke* § 80 Rdn. 87; *Schmidt* in Eyermann § 80 Rdn. 44; *Schoch* in Schoch/Schmidt-Aßmann/Pietzner § 80 Rdn. 179).

d) Hat das Gericht die aufschiebende Wirkung wiederhergestellt, so ist die Behörde nicht gehindert, die AO der sofortigen Vollziehung mit ausreichender Begründung zu wiederholen (VGH Mannheim DÖV 1996, 839; OVG Frankfurt/Oder NJW 1998, 272; VGH München BayVBl. 1999, 466; *Schoch* in Schoch/Schmidt-Aßmann/Pietzner § 80 Rdn. 298 und 360). Einer Abänderungsentscheidung des VG nach § 80 Abs. 7 VwGO (s. dazu Form. V. D. 5) bedarf es nicht (VGH Mannheim DÖV 1996, 839).

7. Bei einer Entscheidung nach § 80 Abs. 5 VwGO ist grundsätzlich eine Abwägung zwischen dem öffentlichen Interesse an der sofortigen Vollziehung des Bescheides und dem privaten Interesse des Adressaten, den Bescheid bis zum Abschluss des gegen

ihn gerichteten Rechtsmittelverfahrens nicht befolgen zu müssen, vorzunehmen (BVerfGE 51, 286; BVerwG DÖV 1993, 432/433; NVwZ-RR 1999, 556; OVG Bremen NJW 1993, 3343; *Kuhla/Hüttenbrink* J Rdn. 128 ff.). Dabei spielen auch die Erfolgsaussichten des Rechtsmittels eine Rolle.

a) Ist der Verwaltungsakt nach der im Auseinandersetzungsverfahren möglichen summarischen Prüfung offensichtlich rechtswidrig, so überwiegt das private Interesse an seiner Außervollzugsetzung (OVG Lüneburg, NVwZ 1997, 407; VGH München BayVBl. 1997, 373; OVG Greifswald NVwZ-RR 1999, 591; OVG Bremen NJW 2000, 2438; VG Braunschweig NZV 200, 101).

b) Ist der Verwaltungsakt nach summarischer Prüfung rechtmäßig, so ist damit ein überwiegendes öffentliches Interesse an seiner sofortigen Vollziehung noch nicht dargetan. Es muss vielmehr zusätzlich ein besonderes Vollzugsinteresse iSd. § 80 Abs. 2 S. 1 Nr. 4 VwGO bestehen und nach § 80 Abs. 3 S. 1 VwGO dargelegt sein (VGH Mannheim VWBlBW 1997, 391; VG Chemnitz NVwZ 1999, 1374; *Kopp/Schenke* § 80 Rdn. 159; *Schoch* in Schoch/Schmidt-Aßmann/Pietzner § 80 Rdn. 254; *Finkelnburg/Jank* Rdn. 860; aA OVG Lüneburg NVwZ 1997, 1225/1228; OVG Bautzen SächsVBl. 1998, 35).

c) Erweist sich der Verwaltungsakt als weder offensichtlich rechtmäßig noch als offensichtlich rechtswidrig, so bedarf es einer wertenden Abwägung, welchem der gegenläufigen Interessen für die voraussichtliche Dauer des Hauptverfahrens der Vorrang zukommt (BVerwG NVwZ 1999, 159; VGH Mannheim NVwZ-RR 1995, 17/20; *Kuhla/Hüttenbrink* J Rdn. 135 ff.).

8. Zu beachten ist allerdings, dass, wenn sich jemand zum Führen von Kraftfahrzeugen als ungeeignet erweist, dies idR. nicht nur die Entziehung der Fahrerlaubnis, sondern auch die sofortige Vollziehung dieser Verfügung rechtfertigt, „um den ungeeigneten Fahrerlaubnisinhaber unverzüglich von der weiteren Teilnahme am Straßenverkehr auszuschließen“ (OVG Bautzen LKV 1994, 224). Aus diesem Grunde sollte in dem Aussetzungsantrag vor allem die Rechtsfehlerhaftigkeit der Entziehung der Fahrerlaubnis, also die Geeignetheit des Antragstellers zum Führen von Kraftfahrzeugen, glaubhaft dargestellt werden.

9. § 3 Abs. 4 StVG begründet eine weitgehende Bindungswirkung an Erkenntnisse aus abgeschlossenen Straf- und Bußgeldverfahren.

Kosten und Gebühren

Vgl. Anm. 3 sowie die Bemerkungen zu Form. V. D. 2.

4. Antrag auf Wiederherstellung der aufschiebenden Wirkung des Widerspruchs und Aufhebung der Vollziehung[1] (Bauordnungsrecht)

An das
Verwaltungsgericht

In Sachen

des ...... **(Antragstellers)**
Verfahrensbevollmächtigter: RA ......

gegen

den Bürgermeister der Stadt ...... **(Antragsgegner)**
wegen: Stilllegung von Bauarbeiten
Streitwert: 2.000,– EUR

beantrage ich,

I. die aufschiebende Wirkung des Widerspruchs des Antragstellers und einer eventuell nachfolgenden Anfechtungsklage gegen die Stilllegungsverfügung des Antragsgegners vom ...... wiederherzustellen,

II. anzuordnen, dass der Antragsgegner sämtliche von ihm angebrachten Siegel am und im Hause ...... zu entfernen hat[2].

Zur Begründung führe ich aus:

I. Der Antragsteller ist Eigentümer des Grundstücks ......, auf dem sich ein im Jahre 1926 errichtetes zweigeschossiges Wohnhaus befindet. Der Antragsteller beabsichtigt, dieses Haus, aus dem die bisherigen Mieter ausgezogen sind, zu modernisieren und umzubauen. Nachdem er mit den Bauarbeiten begonnen hatte, ordnete der Antragsgegner mit sofortiger Vollziehung die Einstellung der Bauarbeiten an und versiegelte die Baustelle. Dagegen legte der Antragsteller mit Schreiben vom ...... Widerspruch ein, über den noch nicht entschieden ist.

II. Der Antrag auf Wiederherstellung der aufschiebenden Wirkung ist nach § 80 Abs. 5 S. 1 und S. 2 VwGO begründet; denn ein überwiegendes öffentliches Interesse an der sofortigen Vollziehung der Stilllegungsverfügung besteht schon deshalb nicht, weil diese offensichtlich rechtswidrig ist.[3] Die Verfügung wird ausschließlich damit begründet, dass der Antragsteller ohne Baugenehmigung genehmigungspflichtige Bauarbeiten durchführe. Dies ist jedoch nicht der Fall; denn nach § 65 Abs. 2 Bauordnung NRW sind die von dem Antragsteller durchzuführenden Bauarbeiten nicht genehmigungspflichtig ......

III. Als Folge der Wiederherstellung der aufschiebenden Wirkung des Widerspruchs ist nach § 80 Abs. 5 S. 3 VwGO die Aufhebung der Vollziehung der Stilllegungsverfügung anzuordnen. Da die Verfügung durch Anbringung von Siegeln am und im Haus vollzogen wurde, sind diese Siegel von dem Antragsgegner wieder zu entfernen.

Rechtsanwalt

Schrifttum zum Bauordnungsrecht: *Finkelnburg/Ortloff*, Öffentliches Baurecht Band II, 4. Aufl. 1998; *Gädtke/Böckenförde/Temmel/Heintz*, Landesbauordnung Nordrhein-Westfalen, 10. Aufl. 2002; *Hoppenberg* (Hrsg.), Handbuch des öffentlichen Baurechts, LoseBl., Stand: Mai 2002; *Jäde/Dirnberger/Bauer/Weiß*, Die neue Bayerische Bauordnung, Losebl.-Komm., Stand: Februar 2002; *Sauter*, Landesbauordnung für Baden-Württemberg, LoseBl.-Komm., Stand: April 2001; *Simon/Busse*, Bayerische Bauordnung, LoseBl.-Komm., 71. Aufl. 2002; *Jeromin/Schmidt/Lang*, Landesbauordnung Rheinland-Pfalz, LoseBl.-Komm., Stand: April 2002; *Böddinghaus/Hahn/Schulte*, Bauordnung Nordrhein-Westfalen, LoseBl.-Komm., Stand: Juli 2002; *Große-Suchsdorf/Lindorf/Schmaltz/Wiechert*, Niedersächsische Bauordnung, 7. Aufl. 2002; *Thiel/Rößler/Schumacher*, Baurecht in Nordrhein-Westfalen, LoseBl., Stand: Juli 2002; *Schlez*, Landesbauordnung Baden-Württemberg, 4. Aufl. 1996; *Degenhart*, Sächsische Bauordnung, 2001.

Anmerkungen

1. Zum Inhalt des Aussetzungsantrages im Allg. s. Form. V.D. 2 und 3.

2. Zur Notwendigkeit, bei einem bereits vollzogenen Verwaltungsakt sowohl die Wiederherstellung der aufschiebenden Wirkung (§ 80 Abs. 5 S. 1 VwGO) als auch die Aufhebung der Vollziehung (§ 80 Abs. 5 S. 3 VwGO) zu beantragen s. VGH Mannheim NJW 1971, 1764.

3. S. dazu Form. V.D. 3 Anm. 7.

Kosten und Gebühren

Vgl. Bemerkungen zu Form. V.D. 2.

5. Antrag auf Aufhebung der Anordnung der aufschiebenen Wirkung (§ 80 Abs. 7 VwGO – Abgabenrecht)[1]

An das
Verwaltungsgericht

Az.: ......

In der Verwaltungsstreitsache

des Bürgermeister der Gemeinde ...... (Antragsgegner des Ausgangsverfahrens und Antragsteller)[2]

Verfahrensbevollmächtigte: RAe ......

gegen

Herrn ...... (Antragsteller des Ausgangsverfahrens und Antragsgegner)

beantrage ich namens des Antragsstellers nach § 80 Abs. 7 S. 2 VwGO,

1. den Beschluss des OVG ...... vom ...... aufzuheben und den Antrag auf Anordnung der aufschiebenden Wirkung abzulehnen[3],
2. dem Antragsgegner die Kosten des Verfahrens aufzuerlegen.[4]

Zur Begründung führe ich aus:

I. Das OVG hat als Beschwerdeinstanz die aufschiebende Wirkung des Widerspruchs des Antragstellers gegen den Erschließungsbeitragsbescheid des Antragsgegners vom ...... angeordnet. Anschließend hat der Antragsgegner den Widerspruch des Antragstellers zurückgewiesen. Gegen den Widerspruchsbescheid hat der Antragsteller Klage erhoben, die bei der Kammer unter dem Az.: ...... anhängig ist. Das VG ist damit Gericht der Hauptsache und als solches im Abänderungsverfahren nach § 80 Abs. 7 VwGO zuständig, obwohl die Aussetzungsentscheidung nach § 80 Abs. 5 VwGO vom OVG getroffen wurde (OVG Koblenz DVBl. 1991, 1324).

II. Der Aufhebungsantrag ist begründet, da ernstliche Zweifel an der Rechtmäßigkeit des Heranziehungsbescheides nicht mehr bestehen. Das OVG hat diese Bedenken daraus abgeleitet, dass der Verteilungsmaßstab in der Erschließungsbeitragssatzung der Gemeinde ...... vom ...... nicht der Vorschrift des § 131 Abs. 2 BauGB entspreche. Inzwischen hat die Gemeinde eine neue Erschließungsbeitragssatzung erlassen, deren Verteilungsmaßstab den Anforderungen der Rspr. genügt. Diese Satzung hat den Heranziehungsbescheid, sollte er rechtswidrig gewesen sein, geheilt (BVerwG NJW 1980, 2209; DVBl. 1982, 544)[5].

Rechtsanwalt

Anmerkungen

1. Nach § 80 Abs. 7 S. 1 VwGO kann das Gericht Beschlüsse nach § 80 Abs. 5 VwGO jederzeit ändern oder aufheben. Nach § 80 Abs. 7 S. 2 VwGO kann jeder Beteiligte die Änderung oder Aufhebung wegen veränderter oder im ursprünglichen Verfahren ohne Verschulden nicht geltend gemachter Umstände beantragen.

a) Aus dem Vergleich der beiden Sätze des § 80 Abs. 7 VwGO folgt, dass die Abänderung durch das Gericht nach § 80 Abs. 7 S. 1 VwGO eine Änderung der Sach- und Rechtslage nicht erfordert. Welche Anforderungen sonst zu stellen sind, ist umstritten. Es wird vertreten, dass die Aufhebung oder Abänderung

- im pflichtgemäßen, von keiner weiteren Voraussetzung abhängigen Ermessen des Gerichts steht (VGH Mannheim NVwZ-RR 1996, 603),
- oder nur möglich ist, „wenn gewichtige Gründe dafür sprechen, den Belangen der materiellen Einzelfallgerechtigkeit und inhaltlichen Richtigkeit den Vorrang vor Rechtssicherheit und Vertrauensschutz einzuräumen" (OVG Münster NVwZ 1999, 894),
- oder die Interessenabwägung nachträglich korrekturbedürftig erscheint (VGH Mannheim DVBl. 1996, 1320; VGH Kassel NVwZ-RR 1997, 446).

b) Veränderte Umstände iSd. § 80 Abs. 7 S. 2 VwGO liegen vor, wenn sich die Sach- oder Rechtslage geändert hat. Eine Änderung der Sachlage kann auf dem Eintreten oder Bekanntwerden neuer Tatumstände oder dem Ergebnis einer Beweisaufnahme im Hauptsacheverfahren beruhen. Eine Änderung der Rechtslage kann zB. durch eine Gesetzesänderung oder durch die Änderung einer Satzung, auf die der angefochtene Bescheid gestützt ist, bewirkt werden. Ferner kommt in Betracht eine Änderung der höchstrichterlichen Rspr. oder die Klärung einer umstrittenen Rechtsfrage, nicht aber die bloße Änderung der Rechtsauffassung des Gerichts (*Schoch* in Schoch/Schmidt-Aßmann/Pietzner § 80 Rdn. 388 ff. mwN.).

2. Problematisch ist die Bezeichnung der Beteiligten. Bei einem Abänderungsverfahren nach § 80 Abs. 7 S. 1 VwGO dürften die ursprünglichen Beteiligtenrollen (Antragsteller, Antragsgegner) erhalten bleiben (VGH Mannheim NVwZ-RR 1996, 603). Bei einem Verfahren nach § 80 Abs. 7 S. 2 VwGO, wie es hier eingeleitet wird, ist als „Antragsteller" derjenige zu bezeichnen, der das Verfahren betreibt, selbst wenn er im Ausgangsverfahren Antragsgegner oder Beigeladener war (OVG Münster DVBl. 1988, 114; VGH Mannheim DÖV 1996, 839). Nach der Entscheidung des OVG Münster vom 16. 6. 2000 (7 B 715/00 – Leitsatz Juris, unter Aufgabe der früheren Rechtsprechung) soll es in jedem Falle bei dem Rubrum des Ausgangsverfahrens verbleiben.

3. Soll ein Beschluss im Verfahren nach § 80 Abs. 7 VwGO geändert oder aufgehoben werden, bedarf es zusätzlich einer Entscheidung über den ursprünglich gestellten Antrag auf Gewährung vorläufigen Rechtsschutzes (VGH Mannheim NVwZ-RR 1996, 714).

4. Im Abänderungsverfahren nach § 80 Abs. 7 VwGO ergeht eine eigene Kostenentscheidung. Mit dieser wird aber nur über die Kosten des Abänderungsverfahrens entschieden, nicht die Kostenentscheidung des abzuändernden Beschlusses geändert. „Das folgt aus der Eigenart des Abänderungsverfahrens, dessen Gegenstand gerade nicht die Überprüfung der Richtigkeit der ursprünglichen Regelung, des Suspensiveffektes, sondern die Entscheidung über die Fortdauer dieser Regelung für die Zukunft ist" (VGH Mannheim DVBl. 1996, 111, 112).

5. Die Behörde ist nach Heilung des Mangels darauf angewiesen, beim VG die Aufhebung des Aussetzungsbeschlusses zu beantragen; sie kann nicht etwa selbst die sofortige Vollziehbarkeit des nunmehr rechtmäßig gewordenen Bescheides feststellen bzw. anordnen (OVG Saarlouis NVwZ 1985, 920).[3]

Kosten und Gebühren

Nr. 2210 KV sieht für das Verfahren nach § 80 Abs. 7 VwGO keine Gerichtsgebühr vor.

Der RA erhält für die Vertretung im Verfahren nach § 80 Abs. 7 VwGO keine weitere Gebühr, §§ 114 Abs. 6, 40 Abs. 2 BRAGO, da dieses Verfahren zusammen mit dem Verfahren nach § 80 Abs. 5 VwGO eine Einheit bildet (VGH München BayVBl. 1984, 414; OVG Koblenz NVwZ 1985, 354; VGH Mannheim DVBl. 1990, 721 Nr. 18 – Leitsatz).

Anträge nach § 123 VwGO

6. Antrag auf Erlass einer Sicherungsanordnung[1] (§ 123 Abs. 1 S. 1 VwGO)

An das
Verwaltungsgericht[2]

In Sachen

des ......

(Antragstellers)

Verfahrensbevollmächtigter: Rechtsanwalt ......

gegen

die Stadt ......, vertreten durch den Oberbürgermeister ......[3]

(Antragsgegnerin)

wegen: Stilllegung von Bauarbeiten
Streitwert: 2.000,– EUR[4]

beantrage ich unter Hinweis auf meine im Klageverfahren überreichte Prozessvollmacht:[5]

I. der Antragsgegnerin im Wege einer einstweiligen Anordnung nach § 123 VwGO aufzugeben, die Arbeiten zur Errichtung eines Bauhofes auf dem Grundstück X-Straße 5 in .... bis zum Abschluss des Klageverfahrens einzustellen,[6]

II. bis zur Entscheidung der Kammer über diesen Antrag eine Vorsitzenden-Entscheidung nach §§ 123 Abs. 2 S. 3, 80 Abs. 8 VwGO zu treffen,

III. der Antragsgegnerin die Kosten des Verfahrens aufzuerlegen.[7]

Zur Begründung führe ich aus:[8]

I. Der Antragsteller ist Eigentümer des mit einem Wohnhaus bebauten Grundstücks X-Straße 3. Eigentümerin des Nachbargrundstücks X-Straße 5 ist die Antragsgegnerin. Das Grundstück ist unbebaut. Auf ihm sollte früher ein Kinderspielplatz errichtet werden. Diesen Plan hat die Antragsgegnerin jedoch aufgegeben und beabsichtigt nunmehr, das Grundstück als Bauhof für ihre Straßenbaukolonne zu nutzen. Sie hat gestern damit begonnen, das Grundstück mit einem Maschendraht einzufrieden und zu befestigen.

II. Die einstweilige Anordnung ist nach § 123 Abs. 1 S. 1 VwGO zur Sicherung des dem Antragsteller gegen die Errichtung des Bauhofes zustehenden Unterlassungsanspruchs[9] geboten (*Kopp/Schenke* § 123 Rdn. 7).

1. Der Antragsteller macht einen Abwehranspruch gegenüber Anlagen der Antragsgegnerin geltend, die diese in Ausübung schlichthoheitlicher Verwaltungstätigkeit betreiben will (vgl. dazu BVerwG DVBl. 1989, 463; OVG Münster DÖV 1983, 1020; VGH München NVwZ 1987, 986; 1989, 269; OLG Koblenz NVwZ 1987, 1921). Wie in dem Klageverfahren[10] im Einzelnen bereits vorgetragen wurde, ergibt sich der öffentlich-rechtliche Abwehranspruch des Antragstellers unmittelbar aus Art. 14, Art. 2 GG. Der Betrieb des Bauhofes ist baurechtlich nicht genehmigt und nach § 34 BauGB auch nicht genehmigungsfähig. Er führt zu Beeinträchtigungen, die der Antragsteller nach der entspr. anzuwendenden Vorschrift des § 906 BGB nicht hinzunehmen braucht (vgl. OVG Münster DÖV 1983, 1020) ......

2. Der Erlass der einstweiligen Anordnung ist geboten, weil mit einer kurzfristigen Fertigstellung und Inbetriebnahme des Bauhofes zu rechnen ist[11]. Es ist dem Antragsteller nicht zuzumuten, während der gesamten Dauer des Klageverfahrens die von dem Bauhof ausgehenden Beeinträchtigungen hinzunehmen. Damit würde nämlich der Unterlassungsanspruch des Antragstellers in nicht reparabler Weise verletzt werden ......[12, 13, 14]

Rechtsanwalt

Anmerkungen

1. Die Sicherungs-AO nach § 123 Abs. 1 S. 1 VwGO kann ergehen, „wenn die Gefahr besteht, dass durch eine Veränderung des bestehenden Zustandes die Verwirklichung eines Rechts des Antragstellers vereitelt oder wesentlich erschwert werden könnte."

Nach § 123 Abs. 5 VwGO ist die einstw. AO nicht in den von den §§ 80 und 80a VwGO erfassten Fällen möglich. Da die §§ 80 und 80a VwGO vorläufigen Rechtsschutz bei Anfechtungklagen gegen belastende Verwaltungsakte gewähren, ist die einstw. AO nach § 123 Abs. 1 VwGO ein Mittel des vorläufigen Rechtsschutzes in allen Fällen, in denen als Klage im Hauptverfahren eine Verpflichtungsklage, eine allg. Leistungsklage einschl. der vorbeugenden Unterlassungsklage oder eine Feststellungsklage in Betracht kommt.

2. Zuständig ist nach § 123 Abs. 2 VwGO das Gericht der Hauptsache. Das ist das Gericht des ersten Rechtszuges oder das Berufungsgericht, bei dem die Hauptsache anhängig ist, § 123 Abs. 2 S. 2 VwGO. Da das Revisionsverfahren nicht erwähnt wird, kann das BVerwG eine einstw. AO nicht als Revisionsgericht, wohl dagegen als erstinstanzliches Gericht nach den §§ 49, 50 VwGO erlassen. Ist die Sache noch nicht anhängig, so ist der Antrag an das Gericht zu richten, das für die Hauptsache zuständig wäre.

3. Antragsgegner ist, wer im Hauptverfahren Beklagter ist oder wäre. Zum Beklagten im Hauptverfahren s. Form. V. B. 1 Anm. 2.

4. Hälfte des Auffangstreitwertes nach § 13 Abs. 1 S. 2 GKG. Die Gerichte setzen im Verfahren auf Gewährung vorläufigen Rechtsschutzes nach § 123 Abs. 1 S. 1 VwGO im Allg. ½ des Wertes der Hauptsache als Streitwert an (vgl. Ziff. I. 7 des Streitwertkataloges, NVwZ 1996, 563).

5. Ist bereits ein Klageverfahren anhängig, so umfasst die dort überreichte Prozessvollmacht auch das einstw. Verfahren, § 173 VwGO, § 82 ZPO.

6. Das Gericht ist an die Fassung des Antrages nicht gebunden. Nach § 123 Abs. 3 VwGO mit § 938 Abs. 1 ZPO bestimmt das Gericht nach freiem Ermessen, welche AOen zur Erreichung des mit dem Antrag verfolgten Zwecks erforderlich sind.

7. Im Verfahren nach § 123 VwGO hat eine eigene Kostenentscheidung zu ergehen, § 161 Abs. 1 VwGO, deren Inhalt sich nach den §§ 154 ff. VwGO richtet.

8. Nach § 123 Abs. 3 VwGO mit § 920 Abs. 1 und 2 ZPO sind AO-Anspruch und -Grund glaubhaft zu machen. Angesichts des Amtsermittlungsgrundsatzes (§ 86 Abs. 1 S. 1 VwGO) gilt diese Regelung im Verwaltungsprozess jedoch nur eingeschränkt (vgl. *Finkelnburg/Jank* Rdn. 341 mwN). Es ist deshalb nicht erforderlich, den in der Antragsschrift geschilderten Sachverhalt durch eine eidesstattliche Versicherung glaubhaft zu machen. Eine solche Glaubhaftmachung ist nur dann notwendig, wenn eine rechtserhebliche Tatsachenbehauptung vom Antragsgegner bestritten wird und die Durchführung einer Beweisaufnahme kurzfristig nicht möglich ist. Zu einer Beweisaufnahme ist das Gericht auf Grund des Amtsermittlungsverfahrens auch im Verfahren des vorläufigen Rechtsschutzes nach § 123 Abs. 1 VwGO befugt (*Schoch* in Schoch/Schmidt-Aßmann/ Pietzner § 123 Rdn. 96).

9. Das ist der AO-Anspruch.

10. Es ist nicht erforderlich, dass die Klage zur Hauptsache schon anhängig ist, § 123 Abs. 1 S. 1 VwGO.

11. Das ist der AO-Grund.

12. Wichtig ist die Verweisung des § 123 Abs. 3 VwGO auf § 945 ZPO. Nach dieser Bestimmung ist der Antragsteller dem Antragsgegner zum Schadenersatz verpflichtet, wenn sich die einstw. AO als von Anfang an ungerechtfertigt erweist oder sie nach § 926 Abs. 2 ZPO aufgehoben wird. Auf dieses Risiko sollte der Antragsteller stets hingewiesen werden.

13. Gegen den Erlass oder die Ablehnung einer einstw. AO kann Beschwerde nach § 146 VwGO eingelegt werden (s. dazu Form. V. C. 13 u. 14).

14. Wird die einstw. AO erlassen, so muss sie innerhalb der Frist des § 929 Abs. 2 ZPO vollzogen werden. Andernfalls ist sie wegen veränderter Umstände nach § 927 ZPO analog (OVG Münster DVBl. 1991, 1321) oder § 80 Abs. 7 VwGO analog (VGH Mannheim DVBl. 2002, 355 – Leitsatz) oder nach beiden Bestimmungen (VGH München BayVBl. 1996, 215) aufzuheben. Die Vollstreckung aus einer einstw. AO erfolgt nach § 168 Abs. 1 Nr. 2 VwGO (s. dazu Form. V. F. 3).

Kosten und Gebühren

Nach Nr. 2210 KV entsteht im Verfahren nach § 123 VwGO eine 0,5 Gerichtsgebühr.

Der RA erhält 10/10 Gebühren nach den §§ 114 Abs. 6 S. 1, 40, 31 BRAGO. Wird die einstw. AO beim OVG als Berufungsgericht beantragt, tritt nach § 40 Abs. 3 BRAGO keine Erhöhung auf 13/10 ein.

7. Antrag auf Erlass einer Regelungsanordnung (§ 123 Abs. 1 S. 2 VwGO – Hochschulzulassung)[1]

An das
Verwaltungsgericht[2]

In Sachen

des Studienbewerbers ...... **(Antragstellers)** [3]
Verfahrensbevollmächtigter: RA ......

gegen

die ...... Universität,[4] **vertreten durch den Rektor (Präsidenten)**[5] **......**
(Antragsgegnerin)[6]

wegen: Zulassung[7] **zum Studium der Humanmedizin im ersten Fachsemester**[8]
Streitwert: 2.000,– EUR[9]

beantrage ich namens und mit Vollmacht des Antragstellers,
die Antragsgegnerin im Wege einer einstweiligen Anordnung nach § 123 Abs. 1 S. 2 VwGO[10] **zu verpflichten, den Antragsteller an einem Vergabeverfahren um freie Studienplätze im Studiengang Humanmedizin nach den Vergabekriterien des Gerichts im Wintersemester 2002/2003**[11] **zu beteiligen und ihm einen Studienplatz vorläufig**[12] **zuzuweisen, falls er ausgewählt wird.**[13]

Zur Begründung führe ich aus:[14]

I. Der Antragsteller bestand am ...... die Reifeprüfung. Eine Ablichtung des Reifezeugnisses ist beigefügt. Er bewarb sich anschließend über die Zentralstelle für die Vergabe von Studienplätzen (ZVS) um einen Studienplatz im Studiengang Humanmedizin. Dieser Antrag wurde mit dem in Ablichtung beigefügten Bescheid abgelehnt.[15] Mit Schreiben vom ......[16] bewarb sich der Antragsteller bei der Antragsgegnerin um einen Studienplatz außerhalb der an die ZVS gemeldeten Höchstzahl.[17] Über diesen Antrag hat die Antragsgegnerin noch nicht entschieden.[18]

II. Der Antragsteller hat einen Anspruch auf Zulassung zum Studium der Medizin. Art. 12 Abs. 1 GG verbürgt in Verbindung mit dem Gleichheitssatz und dem Sozialstaatsprinzip die freie Wahl der Stätten der Hochschulausbildung (BVerfGE 33, 303/332 = NJW 1972, 1561; VG Berlin NVwZ 1999, 909). Soweit der Mangel an Studienplätzen ein objektives Zugangshindernis darstellt, sind knappheitsbedingte Beschränkungen der Hochschulzulassung nur in den „Grenzen des unbedingt Erforderlichen" zulässig (BVerfG E 33, 303/338; VGH Kassel WissR 1999, 88). Dem sich daraus ergebenden Gebot, die Zahl der aufzunehmenden Studenten nicht niedriger festzusetzen, als dies unter Berücksichtigung der personellen, räumlichen, sächlichen und fachspezifischen Gegebenheiten zur Aufrechterhaltung einer geordneten Wahrnehmung der Aufgaben der Hochschulen in Forschung, Lehre und Studium sowie in der Krankenversorgung unbedingt erforderlich ist (§ 29 Abs. 2 HochschulrahmenG), wird die nach Maßgabe der KapazitätsVO vom ...... in der ZulassungszahlenVO vom ...... festgesetzte Zulassungsquote nicht gerecht. Denn die tatsächliche Ausbildungskapazität der Antragsgegnerin im Studiengang Humanmedizin im Wintersemester 2002/2003 übersteigt die festgesetzten Zulassungszahlen von ...... um mindestens ......

Das Ministerium ...... hat bei der Aufteilung des Curricular-Normwertes auf die Lehreinheiten, denen der Studiengang Medizin zugeordnet ist, den Eigenanteil der vorklinischen Lehreinheit zu hoch angesetzt (vgl. BVerwG NVwZ 1987, 687; VGH Mannheim NVwZ 1983, 621; DVBl. 2000, 722; OVG Hamburg NVwZ-RR 2000, 219). Dies führt zu einer überhöhten Lehrnachfrage und damit zu einer ungerechtfertigten Einschränkung der Kapazität.[19] Der Antragsteller ist für das Wintersemester 2002/2003 im Studiengang Medizin weder vorläufig noch endgültig von einer anderen Hochschule im Geltungsbereich des GG zum Studium zugelassen. [20] Eine entsprechende eidesstattliche Versicherung[21] füge ich bei.

Rechtsanwalt

Schrifttum: Bahro/Berlin/Hübenthal, Das Hochschulzulassungsrecht, 3. Aufl. 1994; *Becker,* Hochschulzulassungsrecht in: Johlen (Hrsg.), Münchener Prozessformularbuch, Band 6, Verwaltungsrecht, 1999, G. IV; *Brehm/Zimmerling,* Die Entwicklung des Hochschulzulassungsrechts in den Jahren 1996 bis 2001, www.ra-brehm.de/bbz/aktuell/html sowie www.zimmerling.de (wird regelmäßig aktualisiert); *dies.,* Abbau von Hochschulkapazitäten unter Berücksichtigung von Art. 12 Abs. 1 GG, WissR 2000, 22; *dies.,* Aktuelle Fragen des Hochschulzulassungsrechts, RdJB 2000, 376; *dies.,* Das Mandat im Hochschulzulassungsrecht, in: Johlen/Oerder (Hrs.), Münchener Anwaltshandbuch Verwaltungsrecht, 2002, § 17; *Finkelnburg/Jank,* Vorläufiger Rechtsschutz im Verwaltungsstreitverfahren, 3. Aufl. 1989, Rdn. 951ff. (in der 4. Aufl. 1998 nicht mehr enthalten); *Hailbronner,* Hochschulrahmengesetz, Losebl.-Kom., Stand: Juli 2002; *Haug,* Das Hochschulzulassungsrecht in Baden-Württemberg, 2001; *Pastor,* Festsetzung von Zulassungszahlen, Ausschöpfung der Ausbildungskapazität und Studienplatzvergabe im Kapazitätsprozeß, LKV 2002, 447.

Anmerkungen

1. Mit dem gegen die Hochschule gerichteten Antrag auf Erlass einer einstw. AO auf Zulassung zum Studium in einem sog. numerus-clausus-Fach beansprucht der Studienbewerber einen außerhalb der Kapazität liegenden Studienplatz mit der Begründung, die festgesetzte Zulassungszahl sei zu niedrig berechnet.

Die jährliche (Aufnahme-)Kapazität einer Hochschule wird auf der Grundlage des Staatsvertrages der Länder über die Vergabe von Studienplätzen mittels KapazitätsVOen nach folgendem System ermittelt: Das Lehrangebot des jeweiligen Studienganges wird durch die Lehrnachfrage (= Ausbildungsaufwand) geteilt, wobei weitere kapazitätsbestimmende Kriterien zu berücksichtigen sind. Das Lehrangebot errechnet sich im Wesentlichen aus den dienstrechtlichen Lehrverpflichtungen (bezogen auf die Stellen) des wissenschaftlichen Personals eines Studienganges. Dabei ist nach dem sog. Stellen- bzw. Sollprinzip für die Ermittlung des Lehrangebots nicht von der tatsächlichen Zahl der Lehrpersonen und ihren jeweiligen individuellen Lehrverpflichtungen auszugehen, sondern von der Zahl der einer Lehreinheit zugewiesenen Stellen und den auf diese Stellen entfallenden Regellehrverpflichtungen (BVerwG, KMK-HSchR-NF 41 C Nr. 1 zugleich zu Ausnahmen von diesem Prinzip; vgl. auch OVG Lüneburg, KMK-HSchR-NF 41 C Nr. 8). Die sog. Lehrdeputate (Lehrverpflichtungen) für die verschiedenen Stellen wurden in der Vergangenheit – von der Rspr. gebilligt – durch Erlasse geregelt, während sie nunmehr ganz überwiegend durch RechtsVOen festgelegt werden (vgl. die Nachweise bei *Brehm/Zimmerling/Becker* NVwZ 1996, 1175 u. im Internet unter www.zimmerling.de). Die – vor allem in der jüngeren Vergangenheit zunehmende – haushaltsbedingte Verlagerung oder Reduzierung von Stellen einer Lehreinheit, die zu einer Verkürzung des Lehrangebotes und damit zu einer Verringerung der Kapazität führt, ist grundsätzlich möglich. Der Gesetzgeber ist durch Art. 12 Abs. 1 GG nicht gehindert, eine einmal geschaffene Ausbildungskapazität zum Nachteil der Studienbewerber zu reduzieren; es bleibt ihm vielmehr iR. seiner Bildungs-, Haushalts- und sonstigen allgemein-politischen Kompetenzen überlassen, in welchem Umfang er im Verhältnis zu anderen staatlich zu finanzierenden Aufgaben die Hochschulausbildung fördern will (OVG Berlin NVwZ 1996, 1239). Allerdings muss der Gesetzgeber bei seiner Entscheidung die widerstreitenden Belange ermitteln und unter Beachtung des Grundsatzes der Verhältnismäßigkeit sachgerecht miteinander abwägen (OVG Berlin aaO., das die genannten Voraussetzungen in dem zu entscheidenden Fall als nicht erfüllt angesehen hat – ferner BVerwG NVwZ-RR 2000, 23; VGH Mannheim 29. 1. 2002 – NC 9 S 24/02 – Juris). Die Lehrnachfrage, dh. das für die ordnungsgemäße Ausbildung eines Studenten erforderliche Maß an Ausbildung, wird durch studiengangsspezifische Normwerte (Curricularnormwerte) festgelegt, die eine gleichmäßige und erschöpfende Auslastung der Hochschule gewährleisten sollen. Als weitere kapazitätsbestimmende Kriterien sind vor allem räumliche und sächliche Gegebenheiten an einer bestimmten Hochschule anzusehen.

Bei der gerichtlichen Kontrolle festgesetzter Kapazitäten iR. von Studienzulassungsverfahren haben die VGe – nach der Rspr. des BVerfG (NVwZ 1992, 361; NVwZ-RR 1998, 81) – zunächst die Anwendung kapazitätsbestimmender Regelungen zu überprüfen; darüber hinaus müssen sie die KapazitätsVOen selbst nicht nur am Willkürverbot messen, sondern auch daraufhin überprüfen, ob sie den Erfordernissen rationaler Abwägung genügen. Definieren die KapazitätsVOen die Ausbildungskapazität mittels Zahlenwerten und Formeln, muss sich die verwaltungsgerichtliche Kontrolle auch auf diese erstrecken. Die Vorgaben des BVerfG bewirken eine weitere Verschärfung der verwaltungsgerichtlichen Überprüfung der Ausbildungskapazitäten. Allerdings werden die oben genannten – schwierigen und aufwändigen – Kontrollen schwerlich im Verfahren des vorläufigen Rechtsschutzes erfolgen können, sie werden vielmehr zumeist dem Verfahren der Hauptsache vorbehalten bleiben müssen, das aus Zeit- und Kostengründen für abgelehnte Studienbewerber von geringerem Interesse sein wird.

2. Zur Zuständigkeit des Gerichts s. Form. V. D. 6 Anm. 2.

3. Da Art. 12 Abs. 1 GG nur für Deutsche Geltung besitzt, können Ausländer grundsätzlich keine Kapazitätsprüfung zur Ermittlung von Studienplätzen außerhalb der festgesetzten Kapazität verlangen. Eine Ausnahme gilt für EU-Ausländer. Aufgrund des Diskriminierungsverbotes des Art. 6 Unterabs. 1 EG-V haben Angehörige der EU mit deutscher Hochschulzulassungsberechtigung einen Anspruch auf Beteiligung bei der Vergabe aufgedeckter Studienplätze außerhalb der festgesetzten Kapazität (OVG Münster KMK-HSchR NF/41 C Nr. 14. – Vgl. auch BVerwG DVBl. 1990, 941/943; VG Berlin 16. 3. 1999 – VG 3 A 29.99).

4. Bei der Vergabe von Studienplätzen in sog. numerus-clausus-Fächern ist zu unterscheiden zwischen Studienplätzen innerhalb der landesrechtlich für eine bestimmte Hochschule festgesetzten Zulassungszahl und Studienplätzen außerhalb der Zulassungszahl, wenn diese zu niedrig festgesetzt worden ist. Studienplätze innerhalb der ausgewiesenen Kapazität werden nur in höheren Semestern durch die jeweiligen Hochschulen selbst vergeben, während die Zulassung für Studienanfänger zentral durch die ZVS in Dortmund vorgenommen wird mit der Folge der gerichtlichen Zuständigkeit des VG Gelsenkirchen (vgl. § 52 Nr. 3 S. 4 VwGO). Dagegen ist ein Antrag auf Zuweisung eines Studienplatzes außerhalb der festgesetzten Kapazität an die jeweilige Hochschule zu richten (vgl. dazu BVerfGE 39, 276/300; VGH Kassel NVwZ-RR 2001, 448).

5. Antragsgegner ist, wer im Hauptverfahren Beklagter ist oder wäre. Zum Beklagten im Hauptverfahren s. Form. V. B. 1 Anm. 2.

6. Die Kapazität privater Hochschulen – beispielsweise solcher, die in kirchlicher Trägerschaft stehen – unterliegt keiner Überprüfung durch die Verwaltungsgerichte. Private Hochschulen sind selbst dann nicht im ganzen als beliehene Unternehmer zu qualifizieren, wenn ihre Ausbildung mit derjenigen staatlicher Hochschulen gleichgestellt worden ist und ihnen einzelne Hoheitsbefugnisse – etwa im Hinblick auf Prüfungen – übertragen worden sind (VGH München NVwZ 1992, 1225. – Ähnlich OVG Saarlouis NVwZ 1996, 1237; VG Osnabrück NVwZ 2000, 981).

7. Keiner Zulassung, wohl aber einer Genehmigung der beteiligten Hochschulen bedarf der Tausch von Studienplätzen zwischen Studenten. Die Erteilung der Genehmigung steht im Ermessen der jeweiligen Hochschule (vgl. VG Hamburg NVwZ 1992, 403). Sie darf verweigert werden, wenn der Tausch zu einer stärkeren Belastung der betroffenen Hochschule führen würde; davon wäre zB. auszugehen, wenn der aufzunehmende Student nach der Praxis der Hochschule in ein höheres Semester einzustufen wäre mit der Folge, dass es zu einer Überbelegung des höheren Semesters kommen würde (VGH München NVwZ 1996, 1238).

8. Sofern die vorläufige Zulassung für ein höheres Fachsemester erstrebt wird, ist ein Bescheid der zuständigen (Prüfungs-)Behörde (vgl. zB. § 12 ApprobationsO für Ärzte) vorzulegen, in dem die Anrechnung fachfremder Studienzeiten auf das Medizinstudium ausgesprochen wird (sog. Anrechnungsbescheid).

9. Im hochschulrechtlichen Zulassungsverfahren gehen die Gerichte im Rechtsstreit zur Hauptsache durchweg vom Auffangstreitwert des § 13 Abs. 1 S. 2 GKG aus, dh. der Streitwert wird auf 4.000,– EUR festgesetzt (so auch Ziff. II 15.1 des Streitwertkataloges, NVwZ 1996, 563/565).

In Verfahren auf Erlass einer einstw. AO (§ 20 Abs. 3 GKG) ist die Rspr. weniger einheitlich; hier schwanken die Streitwertfestsetzungen – in unterschiedlicher Bewertung des Gesichtspunktes der Vorwegnahme der Hauptsache im vorläufigen Verfahren – zwischen der Hälfte und dem Ganzen des Auffangwertes (vgl. die Nachweise bei *Finkelnburg/Jank* Rdn. 1008).

10. Nach hM. handelt es sich um eine sog. Regelungs-AO nach § 123 Abs. 1 S. 2 VwGO (*Finkelnburg/Jank* Rdn. 963 mwN.).

11. Der Antragsteller kann die vorläufige Zulassung nicht allg., sondern nur zu einem bestimmten Semester erreichen, dessen tatsächlichen und rechtlichen Verhältnisse für die

Entscheidung über den Antrag maßgebend sind (BVerfG NJW 1975, 1504; 1980, 2693/2695; BVerwG NJW 1973, 1812). Durch den Ablauf des Bewerbungssemesters erledigt sich aber das AO-Verfahren nicht (OVG Lüneburg NVwZ 1983, 106).

12. Die Vorläufigkeit besteht allein darin, dass die Zulassung durch den Abschluss des Hauptsacheverfahrens begrenzt wird. Dadurch wird die Hauptsache zumindest zT. vorweggenommen, was § 123 Abs. 1 VwGO grundsätzlich nicht zulässt. Ausnahmsweise kann jedoch eine AO auch auf eine (unter dem Vorbehalt des Ausgangs des Hauptsacheverfahrens stehende) vorläufige Befriedigung des Anspruchs gerichtet sein, wenn anders effektiver Rechtsschutz nicht möglich ist (OVG Berlin NJW 1978, 1871; OVG Lüneburg NVwZ 1983, 106; VGH Mannheim DVBl. 1993, 508).

Zum Prioritätsprinzip und zur kapazitätsdeckenden Wirkung der einstw. AO vgl. BVerwG NVwZ-RR 1991, 362.

13. Der Antrag auf Erlass einer einstw. AO muss bis zum Semesterbeginn (1. Vorlesungstag) gestellt werden (OVG Hamburg NVwZ-RR 1992, 22; 1998, 314; OVG Greifswald NVwZ 1994, 334; aA OVG Bautzen 16. 11. 2001 – NC 2 C8/01; OVG Berlin 7. 2. 2002 – OVG 5 NC 19.01; OVG Greifswald NVwZ 1994, 334); andernfalls fehlt das Rechtsschutzinteresse. Der Antrag muss so bestimmt sein, dass sich erkennen lässt, welchen Rechtsschutz der Antragsteller begehrt. Im Rahmen des Antrages bestimmt das Gericht nach freiem Ermessen, welche AO es trifft, § 123 Abs. 3 VwGO mit § 938 Abs. 1 ZPO. Über die Kosten entscheidet das Gericht nach § 161 Abs. 1 VwGO von Amts wegen unter Anwendung der §§ 154ff. VwGO.

14. AO-Anspruch und AO-Grund sind substantiiert und schlüssig darzulegen. Der Tatsachenvortrag des Antragstellers ist glaubhaft zu machen (§ 123 Abs. 3 VwGO, § 920 Abs. 2 ZPO), ggf. durch Vorlage eidesstattlicher Versicherungen (§ 294 ZPO; vgl. OVG Greifswald LKV 1994, 225). Das gilt angesichts der den Verwaltungsprozess insgesamt beherrschenden und deshalb auch für das AO-Verfahren grundsätzlich geltenden Amtsermittlungsmaxime (§ 86 Abs. 1 VwGO) allerdings nicht uneingeschränkt (s. dazu Form. V.D. 6 Anm. 8). So hat das VG namentlich die eigentlichen Fragen der Kapazitätsfestsetzung von Amts wegen zu erforschen. Dies ist umso unerlässlicher, als die Zahlen, Daten und Fakten, die der Kapazitätsfestsetzung zugrunde liegen, dem Studienbewerber nicht bekannt sind und deshalb von ihm im Prozess auch nicht beigebracht werden können (zur prozessualen Mitwirkungspflicht der Hochschule vgl. *Brehm/Zimmerling/Becker* NVwZ 1996, 1180 mwN.).

15. Die Teilnahme am Verfahren über die Vergabe von Studienplätzen innerhalb der festgesetzten Kapazität bei der ZVS mag für den Studienbewerber sinnvoll sein, eine (rechtliche) Voraussetzung für die Bewerbung um Studienplätze außerhalb der festgesetzten Kapazität bei der jeweiligen Hochschule ist sie jedoch nicht (vgl. OVG Münster DVBl. 1976, 881/882).

16. Zu der für diesen Antrag einzuhaltenden Frist s. OVG Lüneburg NVwZ 1983, 106; VGH Mannheim KMK-HSchR-NF 11 C Nr. 7.

Es ist sinnvoll, dass möglichst „flächendeckend" prozessiert wird. Es ist also zunächst bei jeder Universität eine Bewerbung abzugeben, die mit der Nichtausschöpfung von Kapazitäten – im Fach Medizin hilfsweise unter Beschränkung auf den vorklinischen Studienabschnitt – begründet werden muss. Gleichzeitig ist ein Antrag auf Erlass einer einstw. AO bei dem zuständigen VG zu stellen. Führt dieser nicht zum Erfolg, sind Antrag auf Zulassung der Beschwerde und im Hauptsacheverfahren Klage, Antrag auf Zulassung der Berufung und evtl. Revision ratsam. Eine Verfassungsbeschwerde gegen den das Verfahren des vorläufigen Rechtsschutzes abschließenden Beschluss des OVG kommt nicht in Betracht (BVerfG zitiert bei *Becker* NVwZ 1994, 758 FN 124). Das Verstreichen des Semesters schadet nichts. S. im Einzelnen dazu *Becker/Hauck* NVwZ 1983, 81.

Erledigt sich das einstw. Verfahren dadurch, dass der Antragsteller an einer anderen Hochschule endgültig zugelassen wird, so sind bei der dann nach § 161 Abs. 2 VwGO ergehenden Kostenentscheidung nach Ansicht des BVerwG (DVBl. 1982, 736; NVwZ-RR 1990, 348) die Kosten des Verfahrens dem Antragsteller aufzuerlegen. AA. ist das OVG Saarlouis (DVBl. 1984, 283), welches auch in diesem Falle die bei ungewissem Verfahrensausgang übliche Kostenteilung vornimmt (vgl. auch VGH Kassel NVwZ 1987, 702).

17. Der bei der einzelnen Hochschule gestellte Zulassungsantrag ist notwendig, aber auch ausreichend, um ein Rechtsverhältnis iSv. § 123 Abs. 1 S. 2 VwGO zu begründen (OVG Lüneburg NVwZ 1983, 106; VGH Mannheim NVwZ-RR 1990, 566; OVG Hamburg NVwZ-RR 2000, 27/28).

18. Das mit dem Zulassungsantrag begründete Rechtsverhältnis (s. Anm. 17) ist unter den besonderen Verhältnissen des Hochschulwesens auch dann str. iSv. § 123 Abs. 1 S. 2 VwGO, wenn die Hochschule den Antrag noch nicht abgelehnt hat (OVG Lüneburg NVwZ 1983, 106).

19. Zur Kapazitätsermittlung BVerfGE NVWZ 1992, 361 (Krankenversorgungsabzug Zahnmedizin); NVwZ-RR 1998, 81 (Einbeziehung von Fachhochschulassistenten in die Kapazitätsermittlung); NVwZ-RR 1999, 481; NVwZ-RR 2000, 22; VGH Kassel NVwZ-RR 2001, 448 (Überbuchung im ZVS-Vergabeverfahren); HessVGH – 26. 11. 1999 – 8 NC 2746/98; VGH München – 11. 1. 2000 – 7 CE 00.10028; – 3. 7. 2000 – 7 CE 99/100876 (Pauschalabzug für ambulante Krankenversorgung bei Zahnmedizin); OVG Hamburg – 29. 10. 2001 – NC 7/01 (Fingierte Planstellen); VGH Bad.-Württ. – 29. 1. 2002 – NC 9 S 24/02; OVG Münster – 28. 4. 1999 – 13 C 15/99; OVG Hamburg – 10. 8. 2000 – 3 Nc 58/00; OVG Rheinl-Pfalz – 12. 4. 2000 – 1 D 12398/99; BayVGH – 8. 5. 1996 – 7 CE 96.10003 – (Schwundquotenberechnung); OVG Berlin – 14. 12. 1999 – 5 Nc 456.99; OVG Koblenz NVwZ-RR 2001, 165 (Teilzulassung); VGH Mannheim NVwZ-RR 1999, 171 (Zur Lehrverpflichtung von Hochschuldozenten); OVG Hamburg NVwZ-RR 2000, 219 (Verminderung von Ausbildungskapazitäten); VGH Mannheim NVwZ-RR 2000, 23 (Gebot der Kapazitätsauslastung); NVwZ 1999, 1357 (Definition Kapazitätsermittlungsjahr); – 16. 8. 1999 – Nc 9/13/99 – (keine Auffüllungsverpflichtung); OVG Lüneburg NVwZ-RR 2000, 504 (Aufhebung von Studiengängen); zur Funktion des ZVS Beispielstudienplans als Orientierungsmaßstab im Hinblick auf die Lehrnachfrage: BVerwG, BVerwGE 65, 303, NVwZ 1989, 360; DVBl. 1990, 940.

Die nicht veröffentlichten Entscheidungen sind im Volltext bei www.interjur.de, bzw. www.studienplatz-Recht.de abrufbar.

20. Ein Antrag auf Erlass einer einstw. AO mit dem Ziel, die vorläufige Zulassung zum Studium an einer Universität zu erreichen, findet allerdings nicht dadurch seine Erledigung, dass der Antragsteller von einer Fachhochschule zum Studium in der gleichen Fachrichtung zugelassen wird; in diesem Falle entfällt der AO-Grund nicht (VGH Kassel KMK-HSchR/NF Nr. 9).

21. Die Vorlage einer solchen eidesstattlichen Versicherung empfiehlt sich. Zahlreiche Gerichte verlangen sie zur Vermeidung von Mehrfachzulassungen in der Erwägung, dass bereits eine – auch nur vorläufige – Zulassung zum Studium im angestrebten Studiengang an einer anderen Hochschule die gewünschte Studienmöglichkeit an sich eröffnet; mit Rücksicht darauf sind wesentliche Nachteile des Studienbewerbers im Falle des Unterbleibens der einstw. AO (vgl. § 123 Abs. 1 S. 2 VwGO) in aller Regel nicht erkennbar. Bei Nichtbeibringung einer eidesstattlichen Versicherung fehlt es deshalb an der Glaubhaftmachung des AO-Grundes (vgl. OVG Münster 16. 11. 1984 – 13 B 8597/84). Nach Ansicht des VGH Mannheim (19. 7. 2001 – NC 9 S 2/01) muss das VG, wenn es über einen Antrag auf Erlass einer einstw. AO erst mehrere Monate nach Antragsstellung entscheidet, vorher – ggf. erneut – eine aktuelle eidesstattliche Versicherung des Studienbewerbers einholen.

E. Anträge und Rechtsbehelfe bei Verwaltungsakten mit Doppelwirkung[1] (Baurecht)

Rechtsschutz des Dritten

1. Widerspruch gegen eine Baugenehmigung[2]

An den Stadtdirektor der Stadt ......, Bauaufsichtsamt ......

Betrifft: Errichtung eines fünfgeschossigen Wohn- und Geschäftshauses auf dem Grundstück A-Straße Nr. 3
hier: Ihre Baugenehmigung vom ...... (Az.: ......)

Sehr geehrte Damen und Herren!

In der vorbezeichneten Sache vertrete ich die Eigentümer des Grundstücks A-Straße Nr. 5, die Eheleute ...... Meine Vollmacht liegt an. Gegen Ihre Baugenehmigung vom ......, meinen Mandanten zugestellt am[3] ......, lege ich hiermit Widerspruch ein. Zur Begründung führe ich aus:
Mit dem angefochtenen Bescheid haben Sie dem Bauherrn unter Befreiung von den Festsetzungen des rechtsverbindlichen Bebauungsplanes Nr....... gestattet, auf dem Grundstück A-Straße Nr. 3 statt der nach dem Bebauungsplan höchstzulässigen drei Vollgeschosse fünf Vollgeschosse zu errichten. Diese Befreiung ist rechtswidrig, da für sie die Voraussetzungen des § 31 Abs. 2 BauGB nicht erfüllt sind ...... Durch die rechtswidrige Befreiung sind meine Mandanten in eigenen Rechten bzw. rechtlich geschützten Interessen verletzt. Die Beschränkung der Zahl der Vollgeschosse in dem Bebauungsplan ist nämlich nach der diesem Plan beigegebenen Begründung zum Schutze der bereits vorhandenen Gebäude erfolgt, hat also nachbarschützenden Charakter (s. dazu BVerwG E 94, 151 = NJW 1994, 1546; OVG Münster BauR 1992, 60).
Meine Mandanten werden darüber hinaus auch tatsächlich in ihrem Eigentum an dem Grundstück A-Straße Nr. 5 beeinträchtigt. Denn durch die zusätzlich auf dem Grundstück A-Straße Nr. 3 errichteten zwei Vollgeschosse wird die Belichtung und Besonnung des auf dem Grundstück meiner Mandanten stehenden dreigeschossigen Wohnhauses erheblich eingeschränkt ......[2]

Unterschrift

Schrifttum: Birkl, Praxishandbuch des Bauplanungs- und Immissionsrechts, Losebl., Stand: Februar 2002; *Dehner,* Nachbarrecht, Losebl., Stand: Februar 2002; *Hoppenberg* in Hoppenberg, Handbuch des öffentlichen Baurechts, Losebl., 11. Aufl. 2002; *Mampel,* Nachbarschutz im öffentlichen Baurecht, 1994.

Anmerkungen

1. Ein Verwaltungsakt mit Doppelwirkung begünstigt den Adressaten und belastet einen Dritten (dies ist der Regelfall) oder belastet den Adressaten und begünstigt einen Dritten (§ 80a Abs. 1 und 2 VwGO).

2. Zum Widerspruch im Allg. s. Form. V. A. 4.

3. Wird der Verwaltungsakt mit Doppelwirkung dem durch ihn belasteten Dritten zugestellt, so muss sichergestellt sein, dass der Dritte eine dem Verwaltungsakt beigefügte Rechtsbehelfsbelehrung als auch an sich gerichtet ansieht. Es ist also nicht ausreichend, wenn der an den Begünstigten adressierte und mit einer Rechtsbehelfsbelehrung versehene Verwaltungsakt dem Dritten nur „zur Kenntnisnahme" zugeleitet wird (OVG Münster NVwZ-RR 2000, 556).

4. Da der Widerspruch nach § 212a BauGB keine aufschiebende Wirkung hat, der Bauherr also trotz des eingelegten Widerspruchs weiterbauen kann, empfiehlt es sich, zusätzlich bei der Behörde (s. dazu Form. V.E. 3) oder beim VG (s. dazu Form. V.E. 4) einen Antrag auf Außervollzugsetzung der Baugenehmigung zu stellen.

Kosten und Gebühren

S. dazu Form. V. A. 4. Ob die Baugenehmigungsbehörde für die Bearbeitung des Widerspruchs Gebühren erheben kann, richtet sich nach Landesrecht.

2. Anfechtungsklage gegen eine Baugenehmigung

An das
Verwaltungsgericht

Klage[1]

des Schreinermeisters ...... X-Straße Nr. 3, ... **(Klägers)**
Prozessbevollmächtigter: RA ......
gegen
die Stadt ...... **(Beklagte)[2]**
beizuladen: Die B-GmbH ......[3]
wegen: Anfechtung einer Baugenehmigung
Streitwert: 5.000,– EUR[4]

Namens des Klägers erhebe ich Klage und werde beantragen,
die der B-GmbH erteilte Baugenehmigung zur Errichtung von fünf Einfamilienreihenhäusern auf dem Grundstück X-Straße Nr. 5 in ...... und den Widerspruchsbescheid der Bezirksregierung vom ...... aufzuheben[5].

Zur Begründung führe ich aus:

I. Der Kläger ist Eigentümer des Grundstücks X-Straße Nr. 3 in ...... Auf diesem Grundstück betreibt er seit dem Jahre 1990 eine Schreinerei, für die alle erforderlichen behördlichen Genehmigungen vorliegen. Zuletzt wurde ein Erweiterungsbau im Jahre 1998 genehmigt. Ein Bebauungsplan besteht für das Gebiet nicht.
Das auf der Westseite des klägerischen Grundstücks liegende Grundstück X-Straße Nr. 5 war bisher unbebaut. Unter dem ...... erteilte die Beklagte der B-GmbH die Genehmigung zur Errichtung von fünf Einfamilienreihenhäusern auf diesem Grundstück. Gegen die Baugenehmigung legte der Kläger Widerspruch ein, den die Bezirksregierung mit dem in einer Ablichtung beigefügten Widerspruchsbescheid vom ......, zugestellt am ......, zurückwies. Mit den Bauarbeiten ist bisher noch nicht begonnen worden[6].

II. Die Klage ist begründet, da die angefochtene Baugenehmigung rechtswidrig ist, sie gegen eine auch dem Nachbarschutz dienende Vorschrift verstößt und der Kläger

durch die Ausführung und Benutzung des genehmigten Vorhabens tatsächlich in seinem Eigentum beeinträchtigt wird (s. dazu OVG Münster NWVBl. 1999, 338).
Ein Bebauungsplan besteht nicht. Die Eigenart der näheren Umgebung des Grundstücks X-Straße Nr. 5 entspricht keinem der in der BauNVO beschriebenen Baugebiete, so dass sich die Zulässigkeit des Vorhabens nach seiner Art nicht nach § 34 Abs. 2, sondern nach § 34 Abs. 1 BauGB beurteilt. Nach dieser Vorschrift müssen sich die Wohnhäuser ua. nach der Art der baulichen Nutzung in die Eigenart der näheren Umgebung einfügen. Dies ist nicht der Fall. Zwar grenzt das zu bebauende Grundstück an ein Wohngebiet an. Es liegt jedoch gleichzeitig im Einwirkungsbereich des Gewerbebetriebes des Klägers, der wegen der auf das Grundstück der Bauherrin einwirkenden Immisssionen den Grundstückscharakter mitprägt und es einer wohnbaulichen Nutzung entzieht. Damit fügt sich das genehmigte Vorhaben nicht in die Umgebungsbebauung ein.
Auf die Verletzung des § 34 Abs. 1 BauGB kann sich der Kläger berufen. § 34 BauGB stellt sich ua. als eine Ausprägung des baurechtlichen Gebotes der Rücksichtnahme dar (BVerwG NJW NJW 1990, 1192; NVwZ 1992, 977; 1999, 879). Diesem (objektivrechtlichen) Gebot kommt insoweit drittschützende Wirkung zu, als in qualifizierter und zugleich individualisierter Weise auf schutzwürdige Interessen eines erkennbar abgegrenzten Kreises Dritter Rücksicht zu nehmen ist (BVerwG NJW 1978, 62; 1986, 1703). Dies ist bei dem Kläger der Fall. Er betreibt seit Jahren mit behördlicher Genehmigung eine lärmintensive Schreinerei und muss befürchten, dass ihm zum Schutze der künftigen Bewohner der Reihenhäuser gegen Lärmimmissionen Schutzauflagen erteilt werden, die zu unzumutbaren Einschränkungen seines eingerichteten und ausgeübten Gewerbebetriebes führen ...... (s. dazu BVerwG NVwZ 1986, 469; VGH Mannheim BauR 1992, 45; OVG Bautzen SächsVBl. 1998, 292; VGH München BauR 2002, 435).

Rechtsanwalt

Anmerkungen

1. Zum Inhalt der Klage im Allg. s. Form. V. B. 1.

2. Die baurechtliche Nachbarklage richtet sich nicht gegen den Bauherrn, sondern gegen die Baugenehmigungsbehörde, die die Baugenehmigung erteilt hat.

3. Der Bauherr ist nach § 65 Abs. 2 VwGO notwendig beizuladen. Aus diesem Grunde ist es zweckmäßig (nicht notwendig), seinen Namen und seine Anschrift in der Klageschrift anzugeben. Zur Erstattungsfähigkeit der dem Beigeladenen entstandenen Kosten s. Form. V. B. 15 Anm. 1 (vgl. auch VGH München DVBl. 2000, 433).

4. Der Streitwert richtet sich nach dem Rechtsschutzbegehren des Klägers, § 13 Abs. 1 S. 1 GKG, also dem Maß der von ihm behaupteten Beeinträchtigungen seines Eigentums, nicht nach der wirtschaftlichen Bedeutung, die das Vorhaben für den Bauherrn hat (BVerwG NVwZ 1999, 879). Es empfiehlt sich, zum Maße der Betroffenheit des Klägers nähere Angaben zu machen, die dem Gericht die Festsetzung eines angemessenen Streitwertes ermöglichen. Nach Ziff. II 7.6.1 des Streitwertkataloges (NVwZ 1996, 563/564, Stichwort „Bau- und Bodenrecht“) beträgt der Streitwert bei der Klage eines drittbetroffenen Nachbarn DM 10.000,– = 5.000,– EUR; mindestens ist der Betrag einer geltend gemachten Grundstückswertminderung anzusetzen.

5. Richtet sich die Klage gegen eine bereits erteilte Baugenehmigung (einen Bauvorbescheid, eine Befreiung, eine Bodenverkehrsgenehmigung), so handelt es sich um eine Anfechtungsklage auf Aufhebung der angefochtenen Baugenehmigung (so die hM. seit BVerwGE 22, 129).

6. In diesem Falle wäre zusätzlich vorläufiger Rechtsschutz zu beantragen; s. dazu Form. V.E. 3 und 4.

Kosten und Gebühren

Vgl. Bemerkungen zu Form. V.B. 1.

3. Antrag an die Behörde auf Außervollzugsetzung einer Baugenehmigung und Stilllegung der Baustelle (§ 80a Abs. 1 Nr. 2 VwGO)[1]

An den
Stadtdirektor der Stadt ......, Bauaufsichtsamt ......

Betrifft: Errichtung eines fünfgeschossigen Wohn- und Geschäftshauses auf dem Grundstück A-Straße Nr. 3
Hier: Ihre Baugenehmigung vom ...... (Az.: ......)

Sehr geehrte Damen und Herren!

In dieser Sache habe ich namens der von mir vertretenen Eheleute ...... gegen die der Fa. ...... erteilte Baugenehmigung zur Errichtung eines fünfgeschossigen Wohn- und Geschäftshauses auf dem Grundstück A-Straße Nr. 3 Widerspruch eingelegt[2] und diesen Widerspruch im Einzelnen begündet.
In Ergänzung meines Widerspruchsschreibens beantrage ich hiermit gem. § 80a Abs. 1 Nr. 2 VwGO,

> die Vollziehung der der Fa. ...... erteilten Baugenehmigung auszusetzen, der Fa. ...... mit einem für sofort vollziehbar erklärten Bescheid aufzugeben, die Bauarbeiten zur Errichtung eines fünfgeschossigen Wohn- und Geschäftshauses auf dem Grundstück A-Straße Nr. 3 sofort einzustellen, und die Baustelle stillzulegen.

Zur Begründung führe ich aus.

Der Antrag ist zur Wahrung der Rechte meiner Mandanten geboten, da inzwischen mit den Bauarbeiten begonnen wurde, der Widerspruch gegen die der Fa. ...... erteilte Baugenehmigung nach § 212a BauGB keine aufschiebende Wirkung hat, in der Sache selbst aber zum Erfolg führen wird[3]. Zur Ermöglichung eines effektiven Rechtschutzes muss deshalb die Schaffung vollendeter Tatsachen, die bei dem zu erwartenden Erfolg des Widerspruches nur mit sehr erheblichem Aufwand rückgängig gemacht werden können, vermieden werden.

Der Widerspruch wird Erfolg haben, weil die der Fa. ...... erteilte Baugenehmigung, wie ich in meinem Widerspruchsschreiben bereits dargelegt habe, gegen Festsetzungen des Bebauungsplanes verstößt, die (zumindest auch) den Interessen meiner Mandanten als Nachbarn zu dienen bestimmt sind ....[4]

Anmerkungen

1. Dieses Form. knüpft an das Form. V.E. 1 an.

Legt ein Dritter gegen einen Verwaltungsakt mit Doppelwirkung Widerspruch ein und hat dieser Widerspruch keine aufschiebende Wirkung, so kann die Behörde, die den

Verwaltungsakt erlassen oder über den Widerspruch zu entscheiden hat, die Vollziehung des Verwaltungsaktes aussetzen und einstweilige Maßnahmen zur Sicherung der Rechte des Dritten treffen, § 80a Abs. 1 Nr. 2 mit § 80 Abs. 4 S. 1 VwGO (BVerwG NVwZ-RR 2002, 153; OVG Bautzen NVwZ-RR 2000, 582; OVG Münster NVwZ-RR 2001, 291).

2. Nach dem eindeutigen Wortlaut des § 80a Abs. 1 VwGO setzt die Aussetzung der Vollziehung voraus, dass der Dritte Widerspruch eingelegt hat (OVG Münster NVwZ-RR 1996, 184; VG Frankfurt a.M. NVwZ 2000, 1324). Dies ist also anders als sonst bei der Aussetzung der Vollziehung nach § 80 Abs. 4 VwGO (s. dazu Form. V. D. 1 Anm. 2).

3. Entscheidungskriterien sind nicht die Rechtmäßigkeit des mit dem Widerspruch des Dritten angefochtenen Verwaltungsaktes, sondern die Erfolgsaussichten des Widerspruchs. Es kommt also darauf an, ob der Verwaltungsakt mit Doppelwirkung, hier die Baugenehmigung, rechtswidrig ist, weil er gegen eine (zumindest auch) die rechtlichen Interessen des Dritten schützende Rechtsvorschrift verstößt.

4. Wird der Antrag abgelehnt, so kann der Widerspruchsführer beim VG einen Antrag auf Aussetzung der Vollziehung bzw. AO der aufschiebenden Wirkung seines Widerspruches stellen, § 80a Abs. 3 S. 1 mit Abs. 1 Nr. 2 VwGO, § 80a Abs. 3 S. 2 mit § 80 Abs. 5 VwGO (s. dazu Form. V.E. 4).

Gibt die Behörde dem Antrag statt, so kann der durch die Aussetzung der Vollziehung betroffene Adressat des begünstigenden Verwaltungsaktes beim VG einen Antrag auf Aufhebung der Aussetzung stellen, § 80a Abs. 3 S. 1 VwGO. Ein Widerspruch gegen die Aussetzungs-AO ist nicht zulässig (OVG Koblenz BauR 1996, 692).

Kosten und Gebühren

Der RA erhält für die Stellung des Aussetzungsantrages neben der Widerspruchsgebühr nach § 118 Abs. 1 Nr. 1 BRAGO keine bes. Gebühr, § 119 Abs. 3 BRAGO.

4. Antrag an das Verwaltungsgericht auf Aussetzung der Vollziehung der Baugenehmigung und Stilllegung der Baustelle (alternativ: auf Anordnung der aufschiebenden Wirkung) (§ 80a Abs. 3 VwGO)[1]

An das
Verwaltungsgericht

In Sachen

der Eheleute ...... **(Antragsteller)**
Verfahrensbevollmächtigter: RA ......

gegen

den Stadtdirektor der Stadt ......, Bauaufsichtsamt (Antragsgegner)[2]
beizuladen: Fa. ......[3]

Streitwert: 5000,– EUR[4]

beantrage ich namens und in Vollmacht der Antragsteller,

1. Die Vollziehung des der beigeladenen Fa. ...... von dem Antragsgegner erteilten Baugenehmigung vom ...... auszusetzen (alternativ: die aufschiebende Wirkung des Wi-

derspruches der Antragsteller gegen die der beizuladenden Fa. ...... erteilten Baugenehmigung vom ...... anzuordnen),[5]

2. dem Antragsgegner aufzugeben, die Baustelle auf dem Grundstück A-Straße Nr. 3 stillzulegen.[6]

Zur Begründung führe ich aus:

I. Unter dem ...... erteilte der Antragsgegner der Fa. ...... die Baugenehmigung zur Errichtung eines fünfgeschossigen Wohn- und Geschäftshauses auf dem Grundstück A-Straße Nr. 3. Gegen diese Genehmigung legte ich mit Schreiben vom ...... Widerspruch ein[7] und beantragte mit einem weiteren Schreiben vom ...... die Aussetzung der Vollziehung der Genehmigung und die vorläufige Einstellung der Bauarbeiten.[8] Diesen Antrag lehnte der Antragsgegner mit Bescheid vom ...... ab. Über den Widerspruch gegen die Baugenehmigung ist noch nicht entschieden.

II. Der Antrag ist begründet, da die der Fa. ...... erteilte Baugenehmigung gegen Festsetzung des Bebauungsplanes Nr. ...... verstößt, die auch dem Schutze der Antragsteller als Eigentümer des Nachbargrundstückes A-Straße Nr. 5 zu dienen bestimmt sind. Da die Fa. ...... mit der Verwirklichung des genehmigten Vorhabens begonnen hat, ist zur Wahrung der Rechte der Antragsteller, insbes. zur Verhinderung vollendeter Tatsachen, die Einstellung der Bauarbeiten dringend geboten.[9]

Anmerkungen

1. Dieses Form. knüpft an Form. V. E. 1 und 3 an.

2. Antragsgegner ist diejenige Körperschaft oder Behörde, die den angefochtenen Verwaltungsakt erlassen hat und gegen die deshalb auch die Anfechtungsklage zu richten wäre.

3. Zur Beiladung in diesem Falle s. Form. V. E. 2 Anm. 3.

4. Nach einer Entscheidung des VGH Mannheim (NVwZ-RR 2002, 469) entspricht bei einem Baunachbarstreit der Streitwert des vorläufigen Rechtsschutzverfahrens regelmäßig dem Streitwert des Hauptsacheverfahrens. Hier soll also unterstellt werden, dass das Hauptsacheverfahren unter Berücksichtigung der Beeinträchtigung des Antragstellers einen Streitwert von 5000,– EUR hat. Zwar beträgt im Allgemeinen der Streitwert des Verfahrens auf Gewährung vorläufigen Rechtsschutzes ½ des Streitwertes der Hauptsache. Allerdings kann in Verfahren des vorläufigen Rechtsschutzes, die die Entscheidung in der Sache ganz oder zum Teil vorweg nehmen, der Streitwert bis zur Höhe des für das Hauptsacheverfahren anzunehmenden Streitwerts angehoben werden (s. dazu Ziff. I. 7 des Streitwertkatalogs NVwZ 1996, 563). Diese Situation kann in Nachbarbausachen gegeben sein, in denen praktisch im Verfahren des vorläufigen Rechtsschutzes entschieden wird, ob das Bauvorhaben durchgeführt wird oder nicht.

5. Die hier angebotene Alternativlösung bei der Formulierung des Antrages beruht auf der unklaren Fassung des § 80a Abs. 3 VwGO (s. dazu *Schoch* in Schoch/Schmidt-Aßmann/Pietzner § 80a Rdn. 49ff.

Hat ein Widerspruch keine aufschiebende Wirkung, so kann nach § 80a Abs. 3 S. 1 mit Abs. 1 Nr. 2 VwGO das Gericht die Vollziehung nach § 80 Abs. 4 VwGO aussetzen und einstweilige Maßnahmen zur Sicherung der Rechte des Dritten treffen. Daneben lässt aber § 80a Abs. 3 S. 2 mit § 80 Abs. 5 S. 1, 1. Halbs. VwGO die AO der aufschiebenden Wirkung durch das Gericht zu. Welcher Weg des vorläufigen Rechtsschutzes der richtige ist, ist unklar. Entspr. unterschiedlich ist die Gerichtspraxis. Ein Teil der Gerichte setzt die Vollziehung des Verwaltungsaktes aus (VGH München BayVBl. 1991, 720/721; NVwZ-RR 1995, 430/431; VGH Mannheim DVBl. 1993, 163/164; NVwZ 1995, 716), ein Teil ordnet die aufschiebende Wirkung an (BVerwG NVwZ 1995, 903 und 904; OVG Münster NVwZ 1991, 1001; NVwZ-RR 1996, 184; OVG Schleswig NVwZ

1992, 587/588; VGH München NJW 1994, 2717; OVG Lüneburg NVwZ 1994, 82; VGH Mannheim NVwZ-RR 1995, 378/379 und 488; OVG Koblenz DVBl. 1996, 930).

Unzweifelhaft dürfte aber sein, dass, wenn man den Weg über § 80a Abs. 3 S. 1 mit Abs. 1 Nr. 2 VwGO geht, das Gericht die Vollziehung selbst aussetzen kann. Das ergibt der eindeutige Gesetzeswortlaut („...... solche Maßnahmen selbst treffen ......"). Entspr. sollte der Antrag formuliert und nicht lediglich darauf gerichtet werden, die Behörde durch das Gericht zur Aussetzung zu verpflichten (s. dazu *Kopp/Schenke* § 80a Rdn. 17; *Redeker/von Oertzen* § 80a Rdn. 6).

6. Nach § 80a Abs. 3 S. 1 mit Abs. 1 Nr. 2 VwGO kann das Gericht neben der Aussetzung der Vollziehung auch „einstweilige Maßnahmen zur Sicherung der Rechte des Dritten treffen". Als eine solche Maßnahme kommt vor allem die vorläufige Einstellung von Arbeiten zur Verwirklichung des genehmigten Vorhabens in Betracht.

7. S. dazu Form. V. E. 1. Der Widerspruch ist Voraussetzung für die Gewährung vorläufigen Rechtsschutzes nach § 80a Abs. 3 VwGO (OVG Münster NVwZ-RR 1996, 184).

8. S. dazu Form. V. E. 3. Da § 80a Abs. 3 S. 2 auch auf § 80 Abs. 6 VwGO verweist, könnte angenommen werden, dass ein Antrag an das Gericht auf Anordnung der aufschiebenden Wirkung nach § 80 Abs. 5 VwGO nur zulässig ist, wenn zuvor vergeblich ein Aussetzungsantrag bei der Behörde gestellt wurde.

a) Einen solchen Antrag verlangen OVG Lüneburg NVwZ 1993, 592; 1994, 698; OVG Koblenz BauR 1993, 718; NVwZ 1994, 1015 (einschränkend DÖV 1997, 259 Nr. 59 – Leitsatz); OVG Weimar ThürVBl. 1995, 64/65).

b) Dagegen halten die Verweisung auf § 80 Abs. 6 VwGO für ein Redaktionsversehen und ein erfolgloses behördliches Vorverfahren deshalb nicht für erforderlich OVG Bremen BauR 1992, 608; NVwZ 1993, 592/593; VGH Kassel NVwZ 1993, 491/492; OVG Hamburg BauR 1995, 379; VGH Mannheim NVwZ 1995, 292/293; 1995, 1004; OVG Koblenz DVBl. 1996, 930 Nr. 20 – Leitsatz; *Kopp/Schenke* § 80a Rdn. 21; *Kuhla/Hüttenbrink J* Rdn. 152).

c) Teilweise wird auch danach unterschieden, ob der Widerspruch deshalb keine aufschiebende Wirkung hat, weil die Behörde die sofortige Vollziehung angeordnet hatte (dann kein Vorverfahren) oder weil das Gesetz den Ausschluss des Suspensiveffektes vorsieht (dann behördliches Vorverfahren).

d) Wegen der Unklarheit der Rechtssituation sollte vorsorglich in jedem Falle zunächst ein Aussetzungsantrag bei der Behörde gestellt werden.

9. Dem Antragsteller droht keine Schadensersatzverpflichtung, wenn durch den beantragten Beschluss die Bauarbeiten vorläufig unterbunden, der Beschluss jedoch in einem Beschwerdeverfahren oder in einem Verfahren nach § 926 Abs. 2 ZPO aufgehoben wird. § 123 Abs. 3 VwGO mit der Verweisung auf § 945 ZPO gilt nicht für die Fälle der §§ 80 und 80a, § 123 Abs. 5 VwGO. Darüber hinaus würde auch eine Anwendung des § 945 ZPO bei der hier behandelten Fallkonstellation nicht zu einer Ersatzpflicht führen. Denn Schadensersatz kann nur der „Antragsgegner" verlangen. Antragsgegner ist hier die Behörde, die aber idR. durch die vorläufige Nichtausnutzung des begünstigenden Verwaltungsaktes keinen Schaden erleidet. Den Schaden hat der Adressat des Verwaltungsaktes; dieser ist aber als (nur) Beigeladener kein „Antragsgegner" (BGH NJW 1981, 349).

Kosten und Gebühren

In dem Verfahren nach § 80a Abs. 3 und § 80 Abs. 5 VwGO entsteht nach Nr. 2210 KV eine 0,5 Gerichtsgebühr.

Der RA erhält nach den §§ 114 Abs. 6, 40, 31 Abs. 1 Nr. 1 BRAGO eine $^{10}/_{10}$ Prozessgebühr.

Anträge und Rechtsbehelfe des Begünstigten

5. Antrag an die Behörde auf Anordnung der sofortigen Vollziehung (§§ 80a Abs. 1 Nr. 1, 80 Abs. 2 Nr. 4 VwGO – Immissionsschutzrecht)[1]

An das
Staatliche Umweltamt ......[2]

Betrifft: Genehmigung eines Kompostwerkes auf dem Grundstück ...... Az.: ......

Sehr geehrte Damen und Herren!

In dieser Sache habe ich die Vertretung der Fa. ...... übernommen. Meine Vollmacht liegt an.

I. Mit Bescheid vom ...... haben Sie meiner Mandantin die immissionsschutzrechtliche Genehmigung zur Errichtung und zum Betrieb eines Kompostwerkes erteilt. Gegen diese Genehmigung haben die Eheleute ...... unter dem ...... Widerspruch eingelegt. Da dieser Widerspruch nach § 80 Abs. 1 S. 2 mit S. 1 VwGO aufschiebende Wirkung hat,[3] kann meine Mandantin von der Genehmigung bis zum rechtskräftigen Abschluss des Widerspruchsverfahrens keinen Gebrauch machen.

II. Namens meiner Mandantin beantrage ich,[4]
die sofortige Vollziehung der erteilten Genehmigung nach den §§ 80a Abs. 1 Nr. 1, 80 Abs. 2 Nr. 4 VwGO anzuordnen.

Zur Begründung führe ich aus:[5]
Die Anordnung der sofortigen Vollziehung ist im überwiegenden Interesse meiner Mandantin als einem „Beteiligten" iSd. § 80 Abs. 2 Nr. 4 VwGO geboten. Das besondere Interesse meiner Mandantin daran, von der erteilten Genehmigung schon vor Abschluss des Widerspruchsverfahrens Gebrauch machen zu können, ergibt sich bereits daraus, dass der von den Eheleuten ...... eingelegte Widerspruch offensichtlich keinen Erfolg haben wird.[6]
Der von den Eheleuten ...... eingelegte Widerspruch ist offensichtlich aussichtslos, weil die Widerspruchsführer mit ihrer Behauptung, die erteilte immissionsschutzrechtliche Genehmigung sei rechtsfehlerhaft, weil von dem Kompostwerk erhebliche Belästigungen ausgingen, nach § 10 Abs. 3 S. 3 BImSchG ausgeschlossen sind. Denn die Eheleute ...... haben innerhalb der Einwendungsfrist keine Einwendungen gegen die Genehmigung des Kompostwerkes erhoben. Dann können sie sich gegen die erteilte Genehmigung auch nicht mit Rechtsmitteln wenden, da § 10 Abs. 3 S. 3 BImSchG eine materielle Ausschlussfrist enthält (BVerwGE 60, 297 = NJW 1981, 359; OVG Lüneburg NVwZ 1987, 341; *Jarass* § 10 Rdn. 90ff.).[7]
Darüber hinaus ist – ohne dass es darauf entscheidend ankäme – die Genehmigung auch objektiv rechtmäßig ......[8]

Schrifttum: S. Form. V.B. 15.

Anmerkungen

1. Nach § 80a Abs. 1 Nr. 1 VwGO kann, wenn ein Dritter einen Rechtsbehelf (Widerspruch, Klage) gegen den an einen anderen gerichteten, diesen begünstigenden Ver-

waltungsakt einlegt, die Behörde auf Antrag des Begünstigten nach § 80 Abs. 2 Nr. 4 VwGO die sofortige Vollziehung anordnen.

Zu der Frage, ob zunächst bei der Behörde die AO der sofortigen Vollziehung zu beantragen ist oder sogleich beim VG ein solcher Antrag gestellt werden kann, s. Form. V. E. 7 Anm 5.

2. Die sofortige Vollziehung des Verwaltungsaktes kann nach § 80 Abs. 2 Nr. 4 VwGO sowohl von der Ausgangsbehörde als auch von der Widerspruchsbehörde angeordnet werden.

3. In den neuen Bundesländern hat der Widerspruch gegen immissionsschutzrechtliche Genehmigungen nach Nr. 2 des bis zum 31. 12. 2002 geltenden RechtsmittelbeschränkungsG keine aufschiebende Wirkung.

Die aufschiebende Wirkung – sofern sie nicht gesetzlich ausgeschlossen ist – tritt unabhängig davon ein, ob der Widerspruch zulässig und begründet ist. Keine aufschiebende Wirkung haben nur Widersprüche, die offensichtlich unzulässig sind, weil zB. die Widerspruchsfrist eindeutig versäumt wurde oder der Widerspruchsführer unter keinem denkbaren Gesichtspunkt iSd. § 42 Abs. 2 VwGO in seinen Rechten verletzt sein kann (s. zum Meinungsstand *Redeker/von Oertzen* § 80 Rdn. 11).

4. Nach § 80a Abs. 1 Nr. 1 VwGO erfolgt die AO der sofortigen Vollziehung nicht von Amts wegen, sondern nur auf Antrag des Begünstigten (OVG Hamburg NVwZ 2002, 356; VG Frankfurt a. M. NVwZ-RR 2000, 844). Lehnt die Behörde den Antrag ab, so ist dagegen nicht Widerspruch einzulegen oder eine Klage zu erheben, sondern beim VG ein Antrag auf AO der sofortigen Vollziehung zu stellen (s. dazu Form. V. E. 7).

5. Nach § 80 Abs. 3 S. 1 VwGO ist bei einer AO der sofortigen Vollziehung das besondere Interesse an der sofortigen Vollziehung von der Behörde schriftlich zu begründen (s. dazu Form. V. D. 3; VGH München BayVBl. 2000, 692; *Kaltenborn* DVBl. 1999, 828/831). Entspr. Anforderungen sind dann auch an den Antrag auf AO der sofortigen Vollziehung zu stellen.

6. Auf diese Erfolgsaussichten des Widerspruchs und nicht auf die offensichtliche Rechtmäßigkeit oder Rechtswidrigkeit der angegriffenen Genehmigung ist im Verfahren nach den §§ 80a Abs. 1 Nr. 1, 80 Abs. 2 Nr. 4 VwGO wesentlich abzustellen (OVG Münster NWVBl. 1994, 332; OVG Berlin NVwZ-RR 2001, 611).

7. Umstritten ist, ob im Falle des § 80a Abs. 1 Nr. 1 VwGO der Widerspruchsführer vor AO der sofortigen Vollziehung nach § 28 VwVfG zu hören ist. Die Notwendigkeit einer Anhörung bejahen OVG Bremen DÖV 1980, 180/181; *Kopp/Schenke* § 80 Rdn. 82; *Redeker/von Oertzen* § 80 Rdn. 27; *Müller* NVwZ 1988, 702; *Kuhla/Hüttenbrink J* Rdn. 92. Keine Anhörung halten für erforderlich OVG Koblenz NVwZ 1988, 748; OVG Schleswig NVwZ-RR 1993, 587; VGH Mannheim DVBl. 1994, 354 Nr. 17 – Leitsatz; OVG Münster BauR 1995, 69; *Kaltenborn* DVBl. 1999, 828/830.

8. Es empfiehlt sich, den Antrag nicht allein damit zu begründen, dass die verletzte Norm nicht drittschützend sei, sondern daneben auch geltend zu machen, dass die erteilte Genehmigung auch rechtmäßig ist. Denn andernfalls könnte sich die Behörde veranlasst sehen, aus Anlass des Widerspruchs des Dritten und unabhängig von der Zulässigkeit und Begründetheit dieses Widerspruchs die Genehmigung wegen ihrer objektiven Rechtswidrigkeit nach § 48 VwVfG zurückzunehmen.

Kosten und Gebühren

Für den Antrag dürfte der RA in entspr. Anwendung des § 119 Abs. 3 BRAGO neben der Gebühr, die er für die Vertretung des Begünstigten im Genehmigungsverfahren zu beanspruchen hat, keine gesonderte Gebühr erhalten.

6. Antrag an das Verwaltungsgericht auf Anordnung der sofortigen Vollziehung (§§ 80a Abs. 3 S. 1 mit Abs. 1 Nr. 1, 80 Abs. 2 Nr. 4 VwGO – Immissionsschutzrecht)[1]

An das
Verwaltungsgericht ......

In Sachen

der Firma ......

(Antragstellerin)

Verfahrensbevollmächtigter: RA ......

gegen

das Staatliche Umweltamt ......

(Antragsgegner)

beizuladen: die Eheleute ......[2]

beantrage ich namens der Antragstellerin,

die sofortige Vollziehung der der Antragstellerin von dem Antragsgegner erteilten immissionsschutzrechtlichen Genehmigung vom ...... anzuordnen.[3]

Zur Begründung führe ich aus:

I. Der Antragsgegner erteilte der Antragstellerin unter dem ...... die Genehmigung zur Errichtung und zum Betrieb eines Kompostierwerkes. Gegen diese Genehmigung legten die Eheleute ...... Widerspruch ein. Über diesen Widerspruch ist noch nicht entschieden.

Unter dem ...... beantragte die Antragstellerin bei dem Antragsgegner, die sofortige Vollziehung der Genehmigung anzuordnen.[4] Diesen Antrag lehnte der Antragsgegner mit Bescheid vom ...... ab.[5] Die erwähnten Schriftstücke sind in Ablichtung beigefügt.

II. Der Antrag ist begründet, da das Interesse der Antragstellerin, von der ihr erteilten Genehmigung Gebrauch machen zu können, das Interesse der Widerspruchsführer an der Erhaltung der aufschiebenden Wirkung ihres Widerspruchs überwiegt, § 80 Abs. 2 Nr. 4 VwGO. Dabei kommt es nicht in erster Linie darauf an, ob die der Antragstellerin erteilte Genehmigung objektiv rechtmäßig ist, sondern ob der von den Eheleuten ...... eingelegte Widerspruch voraussichtlich Erfolg haben wird (OVG Münster NWVBl. 1994, 332). Dies ist nicht der Fall. Die Widerspruchsführer machen geltend, die der Antragstellerin erteilte Genehmigung sei rechtswidrig, weil durch den Betrieb des Kompostierwerkes erhebliche Geruchtsbelästigungen aufträten. Mit dieser Einwendung sind die Widerspruchsführer jedoch nach § 10 Abs. 3 S. 3 BImSchG ausgeschlossen ......[6]

Anmerkungen

1. Legt ein Dritter einen Rechtsbehelf (hier Widerspruch) gegen den an einen anderen gerichteten, diesen begünstigenden Verwaltungsakt ein und hat dieser Widerspruch aufschiebende Wirkung, so kann das VG auf entspr. Antrag hin die sofortige Vollziehung des Verwaltungsaktes anordnen, § 80a Abs. 3 S. 1 mit Abs. 1 Nr. 1 und § 80 Abs. 2 Nr. 4 VwGO.

2. Zur Beiladung s. Form. V. E. 2 Anm. 3.

3. Nach § 80a Abs. 3 VwGO ist das Gericht zur AO der sofortigen Vollziehung befugt und nicht darauf beschränkt, lediglich die Verpflichtung des Antragsgegners zur AO der sofortigen Vollziehung auszusprechen.

4. S. dazu Form. V. E. 6.

5. Es ist umstritten, ob der Antrag auf AO der sofortigen Vollziehung bei Gericht erst gestellt werden kann, wenn die Behörde zuvor einen solchen Antrag abgelehnt hat. Die Notwendigkeit eines behördlichen Vorverfahrens bejahen VGH München DÖV 1982, 162; BayVBl. 1991, 723; OVG Lüneburg NVwZ 1993, 592; OVG Koblenz BauR 1993, 718; VGH Kassel DÖV 1995, 519; *Schoch* in Schoch/Schmidt-Aßmann/Pietzner § 80a Rdn. 78. Den Antrag an die Behörde nicht für erforderlich halten VGH Kassel NVwZ 1993, 491/492; VGH Mannheim NVwZ 1995, 1004; *Kopp* § 80a Rdn. 21. Da die Rechtslage also ungeklärt ist, sollte vorsorglich zunächst bei der Behörde die AO der sofortigen Vollziehung beantragt werden.

6. S. dazu Form. V. E. 6.

Kosten und Gebühren

Im Verfahren nach § 80a Abs. 3 VwGO entsteht nach Nr. 2210 KV eine 0,5 Gerichtsgebühr.

Für den RA dürfte in entspr. Anwendung der §§ 114 Abs. 6, 40, 31 Abs. 1 Nr. 1 BRAGO eine $^{10}/_{10}$ Prozessgebühr entstehen.

7. Antrag auf Abänderung einer Stilllegungsverfügung (§ 80 Abs. 7 VwGO – Baurecht)[1]

An das
Verwaltungsgericht ......[2]
Az.: ......

In der Verwaltungsstreitsache

der Firma ......

(Beigeladene des Ausgangsverfahrens und Antragstellerin)[3]

Verfahrensbevollmächtigter: Rechtsanwalt ......

gegen

die Eheleute ......

(Antragsteller des Ausgangsverfahrens und Antragsgegner)

Beteiligter: Bürgermeister der Stadt ......

wegen: Baunachbarstreit

beantrage ich namens der Antragstellerin,

1. **den Beschluss der Kammer vom ...... abzuändern und den Antrag der Antragsgegner auf Anordnung der aufschiebenden Wirkung ihres Widerspruchs gegen die Baugenehmigung des Beteiligten vom ...... sowie auf Stilllegung der Baustelle abzulehnen,[4]**
2. **dem Beteiligten aufzugeben, die Bauarbeiten zur Errichtung eines Wohnhauses auf dem Grundstück der Antragstellerin ...... freizugeben und das angebrachte Siegel zu entfernen,**

3. die Kosten des Abänderungsverfahrens den Antragsgegnern aufzuerlegen.[5]

Zur Begründung führe ich aus:
Das Verwaltungsgericht hat mit Beschluss vom ...... die aufschiebende Wirkung des Widerspruchs der Antragsgegner vom ...... gegen die der Antragstellerin erteilte Baugenehmigung vom ...... angeordnet und den Beteiligten zur Stilllegung der Baustelle verpflichtet, da das genehmigte Vorhaben gegen die die Antragsgegner als Nachbarn schützende Abstandvorschrift des § 6 BauO NRW verstoße. Dieser Verstoß ist inzwischen durch die von dem Beteiligten der Antragstellerin erteilte, in Kopie beigefügte geänderte Baugenehmigung beseitigt worden. Die Dachaufbauten sind nunmehr als Dachgauben iSd. § 6 Abs. 4 Nr. 2 BauO NRW zu bewerten und fließen nicht in die Berechnung der Wandhöhe ein. Die zum Gegenstand der Baugenehmigung gemachte Abstandflächenberechnung ist daher korrekt.
Sollte die Kammer der Auffassung sein, dass es zur Fortsetzung der Bauarbeiten nach Erteilung der geänderten Baugenehmigung keines Abänderungsantrags nach § 80 Abs. 7 VwGO bedarf, wird um einen entspr. Hinweis gebeten.[6]

Anmerkungen

1. Zu dem Antrag nach § 80 Abs. 7 VwGO allg. s. Form. V. D. 6.

2. Zuständig für eine Abänderungsentscheidung nach § 80 Abs. 7 VwGO ist das Gericht der Hauptsache, also das Gericht, bei dem die Klage anhängig ist oder anhängig zu machen wäre. Das ist also nicht notwendig das Gericht, das den aufzuhebenden oder abzuändernden Beschluss erlassen hat (VGH Kassel NJW 1997, 211). Ist zB. die Klage beim VG anhängig und hat das OVG als Beschwerdegericht den Beschluss nach § 80 Abs. 5 VwGO erlassen, so ist für die Abänderung des Beschlusses nach § 80 Abs. 7 VwGO das VG zuständig (OVG Koblenz DVBl. 1991, 1324).

3. Zur Bezeichnung der Beteiligten s. Form. V. D. 6 Anm. 2.

4. Zu diesem Antrag s. Form. V. D. 6 Anm. 3.

5. Zu diesem Antrag s. Form. V. D. 6 Anm. 4.

6. Es ist umstritten, ob es nach Erteilung einer neuen oder geänderten Baugenehmigung, mit der die in dem Ursprungsbeschluss des Gerichts festgestellten Verstöße beseitigt wurden, einer Abänderungsentscheidung nach § 80 Abs. 7 VwGO bedarf oder ob von der Genehmigung ohne eine solche Entscheidung Gebrauch gemacht werden kann. Überwiegend wird die Notwendigkeit einer Entscheidung nach § 80 Abs. 7 VwGO angenommen (OVG Münster 4. 11. 1999 – 7 B 1339/99 –; OVG Schleswig 16. 3. 1993 – 1 M 8/93 –; OVG Saarlouis 23. 8. 1995 – 2 W 33/95 – Juris; OVG Bautzen NVwZ-RR 2000, 582; aA. OVG Münster (11. Senat) NVwZ-RR 1997, 447; (10. Senat) NVwZ-RR 2001, 297).

Kosten und Gebühren

Nr. 2210 KV sieht für das Verfahren nach § 80 Abs. 7 VwGO keine Gerichtsgebühr vor.

Der RA erhält für die Vertretung im Verfahren nach § 80 Abs. 7 VwGO keine weitere Gebühr, §§ 114 Abs. 6, 40 Abs. 2 BRAGO, da dieses Verfahren zusammen mit dem Verfahren nach § 80 Abs. 5 VwGO eine Einheit bildet (VGH München BayVBl. 1984, 414; OVG Koblenz NVwZ 1985, 354; VGH Mannheim DVBl. 1990, 721 Nr. 18 – Leitsatz).

8. Klage gegen einen die Genehmigung aufhebenden Widerspruchsbescheid (§§ 68 Abs. 1 S. 2 Nr. 2, 78 Abs. 2 VwGO)[1]

An das
Verwaltungsgericht

Klage[2]

des ...... (Klägers)
Prozessbevollmächtigte: RAe ......

gegen

die Bezirksregierung ......[3] (Beklagten)
beizuladen: Die Eheleute ......[4]

wegen: Anfechtung einer Ausnahmegenehmigung nach der BaumschutzVO
Streitwert: DM ......[5]

Namens des Klägers erheben wir Klage mit dem Antrag,
den Widerspruchsbescheid des Beklagten vom ...... aufzuheben.[6]

Zur Begründung führen wir aus:

I. Der Kläger ist Eigentümer des in der Stadt X gelegenen Grundstücks Y-Straße Nr. 3. Eigentümer des Nachbargrundstücks Y-Straße Nr. 5 sind die beizuladenden Eheleute ......

Das Grundstück des Klägers ist mit einem Einfamilienwohnhaus bebaut. Der Kläger beabsichtigt, an der bisherigen Hinterfront des Gebäudes in einem Abstand von 12 m zu dem Grundstück der Eheleute ...... einen sechs Meter tiefen Anbau mit einer sich daran anschließenden drei Meter tiefen Terrasse zu errichten. Zu diesem Zwecke müssen vier Bäume gefällt werden. Die Stadt X erteilte hierzu die nach § 3 Abs. 1 b BaumschutzVO der Stadt X erforderliche Ausnahmeerlaubnis. Gegen diese Erlaubnis legten die Eheleute ...... Widerspruch ein. Diesem Widerspruch gab der Beklagte mit dem in einer Ablichtung beigefügten Widerspruchsbescheid vom ...... statt, weil die Voraussetzungen für die Erteilung der Ausnahmeerlaubnis nicht gegeben seien.

II. Der angefochtene Widerspruchsbescheid beschwert den Kläger erstmalig und kann von diesem deshalb nach den §§ 79 Abs. 1 Nr. 2, 68 Abs. 1 S. 2 Nr. 2, 78 Abs. 2 VwGO unmittelbar mit der Klage angefochten werden.

III. Entgegen der Ansicht des Beklagten ist die Ausnahmeerlaubnis rechtmäßig, weil das Verbot der Beseitigung der Bäume zu einer offenbar nicht beabsichtigten Härte führen würde und die Ausnahmeerlaubnis mit den öffentlichen Belangen iSd. BaumschutzVO vereinbar ist, § 3 Abs. 1 b BaumschutzVO.

Dies braucht jedoch nicht vertieft dargestellt zu werden, weil der Beklagte dem Widerspruch der Eheleute ...... schon deshalb nicht stattgeben durfte, weil die Ausnahmeerlaubnis die Eheleute ...... nicht in eigenen Rechten verletzen konnte. Denn die auf der Grundlage von § ...... des ...... Naturschutzgesetzes erlassene BaumschutzVO dient als natur- und landschaftsschutzrechtliche Bestimmung ausschließlich öffentlichen Zwecken (VGH München BRS 36 Nr. 223; VGH Mannheim UPR 1991, 395; 1996, 238; OVG Lüneburg NJW 1996, 3225). War aber der Widerspruch der Eheleute ...... unzulässig, so durfte der Beklagte die erteilte Ausnahmeerlaubnis selbst dann nicht aufheben, wenn sie objektivrechtlich rechtswidrig war (BVerwG BauR 1980, 451; DÖV 1984, 173).

Rechtsanwalt

Anmerkungen

1. Zur „isolierten" Klage gegen einen Widerspruchsbescheid s. Form. V. B. 2.

2. Zum Inhalt der Klage im Allg. s. Form. V.B. 1.

3. Die Klage ist nach § 78 Abs. 2 VwGO gegen die Widerspruchsbehörde bzw. die Körperschaft, zu der die Widerspruchsbehörde gehört, zu richten.

4. Der Widerspruchsführer ist nach § 65 Abs. 2 VwGO notwendig beizuladen. Nicht beizuladen ist die Ausgangsbehörde, deren Verwaltungsakt aufgehoben wurde.

5. Der Streitwert richtet sich nach dem Rechtsschutzbegehren des Klägers, § 13 Abs. 1 S. 1 GKG, also im Falle der Aufhebung eines drittbelastenden Verwaltungsaktes durch die Widerspruchsbehörde nicht nach dem Maß der Beeinträchtigung des Widerspruchsführers (s. dazu Form. V.E. 2 Anm. 4), sondern nach dem Interesse des begünstigten Adressaten an der Erhaltung des Verwaltungsaktes.

6. Angriffsziel der Klage ist nach § 79 Abs. 1 Nr. 2 VwGO nur der Widerspruchsbescheid, nicht der den Kläger begünstigende Ausgangsbescheid. Dieser wird deshalb in dem Klageantrag nicht erwähnt.

F. Anträge im Vollstreckungsverfahren

1. Antrag auf Vollstreckung[1] zugunsten der öffentlichen Hand (§ 169 VwGO)[2]

An den
Herrn Vorsitzenden[3] der ...... Kammer des Verwaltungsgerichts ......

In der Vollstreckungssache

der Gemeinde ......
Verfahrensbevollmächtigte: RAe ......[4] (Gläubigerin)

gegen

den ...... (Schuldner)

beantragen wir,
die Vollstreckung aus dem Kostenfestsetzungsbeschluss[5] des Urkundsbeamten der Geschäftsstelle der Kammer vom ...... (Az.: ......) zu verfügen[6] und die Gläubigerin als Vollstreckungsbehörde zu beauftragen, wegen eines Betrages von 330,– EUR und der nachfolgend berechneten Kosten des Vollstreckungsverfahrens die Vollstreckung in das bewegliche Vermögen des Schuldners zu betreiben.[7]

Durch den oa. Kostenfestsetzungsbeschluss sind die von dem Schuldner an die Gläubigerin zu erstattenden Kosten des Verfahrens ...... auf 330,– EUR festgesetzt worden. Der festgesetzte Betrag ist von dem Schuldner trotz Mahnung und Fristsetzung nicht gezahlt worden. Damit ist die Vollstreckung geboten. Sie wird hiermit nach § 3 Abs. 1 VwVG angeordnet.[8]
Die nach § 167 Abs. 1 S. 1 VwGO, § 788 Abs. 1 ZPO ohne besondere Titulierung mit beizutreibenden Kosten der Vollstreckung (VGH München NVwZ 1985, 342) betragen:
Streitwert: 330,– EUR

$^3/_{10}$ Vollstreckungsgebühr gem. § 57 BRAGO	19,50 EUR
Auslagen gem. § 26 BRAGO (pauschal)	2,03 EUR
	15,53 EUR
16% Umsatzsteuer gem. § 25 Abs. 2 BRAGO	2,48 EUR
	18,01 EUR

Die Gläubigerin ist zum Vorsteuerabzug nicht berechtigt.

Rechtsanwalt

Anmerkungen

1. Die Vollstreckung aus verwaltungsgerichtlichen Urteilen sowie aus den anderen in § 168 VwGO aufgeführten Vollstreckungstiteln ist in den §§ 167 bis 172 VwGO geregelt. Sie ist nicht zu verwechseln mit der Vollstreckung von Verwaltungstiteln, etwa Verwaltungsakten oder öffentlich-rechtlichen Verträgen (vgl. dazu VG Braunschweig NVwZ-RR 2001, 626), § 61 VwVfG. Wird also eine Klage gegen einen belastenden

Verwaltungsakt rechtskräftig abgewiesen, so ist Vollstreckungstitel der bestandskräftige Verwaltungsakt, nicht das klageabweisende Urteil. Der Verwaltungsakt wird nach den Vorschriften des VwVG des Bundes oder des jeweiligen Landes vollstreckt (VGH Mannheim NVwZ-RR 1997, 765; VGH München BayVBl. 2001, 474). Für die Vollstreckung des im Beispielsfalle ergangenen Kostenfestsetzungsbeschlusses gelten dagegen die §§ 167 ff. VwGO, ggf. iVm. dem VwVG (VG Bremen NJW 1998, 2378).

Nach § 167 Abs. 1 S. 1 VwGO gilt, sofern sich aus der VwGO nichts anderes ergibt, für die Vollstreckung das achte Buch der ZPO entspr. Vollstreckungsgericht ist das Gericht des ersten Rechtszuges, § 167 Abs. 1 S. 2 VwGO.

2. Die Vollstreckung zugunsten der öffentlichen Hand aus Vollstreckungstiteln nach § 168 VwGO richtet sich in Abweichung von § 167 VwGO nicht nach den Vorschriften der ZPO, sondern nach dem VwVG des Bundes, § 169 Abs. 1 S. 1 VwGO (VGH Mannheim NVwZ-RR 1997, 765). Da hier wegen einer Geldforderung vollstreckt werden soll, finden die §§ 1 ff. VwVG Anwendung. Für die Zwangsvollstreckung zur Erzwingung von Handlungen, Duldungen oder Unterlassungen gelten die §§ 6 ff. VwVG.

3. Vollstreckungsbehörde iSd. VwVG ist der Vorsitzende des Gerichts des ersten Rechtszuges, § 169 Abs. 1 S. 2, erster Halbs. VwGO (VG Bremen NVwZ-RR 1998, 789; VG Dessau NVwZ-RR 2002, 238). Seine Zuständigkeit kann nicht auf den Einzelrichter übertragen werden (OVG Münster NVwZ-RR 1994, 619; OVG Weimar NVwZ-RR 1995, 480). Er kann für die Ausführung der Vollstreckung eine andere Vollstreckungsbehörde, hier etwa die Gemeinde, die Gläubigerin selbst, oder einen Gerichtsvollzieher in Anspruch nehmen, § 169 Abs. 1 S. 2, 2. Halbs. VwGO.

4. Die Prozessvollmacht für das Verwaltungsstreitverfahren erstreckt sich auch auf das Vollstreckungsverfahren, § 173 VwGO, § 81 ZPO (VGH München NVwZ 1985, 352).

5. Der Kostenfestsetzungsbeschluss gehört nach § 168 Abs. 1 Nr. 4 VwGO zu denjenigen Vollstreckungstiteln, aus denen nach den §§ 167 ff. VwGO, also in einem relativ komplizierten Verfahren, vollstreckt wird. Dabei ist zwischen folgenden Konstellationen einer Vollstreckung aus einem Kostenfestsetzungsbeschluss zu unterscheiden:

- Vollstreckung eines öffentlichen Rechtsträgers gegen einen Privaten nach § 169 VwGO (VG Bremen NJW 1998, 2378),
- Vollstreckung eines Privaten oder eines öffentlichen Rechtsträgers gegen einen öffentlichen Rechtsträger nach § 170 VwGO,
- Vollstreckung eines Privaten gegen einen Privaten (zB. eines Beigeladenen gegen den Kläger oder umgekehrt) nach § 167 Abs. 1 S. 1 VwGO, §§ 704 ff. ZPO.

6. Ob es in entspr. Anwendung des § 170 Abs. 1 S. 1 VwGO einer solchen „Vollstreckungsverfügung“ bedarf, ist zweifelhaft (vgl. VGH München DÖV 1987, 744; OVG Weimar NVwZ-RR 1995, 480). Sie sollte aber vorsorglich beantragt werden.

7. Die Vollstreckungsgläubigerin muss zur ausreichenden Bestimmtheit ihres Vollstreckungsantrages angeben, in welche Vollstreckungsobjekte (bewegliche Sachen, Forderungen, Grundstücke) vollstreckt werden soll (VGH Mannheim NVwZ 1993, 73).
Der Vorsitzende kann die Durchführung einzelner Vollstreckungshandlungen einer Vollstreckungsbehörde oder einem Gerichtsvollzieher übertragen, § 169 Abs. 1 S. 2, 2. Halbs. VwGO.

Werden Landesbehörden, zu denen auch die Kommunalbehörden gehören (OVG Lüneburg NVwZ-RR 1991, 387/388), in Anspruch genommen, richtet sich ihre Tätigkeit nach Landesvollstreckungsrecht, § 169 Abs. 2 VwGO.

8. Ob es bei einer Vollstreckung aus einem gerichtlichen Titel noch einer abstrakten Vollstreckungs-AO nach § 3 VwVG bedarf, ist umstritten (bejahend VGH München, NVwZ 1984, 736; OVG Münster NVwZ 1984, 111; verneinend VGH München NVwZ 1985, 352; *Renck-Laufke* BayVBl. 1991, 44/45). Zuständig für den Erlass einer solchen AO ist jedenfalls nicht der Vorsitzende des Gerichtes, sondern die Behörde, die den zu

vollstreckenden Anspruch geltend macht (OVG Münster NVwZ 1984, 111; VGH München NVwZ 1985, 352; OVG Koblenz NJW 1986, 1191; VGH Mannheim NVwZ 1993, 73). Die Vollstreckungs-AO der Behörde kann, falls sie erforderlich ist, jedenfalls in dem Antrag an das Gericht auf Zulassung der Vollstreckung gesehen werden (OVG Koblenz aaO.; VGH Mannheim NVwZ 1993, 73; OVG Weimar NVwZ-RR 1995, 480).

Eine Vollstreckungsklausel ist bei einer Vollstreckung zugunsten der öffentlichen Hand nicht erforderlich, §§ 171, 169 VwGO. Voraussetzung der Vollstreckung ist lediglich die von Amts wegen erfolgende (§ 56 Abs. 2 VwGO) Zustellung des Kostenfestsetzungsbeschlusses an den Schuldner, § 167 Abs. 1 S. 1 VwGO, §§ 795, 794 Nr. 2, 750 ZPO.

Kosten und Gebühren

Die Kosten der Vollstreckung trägt der Schuldner. Für die Erhebung der Kosten verweist § 19 VwVG auf die Vorschriften der AO.

Nach Nr. 2400 KV fällt im Verfahren über Anträge auf gerichtliche Handlungen der Zwangsvollstreckung gem. §§ 169, 170 VwGO eine Gebühr in Höhe von 10,– EUR an.

Für den Antrag auf Erlass einer Vollstreckungs-AO erhält der RA eine $^{3}/_{10}$ Gebühr, §§ 114 Abs. 1, 57 Abs. 1 BRAGO.

2. Antrag auf Vollstreckung gegen die öffentliche Hand wegen einer Geldforderung (§ 170 VwGO)[1]

An das
Verwaltungsgericht ...... Kammer[2]

In der Vollstreckungssache

des Herrn ...... **(Gläubigers)**

Verfahrensbevollmächtigte: RAe ......

gegen

die Stadt ...... **(Schuldnerin)**

beantragen wir,
die Vollstreckung aus dem Urteil der Kammer vom ...... (Az.: ......) gegen die Schuldnerin zu verfügen[3]**.**

Durch das vorstehend aufgeführte vorläufig vollstreckbare[4] **Urteil ist die Schuldnerin verurteilt worden, an den Gläubiger 5.000,– EUR zu zahlen. Das Urteil wurde der Schuldnerin am ...... zugestellt**[5]**. Der Urteilsbetrag ist trotz Mahnung und Fristsetzung nicht gezahlt worden. Aus diesem Grunde ist die Vollstreckung aus dem Urteil nach den §§ 168 Abs. 1 Nr. 1, 170 VwGO durchzuführen. Die nach dem Urteil zu erbringende Sicherheit in Höhe von 6.000,– EUR ist durch eine Bankbürgschaft geleistet worden.**[6]

Rechtsanwalt

Anmerkungen

1. Zur Vollstreckung im Allg. s. Form. V. F. 1.

§ 170 VwGO regelt die Vollstreckung gegen die öffentliche Hand aus Titeln gem. § 168 VwGO wegen einer Geldforderung. In Betracht kommen vor allem Urteile auf

Grund von allg. Leistungsklagen, einstw. AOen nach § 123 VwGO, die Geldleistungen anordnen (s. dazu Form. V. D. 7 und 8) und Kostenfestsetzungsbeschlüsse (s. dazu Form. V. F. 1). Für Verpflichtungsurteile gilt die Sondervorschrift des § 172 VwGO (s. dazu Form. V. F. 3).

§ 170 Abs. 1 bis 3 VwGO gilt entspr., wenn sich ein öffentlicher Rechtsträger in einem öffentlich-rechtlichen Vertrag gem. § 61 VwVfG wegen einer Geldforderung der sofortigen Vollstreckung unterworfen hat, § 61 Abs. 2 S. 2 VwVfG.

2. Zuständig ist, anders als bei § 169 VwGO, nicht der Vorsitzende, sondern das Gericht des ersten Rechtszuges als Spruchkörper.

3. Der Antrag ist in dieser Form ausreichend, da das Gericht Art und Weise der Vollstreckung nach seinem Ermessen bestimmt, § 170 Abs. 1 S. 2 VwGO (*Kopp/Schenke* § 170 Rdn. 3).

4. Zur vorläufigen Vollsteckbarkeit eines Leistungsurteils s. Form. V. B. 9 Anm. 3.

5. Einer Vollstreckungsklausel bedarf es nicht, § 171 VwGO. Voraussetzung der Vollstreckung ist lediglich die von Amts wegen erfolgende (§ 116 Abs. 1 S. 2 VwGO) Zustellung einer einfachen Ausfertigung des Urteils an den Schuldner, § 167 Abs. 1 S. 1 VwGO, § 750 ZPO.

6. § 167 Abs. 1 VwGO, §§ 108, 751 Abs. 2 ZPO.

3. Antrag auf Vollstreckung gegen eine Behörde aus einem Verpflichtungsurteil (§ 172 VwGO)[1]

An das
Verwaltungsgericht ...... Kammer[2]

In der Vollstreckungssache

des ...... (Gläubigers)
Verfahrensbevollmächtigte: Rechtsanwälte ......

gegen

den Landrat des Kreises ...... (Schuldner)

beantragen wir namens des Gläubigers,
dem Schuldner zur Erteilung einer Bebauungsgenehmigung gem. dem Urteil des OVG[3] ...... vom ...... (Az.: ......) eine Frist von zwei Wochen zu setzen und für den Fall, dass die Genehmigung innerhalb der Frist nicht erteilt wird, die Festsetzung eines Zwangsgeldes[4] in Höhe von 1.000,– EUR anzudrohen.

Durch das oa. rechtskräftige[5] Urteil ist der Schuldner verpflichtet worden, dem Gläubiger im Wege eines Vorbescheides die Genehmigung zur Bebauung des Grundstücks ...... mit einem zweigeschossigen Wohnhaus zu erteilen. Der Schuldner hat, obwohl seit Rechtskraft des Urteils mehr als ein Monat verstrichen ist und er von dem Gläubiger unter Fristsetzung gemahnt wurde, die Bebauungsgenehmigung nicht erteilt.[6] Aus diesem Grunde ist die Einleitung des Vollstreckungsverfahrens nach den §§ 168 Abs. 1 Nr. 1, 172 VwGO erforderlich. Eine Ausfertigung des Urteils mit Vollstreckungsklausel[7] ist dem Schuldner am ...... zugestellt worden.[8]

Rechtsanwalt

Anmerkungen

1. Zur Vollstreckung im Allg. s. Form. V. F. 1.

§ 172 VwGO regelt die Vollstreckung gegen die öffentliche Hand aus Urteilen oder AOen nach § 123 VwGO, die nicht unmittelbar auf Geldleistungen (in diesem Falle gilt § 170 VwGO), sondern auf den Erlass eines Verwaltungsaktes oder auf eine Folgenbeseitigung gerichtet sind (zur Vollstreckung von Bescheidungsurteilen vgl. VGH Kassel NVwZ-RR 1999, 805; VGH München NVwZ-Rr 1999, 410). Die Vorschrift stellt nach hM. keine abschließende Regelung der Vollstreckung gegen eine Behörde außerhalb der von § 170 VwGO erfassten Geldvollstreckung dar (BVerfG NVwZ 1999, 1330; OVG Berlin NVwZ-RR 1999, 411; 2001, 99; VGH München NVwZ 2001, 822; aA VGH Kassel NVwZ-RR 2000, 730). Die Vollstreckung aus einem allg. Leistungsurteil erfolgt daher nach § 167 VwGO iVm. den Vorschriften des Achten Buches der ZPO mit den weiteren dort vorgesehenen Zwangsmitteln. Auf gerichtliche AOen nach § 80a Abs. 1 Nr. 2, Abs. 3 VwGO ist § 172 entspr. anzuwenden (VGH Kassel NVwZ-RR 1999, 158; str.).

2. Zuständig ist, anders als im Falle der Vollstreckung nach § 169 VwGO zugunsten der öffentlichen Hand, nicht der Vorsitzende, sondern das Gericht des ersten Rechtszuges als Spruchkörper. Das kann auch das OVG (§ 48 VwGO) oder das BVerwG (§§ 49, 50 VwGO) als erstinstanzliches Gericht sein.

3. Das erstinstanzliche Gericht ist auch dann zuständig, wenn das zu vollstreckende Urteil, wie hier, von einer höheren Instanz erlassen wurde.

4. Die Möglichkeit der Androhung von Zwangshaft sieht das Gesetz nicht vor (VGH Mannheim NVwZ-RR 1995, 619).

5. Ein Verpflichtungsurteil kann nach § 167 Abs. 2 VwGO nur wegen der Kosten für vorläufig vollstreckbar erklärt werden. Eine Vollstreckung wegen der Hauptsache ist erst nach der Rechtskraft der Entscheidung möglich, § 168 Abs. 1 Nr. 1 VwGO.

§ 894 ZPO ist im Verwaltungsprozess bei der Verurteilung zum Erlass eines Verwaltungsaktes nicht anwendbar. Aus diesem Grunde gilt die Bebauungsgenehmigung, zu der die Behörde hier verurteilt wurde, nicht mit Rechtskraft als erteilt, vielmehr muss die Behörde zu ihrer Erteilung im Weigerungsfalle mit den Mitteln der Vollstreckung nach § 172 VwGO gezwungen werden.

6. Dieser Hinweis ist erforderlich, weil die Androhung des Zwangsgeldes erst zulässig ist, wenn seit Rechtskraft des Urteils eine angemessene Frist verstrichen ist, innerhalb deren es der Behörde billigerweise zugemutet werden konnte, ihre Verpflichtung aus dem Urteil zu erfüllen (BVerwG NJW 1969, 476; VGH Mannheim NVwZ-RR 1993, 447; VG Weimar VIZ 2002, 105).

7. Eine Vollstreckungsklausel ist nach § 167 Abs. 1 S. 1, §§ 724, 725, 795 ZPO erforderlich; die Ausnahmevorschrift des § 171 VwGO gilt in den Fällen des § 172 VwGO nicht (VGH Mannheim NVwZ-RR 1995, 619; str.). Einstw. AOen bedürfen der Vollstreckungsklausel nur, wenn die Vollstreckung für oder gegen andere als die in dem Titel Genannten erfolgen soll, § 123 Abs. 3 VwGO mit § 929 Abs. 1 ZPO. Ihre Vollstreckung hat die Vollstreckungsfrist des § 929 Abs. 3 ZPO zu wahren (s. dazu *Pietzner* in Schoch/Schmidt-Aßmann/Pietzner § 172 Rdn. 36 ff.).

8. Weitere Voraussetzungen der Vollstreckung ist die Zustellung einer einfachen Ausfertigung des Urteils an den Schuldner, § 167 Abs. 1 S. 1 VwGO, § 750 ZPO. Diese Zustellung erfolgt von Amts wegen, § 116 Abs. 1 S. 2 VwGO.

4. Antrag auf Vollstreckung aus einem verwaltungsgerichtlichen Vergleich (§ 168 Abs. 1 Nr. 3 VwGO)[1]

An das
Verwaltungsgericht
...... Kammer[2]

In der Vollstreckungssache

der Eheleute

(Gläubiger)

Verfahrensbevollmächtigte: RAe ......

gegen

Herrn ......

(Schuldner)

beantragen wir namens der Gläubiger,

1. die Gläubiger zu ermächtigen, auf Kosten des Schuldners das an der Grenze zum Grundstück der Gläubiger auf dem Grundstück des Schuldners Gemarkung ...... Flur ...... Flurstück ...... stehende Gartenhaus abreißen und den anfallenden Bauschutt zu einer geeigneten Deponie abfahren zu lassen,[3]
2. den Schuldner zu einer Vorauszahlung in Höhe von ...... EUR auf die voraussichtlich entstehenden Kosten zu verpflichten.

Zur Begründung führen wir aus:

In dem vor der erkennenden Kammer unter dem Az. ...... geführten Verfahren der Gläubiger (als damaliger Kläger) gegen den Bürgermeister der Stadt ...... (als damaligen Beklagten) hat sich der Schuldner (als damaliger Beigeladener) verpflichtet, das streitbefangene an der Nachbargrenze errichtete Gartenhaus bis zum ...... abzureißen. Dieser Verpflichtung ist der Schuldner trotz Mahnung und weiterer Fristsetzung nicht nachgekommen. Der gestellte Vollstreckungsantrag ist deshalb nach § 167 Abs. 1 VwGO, § 887 ZPO geboten. Eine mit Vollstreckungsklausel versehene Ausfertigung des Vergleiches ist dem Schuldner am ...... zugestellt worden.[4]
Ausweislich des beigefügten Kostenvoranschlages der Firma ...... werden der Abbruch des Gartenhauses und die Entsorgung des anfallenden Bauschuttes voraussichtlich ...... EUR kosten. Darauf hat der Schuldner nach § 887 Abs. 2 ZPO eine Vorauszahlung in Höhe von ...... EUR zu leisten.

Rechtsanwalt

Anmerkungen

1. Zur Vollstreckung im Allg. s. Form. V. F. 1. – Nach § 168 Abs. 1 Nr. 3 VwGO ist eine Vollstreckung auch aus einem gerichtlichen Vergleich möglich. In Betracht kommen sowohl der protokollierte Vergleich als auch der Vergleich, der nach § 106 S. 2 VwGO durch Annahme des vom Gericht durch Beschluss gemachten Vorschlages zustande gekommen ist. Hier hat sich in einem gerichtlichen Vergleich der Beigeladene gegenüber dem Kläger zu einer Leistung verpflichtet. Vollstreckungsgläubiger und -schuldner sind jeweils Privatpersonen, so dass hier die §§ 169, 170 und 172 nicht gelten (offen gelassen von OVG Münster NVwZ-RR 1994, 619). Die Vollstreckung findet deshalb nach § 167 Abs. 1 VwGO iVm. den §§ 704 ff. ZPO statt (BVerwG NJW 1992, 191/192; VGH München NVwZ 1982, 563; 1987, 308; *Kopp/Schenke* § 172 Rdn. 2).

Das Vollstreckungsverfahren richtet sich grundsätzlich nach der Herkunft des Titels und nicht nach dem materiell-rechtlichen Charakter der titulierten Forderung.

2. Zuständig ist nach § 887 ZPO das VG als Prozessgericht.

3. Die Gestaltung des Vollstreckungsverfahrens hängt davon ab, wer Vollstreckungsgläubiger bzw. -schuldner ist und auf welche Leistung sich die Vollstreckung richtet. Außer der hier vorliegenden Vollstreckung aus einem Vergleich zwischen Privatpersonen sind folgende Konstellationen denkbar:

a) *Vollstreckung zugunsten der öffentlichen Hand.* Zugunsten der öffentlichen Hand wird aus einem Vergleich nach § 169 VwGO nach dem VwVG vollstreckt. Vollstreckungsbehörde ist der Vorsitzende des Gerichts des ersten Rechtszuges auch, wenn der Vergleich vor einem Einzelrichter geschlossen wurde (OVG Münster NVwZ-RR 1994, 619; OVG Weimar NVwZ-RR 1995, 480; aA VG Darmstadt NVwZ-RR 200, 734).

b) *Vollstreckung gegen die öffentliche Hand.* Soll aus einem Vergleich gegen die öffentliche Hand vollstreckt werden, so ist zu unterscheiden:

aa) die Vollstreckung wegen einer Geldforderung richtet sich nach § 170 VwGO und wird durch das Gericht des ersten Rechtszuges veranlasst.

bb) Hat sich die Behörde in einem gerichtlichen Vergleich zu einer Leistung verpflichtet, die keine Geldleistung ist, so ist umstritten, auf welcher rechtlichen Grundlage eine Vollstreckung gegen sie möglich ist. Nach einer Ansicht ist in diesem Falle § 172 VwGO entspr. anwendbar, so dass gegen die Behörde nur ein Zwangsgeld in Höhe bis zu 10.000,– EUR festgesetzt werden kann (OVG Münster DÖV 1997, 794; NVwZ 1998, 534; *Pietzner* in Schoch/Schmidt-Aßmann/Pietzner § 172 Rdn. 21; *Kopp/Schenke* § 172 Rdn. 2; *Redeker/von Oertzen* § 172 Rdn. 3). Nach aA. richtet sich die Vollstreckung in diesen Fällen nicht nach § 172 VwGO, sondern nach den §§ 167, 168 Abs. 1 Nr. 3 VwGO mit § 888 ZPO, so dass das Zwangsgeld nicht auf 10.000,– EUR begrenzt ist und auch Zwangsgeld angedroht und angeordnet werden kann (OVG Lüneburg NJW 1980, 414; OVG Münster NVwZ 1992, 987; *Budach/Johlen* JuS 2002, 371/375; offen gelassen von VGH Mannheim NJW 1998, 3291).

cc) Kommt die Behörde der vergleichsweise übernommenen Verpflichtung zu einem sonstigen Verwaltungshandeln, das nicht in einer Geldzahlung oder in dem Erlass eines Verwaltungsaktes besteht, nicht nach, so ist § 172 VwGO ebenfalls nicht anwendbar. Die Vollstreckung richtet sich wiederum nach den §§ 167, 168 Abs. 1 Nr. 3 VwGO, und zwar bei einer vertretbaren Handlung iVm. § 887 ZPO.

4. Nach § 167 VwGO mit den §§ 795 S. 1, 794, 724, 725 ZPO setzt die Zwangsvollstreckung die Erteilung einer mit einer Vollstreckungsklausel versehenen Ausfertigung des Titels, hier des Vergleichs, voraus. Die Ausnahmevorschrift des § 171 VwGO greift nicht ein. Ferner muss der Titel bereits zugestellt sein oder gleichzeitig zugestellt werden, § 750 ZPO (VGH Mannheim NVwZ-RR 1990, 447).

5. Vollstreckungsabwehrklage und Antrag auf einstweilige Einstellung (Baurecht)

An das Verwaltungsgericht[1]

Klage

des Bürgermeisters der Stadt ...... (Klägers)[2]
Prozessbevollmächtigter: RA ......

gegen

die Eheleute ...... **(Beklagte)**
Prozessbevollmächtigter: RA ......[3]

wegen: Unzulässigkeit der Vollstreckung
Streitwert: 10.000,– EUR[4]

Namens und mit Vollmacht[5] des Klägers erhebe ich Klage und werde beantragen,

I. die Vollstreckung aus dem Urteil des VG ...... vom ...... iVm. dem Urteil des OVG ...... vom ...... für unzulässig zu erklären,[6]
II. das Urteil für vorläufig vollstreckbar zu erklären,[7]
III. die Vollstreckung aus dem Urteil des VG ...... vom ...... iVm. dem Urteil des OVG ...... vom ...... bis zum Erlass eines vollstreckbaren Urteils in dieser Sache einstweilen einzustellen.

Begründung:

I. Die Beklagten sind Eigentümer des unbebauten Grundstücks X-Straße Nr. ...... in ...... Sie beantragten, ihnen im Wege eines Bauvorbescheides eine Bebauungsgenehmigung zur Errichtung eines Einfamilienwohnhauses auf dem Grundstück zu erteilen. Diesen Antrag lehnte der Kläger ab. Nach erfolglosem Widerspruchsverfahren erhoben die Beklagten Klage vor dem erkennenden Gericht (Az. ......). Diese Klage hatte Erfolg. Mit Urteil vom ...... verpflichtete das VG den Kläger zur Erteilung der Bebauungsgenehmigung, da es den Bebauungsplan wegen eines Formfehlers als nichtig und damit das Bauvorhaben als nach § 34 BauGB planungsrechtlich zulässig ansah. Die gegen das Urteil eingelegte Berufung wies das OVG ...... durch Urteil vom ...... zurück. Das Urteil ist rechtskräftig.
Bereits während des Berufungsverfahrens beschloss der Rat der Stadt erneut die Aufstellung des Bebauungsplanes und führte das Planaufstellungsverfahren durch. Unmittelbar nach Zustellung des Urteils des OVG wurde der Bebauungsplan durch ortsübliche Bekanntmachung nach § 10 Abs. 3 S. 1 BauGB rechtsverbindlich. Der Bebauungsplan weist das Grundstück der Beklagten wiederum als öffentliche Grünfläche aus.

II. Die Vollstreckungsabwehrklage ist nach §§ 167 Abs. 1, 168 Abs. 1 Nr. 1 VwGO, § 767 ZPO zulässig. Nach § 167 Abs. 1 S. 1 VwGO gilt für die Vollstreckung das Achte Buch der ZPO entsprechend, soweit sich aus der VwGO nichts anderes ergibt. Der VwGO lässt sich nicht entnehmen, dass § 767 ZPO nicht anzuwenden wäre. Deshalb kann der Kläger Einwendungen, die den durch das Verpflichtungsurteil des VG iVm. dem Urteil des OVG festgestellten Anspruch der Beklagten betreffen, im Wege der Vollstreckungsabwehrklage geltend machen (BVerwG NVwZ 1985, 563; OVG Lüneburg NVwZ-RR 2000, 573).[8]

III. Die Klage ist begründet, weil der Anspruch auf Erteilung der Bebauungsgenehmigung durch den nach Abschluss des Berufungsverfahrens in Kraft getretenen Bebauungsplan erloschen ist. Denn das Vorhaben der Beklagten widerspricht den Festsetzungen dieses Bebauungsplanes und ist deshalb nach § 30 BauGB nicht mehr planungsrechtlich zulässig. Dieser Umstand kann dem gerichtlich festgestellten Anspruch als „Einwendung" iSd. § 767 ZPO entgegengesetzt werden. Zwar kann sich ein Bauvorbescheid, der die planungsrechtliche Zulässigkeit eines Bauvorhabens feststellt, gegenüber nachträglichen Rechtsänderungen durch Inkrafttreten eines Bebauungsplanes durchsetzen (BVerwG BauR 1984, 384). Den Beklagten ist aber noch keine Bebauungsgenehmigung erteilt worden. Der rechtskräftig titulierte Anspruch auf Erteilung einer solchen Genehmigung steht der bereits erlassenen Genehmigung nicht gleich.[9] Er ist weniger als diese gegen nachträgliche Rechtsänderungen abgesichert (BVerwG NVwZ 1985, 563; OVG Münster NJW 1980, 2427; OVG Lüneburg NVwZ-RR 2000, 573).

IV. Da die Beklagten inzwischen einen Antrag auf Vollstreckung gegen den Kläger nach § 172 VwGO gestellt haben,[10] ist der Erlass einer einstweiligen Anordnung nach § 167 Abs. 1 VwGO, § 769 ZPO geboten.[11]

V. Die Bauakte sowie die Planaufstellungsakte betreffend den Bebauungsplan Nr....... sind beigefügt.[12]

Anmerkungen

1. Die Vollstreckungsabwehrklage ist nach § 167 Abs. 1 VwGO, § 767 Abs. 1 ZPO bei dem Prozessgericht des ersten Rechtszuges zu erheben, und zwar auch dann, wenn, wie hier, der Vorprozess in der Berufungsinstanz anhängig war.

2. Die Parteirollen sind gegenüber dem Vorprozess vertauscht. Dort war nicht die Stadt (Körperschaft), sondern der Stadtdirektor (Behörde), verklagt (s. dazu Form. V.B. 1 Anm. 2.).

3. Die dem Prozessbevollmächtigten im Vorprozess erteilte Prozessvollmacht ermächtigt auch zur Vertretung bei einer Vollstreckungsabwehrklage, § 173 VwGO, § 81 ZPO; denn es handelt sich um Prozesshandlungen, die durch die Vollstreckung veranlasst werden (*Baumbach/Lauterbach/Albers/Hartmann* § 81 Rdn. 25; *Redeker/von Oertzen* § 67 Rdn. 5).

Aus diesem Grunde ist an den Anwalt, der die Beklagten im Vorprozess vertreten hat, zuzustellen, § 67 Abs. 3 S. 3 VwGO.

4. Da die Vollstreckbarkeit insgesamt beseitigt werden soll, dürfte der Streitwert dem des Vorprozesses (s. Form. V. B. 3 Anm. 4) entspr. (VGH Mannheim NVwZ-RR 2001, 72 für Vollstreckungsverfahren nach § 172 VwGO; bei einer Zwangsgeldandrohung im selbständigen Vollstreckungsverfahren ist Streitwert die Hälfte des angedrohten Betrages (VGH Mannheim NVwZ-RR 1998, 692).

5. S. dazu Anm. 3.

6. Diese Formulierung ergibt sich aus § 167 Abs. 1 VwGO, § 775 Nr. 1 ZPO.

7. Die Unzulässigkeit der Vollstreckung gilt erst vom Eintritt der Rechtskraft oder von der vorläufigen Vollstreckbarkeit des Urteils an, § 167 Abs. 1 VwGO, § 775 Nr. 1 ZPO. Nach § 167 Abs. 2 VwGO können Urteile auf Anfechtungs- und Verpflichtungsklagen nur wegen der Kosten für vorläufig vollstreckbar erklärt werden. Die Vollstreckungsabwehrklage ist eine prozessuale Gestaltungsklage, keine auf die Aufhebung bzw. den Erlass eines Verwaltungsaktes gerichtete Anfechtungs- bzw. Verpflichtungsklage. Deshalb dürfte es zulässig sein, ein ergehendes Urteil für vorläufig vollstreckbar zu erklären. Ein darauf gerichteter Antrag ist zweckmäßig (s. dazu Form. V. B. 1 Anm. 9).

8. Die Vollstreckungsabwehrklage ist auch gegen die anderen in § 168 Abs. 1 VwGO aufgeführten Vollstreckungstitel zulässig (BVerwG 1992, 191). Gegen den Vollzug unanfechtbarer Verwaltungsakte ist eine Vollstreckungsabwehrklage nicht zulässig (Kopp § 167 Rdn. 18f.).

9. § 894 ZPO ist auf Urteile, die zum Erlass eines Verwaltungsaktes verpflichten, nicht anwendbar (s. dazu Form. V.F. 3 Anm. 5).

10. S. dazu Form. V.F. 3.

11. Eine solche einstw. AO ist bei einer Vollstreckungsabwehrklage gegen ein verwaltungsgerichtliches Urteil zulässig (VGH Kassel NJW 1995, 1107; OVG Lüneburg NVwZ-RR 2000, 573). Sie ist auch geboten, weil die Erhebung der Vollstreckungsgegenklage allein nicht zur Unzulässigkeit der Vollstreckung aus einem rechtskräftigen Urteil führt. Unzulässig wird die Vollstreckung vielmehr erst dann, wenn das Prozessgericht der Klage stattgegeben hat und die Entscheidung rechtskräftig oder vorläufig vollstreckbar ist (VGH Mannheim NVwZ-RR 1993, 447).

12. § 99 VwGO.

G. Normenkontrollverfahren nach § 47 VwGO[1]

1. Antrag auf Normenkontrolle

An das
Oberverwaltungsgericht Nordrhein-Westfalen[2]

Antrag

der Eheleute ...... (Antragsteller)[3]

Verfahrensbevollmächtigter: RA ......[4]

gegen

die Stadt[5] ...... (Antragsgegnerin)

wegen: Gültigkeit eines Bebauungsplanes

beizuladen: Fa. ...... GmbH[6]
Streitwert: 10.000,– EUR[7]

Namens und in Vollmacht der Antragsteller beantrage ich, für Recht zu erkennen:

Der Bebauungsplan Nr. ......[8] der Antragsgegnerin vom ......[9] ist nichtig[10]. Die Antragsgegnerin trägt die Kosten des Verfahrens.

Zur Begründung führe ich aus.[11]

I. Die Antragsteller sind Eigentümer eines mit einem Einfamilienwohnhaus bebauten Grundstücks im Stadtgebiet der Antragsgegnerin. Das Grundstück grenzt mit seiner Vorderseite an die in Ost-West-Richtung verlaufende A-Straße. Von dieser Straße zweigt in nördlicher Richtung ein ca. 5 m breiter Wirtschaftsweg ab, der entlang der östlichen Grenze des Grundstücks der Antragsteller verläuft. Dieser Weg dient dem Zugang zu den nördlich des Grundstücks der Antragsteller gelegenen Acker- und Weideflächen, die im Eigentum der beizuladenden ...... GmbH stehen.
Die Antragsgegnerin plant, die bisher unbebauten Flächen auf der Nordseite des Grundstücks der Antragsteller einer umfangreichen Wohnbebauung zuzuführen. Das neue Baugebiet soll an das bestehende öffentliche Verkehrsnetz über eine Straße angebunden werden, die in der Trasse des bisher bestehenden Wirtschaftsweges unmittelbar an der nördlichen Grenze des Grundstücks der Antragsteller vorbeiführt. Dieser Weg soll um 3 m unter Inanspruchnahme des Grundstücks der Antragsteller verbreitert werden. Gegen die geplante Straßentrasse haben die Antragsteller fristgerecht Anregungen erhoben und gefordert, das neue Baugebiet an einer anderen Stelle an die A-Straße anzubinden. Diesen Anregungen ist der Rat jedoch nicht gefolgt. Er hat den Bebauungsplan am ...... als Satzung beschlossen. Der Bebauungsplan ist mit der ortsüblichen Bekanntmachung nach § 10 Abs. 3 S. 1 BauGB in Kraft getreten.

II. Der Antrag ist zulässig. Die Antragsteller werden durch die Verwirklichung des Bebauungsplanes schon deshalb in ihren Rechten iSd. § 47 Abs. 2 S. 1 VwGO verletzt,[12] weil der Bebauungsplan eine Inanspruchnahme ihres Grundstücks, also einen Eingriff in ihr durch Art. 14 GG geschütztes Grundeigentum, vorsieht.

III. Der Antrag ist auch begründet; denn der Bebauungsplan ist aus formellen und materiellen Gründen nichtig.

1. Der Plan leidet an mindestens zwei Verfahrensfehlern.
   a) An der Sitzung des Rates vom ......, in der über die zu dem Bebauungsplan vorgetragenen Anregungen entschieden und der Bebauungsplan als Satzung beschlossen wurde, hat Herr A teilgenommen. Der Bruder von Herrn A ist Eigentümer desjenigen Grundstücks, über das nach den von den Antragstellern in ihrer Anregung zu dem Planentwurf geäußerten Vorstellung der Zufahrtsweg zu dem neuen Baugebiet hätte angelegt werden müssen. Da durch die Entscheidung des Rates, dieser Anregung nicht zu folgen, der Bruder von Herrn A einen unmittelbaren Vorteil erlangt hat, war A von der Beratung und Entscheidung über den Bebauungsplan ausgeschlossen, § 31 Abs. 1 S. 1 Nr. 2 GO NRW. Seine Mitwirkung war auch für das Zustandekommen des Satzungsbeschlusses ursächlich, § 31 Abs. 6 GO NRW, weil dieser Beschluss mit nur einer Stimme Mehrheit zustande gekommen ist.
   b) Der Entwurf des Bebauungsplanes ist in der Zeit vom 3. 3. – 3. 4. ...... öffentlich ausgelegt worden. Art und Dauer der Auslegung wurden am 27. 2. ...... in den beiden Tageszeitungen, die nach § ...... der Hauptsatzung Bekanntmachungsorgane der Antragsgegnerin sind, bekannt gemacht. Die Bekanntmachung erfolgte weniger als eine Woche vor Beginn der Auslegung. Damit wurde gegen § 3 Abs. 2 S. 2 BauGB verstoßen, wonach Ort und Dauer der Auslegung mindestens eine Woche vor ihrem Beginn ortsüblich bekannt zumachen sind. Dieser Verfahrensfehler ist nach § 214 Abs. 1 S. 1 Nr. 1 BauGB beachtlich und führt zur Nichtigkeit des Bebauungsplanes.
   c) Beide Verfahrensfehler sind rechtzeitig, dh. innerhalb eines Jahres, § 215 Abs. 1 BauGB, § 7 Abs. 6 GO NRW, gegenüber der Antragsgegnerin geltend gemacht worden.[13]
2. Der Bebauungsplan verstößt darüber hinaus gegen das Abwägungsgebot des § 1 Abs. 5 und 6 BauGB.
   a) Der Rat der Antragsgegnerin hat ausweislich der Begründung des Bebauungsplanes die Zufahrtsstraße zu dem neuen Baugebiet ausschließlich deshalb entlang der Nordgrenze des Grundstücks der Antragsteller festgesetzt, weil hier bereits ein Wirtschaftsweg verläuft. Aus diesem Grunde hat er andere, sich ohne weiteres anbietende und von der Antragstellerin auch aufgezeigte Alternativen sachwidrig nicht geprüft. Er hat damit gegen das Abwägungsgebot verstoßen ...... Dieser Fehler war offensichtlich und auf das Abwägungsergebnis von Einfluss, also beachtlich, § 214 Abs. 3 S. 2 BauGB ......
   b) Der Rat hat das Abwägungsgebot darüber hinaus auch aus einem anderen Grunde verletzt.

In der Nähe des Plangebietes wurde früher eine Zinkhütte betrieben, die ihre Produktion 1931 eingestellt hat. Aus diesem Grunde ist der Planbereich ausweislich des in der Planaufstellungsakte befindlichen Gutachtens ...... mit Schwermetallen belastet, die bei oraler Aufnahme zu Gesundheitsgefährdungen führen können, also insbesondere für Kinder. Der Rat hat dies auch erkannt und deshalb beschlossen, die im Planbereich festgesetzten öffentlichen Grünflächen, darunter einen Kinderspielplatz, zu sanieren. Die festgestellte Gesundheitsgefährdung besteht aber zumindest in gleicher Weise auch im Bereich der privaten Hausgärten, für die irgendwelche Sanierungs- oder Schutzmaßnahmen nicht vorgesehen sind. Der Bebauungsplan berücksichtigt damit nicht in ausreichendem Maße die allg. Anforderungen an gesunde Wohnverhältnisse und verstößt damit gegen § 1 Abs. 5 S. 2 Nr. 1 BauGB (OVG Münster NVwZ 1994, 301).[14, 15]

Rechtsanwalt

Schrifttum: S. dazu die Komm. zur VwGO (s. Form. V. B. 1) und zum BauGB (s. Form. V. A. 1). Ferner *Bracher,* Die Beiladung im Normenkontrollverfahren gegen Bebauungspläne, DVBl. 2002, 309; *Sauthoff,* Die „neue" Normenkontrolle von Satzungen nach dem BauGB seit dem 1. 1. 1997, BauR 1997, 721.

Anmerkungen

1. Nach § 47 Abs. 1 VwGO entscheidet das OVG (der VGH) iR. seiner Gerichtsbarkeit auf Antrag über die Gültigkeit von Satzungen, die nach den Vorschriften des BauGB erlassen worden sind, sowie von RechtsVOen auf Grund des § 246 Abs. 2 BauGB und von anderen im Rang unter dem LandesG stehenden Rechtsvorschriften, sofern das Landesrecht dies bestimmt.

a) Folgende Länder haben die Normenkontrolle für unter dem LandesG stehende Rechtsvorschriften eingeführt: Baden-Württemberg (§ 4 AG VwGO), Bayern (Art. 5 AG VwGO), Brandenburg (§ 4 Abs. 1 VwGG), Bremen (Art. 7 AG VwGO), Hessen (§ 15 AG VwGO), Mecklenburg-Vorpommern (§ 13 GerStrG), Niedersachsen (§ 7 AG VwGO), Saarland (§ 18 AG VwGO), Sachsen (§ 24 JustizG), Sachsen-Anhalt (§ 10 AG VwGO), Schleswig-Holstein (§ 5 AG VwGO), und Thüringen (§ 4 AG VwGO). Nach § 4 AG VwGO Rheinland-Pfalz entscheidet das OVG ebenfalls über die Gültigkeit einer im Range unter dem LandesG stehenden Rechtsvorschrift; dies gilt aber nicht für RechtsVOen, die Handlungen eines Verfassungsorgans iSd. Art. 130 Abs. 1 der Landesverfassung sind.

b) Kein Normenkontrollverfahren nach § 47 Abs. 1 Nr. 2 VwGO kennen Berlin, Hamburg und Nordrhein-Westfalen. Hier kann nur gegen die in § 47 Abs. 1 Nr. 1 VwGO aufgeführten Rechtsnormen ein Normenkontrollantrag gestellt werden.

2. Der Antrag ist an das OVG zu richten.

3. Da es sich um ein Antragsverfahren und nicht um ein Klageverfahren handelt, sind die Beteiligten als „Antragsteller" und „Antragsgegner" zu bezeichnen.

4. Zur Vertretung vor dem OVG s. Form. V. C. 1 Anm. 3.

5. Nach § 47 Abs. 2 S. 2 VwGO ist der Normenkontrollantrag gegen die Gemeinde zu richten, die den Bebauungsplan erlassen hat.

6. Nach § 47 Abs. 2 S. 4 mit § 65 Abs. 1 VwGO kann das Gericht von Amts wegen oder auf Antrag andere, deren rechtliche Interessen durch die Entscheidung berührt werden, beiladen. Hier werden die Interessen der Fa. ...... GmbH als Eigentümerin der durch den Bebauungsplan als Baugebiet festgesetzten Flächen berührt.

7. Auch im Normenkontrollverfahren richtet sich der Streitwert gem. § 13 Abs. 1 S. 1 GKG nach dem Interesse des Klägers (Antragstellers) an der beantragten Entscheidung. Im Allg. setzen die Gerichte in Normenkontrollverfahren einen Streitwert von zwischen 10.000,– und 50.000,– EUR fest.

8. Der Bebauungsplan muss rechtsverbindlich sein. Gegen Entwürfe eines Bebauungsplanes ist die Normenkontrolle auch bei Erreichen der Planreife nach § 33 BauGB nicht gegeben (BVerwG NVwZ-RR 2002, 256; VGH München UPR 1999, 398). Etwas anderes kommt allenfalls in Betracht, wenn der Antragsteller durch Nachbarklagen gegen auf der Grundlage des § 33 BauGB erteilter Baugenehmigungen keinen hinreichenden Rechtsschutz erlangen kann (BVerwG aaO.).

9. Der Antrag auf Normenkontrolle ist innerhalb von zwei Jahren nach Bekanntmachung der Rechtsvorschrift zu stellen, § 47 Abs. 2 S. 1 VwGO. Mit Ablauf dieser Frist ist aber nur die Normenkontrolle ausgeschlossen, nicht die Überprüfung der Gültigkeit der Norm iR. einer sog. Inzidentkontrolle. Der Fristablauf führt also nicht zu einer Heilung der Norm.

10. Die Feststellung der Nichtigkeit der Norm ist allgemeinverbindlich; die Entscheidung ist von dem Antragsgegner ebenso zu veröffentlichen wie die Rechtsvorschrift bekannt zu machen wäre, § 47 Abs. 5 S. 2, 2. Halbs. VwGO. Für die Wirkung der Entscheidung gilt iÜ. § 183 VwGO entspr., § 47 Abs. 5 S. 3 VwGO.

Wird der Normenkontrollantrag abgelehnt, so wirkt diese Entscheidung nur zwischen den Beteiligten, § 121 Nr. 1 VwGO (BVerwGE 68, 306). Es ist also nicht mit Allgemeinverbindlichkeit die Rechtswirksamkeit der Norm festgestellt. Ein Dritter ist nicht gehindert, gegen dieselbe Norm erneut einen Normenkontrollantrag zu stellen.

Kommt das OVG zu dem Ergebnis, dass der Bebauungsplan an Fehlern leidet, die in einem ergänzenden Verfahren nach § 215 a BauGB geheilt werden können, so stellt es nicht die Nichtigkeit, sondern (nur) die Unwirksamkeit des Bebauungsplanes fest. Dies muss nicht – hilfsweise – beantragt werden; denn die Unwirksamkeit ist gegenüber der Nichtigkeit ein Minus.

11. Der Normenkontrollantrag kann zunächst auch ohne Begründung eingereicht werden. Diese Verfahrensweise empfiehlt sich, wenn zur Vorbereitung der Antragsbegründung zunächst die Planaufstellungsakte vom Gericht beigezogen, § 99 VwGO, und in sie Einsicht genommen werden soll, § 100 VwGO. Außerhalb eines Normenkontrollverfahrens wird die Einsichtnahme von den Gemeinden häufig mit der Begründung verweigert, bei dem Planaufstellungsverfahren handele es sich um ein Rechtssetzungsverfahren, nicht um ein Verwaltungsverfahren, so dass ein Akteneinsichtsrecht nach § 29 VwVfG nicht bestehe.

12. Nach § 47 Abs. 2 S. 1 VwGO ist der Normenkontrollantrag nur zulässig, wenn der Antragsteller geltend macht, durch die Rechtsvorschrift oder deren Anwendung in seinen Rechten verletzt zu sein oder in absehbarer Zeit verletzt zu werden. Antragsbefugt ist in jedem Falle derjenige, für dessen Grundstück der Bebauungsplan Festsetzungen trifft (BVerwG NVwZ 1998, 732). Darüber hinaus hat das in § 1 Abs. 6 BauGB enthaltene Abwägungsgebot drittschützenden Charakter hinsichtlich solcher privater Belange, die für die Abwägung erheblich sind (BVerwG E 107, 215 = NJW 1999, 592; NVwZ 1999, 987). Aus diesem Grunde kann antragsbefugt auch der Eigentümer eines außerhalb des Planbereiches gelegenen Grundstücks sein, der eine Verletzung abwägungsbeachtlicher privater Belange geltend macht (BVerwG NVwZ 2001, 431).

Daneben muss das allg. Rechtsschutzbedürfnis für den Antrag gegeben sein. Dies ist nicht der Fall, wenn die Feststellung der Nichtigkeit der Norm nicht geeignet ist, die Rechtsposition des Antragstellers zu verbessern, etwa weil auf der Grundlage der Norm bereits unanfechtbare Verwaltungsakte erlassen worden sind (BVerwGE 78, 85; DVBl. 1989, 660; VGH Kassel BauR 1980, 536; OVG Berlin BauR 1980, 539; ZfBR 1986, 152).

13. Vgl. dazu Form. V. A. 2.

14. Ein Bebauungsplan ist eine Satzung, § 10 Abs. 1 BauGB, also eine Rechtsnorm. Als solcher ist der Bebauungsplan entweder gültig oder nichtig. Dies bedeutet, dass Abwägungsfehler, die beachtlich sind, zur Nichtigkeit des Planes im Verhältnis zu jedermann führen, und zwar unabhängig davon, ob das Abwägungsgebot gerade gegenüber demjenigen, der die Nichtigkeit des Planes rügt, verletzt wurde. Aus diesem Grunde kann hier mit Aussicht auf Erfolg ein Abwägungsfehler gerügt werden, der an sich die Interessen der Antragsteller nicht berührt. Damit besteht eine andere Situation als zB. bei der Anfechtung eines Planfeststellungsbeschlusses, der ein Verwaltungsakt ist. Hier kann nur die Verletzung des Abwägungsgebotes gegenüber dem Kläger gerügt werden (BVerwGE 48, 56/66 = DÖV 1975, 605; 1984, 426 f.; NJW 1988, 1288; NVwZ 1988, 534 f.).

15. Gegen die Entscheidung des OVG kann Revision oder Revisionsnichtzulassungsbeschwerde eingelegt werden, §§ 132, 133 VwGO.

Kosten und Gebühren

Nach Nr. 2110 KV fällt für das Verfahren im Allg. eine 1,0 Gerichtsgebühr an. Diese entsteht nicht, wenn der Antrag vor Eingang der Erwiderung des Antragsgegners zurückgenommen wird.

Für die Normenkontrollentscheidung wird eine 2,5 Gebühr erhoben, Nr. 2116 KV.

Der RA erhält für die Vertretung im erstinstanzlichen Verfahren vor dem OVG $^{13}/_{10}$ Gebühren nach den §§ 114 Abs. 2, 11 Abs. 1 S. 4 BRAGO. Entscheidet das OVG nach § 47 Abs. 5 S. 1 VwGO nicht durch Urteil, sondern durch Beschluss, so entsteht keine Verhandlungsgebühr nach § 35 BRAGO (VGH München BayVBl. 1990, 478; OVG Münster NVwZ-RR 1997, 137). Denn eine mündliche Verhandlung ist in diesem Falle nicht vorgeschrieben.

2. Antrag auf Erlass einer einstweiligen Anordnung (§ 47 Abs. 6 VwGO)[1]

An das
Oberverwaltungsgericht[2]
...... Senat

In Sachen

der Eheleute ...... (Antragsteller)

Verfahrensbevollmächtigter: ......

gegen die Gemeinde ...... (Antragsgegnerin)[3]

beantrage ich unter Hinweis auf meine in dem Normenkontrollverfahren Az. ...... überreichte Vollmacht[4],

durch den Erlass einer einstweiligen Anordnung nach § 47 Abs. 6 VwGO für Recht zu erkennen:

I. Der am ...... in Kraft getretene Bebauungsplan[5] ...... wird bis zur Entscheidung über den Normenkontrollantrag der Antragsteller vom ...... (Az.: ......)[6] außer Vollzug gesetzt.

II. Die Antragsgegnerin trägt die Kosten des Verfahrens.

Zur Begründung führe ich aus:

I. Die Antragsteller sind Eigentümer des an der A-Straße in ...... gelegenen, mit einem mehrgeschossigen Wohnhaus bebauten Grundstücks. Zur Beseitigung der höhengleichen Kreuzung der A-Straße mit der Bahnlinie S-P, die als Hochgeschwindigkeitsstrecke ausgebaut werden soll, plant die Antragsgegnerin eine Neutrassierung der A-Straße mit einer Bahnüberführung. Eine entpr. Festsetzung enthält der am ...... in Kraft getretene Bebauungsplan ...... Dieser setzt ferner beidseitig der A-Straße ein Allgemeines Wohngebiet fest. Für die vorhandene und für die geplante Wohnbebauung werden in dem Bebauungsplan teilweise Lärmschutzmaßnahmen vorgesehen.
Gegen den Bebauungsplan haben die Antragsteller bei dem erkennenden Senat unter dem Az. ...... einen Normenkontrollantrag gestellt.

II. Der Antrag auf Erlass einer einstweiligen Anordnung nach § 47 Abs. 6 VwGO ist zulässig. Die Antragsteller sind nämlich für den bereits gestellten Normenkontrollantrag nach § 47 Abs. 2 S. 1 VwGO antragsbefugt,[7] weil sie durch die Verwirklichung des Bebauungsplanes in ihren Rechten verletzt werden. Der Bebauungsplan sieht nämlich die Inanspruchnahme einer ca. 1.650 qm großen Teilfläche des Grundstücks

der Antragsteller für die Neuführung der A-Straße vor. Die Antragsgegnerin beabsichtigt, diese Teilfläche auf der Grundlage des Bebauungsplanes zu enteignen.

III. Der Antrag ist auch begründet; denn die begehrte einstweiligen Anordnung ist zur Abwehr schwerer Nachteile für die Antragsteller dringend geboten.[8]

1. Der Vollzug des Bebauungsplanes, insb. die Inanspruchnahme einer ca. 1.650 qm großen Teilfläche des Grundstücks der Antragsteller für die Zwecke des Straßenbaus, wird zu einem schwerwiegenden Eingriff in das Grundeigentum der Antragsteller führen.[9] Dieser Eingriff ist im Falle eines Erfolges des Normenkontrollantrages nicht oder nur mit unverhältnismäßigem Aufwand rückgängig zu machen, da die Grundstücksinanspruchnahme Teil eines größeren, die Neutrassierung der Straße und den Bau der Bahnüberführung umfassenden Projektes ist, das praktisch nicht rückabgewickelt werden kann ......[10]

2. Der Vollzug des Bebauungsplanes vor der Entscheidung im Normenkontrollverfahren ist für die Antragsteller auch deshalb nicht hinzunehmen, weil der Bebauungsplan sich schon aus folgendem Grunde als offensichtlich rechtsfehlerhaft erweist:
Die Festsetzung „Lärmschutz (vegetativ) Höhe = 3 m über Gradiente“ an der Neubautrasse der A-Straße zum Schutze des angrenzenden Wohngebietes ist nicht hinreichend konkret und wegen mangelnder inhaltlicher Bestimmtheit unwirksam; sie wird damit den Anforderungen des § 9 Abs. 1 Nr. 24 BauGB nicht gerecht. Was unter einem 3 m hohen vegetativen = pflanzlichen Lärmschutz zu verstehen ist, lässt sich auch durch Auslegung nicht ermitteln (OVG Münster NWVBl. 1994, 224/225) ...... Die Nichtigkeit der Festsetzung der Lärmschutzeinrichtung erfasst den gesamten Plan, da mit dieser Maßnahme der Konflikt zwischen Wohnbebauung und Verkehrslärm gelöst werden sollte. Es kann nicht davon ausgegangen werden, dass der Rat den Plan auch ohne eine Lärmschutzmaßnahme beschlossen, insb. angrenzend an die A-Straße ein Allgemeines Wohngebiet festgesetzt hätte (OVG Münster aaO.).[11, 12]

Rechtsanwalt

Schrifttum: Finkelnburg/Jank Rdn. 589 ff.

Anmerkungen

1. Nach § 47 Abs. 6 VwGO kann das Gericht auf Antrag eine einstw. AO erlassen, „wenn dies zur Abwehr schwerer Nachteile oder aus anderen wichtigen Gründen dringend geboten ist.“

2. S. Form. V. G. 1 Anm. 1. Zuständig ist das Gericht der Hauptsache.

3. Antragsgegner im Verfahren nach § 47 Abs. 6 VwGO ist stets die Körperschaft, Anstalt oder Stiftung des öffentlichen Rechts, die die Rechtsvorschrift erlassen hat, § 47 Abs. 2 S. 2 VwGO. Ein Hoheitsträger, der die Norm anzuwenden hat, kann nicht daneben in das Verfahren einbezogen werden (VGH Kassel BRS 50 Nr. 54; str.).

4. S. Form. V. D. 2 Anm. 2.

5. Gegen einen beschlossenen, aber noch nicht bekannt gegebenen Bebauungsplan kann eine einstweilige AO nach § 47 Abs. 6 VwGO nicht beantragt werden (OVG Greifswald NordÖR 2000, 37; VGH München NVwZ-RR 2000, 469). Ein späteres Inkrafttreten des Bebauungsplanes heilt den Mangel der Unzulässigkeit nicht (OVG Bautzen NVwZ 1998, 527).

6. Ein Antrag nach § 47 Abs. 6 VwGO kann auch schon vor Anhängigkeit des Normenkontrollverfahrens gestellt werden (OVG Münster BRS 50 Nr. 55). Eine erlassene einstw. AO ist aber entspr. ihrer Funktion, die Entscheidung in der Hauptsache effektiv offen zu halten, vom Fortbestand des Hauptsacheverfahrens abhängig. Sie verliert also mit der Beendigung dieses Verfahrens ihre Wirkung (VGH München BRS 52 Nr. 41).

7. Zu den Voraussetzungen s. Form. V. G. 1.

8. Die Anforderungen decken sich weitgehend mit denen des § 32 BVerfGG. Es ist ein strenger Maßstab anzulegen, weil mit der begehrten Außervollzugsetzung die Entscheidung in der Hauptsache zeitweise im Ergebnis vorweggenommen wird (BVerfG NJW 1977, 430; OVG Münster BRS 35 Nr. 31; 36 Nr. 40; NWVBl. 1993, 29ff.; 1994, 224; BauR 1996, 826; VGH Kassel BRS 50 Nr. 54; VGH Mannheim DÖV 1997, 1056). Deshalb müssen die Gründe, die für den Erlass einer einstw. AO sprechen, so schwer wiegen, dass die einstw. AO unabweisbar erscheint (OVG Schleswig NordÖR 2001, 161). Dabei sind die Folgen, die eintreten werden, wenn eine einstw. AO nicht erginge, der Normenkontrollantrag aber Erfolg hätte, gegenüber den Nachteilen abzuwägen, die entstünden, wenn die begehrte einstw. AO erlassen wird, der Normenkontrollantrag aber erfolglos bleibt (OVG Münster NWVBl. 1994, 171; VGH Mannheim NVwZ 2001, 827). IRd. somit vorzunehmenden Interessenabwägung spielen die Erfolgsaussichten des Normenkontrollantrages nur dann eine Rolle, wenn sich dieser Antrag von vornherein als offensichtlich erfolgreich (VGH München BauR 1999, 1275; OVG Lüneburg NVwZ 2002, 109) oder nicht erfolgreich (OVG Greifswald LKV 1998, 508) erweist. Dass der Normenkontrollantrag offensichtlich Erfolg haben wird, reicht aber zum Erlass der einstw. AO allein nicht aus (VGH Kassel NVwZ-RR 2000, 655).

Ein Bebauungsplan kann auch dann vorläufig außer Vollzug gesetzt werden, wenn er an einem Verfahrensmangel leidet, der in einem ergänzenden Verfahren behoben werden kann (OVG Münster BauR 2000, 851).

9. Die einstw. AO verbietet lediglich die künftige Anwendung der Norm (OVG Münster UPR 1997, 379 – Leitsatz). Für den Antrag auf Erlass einer einstw. AO fehlt also das allg. Rechtsschutzinteresse, wenn der Bebauungsplan durch die Erteilung von Baugenehmigungen und Vorbescheiden im Wesentlichen bereits umgesetzt ist (OVG Münster ZfBR 1994, 195; UPR 1997, 379 – Leitsatz), die AO also für den Antragsteller nichts Positives mehr bewirkt. Den Bestand und Vollzug bereits erteilter Genehmigungen berührt eine einstw. AO nach § 47 Abs. 5 VwGO nicht, § 47 Abs. 5 S. 3 mit § 183 VwGO (VGH München BRS 52 Nr. 41; VGH Kassel BRS 50 Nr. 54; OVG Münster NVwZ 2001, 1060). Die Baugenehmigungsbehörde kann auch nicht zur Stilllegung von bereits begonnenen Bauvorhaben verpflichtet werden (OVG Münster UPR 2001, 394).

10. Die Antragsteller können die Nichtigkeit des Bebauungsplanes auch im Enteignungsverfahren geltend machen. In diesem Falle hat die Enteignungsbehörde oder das mit der Überprüfung eines Enteignungsbeschlusses und/oder einer vorläufigen Besitzeinweisung befasste Gericht die Gültigkeit des Bebauungsplanes „inzidenter" zu überprüfen. Diese Inzidentprüfung ist aber erfahrungsgemäß nicht so gründlich wie die Überprüfung in einem Normenkontrollverfahren. Auf sie sollte sich deshalb der Betroffene nicht verlassen.

11. Ein Haftungsrisiko besteht für den Antragsteller in dem Falle, dass der Antrag auf Erlass einer einstw. AO Erfolg hat, der Normenkontrollantrag jedoch abgelehnt wird, nicht. § 945 ZPO findet keine Anwendung; es fehlt eine dem § 123 Abs. 3 VwGO entspr. Regelung.

12. Entscheidungen nach § 47 Abs. 6 VwGO können in entspr. Anwendung des § 80 Abs. 7 VwGO mit Wirkung für die Zukunft geändert werden (OVG Münster NVwZ-RR 1999, 473; OVG Lüneburg NVwZ-RR 2002, 700). Das gilt namentlich dann, wenn die Gemeinde den Mangel eines Bebauungsplanes durch ein ergänzendes Verfahren nach § 215a Abs. 1 BauGB heilt und daraufhin den Bebauungsplan erneut in Kraft setzt (OVG Lüneburg aaO.).

Kosten und Gebühren

Nach Nr. 2210 KV fällt eine 0,5 Gerichtsgebühr an.

Im Verfahren auf Erlass einer einstw. AO nach § 47 Abs. 6 VwGO erhält der RA Gebühren nach den §§ 114 Abs. 6, 40 BRAGO. Dabei dürfte die $^{13}/_{10}$ Gebühr anfallen, §§ 114 Abs. 2, 11 Abs. 1 S. 4 BRAGO. § 40 Abs. 3 BRAGO, wonach der RA (nur) die $^{10}/_{10}$ Gebühr nach § 11 Abs. 1 S. 1 und 2 erhält, greift nicht, da das Gericht im Hauptsacheverfahren nicht als Berufungsgericht tätig wird. Für eine entspr. Anwendung des § 40 Abs. 3 BRAGO fehlt es an einer Gesetzeslücke (OVG Münster NVwZ-RR 1960, 667; VGH München NVwZ-RR 1997, 672; aA. OVG Koblenz NVwZ-RR 1994, 421; OVG Lüneburg NVwZ-RR 1994, 421; VGH Mannheim NVwZ-RR 1998, 527).

VI. Verfassungsrecht

1. Verfassungsbeschwerde gegen Zivilgerichtsurteil (Art. 5 Abs. 1 GG)

An das
Bundesverfassungsgericht

Verfassungsbeschwerde

des Herrn ......

– Beschwerdeführer –

Verfahrensbevollmächtigter[1]: Rechtsanwalt ......
wegen[2]: Urteil des Landgerichts H. vom ...... Az. ...... (Fotokopie Anlage 1)[3].

Ich zeige an, dass mir der Beschwerdeführer Vollmacht erteilt (Anlage 2)[4] und mich mit der Wahrnehmung seiner Interessen beauftragt hat.

Namens und im Auftrag des Beschwerdeführers erhebe ich

Verfassungsbeschwerde

gegen die Entscheidung[5]

des Landgerichts H. vom ...... Az. ......

Gerügt wird die Verletzung des Art. 5 Abs. 1 GG[6].

Begründung[7]

I. Sachverhalt[8]

Der Beschwerdeführer, Leiter der Pressestelle der Stadt H., hatte zum Boykott des Veit-Harlan-Films „Jud Süß" aufgerufen. Das Landgericht H. untersagte ihm entsprechende Äußerungen.

II. Rechtsausführungen

§ 1 Zulässigkeit

(1) Fristberechnung[9]

a) Die Frist zur Erhebung einer Verfassungsbeschwerde beginnt bei Urteilen im Zivilprozess mit der Zustellung der vollständigen Entscheidung (§ 93 Abs. 1 S. 2 BVerfGG).
b) Die Verfassungsbeschwerde ist deshalb fristgerecht eingelegt worden. ......

(2) Erschöpfung des Rechtswegs

a) Grundsätzlich ist die Verfassungsbeschwerde subsidiär: der Rechtsweg muss erschöpft sein, § 90 Abs. 2 BVerfGG.
b) Im vorliegenden Fall liegen die beiden Ausnahmefälle des § 90 Abs. 2 S. 2 BVerfGG vor: die Verfassungsbeschwerde ist von allgemeiner Bedeutung, weil sie grundsätzliche verfassungsrechtliche Fragen aufwirft. Außerdem entstünde dem Beschwerdeführer ein schwerer und unabwendbarer Nachteil, wenn er zunächst auf den Rechtsweg verwiesen würde[10].

(3) Zum Prüfungsumfang bei Gerichtsentscheidungen

a) „Das Bundesverfassungsgericht ist nicht befugt, seine eigene Wertung des Einzelfalls nach Art eines Rechtsmittelgerichts an die Stelle derjenigen des zuständigen Richters zu setzen. Es kann vielmehr in derartigen Fällen eine Verletzung des Grundrechts der unterlegenen Partei (abgesehen vom Willkürverbot, vgl. BVerfGE 85, 248 [257f.]) nur feststellen, wenn der zuständige Richter entweder nicht erkannt hat, dass es sich um eine Abwägung widerstreitender Grundrechtsbereiche handelt, oder wenn seine Entscheidung auf einer grundsätzlich unrichtigen Anschauung von der Bedeutung des einen oder anderen der Grundrechte, insbesondere vom Umfang ihrer Schutzbereiche (zum „Schutzbereich" vgl. BVerfG, NJW 2002, 663 und dazu Spranger, NJW 2002, 2074), beruht", BVerfGE 30, 173/197. Das ist der Fall, wenn die von den Fachgerichten vorgenommene Auslegung der Norm die Tragweite des Grundrechts nicht hinreichend berücksichtigt oder ein Ergebnis zu einer unverhältnismäßigen Beschränkung der grundrechtlichen Freiheit führt, BVerfG (K), NJW 2002, 2090.

b) „Wie die richtige Lösung einer bürgerlich-rechtlichen Streitigkeit konkret auszusehen hat, ist im Grundgesetz nicht vorgeschrieben. ...... Die Grenzen der Eingriffsmöglichkeiten des Gerichts hängen von der Intensität der Grundrechtsbeeinträchtigung ab. Je nachhaltiger ...... ein zivilgerichtliches Urteil im Ergebnis die Grundrechtssphäre des Unterlegenen betrifft, desto strengere Anforderungen sind an die Begründung dieses Eingriffs zu stellen und desto weiterreichend sind folglich die Nachprüfungsmöglichkeiten des Bundesverfassungsgerichts; in Fällen höchster Eingriffsintensität ...... ist es durchaus befugt, die von den Zivilgerichten vorgenommene Wertung durch seine eigene zu ersetzen", BVerfGE 42, 147ff.

c) Diese Voraussetzungen sind im vorliegenden Fall gegeben. ......

§ 2 Begründetheit

(1) a) Grundsatz

„Das Grundrecht auf freie Meinungsäußerung ist als unmittelbarster Ausdruck der menschlichen Persönlichkeit in der Gesellschaft eines der vornehmsten Menschenrechte überhaupt. ...... Für eine freiheitlich-demokratische Staatsordnung ist es schlechthin konstituierend, denn es ermöglicht erst die ständige geistige Auseinandersetzung, den Kampf der Meinungen, der ihr Lebenselement ist", BVerfGE 7, 198/208; s. dazu auch BVerfGE 76, 196 (208f.).

b) „Schaukeltheorie"

„Die gegenseitige Beziehung zwischen Grundrecht und ‚allgemeinem Gesetz' ist also nicht als einseitige Beschränkung der Geltungskraft des Grundrechts durch die ‚allgemeinen Gesetze' aufzufassen; es findet vielmehr eine Wechselwirkung in dem Sinne statt, dass die ‚allgemeinen Gesetze' zwar dem Wortlaut nach dem Grundrecht Schranken setzen, ihrerseits aber aus der Erkenntnis der wertsetzenden Bedeutung dieses Grundrechts im freiheitlichen-demokratischen Staat ausgelegt und so in ihrer das Grundrecht begrenzenden Wirkung selbst wieder eingeschränkt werden müssen", BVerfGE 7, 198/208f.

c) Begriff des „allgemeinen Gesetzes"

„Allgemeine Gesetze" sind solche, „die nicht eine Meinung als solche verbieten ......, die vielmehr dem Schutze eines schlechthin, ohne Rücksicht auf eine bestimmte Meinung, zu schützenden Rechtsgutes dienen", BVerfGE 7, 198/209.

d) Güterabwägung

„Es wird deshalb eine ‚Güterabwägung' erforderlich: das Recht zur Meinungsäußerung muss zurücktreten, wenn schutzwürdige Interessen eines anderen von höherem Rang durch die Betätigung der Meinungsfreiheit verletzt würden", BVerfGE 7, 198/210.

(2) Eine Meinungsäußerung, die eine Aufforderung zum Boykott enthält, verstößt nicht notwendig gegen die guten Sitten im Sinne des § 826 BGB; sie kann bei Abwägung

aller Umstände des Falls durch die Freiheit der Meinungsäußerung verfassungsrechtlich gerechtfertigt sein. So liegt es hier. ......

§ 3 Annahmevoraussetzungen[11]

Die Voraussetzungen für die Annahme der Erfassungsbeschwerde zur Entscheidung sind gegeben (§ 93 a BVerfGG)[12].

(1) Der Verfassungsbeschwerde kommt grundsätzliche Bedeutung zu (§ 93 a Abs. 2 a BVerfGG). Diese ist nur gegeben, wenn die Verfassungsbeschwerde eine verfassungsrechtliche Frage aufwirft, die sich nicht ohne weiteres aus dem Grundgesetz beantworten lässt und noch nicht durch die verfassungsgerichtliche Rechtsprechung gelöst oder die durch die veränderten Verhältnisse erneut klärungsbedürftig geworden ist (BVerfG NJW 1994, 993)[13].

So liegt es hier ......[14]

(2) Unabhängig davon[15] ist aber die Annahme der Verfassungsbeschwerde zur Durchsetzung des hier als verletzten Grundrechts angezeigt (§ 93 a Abs. 2 b BVerfGG). Das ist der Fall, wenn die geltend gemachte Verletzung von Grundrechten oder grundrechtsgleichen Rechten besonderes Gewicht hat oder den Beschwerdeführer in existentieller Weise betrifft. Besonders gewichtig ist eine Grundrechtsverletzung, die auf eine generelle Vernachlässigung von Grundrechten hindeutet oder wegen ihrer Wirkung geeignet ist, von der Ausübung von Grundrechten abzuhalten. Eine geltend gemachte Verletzung hat ferner dann besonderes Gewicht, wenn sie auf einer groben Verkennung des durch ein Grundrecht gewährten Schutzs oder einem geradezu leichtfertigen Umgang mit grundrechtlich geschützten Positionen beruht oder rechtsstaatliche Grundsätze krass verletzt. Eine existenzielle Betroffenheit des Beschwerdeführers kann sich vor allem aus dem Gegenstand der angegriffenen Entscheidung oder seiner aus ihr folgenden Belastung ergeben, BVerfG NJW 1994, 993[16].

So liegt es hier ......

Schrifttum: Benda/Maihofer/Vogel, Handbuch des Verfassungsrechts, 2. Aufl. 1994; *Hesse,* Grundzüge des Verfassungsrechts der Bundesrepublik Deutschland, 20. Aufl. 1995; *Jarass/Pieroth* GG, 6. Aufl. 2002; *Lechner/Zuck* BVerfGG, 4. Aufl. 1996 Anm. zu § 90 BVerfGG; *Leibholz/ Rinck* GG, 6. Aufl. 1991 ff.; *v. Mangoldt/Klein/Starck* GG, Bd. 1 4. Aufl. 1999, Bd. 2 4. Aufl. 2000, Bd. 3 4. Aufl. 2001; *Dolzer/Vogel,* Bonner Kommentar, Stand 2001; *Maunz/Zippelius,* Deutsches Staatsrecht, 30. Aufl. 1998; *Maunz/Dürig/Herzog/Scholz* GG, 1970 ff.; *Maunz/Schmidt-Bleibtreu/Klein/Ulsamer* BVerfGG, Stand 2001; *v. Münch* GG, Bd. 1 5. Aufl. 2000, Bd. 2 5. Aufl. 2001, Bd. 3 3. Aufl. 1996; *Schmidt-Bleibtreu/Klein* GG, 9. Aufl. 1999; *Seifert/Hömig* GG, 6. Aufl. 1999; *Blank/Fangmann/ Hammer* GG, 2. Aufl. 1996; *Sachs* (Hrsg.) GG, 2. Aufl. 1999; *Denninger/Hoffmann-Riem/Schneider* GG, Stand 2000; *Dreier* GG, 3 Bde. 1996 ff.; *Friauf/Höfling* GG, Stand 2000; *Stern,* Das Staatsrecht der Bundesrepublik Deutschland, Bd. 1 2. Aufl. 1984, Bd. 2 1980, Bd. 8/1 1988, Bd. 3/2 1994; Bd. 5 2000; *Zuck,* Die Verfassungsbeschwerde, 2. Aufl. 1988; *Pestalozza,* Verfassungsprozeßrecht, 3. Aufl. 1991; *Schlaich/Korioth,* Das Bundesverfassungsgericht, 5. Aufl. 2001; *Gusy,* Die Verfassungsbeschwerde 1988; *Dörr,* Die Verfassungsbeschwerde in der Prozeßpraxis, 2. Aufl. 1997; *Benda/Klein,* Lehrbuch des Verfassungsprozeßrechts 2. Aufl. 2002; *Umbach/Clemens,* BVerfGG 1992.

Anmerkungen

1. Es herrscht kein Anwaltszwang, § 22 BVerfGG.

2. Es gibt im Verfassungsbeschwerdeverfahren keine Gegner, sondern nur Beteiligte.

3. Es ist unbedingt erforderlich, die angegriffenen Entscheidungen sowie die sonstigen entscheidungserheblichen Unterlagen (in Fotokopie) beizufügen. Geschieht das nicht innerhalb der Begründungsfrist, ist die Verfassungsbeschwerde unzulässig. Das BVerfG zieht in der Regel selbst keine Akten bei! Der Verfassungsbeschwerdeschriftsatz sollte dem Gericht 3fach vorgelegt werden (je eine Fertigung für jedes Mitglied der Kammer nach § 93 b BVerfGG). Der Vorsitzende oder der Berichterstatter entscheiden zu gegebener Zeit, wieviele weitere Abschriften vorzulegen sind, § 23 Abs. 3 BVerfGG.

4. Zur (Spezial-)Vollmacht nach § 22 Abs. 2 BVerfGG vgl. Form. VI. 15.

5. Die Verfassungsbeschwerde richtet sich gegen alle die Entscheidungen, die den Beschwerdeführer belasten. Es genügt deshalb häufig nicht, nur die Endentscheidung anzugreifen, s. § 92 BVerfGG.

6. § 92 BVerfGG schreibt die förmliche Grundrechtsrüge vor. Das Bundesverfassungsgericht kann auch nicht gerügte Grundrechte in seine Überlegungen miteinbeziehen, ist dazu aber nicht verpflichtet. Dagegen ist es im Regelfall überflüssig (aber auch unschädlich), einen Antrag auszuformulieren. Das gilt auch für die Anordnung der Auslagenerstattung nach § 34 a Abs. 2 BVerfGG.

7. §§ 23, 92 BVerfGG schreiben eine Begründung vor. Wichtig ist, dass diese Begründung innerhalb der Fristen des § 93 BVerfGG vorzulegen ist. Das schließt nicht aus, „die Begründung der Verfassungsbeschwerde nachträglich in tatsächlicher und rechtlicher Hinsicht zu ergänzen. Dies darf jedoch nicht dazu führen, dass nach Fristablauf ein neuer Sachverhalt ...... zum Gegenstand der Verfassungsbeschwerde gemacht wird“, BVerfGE 18, 85/89.

8. Vgl. dazu BVerfGE 7, 198 ff.

9. Wiedereinsetzung in den vorigen Stand gibt es nunmehr auch im Verfassungsbeschwerdeverfahren, vgl. § 93 Abs. 2 BVerfGG. Dies betrifft aber nur den Sachverhalt des Abs. 1, nicht den des Abs. 3.

10. BVerfGE 9, 120/121. Aber Achtung: Das Bundesverfassungsgericht hat bislang nur in wenigen Fällen das Vorliegen der Ausnahmen des § 90 Abs. 2 S. 2 BVerfGG bejaht.

11. Über die Annahme der Verfassungsbeschwerde zur Entscheidung entscheidet die zuständige Kammer, vgl. §§ 15 a, 93 b BVerfGG. Zu diesem Zweck muss sich die Kammer mit der Zulässigkeit und Begründetheit der Verfassungsbeschwerde schon beschäftigt haben. Die Klärung der Annahmevoraussetzungen ist deshalb gegenüber der Erörterung der Zulässigkeit (§ 1) und der Begründetheit (§ 2) nachrangig.

12. Die Annahmevoraussetzungen des § 93 a Abs. 2 BVerfGG sind alternativ.

13. Über die Beantwortung der verfassungsrechtlichen Frage müssen also ernsthafte Zweifel bestehen. Anhaltspunkt für eine grundsätzliche Bedeutung in diesem Sinne kann sein, dass die Frage in der Fachliteratur kontrovers diskutiert oder in der Rechtsprechung der Fachgerichte unterschiedlich beantwortet wird. An ihrer Klärung muss zudem ein über den Einzelfall hinausgehendes Interesse bestehen. Das kann etwa dann der Fall sein, wenn sie für eine nicht unerhebliche Anzahl von Streitigkeiten bedeutsam ist oder ein Problem von einigem Gewicht betrifft, das in künftigen Fällen erneut Bedeutung erlangen kann. Bei der Prüfung der Annahme muss bereits absehbar sein, dass sich das BVerfG bei seiner Entscheidung über die Verfassungsbeschwerde mit der Grundsatzfrage befassen muss. Kommt es auf sie hingegen nicht entscheidungserheblich an, so ist eine Annahme nach § 93 a Abs. 2 a BVerfGG nicht geboten, vgl. BVerfG NJW 1994, 993. Die damit verbundenen Fragen sind bis heute noch nicht abschließend geklärt, vgl. *Klein,* NJW 1993, 2073; *Zuck,* NJW 1993, 2641. Die grundsätzliche Bedeutung fehlt, wenn es sich um ausgelaufenes Recht handelt, BVerfG (K) NJW 2002, 2091.

14. Die Behauptung trifft nur auf den Zeitpunkt der Entscheidung BVerfGE 7, 198, der der Fall nachgebildet ist, zu. Heute ist die verfassungsrechtliche Frage durch

BVerfGE 7, 198 geklärt. Für einen vergleichbaren Fall fehlte es an der grundsätzlichen Bedeutung. Angesichts einer mehr als 40-jährigen Rechtsprechung wird deshalb eine Verfassungsbeschwerde von grundsätzlicher Bedeutung selten sein. Das wird – beispielhaft – deutlich in BVerfG NJW 1994, 2347f.

15. Vgl. Anm. 12.

16. Ein besonders schwerer Nachteil ist jedoch dann nicht anzunehmen, wenn die Verfassungsbeschwerde keine hinreichende Aussicht auf Erfolg hat oder wenn deutlich abzusehen ist, dass der Beschwerdeführer auch im Falle einer Zurückverweisung an das Ausgangsgericht im Ergebnis keinen Erfolg haben würde, vgl. BVerfG NJW 1994, 993. S. a. Anm. 13.

Kosten und Gebühren

Das Verfahren ist grundsätzlich kostenfrei, § 34 Abs. 1 BVerfGG; vgl. im Übrigen die Form. VI. 17, 18. Das Risiko der Missbrauchsgebühr ist zu beachten (§ 34 Abs. 2 BVerfGG). Achtung: Die Missbrauchsgebühr (bis zu EUR 2.600,–) fällt nicht nur an, wenn die Formalien der Verfassungsbeschwerde grob missachtet werden und bei sinnlosem Rechtsvortrag, sondern auch bei leichtfertig unrichtigem Tatsachenvortrag, BVerfG (K) NJW 2002, 955.

Fristen und Rechtsmittel

Die Verfassungsbeschwerde ist binnen eines Monats zu erheben, wenn sie sich gegen ein Gesetz richtet, binnen eines Jahres, § 93 BVerfGG. Die Verfassungsbeschwerde hat keine aufschiebende Wirkung. Rechtsmittel gibt es gegen die Endentscheidungen des Bundesverfassungsgerichts im Verfassungsbeschwerdeverfahren nicht. Gegen die Entscheidung des Bundesverfassungsgerichts über den Erlass einer einstweiligen Anordnung im Verfassungsbeschwerdeverfahren gibt es ebenfalls keinen Rechtsbehelf (§ 32 Abs. 3 S. 2 BVerfGG).

2. Verfassungsbeschwerde gegen Strafgerichtsurteil (Art. 19 Abs. 4, 101 Abs. 1, 103 Abs. 1 GG)

An das
Bundesverfassungsgericht

Verfassungsbeschwerde[1]

des Herrn ......

– Beschwerdeführer –

Verfahrensbevollmächtigter: Rechtsanwalt ......

wegen:

1. **Urteil des Amtsgerichts S. vom ...... Az. ......**
   (Fotokopie Anlage 1)
2. **Urteil des Landgerichts S. vom ...... Az. ......**
   (Fotokopie Anlage 2)

Ich zeige an, dass mir der Beschwerdeführer Vollmacht erteilt (Anlage 3) und mich mit der Wahrnehmung seiner Interessen beauftragt hat.

Namens und im Auftrag des Beschwerdeführers erhebe ich

Verfassungsbeschwerde

gegen

1. Urteil des Amtsgerichts S. vom ...... Az. ......
2. Urteil des Landgerichts S. vom ...... Az. ......

Gerügt wird die Verletzung der Grundrechte des Beschwerdeführers aus Art. 19 Abs. 4, 101 Abs. 1, 103 Abs. 1 GG.

Begründung

I. Sachverhalt

L. war vom Amtsgericht wegen eines Verkehrsverstoßes durch Strafbefehl zu einer Geldstrafe verurteilt worden. Das Landgericht gab der Berufung nicht statt. Der Einspruch gegen den Strafbefehl sei verspätet eingegangen. Die 4-tägige Post-Laufzeit müsse sich L. zurechnen lassen. Der Vorsitzende der Berufungskammer war von Gesetzes wegen vom Verfahren ausgeschlossen. Er nahm aber intensiv Einfluss auf die Terminsanberaumung durch den nunmehr zuständigen Richter.

II. Rechtsausführungen

§ 1 Zulässigkeit[1]

(1) ......

(2) ......

(3) Zum Prüfungsumfang bei Gerichtsentscheidungen

a) Strafgerichtliche Urteile können nur darauf überprüft werden, ob bei der Anwendung einfachen Gesetzesrechts Grundrechte des Verurteilten verletzt worden sind, BVerfGE 12, 113/124.
Dabei ist die Intensität der Grundrechtsbeeinträchtigung von Bedeutung, BVerfGE 43, 130/135 f.

b) Die Auslegung der StPO ist grundsätzlich Sache der ordentlichen Gerichte, BVerfGE 9, 89/102. Allerdings fordert der Grundsatz der Verhältnismäßigkeit, dass die Maßnahme unerlässlich ist, dass sie in angemessenem Verhältnis zur Schwere der Tat steht und dass die Stärke des bestehenden Tatverdachts sie rechtfertigt. Insofern steht die Verfahrensgestaltung unter dem Gebot des Grundrechtsschutzes, BVerfGE 17, 108/117 f.

§ 2 Begründetheit

(1) Art. 19 Abs. 4 und Art. 103 Abs. 1 GG gebieten, § 44 StPO dahin auszulegen, dass dem Bürger bei der schriftlichen Einlegung des Einspruchs gegen einen Strafbefehl Verzögerungen der Briefbeförderung oder der Briefzustellung durch die Deutsche Bundespost, die er nicht zu vertreten hat, nicht zugerechnet werden, BVerfGE 41, 23/25.
Mit einer 4-tägigen Post-Laufzeit musste der Beschwerdeführer nicht rechnen.

(2) Art. 101 Abs. 1 S. 2 GG ist auch dann verletzt, wenn ein ausgeschlossener Kammervorsitzender durch seine Autorität die Terminsanberaumung eines anderen Richters maßgeblich beeinflusst, BVerfGE 4, 412/422[3].

......

§ 3 Annahmevoraussetzungen[4]

......

Schrifttum: S. Form. VI. 1.

Anmerkungen

1. Zum Rubrum s. die Anm. 1–7 zu Form. VI. 1. **Achtung:** Die Monatsfrist zur Einlegung einer Verfassungsbeschwerde gegen ein Strafgerichtsurteil beginnt (schon) mit der formlosen Zusendung der Entscheidung an den Verteidiger, BVerfG NJW 1991, 2623. *Achtung:* Ist der Revisionsführer bei der Verkündung der Entscheidung selbst anwesend und unterbleibt ein Antrag nach § 35 Abs. 1 StPO, dann beginnt die Frist mit der Verkündung des Revisionsurteils. Es ist dann geboten, nach § 93 Abs. 1 S. 3 2. Halbsatz BVerfGG zu verfahren.

2. S. Form. VI. 1 und dort Text II § 1.

3. Art. 101 Abs. 1 S. 2 GG schützt nur vor Willkür, nicht vor Irrtum; s. BVerfGE 3, 359/364f., vgl. etwa BVerfGE 86, 133 (143); BVerfG (K) NJW 2002, 814. Zu überbesetzten gerichtlichen Spruchkörpern vgl. Plenumsbeschluss des BVerfG v. 8. 4. 1997, BVerfGE 95, 320.

4. Vgl. Form VI. 1 II. § 3.

Kosten und Gebühren

Das Verfahren ist grundsätzlich kostenfrei, § 34 Abs. 1 BVerfGG; vgl. im Übrigen die Form. VI. 17, 18. Das Risiko der Missbrauchsgebühr ist zu beachten (§ 34 Abs. 2 BVerfGG).

3. Verfassungsbeschwerde gegen Verwaltungsgerichtsurteil (Wesentlichkeitstheorie/Art. 14 Abs. 1 GG)

An das
Bundesverfassungsgericht

Verfassungsbeschwerde[1]

des Herrn ......

– Beschwerdeführer –

Verfahrensbevollmächtigter: Rechtsanwalt ......

wegen: Urteil des Bundesverwaltungsgerichts vom ......

Az. ...... (Fotokopie Anlage 1).

Ich zeige an, dass mir der Beschwerdeführer Vollmacht erteilt (Anlage 2) und mich mit der Wahrnehmung seiner Interessen beauftragt hat.

Namens und im Auftrag des Beschwerdeführers erhebe ich

Verfassungsbeschwerde

gegen die Entscheidung

des Bundesverwaltungsgerichts vom ...... Az. ......[2].

Gerügt wird die Verletzung der Grundrechte des Beschwerdeführers aus Art. 2 Abs. 1 GG (Art. 20 Abs. 1 GG), Art. 14 Abs. 1 GG.

Begründung

I. Sachverhalt

Der Beschwerdeführer wird vom geplanten Ausbau des Verkehrsflughafens F. betroffen. Er wehrt sich gegen die Entscheidung des Bundesverwaltungsgerichts, weil das Gericht nach seiner Meinung in individuelle Rechtspositionen eingegriffen und materielle Planungsgrundsätze durch Richterrecht geschaffen hat.

II. Rechtsausführungen

§ 1 Zulässigkeit[3]

(1) ......

(2) ......

(3) a) „Das Bundesverfassungsgericht ist ...... nicht die letzte verwaltungsgerichtliche Instanz, die etwaige Ermessensfehler ebenso umfassend zu prüfen hätte wie die Verwaltungsgerichte vor ihm. Ist eine gerichtliche Nachprüfung behördlichen Ermessensgebrauchs voraufgegangen, so beschränkt sich die Zuständigkeit des Bundesverfassungsgerichts ...... auf die Prüfung, ob die Gerichtsentscheidung selbst" Verfassungsrechtsnormen verkennt, BVerfGE 9, 338/354.

b) ......

§ 2 Begründetheit

(1) Vorbehalt des Gesetzes – Wesentlichkeitstheorie

a) Aus Rechtsstaats- und Demokratieprinzip folgt grundsätzlich, dass der Gesetzgeber verpflichtet ist, „alle wesentlichen Entscheidungen selbst zu treffen. ...... In welchen Bereichen danach staatliches Handeln einer Rechtsgrundlage im förmlichen Gesetz bedarf, lässt sich nur im Blick auf den jeweiligen Sachbereich und die Intensität der geplanten oder getroffenen Regelung ermitteln. Die verfassungsrechtlichen Wertungskriterien sind deshalb in erster Linie den tragenden Prinzipien des Grundgesetzes, insbesondere den vom Grundgesetz anerkannten und verbürgten Grundrechten zu entnehmen", BVerfGE 49, 89/126f.

b) Im vorliegenden Fall handelt es sich um eine solche wesentliche Entscheidung. Von einer Flughafenerweiterung werden ganze Landstriche, letzten Endes hunderttausende von Menschen betroffen. Welche Präferenzen zwischen Verkehr/Umweltschutz/Individualrechten zu setzen sind, darf nicht von einem Gericht, sondern muss vom parlamentarischen Gesetzgeber entschieden werden. Der Verstoß gegen den Grundsatz des Vorbehalts des Gesetzes kann im Übrigen über Art. 2 Abs. 1 GG gerügt werden, BVerfGE 46, 202/203.

(2) Verstoß gegen Art. 14 Abs. 1 GG

Das Bundesverwaltungsgericht hat in seiner Entscheidung ausgeführt, dass die Anordnung von Lärmschutzmaßnahmen im Rahmen des § 9 Abs. 2 LuftVG nachgeholt werden kann. Konsequenzen für die Planung als solche ergäben sich daraus nicht. Gegebenenfalls müsse durch eine Enteignungsmaßnahme nach § 28 LuftVG die Voraussetzung für eine Entschädigung geschaffen werden.

Darin liegt ein Verstoß gegen Art. 14 Abs. 1 GG.

a) Grundsatz

Das verfassungsrechtlich geschützte Eigentum ist ...... gekennzeichnet durch Privatnützigkeit ...... und ...... grundsätzliche Verfügungsbefugnis über den Eigentumsgegenstand", BVerfGE 50, 290/339. Der Eigentumsgarantie kommt die Aufgabe zu, dem Grundrechtsträger einen Freiheitsraum im vermögensrechtlichen Bereich zu sichern und ihm dadurch eine eigenverantwortliche Gestaltung seines Lebens zu ermöglichen, BVerfGE 102, 1 (15).

b) Inhalt und Schranken

„Die konkrete Reichweite des Schutzes durch die Eigentumsgarantie ergibt sich erst aus der Bestimmung von Inhalt und Schranken des Eigentums", BVerfGE 50, 290/339 f. …… Das maßstabsbildende Wohl der Allgemeinheit ist sowohl Grund als auch Grenze für die Beschränkung des Eigentümers, BVerfGE 100, 226 (241); 102, 1 (17). „Soweit es um die Funktion des Eigentums als Element der Sicherung der persönlichen Freiheit des einzelnen geht, genießt dieses einen besonders ausgeprägten Schutz. ……

Dagegen ist die Befugnis des Gesetzgebers …… umso weiter, je mehr das Eigentumsobjekt in einem sozialen Bezug und einer sozialen Funktion steht. …… Immer muss der Gesetzgeber die schutzwürdigen Interessen der Beteiligten in einen gerechten Ausgleich und ein ausgewogenes Verhältnis bringen, BVerfGE 102, 1 (17).

Insbesondere ist der Gesetzgeber an den verfassungsrechtlichen Grundsatz der Verhältnismäßigkeit und an den Gleichheitssatz des Art. 3 Abs. 1 GG gebunden, BVerfGE 102, 1 (17).

c) Das ist hier verkannt worden. ……

§ 3 Annahmevoraussetzungen[4]

Schrifttum: S. Form. VI. 1.

Anmerkungen

1. Zum Rubrum s. die Anm. 1–7 zu Form. VI. 1.

2. Zum Problem Verfassungsbeschwerde gegen die Entscheidung eines OVG (VGH)/Nichtzulassungsbeschwerde vgl. BVerfGE 16, 1 (2); 55, 154 (157). Zur Problematik bei der arbeitsgerichtlichen Nichtzulassungsbeschwerde s. BVerfGE 92, 140/149; (K) NJW 1996, 45.

3. S. Form. VI. 1 und dort Text II § 1.

4. Vgl. Form. VI. 1 II. § 3.

Kosten und Gebühren

Das Verfahren ist grundsätzlich kostenfrei, § 34 Abs. 1 BVerfGG; vgl. im Übrigen die Form. VI. 17, 18. Das Risiko der Missbrauchsgebühr ist zu beachten (§ 34 Abs. 2 BVerfGG).

4. Verfassungsbeschwerde gegen Sozialgerichtsurteil (Sozialstaatsprinzip/Art. 3 Abs. 1 GG)

An das
Bundesverfassungsgericht

Verfassungsbeschwerde[1]

des Herrn ……

– Beschwerdeführer –

Verfahrensbevollmächtigter: Rechtsanwalt ……

wegen:

Urteil des Landessozialgerichts Nordrhein-Westfalen vom ...... Az. ......
(Fotokopie Anlage 1)

Ich zeige an, dass mir der Beschwerdeführer Vollmacht erteilt (Anlage 2) und mich mit der Wahrnehmung seiner Interessen beauftragt hat.

Namens und in seinem Auftrag erhebe ich

Verfassungsbeschwerde

gegen das

Urteil des Landessozialgerichts Nordrhein-Westfalen vom ...... Az. ......[2]

Gerügt wird eine Verletzung des Sozialstaatsprinzips in Verbindung mit Art. 3 Abs. 1 GG.
Begründung[3]

I. Sachverhalt

In der knappschaftlichen Rentenversicherung erhält der Versicherte ebenso wie in den Rentenversicherungen der Arbeiter und Angestellten für jedes Kind einen Kinderzuschuss zur Rente. Als Kinder gelten auch Enkel, die der Versicherte vor Eintritt des Versicherungsfalls überwiegend unterhält. Die Verfassungsbeschwerde wehrt sich gegen die Versagung eines Kinderzuschusses für ein nach Eintritt des Versicherungsfalls geborenes Enkelkind.

II. Rechtsausführungen

§ 1 Zulässigkeit[4]

......

§ 2 Begründetheit

(1) a) Grundsatz
Das Sozialstaatsprinzip[5] verpflichtet den Staat, für eine gerechte Sozialordnung zu sorgen. Die Ausgestaltung des Prinzips obliegt aber dem Gesetzgeber, BVerfGE 36, 73 (84); BVerfGE102, 294 (298). Infolgedessen gibt es auch keine Garantie des bestehenden Systems der Sozialversicherung, BVerfGE 39, 302/314 f.

b) Grundsätze der Sozialversicherung
Die deutsche Sozialversicherung beruht seit alters her nicht allein auf dem Versicherungsprinzip, sondern auch auf den „versicherungsfremden" Prinzipien der Fürsorge und des sozialen Ausgleichs, BVerfGE 39, 316/330. Das Sozialstaatsprinzip verlangt auch, dass die staatliche Gemeinschaft Lasten mitträgt, die aus einem von der Gesamtheit zu tragenden Schicksal entstanden sind, BVerfGE 102, 254 (298).

c) Sozialstaatsprinzip und Gleichheitssatz
„Eine gesetzliche Regelung kann zwar typisieren, sie darf aber nicht einen atypischen Fall als Leitbild wählen", BVerfGE 27, 142/150. Insgesamt begrenzt der Gleichheitssatz die Gestaltungsfreiheit des Gesetzgebers, BVerfGE 103, 271 (288).

(2) So liegt es hier. ......

§ 3 Annahmevoraussetzungen[6]

Schrifttum: S. Form. VI. 1.

Anmerkungen

1. Zum Rubrum s. die Anm. 1–7 zu Form. VI. 1.

2. Zum Problem Verfassungsbeschwerde gegen eine Entscheidung des Landessozialgerichts/Nichtzulassungsbeschwerde, vgl. BVerfGE 16, 1 (2); 55, 154 (157); s.a. Form. VI. 3 Anm. 2.

3. Zum Fall s. BVerfGE 39, 316 ff.

4. Vgl. Form. VI. 1 Text II § 1 (1).

5. Vgl. Form. VI. 6 Text II § 2 (2).

6. Vgl. Form. VI. 1 II. § 3.

Kosten und Gebühren

Das Verfahren ist grundsätzlich kostenfrei, § 34 Abs. 1 BVerfGG; vgl. im Übrigen die Form. VI. 17, 18. Das Risiko der Missbrauchsgebühr ist zu beachten (§ 34 Abs. 2 BVerfGG).

5. Verfassungsbeschwerde gegen Finanzgerichtsurteil (Art. 6 Abs. 1 GG)

An das
Bundesverfassungsgericht

Verfassungsbeschwerde[1]

des Herrn ......

– Beschwerdeführer –

Verfahrensbevollmächtigter: Rechtsanwalt ......

wegen:

Urteil des Bundesfinanzhofs vom ...... Az. ......
(Fotokopie Anlage 1)

Ich zeige an, dass mir der Beschwerdeführer Vollmacht erteilt (Anlage 2) und mich mit der Wahrnehmung seiner Interessen beauftragt hat. Namens und in seinem Auftrag erhebe ich

Verfassungsbeschwerde

gegen das

Urteil des Bundesfinanzhofs vom ...... Az. ......[2]

Gerügt wird die Verletzung des Art. 6 Abs. 1 GG.

Begründung[3]

I. Sachverhalt

Der Beschwerdeführer wehrt sich gegen die Nichtanerkennung eines Arbeitsvertrages zwischen einer Personengesellschaft und den Ehefrauen der Gesellschafter bei der einheitlichen und gesonderten Gewinnfeststellung.

II. Rechtsausführungen

§ 1 Zulässigkeit[4]

(1) ......

(2) ......

(3) Umfang der gerichtlichen Nachprüfung

Die Kontrolle der Instanzgerichte auf die Berücksichtigung des Einflusses der Grundrechte ist gerade für die Finanzgerichtsbarkeit ...... von besonderer Bedeutung, da sie nicht über Rechtsstreitigkeiten der Bürger untereinander oder über Maßnahmen der gewährenden Verwaltung, sondern über Akte aus der wichtigsten staatlichen Eingriffsverwaltung entscheidet, also zur Wahrung der Grundrechte, die in erster Linie Abwehrrechte des Bürgers gegen den Staat sind, im besonderen Maße berufen ist, BVerfGE 13, 318/325 f.

§ 2 Begründetheit

(1) a) Grundsatz

„Art. 6 Abs. 1 GG ist nicht nur ein klassisches Grundrecht zum Schutze der spezifischen Privatsphäre von Ehe und Familie sowie Institutsgarantie, sondern darüber hinaus zugleich eine Grundsatznorm, dh. eine verbindliche Wertentscheidung für den gesamten Bereich des Ehe und Familie betreffenden privaten und öffentlichen Rechts", BVerfGE 6, 55.

b) Bedeutung

Als Institutsgarantie gewährleistet Art. 6 Abs. 1 GG einen Normkern des Ehe- und Familienrechts verfassungsrechtlich, BVerfGE 6, 55/72.

Als wertentscheidende Grundsatznorm liefert Art. 6 Abs. 1 GG die rechtlichen Grenzen für die Freiheit des gesetzgeberischen Ermessens, BVerfGE 6, 55/78.

Als Grundrecht gibt Art. 6 Abs. 1 GG dem Einzelnen ein Abwehrrecht gegen störende und schädigende Eingriffe des Staates in seine Familie und seine Ehe, BVerfGE 6, 386/388. Insoweit wird die Ehe als eine Lebensgemeinschaft gleichberechtigter Partner geschützt, in der die Ehegatten ihre persönliche und wirtschaftliche Lebensführung in gemeinsamer Verantwortung bestimmen, BVerfG NJW 2002, 1185.

c) Art. 6 Abs. 1, 3 Abs. 1 GG

Meist sind bei der Kontrolle von Vorschriften des Steuerrechts durch Ehepartner sowohl Art. 6 Abs. 1 GG als auch Art. 3 Abs. 1 GG im Spiel. Es ist dann zu prüfen, welches Grundrecht die stärkere sachliche Beziehung zu dem zu prüfenden Sachverhalt hat und sich so als der adäquatere Maßstab erweist. Bei Objektsteuern ist das in der Regel Art. 3 Abs. 1 GG, vgl. BVerfGE 13, 290/298, bei der personalen Einkommensteuer dagegen Art. 6 Abs. 1 GG.

(2) Im vorliegenden Fall gibt es keinen rechtfertigenden Grund für die steuerliche Benachteiligung der Ehegatten. ......

§ 3 Annahmevoraussetzungen[5]

Schrifttum: S. Form. VI. 1.

Anmerkungen

1. Zum Rubrum s. die Anm. 1–7 zu Form. VI. 1.

2. Zum Problem Verfassungsbeschwerde gegen eine Entscheidung des Finanzgerichts/Nichtzulassungsbeschwerde vgl. BVerfGE 16, 1 (2); 55, 154 (157); s.a. Form. VI. 3 Anm. 2.

3. Zum Fall vgl. BVerfGE 13, 318 ff.

4. Vgl. Form. IV. 1 Text II § 1 (1).

5. Vgl. Form. VI. 1 II. § 3.

Kosten und Gebühren

Das Verfahren ist grundsätzlich kostenfrei, § 34 Abs. 1 BVerfGG; vgl. im Übrigen die Form. VI. 17, 18. Das Risiko der Missbrauchsgebühr ist zu beachten (§ 34 Abs. 2 BVerfGG).

6. Verfassungsbeschwerde gegen Arbeitsgerichtsurteil (Art. 2 Abs. 1, 20 Abs. 3 GG – richterliche Rechtsfortbildung)

An das
Bundesverfassungsgericht

Verfassungsbeschwerde[1]

des Herrn ......

als Konkursverwalter über das Vermögen des ......[2]

– Beschwerdeführer –

Verfahrensbevollmächtigter: RA ......

wegen:

1. Urteil des ArbG ...... vom ...... Az. ...... (Fotokopie Anlage 1)
2. Urteil des LArbG ...... vom ...... Az. ...... (Fotokopie Anlage 2)
3. Urteil des BAG ...... vom ...... Az. ...... (Fotokopie Anlage 3)
4. Beschluss des Großen Senats des BAG vom ...... Az. ......

Ich zeige an, dass mir der Beschwerdeführer Vollmacht erteilt (Anlage 4) und mich mit der Wahrnehmung seiner Interessen beauftragt hat.

Namens und im Auftrag des Beschwerdeführers erhebe ich

Verfassungsbeschwerde

gegen die Entscheidungen

1. Urteil des ArbG ...... vom ...... Az. ......
2. Urteil des LArbG ...... vom ...... Az. ......
3. Urteil des BAG ...... vom ...... Az. ......

mittelbar gegen den Beschluss des Großen Senats des BAG vom ...... Az. ......

Gerügt wird die Verletzung der Rechte des Beschwerdeführers aus Art. 2 Abs. 1 GG in Verbindung mit Art. 20 Abs. 3 GG.

Begründung

I. Sachverhalt[3]

Der Beschwerdeführer ist Konkursverwalter. Der Betrieb des Gemeinschuldners wurde stillgelegt. Verhandlungen über einen Sozialplan blieben erfolglos. Die betriebliche Einigungsstelle beschloss einen Sozialplan, der für die Arbeitnehmer Abfindungen für den Verlust ihrer Arbeitsplätze vorsah.

Die Kläger des Ausgangsverfahrens waren Arbeitnehmer des Gemeinschuldners. Sie vertraten die Ansicht, ihre Abfindungsansprüche seien Masseschulden gemäß § 59 Abs. 1 Nr. 1 KO. Da der Beschwerdeführer den geltend gemachten Ansprüchen nur den Rang einfacher Konkursforderungen nach § 61 Abs. 1 Nr. 6 KO einräumen wollte, klagten die Arbeitnehmer vor dem Arbeitsgericht und dem Landesarbeitsgericht mit Erfolg. Im Revisionsverfahren rief das Bundesarbeitsgericht den Großen Senat mit der Frage an, ob überhaupt im Konkurs ein Sozialplan aufzustellen sei und bejahendenfalls, ob Abfindungsansprüche aus dem Sozialplan Masseschulden oder bevorrechtigte Konkursforderungen nach § 61 Abs. 1 Nr. 1 KO seien. Der Große Senat bejahte das Erfordernis des Sozialplans auch für den Konkurs und räumte den Abfindungsansprüchen einen Rang vor Nr. 1 des § 61 Abs. 1 KO ein (Nr. 0). Das Bundesarbeitsgericht stellte daraufhin die Abfindungsansprüche der Kläger als Konkursforderungen mit dem Vorrecht Nr. 0 fest.

II. Rechtsausführungen

§ 1 Zulässigkeit

(1) Fristberechnung
Die Entscheidung des Bundesarbeitsgerichts ist dem Beschwerdeführer am ...... zugestellt worden. Von diesem Tag an läuft deshalb die Monatsfrist des § 93 BVerfGG, vgl. § 72 Abs. 6, § 50 ArbGG.

(2) Erschöpfung des Rechtswegs
Gegen die Entscheidung des Bundesarbeitsgerichts ist kein Rechtsmittel mehr gegeben. Der Rechtsweg ist deshalb erschöpft. Der Beschwerdeführer war auch nicht gehalten, die Entscheidung des Großen Senats mit der Verfassungsbeschwerde anzugreifen[4].

(3) ......[5]

§ 2 Begründetheit

(1) Der Beschwerdeführer stützt sich darauf, dass das Bundesarbeitsgericht die Grenzen zulässiger richterlicher Rechtsfortbildung überschritten hat. Darin liegt ein Verstoß gegen Art. 20 Abs. 3 GG. Ein solcher Verstoß kann über Art. 2 Abs. 1 GG gerügt werden[6].

(2) Zwar ist die Aufgabe und Befugnis der Gerichte zu richterlicher Rechtsfortbildung stets anerkannt gewesen[7]. Im vorliegenden Fall hat das Bundesarbeitsgericht aber die ihm durch den Grundsatz der Rechts- und Gesetzesbindung (Art. 20 Abs. 3 GG) gezogenen Grenzen eindeutig überschritten. Die gesetzliche Ordnung des Konkursrechts bietet keinen Anhaltspunkt, zu dem vom Bundesarbeitsgericht gefundenen Ergebnis zu gelangen, weil es sich um eine abschließende Regelung zwingenden Charakters handelt, und sich auch aus dem Betriebsverfassungsrecht nichts anderes ergibt. Auch aus höherrangigem Recht folgt nichts anderes. Das Sozialstaatsprinzip enthält infolge seiner Weite und Unbestimmtheit keine Handlungsanweisungen, die durch die Gerichte ohne gesetzliche Grundlage in einfaches Recht umgesetzt werden könnten. Insoweit ist es richterlicher Inhaltsbestimmung weniger zugänglich als die Grundrechte ......[8]. Im Übrigen geht es weder um den Schutz von Rechten, die im Mittelpunkt des Wertsystems der Grundrechte stehen, noch wird die rechtsfortbildende Entscheidung des Bundesarbeitsgerichts von einer allgemeinen Rechtsüberzeugung gestützt[9].

§ 3 Annahmevoraussetzungen[10]

Schrifttum: S. Form. VI. 1.

Anmerkungen

1. Zum Rubrum s. die Anm. zu Form. VI. 1.

2. Hinsichtlich des „Konkursverwalters/KO" handelt es sich um einen historischen Fall, vgl. Anm. 3. Jetzt müsste vom Insolvenzverwalter und der InsO die Rede sein. An der verfassungsrechtlichen Beurteilung ändert sich nichts. Der Konkursverwalter handelt im Ausgangsverfahren als Partei kraft Amtes aus eigenem Recht. Er ist infolgedessen befugt, Verstöße gegen Grundrechte in diesem Verfahren eigenständig geltend zu machen,

BVerfGE 21, 139/143; 27, 326/333; 51, 405/409; 65, 182/190. Ein Gemeinschuldner kann dagegen nicht Verfassungsbeschwerde erheben, BVerfG EuGRZ 1979, 479.

3. Zum Fall vgl. BVerfGE 65, 182 und dazu *Picker* JZ 1984, 153; *Bauer/Moench* NJW 1984, 468; *Müller* BB 1984, 1073.

4. BVerfGE 31, 55.

5. S. dazu Form. VI. 1 Text II § 1 (3).

6. BVerfGE 38, 386/396; 46, 202/203; 65, 182/190.

7. BVerfGE 34, 269/286 ff.; 49, 304. S. dazu *J. Ipsen,* Richterrecht und Verfassung, 1975; *Krey* JZ 1978, 361; *Weitnauer* Festschrift Fünfundzwanzig Jahre BAG, 1979, 617; *Zeuner* Festschrift Fünfundzwanzig Jahre BAG, 1979, 727. Prägnant formuliert das BVerfG die dafür maßgeblichen Grundsätze: 1. Der Richter darf das Recht fortentwickeln. 2. Er darf sich dabei nicht von Sinn und Zweck des Gesetzes entfernen. 3. Die Aufgabe des Richters beschränkt sich infolgedessen darauf, Sinn und Zweck des Gesetzes „unter gewandelten Bedingungen möglichst zuverlässig zur Geltung zu bringen", BVerfGE 96, 375 (394).

8. BVerfGE 65, 182/193; s. a. Form. VI. 4 § 2 (1) A.

9. BVerfGE 34, 269/290; 65, 182/195.

10. Vgl. Form. VI. 1 II. § 3.

Kosten und Gebühren

Das Verfahren ist grundsätzlich kostenfrei, § 34 Abs. 1 BVerfGG; vgl. im Übrigen die Form. VI. 17, 18. Das Risiko der Missbrauchsgebühr ist zu beachten (§ 34 Abs. 2 BVerfGG).

7. Verfassungsbeschwerde wegen Verstoß gegen den Grundsatz rechtlichen Gehörs (Art. 103 Abs. 1 GG)

An das
Bundesverfassungsgericht

Verfassungsbeschwerde[1]

des Herrn ......

– Beschwerdeführer –

Verfahrensbevollmächtigter: RA ......

wegen: Urteil des Amtsgerichts ...... vom ...... Az. ......
(Fotokopie Anlage 1)

Ich zeige an, dass mir der Beschwerdeführer Vollmacht erteilt (Anlage) und mich mit der Wahrnehmung seiner Interessen beauftragt hat.

Namens und im Auftrag des Beschwerdeführers erhebe ich

Verfassungsbeschwerde

gegen das

Urteil des Amtsgerichts ...... vom ...... Az. ......

Gerügt wird eine Verletzung der Rechte des Beschwerdeführers aus Art. 103 Abs. 1 GG.

Begründung

1. Sachverhalt[2]

Der Kläger des Ausgangsverfahrens macht gegen den Beklagten aus einem Kfz-Unfall einen Anspruch in Höhe von EUR 500,– geltend. Das Amtsgericht bestimmte frühen ersten Termin. In der Ladung setzte es dem Beklagten eine Frist zur Klageerwiderung von drei Wochen. Am Ende des Formulars heißt es weiter: „Einlassungsfrist zwei Wochen". Der Beklagte erwiderte nach vier Wochen, die Prozessparteien hätten sich noch am Unfallort durch eine Zahlung von EUR 500,– geeinigt. Im Verhandlungstermin bot der Beklagte für Zahlung und Einigung Zeugenbeweis an mit dem Versprechen, ladungsfähige Anschrift nachzubringen. Das Amtsgericht bestimmte Verkündungstermin. Es gab der Klage statt. Die Berufung hat es nicht zugelassen (§ 511 Abs. 2 Nr. 2 ZPO n. F.). Der Vortrag des Beklagten sei verspätet, der angebotene Zeugenbeweis ohnehin, mangels Anschrift, nicht zu berücksichtigen gewesen. Gegen das Urteil erhob der Beklagte Verfassungsbeschwerde.

2. Rechtsausführungen

§ 1 Zulässigkeit

Erschöpfung des Rechtswegs[3]
Der Rechtsweg ist erschöpft, weil ein Rechtsmittel gegen die Entscheidung des Amtsgerichts nicht gegeben ist (§ 511 Abs. 2 Nr. 1 ZPO n. F.)[4].

§ 2 Begründetheit

(1) Art. 103 Abs. 1 GG gibt den Prozessbeteiligten ein Recht darauf, sich zu dem der gerichtlichen Entscheidung zugrunde liegenden Sachverhalt vor Erlass der Entscheidung zu äußern. Dem entspricht die Pflicht des Gerichts, Anträge und Ausführungen der Prozessbeteiligten zur Kenntnis zu nehmen und in Erwägung zu ziehen[5]. Die Ausgestaltung des Grundsatzes des rechtlichen Gehörs im Einzelnen ist jedoch der jeweils maßgeblichen Verfahrensordnung überlassen[6]. Art. 103 Abs. 1 GG schützt deshalb nicht dagegen, dass das Gericht das Vorbringen der Prozessbeteiligten aus Gründen des formellen oder materiellen Rechts ganz oder teilweise unberücksichtigt lässt[7].

(2) Im vorliegenden Fall ist das Amtsgericht diesen Grundsätzen nicht gerecht geworden.

a) Es hat zunächst das rechtliche Gehör des Beschwerdeführers durch falsche Anwendung der Präklusionsvorschriften des Prozessrechts unzulässig eingeschränkt[8]. Die Vorschriften der §§ 275, 277, 296 ZPO schränken zwar das rechtliche Gehör in verfassungsrechtlich zulässiger Weise ein. Präklusionsvorschriften haben jedoch strengen Ausnahmecharakter, weil sie zu einschneidenden Folgen für die säumige Partei führen. Die Anwendung dieser Vorschriften bedarf deshalb in besonderem Maße der Rechtsklarheit[9]. Deshalb können den Parteien und ihren Prozessbevollmächtigten die schweren Folgen der Versäumung richterlicher Erklärungsfristen nur dann zugemutet werden, wenn über Beginn und Ende der jeweiligen Frist schon zu Beginn der Frist Gewissheit besteht[10]. Hier war die Fristsetzung widersprüchlich. § 296 Abs. 1 ZPO hätte deshalb nicht angewendet werden dürfen[11].

b) Auch die zweite Erwägung des Amtsgerichts trägt verfassungsrechtlich nicht. Art. 103 Abs. 1 GG in Verbindung mit den Grundsätzen der ZPO gebietet nämlich die Berücksichtigung erheblicher Beweisanträge[12]. Der Beweisantritt des Beschwerdeführers wurde nämlich nicht dadurch unbeachtlich, dass es an einer ladungsfähigen Anschrift fehlte. Das Gericht hätte dem Beschwerdeführer zunächst eine Frist zur Beibringung der Anschrift setzen müssen[13]. Erst nach derem fruchtlosem Ablauf hätte es, wenn es im Übrigen nach seiner freien Überzeugung zu einer Verzögerung des Prozesses gekommen wäre, die Beweiserhebung ablehnen können (§ 356 ZPO).

(3) Wäre der Beschwerdeführer richtig belehrt worden, und wäre ihm eine Frist zur Beibringung der Zeugenanschrift gesetzt worden, dann hätte er fristgerecht vorgetragen[14].

(4) Das angefochtene Urteil beruht auf dem Verstoß gegen Art. 103 Abs. 1 GG. Es ist nicht ausgeschlossen, dass nach Vernehmung des Zeugen[15] die Klage abgewiesen worden wäre[16].

§ 3 Annahmevoraussetzungen[17]

Schrifttum: S. VI. 1.

Anmerkungen

1. Zum Rubrum s. Anm. zu Form. VI. 1.

2. Zu ähnlichen Fällen vgl. BVerfGE 60, 1; 65, 305.

3. Achtung: Wird ein Verstoß gegen Art. 103 Abs. 1 GG im Instanzenzug gerügt, so ist das nur zulässig, wenn die Rüge dort schon erhoben wurde, so dass die nächste Instanz Gelegenheit zur Behebung des Mangels erhielt, BVerfGE 16, 124/127.

4. Die Rüge der Verletzung des rechtlichen Gehörs eröffnet für sich allein nur dann eine weitere Instanz, wenn die Voraussetzungen für eine Abhilfe bei Verletzung des Anspruchs auf rechtliches Gehör gegeben sind, vgl. § 321a ZPO n. F.

5. BVerfGE 11, 218/220; 14, 320/323; 22, 267/273; 58, 353/356; 60, 1/5; 65, 305/307, st. Rspr.

6. BVerfGE 9, 89/95 f.; 60, 1/5.

7. BVerfGE 21, 191/194; 22, 267/273; 51, 188/191; 55, 72/93 ff.; 60, 1/5.

8. Der Beschwerdeführer muss die Rüge, ihm sei nicht in genügendem Maße rechtliches Gehör gewährt worden, substanziiert erheben. Er muss also dartun, um welches Vorbringen und um welche gerichtlichen Maßnahmen es geht (Substanziierungspflicht), vgl. etwa BVerfGE 24, 203/213; 28, 17/19, 20; 29, 183/197; s. a. Anm. 14.

9. BVerfGE 59, 330/334 f.; 60, 1/6

10. BGHZ 76, 236/239 f.; BVerfGE 60, 1/6.

11. BVerfGE 60, 1/7; s. a. OLG Oldenburg NJW 1980, 295; OLG Düsseldorf NJW 1978, 2203.

12. BVerfGE 60, 247/249; 60, 250/252; 65, 305/307.

13. BGH NJW 1974, 188; BVerfGE 65, 305/307.

14. Der Beschwerdeführer muss im Zusammenhang mit der Substanziierungspflicht auch vortragen, was er, wenn er rechtliches Gehör gehabt hätte, vorgetragen hätte, vgl. die Nachweise in Anm. 9.

15. Sind mehrere Zeugen benannt, so steht es dem Gericht nicht zu, unter ihnen ohne Gründe des formellen oder materiellen Rechts eine Auswahl zu treffen, BVerfGE 50, 32/35; 60, 250/252.

16. Sogenannte Kausalitätsprüfung. Nach dem Vorbringen des Beschwerdeführers darf es nicht ausgeschlossen sein, dass eine ihm günstigere Entscheidung ergeht, wenn der bislang übergangene Vortrag beachtet wird, BVerfGE 13, 132/145; 53, 219/233; 60, 247/20, st. Rspr.

17. Vgl. Form. VI. 1 II. § 3.

Kosten und Gebühren

Das Verfahren ist grundsätzlich kostenfrei, § 34 Abs. 1 BVerfGG; vgl. im Übrigen die Form. VI. 17, 18. Das Risiko der Missbrauchsgebühr ist zu beachten (§ 34 Abs. 2 BVerfGG).

8. Verfassungsbeschwerde gegen Zwischenentscheidung (Art. 103 Abs. 3 GG)

An das
Bundesverfassungsgericht

Verfassungsbeschwerde[1]

des Herrn ......

– Beschwerdeführer –

Verfahrensbevollmächtigter: Rechtsanwalt ......

wegen: Beschluss des OLG Sch. vom ...... Az. ......
(Fotokopie Anlage 1).

Ich zeige an, dass mir der Beschwerdeführer Vollmacht erteilt (Anlage 2) und mich mit der Wahrnehmung seiner Interessen beauftragt hat.

Namens und im Auftrag des Beschwerdeführers erhebe ich

Verfassungsbeschwerde

gegen die Entscheidung

des OLG Sch. vom ...... Az. ......

Gerügt wird die Verletzung des Art. 103 Abs. 3 GG.

Begründung

I. Sachverhalt

Der Beschwerdeführer ist wegen Judendeportationen in Belgien von einem belgischen Gericht zu 20 Jahren Zwangsarbeit verurteilt worden. Von einer Schuld am Tod der Juden wurde er freigesprochen. Die belgische Strafe hat er verbüßt. In der Bundesrepublik Deutschland wird er wegen derselben Tat wegen Beihilfe zur grausamen und heimtückischen Tötung verfolgt. Das Landgericht F. hat die Eröffnung des Hauptverfahrens abgelehnt. Auf die sofortige Beschwerde der Staatsanwaltschaft hat das OLG Sch. das Hauptverfahren gegen den Beschwerdeführer eröffnet.

II. Rechtsausführungen

§ 1 Zulässigkeit

(1) Fristberechnung

§ 35 Abs. 2 StPO gilt auch für Beschlüsse. Also läuft die Monatsfrist des § 93 BVerfGG erst ab Zustellung des Beschlusses in vollständiger Form. ......

(2) Erschöpfung des Rechtswegs

Der Rechtsweg ist erschöpft, da § 210 Abs. 1 StPO ausdrücklich bestimmt: „Der Beschluss, durch den das Hauptverfahren eröffnet worden ist, kann von dem Angeklagten nicht angefochten werden."

(3) Zwischenentscheidung

Die Entscheidung über die Eröffnung des Hauptverfahrens ist eine Zwischenentscheidung. Solche Zwischenentscheidungen sind dann mit der Verfassungsbeschwerde nicht selbstständig anfechtbar, wenn Verfassungsverstöße noch mit der Anfechtung der Endentscheidung gerügt werden können, BVerfGE 21, 139/143. Verfassungsbeschwerden gegen erstinstanzliche Eröffnungsbeschlüsse sind deshalb grundsätzlich unzulässig, BVerfGE 25, 336/343. Dagegen hat das Bundesverfassungsgericht die Verfassungsbeschwerde stets gegen Eröffnungsbeschlüsse zugelassen, die im Beschwerdeverfahren ergangen sind, BVerfGE 17, 262/264.

(4) Zum Prüfungsumfang bei Gerichtsentscheidungen[2]

......

§ 2 Begründetheit

Die erneute Strafverfolgung verstößt gegen das Verbot der Doppelbestrafung (Art. 103 Abs. 3 GG). Zwar hat der BGH angenommen, der Grundsatz „ne bis in idem" gelte nur bei inländischen Verurteilungen[3]. Dem kann nicht gefolgt werden. Art. 103 Abs. 3 GG folgt aus der grundgesetzlich anerkannten Freiheit und Würde des Menschen. Dieser Grundsatz wird verletzt, wenn nach Aburteilung in einem rechtsstaatlichen Verfahren – wie in Belgien – die erneute Verwicklung in ein Strafverfahren möglich ist.

§ 3 Annahmevoraussetzungen[4]

Schrifttum: S. Form. VI. 1.

Anmerkungen

1. Zum Rubrum s. die Anm. 1–7 zu Form. VI. 1.

2. S. Form. VI. 2 Text II § 1.

3. BGHSt 24, 54/57; NJW 1969, 1542; GA 1977, 111; JZ 1979, 650.

4. Vgl. Form. VI. 1 II. § 3

Kosten und Gebühren

Das Verfahren ist grundsätzlich kostenfrei, § 34 Abs. 1 BVerfGG; vgl. im Übrigen die Form. VI. 17, 18. Das Risiko der Missbrauchsgebühr ist zu beachten (§ 34 Abs. 2 BVerfGG).

9. Verfassungsbeschwerde gegen Gesetz (Unterlassen des Gesetzgebers/Art. 33 Abs. 5 GG)

**An das
Bundesverfassungsgericht**

Verfassungsbeschwerde[1]

des Herrn ......

– Beschwerdeführer –

Verfahrensbevollmächtigter: ......

wegen: Siebentes Gesetz zur Änderung beamtenrechtlicher und besoldungsrechtlicher Vorschriften vom 20. Dezember 1974 (BGBl. I S. 3716).

Ich zeige an, dass mir der Beschwerdeführer Vollmacht (Anlage) und mich mit der Wahrnehmung seiner Interessen beauftragt hat. Namens und in seinem Auftrag erhebe ich

Verfassungsbeschwerde

gegen

Art. 1 Nr. 2, Nr. 5, Nr. 11 und Nr. 12 des 7. BBÄndG, § 12 Abs. 1 S. 1 und Anlage II BBesG in der Fassung durch Art. I Nr. 5 und Nr. 13 (Anlage) des 7. BBÄndG.

Ich stelle folgenden Antrag[2]:

1. Der Gesetzgeber hat dadurch den Beschwerdeführer in seinem Recht auf amtsangemessene Alimentierung verletzt, dass er es unterlassen hat, bei der Besoldungsneuregelung der Zahl der Kinder ausreichend Rechnung zu tragen[3].
2. Die Bundesrepublik Deutschland hat dem Beschwerdeführer die notwendigen Auslagen zu erstatten[4].

Gerügt wird die Verletzung des Art. 33 Abs. 5 GG.

Begründung

I. Sachverhalt

Der Beschwerdeführer ist Professor. Er wehrt sich gegen die Streichung des Kinderzuschlags und eine unzureichende Änderung des kinderbezogenen Teils des Ortszuschlags als Folge des Übergangs von der Steuerermäßigung auf eine Kinderentlastung durch Kindergeld. Nach seiner Ansicht wird ihm dadurch der amtsangemessene Kinderunterhalt vorenthalten.

II. Rechtsausführungen

§ 1 Zulässigkeit

(1) Voraussetzungen für die Gesetzesverfassungsbeschwerde

a) Der Beschwerdeführer muss selbst betroffen sein.
„Dass der Beschwerdeführer selbst in einem seiner Grundrechte ...... verletzt sein muss, unterscheidet die Verfassungsbeschwerde des Grundgesetzes von der Popularklage, BVerfGE 1, 97/101.
......

b) Der Beschwerdeführer muss gegenwärtig betroffen sein.
„Ob eine gegenwärtige (‚aktuelle') Verletzung des Beschwerdeführers vorliegt, kann nur von Fall zu Fall entschieden werden. Jedenfalls ...... ist die ...... Praxis des schweizerischen Bundesgerichts ...... nicht übertragbar. Nach dieser ...... Praxis braucht der Beschwerdeführer nur zu behaupten, dass er irgendwann einmal in der Zukunft (‚virtuell') von der gerügten Gesetzesbestimmung betroffen werden könnte. Da ein ‚virtuelles' Betroffenwerden des Staatsbürgers stets zu bejahen wäre, würde die Übernahme dieser Praxis die Verfassungsbeschwerde ...... im Ergebnis doch zu einer Popularklage ausweiten", BVerfGE 1, 97/102.
......

c) Der Beschwerdeführer muss unmittelbar betroffen sein. „Setzt das Gesetz ...... zu seiner Durchführung rechtsnotwendig oder auch nur nach der tatsächlichen Verwaltungspraxis einen besonderen, vom Willen der vollziehenden Gewalt beeinflussten Vollzugsakt voraus (zB. in Gestalt einer Steuerveranlagung oder aus sonstigem Verwaltungsakt), so kann sich die Verfassungsbeschwerde nur gegen diesen Vollziehungsakt als dem unmittelbaren Eingriff in die Rechte des Einzelnen richten, und

der Beschwerdeführer hat einen gegen den Vollziehungsakt etwa gegebenen Rechtsweg zu erschöpfen, bevor er die Verfassungsbeschwerde erhebt", BVerfGE 1, 97/102f.

(2) Unterlassen des Gesetzgebers

a) Grundsätze
Ein im Sinne des § 90 BVerfGG relevantes Unterlassen des Gesetzgebers liegt nur vor, wenn das Grundgesetz den Gesetzgeber zum Erlass einer bestimmten Regelung verpflichtet hat, aus der der Einzelne einen Anspruch auf ein Handeln des Gesetzgebers herleiten kann, BVerfGE 12, 139/142.

b) Ein solcher Auftrag – hier: bezogen auf Besoldungs- und Versorgungsansprüche – folgt aus Art. 33 Abs. 5 GG, BVerfGE 44, 249/281.

§ 2 Begründetheit

(1) a) Grundsatz
Der Anspruch des Beamten auf Dienstbezüge und Versorgung ist in seinem Kernbestand durch Art. 33 Abs. 5 GG geschützt. Die Ausgestaltung im Einzelnen obliegt dem Gesetzgeber.

b) Grenzen
Die Grenzen der dem Gesetzgeber dadurch aufgetragenen Gestaltung sind jedoch überschritten, wenn die Dienstbezüge von Beamten mit mehr als 2 Kindern ihnen nicht mehr ein auch nur annähernd gleiches Lebensniveau wie ihren nicht durch die Kosten des Unterhalts und der Schul- und Berufsausbildung der Kinder belasteten Kollegen in vergleichbaren Ämtern gewährleisten.

(2) ......

§ 3 Annahmevoraussetzungen[5]

Schrifttum: S. Form. VI. 1.

Anmerkungen

1. Zum Rubrum s. die Anm. 1–7 zu Form. VI. 1.

2. Anders als im Regelfall (vgl. Form. VI. 1 Anm. 6) ist es bei Unterlassen des Gesetzgebers zweckmäßig, durch den Antrag klarzustellen, wo und in welchem Umfang das Unterlassen vorliegt.

3. Zum Fall vgl. BVerfGE 44, 249ff. Der jetzt erreichte Stand der Rechtsprechung findet sich bei BVerfG (K), NJW 2002 (357) unter Hinweis auf die Substanziierungspflicht des Beschwerdeführers (s. dazu auch BVerfGE 79, 1 [15]).

4. Wenn schon – ausnahmsweise – überhaupt ein Antrag gestellt wird (s. Anm. 2), kann auch ein Kostenantrag gestellt werden. Erforderlich ist er nicht.

5. Vgl. Form. VI. 1 II. § 3.

Kosten und Gebühren

Das Verfahren ist grundsätzlich kostenfrei, § 34 Abs. 1 BVerfGG; vgl. im Übrigen die Form. VI. 17, 18. Das Risiko der Missbrauchsgebühr ist zu beachten (§ 34 Abs. 2 BVerfGG).

10. Verfassungsbeschwerde gegen Gesetz (Art. 12 Abs. 1 GG)

An das
Bundesverfassungsgericht

Verfassungsbeschwerde[1]

der Firma ......

– Beschwerdeführerin –

Verfahrensbevollmächtigter: Rechtsanwalt ......

wegen Gesetz über Mindestvorräte an Erdölerzeugnissen vom 9. September 1965 (BGBl. I S. 1217)

Ich zeige an, dass mir der Beschwerdeführer Vollmacht erteilt (Anlage) und mich mit der Wahrnehmung seiner Interessen beauftragt hat. Namens und im Auftrag des Beschwerdeführers erhebe ich hiermit

Verfassungsbeschwerde

gegen:

Gesetz über Mindestvorräte an Erdölerzeugnissen vom 9. September 1965 (BGBl. I S. 1217).

Ich stelle folgenden Antrag[2]:

1. Das Gesetz über Mindestvorräte an Erdölerzeugnissen vom 9. September 1965 (BGBl. I S. 1217) ist mit Art. 12 Abs. 1 GG unvereinbar, soweit es keine Möglichkeit vorsieht, bei Unternehmen, deren Vorratspflicht ausschließlich auf der Einfuhr von Erdölerzeugnissen beruht, und die weder unter dem beherrschenden Einfluss anderer vorratspflichtiger Unternehmen stehen noch auf sie einen solchen Einfluss auszuüben vermögen, eine sich aus der wirtschaftlichen Struktur des Unternehmens ergebende, seine Wettbewerbsfähigkeit wesentlich verschlechternde Belastung durch die Vorratspflicht angemessen zu berücksichtigen[3].
2. Die Bundesrepublik Deutschland hat der Beschwerdeführerin die notwendigen Auslagen zu erstatten.

Begründung

I. Sachverhalt

Die Beschwerdeführerin wehrt sich gegen die durch das Gesetz eingeführte Bevorratungspflicht für die einstufig tätigen, konzernunabhängigen mittelständischen Mineralölimporteure, die sich ausschließlich oder überwiegend mit der Einfuhr von Erdölerzeugnissen befassen. Diese Unternehmen werden zur ständigen Vorratshaltung verpflichtet, ohne Entlastung von den damit verbundenen Kosten. Dadurch wird ihre wirtschaftliche Existenz in Frage gestellt.

II. Rechtsausführungen

§ 1 Zulässigkeit[4]

......

§ 2 Begründetheit

(1) a) Grundsatz

„Die Freiheit der Berufswahl darf nur eingeschränkt werden, soweit der Schutz besonders wichtiger Gemeinschaftsgüter es zwingend erfordert. ...... Die Freiheit der

Berufsausübung kann beschränkt werden, soweit vernünftige Erwägungen des Gemeinwohls es zweckmäßig erscheinen lassen", BVerfGE 7, 377/405 ff.
Hier liegt ein Eingriff in die Freiheit der Berufsausübung vor. ......

b) Voraussetzungen
„Der Gesetzgeber darf die freie Berufsausübung nur im Interesse des Gemeinwohls und nur zur Lösung solcher Sachaufgaben beschränken, die ein Tätigwerden des Gesetzgebers überhaupt zu rechtfertigen vermögen und der Wertordnung des Grundgesetzes nicht widersprechen. Er muss den Eingriff in das Grundrecht mit sachgerechten und vernünftigen Erwägungen des Gemeinwohls begründen können und darf seine Rechtsetzungsmacht nicht zu sachfremden Zwecken missbrauchen", BVerfGE 30, 292/316f.

c) Prinzip der Verhältnismäßigkeit
„Das vom Gesetzgeber eingesetzte Mittel muss geeignet und erforderlich sein. ...... Die Grenze der Zumutbarkeit (muss) gewahrt sein", BVerfGE 30, 292/316f.

(2) Im vorliegenden Fall tritt die verfassungswidrige Wirkung des Gesetzes dadurch ein, dass die Beschwerdeführerin als unabhängiger Importeur ohne sachlichen Grund wesentlich stärker belastet wird als andere Gruppen ......

§ 3 Annahmevoraussetzungen[5]

Schrifttum: S. Form. VI. 1.

Anmerkungen

1. Zum Rubrum s. die Anm. 1–7 zu Form. VI. 1.

2. Anders als im Regelfall (vgl. Form. VI. 1 Anm. 6) ist ein Antrag dann zweckmäßig, wenn der Beschwerdeführer klarstellen will, in welchem Umfang er eine gesetzliche Regelung für verfassungswidrig hält. Wenn schon ein solcher Antrag gestellt wird, kann er auch durch einen Kostenantrag ergänzt werden.

3. Zum Fall s. BVerfGE 30, 292ff. Zum jetzt erreichten Stand der Rechtsprechung zu Art. 12 Abs. 1 GG vgl. BVerfG, NJW 2002, 666 (667).

4. Text II § 1 (1) zu Form. VI. 9.

5. Vgl. Form. VI. 1 II. § 3.

Kosten und Gebühren

Das Verfahren ist grundsätzlich kostenfrei, § 34 Abs. 1 BVerfGG; vgl. im Übrigen die Form. VI. 17, 18. Das Risiko der Missbrauchsgebühr ist zu beachten (§ 34 Abs. 2 BVerfGG).

11. Verfassungsbeschwerde gegen Gesetz (Art. 3 Abs. 1 GG)

An das
Bundesverfassungsgericht

Verfassungsbeschwerde[1]

der Firma ...... GmbH

– Beschwerdeführerin –

Verfahrensbevollmächtigter: Professor ......[2]

wegen: § 4 Nr. 14 S. 2 des Umsatzsteuergesetzes (UStG 1973) in der Fassung vom 16. November 1973 (BGBl. I S. 1682)

Ich zeige an, dass mir der Beschwerdeführer Vollmacht erteilt (Anlage) und mich mit der Wahrnehmung seiner Interessen beauftragt hat.

Namens und im Auftrag des Beschwerdeführers erhebe ich

Verfassungsbeschwerde

gegen

§ 4 Nr. 14 S. 2 UStG 1973.

Ich stelle folgenden Antrag[3]:

1. § 4 Nr. 14 S. 2 UStG 1973 ...... ist insofern mit Art. 3 Abs. 1 GG unvereinbar, als einerseits allen dort bezeichneten Gemeinschaften Steuerfreiheit für Leistungen an ihre ärztlichen Mitglieder gewährt wird, andererseits entsprechende Leistungen gewerblicher Analyseunternehmen an Ärzte der Steuerpflicht unterliegen.
2. Die Bundesrepublik Deutschland hat der Beschwerdeführerin die notwendigen Auslagen zu erstatten[4].

Gerügt wird ein Verstoß gegen Art. 3 Abs. 1 GG[5].

Begründung:

I. Sachverhalt

Die Beschwerdeführerin ist ein umsatzsteuerpflichtiges gewerbliches Analyseunternehmen. Sie wehrt sich gegen die Bevorzugung ärztlicher Laborgemeinschaften: für deren Leistungen sieht das angegriffene Gesetz Umsatzsteuerfreiheit vor.

II. Rechtsausführungen

§ 1 Zulässigkeit[6]

......

§ 2 Begründetheit[7]

(1) a) Grundsatz
„Der Gleichheitssatz ist verletzt, wenn sich ein vernünftiger, sich aus der Natur der Sache ergebender oder sonstwie sachlicher einleuchtender Grund für die gesetzliche Differenzierung oder Gleichbehandlung nicht finden lässt, kurzum, wenn die Bestimmung als willkürlich bezeichnet werden muss", BVerfGE 1, 14/52[8] (klassische Formel, heute noch 2. Senat). Der 1. Senat wendet den Gleichheitssatz in st. Rspr. seit BVerfGE 55, 72/88 wie folgt an: „Der allgemeine Gleichheitssatz ist verletzt, wenn der Staat eine Gruppe von Normadressaten im Vergleich zu anderen Normadressaten anders behandelt, obwohl zwischen beiden Gruppen keine Unterschiede von solcher Art und solchem Gewicht bestehen, dass sie die ungleiche Behandlung rechtfertigen könnten", BVerfGE 82, 60/86.

b) Gestaltungsfreiheit
Dem Gesetzgeber ist weitgehende Gestaltungsfreiheit zuzuerkennen. Nur die Einhaltung der äußersten Grenzen der gesetzgeberischen Freiheit ist vom Gericht nachzuprüfen. Die Unsachlichkeit der getroffenen Regelung muss evident sein, BVerfGE 18, 121/124. Ist die Regelung noch mit Art. 3 Abs. 1 GG vereinbar, so kommt es nicht darauf an, ob eine andere gerechter oder vernünftiger gewesen wäre oder dem Gleichheitssatz noch besser entsprochen hätte, BVerfGE 13, 162/182.

c) Prüfvorgang
„Wenn fraglich ist, ob eine gesetzliche Vorschrift den Gleichheitssatz verletzt, muss Klarheit darüber bestehen, welche Aufgabe dem Gesetz gestellt war und welcher rechtlichen Mittel es sich bei ihrer Lösung bedient hat; nur so lässt sich beurteilen, ob

die Merkmale erkannt und ‚richtig', d.h. unter Beachtung der Forderungen der Gerechtigkeit bewertet sind, die bestimmte Sachverhalte als ‚gleich' oder ‚ungleich' im Sinne dieser konkreten rechtlichen Regelung erscheinen lassen, und ob danach diese Sachverhalte zu Recht oder zu Unrecht in die gesetzlichen Tatbestände einbezogen oder aus ihnen ausgeschieden sind", BVerfGE 9, 291/294.

(2) Im vorliegenden Fall lässt sich ein rechtfertigender Grund für die Differenzierung nicht finden. ......

§ 3 Annahmevoraussetzungen[9]

Schrifttum: S. Form. VI. 1.

Anmerkungen

1. Zum Rubrum s. die Anm. 1–7 zu Form. VI. 1.

2. Vgl. § 22 Abs. 1 BVerfGG.

3. Vgl. Form. VI. 9 Anm. 3.

4. Vgl. Form. VI. 9 Anm. 5.

5. Eine auf Art. 3 GG gestützte Verfassungsbeschwerde, mit der die Ausdehnung einer begünstigenden Regelung verlangt wird, kann ihrer Natur nach im Regelfall nur zur Feststellung der Verletzung des Art. 3 GG führen, BVerfGE 6, 257/265. Auf eine Ausdehnung auf die ausgeschlossene Personengruppe kann nur erkannt werden, wenn es entweder verfassungsrechtlich geboten ist, den Verstoß gegen den allgemeinen Gleichheitssatz gerade auf diese Weise zu beseitigen, BVerfGE 15, 46/76 oder mit Sicherheit angenommen werden kann, dass der Gesetzgeber, hätte er den Verstoß gegen den Gleichheitssatz erkannt, ihm dadurch begegnet wäre, dass er die ausgeschlossene Gruppe in die begünstigende Regelung einbezogen hätte, BVerfGE 18, 288/301f.

6. S. Text II § 1 (1) zu Form. VI. 9.

7. Zum Fall s. BVerfGE 43, 58ff. Aus der jüngsten Rechtsprechung vgl. BVerfGE 103, 225 (235); 103, 242 (258); 103, 392 (397).

8. Zum Wandel im Verständnis des Gleichheitssatzes vgl. *Wendt*, Der Gleichheitssatz, NVwZ 1988, 778.

9. Vgl. Form VI. 1 II. § 3.

Kosten und Gebühren

Das Verfahren ist grundsätzlich kostenfrei, § 34 Abs. 1 BVerfGG; vgl. im Übrigen die Form. VI. 17, 18. Das Risiko der Missbrauchsgebühr ist zu beachten (§ 34 Abs. 2 BVerfGG).

12. Verfassungsbeschwerde gegen Gesetz (Art. 2 Abs. 1, 20 GG – Rückwirkungsverbot)

An das
Bundesverfassungsgericht

Verfassungsbeschwerde[1]

des Herrn ......

– Beschwerdeführer –

Verfahrensbevollmächtigter: ......

wegen: Wohnungsbau-Prämiengesetz 1975 vom 28. August 1974 (BGBl. I S. 2105)

Ich zeige an, dass mir der Beschwerdeführer Vollmacht erteilt (Anlage) und mich mit der Wahrnehmung seiner Interessen beauftragt hat.

Namens und seinem Auftrag erhebe ich

Verfassungsbeschwerde

gegen

§ 2a und § 3 in Verbindung mit § 10 Abs. 1 des Wohnungsbau-Prämiengesetzes 1975 (WoPG) ......

Gerügt wird ein Verstoß gegen Art. 2 Abs. 1, 20 GG.

Begründung[2]

I. Sachverhalt

Der Beschwerdeführer wehrt sich dagegen, dass das WoPG 1975 rückwirkend in seinen unter der Geltung des WoPG 1969 abgeschlossenen Bausparvertrag eingreift. Nach altem Recht konnte er DM 1.600,– jährlich prämienbegünstigt anlegen, jetzt nur noch DM 800,–. Außerdem entfällt die Prämie, weil er jetzt die Einkommensgrenze überschreitet.

II. Rechtsausführungen

§ 1 Zulässigkeit[3]

......

§ 2 Begründetheit

(1) a) Grundsatz

Es ist zwischen echter und unechter Rückwirkung zu unterscheiden.

Echte Rückwirkung eines Gesetzes liegt nur vor, wenn das Gesetz nachträglich in abgewickelte, der Vergangenheit angehörende Tatbestände eingreift, BVerfGE 11, 139/145f.

Unechte Rückwirkung entfaltet eine Norm dann, wenn sie zwar nicht auf vergangene, aber auch nicht nur auf zukünftige, sondern auf gegenwärtige, noch nicht abgeschlossene Sachverhalte und Rechtsbeziehungen für die Zukunft einwirkt und damit zugleich die betroffene Rechtsposition nachträglich im Ganzen entwertet, BVerfGE 30, 392/402f.

Hier liegt ein Fall der unechten Rückwirkung vor. ......

b) Zulässigkeit der unechten Rückwirkung

Grenze der unechten Rückwirkung ist das geschützte Vertrauen des einzelnen. Es ist nicht schutzwürdig, wenn der Bürger mit der Regelung rechnen musste, wenn das geltende Recht unklar und verworren war. Unabhängig davon kann sich der Bürger nicht auf den von einer ungültigen Norm erzeugten Rechtsschein verlassen. Außerdem gehen zwingende Gründe des Gemeinwohls vor, BVerfGE 13, 261/272.

(2) Im vorliegenden Fall hat das Vertrauen des betroffenen Bürgers am Fortbestand der ihm günstigen Regelung Vorrang[4].

§ 3 Annahmevoraussetzungen[5]

Schrifttum: S. Form. VI. 1.

Anmerkungen

1. Zum Rubrum s. die Anm. 1–7 zu Form. VI. 1.

2. Zum Fall s. BVerfGE 48, 403. Es handelt sich um die Wiedergabe eines Altfalls. Deshalb ist weiterhin von DM die Rede. Aus der jüngeren Rechtsprechung vgl. BVerfGE 97, 378 (389), 101, 239 (263); 103, 392 (403 f.).

3. S. Text II § 1 (1) zu Form. VI. 9.

4. AA. BVerfGE 48, 403/416. Zur jüngsten Entwicklung in der Rechtsprechung vgl. BVerfGE 62/117; 63/152; 63/312; 63/343; 67/1; 68/193; 68/287 und dazu *Pieroth,* Die neuere Rechtsprechung des Bundesverfassungsgerichts zum Grundsatz des Vertrauensschutzes, JZ 1984, 971; *H. Bauer,* Neue Tendenzen in der bundesverfassungsgerichtlichen Rechtsprechung zum Rückwirkungsverbot, NVwZ 1984, 220; *ders.,* Bundesverfassungsgericht und Rückwirkungsverbot, JuS 1984, 241. Zum strafrechtlichen Rückwirkungsverbot des Art. 103 Abs. 2 GG s. BVerfGE 95, 96.

5. Vgl. Form VI. 1 II. § 3.

Kosten und Gebühren

Das Verfahren ist grundsätzlich kostenfrei, § 34 Abs. 1 BVerfGG; vgl. im Übrigen die Form. VI. 17, 18. Das Risiko der Missbrauchsgebühr ist zu beachten (§ 34 Abs. 2 BVerfGG).

13. Antrag auf Erlass einer einstweiligen Anordnung

An das
Bundesverfassungsgericht

Antrag auf Erlass einer einstweiligen Anordnung des Herrn ......

– Antragsteller[1] –

Verfahrensbevollmächtigter: Rechtsanwalt ......[2]

Ich zeige an, dass mir der Antragsteller Vollmacht erteilt (Anlage[3]) und mich mit der Wahrnehmung seiner Interessen beauftragt hat. Namens und in seinem Auftrag beantrage[4] ich, folgende einstweilige Anordnung[5] zu erlassen:

1. Die Vollziehung der Beschlüsse des Sozialgerichts K. vom ...... Az. ...... und des Landessozialgerichts Baden-Württemberg vom ...... Az. ...... wird bis zur Entscheidung[6] über die Verfassungsbeschwerde[7] des Antragstellers ausgesetzt.

2. Das Land Baden-Württemberg[8] hat die notwendigen Auslagen des Antragstellers ganz zu erstatten.

Begründung

I. Sachverhalt

Der Antragsteller ist Arzt. Er betrieb eine Kassenpraxis. Der Zulassungsausschuss hatte ihm die GKV-Kassenzulassung entzogen. Außerdem war der Beteiligungswiderruf am Arzt/Ersatzkassenvertrag angeordnet worden. Die sofortige Vollziehung dieser Entscheidungen war angeordnet worden. Die Gerichte haben das gebilligt. In der Hauptsache liegt noch keine Entscheidung vor.

II. Rechtsausführungen

§ 1 Strenger Maßstab

Nach ständiger Rechtsprechung des Bundesverfassungsgerichts ist bei Prüfung der Voraussetzungen des § 32 BVerfGG ein strenger Maßstab anzulegen, BVerfGE 46, 1/11.

§ 2 Unbeachtlichkeit der Hauptsache

Würdigt das Bundesverfassungsgericht die Umstände, die für oder gegen den Erlass einer einstweiligen Anordnung sprechen, so haben die Gründe, die für die Verfassungswidrigkeit des beanstandeten Hoheitsaktes angeführt werden, grundsätzlich außer Betracht zu bleiben, es sei denn, die Verfassungsbeschwerde erweise sich von vornherein als unzulässig oder offensichtlich unbegründet, BVerfGE 46, 1/11.
Im vorliegenden Fall liegt nach Ansicht des Antragstellers keiner der beiden Ausnahmefälle vor.

§ 3 Folgenabwägung

(1) Dann sind nach ständiger Rechtsprechung des Gerichts „grundsätzlich allein die Folgen abzuwägen, die eintreten würden, wenn eine einstweilige Anordnung nicht erginge, der Antrag in der Hauptsache aber Erfolg hätte, gegenüber den Nachteilen, die entstünden, wenn die begehrte einstweilige Anordnung erlassen würde, dem Antrag in der Hauptsache aber der Erfolg zu versagen würde", BVerfGE 46, 1/11.

(2) Eine Abwägung nach den genannten Grundsätzen ergibt hier Folgendes[9]:

a) Ergeht die einstweilige Anordnung nicht, so wird der Praxis des Antragstellers die wirtschaftliche Grundlage entzogen. Dies erwiese sich auch als irreparabel: eine Rückgewinnung der Patienten wäre nach der Lebenserfahrung schon deshalb nicht möglich, weil der Antragsteller die dafür erforderliche Zeit wirtschaftlich nicht überbrücken kann. Außerdem würden Unbeteiligte betroffen (Entlassung von 12 Arzthelferinnen).
b) Ergeht die einstweilige Anordnung, bleibt aber später der Verfassungsbeschwerde der Erfolg versagt, so ist der Antragsteller in der Zwischenzeit an der kassenärztlichen Versorgung weiterhin beteiligt und kann seine Leistungen abrechnen. Da die Tätigkeit des Antragstellers nicht mehr zu beanstanden ist, die Fortführung der Praxis also keine Patienten gefährdet, kann in diesem Fall lediglich die kassenärztliche Vereinigung N. dadurch besonders belastet werden, dass sie den Abrechnungen des Antragstellers erhöhte Aufmerksamkeit widmen muss. Das erscheint vertretbar.
Auch unter Anlegung strenger Maßstäbe ist die beantragte einstweilige Anordnung deshalb zu erlassen.

Schrifttum: Maunz/Schmidt-Bleibtreu/Klein/Ulsamer, BVerfGG, Stand 1993, Anm. zu § 32 BVerfGG; *Zuck,* Die einstweilige Anordnung bei der Verfassungsbeschwerde gegen strafrechtliche Entscheidungen, NStZ 1985, 241; *Gusy,* Die Verfassungsbeschwerde, 1988 S. 187 ff.; *Dörr,* Die Verfassungsbeschwerde in der Prozeßpraxis 1990, Rdn. 367 ff.; *Berkemann,* in: *Umbach/Clemens,* BVerfGG 1992 Anm. zu § 32; ausführlich *Lechner/Zuck,* BVerfGG 4. Aufl. 1996 Rdnr. 33 ff. zu § 32 BVerfGG.

Anmerkungen

1. Im Verfahren über den Erlass einer einstweiligen Anordnung gibt es keinen Antragsgegner, nur Verfahrensbeteiligte, in der Regel die Bundesrepublik Deutschland oder eines ihrer Länder.

2. Es besteht kein Anwaltszwang, § 22 BVerfGG.

3. Vgl. dazu Form. VI. 15.

4. Die einstweilige Anordnung kann ohne Antrag erlassen werden. Im Rahmen eines Verfassungsbeschwerdeverfahrens ist es aber üblich und angebracht, einen solchen Antrag zu stellen.

5. Da der Erlass einer einstweiligen Anordnung nicht von einem Antrag abhängt, ist das Bundesverfassungsgericht auch nicht an den Inhalt des Antrags gebunden. Maßgebend ist vielmehr § 32 Abs. 1 BVerfGG.

6. Die Entscheidung in der Hauptsache darf nicht vorweggenommen werden, BVerfGE 3, 41/43.

7. Zwar muss die Verfassungsbeschwerde noch nicht erhoben sein; sie muss aber (noch) erhoben werden können. Ohne anhängiges Verfassungsbeschwerdeverfahren gibt es keine Entscheidung über den Erlass einer einstweiligen Anordnung. Üblich und angebracht ist es, beide Anträge (Verfassungsbeschwerde/einstweilige Anordnung) gleichzeitig zu stellen und zu begründen. Mit der negativen Entscheidung über die Hauptsache erledigt sich der Antrag auf Erlass einer einstweiligen Anordnung. Die Entscheidung kann auch die Kammer im Rahmen des § 93 d BVerfGG treffen, es sei denn, die einstweilige Anordnung betreffe die Aussetzung der Anwendung eines Gesetzes, § 93 d Abs. 2 S. 2 BVerfGG. Gegen die ablehnende Entscheidung gibt es kein Rechtsmittel.

8. Erstattungspflichtig ist derjenige Träger der öffentlichen Gewalt, dem die vom Antragsteller erfolgreich gerügte Grundrechtsverletzung zuzurechnen ist. Der Erstattungsanspruch richtet sich nach § 34 a Abs. 3 BVerfGG.

9. Zu einem ähnlichen Fall vgl. BVerfGE 40, 179. Ausnahmsweise kommt es auf die Erfolgsaussichten der Hauptsache an, BVerfGE 63/254; 67/152. Aus der neueren Rechtsprechung vgl. etwa BVerfG (K) NJW 2002, 53; NJW 2002, 1863.

Kosten und Gebühren

Das Verfahren ist grundsätzlich kostenfrei, § 34 Abs. 1 BVerfGG. Für die Auslagenerstattung, die § 34 a Abs. 3 BVerfGG folgt, ist das Verfahren über den Erlass einer einstweiligen Anordnung gebührenrechtlich selbstständig, BVerfGE 41, 228/230. Auch hier gilt § 113 BRAGO, s. Form. VI. 17, 18. Wird in der Entscheidung über eine Verfassungsbeschwerde die Erstattung notwendiger Auslagen angeordnet, so erfasst dieser Anspruch regelmäßig nicht die Auslagen, die durch einen Antrag auf Erlass einer einstweiligen Anordnung entstanden sind, BVerfGE 89, 91.

14. Antrag auf Durchführung eines konkreten Normenkontrollverfahrens nach Art. 100 GG

An das
Amtsgericht

Im Ordnungswidrigkeitenverfahren

gegen Dr. A.

stelle ich den Antrag[1],

das Verfahren auszusetzen[2] und eine Entscheidung des Bundesverfassungsgerichts darüber einzuholen, ob § 8 Abs. 2 S. 1 Tierschutzgesetz vom 24. Juli 1972 insoweit mit dem Grundgesetz vereinbar ist, als nur Personen mit abgeschlossener Hochschulbildung

der Biologie und den erforderlichen Fachkenntnissen an Hochschulen oder staatlichen wissenschaftlichen Einrichtungen, nicht aber an anderen wissenschaftlichen Einrichtungen Tierversuche mit operativen Eingriffen durchführen dürfen.

Begründung[3]

I. Sachverhalt

Dr. A. ist als Pharmakologe bei einem Arzneimittelhersteller der Privatindustrie tätig. Er muss Tierversuche mit operativen Eingriffen durchführen, um die therapeutische Wirkung von Substanzen zu prüfen. Nach § 8 Abs. 2 S. 1 TierSchG ist eine solche Tätigkeit nur an staatlichen wissenschaftlichen Einrichtungen erlaubt. Die Stadtverwaltung L. hat Dr. A. deshalb mit einem Bußgeldbescheid von EUR 50,– belegt. Dr. A. hat Einspruch eingelegt[4].

II. Rechtsausführungen

§ 1 Entscheidungserheblichkeit

(1) Eine Vorlage an das Bundesverfassungsgericht ist nur zulässig, wenn die Endentscheidung des vorliegenden Gerichts von der Gültigkeit des für verfassungswidrig gehaltenen Gesetzes abhängt, BVerfGE 50, 108/113. Das setzt voraus, dass das Gericht sich klar darüber ausspricht, dass und wann es bei Gültigkeit der Norm anders entscheiden würde als bei ihrer Ungültigkeit; denn nur dann kommt es bei der Entscheidung auf die Gültigkeit der Norm an, BVerfGE 11, 330/334f. Das Bundesverfassungsgericht wird dabei grundsätzlich von der Rechtsansicht des vorlegenden Gerichts ausgehen, sofern dessen Auffassung nicht offensichtlich unvertretbar ist, BVerfGE 50, 108/112.

(2) Im vorliegenden Fall liegt auf der Hand, dass das Amtsgericht bei Bejahung der Vorlagefrage eine Geldbuße gegen Dr. A. festsetzen (§ 72 Abs. 2 OWiG), ihn bei Verneinung aber freisprechen muss. Also ist die Vorlagefrage entscheidungserheblich.

§ 2 Prüfungsmaßstab

Die beanstandete Regelung verstößt gegen Art. 12 Abs. 1 GG in Verbindung mit Art. 3 Abs. 1 GG. Dass Biologen an nicht staatlichen wissenschaftlichen Einrichtungen die Befugnis zur selbstständigen Durchführung von operativen Eingriffen bei Tierversuchen versagt ist, bedeutet für diesen Personenkreis eine erhebliche Einschränkung seiner Berufsausübung, die durch keinen sachlichen Grund gerechtfertigt ist[5].

Schrifttum: AK-GG-*Rinken,* 2. Aufl. 1989, Anm. zu Art. 100 GG; *Maunz/Schmidt-Bleibtreu/ Klein/Ulsamer* BVerfGG, Stand 1985, Anm. zu §§ 80ff. BVerfGG; *Klein,* in: *Umbach/Clemens,* BVerfGG 1992 Anm. zu §§ 80ff.; *Lechner/Zuck,* BVerfGG 4. Aufl. 1996 Anm. vor und zu §§ 80ff. BVerfGG.

Anmerkungen

1. Da das Bundesverfassungsgericht das Monopol für die Verwerfungskompetenz für formelle, nachkonstitutionelle Gesetze hat, ist die Instanzgerichtsbarkeit verpflichtet, wenn sie die Verfassungsmäßigkeit eines formellen, nachkonstitutionellen Gesetzes verneint, die Entscheidung des Bundesverfassungsgerichts einzuholen, BVerfGE 1, 184. Streng genommen handelt es sich bei dem „Antrag" des Betroffenen nur um eine Anregung an das Gericht; s. § 80 Abs. 3 BVerfGG.

2. Art. 100 Abs. 1 S. 1 GG. Der Aussetzungsbeschluss ist je nach den prozessualen Vorschriften des Ausgangsverfahrens zu verkünden, den Beteiligten zuzustellen oder formlos mitzuteilen.

3. Die Begründung des vorlegenden Gerichts muss angeben, inwiefern von der Gültigkeit der Rechtsvorschrift die Entscheidung des Gerichts abhängig ist und mit welchen übergeordneten Rechtsnormen sie unvereinbar ist (§ 80 Abs. 2 BVerfGG). Infolgedessen empfiehlt sich auch für den Antragsteller im Ausgangsverfahren, auf diese Fragen einzugehen.

4. Zu den Einzelheiten des Sachverhalts vgl. BVerfGE 48, 376; aus der neueren Rechtsprechung vgl. BVerfGE 102, 99 (112f.); 102, 147 (161).

5. Zu den Einzelheiten der rechtlichen Begründung vgl. BVerfGE 48, 376/389ff.

Kosten und Gebühren

Ergeht ein Vorlagebeschluss, so gibt § 82 Abs. 3 BVerfGG ua. den Beteiligten des Ausgangsverfahrens das Recht, sich im Verfahren vor dem Bundesverfassungsgericht zu äußern (Äußerungsbeteiligte). Sie werden nicht Beteiligte des Normenkontrollverfahrens. Dennoch setzt das Bundesverfassungsgericht den Gegenstandswert für das Normenkontrollverfahren fest (aA. früher BVerfGE 7, 87/88).

Die Höhe der Gebühren richtet sich nach § 113 BRAGO. Eine Kostenerstattung findet nur im Rahmen der Vorschriften des einfachen Rechts, nicht nach § 34a BVerfGG statt, BVerfGE 36, 101.

15. Vollmacht

Hiermit erteile ich Herrn ......

Vollmacht[1], mich vor dem Bundesverfassungsgericht zur Durchführung eines Verfassungsbeschwerdeverfahrens[2, 3] wegen

1. Urteil des Amtsgerichts – Familiengericht –, K. vom ...... , Az. ......
2. Urteil des Oberlandesgerichts K. vom ...... , Az. ...... [4]

zu vertreten und alle zur Durchführung dieses Verfahrens erforderlichen Handlungen vorzunehmen.

K., den ......

......
(Unterschrift)

Schrifttum: Zuck, Die Verfassungsbeschwerde, 2. Aufl. 1988 Rdz. 708ff.; vgl. im Übrigen die Nachweise bei Form. VI. 1.

Anmerkungen

1. Die Vollmacht ist schriftlich zu erteilen, § 22 Abs. 2 S. 1 BVerfGG. Sie ist Wirksamkeitsvoraussetzung für alle Prozesshandlungen. Die Vollmacht darf nicht nur außerhalb der Ausschlussfrist des § 93 BVerfGG nachgereicht werden (BVerfGE 1, 433). Es ist auch zulässig, sie erst nach Ablauf dieser Frist auszustellen (BVerfGE 50, 381/383. Es ist aber zu beachten, dass das Bundesverfassungsgericht neuerdings eine Frist zur Vorlage der Vollmacht setzt. Diese Frist ist strikt einzuhalten.

2. Die Vollmacht muss sich ausdrücklich auf das Verfahren beziehen, § 22 Abs. 2 S. 2 BVerfGG. Die allgemeine Anwaltsvollmacht genügt deshalb nicht.

3. Oder: Antrag auf Erlass einer einstweiligen Anordnung wegen ......

4. Oder: Verfassungswidrigkeit des § ...... Abs....... S....... des Gesetzes ...... vom ...... (BGBl. I S.......).

16. Ablehnungsgesuch

An das
Bundesverfassungsgericht

Im Verfahren über die Verfassungsbeschwerde des Herrn G.

wird Bundesverfassungsrichter X.[1]

wegen Besorgnis der Befangenheit abgelehnt[2].

Begründung[3]

Der Beschwerdeführer hat soeben erfahren, dass Bundesverfassungsrichter X. für den Beklagten des Ausgangsverfahrens ein Privatgutachten erstattet hat. In diesem Gutachten hat er sich auch – für den Beschwerdeführer negativ – zu den im Verfassungsbeschwerdeverfahren zu behandelnden verfassungsrechtlichen Fragen geäußert.
Zwar ist in verfassungsgerichtlichen Verfahren in die „vernünftige Würdigung aller Umstände" die besondere Eigenart miteinzubeziehen, dass kein neuer Richter an die Stelle des (erfolgreich) Abgelehnten tritt und schon wenige erfolgreiche Ablehnungen zur Beschlussunfähigkeit des zuständigen Senats führen können (BVerfGE 32, 288, 290; 35, 171, 173; 43, 126, 128). Es ist deshalb auch ein strenger Maßstab anzulegen (BVerfGE 47, 105, 108)[4]. Auch unter diesen einschränkenden Bedingungen[5] ist die Besorgnis der Befangenheit jedoch berechtigt. Bundesverfassungsrichter X. hat nicht allgemein seine wissenschaftliche Meinung zu einer verfahrensrelevanten Rechtsfrage geäußert. Er war vielmehr für einen Beteiligten jenes Verfahrens tätig, dessen Endentscheidung mit der Verfassungsbeschwerde angegriffen worden ist.

Schrifttum: Maunz/Schmidt-Bleibtreu/Klein/Ulsamer, BVerfGG, Stand 1998, Anm. zu § 19 BVerfGG; *Zuck,* Das Recht der Verfassungsbeschwerde, 2. Aufl. 1988, Rdn. 809 ff.; *von Bargen,* in: *Umbach/Clemens,* BVerfGG 1992 Anm. zu § 19; *Lechner/Zuck,* BVerfGG 4. Aufl. 1996 Anm. zu § 19 BVerfGG; vgl. im Übrigen die Nachweise bei Form. VI. 1.

Anmerkungen

1. Eine pauschale Ablehnung namentlich nicht genannter Richter, insbesondere eines ganzen Senats oder des Bundesverfassungsgerichts überhaupt, ist unzulässig, BVerfGE 11, 1; 46, 200.

2. Abgesehen vom Fall der Selbstablehnung, § 19 Abs. 3 BVerfGG – Beispiel: BVerfGE 95, 189 – setzt die Ablehnung einen Antrag voraus. Die Prüfung der Frage von Amts wegen, ob ein Richter Anlass zur Besorgnis der Befangenheit gegeben hat, ist unstatthaft, BVerfGE 46, 34/35.

3. Die Ablehnung ist zu begründen, § 19 Abs. 2 S. 1 BVerfGG.

4. Weder die Abstammung, die Zugehörigkeit zu einer politischen Partei oder ein ähnlicher allgemeiner Gesichtspunkt (vgl. § 18 Abs. 2 BVerfGG) noch die frühere Mitwirkung im Gesetzgebungsverfahren oder die Äußerung einer wissenschaftlichen Meinung zu einer für das Verfahren bedeutsamen Rechtsfrage rechtfertigen deshalb die Ablehnung, BVerfGE 43, 126/128.

5. Es gibt nur wenig erfolgreiche Ablehnungsgesuche, vgl. BVerfGE 20, 1 ff.; 20, 9 ff.; 35, 246 f. Zum ausgeschlossenen Richter vgl. BVerfGE 79, 127/140 f.

17. Antrag auf Festsetzung des Gegenstandswerts

An das
Bundesverfassungsgericht

Im Verfahren über die Verfassungsbeschwerde des Herrn G. beantrage ich,

den Gegenstandswert auf 500.000,– EUR festzusetzen[1].

Begründung[2]

I. Sachverhalt

Es handelt sich um eine Verfassungsbeschwerde, mit der das gesetzliche System des sogenannten Familienlastenausgleichs angegriffen worden war[3].

II. Rechtsausführungen

§ 1 Bedeutung der Angelegenheit

Die subjektive Beschwer hat im vorliegenden Fall nur EUR 100,– betragen. Das ist die Höhe der jährlichen Steuerersparnis. Es ist jedoch anerkannt, dass auch die objektive Bedeutung des Verfahrens zu berücksichtigen ist[4]. Vom Familienlastenausgleich sind rund 1 Mio. Personen betroffen. Unterstellt man auch hier eine persönliche Belastung von EUR 100,– je Person, so ist von objektiven Auswirkungen des Verfahrens in Höhe von EUR 1,2 Mrd. auszugehen.

§ 2 Umfang und Schwierigkeit anwaltlicher Tätigkeit

Im Übrigen ist darauf hinzuweisen, dass der Sachverhalt außerordentlich komplex ist; dasselbe gilt für die – umfangreiche – Darstellung des einfachen Rechts. Dies zeigt auch der Umfang der Verfassungsbeschwerde mit 250 Seiten; außerdem waren zeitraubende Ermittlungen erforderlich.

§ 3 Vermögens- und Einkommensverhältnisse

Der Beschwerdeführer ist ein wohlhabender Geschäftsmann mit gesichertem, überdurchschnittlichem Einkommen.

§ 4 Nach billigem Ermessen

ist es deshalb angebracht, den Gegenstandswert auf EUR 500.000,– festzusetzen.

Schrifttum: Zuck, Das Recht der Verfassungsbeschwerde, 2. Aufl. 1988, Rdn. 997ff.; *Lechner/Zuck,* BVerfGG 4. Aufl. 1996 Rdn. 49ff. zu § 34a BVerfGG.

Anmerkungen

1. Das Gericht wird nur auf Antrag tätig. Der Antrag ist schriftlich einzureichen. Im Allgemeinen setzt das Bundesverfassungsgericht den Gegenstandswert restriktiv an.

2. Maßgebend sind § 34a Abs. 2, 3 BVerfGG, § 113 Abs. 2 S. 3 BRAGO. Die Begründungspflicht ergibt sich aus § 23 BVerfGG.

3. Zum Sachverhalt im Einzelnen vgl. BVerfGE 45, 104. Das Bundesverfassungsgericht hatte in dieser Sache bei einem Antrag auf 1 Mio DM den Gegenstandswert auf DM 800.000,– festgesetzt.

4. Zum Verhältnis der subjektiven und objektiven Funktionen der Verfassungsbeschwerde bei der Festsetzung des Gegenstandswerts sowie der praktischen Bewertung der einzelnen Faktoren vgl. die beiden Grundsatzentscheidungen BVerfG, NJW 1989, 2047; 2048.

18. Antrag auf Kostenfestsetzung

An das
Bundesverfassungsgericht

Im Verfahren über die Verfassungsbeschwerde des Herrn G.

stelle ich den Antrag[1], die Kosten des Beschwerdeführers wie folgt festzusetzen:

Gegenstandswert: EUR 100.000,–

13/10 Prozessgebühr gemäß § 113 Abs. 2, § 11 Abs. 1 S. 2, § 31 Abs. 1 Nr. 1 BRAGO[2]	**EUR**	**1.760,20**
Post- und Telekommunikation gemäß § 26 BRAGO	**EUR**	**20,—**
50 Fotokopien à EUR 0,50, 100 Fotokopien à EUR 0,15 gemäß § 27 BRAGO[3]	**EUR**	**40,—**
Informationsreise Stuttgart/München hin und zurück 440 km à EUR 0,27 gemäß § 28 Abs. 2 BRAGO	**EUR**	**118,80**
Abwesenheitsgeld über 8 Stunden gemäß § 28 Abs. 3 BRAGO	**EUR**	**56,—**
16% Mehrwertsteuer	**EUR**	**319,20**
	EUR	**2.314,20**

Ich beantrage, die festgesetzten Kosten von der Anbringung des Gesuchs ab mit 5% über dem Basiszinssatz zu verzinsen[4].

Schrifttum: Maunz/Schmidt-Bleibtreu/Klein/Ulsamer, BVerfGG, Stand 1993, Rdn. 24 ff. zu § 34a BVerfGG; *Zuck,* Das Recht der Verfassungsbeschwerde, 2. Aufl. 1988, Rdn. 1037 ff.

Anmerkungen

1. Hat das Bundesverfassungsgericht im Verfassungsbeschwerdeverfahren eine Entscheidung nach § 34a Abs. 2, 3 BVerfGG getroffen, so setzt der Rechtspfleger beim Bundesverfassungsgericht (§ 21 Abs. 1 RPflG) auf Antrag (§ 23 BVerfGG) in entsprechender Anwendung der §§ 103, 104 ZPO die Kosten fest. Erstattungsfähig sind auch die Kosten des Rechtsanwalts, der sich selbst vertritt, BVerfGE 81, 387/389.

2. Im Allgemeinen fällt nur die Prozessgebühr an. Bei einem Regelgegenstandswert von EUR 4.000,– beträgt die 13/10 Prozessgebühr EUR 318,50. Der Abschluss einer Gebührenvereinbarung ist deshalb zu empfehlen. Ob auch vereinbarte Gebühren erstattungsfähig sind, ist umstritten. Eine Beweisgebühr fällt an, wenn eine Beweiserhebung durch das BVerfG angeordnet (objektive Voraussetzung) und der Rechtsanwalt im Beweisaufnahmeverfahren tätig geworden ist (subjektive Voraussetzung), BVerfGE 77, 360/362.

3. Vgl. § 27 Abs. 2 BRAGO iVm. GKV-KostVerz. Nr. 9000. Zu beachten ist, dass wegen § 23 Abs. 3 BVerfGG Fotokopien in erheblichem Umfang anfallen können. Insoweit, also für die sogenannten Überstücke der Verfassungsbeschwerde und weitere Schriftsätze, ist die Erstattung zweifelsfrei, vgl. BVerfGE 65, 72. Kosten für Anlagen zu Schriftsätzen gehören zu den Auslagen, die durch die Prozessgebühr abgegolten sind,

vgl. BVerfGE 61, 208/209, 65, 72/74. Sind die Auslagen aber sehr zahl- oder umfangreich, was im Verfassungsbeschwerdeverfahren nicht selten ist, so sind auch die insoweit anfallenden Fotokopiekosten erstattungsfähig. Pauschale Angaben genügen nicht. Erstattungsfähige Auslagen können nur auf Grund genauer Angaben des Antragstellers festgesetzt werden, BVerfGE 65, 72/74.

4. § 104 Abs. 1 ZPO. Gegen die Entscheidung des Rechtspflegers ist gemäß § 11 Abs. 1 RPflG die Erinnerung zulässig. Sie ist innerhalb einer Notfrist von 2 Wochen einzulegen (§ 21 Abs. 2 RPflG). Über diese entscheidet der Senat, bei dem die Hauptsache anhängig war. Das Erinnerungsverfahren ist ebenfalls kostenfrei.

VII. Der Finanzgerichtsprozess einschließlich des außergerichtlichen Vorverfahrens

Einspruch

1. Einspruch gegen einen Einkommensteuerbescheid mit Festsetzung von Vorauszahlungen, verbunden mit einem Antrag auf Aussetzung der Vollziehung und einstweiliger Stundung

An das Finanzamt .... (Ort), ... (Datum)
in ......

Betrifft: Steuernummer ...... (und Name des Steuerpflichtigen)

Bezug: Einkommensteuerbescheid für 20 .. vom ...... (Datum des Steuerbescheides); zugegangen[1] am ...... (Datum des Eingangs des Bescheides)

Sehr geehrte Damen, sehr geehrte Herren!

I. Namens und in Vollmacht[2] des ...... lege ich gegen den oben bezeichneten Einkommensteuerbescheid Einspruch[3,4,5] ein. Ich beantrage, die Einkommensteuer auf ...... EUR herabzusetzen.

Begründung:[6,7]

Der Steuerpflichtige ist Eigentümer eines Mehrfamilienhausgrundstücks, das er von seinen Eltern geerbt hat. Während der Ehe des Steuerpflichtigen hat sich ein Wertzuwachs für das Grundstück (einschließlich des Gebäudes) von 100.000 EUR ergeben. Die Ehe des Steuerpflichtigen ist geschieden. Seine vormalige Ehefrau erhob gegen ihn im Hinblick auf die Wertsteigerung des Grundstücks eine Zugewinnausgleichsforderung von 50.000 EUR. Zur Begleichung dieser Forderung hat der Steuerpflichtige einen durch eine an dem Grundstück bestellte Grundschuld gesicherten Bankkredit aufgenommen, der mit jährlich 9% zu verzinsen ist. Im Streitjahr hat der Steuerpflichtige 4.500 EUR Zinsen entrichtet. Das FA hat den Abzug der Zinsen als Werbungskosten zu Unrecht versagt, weil die Ausgleichsverpflichtung sich durch die Wertsteigerung eines der Einkünfteerzielung dienenden Wirtschaftsgutes ergeben hat. Werden die Zinsen als Werbungskosten zum Abzug zugelassen, ergibt sich für das Streitjahr 2001 eine Erhöhung des steuerlich ausgleichsfähigen Verlustes bei den Einkünften aus Vermietung und Verpachtung um ...... EUR und eine Minderung der Einkommensteuer auf ...... EUR.

II. Es wird beantragt[8], die Vollziehung des angefochtenen Einkommensteuerbescheids auszusetzen,[9] soweit die Einkommensteuer höher als ...... EUR festgesetzt ist. Bis zur Entscheidung über den Aussetzungsantrag wird um stillschweigende Stundung gebeten[10].

Begründung:

In Höhe der sich durch den Abzug der Zinsen als Werbungskosten ergebenden Minderung der Einkommensteuer bestehen an der Rechtmäßigkeit des angefochtenen

Bescheids ernstliche Zweifel; denn das der Einkünfteerzielung dienende Grundstück muss wirtschaftlich als mit der Ausgleichsverpflichtung belastet angesehen werden. Die gegenteilige Auffassung des FA, es fehle am Veranlassungszusammenhang zwischen Schuldentstehung und Einkünfteerzielung, ist deshalb zumindest ernstlich zweifelhaft.

III. Es wird ferner beantragt[8], die Vorauszahlungen zur Einkommensteuer rückwirkend ab 2001 um ...... EUR niedriger festzusetzen[11].

Begründung:

Da die Zinsen, die als Werbungskosten abzugsfähig sind, bis zur Tilgung des Darlehens in voraussichtlich ...... Jahren die Einkünfte aus VuV mindern werden, ergibt sich auf diese Zeit eine entsprechende Minderung der voraussichtlich geschuldeten Einkommensteuer.

Mit vorzüglicher Hochachtung
Unterschrift

Schrifttum: Gräber, Finanzgerichtsordnung, Kommentar, 1977, 5. Aufl. 2002, bearbeitet von v. Groll, Koch und Ruban; *Hübschmann/Hepp/Spitaler,* Kommentar zur Abgabenordnung und Finanzgerichtsordnung; *Klein,* Abgabenordnung, Kommentar, 7. Aufl. 2000; *Kühn/Kutter/Hofmann,* Abgabenordnung, Finanzgerichtsordnung, Kommentar, 17. Aufl. 1995; *Tipke/Kruse,* Abgabenordnung, Finanzgerichtsordnung, Kommentar; *Ziemer/Birkholz,* Finanzgerichtsordnung, Kommentar, 3. Aufl. 1978; *Ruban,* Der Rechtsweg zum Bundesfinanzhof, Steuerliche Vierteljahreshefte 1991, 142.

Anmerkungen

1. Vgl. § 122 Abs. 1 und 2 AO 1977; im Besteuerungsverfahren ergehende Bescheide können auf Anordnung des FA zugestellt werden (§ 122 Abs. 5 AO 1977). Zur Bekanntgabe von Steuerbescheiden s. im Einzelnen *BMF* BStBl. I 91, 398; Bekanntgabe von Steuerbescheiden und Einspruchsentscheidungen kann auch im Ausland durch einfachen Brief durch die Post erfolgen, sofern der ausländische Staat dies zulässt. Dazu gehören alle EG-Staaten, nicht aber die Schweiz (vgl. *OFD Hannover* v. 20. 10. 1987).

2. Wegen der Befugnis, sich gegenüber den Finanzverwaltungsbehörden vertreten zu lassen, s. § 80 AO 1977. Uneingeschränkt zur Hilfeleistung – und damit zur Vertretung im Besteuerungsverfahren – sind die in § 3 Steuerberatungsgesetz aufgeführten Personen befugt. Bei Vertretung des Steuerpflichtigen kann der Steuerbescheid dem Steuerpflichtigen selbst nur in Ausnahmefällen bekanntgegeben werden (§ 122 Abs. 1 S. 3 AO 1977; BFH BStBl. II 1986, 569; BFH/NV 1986, 320; 1988, 274). Wegen der Verpflichtung zur Bekanntgabe an den Bevollmächtigten s. *BMF* BStBl. I 91, 398; *Klein* AO § 122 Anm. 3; *Tipke/Kruse* AO § 122 Rdn. 21.

3. Die in der Regel schriftlich zu erteilenden Steuerbescheide (§§ 155, 157 AO 1977) können, sofern ihnen die vorgeschriebene (§ 157 Abs. 1 S. 3 AO 1977) Rechtsbehelfsbelehrung nicht fehlt (§ 356 Abs. 1 AO 1977), nur binnen einer Frist von einem Monat nach Bekanntgabe mit dem Einspruch (§§ 355, 347 AO 1977) – oder mit Zustimmung des FA mit der Sprungklage (§ 45 Abs. 1 und 2 FGO; s. aber für weiter aufklärungsbedürftige Sachen auch §§ 65, 79 b FGO) – angefochten werden. Eine Anleitung zur Berechnung der Rechtsbehelfsfrist braucht die Rechtsbehelfsbelehrung nicht zu enthalten (BFH BStBl. II 1981, 70). Wird eine schriftliche Rechtsbehelfsbelehrung nicht zusammen mit dem Steuerbescheid erteilt, kann der Bescheid grundsätzlich binnen eines Jahres nach der Bekanntgabe angefochten werden (§ 356 Abs. 2 AO 1977).

Die Frist, binnen der ein Steuerbescheid angefochten werden kann, beginnt im Fall der **Bekanntgabe** nach § 122 Abs. 2 Nr. 1 AO 1977 (vgl. Anm. 1) am Tag nach dem Zugang des Steuerbescheids (§ 187 Abs. 1 BGB, § 108 Abs. 1 AO 1977), frühestens jedoch am vierten Tag nach Aufgabe des Bescheids zur Post (§ 122 Abs. 2 AO 1977). Für die Zugangsvermutung des § 122 Abs. 2 AO 1977 gilt § 108 Abs. 3 AO 1977 nicht, d.h. der Bescheid gilt z.B. in den Fällen des § 122 Abs. 2 Nr. 1 AO 1977 als mit dem dritten Tag nach Aufgabe zur Post auch dann als zugegangen, wenn dieser Tag ein Sonnabend oder Sonntag ist (*Klein* AO, § 122 Anm. 4b). Wird der Steuerbescheid nach § 122 Abs. 5 AO 1977 durch **Zustellung** bekannt gegeben, beginnt die Frist für seine Anfechtung an dem auf die Zustellung folgenden Tag (§ 187 Abs. 1 BGB). Sie endet grundsätzlich mit Ablauf desjenigen Tages des folgenden Monats, der durch seine Zahl dem Tag des vorangegangenen Monats entspricht, an dem der Bescheid zugegangen ist oder nach § 122 Abs. 2 AO 1977 als bekannt gegeben gilt (§ 188 Abs. 2 1. Alt. BGB, § 108 Abs. 1 AO 1977). Läuft die Jahresfrist (§ 356 Abs. 2 AO 1977), so gilt entsprechendes. Fehlt der für den Ablauf der Frist maßgebende Tag (z.B. der „31.“), so endet die Frist mit dem Ablauf des letzten Tags dieses Monats (§ 188 Abs. 3 BGB). Fällt das Ende der Frist auf einen Sonnabend, Sonntag oder einen gesetzlichen Feiertag, so endet die Frist mit dem Ablauf des nächstfolgenden Werktags (§ 108 Abs. 3 AO 1977).

Wird die Frist zur Einlegung des Einspruchs versäumt, kann unter den Voraussetzungen des § 110 AO 1977 Wiedereinsetzung in den vorigen Stand gewährt werden.

4. Der Einspruch ist **schriftlich, telegrafisch** (§ 357 Abs. 1 S. 3 AO 1977 i.d.F. des Gesetzes vom 24. 6. 1994, BStBl. I, 440), **mit Telefax** (BGH HFR 90, 584) oder zur Niederschrift beim FA einzulegen (§ 357 AO 1977); dem Schriftlichkeitserfordernis genügt m.E. auch Einlegung durch Telekopie (e-mail); vgl. § 174 Abs. 2 ZPO n.F. Unterzeichnung ist nicht vorgeschrieben, aber ratsam; denn es muss erkennbar sein, wer Einspruch erhebt. Telefonische Einlegung ist unwirksam, auch wenn der zuständige Beamte beim FA darüber eine „Niederschrift“ fertigt.

5. Seit dem Inkrafttreten der AO 1977 ist der Einspruch kostenfrei; s. unten Kosten und Gebühren. Einem Beteiligten im außergerichtlichen Vorverfahren entstandene Kosten (z.B. für einen Bevollmächtigten) können aber weiterhin nach § 139 FGO erstattet werden, wenn dem Einspruchsverfahren ein Rechtsstreit vor dem FG gefolgt ist.

Bei der Entscheidung über den Einspruch kann der angefochtene Verwaltungsakt auch zu Lasten des Rechtsbehelfsführers geändert („verbösert“) werden (§ 367 Abs. 2 S. 2 AO 1977). Auf eine beabsichtigte Verböserung muss das FA den Betroffenen hinweisen und ihm Gelegenheit zur Stellungnahme, und also zur Zurücknahme des Einspruchs (§ 362 AO 1977) geben. Nimmt er den Einspruch zurück, kann der Verwaltungsakt nur dann noch (zu Lasten des Betroffenen) geändert werden, wenn die allgemeinen Voraussetzungen dafür (zB. § 173 Abs. 1 Nr. 1 AO 1977) erfüllt sind.

6. Der Einspruch muss nicht begründet werden (§ 357 Abs. 3 AO 1977). Eine Begründung ist aber ratsam, da die Verpflichtung des FA zur Aufklärung des Sachverhalts nicht grenzenlos ist (§ 88 AO 1977) und vom Vorbringen des Steuerpflichtigen beeinflusst wird (*Kühn/Kutter/Hofmann,* Kommentar zur AO, § 88 Bem. 3). Werden für die Beurteilung eines Streitfalles erhebliche Tatsachen erst im anschließenden gerichtlichen Verfahren vorgetragen, obwohl der Steuerpflichtige sie bereits im Besteuerungsverfahren – zu dem das Einspruchsverfahren gehört – hätte vortragen können, so können ihm insoweit auch bei Erfolg in der Sache selbst die Kosten des gerichtlichen Verfahrens auferlegt werden (§§ 137, 138 Abs. 2 S. 2 FGO).

7. Zur materiell-rechtlichen Beurteilung des Streitfalles vgl. BFH BStBl. II 1989, 706 (für Privatvermögen) und BFH/NV 1991, 594 (für Betriebsvermögen). Der BFH hat die sog. Sekundärfolgenrechtsprechung, auf der die genannten Entscheidungen beruhen, aufgegeben; s. dazu *L. Schmid/Wackert,* Kommentar zum EStG, 21. Aufl. 2002, § 16 Rz. 593 zu Erbfallschulden.

8. Es empfiehlt sich, dem FA so viele Ausfertigungen des Schriftsatzes zu übersenden wie Anträge gestellt werden, weil häufig verschiedene Stellen innerhalb des FA oder Zentralfinanzämter mit der Bearbeitung bestimmter Aufgaben (z.B. Vollstreckung, Rechtsbehelf) betraut sind.

9 a. Die Einlegung des **Einspruchs** beseitigt die **Vollziehbarkeit** des angefochtenen Steuerbescheids nicht (§ 361 Abs. 1 S. 1 AO 1977). Hält der Steuerpflichtige den Bescheid für (ganz oder teilweise) unrichtig (rechtswidrig), und will er die Steuer, soweit sie zu hoch festgesetzt ist, nicht bei Fälligkeit entrichten, so muss er, um die Verwirkung von Säumniszuschlägen zu vermeiden (§ 240 AO 1977), einen Antrag auf Aussetzung der Vollziehung stellen und bis zur Entscheidung über diesen Stundung beantragen.

b. Steuerzahlungs- und Steuererstattungsansprüche sind nach Maßgabe des § 233a AO 1977 zu verzinsen (s. dazu unter Kosten und Gebühren). Für Stundung und Aussetzung der Vollziehung sind Zinsen in gleicher Höhe (0,5% je Monat) zu entrichten.

c. Aussetzung der Vollziehung kann als vorläufiger Rechtsschutz gegenüber Steuerbescheiden (§§ 155, 157 AO 1977) beantragt werden (§ 361 AO 1977). Der Antrag ist regelmäßig an die Behörde zu richten, die den Bescheid erlassen hat (vgl. § 69 Abs. 4 FGO). Das Erfordernis vorheriger Antragstellung bei der Behörde, also regelmäßig beim FA, gilt für jeden Verfahrensabschnitt, d.h. für Einspruchs- und Klageverfahren gesondert (*Gräber/Koch*, FGO, § 69 Rdn. 64). Wird der an die erlassende Behörde gerichtete Antrag nicht binnen angemessener Frist beschieden, wird er abgelehnt oder droht eine Vollstreckung (BFH BStBl. II 1986, 237), so kann AdV. unmittelbar beim FG beantragt werden (§ 69 Abs. 4 FGO). Das gilt auch, wenn die Finanzbehörde schon vor der Antragstellung zu erkennen gegeben hat (siehe *Beermann* DStR 1986, 252/257f.), dass sie die Vollziehung nicht aussetzen werde oder wenn es im Einzelfall dem Betroffenen nicht zumutbar ist, zunächst einen Antrag bei der Behörde zu stellen.

Hat das FA einen Antrag auf AdV. abgelehnt, so kann das Gericht nur nach § 69 Abs. 3 und 5 S. 3 angerufen werden (§ 69 Abs. 7 FGO). Eine auf AdV. gerichtete Beschwerde an die OFD sowie eine an das Beschwerdeverfahren anschließende Klage ist nicht (mehr) statthaft (§ 361 Abs. 5 AO 1977).

Ein Antrag auf AdV. ist nur zulässig, wenn der auszusetzende Bescheid noch nicht bestandskräftig geworden ist (BFH BStBl. II 1982, 133). Er muss daher grundsätzlich spätestens bei Stellung des Aussetzungsantrags angefochten werden, wenn nicht wegen des Laufs der Einspruchsfrist eine frühere Anfechtung erforderlich ist.

AdV. soll auf Antrag gewährt werden, wenn ernstliche Zweifel an der Rechtmäßigkeit des angefochtenen Verwaltungsaktes (Steuerbescheides) bestehen (§ 361 Abs. 2 AO 1977). AdV. kann nicht in weiterem Umfang gewährt werden, als das Anfechtungsbegehren reicht. Ist der Einspruch gegen einen Steuerbescheid bei Stellung des Aussetzungsantrags noch nicht begründet, so müssen die ernstlichen Zweifel an der Rechtmäßigkeit zur Begründung des Aussetzungsbegehrens dargelegt werden. Abweichend vom Beispielsfall ist dann der Aussetzungsantrag in einem selbstständigen Schriftsatz zu stellen. Das schließt eine spätere abweichende, auch weitergehende Begründung des Einspruchs nicht aus. Wird der Einspruch sogleich bei seiner Einlegung begründet, empfiehlt es sich, den Aussetzungsantrag damit (wie vorgeschlagen) zu verbinden. Einer besonderen Darlegung der die ernstlichen Zweifel an der Rechtmäßigkeit des angefochtenen Bescheides begründenden Umstände bedarf es dann nicht (vgl. BFH BStBl. III 1967, 531).

10. Werden durch Steuerbescheid festgesetzte Steuerbeträge bei Fälligkeit, die im Bescheid angegeben wird, nicht entrichtet, so sind für jeden angefangenen Monat der Säumnis 1 vH. des rückständigen (abgerundeten) Steuerbetrages als Säumniszuschläge zu entrichten (§ 240 AO 1977). Wird einem Aussetzungsantrag entsprochen, so entstehen Säumniszuschläge nicht mehr. Bis zu der Entscheidung über den Antrag fallen aber noch

Säumniszuschläge an. Um dem zu entgehen, ist es angezeigt, (stillschweigende) Stundung bis zur Entscheidung über den Aussetzungsantrag zu beantragen, da auch Stundung die Verwirkung von Säumniszuschlägen ausschließt. Das beruht darauf, dass „rückwirkende" Aussetzung der Vollziehung nicht möglich sein soll; s. aber BFH BStBl. II 1977, 645; ein Antrag auf Aufhebung der Vollziehung, mit der die rückwirkende Beseitigung der entstandenen Säumniszuschläge erreicht werden kann, kommt ebenfalls in Betracht (BFH BStBl. II 1987, 389; so auch *Gräber/Koch* FGO § 69 Rdn. 39 ff.).

Für die Dauer einer gewährten Stundung werden grundsätzlich Zinsen von 0,5 vH. je vollem Monat erhoben (§§ 234, 238 AO 1977). Bleibt die Anfechtung eines Steuerbescheides (durch Einspruch oder Anfechtungsklage) endgültig erfolglos, so sind durch den angefochtenen Bescheid festgesetzte Steuerbeträge, hinsichtlich derer AdV. gewährt worden war, ebenfalls zu verzinsen (§§ 237, 238 AO 1977; s. a. Anm. 9 b).

11. Der Antrag auf Herabsetzung der Vorauszahlungen ist verfahrensrechtlich völlig selbstständig gegenüber den Verfahren zur Gewährung vorläufigen Rechtsschutzes (hier: AdV.) oder endgültigen Rechtsschutzes (Einspruch, Klage). Aus praktischen Gründen kann er aber gleichzeitig gestellt werden, wenn die Gründe, die gegen die Rechtmäßigkeit des angefochtenen Steuerbescheids sprechen, zugleich die Herabsetzung der festgesetzten Vorauszahlungen rechtfertigen.

Statt eines Antrags auf Herabsetzung kann die Festsetzung von Vorauszahlungen (§ 37 Abs. 3 EStG 1977) auch selbstständig angefochten werden, und zwar mit dem Einspruch (§ 348 Abs. 1 AO 1977). Anfechtung statt eines Herabsetzungsantrags kann angezeigt sein, wenn etwa der Erfolg eines gegen die Einkommensteuerfestsetzung (den Einkommensteuerbescheid) erhobenen Rechtsbehelfs von langwierigen Ermittlungen abhängt (z.B. Auskünften anderer Stellen) oder wenn Einwendungen erhoben werden, die nur für künftige Veranlagungszeiträume zu einer niedrigeren Steuer (und entsprechend niedrigeren Vorauszahlungen) führen können.

Kosten und Gebühren

1. Für das Rechtsbehelfsverfahren werden nach der AO 1977 keine Kosten erhoben. Eine Erstattung der Kosten, die dem Rechtsbehelfsführer entstanden sind, insbesondere für die Vertretung durch einen Rechtsanwalt, Steuerberater oder Wirtschaftsprüfer, findet nicht statt, auch wenn das Verfahren mit einer dem Rechtsbehelfsführer günstigen Entscheidung abgeschlossen wird (s. aber Anm. 2). Hat sich der Rechtsbehelfsführer im außergerichtlichen Rechtsbehelfsverfahren durch eine zur geschäftsmäßigen Hilfeleistung in Steuersachen befugte Person vertreten lassen, ist er dieser aber zur Entrichtung des vereinbarten oder üblichen Honorars verpflichtet. Er kann aber nach einer in Vordringen befindlichen Rechtsprechung (LG Hannover, Nieders. Rpfl. 1991, 225; LG Duisburg Stbg 1993, Nr. 1; LG Oldenburg Urteil v. 19. 1. 1993 – 7 O 2998/92) einen auf Ersatz der Kosten gerichteten Amtshaftungsanspruch haben, wenn das FA die Steuer zunächst unter Verletzung seiner Amtsermittlungspflicht unrichtig festgesetzt hat. M. E. steht § 139 FGO dieser Auffassung entgegen; so auch LG Verden DB 1987, 2292; LG Bochum Urteil v. 3. 3. 1993 – 6 O 615/92 –, weil das Verhältnis von Mitwirkungs- und Amtsermittlungspflicht verkannt und der Grundsatz der Kostenfreiheit des Einspruchsverfahrens unterlaufen wird. Bei Vertretung durch einen Rechtsanwalt gilt für die Höhe der Gebühren die Bundesgebührenordnung für Rechtsanwälte (vgl. §§ 118, 119 BRAGO), bei Vertretung durch Steuerberater ergeben sich die Gebühren aus §§ 40–44 StGebV. Für Wirtschaftsprüfer gibt es eine vergleichbare Gebührenordnung nicht. Wirtschaftsprüfer, die zugleich Steuerberater sind, können ohne ausdrückliche schriftliche Vereinbarung keine höheren Gebühren als nach der Steuerberatergebührenverordnung zulässig verlangen.

2. Schließt sich an ein Rechtsbehelfsverfahren ein gerichtliches Verfahren an, so können auf Antrag nach dessen Abschluss stets auch die Kosten des außergerichtlichen Vorverfahrens erstattet werden. Bei Vertretung durch eine zur geschäftsmäßigen Hilfeleistung in Steuersachen befugte Person können Aufwendungen bis zur Höhe der gesetzlichen Gebühren und Auslagen der Rechtsanwälte erstattet werden, wenn das Gericht die Zuziehung eines Bevollmächtigten oder Beistandes (auf Antrag) für notwendig erklärt hat (§ 139 Abs. 3 S. 3 FGO. Die Höhe der Gebühren bei Vertretung durch einen Steuerberater (oder Wirtschaftsprüfer) richtet sich nach der BRAGO, auf die §§ 45, 46 StGebV verweisen. Vgl. ferner Form. VII. 9 Anm. 9 und Kosten und Gebühren.

3. Gemäß §§ 233a, 238 AO 1977 sind nach dem 31. 12. 1988 entstandene (Art. 97 § 15 Abs. 4 EGAO) Erstattungsansprüche des Steuerpflichtigen und Nachzahlungsforderungen des Fiskus betreffend die Einkommen-, Körperschaft-, Vermögen-, Umsatz- oder Gewerbesteuer mit 0,5% je Monat zu verzinsen (sog. **Vollverzinsung**). Der Zinslauf beginnt grundsätzlich 15 Monate (bei Überwiegen der Einkünfte aus Land- und Forstwirtschaft, § 2 Abs. 1 Nr. 1 EStG: 21 Monate) nach Ablauf des Jahres, in dem der Steueranspruch entstanden ist (vgl. § 36 Abs. 1 EStG; § 48 KStG; § 18 GewStG; § 13 UStG; § 5 Abs. 2 VStG). Diese sog. Karenzzeit soll gewährleisten, dass keine Zinsen entstehen, bevor – bei normalem Ablauf (fristgerechte Steuererklärung, alsbaldige Veranlagung) – die Steuer fällig ist. Der Zinslauf endet mit der Fälligkeit der Steuerforderung, spätestens aber vier Jahre nach seinem Beginn. Wird **Stundung** oder **AdV** gewährt, ist eine Nachzahlungsforderung in gleicher Höhe zu verzinsen (§§ 234, 237, 238 AO 1977). Wird eine Steuerforderung nicht bei Fälligkeit beglichen, entstehen für jeden Monat der Säumnis (§ 240 AO 1977) **Säumniszuschläge** in Höhe von 1% des offenen Steuerbetrages. Bei **Prozesszinsen** auf Erstattungsforderungen beginnt der Zinslauf mit der Rechtshängigkeit (vgl. § 236 AO 1977). Zinsen nach § 233a AO 1977 werden auf Prozesszinsen angerechnet (§ 236 Abs. 4 AO 1977). Die Berechnung der Zinsen kann, namentlich wenn Bescheide wiederholt geändert werden, komplizierte Berechnungen erfordern. Zu Berechnungsbeispielen vgl. *Krabbe* NWB Fach 2, S. 5119 (1988).

Zinsen, die gezahlt oder erstattet werden sollen, werden durch Bescheid, der grundsätzlich mit dem Bescheid über die Steuerfestsetzung verbunden wird, festgesetzt (§ 239 AO 1977). Gegen den Zinsbescheid ist der Einspruch gegeben (§ 347 Abs. 1 Nr. 1 AO 1977); ist der Zinsbescheid von einer Gemeindebehörde erlassen worden, ist der Widerspruch gegeben (§ 69 VwGO) und der weitere Rechtsweg zu den Verwaltungsgerichten eröffnet.

Zinsen auf Umsatz- oder Gewerbesteuerforderungen sind Betriebsausgaben bzw. Betriebseinnahmen. Hinterziehungszinsen dürfen allerdings nicht abgezogen werden (§ 4 Abs. 5 S. 1 Nr. 8a EStG). Entsprechendes gilt für Zinsen auf Körperschaftsteuer (§ 10 Nr. 2 KStG); abgezogene Zinsen werden aber bei der Körperschaftsteuer unterliegenden Gewerbebetrieben wieder dem Gewerbeertrag hinzugerechnet (§ 8 Nr. 11 GewStG). Zinsen auf Personensteuern nach § 233a AO 1977 sowie Stundungs- oder Aussetzungszinsen (§§ 234, 237 AO 1977) können ebenfalls nicht mehr als Sonderausgaben abgezogen werden, da § 10 Abs. 1 Nr. 5 EStG ab 1999 gestrichen ist.

Fristen und Rechtsmittel

Vgl. Anm. 3–6, 9. Bleibt der Einspruch ganz oder teilweise erfolglos, kann gegen die Einspruchsentscheidung binnen eines Monats seit ihrer Bekanntgabe (§ 47 Abs. 1 FGO) Klage zu dem örtlich zuständigen Finanzgericht erhoben werden; vgl. Form. VII. 9ff.

2. Einspruch gegen einen Bescheid über gesonderte und einheitliche Feststellung von Einkünften einer (gewerblich tätigen) Mitunternehmerschaft verbunden mit einem Antrag auf Aussetzung der Vollziehung unter Ausschluss von Sicherheitsleistung

An das Finanzamt .... (Ort), ... (Datum)
in ......

Betrifft: Steuernummer ...... (und Firma bzw. die Namen der Mitunternehmer)

Bezug: Feststellungsbescheid für 20...... vom (Datum des Bescheids); zugegangen[1] am ...... (Datum des Eingangs des Bescheids)

Sehr geehrte Damen, sehr geehrte Herren!

I. Namens und in Vollmacht[2] der A-KG, vertreten durch ihren persönlich haftenden Gesellschafter A[3], lege ich gegen den oben bezeichneten Feststellungsbescheid[4] Einspruch[5,6] ein. Ich beantrage, den Gewinn um ...... EUR niedriger festzustellen.

Begründung[7]:

Die A-KG ist Eigentümerin eines Grundstücks in ...... Sie beabsichtigte auf dem Grundstück ein Lagerhaus nach den Plänen des Architekten M zu errichten. Als die Planung nahezu abgeschlossen war, ergab sich die Notwendigkeit, die ursprüngliche Planung aufzugeben. Es wurde nach gänzlich anderen Plänen des Architekten N ein Kühlhaus errichtet. Die Kosten der ursprünglichen Planung sind demzufolge als sofort abzugsfähige Aufwendungen zu behandeln. Das FA hat diese Besonderheit verkannt und die Kosten der Planung des Lagerhauses als Teil der Herstellungskosten des Kühlhauses angesehen. Der Gewinn ist infolgedessen zu hoch festgestellt worden. Die Gewinnminderung ergibt sich nach Ausgleich mit der AfA-Ermäßigung von ...... EUR und der Ermäßigung der Gewerbesteuerrückstellung von ...... EUR mit ...... EUR.

II. Es wird ferner beantragt, die Vollziehung des angefochtenen Feststellungsbescheids 20...... insoweit auszusetzen[8], als der Gewinn höher als ...... EUR festgestellt worden ist, und die Aussetzung der Folgebescheide nicht von Sicherheitsleistungen abhängig zu machen[9].

Begründung:

Ernstliche Zweifel an der Rechtmäßigkeit des angefochtenen Feststellungsbescheids 20...... bestehen insoweit, als der Gewinn wegen der Behandlung der Kosten der Fehlplanung des Lagerhauses als Teil der Herstellungskosten des Kühlhauses zu hoch angesetzt worden ist.

Mit vorzüglicher Hochachtung
Unterschrift

Anmerkungen

1. Vgl. Form. VII. 1 Anm. 1. Wegen der Bekanntgabe von Feststellungsbescheiden, die die Mitglieder einer Personengesellschaft betreffen, s. insbesondere *BMF* BStBl. I 1991, 398 unter 2.5; vgl. auch AO-Handbuch 2002, § 122 Rdn. 22.

2. Vgl. Form. VII. 1 Anm. 2.

3. Nach § 352 Abs. 1 AO 1977 (§ 48 Abs. 1 FGO) – neugefasst durch das Gesetz v. 24. 6. 1994, BStBl. I, 440 – darf einen einheitlichen (§ 179 Abs. 2 AO 1977) **Feststellungsbescheid** über Einkünfte aus Gewerbebetrieb (grundsätzlich) nur der (die) zur Geschäftsführung befugte(n) Mitunternehmer (mit Einspruch und/oder Klage) anfechten, sofern nicht darum gestritten wird, wer an den festgestellten Einkünften beteiligt ist und wie diese sich auf die einzelnen Mitunternehmer verteilen, oder der Streit über Fragen geführt wird, die einen Mitunternehmer persönlich angehen (z.B. Sondervergütungen für im Interesse der Mitunternehmerschaft ausgeführte Tätigkeiten nach § 15 Abs. 1 Nr. 2 EStG). Einzelheiten sind streitig (vgl. *Gräber* FGO § 48 Anm. 10, 11; s. BFH-Beschluss BStBl. II 1980, 329; *Gräber/von Groll* FGO § 48 Rdn. 17–26). Einige der Streitfragen sind durch die Neufassung des § 352 AO 1977 und § 48 FGO durch das Gesetz v. 24. 6. 1994, BStBl. I, 440 geklärt. Ausgeschiedene Gesellschafter sind für den Zeitraum, in dem sie beteiligt waren, daneben persönlich klagebefugt (BFH BStBl. II 1981, 33); das gilt auch, wenn die Gesellschaft wegen Vermögenslosigkeit im Handelsregister gelöscht worden ist (vgl. BFH BStBl. II 1989, 359, 1018).

4. Bescheide über gesonderte Feststellung von Einkünften (§ 2 EStG) sind **Grundlagenbescheide** (§ 171 Abs. 10 AO 1977). Die – eine Ausnahme vom Grundsatz des § 157 Abs. 2 AO 1977 bildende – gesonderte Feststellung ist in den §§ 179 ff. AO 1977 geregelt. Ihre wesentliche Bedeutung besteht darin, als bindende Grundlage für Folgebescheide (z.B. über Einkommensteuer) zu dienen (§ 182 AO 1977). Bei der gesonderten und einheitlichen Feststellung wird über die Art der Einkünfte entschieden, ihre Abgrenzung (z.B. Sonderbetriebsausgaben, laufender und Veräußerungsgewinn), die Höhe der Einkünfte und darüber, wer an den Einkünften beteiligt ist und wie sie auf die Beteiligten zu verteilen sind. Ab dem VZ 1990 (§ 52 Abs. 1 EStG) ist auch der Verlust im Sinne des § 10 d EStG gesondert festzustellen (§ 10 d Abs. 3 EStG).

5. Nach § 181 Abs. 1 S. 1 AO 1977 sind auf die gesonderte Feststellung von Besteuerungsgrundlagen die Vorschriften über die Steuerfestsetzung entsprechend anwendbar. **Feststellungsbescheide** ergehen daher ebenfalls grundsätzlich schriftlich (§ 157 Abs. 1 AO 1977). Auch die sonstigen für das Besteuerungsverfahren geltenden **Verfahrensvorschriften** der AO 1977, insbesondere bezüglich der Anfechtung, sind im Feststellungsverfahren anwendbar (vgl. Form. VII. 1 Anm. 3–6). Nach § 357 Abs. 2 S. 2 AO 1977 i. d. F. des Gesetzes vom 24. 6. 1994 (BStBl. I, 440) kann der Einspruch gegen einen Bescheid, mit dem Besteuerungsgrundlagen festgestellt oder ein Messbetrag festgesetzt wird **auch bei dem für den Erlass des Steuerbescheids** (Folgebescheids) **zuständigen Finanzamt** eingelegt werden; diese Regelung gilt ab 1. 1. 1996.

6. Werden Einkünfte gesondert festgestellt, so kann die darauf beruhende Steuerfestsetzung, d. h. der Folgebescheid, nicht mit der Begründung angefochten werden, die gesonderte Feststellung sei unrichtig. Will der an den gesondert festgestellten Einkünften Beteiligte das geltend machen, kann dies nur durch Anfechtung des Feststellungsbescheids (Grundlagenbescheids) geschehen (§ 351 Abs. 2 AO 1977); *Kühn/Kutter/Hofmann*, Kommentar zur AO, § 351 Bem. 4 mwN.).

Der Einspruch gegen einen Einkünftefeststellungsbescheid bewirkt nicht, dass Folgebescheide nicht erlassen werden dürften (§ 361 Abs. 1 S. 2 AO 1977). Ergangene Folgebescheide sind auch vollziehbar (s. aber Anm. 8).

7. Wegen der materiell-rechtlichen Beurteilung des Beispielsfalles vgl. BFH BStBl. I 1976, 614; s. ferner Beschluss des Großen Senats des BFH BStBl. II 1978, 620 sowie BFH BStBl. II 1984, 303/306 und *Schmidt/Drenseck*, Kommentar zum EStG, 21. Aufl. 2002, § 9 Rz. 46–49.

8. Wird die **AdV. eines Grundlagenbescheides** (z.B. eines „Gewinnfeststellungsbescheides") ausgesprochen, so sind auf diesem beruhende Folgebescheide (z.B. Einkommensteuerbescheid eines Mitunternehmers) auszusetzen, ohne dass dazu ein weiterer Antrag des Steuerpflichtigen erforderlich wäre (§ 361 Abs. 3 S. 1 AO 1977). Ein Antrag

auf AdV des Folgebescheids trägt aber u.U. zur Beschleunigung bei; zur Begründung genügt der Hinweis auf § 361 Abs. 3 S. 1 AO 1977 und auf die AdV. des Grundlagenbescheids. Soweit also Einkünfte gesondert festgestellt werden, kann AdV. der darauf zu entrichtenden Steuern grundsätzlich nur durch AdV. der jeweiligen Grundlagenbescheide erreicht werden. Wegen der Rechtsbehelfe bei Ablehnung eines Aussetzungsantrags vgl. Form. VII. 1 Anm. 9; aus § 357 Abs. 2 S. 2 AO 1977 i.d.F. des Gesetzes vom 24. 6. 1994 (BStBl. I, 440) folgt, dass AdV. auch bei dem für den Erlass des Steuerbescheids zuständigen Finanzamt hinsichtlich des Grundlagenbescheids gestellt werden kann (s. Anm. 5).

Ein Antrag auf Stundung (vgl. Form. VII. 1 Anm. 10) der mit einem Folgebescheid festgesetzten Steuer ist nicht an das FA zu richten, das den Feststellungsbescheid erlassen hat. Der Stundungsantrag kann daher nicht wie in Form. VII. 1 mit dem Einspruch und dem Aussetzungsantrag verbunden werden.

9. Beruht ein Steuerbescheid auf einem Grundlagenbescheid (Anm. 4), so ist die Aussetzung der Vollziehung des Grundlagenbescheides die Voraussetzung dafür, dass auch die Vollziehung des Folgebescheids ausgesetzt werden muss (Anm. 8). Die Entscheidung über Sicherheitsleistung trifft allein die für den Erlass der Folgebescheide zuständige Behörde, wenn nicht bei der Entscheidung über die Aussetzung der Vollziehung des Grundlagenbescheids Sicherheitsleistung im Rahmen der Aussetzung der Vollziehung des Folgebescheids ausgeschlossen worden ist (vgl. § 361 Abs. 3 S. 3 AO 1977; BFH-Beschluss BStBl. II 1979, 666; *Klein* Kommentar zur Abgabenordnung, § 361 Anm. 6. Wird Aussetzung der Vollziehung gegen Sicherheitsleistung gewährt, liegt darin eine aufschiebende Bedingung, so dass die Aussetzung der Vollziehung erst wirksam wird, wenn die Sicherheit geleistet worden ist. Die Entscheidung über die Erforderlichkeit einer Sicherheitsleistung kann zusammen mit der Entscheidung über die Aussetzung der Vollziehung angefochten werden (*Klein* Kommentar zur AO, § 361 Anm. 6); vgl. insoweit VII. Form. 10 Anm. 4.

Kosten und Gebühren

Vgl. Form. VII. 1. Zinsfolgen löst die Feststellung von Einkünften nicht aus. Diese ergeben sich für den/die Steuerpflichtigen allein nach Maßgabe der von ihnen nachzuzahlenden bzw. ihnen zu erstattenden Steuer gemäß § 233a AO 1977. Entsprechendes gilt auch bei AdV. des Grundlagenbescheids.

Fristen und Rechtsmittel

Bescheide über die gesondere Feststellung von Einkünften sind Grundlagenbescheide (§ 171 Abs. 10 AO 1977). Auf sie finden die Vorschriften über Steuerbescheide entsprechende Anwendung (§ 181 Abs. 1 AO 1977; vgl. auch Anm. 4). Wegen Voraussetzungen, unter denen Feststellungsbescheide angefochten werden können, gelten daher die Ausführungen zu Form VII. 1 Anm. 3–6, 9 entsprechend. Wegen der subjektiven Anfechtungsberechtigung und zum Verhältnis zu Folgebescheiden vgl. Anm. 3–6.
Bleibt der Einspruch ganz oder teilweise erfolglos, kann gegen die Einspruchsentscheidung binnen eines Monats seit ihrer Bekanntgabe (§ 47 Abs. 1 FGO) Klage zu dem örtlich zuständigen Finanzgericht erhoben werden; vgl. Form. VII. 9ff.

3. Einspruch gegen einen Bescheid über gesonderte und einheitliche Feststellung von Einkünften einer freiberuflichen Mitunternehmerschaft

An das Finanzamt .... (Ort), ... (Datum)
in ......

Betrifft: Steuernummer ...... (und Namen der freiberuflichen Mitunternehmer)

Bezug: Feststellungsbescheid für 20...... vom ...... (Datum des Bescheids); zugegangen[1] am ...... (Datum des Eingangs des Bescheids)

Sehr geehrte Damen, sehr geehrte Herren!

I. Namens und in Vollmacht[2] des Prüfingenieurs für Baustatik P lege ich gegen den oben bezeichneten Feststellungsbescheid[3] Einspruch[4,5] ein. Ich beantrage, den Gesamtgewinn der Sozietät und den Gewinnanteil des Herrn P um ...... EUR niedriger festzustellen.

Begründung[6]:

P ist im Verlaufe des Jahres, für den der Feststellungsbescheid ergangen ist, in die Sozietät der Prüfingenieure eingetreten. Aus diesem Grund musste er seinen Wohnsitz von A-stadt nach B-stadt, dem Niederlassungsort der Sozietät verlegen. Die ihm dadurch entstandenen Umzugskosten von ...... EUR sind in der Buchführung des Betriebes nicht erfasst und dadurch versehentlich nicht als Betriebsausgaben geltend gemacht worden.

II. Es wird ferner beantragt, die Vollziehung des angefochtenen Bescheides auszusetzen[7], soweit darin ein zu hoher Gesamtgewinn und ein zu hoher Gewinnanteil des Herrn P festgestellt ist.

Begründung:

Gegen die Rechtmäßigkeit des angefochtenen Bescheides bestehen insoweit ernstliche Zweifel, als unter Feststellung eines zu hohen Gesamtgewinns ein zu hoher Gewinnanteil für Herrn P festgestellt worden ist.

Mit vorzüglicher Hochachtung
Unterschrift

Anmerkungen

1. Vgl. Form. VII. 1 Anm. 1.

2. Vgl. Form. VII. 1 Anm. 2.

3. Vgl. Form. VII. 2 Anm. 4.

4. Die ab 1. 1. 1996 geltende Neufassung des § 352 AO 1977 bzw. des § 48 FGO, die auf dem Gesetz v. 24. 6. 1994 (BStBl. I, 440) beruht, hat an der Anfechtungsbefugnis aller an einer freiberuflichen Mitunternehmerschaft Beteiligten nichts geändert. Im Beispielsfall ergibt sich die Anfechtungsbefugnis aus § 48 Abs. 1 Nr. 5 FGO.

Nach § 357 Abs. 2 S. 2 AO 1977 kann der Einspruch gegen einen Bescheid, mit dem Besteuerungsgrundlagen festgestellt oder ein Messbetrag festgesetzt wird, auch bei dem für den Erlass des Steuerbescheids (Folgebescheids) zuständigen Finanzamt eingelegt werden; diese Regelung gilt ab 1. 1. 1996 (vgl. Form. VII. 2 Anm. 5).

5. Vgl. Form. VII. 2 Anm. 5, 6.

6. Zur materiell-rechtlichen Beurteilung des Beispielsfalles vgl. die BFH-Urteile BStBl. II 1972, 458, BStBl. II 1975, 327.

7. Vgl. Form. VII. 2 Anm. 8.

Kosten und Gebühren

Vgl. Form. VII. 1; Form. VII. 2.

Fristen und Rechtsmittel

Bescheide zur gesonderten Feststellung freiberuflicher Einkünfte sind nach dem für die Anfechtung von Steuerbescheiden geltenden Vorschriften anfechtbar (vgl. Form. VII. 2 Anm. 3–6). Jedoch ist jeder an den Einkünften Beteiligte anfechtungsberechtigt (vgl. oben Anm. 4).

Bleibt der Einspruch ganz oder teilweise erfolglos, kann gegen die Einspruchsentscheidung binnen eines Monats seit ihrer Bekanntgabe (§ 47 Abs. 1 FGO) Klage zu dem örtlich zuständigen Finanzgericht erhoben werden; vgl. dazu Form. VII. 9 ff.

4. Einspruch gegen einen Grunderwerbsteuerbescheid

An das Finanzamt ...... **...... (Ort), ... (Datum)**
in ......

Betrifft: Grunderwerbsteuerliste Nr.......

Bezug: Grunderwerbsteuerbescheid vom ...... (Datum des Bescheids); zugegangen[1] am ...... (Datum des Eingangs des Bescheids)

Sehr geehrte Damen, sehr geehrte Herren!

Namens und in Vollmacht[2] des ...... lege ich gegen den oben bezeichneten Bescheid Einspruch[3] ein. Ich beantrage, die Grunderwerbsteuerfestsetzung aufzuheben[4].

Begründung[5]:

Der Kläger blieb im Versteigerungstermin vom ...... mit einem Bargebot von 1.185.000 EUR Meistbietender bei der Zwangsversteigerung des Grundstücks in ...... Grundbuch von ...... Band ...... Blatt .... Ihm wurde durch Beschluss des Versteigerungsgerichts vom ...... der Zuschlag erteilt; Rechte blieben nicht bestehen. Das Finanzamt setzte mit dem angefochtenen Bescheid gegen den Kläger aus seinem Meistgebot 3,5% Grunderwerbsteuer zum Betrag von 41.475 EUR fest. Dagegen richtet sich der Einspruch.

Das Zwangsversteigerungsverfahren war auf Antrag der in Abteilung III Nr. 1 des Grundbuchs eingetragenen Grundpfandgläubigerin, für die eine Grundschuld von 1 Million EUR eingetragen war, durch Beschluss vom ...... angeordnet worden. Der Verkehrswert des Grundstücks war auf 1.780.000 EUR festgestellt. Der Kläger war nicht in der Lage, das Bargebot nebst Zinsen zu erbringen (vgl. § 49 Zwangsversteigerungsgesetz), da ihm gegebene Kreditzusagen nicht eingehalten wurden. Deshalb hat die betreibende Gläubigerin nach zwei Monaten die Wiederversteigerung beantragt (§ 118 Abs. 2 Zwangsversteigerungsgesetz). Das Versteigerungsgericht ist dem Antrag gefolgt. Ein Dritter hat das Grundstück inzwischen ersteigert und ist nunmehr dessen Eigentümer.

Im Hinblick auf die Wiederversteigerung hat zwar der frühere Eigentümer das Eigentum an dem Grundstück nicht wiedererlangt, aber durch die Abgabe des Meistgebotes bei der rechtzeitig beantragten Wiederversteigerung ist der Erwerb des Klägers rückgängig gemacht worden. Nur diese Auslegung entspricht dem Sinn und Zweck des § 16 Abs. 2 Nr. 3 GrEStG 1983.

Mit vorzüglicher Hochachtung
Unterschrift

Anmerkungen

1. Vgl. Form. VII. 1 Anm. 1.

2. Wegen der Möglichkeiten zur Vertretung im Einspruchsverfahren vgl. Form. VII. 1 Anm. 2.

3. Wegen der bei der Einlegung des Einspruchs zu beachtenden Besonderheiten vgl. Form. VII. 1 Anm. 3 bis 6, 8 und 9.

4. Daneben kann AdV. beantragt werden. Dies kann, wie in Form. VII. 1 unter II vorgeschlagen, zusammen mit dem Einspruch geschehen. Zur Begründung kann auf die Ausführungen zur Begründung des Einspruchs Bezug genommen werden.

5. Zur materiell-rechtlichen Beurteilung des Beispielfalles vgl. BFH BStBl. II 1989, 150.

Kosten und Gebühren

Vgl. Form. VII. 1.

Fristen und Rechtsmittel

Vgl. Anm. 3. Bleibt der Einspruch ganz oder teilweise erfolglos, kann gegen die Einspruchsentscheidung binnen eines Monats seit ihrer Bekanntgabe (§ 47 Abs. 1 FGO) Klage zu dem örtlich zuständigen Finanzgericht erhoben werden (vgl. Form. VII. 9 ff.).

5. Einspruch gegen einen Erbschaftsteuerbescheid

An das Finanzamt ...... **...... (Ort), ... (Datum)**
in ......

Betrifft: Steuernummer ......; ...... (Name, Todestag und letzter Wohnsitz des Erblassers); Frau A (Name und Anschrift des Erben bzw. sonstigen Zuwendungsempfängers)

Bezug: Erbschaftsteuerbescheid vom ...... (Datum des Bescheids); zugegangen[1] am ...... (Datum des Eingangs des Bescheids)

Sehr geehrte Damen, sehr geehrte Herren!

Namens und in Vollmacht[2] der Frau A lege ich gegen den oben bezeichneten Erbschaftsteuerbescheid Einspruch[3] ein. Ich beantrage, die Erbschaftsteuer auf ...... EUR herabzusetzen[4].

Begründung[5]:

Die Einspruchsführerin, Frau A, ist Nacherbin ihres Vaters; Vorerbin ist ihre Mutter. In einem notariell beurkundeten Vertrag vom ...... vereinbarten Frau A und ihre Mutter, dass Frau A ihr Nacherbenanwartschaftsrecht auf ihre Mutter überträgt. Dafür hatte die Mutter an Frau A ...... EUR aus dem Nachlass zu zahlen.
Das FA hat Frau A wegen des in der Zahlung liegenden Erwerbs gemäß § 1 Abs. 1 Nr. 1, § 3 Abs. 2 Nr. 6 ErbStG zur Erbschaftsteuer herangezogen. Dagegen werden dem Grunde nach Einwendungen nicht erhoben. Das FA hat aber nicht berücksichtigt, dass die Steuer sich nach § 27 Abs. 1 ErbStG ermäßigte. Nach § 3 Abs. 2 Nr. 6 ErbStG gilt als vom Erblasser zugewendet auch, was als Entgelt für die Übertragung des Nacherbenanwartschaftsrechts gewährt wird. Diese gesetzliche Fiktion ist auch bei der Anwendung des § 27 Abs. 1 ErbStG zu beachten. Die gegen Frau A festgesetzte Erbschaftsteuer ist daher herabzusetzen. Die weiteren Voraussetzungen des § 27 ErbStG liegen vor[6].

Mit vorzüglicher Hochachtung
Unterschrift

Anmerkungen

1. Vgl. Form. VII. 1 Anm. 1.

2. Wegen der Möglichkeit zur Vertretung im Einspruchsverfahren vgl. Form. VII. 1 Anm. 2.

3. Wegen der bei der Einlegung des Einspruchs zu beachtenden Besonderheiten s. Form. VII. 1 Anm. 3 bis 6, 8 und 9.

4. Daneben kann AdV. beantragt werden. Dies kann, wie in Form. VII. 1 unter II. vorgeschlagen, zusammen mit dem Einspruch geschehen, so dass es wegen der Möglichkeit, auf die Begründung des Einspruchs Bezug zu nehmen, keiner selbstständigen Begründung des Aussetzungsantrags bedarf.

5. Zur materiell-rechtlichen Beurteilung des Beispielsfalles vgl. BFH BStBl. II 1980, 46.

Kosten und Gebühren

Vgl. Form. VII. 1.
Die Regelung über die Vorfälligkeitsverzinsung entstandener Steuerforderungen nach § 233 a AO 1977 gilt nicht für die Erbschaftsteuer.

Fristen und Rechtsmittel

Bleibt der Einspruch ganz oder teilweise erfolglos, kann gegen die Einspruchsentscheidung binnen eines Monats seit ihrer Bekanntgabe (§ 47 Abs. 1 FGO) Klage zu dem örtlich zuständigen Finanzgericht erhoben werden (vgl. Form. VII. 9 ff.).

6. Einspruch gegen Haftungsbescheid („Betriebsübernahme")

An das Finanzamt ...... **...... (Ort), ... (Datum)**
in ......

Betrifft: Steuernummer ......; ...... (Name des Inanspruchgenommenen)

Bezug: Haftungsbescheid vom ...... (Datum des Bescheids); zugegangen[1] am ...... (Datum des Eingangs des Bescheids)

Sehr geehrte Damen, sehr geehrte Herren!

Namens und in Vollmacht[2] des ...... lege ich gegen den oben bezeichneten Haftungsbescheid[3] Einspruch[4] ein. Ich beantrage, den Haftungsbescheid aufzuheben.

Begründung[5]:

Die Gesellschafter der A GmbH & Co KG haben ihre Anteile auf Grund Vertrages vom ...... 19 .. gegen Entgelt übertragen, und zwar die GmbH an B und die Kommanditisten an C und D. Die neuen Gesellschafter führen das Unternehmen unter der bisherigen Firma fort. Zu Unrecht hat das FA in der entgeltlichen Übertragung aller Anteile an der Gesellschaft eine Übereignung des Unternehmens im Ganzen im Sinne des § 75 Abs. 1 S. 1 AO 1977 erblickt und die Anteilserwerber wegen rückständiger Betriebssteuern aus der Zeit vor der Anteilsübertragung in Haftung genommen. Die Übertragung aller Anteile an einer Personenhandelsgesellschaft lässt die Identität des Unternehmensinhabers, der Gesellschaft, unberührt.

Mit vorzüglicher Hochachtung
Unterschrift

Anmerkungen

1. Vgl. Form. VII. 1 Anm. 1.

2. Wegen der Möglichkeiten zur Vertretung im Einspruchsverfahren vgl. Form. VII. 1 Anm. 2.

3. Die steuerrechtlichen Haftungstatbestände sind in den §§ 69 bis 77 AO 1977 nicht abschließend geregelt, sie sind zum Teil auch in den Einzelsteuergesetzen enthalten (vgl. *Tipke/Kruse* Vor § 69 AO; *Kühn/Kutter/Hofmann* Vor §§ 69 mit 77 AO). Das zuständige FA erlässt, wenn es die Voraussetzungen einer Haftung für fremde Steuerschuld für gegeben erachtet, einen Haftungsbescheid (§ 191 Abs. 1, 3 AO 1977). Das gilt auch, wenn die Haftung auf außersteuerrechtlichen Normen beruht (§ 191 Abs. 4 AO 1977), z.B. auf § 25 HGB (vgl. *Tipke/Kruse* Vor § 69 AO Anm. 10ff.). Wenn die Haftung vertraglich übernommen wurde, darf das FA keinen Haftungsbescheid erlassen (§ 192 AO 1977); in solchen Fällen ist, wenn der Haftende die Leistung verweigert, das FA darauf verwiesen, Klage vor einem Zivilgericht zu erheben.

Für Erlass und Änderung von Haftungsbescheiden gelten nicht die für den Erlass und die Abänderung von Steuerbescheiden geltenden Vorschriften, sondern die des Dritten Teils der Abgabenordnung (*Kühn/Kutter/Hofmann* § 191 AO Anm. 1; teilweise aA. *Tipke/Kruse* § 191 AORdn. 5 ff.).

4. Die schriftlich zu erteilenden Haftungsbescheide (§ 191 Abs. 1 S. 2 AO 1977) werden mit dem Einspruch angefochten (§ 348 Abs. 1 Nr. 4 AO 1977), so dass wegen der bei ihrer Anfechtung zu beachtenden Besonderheiten auf Form. VII. 1 Anm. 3 bis 6, 8 und 9 Bezug genommen werden kann.

5. Zur materiell-rechtlichen Beurteilung des Beispielsfalles vgl. BGHZ 44, 229; Urteil des Niedersächsischen FG EFG 1977, 452; BFH BStBl. II 1977, 654 und BFH-Beschluss BStBl. II 1980, 329. Nach *Heymann/Kötter* HGB § 130 Anm. 1 vollzieht sich der Gesellschafterwechsel durch Aufnahmevertrag mit der Folge der Haftung nach § 130 HGB. Diese Vorschrift hat das Niedersächsische FG unerörtert gelassen.

Kosten und Gebühren

Vgl. Form. VII. 1.

Die Regelung über die Vorfälligkeitsverzinsung gemäß § 233a AO 1977 gilt nicht für Haftungsansprüche. Auch entstehen keine Prozesszinsen gemäß § 236 AO 1977 (*Tipke/Kruse*, AO, § 236 Rz 4) und keine Aussetzungszinsen gemäß § 237 AO 1977 (*Tipke/Kruse,* AO, § 237 Rz 3), wohl aber Säumniszuschläge gemäß § 240 AO 1977 (*Tipke/Kruse,* AO, § 240 Rz 6).

Fristen und Rechtsmittel

Vgl. Anm 4. Bleibt der Einspruch ganz oder teilweise erfolglos, kann gegen die Einspruchsentscheidung binnen eines Monats seit ihrer Bekanntgabe (§ 47 Abs. 1 FGO) Klage zu dem örtlich zuständigen Finanzgericht erhoben werden (vgl. Form. VII. 9ff.).

7. Einspruch gegen die Ablehnung eines Erlassantrags

An das Finanzamt[1] .... (Ort), ... (Datum)
in ......

Betrifft: Steuernummer ......; A (Name des Steuerpflichtigen)

Bezug: Bescheid vom ...... (Datum des Bescheids) über die Ablehnung des Erlassantrags vom ......; zugegangen[2] am ...... (Datum des Eingangs des Bescheids)

Sehr geehrte Damen, sehr geehrte Herren!

Namens und in Vollmacht[3] des A lege ich gegen die Ablehnung des Erlassantrags vom ...... durch den oben bezeichneten Bescheid Einspruch[4] ein. Ich beantrage, dem Erlassantrag zu entsprechen.

Begründung[5]:

A hatte gegen den Einkommensteuerbescheid für 20 .. Einspruch eingelegt und beim FA Aussetzung der Vollziehung in Höhe der erstrebten Steuerherabsetzung beantragt. Das FA lehnte den Aussetzungsantrag ab; der sodann an das FG gerichtete Antrag hatte (ab Antragstellung) Erfolg. Der BFH hat auf die wegen grundsätzlicher Bedeutung zugelassene Beschwerde des FA die Aussetzungsentscheidung des FG aufgehoben. Das FA verlangt die Entrichtung von Säumniszuschlägen ab Fälligkeit. Den oben bezeichneten Antrag auf Erlass der Säumniszuschläge hat es abgelehnt. Dagegen richtet sich die Beschwerde.

Die Ablehnung des Erlasses der Säumniszuschläge war ermessensfehlerhaft, da A, solange der Aussetzungsbeschluss des FG bestand (und noch nicht aufgehoben worden war), nicht verpflichtet war, die festgesetzte Steuer auch insoweit zu entrichten, als er die Aussetzung der Vollziehung des angefochtenen Einkommensteuerbescheides beantragt hatte. Zwar wurde der Aussetzungsbeschluss des FG mit Wirkung für die Vergangenheit aufgehoben. Das beseitigte aber nicht die tatsächlichen Wirkungen, die er während der Dauer seines Bestehens erzeugt hat.

Mit vorzüglicher Hochachtung
Unterschrift

Anmerkungen

1. Der Einspruch ist an die Finanzbehörde zu richten, deren Entscheidung (Verwaltungsakt, § 118 AO 1977) angefochten werden soll. Die Möglichkeit, Beschwerde zu erheben, ist mit Ablauf des 31. 12. 1995 entfallen. Seither ist alleiniger Rechtsbehelf der Abgabenordnung nur noch der Einspruch (vgl. den siebenten Teil der Abgabenordnung – §§ 347 bis 367 AO 1977). Am 1. 1. 1996 anhängige Beschwerden, über die noch nicht entschieden ist, werden als Einsprüche behandelt (Art. 97 § 18 Abs. 2 S. 2 EGAO). Vgl. auch Anm. 4.

2. Schriftlich ergehende Verwaltungsakte werden nach § 122 AO 1977 bekannt gegeben (vgl. Form. VII. 1 Anm. 1).

3. Wegen der Möglichkeit zur Vertretung im Einspruchsverfahren vgl. § 80 AO 1977, §§ 3 ff. Steuerberatungsgesetz (s. a. Form. VII. 1 Anm. 2).

4. Der Rechtsbehelf der Beschwerde ist ab 1. 1. 1996 entfallen (Anm. 1). Beschwerden, die bis zum 31. 12. 1995 eingelegt worden sind, über die aber bis dahin noch nicht entschieden worden ist, werden als Einsprüche behandelt (Art. 97 § 18 Abs. 2 S. 2 EGAO). Ab dem 1. 1. 1996 ist im vorliegenden Fall daher Einspruch einzulegen. Einspruch ist auch gegeben, wenn über einen Antrag, einen Verwaltungsakt zu erlassen, binnen angemessener Frist nicht entschieden worden ist (§ 347 Abs. 1 S. 2 AO 1977 i. d. F. des Gesetzes vom 24. 6. 1994, BStBl. I, 440). Wird über einen Einspruch binnen angemessener Frist nicht sachlich entschieden, kann Klage erhoben werden (§ 46 Abs. 1 FGO); erneuter Einspruch ist nicht statthaft (§ 348 Nr. 2 AO 1977).

Für die Einlegung des Einspruchs und das Einspruchsverfahren gelten die allgemeinen Vorschriften (vgl. §§ 347 ff., 355 ff. AO; s. auch Form. VII. 1 Anm. 3–6 und 8).

5. Zur materiell-rechtlichen Beurteilung des Beispielfalles vgl. BFH BStBl. II 1979, 58.

Kosten und Gebühren

Vgl. Form. VII. 1.

Fristen und Rechtsmittel

Vgl. Anm. 4. Bleibt der Einspruch ganz oder teilweise erfolglos, kann gegen die Einspruchsentscheidung binnen eines Monats seit ihrer Bekanntgabe (§ 47 Abs. 1 FGO) Klage zu dem örtlich zuständigen Finanzgericht erhoben werden (vgl. Form. VII. 9 ff.). Die Klage ist eine Verpflichtungsklage, auch wenn das Finanzgericht die angefochtene Ablehnung des Erlassantrags nur unter Beachtung der sich aus § 102 FGO ergebenden Einschränkungen überprüfen darf. Kommt eine Verpflichtung des FA zum Erlass mangels der dafür erforderlichen Ermessensreduzierung nicht in Betracht, stellt es aber einen Ermessensfehler fest, ergeht ein sog. Bescheidungsurteil (§ 101 S. 2 FGO). Eines ausdrücklichen (Hilfs-)Antrags auf Erlass eines Bescheidungsurteils bedarf es nicht, da das Bescheidungsurteil eine teilweise Abweisung der Verpflichtungsklage ist und deshalb eine dahingehende Entscheidung von dem Klagantrag auf Erlass umfasst wird (vgl. § 96 Abs. 1 S. 2 FGO).

8. Untätigkeitseinspruch

An das Finanzamt[1] .... (Ort), ... (Datum)
in ......

Betrifft: Steuernummer ......; A (Name des Steuerpflichtigen)

Bezug: Erlassantrag vom ...... (Datum des Erlassantrags)

Sehr geehrte Damen, sehr geehrte Herren!

Namens und in Vollmacht[2] des Herrn A erhebe ich Einspruch[3] dagegen, dass der oben bezeichnete Antrag noch nicht beschieden worden ist. Ich beantrage, unverzüglich eine rechtsbehelfsfähige Entscheidung zu erlassen.

Begründung:

Herr A hat gegen die nach einer Außenprüfung ergangenen Änderungsbescheide über Einkommen- und Gewerbesteuer für die Veranlagungszeiträume 1999 bis 2002 Einspruch erhoben und zugleich mit dem oben bezeichneten Schreiben den Antrag auf Erlass der festgesetzten Mehrsteuern gestellt. Die Einsprüche hatten keinen Erfolg. Herr A hat gegen die Änderungsbescheide daher Klagen erhoben, über die noch nicht entschieden ist. Über den Erlassantrag hat das FA noch nicht befunden. Vielmehr hat der zuständige Sachgebietsleiter telefonisch erklärt, eine Entscheidung in der Erlasssache könne erst nach rechtskräftigem Abschluss des Klageverfahrens ergehen. Dagegen richtet sich der Einspruch. Das Erlassverfahren und das gerichtliche Verfahren, in dem auf die Anfechtungsklage des Herrn A die Rechtmäßigkeit der Steuerfestsetzungen überprüft wird, sind voneinander unabhängig[4]. Es liegt deshalb kein zureichender Grund i. S. des § 347 Abs. 1 S. 2 AO 1977 dafür vor, dass über den Erlassantrag noch nicht entschieden worden ist.

Mit vorzüglicher Hochachtung
Unterschrift

Anmerkungen

1. Vgl. Form. VII. 7 Anm. 1.

2. Vgl. Form. VII. 7 Anm. 3.

3. Der sog. **Untätigkeitseinspruch** nach § 347 Abs. 1 S. 2 AO 1977 richtet sich nicht gegen eine dem Antragsteller ungünstige Entscheidung über einen von ihm gestellten Antrag (vgl. dazu Form. VII. 7), sondern dagegen, dass über einen gestellten Antrag nicht binnen angemessener Frist ohne Mitteilung eines zureichenden Grundes für das Ausbleiben der Entscheidung befunden worden ist. Wann die angemessene Entscheidungsfrist überschritten ist, lässt sich nur nach den Umständen des Einzelfalles bestimmen. Einen Anhaltspunkt bietet die in § 46 Abs. 1 FGO genannte Frist von sechs Monaten. Die angemessene Frist wird häufig kürzer anzunehmen sein (vgl. *Tipke/Kruse* § 347 AO Rdn. 27).

Die frühere Möglichkeit, Untätigkeitsbeschwerde zu erheben, ist mit Ablauf des 31. 12. 1995 entfallen. Am 1. 1. 1996 anhängige Beschwerden, über die noch nicht entschieden ist, werden als Einsprüche behandelt (Art. 97 § 18 Abs. 2 S. 2 EGAO).

Kein Untätigkeitseinspruch (§ 347 Abs. 1 S. 2 AO 1977), sondern „Untätigkeitsklage" nach § 46 Abs. 1 FGO ist gegeben, wenn über einen außergerichtlichen Rechtsbehelf (Einspruch) nicht binnen angemessener Frist ohne Mitteilung eines zureichenden Grundes für die Verzögerung nicht entschieden worden ist (§ 348 AO 1977); Einspruch wegen Nichtentscheidung über einen bereits eingelegten Einspruch ist nicht statthaft (§ 348 Nr. 2 AO 1977). Die Untätigkeitsklage ist aber nicht auf die Herbeiführung einer Einspruchs- bzw. Beschwerdeentscheidung (§ 367 AO 1977), sondern auf eine Sachentscheidung über das Rechtsbehelfsbegehren des Rechtsbehelfsführers – wegen der Verzögerung – unter Verzicht auf einen förmlichen Abschluss des außergerichtlichen Rechtsbehelfsverfahrens gerichtet (vgl. *Ziemer/Birkholz* § 46 Rdn. 5, 6).

Demgegenüber ersetzt die Untätigkeitsklage nach § 46 Abs. 2 FGO die in den Fällen des § 348 Nr. 3 bis 5 AO 1977 den unzulässigen Untätigkeitseinspruch.

4. Zur Frage der Verknüpfung von Rechtmäßigkeitskontrolle und Erlassverfahren vgl. *Kühn/Kutter/Hofmann* § 227 AO Anm. 4 a; *Tipke/Kruse* § 227 AO Rdn. 24.

Kosten und Gebühren

Vgl. Form. VII. 1.

Fristen und Rechtsmittel

Vgl. Anm. 3. Ergeht auf den Untätigkeitseinspruch eine dem gestellten Antrag nicht stattgebende Entscheidung des Finanzamtes, kann diese mit Einspruch und – bei Erfolglosigkeit des außergerichtlichen Rechtsbehelfs – mit der Klage (vgl. Form. VII. 9 ff.) angefochten werden. Die Hauptsache des Verfahrens über die Untätigkeitsbeschwerde bzw. den Untätigkeitseinspruch ist dann erledigt. Ergeht auch auf den Untätigkeitseinspruch ohne Mitteilung eines zureichenden Grundes in angemessener Frist keine Sachentscheidung über den Untätigkeitseinspruch oder über den Sachantrag, ist zur Durchsetzung des letzteren die Untätigkeitsklage an das örtlich zuständige Finanzgericht gegeben (*Tipke/Kruse* § 349 AO Rz. 13).

Klage[1]

9. Klage gegen einen Einkommensteuerbescheid

An das Finanzgericht[2] ...... **...... (Ort), ... (Datum)**
in ......

Klage des ......

Klägers,

Prozessbevollmächtigter[3]: ......

gegen

Finanzamt[4] ......
in ......

Beklagten,

wegen Einkommensteuer 20 ..

Steuernummer: ......

Namens und in Vollmacht des Klägers erhebe ich Klage[5]. Ich beantrage,

I. die mit Bescheid vom ...... festgesetzte Einkommensteuer 20 .. unter Aufhebung der Einspruchsentscheidung vom ...... auf ...... EUR herabzusetzen,[6]

II. das Urteil hinsichtlich der Kostenentscheidung für vorläufig vollstreckbar zu erklären[7, 8],

III. die Zuziehung eines Bevollmächtigten im Vorverfahren für notwendig zu erklären[9].

Begründung[10]:

Der Kläger vermietete ein als Ladenlokal ausgebautes Haus. Die Anschaffungskosten hatte er durch ein Darlehen seiner Lebensversicherung finanziert und dieser zur Sicherung u.a. eine Grundschuld bestellt. Für das Darlehen war eine Laufzeit von 10 Jahren und ein fester Zinssatz für diese Zeit von 6% p.a. vereinbart. Im Januar des Streitjahres veräußerte er das Grundstück an den Mieter für 400.000 EUR. Von der Vertragsdauer des Darlehns waren zu diesem Zeitpunkt erst sechs Jahre abgelaufen. Der Kläger vereinbarte mit der kreditgewährenden Versicherung, dass er das Darlehen nicht aus dem Verkaufserlös tilgen müsse, sondern dass er den Kaufpreis zum Erwerb von Aktien verwenden dürfe. Der Kläger erwarb die Aktien unmittelbar im Anschluss an den Eingang des Verkaufserlöses. Das FA erfasste die dem Kläger zugeflossenen Dividenden als Einkünfte aus Kapitalvermögen, ließ aber den Abzug der Darlehenszinsen als Werbungskosten bei den Einkünften aus Kapitalvermögen nicht zum Abzug zu. Der Einspruch blieb erfolglos. Das FA sieht den ursprünglichen Veranlassungszusammenhang der Darlehensaufnahme nicht als durch den Erwerb der Wertpapiere ersetzt an. Hiergegen wendet sich der Kläger, weil er die Anschaffung der Wertpapiere der kreditgebenden Versicherung angezeigt hat und diese der Versicherung als Sicherheit für ihren Kredit dienen, auch wenn der Bestand der Papiere sich durch laufende An- und Verkäufe häufig verändert.

Unterschrift

Anmerkungen

1. Die Finanzgerichtsordnung erklärt in verschiedenen Bestimmungen Vorschriften der Zivilprozessordnung (z.B. betreffend die Ablehnung wegen Befangenheit in § 51 FGO, für das Beweisverfahren in § 82 FGO und –ab 1.7.2002- für Zustellungen in § 53 Abs. 2 FGO) und des Gerichtsverfassungsgesetzes für entsprechend anwendbar. § 155 FGO bestimmt ergänzend, dass, soweit die Finanzgerichtsordnung keine Vorschriften über das Verfahren enthält, das Gerichtsverfassungsgesetz und, soweit die grundsätzlichen Unterschiede der beiden Verfahrensarten es nicht ausschließen, die Zivilprozessordnung sinngemäß anzuwenden ist. Vgl. wegen der auf Grund ausdrücklicher Bezugnahme und nach § 155 FGO entsprechend anwendbaren Vorschriften *Gräber* § 155 Anm. 3 und 5.

2. Die Klage ist bei dem FG **schriftlich** zu erheben; sie kann auch zur Niederschrift des Urkundsbeamten der Geschäftsstelle erklärt werden (§ 64 Abs. 1 FGO). Erhebung der Klage beim FA ist möglich und hat fristwahrende Wirkung (§ 47 Abs. 2 FGO). Dem Schriftlichkeitserfordernis genügen auch **Telegramm**, **Telefax** und m.E. auch **Telekopie**, die sog. e-mail (vgl. § 174 Abs. 2 S. 1 ZPO n.F., § 53 Abs. 2 FGO; Form. VII. 1 Anm. 4).

3. Vor dem Finanzgericht kann sich der Kläger durch einen Rechtsanwalt, Steuerberater oder Wirtschaftsprüfer oder eine der in §§ 3, 4 StBerG genannten Personen vertreten lassen, sofern diese im Rahmen ihrer Befugnis zur Hilfeleistung in Steuersachen tätig werden. Von anderen Personen (z.B. Angehörigen oder Freunden) nur dann, wenn diese nicht geschäftsmäßig tätig werden. Vor dem **BFH muss** sich jeder Beteiligte, wenn er Anträge stellen will, durch einen Rechtsanwalt, Steuerberater oder Wirtschaftsprüfer oder eine aus solchen Personen bestehende Gesellschaft vertreten lassen (§ 62a FGO); andere Personen sind zur Vertretung vor dem BFH nicht zugelassen. Im Falle der Prozessvertretung hat der Vertreter die Bevollmächtigung durch Vorlage einer schriftlichen, im Original vorzulegenden **Prozessvollmacht** nachzuweisen (§ 62 Abs. 3 S. 1 FGO; §§ 81–84 ZPO). Die Bevollmächtigung ist im finanzgerichtlichen Verfahren – auch bei Vertretung durch Anwälte oder Steuerberater– von Amts wegen zu prüfen (§ 62 Abs. 3 S. 2 FGO; BFH BStBl. II 1981, 678). Tritt als Bevollmächtigter eine zur Beratung in Steuersachen befugte Person (§ 3 Nr. 1 bis 3 StBerG), also z.B. ein Rechtsanwalt oder Steuerberater auf, braucht das Finanzgericht den Mangel der Vollmacht nicht von Amts wegen zu berücksichtigen (§ 62 Abs. 3 S. 6 FGO); Der Mangel der Vollmacht kann aber in jeder Lage des Verfahrens vom Finanzamt gerügt werden (§ 155 FGO, § 88 Abs. 1 ZPO). Der Vorsitzende oder der Berichterstatter kann für die Vorlage der Vollmacht eine – angemessene (BFH BStBl. II 1980, 457) – Frist mit ausschließender Wirkung setzen (§ 62 Abs. 3 S. 3 FGO; BFH BStBl. II 1988, 836). Wird die Vollmacht nicht innerhalb der Frist beigebracht, so ist die Klage (bzw. das Rechtsmittel) unzulässig. Es kann aber Wiedereinsetzung in den vorigen Stand gewährt werden (§ 62 Abs. 3 S. 4 FGO, § 56 FGO). Wird die Vollmacht nach Ablauf der mit ausschließender Wirkung gesetzten Frist beigebracht (ohne dass die Voraussetzungen einer Wiedereinsetzung gegeben sind), so treten die Wirkungen der Vollmacht im Übrigen jedoch ein. Die ergehende gerichtliche Entscheidung wirkt gegenüber dem Vertretenen (§ 89 Abs. 2 ZPO, § 155 FGO). Der Vertretene braucht daher nicht zu einem Termin zur mündlichen Verhandlung geladen zu werden. Das Recht auf Gehör wird durch seinen Bevollmächtigten wahrgenommen. Dem Vertretenen sind daher auch die Kosten des Verfahrens aufzuerlegen (BFH BStBl. II 1980, 229). Wird die Vollmacht nicht beigebracht, ist die Entscheidung auch dem vollmachtslos Vertretenen zuzustellen (BFH BStBl. II 1982, 128). Die Kostenlast trifft bei Nichtvorlage der Vollmacht den vollmachtlosen Vertreter.

4. Die Klage ist gegen die Behörde zu richten, die den ursprünglichen Verwaltungsakt (§ 118 AO 1977) erlassen hat (Anfechtungsklage) oder die es abgelehnt hat, den beantragten Verwaltungsakt zu erlassen (Verpflichtungsklage); vgl. § 63 Abs. 1 Nr. 1 und 2 FGO. Wegen der Besonderheiten bei Wechsel der Zuständigkeit s. § 63 Abs. 2 und 3 FGO.

5. Die Klage auf Herabsetzung einer Steuerschuld ist eine **Anfechtungsklage.** Sie ist nur zulässig, wenn der Kläger zuvor erfolglos Einspruch eingelegt hat (§ 44 Abs. 1 FGO). Die Klage ist binnen eines Monats seit Zustellung der schriftlich zu erteilenden Einspruchsentscheidung, die mit einer Rechtsbehelfsbelehrung versehen sein muss (§ 366 AO 1977), zu erheben (§ 47 Abs. 1 FGO). Die Monatsfrist läuft nur, wenn die Rechtsbehelfsbelehrung ordnungsgemäß erteilt worden ist (§ 55 Abs. 1 FGO); eine Anleitung zur Berechnung der Klagefrist braucht die Rechtsbehelfsbelehrung allerdings nicht zu enthalten (BFH BStBl. II 1981, 70). Fehlt die ordnungsmäßige Rechtsbehelfsbelehrung, kann die Klage grundsätzlich noch binnen einer Frist von einem Jahr seit dem Wirksamwerden der Einspruchsentscheidung (§ 124 AO 1977, § 366 S. 1 AO 1977, § 55 Abs. 2 FGO) erhoben werden. Wird die Frist zur Erhebung der Klage versäumt, kann unter den Voraussetzungen des § 56 FGO Wiedereinsetzung in den vorigen Stand erreicht werden.

Die **Frist,** innerhalb der die Klage nur wirksam erhoben werden kann, fängt mit dem Beginn des auf den Tag der Zustellung der Einspruchsentscheidung (wegen des Beginns des Fristablaufs im Fall der Sprungklage vgl. Form. VII. 1 Anm. 3 Abs. 2 und 3) folgenden Tags an zu laufen (§ 54 Abs. 2 FGO, § 222 Abs. 1 ZPO, § 187 Abs. 1 BGB). Die Frist endet mit Ablauf des Tages, der dem Tag der Zustellung seiner Zahl nach im folgenden Monat entspricht (§ 188 Abs. 2 BGB). Fehlt in dem Monat, in dem die Frist endet, ein Tag, der seiner Zahl nach dem Tag der Zustellung im Vormonat entspricht (z.B. der „31."), so endet die Frist mit dem Ablauf des letzten Tags des Monats (§ 188 Abs. 3 BGB). Ist der Tag, mit dessen Ablauf die Frist danach enden würde, ein Sonnabend, ein Sonntag oder ein allgemeiner gesetzlicher Feiertag, so endet die Frist mit dem Ablauf des nächsten Werktages (§ 222 Abs. 2 ZPO). Da eine Verlängerung der in § 47 Abs. 1, § 55 Abs. 2 FGO bestimmten Fristen gesetzlich nicht vorgesehen ist, sind § 224 Abs. 3, § 225, § 226 ZPO für die Berechnung der Klagefrist ohne Bedeutung (§ 224 Abs. 2 ZPO).

Der Grundsatz, dass die Anfechtungsklage nur nach erfolglosem Abschluss des außergerichtlichen Vorverfahrens zulässigerweise erhoben werden kann, ist durch zwei Ausnahmen eingeschränkt. Hat das FA über den Einspruch nicht binnen angemessener Frist, die grundsätzlich wenigstens sechs Monate beträgt (§ 46 Abs. 1 S. 2 FGO), nicht entschieden, so kann auch ohne Abschluss des Vorverfahrens Klage erhoben werden (§ 46 Abs. 1 S. 1 FGO). Mit Zustimmung des FA kann ferner unmittelbar (dh. ohne außergerichtliches Vorverfahren) Klage erhoben werden, wenn ein Verwaltungsakt der in § 348 AO 1977 bezeichneten Art angefochten werden soll (§ 45 Abs. 1 FGO). Das FG kann jedoch in einem solchen Fall die Sache an das FA unter den Voraussetzungen des § 45 Abs. 2 FGO abgeben; die unmittelbar erhobene Klage gilt dann als Einspruch.

6. Der Kläger muss geltend machen, durch den angefochtenen Verwaltungsakt in seinen Rechten verletzt worden zu sein (§ 40 Abs. 2 FGO), d.h. er muss, soll die Klage zulässig sein, eigene Interessen verfolgen; eine Klageerhebung zugunsten Dritter oder der Allgemeinheit (sog. **Popularklage**) ist nicht zulässig. Die Klage muss den Kläger (Name und Anschrift), den Beklagten (beklagtes Finanzamt), bei Anfechtungsklagen den angefochtenen Verwaltungsakt (Datum, Steuernummer, Steuerart) und die Einspruchsentscheidung bezeichnen, ferner insbesondere auch den Gegenstand des **Klagebegehrens** (§ 65 Abs. 1 FGO). Das erfordert eine Darlegung darüber, in welchem Punkt und mit welcher betragsmäßigen Auswirkung der angefochtene Verwaltungsakt rechtsfehlerhaft ist (vgl. Beschluss des großen Senat des BFH vom 26. 11. 1979 GrS 1/78, BStBl. II 1980, 99); der Umfang des Klagebegehrens muss erkennbar sein (§ 96 Abs. 1 S. 2 FGO; *Tipke/Kruse,* FGO, § 65 Rdn. 4; *Kühn/Kutter/Hofmann,* FGO, § 65 Bem. 1). Der Kläger braucht dazu den Betrag der erstrebten Steuerermäßigung nicht zu berechnen. Seine Ausführungen müssen aber so konkret sein, dass das Gericht diese Berechnung vornehmen und damit zugleich den Wert des Streitgegenstandes bestimmen kann. Entspricht die Klage nicht den in § 65 Abs. 1 S. 1 FGO genannten Voraussetzungen hat der Vorsitzende oder der Berichterstatter den Kläger bzw. seinen Prozessbevollmächtigten zu der erforderlichen Ergänzung aufzufordern. Dafür kann dem Kläger eine Frist mit ausschließender Wirkung gesetzt werden (§ 65 Abs. 2 S. 2 FGO). Verstreicht diese Frist, ohne dass die geforderte Ergänzung bei dem Finanzgericht eingegangen ist, wird die Klage unzulässig und ist abzuweisen. Allerdings kann dem Kläger wegen Versäumung der Frist mit ausschließender Wirkung unter den Voraussetzungen des § 56 FGO Wiedereinsetzung in den vorigen Stand gewährt werden (§ 65 Abs. 2 S. 3 FGO).

Klageerweiterung einer zulässigen Klage, deren Klagebegehren also bezeichnet ist, ist auch noch nach Ablauf der Klagefrist (§ 47 Abs. 1 FGO) und der nach § 65 Abs. 2 S. 2 FGO gesetzten Ausschlussfrist möglich (BFH BStBl. II 1996, 19; a.A. eingehend *Gräber/von Groll,* FGO, § 65 Rz. 3), weil Steuerbescheide nicht teilrechtsfähig sind (BFH GrS BStBl. II 1990, 327).

Verspätetes Vorbringen kann das FG, wenn es dafür eine bestimmte angemessene Frist gesetzt hatte, übergehen („zurückweisen"), wenn es den Beteiligten (§ 57 FGO) bei Setzung der Frist auf diese Möglichkeit hingewiesen hatte (§ 79b FGO). Eine wirksame Fristsetzung zur Bezeichnung von Beweismitteln erfordert die Bezugnahme auf bestimmte aufklärungsbedürftige Tatsachen (vgl. BFH BStBl. II 1981, 443).

Um der Gefahr nicht ausreichender Bezeichnung des Streitgegenstandes bzw. des Gegenstands des Klagebegehrens und mangelnder Begründung des Klagebegehrens zu begegnen, ist es angezeigt, einen bestimmten Antrag – unter Berechnung der begehrten Steuerherabsetzung oder der Bemessungsgrundlage für die Steuerfestsetzung – zu stellen (s. § 65 Abs. 1 S. 1 FGO) und die den Antrag rechtfertigenden Umstände und Tatsachen unter Angabe der Beweismittel (Zeugen, Buchführungsunterlagen, Rechnungen) genau darzulegen.

7. Ein Kostenantrag ist überflüssig, da über die Kostenlast stets von Amts wegen zu befinden ist (§ 143 Abs. 1 FGO); enthält das Urteil keine Entscheidung in diesem Punkt, kann gemäß § 109 FGO innerhalb von zwei Wochen nach Zustellung des Urteils dessen Ergänzung beantragt werden (s. Form. VII. 21).

8. Urteile des Finanzgerichts auf Anfechtungs- und Verpflichtungsklagen sind wegen der Kostenentscheidung von Amts wegen ohne Sicherheitsleistung für vorläufig vollstreckbar zu erklären; dabei ist gleichzeitig gemäß § 711 ZPO, § 151 FGO auszusprechen, dass der Kostenschuldner die Vollstreckung durch Hinterlegung oder Sicherheitsleistung abwenden darf, wenn nicht der Gläubiger vor der Vollstreckung Sicherheit leistet (BFH-Beschluss BStBl. II 1981, 402).

9. Vgl. § 139 Abs. 3 S. 3 FGO. Diese Vorschrift hat auch nach der Beseitigung der Kostenpflicht im außergerichtlichen Vorverfahren ihre Bedeutung nicht verloren. Der Antrag betrifft das Kostenfestsetzungsverfahren nach § 149 FGO. Da über die Notwendigkeit der Zuziehung jedoch das Gericht entscheidet, ist es zweckmäßig, den Antrag schon bei Klageerhebung zu stellen. Die Finanzgerichte befinden darüber häufig im Rahmen der Kostenentscheidung. Dadurch ergibt sich eine Verfahrensvereinfachung. Wird der Antrag nach § 139 Abs. 3 S. 3 FGO abgelehnt, ist keine Beschwerde gegeben (§ 128 Abs. 4 S. 1 FGO; BFH-Beschluss BStBl. II 1977, 628).

Kosten, die für die Zuziehung eines Bevollmächtigten im außergerichtlichen Vorverfahren entstanden sind, sind nur dann erstattungsfähig, wenn das FG die Zuziehung für notwendig erklärt hat. Das wird auf Antrag regelmäßig geschehen, da das Steuerrecht wegen seiner Kompliziertheit stets die Zuziehung eines sachkundigen Vertreters rechtfertigt. Wird im Einspruchsverfahren einem Begehren bereits teilweise abgeholfen und betrifft die Klage mithin diesen Teil des Einspruchsverfahrens nicht, so ist das Einspruchsverfahren insoweit nicht außergerichtliches Vorverfahren. Es kann dafür insoweit keine Kostenerstattung verlangt werden.

10. Vgl. zur materiell-rechtlichen Beurteilung BFH BStBl. II 1997, 682.

Kosten und Gebühren

Der **Streitwert** bemisst sich im finanzgerichtlichen Verfahren gemäß §§ 1, 13 Abs. 2 GKG nach der beantragten Steuerherabsetzung, dh. der Differenz zwischen Steuerfestsetzung laut Steuerbescheid bzw. Einspruchentscheidung und beantragter Steuerfestsetzung.

Es entstehen (abhängig von der Höhe des Streitwertes) folgende **Gebühren:**

a) Gerichtsgebühren: § 11 GKG; die einzelnen Gebühren sind aus dem Kostenverzeichnis (Anlage 1 zu § 11 GKG) iVm. der Gebührentabelle (Anlage 2 zu § 11 GKG) ersichtlich.
b) Finanzamt: keine.
c) Prozessbevollmächtigter des Klägers (soweit nach § 139 Abs. 3 S. 2 FGO erstattungsfähig): Vorverfahren: §§ 118, 119 BRAGO; § 45 StBGebV.
Klageverfahren (vor dem FG): §§ 114, 117, 31, 37, 24, 11 BRAGO; § 45 StBGebV.

Daneben kann das Gericht und der obsiegende Beteiligte **Auslagenersatz** verlangen. Die dem Prozessbevollmächtigten zustehenden Vergütungsansprüche erhöhen sich um die **Umsatzsteuer** („**Mehrwertsteuer**"), § 25 Abs. 2 BRAGO.

Obsiegt der Kläger, hat er Anspruch auf Erstattung der ihm entstandenen zur zweckentsprechenden Rechtsverfolgung notwendigen Kosten, einschließlich derjenigen des außergerichtlichen Vorverfahrens, dh. soweit sich an das Einspruchs- oder Beschwerdeverfahren ein gerichtliches Verfahren angeschlossen hat (s. Anm. 9). Erstattungsfähig sind nicht nur die eigenen Aufwendungen des Klägers, sondern auch die dem von ihm beauftragten Prozessbevollmächtigten geschuldete Vergütung, jedoch nur bis zur Höhe der gesetzlichen Gebühren und Auslagen der Rechtsanwälte (s.o.). Wurde auch für das Vorverfahren ein Bevollmächtigter bestellt (Form. VII. 1 Anm. 2), hängt die Erstattungsfähigkeit von der Entscheidung des Gerichts nach § 139 Abs. 3 S. 3 FGO ab (vgl. Form. VII. 9 Anm. 9).

Unterliegt der Kläger, hat er die Gerichtskosten und die Kosten für die Beauftragung eines Prozessbevollmächtigten selbst zu tragen. Wird die Kostenlast verhältnismäßig geteilt, so sind Kläger und Beklagter gleichzeitig Kostenschuldner und Kostengläubiger. Aufrechnung ist möglich.

Auch im finanzgerichtlichen Verfahren kann auf Antrag Prozesskostenhilfe bewilligt werden (§ 142 FGO); vgl. Form. VII. 32. Da in Verfahren vor den Gerichten der Finanzgerichtsbarkeit ein Kostenvorschuss nicht zu erheben ist (vgl. *Ziemer/Birkholz* FGO Anh. 1b Anm. 6) und vor den (erstinstanzlichen) Finanzgerichten kein Vertretungszwang (wohl aber vor dem BFH) besteht, können „arme" Kläger als sog. Naturalbeteiligte auftreten, so dass die Prozesskostenhilfe im finanzgerichtlichen Verfahren geringere Bedeutung hat als in anderen Gerichtszweigen.

Wegen Verzinsung der Nachzahlungs- bzw. Erstattungsforderungen s. Form. VII. 1 – Kosten und Gebühren – unter 3.

Fristen und Rechtsmittel

Die Klage zum Finanzgericht kann zulässigerweise nur binnen eines Monats nach Zustellung der Entscheidung über den Einspruch erhoben werden (§ 47 Abs. 1 FGO); Näheres, auch zur Berechnung der Frist, vgl. Anm. 5.

Bleibt die Klage ganz oder teilweise erfolglos, ist dagegen die Revision nur gegeben, wenn sie ausdrücklich zugelassen worden ist (§ 115 Abs. 1 FGO n.F., also in der seit 1. 1. 2001 geltenden Fassung). Die frühere Unterscheidung zwischen zulassungsfreier Verfahrensrevision (§ 116 FGO bis 31. 12. 2000) und zulassungsbedürftiger Revison zur Rüge anderer Verfahrensmängel ist aufgegeben worden. Wird die Revision in dem Urteil des FG nicht ausdrücklich zugelassen, gilt sie als nicht zugelassen. Gegen die Nichtzulassung der Revision kann binnen eines Monats nach Zustellung des Urteils des Finanzgerichts Beschwerde beim Bundesfinanzhof eingelegt werden (§ 116 Abs. 1 FGO). Die **Nichtzulassungsbeschwerde** ist innerhalb von zwei Monaten seit der Zustellung des Urteils des Finanzgerichts gegenüber dem Bundesfinanzhof zu begründen (§ 116 Abs. 3 Sätze 1 und 2 FGO). Die Begründungsfrist kann auf einen vor ihrem Ablauf gestellten Antrag um einen weiteren Monat verlängert werden (§ 116 Abs. 3 S. 4 FGO; s. auch Form. VII. 24). Hat die Nichtzulassungsbeschwerde Erfolg, wird das Verfahren beim Bundesfinanzhof als Revisionsverfahren fortgesetzt; einer Einlegung der Revision bedarf es dann nicht (§ 116 Abs. 7). Die Frist zur Begründung der Revision ist dann ein Monat ab Zustellung der Zulassungsentscheidung des BFH (§ 120 Abs. 2 S. 1, 2. Halbsatz FGO); sie kann auf einen vor ihrem Ablauf gestellten Antrag verlängert werden (§ 120 Abs. 2 S. 3 FGO).

10. Antrag auf Aussetzung der Vollziehung neben einer Klage gegen einen Einkommensteuerbescheid (zu Form. VII. 9)

An das Finanzgericht[1] .... (Ort), ... (Datum)
in ......

Antrag des ......

Antragstellers und Klägers,

Prozessbevollmächtigter[2]: ......

gegen

Finanzamt[3] ......
in ......

Antragsgegner und Beklagten,

wegen Aussetzung der Vollziehung (Einkommensteuer 20 ..).

Steuernummer: ......

Namens und in Vollmacht des Antragstellers beantrage ich,

I. die Vollziehung[4] des Einkommensteuerbescheids für 20 .. vom ...... (Steuernummer ......) auszusetzen, soweit die Steuer höher als ......EUR festgesetzt ist,

II. soweit Aussetzung der Vollziehung gewährt wird, die Verwirkung von Säumniszuschlägen bis zum Ergehen der gerichtlichen Entscheidung über den Aussetzungsantrag aufzuheben[5, 6].

Begründung:

Der Antragsteller beantragte beim FA AdV. des oben bezeichneten Einkommensteuerbescheids. Das FA lehnte den Antrag ab. Zugleich wies es den Einspruch des Klägers als unbegründet zurück. Der Kläger hat mit Schriftsatz vom ...... Klage erhoben, mit der er Herabsetzung der festgesetzten Einkommensteuer um ...... EUR begehrt. In demselben Umfang wird auch AdV. begehrt. Zur Begründung der ernstlichen Zweifel an der Rechtmäßigkeit des angefochtenen Steuerbescheids wird auf die vorliegende Klagebegründung verwiesen[7].
Da die Entscheidung über die Aussetzung der Vollziehung keine rückwirkende Kraft entfaltet, wird auch die Aufhebung der Säumniszuschläge begehrt, die seit dem Aussetzungsantrag an das FA entstanden sind; denn die die AdV. rechtfertigenden ernstlichen Zweifel an der Rechtmäßigkeit des angefochtenen Bescheids haben von Anfang an bestanden.

Unterschrift

Anmerkungen

1. Der Antrag auf AdV. ist schriftlich bei dem Gericht der Hauptsache zu stellen; zum Schriftlichkeitserfordernis s Form. VII. 1 Anm. 4. Beim FG kann er auch zur Niederschrift des Urkundsbeamten der Geschäftsstelle erklärt werden. § 64 FGO ist entsprechend anwendbar. Bis zur Erhebung der Revision oder Einlegung einer Nichtzulassungsbeschwerde ist das FG für die Entscheidung zuständig (§ 69 Abs. 3 S. 1 FGO; BFH BStBl. II 1970, 786; a. A. *Gräber/Koch,* FGO, § 69 Rdn. 137). Wird Revision eingelegt, so wird der BFH Gericht der Hauptsache. Das gilt auch bei Erhebung der Nichtzulassungsbeschwerde; da die Beschwerde direkt beim BFH eingelegt wird, entfällt die Abhilfeentscheidung des FG (*Klein/Ruban* Kommentar zur FGO, 5. Aufl. § 116 Rz 53).

2. Vgl. Form. VII. 9 Anm. 3.

3. Antragsgegner ist grundsätzlich die Behörde (FA), die den angefochtenen Verwaltungsakt erlassen hat (vgl. § 63 FGO).

4. Durch die Erhebung der Klage wird die Vollziehung des angefochtenen (vollziehbaren) Verwaltungsakts nicht gehemmt (§ 69 Abs. 1 FGO). AdV. eines angefochtenen Verwaltungsakts setzt voraus, dass entweder ernstliche Zweifel an dessen Rechtmäßigkeit bestehen oder dass die sofortige Vollziehung eine unbillige und durch überwiegende öffentliche Interessen nicht gebotene Härte zur Folge haben würde (vgl. § 69 Abs. 2 S. 2, Abs. 3 S. 1 FGO). Insoweit decken sich die Voraussetzungen, unter denen sowohl die zuständige Finanzbehörde als auch das Gericht die Vollziehung aussetzen können (§ 361 Abs. 1 und 2 AO 1977, vgl. Form. VII. 1 Anm. 9). AdV. kann nicht in weiterem Umfang begehrt werden, als das Klagebegehren reicht. Der Antrag auf AdV. ist regelmäßig zunächst an die Behörde zu richten, die den (angefochtenen) Bescheid erlassen hat (§ 69 Abs. 4 FGO). Hat die Behörde den Antrag abgelehnt oder anderweitig zu erkennen gegeben, dass sie zu einer AdV. nicht bereit ist (s. dazu *Beermann* DStR 1986, 252/257f.; eine besondere Form ist nicht vorgeschrieben: BFH/NV 1991, 459), wird dadurch der Antrag an das Gericht der Hauptsache statthaft. Gibt das FA auf einen unmittelbar bei dem Gericht gestellten Aussetzungsantrag zu erkennen, dass seiner Ansicht nach der Antrag unbegründet sei, wird der unmittelbare Antrag dadurch nicht zulässig (BFH-Beschluss BStBl. II 1980, 49).

Der an das Gericht gerichtete Antrag ist kein Rechtsbehelf gegen die Ablehnung der AdV. durch die Behörde. Es beginnt vielmehr mit dem Antrag ein selbstständiges gerichtliches Verfahren. Dieses ist auch unabhängig vom Hauptverfahren, wenn ein solches schon bei dem Gericht schwebt. Wird allerdings das Hauptverfahren beendet (durch rechtskräftige Entscheidung oder durch Klagerücknahme), ist eine Entscheidung über das Aussetzungsbegehren nicht mehr möglich; das folgt aus dem Erfordernis, dass (lediglich) die Vollziehung „angefochtener" Verwaltungsakte ausgesetzt werden kann. Vgl. auch Form. VII. 1 Anm. 9 und oben Anm. 1.

5. Entscheidungen über die AdV. wird nach h. M. keine rückwirkende Kraft beigelegt (BFH-Beschluss BStBl. II 1977, 645); s. aber BFH BStBl. II 1987, 389 (s. dazu auch *Gräber/Koch* FGO § 69 Rdn. 150). Da somit bis zur Entscheidung über einen Aussetzungsantrag (ab Fälligkeit) Säumniszuschläge verwirkt werden, kann das Gericht (mit Wirkung für die Vergangenheit) diese Folge aus der Vollziehbarkeit des angefochtenen Verwaltungsakts gemäß § 69 Abs. 3 S. 4 FGO beseitigen. Dazu bedarf es eines gesonderten Antrags.

Bleibt der Steuerpflichtige mit seiner Anfechtungsklage gegen den Steuerbescheid im Hauptverfahren ohne Erfolg, leben die Säumniszuschläge nicht wieder auf. Vielmehr sind Aussetzungszinsen auch für die Zeit zu entrichten, für die die Verwirkung von Säumniszuschlägen nach § 69 Abs. 3 S. 4 FGO beseitigt worden ist, da auch insoweit eine Aussetzung der Vollziehung iSd. § 237 Abs. 2 S. 2 AO 1977 vorliegt.

6. Gegen einen Beschluss des FG über einen Aussetzungsantrag findet die Beschwerde nur statt, wenn sie in dem Beschluss zugelassen worden ist (§ 128 Abs. 3 FGO).

7. Eine solche Bezugnahme wird für zulässig erachtet (BFH BStBl. III 1967, 531), obwohl die Rechtsschutzziele von Klage und AdV. verschieden sind.

Kosten und Gebühren

Vgl. Form. VII. 9. Der Streitwert beträgt in der Regel 10% der im Hauptverfahren streitigen Steuer.

Gerichtsgebühren: Anlage 1 zu § 11 GKG Nr. 1332.

Prozessbevollmächtigter: § 114 Abs. 4, § 40 BRAGO; § 45 StBGebV.

Ein beim FA gestellter Antrag auf AdV., der nach Maßgabe von § 69 Abs. 4 S. 1 FGO Zulässigkeitsvoraussetzung für einen an das FG gerichteten Aussetzungsantrag ist, gehört zum Verwaltungsverfahren (§ 119 BRAGO), so dass für ihn keine Kostenerstattung in Betracht kommt.

Wird Aussetzung der Vollziehung gewährt, entstehen Aussetzungszinsen. Zwischen Fälligkeit und AdV. entstehen Säumniszuschläge. Vgl. dazu Form. VII. 1 unter Kosten und Gebühren zu Nr. 3.

Fristen und Rechtsmittel

Gegen einen Beschluss, durch den das Finanzgericht einen Antrag auf Aussetzung der Vollziehung ganz oder teilweise ablehnt, ist nach § 128 FGO die Beschwerde an den Bundesfinanzhof nur gegeben, wenn die Beschwerde vom FG zugelassen worden ist (§ 128 Abs. 3 FGO). Für die Zulassung der Beschwerde gilt § 115 Abs. 2 FGO entsprechend (§ 128 Abs. 3 S. 2 FGO). Eine Beschwerde gegen die Nichtzulassung der Beschwerde sieht das Gesetz nicht vor.

11. Klage gegen einen Umsatzsteuerbescheid

An das Finanzgericht[1] **...... (Ort), ... (Datum)**
in ......

Klage des ......

Klägers,

Prozessbevollmächtigter[2]: ......

gegen

Finanzamt[3] ......
in ......

Beklagten,

wegen Umsatzsteuer 20 ..

Steuernummer: ......

Namens und in Vollmacht des Klägers erhebe ich Klage[4, 5]. Ich beantrage,

I. den mit Bescheid vom ...... festgesetzten Auszahlungsbetrag von ...... EUR unter Aufhebung der Einspruchsentscheidung vom ...... auf ...... EUR zu erhöhen[6],

II. das Urteil hinsichtlich der Kostenentscheidung für vorläufig vollstreckbar zu erklären[7],

III. die Zuziehung eines Bevollmächtigten im Vorverfahren für notwendig zu erklären[8].

Begründung:

Der Kläger ist Unternehmer. Er hat im Jahre 20 .. mit der Errichtung eines Geschäftshauses begonnen, das Büros, Läden und andere gewerblich zu nutzende Räumlichkeiten enthalten sollte. Bei Baubeginn erklärte der Kläger dem FA gegenüber, dass er auf die Steuerfreiheit in vollem Umfang verzichte, um die Vorsteuerabzugsberechtigung zu erlangen. Der Kläger, der zunächst beabsichtigte, das zu errichtende Gebäude durch Vermietung an andere Unternehmer zu nutzen, hat das Gebäude im Rohbau wegen eingetretener finanzieller Schwierigkeiten veräußert.

Zu Unrecht hat das FA die Weiterveräußerung als steuerfreien Vorgang behandelt und dem Kläger den Vorsteuerabzug für die bezogenen Bauleistungen versagt; denn im Gegensatz zu dem vom BFH mit Urteil vom 25. 1. 1979 V R 53/72, BStBl. II 1979, 394, entschiedenen Fall hat der Kläger nicht nur auf die Steuerfreiheit nach § 4 Nr. 12 UStG 1967, sondern auch auf die Steuerfreiheit nach § 4 Nr. 9a UStG 1967 verzichtet.

Unterschrift

Anmerkungen

1. Vgl. Form. VII. 9 Anm. 2.

2. Vgl. Form. VII. 9 Anm. 3.

3. Vgl. Form. VII. 9 Anm. 4.

4. Der BFH hat mit Urteil vom 30. 9. 1976 V R 109/73, BStBl. II 1977, 227, entschieden, dass die Klage auf Festsetzung oder Erhöhung der Festsetzung eines „Rotbetrages" auf die Festsetzung einer negativen Steuerschuld (vgl. § 18 Abs. 1 UStG) gerichtet und, da Steuerschuld (§ 16 Abs. 1 UStG) und Vorsteuerabzugsansprüche (§ 16 Abs. 2 UStG) unselbstständige Besteuerungsgrundlagen (§ 157 Abs. 2 AO 1977) sind, als Anfechtungsklage zu qualifizieren ist (s. *Weiß* Umsatzsteuerrundschau 1977, 38); so auch BFH BStBl. II 1982, 515.

5. Wegen des Erfordernisses eines erfolglos gebliebenen Vorverfahrens, der Klagefrist und ihrer Berechnung, sowie der Möglichkeiten zur unmittelbaren Klageerhebung vgl. Form. VII. 9 Anm. 5.

6. Vgl. Form. VII. 9 Anm. 6.

7. Vgl. Form. VII. 9 Anm. 7 und 8.

8. Vgl. Form. VII. 9 Anm. 9.

Kosten und Gebühren

Vgl. Form. VII. 9.

Fristen und Rechtsmittel

Vgl. Form. VII. 9.

12. Antrag auf Aussetzung der Vollziehung eines Umsatzsteuerbescheids (mit Abweichung von Form. VII. 11)

An das Finanzgericht[1] ...... **...... (Ort), ... (Datum)**
in ......
Antrag des ......

Antragstellers und Klägers,

Prozessbevollmächtigter[2]: ......

gegen

Finanzamt[3] ......
in ......

Antragsgegner und Beklagten,

wegen Aussetzung der Vollziehung (Umsatzsteuer 20 ..)

Steuernummer: ......

Namens und in Vollmacht des Antragstellers beantrage ich,
die Vollziehung[4] des Umsatzsteuerbescheids für 20 .. vom ...... auszusetzen, soweit der Auszahlungsbetrag niedriger[5] als ...... EUR festgesetzt worden ist[6].

Begründung:

Der Antragsteller hat beim FA AdV. des oben bezeichneten Umsatzsteuerbescheids beantragt. Das FA lehnte den Antrag ab. Zugleich wies es den Einspruch des Antragstellers als unbegründet zurück. Der Antragsteller hat mit Schriftsatz vom ...... Klage erhoben, mit der er eine Erhöhung der an ihn auszuzahlenden negativen Umsatzsteuer um ...... EUR begehrt, da die abziehbaren Vorsteuerbeträge iS. des § 16 Abs. 2 UStG vom FA zu niedrig angesetzt worden sind. In demselben Umfang wird auch AdV. begehrt. Ernstliche Zweifel an der Rechtmäßigkeit des angefochtenen Umsatzsteuerbescheids bestehen, weil das Umsatzsteuergesetz gestattet, sowohl auf die Steuerfreiheit für Umsätze, die unter das Grunderwerbsteuergesetz und solche, die sich aus der Nutzungsüberlassung von Grundstücken ergeben, zu verzichten und weil ein solcher Verzicht auch tatsächlich erklärt worden ist, so dass der Kläger trotz der Nichterzielung von Vermietungsumsätzen einen steuerpflichtigen Umsatz durch die Grundstücksveräußerung bewirkt hat. Deshalb hätte der Vorsteuerabzug nicht versagt werden dürfen.[6]
Ergänzend zu der im Hauptverfahren[7, 8] vorgetragenen Klagebegründung ist darauf hinzuweisen, dass das FA im Voranmeldungsverfahren die geltend gemachten Vorsteuerabzugsansprüche angesetzt und entsprechende Beträge ausgezahlt hatte, so dass der nunmehrige Ansatz niedrigerer Vorsteuerabzugsbeträge zu einer Nachentrichtungspflicht in Höhe der streitigen negativen Steuerzahlungsschuld geführt hat. Da sich somit das Leistungsgebot des FA auf Nachentrichtung, also Zahlung, des mit der Klage begehrten zusätzlichen negativen Steuerbetrages bezieht, ist AdV. des angefochtenen Steuerbescheids statthaft.

Unterschrift

Anmerkungen

1. Vgl. Form. VII. 10 Anm. 1.

2. Vgl. Form. VII. 9 Anm. 3.

3. Vgl. Form. VII. 9 Anm. 4.

4. S. § 18 Abs. 4 S. 3 UStG; vgl. Form. VII. 1 Anm. 9 und Form. VII. 10 Anm. 4.

5. Für sich betrachtet begründet der angefochtene Umsatzsteuerbescheid im Beispielsfall VII. 11/12 keine Leistungspflicht. Da dem Steuerpflichtigen aber im Rahmen des Voranmeldungsverfahrens bereits „Rotbeträge“ ausgezahlt worden waren, hat er nunmehr eine Zahlungsverpflichtung (§ 18 Abs. 4 S. 3 UStG). Deshalb ist AdV. statthaft (BFH-Beschluss BStBl. II 1975, 239). Wird die „erstmalige“ Festsetzung einer (höheren) negativen Steuer begehrt, so ist mangels Zahlungsverpflichtung auf Grund des angefochtenen Steuerbescheids AdV. nicht möglich (statthaft), (BFH-Beschluss BStBl. II 1975, 240). Vgl. ferner Form. VII. 11 Anm. 4 sowie *Weiß* Umsatzsteuerrundschau 1976, 96. Vorläufiger Rechtsschutz wird durch einstweilige Anordnung gewährt (BFH/NV 1987, 42). Es kann aber mit der einstweiligen Anordnung nicht Auszahlung erreicht werden, weil dadurch der Entscheidung in der Hauptsache vorgegriffen würde; es kann aber

Stundung anderer Steuern erreicht werden (FG München EFG 1981, 610; *Tipke/Kruse*, FGO, § 69 Rdn. 33 unter Umsatzsteuerbescheid).

Die Rechtslage bei der AdV. von Umsatzsteuerbescheiden, die mit dem Begehren auf Festsetzung höherer Negativbeträge angefochten werden, ist deshalb nicht mit derjenigen bei AdV. von sog. Verlustfeststellungsbescheiden mit dem Ziel höherer Verlustberücksichtigung zu vergleichen (s. dazu BFH-Beschluss BStBl. II 1979, 567, GrS BStBl. II 1987, 637, sowie Form. VII. 14), da die AdV. der Folgebescheide (Einkommensteuerbescheide) allenfalls zu einer Herabsetzung der Steuer auf 0,– EUR, aber nicht zu einer (vorläufigen) Auszahlung festgesetzter Einkommensteuer führen kann.

6. Vgl. Form. VII. 10 Anm. 7.

7. Vgl. Form. VII. 10 Anm. 6 und Form. VII. 9 Anm. 6.

8. Vgl. Form. VII. 11.

Kosten und Gebühren

Vgl. Form. VII. 10.

Fristen und Rechtsmittel

Vgl. Form. VII. 10.

13. Klage gegen einen Bescheid über einheitliche und gesonderte Feststellung von Einkünften aus Gewerbebetrieb („Verlustfeststellungsbescheid")

An das Finanzgericht[1] .... (Ort), ... (Datum)
in ......

Klage der ......

Klägerin,

Prozessbevollmächtigter[2]: ......

gegen

Finanzamt[3] ......
in ......

Beklagten,

wegen einheitlicher und gesonderter Gewinnfeststellung 19 ..

Steuernummer: ......

Namens und in Vollmacht der Klägerin erhebe ich Klage[4]. Ich beantrage,

I. den mit Bescheid vom ...... festgesetzten Verlust unter Aufhebung der Einspruchsentscheidung vom ...... auf ...... DM zu erhöhen[5],

II. das Urteil hinsichtlich der Kostenentscheidung für vorläufig vollstreckbar zu erklären[6],

III. die Zuziehung eines Bevollmächtigten im Vorverfahren für notwendig zu erklären[7].

Begründung:

Die Klägerin ist eine Personenhandelsgesellschaft in Gestalt einer GmbH & Co KG. Sie hat ihren Sitz in Potsdam. Dort erwarb sie 1994 ein Gebäude für die Produktion von chemischen Erzeugnissen, das teilweise auch Wohnzwecken dient. Das FA hat angenommen, die nach § 3 Nr. 2 Buchst b FördergebietsG geforderte eigenbetriebliche Verwendung sei nicht in ausreichendem Umfang gegeben. Richtig ist zwar, dass das Gebäude nur zu 70% für die Produktion genutzt wird. Das FA hat aber nicht berücksichtigt, dass der Rest des Gebäudes von Arbeitnehmern der Klägerin, die in dieser Betriebsstätte eingesetzt sind, bewohnt wird.

Damit dient das Gebäude insgesamt zu 100% den durch § 3 Nr. 2 Buchst b FördergebietsG begünstigten Zwecken; denn die entgeltliche Überlassung eines Teils des Gebäudes an eigene Arbeitnehmer der Klägerin bedeutet Verwendung zu eigenbetrieblichen Zwecken; das folgt z.B. aus Abschnitt R 13 (4) S. 3 EStR 1993. Da die Klägerin die nach § 4 FördergebietsG zulässigen Sonderabschreibungen im Streitjahr ausschöpfen möchte, ergibt sich der mit dem Antrag begehrte Verlust.

Unterschrift

Anmerkungen

1. Vgl. Form. VII. 9 Anm. 2.

2. Vgl. Form. VII. 9 Anm. 3.

3. Die Klage ist gemäß § 63 Abs. 1 FGO gegen das FA zu richten. Es kommt nicht darauf an, ob die Klage auf Feststellung eines höheren Verlustes eine Anfechtungs- oder eine Verpflichtungsklage ist.

4. Der BFH hat ausgesprochen, dass die Klage auf Feststellung eines höheren Verlustes eine Anfechtungsklage sei (BFH-Beschluss BStBl. II 1979, 567); die frühere gegenteilige Rechtsprechung (vgl. BFH-Beschluss BStBl. II 1978, 584) ist damit überholt (vgl. *Beermann* DStR 1986, 252/253 f.).

Bedeutung hat die Änderung der Rechtsprechung im Klageverfahren vor allem für den vorläufigen Rechtsschutz. Nachdem der Große Senat des BFH (BStBl. II 1987, 637) entschieden hat, dass vorläufiger Rechtsschutz gegen sog. negative Gewinnfeststellungsbescheide, d.h. solche, mit denen das Vorliegen einer Mitunternehmerschaft überhaupt verneint und deshalb eine vertragsgemäße Verlustzurechnung abgelehnt wird, ebenfalls durch AdV. zu gewähren ist, ist AdV. stets statthaft, wenn vorläufiger Rechtsschutz gegen Steuer- oder Feststellungsbescheide (zur Feststellung von Besteuerungsgrundlagen) begehrt wird. Damit hat der BFH die aus der Trennung des Besteuerungsverfahrens in ein Feststellungsverfahren und ein Steuerfestsetzungsverfahren (§§ 179 ff. AO 1977) sich beim vorläufigen Rechtsschutz ergebenden Schwierigkeiten, für die AO (vgl. § 361 Abs. 3 S. 1 und 2 AO 1977) und FGO (§ 69 Abs. 2 S. 4 und 5 FGO) keine Regelungen vorsehen, im Wege der Rechtsfortbildung behoben (vgl. auch *Tipke/Kruse,* FGO, § 69 Rdn. 17–19).

5. Wegen des Erfordernisses eines erfolglos gebliebenen Vorverfahrens, der Klagefrist und ihrer Berechnung sowie der Möglichkeit zur unmittelbaren Klageerhebung vgl. Form. VII. 9 Anm. 5.

Wegen der Notwendigkeit eine (eigene) Beschwer durch den angefochtenen Verwaltungsakt (Feststellungsbescheid) geltend machen zu müssen und den Streitgegenstand in ausreichendem Umfang zu konkretisieren vgl. Form. VII. 9 Anm. 6.

6. Vgl. Form. VII. 9 Anm. 7 und 8.

7. Vgl. Form. VII. 9 Anm. 9.

Kosten und Gebühren

Vgl. Form. VII. 9. Der nach dem finanziellen Interesse des Klägers am Ausgang des Rechtsstreits zu bemessende Streitwert wird bei der gesonderten Gewinnfeststellung, wenn um die Höhe des Gewinns oder Verlustes gestritten wird, auf 25% des streitigen Betrages uU. – bei höheren streitigen Beträgen – auf bis zu 50% bemessen (vgl. *Ziemer/Birkholz* Anh. A 1b Rdn. 23; *Tipke/Kruse,* FGO, vor § 135 Rdn. 203, 268 unter Verlustfeststellung). Auf die finanzielle Auswirkung im Einzelfall kommt es nicht an.

Fristen und Rechtsmittel

Vgl. oben Anm. 5 und Form. VII. 9.

14. Antrag auf Aussetzung der Vollziehung neben einer Klage gegen einen Verlustfeststellungsbescheid (zu Form. VII. 13)

An das Finanzgericht[1] .... (Ort), ... (Datum)
in ......

Antrag der ......

Antragstellerin und Klägerin,

Prozessbevollmächtigter[2]: ......

gegen

Finanzamt[3] ......
in ......

Antragsgegner und Beklagten,

wegen Aussetzung der Vollziehung (gesonderte und einheitliche Gewinnfeststellung 19 ..).

Steuernummer: ......

Namens und in Vollmacht der Antragstellerin beantrage ich, die Vollziehung[4] des Gewinnfeststellungsbescheids für ...... 19 .. vom ...... auszusetzen, soweit der Verlust niedriger[5] als ...... DM festgestellt worden ist[6].

Begründung:

Die Antragstellerin hat beim FA AdV. des oben bezeichneten Gewinnfeststellungsbescheids beantragt. Das FA hat den Antrag abgelehnt. Zugleich wies es den Einspruch der Antragstellerin als unbegründet zurück. Die Antragstellerin hat mit Schriftsatz vom ...... Klage erhoben, mit der sie eine Erhöhung des festgestellten Verlustes begehrt. In demselben Umfang wird auch AdV. begehrt.
Da die Klage auf Feststellung eines höheren Verlustes eine Anfechtungsklage ist, ist vorläufiger Rechtsschutz im Wege der AdV. zu gewähren (BFH-Beschluss vom 10. 7. 1979 VIII B 84/78, BStBl. II 1979, 567)[7].
Ernstliche Zweifel an der Rechtmäßigkeit des angefochtenen Gewinnfeststellungsbescheids bestehen, weil die der Auffassung des FA zugrunde liegende Auslegung des § 14 Abs. 2 FGO dem Zweck des § 3 Nr. 2 Buchst. b FördergebietsG offenkundig widerspricht[8].

Unterschrift

Anmerkungen

1. Vgl. Form. VII. 10 Anm. 1.

2. Vgl. Form. VII. 9 Anm. 3.

3. Vgl. Form. VII. 10 Anm. 3.

4. Vgl. Form. VII. 1 Anm. 9 und Form. VII. 10 Anm. 4, Form. VII. 13 Anm. 4.

5. Vgl. Form. VII. 12 Anm. 5, Form. VII. 11 Anm. 4 und Form. VII. 13 Anm. 4.

6. Vgl. Form. VII. 10 Anm. 6.

7. Vgl. *Beermann* DStR 1986, 252; s. a. Form. VII. 13 Anm. 4.

8. Auch eine Bezugnahme auf eine (vorliegende oder gleichzeitig eingereichte) Klagebegründung wird für zulässig erachtet; vgl. Form. VII. 1 Anm. 9 und Form. VII. 10 Anm. 7.

Kosten und Gebühren

Vgl. Form. VII. 10. Der Streitwert bemisst sich auf 10% des Streitwertes des Hauptverfahrens, also auf 10% von 25% des streitigen Gewinns bzw. Verlustes (s. Form. VII. 13).

Fristen und Rechtsmittel

Vgl. Form. VII. 10 und oben Anm. 4.

15. Klage auf Erlass eines „Verlustfeststellungsbescheids"

An das Finanzgericht[1] ...... **...... (Ort), ... (Datum)**
in ......

Klage des A ......

Klägers zu 1,

und des B ......

Klägers zu 2,

Prozessbevollmächtigter[2]: ......

gegen

Finanzamt[3] ......
in ......

Beklagten,

wegen gesonderter Feststellung der Einkünfte aus Gewerbebetrieb für 20 ..

Steuernummer: ......
Namens und in Vollmacht der Kläger erhebe ich Klage[4]. Ich beantrage,

I. den Bescheid[5] vom ......, mit dem das FA die Durchführung einer gesonderten Feststellung der Einkünfte aus dem gemeinschaftlichen Gewerbebetrieb der Kläger abgelehnt hat, sowie die Einspruchsentscheidung vom ...... aufzuheben und das FA zum Erlass eines Bescheids zu verpflichten, durch den für 20 .. ein Verlust von

...... EUR, der den Klägern je zur Hälfte zuzurechnen ist, gesondert und einheitlich festgestellt wird[6],

II. das Urteil hinsichtlich der Kosten für vorläufig vollstreckbar zu erklären[7],

III. die Zuziehung eines Bevollmächtigten im Vorverfahren für notwendig zu erklären[8].

Begründung[9]:

Die Kläger haben im Streitjahr auf einem gepachteten landwirtschaftlichen Anwesen, zu dem größere Weideflächen gehören, den Betrieb eines Reiterhofes eröffnet. Es sollen eigene Pferde gehalten und fremde Pferde in Pension genommen werden. Ferner soll durch angestellte Reitlehrer Reitunterricht erteilt werden. Das FA hat die im Streitjahr entstandenen Verluste nicht als Anlaufverluste eines Gewerbebetriebes, sondern vor allem wegen der eigenen Pferdehaltung als Liebhabereibetrieb beurteilt. Deshalb hat es die Durchführung einer gesonderten Gewinnfeststellung abgelehnt. Nach den inzwischen vorliegenden Pensionsverträgen und den Voranmeldungen für Reitkurse ist aber nachhaltig mit einem Gewinn aus dem Betrieb zu rechnen, der insgesamt die Anlaufverluste übersteigt[10], so dass auch die Verluste des Jahres der Betriebseröffnung als Verluste aus Gewerbebetrieb aufzufassen und ihre gesonderte Feststellung nach Maßgabe der abgegebenen Feststellungserklärungen geboten ist.

Unterschrift

Anmerkungen

1. Vgl. Form. VII. 9 Anm. 2.

2. Vgl. Form. VII. 9 Anm. 3.

3. Vgl. Form. VII. 9 Anm. 4.

4. Die Klage auf Vornahme einer gesonderten und einheitlichen Feststellung von Einkünften (§§ 179, 180 AO 1977) ist eine Verpflichtungsklage (BFH-Urteil BStBl. II 1977, 510; BFH-Beschlüsse BStBl. II 1978, 15, BStBl. II 1979, 567); daran hat auch BFH GrS BStBl. II 1987, 637 (s. C. I. 1., 2. c.) nichts geändert (vgl. auch *Tipke/Kruse,* FGO, § 69 Rdn. 17–19).

Die Verfügung, mit der der Erlass des beantragten Feststellungsbescheids abgelehnt wird, ist ein Verwaltungsakt iSd. § 118 AO 1977. Die Verpflichtungsklage schließt die Anfechtung dieses Verwaltungsakts mit ein. Die somit auch vorliegende Anfechtungsklage wird aber, da das Rechtsschutzbegehren über die bloße Kassation der Ablehnung des erstrebten Verwaltungsakts hinausgeht und der sachliche Schwerpunkt der Klage in dem Verpflichtungsantrag liegt, von der Verpflichtungsklage absorbiert.

Die Verpflichtungsklage auf Erlass eines abgelehnten Verwaltungsakts (Ablehnungsklage) kann auch als Sprungklage nach § 45 FGO erhoben werden (GrS BFH BStBl. II 1985, 303).

Wird Einspruch eingelegt (§ 348 Abs. 2, Abs. 1 Nr. 2 AO 1977/§ 347 Abs. 1 Nr. 1 AO 1977 i.d.F. des Gesetzes vom 24. 6. 1994 BStBl. I, 440) und das Vorverfahren (§ 44 Abs. 1 FGO) abgeschlossen, so ist die Klage binnen eines Monats seit Zustellung der schriftlich zu erteilenden Einspruchs- bzw. Beschwerdeentscheidung, die mit einer Rechtsbehelfsbelehrung versehen sein muss (§ 366 AO 1977), zu erheben (§ 47 Abs. 1 S. 2 FGO). Die Monatsfrist läuft nur, wenn die Rechtsbehelfsbelehrung ordnungsgemäß erteilt worden ist (§ 55 Abs. 1 FGO; vgl. *Tipke/Kruse* § 55 FGO Rdn. 2). Ist das nicht geschehen, kann die Klage grundsätzlich noch binnen einer Frist von einem Jahr seit dem Wirksamwerden der Einspruchsentscheidung (§ 124 AO 1977, § 366 S. 1 AO 1977, § 55 Abs. 2 FGO) erhoben werden. Wird die Frist zur Erhebung der Klage versäumt, kann unter den Voraussetzungen des § 56 FGO Wiedereinsetzung in den vorigen Stand erreicht werden.

Wegen der Berechnung der Frist, innerhalb der die Klage nur zulässigerweise erhoben werden kann, vgl. Form. VII. 9 Anm. 5 Abs. 2. Die Rechtsbehelfsbelehrung braucht keine Anleitung zur Berechnung der Klagefrist zu enthalten (BFH BStBl. II 1981, 70).

5. Der Kläger muss geltend machen, durch die Ablehnung des beantragten Verwaltungsakts in seinen Rechten verletzt zu sein (§ 40 Abs. 2 FGO). Dies muss er zur Bezeichnung des Streitgegenstandes bzw. des Gegenstandes des Klagebegehrens (§ 65 Abs. 1 FGO) in ausreichendem Umfang darlegen. Insoweit gelten für die Verpflichtungsklage und die Anfechtungsklage übereinstimmende Grundsätze (vgl. Form. VII. 9 Anm. 6).

6. Vgl. § 101 FGO. Steht die Höhe der festzustellenden Verluste noch nicht fest, kann auch ein bloßer Bescheidungsantrag gestellt werden (vgl. *Ziemer/Birkholz* § 101 Rdn. 17 f., 19 ff.).

7. Vgl. Form. VII. 9 Anm. 7, 8.

8. Vgl. Form. VII. 9 Anm. 9.

9. Zur materiell-rechtlichen Beurteilung des Beispielfalles vgl. BFH BStBl. II 1979, 246.

10. Zum Erfordernis der Erzielung eines sog. Totalgewinns s. BFH GrS BStBl. II 1984, 751, *Seeger* Festschrift für L. Schmidt, München 1993, S. 38 ff; *Schmidt/Seeger*, Kommentar zum EStG, 21. Aufl. 2002, § 2 Rdn. 18, 22 ff.

Kosten und Gebühren

Vgl. Form. VII. 9. Der Streitwert bestimmt sich wie bei Form. VII. 13; jedoch ist bei sogenannten Abschreibungsgesellschaften der Streitwert stets auf 50% des streitigen Verlustbetrages zu bemessen (vgl. BFH-Beschluss BStBl. II 1980, 520).

Fristen und Rechtsmittel

Vgl. oben Anm. 4 und Form. VII. 9.

16. Antrag auf vorläufige Verlustfeststellung im Wege der Aussetzung der Vollziehung (zu Form. VII. 15)

An das Finanzgericht[1] ...... **...... (Ort), ... (Datum)**
in ......

Antrag des A und B ......

Antragsteller,

Prozessbevollmächtigter[2]: ......

gegen

Finanzamt[3] ......
in ......

Antragsgegner,

wegen Aussetzung der Vollziehung (gesonderte Feststellung von Verlust aus Gewerbebetrieb für 20 ..)

Steuernummer: ......

**Namens und in Vollmacht der Antragsteller beantrage ich,
die Vollziehung des die Verlustfeststellung ablehnenden Bescheids mit der Maßgabe auszusetzen[4], dass vorläufig bis zur rechtskräftigen Entscheidung im Hauptverfahren von einem Verlust gemäß der dem FA eingereichten Feststellungserklärung für ...... ausgegangen wird[5], der sich auf A und B nach Maßgabe der Feststellungserklärung verteilt[6].**

Begründung:

Die Antragsteller haben im Jahre 20.. einen gemeinschaftlich betriebenen Reiterhof eröffnet. Das FA hat die Durchführung eines Verfahrens zur Feststellung der Anlaufverluste abgelehnt, da es sich um einen Liebhabereibetrieb handele. Demgegenüber haben die Antragsteller geltend gemacht, dass sich auf Grund der nunmehr vorliegenden Voranmeldungen für Reitkurse und aus den seit der Betriebseröffnung bereits abgeschlossenen Pensionsverträgen in den folgenden Jahren Gewinne ergeben werden. Dazu werden Aufstellungen der zu erwartenden jährlichen Aufwendungen und Erträge vorgelegt. Daraus ergibt sich – wie in der Klagebegründung näher dargelegt –, dass kein Liebhabereibetrieb, sondern ein Gewerbebetrieb vorliegt. Deshalb bestehen ernstliche Zweifel an der Rechtmäßigkeit der Ablehnung der Feststellung und Vertretung der erklärten Verluste[7].

Unterschrift

Anmerkungen

1. Vgl. Form. VII. 10 Anm. 1.

2. Vgl. Vorm. VII. 9 Anm. 3.

3. Vgl. Form. VII. 10 Anm. 3.

4. Vgl. Form. VII. 10 Anm. 4.

5. Bis zur Entscheidung des Großen Senats (BFH BStBl. II 1987, 637) konnte vorläufiger Rechtsschutz gegen sog. negative Verlustfeststellungsbescheide, also z.B. bei Ablehnung der Verlustfeststellung wegen Verneinung einer Mitunternehmerschaft oder Verneinung eines auf Gewinnerzielung gerichteten Betriebs („Liebhaberei"), nur im Wege einstweiliger Anordnung erlangt werden. Dies war wegen des Erfordernisses eines Anordnungsgrundes nur – im Verhältnis zur AdV., für die ein solches Erfordernis nicht gilt – unter erschwerten Voraussetzungen möglich. Durch die Entscheidung des Großen Senats ist die Rechtslage vereinfacht und für die Steuerpflichtigen auch verbessert worden. Vgl. im übrigen Form. VII. 13 Anm. 4, Form. VII. 15 Anm. 4.

6. Wegen der Fassung des Antrags, der dem Tenor der begehrten Entscheidung entsprechen muss s. BFH BStBl. II 1987, 637, Leitsatz 2.

7. Es empfiehlt sich, die ernstlichen Zweifel an der Rechtmäßigkeit des angefochtenen Ablehnungsbescheids darzulegen, da das Rechtsschutzziel von AdV. und Klage (s. Form. VII. 15) verschieden ist. Gleichwohl wird von der h.M. Verweisung auf die Klagebegründung, falls diese bereits vorliegt, für zulässig erachtet (vgl. BFH BStBl. III 1967, 531; *Gräber/Koch* FGO § 69 Rdn. 62).

Kosten und Gebühren

Vgl. Form. VII. 14.

Fristen und Rechtsmittel

Vgl. Form. VII. 10.

17. Klage auf Gewährung von Kindergeld[1]

An das Finanzgericht[2] .... (Ort), ... (Datum)
in ......

Klage des ......

Klägers,

Prozessbevollmächtigter[3]: ......

gegen

das Arbeitsamt[4] ......,
vertreten durch das Landesarbeitsamt ......

Beklagten,

wegen Kindergeld.

Namens und in Vollmacht des Klägers erhebe ich Klage[5]. Ich beantrage,

I. den Ablehnungsbescheid vom ...... sowie den Einspruchsbescheid ...... aufzuheben und den Beklagten zu verpflichten, ihm Kindergeld ab ...... bis zur rechtskräftigen Entscheidung über seine Rechtsmittel gegen den Widerruf seiner Aufenthaltsgenehmigung zu gewähren[6],

II. das Urteil hinsichtlich der Kosten für vorläufig vollstreckbar zu erklären[7],

III. die Zuziehung eines Bevollmächtigten für das Vorverfahren für notwendig zu erklären[8].

Begründung[9]:

Der Kläger ist norwegischer Staatsangehöriger. Er ist allein erziehender Vater eines minderjährigen Kindes. Er hat seinen Wohnsitz im Inland und arbeitet hier. Dazu ist er auf Grund einer Aufenthaltsberechtigung befugt. Diese Aufenthaltsberechtigung hat die zuständige Behörde zwar widerrufen; jedoch hat der Kläger den Widerruf mit Widerspruch angefochten. Jedenfalls bis zu Ende des Widerspruchsverfahrens ist der Kläger, da die übrigen Voraussetzungen für die Gewährung von Kindergeld fraglos vorliegen und auch vom Beklagten nicht bezweifelt werden, wegen des Suspensiveffektes seines Rechtsmittels berechtigt, Kindergeld zu beziehen.

Unterschrift

Anmerkungen

1. Das Kindergeld wird zwar nicht von Finanzämtern gezahlt, sondern von den Familienkassen oder den Arbeitgebern. Da aber § 31 S. 3 EStG das Kindergeld als Steuervergütung fingiert, und da es durch eine der als Familienkassen tätigen Dienststellen der Bundesanstalt für Arbeit, die als Bundesfinanzbehörden gelten (§ 5 Abs. 1 Nr. 11 S. 4 Finanzverwaltungsgesetz – FVG –), verwaltet wird, ist für Klagen auf Gewährung von Kindergeld gem. § 33 Abs. 1 Nr. 1 FGO der Finanzrechtsweg eröffnet. Vgl. zu den das

Kindergeld betreffenden Regelungen *Schmidt*, Kommentar zum EStG, 21. Aufl. 2002, § 31, §§ 62 ff.

2. Vgl. Form. VII. 9 Anm. 1, 2.

3. Vgl. Form. VII. 9 Anm. 3.

4. Das Bundesamt für Finanzen (BfF) hat den Familienleistungsausgleich durchzuführen (§ 5 Abs. 1 Nr. 11 S. 1 FVG). Die Bundesanstalt für Arbeit stellt dem BfF dafür ihre Dienststellen als Familienkassen zur Verfügung (§ 5 Abs. 1 Nr. 5 S. 2 FVG). Insoweit gelten diese Dienststellen als Bundesfinanzbehörden (§ 5 Abs. 1 Nr. 11 S. 4 FVG). Die Bundesanstalt für Arbeit wird nach § 17 Abs. 2 ihrer Satzung gerichtlich und außergerichtlich von ihrem Präsidenten und von den Präsidenten der Landesarbeitsämter vertreten. Diese sind deshalb befugt, die Arbeitsämter, die Dienststellen der Bundesanstalt für Arbeit sind, – ohne dass es einer Vollmachtserteilung bedarf – in Rechtsstreitigkeiten vor den Finanzgerichten zu vertreten (vgl. Urteil des FG Niedersachsen vom 15. 4. 1997 VI 587/96 Ki und BFH-Beschluss vom 25. 8. 1997 VI B 94/97, BFH/NV 1998, 68).

5. Die Klage ist auf die Gewährung einer staatlichen Leistung gerichtet. Sie ist aber keine Zahlungsklage, also keine Leistungsklage, sondern eine Verpflichtungsklage (§ 40 Abs. 1 FGO), mit der die Verpflichtung der beklagten Behörde zur Erbringung der begehrten Leistung verbindlich gerichtlich festgestellt werden soll (vgl. § 70 Abs. 1 EStG).

Die Klage ist als Verpflichtungsklage nur zulässig, wenn der Kläger gegen die Ablehnung seines Antrags auf Gewährung von Kindergeld Einspruch (§§ 347 ff. AO) eingelegt hat, und dieses Vorverfahren erfolglos geblieben ist (§ 44 Abs. 1 FGO). Die Frist beginnt mit der Bekanntgabe bzw. der Zustellung Einspruchsentscheidung. Wegen der Fristberechnung s. Form. VII. 9 Anm. 5, 2. Absatz.

6. Der Kläger muss mit der Verpflichtungsklage (nicht anders als bei der Anfechtungsklage) geltend machen, in seinen Rechten verletzt zu sein, und zwar durch die Ablehnung des beantragten Verwaltungsaktes (§ 40 Abs. 2 FGO). Die Klage muss den Kläger (Name und Anschrift), den Beklagten (das Arbeitsamt bzw. eine der in § 72 Abs. 1 EStG genannten juristischen Personen) sowie den Verwaltungsakt mit dem der Antrag auf Gewährung von Kindergeld abgelehnt worden ist sowie Einspruchsentscheidung jeweils mit Datum und Aktenzeichen angeben (§ 65 Abs. 1 FGO). Zu bezeichnen ist ferner der Gegenstand des Klagebegehrens (§ 65 Abs. 1 FGO). Das erfordert eine Darlegung darüber, in welchem Punkt die Ablehnung der begehrten Kindergeldfestsetzung rechtswidrig ist. Entspricht die Klage nicht diesen sich aus § 65 Abs. 1 S. 1 FGO ergebenden Anforderungen, hat der Vorsitzende oder der Berichterstatter den Kläger bzw. seinen Prozessbevollmächtigten zu den erforderlichen Ergänzungen aufzufordern. Für diese Ergänzung kann dem Kläger/dem Prozessbevollmächtigten eine Frist mit ausschließender Wirkung gesetzt werden (§ 65 Abs. 2 S. 2 FGO). Verstreicht diese Frist, ohne dass die geforderte Ergänzung der Klage bei dem Finanzgericht eingegangen ist, wird die Klage unzulässig und ist abzuweisen. Allerdings kann dem Kläger wegen Versäumung der Frist unter den Voraussetzungen des § 56 FGO Wiedereinsetzung in den vorigen Stand gewährt werden (§ 65 Abs. 2 S. 3 FGO).

Der Vorsitzende bzw. der Berichterstatter kann den Kläger darüber hinaus auch nach § 79 b FGO zur Ergänzung seines Klagevorbringens auffordern und dafür eine sog. Präklusionsfrist setzen. Erforderlich ist, dass das Gericht dabei die seiner Meinung nach aufklärungsbedürftigen Tatsachen oder Vorgänge bezeichnet, damit der Kläger erkennen kann, wozu er sich äußern soll (BFH BStBl. II 1981, 443; *Gräber/von Groll*, FGO, § 79 b Rz. 2, 10 ff.).

7. Vgl. Form. VII. 9 Anm. 7 und 8.

8. Vgl. Form. VII. 9 Anm. 9.

9. Vgl. zur materiell-rechtlichen Beurteilung des Beispielsfalles *Bergkämper* in *Herrmann/Heuer/Raupach*, EStG, § 62 Rz. 12.

18. Klageänderung gemäß § 68 FGO nach Änderung des angefochtenen Verwaltungsaktes

An das Finanzgericht[1] ...... **...... (Ort), ... (Datum)**
in ......
– Aktenzeichen: ...... (des FG) –

In dem Rechtsstreit[2]

...... (Name und Anschrift des Klägers)

Klägers,

Prozessbevollmächtigter[3]: ......

gegen

Finanzamt[4] ......
in ......

Beklagten,

wegen ...... (Steuerart und Streitjahr)[5]

Steuernummer: ......

Nachdem der ursprünglich angefochtene Steuerbescheid durch den Änderungsbescheid[6] vom ...... geändert worden ist, stelle ich nunmehr folgenden Antrag[7] ......

Unterschrift

Anmerkungen

1. Auch wenn die Änderung des angefochtenen Verwaltungsaktes während des Revisionsverfahrens erfolgt, tritt die Klageänderung (*Tipke/Kruse* Kommentar zur AO/FGO, § 68 FGO Rdn. 5) durch Auswechslung des Verfahrensgegenstandes kraft Gesetzes gemäß § 68 FGO ein; diese Regelung gilt seit dem 1. 1. 2001 (Art. Nr. 6 des 2. FGO-ÄnderungG v. 19. 12. 2000, BGBl I 1757/8). Der BFH ist befugt, eine Endentscheidung zu erlassen oder die Sache an das FG zurückzuverweisen (§ 127 FGO). Dies hängt i.d.R. davon, ob die Sachurteilsvoraussetzungen weiterhin gegeben sind, und zwar auch bezüglich eines etwa geänderten Antrags, und ferner davon, ob infolge der Änderung Tatsachenfeststellungen zu treffen bzw. nachzuholen sind (vgl. *Gräber/von Groll* Kommentar zur FGO, § 68 Rdn. 20, letzter Abs.).

2. § 68 FGO betrifft den praktisch wichtigsten Fall der Klageänderung (*Tipke/Kruse* Kommentar zur AO/FGO, § 68 FGO Rdn. 5). Der Erlass des Änderungsbescheids führt nur dann zur Auswechslung des Verfahrensgegenstandes gemäß § 68 FGO, wenn die ursprünglich erhobene Klage zulässig war (*Gräber/von Groll* Kommentar zur FGO, § 68 Rdn. 40). Sind die Wirkungen des § 68 FGO eingetreten, bleibt der Prozess dennoch mit dem ursprünglichen Verfahren identisch; es entstehen keine „doppelten" Gebühren (vgl. im Einzelnen *v. Bornhaupt* Finanzrundschau 1974, 185). Es können sich aber höhere Gebühren ergeben, wenn der Kläger seinen Antrag nach der Änderung erweitert (vgl. *Tipke/Kruse* AO/FGO, § 68 FGO Rdn. 26). Die kraft Gesetzes eintretende Klagänderung gemäß § 68 FGO schließt es aus, statt dessen – wie dies nach den früheren Fassungen des § 68 FGO möglich war – Einspruch gegen den Änderungsbescheid einzulegen.

3. Die Änderung nach § 68 FGO vollzieht sich (seit dem 1. 1. 2001, siehe Anm. 1) ohne Antragstellung des Klägers.

4. Erlässt infolge Wechsels der örtlichen Zuständigkeit ein anderes als das beklagte FA den Änderungsbescheid, so wird dieses durch den Erlass des Änderungsbescheids Beklagter.

5. Der ursprünglich angefochtene Verwaltungsakt und der Änderungsbescheid müssen (mit der in Anm. 4 erwähnten Ausnahme) dieselben Beteiligten und denselben Regelungsgegenstand (Besteuerungsgegenstand, z.B. dieselbe Steuerart und dasselbe Jahr) betreffen. Ist das nicht der Fall, treten die Änderungswirkungen des § 68 FGO nicht in Kraft, weil der „Änderungsbescheid" nicht den bisherigen Verfahrensgegenstand betrifft.

6. Der Änderungsbescheid kann die Steuer höher oder niedriger festsetzen als der ursprüngliche Bescheid. Wird dem Klagebegehren durch niedrigere Steuerfestsetzung teilweise entsprochen, so muss der Kläger zur Vermeidung der Kostenlast (insoweit) seinen Klageantrag einschränken (vgl. aber § 137 FGO, der auch dann zur Auferlegung der anteiligen Kosten führen kann). Wird die Steuer höher festgesetzt, kann der Kläger sein Rechtsschutzbegehren auch darauf erstrecken, indem er den Klageantrag entsprechend erweitert. Die erfolglose Durchführung des Vorverfahrens (§ 44 Abs. 1 FGO) ist dafür nicht Voraussetzung. Ergibt sich die Änderung nach § 68 FGO im Revisionsverfahren, kann dies zur Zurückverweisung der Sache an das FG (§ 127 FGO; Anm. 1) führen; das ist regelmäßig der Fall, wenn sich der Kläger gegen den die Steuer höher als der ursprüngliche Steuerbescheid festsetzenden Änderungsbescheid auch hinsichtlich des Erhöhungsbetrags wendet; zur Antragstellung siehe Anm. 7.

Ist der Kläger der Auffassung, der Änderungsbescheid hätte aus verfahrensrechtlichen Gründen nicht ergehen dürfen, so kann er auch dies im gerichtlichen Verfahren geltend machen. Hat er damit Erfolg, ist über sein ursprüngliches Klagebegehren zu befinden, dh. er kann die Aufhebung des Änderungsbescheids und die Abänderung des ursprünglichen Bescheids in demselben gerichtlichen Verfahren beantragen und erreichen.

Hat der Änderungsbescheid dem Klagebegehren in vollem Umfang abgeholfen, muss der Kläger, wenn er einen zwecks anderweitiger Anfechtung des Änderungsbescheids einen Antrag nicht stellen will, die Hauptsache für erledigt erklären; andernfalls wird die Klage mit der Kostenfolge des § 135 Abs. 1 FGO als unzulässig abgewiesen.

Will der Kläger, was bei verbösernden Änderungsbescheiden erforderlich erscheinen kann, sein Klag- bzw. Revisionsbegehren (siehe Anm. 1) erweitern, bedarf es dazu eines an das Gericht gerichteten Antrags. Dieser kann vor dem BFH (Anm. 1) nur durch einen postulationsfähigen Prozessbevollmächtigten gestellt werden (§ 62a FGO; vgl. Form. VII. 9 Anm. 3).

Kosten und Gebühren

Es fallen keine besonderen Kosten an.

Fristen und Rechtsmittel

Da die Rechtswirkung des § 68 FGO sowohl im Verfahren vor Finanzgericht wie vor dem Bundesfinanzhof ohne weiteres kraft Gesetzes eintritt, sind Fristen für die Beteiligten nicht zu beachten. Rechtsmittel sind nicht gegeben. Es kann lediglich (im Verfahren) geltend gemacht werden, dass der Änderungsbescheid den (ursprünglich) angefochtenen Bescheid nicht geändert hat, z.B. weil er unwirksam ist oder weil der Änderungsbescheid einen anderen Regelungsgegenstand (z.B. einen anderen Veranlagungszeitraum) betrifft.

19. Erklärung zur Erledigung der Hauptsache und Kostenantrag

An das Finanzgericht[1] ...... **...... (Ort), ... (Datum)**
in ......
– Aktenzeichen: ...... (des FG) –

In dem Rechtsstreit

...... (Name und Anschrift des Klägers)

Klägers,

Prozessbevollmächtigter: ......

gegen

Finanzamt ......
in ......

Beklagten,

wegen ...... (Steuerart und Streitjahr)

Steuernummer: ......

Das FA hat dem Klagebegehren durch den Änderungsbescheid vom ...... abgeholfen[1]. Daher erkläre ich den Rechtsstreit in der Hauptsache für erledigt[2]. Ich beantrage, dem FA die Kosten aufzuerlegen[3].

Unterschrift

Anmerkungen

1. Hat das FA dem Klagebegehren in einem Änderungsbescheid nur teilweise abgeholfen und erklärt der Kläger gleichwohl den Rechtsstreit in vollem Umfang für in der Hauptsache erledigt, so liegt darin eine Einschränkung des Klagebegehrens (soweit dem Begehren nicht entsprochen worden ist). Die Kostenentscheidung ergeht auch in diesem Fall nach § 138 FGO.

2. Eine wirksame Erledigungserklärung setzt nach h. M. die Zulässigkeit der Klage voraus (BFH BStBl. II 80, 588 vgl. *Gräber* FGO § 138 Rdn. 2 B III; *Gräber/Ruban* FGO § 138 Rdn. 18; *Kühn/Kutter/Hofmann* § 138 FGO Anm. 1; a. A. BFH/NV 88, 182; BFH BStBl. II 73, 532; BFH BStBl. II 1974, 749).

Geben Kläger und Beklagter übereinstimmend Erledigungserklärungen ab, prüft das Gericht nicht, ob die Hauptsache tatsächlich erledigt ist, sondern trifft nur noch die Kostenentscheidung nach § 138 FGO (*Gräber/Ruban* FGO § 138 Rdn. 11). Bei nur einseitiger Erledigterklärung entscheidet das Gericht, ob ein erledigendes Ereignis eingetreten ist. Bejaht es die Frage, erlegt es demjenigen, der keine Erledigungserklärung abgegeben hat, die Kosten nach § 135 Abs. 1 FGO auf, und zwar, wenn das FA sich der Erledigungserklärung des Klägers nicht angeschlossen hat, unter Feststellung der Erledigung der Hauptsache, und wenn der Kläger (ohne die Hauptsache für erledigt zu erklären) an seinem Klagebegehren festgehalten hat, indem es die Klage als unzulässig abweist (BFH BStBl. II 1971, 307; Beschlüsse BStBl. II 1979, 378; BStBl. II 1979, 375; BStBl. II 1979, 709; BStBl. II 1979, 779). Ist die Hauptsache entgegen der Erklärung des Klägers nicht erledigt, so trifft ihn die Kostenlast, wenn er nicht hilfsweise seinen Antrag auf Erlass einer Entscheidung in der Hauptsache aufrecht erhält. Folgt das Gericht der einseitigen Erledigungserklärung des FA nicht, so ergeht dann eine Sachentscheidung über den Klageantrag des Klägers.

Mit dem Kostenantrag bei Abgabe der Erledigungserklärung kann auch der Antrag verbunden werden, die Zuziehung eines Bevollmächtigten im Vorverfahren für notwendig zu erklären (§ 139 Abs. 3 S. 3 FGO; vgl. Form. VII. 9 Anm. 9).

3. Der an sich nicht notwendige Kostenantrag (§ 143 Abs. 1 FGO) wird in der Regel begründet. Dabei ist insbesondere darzulegen, warum bis zum erledigenden Ereignis die Klage zulässig und begründet war. Das Gericht trifft seine Entscheidung allerdings nach summarischer Prüfung; Beweise werden nicht mehr erhoben (*Gräber/Ruban* FGO, § 138 Rdn. 26).

Kosten und Gebühren

Der Streitwert bestimmt sich nach den bis zur Erledigung der Hauptsache entstandenen Gebührenansprüchen.

Gerichtsgebühren: Anlage 1 zu § 11 GKG Nr. 1308, 1318.

Prozessbevollmächtigter des Klägers: (grundsätzlich) keine besondere Gebühr.

Fristen und Rechtsmittel

Die Erklärung zur Erledigung der Hauptsache ist nicht fristgebunden. Ergeht auf die Erledigungserklärung ein Beschluss gem. § 138 FGO, kann dieser nicht mit der Beschwerde angefochten werden (§ 128 Abs. 4 FGO).

20. Antrag auf Berichtigung eines Urteils wegen offenbarer Unrichtigkeit

An das Finanzgericht[1] ...... **...... (Ort), ... (Datum)**
in ......
– Aktenzeichen: ...... (des FG) –

In dem Rechtsstreit[2]

...... (Name und Anschrift des Klägers)

Klägers,

Prozessbevollmächtigter[3]: ......

gegen

Finanzamt ......
in ......

Beklagten,

wegen ...... (Steuerart und Jahr)

Steuernummer: ......

Namens und in Vollmacht des Klägers beantrage[4] ich, die Entscheidungsformel des Urteils vom .... (Datum und Aktenzeichen) ...... wie folgt zu berichtigen:
Unter Abänderung des Steuerbescheids vom ...... und der Einspruchsentscheidung vom ...... wird die ......steuer für 20 .. auf ...... EUR herabgesetzt. Im Übrigen wird die Klage abgewiesen. Die Kosten des Verfahrens hat der Kläger zu ...... vH., der Beklagte zu ...... vH. zu tragen.

Begründung[5]:

Der Kläger hatte im Streitjahr außergewöhnliche Belastungen von ...... EUR zu tragen. Das war schon vom FA bei der Einkommensteuerveranlagung berücksichtigt worden und auch im finanzgerichtlichen Verfahren nicht streitig. In der Berechnung der Steuer in dem finanzgerichtlichen Urteil ist der Betrag der abzugsfähigen außergewöhnlichen Belastung jedoch nicht vom dem zu versteuernden Einkommensbetrag mindernd abgesetzt. Das kann nur auf einer einem Schreib- oder Rechenfehler ähnlichen offenbaren Unrichtigkeit beruhen. Der festgesetzte Steuerbetrag ist daher antragsgemäß herabzusetzen.

Unterschrift

Anmerkungen

1. Anträge auf Urteilsberichtigung sind bei dem Gericht zu stellen, das das Urteil erlassen hat, gegebenenfalls also auch beim BFH.

2. Der Antrag ist unter demselben Rubrum (Streitsachenbezeichnung) zu stellen, unter dem das Urteil ergangen ist.

3. War für den Rechtsstreit ein Prozessbevollmächtigter bestellt, so kann dieser den Antrag noch kraft der Prozessvollmacht stellen (§§ 81, 83 ZPO; vgl. *Ziemer/Birkholz* § 62 Rdn. 13).

4. Eine Urteilsberichtigung nach § 107 FGO ist nicht von der Stellung eines Antrags abhängig. Die Berichtigung ist auch nicht an eine Frist gebunden.

Eine offenbare Unrichtigkeit liegt vor, wenn eine (richtige oder falsche) Überlegung falsch ausgedrückt worden ist und diese Unrichtigkeit des Ausdrucks auf der Hand liegt. Naheliegende Fehler der Überlegung sind keine offenbaren Unrichtigkeiten iS. des § 107 FGO (vgl. auch § 129 AO 1977). Eine offenbare Unrichtigkeit liegt auch vor, wenn etwas offenbar Gewolltes übersehen wird, so dass auch Auslassungen offenbare Unrichtigkeiten sein können. Maßstab ist jeweils der im Gesetz genannte Schreib- oder Rechenfehler.

Im Beispielsfall ist auch die Kostenentscheidung zu berichtigen, wenn infolge der mangelnden Berücksichtigung der abzugsfähigen außergewöhnlichen Belastung die Kostenverteilung in dem zu berichtigenden Urteil unrichtig war.

Die Berichtigung einer offenbaren Unrichtigkeit hat grundsätzlich keinen Einfluss auf den Lauf der Rechtsmittelfrist; zu Einzelheiten s. *Gräber/Ruban* FGO, § 120 Rz. 24.

5. Zur Beurteilung des Beispielsfalles vgl. BFH-Beschluss BStBl. II 1972, 954.

Kosten und Gebühren

Die Entscheidung ergeht gerichtskostenfrei. Zusätzliche Gebühren für den Prozessbevollmächtigten entstehen nicht (§§ 13, 37 BRAGO; § 45 StBGebV).

Fristen und Rechtsmittel

Die Berichtigung ist nicht antrags- oder fristgebunden; sie kann auch noch im Revisionsverfahren und nach Eintritt der Rechtskraft durchgeführt werden. Gegen den Beschluss, mit dem einem Berichtigungsantrag entsprochen oder dieser abgelehnt wird, ist die binnen zwei Wochen (§ 129 Abs. 1 FGO) einzulegende Beschwerde nach § 128 Abs. 1 FGO gegeben.

Die Frist zur Erhebung der Nichtzulassungsbeschwerde oder der Revision (s. Form. VII. 9 – Rechtsmittel und Fristen –) wird durch einen Berichtigungsantrag grundsätzlich weder gehemmt noch unterbrochen; vgl. Einzelheiten bei *Gräber/Ruban* FGO, § 120 Rz. 24.

21. Antrag auf Berichtigung eines Urteilstatbestands

An das Finanzgericht[1] ......
in ......
– Aktenzeichen: ...... (des FG) –

...... (Ort), ... (Datum)

In dem Rechtsstreit[2]

...... (Name und Anschrift des Klägers)

Klägers,

Prozessbevollmächtigter[3]: ......

gegen

Finanzamt ......
in ......

Beklagten,

wegen ...... (Steuerart und Jahr)

Steuernummer: ......

Namens und in Vollmacht des Klägers beantrage[4] ich, den Tatbestand des Urteils vom .... (Datum und Aktenzeichen) in der Weise zu berichtigen, dass am Ende der Darstellung des Vorbringens des Klägers eingefügt wird:
Der Kläger hat sich für die Richtigkeit der Behauptung, die Mehleinkäufe seien vollständig aus den vorliegenden Einkaufsrechnungen ersichtlich, auf das Zeugnis seines Gesellen A bezogen.

Begründung:

Der Kläger ist Bäcker. Das FA hat seine Buchführung als nicht ordnungsmäßig angesehen und den Gewinn geschätzt. Dabei ist es davon ausgegangen, die in dem Betrieb verbackenen Mengen an Mehl seien wegen starker Schwankungen im Mehlverbrauch größer als vom Kläger angegeben, da er die Mehleinkäufe nicht fortlaufend aufgezeichnet, sondern nur die Einkaufsrechnungen, und zwar unvollständig, aufbewahrt habe. In dem Termin zur Beweisaufnahme, in dem auch der Kläger gehört worden ist, hat er nicht nur seine Behauptung wiederholt, die Einkaufsrechnungen und die Belege über den sonstigen Zugang von Mehl lägen vollständig vor, sondern er hat sich für die Richtigkeit seines Vorbringens auch auf das Zeugnis seines Gesellen A bezogen. Das hatte der Kläger bis dahin nicht getan, um A aus dem Prozess herauszuhalten. Die Erklärung des Klägers ist infolge der erregten Diskussion in dem Termin nicht protokolliert worden. Da das Gericht sein Urteil noch am selben Tag verkündet hat, konnte der Beweisantritt nicht mehr schriftsätzlich wiederholt werden.
Der Kläger kann, da sein Beweisantrag weder in dem Urteilstatbestand noch im Protokoll enthalten ist, nur im Wege der Tatbestandsberichtigung nachweisen, dass das FG einen Beweisantrag übergangen und somit den Sachverhalt nicht im erforderlichen Maße aufgeklärt hat.

Unterschrift

Anmerkungen

1. Anträge auf Tatbestandsberichtigung kommen nur beim FG in Betracht, da die Revisionsurteile in tatsächlicher Hinsicht auf dem Urteil der Tatsacheninstanz, also des FG beruhen (§ 118 Abs. 2 FGO).

2. Vgl. Form. VII. 20 Anm. 2.

3. Vgl. Form. VII. 20 Anm. 3.

4. Eine Tatbestandsberichtigung ist nach § 108 FGO nur auf Antrag möglich, der binnen zwei Wochen nach Zustellung des Urteils gestellt sein muss. Allerdings kann bei unverschuldeter Fristversäumnis Wiedereinsetzung in den vorigen Stand nach § 56 FGO gewährt werden.

Die Tatbestandsberichtigung kann dazu benutzt werden, die Anfechtung eines finanzgerichtlichen Urteils mit der Nichtzulassungsbeschwerde bzw. der Revision (s. Form. VII. 9 Rechtsmittel und Fristen –) vorzubereiten (vgl. dazu die insoweit anders liegenden Beispielsfälle VII. 25, 29). Gleichwohl hemmt weder der Berichtigungsantrag noch die (positive oder negative) Entscheidung über den Antrag den Lauf der Revisionsfrist (BFH-Beschluss BStBl. II 1977, 291; *Gräber/Ruban* FGO § 120 Rz. 24). Anders ist die Lage, wenn es (zugleich) zu einer Urteilsergänzung nach § 109 FGO kommt (vgl. Form. VII. 22). Ein Rechtsmittel (Nichtzulassungsbeschwerde oder ggf. Revision, s. Form. VII. 9 – Rechtsmittel und Fristen –) ist also, wenn das finanzgerichtliche Urteil angegriffen werden soll, stets innerhalb der dafür vorgeschriebenen Frist (§ 116 Abs. 2, § 120 Abs. 1 FGO; vgl. Form. VII. 24, 27) einzulegen. Steht die Entscheidung über den Antrag bei Ablauf der Frist zur Begründung der Nichtzulassungsbeschwerde oder der Revision noch aus, so ist *vor* deren Ablauf eine Verlängerung herbeizuführen (§ 116 Abs. 3 S. 4, § 120 Abs. 2 S. 3 FGO).

Tatbestandsberichtigung setzt ein rechtliches Interesse des Antragstellers an der Berichtigung voraus. Ein solches Rechtschutzinteresse an der Tatbestandsberichtigung ist dann gegeben, wenn andernfalls im Verfahren nach § 116 FGO und im Revisionsverfahren wegen der Beweiskraft von Urteilstatbestand (§ 105 FGO, § 314 S. 1 ZPO iVm. § 155 FGO) und Sitzungsprotokoll (§ 94 FGO, § 314 S. 2, § 165, § 160 Abs. 3 ZPO) von einem unrichtigen (unvollständigen) Sachverhalt auszugehen wäre (vgl. § 118 Abs. 2 FGO), dh. im Beispielsfall der Kläger nicht mit Aussicht auf Erfolg mangelnde Sachaufklärung rügen könnte (vgl. dazu Form. VII. 25, 29).

Kosten und Gebühren

Der Beschluss ergeht gerichtskostenfrei. Zusätzliche Gebühren für den Prozessbevollmächtigten entstehen nicht (§§ 13, 37 BRAGO).

Fristen und Rechtsmittel

Der Beschluss über die Tatbestandsberichtigung ist unanfechtbar (§ 108 Abs. 2 S. 2 FGO).

22. Antrag auf Ergänzung eines Urteils

An das Finanzgericht[1] ...... **...... (Ort), ... (Datum)**
in ......

– Aktenzeichen: …… (des FG) –

In dem Rechtsstreit[2]

…… (Name und Anschrift des Klägers)

Klägers,

Prozessbevollmächtigter[3]: ……

gegen

Finanzamt ……
in ……

Beklagten,

wegen …… (Steuerart und Jahr)

Steuernummer: ……

Namens und in Vollmacht des Klägers beantrage[4] ich, das Urteil vom …… (Datum und Aktenzeichen) durch eine Entscheidung über den unter dem 20 … gestellten Klageantrag zu ergänzen.

Begründung:

Der Kläger hat die ……steuerfestsetzungen für die Jahre 1992 bis 1996 angefochten. Streitig war für 1993 bis 1996 die Höhe der Gewinne aus Gewerbebetrieb. Im Rahmen der Veranlagung für 1992 hat der Kläger geltend gemacht, vorbereitende Betriebsausgaben für seinen 1993 eröffneten Betrieb gehabt zu haben. Darüber hat das FG dem Tenor seiner Entscheidung nach nicht entschieden. Das ist in dem Ergänzungsurteil nachzuholen.

Unterschrift

Anmerkungen

1. Anträge auf Urteilsergänzung (dh. auf Erlass eines Ergänzungsurteils) sind bei dem Gericht zu stellen, das das ergänzungsbedürftige Urteil erlassen hat; gegebenenfalls also beim BFH.

2. Vgl. Form. VII. 20 Anm. 2.

3. Vgl. Form. VII. 20 Anm. 3.

4. Der Erlass eines Ergänzungsurteils ist nach § 109 Abs. 1 FGO nur auf Antrag möglich, der binnen zwei Wochen nach Zustellung des Urteils gestellt sein muss. Allerdings kann bei unverschuldeter Fristversäumnis Wiedereinsetzung in den vorigen Stand nach § 56 FGO gewährt werden.

Die praktisch häufigsten Fälle der Urteilsergänzung ergeben sich bei der objektiven Klagehäufung, wenn (wie im Beispielsfall) über ein Streitjahr versehentlich keine Entscheidung ergeht. Ist die Klage (ohne Einschränkung) abgewiesen worden, so ist zweifelhaft, ob über einen vom Kläger gestellten Hilfsantrag, mit dem der Ansatz niedrigerer Einkünfte begehrt wurde, durch Ergänzungsurteil entschieden werden kann (vgl. *Kühn/Kutter/Hofmann* § 109 FGO Anm. 1).

Da Urteilsergänzung nur dann in Betracht kommt, wenn Anträge „nach dem Tatbestand" gestellt worden sind (§ 109 Abs. 1 FGO), kann es erforderlich sein, falls ein gestellter Antrag nicht aus dem Urteil hervorgeht, zugleich Tatbestandsberichtigung nach § 108 FGO zu beantragen (vgl. Form. VII. 21).

Ergeht antragsgemäß das Ergänzungsurteil, kann es selbstständig angefochten werden, soweit dies nicht, wenn die Ergänzung nur im Kostenpunkt erfolgt, nach § 145

Abs. 1 FGO ausgeschlossen ist. Die Unrichtigkeit der in einem Ergänzungsurteil getroffenen Kostenentscheidung kann nur im Rahmen einer gegen das „ursprüngliche" Urteil erhobenen Revision geltend gemacht werden. Ergeht das Ergänzungsurteil noch innerhalb der Revisionsfrist (§ 120 Abs. 1 S. 1 FGO), so ist nach hM. § 517 S. 1 ZPO iVm. § 155 FGO entsprechend anwendbar, dh. es beginnt mit der Zustellung der nachträglichen Entscheidung der Lauf der Revisionsfrist gegen das zuerst ergangene Urteil von neuem (*Gräber* § 109 Rdn. 7b; *Gräber/von Groll* FGO § 109 Rdn. 4; *Gräber/Ruban* FGO § 120 Rdn. 24; *Kühn/Kutter/Hofmann* § 109 FGO Anm. 2).

Das Ergänzungsurteil enthält, sofern es nicht zur Nachholung der Kostenentscheidung ergeht, eine Kostenentscheidung.

Kosten und Gebühren

Vgl. oben Anm. 4 Abs. 5. Zusätzliche Gebühren für den Prozessbevollmächtigten entstehen nicht (§§ 13, 37 BRAGO).

Fristen und Rechtsmittel

Vgl. oben Anm. 4.

Beschwerde im finanzgerichtlichen Verfahren

23. Beschwerde gegen die Zurückweisung eines Gesuchs auf Ablehnung eines Richters

An das Finanzgericht[1] .... (Ort), ... (Datum)
in ......
– Aktenzeichen: ...... (des FG) –

In dem Rechtsstreit[2]

...... (Name und Anschrift des Klägers)

Klägers,

Prozessbevollmächtigter[3]: ......

gegen

Finanzamt ......
in ......

Beklagten,

wegen ...... (Steuerart und Jahr)

Steuernummer: ......

Namens und in Vollmacht des Klägers erhebe ich Beschwerde[4] gegen den Beschluss des Finanzgerichts vom ...... (Datum und Aktenzeichen) und beantrage[5],
das Gesuch auf Ablehnung des Richter A wegen Besorgnis der Befangenheit für begründet zu erklären[6].

Begründung:

Der Kläger und der abgelehnte Richter waren in einen Verkehrsunfall verwickelt, bei dem beider PKW beschädigt wurden. Der Kläger und A erheben wechselseitig Schadensersatzansprüche. Es ist nicht auszuschließen, dass es zu einem Zivilrechtsstreit kommt. Das FG hat deshalb zu Unrecht Besorgnis der Befangenheit des abgelehnten Richters verneint.

Unterschrift

Anmerkungen

1. Die Beschwerde, über die der BFH zu entscheiden hat (§ 132 FGO), ist binnen zweier Wochen beim FG einzulegen (§ 129 Abs. 1 FGO), das ihr abhelfen kann (§ 130 Abs. 1 FGO). Die unmittelbare Einlegung beim BFH hat fristwahrende Wirkung (§ 129 Abs. 2 FGO; vgl. Anm. 4).

2. Die Beschwerde ist unter demselben Rubrum (Streitsachenbezeichnung) einzulegen, unter dem der Rechtsstreit geführt wird. Die abgelehnte Gerichtsperson ist lediglich im Antrag oder in der Begründung des Gesuchs aufzuführen.

3. Vgl. Form. VII. 20 Anm. 3. Für die Einlegung der Beschwerde besteht Vertretungszwang, dh. nur ein Rechtsanwalt, Steuerberater oder Wirtschaftsprüfer kann die Beschwerde wirksam einlegen (§ 62a Abs. 1 S. 2 FGO) s.a. Form. VII. 27 Anm. 2. Die Zurücknahme des Rechtsmittels ist auch durch den Beteiligten selbst (ohne oder gegen den Willen eines etwaigen Prozessbevollmächtigten) möglich (BFH-Beschluss BStBl. II 1981, 395).

4. Andere Entscheidungen des FG als Urteile oder Vorbescheide können, soweit das Gesetz dies nicht wie in § 128 Abs. 2 FGO für prozeßleitende Maßnahmen ausschließt oder von der Zulassung der Beschwerde durch das FG – wie z.B. in Fällen der AdV. – abhängig macht (§ 128 Abs. 3 FGO), mit der Beschwerde angefochten werden (§ 128 Abs. 1 FGO). Die Beschwerde in Kostensachen ist ausgeschlossen (§ 128 Abs. 4 FGO).

Soweit eine Beschwerde statthaft („gegeben") ist, kann sie zulässigerweise nur binnen zwei Wochen seit Bekanntgabe der Entscheidung erhoben werden (§ 129 Abs. 1 FGO). Das gilt nicht für die Nichtzulassungsbeschwerde (§ 116 Abs. 2 S. 1 FGO: Frist ein Monat). Die Beschwerdefrist ist gemäß § 54 FGO zu berechnen (vgl. Form. VII. 9 Anm. 5 Abs. 2).

Nach § 51 Abs. 1 FGO, § 46 Abs. 2 ZPO ist der Beschluss, mit dem einem Gesuch auf Ablehnung einer Gerichtsperson entsprochen wird, unanfechtbar; ein zurückweisender Beschluss ist nach § 46 Abs. 2 ZPO mit „sofortiger Beschwerde" anfechtbar, die – weil die FGO das Institut der „sofortigen Beschwerde" nicht kennt – als Beschwerde nach § 128 Abs. 1 FGO behandelt wird (BFH GrS BStBl. II 1982, 217, 219), so dass das FG befugt ist, der Beschwerde nach § 130 Abs. 1 FGO abzuhelfen; a.A. hinsichtlich Abhilfebefugnis *Tipke/Kruse,* FGO, § 51 Rdn. 11.

5. Über ein Ablehnungsgesuch entscheidet das Gericht, dem der Abgelehnte angehört. Ein abgelehnter Richter wirkt an der Entscheidung darüber nicht mit, sondern der Richter, der im Falle seiner Verhinderung nach dem Geschäftsverteilungsplan an seine Stelle tritt. Mit der Entscheidung ist das Gesuch iS. des § 47 ZPO erledigt; das folgt aus dem Zusammenhang der §§ 45 und 47 ZPO (BFH-Beschluss BStBl. II 1978, 404). Wird dem Gesuch nicht entsprochen, so ist der (zunächst vergeblich) abgelehnte Richter daher befugt und verpflichtet, an einer Entscheidung in der Hauptsache mitzuwirken, auch wenn gegen die Zurückweisung des Gesuchs Beschwerde eingelegt wird, da die Beschwerde keine aufschiebende Wirkung hat (§ 131 Abs. 1 S. 1 FGO; vgl. BFH-Beschluss BStBl. II 1978, 404).

Früher war umstritten, ob ein Beteiligter nach erfolgloser Ablehnung eines Richters wegen Besorgnis der Befangenheit sein Ablehnungsbegehren mit der Beschwerde auch dann weiterverfolgen konnte, wenn das Urteil des FG – unter Mitwirkung des erfolglos abgelehnten Richters – bereits ergangen war, oder ob er gezwungen war, den Ablehnungsgrund im Rahmen der Revision geltend zu machen (vgl. BFH-Beschlüsse BStBl. II 1978, 404, BStBl. II 1979, 565 und BStBl. II 1980, 592; s. ferner *Gräber* § 51 Rdn. 4 zu § 46 ZPO Rdn. 2b; *Ziemer/Birkholz* § 51 Rdn. 44). Der Große Senat des BFH hat entschieden, dass über die Beschwerde unabhängig von einem Revisionsverfahren zu entscheiden ist (BFH BStBl. II 1982, 217). Steht dem Kläger also kein weiterer zulassungsfreier (§ 116 FGO) Revisionsgrund zur Seite – kann er z.B. mangels Zulassung der Revision (s. Form. VII. 9 – Rechtsmittel und Fristen –) seiner Meinung nach vorliegende materiell-rechtliche Fehler nicht rügen –, kann er die Beschwerdeentscheidung abwarten, ohne unter Übernahme des zusätzlichen Kostenrisikos sogleich Revision erheben zu müssen; hat die Beschwerde Erfolg, ist ihm nach der Entscheidung des Großen Senats wegen der Versäumung der Revisionsfrist Wiedereinsetzung in den vorigen Stand zu gewähren. Die Revision hat dann nach § 119 Nr. 2 FGO Erfolg (sofern sie zulässig ist).

6. Für die Ausschließung und die Ablehnung von Gerichtspersonen gelten nach § 51 FGO die §§ 41 bis 49 ZPO sinngemäß. Einen besonderen Ablehnungsgrund enthält § 51 Abs. 1 S. 2 FGO.

Ein Richter (auch ein ehrenamtlicher Richter) oder der Urkundsbeamte der Geschäftsstelle können außer in den Fällen, in denen sie von der Ausübung ihres Amtes kraft Gesetzes ausgeschlossen sind (vgl. §§ 41, 49 ZPO), auch abgelehnt werden, wenn Besorgnis der Befangenheit bei der Amtsausübung besteht (§ 42 ZPO). Diese Besorgnis ist gerechtfertigt, wenn ein Grund vorliegt, der für einen Beteiligten von seinem Standpunkt aus bei vernünftiger Betrachtung Zweifel an der Unvoreingenommenheit des Richters (oder der sonstigen Gerichtsperson) begründet; es kommt nicht darauf an, ob der Richter tatsächlich „befangen" ist. Ein Ablehnungsgrund kann nicht in allgemeinen rechtlichen oder politischen Anschauungen gefunden werden, die ein Richter geäußert hat. Auch Hinweise auf die Beurteilung eines anhängigen Verfahrens bilden keinen Ablehnungsgrund (vgl. BFH-Beschluss BStBl. II 1971, 243); anders wenn der Richter durch Äußerungen die berechtigte Befürchtung entstehen lässt, er werde Gegengründen nicht aufgeschlossen gegenüberstehen (BFH BStBl. II 1985, 555). Auch die Mitwirkung des Richters an in demselben Verfahren ergangenen, dem Kläger ungünstigen Entscheidungen begründet keine Besorgnis der Befangenheit (vgl. Mitwirkung an der Versagung von Prozesskostenhilfe, BVerwG HFR 88, 479; Ablehnung der Aussetzung des Verfahrens wegen Anhängigkeit einer Verfassungsbeschwerde, EFG 90, 436). Ein Finanzrichter ist auch nicht wegen früherer Zugehörigkeit zur Finanzverwaltung ausgeschlossen, BVerfG HFR 89, 272. Es muss vielmehr grundsätzlich ein persönlicher Grund wie Feindschaft oder Streit vorliegen. Das Ablehnungsgesuch muss bei dem Gericht angebracht worden sein, bevor die Entscheidung ergangen ist, dh. das Gericht muss noch in der Lage sein, seine unter Mitwirkung des abgelehnten Richters getroffene Entscheidung zu ändern bzw. anders zu treffen (BFH-Beschluss BStBl. II 1980, 335 und BVerwG HFR 1980, 110).

Kosten und Gebühren

Der Streitwert beträgt 10% des Streitwertes der Hauptsache (BFH-Beschluss v. 3. 8. 1976 VII B 17–23, 37/76, BStBl. II 1976, 691).

Gerichtsgebühren: Anlage 1 zu § 11 GKG Nr. 1371.

Zusätzliche Gebühren für den Prozessbevollmächtigten entstehen nicht (§§ 13, 37 BRAGO).

Fristen und Rechtsmittel

Vgl. oben Anm. 1, 4, 5.
Das Ablehnungsersuchen kann nicht mit einer nach Ergehen des finanzgerichtlichen Urteils erhobenen Nichtzulassungsbeschwerde oder Revision „nachgeholt" werden (*Gräber/Koch,* FGO, § 51 Rdn. 3 m.w.N.).

24. Beschwerde gegen die Nichtzulassung der Revision (Zulassung wegen grundsätzlicher Bedeutung)

An den Bundesfinanzhof[1] **...... (Ort), ... (Datum)**
in München
– Aktenzeichen, ... (des FG) –

In dem Rechtsstreit[2]

...... (Name und Anschrift des Klägers)

Klägers und Beschwerdeführers,

Prozessbevollmächtigter[3]: ......

gegen

Finanzamt ......
in ......

Beklagten und Beschwerdegegner,

wegen ...... (Steuerart und Jahr)

Steuernummer: ......

Namens und in Vollmacht des Klägers erhebe ich Beschwerde[4] gegen die Nichtzulassung[5] der Revision gegen das Urteil des Finanzgerichts ...... vom ...... Aktenzeichen ......

Begründung:

Das FG hat die Klage als unzulässig, weil verspätet erhoben, abgewiesen. Die Klagefrist lief bis zum 24. 2. 20 .. Am Abend des 24. 2. 20 .. hat der Prozessbevollmächtigte des Klägers die Klageschrift in einem an das FA adressierten Briefumschlag in den Hausbriefkasten des FA eingeworfen. Die Klageschrift ist mit dem Eingangsstempel des FA vom 25. 2. 19 .. versehen worden, obwohl sie noch vor 24 Uhr am 24. 2. 20 .. in den Briefkasten gelangt ist. Das FG hat den Eingangsstempel des FA als öffentliche Urkunde angesehen, die vollen Beweis für die darin bezeugten Tatsachen erbringe (§ 418 Abs. 1 ZPO). Es hat den nach § 418 Abs. 2 ZPO möglichen Gegenbeweis durch die die Sachdarstellung des Klägers bestätigende eidesstattliche Versicherung des Prozessbevollmächtigten des Klägers als nicht geführt angesehen.
Hätte das FG über den Zeitpunkt der Einlegung der Klageschrift in den Hausbriefkasten des FA Beweis erhoben und die Beweise ohne Bindung an die Beweisregel des § 418 Abs. 1 und Abs. 2 ZPO gewürdigt, wäre es zu der Überzeugung gelangt, dass die Klageschrift noch rechtzeitig beim FA angebracht worden ist.
Der Kläger ist der Auffassung, dass § 418 ZPO im finanzgerichtlichen Verfahren nicht (entsprechend) anwendbar ist, da die Vorschrift in § 82 FGO nicht ausdrücklich für anwendbar erklärt ist und da sich die Bindung an Beweisregeln, wie sie § 418 ZPO enthält, nicht mit dem den Finanzprozess beherrschenden Untersuchungsgrundsatz vereinbaren lässt, so dass die entsprechende Anwendung auch nicht über § 155 FGO zu

rechtfertigen ist. Diese Frage ist höchstrichterlich noch nicht abschließend geklärt; sie hat grundsätzliche Bedeutung, da Finanzämter und Gerichte durchweg Eingangsstempel verwenden; die Frage nach dem Umfang der Beweiskraft dieser Stempel ist daher für eine Vielzahl von Fällen bedeutsam.
Im BFH-Urteil vom 17. 10. 1972 VIII 36–37/69, BStBl. II 1973, 271, ist die Anwendbarkeit des § 418 ZPO bejaht worden. In den Urteilen vom 7. 5. 1969 I R 68/67, BStBl. II 1969, 444, vom 7. 7. 1976 I R 66/75, BStBl. II 1976, 680, vom 8. 12. 1976 I R 240/74, BStBl. II 1977, 321, ist teils ausdrücklich, teils in der Sache der gegenteilige Standpunkt eingenommen worden. Unterschiedlich werden auch die Anforderungen an den Gegenbeweis nach § 418 Abs. 2 ZPO beurteilt; vgl. dazu die einander widersprechenden Entscheidungen: Bundesverwaltungsgericht – Urteil vom 27. 1. 1978 – 7 C 44/76, HFR 1979, 161, und BFH-Beschluss vom 14. 11. 1977 VIII B 52/77, BStBl. II 1978, 156.
Sollte trotz der uneinheitlichen höchstrichterlichen Rechtsprechung die grundsätzliche Bedeutung der Rechtssache verneint werden, so wird hilfsweise Abweichung des finanzgerichtlichen Urteils von dem BFH-Urteil vom 7. 5. 1969 I R 68/67, BStBl. II 1969, 444 geltend gemacht. BFH BStBl II 1969, 444 beruht auf dem Rechtssatz, dass §§ 415 bis 444 ZPO im finanzgerichtlichem Verfahren nicht gelten. Die angefochtene Entscheidung beruht auf der gegenteiligen Rechtsauffassung und weicht deshalb von BFH BStBl. II 1969, 444 ab.

Unterschrift

Anmerkungen

1. Das Revisionsrecht der FGO ist mit Wirkung ab 1. 1. 2001 umgestaltet worden (Gesetz vom 19. 12. 2000, BGBl I, 1757). Die Nichtzulassungsbeschwerde (NZB) ist beim Bundesfinanzhof (BFH) einzulegen (§ 116 Abs. 2 FGO); die Abhilfemöglichkeit des § 115 Abs. 5 S. 1 FGO a.F. ist entfallen (*Gräber/Ruban*, Kommentar zur FGO, § 116 Rdn. 7).

2. Vgl. Form. VII. 23 Anm. 2.

3. Vgl. Form. VII. 23 Anm. 3, Form. VII. 27 Anm. 2.

4. Die zulassungsfreie Revision des § 116 FGO a.F. ist abgeschafft. Die Verfahrensmängel, die früher die Revision zulassungsfrei eröffneten, müssen jetzt mit NZB nach § 116 FGO n.F. gerügt werden. Nach § 116 Abs. 6 FGO n.F. kann der BFH das angefochtene Urteil auf die NZB hin aufheben, wenn Verfahrensfehler geltend gemacht werden und vorliegen (vgl. § 120 Abs. 3 Nr. 2 Buchst. b FGO).

Die Frist zur Erhebung der NZB beträgt einen Monat (§ 116 Abs. 2 S. 1 FGO), bei Fehlen der Rechtsmittelbelehrung ein Jahr (§ 105 Abs. 2 Nr. 6, § 55 Abs. 2, § 121 FGO) seit Zustellung des vollständigen Urteils an den Beschwerdeführer (§ 116 Abs. 2 S. 1 FGO). Bei Versäumung der Frist ist Wiedereinsetzung in den vorigen Stand nach § 56 FGO möglich. Die Frist ist nach § 54 FGO zu berechnen (vgl. Form. VII. 9 Anm. 5 Abs. 2, Form. VII. 27 Anm. 3 Abs. 1). Die NZB ist nach § 116 Abs. 3 S. 1 FGO innerhalb von zwei Monaten nach der Zustellung des vollständigen Urteils auch zu begründen, d.h. die Begründungsfrist schließt sich nicht an die Einlegungsfrist an, sondern beginnt wie diese mit der Zustellung des anzufechtenden Finanzgerichtsurteils (*Gräber/Ruban*, FGO, § 120 Rdn. 20). Wird die Revision nicht vom FG, sondern auf NZB vom BFH zugelassen, beträgt die Revisionsbegründungfrist einen Monat ab Zustellung der Zulassungsentscheidung (§ 120 Abs. 2 Satz 1, 2. Halbsatz FGO). Die Frist kann vom Vorsitzenden des zuständigen Senats beim BFH auf einen vor ihrem Ablauf gestellten Antrag um einen Monat verlängert werden (§ 116 Abs. 3 S. 4 FGO). Eine nicht fristgerecht begründete NZB ist, wenn sie nicht zurückgenommen wird, als unzulässig zu verwerfen.

Erachtet der BFH die Beschwerde für begründet, so wird das Beschwerdeverfahren als Revisionsverfahren fortgesetzt (§ 116 Abs. 7 FGO), sofern der BFH das angefochtene Urteil nicht wegen Verfahrensmangels nach § 116 Abs. 6 FGO aufhebt.

Hat die NZB Erfolg, so enthält der die Revision zulassende Beschluss keine Kostenentscheidung, da das Zulassungsverfahren ein Zwischenverfahren ist, über dessen Kosten mit der das Revisionsverfahren abschließenden Entscheidung zu befinden ist (BFH-Beschluss BStBl. II 1976, 684). Hat die NZB keinen Erfolg, ergeht eine Kostenentscheidung zu Lasten des Beschwerdeführers. Mit dem erfolglosen Abschluss des Zulassungsverfahrens wird das zunächst infolge der Erhebung der NZB noch nicht rechtskräftige Urteil des FG (§ 116 Abs. 4 FGO) rechtskräftig (§ 116 Abs. 5 S. 3 FGO).

5. a) Zur Begründung der NZB muss die **grundsätzliche Bedeutung** der Rechtssache (§ 115 Abs. 2 Nr. 1 FGO), d.h. der Rechtsfrage, von deren Beantwortung die Entscheidung des Rechtsstreits (mit-) abhängt, dargelegt oder, soweit **Verfahrensfehler** (§ 115 Abs. 2 Nr. 3 FGO) gerügt werden, müssen die Tatsachen angegeben werden, die den Verfahrensmangel ergeben (vgl. auch § 120 Abs. 3 Nr. 2 Buchst. b FGO). Die Änderung des § 115 Abs. 2 Nr. 2 FGO umfasst die bisherige sog. Divergenzrevision (*Gräber/Ruban* FGO § 116 Rdn. 40), gestattet dem BFH aber auch, die Revision zuzulassen, wenn dies die **Rechtsfortbildung** oder die **Einheitlichkeit der Rechtsprechung** erfordert; m.E. kann die Zulassung der Revision insoweit bei sog. **Musterprozessen** (*Tipke/Kruse* AO/FGO, § 115 Rdn 65) oder auch wegen **uneinheitlicher Rechtsprechung der Finanzgerichte**, ferner bei **unrichtiger Rechtsanwendung** durch ein finanzgerichtliches Urteil zugelassen werden (vgl. *Tipke/Kruse* AO/FGO, § 115 FGO Rdn. 68, 69; § 116 FGO Rdn. 53). Zur Darlegung der Divergenz BFH BStBl. II 1983, 479, zur Bezeichnung von Verfahrensmängeln BFH BStBl. II 1969, 84), s. im Einzelnen *Gräber/Ruban*, FGO, § 116 Rdn. 25 ff.; *Tipke/Kruse*, AO/FGO, § 116 AO Rdn. 30–61.

b) **Grundsätzliche Bedeutung** hat eine Rechtssache, wenn die oder eine für die Entscheidung des Rechtsstreits maßgebliche Rechtsfrage noch nicht höchstrichterlich entschieden ist, wenn unterschiedliche höchstrichterliche Entscheidungen dazu vorliegen (auch anderer oberster Bundesgerichte; vgl. *Gräber,* § 115 Rdn. 13 A), wenn die Praxis nicht (einheitlich) nach der Rechtsprechung des BFH verfährt oder wenn neue gewichtige Gesichtspunkte vorgetragen werden, die gegen die Aufrechterhaltung der bisherigen Rechtsprechung oder Verwaltungspraxis sprechen (vgl. zum Ganzen *Gräber/Ruban* FGO § 115 Rdn. 23–40). Die Rechtsfrage muss von allgemeinem Interesse sein, dh. ihre Beantwortung in dem (künftigen) Revisionsverfahren muss geeignet sein, die einheitliche Entwicklung und Handhabung des Rechts zu fördern (BFH-Beschluss BStBl. II 1969, 663; s.a. *Ziemer/Birkholz* § 115 Rdn. 17, 18–21).

c) Das Urteil des FG **beruht** auf einer Abweichung von einer Entscheidung des BFH, wenn es eine Rechtsfrage, die der BFH in einem anderen Streitfall entschieden hat, anders als der BFH beantwortet und die Rechtsfrage sowohl für die frühere Entscheidung des BFH als für die Entscheidung des FG wesentlich war, dh. wenn die jeweilige Entscheidung anders ausgefallen wäre, wenn die Rechtsfrage anders (als geschehen) beantwortet worden wäre. Es muss sich also um eine Rechtsfrage handeln, auf deren Beantwortung die Entscheidung des jeweiligen Streitfalles beruhte (vgl. *Ziemer/Birkholz* § 115 Rdn. 22, 28). Weicht das Urteil des FG von einer Entscheidung eines anderen obersten Bundesgerichts ab, so konnte deshalb früher die Zulassung der Revision nicht wegen Divergenz, sondern allein wegen grundsätzlicher Bedeutung begehrt werden. Nunmehr (siehe Anm. 1) kommt auch Zulassung nach § 115 Abs. Nr. 2 FGO in Betracht (siehe oben unter a). Liegt eine Abweichung von einer Entscheidung des Gemeinsamen Senats der obersten Gerichtshöfe des Bundes vor, kann die Zulassung wegen Divergenz mit der NZB herbeigeführt werden (§ 115 Abs. 2 Nr. 2 FGO).

d) Ein **Verfahrensmangel,** auf dem das Urteil des FG „beruhen kann" (§ 115 Abs. 2 Nr. 3 FGO), ist ein Fehler, den das FG (nicht die Verwaltungsbehörde im Vorverfahren) bei der Anwendung von Verfahrensvorschriften (insbesondere der FGO) auf dem Weg zum Urteil begeht (vgl. *Tipke/Kruse* § 115 FGO Rdn. 87–89). Die praktisch bedeutsamsten Verfahrensfehler sind die Verletzung des **rechtlichen Gehörs** und **mangelnde Sachaufklärung.** Zu den Verfahrensfehlern, derentwegen die Zulassung der Revision mit der NZB erstrebt werden kann, gehören die früher in § 116 Abs. 1 FGO a.F. aufgezählten „wesentlichen Mängel des Verfahrens". Liegt ein solcher Verfahrensfehler vor, kann der BFH kann mit der Entscheidung über eine auf Verfahrensmängel gestützte NZB das angefochtene Urteil sogleich aufheben und den Rechtsstreit an das FG zurückverweisen (§ 116 Abs. 6 FGO).

e) Die Zulassungsgründe des § 115 Abs. 2 FGO müssen vom Beschwerdeführer, der berechtigt sein muss, im Falle der Zulassung die Revision zu erheben, aufgezeigt werden. Wird die Zulassung wegen **grundsätzlicher Bedeutung** begehrt, so ist darzulegen, auf Grund welcher rechtlicher oder tatsächlicher Zusammenhänge sich eine (und welche) Rechtsfrage stellt, inwiefern diese für den Ausgang des Rechtsstreits von Bedeutung ist und warum diese entscheidungserhebliche Rechtsfrage von allgemeiner, über den vorliegenden Streitfall hinausgehender Bedeutung ist. Die NZB kann insoweit m.E. auch auf § 115 Abs. 2 Nr. 2 (Rechtsfortbildungsrevision) gestützt werden (vgl. *Tipke/Kruse* AO/FGO, § 116 FGO Rdn. 49). Wird Zulassung der Revision wegen **Divergenz** (§ 115 Abs. 2 Nr. 2 FGO; vgl. oben unter a) erstrebt, so ist nicht nur die Entscheidung des BFH, von der das finanzgerichtliche Urteil abweicht, nach Datum, Aktenzeichen und Fundstelle genau zu bezeichnen, sondern es ist auch darzulegen, in Bezug auf welche konkrete Rechtsfrage die Abweichung vorliegt. Dazu ist es erforderlich, die voneinander abweichenden (abstrakten) Rechtssätze der BFH-Entscheidung und des angefochtenen Urteils gegenüberzustellen (BFH BStBl. II 1983, 479). Wird die NZB auf den Gesichtspunkt der **Rechtsfortbildung** oder der **Einheitlichkeit der Rechtsprechung** gestützt, sind die Anforderungen an die Darlegung der Zulassungsvoraussetzungen weniger klar umrissen und erscheinen deshalb einfacher (*Tipke/Kruse* AO/FGO, § 116 FGO Rdn. 50–57) Soll die Revision wegen Verfahrensmangels zugelassen werden, so sind die Tatsachen zu bezeichnen, aus denen sich der Verfahrensfehler ergeben soll. Die Beschwerde ist nur dann begründet, wenn der Verfahrensverstoß tatsächlich vorliegt (*Gräber/Ruban* FGO § 115 Rdn. 33).

Kosten und Gebühren

Der Streitwert deckt sich mit dem des (angestrebten) Revisionsverfahrens (s. Form. VII. 27).

Gerichtsgebühren: Anlage 1 zu § 11 GKG Nr. 3209.

Prozessbevollmächtigter: § 114 Abs. 3, § 31, § 61a § 11 Abs. 1 S. 2 BRAGO, also eine $^{13}/_{10}$ Gebühr.

Fristen und Rechtsmittel

Vgl. oben Anm. 1, 4.

25. Beschwerde gegen die Nichtzulassung der Revision (Zulassung wegen mangelnder Sachaufklärung)

An den Bundesfinanzhof[1] **...... (Ort), ... (Datum)**
in München
– Aktenzeichen: ...... (des FG) –

In dem Rechtsstreit[2]

...... (Name und Anschrift des Klägers)

Klägers und Beschwerdeführers,

Prozessbevollmächtigter[3]: ......

gegen

Finanzamt ......
in ......

Beklagten und Beschwerdegegner,

wegen ...... (Steuerart und Jahr)

Steuernummer: ......

Namens und in Vollmacht des Klägers erhebe ich Beschwerde[4] gegen die Nichtzulassung[5] der Revision gegen das Urteil des Finanzgerichts ...... vom ...... Aktenzeichen ......

Begründung:

Der Kläger ist selbstständiger Bäckermeister. Das FA hat seine Buchführung nach einer Außenprüfung als nicht ordnungsmäßig angesehen und den Gewinn geschätzt. Dabei ist es davon ausgegangen, die in dem Betrieb verbackenen Mengen Mehl seien wegen starker Schwankungen im Mehlverbrauch größer, als vom Kläger angegeben, da er die Mehleinkäufe nicht fortlaufend aufgezeichnet, sondern nur die Einkaufsrechnungen, und zwar unvollständig, aufbewahrt habe. Der Kläger hat die Annahme des FA bestritten, die vorgelegten Einkaufsrechnungen seien unvollständig; er hat ferner behauptet, auch nicht anderweitig – ohne Rechnung – von Kunden gegen Lieferung von Backwaren Mehl bezogen zu haben. Dafür hat er im Schriftsatz vom ...... Seite ...... Beweis angetreten, indem er seinen ehemaligen Gesellen G als Zeugen benannt hat. Wie im Schriftsatz vom ...... dargelegt ist, war G mit dem Mehleinkauf betraut und hätte daher bei einer Vernehmung als Zeuge die Sachdarstellung des Klägers bestätigt. Das FG hat G aber trotz des Beweisantritts nicht als Zeugen vernommen und dadurch den entscheidungserheblichen Sachverhalt entgegen der aus § 76 Abs. 2 FGO sich ergebenden Aufklärungspflicht nicht vollständig festgestellt. Hätte das FG G als Zeugen vernommen, hätte es bei seiner Entscheidung nicht von höheren als den vom Kläger erklärten Einkaufsmengen ausgehen können. Somit beruht das Urteil des FG auf dem Verfahrensfehler mangelnder Sachaufklärung.

Unterschrift

Anmerkungen

1. Vgl. Form. VII. 24 Anm. 1.

2. Vgl. Form. VII. 23 Anm. 2.

3. Vgl. Form. VII. 23 Anm. 3; Form. VII. 27 Anm. 2.

4. Vgl. Form. VII. 24 Anm. 4.

5. Vgl. Form. VII. 24 Anm. 5. Zur Begründung der NZB ist nicht nur darzutun, dass ein Verfahrensfehler des FG vorliegt, sondern es muss ferner konkret ausgeführt werden, inwiefern das FG-Urteil voraussichtlich anders ausgefallen wäre, wenn es zu dem Verfahrensfehler nicht gekommen wäre. Dazu ist bei der Rüge mangelnder Sachaufklärung erforderlich, dass dargetan wird, warum (auf Grund welcher Tatsachen) das FG Anlass zu weiterer Sachaufklärung gehabt hätte (vgl. BFH-Urteil BStBl. II 1974, 219; BStBl. II 1989, 291, 293; *Klein/Ruban*, der Zugang zum BFH, Rdn. 170; *Gräber/Ruban* FGO,

§ 120 Rdn. 66, 67, § 115 Rdn. 7680). Im Beispielsfall war dies der Beweisantritt und die schriftsätzliche Mitteilung darüber, welche Tatsachen der Zeuge bekunden werde.

Es genügt auch zur Bezeichnung des Verfahrensfehlers, wenn dieser anhand des Protokolls über eine Beweisaufnahme oder die mündliche Verhandlung dargelegt werden kann. Ist ein mündlicher Beweisantritt nicht protokolliert worden, so muss mit der NZB zugleich auch Tatbestandsberichtigung (§ 108 FGO; Frist: 2 Wochen ab Urteilszustellung; vgl. Form. VII. 21) beantragt werden, da andernfalls weder die Darlegung noch der Nachweis des Verfahrensfehlers möglich ist. Der Antrag auf Tatbestandsberichtigung und die Entscheidung über diesen Antrag hemmt nicht die Frist für die Einlegung der NZB oder Revision (vgl. Form. VII. 21 Anm. 4).

Kosten und Gebühren

Vgl. Form. VII. 24.

Fristen und Rechtsmittel

Vgl. Form. VII. 24 Anm. 1, 4.

26. Beschwerde gegen die Nichtzulassung der Revision (Zulassung wegen Verletzung des rechtlichen Gehörs)

An den Bundesfinanzhof[1] ...... (Ort), ... (Datum)
in München
– Aktenzeichen: ...... (des FG) –

In dem Rechtsstreit[2]
...... (Name und Anschrift des Klägers)

Klägers und Beschwerdeführers,

Prozessbevollmächtigter[3]: ......

gegen

Finanzamt ......
in ......

Beklagten und Beschwerdegegner,

wegen ...... (Steuerart und Jahr)

Steuernummer: ......

Namens und in Vollmacht des Klägers erhebe ich Beschwerde[4, 5] gegen die Nichtzulassung[6] der Revision gegen das Urteil des Finanzgerichts ...... vom ...... Aktenzeichen ......

Begründung[7]:

Der Kläger begehrt Herabsetzung der ......steuer wegen .... Das FA beharrt auf seinem gegenteiligen, schon bei der Steuerfestsetzung vertretenen Standpunkt. Beide Seiten haben ihre Auffassungen im finanzgerichtlichen Verfahren mehrfach schriftsätzlich vorgetragen. Das FG hat Termin zur mündlichen Verhandlung auf den 25. 3. 20 .. anberaumt. Am 20. 3. 20 .. ließ der frühere Eigentümer eines Grundstücks, das jetzt

dem Kläger gehört, die Türen des Hauses aushängen und mit anderen Schlössern versehen. Dadurch wurde der Besitz des Klägers gestört. Der Kläger hat bei dem zuständigen Amtsgericht eine einstweilige Verfügung zur Beseitigung der Besitzstörung beantragt. Das Amtsgericht hat kurzfristig Termin zur mündlichen Verhandlung ebenfalls auf den 25. 3. 20 .. anberaumt. Es war dem Kläger nicht zuzumuten, den Termin vor dem Amtsgericht verlegen zu lassen, da dadurch die Besitzstörung verlängert und der Erfolg seines Verfügungsbegehrens gefährdet worden wäre. Es hat deshalb und unter Darlegung dieser Umstände mit Schriftsatz vom 24. 3. 20 .., der am 25. 3. noch vor Beginn der mündlichen Verhandlung dem Vorsitzenden vorgelegt worden ist, Verlegung des Termins beim FG beantragt. Das FG hat indes die mündliche Verhandlung in Abwesenheit des Klägers durchgeführt und ein klagabweisendes Urteil erlassen. Es hat u. a. ausgeführt, dem Verlegungsantrag sei nicht zu entsprechen gewesen, da der Kläger sich in der mündlichen Verhandlung vor dem FG durch seinen Prozessbevollmächtigten hätte vertreten lassen können.

Der Kläger ist der Ansicht, dass das FG durch seine Entscheidung auf Grund der mündlichen Verhandlung vom 25. 3. 20 .. den Anspruch des Klägers auf Gewährung rechtlichen Gehörs verletzt hat (§ 96 Abs. 2 FGO, Art. 103 Abs. 1 GG). Es hätte ihm Gelegenheit geben müssen, seinen Rechtsstandpunkt in der mündlichen Verhandlung darzulegen. Der Kläger konnte sich nicht durch seinen Prozessbevollmächtigten dabei vertreten lassen, da dieser als Rechtsanwalt ihn auch in der einstweiligen Verfügungssache vertrat und deshalb ebenso wie der Kläger den Termin vor dem Amtsgericht wahrnehmen musste. Auch dies war dem FG im Schriftsatz vom 24. 3. 20 .. mitgeteilt worden.

Unterschrift

Anmerkungen

1. Vgl. Form. VII. 24 Anm. 1.

2. Vgl. Form. VII. 23 Anm. 2.

3. Vgl. Form. VII. 20 Anm. 3; Form. VII. 23 Anm. 3.

4. Vgl. Form. VII. 24 Anm. 4.

5. Vgl. Form. VII. 24 Anm. 5 wegen der gesetzlichen Umgestaltung des Zulassungsverfahrens.

6. Vgl. Form. VII. 24 Anm. 6 und Form. VII. 28 Anm. 3 sowie Form. VII. 29 Anm. 3. Grundsätzlich muss dargelegt werden, wodurch die Verletzung eingetreten ist, was bei Gewährung des Gehörs vorgetragen worden wäre und dass dann eine andere Entscheidung hätte ergehen können. Der Anspruch auf Gewährung rechtlichen Gehörs umfasst auch die Möglichkeit, in der mündlichen Verhandlung Rechtsausführungen machen zu dürfen und auf Rechtsausführungen anderer Prozessbeteiligter zu erwidern (BFH BStBl. II 1976, 431; *Gräber/Ruban* FGO § 119 Rdn. 10 a). Wird das rechtliche Gehör in Bezug auf einzelne Tatsachen nicht gewährt, so ist zur Begründung der NZB darzulegen, dass die Entscheidung des FG auf der Verwertung dieser Tatsachen beruht (§ 96 FGO; BFH BStBl. II 1968, 208). Es ist erforderlich darzulegen, inwiefern bei Gewährung rechtlichen Gehörs die angefochtene Entscheidung hätte anders ausfallen können (BFH BStBl. II 1989, 741); insoweit wird § 119 Nr. 3 FGO von der höchstrichterlichen Rechtsprechung restriktiv ausgelegt. Wird das gesamte Vorbringen eines Beteiligten übergangen, bedarf es nicht der Darlegung, was bei Gewährung des Gehörs vorgetragen worden wäre (BFH BStBl. II 1988, 836).

7. Wegen der Beurteilung des Beispielsfalles vgl. BFH BStBl. III 1967, 25 und BStBl. II 1980, 208.

Kosten und Gebühren

Vgl. Form. VII. 24.

Fristen und Rechtsmittel

Vgl. Form. VII. 24 Anm. 1, 4, 5.

Revision

27. Einlegung der Revision – Antrag auf Verlängerung der Revisionsbegründungsfrist

An den Bundesfinanzhof[1] **...... (Ort), ... (Datum)**
in München
– Aktenzeichen: ...... (des FG) –

In dem Rechtsstreit

...... (Name und Anschrift des Klägers)

Klägers und Revisionsklägers,

Prozessbevollmächtigter:[2] ......

gegen

Finanzamt ......
in ......

Beklagten und Revisionsbeklagten,

wegen ...... (Steuerart und Jahr)

Steuernummer: ......

Namens und in Vollmacht des Klägers lege[3] ich gegen das am ...... verkündete Urteil des FG ...... Aktenzeichen ......, das mir am ...... zugestellt worden ist, Revision ein. Die Frist zur Begründung[4] der Revision bitte ich bis zum ...... zu verlängern, da ich wegen meines bevorstehenden Jahresurlaubs nicht in der Lage sein werde, die Revision bis zu einem früheren Zeitpunkt zu begründen.

Unterschrift

Anmerkungen

1. Nach § 120 Abs. 1 S. 1 FGO ist die Revision beim BFH einzulegen. Die Einlegung *beim FG* hat *keine* fristwahrende Wirkung (*Gräber/Ruban*, FGO, § 120 Rdn. 2). Auch § 47 Abs. 2 FGO ist nicht anwendbar. Wird die Revision bereits in dem angefochtenen Urteil zugelassen, ist – form- und fristgerechte – Einlegung der Revision erforderlich (vgl. § 120 Abs. 1 FGO). Wird die Revision vom BFH auf NZB zugelassen, ist die Einlegung der Revision entbehrlich, weil das Nichtzulassungsverfahren als Revisionsverfahren fortgesetzt wird (§ 116 Abs. 7 FGO).

Wird die Revision in einem gesonderten Schriftsatz nach Einlegung der Revision begründet, so ist auch dieser beim BFH einzureichen (§ 120 Abs. 2 S. 2 FGO).

2. Wer ein Verfahren beim BFH anhängig machen will, muss sich dazu derzeit eines postulationsfähigen Prozessbevollmächtigten bedienen (§ 62a FGO), also eines Rechtsanwalts, Steuerberaters oder Wirtschaftsprüfers oder einer Gesellschaft, die von solchen Berufsträgern gebildet wird. Behörden können sich durch einen Bediensteten mit Befähigung zum Richteramt „vertreten" lassen.

War im Verfahren vor dem FG ein Prozessbevollmächtigter i.S.d. § 62a FGO bestellt, so bedarf es für die Einlegung der Revision durch ihn grundsätzlich keiner erneuten Bevollmächtigung (§ 155 FGO, §§ 81, 83 ZPO; vgl. *Ziemer/Birkholz* § 62 Rdn. 13).

Die Zurücknahme der Revision ist auch ohne oder gegen den Willen des Prozessbevollmächtigten durch den Beteiligten persönlich möglich (BFH-Beschluss BStBl. II 1981, 395). Insoweit besteht also kein Vertretungszwang.

3. a) Die **Frist zur Erhebung der Revision** beträgt, wenn in dem Urteil des FG die Zulassung der Revision ausgesprochen ist und das Urteil des FG eine ordnungsmäßige Rechtsmittelbelehrung enthält (§ 55 Abs. 1 S. 2 FGO; vgl. Form. VII. 24 Anm. 4 Abs. 10 aE.), einen Monat ab Zustellung des vollständigen, mit Gründen versehenen (§ 105 FGO) Urteils (§ 120 Abs. 1 S. 1 FGO). Fehlt die Belehrung oder ist sie unrichtig, beträgt die Revisionsfrist ein Jahr; geht die Belehrung dahin, dass kein Rechtsbehelf gegeben sei oder ist die Einlegung des Rechtsmittels infolge höherer Gewalt unmöglich, so kann auch noch nach Ablauf eines Jahres Revision eingelegt werden (§ 55 Abs. 2 FGO). Wird die Revision auf NZB durch den BFH zugelassen, bedarf es der Einlegung der Revision nicht, da das Zulassungsverfahren als Revisionsverfahren fortgeführt wird (§ 116 Abs. 7 FGO).

b) Läuft die Frist, so beginnt sie mit dem auf den Tag der Zustellung des anzufechtenden Urteils bzw. des Zulassungsbeschlusses folgenden Tag (§ 54 Abs. 2 FGO, § 222 Abs. 1 ZPO, § 187 Abs. 1 BGB). Die Frist endet mit Ablauf des Tages, der dem Tag der Zustellung seiner Zahl nach im folgenden Monat entspricht (§ 188 Abs. 2 BGB). Fehlt in dem Monat, in dem die Frist endet, ein Tag, der seiner Zahl nach dem Tag der Zustellung im Vormonat entspricht (z.B. der „31."), so endet die Frist mit dem Ablauf des letzten Tages des Monats (§ 188 Abs. 3 BGB). Ist der Tag, mit dessen Ablauf die Frist danach enden würde, ein Sonnabend, ein Sonntag oder ein allgemeiner Feiertag, so endet die Frist mit dem Ablauf des nächsten Werktages (§ 222 Abs. 2 ZPO). Wird die Frist zur Einlegung der Revision versäumt, kann unter den Voraussetzungen des § 56 FGO Wiedereinsetzung in den vorigen Stand gewährt werden.

c) Ergeht ein Gerichtsbescheid (§ 90a FGO), in dem die Revision zugelassen worden ist, kann sowohl mündliche Verhandlung beantragt als auch die Revision eingelegt werden (§ 90a Abs. 2 Nr. 1 FGO). Wird von beiden Rechtsbehelfen Gebrauch gemacht, findet mündliche Verhandlung statt (§ 90a Abs. 2 S. 3 FGO). Die Revision ist schriftlich zu erheben. Die Revisionsschrift muss von dem postulationsfähigen Prozessbevollmächtigten (s. oben) „eigenhändig" unterschrieben werden; allerdings ist auch Revisionseinlegung mit Fax oder Telegramm durch den Prozessbevollmächtigten möglich (Form. VII. 9 Anm. 2).

d) In der Revisionsschrift ist das Urteil, das angefochten wird, genau durch Angabe des FG, das das Urteil erlassen hat, sowie des Datums und des Aktenzeichens zu bezeichnen; ferner sind die Prozessbeteiligten aufzuführen (§ 120 Abs. 1 S. 2 FGO).

e) Prozesshandlungen, die ein gerichtliches Verfahren oder eine Instanz eröffnen (Klage, Beschwerde, Revision), können wirksam nicht unter einer Bedingung (vgl. § 158 BGB) vorgenommen werden. Ist ein Verfahren bei einem Gericht bereits anhängig, können innerhalb der jeweiligen Instanz Prozesshandlungen auch von Bedingungen (dh. künftigen ungewissen Ereignissen) abhängig gemacht werden, die *innerhalb* des Verfahrens eintreten (z.B. Hilfsanträge können für den Fall der Erfolglosigkeit des Hauptantrags gestellt werden; hilfsweise kann, für den Fall, dass das Rechtsmittel des Prozessgegners Erfolg hat, ein Anschlussrechtsmittel – das gilt jedoch nicht für die NZB – eingelegt werden *Ziemer/Birkholz* § 121 Rdn. 10–17).

4. Die Frist zur Begründung der Revision beträgt zwei Monate ab Zustellung des vollständigen Urteils bzw. einen Monat ab Zustellung der Zulassungsentscheidung des BFH (§ 120 Abs. 2 S. 1 FGO; siehe Anm. 3 a–c). Die Revisionsbegründungsfrist kann (mehrfach) auf einen *vor* ihrem Ablauf gestellten (dh. beim BFH eingegangenen) Antrag durch den Vorsitzenden des zuständigen Senats verlängert werden (§ 120 Abs. 2 S. 3 FGO). Der Antrag bedarf der Begründung. Erstmaligen Verlängerungsanträgen wird im Allgemeinen entsprochen. Da jedenfalls bei Anträgen auf wiederholte Verlängerung auch mit deren Ablehnung gerechnet werden muss, ist der Verlängerungsantrag so rechtzeitig zu stellen, dass auch im Fall seiner Ablehnung noch die Möglichkeit besteht, die Revision zu begründen; denn wird eine Begründung nicht oder nach Ablauf der gesetzlichen oder richterlichen Begründungsfrist eingereicht, ist die Revision unzulässig und wird verworfen (§ 126 Abs. 1 FGO). Unter den Voraussetzungen des § 56 FGO kann zwar Wiedereinsetzung in den vorigen Stand gewährt werden (§ 56 FGO); jedoch ist Vertrauen darauf, die Frist werde verlängert werden, kein Wiedereinsetzungsgrund.

Kosten und Gebühren

Der Streitwert bestimmt sich im Revisionsverfahren nach den Anträgen des Revisionsklägers (§ 14 GKG).

Gerichtsgebühren: Anlage 1 zu § 11 GKG Nr. 1310 ff.

Prozessbevollmächtigter: §§ 114, 117, 31, 24, 11, 37 BRAGO. Vgl. auch Form. VII. 9.

Vgl. noch § 33 GKG: Bei Zurückverweisung an das FG entstehen dort keine zusätzlichen Gerichtsgebühren mehr. Kommt die Sache im zweiten Rechtsgang erneut an den BFH, entstehen aber die Gerichtsgebühren in vollem Umfang erneut. Die Gebühren für den Prozessbevollmächtigten entstehen im Falle der Zurückverweisung erneut (mit der aus § 15 Abs. 2 S. 2 BRAGO ersichtlichen Einschränkung).

Fristen und Rechtsmittel

Wegen der bei Einlegung und Begründung der Revision zu beachtenden Fristen vgl. oben Anm. 3 und 4.

Gegen die Entscheidung über die Revision ist kein ordentliches Rechtsmittel mehr gegeben. Unter den gesetzlichen Voraussetzungen kann die Restitutions- oder die Nichtigkeitsklage (§ 134 FGO, §§ 578 ff. ZPO) oder Verfassungsbeschwerde (vgl. Form. VI. 1–11) erhoben werden.

28. Begründung der Revision – Rüge der Verletzung materiellen Rechts

...... (Ort), ... (Datum)

An den
Bundesfinanzhof[1]
– Aktenzeichen: ...... –

In dem Rechtsstreit

...... (Name und Anschrift des Revisionsklägers)

Klägers und Revisionsklägers,

Prozessbevollmächtigter[2]: ......

gegen

Finanzamt ......
in ......

Beklagten und Revisionsbeklagten,

wegen ...... (Steuerart und Jahr)

Steuernummer: ......

Namens und in Vollmacht des Klägers beantrage[3] ich, das Urteil des FG ...... vom ...... Aktenzeichen ...... und die Einspruchsentscheidung vom ...... aufzuheben und die ......-steuer unter Abänderung des Bescheids vom ...... auf ...... EUR herabzusetzen.

Begründung[4]:

Der Kläger und seine Ehefrau sind Schauspieler. Sie haben im Jahre 19 .. geheiratet. Im Jahr der Eheschließung war der Kläger am Theater in A, seine Ehefrau am Theater in B engagiert. Der Ehefrau gehört in B ein Einfamilienhaus, in dem sie auch schon vor der Eheschließung wohnte. Der Kläger meldete sich nach der Eheschließung in B als seinem ersten Wohnsitz an, er zog in das Haus seiner Ehefrau ein, indem er ihm gehörende Möbel, Bilder und Bücher dorthin brachte. Seither hat der Kläger die Kosten der Unterhaltung des Einfamilienhauses in B und des gemeinsamen Hausstandes mitgetragen. In A bewohnte der Kläger weiterhin ein möbeliertes Zimmer, das er gemietet hatte. An spielfreien Tagen begab er sich nach B zu seiner Ehefrau. Erst nach zwei Jahren gelang es dem Kläger, am Theater in B ein Engagement zu erhalten. Der Kläger ist der Auffassung, die ihm entstandenen Kosten der doppelten Haushaltsführung seien beruflich veranlasst. Das FA hat lediglich die Kosten für Familienheimfahrten als Werbungskosten zum Abzug zugelassen.
Die Klage hatte keinen Erfolg. Das FG hat in seiner Entscheidung ausgeführt, da die Ehegatten – wie vor ihrer Eheschließung – weiter getrennt gelebt hätten, seien ihnen über die Kosten der Familienheimfahrten hinaus keine beruflich veranlassten Mehraufwendungen nach der Eheschließung entstanden.
Dieser Auffassung des FG liegt eine Auslegung des § 9 Abs. 1 Nr. 5 EStG zugrunde, der der Kläger nicht zu folgen vermag. Die Vorschrift setzt nämlich nicht voraus, dass der Arbeitnehmer, der einen doppelten Haushalt führt, zunächst einen gemeinsamen Hausstand mit seinem Ehegatten hat und erst infolge Verlegung seiner beruflichen Tätigkeit an einen anderen Ort gezwungen ist, auch am Beschäftigungsort zu wohnen. Vielmehr kann ein doppelter Haushalt auch dadurch entstehen, dass an verschiedenen Orten wohnende und arbeitende Personen heiraten. Die dem Gesetz für diesen Fall zu entnehmende Voraussetzung, dass eine der Wohnungen Familienwohnung wird, ist im Streitfall erfüllt. Mithin liegen als Werbungskosten abzugsfähige Aufwendungen doppelter Haushaltsführung auch in Gestalt der Unterbringungskosten in A und der Verpflegungsmehraufwendungen vor.

Unterschrift

Anmerkungen

1. Die Revisionsbegründungsschrift ist beim BFH einzureichen (§ 120 Abs. 2 S. 1 FGO).

2. Da für beim BFH anhängige Verfahren Vertretungszwang besteht (§ 62a FGO), muss auch die Revisionsbegründungsschrift von einem postulationsfähigen Prozessbevollmächtigten unterschrieben sein.

3. a) Die Revision ist schriftlich binnen zweier Monate nach Zustellung des vollständigen Urteils des FG bzw. binnen eines Monats nach Zustellung der Zulassungsentscheidung des BFH (§ 120 Abs. 2 S. 1 FGO), gegebenenfalls innerhalb einer vom Vorsitzenden des zuständigen Senats des BFH gewährten Fristverlängerung (§ 120 Abs. 2 S. 3 FGO), zu begründen (§ 120 Abs. 1 FGO; vgl. Form. VII. 27 Anm. 4). Die Revisionsbegründungsfrist fängt mit dem Beginn des Tages zu laufen an, der auf den Tag des Ablaufs der Revisionsfrist folgt (§ 54 Abs. 2 FGO, § 222 ZPO, § 187 Abs. 2 BGB). Wegen des Zeitpunkts des Ablaufs der Revisions- und der Revisionsbegründungsfrist s. Form. VII. 27 Anm. 3a und b.

b) In der Revisionsschrift oder der Revisionsbegründungsschrift ist ein bestimmter Antrag zu stellen (§ 120 Abs. 3 Nr. 1 FGO). Ein mit der Revision (nach – teilweiser – Klageabweisung) weiter verfolgtes Klagebegehren kann nur Erfolg haben, wenn die Sachurteilsvoraussetzungen erfüllt sind, die für das Klageverfahren vor dem FG gelten, insbesondere – sachlich – erfolgloses außergerichtliches Vorverfahren, fristgerechte Klageerhebung und Klagebegründung mit ausreichender Bezeichnung des Streitgegenstandes bzw. des Gegenstands des Klagebegehrens (vgl. § 65 Abs. 1 FGO) und Geltendmachung einer Verletzung der subjektiven Rechte des Klägers; vgl. Form. VII. 9 Anm. 5, 6). Darüber hinaus muss der Revisionskläger sich in der Revisionsbegründung mit dem angefochtenen Urteil auseinandersetzen und darlegen, warum er diesem nicht zuzustimmen vermag. Dabei muss er die seiner Meinung nach verletzte, dh. unrichtig angewendete Rechtsnorm bezeichnen. Auf Tatsachen, die das FG in seinem Urteil nicht festgestellt hat, kann er sich dabei nicht stützen, da der BFH an die tatsächlichen Feststellungen des FG gebunden und zu eigenen tatsächlichen Feststellungen insoweit nicht befugt ist (§ 118 Abs. 2 FGO; BFH BStBl. II 1980, 449), als es sich nicht um Prozessvoraussetzungen handelt. Will der Revisionskläger über die falsche Anwendung materiellen Rechts hinaus geltend machen, das FG habe seiner Entscheidung einen unrichtigen oder unvollständig ermittelten Sachverhalt zugrunde gelegt, so kann dies nur mit einer Verfahrensrüge mangelnder Sachaufklärung geschehen, deren Geltendmachung aber nur Erfolg versprechend ist, wenn das FG auf Grund von Anträgen der Prozessbeteiligten oder nach Lage des Streitfalles gehalten war, weitere Ermittlungen anzustellen (vgl. Form. VII. 29).

4. Wegen der materiell-rechtlichen Beurteilung des Beispielsfalles vgl. BFH BStBl. II 1976, 654.

Kosten und Gebühren

Keine Gerichtsgebühren. Keine zusätzlichen Gebühren für den Prozessbevollmächtigten (§ 37 BRAGO). Vgl. Form. VII. 27.

Fristen und Rechtsmittel

Vgl. Form. VII. 27.

29. Begründung der Revision – Rüge mangelnder Sachaufklärung

An den **...... (Ort), ... (Datum)**
Bundesfinanzhof[1]
– Aktenzeichen: ...... –

In dem Rechtsstreit

...... (Name und Anschrift des Revisionsklägers)

Klägers und Revisionsklägers,

Prozessbevollmächtigter[2]: ......

gegen

Finanzamt ......
in ......

Beklagten und Revisionsbeklagten,

wegen ...... (Steuerart und Jahr)

Steuernummer: ......

Namens und in Vollmacht des Klägers beantrage ich, das Urteil des FG ...... vom ...... Aktenzeichen ...... aufzuheben und die Sache zur anderweitigen Verhandlung und Entscheidung zurückzuverweisen[3].

Begründung[4]:

Der Kläger ist selbstständiger Bäckermeister. Das FA hat seine Buchführung bei einer Außenprüfung als nicht ordnungsgemäß angesehen und den Gewinn geschätzt. Dabei ist es davon ausgegangen, dass die Backausbeute bei der Mischbrotherstellung 144 kg je 100 kg Mehleinsatz betrage. Das FA hat dazu im finanzgerichtlichen Verfahren vorgetragen, dieser Wert habe sich als Erfahrungssatz auf Grund zahlreicher Prüfungen von Bäckereien ergeben. Der Kläger hält demgegenüber einen Ausbeutewert von 132 kg für zutreffend. Er hat dem FG eine Bescheinigung der Bundesforschungsanstalt für Getreideverarbeitung vorgelegt, die seine Auffassung bestätigt. Das FG ist in seiner Entscheidung dem vom FA genannten Ausbeutesatz ohne weitere Erhebungen gefolgt. Das bedeutet, dass das FG den für die Entscheidung des Streitfalles erheblichen Erfahrungssatz über die Backausbeute bei der Mischbrotherstellung unter Verletzung der ihm nach § 76 Abs. 1 S. 1 FGO obliegenden Verpflichtung zur Ermittlung des Sachverhalts nicht festgestellt hat. Es hätte weitere Angaben vom FA darüber anfordern müssen, worauf die angebliche Backausbeute von 144 kg beruht, insbesondere auf welche Getreide- bzw. Mehlsorten sich die vom FA getroffenen Feststellungen beziehen und ob diese auch im Betrieb des Klägers verwendet worden sind. Angesichts des von der Bundesforschungsanstalt für Getreideverarbeitung genannten abweichenden Ausbeutewerts musste sich dem FG die Notwendigkeit weiterer Sachaufklärung aufdrängen. Die Entscheidung beruht auch auf dem Verfahrensfehler; denn bei Ansatz des vom Kläger für zutreffend erachteten Ausbeutesatzes von 132 kg würde sich keine Gewinnerhöhung gegenüber der Bilanz des Klägers ergeben.

Unterschrift

Anmerkungen

1. Vgl. Form. VII. 28 Anm. 1.

2. Vgl. Form. VII. 28 Anm. 2.

3. Vgl. Form. VII. 28 Anm. 3. An die in dem angefochtenen Urteil getroffenen tatsächlichen Feststellungen ist der BFH dann nicht gebunden, wenn dagegen begründete Revisionsrügen erhoben werden (§ 118 Abs. 2 FGO). Die Pflicht zur Sachverhaltsermittlung durch das FG erstreckt sich auch auf die Feststellung von (allgemeinen oder speziellen) Erfahrungssätzen. Wird wie im Beispielsfall substantiiert geltend gemacht, ein Erfahrungssatz habe einen anderen Inhalt als vom FA angenommen, müssen darüber

weitere Feststellungen von Amts wegen getroffen werden (*Ziemer/Birkholz* § 96 Rdn. 9; *Thomas/Putzo* Vorbem. § 284 Rdn. 15; vgl. auch *Tipke/Kruse* AO/FGO, § 96 FGO Rdn. 24). Eines Beweisantrags bedarf es dazu im finanzgerichtlichen Verfahren nicht (§ 76 Abs. 1 S. 4 FGO). Lag nach dem Vortrag der Beteiligten die Notwendigkeit weiterer Sachaufklärung auf der Hand, dh. musste sie sich dem FG aufdrängen, kann mangelnde Sachaufklärung als Verfahrensrüge ohne weiteres geltend gemacht werden. Andernfalls, dh. wenn das FG den Sachverhalt für hinreichend geklärt ansehen durfte, aber ein Beteiligter aus seiner genaueren Kenntnis der tatsächlichen Umstände die Notwendigkeit weiterer Ermittlungen kannte, muss er im Rahmen seiner Mitwirkungspflicht (vgl. § 76 Abs. 1 S. 2 FGO) darauf hinweisen; zweckmäßigerweise durch einen entsprechenden Beweisantrag. Unterlässt er den gebotenen Hinweis (vgl. die ähnlichen, aber in der Aufklärungsfrage abweichenden Beispielsfälle Form. VII. 21 und Form. VII. 25), kann er die Rüge mangelnder Sachaufklärung im Revisionsverfahren nicht mehr erheben (*Gräber* § 76 Rdn. 2, S. 234). Dasselbe gilt, wenn man einer Mitwirkungspflicht bei der Sachaufklärung nicht nachkommt (BFH BStBl. II 1989, 462 auch zum Verhältnis der Mitwirkungspflicht zur Schätzungsbefugnis).

4. Wegen möglicher anderer Verfahrenslagen, auf Grund deren mangelnde Sachaufklärung gerügt werden kann, vgl. Form. VII. 21 und VII. 25.

Zur Erfassung des Sachverhalts bei Schätzung anhand von Vergleichsfällen s. BFH BStBl. II 1986, 226.

Kosten und Gebühren

Vgl. Form. VII. 27 und VII. 28.

Fristen und Rechtsmittel

Vgl. Form. VII. 27 und Form. VII. 28 Anm. 3.

30. Begründung der Revision – Rüge der Verletzung des Rechts auf Gehör

...... (Ort), ... (Datum)

An den
Bundesfinanzhof[1]
– Aktenzeichen: ...... –

In dem Rechtsstreit
...... (Name und Anschrift des Revisionsklägers)

Klägers und Revisionsklägers,

Prozessbevollmächtigter[2]: ......

gegen

Finanzamt ......
in ......

Beklagten und Revisionsbeklagten,

wegen ...... (Steuerart und Jahr)

Steuernummer: ......

Namens und in Vollmacht des Klägers beantrage ich, das Urteil des FG ...... vom ...... Aktenzeichen ...... aufzuheben und die Sache zur anderweitigen Verhandlung und Entscheidung zurückzuverweisen[3].

Begründung:

Bei einer morgendlichen Fahrt von seiner Wohnung zur Arbeitsstätte erlitt der Kläger, der als Arbeitnehmer in ...... tätig ist, mit seinem PKW einen Unfall. Er hatte beim Überholen eines anderen PKW die an der Unfallstrecke zulässige Höchstgeschwindigkeit von 80 km/h (bewusst) überschritten, weil sich nach der Eigentümlichkeit der Strecke sonst keine Gelegenheit mehr zur Überholung des vor dem Kläger verhältnismäßig langsam herfahrenden anderen PKW ergeben hätte. Das FA hat die Abzugsfähigkeit der geltend gemachten Unfallkosten mit der Begründung verneint, der Kläger habe sich mit dem überholten Fahrzeug ein Wettrennen geliefert. Erst dem mit Einverständnis der Beteiligten ohne mündliche Verhandlung ergangenen Urteil des FG hat der Kläger entnommen, dass das FG die Akten über das – eingestellte – staatsanwaltschaftliche Ermittlungsverfahren, das gegen den Kläger geschwebt hat, beigezogen und die darin enthaltenen Feststellungen der Verkehrspolizei bei seiner klagabweisenden Entscheidung verwertet hat. Hätte das FG dem Kläger die Beiziehung der Akten mitgeteilt, hätte er diese vor Ergehen des angefochtenen Urteils einsehen und zu ihrem Inhalt Stellung nehmen können. Er hätte dann darauf hingewiesen, dass in dem nach Abschluss des Ermittlungsverfahrens durchgeführten Zivilprozess zwischen ihm und dem Fahrer des anderen Fahrzeugs bzw. zwischen beider Haftpflichtversicherer auf Grund von Zeugenaussagen letztlich die Sachdarstellung des Klägers Bestätigung gefunden hat.
Somit beruht die angefochtene Entscheidung auf einer Verletzung des Rechts auf Gehör (§ 96 Abs. 2 FGO, Art. 103 Abs. 1 GG).

Unterschrift

Anmerkungen

1. Vgl. Form. VII. 28 Anm. 1.

2. Vgl. Form. VII. 28 Anm. 2.

3. Vgl. Form. VII. 26 Anm. 6 und Form. VII. 28 Anm. 3. Das Recht auf Gehör im (finanz-)gerichtlichen Verfahren soll jedem Verfahrensbeteiligten (§ 57 FGO) ermöglichen, durch Sachvortrag, Beweisantritt (§ 96 Abs. 2, § 76 Abs. 1 S. 2 und 3 FGO) und rechtliche Argumentation (§ 93 Abs. 1 FGO) die Bildung der rechtlichen Überzeugung des Gerichts in Bezug auf den Streitfall zu beeinflussen (vgl. BFH BStBl. II 1976, 431), um einen ihm günstigen Ausgang des Rechtsstreits zu erreichen. Das Recht auf Gehör ist nicht verletzt, wenn der Beteiligte eine ihm gebotene Gelegenheit sich zu äußern nicht wahrnimmt.

Wird rechtliches Gehör nicht in ausreichendem Umfang gewährt, liegt ein Verfahrensfehler vor, der – nach Zulassung der Revision (vgl. Form. VII. 24 Anm. 4 Abs. 1 und 2; Form. VII. 26) – gerügt werden muss, damit das Revisionsgericht deswegen die erstinstanzliche Entscheidung aufheben kann. Nach § 119 FGO wird, wenn einer der in der Vorschrift aufgeführten Verfahrensfehler tatsächlich vorliegt, bereits die Kausalität des Fehlers für den dem Revisionskläger ungünstigen Inhalt des angefochtenen Urteils vermutet, dh. er braucht nicht darzutun, dass das FG anders entschieden hätte, wenn der Verfahrensfehler nicht begangen worden wäre. Das gilt uneingeschränkt nur dann, wenn das FG die gesamte Urteilsgrundlage unter Verletzung des rechtlichen Gehörs des Revisionsklägers gewonnen hat, z. B. bei Erlass eines Urteils ohne mündliche Verhandlung, wenn die Beteiligten auf diese nicht nach § 90 Abs. 2 FGO verzichtet haben, oder bei Ablehnung eines begründeten Antrags auf Verlegung des Verhandlungstermins (vgl. Form. VII. 26 Anm. 5 und 6). Hat das FG dem Beteiligten (lediglich) nicht Gelegenheit gegeben, sich zu einzelnen Tatsachen zu äußern, so ist die Rüge der Versagung des rechtlichen Gehörs nur dann begründet, wenn das FG diese Tatsachen seiner Entscheidung zugrunde gelegt hat und wenn sich bei Außerachtlassung der fraglichen Tatsachen eine andere rechtliche Beurteilung und ein anderer Ausgang des Rechtsstreits ergibt; denn Tatsachen, auf die es für die Entscheidung (nach Auffassung des Revisionsgerichts) unter keinem denkbaren rechtlichen Gesichtspunkt ankommt, sind kein Teil der Urteilsgrundlage (§ 96 Abs. 1 S. 1 FGO), in Bezug auf die nach § 96 Abs. 2 FGO rechtliches Gehör zu gewähren ist (BVerwGE 15, 24; BFH BStBl. III 1967, 25; BStBl. II 1968, 208).

Zur ordnungsmäßigen Rüge der Verletzung des Rechts auf Gehör ist sonach erforderlich, dass der Revisionskläger darlegt, auf Grund welchen Vorgehens des FG er – auch bei Ausschöpfung der ihm offen stehenden prozessualen Möglichkeiten, sich Gehör zu verschaffen (z. B. Nachreichen eines Schriftsatzes mit neuem tatsächlichen Vorbringen nach Schluss der mündlichen Verhandlung, aber vor Ergehen des finanzgerichtlichen Urteils; vgl. aber die Möglichkeiten mit Vorbringen ausgeschlossen zu werden, § 79 b FGO) –, gehindert war, sich zu entscheidungserheblichen Fragen zu äußern und was er vorgetragen hätte (BVerfGE 28, 17; BVerwG HFR 1977, 202). Dabei empfiehlt sich auch darzulegen, inwiefern – nach Auffassung des Revisionsklägers – sich bei Berücksichtigung seiner durch den Verfahrensfehler unterbundenen Ausführungen eine andere rechtliche Beurteilung hätte ergeben können; vgl. dazu BFH BStBl. II 1989, 741 und BStBl. II 1988, 836.

Kosten und Gebühren

Vgl. Form. VII. 27 und VII. 28.

Fristen und Rechtsmittel

Vgl. Form. VII. 27 und Form. VII. 28 Anm. 3.

31. Begründung der Revision – Rüge, dass die Entscheidung nicht mit Gründen versehen ist

An den **...... (Ort), ... (Datum)**
Bundesfinanzhof[1]
– Aktenzeichen: ...... –

In dem Rechtsstreit
...... (Name und Anschrift des Revisionsklägers)

Klägers und Revisionsklägers,

Prozessbevollmächtigter[2]: ......

gegen

Finanzamt ......
in ......

Beklagten und Revisionsbeklagten,

wegen ...... (Steuerart und Jahr)

Steuernummer: ......

Namens und in Vollmacht des Klägers beantrage ich, das Urteil des FG ...... vom ...... Aktenzeichen ...... aufzuheben und die Sache zur anderweitigen Verhandlung und Entscheidung zurückzuverweisen[3].

Begründung:

Das FA hat den Gewinn, den der Kläger bei der Veräußerung einer Reihe von Eigentumswohnungen, die sich in einem von ihm errichteten Gebäude befinden, als im Rahmen eines Gewerbebetriebes erzielt und daher steuerpflichtig angesehen. Ursprünglich beabsichtigte der Kläger, der als Architekt freiberuflich tätig ist, das Gebäude durch Vermietung zu nutzen. Erst auf Grund von Kostensteigerungen und dadurch eingetretener Finanzierungsschwierigkeiten sah sich der Kläger genötigt, Wohnungseigentum zu bilden und den überwiegenden Teil der Wohnungen zu verkaufen. Der Kläger hat deshalb geltend gemacht, dass ein Teil der durch die Baumaßnahmen geschaffenen Wertsteigerung noch in seine Privatsphäre gefallen sei und nicht als Teil des gewerblichen Gewinns behandelt werden dürfe. Er hat ferner gerügt, dass das FA die Herstellungskosten zu niedrig angesetzt habe. In seinem klagabweisenden Urteil hat das FG nur zu der Frage Ausführungen gemacht, ob der Gewinn aus der Veräußerung der Eigentumswohnungen steuerpflichtig sei. Zur Höhe des Gewinns hat es sich nicht geäußert. Das Urteil ist deshalb im Sinne des § 119 Nr. 6 FGO nicht mit Gründen versehen.

Unterschrift

Anmerkungen

1. Vgl. Form. VII. 28 Anm. 1.

2. Vgl. Form. VII. 28 Anm. 2.

3. Vgl. Form. VII. 28 Anm. 3. Ein Urteil ist (auch) nicht mit Gründen versehen, wenn es zu wesentlichen Streitpunkten keine Begründung für die getroffene Entscheidung enthält. Das ist insbesondere der Fall, wenn es nur zum Grund, nicht aber (wie im Beispielsfall) zur Höhe des Steueranspruchs eine rechtliche Begründung gibt (BFH BStBl. II 1969, 492). Allerdings ist das FG nicht gehalten, in den Entscheidungsgründen auf jegliches Vorbringen der Beteiligten einzugehen. Der Entscheidung muss sich nur entnehmen lassen, von welcher rechtlichen Erwägung das FG ausgegangen ist und inwiefern es diese für die Streitentscheidung des konkreten Falles für erheblich erachtet hat. Soweit das FG gemäß § 105 Abs. 5 FGO befugt war, auf die Rechtsausführungen in der Entscheidung über den außergerichtlichen Rechtsbehelf Bezug zu nehmen und von dieser Möglichkeit Gebrauch gemacht hat, liegt kein Verstoß gegen § 119 Nr. 6 FGO vor.

Enthält der Tatbestand des finanzgerichtlichen Urteils keine Wiedergabe des bei der rechtlichen Würdigung übergangenen Sachverhalts, muss zunächst Tatbestandsberichtigung innerhalb der Zweiwochenfrist des § 108 Abs. 1 FGO beantragt werden (vgl. Form. VII. 21), gegebenenfalls kommt auch Protokollberichtigung nach § 94 FGO iVm. § 164 ZPO in Betracht (vgl. § 314 S. 2 ZPO). Da weder der Berichtigungsantrag noch ein diesem stattgebender Beschluss des FG nach dem BFH-Beschluss BStBl. II 1977, 291, Einfluss auf den Lauf der Nichtzulassungsbeschwerdefrist bzw. der Revisionsfrist hat (aA. *Gräber* § 119 Rdn. 6 A, der auf § 120 Abs. 1 S. 1 FGO hinweist), muss der Kläger binnen der Frist des § 116 Abs. 2 S. 1 (vgl. Form. VII. 24) bzw. des § 120 Abs. 1 S. 1 FGO (vgl. Form. VII. 27) NZB oder Revision einlegen und Verlängerung der Begründungsfrist gemäß § 116 Abs. 3 S. 4 FGO bzw. § 120 Abs. 2 S. 3 FGO beantragen (vgl. Form. VII. 27 Anm. 5; Form. VII. 21 Anm. 4).

Ist nach dem Tenor des finanzgerichtlichen Urteils über einen Teil des Streitgegenstandes (z. B. über den Antrag auf Herabsetzung der Steuer für eines von mehreren

Streitjahren) nicht entschieden worden, liegt kein Fall des § 119 Nr. 6 FGO vor; vielmehr ist nach § 109 FGO Urteilsergänzung, dh. Nachholung der (teilweise) unterlassenen Entscheidung, zu beantragen (vgl. Form. VII. 22). Auch ein Antrag auf Urteilsergänzung hat grundsätzlich keinen Einfluss auf den Lauf der Revisionsfrist (vgl. Form. VII. 22 Anm. 3 Abs. 5).

Erlässt das FG ein Urteil, in dem es die Berechnung der Steuer dem FA gemäß § 100 Abs. 2 S. 2 FGO überträgt, liegt keine Verletzung des § 119 Nr. 6 FGO vor. Führt das FG die Steuerberechnung vor Eintritt der Bindung an das Urteil (§ 110 Abs. 1 FGO) durch, ergeben sich gleichwohl keine durchgreifenden Bedenken gegen die Zulässigkeit einer vom FA gegen das Urteil des FG erhobenen Revision (vgl. *Wassermeyer* DStR 85, 76 gegen BFH BStBl. II 1983, 776; s. dazu auch § 100 Abs. 2 S. 3, 2. Halbsatz FGO). § 100 Abs. 2 S. 3, 2. Halbsatz FGO beruht auf der Auffassung, dass die „formlos" mitzuteilende Nachberechnung kein Verwaltungsakt sei, so dass danach § 68 FGO nicht eingreift. Da der (geänderte) Verwaltungsakt zufolge § 100 Abs. 2 S. 3, 2. Halbsatz FGO erneut bekanntzugeben ist, kann dagegen dann ggf. Einspruch eingelegt werden, mit dem geltend gemacht werden kann, die Berechnung entspreche nicht dem Urteil.

Kosten und Gebühren

Vgl. Form. VII. 27 und VII. 28.

Fristen und Rechtsmittel

Vgl. Form. VII. 27 und Form. VII. 28 Anm. 3.

Kostenfestsetzung und Prozesskostenhilfe

32. Antrag auf Kostenfestsetzung für Klage- und Revisionsverfahren

An den ...... (Ort), ... (Datum)
Urkundsbeamten des Finanzgerichts[1] ......
Aktenzeichen: ......

In dem Rechtsstreit
...... (Name und Anschrift des Klägers)

Klägers,

Prozessbevollmächtigter[2]: ......

gegen

Finanzamt ......
in ......

Beklagten,

wegen ...... (Steuerart und Jahr).

Namens und in Vollmacht[3] des Klägers beantrage ich die Festsetzung[4] der dem Kläger[5] zu erstattenden Aufwendungen[6]. Ferner beantrage ich, die Verzinsung der festgesetzten Kosten mit 4% jährlich auszusprechen[7]. Hinsichtlich der Kosten des außergerichtlichen

Vorverfahrens wird die Entscheidung des Gerichts[8] beantragt, dass die Zuziehung eines Bevollmächtigten zum Vorverfahren notwendig war[9].

Dem Kläger sind folgende Kosten entstanden[10];

1. Vorverfahren (Gegenstandswert[11]: ...... EUR)	
....../ 10 Geschäftsgebühr (§ 41 StBGebVO/§ 118 Abs. 1 Nr. 1, § 119 Abs. 1 BRAGO)	...... EUR
....../ 10 Erhöhung wegen Tätigkeit für mehrere Auftraggeber (§ 41 Abs. 6 StBGebVO/§ 6 BRAGO)	...... EUR
....../ 10 Besprechungsgebühr (§ 42 StBGebVO/§ 118 Nr. 2 BRAGO)	...... EUR
....../ 10 Beweisaufnahmegebühr (§ 43 StBGebVO/§ 118 Nr. 3 BRAGO)	...... EUR
Postgebühren (§ 16 StBGebVO/§ 26 BRAGO)	...... EUR
Schreibauslagen (§ 17 StBGebVO/§ 27 BRAGO)	...... EUR
Reisekosten (§§ 18, 19 StBGebVO/§§ 28, 29 BRAGO)	...... EUR
Zwischensumme	...... EUR
Umsatzsteuer (§ 15 StBGebVO/§ 25 Abs. 2 BRAGO)	...... EUR
davon ....../...... gemäß Kostenentscheidung[12]	...... EUR
2. Klageverfahren[13,15] (Gegenstandswert: ...... DM)	
$^{10}/_{10}$ Prozessgebühr (§ 45 StBGebVO, § 31 Abs. 1, § 114 Nr. 1 BRAGO)	...... EUR
....../ 10 Erhöhung wegen Tätigkeit für mehrere Auftraggeber (§ 45 StBGebVO/§ 6 BRAGO)	...... EUR
$^{10}/_{10}$ Verhandlungsgebühr (§ 45 StBGebVO, § 31 Abs. 1, § 114 Nr. 2 BRAGO)	...... EUR
$^{10}/_{10}$ Beweisgebühr (§ 45 StBGebVO, § 31 Nr. 3 BRAGO)	...... EUR
$^{10}/_{10}$ Erörterungsgebühr (§ 45 StBGebVO, § 31 Abs. 1, § 114 Nr. 4 BRAGO)	...... EUR
$^{10}/_{10}$ Erledigungsgebühr (§ 45 StBGebVO/§ 24 BRAGO)	...... EUR
Postgebühren (§ 45 StBGebVO, § 26 BRAGO)	...... EUR
Schreibauslagen (§ 45 StBGebVO/§ 27 BRAGO)	...... EUR
Reisekosten (§ 45 StBGebVO, § 28 BRAGO)	...... EUR
Zwischensumme	...... EUR
Umsatzsteuer (§ 45 StBGebVO, § 25 Abs. 2 BRAGO)	...... EUR
Auslagen des Klägers	...... EUR
davon ....../...... gemäß Kostenentscheidung	...... EUR
3. Nichtzulassungsbeschwerdeverfahren[14] (Gegenstandswert: ...... EUR)	
$^{6,5}/_{10}$ Prozessgebühr (§ 45 StBGebVO, § 114 Abs. 3/§ 31 Abs. 1 Nr. 1, § 11 Abs. 1 S. 4 BRAGO)	...... EUR
Schreibauslagen (§ 45 StBGebVO/§ 27 BRAGO)	...... EUR
Postgebühren (§ 45 StBGebVO/§ 26 BRAGO)	...... EUR
Zwischensumme	...... EUR
Umsatzsteuer (§ 45 StBGebVO/§ 25 Abs. 2 BRAGO)	...... EUR
Auslagen des Klägers	...... EUR
4. Revisionsverfahren[15] (Gegenstandswert: ...... EUR)	
$^{13}/_{10}$ Prozessgebühr (§ 45 StBGebVO, § 31 Abs. 1 Nr. 1, § 11 Abs. 1 S. 2, S. 4 BRAGO)	...... EUR
$^{13}/_{10}$ Verhandlungsgebühr (§ 45 StBGebVO, § 31 Nr. 2, § 11 Abs. 1 S. 2 BRAGO)	...... EUR
Schreibauslagen (§ 45 StBGebVO/§ 27 BRAGO)	...... EUR
Postgebühren (§ 45 StBGebVO, § 26 BRAGO)	...... EUR
Reisekosten (§ 45 StBGebVO, § 28 BRAGO)	...... EUR
Zwischensumme	...... EUR

Umsatzsteuer (§ 45 StBGebVO, § 25 Abs. 2 BRAGO) ...... EUR
Auslagen des Klägers ...... EUR
davon ....../...... gemäß Kostenentscheidung ...... EUR
Der festzusetzende Betrag soll auf Kontonummer ...... bei ...... überwiesen werden.

Unterschrift

Schrifttum: Eberl, Die Prozesskostenhilfe in finanzgerichtlichen Verfahren, Der Steuerberater 1984, 36.

Anmerkungen

1. Der Antrag auf Kostenfestsetzung ist an den Urkundsbeamten des Gerichts des ersten Rechtszugs zu richten (§ 149 Abs. 1 FGO), also in der Regel an den Urkundsbeamten des FG. Der Urkundsbeamte des BFH ist in folgenden Fällen zuständig:
a) bei Anträgen auf Aussetzung der Vollziehung, die gemäß § 69 Abs. 3 S. 1 FGO beim BFH gestellt werden (*Gräber* § 149 Anm. 7; a.A. der Urkundsbeamte des BFH BStBl III 1967, 422) und
b) bei Anträgen auf Erlass einer einstweiligen Anordnung gemäß § 114 FGO, sofern diese beim BFH gestellt werden.

Der Urkundsbeamte ist bei seiner Entscheidung unabhängig. Er kann gemäß § 51 FGO abgelehnt werden oder ausgeschlossen sein.

Die Entscheidung des Urkundsbeamten ist nach der FGO grundsätzlich nur mit Erinnerung an das Gericht anfechtbar (§ 145 FGO). Die Beschwerde ist während der Geltungsdauer des BFHEntlG ausgeschlossen; vgl. dazu Anm. 4.

2. Der Kläger (oder ein anderer Beteiligter) kann den Antrag auch selbst ohne Einschaltung seines Prozessbevollmächtigten stellen. Das gilt auch, wenn der Antrag an den Urkundsbeamten des BFH gerichtet ist, da § 62a FGO nur für das gerichtliche Verfahren gilt.

3. Die Prozessvollmacht erstreckt sich auch auf das Kostenfestsetzungsverfahren (*Thomas/Putzo* ZPO § 81 Rdn. 1).

4. Zu erstattende Aufwendungen werden nur festgesetzt, wenn ein (vorläufig) vollstreckbarer Titel vorliegt (z.B. Kostenentscheidung in einem Urteil, Kostenbeschluss nach § 138 FGO). Der Kostenfestsetzungsbeschluss legt die Höhe der zu erstattenden Aufwendungen fest. Er kann binnen einer Frist von zwei Wochen mit der Erinnerung angefochten werden (§ 149 Abs. 2 FGO). Über die Erinnerung entscheidet das Gericht (§ 149 Abs. 4 FGO). Gemäß § 128 Abs. 4 S. 1 FGO ist die Beschwerde nicht mehr gegeben.

5. Umstritten ist, ob die Abtretung des Erstattungsanspruchs an den Prozessbevollmächtigten diesen berechtigt, den Antrag im eigenen Namen zu stellen. Dies ist m.E. zu bejahen (so auch *Kühn/Kutter/Hofmann* § 149 FGO Anm. 2; *Ziemer/Birkholz* § 139 Rdnr. 39; a.A. BFH BStBl II 1971, 242; *Gräber* § 149 Anm. 5).

6. Zu erstatten sind nur die zur zweckentsprechenden Rechtsverfolgung oder Rechtsverteidigung notwendigen Aufwendungen eines Beteiligten einschließlich der Kosten des Vorverfahrens (§ 139 Abs. 1 FGO). Die Aufwendungen der Finanzbehörden sind nicht zu erstatten (§ 139 Abs. 2 FGO). Wird ein Beteiligter durch einen Prozessbevollmächtigten im gerichtlichen Verfahren vertreten, sind die Kostenansprüche des Prozessbevollmächtigten gegen seinen Mandanten bereits entstanden. In Höhe der gesetzlich vorgesehenen Gebühren und Auslagen eines Bevollmächtigten sind diese Kosten stets erstattungsfähig (§ 139 Abs. 3 S. 1 FGO), auch wenn der Beteiligte sie noch nicht an seinen Prozessbevollmächtigten entrichtet hat. Zum Umfang der erstattungsfähigen Aufwendungen vgl. Anm. 10.

Der Prozessbevollmächtigte kann die ihm gegen seinen Mandanten zustehende gesetzliche Vergütung durch den Urkundsbeamten der Geschäftsstelle des Gerichts des ersten Rechtszugs festsetzen lassen (§ 19 BRAGO, ggf. i.V.m. § 45 StBGebVO). Diese Kostenfestsetzung betrifft aber nicht den Erstattungsanspruch des Beteiligten gegen den Prozessgegner, sondern nur das Rechtsverhältnis zwischen dem Prozessbevollmächtigten und seinem Auftraggeber.

7. § 155 FGO, § 104 Abs. 1 S. 2 ZPO.

8. Die Kosten des außergerichtlichen Vorverfahrens sind nur dann erstattungsfähig, wenn das Gericht ausspricht, dass die Zuziehung eines Bevollmächtigten zum Vorverfahren notwendig war. Die Entscheidung ist nach § 139 Abs. 3 S. 3 FGO zu treffen. Sie ist kein Teil der Kostenentscheidung, und zwar auch dann nicht, wenn sie zusammen mit dem Urteil ergeht; die Entscheidung über die Erstattungsfähigkeit der Kosten des Vorverfahrens ist vielmehr Teil des Kostenfestsetzungsverfahrens (BFH BStBl II 1968, 56).

9. Angesichts der Schwierigkeiten des Steuerrechts wird die Zuziehung eines Bevollmächtigten zum Vorverfahren regelmäßig für notwendig erklärt. Wird ein Angehöriger eines steuerberatenden Berufs in eigener Sache im Vorverfahren tätig, ergibt sich keine Erstattungspflicht (BFH BStBl II 1973, 535); vgl. im übrigen Anm. 10.

10. Stets erstattungsfähig sind die zur zweckentsprechenden Rechtsverfolgung oder Rechtsverteidigung notwendigen Aufwendungen eines Beteiligten in Höhe der gesetzlich vorgesehenen Gebühren und Auslagen eines Bevollmächtigten oder Beistandes (§ 139 Abs. 1, Abs. 3 S. 1 FGO). Die Höhe der erstattungsfähigen Gebühren und Auslagen für einen Bevollmächtigten bestimmt sich nach der BRAGO (§ 139 Abs. 3 S. 1 und 2 FGO, § 45 StBGebVO, §§ 114, 11, 31 ff., § 119 BRAGO). Anders als bei der Wahrnehmung einer eigenen Sache im Vorverfahren sind auch die Gebühren und Auslagen zu erstatten, die ein zur Rechtsberatung in Steuersachen Befugter (z. B. Steuerberater, Wirtschaftsprüfer, Rechtsanwalt) als Gebühren und Auslagen eines bevollmächtigten Rechtsanwalts erstattet verlangen könnte. Dies ergibt sich aus der entsprechenden Anwendung des § 91 Abs. 2 S. 4 ZPO i.V.m. § 155 FGO (BFH BStBl II 1972, 94). Wegen der Höhe der Gebühren vgl. Anm. 13, 14.

11. Für das außergerichtliche Vorverfahren bestimmt sich der Gegenstandswert danach, in welchem Umfang der außergerichtliche Rechtsbehelf erfolglos geblieben ist und inwieweit das Begehren aus dem außergerichtlichen Vorverfahren im Klageverfahren weiterverfolgt worden ist. Diese Einschränkung ergibt sich aus § 139 Abs. 3 S. 3 FGO (*Gräber* § 139 Anm. 13).

12. Maßgeblich für den Umfang der zu erstattenden Kosten ist die Kostenentscheidung der Letzten gerichtlichen Entscheidung. Wird die Revision auf Nichtzulassungsbeschwerde zugelassen, sind Kosten des Zulassungsverfahrens nach dem Ergebnis des Revisionsverfahrens (ggf. der Kostenquote) zu erstatten (BFH BStBl. II 1991, 367).

13. Im Verfahren vor dem FG erhält der Prozessbevollmächtigte die volle Gebühr nach § 11 Abs. 1 S. 1, 2 BRAGO, im Verfahren vor dem BFH die um $^{3}/_{10}$ erhöhte Gebühr (§ 11 Abs. 1 S. 4, § 114 Abs. 2 BRAGO). Das gilt nunmehr auch für das Verfahren der Nichtzulassungsbeschwerde (vgl. § 61 a BRAGO). Der für die Gebührenberechnung maßgebende Gegenstandswert bestimmt sich nach den für die Gerichtsgebühren geltenden Vorschriften (§ 8 BRAGO). Wird der für die Gerichtsgebühren maßgebende Wert gerichtlich festgesetzt, so ist die Festsetzung auch für die Gebühren des Prozessbevollmächtigten maßgebend (§ 9 BRAGO, § 45 StBGebVO). Eine gerichtliche Wertfestsetzung liegt noch nicht vor, wenn der Streitwert lediglich vom Kostenbeamten innerhalb des Kostenansatzverfahrens angesetzt wird. Zu einer die Gebührenberechnung des Prozessbevollmächtigten verbindlichen Wertfestsetzung kann es, solange die in § 5 Abs. 2 S. 3 GKG vorgesehene Beschwerde im Kostenansatzverfahren nach Art. 1 Nr. 4 BFHEntlG nicht statthaft ist (BFH BStBl II 1976, 209; vgl. Anm. 4), nur kommen, wenn der Streitwert gemäß § 25 Abs. 1 S. 1 GKG durch das Gericht festgestellt wird.

14. Der Wert des Streitgegenstandes bestimmt sich nach denselben Grundsätzen wie im Revisionsverfahren (BFH BStBl. II 1978, 314); s. im Übrigen Anm. 12.

15. Im Revisionsverfahren vor dem BFH erhöhen sich die erstattungsfähigen Gebühren der Prozessbevollmächtigten um $^{3}/_{10}$ (§ 11 Abs. 1 S. 4, § 114 Abs. 2 BRAGO). Wegen der Ermittlung des maßgeblichen Gegenstandswerts vgl. Anm. 13.

Kosten und Gebühren

Für das Verfahren über die Kostenfestsetzung und eine etwaige Erinnerung werden Gerichtskosten nicht erhoben (*Tipke/Kruse* § 149 FGO Rdnr. 8). Die außergerichtlichen Kosten des obsiegenden Erinnerungsführers sind erstattungsfähig (§ 61 Abs. 1 Nr. 2 BRAGO).

Fristen und Rechtsmittel

Vgl. oben Anm. 4. Eine Beschwerde ist nicht gegeben (§ 128 Abs. 4 S.1 FGO).

33. Antrag auf Prozesskostenhilfe

An das **...... (Ort), ... (Datum)**
Finanzgericht/den Bundesfinanzhof[1] ......

Antrag auf Bewilligung von Prozesskostenhilfe in der Sache ...... (Name und Anschrift des Antragstellers)

Antragsteller,

Prozessbevollmächtigter:[2] ......

gegen Finanzamt ......
in ......

wegen ...... (Steuerart und Streitjahr).

Namens und in Vollmacht[3] des Antragstellers beantrage ich

1. dem Antragsteller für das Verfahren vor dem Finanzgericht/Bundesfinanzhof Prozesskostenhilfe zu bewilligen[4],

2. dem Antragsteller den Unterzeichnenden als Prozessbevollmächtigten beizuordnen[5].

Wegen der persönlichen Einkommens- und Vermögensverhältnisse ist der amtlich vorgeschriebene Vordruck beigefügt[6].

Wegen der Darlegung der hinreichenden Erfolgsaussicht ist ein Entwurf der Rechtsmittelschrift beigefügt[7]. Das Verfahren soll nur durchgeführt werden, wenn die Prozesskostenhilfe bewilligt wird.

Unterschrift
Rechtsanwalt/Steuerberater[8]

Anmerkungen

1. Die Vorschriften der ZPO über die Prozesskostenhilfe gelten in den Verfahren nach der FGO sinngemäß (§ 142 Abs. 1 FGO). Der Antrag ist demgemäß für jedes selbstständige Verfahren und jede Instanz getrennt zu stellen (§§ 119, 127 ZPO), also für Anträge und Klagen beim FG, an den BFH für Beschwerden, Revisionen und bei Anträgen auf Aussetzung der Vollziehung, die an den BFH gerichtet werden.

2. Prozesskostenhilfe können erhalten natürliche Personen, Parteien kraft Amtes – insbesondere Insolvenzverwalter (§§ 56, 80 InsO), Zwangsverwalter (§ 152 ZVG), Nachlassverwalter (§ 1985 BGB), Testamentsvollstrecker (§§ 2212 f. BGB) –, inländische juristische Personen und parteifähige Personenvereinigungen, sofern sie nach § 57 FGO in der Lage sind, Beteiligter eines finanzgerichtlichen Verfahrens zu sein (z. B. OHG, KG).

3. Den Antrag kann der Antragsteller auch selbst stellen. Auch vor dem BFH besteht insoweit kein Vertretungszwang (*Gräber/Koch* FGO, § 62 a Rdn. 15). Bedient sich der Antragsteller eines Bevollmächtigten, muss dieser eine schriftliche Vollmacht für dieses Verfahren vorlegen (§ 62 Abs. 1, Abs. 3 S. 1 FGO).

4. Das Prozesskostenhilfeverfahren soll dem Beteiligten die Durchführung des Rechtsschutzverfahrens ermöglichen oder erleichtern. Ist das Rechtsschutzverfahren noch nicht in Gang gesetzt worden, hat die Bewilligung der Prozesskostenhilfe die sich aus § 122 ZPO ergebenden Wirkungen. Insbesondere können Gerichtskosten und die auf die Staatskasse übergegangenen Ansprüche des beigeordneten Prozessbevollmächtigten gegen den Beteiligten nur nach Maßgabe des Gesetzes geltend gemacht werden. Wird Prozesskostenhilfe dagegen erst nach Ingangsetzung des Rechtsschutzverfahrens beantragt, hat die Bewilligung der Prozesskostenhilfe keinen Einfluss mehr auf die bis zur Antragstellung bereits entstandenen Gerichts- und Bevollmächtigtenkosten. Da Rechtsbehelfs- und Rechtsmittelfristen (z. B. Klage-, Revisions- oder Beschwerdefristen) laufen und diese durch den Antrag auf Prozesskostenhilfe weder gehemmt noch unterbrochen werden, kann dem Antragsteller wegen Versäumung dieser gesetzlichen Fristen infolge der Dauer des Prozesskostenhilfeverfahrens grundsätzlich Wiedereinsetzung in den vorigen Stand gewährt werden (§ 56 FGO). Voraussetzung ist allerdings, dass der Antrag auf Prozesskostenhilfe innerhalb der Klage-, Revisions- oder Beschwerdefrist schriftlich oder zur Niederschrift der Geschäftsstelle (§ 117 Abs. 1 ZPO) und unter Darstellung der persönlichen und wirtschaftlichen Verhältnisse des Antragstellers auf dem amtlichen Vordruck (§ 117 Abs. 2 bis 4 ZPO) gestellt ist und dass zugleich die hinreichende Aussicht auf Erfolg für das Hauptverfahren (§ 114 S. 1 ZPO) – durch Beifügung des Entwurfs einer Klage- bzw. Rechtsmittelschrift oder in anderer Weise – dargelegt wird. Nur wenn die formellen und sachlichen Voraussetzungen für die Gewährung der Prozesskostenhilfe vor dem Ende der Klage- bzw. Rechtsmittelfrist dem Prozessgericht gegenüber dargetan sind, ist die Versäumung dieser Frist durch die Verzögerung der Entscheidung über die Prozesskostenhilfe durch den Antragsteller nicht verschuldet und ihm daher Wiedereinsetzung in den vorigen Stand zu gewähren (vgl. BFH BStBl II 1982, 737).

5. Beigeordnet werden kann ein Rechtsanwalt (§ 121 ZPO) oder Steuerberater (§ 142 Abs. 2 FGO). Lohnsteuerhilfevereine oder Steuerberatungsgesellschaften können nicht beigeordnet werden. In Verfahren vor dem BFH besteht gemäß § 62 a FGO Vertretungszwang. Es ist deshalb stets gemäß § 121 Abs. 1 ZPO ein Rechtsanwalt oder Steuerberater beizuordnen. In Verfahren vor dem FG werden die Voraussetzungen für eine Beiordnung nach § 121 Abs. 2 bis 4 ZPO ebenfalls regelmäßig erfüllt sein.

6. § 117 Abs. 2, Abs. 4 ZPO. Der Vordruck für die Erklärung des Beteiligten über seine persönlichen und wirtschaftlichen Verhältnisse ist durch die Verordnung vom

24. 11. 1980 (BGBl I, 2163) eingeführt worden und muss deshalb verwendet werden. Wegen der dazu erforderlichen Erklärungen über die Einkommens- und Vermögensverhältnisse s. *Eberl,* Der Steuerberater 1984, 36 ff. sowie die Erläuterungswerke zu § 142 FGO und §§ 115, 117 ZPO.

7. Die Gewährung von Prozesskostenhilfe ist davon abhängig, dass die beabsichtigte Rechtsverfolgung oder Rechtsverteidigung hinreichende Aussicht auf Erfolg bietet und nicht mutwillig erscheint (§ 114 S. 1 ZPO). Zur Darlegung der hinreichenden Erfolgsaussicht dient die Beifügung des Entwurfs einer Klage- bzw. Rechtsmittelschrift. Die Durchführung von Klagen bzw. Rechtsmitteln mit hinreichender Erfolgsaussicht ist im finanzgerichtlichen Verfahren im Allgemeinen nicht mutwillig; anders nur, wenn die Finanzbehörde bereits die Erteilung eines Abhilfe- oder Erlassbescheides zugesagt hat. Die Erklärung, dass das Verfahren nur durchgeführt werden soll, wenn die Prozesskostenhilfe bewilligt wird, dient der Klarstellung, dass die Einreichung der Klage- bzw. Rechtsmittelschrift nicht bereits die Erhebung der Klage bzw. des Rechtsmittels darstellt.

8. Über den Antrag auf Prozesskostenhilfe entscheidet das Prozessgericht durch Beschluss, der zu begründen ist, wenn der Antrag abgelehnt wird und deshalb mit der Beschwerde anfechtbar ist (§ 127 Abs. 2 ZPO, § 113 Abs. 2 FGO). Die Entscheidung über den Antrag auf Prozesskostenhilfe ist keine Entscheidung über Streitigkeiten betreffend Kosten, Gebühren und Auslagen i. S. von § 128 Abs. 3 FGO. Die Beschwerde an den BFH ist aber nur statthaft, wenn das zugehörige Hauptverfahren an den BFH gelangen könnte (BFH BStBl II 1982, 600).

Kosten und Gebühren

Für das Verfahren wegen Gewährung von Prozesskostenhilfe entstehen keine Gerichtsgebühren und Kostenerstattung findet nicht statt. Auslagen des Gerichts sind den Gerichtskosten des Hauptsacheverfahrens hinzuzurechnen und teilen das Schicksal der Kosten in der Hauptsache. Die Gebühren des Bevollmächtigten im Verfahren über die Prozesskostenhilfe ergeben sich aus § 51 BRAGO, § 45 StBGebVO.

Fristen und Rechtsmittel

Vgl. oben Anm. 8 und 4.

34. Antrag auf Festsetzung der Vergütung des beigeordneten Rechtsanwalts/Steuerberaters für das Klageverfahren

An den
Urkundsbeamten der Geschäftsstelle
des Finanzgerichts/Bundesfinanzhofs[1]
Aktenzeichen: ......

...... (Ort), ... (Datum)

In dem Rechtsstreit

...... (Name und Anschrift des Klägers)

Klägers,

Prozessbevollmächtigter: ......

gegen

Finanzamt ......
in ......

Beklagten,

wegen ...... (Steuerart und Jahr).

Ich beantrage die Festsetzung meiner Vergütung[2] als im Verfahren der Prozesskostenhilfe beigeordneter Rechtsanwalt/Steuerberater[3]. Soweit die Zahlungen des von mir vertretenen Beteiligten die Ansprüche der Staatskasse übersteigen, beantrage ich die Festsetzung einer weiteren Vergütung nach § 124 BRAGO.

I. Vergütung aus der Staatskasse (§ 121 BRAGO) unter Berücksichtigung der Gebührenbeschränkung nach § 123 BRAGO.

Streitwert des Klageverfahrens: ...... EUR	
10/10 Prozessgebühr (§ 31 Abs. 1 Nr. 1 BRAGO)	...... EUR
....../10 Erhöhung wegen Tätigkeit für mehrere Auftraggeber (§ 6 BRAGO)	...... EUR
10/10 Verhandlungsgebühr (§ 31 Abs. 1 Nr. 2 BRAGO)	...... EUR
10/10 Beweisgebühr (§ 31 Abs. 1 Nr. 3 BRAGO)	...... EUR
10/10 Erörterungsgebühr (§ 31 Abs. 1 Nr. 4 BRAGO)	...... EUR
10/10 Erledigungsgebühr (§ 24 BRAGO)	...... EUR
Schreibauslagen (§ 27 BRAGO)	...... EUR
Postgebühren (§ 26 BRAGO)	...... EUR
Reisekosten (§§ 28, 126 BRAGO)	...... EUR
Zwischensumme	...... EUR
Umsatzsteuer (§ 25 Abs. 2 BRAGO)	...... EUR
festzusetzende Vergütung	...... EUR

II. Weitere Vergütung ohne Beschränkung nach § 123 BRAGO[4])

Streitwert des Klageverfahrens: ...... EUR	
10/10 Prozessgebühr (§ 31 Abs. 1 Nr. 1 BRAGO)	...... EUR
....../10 Erhöhung wegen Tätigkeit für mehrere Auftraggeber (§ 6 BRAGO)	...... EUR
10/10 Verhandlungsgebühr (§ 31 Abs. 1 Nr. 2 BRAGO)	...... EUR
10/10 Beweisgebühr (§ 31 Abs. 1 Nr. 3 BRAGO)	...... EUR
10/10 Erörterungsgebühr (§ 31 Abs. 1 Nr. 4 BRAGO)	...... EUR
10/10 Erledigungsgebühr (§ 24 BRAGO)	...... EUR
Schreibauslagen (§27 BRAGO)	...... EUR
Postgebühren (§ 26 BRAGO)	...... EUR
Reisekosten (§ 28 BRAGO)	...... EUR
Zwischensumme	...... EUR
Umsatzsteuer (§ 25 Abs. 2 BRAGO)	...... EUR
Vergütung	...... DM
davon ab Vergütung aus der Staatskasse	...... DM
weitere Vergütung (höchstens)	...... DM

Der festzusetzende Betrag soll auf Konto ...... bei ...... überwiesen werden.

Unterschrift

Anmerkungen

1. Der Antrag auf Festsetzung der Vergütung ist an den Urkundsbeamten der Geschäftsstelle des Gerichts der jeweiligen Instanz (FG bzw. BFH) zu richten. Die Vergütung wird nicht von Amts wegen festgesetzt. Eine Verzinsung der Vergütung entsprechend § 104 Abs. 1 S. 2 ZPO findet nicht statt.

Gegen die Festsetzungen des Urkundsbeamten ist gemäß § 128 Abs. 3 BRAGO die Erinnerung gegeben. Über die Erinnerung entscheidet das jeweilige Prozessgericht, soweit der Urkundsbeamte nicht abgeholfen hat. Gegen die Entscheidung des Gerichts findet die Beschwerde an den BFH nicht statt (§ 128 Abs. 4 S. 2 i.V.m. § 10 Abs. 3 S. 2 BRAGO).

2. § 128 Abs. 1 BRAGO, § 46 StBGebVO. Der beigeordnete Rechtsanwalt/Steuerberater kann keine Vergütungsansprüche gegen den von ihm vertretenen Beteiligten geltend machen. Er erhält seine Vergütung aus der Staatskasse bzw. unmittelbar von dem in die Kosten verurteilten Gegner (§ 122 Abs. 1 Nr. 3, § 126 ZPO). Macht er den Anspruch auf seine Vergütung an die Staatskasse geltend, ergibt sich von einem Gegenstandswert von mehr als 3500 EUR bis 30.000 EUR ein niedrigerer Gebührensatz als § 11 Abs. 1 S. 1 BRAGO; bei Gegenstandswerten von mehr als 30.000 EUR ist eine Festgebühr von 391 EUR anzusetzen (§ 123 BRAGO). Lässt der beigeordnete Bevollmächtigte die ihm zustehenden Gebühren nach § 126 Abs. 1 ZPO im eigenen Namen zwecks Beitreibung vom Prozessgegner festsetzen (s. dazu Form. VII. 35), ergibt sich die Gebührenbeschränkung aus § 123 BRAGO nicht. Eine Erhöhung der Gebührensätze nach § 123 BRAGO kann auch eintreten, wenn der vertretene Beteiligte die durch das Gericht festgesetzten Zahlungen geleistet hat und deren Summe die Gerichtskosten und die für den Steuerberater bereits geleisteten niedrigeren Zahlungen aus der Staatskasse übersteigt (§ 124 BRAGO).

3. § 121 ZPO, § 142 Abs. 2 FGO.

4. Vgl. Anm. 2.

Fristen und Rechtsmittel

Vgl. oben Anm. 1.

35. Antrag auf Festsetzung der Vergütung des beigeordneten Rechtsanwalts/Steuerberaters für das Klageverfahren gegenüber dem unterlegenen Gegner

...... (Ort), ... (Datum)

An den
Urkundsbeamten des Finanzgerichts[1]
Aktenzeichen: ......

In dem Rechtsstreit
...... (Name und Anschrift des Klägers)

Klägers

Prozessbevollmächtigter: ......

gegen

Finanzamt ......
in ......

Beklagten

wegen ...... (Steuerart und Jahr).

Ich beantrage im eigenen Namen[2] die Festsetzung der mir als Vergütung zustehenden[3] gesetzlichen Gebühren[4].

$^{10}/_{10}$ Prozessgebühr (§ 31 Abs. 1 Nr. 1 BRAGO) ...... EUR
....../$_{10}$ Erhöhung wegen Tätigkeit für mehrere Auftraggeber (§ 41 Abs. 6 StBGebVO/§ 6 BRAGO) ...... EUR

10/10 Verhandlungsgebühr (§ 31 Abs. 1 Nr. 2 BRAGO)	**...... EUR**
10/10 Beweisgebühr (§ 31 Abs. 1 Nr. 3 BRAGO)	**...... EUR**
10/10 Erörterungsgebühr (§ 31 Abs. 1 Nr. 4 BRAGO)	**...... EUR**
10/10 Erledigungsgebühr (§ 45 StGebVO/§ 24 BRAGO)	**...... EUR**
Schreibauslagen (§ 27 BRAGO)	**...... EUR**
Postgebühren (§ 26 BRAGO)	**...... EUR**
Reisekosten (§§ 28, 126 BRAGO)	**...... EUR**
Zwischensumme	**...... EUR**
Umsatzsteuer (§ 25 Abs. 2 BRAGO)	**...... EUR**
Festzusetzende Vergütung	**...... EUR**

Anmerkungen

1. Wegen der Zuständigkeit s. Form. VII. 32 Anm. 1.

2. Das Beitreibungsrecht gegenüber dem unterlegenen Gegner (in der Regel = Finanzamt) ist ein dem beigeordneten Prozessbevollmächtigten zustehendes Recht.

3. Wegen des Umfangs der erstattungsfähigen Gebühren und Auslagen s. Form. VII. 34 Anm. 4, 6, 8, 10.

4. Nach Beendigung des Rechtsstreits entfällt das sich aus § 122 Abs. 1 Nr. 3 ZPO ergebende Verbot der Geltendmachung, so dass auch die sog. Differenzkosten festzusetzen sind (vgl. *Baumbach/Hartmann,* § 126 ZPO, Rdn. 8 f.).

Fristen und Rechtsmittel

Wird der Antrag abgelehnt oder wird ihm nur teilweise entsprochen, steht dem Prozessbevollmächtigten die im eigenen Namen zu erhebende Erinnerung zu; Frist: zwei Wochen (§ 149 FGO; s. auch Form. VII. 32 Anm. 4). Über die Erinnerung entscheidet das Gericht.

VIII. Der Sozialgerichtsprozess

Vorverfahren (§§ 77ff. SGG)

1. Widerspruch[1] (gegen Feststellung einer Sperrzeit)

An das
Arbeitsamt[2]

Widerspruch[3]

des technischen Zeichners ......,
Verfahrensbevollmächtigter: RA ......
gegen den Bescheid des Arbeitsamtes ...... vom ...... – Az.: ...... – wegen Verhängung einer Sperrzeit.
Gegen den oben genannten Bescheid – zugestellt am ......[4] – erhebe ich namens und in Vollmacht des Widerspruchsführers Widerspruch und beantrage[5],

1. den Bescheid vom ...... aufzuheben,
2. dem Widerspruchsführer auch für die Zeit vom ...... bis ...... Arbeitslosengeld zu zahlen.

Begründung[6]:

Das Arbeitsamt A. ...... hat gegenüber dem Widerspruchsführer eine Sperrzeit[7] von zwölf Wochen mit der Begründung festgestellt, dieser habe sein Arbeitsverhältnis ohne wichtigen Grund gelöst. Es trifft zu, dass der Widerspruchsführer freiwillig und ohne Aussicht auf ein Anschlussarbeitsverhältnis gekündigt hat. Er hatte dafür aber einen wichtigen Grund iSd. § 144 Abs. 1 SGB III. Nachdem seine Lebenspartnerin ......, mit der er seit mehreren Jahren zusammen lebt, in A. ein Beschäftigungsverhältnis begründet hatte, bezogen beide in A. eine neue gemeinsame Wohnung. Wegen der erheblichen Entfernung der bisherigen Wohnung zum neuen Arbeitsplatz der Lebenspartnerin hätte der Wiederspruchsführer seine Lebenspartnerin nur am Wochenende aufsuchen können. Außerdem können der Widerspruchsführer und seine Lebenspartnerin aus finanziellen Gründen nicht zwei Wohnungen unterhalten. Schließlich hat sich der Widerspruchsführer schon vor der Kündigung des Beschäftigungsverhältnisses bei dem Arbeitsamt A. arbeitsuchend gemeldet und sich intensiv um eine andere Arbeit in der Nähe des neuen Wohnorts bemüht.

Rechtsanwalt

Schrifttum: Niesel Teil B: Das Widerspruchsverfahren.

Anmerkungen

1. Vor Erhebung einer Anfechtungs- oder Verpflichtungsklage ist grundsätzlich ein Vorverfahren durchzuführen, in dem Recht- und Zweckmäßigkeit des Verwaltungsakts

(zum Begriff des Verwaltungsakts § 31 SGB X) nachzuprüfen sind (§ 78 Abs. 1 S. 1 SGG). Das Widerspruchsverfahren ist – abgesehen von den praktisch nicht bedeutsamen Ausnahmen des § 78 Abs. 1 S. 2 Nr. 1–3 SGG – *obligatorisch.*

Fehlt das vorgeschriebene Vorverfahren, muss das Gericht das Verfahren analog § 114 Abs. 2 SGG aussetzen und der Behörde Gelegenheit geben, das Vorverfahren nachzuholen. Wird die Möglichkeit, das Vorverfahren nachzuholen, nicht eröffnet, so liegt darin ein Verfahrensmangel (zB. BSG 20, 199; BSG SozR 1500 § 78 Nr. 8; näher dazu *Meyer-Ladewig* SGG § 78 Rdn. 3a). Der nachgeholte Widerspruchsbescheid wird nach § 96 SGG Gegenstand des Verfahrens. Im Revisionsverfahren ist die Nachholung des Vorverfahrens nicht mehr möglich. Nach hM. kann der Widerspruchsbescheid aus prozessökonomischen Gründen durch Beteiligtenvorbringen (Klageerwiderung) ersetzt werden, wenn Klagegegner und Widerspruchsbehörde identisch sind (zB. BSG 87, 105/108; 78, 243/248 mwN.; aA. BSG SozR 3–5540 Anl. 1 § 10 Nr. 1 – S. 10f. –; weitergehend demgegenüber *Meyer-Ladewig* SGG § 78 Rdn. 3c und 3d). In der Sozialversicherung, dem praktisch bedeutsamsten Bereich, besteht keine solche Identität (§ 85 Abs. 2 Nr. 2 SGG; BSG SozR 1500 § 78 Nr. 15 m. Anm. v. *Noftz*).

Nach § 86a Abs. 1 SGG haben *Widerspruch* und *Klage* grundsätzlich *aufschiebende Wirkung* (zur Systematik des einstweiligen Rechtsschutzes Form. VIII. 27. Anm. 1 und 2). Dieser Grundsatz wird durch die in § 86a Abs. 2 Nr. 1–5 und Abs. 4 SGG normierten Ausnahmen weitgehend durchbrochen, und zwar:

- Bei der Entscheidung über Versicherungs-, Beitrags- und Umlagepflichten und der Anforderung von Beiträgen, Umlagen oder sonstigen öffentlichen Abgaben, um die Funktionsfähigkeit der Leistungsträger zu sichern (Nr. 1).
- Bei Verwaltungsakten, die eine laufende Leistung entziehen oder herabsetzen (Nr. 2 und 3) ist zu unterscheiden: In Angelegenheiten der Sozialversicherung behält der *Widerspruch* seine aufschiebende Wirkung, nicht aber in Angelegenheiten des sozialen Entschädigungsrechts und der Bundesanstalt für Arbeit. Für die *Anfechtungsklage* entfällt die aufschiebende Wirkung schlechthin.
- In anderen durch Bundesges. vorgeschriebenen Fällen (Nr. 4), so insbesondere im Bereich der Arbeitsförderung (§ 336a SGB III).
- Wenn die Stelle, die den Verwaltungsakt erlassen oder über den Widerspruch zu entscheiden hat, im Einzelfall die sofortige Wirkung im öffentlichen Interesse oder im überwiegenden Interesse eines Beteiligten anordnet (Nr. 5).
- Bei Änderung, Aufhebung oder Ablehnung der Verlängerung einer Erlaubnis nach Art. 1 § 1 AÜG (Abs. 4).

§ 86a Abs. 3 SGG regelt die *Wiederherstellung der aufschiebenden Wirkung. Praktisch wichtig:* Wenn es um Versicherungs-, Beitrags- und Umlagepflichten geht (§ 86a Abs. 2 Nr. 1 SGG), *soll* die Vollziehung ausgesetzt werden, wenn ernstliche Zweifel an der Rechtmäßigkeit des angegriffenen Verwaltungsakts bestehen *oder* wenn die Vollziehung für den Betroffenen eine unbillige, nicht durch überwiegende öffentliche Interessen gebotene Härte zur Folge hätte.

Wird der Widerspruch für begründet erachtet, so ist ihm *abzuhelfen* (§ 85 Abs. 1 SGG).

2. Der Widerspruch ist bei der Stelle einzureichen, die den Verwaltungsakt erlassen hat (§ 84 Abs. 1 SGG). Zur Fristwahrung (s. Anm. 4) genügt jedoch auch der Eingang des Widerspruchs bei anderen Behörden (vgl. im Einzelnen § 84 Abs. 2 SGG).

3. *Schriftlich* (Unterschrift nicht unbedingt erforderlich, BSG 19, 191; BVerwGE 30, 274; näher dazu *Meyer-Ladewig* SGG § 84 Rdn. 3 und § 90 Rdn. 5) oder zur Niederschrift der Stelle, die den Widerspruch erlassen hat (§ 84 Abs. 1 SGG), im letzteren Falle muss der Widerspruchsführer persönlich anwesend sein.

4. Die *Widerspruchsfrist* beträgt nach § 84 Abs. 1 SGG einen Monat und bei Bekanntgabe im Ausland drei Monate nach der Bekanntgabe (§ 37 Abs. 1 SGB X) des

Verwaltungsakts. Bei unterbliebener oder unrichtiger Rechtsbehelfsbelehrung beträgt die Widerspruchsfrist ein Jahr (§ 66 Abs. 2 SGG).

Wiedereinsetzung in den vorigen Stand ist möglich (§ 84 Abs. 2 S. 3 SGG iVm. § 67 SGG), ggf. im sozialgerichtlichen Verfahren (vgl. BSG 43, 19). Wird trotz Fristversäumnis sachlich entschieden, wird Fristverletzung geheilt (BSG 49, 85; str.).

5. Der Widerspruch braucht nicht begründet zu werden und auch keinen Antrag zu enthalten. Beides ist allerdings zweckmäßig, um der Behörde die Grundlage für eine Überprüfung und eventuelle Abhilfe zu verschaffen. Wird nicht abgeholfen, ist der Widerspruch der für die Entscheidung zuständigen Stelle vorzulegen (vgl. § 85 Abs. 2 SGG).

6. Vgl. zum Begründungsbeispiel BSG SozR 3–4100 § 119 Nr. 15 und 16.

7. Die Feststellung von *Sperrzeiten* ist in § 144 SGB III geregelt (zu den Sperrzeitbeständen *Vogel* NZS 1997, 254) und insbesondere vorgesehen, wenn der Arbeitslose ohne wichtigen Grund sein Arbeitsverhältnis gelöst oder durch sein vertragswidriges Verhalten Anlass für die Kündigung des Arbeitgebers gegeben und er dadurch vorsätzlich oder grob fahrlässig die Arbeitslosigkeit herbeigeführt oder trotz Belehrung über die Rechtsfolgen eine ihm vom Arbeitsamt angebotene Arbeit nicht angenommen oder nicht angetreten hat, ohne für sein Verhalten einen wichtigen Grund zu haben (Zusammenstellung der wichtigen Gründe durch *Winkler* Informationen zum Arbeitslosenrecht und Sozialhilferecht – info also – 1996, 174). Für die Auslegung des Begriffs „wichtiger Grund" iSd. § 144 Abs. 1 SGB III sind die Grundrechte von Bedeutung (s. dazu BSG SozR 4100 § 119 Nr. 13, 17, 30 und 34; BVerfG SozR 4100 § 119 Nr. 22). Überdies sind – wie im Beispielsfall – die Interessen der Versichertengemeinschaft mit den Interessen des Arbeitslosen abzuwägen (BSG SozR 3–4100 § 119 Nr. 15 und 16; zur Lebenspartnerschaft als Verantwortungs- und Einstehensgemeinschaft BVerfGE 87, 237; s. zur gleichgeschlechtlichen Lebenspartnerschaft das Ges. zur Beendigung ihrer Diskriminierung v. 16. 2. 2001 – BGBl. I S. 266 –). Die *Beweislast* dafür, dass der Arbeitslose wegen unberechtigter Arbeitsablehnung eine Sperrzeit verwirkt hat, trifft das Arbeitsamt grundsätzlich auch hinsichtlich der Frage, ob die Ablehnung ohne wichtigen Grund erfolgt ist (BSG 71, 256 = SozR 3–4100 § 119 Nr. 7).

Kosten und Gebühren

a) Das Widerspruchsverfahren ist *kostenfrei*, dh. die Behörden erheben keine Gebühren. Für das Widerspruchsverfahren, dem kein Klageverfahren folgt, das sog. *isolierte Widerspruchsverfahren,* ist die Kostenerstattung in § 63 SGB X geregelt (für das Widerspruchsverfahren, dem ein Klageverfahren folgt, gelten die gleichen Grundsätze, vgl. Form. VIII. 30. Anm. 7). Soweit der Widerspruch erfolgreich ist, hat der Rechtsträger, dessen Behörde den angefochtenen Verwaltungsakt erlassen hat, dem Widerspruchsführer die zur zweckentsprechenden Rechtsverfolgung oder Rechtsverteidigung notwendigen Aufwendungen zu erstatten (vgl. § 63 Abs. 1 SGB X). Die *Kostenentscheidung* der Behörde bestimmt auch, ob die *Zuziehung eines RA* oder eines sonstigen Bevollmächtigten notwendig war (vgl. § 63 Abs. 3 S. 2 und Abs. 2 SGB X). Die Heranziehung eines RA ist idR. notwendig (vgl. dazu BVerwGE 17, 245 = NJW 1964, 686; einschränkend BVerwG NVwZ 1987, 883; für Schwerbehindertensachen BSG Urt. v. 8. 10. 1987 – 9a RVs 10/87 = SozSich 1988, 190; *Niesel* Rdn. 71; *Meyer-Ladewig* SGG § 193 Rdn. 5b). Die Kostenentscheidung ist ein Verwaltungsakt, der mit der Klage angefochten werden kann (vgl. BSG SozR 1500 § 144 Nr. 27).

Die Behörde, die die Kostenentscheidung getroffen hat, setzt auf Antrag den Betrag der zu erstattenden Aufwendungen fest (§ 63 Abs. 3 S. 1 SGB X).

Sofern *im Widerspruchsbescheid eine Kostenentscheidung fehlt,* kann diese nachträglich beantragt und mit dem *Antrag auf Kostenfestsetzung* verbunden werden (s. das Schriftsatzmuster bei *Niesel* Rdn. 193 und Form. V. A. 5.).

Der Kostenerstattungsanspruch ist bei einem isolierten Vorverfahren nicht zu verzinsen (BSG Urt. v. 24. 7. 1986 – 7 RAr 86/84 –).

b) Dem RA steht auch im Widerspruchsverfahren in Angelegenheiten, für die er im sozialgerichtlichen Verfahren nach § 116 Abs. 1 BRAGO Anspruch auf *Rahmengebühren* hat, nur eine Rahmengebühr zu; sie beträgt etwa zwei Drittel der im gerichtlichen Verfahren vor dem SG nach § 116 Abs. 1 S. 1 Nr. 1 BRAGO anfallenden Rahmengebühr (BSG SozR 1300 § 63 Nr. 2 und 3). Danach beträgt unter Zugrundelegung der ab 1. 1. 2002 geltenden Rahmengebühren der Gebührenrahmen 35 bis 440 EUR und die für Durchschnittsfälle maßgebende *Mittelgebühr* ca. 240 EUR (s. dazu auch den Hinweis zu Form. VIII. 2.). Sind die Gebühren des RA gemäß § 116 Abs. 2 BRAGO nach dem *Gegenstandswert* zu berechnen, richtet sich die Gebühr im Widerspruchsverfahren nach §§ 118, 119 BRAGO (BSG SozR 1300 § 63 Nr. 11).

§ 116 Abs. 4 BRAGO (Erhöhung der Höchstbeträge des § 116 Abs. 1 BRAGO um 50 vH. in den Fällen der §§ 23, 24 BRAGO – Vergleichs- und Erledigungsgebühr –, vgl. dazu den Hinweis bei Form. VIII. 2.) ist auch auf das isolierte Vorverfahren anzuwenden (BSG SozR 3–1930 § 116 Nr. 7; *Kunze* Die Angestelltenversicherung – DAngVers – 1994, 335). Die Rahmengebühren werden nur erhöht, wenn der Bevollmächtigte daran mitgewirkt hat, dass sich die Rechtssache durch beiderseitiges Nachgeben erledigt hat; erforderlich sind besondere Bemühungen, s. BSG SozR 3 – 1930 § 116 Nr. 4, 7 und 9).

c) *Kosten des dem Widerspruchsverfahren vorangegangenen Verwaltungsverfahrens* sind nicht erstattungsfähig (vgl. dazu BSG 55, 92).

Fristen und Rechtsmittel

Vgl. Anm. 4. Gegen den Widerspruchsbescheid: Klage gemäß §§ 87ff. SGG. Die Klagefrist beginnt mit Zustellung des Widerspruchsbescheides (§ 87 Abs. 2 SGG) und beträgt einen Monat bzw. bei Zustellung außerhalb des Geltungsbereichs des SGG drei Monate (§ 87 Abs. 1 S. 2 SGG).

Klage (Klagearten)

2. Isolierte Anfechtungsklage – § 54 Abs. 1 SGG – (Klage gegen Entziehung einer Verletztenrente)[1]

– Grundsätzliche Hinweise (mit Stichwortverzeichnis der Verfahrensgrundsätze) –

An das
Sozialgericht[2]

Klage[3]

des Auszubildenden ......, **Klägers,**
Prozessbevollmächtigter: RA ......[4]

gegen

den Gemeinde-Unfallversicherungsverband ......, **Beklagten,**

vertreten durch den Geschäftsführer,

wegen Rentenentziehung.

Namens und in Vollmacht des Klägers erhebe ich Klage und beantrage[5], den Bescheid des Beklagten vom ...... in der Gestalt des Widerspruchsbescheides vom ......[6] aufzuheben.

Begründung[7]:

Der Beklagte hatte dem Kläger mit Bescheid vom ...... wegen des Unfalls, den dieser am ...... beim Schulsport erlitten hat (§ 2 Abs. 1 Nr. 8 Buchst. b SGB VII), Verletztenrente auf unbestimmte Zeit in Höhe von 25 vH. der Vollrente bewilligt und war davon ausgegangen, dass die Minderung der Erwerbsfähigkeit –MdE– neurologischerseits 15 vH. und chirurgischerseits 15 vH. betrage. Er hat diese Rente durch den angefochtenen Bescheid nach § 48 SGB X mit der Begründung entzogen, die Drehbeweglichkeit des linken Unterarms habe sich weitestgehend normalisiert.

Der Beklagte hat dem Kläger vor der Rentenentziehung zwar Gelegenheit zur Äußerung gegeben und ihm eine Kopie des Gutachtens des Prof. Dr. P. übersandt[8]. Er hat aber das Vorbringen des Klägers nicht hinreichend berücksichtigt. Danach fehlen die materiellrechtlichen Voraussetzungen für eine Rentenentziehung. Denn die Unfallfolgen haben sich, wie der Vergleich des Bewilligungszeitpunkts mit dem Zeitpunkt der Entziehung ergibt, nicht wesentlich gebessert. Auch der Beklagte geht davon aus, dass die Restfolgen des Schädel-Hirntraumas unverändert geblieben sind. Entgegen seiner Auffassung haben sich aber auch die unfallbedingten Gesundheitsstörungen auf chirurgischem Gebiet nicht wesentlich geändert. Denn aus dem Gutachten des Prof. Dr. P. und den darin mitgeteilten Bewegungsmaßen geht hervor, dass sich die unfallbedingte Bewegungseinschränkung des linken Unterarmes nur geringfügig gebessert hat. Außerdem schwillt der linke Arm bei Belastung an der Frakturstelle an. Eine zur Rentenentziehung berechtigende Senkung der unfallbedingten MdE ist demgemäß nicht eingetreten[9].

Rechtsanwalt

Anmerkungen

Vorbemerkung zu den *Grundsätzen und Besonderheiten des sozialgerichtlichen Verfahrens* (Übersicht in Stichworten):

- *Amtsbetrieb,* insbesondere: Zustellungen Aufgabe des Gerichts, § 63 SGG
- *Amtsermittlung,* §§ 103, 106 Abs. 3 SGG; Anm. 7 und Form. VIII. 21 Anm. 1
- *Arzt des Vertrauens,* Gutachten nach § 109 SGG, Form. VIII. 21
- *Aufschiebende Wirkung,* von Widerspruch und Klage, Form. VIII. 1 Anm. 1
- *Bindungswirkung* (Bestandskraft, § 77 SGG) und *Rechtskraft* (§ 141 SGG) durch § 44 SGB X weitgehend durchbrochen; Form. VIII. 7 und VIII. 18
- *Dispositionsmaxime,* vgl. dazu §§ 101, 102 SGG
- *Einstweiliger Rechtsschutz,* §§ 86a und 86b SGG, in Anlehnung an das verwaltungsgerichtliche Verfahren, Form. VIII. 27 und 28
- *Folgebescheid,* s. neuer Bescheid
- *Fristen*
- *Gerichtskostenfreiheit,* s. unter den Kosten und Gebühren
- *Grundurteil,* erledigt den Rechtsstreit bei der Anfechtungs- und Leistungsklage, Form. VIII. 6 Anm. 4
- *Hinweispflicht des Vorsitzenden,* § 106 Abs. 1 SGG; insbesondere: Hinwirken auf sachdienliche Anträge, vgl. Anm. 5
- *Konzentrationsmaxime,* möglichst nur eine mündliche Verhandlung, § 106 Abs. 2 SGG

- *Mahnverfahren* hinsichtlich der Beitragsansprüche von Unternehmen der privaten Pflegeversicherung (§ 182a SGG) als Alternative zur Klage beim SG
- *Mündlichkeit,* § 124 SGG; s. auch Form. VIII. 26
- *Mutwillenskosten,* § 192 SGG, s. unter Kosten und Gebühren
- *Neuer Bescheid,* ändernder oder ersetzender Folgebescheid wird Gegenstand des Verfahrens, § 96 SGG; s. für das Widerspruchsverfahren § 86 Abs. 1 SGG
- *Parteivernehmung,* nicht im sozialgerichtlichen Verfahren, aber *Anordnung* des *persönlichen Erscheinens* zur Aufklärung des Sachverhalts zulässig, § 111 SGG
- *Präklusion,* keine im sozialgerichtlichen Verfahren; Ausnahme: Fristsetzung für Gutachten nach § 109 SGG, Form. VIII. 22 Anm. 1
- *Prozessvollmacht,* muss schriftlich bis zur Verkündung der Entscheidung vorliegen, § 73 Abs. 2 SGG; s. Anm. 4
- *Rahmengebühren,* sind im sozialgerichtlichen Verfahren die Regel, s. unter Kosten und Gebühren
- *Rechtliches Gehör,* § 62 SGG; s. auch Form. VIII. 15 Anm. 5
- *Versäumnisurteil,* nicht im sozialgerichtlichen Verfahren
- *Verschuldenskosten,* s. Mutwillenskosten
- *Vertretungszwang,* nur vor dem BSG, § 166 SGG, Form. VIII. 12 Anm. 5
- *Verzicht auf mündliche Verhandlung möglich,* §§ 124, 126 SGG, Form. VIII. 26
- *Vorverfahrenspflicht,* § 78 SGG, Form. VIII. 1

1. Die *isolierte* (reine) *Anfechtungsklage* hat im sozialgerichtlichen Verfahren eine nicht unerhebliche, jedoch eine geringere Bedeutung als im verwaltungsgerichtlichen Verfahren, da idR. Klageziel nicht nur die Aufhebung eines belastenden Verwaltungsakts, sondern auch die Verurteilung zur Erbringung einer bestimmten Sozialleistung ist. In den Fällen der reinen Anfechtungsklage erreicht der Kläger sein Klageziel – die Aufrechterhaltung der für ihn günstigen Rechtslage – schon durch die Aufhebung des belastenden Bescheides. Folglich ist nur die Aufhebung des belastenden Verwaltungsakts zu beantragen. Der gelegentlich zusätzlich gestellte Antrag, eine entzogene oder herabgesetzte Leistung über den Entziehungs- oder Herabsetzungszeitpunkt hinaus weiter zu erbringen, ist überflüssig und unzulässig.

Gegenstände der reinen Anfechtungsklage:
- Aufhebung eines Verwaltungsaktes mit Dauerwirkung bei wesentlicher Änderung der tatsächlichen oder rechtlichen Verhältnisse (§ 48 SGB X, im Wesentlichen: Entziehung, Umwandlung und Herabsetzung von Renten)
- Rücknahme eines rechtswidrigen begünstigenden Verwaltungsakts (§ 45 SGB X) und Erstattung (Rückforderung) zu Unrecht erbrachter Leistungen (§ 50 SGB X)
- Aufrechnung (§ 51 SGB I)
- Verrechnung (§ 52 SGB I)
- Auszahlung bei Verletzung der Unterhaltspflicht (§ 48 SGB I)
- Versagung von Leistungen wegen fehlender Mitwirkung (§ 66 SGB I)
- Entziehung der vertragsärztlichen Zulassung (§ 95 Abs. 6 SGB V)
- Feststellung des Ruhens des Leistungsanspruchs (s. dazu BSG 61, 62).

Neben der Aufhebung von Verwaltungsakten mit Dauerwirkung bei wesentlicher Änderung der Verhältnisse (§ 48 SGB X, Begründungsbeispiel) ist insbesondere die *Rücknahme rechtswidriger begünstigender Verwaltungsakts* einschließlich der Rückforderung zu Unrecht erbrachter Leistungen (§§ 45, 50 SGB X) Gegenstand der Anfechtungsklage (besonders häufig: Rücknahme von Leistungsbescheiden im Recht der Arbeitsförderung). IdR. steht der *Vertrauensschutz* einer Rücknahme für die Vergangenheit entgegen (§ 45 Abs. 2 S. 1 und 2 SGB X). Er entfällt, wenn die Voraussetzungen des § 45 Abs. 2 S. 3 und Abs. 3 S. 2 SGB X vorliegen (§ 45 Abs. 4 S. 1 SGB X). Zu beachten sind ferner die *Fristen* für die Rücknahme (§ 45 Abs. 3 und 4 S. 2 SGB X). S. dazu im Einzelnen *von Wulffen,* Kommentierung des § 45 SGB X.

Die Anfechtungsklage ist zulässig, wenn der Kläger behauptet, durch einen Verwaltungsakt beschwert zu sein, weil dieser objektiv rechtswidrig sei und subjektiv in seine rechtlich geschützten Interessen eingreife (vgl. § 54 Abs. 1 und 2 SGG).

Maßgebend ist bei der Anfechtungsklage grundsätzlich die *Sach- und Rechtslage zum Zeitpunkt, in dem der angefochtene Verwaltungsakt erlassen* worden ist (BSG 68, 228/231 mwN.; BSG SozR 4100 § 119 Nr. 32 – S. 154 –; BSG SozR 3–3870 § 3 Nr. 7 – S. 14 –; eine Änderung der Sach- und Rechtslage erst im Rechtsbehelfsverfahren heilt nicht, s. BSG SozR 3–1500 § 54 Nr. 18 für den eine Verletztenrente entziehenden Bescheid).

2. Die Klage ist bei dem zuständigen SG *schriftlich* oder zur Niederschrift des Urkundsbeamten der Geschäftsstelle zu erheben (§ 90 SGG); s. auch Anm. 3. Anfechtungs- und Verpflichtungsklagen sind *binnen eines Monats* (außerhalb des Geltungsbereichs des SGG dreier Monate) nach Zustellung des Widerspruchsbescheides oder, wenn ein Vorverfahren (ausnahmsweise) nicht erforderlich war (§ 78 Abs. 1 SGG), nach Bekanntgabe oder Zustellung des Verwaltungsakts zu erheben (§ 87 SGG). Zur Fristwahrung genügt auch der Eingang bei einer anderen Behörde (s. § 91 SGG). Bei fehlender oder unrichtiger Rechtsmittelbelehrung gilt die Jahresfrist (§ 66 Abs. 2 SGG). Ist die Klagefrist ohne Verschulden versäumt, ist auf Antrag *Wiedereinsetzung in den vorigen Stand* zu gewähren (§ 67 SGG; ausführlich dazu *Niesel* Rdn. 165 ff.; *Krasney/Udsching* Kap. VII Rdn. 15 ff.), zB. nach einem ordnungsgemäß gestellten isolierten PKH-Antrag (näher dazu Sächsisches LSG *Breithaupt* 1997, 913 sowie Form. VIII. 12 Anm. 3 und Form. VIII. 25 Anm. 1).

Wird die Feststellung der Nichtigkeit eines Verwaltungsakts oder die Feststellung des zuständigen Versicherungsträgers oder die Vornahme eines unterlassenen Verwaltungsakts (Form. VIII. 5.) begehrt, läuft keine Klagefrist (§ 89 SGG), ebenso wenig bei einer echten (isolierten) Leistungsklage (Form. VIII. 3). S. dazu aber auch Form. VIII. 8 Anm. 4.

3. Die Klage *soll* die Beteiligten und den Streitgegenstand bezeichnen, einen bestimmten Antrag (s. Anm. 5) enthalten und den angefochtenen Verwaltungsakt oder den Widerspruchsbescheid bezeichnen und die zur Begründung dienenden Tatsachen und Beweismittel angeben (s. Anm. 7); ferner soll die Klageschrift mit Orts- und Tagesangabe vom Kläger oder einer zu seiner Vertretung befugten Person unterzeichnet sein (§ 92 SGG). Es handelt sich nur um Sollvorschriften. Das gilt auch für den Fall der fehlenden Unterschrift (vgl. BSG 19, 191/194 f.); insoweit sind die Anforderungen an die Klageschrift geringer als an die Berufungs- und Revisionsschrift; s. dazu Form. VIII. 10 Anm. 2.

4. Vor dem *SG* und dem *LSG* besteht *kein Vertretungszwang,* jeder Beteiligte kann seinen Prozess selbst führen. Die Beteiligten können sich jedoch in jeder Lage des Verfahrens durch prozessfähige Bevollmächtigte vertreten lassen (s. im Einzelnen § 73 SGG). Die *Vollmacht* ist schriftlich zu erteilen (Erteilung durch Telefax zulässig) und bis zur Verkündung der Entscheidung im *Original* (Fotokopie und Übermittlung der Vollmacht durch Telefax reichen nicht aus; s. BGHZ 126, 266; BFH NJW 1996, 871 = JZ 1997, 255 m. Anm. v. *Bork; Karst* NJW 1995, 378) zu den Akten einzureichen oder zur Niederschrift des Gerichts zu erklären (vgl. § 73 Abs. 2 SGG). *Wichtig:* Im sozialgerichtlichen Verfahren ist der Mangel der Vollmacht *von Amts wegen* zu beachten, und zwar auch bei einem RA, da § 88 Abs. 2 ZPO keine Anwendung findet. Liegt die Vollmacht – trotz Fristsetzung – bis zur Entscheidung nicht vor, so ist die Klage als unzulässig abzuweisen bzw. das Rechtsmittel als unzulässig zu verwerfen (vgl. dazu GemSOGB SozR 1500 § 73 Nr. 4; BSG SozR 1500 § 73 Nr. 5; *Meyer-Ladewig* SGG § 73 Rdn. 18).

Eine Vollmacht, die für das Verwaltungsverfahren erteilt worden ist (vgl. § 13 SGB X), reicht für das Klageverfahren nicht aus (BSG SozR 3–1500 § 73 Nr. 2).

5. An die Fassung der Anträge ist das Gericht nicht gebunden (§ 123 SGG). Der Vorsitzende hat im Rahmen seiner Aufklärungspflicht darauf hinzuwirken, dass unklare Anträge erläutert und sachdienliche Anträge gestellt werden (§§ 106 Abs. 1 und 112 Abs. 2 S. 2 SGG; instruktiv BSG 83, 254/264). Der Umfang der Hinweispflicht richtet sich nach dem Einzelfall und ist bei einer Vertretung durch rechtskundige Personen weniger ausgeprägt (vgl. BSG SozR Nr. 16 zu § 106 SGG). Zum Umfang der Hinweispflicht *Krasney/Udsching* Kap. VI Rdn. 137 ff. Durch die Hinweispflicht (gerichtliche Fürsorgepflicht) und den Amtsermittlungsgrundsatz (Anm. 7) wird die Tätigkeit des RA im Sozialgerichtsprozess nachhaltig unterstützt. In jedem Fall obliegt es jedoch dem Kläger, das Prozessziel deutlich zu machen (vgl. BSG SozR 1500 § 54 Nr. 12).

6. Hat ein Vorverfahren stattgefunden (Regelfall), so ist nach § 95 SGG *Gegenstand der Klage* der ursprüngliche Verwaltungsakt in der Gestalt, die er durch den Widerspruchsbescheid gefunden hat (Klagegegenstand im Unterschied zum Streitgegenstand, vgl. *Meyer-Ladewig* SGG § 95 Rdn. 1, 4 ff).

Wird nach Klageerhebung der *Verwaltungsakt* durch einen neuen Verwaltungsakt *abgeändert* oder *ersetzt,* so wird auch der neue Verwaltungsakt (Folgebescheid) nach der für das sozialgerichtliche Verfahren geltenden *Sondervorschrift* des § 96 SGG im Wege der gesetzlichen Klageänderung (Prozessökonomie) Gegenstand des Verfahrens.

7. Nach § 92 SGG sollen lediglich die zur Begr. dienenden Tatsachen und Beweismittel angegeben werden (keine „Darlegungs- und Beweisführungspflicht", BSG SozR 1500 § 103 Nr. 27 – S. 22 – mwN.; s. auch Form. VIII. 15.). Eine *Begr. der Klage* ist also *nicht* zwingend *vorgeschrieben.* Sie liegt aber im Interesse des Klägers. In diesem Zusammenhang ist von Bedeutung, dass das Gericht bei der *Erforschung des Sachverhalts,* die *von Amts wegen* erfolgt (Untersuchungsmaxime), die Beteiligten heranzuziehen hat; es ist an das Vorbringen und die Beweisanträge der Beteiligten nicht gebunden (§ 103 SGG). Wichtige *Ausnahme:* Der Beweisantrag iSd. § 160 Abs. 2 Nr. 3 SGG; s. dazu Form. VIII. 15 und Form. VIII. 21 Anm. 1 und 4). Die Beteiligten haben die Folgen fehlender oder unzureichender Mitwirkung zu tragen, vgl. dazu *Haueisen* NJW 1966, 764; *Meyer-Ladewig* SGG § 103 Rdn. 13 ff.

Der Klageschrift, den sonstigen Schriftsätzen und nach Möglichkeit den Unterlagen sind *Abschriften* für die Beteiligten beizufügen (näher dazu die Sollvorschrift des § 93 SGG).

8. Bevor ein Verwaltungsakt erlassen wird, der – wie im Begründungsbeispiel der Entziehungsbescheid – in Rechte eines Beteiligten eingreift, ist diesem Gelegenheit zu geben, sich zu den für die Entscheidung erheblichen Tatsachen (s. dazu BSG 69, 247) zu äußern (Grundsatz der Gewährung rechtlichen Gehörs, der auch für das Vorverfahren gilt, § 24 SGB X; BSG SozR 3–1300 § 24 Nr. 13). Das setzt eine hinreichende Information durch die Verwaltung, jedenfalls die Mitteilung der Ermittlungsergebnisse voraus (BSG SozR 3–1300 § 24 Nr. 15). Begehren Beteiligte zur Information Einsicht in Befundberichte und Gutachten, so sind diese zu übermitteln (BSG SozR 1200 § 34 Nr. 2 und 4 – S. 7 –; BSG SozR 1300 § 24 Nr. 2). Ein unter Verletzung der Anhörungspflicht ergangener Verwaltungsakt ist rechtswidrig (§ 42 S. 2 SGB X). § 24 SGB X wird von der Verwaltung regelmäßig beachtet; ausführlich zur Anhörung m. umfangreichen Nachw. d. Rspr. des BSG KassKomm. – *Krasney,* Kommentierung des § 24 SGB X.

Die Anhörung kann nach dem seit dem 1. 1. 2001 geltenden, die „Heilungsmöglichkeiten" der Verwaltung erweiternden § 41 Abs. 2 SGB X bis zur letzten Tatsacheninstanz eines sozialgerichtlichen Verfahrens, dh. bis zum Abschluss des LSG-Verfahrens nachgeholt werden; zur Heilung von Verfahrens- und Formfehlern kann das Gericht auf Antrag die Verhandlung aussetzen (§ 114 Abs. 2 S. 2 SGG). Ausführlich – auch zum Übergangsrecht – *Blüggel,* SGb 2001, 294; KassKomm. – *Steinwedel,* § 41 SGB X Rdn. 23 ff.

9. Zu begründen ist, weshalb keine *wesentliche Änderung* (Besserung) iSd. § 48 SGB X eingetreten ist. Insbesondere in der gesetzlichen Unfallversicherung sind Bescheide, mit denen Verletztenrente wegen einer wesentlichen Besserung der Unfallfolgen entzogen oder herabgesetzt wird (§ 73 SGB VII), häufig Gegenstand sozialgerichtlicher Verfahren (vgl. *Jung,* SGb 2002, 1). Eine wesentliche Änderung der Verhältnisse („Verschlimmerung") mit dem Ziel der Leistungserhöhung ist hingegen durch Anfechtungs- und Leistungsklage geltend zu machen (Form. VIII. 6). Nach der speziellen unfallversicherungsrechtlichen Vorschrift des § 73 Abs. 3 SGB VII ist wesentlich nur eine Änderung der MdE um mehr als 5 vH.; bei Renten auf unbestimmte Zeit muss sie länger als drei Monate andauern (näher dazu KassKomm. – *Ricke* § 73 SGB VII Rdn. 11ff.). Zu vergleichen ist der Zustand, auf dem die letzte verbindliche Leistungsfeststellung beruhte, mit dem Zustand im Zeitpunkt der Neufeststellung (*von Wulffen* § 48 Rdn. 7).

Kosten und Gebühren

a) Das Verfahren vor den Gerichten der Sozialgerichtsbarkeit ist für Versicherte, Leistungsempfänger, Behinderte oder deren Sonderrechtsnachfolger (§ 56 SGB I) grundsätzlich *gerichtskostenfrei* (§ 183 SGG). Die nicht zu diesem privilegierten Personenkreis gehörenden Kläger und Beklagten (im Wesentlichen: Körperschaften und Anstalten des öffentlichen Rechts) haben eine Gebühr (Pauschgebühr) zu entrichten (§ 184ff. SGG). Gehören weder Kläger noch Beklagter zu den in § 183 SGG genannten Personen (im Wesentlichen: Streitigkeiten von Sozialleistungsträgern untereinander, Streitigkeiten zwischen Sozialleistungsträgern und Arbeitgebern, Vertragsarztverfahren), werden Kosten nach den Vorschriften des GKG erhoben (§ 197a Abs. 1 S. 1 SGG). Weitere Ausnahmen vom Grundsatz der Gerichtskostenfreiheit: (1) Kosten wegen schuldhafter Verzögerung des Verfahrens oder wegen Missbräuchlichkeit der Rechtsverfolgung/-verteidigung eines Beteiligten, dem dessen Vertreter oder Bevollmächtigter gleichsteht (Verschuldens- oder Mutwillenskosten, § 192 SGG). (2) Kosten für die Anfertigung von nicht beigefügten Abschriften (§ 93 S. 3 SGG) und im Zusammenhang mit Akteneinsicht (§ 120 Abs. 2 S. 1 SGG). (3) Kosten der Anhörung eines Arztes nach § 109 SGG (Form. VIII. 22).

Die Erstattung der *außergerichtlichen Kosten* der Beteiligten untereinander ist in § 193 SGG geregelt (s. auch Form. VIII. 29). Gehören weder Kläger noch Beklagter zu den in § 183 SGG genannten Personen (s.o.), richtet sich die Kostenerstattung nach §§ 154 bis 162 VwGO (§ 197a Abs. 1 S. 1 SGG). Kosten sind die zur zweckentsprechenden Rechtsverfolgung oder Rechtsverteidigung notwendigen Aufwendungen der Beteiligten, insbesondere die gesetzlichen Gebühren und notwendigen Auslagen eines RA (§ 193 Abs. 2 und 3 SGG). Dazu gehören auch die Kosten eines Widerspruchsverfahrens, wenn es dem gerichtlichen Verfahren vorangegangen ist (*Niesel* Rdn. 616; *Meyer-Ladewig* SGG § 193 Rdn. 5). Zu den Kosten des *isolierten Vorverfahrens* s. Form. VIII. 1.

Aufwendungen der nach § 184 Abs. 1 SGG Gebührenpflichtigen (s.o.) sind nicht erstattungsfähig (näher dazu § 193 Abs. 4 SGG).

Ein *Kostenantrag* ist grundsätzlich *nicht erforderlich,* da das Gericht von Amts wegen im Urt. zu entscheiden hat, ob und in welchem Umfang die Beteiligten einander Kosten zu erstatten haben (Kostengrundentscheidung, § 193 Abs. 1 S. 1 SGG). Wird der Rechtsstreit jedoch auf andere Weise beendet als durch eine gerichtliche Entscheidung mit der Folge, dass eine Kostenentscheidung nicht getroffen wird (zB. bei Klage- und Rechtsmittelrücknahme oder angenommenem Anerkenntnis), ist nach § 193 Abs. 1 S. 3 SGG ein besonderer *Antrag* erforderlich, über den durch Beschl. zu entscheiden ist; vgl. dazu Form. VIII. 29.

b) *Anwaltsgebühren:* (1) Grundsätzlich *Rahmengebühren* nach § 116 Abs. 1 BRAGO. Diese gelten die gesamte Tätigkeit des RA in der jeweiligen Instanz einschließlich aller Vorbereitungs-, Neben- und Abwicklungstätigkeiten ab. Sie betragen ab 1. 1. 2002 im Verfahren 1. vor dem SG 50 bis 660 EUR (Mittelgebühr: 355 EUR), 2. vor dem LSG 60 bis 780 EUR (Mittelgebühr: 420 EUR), 3. vor dem BSG 90 bis 1300 EUR (Mittelgebühr: 695 EUR). Zur für Durchschnittsfälle maßgebenden *Mittelgebühr* Form. VIII. 30 Anm. 8.

Im Verfahren über die Zulassung eines Rechtsmittels erhält der RA die Hälfte der Gebühr (§ 116 Abs. 1 S. 2 BRAGO). Der RA erhält zwar keine besonderen Gebühren nach § 23 BRAGO (Vergleichsgebühr) und § 24 BRAGO (Erledigung durch völlige oder teilweise Rücknahme des angefochtenen Verwaltungsakts). Nach § 116 Abs. 4 BRAGO erhöhen sich aber in diesen Fällen die Höchstbeträge des § 116 Abs. 1 BRAGO um 50 vH., also auf 990 EUR (SG), auf 1170 EUR (LSG) und auf 1950 EUR (BSG); die Mittelgebühr beträgt dann 520 EUR (SG), 615 EUR (LSG) und 1020 EUR (BSG); s. dazu Form. VIII. 1. unter Kosten und Gebühren.

(2) Nur in Angelegenheiten des § 116 Abs. 2 S. 1 Nr. 1–4 BRAGO werden die Gebühren nach dem *Gegenstandswert* (vgl. § 8 Abs. 1 S. 3 und Abs. 2 BRAGO) berechnet. Es handelt sich um Angelegenheiten, in denen soziale Aspekte kostenrechtlich unerheblich sind, und zwar im Wesentlichen um Angelegenheiten aus dem Bereich des sogenannten Kassenarztrechts (Bsp.: Entziehung der vertragsärztlichen Zulassung, vgl. dazu BSG SozR 1930 § 8 Nr. 2; zum Gegenstandswert der anwaltlichen Tätigkeit in vertragsärztlichen Streitigkeiten *Wenner/Bernhard,* NZS 2001, 57), Streitigkeiten zwischen juristischen Personen des öffentlichen Rechts sowie zwischen Arbeitgebern und juristischen Personen des öffentlichen Rechts (näher dazu *Meyer-Ladewig* SGG § 197 Rdn. 7d; *Niesel* Rdn. 626ff.). Endet das Verfahren durch einen Gerichtsbescheid (§ 105 Abs. 1 SGG, s. Form. VIII. 11.) oder wird die Berufung durch Beschl. zurückgewiesen (§ 153 Abs. 4 SGG), so erhält der RA eine halbe Verhandlungsgebühr (§ 116 Abs. 2 S. 2 BRAGO).

c) Im Beitrittsgebiet ermäßigen sich die Gebühren um 10 vH. (näher dazu Anlage I Kap. III Sachgebiet A Abschnitt III Nr. 26 Buchst. a) des Einigungsvertrages vom 31. 8. 1990, BGBl. II S. 885, 936).

d) *Eine Honorarvereinbarung* wird auch im sozialgerichtlichen Verfahren für zulässig gehalten.

Weiterführende Literatur zum Kosten- und Gebührenrecht im sozialgerichtlichen Verfahren: *Krasney/Udsching* Kap. XII; *Niesel* Teil I.; *Gerold/Schmidt/v. Eicken/Madert* und *Hartmann,* jeweils Kommentierung des § 116 BRAGO; *Plagemann,* Neue Anwaltsgebühren im Sozialrecht, NJW 1990, 2717; *Madert/Engelbrecht,* Zur Neuregelung des § 116 BRAGO, AnwBl. 1990, 529; *v. Eicken,* Die Anwaltsvergütung im sozialgerichtlichen Verfahren, SGb 1991, 295; *Neumann,* Rahmengebühren im sozialgerichtlichen Verfahren, Die Angestelltenversicherung –DAngVers– 1994, 107; *Behn,* Zu § 116 BRAGO – Gebührenfragen im sozialgerichtlichen Verfahren auf Grund des Rechtspflegeentlastungsgesetzes und des Kostenrechtsänderungsgesetzes, NZS 1994, 481; *Schürmann,* Die erhöhte Rahmengebühr des § 116 Abs. 3 BRAGO, SGb 1991, 381; *Berendes,* „Mutwillenskosten“ nach neuem Recht, SGb 2002, 315.

Fristen und Rechtsmittel

Vgl. Anm. 2. Gegen das Urt. bzw. den Gerichtsbescheid des SG idR. Berufung – § 143 SGG – (Form. VIII. 10), ausnahmsweise NZB – § 145 SGG – (Form. VIII. 11). Die Berufung ist ausgeschlossen, wenn es sich um die Kosten des Verfahrens handelt (§ 144 Abs. 4 SGG).

3. Isolierte Leistungsklage – § 54 Abs. 5 SGG – (Erstattungsstreit zwischen Leistungsträgern)[1]

An das
Sozialgericht

Klage

der Allgemeinen Ortskrankenkasse ......, Klägerin,
vertreten durch den Geschäftsführer,

gegen

den Gemeindeunfallversicherungsverband ......, Beklagten,
vertreten durch den Geschäftsführer,

wegen Erstattung von Leistungen[2]

Beigeladen[3]: Frau ......
Prozessbevollmächtigter: RA ......
Namens und in Vollmacht der Beigeladenen schließe ich mich dem Antrag der Klägerin an, den Beklagten zu verurteilen, der Klägerin die ihr durch den Unfall der Beigeladenen entstandenen Heilbehandlungskosten in Höhe von ...... EUR zu erstatten[4].

Begründung[5]:

Die Beigeladene, die bei der Klägerin krankenversichert ist, unterstützte seit ...... unentgeltlich eine in ihrer Nachbarschaft wohnende Bekannte B. Sie führte dreimal täglich deren Hund aus, erledigte dreimal wöchentlich Einkäufe, verrichtete einmal wöchentlich Gartenarbeit und kehrte die Straße. Am ...... stürzte sie beim Ausführen des Hundes und zog sich einen komplizierten Bruch des rechten Oberschenkels zu. Die Klägerin hat durch diesen Unfall verursachte Kosten der Heilbehandlung in Höhe von ...... EUR geltend gemacht. Die Klägerin hat, wie sie bereits zutreffend begründet hat, einen Erstattungsanspruch (§ 105 SGB X) gegen den Beklagten, weil die Heilbehandlungskosten durch einen vom Beklagten zu entschädigenden Arbeitsunfall (§ 8 SGB VII) verursacht worden sind. Die Beigeladene stand nach § 2 Abs. 2 S. 1 SGB VII wie eine nach § 2 Abs. 1 Nr. 1 SGB VII Versicherte (Beschäftigte) unter dem Schutz der gesetzlichen Unfallversicherung. Denn das Gesamtbild ihrer für B. verrichteten Tätigkeit entsprach dem einer abhängigen Arbeit und nicht, wie der Beklagte meint, einer unternehmerähnlichen Tätigkeit.

Rechtsanwalt

Anmerkungen

1. Die „echte“ (isolierte) Leistungsklage (§ 54 Abs. 5 SGG) ist im Verhältnis „Bürger – Sozialleistungsträger“ *selten.* Sie setzt voraus, dass auf die begehrte Leistung ihrer Art nach ein Rechtsanspruch besteht (Gegensatz: Ermessensleistungen, vgl. Form. VIII. 4.) und dass ein Verwaltungsakt nicht ergangen ist und nicht zu ergehen hat. Mit ihr können Geld- und Sachleistungen erzwungen werden, aber auch Amtshandlungen, die keine Verwaltungsakte sind. Beispiele: Unterlassungsklage wegen Verletzung des Sozialgeheimnisses (BSG SozR 1200 § 35 Nr. 1); Ansprüche aus der privaten Pflegeversicherung (§ 51 Abs. 1 Nr. 2 SGG; s. zur Zuständigkeit der SGe auch BSG SozR 3–1500 § 51 Nr. 19); Vergütungsansprüche der nichtärztlichen Leistungserbringer (BSG 66, 159);

weitere Beispiele für isolierte Leistungsklagen bei *Krasney/Udsching* Kap. IV Rdn. 62 ff.; s. auch Anm. 2.

2. *Hauptanwendungsgebiet* der isolierten (echten) Leistungsklage sind *Erstattungsstreitigkeiten zwischen Leistungsträgern* (s. auch das Begründungsbeispiel). Die Erstattungsansprüche sind in §§ 102 ff. SGB X geregelt. Im Beispielsfall ist § 105 SGB X Rechtsgrundlage des Erstattungsanspruchs. Soweit ein Leistungsanspruch besteht, gilt der Anspruch des Berechtigten gegen den zur Leistung verpflichteten Leistungsträger als erfüllt (Erfüllungsfiktion § 107 Abs. 1 SGB X).

Erstattungsansprüche wegen zu Unrecht erbrachter Sozialleistungen werden *gegenüber dem Leistungsempfänger* hingegen nicht durch die Leistungsklage verfolgt, sondern es wird die zu erstattende Leistung durch Verwaltungsakt festgesetzt (vgl. § 50 SGB X iVm. §§ 45, 48 SGB X sowie die in SozR 1300 zu § 45 SGB X und zu § 50 SGB X veröffentlichte Rspr. des BSG). Gegen den Erstattungsbescheid bzw. den damit verbundenen Aufhebungsbescheid (vgl. § 50 Abs. 3 SGB X) ist die Anfechtungsklage gegeben (vgl. Form. VIII. 2).

3. Da im Erstattungsstreit das Vorliegen eines Arbeitsunfalls als Vorfrage geprüft wird, kann der Verletzte wegen eventueller eigener Ansprüche aus der Unfallversicherung ein Interesse an der Beiladung haben. Nach BSG 46, 232/233 (s. auch Urt. des BSG v. 26. 3. 1986 – 2 RU 77/84 –) ist der Verletzte im Erstattungsstreit zwischen Kranken- und Unfallversicherungsträger mangels Identität des Streitgegenstandes nicht nach § 75 Abs. 2 SGG notwendig beizuladen (anders BSG SozR 1500 § 75 Nr. 60 unter Hinweis auf die Erfüllungsfiktion des § 107 SGB X – s. Anm. 2 – hinsichtlich der notwendigen Beiladung des Versicherten zum Erstattungsstreit zwischen Sozialhilfeträger und Krankenversicherungsträger).

4. Regelmäßig wird ein bezifferter Antrag gestellt, weil der geltend gemachte Anspruch der Höhe nach feststeht. Ein Grundurteil (§ 130 SGG) ist jedoch möglich. Anders als bei der Anfechtungs- und Leistungsklage (Form. VIII. 6) ist dieses ein Zwischenurt., so dass der Rechtsstreit bis zur Durchführung des Nachverfahrens über die Höhe der Leistung anhängig bleibt (BSG 29, 69; 61, 217/228).

5. S. zum Beispielsfall Urt. des BSG v. 26. 4. 1990 – 2 RU 39/89 –; zum Versicherungsschutz nach § 2 Abs. 2 S. 1 SGB VII *Krasney* NZS 1999, 577.

Kosten und Gebühren

Die Erstattung der außergerichtlichen Kosten des obsiegenden Versicherungsträgers ist im Beispielsfall nicht möglich, da Aufwendungen von juristischen Personen des öffentlichen Rechts nach § 193 Abs. 4 SGG auch dann nicht erstattungsfähig sind, wenn diese miteinander streiten. Dagegen kann der Verletzte als Beigeladener Kostengläubiger sein (vgl. dazu *Meyer-Ladewig* SGG § 193 Rdn. 11). Die Frage, ob im Erstattungsstreit der Sozialleistungsträger auch die Gebühren des RA des Beigeladenen (natürliche Person) nach dem Gegenstandswert (vgl. § 116 Abs. 2 BRAGO) berechnet werden, ist str. (bejahend: LSG Hamburg *Breithaupt* 1987, 170; verneinend – Rahmengebühren – LSG Niedersachsen *Breithaupt* 1991, 878). Im Übrigen kann für den Beigeladenen ein niedrigerer Gegenstandswert festgesetzt werden, wenn der Rechtsstreit für diesen eine erheblich geringere Bedeutung als für den Hauptbeteiligten hat (BSG SozR 3–1930 § 116 Nr. 8).

Fristen und Rechtsmittel

Keine Klagefrist. Vgl. Hinweis bei Form. VIII. 2.

4. Verpflichtungsklage – § 54 Abs. 1 SGG – (Klage auf Rehabilitationsleistungen des Rentenversicherungsträgers)[1]

An das
Sozialgericht

Klage

der Fotosetzerin ......, Klägerin,
Prozessbevollmächtigter: RA ......

gegen

die Landesversicherungsanstalt ......, Beklagte,
vertreten durch die Geschäftsführung,

wegen Bewilligung eines Heilverfahrens[2].

Namens und in Vollmacht der Klägerin erhebe ich Klage und beantrage,

1. den Bescheid der Beklagten vom ...... in der Gestalt des Widerspruchsbescheides vom ...... aufzuheben[3],
2. die Beklagte zu verurteilen, der Klägerin einen neuen Bescheid unter Beachtung der Rechtsauffassung des Gerichts zu erteilen[4].

Begründung:

Die Klägerin ist als Hilfskraft in der Fotosetzerei ihres Ehemannes beschäftigt. Sie leidet an einer degenerativen Wirbelsäulenerkrankung mit häufigen Ischialgien. Am ...... beantragte sie als medizinische Leistung zur Rehabilitation (§§ 9ff. SGB VI) ein Heilverfahren, möglichst für die Dauer von sechs Wochen in der für die Therapie ihrer Erkrankung besonders geeigneten ...... -Klinik in Bad B. Die Beklagte lehnte diesen Antrag mit der Begründung ab, die Erwerbsfähigkeit der Klägerin sei weder erheblich gefährdet noch gemindert und eine medizinische Begründung für eine ausschließlich durch ein stationäres Heilverfahren erzielbare Besserung des Leistungsvermögens liege nicht vor. Diese Auffassung trifft nicht zu. Denn aus der beigefügten ausführlichen Stellungnahme des behandelnden Arztes für Orthopädie Dr. B. ergibt sich, dass eine wesentliche Besserung der Beschwerden und der Leistungsfähigkeit nur durch ein stationäres Heilverfahren zu erzielen ist.

Rechtsanwalt

Anmerkungen

1. Die Verpflichtungsklage (§ 54 Abs. 1 SGG) ist eine Leistungsklage besonderer Art. Die begehrte Leistung besteht – wie im Beispielsfall – im Erlass eines abgelehnten Verwaltungsakts (Vornahmeklage) oder im Erlass eines unterlassenen Verwaltungsakts (Untätigkeitsklage, s. Form. VIII. 5). Ziel der Verpflichtungsklage ist ein Verpflichtungsurteil (§ 131 Abs. 2 und 3 SGG). Da auf Sozialleistungen idR. ein Rechtsanspruch besteht (§ 38 SGB I) und insoweit die Anfechtungs- und Leistungsklage nach § 54 Abs. 4 SGG gegeben ist (Form. VIII. 6), ist die Verpflichtungsklage in der sozialgerichtlichen Praxis verhältnismäßig selten.

Verpflichtungsklage ist insbesondere zu erheben, wenn Leistungen abgelehnt worden sind, auf die kein Rechtsanspruch besteht – *Ermessensleistungen* (§ 39 SGB I, s. Anm. 2) – (vgl. zB. BSG SozR 2200 § 1236 Nr. 50 mwN.; s. auch Form. VIII. 3 Anm. 1). Solche

Leistungen sind im Sozialrecht die Ausnahme. Weitere Beispiele für die Verpflichtungsklage: Erteilung einer Arbeitserlaubnis (BSG 44, 82), die Zulassung der Nachentrichtung von Pflichtbeiträgen (BSG 41, 38), Vormerkung rentenrechtlicher Zeiten (BSG 65, 8/13; 68, 171/172; BSG SozR 2200 § 1251 Nr. 24 und SozR 3–2600 § 58 Nr. 2) und Vormerkung, dass ein Nachversicherungsverhältnis entstanden ist (sog. Zulassung zur Nachentrichtung; BSG SozR 3–2940 § 9 Nr. 1 mwN.); die Rückgängigmachung des Austritts aus der freiwilligen Krankenversicherung auf Grund des sozialrechtlichen Herstellungsanspruchs (BSG 50, 12).

Praktisch besonders bedeutsam sind die im Wege der Anfechtungs- und Verpflichtungsklage zu verfolgenden *Feststellungen nach dem Schwerbehindertenrecht* (§ 69 SGB IX, s. dazu Form. VIII. 8 Anm. 3).

2. Zu den *Ermessensleistungen* gehören insbesondere die Leistungen der gesetzlichen Rentenversicherung zur medizinischen und beruflichen Rehabilitation (§§ 9 ff. SGB VI; Begründungsbeispiel). Das Ermessen ist hier auf das „Wie“ der Leistung beschränkt (§§ 9 Abs. 2, 13 Abs. 1 SGB VI, s. dazu zB. BSG 66, 84 und 87; BSG SozR 3–2600 § 10 Nr. 2; KassKomm. – *Niesel* § 9 SGB VI Rdn. 9 und § 13 SGB VI Rdn. 4 ff., 14 jeweils mwN.).

3. Der Aufhebungsantrag ist in der Praxis üblich. Er dient der Klarstellung, wenngleich ihm nach hM. keine selbstständige Bedeutung zukommt (*Meyer-Ladewig* SGG § 54 Rdn. 43 und § 131 Rdn. 13 mwN.).

4. Der Antrag ist auf Bescheidung unter Beachtung der Rechtsauffassung des Gerichts gerichtet. Hält das Gericht die Verurteilung zum Erlass eines abgelehnten Verwaltungsakts für begründet und diese Frage in jeder Beziehung für spruchreif, so spricht es im Urt. die Verpflichtung aus, den beantragten Verwaltungsakt zu erlassen (§ 131 Abs. 2 SGG, näher dazu *Meyer-Ladewig* SGG § 131 Rdn. 12 ff.). Bei Ermessensentscheidungen ist das ausnahmsweise der Fall, wenn das Ermessen nur noch in einem bestimmten Sinn ausgeübt werden kann, sog. „Ermessensreduzierung auf Null“ (vgl. BSG 9, 232/239; BSG SozR 1200 § 48 Nr. 12 – S. 63 –: Anfechtungs- und Leistungsklage, anders BSG SozR 3–1200 § 39 Nr. 1 – S. 2 – und SozR 3–5765 § 10 Nr. 3 – S. 14 –: Verpflichtungsklage). Auch wenn das Ermessen nach Auffassung des Klägers „auf Null reduziert“ ist, sollte der Antrag auf Bescheidung unter Beachtung der Rechtsauffassung des Gerichts unbedingt zumindest hilfsweise gestellt werden (vgl. in diesem Zusammenhang BSG SozR 2200 § 1236 Nr. 50 – S. 109 und 111 –).

Kosten und Gebühren

Vgl. Hinweis zu Form. VIII. 2.

Fristen und Rechtsmittel

Vgl. Hinweis zu Form. VIII. 2.

5. Untätigkeitsklage – § 88 SGG –[1]

An das
Sozialgericht

Klage

des Industriemechanikers ......, **Klägers,**
Prozessbevollmächtigter: RA ......

gegen

die Landesversicherungsanstalt ......, **Beklagte,**
vertreten durch die Geschäftsführung,

wegen Erteilung eines Rentenbescheides.
Namens und in Vollmacht des Klägers erhebe ich Klage und beantrage,
die Beklagte zu verurteilen, den Rentenantrag des Klägers vom ...... unter Beachtung der Rechtsauffassung des Gerichts zu bescheiden[2].

Begründung:

Über den im Januar 2002 gestellten Antrag des Klägers auf vorzeitiges Altersruhegeld, dem alle erforderlichen Unterlagen beigefügt waren, hat die Beklagte bis jetzt – im September 2002 – noch nicht entschieden. Die beiden Sachstandsanfragen des Klägers vom ...... und vom ...... sind unbeantwortet geblieben.

Rechtsanwalt

Schrifttum: Noack, Die Untätigkeitsklage im Allgemeinen und besonderen Verwaltungsprozessrecht, Sozialversicherung – SozVers – 1975, 201; *Jaschinski,* Die Kostenentscheidung nach der Erledigung einer Untätigkeitsklage, SGb 1993, 406; *Dahm,* Die Untätigkeitsklage gemäß § 88 SGG, Die Berufsgenossenschaft – BG – 1994, 459.

Anmerkungen

1. Die Untätigkeitsklage (§ 88 SGG) soll gewährleisten, dass die Verwaltung den Betroffenen nicht durch Untätigkeit in seinen Rechten beeinträchtigt. Sie ist nach allgM. im sozialgerichtlichen Verfahren nicht auf einen Bescheid bestimmten Inhalts gerichtet, sondern auf Bescheidung schlechthin (vgl. BSG 19, 164; 72, 118/120; 73, 244/247; BSG SozR 3–1500 § 88 Nr. 1; s. demgegenüber aber BSG SozR 3–8560 § 26 Nr. 2 – S. 17 –: „Klage in der Sache selbst"). Hat die Behörde über einen Widerspruch, mit dem eine bindende Leistungsbewilligung aufgehoben worden ist, nicht in angemessener Frist durch Widerspruchsbescheid entschieden, ist der Kläger nach BSG SozR 3–8560 § 26 Nr. 2 nicht auf die „formelle Bescheidungsklage" beschränkt, sondern kann Anfechtungsklage erheben.

Die Untätigkeitsklage ist oft ein ungeeignetes Mittel, um das Verfahren zu beschleunigen, zumal die Verwaltungsakten dem Gericht vorgelegt werden und für die Sachbearbeitung nicht zur Verfügung stehen (*Niesel* Rdn. 116 mit dem Hinweis auf die Möglichkeit der Dienstaufsichtsbeschwerde und der Vorschusszahlung nach § 42 SGB I; s. auch *Krasney/Udsching* Kap. IV Rdn. 60).

Die Untätigkeitsklage nach § 88 SGG ist in *zwei Fällen* zulässig: a) Es ist ein Antrag auf Vornahme eines Verwaltungsakts innerhalb einer Frist von *sechs Monaten* sachlich nicht beschieden worden (§ 88 Abs. 1 SGG). b) Es ist über einen Widerspruch innerhalb einer Frist von *drei Monaten* nicht entschieden worden (§ 88 Abs. 2 SGG). – Abgesehen von diesen Fristen keine Klagefrist (§ 89 SGG). Es reicht aus, dass die Wartefristen nach Klageerhebung verstrichen sind (vgl. BSG SozR 3–1500 § 88 Nr. 2).

Bei Vorliegen eines *zureichenden Grundes* dafür, dass der beantragte Verwaltungsakt oder der Widerspruch noch nicht erlassen ist, setzt das Gericht das Verfahren bis zum Ablauf einer bestimmten Frist aus. Diese Frist kann verlängert werden (§ 88 Abs. 1 S. 2 SGG). Die Verwaltung hat den zureichenden Grund darzulegen (BSG SozR 3–1500 § 88 Nr. 1 – S. 10 –). Die fehlende Begr. des Widerspruchs allein stellt keinen zureichenden Grund für die Nichtbescheidung dar, es sei denn, dass der Widerspruchsführer eine Begr. angekündigt hat (LSG Rheinland-Pfalz *Breithaupt* 1995, 975). Auch die Verletzung von Mitwirkungspflichten (§§ 60ff. SGB I) ist kein zureichender Grund, einen Antrag nicht zu bescheiden (BSG SozR 3–1500 § 88 Nr. 2 = SGb 1995, 263 m. Anm. v. *Dörr*).

Wird dem Antrag bzw. dem Widerspruch stattgegeben, ist die Hauptsache für erledigt zu erklären (§ 88 Abs. 1 S. 3 SGG), da kein Rechtsschutzbedürfnis mehr besteht. Im Übrigen ist das Klageziel der Untätigkeitsklage mit dem Erlass eines ablehnenden Bescheides oder zurückweisenden Widerspruchsbescheides grundsätzlich erreicht und der Rechtsstreit für erledigt zu erklären oder die Klage zurückzunehmen. Es kommt jedoch eine Klageänderung (Umstellung auf die kombinierte Anfechtungs- und Leistungsklage) in Betracht (näher dazu *Meyer-Ladewig* SGG § 88 Rdn. 10ff.; *Niesel* Rdn. 123) und ausnahmsweise auch eine Fortsetzungsfeststellungsklage mit dem Ziel festzustellen, dass ohne zureichenden Grund in angemessener Zeit kein Bescheid bzw. Widerspruchsbescheid erteilt worden ist (BSG SozR 3–1500 § 88 Nr. 1).

2. Der Antrag ist darauf gerichtet, den Kläger unter Beachtung der Rechtsauffassung des Gerichts zu bescheiden (§ 131 Abs. 3 SGG).

Kosten und Gebühren

Hat sich die Untätigkeitsklage ohne Urt. erledigt, Entscheidung über die außergerichtlichen Kosten auf Antrag durch Beschl. gemäß § 193 Abs. 1 S. 3 SGG (vgl. Form. VIII. 29.). Hat die Verwaltung den Kläger vor Klageerhebung über den zureichenden Grund für die Bescheidverzögerung informiert oder war dem Kläger der zureichende Grund anderweitig bekannt, wird angenommen, dass sie nicht zur Kostenerstattung verpflichtet ist (s. dazu LSG Bremen *Breithaupt* 1987, 523; LSG Hessen *Breithaupt* 1993, 606; LSG Rheinland-Pfalz *Breithaupt* 1993, 439; weiter einschränkend LSG Niedersachsen *Breithaupt* 1992, 432: Sachstandsanfrage zumutbar, vgl. auch *Niesel* Rdn. 124; *Jaschinski* SGb 1993, 406/412). Um eine negative Kostenentscheidung zu vermeiden, sollte ohne vorherige Sachstandsanfrage Untätigkeitsklage nicht erhoben werden.

Sofern die Gebühren nach dem Gegenstandswert (§ 116 Abs. 2 BRAGO) berechnet werden, ist dieser mit einem Bruchteil der im Verwaltungsverfahren geltend gemachten Beschwer anzusetzen (LSG Nordrhein-Westfalen *Breithaupt* 1986, 550 und *Breithaupt* 1995, 561: idR. 10 bis 20 vH. des Schätzwertes).

Vgl. im übrigen Hinweis zu Form. VIII. 2.

Fristen und Rechtsmittel

Vgl. Anm. 1 und Hinweis zu Form. VIII. 2.

6. Anfechtungs- und Leistungsklage – § 54 Abs. 4 SGG – mit Übersicht über die Sozialleistungsansprüche[1]

(Beispiel 1: Klage auf Rente wegen Erwerbsminderung)

An das
Sozialgericht

Klage

des Maurers ......, Klägers,
Prozessbevollmächtigter: RA ......

gegen

die Landesversicherungsanstalt ......, Beklagte,
vertreten durch die Geschäftsführung,

wegen Zahlung einer Rente wegen Erwerbsminderung. Namens und in Vollmacht des Klägers erhebe ich Klage und beantrage,

1. den Bescheid der Beklagten vom...... in der Gestalt des Widerspruchsbescheides vom ...... aufzuheben,
2. die Beklagte zu verurteilen, dem Kläger vom ...... an[2] Rente wegen Erwerbsminderung zu zahlen.[3, 4]

Begründung:

Der 51 Jahre alte arbeitslose Kläger beantragte Rente wegen Erwerbsminderung[5]. Die Beklagte stützte die Ablehnung des Rentenantrags auf das Gutachten des ihrem Sozialmedizinischen Dienst angehörenden Arztes für innere Krankheiten Dr. I. vom .... Dr. I. vertrat die Ansicht, dem Kläger seien zumindest noch leichte körperliche Arbeiten mindestens sechs Stunden täglich (§ 43 Abs. 3 SGB VI) zuzumuten. Die ärztliche Leistungsbeurteilung im Rentenverfahren ist unrichtig. Der Kläger hat Anspruch auf Rente wegen voller Erwerbsminderung. Er erfüllt die versicherungsrechtlichen Voraussetzungen (§ 43 Abs. 2 S. 1 Nr. 2 und 3 SGB VI) und ist voll erwerbsgemindert (§ 43 Abs. 2 S. 1 Nr. 1 SGB VI). Seit der Operation, der er sich nach Klageerhebung unterziehen musste[6], leidet er an einem „Dumping Syndrom" mit Abgeschlagenheit, Kopfschmerzen und Müdigkeit. Der behandelnde Arzt bezweifelt, ob der Kläger einem täglichen Arbeitseinsatz von mindestens drei Stunden gewachsen ist. Außerdem macht er darauf aufmerksam, dass der Kläger Gelegenheit haben müsse, während der Arbeit mehrere kleine Mahlzeiten einzunehmen. Eine Bescheinigung dieses Arztes vom ...... ist beigefügt.

Damit ist der Kläger voll erwerbsgemindert, weil er auf nicht absehbare Zeit nicht mehr in der Lage ist, unter den üblichen Bedingungen des Arbeitsmarktes mindestens drei Stunden täglich erwerbstätig zu sein (§ 43 Abs. 2 S. 2 SGB VI). Sollte eine weitere Beweisaufnahme jedoch wider Erwarten ergeben, dass ihm körperlich leichte Arbeiten sogar noch mindestens sechs Stunden täglich zumutbar sind, ist er gleichwohl voll erwerbsgemindert. Denn er kann wegen der Notwendigkeit, während der Arbeitszeit zusätzliche Pausen einzulegen, nicht mehr unter betriebsüblichen Bedingungen arbeiten.[7]

Rechtsanwalt

Anmerkungen

1. Häufigste Klage in der Sozialgerichtsbarkeit. Die kombinierte Anfechtungs- und Leistungsklage setzt voraus, dass eine Leistung durch Verwaltungsakt abgelehnt worden ist. Es muss sich im Unterschied zu Ermessenleistungen (s. Form. VIII. 4 Anm. 1) um Leistungen handeln, auf die ihrer Art nach ein Rechtsanspruch besteht (§ 38 SGB I). *Sozialleistungen, auf die ein Anspruch besteht* (Pflichtleistungen), sind die Regel, *Ermessensleistungen* die Ausnahme. Es werden Dienst-, Sach- und Geldleistungen unterschieden („Dreiteilung" der Leistungsarten, § 11 SGB I). Die einzelnen Sozialleistungen der zuständigen Leistungsträger sind in §§ 18 ff. SGB I genannt und in den Besonderen Teilen des SGB geregelt (§§ 2, 68 SGB I). Aus § 51 SGG (Rechtsweg, Form. VIII. 24 Anm. 3) ergibt sich, über welche Angelegenheiten und damit auch, über welche Sozialleistungsansprüche die Gerichte der SGb entscheiden. Die folgende Übersicht mit Literaturauswahl ist als Orientierungshilfe gedacht:

- *Gesetzliche Rentenversicherung* (SGB VI) einschließlich der *Alterssicherung der Landwirte* (Ges. über die Altershilfe der Landwirte); praktisch besonders bedeutsam: Renten wegen verminderter Erwerbsfähigkeit, §§ 33 ff. SGB VI; Form. VIII. 6 und 10
  Literatur: KassKomm., SGB VI (Loseblattausgabe); Komm. zum Recht der gesetzlichen Rentenversicherung, herausgegeben vom Verband Deutscher Rentenversicherungsträger – *Verbandskomm.* – (Loseblattausgabe); *Eicher/Haase/Rauschenbach,* Die Rentenversicherung der Arbeiter und Angestellten, Komm. (Loseblattausgabe); *Kreikebohm,* SGB VI, Komm., 1997; Alterssicherung der Landwirte, Komm., herausgegeben vom Gesamtverband der landwirtschaftlichen Alterskassen, Kassel (Loseblattausgabe)
- *Gesetzliche Krankenversicherung* (SGB V, praktisch besonders bedeutsam: Krankenbehandlung und Krankengeld, §§ 27 ff. SGB V; Form. VIII. 9)
  Literatur: *KassKomm.,* SGB VI (Loseblattausgabe); *Krauskopf,* Soziale Krankenversicherung, Pflegeversicherung (Loseblattausgabe)
- *Soziale Pflegeversicherung* und *private Pflegeversicherung* (SGB XI, praktisch besonders bedeutsam: Pflegegeld, § 37 SGB XI iVm. §§ 14, 15 SGB XI; zum *Mahnverfahren* hinsichtlich der Beitragsansprüche von Unternehmen der privaten Pflegeversicherung s. § 182 a SGG
  Literatur: *KassKomm.,* SGB XI (Loseblattausgabe); *Udsching,* SGB XI, Soziale Pflegeversicherung, Komm. 2. Aufl. 2000; *Klie/Krahmer,* Soziale Pflegeversicherung, Lehr- und Praxiskomm., 1998
- *Gesetzliche Unfallversicherung* (SGB VII, praktisch besonders bedeutsam: Verletztenrente, §§ 56 ff. SGB VII; Form. VIII. 2 und 9)
  Literatur: *KassKomm.,* SGB VII (Loseblattausgabe); *Bereiter-Hahn/Mehrtens,* Gesetzliche Unfallversicherung, Komm. (Loseblattausgabe); *Schönberger/Mehrtens/Valentin,* Arbeitsunfall und Berufskrankheit, 6. Aufl. 1998 (Standardwerk zu den unfallmedizinischen Grundlagen); *Mehrtens/Perlebach,* Die Berufskrankheitenverordnung (BKV), Komm. (Loseblattausgabe)
- *Arbeitsförderung* (SGB III; praktisch besonders bedeutsam: Arbeitslosengeld und Arbeitslosenhilfe, §§ 117 ff. und §§ 190 ff. SGB III; Form. VIII. 1 und 28)
  Literatur: *KassKomm.,* SGB III (Loseblattausgabe); *Gagel,* SGB III, Komm. (Loseblattausgabe); *Hennig,* SGB III, Komm. (Loseblattausgabe)
- *Soziales Entschädigungsrecht* (BVG und andere Ges.e, soweit sie die entsprechende Anwendung der Leistungsvorschriften des BVG vorsehen, s. insbesondere § 80 SVG, § 47 Abs. 1 Zivildienstges., § 1 Abs. 1 OEG, § 60 Abs. 1 Infektionsschutzges., § 4 Abs. 1 Häftlingshilfeges.; Form. VIII. 13)
  Literatur: *Wilke,* Soziales Entschädigungsrecht, Handkomm., 7. Aufl. 1992; *Gelhausen,* Soziales Entschädigungsrecht, 2. Aufl. 1998
- *Erziehungsgeld* (§ 13 Bundeserziehungsgeldges.)
  Literatur: *Buchner/Becker,* Mutterschutzgesetz, Bundeserziehungsgeldgesetz, 6. Aufl.

1998; *Hambüchen,* Kindergeld, Erziehungsgeld, Komm. (Loseblattausgabe); *Wiegand,* Komm. zum Bundeserziehungsgeldgesetz (Loseblattausgabe)

- *Feststellungen im Schwerbehindertenrecht* (§ 69 SGB IX, s. auch § 51 Abs. 1 Nr. 7 SGG) sind keine Sozialleistungen iSd. § 11 SGB I; sie sind Gegenstand der Verpflichtungsklage, s. dazu Form. VIII. 8 Anm. 3

Unabhängig von dem vorstehenden Katalog kann der gesetzlich nicht geregelte, von Rspr. und Schrifttum entwickelte sog. *sozialrechtliche Herstellungsanspruch* im Rahmen einer Anfechtungs- und Leistungsklage von Bedeutung sein (vgl. zB. BSG 32, 60/70: Fiktion der Einhaltung einer gesetzlichen Frist für einen Rentenantrag), aber auch im Rahmen einer Verpflichtungsklage (s. zB. BSG 50, 12). Er wird durch ein rechtswidriges Verhalten des Sozialleistungsträgers (Verletzung von Betreuungs- und Beratungspflichten, s. auch §§ 14, 15 SGB I) ausgelöst (zu den dogmatischen Grundlagen des sozialrechtlichen Herstellungsanspruchs KassKomm – *Seewald* vor §§ 38–47 SGB I, Rdn. 30ff.; *Bieback* SGb 1990, 517; *Jung* Die Berufsgenossenschaft – BG – 1994, 503; *Gagel* SGb 2000, 517.

2. Rente aus der gesetzlichen Rentenversicherung wird auf *Antrag* gezahlt (§ 115 SGB VI). Der Antrag ist grundsätzlich auch für den *Rentenbeginn* maßgebend (§ 99 SGB VI). Für Renten aus eigener Versicherung gilt danach (§ 99 Abs. 1 SGB VI): Bei rechtzeitiger Antragstellung – dh. innerhalb von drei Kalendermonaten nach Ablauf des Monats, in dem die Anspruchsvoraussetzungen erfüllt sind – beginnt die Rente mit dem Kalendermonat, zu dessen Beginn die Anspruchsvoraussetzungen erfüllt sind; bei späterer Antragstellung wird die Rente erst vom Antragsmonat an geleistet. Dieser Grundsatz wird für befristete Renten wegen verminderter Erwerbsfähigkeit durch § 101 Abs. 1 SGB VI modifiziert (Rentenbeginn nicht vor Beginn des siebten Kalendermonats nach dem Eintritt der Minderung der Erwerbsfähigkeit, s. Anm. 5). Zum Leistungsbeginn für die wesentlichen Sozialleistungen *Krasney/Udsching* Kap. IV Rdn. 74.

3. Eine Bezifferung des Klageantrags ist nicht erforderlich und nicht üblich, da bei einer *auf Geld gerichteten* Leistungsklage zur Leistung nur dem Grunde nach verurteilt werden kann (§ 130 SGG) und von dieser Möglichkeit regelmäßig Gebrauch gemacht wird (vgl. im Einzelnen die Kommentierung des § 130 SGG bei *Meyer-Ladewig* SGG). Da ein *Grundurteil* nur ergehen kann, wenn die Voraussetzungen des geltend gemachten Anspruchs vorliegen, empfiehlt es sich – unabhängig von einer entsprechenden Anregung des Vorsitzenden (§ 106 Abs. 1 SGG) –, den (die) geltend gemachten Anspruch (Ansprüche) nach Beginn, Leistungsart und Dauer im Klageantrag zu bezeichnen (BSG SozR 1500 § 130 Nr. 2; s. auch BSG SozR 1500 § 54 Nr. 12: Substantiierung der einzelnen Ansprüche aus dem Sozialversicherungsverhältnis erforderlich, s. auch Form. VIII. 2. Anm. 5). Das Grundurteil erledigt den Rechtsstreit in vollem Umfang. Nach der Verurteilung zur Leistung dem Grunde nach ist der Sozialleistungsträger verpflichtet, einen *Ausführungsbescheid* zu erteilen, mit dem die Höhe der Leistung festgesetzt wird (zur aufschiebenden Wirkung der Berufung eines verurteilten Versicherungsträgers oder in der Kriegsopferversorgung eines Landes s. § 154 Abs. 2 SGG); wird das Urt. später aufgehoben, besteht idR. die Verpflichtung zur Rückzahlung der sog. Urteilsrente (näher dazu *Meyer-Ladewig* SGG § 130 Rdn. 4a und § 154 Rdn. 4 und 4a).

Nach BSG SozR 3–1500 § 201 Nr. 1 ist ein Grundurteil mit vollstreckbarem Inhalt, das auf eine kombinierte Anfechtungs- und Leistungsklage ergeht, nach § 201 SGG zu vollstrecken (Zwangsgeld, mit dem die Verpflichtung des verurteilten Leistungsträgers durchgesetzt wird, einen Ausführungsbescheid zu erteilen; s. auch BSG SozR 3–1300 § 45 Nr. 24 – S. 76 –: keine Vollstreckung nach § 198 Abs. 1 SGG iVm. § 882a ZPO). Im Übrigen haben die Vorschriften des SGG über die *Vollstreckung* (§§ 198–201) kaum praktische Bedeutung, weil rechtskräftig verurteilte Sozialleistungsträger durchweg von sich aus ihrer Verpflichtung nachkommen. Ausführlich zur Vollstreckung *Krasney/Udsching* Kap. XIII.

4. Ansprüche auf Geldleistungen sind nach Ablauf eines Kalendermonats nach dem Eintritt der Fälligkeit bis zum Ablauf des Kalendermonats vor der Zahlung mit vier vH. zu *verzinsen.* Die Verzinsung beginnt frühestens nach Ablauf von sechs Monaten nach Eingang des vollständigen Leistungsantrags, beim Fehlen eines Antrags nach Ablauf eines Kalendermonats nach der Bekanntgabe der Entscheidung über die Leistung (§ 44 SGB I). Auch bei Leistungen der gesetzlichen Unfallversicherung, in der die Leistungen von Amts wegen festzustellen sind, ist der ggf. gestellte vollständige Leistungsantrag für den Beginn der Verzinsung maßgebend (BSG SozR 1200 § 44 Nr. 3 und BSG SozR 3–1200 § 44 Nr. 4).

In der Praxis ist der *Antrag auf Verurteilung zur Zinszahlung nicht erforderlich* und nicht üblich. Denn die Leistungsträger, die zur Leistung auch für zurückliegende Zeit verurteilt sind, haben auf Grund ihrer gesetzlichen Pflicht (§ 44 SGB I) die Zinsen von Amts wegen zu ermitteln.

5. In der sozialgerichtlichen Praxis haben die auf *Renten wegen verminderter Erwerbsfähigkeit* gerichteten Klagen große Bedeutung. Mit dem am 1. 1. 2001 in Kraft getretenen Ges. zur Reform der Renten wegen verminderter Erwerbsfähigkeit v. 20. 12. 2000 (BGBl. I S. 1827) ist dieser Kernbereich der gesetzlichen Rentenversicherung – als Teil einer Gesamtreform des Rentenversicherungsrechts (s. *Ruland* NZS 2001, 393) – neu geordnet worden mit dem Ziel, das Arbeitsmarktrisiko zwischen Renten- und Arbeitslosenversicherung sachgerecht zu verteilen. An die Stelle der bisherigen Rente wegen Erwerbsunfähigkeit ist die *zweistufige Erwerbsminderungsrente* getreten (s. unter a). Renten wegen verminderter Erwerbsfähigkeit werden grundsätzlich als *Zeitrenten* (befristet längstens für drei Jahre nach Rentenbeginn mit Wiederholungsmöglichkeit), und nicht vor Beginn des siebten Kalendermonats nach dem Eintritt der Minderung der Erwerbsfähigkeit geleistet (§§ 101 Abs. 1, 102 Abs. 2 SGB VI). *Ausnahme:* Renten, auf die ein Anspruch unabhängig von der jeweiligen Arbeitsmarktlage besteht, werden unbefristet geleistet, wenn unwahrscheinlich ist, dass die Minderung der Erwerbsfähigkeit behoben werden kann; hiervon ist nach einer Gesamtdauer der Befristung von neun Jahren auszugehen (ausführlich zur Befristung DRV Heft 2–3, 2000, 172 ff.).

Der die Rente wegen Berufsunfähigkeit regelnde § 43 SGB VI wurde gestrichen; der Berufsschutz ist jedoch für eine lange Übergangszeit von bis zu 25 Jahren beibehalten worden und damit die *Rente wegen Berufsunfähigkeit* weiterhin von Bedeutung (s. unter b).

Das neue Recht ist bei einem Rentenbeginn ab 1. 1. 2001 anzuwenden.

Zur Reform der Erwerbsminderungsrenten: *Stichnoth/Wiechmann* DAngVers 2001, 53; *Rademacker,* Soziale Sicherheit – SozSich – 2001, 74; *Wollschläger,* Deutsche Rentenversicherung – DRV – 2001, 276; *Joussen* NZS 2002, 294. Ausführlich, praxisnah und umfassend mit Darstellung der BSG-Rspr. informiert Heft 2–3/2002 der Deutschen Rentenversicherung – DRV –, hrsg. vom Verband Deutscher Rentenversicherungsträger; außerdem *Marschang,* Verminderte Erwerbsfähigkeit – Ein Ratgeber zu den renten- und sozialrechlichen Fragen –, 2002. – Schematisch dargestellt ergibt sich im Wesentlichen folgende differenzierte Rechtslage:

a) Die Rente wegen Erwerbsminderung wird als *Rente wegen teilweiser Erwerbsminderung* oder als *Rente wegen voller Erwerbsminderung* geleistet. Teilweise erwerbsgemindert sind Versicherte, die wegen Krankheit oder Behinderung auf nicht absehbare Zeit außerstande sind, unter den üblichen Bedingungen des Arbeitsmarktes mindestens sechs Stunden täglich erwerbstätig zu sein (§ 43 Abs. 1 S. 2 SGB VI). Der Rentenartfaktor beträgt 0,5. Erst wenn das Leistungsvermögen auf unter drei Stunden täglich sinkt, liegt volle Erwerbsminderung vor (§ 43 Abs. 2 S. 2 SGB VI). Der Rentenartfaktor beträgt 1,0.

Wegen der die üblichen Bedingungen des Arbeitsmarktes berücksichtigenden sog. *konkreten Betrachtungsweise* (richterliche Rechtsfortbildung) sind im Hinblick auf die Rspr. des BSG folgende Besonderheiten zu beachten: Versicherte mit einem Leistungsvermögen von drei bis unter sechs Stunden, die keinen entsprechenden Teilzeitarbeitsplatz finden, haben Anspruch auf Rente wegen voller Erwerbsminderung (s. zur Verschlossenheit des Teilzeitarbeitsmarktes BSG 30, 167; 43, 75; BSG SozR 3–4750 Art. 2 § 6 Nr. 6 = SGb 1994, 185 m. Anm. v. *Dörr*). Somit führen bei arbeitslosen Versicherten bereits Einschränkungen des zeitlichen Leistungsvermögens auf weniger als sechs Stunden zur vollen Erwerbsminderungsrente. Ein noch mindestens sechs Stunden täglich einsatzfähiger Versicherter ist dagegen grundsätzlich unabhängig von seinen Vermittlungschancen (Risiko der Arbeitslosenversicherung) nicht erwerbsunfähig. Insoweit brauchen die Rentenversicherungsträger und die SGe bei der Prüfung, ob Erwerbsunfähigkeit vorliegt, keine konkrete Verweisungstätigkeiten zu benennen. Das gilt jedoch ausnahmsweise dann nicht, wenn die erhebliche Gefahr einer Verschlossenheit des Arbeitsmarktes besteht, nämlich bei einer Summierung ungewöhnlicher Leistungseinschränkungen oder einer schweren spezifischen Leistungsbehinderung (sog. atypische Leistungseinschränkungen, z. B. Einschränkung der Arm- und Handbeweglichkeit, zusätzliche Arbeitspausen). S. zu diesen sog. „Katalogfällen" BSG Beschl. des GS v. 19. 12. 1996 – 1 GS 2/95 = SozR 3–2600 § 44 Nr. 8 und SozR 2200 § 1246 Nr. 137 – S. 440 –.

Zur Erwerbsfähigkeit gehört darüber hinaus die Fähigkeit, eine Arbeitsstelle zu erreichen, die sog. *Wegefähigkeit* (s. dazu BSG SozR 3–2200 § 1247 Nr. 10 und Urt. v. 19. 11. 1997 – 5 R 716/97 mwN.).

Dementsprechend haben die Tatsachengerichte in medizinischer und berufskundlicher Hinsicht von Amts wegen die „Standardfragen" zu klären, ob und inwieweit das Leistungsvermögen des Klägers aus gesundheitlichen Gründen qualitativ und/oder quantitativ (zeitlich) eingeschränkt ist und ob dieser noch Zugang zum allgemeinen Arbeitsmarkt hat (zur Verpflichtung des Gerichts, die Beteiligten über die für die Entscheidung maßgebenden berufskundlichen Tatsachen zu unterrichten BSG SozR 3–1500 § 62 Nr. 12; s. auch Form. VIII. 16. Anm. 5).

Konkret geht es um folgende Merkmale:
- Körperliche und geistige Belastbarkeit
- Zusätzliche Leistungseinschränkungen
- Wegefähigkeit
- Tägliche Arbeitszeit

S. dazu umfassend die vorerwähnte Darstellung in DRV Heft 2–3/2001 und *Marschang* aaO.

b) *Rente wegen teilweiser Erwerbsminderung bei Berufsunfähigkeit* (Vertrauensschutzregelung für Versicherte, die vor dem 2. 1. 1961 geboren sind). Versicherte, die am 1. 1. 2001 bereits das 40. Lebensjahr vollendet haben, erhalten eine Rente wegen teilweiser Erwerbsminderung auch dann, wenn sie zwar auf dem allgemeinen Arbeitsmarkt vollschichtig, aber in ihrem *bisherigen Beruf* nicht mehr sechs Stunden täglich arbeiten können (§ 240 SGB VI). Der *Berufsschutz* wird damit für eine lange Übergangszeit in das neue System der zweistufigen Erwerbsminderungsrenten integriert. Damit ist weiterhin die Konkretisierung des Begriffs der Berufsunfähigkeit durch die Rspr. des BSG maßgebend; näher dazu Form. VIII. 10. Der Rentenfaktor für diese Rente beträgt nur 0,5 gegenüber 0,6667 bei der alten Berufsunfähigkeitsrente; die Rente ist also 25% niedriger, sodass diese Rentenart an Attraktivität verloren hat.

c) Von der vorstehend skizzierten Neuregelung sind Versicherte, die am 31. 12. 2000 bereits einen Anspruch auf Rente wegen Berufsunfähigkeit oder Erwerbsunfähigkeit hatten, nicht betroffen; der jeweilige Anspruch besteht bis zur Vollendung des 65. Lebensjahres weiter (vgl. § 302 b Abs. 1 SGB VI).

6. Bei der Anfechtungs- und Leistungsklage ist die *Sach- und Rechtslage zum Zeitpunkt der letzten mündlichen Verhandlung* zu Grunde zu legen (allgM.: *Meyer-Ladewig* SGG § 54 Rdn. 34; *Krasney/Udsching* Kap. VII. Rdn. 99; ausf. und krit. dazu *Hasenpusch* SGb 1994, 319). Deshalb ist im Beispielsfall das Vorbringen, der Gesundheitszustand des Klägers habe sich nach Klageerhebung verschlechtert, erheblich und kann Ermittlungen von Amts wegen erforderlich machen.

7. Die Notwendigkeit zusätzlicher Arbeitspausen verpflichtet zur Benennung konkreter Verweisungstätigkeiten (vgl. BSG SozR 2200 § 1247 Nr. 42 und BSG SozR 2200 § 1246 Nr. 136; ausführlich DRV Heft 2–3/2002, 134 f.). Gelingt der Nachweis nicht oder sind entsprechende Arbeitsplätze so selten, dass faktisch keine (auch keine schlechte) Chance mehr besteht, einen solchen Arbeitsplatz zu erhalten, ist der Versicherte auch bei einem mindestens sechsstündigen Leistungsvermögen voll erwerbsgemindert. Denkbar ist auch eine Rente wegen teilweiser Erwerbsminderung für den Fall, dass der Kläger trotz seiner atypischen Leistungseinschränkung (zusätzliche Arbeitspausen) auf dem allgemeinen Arbeitsmarkt zwar noch mindestens sechs Stunden einsatzfähig ist, er aber vor dem 2. 1. 1961 geboren und berufsunfähig ist (Anm. 5 und Form. VIII. 10.).

Kosten und Gebühren

Vgl. Hinweis zu Form. VIII. 2.

Fristen und Rechtsmittel

Vgl. Hinweis zu Form. VIII. 2.

7. Anfechtungs- und Leistungsklage – § 54 Abs. 4 SGG –

(Beispiel: Klage auf Verletztenrente nach bindendem Ablehnungsbescheid)

An das
Sozialgericht

Klage

des Monteurs ......, Klägers,
Prozessbevollmächtigter: RA ......

gegen

die Norddeutsche Metall-Berufsgenossenschaft ......, Beklagte,
vertreten durch den Geschäftsführer,

wegen Rücknahme eines unanfechtbaren rechtswidrigen Bescheides[1] und Zahlung einer Verletztenrente.

Namens und in Vollmacht des Klägers erhebe ich Klage und beantrage,

1. den Bescheid der Beklagten vom ...... in der Gestalt des Widerspruchsbescheides vom ...... (Daten des nach § 44 SGB X erlassenen, eine Rücknahme ablehnenden Bescheides und des Widerspruchsbescheides) sowie den Bescheid vom ...... in der Gestalt des Widerspruchsbescheides vom ...... (Daten des ursprünglichen, unanfechtbaren Bescheides und des Widerspruchsbescheides) aufzuheben,
2. die Beklagte zu verurteilen, dem Kläger vom ...... an Verletztenrente in Höhe von mindestens 20 vH. der Vollrente zu zahlen[2].

Begründung:

Der Kläger war als Monteur beschäftigt und befand sich auf einer Dienstreise, um auf einer auswärtigen Baustelle zu arbeiten. Nach der Arbeit fuhr er von der Baustelle zum Hotel und parkte seinen PKW einige Meter davor. Auf dem Fußweg zum Hotel bemerkte er, dass er seine Herrenhandtasche mit Personalausweis, Reisepass, Kraftfahrzeug-

und Führerschein im Wagen vergessen hatte. Er kehrte deshalb um und wollte die Tasche holen. Auf dem Wege dorthin erlitt er einen Unfall. Er wurde von einem PKW angefahren und zog sich eine Verletzung zu, die zum fast völligen Verlust des Sehvermögens des rechten Auges führte. Die Beklagte holte zwar das augenärztliche Gutachten des Prof. Dr. G. ein – dieser schätzte die unfallbedingte MdE auf 20 vH. –, lehnte aber eine Entschädigung ab, weil der Kläger bei einer „eigenwirtschaftlichen" Tätigkeit verunglückt sei (Bescheid vom ...... und Widerspruchsbescheid vom ......). Die dagegen gerichtete Klage war wegen Versäumung der Klagefrist erfolglos (rechtskräftiges Urteil des SG ...... vom ......).
Am ...... beantragte der Kläger die Rücknahme des unanfechtbaren ablehnenden Bescheides. Die Beklagte lehnte diesen Antrag unter Hinweis auf ihre schon zuvor vertretene Auffassung ab (Bescheid vom ...... und Widerspruchsbescheid vom ......).
Die Auffassung der Beklagten ist unzutreffend. Die Voraussetzungen des § 44 Abs. 1 S. 1 SGB X liegen vor. Die Beklagte hat bei der Ablehnung der Verletztenrente das Recht unrichtig angewandt. Denn der Kläger hat einen Arbeitsunfall (§ 8 SGB VII) erlitten. Die Tätigkeit, bei der sich der Unfall ereignete, stand nach den von der Rspr. des BSG für Dienstreisen entwickelten Wertungsmaßstäben im inneren Zusammenhang mit dem Beschäftigungsverhältnis. Danach handelt derjenige, der – wie der Kläger – während einer Dienstreise auf einem mit der beruflichen Tätigkeit zusammenhängenden Weg Ausweis, Kraftfahrzeugschein und Führerschein im abgestellten PKW vergisst und noch vor Beendigung des Weges dorthin zurückkehrt, um diese Papiere zu holen, rechtlich wesentlich auch im betrieblichen Interesse. Zur weiteren Begründung wird auf das einen gleichliegenden Sachverhalt betreffende Urt. des BSG v. 12. 6. 1990 – 2 RU 57/89 – (SozR 3–2200 § 548 Nr. 3) Bezug genommen.

Rechtsanwalt

Anmerkungen

1. Das Form. betrifft den praktisch wichtigen Fall, dass bereits durch einen bindenden Verwaltungsakt ablehnend entschieden ist und geltend gemacht wird, dass diese Entscheidung anfänglich unrichtig ist. Die *Bindungswirkung* kann unter erleichterten Voraussetzungen beseitigt werden: Nach § 44 Abs. 1 SGB X ist ein Verwaltungsakt, auch nachdem er unanfechtbar geworden ist, mit Wirkung für die Vergangenheit zurückzunehmen, wenn sich im Einzelfall ergibt, dass bei Erlass des Verwaltungsakts das Recht unrichtig angewandt worden oder von einem Sachverhalt ausgegangen worden ist, der sich als unrichtig erweist, und soweit deshalb *Sozialleistungen* (s. zum Begriff der Sozialleistungen § 11 SGB I, zu den einzelnen Sozialleistungen §§ 18 ff. SGB I und Form. VIII. 6) zu Unrecht nicht erbracht oder *Beiträge* zu Unrecht erhoben worden sind. § 44 Abs. 1 SGB X findet auf Bescheide über die *Rückforderung* von Sozialleistungen (§ 50 SGB X) entsprechende Anwendung (BSG SozR 3–1300 § 44 Nr. 19). Die Vorschrift durchbricht die materielle Bestandskraft (Bindungswirkung, vgl. § 77 SGG und die Kommentierung dieser Vorschrift durch *Meyer-Ladewig* SGG). Voraussetzung für die Aufhebung des ursprünglichen Bescheides ist „einfache Rechtswidrigkeit" (BSG SozR 2200 § 1251 Nr. 102). Wenn der Antragsteller keine neuen tatsächlichen oder rechtlichen Argumente vorbringt, wird sich die Verwaltung idR. ohne nähere Prüfung des Anspruchs auf die Bindungswirkung des ursprünglichen Bescheides berufen (näher dazu BSG 63, 33 = SozR 1300 § 44 Nr. 33; BSG 79, 297/299; s. auch *Jung*, SGb 2002, 1, 2 ff.). Lehnt die Verwaltung einen Antrag nach § 44 SGB X nach erneuter Prüfung ab, ist die Klage gegen den neuen Bescheid indessen nicht schon deshalb unbegründet, weil keine neuen Gesichtspunkte geltend gemacht worden sind und die Verwaltung die ablehnende Begründung des früheren bindenden Bescheides wiederholt hat; fehlende neue tatsächliche Argumente des Klägers spielen keine Rolle, wenn das Gericht die Rechtswidrigkeit des bindenden Bescheides erkennt (BSG SozR 3–2600 § 243 Nr. 8).

Eine unrichtige Rechtsanwendung iS. des § 44 Abs. 1 SGB X liegt auch vor, wenn sich die höchstrichterliche Rspr. geändert hat und die Änderung auf der Erkenntnis der Unrichtigkeit der bisherigen Rspr. beruht (s. aber auch § 48 Abs. 2 SGB X; vgl. zur Abgrenzung der Normbereiche BSG 55, 87/89; 57, 209; 58, 27; *von Wulffen* § 48 Rdn. 18. Zum Verhältnis von § 44 Abs. 1 SGB X zu § 79 Abs. 2 BVerfG, dh. zur Bestandskraft von Verwaltungsakten, die auf einer vom BVerfG für nichtig bzw. für mit dem GG unvereinbar erklärten Norm beruhen *Spellbrink/Hellmich,* SGb 2001, 605).

Auch die Erledigung eines Anspruchs durch *Vergleich* schließt nach BSG SozR 2200 § 1251 Nr. 115 einen Anspruch auf Neufeststellung nach § 44 SGB X nicht aus, soweit der Vergleich keinen Verzicht auf das materielle Recht iS. des § 46 SGB I enthält (str., s. *Heilemann,* Die Korrektur aus einem Rechtsbehelfsverfahren hervorgegangener Verwaltungsakte, SGb 1995, 240/242 f.).

Für Bescheide, die weder über eine Leistungsberechtigung noch über eine Beitragsverpflichtung befinden („Nichtleistungsbescheide"), enthält § 44 Abs. 2 SGB X eine besondere Regelung (Rücknahmepflicht für die Zukunft, Ermessen für die Vergangenheit).

Zu beachten ist, dass nach Aufhebung des rechtswidrigen Verwaltungsakts Sozialleistungen längstens für einen Zeitraum bis zu vier Jahren vor der Rücknahme erbracht werden (näher dazu § 44 Abs. 4 SGB X), und zwar auch dann, wenn den Sozialleistungsträger an der Rechtswidrigkeit des zurückgenommenen Bescheides ein Verschulden getroffen hat (BSG SozR 1300 § 44 Nr. 17).

2. Es handelt sich bei der auf § 44 Abs. 1 SGB X gestützten Klage nicht um eine Verpflichtungs-, sondern um eine *kombinierte Anfechtungs- und Leistungsklage* iS. des § 54 Abs. 4 SGG, wenn eine Leistung begehrt wird, auf die – wie idR. – ein Rechtsanspruch besteht („Durchverurteilung" zur Leistung, vgl. BSG 55, 87/89; *Krasney/Udsching* Kap. IV Rdn. 76; aber str., vgl. *Niesel* Rdn. 100: kombinierte Anfechtungs- und Verpflichtungsklage, die mit einer Leistungsklage verbunden ist).

Kosten und Gebühren

Vgl. Hinweis zu Form. VIII. 2.

Fristen und Rechtsmittel

Vgl. Hinweis zu Form. VIII. 2.

8. Feststellungsklage – § 55 SGG – (Klage auf Feststellung des zuständigen Sozialversicherungsträgers)[1, 2, 3, 4]

An das
Sozialgericht

Klage

des Rettungssanitäters ......, **Klägers,**
Prozessbevollmächtigter: RA ......
gegen

die Allgemeine Ortskrankenkasse ......, Beklagte,
vertreten durch die Geschäftsführung,
beigeladen:

1. Landesversicherungsanstalt ......
2. Bundesversicherungsanstalt für Angestellte ......
3. Stadt C.

wegen Feststellung des zuständigen Versicherungsträgers.

Namens und in Vollmacht des Klägers erhebe ich Klage und beantrage,

1. den Bescheid der Beklagten vom ...... in der Gestalt des Widerspruchsbescheides vom ...... aufzuheben,
2. festzustellen, dass der Kläger der Versicherungspflicht in der Rentenversicherung der Angestellten unterliegt[5].

Begründung[6]:

Der Kläger ist als Rettungssanitäter bei der Beigeladenen zu 3. beschäftigt und wird im Krankentransport sowie im Notarztwagen- und Feuerwehrdienst eingesetzt. Für ihn werden Beiträge zur Rentenversicherung der Arbeiter entrichtet. Der Kläger ist indessen Angestellter. Nach der Rechtsprechung des BSG erfolgt die Prüfung, ob jemand Arbeiter oder Angestellter ist, in mehreren Stufen, wobei auf die folgende Stufe erst überzugehen ist, wenn auf der vorangegangenen Stufe keine Entscheidung möglich ist (BSG 47, 106; BSG SozR 2400 § 3 Nr. 5 und 6). Da im vorliegenden Fall die vorangegangenen Stufen keine Zuordnung ermöglichen – insbesondere fehlen eine bundeseinheitliche Tarifpraxis und eine allgemeine Verkehrsanschauung –, kommt es entscheidend darauf an, ob die Beschäftigung des Klägers vorwiegend körperlich oder vorwiegend geistig geprägt ist. Es überwiegt die geistige Leistung: Nicht nur als Rettungssanitäter, sondern auch als Fahrer des Notarztwagens hat der Kläger die Vitalfunktionen von Notfallpatienten zu beurteilen und aufrechtzuerhalten.

Rechtsanwalt

Anmerkungen

1. Mit der *Feststellungsklage* (§ 55 SGG) kann begehrt werden: 1. die Feststellung des Bestehens oder Nichtbestehens eines Rechtsverhältnisses, 2. die Feststellung, welcher Versicherungsträger der Sozialversicherung zuständig ist, 3. die Feststellung, ob eine Gesundheitsstörung oder der Tod die Folge eines Arbeitsunfalls, einer Berufskrankheit oder einer Schädigung iS. des Bundesversorgungsgesetzes ist, 4. die Feststellung der Nichtigkeit eines Verwaltungsakts, wenn der Kläger ein berechtigtes Interesse an der baldigen Feststellung hat. – Von erheblicher praktischer Bedeutung ist für die gesetzliche Unfallversicherung und das soziale Entschädigungsrecht die Feststellung des ursächlichen Zusammenhanges (Kausalität) nach § 55 Abs. 1 Nr. 3 SGG; s. dazu Form. VIII. 9. Das Begründungsbeispiel betrifft den Fall des § 55 Abs. 1 Nr. 2 SGG.

Die sog. *„Elementenfeststellungsklage"* ist ausnahmsweise zulässig, wenn durch sie der Rechtsstreit im Ganzen bereinigt wird (BSG 31, 235; 48, 238/240).

Zur *Fortsetzungsfeststellungsklage* s. Anm. 2.

2. Hat sich der angefochtene Verwaltungsakt während des Rechtsstreites erledigt, wird die Klage idR. zurückgenommen oder der Rechtsstreit in der Hauptsache für erledigt erklärt. Der Klageantrag kann jedoch ausnahmsweise in einen Feststellungsantrag umgewandelt werden, wenn der Kläger ein berechtigtes Interesse an der Feststellung der Rechtswidrigkeit des Verwaltungsakts hat – sog. *Fortsetzungsfeststellungsklage* – (§ 131

Abs. 1 S. 3 SGG). Das Feststellungsinteresse kann rechtlicher, wirtschaftlicher oder ideeller Natur sein und kommt in drei Richtungen in Betracht: als Schadensinteresse, Rehabilitationsinteresse und wegen der Gefahr der Wiederholung (BSG SozR 4100 § 19 Nr. 5 – S. 22 – mwN.; BSG SozR 3–1500 § 88 Nr. 1 – S. 3 –). Hat sich der Verwaltungsakt bei einer *Anfechtungsklage* erledigt, so ist der Antrag darauf zu richten, dass der Verwaltungsakt (Bescheid in der Gestalt des Widerspruchsbescheides) rechtswidrig war. Die Fortsetzungsfeststellungsklage kommt auch in Betracht, wenn sich das *Verpflichtungsbegehren* (Bsp.: Klage auf Erteilung einer Arbeitserlaubnis) erledigt hat (BSG aaO. und BSG 42, 212/216). In diesem Fall ist – entsprechend der anfänglichen Verpflichtungsklage – zu beantragen, dass die Behörde verpflichtet war, den abgelehnten Verwaltungsakt zu erlassen. Auch eine *Untätigkeitsklage* kann unter den Voraussetzungen des § 131 Abs. 1 S. 3 SGG auf die Fortsetzungsfeststellungsklage umgestellt werden (vgl. Form. VIII. 5 Anm. 1).

3. *Feststellungen im Schwerbehindertenrecht* gemäß § 69 SGB IX (bis 30. 6. 2001: § 4 SchwbG) sind nicht mit der Feststellungs-, sondern mit der *Verpflichtungsklage* (Form. VIII. 4) zu verfolgen (*Krasney/Udsching* Kap. IV Rdn. 91 ff., aber str.). Die Verpflichtung der Versorgungsbehörde besteht darin, durch feststellenden Verwaltungsakt eine Statusfeststellung zu treffen, die die Grundlage für die Ausstellung des Schwerbehindertenausweises bildet (vgl. § 69 Abs. 5 SGB IX) und Voraussetzung für bestimmte öffentlich-rechtliche Leistungen und arbeitsrechtliche Vorteile ist (vgl. BSG SozR 3–1300 § 44 Nr. 3 mwN.; s. aber auch BSG SozR 1500 § 78 Nr. 7 = SGb 1978, 68 m. Anm. v. *Freitag:* Statusfeststellung als Leistung iSd. § 54 Abs. 4 SGG). Die Versorgungsverwaltung hat (entgegen früherer Übung) im Verfügungssatz des Bescheides nur das Vorliegen einer (unbenannten) Behinderung mit einem bestimmten GdB (§ 69 Abs. 1 SGB IX) und ggfs. weitere gesundheitliche Merkmale als Voraussetzung für die Inanspruchnahme von Nachteilsausgleichen (§ 69 Abs. 4 SGB IX) festzustellen. Die isolierte Feststellung von Gesundheitsstörungen und Funktionsbeeinträchtigungen als (weitere) Behinderungen ist wegen fehlenden Rechtschutzinteresses unzulässig (BSG SozR 3–3870 § 4 Nr. 24).

Ein Klageantrag nach § 69 Abs. 1 und 4 SGB IX könnte demgemäß zB. lauten: 1. den Bescheid des Versorgungsamtes L vom ...... in der Gestalt des Widerspruchsbescheides des Landesversorgungsamtes N. vom ...... zu ändern, 2. den Beklagten zu verurteilen, a) eine Behinderung mit einem GdB von 70 und b) die gesundheitlichen Merkmale des Nachteilsausgleichs „G“ festzustellen.

Das BSG sieht die GdB-Feststellung überdies als Verwaltungsakt mit Dauerwirkung iSd. § 48 SGB X (Form. VIII. 2. Anm. 10) an (BSG 79, 223/224; BSG SozR 1300 § 48 Nr. 29; offengelassen in BSG SozR 3–3870 § 4 Nr. 5 – S. 26 –).

Für die Verwaltungs- und Gerichtspraxis sind bedeutsam die vom Bundesministerium für Arbeit und Sozialordnung herausgegebenen „Anhaltspunkte für die ärztliche Gutachtertätigkeit im sozialen Entschädigungsrecht und nach dem Schwerbehindertengesetz“ idF. von 1996; s. dazu *Rösner/Raddatz,* Der Medizinische Sachverständige –MedSach– 1996, 173; *Herter,* Behindertenrecht 1997, 89. Das BSG misst den Anhaltspunkten – im Gegensatz zu den MdE-Erfahrungssätzen in der gesetzlichen Unfallversicherung (Form. VIII. 9. Anm. 6) – eine rechtsnormähnliche Qualität bei (BSG 72, 285 = SozR 3–3870 § 4 Nr. 6; BSG 75, 176 = SozR 3–3870 § 3 Nr. 5; s. auch BVerfG SozR 3–3870 § 3 Nr. 6). Die Anhaltspunkte in der gegenwärtigen Fassung gelten ab 1. 1. 1997, sind also nicht rückwirkend anwendbar (näher dazu BSG SozR 3–3100 § 30 Nr. 22). Weiterführende Hinweise bei *Goedelt,* Die Festsetzung des Grades der MdE/des GdB nach dem Schwerbehindertengesetz, Zentralblatt für Sozialversicherung, Sozialhilfe und Versorgung-ZfS-1994, 97. Zum Streitgegenstand und zu den Beweisfragen im Schwerbehindertenrecht *Krasney/Udsching* Kap. III Rdn. 150 ff. Allgemeine Literaturhinweise zum Schwerbehindertenrecht: *Großmann/Schimanski/Dopatka/Spiolek/Steinbrück,* Gemeinschaftskomm. zum SchwBG, 2. Aufl. 1999; *Neumann/Pahlen,* SchwBG, Komm., 9. Aufl. 1999; *Hauck/Noftz,* SGB IX, Rehabilitation und Teilhabe behinderter Menschen, Komm. (Loseblattausgabe).

4. Nach § 89 SGG ist die Klage an keine Frist gebunden, wenn die Feststellung der Nichtigkeit eines Verwaltungsakts oder die Feststellung des zuständigen Versicherungsträgers begehrt wird. Darüber hinaus gilt allgemein, dass die isolierte Feststellungsklage an keine Frist gebunden ist. Ist dagegen – wie im Regelfall – der Feststellungsklage ein Verwaltungsakt vorausgegangen, der den Gegenstand der Feststellungsklage betrifft (vgl. Anm. 5), so gilt die Klagefrist des § 87 SGG (vgl. *Meyer-Ladewig* SGG § 87 Rdn. 2 und § 89 Rdn. 4).

5. Im Begründungsbeispiel ist die Feststellungs- mit der Anfechtungsklage verbunden. Nach BSG 57, 184 und 58, 150/152 ist die Feststellungsklage idR. ohne vorangegangenes Verwaltungsverfahren unzulässig, weil ein streitig gewordenes öffentlich-rechtliches Verhältnis zunächst in einem Verwaltungsverfahren durch Verwaltungsakt zu regeln ist (vgl. auch *Meyer-Ladewig* SGG § 55 Rdn. 15 und 19a). Der Anwendungsbereich der „reinen“ Feststellungsklage ist somit im Sozialrecht gering.

6. S. zum Begründungsbeispiel Urt. des LSG Niedersachsen v. 5. 5. 1993 – L 4 Kr 173/91 = Sozialversicherung – SozVers – 1994, 55.

Kosten und Gebühren

Vgl. Hinweis zu Form. VIII. 2.

Fristen und Rechtsmittel

Vgl. Anm. 4 und Hinweis zu Form. VIII. 2.

9. Anfechtungs-, Feststellungs- und Leistungsklage – §§ 54 Abs. 4, 55 Abs. 1 Nr. 3 SGG –

(Klage auf Feststellung von Unfallfolgen und Verletztenrente)[1]

An das
Sozialgericht

Klage

des Kraftfahrers ……, **Klägers,**
Prozessbevollmächtigter: RA ……

gegen

die Verwaltungs-Berufsgenossenschaft ……, **Beklagte,**
vertreten durch den Geschäftsführer,

wegen Feststellung von Unfallfolgen und Zahlung von Verletztenrente
Namens und in Vollmacht des Klägers erhebe ich Klage und beantrage,

1. den Bescheid der Beklagten vom …… in der Gestalt des Widerspruchsbescheides vom …… aufzuheben,
2. festzustellen, dass die Gesundheitsstörung „Gonarthrose rechts mit Einschränkung der Beweglichkeit des rechten Kniegelenks“ Folge des Arbeitsunfalls[2] vom …… ist[3, 4],

3. die Beklagte zu verurteilen, dem Kläger vom ...... an Verletztenrente in Höhe von mindestens 20 vH. der Vollrente zu zahlen[5, 6, 7].

Begründung:

Der Kläger hatte sich am ...... 1988 auf dem Weg zur Arbeit das rechte Kniegelenk verrenkt und den inneren Meniskus verletzt. Die Beklagte hatte den „Zustand nach Knieverletzung rechts und anschließender Meniskusoperation" als Folge dieses Arbeitsunfalls anerkannt und ihm für die Zeit vom ...... bis ...... 1989 Verletztenrente in Höhe von 20 vH. der Vollrente gewährt (Bescheide vom ......). Wegen einer schmerzhaften Gonarthrose rechts, die ihm seit 1999 Beschwerden bereitete, unterzog sich der Kläger am ...... 2000 einer erneuten Knieoperation. Gestützt auf das Gutachten des Dr. K. vom ...... lehnte die Beklagte den nach dieser Operation gestellten Antrag des Klägers auf Verletztenrente vom ...... ab, weil wegen des langen Zeitraums bis zum Auftreten der ersten Beschwerden und des auch am linken, vom Unfall nicht betroffenen Knie festgestellten Gelenkverschleißes der ursächliche Zusammenhang der Gonarthrose rechts mit dem Arbeitsunfall nicht wahrscheinlich sei (Bescheid vom ...... und Widerspruchsbescheid vom ......). Mit dieser Entscheidung ist der Kläger nicht einverstanden. Wie sich aus dem beigefügten Bericht des ihn behandelnden Arztes für Orthopädie Prof. Dr. P. vom ...... ergibt, spricht mehr für als gegen einen solchen ursächlichen Zusammenhang. Danach ist nicht nur zu berücksichtigen, dass die Arthrose der Kniegelenke rechts weit stärker als links ausgeprägt ist, sondern auch, dass eine Meniskektomie, wie sie hier erstmals 1988 erfolgt ist, die Entstehung und den Verlauf einer Arthrose begünstigt.
Die Arthrose bedingt auf Grund der schmerzhaften Bewegungseinschränkung des rechten Kniegelenks auch eine MdE zumindest in rentenberechtigendem Grad von 20 vH. (vgl. im Einzelnen den o. a. Bericht des Prof. Dr. P.).

Rechtsanwalt

Anmerkungen

1. Diese Klagekombination – dh. die um die Feststellungsklage erweiterte Anfechtungs- und Leistungsklage – hat insbesondere für die gesetzliche Unfallversicherung praktische Bedeutung (ausführlich dazu *Brackmann*, Handbuch der Sozialversicherung, 11. Aufl. 1988, Bd. I/2, 240 s I ff); *Dahm*, Die Zulässigkeit von Feststellungsklagen in Angelegenheiten der gesetzlichen Unfallversicherung, Kompass 1994, 536).

2. Versicherungsfälle der gesetzlichen Unfallversicherung sind Arbeitsunfälle und Berufskrankheiten (§ 7 Abs. 1 SGB VII). *Arbeitsunfall* ist ein körperlich schädigendes, zeitlich (auf eine Arbeitsschicht) begrenztes Ereignis, das in einem *rechtlich wesentlichen ursächlichen Zusammenhang* mit einer versicherten Tätigkeit steht (vgl. auch die Legaldefinition des § 8 Abs. 1 SGB VII). Ein Arbeitsunfall ist hiernach zB. zu verneinen, wenn eine *innere Ursache* (epileptischer Anfall o. ä.) und nach der Rspr. des BSG auch, wenn *Trunkenheit*, insbesondere alkoholbedingte Verkehrsuntüchtigkeit, oder *nicht betriebsbedingte Übermüdung* die allein wesentliche Unfallursache ist. In der Praxis der Unfallversicherung wird außerdem häufig darüber gestritten, ob der Unfall nach der im Sozialrecht maßgebenden Theorie der wesentlichen Bedingung im Hinblick auf eine unfallfremde Vorschädigung nur die Bedeutung einer rechtlich unwesentlichen Teilursache (sog. *Gelegenheitsursache*) hat, zB. bei Verletzung vorgeschädigter Menisken, Bandscheiben oder bei Herzinfarkten.

Arbeitsunfall ist auch ein sog. *Wegeunfall* (§ 8 Abs. 2 iVm. § 8 Abs. 1 SGB VII).

Berufskrankheiten sind nur diejenigen durch eine versicherte Tätigkeit verursachten Erkrankungen, die die Bundesregierung auf Grund der in § 9 Abs. 1 SGB VII enthaltenen gesetzlichen Ermächtigung in der Berufskrankheitenverordnung –BKVO– bezeichnet (Enumerations- oder Listenprinzip; vgl. aber auch § 9 Abs. 2 SGB VII: Entschädigung „wie" eine Berufskrankheit).

Näher zu Arbeitsunfall und Berufskrankheit: KassKomm. – *Ricke*, Kommentierung der §§ 8 und 9 SGB VII sowie *Schönberger/Mehrtens/Valentin*, Arbeitsunfall und Berufskrankheit, Rechtliche und Medizinische Grundlagen für Gutachter, Sozialverwaltung, Berater und Gerichte, 6. Aufl. 1998.

3. Nach § 55 Abs. 1 Nr. 3 SGG kann die Feststellung begehrt werden, ob eine Gesundheitsstörung oder der Tod Folge eines Arbeitsunfalls, einer Berufskrankheit oder einer Schädigung iSd. BVG (s. auch § 1 Abs. 3 BVG: „Anerkennung einer Gesundheitsstörung als Folge einer Schädigung") ist. Diese Formulierung beruht auf der herkömmlichen, dem zivilen Schadensersatzrecht entlehnten Unterscheidung von haftungsbegründender und haftungsausfüllender Kausalität (vgl. zB. BSG 6, 120 und 7, 180) und umschreibt die *haftungsausfüllende Kausalität.* Unter haftungsbegründender Kausalität wird der ursächliche Zusammenhang zwischen versicherter Tätigkeit bzw. Wehrdienst und schädigendem Ereignis (Unfall) verstanden (s. auch Anm. 2), unter haftungsausfüllender Kausalität der ursächliche Zusammenhang zwischen schädigendem Ereignis und der Gesundheitsstörung oder dem Tod. Diese Unterscheidung wird zunehmend als verwirrend und für das Sozialrecht überflüssig kritisiert (instruktiv *Ricke,* Die Berufsgenossenschaft – BG – 1996, 770). Unabhängig von der str. Frage, ob die unmittelbar durch eine Schädigung verursachte Gesundheitsstörung – entsprechend der Legaldefinition des Arbeitsunfalls (Anm. 2) – bereits Begriffsmerkmal der haftungsbegründenden Kausalität ist, sind selbstverständlich nicht nur die „Folgeschäden", sondern auch die „Erstschäden" eines Unfalls feststellungsfähig.

Die Feststellungsklage nach § 55 Abs. 1 Nr. 3 SGG umfasst den gesamten Kausalzusammenhang zwischen versicherter Tätigkeit bzw. militärischem Dienst und einer Gesundheitsstörung (näher dazu BSG SozR 3–3200 § 81 Nr. 1). Sie kann insbesondere dann sinnvoll und prozessökonomisch sein, wenn lediglich darüber gestritten wird, ob die zum Unfall führende Tätigkeit unter Versicherungsschutz stand (vgl. dazu BSG aaO.; BSG SozR 2200 § 548 Nr. 53 und 72; BSG SozR 3–2200 § 550 Nr. 5; *Krasney/Udsching* Kap. IV Rdn. 87ff.). Auch dann kann der Klageantrag ebenso formuliert werden wie beim Streit über die haftungsausfüllende Kausalität, dh. es sind die zweifelsfrei gegebenen Gesundheitsstörungen als Folgen des Arbeitsunfalls zu bezeichnen (vgl. dazu zB. den dem Urt. des BSG v. 24. 1. 1992 – 2 RU 32/91 = SozR 3–2200 § 550 Nr. 5 entnommenen Klageantrag in Form. VIII. 17.). Umstr. war lange, ob auch ein allein auf die Feststellung der haftungsbegründenden Kausalität gerichteter Klageantrag („...... festzustellen, dass es sich bei dem Unfall des Klägers am ...... um einen Arbeitsunfall gehandelt hat") zulässig ist (näher dazu *Krasney/Udsching* Kap. IV Rdn. 89). Dies hat das BSG bejaht (Urt. v. 11. 5. 1995 – 2 RU 8/94 – und v. 23. 3. 1999 – B 2 U 15/98 R = SozR 3–2200 § 539 Nr. 46).

Bei *Berufskrankheiten* ist die Feststellung nach dem Wortlaut des § 55 Abs. 1 Nr. 3 SGG darauf zu richten, dass eine bestimmte Gesundheitsstörung Folge einer Berufskrankheit ist (zB. Feststellung einer Arthrose als Folge einer Berufskrankheit nach Nr. 2102 der Anlage 1 zur BKVO: „Meniskusschäden nach mehrjährigen andauernden oder häufig wiederkehrenden, die Kniegelenke überdurchschnittlich belastenden Tätigkeiten"). Stimmt die geltend gemachte Gesundheitsstörung mit der Definition der Listenerkrankung überein, sollte die Feststellung beantragt werden, dass diese Gesundheitsstörung eine Berufskrankheit ist (vgl. für die Lärmschwerhörigkeit – Berufskrankheit nach Nr. 2301 der Anlage 1 zur BKVO – BSG SozR 2200 § 551 Nr. 35, das insoweit auf § 55 Abs. 1 Nr. 1 SGG zurückgreift).

4. Das erforderliche *Rechtsschutzbedürfnis* für eine isolierte Feststellung von Unfallfolgen ist im Hinblick darauf, dass die Feststellung der unfallbedingten Schädigung

Grundlage jeder späteren Regelung ist, regelmäßig gegeben (BSG Urt. v. 22. 3. 1983 – 2 RU 64/81 = SozSich 1983, 297; *Dahm,* Die Zulässigkeit von Feststellungsklagen in Angelegenheiten der gesetzlichen Unfallversicherung, Kompass 1994, 536; für *Wehrdienstbeschädigungen* s. BSG 21, 167, 168 f. und BSG SozR 3–1500 § 55 Nr. 18). Dass die unfallbedingten Gesundheitsstörungen abgeklungen sind, steht dem nicht entgegen; denn gerade in Fällen, in denen geringfügige Schädigungen im Zeitpunkt der Entscheidung nicht geeignet sind, Leistungsansprüche auszulösen, gesundheitliche *Spätfolgen* des Unfalls jedoch *nicht auszuschließen* sind (BSG Urt. v. 3. 4. 1990 – 8 RKnU 3/88 –), ist die in § 55 Abs. 1 Nr. 3 SGG vorgesehene Feststellungsklage geboten (BSG Urt. v. 22. 3. 1983 – 2 RU 64/81 – aaO.; für *Wehrdienstbeschädigungen* s. BSG SozR 3–3200 § 81 Nr. 1 und BSG SozR 3–1500 § 55 Nr. 18).

Dementsprechend kann auch eine Berufskrankheit bereits vor Eintritt des Leistungsfalles festgestellt werden (BSG SozR 2200 § 551 Nr. 35 für eine Lärmschwerhörigkeit).

5. Zu unterscheiden sind in der gesetzlichen Unfallversicherung *Rente als vorläufige Entschädigung* und *Rente auf unbestimmte Zeit* (§ 62 SGB VII). Spätestens nach Ablauf von drei Jahren nach dem Unfall ist die Rente auf unbestimmte Zeit (Dauerrente) festzustellen. Diese Feststellung setzt eine Änderung der Verhältnisse nicht voraus, der Versicherungsträger ist an die zuvor getroffene Feststellung der MdE nicht gebunden, wohl aber an die Feststellung des Jahresarbeitsverdienstes (s. Anm. 6 aE.); vgl. im Einzelnen § 62 SGB VII. – Zum Anspruch auf *Verletztengeld* s. §§ 45 ff. SGB VII.

6. Eine MdE in rentenberechtigendem Grad liegt in der Unfallversicherung erst bei einer MdE um 20 vH. vor (§ 56 Abs. 1 SGB VII). Wichtige Ausnahme: die sog. „Stützrente", § 56 Abs. 1 S. 2 SGB VII (10 vH.). In der gesetzlichen Unfallversicherung gilt – anders als im zivilrechtlichen Schadensersatzrecht – der *Grundsatz der abstrakten Schadensbemessung.* Maßgebend ist danach nicht der unfallbedingte tatsächliche Minderverdienst, sondern der im Einzelfall (individuell) auf Grund der *allgemein anerkannten unfallmedizinischen Erfahrenswerte* („MdE-Tabellen"; „MdE-Empfehlungen") festzustellende *Grad der MdE* (detaillierte Übersicht über die MdE-Erfahrungswerte: KassKomm. – *Ricke* § 56 SGB VII Rdn. 40 ff.; *Bereiter-Hahn/Mehrtens,* Komm. zur gesetzlichen Unfallversicherung, Anhang 12; *Rompe/Erlenkämper,* Begutachtung der Haltungs- und Bewegungsorgane, 3. April 1998, Anhang S. 421 ff.). Die unfallmedizinischen Erfahrungswerte haben keine Normqualität und sind nach der Rspr. des BSG antizipierte Sachverständigengutachten. Ihre Änderungen stellen keine Änderungen der rechtlichen Verhältnisse iSd. § 48 SGB X (Form. VIII. 2 Anm. 9) dar (BSG 82, 212 = SozR 3–2200 § 581 Nr. 5). Demgegenüber misst das BSG den vom BMA aufgestellten „Anhaltspunkten für die ärztliche Gutachtertätigkeit im sozialen Entschädigungsrecht mit nach dem Schwerbehindertengesetz" trotz fehlender gesetzlicher Ermächtigung eine rechtsnormähnliche Qualität bei (Form. VIII. 8 Anm. 3).

Die *abstrakte Schadensbemessung* berücksichtigt im Allgemeinen die unfallbedingten beruflichen Nachteile hinreichend. Eine höhere Bewertung der MdE kann ausnahmsweise auf Grund des § 56 Abs. 2 S. 3 SGB VII (besondere berufliche Betroffenheit) im Einzelfall zur Vermeidung unbilliger Härten gerechtfertigt sein (vgl. zB. BSG 70, 47 mwN.). Maßgebend für die Berechnung und damit die Höhe der Verletztenrente ist außerdem der *Jahresarbeitsverdienst* (vgl. im Einzelnen §§ 81 ff. SGB VII und § 56 Abs. 3 SGB VII).

Ein bestimmter Grad der MdE braucht im Klageantrag nicht angegeben zu werden. Beantragt der Kläger – wie im Begründungsbeispiel – den „Mindestwert" der MdE (dh. MdE in rentenberechtigendem Grad), so vermeidet er ein Kostenrisiko, das sich sonst verwirklichen würde, wenn nämlich das Gericht einen geringeren als den beantragten MdE-Wert annimmt und die weitergehende Klage abweist. Sofern das Gericht den beantragten „Mindestwert" der MdE festsetzt, ist der Kläger allerdings ebenso wenig beschwert wie ein Kläger, dem die in seinem Antrag geforderte Mindestsumme an Schmerzensgeld zugesprochen wird (vgl. BSG SozR 3–1930 § 116 Nr. 7 – S. 24 – mit Hinweis auf BGH VersR 1970, 83 und VersR 1977, 861). Es kann auch beantragt werden, die Beklagte *dem Grunde nach* zu verurteilen, Verletztenrente zu zahlen. Dieser Antrag ist sinnvoll, wenn zwar der rentenberechtigende Grad der MdE erreicht ist, eine weitergehende Schätzung der MdE wegen insoweit fehlender Ermittlungen jedoch noch nicht möglich ist.

7. Der Verletzte erhält eine Rente, wenn die zu entschädigende MdE über die 26. Woche nach dem Arbeitsunfall hinaus andauert (§ 66 Abs. 1 S. 1 SGB VII). Die Rente beginnt idR. mit dem Tag nach dem Wegfall des Anspruchs auf Verletztengeld oder mit dem Tag nach Eintritt des Versicherungsfalles, wenn kein Anspruch auf Verletztengeld entstanden ist (§ 72 Abs. 1 SGB VII; Ausnahmen: § 72 Abs. 2 und 3 SGB VII).

Kosten und Gebühren

Vgl. Hinweis zu Form. VIII. 2.

Fristen und Rechtsmittel

Vgl. Hinweis zu Form. VIII. 2.

Berufung (§§ 143 ff. SGG)

10. Berufung (Klage auf Rente wegen teilweiser Erwerbsminderung bei Berufsunfähigkeit)[1]

An das
Landessozialgericht[2, 3]

In dem Rechtsstreit

des Maurers ......, Klägers und Berufungsklägers,
Prozessbevollmächtigter: RA ......[4]

gegen

die Landesversicherungsanstalt ......, Beklagte und Berufungsbeklagte,
vertreten durch die Geschäftsführung,

wird gegen das Urteil des Sozialgerichts ...... vom ...... – Az. ...... – zugestellt am ...... – Berufung eingelegt.

Namens und in Vollmacht des Klägers beantrage ich,

1. das Urteil des Sozialgerichts ...... vom ...... und den Bescheid der Beklagten vom ...... in der Gestalt des Widerspruchsbescheides vom ...... aufzuheben,
2. die Beklagte zu verurteilen, dem Kläger vom ...... an Rente wegen teilweiser Erwerbsminderung bei Berufsunfähigkeit zu zahlen[5].

Begründung[6, 7]:

Das SG hat die auf Rente wegen Erwerbsminderung gerichtete Klage abgewiesen. Der Kläger räumt zwar nunmehr ein, dass er nicht voll erwerbsgemindert ist, da er trotz erheblicher Verschleißerscheinungen der Wirbelsäule noch in der Lage ist, vollschichtig leichte und gelegentlich mittelschwere Arbeiten in wechselnder Körperhaltung zu verrichten. Im Berufungsverfahren wird daher nur noch Rente wegen teilweiser Erwerbsminderung bei Berufsunfähigkeit (§ 240 SGB VI) begehrt. Die Voraussetzungen des Anspruchs sind erfüllt. Denn der Kläger kann aus gesundheitlichen Gründen weder seinen bisherigen Facharbeiterberuf noch eine iSd. § 240 Abs. 2 S. 2 SGB VI sozial zumutbare Verweisungstätigkeit verrichten. Das SG hat ihn zu Unrecht nicht als Facharbeiter angesehen und ihn nur der Stufe der Angelernten zugeordnet. Es hat deshalb unzutreffend angenommen, er könne noch gesundheitlich und sozial zumutbar auf die ungelernten Tätigkeiten als Montierer und „Pförtner an der Nebenpforte" verwiesen werden. Es trifft zwar zu, dass der Kläger keinen auf Grund einer deutschen Berufsordnung erworbenen Ausbildungsabschluss als Facharbeiter besitzt. Er hat aber von ...... bis ......, also etwa sechs Jahre, den Beruf des Maurers voll wettbewerbsfähig ausgeübt. Nach der Rspr. des BSG gehört der Kläger somit zur Gruppe der Facharbeiter mit der Folge, dass ihm nur solche Tätigkeiten sozial zuzumuten sind, die angelernten Tätigkeiten zumindest gleichstehen. Solche Tätigkeiten gibt es für den Kläger nicht[8].

Rechtsanwalt

Anmerkungen

1. Das Ges. zur Entlastung der Rechtspflege v. 11. 1. 1993 (BGBl. I S. 50) hat mit Wirkung v. 1. 3. 1993 die komplizierten Vorschriften des SGG über die Berufungsbeschränkungen aufgehoben. Seitdem ist gegen die *Urteile der SGe* die *Berufung generell gegeben* (§ 143 SGG; näher dazu *Meyer-Ladewig* NZS 1993, 137). Die Berufung bedarf nur dann der Zulassung, wenn der Wert des Beschwerdegegenstandes 1. bei einer Klage, die eine Geld- oder Sachleistung (nach BSG Urt. v. 4. 12. 1997 – 7 RAr 24/96 – S. 6 – steht eine Dienstleistung iSd. § 11 Abs. 1 SGB I nicht gleich; str.) oder einen hierauf gerichteten Verwaltungsakt betrifft, 500 EUR oder 2. bei einer Erstattungsstreitigkeit zwischen juristischen Personen des öffentlichen Rechts oder Behörden 5.000 EUR nicht übersteigt; das gilt nicht, wenn die Berufung wiederkehrende oder laufende Leistungen für mehr als ein Jahr betrifft (§ 144 Abs. 1 SGG). Der Beschwerdewert richtet sich ausschließlich nach dem Geldbetrag, um den gestritten wird (BSG SozR 3–1500 § 144 Nr. 11; zur Bestimmung des Beschwerdewertes bei Grundurteilen BSG SozR 3–1500 § 158 Nr. 1 und 3; *Roos*, NZS 1999, 182). – Die Berufung ist auch gegen *Gerichtsbescheide* (§ 105 SGG) gegeben (vgl. Form. VIII. 20).

Gegen die Nichtzulassung der Berufung ist gem. § 145 SGG die NZB gegeben (Form. VIII. 11).

Nach § 154 Abs. 1 SGG haben Berufung und NZB *aufschiebende Wirkung*, soweit die Klage nach § 86 a SGG Aufschub bewirkt (vgl. Form. VIII. 27 Anm. 1). Die Berufung oder NZB eines Versicherungsträgers oder in der Kriegsopferversorgung eines Landes bewirken nur Aufschub, soweit es sich um Beträge handelt, die für die Zeit vor Erlass des angefochtenen Urt. nachgezahlt werden sollen (§ 154 Abs. 2 SGG). Somit hat der zur Leistung verurteilte Sozialleistungsträger für die Zeit ab Erlass des angefochtenen Urt. zu leisten (sog. *Urteilsrente*, vgl. Form. VIII. 5 Anm. 6). Der Vorsitzende des Rechtsmittelgerichts kann gemäß § 199 Abs. 2 SGG die *Vollstreckung* durch – jederzeit aufhebbare – einstweilige Anordnung *aussetzen* (Alleinentscheidungsbefugnis des Vorsitzenden). Nach BSG SozR 3–1500 § 199 Nr. 1 darf danach die Vollstreckung nur ausgesetzt werden, wenn sie dem Verwaltungsträger einen nicht zu ersetzenden Nachteil bringen würde und kein überwiegendes Interesse des Vollstreckungsgläubigers an ihr besteht (§ 198 SGG iVm. § 719 Abs. 2 ZPO; anders BSG 12, 138 und 33 118/121: Aussetzung ausnahmsweise dann, wenn das Rechtsmittel offensichtlich Aussicht auf Erfolg hat).

Die Berufung eröffnet eine *zweite Tatsacheninstanz* (s. §§ 153, 157 SGG). In der Praxis bedeutsam ist die Möglichkeit des LSG, die Berufung nach § 153 Abs. 4 SGG *durch Beschl.* (ohne ehrenamtliche Richter) *zurückzuweisen,* wenn es die Berufung einstimmig für unbegründet und eine mündliche Verhandlung nicht für erforderlich hält; das ist nicht möglich, wenn das SG durch Gerichtsbescheid (§ 105 SGG) entschieden hat (§ 153 Abs. 4 S. 1 SGG). Bei seiner Ermessensentscheidung hat das LSG die Schwierigkeit des Falles und die Bedeutung der Tatsachenfragen zu berücksichtigen (BSG SozR 3–1500 § 153 Nr. 1 und 13). Die nach § 153 Abs. 4 S. 2 SGG erforderliche *Anhörung* kann durch den Berichterstatter erfolgen (BSG SozR 3–1500 § 153 Nr. 8 und 14). Eine unzureichende Anhörung verletzt den Grundsatz des rechtlichen Gehörs (§ 62 SGG, Art. 103 Abs. 1 GG). Die Anhörungsmitteilung muss rechtzeitig zugegangen sein (BSG Beschl. v. 7. 11. 2000 – B 2 U 14/00 R –). Wird nach der Anhörung noch ein Beweisantrag (Form. VIII. 21.) gestellt, so ist idR. eine erneute Anhörung erforderlich (BSG SozR 3–1500 § 153 Nr. 8 und Urt. v. 24. 2. 2000 – B 2 U 32/99 R = SGb 2000, 257; zu neuem Sachvortrag BSG Urt. v. 1. 9. 1999 – B 9 SB 7/98 R –).

2. Die Berufung ist beim LSG *innerhalb eines Monats* nach Zustellung des Urt. einzulegen (§ 151 Abs. 1 SGG). Die Berufungsfrist beträgt bei Zustellung im Ausland analog § 87 Abs. 1 S. 2 SGG drei Monate, es sei denn, dass das Urt. einem Prozessbevollmächtigten oder Zustellungsbevollmächtigten im Inland zugestellt worden ist (BSG SozR 1500 § 151 Nr. 4). Die Frist wird durch Berufungseinlegung beim SG gewahrt (§ 151 Abs. 2 SGG). Einlegung bei anderen Behörden wahrt die Frist nicht, da § 91 SGG für das Berufungsverfahren nicht gilt (§ 153 Abs. 1 SGG). In diesem Zusammenhang ist von Bedeutung, dass ein ordnungsgemäß gestellter *isolierter PKH-Antrag* nach Ablauf der Berufungsfrist zur Wiedereinsetzung in den vorigen Stand führt (näher dazu Form. VIII. 25 Anm. 1 und Form. VIII. 12 Anm. 3).

Die Berufung ist *schriftlich* oder zur Niederschrift des Urkundsbeamten einzulegen (§ 151 Abs. 1 SGG). Anders als die Klageschrift (Form. VIII. 2 Anm. 3) muss die Berufungsschrift vom Berufungsführer oder dessen Prozessbevollmächtigten grundsätzlich eigenhändig unterschrieben sein (vgl. BSG SozR 1500 § 151 Nr. 3: abgekürztes Namenszeichen reicht nicht aus). Einlegung durch Telegramm oder Telefax ist zulässig. Die Übermittlung durch Telefax macht die Unterschrift grundsätzlich nicht entbehrlich (BSG SozR 1500 § 160 a Nr. 3 und BSG SozR 3–4100 § 91 Nr. 1 – S. 3 –; s. aber auch unten). Die Rspr. erkennt Ausnahmen vom Erfordernis der Unterschrift an, wenn sich aus der Berufungsschrift allein oder in Verbindung mit den Begleitumständen die Urheberschaft und der Wille ergeben, das Schreiben in den Verkehr zu bringen (vgl. *Meyer-Ladewig* SGG § 151 Rdn. 5). So hat das BSG zB. bei einer mittels PC-Modem als Datei an das Telefax-Empfangsgerät des LSG übermittelten Berufung auf das Erfordernis der eigenhändigen Unterschrift verzichtet (BSG SozR 3–1500 § 1500 § 151 Nr. 2; s. dazu auch *Krasney/Udsching* Kap. VIII Rdn. 61). Durch Art. 7 des Ges. zur Anpassung der Formvorschriften des Privatrechts und anderer Vorschriften an den modernen Rechtsgeschäftsverkehr (BGBl. I 2001, 1542) hat der Gesetzgeber in § 108 a SGG die elektronische Form als Option zur Schriftform eingeführt.

3. Eine *Anschlussberufung* ist zulässig (§ 202 SGG iVm. §§ 521, 522 ZPO). Zu unterscheiden sind die selbstständige Anschlussberufung, die innerhalb der Berufungsfrist einzulegen ist, und die unselbstständige Anschlussberufung, die auch nach Fristablauf noch eingelegt werden kann (näher dazu *Meyer-Ladewig* SGG § 143 Rdn. 5 ff.).

4. Vor dem LSG besteht kein Vertretungszwang.

5. Die Berufungsschrift soll das angefochtene Urt. bezeichnen und einen bestimmten Antrag enthalten (§ 151 Abs. 3 SGG). Es handelt sich um eine Sollvorschrift, deren Verletzung keine Folgen hat. Die Berufung muss aber erkennen lassen, wer Berufungskläger ist (BSG SozR 1500 § 151 Nr. 11).

6. Die Berufung soll auch die zur Begr. dienenden Tatsachen und Beweismittel angeben (§ 151 Abs. 3 SGG). Die Verletzung der Sollvorschrift hat keine Folgen. Insbesondere braucht die Berufung nicht begründet zu werden (BSG SozR Nr. 2 zu § 151 SGG). Eine sorgfältige Begr. liegt jedoch im Interesse des Berufungsklägers.

7. In der sozialgerichtlichen Praxis haben die *Renten wegen Erwerbsminderung* erhebliche Bedeutung. Mit dem zum 1. 1. 2001 in Kraft getretenen Ges. zur Reform der Renten wegen verminderter Erwerbsfähigkeit v. 20. 12. 2000 (BGBl. I S. 1827) ist dieser Kernbereich der gesetzlichen Rentenversicherung neu geordnet worden (Form. VIII. 6. Anm. 5). Das Begründungsbeispiel betrifft *Rente wegen teilweiser Erwerbsminderung bei Berufsunfähigkeit,* die im Rahmen der noch lange geltenden Übergangsregelung an die Stelle der bisherigen Rente wegen Berufsunfähigkeit getreten ist (§ 240 SGB VI). Damit ist die Konkretisierung der ins neue Recht übernommenen Legaldefinition der Berufsunfähigkeit einschließlich der Umschreibung der sozial zumutbaren Verweisungstätigkeiten (§ 240 Abs. 2 SGB VI) durch die Rspr. des BSG weiterhin maßgebend (zur Verpflichtung des Gerichts, die Beteiligten über die entscheidungserheblichen berufskundlichen Tatsachen zu unterrichten BSG SozR 3–1500 § 62 Nr. 12).

Ausgangspunkt ist danach der *bisherige Beruf* des Versicherten. Kann der Versicherte ihn nicht mehr verrichten, ist zu prüfen, ob es gesundheitlich und sozial zumutbare Verweisungstätigkeiten gibt. Die Zumutbarkeit einer Verweisungstätigkeit beurteilt sich nach der Wertigkeit des bisherigen Berufs. „Zur Erleichterung dieser Beurteilung" hat das BSG ein *Mehrstufenschema* entwickelt und die *Arbeiterberufe* in vier Gruppen eingeteilt: 1) Vorarbeiter mit Vorgesetztenfunktion oder besonders hoch qualifizierter Facharbeiter 2) Facharbeiter (anerkannter Ausbildungsberuf mit einer Ausbildungszeit von mehr als zwei Jahren) 3) angelernter Arbeiter (sonstiger Ausbildungsberuf mit einer Regelausbildungszeit von drei Monaten bis zu zwei Jahren) mit der „Untergruppe" des angelernten Arbeiters des „oberen Bereichs" (Ausbildungszeit von mehr als einem Jahr, vgl. BSG SozR 3–2200 § 1246 Nr. 45 mwN.; BSG Urt. v. 5. 4. 2001 – B 13 RJ 61/00 R –) und 4) ungelernter Arbeiter. Die Einordnung eines bestimmten Berufs in das Mehrstufenschema erfolgt nicht ausschließlich nach der Dauer der absolvierten förmlichen Berufsausbildung. Ausschlaggebend ist vielmehr die Qualität der verrichteten Arbeit, dh. der aus einer Mehrzahl von Faktoren zu ermittelnde Wert der Arbeit für den Betrieb. In diesem Zusammenhang kommt insbesondere der *tarifvertraglichen Einstufung* des Versicherten eine wesentliche Bedeutung zu. Grundsätzlich darf der Versicherte im Vergleich zu seinem bisherigen Beruf sozial zumutbar auf die nächstniedrigere Gruppe verwiesen werden. Bei ungelernten und angelernten Arbeitern des unteren Bereichs hat das BSG eine *konkrete Benennung von Verweisungstätigkeiten* nicht für erforderlich gehalten, weil eine Verweisung auf den allgemeinen Arbeitsmarkt zumutbar sei (BSG Beschl. des GS v. 19. 12. 1996 – 1 GS 2/95 = SozR 3–2600 § 44 Nr. 8; Form. VIII. 6 Anm. 5).

Das BSG hat auch für die *Angestelltenberufe* ein *Mehrstufenschema* entwickelt.

S. zur Berufsunfähigkeit im Einzelnen die in SozR zu § 1246 RVO und § 43 SGB VI veröffentlichte Rspr. des BSG; KassKomm. – *Niesel* § 43 SGB VI Rdn. 21 ff. und 67 ff. mwN.; Deutsche Rentenversicherung – DRV – 1993, 493 (Heft 8/9).

Die „Standardfrage" nach der Berufsunfähigkeit kann dementsprechend umfangreiche Ermittlungen von Amts wegen erforderlich machen, da der bisherige Beruf und dessen Qualität festzustellen sind und das noch vorhandene fachliche und gesundheitliche Leistungsvermögen einschließlich der erforderlichen Anpassungsfähigkeit mit dem Anforderungs- und Belastungsprofil einer Verweisungstätigkeit in medizinischer und berufskundlicher Hinsicht abzugleichen ist (vgl. zB. BSG SozR 3–2200 § 1246 Nr. 29 und BSG SozR 3–2600 § 43 Nr. 1 und 25 mwN.).

8. Zum Begründungsbeispiel s. BSG Urt. v. 17. 6. 1993 – 13 RJ 37/92 –.

Kosten und Gebühren

Der RA erhält idR. eine Rahmengebühr nach § 116 Abs. 1 S. 1 Nr. 2 BRAGO. Wegen der Einzelheiten vgl. Form. VIII. 2. Sonderregelung für den Ausnahmefall, dass sich die Gebühren gemäß § 116 Abs. 2 S. 1 BRAGO nach dem Gegenstandswert richten und die Berufung durch Beschl. nach § 153 Abs. 4 SGG zurückgewiesen wird: halbe Verhandlungsgebühr (§ 116 Abs. 2 S. 2 BRAGO).

Fristen und Rechtsmittel

Vgl. Anm. 1. Gegen das Urt. des LSG ist NZB (Form. VIII. 12) oder – bei zugelassener Revision – Revision (Form. VIII. 16) gegeben.

11. Nichtzulassungsbeschwerde (Erstattung der Kosten für ein Hilfsmittel der gesetzlichen Krankenversicherung)[1]

An das
Landessozialgericht[2]

In dem Rechtsstreit

des Buchhalters ......, **Klägers und Beschwerdeführers,**
Prozessbevollmächtigter: RA ......

gegen

die Betriebskrankenkasse ......, **Beklagte und Beschwerdegegnerin,**
vertreten durch den Geschäftsführer,

lege ich namens und in Vollmacht des Klägers gegen das Urteil des Sozialgerichts vom ...... Az: ...... – zugestellt am ...... –[3] Nichtzulassungsbeschwerde ein und beantrage, die Berufung zuzulassen.

Begründung[4, 5]:

Der Kläger begehrt die Verurteilung der Beklagten zur Kostenerstattung. Der bei der Beklagten familienversicherte Kläger leidet an einer schweren Hauterkrankung und einem Bronchialasthma. Gestützt auf eine ärztliche Verordnung des Prof. Dr. P. beantragte er, die Kosten für antiallergene Matratzen- und Kissenbezüge zu übernehmen. Die Beklagte lehnte dies mit der Begründung ab, es handle sich um Gebrauchsgegenstände des täglichen Lebens und damit nicht um Hilfsmittel iS. des § 33 SGB V. Daraufhin beschaffte sich der Kläger die antiallergenen Matratzen- und Kissenbezüge selbst und wandte hierfür 450 EUR auf. Das SG hat die auf Kostenerstattung gerichtete Klage durch Urteil vom ...... abgewiesen und die Berufung nicht zugelassen.
Die Berufung bedarf der Zulassung, weil der Beschwerdewert 500 EUR nicht übersteigt (§ 144 Abs. 1 Nr. 1 SGG). Die Nichtzulassungsbeschwerde ist begründet, da ein Verfahrensmangel (Verletzung der Amtsermittlungspflicht)[6] und damit ein Zulassungsgrund iSd. § 144 Abs. 2 Nr. 3 SGG vorliegt: Das SG hat im Anschluss an die Rechtsprechung

des BSG (vgl. SozR 3–2500 § 33 Nr. 15) zwar zutreffend angenommen, dass die gesetzlichen Krankenkassen einen Kostenanteil zu übernehmen haben, wenn die durch die Beifügung der therapeutischen Wirkung bedingten Herstellungskosten überwiegen, weil dann die Bedeutung als Gebrauchsgegenstand zurücktritt. Es ist auf Grund der Mitteilung des Sanitätshauses K. aber fälschlich davon ausgegangen, dass weniger als die Hälfte der Herstellungskosten auf die therapeutische Wirkung der Matratzen- und Kissenbezüge entfallen. Aufgrund der im Schriftsatz des Klägers von ...... substantiiert dargelegten Zweifel an der Richtigkeit der erwähnten Mitteilung hätte sich das SG nach seiner materiell-rechtlichen Auffassung gedrängt fühlen müssen, noch eine Auskunft des Herstellers der antiallergenen Matratzen- und Kissenbezüge einzuholen. Es hat somit gegen seine Pflicht verstoßen, den Sachverhalt von Amts wegen zu erforschen (§ 103 SGG). Die Herstellerauskunft hätte ergeben, dass die Erzeugung der antiallergenen Wirkung der Matratzen- und Kissenbezüge mehr als die Hälfte der Herstellungskosten verursacht. Demgemäß hätte das SG die Beklagte verurteilen müssen, dem Kläger den auf die Beigabe der therapeutischen Wirkung entfallenden Anteil des Ladenpreises von 450 EUR zu erstatten.

Rechtsanwalt

Schrifttum: Krasney, Die Beschwerde gegen die Nichtzulassung der Berufung und der Revision im sozialgerichtlichen Verfahren in: Brennpunkte des Sozialrechts 1998, 187 (Schriftenreihe des Deutschen Anwaltsinstituts); *May,* Die Zulassung der Berufung, SGb 1993, 249; *ders.*, Die Entscheidung über die Zulassung der Berufung, SGb 1994, 53; *Kummer,* Der Zugang zur Berufungsinstanz nach neuem Recht – Berufungsbeschränkung und Nichtzulassungsbeschwerde – NZS 1993, 285 und 337.

Anmerkungen

1. Die NZB (§ 145 SGG) ist gegeben (statthaft), wenn die Berufung nach § 144 SGG der Zulassung bedarf (s. dazu Form. VIII. 10) und das SG die Berufung nicht zugelassen hat. Nach einem Gerichtsbescheid kann in diesem Fall wahlweise auch mündliche Verhandlung beantragt werden (§ 105 Abs. 2 S. 2 SGG, s. Form. VIII. 20).

Zur *aufschiebenden Wirkung* der NZB Form. VIII. 10 Anm. 2.

2. Die NZB ist innerhalb eines Monats nach Zustellung des vollständigen Urt. beim LSG schriftlich (s. zur Schriftform Form. VIII. 10 Anm. 2) oder zur Niederschrift des Urkundsbeamten der Geschäftsstelle einzulegen (§ 145 Abs. 1 S. 2 SGG).

Das SG kann der Beschw. nicht abhelfen (§ 145 Abs. 4 S. 1 SGG).

Bei einer zulässigen NZB lässt das LSG die Berufung zu, wenn ein Zulassungsgrund nach § 144 Abs. 2 SGG vorliegt (ausführlich zu den Zulassungsgründen – grundsätzliche Bedeutung, Divergenz und Verfahrensmangel – *Meyer-Ladewig* SGG § 144 Rdn. 26–37). Bei Zulassung wird das Beschwerdeverfahren als Berufungsverfahren fortgesetzt; der Einlegung einer Berufung bedarf es nicht (§ 145 Abs. 5 S. 1 SGG). Eine unzulässige NZB wird verworfen; eine unbegründete NZB wird zurückgewiesen („abgelehnt" als Oberbegriff, vgl. § 145 Abs. 4 S. 4 SGG). Außerhalb des Verfahrens über die NZB ist das LSG nicht befugt, über die Zulassung der Berufung zu befinden; die Umdeutung der Berufung eines rechtskundig vertretenen Beteiligten in eine NZB ist unzulässig (BSG SozR 3–1500 § 158 Nr. 1 und 3; s. auch *Roos* NZS 1999, 182).

3. Die NZB soll das angefochtene Urt. bzw. den angefochtenen Gerichtsbescheid bezeichnen (§ 145 Abs. 2 SGG). Die Verletzung der Sollvorschrift hat keine Folgen.

4. Die NZB soll die zur Begr. dienenden Tatsachen und Beweismittel angeben (§ 145 Abs. 2 SGG). Die Begr. ist hiernach hinsichtlich der Zulassungsgründe der grundsätzlichen Bedeutung und der Divergenz nicht zwingend vorgeschrieben (keine Mindesterfordernisse an den Inhalt der Beschwerdeschrift). Damit trägt das Ges. dem Umstand Rechnung, dass auch in der Berufungsinstanz kein Vertretungszwang besteht. Eine Begründung der NZB liegt jedoch selbstverständlich im Interesse des Beschwerdeführers. Darüber hinaus ist aus § 144 Abs. 2 Nr. 3 SGG herzuleiten, dass der Zulassungsgrund *Verfahrensmangel* ausdrücklich geltend gemacht werden muss (*May* SGb 1994, 53/56, s. Anm. 6). An die Rüge des Verfahrensmangels sind weniger strenge Anforderungen als an die Verfahrensrüge im Revisionsverfahren zu stellen (Anm. 6). Der gerügte Verfahrensmangel, auf dem die angefochtene Entscheidung beruhen kann, muss tatsächlich vorliegen (§ 144 Abs. 2 Nr. 3 SGG).

5. Das Begründungsbeispiel betrifft die Ablehnung einer Geldleistung, deren Wert 500 EUR nicht übersteigt (§ 144 Abs. 1 Nr. 1 SGG). Hat eine Krankenkasse eine Leistung zu Unrecht abgelehnt (hier: ein Hilfsmittel, vgl. §§ 27 Abs. 1 Nr. 3, 33 SGB V) und sind dadurch dem Versicherten für die selbstbeschaffte Leistung Kosten entstanden, so sind diese von der Krankenkasse in der entstandenen Höhe zu erstatten, soweit die Leistung notwendig war (§ 13 Abs. 3 SGB V). Der Sachleistungsanspruch verwandelt sich dann in einen Kostenerstattungsanspruch und damit in einen Anspruch auf eine Geldleistung iSd. § 144 Abs. 1 S. 1 Nr. 1 SGG. Nach BSG 83, 254/263 ist dieser Kostenerstattungsanspruch zu beziffern und in der Klageschrift darzulegen, wie sich der Betrag im Einzelnen zusammensetzt.

Die Leistungspflicht der Krankenkassen im Hilfsmittelbereich ist nicht selten Gegenstand sozialgerichtlicher Verfahren (Übersicht über die von den Spitzenverbänden und der Rspr. anerkannten Hilfsmittel bei *Krauskopf,* Soziale Krankenversicherung, Komm., § 33 SGB V Rdn. 18ff.; s. außerdem die Hilfsmittel-Richtlinien des Bundesausschusses der Ärzte und Krankenkassen v. 16. 10. 2000/6. 2. 2001, BAnz 2001 Beilage Nr. 118 a). Nach BSG 88, 204 fallen unter den Begriff des Hilfsmittels alle Sachleistungen, während Heilmittel (§ 32 SGB V) persönliche (nicht-ärztliche) medizinische Dienstleistungen (zB. Bäder und Massagen) erfassen (s. dazu die Heilmittel-Richtlinien des Bundesausschusses der Ärzte und Krankenkassen v. 6. 2. 2001, BAnz 2001 Beilage Nr. 118a). Ein Anspruch auf Versorgung ist ausgeschlossen, wenn es sich um allgemeine Gebrauchsgegenstände des täglichen Lebens handelt (§ 33 Abs. 1 S. 1 Halbs. 2 SGB V). Nach BSG 84, 266 ergibt sich die Eigenschaft als allgemeiner Gebrauchsgegenstand des täglichen Lebens ohne Rücksicht auf die Verbreitung aus der Zweckbestimmung. Bei Gegenständen mit „Doppelfunktion“, also solchen, die Gebrauchsgegenstände und Hilfsmittel sind, ist nach der Rspr. der zuständigen Senate des BSG eine Aufschlüsselung der auf die beiden Funktionen entfallenden Kosten erforderlich. Das Begründungsbeispiel orientiert sich an BSG SozR 3–2500 § 33 Nr. 15; s. aber auch BSG SozR 3–2500 § 33 Nr. 28 – Therapie-Tandemfahrrad –: Der Versicherte hat einen Eigenanteil zu tragen, der dem Anschaffungspreis des allgemeinen Gegenstandes entspricht, der durch das Hilfsmittel ersetzt wird. Das letztgenannte Urt. enthält eine instruktive Darstellung der Prüfung der Anspruchsvoraussetzungen.

6. Da vor dem LSG kein Vertretungszwang besteht, sind an die Rüge des Verfahrensmangels zwecks Zulassung der Berufung weniger strenge Anforderungen zu stellen als an die Verfahrensrüge zwecks Zulassung der Revision (s. dazu Form. VIII. 15. Anm. 4–6). Es muss sich aus dem Vorbringen jedoch schlüssig ergeben, welcher Verfahrensmangel gemeint ist und worin er besteht; die unsubstantiierte Behauptung, es liege ein Verfahrensmangel vor, reicht ebenso wenig aus wie der Vortrag, das Urt. des SG sei materiell-rechtlich unrichtig (*Niesel* Rdn. 467f.).

Kosten und Gebühren

Lässt das LSG die Berufung zu, bleibt die Kostenentscheidung der Hauptsache vorbehalten. Diese Entscheidung umfasst dann die Kosten des Beschwerdeverfahrens (vgl.

BSG SozR 1500 § 193 Nr. 7). Der RA erhält für das Verfahren über die NZB die Hälfte der Rahmengebühr nach § 116 Abs. 1 S. 1 Nr. 2 BRAGO (§ 116 Abs. 1 S. 2 BRAGO). Bei Gebühren nach dem Gegenstandswert (§ 116 Abs. 2 BRAGO) fällt eine $^{13}/_{20}$-Gebühr an (§§ 11 Abs. 1, 61 BRAGO). Wird die Berufung zugelassen, so ist das anschließende Berufungsverfahren ein neuer Rechtszug (vgl. § 14 Abs. 2 BRAGO).

Fristen und Rechtsmittel

S. Anm. 2. Sofern die NZB verworfen oder zurückgewiesen wird, kein Rechtsmittel; das Urt. des SG wird rechtskräftig (§ 145 Abs. 4 S. 5 SGG).

Revision (§§ 160ff. SGG)

12. Nichtzulassungsbeschwerde[1, 2] – Einlegung zur Fristwahrung[3] –

An das
Bundessozialgericht[4]

In dem Rechtsstreit

des Elektromeisters ......,

Prozessbevollmächtigter: RA......[5] **Klägers und Beschwerdeführers,**

gegen

die Landesversicherungsanstalt ......, **Beklagte und Beschwerdegegnerin,**
vertreten durch die Geschäftsführung,

lege ich namens und in Vollmacht des Klägers gegen das Urteil des Landessozialgerichts ...... vom ...... – Az: ...... – zugestellt am ......[6] –
Nichtzulassungsbeschwerde ein und beantrage, die Revision gegen das oben bezeichnete Urteil zuzulassen. Eine beglaubigte Abschrift des Urteils ist beigefügt.
Vorsorglich stelle ich den Antrag, die Begründungsfrist[7] nach § 160a Abs. 2 S. 2 SGG um einen Monat zu verlängern, da mir der Kläger erst gestern das Mandat erteilt hat und eine Einsichtnahme in die umfangreichen Akten erforderlich ist. Außerdem ist der Prozessstoff rechtlich außergewöhnlich schwierig[8].

Rechtsanwalt

Schrifttum: Friedrichs, Die Nichtzulassungsbeschwerde in der Rechtsprechung des BSG, NJW 1976, 1875; *Kummer,* Die Nichtzulassungsbeschwerde, 1990; *ders.,* Die Nichtzulassungsbeschwerde, Die Angestelltenversicherung –DAngVers– 1989, 115 und 173; *Behn,* Unzulässigkeit oder Unbegründetheit der Nichtzulassungsbeschwerde, Soziale Sicherheit –SozSich– 1994, 382; *Krasney/Udsching* Kap. IX Rdn. 45ff. (m. Begründungsbeispielen); *Niesel* Teil G: Die Nichtzulassungsbeschwerde, Rdn. 508ff.; *Krasney,* Die Beschwerde gegen Nichtzulassung der Berufung und der Revision im sozialgerichtlichen Verfahren in: Brennpunkte des Sozialrechts 1998, 187 (Schriftenreihe des Deutschen Anwaltsvereins); *Fichte,* Die Verlängerung der Frist zur Begründung der Nichtzulassungsbeschwerde nach § 160a Abs. 2 S. 2 SGG SGb 1999, 653.

Anmerkungen

1. Die Nichtzulassung der Revision kann selbstständig mit Beschw. angefochten werden (§ 160a Abs. 1 S. 1 SGG). Hat also das LSG die Revision in einem Urt. oder einem Beschl. nach §§ 153 Abs. 4, 158 SGG nicht zugelassen (Regelfall), so haben die Beteiligten die Möglichkeit, durch NZB die Zulassung der Revision durch das BSG zu erreichen. Das Rechtsmittel muss *als NZB gekennzeichnet sein.*

Im Verfahren über die NZB geht es *ausschließlich* um die Frage, ob zumindest einer der drei Gründe für die Zulassung der Revision (§ 160 Abs. 2 Nr. 1–3 SGG) vorliegt.

2. Die NZB kann nur *schriftlich* (grundsätzlich eigenhändige Unterschrift) eingelegt werden. Einlegung durch Telegramm oder Telefax zulässig. Näher zur Schriftform Form. VIII. 10 Anm. 2.

3. Die Beschw. ist innerhalb eines Monats nach Zustellung des Urt. einzulegen (§ 160a Abs. 1 S. 2 SGG), bei Zustellung außerhalb des SGG innerhalb von drei Monaten (analog § 87 Abs. 1 S. 2 SGG; BSG 40, 40 = SozR 1500 § 160a Nr. 4). Die Beschwerdefrist kann *nicht verlängert* werden.

Gegen die Versäumung der Frist ist unter den Voraussetzungen des § 67 SGG Wiedereinsetzung in den vorigen Stand zu gewähren. Praktisch bedeutsam – auch aus Kostengründen – ist in diesem Zusammenhang, dass *innerhalb der Beschwerdefrist* ein *isolierter Antrag auf PKH* (kein Vertretungszwang) unter Beifügung der vorschriftsmäßig ausgefüllten Erklärung über die persönlichen und wirtschaftlichen Verhältnisse gestellt werden kann. Der isolierte PKH-Antrag erfordert keine Begr. (s. auch Form. VIII. 25 Anm. 6). Das BSG prüft die Erfolgsaussicht von Amts wegen. Ist die Frist für die NZB versäumt worden, weil zunächst nur der isolierte PKH-Antrag gestellt wurde, ist Wiedereinsetzung in den vorigen Stand zu gewähren, und zwar auch bei fehlender Erfolgsaussicht, wenn der Beschwerdeführer sich als „arm" iSd. § 114 Abs. 1 ZPO ansehen durfte (BSG SozR 1500 § 67 Nr. 15; s. auch BSG SozR 3–1500 § 67 Nr. 11). – Der beim BSG zugelassene Prozessbevollmächtigte kann seine Tätigkeit auch auf die Einlegung der NZB *und* den Antrag auf PKH beschränken. Die dahingehende Beschränkung seiner Tätigkeit muss jedoch in der Beschwerdeschrift oder in einem innerhalb der Begründungsfrist nachgereichten Schriftsatz oder durch Niederlegung des Mandats *eindeutig* zum Ausdruck kommen; andernfalls muss die NZB auch fristgerecht begründet werden (BSG 40, 111 = SozR 1500 § 160a Nr. 8). Wird nach Ablauf der Begründungsfrist über den PKH-Antrag entschieden, so beginnt mit der Zustellung der Entscheidung über die Wiedereinsetzung in den vorigen Stand der Lauf der Monatsfrist für die Beschwerdebegründung (BSG SozR 1500 § 164 Nr. 9).

Näher hierzu *Krasney/Udsching* Kap IX Rdn. 152ff.; *Niesel* Rdn. 298f.; *Meyer-Ladewig* SGG § 160a Rdn. 7.

4. Die NZB ist *beim BSG* einzulegen (§ 160a Abs. 1 S. 2 SGG). Keine Fristwahrung durch Einlegung beim LSG. Geht jedoch die NZB infolge pflichtwidrigen Verhaltens der unzuständigen Stelle erst nach Fristablauf ein, kommt Wiedereinsetzung in den vorherigen Stand in Betracht (vgl. dazu BSG 38, 248 = SozR 1500 § 67 Nr. 1).

5. Vor dem BSG müssen sich die Beteiligten, soweit es sich nicht um Behörden sowie Körperschaften oder Anstalten des öffentlichen Rechts handelt, durch Prozessbevollmächtigte vertreten lassen – *Vertretungszwang* – (§ 166 Abs. 1 SGG). Der Vertretungszwang gilt grundsätzlich für alle verfahrensrechtlich erheblichen Prozesshandlungen. Hiervon gibt es jedoch Ausnahmen (Antrag auf PKH – Anm. 3 –, Einverständnis mit einer Entscheidung ohne mündliche Verhandlung – Form. VIII. 26 – u.a., näher dazu *Krasney/Udsching* Kap. IX Rdn. 237). Als Prozessbevollmächtigter sind außer den bei einem deutschen Gericht zugelassenen RAen (§ 166 Abs. 2 S. 3 SGG) die in § 166 Abs. 2 S. 1 und 2 SGG bezeichneten natürlichen Personen zugelassen.

6. Der NZB soll eine Ausfertigung oder beglaubigte Abschrift des Urt. beigefügt werden, gegen das Revision eingelegt werden soll (§ 160a Abs. 1 S. 3 SGG). Verstoß hiergegen macht NZB nicht unzulässig; die Beschw. muss jedoch durch Angabe des Gerichts, des Urteilsdatums und des Aktenzeichens klar erkennen lassen, gegen welches Urt. sie sich richtet (BSG SozR 1500 § 160a Nr. 16).

Außerdem müssen Beschwerdeführer und Beschwerdegegner bezeichnet sein (vgl. BSG SozR 1500 § 164 Nr. 16 und 29).

7. Die NZB ist, sofern die Begr. nicht in der Beschwerdeschrift enthalten ist, innerhalb von zwei Monaten nach Zustellung des Urt., bei Zustellung außerhalb des Geltungsbereichs des SGG innerhalb von vier Monaten nach Zustellung des Urt. (BSG 40, 40 = SozR 1500 § 160a Nr. 4), zu *begründen* (§ 160a Abs. 2 S. 1 SGG). Ebenso wie die Einlegung (Anm. 2) muss die Begründung *schriftlich* erfolgen (zur Schriftform Form. VIII. 10 Anm. 2).

8. Die Begründungsfrist *kann* auf einen vor ihrem Ablauf gestellten *Antrag* von dem Vorsitzenden *einmal bis zu einem Monat verlängert* werden (§ 160a Abs. 2 S. 2 SGG). Der Antrag ist schon deshalb *substantiiert* und nicht nur mit floskelhaften und stereotypen Formulierungen zu begründen, weil der Vorsitzende bei seiner Entscheidung nach seinem freien Ermessen die beiderseitigen Belange abzuwägen hat (ausführlich *Fichte* aaO. mit Hinweisen auf die unterschiedliche Praxis beim BSG; s. aber auch *Krasney/Udsching* Kap. IX Rdn. 167ff.). Die Entscheidung des Vorsitzenden ist unanfechtbar (§ 172 Abs. 2 SGG).

Kosten und Gebühren

Der Beschl. über die NZB enthält eine Kostenentscheidung, wenn die Revision nicht zugelassen wird. Bei einer auf NZB zugelassenen Revision enthält die Entscheidung über die Kosten des Revisionsverfahrens auch die Kostenentscheidung für das Beschwerdeverfahren (BSG SozR 1500 § 193 Nr. 7). Bei Rahmengebühren (Regelfall) erhält der RA die Hälfte der Gebühr (§ 116 Abs. 1 S. 2 BRAGO). Bei Gebühren nach dem Gegenstandswert (§ 116 Abs. 2 BRAGO) fällt eine 13/20-Gebühr an (§§ 11 Abs. 1, 61 BRAGO). Wird die Revision zugelassen, so ist das anschließende Revisionsverfahren ein neuer Rechtszug (vgl. § 14 Abs. 2 BRAGO).

Fristen und Rechtsmittel

S. Anm. 3 und 7.

13. Begründung der Nichtzulassungsbeschwerde (allgemeine Hinweise)[1, 2] – grundsätzliche Bedeutung –[3]

An das
Bundessozialgericht

In dem Rechtsstreit

des Geldboten ......, **Klägers und Beschwerdeführers,**

Prozessbevollmächtigter: RA ......

gegen

das Land ......, Beklagten und Beschwerdegegner,
vertreten durch das Landesversorgungsamt ......,

begründe ich die mit Schriftsatz vom ...... gegen das Urteil des Landessozialgerichts ...... vom ...... – Az: ...... – eingelegte Nichtzulassungsbeschwerde wie folgt[4]:
Das LSG hat zu Unrecht die Revision nicht zugelassen. Die Rechtssache hat grundsätzliche Bedeutung iS. von § 160 Abs. 2 Nr. 1 SGG.
Der angefochtenen Entscheidung liegt folgender Sachverhalt zu Grunde: Der Kläger war Geldbote eines gewerblichen Geldbewachungs- und Transportunternehmens. Bei seiner Tätigkeit wurde er am ...... in einem Kaufhaus überfallen und durch Schüsse aus der Maschinenpistole eines Geldräubers schwer verletzt, als er diesem die Geldbeute sogleich wieder entreißen wollte. Der Kläger beantragte daraufhin beim Versorgungsamt H Versorgung nach § 1 OEG. Der Antrag wurde mit Bescheid vom ...... in der Gestalt des Widerspruchsbescheides vom ...... mit folgender Begründung abgelehnt: Die Schädigung iS. des § 1 Opferentschädigungsgesetzes –OEG– sei zwar durch einen vorsätzlichen rechtswidrigen Angriff verursacht worden. Eine Entschädigung sei aber „unbillig" iS. des § 2 Abs. 1 OEG, weil der Kläger einem durch eine private Versicherung zu deckenden erhöhten und spezifischen Berufsrisiko erlegen sei. Nach erfolglosem Klageverfahren hat das LSG die angefochtene Entscheidung mit derselben Begründung bestätigt.
Die Entscheidung des LSG beruht somit auf der Rechtsfrage, ob Zivilpersonen die – wie Geldboten eines gewerblichen Geldbewachungs- und Transportunternehmens – einem erhöhten berufsspezifischen Risiko gegenüber Gewalttaten ausgesetzt sind, nach § 2 Abs. 1 OEG von einer Entschädigung nach § 1 OEG ausgeschlossen sind. Die Rechtsfrage ist *klärungsbedürftig.* Sie ist höchstrichterlich noch nicht entschieden. Die Antwort auf die Rechtsfrage ergibt sich auch nicht zweifelsfrei aus dem Gesetz. Vielmehr wirft der unbestimmte Rechtsbegriff der Unbilligkeit hinsichtlich der Angehörigen besonders gefährdeter Berufe Auslegungszweifel auf. Diese Zweifel werden auch nicht durch die nur programmatischen Äußerungen in den Gesetzesmaterialien ausgeräumt ...... Das Gleiche gilt im Hinblick auf das Schrifttum zu § 2 OEG ...... Die Rechtsfrage hat eine über den Einzelfall hinausgehende *grundsätzliche Bedeutung,* da sie einen größeren Personenkreis betrifft, der dem Risiko tätlicher Angriffe in besonderem Maße ausgesetzt ist. Von einer Entscheidung des BSG hierzu kann erwartet werden, sie werde in einer die Interessen der Allgemeinheit berührenden Weise das Recht oder die Rechtsanwendung fortentwickeln. Die Rechtsfrage ist in einem anschließenden Revisionsverfahren auch *klärungsfähig,* da das angefochtene Urt. auf der vorstehend dargestellten Rechtsauffassung des LSG beruht: Verneint man nämlich entgegen der Auffassung des LSG eine Unbilligkeit und damit einen Versagungsgrund nach § 2 Abs. 1 OEG, so hat der Kläger Anspruch auf Versorgung nach § 1 OEG. Wer – wie er – infolge eines vorsätzlichen, rechtswidrigen tätlichen Angriff eine gesundheitliche Schädigung erlitten hat, erhält nach § 1 OEG Versorgung in entsprechender Anwendung der Vorschriften des BVG.[5]

Rechtsanwalt

Schrifttum: Wie bei Form. VIII. 12.

Anmerkungen

1. Zu Form und Frist der Begr. s. Form. VIII. 12 Anm. 7.

2. Die Begr. der NZB kann nach § 160 Abs. 2 Nr. 1–3 SGG nur darauf gestützt werden, dass die Rechtssache grundsätzliche Bedeutung hat – *Grundsatzrevision* – (Begründungsbeispiel) oder das Urt. von einer Entscheidung des BSG, des GemSOGB oder des BVerfG abweicht und auf dieser Abweichung beruht – *Divergenzrevision* – (Form. VIII. 14.) oder ein Verfahrensmangel geltend gemacht wird, auf dem die angefochtene Entscheidung beruhen kann; der geltend gemachte Verfahrensmangel kann nicht auf eine Verletzung der §§ 109 und 128 Abs. 1 S. 1 SGG und auf die Verletzung des § 103 SGG nur gestützt werden, wenn er sich auf einen Beweisantrag bezieht, dem das LSG ohne hinreichende Begr. nicht gefolgt ist – *Verfahrensrevison* – (Form. VIII. 15). In der Begr. muss die grundsätzliche Bedeutung der Rechtssache dargelegt oder die Entscheidung, von der das Urt. des LSG abweicht, oder der Verfahrensmangel bezeichnet werden (§ 160a Abs. 2 S. 3 SGG).

Auf die Begr. der NZB ist große Sorgfalt zu verwenden, da das BSG insoweit hohe Anforderungen stellt. Das BSG sieht diese als Zulässigkeitsvoraussetzung der NZB an (näher dazu *Krasney/Udsching* Kap. IX Rdn. 177; s. auch BVerfG SozR 3–1500 § 160 Nr. 7). Die damit verbundene Formstrenge, die der Entlastung des Revisionsgerichts („Filterfunktion") dient, ist nicht verfassungswidrig (BVerfG SozR 1500 § 160a Nr. 44, 45 und 48). Die meisten NZBn scheitern an der „Begründungslast". Danach muss zumindest ein Zulassungsgrund *schlüssig* dargetan werden. Davon ist die Auseinandersetzung mit der Sachentscheidung zu unterscheiden. Sie ist Gegenstand der Revisionsbegründung (vgl. BSG SozR 1500 § 160a Nr. 7). Allg. ist danach *zu beachten:*

- Die Begründung der NZB muss *übersichtlich* und *gegliedert* sein; Textbausteine sind gefährlich (vgl. BSG Beschl. v. 12. 5. 1999 – B 4 RA 181/98 B = *Breithaupt* 1999, 1095). Der Prozessbevollmächtigte muss – ebenso wie bei der Revisionsbegründung (Form. VIII. 17) – mit seiner Unterschrift die Verantwortung aufgrund eigener rechtlicher Durcharbeitung übernehmen. Übernimmt er Entwürfe Dritter, so muss er deshalb die Beschwerdebegründung selbst durcharbeiten und dafür ersichtlich die Verantwortung übernehmen (BSG SozR 3–1500 § 160a Nr. 12).
- *Wichtig:* Die Senate des BSG verlangen (mit unterschiedlicher Strenge) eine *Schilderung des Sachverhalts,* der der angefochtenen Entscheidung zugrunde liegt, um dem BSG zu ermöglichen, sich ohne Studium der Gerichts- und Verwaltungsakten allein aufgrund des Vertrags des Klägers ein Bild vom Streitgegenstand zu machen.
- Ist das angefochtene Urt. *auf mehrere selbstständige Begr.en* gestützt worden, so ist für jede Begr. ein Zulassungsgrund geltend zu machen (BSG SozR 1500 § 160a Nr. 5 und 38). Bei *mehreren Streitgegenständen* oder *teilbarem Streitgegenstand* ist die NZB für jeden Streitgegenstand bzw. jeden selbstständigen Teil des Streitgegenstandes zu begründen; insoweit kann die NZB auch beschränkt werden (*Krasney/Udsching* Kap. IX Rdn. 10 und 145 mwN.). Bei *naheliegender rechtlicher Gestaltung* ist schlüssig darzulegen, dass eine angefochtene Entscheidung nicht mit einer anderen als der vom LSG angeführten Begründung bestätigt werden kann (BSG SozR 1500 § 160a Nr. 54; kritisch dazu *Krasney/Udsching* Kap. IX Rdn. 188 und 199).
- In Zweifelsfällen empfiehlt sich der Rückgriff auf die oben genannte weiterführende Literatur zur NZB. Ferner sollte überlegt werden, ob nicht der Antrag auf Erteilung eines Bescheides nach § 44 SGB X (vgl. Form. VIII. 7.) eine größere Erfolgschance bietet (vgl. *Niesel* Rdn. 508).

3. Die Begr. der NZB wegen *grundsätzlicher Bedeutung* ist nur dann iS. von § 160a Abs. 2 S. 3 SGG dargelegt, wenn der Beschwerdeführer den nach seiner Auffassung vom Revisionsgericht einzuschlagenden Weg der Nachprüfung des angefochtenen Urt. und dabei insbesondere den Schritt darstellt, der die Entscheidung der als grundsätzlich bezeichneten Rechtsfrage notwendig macht (BSG SozR 1500 § 160a Nr. 31). Erforderlich ist im Einzelnen die Darlegung folgender Punkte:

- *Bezeichnung der Rechtsfrage* (s. zB. BSG SozR 1500 160a Nr. 11).
  Erforderlich ist die klare Formulierung der Rechtsfrage, gleichgültig, welchem Rechtsgebiet (materielles Recht oder Verfahrensrecht) sie entstammt.

- *Über den Einzelfall hinausgehende Bedeutung* („Breitenwirkung"). Es muss von der Entscheidung des BSG erwartet werden, sie werde im Allgemeininteresse in einer bisher nicht geschehenen Weise das Recht fortentwickeln oder vereinheitlichen (s. zB. BSG SozR 1500 § 160 a Nr. 11, 39 und 65). Der Hinweis darauf, dass der Inhalt einer abstrakt-generellen Norm zu klären und eine Vielzahl problematischer Fälle betroffen ist („statistische Häufigkeit"), reicht nicht immer aus (vgl. BSG SozR 160 a Nr. 39). So ist bei unbestimmten Rechtsbegriffen, die auf die Umstände des Einzelfalles verweisen (zB. grobe Fahrlässigkeit, Zumutbarkeit, unbillige Härte), darzulegen, dass die Rechtsfrage über den zu entscheidenden Einzelfall hinaus für eine durch typisierende Merkmale gekennzeichnete Fallgruppe bedeutsam ist (s. das Begründungsbeispiel). Auch die grundsätzliche Bedeutung der Frage, ob eine der Entscheidung zu Grunde gelegte Gesetzesnorm verfassungswidrig ist, muss schlüssig dargetan werden (BSG 40, 158 und BSG SozR 1500 § 160 a Nr. 17; BVerfG SozR 1500 § 160 a Nr. 45).
- *Klärungsbedürftigkeit* (s. zB. BSG SozR 1500 § 160 Nr. 17; BSG SozR 1500 § 160 a Nr. 4, 13, 19, 59 und 65). Die Klärungsbedürftigkeit setzt ernste Zweifel an der Rechtslage voraus. Sie ist zu verneinen, wenn die Rechtsfrage bereits höchstrichterlich beantwortet oder die Antwort unmittelbar aus dem Ges. zu ersehen ist, wenn sie so gut wie unbestritten ist, wenn sie praktisch außer Zweifel steht oder wenn sich für die Antwort in anderen Entscheidungen des BSG schon ausreichende Anhaltspunkte ergeben (BSG Beschl. v. 19. 8. 1999 – B 2 RU 57/99 B – S. 3 – mwN.). Hingegen ist die Klärungsbedürftigkeit zu bejahen, wenn der Rspr. des BSG in nicht geringfügigem Umfang widersprochen wird und gegen sie nicht von vornherein abwegige Einwendungen vorgebracht werden (BSG SozR 1500 § 160 a Nr. 13).
- *Klärungsfähigkeit.* Klärungsfähig ist eine Rechtsfrage nur, wenn es auf sie im konkreten Rechtsstreit ankommt, wenn sie also *entscheidungserheblich ist* (s. zB. BSG SozR 1500 § 160 Nr. 54 und § 160 a Nr. 31; BSG SozR 3–1500 § 160 a Nr. 7). Das BSG muss in der Lage sein, die klärungsbedürftige Frage sachlich zu entscheiden, was bei Unzulässigkeit der Klage oder der Berufung nicht möglich ist (BSG SozR 1500 § 160 Nr. 39). Klärungsfähig sind nur Rechtsfragen, die auf revisiblen Rechtsnormen beruhen (BSG SozR 1500 § 160 Nr. 10; s. Form. VIII. 17 Anm. 2).

4. S. zum Begründungsbeispiel BSG 52, 281 („Geldbotenfall").

5. Der Anspruch nach dem OEG wird nicht dadurch ausgeschlossen, dass auch ein Anspruch auf Leistungen der gesetzlichen Unfallversicherung (SGB VII) gegeben ist, s. dazu § 3 Abs. 4 OEG. Er ruht jedoch gemäß § 65 BVG.

Kosten und Gebühren

S. Bem. zu Form. VIII. 12.

14. Begründung der Nichtzulassungsbeschwerde[1,2] – Divergenz –[3]

An das
Bundessozialgericht

In dem Rechtsstreit

des Heizungsingenieurs ……, Klägers und Beschwerdeführers,
Prozessbevollmächtigter: RA ……

gegen

die Bau-Berufsgenossenschaft ......, vertreten durch den Geschäftsführer, Beklagte und Beschwerdegegnerin,

begründe ich die mit Schriftsatz vom ...... gegen das Urteil des Landessozialgerichts ...... vom ...... – Az: ...... – eingelegte Nichtzulassungsbeschwerde wie folgt:

Das LSG hat zu Unrecht die Revision nicht zugelassen. Es hätte sie nach § 160 Abs. 2 Nr. 2 SGG zulassen müssen, weil es von einer Entscheidung des BSG abweicht.
Dem Rechtsstreit liegt folgender Sachverhalt zu Grunde: Der Kläger erlitt bei seiner Tätigkeit als Heizungsmonteur 1994 eine Radiusköpfchenfraktur des rechten Handgelenks. Die Unfallfolgen bedingten zunächst keine MdE in rentenberechtigtem Grad (vgl. den ablehnenden Bescheid vom ......). Seit 1997 ist der Kläger infolge unfallfremder Erkrankungen – cerebraler Durchblutungsstörungen mit massiven psychischen Anfällen – völlig erwerbsunfähig. Zugleich steht fest, dass die unfallbedingten Beschwerden und Funktionsstörungen aufgrund einer Ellenbogengelenksarthrose (Unfallfolge) zugenommen haben, sodass – ungeachtet der völligen Erwerbsunfähigkeit – seit August 2000 eine MdE in rentenberechtigendem Grad (20 vH.) erreicht wird. Der Kläger beantragte deshalb erneut Verletztenrente. Die Beklagte lehnte auch diesen Antrag mit Bescheid vom ...... in der Gestalt des Widerspruchsbescheides vom ...... ab. Nach erfolglosem Klageverfahren hat das LSG diese Entscheidung mit grundsätzlichen Erwägungen bestätigt: Rechtserheblich sei, dass bei Eintritt der rentenberechtigenden MdE bereits völlige Erwerbsunfähigkeit vorgelegen habe. Die Auffassung, dass es auf die Verhältnisse zum Zeitpunkt des Arbeitsunfalls ankomme, widerspreche den Kausalitätsgrundsätzen der gesetzlichen Unfallversicherung. Denn die Verschlimmerung der Unfallfolgen habe keinen Schaden in Gestalt einer anspruchsbegründenden Einschränkung der Erwerbsfähigkeit (§ 56 Abs. 1 SGB VII) verursachen können. Für den Kläger habe es bei Eintritt der unfallversicherungsrechtlich relevanten MdE wegen völliger Erwerbsunfähigkeit und nicht wegen der Unfallfolgen keine beruflichen Einsatzmöglichkeiten mehr gegeben.
Die *Entscheidung des LSG beruht* somit auf folgendem *Rechtssatz:* Erreicht die unfallbedingte MdE erst zu einem nach dem Unfall liegenden Zeitpunkt einen rentenberechtigenden Grad, so besteht kein Anspruch auf Verletztenrente, wenn der Verletzte zu diesem Zeitpunkt aus unfallunabhängigen Gründen völlig erwerbsunfähig ist.
Diese Rechtsauffassung ist mit dem das Urteil des BSG vom 17. 3. 1992 – 2 RU 20/91 – (SozR 3–2200 § 581 Nr. 2) *tragenden Rechtssatz* unvereinbar, dass der Eintritt völliger Erwerbsunfähigkeit aus unfallfremden Gründen nach dem Arbeitsunfall dem Anspruch auf Verletztenrente nicht entgegensteht, wenn der rentenberechtigende Grad der unfallbedingten MdE erst nach dem Arbeitsunfall erreicht wird.
Auf dieser Abweichung beruht das angefochtene Urteil des LSG. Denn unter Zugrundelegung der Rechtsauffassung des BSG hat der Kläger entgegen dem angefochtenen Urteil des LSG seit August 2000 Anspruch auf Verletztenrente in Höhe von 20 vH. der Vollrente.

Rechtsanwalt

Schrifttum: Wie bei Form. VIII. 12.

Anmerkungen

1. Zu Form und Frist der Begr. s. Form. VIII. 12 Anm. 7.

2. Allg. zur Begr. der NZB s. Form. VIII. 13 Anm. 2.

3. Grundsätzlich ist zu bedenken, dass die Abweichung (Divergenz) iS. des § 160 Abs. 2 Nr. 2 SGG einen Sonderfall der grundsätzlichen Bedeutung darstellt. Deshalb ist nicht jeder Rechtsirrtum, der auf Oberflächlichkeit oder Missverständnis beruht, als Abweichung zu werten, insbesondere nicht das Übersehen der Rechtsfrage. Abweichung bedeutet demgemäß Widerspruch im *abstrakten Rechtssatz* (BSG SozR 1500 § 160a Nr. 67). Das LSG muss also einen abstrakten Rechtssatz aufgestellt haben, der von einem abstrakten Rechtssatz einer Entscheidung des BSG, des GemSOGB oder des BVerfG abweicht. Eine Abweichung liegt danach nicht schon dann vor, wenn das LSG die vom BSG aufgestellten rechtlichen Kriterien im konkreten Fall unrichtig anwendet, sondern erst, wenn es diesen Kriterien widersprochen, also einen anderen Maßstab entwickelt hat („Nichtübereinstimmung im Grundsätzlichen"). Eine bewusste Abweichung ist nicht erforderlich, es genügt eine *objektive* Abweichung; das LSG braucht also die maßgebliche Entscheidung des BSG nicht gekannt zu haben (*Krasney/Udsching* Kap. IX Rdn. 81; s. auch *Schoch/Schmidt-Aßmann/Pietzner* § 132 Rdn. 74 mwN.).

Die Begr. der NZB wegen Divergenz erfordert im Einzelnen die Darlegung folgender Punkte (vgl. dazu zB. BSG SozR 1500 § 160a Nr. 14, 21 und 29):

- *Rechtssatz des angefochtenen Urteils.*
- *Rechtssatz der Entscheidung des BSG oder des GemSOGB oder des BVerfG, von der das LSG angeblich abgewichen ist.* Es muss sich um einen entscheidungserheblichen abstrakten Rechtssatz (kein „obiter dictum") einer solchen Entscheidung handeln.
- *Genaue Bezeichnung der anderen Entscheidung des BSG oder des GemSOGB oder des BVerfG nach Aktenzeichen und Datum* (zumindest nach Aktenzeichen, Datum genügt nicht) *oder der Fundstelle.*
- *Unvereinbarkeit der in den gegenübergestellten Entscheidungen enthaltenen Rechtssätze.* Es kommt für die Unvereinbarkeit auf dieselbe rechtliche Aussage an. Die maßgebende (abweichend beantwortete) Rechtsfrage kann deshalb in einer inhaltsgleichen Vorschrift eines anderen Ges. geregelt sein (*Krasney/Udsching* Kap. IX Rdn. 79; *Meyer-Ladewig* SGG § 160 Rdn. 13). Es darf sich jedoch nicht um eine überholte höchstrichterliche Entscheidung handeln. Sofern eine frühere Rspr. auch für die Rechtslage nach der Rechtsänderung Bedeutung hat, ist dies schlüssig darzulegen (BSG SozR 1500 § 160 Nr. 58). Unerheblich ist, ob die Abweichung das materielle Recht einschließlich des Verfassungsrechts oder das Verfahrensrecht betrifft.
- *Beruhen der angefochtenen Entscheidung auf der Abweichung.* Damit wird die Entscheidungserheblichkeit der Divergenz gekennzeichnet (s. auch Form. VIII. 13. Anm. 3). Hinsichtlich kumulativer Begründung der angefochtenen Entscheidung, mehrerer Streitgegenstände und „naheliegender rechtlicher Gestaltung" s. Form. VIII. 13 Anm. 2.

Kosten und Gebühren

S. Bem. zu Form VIII. 12.

15. Begründung der Nichtzulassungsbeschwerde[1, 2] – Verfahrensmangel – (Rüge der Verletzung des rechtlichen Gehörs und der Amtsermittlungspflicht)[3, 4]

An das
Bundessozialgericht

In dem Rechtsstreit

des Maurerpoliers ......, **Klägers und Beschwerdeführers,**
Prozessbevollmächtigter: RA ......

gegen

die Landesversicherungsanstalt ......, **Beklagte und Beschwerdegegnerin,**
vertreten durch die Geschäftsführung,

begründe ich die mit Schriftsatz vom ...... gegen das Urteil des Landessozialgerichts ...... vom ...... – Az: ...... – eingelegte Nichtzulassungsbeschwerde wie folgt: Es werden zwei Verfahrensmängel iS. des § 160 Abs. 2 Nr. 3 SGG geltend gemacht (s. unter 1. und 2.).

Dem Rechtsstreit liegt folgender Sachverhalt zu Grunde: Der jetzt 51 Jahre alte arbeitslose Kläger, der unter Herz-Kreislaufbeschwerden und einer bandscheibenbedingten Erkrankung der Lendenwirbelsäule leidet, beantragte am ...... Rente wegen Erwerbsminderung. Gestützt auf ein orthopädisches und ein internistisches Gutachten ihres Sozialmedizinischen Dienstes lehnte die Beklagte den Rentenantrag mit Bescheid vom ...... in der Gestalt des Widerspruchsbescheides vom ...... ab. Nach erfolglosem Klageverfahren hat das LSG diese Entscheidung mit der Begründung bestätigt, der Kläger sei nicht erwerbsgemindert iS. des § 43 SGB VI, da er noch mindestens sechs Stunden täglich leichte Berufstätigkeiten verrichten könne.

1. Gerügt wird die *Verletzung des rechtlichen Gehörs* (§ 62 SGG)[5]. Der Kläger, dessen persönliches Erscheinen zur mündlichen Verhandlung angeordnet war, musste dem Termin wegen eines Krankenhausaufenthalts fernbleiben. Das hatte seine Ehefrau, wie sich aus dem Vermerk des Senatsvorsitzenden vom ...... (Gerichtsakten Bl. ......) ergibt, am Tag vor der mündlichen Verhandlung mitgeteilt und das Fernbleiben entschuldigen lassen. Das LSG hat daraufhin auf Grund einseitiger mündlicher Verhandlung entschieden. Unbeachtlich ist, dass der Kläger keinen ausdrücklichen Antrag auf Terminsaufhebung gestellt hat. Nach der Rspr. des BSG kommt es auf einen solchen Antrag nicht an, wenn der Beteiligte, dessen persönliches Erscheinen angeordnet war, sich zum Termin begründet entschuldigt hat. Er darf dann darauf vertrauen, dass er noch Gelegenheit zur persönlichen Äußerung erhält (BSG 47, 35/37; BSG Urteile v. 27. 1. 1993 – 6 RKa 19/92 – und v. 16. 12. 1993 – 13 RJ 37/93 –). Der Kläger hatte bei diesem Verfahrensablauf keine Möglichkeit, die Verletzung des rechtlichen Gehörs bereits vor dem LSG geltend zu machen. Das angefochtene Urteil *beruht* auch auf dieser Verletzung des rechtlichen Gehörs: Der Kläger hätte in der mündlichen Verhandlung die wesentliche Verschlimmerung seiner Herz-Kreislauferkrankung geschildert und diese durch einen aktuellen Bericht der Kardiologischen Abteilung des Krankenhauses H. ...... belegt. Wäre das LSG danach von einer wesentlichen Verschlimmerung der Herz-Kreislauferkrankung ausgegangen, so bestand die Möglichkeit, dass es zu einem für den Kläger günstigeren sachlichen Ergebnis gekommen wäre. Denn der geltend gemachte Anspruch auf Rente wegen Erwerbsminderung hängt – davon geht das LSG in materiellrechtlicher Hinsicht zutreffend aus – davon ab, in welchem Ausmaß die Erwerbsfähigkeit des Klägers aus gesundheitlichen Gründen herabgesunken ist. Hätte also das LSG den Kläger angehört, so hätte sich – ggf. auf Grund weiterer Ermittlungen – ergeben, dass dieser wegen der Gesundheitsstörungen auf internistischem und orthopädischem Gebiet auf nicht absehbare Zeit außerstande ist, unter den üblichen Bedingungen des allgemeinen Arbeitsmarktes mindestens drei Stunden täglich erwerbstätig zu sein. Damit ist er voll erwerbsgemindert (§ 43 Abs. 3 SGB VI) und hat, da die versicherungsrechtlichen Voraussetzungen erfüllt sind, Anspruch auf Rente wegen Erwerbsminderung.

2. Außerdem wird die *Verletzung der Amtsermittlungspflicht* (§ 160 Abs. 2 Nr. 3 SGG iVm. § 103 SGG) gerügt[6]. Denn das LSG ist einem Beweisantrag des Klägers ohne hinreichende Begründung nicht gefolgt. Der Kläger hat in seinem Schriftsatz vom ...... (Gerichtsakten Bl. ......) beantragt, im Hinblick auf die von ihm geltend gemachte Verschlimmerung seiner Herz-Kreislauferkrankung von Amts wegen ein internistisches Gutachten zur Frage einzuholen, in welchem Ausmaß sein gesundheitliches Leistungsvermögen quantitativ (zeitlich) und qualitativ eingeschränkt ist. Zu diesem Beweisantrag hat das LSG ausgeführt, der Kläger habe keine die behauptete Verschlimmerung bestätigenden Befundunterlagen vorgelegt. Diese Begründung ist

nicht stichhaltig. Denn das LSG hat damit in unzulässiger Weise eine „Beweisführungspflicht" des Klägers angenommen (vgl. BSG SozR 1500 § 103 Nr. 27 – S. 22 –). Auch auf diesem Mangel *beruht* das angefochtene Urteil: Das LSG ist, wie schon ausgeführt, materiellrechtlich zutreffend davon ausgegangen, dass der geltend gemachte Anspruch vom Umfang des gesundheitlichen Leistungsvermögens abhängt. Es hätte sich daher gedrängt fühlen müssen, ein internistisches Gutachten einzuholen. Dieses hätte ein – entscheidungserhebliches – weiteres Herabsinken der Leistungsfähigkeit des Klägers ergeben. Es gelten insoweit die Ausführungen zu 1. (aE.) sinngemäß.

Rechtsanwalt

Anmerkungen

1. Zu Form und Frist der Begr. s. Form. VIII. 12 Anm. 7.

2. Allg. zur Begr. der NZB Form. VIII. 13 Anm. 2.

3. Die *Rüge von Verfahrensfehlern* ist für die NZB durch § 160 Abs. 2 Nr. 3 Halbs. 2 SGG *erheblich eingeschränkt:* Sie kann auf eine Verletzung des § 109 SGG (Form. VIII. 22.) nicht gestützt werden (vgl. BVerfG SozR 1500 § 160 Nr. 69); ebenso wenig auf eine Verletzung des § 128 Abs. 1 S. 1 SGG, so dass nicht mit Erfolg geltend gemacht werden kann, die Beweiswürdigung des LSG verstoße gegen Denkgesetze oder Erfahrungssätze (BSG SozR 1500 § 160 Nr. 26, 35 und 41). Zur praktisch bedeutsamen, jedoch erheblich eingeschränkten Rüge der Verletzung des § 103 SGG (Amtsermittlungspflicht) s. Anm. 6.

Übersicht über Verfahrensmängel bei *Krasney/Udsching* Kap. IX Rdn. 91 ff.

4. Die Rüge eines Verfahrensmangels erfordert:

- Die *Bezeichnung eines Verfahrensmangels* unter *substantiierter* Angabe der Tatsachen, die den Verfahrensmangel ergeben.
- Die *schlüssige Darlegung,* dass die *angefochtene Entscheidung* auf dem *tatsächlich vorliegenden Verfahrensmangel beruhen* kann. Dies ist der Fall, wenn das LSG unter Zugrundelegung seiner Rechtsauffassung ohne den Verfahrensmangel zu einem sachlich günstigeren Ergebnis hätte kommen können (vgl. BSG SozR 1500 § 160a Nr. 14). Bei absoluten Revisionsgründen (§ 202 SGG iVm. § 551 ZPO) wird unwiderlegbar vermutet, dass das angefochtene Urt. auf der Gesetzesverletzung beruht (vgl. *Krasney/Udsching* Kap. IX Rdn. 137). Bei verzichtbaren Verfahrensmängeln (§ 202 SGG iVm. § 295 ZPO) ist darzulegen, dass kein Verlust des Rügerechts eingetreten ist (s. dazu Anm. 5).

5. Die Rüge der *Verletzung des rechtlichen Gehörs* (durch Art. 103 Abs. 1 GG garantiert und in § 62 SGG konkretisiert) ist in der Praxis nicht selten. Sie ist nur dann ein zur Zulassung der Revision führender Verfahrensmangel, wenn die angefochtene Entscheidung darauf beruhen kann (BSG SozR 1500 § 160 Nr. 31). Demgemäß ist substantiiert anzugeben, welches Vorbringen verhindert worden ist und weshalb die angefochtene Entscheidung darauf beruhen kann. Außerdem ist darzulegen, dass *kein Rügeverzicht* (§ 295 ZPO) eingetreten ist, dass also der Verstoß gegen das Recht auf Gehör vor dem LSG erfolglos gerügt worden ist oder dass und weshalb eine solche Rüge nicht möglich war. S. zur Verletzung des rechtlichen Gehörs und damit des Grundsatzes des fairen Verfahrens im Zusammenhang mit Vertagungs- und Verlegungsanträgen sowie mit Äußerungsfristen BSG SozR 3–1750 § 227 Nr. 1 und SozR 3–1500 § 158 Nr. 2; besonders ausführlich Beschl. des BSG v. 16. 11. 2000 B 4 RA 122/99 B – (s. auch das Begründungsbeispiel).

Außerdem von praktischer Bedeutung: Sofern es sich nicht um allgemeinkundige Tatsachen handelt, ist das LSG verpflichtet, die Beteiligten über die für seine Entscheidung erheblichen Tatsachen zu unterrichten und ihnen dazu Gelegenheit zur Äußerung zu geben (BSG SozR 3–1500 § 62 Nr. 12: berufskundliches Sammelwerk; BSG Urt. v. 1. 2. 1996 – 2 RU 11/95 – S. 6f. –: medizinische Erkenntnisse).

6. Die Rüge der *Verletzung der Amtsermittlungspflicht* (§ 103 SGG) ist nur eingeschränkt möglich: Es muss geltend gemacht werden, dass das LSG einem *Beweisantrag* – s. dazu Form. VIII. 21. – ohne hinreichende Begründung nicht gefolgt ist.

Das BSG stellt an einen ordnungsgemäßen Beweisantrag iS. des § 160 Abs. 2 Nr. 3 SGG erhebliche Anforderungen; außerdem ist unbedingt darauf zu achten, dass er in der mündlichen Verhandlung aufrechterhalten wird (ausführlich dazu Form. VIII. 21 Anm. 4).

Die in Anm. 2 allgemein gekennzeichneten Rügevoraussetzungen erfordern hier die Darlegung folgender Punkte:

- *Genaue Bezeichnung des Beweisantrags* (Schriftsatz und Datum). Hat eine mündliche Verhandlung stattgefunden, so ist die Sitzungsniederschrift als Fundstelle anzuführen (BVerfG SozR 3–1500 § 160 Nr. 6: verfassungsmäßiges Erfordernis). Ein in der mündlichen Verhandlung gestellter Beweisantrag muss protokolliert oder im Urteilstatbestand aufgeführt sein (BSG SozR 1500 § 160 Nr. 64); ist ohne mündliche Verhandlung entschieden worden, muss ein im Urteilstatbestand enthaltener Beweisantrag bezeichnet werden (s. dazu BSG SozR 3 – 1500 § 160 Nr. 9).
- *Darstellung, dass das LSG nach seiner materiell-rechtlichen Auffassung die beantragte Beweiserhebung hätte vornehmen müssen* (s. zB. BSG SozR 1500 § 160 Nr. 5 und BSG SozR 1500 § 160a Nr. 34);
- *Darstellung des möglichen Ergebnisses der unterbliebenen Beweiserhebung* (s. zB. BSG SozR 1500 § 160a Nr. 24: Angabe dessen, was ein entgegen dem Beweisantrag nicht vernommener Zeuge hätte bekunden können);
- *Darlegung, zu welchem möglicherweise günstigeren Ergebnis das LSG bei Durchführung der beantragten Beweiserhebung gekommen wäre.*

Kosten und Gebühren

S. Bem. zu Form. VIII. 12.

16. Revisionsschrift[1, 2]

An das
Bundessozialgericht[3]

In dem Rechtsstreit

des Industriemechanikers ......, Klägers und Revisionsklägers,
Prozessbevollmächtigter: RA ......[4]

gegen

die Norddeutsche Metall-Berufsgenossenschaft ......, Beklagte und Revisionsbeklagte,
vertreten durch den Geschäftsführer,

lege ich namens und in Vollmacht des Klägers gegen das Urteil des Landessozialgerichts ...... vom ......, – Az: ......, – zugestellt am ......[5, 6]**, Revision ein**[7]**.**

Zugleich beantrage ich, die Frist für die Revisionsbegründung um einen Monat zu verlängern, da noch eine Rücksprache mit dem Kläger erforderlich ist, der sich zurzeit auf einer längeren Dienstreise befindet[8].

Rechtsanwalt

Anmerkungen

1. Die Revision ist nur statthaft, wenn sie im Urt. des LSG oder auf NZB (vgl. Form. VIII. 12.) durch Beschl. des BSG zugelassen ist (§ 160 Abs. 1 SGG). Die Zulassungsgründe ergeben sich aus § 160 Abs. 2 SGG, vgl. Form. VIII. 12–15.

Zur Möglichkeit der sog. *Sprungrevision* s. Anm. 2.

2. Die *Sprungrevision* ermöglicht den Beteiligten die Revision unter Übergehung der Berufungsinstanz. Danach ist ein Urt. des SG unter den Voraussetzungen des § 161 Abs. 1 SGG mit der Revision anfechtbar: a) *Schriftliche Zustimmung* des Gegners zur Einlegung der Revision und b) *Zulassung* im Urt. des SG oder auf den innerhalb eines Monats nach Zustellung des Urt. schriftlich zu stellenden Antrag durch Beschl. des SG; die Zustimmung muss dem Antrag auf Zulassung der Revision oder, wenn die Revision im Urt. des SG zugelassen war, der Revisionsschrift beigefügt werden (§ 161 Abs. 1 S. 3 SGG). Die fristgerechte Zuleitung der Zustimmungserklärung des Gegners an das SG oder, wenn die Revision im Urt. des SG zugelassen war, an das BSG per *Telefax* genügt der Schriftform (BSG SozR 3–1500 § 161 Nr. 10, 12 und 13). Nach der Rspr. des BSG reicht jedoch eine (nicht öffentlich beglaubigte) Fotokopie der Zustimmungserklärung nicht aus (BSG SozR 3–1500 § 161 Nr. 2 und 3; s. auch BVerfG SozR 3–1500 § 161 Nr. 5). Wird die Sprungrevision zugelassen, steht den Beteiligten ein Wahlrecht zu, ob sie Berufung oder Revision einlegen wollen. Die Einlegung der Revision und die Zustimmung des Gegners gelten als Verzicht auf die Berufung, wenn das SG die Revision zugelassen hat (§ 161 Abs. 5 SGG). Das BSG ist an die Zulassung gebunden (§ 161 Abs. 2 S. 2 SGG). Die Ablehnung der Zulassung ist unanfechtbar (§ 161 Abs. 2 S. 3 SGG).

Die Sprungrevision ermöglicht es den Beteiligten, auf die zweite Tatsacheninstanz zu verzichten und sofort das Revisionsgericht anzurufen, um möglichst schnell die Entscheidung einer Rechtsfrage zu erreichen. Da sie auf Mängel des Verfahrens nicht gestützt werden kann (§ 161 Abs. 4 SGG), sollte sie *im Zweifel nicht eingelegt* werden.

Ausführlich zur Sprungrevision: *Krasney/Udsching* Kap. IX Rdn. 23 ff. mwN.; *Meyer-Ladewig* SGG, Kommentierung des § 161 SGG; s. auch *Meyer,* Die Zustimmungserklärung zur Einlegung der Sprungrevision, NZS 1995, 356.

3. Die Revision ist beim BSG einzulegen (§ 164 Abs. 1 S. 1 SGG). Keine Fristwahrung durch Einlegung beim LSG oder bei Behörden. S. auch Form. VIII. 12.

4. Wegen des Vertretungszwangs vor dem BSG vgl. Form. VIII. 12 Anm. 5.

5. Die Revision ist innerhalb eines Monats nach Zustellung des Urt. oder des Beschl. über die Zulassung der Revision schriftlich (zur Schriftform s. Form. VIII. 12 Anm. 2) einzulegen (§ 164 Abs. 1 S. 1 SGG). Bei Zustellung außerhalb des Geltungsbereichs des LSG beträgt die Frist in entsprechender Anwendung des § 87 Abs. 1 S. 2 SGG drei Monate (vgl. BSG 40, 40 = SozR 1500 § 160 a Nr. 4 – zur NZB –). Die Revisionsfrist kann – anders als die Begründungsfrist – nicht verlängert werden.

6. Das *angefochtene Urt.* muss genau – nach Gericht, Datum und Aktenzeichen – *angegeben* werden (vgl. § 164 Abs. 1 S. 2 Halbs. 1 SGG). Außerdem muss aus der Revisionsschrift hervorgehen, wer *Revisionskläger* und wer *Revisionsbeklagter* (BSG 50,

59/60; BSG SozR 1500 § 164 Nr. 29) ist (*Krasney/Udsching* Kap. IX Rdn. 264). Eine Ausfertigung oder beglaubigte Abschrift des angefochtenen Urt. soll beigefügt werden, sofern das nicht schon bei Einlegung der NZB geschehen ist (§ 164 Abs. 1 S. 2 Halbs. 2 SGG).

7. Die Revisionsschrift hat lediglich deutlich zu machen, dass Revision eingelegt werden soll. Der *Antrag* gehört bereits zur Begr. (Form. VIII. 17 Anm. 2), kann jedoch schon in der Revisionsschrift gestellt werden (vgl. auch BSG SozR 1500 § 164 Nr. 2).

8. Der Antrag auf Verlängerung der Begründungsfrist (Form. VIII. 17 Anm. 1) kann bereits vorsorglich in der Revisionsschrift gestellt werden.

Kosten und Gebühren

Grundsätzlich Rahmengebühr nach § 116 Abs. 1 S. 1 Nr. 3 BRAGO. S. auch Hinweis bei Form. VIII. 2.

Fristen und Rechtsmittel

Vgl. Anm. 3 und 5.

17. Revisionsbegründung[1, 2, 3, 4, 5]

An das
Bundessozialgericht

des Industriemechanikers ……, Klägers und Revisionsklägers,
Prozessbevollmächtigter: RA ……

gegen

die Norddeutsche Metall-Berufsgenossenschaft ……, Beklagte und Revisionsbeklagte,

vertreten durch den Geschäftsführer,

begründe ich die mit Schriftsatz vom …… gegen das Urteil des Landessozialgerichts …… vom ……, – Az: ……, – eingelegte Revision wie folgt:
Der Kläger rügt die Verletzung des § 8 Abs. 2 Nr. 1 SGB VII. Denn der Unfall am ……, bei dem der Kläger erhebliche Verletzungen erlitt, stellt nach dieser Vorschrift einen Arbeitsunfall (Wegeunfall) dar. Nach den tatsächlichen Feststellungen des LSG sind nur zwei Alternativen möglich: Entweder sollte der Zeuge E. den Kläger unmittelbar nach dem Ende der Arbeitsschicht zu dessen Wohnsitz in H. oder zu einer mehrstündigen Preisskatveranstaltung in B. bringen. Das LSG hat für diese Konstellation den Unfallversicherungsschutz verneint: Dieser sei nicht für die mögliche Alternative gegeben, dass der Kläger sich zu einer mehrstündigen Freizeitaktivität habe begeben wollen. In einem solchen Fall werde die Wahl des anderen Zielpunktes als der Wohnung allein durch persönliche (eigenwirtschaftliche) Gründe bestimmt. Die Rechtsauffassung des LSG ist unrichtig. In jedem Fall hätte die zum Unfall führende Fahrt unter Versicherungsschutz gestanden, so dass der Klageanspruch im Wege der Wahlfeststellung (dazu BSG SozR 2200 § 548 Nr. 80) begründet ist. Für die erste Alternative (Weg zur eigenen Wohnung) ist dies zweifelsfrei und unter den Beteiligten unumstritten. Aber auch wenn man von der zweiten Alternative eines Weges zu einer mehrstündigen Preisskatveranstaltung ausgeht, gilt nichts anderes. Der Unfallversicherungsschutz bei einer Fahrt zum sogenann-

ten „dritten Ort" setzt entgegen der Auffassung des LSG zweierlei voraus: Die Dauer des Aufenthalts muss so erheblich sein, dass dort der Versicherte in den privaten Bereich überwechselt. Außerdem muss die Entfernung zum „dritten Ort" in einem angemessenen Verhältnis zur Wegstrecke zur eigenen Wohnung stehen. Beide Voraussetzungen sind nach den tatsächlichen Feststellungen des LSG im vorliegenden Fall erfüllt ......[6]
Ich beantrage[7]**,**

1. **das Urteil des Landessozialgerichts vom ...... und das Urteil des Sozialgerichts vom ...... sowie den Bescheid der Beklagten vom ...... in der Gestalt des Widerspruchsbescheides vom ...... aufzuheben,**
2. **festzustellen, dass eine Fraktur des rechten Oberschenkels und eine Fraktur der linken Kniescheibe Folgen des Arbeitsunfalls vom ...... sind,**
   hilfsweise, das Urteil des Landessozialgerichts vom ...... aufzuheben und die Sache zur erneuten Verhandlung und Entscheidung an das Berufungsgericht zurückzuverweisen.

Rechtsanwalt

Schrifttum: Plagemann, Stichworte zur Revisionsbegründung, Deutsche Rentenversicherung –DRV– 1988, 120; *Krasney/Udsching* Kap. IX Rdn. 276 ff; *May,* Die Revision in den zivil- und verwaltungsgerichtlichen Verfahren (ZPO, ArbGG, VwGO, SGG, FGO) – Eine systematische Darstellung unter besonderer Berücksichtigung der höchstrichterlichen Rechtsprechung –, 1995.

Anmerkungen

1. Die Revisionsbegründung (§ 164 Abs. 2 SGG) ist eine Zulässigkeitsvoraussetzung der Revision. Sie muss, sofern sie nicht schon in der Revisionsschrift enthalten ist, innerhalb von zwei Monaten nach Zustellung des Urt. oder des Zulassungsbeschlusses, bei Zustellung außerhalb des Geltungsbereichs des SGG innerhalb von vier Monaten (BSG SozR 40, 40 = 1500 § 160 a Nr. 4) erfolgen (§ 164 Abs. 2 S. 1 SGG). Es ist *Schriftform* erforderlich (BSG SozR 1500 § 164 Nr. 14); s. zur Schriftform Form. VIII. 12 Anm. 2. Verlängerung der Begründungsfrist ist auf rechtzeitigen Antrag – auch mehrfach – möglich (§ 164 Abs. 2 S. 2 SGG); sie ist – anders als die Fristverlängerung bei der NZB (Form. VIII. 12. Anm. 8) – nicht auf einen Monat beschränkt. Der Antrag auf Fristverlängerung kann bereits vorsorglich in der Revisionsschrift gestellt werden. Die Entscheidung über die Fristverlängerung liegt im Ermessen des Vorsitzenden (näher dazu *Krasney/Udsching* Kap. IX Rdn. 282).

2. Die *Revisionsbegründung* muss gemäß § 164 Abs. 2 S. 3 SGG enthalten: a) Einen *bestimmten Antrag.* Auch wenn das BSG an dessen Bestimmtheit keine strengen Anforderungen stellt, sollte der Antrag möglichst eindeutig und als solcher erkennbar formuliert werden (ausf. dazu *Krasney/Udsching* Kap. IX Rdn. 311 ff.; *Niesel* Rdn. 503). b) *Bezeichnung der verletzten Rechtsnorm.* Die verletzte Rechtsnorm braucht nicht unbedingt genau nach Ges. und Paragraphennummer bezeichnet zu werden, sie muss sich jedoch deutlich aus dem Inhalt der Revisionsbegründung ergeben (s. zB. BSG SozR 1500 § 164 Nr. 12; näher dazu *Krasney/Udsching* Kap. IX Rdn. 319). Dabei ist zu beachten, dass die Revision nur auf eine Verletzung einer nach § 162 SGG *revisiblen Rechtsnorm* (Vorschrift des Bundesrechts oder einer sonstigen im Bezirk des Berufungsgerichts geltenden Vorschrift, deren Geltungsbereich sich über den Bezirk des Berufungsgerichts hinaus erstreckt) gestützt werden kann (ausf. *Krasney/Udsching* Kap. IX Rdn. 285 ff.). Das Revisionsgericht darf prüfen, ob das Berufungsgericht bei der Anwendung irrevisibler Normen höherrangiges Bundesrecht verletzt hat (BSG 62, 131/135; BVerwGE 51, 104/110).

3. § 164 Abs. 2 S. 3 SGG umschreibt den Inhalt der formgerechten Revisionsbegründung nicht erschöpfend, sondern stellt nur bestimmte Erfordernisse auf, zu denen weitere kommen, die sich aus Sinn und Zweck der nur durch einen Prozessbevollmächtigten vornehmbaren Revisionsbegründung ergeben (BSG SozR 1500 § 164 Nr. 20 und 25). Diese Erfordernisse sind sorgfältig zu beachten, da nach der Rspr. des BSG eine Revision durchaus an einer unzulänglichen Begründung scheitern kann (instruktiv BSG SozR 3–1500 § 164 Nr. 11). Danach ist *zusätzlich* im Wesentlichen zu beachten:

- Die Revisionsbegründung muss bei *materiellrechtlichen Rügen* darlegen, dass und warum eine revisible Rechtsvorschrift auf den vom Tatsachengericht festgestellten Sachverhalt nicht oder nicht richtig angewandt worden ist (BSG SozR 1500 § 164 Nr. 5, 12, 20 und 28). Es ist daher unter *Bezeichnung der verletzten Rechtsnorm* zumindest eine kurze Auseinandersetzung mit den das angefochtene Urt. tragenden Gründen erforderlich, aus der deutlich wird, dass und warum die als verletzt gerügte Vorschrift des materiellen Rechts nicht oder nicht richtig angewandt worden ist (BSG SozR 3–1500 § 164 Nr. 11; ausführlich *Krasney/Udsching* Kap. IX Rdn. 320 ff.).
- Soweit *Verfahrensmängel* gerügt werden, sind die *verletzte Rechtsnorm* und die *Tatsachen zu bezeichnen, die den Mangel ergeben* und zwar so, dass das BSG sich ein Urteil darüber bilden kann, ob die angegriffene Entscheidung auf einem Verfahrensmangel beruht (BSG SozR 1500 § 164 Nr. 31; BSG Beschl. v. 29. 9. 1994 – 4 RA 52/93 –). Anders als bei der NZB kann die Begr. der zugelassenen Revision auf alle wesentlichen Verfahrensmängel gestützt werden (*Krasney/Udsching* Kap. IX Rdn. 327 ff. mit Beispielen von Verfahrensmängeln).
- Ist das angefochtene Urt. nebeneinander auf *mehrere selbstständige Begründungen* gestützt worden, so muss im Hinblick auf jede dieser Begründungen ein Zulassungsgrund formgerecht gerügt werden (BSG Beschl. v. 18. 6. 2002 – B2U 34/01 R –; BSG SozR 1500 § 160 a Nr. 38 für die NZB; *Meyer-Ladewig* SGG § 164 Rdn. 9 a mwN.). Hat das angefochtene Urt. über *mehrere Streitgegenstände* entschieden, muss die Begründung für jeden Streitgegenstand gegeben werden, bei *teilbarem Streitgegenstand* für alle Teile (vgl. BSG SozR 1500 § 164 Nr. 22; BSG 65, 8/11; 73, 56/57; *Meyer-Ladewig* aaO.).
- Der Prozessbevollmächtigte muss – ebenso wie bei der NZB – durch seine Unterschrift die Verantwortung für die Revisionsbegründung übernehmen, dh. es muss deutlich erkennbar sein, dass er die Revision *eigenverantwortlich* auf Grund seiner Prüfung, Sichtung und Durchdringung des Prozessstoffs begründet hat (BSG SozR Nr. 3 zu § 166 SGG und Nr. 49 zu § 164 SGG; BSG SozR 1500 § 164 Nr. 22; s. auch BVerfG SozR 3–1500 § 160 a Nr. 12). So reicht es insbesondere nicht aus, dass er nur einen vom Vertretenen gefertigten und unterschriebenen Schriftsatz einreicht.

4. Für *Bezugnahmen* in der Revisionsbegründung gilt nach der Rspr. des BSG im Wesentlichen: Soweit die *Verletzung sachlichen Rechts* gerügt wird, kann zwar grundsätzlich auf die Begründung der NZB Bezug genommen werden (BSG SozR 1500 § 164 Nr. 3, 4 und 27). Das setzt aber voraus, dass sich der Revisionskläger schon dort mit den materiell-rechtlichen Fragen auseinandergesetzt hat, sich diese Fragen auch im Revisionsverfahren stellen und eine erneute Begründung auf eine Wiederholung des Vorgetragenen hinauslaufen würde (BSG SozR 3–1500 § 164 Nr. 9 und BSG Urt. v. 9. 8. 1995 – 9 RVS 3/95 – mwN.). Nach BSG SozR 1500 § 164 Nr. 3 soll hingegen bei der Rüge eines *Verfahrensmangels* eine Bezugnahme auf die Begründung der NZB nicht ausreichen; dagegen ist bei der Rüge eines Verfahrensmangels eine Bezugnahme auf die Begründung des Beschl. zulässig, mit dem das BSG die Revision wegen des gerügten Verfahrensmangels zugelassen hat (BSG SozR 1500 § 164 Nr. 18 und BSG SozR 3–5428 § 4 Nr. 5 – S. 20 –; kritisch zu dieser Rspr. *Krasney/Udsching* Kap. IX Rdn. 340 f.).

Die Vorlage eines Schriftsatzes mit unveränderter Wiederholung der sowohl auf grundsätzliche Bedeutung und Divergenz als auch auf einen Verfahrensmangel gestützten Begr. der NZB genügt demgemäß nicht den Anforderungen einer Revisionsbegründung, zumal die grundsätzliche Bedeutung der Rechtssache und die Divergenz zwar Zulassungsgründe iSd. § 160 Abs. 2 SGG, aber keine Revisionsgründe sind (BSG SozR 3–1500 § 164 Nr. 9). Auch eine Bezugnahme auf das Vorbringen in den Vorinstanzen reicht nicht aus (BSG SozR 1500 § 164 Nr. 28).

Empfehlung: Im Hinblick auf die vorstehende Rspr. des BSG sollte von Bezugnahmen im Zweifel abgesehen werden, und es sollten entsprechende Ausführungen nach erneuter Prüfung wiederholt werden (s. auch *Krasney/Udsching* Kap. IX Rdn. 322 ff. und 340 f.; *Meyer-Ladewig* SGG § 164 Rdn. 9 b und c).

5. Das BSG überprüft bei zugelassener und zulässiger Revision das angefochtene Urt. in materiellrechtlicher Hinsicht umfassend. Es ist dabei an die tatsächlichen Feststellungen im angefochtenen Urt. gebunden, außer wenn in Bezug auf diese zulässige und begründete Revisionsgründe vorgebracht sind (§ 163 SGG; näher dazu die Kommentierung des § 163 SGG durch *Meyer-Ladewig* SGG). Das BSG überprüft das angefochtene Urt. auf Verfahrensmängel nur, wenn zulässige Verfahrensrügen erhoben sind oder (ausnahmsweise) Verfahrensmängel von Amts wegen zu prüfen sind. *Wichtig:* Der Revisionsbeklagte kann Verfahrensmängel bis zum Schluss der mündlichen Verhandlung im Wege der sog. *Gegenrüge* geltend machen, wenn er durch das Urt. des LSG nicht beschwert ist (*Meyer-Ladewig* SGG § 170 Rdn. 4 a mwN.). Das ist von praktischer Bedeutung, wenn er durch das Urt. des LSG nicht beschwert, aber trotzdem für ihn ungünstige tatsächliche Feststellungen getroffen sind, die sich erst im Revisionsverfahren nachteilig auswirken. Ist die Revision begründet, so hat das BSG in der Sache selbst zu entscheiden (§ 170 Abs. 2 S. 1 SGG). Ist eine abschließende Entscheidung nicht möglich, so muss es bei begründeter Revision das angefochtene Urt. aufheben und die Sache zur erneuten Verhandlung und Entscheidung zurückverweisen (§ 170 Abs. 2 S. 2 SGG und § 170 Abs. 5 SGG: Bindung an die rechtliche Beurteilung des Revisionsgerichts). Näher dazu *Krasney/Udsching* Kap. IX Rdn. 380 ff.

6. Zum Beispielsfall s. BSG Urt. v. 24. 1. 1992 – 2 RU 32/91 = SozR 3–2200 § 550 Nr. 5. Zum Versicherungsschutz bei Wegeunfällen, insbesondere auf und von Wegen zum sog. „dritten Ort" BSG SozR 3–2200 § 550 Nr. 13; BSG Urt. v. 2. 5. 2001 – B 2 U 33/00 R = SGb 2002, 181 m. Anm. v. *Jung* und Urt. v. 2. 5. 2001 – B 2 U 34/00 R = SGb 2002, 345 m. Anm. v. *Wilde.*

7. Zum Antrag s. Anm. 2. Es empfiehlt sich ein äußerlich abgehobener Antrag, aus dem sich der Umfang und das Ziel der Anfechtung ergeben.

Kosten und Gebühren

Vgl. Hinweis bei Form. VIII. 16. Bei Zurückverweisung bleibt die Kostenentscheidung dem Gericht vorbehalten, an das verwiesen wird. Es entsteht dann in der Berufungsinstanz erneut eine Gebühr nach § 116 BRAGO.

Fristen und Rechtsmittel

Vgl. Anm. 1.

Wiederaufnahme des Verfahrens (§§ 179 ff. SGG)

18. Wiederaufnahmeklage[1]

An das
Landessozialgericht[2]

Wiederaufnahmeklage

der Schneiderin ......,
Prozessbevollmächtigter: RA ......

gegen das Urteil des Landessozialgerichts vom ......

Ich beantrage namens und in Vollmacht der Klägerin, das durch Urteil des Landessozialgerichts vom ......, – Az. ......, – rechtskräftig abgeschlossene Verfahren wieder aufzunehmen und die Beklagte zu verurteilen, die Zeit vom ...... bis ...... als nachgewiesene Versicherungszeit bei der Rentenberechnung zusätzlich zu berücksichtigen.

Begründung:

Durch das oa. rechtskräftige Urteil des Landessozialgerichts ist zu Unrecht entschieden worden, dass die Zeit vom ...... bis ...... nicht als Beitragszeit rentensteigernd berücksichtigt werden kann. Der frühere Ehemann der Klägerin hat jetzt in seinen Unterlagen zufällig ein Zeugnis[3] der ehemaligen – inzwischen verstorbenen – Arbeitgeberin vom ...... gefunden. Eine Fotokopie dieses Zeugnisses ist beigefügt. Daraus ergibt sich, dass die Klägerin während der streitigen Zeit als Hausgehilfin gearbeitet hat und dass für sie Sozialversicherungsbeiträge entrichtet worden sind. Diese Urkunde konnte nur deshalb im Vorprozess nicht benutzt werden, weil sie verborgen geblieben war.

Rechtsanwalt

Schrifttum: Krasney/Udsching Kap. XI: Wiederaufnahme des Verfahrens.

Anmerkungen

1. Ein rechtskräftiges Verfahren kann entsprechend den Vorschriften des 4. Buches der ZPO (§§ 578 ff.) wieder aufgenommen werden (§ 179 Abs. 1 SGG), so dass auf die Form. I. P. 1 u. 2 (Nichtigkeits- und Restitutionsklage) verwiesen wird. Es gelten folgende Besonderheiten:

a) Der sich mit § 580 Nr. 4 ZPO überschneidende zusätzliche Wiederaufnahmegrund des § 179 Abs. 2 SGG (strafgerichtliche Verurteilung eines Beteiligten, weil er entscheidungserhebliche Tatsachen wissentlich falsch behauptet oder vorsätzlich verschwiegen hat);

b) Wiederaufnahme auch dann, wenn einander widersprechende rechtskräftige Entscheidungen verschiedener Leistungsträger ergangen sind (s. im Einzelnen § 180 SGG und ferner §§ 181 und 182 SGG, die diesen Konfliktfall verhindern sollen);

c) gerichtliche Anordnung der Rückerstattung der gewährten Leistungen auf Antrag (§ 179 Abs. 3 SGG).

Die Wiederaufnahmeklage hat in der Praxis kaum Bedeutung, vgl. auch Anm. 3.

2. Grundsätzlich ist das Gericht zuständig, das im 1. Rechtszug entschieden hat, das Berufungsgericht (LSG), wenn dieses sachlich entschieden hat (vgl. § 584 ZPO; näher dazu *Krasney/Udsching* Kap. XI Rdn. 38 ff.).

3. Praktisch wichtigster Wiederaufnahmegrund dürfte das Auffinden einer Urkunde iS. des § 580 Nr. 7 Buchst. b ZPO sein. Existenz und Verbleib der Urkunde müssen bislang unbekannt gewesen sein (BSG 38, 207/209). Allgemein ist *wichtig*, dass § 44 Abs. 1 SGB X die Leistungsträger (auch bei Vorliegen eines rechtskräftigen Urt., vgl. BSG 51, 139/141) verpflichtet, einen rechtswidrigen Verwaltungsakt zurückzunehmen, soweit Sozialleistungen zu Unrecht nicht erbracht oder Beiträge zu Unrecht erhoben worden sind. Es wird – anstelle einer Wiederaufnahme des Verfahrens – das Wiederaufgreifen des Verwaltungsverfahrens nach dieser Vorschrift regelmäßig der zweckmäßige Weg sein, um die Überprüfung eines unanfechtbaren Verwaltungsakts zu erreichen, vgl. dazu das Form. VIII. 7.

Für den Sozialleistungsträger kommt die Wiederaufnahme des Verfahrens in Betracht, wenn er auf Grund rechtskräftiger Verurteilung einen begünstigenden Verwaltungsakt erlassen hat, da in diesem Fall § 45 SGB X (Rücknahme begünstigender Verwaltungsakte) nicht anwendbar ist (BSG 60, 251/253 f.). Auch braucht der Sozialleistungsträger die sittenwidrig herbeigeführte oder ausgenutzte Rechtskraft eines Urt. nicht zu beachten (BSG 60, 251).

Kosten und Gebühren

Vgl. Hinweis zu Form. VIII. 2.

Beschwerde (§§ 172 ff. SGG)

19. Beschwerde (Beschwerde gegen Verhängung eines Ordnungsgeldes)[1]

An das
Sozialgericht[2]

In dem Rechtsstreit

des Industriemechanikers ......, **Klägers und Beschwerdeführers,**
Prozessbevollmächtigter: RA ......

gegen

die Landesversicherungsanstalt ......, **Beklagte und Beschwerdegegnerin,**
vertreten durch die Geschäftsführung,

wird gegen die Anordnung des Sozialgerichts vom. ...... – Az: ...... – Beschwerde eingelegt.

Begründung[3]**:**

Das SG hat gegen den Kläger durch die oa. Anordnung ein Ordnungsgeld von 100 EUR festgesetzt, weil er der mündlichen Verhandlung ferngeblieben ist, obwohl sein persönliches Erscheinen angeordnet war[4]**. Diese Anordnung ist aufzuheben, da der Kläger der mündlichen Verhandlung vom ...... ohne Verschulden ferngeblieben ist. Aus der beige-**

fügten Bescheinigung des Arztes für Allgemeinmedizin Dr. A. vom ...... ergibt sich, dass er kurz vor der mündlichen Verhandlung einen schweren Asthmaanfall erlitt und deshalb seine Wohnung nicht verlassen konnte. Der Kläger lebt allein und hat kein Telefon. Er konnte dem Gericht daher auch den Grund seiner Verhinderung nicht rechtzeitig vorher mitteilen.

Rechtsanwalt

Schrifttum: Bork, Zur Statthaftigkeit der Beschwerde nach § 172 SGG, SGb 1989, 284; *Krasney/Udsching* Kap. X: Beschwerde, Erinnerung.

Anmerkungen

1. Beschwerdefähig sind mit Ausnahme der Urt.e und Gerichtsbescheide die Entscheidungen der SGe und die Entscheidungen der Vorsitzenden dieser Gerichte, soweit im SGG nichts anderes bestimmt ist (vgl. § 172 Abs. 1 SGG). Nicht beschwerdefähig sind die in § 172 Abs. 2 SGG genannten Maßnahmen (prozessleitende Verfügungen usw.), näher dazu *Meyer-Ladewig* SGG § 172 Rdn. 6 ff. In der Praxis betrifft die Beschw. meist die *Ablehnung der Übernahme von Kosten eines Gutachtens nach § 109 SGG auf die Staatskasse* (Form. VIII. 22.), die isolierte Kostenentscheidung nach § 193 Abs. 1 S. 3 SGG (Form. VIII. 29.) und die *Ablehnung von PKH* (besondere Regelung in § 73 a SGG iVm. § 127 Abs. 2 ZPO, vgl. auch Form. VIII. 25.).

2. Die Beschw. ist binnen eines Monats nach Bekanntgabe der Entscheidung beim SG schriftlich oder zur Niederschrift des Urkundsbeamten der Geschäftsstelle einzulegen (§ 173 S. 1 SGG). Die Frage, ob die Monatsfrist auch bei Bekanntgabe außerhalb des Geltungsbereichs des SGG gilt, ist umstr. (verneinend: LSG Niedersachsen *Breithaupt* 1992, 159: analog § 87 Abs. 1 S. 2 SGG drei Monate). Die Beschwerdefrist ist auch gewahrt, wenn die Beschw. innerhalb der Frist beim LSG eingelegt wird (§ 173 S. 2 SGG). Hält das SG oder der Vorsitzende, dessen Entscheidung angefochten wird, die Beschw. für begründet, so ist ihr abzuhelfen (vgl. das Begründungsbeispiel); sonst ist sie unverzüglich unter Benachrichtigung der Beteiligten dem LSG vorzulegen (§ 174 SGG). Die Beschw. hat in den in § 175 S. 1 und 2 SGG genannten Fällen aufschiebende Wirkung, so auch im Begründungsbeispiel (Ordnungsgeld). Außerdem kann das Gericht, dessen Entscheidung angefochten wird, den Vollzug der angefochtenen Entscheidung aussetzen (vgl. § 175 S. 3 SGG). Ferner kann der Vorsitzende des Bundesgerichts die Vollstreckung nach § 199 Abs. 2 SGG aussetzen. Das LSG entscheidet über die Beschw. durch unanfechtbaren Beschl. (§§ 176, 177 SGG).

3. Begr. ist nicht vorgeschrieben, aber zweckmäßig.

4. Von der *Anordnung des persönlichen Erscheinens* eines Beteiligten (§ 111 Abs. 1 S. 1 SGG) wird im sozialgerichtlichen Verfahren häufig Gebrauch gemacht, um den Sachverhalt aufzuklären. Die Anhörung des Beteiligten ist jedoch, da dem SGG die Parteivernehmung unbekannt ist (BSG SozR 3–1500 § 160 a Nr. 2), keine Beweisaufnahme im eigentlichen Sinne (vgl. auch Form. VIII. 21 Anm. 5). Auf die Folgen des Ausbleibens ist hinzuweisen (§ 111 Abs. 1 S. 2 SGG). Nichterscheinen kann mit Ordnungsgeld belegt werden (§ 202 SGG iVm. §§ 141 Abs. 3, 380, 381 ZPO).

Kosten und Gebühren

Grundsätzlich keine zusätzliche Gebühr (§ 116 Abs. 1 BRAGO) für den RA (vgl. LSG Hamburg *Breithaupt* 1986, 91; aA. *v. Eicken* SGb 1991, 295/297; s. auch *Behn* AnwBl. 1988, 423). Umfang und Schwierigkeit der Tätigkeit des RA sind jedoch bei der

Festsetzung der Höhe der Rahmengebühr zu berücksichtigen. Für die Fälle des § 116 Abs. 2 BRAGO (Gebühren nach dem Gegenstandswert) gilt § 61 Abs. 1 Nr. 1 BRAGO entsprechend. Eine Kostenentscheidung ist erforderlich, wenn die Beschw. von einer Person eingelegt ist, die nicht Beteiligter ist (Zeuge, Sachverständiger, ehrenamtlicher Richter; wegen weiterer Ausnahmen *Meyer-Ladewig* SGG § 176 Rdn. 5).

Fristen und Rechtsmittel

Der Beschl. des LSG ist unanfechtbar (vgl. § 177 SGG).

Sonstige Anträge

20. Antrag auf mündliche Verhandlung nach Gerichtsbescheid – § 105 Abs. 2 S. 2 SGG –

In dem Rechtsstreit
der Frau ......, Klägerin,
Prozessbevollmächtigter: RA ......

gegen

die Allgemeine Ortskrankenkasse ......, Beklagte,

vertreten durch den Geschäftsführer,

hat das Sozialgericht die auf Erstattung der Kosten für das Medikament „Th......“ in Höhe von 450 EUR gerichtete Klage durch Gerichtsbescheid[1] vom ...... abgewiesen. Ich beantrage namens und in Vollmacht der Klägerin gemäß § 105 Abs. 2 SGG, eine mündliche Verhandlung anzuberaumen[2, 3].

Rechtsanwalt

Anmerkungen

1. Die mit Wirkung vom 1. 3. 1993 für das Verfahren vor dem SG eingeführte Regelung über den *Gerichtsbescheid* (§ 105 SGG) bezweckt die Beschleunigung des Verfahrens und hat große praktische Bedeutung. Sie war zunächst bis zum 28. 2. 1998 befristet und gilt nunmehr auf Grund des 5. SGG – ÄndG v. 30. 3. 1998 (BGBl. I S. 638) unbefristet. Im Berufungsverfahren gibt es keinen Gerichtsbescheid, jedoch die Möglichkeit, durch *Beschl.* zu entscheiden, wenn das LSG die Berufung einstimmig für unbegründet und eine mündliche Verhandlung nicht für erforderlich hält; die Berufung darf dann jedoch nicht gegen einen Gerichtsbescheid gerichtet sein (§ 153 Abs. 4 SGG; s. dazu Form. VIII. 10 Anm. 1); eine *unzulässige Berufung* kann das LSG durch *Beschl.* verwerfen (vgl. § 158 SGG).

Das SG kann ohne mündliche Verhandlung durch Gerichtsbescheid entscheiden, wenn die Sache keine besonderen Schwierigkeiten tatsächlicher oder rechtlicher Art aufweist (s. dazu BSG Urt. v. 30. 8. 2001 – B 4 RA 87/00 R –: Unzulässigkeit des Gerichtsbescheides bei höchstrichterlich noch nicht geklärten Rechtsfragen) und der Sachverhalt geklärt ist; die Beteiligten sind *vorher zu hören* (§ 105 Abs. 1 SGG). Sofern sie mit der Entscheidung durch Gerichtsbescheid nicht einverstanden sind, sollten sie die Gründe für die Anberaumung einer mündlichen Verhandlung nennen und ggf. Beweisanträge stellen.

2. Der Antrag auf mündliche Verhandlung *nach* Gerichtsbescheid kann *nur ausnahmsweise* gestellt werden, nämlich dann, wenn die Berufung nicht gegeben ist (§ 105 Abs. 2 S. 2 SGG; s. auch Anm. 3). Der Antrag ist innerhalb eines Monats seit Zustellung des Gerichtsbescheides zu stellen (ergibt sich aus dem Regelungszusammenhang, vgl. *Meyer-Ladewig* SGG § 105 Rdn. 20). Wird rechtzeitig mündliche Verhandlung beantragt, gilt der Gerichtsbescheid als nicht ergangen (§ 105 Abs. 3 SGG).

Wird sowohl ein Rechtsmittel gegen den Gerichtsbescheid eingelegt als auch mündliche Verhandlung beantragt, findet eine mündliche Verhandlung statt (§ 105 Abs. 2 S. 3 SGG).

3. Im Begründungsbeispiel ist die Berufung nach § 144 Abs. 1 S. 1 Nr. 1 SGG nicht gegeben, weil der Wert des Beschwerdegegenstandes 500 EUR nicht übersteigt.

Kosten und Gebühren

Wird (bei einer nicht statthaften Berufung, vgl. Anm. 2) rechtzeitig Antrag auf mündliche Verhandlung gestellt, wird auch die Kostenentscheidung des Gerichtsbescheides hinfällig. Kein gesonderter Gebührenanspruch für den Antrag auf mündliche Verhandlung.

Fristen und Rechtsmittel

Vgl. Anm. 2.

21. Beweisantrag – §§ 103, 160 Abs. 2 Nr. 3 SGG –[1, 2, 3]

– Grundsätzliche Hinweise zum Beweisrecht im sozialgerichtlichen Verfahren –

An das
Landessozialgericht

In dem Rechtsstreit

des Gastwirts ……,
Prozessbevollmächtigter: RA …… Klägers und Berufungsklägers,

gegen

die Berufungsgenossenschaft Nahrungsmittel und Gaststätten ……, Berufungsbeklagte, vertreten durch den Geschäftsführer,
– Az. …… –
beantrage ich[4],

1. **den Maler (Name, Anschrift) als Zeugen zu vernehmen, ob der PKW des Klägers in der Nacht vom …… zum …… gegen 3.00 Uhr auf dem Parkplatz vor der Gaststätte des Klägers („L'Auberge") gestanden hat und**
2. **den Buchdrucker (Name, Anschrift) als Zeugen zu der Frage zu vernehmen, ob der Kläger kurz vorher gesagt hat, er müsse noch einmal seine Gaststätte aufsuchen, um den Kühlschrank einzuschalten.**

Begründung:[5]

Nach dem bisherigen Ergebnis des Verfahrens steht fest, dass der Kläger, der als Unternehmer bei der Beklagten gegen Arbeitsunfall versichert ist (§ 3 SGB VII RVO iVm. der Satzung der Beklagten), seine Gaststätte kurz vor Mitternacht geschlossen, anschließend in der 3 km entfernten Gaststätte „Tenne" mit den vorgenannten Zeugen bis gegen 3.00 Uhr Karten gespielt hat und gegen 3.30 Uhr auf dem Weg zu seiner Wohnung mit dem Pkw verunglückt ist. Obwohl sein Heimweg auf Grund des Kartenspiels somit längere Zeit unterbrochen war, stand er bei seinem Unfall gemäß § 8 Abs. 2 Nr. 1 SGB VII (Wegeunfall) unter dem Schutz der gesetzlichen Unfallversicherung. Denn der Kläger suchte unmittelbar nach Beendigung des Kartenspiels noch einmal seine Gaststätte auf, schaltete den – zuvor abgetauten – Kühlschrank wieder ein und füllte ihn mit Getränken. Er trat also seine Heimfahrt unmittelbar im Anschluss an eine versicherte Tätigkeit an. Durch die Aussagen der Zeugen wird bewiesen[6, 7] werden, dass die von der Beklagten bezweifelten Angaben des Klägers zutreffen.

Rechtsanwalt

Schrifttum: Fichte, Der Beweisantrag im Rentenrechtsstreit wegen Erwerbsminderung, SGb 2000, 653.

Anmerkungen

1. Im sozialgerichtlichen Verfahren muss das Gericht unter Heranziehung der Beteiligten den Sachverhalt *von Amts wegen* erforschen, ohne an das Vorbringen und die Beweisanträge der Beteiligten gebunden zu sein (§ 103 SGG; Ausnahme: § 109 SGG, vgl. Form. VIII. 22.). Trotzdem kommt im Berufungsverfahren dem *Beweisantrag* eine eigenständige Bedeutung zu, da eine NZB auf die Verletzung des § 103 SGG nur gestützt werden kann, wenn das LSG einem Beweisantrag ohne hinreichende Begr. nicht gefolgt ist, vgl. Form. VIII. 15.

In der Sozialgerichtsbarkeit kommt vor allem den Beweisanträgen, den Sachverhalt *in medizinischer Hinsicht* von Amts wegen durch Einholung von – in der Regel schriftlichen – *ärztlichen Gutachten* weiter aufzuklären (§ 103, 106 Abs. 3 Nr. 3 SGG), große praktische Bedeutung zu.

Grundsätzlich sind auch im Verwaltungsverfahren eingeholte ärztliche Gutachten (vgl. § 21 Abs. 1 Nr. 2 und Abs. 3 SGB X) im gerichtlichen Verfahren – im Wege des Urkundenbeweises – zu verwerten (BSG SozR Nr. 66 zu § 128 SGG; BSG Urt. v. 8. 12. 1988 – 2/9 b RU 66/87; s. auch BSG SozR 3–3300 § 15 Nr. 11 – S. 34 f. –). Werden sie erst im Verlaufe des Rechtsstreits in das Verfahren eingeführt, sind sie als qualifiziertes (von Sachkunde getragenes) Beteiligtenvorbringen zu würdigen (BSG Urt. v. 8. 12. 1988 – 2/9 b RU 66/87 –).

Hilfreich mit vielen weiterführenden Hinweisen: *Plagemann/Hontschik,* Medizinische Begutachtung im Sozialrecht, Schriftenreihe der Arbeitsgemeinschaften des Deutschen Anwaltsvereins/Arbeitsgemeinschaft Sozialrecht 3. Aufl. 1996; s. auch aus der Vielzahl der Veröffentlichungen *Udsching,* Besonderheiten des Sachverständigenbeweises im sozialgerichtlichen Verfahren, NZS 1992, 50. Die *typischen beweisbedürftigen Tatsachen* und die zugehörigen *sozialrechtlichen Fragestellungen* sind bei *Krasney/Udsching* Kap. III Rdn. 114 ff. anschaulich und praxisnah zusammengestellt.

2. Das SGG verweist wegen der *Beweisaufnahme* weitgehend auf die ZPO (vgl. § 118 Abs. 1 SGG).

Danach kann das Gericht auch das *Erscheinen des Sachverständigen zum Verhandlungstermin* anordnen, damit er sein (schriftliches) Gutachten erläutere (§ 118 Abs. 1 S. 1 SGG iVm. § 411 Abs. 3 ZPO). Die Beteiligten haben ein *Fragerecht*, dh. sie können dem Sachverständigen (oder Zeugen) im Verhandlungstermin sachdienliche Fragen vorlegen lassen oder unmittelbar stellen (§ 116 S. 2 SGG, § 118 Abs. 1 S. 1 SGG iVm. § 397 ZPO; *Meyer-Ladewig* SGG § 116 Rdn. 4). Darüber hinaus leitet das BSG ebenso wie die anderen obersten Bundesgerichte und die hM. aus dem Anspruch auf rechtliches Gehör (Art. 103 Abs. 2 GG, § 62 SGG) die Pflicht des Gerichts ab, *auf Antrag* eines Beteiligten das Erscheinen des Sachverständigen zur Erläuterung seines (schriftlichen) Gutachtens und zur mündlichen Befragung im Verhandlungstermin anzuordnen (s. zB. BSG SozR 3–1750 § 441 Nr. 1 und SozR 1750 § 441 Nr. 2; zusammenfassend BVerfG NJW 1998, 2273 mwN.). Es sind dann dem Gericht innerhalb eines angemessenen Zeitraums bzw. der vom Gericht gesetzten Frist die rechtserheblichen Einwendungen gegen das Gutachten und (oder) objektiv sachdienliche Fragen mitzuteilen (§ 411 Abs. 4 ZPO, s. dazu BSG SozR Nr. 160 zu § 162 SGG und SozR 1750 § 411 Nr. 2; *Schur* SGb 1985, 529). Unerheblich ist in diesem Zusammenhang, ob es sich um ein von Amts wegen oder um ein gemäß § 109 SGG (Form. VIII. 22) eingeholtes Gutachten handelt (BSG Urt. v. 30. 4. 1985 – 2 RU 81/84 –). Allein mit dem Hinweis, dass einander widersprechende Gutachten vorliegen, ist der Antrag nicht zu begründen (vgl. in diesem Zusammenhang BSG Beschl. v. 30. 8. 2001 – B 2 U 168/01 B –). Die mündliche Anhörung ist – auch im Hinblick auf den Amtsermittlungsgrundsatz (Anm. 1) – nicht die einzig mögliche Behandlung des Antrags auf mündliche Erläuterung von Sachverständigengutachten (BVerfG aaO., 2274 und FamRZ 2001, 1285/1286). IdR. wird das Gericht den Sachverständigen auffordern, zu sachdienlichen Fragen ergänzend schriftlich Stellung zu nehmen (s. dazu BSG SozR Nr. 160 zu § 162 SGG und SozR 3–1750 § 411 Nr. 1 – S. 6 –; *Udsching* NZS 1992, 50/53).

Im Übrigen gilt der Grundsatz der *Unmittelbarkeit der Beweisaufnahme* (§ 117 SGG; s. dazu BSG SozR 1500 § 117 Nr. 3 und SozR 3–1500 § 117 Nr. 1). Das LSG hat einen bereits vom SG vernommenen Zeugen nochmals zu hören (s. § 118 Abs. 1 SGG iVm. § 398 Abs. 1 ZPO), wenn es eine vom SG abweichende Würdigung der Zeugenaussage in Betracht zieht (Reduzierung des richterlichen Ermessens „auf Null“, BSG SozR 3–1500 § 128 Nr. 12 mwN.).

3. Überdies ist auch im sozialgerichtlichen Verfahren das *Beweissicherungsverfahren* (mögliche Beweismittel: Augenschein, Zeugen, Sachverständige) zulässig (§ 76 SGG). Es ist zB. zur Ermittlung der Schadstoffexposition am Arbeitsplatz, die für die Verursachung einer Berufskrankheit in Betracht kommt, zu erwägen, da eine spätere Rekonstruktion der Arbeitsbedingungen oft unmöglich ist (vgl. BSG SozR 3–1500 § 103 Nr. 9). S. zum Beweissicherungsverfahren mit Beispielen *Niesel* Rdn. 293f. und *Krasney/Udsching* Kap. III Rdn. 169ff. Es ist das Gesuch eines Beteiligten erforderlich. Für das Verfahren gelten die Vorschriften der ZPO über das Beweissicherungsverfahren entsprechend (§ 76 Abs. 3 SGG), vgl. insoweit Form. I. H. 9.

4. Der *Beweisantrag* hat, da das Gericht den Sachverhalt von Amts wegen erforscht (§ 103 SGG), grundsätzlich nur die Bedeutung einer Beweisanregung (Form. VIII. 1 Anm. 1). Eine *wichtige Ausnahme* gilt im Hinblick auf die Zulassung der Revision wegen eines Verfahrensmangels (Form. VIII. 15). Hier hat der Beweisantrag eine eigenständige Bedeutung, weil die Verletzung des § 103 SGG nur gerügt werden kann, wenn der Verfahrensmangel sich auf einen Beweisantrag bezieht, dem das LSG ohne hinreichende Begründung nicht gefolgt ist (§ 160 Abs. 2 Nr. 3 SGG).

Ein Beweisantrag iSd. § 160 Abs. 2 Nr. 3 SGG kann in der mündlichen Verhandlung, in einem vorbereitenden Schriftsatz (BSG SozR 1500 § 160 Nr. 12) oder zur Niederschrift der Geschäftsstelle gestellt werden. *Wichtig:* Er liegt jedoch dann nicht (mehr) vor, wenn sich aus den näheren Umständen ergibt, dass er in der letzten mündlichen Verhandlung nicht mehr aufrechterhalten wurde. Das wird nach der Rspr. des BSG bei rechtskundig vertretenen Beteiligten regelmäßig angenommen, wenn in der letzten mündlichen Verhandlung nur noch ein Sachantrag gestellt wird (vgl. zB. BSG Beschl.

v. 3. 3. 1997 – B 2 U 19/97 B – und v. 23. 9. 1997 – B 2 U 31/97 B –; s. auch BVerfG SozR 3–1500 § 160 Nr. 6; näher dazu *Krasney/Udsching* Kap. IX Rdn. 130ff.). Der Beweisantrag ist daher in der letzten mündlichen Verhandlung vor dem LSG unbedingt zu Protokoll gegeben werden. Die ausdrückliche (genau bezeichnete) zu protokollierende Bezugnahme auf einen vorher schriftsätzlich gestellten Antrag ist zulässig. Außerdem ist zu beachten: Nach der Rspr. des BSG hält ein Beteiligter einen zuvor schriftsätzlich gestellten Beweisantrag nicht mehr aufrecht, wenn er sich, ohne diesen zu wiederholen, gemäß § 124 Abs. 2 SGG mit einer Entscheidung ohne mündliche Verhandlung durch Urt. einverstanden erklärt – Form. VIII. 26 – (BSG SozR 3–1500 § 124 Nr. 3, wobei das BSG offen lässt, ob man wirksam auf eine mündliche Verhandlung verzichten und gleichzeitig den Beweisantrag aufrechterhalten kann). Soll dieses Ergebnis vermieden werden, muss der Beteiligte die Zustimmung zu einer Entscheidung ohne mündliche Verhandlung verweigern und auf der beantragten Beweisaufnahme beharren. Nach einer Anhörungsmitteilung des LSG gemäß § 153 Abs. 4 S. 2 SGG ist gleichermaßen der Beweisantrag zu wiederholen, sonst wird er als erledigt angesehen (BSG SozR 3–1500 § 160 Nr. 31).

Eine Beweisanregung reicht nicht. Der Beweisantrag muss erkennen lassen, dass eine weitere Sachaufklärung von Amts wegen für erforderlich gehalten wird (BSG SozR 1500 § 160 Nr. 67 und BSG SozR 3–1500 § 160 Nr. 9). Ein Antrag nach § 109 SGG (Form. VIII. 22) genügt ebenfalls nicht (vgl. BSG SozR 1500 § 160 Nr. 67). Es muss außer dem *Beweismittel* das *Beweisthema* bezeichnet sein, und zwar nach BSG SozR 1500 § 160 Nr. 45 iS. der einschlägigen Vorschriften der ZPO über den Beweisantritt (s. zur Unterscheidung von Beweisantrag und Beweisantritt aber auch BSG SozR 3 – 1500 § 160 Nr. 9).

So könnte ein Beweisantrag für den Sachverständigenbeweis im Rechtsstreit um Rente wegen Erwerbsminderung (Form. VIII. 6.) zB. lauten: „Es wird beantragt, von Amts wegen ein ärztliches Gutachten des internistischen Fachgebiets zur Frage einzuholen, ob das in dem Bericht des behandelnden Arztes Dr. A. beschriebene „Dumping-Syndrom“ noch einen dauerhaften Arbeitseinsatz des Klägers zulässt und – falls dies bejaht wird –, welche körperlichen Arbeiten der Kläger noch leisten und in welchem zeitlichen Ausmaß und mit welchen Einschränkungen (wie zusätzlichen Arbeitspausen) er noch tätig sein kann.“ Ausführlich zum Beweisantrag im Rechtsstreit um Rente wegen Erwerbsminderung *Fichte* SGb 2000, 653.

Das LSG braucht auf Beweisanträge nicht hinzuwirken (BSG SozR 1500 § 160 Nr. 13).

5. Im Begründungsbeispiel ist der Beweisantrag in einem vorbereitenden Schriftsatz gestellt. Auf ihn kann in der mündlichen Verhandlung Bezug genommen werden (s. dazu Anm. 4). Eine Begründung des Beweisantrags ist zwar nicht vorgeschrieben, aber sachdienlich. Denn aus der Begründung ergibt sich die Rechtserheblichkeit der Beweisfragen, und es wird deutlich, weshalb die Zeugen etwas bekunden können und kein unzulässiger sog. *Ausforschungsbeweis* (s. dazu BSG 78, 207/213 = SozR 3–2600 § 43 Nr. 13) vorliegt.

6. Auch im sozialgerichtlichen Verfahren gilt grundsätzlich der die volle Überzeugung des Gerichts begründende Beweismaßstab des *Vollbeweises*, dh. es ist ein so hoher Grad an Wahrscheinlichkeit erforderlich, dass kein vernünftiger, die Lebensverhältnisse klar überschauender Mensch noch zweifelt (vgl. BSG 6, 142/144; 7, 103/106; 19, 52/53; 32, 203/207; vgl. auch BGHZ 53, 245/256). Dabei kann, obwohl das sozialgerichtliche Verfahren keine Parteivernehmung kennt (BSG SozR 3–1500 § 160a Nr. 2), die richterliche Überzeugung auch auf den Sachvortrag des Klägers gestützt werden (BSG SozR Nr. 56 zu § 128 SGG).

Für die *Feststellung des ursächlichen Zusammenhanges* in der gesetzlichen Unfallversicherung und im sozialen Entschädigungsrecht reicht *hinreichende Wahrscheinlichkeit* aus (BSG 45, 285/286; 58, 80/82; 60, 58; BSG SozR 3850 § 52 Nr. 1; BSG SozR 3–3200 § 81 Nr. 16; BSG SozR 3–3900 § 15 Nr. 4 zu den im sozialen Entschädigungsrecht geltenden Beweismaßstäben). Wahrscheinlichkeit liegt vor, wenn bei vernünftiger Abwägung aller Umstände die für den ursächlichen Zusammenhang sprechenden Umstände so stark überwiegen, dass darauf die richterliche Überzeugung gegründet werden kann, während die bloße Möglichkeit nicht genügt. In einigen gesetzlich besonders geregelten Fällen (vgl. zB. §§ 286a, 286b SGB VI, § 4 Abs. 1 Fremdrentengesetz – FRG –) genügt die *Glaubhaftmachung* – § 23 Abs. 1 S. 2 SGB X – (*Krasney/Udsching* Kap. III Rdn. 157f.).

Im Fall des sog. *Beweisnotstandes* verringert sich zwar der Beweismaßstab nicht. An den Beweis der Tatsachen, auf die sich der Beweisnotstand bezieht, können bei der Beweiswürdigung aber geringere Anforderungen gestellt werden, dh. dass sich das Gericht schon auf Grund weniger Anhaltspunkte die Überzeugung von einem bestimmten Geschehensablauf bilden kann (s. zB.: BSG SozR 3–1500 § 128 Nr. 11 im Hinblick auf eine vom Unfallversicherungsträger nicht veranlasste, aber ersichtlich erforderliche Obduktion; BSG Urt. v. 12. 6. 1990 – 2 RU 57/89 – S. 9 –: unfallbedingte Erinnerungslücke).

Nach dem im sozialgerichtlichen Verfahren geltenden *Grundsatz der objektiven Beweislast* hat derjenige die Folgen der Beweislosigkeit zu tragen, der aus der nicht bewiesenen Tatsache eine ihm günstige Rechtsfolge herleiten will; es gibt also keinen Beweisgrundsatz „Im Zweifel für den Sozialleistungsberechtigten" (vgl. dazu zB. BSG 30, 121/123; BSG SozR 1500 § 128 Nr. 35 und BSG SozR 3–4100 § 119 Nr. 7 – S. 32 –; näher dazu *Meyer-Ladewig* SGG § 103 Rdn. 19a ff. und *Krasney/Udsching* Kap. III Rdn. 27, 29 und 159ff.).

7. Die tatsächlichen Grundlagen der versicherten Tätigkeit (Begründungsbeispiel) müssen voll bewiesen sein (vgl. BSG 58, 80/82f.; 61, 121/182).

Weiterführende Literatur zu Beweismaßstab und Beweislast: *Keller* SGb 1995, 474; *Anders/Anders* SGb 2000, 454; *Köhler* VSSR 2002, 1.

Kosten und Gebühren

Keine zusätzliche Gebühr für den RA.

22. Antrag auf Anhörung eines bestimmten Arztes – § 109 SGG – [1]

An das
Landessozialgericht

In dem Rechtsstreit

der Buchhalterin ......, Klägerin,
Prozessbevollmächtigter: RA ......

gegen

die Bundesversicherungsanstalt für Angestellte ......, Beklagte,
vertreten durch die Geschäftsführung,
– Az. ...... –
wird beantragt,
den Arzt für Neurologie und Psychiatrie Prof. Dr. F., Direktor der Psychiatrischen Klinik der Medizinischen Hochschule H., G-Straße ......[2], nach § 109 SGG gutachtlich zu hören[3] und die Kosten der Anhörung auf die Staatskasse zu übernehmen[4].

Begründung[5]:

Der prozessleitenden Verfügung des Vorsitzenden vom ...... ist zu entnehmen, dass das Landessozialgericht den Sachverhalt in medizinischer Hinsicht für geklärt hält und dem Beweisantrag der Klägerin, von Amts wegen ein psychiatrisches Gutachten einzuholen, nicht folgen will. Die vorliegenden, andere Fachgebiete betreffenden Gutachten enthalten indessen deutliche Hinweise darauf, dass die Klägerin auf Grund einer Neurose gehindert sein könnte, ihre einer Arbeitsaufnahme entgegenstehenden Hemmungen zu überwinden. Es sollte in das Ermessen des ärztlichen Sachverständigen gestellt werden, ob das Gutachten zu dieser Frage nach ambulanter oder einer bis zu 3tägigen stationären Untersuchung zu erstatten ist.

Rechtsanwalt

Schrifttum: Stoll, Das Recht auf Anhörung eines bestimmten Arztes nach § 109 SGG, NZA 1988, 272; *Behn,* Der Verbrauch des Antragsrechts nach § 109 SGG, Die Sozialversicherung – SozVers – 1990, 1 und 29; *Udsching,* Besonderheiten des Sachverständigenbeweises im sozialgerichtlichen Verfahren, NZS 1992, 50; *Krasney/Udsching* Kap. III Rdn. 74ff.; *Niesel* Rdn. 254ff.

Anmerkungen

1. Der Antrag des Versicherten, des Versorgungsberechtigten oder Hinterbliebenen, nach § 109 SGG einen bestimmten Arzt zu hören, ist ein Beweisantrag. Er stellt eine wichtige Besonderheit des sozialgerichtlichen Verfahrens dar. Ihm muss das Gericht grundsätzlich entsprechen, wenn die in das Fachwissen des Arztes gestellte Beweisfrage *entscheidungserheblich* ist (BSG SozR 1500 § 109 Nr. 1). Angehörige anderer Heilberufe sind von § 109 SGG nicht erfasst (s. aber BSG SozR Nr. 41 zu § 109 SGG: Bakteriologe). Der Antrag nach § 109 SGG, der auch im Berufungs-, nicht aber im Revisionsverfahren gestellt werden darf, ist immer dann zu erwägen, wenn das Gericht von Amts wegen nicht weiter ermitteln will, dem Antragsberechtigten der Sachverhalt aber in medizinischer Hinsicht noch klärungsbedürftig erscheint. Er ist auch als Hilfsantrag zulässig (BSG SozR Nr. 17 zu § 109 SGG).

Eine Pflicht des Gerichts, auf § 109 SGG hinzuweisen, besteht nach hM. grundsätzlich nicht (*Meyer-Ladewig* SGG § 109 Rdn. 9f. mwN.).

Der Kläger sollte vorab klären, ob der Arzt zur Übernahme des Gutachtenauftrags bereit ist. Vor allem empfiehlt es sich, im Hinblick auf den Beweiswert des Gutachtens einen Arzt zu benennen, der spezielle Sachkunde auf dem entscheidungserheblichen medizinischen Fachgebiet hat und mit der Abfassung von Gutachten vertraut ist.

Das Ges. sieht für den Antrag keine Frist vor. Das Gericht kann den Antrag aber gemäß § 109 Abs. 2 SGG ablehnen, wenn durch die Zulassung des Antrags die Erledigung des Rechtsstreits verzögert würde und der Antrag in der Absicht, das Verfahren zu verschleppen, oder aus grober Nachlässigkeit nicht früher gestellt worden ist (vgl. BSG SozR Nr. 24 und 40 zu § 109 SGG). Deshalb sind die vom Gericht für den Antrag nach § 109 SGG ggf. gesetzten Fristen unbedingt zu beachten. Insoweit handelt es sich um eine Ausnahme von dem Grundsatz, dass im sozialgerichtlichen Verfahren verspätetes Vorbringen nicht zurückgewiesen werden kann. Im Berufungsverfahren darf ein Antrag nach § 109 SGG jedoch nicht deshalb als verspätet zurückgewiesen werden, weil er vom SG mit dieser Begr. hätte zurückgewiesen werden können (BSG SozR 3–1500 § 109 Nr. 1).

Das Antragsrecht ist nach Erstattung des Gutachtens grundsätzlich „verbraucht". Das gilt nicht, wenn mehrere medizinische Fachrichtungen betroffen sind, und nicht bei veränderter Sach-, Rechts- oder Beweislage, insbesondere wenn das Gericht noch ein weiteres Gutachten von Amts wegen eingeholt hat und sich daraus wesentlich neue Gesichtspunkte ergeben.

2. Da der Antrag auf Anhörung eines *bestimmten* Arztes gerichtet ist, empfiehlt es sich, den Arzt nach Namen und Anschrift zu bezeichnen; Bestimmbarkeit genügt jedoch. Auch auf § 109 SGG sollte ausdrücklich Bezug genommen werden. Ein im Ausland wohnhafter Arzt ist nur anzuhören, wenn besondere Gründe das Verlangen rechtfertigen (BSG SozR Nr. 38 zu § 109 SGG).

3. Das Gericht formuliert den Beweisbeschluss selbstständig in seinen Einzelheiten. Antragsteller kann daher die Art der Gutachtenerstattung (mündlich oder schriftlich; nach Untersuchung oder nach Aktenlage) nur anregen, hat aber keine Gestaltungsrechte (str.). Das Beweisthema ergibt sich regelmäßig aus den Umständen und der Sachlage des Verfahrens. Es ist deshalb nicht erforderlich, allerdings zweckmäßig, das Beweisthema – wie im Beispielsfall in der Begr. – zu umreißen.

4. Es entspricht der sozialgerichtlichen Praxis, die Anhörung nach § 109 Abs. 1 S. 2 SGG davon abhängig zu machen, dass der Antragsteller die Kosten vorschießt und vorbehaltlich einer anderen Entscheidung des Gerichts endgültig trägt (Ermessensentscheidung). Das Gericht kann auch für die Einzahlung des Kostenvorschusses eine Frist setzen und die Einholung des Gutachtens nach Fristablauf in gleicher Weise nach § 109 Abs. 2 SGG ablehnen wie bei einer verspäteten Antragstellung (BSG SozR Nr. 32 zu § 109 SGG). Auch bei finanziellem Unvermögen kann das Gericht die Anhörung eines bestimmten Arztes von einem Kostenvorschuss abhängig machen (BSG SozR Nr. 21 zu § 109 SGG). Die Kosten eines Gutachtens nach § 109 SGG können nicht im Rahmen der PKH übernommen werden (§ 73a Abs. 3 SGG iVm. § 109 Abs. 1 S. 2 SGG) und auch nicht aus Mitteln der Sozialhilfe (BSG Beschl. v. 26. 8. 1998 – B 9 VS 7/98 B –). Der Sachverständige wird nach dem ZuSEG entschädigt. Hat das Gutachten nach § 109 SGG zur *Sachaufklärung beigetragen* (maßgebliches Kriterium), so wird das Gericht *auf Antrag* oder von Amts wegen durch Beschl. entscheiden, dass die Kosten ganz oder teilweise auf die Staatskasse übernommen werden. Üblicherweise wird der – nicht befristete – Antrag auf Kostenübernahme erst nach Erstattung des Gutachtens gestellt; es sollte begründet werden, weshalb das Gutachten nach Auffassung des Klägers zur Sachaufklärung beigetragen hat. Kosten, die der Beteiligte nach § 109 SGG endgültig tragen muss, sind nicht nach § 193 Abs. 2 SGG erstattungsfähig.

Der Anspruch auf Kostenübernahme nach § 109 SGG kann verwirkt werden (SG Frankfurt *Breithaupt* 1996, 263).

5. Eine Begr. ist nicht erforderlich, aber zweckmäßig, s. auch Anm. 3.

Kosten und Gebühren

Kein zusätzlicher Gebührenanspruch für den RA.

Fristen und Rechtsmittel

Die Ablehnung des Antrags nach § 109 SGG kann nur mit dem Rechtsmittel gegen die Entscheidung in der Hauptsache angefochten werden; dabei kann eine NZB im Revisionsverfahren auf eine Verletzung des § 109 SGG nicht gestützt werden (Form. VIII. 15. Anm. 3). Gegen den Beschl. des SG über die endgültige Kostentragung kann der Antragsteller Beschw. (Form. VIII. 19.) einlegen.

23. Beiladungsantrag – § 75 SGG –[1]

An das
Sozialgericht

In dem Rechtsstreit[2]

des Lokführers ......, Klägers,
Prozessbevollmächtigter: RA ......

gegen

den Gemeinde-Unfallversicherungsverband H ......, Beklagten,
vertreten durch die Geschäftsführung,
– Az. ...... –
wird beantragt[3],
die Gartenbau-Berufsgenossenschaft ......, beizuladen[4].

Begründung[5]:

Der Kläger stürzte beim Entästen eines Obstbaumes auf dem Grundstück seines Nachbarn N. und zog sich eine Querschnittslähmung zu. Der Beklagte lehnte eine Entschädigung ab, weil der Kläger nicht wie ein Beschäftigter (§ 2 Abs. 2 SGB VII iVm. § 2 Abs. 1 Nr. 1 SGB VII) unter dem Schutz der gesetzlichen Unfallversicherung gestanden habe, sondern unternehmerähnlich tätig geworden sei. Dieser Auffassung ist der Kläger bereits mit Schriftsatz vom ...... entgegengetreten. Nach § 75 Abs. 2 SGG ist indessen die Gartenbau-Berufsgenossenschaft beizuladen, weil sie als leistungspflichtig in Betracht kommt. Arbeitsunfälle der nach § 2 Abs. 2 SGB VII Versicherten hat der für das Unternehmen, dem die Tätigkeit diente, zuständige Versicherungsträger zu entschädigen. Im vorliegenden Fall ist zweifelhaft, ob es sich bei dem Garten des N. noch um einen Hausgarten oder sonstigen Kleingarten iS. des § 123 Abs. 2 Nr. 1 und 2 SGB VII handelt, der nicht als Unternehmen der Gartenpflege gilt und daher dem Haushalt des N. zuzurechnen ist. Es spricht nach den von der Rspr. des BSG entwickelten Kriterien viel dafür, dass der ca. 2000 m^2 große Garten im Hinblick auf den Arbeitsaufwand, der mit der Bewirtschaftung von 40 tragenden Obstbäumen verbunden ist, bereits ein Unternehmen des Gartenbaus iS. des § 123 Abs. 1 Nr. 1 SGB VII darstellt.

Rechtsanwalt

Schrifttum: Schäfer, Die Beiladung im sozialgerichtlichen Verfahren, Mittel des Rechtsschutzes und der Prozessökonomie (Sozialpolitik und Recht, Band 5), 1983; *May,* Die Beiladung im Revisionsverfahren, SGb 1991, 426; *Spellbrink,* Beiladung im Kassenarztrecht, DOK 1992, 571; *Dahm,* Die notwendige Beiladung gemäß § 75 Abs. 2 SGG zu Streitsachen aus dem Bereich der gesetzlichen Unfallversicherung, BG 1995, 262; *Benkel,* Gedanken zu den rechtsdogmatischen Grundlagen der Beiladung, NZS 1997, 254; *Krasney/Udsching* Kap. VI Rdn. 5 ff.; *Niesel* Rdn. 126 ff.; *Meyer-Ladewig* SGG, Kommentierung des § 75 SGG.

Anmerkungen

1. Die Beiladung hat für das sozialgerichtliche Verfahren erhebliche Bedeutung. Sie dient dem Interesse des Beigeladenen und der Prozessökonomie, weil das rechtskräftige Urt. den Beigeladenen als Beteiligten (§ 69 Nr. 3 SGG) bindet, soweit über den Streitgegenstand entschieden worden ist (§ 141 Abs. 1 SGG) und die Beiladung auch zur umfassenden Aufklärung des Sachverhalts beitragen kann (zur Vernehmung des Beigeladenen als Zeuge BSG SozR 1500 § 117 Nr. 3). Außerdem kann ein Versicherungsträger ebenso wie in Angelegenheiten des sozialen Entschädigungsrechts ein Land nach Beiladung verurteilt werden (§ 75 Abs. 5 SGG; vgl. dazu BSG 57, 1 = SozR 2200 § 1237a Nr. 25), es sei denn, dass der Beigeladene bereits einen – den Streitgegenstand betreffenden – bindend gewordenen ablehnenden Bescheid erteilt hat (vgl. dazu BSG 50, 111/114; BSG SozR 1500 § 75 Nr. 38; BSG Urt. v. 31. 5. 1988 – 2 RU 67/87 –).

2. Die Beiladung setzt einen anhängigen Rechtsstreit voraus. Sie ist in den Tatsacheninstanzen bis zur Erledigung des Rechtsstreits – durch rechtskräftige Entscheidung oder auf sonstige Weise – möglich. Im Revisionsverfahren ist eine Beiladung nur in den in § 168 S. 2 SGG geregelten Ausnahmefällen zulässig: Beiladung der Bundesrepublik Deutschland in Angelegenheiten des sozialen Entschädigungsrechts – § 75 Abs. 1 S. 2 SGG – und Beiladung nach § 75 Abs. 2 SGG, wenn der Beizuladende zustimmt.

3. Der Antrag hat nur die Bedeutung einer Anregung. *Ausnahme:* Nach § 75 Abs. 1 S. 2 SGG muss die Bundesrepublik Deutschland in Angelegenheiten des sozialen Entschädigungsrechts auf Antrag beigeladen werden.

4. Es sind zu unterscheiden die *einfache Beiladung* und die *notwendige Beiladung*. Die einfache Beiladung setzt voraus, dass die berechtigten Interessen anderer durch die gerichtliche Entscheidung berührt werden (§ 75 Abs. 1 S. 1 SGG). Darunter fallen nicht nur rechtliche, sondern auch wirtschaftliche, soziale und ideelle Interessen. Die einfache Beiladung steht im Ermessen des Gerichts.

Notwendig ist die Beiladung: 1. Wenn *die Entscheidung* auch *Dritten gegenüber nur einheitlich* ergehen kann (§ 75 Abs. 2, 1. Alt. SGG), sie sich also unmittelbar auf die Rechtssphäre eines Dritten auswirkt wie bei Verwaltungsakten mit Doppelwirkung (zB. Streit um Hinterbliebenenrente bei mehreren Berechtigten). Hier ist die Rechtskrafterstreckung zur Vermeidung divergierender Entscheidungen (neben der Gewährung rechtlichen Gehörs für Drittbetroffene) der prozessuale Grund für eine Beiladung (s. dazu BSG 83, 246: Keine notwendige Beiladung der einzelnen Sozialversicherungsträger zur Feststellung der Künstlersozialversicherungspflicht nach dem Künstlersozialversicherungsges.; s. auch Form. VIII. 3 Anm. 3). Zahlreiche Nachw. der Rspr. bei *Meyer-Ladewig* SGG § 75 Rdn. 10a. 2. Wenn bei Ablehnung des Anspruchs ein *anderer Leistungspflichtiger* als der beklagte Versicherungsträger oder – in Angelegenheiten des sozialen Entschädigungsrechts – das beklagte Land in Betracht kommt (§ 75 Abs. 2, 2. Alt. SGG). Das ist ausnahmsweise dann nicht der Fall, wenn von vornherein feststeht, dass die Klage in jedem Fall abgewiesen werden muss (BSG Urt. v. 18. 3. 1987 – 9b RU 56/85 – S. 8 –; BSG SozR 1500 § 75 Nr. 7; BVerwGE 80, 228/230; in diesen Ausnahmefällen erfolgt bei unterbliebener Beiladung keine Aufhebung und Zurückverweisung durch das Revisionsgericht wegen Verfahrensfehlers, vgl. BSG 66, 144/146 und 67, 251/253).

Die Beiladung erfolgt durch Beschl., der allen Beteiligten zuzustellen ist und Sachstand sowie Grund der Beiladung angeben soll (§ 75 Abs. 3 S. 1 und 2 SGG).

Der Beigeladene kann als Beteiligter selbstständig Angriffs- und Verteidigungsmittel geltend machen und alle Verfahrenshandlungen wirksam vornehmen; abweichende Sachanträge kann jedoch nur der nach § 75 Abs. 2 SGG Beigeladene stellen (§ 75 Abs. 4 SGG). Er kann auch Rechtsmittel einlegen, falls er durch das Urt. beschwert ist (BSG SozR 3–1500 § 75 Nr. 31). Der Beigeladene kann aber nicht verhindern, dass die Hauptbeteiligten den Rechtsstreit ohne seine Zustimmung durch Klagerücknahme, Vergleich, Anerkenntnis oder Erledigungserklärung beenden.

Das Fehlen einer notwendigen Beiladung nach § 75 Abs. 2, 1. Alt. SGG ist ein Verfahrensmangel, der im Revisionsverfahren (bei zugelassener Revision) von Amts wegen zu beachten ist (BSG 43, 256; BSG SozR 1500 § 75 Nr. 60 und 82).

5. S. zum Begründungsbeispiel BSG 64, 252 = SozR 2200 § 778 Nr. 2 und BSG SozR 2200 § 778 Nr. 1.

Kosten und Gebühren

Keine zusätzliche Gebühr für den RA.

Fristen und Rechtsmittel

Der Beiladungsbeschluss ist unanfechtbar (§ 75 Abs. 3 S. 3 SGG). Ein ablehnender oder die Beiladung aufhebender Beschl. des SG kann mit der Beschw. (Form. VIII. 19) angefochten werden.

24. „Antrag“ auf Verweisung – § 98 SGG –

An das
Sozialgericht

In dem Rechtsstreit

des Industriemechanikers ......, **Klägers,**
Prozessbevollmächtigter: RA ......

gegen

die Landesversicherungsanstalt ......, **Beklagte,**
vertreten durch die Geschäftsführung,
– Az. ...... –
wird beantragt,
den Rechtsstreit an das zuständige Sozialgericht zu verweisen[1].

Begründung:

In der Rechtsmittelbelehrung des Widerspruchsbescheides vom ...... wird das befasste Sozialgericht ...... als örtlich zuständiges Gericht bezeichnet. Dieser Hinweis der Beklagten ist unzutreffend. Der Kläger hatte zurzeit der Klageerhebung seinen Wohnsitz[2] in E. Dieser Ort gehört nicht zum Sozialgerichtsbezirk ...... Da der Beschäftigungsort des Klägers ebenfalls nicht zum Zuständigkeitsbereich des angerufenen Sozialgerichts gehört, ist der Rechtsstreit an das örtlich zuständige Sozialgericht zu verweisen[3, 4].

Rechtsanwalt

Anmerkungen

1. § 98 SGG regelt die Verweisung bei örtlicher und sachlicher Unzuständigkeit. Die Vorschrift ist durch das Ges. zur Neuregelung des verwaltungsgerichtlichen Verfahrens – 4. VwGOÄndG – v. 17. 12. 1990 (BGBl. I S. 2809) mit Wirkung zum 1. 1. 1991 neugefasst worden. Danach gelten für die sachliche und örtliche Zuständigkeit die §§ 17, 17a und 17b Abs. 1, Abs. 2 S. 1 GVG, also die Vorschriften über die Zulässigkeit des beschrittenen Rechtsweges (zum Rechtsweg zu den Gerichten der Sozialgerichtsbarkeit s. Anm. 3), entsprechend. Die Verweisung an das zuständige Gericht setzt nunmehr – anders als bisher –

keinen Antrag mehr voraus, sondern erfolgt *von Amts wegen* (*Kopp*NJW 1991, 521/524 und 527). Der „Antrag" auf Verweisung hat daher nur den Charakter einer Anregung. Er ist außerdem als Rüge iS. des § 17a Abs. 3 S. 2 GVG aufzufassen (näher dazu *Meyer-Ladewig* SGG § 98 Rdn. 4). Rügt ein Beteiligter die örtliche oder sachliche Unzuständigkeit, muss das Gericht darüber vorab durch Beschl. entscheiden.

Sind mehrere Gerichte zuständig (zB. Wohnsitz und Beschäftigungsort liegen in verschiedenen Gerichtsbezirken), wird an das vom Kläger auszuwählende Gericht verwiesen oder, wenn die Wahl unterbleibt, an das vom Gericht bestimmte (§ 98 SGG iVm. § 17a Abs. 2 S. 2 GVG).

Der Verweisungsbeschl. ist für das andere Gericht bindend (§ 17a Abs. 1 GVG).

Nur in extremen Ausnahmefällen (Willkür oder Missachtung elementarer Verfahrensgrundsätze, insbesondere des Anspruchs auf rechtliches Gehör) ist die Bindungswirkung zu verneinen (BSG SozR 3–1720 § 17a Nr. 11 – S. 21 f. – mwN. und SozR 3–1500 § 57 Nr. 1). § 58 SGG regelt abschließend für die gesetzlich aufgeführten Fälle die Bestimmung des zuständigen Gerichts innerhalb des SGb durch das gemeinsame nächsthöhere Gericht; bei einem sog. negativen Kompetenzkonflikt ist ein Antrag auf Bestimmung des zuständigen Gerichts unabhängig davon zulässig, ob die Sache an eines der über die Zuständigkeit streitenden Gerichts bindend verwiesen ist (BSG SozR 3–1750 § 17a Nr. 11). Zuständigkeitsvereinbarungen sind nicht zulässig (§ 59 SGG).

2. § 57 SGG regelt die *örtliche Zuständigkeit*. Diese richtet sich danach, wo der Kläger zurzeit der Klageerhebung seinen Sitz oder Wohnsitz oder in Ermangelung dessen seinen Aufenthaltsort hat (§ 57 Abs. 1 S. 1 Halbs. 1 SGG). Unabhängig von Wohnsitz und Aufenthaltsort kann der Kläger, der in einem Beschäftigungsverhältnis steht, auch vor dem SG klagen, in dessen Bezirk sein Beschäftigungsort liegt (§ 57 Abs. 1 S. 1 Halbs. 2 SGG). Hat der Kläger seinen Sitz oder Wohnsitz oder Aufenthaltsort außerhalb des Geltungsbereichs des SGG, so ist das SG zuständig, in dessen Bezirk der Beklagte seinen Sitz, Wohnsitz oder in Ermangelung dessen seinen Aufenthaltsort hat (§ 57 Abs. 3 SGG). Eine Sonderregelung der örtlichen Zuständigkeit bei erstmaliger Bewilligung der Hinterbliebenenrente enthält § 57 Abs. 2 SGG und für Vertragsarztangelegenheiten § 57a SGG; s. ferner § 57 Abs. 4 SGG (Festsetzung von Festbeträgen nach dem SGB V).

In § 8 SGG ist die grundsätzlich umfassende *sachliche Zuständigkeit* der SGe geregelt (s. auch § 39 Abs. 2 SGG).

3. Der *Rechtsweg zu den Gerichten der SGb* ist in § 51 SGG geregelt (ausführlich: *Krasney/Udsching* Kap. II; *Meyer-Ladewig* SGG, Kommentierung des § 51 SGG). Die Vorschrift ist durch das 6. Ges. zur Änd. des SGG v. 17. 8. 2001 (BGBl. I S. 2144) neu und übersichtlicher gefasst und, soweit erforderlich, ergänzt worden; s. zur Zuständigkeit der SGb für das Sozialleistungsrecht Form. VIII. 6 Anm. 1.

Hält das Gericht der SGb den zu ihm beschrittenen Rechtsweg nicht für gegeben, so verweist es den Rechtsstreit *von Amts wegen* an das zuständige Gericht des zulässigen Rechtsweges (näher dazu §§ 17a und 17b GVG).

4. Der Verweisungsbeschluss ist für das im Beschl. bezeichnete Gericht bindend (§ 98 S. 1 SGG iVm. § 17a Abs. 2 S. 3 GVG). Der Rechtsstreit wird mit Eingang der Akten bei dem im Beschl. bezeichneten Gericht anhängig (§ 98 S. 1 SGG iVm. § 17b Abs. 1 S. 1 GVG).

Kosten und Gebühren

Das Gericht, an das verwiesen worden ist, entscheidet insgesamt über die Kosten (§ 98 S. 1 SGG iVm. § 17b Abs. 2 S. 1 GVG). Kein zusätzlicher Gebührenanspruch, da Verweisung „auf derselben Ebene" (vgl. § 14 BRAGO).

Fristen und Rechtsmittel

Kein Rechtsmittel gegen Beschl. über Zuständigkeit und Verweisung (§ 98 S. 2 SGG; *Meyer-Ladewig* SGG § 98 Rdn. 7f.). Gegen Beschl. über Zulässigkeit oder Unzulässigkeit des Rechtsweges ist hingegen Beschw. gegeben (vgl. § 17a Abs. 4 S. 3–5 GVG; *Meyer-Ladewig* SGG § 51 Rdn. 100ff.).

25. Antrag auf Prozesskostenhilfe – § 73a SGG –[1]

An das
Sozialgericht[2]

In dem Rechtsstreit

des Auszubildenden ......, **Klägers,**
Prozessbevollmächtigter: RA ......

gegen

die Norddeutsche Metall-Berufsgenossenschaft ......, **Beklagte,**
vertreten durch den Geschäftsführer,

– Az. ...... –

überreiche ich eine Erklärung des Klägers über seine persönlichen und wirtschaftlichen Verhältnisse vom ......
und beantrage namens und in Vollmacht des Klägers,

1. dem Kläger für das Verfahren vor dem Sozialgericht Prozesskostenhilfe zu bewilligen[3],
2. ihm den Unterzeichnenden als Prozessbevollmächtigten beizuordnen[4].

Die beabsichtigte Rechtsverfolgung hat hinreichende Aussicht auf Erfolg und ist auch nicht mutwillig[5]. Hierzu wird auf die Klagebegründung Bezug genommen[6]. Aus der Klagebegründung ergibt sich auch, dass die Sach- und Rechtslage schwierig und die Beiordnung eines RA daher geboten ist[7].

Rechtsanwalt

Schrifttum: Bley, Prozesskostenhilfe – auch in der Sozialgerichtsbarkeit, Die Angestelltenversicherung –DAngVers– 1980, 403; *Behn,* Die „Erforderlichkeit der Anwaltsbeiordnung" als Problem der entsprechenden Geltung der Vorschriften der ZPO über die Prozesskostenhilfe im sozialgerichtlichen Verfahren, Die Sozialversicherung –SozVers– 1981, 305; *ders.,* Bewilligung von Prozesskostenhilfe im sozialgerichtlichen Verfahren unter gleichzeitiger Ablehnung der Beiordnung eines zur Vertretung bereiten Rechtsanwalts? SGb 1982, 382; *ders.,* Probleme der Prozesskostenhilfe mit Besonderheiten im sozialgerichtlichen Verfahren, 1985; *v. Maydell,* Die Auswirkung der Gesetze über die Prozesskostenhilfe auf die Sozialgerichtsbarkeit, SGb 1981, 1; *ders.,* Sozialrecht und Anwaltschaft – nach Inkrafttreten des Prozesskosten- und Beratungshilfegesetzes, NJW 1981, 1181; *Plagemann,* Die Bedeutung des Prozesskostenhilfegesetzes für den Anwalt in der Sozialgerichtsbarkeit, SGb 1982, 188; *Scherer/Wiesner,* Die Prozesskostenhilfe in der sozialgerichtlichen Praxis, NZA 1985, 47.

Anmerkungen

1. Die Vorschriften der ZPO über die PKH (§§ 114ff. ZPO) gelten entsprechend (§ 73a Abs. 1 S. 1 SGG), vgl. daher auch Form. I. C. 1. Im sozialgerichtlichen Verfahren erschöpft sich die PKH wegen der Kostenfreiheit des sozialgerichtlichen Verfahrens in der Beiordnung eines RA (*Behn* SozVers 1981, 305/306 und SGb 1982, 383; vgl. aber auch LSG Hamburg *Breithaupt* 1983, 369). Sie erstreckt sich nicht auf die Kosten eines Gutachtens nach § 109 SGG (§ 73a Abs. 3 SGG; s. Form. VIII. 22 Anm. 4).

Der Antrag auf PKH wahrt die Rechtsmittelfrist nicht, jedoch ist bei vorschriftsmäßigem *isolierten* PKH-Antrag Wiedereinsetzung in den vorigen Stand zu gewähren (BSG SozR 3–1500 § 67 Nr. 5 und 11). Von praktischer Bedeutung ist dies vor allem für den Antrag auf PKH im NZB-Verfahren vor dem BSG, für den kein Vertretungszwang (§ 166 SGG) besteht (s. Form. VIII. 12 Anm. 3). Der Antrag auf PKH kann aber auch sonst aus Kostengründen sinnvoll sein, weil die Rahmengebühren (§ 116 Abs. 1 BRAGO) niedriger zu bemessen sein dürften als für die Einlegung des Rechtsmittels selbst (BSG SozR 3–1500 § 67 Nr. 11 – S. 32 – unter Hinweis auf den in § 51 BRAGO zum Ausdruck kommenden Rechtsgedanken; s. demgegenüber *Krasney/Udsching* Kap. VI Rdn. 69).

2. Der Antrag auf PKH ist für jede Instanz gesondert zu stellen (§ 119 S. 1 ZPO). Er sollte möglichst früh – mit Klageerhebung bzw. Berufungseinlegung – gestellt werden, weil die Erfolgsaussicht nach Durchführung der Ermittlungen von Amts wegen gemindert oder ausgeschlossen sein kann.

3. Über den Antrag entscheidet das Gericht unverzüglich auf Grund einer summarischen Prüfung (BSG SozR 3–1750 § 115 Nr. 1 – S. 4 –) durch Beschl. Eine verzögerte Entscheidung darf sich bei rechtzeitig gestelltem Antrag für den Kläger nicht nachteilig auswirken (näher dazu *Krasney/Udsching* Kap. VI Rdn. 71; *Niesel* Rdn. 153; s. auch LSG Hessen SGb 1986, 562).

4. Es kann nur ein RA beigeordnet werden. Macht der Beteiligte, dem PKH bewilligt ist, von seinem Recht, einen RA zu wählen, nicht Gebrauch, wird auf seinen Antrag der beizuordnende RA vom Gericht ausgewählt (Sonderregelung für das sozialgerichtliche Verfahren, § 73a Abs. 1 S. 2 SGG). Ist ein RA zum *besonderen Vertreter* (§ 72 SGG) bestellt worden, kann PKH bewilligt werden (vgl. BSG SozR 1500 § 72 SGG Nr. 2). PKH kann nicht bewilligt werden, wenn der Kläger durch einen Bevollmächtigten iSd. § 73 Abs. 6 S. 3 SGG (Verbandsvertreter) vertreten ist (§ 73a Abs. 2 SGG) oder wenn er sich als Mitglied einer Gewerkschaft oder eines Verbandes durch einen Angestellten seiner Organisation vertreten lassen kann (BSG SozR 3–1500 § 73a Nr. 4).

5. Die Bewilligung von PKH setzt neben Bedürftigkeit hinreichende Erfolgsaussicht und fehlende Mutwilligkeit der Rechtsverfolgung voraus. *Hinreichende Erfolgsaussicht* besteht schon dann, wenn das bisherige Verfahren einen Teilerfolg des Klägers als „durchaus möglich" erscheinen lässt. Das ist anzunehmen, wenn der Rechtsstandpunkt des Antragstellers vertretbar ist und die rechtserheblichen Tatsachen als beweisbar erscheinen. Erfolgsaussicht ist idR. anzunehmen, wenn noch eine Beweisaufnahme durchzuführen ist, vor allem, wenn noch ein medizinisches Gutachten von Amts wegen eingeholt werden muss (näher dazu *Meyer-Ladewig* SGG § 73a Rdn. 7). Die Erfolgsaussicht wird in einem höheren Rechtszug nicht geprüft, wenn der Gegner das Rechtsmittel eingelegt hat (§ 119 S. 2 ZPO).

6. Nach § 117 Abs. 1 S. 2 ZPO ist das Streitverhältnis darzustellen. Im erstinstanzlichen Verfahren ergibt sich der Streitstand regelmäßig aus der Klagebegründung, aber auch schon aus dem in der Klageschrift bezeichneten angefochtenen Verwaltungsakt in der Gestalt des Widerspruchsbescheides. Im Verfahren der Rechtsmittelinstanzen ist eine

Darstellung des Streitverhältnisses nicht mehr erforderlich, da dieses bereits im erstinstanzlichen Verfahren klargestellt ist (BSG SozR Nr. 4 zu § 167 SGG; vgl. auch *Meyer-Ladewig* SGG § 73a Rdn. 5).

7. Anspruch auf Beiordnung besteht, wenn es sich um ein Verfahren vor dem BSG handelt (§ 121 Abs. 1 ZPO iVm. § 166 SGG), in Verfahren der Tatsacheninstanzen (SG, LSG), wenn Vertretung durch einen RA *erforderlich* ist (§ 121 Abs. 2 ZPO). Dem Antragsteller darf nicht entgegengehalten werden, der Amtsermittlungsgrundsatz (Form. VIII. 2. Anm. 6 und 7) gleiche seine ungünstigere prozessuale Position aus; es ist vielmehr zu fragen, ob ein Bemittelter in der Lage des Unbemittelten vernünftigerweise einen RA mit der Wahrung seiner Interessen beauftragt hätte (BVerfG Beschl. v. 17. 2. 1997 – 1 BvR 1440/96 = NJW 1997, 2103). Jedenfalls bei schwieriger Rechts- oder Sachlage ist danach die Vertretung durch einen RA erforderlich, aber auch, wenn der Kläger mangels hinreichender geistiger Gewandtheit nicht in der Lage ist, den Prozess sachgerecht zu führen. Eine anwaltliche Vertretung ist danach auch und gerade in medizinisch schwierigen Fällen erforderlich (LSG Hamburg *Breithaupt* 1983, 369; str.). Sie ist dagegen nicht erforderlich, wenn die Sach- und Rechtslage einfach und für den Kläger klar überschaubar ist (vgl. dazu LSG Hamburg aaO.; LSG Rheinland-Pfalz *Breithaupt* 1982, 74 und 79/81; LSG Nordrhein-Westfalen AnwBl 1986, 456; *Niesel* Rdn. 151). Nach § 121 Abs. 2 S. 1 ZPO ist entsprechend dem Gedanken der „Waffengleichheit" die Erforderlichkeit nicht zu prüfen, wenn auch der Prozessgegner durch einen RA vertreten ist; rechts- und sachkundige Vertreter der Sozialleistungsträger stehen RAen jedoch insoweit nicht gleich. – Näher zur „Erforderlichkeit" *Krasney/Udsching* Kap. V Rdn. 63 ff.; *Meyer-Ladewig* SGG § 73a Rdn. 9b mwN.

Kosten und Gebühren

Der beigeordnete RA hat im Rahmen seines Erstattungsanspruchs gegen die Staatskasse (§§ 121 ff. BRAGO) Anspruch auf die vollen Rahmengebühren nach § 116 Abs. 1 BRAGO. Bei der Ausfüllung des Rahmens ist jedoch § 12 BRAGO zu beachten (*Meyer-Ladewig* SGG § 73a Rdn. 13 f.). Auch der im sozialgerichtlichen Verfahren nach den Vorschriften der PKH beigeordnete RA, dem eine Rahmengebühr nach § 116 Abs. 1 BRAGO zusteht, hat Anspruch auf einen Vorschuss nach § 127 BRAGO (BSG *Breithaupt* 1991, 527; LSG Baden-Württemberg *Breithaupt* 1990, 777). Die Festsetzung der Gebühren erfolgt durch den Urkundsbeamten des Gerichts des jeweiligen Rechtszuges, nach Beendigung des Verfahrens durch den Urkundsbeamten des Gerichts des ersten Rechtszuges (vgl. § 128 BRAGO). Gegen seine Entscheidung ist Erinnerung möglich. Hilft er nicht ab, entscheidet das Gericht. Gegen den Beschl. des SG ist Beschw. möglich, wenn der Beschwerdewert 50 EUR übersteigt (§ 128 Abs. 4 BRAGO).

Kein besonderer Gebührenanspruch für den PKH-Antrag in Verfahren nach § 116 Abs. 1 BRAGO (Rahmengebühren), es sei denn, dass der RA nur einen isolierten PKH-Antrag gestellt hat (s. Anm. 1). Eine Berechnung der Gebühr nach dem Gegenstandswert (§ 116 Abs. 2 BRAGO) dürfte praktisch kaum in Betracht kommen; es gelten für diesen Fall die einschlägigen Vorschriften des 3. Abschnitts der BRAGO sinngemäß (vgl. §§ 37, 51 BRAGO).

Fristen und Rechtsmittel

Die Bewilligung der PKH ist unanfechtbar (§ 127 Abs. 2 S. 1 ZPO). Im übrigen Beschw. des Antragstellers (§ 127 Abs. 2 S. 2 ZPO), insbesondere gegen die Ablehnung und die Festsetzung der Raten (näher dazu *Meyer-Ladewig* SGG § 73a Rdn. 12b und c). Die Staatskasse (Bezirksrevisor) hat ein Beschwerderecht gem. § 127 Abs. 3 ZPO (*Meyer-Ladewig* SGG § 73a Rdn. 12d).

26. Zustimmung zur Entscheidung ohne mündliche Verhandlung – § 124 Abs. 2 SGG –[1, 2]

An das
Sozialgericht

In dem Rechtsstreit

des Kraftfahrers ……, Klägers,
Prozessbevollmächtigter: RA ……

gegen

die Landesversicherungsanstalt H. ……, Beklagte,
vertreten durch die Geschäftsführung,
– Az: …… –

erkläre ich namens und in Vollmacht des Klägers das Einverständnis mit einer Entscheidung ohne mündliche Verhandlung durch Urteil.

Rechtsanwalt

Anmerkungen

1. Mit Einverständnis der Beteiligten *kann* das Gericht *ohne mündliche Verhandlung* durch Urt. entscheiden (§ 124 Abs. 2 SGG). Von dieser Möglichkeit wird in der Praxis nicht selten Gebrauch gemacht. Widerruf der Einverständniserklärung nach hM. bis zum Eingang der Verzichtserklärung der übrigen Beteiligten möglich. Die Erklärung steht unter dem Vorbehalt der im Wesentlichen unveränderten Sach-, Beweis- und Rechtslage; ändert sich die Prozesslage wesentlich (zB. bei erheblichem neuen Vorbringen des Rechtsmittelgegners), so ist sie verbraucht und muss neu eingeholt werden, wenn das Gericht weiterhin ohne mündliche Verhandlung entscheiden will (BSG SozR 3–1500 § 124 Nr. 4; BSG SozR 1500 § 124 Nr. 2 und 3).

Zur Wiederholung eines zuvor schriftlich gestellten Beweisantrags s. Form VIII. 21 Anm. 4.

2. Ferner kann das Gericht gemäß § 126 SGG *nach Aktenlage* entscheiden, wenn in einem Termin keiner der Beteiligten erscheint oder beim Ausbleiben von Beteiligten die erschienen Beteiligten es beantragen. Ein *Versäumnisurteil* kennt das sozialgerichtliche Verfahren nicht.

Kosten und Gebühren

Kein zusätzlicher Gebührenanspruch.

Vorläufiger Rechtsschutz

27. Vorläufiger Rechtsschutz[1, 2, 3]

(Beispiel 1: Antrag auf Aussetzung der Vollziehung nach § 86b Abs. 1 SGG
– Anfechtungssache –)

An das
Sozialgericht[4]

In dem Rechtsstreit

des Arztes für Allgemeinmedizin Dr. ......, Klägers,
Prozessbevollmächtigter: RA ......

gegen

den Berufungsausschuss ......, Beklagten,
vertreten durch seinen Vorsitzenden,

wegen Entziehung der vertragsärztlichen Zulassung
– Az. ...... –
beantrage ich namens und in Vollmacht des Klägers, die mit Entscheidung des Berufungsausschusses vom ...... angeordnete sofortige Vollziehung der Entziehung der vertragsärztlichen Zulassung auszusetzen.

Begründung:

Der Kläger räumt ein, dass es bei der Abrechnung in seiner Praxis über einen langen Zeitraum hinweg zu Unregelmäßigkeiten gekommen ist. Trotzdem liegt die sofortige Vollziehung der Entziehung der vertragsärztlichen Zulassung nicht im öffentlichen Interesse. Wegen des betroffenen Grundrechts (Art. 12 Abs. 1 GG, Berufsfreiheit) muss der Sofortvollzug die Ausnahme bleiben (s. zB. BVerfGE 35, 382/402). Das öffentliche Interesse iSd. § 97 Abs. 4 SGB V muss gerade auch darin bestehen, dass der Betroffene nicht bis zum Abschluss des Hauptsacheverfahrens weiterhin von seiner Rechtsposition Gebrauch macht. Hierfür sind konkret Gefahren für wichtige Gemeinschaftsgüter in der Vollzugsanordnung darzulegen (vgl. *Spellbrink*, Einstweiliger Rechtsschutz vor den Sozialgerichten in Zulassungssachen gem. § 96 Abs. 4 SGB V, Medizinrecht – MedR – 1999, 305 mwN.).
Nach diesem Beurteilungsmaßstabe fehlt im vorliegenden Fall ein öffentliches Vollzugsinteresse: Die finanziellen Belange der Krankenkassen können auch durch verstärkte Abrechnungskontrollen hinreichend geschützt werden (vgl. KassKomm. – *Hess* § 97 SGB V Rdn. 5). Auch hatte der Kläger schon vor der Zulassungsentziehung eine mit der Abrechnung besonders vertraute Arzthelferin eingestellt, um künftige Abrechnungsfehler zu vermeiden. Außerdem ist ihm durch das Entziehungsverfahren die Bedeutung einer gewissenhaften Abrechnung nachdrücklich klargeworden, so dass an einer korrekten Abrechnung für die Zukunft kein Zweifel besteht. Schließlich wären mit der Vollziehung der angefochtenen Entscheidung nicht wiedergutzumachende wirtschaftliche Folgen verbunden. ......[5]

Rechtsanwalt

Schrifttum: Bernsdorff; Vorläufiger Rechtsschutz im Sozialgerichtsprozess – Eine Bewertung der Entwürfe eines 6. SGG – ÄndGes., SGb 2001, 465; *Kummer,* Das Sechste Ges. zur Änderung des Sozialgerichtsgesetzes, SGb 2001, 705; *Krodel,* Der sozialgerichtliche einstweilige Rechtsschutz in Anfechtungssachen, NZS 2001, 450; s. auch die ausführliche Darstellung zur bisherigen Rechtslage bei *Krasney/Udsching* Kap. IV Rdn. 103 ff. und Kap. V (mit Schriftsatzmustern); allg. umfassende Darstellung durch *Finkelnburg/Jank,* Vorläufiger Rechtsschutz im Verwaltungsstreitverfahren, NJW-Schriftenreihe, Heft 12, 4. Aufl. 1998.

Anmerkungen

1. Nachdem das BVerfG im Jahr 1977 im Hinblick auf Vornahmesachen (Form. VIII. 28 Anm. 1) die Lückenhaftigkeit der bisherigen Regelung des einstweiligen Rechtsschutzes im sozialgerichtlichen Verfahren herausgestellt und eine verfassungskonforme Auslegung für geboten erachtet hatte (BVerfG 46, 166), ist der *einstweilige Rechtsschutz* zum 2. 1. 2002 auf Grund des 6. SGG-ÄndG v. 17. 8. 2001 (BGBl. I S. 2144) durch §§ 86 a und 86 b *umfassend neu geregelt* worden. Die Neuregelung beseitigt die unübersichtlichen und lückenhaften früheren Vorschriften und orientiert sich im Wesentlichen an den Grundsätzen der VwGO. §§ 86 a und 86 b SGG betreffen den einstweiligen Rechtsschutz *außerhalb gerichtlicher Entscheidungen* und durch *die Gerichte.* Zu unterscheiden ist dabei der einstweilige Rechtsschutz in *Anfechtungssachen* (Begründungsbeispiel, s. Anm. 2) und in *Vornahmesachen* (Form. VIII. 28).

Zur *aufschiebenden Wirkung von Berufung und Revision* s. §§ 154 Abs. 1, 165 SGG.

2. In sog. *Anfechtungssachen* (Klagetyp: Anfechtungsklage, Form. VIII. 2) bietet grundsätzlich die aufschiebende Wirkung von Widerspruch und Klage (§ 86 a Abs. 1 SGG) vorläufigen Rechtsschutz. Zu beachten ist jedoch, dass die aufschiebende Wirkung durch Ausnahmen weitgehend durchbrochen ist (Form. VIII. 2 Anm. 1), darunter auch für die in der sozialgerichtlichen Praxis bedeutsamen Verwaltungsakte, die eine laufende Leistung entziehen oder herabsetzen (§ 86 a Abs. 2 Nr. 3 SGG). Im Einzelnen:

- *§ 86 a Abs. 3 SGG* regelt die Wiederherstellung der aufschiebenden Wirkung *außerhalb gerichtlicher Entscheidungen* durch die Verwaltungsbehörden. Danach *kann* die Stelle, die den Verwaltungsakt erlassen oder über den Widerspruch entschieden hat, die sofortige Vollziehung ganz oder teilweise aussetzen (Abs. 3 S. 1). In Streitigkeiten über Versicherungs-, Beitrags- und Umlagepflichten (§ 86 a Abs. 2 Nr. 1) *soll* die Aussetzung der Vollziehung erfolgen, wenn ernstliche Zweifel an der Rechtmäßigkeit des angegriffenen Verwaltungsakts bestehen oder wenn die Vollziehung eine unbillige, nicht durch überwiegende öffentliche Interessen gebotene Härte zur Folge hätte (Abs. 3 S. 2). Die Entscheidung kann mit Auflagen versehen oder befristet sowie jederzeit geändert oder aufgehoben werden (Abs. 3 S. 4 und 5).
- Nach *§ 86 b Abs. 1 SGG* kann das *Gericht* in den Fällen, in denen Widerspruch oder Anfechtungsklage keine aufschiebende Wirkung haben (§ 86 a Abs. 2 SGG), *auf Antrag* die aufschiebende Wirkung ganz oder teilweise anordnen (Abs. 1 S. 1 Nr. 2) und in den Fällen des § 86 a Abs. 3 SGG die sofortige Vollziehung ganz oder teilweise wiederherstellen (Abs. 1 S. 1 Nr. 3). Ist der Verwaltungsakt schon vollzogen oder befolgt worden, kann die Aufhebung der Vollziehung angeordnet werden (Abs. 1 S. 2).

Umgekehrt kann das Gericht nach Abs. 1 S. 1 Nr. 1 in den Fällen, in denen Widerspruch oder Anfechtungsklage aufschiebende Wirkung haben, die sofortige Vollziehung ganz oder teilweise anordnen.

Die vorgenannten Maßnahmen können mit *Auflagen* (zB. Bankbürgschaft) versehen oder befristet sowie jederzeit geändert oder aufgehoben werden (Abs. 1 S. 3 und 4). Die

Auflagen sind ein Mittel, einen Ausgleich zwischen den Interessen des Antragstellers an einem effektiven Rechtsschutz und dem staatlichen Vollzugsinteresse herbeizuführen. Insoweit hat die Verwaltung einen weiten Ermessensspielraum (näher dazu *Finkelnburg/Jank* Rdn. 875).

3. Allgemein gilt: Wegen der Eilbedürftigkeit entscheiden die Gerichte grundsätzlich aufgrund einer *summarischen Prüfung* der Sach- und Rechtslage. § 86b SGG normiert – ebenso wie § 80 Abs. 5 VwGO – *nicht* die materiell-rechtlichen Voraussetzungen, unter denen die Gerichte einstweilen Rechtsschutz in Anfechtungssachen gewähren. Eine Ausnahme gilt jedoch für den Bereich der Versicherungs-, Beitrags- und Umlagepflichten (§ 86a Abs. 2 Nr. 1 SGG). Die Kriterien des § 86a Abs. 3 S. 2 SGG (Anm. 2), nach denen hier die Verwaltung die Vollziehung aussetzen soll, sind auch im gerichtlichen Verfahren maßgebend. Darüber hinaus kann diese Regelung allgemein der Orientierung dienen; sie lässt jedenfalls den Schluss zu, dass die *Erfolgsaussichten* der Klage ein wesentlicher Anknüpfungspunkt für die Aussetzungsentscheidung sind (im einzelnen str.; s. z.B. *Krodel* NZS 2001, 450/453; *Kopp/Schenke* § 80 Rdn. 116). Sofern das Hauptsacheverfahren wahrscheinlich erfolgreich sein wird, dürfte die Anordnung der aufschiebenden Wirkung gem. Art. 19 Abs. 4 GG regelmäßig geboten sein (*Finkelnburg/Jank*, Rdn. 852). Weitere Konstellationen sind der offene Ausgang des Hauptsacheverfahrens (die Argumente für und gegen die Rechtmäßigkeit des angefochtenen Verwaltungsakts „halten sich die Waage" oder der angefochtene Verwaltungsakt ist zumindest „möglicherweise" rechtswidrig) und das voraussichtlich erfolglose Hauptsacheverfahren (ausführlich dazu *Finkelnburg/Jank*, Rdn. 852ff. und 858ff.).

Soweit das individuelle *Interesse des Antragstellers* und das *öffentliche Interesse* an der Vollziehung des Verwaltungsakts zu beurteilen und eine *Interessenabwägung* erforderlich ist (s. *Meyer-Ladewig* SGG § 86b Rdn. 12), gilt im Hinblick auf Art. 19 Abs. 4 GG allgemein: Der Rechtsschutzanspruch des Betroffenen ist umso stärker, je gewichtiger die ihm auferlegte Belastung ist und je mehr der Vollzug des Verwaltungsakts Unabänderliches bewirkt (s. auch BVerfGE 35, 382, 402; 69, 220/228; BVerfG NVwZ 1987, 403). Dabei ist, wenn im Einzelfall schwere und unzumutbare Nachteile drohen, eine *vertiefende* Prüfung der Sach- und Rechtslage unter Einbeziehung des Grundrechtsschutzes geboten (BVerfGE 79, 69/74f.; BVerfG NVwZ 1997, 479 im Zusammenhang mit einer einstweiligen Anordnung nach § 123 VwGO, s. auch Form. VIII. 28 Anm. 2).

Ausführlich zu den von Rspr. und Lit. entwickelten (nicht einheitlich beurteilten) Entscheidungsgrundsätzen *Schoch/Schmidt-Aßmann/Pietzner* § 80 Rdn. 257ff.; *Finkelnburg/Jank* Rdn. 849ff; speziell zum sozialgerichtlichen Verfahren *Krodel* aaO., jeweils mwN.

4. Das Gericht der Hauptsache (§ 86b Abs. 1 SGG) entscheidet durch Beschluss (§ 86b Abs. 4 SGG), dh. im Regelfall ohne Beteiligung der ehrenamtlichen Richter.

5. Das Formular betrifft den speziellen im Vertragsarztrecht geregelten Fall, dass der Berufungsausschuss gemäß § 97 Abs. 4 SGB V die sofortige Vollziehung seiner Entscheidung in Zulassungssachen im *öffentlichen Interesse* angeordnet hat (§ 86a Abs. 2 Nr. 4 SGG) und die gerichtliche Anordnung der Wiederherstellung der aufschiebenden Wirkung beantragt wird (§ 86b Abs. 1 Nr. 2 SGG). Hier wird sich der Antragsteller darauf konzentrieren, das öffentliche Vollzugsinteresse zu widerlegen, vgl. dazu *Spellbrink*, Rechtsschutz vor den Sozialgerichten in Zulassungssachen gemäß § 96 Abs. 4 SGB V, Medizinrecht –MedR– 1999, 304/305 mwN.; *Schlarmann/Buchner*, Auswirkungen des Sechsten SGG-Änderungsgesetzes auf vertragsärztliche, krankenhausrechtliche und sonstige Streitigkeiten aus dem SGB V, NJW 2002, 644; s. aber auch LSG Baden-Württemberg, *Breithaupt* 1994, 996.

Weiterführend zum Vertragsrecht: *Schnapp/Wigge*, Handbuch des Vertragsarztrechts, 2002.

Kosten und Gebühren

Das Verfahren nach § 86b Abs. 1 SGG (Anfechtungssachen) ist kostenrechtlich selbstständig (näher dazu Form. VIII. 28.) mit der Folge, dass im Beispielsfall eine Gebühr nach dem Gegenstandswert (§ 116 Abs. 2 S. 1 BRAGO) anfällt; dieser ist in Zulassungssachen (Begründungsbeispiel) mit einem Anteil des Gegenstandswertes der Hauptsache zu bemessen (ausführlich dazu BSG SozR 3–1500 § 193 Nr. 6).

Fristen und Rechtsmittel

Gibt die Behörde einem Aussetzungsantrag (§ 86a Abs. 3 SGG) nicht statt, kann ein entsprechender Antrag beim SG gestellt werden. Er ist jedoch (anders als nach § 80 Abs. 6 VwGO) nicht von einer vorherigen negativen Entscheidung der Behörde abhängig und bereits vor Klageerhebung zulässig (§ 86b Abs. 3 SGG). Es sollte aber das Kostenrisiko minimiert werden, so dass es zweckmäßig ist, zunächst eine Verwaltungsentscheidung herbeizuführen (s. auch *Meyer-Ladewig* SGG § 86b Rdn. 7).

Gegen die Entscheidung des SG ist die Beschw. (§ 172 Abs. 1 SGG, Form. VIII. 19) gegeben, und zwar (abweichend vom früheren Recht) auch gegen zusprechende Entscheidungen.

28. Vorläufiger Rechtsschutz

(Beispiel 2: Antrag auf Erteilung einer Arbeitserlaubnis im Wege der einstweiligen Anordnung gemäß § 86b Abs. 2 SGG – Vornahmesache –)[1, 2, 3]

**An das
Sozialgericht[4]**

In Sachen

**des ......, Antragstellers,
Verfahrensbevollmächtigter: RA ......**

gegen

**die Bundesanstalt für Arbeit ......, Antragsgegnerin,
vertreten durch den Direktor des
Arbeitsamts H ......,**

beantrage[5] ich namens und in Vollmacht des Antragstellers, die Beklagte im Wege der einstweiligen Anordnung zu verpflichten, dem Antragsteller eine Arbeitserlaubnis für eine Beschäftigung bei der Fa. ...... GmbH in H. ...... zu erteilen.

Begründung:

Der Antragsteller ist ein 25 Jahre alter libanesischer Staatsangehöriger. Er hält sich seit zwei Jahren in der Bundesrepublik Deutschland auf und ist im Besitz einer gültigen Aufenthaltserlaubnis (s. die Anlage). Seine libanesische Ehefrau arbeitet in einem Lokal der Imbisskette der A. ...... GmbH in H. ...... als Küchenhelferin. Sie gibt diese Tätigkeit zum ...... auf, weil sie ein Kind erwartet. Dem in Fotokopie beigefügten Schreiben der Fa. ...... GmbH ist zu entnehmen, dass diese bereit ist, den Antragsteller anstelle seiner Ehefrau zu beschäftigen, sofern er die Arbeit als Küchenhelfer rechtzeitig zum ...... antritt. Daraus ergibt sich, ohne dass es weiterer Ausführungen bedarf, die Eilbedürftigkeit

der begehrten einstweiligen Anordnung (Anordnungsgrund). Für seine Beschäftigung benötigt der Antragsteller eine Arbeitserlaubnis (§ 284f. SGB III). Das Arbeitsamt H. hat seinen Antrag auf Erteilung der Arbeitserlaubnis mit dem beigefügten Bescheid vom ...... in der Gestalt des Widerspruchsbescheides vom ...... abgelehnt, weil für den Arbeitsplatz bei der Fa. ...... GmbH eine größere Zahl arbeitsloser deutscher oder gleichgestellter Arbeitnehmer zur Verfügung stehe.
Entgegen der Auffassung der Beklagten ist auch der erforderliche Anordnungsanspruch gegeben. Denn der Antragsteller erfüllt die Voraussetzungen, unter der die Beklagte eine Arbeitserlaubnis erteilen kann. Wie den beigefügten Statistiken der Bundesanstalt für Arbeit zu entnehmen ist, trifft es nicht zu, dass in den unteren Lohngruppen des Gaststättengewerbes ein Überangebot von bevorrechtigten Arbeitsuchenden im Vergleich zur Zahl der offenen Stellen herrscht, so dass sich durch die Beschäftigung des Antragstellers keine nachteiligen Auswirkungen auf den Arbeitsmarkt (§ 285 Abs. 1 S. 1 Nr. 1 SGB III) ergeben. Außerdem geht aus dem o.a. Schreiben hervor, dass zurzeit kein geeigneter Bewerber für den vom Antragsteller erstrebten Arbeitsplatz zur Verfügung steht (vgl. § 285 Abs. 1 S. 1 Nr. 2 SGB III) und dass der Antragsteller nicht zu ungünstigeren Arbeitsbedingungen als vergleichbare deutsche Arbeitnehmer beschäftigt wird (§ 285 Abs. 1 Nr. 3 SGB III). Unabhängig hiervon bedeutet die Versagung der Arbeitserlaubnis nach den besonderen Umständen des vorliegenden Falles für den Antragsteller eine Härte iS. des § 1 Abs. 2 der ArbeitsgenehmigungsVO[6] ......

Rechtsanwalt

Schrifttum: wie Form. VIII. 27; *Krodel,* Die neue Regelung des sozialgerichtlichen einstweiligen Rechtsschutzes in Vornahmesachen, NZS 2002, 180; *ders.,* Die Begründetheit des Antrags auf Erlass einer einstweiligen Anordnung, NZS 2002, 234.

Anmerkungen

1. Das Begründungsbeispiel betrifft eine *Vornahmesache* (Klagetyp: Verpflichtungs- sowie Anfechtungs- und Leistungsklage, Form. VIII. Nr. 4, 6 und 7). Für diesen Bereich fehlte früher eine gesetzliche Regelung des vorläufigen Rechtsschutzes völlig (vgl. BVerfGE 46, 166; Form. VIII. 27 Anm. 1). Mit der Einführung des § 86b Abs. 2 SGG durch das 6. SGG-ÄndG v. 17. 8. 2001 (BGBl. I S. 2144) hat der Gesetzgeber diese Lücke geschlossen. Die Regelung orientiert sich an § 123 VwGO. Danach kann das Gericht der Hauptsache auf Antrag eine einstweilige Anordnung treffen
- in Bezug auf den Streitgegenstand, wenn die Gefahr besteht, dass durch eine Veränderung des bestehenden Zustandes die Verwirklichung eines Rechts des Antragstellers vereitelt oder wesentlich erschwert werden könnte (*Sicherungsanordnung* nach § 86b Abs. 2 S. 1 SGG) und
- zur Regelung eines vorläufigen Zustandes in Bezug auf ein streitiges Rechtsverhältnis, wenn eine solche Regelung zur Anwendung wesentlicher Nachteile nötig erscheint (*Regelungsanordnung* nach § 86b Abs. 2 S. 2 SGG).

Die Sicherungsanordnung ist auf die Abwehr belastender Eingriffe, dh. auf *zustandserhaltende* Maßnahmen gerichtet. Ihre Bedeutung tritt im sozialgerichtlichen Verfahren zurück, weil dieser Zweck weitgehend durch die Wiederherstellung der aufschiebenden Wirkung eines Rechtsbehelfs (Form. VIII. 27) erreicht wird (zu ihrem Anwendungsbereich *Krodel* NZS 2002, 180/184f.). Praktische Bedeutung hat hingegen die auf *zustandsverbessernde* Maßnahmen gerichtete Regelungsanordnung, die der Durchsetzung von Verpflichtungs- und Leistungsbegehren dient.

2. *Anordnungsgrund,* dh. die Eilbedürftigkeit der begehrten vorläufigen Regelung, und *Anordnungsanspruch,* dh. die Rechtsposition, deren Durchsetzung im Hauptsacheverfahren begehrt wird, sind geltend, und die zur Begründung erforderlichen Tatsachen sind glaubhaft zu machen (§§ 86b Abs. 2 S. 4 SGG iVm. § 920 Abs. 2 ZPO; ausführlich *Finkelnburg/Jank*, Rdn. 338ff. und 351ff.). Das Gericht entscheidet grundsätzlich aufgrund einer *summarischen Prüfung* (vgl. Form. VIII. 27 Anm. 2.

Die Frage, ob die Anforderungen an Anordnungsgrund und Anordnungsanspruch unabhängig voneinander zu prüfen sind und für eine Interessenabwägung nur im Rahmen des Anordnungsgrundes Raum ist, wird unterschiedlich beurteilt (kritisch zu einer allgemeinen Interessenabwägung *Schoch/Schmidt-Aßmann/Pietzner* § 123 Rdn. 65f., 83; *Finkelnburg/Jank* Rdn. 158ff.). Eine zusätzliche Interessenabwägung kann unter verfassungsrechtlichen Gesichtspunkten geboten sein (*Krodel* NZS 2002, 234/237f.). In diesem Zusammenhang ist die Rspr. des BVerfG zur Anwendung und Auslegung des § 123 VwGO zu beachten. Sie läuft im Ergebnis ebenfalls darauf hinaus, dass der Anordnungsgrund nicht stets losgelöst vom Anordnungsanspruch zu beurteilen ist (BVerfGE 79, 69/74; BVerfG NVwZ 1997, 479, 480 mwN.; s. auch BVerfGE 93, 1/15). Danach darf das Interesse an einer vorläufigen Regelung umso weniger zurückgestellt werden, je schwerer die sich daraus ergebenden Belastungen sind und je geringer die Wahrscheinlichkeit ist, dass sie im Fall des Obsiegens in der Hauptsache wieder rückgängig gemacht werden können. Der Rspr. des BVerfG ist auch der Hinweis an die Fachgerichte zu entnehmen, vorläufigen Rechtsschutz jedenfalls dann aufgrund einer *vertiefenden Prüfung* der Sach- und Rechtslage zu gewähren, wenn schwere und unzumutbare Nachteile drohen und es um Fragen des Grundrechtsschutzes geht. Dabei hält das BVerfG dann, wenn diese vertiefende Prüfung im Eilverfahren nicht möglich („untunlich“) ist, sogar eine Entscheidung auf der Grundlage einer Folgenabwägung ohne Berücksichtigung der Erfolgsaussichten für zulässig (BVerfG NVwZ 1997, 479/480; ausführlich zur Rspr. des BVerfG *Finkelnburg/Jank*, Rdn. 164ff.).

3. Die hM. hält eine *Vorwegnahme der Hauptsache* durch die vorläufige Regelung grundsätzlich für unzulässig, lässt aber zahlreiche Ausnahmen von diesem Grundsatz zu (ablehnend zum „Vorwegnahmeverbot“ mit plausibler Argumentation *Finkelnburg/Jank* Rdn. 211ff.; *Schoch/Schmidt-Aßmann/Pietzner* § 123 Rdn. 146ff.). Zulässig ist sie – wie im Begründungsbeispiel – bei termingebundenen Ereignissen, da dem drohenden Rechtsverlust durch das Hauptsacheverfahren nicht mehr begegnet werden könnte.

Im Rechtsstreit um Sozialleistungen wird wegen des subsidiär eingreifenden Anspruchs auf Sozialhilfe nach dem BSHG ein Bedürfnis für den Erlass einstweiliger Anordnungen „oftmals nicht oder nicht in dem Maß bestehen wie bei der allgemeinen Verwaltungsgerichtsbarkeit“ (BVerfGE 46, 166/179). Dies gilt jedoch dann nicht, wenn es trotz des Anspruchs auf Sozialhilfe im Einzelfall zu schwerwiegenden und unzumutbaren Vermögensdispositionen kommen kann (Beschl. des LSG Niedersachsen v. 16. 6. 1989 – L 7 Ar 82/89 –; s. auch *Kummer* Rdn. 246). Die Verweisung auf die Sozialhilfe setzt einen sicher begründeten Anspruch voraus, also einen Anspruch auf Sozialhilfe, der nicht erst gerichtlich durchgesetzt werden muss (LSG Niedersachsen info also 1991, 143; LSG Berlin, *Breithaupt* 2001, 941/943). Zu bedenken ist, dass der Hauptsacheverfahren unterlegene Antragsteller die im Wege des vorläufigen Rechtsschutzes zugebilligten Leistungen erstatten müsste, während ihm die für die Vergangenheit gewährten Leistungen nach dem BSHG verbleiben (s. zur „Sozialhilfeproblematik“ auch *Krasney/Udsching* Kap. V Rdn. 39 und 51).

Eine einstweilige Anordnung kommt dann nicht in Betracht, wenn eine höhere als die zuerkannte Rente aus der gesetzlichen Rentenversicherung begehrt wird (BSG SozR 3–1780 § 123 Nr. 1). Voreilige Dispositionen in Erwartung einer positiven Entscheidung sind ebenfalls kein Grund für eine einstweilige Anordnung (LSG Niedersachsen *Breithaupt* 1992, 961/963; LSG Hamburg *Breithaupt* 1992, 164).

4. Zuständig ist das Gericht der Hauptsache (§ 86b Abs. 2 S. 3 SGG), dh. das Gericht, bei dem das Hauptverfahren bereits anhängig ist oder das, wenn ein solches noch

nicht anhängig ist, dafür zuständig wäre. Der Antrag ist schriftlich oder zur Niederschrift des Urkundsbeamten der Geschäftsstelle zu stellen. Er wahrt nicht die Widerspruchs- und Klagefrist.

5. Das Gericht entscheidet auf Antrag durch Beschluss (§ 86b Abs. 4 SGG), dh. im Regelfall ohne Beteiligung ehrenamtlicher Richter.

6. S. zum Begründungsbeispiel § 285 SGG III, der die Erteilung der Arbeitserlaubnis regelt. Der Erteilung einer (vorläufigen) Arbeitserlaubnis im Wege der einstweiligen Anordnung steht der Rechtscharakter der Arbeitserlaubnis als Ermessensentscheidung nicht entgegen (*Gagel* SGB III-Arbeitsförderung – Komm. K § 284 Rdn. 114 mwN.; LSG Rheinland-Pfalz NZS 98, 444). Die Arbeitserlaubnis kann unabhängig von der Erfüllung der Voraussetzungen des § 285 Abs. 1 S. 1 SGB III im Wege vorläufigen Rechtsschutzes erstritten werden, wenn die Voraussetzungen einer besonderen Härte (§ 285 Abs. 2 SGB III iVm. § 1 Abs. 2 S. 1 Nr. 1 ArbeitsgenehmigungsVO) vorliegen (LSG Schleswig-Holstein Beschl. v. 21. 6. 1999 – L 3 B 30/99 AL ER –; SG Berlin InfAuslR 2000, 297; zum Begriff der besonderen Härte ausführlich *Gagel* aaO. § 285 Rdn. 57ff.; *Geiger,* InfAuslR 1999, 356).

Der Anspruch auf eine Arbeitserlaubnis kann sich auch aus zwischenstaatlichen Vereinbarungen ergeben (§ 285 Abs. 2 und 3 SGB III; vgl. auch BSG Urt. v. 12. 12. 1996 – 11 RAr 79/95 –; *Husman,* Der erstmalige Zugang zum deutschen Arbeitsmarkt für Drittstaatenangehörige aus EG-assoziierten Ländern, SGb 1999, 593).

Kosten und Gebühren

In der Frage, ob in Verfahren des vorläufigen Rechtsschutzes bei anhängigem Hauptverfahren mit den Rahmengebühren gemäß § 116 Abs. 1 BRAGO der zusätzliche Arbeitsaufwand des RA nur bei der Festsetzung der Rahmengebühr berücksichtigt werden kann oder ob ein zusätzlicher Gebührenanspruch entsteht, herrschte Rechtsunsicherheit (vgl. z.B. *v. Eicken* SGb 1991, 295/296). Es hat sich die Auffassung durchgesetzt, dass es sich bei Verfahren des vorläufigen Rechtsschutzes kostenrechtlich um selbstständige Verfahren handelt (vgl. BSG SozR 3–1500 § 193 Nr. 6; LSG Baden-Württemberg *Breithaupt* 1992, 698; *Krasney/Udsching* Kap. XII Rdn. 101) mit der Folge, dass sowohl in Anfechtungs- als auch in Vornahmesachen eine Kostengrundentscheidung erforderlich ist und dass ein gesonderter Gebührenanspruch nicht nur entsteht, wenn sich die Gebühren (ausnahmsweise) nach § 116 Abs. 2 BRAGO (Gegenstandswert) richten (vgl. Hinweis zu Form. VIII. 27.), sondern auch dann, wenn – wie im Regelfall – Rahmengebühren (§ 116 Abs. 1 BRAGO) anfallen. Nunmehr ist aufgrund des 6. SGG-ÄndG v. 17. 8. 2001 (BGBl. I S. 2144, 2157) mit Wirkung v. 2. 1. 2002 durch § 116 Abs. 3 BRAGO iVm. §§ 114 Abs. 6 und 40 BRAGO klargestellt, dass Verfahren des einstweiligen Rechtsschutzes kostenrechtlich selbständig sind.

Fristen und Rechtsmittel

Der Antrag auf einstweilige Anordnung ist an keine Frist gebunden; es ist jedoch Verwirkung möglich (Hessischer VGH NVwZ 1994, 398).

Gegen Beschlüsse des SG über eine einstweilige Anordnung – sowohl ablehnende wie stattgebende – ist die Beschw. (§ 172 SGG) gegeben (Form. VIII. 19).

Kostenanträge

29. Antrag auf Kostenentscheidung durch Beschluss – § 193 Abs. 1 S. 3 SGG –[1]

An das
Sozialgericht

In dem Rechtsstreit

der Witwe ......, Klägerin,
Prozessbevollmächtigter: RA ......

gegen

das Land ......, Beklagten,
vertreten durch das Landesversorgungsamt ......,
– Az ...... –
ist der Rechtsstreit durch das Anerkenntnis des Beklagten vom ......, das die Klägerin mit Schriftsatz vom ...... angenommen hat[2], in der Hauptsache erledigt.
Ich beantrage[3], dem Beklagten die der Klägerin entstandenen außergerichtlichen Kosten aufzuerlegen[4].

Rechtsanwalt

Schrifttum: Krasney/Udsching Kap. XII: Kosten, hier: Rdn. 55 ff.; *Legde,* Die Kostenentscheidung im sozialgerichtlichen Verfahren, SGb 1996, 468.

Anmerkungen

1. Das Gericht hat im Urt. *von Amts wegen* dem Grunde nach zu entscheiden, ob und in welchem Umfang die Beteiligten einander Kosten zu erstatten haben (§ 193 Abs. 1 S. 1 und 2 SGG), wobei die Aufwendungen der in § 184 SGG genannten Gebührenpflichtigen (im Wesentlichen: Körperschaften und Anstalten des öffentlichen Rechts, aber auch private Pflegeversicherungsunternehmen, s. BSG Beschl. v. 8. 7. 2002 – B 3 P 3/02 R –) nicht erstattungsfähig sind (§ 193 Abs. 4 SGG; allg. zu Kosten und Gebühren Form. VIII. 2.). Ein *Antrag* ist also bei Prozessbeendigung durch Urt. *nicht erforderlich.* Dem Urt. stehen insoweit gleich: Gerichtsbescheid (§ 105 SGG), Beschl., der anstelle eines Urt. ergeht (vgl. §§ 153 Abs. 4, 158, 160 a Abs. 4, 169 SGG) sowie Beschl.e im Verfahren des einstweiligen Rechtsschutzes (vgl. Form. VIII. 27 und 28). Fehlt die Kostenentscheidung, ist Urteilsergänzung möglich (§ 140 SGG).

Nur wenn das Verfahren *anders beendet* wird (z. B. durch *Rücknahme der Klage* § 102 SGG –, angenommenes *Anerkenntnis* – § 101 Abs. 2 SGG –, *Erledigung der Hauptsache),* wird über die Kosten *auf Antrag durch Beschl.* entschieden (§ 193 Abs. 1 S. 3 SGG), sofern kein Kostenanerkenntnis abgegeben wird. In dem Sonderfall, dass die Klage zurückgenommen wird und weder Kläger noch Beklagter zu den in § 183 SGG genannten Personen gehören (s. Form. III. 2 Buchst. a) zu „Kosten und Gebühren") hat nach § 197 a Abs. 1 S. 1 SGG iVm. § 155 Abs. 2 VwGO derjenige, der die Klage zurücknimmt, die Kosten zu tragen. *Wichtig:* Wird der Rechtsstreit durch *gerichtlichen Vergleich* (§ 101 Abs. 1 SGG) erledigt und haben die Beteiligten keine Bestimmung über die Kosten getroffen, so trägt jeder Beteiligte seine Kosten (§ 195 SGG). Umstr. ist, ob eine vergleichsweise Kostenregelung auch in der Weise möglich ist, dass die Beteiligten eine Kostenentscheidung des Gerichts nach § 193 Abs. 1 S. 3 SGG beantragen (vgl.

Meyer-Ladewig SGG § 195 Rdn. 3 a). Die Sonderregelung des § 195 SGG findet nach der für zutreffend gehaltenen hM. auf den außergerichtlichen Vergleich keine Anwendung, so dass das Gericht auf Antrag nach § 193 Abs. 1 S. 3 SGG über die Kosten zu entscheiden hat, wenn der Vergleich keine Kostenregelung enthält (LSG Niedersachsen *Breithaupt* 1988, 167; *Krasney/Udsching* Kap. XII Rdn. 81 mwN.).

War das *persönliche Erscheinen* eines Beteiligten angeordnet (§ 111 SGG), gilt für die *Auslagenvergütung* die Sonderregelung des § 191 SGG.

2. Nur das angenommene *Anerkenntnis* (Begründungsbeispiel) erledigt den Rechtsstreit in der Hauptsache (§ 101 Abs. 2 SGG). Die Annahme kann bei schriftlichem Anerkenntnis – das ist der Regelfall – schriftsätzlich erklärt werden (BSG SozR 1500 § 101 Nr. 6). Bei Nichtannahme des Anerkenntnisses ergeht ein Urt. unter Beachtung der materiell-rechtlichen Bindung des Beklagten an das Anerkenntnis (BSG SozR 1750 § 307 Nr. 1 und 2; BSG SozR 6580 Art. 5 Nr. 4). Näher dazu: *Meyer-Ladewig* SGG § 101 Rdn. 19 ff.; *Krasney/Udsching* Kap. VI Rdn. 174 ff.

3. Der Antrag ist nicht fristgebunden, sollte aber alsbald gestellt werden.

4. Das Gericht hat die Kostenentscheidung nach sachgemäßem Ermessen zu treffen. Die Kostenentscheidung ist im Sozialgerichtsprozess nicht streng an den Ausgang des Verfahrens gebunden, vielmehr erlaubt § 193 SGG eine Billigkeitsentscheidung (BSG 3, 95/105 f.; 65, 198/203; BSG SozR 3–4100 § 117 Nr. 10; BSG 17, 124/128: die obsiegende Behörde hat durch unrichtige Begründung Anlass zur Klage gegeben; zur Kostenentscheidung bei der Untätigkeitsklage Form. VIII. 5.). Diese Besonderheit ist in der Praxis allerdings von geringer Bedeutung. Danach richtet sich die Kostenentscheidung auch im sozialgerichtlichen Verfahren regelmäßig nach dem Ergebnis des Verfahrens (näher dazu *Meyer-Ladewig* § 193 Rdn. 12 ff.).

Endet das Verfahren anders als durch Urt. und entscheidet das Gericht durch Kostenbeschl. (§ 193 Abs. 1 S. 3 SGG, s. Anm. 1), so ist der summarisch zu beurteilende vermeintliche Verfahrensausgang auf Grund des Sach- und Streitstandes zum Zeitpunkt der Erledigung des Verfahrens maßgebend (vgl. auch § 91 a ZPO; BSG SozR Nr. 4 zu § 193 SGG und SozR 1500 § 193 Nr. 8; *Meyer-Ladewig* § 193 Rdn. 13; *Krasney/Udsching* Kap. XII Rdn. 74; *Niesel* Rdn. 314). Nicht selten ist der Fall, dass sich nach Erlass des angefochtenen Bescheides die *Sachlage* ändert, dies zB. auf Grund einer Beweisaufnahme im sozialgerichtlichen Verfahren deutlich wird und der beklagte Sozialleistungsträger dem sogleich durch ein Anerkenntnis (Teilanerkenntnis) Rechnung trägt; nach hM. soll er dann nach dem Veranlassungsprinzip (vgl. § 93 ZPO) keine Kosten tragen (vgl. zB. LSG Hamburg *Breithaupt* 1979, 936; LSG Nordrhein-Westfalen *Breithaupt* 1991, 173 und *Breithaupt* 1996, 674; *Meyer-Ladewig* SGG § 193 Rdn. 12 c und d; *Roos* SGb 1995, 333; aA. mit beachtlichen Gründen LSG Niedersachsen *Breithaupt* 1984, 634; s. auch *Knickrehm* SGb 1996, 650 und *Krasney/Udsching* Kap. VI Rdn. 180, aber auch Kap. XII Rdn. 61). Erledigt sich die Hauptsache infolge einer *Rechtsänderung* zu Gunsten des Klägers, ist in der Kostenentscheidung zu berücksichtigen, ob die Klage ohne die Rechtsänderung ohne Erfolg geblieben wäre (BSG SozR 3–1500 § 193 Nr. 2).

Kosten und Gebühren

Kein zusätzlicher Gebührenanspruch des RA.

Fristen und Rechtsmittel

Die Kostenentscheidung im Urt. ist nicht gesondert anfechtbar (vgl. auch § 144 Abs. 4 SGG); näher dazu *Meyer-Ladewig* SGG § 192 Rdn. 20 und § 193 Rdn. 16. Gegen die isolierte Kostenentscheidung durch Beschl. des SG ist die Beschw. (§ 172 SGG) gegeben (Form. VIII. 19).

30. Antrag auf Kostenfestsetzung – § 197 SGG –[1, 2]

An den
Urkundsbeamten der Geschäftsstelle des
Sozialgerichts ......[3]

In dem Rechtsstreit

der Witwe ......, Klägerin,
Prozessbevollmächtigter: RA ......

gegen

die Bau-Berufsgenossenschaft H ......, Beklagte,
vertreten durch den Geschäftsführer,
– Az ...... –
beantrage ich[4],
die zu erstattenden Kosten auf ...... EUR festzusetzen[5] und den Betrag ab Antragstellung mit 5 vH. über dem Basiszinssatz zu verzinsen[6].

Begründung:

Der Rechtsstreit ist durch rechtskräftiges Urteil des Landessozialgerichts vom ...... beendet, und die Beklagte ist verurteilt worden, der Klägerin die ihr entstandenen außergerichtlichen Kosten zu erstatten. Folgende Aufwendungen und Auslagen (§ 25 Abs. 2 und 3 BRAGO) waren zu einer zweckentsprechenden Rechtsverfolgung notwendig:

Vorverfahren[7]:

1. Gebühr nach § 116 Abs. 1 S. 1 Nr. 1 BRAGO (zwei Drittel des Gebührenrahmens)	...... EUR
2. Auslagen nach § 26 BRAGO (Entgelte für Post- und Telekommunikationsdienstleistungen)	...... EUR
3. Dokumentenpauschale nach § 27 BRAGO	...... EUR
4. Mehrwertsteuer nach § 25 Abs. 2 BRAGO	...... EUR
	...... EUR

I. Instanz:

1. Gebühr nach § 116 Abs. 1 S. 1 Nr. 1 BRAGO	...... EUR
2. Auslagen nach § 26 BRAGO	...... EUR
3. Reisekosten nach § 28 BRAGO	...... EUR
4. Dokumentenpauschale nach § 27 BRAGO	...... EUR
5. Mehrwertsteuer nach § 25 Abs. 2 BRAGO	...... EUR
	...... EUR

II. Instanz:

1. Gebühr nach § 116 Abs. 1 S. 1 Nr. 2 BRAGO	...... EUR
2. Auslagen nach § 26 BRAGO	...... EUR
3. Reisekosten nach § 28 BRAGO	...... EUR
4. Dokumentenpauschale nach § 27 BRAGO	...... EUR
5. Mehrwertsteuer nach § 25 Abs. 2 BRAGO	...... EUR
	...... EUR
Insgesamt	...... EUR

Die Überschreitung der Mittelgebühr ist wegen des Umfangs und der Schwierigkeit der Sache gerechtfertigt[8] .... Es handelt sich zudem um einen Rechtsstreit von überdurchschnittlicher Bedeutung für die Klägerin, da die Gewährung einer Hinterbliebenenrente erhebliche Auswirkungen auf ihre wirtschaftlichen Verhältnisse hat.

Rechtsanwalt

Anmerkungen

1. Die *Kostenfestsetzung* (§ 197 SGG) füllt die Kostengrundentscheidung des Gerichts hinsichtlich der *Höhe* aus. Sie betrifft lediglich das Verhältnis zwischen Kostengläubiger und Kostenschuldner. Haben sich die Beteiligten über die Höhe der Kosten (insbesondere im Vergleich) geeinigt, bedarf es keiner Kostenfestsetzung. Zur Höhe der Gebühren s. Form. VIII. 2.

Der *Kostenfestsetzungsbeschl.* ist ein *Vollstreckungstitel* (§ 199 Abs. 1 Nr. 4 SGG).

2. Von der Kostenfestsetzung zu unterscheiden ist die *gerichtliche Festsetzung des Gegenstandswertes* (§ 8 Abs. 1 S. 3 und Abs. 2 BRAGO). Sie ist von Bedeutung, wenn nicht – wie im Regelfall – Rahmengebühren gelten (Anm. 8), sondern sich die Gebühren ausnahmsweise gemäß § 116 Abs. 2 BRAGO nach dem Gegenstandswert richten (vgl. Form. VIII. 2.). Die Festsetzung des Gegenstandswertes erfolgt *auf Antrag* durch das Gericht des Rechtszuges mit *Beschl.* (§ 10 BRAGO). Gegen den Beschl. des SG ist Beschw. gegeben, wenn der Wert des Beschwerdegegenstandes 50 EUR übersteigt (§ 10 Abs. 3 BRAGO). Es gilt die Zweiwochenfrist des § 10 Abs. 3 S. 3 BRAGO (str.; vgl. LSG Nordrhein-Westfalen *Breithaupt* 1995, 155). Der Urkundsbeamte ist an den vom Gericht festgestellten Gegenstandswert gebunden und berechnet auf dieser Grundlage die zu erstattenden Kosten. Ansonsten hat er den Gegenstandswert selbst im Rahmen der Kostenfestsetzung festzulegen. Ausführlich *Krasney/Udsching* Kap. XII Rdn. 89ff.

3. Zuständig ist der Urkundsbeamte des Gerichts des *ersten* Rechtszuges, dh. des SG, unabhängig davon, welche Instanz (LSG, BSG) die Kostenentscheidung getroffen hat (§ 197 Abs. 1 SGG). Zur Kostenfestsetzung im Prozesskostenhilfeverfahren s. Form. VIII. 25.

4. Der Urkundsbeamte wird nur *auf Antrag* der Beteiligten oder ihrer Bevollmächtigten tätig. Der Antrag kann schriftlich oder zur Niederschrift von jedem Beteiligten gestellt werden, der an der Festsetzung ein Interesse hat. Er ist an keine Frist gebunden, es ist aber Verwirkung möglich.

5. Die Festsetzung erfolgt durch Beschl. Erstattungsfähig sind die zur zweckentsprechenden Rechtsverfolgung oder Rechtsverteidigung notwendigen Aufwendungen der Beteiligten, wobei die gesetzlichen Gebühren und die notwendigen Auslagen eines RA stets erstattungsfähig sind (§ 193 Abs. 2 und 3 SGG, s. auch Form. VIII. 2).

6. Der festgesetzte Betrag ist gemäß § 197 Abs. 1 S. 2 SGG iVm. § 104 Abs. 1 S. 2 ZPO ab Antragstellung mit 5 vH. über dem Basiszinssatz (§ 247 BGB) zu verzinsen.

7. Die Kosten des *Widerspruchsverfahrens* (Vorverfahrens), das dem gerichtlichen Verfahren vorangegangen ist, gehören zu den Kosten nach § 193 Abs. 2 SGG. Zur Höhe der Gebühren des RA Form. VIII. 1. Fehlt – wie idR. – eine Entscheidung des Gerichts über die Notwendigkeit der Zuziehung eines Bevollmächtigten iSd. § 63 Abs. 2 SGB X, nimmt sie der Urkundsbeamte im Rahmen der Kostenfestsetzung vor.

8. Bei *Rahmengebühren* bestimmt der RA die Gebühr gemäß § 12 Abs. 1 BRAGO im Einzelfall unter Berücksichtigung aller Umstände, insbesondere der Bedeutung der Angelegenheit, des Umfangs und der Schwierigkeit der anwaltlichen Tätigkeit sowie der Vermögens- und Einkommensverhältnisse des Auftraggebers, nach billigem Ermessen. Der Urkundsbeamte prüft, ob die Gebühr *unbillig* ist. Nach dem Beschl. des BSG v. 26. 2. 1992 – 9a RVs 3/90 – = Soziale Sicherheit –SozSich– 1993, 218 ist für Durchschnittsfälle die *Mittelgebühr* (s. dazu den Hinweis zu Form. VIII. 2) maßgebend und der Gedanke des „Toleranzrahmens" (Überschreitung der Mittelgebühr bis zu 20%) nur hilfreich, wenn Gesichtspunkte dafür sprechen, dass das Verfahren „etwas über dem Durchschnitt" liegt. Sofern eine höhere Gebühr als die Mittelgebühr gefordert wird (vgl. dazu Form. VIII. 2.), empfiehlt es sich demnach, auf die besonderen Gesichtspunkte (s.

z.B. BSG SozR 3–1930 § 116 Nr. 4: schwierige ausländer- und verfassungsrechtliche Probleme, große wirtschaftliche Bedeutung) hinzuweisen, die eine Überschreitung der Mittelgebühr rechtfertigen. Näher dazu *Meyer-Ladewig* § 193 Rdn. 7 sowie 7a–7c; *Krasney/Udsching* Kap. XII. Rdn. 98 ff.; *Plagemann* NJW 1990, 2717/2718; *Niesel* Rdn. 625, jeweils mwN.

Kosten und Gebühren

Kein zusätzlicher Gebührenanspruch, auch nicht, wenn Erinnerung eingelegt worden ist. Ausnahme: In den Fällen des § 116 Abs. 2 BRAGO (§ 116 Abs. 2 S. 1 BRAGO iVm. § 61 Abs. 1 Nr. 2 BRAGO; vgl. LSG Rheinland-Pfalz *Breithaupt* 1981, 739/740; *Meyer-Ladewig* SGG § 197 Rdn. 3).

Fristen und Rechtsmittel

Rechtsbehelf gegen die Entscheidung des Urkundsbeamten der Geschäftsstelle ist die Erinnerung, die binnen eines Monats nach Bekanntgabe eingelegt werden muss (*Meyer-Ladewig* SGG § 197 Rdn. 10). Es entscheidet das SG, dem der Urkundsbeamte angehört, durch Beschl. endgültig (§ 197 Abs. 2 SGG).

IX. Rechtsschutz vor den Gerichten der Europäischen Union

1. Anregung an das Gericht, einen Rechtsstreit auszusetzen[1] und dem Europäischen Gerichtshof gemäß Art. 234 EG zur Vorabentscheidung[2] vorzulegen

Landgericht
……

In dem Rechtsstreit

A gegen Bundesrepublik Deutschland

rege ich an, das Verfahren auszusetzen[3] und dem Europäischen Gerichtshof gemäß Art. 234 Abs. 2 EG[4] folgende Fragen zur Vorabentscheidung vorzulegen:[5]

1. Gilt der Grundsatz des Gemeinschaftsrechts, dass die Mitgliedstaaten zum Ersatz der Schäden verpflichtet sind, die dem Einzelnen durch Verstöße gegen das Gemeinschaftsrecht entstehen, die diesen Staaten zuzurechnen sind, auch dann, wenn ein solcher Verstoß darin besteht, dass ein formelles innerstaatliches Parlamentsgesetz nicht an die höherrangigen Normen des Gemeinschaftsrechts angepasst wird?
2. Kann durch die nationale Rechtsordnung bestimmt werden, dass ein etwaiger Entschädigungsanspruch den gleichen Beschränkungen unterliegt wie bei einem Verstoß eines innerstaatlichen Gesetzes gegen höherrangiges innerstaatliches Recht, beispielsweise einem Verstoß eines einfachen deutschen Bundesgesetzes gegen das Grundgesetz für die Bundesrepublik Deutschland?
3. Kann die nationale Rechtsordnung einen Entschädigungsanspruch davon abhängig machen, dass die für die Nichtanpassung verantwortlichen staatlichen Amtsträger ein Verschulden trifft?[6, 7]

Begründung:

Mit der anhängig gemachten Klage begehrt die Klägerin, eine französische Brauerei mit Sitz im Elsaß, Ersatz des Schadens, der ihr durch ein gemeinschaftsrechtswidriges Importverbot der Beklagten in den Jahren 1981 bis 1987 entstanden ist. Die Klägerin, die in der Vergangenheit Bier in die Bundesrepublik Deutschland ausgeführt hatte, musste diese Ausfuhren 1981 unterbrechen, weil ihr Bier von den deutschen Behörden mit der Begründung beanstandet wurde, es entspreche nicht dem Reinheitsgebot der §§ 9 und 10 des Biersteuergesetzes[8]. In einem von der Kommission gemäß Art. 226 EG gegen die Beklagte angestrengten Vertragsverletzungsverfahren entschied der EuGH am 12. März 1987 (Rs. 178/84, Slg. 1987, 1227), dass das Verbot des Inverkehrbringens von aus anderen Mitgliedstaaten eingeführtem Bier, das nicht den Anforderungen der §§ 9 und 10 BierStG genügt, gegen Art. 28 EG verstößt.

Obwohl der EuGH in seiner grundlegenden Entscheidung in der Rechtssache *Francovich* (EuGH, verb. Rs. C-6/90 u. C-9/90, Slg. 1991, I-5357)[9] den Grundsatz aufgestellt hat, dass der Mitgliedstaat für diejenigen Schäden haftet, die Einzelnen durch Verstöße gegen das Gemeinschaftsrecht entstehen, die diesem Staat zuzurechnen sind, lehnte die Beklagte den Ersatz des der Klägerin in den Jahren 1981 bis 1987 aufgrund des gemeinschaftsrechtswidrigen Importverbots entstandenen Schadens ab. Die Beklagte argumen-

tierte zum einen, dass der im Urteil *Francovich* statuierte Schadensersatzanspruch nur bei einem Verstoß gegen nicht unmittelbar anwendbare Vorschriften bestehe, da der EuGH nur die in diesem Fall bestehende Lücke im System des gemeinschaftlichen Rechtsschutzes für den Einzelnen habe schließen wollen. Soweit dem Einzelnen im nationalen Recht ein Klagerecht für die Geltendmachung der Ansprüche zuerkannt sei, die er aus einer unmittelbar anwendbaren gemeinschaftsrechtlichen Vorschrift wie der des Art. 28 EG herleite, bestehe keinerlei Notwendigkeit eines Entschädigungsanspruchs. Zum anderen sei ein Entschädigungsanspruch, selbst wenn er dem Grundsatz nach auch in diesem Fall angenommen werden müsse, nach den Ausführungen im *Francovich*-Urteil von den formellen und materiellen Voraussetzungen des jeweiligen mitgliedstaatlichen Rechts abhängig. Da das deutsche Staatshaftungsrecht Ersatzansprüche wegen legislativen Unrechts aber nicht gewähre (BGHZ 100, 136, 145 f.), sei auch ein Ausgleich von Nachteilen, die ihre Ursache in der Anwendung einer gemeinschaftsrechtswidrigen Norm haben, nicht möglich. Darüber hinaus setze ein Ersatzanspruch nach den Grundsätzen des deutschen Staatshaftungsrechts stets ein schuldhaftes Verhalten (Vorsatz oder Fahrlässigkeit) des jeweiligen Amtsträgers voraus, für das keinerlei Anhaltspunkte vorlägen.
Da der Rechtsstreit wesentlich von der Auslegung der im *Francovich*-Urteil niedergelegten Grundsätze zur mitgliedstaatlichen Haftung für die Verletzung von Gemeinschaftsrecht abhängt, sollten dem EuGH die entscheidungserheblichen Fragen zur Vorabentscheidung vorgelegt werden. Dabei bedarf vor allem der Klärung, ob ein Schadensersatzanspruch kraft Gemeinschaftsrechts auch im Fall der Nichtanpassung gemeinschaftsrechtswidrigen mitgliedstaatlichen Rechts gegeben ist. Darüber hinaus ist entscheidungserheblich, ob die Schadensersatzpflicht auch in den Fällen legislativen Unrechts besteht, obwohl das deutsche Recht eine derartige Ersatzpflicht nicht kennt, und ob das im deutschen Recht erforderliche Verschulden unabdingbare Voraussetzung für den gemeinschaftsrechtlichen Ersatzanspruch ist.
Die Klägerin verkennt nicht, dass keine Verpflichtung zur Aussetzung und zur Vorlage der eingangs formulierten Fragen an den Europäischen Gerichtshof besteht, da das Landgericht nicht letztinstanzlich entscheidet. Aus prozessökonomischen Gründen sollte jedoch jetzt eine Vorlage erfolgen, damit so bald wie möglich verbindlich Klarheit über die Rechtsfragen besteht, von denen der Ausgang dieses Rechtsstreits abhängt.

Schrifttum: Barnard/Sharpston, The changing face of Article 177 references, CMLR 1997, 1113; *Bebr,* Tatsächlicher Rechtsstreit als unabdingbare Voraussetzung einer Vorlage gemäß Art. 177 EWGV, EuR 1980, 244; *Clausnitzer,* Die Vorlagepflicht an den EuGH zum (mangelnden) Rechtsschutz gegen Verstöße letztinstanzlicher Gerichte, NJW 1989, 641; *Dauses,* Das Vorabentscheidungsverfahren nach Artikel 177 EG-Vertrag, 2. Aufl. 1995; *ders.,* Vorabentscheidungsverfahren, in: *Dauses* (Hrsg.), Handbuch des EG-Wirtschaftsrechts, Kap. P. II.; *Everling,* Das Vorabentscheidungsverfahren vor dem Gerichtshof der Europäischen Gemeinschaften, 1986; *Glaesner,* Die Vorlagepflicht unterinstanzlicher Gerichte im Vorabentscheidungsverfahren, EuR 1990, 143; *Hepting,* Artikel 177 EWG-Vertrag und die private Schiedsgerichtsbarkeit, EuR 1982, 315; *Holoubek,* Vorlageberechtigung und Vorlageverpflichtung, in: Das EuGH-Verfahren in Steuersachen, 45–64; *Jann,* Das Vorabentscheidungsverfahren: Grundfragen, Verfahrensablauf und aktuelle Entwicklungen, in: Das EuGH-Verfahren in Steuersachen, 13–24; *Kadelbach,* Die Wirkung vom im Vorabentscheidungsverfahren ergangenen Urteilen, in: Das EuGH-Verfahren in Steuersachen, 119–132; *Krück,* Art. 177, in: *von der Groeben/Thiesing/Ehlermann,* Kommentar zum EU-/EG Vertrag, 5. Aufl. 1997; *Lenz,* Firnis oder Rechtsgemeinschaft – Einschränkung der Vorlagepflicht nach Art. 177 EWGV auf letztinstanzliche Gerichte, NJW 1993, 2664; *ders.,* Zum Vorlageverfahren beim EuGH, AnwBl. 1993, 477; *Müller-Eiselt,* Trendwende beim Vorabentscheidungsverfahren (Art. 234 EG), ZfZ 1997, 414; *Pache,* Keine Vorlage ohne Anfechtung?

EuZW 1994, 615; *Pescatore,* Das Vorabentscheidungsverfahren nach Artikel 177 EWG-Vertrag und die Zusammenarbeit zwischen dem Gerichtshof und den nationalen Gerichten, BayVBl. 1987, 33, 68; *Ress,* Die Entscheidungserheblichkeit im Vorlageverfahren nach Art. 177 EWG-Vertrag im Vergleich zu Vorlageverfahren nach Art. 100 Abs. 1 GG, FS Jahr, 1993, S. 339; *Schiller,* Unterlassene Vorlagepflicht nach Artikel 177 Abs. 3 EWGV an den EuGH als Verletzung des Anspruchs auf den gesetzlichen Richter, NJW 1983, 2736; *Schlemmer-Schulte,* Gemeinschaftsrechtlicher vorläufiger Rechtsschutz und Vorlagepflicht, EuZW 1991, 307; *Sedemund/Heinemann,* Rechtsschutzdefizite in der EG, DB 1995, 1161; *Steindorff,* Vorlagepflicht nach Art. 177 Abs. 3 EWGV und Europäisches Gesellschaftsrecht, ZHR 1992, 1; *Streil,* Das Vorabentscheidungsverfahren als Bindeglied zwischen europäischer und nationaler Rechtsprechung, in: *Schwarze* (Hrsg.), Der Europäische Gerichtshof als Verfassungsgericht und Rechtsschutzinstanz, 1983, S. 69; *Voß,* Erfahrungen und Probleme bei der Anwendung des Vorabentscheidungsverfahrens nach Art. 177 EWGV aus der Sicht eines deutschen Richters, EuR 1986, 95; *Vosskuhle,* Zur Verletzung des Rechts auf den gesetzlichen Richter bei Nichtvorlage an den EuGH, JZ 2001, 924; *Wagner,* Funktion und praktische Auswirkungen der richterlichen Vorlagen an den Gerichtshof der Europäischen Gemeinschaften, 2001; *Zimmermann,* Durchsetzung der Vorlagepflicht nach Artikel 177 Absatz 3 EWG-Vertrag mittels deutschen Verfassungsrechts, FS Doehring, 1989, S. 1033.

Anmerkungen

1. Ein weiteres Beispiel für den Vorlageantrag findet sich in Form. II. N. 15. Rechtsgrundlage des sog. Vorabentscheidungsverfahrens ist Art. 234 EG. Eine entsprechende Bestimmungen findet sich daneben in Art. 150 EA. Ein Vorabentscheidungsverfahren ist ferner vorgesehen in:

- Art. 1–3 Erstes Protokoll betreffend die Auslegung des am 19. Juni 1980 in Rom zur Unterzeichnung aufgelegten Übereinkommens über das auf vertragliche Schuldverhältnisse anzuwendende Recht durch den Gerichtshof der Europäischen Gemeinschaften, ABl. EG 1989 Nr. L 48/1 = BGBl. 1995 II, 916 (noch nicht in Kraft getreten, vgl. *Reithmann/Martiny,* Internationales Vertragsrecht, 5. Aufl. 1996, S. 39);
- Art. 1 Zweites Protokoll zur Übertragung bestimmter Zuständigkeiten für die Auslegung des am 19. Juni 1980 in Rom zur Unterzeichnung aufgelegten Übereinkommens über das auf vertragliche Schuldverhältnisse anzuwendende Recht durch den Gerichtshof der Europäischen Gemeinschaften, ABl. EG 1989 Nr. L 48/17 = BGBl. 1995 II, 923 (noch nicht in Kraft getreten, vgl. *Reithmann/Martiny,* Internationales Vertragsrecht, 5. Aufl. 1996, S. 39);
- Art. 2 und 3 Vereinbarung Nr. 89/695/EWG über Gemeinschaftspatente, ABl. EG 1989 Nr. L 401/1;
- Art. 63 und 114 Verordnung (EG) Nr. 40/94 über die Gemeinschaftsmarke, ABl. EG 1994 Nr. L 11/1;
- Art. 1 Protokoll Nr. 34 zum EWR-Vertrag, ABl. EG 1994 Nr. L 1/1;
- Art. 35 Abs. 1 EU (eingefügt durch den Amsterdamer Vertrag);
- Art. 68 Abs. 3 EG (eingefügt durch den Amsterdamer Vertrag).

Im Gegensatz zu den direkten Klagen ist das Vorabentscheidungsverfahren kein selbständiges Streitverfahren, sondern ein Zwischenverfahren in dem vor einem einzelstaatlichen Gericht anhängigen Rechtsstreit. Es dient in erster Linie der Wahrung der Rechtseinheit in der EG und ergänzt die Kontrolle, die durch die Kommission und die Mitgliedstaaten gemäß den Art. 226 und 227 EG ausgeübt wird (EuGH Rs. 26/62, Van Gend & Loos gegen niederländische Finanzverwaltung, Slg. 1963, 1, 26). Durch die Rechtsprechung des EuGH soll gewährleistet werden, dass das Gemeinschaftsrecht in

allen Mitgliedstaaten einheitlich ausgelegt und angewandt wird (EuGH verb. Rs. C-297/88 u. C-179/89, Dzodzi gegen Belgien, Slg. 1990, I-3763, 3793 Rdn. 37).
Noch liegt das Vorabentscheidungsverfahren ausschließlich in der Zuständigkeit des EuGH. Mit Inkrafttreten des Vertrages von Nizza wird es in besonderen in der Verfahrenssatzung festgelegten Sachgebieten neben der Zuständigkeit des EuGH auch eine Zuständigkeit des Gerichtshofs erster Instanz geben (Art. 225 Abs. 3 EG i. d. F. des Vertrages von Nizza).

2. Der EuGH entscheidet nach Art. 234 EG im Wege der Vorabentscheidung (a) über die Auslegung des EG, (b) über die Gültigkeit und Auslegung von Handlungen der Gemeinschaftsorgane sowie (c) über die Auslegung der Satzungen der durch den Rat geschaffenen Einrichtungen, soweit diese Satzungen dies vorsehen. Die Auslegung des Vertrages umfasst sämtliche Vertragsbestimmungen einschließlich der Anhänge sowie der beigefügten Protokolle, die nach Art. 311 EG Bestandteil des Vertrages sind, sowie alle Änderungs- und Ergänzungsverträge. Gegenstand des Vorabentscheidungsverfahrens ist mithin das gesamte primäre Gemeinschaftsrecht. Dazu zählen nach ständiger Rechtsprechung auch die ungeschriebenen allgemeinen Rechtsgrundsätze des Gemeinschaftsrechts (EuGH Rs. 29/69, Stauder gegen Stadt Ulm, Slg. 1969, 419, 425 Rdn. 7; EuGH Rs. 11/70, Internationale Handelsgesellschaft, Slg. 1970, 1125, 1138 Rdn. 20; EuGH 44/79, Hauer gegen Land Rheinland-Pfalz, Slg. 1979, 3727, 3744 f. Rdn. 14–16). Im Vorabentscheidungsersuchen über die Gültigkeit und Auslegung von Handlungen der Gemeinschaftsorgane kann auch das gesamte sekundäre Gemeinschaftsrecht Verfahrensgegenstand sein. Dazu gehören nicht nur die in Art. 249 EG genannten Rechtsakte (Verordnungen, Richtlinien, Entscheidungen und Empfehlungen), sondern alle weiteren Akte, die einem Gemeinschaftsorgan zuzurechnen und geeignet sind, Rechtswirkungen zu erzeugen (z. B. Entschließungen des Rates; vgl. EuGH Rs. 9/73, Schlüter gegen Hauptzollamt Lörrach, Slg. 1973, 1135, 1160 Rdn. 38 ff.), selbst wenn es um gemeinschaftsrechtliche Handlungen geht, die nicht bindenden Charakter haben (EuGH Rs. 113/75, Frecassetti gegen Staatliche Finanzverwaltung, Slg. 1976, 983, 993 Rdn. 8/9; EuGH Rs. C-188/91, Deutsche Shell gegen Hauptzollamt Hamburg-Harburg, Slg. 1993, I-363, 388 Rdn. 18). Erfasst werden auch die völkerrechtlichen Verträge, die von der Gemeinschaft mit Drittstaaten oder internationalen Organisationen abgeschlossen wurden (EuGH Rs. 12/86, Demirel gegen Stadt Schwäbisch Gmünd, Slg. 1987, 3719, 3751 Rdn. 12; EuGH Rs. C-188/91, Deutsche Shell gegen Hauptzollamt Hamburg-Harburg, Slg. 1993, I-363, 388 Rdn. 19). Die nach Art. 234 Abs. 1 lit. c EG vorgesehene Auslegung von Satzungen der vom Rat geschaffenen Einrichtungen ist bislang ohne Bedeutung geblieben. Nur bei Maßnahmen und Beschlüssen nach Art. 62 Nr. 1 EG, die die Aufrechterhaltung der öffentlichen Ordnung und den Schutz der inneren Sicherheit betreffen, kann der Gerichtshof gem. Art. 68 Abs. 2 EG nicht angerufen werden.

Art. 234 EG beschränkt den Anwendungsbereich des Vorabentscheidungsverfahrens strikt auf Normen des Gemeinschaftsrechts. Nationales Recht kann vom EuGH weder ausgelegt noch auf seine Gültigkeit bzw. Anwendbarkeit überprüft werden (EuGH Rs. 54/72, Fonderie Officine Riunite gegen Vereinigte Kammgarn-Spinnereien, Slg. 1973, 193, 204 Rdn. 8; EuGH Rs. 77/72, Capolongo gegen Azienda Agricola Maya, Slg. 1973, 611, 622 Rdn. 8). Ebensowenig kann die Vereinbarkeit nationalen Rechts mit dem vorrangigen Gemeinschaftsrecht zum Gegenstand eines Vorabentscheidungsverfahrens gemacht werden (EuGH Rs. 228/87, Strafverfahren gegen X, Slg. 1988, 5099, 5119 Rdn. 6). Geht es um derartige Rechtsfragen, so ist die Vorlagefrage deshalb gegebenenfalls so zu formulieren, dass nach der Auslegung der gemeinschaftsrechtlichen Norm und ihrer Reichweite gefragt wird. Aus der Antwort auf diese Frage lässt sich dann schließen, ob die in Rede stehende Vorschrift des nationalen Rechts mit der vom EuGH ausgelegten Norm kollidiert (vgl. EuGH Rs. 228/87, Strafverfahren gegen X, Slg. 1988, 5099, 5119 Rdn. 9: „Er [der EuGH] kann aber aus der Fassung der Fragen des vorlegenden Gerichts unter Berücksichtigung des von diesem mitgeteilten Sachverhalts das herausschälen, was die Auslegung des Gemeinschaftsrechts betrifft, um diesem Gericht die Lösung der ihm vorliegenden Rechtsfrage zu ermöglichen" (vgl. auch Anm. 8). Die Zuständigkeit des Gerichtshofs zur Auslegung des Gemeinschaftsrechts ist nicht auf die Situationen beschränkt, für die das Gemeinschaftsrecht unmittelbar oder – etwa im Falle von Richtlinien – mittelbar Geltung beansprucht. Sie besteht auch in den Fällen, in denen der nationale Gesetzgeber anlässlich der Umsetzung einer Richtlinie entschieden hat, rein nationale Sachverhalte ebenso zu behandeln wie Sachverhalte, die von der Richtlinie geregelt werden, und seine nationale Gesetzgebung auf das Gemeinschaftsrecht hin ausgerichtet hat (EuGH Rs. C-28/l 15, Leur-Bloem gegen Inspecteur der Belastingdienst/ Ondernemingen Amsterdam 2, Slg. 1997, I-4168, Leitsatz 1).

3. Die Aussetzung erfolgt in entsprechender Anwendung von § 148 ZPO im Zivilprozess (vgl. OLG Düsseldorf NJW 1993, 1661), § 94 VwGO im verwaltungsgerichtlichen Verfahren und § 74 FGO im finanzgerichtlichen Verfahren.

4. Art. 234 Abs. 2 EG statuiert ein Vorlagerecht, dessen Ausübung im Ermessen des jeweiligen Gerichts steht. Danach kann jedes mitgliedstaatliche Gericht den EuGH ersuchen, eine Norm des primären oder sekundären Gemeinschaftsrechts auszulegen, wenn es das zur Entscheidung eines bei ihm anhängigen Rechtsstreits für erforderlich hält. Eine Einschränkung der Vorlageberechtigung gilt für Vorschriften des Titels IV des dritten Teils des EG (Visa, Asyl, Einwanderung und andere Politiken betreffend den freien Personenverkehr) und auf diesen Titel gestützte Rechtsakte: Vorlageberechtigt sind hier nur letztinstanzliche Gerichte, also Gerichte, deren Entscheidungen selbst nicht mehr mit innerstaatlichen Rechtsmitteln angefochten werden können (Art. 68 Abs. 1 EG).

Was unter einem Gericht i. S. v. Art. 234 EG zu verstehen ist, hat der EuGH in seinem Urteil in der Rs. 61/65, Vaassen-Göbbels gegen Beamtenfonds (Slg. 1966, 584, 602; bestätigt in EuGH Rs. C-54/96, Dorsch Consult Ingenieurgesellschaft gegen Bundesbaugesellschaft Berlin, Slg. 1997, I-4961, 4972 Rdn. 23 in Bezug auf den Vergabeüberwachungsausschuss des Bundes) näher umschrieben. Erforderlich ist danach:

- eine gesetzliche Grundlage für die gerichtliche Tätigkeit;
- ein rechtlich festgelegtes Verfahren;
- eine Entscheidung nach Rechtsnormen;
- eine Bindungswirkung der Entscheidung, die auch durchsetzbar sein muss, sowie
- eine Verpflichtung der Parteien, sich im Fall von Rechtsstreitigkeiten an das Gericht zu wenden (obligatorische Gerichtsbarkeit).

Stellen, die nur Stellungnahmen in Verwaltungsverfahren abgeben oder schiedsrichterlich tätig werden und ex aequo et bono entscheiden, sind deshalb nicht als Gerichte i. S. v. Art. 234 EG anzusehen (EuGH Rs. 318/85, Strafverfahren gegen Greis Unterweger, Slg. 1986, 955, 957 Rdn. 4; EuGH Rs. 102/81, Nordsee Deutsche Hochseefischerei, Slg. 1982, 1095, 1110f. Rdn. 10–13; aber siehe EuGH Rs. 109/88, Danfoss, Slg. 1989, 3199, 3224f. Rdn. 7–9 zum Gerichtscharakter von tarifvertraglichen Schiedsgerichten). Die dem Gerichtshof vorgelegten Fragen müssen nach Auffassung des vorlegenden Gerichts entscheidungserheblich sein und dürfen nicht lediglich allgemeine oder hypothetische Fragen sein (EuGH Rs. 244/80, Foglia gegen Novello, Slg. 1981, 3045, 3062 Rdn. 15).

Eine Pflicht zur Vorlage besteht im Fall des Art. 234 Abs. 3 EG: Kann die Entscheidung des Gerichts nicht mehr mit Rechtsmitteln des innerstaatlichen Rechts angefochten werden, muss das betreffende Gericht dem EuGH vorlegen. Vom EuGH mittelbar beantwortet worden ist die Frage, ob vorlagepflichtig in diesem Sinne lediglich die hierarchisch obersten Gerichtshöfe des jeweiligen Mitgliedstaates sind (abstrakte Betrachtungsweise) oder ob die Vorlagepflicht jedes Gericht trifft, gegen dessen Entscheidung im konkreten Einzelfall kein Rechtsmittel mehr gegeben ist (konkrete Betrachtungsweise). Denn der EuGH hat bereits eine Vielzahl von Urteilen auf Vorlagen nach

Art. 234 EG von Gerichten erlassen, die nach konkreter Betrachtungsweise als letztinstanzlich anzusehen sind. Dieser Ansicht folgt auch das Bundesverwaltungsgericht. Es hat ebenfalls entschieden, dass die Beschwerde gegen die Nichtzulassung der Revision ein Rechtsmittel im Sinne des Art. 234 Abs. 3 EG ist, dem stattgegeben werden muss, wenn das Instanzgericht es unterlassen hat, dem EuGH eine entscheidungserhebliche Frage des Gemeinschaftsrechts zur Vorabentscheidung vorzulegen (vgl. BVerwG NJW 1988, 664; EuZW 1993, 263). Über den Wortlaut des Art. 234 Abs. 2 EG hinaus besteht auch für nationale Gerichte, deren Entscheidungen noch mit Rechtsmitteln angefochten werden können, eine Vorlagepflicht, wenn sie einen EG-Rechtsakt für ungültig halten. Die Befugnis zur Feststellung der Ungültigkeit sekundären Gemeinschaftsrechts ist dem Europäischen Gerichtshof vorbehalten (EuGH Rs. 314/85, Foto-Frost gegen HZA Lübeck-Ost, Slg. 1987, 4199, 4232 Rdn. 20). Unklar ist, ob diese Vorlagepflicht unterinstanzlicher Gerichte im Rahmen von Art. 68 Abs. 1 EG gilt. Denn nach dessen Wortlaut sind Vorlagen nationaler Gerichte zu Fragen der Auslegung des Titels IV (Visa, Asyl, Einwanderung und andere Politiken) sowie die Gültigkeit oder Auslegung von Rechtsakten, die auf diesen Titel gestützt werden, nur zulässig, wenn sie von einem letztinstanzlichen Gericht ausgehen (die Vorlagepflicht unterinstanzlicher Gerichte bejahend *Brechmann,* in: *Calliess/Ruffert,* Kommentar zu EU-Vertrag und EG-Vertrag, 1999, Art. 68 Rdn. 2; a.A. *Geiger,* EUV/EGV, 3. Aufl. 2000, Art. 68 Rdn. 1). Von der Vorlageverpflichtung nach Art. 234 Abs. 3 EG hat der EuGH nur in wenigen Fällen Ausnahmen zugelassen: Die Vorlagepflicht entfällt zum einen, wenn die Fragen sich auf einen sog. „acte clair" beziehen, die betreffende Frage also schon geklärt ist. Das ist etwa der Fall, wenn sich der EuGH bereits in einem früheren Verfahren zu der gleichen Frage geäußert hat und neue Umstände, die Veranlassung zu einer neuen Auslegung geben könnten, nicht ersichtlich sind (ständige Rechtsprechung, vgl. z.B. EuGH verb. Rs. 28–30/62, Da Costa & Schaake gegen niederländische Finanzverwaltung, Slg. 1963, 60, 81). Zum anderen braucht von einem grundsätzlich vorlagepflichtigen Gericht dann nicht vorgelegt zu werden, wenn die richtige Anwendung des Gemeinschaftsrechts offenkundig ist und keinerlei Raum für einen vernünftigen Zweifel an der gestellten Frage bleibt (EuGH Rs. 283/81, C.I.L.F.I.T. gegen Ministero della Sanità, Slg. 1982, 3415, 3430 Rdn. 16). Einen Ausschluss des Vorlageverfahrens bei Versäumung der Klagefrist des Art. 230 Abs. 5 EG hat der EuGH zunächst in ständiger Rechtsprechung in Beihilfesachen angenommen (EuGH Rs. 156/77, Kommission gegen Belgien, Slg. 1978, 1881, 1897f. Rdn. 25; Rs. C-188/92, Textilwerke Deggendorf gegen Bundesrepublik Deutschland, Slg. 1994, I-833, 852 Rdn. 15; siehe dazu *Sedemund/Heinemann,* Rechtsschutzdefizite in der EG, DB 1995, 1161, 1164; *Pache,* Keine Vorlage ohne Anfechtung?, EuZW 1994, 615). Das gilt nunmehr allgemein in allen Fällen, in denen eine Entscheidung der Kommission nicht nach Art. 230 EG angefochten wird (EuGH Rs. C-178/95, Wiljo gegen Belgien, EuZW 1997, 316, 317f. Rdn. 22–24, soweit es offenkundig ist, dass eine Klage nach Art. 230 EG zulässig gewesen wäre (EuGH Rs. C-241/95, The Queen gegen Interventionboard for Agricultural Produce, ex parte: Accrington Beef Co. Ltd., Slg. 1996, I-6699, 6727 Rdn. 15; Rs. C-408/95, Eurotunnel und SeaFrance, Slg. 1997, I-6315, 6352 Rdn. 29).

Im einstweiligen Rechtsschutzverfahren muss ein Gericht entgegen dem Wortlaut des Art. 234 Abs. 2 EG selbst in den Fällen, in denen seine Entscheidungen noch mit einem Rechtsmittel angefochten werden können, immer dann den EuGH anrufen, wenn es die Gültigkeit abgeleiteten Gemeinschaftsrechts oder die Vereinbarkeit nationalen Rechts mit dem Gemeinschaftsrecht in Frage stellen will; EuGH verb. Rs. C-143/88 und C-92/89, Zuckerfabrik Süderdithmarschen gegen Hauptzollamt Itzehoe und Zuckerfabrik Soest gegen Hauptzollamt Paderborn, Slg. 1991, I-415, 541 Rdn. 18–20 unter Berufung auf bzw. unter Ableitung aus EuGH Rs. 314/85, Foto-Frost gegen Hauptzollamt Lübeck-Ost, Slg. 1987, 4199, 4231 Rdn. 15ff.; EuGH Rs. C-213/89, The Queen gegen Secretary of State for Transport, ex parte: Factortame Ltd. u.a., Slg. 1990, I-2433, 2474

Rdn. 22. Zwar kann das Gericht die innerstaatliche Maßnahme, die auf dem fraglichen Gemeinschaftsakt beruht, vorläufig aussetzen oder insoweit sonstige einstweilige Maßnahmen treffen. Im „Bananenstreit" hat der EuGH jedoch im Zusammenhang mit der Gewährung zusätzlicher Einfuhrlizenzen für Bananenimporteure unter Durchbrechung einer EG-Verordnung entschieden, dass ein nationales Gericht eine einstweilige Anordnung in bezug auf einen zur Durchführung einer Gemeinschaftsverordnung erlassenen nationalen Verwaltungsakt nur erlassen darf,

- wenn es erhebliche Zweifel an der Gültigkeit der Handlung der Gemeinschaft hat und diese Gültigkeitsfrage, sofern der Gerichtshof noch nicht mit ihr befasst ist, diesem selbst vorlegt;
- wenn die Entscheidung dringlich in dem Sinne ist, dass die einstweiligen Anordnungen erforderlich sind, um zu vermeiden, dass die sie beantragende Partei einen schweren und nicht wiedergutzumachenden Schaden erleidet;
- wenn es das Interesse der Gemeinschaft angemessen berücksichtigt und
- wenn es bei der Prüfung aller dieser Voraussetzungen die Entscheidungen des Gerichtshofes oder des Gerichts erster Instanz über die Rechtmäßigkeit der Gemeinschaftsmaßnahme oder einen Beschluss im Verfahren des einstweiligen Rechtsschutzes betreffend gleichartige einstweilige Anordnungen auf Gemeinschaftsebene beachtet

(vgl. EuGH Rs. C-465/93, Atlanta Fruchthandelsgesellschaft gegen Bundesamt für Ernährung und Forstwirtschaft, Slg. 1995, I-3761, 3795 f Rdn. 51; bestätigt durch EuGH Rs. C-334/95, Krüger gegen HZA Hamburg-Jonas, Slg. 1997, I-4538, 4553 Rdn. 47).

Wird die Verpflichtung zur Vorlage nach Art. 234 EG verletzt, stellt dies eine Vertragsverletzung dar, die – wenngleich die Kommission aus Zweckmäßigkeitsgründen davon bisher abgesehen hat – im Wege des Vertragsverletzungsverfahrens (Art. 226, 227 EG) gegen den Mitgliedstaat des vorlagepflichtigen Gerichtes sanktioniert werden kann. Darüber hinaus hat das Bundesverfassungsgericht in seinem „Solange II"-Beschluss den EuGH ausdrücklich als gesetzlichen Richter im Sinne des Art. 101 Abs. 1 S. 2 GG anerkannt (BVerfGE 73, 339, 366), so dass das Unterlassen der Vorlage von den Parteien mit der Verfassungsbeschwerde angegriffen werden kann. Voraussetzung ist jedoch, dass die Nichtvorlage willkürlich erfolgt. Das nimmt das Bundesverfassungsgericht im Hinblick auf Art. 234 Abs. 3 EG nur dann an, „wenn mögliche Gegenauffassungen zu der entscheidungserheblichen Frage des Gemeinschaftsrechts gegenüber der vom Gericht vertretenen Meinung eindeutig vorzuziehen sind" (BVerfG NJW 1988, 1456).

5. Die Vorlagefragen und der dem Formular zugrundeliegende Sachverhalt sind in inhaltlich verkürzter Fassung der Entscheidung des Europäischen Gerichtshofs in den Rechtssachen Brasserie du pêcheur und Factortame nachgebildet (EuGH verb. Rs. C-46/93 u. C-48/93, Brasserie du pêcheur gegen Bundesrepublik Deutschland und The Queen gegen Secretary of State for Transport, ex parte: Factortame Ltd. u. a., Slg. 1996, I-1029).

6. Die Formulierung der Vorlagefrage durch die Partei ist nur eine Anregung ohne Bindungswirkung. Letztlich entscheidet das Gericht über die Fassung der dem EuGH vorzulegenden Frage. Gleichwohl sollte auf die Formulierung einige Mühe verwandt werden, da das Gericht die Fragen häufig aufgreift, wenn es sie für zutreffend erachtet.

7. Die Vorlagefrage ist abstrakt zu formulieren. Der EuGH vermeidet jedoch, fehlerhafte Auslegungsfragen als unzulässig abzuweisen. Statt dessen legt er sie aus und deutet sie dergestalt um, dass die darauf zu gebende Antwort dem vorlegenden Gericht eindeutige Folgerungen für die Anwendbarkeit des nationalen Rechts erlaubt (EuGH Rs. 10/71, Staatsanwaltschaft Luxemburg gegen Muller, Slg. 1971, 723, 729 Rdn. 7; EuGH Rs. 135/85, Procureur de la République gegen Tissier, Slg. 1986, 1207, 1212 Rdn. 9).

8. BierStG; Gesetz v. 14. 3. 1952, BGBl. I, S. 149, i.d.F. v. 14. 12. 1976, BGBl. I, S. 3341, 3357.

9. Vgl. dazu *Prieß,* Die Haftung der EG-Mitgliedstaaten bei Verstößen gegen das Gemeinschaftsrecht, NVwZ 1993, 118.

Kosten und Gebühren

Das Vorabentscheidungsverfahren vor dem EuGH ist gerichtskostenfrei. Ausgenommen sind gemäß Art. 72 EuGH-Verfahrensordnung die Kosten, die vermeidbar gewesen wären, sowie die Kosten für gewisse Schreib- und Übersetzungsarbeiten, die vom EuGH auf Antrag der Parteien durchgeführt werden. Von dieser Ausnahmebestimmung ist in Vorabentscheidungsverfahren jedoch bisher noch kein Gebrauch gemacht worden. Hinsichtlich der Auslagen der Verfahrensbeteiligten ergeht im Vorabentscheidungsverfahren – im Gegensatz zu den streitigen Verfahren – keine gesonderte Entscheidung. Gemäß Art. 104 § 6 Abs. 1 EuGH-Verfahrensordnung befindet darüber das vorlegende nationale Gericht. Üblicherweise erfolgt die Entscheidung über die im Zwischenurteil entstandenen Kosten im Endurteil. Art. 104 § 6 Abs. 2 EuGH-Verfahrensordnung eröffnet dem EuGH in besonderen Fällen die Möglichkeit, im Rahmen der Prozesskostenhilfe eine Beihilfe zu bewilligen, um es einer Partei zu erleichtern, sich vertreten zu lassen oder persönlich zu erscheinen.

Gebührenrechtlich ist das Verfahren nach Art. 234 EG in § 113a BRAGO geregelt. Es gelten die für den Ausgangsrechtsstreit heranzuziehenden Regeln mit der Maßgabe, dass die Gebühren der §§ 31ff. BRAGO in Höhe von $^{13}/_{10}$ anfallen, selbst wenn sie vor dem vorlegenden Gericht nur in niedrigerer Höhe anfallen. Die Prozessgebühr entsteht gemäß § 32 BRAGO nur zur Hälfte, wenn der Rechtsanwalt weder einen Schriftsatz einreicht noch einen Termin wahrnimmt. Gibt der Rechtsanwalt keine schriftliche Stellungnahme ab, so ist die Prozessgebühr des Ausgangsverfahrens auf die Prozessgebühr des Vorabentscheidungsverfahrens anzurechnen und er erhält nur eine $^{3}/_{10}$ Gebühr (vorausgesetzt die Prozessgebühr im Ausgangsrechtsstreit beträgt $^{10}/_{10}$).

Fristen und Rechtsmittel

Die Anfechtbarkeit der Entscheidung des vorlegenden Gerichts über die Vorlage an den EuGH richtet sich nach der für den Ausgangsrechtsstreit maßgeblichen Prozess- oder Verfahrensordnung. Nach der Rechtsprechung des Gerichtshofes bestehen keine Bedenken dagegen, dass die Vorlageentscheidung eines Instanzgerichts vom zuständigen Rechtsmittelgericht aufgehoben wird (EuGH Rs. 146/73, Rheinmühlen gegen Einfuhr- und Vorratsstelle für Getreide und Futtermittel, Slg. 1974, 139, 147f. Rdn. 3; vgl. auch die Schlussanträge des Generalanwalts Roemer in der Rs. 31/68, Chanel gegen Cepeha, Slg. 1970, 403, 408). Das gilt auch für die Vorlageentscheidungen im Rahmen der Gewährung vorläufigen Rechtsschutzes gegen Gemeinschaftsrechtsakte (EuGH Rs. C-334/95, Krüger gegen HZA Hamburg-Jonas, Slg. 1997, I-4517).

2. Nichtigkeitsklage gegen einen Rechtsakt der Europäischen Gemeinschaft gemäß Art. 230 Abs. 4 EG[1]

……, den ……[2]

An das
Gericht erster Instanz der Europäischen Gemeinschaften[3]
– Kanzlei –
Boulevard Konrad Adenauer
L-2925 Luxemburg
LUXEMBURG

Klage[4]

der Firma ……[5], …… Straße ……, ……-Stadt[6], vertreten durch ……

– Klägerin –

Prozessbevollmächtigter: Rechtsanwalt ……[7]

gegen

……[8]

– Beklagte –

wegen: Anfechtung einer …… (Art. 230 Abs. 4 EG)[9].

Namens und im Auftrag der Klägerin erheben wir hiermit gemäß Art. 230 Abs. 4 EG Klage und beantragen[10],
1. die Verordnung …… vom …… für nichtig zu erklären[11];
2. die Kosten des Verfahrens der Beklagten aufzuerlegen[12].
Die Vollmacht[13] ist als

Anlage K1,

die Zulassungsbescheinigung[14] ist als

Anlage K2

beigefügt.

Gemäß Art. 44 § 2 Abs. 2 der Verfahrensordnung erklären wir uns als Prozessbevollmächtigte damit einverstanden, dass Zustellungen an uns mittels Fernkopierer oder sonstiger technischer Kommunikationsmittel erfolgen. Zustellungen können bewirkt werden an Herrn Rechtsanwalt ……, Telefax-Nr.: ……, bzw. an die E-Mail-Anschrift: ……[15]

Begründung[16]:

Abschnitt A: Klageziel und Sachverhalt

I. Klageziel[17]

Die Klägerin wendet sich gegen die Verordnung (EG) Nr. …… /…… des Rates vom …… zur Einführung eines endgültigen Antidumpingzolls auf die Einfuhren von „XY“ mit Ursprung in der Volksrepublik China und zur endgültigen Vereinnahmung der vorläufigen Antidumpingzölle auf diese Einfuhren (ABl. 19 …… Nr. L . …… /……) mit dem Antrag, diese für nichtig zu erklären. Die Voraussetzungen der Einführung eines Antidumpingzolls gemäß der Verordnung (EG) Nr. 384/96 über den Schutz gegen gedumpte oder subventionierte Einfuhren (ABl. 1996 Nr. L 56/1) sind nicht gegeben.

II. Sachverhalt[18]
Die Klägerin ist der größte Importeur der Europäischen Gemeinschaft für den Rohstoff „XY", der im wesentlichen aus der Volksrepublik China stammt. Die Einfuhr dieser Waren stellt die Hauptbezugsquelle der Klägerin dar, die als ihre maßgebliche Unternehmenstätigkeit aus dem Erzeugnis in einem von ihr entwickelten ......-Verfahren, für das sie ein Patent besitzt, „Z" herstellt, das vor allem in der ...... Industrie Verwendung findet. Aufgrund eines Antrags der Firma ......, die der einzige Hersteller von „XY" in der Gemeinschaft ist und dieses Produkt nach einem eigenen Verfahren ebenfalls zu „Z" verarbeitet und als hauptsächlicher Wettbewerber der Klägerin in der Gemeinschaft vertreibt, erließ die Kommission die Verordnung (EG) Nr. ...... zur Einführung eines vorläufigen Antidumpingzolls auf die Einfuhren von „XY" mit Ursprung in der Volksrepublik China (ABl. ......). Nach einer Verlängerung der Geltungsdauer des vorläufigen Zolls führte der Rat mit der streitigen Verordnung mit Wirkung vom ...... einen endgültigen Antidumpingzoll in Höhe von ...... % auf die Einfuhren von „XY" mit Ursprung in der Volksrepublik China ein.

Abschnitt B: Rechtliche Würdigung

Die Klage ist zulässig und begründet.

I. Zulässigkeit der Klage[19]

1. Klagebefugnis
Die Klage ist zulässig. Die Klägerin wird durch die Verordnung (EG) Nr. ...... vom ...... zur Einführung eines vorläufigen Antidumpingzolls auf die Einfuhren von „XY" mit Ursprung in der Volksrepublik China (ABl. ......) unmittelbar und individuell betroffen. Verordnungen, durch die Antidumpingzölle eingeführt werden, können zwar aufgrund ihrer Rechtsnatur und Tragweite tatsächlich normativen Charakter haben und damit die Klagebefugnis natürlicher und juristischer Personen gemäß Art. 230 Abs. 4 EG ausschließen. Das bedeutet jedoch nicht, dass ihre Bestimmungen nicht bestimmte Wirtschaftsteilnehmer unmittelbar und individuell betreffen können (vgl. EuGH verb. Rs. 239 und 275/82, Allied Corporation I gegen Kommission, Slg. 1984, 1005, 1029 Rdn. 11; Rs. 53/83, Allied Corporation II gegen Rat, Slg. 1985, 1621, 1656 Rdn. 4; Rs. C-358/89, Extramet Industrie gegen Rat, Slg. 1991, I-2501, 2531 Rdn. 13).
Nach der Rechtsprechung des Gerichtshofs ist eine unmittelbare und individuelle Betroffenheit durch Antidumping-Verordnungen allgemein für produzierende und exportierende Unternehmen gegeben, die nachweisen können, dass sie durch Handlungen der Kommission oder des Rates namentlich genannt oder von vorbereitenden Handlungen betroffen waren (EuGH verb. Rs. 239 und 275/82, Allied Corporation I gegen Kommission, Slg. 1984, 1005, 1029 Rdn. 11; Rs. 53/83, Allied Corporation II gegen Rat, Slg. 1985, 1621, 1656 Rdn. 4; Rs. C-358/89, Extramet Industrie gegen Rat, Slg. 1991, I-2501, 2532 Rdn. 15). Darüber hinaus können weitere persönliche Eigenschaften Unternehmen aus dem Kreis aller übrigen Unternehmen hervorheben, so dass sie von einer Verordnung individuell betroffen sein können (EuGH Rs. 25/62, Plaumann gegen Kommission, Slg. 1963, 211, 238 f.). Die Klägerin befindet sich in einer gegenüber allen anderen Wirtschaftsteilnehmern herausgehobenen Situation, denn sie ist der größte Importeur des Erzeugnisses „XY", das Gegenstand der Antidumpingmaßnahme ist, und zugleich Endverbraucher des Produkts. Außerdem hängt ihre wirtschaftliche Betätigung weitgehend von dem Produkt ab und ist von der streitigen Verordnung schwer betroffen, da nur wenige Produzenten das fragliche Erzeugnis herstellen und die Klägerin Schwierigkeiten hat, das Erzeugnis von dem einzigen Hersteller in der Gemeinschaft zu beschaffen, der zudem noch ihr stärkster Wettbewerber für das Verarbeitungserzeugnis „Z" ist.

2. Klagefrist
Die Klagefrist gemäß Art. 230 Abs. 5 EG ist gewahrt, denn die Klage ist innerhalb von zwei Monaten nach Bekanntgabe der streitigen Verordnung erhoben worden.

II. Begründetheit[20, 21]
Die Klage ist auch begründet, denn die angefochtene Verordnung Nr. ...... verstößt gegen höherrangiges Gemeinschaftsrecht, insbesondere die Voraussetzungen der Verordnung (EG) Nr. 384/96 über den Schutz gegen gedumpte oder subventionierte Einfuhren aus nicht zur Europäischen Wirtschaftsgemeinschaft gehörenden Ländern (ABl. 1996 Nr. L 56/1), da ......

Unterschrift[22]
Verzeichnis der Anlagen[23]

Schrifttum: Annacker, Die Inexistenz als Angriffs- und Verteidigungsmittel vor dem EuGH, EuZW 1995, 755; *Booß,* Art. 230, in: *Grabitz/Hilf,* Das Recht der Europäischen Union; *Cremer,* Nichtigkeitsklagen einzelner gegen Rechtsakte der Gemeinschaft: Klagegegenstand und Klagebefugnis nach Art. 173 EGV, EWS 1999, 48; *Everling,* Zur richterlichen Kontrolle der Tatsachenfeststellungen und der Beweiswürdigung durch die Kommission in Wettbewerbssachen, WuW 1989, 877; *Friedrich/Inghelram,* Die Klagemöglichkeiten des Europäischen Rechnungshofs vor dem Europäischen Gerichtshof, DÖV 1999, 669; *Happe,* Lauf und Berechnung der Fristen bei Anfechtungen vor dem EuGH, EuZW 1992, 297; *Kirschner/Klüpfel,* Das Gericht erster Instanz der Europäischen Gemeinschaften, 2. Aufl. 1998; *Klüpfel,* Zur Anfechtbarkeit von Richtlinien durch nicht-privilegierte Kläger, EuZW 1996, 393; *Koenig,* Institutionelle Überlegungen zum Aufgabenzuwachs beim Europäischen Gerichtshof in der Währungsunion, EuZW 1993, 661; *Körber,* Konkurrentenklagen in der europäischen Fusionskontrolle, EuZW 1996, 267; *Krück,* Art. 173, in: *von der Groeben/Thiesing/Ehlermann,* Kommentar zum EU-/EG-Vertrag, 5. Aufl. 1997; *Lasok,* The European Court of Justice Practice and Procedure, 2. Auflage 1994; *Lenaerts/Vanhamme,* Procedural Rights of Private Parties in the Community Administrative Process, CMLR 1997, 531; *Neuwahl,* Article 173 Paragraph 4 EC: Past, Present and Possible Future, ELR 1996, 17; *Pechstein,* Die Justitiabilität des Unionsrechts, EuR 1999, 1; *Plender,* European Courts Practice and Precedents, 1997; *Polley,* Die Konkurrentenklage im Europäischen Beihilferecht, EuZW 1996, 300; *Rengeling/Middeke/Gellermann,* Rechtsschutz in der Europäischen Union, 1994 Rdn. 119ff.; *Schermers/Waelbroeck,* Judicial Protection in the European Communities, 6. Aufl., 2001, §§ 385ff.; *Sinnaeve,* Der Konkurrent im Beihilfeverfahren nach der neuesten EuGH-Rechtsprechung, EuZW 1995, 172; *Stotz,* Nichtigkeitsklage, in: *Dauses* (Hrsg.), Handbuch des EG-Wirtschaftsrechts, Kap. P. I. Rdn. 42–179; *Wenig,* Art. 173, in: *Grabitz/Hilf,* Das Recht der Europäischen Union.

Anmerkungen

1. Die praktisch wichtigste Klageart für natürliche und juristische Personen im Rahmen des Gemeinschaftsrechts ist die Nichtigkeitsklage gemäß Art. 230 EG, die die Anfechtung von Rechtsakten der Organe der Gemeinschaft vor dem Gericht erster Instanz zum Gegenstand hat. Entsprechend Art. 230 EG ist die Nichtigkeitsklage für Rechtsakte aufgrund des Vertrages zur Gründung der Europäischen Atomgemeinschaft (EA) in Art. 146 EA geregelt.

2. Gemäß Art. 43 § 3 S. 1 EuG-Verfahrensordnung und Art. 37 § 3 S. 1 EuGH-Verfahrensordnung ist jeder Schriftsatz mit Datum zu versehen. Für die Berechnung von

Fristen ist in jedem Fall der Eingang bei dem Gericht maßgeblich (Art. 43 § 3 S. 2 EuG-Verfahrensordnung/Art. 37 § 3 S. 2 EuGH-Verfahrensordnung).

3. Das Gericht erster Instanz ist gemäß Art. 230 Abs. 4 EG im ersten Rechtszug zuständig für alle Nichtigkeitsklagen von natürlichen und juristischen Personen (Art. 3 Buchstabe c) Beschluss Nr. 88/591/EGKS, EWG, Euratom zur Errichtung eines Gerichts erster Instanz der Europäischen Gemeinschaften, ABl. 1988 Nr. L 319/1). Der Gerichtshof ist dagegen für alle anderen Nichtigkeitsklagen zuständig, insbesondere solche, die durch die Mitgliedstaaten oder Organe der Gemeinschaft gemäß Art. 230 Abs. 2 EG erhoben werden.

4. Die Klageschrift, alle weiteren Schriftsätze und alle darin erwähnten Anlagen sind urschriftlich mit fünf Abschriften für das Gericht und je einer Abschrift für jede andere am Rechtsstreit beteiligte Partei einzureichen, Art. 43 § 1 Abs. 2 S. 1 EuG-Verfahrensordnung und Art. 37 § 1 Abs. 2 EuGH-Verfahrensordnung. Die Abschriften sind zu beglaubigen. Gemäß den vom EuGH und EuG herausgegebenen „Praktischen Anweisungen für die Parteien" (ABl. 2002, Nr. L 87/48, Ziff. I. 1.) können Schriftstücke mit fristwahrender Wirkung nunmehr auch durch Zusendung einer Kopie der unterzeichneten Unterschrift mittels Fernkopie oder im Anhang (gescannte Kopie) zu einer E-Mail (Adresse: cfi.registry@curia.eu.int) eingereicht werden, sofern die unterzeichnete Urschrift spätestens 10 Tage danach bei der Kanzlei eingeht.

5. Klagebefugt sind grundsätzlich der Rat oder die Kommission, die Mitgliedstaaten sowie natürliche und juristische Personen. Insoweit ist zwischen privilegierten und nicht-privilegierten Klägern zu unterscheiden:

Privilegierte Kläger sind die Mitgliedstaaten, der Rat und die Kommission. Ihre Klagebefugnis ist gemäß Art. 230 Abs. 2 EG ohne weiteres gegeben, denn das Interesse an der Wahrung des Rechts im Hinblick auf den Erlass von Rechtsakten der Gemeinschaftsorgane wird unwiderleglich vermutet. Das Europäische Parlament und die EZB sind nur dann klagebefugt, wenn sie die Verletzung eigener vertraglicher Kompetenzen geltend machen (Art. 230 Abs. 3 EG; vgl. auch EuGH Rs. C-70/88, Europäisches Parlament gegen Rat, Slg. 1990, I-2067, 2073 Rdn. 27).

Nicht-privilegierte Kläger sind natürliche oder juristische Personen nach den Maßgaben des auf diese Personen anwendbaren nationalen Rechts. Auch juristische Personen des öffentlichen Rechts sind klagebefugt, wobei auch rechtsfähige Untergliederungen eines Mitgliedstaates (z. B. Länder, Regionen, Gemeinden, vgl. EuGH Rs. 222/83, Gemeinde Differdange u. a. gegen Kommission, Slg. 1984, 2889, 2896 Rdn. 9; verb. Rs. 62 und 72/87, Exécutif régional wallon u. a. gegen Kommission, Slg. 1988, 1589, 1592 Rdn. 8; EuG Rs. T-132 und 143/96 Freistaat Sachsen und Volkswagen AG gegen Kommission, Slg. 1999, II-3663, Rdn. 81 ff.), jede andere Körperschaft öffentlichen Rechts sowie Drittstaaten erfasst werden. Nicht-privilegierte Kläger sind nur unter den in Art. 230 Abs. 4 EG genannten Voraussetzungen klagebefugt, d. h. wenn sie durch einen Rechtsakt „unmittelbar und individuell" betroffen sind. Das ist bei an den Kläger gerichteten Entscheidungen grundsätzlich unproblematisch. Zweifelhaft können diese Voraussetzungen bei Individualklagen gegen an Staaten gerichtete Entscheidungen oder gegen eine Verordnung (Art. 249 Abs. 2 EG) sein. Die individuelle Betroffenheit ist nach bisheriger Rechtsprechung zu bejahen, wenn die angegriffene Verordnung dem Einzelnen „wegen bestimmter persönlicher Eigenschaften oder besonderer, ihn aus dem Kreis alle übrigen Personen heraushebender Umstände berührt und ihn daher in ähnlicher Weise individualisiert wie den Adressaten" einer Entscheidung (EuGH Rs. 25/62, Firma Plaumann & Co. gegen Kommission, Slg. 1963, 217, 238 bis 239). Dazu genügt jedoch nicht, dass die Verordnung nach ihren objektiven Tatbestandsmerkmalen nur auf eine bestimmte Zahl von Personen anzuwenden ist (vgl. EuGH Rs. 307/81, Alusuisse Italia S. p. A. gegen Rat und Kommission, Slg. 1982, 3463, 3472 Rdn. 11; Rs. 26/86, Deutz und Geldermann gegen Rat, Slg. 1987, 949, 951 Rdn. 8). Eine individuelle Betroffenheit durch eine Verordnung ist demnach wohl anzunehmen, wenn die von der Verordnung betroffenen Personen bereits bei Erlass der Verordnung abschließend bestimmbar sind, weil der in der Verordnung geregelte Tatbestand zum Zeitpunkt des Erlasses bereits abgeschlossen ist. Kann der in der Verordnung geregelte Tatbestand dagegen auch nach dem Erlass der Verordnung durch andere Personen erfüllt werden und beansprucht die Regelung allgemeine Geltung, so liegt keine individuelle Betroffenheit durch die Verordnung vor (vgl. EuGH Rs. 87/95, CNPAAP gegen Rat, Slg. 1996, I-2003, 2015f. Rdn. 33–36). Die individuelle Betroffenheit wird dagegen dann bejaht, wenn der Kläger auf irgendeine Weise am vorangegangenen Verwaltungsverfahren beteiligt war und durch die angefochtenen Maßnahmen in seiner wirtschaftlichen Tätigkeit erheblich beeinträchtigt wird (vgl. zur Handelspolitik EuGH, Rs. C-451/98, Antillean Rice Mills gegen Rat, Slg. 2001, I-8949, Rdn. 46–67; zum Europäischen Kartellrecht: EuGH Rs. 26/76, Metro gegen Kommission, Slg. 1977, 1877, 1902 Rdn. 13; Rs. 210/81, Oswald Schmidt gegen Kommission, Slg. 1983, 3045, 3063–3064 Rdn. 14–15; verb. Rs. C-68/94 u. C-30/95, Frankreich u.a. gegen Kommission, Slg. 1998, I-1375, 1471f. Rdn. 53–58; zur Anfechtung von Fusionskontrollentscheidungen nach der Verordnung (EWG) Nr. 4064/89: EuG Rs. T-12/93, CCE de Vittel u.a. gegen Kommission, Slg. 1993, II-450, 458 Rdn. 22–25; Rs. T-96/92, CEE de la Société Générale des Grandes Sources u.a. gegen Kommission, Slg. 1995, II-1213, 1228 Rdn. 25–37; Rs. T-12/93, Comité Central d'Entreprise de la Société anonyme Vittel u.a. gegen Kommission, Slg. 1995, II-1247, 1266 Rdn. 35–42; zum Antisubventionsrecht: EuGH Rs. 191/82, FEDIOL gegen Kommission, Slg. 1983, 2913, 2935 Rdn. 27–30; zum Beihilferecht: EuGH Rs. 169/84, Cofaz u.a. gegen Kommission, Slg. 1986, 408, 416 Rdn. 28–30; Rs. C-198/91, Cook gegen Kommission, Slg. 1993, I-2487, 2527 Rdn. 20–26; Rs. C-225/91, Matra gegen Kommission, Slg. 1993, I-3203, 3254 Rdn. 14–19; Rs. C-367/95 P, Kommission gegen Sytraval u. Brink's France, Slg. 1998, I-1719, 1766 Rdn. 47–48; zum Antidumpingrecht: EuGH verb. Rs. 239 und 275/82, Allied Corporation gegen Kommission, Slg. 1984, 1005, 1029–1031 Rdn. 10–15; Rs. 53/83, Allied Corporation u.a. gegen Rat, Slg. 1985, 1640, 1656 Rdn. 4; Rs. C-358/89, Extramet gegen Rat, Slg. 1991, I-2501, 2531 Rdn. 13; EuG Rs. T-161/94, Sinochem Heilongjiang gegen Rat, Slg. 1996, II-695, 714 Rdn. 49; zum Agrarrecht: EuGH Rs. C-309/89, Codorniu SA gegen Rat, Slg. 1994, I-1879, 1886 Rdn. 19–22). Das EuG war in einem Urteil v. 3. 5. 2002 (EuG Rs. T-177/01, Jégo-Quéré et Cie Sa gegen Kommission, EuZW 2002, 412ff. m. Anm. *Lübbig*) von der bisherigen restriktiven Rechtsprechung des EuGH abgewichen und hatte den Begriff der individuellen Betroffenheit erweiternd ausgelegt. Der EuGH hat sich dem jedoch nicht angeschlossen, sondern seine bisherige Rechtsprechung in der Entscheidung Unión de Pequeños Agricultores (Rs. C-50/00 P, Urt. v. 25. 7. 2002, noch nicht in Slg. veröffentlicht) unter Hinweis darauf bestätigt, dass es allein Sache der Mitgliedstaaten sei, das System der Rechtmäßigkeitskontrolle zu reformieren.

Der Kläger muss auch unmittelbar von der fraglichen Maßnahme betroffen sein, d.h. die Entscheidung muss die Interessen des Klägers beeinträchtigen. Dazu reicht es nicht aus, dass die Maßnahme z.B. in Wettbewerbssachen allgemein geeignet ist, die Wettbewerbsverhältnisse für den Kläger allgemein nachteilig zu beeinflussen (EuGH verb. Rs. 10 und 18/68, Società „Eridania" Zuccherifici Nazionali u.a. gegen Kommission, Slg. 1969, 459, 482 Rdn. 7/8). Bei der Geltendmachung der Verletzung von Verfahrensrechten muss sich der Kläger insbesondere darauf berufen, dass ein verfahrensrechtlich korrektes Verwaltungshandeln zu einem anderen Ergebnis geführt hätte (vgl. zu der Geltendmachung der Verletzung von Verteidigungsrechten im Kartellbußgeldverfahren nach der Verordnung (EWG) Nr. 17/62 EuG Rs. T-30/91, Solvay SA gegen Kommission, Slg. 1995, II-1779, 1798–1799 Rdn. 52–53). Die individuelle Betroffenheit kann auch bei Entscheidungen gegeben sein, die an eine andere Person gerichtet sind. Der Kläger ist im Regelfall allerdings nicht unmittelbar betroffen, wenn die Entscheidung an einen Mitgliedstaat gerichtet ist, es sei denn, den Behörden des Mitgliedstaats steht bei der Ausführung der Entscheidung des Gemeinschaftsorgans gegenüber dem Kläger kein Ermessen zu (vgl. EuGH, Rs. 222/83, Gemeinde Differdange u.a. gegen Kommission, Slg. 1984, 2889, 2896 Rdn. 12; Rs. 11/82, SA Piraiki – Patraiki u.a. gegen Kommission, Slg. 1985, 227, 242 Rdn. 10ff.).

Rechtsschutzbedürfnis: Privilegierte Kläger brauchen aufgrund ihrer institutionellen Verantwortung für das Gemeinschaftsrecht kein besonderes Rechtsschutzbedürfnis darzulegen. Bei nicht-privilegierten Klägern ergibt sich das allgemeine Rechtsschutzbedürfnis in der Regel aus der individuellen und unmittelbaren Betroffenheit. Problematisch ist das Rechtsschutzinteresse allenfalls dann, wenn der geltend gemachte Rechtsmangel durch das beklagte Organ bereits behoben ist. Ein Rechtsschutzinteresse kann in einem solchen Fall gegeben sein, wenn Wiederholungsgefahr besteht (vgl. EuGH Rs. 92/78, Simmenthal S.p.A. gegen Kommission, Slg. 1979, 777, 779 Rdn. 31–34) oder sich Haftungsansprüche an die Nichtigkeitsklage anschließen (vgl. EuGH, Rs. 76/79, Karl Könecke Fleischwarenfabrik & Co. KG gegen Kommission, Slg. 1980, 665, 678 Rdn. 9).

6. Die Klageschrift muss gemäß Art. 44 § 1 Buchstabe a) EuG-Verfahrensordnung und Art. 38 § 1 Buchstabe a) EuGH-Verfahrensordnung den Namen und Wohnsitz des Klägers enthalten. Bei juristischen Personen des Privatrechts sind mit der Klageschrift die Satzung, ein aktueller Auszug aus dem Handelsregister oder dem Vereinsregister oder ein anderer Nachweis der Rechtspersönlichkeit einzureichen. Zu Struktur und Inhalt der Klageschrift allgemein vgl. die vom EuGH und EuG herausgegebenen „Praktischen Anweisungen für die Parteien“, ABl. 2002, Nr. L 87/48, 49.

7. Als Prozessbevollmächtigter ist ein Rechtsanwalt zu benennen, der in einem Mitgliedstaat der Gemeinschaft zugelassen ist. Der als Beistand oder Vertreter einer Partei auftretende Anwalt hat gemäß Art. 44 § 3 EuG-Verfahrensordnung und Art. 38 § 3 EuGH-Verfahrensordnung bei der Kanzlei des Gerichts eine Bescheinigung über seine Zulassung zu hinterlegen.

8. Die Nichtigkeitsklage kann sich gegen gemeinsame Handlungen des Europäischen Parlaments und des Rates (Art. 251 EG) sowie Handlungen des Rates oder der Kommission richten. Auch gegen die Europäische Zentralbank (EZB, Art. 8, 105ff. EG) kann nach Art. 230 Abs. 1 EG Nichtigkeitsklage erhoben werden. Die Nichtigkeitsklage gegen Rechtsakte der EZB kann zum einen „Entscheidungen“ und „Verordnungen“ (Art. 34. 1. und 34. 2. ESZB/EZB-Satzung) der EZB gegenüber den nationalen Zentralbanken betreffen, die diese „unmittelbar und individuell betreffen“. Zum anderen können Maßnahmen der EZB auch von Privaten angefochten werden, wobei in der Praxis die Gewährung subjektiven Rechtsschutzes auf Klagen der Geschäftsbanken gegen die Festlegung der Mindestreserven durch die EZB nach Art. 19. 1. ESZB/EZB-Satzung beschränkt bleiben wird. Soweit Handlungen des Europäischen Parlaments Rechtswirkung gegenüber Dritten entfalten, können auch diese Gegenstand einer Nichtigkeitsklage sein, wenn die angefochtene Handlung Rechtswirkungen entfaltet, die über den Rahmen der rein internen Organisation der Arbeit des Parlaments hinausgehen (EuG, Rs. T-17/00, Willi Rothley u.a. gegen Europäisches Parlament, Urt. v. 26. 2. 2002, Rdn. 54, noch nicht in Slg. veröffentlicht). Klagegegner ist damit das Organ der Gemeinschaft, dem die jeweilige Handlung zuzurechnen ist. Zurechenbar sind Handlungen einzelner Mitglieder des Organs oder von Dienststellen (Beamten) der Gemeinschaft, wenn diesen Vertretungsmacht, Ermächtigung oder Delegation der Handlungsbefugnis nicht offensichtlich fehlt. Das beklagte Organ muss nach Art. 44 § 1 Buchstabe b) EuG-Verfahrensordnung und Art. 38 § 1 Buchstabe b) EuGH-Verfahrensordnung in der Klageschrift ausdrücklich benannt sein.

9. Gegenstand der Nichtigkeitsklage können alle Rechtsakte mit bindender Außenwirkung sein. Das sind insbesondere die in Art. 249 EG vorgesehenen Verordnungen,

Richtlinien und Entscheidungen. Empfehlungen und Stellungnahmen sind mangels bindender Wirkung ausdrücklich ausgeschlossen. Es kommt jedoch nicht auf die Bezeichnung des Rechtsakts, sondern auf die tatsächlichen Rechtswirkungen der Handlung eines Organs an. Zwischenentscheidungen im Rahmen eines Verwaltungsverfahrens der Kommission sind nur dann selbständig anfechtbar, wenn sich ihre Bedeutung nicht in der Vorbereitung eines bindenden Rechtsakts gegenüber den Betroffenen erschöpft (vgl. EuGH Rs. 60/81, International Business Machines Corporation gegen Kommission, Slg. 1981, 2639, 2652 Rdn. 10; Rs. C-312/90, Spanien/Kommission, Slg. 1992, I-4136, 4142 Rdn. 21 ff.). Zulässig ist deshalb z.B. auch die Anfechtung der Verweigerung der Akteneinsicht durch die Kommission (EuGH Rs. 53/85, AKZO Chemie BV u.a. gegen Kommission, Slg. 1986, 1985, 1989 f. Rdn. 16–21; EuG Rs. T-30/91, Solvay SA gegen Kommission, Slg. 1995, II-1779, 1799 Rdn. 54). Bloße Ankündigungen von Rechtsakten, wenn das handelnde Organ sich nicht bereits hierdurch bindet, sowie nachfolgende, einen bereits ergangenen Rechtsakt lediglich bestätigende Handlungen (wiederholende Verfügung), entfalten keine eigene Rechtswirkung (EuGH verb. Rs. 166/86 und 220/86, Irish Cement Limited gegen Kommission, Slg. 1988, 6498, 6502 Rdn. 13; EuG Rs. T–331/94, IPK München gegen Kommission, Slg. 1997, II-1665, Rdn. 24) – anders als eine erneute Sachbescheidung durch sog. Zweitbescheid (EuGH Rs. 54/77, Herpels gegen Kommission, Slg. 1978, 585, 496 Rdn. 11/15; vgl. dazu auch EuGH verb. Rs. 41, 50/59, Hamborner Bergbau gegen Hohe Behörde, Slg. 1960, 1027, 1050; Rs. 43/64, Müller gegen Räte der EWG, EAG und EGKS, Slg. 1965, 519, 536). Dagegen liegt in der Ablehnung eines Antrags auf Tätigwerden eine bindende Entscheidung, wenn das handelnde Organ zu einem Tätigwerden befugt wäre (EuGH Rs. 246/81, Nicholas William, Lord Bethell gegen Kommission, Slg. 1982, 2277, 2291 Rdn. 15 f.). Schließlich ist auch der Abschluss eines völkerrechtlichen Vertrages durch ein Gemeinschaftsorgan ein anfechtbarer Rechtsakt, wobei sich die Klage nur gegen die innergemeinschaftlichen Wirkungen des Vertrages richten kann (*Geiger*, EUV/EGV, 3. Aufl. 2000, Art. 230 EG, Rdn. 11).

10. Die Anträge sind nach Art. 44 § 1 Buchstabe d) EuG-Verfahrensordnung und Art. 38 § 1 Buchstabe d) EuGH-Verfahrensordnung in der Klageschrift ausdrücklich aufzuführen. Die Anträge sind so abzufassen, wie der Tenor des Urteils, dessen Erlass beantragt wird, lauten würde.

11. Der Hauptantrag der Nichtigkeitsklage muss sich auf die Nichtigerklärung einer anfechtbaren Handlung im Sinne des Art. 230 EG richten (s. Anm. 10). Das Gemeinschaftsrecht kennt keine Verpflichtungsklage auf Erlass eines Rechtsakts. Entfaltet jedoch die Ablehnung eines beantragten Rechtsakts durch Gemeinschaftsorgane bindende Wirkung (s. Anm. 10), so kann diese Entscheidung mit der Nichtigkeitsklage angegriffen werden. Insoweit kann durch eine erfolgreiche Nichtigkeitsklage aufgrund der in Artikel 233 EG statuierten Pflicht, die sich aus dem Nichtigkeitsurteil ergebenden Maßnahmen zu ergreifen, auch eine Verpflichtungswirkung für Gemeinschaftsorgane entstehen.

12. Gemäß Art. 87 § 2 Abs. 1 EuG-Verfahrensordnung und Art. 69 § 2 Abs. 1 EuGH-Verfahrensordnung ist die unterliegende Partei auf Antrag zur Kostentragung zu verurteilen. Dabei legt der Gerichtshof Wert auf den Wortlaut des Antrags. Es muss ausdrücklich beantragt werden, der Beklagten die Kosten des Verfahrens aufzuerlegen (in diesem Sinne zum Rechtsmittelverfahren: EuGH Rs. C-255/90 P, Burban gegen Europäisches Parlament, Slg. 1992, I-2253, 2267 Rdn. 26).

13. Für die Vollmacht gelten keine besonderen Vorschriften. Juristische Personen des Privatrechts haben allerdings den Nachweis vorzulegen, dass die Prozessvollmacht ihres Anwalts von einem hierzu Berechtigten ordnungsgemäß ausgestellt ist, Art. 44 § 5 Buchstabe b) EuG-Verfahrensordnung und Art. 38 § 5 Buchstabe b) EuGH-Verfahrensordnung.

14. Nach Art. 44 § 3 EuG-Verfahrensordnung und Art. 38 § 3 EuGH-Verfahrensordnung hat der Anwalt, der als Beistand oder Vertreter einer Partei auftritt, bei der Kanzlei eine Bescheinigung zu hinterlegen, aus der hervorgeht, dass er berechtigt ist, vor einem Gericht eines Mitgliedstaats oder eines anderen Vertragsstaats des EWR-Abkommens aufzutreten. Die Bescheinigung wird in Deutschland von dem Gericht ausgestellt, bei dem der Bevollmächtigte zugelassen ist.

15. Gemäß Art. 44 § 2 Abs. 1 EuG-Verfahrensordnung und Art. 38 § 2 Abs. 1 EuGH-Verfahrensordnung ist in der Klageschrift eine Zustellungsanschrift am Ort des Gerichtssitzes anzugeben, d.h. es ist eine Person zu benennen, die ermächtigt ist und sich bereit erklärt hat, die Zustellungen entgegenzunehmen. Üblicherweise wird diese Aufgabe von in Luxemburg niedergelassenen Anwälten wahrgenommen. Die Zustellung erfolgt auf dem Postweg per Einschreiben mit Rückschein oder durch Übergabe gegen Quittung auf Veranlassung des Kanzlers (Art. 100 EuG-Verfahrensordnung und Art. 79 EuGH-Verfahrensordnung). Anstelle oder zusätzlich zu der Zustellungsanschrift am Ort des Gerichtssitzes kann sich der Prozessbevollmächtigte in der Klageanschrift auch damit einverstanden erklären, dass Zustellungen an ihn mittels Fernkopierer oder sonstiger technischer Kommunikationsmittel erfolgen (Art. 44 § 2 Abs. 1 EuG-Verfahrensordnung und Art. 38 § 2 Abs. 2 EuGH-Verfahrensordnung). Wird weder eine Zustellungsanschrift angegeben noch das Einverständnis mit der Zustellung mittels moderner Kommunikationsmittel erklärt, so erfolgen die Zustellungen an die betreffende Partei auf dem Postweg durch Einschreiben an den Bevollmächtigten oder Anwalt der Partei, wobei in diesem Falle die Zustellung mit der Aufgabe des Einschreibens zur Post am Ort des Gerichtssitzes (also Luxemburg) als bewirkt gilt, Art. 44 § 2 Abs. 3 EuG-Verfahrensordnung und Art. 38 § 2 Abs. 3 EuGH-Verfahrensordnung. Das Risiko der Postlaufzeit trägt in diesem Fall der Kläger.

16. Die Anforderungen an die Klageschrift ergeben sich aus Art. 19 Abs. 1 EuGH-Satzung, die nach Art. 46 Abs. 1 EuGH-Satzung für das Gericht erster Instanz gilt, sowie aus Art. 44 § 1 Buchstabe c) EuG-Verfahrensordnung und Art. 38 § 1 Buchstabe c) EuGH-Verfahrensordnung. Nach diesen Bestimmungen muss die Klageschrift u.a. den Streitgegenstand angeben und eine kurze Darstellung der Klagegründe enthalten. Voraussetzung für die Zulässigkeit einer Nichtigkeitsklage ist deshalb, dass in der Klage zumindest einer der in Art. 230 EG genannten Klagegründe, nämlich Unzuständigkeit, Formfehler, Vertragsverletzung oder Ermessensmissbrauch, geltend gemacht wird. Es reicht aus, wenn sich diese Klagegründe dem Vorbringen hinreichend deutlich entnehmen lassen. Eine ausdrückliche Benennung ist nicht erforderlich (EuGH verb. Rs. 19/60, 21/60, 2/61 und 3/61, Société Fives Lille Cail u.a. gegen Hohe Behörde der Europäischen Gemeinschaft für Kohle und Stahl, Slg. 1961, 617, 644; Rs. 42/84, Remia B.V. u.a. gegen Kommission, Slg. 1985, 2566, 2570 Rn 16).

Entspricht die Klageschrift in formeller Hinsicht nicht den Anforderungen des Art. 44 § 3 bis 5 EuG-Verfahrensordnung und Art. 38 § 3 bis 5 EuGH-Verfahrensordnung (Vorlage einer Zulassungsbescheinigung, Vorlage des angefochtenen Rechtsakts gemäß Art. 19 Abs. 2 EuGH-Satzung, Vorlage der Satzung und eine Bescheinigung über die Rechtspersönlichkeit bei juristischen Personen des Privatrechts nebst Nachweis über die ordnungsgemäße Ausstellung der Vollmacht), so setzt der Kanzler dem Kläger eine angemessene Frist zur Behebung des Mangels bzw. zur Beibringung der vorgeschriebenen Unterlagen. Nach Fristablauf entscheidet das Gericht darüber, ob die Nichtbeachtung der Formvorschriften die Unzulässigkeit der Klage zur Folge hat, Art. 44 § 6 EuG-Verfahrensordnung und Art. 38 § 7 EuGH-Verfahrensordnung.

Im Hinblick auf die Form und die Abfassung der Klageschrift sowie sämtlicher Schriftsätze im schriftlichen Verfahren hat das EuG die nachfolgend auszugsweise wiedergegebenen „Ratschläge für die Anwälte und Bevollmächtigten in Bezug auf das schriftliche Verfahren“ herausgegeben. Zum Zweck des schriftlichen Verfahrens betont das Gericht hier: „Das schriftliche Verfahren vor dem Gericht bezweckt, den Rechtsstreit einzugrenzen und den Richtern sämtliche Forderungen der Parteien darzulegen, indem die Richter über die erheblichen Tatsachen, die Anträge sowie die Angriffs- und Verteidigungsmittel und die Argumente der Parteien informiert werden, um sie in die Lage zu versetzen, über den Rechtsstreit zu entscheiden." Der Klagebegründung sollte eine Gliederung vorangestellt werden. Neben der Einhaltung einer klaren Gliederung mit Zwischenüberschriften ist es insbesondere zweckmäßig, die Absätze fortlaufend zu nummerieren. Aufgrund der in der Regel notwendigen Übersetzung der Schriftsätze in mehrere Sprachen wird dadurch die Bearbeitung der Stellungnahmen durch das Gericht und die Parteien erleichtert. Bei umfangreichen Schriftsätzen empfiehlt es sich, jedem Kapitel eine kurze Zusammenfassung seines Inhalts voranzustellen und dem Schriftsatz ein Inhaltsverzeichnis beizufügen.

Das schriftliche Verfahren ist grundsätzlich beschränkt auf Klageschrift, Klageerwiderung sowie Erwiderung des Klägers und Gegenerwiderung (Art. 47 § 1 EuG-Verfahrensordnung und Art. 41 § 1 EuGH-Verfahrensordnung).

Die Fristen werden durch den Präsidenten des Gerichts festgesetzt (Art. 47 § 2 EuG-Verfahrensordnung und Art. 41 § 2 EuGH-Verfahrensordnung).

17. Das Klageziel sollte eine kurze Zusammenfassung der Klagegründe und der wesentlichen Argumente der Klage enthalten. Insbesondere ist auf die in Art. 230 Abs. 2 EG genannten Klagegründe (Unzuständigkeit, Formfehler, Vertragsverletzung oder Ermessensmissbrauch, s. Anm. 20) einzugehen. Gliederung und Zusammenfassung der Klagegründe dienen neben der besseren Übersicht auch der Abfassung der in Artikel 24 § 6 EuG-Verfahrensordnung und Art. 16 § 6 EuGH-Verfahrensordnung vorgesehenen Mitteilung und sollen gewährleisten, dass der Streitgegenstand sowie die Klagegründe und wesentlichen Argumente genau bezeichnet werden.

18. Der Sachverhalt soll die Darstellung der erheblichen Tatsachen mit den sie tragenden Schriftstücken und Beweisangeboten enthalten. Das Vorbringen neuer Angriffs- und Verteidigungsmittel im Laufe des Verfahrens ist nur unter bestimmten engen Voraussetzungen zulässig (vgl. Artikel 48 EuG-Verfahrensordnung und Art. 42 EuGH-Verfahrensordnung). Schon in der Klageschrift ist deshalb die gesamte Argumentation möglichst vollständig darzulegen.

Zur Untermauerung behaupteter strittiger Tatsachen nennen Art. 65 EuG-Verfahrensordnung und Art. 45 § 2 EuGH-Verfahrensordnung die Parteivernehmung, die Einholung von Auskünften, die Vorlage von Urkunden, die Vernehmung von Zeugen und Sachverständigen sowie die Einnahme des Augenscheins. Die Möglichkeit der Anwendung weiterer, nicht genannter Beweismittel (z.B. Filme, Fotographien, Tonbänder, Datenträger, Beibringung von Gutachten) wird in der Literatur zum Teil bejaht (vgl. *Everling*, Zur richterlichen Kontrolle der Tatsachenfeststellungen und der Beweiswürdigung durch die Kommission in Wettbewerbssachen, WuW 1989, 877; *Rengeling/Middeke/Gellermann* Rdn. 698). Neben der Anforderung von Urkunden sind die übrigen Beweismittel allerdings von äußerst geringer praktischer Relevanz (vgl. dazu EuG Rs. T-4/89, BASF AG gegen Kommission, Slg. 1991, II-1527, 1544ff.).

19. Die Nichtigkeitsklage ist zulässig, wenn die allgemeinen Verfahrensvoraussetzungen erfüllt sind. Im Rahmen der Zulässigkeit ist deshalb – soweit problematisch und erforderlich – auf die sachliche Zuständigkeit des Gerichts bzw. des Gerichtshofs (siehe Anm. 3), die Klageberechtigung (siehe Anm. 5), den Klagegegner (siehe Anm. 9), den Klagegegenstand (siehe Anm. 10), die Klagebefugnis (siehe Anm. 5), die Klagefrist (siehe Anm. 2) sowie das Rechtsschutzbedürfnis (siehe Anm. 5) einzugehen. Weitere allgemeine Voraussetzung ist, dass die Streitsache nicht bereits entschieden (vgl. EuGH Rs. 57/70, August Josef van Eick gegen Kommission, Slg. 1971, 613, 619 Rdn. 6) oder rechtshängig sein darf (vgl. EuGH, verb. Rs. 358/85 und 51/86, Frankreich gegen Europäisches Parlament, Slg. 1988, 4846, 4849f. Rdn. 7–12).

20. Die Klage ist begründet, wenn einer der in Art. 230 Abs. 2 EG genannten Gründe vorliegt. Die Klagebegründung hat deshalb auf mindestens eine der Verfahrens- oder Sachrügen einzugehen: Verfahrensfehler (Unzuständigkeit, Verletzung von Formvorschriften) oder materiellrechtliche Fehler des angegriffenen Rechtsakts (Verletzung des Gemeinschaftsrechts, Ermessensmissbrauch).

Verfahrensfehler: Die Rüge der Unzuständigkeit kann sich gegen die Verbandskompetenz der Gemeinschaft, die Organ- oder Handlungskompetenz (Art. 7 Abs. 1 Unterabs. 1 EG) wenden. Die Verletzung wesentlicher Formvorschriften betrifft alle Verfahrensvorschriften, die bei dem Zustandekommen des Rechtsaktes maßgeblich waren. Entscheidend ist in jedem Einzelfall, dass die Verfahrensvorschrift geeignet war, den Inhalt der angefochtenen Handlung zu beeinflussen („wesentliche Formverletzung", vgl. EuGH Rs. 117/81, Jean-Jacques Geist gegen Kommission, Slg. 1983, 2191, 2207 Rdn. 7; EuG Rs. T-30/91, Solvay SA gegen Kommission, Slg. 1995, II-1779, 1817 Rdn. 98). Wesentliche **Formvorschriften** sind insbesondere Anhörungsrechte (EuGH Rs. 138/79, Roquette Frères, Slg. 1980, 3333, 3360 Rdn. 33; Rs. 84/82, Deutschland gegen Kommission, Slg. 1984, 1451, 1490 Rdn. 19; Rs. 165/87, Kommission gegen Rat, Slg. 1988, 5545, 5562 Rdn. 20), Bestimmungen über die Beschlussfassung (EuGH Rs. 68/86, Vereinigtes Königreich gegen Rat, Slg. 1988, 855, 902 Rdn. 47–49; EuG verb. Rs. T-79/89, T-84/89, T-85/89, T-86/89, T-89/89, T-91/89, T-92/89, T-94/89, T-96/89, T-98/89, T-102/89 und T-104/89, BASF u.a. gegen Kommission, Slg. 1992, II-315, 345f. Rdn. 49f.; EuG Rs. T-141/94 Thyssen Stahl AG gegen Kommission, Slg 1999, II-347) und insbesondere die Begründung eines Rechtsakts (Art. 253 EG, Art. 162 EA; s. dazu EuGH verb. Rs. 36, 37 und 218/81, Seton gegen Kommission, Slg. 1983, 1789, 1812f. Rdn. 46–49; Rs. 338/82, Albertini und Montagnani gegen Kommission, Slg. 1984, 2123, 2145 Rdn. 46; Rs. 158/80, Rewe gegen HZA Kiel, Slg. 1981, 1805, 1833 Rdn. 25–27; Rs. 45/86, Kommission gegen Rat, Slg. 1987, 1493, 1519f. Rdn. 5–9; Rs. 131/86, Vereinigtes Königreich gegen Rat, Slg. 1988, 905, 934f. Rdn. 36–39). Die Verletzung wesentlicher Formvorschriften ist im übrigen von Amts wegen zu prüfen (EuGH Rs. C-367/95 P, Kommission gegen Sytraval, Slg. 1998, I-1752).

Materielle Rügen: Die Sachrüge der Vertragsverletzung erfasst sämtliche Verstöße gegen geschriebenes, ungeschriebenes, primäres oder sekundäres Gemeinschaftsrecht sowie allgemeine Rechtsgrundsätze. Von praktischer Bedeutung sind insbesondere die Versagung des rechtlichen Gehörs (EuGH Rs. C-269/90, HZA München-Mitte gegen Technische Universität München, Slg. 1991, I-5469, 5501 Rdn. 25; Rs. C-48/90 und C-66/90, Niederlande u.a. gegen Kommission, Slg. 1992, I-565, 640 Rdn. 50ff.) und Verstöße gegen Verteidigungsrechte, wie z.B. die Pflicht, den von einer Untersuchung Betroffenen alle Informationen zur Verfügung zu stellen, die ihnen eine sachgerechte Wahrung ihrer Interessen ermöglichen (EuGH Rs. C-49/88, Al-Jubail Fertilizer gegen Rat, Slg. 1991, I-3187, 3241 Rdn. 17). Sekundäres Gemeinschaftsrecht ist jedoch nur dann Prüfungsmaßstab, wenn es dem angegriffenen Rechtsakt vorgeht. Der Klagegrund der Verletzung des Gemeinschaftsrechts ist ein Auffangtatbestand, da auch die Verletzung von Verfahrensrechten Vertragsverletzung in diesem Sinne ist. Prüfungsmaßstab können auch völkerrechtliche Verträge der Gemeinschaft mit Drittstaaten sein (vgl. *Kirschner/Klüpfel*, Das Gericht erster Instanz der Europäischen Gemeinschaften, Rdn. 52). Sachrügen darf der Gemeinschaftsrichter nur prüfen, wenn sich der Kläger darauf beruft (EuGH Rs. C-367/95 P, Kommission gegen Sytraval, Slg. 1998, I-1752). Ein Ermessensmissbrauch liegt dann vor, wenn für den angegriffenen Rechtsakt ein Ermessensspielraum besteht und die streitige Handlung zu einem anderen als dem im Rechtsakt angegebenen Zweck oder zur Umgehung eines bindenden Verfahrens vorgenommen wurde (vgl. EuGH verb. Rs. 18 und 35/65, Max Gutmann gegen Kommission der EAG, Slg. 1966, 154, 176; Rs. C-48/96 P, Windpark Groothusen gegen Kommission, Slg. 1998, I-2873 Rdn. 52; EuG Rs. T-141/94, Thyssen Stahl AG gegen Kommission, Slg 1999, II-347 Rdn. 569).

21. Gemäß Art. 42 § 2 EuGH-Verfahrensordnung und Art. 48 § 2 EuG-Verfahrensordnung sind alle Angriffs- und Verteidigungsmittel im ersten Schriftsatz (Klageschrift/Klagebeantwortung) vorzutragen. Es gilt also eine strenge Präklusion, von der nur die Angriffs- und Verteidigungsmittel ausgeschlossen sind, die auf Gründe gestützt werden, die erst im Laufe des Verfahrens zutage getreten sind.

22. Die Urschrift jedes Schriftsatzes ist durch den Anwalt der Partei zu unterzeichnen (Art. 43 § 1 Abs. 1 EuG-Verfahrensordnung und Art. 37 § 1 Abs. 1 EuGH-Verfahrensordnung). Die Abschriften (fünffach) sind zu beglaubigen (Art. 43 § 1 Abs. 2 EuG-Verfahrensordnung und Art. 37 § 1 Abs. 2 EuGH-Verfahrensordnung).

23. Gemäß Art. 43 § 4 EuG-Verfahrensordnung und Art. 37 § 4 EuGH-Verfahrensordnung sind die Anlagen zur Klage und zu weiteren Schriftsätzen in einem Anlageverzeichnis aufzuführen. In den Ratschlägen des Gerichts erster Instanz heißt es dazu: In diesem Verzeichnis sind „die Nummer, das Datum und die Art der Anlage sowie die Seite des Schriftsatzes anzugeben, auf der die Einreichung der Anlage begründet wird; in bestimmten Fällen wird eine untergliedernde Nummerierung geeignet sein, die Identifizierung des Schriftstücks zu erleichtern." Die Schriftsätze sollen die Schriftstücke, auf die in ihnen Bezug genommen wird, eindeutig bezeichnen. Die bloße Bezugnahme auf eine Anlage reicht nicht aus, um die Darstellung des Sachverhalts, der Angriffs- und Verteidigungsmittel und der Argumente im Schriftsatz oder sonstigen Verfahrensvorgang selbst zu ersetzen.

Kosten und Gebühren

Gemäß Art. 72 EuGH-Verfahrensordnung und Art. 90 EuG-Verfahrensordnung sind die Verfahren vor dem Gerichtshof und dem Gericht erster Instanz grundsätzlich gebührenfrei, jedoch gelten Ausnahmen für vermeidbare Kosten und außergewöhnliche Schreib- und Übersetzungsarbeiten (Art. 72 Buchstaben a), b) EuGH-Verfahrensordnung und Art. 90 Buchstaben a), b) EuG-Verfahrensordnung) sowie für Leistungen an Zeugen und Sachverständige (Art. 73 Buchstabe a) EuGH-Verfahrensordnung und Art. 91 Buchstabe a) EuG-Verfahrensordnung).

Die außergerichtlichen Kosten der Parteien und Streithelfer sind gemäß Art. 73 Buchstabe b) EuGH-Verfahrensordnung und Art. 91 Buchstabe b) EuG-Verfahrensordnung erstattungsfähig. Die unterliegende Partei wird auf Antrag zur Tragung der Kosten verurteilt (Art. 69 § 2 EuGH-Verfahrensordnung und Art. 87 § 2 EuG-Verfahrensordnung). Bei Klagen gegen Entscheidungen der Beschwerdekammern des Harmonisierungsamtes für den Binnenmarkt kann das Gericht jedoch beschließen, dass das Amt nur seine eigenen Kosten trägt (Art. 136 § 1 EuG-Verfahrensordnung). Fehlt es an einem Kostenantrag, so trägt jede Partei ihre Kosten selbst. Bei teilweisem Obsiegen oder außergewöhnlichen Gründen können die Kosten geteilt werden (Art. 69 § 3 Abs. 1 EuGH-Verfahrensordnung und Art. 87 § 3 Abs. 1 EuG-Verfahrensordnung). Ein außergewöhnlicher Grund liegt zum Beispiel vor, wenn das beklagte Organ zur Entstehung des Rechtsstreits beigetragen hat (EuG Rs. T-64/89, Automec Srl gegen Kommission, Slg. 1990, II-367, 392 Rdn. 80; Rs. T-1/92, Santo Tallarico gegen Europäisches Parlament, Slg. 1993, II-107, 129f. Rdn. 76). Treten Mitgliedstaaten oder Gemeinschaftsorgane als Streithelfer dem Rechtsstreit bei, tragen sie ihre eigenen Kosten (Art. 69 § 4 Abs. 1 EuGH-Verfahrensordnung und Art. 87 § 4 Abs. 1 EuG-Verfahrensordnung). Anderen Streithelfern können deren eigene Kosten auferlegt werden (Art. 69 § 4 Abs. 2 EuGH-Verfahrensordnung und Art. 87 § 4 Abs. 2 EuG-Verfahrensordnung). Wird die Klage zurückgenommen, trägt grundsätzlich der Kläger die Kosten (Art. 69 § 5 EuGH-Verfahrensordnung und Art. 87 § 5 EuG-Verfahrensordnung). Wenn der Gerichtshof oder das Gericht erster Instanz die Hauptsache für erledigt erklären, liegt die Kostenentscheidung im Ermessen des Gerichts (Art. 69 § 6 EuGH-Verfahrensordnung und Art. 87 § 6 EuG-Verfahrensordnung; vgl. *Kirschner/Klüpfel* Rdn. 138).

Streiten die Parteien über die Höhe der erstattungsfähigen Kosten, entscheiden auf Antrag der Gerichtshof oder das Gericht erster Instanz nach Anhörung der Gegenpartei durch unanfechtbaren Beschluss (Art. 74 § 1 EuGH-Verfahrensordnung und Art. 92 § 1 EuG-Verfahrensordnung). Die Richter wenden dabei kein nationales Kostenrecht an, sondern setzen die Kostenhöhe in Ermangelung einer gemeinschaftsrechtlichen Gebührenordnung unter Gesamtwürdigung des Einzelfalls fest (vgl. *Rengeling/Middeke/Gellermann* Rdn. 800).

Für ein Muster eines Antrags auf Kostenfestsetzung vgl. Form. IX. 18.

Fristen und Rechtsmittel

a) **Klagefrist:** Nach Art. 230 Abs. 5 EG, Art. 146 EA ist die Nichtigkeitsklage binnen zweier Monate zu erheben. Mit Rücksicht auf die räumliche Entfernung verlängern sich die Fristen unabhängig vom Wohnsitz der jeweiligen Partei gemäß Art. 81 § 2 EuGH-Verfahrensordnung, Art. 102 § 2 EuG-Verfahrensordnung zusätzlich um eine einheitliche pauschale Entfernungsfrist von 10 Tagen. Der Fristlauf beginnt entweder mit der Bekanntgabe der angefochtenen Handlung, ihrer Mitteilung an den Kläger oder in Ermangelung dessen zu dem Zeitpunkt, in dem der Kläger Kenntnis erlangt (Art. 81 § 1 EuGH-Verfahrensordnung, Art. 102 § 1 EuG-Verfahrensordnung). Der EuGH hat inzwischen für den Fall der Bekanntgabe klargestellt, dass die Frist ab dem vierzehnten Tag nach Veröffentlichung im Amtsblatt der EG zu berechnen ist (EuGH Rs. C-406/01, Bundesrepublik Deutschland gegen Europäisches Parlament und Rat, EuZW 2002, 404, 405 Rdn. 15 m. Anm. *Wägenbaur;* zur Frage der Fristberechnung und des Fristlaufs unter Einschluss der zusätzlichen Frist vgl. auch EuG Rs. T–85/97, Horeca-Wallonie gegen Kommission, Slg. 1997, II-2113, Rdn. 25 f.)

Innerhalb der Klagefrist muss die Klage bei der Kanzlei des EuG bzw. EuGH eingehen (vgl. EuGH verb. Rs. 220 und 221/78, ALA Spa und ALFER Spa gegen Kommission, Slg. 1979, 1693, 1697 Rdn. 7–10). Fristen, deren Ende in ein Wochenende oder in einen gesetzlichen Feiertag in Luxemburg fällt, enden erst an dem darauffolgenden Werktag (Art. 80 § 2 EuGH-Verfahrensordnung, Art. 101 § 1 EuG-Verfahrensordnung). Die Klageerhebung per Telefax zur Fristwahrung ist nicht möglich (Begründung: Widerspruch zu den Entfernungsfristen, vgl. EuGH Rs. C-122/90, Emsland-Stärke GmbH gegen Kommission, Beschluss v. 15. 5. 1991, nicht veröffentlicht, Rdn. 11; vgl. *Happe,* Lauf und Berechnung der Fristen bei Anfechtungen vor dem EuGH, EuZW 1992, 297, 300).

Bei Versäumung der Klagefrist kann der Kläger Wiedereinsetzung beantragen, wenn er nachweist, dass Zufall oder höhere Gewalt die Einhaltung der Frist verhindert haben (vgl. Art. 42 EuGH-Satzung).

b) **Rechtsmittel:** Gemäß Art. 225 EG, Art. 140 a EA i. V. m. Art. 49 bis 54 EuGH-Satzung und Art. 110 ff. EuGH-Verfahrensordnung kann gegen Entscheidungen des EuG durch die unterlegene Partei oder einen Streithelfer der unterlegenen Partei (vgl. Art. 49 Abs. 2 EuGH-Satzung) Rechtsmittel beim EuGH eingelegt werden (siehe Form. IX. 12).

3. Klage wegen Untätigkeit gemäß Art. 232 EG

......stadt, den ......[1]

An das
Gericht erster Instanz der Europäischen Gemeinschaften[2]
– Kanzlei –
Boulevard Konrad Adenauer
L-2925 Luxemburg
LUXEMBURG

Klage[3]

der ...... GmbH, ... str. ......, ...stadt, vertreten durch den Geschäftsführer, Herrn ......, dortselbst

– Klägerin –

Prozessbevollmächtigter: Rechtsanwalt ......

gegen

die Europäische Kommission[4], Rue de la Loi 200, B-1049 Brüssel, BELGIEN

– Beklagte –

wegen Untätigkeit[5]

Namens und im Auftrag der Klägerin erheben wir hiermit Klage und beantragen,
1. festzustellen[6], dass die Beklagte gegen Art. 6 Verordnung Nr. 99/63/EWG verstoßen hat, indem sie es unterlassen hat, auf ihr Schreiben vom ...... hin die in der genannten Vorschrift vorgesehene vorläufige Mitteilung an die Klägerin zu richten;
2. der Beklagten die Kosten des Verfahrens aufzuerlegen.

Die Vollmacht[7] ist als

Anlage 1,

die Zulassungsbescheinigung des Prozessbevollmächtigten[8] ist als

Anlage 2,

ein Handelsregisterauszug[9] als

Anlage 3

beigefügt.
Gemäß Art. 44 § 2 Abs. 2 der Verfahrensordnung erklären wir uns als Prozessbevollmächtigte damit einverstanden, dass Zustellungen an uns mittels Fernkopierer oder sonstiger technischer Kommunikationsmittel erfolgen. Zustellungen können bewirkt werden an Herrn Rechtsanwalt ......, Telefax-Nr.: ......, bzw. an die E-Mail-Anschrift: ......[10]

Begründung:

A. Sachverhalt[11]

Die Klägerin betreibt einen Importhandel mit Pkw japanischer Marken, die in anderen Mitgliedstaaten der Gemeinschaft zum Verkehr zugelassen worden sind. Unter dem ...... sandte sie an die Kommission eine Beschwerde

Anlage 4,

mit der sie sich gegen bestimmte Praktiken der Importeure japanischer Autos wandte und die Verletzung von Art. 81 EG rügte. Da die Kommission auf diese Beschwerde hin schwieg, hat die Klägerin am ...... ein weiteres Schreiben an die Kommission gesandt

Anlage 5,
in dem sie die Kommission unter Hinweis auf Art. 232 EG aufforderte, zu der Beschwerde Stellung zu nehmen. Die Kommission hat innerhalb der zweimonatigen Frist des Art. 232 Abs. 2 EG keine Stellung genommen, so dass Klage geboten ist.

B. Rechtliche Würdigung

Die Klage ist zulässig und begründet.

I. Zulässigkeit
Die Klage ist zulässig, denn die Kommission hat trotz entsprechender ausdrücklicher Aufforderung bislang keine Mitteilung nach Art. 6 Verordnung Nr. 99/63/EWG[12] an die Klägerin gesandt[13]. Die Aufforderung zum Tätigwerden[14], die die Klägerin der Kommission übersandt hat, enthielt eine ausdrückliche Bezugnahme auf Art. 232 EG und das Begehren, die Kommission möge die von der Klägerin gerügten Verstöße gegen Art. 81 EG abstellen. Die ausstehende Mitteilung nach Art. 6 hat einen anderen Charakter als den einer Stellungnahme oder Empfehlung[15], und die Klägerin hat angesichts der zwischen der Einreichung der Beschwerde und ihrem Aufforderungsschreiben vergangenen Zeit nach den Vorschriften des Gemeinschaftsrechts einen Anspruch auf ihren Erlass.
Die Klagefrist[16] ist gewahrt, denn das Aufforderungsschreiben ist vor drei Monaten an die Kommission gesandt worden.

II. Begründetheit
Die Klage ist auch begründet ......

Unterschrift[17]
Verzeichnis der Urkunden[18]

Schrifttum: Borchardt, Art. 232, in: *Borchardt,* Der Europäische Gerichtshof, 1. Aufl. 2000; *Cremer,* Art. 232, in: *Calliess/Ruffert,* Kommentar zu EU-Vertrag und EG-Vertrag, 1999; *Daig,* Nichtigkeits- und Untätigkeitsklagen im Recht der Europäischen Gemeinschaften, 1985; *Krück,* Art. 175, in: *von der Groeben/Thiesing/Ehlermann,* Kommentar zum EU-/EG-Vertrag, 5. Aufl. 1997; *Rengeling/Middeke/Gellermann,* Rechtsschutz in der Europäischen Union, 1994, 105–127.

Anmerkungen

1. Gemäß Art. 43 § 3 S. 1 EuG-Verfahrensordnung ist jeder Schriftsatz mit Datum zu versehen.

2. Gemäß Art. 3 Buchstabe c) Beschluss Nr. 88/591/EGKS, EWG, Euratom (ABl. 1989 Nr. L 241/4) i. d. F. des Beschlusses Nr. 93/350/Euratom, EGKS, EWG (ABl. 1993 Nr. L 144/21) ist für die Erhebung von Klagen nach Art. 232 Abs. 3 EG das Gericht erster Instanz zuständig.

3. In Art. 44 § 1 EuG-Verfahrensordnung ist niedergelegt, welche Mindestanforderungen eine Klageschrift erfüllen muss, mit der Klage vor dem EuG erhoben wird. Erforderlich sind danach:
- Namen und Wohnsitz des Klägers,
- die Bezeichnung des Beklagten,
- der Streitgegenstand und eine kurze Darstellung der Klagegründe,
- die Anträge des Klägers,
- gegebenenfalls die Bezeichnung der Beweismittel.

Gemäß Art. 43 § 1 Unterabs. 2 EuG-Verfahrensordnung sind die Schriftsätze mit fünf Abschriften für das Gericht und je einer weiteren Abschrift für jede weitere am Rechtsstreit beteiligte Partei einzureichen. Die Abschriften sind zu beglaubigen.

4. Passiv legitimiert in einem Rechtsstreit gemäß Art. 232 EG sind nach dem Wortlaut des Abs. 1 der Vorschrift der Rat, die Kommission und das Europäische Parlament sowie nach Abs. 4 auch die Europäische Zentralbank.

5. Die Untätigkeitsklage gemäß Art. 232 EG vervollständigt die gemeinschaftsrechtlichen Rechtsschutzmöglichkeiten bei einem pflichtwidrigen Unterlassen eines der in Art. 232 EG genannten Organe. Sie ist auch in Art. 148 Abs. 1 EA vorgesehen. Bislang ist die Untätigkeitsklage in der Praxis des Gerichtshofes und des Gerichts erster Instanz ohne große Bedeutung geblieben, wie sich an der geringen Zahl veröffentlichter Entscheidungen ablesen lässt, die auf die genannten Vorschriften gestützt worden sind. Allerdings mag das nicht zuletzt darauf zurückzuführen sein, dass die Kommission nach der Erhebung der Klage oft dem Begehren des Klägers Rechnung trägt und die gewünschte Entscheidung erlässt (vgl. z.B. EuG Rs. T-212/99, Intervet International BV gegen Kommission, Rdn. 59, Urteil v. 7. 3. 2002, noch nicht in der amtlichen Sammlung; EuG Rs. T-103/99, Associazione delle cantine sociali venete gegen den Europäischen Bürgerbeauftragten, Slg. 2000, II-4165, 4180, Rdn. 41; EuGH verb. Rs. C-15/91 und C-108/91, Buckl & Söhne u.a. gegen Kommission, Slg. 1992, I-6061, 6097 Rdn. 15), was dann zur Erledigung der Hauptsache führt (a.a.O., Rdn. 18). Die Untätigkeitsklage ist jedoch unzulässig, wenn das beklagte Organ nur einen anderen als den gewünschten Akt erlassen hat. Denn Untätigkeit im Sinne des Art. 232 EG ist allein als Untätigkeit durch Nichtbescheidung oder Nichtstellungnahme zu verstehen (a.a.O., Rdn. 17; EuG Rs. T-107/96, Pantochim SA gegen Kommission, Slg. 1998, II-311, 312, Rdn. 30).

6. Nach der Rechtsprechung des Gerichtshofes ermöglicht die Untätigkeitsklage dem Kläger nur, die Feststellung zu erwirken, dass die gerügte Unterlassung – soweit das Organ sie nicht abgestellt hat – gegen den EG verstößt (Rs. 383/86, Kommission gegen Rat, Slg. 1988, 4051, 4064 Rdn. 9; Rs. 377/87, Parlament gegen Rat, Slg. 1988, 4017, 4048 Rdn. 9; verb. Rs. C-15/91 und C-108/91, Buckl & Söhne gegen Kommission, Slg. 1992, I-6061, 6097 Rdn. 14). Diese Feststellung hat nach Art. 233 EG zur Folge, dass das beklagte Organ die sich aus dem Urteil des Gerichtshofes ergebenden Maßnahmen zu treffen hat; daneben kann sie zu Klagen aus außervertraglicher Haftung Anlass geben.

7. Die Notwendigkeit der Vorlage einer Prozessvollmacht ergibt sich aus Art. 44 § 5 Buchstabe b) EuG-Verfahrensordnung. Ist die Vollmacht von einer juristischen Person des Privatrechts ausgestellt worden, so ergibt sich aus dieser Vorschrift auch die Verpflichtung nachzuweisen, dass sie von einem hierzu Berechtigten ordnungsgemäß ausgestellt worden ist.

8. Postulationsfähig vor dem EuG sind Anwälte, die berechtigt sind, vor einem Gericht eines Mitgliedstaates oder eines Vertragsstaates des EWR-Abkommens aufzutreten. Sie haben gemäß Art. 44 § 3 EuG-Verfahrensordnung bei der Kanzlei des Gerichts eine Bescheinigung über diese Berechtigung vorzulegen.

9. Art. 44 § 5 Buchstabe a) EuG-Verfahrensordnung verlangt, dass eine juristische Person des Privatrechts mit der Klageschrift ihre Satzung, einen neueren Auszug aus dem Handelsregister oder einen anderen Nachweis ihrer Rechtspersönlichkeit einzureichen hat.

10. Gemäß Art. 44 § 2 Abs. 1 EuG-Verfahrensordnung ist in der Klageschrift eine Zustellungsanschrift am Ort des Gerichtssitzes anzugeben, d.h. es ist eine Person zu benennen, die ermächtigt ist und sich bereit erklärt hat, die Zustellungen entgegenzunehmen.

Üblicherweise wird diese Aufgabe von in Luxemburg niedergelassenen Anwälten wahrgenommen. Die Zustellung erfolgt auf dem Postweg per Einschreiben mit Rückschein oder durch Übergabe gegen Quittung auf Veranlassung des Kanzlers (Art. 100 EuG-Verfahrensordnung). Anstelle oder zusätzlich zu der Zustellungsanschrift am Ort des Gerichtssitzes kann sich der Prozessbevollmächtigte in der Klageanschrift auch damit einverstanden erklären, dass Zustellungen an ihn mittels Fernkopierer oder sonstiger technischer Kommunikationsmittel erfolgen (Art. 44 § 2 Abs. 1 EuG-Verfahrensordnung). Wird weder eine Zustellungsanschrift angegeben noch das Einverständnis mit der Zustellung mittels moderner Kommunikationsmittel erklärt, so erfolgen die Zustellungen an die betreffende Partei auf dem Postweg durch Einschreiben an den Bevollmächtigten oder Anwalt der Partei, wobei in diesem Falle die Zustellung mit der Aufgabe des Einschreibens zur Post am Ort des Gerichtssitzes (also Luxemburg) als bewirkt gilt, Art. 44 § 2 Abs. 3 EuG-Verfahrensordnung. Das Risiko der Postlaufzeit trägt in diesem Fall der Kläger.

11. Das Formular lehnt sich an den Sachverhalt an, der dem Urteil des Gerichts erster Instanz in der Rs. T-28/90, Asia Motors France u. a. gegen Kommission, Slg. 1992, II-2288 zugrunde liegt; vgl. auch das Urteil des Gerichtshofes in der Rs. 125/78, GEMA gegen Kommission, Slg. 1979, 3173.

12. ABl. 1963, Nr. 127, S. 2268.

13. Die Untätigkeitsklage setzt für die Klagebefugnis des Klägers voraus, dass das beklagte Organ es unterlassen hat, einen verbindlichen Akt zu erlassen, der an den Kläger zu richten gewesen wäre. Über die Frage, ob eine Klage gemäß Art. 232 EG auch dann erhoben werden kann, wenn es sich um einen Akt handelt, der an einen Dritten zu richten wäre, hat der EuGH noch nicht entschieden. Im Schrifttum wird diese Möglichkeit zutreffend befürwortet (*Cremer,* Art. 232, Rdn. 7, in: *Calliess/Ruffert,* Kommentar zu EU-Vertrag und EG-Vertrag, 1999; *Geiger,* EUV/EGV, 3. Aufl. 2000, Art. 175 Rdn. 9; *Krück,* Art. 175 Rdn. 17, in: *von der Groeben/Thiesing/Ehlermann,* Kommentar zum EU-/EG-Vertrag, 5. Aufl. 1997) Dafür spricht, dass die Gemeinschaftsgerichte in ihrer Rechtsprechung zur (Un-)Zulässigkeit von Untätigkeitsklagen, mit denen die Nichteinleitung von Vertragsverletzungsverfahren gegen einen Mitgliedstaat durch die Kommission gerügt wird, eine Parallele zur Nichtigkeitsklage Privater nach Art. 230 Abs. 4 EG ziehen (vgl. EuG Rs. T-17/96, Télévision francaise 1 SA gegen Kommission, Slg. 1999, II-1757, 1770 Rdn. 27). Die Klagebefugnis wird in diesem Fall aus zwei Gründen abgelehnt. Zum einen steht die Einleitung eines Vertragsverletzungsverfahrens nach Art. 226 EG im Ermessen der Kommission (EuGH Rs. 247/87, Star Fruit gegen Kommission, Slg. 1989, 291, 301 Rdn. 11; EuG Rs. T-126/95, Dumez gegen Kommission, Slg. 1995, II-2863, 2878 Rdn. 44). Zum anderen stellen die Gemeinschaftsgerichte darauf ab, dass die Untätigkeitsklage hier auf den Erlass einer Maßnahme abzielt, die den Kläger nicht unmittelbar und individuell i. S. d. Art. 230 Abs. 4 EG betreffen würde, und die er folglich nicht mit der Nichtigkeitsklage angreifen könnte (vgl. EuGH Rs. 247/87, Star Fruit gegen Kommission, Slg. 1989, 291, 301 Rdn. 13; EuG Rs. T-13/94, Century Oils Hellas gegen Kommission, Slg. 1994, II-431, 438 Rdn. 14; EuG verb. Rs. T-479/93 u. T-559/93, Bernardi gegen Kommission, Slg. 1994, II-1115, 1127 f. Rdn. 31; EuG Rs. T-201/96, Smanor u. a. gegen Kommission, Beschluss v. 3. 7. 1997, Slg. 1997, II-1083). Daher wird die Klagebefugnis im Hinblick auf Rechtsakte der Kommission, die im Rahmen eines Verfahrens nach Art. 226 an einen Mitgliedstaat zu richten wären, verneint (EuGH Rs. C-371/89, Emrich gegen Kommission, Slg. 1990, I-1555, 1557 f. Rdn. 5, 6; EuGH Rs. C-72/90, Asia Motor France gegen Kommission, Slg. 1990, I-2181, 2184 f. Rdn. 10, 11; EuG Rs. T-13/94, Century Oils Hellas gegen Kommission, Slg. 1994, II-431, 438 Rdn. 13; EuG Rs. T-191/00, Edlinger gegen Kommission, Slg. 2001, II-1961, 1963, Rdn. 20). Die Befugnis für die Erhebung der Untätigkeitsklage könnte dann bejaht werden, wenn der Kläger von der (unterlassenen) Maßnahme gegenüber einem Dritten i.S.d. Art. 230 Abs. 4 EG unmittelbar und individuell betroffen sein würde.

14. Die Aufforderung zum Tätigwerden ist in Art. 232 Abs. 2 S. 1 EG ausdrücklich als Zulässigkeitserfordernis der Untätigkeitsklage genannt. Sie muss so klar und deutlich formuliert sein, dass das betroffene Organ konkret vom Inhalt der beantragten Entscheidung Kenntnis erlangen kann (vgl. EuG, Rs. C-249/99 P. Pescados Congelados Jogamar SL gegen Kommission, Slg, 1999, I-8333). Nach Art. 21 Abs. 2 EuGH-Satzung hat die Aufforderung aus Beweisgründen schriftlich zu erfolgen.

15. Der Gerichtshof und das Gericht haben in ständiger Rechtsprechung entschieden, dass die Untätigkeitsklage unzulässig ist, wenn der vom Kläger erstrebte Akt nur eine Empfehlung oder Stellungnahme ist (vgl. EuG Rs. T-28/90, Asia Motor France u.a. gegen Kommission, Slg. 1992, II-2285, 2298 Rdn. 30 a.E.; EuGH Rs. C-257/90, Italsolar gegen Kommission, Slg. 1993, I-9, 42 Rdn. 30).

16. Art. 232 Abs. 2 EG sieht vor, dass die Klage zulässig ist, wenn das in Rede stehende Organ der Gemeinschaft nicht binnen zwei Monaten nach der Aufforderung Stellung genommen hat und danach die Klage innerhalb einer weiteren Frist von zwei Monaten erhoben wird. Die Fristberechnung erfolgt gemäß Art. 101–103 EuG-Verfahrensordnung.

17. Gemäß Art. 43 § 1 Abs. 1 EuG-Verfahrensordnung ist die Urschrift jedes Schriftsatzes vom Bevollmächtigten oder vom Anwalt der Partei zu unterzeichnen.

18. Gemäß Art. 43 § 4 EuG-Verfahrensordnung ist mit der Klageschrift ein Verzeichnis der Urkunden einzureichen, auf das sich die Partei beruft. Gemäß Art. 43 § 5 EuG-Verfahrensordnung muss die Urkunde der Kanzlei vollständig zur Verfügung gestellt werden, wenn nur Auszüge einer Urkunde eingereicht werden.

Kosten und Gebühren

Vgl. Form. IX. 2 (Kosten und Gebühren) sowie Form. IX. 18.

Fristen

Vgl. Anm. 14.

4. Anspruchsschreiben an die Europäische Kommission[1] (Haftung für legislatives Unrecht)[2]

Einschreiben gegen Rückschein

An die
Europäische Kommission
Rue de la Loi 200
B – 1049 Brüssel
BELGIEN

Schadensersatzforderung

Sehr geehrte Damen und Herren,
namens und im Auftrag unseres Mandanten, Herrn ......, nehmen wir Sie hiermit auf Schadensersatz gemäß Art. 288 Abs. 2 EG[3] in Anspruch und fordern den Ersatz der

Schäden, die unserem Mandanten durch die rechtswidrige Anwendung der Verordnung (EG) Nr. …… (ABl. L ……, S. ……) entstanden sind. Die Schadenssumme beläuft sich auf insgesamt
EUR ……

Begründung:

A. Sachverhalt[4]

Herr …… (Antragsteller) ist Landwirt und hatte aufgrund einer Nichtvermarktungsverpflichtung gegen Zahlung einer Prämie für einen Zeitraum von fünf Jahren in seinem Betrieb weder Milch noch Milcherzeugnisse erzeugt. In diesen Zeitraum fiel das für die zusätzliche Abgabe auf Milch gewählte Referenzjahr für die Zuteilung einer Milchreferenzmenge. Nach Ablauf des Nichtvermarktungszeitraums beantragte der Antragsteller die Zuteilung einer Referenzmenge. Dieser Antrag wurde unter Berufung auf die Verordnung (EG) Nr. …… abgelehnt, weil der Antragsteller während des Referenzjahres keine Milch und Milcherzeugnisse abgeliefert hatte. Die entsprechenden Regelungen der Verordnung (EG) Nr. …… hat der Europäische Gerichtshof wegen Verletzung des Grundsatzes des Vertrauensschutzes insoweit für ungültig erklärt, als sie keine Zuteilung einer Referenzmenge an Nichtvermarkter vorsah.

B. Rechtliche Würdigung

Die Voraussetzungen der Haftung der EG nach Art. 288 Abs. 2 EG sind erfüllt, denn ein rechtswidriges Handeln der Gemeinschaftsorgane hat adäquat kausal zu den mit diesem Schreiben geltend gemachten Schäden unseres Mandanten geführt.

1. Handelnde Gemeinschaftsorgane[5] beim Erlass der Verordnung (EG) Nr. …… waren sowohl der Rat als auch die Kommission, denn es geht um rechtswidriges Legislativhandeln, an dem die Kommission durch ihren Verordnungsvorschlag und der Rat durch die Übernahme dieses Vorschlags und den Erlass der Verordnung beteiligt waren.
   Der Anspruch richtet sich gegen die Europäische Gemeinschaft, deren Passivlegitimation sich aus dem Wortlaut des Art. 288 Abs. 2 EG ergibt. Ein gleichlautendes Anspruchsschreiben richten wir mit getrennter Post an den Rat[6].
2. Die Rechtswidrigkeit des den Schaden verursachenden Organhandelns steht außer Frage, nachdem der Europäische Gerichtshof durch Urteil vom …… in der Rs. C-…… in einem Vorabentscheidungsverfahren gemäß Art. 234 EG[7] die Verordnung (EG) Nr. …… insoweit für ungültig erklärt hat, als sie die Zuteilung einer Referenzmenge an Nichtvermarkter ausschloss. Sie beruht auf der hinreichend qualifizierten Verletzung einer höherrangigen, den einzelnen schützenden Rechtsnorm[8], nämlich des Grundsatzes des Vertrauensschutzes[9].
   Darüber hinaus handelt es sich auch um eine offenkundige und erhebliche Überschreitung der Befugnisse der Gemeinschaftsorgane[10]. Denn die Gemeinschaftsorgane haben, ohne sich auf ein höheres öffentliches Interesse zu berufen, die besondere Lage einer klar abgegrenzten Gruppe von Wirtschaftsteilnehmern[11] völlig unberücksichtigt gelassen, der Nichtvermarkter nämlich, die während des Referenzjahres keine Milch und Milcherzeugnisse geliefert hatten. Für diese Gruppe war es nicht vorhersehbar, dass sie auf Grund der Nichtvermarktung im Referenzjahr dauernd und über den Nichtvermarktungszeitraum hinaus daran gehindert sein würde, die Milcherzeugung wieder aufzunehmen. Ein derartiger vollständiger Ausschluss übersteigt damit die Grenzen des normalen wirtschaftlichen Risikos[12], das mit der Tätigkeit als Milcherzeuger verbunden ist.
3. Der Schaden, berechnet auf der Grundlage des Vergleichs des tatsächlich bestehenden Zustands mit dem Zustand der bestünde, wenn das schadenstiftende Ereignis nicht eingetreten wäre[13], beläuft sich auf EUR ……[14]. Dieser Schaden ist adäquat kausal

durch die Verordnung (EG) Nr. ...... verursacht worden, denn sie verbot den nationalen Stellen die Gewährung von Referenzmengen für die Milcherzeuger, die während des Referenzjahres Nichtvermarkter waren.

4. Angesichts der Sach- und Rechtslage gehen wir davon aus, dass der Schadensersatzanspruch unseres Mandanten dem Grunde und der Höhe nach vollständig anerkannt werden wird. Wir bitten Sie daher, den geforderten Betrag in Höhe von EUR ...... bis zum ...... auf unser Konto Nr. ...... bei der ......-Bank zu überweisen. Eine entsprechende Vollmacht liegt bei. Für den Fall einer nicht oder nicht vollständig erfolgenden Zahlung sind wir angewiesen, Klage vor dem Europäischen Gerichtshof zu erheben.[15]

Mit freundlichen Grüßen
Unterschrift

Schrifttum: Beljin, Staatshaftung im Europarecht, 2000; *Borchardt,* Schadensersatzklage, in: *Dauses* (Hrsg.), Handbuch des EG-Wirtschaftsrechts, Kap. P. I. 4; *Berg,* Art. 288, in: *Schwarze* (Hrsg.), EU-Kommentar, 2000; *von Bogdandy,* Europa 1992 – Die außervertragliche Haftung der Europäischen Gemeinschaften, JuS 1990, 872; *Capelli/Nehls,* Die außervertragliche Haftung der Europäischen Gemeinschaft und Rechtsbehelfe zur Erlangung von Schadensersatz gemäß Art. 215 EGV – Wertung, Kritik und Reformvorschlag, EuR 1997, 132; *Gilsdorf,* Die Haftung der Gemeinschaft aus normativem Handeln, Europarecht 1975, 73; *Gilsdorf/Oliver,* Art. 215, in: *von der Groeben/Thiesing/Ehlermann,* Kommentar zum EU-/EG-Vertrag, 5. Aufl. 1997; *Heukels/McDonnell* (Hrsg.), The Action for Damages in a Community Law Perspective, 1997; *Rengeling/Middeke/Gellermann,* Rechtsschutz in der Europäischen Union, 1994, 127–153; *Sack,* Die Folgenbeseitigung im Gemeinschaftsrecht, Europarecht 1986, 241; *Schermers/Waelbroeck,* Judicial Protection in the European Communities, 6. Aufl., 2001, §§ 569–634; *Schermers/Heukels/Mead* (Hrsg.), Non-Contractual Liability of the EC, 1988; *Winkler/Trölitzsch,* Wende in der EuGH-Rechtsprechung zur Haftung der EG für fehlerhafte Rechtsetzungsakte und prozessuale Bewältigung der Prozessflut, EuZW 1992, 663.

Anmerkungen

1. Für die Erhebung einer Schadensersatzklage nach Art. 288 Abs. 2 EG ist die vorherige Geltendmachung des Schadensersatzanspruchs keine Prozessvoraussetzung. Vernünftigerweise sollte den Gemeinschaftsorganen aber Gelegenheit gegeben werden, den Anspruch ohne Prozess zu erfüllen. Aus diesem Grunde ist es sinnvoll, vor der Erhebung der Klage zunächst ein Anspruchsschreiben an das Organ zu richten, dem das haftungsbegründende Verhalten zuzurechnen ist (EuGH verb. Rs. 63–69/72, Werhahn u. a. gegen Rat, Slg. 1973, 1229, 1247 Rdn. 7). Da es im Rahmen der außervertraglichen Haftung regelmäßig um legislatives Unrecht geht und am Rechtsetzungsprozess in der Gemeinschaft häufig sowohl den Rat als auch die Kommission beteiligt sind, ist es angezeigt, den Schadensersatzanspruch wegen außervertraglicher Haftung gegenüber der Europäischen Kommission und dem Rat geltend zu machen. Sofern der in Rede stehende Rechtsakt dagegen allein von einem Organ erlassen worden ist – wie häufig im Falle der der Kommission übertragenen Durchführungsbefugnisse (Art. 202 3. Spiegelstrich EG) – ist das Schreiben nur an dieses Organ zu richten. Gemäß Art. 43 EuGH-Satzung unterbricht die Geltendmachung des Anspruchs die fünfjährige Verjährungsfrist. Wird auf das Anspruchsschreiben hin die Ersatzleistung abgelehnt, so ist nur zum Zwecke der Unterbrechung der Verjährung die Klageerhebung innerhalb der Frist des Art. 230 EG bzw. bei Nichtbescheidung innerhalb der Frist des Art. 232 Abs. 2 EG zu erheben. Eine spätere Klageerhebung ist in jedem Falle zulässig, solange die Verjährungsfrist des Art. 43 EuGH-Satzung noch nicht abgelaufen ist (EuGH Rs. 11/72, Giordano gegen Kommission, Slg. 1973, 417, 425 Rdn. 6; EuG Rs. T-167/94, Nölle gegen Rat und Kommission, Slg. 1995, II-2589, 2603 Rdn. 30). Für die Berechnung der fünfjährigen Verjährungsfrist gilt, dass einem Antragsteller die Verjährung nicht entgegengehalten werden kann, wenn er von dem schadenstiftenden Ereignis erst zu einem späteren Zeitpunkt Kenntnis erlangt und deshalb nicht über einen angemessenen Zeitraum verfügt, um vor Ablauf der Verjährungsfrist Klage zu erheben oder den Anspruch geltend zu machen (EuGH Rs. 145/83, Adams gegen Kommission, Slg. 1985, 3539, 3591 Rdn. 50).

2. Die vom EuGH geforderten Voraussetzungen für eine außervertragliche Haftung der Gemeinschaft unterscheiden sich danach, ob der geltend gemachte Schaden auf administrative oder normative Handlungen zurückzuführen ist. Bei Einzelakten wird entsprechend dem Wortlaut des Art. 288 Abs. 2 EG nur verlangt, dass eine Handlung vorliegt, die rechtswidrig eine Schutznorm verletzt, die nicht lediglich im allgemeinen Interesse bestehen darf. Auf ein etwaiges Verschulden kommt es nicht an. Demgegenüber wird bei der Haftung für normatives Verhalten (sog. legislatives Unrecht) in einem Bereich, in dem der Erlass der Rechtsvorschriften wirtschaftspolitische Entscheidungen voraussetzt – wie etwa beim Erlass von Antidumpingmaßnahmen (EuG, Rs. T-167/94, Nölle gegen Rat und Kommission, Slg. 1995, II-2589, 2611 Rdn. 51) – eine „hinreichend qualifizierte Verletzung einer höherrangigen, dem Schutz des Einzelnen dienenden Rechtsnorm“ gefordert (EuGH Rs. 5/71, Schöppenstedt gegen Rat, Slg. 1971, 975, 985 Rn 11; Rs. C-119/88, AERPO gegen Kommission, Slg. 1990, I-2189, 2211 Rdn. 19; verb. Rs. C-104/89 und C-37/90, Mulder u.a. gegen Rat und Kommission, Slg. 1992, I-3061, 3131 Rdn. 12; Rs. T-472/93, Campo Ebro Industrial u.a. gegen Rat, Slg. 1995, II-421, 438 Rdn. 42). Ist das Rechtsetzungsgebiet darüber hinaus dadurch gekennzeichnet, dass die Gemeinschaftsorgane ein weites Ermessen haben – wie im Bereich der gemeinsamen Agrarpolitik –, so ist weiter erforderlich, dass das handelnde Organ seine Befugnisse offenkundig und erheblich überschreitet (EuGH verb. Rs. 83/76 und 94/76, 4/77, 15/77 und 40/77, Bayerische HNL u.a. gegen Rat und Kommission, Slg. 1978, 1209, 1225 Rdn. 6; verb. Rs. C-104/89 und 37/90, Mulder u.a. gegen Rat und Kommission, Slg. 1992, I-3061, 3131 Rdn. 12; EuG Rs. T-167/94, Nölle gegen Rat und Kommission, Slg. 1995, II-2589, 2622 Rdn. 85; Rs. T-155/99, Dieckmann & Hansen GmbH gegen Kommission, Urteil v. 23. 10. 2001, Rdn. 56, noch nicht in Slg. veröffentlicht). Was den Schaden betrifft, so muss er über die Grenzen der normalen wirtschaftlichen Risiken hinausgehen, die eine Betätigung in dem betreffenden Wirtschaftszweig normalerweise mit sich bringt (EuGH Rs. 238/78, Ireks-Arkady gegen Rat und Kommission, Slg. 1979, 2955, 2973 Rdn. 11; verb. Rs. C-104/89 und C-37/90, Mulder u.a. gegen Rat und Kommission, Slg. 1992, I-3061, 3132 Rdn. 13). Schließlich muss zwischen dem Verhalten der Gemeinschaftsorgane und dem Schaden ein ursächlicher Zusammenhang bestehen (EuG Rs. T-184/95, Dorsch Consult Ingenieurgesellschaft mbH gegen Rat und Kommission, Slg. 1998, II-667, 688, Rdn. 59; Rs. T-220/96, Elliniki Viomichania Oplon AE (EVO) gegen Rat und Kommission, Urteil v. 24. 4. 2002, Rdn. 39, noch nicht in Slg. veröffentlicht).

3. Vorschriften über die außervertragliche Haftung gibt es nicht nur im EG, sondern auch in Art. 151, 188 Euratom-Vertrag. Den Grundsätzen, die für die außervertragliche Haftung der Gemeinschaft gelten, entsprechen im wesentlichen die Regeln, die für die Haftung der Mitgliedstaaten bei Verstoß gegen das Gemeinschaftsrecht Anwendung finden (vgl. dazu *Prieß*, Die Haftung der EG-Mitgliedstaaten bei Verstößen gegen das Gemeinschaftsrecht, NVwZ 1993, 118 sowie die EuGH-Rechtsprechung in den verb. Rs. C-46/93 und C-48/93, Brasserie du pêcheur gegen Bundesrepublik Deutschland und The Queen gegen Secretary of State for Transport, ex parte: Factortame Ltd. u.a., Slg.

1996, I-1029 und verb. Rs. C-178/94, C-179/94, C-188/94, C-189/94 und C-190/94, Dillenkofer u. a. gegen Bundesrepublik Deutschland, NJW 1996, 3141).

4. Der Sachverhalt lehnt sich an die Entscheidung des EuGH in den verb. Rs. C-104/89 und 37/90, Mulder u. a. gegen Rat und Kommission, Slg. 1992, I-3061 an; siehe dazu *Winkler/Trölitzsch,* Wende in der EuGH-Rechtsprechung zur Haftung der EG für fehlerhafte Rechtsetzungsakte und prozessuale Bewältigung der Prozessflut, EuZW 1992, 663.

5. Die Gemeinschaftsorgane, für deren Handlungen die Gemeinschaft haftet, sind in Art. 7 EG genannt. Nach Art. 288 Abs. 3 EG haftet die Gemeinschaft außerdem für Schäden, die durch die Amtstätigkeit der Europäischen Zentralbank verursacht werden. In der Rechtsprechung ist auch eine Haftung für die Europäische Investitionsbank anerkannt worden (EuGH Rs. C-370/89, Société Générale d'Entreprises Electromécaniques gegen Europäische Investitionsbank, Slg. 1992, I-6211, 6237 Rdn. 13–16).

6. Siehe Anm. 1.

7. Schadensersatzforderungen auf der Grundlage des Art. 288 Abs. 2 EG beruhen vielfach auf Entscheidungen des Gerichtshofes in Vorabentscheidungsverfahren, in denen sich die Kläger gegen die Inanspruchnahme durch nationale Behörden (Abwehrfall) oder die Ablehnung von Anträgen (Vornahmefall) wenden. Beruht das Handeln der nationalen Behörden auf gemeinschaftsrechtlichen Regelungen oder auf nationalem Recht, durch das gemeinschaftsrechtliche Vorschriften umgesetzt werden, dann stellt sich häufig die Frage, ob die letztlich maßgebende Regelung des Gemeinschaftsrechts mit höherrangigem Gemeinschaftsrecht oder Rechtsgrundsätzen vereinbar ist. Diese Frage ist im Vorabentscheidungsverfahren zu klären. Kommt der Gerichtshof zu dem Ergebnis, dass die im Einzelfall angewendete Regelung ungültig ist, so stellt sich im Anschluss stets die Frage nach einem Schadensersatzanspruch gemäß Art. 288 Abs. 2 EG.

8. Das Erfordernis der „hinreichend qualifizierten Verletzung einer höherrangigen, den Einzelnen schützenden Rechtsnorm" ist in ständiger Rechtsprechung vom EuGH entwickelt und bestätigt worden (s. o. Anm. 2). Diese Voraussetzung wurde bislang nur in seltenen Einzelfällen als gegeben angesehen.

9. Zur Haftung der Gemeinschaft bei Verletzung des Grundsatzes des Vertrauensschutzes vgl. EuGH Rs. 74/74, CNTA gegen Kommission, Slg. 1975, 533, 549 Rdn. 44; verb. Rs. C-104/89 und 37/90, Mulder u. a. gegen Rat und Kommission, Slg. 1992, I-3061, 3132 Rdn. 15. Zu den Schutznormen, deren Verletzung nach Art. 288 Abs. 2 EG sanktioniert wird, gehören zunächst primärrechtliche Regelungen wie die Freiheit des Warenverkehrs (EuGH verb. Rs. 5, 7, 13–24/66, Kampffmeyer u. a. gegen Kommission, Slg. 1967, 331, 354 f.) sowie sekundärrechtliche Regelungen. Darüber hinaus sind auch die Individualgrundrechte des Gemeinschaftsrechts (z. B. der Grundsatz der Wahrung der Verteidigungsrechte sowie das Diskriminierungsverbot, vgl. EuGH Rs. 241/78, Ireks-Arkady u. a. gegen Rat und Kommission, Slg. 1979, 2955, 2973 Rdn. 11) und allgemeine Rechtsgrundsätze wie der Grundsatz des Vertrauensschutzes, der Verhältnismäßigkeitsgrundsatz und das Sorgfaltsprinzip als höherrangige Regeln anerkannt, die dem Schutz des Einzelnen zu dienen bestimmt sind (zur Schutzwirkung des Verhältnismäßigkeitsprinzips siehe EuGH Rs. 281/84, Zuckerfabrik Bedburg gegen Europäische Wirtschaftsgemeinschaft, Slg. 1987, 49, 94 f. Rdn. 35 f.; zum Sorgfaltsprinzip vgl. EuG Rs. T-167/94, Nölle gegen Rat und Kommission, Slg. 1995, II-2589, 2619 Rdn. 76). Problematisch ist die Schutzwirkung von Form- und Verfahrensvorschriften bei formalen und Verfahrensfehlern. Die Verletzung der Begründungspflicht des Art. 253 EG etwa ist nach der Rechtsprechung des EuGH nicht ausreichend, um eine außervertragliche Haftung zu begründen (EuGH Rs. 106/81, Kind gegen Europäische Wirtschaftsgemeinschaft, Slg. 1982, 2885, 2918 Rdn. 14; EuG Rs. T-167/94, Nölle gegen Rat und Kommission, Slg. 1995, II-2589, 2613 Rdn. 57).

10. Nach der Rechtsprechung des Gerichtshofes bedarf es für die Haftung wegen normativen Unrechts einer offenkundigen und erheblichen Verletzung der Befugnisse, die den Gemeinschaftsorganen zustehen (s. o. Anm. 2).

11. Nach der Rechtsprechung des EuGH wird Schadensersatz wegen normativen Unrechts nur geleistet, wenn die betroffene Gruppe von Wirtschaftsteilnehmern begrenzt und klar umrissen ist. Dabei kommt es nicht so sehr auf die Zahl der in Rede stehenden Wirtschaftsteilnehmer an, sondern vielmehr auf die im Zeitpunkt des Schadensereignisses abstrakte Bestimmbarkeit derjenigen, die von dem rechtswidrigen normativen Handeln der Gemeinschaftsorgane betroffen sind.

12. Siehe dazu Anm. 2. In der Sache geht es bei diesem Erfordernis um die Vorhersehbarkeit des Schadens bzw. des rechtswidrigen Verhaltens der Gemeinschaftsorgane und seiner Berücksichtigung bei der Unternehmensplanung des geschädigten Wirtschaftsteilnehmers (vgl. EuGH Rs. C-220/91, Stahlwerke Peine-Salzgitter gegen Kommission, Slg. 1993, I-2393, 2404 Rdn. 58).

13. Die Schadensberechnung richtet sich wie im nationalen Recht nach der Differenzhypothese. Es wird also abgestellt auf einen Vergleich des tatsächlich bestehenden Zustands mit dem Zustand, der bestehen würde, wenn das schadenstiftende Ereignis nicht eingetreten wäre (EuGH Rs. C-220/91 P, Stahlwerke Peine-Salzgitter gegen Kommission, Slg. 1993, I-2393, 2452 Rdn. 57). Dabei ist davon auszugehen, dass die Höhe der von der Gemeinschaft geschuldeten Entschädigung dem von der Gemeinschaft verursachten Schaden zu entsprechen hat (EuGH verb. Rs. C-104/89 und C-37/90, Mulder u. a. gegen Rat und Kommission, Slg. 1992, I-3061, 3137 Rdn. 34). Zu den Schadenspositionen die nach diesen Grundsätzen zu ersetzen sind, gehören u. a. der entgangene Gewinn, aber auch Kosten und in Ausnahmefällen auch immaterielle Schäden. Nicht ersetzt werden jedoch Prozesskosten, die über die nach nationalem Prozessrecht zu erstattenden Kosten hinausgehen (so unter Berufung auf Art. 104 § 5 EuGH-Verfahrensordnung EuG Rs. T-167/94, Nölle gegen Rat und Kommission, Slg. 1995, II-2589, 2642 Rdn. 35 ff.).

14. Zinsen hat der Gerichtshof bislang erst ab dem Tag der Urteilsverkündung zugesprochen, so dass sich die Forderung etwa von Verzugszinsen erübrigt (EuGH verb. Rs. C-104/89 und C-37/90, Mulder u. a. gegen Rat und Kommission, Slg. 1992, I-3161, 3137 Rdn. 35).

15. Die eindeutige Kundgabe der Klageabsicht für den Fall, dass die Gemeinschaftsorgane der Zahlungsaufforderung keine Folge leisten, ist für die Unterbrechung der Verjährung gemäß Art. 43 EuGH-Satzung erforderlich.

Fristen

Nach Art. 43 EuGH-Satzung ist die Klage innerhalb von zwei Monaten nach Zugang der Ablehnung durch den Rat und die Kommission zu erheben, wenn die Unterbrechung der Verjährung nach dieser Vorschrift herbeigeführt werden soll. Eine spätere Klageerhebung vor Ablauf der Verjährungsfrist ist jedoch in jedem Fall zulässig (s. oben Anm. 1).

5. Anspruchsschreiben an die Europäische Kommission (Haftung für administratives Unrecht[1])

Einschreiben gegen Rückschein

An die
Europäische Kommission
Rue de la Loi 200
B – 1049 Brüssel
BELGIEN

Schadensersatzforderung

Sehr geehrte Damen und Herren,
namens und im Auftrag unserer Mandantin, der Fa. ......, nehmen wir Sie hiermit auf Schadensersatz gemäß Art. 288 Abs. 2 EG in Anspruch und fordern den Ersatz der Schäden, die unserer Mandantin dadurch entstanden sind, dass die Europäische Kommission unter Verletzung des Art. 287 EG vertrauliche Informationen weitergegeben hat. Die Schadenssumme beläuft sich auf insgesamt
EUR ...... :

Begründung:

A. Sachverhalt[2]

Die Fa. ...... (Antragstellerin) stellt in ihrem Betrieb in ...... X-Produkte her, deren Zusammensetzung und Herstellungsverfahren Geschäftsgeheimnisse im Sinne des Art. 287 EG darstellen. Aus Anlass eines Streits mit den deutschen Zollbehörden über die zolltarifliche Einreihung der X-Produkte sind diese Unterlagen im Rahmen einer Besprechung auch der Generaldirektion XXI der Kommission zugänglich gemacht worden. Dabei ist ausdrücklich auf den geheimen Charakter der Dokumente hingewiesen und um vertrauliche Behandlung gebeten worden. Durch ein Versehen des zuständigen Beamten sind die Unterlagen sodann zusammen mit anderen Unterlagen zur Stellungnahme an den Europäischen Dachverband der Hersteller von X-Produkten gesandt worden und dadurch den Konkurrenzunternehmen der Antragstellerin bekannt geworden. Inzwischen werden die X-Produkte auch von diesen Konkurrenzunternehmen hergestellt, wodurch der Absatz der Produkte der Antragstellerin erheblich zurückgegangen ist.

B. Rechtliche Würdigung

Die Voraussetzungen der Haftung der EG nach Art. 288 Abs. 2 EG sind erfüllt, denn ein rechtswidriges Handeln der Kommission hat adäquat kausal zu den mit diesem Schreiben geltend gemachten Schäden der Antragstellerin geführt.

1. Handelndes Gemeinschaftsorgan[3] war die Kommission. Der Anspruch richtet sich nach dem Wortlaut des Art. 288 Abs. 2 EG daher gegen die Europäische Gemeinschaft, die insoweit durch die Kommission vertreten wird[4].
2. Die Rechtswidrigkeit des Verhaltens der Kommission, die sich die Amtstätigkeit (das Versehen) des betreffenden Beamten zurechnen lassen muss, ergibt sich aus dem Verstoß gegen Art. 287 EG[5]. Nach dieser Vorschrift sind die Gemeinschaftsorgane verpflichtet, Auskünfte, die ihrem Wesen nach unter das Berufsgeheimnis fallen, nicht preiszugeben. Das gilt insbesondere für Auskünfte über Unternehmen sowie deren Geschäftsbeziehungen oder Kostenelemente. Dass unter den Schutz des Art. 287 EG damit auch Angaben über Produktionsverfahren und die Zusammensetzung von Produkten fallen, liegt auf der Hand. Art. 287 EG ist auch eine Norm, die dem Schutz

des einzelnen Unternehmens zu dienen bestimmt ist und nicht lediglich im allgemeinen Interesse besteht.

Unerheblich ist in diesem Zusammenhang, dass die betreffenden Unterlagen nicht ausdrücklich als „vertraulich" bzw. als „Geschäftsgeheimnisse" gekennzeichnet waren. Denn in der Besprechung vom ......, in der sie der Kommission übergeben worden sind, hatte der Vertreter der Antragstellerin ausdrücklich auf den streng vertraulichen Charakter der Schriftstücke hingewiesen und gebeten, die Unterlagen keinesfalls an Dritte zu geben. Der Charakter der Unterlagen und die Notwendigkeit einer streng vertraulichen Behandlung ergab sich im übrigen ohne weiteres aus ihrem Inhalt.

3. Die Höhe des der Antragstellerin entstandenen Schadens[6] ergibt sich aus folgender Berechnung: ...... Dieser Schaden ist adäquat kausal durch die Weitergabe der vertraulichen Unterlagen der Antragstellerin verursacht worden. Denn ohne diese Weitergabe wären die Konkurrenzunternehmen nicht in der Lage gewesen, X-Produkte herzustellen, die denen der Antragstellerin entsprechen. Das Auftauchen der Konkurrenzprodukte auf dem Markt führte zu einem gravierenden Umsatzrückgang bei der Antragstellerin, der bis heute nicht ausgeglichen werden konnte.

   Ein Mitverschulden der Antragstellerin[7] an dem entstandenen Schaden besteht nicht. Insbesondere kann nicht darauf verwiesen werden, dass die Unterlagen nicht ausdrücklich als „vertraulich" gekennzeichnet waren, da in der Besprechung vom ...... ausdrücklich gebeten worden war, die Schriftstücke nicht an Dritte gelangen zu lassen.

4. Angesichts der Sach- und Rechtslage gehen wir davon aus, dass der Schadensersatzanspruch unserer Mandantin dem Grunde und der Höhe nach vollständig erfüllt werden wird. Wir bitten Sie daher, den geforderten Betrag in Höhe von EUR ...... bis zum ...... auf unser Konto Nr. ...... bei der ......-Bank zu überweisen. Eine entsprechende Vollmacht liegt bei. Für den Fall einer nicht oder nicht vollständig erfolgten Zahlung sind wir angewiesen, Klage vor dem Europäischen Gerichtshof zu erheben[8].

Mit freundlichen Grüßen
Unterschrift

Schrifttum: vgl. die Nachweise zu Form. IX. 4.

Anmerkungen

1. Zur Abgrenzung der Anforderungen für einen Schadensersatzanspruch wegen administrativen und legislativen Unrechts vgl. Form. IX. 4 Anm. 2.

2. Der Sachverhalt lehnt sich an die Entscheidung des EuGH in der Rs. 145/83, Adams gegen Kommission, Slg. 1985, 3539 an. Der Kläger erhielt von der Gemeinschaft als Schadensersatz £ 200.000.–, vgl. *Grunwald,* Art. 214 Fn. 84, in: *von der Groeben/ Thiesing/Ehlermann,* Kommentar zum EU-/EG-Vertrag, 5. Aufl. 1997.

3. Vgl. dazu Form. IX. 4 Anm. 5.

4. Der Wortlaut des Art. 288 Abs. 2 EG spricht zwar davon, dass „die Gemeinschaft" den von ihren Organen verursachten Schaden zu ersetzen hat. Wer die Gemeinschaft insoweit vertritt, ist hier aber nicht gesagt. Der Gerichtshof hat entschieden, dass die Gemeinschaft durch dasjenige Organ vertreten werden solle, dem das die Haftung begründende Verhalten zuzurechnen sei (EuGH verb. Rs. 63–69/72, Werhahn u.a. gegen Rat, Slg. 1973, 1229, 1247 Rdn. 8). Aus diesem Grunde bedarf es hier – anders als bei dem Form. IX. 4 – keines Schreibens an den Rat. Denn der geltend gemachte Schaden kann nur durch das der Kommission zuzurechnende Verhalten ihres Beamten verursacht worden sein.

5. Zu Art. 287 EG gibt es eine Vielzahl von Spezialregelungen für Einzelgebiete des Gemeinschaftsrechts, so für das Kartellrecht den Art. 20 Verordnung (EWG) Nr. 17/62 (ABl. 1962 L 13/204) und für das Antidumpingrecht Art. 19 Verordnung (EG) Nr. 384/96, ABl. 1996 Nr. L 56/1, zuletzt geändert durch Verordnung (EG) Nr. 2238/2000, ABl. 2000 Nr. L 257/2.

6. Zur Schadensberechnung vgl. Form. IX. 4 Anm. 12.

7. Zur Frage eines Mitverschuldens vgl. EuGH Rs. 145/83, Adams gegen Kommission, Slg. 1985, 3539, 3592 Rdn. 53–55.

8. Vgl. Form. IX. 4 Anm. 14.

6. Klageschrift (Haftung für legislatives Unrecht)[1] gemäß Art. 235 iVm. Art. 288 Abs. 2 EG

…… stadt, den ……[2]

An das
Gericht erster Instanz der Europäischen Gemeinschaften[3]
– Kanzlei –
Boulevard Konrad Adenauer
L-2925 Luxemburg
LUXEMBURG

Klage[4]

des Herrn ……[5]

– Klägers –

Prozessbevollmächtigter: Rechtsanwalt ……
gegen
die Europäische Gemeinschaft[6], vertreten
1. durch den Rat der Europäischen Gemeinschaft, Rue de la Loi 170, 1048 Brüssel
2. durch die Europäische Kommission, Rue de la Loi 200, 1049 Brüssel

– Beklagte –

wegen: Schadensersatz gemäß Art. 288 Abs. 2 EG

Namens und im Auftrag des Klägers erheben wir hiermit Klage und beantragen[7],
1. Die Beklagte zu verurteilen, an den Kläger EUR ……
zuzüglich 8% Zinsen ab dem Tag der Verkündung des Urteils[8] zu zahlen,
2. der Beklagten die Kosten des Verfahrens aufzuerlegen[9].
Die Vollmacht[10] ist als

Anlage 1,

die Zulassungsbescheinigung des Prozessbevollmächtigten[11] ist als

Anlage 2

beigefügt.

Gemäß Art. 44 § 2 Abs. 2 der Verfahrensordnung erklären wir uns als Prozessbevollmächtigte damit einverstanden, dass Zustellungen an uns mittels Fernkopierer oder sonstiger technischer Kommunikationsmittel erfolgen. Zustellungen können bewirkt werden an Herrn Rechtsanwalt ……, Telefax-Nr.: …… , bzw. an die E-Mail-Anschrift: ……[12]

Begründung:[13, 14]

A. Sachverhalt[15]

......

B. Rechtliche Würdigung[16]

......

Unterschrift[17]

Verzeichnis der Anlagen[18]

Schrifttum: vgl. Form. IX. 4.

Anmerkungen

1. Nach der Rechtsprechung des Gerichtshofes handelt es sich bei der Schadensersatzklage gemäß Art. 235 i. V. m. Art. 288 Abs. 2 EG/Art. 151 i. V. m. Art. 188 EA um einen selbständigen Rechtsbehelf mit eigener Funktion (EuGH Rs. 5/71, Zuckerfabrik Schöppenstedt gegen Rat, Slg. 1971, 975, 983f. Rdn. 3.; verb. Rs. 261, 262/78, Interquell gegen Rat und Kommission, Slg. 1979, 3045, 3062 Rdn. 7; Rs. 175/84, Krohn gegen Kommission, Slg. 1986, 753, 770 Rdn. 32; Rs. C-87/89, Sonito gegen Kommission, Slg. 1990, I-1981, 2010 Rdn. 14; EuG Rs. T-514/93, Cobrecaf SA u. a. gegen Kommission, Slg. 1995, II-621, 640f. Rdn. 58). Aus diesem Grund setzt die Zulässigkeit der Schadensersatzklage nicht voraus, dass der den Schaden verursachende (Rechts-)Akt zunächst mit der Nichtigkeitsklage gemäß Art. 230 EG angefochten worden ist. Allerdings ist zu beachten, dass die Schadensersatzklage wegen Verfahrensmissbrauchs als unzulässig abgewiesen wird, wenn mit ihr in Wirklichkeit die Aufhebung einer Einzelfallentscheidung begehrt wird (EuGH Rs. 175/84, Krohn gegen Kommission, Slg. 1986, 753, 770 Rdn. 30; Rs. 543/79, Anton Birke gegen Kommission und Rat, Slg. 1981, 2669, 2695 Rdn. 28; verb. Rs. 114–117/79, Suzanne Mazière u. a. gegen Kommission, Slg. 1980, 1529, 1531). Zu berücksichtigen ist im übrigen, dass der Gerichtshof bei einem Mitverschulden bei der Schadensentstehung den von der Gemeinschaft zu leistenden Ersatz zu kürzen pflegt (EuGH Rs. 145/83, Adams gegen Kommission, Slg. 1985, 3539, 3592 Rdn. 54; vgl. dazu Form. IX. 6 Anm. 7). Aus diesem Grunde wird es sich stets empfehlen, gegen den (Rechts-)Akt gesondert vorzugehen, durch den der Schaden verursacht worden ist. Dazu ist entweder die Nichtigkeitsklage gemäß Art. 230 EG (vgl. Form. IX. 2) oder bei der Anwendung des Gemeinschaftsrechts oder des in nationales Recht umgesetzten Gemeinschaftsrechts durch nationale Behörden Anfechtungs- oder Verpflichtungsklage vor den Verwaltungs- oder Finanzgerichten zu erheben. Mit einer Nichtigkeitsklage gemäß Art. 230 EG kann die Schadensersatzklage nach Art. 235 i. V. m. Art. 288 Abs. 2 EG auch verbunden werden.

Im Verhältnis zu nationalen Rechtsbehelfen betrachtet der Gerichtshof die Schadensersatzklage als einen subsidiären Rechtsbehelf (EuGH Rs. C-72/90, Asia Motor France gegen Kommission, Slg. 1990, I-2181, 2185 Rdn. 14; Rs. C-118/88, AERPO gegen Kommission, Slg. 1990, I-2189, 2210 Rdn. 12).

2. Gemäß Art. 43 § 3 S. 1 EuG-Verfahrensordnung ist jeder Schriftsatz mit Datum zu versehen.

3. Zuständig für Schadensersatzklagen gemäß Art. 235 i. V. m. Art. 288 Abs. 2 EG ist das Gericht erster Instanz der Europäischen Gemeinschaften, Art. 3 Buchstabe c) Beschluss Nr. 88/591/EGKS, EWG, Euratom zur Errichtung eines Gerichts erster Instanz der Europäischen Gemeinschaften (ABl. 1988 Nr. L 319/1).

4. Die Klageschrift, alle weiteren Schriftsätze und alle darin erwähnten Anlagen sind urschriftlich mit fünf Abschriften für das Gericht und je einer Abschrift für jede andere am Rechtsstreit beteiligte Partei einzureichen, Art. 43 § 1 Abs. 2 S. 1 EuG-Verfahrensordnung.

5. Art. 44 § 1 Buchstabe a) EuG-Verfahrensordnung fordert die Angabe von Namen und Wohnsitz des Klägers. Juristische Personen des Privatrechts haben mit der Klageschrift ihre Satzung oder einen Handelsregisterauszug oder einen anderen Nachweis ihrer Rechtspersönlichkeit einzureichen, Art. 44 § 5 Buchstabe a) EuG-Verfahrensordnung.

6. Zur Passivlegitimation bei der Schadensersatzklage nach Art. 288 Abs. 2 EG und zur Vertretung vgl. Form. IX. 4 Anm. 1. Die Bezeichnung des Beklagten fordert Art. 44 § 1 Buchstabe b) EuG-Verfahrensordnung.

7. Die Anträge sind nach Art. 44 § 1 Buchstabe d) EuG-Verfahrensordnung in der Klageschrift aufzuführen.

8. Vgl. Form. IX. 4 Anm. 13. Der Zinssatz wird vom EuGH festgelegt und in unregelmäßigen Abständen erhöht. Gegenwärtig werden 8% Zinsen zugesprocnen; wird ein niedrigerer Zinssatz beantragt, so entspricht der EuGH dem Antrag (EuGH verb. Rs. C-104/89 und C-37/90, Mulder u.a. gegen Rat und Kommission, Slg. 1992, I-3061, 3137 Rdn. 35–36).

9. Gemäß Art. 87 § 2 Abs. 1 EuG-Verfahrensordnung ist die unterliegende Partei auf Antrag zur Tragung der Kosten zu verurteilen.

10. Für die Vollmacht gelten keine besonderen Vorschriften. Juristische Personen des Privatrechts haben allerdings den Nachweis vorzulegen, dass die Prozessvollmacht ihres Anwalts von einem hierzu Berechtigten ordnungsgemäß ausgestellt ist, Art. 44 § 5 Buchstabe b) EuG-Verfahrensordnung.

11. Gemäß Art. 44 § 3 EuG-Verfahrensordnung hat der Anwalt bei der Kanzlei des Gerichts eine Bescheinigung zu hinterlegen, aus der hervorgeht, dass er berechtigt ist, vor einem Gericht eines Mitgliedstaates oder eines Vertragsstaates des EWR-Abkommens aufzutreten. Diese Bescheinigung wird in Deutschland von dem Gericht ausgestellt, bei dem der Prozessbevollmächtigte zugelassen ist.

12. Gemäß Art. 44 § 2 Abs. 1 EuG-Verfahrensordnung ist in der Klageschrift eine Zustellungsanschrift am Ort des Gerichtssitzes anzugeben, d.h. es ist eine Person zu benennen, die ermächtigt ist und sich bereit erklärt hat, die Zustellungen entgegenzunehmen. Üblicherweise wird diese Aufgabe von in Luxemburg niedergelassenen Anwälten wahrgenommen. Die Zustellung erfolgt auf dem Postweg per Einschreiben mit Rückschein oder durch Übergabe gegen Quittung auf Veranlassung des Kanzlers (Art. 100 EuG-Verfahrensordnung). Anstelle oder zusätzlich zu der Zustellungsanschrift am Ort des Gerichtssitzes kann sich der Prozessbevollmächtigte in der Klageanschrift auch damit einverstanden erklären, dass Zustellungen an ihn mittels Fernkopierer oder sonstiger technischer Kommunikationsmittel erfolgen (Art. 44 § 2 Abs. 1 EuG-Verfahrensordnung). Wird weder eine Zustellungsanschrift angegeben noch das Einverständnis mit der Zustellung mittels moderner Kommunikationsmittel erklärt, so erfolgen die Zustellungen an die betreffende Partei auf dem Postweg durch Einschreiben an den Bevollmächtigten oder Anwalt der Partei, wobei in diesem Falle die Zustellung mit der Aufgabe des Einschreibens zur Post am Ort des Gerichtssitzes (also Luxemburg) als bewirkt gilt, Art. 44 § 2 Abs. 3 EuG-Verfahrensordnung. Das Risiko der Postlaufzeit trägt in diesem Fall der Kläger.

13. Die Anforderungen an die Klageschrift ergeben sich aus Art. 19 Abs. 1 EuGH-Satzung, der nach Art. 46 Abs. 1 EuGH-Satzung auch für das Gericht erster Instanz gilt, sowie aus Art. 44 § 1 Buchstabe c) EuG-Verfahrensordnung. Nach diesen Bestimmungen muss die Klageschrift u. a. den Streitgegenstand angeben und eine kurze Darstellung der Klagegründe enthalten. Um diesen Anforderungen zu genügen, müssen aus einer Klage auf Schadensersatz gegen ein Gemeinschaftsorgan insbesondere die Tatsachen, anhand derer sich das dem Organ vom Kläger vorgeworfene Verhalten bestimmen lässt, die Gründe, aus denen er der Auffassung ist, dass ein Kausalzusammenhang zwischen dem Verhalten und dem von ihm angeblich erlittenen Schaden besteht, sowie Art und Umfang dieses Schadens hervorgehen (EuGH Rs. 5/71, Zuckerfabrik Schöppenstedt gegen Rat, Slg. 1971, 975, 984 Rdn. 9; EuG Rs. T-64/89, Automec gegen Kommission, Slg. 1990, II-367, 390 Rdn. 73; Rs. T-167/94, Nölle gegen Rat und Kommission, Slg. 1995, II-2589, 2604 Rdn. 32).

14. Entspricht die Klageschrift in formeller Hinsicht nicht den Anforderungen des Art. 44 §§ 3 bis 5 EuG-Verfahrensordnung (Vorlage einer Zulassungsbescheinigung, Vorlage des angefochtenen Rechtsakts gemäß Art. 19 Abs. 2 EuGH-Satzung, Vorlage der Satzung und einer Bescheinigung über die Rechtspersönlichkeit bei juristischen Personen des Privatrechts nebst Nachweis über die ordnungsgemäße Ausstellung der Vollmacht), so setzt der Kanzler dem Kläger eine angemessene Frist zur Behebung des Mangels bzw. zur Beibringung der vorgeschriebenen Unterlagen. Nach Fristablauf entscheidet das Gericht darüber, ob die Nichtbeachtung der Formvorschriften die Unzulässigkeit der Klage zur Folge hat, Art. 44 § 6 EuG-Verfahrensordnung.

15. Vgl. Form. IX. 4.

16. Vgl. Form. IX. 4.

17. Gemäß Art. 43 § 1 Abs. 1 EuG-Verfahrensordnung ist die Urschrift jedes Schriftsatzes vom Anwalt der Partei zu unterzeichnen. Gemäß Abs. 2 sind die Abschriften zu beglaubigen.

18. Art. 43 § 4 EuG-Verfahrensordnung fordert die Vorlage eines Anlagenverzeichnisses.

Kosten und Gebühren

Vgl. Form. IX. 2 und 18.

Fristen und Rechtsmittel

Vgl. Form. IX. 4 Anm. 1 zu den prozessualen Fristen und zur Verjährungsfrist. Zum Rechtsmittel gegen Urteile des Gerichts erster Instanz vgl. Form. IX. 12.

7. Beschwerde gemäß Art. 90 Abs. 2 Beamtenstatut (BSt)

Einschreiben gegen Rückschein[1]

An[2]

……

……

……, den ……

…… ./. ……

Sehr geehrter Herr ......,
hiermit zeigen wir an, dass wir die rechtliche Vertretung von Frau ......, wohnhaft in ......, übernommen haben[3]. Eine entsprechende Vollmacht ist als

Anlage 1

beigefügt. Namens und im Auftrag von Frau ...... legen wir gemäß Art. 90 Abs. 2 Beamtenstatut

Beschwerde[4]

gegen Ihre Entscheidung vom ...... ein, mit der Sie den Antrag von Frau ...... auf Überprüfung ihres Dienstalters gem. Art. 32 Abs. 3 BSt zurückgewiesen haben[5].
Die Entscheidung vom ...... (Az. ......) wurde unserer Mandantin am ...... zugestellt[6].
Wir beantragen[7], dass Sie
1. die Entscheidung vom ...... (Az. ......) aufheben und
2. das Dienstalter von Frau ...... zum 1. 9. 1981 festsetzen.

Begründung:[8]

A. Sachverhalt

Frau ...... trat am 1. 9. 1981 als Bedienstete auf Zeit in den Dienst des Rechnungshofs (Besoldungsgruppe A4, Dienstaltersstufe 1). Sie wurde auf der Grundlage eines neuen Vertrags als Bedienstete auf Zeit mit einem Besoldungsdienstalter mit Wirkung ab 18. 10. 1983 eingestellt. Nach erfolgreicher Teilnahme an einem Auswahlverfahren für Verwaltungsräte wurde sie zur Beamtin ernannt, wobei das Besoldungsdienstalter mit Wirkung ab 18. 10. 1984 festgesetzt wurde. Auf der Grundlage von Art. 32 Abs. 2 BSt wurde sie in die Dienstalterstufe 3 eingestuft.
Mit Wirkung ab 1. 1. 1993 wurde durch Artikel 8 der Verordnung Nr. 3947/92 des Rates vom 21. 12. 1992 in Art. 32 des BSt als Abs. 3 eine Regelung aufgenommen, wonach ein Beamter sein als Bediensteter auf Zeit erworbenes Dienstalter dann beibehält, wenn er unmittelbar nach seiner Beschäftigung auf Zeit zum Beamten ernannt wird. Den Antrag von Frau ...... vom ...... auf Berichtigung ihres Dienstalters mit Wirkung ab 1. 1. 1993 entsprechend der neuen Regelung lehnten Sie am ...... ohne weitere Begründung ab.

B. Rechtliche Würdigung

Die Entscheidung vom ...... ist formell und materiell rechtswidrig.

I. Formelle Rechtswidrigkeit
Die Entscheidung verletzt wesentliche Formvorschriften, weil sie keine ausreichende Begründung dafür enthält, dass eine Neufestsetzung des Dienstalters von Frau ...... unterbleibt. Gemäß Art. 25 Abs. 1 S. 2 BSt ist jede beschwerende Verfügung mit Gründen zu versehen, die aufgrund des Statuts ergeht. Die Entscheidung vom ...... stellt eine beschwerende Maßnahme für Frau ...... dar, da sie Nachteile bei späteren Beförderungen bewirkt ......

II. Materielle Rechtswidrigkeit
Ihre Entscheidung ist zunächst rechtswidrig, weil sie gegen den Grundsatz der Gleichbehandlung verstößt. Nach ständiger Rechtsprechung stellt der Grundsatz der Gleichbehandlung einen höherrangigen Rechtsgrundsatz dar (vgl. Rs. 147/79, Hochstrass gegen Gerichtshof, Slg. 1980, 3005, 3019 Rdn. 7). Die von Ihnen vertretene Auslegung von Art. 32 Abs. 3 BSt und die entsprechende Anwendung der Vorschrift führten dazu, dass die nach Inkrafttreten der Verordnung ernannten Beamten besser eingestuft werden als die vorher ernannten. Art. 32 Abs. 3 BSt ist deshalb so auszulegen, dass die Regelung auch auf am 1. 1. 1993 bereits ernannte Beamten Anwendung findet.

Darüber hinaus verstößt Ihre Entscheidung gegen das Prinzip der allgemeinen Fürsorgepflicht. Es gebietet der Verwaltung bei der Entscheidung über die Stellung eines Beamten, nicht nur das dienstliche, sondern auch das Interesse des Beamten zu berücksichtigen (verb. Rs. 33 und 75/79, Kuhner gegen Kommission, Slg. 1980, 1677, 1697, Rdn. 22). Ihre Weigerung, Art. 32 Abs. 3 BSt nach seinem Sinn und Zweck auszulegen, zeigt, dass eine Interessenabwägung nicht stattgefunden hat.

III. Ergebnis
Die Entscheidung vom ...... ist deshalb sowohl aus formellen als auch aus materiellen Gründen rechtswidrig und muss aufgehoben werden. Sie haben die rechtlichen Verpflichtungen der Anstellungsbehörde verkannt und rechtswidrig in die Rechte von Frau ...... eingegriffen. Frau ...... hat deshalb gem. Art. 32 Abs. 3 BSt einen Anspruch auf Neufestsetzung des Dienstalters.
[Nachdem Sie auf die Bemühungen von Frau ...... um eine einverständliche Regelung des Falles nicht eingegangen sind, sehen wir uns gezwungen, im Anschluss an die Einreichung dieser Beschwerde Klage einzureichen und um einstweiligen Rechtsschutz nachzusuchen, um die Rechte unserer Mandantin zu wahren.][9]

Mit vorzüglicher Hochachtung
(Rechtsanwalt)

Schrifttum: Rengeling/Middeke/Gellermann, Rechtsschutz in der Europäischen Union, 1994, 166–169; *Karpenstein,* in: *Grabitz/Hilf,* Das Recht der Europäischen Union, Art. 236; *Krück,* Art. 179 Rdn. 18 ff., in: *von der Groeben/Thiesing/Ehlermann,* Kommentar zum EU-/EG-Vertrag, 5. Aufl. 1997; *Schermers/Waelbroeck,* Judicial Protection in the European Communities, 6. Aufl. 2001, §§ 244–246.

Anmerkungen

1. Die Verwaltungsbeschwerde unterliegt nach ständiger Rechtsprechung keinen Formerfordernissen (Rs. T-139/89, Virgili-Schettini gegen Parlament, Slg. 1990, II-535 [Leitsätze 1 und 2]), etwa im Hinblick auf die Hinzuziehung eines Anwalts, Unterschrift oder Vollmacht. Es ist jedoch in jedem Fall ratsam, die Beschwerde schriftlich einzulegen. Maßgeblich für die Einstufung eines Schreibens als Beschwerde ist, dass es klar den Willen des Beamten zum Ausdruck bringt, die Entscheidung der Anstellungsbehörde anzugreifen (Rs. 23 und 24/87, Aldinger u. Virgili gegen Parlament, Slg. 1988, 4395, 4412 Rdn. 12).

2. Die Beschwerde ist gegen die Anstellungsbehörde als Beschwerdegegner zu richten, Art. 90 Abs. 2 S. 1 BSt. Sie ist auf dem Dienstweg einzureichen. Nur wenn sie sich gegen den unmittelbaren Vorgesetzten richtet, kann sie unmittelbar bei dem nächsthöheren Vorgesetzten erhoben werden, Art. 90 Abs. 3 BSt.

3. Vgl. Anm. 1.

4. Gemäß Art. 91 Abs. 2 BSt (Statut der Beamten der Europäischen Gemeinschaften v. 18. 12. 1961 (ABl. 1962 Nr. 45, 1385) i. d. F. der Verordnung Nr. 259/68 des Rates v. 29. 2. 1968 (ABl. 1968 L 56, 1) können Beamte der EG (bzw. sonstige Bedienstete, Art. 46, 73, 83 BSB (Beschäftigungsbedingungen für die sonstigen Bediensteten der Gemeinschaft v. 18. 12. 1961 [ABl. 1962 Nr. 45, 1385] i. d. F. der Verordnung Nr. 259/68 des Rates v. 29. 2. 1968 [ABl. 1968 L 56, 1]) eine dienstrechtliche Klage nach Art. 236 EG erst nach Durchführung eines Beschwerdeverfahrens erheben, dessen Durchführung sich nach Art. 90 Abs. 2 BSt richtet. Das Vorverfahren soll eine einverständliche Beilegung des entstandenen Streits vergleichbar dem deutschen Widerspruchsverfahren ermöglichen. Die Beschwerde dient daher der verwaltungsinternen Überprüfung beschwerender Maßnahmen, die die Anstellungsbehörde gegen den Beamten oder sonstigen

Bediensteten erlassen hat. Als beschwerende Maßnahme gilt auch das Unterlassen einer Maßnahme, auf deren Erlass ein Anspruch besteht.

Sofern ein Beamter oder sonstiger Bediensteter den Erlass einer ihn betreffenden Maßnahme begehrt, hat er nach Art. 90 Abs. 1 BSt einen entsprechenden Antrag an die Anstellungsbehörde zu richten, über den diese innerhalb von vier Monaten zu entscheiden hat. Entscheidet die Behörde nicht innerhalb dieser Frist, gilt das als stillschweigende Ablehnung des Antrags. Gegen eine Ablehnung des Antrags ist dann Beschwerde gemäß Art. 90 Abs. 2 BSt zu erheben.

5. Der Sachverhalt lehnt sich an die Entscheidung des EuG in der Rs. T-93/94, Becker gegen Rechnungshof, Slg. 1996 ÖD, II-301 an.

6. Die Beschwerde muss nach Art. 90 Abs. 2 S. 2 BSt innerhalb einer Frist von drei Monaten eingelegt werden. Die Frist beginnt im Falle allgemeiner Maßnahmen mit dem Tag der Bekanntmachung der Maßnahme, im Falle einer Einzelmaßnahme mit dem Tag der Mitteilung der Entscheidung an den Empfänger, spätestens jedoch mit dem Tag der Kenntnisnahme, Art. 90 Abs. 2 S. 3 BSt.

7. Der Antrag ist immer auf die Aufhebung einer den Beamten oder sonstigen Bediensteten beschwerenden Maßnahme der Anstellungsbehörde zu richten, die auch im Nichttreffen einer nach dem Statut vorgeschriebenen Maßnahme bestehen kann, Art. 90 Abs. 2 S. 1 BSt. Begehrt der Beamte oder sonstige Bedienstete den Erlass ihn betreffender Maßnahmen, ist zunächst ein Antrag gemäß Art. 90 Abs. 1 BSt zu stellen, siehe oben Anm. 1.

8. Die Beschwerde ist so zu begründen, dass die Behörde die Möglichkeit hat, sich mit allen ihr zum Vorwurf gemachten Rügen auseinanderzusetzen (Rs. T-7/90, Kobor gegen Kommission, Slg. 1990, II-721, 731 Rdn. 34). Doch ist es ausreichend, dass die Behörde mit der ihren Bediensteten geschuldeten Sorgfalt den Inhalt der Beschwerde im Wege der Auslegung ermitteln kann (Rs. T-139/89, Virgili gegen Parlament, Slg. 1990, II-535, Leitsatz 1). Es ist jedoch erforderlich, bereits in der Beschwerde die wesentlichen Gründe darzulegen und Anträge zu stellen, da sie den Rahmen einer späteren dienstrechtlichen Klage abstecken. Nach ständiger Rechtsprechung müssen spätere Klageanträge denselben Gegenstand haben wie die in der Beschwerde enthaltenen Anträge und es können in der Klage nur Rügen erhoben werden, die auf demselben Grund beruhen wie die in der Beschwerde genannten Rügen; diese Rügen können im Stadium der Klage ausnahmsweise durch neue Gründe und Argumente weiterentwickelt werden, die nicht notwendigerweise in der Beschwerde enthalten sind, sich aber eng an diese anlehnen (Rs. 23 und 24/87, Aldinger u. Virgili gegen Parlament, Slg. 1988, 4395, 4413 Rdn. 15; Rs. T-19/90, von Hoessle gegen Rechnungshof, Slg. 1991, II-615, 627 Rdn. 33).

9. Das Beschwerdeverfahren ist abgeschlossen, sobald die Anstellungsbehörde dem Betreffenden eine begründete Beschwerdeentscheidung mitgeteilt hat. Für den Erlass der Entscheidung steht der Behörde eine Frist von vier Monaten ab dem Tag der Einreichung der Beschwerde zur Verfügung, Art. 90 Abs. 2 S. 4 BSt. Ergeht innerhalb dieser Frist keine Entscheidung, so gilt die Beschwerde als stillschweigend abgelehnt. Gegen diese stillschweigende Entscheidung ist die Klage nach Art. 91 BSt, 236 EG zulässig, Art. 90 Abs. 2 S. 5 BSt.

Ein Abwarten der Entscheidung der Behörde ist in Eilfällen nicht erforderlich. Gemäß Art. 91 Abs. 4 BSt kann nach Einreichung der Beschwerde unverzüglich Klage erhoben werden, wenn zugleich ein Antrag auf einstweiligen Rechtsschutz gestellt wird (dazu Form. IX. 12).

Kosten und Gebühren

Das Beschwerdeverfahren ist gebührenfrei.

Fristen und Rechtsmittel

Zu Fristen vgl. Anm. 5; zu Rechtsmitteln gegen die Beschwerdeentscheidung vgl. Form. IX. 8.

8. Dienstrechtliche Klage gemäß Art. 236 EG

……, den ……[1]

An das
Gericht erster Instanz der Europäischen Gemeinschaften[2]
– Kanzlei –
Boulevard Konrad Adenauer
L-2925
LUXEMBURG

Klage[3]

des Herrn ……, wohnhaft in ……, ……[4]

– Kläger –

Prozessbevollmächtigter: Rechtsanwalt ……[5]

gegen

den Europäischen Rechnungshof, Rue Alcide de Garpen 12, L-1615 Luxemburg[6]

– Beklagte –

wegen: Nichtigerklärung der Entscheidung des Rechnungshofs vom …… (Az. ……)

Namens und im Auftrag des Klägers erheben wir hiermit gemäß Art. 236 EG, Art. 91 Abs. 1 BSt

Klage

und beantragen,[7]
1. den Bescheid des Rechnungshofs vom …… (Az. ……) aufzuheben;[8]
2. der Beklagten die Kosten des Verfahrens aufzuerlegen.[9]
Die Vollmacht[10] ist als

Anlage 1,

die Zulassungsbescheinigung[11] als

Anlage 2

beigefügt.

Gemäß Art. 44 § 2 Abs. 2 der Verfahrensordnung erklären wir uns als Prozessbevollmächtigte damit einverstanden, dass Zustellungen an uns mittels Fernkopierer oder sonstiger technischer Kommunikationsmittel erfolgen. Zustellungen können bewirkt werden an Herrn Rechtsanwalt ……, Telefax-Nr.: ……, bzw. an die E-Mail-Anschrift: …… [12]

Begründung:[13]

A. Klageziel

Der Kläger erstrebt mit der Klage die Aufhebung der Entscheidung der Beklagten, mit der dieser seinen Antrag auf Neubewertung seines Besoldungsdienstalters ablehnte. Der

Kläger macht zum einen einen Verstoß der Entscheidung der Beklagten gegen den Grundsatz der Gleichbehandlung und zum anderen einen Verstoß gegen das Prinzip der allgemeinen Fürsorgepflicht geltend.

B. Sachverhalt[9]

Der Kläger trat am 1. 9. 1981 als Bediensteter auf Zeit in den Dienst des Rechnungshofs (Besoldungsgruppe A4, Dienstaltersstufe 1). Er wurde auf der Grundlage eines neuen Vertrags als Bediensteter auf Zeit mit einem Besoldungsdienstalter mit Wirkung ab 18. 10. 1983 eingestellt. Nach erfolgreicher Teilnahme an einem Auswahlverfahren für Verwaltungsräte wurde er zum Beamten ernannt, wobei das Besoldungsdienstalter mit Wirkung ab 18. 10. 1984 festgesetzt wurde. Auf der Grundlage von Art. 32 Abs. 2 BSt wurde er in die Dienstalterstufe 3 eingestuft.
Mit Wirkung ab 1. 1. 1993 wurde durch Artikel 8 der Verordnung Nr. 3947/92 des Rates vom 21. 12. 1992 in Art. 32 des BSt als Abs. 3 eine Regelung aufgenommen, wonach ein Beamter sein als Bediensteter auf Zeit erworbenes Dienstalter dann beibehält, wenn er unmittelbar nach seiner Beschäftigung auf Zeit zum Beamten ernannt wird. Den Antrag des Klägers vom ...... auf Berichtigung seines Dienstalters mit Wirkung ab 1. 1. 1993 entsprechend der neuen Regelung lehnte der Beklagte am ...... ab. Hiergegen legte der Kläger am ... Beschwerde gemäß Art. 90 Abs. 2 BSt ein,

Anlage 3,

die der Beklagte am ...... mit der Begründung ablehnte, Art. 32 Abs. 3 BSt finde keine Anwendung auf Einstellungen vor dem 1. 1. 1993

Anlage 4.

C. Rechtliche Würdigung

I. Zulässigkeit[14]
Der Kläger hat das gem. Art. 91 Abs. 2 BSt erforderliche Beschwerdeverfahren ordnungsgemäß durchgeführt. Er hat am ...... einen Antrag auf Neufestsetzung seines Dienstalters gestellt, den der Beklagte mit Schreiben vom ...... ablehnte. Die Beschwerde des Klägers vom ...... wies der Beklagte mit Schreiben vom ...... zurück.
Die Entscheidung beschwert den Kläger unmittelbar, da er bei einer Neufestsetzung seines Dienstalters bessere Aussichten haben würde, befördert zu werden ......
[ggf.[15]: Die Zulässigkeit der sofortigen Klageerhebung ergibt sich im vorliegenden Fall aus Art. 91 Abs. 4 BSt. Danach kann in Abweichung von Art. 91 Abs. 2 BSt nach Einreichung einer Beschwerde gemäß Art. 90 Abs. 2 BSt unverzüglich Klage bei dem Gerichtshof erhoben werden, wenn zeitgleich mit der Klage ein Antrag auf Aussetzung des angefochtenen Verwaltungsakts oder auf Erlass vorläufiger Maßnahmen gestellt wird. Mit Antrag vom ...... hat der Kläger die Aussetzung der Entscheidung vom ...... beantragt.]

II. Begründetheit[16]
Die Entscheidung des Beklagten ist rechtswidrig, weil sie gegen den Grundsatz der Gleichbehandlung verstößt. Nach ständiger Rechtsprechung stellt der Grundsatz der Gleichbehandlung einen höherrangigen Rechtsgrundsatz dar (Rs. 147/79, Hochstrass gegen Gerichtshof, Slg. 1980, 3005, 3019 Rdn. 7). Die von der Beklagten vertretene Auslegung von Art. 32 Abs. 3 BSt führt dazu, dass die nach Inkrafttreten der Verordnung ernannten Beamten besser eingestuft werden als die vorher ernannten. Art. 32 Abs. 3 BSt ist deshalb so auszulegen, dass die Regelung auch auf am 1. 1. 1993 bereits ernannte Beamten Anwendung findet.
Darüber hinaus verstößt die Entscheidung gegen das Prinzip der allgemeinen Fürsorgepflicht. Diese gebietet es, dass die Verwaltung, wenn sie über die Stellung eines Beamten entscheidet, nicht nur das dienstliche Interesse, sondern auch das Interesse des Beamten

berücksichtigt (verb. Rs. 33 und 75/79, Kuhner gegen Kommission, Slg. 1980, 1677, 1697, Rdn. 22). Die Weigerung der Beklagten, Art. 32 Abs. 3 BSt nach seinem Sinn und Zweck auszulegen, zeigte, dass eine Interessenabwägung nicht stattgefunden hat.

......

(Unterschrift)[17]
Verzeichnis der Anlagen[18]

Schrifttum: Karpenstein, in: *Grabitz/Hilf,* Das Recht der Europäischen Union, Art. 236; *Krück,* in: *von der Groeben/Thiesing/Ehlermann,* Kommentar zum EU-/EG-Vertrag, 5. Aufl. 1997; *Rengeling/Middeke/Gellermann,* Rechtsschutz in der Europäischen Union, 1994, Rdn. 308 ff.; *Rogalla,* Dienstrecht der Europäischen Gemeinschaften, 1992; *Hatje,* Der Rechtsschutz der Stellenbewerber im Europäischen Beamtenrecht, 1988; *Lindemann,* Allgemeine Rechtsgrundsätze und europäischer öffentlicher Dienst, 1986; *Henrich,* Die Rechtsprechung des Europäischen Gerichtshofs in Personalsachen, EuR 1980, 134; 1982, 231; 1985, 171; 1988, 302.

Anmerkungen

1. Gemäß Art. 43 § 3 S. 1 EuG-Verfahrensordnung ist jeder Schriftsatz mit Datum zu versehen.

2. Zuständig für die Entscheidung über dienstrechtliche Streitigkeiten gem. Art. 236 EG ist das Gericht erster Instanz der Europäischen Gemeinschaften (Art. 225 EG, Art. 3 Buchstabe a) Beschluss Nr. 88/591/EGKS, EWG, Euratom zur Errichtung eines Gerichts erster Instanz der Europäischen Gemeinschaften, ABl. 1988 Nr. L 319/1).

3. Gemäß Art. 236 EG (Art. 152 EA, Art. 24 FusionsV) i. V. m. Art. 91 Abs. 1 BSt (Art. 46, 73, 83 BSB) entscheidet der Gerichtshof über alle Streitsachen zwischen der Gemeinschaft und ihren Bediensteten (Beamte und sonstige Bedienstete) innerhalb der Grenzen und nach Maßgabe der Bedingungen, die im Statut der Beamten (BSt) (Statut der Beamten der Europäischen Gemeinschaften v. 18. 12. 1961 [ABl. 1962 Nr. 45, 1385] i. d. F. der Verordnung Nr. 259/68 des Rates v. 29. 2. 1968 [ABl. 1968 L 56, 1]) festgelegt sind oder die sich aus den Beschäftigungsbedingungen der Bediensteten (BSB) (Beschäftigungsbedingungen für die sonstigen Bediensteten der Gemeinschaft v. 18. 12. 1961 [ABl. 1962 Nr. 45, 1385] i. d. F. der Verordnung Nr. 259/68 des Rates v. 29. 2. 1968 [ABl. 1968 L 56, 1]) ergeben. Die Rechtsschutzmöglichkeiten der Art. 90, 91 BSt gelten nicht nur für die aktiven Beamten, sondern auch für die Bewerber um ein Amt oder ein allgemeines Auswahlverfahren (EuG, Rs. T-107/99, Retortillo gegen Rat, Slg. 1999, II-1939). Es handelt sich bei Art. 236 EG um keine eigene Klageart. Vielmehr wird nur eine Entscheidungskompetenz für dienstrechtliche Streitigkeiten getroffen, die auf die bestehenden Rechtsbehelfe zurückgreift. Entsprechend dem Klagebegehren können im dienstrechtlichen Streitverfahren sowohl Gestaltungs- als auch Feststellungsklagen in Betracht kommen. Im Einzelfall kann es sich dabei um eine Nichtigkeits-, Leistungs-, Schadensersatz- oder Untätigkeitsklage handeln, ggf. verbunden im Wege der objektiven Klagehäufung.

Der dienstrechtlichen Klage ist ein Beschwerdeverfahren zwingend vorgeschaltet, Art. 91 Abs. 2 BSt (siehe oben Form. IX. 8).

4. Die Klageschrift, alle weiteren Schriftsätze und alle darin erwähnten Anlagen sind urschriftlich mit fünf Abschriften für das Gericht und je einer Abschrift für jede andere am Rechtsstreit beteiligte Partei einzureichen, Art. 43 § 1 Abs. 2 S. 1 EuG-Verfahrensordnung.

5. Art. 44 § 1 Buchstabe a) EuG-Verfahrensordnung fordert die Angabe von Namen und Wohnsitz des Klägers.

6. Dienstrechtliche Klagen sind nicht gegen die Gemeinschaft zu richten, sondern gegen das Gemeinschaftsorgan, in dessen Dienst der Kläger im Zeitpunkt der beanstandeten Maßnahme bzw. seines Ausscheidens stand (Rs. T-162/89, Mommer gegen Parlament, Slg. 1990, II-679, 685, Rdn. 18). Das sind nicht nur die in Art. 7 EG, Art. 5 EA aufgeführten Gemeinschaftsorgane, sondern auch andere Gemeinschaftseinrichtungen, die mit Rechtspersönlichkeit ausgestattet sind (z. B. der Wirtschafts- und Sozialausschuss (WSA), das Zentrum für die Förderung der Berufsbildung (CEDEFOP), das Europäische Währungsinstitut (EWI), die Europäische Investitionsbank (EIB), die Europäische Zentralbank (EZB), etc.).

7. Die Anträge sind nach Art. 44 § 1 Buchstabe d) EuG-Verfahrensordnung in der Klageschrift aufzuführen. Sie richten sich nach dem jeweiligen Klagebegehren in der dienstrechtlichen Streitigkeit, vgl. Anm. 1.

Nach ständiger Rechtsprechung müssen die Klageanträge im Rahmen von Art. 236 EG denselben Gegenstand haben wie die in der vorgeschalteten Beschwerde (vgl. oben Form. IX. 7) enthaltenen Anträge und können in der Klage nur solche Rügen erhoben werden, die auf demselben Grund beruhen wie die in der Beschwerde genannten Rügen; diese Rügen können im Stadium der Klage jedoch durch neue Gründe und Argumente weiterentwickelt werden, die nicht notwendigerweise in der Beschwerde enthalten sind, sich aber eng an diese anlehnen (Rs. 23 und 24/87, Aldinger u. Virgili gegen Parlament, Slg. 1988, 4395, 4413 Rdn. 15; Rs. T-19/90, von Hoessle gegen Rechnungshof, Slg. 1991, II-615, 627 Rdn. 33).

8. Der Sachverhalt lehnt sich an die Entscheidung des EuG v. 6. 3. 1997 in der Rs. T-93/94, Becker gegen Rechnungshof, Slg. 1996 ÖD, II-301 an.

9. Gemäß Art. 87 § 2 Abs. 1 EuG-Verfahrensordnung ist die unterliegende Partei auf Antrag zur Tragung der Kosten zu verurteilen. Doch tragen die Organe in den Streitsachen zwischen der Gemeinschaft und ihren Bediensteten ihre Kosten grundsätzlich selbst, Art. 88 EuG-Verfahrensordnung.

10. Dazu Form. IX. 2 Anm. 14.

11. Dazu Form. IX. 2 Anm. 15.

12. Gemäß Art. 44 § 2 Abs. 1 EuG-Verfahrensordnung ist in der Klageschrift eine Zustellungsanschrift am Ort des Gerichtssitzes anzugeben, d. h. es ist eine Person zu benennen, die ermächtigt ist und sich bereit erklärt hat, die Zustellungen entgegenzunehmen. Üblicherweise wird diese Aufgabe von in Luxemburg niedergelassenen Anwälten wahrgenommen. Die Zustellung erfolgt auf dem Postweg per Einschreiben mit Rückschein oder durch Übergabe gegen Quittung auf Veranlassung des Kanzlers (Art. 100 EuG-Verfahrensordnung). Anstelle oder zusätzlich zu der Zustellungsanschrift am Ort des Gerichtssitzes kann sich der Prozessbevollmächtigte in der Klageanschrift auch damit einverstanden erklären, dass Zustellungen an ihn mittels Fernkopierer oder sonstiger technischer Kommunikationsmittel erfolgen (Art. 44 § 2 Abs. 1 EuG-Verfahrensordnung). Wird weder eine Zustellungsanschrift angegeben noch das Einverständnis mit der Zustellung mittels moderner Kommunikationsmittel erklärt, so erfolgen die Zustellungen an die betreffende Partei auf dem Postweg durch Einschreiben an den Bevollmächtigten oder Anwalt der Partei, wobei in diesem Falle die Zustellung mit der Aufgabe des Einschreibens zur Post am Ort des Gerichtssitzes (also Luxemburg) als bewirkt gilt, Art. 44 § 2 Abs. 3 EuG-Verfahrensordnung. Das Risiko der Postlaufzeit trägt in diesem Fall der Kläger.

13. Es gelten die allgemeinen Anforderungen an eine Klageschrift, Art. 19 Abs. 1 i. V. m. Art. 46 Abs. 1 EuGH-Satzung, Art. 44 § 1 Buchstabe c) EuG-Verfahrensordnung. Danach muss die Klageschrift u.a. den Streitgegenstand angeben und eine kurze Darstellung der Klagegründe enthalten; vgl. auch Form. IX. 2 Anm. 6.

14. Neben den allgemeinen Zulässigkeitsvoraussetzungen der jeweiligen Klageart sind bei jeder dienstrechtlichen Klage folgende besondere Zulässigkeitsvoraussetzungen zu beachten, die sich aus dem Beamtenstatut ergeben:

Gemäß Art. 91 Abs. 2 BSt ist die Erhebung einer dienstrechtlichen Klage nur zulässig, wenn zuvor bei der Anstellungsbehörde eine Beschwerde (Art. 90 Abs. 2 BSt) fristgerecht eingereicht und die Beschwerde ausdrücklich oder stillschweigend zurückgewiesen worden ist (dazu Form. VIII. 7). Es handelt sich bei dem Vorverfahren um eine zwingende Klagevoraussetzung. Das Gericht prüft insbesondere die Einhaltung der Fristen für das vorprozessuale Verfahren von Amts wegen, weil sie zur Gewährleistung der Rechtssicherheit zwingenden Charakter haben (Rs. 232/85, Becker gegen Kommission, Slg. 1986, 3401, 3413 Rdn. 8; Rs. T-552/93, Grassi gegen Kommission, Slg. 1995 ÖD, II-125, 131 Rdn. 23). Entbehrlich ist das Vorverfahren nur dann, wenn es seinen Zweck von vornherein nicht erfüllen kann, weil die Anstellungsbehörde nicht die Befugnis hat, die angegriffene Entscheidung zu ändern. Dies ist etwa der Fall bei Entscheidungen von unabhängigen Prüfungsausschüssen in Auswahlverfahren (Rs. T-133/89, Burban gegen Parlament, Slg. 1990, II-245, 253 Rdn. 17) oder bei Beurteilungen der Bediensteten gem. Art. 43 BSt (verb. Rs. 6 und 97/79, Grassi gegen Rat, Slg. 1980, 2141, 2157 Rdn. 15; Rs. T-29/89, Moritz gegen Kommission, Slg. 1990, II-787, 791 Rdn. 15).

In besonders dringenden Fällen eröffnet Art. 91 Abs. 4 BSt dem Betroffenen jedoch die Möglichkeit, schon vor Beendigung des Vorverfahrens eine dienstrechtliche Klage zu erheben, wenn diese mit einem Antrag auf einstweiligen Rechtsschutz (Aussetzung des Vollzugs der beschwerenden Maßnahme, sonstige vorläufige Maßnahmen) verbunden ist, dazu unten Form. IX. 11. In diesem Fall wird über den Antrag auf einstweiligen Rechtsschutz sofort entschieden, während das Hauptsacheverfahren bis zur Ablehnung der Beschwerde ausgesetzt wird. Diese Konstruktion ist deshalb erforderlich, weil der Antrag auf einstweiligen Rechtsschutz nur gestellt werden kann, wenn spätestens gleichzeitig eine Hauptsache anhängig gemacht wird.

Art. 91 Abs. 3 BSt sieht für dienstrechtliche Klage eine Klagefrist von drei Monaten vor. Die Frist beginnt am Tag der Mitteilung der auf die Beschwerde hin ergangenen Entscheidung, bzw., im Falle der stillschweigenden Ablehnung der Beschwerde, mit dem Tag, an dem die Beantwortungsfrist der Beschwerde abläuft.

15. Gegenstand einer dienstrechtlichen Klage kann gem. Art. 91 Abs. 1 BSt jede den Beamten beschwerende Maßnahme sein. Der Begriff der „Maßnahme" umfasst dabei auch unterlassene Maßnahmen der Anstellungsbehörde, vgl. Art. 90 Abs. 2 BSt. Die angegriffene Maßnahme muss den Beamten beschweren und individuell und unmittelbar betreffen (verb. Rs. 87 und 130/77, Salerno u.a. gegen Kommission, Slg. 1985, 2523, 2534, Rdn. 30; vgl. dazu Art. 230 EG, oben Form. IX. 2). Ausreichend dafür ist, dass die Maßnahme unmittelbar auf eine dem Beschäftigten nach dem Statut eingeräumte Rechtsposition schädigend einwirkt (vgl. Rs. 124/78, List gegen Kommission, Slg. 1979, 2499, 2510 Rdn. 5; verb. Rs. 66–68, 136–140/83, Hattet u.a. gegen Kommission, Slg. 1985, 2459, 2468 Rdn. 22). Diese Voraussetzungen liegen auch bei Maßnahmen vor, die die materiellen Interessen und den Rang des Beschäftigten nicht berühren, aber seine immateriellen Interessen oder Zukunftsaussichten beeinträchtigen (Rs. 35/72, Kley gegen Kommission, Slg. 1973, 679, 688 Rdn. 4/6; Rs. T-36/93, Ojha gegen Kommission, Slg. 1995 ÖD, II-497, 510 Rdn. 42). Umfasst werden davon z.B. Disziplinarmaßnahmen (z.B. verb. Rs. 18 u. 35/65, Gutmann gegen Kommission, Slg. 1966, 153, 177; Rs. T-549/93, D. gegen Kommission, Slg. 1995 ÖD, II-43), Versetzungen (Rs. 61/76, Geist gegen Kommission, Slg. 1977, 1419, 1432 Rdn. 21/22; Rs. 23 und 24/87, Aldinger u. Virgili gegen Parlament, Slg. 1988, 4395, 4412 Rdn. 17), neue Aufgabenzuweisungen (Rs. 161 und 162/70, Carbognani u. Zabetta gegen Kommission, Slg. 1981, 543, 560

Rdn. 14), dienstliche Beurteilungen (Rs. 29/70, Marcato gegen Kommission, Slg. 1971, 243, 247 Rdn. 1; Rs. 122/75, Küster gegen Parlament, Slg. 1976, 1635, 1693 Rdn. 15) und Stellenausschreibungen (Rs. 25/77, de Roubaix gegen Kommission, Slg. 1978, 1081, 1088 Rdn. 7/8).

Rein interne Organisationsmaßnahmen, die von den Anstellungsbehörden im Rahmen ihrer Organisationsgewalt entsprechend den dienstlichen Erfordernissen zur Regelung des internen Dienstbetriebs erlassen werden, können dagegen nicht angegriffen werden, weil sie die dienstrechtliche Stellung des Beschäftigten nicht berühren (Rs. 124/78, List gegen Kommission, Slg. 1979, 2499, 2510 Rdn. 4; Rs. 23/68, Grasselli gegen Kommission, Slg. 1969, 505, 510 Rdn. 3/5; Rs. T-36/93, Ojha gegen Kommission, Slg. 1995 ÖD, II-497, 510 Rdn. 41). Ebenso sind vorbereitende Maßnahmen mangels Rechtswirkung nicht selbständig angreifbar (Rs. 123/80, B. gegen Parlament, Slg. 1980, 1789, 1791 Rdn. 2).

16. Die Gerichte üben im Rahmen der dienstrechtlichen Streitigkeiten grundsätzlich eine Kontrolle der Rechtmäßigkeit der beschwerenden Maßnahme aus. Sie beschränken sich auf die Feststellung von Verfahrensfehlern und sonstigen Rechtsverletzungen sowie eines offensichtlichen Ermessensmissbrauchs. Nur in vermögensrechtlichen Streitigkeiten eröffnet Art. 91 Abs. 2 BSt die Möglichkeit einer unbeschränkten Ermessensnachprüfung.

Materiell erfolgt die Prüfung der Rechtswidrigkeit anhand des Beamtenstatuts und der Beschäftigungsbedingungen sowie ggf. ergänzender Rechtsvorschriften. Darüber hinaus wendet die Rechtsprechung allgemeine Rechtsgrundsätze wie den Gleichbehandlungsgrundsatz, das Vertrauensschutzprinzip bzw. das Prinzip der Wahrung wohlerworbener Rechte und die allgemeine Fürsorgepflicht an (dazu im einzelnen: *Lindemann,* Allgemeine Rechtsgrundsätze und europäischer öffentlicher Dienst; *Karpenstein,* in: *Grabitz/Hilf,* Das Recht der Europäischen Union, Art. 236; *Rengeling/Middeke/Gellermann,* Rechtsschutz in der Europäischen Union, 1994, 175 ff.).

Der allgemeine Grundsatz der Gleichbehandlung gehört zu den Grundprinzipien des europäischen Dienstrechts (vgl. Art. 6 EG, Art. 27 Abs. 2 BSt). Der Rechtsprechung zufolge beinhaltet der Grundsatz, dass gleiche und vergleichbare Sachverhalte nicht unterschiedlich behandelt werden dürfen, soweit eine Differenzierung nicht objektiv gerechtfertigt ist (Rs. T-48/89, Beltrantena gegen Rat, Slg. 1990, II-493, 506 Rdn. 34; Rs. 147/79, Hochstrass gegen Gerichtshof, Slg. 1980, 3005, 3019 Rdn. 7). Für die Frage der Begründetheit ist es folglich von maßgeblicher Bedeutung, ob Umstände vorliegen, die eine Ungleichbehandlung von Beschäftigten objektiv rechtfertigen.

Aus dem Rechtssicherheitsprinzip leitet die Rechtsprechung den allgemeinen Rechtsgrundsatz des Vertrauensschutzes ab (Rs. 289/81, Mavridis gegen Parlament, Slg. 1983, 1731, 1744 Rdn. 21). Seine besondere Ausprägung erhält dieser Grundsatz in dem Prinzip der Wahrung wohlerworbener Rechte. Solche wohlerworbene Rechte stehen einem Beschäftigten zu, wenn die anspruchsbegründende Tatsache unter der Geltung eines bestimmten Statuts eingetreten ist und zeitlich vor der von dem Gemeinschaftsorgan beschlossenen Änderung liegt (Rs. 28/74, Gillet gegen Kommission, Slg. 1975, 463, 473 Rdn. 4/5).

Bei dem Rechtsgrundsatz der Fürsorgepflicht handelt es sich um einen spezifisch dienstrechtlichen Grundsatz (Rs. 33 und 75/79, Kuhner gegen Kommission, Slg. 1980, 1677, 1696 Rdn. 18), der aus der in Art. 24 BSt geregelten Beistandpflicht der Gemeinschaft abgeleitet wird. Danach sind die Anstellungsbehörden verpflichtet, sich schützend vor ihre Beamten und Bediensteten bei von außerhalb oder innerhalb der Gemeinschaft herrührenden Angriffen zu stellen (Rs. 18/78, Frau V. gegen Kommission, Slg. 1979, 2093, 2102 Rdn. 15).

17. Gemäß Art. 43 § 1 Abs. 1 EuG-Verfahrensordnung ist die Urschrift jedes Schriftsatzes vom Anwalt der Partei zu unterzeichnen. Gemäß Abs. 2 sind die Abschriften zu beglaubigen.

18. Art. 43 § 4 EuG-Verfahrensordnung fordert die Vorlage eines Anlageverzeichnisses.

Kosten und Gebühren

Vgl. Anm. 10.

Fristen und Rechtsmittel

Vgl. Form. IX. 4 Anm. 1 zu den prozessualen Fristen. Zum Rechtsmittel gegen Urteile des Gerichts erster Instanz vgl. Form. IX. 12.

9. Klage auf Grund einer Schiedsklausel gemäß Art. 238 EG[1]

......stadt, den ......

An das
Gericht erster Instanz der Europäischen Gemeinschaften[2]
– Kanzlei –
Boulevard Konrad Adenauer
L-2925 Luxemburg
LUXEMBURG

Klage[3]

der ...... GmbH, ...str. ......, ...stadt, vertreten durch den Geschäftsführer, Herrn ......, dortselbst

– Klägerin –

Prozessbevollmächtigter: Rechtsanwalt ......

gegen

die Europäische Kommission[4], Rue de la Loi 200, B-1049 Brüssel, BELGIEN

– Beklagte –

wegen: Werklohn

Namens und im Auftrag der Klägerin erheben wir hiermit Klage und beantragen[5],

1. die Beklagte zu verurteilen, die Software ...... als vertragsgemäß abzunehmen und an die Klägerin EUR ...... nebst ...... % Zinsen seit dem ...... zu zahlen;
2. der Beklagten die Kosten des Verfahrens aufzuerlegen.

Die Vollmacht[6] ist als

Anlage 1,

die Zulassungsbescheinigung[7] des Prozessbevollmächtigten ist als

Anlage 2

beigefügt.

Gemäß Art. 44 § 2 Abs. 2 der Verfahrensordnung erklären wir uns als Prozessbevollmächtigte damit einverstanden, dass Zustellungen an uns mittels Fernkopierer oder sonstiger technischer Kommunikationsmittel erfolgen. Zustellungen können bewirkt werden an Herrn Rechtsanwalt ......, Telefax-Nr.: ......, bzw. an die E-Mail-Anschrift: ......[8]

Begründung:[9]

A. Sachverhalt

Die Klägerin und die Beklagte schlossen am ...... einen Werkvertrag über die Erstellung einer im Anhang zu dem Vertrag spezifizierten, speziellen Software (Independent Intelligent Information and Services Network Interface, im folgenden: „die Software")

Anlage 3[10].

Gemäß Art. 2 des Vertrages war die Software innerhalb von 30 Monaten zu erstellen, gemäß Art. 3 sollten alle sechs Monate Berichte[11] **über den Fortgang der Arbeiten vorgelegt werden ......**

In Art. 16 des Vertrages heißt es:

„Für die Entscheidung von Streitigkeiten aus diesem Vertrag ist ausschließlich der Gerichtshof der Europäischen Gemeinschaften zuständig. Es ist deutsches Recht anzuwenden."[12]

......

Am ...... und damit innerhalb der Frist des Art. 2 des Vertrages hat die Klägerin die Software fertiggestellt und der Beklagten übermittelt. Auch die vorgeschriebenen Berichte hat die Klägerin stets fristgemäß vorgelegt. Zu diesen Berichten hat die Beklagte niemals Stellung genommen oder in anderer Weise ihrer Unzufriedenheit mit dem Vorgehen der Klägerin Ausdruck gegeben. Zu ihrer Überraschung wurde der Klägerin jedoch bei einer Besprechung nach Abschluss der Arbeiten an dem Projekt von der Beklagten mitgeteilt, dass die Software nicht den vertraglichen Spezifikationen entspreche ......

Da die unterschiedlichen Auffassungen nicht zu überbrücken waren, hat die Klägerin der Beklagten durch Schreiben vom ......

Anlage ...

eine Frist zur Abnahme der Software und zur Zahlung gesetzt, die fruchtlos verstrichen ist.

B. Rechtliche Würdigung

I. Die Klage ist aufgrund der Schiedsklausel in Art. 16 des Vertrages vom ...... in Verbindung mit Art. 238 EG zulässig.

II. Die Klage ist auch begründet. Denn ......[13]

Unterschrift[14]

Verzeichnis der Anlagen[15]

Schrifttum: Bleckmann, Die öffentlich-rechtlichen Verträge der EWG, NJW 1978, 464; *Grunwald,* Die nicht-völkerrechtlichen Verträge der Europäischen Gemeinschaften, Europarecht 1984, 277; *Krück,* Art. 181, in: *von der Groeben/Thiesing/Ehlermann,* Kommentar zum EU-/EG-Vertrag, 5. Aufl. 1997; *Priess,* Contracting with the European Communities – Legal aspects of E.C. procurement and subsidies, Public Procurement Law Review 1996, 7; *Rengeling/Middeke/Gellermann,* Rechtsschutz in der Europäischen Union, 1994, 251–260.

Anmerkungen

1. Eine sog. Schiedsklausel begründet in den Sonderfällen die Zuständigkeit des EuGH, in denen die Organe der Gemeinschaft in privatrechtlichen (oder völkerrechtlichen) Verträgen eine entsprechende Klausel aufnehmen. Sie hat in Verbindung mit Art. 238 EG die Unzuständigkeit der nationalen Gerichte zur Folge, die normalerweise zur Entscheidung von Streitigkeiten zuständig wären, die aufgrund des Vertrages entstehen. Da die Zuständigkeit des Gerichtshofs aufgrund einer Schiedsklausel eine Abweichung vom allgemeinen Recht darstellt, ist sie eng auszulegen (EuGH Rs. 426/85, Kommission gegen Zoubek, Slg. 1986, 4057, 4069 Rdn. 11). Die Wirksamkeit der Schiedsklausel beurteilt sich allein nach Gemeinschaftsrecht und nicht nach nationalem Recht. Deshalb kann etwa einer von einem Gemeinschaftsorgan erhobenen Klage aufgrund einer Schiedsklausel nicht entgegengehalten werden, dass der Beklagte nicht Kaufmann sei und deshalb vor Entstehung des Streits keine wirksame Gerichtsstandsvereinbarung treffen könne (vgl. Schlussanträge des Generalanwalts Lenz in der EuGH Rs. C-209/90, Kommission gegen Feilhauer, Slg. 1992, I-2613, 2625 Rdn. 17 und 18) oder dass die Schiedsklausel wegen Verstoßes gegen innerstaatliche Rechtsvorschriften nichtig sei, vgl. EuGH Rs. C-299/93, Bauer gegen Kommission, Slg. 1995, I-839, 858 Rdn. 11). Es bestehen keine besonderen Formerfordernisse, doch da Art. 38 § 6 EuGH-Verfahrensordnung eine Ausfertigung der Schiedsklausel verlangt, wird sie jedenfalls schriftlich vereinbart werden müssen. Ausgeschlossen ist die Vereinbarung einer Schiedsklausel, wenn die Zuständigkeit des Gerichtshofes oder des Gerichts erster Instanz bereits aufgrund anderer Vorschriften begründet ist. Denn sonst könnte die Schiedsklausel zur Umgehung der speziellen Voraussetzungen dieser anderen Vorschriften führen.

Eine gleichlautende Vorschrift enthält Art. 153 EA.

Die Praxis der Gemeinschaftsorgane bei der Vertragsgestaltung ist uneinheitlich. Während zum Teil Schiedsklauseln i. S. v. Art. 238 EG vereinbart werden, bleibt es häufig auch bei der Zuständigkeit der belgischen Gerichte. Selbst in diesen Fällen wird in Vertragsverhältnissen zum Teil einseitig hoheitlich entschieden, so z. B. über die Auszahlung oder die Verweigerung der Auszahlung vertraglich geschuldeter Beträge. In diesen Fällen besteht dann auch die Möglichkeit, den entsprechenden Rechtsakt mit der Nichtigkeitsklage gemäß Art. 230 EG (vgl. Form. IX. 2) anzufechten (vgl. EuG Rs. T-331/94, IPK-München GmbH gegen Kommission, Slg. 1997, II-1665). Wird der angegriffene Akt vom Gerichtshof für nichtig erklärt, so hat das Organ, dem das entsprechende Handeln zur Last fällt, die sich aus dem Urteil ergebenden Maßnahmen zu ergreifen (Art. 233 EG), d. h. etwa Zahlung zu leisten.

2. Die Zuständigkeit des Gerichts erster Instanz ergibt sich unmittelbar aus Art. 3 Buchstabe c Beschluss zur Errichtung des Gerichts erster Instanz, ABl.-EG 1988 Nr. L 319/1 i. d. F. des Beschlusses 95/1/EG, Euratom, EGKS, ABl.-EG 1995 Nr. L 1/1.

3. Zu den formellen Anforderungen an eine Klage vor dem EuG siehe Form. IX. 2 Anm. 2, 4.

4. Die Klage aufgrund von Art. 238 EG ist gegen die Gemeinschaft oder gegen das Organ der Gemeinschaft zu richten, das Vertragspartner ist. Die Organe der Gemeinschaft sind in Art. 7 EG aufgeführt (Rat, Kommission, Gerichtshof und Rechnungshof). Aufgrund der Rechtsprechung des Gerichtshofs (EuGH Rs. 85/86, Kommission gegen Europäische Investitionsbank, Slg. 1988, 1281, 1320 Rdn. 11) ist jedoch anzunehmen, dass auch die Europäische Investitionsbank Verträge schließen kann, die eine Schiedsklausel gemäß Art. 238 EG enthalten und damit zur Zuständigkeit des EuGH für die Entscheidung von Vertragsstreitigkeiten führen (vgl. *Krück,* Art. 181 Rdn. 8, in: *von der Groeben/Thiesing/Ehlermann,* Kommentar zum EU-/EG-Vertrag, 5. Aufl. 1997).

5. Zum Antrag in EuG-Verfahren vgl. Form. IX. 2 Anm. 11.

6. Zur Vollmacht vgl. Form. IX. 2 Anm. 14.

7. Zur Zulassungsbescheinigung vgl. Form. IX. 2 Anm. 15.

8. Gemäß Art. 44 § 2 Abs. 1 EuG-Verfahrensordnung ist in der Klageschrift eine Zustellungsanschrift am Ort des Gerichtssitzes anzugeben, d. h. es ist eine Person zu benennen, die ermächtigt ist und sich bereit erklärt hat, die Zustellungen entgegenzunehmen.

Üblicherweise wird diese Aufgabe von in Luxemburg niedergelassenen Anwälten wahrgenommen. Die Zustellung erfolgt auf dem Postweg per Einschreiben mit Rückschein oder durch Übergabe gegen Quittung auf Veranlassung des Kanzlers (Art. 100 EuG-Verfahrensordnung). Anstelle oder zusätzlich zu der Zustellungsanschrift am Ort des Gerichtssitzes kann sich der Prozessbevollmächtigte in der Klageanschrift auch damit einverstanden erklären, dass Zustellungen an ihn mittels Fernkopierer oder sonstiger technischer Kommunikationsmittel erfolgen (Art. 44 § 2 Abs. 1 EuG-Verfahrensordnung). Wird weder eine Zustellungsanschrift angegeben noch das Einverständnis mit der Zustellung mittels moderner Kommunikationsmittel erklärt, so erfolgen die Zustellungen an die betreffende Partei auf dem Postweg durch Einschreiben an den Bevollmächtigten oder Anwalt der Partei, wobei in diesem Falle die Zustellung mit der Aufgabe des Einschreibens zur Post am Ort des Gerichtssitzes (also Luxemburg) als bewirkt gilt, Art. 44 § 2 Abs. 3 EuG-Verfahrensordnung. Das Risiko der Postlaufzeit trägt in diesem Fall der Kläger.

9. Der Sachverhalt lehnt sich an die Entscheidung des EuGH in der Rs. C-114/94, Intelligente Systemen, Database toepassingen, Elektronische diensten BV gegen Kommission, Slg. 1997, I-847 an.

10. Gemäß Art. 44 § 5 a EuG-Verfahrensordnung ist der Klageschrift eine Ausfertigung der Schiedsklausel beizufügen.

11. Es ist gängige Praxis der Kommission, von ihren Vertragspartnern die regelmäßige Vorlage von Berichten zu verlangen. Für die betroffene Vertragspartei ist es außerordentlich wichtig, dieser Berichtspflicht sorgfältig nachzukommen. Denn werden ordnungsgemäße Berichte vorgelegt, die die Kommission (oder ein anderes Organ) nicht beanstandet, so ist die Kommission später unter Umständen unter dem Gesichtspunkt des „estoppel" (Verwirkung) gehindert, geltend zu machen, dass der Vertrag nicht ordnungsgemäß abgewickelt und erfüllt worden sei (vgl. EuGH verb. Rs. 43, 45 und 48/59, Lachmüller u.a. gegen Kommission, Slg. 1960, 965, 989; siehe auch die Schlussanträge von Generalanwalt Warner in den verb. Rs. 63 und 64/79, Boizard u.a. gegen Kommission, Slg. 1980, 2992, 3002; siehe dazu auch *Priess,* Contracting with the European Communities – Legal Aspects of E.C. Procurement and Subsidies, Public Procurement Law Review 1996, 7, 18).

12. Vgl. Anm. 9.

13. Der EuGH wendet im Rahmen der Begründetheit das auf den die Schiedsklausel enthaltenden Vertrag anwendbare Recht an, so dass auch eine Entscheidung nach Maßgabe deutschen Rechts denkbar ist.

14. Vgl. Form. IX. 2 Anm. 22.

15. Vgl. Form. IX. 2 Anm. 23.

10. Klagebeantwortung auf eine Schiedsklage der Europäischen Kommission

. . . . . .stadt, den . . . . . .

**An den
Gerichtshof der Europäischen Gemeinschaften
– Kanzlei –
Boulevard Konrad Adenauer
L-2925 Luxemburg
LUXEMBURG**

In der Rechtssache C-....../......
Europäische Kommission

gegen

...... GmbH, ... stadt, ... straße, vertreten durch den Geschäftsführer, dortselbst,[1]

wegen: vertraglicher Haftung (Rückzahlung eines Vorschusses)

zeigen wir an, dass wir die Beklagte vertreten und überreichen als

Anlage B 1

die Vollmacht[2] und als

Anlage B 2

die Zulassungsbescheinigung[3]. Wir beantragen

1. Die Klage abzuweisen;
2. die Klägerin im Wege der Widerklage zu verurteilen, die Software ...... als vertragsgemäß abzunehmen und an die Beklagte EUR ...... nebst ...... % Zinsen seit dem ...... zu zahlen;
3. der Klägerin die Kosten des Verfahrens aufzuerlegen.

Begründung:

A. Sachverhalt

......

B. Rechtliche Würdigung

I. Die Klage ist zwar aufgrund der Schiedsklausel des Artikel ...... des Vertrages vom ...... zulässig, aber unbegründet und deshalb abzuweisen ......

II. Die Widerklage ist zulässig und begründet. Die Zulässigkeit folgt daraus, dass die von der Beklagten geltend gemachten Ansprüche sich aus dem Vertrag ergeben, aus dem die Klägerin den mit der Klage vom ...... geltend gemachten Anspruch auf Rückzahlung der von ihr geleisteten Anzahlung herleitet und der die Schiedsklausel enthält, auf die sich die Klägerin zur Begründung der Zuständigkeit des Gerichts beruft. Nach der Rechtsprechung des Gerichtshofes ist eine Widerklage dann zulässig, wenn sie sich auf denselben Vertrag oder Sachverhalt stützt wie die Klage selbst[4]. Diese Voraussetzung ist hier ohne weiteres erfüllt.

Die Widerklage ist auch begründet, denn die Beklagte hat den Vertrag vom ...... ordnungsgemäß erfüllt ......

Unterschrift

Schrifttum: Vgl. die Nachweise zu Form. IX. 9.

Anmerkungen

1. Nach Art. 40 § 1 EuGH-Verfahrensordnung (ebenso Art. 46 § 1 EuG-Verfahrensordnung) hat die Klagebeantwortung zu enthalten:
- Namen und Wohnsitz des Beklagten,
- die tatsächliche und rechtliche Begründung,
- die Anträge des Beklagten und
- gegebenenfalls die Bezeichnung der Beweismittel.

Die Frist für die Einreichung beträgt einen Monat, sie kann jedoch auf Antrag, der zu begründen ist, verlängert werden (Art. 40 § 2 EuGH-Verfahrensordnung, Art. 46 § 3 EuG-Verfahrensordnung). Hinsichtlich der strengen Präklusionsregeln siehe Form. VIII. 2 Anm. 21.

2. Zur Vollmacht vgl. Form. IX. 2 Anm. 14.

3. Zur Zulassungsbescheinigung vgl. Form. IX. 2 Anm. 15.

4. EuGH Rs. 426/85, Kommission gegen Zoubek, Slg. 1986, 4057, 4069 Rdn. 11–12; EuGH Rs. C-114/94, Intelligente systemen, Database toepassingen, Elektronische diensten BV gegen Kommission, Slg. 1997, I-847, 866 Rdn. 82.

11. Antragsschrift (Aussetzung des Vollzugs/Erlass einstweiliger Anordnung) gemäß Art. 242, 243 EG

An das
......[1]

......, den ......[2]

Antrag[3]

der ......

– Antragstellerin (ASt.) –

Prozessbevollmächtigter: Rechtsanwalt ......[4]

gegen

Kommission der Europäischen Gemeinschaften, 200 Rue de la Loi, B-1049 Brüssel,

– Antragsgegnerin (Ag.) –

wegen: Aussetzung des Vollzugs/Erlass einstweiliger Anordnung

Namens und im Auftrag der Antragstellerin beantragen[5] **wir hiermit gemäß Art. 242 S. 2, 243 EG [Art. 84 § 2 EuGH-Verfahrensordnung/105 § 2 EuG-Verfahrensordnung**[6]**],**

1. den Vollzug des Art. 2 der Entscheidung der Kommission vom ...... (Az. ......) auszusetzen,

2. sonstige zum Schutz des status quo erforderliche einstweilige Anordnungen zu treffen,

[3.] dem Antrag ohne Stellungnahme des Antragsgegners stattzugeben[7]**,**

4. die Entscheidung über die Verfahrenskosten der Hauptsache vorzubehalten.

Gemäß Art. 38 § 2 Abs. 2 EuGH-Verfahrensordnung/Art. 44 § 2 Abs. 2 EuG-Verfahrensordnung erklären wir uns als Prozessbevollmächtigte damit einverstanden, dass Zustellungen an uns mittels Fernkopierer oder sonstiger technischer Kommunikationsmittel erfolgen. Zustellungen können bewirkt werden an Herrn Rechtsanwalt ......, Telefax-Nr.: ......, bzw. an die E-Mail-Anschrift: ......[8]

Begründung:

A. Antragsziel:

Mit ihrem Antrag verfolgt die Ast. das Ziel, eine Aussetzung der Entscheidung der Ag. vom ...... zu erreichen, mit der diese einen Verstoß der Ast. gegen Art. 81 Abs. 1 EG feststellte und ihr eine sofortige Änderung ihrer Vertriebspolitik auferlegte. Die Ast. macht geltend, dass die von ihr betriebene Anfechtung dieser Entscheidung in der Hauptsache jedenfalls nicht offensichtlich unbegründet ist und dass die von ihr verlangte sofortige Änderung der Vertriebspolitik ihr einen schweren und nicht wiedergutzumachenden Schaden verursachen könnte. Das Interesse der Ast. überwiegt zudem das Interesse der Ag. an einer sofortigen Vollziehung der Entscheidung.

B. Sachverhalt:[9]

Die Ast. ist ein internationaler Chemiekonzern, der u. a. das Arzneimittel „XYZ" herstellt und vertreibt. Wegen der erheblichen Unterschiede zwischen den Abgabepreisen für XYZ in Großbritannien einerseits sowie Frankreich und Spanien andererseits begannen in den letztgenannten Ländern ansässige Großhändler, XYZ nach Großbritannien auszuführen. Die spanische und französische Vertriebsgesellschaft der ASt. erfüllte daraufhin die Bestellungen von Großhändlern in diesen Ländern nicht mehr in vollem Umfang, um die Parallelexporte nach Großbritannien einzudämmen. Die Tochtergesellschaften begründeten dies gegenüber den Großhändlern mit zu geringen Lagervorräten ......

Die Ag. erließ am ...... eine Entscheidung, mit der sie in Artikel 1 einen der ASt. zuzurechnenden Verstoß ihrer französischen und spanischen Tochtergesellschaften gegen Art. 81 Abs. 1 EG feststellte, weil diese mit ihren Großhändlern im Rahmen fortlaufender Geschäftsbeziehungen ein Verbot der Ausfuhr von XYZ in andere Mitgliedstaaten vereinbart hätten. In Artikel 2 der Entscheidung wird der Ast. auferlegt, den Verstoß abzustellen und binnen zweier Monate an ihre Großhändler in Spanien und Frankreich ein Rundschreiben des Inhalts zu schicken, dass Ausfuhren nach anderen Mitgliedstaaten gestattet seien und keinerlei Sanktionen nach sich zögen und diese Klarstellung in die allgemeinen Verkaufsbedingungen zu übernehmen ......

Die Ast. hat mit Klageschrift vom ......, bei Gericht eingegangen am ......, Nichtigkeitsklage gegen die Entscheidung gemäß Art. 230 EG erhoben.

C. Rechtliche Würdigung:

I. Zulässigkeit des Antrags

1. Anhängigkeit einer Hauptsache[10]

Der Antrag auf Aussetzung des Vollzugs ist zulässig, weil zugleich eine Nichtigkeitsklage gegen die Entscheidung anhängig gemacht wurde ......

2. Zulässigkeit der Klage in der Hauptsache[11]

......

II. Begründetheit des Antrags auf einstweiligen Rechtsschutz[12]

1. Notwendigkeit der beantragten Anordnungen[13]

Hinsichtlich des *fumus boni juris*[14] wird auf die Klagegründe in der Hauptsache Bezug genommen ...... [Es folgt eine zusammenfassungsartige, aber aus sich heraus verständliche Darstellung der Klagegründe]. Im wesentlichen macht die Ast. einen Verstoß der Entscheidung gegen Art. 81 Abs. 1 EG geltend, weil es sich bei dem Verhalten der spanischen und französischen Tochtergesellschaften um einseitige Lieferverweigerungen handelte, die nicht als Vereinbarungen qualifiziert werden können ...... Dieser Einwand wirft schwierige Rechtsfragen auf und bedarf einer eingehenden Prüfung im Rahmen des Hauptsacheverfahrens. Das Vorbringen der Ast. ist damit jedenfalls auf den ersten Blick nicht offensichtlich unbegründet ......

2. Dringlichkeit der beantragten Anordnungen[15]

a) Schwerer und nicht wiedergutzumachender Schaden

Der Ast. droht bei sofortiger Anwendung der Bestimmung ein schwerer und nicht wiedergutzumachender Schaden. Wird der Ast. die Möglichkeit eines einseitigen Lieferverbots genommen, könnte die unter Umständen bestehende Notwendigkeit, die Preise von XYZ in Großbritannien zu senken, um eine spürbare Zunahme der Parallelimporte zu verhindern, zu erheblichen, unersetzlichen Gewinneinbußen ihrer dortigen Tochtergesellschaft führen ...... Darüber hinaus könnte eine sofortige Vollziehung der Entscheidung auch den Pharmabereich der englischen Tochtergesellschaft seiner wirtschaftlichen Grundlage berauben und die Entlassung zahlreicher Mitarbeiter zur Folge haben, denn mit XYZ werden über 50% des Gesamtumsatzes dieser Tochtergesellschaft erzielt ......

b) Interessenabwägung

Die der Ast. drohende Gefahr überwiegt das Interesse der Großhändler in Spanien und Frankreich, den Umfang ihrer Ausfuhren in das Vereinigte Königreich zu steigern, und das der englischen Verbraucher an einer Verringerung der Preise von XYZ ...... Der der Ast. drohende Schaden steht außer Verhältnis zu dem Interesse der Großhändler, die bereits jetzt in erheblichem Umfang auf dem englischen Markt aktiv sind ...... Folglich kann die vorläufige Beibehaltung der jetzigen Sachlage bis zur Entscheidung in der Hauptsache nicht als untragbare Beeinträchtigung der Integration des Marktes und des freien Wettbewerbs angesehen werden.

c) Vorläufigkeit der beantragten Anordnungen[16]

......

[3. Antrag gemäß Art. 105 § 2 EuG-Verfahrensordnung[17]]

D. Ergebnis

Die Voraussetzungen für eine Aussetzung des Vollzugs von Artikel 2 der Entscheidung sind erfüllt ...... Dem Antrag der Ast. ist folglich stattzugeben.

Unterschrift[18]
Verzeichnis der Anlagen[19]

Schrifttum: Borchardt, Art. 242, 243, in: *Borchardt,* Der Europäische Gerichtshof, 1. Aufl. 2000; *Grabitz,* in: *Grabitz/Hilf,* Das Recht der Europäischen Union, Art. 185, 186; *Kaessner,* Der einstweilige Rechtsschutz im Europarecht, 1996; *Krück,* Art. 185/186, in: *von der Groeben/Thiesing/Ehlermann,* Kommentar zum EU-/EG-Vertrag, 5. Aufl. 1997; *Potacs,* Vorläufiger Rechtsschutz, in: Das EuGH-Verfahren in Steuersachen, 2000, 265–282; *Rengeling/Middeke/Gellermann,* Rechtsschutz in der Europäischen Union, 1994, Rdn. 526ff.; *Wägenbaur,* Die jüngere Rechtsprechung der Gemeinschaftsgerichte im Bereich des vorläufigen Rechtsschutzes, EuZW 1996, 327; *Wegener,* Art. 242–243, in: *Calliess/Ruffert,* Kommentar zu EU-Vertrag und EG-Vertrag, 1999; *Wiehe,* Effektiver vorläufiger Rechtsschutz beim Vollzug von Gemeinschaftsrecht, Dissertation, Osnabrück, 2000.

Anmerkungen

1. Die Zuständigkeit für ein Verfahren im einstweiligen Rechtsschutz richtet sich nach dem Hauptsacheverfahren. Folglich entscheidet das EuG, wenn es auch über die in der Hauptsache erhobene Klage entscheidet; der EuGH ist für den Aussetzungsantrag zuständig, wenn er auch in der Hauptsache zuständig ist. Bei beiden Gerichten ist es im Regelfall allein der Präsident, der über den Antrag auf einstweiligen Rechtsschutz entscheidet; nur im Ausnahmefall entscheidet eine Kammer oder das Plenum, Art. 85 EuGH-Verfahrensordnung/Art. 106 EuG-Verfahrensordnung.

2. Die formalen Anforderungen an den Schriftsatz im einstweiligen Rechtsschutz bestimmen sich nach den Grundsätzen für Klageschriftsätze, Art. 83 § 3 i.V.m. Art. 37, 38 EuGH-Verfahrensordnung/Art. 104 § 3 i.V.m. Art. 43, 44 EuG-Verfahrensordnung. Gemäß Art. 37 § 3 EuGH-Verfahrensordnung muss der Schriftsatz datiert sein.

3. Gemäß Art. 242 S. 1 EG haben Klagen beim Gerichtshof und dem Gericht erster Instanz (vgl. Art. 4 des Beschlusses des Rates (88/591/EGKS, EWG, Euratom) zur Errichtung eines Gerichts erster Instanz der Europäischen Gemeinschaften, ABl. EG 1988 L 319/1) keine aufschiebende Wirkung. Praktische Bedeutung hat dieser Grundsatz lediglich für Klagen gegen belastende und vollziehbare Maßnahmen der Gemeinschaft, denn nur in diesem Fall besteht ein Bedürfnis nach einer aufschiebenden Wirkung. Das betrifft vor allem Nichtigkeitsklagen gegen Rechtsakte von Gemeinschaftsorganen (gemäß Art. 230 EG) und Beamtennichtigkeitsklagen (gemäß Art. 236 EG, Art. 91 Abs. 2 BSt). Um den fehlenden Suspensiveffekt auszugleichen, ermöglicht Art. 242 S. 2 EG (i.V.m. Art. 83ff. EuGH-Verfahrensordnung bzw. Art. 104ff. EuG-Verfahrensordnung) die Aussetzung des Vollzugs der angegriffenen Maßnahme durch den Gerichtshof.

Für andere Klagen fehlt es regelmäßig an einer „angefochtenen Handlung" im Sinne von Art. 242 S. 2 EG, so dass lediglich der Erlass einstweiliger Maßnahmen gemäß Art. 243 EG in Betracht kommt. Der Anwendungsbereich der einstweiligen Anordnungen gemäß Art. 243 EG erfasst alle Fälle einstweiligen Rechtsschutzes, in denen die bloße Aussetzung des Vollzugs einer Maßnahme der Gemeinschaftsorgane keinen ausreichenden Schutz für den Antragsteller bietet. Ein Antrag gemäß Art. 243 EG kommt auch zugleich mit einem Vollzugsaussetzungsantrag gemäß Art. 242 S. 2 EG in Betracht.

Obwohl ein Antrag auf Aussetzung des Vollzugs nur gestellt werden kann, wenn der Antragsteller die auszusetzende Maßnahme durch Klage angefochten hat, muss der Antrag in einem gesonderten Schriftsatz gestellt werden, Art. 83 § 3 EuGH-Verfahrensordnung/Art. 104 § 3 EuG-Verfahrensordnung. Dieser ist ebenso wie ein Klageschriftsatz mit fünf Abschriften für das Gericht und je einer Abschrift für jede andere am Rechtsstreit beteiligte Partei einzureichen, Art. 83 § 3 i.V.m. Art. 37 § 1 EuGH-Verfahrensordnung/Art. 104 § 3 i.V.m. Art. 43 § 1 EuG-Verfahrensordnung. Die Abschriften sind zu beglaubigen.

4. Siehe oben Form. IX. 2 Anm. 7.

5. Antragsziel im Rahmen von Art. 242 S. 2 EG ist in der Regel die Aussetzung des Vollzugs der in der Hauptsache angegriffenen Maßnahme eines Gemeinschaftsorgans. Bei diesen Maßnahmen muss es sich um belastende Maßnahmen der Gemeinschaftsorgane handeln, die geeignet sind, Rechtswirkungen zu erzeugen und die vollziehbar sind. Darüber hinaus ist es möglich, gleichzeitig die Anordnung sonstiger einstweiliger Maßnahmen gemäß Art. 243 EG zu beantragen. Der Antrag im Bereich sonstiger einstweiliger Anordnungen kann auf alle Anordnungen gerichtet sein, die zu einer vorläufigen Regelung streitiger Rechtsverhältnisse geeignet und erforderlich sind. Der Antrag muss sich allerdings auf eine anhängige Hauptsache beziehen (Art. 83 § 1 Abs. 2 EuG-Verfahrensordnung) und darf nicht über das Klagebegehren in der Hauptsache hinausgehen (EuGH Rs. C-313/90 R, CIRFS gegen Kommission, Slg. 1991, I-2557, 2564 Rdn. 24). Der Antragsgegenstand wird weiter eingeschränkt durch die grundsätzliche Weigerung der europäischen Gerichte, einstweilige Anordnungen zu erlassen, die einer Entscheidung gleichkommen, die von der Verwaltung zu treffen wäre (EuG Rs. T-543/93 R, Telecinco gegen Kommission, Slg. 1993, II-1409, 1419f. Rdn. 24; EuGH Rs. 792/79 R, Camera Care gegen Kommission, Slg. 1980, 119, 132 Rdn. 24). Unzulässig ist auch ein Antrag, der auf eine auslegende Feststellung gerichtet ist (EuG Rs. T-228/95 R, S. Lehrfreund gegen Rat und Kommission, Slg. 1996, II-111, 112 Leitsatz 1). Auch ein Antrag auf Gewährung von Akteneinsicht durch die Kommission liegt außerhalb des Rahmens möglicher einstweiliger Anordnungen, da es sich hierbei um eine Prozessleitende Maßnahme handelt (EuG Rs. T-18/96 R, Kraanverhuurbedrijf gegen Kommission, Slg. 1996, II-407, 424 Rdn. 41).

Über die Kosten wird regelmäßig erst in der Hauptsacheentscheidung entschieden (vgl. unten Kosten und Gebühren).

6. In besonders eiligen Fällen besteht die Möglichkeit, eine vorläufige Entscheidung des Gerichts im Wege des einstweiligen Rechtsschutzes zu erhalten. Wenn es das für erforderlich hält, entscheidet das Gericht schon, bevor die Stellungnahme des Antragsgegners eingeht, Art. 84 § 2 EuGH-Verfahrensordnung/Art. 105 § 2 EuG-Verfahrensordnung. Diese Entscheidung wird dann durch die endgültige Entscheidung des Gerichts im einstweiligen Rechtsschutz ersetzt. Hält das Gericht eine vorläufige Regelung nicht für erforderlich, wird der Antrag auf Erlass einer vorläufigen Entscheidung regelmäßig erst in der endgültigen Entscheidung über die Gewährung oder Versagung einstweiligen Rechtsschutzes abgelehnt.

7. Siehe Anm. 6.

8. Gemäß Art. 44 § 2 Abs. 1 EuG-Verfahrensordnung und Art. 38 § 2 Abs. 1 EuGH-Verfahrensordnung ist in der Klageschrift eine Zustellungsanschrift am Ort des Gerichtssitzes anzugeben, d.h. es ist eine Person zu benennen, die ermächtigt ist und sich bereit erklärt hat, die Zustellungen entgegenzunehmen. Üblicherweise wird diese Aufgabe von in Luxemburg niedergelassenen Anwälten wahrgenommen. Die Zustellung erfolgt auf dem Postweg per Einschreiben mit Rückschein oder durch Übergabe gegen Quittung auf Veranlassung des Kanzlers (Art. 100 EuG-Verfahrensordnung und Art. 79 EuGH-Verfahrensordnung). Anstelle oder zusätzlich zu der Zustellungsanschrift am Ort des Gerichtssitzes kann sich der Prozessbevollmächtigte in der Klageanschrift auch damit einverstanden erklären, dass Zustellungen an ihn mittels Fernkopierer oder sonstiger technischer Kommunikationsmittel erfolgen (Art. 44 § 2 Abs. 1 EuG-Verfahrensordnung und Art. 38 § 2 Abs. 2 EuGH-Verfahrensordnung). Wird weder eine Zustellungsanschrift angegeben noch das Einverständnis mit der Zustellung mittels moderner Kommunikationsmittel erklärt, so erfolgen die Zustellungen an die betreffende Partei auf dem Postweg durch Einschreiben an den Bevollmächtigten oder Anwalt der Partei, wobei in diesem Falle die Zustellung mit der Aufgabe des Einschreibens zur Post am Ort des Gerichtssitzes (also Luxemburg) als bewirkt gilt, Art. 44 § 2 Abs. 3 EuG-Verfahrensordnung und Art. 38 § 2 Abs. 3 EuGH-Verfahrensordnung. Das Risiko der Postlaufzeit trägt in diesem Fall der Kläger.

9. Der Sachverhalt ist angelehnt an den Beschluss des Präsidenten des Gerichts erster Instanz v. 3. 6. 1996 in der Rs. T-41/96 R, Bayer gegen Kommission, Slg. 1996, II-381.

10. Ein Antrag auf Aussetzung des Vollzugs einer Maßnahme der Gemeinschaftsorgane ist nur zulässig, wenn die Hauptsacheklage anhängig ist, Art. 83 § 1 EuGH-Verfahrensordnung/Art. 104 § 1 EuG-Verfahrensordnung. Es ist ausreichend, wenn der Antrag auf einstweiligen Rechtsschutz zeitgleich mit der Hauptsacheklage anhängig gemacht wird. Im Regelfall wird es sich bei der Klage in der Hauptsache um eine Nichtigkeitsklage – Form. IX. 2 – (oder eine Beamtennichtigkeitsklage gemäß Art. 179 EG – Form. IX. 8) handeln, mit der die auszusetzende Maßnahme angefochten wurde.

Auch ein Antrag auf Erlass einstweiliger Anordnungen gemäß Art. 243 EG ist nur zulässig, wenn zumindest gleichzeitig eine Hauptsache anhängig gemacht worden ist (Art. 83 § 1 Abs. 2 EuGH-Verfahrensordnung; Art. 104 § 1 Abs. 2 EuG-Verfahrensordnung).

Die Antragsbefugnis im einstweiligen Rechtsschutz richtet sich nach der Klagebefugnis im Hauptsacheverfahren.

Für die Zulässigkeit eines Antrags im einstweiligen Rechtsschutz ist es erforderlich, dass sich die wesentlichen tatsächlichen und rechtlichen Zusammenhänge, auf die sich der Antrag stützt, bereits verständlich unmittelbar aus der Antragsschrift ergeben (vgl. EuG Rs. T-236/00 R, Gabriele Stauner u.a. gegen Europäisches Parlament und Kommission, Slg. 2001, II-15, 28 Rdn. 34).

11. Die Zulässigkeit eines Antrags im einstweiligen Rechtsschutz setzt voraus, dass die in der Hauptsache erhobene Klage nicht offensichtlich unzulässig erscheint. Die Rechtsprechung betont zwar, dass Fragen der Zulässigkeit der Hauptsache grundsätzlich nicht im Verfahren des einstweiligen Rechtsschutzes zu prüfen seien, damit der Entscheidung in der Hauptsache nicht vorgegriffen wird. Wird jedoch die offensichtliche Unzulässigkeit der Klage geltend gemacht, prüfen die Gerichte, ob die Klage auf den ersten Blick Merkmale aufweist, die mit einer gewissen Wahrscheinlichkeit den Schluss zulassen, dass sie zulässig ist (EuG T-236/00 R, Gabriele Stauner u.a, gegen Europäisches Parlament und Kommission, Slg. 2001, II-15 32, Rdn. 42; EuG Rs. 353/00 R, Jean Marie Le Pen gegen Kommission, Slg. 2001, II-125 148, Rdn. 58; EuGH Rs. C-117/91 R, Bosman gegen Kommission, Slg. 1991, I-3353, 3357 Rdn. 7; Rs. 160/88 R, Fedesa gegen Rat, Slg. 1988, 4121, 4128 Rdn. 22).

12. Der Antrag auf Aussetzung der angegriffenen Maßnahme ist begründet, wenn er notwendig und dringlich i. S. v. Art. 83 § 2 EuGH-Verfahrensordnung/Art. 104 § 2 EuG-Verfahrensordnung ist und die Entscheidung in der Hauptsache nicht vorwegnimmt (EuG Rs. T-350/00 R, Free Trade Foods gegen Kommission, Slg. 2001, II-493, 505 Rdn. 32; EuG Rs. T-41/96 R, Bayer gegen Kommission, Slg. 1996, II-381, 387 Rn.13). Inhaltlich bestehen keine Unterschiede hinsichtlich der Voraussetzungen eines Antrags auf Vollzugsaussetzung und auf Erlass sonstiger einstweiliger Anordnungen soweit Fragen der Zulässigkeit der Hauptsache und der Begründetheit des Antrags (Notwendigkeit, Dringlichkeit, Vorläufigkeit) betroffen sind.

13. Die Notwendigkeit der einstweiligen Anordnung in tatsächlicher und rechtlicher Hinsicht (Art. 83 § 2 2. Halbsatz EuGH-Verfahrensordnung; Art. 104 § 2 2. Halbsatz EuG-Verfahrensordnung) bezieht sich auf die Erfolgsaussichten der Hauptsache (EuG Rs. T-41/96 R, Bayer gegen Kommission, Slg. 1996, II-381, 396 ff.; EuG Rs. T-395/94 R, Atlantic Container Line gegen Kommission, Slg. 1995, II-595, 614 ff. Rdn. 49 ff.). Die Gerichte verwenden dafür den Begriff des *fumus boni juris*. Die Notwendigkeit ist bereits gegeben, wenn das Vorbringen des Antragstellers in der Hauptsache auf den ersten Blick nicht für völlig unbegründet gehalten werden kann (EuG Rs. T-45/90 R, Speybrouck gegen Parlament, Slg. 1990, II-705, 711 Rn.20), etwa, weil es ernsthafte Rechtsfragen aufwirft, die einer eingehenden Prüfung bedürfen (EuG Rs. T-41/96 R, Bayer gegen Kommission, Slg. 1996, II-381, 396 ff. Rdn. 37 ff.; EuG Rs. T-88/94 R, SCPA u. a. gegen Kommission, Slg. 1994, II-401, 414 Rdn. 28 f.).

Hinsichtlich der materiellrechtlichen Ausführungen zur Rechtswidrigkeit der angegriffenen Maßnahme kann auf die der Antragsschrift beizufügende Kopie der Klageschrift verwiesen werden.

14. Siehe Anm. 13.

15. Die Dringlichkeit der beantragten einstweiligen Anordnungen gemäß Art. 83 § 2 1. Hs. EuGH-Verfahrensordnung/Art. 104 § 2 1. Halbsatz EuG-Verfahrensordnung ergibt sich aus deren Erforderlichkeit, um einen schweren und nicht wiedergutzumachenden Schaden des Antragstellers (im Falle des Nichterlasses der Maßnahmen) zu verhindern (EuG Rs. T-241/00 R, Azienda Agricola Le Canne Srl gegen Kommission, Slg. 2001, II-37, 48 Rdn. 32–34; EuGH Rs. C-278/00 R, Griechenland gegen Kommission, Slg. 2000, I-8787, 8793 Rdn. 14; EuG Rs. T-395/94 R, Atlantic Container Line gegen Kommission, Slg. 1995, II-595, 615 Rdn. 50; EuG Rs. T-41/96 R, Bayer gegen Kommission, Slg. 1996, II-381, 401 Rdn. 53). Ein rein finanzieller Schaden genügt in der Regel nicht, da er Gegenstand eines späteren Ausgleiches sein kann (vgl. EuG Rs. 342/00 R, Petrolessence u. a. gegen Kommission, Slg. 2001, II-67, 82 Rdn. 46). Das setzt voraus, dass nur die Aussetzung des Vollzugs der Maßnahme den Eintritt irreparabler Schäden beim Antragsteller verhindern kann. Wartet der Antragsteller die Hauptsacheentscheidung ab, so müssen ihm folglich nicht wiedergutzumachende Schäden drohen, die durch die Nichtigerklärung der Maßnahme im Hauptsacheverfahren nicht mehr abgewendet werden können.

Droht dem Antragsteller ein irreparabler Schaden im Falle der Nichtaussetzung der angegriffenen Maßnahmen, so ist in einem zweiten Schritt das Interesse des Antragsgegners an der sofortigen Durchführung der angegriffenen Maßnahme zu prüfen, um festzustellen, ob ihm andernfalls ein schwerer und irreparabler Schaden droht (EuG Rs. T-7 u. 9/93 R, Langnese u. Schöller gegen Kommission, Slg, 1993, II-131, 143 ff. Rdn. 40 f.; EuGH Rs. C-195/90 R, Kommission gegen Deutschland, Slg. 1990, I-3351, 3362

Rdn. 41 ff.). In diesem Fall kann die Interessenabwägung zur Versagung der einstweiligen Maßnahme führen.

16. Die beantragte einstweilige Anordnung muss vorläufig im Sinne von Art. 86 § 4 EuGH-Verfahrensordnung/Art. 107 § 4 EuG-Verfahrensordnung sein, d.h. sie darf die Hauptsacheentscheidung nicht vorwegnehmen (EuG Rs. T-302/00 R, Anthony Goldstein gegen Kommission, Slg. 2001, II-1127, 1135 Rdn. 24, 25; EuG Rs. T-395/94 R, Atlantic Container Line gegen Kommission, Slg. 1995, II-595, 607 Rdn. 27). Das ist der Fall, wenn mit der beantragten Maßnahme weder über im Hauptsacheverfahren umstrittene Rechts- oder Sachfragen entschieden wird noch der zu treffenden Hauptsacheentscheidung von vornherein jede Wirkung durch Schaffung unwiderruflicher Tatsachen genommen wird.

17. Gegebenenfalls ist eine vorläufige Entscheidung zu beantragen (vgl. oben Anm. 7), wenn ein Abwarten der Stellungnahme des Antragsgegners nicht möglich ist, weil die Sache besonders eilbedürftig ist. Das ist der Fall, wenn dem Antragsteller bereits bei Abwarten der Stellungnahme des Antragsgegners ein schwerer und nicht wiedergutzumachender Schaden droht, so dass es angezeigt ist, den status quo durch eine vorläufige Aussetzung bis zur endgültigen Entscheidung des Gerichts im einstweiligen Rechtsschutz zu sichern.

18. Gemäß Art. 83 § 3 i.V.m. Art. 37 § 1 Abs. 1 EuGH-Verfahrensordnung (Art. 104 § 3 i.V.m. Art. 43 § 1 Abs. 1 EuG-Verfahrensordnung) ist die Urschrift jedes Schriftsatzes vom Anwalt der Partei zu unterzeichnen. Gemäß Abs. 2 sind die Abschriften zu beglaubigen.

19. Art. 83 § 3 i.V.m. Art. 37 § 4 EuGH-Verfahrensordnung (Art. 104 § 3 i.V.m. 43 § 4 EuG-Verfahrensordnung) fordert die Vorlage eines Anlageverzeichnisses.

Kosten und Gebühren

Die Kostentragung im einstweiligen Rechtsschutzverfahren richtet sich mangels spezieller Regelungen nach den allgemeinen Vorschriften, Art. 69 EuGH-Verfahrensordnung/Art. 87 EuG-Verfahrensordnung. Regelmäßig bleibt die Kostenentscheidung dem Endurteil vorbehalten. In ihm wird gemäß dem Verhältnis des Obliegens oder Unterliegens der Parteien über die Kosten entschieden, so dass grundsätzlich die in der Hauptsache unterlegene Partei die Kosten des Verfahren im einstweiligen Rechtsschutz trägt, und zwar unabhängig vom Ausgang dieses Verfahrens. Vgl. auch Form. IX. 2 (Kosten und Gebühren) und Form. IX. 18.

Fristen und Rechtsmittel

Gemäß Art. 86 § 1 EuGH-Verfahrensordnung sind gegen Beschlüsse des EuGH im einstweiligen Rechtsschutz keine Rechtsmittel gegeben. Gegen Beschlüsse des EuG eröffnet Art. 56 Abs. 1 der EuGH-Satzung ein Rechtsmittel zum Gerichtshof. Die Rechtsmittelfrist beträgt zwei Monate. Inhaltlich ist das Rechtsmittel unter Ausschluss jeder Tatsachenbewertung auf Rechtsfragen beschränkt, Art. 225 EG, Art. 51 der EuGH-Satzung (vgl. Form. IX. 12).

12. Rechtsmittel gegen Entscheidungen des Gerichts erster Instanz gemäß Art. 225 EG zum EuGH[1]

...... stadt, den ......[2]

An den
Gerichtshof der Europäischen Gemeinschaften[3]
– Kanzlei –
Boulevard Konrad Adenauer
L-2925 Luxemburg
LUXEMBURG

Rechtsmittelschrift[4]

der ...... GmbH, ... str. ......, ... stadt, Bundesrepublik Deutschland, vertreten durch den Geschäftsführer, Herrn ......, dortselbst[5]

– Rechtsmittelführerin –

Verfahrensbevollmächtigter: Rechtsanwalt ......

gegen

die Europäische Kommission, vor dem Gericht erster Instanz der Europäischen Gemeinschaften vertreten durch ...... als Bevollmächtigte(n), Rue de la Loi 200, B-1049 Brüssel, Belgien,[6]

– Rechtsmittelgegnerin –

Zustellungsbevollmächtigter erster Instanz: ......

Namens und im Auftrag der Rechtsmittelführerin legen wir hiermit Rechtsmittel gegen das Urteil des Gerichts erster Instanz der Europäischen Gemeinschaften (...... Kammer) vom ...... in der Rechtssache T-...... /...... ein und beantragen,[7]

1. das Urteil des Gerichts erster Instanz der Europäischen Gemeinschaften vom ...... in der Rechtssache T-...... /...... aufzuheben und die der Rechtsmittelführerin am ...... zugestellte Entscheidung der Rechtsmittelgegnerin vom ...... (Az. ......), veröffentlicht im Amtsblatt der Europäischen Gemeinschaften Nr. L ..... vom ...... (S. ...... ff.) für nichtig zu erklären;
2. hilfsweise,
   das in Ziffer 1 bezeichnete Urteil des Gerichts erster Instanz insoweit aufzuheben und die in Ziffer 1 bezeichnete Entscheidung der Rechtsmittelgegnerin insoweit für nichtig zu erklären, als
   a) die Entscheidung der Rechtsmittelgegnerin aufrechterhalten worden ist,
   b) die Geldbuße auf EUR ...... festgesetzt worden ist,
   c) die Rechtsmittelführerin zur Kostentragung verurteilt worden ist.
   und nach den in erster Instanz gestellten Anträgen der Klägerin zu erkennen;
3. äußerst hilfsweise,
   das in Ziffer 1 bezeichnete Urteil des Gerichts erster Instanz aufzuheben und die Sache an das Gericht erster Instanz zurückzuverweisen,
4. die Kosten des Verfahrens der Rechtsmittelgegnerin aufzuerlegen.

Die Vollmacht ist der Klageschrift vom ...... als Anlage ...... beigefügt.[8]
Gemäß Art. 38 § 2 Abs. 2 der Verfahrensordnung erklären wir uns als Prozessbevollmächtigte damit einverstanden, dass Zustellungen an uns mittels Fernkopierer oder sonstiger technischer Kommunikationsmittel erfolgen. Zustellungen können bewirkt werden an Herrn Rechtsanwalt ......, Telefax-Nr.: ......, bzw. an die E-Mail-Anschrift: ......[9]

Begründung[10]

A. Zulässigkeit des Rechtsmittels

Das Rechtsmittel richtet sich gegen das als

Anlage 1

beigefügte Urteil des Gerichts erster Instanz der Europäischen Gemeinschaften (nachfolgend: Gericht) vom ...... in der Rechtssache T-...... /......, das dem Zustellungsbevollmächtigten der Rechtsmittelführerin (nachfolgend: Klägerin) am ...... zugestellt worden ist.[11]

B. Rügen der Klägerin[12]

Mit dem Rechtsmittel erhebt die Klägerin folgende Rügen, die Verstöße des angefochtenen Urteils gegen verfahrens- und materiellrechtliche Bestimmungen des Gemeinschaftsrechts zum Inhalt haben:

I. Unzuständigkeit[13]

......

II. Verfahrensrügen[14]

Die Art und Weise, in der das Gericht die im Schriftsatz der Klägerin vom ...... erhobenen Rügen verfahrensrechtlich behandelt hat und insbesondere den dort gestellten Antrag auf Wiedereröffnung der mündlichen Verhandlung zum Zwecke der Beweisaufnahme abgewiesen hat, verstößt gegen Art. 62 der Verfahrensordnung des Gerichts (nachfolgend: EuG-Verfahrensordnung) sowie Art. 21 Abs. 4 der Satzung des Gerichtshofs i. V. m. Art. 64 § 3 d) EuG-Verfahrensordnung.

1. Verstoß gegen Art. 62 EuG-Verfahrensordnung

Nach Art. 62 EuG-Verfahrensordnung kann das Gericht nach Anhörung des Generalanwalts die Wiedereröffnung der mündlichen Verhandlung anordnen. Dies bedeutet jedoch nicht, dass dem Gericht ein (unbeschränktes) Ermessen in der Weise zusteht, dass es den Beschluss über die Wiedereröffnung ohne Bindung an rechtliche oder tatsächliche Schranken treffen dürfte. Aus der Rechtsprechung des Gerichtshofs zur mit Art. 62 EuG-Verfahrensordnung wortgleichen Vorschrift des Art. 61 EuGH-Verfahrensordnung ergibt sich, dass eine Verpflichtung zur Wiedereröffnung der mündlichen Verhandlung besteht, wenn

- der Antrag auf bislang unbekannten neuen Tatsachen beruht, die die betroffene Partei nicht vor dem Ende der mündlichen Verhandlung hat vortragen können (EuGH verb. Rs. 2 und 3/62, Kommission gegen Luxemburg und Belgien, Slg. 1962, 914; Rs. 195/80, Michel gegen Europäisches Parlament, Slg. 1981, 2861, 2871),
  und
- die Partei darlegt, dass die neu vorzutragenden Tatsachen für den Ausgang des Rechtsstreits in der Weise rechtliche Bedeutung haben, dass sie geeignet sind, ihn zu Gunsten der Partei zu beeinflussen (EuGH Rs. 45/75, Rewe gegen Hauptzollamt Landau, Slg. 1976, 181, 198; Rs. 26/77, Balkan gegen Hauptzollamt Berlin-Packhof, Slg. 1977, 2031, 2046; Rs. 195/80, Michel gegen Europäisches Parlament, Slg. 1981, 2961, 2971).

Beide Voraussetzungen waren in dem zur Entscheidung durch das Gericht stehenden Fall erfüllt.

......

2. Verstoß gegen Art. 64 § 3 Buchstabe d) EuG-Verfahrensordnung

Das Gericht und der Gerichtshof sind nicht darauf beschränkt, die Aufklärung des Sachverhalts in den bei ihnen rechtshängigen Verfahren allein nach den (Beweis-) Anträgen der Parteien zu führen und allein aufgrund der von ihnen angebotenen Beweismittel zu entscheiden. Art. 21 EuGH-Satzung (EG), der gem.

Art. 46 Abs. 1 der EuGH-Satzung (EG) auch für das Gericht erster Instanz gilt, macht vielmehr deutlich, dass die Gerichte der Europäischen Gemeinschaften und damit auch das Gericht erster Instanz eine Pflicht zur Aufklärung des Sachverhalts haben und aus eigener Initiative nicht nur tätig werden können, sondern auch müssen, wenn dies erforderlich ist. Eine Pflicht zum Tätigwerden ist nach der Rechtsprechung des Gerichtshofes dann anzunehmen, wenn

……

Im vorliegenden Fall waren alle genannten Voraussetzungen erfüllt ……

Somit wäre das Gericht verpflichtet gewesen, die dem Schriftsatz der Klägerin vom …… zugrundeliegenden Tatsachen aufzuklären und die Beklagte durch Erlass einer Verfügung zur Vorlage der maßgeblichen Dokumente und Unterlagen aufzufordern. Da dies nicht geschehen ist, hat das Gericht gegen Art. 21 EuGH-Satzung (EG) und gegen Art. 64 § 3 Buchstabe d) EuG-Verfahrensordnung verstoßen.

3. Schützende Wirkung von Art. 62 EuG-Verfahrensordnung, Art. 21 EuGH-Satzung (EG) und Art. 64 § 3 Buchstabe d) EuG-Verfahrensordnung

Nach Art. 51 Abs. 1 EuGH-Satzung muss die verletzte Verfahrensvorschrift zumindest auch die Interessen der Rechtsmittelführerin zu schützen geeignet sein, also den Charakter einer Schutznorm haben. Das ist u.a. dann anzunehmen, wenn die entsprechende Vorschrift sich unmittelbar auf den Entscheidungsfindungsprozess bezieht ……

4. Erheblichkeit der verletzten Vorschriften

Die Verfahrensfehler müssen sich schließlich auf das Urteil des Gerichts ausgewirkt haben. Dies ist hier anzunehmen, weil ……

III. Verstöße gegen materielles Gemeinschaftsrecht[15]

Das Urteil des Gerichts vom …… ist auch deshalb aufzuheben, weil es das materielle Gemeinschaftsrecht verletzt, indem das Gericht die Grundsätze über den inexistenten Rechtsakt (1.) und über die Reichweite der „Vermutung der Rechtmäßigkeit eines Rechtsakts" sowie der „Anscheinstheorie" (2.) verkennt.

1. Verkennung der Grundsätze über den inexistenten Rechtsakt im Gemeinschaftsrecht

Das Gemeinschaftsrecht kennt als Folge besonders schwerer und offenkundiger Fehler von Rechtsakten der Verwaltung das Institut des absolut nichtigen, d.h. inexistenten Rechtsakts (EuGH verb. Rs. 7/56 und 3 bis 7/57, Algera u.a. gegen Gemeinsame Versammlung, Slg. 1957, 83, 126). Voraussetzung für die Qualifizierung als inexistent ist, dass …… Das Gericht hat diese Grundsätze in seinem Urteil vom …… verkannt ……

2. ……

IV. Keine Zurückverweisung

Nach Auffassung der Klägerin ist es weder aus verfahrensrechtlichen noch aus prozessökonomischen Gründen erforderlich, das Verfahren an das Gericht zurückzuverweisen. Der Gerichtshof kann durch die erbetenen und beantragten Auflagen selbst feststellen, ob es auch im vorliegenden Verfahren zu Verfahrensfehlern der Beklagten gekommen ist, und er kann daraus die mit diesem Rechtsmittel beantragten rechtlichen Konsequenzen ziehen.

Unterschrift[16]

Verzeichnis der Anlagen[17]

Schrifttum: Bölhoff, Das Rechtsmittelverfahren vor dem Gerichtshof der Europäischen Gemeinschaften, 2001; *Borchardt,* Der Europäische Gerichtshof, 2000; *Jung,* Art. 168a, in: *von der Groeben/Thiesing/Ehlermann,* Kommentar zum EU-/EG-Vertrag, 5. Aufl. 1997; *Kirschner/Klüpfel,* Das Gericht erster Instanz der Europäischen Gemeinschaften, 2. Aufl., 1998, Rdn. 146–162; *Lasok,* The European Court of Justice Practice and Procedure, 2nd ed. 1994, 472–488; *Rengeling/Middeke/Gellermann,* Rechtsschutz in der Europäischen Union, 1994, 391–399; *Strivens,* Appeals to the Court of Justice, in: *Plender* (ed.), European Courts Practice and Precedents, 1997, 35–01 bis 35–59; *Schwarze,* Art. 225, in: *ders.* (Hrsg.), EU-Kommentar, 2000; *Wägenbaur,* Die Prüfungskompetenz des EuGH im Rechtsmittelverfahren, EuZW 1995, 199.

Anmerkungen

1. Das Rechtsmittel gem. Art. 225 EG ermöglicht eine auf Rechtsfragen beschränkte Überprüfung der Urteile des Gerichts erster Instanz. Seine Einzelheiten regeln Art. 49–54 der Satzung des Gerichtshofs und Art. 110–123 EuGH-Verfahrensordnung. Das Rechtsmittel hängt nicht von der Erreichung eines bestimmten Streitwertes oder einer Zulassung ab. Es ist gegen Entscheidungen des Gerichts unabhängig davon statthaft, ob das Gericht in Form eines Urteils oder eines Beschlusses entschieden hat. Das Rechtsmittel hat, seiner Bezeichnung zum Trotz, auch keine aufschiebende Wirkung.

Gegenstand des Rechtsmittels können gem. Art. 49 EuGH-Satzung Urteile des Gerichts, Entscheidungen des Gerichts über einen Teil des Streitgegenstandes oder Entscheidungen sein, die einen Zwischenstreit beenden, der eine Einrede der Unzuständigkeit oder Unzulässigkeit zum Gegenstand hat. Bei Rechtsmitteln gegen Teilentscheidungen oder Zwischenurteile bleibt der Rechtsstreit im übrigen beim Gericht anhängig.

Nach Art. 50 EuGH-Satzung kann das Rechtsmittel außerdem gegen Entscheidungen über Aussetzungsanträge nach Art. 242 EG, gegen Entscheidungen im einstweiligen Rechtsschutzverfahren nach Art. 243 EG, gegen Entscheidungen über Anträge auf Aussetzung der Zwangsvollstreckung nach Art. 256 EG sowie gegen die Ablehnung eines Antrags auf Zulassung als Streithelfer vom Antragsteller eingelegt werden. Über diese Rechtsmittel wird gem. Art. 50 Abs. 3 EuGH-Satzung im summarischen Verfahren gem. Art. 36 EuGH-Satzung entschieden. In diesen Rechtsmittelverfahren befasst sich der Gerichtshof nur mit den Rechtsfragen, die die Gewährung oder Versagung einstweiligen Rechtsschutzes, die Aussetzung der Zwangsvollstreckung oder die Ablehnung der Zulassung als Streithelfer betreffen. Rechtsfragen, die das beim Gericht anhängige Hauptsacheverfahren betreffen, können nicht Gegenstand des Rechtsmittels sein (vgl. Rs. C-370/90 P, C-372/90 P-R und C-22/91 P, SEP gegen Kommission, Slg. 1991, I-2043 Rdn. 11).

Kostenentscheidungen und Kostenfestsetzungen sind nach Art. 51 Abs. 2 EuGH-Satzung nicht isoliert rechtsmittelfähig.

Verfahrenssprache ist gem. Art. 110 EuGH-Verfahrensordnung grundsätzlich diejenige Sprache, in der die angefochtene Entscheidung des Gerichts erster Instanz ergangen ist.

Das Verfahren gliedert sich in einen schriftlichen und einen mündlichen Teil. Der Gerichtshof kann jedoch gem. Art. 120 EuGH-Verfahrensordnung nach Anhörung des Generalanwalts und der Parteien beschließen, ohne mündliche Verhandlung zu entscheiden, es sei denn, eine Partei widerspricht mit der Begründung, dass sie im schriftlichen Verfahren nicht ausreichend Gelegenheit hatte, ihren Standpunkt zu Gehör zu bringen.

2. Gem. Art. 37 § 3 EuGH-Verfahrensordnung ist jeder Schriftsatz mit Datum zu versehen.

3. Zuständig für Rechtsmittel gegen Entscheidungen des Gerichts erster Instanz ist gem. Art. 225 EG Abs. 1 i.V.m. 49ff. EuGH-Satzung der Gerichtshof. Nach Art. 111 § 1 EuGH-Verfahrensordnung kann das Rechtsmittel fristwahrend beim Gerichtshof (judex ad quem) oder beim Gericht erster Instanz (judex a quo) durch Einreichung eines Schriftsatzes eingelegt werden.

4. Gem. Art. 112 § 1 EuGH-Verfahrensordnung findet Art. 37 § 1 EuGH-Verfahrensordnung auf die Rechtsmittelschrift entsprechende Anwendung. Danach sind die Rechtsmittelschrift und alle weiteren Schriftsätze samt Anlagen urschriftlich mit 5 Abschriften für den Gerichtshof und je einer weiteren Abschrift für jede andere Partei einzureichen. Die Abschriften sind zu beglaubigen.

Die Parteien können gem. Art. 115 § 1 EuGH-Verfahrensordnung binnen zwei Monaten nach Zustellung der Rechtsmittelschrift eine Rechtsmittelbeantwortung einreichen. Eine Verlängerung der Frist ist nicht möglich. Erwiderung und Gegenerwiderung oder sonstige ergänzende Schriftsätze sind nur nach Genehmigung eines entsprechenden Antrags durch den Präsidenten des Gerichtshofs, der binnen eines Monats nach Zustellung der Rechtsmittelbeantwortung oder der Erwiderung zu stellen ist, zulässig, Art. 117 § 1 EuGH-Verfahrensordnung. Der Gerichtshof bestimmt gegebenenfalls die Fristen für die Einreichung dieser Schriftsätze, Art. 117 § 1 EuGH-Verfahrensordnung. Eine Erwiderung ohne vorhergehenden Antrag ist gem. § 117 § 2 EuGH-Verfahrensordnung ausnahmsweise gestattet, wenn die Rechtsmittelbeantwortung die vollständige oder teilweise Aufhebung der Entscheidung des Gerichts unter einem in der Rechtsmittelschrift nicht genannten Gesichtspunkt zum Gegenstand hat.

5. Die Rechtsmittelschrift muss nach Art. 112 EuGH-Verfahrensordnung den Namen und Wohnsitz des Rechtsmittelführers enthalten. Da dem Gerichtshof die erstinstanzlichen Akten nach Art. 111 § 2 EuGH-Verfahrensordnung vom Gericht vorgelegt werden, ist eine erneute Vorlage des Nachweises der Rechtspersönlichkeit juristischer Personen entbehrlich. Art. 112 EuGH-Verfahrensordnung verweist insoweit auch nicht auf Art. 38 § 5 EuGH-Verfahrensordnung. Für die Rechtsmittelbeantwortung gilt nach Art. 115 § 2 Verfahrensordnung Entsprechendes.

Rechtsmittelführer kann nach Art. 49 Abs. 2 EuGH-Satzung nur eine Partei sein, die mit ihren Anträgen ganz oder teilweise im erstinstanzlichen Verfahren unterlegen ist (formelle Beschwer; vgl. EuGH Rs. C-35/92 P, Parlament gegen Frederiksen, Slg. 1993, I-991, 1032 Rdn. 31; Rs. C-244/91 P, Pincherle gegen Kommission, Slg. 1993, I-6965, 7003 Rdn. 25; Rs. C-326/91 P, de Compte gegen Parlament, Slg. 1994, I-2091, 2167 Rdn. 94). Andere Streithelfer als Mitgliedstaaten und Gemeinschaftsorgane können Rechtsmittel nur einlegen, wenn die Entscheidung des Gerichts sie unmittelbar berührt (materielle Beschwer). Sie müssen also betroffene eigene Rechte wahrnehmen. Ein berechtigtes Interesse am Ausgang des Rechtsstreits genügt nicht. Mitgliedstaaten und Gemeinschaftsorgane können jedoch, es sei denn, es handelt sich um Streitigkeiten zwischen der Gemeinschaft und ihren Bediensteten, Rechtsmittel selbst dann einlegen, wenn sie dem Rechtsstreit in erster Instanz nicht beigetreten sind, sie also weder formell noch materiell beschwert sind (autonome Rechtsmittelbefugnis), Art. 49 Abs. 3 EuGH-Satzung. Im Ergebnis sind also auch im Rechtsmittelverfahren, wie bei Nichtigkeitsklagen (vgl. Form. IX. 2 Anm. 5), privilegierte und nicht privilegierte Rechtsmittelführer zu unterscheiden.

6. Nach Art. 112 § 1 b) EuGH-Verfahrensordnung hat die Rechtsmittelschrift auch die anderen Parteien des Verfahrens vor dem Gericht erster Instanz zu bezeichnen.

7. In der Rechtsmittelschrift müssen nach Art. 112 § 1 d) EuGH-Verfahrensordnung Anträge gestellt werden. Der Gerichtshof hat gem. Art. 54 EuGH-Satzung zwei Möglichkeiten der Entscheidung, wenn das Rechtsmittel zulässig und begründet ist. Ist die Sache spruchreif, kann er die erstinstanzliche Entscheidung aufheben und selbst letztinstanzlich entscheiden (vgl. Rs. C-137/92 P, Kommission gegen BASF u. a., Slg. 1994, I-2555; Rs. C-395/95 P, Geotronics gegen Kommission, Slg. 1997, I-2271). Im Übrigen verweist er die Sache zur weiteren Aufklärung oder Erörterung zurück (vgl. Rs. C-68/91 P, Moritz gegen Kommission, Slg. 1992, I-6849). Hinsichtlich der zu stellenden Anträge bestimmt Art. 113 EuGH-Verfahrensordnung daher, dass sie die vollständige oder teilweise Aufhebung der Entscheidung des Gerichts oder die vollständige oder teilweise

Aufrechterhaltung der im ersten Rechtszug gestellten Anträge zum Gegenstand haben. Neue Anträge dürfen nicht gestellt werden. Dies entspricht dem begrenzten Umfang des Rechtsmittels, das auf die Überprüfung des Urteils des Gerichts auf Rechtsfehler beschränkt ist. Entsprechendes gilt gem. Art. 116 EuGH-Verfahrensordnung für die Rechtsmittelbeantwortung.

8. Gem. Art. 112 § 1 EuGH-Verfahrensordnung findet Art. 38 § 3 EuGH-Verfahrensordnung auf die Rechtsmittelschrift entsprechende Anwendung (gem. Art. 115 § 2 EuGH-Verfahrensordnung auch auf die Rechtsmittelbeantwortung). Danach hat der Anwalt der Partei bei der Kanzlei des Gerichtshofs eine Bescheinigung zu hinterlegen, aus der hervorgeht, dass er berechtigt ist, vor einem Gericht eines Mitgliedstaates oder eines Vertragsstaates des EWR-Abkommens aufzutreten.

9. Gemäß Art. 38 § 2 Abs. 1 EuGH-Verfahrensordnung ist in der Klageschrift eine Zustellungsanschrift am Ort des Gerichtssitzes anzugeben, d.h. es ist eine Person zu benennen, die ermächtigt ist und sich bereit erklärt hat, die Zustellungen entgegenzunehmen. Üblicherweise wird diese Aufgabe von in Luxemburg niedergelassenen Anwälten wahrgenommen. Die Zustellung erfolgt auf dem Postweg per Einschreiben mit Rückschein oder durch Übergabe gegen Quittung auf Veranlassung des Kanzlers (Art. 79 EuGH-Verfahrensordnung). Anstelle oder zusätzlich zu der Zustellungsanschrift am Ort des Gerichtssitzes kann sich der Prozessbevollmächtigte in der Klageanschrift auch damit einverstanden erklären, dass Zustellungen an ihn mittels Fernkopierer oder sonstiger technischer Kommunikationsmittel erfolgen (Art. 38 § 2 Abs. 2 EuGH-Verfahrensordnung). Wird weder eine Zustellungsanschrift angegeben noch das Einverständnis mit der Zustellung mittels moderner Kommunikationsmittel erklärt, so erfolgen die Zustellungen an die betreffende Partei auf dem Postweg durch Einschreiben an den Bevollmächtigten oder Anwalt der Partei, wobei in diesem Falle die Zustellung mit der Aufgabe des Einschreibens zur Post am Ort des Gerichtssitzes (also Luxemburg) als bewirkt gilt, Art. 38 § 2 Abs. 3 EuGH-Verfahrensordnung. Das Risiko der Postlaufzeit trägt in diesem Fall der Kläger.

10. Die Anforderungen an eine Rechtsmittelschrift ergeben sich aus Art. 19 Abs. 1 EuGH-Satzung und Art. 112 EuGH-Verfahrensordnung (Art. 115 für die Rechtsmittelbeantwortung). Danach muss die Rechtsmittelschrift (wie auch die Rechtsmittelbeantwortung) neben den Anträgen insbesondere den Streitgegenstand bezeichnen und eine Darstellung der Rechtmittelgründe (der rechtlichen Gründe) enthalten.

Neben der Beschränkung der Rechtsmittelgründe nach Art. 51 EuGH-Satzung ist die Beschränkung des Sachvortrags gem. Art. 113 § 2 EuGH-Verfahrensordnung zu beachten (Entsprechendes gilt für die Rechtsmittelbeantwortung gem. Art. 116 § 2 EuGH-Verfahrensordnung). Der Streitgegenstand darf im Rechtsmittelverfahren nicht verändert werden, d.h. Argumente, die im erstinstanzlichen Verfahren nicht gemacht worden sind oder ein zurückgenommener erstinstanzlicher Vortrag sind genauso unzulässig, wie ein Vortrag, der als unzulässig verworfen wurde (EuGH Rs. C-321/99 P, Associação dos Refinadores de Açúcar Portugueses u.a. gegen Kommission, Urt. v. 16. 5. 2002 Rdn. 48, noch nicht in Slg. veröffentlicht). Etwas anderes gilt, wenn die Entscheidung über die Nichtzulassung des Vortrags als Verfahrensrüge angegriffen wird (vgl. EuGH Rs. C-18/91 P, V gegen Parlament, Slg. 1992, I-3997, 4014 Rdn. 21; Rs. C-136/92 P, Kommission gegen Lualdi u.a., Slg. 1994, I-1981, 2031f. Rdn. 59, Rs. C-354/92 P, Eppe gegen Kommission, Slg. 1993, I-7027, 7049 Rdn. 13).

Bei der Darstellung der Rechtsmittelgründe ist es nicht ausreichend, den erstinstanzlichen Vortrag lediglich zu wiederholen (vgl. EuGH Rs. C-244/92 P, Kupka-Floridi gegen Wirtschafts- und Sozialausschuss, Slg. 1993, I-2041, 2045 Rdn. 10; Rs. C-354/92 P, Eppe gegen Kommission, Slg. 1993, I-7027, 7048 Rdn. 8). Genauso wenig ausreichend ist der bloße Vortrag, das Gericht habe die bisherige Rechtsprechung anders interpretieren müssen (vgl. EuGH Rs. C. 338/93 P, de Hoe gegen Kommission, Slg. 1994, I-819, 829 Rdn. 26).

Vielmehr muss die Rechtsmittelschrift die rechtlichen Argumente, auf die sich das Rechtsmittel stützt, klar und deutlich in der gebotenen Ausführlichkeit darstellen. Dies ist erforderlich, da der Vortrag in der Rechtsmittelschrift den Prüfungsumfang des Gerichtshofs im Rechtsmittelverfahren sachlich begrenzt. Der Gerichtshof prüft ausschließlich die gerügten Rechtsverletzungen, auch wenn er selbst darüber hinaus mögliche Rechtsverletzungen erkennt (vgl. EuGH Rs. C-136/92 P, Kommission gegen Lualdi u. a., Slg. 1994, I-1981, 2030 Rdn. 52).

Entspricht die Rechtsmittelschrift in formeller Hinsicht den Anforderungen der Art. 38 § 3 oder 112 § 2 EuGH-Verfahrensordnung nicht (Vorlage der angefochtene Entscheidung, Angabe des Zustellungsdatums, Vorlage einer Zulassungsbescheinigung), setzt der Kanzler der Rechtsmittelführerin eine angemessene Frist zur Behebung des Mangels. Nach Fristablauf entscheidet der Gerichtshof nach Anhörung des Generalanwalts darüber, ob die Nichtbeachtung der Formvorschriften die Unzulässigkeit des Rechtsmittels zur Folge hat, Art. 38 § 7 EuGH-Verfahrensordnung, der gem. Art. 112 § 3 EuGH-Verfahrensordnung entsprechende Anwendung findet.

11. Gem. Art. 112 § 2 EuGH-Verfahrensordnung ist die mit dem Rechtsmittel angefochtene Entscheidung beizufügen und anzugeben, an welchem Tag sie dem Rechtsmittelführer zugestellt worden ist.

12. Wie sich schon aus Art. 225 EG ergibt, sind die Rechtsmittelgründe auf Rechtsfragen beschränkt (EuGH Rs. C-362/95 P, Blackspur DIY u. a./Rat und Kommission, Slg. 1997, I-4775 Rdn. 28 und 29; Rs. C-62/01 P, Campogrande gegen Kommission, Urt. v. 12. 3. 2002 Rdn. 24, noch nicht in Slg. veröffentlicht) Art. 51 EuGH-Satzung konkretisiert den Begriff der Rechtsfragen im Sinne des Art. 225 EG in der Weise, dass das Rechtsmittel nur auf die Unzuständigkeit des Gerichts, auf einen Verfahrensfehler, durch den die Interessen des Rechtsmittelführers beeinträchtigt werden, sowie auf eine Verletzung des Gemeinschaftsrechts durch das Gericht gestützt werden kann.

13. Die Rüge der Unzuständigkeit kann sich neben der Unzuständigkeit des Gerichts erster Instanz auch auf die Unzuständigkeit der gemeinschaftsrechtlichen Gerichtsbarkeit insgesamt beziehen. Dieser Rechtsmittelgrund hat jedoch kaum noch Bedeutung, da das EuG heute für alle Nichtigkeitsklagen von natürlichen und juristischen Personen zuständig ist (Art. 3 Buchstabe c) Beschluss Nr. 88/591/EGKS, EWG, Euratom zur Errichtung eines Gerichts erster Instanz der Europäischen Gemeinschaften, ABl. 1988 Nr. L 319/1). Der Gerichtshof ist dagegen für alle anderen Nichtigkeitsklagen zuständig, insbesondere solche, die durch die Mitgliedstaaten oder Organe der Gemeinschaft gem. Art. 230 Abs. 2 EG erhoben werden. Auch werden in der Praxis Klagen, die unter offensichtlicher Verkennung der Zuständigkeit beim Gerichtshof eingereicht wurden, ohne formelles Verfahren an das EuG weitergeleitet und umgekehrt.

14. Verfahrensrügen sind nur unter zwei Voraussetzungen erfolgreich. Erstens muss es sich bei der Verfahrensvorschrift, deren Verletzung gerügt wird, um eine rechtsmittelfähige Vorschrift handeln. Das ist der Fall, wenn die Vorschrift gerade dem Schutz des Rechtsmittelführers dient und nicht ausgeschlossen ist, dass ihre Verletzung sich nachteilig auf die Rechtsposition des Rechtsmittelführers ausgewirkt hat. Diese Voraussetzung ist beispielsweise bei Vorschriften erfüllt, die das rechtliche Gehör, die Beweisaufnahme und die Begründungspflicht betreffen (vgl. Rs. C-68/91 P, Moritz gegen Kommission, Slg. 1992, I-6849, 6889 Rdn. 21 ff.; Rs. C-62/01 P, Campogrande gegen Kommission, Urt. v. 12. 3. 2002 Rdn. 24, noch nicht in Slg. veröffentlicht). Zweitens muss die gerügte Verletzung der Verfahrensvorschrift rechtsmittelwirksam sein. Rechtsmittelwirksam ist eine Verletzung rechtsmittelfähiger Verfahrensvorschriften nur, wenn sie sich auch tatsächlich auf den Inhalt der angefochtenen Entscheidung ausgewirkt hat.

15. Zur Rüge der Verletzung von Gemeinschaftsrecht vgl. Form IX. 2, Anm. 20. Zu beachten ist im Rechtsmittelverfahren, dass nur die unrichtige Rechtsanwendung rechtsmittelrelevant ist.

Tatsachenrügen sind unzulässig. Da die Sachverhaltsfeststellung dem Gericht erster Instanz als Tatsacheninstanz vorbehalten ist, kann auch die fehlerhafte Rechtsanwendung aufgrund fehlerhafter Tatsachenfeststellung durch das Gericht grundsätzlich nicht gerügt werden. Etwas anderes gilt dann, wenn sich aus den Prozessakten ergibt, dass die Feststellungen des EuG falsch sind (EuGH Rs. C-136/92 P, Kommission gegen Lualdi u.a., Slg. 1994, I-1981, 2029 Rdn. 49). Zu beachten ist dabei, dass der EuGH nicht die Rolle des erstinstanzlichen Gerichts einnimmt. Er ermittelt keine neuen Tatsachen und lässt keinen neuen Tatsachenvortrag zu. Die Beweiswürdigung in der ersten Instanz wird nur daraufhin überprüft, ob ein bestimmtes Beweismittel „verfälscht" wurde (EuGH Rs. C-53/92 P, Hilti gegen Kommission, Slg. 1994, I-667, 707f. Rdn. 42, 43; Rs. C-234/92, Shell/Kommission, Slg. 1999, I-4501, 4534 Rdn. 60), d.h. ob das EuG ein Beweismittel offensichtlich verkannt hat. Weiter kann der Gerichtshof untersuchen, ob das EuG die Prüfung bestimmter Beweismittel „unterlassen" hat (EuGH Rs. C-244/91 P, Pincherle gegen Kommission, Slg. 1993, Slg. I-6965, 7004f. Rdn. 32, 33; Rs. C-497/99 P, Irish Sugar gegen Kommission, Slg. 2001, I-5333 Rdn. 39, 59; Rs. C-500/99 P, Conserve Italia gegen Kommission, Urt. v. 24. 1. 2002 Rdn. 59, noch nicht in Slg. veröffentlicht). Schließlich prüft der EuGH, ob die Beweise in der ersten Instanz „ordnungsgemäß erbracht und die allgemeinen Regeln und Rechtsgrundsätze zur Beweislast und die Vorschriften über das Beweisverfahren eingehalten worden sind" (EuGH Rs. C-294/91, Sebastiani gegen Parlament, Slg. 1992, I-4997, 5001f. Rdn. 13; Rs. C-136/92 P, Kommission gegen Lualdi u.a., Slg. 1994, I-1981, 2033 Rdn. 66; Rs. C-53/92 P, Hilti gegen Kommission, Slg. 1994, I-667, 707f. Rdn. 40ff.). Eine erstinstanzliche Tatsachenbeurteilung des EuG wird durch den EuGH nicht überprüft, da es sich um eine Tatfrage handele (EuGH Rs. C-326/91 P, de Compte gegen Parlament, Slg. 1994, I-2091, 2152 Rdn. 41; Rs. C-53/92 P, Hilti gegen Kommission, Slg. 1994, I-667, 701 Rdn. 11). Tatsachenvortrag ist in der zweiten Instanz grundsätzlich unzulässig (EuGH Rs. C-18/91 P, V. gegen Parlament, Slg. 1992, I-3997, 4019 Rdn. 44). Die Unterscheidung von Rechts- und Tatsachenrügen ist auch im Gemeinschaftsrecht nicht immer einfach. Die verhältnismäßig umfangreiche Rechtsprechung zu dieser Frage zeigt, dass der Gerichtshof den Begriff der Rechtsrüge bisher eher restriktiv auslegt hat (vgl. dazu nur EuGH Rs. C-283/90 P, Vidrányi gegen Kommission, Slg. 1991, I-4339, 4364 Rdn. 11ff.; Rs. C-136/92 P, Kommission gegen Lualdi u.a., Slg. 1994, I-1981, 2029 Rdn. 49; Rs. C-220/91 P, Kommission gegen Stahlwerke Peine-Salzgitter, Slg. 1993, I-2393, 2448 Rdn. 39; Rs. C-53/92 P, Hilti gegen Kommission, Slg. 1994, I-667, 703, 707f. Rdn. 19 und 40ff.; exemplarisch zu diesem Fragenkomplex sind die Schlussanträge des GA Tesauro in der Rs. C-362/95 P, Blackspur gegen Rat und Kommission, v. 5. 6. 1997, Slg. 1997, I-4777; vgl. auch *Wägenbaur*, Die Prüfungskompetenz des EuGH im Rechtsmittelverfahren, EuZW 1995, 199, 200ff.).

Verletzungen materiellen Gemeinschaftsrechts sind nur dann rechtsmittelwirksam in dem Sinne, dass sie das Rechtsmittel begründen, wenn keine anderen rechtlichen Erwägungen den Tenor des Urteils zu tragen vermögen (EuGH Rs. C-320/92 P, Finsider gegen Kommission, Slg. 1994, I-5697, 5723 Rdn. 37, vgl. Rs. 36/92 P, SEP gegen Kommission, Slg. 1994, I-1911, 1941 Rdn. 32f.). Nicht rechtsmittelwirksam ist eine festgestellte Rechtsverletzung also, wenn eine andere, rechtsfehlerfreie Argumentationen des Gerichts den Tenor der Entscheidung trägt; nicht ausreichend dafür ist allerdings, dass dem Gericht eine solche Argumentation möglich gewesen wäre (Rs. C-35/92 P, Parlament gegen Frederiksen, Slg. 1993, I-991, 1032 Rdn. 31; Rs. C. 326/91 P, de Compte gegen Parlament, Slg. 1994, I-2091, 2167 Rdn. 94).

16. Gem. Art. 37 § 1 Abs. 1 EuGH-Verfahrensordnung ist die Urschrift jedes Schriftsatzes vom Anwalt der Partei zu unterzeichnen. Gem. Art. 37 § 1 Abs. 2 EuGH-Verfahrensordnung sind die Abschriften zu beglaubigen.

17. Art. 37 § 4 EuGH-Verfahrensordnung fordert die Vorlage eines Anlagenverzeichnisses.

Kosten und Gebühren

Wird das Rechtsmittel vom EuGH zugelassen, die Rechtssache aber an das EuG zur erneuten Entscheidung zurückverwiesen, bleibt die Kostenentscheidung der Endentscheidung vorbehalten (EuGH Rs. C-39/93 P, SFEI u. a. gegen Kommission, Slg. 1994, I-2681, 2713 Ziffer 3 des Tenors). Das Gericht erster Instanz entscheidet dann gemäß Art. 121 EuG-Verfahrensordnung über die Kosten des Rechtsstreits insgesamt, also auch über die Kosten des Rechtsmittelverfahrens vor dem EuGH. Entscheidet der EuGH hingegen selbst über das Rechtsmittel, urteilt er gleichzeitig über die Kosten, Art. 122 Abs. 1 EuGH-Verfahrensordnung. Verwirft der Gerichtshof ein Rechtsmittel als unzulässig oder weist er es als unbegründet ab, bleibt die Kostenentscheidung des Gerichts erster Instanz bestehen. Der Gerichtshof entscheidet in diesem Fall nur über die Kosten des Rechtsmittelverfahrens (EuGH Rs. C-195/91 P, Bayer gegen Kommission, Slg. 1994, I-5619, 5640 Rdn. 36). Hat das Rechtsmittel Erfolg und ändert der Gerichtshof selbst das erstinstanzliche Urteil, entscheidet er sowohl über die Kosten in der ersten und in der zweiten Instanz (EuGH Rs. 137/92 P, Kommission gegen BASF, Slg. 1994, I-2555, 2653 Rdn. 80).

Den rechtlichen Maßstab für die Kostenentscheidung bilden – durch die Verweisung in Art. 118 EuGH-Verfahrensordnung – die allgemeinen Vorschriften der Art. 69 bis 75 EuGH-Verfahrensordnung sowie Art. 122 EuGH-Verfahrensordnung als lex specialis. Vgl. zu den allgemeinen Vorschriften Form. IX. 2 (Kosten und Gebühren). Art. 122 EuGH-Verfahrensordnung enthält in seinem Abs. 2 einige Besonderheiten für Rechtsstreitigkeiten zwischen den Gemeinschaften und ihren Bediensteten. Nach Art. 122 Abs. 2 Spiegelstrich 1 EuGH-Verfahrensordnung kommt das in Art. 70 EuGH-Verfahrensordnung niedergelegte Kostenprivileg der Beamten nur dann zum Tragen, wenn das Rechtsmittel von dem beklagten Organ und nicht von dem Beamten erhoben wurde (vgl. zur Kostentragung durch den Beamten EuGH Rs. C-452/93 P, Fernàndez gegen Kommission, Slg. 1994, I-4295, 4309 f. Rn. 26 f.; Rs. C-171/00 P, Libéros gegen Kommission, Urt. v. 15. 1. 2002, Rdn. 59, noch nicht in Slg. veröffentlicht; weiter zur Kombination von Art. 70 und 122 Abs. 2 Spiegelstrich 1 EuGH-Verfahrensordnung EuGH Rs. C-298/93 P, Klinke gegen Gerichtshof, Slg. 1994, I-3009, 3035 Rdn. 42 f.; zur Kostenteilung wegen Billigkeit gemäß Art. 122 Abs. 2 Spiegelstrich 2 EuGH-Verfahrensordnung EuGH Rs. C-244/91 P, Pincherle gegen Kommission, Slg. 1993, I-6965, 7005 f. Rdn. 37 f.). Gemäß Art. 122 Abs. 3 EuGH-Verfahrensordnung kann der Gerichtshof die Kosten teilen, wenn ein Gemeinschaftsorgan oder ein Mitgliedstaat eine Entscheidung des EuG angefochten hat, ohne dem Rechtsstreit beizutreten.

Zum Kostenfestsetzungsverfahren s. Form. IX. 17.

Fristen

Die Rechtsmittelfristen sind Ausschlussfristen. Eine zweigeteilte Einlegungs- und Begründungsfrist existiert nicht.

Die Rechtsmittelfrist beträgt grundsätzlich zwei Monate nach Zustellung der erstinstanzlichen Entscheidung, Art. 49 Abs. 1 und Art. 50 Abs. 2 EuGH-Satzung. Bei Nichtangabe eines zustellungsbevollmächtigten in erstinstanzlichen Verfahren gilt die Entscheidung des Gerichts erster Instanz nach Art. 44 § 2 EuG-Verfahrensordnung schon mit der Aufgabe zur Post als zugestellt, d.h. die Rechtsmittelfrist beginnt nicht erst mit Eingang des Urteils beim Prozessbevollmächtigten zu laufen. Eine Sonderregelung gilt für das Rechtsmittel gegen die Ablehnung eines Antrags auf Zulassung als Streithelfer. Es ist gem. Art. 50 Abs. 1 EuGH-Satzung bereits innerhalb von zwei Wochen nach der Zustellung der ablehnenden Entscheidung einzulegen.

Gem. Art. 81 § 2 EuGH-Verfahrensordnung verlängern sich die Verfahrensfristen um eine pauschale Entfernungsfrist von 10 Tagen.

13. Antragsschrift Streithilfe nach Art. 115, 116 EuG-Verfahrensordnung

An den Präsidenten
des Gerichts erster Instanz der Europäischen Gemeinschaften
– Kanzlei –
Boulevard Konrad Adenauer
L-2925 Luxemburg
LUXEMBURG[1]

……, den ……[2]

Antrag auf Zulassung als Streithelfer[3]

In der Rechtssache ……

der ……

– Klägerin –

gegen

die Kommission der Europäischen Gemeinschaften

– Beklagte –

beantragt das

Land Berlin, vertreten durch den Regierenden Bürgermeister, …, Anschrift,

Prozessbevollmächtigter: Rechtsanwalt ……[4]

die Zulassung als Streithelfer zur Unterstützung der Klägerin.

Gemäß Artikel 24 § 6 der Verfahrensordnung des Gerichts ist im ABl. Nr. C …… vom …… eine Mitteilung über die Erhebung der Klage in der Rechtssache …… veröffentlicht worden. In diesem Verfahren hat die Klägerin beantragt:

1. die Entscheidung der Kommission vom …… über Beihilfen Deutschlands zugunsten der …… , Berlin, für nichtig zu erklären;
2. der Kommission die Kosten des Verfahrens aufzuerlegen.

Das Land Berlin beabsichtigt, die vorgenannten Anträge der Klägerin im Wege der Streithilfe vor dem Gericht Erster Instanz zu unterstützen. Aus diesem Grunde beantragen wir namens und in Vollmacht des Landes Berlin die Zulassung als Streithelfer zur Unterstützung der Klägerin nach Art. 40 Abs. 2 Satzung des Gerichtshofes (EG und EAG). Eine auf unseren Namen lautende Vollmacht der Berliner Landesregierung fügen wir als Anlage … zu diesem Schriftsatz bei.

Gemäß Art. 44 § 2 Abs. 2 der Verfahrensordnung erklären wir uns als Prozessbevollmächtigte damit einverstanden, dass Zustellungen an uns mittels Fernkopierer oder sonstiger technischer Kommunikationsmittel erfolgen. Zustellungen können bewirkt werden an Herrn Rechtsanwalt ......, Telefax-Nr.: ......, bzw. an die E-Mail-Anschrift: ......[5]

Begründung:

I. Verfahrensgegenstand[6]
Die von der Klägerin angefochtene Entscheidung der Kommission erklärt von der Berliner Wirtschaftsverwaltung gewährte Investitionszuschüsse in Höhe von ... für unvereinbar mit Art. 87 EG. Aufgrund der Rückforderungsanordnung in Art. 2 der von der Klägerin angefochtenen Entscheidung sind die Behörden des Landes Berlin verpflichtet, die von der Kommission mit dem Gemeinsamen Markt für unvereinbar erklärten Beihilfen von der Klägerin zurückzufordern. Nach Auffassung der Klägerin beruht die Kommissionsentscheidung auf einer fehlerhaften Auslegung des EG. Das Land Berlin teilt diese Auffassung und unterstützt daher die von der Klägerin eingebrachte Nichtigkeitsklage.

II. Zulässigkeit des Streithilfeantrags[7]
1. Rechtlicher Status des Landes Berlin[8]
Das Land Berlin ist gemäß Art. 40 Abs. 2 der Satzung des Gerichtshofes (EG und EAG) als „andere Person, die ein berechtigtes Interesse am Ausgang" des bei dem Gericht Erster Instanz anhängigen Rechtssache T – ...... hat, befugt, dem Rechtsstreit auf Seiten der Klägerin beizutreten. Nach Art. 1 Abs. 2 der Verfassung des Landes Berlin ist das Land Berlin ein Land der Bundesrepublik Deutschland. In der Rechtsordnung der Bundesrepublik Deutschland kommt den Ländern Staatsqualität zu. Nach der Rechtsprechung des Bundesverfassungsgerichts sind

> „die Länder als Glieder des Bundes Staaten mit eigener – wenn auch gegenständlich beschränkter – nicht vom Bund abgeleiteter, sondern von ihm anerkannter staatlicher Hoheitsmacht" (Beschluss vom 23. Oktober 1951, BVerfGE, 1, 14, 34)

Als Land der Bundesrepublik Deutschland genießt das Land Berlin dieselbe staatsrechtliche Qualität wie die deutschen Länder Nordrhein-Westfalen, Baden-Württemberg, Niedersachsen, Hessen, Rheinland-Pfalz und Bayern, die von dem Gerichtshof in den verb. Rs. 3/58 u.a. (Barbara Erzbergbau AG u.a. gegen Hohe Behörde, Slg. 1960, 373) als Streithelfer zugelassen worden sind.
2. Sachverhalt
Die Klägerin unterhält ihren Sitz im Hoheitsgebiet des Landes Berlin. Die von der Kommission beanstandete Förderung der Klägerin beruht auf folgenden Vorgängen: Die streitgegenständliche Investitionszulage erhielt die Klägerin aufgrund des Zuwendungsbescheides der Berliner Senatsverwaltung für Wirtschaft, einer staatlichen Einrichtung des Landes Berlin, vom ...... Die Fördermaßnahme beruht auf unabhängigen Entscheidungen von Verwaltungseinrichtungen Berlins. Nach dem Gesetz ...... sind für die Gewährung von Investitionszuschüssen ausschließlich die Behörden der Länder zuständig.
3. Berechtigtes Interesse[9]
Aus den vorstehenden Ausführungen ergibt sich, das die von der Kommission beanstandete wirtschaftliche Förderung der Klägerin ausschließlich auf unabhängigen Entscheidungen des Landes Berlin und dessen Verwaltungseinrichtungen beruht. Art. 2 der von der Klägerin angefochtenen Entscheidung verpflichtet diese Verwaltungseinrichtungen des Landes Berlin, die in Art. 1 der angefochtenen Entscheidung benannte Beihilfe von der Klägerin zurückzufordern (direkte rechtliche Betroffenheit des Landes Berlin). Das Land Berlin ist von der angefochtenen Entscheidung überdies auch wirtschaftlich betroffen, denn die von der Kommission angeordnete Rückforderung dieser Beihilfe führt zu einer schweren Gefährdung des betrieblichen Fortbestands der Klägerin am Standort Berlin und damit zu einem schweren Eingriff in die Wirtschaftspolitik des Landes Berlin.

III. Antrag[10]
Das Land Berlin ersucht den Präsidenten des Gerichts daher, es zur Unterstützung der Klägerin als Streithelfer in dieser Rechtssache zuzulassen.

Unterschrift[11]
Verzeichnis der Anlagen[12]

Schrifttum: Allkemper, Grenzen der Streithilfe vor dem Europäischen Gerichtshof, EWS 1995, 336; *Dauses/Henkel,* Streithilfe durch natürliche oder juristische Personen in Verfahren vor dem EuGH und EuG, EuZW 2000, 581; *Ehle/Schiller,* Das Streithilfeverfahren vor dem Europäischen Gerichtshof, EuR 1982, 48; *Hasselbach,* Der Schutz von Verbandsinteressen vor dem EuGH, ZZP 109 (1996), 195.

Anmerkungen

1. Das zuständige Gericht ist bei dem Antrag auf Streithilfe naturgemäß durch das Gericht der beigetretenen Rechtssache vorbestimmt. Nach Art. 93 § 2 letzter Absatz EuGH-Verfahrensordnung bzw. Art. 116 § 1 letzter Absatz EuG-Verfahrensordnung entscheidet in der Regel der Präsident über den Antrag. In der Praxis wird ein Antrag auf Streithilfe eher bei Verfahren vor dem Gericht erster Instanz eine Rolle spielen.

2. Die formalen Anforderungen an den Streithilfeantrag bestimmen sich nach den Grundsätzen für Klageschriftsätze, Art. 89 § 1 i. V. m. Art. 37, 38 EuGH-Verfahrensordnung/Art. 115 § 2 i. V. m. Art. 43, 44 EuG-Verfahrensordnung. Gemäß Art. 43 § 3 EuG-Verfahrensordnung muss der Schriftsatz datiert sein.

3. In Art. 115 § 2 EuG-Verfahrensordnung (Art. 93 § 1 EuGH-Verfahrensordnung) ist niedergelegt, welche Mindestanforderungen der Antrag auf Streithilfe erfüllen muss. Erforderlich sind danach:
- die Bezeichnung der Rechtssache
- die Bezeichnung der Parteien
- Namen und Wohnsitz des Antragstellers
- die Benennung eines Zustellungsbevollmächtigten am Ort des Gerichtssitzes
- die Anträge, die der Antragsteller unterstützen will
- gegebenenfalls die Bezeichnung der Beweismittel.

Nach § 43 § 2 Unterabs. 2 EuG-Verfahrensordnung kann sich der Anwalt oder Bevollmächtigte zusätzlich oder statt der Angabe einer Zustellungsanschrift auch mit der Zustellung mittels Fernkopierer oder sonstiger technischer Kommunikationsmittel bereit erklären.

Gemäß Art. 43 § 1 Unterabs. 2 EuG-Verfahrensordnung sind die Schriftsätze mit fünf Abschriften für das Gericht und je einer weiteren Abschrift für jede weitere am Rechtsstreit beteiligte Partei einzureichen. Die Abschriften sind zu beglaubigen.

4. Siehe oben Form. IX. 2 Anm. 7.

5. Gemäß Art. 44 § 2 Abs. 1 EuG-Verfahrensordnung und Art. 38 § 2 Abs. 1 EuGH-Verfahrensordnung ist in der Klageschrift eine Zustellungsanschrift am Ort des Gerichtssitzes anzugeben, d. h. es ist eine Person zu benennen, die ermächtigt ist und sich bereit erklärt hat, die Zustellungen entgegenzunehmen. Üblicherweise wird diese Aufgabe von in Luxemburg niedergelassenen Anwälten wahrgenommen. Die Zustellung erfolgt auf dem Postweg per Einschreiben mit Rückschein oder durch Übergabe gegen Quittung auf Veranlassung des Kanzlers (Art. 100 EuG-Verfahrensordnung und Art. 79 EuGH-Verfahrensordnung). Anstelle oder zusätzlich zu der Zustellungsanschrift am Ort des Gerichtssitzes kann sich der Prozessbevollmächtigte in der Klageanschrift auch damit einverstanden erklären, dass Zustellungen an ihn mittels Fernkopierer oder sonstiger technischer Kommunikationsmittel erfolgen (Art. 44 § 2 Abs. 1 EuG-Verfahrensordnung und Art. 38 § 2 Abs. 2 EuGH-Verfahrensordnung). Wird weder eine Zustellungsanschrift angegeben noch das Einverständnis mit der Zustellung mittels moderner Kommunikationsmittel erklärt, so erfolgen die Zustellungen an die betreffende Partei auf dem Postweg durch ein Schreiben an den Bevollmächtigten oder Anwalt der Partei, wobei in diesem Falle die Zustellung mit der Aufgabe des Einschreibens zur Post am Ort des Gerichtssitzes (also Luxemburg) als bewirkt gilt, Art. 44 § 2 Abs. 3 EuG-Verfahrensordnung und Art. 38 § 2 Abs. 3 EuGH-Verfahrensordnung. Das Risiko der Postlaufzeit trägt in diesem Fall der Kläger.

6. Der Sachverhalt ist angelehnt an die Rechtssache T-6/99 zwischen der ESF Elbe-Stahlwerke Feralpi GmbH und der Kommission, Slg. 2001, II-1523, in dem der Freistaat Sachsen als Streithelfer der Klägerin zugelassen worden ist.

7. Bei Prüfung der Zulässigkeit eines Streithilfeantrags wird ausschließlich das berechtigte Interesse des Antragstellers am Ausgang des Rechtsstreits geprüft. Siehe dazu unter Anmerkung 9. Im Rahmen des Beschlusses, mit dem über die Zulässigkeit des Streithilfeantrags entschieden wird, äußert sich das Gericht hingegen nicht zur Zulässigkeit der Klage selbst (vgl. EuG Rs. 191/96 R, CAS Succhi di Frutta gegen Kommission, Slg. 1997, II-211).

8. Auch Gebietskörperschaften können als Streithelfer zugelassen werden (vgl. EuG Rs. T-138/98, ACAV u.a. gegen Rat, Slg. 1999, II-1797, 1805 Rdn. 15; EuG Rs. T-54/00 R, Federacion de Pescadores gegen Rat, Slg. 2000, II-2875, 2883 Rdn. 16f.).

9. Die Mitgliedsstaaten und die Organe der Gemeinschaft können einem Rechtsstreit nach Art. 40 Abs. 1 Satzung EuGH stets beitreten. Andere Personen müssen hierfür ein unmittelbares gegenwärtiges Interesse am Ausgang des Rechtsstreits glaubwürdig machen (vgl. EuG Rs. T-18/97, Atlantic Container Line AB u.a. gegen Kommission, Slg. 1998, II-589, 595 Rdn. 10; EuG Rs. T-54/00 R, Federacion de Pescadores u.a. gegen Rat, Slg. 2000, II-2875, 2882 Rdn. 15). Bei der Prüfung des berechtigten Interesses eines Streithilfeantrags, ist auf den Gegenstand des betreffenden Rechtsstreites selbst abzustellen (vgl. EuG Rs. T-138/98, AVAC u.a. gegen Rat, Slg. 1999, II-1797, 1805 Rdn. 14; EuG Rs. T-5/00 R, Nederlandse Federatieve Vereinigung gegen Kommission, Slg. 2000, II-4121, 4131 Rdn. 25). Insbesondere muss der Streithelfer ein unmittelbares und gegenwärtiges Interesse an den Anträgen selbst und nicht bloß an den geltend gemachten Angriffs- und Verteidigungsmitteln nachweisen (vgl. EuGH verb. Rs. C-151/97 P(I) und C-157/97 P(I), National Power plc und PowerGen plc, Slg. 1997, I-3491, 3510 Rdn. 53; EuG Rs. T-191/96, CAS Succhi di Frutta SpA gegen Kommission, Slg. 1998, II-573, 583 Rdn. 28; EuG Rs. T-18/97, Atlantic Container Line AB u.a. gegen Kommission, Slg. 1998, II-589, 595 Rdn. 10). Der Antragsteller hat in seinem Antrag auf Zulassung zur Streithilfe die tatsächlichen Umstände glaubhaft zu machen, die auf ein berechtigtes Interesse am Ausgang des Rechtsstreits schließen lassen (vgl. EuG, Rs. T-89/96, British Steel plc gegen Kommission, Slg. 1997, II-835, 842 Rdn. 20; EuG, Rs. T-135/96, UEAPME gegen Kommission, Slg. 1997, II-373, 378 Rdn. 9).

10. Nach Art. 93 § 1 lit. e) EuGH-Verfahrensordnung/Art. 115 § 2 lit. e) EuG-Verfahrensordnung muss der Antrag auf Zulassung zur Streithilfe die Anträge enthalten, die unterstützt werden sollen. Wird dem Antrag auf Zulassung zur Streithilfe stattgegeben, setzt der Präsident dem Streithelfer nach Art. 93 § 5 EuGH-Verfahrensordnung/Art. 116 § 4 EuG-Verfahrensordnung eine Frist, innerhalb deren ein Streithilfeschriftschatz eingereicht werden kann. Dieser Streithilfeschriftsatz muss enthalten:

a) die Anträge des Streithelfers, die der vollständigen oder teilweisen Unterstützung oder Bekämpfung der Anträge einer Partei zu dienen bestimmt sind;

b) die Angriffs- und Verteidigungsmittel sowie die Argumente des Streithelfers;
c) gegebenenfalls die Bezeichnung der Beweismittel.

Nach Art. 93 § 6 EuGH-Verfahrensordnung/Art. 116 § 5 EuG-Verfahrensordnung setzt der Präsident den Parteien nach Einreichung eines Streithilfeschriftsatzes ggf. eine Frist, innerhalb deren sie sich zu diesem Schriftsatz äußern können.

11. Gemäß Art. 115 § 2 i.V.m. Art. 43 § 1 Abs. 1 EuG-Verfahrensordnung (Art. 89 § 1 i.V.m. Art. 37 § 1 Abs. 1 EuGH-Verfahrensordnung) ist die Urschrift jedes Schriftsatzes vom Anwalt der Partei zu unterzeichnen. Gemäß Abs. 2 sind die Abschriften zu beglaubigen.

12. Art. 115 § 2 i.V.m. 43 § 4 EuG-Verfahrensordnung (Art. 89 § 1 i.V.m. Art. 37 § 4 EuGH-Verfahrensordnung) fordert die Vorlage eines Anlageverzeichnisses.

Kosten und Gebühren

Vgl. Form. IX. 2 (Kosten und Gebühren) und Form. IX. 18.

Fristen und Rechtsmittel

Der Antrag auf Zulassung als Streithelfer kann gemäß Art. 93 § 1 EuGH-Verfahrensordnung bzw. Art. 115 § 1 EuG-Verfahrensordnung nur innerhalb von sechs Wochen nach der in Art. 16 § 6 EuGH-Verfahrensordnung bzw. Art. 24 § 6 EuG-Verfahrensordnung bezeichneten Veröffentlichung gestellt werden. Vor dem Gericht Erster Instanz kann der Streithelfer nach Art. 116 § 6 EU-Verfahrensordnung auch nach Ablauf der Frist auf Grundlage des ihm übermittelten Sitzungsberichtes Stellung nehmen.

Anträge auf Zulassung als Streithelfer in einem Rechtsmittelverfahren sind nach Art. 123 EuGH-Verfahrensordnung binnen eines Monats nach der in Art. 16 § 6 bezeichneten Veröffentlichung zu stellen.

14. Drittwiderspruchsklage gemäß Art. 39 EuGH-Satzung (EG), Art. 40 EuGH-Satzung (EA), Art. 97 EuGH-Verfahrensordnung/Art. 123 EuG-Verfahrensordnung[1]

An das
......[2]

......stadt, den ......[3]

Klage

der ......[4]

– Drittwiderspruchskläger –

Prozessbevollmächtigter: Rechtsanwalt ......

gegen

......,[5] vertreten durch

– Drittwiderspruchsbeklagte –

wegen Abänderung des vom ...... am ...... in der Rechtssache ...... gefällten Urteils[6].
Namens und im Auftrag der Klägerin erheben wir hiermit gemäß Art. 39 EuGH-Satzung (EG)/Art. 40 EuGH-Satzung (EA), Art. 97 EuGH-Verfahrensordnung/Art. 123 EuG-Verfahrensordnung

Drittwiderspruchsklage

und beantragen[7],
1. Ziffer ...... des Tenors und Randnummer ...... der Entscheidungsgründe des Urteils des ...... vom ...... in der Rechtssache ...... dahingehend abzuändern, dass ......
2. der Gegenpartei die Kosten des Verfahrens aufzuerlegen,
3. die Urschrift des auf den Drittwiderspruch ergehenden Urteils mit der Urschrift des angefochtenen Urteils zu verbinden und einen Hinweis am Rand der Urschrift des angefochtenen Urteils auf das im Drittwiderspruchsverfahren ergangene Urteil anzubringen.

Die Vollmacht ist als Anlage K1 beigefügt.

Gemäß Art. 38 § 2 Abs. 2 EuGH-Verfahrensordnung/Art. 44 § 2 Abs. 2 EuG-Verfahrensordnung erklären wir uns als Prozessbevollmächtigte damit einverstanden, dass Zustellungen an uns mittels Fernkopierer oder sonstiger technischer Kommunikationsmittel erfolgen. Zustellungen können bewirkt werden an Herrn Rechtsanwalt ......, Telefax-Nr.: ......, bzw. an die E-Mail-Anschrift: ......[8]

Begründung:

Gliederung

Abschnitt A: Klageziel und Sachverhalt

I. Klageziel
Mit ihrer Klage verfolgt die Klägerin das Ziel, eine Abänderung des Urteils des ...... vom ...... in der Rechtssache ...... zu erreichen. Darin hatte der Gerichtshof/das Gericht erster Instanz entschieden, dass ...... Die Klägerin macht geltend, dass ......
II. Sachverhalt und Verfahren
Der dem Rechtsstreit zugrundeliegende Sachverhalt lässt sich wie folgt zusammenfassen:
......
In seinem Urteil vom ...... in der Rechtssache ......, ... gegen ...... hat der Gerichtshof/das Gericht erster Instanz entschieden, dass ...... Der Gerichtshof/das Gericht erster Instanz ist in dem Urteil von folgendem Sachverhalt ausgegangen: ......

Abschnitt B: Rechtliche Würdigung

I. Zulässigkeit der Klage[9]
Die in Art. 36 EuGH-Satzung und Art. 97 EuGH-Verfahrensordnung vorgesehenen Zulässigkeitsvoraussetzungen sind erfüllt. Die Klägerin wäre zwar berechtigt gewesen, dem Rechtsstreit in der Rechtssache ...... als Streithelferin beizutreten ...... Sie hat dem Hauptprozess jedoch nicht beitreten können, weil ...... Die Frist für die Erhebung der Drittwiderspruchsklage wurde eingehalten ......
II. Begründetheit der Klage[10]
Das Urteil des ...... vom ...... in der Rechtssache ...... ist fehlerhaft und verletzt die Drittwiderspruchsklägerin in ihren Rechten. Der Gerichtshof/das Gericht erster Instanz ist in seiner Entscheidung bereits von einem unzutreffenden Sachverhalt ausgegangen. Bei Zugrundelegung des oben dargelegten Sachverhaltes, hätte der Gerichtshof/das Gericht erster Instanz richtigerweise entscheiden müssen, dass ......
Das Urteil ist also dahingehend abzuändern, dass ......

Unterschrift
Verzeichnis der Anlagen

Schrifttum: Kirschner/Klüpfel, Das Gericht erster Instanz der Europäischen Gemeinschaften, 2. Aufl. 1998 Rdn. 179 ff.; *Lasok*, The European Court of Justice Practice and Procedure, S. 507 ff.; *Rengeling/Middeke/Gellermann*, Rechtsschutz in der Europäischen

Union, 1994; *Wolf,* Art. 39 Satzung (EWG), in: *Groeben/Thiesing/Ehlermann,* Kommentar zum EU-/EG-Vertrag, 5. Aufl. 1997.

Anmerkungen

1. Die Drittwiderspruchsklage ist in den Art. 39 EuGH-Satzung (EG) und Art. 40 EuGH-Satzung (EA) vorgesehen. Ergänzende Vorschriften finden sich in den Art. 97 EuGH-Verfahrensordnung sowie Art. 123 EuG-Verfahrensordnung.

2. Zuständig für die Drittwiderspruchsklage ist das Gericht, das die anzufechtende Entscheidung erlassen hat.

3. Die formalen und inhaltlichen Anforderungen an die Klagschrift bestimmen sich nach Art. 97, 37, 38 EuGH-Verfahrensordnung/Art. 123, 43, 44 EuG-Verfahrensordnung. Siehe dazu Form. IX. 2 Anm. 2, 4, 6, 7, 8, 9 a.E., 11, 14, 15, 22, 23.

4. Beteiligtenfähig sind nur Organe der Gemeinschaft und natürliche oder juristische Personen. Die Mitgliedstaaten sind nach der Satzung als juristische Personen mögliche Drittbeteiligte (Art. 39 EuGH-Satzung (EG) und Art. 40 EuGH-Satzung [EA]).

Klagebefugt ist nur, wer weder als Partei noch als Streithelfer an dem Ausgangsverfahren beteiligt gewesen ist, das zu dem streitgegenständlichen Urteil geführt hat, und wer geltend machen kann, von dem Urteil in seinen Rechten beeinträchtigt zu werden (Art. 39 EuGH-Satzung (EG), Art. 40 EuGH-Satzung (EA), Art. 97 § 1 Buchstabe b) EuGH-Verfahrensordnung/Art. 123 § 1 Buchstabe b) EuG-Verfahrensordnung). Die Klagebefugnis hat damit sowohl eine formelle als auch eine materielle Komponente: Die Drittwiderspruchsklage soll eine Verletzung des rechtlichen Gehörs ausgleichen und eine Verletzung eines Dritten durch ein materiell unrichtiges Urteil beseitigen. Die Klage kann daher nur von Personen eingelegt werden, die an dem Prozess beteiligt gewesen sein könnten (aber aus rechtlichen oder tatsächlichen Gründen keine Möglichkeit hatten, am Hauptverfahren teilzunehmen). Der Begriff der Beteiligung wird dabei materiell mit der Streithilfe (Art. 37 EuGH-Satzung (EG), Art. 38 EuGH-Satzung [EA]) gleichgesetzt. Zur Erhebung der Drittwiderspruchsklage ist deshalb nur berufen, wer dem Ausgangsrechtsstreit als Streithelfer hätte beitreten können. Damit ist eine Drittwiderspruchsklage juristischer oder natürlicher Personen ausgeschlossen, die sich gegen ein Urteil des Gerichtshofes richten würde, das über eine Klage auf Feststellung einer Vertragsverletzung entscheidet, da lediglich Mitgliedstaaten und Organe der Gemeinschaft, nicht jedoch andere Personen gemäß Art. 226, 227 EG ein Vertragsverletzungsverfahren einleiten können und anderen Personen auch eine Beteiligung an diesen Verfahren über Art. 37 EuGH-Satzung (EG) und die Verfahrensordnung versagt ist (EuGH Rs. C-147/86 TO 1, POIFXG gegen Griechenland und Kommission, Slg. 1989, 4103, 4107f. Rdn. 12ff.; Rs. C-147/86 TO 2 PALSO gegen Griechenland und Kommission, Slg. 1989, 4111, 4115 Rdn. 12ff.; Rs. 147/86 TO 3 PSIITENSM gegen Griechenland und Kommission, Slg. 1989, 4119, 4123 Rdn. 11ff.).

Der Maßstab für die Beurteilung, ob die Möglichkeit bestand, dem Ausgangsrechtsstreit als Streithelfer beizutreten, ist streng. Maßgebend ist, ob der Drittwiderspruchsführer aufgrund der Veröffentlichung von Klagegegenstand und -anträgen des Ausgangsrechtsstreits im Amtsblatt die Möglichkeit zur Kenntnisnahme von den vor den Gemeinschaftsgerichten anhängigen Prozessen hat. Wenn sich aus der Veröffentlichung klar ergibt, dass Klagegegenstand und -anträge das Interesse des Drittwiderspruchsführers an einem Beitritt erkennen ließen, muss dieser beweisen, dass er aus stichhaltigen Gründen daran gehindert war, seine Zulassung als Streithelfer zu beantragen. Eine subjektive Beurteilung des Ausgangs des Rechtsstreits reicht dazu nicht aus (vgl. EuG Rs. T-35/89 TO I, Zubizarreta u.a. gegen Albani u.a. und Kommission, Slg. 1992, II-1599, Leitsatz).

5. Nach Art. 97 § 1 S. 2 EuGH-Verfahrensordnung/Art. 123 § 1 S. 2 EuG-Verfahrensordnung ist der Antrag gegen sämtliche Parteien des Hauptverfahrens zu richten.

6. Die Drittwiderspruchsklage muss sich gegen ein Urteil des EuGH oder EuG richten, Art. 39 EuGH-Satzung/Art. 46 Abs. 1 i.V.m. Art. 39 EuGH-Satzung. Ihrem Zweck nach, eine Verletzung des rechtlichen Gehörs und die Verletzung in einem eigenen Recht zu korrigieren, ist die Drittwiderspruchsklage jedoch auf Sachurteile begrenzt, die ein echtes Parteiverfahren abgeschlossen haben. Ausgeschlossen von der Drittwiderspruchsklage sind daher Prozessurteile, Urteile im Wiederaufnahmeverfahren oder Urteile aus Vorabentscheidungsverfahren. Ebenso wenig können Urteile angegriffen werden, die auf eine Nichtigkeitsklage hin die Rechtmäßigkeit des angegriffenen Gemeinschaftsrechtsaktes bestätigen oder eine begünstigende Verordnung aufheben. Andernfalls würde Individualklägern eine unmittelbare Rechtsschutzmöglichkeit eröffnet werden, die ihnen über die Art. 230 EG, Art. 146 EA verwehrt ist. Auf andere Arten gerichtlicher Entscheidungen kann eine Anwendung der Drittwiderspruchsklage im Wege der Analogie erwogen werden.

7. Ihrer Art nach handelt es sich bei der Drittwiderspruchsklage um eine Gestaltungsklage. Der Klageantrag muss auf die Änderung des mit der Drittwiderspruchsklage angegriffenen Urteils gerichtet sein (Art. 97 § 3 Abs. 1 EuGH-Verfahrensordnung/Art. 123 § 3 Abs. 1 EuG-Verfahrensordnung). Wird dem Drittwiderspruch stattgegeben, so wird die Urschrift des auf den Drittwiderspruch ergangenen Urteils mit der Urschrift des angefochtenen Urteils verbunden. Ein Hinweis auf das Urteil ist am Rande der Urschrift des angefochtenen Urteils anzubringen (Art. 97 § 3 Abs. 2 EuGH-Verfahrensordnung/ Art. 123 § 3 Abs. 2 EuG-Verfahrensordnung).

8. Gemäß Art. 44 § 2 Abs. 1 EuG-Verfahrensordnung und Art. 38 § 2 Abs. 1 EuGH-Verfahrensordnung ist in der Klageschrift eine Zustellungsanschrift am Ort des Gerichtssitzes anzugeben, d.h. es ist eine Person zu benennen, die ermächtigt ist und sich bereit erklärt hat, die Zustellungen entgegenzunehmen. Üblicherweise wird diese Aufgabe von in Luxemburg niedergelassenen Anwälten wahrgenommen. Die Zustellung erfolgt auf dem Postweg per Einschreiben mit Rückschein oder durch Übergabe gegen Quittung auf Veranlassung des Kanzlers (Art. 100 EuG-Verfahrensordnung und Art. 79 EuGH-Verfahrensordnung). Anstelle oder zusätzlich zu der Zustellungsanschrift am Ort des Gerichtssitzes kann sich der Prozessbevollmächtigte in der Klageanschrift auch damit einverstanden erklären, dass Zustellungen an ihn mittels Fernkopierer oder sonstiger technischer Kommunikationsmittel erfolgen (Art. 44 § 2 Abs. 1 EuG-Verfahrensordnung und Art. 38 § 2 Abs. 2 EuGH-Verfahrensordnung). Wird weder eine Zustellungsanschrift angegeben noch das Einverständnis mit der Zustellung mittels moderner Kommunikationsmittel erklärt, so erfolgen die Zustellungen an die betreffende Partei auf dem Postweg durch Einschreiben an den Bevollmächtigten oder Anwalt der Partei, wobei in diesem Falle die Zustellung mit der Aufgabe des Einschreibens zur Post am Ort des Gerichtssitzes (also Luxemburg) als bewirkt gilt, Art. 44 § 2 Abs. 3 EuG-Verfahrensordnung und Art. 38 § 2 Abs. 3 EuGH-Verfahrensordnung. Das Risiko der Postlaufzeit trägt in diesem Fall der Kläger.

9. Für die Zulässigkeit gelten die allgemeinen Verfahrensvoraussetzungen. Darlegungen sind – soweit problematisch – erforderlich in bezug auf die sachliche Zuständigkeit des Gerichtshofes/des Gerichts erster Instanz (Anm. 2) und die Klagebefugnis (Anm. 4). Ferner ist das angefochtene Urteil zu bezeichnen und anzugeben, in welchen Punkten dieses Urteil die Rechte des Dritten beeinträchtigt und aus welchen Gründen der Dritte nicht in der Lage war, sich am Hauptverfahren zu beteiligen (Art. 97 § 1 Buchstabe a), b) und c) EuGH-Verfahrensordnung/Art. 123 § 1 Buchstabe a), b) und c) EuG-Verfahrensordnung).

10. Zur Begründetheit ist darzulegen, dass das Urteil mit einem Fehler behaftet ist, der den Kläger in seinen Rechten oder in seinen rechtlich geschützten Interessen verletzt.

Kosten und Gebühren

Siehe Form. IX. 2 (Kosten und Gebühren) und Form. IX. 18.

Fristen

Die Drittwiderspruchsklage ist innerhalb von zwei Monaten ab dem Zeitpunkt zu erheben, an dem das streitgegenständliche Urteil im Amtsblatt der EG veröffentlicht wurde, Art. 93 § 1 Abs. 3 EuGH-Verfahrensordnung/Art. 123 § 1 Abs. 3 EuG-Verfahrensordnung. Wird der Erlass des Urteils im Amtsblatt der EG nicht publik gemacht, so beginnt der Lauf der Klagefrist erst mit der tatsächlichen Kenntniserlangung von dem Urteil. Da auch Urteile, die noch nicht rechtskräftig sind, die Rechte Dritter beeinträchtigen können, und zwar auch nach Einlegung des Rechtsmittels (vgl. Art. 53 Abs. 1 EuGH-Satzung (EWG), ist die Drittwiderspruchsklage bereits vor Eintritt der Rechtskraft zulässig.

15. Antrag auf Urteilsberichtigung gemäß Art. 66 EuGH-Verfahrensordnung/Art. 84 EuG-Verfahrensordnung[1]

An das ......[3]

......stadt, den ......[2]

Antrag[4]

der ......[5], vertreten durch ...... – Antragstellerin (Ast.) –
Prozessbevollmächtigter: Rechtsanwalt ......

gegen

...... – Antragsgegnerin (Ag.) –

wegen Berichtigung des Urteils des ...... vom ...... in der Rechtssache ......

Namens und im Auftrag der Antragstellerin beantragen wir hiermit gemäß Art. 66 EuGH-Verfahrensordnung/Art. 84 EuG-Verfahrensordnung:

1. Randnummer 204 der Entscheidungsgründe und Nummer 10 des Tenors des Urteils[6] vom ...... in der Rechtssache ...... werden durch folgenden Text ersetzt:
......

2. Die Urschrift dieses Beschlusses wird mit der Urschrift des berichtigten Urteils verbunden; es wird ein Hinweis darauf am Rand der Urschrift des Urteils angebracht[7].

Gemäß Art. 38 § 2 Abs. 2 EuGH-Verfahrensordnung/Art. 44 § 2 Abs. 2 EuG-Verfahrensordnung erklären wir uns als Prozessbevollmächtigte damit einverstanden, dass Zustellungen an uns mittels Fernkopierer oder sonstiger technischer Kommunikationsmittel erfolgen. Zustellungen können bewirkt werden an Herrn Rechtsanwalt ......, Telefax-Nr.: ......, bzw. an die E-Mail-Anschrift: ......[8]

Begründung:

Am ...... hat der Gerichtshof/das Gericht erster Instanz ein Urteil in der Rechtssache ...... (A-GmbH/......, Slg. ......, ...) erlassen.

Randnummer 204 der Gründe lautet:

„......"

Nummer 10 des Tenors lautet:

„......"

Darin ist eine offensichtliche Unrichtigkeit[9] enthalten. Denn in Randnummer 205 der Gründe führt der Gerichtshof/das Gericht erster Instanz wörtlich aus, ... Daraus geht eindeutig hervor, dass ...... Deshalb ist ohne jeden Zweifel erkennbar, dass die in Randnummer 204 der Gründe und Nummer 10 des Tenors gewählten Formulierungen nicht das zum Ausdruck bringen, was der Gerichtshof/das Gericht erster Instanz tatsächlich hat ausdrücken wollen und dass dies auf einem Versehen beruht. Es ist daher angezeigt, dass der Gerichtshof/das Gericht erster Instanz von seiner Befugnis nach Artikel 66 § 1 der EuGH-Verfahrensordnung Artikel 84 § 1 der EuGH-Verfahrensordnung Gebrauch macht und die offensichtlich unrichtigen Ausführungen in ...... dahingehend berichtigt, dass ......

Unterschrift
Verzeichnis der Anlagen

Schrifttum: Rengeling/Middeke/Gellermann, Rechtsschutz in der Europäischen Union, 1994 Rdn. 727ff.; *Klinke,* Der Gerichtshof der Europäischen Gemeinschaften, 1989 Rdn. 203ff.; *Kirschner/Klüpfel,* Das Gericht erster Instanz der Europäischen Gemeinschaften, 2. Aufl. 1998 Rdn. 131.

Anmerkungen

1. Art. 66 § 1 EuGH-Verfahrensordnung/Art. 84 § 1 EuG-Verfahrensordnung ermächtigen den EuGH/das EuG, unbeschadet der Bestimmungen über die Auslegung von Urteilen, Schreib- und Rechenfehler sowie offenbare Unrichtigkeiten von Amts wegen oder auf Antrag einer Partei zu berichtigen.

2. Für die formalen Voraussetzungen des Antrags gelten Art. 37 EuGH-Verfahrensordnung/Art. 43 EuG-Verfahrensordnung. Siehe dazu Form. IX. 3 Anm. 2, 4, 22, 23.

3. Der Antrag ist bei dem Gericht zu stellen, das die zu berichtigende Entscheidung erlassen hat.

4. Nur für Urteile weisen die Verfahrensordnungen des EuGH bzw. EuG in Art. 66 bzw. Art. 84 die Befugnis zur Berichtigung zu. Da jedoch auch bei Beschlüssen die Notwendigkeit zur Berichtigung bestehen kann, werden die Vorschriften auf Beschlüsse analog angewandt (so ausdrücklich EuGH Rs. 27/76, United Brands Company u.a. gegen Kommission, Slg. 1978, 207 Fn. 2; ähnlich bereits für die Auslegung von Beschlüssen EuGH Rs. 17/68, Reinarz gegen Kommission, Slg. 1970, 1).

5. Antragsberechtigt sind die Parteien sowie die Streithelfer, die sie unterstützen. Kein Antragsrecht haben die Beteiligten eines Vorlageverfahrens. In diesem Fall kann durch den Antrag jedoch eine Berichtigung von Amts wegen angeregt werden (so in EuGH Rs. C-234/94, Tomberger gegen Gebrüder von der Wettern GmbH, Slg. 1996, I-3133; Berichtigung von Amts wegen auch in EuGH Rs. C-400/95, Larsson gegen Dansk Handel & Service, Beschluss, Slg. 1997, I-2774).

6. Berichtigt werden nur Fehler in der Urschrift der Urteilsfassung.

7. Nach Art. 66 § 4 EuGH-Verfahrensordnung/84 § 4 EuG-Verfahrensordnung wird die Urschrift des Beschlusses, der die Berichtigung ausspricht, mit der Urschrift des berichtigten Urteils verbunden. Ein Hinweis auf den Beschluss ist am Rand der Urschrift des berichtigten Urteils anzubringen. Eine gesonderte Veröffentlichung des Berichtigungsbeschlusses erfolgt nicht.

8. Gemäß Art. 44 § 2 Abs. 1 EuG-Verfahrensordnung und Art. 38 § 2 Abs. 1 EuGH-Verfahrensordnung ist in der Klageschrift eine Zustellungsanschrift am Ort des Gerichtssitzes anzugeben, d.h. es ist eine Person zu benennen, die ermächtigt ist und sich bereit erklärt hat, die Zustellungen entgegenzunehmen. Üblicherweise wird diese Aufgabe von in Luxemburg niedergelassenen Anwälten wahrgenommen. Die Zustellung erfolgt auf dem Postweg per Einschreiben mit Rückschein oder durch Übergabe gegen Quittung auf Veranlassung des Kanzlers (Art. 100 EuG-Verfahrensordnung und Art. 79 EuGH-Verfahrensordnung). Anstelle oder zusätzlich zu der Zustellungsanschrift am Ort des Gerichtssitzes kann sich der Prozessbevollmächtigte in der Klageanschrift auch damit einverstanden erklären, dass Zustellungen an ihn mittels Fernkopierer oder sonstiger technischer Kommunikationsmittel erfolgen (Art. 44 § 2 Abs. 1 EuG-Verfahrensordnung und Art. 38 § 2 Abs. 2 EuGH-Verfahrensordnung). Wird weder eine Zustellungsanschrift angegeben noch das Einverständnis mit der Zustellung mittels moderner Kommunikationsmittel erklärt, so erfolgen die Zustellungen an die betreffende Partei auf dem Postweg durch Einschreiben an den Bevollmächtigten oder Anwalt der Partei, wobei in diesem Falle die Zustellung mit der Aufgabe des Einschreibens zur Post am Ort des Gerichtssitzes (also Luxemburg) als bewirkt gilt, Art. 44 § 2 Abs. 3 EuG-Verfahrensordnung und Art. 38 § 2 Abs. 3 EuGH-Verfahrensordnung. Das Risiko der Postlaufzeit trägt in diesem Fall der Kläger.

9. Als berichtigungsfähige Fehler werden von den Verfahrensordnungen Schreib- und Rechenfehler sowie offenbare Unrichtigkeiten genannt (Art. 66 § 1 EuGH-Verfahrensordnung/Art. 84 § 1 EuG-Verfahrensordnung). Schreibfehler sind orthographische Unrichtigkeiten wie die unkorrekte Schreibweise einzelner Namen oder sog. Abschreibfehler bei der Fertigung von Reinschriften und beglaubigten Urteilsausfertigungen. Unrichtigkeiten liegen dagegen vor, wenn das schriftlich Dargestellte von dem tatsächlich Gewollten abweicht, sei es, dass einzelne Bezeichnungen gewählt werden, die das Gewollte nicht treffend wiedergeben (EuGH verb. Rs. 4–13/59, Mannesmann u.a. gegen Hohe Behörde, Slg. 1960, 249, 345, 349f.) oder dass Ausführungen einen Sinn ergeben, der von dem tatsächlich gewollten Sinn abweicht (EuGH Rs. C-19/93 P, Rendo u.a. gegen Kommission, Slg. 1995, I-3319, 3353f. Rdn. 15, berichtigt durch Beschluss, Slg. 1996, I-1997, 2000; verb. Rs. C-89/85, C-104/85, C-114/85, C-116 u.117/85, C-125–129/85, Ahlström Osakeyhtiö u.a. gegen Kommission, Slg. 1994, I-99, 113 Rdn. 6–8). Offenkundig sind die Fehler, wenn das wirklich Gewollte eindeutig aus dem Gesamtzusammenhang erkennbar ist und für jeden Leser ohne alle Zweifel ersichtlich ist, dass die gewählte Formulierung auf einem Versehen beruht (vgl. dazu EuGH verb. Rs. 4–13/59, Mannesmann u.a. gegen Hohe Behörde, Slg. 1960, 249, 345, 349f.; Rs. C-19/93 P, Rendo u.a. gegen Kommission, Slg. 1995, I-3319, 3353f. Rdn. 15, berichtigt durch Beschluss, Slg. 1996, I-1997, 2000; verb. Rs. C-89/85, C-104/85, C-114/85, C-116 u. 117/85, C-125–129/85, Ahlström Osakeyhtiö u.a. gegen Kommission, Slg. 1994, I-99, 113 Rdn. 6–8). Fehler bei der Übersetzung aus der Verfahrenssprache in die verschiedenen Amtssprachen werden – sofern offensichtlich – formlos im Zuge der Veröffentlichung des Urteils korrigiert. Für die Berichtigung ist gleichgültig, ob sie den Tenor oder die ihn tragenden Entscheidungsgründe betrifft. Zu beachten ist jedoch, dass der Antrag auf Urteilsberichtigung kein Rechtsmittel ist und nicht dazu dienen kann, die frühere Entscheidung in einzelnen Punkten oder insgesamt abzuändern (EuGH verb. Rs. 19, 21/60; 2, 3/61, Société Fives Lille Cail u.a. gegen Hohe Behörde, Slg. 1961, 687, 691). Ebenso darf mit einem Berichtigungsantrag nicht in Wirklichkeit eine Auslegung der Entscheidungsgründe bezweckt werden (EuGH verb. Rs. 4–13/59, Mannesmann u.a. gegen Hohe Behörde, Slg. 1960, 249, 345, 349). Beides führt zur Unzulässigkeit des Antrags. Die Klarstellung einer mehrdeutigen Entscheidung durch Interpretation unklarer Textstellen durch den EuGH kann indes mit einem Antrag auf Urteilsauslegung erreicht werden, Art. 102 § 1 EuGH-Verfahrensordnung/Art. 129 § 1 EuG-Verfahrensordnung (siehe dazu Form. VIII. 15).

Kosten und Gebühren

Eine gesonderte Kostenentscheidung erfolgt bei einem erfolgreichen Antrag nicht, da es keinen Unterlegenen gibt. Anders ist dies, wenn ein Berichtigungsantrag in vollem Umfang abgewiesen wird. Dann werden dem Antragsteller die Kosten des Verfahrens auferlegt (EuGH verb. Rs. 19, 21/60; 2, 3/61, Société Fives Lille Cail, Slg. 1961, 687, 691). Hat ein Antrag nur teilweise Erfolg, werden die Kosten entsprechend geteilt.

Fristen und Rechtsmittel

Der Antrag ist fristgebunden und muss innerhalb von zwei Wochen nach dem Tag der Urteilsverkündung beim judex a quo eingehen, Art. 66 § 1 EuGH-Verfahrensordnung/ Art. 84 § 1 EuG-Verfahrensordnung. Für die Berechnung der Fristen und die Wahrung der Form vgl. Form. IX. 2 Anm. 2. Demgegenüber ist die Berichtigung von Amts wegen unbefristet möglich (EuGH Rs. C-19/93 P, Rendo NV u. a. gegen Kommission, Slg. 1996, I-1997 ff.). Jedoch werden nur Fehler in der Urschrift der verfahrenssprachlichen Fassung des Urteils förmlich von Amts wegen berichtigt.

16. Antrag auf Auslegung eines Urteils gemäß Art. 40 EuGH-Satzung (EG); Art. 41 EuGH-Satzung (EA); Art. 102 EuGH-Verfahrensordnung, Art. 129 EuG-Verfahrensordnung

An das
......[1]

......stadt, den ......[2]

Antrag

der ......[3]

– Antragstellerin (Ast.) –

Prozessbevollmächtigter: Rechtsanwalt ......

gegen

......[4]**,**

– Antragsgegnerin (Ag.) –

wegen Auslegung des Urteils des ...... vom ...... in der Rechtssache ......
Namens und im Auftrag der Klägerin beantragen[5] **wir gemäß Art. 102 EuGH-Verfahrensordnung/Art. 129 EuG-Verfahrensordnung,**

1. Randnummer 22 der Entscheidungsgründe und Ziffer ...... des Tenors des Urteils des ...... vom ...... in der Rechtssache ....../...... dahin auszulegen, dass ......;
2. die Urschrift des auslegenden Urteils mit der Urschrift des ausgelegten Urteils zu verbinden[6] **sowie einen Hinweis auf das auslegende Urteil am Rand der Urschrift des ausgelegten Urteils anzubringen;**
3. der Antragsgegnerin die Kosten des Verfahrens aufzuerlegen.

Gemäß Art. 38 § 2 Abs. 2 EuGH-Verfahrensordnung/Art. 44 § 2 Abs. 2 EuG-Verfahrensordnung erklären wir uns als Prozessbevollmächtigte damit einverstanden, dass Zu-

stellungen an uns mittels Fernkopierer oder sonstiger technischer Kommunikationsmittel erfolgen. Zustellungen können bewirkt werden an Herrn Rechtsanwalt ……, Telefax-Nr.: ……, bzw. an die E-Mail-Anschrift: ……[7]

Begründung:

A. Zulässigkeit

Das vom …… am …… erlassene Urteil in der Rechtssache …… bestimmt, dass …… In Randnummer …… der Entscheidungsgründe und Ziffer …… des Tenors wird erkannt, ……[8]

Nach Erlass dieses Urteils verhandelten die Parteien über die sich aus dem Tenor ergebenden Rechtsfolgen. Die Ag. hat aufgrund ihrer Deutung des Urteils gegenüber der Ast. eine Entscheidung mit Datum vom …… erlassen, in der der Ast. auferlegt wird, …… Zur Begründung verweist die Ag. auf Ziffer …… des Tenors und Randnummer …… der Entscheidungsgründe des Urteils des …… vom …… in der Rechtssache … Die betreffenden Stellen des Urteils seien dahingehend auszulegen, dass ……

Die Ast. ist dagegen der Auffassung, dass die Deutung des Urteils in diesem Sinne unzutreffend ist. Es bestehen damit zwischen den Parteien Meinungsverschiedenheiten über die Auslegung des Urteils[9]. Da die Entscheidung der Ag. auf der fehlerhaften Auslegung des Urteils beruht und die Ast. beschwert, hat die Ast. ein berechtigtes Interesse an der Auslegung des Urteils[10].

B. Begründetheit

Die Ast. ist der Auffassung, dass die genannten Urteilspassagen dahingehend auszulegen sind, dass …… Diese Auslegung hält sie für zutreffend, weil ……

Unterschrift
Verzeichnis der Anlagen

Schrifttum: Kirschner/Klüpfel, Das Gericht erster Instanz der Europäischen Gemeinschaften, 2. Aufl. 1998; *Lasok,* The European Court of Justice Practice an Procedure, 526–534; *Rengeling/Middeke/Gellermann,* Rechtsschutz in der Europäischen Union, 1994 Rdn. 713 ff.; *Wolf,* Art. 40 EuGH-Satzung des Europäischen Gerichtshofs, in: *Groeben/Thiesing/Ehlermann,* Kommentar zum EU-/EG-Vertrag, 5. Aufl. 1997.

Anmerkungen

1. Aus Art. 102 EuGH-Verfahrensordnung/Art. 129 EuG-Verfahrensordnung folgt, dass für die Auslegung eines Urteils das Gericht zuständig ist, das das Urteil erlassen hat. EuGH und EuG werden nur auf Antrag tätig.

2. Für die formalen Voraussetzungen verweisen Art. 102 § 1 EuGH-Verfahrensordnung/Art. 129 § 1 EuG-Verfahrensordnung auf Art. 37, 38 EuGH-Verfahrensordnung/Art. 43, 44 EuG-Verfahrensordnung. Siehe dazu Form. IX. 3 Anm. 2, 4, 6, 7, 8, 9 a. E., 11, 14, 15, 22, 23.

3. Berechtigt, einen Antrag auf Urteilsauslegung zu stellen, sind nach den EuGH-Satzungen die Parteien und die Organe der Gemeinschaft. Auch der Rechtsnachfolger (EuGH Rs. 41, 43 und 44/73, Société anonyme Générale sucrière u. a. gegen Kommission u. a., Slg. 1977, 445, 460 Rdn. 1 ff.) und der Streithelfer einer Partei, selbst wenn die unterstützte Partei keinen Antrag gestellt hat (EuGH verb. Rs. 146 und 431/85, Maindiaux/WSA und Dietzler, Slg. 1988, 2003, 2005 Rdn. 1–4; Rs. C-245/95, NSK Ltd gegen Kommission u. a., Slg. 1999, I-1, Rdn. 15), sind antragsberechtigt. Partei i. d. S. kann nur sein, auf wen sich das interpretationsbedürftige Urteil bezieht.

Ausreichend ist ein einseitiger Parteiantrag. Die Auslegung muss somit nicht von allen an dem Rechtsstreit beteiligten Parteien beantragt werden. Kein Antragsrecht – da ohne Parteistellung – haben die von einer Vorabentscheidung des Gerichtshofs nach Art. 177 EG, Art. 150 EA betroffenen Parteien des Ausgangsverfahrens (EuGH Rs. 40/70, Sirena gegen Eda, Slg. 1979, 3169, 3171). Hier kommt ein Auslegungsantrag durch das streitentscheidende nationale Gericht (EuGH Rs. 40/70, Sirena gegen Eda, a.a.O.) oder die Einleitung eines erneuten Vorabentscheidungsverfahrens in Betracht (EuGH Rs. 13/67, Becher, Slg. 1968, 281, 297). Ein Urteil des Gerichtshofs kann dabei jedoch nicht Gegenstand des erneuten Vorabentscheidungsverfahrens sein (EuGH Rs. 69/85, Wünsche gegen Bundesrepublik Deutschland, Slg. 1986, 947, 953 Rdn. 16).

4. Der Antrag ist gegen sämtliche an dem ursprünglichen Rechtsstreit beteiligten Parteien zu richten (Art. 102 § 1 EuGH-Verfahrensordnung/Art. 129 § 1 EuG-Verfahrensordnung).

5. Antragsziel ist im Rahmen von Art. 102 EuGH-Verfahrensordnung/Art. 129 EuG-Verfahrensordnung die Auslegung eines Urteils des EuGH oder des EuG (zur Abgrenzung Antrag auf Urteilsauslegung gem. Art. 40 EuGH-Satzung und Anfechtungsklage vgl. EuGH Rs. 135/87, Vlachou gegen Rechnungshof, Slg. 1988, I-2901 Rdn. 13f.). Gegenstand des Auslegungsverfahrens sind nach dem Wortlaut zunächst nur Urteile. Das können End-, Zwischen- oder Versäumnisurteile sein. Des weiteren können – wie bei der Berichtigung – auch Beschlüsse Auslegungsgegenstand sein, jedoch nur dann, wenn sie unanfechtbar sind und damit ebenso unabänderlich wirken wie Urteile. Hierzu zählen Beschlüsse in Kostenstreitsachen, Prozesskostenhilfebeschlüsse sowie Beschlüsse im einstweiligen Rechtsschutz- oder Vollstreckungsverfahren. Die Auslegung kann sich sowohl auf den Urteilstenor als auch auf die die Entscheidungsformel tragenden Gründe beziehen (EuGH Rs. 5/55, ASSIDER, Slg. 1954/55, 275, 291; Rs. 70/63a, Kommission gegen Collotti, Slg. 1965, 373, 379f.).

6. Vgl. Art. 102 § 2 Abs. 2 EuGH-Verfahrensordnung/Art. 129 § 3 Abs. 2 EuG-Verfahrensordnung.

7. Gemäß Art. 44 § 2 Abs. 1 EuG-Verfahrensordnung und Art. 38 § 2 Abs. 1 EuGH-Verfahrensordnung ist in der Klageschrift eine Zustellungsanschrift am Ort des Gerichtssitzes anzugeben, d.h. es ist eine Person zu benennen, die ermächtigt ist und sich bereit erklärt hat, die Zustellungen entgegenzunehmen. Üblicherweise wird diese Aufgabe von in Luxemburg niedergelassenen Anwälten wahrgenommen. Die Zustellung erfolgt auf dem Postweg per Einschreiben mit Rückschein oder durch Übergabe gegen Quittung auf Veranlassung des Kanzlers (Art. 100 EuG-Verfahrensordnung und Art. 79 EuGH-Verfahrensordnung). Anstelle oder zusätzlich zu der Zustellungsanschrift am Ort des Gerichtssitzes kann sich der Prozessbevollmächtigte in der Klageanschrift auch damit einverstanden erklären, dass Zustellungen an ihn mittels Fernkopierer oder sonstiger technischer Kommunikationsmittel erfolgen (Art. 44 § 2 Abs. 1 EuG-Verfahrensordnung und Art. 38 § 2 Abs. 2 EuGH-Verfahrensordnung). Wird weder eine Zustellungsanschrift angegeben noch das Einverständnis mit der Zustellung mittels moderner Kommunikationsmittel erklärt, so erfolgen die Zustellungen an die betreffende Partei auf dem Postweg durch Einschreiben an den Bevollmächtigten oder Anwalt der Partei, wobei in diesem Falle die Zustellung mit der Aufgabe des Einschreibens zur Post am Ort des Gerichtssitzes (also Luxemburg) als bewirkt gilt, Art. 44 § 2 Abs. 3 EuG-Verfahrensordnung und Art. 38 § 2 Abs. 3 EuGH-Verfahrensordnung. Das Risiko der Postlaufzeit trägt in diesem Fall der Kläger.

8. Der Antrag muss die auszulegenden Passagen des Urteils mit den dazugehörigen Zweifeln genau umschreiben, Art. 102 § 1 Buchstabe b) EuGH-Verfahrensordnung/ Art. 129 § 1 Buchstabe b) EuG-Verfahrensordnung, also etwa auf Klarstellung des Sinns eines bestimmten Punktes des Tenors abzielen (Rs. C-245/95, NSK Ltd gegen Kommission u.a., Slg. 1999, I-1 Rdn. 15). Weiter muss er angeben, welcher Sinn dem Urteil nach Auffassung des Antragstellers beizulegen ist. Der Antrag darf nur auf Auslegung gerichtet sein, nicht auf Ergänzung oder Berichtigung.

9. Der Antrag ist nur dann zulässig, wenn zwischen den Parteien Verständnisschwierigkeiten hinsichtlich des Inhalts der auszulegenden Entscheidung bestehen (EuGH Rs. 110/63a, Willame, Slg. 1966, 619, 626 Rdn. 2). Dabei kommt es allein auf die Sicht der Parteien an. Entscheidend ist, ob sie das streitentscheidende Urteil verschieden interpretieren. Unerheblich ist, ob der Text, dessen Auslegung beantragt wird, bei objektiver Betrachtung keine Unklarheiten enthält und daher grundsätzlich keiner Auslegung bedarf (EuGH Rs. 5/55, ASSIDER, Slg. 1954/55, 275, 290f. Rdn. 3). Daraus folgt auch, dass bestimmte Meinungsäußerungen im Schrifttum für sich allein noch nicht ausreichen, den Gerichtshof mit einer Urteilsauslegung zu befassen. Meinungsverschiedenheiten in der Literatur können aber Anlass für den berechtigten Antragsteller sein, von dem Gerichtshof eine authentische Urteilsauslegung zu verlangen.

Das Auslegungsverfahren ist nicht notwendig kontradiktorisch. Sofern die betreffende Entscheidung Anlass für Missverständnisse bietet, genügt es, wenn eine Partei den Antrag stellt und der betreffende Punkt zwischen den Verfahrensbeteiligten nicht außerhalb einer unterschiedlichen Bewertung steht.

10. Der Antragsteller muss glaubhaft machen, dass er durch die verschiedenen Auslegungsmöglichkeiten in einem rechtlich geschützten Interesse betroffen wird (Auslegungsinteresse). Ein solches Interesse besteht jedenfalls dann, wenn die durch das Urteil verpflichtete Partei dem geltend gemachten Anspruch der anderen Partei aufgrund von Zweifeln über Sinn und Tragweite des Urteils nicht nachkommt.

Kosten und Gebühren

Die Kostenbestimmungen finden auf das Auslegungsverfahren nur entsprechende Anwendung, da es sich nicht um ein kontradiktorisches Verfahren handelt. Danach hat diejenige Partei die Kosten des Verfahrens zu tragen, die mit ihrer unrichtigen Auffassung Anlass für die richterliche Auslegung gegeben hat (EuGH Rs. 5/55, ASSIDER, Slg. 1954/55, 275, 293; Rs. 70/63a, Kommission gegen Collotti, Slg. 1965, 373, 380f.; Rs. 110/63a, Willame, Slg. 1966, 619, 628). Entspricht keine der Parteiauffassungen dem wirklichen Sinn des Urteils, so wie er vom Gerichtshof letztlich gedeutet wurde, werden die Kosten gegeneinander aufgehoben.

Fristen

Der Antrag ist nicht fristgebunden. Er ist auch vor Eintritt der Rechtskraft zulässig.

17. Antrag auf Wiederaufnahme des Verfahrens gemäß Art. 41 EuGH-Satzung (EG), Art. 42 EuGH-Satzung (EA); Art. 98ff. EuGH-Verfahrensordnung/ Art. 125 EuG-Verfahrensordnung[1]

An .....[2]

den .....[3]

Antrag

der .....[4], vertreten durch ......

– Antragstellerin (Ast.) –

Verfahrensbevollmächtigter: ……

gegen

……[5]

– Antragsgegnerin (Ag.) –

wegen: Wiederaufnahme des Verfahrens in der Rechtssache ……[6]

Namens und im Auftrag der Antragstellerin beantragen wir hiermit,
1. das Verfahren in der Rechtssache …… gemäß Art. 98 EuGH-Verfahrensordnung/ Art. 125 EuG-Verfahrensordnung wiederaufzunehmen[7],
2. das am …… ergangene Urteil des …… in der Rechtssache …… dahingehend abzuändern, dass[8]……
   a) ……,
   b) die Kosten des Verfahrens der Beklagten auferlegt werden;
3. der Antragsgegnerin die Kosten des Wiederaufnahmeverfahrens aufzuerlegen[9].

Die Vollmacht ist als

Anlage K 1

beigefügt.

Gemäß Art. 38 § 2 Abs. 2 EuGH-Verfahrensordnung/Art. 44 § 2 Abs. 2 EuG-Verfahrensordnung erklären wir uns als Prozessbevollmächtigte damit einverstanden, dass Zustellungen an uns mittels Fernkopierer oder sonstiger technischer Kommunikationsmittel erfolgen. Zustellungen können bewirkt werden an Herrn Rechtsanwalt ……, Telefax-Nr.: ……, bzw. an die E-Mail-Anschrift: ……[10]

Begründung:[11]

Gliederung

Abschnitt A: Antragsziel und Sachverhalt

I. Antragsziel
Mit dem Antrag begehrt die Ast. die Wiederaufnahme des Verfahrens in der Rechtssache ……, in der der Gerichtshof/das Gericht erster Instanz am …… ein Urteil erlassen hat. Nach Ergehen des Urteils hat die Ast. davon Kenntnis erlangt, dass …… Diese Tatsachen rechtfertigen eine Abänderung des Urteils zugunsten der Ast.

II. Sachverhalt
Die Antragstellerin ist Klägerin in der Rechtssache ……, in der der Gerichtshof/das Gericht erster Instanz am …… durch Urteil entschieden hat, dass …… Dabei legte der Gerichtshof/das Gericht erster Instanz folgenden Sachverhalt zugrunde: ……

Abschnitt B: Rechtliche Würdigung

I. Zulässigkeit des Antrags[12]
Der Antrag ist zulässig. Die Antragstellerin ist Klägerin in der Rechtssache …… Nach Erlass des Urteils am …… hat sie davon Kenntnis erlangt, dass …… Diese Tatsache und die Kenntniserlangung am …… werden unter Beweis gestellt durch …… Die Tatsache ist geeignet, das genannte Urteil zugunsten der Ast. zu beeinflussen, denn …… Die Geltendmachung dieser Tatsache unterblieb schuldlos, weil ……

II. Begründetheit[13]
Unter Zugrundelegung der neuen Tatsache, ist eine Abänderung des genannten Urteils dahingehend vorzunehmen, dass …, denn …

Unterschrift
Verzeichnis der Anlagen

Schrifttum: Kirschner/Klüpfel, Das Gericht erster Instanz der Europäischen Gemeinschaften, 2. Aufl. 1998 Rdn. 182 ff.; *Rengeling/Middeke/Gellermann*, Rechtsschutz in der Europäischen Union, 1994 Rdn. 772 ff.; *Wolf*, Art. 41 Satzung (EWG), in: *Groeben/Thiesing/Ehlermann*, Kommentar zum EU-/EG-Vertrag, 5. Aufl. 1997.

Anmerkungen

1. Art. 41 EuGH-Satzung (EG) und Art. 42 EuGH-Satzung (EA) sehen das Wiederaufnahmeverfahren für den Fall vor, dass eine Tatsache von entscheidender Bedeutung bekannt wird, die vor Verkündung des Urteils dem Gerichtshof und der die Wiederaufnahme beantragenden Partei unbekannt war. Über Art. 46 EuGH-Satzung (EG) und Art. 47 EuGH-Satzung (EA) gelten diese Bestimmungen auch für das EuG. Ausgefüllt werden die Regelungen der Satzung durch Art. 98 ff. EuGH-Verfahrensordnung sowie Art. 125 EuG-Verfahrensordnung.

2. Für das Wiederaufnahmeverfahren sind EuGH oder EuG zuständig, je nachdem, welches Gericht das betreffende Urteil erlassen hat. Der Antrag wird dem Spruchkörper zugewiesen, der das angefochtene Urteil erlassen hat, Art. 127 § 1 EuG-Verfahrensordnung.

3. Für die formalen und inhaltlichen Anforderungen an die Antragsschrift wird auf Art. 37 f. EuGH-Verfahrensordnung bzw. Art. 43 f. EuG-Verfahrensordnung verwiesen (vgl. Form. IX. 2 Anm. 2, 4, 6, 7, 8, 9 a. E., 11, 14, 15, 16, 22, 23).

4. Antragsberechtigung: Der Antrag steht nach Art. 41 Abs. 1 EuGH-Satzung (EG) jeder Partei des abgeschlossenen Verfahrens offen, die nach Erlass des Urteils eine Tatsache entdeckt, die eine Abänderung des Urteils zu ihren Gunsten rechtfertigt. Eine Antragsberechtigung des Streithelfers wird in den Art. 41 EuGH-Satzung (EG) und Art. 42 EuGH-Satzung (EA) nicht erwähnt. Da Streithelfern in Art. 49 Abs. 2 S. 2 EuGH-Satzung (EG) ausdrücklich die Berechtigung zur Einlegung eines Rechtsmittels eingeräumt wird, kann aus dem Schweigen des Gesetzes geschlossen werden, dass dem Streithelfer erst recht die Befugnis zur Beantragung der Wiederaufnahme eingeräumt ist.

5. Der Antrag ist gegen sämtliche Parteien des Rechtsstreits zu richten, in dem das angefochtene Urteil ergangen ist, Art. 99 § 2 EuGH-Verfahrensordnung/Art. 126 § 2 EuG-Verfahrensordnung.

6. Die Wiederaufnahme des Verfahrens betrifft Rechtsstreitigkeiten, die bereits durch ein rechtskräftiges Urteil abgeschlossen sind. Aus Art. 128 EuG-Verfahrensordnung ergibt sich jedoch, dass ein Antrag auf Wiederaufnahme auch gegen ein noch nicht rechtskräftiges Urteil des EuG zulässig ist. Ebenso kann für ein durch einen Beschluss abgeschlossenes Verfahren ein Wiederaufnahmeantrag gestellt werden, wenn der Beschluss ähnliche Wirkungen wie ein Urteil hat (verb. Rs. C-199/94 P und C-200/94 P REV, Compañía Internacional de Pesca y Derivados SA (Inpesca) gegen Kommission, Slg. 1998, I-831, 839 Rdn. 16). Wird ein Urteil des EuG durch Rechtsmittel vor dem Gerichtshof und durch einen Antrag auf Wiederaufnahme des Verfahrens vor dem EuG angefochten, so kann das Gericht nach Art. 128 EuG-Verfahrensordnung das Verfahren bis zum Erlass des EuGH-Urteils aussetzen. Grundsätzlich kann die Wiederaufnahme bei allen Direktklagen in Betracht kommen. Dagegen kommt eine Wiederaufnahme in Rechtssachen, die Gutachten oder Vorabentscheidungen des Gerichtshofs betreffen, nicht in Betracht.

7. Die Anträge sind nach Art. 38 § 1 Buchstabe d) EuGH-Verfahrensordnung sowie Art. 44 § 1 Buchstabe d) EuG-Verfahrensordnung in der Klageschrift ausdrücklich aufzuführen. Sie sind so abzufassen, wie der Tenor des Urteils, dessen Erlass beantragt wird, lauten würde. Hierbei ist zu beachten, dass das Wiederaufnahmeverfahren zweistufig angelegt ist. Zunächst entscheidet der Gerichtshof in nichtöffentlicher Sitzung durch Urteil über die Zulässigkeit des Antrags, ohne der Entscheidung in der Hauptsache vorzugreifen. Ein offensichtlich unzulässiger Antrag kann bereits gemäß Art. 92 § 1 EuGH-Verfahrensordnung/Art. 111 EuG-Verfahrensordnung durch Beschluss zurückgewiesen werden (EuG Rs. T-4/89 REV, BASF gegen Kommission, Slg. 1992, II-1591, 1598 Rdn. 17). Durch die Entscheidung, mit der der Gerichtshof das Vorliegen der neuen Tatsache ausdrücklich feststellt, ihr die für die Eröffnung des Wiederaufnahmeverfahrens erforderlichen Merkmale zuerkennt und deshalb den Antrag für zulässig erklärt, wird das Wiederaufnahmeverfahren eröffnet, vgl. Art. 41 Abs. 2 EuGH-Satzung (EG)/ Art. 42 Abs. 2 EuGH-Satzung (EA) Art. 100 § 1, 2 EuGH-Verfahrensordnung/Art. 127 § 2, 3 EuG-Verfahrensordnung. Der erste Antrag ist also auf die Wiederaufnahme des Verfahrens gerichtet.

8. Gibt das Gericht dem Antrag auf Wiederaufnahme statt, so tritt es gemäß Art. 100 § 2 EuGH-Verfahrensordnung/Art. 127 § 3 EuG-Verfahrensordnung erneut in die Prüfung der Hauptsache ein und entscheidet durch Urteil gemäß den Bestimmungen der Verfahrensordnung. Der zweite Antrag betrifft also die Änderung des angegriffenen Urteils einschließlich der Kostenentscheidung.

9. Gemäß Art. 69 § 2 Abs. 1 EuGH-Verfahrensordnung/Art. 87 § 2 Abs. 1 EuG-Verfahrensordnung ist die unterliegende Partei auf Antrag zur Kostentragung zu verurteilen.

10. Gemäß Art. 44 § 2 Abs. 1 EuG-Verfahrensordnung und Art. 38 § 2 Abs. 1 EuGH-Verfahrensordnung ist in der Klageschrift eine Zustellungsanschrift am Ort des Gerichtssitzes anzugeben, d.h. es ist eine Person zu benennen, die ermächtigt ist und sich bereit erklärt hat, die Zustellungen entgegenzunehmen. Üblicherweise wird diese Aufgabe von in Luxemburg niedergelassenen Anwälten wahrgenommen. Die Zustellung erfolgt auf dem Postweg per Einschreiben mit Rückschein oder durch Übergabe gegen Quittung auf Veranlassung des Kanzlers (Art. 100 EuG-Verfahrensordnung und Art. 79 EuGH-Verfahrensordnung). Anstelle oder zusätzlich zu der Zustellungsanschrift am Ort des Gerichtssitzes kann sich der Prozessbevollmächtigte in der Klageanschrift auch damit einverstanden erklären, dass Zustellungen an ihn mittels Fernkopierer oder sonstiger technischer Kommunikationsmittel erfolgen (Art. 44 § 2 Abs. 1 EuG-Verfahrensordnung und Art. 38 § 2 Abs. 2 EuGH-Verfahrensordnung). Wird weder eine Zustellungsanschrift angegeben noch das Einverständnis mit der Zustellung mittels moderner Kommunikationsmittel erklärt, so erfolgen die Zustellungen an die betreffende Partei auf dem Postweg durch Einschreiben an den Bevollmächtigten oder Anwalt der Partei, wobei in diesem Falle die Zustellung mit der Aufgabe des Einschreibens zur Post am Ort des Gerichtssitzes (also Luxemburg) als bewirkt gilt, Art. 44 § 2 Abs. 3 EuG-Verfahrensordnung und Art. 38 § 2 Abs. 3 EuGH-Verfahrensordnung. Das Risiko der Postlaufzeit trägt in diesem Fall der Kläger.

11. Für den Wiederaufnahmeantrag bestimmt Art. 99 § 1 EuGH-Verfahrensordnung/ 126 § 1 EuG-Verfahrensordnung, dass der Antrag das angefochtene Urteil bezeichnen und die Punkte angeben muss, in denen das Urteil angefochten wird. Weiter müssen die Tatsachen bezeichnet werden, die dem Antrag zugrunde liegen. Auch sind die Beweismittel für das Vorliegen von Tatsachen zu benennen, die die Wiederaufnahme rechtfertigen. Schließlich müssen die Tatsachen vorgetragen werden, aus denen folgt, dass die in Artikel 98 EuGH-Verfahrensordnung/Art. 125 EuG-Verfahrensordnung genannte Frist gewahrt wurde. Zu Hinweisen des EuG für die Abfassung von Schriftsätzen vgl. Form. VIII. 2 Anm. 15 Abs. 3.

12. Im Rahmen der Zulässigkeit ist auf die sachliche Zuständigkeit des EuG bzw. EuGH (siehe Anm. 2), den Antragsgegenstand (siehe Anm. 6), die Antragsberechtigung (Anm. 4), den Wiederaufnahmegrund, das Rechtsschutzbedürfnis sowie die Fristen einzugehen. Der Antrag ist begründet, wenn ein Wiederaufnahmegrund vorliegt: Es müssen nach Verkündung des Urteils Tatsachen bekannt werden, die schon vor Urteilsverkündung existiert haben. Die Gemeinschaftsgerichte haben mehrfach betont, dass die Wiederaufnahme des Verfahrens kein Rechtsmittel, sondern ein außerordentlicher Rechtsbehelf ist, der es erlaubt, die Wirkungen eines verfahrensabschließenden Urteils aufgrund der tatsächlichen Feststellungen, auf die sich das Gericht gestützt hat, in Frage zu stellen. Die Wiederaufnahme setze voraus, dass vor dem Erlass des Urteils liegende tatsächliche Elemente entdeckt würden, die dem Gericht, das dieses Urteil erlassen hat, und der die Wiederaufnahme beantragenden Partei bisher unbekannt waren und die das Gericht, wenn es sie hätte berücksichtigen können, zu einer anderen Entscheidung des Rechtsstreits als der getroffenen hätten veranlassen können (EuGH Rs. 107/79 REV, Schuerer gegen Kommission, Slg. 1983, 3805, 3807 Rdn. 1ff.; Rs. C-185/90 P-REV, Gill gegen Kommission, Slg. 1992, I-993, 999 Rdn. 11; EuG Rs. T-4/89 REV, BASF gegen Kommission, Slg. 1992, II-1591, 1596 Rdn. 9; verb. Rs. C-199/94 P und C-200/94 P REV, Compañía Internacional de Pesca y Derivados SA (Inpesca) gegen Kommission, Slg. 1998, I-831, 839 Rdn. 16; Rs. C-5/93 P, DSM NV gegen Kommission, Slg. 1999, I-4695 (4729f.) Rdn. 42, 43). Der Begriff der Tatsache wird in einem weiten Sinn verstanden. Er erfasst nicht nur vergangene Verhältnisse, Zustände oder Geschehnisse, die dem Beweis zugänglich sind, sondern auch rechtliche Vorgänge wie unerkannt gebliebene Rechtsverhältnisse oder Rechtsakte (*Wolf*, in: *von der Groeben/Thiesing/Ehlermann*, Kommentar zum EU-/EG-Vertrag, 5. Aufl. 1997, Art. 41 EuGH-Satzung Rdn. 2). Nicht als neue Tatsache sind dagegen Entscheidungen des Gerichtshofes einzustufen.

Die neuen Tatsachen müssen „von entscheidender Bedeutung“ sein, d.h. sie müssen sich so auf das Urteil auswirken, dass sich die Entscheidung in der Sache zugunsten des Antragstellers ändert. Bloße Auswirkungen für die Zukunft sind nicht ausreichend (EuGH Rs. 28/64 REV, Müller gegen Rat der EWG und Rat der EA, Slg. 1967, 187, 192f.).

Ein Rechtsschutzbedürfnis für den Antrag besteht nur, wenn die Einführung der neu bekannt gewordenen Tatsache von den Parteien in dem seinerzeitigen Prozess schuldlos unterblieben ist (Umkehrschluss aus Art. 42 § 2 EuGH-Verfahrensordnung/Art. 48 § 2 EuG-Verfahrensordnung, die bestimmen, dass die Beteiligten nach Abschluss des schriftlichen Verfahrens mit neuen Angriffs- und Verteidigungsmitteln präkludiert sind). Der antragstellenden Partei obliegt die Beweispflicht für die schuldlose Unkenntnis der relevanten Tatsache im Zeitpunkt der Urteilsverkündung.

13. Der Antrag ist begründet, wenn die nach Ergehen des Urteils bekannt gewordene Tatsache die Abänderung des ergangenen Urteils erforderlich macht. Die Klagebegründung hat deshalb darzulegen, in welcher Hinsicht die neue Tatsache eine Abänderung des Urteils erfordert.

Kosten und Gebühren

Zu Kosten und Gebühren siehe Form. IX. 2 (Kosten und Gebühren) und Form. IX. 18.

Fristen

Für den Wiederaufnahmeantrag sind zwei Fristen zu beachten: der Antrag muss binnen drei Monaten nach dem Tag gestellt werden, an dem der Antragsteller Kenntnis von der entscheidungserheblichen Tatsache erhalten hat, Art. 98 EuGH-Verfahrensordnung/Art. 125 EuG-Verfahrensordnung. Diese Frist kann nicht verlängert werden. Ein verspätet eingehender Antrag wird als unzulässig zurückgewiesen, selbst wenn neue Tatsachen geltend gemacht werden (EuGH Rs. C-403/85 REV, Ferrandi gegen Kommission, Slg.

1991, I-1215, 1220 Rdn. 12). Eine Ausschlussfrist von zehn Jahren seit Erlass des Urteils ist in Art. 41 Abs. 3 EuGH-Satzung (EG), Art. 42 Abs. 3 EuGH-Satzung (EA), festgelegt, die in Art. 125 EuG-Verfahrensordnung ausdrücklich erwähnt wird. Eine Wiederaufnahme in der Sache ist dann selbst bei Bekanntwerden entsprechender Tatsachen nicht mehr möglich. In diesen Fällen werden Anträge auf Wiederaufnahme von vornherein als unzulässig abgewiesen. Zur Fristberechnung vgl. Form. IX. 2 Anm. 2.

18. Antrag auf Kostenfestsetzung gemäß Art. 74 EuGH-Verfahrensordnung/Art. 92 EuG-Verfahrensordnung[1]

An ......[2]

......stadt, den ......[3]

Antrag[4]

in der Rechtssache ......

......[5] – Antragstellerin (Ast.) –

Verfahrensbevollmächtigter: ......[6]

gegen

...... – Antragsgegnerin (Ag.) –

Namens und in Vollmacht der Antragstellerin beantragen wir gemäß Art. 74 § 1 EuGH-Verfahrensordnung/Art. 92 § 1 EuG-Verfahrensordnung,

1. die der Klägerin zu erstattenden Kosten auf ...... EUR zuzüglich ...... EUR für die Kosten des Kostenfestsetzungsverfahrens festzusetzen[7],
2. der Klägerin eine Ausfertigung des Beschlusses zu erteilen[8].

Gemäß Art. 38 § 2 Abs. 2 EuGH-Verfahrensordnung/Art. 44 § 2 Abs. 2 EuG-Verfahrensordnung erklären wir uns als Prozessbevollmächtigte damit einverstanden, dass Zustellungen an uns mittels Fernkopierer oder sonstiger technischer Kommunikationsmittel erfolgen. Zustellungen können bewirkt werden an Herrn Rechtsanwalt ......, Telefax-Nr.: ......, bzw. an die E-Mail-Anschrift: ......[9]

A. Sachverhalt und Verfahren

Mit Urteil vom ...... hat der Gerichtshof/das Gericht erster Instanz entschieden, dass ......

Ferner verurteilte der Gerichtshof/das Gericht erster Instanz die Antragsgegnerin zur Tragung ihrer eigenen Kosten sowie

„der gesamten den Rechtsmittelgegnerinnen im Verfahren vor dem Gerichtshof/dem Gericht erster Instanz entstandenen Kosten."

Die Ast. machte daraufhin die ihr entstandenen Kosten in einer Gesamthöhe von ...... EUR mit Schreiben vom ...... gegenüber der Ag. geltend (Anlage 1). Die Ag. antwortete mit Schreiben vom ...... (Anlage 2). Darin bot sie insgesamt einen Betrag von EUR ...... an, der nur etwa die Hälfte des von der Ast. geltend gemachten Betrages abdeckt. Da sich die Parteien in der Folgezeit nicht über die Höhe der der Ast. zu erstattenden Kosten einigen konnten, ist die Einleitung eines Kostenfestsetzungsantrages geboten[10].

B. Zu den der Ast. zu erstattenden Kosten

Die Ast. macht mit diesem Antrag Kosten in Höhe von insgesamt ...... EUR[11] geltend. Die der Klägerin entstandenen Kosten setzen sich zusammen aus ......[12] Sie ergeben sich

im einzelnen aus den nachstehend aufgeführten Rechnungen, die diesem Antrag in der Anlage 1 in Kopie beigefügt sind[13]. Uneinigkeit besteht über die Kostenpunkte x, y und z. Ferner anerkennt die Ag. nicht die Höhe der zu erstattenden Anwaltskosten.

I. Erstattungsfähigkeit dem Grunde nach

Sämtliche von der Klägerin geltend gemachten Kosten sind dem Grunde nach erstattungsfähig im Sinne des Art. 73 EuGH-Verfahrensordnung ......

II. Erstattungsfähigkeit der Höhe nach

......

Unterschrift

Anlagenverzeichnis

Schrifttum: Bischof, Rechtsanwaltsgebühren und Kostenerstattung im Verfahren vor dem EuGH und EuG (Vorabentscheidungsverfahren und Direktklagen), AGS 1998, 49; *Fiebig,* The Indemnification of Costs in Proceedings before the European Courts, CMLR 1997, 89; *Kirschner/Klüpfel,* Das Gericht erster Instanz der Europäischen Gemeinschaften, 2. Aufl. 1998 Rdn. 139; *Klinke,* Der Gerichtshof der Europäischen Gemeinschaften, 1989 Rdn. 353; *Lasok,* The European Court of Justice Practice and Procedure, 2. Aufl. 1994, S. 439; *Rengeling/Middeke/Gellermann,* Rechtsschutz in der Europäischen Union, 1994 Rdn. 780; *Wägenbaur,* Das Kostenfestsetzungsverfahren vor den Gemeinschaftsgerichten – Wer klagt gewinnt?, EuZW 1997, 197; *Wolf,* Kostenrecht und Kostenpraxis des Gerichtshofs der Europäischen Gemeinschaften, EuR 1976, 7.

Anmerkungen

1. Die Kostenentscheidungen des EuGH bestimmen regelmäßig nur die grundsätzliche Kostentragungspflicht im Verhältnis der Parteien zueinander und setzen die auszugleichenden Beträge nicht der Höhe nach fest. Da eine europäische Gebührenordnung mit Gebührentabellen nicht existiert, müssen sich die Parteien also über die Höhe der Kosten einigen. Entstehen über die Höhe der erstattungsfähigen Kosten Streitigkeiten, kann eine Partei die Entscheidung des EuGH nach Art. 74 EuGH-Verfahrensordnung bzw. des EuG nach Art. 92 EuGH-Verfahrensordnung einholen.

2. Zuständig für die Kostenfestsetzungsentscheidung ist der mit dem ursprünglichen Rechtsstreit befasste Spruchkörper, Art. 69 § 1 EuGH-Verfahrensordnung/Art. 87 § 1 EuG-Verfahrensordnung. Ein Kostenerstattungsanspruch aus einem Prozess vor einem nationalen Gericht, der u. a. die Rechtmäßigkeit einer Verordnung zum Gegenstand hatte, die danach im Verfahren gemäß Art. 177 EG vor dem EuGH für nichtig erklärt wurde, ist ausschließlich vor den nationalen Gerichten nach nationalem Recht geltend zu machen. Eine Schadensersatzklage vor dem EuG, mit der von der Gemeinschaft Prozesskosten eingefordert werden, die dem Kläger im Rahmen des nationalen Verfahrens nicht erstattet wurden, ist unzulässig (vgl. EuG Rs. T-167/94, Nölle gegen Rat und Kommission, Slg. 1995, II-2589, 2605 Rdn. 35 ff.).

3. Für Form und Inhalt des Kostenfestsetzungsantrags gelten die allgemeinen Verfahrensvorschriften der Art. 37 f. EuGH-Verfahrensordnung/Art. 43 f. EuG-Verfahrensordnung analog. Siehe dazu Form. VIII. 3 Anm. 2, 4, 6, 7, 8, 9 a. E., 11, 14, 15, 22, 23.

4. Die Verfahrensordnungen regeln nicht die Frage, ob der Antragsteller auf die Stellungnahme des Antragsgegners erwidern oder der Antragsgegner eine Gegenerwiderung einreichen darf. Für die Zulässigkeit dieses Vorgehens spricht, dass Art. 74 § 1 EuGH-Verfahrensordnung/Art. 92 EuG-Verfahrensordnung als offene Vorschrift formuliert ist und keine ausdrückliche Begrenzung der Stellungnahmen der Partei vorsieht wie Art. 117 § 1 EuGH-Verfahrensordnung. Zudem erscheint die Zulässigkeit weiterer

Schriftsätze durch den Grundsatz rechtlichen Gehörs (so auch *Wägenbaur* EuZW 1997, 197, 204) und das Erfordernis einer flexiblen Gestaltung des Kostenfestsetzungsverfahrens geboten.

5. Antragsberechtigt ist jeder Verfahrensbeteiligte, d.h. auch der Streithelfer.

6. Soweit in der ursprünglichen Rechtssache Anwaltszwang besteht, gilt er auch für das Kostenfestsetzungsverfahren.

7. Im Kostenfestsetzungsbeschluss wird der erstattungsfähige Betrag pauschal in der Währung des Mitgliedstaats des Kostenschuldners festgesetzt, Art. 75 § 1 Abs. 2 EuGH-Verfahrensordnung/Art. 93 § 1 Abs. 2 EuG-Verfahrensordnung. Es wird eine Gesamtsumme gebildet, die nicht notwendig die gesamte Forderung abdeckt, die dem Anwalt seiner eigenen Partei gegenüber nach nationalem Recht zusteht; es wird vielmehr als angemessen erachtet, dass der Rechtssuchende einen Teil der durch das Verfahren hervorgerufenen Kosten selbst trägt.

Die Verfahrensvorschriften unterscheiden zwischen außergerichtlichen Kosten bzw. Leistungen an Zeugen und Sachverständige sowie Gerichtskosten. Da die Inanspruchnahme der Gemeinschaftsgerichte grundsätzlich kostenfrei ist, sind Gerichtskosten für das Kostenfestsetzungsverfahren ohne Bedeutung. Das Interesse der Parteien gilt den Aufwendungen, „die für das Verfahren notwendig waren“, Art. 73 Buchstabe b) EuGH-Verfahrensordnung/Art. 91 Buchstabe b) EuG-Verfahrensordnung. Dazu zählen insbesondere Reise- und Aufenthaltskosten sowie die Vergütung der Bevollmächtigten, Beistände und Anwälte, Art. 73 Buchstabe b) EuGH-Verfahrensordnung/Art. 91 Buchstabe b) EuG-Verfahrensordnung. Die Gemeinschaftsgerichte setzen nicht die von den Parteien ihren Anwälten geschuldeten Vergütungen fest, sondern bestimmen den Betrag, bis zu dem die Erstattung dieser Vergütungen von der zur Tragung der Kosten verurteilten Partei verlangt werden kann (EuGH Rs. C-294/90 DEP, British Aerospace gegen Kommission, Slg. 1994, I-5423, 5427 Rdn. 10). Der Antrag muss auf die Bestimmung der erstattungsfähigen Kosten gerichtet sein. Die Gemeinschaftsgerichte berücksichtigen bei der Festsetzung der erstattungsfähigen Kosten alle Umstände der Rechtssache bis zum Zeitpunkt dieser Festsetzung. Dazu gehören auch die durch das Kostenfestsetzungsverfahren entstehenden Kosten (EuGH Rs. 318/82, Leeuwarder Papierwarenfabriek gegen Kommission, Slg. 1985, 3727, 3730 Rdn. 5; Rs. C-294/90 DEP, British Aerospace gegen Kommission, Slg. 1994, I-5423, 5428 Rdn. 14). Wegen der Berücksichtigung aller Umstände bis zum Kostenfestsetzungsbeschluss billigen die Gemeinschaftsgerichte nicht gesondert Zinsen vom Zeitpunkt der Stellung des Kostenfestsetzungsantrags zu (EuGH Rs. 238/78, Ireks-Arkady GmbH gegen EWG, Slg. 1981, 1723, 1726 Rdn. 6; verb. Rs. 241, 242, 246–249/78, DVG gegen EWG, Slg. 1981, 1731, 1734 Rdn. 6).

8. Von dem Kostenfestsetzungsbeschluss kann die interessierte Partei zum Zwecke der Vollstreckung eine Ausfertigung beantragen, Art. 74 § 2 EuGH-Verfahrensordnung/Art. 92 § 2 EuG-Verfahrensordnung.

9. Gemäß Art. 44 § 2 Abs. 1 EuG-Verfahrensordnung und Art. 38 § 2 Abs. 1 EuGH-Verfahrensordnung ist in der Klageschrift eine Zustellungsanschrift am Ort des Gerichtssitzes anzugeben, d.h. es ist eine Person zu benennen, die ermächtigt ist und sich bereit erklärt hat, die Zustellungen entgegenzunehmen. Üblicherweise wird diese Aufgabe von in Luxemburg niedergelassenen Anwälten wahrgenommen. Die Zustellung erfolgt auf dem Postweg per Einschreiben mit Rückschein oder durch Übergabe gegen Quittung auf Veranlassung des Kanzlers (Art. 100 EuG-Verfahrensordnung und Art. 79 EuGH-Verfahrensordnung). Anstelle oder zusätzlich zu der Zustellungsanschrift am Ort des Gerichtssitzes kann sich der Prozessbevollmächtigte in der Klageanschrift auch damit einverstanden erklären, dass Zustellungen an ihn mittels Fernkopierer oder sonstiger technischer Kommunikationsmittel erfolgen (Art. 44 § 2 Abs. 1 EuG-Verfahrensordnung und Art. 38 § 2 Abs. 2 EuGH-Verfahrensordnung). Wird weder eine Zustellungsan-

schrift angegeben noch das Einverständnis mit der Zustellung mittels moderner Kommunikationsmittel erklärt, so erfolgen die Zustellungen an die betreffende Partei auf dem Postweg durch Einschreiben an den Bevollmächtigten oder Anwalt der Partei, wobei in diesem Falle die Zustellung mit der Aufgabe des Einschreibens zur Post am Ort des Gerichtssitzes (also Luxemburg) als bewirkt gilt, Art. 44 § 2 Abs. 3 EuG-Verfahrensordnung und Art. 38 § 2 Abs. 3 EuGH-Verfahrensordnung. Das Risiko der Postlaufzeit trägt in diesem Fall der Kläger.

10. Art. 74 § 1 EuGH-Verfahrensordnung/Art. 92 § 1 EuG-Verfahrensordnung setzt voraus, dass zwischen den Parteien eine „Streitigkeit über die erstattungsfähigen Kosten" besteht. Ein Kostenfestsetzungsantrag, der in Wirklichkeit gegen die grundsätzliche Entscheidung der Gemeinschaftsgerichte in einem vorhergehenden Urteil über die Kostenpflicht gerichtet ist (EuGH Rs. 14/84 REV, Hansen-Meyer gegen WSA, Slg. 1985, 1381, 1384 Rdn. 11) oder auf eine Anfechtung des Kostentenors hinausläuft, d. h. auf eine Änderung der Kostenverteilung statt auf eine Kostenfestsetzung (EuG verb. Rs. T-33/89 und T-74/89 DEP, Blackman gegen Europäisches Parlament, Slg. 1993, II-837, 840 Rdn. 5), ist daher nicht statthaft. Eine „Streitigkeit" über die Kosten liegt noch nicht vor, wenn es sich eine Institution zur Praxis gemacht hat, die Kosten erst bei Vorliegen eines Kostenfestsetzungsbeschlusses zu begleichen (vgl. EuGH Rs. 25/65, SIMET gegen Hohe Behörde, Slg. 1967, 149, 151; vgl. zum Begriff der Streitigkeit auch EuGH verb. Rs. 9 und 58/65, Acciaierie San Michele gegen Hohe Behörde, Slg. 1968, 387, 389).

11. Die Kostenarten (Honorare, Reisekosten usw.) müssen im einzelnen aufgeführt werden, denn die Aufwendungen werden nicht von Amts wegen erstattet (EuGH verb. Rs. 64 und 113/76, 167 und 239/78, 27, 28 und 45/79, Dumortier Frères u. a. gegen Rat, Slg. 1982, 1748, 1751 Rdn. 4).

Eine Gebührenordnung mit einer Gebührentabelle für Rechtsstreitigkeiten vor den Gemeinschaftsgerichten gibt es nicht. Die Gemeinschaftsgerichte sind auch nicht an die nationalen Gebührenordnungen oder Gebührenvereinbarungen gebunden (EuG Rs. T-78/89 Dépens, PPG Industries Glass gegen Kommission, Slg. 1993, II-573, 583 Rdn. 36). Die Gemeinschaftsgerichte bestimmen die „notwendigen Ausgaben" und deren Höhe daher in freier Würdigung. Als Kriterien werden hierbei „der Gegenstand des Rechtsstreits, seine Bedeutung aus gemeinschaftsrechtlicher Sicht sowie sein Schwierigkeitsgrad, der Zeitaufwand der tätig gewordenen Bevollmächtigten oder Beistände im Zusammenhang mit dem Verfahren und das wirtschaftliche Interesse herangezogen, das die Parteien am Ausgang des Rechtsstreits haben" (EuGH Rs. 294/90 DEP, British Aerospace gegen Kommission, Slg. 1994, I-5425, 5428 Rdn. 13; verb. Rs. 241, 242 und 246 bis 249/78, DVG gegen EWG, Slg. 1981, 1731, 1734 Rdn. 3; Rs. 318/82, Leeuwarder Papierwarenfabriek gegen Kommission, Slg. 1985, 3727, 3730 Rdn. 3).

Die Reise, Übernachtung und Bewirtung (EuGH Rs. 126/76, Dietz gegen Kommission, Slg. 1979, 2131, 2135 Rdn. 8) der Bevollmächtigten, Beistände bzw. Rechtsanwälte zwecks Teilnahme an einer mündlichen Verhandlung sind in der Regel erstattungsfähig. Pro Rechtssache ist jedoch nur *eine* Reise erstattungsfähig. Grundsätzlich sind nur die Reise- und Aufenthaltskosten *eines* Prozessbevollmächtigten, Beistands bzw. Rechtsanwalts erstattungsfähig (EuG Rs. T-78/89 Dépens, PPG Industries Glass gegen Kommission, Slg. 1993, II-573, 584 Rdn. 39). Anderes gilt, wenn es um mehrere verbundene Rechtssachen von besonderer Bedeutung geht, mit einer entsprechenden Anzahl an Klägern (EuGH verb. Rs. 241, 242 und 246 bis 249/78, DVG gegen EWG, Slg. 1981, 1731 Rdn. 5). Auch im Falle eines „besonderen Schwierigkeitsgrades" können ausnahmsweise mehrere Rechtsanwälte notwendig sein (EuGH Rs. 318/82, Leeuwarder Papierwarenfabriek, Slg. 1985, 3727, 3730 Rdn. 4).

Die Gemeinschaftsorgane und Mitgliedstaaten können die Prozessvertretung neben ihrem Prozessbevollmächtigten auch einem Beistand, d. h. einem Rechtsanwalt, übertragen (Art. 19 Abs. 1 EuGH-Satzung (EG und EAG); sowie EuGH Rs. 126/76, Dietz gegen Kommission, Slg. 1979, 2131, 2134 Rdn. 5). Dessen Honorare sind nach denselben Regeln erstattungsfähig, soweit sie für das Verfahren notwendig waren.

Die für das Verfahren notwendigen Porto-, Fernsprech-, Fernschreib-, und Vervielfältigungskosten eines Rechtsanwaltes sind ebenfalls erstattungsfähig (EuGH verb. Rs. 241, 242 und 246 bis 249/78, DVG gegen EWG, Slg. 1981, 1727, 1734 Rdn. 5; EuGH Rs. 238/78, Ireks-Arkady gegen EWG, Slg. 1981, 1723, 1726 Rdn. 5) ebenso wie die auf die Rechtsanwaltshonorare bzw. Unkosten gegebenenfalls entfallende Mehrwertsteuer (EuGH Rs. 318/82, Leeuwarder Papierwarenfabriek gegen Kommission, Slg. 1985, 3727, 3730 Rdn. 4). Die Reise- und Aufenthaltskosten einer Partei zur mündlichen Verhandlung sind nur dann erstattungsfähig, wenn das Gericht die persönliche Anwesenheit anordnet, Zeugen zu Vorgängen hört, an denen die Partei beteiligt war oder die Ereignisse, in die die Partei verwickelt war, sehr kompliziert sind und den Kern der mündlichen Verhandlung darstellen (EuGH Rs. 24/79, Oberthür gegen Kommission, Slg. 1981, 2229, 2230 Rdn. 2 f.).

12. Der Antragsteller muss eine Kostenaufstellung sowie Kopien der Honorarrechnungen seiner Anwälte unter Angabe der Kriterien für die Berechnung und den Betrag der Kosten vorlegen (EuG Rs. T-78/89, PPG Industries Glass gegen Kommission, Slg. 1993, II-573, 580 Rdn. 22). Dabei werden offenbar vertrauliche Unterlagen von den Gemeinschaftsgerichten unberücksichtigt gelassen (EuGH Rs. C-222/92, SFEI u. a. gegen Kommission, Slg. 1994, I-5431, 5436 Rdn. 9).

Kosten und Gebühren

Die Gemeinschaftsgerichte berücksichtigen bei der Festsetzung der erstattungsfähigen Kosten alle Umstände der Rechtssache bis zum Zeitpunkt dieser Festsetzung. Dazu gehören auch die durch das Kostenfestsetzungsverfahren entstehenden Kosten (EuGH Rs. 318/82, Leeuwarder Papierwarenfabriek gegen Kommission, Slg. 1985, 3727, 3730 Rdn. 5; Rs. C-294/90 DEP, British Aerospace gegen Kommission, Slg. 1994, I-5423, 5428 Rdn. 14). Eine eigene Kostenentscheidung enthält der Kostenfestsetzungsbeschluss selbst dann nicht, wenn der Antrag zurückgewiesen wird.

Fristen

Der Antrag ist nicht fristgebunden (EuGH Rs. 126/76 Kosten, Dietz gegen Kommission, Slg. 1979, 2131, 2133 ff.), muss jedoch innerhalb eines „angemessenen" Zeitraums gestellt werden, der keinerlei Anlass zu der Annahme bietet, dass der Kostengläubiger auf seine Rechte verzichtet (EuGH Rs. 126/76 Kosten, Dietz gegen Kommission, Slg. 1979, 2131, 2133 Rdn. 1).

Die Entscheidung ergeht durch unanfechtbaren Beschluss, Art. 74 § 1 EuGH-Verfahrensordnung/Art. 92 § 1 EuG-Verfahrensordnung. Rechtsmittelfristen gibt es deshalb nicht.

19. Hinweise für die Prozessvertreter

Die „Hinweise für die Prozessvertreter", die „Hinweise an die Prozessvertreter für die mündliche Verhandlung" sowie „Praktische Anweisungen für die Parteien" sind unter folgender Internet-Adresse abrufbar: http:/www.curia.eu.int/de/txts/index.htm.

Sachregister

Die **fett** gesetzten römischen Zahlen und Großbuchstaben beziehen sich auf die einzelnen Sachgebiete, die nachfolgenden mageren Zahlen auf die Nummern der Formulare. *Kursiv* gesetzte Zahlen bezeichnen die Anmerkungen oder Paragraphen des Formulars.

Abänderung, Antrag auf ... einer Stillegungsverfügung **V. E.** 7
– einer einstweiligen Anordnung **II. I.** 27 *4*
Abänderungsklage in Form der Stufenklage **II. I.** 4 *13*
– nach § 323 ZPO **I. P.** 4
– gegen Unterhaltstitel **II. I.** 4
– Verfahren **II. I.** 4 *3*
Abberufung eines Aufsichtsratsmitglieds **II. K.** 19
– des WEG-Verwalters **II. H.** *6 24*
Abbruchverfügung V. A. 4
Abfindung im Aktienrecht **II. K.** 24 *6*
– Buchwertklauseln **II. K.** 6 *6*
– Gesetzesübersicht der Anrechnung der Abfindung auf das Arbeitslosengeld **IV. B.** 1 *8*
– Höhe **IV. B.** 1 *15*
– Klage des ausgeschiedenen Gesellschafters **II. K.** 6
– Nettoabfindung **IV. B.** 1 *6*
– Ruhen des Anspruchs auf Arbeitslosengeld **IV. B.** 1 *9, 10,* 16 *10*
– Steuerfreiheit **IV. B.** 1 *6,* 16 *8*
– im Vergleich **IV. B.** 16 *8–12*
Abfindungsvergleich II. E. 17; **IV. B.** 16 *8–12*
– Bindungsfrist **II. E.** 17 *7*
– Rechtsanwaltskosten **II. E.** 17 *9*
– unvorhergesehene Spätfolgen **II. E.** 17 *2*
Abgabe an das Streitgericht **I. B.** 4 *6,* 7 *2,* 8 *2*
– im Verfahren nach § 46a WEG **II. H.** 3 *6*
Abgabenrecht, Antrag auf Wiederaufgreifen eines Verfahrens **V. A.** 6
Abgabeverfahren nach § 46 WEG **II. H.** 2
Abgrenzbarkeit der Teile bei Teilurteil **I. L.** 4 *1*
Abkürzung richterlicher und gesetzlicher Fristen **I. F.** 5 *2*
Ablehnung, Beschwerde wegen ... der Klauselerteilung **I. T.** 9
– eines Gerichts **I. L.** 7 *4*
– eines Richters **I. L.** 7 *1*
– eines Richters im Finanzgerichtsprozeß **VII.** 23
– eines Richters im Verfassungsprozeß **VI.** 16
– eines Sachverständigen **I. H.** 6 *3*
– eines Schiedsrichters **I. S.** 4
– eines Schiedsrichters gegenüber Schiedsgericht **I. S.** 4a
– eines Schiedsrichters, Gesuch an das staatliche Gericht **I. S.** 4b
Ablehnung des Sachverständigen I. H. 6 *3*
– Fristen und Rechtsmittel **I. H.** 6 *3*
– im selbständigen Beweisverfahren **I. H.** 10 *8*
Abmahnung nach AGB-Recht **II. Q.** 1
– nach AGB-Recht, Kosten **II. Q.** 1 *10*
– des Arbeitnehmers **IV. B.** *5 3*
– Erstattungspflicht **I. A.** 9 *7*
– wegen Geschmacksmusterverletzung **II. O.** 13
– im Markenrecht **II. O.** 18 *1*
– im Presserecht **II. P.** 7
Abmahnung im Urheberrechtsstreit II. O. 23 *1*
Abmahnung im Wettbewerbsrecht, abweichende Formulierung **II. N.** 1 *13*
– Aktivlegitimation **II. N.** 1 *4*
– als Einschreiben mit Rückschein **II. N.** 1 *2*
– Erklärungsfrist **II. N.** 1 *10*
– Fortsetzungszusammenhang **II. N.** 1 *6*
– Fristen und Rechtsmittel **II. N.** 1
– Hamburger Brauch **II. N.** 1 *8*
– Höhe der Vertragsstrafe **II. N.** 1 *8*
– Klagebefugnis **II. N.** 1 *4*
– Kostenanspruch **II. N.** 1 *9*
– Prozeßvorbereitungsmaßnahme **II. N.** 1 *1*
– Reaktionen des Abgemahnten **II. N.** 1 *13*
– strafbewehrte Unterlassungsverpflichtungserklärung **II. N.** 1 *6*
– Telefonwerbung **II. N.** 1 *5*
– Unterlassungsgebot **II. N.** 1
– Verletzungshandlung **II. N.** 1 *6*
– Vertragsstrafeversprechen **II. N.** 1 *6*
– Vollmacht **II. N.** 1 *3*
– Wettbewerbsverhältnis **II. N.** 1, 9
– Wiederholungsgefahr **II. N.** 1 *11*
– Zugangsrisiko **II. N.** 1 *2*
Abmahnung wegen Geschmacksmusterverletzung II. O. 13
– Anspruch auf Rechnungslegung **II. O.** 13 *18*
– Ausschließlichkeitsrecht **II. O.** 13 *17*
– Eingriff in das Recht eines eingerichteten und ausgeübten Gewerbebetriebs **II. O.** 13 *1*
– Eintragung der Anmeldung **II. O.** 13 *3*
– Gestaltungshöhe **II. O.** 13 *9*
– Gestehungskosten **II. O.** 13 *18a*
– Haager Abkommen **II. O.** 13 *3*
– Kostenerstattung **II. O.** 13 *22, 24*
– Merkmalsanalyse **II. O.** 13 *8*
– Neuheitsprüfung **II. O.** 13 *9*
– Niederlegung **II. O.** 13 *3*
– Prüfungszeitraum **II. O.** 13 *11*

– Schadensberechnung **II. O.** 13 *18*
– Schadensersatz **II. O.** 13 *1*
– Strafandrohungsklausel **II. O.** 13 *12*
– Überprüfungsmöglichkeit für Abgemahnten **II. O.** 13 *7*
– unbegründete Abmahnung **II. O.** 13 *1*
– Unterlassungsanspruch **II. O.** 13 *13*
– Verletzungsgegenstand **II. O.** 13 *16*
– Verletzungstatbestand **II. O.** 13 *10*
– Vernichtungsanspruch **II. O.** 13 *20*
– Verschulden **II. O.** 13 *1*
– Verwarnung **II. O.** 13
– Vollmacht **II. O.** 13 *2*
– Wirtschaftsprüfervorbehalt **II. O.** 13 *19*
Abmahnung wegen Patentverletzung II. O. 1
– Anspruch auf Rechnungslegung **II. O.** 1 *9*
– Eingriff in den eingerichteten und ausgeübten Gewerbebetrieb **II. O.** 1 *1*
– Entlastungsbeweis **II. O.** 1 *1*
– Merkmalsanalyse **II. O.** 1 *12*
– mittelbare Patentverletzung **II. O.** 1 *12*
– Patentanspruch **II. O.** 1 *12*
– Prüfungszeitraum **II. O.** 1 *15, 23*
– Reaktionen des Abgemahnten **II. O.** 1 *24*
– Schadensberechnung **II. O.** 1 *14, 19*
– Schadensersatz **II. O.** 1 *1, 9*
– Schutzrechtshinweis **II. O.** 1 *1*
– Übersendung des Klageentwurfs **II. O.** 2
– unbegründete **II. O.** 1 *1*
– unmittelbare Patentverletzung **II. O.** 1 *12*
– Unterlassungsanspruch **II. O.** 1 *9*
– Unterlassungsverpflichtungserklärung **II. O.** 1 *12*
– Verletzungstatbestand **II. O.** 1 *8*
– Verschulden **II. O.** 1 *1*
– Vertragsstrafeversprechen **II. O.** 1 *9, 10*
– Wirtschaftsprüfervorbehalt **II. O.** 1 *13, 14, 17*
Abnahme bei VOB-Vertrag **II. C.** 14 *3*
– Vorbehalt der Vertragsstrafe **II. C.** 18 *7*
– im Werkvertragsrecht **II. C.** 9 *1*
Abrechnung und Aufmaß **IV. A.** 7 *3*
– außergerichtlicher Tätigkeit **I. A.** 8
– Prozeßbevollmächtigter/Terminsvertreter **I. A.** 10
– Prüfbarkeit **II. C.** 14 *4*
– Räumungsklage/gesonderter Räumungsfristantrag **I. A.** 8
– Verfügungsverfahren **I. A.** 9
– Vergleich über die Hauptsache **I. A.** 9
– nach Versäumnisurteil bei Vergleich über nicht rechtshängige Gegenstände **I. A.** 10
Abschlagszahlung im Werkvertragsrecht **II. C.** 14 *1*
Abschlußschreiben im Presserecht **II. P.** 12
– im Wettbewerbsrecht **II. N.** 4
Abschriften der Klageschrift **I. D.** 1 *23*, 2 *7*
– im Sozialgerichtsprozeß **VIII.** 2 *7*
Absehen von der Güteverhandlung **I. F.** 6 *1*
Absonderungsrecht im Insolvenzverfahren **III. F.** 16 *3*
Abstehen vom Urkundenprozeß I. Q. 6
– Entscheidung durch den Vorsitzenden **I. Q.** 6 *5*
– als Klageänderung **I. Q.** 3, 6 *2*
– Neuformulierung der Anträge **I. Q.** 6 *4*
Abtrennung kindbezogener Folgesachen **II. I.** 8 *22*, 9 *13*
Ähnlichkeit im Markenrecht **II. O.** 18 *19*
Änderung der Verhältnisse im Sozialrecht **VIII.** 2 *9*
– des Verteilungsplans nach § 159 ZVG **III. B.** 43
Änderungsbescheid im Finanzgerichtsprozeß **VII.** 18 *2, 6*
Änderungskündigung IV. B. 9
Äquivalenz im Patentrecht **II. O.** 1 *12*
Ärztliche Bescheinigung im Arbeitsrecht **IV. A.** 3 *4*
AGB-Recht, Abmahnung **II. Q.** 1
– Anspruchsberechtigung **II. Q.** 1 *2*
– Anwendbarkeit **II. Q.** 1 *3*
– Beitritt eines Empfehlers als Nebenintervenient **II. Q.** *5*
– und einstweilige Verfügung **II. Q.** 2 *2*
– Empfehler **II. Q.** 4
– Haftungsbeschränkung **II. Q.** *5*
– Klage auf Widerruf **II. Q.** 4
– Negative Feststellungsklage des Verwenders **II. Q.** *5*
– und Schuldrechtsreform **II. Q.** 1 *Vorbem.*
– Streitwert bei einstweiliger Verfügung **II. Q.** 2 *3*
– Unterlassungsklage **II. Q.** 3
– bei Verbraucherverträgen **II. Q.** 1 *3*
– Veröffentlichungsbefugnis **II. Q.** 3 *4*
Akkordabrechnung IV. A. 7
Aktenauszug II. E. 10 *4*
Akteneinsicht des Beigeladenen im Vergaberecht **II. M.** 3 *7*
– im Kartellrecht **II. L.** 21 *6*
– im Nachprüfungsverfahren **II. M.** 2 *8*
– bei Patentverletzungsklage **II. O.** 3 *21*
Aktionär, Anfechtung **II. K.** 22
Aktivlegitimation nach AGB-Recht **II. Q.** 1 *2*
– Einstweilige Verfügung im Wettbewerbsrecht **II. N.** 10 *7*
– im Wettbewerbsrecht **II. N.** 1 *4*, 3 *7*
Alleinstellungswerbung II. N. 9 *1*
Allgemeine Geschäftsbedingungen II. Q.
Allgemeiner Erfindungsgedanke II. O. 1 *12*
Altanmeldungen im Patentrecht **II. O.** 5 *4*
Altersrente, Altersversorgung, Beratungs- und Belehrungspflichten **IV. A.** 15
– Pfändung **III. B.** 10 *4*
Amtsermittlungsgrundsatz im Sozialgerichtsprozeß **VIII.** 2 *7*
– im Sozialgerichtsprozeß, Verletzung **VIII.** 15

Androhung von Ordnungsmitteln **III. C.** 5 *7*
Androhung von Ordnungsmitteln bei Duldungsklage **I. D.** 9 *5*
– bei einer Unterlassungsklage **I. D.** 6 *5*
– bei vorbeugender Unterlassungsklage **II. E.** 3 *5*
Anerkenntnis, Kostenbefreiung gem. § 93 b Abs. 3 ZPO **II. B.** 9 *4*
– Kostentragung bei sofortigem ... **I. M.** 8 *2*
– nach Mahnverfahren **I. M.** 8
– im schriftlichen Vorverfahren **I. E.** 3 *2*
– sofortiges **I. M.** 8 *2*
– Sofortiges ... des Räumungsanspruchs **II. B.** 9, 13
– im Sozialgerichtsprozeß **VIII.** 29 *2*
– Teilanerkenntnis und Schlußurteil **I. M.** 9
– Teilanerkenntnisurteil **I. M.** 9 *2, 3*
– unter Verwahrung gegen die Kosten **I. E.** 3 *4;* **M.** 8 *4*
– unter Vorbehalt der Rechte im Nachverfahren **I. Q.** 2 *1*
– Zug um Zug **I. E.** 3 *3*
Anerkenntnisurteil I. M. 9 *1*
Anerkennung einer ausländischen Ehescheidung nach Art. 14 Abs. 3 VO (EG) Nr. 1347/2000 **I. T.** 12
– einer ausländischen Ehescheidung nach Art. 7 § 1 FamRÄndG **I. T.** 13
– von Wettbewerbsregeln **II. L.** 17
Anerkennung eines ausländischen Urteils I. P. 5; **T.** 5
Anfechtung des Beschlusses einer Eigentümerversammlung **II. H.** 5
– einer Betriebsratswahl **IV. E.** 2
– von eigenkapitalersetzenden Darlehen im Insolvenzrecht **II. K.** 13 *5*
– von Gesellschafterbeschlüssen **II. K.** 14 *5*
– eines Hauptversammlungsbeschlusses **II. K.** 22 *6*
– des Testaments **II. J.** 3
Anfechtungsankündigung III. F. 1
Anfechtungsbeschwerde nach GWB II. L. 23
– Anwaltszwang **II. L.** 23 *3c*
– Beschwerdebegründung **II. L.** 23 *4*
– Beschwerdeberechtigung **II. L.** 23 *3a*
– Form **II. L.** 23 *3c*
– Fortsetzungsfeststellungsbeschwerde **II. L.** 23 *9*
– Frist **II. L.** 23 *3b*
– Verfügungen der Kartellbehörde **II. L.** 23 *2*
Anfechtungsfrist III. F. 1 *5*
Anfechtungsgesetz, Absichtsanfechtung **III. F.** 2 *4*
– anfechtbare Grundstücksübertragung **III. F.** 4 *1*
– Anfechtungsankündigung **III. F.** 1
– Anfechtungsfrist **III. F.** 1 *5*
– Arrestantrag **III. F.** 7
– Aufwendungsersatz **III. F.** 5 *4*
– Benachteiligungsabsicht **III. F.** 2 *4*
– Beweislast **III. F.** 2 *5*
– Drittwiderspruchsklage **III. F.** 5 *2*
– Duldung der Zwangsvollstreckung **III. F.** 3 *4*
– einstweilige Verfügung **III. F.** 9
– Geltendmachung durch Einrede **III. F.** 5
– Geltendmachung durch Replik **III. F.** 6
– Gläubigeranfechtung durch Klage auf Duldung der Zwangsvollstreckung **III. F.** 2
– Gläubigeranfechtung durch Zahlungsklage **III. F.** 3
– und Güterrechtsverträge **III. F.** 4 *3*
– Klage **III. F.** 2, *s. auch Anfechtungsklage*
– Pflichtteilsanspruch **III. F.** 2 *4,* 4 *3*
– Rückgewähranspruch **III. F.** 2 *7*
– Schenkungsanfechtung **III. F.** 3 *3*
– Stufenklage **III. F.** 8
– Übereignung von Miteigentum **III. F.** 4 *4*
– Veräußerungs- und Verfügungsverbot **III. F.** 9
– Vorsatzanfechtung **III. F.** 2 *4*
– Wertersatz **III. F.** 3 *4,* 4 *1*
Anfechtungsklage, aktienrechtliche **II. K.** 22
– aktienrechtliche, Rechtsmißbrauch **II. K.** 22 *7*
– gegen Baugenehmigung, Streitwert **V. E.** 2 *4*
– Duldung der Zwangsvollstreckung **III. F.** 4
– wegen Erbunwürdigkeit **II. J.** 4
– im Finanzgerichtsprozeß **VII.** 9 *4, 5, 6*
– isolierte, gegen Widerspruchsbescheid **V. B.** 2
– isolierte ... im Sozialgerichtsprozeß **VIII.** 2
– Klagebegründung **III. F.** 2 *3*
– kombinierte ... und Bescheidungsklage **V. B.** 7
– kombinierte ... und Verpflichtungsklage **V. B.** 6
– Streitwert **III. F.** 2 *1*
– Stufenklage **III. F.** 8
– im Verwaltungsprozeß **V. B.** 1
– Zahlungsklage **III. F.** 3
– Zuständigkeit **III. F.** 2 *1*
Angestellter, Vergütungsfortzahlung bei Kur- und Heilverfahren **IV. A.** 4
Angriffs- und Verteidigungsmittel bei Berufung im Arbeitsgerichtsprozeß **IV. D.** 6 *16*
Anhörung eines bestimmten Arztes im Sozialgerichtsprozeß **VIII.** 22 *1*
– der Beteiligten im Sozialrecht **VIII.** 2 *8*
– des Betriebsrats **IV. B.** 11 *9;* **C.** 5 *7*
– im Fall des § 80 a Abs. 1 VwGO **V. E.** 5 *7*
– der Partei im Zivilprozeß **I. H.** 9
– persönliche ... bei Sorgerechtsverfahren **II. I.** 10 *7*
– des Sachverständigen im Sozialgerichtsprozeß **VIII.** 21 *2*
Ankündigung der Anfechtung **III. F.** 1
Ankündigung der Sonderveranstaltung II. N. 10 *13*
Anlagen zu Schriftsätzen **I. D.** 1 *18*

Anmeldung eines Beschlusses einer Vereinigung von Erzeugervereinigungen nach § 100 Abs. 1 S. 2 GWB **II. L.** 8
– einer Einkaufskooperation **II. L.** 5
– von Empfehlungen für Geschäftsbedingungen oder Lieferungsbedingungen, oder Zahlungsbedingungen **II. L.** 7
– eines Kartellvertrags von Versicherungsunternehmen **II. L.** 9
– eines Konditionenkartells **II. L.** 1
– eines Mittelstandskartells **II. L.** 4
– eines Normen- oder Typenkartells **II. L.** 2
– von Normenempfehlungen **II. L.** 6
– eines Spezialisierungskartells **II. L.** 3
– von Typenempfehlungen **II. L.** 6
– eines Zusammenschlusses nach § 39 Abs. 2 GWB **II. L.** 18
Anmeldung der Forderung durch ab- und aussonderungsberechtigten Gläubiger **III. F.** 16
– im Insolvenzverfahren **III. F.** 15
Annahmeverzug des Arbeitgebers **IV. B.** 2 *1, 8*
Anordnung der aufschiebenden Wirkung im Kartellrecht **II. L.** 25
– des persönlichen Erscheinens, im Sozialgerichtsprozeß **VIII.** 19 *4*
Anpassung des Ruhegeldes **IV. A.** 13 *1, 2*
Anrechnung der Gebühren **I. A.** 10 *18*
– von Vordienstzeiten **IV. A.** 10 *3*
Anregung an das Gericht, einen Rechtsstreit auszusetzen und dem Europäischen Gerichtshof zur Vorabentscheidung vorzulegen (Art. 234 EG) **IX.** 1
Anrufung der Einigungsstelle nach UWG **II. N.** 11
Anscheinsbeweis im Arbeitsrecht **IV. C.** 2 *2*
Anschlußberufung I. O. 3; **VIII.** 10 *3*
– im Arbeitsgerichtsprozeß **IV. D.** 7 *6*
– im Sozialgerichtsprozeß **VIII.** 10 *3*
– im Verwaltungsprozeß **V. C.** 5
Anschlußbeschwerde im Zivilprozeß **I. O.** 6 *3*
Anspruch auf Schadensersatz nach § 717 Abs. 2 ZPO **III. A.** 23 *3–6*
Anspruchsbegründung nach Einspruch gegen Vollstreckungsbescheid **I. B.** 8
– nach Widerspruch gegen Mahnbescheid **I. B.** 7
Anspruchsschreiben an die Europäische Kommission (Haftung für administratives Unrecht) **IX.** 5
– an die Europäische Kommission (Haftung für legislatives Unrecht) **IX.** 4
– bei Verkehrsunfall **II. E.** 10
Antrag auf Abänderung einer Stillegungsverfügung **V. E.** 7
– auf Abberufung eines Aufsichtsratsmitgliedes **II. K.** 19
– auf Abnahme der Offenbarungsversicherung **III. D.** 1
– auf Absehen von der Güteverhandlung **I. F.** 6
– auf abweichende Versteigerungsbedingungen **III. B.** 38
– auf Änderung der Ratenzahlungsanordnung **I. C.** 4
– auf andere Verwertung nach § 825 ZPO **III. B.** 5
– auf andere Verwertung nach § 844 ZPO **III. B.** 15
– auf anderweitige Regelung des Versorgungsausgleichs **II. I.** 20
– auf Anerkenntnisurteil **I. M.** 9
– auf Anerkennung einer ausländischen Ehescheidung nach Art. 14 Abs. 3 VO (EG) Nr. 1347/2000 **I. T.** 12
– auf Anerkennung einer ausländischen Ehescheidung nach Art. 7 § 1 FamRÄndG **I. T.** 13
– auf Anerkennung von Wettbewerbsregeln nach GWB **II. L.** 17
– auf Anhörung eines bestimmten Arztes im Sozialgerichtsprozeß **VIII.** 22
– auf Anordnung der Aufnahme eines Unternehmens in eine Wirtschaftsvereinigung **II. L.** 16
– auf Anordnung der aufschiebenden Wirkung **V. D.** 2
– auf Anordnung der aufschiebenden Wirkung im Kartellrecht **II. L.** 25
– auf Anordnung der Veröffentlichung einer Gegendarstellung **II. P.** 4
– auf Arrest wegen drohender Vereitelung eines Anfechtungsanspruchs **III. F.** 7
– auf Arresthypothek **III. E.** 3
– auf Aufhebung der Beschlagnahme von Zubehör **III. B.** 37
– auf Aufhebung des Arrests **I. R.** 3
– auf Aufhebung des Suspensiveffekts gem. § 115 Abs. 2 GWB **II. M.** 4
– auf Auflösung des Betriebsrats **IV. E.** 6
– im Auskunftserzwingungsverfahren nach § 132 AktG **II. K.** 21
– bei Auskunftsklage **I. D.** 11 *4*
– auf Ausländersicherheit **I. T.** 1
– auf Auslandszustellung **I. F.** 4
– auf Auslegung eines Urteils gem. Artt. 40 EuGH-Stzg (EWG), 41 EuGH-Stzg (EAG), 37 EuGH-Stzg (EGKS), 102 EuGH-VerfO, 129 EuG-VerfO **IX.** 16
– auf Ausschluß des Versorgungsausgleichs **II. I.** 18
– auf Ausschluß eines Betriebsratsmitglieds **IV. E.** 6
– auf Aussetzung der Verwertung **III. B.** 4
– auf Aussetzung der Vollziehung im Finanzgerichtsprozeß **VII.** 10
– auf Aussetzung des Rechtsstreits wegen Strafverfahrens **I. L.** 1

- an die Behörde auf Anordnung der sofortigen Vollziehung **V. E.** 5
- an die Behörde auf Außervollzugsetzung einer Baugenehmigung und Stillegung der Baustelle **V. E.** 3
- an die Behörde auf Aussetzung der Vollziehung im Verwaltungsprozeß **V. D.** 1
- auf Beiladung gem. § 109 GWB **II. M.** 3
- auf Beiladung im Kartellrecht **II. L.** 21
- auf Beiladung im Sozialgerichtsprozeß **VIII.** 23
- des Beklagten auf Prozeßkostenhilfe **I. C.** 2
- auf Beratungshilfe **I. A.** 7
- auf Berichtigung des Protokolls **I. F.** 9
- auf Berichtigung eines Urteils im Finanzgerichtsprozeß **VII.** 20
- auf Berichtigung eines Urteilstatbestandes im Finanzgerichtsprozeß **VII.** 21
- im Beschlußanfechtungsverfahren **II. H.** 5 9
- auf Beseitigung eines gemeinschaftswidrigen Zustands nach § 43 WEG **II. H.** 1
- auf Bestellung eines Verwalters **II. H.** 7
- auf Bestellung eines Vorstandes nach § 85 AktG **II. K.** 18
- auf Bestimmung des zuständigen Gerichts **I. I.** 5
- auf dinglichen Arrest **I. R.** 1
- auf Durchführung eines konkreten Normenkontrollverfahrens **VI.** 14
- auf eidliche Zeugenvernehmung im Schiedsverfahren **I. S.** 8
- auf Einstellung der Zwangsversteigerung **III. B.** 35
- auf Einstellung der Zwangsvollstreckung **I. G.** 5
- auf einstweilige Anordnung zur Leistung eines Prozeßkostenvorschusses **I. C.** 7
- auf einstweilige Einstellung an das Vollstreckungsgericht **III. A.** 17
- auf einstweilige Einstellung der Zwangsvollstreckung **III. A.** 12
- auf einstweilige Verfügung im AGB-Recht **II. Q.** 2 2
- auf einstweilige Verfügung im Wettbewerbsrecht **II. N.** 3, 10
- auf einstweiligen Rechtsschutz im schiedsgerichtlichen Verfahren **I. S.** 6
- auf Eintragung einer Zwangshypothek **III. B.** 32
- auf Einziehung eines unrichtigen Erbscheins **II. J.** 19
- auf Entbindung von der Weiterbeschäftigungspflicht eines Jugendvertreters **IV. E.** 10
- auf Erbscheinserteilung bei gesetzlicher Erbfolge **II. J.** 16
- auf Erbscheinserteilung bei testamentarischer Erbfolge **II. J.** 17
- auf Erbscheinserteilung bei Vor- und Nacherbfolge **II. J.** 18
- auf Ergänzung der eidesstattlichen Versicherung nach §§ 807, 900 ZPO **III. D.** 2
- auf Ergänzung des Aufsichtsrats **II. K.** 20
- auf Erhöhung des Pfandfreibetrages **III. B.** 21
- auf Erklärungsfrist nach § 283 ZPO **I. F.** 11
- auf Erlaß des Vollstreckungsbescheides **I. B.** 3
- auf Erlaß einer einstweiligen Anordnung nach GWB **II. L.** 22, 27
- auf Erlaß einer einstweiligen Anordnung vor dem BVerfG **VI.** 13
- auf Erlaß einer einstweiligen Verfügung **III. F.** 9
- auf Erlaß einer einstweiligen Verfügung gegen ausländisches Beweisersuchen **I. T.** 3
- auf Erlaß einer einstweiligen Verfügung in Bausachen **II. C.** 17
- auf Erlaß einer einstweiligen Verfügung wegen Markenverletzung **II. O.** 19
- auf Erlaß einer Regelungsanordnung im Verwaltungsprozeß **V. D.** 7
- auf Erlaß einer Sicherungsanordnung im Verwaltungsprozeß **V. D.** 6
- auf Erlass eines Grundurteils **I. L.** 5
- auf Erlaß eines Mahnbescheids (Verfahren nach § 46a WEG) **II. H.** 3
- auf Erlaß eines Teilurteils **I. L.** 4
- auf Erlaß eines Vorbehaltsurteils **I. L.** 6
- auf Erlaubnis für einen Zusammenschluß (§ 42 GWB) **II. L.** 20
- auf Errichtung einer Einigungsstelle **IV. E.** 19
- auf Ersetzung der Zustimmung des Betriebsrats nach §§ 99, 100 BetrVG **IV. E.** 7
- auf Ersetzung der Zustimmung des Betriebsrats zur Kündigung oder Versetzung eines Betriebsratsmitglieds **IV. E.** 9
- auf Erteilung eines Doppelerbscheins **II. J.** 22
- auf Erteilung eines Erbscheins **II. J.** 16–22, 22
- auf Erteilung eines gegenständlich beschränkten Erbscheins **II. J.** 21
- auf Festsetzung des Gegenstandswerts im Verfassungsprozeß **VI.** 17
- auf Festsetzung von Vollstreckungskosten **III. A.** 10
- auf Festsetzung von Zwangsmitteln **III. C.** 4
- auf Feststellung der Unbedenklichkeit nach § 16 Abs. 3 UmwG **II. K.** 25
- auf Feststellung nach §§ 51a, 51b GmbHG **II. K.** 15
- auf Freistellung für ein sonstiges Kartell **II. L.** 13
- auf Freistellung für ein Strukturkrisenmodell **II. L.** 10
- auf Fristverlängerung **I. F.** 5
- auf Fristverlängerung gem. § 224 ZPO **I. E.** 1 7

- auf gerichtliche Entscheidung gegen Feststellungen nach Art. 7 § 1 FamRÄndG **I. T.** 14
- auf gerichtliche Entscheidung im Personalvertretungsrecht **V. B.** 10
- auf gerichtliche Entscheidung in Baulandsachen **V. B.** 11
- auf gerichtliche Feststellung nach §§ 304, 305 AktG **II. K.** 24
- auf Gestattung der Austauschpfändung **III. B.** 3
- auf Gestattung der Ersatzvornahme **III. C.** 3
- auf Gewährung einer Räumungsfrist **II. B.** 10–13
- des Gläubigers auf Aufhebung der Eigenverwaltung **III. F.** 13
- des Gläubigers auf Eröffnung des Insolvenzverfahrens **III. F.** 11
- bei Grundurteil **I. L.** 5 *4*
- auf Herabsetzung des Versorgungsausgleichs **II. I.** 19
- auf Klageerhebung im selbständigen Beweisverfahren **I. H.** 12
- auf Klauselerteilung bei bedingter Leistung **III. A.** 3
- auf Klauselerteilung für ein ausländisches Urteil nach EuGVVO **I. T.** 6
- auf Klauselerteilung für und gegen Rechtsnachfolger **III. A.** 4
- auf Klauselerteilung nach Art. 40 EuGÜbK und LugÜ **I. T.** 7
- auf Kostenentscheidung nach § 193 Abs. 1 SGG **VIII.** 29
- auf Kostenfestsetzung gemäß Art. 74 EuGH-VerfO/Art. 92 EuG-VerfO **IX.** 18
- auf Kostenfestsetzung im Finanzgerichtsprozeß **VII.** 32
- auf Kostenfestsetzung nach § 197 SGG **VIII.** 30
- auf Ladung zum Rechtfertigungsverfahren **I. R.** 5
- auf Löschung eines Gebrauchsmusters **II. O.** 12
- auf Löschung im Schuldnerverzeichnis **III. D.** 6
- auf Ministererlaubnis für ein Sonderkartell **II. L.** 15
- auf mündliche Verhandlung nach Gerichtsbescheid im Sozialgerichtsprozeß **VIII.** 20
- eines Nachlaßgläubigers auf Erteilung eines Erbscheins **II. J.** 20
- auf Nachprüfung an die Vergabekammer **II. M.** 2
- auf Nichtberücksichtigung von Unterhaltsberechtigten **III. B.** 19
- bei Nichtigkeitsklage gegen einen Rechtsakt der Europäischen Gemeinschaft (Art. 230 Abs. 4 EG) **IX.** 2 *10, 11*
- auf Nichtstattfinden des Versorgungsausgleichs **II. I.** 17
- auf Normenkontrolle **V. G.** 1
- auf öffentliche Zustellung **I. F.** 3
- auf Ordnungsmittel **III. C.** 5
- auf Parteiberichtigung **I. J.** 4
- auf Parteivernehmung **I. H.** 9
- auf Parteiwechsel **I. J.** 5
- auf persönlichen Arrest **I. R.** 2
- auf Pfändung und Überweisung **III. B.** 6
- auf Protokollberichtigung wegen rechtlichen Hinweises **I. F.** 10
- auf Prozeßkostenhilfe **I. C.** 1
- auf Prozeßkostenhilfe im finanzgerichtlichen Verfahren **VII.** 33
- auf Räumung nach § 149 Abs. 2 ZVG **III. B.** 42
- Rechtsmittelantrag gegen Entscheidung des Gerichts erster Instanz gemäß Art. 225 EG zum EuGH **IX.** 12, *s. Rechtmittel (225 EG)*
- auf Regelung der elterlichen Sorge **II. I.** 10
- auf Regelung des Umgangs mit Kindern **II. I.** 11
- auf Rente aus der gesetzlichen Rentenversicherung **VIII.** 6 *2*
- auf richterliche Durchsuchungsanordnung für Schuldnerwohnung **III. A.** 11
- auf Rubrumsberichtigung **III. A.** 8
- auf Sachverständigengutachten **I. H.** 4
- bei Schmerzensgeldforderung **II. E.** 8 *4*
- des Schuldner auf Eigenverwaltung im Insolvenzverfahren **III. F.** 12 *3*
- des Schuldners auf Eröffnung des Insolvenzverfahrens **III. F.** 10
- auf schuldrechtliche Regelung des Versorgungsausgleichs **II. I.** 21
- im selbständigen Beweisverfahren **I. H.** 10; **II. C.** 16
- auf Sprungrevision im Verwaltungsprozeß **V. C.** 12
- auf streitige Härtescheidung **II. I.** 6
- auf streitige Scheidung **II. I.** 8
- auf Teilungsversteigerung **III. B.** 44
- auf Terminsverlegung bei Terminkollision **I. F.** 7
- unbeziffert, mit Feststellungsklage **I. D.** 4 *1*
- auf Unterlassung im Presserecht **II. P.** 10
- auf Urkundenerteilung für Gläubiger **III. A.** 9
- auf Urteilsberichtigung **I. N.** 1
- auf Urteilsberichtigung gemäß Art. 66 EuGH-VerfO/Art. 84 EuG-VerfO **IX.** 15
- auf Urteilsergänzung **I. N.** 3
- auf Urteilsergänzung im Finanzgerichtsprozeß **VII.** 22
- im Verfahren nach WEG **II. H.** 1 *12*
- auf Verlängerung der Freistellung vom Kartellverbot **II. L.** 14
- auf Verlängerung des Suspensiveffekts gem. § 118 Abs. 1 Satz 3 GWB **II. M.** 6 *7*

– auf Vernehmung von Zeugen **I. H.** 1
– an das Verwaltungsgericht auf Anordnung der sofortigen Vollziehung **V. E.** 6
– an das Verwaltungsgericht auf Aussetzung der Vollziehung der Baugenehmigung und Stillegung der Baustelle **V. E.** 4
– auf Verweisung im Zivilprozeß **I. I.** 2, 3
– auf Verwerfung des Einspruchs gegen Vollstreckungsbescheid **I. B.** 9
– auf Verwerfung des unzulässigen Einspruchs **I. G.** 7
– auf Verzichtsurteil **I. M.** 7
– auf Vollstreckbarerklärung des ausländischen Schiedsspruchs **I. T.** 15
– auf Vollstreckung zugunsten der öffentlichen Hand **V. F.** 1
– auf Vollstreckungsschutz nach § 765 ZPO **III. A.** 13
– auf Vollstreckungsschutz nach § 765 a ZPO **II. B.** 14
– auf Vorabentscheidung über den Zuschlag gem. § 121 GWB **II. M.** 7
– auf Vorabentscheidung über die Zulässigkeit des Rechtswegs **I. I.** 4
– auf Vorlegung der Urkunde durch Dritte **I. H.** 8
– auf weitere vollstreckbare Ausfertigung **III. A.** 7
– auf Wiederaufgreifen eines Verfahrens **V. A.** 6
– auf Wiederaufnahme des Verfahrens gemäß Artt. 41 EuGH-Stzg (EWG), 42 EuGH-Stzg (EAG), 38 EuGH-Stzg (EGKS), 98 ff. EuGH-VerfO/125 EuG-VerfO **IX.** 17
– auf Wiedereröffnung der mündlichen Verhandlung **I. F.** 12
– auf Wiederherstellung der aufschiebenden Wirkung **V. D.** 3
– auf Wiederherstellung der aufschiebenden Wirkung im Kartellrecht **II. L.** 26
– wegen Wohngeldforderung **II. H.** 2
– auf Zugewinnausgleich **II. I.** 15
– auf Zulassung der Berufung **V. C.** 2
– auf Zustellung im Ausland **I. T.** 2
– auf Zuteilung von Ehewohnung und Hausrat **II. I.** 16
– auf Zwangsversteigerungsbeitritt **III. B.** 34
– auf Zwangsverwaltung **III. B.** 41
– auf zweites Versäumnisurteil **I. G.** 6
Antragsänderung I. K. 3
Antragsschrift gemäß Art. 242, 243 EG **IX.** 11
– Streithilfe nach Artt. 115, 116 EuG-VerfO **IX.** 13
Anwaltsvergleich I. M. 2
– Anwaltsgebühren **I. M.** 2 *1*
– Beteiligte **I. M.** 2 *2*
– Kostenregelung **I. M.** 2 *8*
– notarielle Form **I. M.** 2 *5*
– Unterwerfungserklärung **I. M.** 2 *6*
– Vollstreckbarkeit **I. M.** 2 *6, 9*
– Wirksamkeit **I. M.** 2 *3, 11*
Anwaltsverschulden und Wiedereinsetzung **I. F.** 1 *9, s. Fristversäumung und Anwaltsverschulden*
Anwaltszwang bei Abänderungsklage **II. I.** 4 *2*
– bei Ablehnung eines Sachverständigen **I. H.** 6 *1*
– für alle Folgesachen des Katalogs des § 621 Abs. 1 ZPO **II. I.** 10 *3*
– bei Anfechtungsbeschwerde nach GWB **II. L.** 23 *3 c*
– bei Antrag auf Kindesunterhalt nach Regelbeiträgen **II. I.** 3 *2*
– bei Antrag auf Prozeßkostenhilfe **I. C.** 1 *7*
– bei Antrag auf Urteilsberichtigung **I. N.** 1 *2*
– bei Antrag auf Urteilsergänzung **I. N.** 3
– bei Antrag auf Vollstreckbarerklärung eines Schiedsspruchs **I. T.** 15 *5*
– bei Antrag auf Zugewinnausgleich **II. I.** 15 *3*
– bei Antrag auf Zulassung der Berufung **V. C.** 2 *4*
– bei Antrag auf Zuteilung von Ehewohnung und Hausrat **II. I.** 16 *2*
– bei Baulandsachen **V. B.** 11 *4*
– bei Berufung gegen Verbundurteil **II. I.** 30 *3, 16*
– bei Berufung im Verwaltungsprozeß **V. C.** 1 *3*
– bei Berufung im Zivilprozeß **I. O.** 1 *3*
– bei Beschwerde im Verwaltungsprozeß **V. C.** 13 *3*
– im Beweissicherungsverfahren **I. H.** 10 *3*
– bei Eheaufhebungsklage **II. I.** 5 *2*
– für Ehegatten in allen Ehe- und Folgesachen **II. I.** 31 *3*
– bei einstweiliger Anordnung in Ehesachen **II. I.** 23 *2*
– im Güterrechtsverfahren **II. I.** 31 *3*
– bei Härtescheidung **II. I.** 6 *2*
– bei Kindesunterhaltsklage **II. I.** 12 *3*
– bei Klage auf Feststellung der Vaterschaft **II. I.** 2 *2*
– bei Klage auf Kindesunterhalt **II. I.** 3 *2*, 12 *3*
– bei Lebenspartnerschaftssachen **II. I.** 22 *3*
– im Mahnverfahren **I. B.** 1 *1*
– bei Nichtigkeitsklage gegen einen Rechtsakt der Europäischen Gemeinschaft (Art. 230 Abs. 4 EG) **IX.** 2 *7*
– bei Prozeßkostenhilfeantrag im Verfahren vor dem BFH **VII.** 32 *2*
– im Recht des Versorgungsausgleichs **II. I.** 17 *2*
– Revision im Verwaltungsprozeß **V. C.** 6 *2*
– bei sofortiger Beschwerde gem. § 116 ff. GWB **II. M.** 6 *4*
– bei Tatbestandsberichtigung **I. N.** 4
– bei Untätigkeitsklage gemäß Art. 232 EG **IX.** 3 *8*
– im Verfassungsbeschwerdeverfahren **VI.** 1 *1*

– bei Vergleich auf schriftlichen Vorschlag des Gerichts **I. M.** 3 *3*
Anwartschaften, Pfändung **III. B.** 28
– bei Ruhegeld **IV. A.** 9 *3*
Anwartschaftsrecht, Pfändung **III. B.** 1 *15*
Anwendbarkeit des AGB-Rechts **II. Q.** 1 *3*
Anwesenheit des Gläubigers bei Zwangsvollstreckung III. B. 1 *9*
– Durchsuchung der Schuldnerwohnung **III. A.** 11
Anzeige der Arbeitsunfähigkeit **IV. A.** 3 *3*
– eines vollzogenen Zusammenschlusses **II. L.** 19
Anzeige der Mandatsniederlegung I. A. 5
Arbeiter, Lohnfortzahlung bei Kur- und Heilverfahren **IV. A.** 4
Arbeitnehmer, Haftung **IV. C.** 2 *3*
– im Insolvenzverfahren **III. F.** 21 *8, 10*
– Vertragsbruch **IV. C.** 4
Arbeitseinkommen, Pfändung **III. B.** 17
Arbeitserlaubnis VIII. 4 *1*
– im Sozialrecht **VIII.** 28 6
Arbeitsgerichtsprozeß, Anpassung des Ruhegeldes **IV. A.** 13
– Anschlußberufung **IV. D.** 7 *6*
– Antragsberechtigung bei Beschlußverfahren **IV. E.** 6 *2*
– beitragsorientierte betriebliche Altersversorgung **IV. A.** 12
– Beklagter **IV. A.,** *s. Beklagter im Arbeitsgerichtsprozeß*
– Berufung **IV. D.** 6, *s. Berufung im Arbeitsgerichtsprozeß*
– Berufung wegen Verwerfung eines Einspruchs **IV. D.** 2
– Berufungsbeantwortung **IV. D.** 7
– Beschlußverfahren **IV. E.** 1 ff.
– Beschlußverfahren, Prozeßvoraussetzungen **IV. E.** 2 *4*
– Beschwerde im Beschlußverfahren **IV. F.** 1
– Beteiligte am Beschlußverfahren **IV. E.** 6 *2*, 12 *2*
– betriebliche Übung **IV. A.** 18 *3*
– Beweislast bei Über- und Mehrarbeitsstundenprozeß **IV. A.** 2 *5, 7*
– Beweislast für Verschulden bei Entgeltfortzahlung **IV. A.** 3 *6*
– Direktionsrecht **IV. A.** 19
– Dokumentation der Ruhegeldanwartschaft **IV. A.** 14
– Drittschuldnerklage nach § 850 h ZPO **IV. C.** 7
– Eingruppierung **IV. A.** 1
– Einspruch gegen Versäumnisurteil **IV. D.** 1
– einstweilige Verfügung im Beschlußverfahren **IV. E.** 17
– Entgeltfortzahlung bei Kur- und Heilverfahren **IV. A.** 4
– Entgeltumwandlung **IV. A.** 11
– Gehörsrüge **IV. D.** 3
– Geschlechtsdiskriminierung **IV. A.** 17
– Gleichbehandlungsgrundsatz **IV. A.** 16 2
– Honoraranspruch des Rechtsanwalt im Beschlußverfahren **IV. E.** 20
– Karenzentschädigung **IV. A.** 8
– Lohngleichheit **IV. A.** 16 *4*
– Lohnzahlungsklage **IV. A.** 1
– Nichtzulassungsbeschwerde im Beschlußverfahren **IV. F.** 2
– Nichtzulassungsbeschwerde wegen Divergenz **IV. D.** 8
– Nichtzulassungsbeschwerde wegen fehlerhafter Tarifauslegung **IV. D.** 9
– Nichtzulassungsbeschwerde wegen grundsätzlicher Bedeutung **IV. D.** 9
– Rechtsbeschwerde **IV. D.** 4 *2, 3, 4,* 11
– Rechtsbeschwerde im Beschlußverfahren **IV. F.** 3
– Rechtsmittel im Beschlußverfahren **IV. F.**
– Revision **IV. D.** 10, *s. Revision im Arbeitsgerichtsprozeß*
– Revisionsbeschwerde **IV. D.** 4 *1*
– Ruhegeld **IV. A.** 9
– Schadensersatzklage wegen Verletzung der Beratungs- und Belehrungspflicht **IV. A.** 15
– sexuelle Belästigung **IV. A.** 18
– Sofortige Beschwerde über die Zulässigkeit des Rechtswegs **IV. D.** 5
– Sozialdaten **IV. A.** 1 *4*
– Stufenklage **IV. A.** 6, 7
– Überstunden und Mehrarbeitsstunden **IV. A.** 2
– Urlaubsabgeltung **IV. A.** 5
– Vergütungsfortzahlung im Krankheitsfall **IV. A.** 3
– Versorgungsanwartschaft **IV. A.** 10
– Vorabentscheidung beim Europäischen Gerichtshof **IV. G.**
Arbeitsgerichtsurteil, Verfassungsbeschwerde **VI.** 6
Arbeitslosengeld, Anrechnung auf Karenzentschädigung **IV. A.** 8 *5*
– Anrechnung der Abfindung **IV. B.** 1 *8*
– Pfändung **III. B.** 10 *4*
– Ruhen bei Restansprüchen **IV. B.** 1 *9*, 16 *10*
– Ruhen des Anspruchs bei Abfindung **IV. B.** 1 *10*, 16 *10*
– Ruhensdauer **IV. B.** 1 *10 e*
Arbeitslosenhilfe, Pfändung **III. B.** 10 *4*
Arbeitspapiere, Herausgabe **IV. B.** 17
Arbeitsrecht, Akkord **IV. A.** 7
– Arbeitspapiere **IV. B.** 17
– gefahrgeneigte Tätigkeit **IV. C.** 2
– Kündigungsschutz **IV. B.** 1, *s. auch Kündigungsschutzklage*
– Mankohaftung **IV. C.** 3
– Schadensersatzanspruch des Arbeitgebers **IV. C.** 2

– Weiterbeschäftigungsanspruch **IV. B.** 2 *4, 5*
– Wettbewerbsverbot **IV. C.** 1
– Widerruf des Ruhegeldes **IV. C.** 6
– Zeugnis **IV. B.** 17
– Zustimmung von Behörden zur Kündigung **IV. C.** *5*
Arbeitsunfähigkeit, Anzeige **IV. A.** 3 *3*
– Nachweis **IV. A.** 3 *4*
– Verschulden **IV. A.** 3 *6, 7*
Arbeitsunfähigkeitsbescheinigung, Anscheinsbeweis **IV. A.** 3 *4*
– ausländische **IV. A.** 3 *4*
Arbeitsunfall VIII. *9 2*
Arbeitsverhältnis, auflösend bedingtes **IV. B.** 13
– Beendigung **IV. B.** 1 ff.
– befristetes **IV. B.** 12
– Belehrungspflichten bei Beendigung **IV. A.** 15 *3*
– Leistungsort **IV. A.** 19 *2*
– Vergleich wegen Beendigung **IV. B.** 16
– Wechsel- und Scheckansprüche **I. Q.** 3 *2*
– Wettbewerbsverbot **IV. C.** 1
– wichtiger Grund zur außerordentlichen Kündigung **IV. E.** *9 5*
Arbeitsverhinderung, Klage gegen Freiberufler **IV. A.** 3
Arbeitszeit, flexible **IV. A.** 2 *3*
Architekt, gesamtschuldnerische Haftung **II. C.** 12 *2, 3*
– Honorar **II. C.** 15
– Minderungsklage **II. C.** *5*
– Nachbesserungspflicht **II. C.** 5 *7*
– Prüffähigkeit der Honorarrechnung **II. C.** 15 *6*
Architektenvertrag, 50%-Klausel **II. C.** 15 *5*
– Kostenermittlung nach § 10 Abs. 2 HOAI **II. C.** 15 *7*
– Kündigungsrecht **II. C.** 15 *4*
– Teilabnahme **II. C.** 15 *3*
Armenrechtsverfahren *s. Prozeßkostenhilfe*
Arrest, Arrestatorium und Inhibitorium **I. R.** 1 *8*
– Arrestgrund **I. R.** 1 *11*
– Aufhebung **I. R.** 3
– dinglicher **I. R.** 1
– mündliche Verhandlung **I. R.** 1 *2*
– persönlicher **I. R.** 2
– Sequestration **III. E.** 1 *6*
– Vollziehung **I. R.** 1 *7*, 12; **III. E.** 1
– Vollziehungspflicht **III. E.** 1 *3*
– Voraussetzungen **I. R.** 1 *4*
– vorläufige Vollstreckbarkeit **I. R.** 1 *13*
Arrestantrag, Rücknahme **I. M.** 4 *1*
– wegen Vereitelung eines Anfechtungsanspruchs **III. F.** 7
Arrestbefehl, Zustellung im Ausland **I. T.** 2 *2, 7*
Arresthypothek III. E. 3
Arrestpfändung I. R. 1
– in eingetragenes Schiff **III. E.** 2
Arzt, Zeugnisverweigerungsrecht **I. H.** 3 *3*
Asylrecht, Berufung **V. B.** *6 13*
– Beweisantrag und Beweismittel **V. B.** 6 *10*
– Drittstaat **V. B.** *6 12*
– Fluchtgründe **V. B.** *6 9*
Aufhebung des Arrests **I. R.** 3
– der Beschlagnahme von Zubehör **III. B.** 37
– der Ehe **II. I.** *5*
– des Prozeßvergleichs **I. M.** 1 *2*
– eines Vewaltungsaktes mit Dauerwirkung **VIII.** 2 *1*
Aufhebung der Vollziehung bei Einkommensteuerbescheid **VII.** 1 *10*
– im Sozialgerichtsprozeß **VIII.** 27
– im Verwaltungsprozeß **V. D.** 4
Aufklärungspflicht im Sozialgerichtsprozeß **VIII.** 2 *7*
Aufklärungsrügen im arbeitsgerichtlichen Revisionsverfahren **IV. D.** 10 *7*
Auflassungsanwartschaft, Pfändung **III. B.** 28
Auflassungsklage II. G. 8
Auflösend bedingtes Arbeitsverhältnis IV. B. 13
Auflösung des Betriebsrats **IV. E.** 6
– einer Sozietät **I. R.** 13 *3*
Auflösungsantrag im Kündigungsschutzprozeß **IV. B.** 1 *3, 4, 14*, 8, 9 *4*, 11 *2*
Auflösungsklage, GmbH **II. K.** 17
– Kammer für Handelssachen **II. K.** 1 *1*
– nach § 133 HGB **II. K.** 1
– Streitwert **II. K.** 1 *4*
– wichtiger Grund **II. K.** 1 *7, 8, 9*
Aufnahme eines unterbrochenen Rechtsstreits gegen den Insolvenzverwalter **III. F.** 20
Aufnahme des Rechtsstreits bei Anordnung der Testamentsvollstreckung **I. L.** 3 *1*
– durch die Erben **I. L.** 3
Aufrechnung in der Berufung **I. O.** 2 *7*
– in der Klageerwiderung **I. E.** 4 *5*
– im Sozialgerichtsprozeß **VIII.** 2 *1*
Aufrechnung im Zivilprozeß I. E. 6
– Vorbehaltsurteil bei Prozeßaufrechnung **I. L.** 6
Aufschiebende Wirkung von Beschwerden nach GWB **II. L.** 25
– im Finanzgerichtsprozeß **VII.** 10
– Klagen beim Europäischen Gerichtshof und beim Gericht 1. Instanz **IX.** 11 *3*
– im Vergaberecht **II. M.** 4–6, *s. Suspensiveffekt*
– des Widerspruchs im Sozialgerichtsprozeß **VIII.** 1 *1*
– Wiederherstellung im Kartellrecht **II. L.** 26
Aufschiebende Wirkung im Verwaltungsprozeß, Anordnung **V. D.** 2
– Antrag auf Aufhebung der Anordnung nach § 80 Abs. 7 VwGO **V. D.** *5*
– Wiederherstellung **V. D.** 3, 4

Aufsichtsrat, Abberufung eines Mitglieds **II. K.** 19
– Ergänzung **II. K.** 20
– Niederlegung des Mandats **II. K.** 20 *4*
Auftrag, Klage auf Auskunft **II. F.** 1
Auftraggebermehrheit I. A. 10 *2*
Aufwendungsersatz eines Gesellschafters **II. K.** 9 *3*
Augenschein I. H. 5 *2*
Auseinandersetzung im Erbrecht **II. J.** 11 *1*
Ausfallforderung, Anmeldung im Insolvenzrecht **III. F.** 16 *1*
Ausführungsbescheid im Sozialgerichtsprozeß **VIII.** 6 *3*
Ausgleich, angemessener nach §§ 304, 305 AktG **II. K.** 24
Ausgleichsquittung im Arbeitsrecht **IV. B.** 6 *3*
Ausgleichsrente, Pfändung **III. B.** 10 *4*
Auskunft über verdiente Provision **IV. A.** 6
Auskunftsanspruch des Aktionärs **II. K.** 21 *4, 7, 10*
– des aus- und absonderungsberechtigten Gläubigers **III. F.** 16 *24*
– über bestehende Geschmacksmuster und sonstige Schutzrechte **II. O.** 17 *3*
– auf Dokumentation der Ruhegeldanwartschaft **IV. A.** 14 *1*
– bei Hausratszuteilung **II. I.** 16 *8*
– im Markenrecht **II. O.** 18 *8*, 19 *9*
– im Patentrecht **II. O.** 1 *13*
– Patentverletzungsklage **II. O.** 3 *10*
– im Unterhaltsrecht **II. I.** 13 *3*
– nach UWG **II. N.** 4 *9*
– bei Versorgungsausgleich **II. I.** 17 *4*
– im Wettbewerbsrecht **II. N.** 1 *7*
– bei Zugewinnausgleich **II. I.** 15 *7*
– Zurückbehaltungsrecht **II. I.** 13 *4*
Auskunftserzwingung gegenüber Aktiengesellschaft nach § 132 AktG **II. K.** 21
– Antragsberechtigung **II. K.** 21
– Verweigerungsrecht **II. K.** 21 *12*
– Zuständigkeit **II. K.** 21
Auskunftsklage I. D. 11; **II. F.** 1
– Formulierung des Antrags **I. D.** 11 *4*
– Streitwert **I. D.** 11 *3*
Auskunftsrecht des Gesellschafters **II. K.** 15 *6*
Ausländersicherheit I. T. 1
Ausländische Ehescheidung, Antrag auf Anerkennung nach Art. 14 Abs. 3 VO (EG) Nr. 1347/2000 **I. T.** 12, *s. ausländische Ehescheidung (EG)*
– Antrag auf Anerkennung nach Art. 7 § 1 FamRÄndG **I. T.** 13
– Antrag auf gerichtliche Entscheidung gegen Feststellungen nach Art. 7 § 1 FamRÄndG **I. T.** 14
– Zuständigkeit bei Anerkennung nach Art. 14 Abs. 3 VO (EG) Nr. 1347/2000 **I. T.** 12 *2, 3, 7, 8*
– Zuständigkeit bei Anerkennung nach Art. 7 § 1 FamRÄndG **I. T.** 13 *2*
Ausländische Streitkräfte, Versicherung **II. E.** 9 *5*
Ausländischer Schiedsspruch, doctrine of merger **I. T.** 16 *2, 5*
– Exequaturuteil **I. T.** 16, *s. dort*
– Vollstreckbarerklärung **I. T.** 15
Ausländisches Beweisersuchen I. T. 3
Ausländisches Urteil, Anerkennung **I. T.** 5
– Antrag auf Klauselerteilung **I. T.** 6
– Beschwerde gegen die Ablehnung der Klauselerteilung nach Art. 40 EuGÜbK/LugÜ **I. T.** 9
– Beschwerde gegen die Entscheidung über Klauselerteilung nach Art. 43 EuGVVO **I. T.** 8
– Beschwerde gegen die Klauselerteilung nach Art. 36 EuGÜbK/LugÜ **I. T.** 10
– Klauselerteilungsverfahren **I. T.** 6 ff.
– Rechtsbeschwerde nach Artt. 44 EuGVVO, 37 Abs. 2 EuGÜbK/LugÜ **I. T.** 11
– Vollstreckbarerklärung **I. T.** 4, *s. Vollstreckbarerklärung ausländischer Urteile*
– Vollstreckbarkeit **I. T.** 4; **III. A.** 2
Auslagenvorschuß I. H. 1
Auslandszustellung, Antrag **I. F.** 4
– Benennung eines Prozeßbevollmächtigten im Inland **I. F.** 4 *3*
– Festsetzung der Einlassungsfrist **I. F.** 4
Auslegung eines Testaments **II. J.** 2 *6*
Auslegung eines Urteils gemäß Artt. 40 EuGH-Stzg (EWG), 41 EuGH-Stzg (EAG), 37 EuGH-Stzg (EGKS), 102 EuGH-VerfO, 129 EuG-VerfO **IX.** 16
Ausnahmebewilligung nach § 8 HandwO **V. B.** 4 *4*
Ausschließungsklage, Abdingbarkeit **II. K.** 2 *6*
– Kammer für Handelssachen **II. K.** 2 *1*
– nach § 140 HGB **II. K.** 2
– Streitwert **II. K.** 2 *2*
– wichtiger Grund **II. K.** 2 *7*
Ausschluß eines Betriebsratsmitglieds **IV. E.** 6
– eines GmbH-Gesellschafters **II. K.** 16
– des Versorgungsausgleichs **II. I.** 17 *4*
Ausschluß des Widerrufsrechts nach Haustürgeschäft, Beweislast **II. A.** 2 *5*
Ausschlußklausel im Tarifrecht **IV. B.** 2 *3*
Außenbereich im Baurecht **V. A.** 4; **B.** 3 *2*
Außerordentliche Kündigung IV. B. 11
– eines Bauvertrages **I. R.** 12 *2*
Außerprozessuale Unterwerfung II. N. 1
Außervertragliche Haftung von Gemeinschaftsorganen **IX.** 4 *3*
Aussetzung des Scheidungsverfahrens **II. I.** 9 *8*
Aussetzung der Verwertung III. B. 4

Aussetzung der Vollziehung, Antrag an das Verwaltungsgericht **V. E.** 4
– Antrag an die Behörde **V. D.** 1
– Antrag auf vorläufige Verlustfeststellung **VII.** 16
– bei Einkommensteuerbescheid **VII.** 1 *9c*
– einstweilige Maßnahmen gem. § 80 Abs. 3 VwGO **V. E.** 4 *4, 5, 7*
– des Folgebescheids **VII.** 2 *9*
– des Grundlagenbescheids **VII.** 2 *8, 9*
– neben Klage gegen Einkommensteuerbescheid **VII.** 10
– neben Klage gegen Verlustfeststellungsbescheid **VII.** 14
– Sicherheitsleistung **VII.** 2 *9*
– im Sozialgerichtsprozeß **VIII.** 27
– im Steuerrecht **VII.** 1 *9c*
– eines Umsatzsteuerbescheides **VII.** 12
Aussetzung des Rechtsstreits, Aufnahme durch Erben **I. L.** 3
– bei Gebrauchsmusterverletzungsklage **II. O.** 11 *3*
– im Patentrechtsstreit **II. O.** 5 *4*
– wegen Strafverfahrens **I. L.** 1
– bei Tod der Partei **I. L.** 2 *1*
– Vorabentscheidung beim Europäischen Gerichtshof **IX.** 1
– im Wettbewerbsrecht wegen Anregung einer Vorabentscheidung beim Europäischen Gerichtshof **II. N.** 13
Aussetzung des Vollzugs gem. Art. 242, 243 EG **IX.** 11 *3, 5*
Aussetzungsantrag im schiedsgerichtlichen Verfahren bei Ablehnung eines Schiedsrichters **I. S.** 4a
Aussonderungsrecht im Insolvenzverfahren **III. F.** 16 *4*
Austauschpfändung III. B. 1 *11, 12*
– Antrag auf Gestattung **III. B.** 3
Auszahlung von Sozialleistungen bei Verletzung der Unterhaltspflicht **VIII.** 2 *1*
Auszubildendenvertreter IV. E. 10; *s. Jugendvertreter*

Bankbürgschaft als Sicherheit **I. D.** 1 *11*
Bankschließfach und Zwangsvollstreckung **III. B.** 1 *14*
Baugenehmigung, Anfechtungsklage **V. E.** 2
– Antrag auf Aussetzung der Vollziehung und Stillegung der Baustelle **V. E.** 4
– Widerspruch **V. E.** 1
Bauhandwerker-Sicherungshypothek II. G. 3
– Eintragungsersuchen **II. G.** 3 *10, 19*
– Glaubhaftmachung **II. G.** 3 *16*
– Mängelansprüche des Bestellers **II. G.** 3 *14*
– und § 648a BGB **II. G.** 3 *19*
– Verfügungsgrund **II. G.** 3 *15*
Baulandsache, Antragsfrist **V. B.** 11 *12*
– Anwaltszwang **V. B.** 11 *4*
– Verfahren **V. B.** 11 *5*
– vorläufige Vollstreckbarkeit **V. B.** 11 *5, 10*
Baumängel, Beweissicherung **II. C.** 16
Bauordnungsrecht V. D. 4
Baurecht, Außenbereich **V. A.** 4; **B.** 3 *2*
Bausache, unbezifferte Leistungsklage **II. C.** 7 *5, 7*
Bauträgervertrag II. C. 6 *2*
Bauunternehmer, Vergütungsanspruch **II. C.** 14 *4*
Beamtenrecht V. B. *5*
– dienstliche Beurteilung **V. B.** 5 *5, 7*
Beamtenstatut, Beschwerde **IX.** 7
– Beschwerde als Vorverfahren **IX.** 7 *4*
– Beschwerdebegründung **IX.** 7 *6*
– Beschwerdefrist **IX.** 7 *6*
Bebauungsplan, Formfehler **V. A.** 2
– Heilung von Form- und Verfahrensfehlern **V. A.** 2 *4*
– Planungsschaden **V. A.** 3
– Verfahrensfehler **V. A.** 2
Bedürftigkeit, mutwillige Herbeiführung **II. I.** 13 *8*
Beendigung des Arbeitsverhältnisses IV. B. 1 ff.
– auflösend bedingtes Arbeitsverhältnis **IV. B.** 13
– befristetes Arbeitsverhältnis **IV. B.** 12
– Belehrungspflichten **IV. A.** 15 *3*
– Vergleich **IV. B.** 16
Befangenheit des Richters **I. L.** 7
– des Sachverständigen **I. H.** 6 *1*
Befangenheitsantrag im Finanzgerichtsprozeß **VII.** 23 *5, 6*
Befreiung von der Bürgschaft II. F. 2
Befristetes Arbeitsverhältnis IV. B. 12
Befugungsantrag I. D. 1 *11*
Begründung der Nichtzulassungsbeschwerde im Sozialgerichtsprozeß (Revision) wegen Divergenz **VIII.** 14
– der Nichtzulassungsbeschwerde im Sozialgerichtsprozeß (Revision) wegen grundsätzlicher Bedeutung **VIII.** 13
– der Nichtzulassungsbeschwerde im Sozialgerichtsprozeß wegen Verfahrensmangels **VIII.** 15
Begründungspflicht bei Klagen im Verwaltungsprozeß **V. B.** 1 *11*
Behinderung, Grund der **VIII.** 8 *3*
– im Schwerbehindertenrecht **VIII.** 8 *3*
Beiladung im Fusionskontrollverfahren **II. L.** 21 *4*
– im Kartellrecht **II. L.** 21
– im Kartellrecht, Interessenberührung **II. L.** 21 *5*
– im Normenkontrollverfahren **V. G.** 1 *6*
– im Sozialgerichtsprozeß **VIII.** 3 *3*, 23
– im Vergaberecht gem. § 109 GWB **II. M.** 3

– im Vergaberecht, Interessenberührung **II. M.** 3 *6*
– im Verwaltungsprozeß **V. B.** 15
Beiordnung eines Rechtsanwalts auf Antrag des Beklagten **I. C.** 2
– auf Antrag des Klägers **I. C.** 1 *3*
– für auswärtige Beweisaufnahme **I. C.** 6
– Vergütungsfestsetzung **VII.** 35
Beitritt zur Zwangsversteigerung III. B. 34
Beiziehung von Akten im Verwaltungsprozeß **V. B.** 1
Bekanntheitsgrad bei Warenzeichen **II. O.** 19 *2, 11*
Beklagter im Arbeitsgerichtsprozeß, Arbeitsgemeinschaft **IV. A.** 7
– BGB-Gesellschaft **IV. A.** 5
– Bundesrepublik Deutschland **IV. A.** 18
– Firma **IV. A.** 6
– Freiberufler **IV. A.** 3
– Gemeinde **IV. A.** 15
– GmbH **IV. A.** 13
– GmbH & Co KG **IV. A.** 14
– Handwerksmeister **IV. A.** 1
– Kaufmann **IV. A.** 2
– KG **IV. A.** 9
– OHG **IV. A.** 8
– persönlich haftender Gesellschafter **IV. A.** 8
– Sachverständiger **IV. A.** 4
Belästigung, sexuelle **IV. A.** 18
Belegloses Scheckeinzugsverfahren, Scheckmahnbescheid **I. B.** *5 1*
– im Scheckprozeß **I. Q.** *5 1*
Belieferung, Kartellrecht **II. L.** 30, *s. Belieferungsklage*
Belieferungsklage, Abhängigkeit **II. L.** 30 *7*
– Anträge **II. L.** 30 *5*
– Beweislast **II. L.** 30 *12*
– Gleichartigkeit **II. L.** 30 *8*
– sachlicher Grund **II. L.** 30 *11*
– unbillige Behinderung **II. L.** 30 *10*
– Zuständigkeit **II. L.** 30 *5*
Benachteiligung wegen des Geschlechts **IV. A.** 17, *s. Geschlechtsdiskriminierung*
Beratungs- und Belehrungspflichten bei Altersversorgung **IV. A.** 15
Beratungshilfe I. A. 7
– Angaben über Einkünfte **I. A.** 7 *4*
– Antrag **I. A.** 7
– Anwaltspflichten **I. A.** 7
– Anwendungsbereich **I. A.** 7 *2*
– Bedürftigkeit **I. A.** 7 *4*
– Gebühren **I. A.** 7
– Glaubhaftmachung **I. A.** 7 *4*
– Vortrag **I. A.** 7 *4*
– Zuständigkeit **I. A.** 7 *1*
Berichtigende Ergänzung im Presserecht **II. P.** 16
Berichtigung von Beschlüssen **I. N.** 1 *1*
– des Grundbuchs **II. G.** 5
– der Kostenentscheidung **I. N.** 1 *8*
– des Mahnbescheides **I. B.** 1 *1*
– der Parteibezeichnung **I. N.** 2
– des Protokolls **I. F.** 9
– des Tatbestandes **I. N.** 4
– des Urteils **I. N.** 1
Berichtigung des Protokolls I. F. 9
Berichtigung des Rubrums I. N. 2; **III. A.** 8
Berichtigung eines Finanzgerichtsurteils VII. 20
– des Urteilstatbestands **VII.** 21 *4*
Berichtigungsfähige Fehler bei Urteilsberichtigung gemäß Art. 66 EuGH-VerfO/Art. 84 EuG-VerfO **IX.** 15 *9*
Berliner Testament II. J. 8 6
– Schlusserbe **II. J.** 12 *4*
Berufsausbildungsverhältnis, Ende **IV. E.** 10 *1*
Berufsausübung VI. 10
Berufsfreiheit VI. 10
Berufskrankheit im Sozialrecht **VIII.** 9 *2, 3*
Berufsunfähigkeitsrente VIII. 10
Berufswahl VI. 10
Berufung gegen Verbundurteil II. I. 30
– Anwaltszwang **II. I.** 30 *3, 16*
– Zuständigkeit **II. I.** 30 *1*
Berufung im Arbeitsgerichtsprozeß IV. D. 6 *1*
– Anschlußberufung **IV. D.** 7 6
– Anschriften **IV. D.** 6 *9e*
– Anträge **IV. D.** 6 *5, 13*
– Beginn der Berufungsfrist **IV. D.** 6 *3*
– Berufungsbeantwortung **IV. D.** 7
– Berufungsbegründung **IV. D.** 6 *14*
– Berufungsbegründungsfrist **IV. D.** 6 *1*
– Berufungsfrist **IV. D.** 6 *1*
– Beschwer **IV. D.** 6 *8*
– Bezeichnung des angefochtenen Urteils **IV. D.** 6 *9c*
– Einlegung vor Urteilszustellung **IV. D.** 6 *4*
– Form **IV. D.** 6 *9*
– Inhalt der Berufungsbegründung **IV. D.** 6 *15*
– neue Angriffs- und Verteidigungsmittel **IV. D.** 6 *16*
– neues Tatsachenvorbringen **IV. D.** 6 *16*
– Novenrecht **IV. D.** 6 *16*
– Prüfungsumfang **IV. D.** 6 *17*
– Statthaftigkeit **IV. D.** 6 *6, 8, 9, 10*
– Unterschrift **IV. D.** 6 *9b*
– Verlängerung der Berufungsbegründungsfrist **IV. D.** 6 *2*
– wegen Verwerfung eines Einspruchs gegen ein Versäumnisurteil **IV. D.** 2
– Zulassung der Berufung **IV. D.** 6 *7, 8, 9, 10*
– Zurückverweisung an die Vorinstanz **IV. D.** 6 *18*
– Zurückweisung von Vorbringen **IV. D.** 6 *16*
Berufung im Asylrecht V. B. *6 13*
Berufung im Sozialgerichtsprozeß VIII. 10
– Frist **VIII.** 10 2

Berufung im Verwaltungsprozeß, Anschlußberufung **V. C.** *5*
– Anwaltszwang **V. C.** 1 *3*
– Berufungsbegründung **V. C.** 4
– Berufungsbegründungsfrist **V. C.** 4 *2*
– Inhalt der Begründung **V. C.** 4 *4*
– Verlängerung der Berufungsbegründungsfrist **V. C.** 4 *2*
– zugelassene **V. C.** 1
Berufung im Zivilprozeß, Anfechtungsgründe **I. O.** 2 *7*
– Anschlußberufung **I. O.** 3
– Anträge **I. O.** 2 *2*
– Anwaltszwang **I. O.** 1 *2, 3*
– Aufrechnung **I. O.** 2 *7, 9*
– bedingungsfeindlich **I. O.** 1 *9*
– Begründung **I. O.** 1 *9*
– Beifügung des angefochtenen Urteils **I. O.** 1 *10*
– Berufungsbegründungsfrist **I. O.** 2 *1*
– Berufungsbeklagter **I. O.** 1 *4*
– Berufungsberechtigung **I. O.** 1 *3*
– Berufungswille **I. O.** 1 *8*
– Beschwer **I. O.** 1 *5*
– Beschwerdewert **I. O.** 2 *7*
– Bezeichnung des angefochtenen Urteils **I. O.** 1 *7,* 2 *4*
– Bezugnahme auf erstinstanzielles Vorbringen **I. O.** 2 *10*
– Einstellung der Zwangsvollstreckung **I. O.** 1 *13*
– Erwiderung des Gegners **I. O.** 4
– Erwiderungsfrist **I. O.** 4 *2*
– Frist **I. O.** 1 *2*
– Inhalt der Begründung **I. O.** 2 *7*
– Kostenantrag **I. O.** 2 *6*
– neues Vorbringen **I. O.** 2 *7, 9*
– notwendige Angaben **I. O.** 1 *6*
– Prozeßkostenhilfe **I. O.** 1 *9,* 2 *11*
– Revisionszulassung **I. O.** 2 *5*
– Sachantrag **I. O.** 2 *3*
– Sicherheitsleistung **I. O.** 2 *4*
– Übermittlung **I. O.** 1 *12*
– Unterschrift **I. O.** 1 *11*
– verspätetes Vorbringen **I. O.** 2 *7, 9*
– Vollstreckungsschutz **I. O.** 2 *4*
– Widerklage **I. O.** 2 *7, 9*
– Wiedereinsetzung **I. O.** 1 *9*
– ZPO-Reform **I. O.** 1 *1*
– zurückgewiesenes Vorbringen **I. O.** 2 *7, 9*
– Zuständigkeit **I. O.** 1 *2*
– Zweites Versäumnisurteil **I. O.** 1 *1*
Berufung in Kartellsachen, Verweisung **II. L.** 31 *3*
– Zuständigkeit **II. L.** 31 *1, 4*
Berufungsbeantwortung im Arbeitsgerichtsprozeß IV. D. 7
– Frist **IV. D.** 7 *1*
– neue Angriffs- und Verteidigungsmittel **IV. D.** 7 *4, 5*
Berufungsbegründung im Zivilprozeß **I. O.** 2
Berufungsbegründungsfrist, Versäumung **I. F.** 1 *1,* 2 *1*
Berufungsbeschwerde gegen FGG-Entscheidung II. I. 31
Berufungserwiderung I. O. 4
Berufungsfrist, Versäumung **I. F.** 1 *1, 2*
– Wiedereinsetzung in den vorigen Stand **I. F.** 2
Beschäftigtenschutzgesetz IV. A. 18 *1*
Beschaffungseinrichtung, gemeinsame, und Rationalisierungskartell **II. L.** 12
Bescheidungsklage im Finanzgerichtsprozeß **VII.** 15 *4*
– kombinierte Anfechtungs- und ... **V. B.** 7
– im Sozialgerichtsprozeß **VIII.** 4
– Streitwert **V. B.** 5 *4*
Beschlagnahme von Zubehör **III. B.** 37
Beschlußfeststellungsklage, positive **II. K.** 14
Beschlußverfahren, Antragsberechtigung **IV. E.** 6 *2*
– im Arbeitsgerichtsprozeß **IV. E.** 1 ff.
– Beteiligte **IV. E.** 6 *2,* 12 *2*
– und Kündigungsschutz **IV. E.** 13
– Nichtzulassungsbeschwerde **IV. F.** 2
– personalvertretungsrechtliches **V. B.** 10
– Prozeßvoraussetzungen **IV. E.** 2 *4*
– Rechtsanwaltskosten **IV. E.** 20
– Rechtsbeschwerde **IV. F.** 3
– Rechtsmittel **IV. F.**
Beschränkung des Antrags auf Schmerzensgeld **II. E.** 8 *6*
Beschränkung der Verhandlung auf den Wiedereinsetzungsantrag **I. F.** 1 *8*
Beschwer, Berufung im Arbeitsgerichtsprozeß **IV. D.** 6 *8*
Beschwerde gegen ablehnende Entscheidung des BMWi **II. L.** 20 *7*
– gegen die Ablehnung der Klauselerteilung nach Art. 40 EuGÜbK/LugÜ **I. T.** 9
– bei Ablehnung der Urteilsberichtigung **I. N.** 1
– gegen Änderungsbeschluß nach § 120 Abs. 4 ZPO **I. C.** 5
– Anfechtungsbeschwerde nach GWB **II. L.** 23, *s. dort*
– Anordnung der aufschiebenden Wirkung im Kartellrecht **II. L.** 25
– bei Antrag auf öffentliche Zustellung von Klageschrift und Ladung **I. F.** 3
– im arbeitsrechtlichen Beschlußverfahren **IV. F.** 1, *s. dort*
– gemäß Art. 90 Abs. 2 Beamtenstatut **IX.** 7, *s. Beamtenstatut*
– gegen die Entscheidung über den Antrag auf Klauselerteilung nach Art. 43 EuGVVO **I. T.** 8
– bei Erteilung der Vollstreckungsklausel **III. A.** 12
– im Finanzgerichtsprozeß **VII.** 23, *s. dort*

– bei Hinausschieben der Urteilszustellung **I. N.** 6
– gegen die Klauselerteilung nach Art. 36 EuGÜbK/LugÜ **I. T.** 10
– Leistungsbeschwerde nach GWB **II. L.** 24 *3*
– Nichtzulassungsbeschwerde nach GWB **II. L.** 28
– Rechtsbeschwerde nach GWB **II. L.** 29
– im Sozialgerichtsprozeß **VIII.** 19
– im Steuerrecht **VII.** 7 *4*
– Untätigkeitsbeschwerde nach GWB **II. L.** 24 *2*
– gegen Untersagungsverfügung des BKartA **II. L.** 20 *1*
– im Verfahren nach WEG **II. H.** 8
– gegen Verkehrswertfestsetzung **III. B.** 36
– Verpflichtungsbeschwerde nach GWB **II. L.** 24, *s. dort*
– Wiederherstellung der aufschiebenden Wirkung im Kartellrecht **II. L.** 26
– im Zivilprozeß gegen Ablehnung der Prozeßkostenhilfe **I. C.** 8
– gegen Zuschlagsbeschluß **III. B.** 39

Beschwerde im arbeitsrechtlichen Beschlußverfahren, Begründung **IV. F.** 1 *1 e, 4*
– Beschwer **IV. F.** 1 *1 c*
– Beschwerdebefugnis **IV. F.** 1 *1 b*
– Beschwerdefrist **IV. F.** 1 *1 d*
– Formalien **IV. F.** 1 *3*
– Statthaftigkeit **IV. F.** 1 *1 a*
– Verfahren **IV. F.** 1 *2*
– verspätetes Vorbringen **IV. F.** 1 *4 b*

Beschwerde im Finanzgerichtsprozeß, Beschwerdegegenstand **VII.** 23
– Frist **VII.** 23

Beschwerde im Verwaltungsprozeß, Anwaltszwang **V. C.** 13 *3*
– Begründung **V. C.** 13
– Einlegung **V. C.** 13

Beschwerdesystem im Familienrecht **II. I.** 29 *1*

Beseitigungsklage nach § 1004 BGB **II. G.** 10

Besitzstörung II. G. 2

Besondere Vermögensgegenstände bei Zwangsvollstreckung **III. B.** 1 *9 a*

Besonderer Kündigungsschutz IV. B. 14

Besonderer Vertreter im Sozialgerichtsprozeß **VIII.** 25 *4*

Bestehenbleiben, Vereinbarung **III. B.** 40

Bestellung eines Aufsichtsratsmitglieds **II. K.** 20 *3*
– der Schiedsrichter im Schiedsverfahren **I. S.** 1 *1*
– eines Vorstandes (AG) **II. K.** 18
– eines Wahlvorstandes zur Betriebsratswahl **IV. E.** 1

Besteuerungsgrundlagen im Umsatzsteuerrecht **VII.** 12 *4*

Bestimmung des zuständigen Gerichts **I. I.** *5*

Bestrafungsantrag III. C. 5

Beteiligte, Aktiengesellschaft als ... bei Verfahren nach § 85 AktG **II. K.** 18 *3*
– am WEG-Verfahren **II. H.** 1 *4*
– bei Zusammenschluß nach § 39 Abs. 2 GWB **II. L.** 18 *9*

Betragsverfahren bei Grundurteil **I. L.** *5 1, 2*

Betriebliche Altersversorgung, beitragsorientierte ... **IV. A.** 12
– Leistungszusage **IV. A.** 12 *1*

Betriebliche Altersvorsorge IV. A. 10 *2*; *s. Ruhegeld*

Betriebliche Übung, Beseitigung **IV. A.** 18 *4*
– Entstehen **IV. A.** 18 *3*
– im öffentlichen Dienst **IV. A.** 18 *5, 6*
– Schriftform im öffentlichen Dienst **IV. A.** 18 *6*
– übertarifliche Zahlung **IV. A.** 18 *5*

Betriebsänderung, gerichtliche Zustimmung **IV. E.** 12
– Interessenausgleich **IV. E.** 13 *1*
– Nachteilsausgleich **IV. E.** 12 *4*
– Rechtskraft **IV. E.** 12 *4*
– Rechtsmittel **IV. E.** 12 *3*

Betriebsbedingte Kündigung IV. B. 6

Betriebskostennachzahlung, Fälligkeit **II. B.** 3 *8*
– bei Geschäftsraummiete **II. B.** 3

Betriebsrat, Anhörung **IV. B.** 11 *9*; **C.** 5 *7*
– Anspruch auf Freistellung wegen Schulung **IV. E.** 4
– Anträge bei personeller Mitwirkung **IV. E.** 8
– Auflösungsantrag **IV. E.** 6
– Ausschluß eines Mitglieds **IV. E.** 6
– außerordentliche Kündigung **IV. E.** 9 *5*
– Bestellung eines Wahlvorstandes **IV. E.** 1 *2*
– Ersetzung der Zustimmung **IV. E.** 7
– Ersetzung der Zustimmung zur Kündigung **IV. E.** 9
– Kostenerstattungsanspruch **IV. E.** 5
– Kündigung eines Betriebsratsmitglieds **IV. E.** 9
– Mitbestimmung bei Kurzarbeit **IV. E.** 17 *3*
– Mitbestimmung bei Leistungsplan **IV. A.** 10 *4*
– Mitwirkung bei Versetzung **IV. A.** 19 *5*
– Mitwirkungsrecht bei Eingruppierung **IV. A.** 1 *9*
– Schulungskosten **IV. E.** 3
– Umfang und Grenzen des Mitbestimmungsrechts **IV. E.** 15
– Unterlassungsansprüche **IV. E.** 17 *3*
– Versetzung **IV. E.** 9 *9*
– Wahl **IV. E.** 2, *s. Betriebsratswahl*
– Zustimmung zur Einstellung **IV. E.** 7
– Zustimmung zur Kündigung **IV. E.** 9
– Zwangsgeld gegenüber Arbeitgeber **IV. E.** 8 *3*

Betriebsratsschulung, Freistellungsantrag **IV. E.** 4
– Kostenerstattung **IV. E.** 3

Betriebsratswahl, Anfechtung **IV. E.** 2
– Bestellung eines Wahlvorstandes **IV. E.** 1
– Gruppenwahl **IV. E.** 2
– Listenwahl **IV. E.** 2 *5*
– Verhältniswahl **IV. E.** 2 *5*
Betriebsrente IV. A.; *s. Ruhegeld*
Betriebsunterstützungskasse IV. A. 10 *4*
– Mitbestimmungsrechte **IV. A.** 10 *4*
– Teilschließung **IV. A.** 10 *4*
Betriebsvereinbarung, Unterlassungsanspruch gegen tarifwidrige ... **IV. E.** 18
Bewegliche Sachen, Vollstreckungsauftrag **III. C.** 1
Beweisantrag im sozialgerichtlichen Verfahren **VIII.** 21 *4*
Beweisantritt, Bezeichnung der Tatsache **I. H.** 1 *2*
– Sachverständigengutachten **I. H.** 4 *2*
– Urkundenbeweis **I. H.** 7
Beweisaufnahme und rechtliches Gehör **VI.** 7
Beweisbeschluss nach § 358 a ZPO **I. F.** 6 *5*
Beweisersuchen, ausländisches **I. T.** 3
Beweisfragen im Wettbewerbsprozeß **II. N.** *9 14*
Beweislast bei Ausschluß des Widerrufsrechts nach Haustürgeschäft **II. A.** 2 *5*
– im Reisevertragsrecht **II. D.** 4 *17*
– im Reisevertragsrecht, für Kündigung und Urlaubsentschädigung **II. D.** *5 23*
– im Reisevertragsrecht, für Schadensersatz und Schmerzensgeld **II. D.** *6 9*
– im Sozialgerichtsprozeß **VIII.** 21 *6*
– bei Unterhaltsklagen **II. I.** 12 *8*
– im Unterhaltsrecht **II. I.** 13 *5*
Beweismittel, Bezeichnung bei Klageerhebung **I. D.** 1 *16,* 17
– für Nachprüfungsantrag **II. M.** 2 *12*
Beweismittelverlust I. H. 10 *1*
Beweisnot I. H. *9 3*
Beweisrügen im arbeitsgerichtlichen Revisionsverfahren **IV. D.** 10 *8*
Beweissicherungsverfahren I. H. 10; **II. C.** 16
– wegen Baumängeln **II. C.** 16
– im Sozialgerichtsprozeß **VIII.** 21 *3*
– *s. auch selbständiges Beweisverfahren*
Beweisverfahren I. H. 1 ff.
– Ablehnung des Sachverständigen **I. H.** 6
– Augenschein **I. H.** 5 *2*
– Befangenheit des Sachverständigen **I. H.** 6 *1*
– Beweisnot **I. H.** *9 3*
– Beweissicherung **I. H.** 10
– Gegenantrag im selbständigen Beweisverfahren **I. H.** 11
– mündliche Vernehmung des Sachverständigen **I. H.** *5*
– Nichterscheinen des Zeugen **I. H.** 2
– Ordnungsmittel **I. H.** 2 *1*
– Parteianhörung **I. H.** 9
– Parteivernehmung **I. H.** 9
– Sachverständigengutachten **I. H.** 4
– sachverständiger Zeuge **I. H.** 6 *1*
– Urkundenbeweis **I. H.** 7
– Vorlegung der Urkunde durch Dritte **I. H.** 8
– Vorlegungsanordnung **I. H.** 8
– Zeugenvernehmung **I. H.** 1
– Zeugnisverweigerungsrecht **I. H.** 3
– Zweitgutachten **I. H.** 6
BGB-Gesellschaft, Partei- und Prozeßfähigkeit **IV. A.** *5 1*
– Pfändung **III. B.** 26 *6, 7, 8, 8a*
Bilanzmitteilung, Klage **II. K.** *5*
Bindungswirkung im Sozialrecht **VIII.** 7
– von Urkundenvorbehaltsurteilen **I. Q.** 1 *7, 8*
– des Vorbehaltsurteils **I. Q.** 7 *1*
Blankettzusage bei Ruhegeld **IV. D.** 10 *6*
Blankowechsel, Pfändung **III. B.** 8 *3*
BRAGO *s. Gebühren*
Briefzustellung, Verzögerungen **VI.** 2
Bruchteilseigentum, Pfändung **III. B.** 26 *4*
Bruchteilsgemeinschaft als Inhaberin von Wohnungseigentum **II. H.** 2 *12*
Bruttolohnmethode II. E. 1 *10*
Buchwertklauseln II. K. 6 *6*
Bürgschaft, Anspruch auf Unterlassen der Inanspruchnahme **I. R.** 12 *1*
– Herausgabe der Bürgschaftsurkunde **II. F.** 4
– Klage des Bürgen auf Befreiung **II. F.** 2
– als Sicherheitsleistung **I. D.** 1 *11*
Büroversehen I. F. 1 *1, 2*
Bundespatentgericht, Zuständigkeit **II. O.** 6 *1*

Darlehen, eigenkapitalersetzendes **II. K.** 13 *4, 6, 7, 8*
DAV-Abkommen zur Schadensregulierung bei Verkehrsunfall **II. E.** 10 *19,* 13 *22*
Deutsche Auslegeschrift II. O. 1 *6*
Deutsche Offenlegungsschrift II. O. 1 *6*
Deutsche Patentschrift II. O. 1 *6*
d'Hondtsches System IV. E. 2 *5*
Dienstliche Beurteilung V. B. *5 5, 7*
Dienstrechtliche Klage gemäß Art. 236 EG **IX.** 8, *s. dort*
Dienstrechtliche Klage (Art. 236 EG), Abschriften **IX.** 8 *4*
– Anforderungen an die Klageschrift **IX.** 8 *13*
– Anträge **IX.** 8 *7*
– besondere Zulässigkeitsvoraussetzungen **IX.** 8 *14*
– Klagegegner **IX.** 8 *6*
– Klagegegenstand **IX.** 8 *15*
– Prüfungsumfang **IX.** 8 *16*
– Zuständigkeit **IX.** 8 *2*
– Zustellungsanschrift **IX.** 8 *12*
Dienstzeugnis V. B. *5 5, 7*
Differenzmethode im Unterhaltsrecht **II. I.** 13 *6*
Dinglicher Arrest I. R. 1
Direktionsrecht IV. A. 19

Diskrimierung wegen des Geschlechts **IV. A.** 16, 17, s. *Geschlechtsdiskriminierung*
Distanzierung im Presserecht **II. P.** 15
Divergenzrevision im Sozialgerichtsprozeß **VIII.** 14
Dolmetscher, Antrag auf Ladung **I. H.** 1 *9*
Doppelpfändung des gegenwärtigen und künftigen Saldos **III. B.** 12 *9*
Doppelverdienerehe II. I. 13 6
Doppelvertretung der Aktiengesellschaft bei Anfechtungsklage **II. K.** 22 *2*
– der Aktiengesellschaft bei Unbedenklichkeitserklärung **II. K.** 25 *2*
Dringlichkeit bei einstweiligen Anordnungen gem. Art. 83 § 2 1. Hs. EUGH-VerfO/104 § 2 1. Hs. EuG-VerfO **IX.** 11 *15*
– bei einstweiliger Verfügung **II. Q.** 2 *5*
– bei einstweiliger Verfügung im Wettbewerbsrecht **II. N.** 3 *13*
– im Wettbewerbsrecht **II. N.** 2 *13*
Drittgewahrsam und Pfändung **III. B.** 1 *13*
Drittschuldnerklage III. B. 24
– nach § 850h ZPO **IV. C.** 7
Drittstaat, sicherer **V. B.** 6 *12*
Drittwiderklage I. E. *5*
Drittwiderspruchsklage III. A. 19
– und Anfechtungsgesetz **III. F.** 5 *2*
– gem. Artt. 39 EuGH-Stzg (EWG), 40 EuGH-Stzg (EAG), 36 EuGH-Stzg (EGKS), 97 EuGH-VerfO/123 EuG-VerfO **IX.** 14, s. *Drittwiderspruchsklage (EuG/EuGH)*
– Erbe **III. A.** 19 *10*
– Gesamtgut **III. A.** 19 *10*
– relatives Veräußerungsverbot **III. A.** 19 *10*
– Sicherungseigentum **III. A.** 19 *7*
– Streitwert **III. A.** 19 *3*
– Zuständigkeit **III. A.** 19 *1*
Drittwiderspruchsklage (EuG/EuGH), Klagebefugnis **IX.** 14 *4*
– Klagegegenstand **IX.** 14 6
– Zuständigkeit **IX.** 14 2
Düsseldorfer Tabelle II. I. 4 *10*, 12 *14*
Duldung der Zwangsvollstreckung und Gläubigeranfechtung **III. F.** 2
Duldungsklage, Androhung von Ordnungsmitteln **I. D.** 9 *5*
– Ankündigung der Maßnahmen **II. B.** 6 *4*, *6*
– Antrag **I. D.** 9 *4*
– im Mietrecht **II. B.** 6
– Zumutbarkeitsprüfung **II. B.** 6 *3*
Durchsuchungsanordnung, Gefahr im Verzug **III. A.** 11 *7*
– für Schuldnerwohnung **III. A.** 11

Ehe und Familie VI. 5
Eheaufhebungsklage, Bestätigung **II. I.** 5 *9*
– Streitwert **II. I.** *5 4*
– Zuständigkeit **II. I.** *5 1*
Ehegattenunterhalt, Beweislast **II. I.** 12 *8*, 13 *5*
– Differenzmethode **II. I.** 13 6
– Doppelverdienerehe **II. I.** 13 6
– Elementarunterhalt **II. I.** 12 *16*
– grobe Unbilligkeit **II. I.** 13 *7*
– mutwillige Herbeiführung der Bedürftigkeit **II. I.** 13 *8*
– Prägung der ehelichen Lebensverhältnisse **II. I.** 13 6
– Stufenklage **II. I.** 12 *7*
– Verwirkung **II. I.** 13 *7*
– Vorsorgeunterhalt **II. I.** 12 *16*
– zeitliche Begrenzung **II. I.** 13 *7*
– Zuständigkeit **II. I.** 12 *1*
Ehescheidung, Antrag auf Anerkennung einer ausländischen ... nach Art. 14 Abs. 3 VO (EG) Nr. 1347/2000 **I. T.** 12, *s. ausländische Ehescheidung (EG)*
– Antrag auf Anerkennung einer ausländischen ... nach Art. 7 § 1 FamRÄndG **I. T.** 13
Ehewohnung, Antrag auf Zuteilung **II. I.** 16
– Begriff **II. I.** 16 *7*
– einstweilige Anordnung **II. I.** 25
– Gewaltschutzgesetz **II. I.** 25 *4*
– Zutritt **II. I.** 25 *4*
– Zuweisung **II. I.** 25 *4*
Ehrverletzende Behauptungen II. E. 4 *6*
Eidesstattliche Versicherung durch anwaltliche Versicherung **I. F.** 1 *10*
– im Erbrecht **II. J.** 6
– zur Glaubhaftmachung **I. F.** 1 9
– im Insolvenzverfahren **III. F.** 14
– Zuständigkeit im Insolvenzverfahren **III. F.** 14 *3*
Eidesstattliche Versicherung bei der Stufenklage I. D. 11 *5*
Eidesstattliche Versicherung nach §§ 807, 900 ZPO, Ergänzung **III. D.** 2
– Krankheit **III. D.** 4 *6*
– Teilnahme des Gläubigers **III. D.** 1 *8*
– Unpfändbarkeitsbescheinigung **III. D.** 1 *14*
– Widerspruch **III. D.** 4
– wiederholte **III. D.** 3
– Zuständigkeit **III. D.** 1 2
Eidliche Zeugenvernehmung im schiedsgerichtlichen Verfahren **I. S.** 8
Eigenbedarf bei Ermittlung eines Unterhaltsschadens **II. E.** 7 *20*
Eigenbesitzer, Haftung bei Schaden durch Gebäude **II. E.** 5 *6*
Eigentümergrundschuld, Pfändung **III. B.** 25 *1*
Eigentümlichkeit im Geschmacksmusterrecht **II. O.** 14 *26*
Eigentumsbindung VI. 3
Eigentumsgarantie VI. 3
Eigentumsinhalt VI. 3
Eigentumsschranken VI. 3
Eigentumsvorbehalt im Insolvenzverfahren **III. F.** 16 *21*, 18 *7*

Eigenverwaltung, Antrag des Gläubigers auf Aufhebung **III. F.** 13
- Insolvenzrecht **III. F.** 12 *3*
- Zustimmung des Sachwalters **III. F.** 13 *6*

Eingeschränkter Widerruf im Presserecht **II. P.** 14

Eingetragenes Schiff, Arrestpfändung **III. E.** 2

Eingruppierung, Antrag **IV. A.** 1
- Bewährungsaufstieg **IV. A.** 1 *1*
- Darlegungslast **IV. A.** 1 *8*
- fehlerhafte **IV. A.** 1
- Feststellungsklage **IV. A.** 1 *1*
- Klage **IV. A.** 1 *3*
- Mitwirkungsrechte des Betriebs- und Personalrats **IV. A.** 1 *9*
- öffentlicher Dienst **IV. A.** 1
- Qualifizierungsmerkmale **IV. A.** 1 *11*
- Rückgruppierung **IV. A.** 1 *12*
- Umgruppierung **IV. A.** 1 *9*
- Zustimmung des Betriebsrats **IV. E.** 7 *3*

Einigungsstelle, Antrag auf Errichtung **IV. E.** 19
- Arbeitsrecht **IV. E.** 14
- Hemmung der Verjährung **II. N.** 11 *4*
- Unwirksamkeit eines Spruches **IV. E.** 14 *3*
- Unzuständigkeit **IV. E.** 19 *3*
- Vorabentscheidungsverfahren über Zuständigkeit **IV. E.** 16
- im Wettbewerbsrecht **II. N.** 11 *2*, 12 *1*

Einkaufskooperation, Anmeldepflicht **II. L.** 5 *3*
- Bezugsbindung **II. L.** 5 *5*
- Gegenstand **II. L.** 5 *1*
- Verrechnungs- und Außenumsätze **II. L.** 5 *7*

Einkommensteuerbescheid, Aussetzung der Vollziehung **VII.** 10 *4*
- Einspruch **VII.** 1
- einstweilige Stundung **VII.** 1 *10*
- Klage **VII.** 9, *s. Finanzgerichtsprozeß*
- Säumniszuschläge **VII.** 1 *10*
- Vorauszahlungen **VII.** 1 *11*

Einlage, GmbH **II. K.** 11 *3*

Einlassungsfrist, Festsetzung **I. F.** 4 *2*
- Verkürzung im Wechselprozeß **I. Q.** 3 *9*

Einrede, Anfechtbarkeit **III. F.** 5

Einseitige Erledigungserklärung der Hauptsache **I. M.** 13

Einsicht in eine Urkunde **II. F.** 3

Einsichtsrecht des Gesellschafters **II. K.** 15 *6*

Einspruch im Arbeitsgerichtsprozeß gegen Versäumnisurteil **IV. D.** 1
- gegen Erbschaftsteuerbescheid **VII.** *5*
- gegen Grunderwerbsteuerbescheid **VII.** 4
- gegen Haftungsbescheid im Steuerrecht **VII.** 6
- im Steuerrecht gegen die Ablehnung eines Erlaßantrags **VII.** 7
- gegen steuerrechtlichen Feststellungsbescheid **VII.** 2

Einspruch gegen Einkommensteuerbescheid, Abschriften **VII.** 1 *8*
- Aussetzung der Vollziehung **VII.** 1 *9a, 9c*
- Begründung **VII.** 1 *6*
- Form **VII.** 1 *4*
- Frist **VII.** 1 *3*
- Fristberechnung **VII.** 1 *3*
- Herabsetzung der Vorauszahlungen **VII.** 1 *11*
- Kosten **VII.** 1 *5*
- Rechtsbehelfsbelehrung **VII.** 1 *3*
- Säumniszuschläge **VII.** 1 *10*
- Stundung **VII.** 1 *9a*
- Verböserung **VII.** 1 *5*
- Vertretungsbefugnis **VII.** 1 *2*
- Verzinsung **VII.** 1 *9b*
- Vollziehbarkeit des angefochtenen Bescheids **VII.** 1 *9a*
- Vorauszahlungen **VII.** 1 *11*
- Wiedereinsetzung **VII.** 1 *3*
- Zinsen bei Stundung **VII.** 1 *10*
- Zustellung des Bescheides **VII.** 1 *1*

Einspruch gegen Feststellungsbescheid, Einspruchsberechtigung **VII.** 2 *3*, 3

Einspruch gegen Haftungsbescheid VII. 6

Einspruch gegen Strafbefehl und rechtliches Gehör **VI.** 2

Einspruch im Zivilprozeß, Antrag auf Verwerfung des Einspruchs gegen Vollstreckungsbescheid **I. B.** 9
- Teileinspruch **I. G.** 5 *8*
- gegen Versäumnisurteil **I. G.** *5*
- gegen Vollstreckungsbescheid **I. B.** 4

Einspruchsfrist, Antrag auf Festsetzung **I. G.** 1 *6*
- Versäumung **I. F.** 1

Einstellung, Zustimmung des Betriebsrats **IV. E.** 7 *3*

Einstellung der Zwangsversteigerung III. B. 35

Einstellung der Zwangsvollstreckung im Berufungsverfahren **I. O.** 1 *13*
- im Mahnverfahren **I. B.** 4 *5*
- im Nachverfahren **I. Q.** 7 *5*
- gegen Sicherheitsleistung **I. G.** 5 *9*
- aus Versäumnisurteil **I. G.** *5*
- aus Vorbehaltsurteil **I. Q.** 7 *5*
- bei Wiedereinsetzung **I. F.** 1 *7*

Einstweilige Anordnung, Antrag auf Abänderung im Familienrecht **II. I.** 27
- Antrag auf Erlaß einer ... im Kartellrecht **II. L.** 27
- Anwaltszwang bei ... in Ehesachen **II. I.** 23 *2*
- gem. Art. 242, 243 EG **IX.** 11 *3*
- wegen Ehewohnung **II. I.** 25
- Fristen und Rechtsmittel **II. I.** 23
- wegen Getrenntleben **II. I.** 25
- wegen Getrenntlebens-Unterhalt **II. I.** 26
- wegen Herausgabe eines Kindes **II. I.** 24 *4*
- im Kartellrecht **II. L.** 22, *s. einstweilige Anordnung nach GWB*

– wegen Kindesunterhalt **II. I.** 26
– negative Feststellungsklage bei Fortbestand **II. I.** 28
– wegen persönlicher Gebrauchsgegenstände **II. I.** 25
– wegen Prozeßkostenvorschuß **I. C.** 7; **II. I.** 23
– wegen Regelung der elterlichen Sorge **II. I.** 24
Einstweilige Anordnung bei WEG, Änderung **II. H.** 6 *29*
– auf Ermächtigung zur Einberufung einer Wohnungseigentümerversammlung **II. H.** 7 *15*
– gegen Verwalter **II. H.** 6 *21, 22*
Einstweilige Anordnung im Sozialgerichtsprozeß VIII. 28
– Arbeitserlaubnis **VIII.** 28 *6*
Einstweilige Anordnung im Verfassungsprozeß VI. 13
Einstweilige Anordnung im Verwaltungsprozeß, Glaubhaftmachung **V. D.** 6 *8*
– im Rahmen eines Normenkontrollverfahrens nach § 47 VwGO **V. G.** 2
– Regelungsanordnung **V. D.** 7
– Schadensersatz **V. D.** 6 *12*
– Sicherungsanordnung **V. D.** 6
– Streitwert **V. D.** 6 *2*
– Vollziehung **V. D.** 6 *14*
– Vorwegnahme der Hauptsache **V. D.** 7 *12*
– Zuständigkeit **V. D.** 6 *2*
Einstweilige Anordnung nach GWB II. L. 22
– Maßstab **II. L.** 22 *2*
Einstweilige Einstellung der Zwangsvollstreckung **III. A.** 16 *7*
– der Zwangsvollstreckung, Antrag an das Vollstreckungsgericht **III. A.** 17
– der Zwangsvollstreckung aufgrund Gehörsrüge **I. N.** 5 *5*
Einstweilige Maßnahmen bei Aussetzung der Vollziehung gem. § 80 Abs. 3 VwGO **V. E.** 4 *4, 5, 7*
Einstweilige Stundung von Steuerschulden **VII.** 1 *10*
Einstweilige Verfügung bei AGB-Recht **II. Q.** 2 *2*
– im arbeitsgerichtlichen Beschlußverfahren **IV. E.** 17
– gegen ausländisches Beweisersuchen **I. T.** 3
– im Geschmacksmusterrecht **II. O.** 14 *39*
– im HGB auf vorläufige Entziehung der Geschäftsführungsbefugnis und der Vertretungsmacht **II. K.** 4 *2*
– im Markenrecht **II. O.** 18 *32*
– wegen Markenverletzung **II. O.** 19, *s. dort*
– bei patentrechtlichem Unterlassungsanspruch **II. O.** 3 *43, 44*
– Unterbrechung bei Insolvenzeröffnung **III. F.** 20 *1*
– auf Unterlassung im Presserecht **II. P.** 10
– im Wettbewerbsrecht **II. N.** 3
Einstweilige Verfügung im Anfechtungsprozeß auf Untersagung der Eigentumsverfügung an einem Grundstück **III. F.** *9*
Einstweilige Verfügung im Wettbewerbsrecht, Aktivlegitimation **II. N.** 10 *7*
– Antrag **II. N.** 3 *6*
– Dringlichkeit **II. N.** 3 *13*
– formeller Widerspruch **II. N.** 5
– „Insbesondere-Teil" **II. N.** 10 *6*
– Kostenwiderspruch **II. N.** 7
– wegen Sonderveranstaltung **II. N.** 10
– Streitwert **II. N.** 3 *2*
– Verletzungshandlung **II. N.** 10 *6*
– Vollziehung **II. N.** 3 *14*
– Widerspruch mit Ankündigung einer Unterlassungsverpflichtungserklärung **II. N.** 8
– Widerspruch mit Anträgen und Begründung **II. N.** 6
Einstweilige Verfügung im Zivilprozeß auf Beseitigung einer Besitzstörung **II. G.** 2 *1*
– auf Eintragung einer Vormerkung zur Sicherung einer Bauhandwerker-Sicherungshypothek **II. G.** 3
– auf Eintragung eines Widerspruchs **I. R.** 8
– auf Eintragung eines Widerspruchs gegen die Richtigkeit des Grundbuchs **II. G.** 6
– auf Erwerbsverbot **I. R.** 8
– auf Herausgabe **II. G.** 1 *1*
– auf Leistung **I. R.** 10
– Rechtfertigungsverfahren **I. R.** 5
– auf Regelung **I. R.** 9
– Rücknahme des Antrags **I. M.** 4 *1*
– Schutzschrift **I. R.** 13
– auf Sicherung eines Herausgabeanspruchs **I. R.** 4
– auf Sicherung mit Grundbucheintragung **I. R.** 7
– Sicherungsverfügung **I. R.** 4 *1*
– Unterlassungsverfügung **I. R.** 11
– Vollstreckung **III. E.** 1 *4*
– Widerspruch **I. R.** 6
– Zuständigkeit **I. R.** 4 2
– Zustellung im Ausland **I. T.** 2 2
Einstweilige Verfügung in Bausachen II. C. 17
Einstweilige Verfügung wegen Markenverletzung, Abmahnung **II. O.** 19 *15*
– Auskunftsanspruch **II. O.** 19 *9*
– Begründung **II. O.** 19 *11*
– Dringlichkeit **II. O.** 19 *19*
– Irreführung **II. O.** 19 *16*
– Streitwert **II. O.** 19 *2*
– Verletzungstatbestand **II. O.** 19 *6*
– Vernichtungsanspruch **II. O.** 19 *8*
Einstweiliger Rechtsschutz gem. Art. 242, 243 EG **IX.** 11 *6, 11*
– in Lebenspartnerschaftssachen **II. I.** 22 *6*
– im schiedsgerichtlichen Verfahren **I. S.** 6
Eintragung, Klage auf Mitwirkung **II. K.** 7

Eintragungsbewilligungsklage im Markenrecht, Anrufung der Zivilkammer **II. O.** 22 *6*
- Benutzungszwang **II. O.** 22 *10*
- Frist **II. O.** 22 *8*
- Leistungsklage **II. O.** 22 *4*
- Löschung der Eintragung **II. O.** 22 *7*
- Löschung eines verfallenen Zeichens **II. O.** 22 *12*
- prioritätsältere Rechte **II. O.** 22 *9*
- Streitwert **II. O.** 22 *3*
- Zeichenrechtliche Gründe **II. O.** 22 *9*
- Zulässigkeitsvoraussetzungen **II. O.** 22 *4*
- Zuständigkeit **II. O.** 22 *2*

Eintragungsersuchen II. G. 3 *9, 10*
Einverständliche Scheidung II. I. 7 *8*
Einwendungen gegen den Anspruch auf Gegendarstellung **II. P.** *5*
- Ausschluß gem. § 767 Abs. 2 ZPO **III. A.** 16 *11*
- gegen Klageansprüche im Presserecht **II. P.** 20
- gegen einen Wechsel **I. Q.** 4 *3*

Einwilligung bei Klageänderung **I. K.** 1 *1*
Einzelrichter im Asylrechtsstreit **V. B.** 6 *2*
- bei Handelssachen **I. D.** 2 *8*
- obligatorischer **I. D.** 1 *15*
- originärer **I. D.** 1 *15*
- Übertragung auf die Kammer **I. D.** 1 *15*

Einziehung eines unrichtigen Erbscheins **II. J.** 19
Elementarunterhalt II. I. 12 *16*
Elementenfeststellungsklage im Sozialgerichtsprozeß **VIII.** 8 *1*
Elterliche Sorge II. I. 10
- Abänderungsverfahren gem. § 1696 BGB **II. I.** 24 *10*
- Anträge **II. I.** 8 *13*
- Aufenthaltsbestimmungsrecht **II. I.** 24 *9*
- gemeinsame **II. I.** 7 *14*
- persönliche Anhörung **II. I.** 10 *7*
- Regelfall der gemeinsamen ... **II. I.** 10 *8*
- Streitwert **II. I.** 10 *5*
- vorläufige Anordnung **II. I.** 24
- Zuständigkeit **II. I.** 10 *1*

Empfehler von AGB II. Q. 4 *1*
- Beitritt als Nebenintervenient **II. Q.** *5*

Empfehlungen für Geschäfts-, Lieferungs- und Zahlungsbedingungen nach GWB **II. L.** 7
- Normen- oder Typenempfehlungen **II. L.** 6

Entgeltfortzahlung, Höhe **IV. A.** 3 *5*
- bei Kur- und Heilverfahren **IV. A.** 4 *1*
- Schonzeit **IV. A.** 4 *2*
- Überstunden und Mehrarbeitsstunden **IV. A.** 4 *2*

Entgeltumwandlung, Riester-Rente **IV. A.** 11 *4, 5*
- Sozialversicherungspflicht **IV. A.** 11 *2, 3*
- und Tarifvertrag **IV. A.** 11 *1*
- Voraussetzungen **IV. A.** 11 *1*

Entschädigungsanspruch, Kosten und Gebühren **I. H.** 6 *5*
- des Sachverständigen **I. H.** 4

Entscheidung durch den Einzelrichter im Nachverfahren **I. Q.** 7 *7*
Entscheidung durch den Vorsitzenden bei Abstehen vom Urkundenprozeß **I. Q.** 6 *5*
Entscheidung nach Lage der Akten I. G. 8
Entscheidungsgründe, Revision wegen fehlender ... im Finanzgerichtsprozeß **VII.** 31
Entziehung der Fahrerlaubnis im Verwaltungsprozeß **V. D.** 3 *4, 5, 8*
- der Geschäftsführungsbefugnis durch einstweilige Verfügung **II. K.** 4
- Klage auf ... der Geschäftsführungsbefugnis und Vertretungsmacht **II. K.** 3
- des Pflichtteils **II. J.** 5 *6*
- der Rente **VIII.** 2 *1*
- der vertragsärztlichen Zulassung **VIII.** 2 *1*

Entziehung des Wohnungseigentums nach WEG II. H. *9*
- Antrag **II. H.** *9 10, 11*
- Beschluss der Wohnungseigentümer **II. H.** *9 15, 16*
- Klagebefugnis **II. H.** *9 3*
- Verfahrensart **II. H.** *9 2*

Erbauseinandersetzungsklage II. J. 11
Erbbaurecht, Eintragung einer Zwangshypothek **III. B.** 32 *10*
- Zwangsversteigerungsantrag **III. B.** 33

Erbe, Drittwiderspruchsklage **III. A.** 19 *10*
- Herausgabeklage **II. J.** 3

Erbengemeinschaft, Pfändung **III. B.** 26 *16, 17*
Erbrecht, Anrechnung von Leistungen auf den Pflichtteil **II. J.** 6 *9*
- Antrag auf Einziehung eines unrichtigen Erbscheins **II. J.** 19
- Antrag auf Erteilung eines gegenständlich beschränkten Erbscheins **II. J.** 21
- Antrag eines Nachlaßgläubigers auf Erteilung eines Erbscheins **II. J.** 20
- Berliner Testament **II. J.** 8 *6*
- Doppelerbschein **II. J.** 22
- Entziehung des Pflichtteils **II. J.** *5*
- Erbschaftsbesitzer **II. J.** 2 *4*
- Erbschein bei gesetzlicher Erbfolge **II. J.** 16
- Erbschein bei testamentarischer Erbfolge **II. J.** 17
- Erbschein bei Vor- und Nacherbfolge **II. J.** 18
- Erbunwürdigkeit **II. J.** 4 *7*
- Erbverzicht **II. J.** 7 *8*
- Haftungsbeschränkungsrecht des Erben **II. J.** 15 *8*
- Klage auf Feststellung **II. J.** 1, 2
- Klage bei einem Vertrag zugunsten eines Dritten auf den Todesfall **II. J.** 10
- Klage des Nacherben gegen beschenkten Dritten **II. J.** 13

- Klage des Vorerben gegen den Nacherben auf Einwilligung in eine Grundstücksveräußerung **II. J.** 12
- Klage eines Miterben auf Erfüllung einer Nachlaßforderung **II. J.** 14
- Pflichtteilsergänzung **II. J.** 7
- unentgeltliche Verfügung des Vorerben **II. J.** 13
- Vermächtnis **II. J.** 9 *1*
- Widerruf wechselbezüglicher Verfügungen **II. J.** 8 *7*, 9 *6*

Erbschaftsteuerbescheid, Einspruch **VII.** 5
Erbschein, Doppelerbschein **II. J.** 22
- Fremdrechtserbschein **II. J.** 22
- gegenständlich beschränkt **II. J.** 21
- gemeinschaftlicher **II. J.** 17
- Nachlaßgläubiger **II. J.** 20
- unrichtiger **II. J.** 19
- bei Vor- und Nacherbfolge **II. J.** 18

Erbscheinserteilung, Klage **II. J.** 16–22, 22–24
- in der Zwangsvollstreckung **III. A.** 9

Erbunwürdigkeit, Anfechtungsklage **II. J.** 4
Erbverzichtsvertrag II. J. 7 *8*
Erfindung, Aufgabe und Lösung **II. O.** 3 *25, 26*
- Voraussetzungen **II. O.** 3 *24*

Erfindungshöhe, fehlende **II. O.** 6 *18*
Erfindungsidee im Patentrechtsstreit **II. O.** 5 *4*
Erfolgshonorar I. A. 3 *1*
Ergänzendes Verfahren V. G. 1 *10*
Ergänzung des Aufsichtsrats **II. K.** 20
- der eidesstattlichen Versicherung nach §§ 807, 900 ZPO **III. D.** 2
- eines Finanzgerichtsurteils **VII.** 22 *4*
- im Presserecht **II. P.** 15, 16
- des Urteils **I. N.** 1 *5*, 3

Erinnerung bei dinglicher Gläubigersicherung **III. A.** 20
- gegen Erteilung der Vollstreckungsklausel **III. A.** 12
- bei Festsetzung der Vergütung für den im finanzgerichtlichen Verfahren beigeordneten Vertreter **VII.** 34 *1*
- gegen Gerichtsvollziehermaßnahmen **III. A.** 14
- bei Kostenfestsetzungsbeschluß im finanzgerichtlichen Verfahren **VII.** 32 *1*
- gegen Maßnahmen des Vollstreckungsgerichts **III. A.** 15

Erklärungsfrist im Zivilprozeß **I. F.** 11
Erlaßantrag, Einspruch **VII.** 7
Erledigung, Klage auf Feststellung **I. M.** 13
- vor Rechtshängigkeit **I. M.** 10 *4*
- des Verwaltungsakts **V. B.** 13 *1*
- ZPO-Reform **I. M.** 10 *4*

Erledigung der Hauptsache im Finanzgerichtsprozeß **VII.** 18 *6*, 19
- Fristen und Rechtsmittel **I. M.** 10
- Kosten im Finanzgerichtsprozeß **VII.** 19 *2*
- Kostenbeschluß **I. M.** 10 *3*
- im Sozialgerichtsprozeß **VIII.** 5 *1*
- im Verwaltungsprozeß, Kostenantrag **V. B.** 14
- im Zivilprozeß **I. M.** 10

Erledigungserklärung des Klägers im Zivilprozeß (einseitige) **I. M.** 13
- übereinstimmende **I. M.** 11

Ermessensleistung im Sozialrecht **VIII.** 4 *1, 2*
Ernennung, Antrag auf ... abweichend von der vereinbarten Ernennungsregelung **I. S.** 3
- des Schiedsrichters im schiedsgerichtlichen Verfahren **I. S.** 1 *1*

Ersatzvornahme nach § 887 ZPO III. C. 3
Erschließungsbeitragsrecht V. B. 9
- Klageerwiderung **V. B.** 12

Ersetzung der Zustimmung des Betriebsrats bei Eingruppierung/Umgruppierung **IV. E.** 7
- des Betriebsrats zur Kündigung **IV. E.** 9

Erstattungsanspruch im Sozialrecht **VIII.** 2 *1*
Erstattungsfähigkeit von Kosten des finanzgerichtlichen Verfahrens **VII.** 32 *6, 8, 9, 10*
Erteilungsakten im Patentrechtsstreit **II. O.** 4 *7*
Erwerbsfähigkeit im Sozialrecht **VIII.** 6 *5*
Erwerbsminderungsrente VIII. 10 *7*
- zweistufige **VIII.** 6 *5*

Erwerbsschaden II. E. 1 *10*
Erwerbsunfähigkeitsrente VIII. 6 *5*
Erwerbsverbot I. R. 8 *3*
Erzeugervereinigung, Kartellrecht **II. L.** 8
EuGVVO I. T. 6 *1*, 7 *1*
- Beschwerde gegen die Entscheidung nach Art. 43 EuGVVO **I. T.** 8
- Rechtsbeschwerde nach Art. 44 **I. T.** 11

Europäischer Gerichtshof als gesetzlicher Richter **IX.** 1 *4*
- Hinweise zum Vorabentscheidungsverfahren **IV. G.**, *1*
- Streithilfe nach Art. 93 § 2 EuGH-VerfO **IX.** 13, *s. Streithilfe (EuG/EuGH)*
- Vorabentscheidung gem. Art. 234 EGV **II. N.** 13
- Zuständigkeit aufgrund Schiedsklausel **IX.** 9 *1*

Europäisches Patentrecht II. O. 1 *6*
Europäisches Patentübereinkommen II. O. 1 *6*
Europapatent II. O. 1 *6*
Exequaturturteil, doctrine of merger **I. T.** 16 *2, 5*
- Klage auf Vollstreckbarkeitserklärung **I. T.** 15 *3*, 16

Fahrerlaubnis, Entziehung **V. D.** 3 *4, 5, 8*
Familiensachen, Beschwerdesystem **II. I.** 31 2
- und Folgesachen **II. I.** 10 *4*
- Rechtsmittel-Übersicht **II. I.** 30 *1*

Feriensache und Terminverlegung **I. F.** 8
Ferienwohnung im Ausland **II. D.** 3
- Zuständigkeit bei Klage **II. D.** 3 *1*

Festsetzung der Einlassungsfrist **I. F.** 4 *2*
– des Streitwerts bei Feststellungsklage im Insolvenzverfahren **III. F.** 19 *3*
– der Vergütung des im finanzgerichtlichen Verfahren beigeordneten Vertreters **VII.** 34
– der Vergütung des im finanzgerichtlichen Verfahren beigeordneten Vertreters gegenüber dem unterlegenen Gegner **VII.** 35
– von Vollstreckungskosten **III. A.** 10
– von Zwangsmitteln **III. C.** 4
Feststellung von Einkünften **VII.** 2 *3*
– nach § 16 Abs. 3 UmwG **II. K.** 25
– nach §§ 51 a, 51 b GmbHG **II. K.** 15
– der Unwirksamkeit eines Sozialplans **IV. E.** 14
Feststellung der Vaterschaft II. I. 2
Feststellungsbescheid im Steuerrecht, einheitlicher **VII.** 2 *4*
– gesonderter **VII.** 2 *4*
– Grundlagenbescheid **VII.** 2 *4*
– Verlustfeststellungsbescheid **VII.** 13
Feststellungsklage, aktienrechtliche **II. K.** 24 *1*
– aktienrechtliche, Antragsberechtigung **II. K.** 24
– Anerkennung eines ausländischen Urteils **I. T.** 5
– bei Anpassung von Ruhegeld **IV. A.** 13 *3*
– im Arbeitsrecht **IV. A.** 9; **B.** 10
– wegen Baumängeln **II. C.** 8
– wegen Baumängeln, Rechtsschutzbedürfnis **II. C.** 8 *5*
– Beschwerdefrist **II. L.** 24 *5*
– im Erbrecht **II. J.** 1, 2
– im Insolvenzverfahren, Streitwert **III. F.** 19 *3*
– im Kündigungsschutz **IV. B.** 1 2
– wegen künftigen immateriellen Schadens **I. D.** 4; **II. E.** 8
– und Leistungsklage **I. D.** 4 *2*
– negative ... bei Fortbestand einer einstweiligen Anordnung **II. I.** 28
– bei Patentverletzung **II. O.** 3 *15*
– im Sozialgerichtsprozeß **VIII.** 8 *1*
– streitig gebliebene Insolvenzforderung **III. F.** 19
– bei Verkehrsunfall **II. E.** 1, 8
– im Verwaltungsprozeß **V. B.** 8
– des Werkunternehmers **II. C.** 12
– wegen Zukunftsschadens **II. E.** 8
Feststellungsklage im Zivilprozeß I. D. 3, 4
– Angabe des Rechtsverhältnisses **I. D.** 4 *7*
– auf Erledigung der Hauptsache **I. M.** 13
– Feststellungsinteresse **I. D.** 3 *1*
– wegen künftigen Schadens **I. D.** 4 *16*
– negative **I. D.** 3 *4;* **E.** 7
– positive **I. D.** 3, 4
– Streitwert **I. D.** 3 *3*
– bei Unfallschaden **I. D.** 4
Feststellungswirkung der Patenterteilung **II. O.** 5 *4*
Finanzgerichtsprozeß, Ablehnung eines Richters **VII.** 23 *5, 6*
– Änderungsbescheid **VII.** 18 *2, 6*
– Anfechtungsklage **VII.** 9 *4, 5, 6*
– Anwendung der ZPO **VII.** 9 *1*
– aufschiebende Wirkung **VII.** 10 *4*
– Ausschließung von Gerichtspersonen **VII.** 23 *5, 6*
– Aussetzung der Vollziehung **VII.** 10 *4*
– Aussetzung der Vollziehung eines Umsatzsteuerbescheides **VII.** 12
– Aussetzung der Vollziehung neben Klage gegen Verlustfeststellungsbescheid **VII.** 14
– Befangenheit eines Richters **VII.** 23 *5, 6*
– Berichtigung des Urteils **VII.** 20
– Bescheidungsklage **VII.** 15 *4*
– Beschwerde **VII.** 23, *s. Beschwerde im Finanzgerichtsprozeß*
– Erhebung der Klage **VII.** 9 *2*
– Erledigung der Hauptsache **VII.** 18 *6,* 19
– Erledigungserklärung **VII.** 19 *2*
– erstattungsfähige Kosten **VII.** 32 *6*
– fehlende Entscheidungsgründe **VII.** 31
– Festsetzung der Vergütung des beigeordneten Vertreters **VII.** 34
– Festsetzung der Vergütung des beigeordneten Vertreters gegenüber dem unterlegenen Gegner **VII.** 35
– Frist bei Anfechtungsklage **VII.** 9 *5*
– Klage gegen Einkommensteuerbescheid **VII.** 9
– Klage gegen Umsatzsteuerbescheid **VII.** 11
– Klage gegen Verlustfeststellungsbescheid **VII.** 13
– Klageänderung im Revisionsverfahren **VII.** 18 *1*
– Klageänderung nach § 68 FGO **VII.** 18
– Klagebegehren **VII.** 9 *6*
– Klageerweiterung **VII.** 9 *6*
– Kosten bei Erledigung der Hauptsache **VII.** 19 *2*
– Kostenantrag **VII.** 9 *7*
– Kostenerstattung **VII.** 9 *9*
– Kostenfestsetzung **VII.** 32
– mangelnde Sachaufklärung **VII.** 29
– Nichtzulassungsbeschwerde **VII.** 24, *s. Nichtzulassungsbeschwerde im Finanzgerichtsprozeß*
– Notwendigkeit eines Vorverfahrens **VII.** 9 *5*
– offenbare Unrichtigkeit des Urteils **VII.** 20 *4*
– Prozeßkostenhilfe **VII.** 33
– Rechtsverletzung **VII.** 9 *6*
– Revision **VII.** 27, *s. Revision im Finanzgerichtsprozeß*
– Revisionsbegründung **VII.** 28–31
– Rückwirkung der Entscheidung über Aussetzung der Vollziehung **VII.** 10 *5*
– Säumniszuschläge **VII.** 10 *5*
– Tatbestandsberichtigung **VII.** 21 *4,* 31 *3*
– Urteilsergänzung **VII.** 22 *4*

– Verfahrensfehler **VII.** 25 *5*
– Verletzung materiellen Rechts **VII.** 28
– Verletzung rechtlichen Gehörs **VII.** 26 *6,* 30
– Verpflichtungsklage **VII.** 9 *4*
– verspätetes Vorbringen **VII.** 9 *6*
– Vertretungszwang vor dem BFH **VII.** 9 *3*
– Vollmacht **VII.** 9 *3*
– vorläufige Vollstreckbarkeit **VII.** 9 *8*
– vorläufiger Rechtsschutz gegen negative Gewinnfeststellungsbescheide **VII.** 13 *4,* 16 *5*
– Vorverfahren **VII.** 1
– Wiedereinsetzung in den vorigen Stand bei Prozeßkostenhilfeantrag **VII.** 33 *4*
– Zuständigkeit **VII.** 9 *2*
Finanzgerichtsurteil, Verfassungsbeschwerde **VI.** 5
Firmenrecht, prioritätsälteres **II. O.** 22 *9*
Flächennutzungsplan, Anregungen zum Entwurf **V. A.** 1
Flexible Arbeitszeit IV. A. 2 *3*
Fluchtgründe im Asylrecht **V. B.** 6 *9*
Flughafenbau und Verfassungsbeschwerde **VI.** 3
Folgebescheid VIII. 2 *6*
Folgesachen, Abtrennung einzelner Fragen **II. I.** 8 *22,* 9 *13*
– im Scheidungsverfahren **II. I.** 6 *13*
– Schriftsatz **II. I.** 8 *12*
Forderungsanmeldung, Hemmung der Verjährung **III. F.** 15 *1*
Forderungspfändung III. B. 6
Formelle Berechtigung, Darlegung im Scheckprozeß **I. Q.** 5 *6*
Fortführung des Rechtsstreits aufgrund Gehörsrüge **I. N.** 5
Fortsetzung des Rechtsstreits nach Anzeige der Bestellung durch den Testamentsvollstrecker **I. L.** 2 *1*
– nach Aufhebung eines Prozeßvergleichs **I. M.** 1 *2*
– nach Aufnahme durch die Erben **I. L.** 2 *1*
Fortsetzung des Rechtsstreits durch den Beklagten nach Vorbehaltsurteil **I. Q.** 7, 8
Fortsetzung des Rechtsstreits durch den Kläger I. Q. 8
Fortsetzungsfeststellungsbeschwerde im Kartellrecht **II. L.** 23 *9,* 24 *7*
Fortsetzungsfeststellungsklage, Feststellungsinteresse **V. B.** 13 *2*
– im Sozialgerichtsprozeß **VIII.** 8 *2,* 9 *2*
Fortsetzungskrankheit IV. A. 4 *3*
Fortsetzungszusammenhang im Wettbewerbsrecht **II. N.** 1 *6,* 12 *4*
Freiberufliche Mitunternehmerschaft VII. 3
Freie Meinungsäußerung VI. 1
Freigabe, Bewilligung der ... eines hinterlegten Betrags **II. F.** 5
Freistellungsanspruch II. E. 1
– für die Beschaffung von Hilfsmaterial **IV. E.** 5
– des Betriebsratsmitglieds **IV. E.** 4
– von einer Verbindlichkeit **II. E.** 1 *4*
Freistellungsantrag für Rationalisierungskartell **II. L.** 11
– für Rationalisierungskartell mit gemeinsamen Beschaffungseinrichtungen, Vertriebseinrichtungen und Preisabsprachen **II. L.** 12
– für sonstiges Kartell **II. L.** 13
– für Strukturkrisenkartell **II. L.** 10
Fremdrechtserbschein II. J. 22 *1*
Fremdrentengesetz VIII. 21 *6*
Fristen, Abkürzung der Einlassungsfrist **I. Q.** 3 *9*
– Festsetzung der Einlassungsfrist **I. F.** 4 *2*
– Nachprüfungspflicht des Prozeßbevollmächtigten **I. F.** 1 *1*
– Verlängerung richterlicher und gesetzlicher Fristen **I. F.** *5 1*
– Wiedereinsetzung bei Versäumung **I. F.** 1
Fristen und Rechtsmittel, Abänderung und mündliche Verhandlung über einstweilige Anordnung **II. I.** 27
– Abänderungsklage gegen Unterhaltstitel **II. I.** 4
– Ablehnung der Prozeßkostenhilfe **I. C.** 6
– Ablehnung des Richters im Zivilprozeß **I. L.** 7
– Ablehnung eines Sachverständigengutachtens **I. H.** 6
– Abnahme der eidesstattlichen Versicherung **III. D.** 1
– abweichende Versteigerungsbedingungen **III. B.** 38
– aktienrechtliche Anfechtungsklage **II. K.** 22
– andere Verwertung nach § 825 ZPO **III. B.** 5
– andere Verwertung nach § 844 ZPO **III. B.** 15
– Anerkenntnisurteil **I. M.** 8, 9
– Anfechtungsklage gegen Gesellschafterbeschlüsse **II. K.** 14
– Anfechtungsklage nach § 54 Abs. 1 SGG **VIII.** 2
– Anregung an das Gericht, einen Rechtsstreit auszusetzen und dem Europäischen Gerichtshof gem. Art. 234 EG zur Vorabentscheidung vorzulegen **IX.** 1
– Anspruchsbegründung nach Einspruch gegen Vollstreckungsbescheid **I. B.** 8
– Anspruchsbegründung nach Überleitung in das streitige Verfahren **I. B.** 7
– Anspruchsschreiben an die Europäische Kommission (Haftung für legislatives Unrecht) **IX.** 4
– Antrag auf Änderung der Ratenzahlungsanordnung **I. C.** 4
– Antrag auf Anhörung eines bestimmten Arztes **VIII.** 22
– Antrag auf Feststellung der Unbedenklichkeit nach § 16 Abs. 3 UmwG **II. K.** 25

- Antrag auf gerichtliche Feststellung nach §§ 304, 305 AktG **II. K.** 24
- Antrag auf Kindesunterhalt nach Regelbeiträgen **II. I.** 3
- Antrag auf Klageerhebung im selbständigen Beweisverfahren **I. H.** 12
- Antrag auf schuldrechtliche Regelung des Versorgungsausgleichs **II. I.** 21
- Antrag auf Urteilsberichtigung gemäß Artt. 66 EuGH-VerfO/84 EuG-VerfO **IX.** 15
- Antrag auf Vollstreckungsklausel bei bedingter Leistung **III. A.** 3
- Antrag auf Vorlegung der Urkunde durch Dritte **I. H.** 8
- Antrag auf Zulassung als Streithelfer beim EuG/EuGH **IX.** 13
- Antragsschrift gemäß Art. 242, 243 EG **IX.** 11
- Anwaltsvergleich **I. M.** 2
- Aufhebung der Beschlagnahme von Zubehör **III. B.** 37
- Aufhebung des Arrests wegen veränderter Umstände **I. R.** 3
- Auseinandersetzungsantrag nach § 246 ZPO **I. L.** 2
- Auskunftserzwingungsverfahren **II. K.** 21
- Auslegung eines Urteils gem. Artt. 40 EuGH-Stzg (EWG), 41 EuGH-Stzg (EAG), 37 EuGH-Stzg (EGKS), 102 EuGH-VerfO, 129 EuG-VerfO **IX.** 16
- Aussetzung der Verwertung **III. B.** 4
- Aussetzung der Vollziehung im Finanzgerichtsprozeß **VII.** 10
- Aussetzungsantrag nach § 149 ZPO **I. L.** 1
- Beiladung im Sozialgerichtsprozeß **VIII.** 23
- Berufung gegen Verbundurteil **II. I.** 30
- Berufungsbegründung im Zivilprozeß **I. O.** 2
- Beschwerde gegen Ablehnung der Prozeßkostenhilfe **I. C.** 8
- Beschwerde gegen Änderungsbeschluß **I. C.** 5
- Beschwerde gemäß Art. 90 Abs. 2 Beamtenstatut **IX.** 7
- Beschwerde im Verfahren nach WEG **II. H.** 8
- Bestimmung des zuständigen Gerichts **I. I.** 5
- Beweisanordnung **I. H.** 4
- Beweisbeschluß **I. H.** 1
- dienstrechtliche Klage gemäß Art. 236 EG **IX.** 8
- dingliche Gläubigersicherung **III. A.** 20
- dinglicher Arrest **I. R.** 1
- Drittwiderspruchsklage gem. Artt. 39 EuGH-Stzg (EWG), 40 EuGH-Stzg (EAG), 36 EuGH-Stzg (EGKS), 97 EuGH-VerfO/123 EuG-VerfO **IX.** 14
- Eheaufhebungsklage **II. I.** 5
- Einspruch gegen Bescheid über gesonderte und einheitliche Feststellung von Einkünften **VII.** 2
- Einspruch gegen die Ablehnung eines Erlaßantrags **VII.** 7
- Einspruch gegen Einkommensteuerbescheid **VII.** 1
- Einspruch gegen Erbschaftsteuerbescheid **VII.** 5
- Einspruch gegen Grunderwerbsteuerbescheid **VII.** 4
- Einspruch gegen Haftungsbescheid **VII.** 6
- Einspruch gegen Versäumnisurteil **I. G.** 5
- Einspruch gegen Vollstreckungsbescheid **I. B.** 4
- Einstellung der Zwangsversteigerung **III. B.** 35
- einstweilige Anordnung im Sozialgerichtsprozeß **VIII.** 28
- Einstweilige Anordnung wegen Ehewohnung **II. I.** 25
- Einstweilige Anordnung wegen elterlicher Sorge **II. I.** 24
- Einstweilige Anordnung wegen Getrenntleben **II. I.** 25
- Einstweilige Anordnung wegen Getrenntlebens-Unterhalts **II. I.** 26
- Einstweilige Anordnung wegen Kindesunterhalt **II. I.** 26
- Einstweilige Anordnung wegen persönlicher Gebrauchsgegenstände **II. I.** 25
- Einstweilige Anordnung wegen Prozeßkostenvorschuß **II. I.** 23
- Einstweilige Einstellung beim Vollstreckungsgericht **III. A.** 17
- Einstweilige Verfügung **I. R.** 4
- Einstweilige Verfügung auf Eintragung einer Vormerkung **II. G.** 3
- Einstweilige Verfügung im Wettbewerbsrecht **II. N.** 3
- Eintragung einer Zwangshypothek **III. B.** 32
- Entscheidung nach Lage der Akten **I. G.** 8
- Entscheidung über Zeugnisverweigerungsrecht **I. H.** 3
- Ergänzung der eidesstattlichen Versicherung **III. D.** 2
- Erhöhung des Pfandbeitrags **III. B.** 21
- Erlaß des Vollstreckungsbescheids **I. B.** 3
- Erledigung des Rechtsstreits **I. M.** 10
- Erledigung des Rechtsstreits im Finanzgerichtsprozeß **VII.** 19
- für Erteilung der Vollstreckungsklausel **III. A.** 1
- Festsetzung der Vergütung für einen im finanzgerichtlichen Verfahren beigeordneten Vertreter **VII.** 34
- Festsetzung von Vollstreckungskosten **III. A.** 10
- Festsetzung von Zwangsmitteln **III. C.** 4
- Feststellung der Vaterschaft **II. I.** 2
- Feststellungsklage im Sozialgerichtsprozeß **VIII.** 8

– Fristverlängerung **I. F.** 5
– Gebrauchsmusterlöschungsantrag **II. O.** 12
– Gegenvorstellung **I. O.** 7
– Gehörsrüge **I. N.** 5
– Geltendmachung im Reisevertragsrecht **II. D.** 1
– Gerichtsvollziehermaßnahmen **III. A.** 14
– Gestattung der Austauschpfändung **III. B.** 3
– Gestattung der Ersatzvornahme und Leistung eines Kostenvorschusses **III. C.** 3
– Grundurteil **I. L.** 5
– Hilfsantrag **I. K.** 4
– Hinausschieben der Urteilszustellung **I. N.** 6
– isolierte Anfechtungsklage nach § 54 Abs. 1 SGG **VIII.** 2
– isolierte Leistungsklage im Sozialgerichtsprozeß **VIII.** 3
– Kindesunterhalt **II. I.** 2, 3
– Klage auf Schadensersatz und Schmerzensgeld im Reisevertragsrecht **II. D.** 6
– Klage gegen das Reisebüro **II. D.** 2
– Klage gegen Einkommensteuerbescheid **VII.** 9
– Klage gegen Umsatzsteuerbescheid **VII.** 11
– Klage gemäß Art. 235 i. V. m. Art. 288 Abs. 2 EG **IX.** 6
– Klage im Zivilprozeß **I. D.** 1
– Klageänderung **I. K.** 1
– Klageänderung nach § 68 FGO **VII.** 18
– Klauselerteilung für und gegen Rechtsnachfolger **III. A.** 4
– Klauselerteilung nach § 726 Abs. 1 ZPO **I. T.** 4; **III. A.** 3
– Kostenentscheidung bei Anerkenntnis **I. M.** 8
– Kostenentscheidung im Sozialgerichtsprozeß **VIII.** 29
– Kostenentscheidung nach Klagrücknahme **I. M.** 5
– Kostenfestsetzung gem. Artt. 74 EuGH-VerfO/92 EuG-VerfO **IX.** 18
– Kostenfestsetzung im finanzgerichtlichen Verfahren **VII.** 32
– Kostenfestsetzung nach § 197 SGG **VIII.** 30
– Kostenwiderspruch **II. N.** 7
– Löschung im Schuldnerverzeichnis **III. D.** 6
– Mahnverfahren **I. B.** 1
– Mieterantrag auf Gewährung einer Räumungsfrist nach § 721 ZPO oder bei Räumungsvergleich **II. B.** 9
– Nacherfüllungsklage des Käufers **II. A.** 4
– Nachprüfungsantrag **II. M.** 2
– Nebenintervention **I. J.** 3
– negative Feststellungsklage wegen Fortbestand einer einstweiligen Anordnung **II. I.** 28
– Nichtberücksichtigung von Unterhaltsberechtigten **III. B.** 19
– Nichtigkeitsklage **I. P.** 1
– Nichtigkeitsklage gegen einen Rechtsakt der Europäischen Gemeinschaft (Art. 230 Abs. 4 EG) **IX.** 2
– Nichtzulassungsbeschwerde im Finanzgerichtsprozeß **VII.** 24
– Nichtzulassungsbeschwerde im Sozialgerichtsprozeß (Berufung) **VIII.** 11
– Normenkontrollverfahren nach § 47 VwGO **V. G.** 1 *15*
– Notfristzeugnis **III. A.** 1
– öffentliche Zustellung von Klagschrift und Ladung **I. F.** 3
– Ordnungsmittelantrag **III. C.** 5
– Ordnungsmittelbeschluß **I. H.** 2
– Parteierweiterung **I. J.** 6
– Parteiwechsel **I. J.** 5
– Patentnichtigkeitsklage **II. O.** 6
– persönlicher Arrest **I. R.** 2
– Pfändungs- und Überweisungsantrag **III. B.** 6
– Pfändungsantrag auf bedingt pfändbare Bezüge **III. B.** 18
– Pfändungsantrag bei Anwartschaften an beweglichen Sachen **III. B.** 28
– Pfändungsantrag bei Arbeitseinkommen **III. B.** 17
– Pfändungsantrag bei drittschuldnerlosem Recht **III. B.** 25
– Pfändungsantrag bei Forderung aus unerlaubter Handlung **III. B.** 20
– Pfändungsantrag bei Gemeinschafts-, Gesellschafts- und Genossenschaftsanteilen **III. B.** 26
– Pfändungsantrag bei GmbH-Stammeinlage **III. B.** 13
– Pfändungsantrag bei Herausgabeanspruch **III. B.** 27
– Pfändungsantrag bei Hypotheken und Grundschulden **III. B.** 9
– Pfändungsantrag bei Kontoguthaben und sonstigen Ansprüchen gegen Banken **III. B.** 12
– Pfändungsantrag bei sonstigen Geldforderungen **III. B.** 14
– Pfändungsantrag bei Sozialleistungen **III. B.** 10
– Pfändungsantrag bei Steuererstattungsansprüchen **III. B.** 11
– Protokollberichtigung **I. F.** 9
– Prozeßkostenhilfe **I. C.** 1
– Prozeßkostenhilfe im Rechtsmittelverfahren **I. C.** 3
– Prozeßkostenhilfe im Sozialgerichtsprozeß **VIII.** 25
– Prozeßkostenhilfeantrag im finanzgerichtlichen Verfahren **VII.** 33
– Prozeßstandschaft **I. J.** 1 *1*
– Räumungsantrag nach § 149 Abs. 2 ZVG **III. B.** 42
– Rechtskraftzeugnis **III. A.** 1

– Rechtsmittelantrag gegen Entscheidung des Gerichts erster Instanz gem. Art. 225 EG zum EuGH **IX.** 12
– Revision im Finanzgerichtsprozeß **VII.** 27–31
– Revision im Zivilprozeß **I. O.** 5
– Richterablehnung im Finanzgerichtsprozeß **VII.** 23
– richterliche Durchsuchungsanordnung für Schuldnerwohnung **III. A.** 11
– Rubrumsberichtigung **III. A.** 8
– Sachverständigengutachten **I. H.** 4
– Schadensersatzklage nach § 717 Abs. 2 ZPO **III. A.** 23
– Schuldnerantrag gegen Kontenpfändung **III. B.** 23
– Schuldnerantrag nach § 850 i ZPO **III. B.** 22
– selbständiges Beweisverfahren **I. H.** 10
– sofortige Beschwerde gegen Vertagungsbeschluß **I. G.** 4
– sofortige Beschwerde im Zivilprozeß **I. O.** 6
– sofortige Beschwerde wegen „greifbarer Gesetzwidrigkeit" **II. I.** 29
– sofortiger Beschwerde nach § 793 ZPO **III. A.** 22
– Streitverkündung **I. J.** 2
– Stufenklage im Zivilprozeß **I. D.** 11; **II. E.** 1
– Tatbestandsberichtigung **I. N.** 4
– Tatbestandsberichtigung im Finanzgerichtsprozeß **VII.** 21
– Teilungsversteigerungsantrag **III. B.** 44
– Teilurteil **I. L.** 4
– Terminverlegung bei Terminkollision **I. F.** 7
– Überweisungsantrag bei verbrieften Forderungen **III. B.** 8
– Umgangsrecht **II. I.** 11
– Untätigkeitseinspruch im finanzgerichtlichen Vorverfahren **VII.** 8
– Untätigkeitsklage gemäß Art. 232 EG **IX.** 3
– Untätigkeitsklage nach § 88 SGG **VIII.** 5
– Urkundenbeweisantritt **I. H.** 7
– Urkundenprozeß **I. Q.** 1
– Urteilsberichtigung **I. N.** 1
– Urteilsberichtigung im Finanzgerichtsprozeß **VII.** 20
– Urteilsergänzung **I. N.** 3
– Urteilsergänzung im Finanzgerichtsprozeß **VII.** 22
– Vaterschaftsanfechtung **II. I.** 1
– Vereinbarung des Bestehenbleibens nach § 91 ZVG **III. B.** 40
– im Verfahren nach § 46 a WEG **II. H.** 3
– im Verfahren nach WEG **II. H.** 1
– Verfassungsbeschwerdeverfahren **VI.** 1
– Verhaftungsauftrag **III. D.** 5
– Verkehrswertfestsetzung nach § 74 a Abs. 5 Satz 3 ZVG **III. B.** 36
– Verpflichtungsklage nach § 54 Abs. 1 SGG **VIII.** 4
– Versäumnisurteil gegen den Beklagten **I. G.** 1
– Versäumnisurteil gegen den Kläger **I. G.** 3
– Versäumnisurteil im schriftlichen Vorverfahren **I. G.** 2
– Versorgungsausgleich **II. I.** 17–22
– Verweisung an die Kammer für Handelssachen **I. I.** 1
– Verweisung im Sozialgerichtsprozeß **VIII.** 24
– Verweisung wegen örtlicher Unzuständigkeit **I. I.** 2
– Verzichtsurteil **I. M.** 7
– Vollstreckungsabwehrklage **III. A.** 16
– Vollstreckungsauftrag nach § 754 ZPO **III. B.** 1
– Vollstreckungsauftrag wegen Herausgabe beweglicher Sachen **III. C.** 1
– Vollstreckungsauftrag wegen Räumung **III. C.** 2
– Vollstreckungsschutz nach § 765 a ZPO **II. B.** 14
– Vollstreckungsschutzantrag **III. A.** 13
– Vorabentscheidung über den Zuschlag gem. § 121 GWB **II. M.** 7
– Vorabentscheidung über die Zulässigkeit des Rechtswegs **I. I.** 4
– Vorbehaltsurteil **I. L.** 6
– Vorläufige Anordnung wegen elterlicher Sorge und Herausgabe eines Kindes **II. I.** 24
– vorläufiger Rechtsschutz im Sozialgerichtsprozeß **VIII.** 27
– Vorpfändung **III. B.** 7
– vorzeitige Gestattung **II. M.** 4
– weitere vollstreckbare Ausfertigung **III. A.** 7
– wettbewerbsrechtliche Abmahnung **II. N.** 1
– Widerspruch des Schuldners (§ 900 Abs. 5 ZPO) **III. D.** 4
– Widerspruch gegen Mahnbescheid **I. B.** 2
– Widerspruch gegen Teilungsplan nach § 876 ZPO **III. B.** 30
– Wiederaufnahme des Verfahrens gem. Artt. 41 EuGH-Stzg (EWG), 42 EuGH-Stzg (EAG), 38 EuGH-Stzg (EGKS), 98 ff. EuGH-VerfO/125 EuG-VerfO **IX.** 17
– Wiedereinsetzung in den vorigen Stand **I. F.** 1, 2
– Zugewinnausgleich **II. I.** 15
– Zuschlagsbeschluß **III. B.** 39
– Zustellungsauftrag **III. A.** 6
– Zustimmung zum Realsplitting **II. I.** 14
– Zuteilung von Ehewohnung und Hausrat **II. I.** 16
– Zwangsversteigerungsantrag für Grundstück, Erbbaurecht, Wohnungseigentum **III. B.** 33
– Zwangsversteigerungsbeitritt **III. B.** 34
– Zwangsverwaltung **III. B.** 41
– Zweites Versäumnisurteil **I. G.** 6
Fristverlängerung I. F. 5
– Anwaltszwang **I. F.** 5 *4*
– Fristen und Rechtsmittel **I. F.** 5

Fristversäumung und Anwaltsverschulden, EDV-gestützter Fristenkalender **I. F.** 2 *1*
– erwartete Verlängerung der Berufungsbegründungsfrist **I. F.** 2 *1*
– fehlerhafte Anträge auf Prozeßkostenhilfe **I. F.** 2 *1*
– fehlerhafte Entgegennahme von Berufungsaufträgen **I. F.** 2 *1*
– fehlerhafte Kontrolle von Rechtsmittelfristen **I. F.** 2 *1*
– fehlerhafte Rechtsmittelschrift **I. F.** 2 *1*
– fehlerhafte Zuleitung an das Gericht **I. F.** 2 *1*
– Mißverständnisse gegenüber dem Mandanten **I. F.** 2 *1*
– Mißverständnisse gegenüber Kollegen **I. F.** 2 *1*
Früher erster Termin I. D. 1 *13;* **E.** 1
– Prozeßförderungspflicht **I. D.** 1 *13*
– und verspätetes Vorbringen **I. E.** 4 *1*
Fusion II. L. 18; *s. Zusammenschluß*

Gebäude, Haftung des Eigenbesitzers **II. E.** *5 6*
– als Schadensursache **II. E.** *5*
Gebrauchsmuster, Berechtigungsanfrage **II. O.** 8
– Schutzumfang **II. O.** *9 24*
Gebrauchsmusterberühmung II. O. *7 7*
Gebrauchsmusterlöschungsantrag II. O. 12
– Kostenentscheidung **II. O.** 12 *5*
– Löschungsvoraussetzungen **II. O.** 12 *1*
– Teillöschung **II. O.** 12 *4*
Gebrauchsmusterrecht, Pfändung **III. B.** *25 1*
Gebrauchsmusterrolle II. O. *9 19*
Gebrauchsmusterverletzungsklage, Abmahnung **II. O.** 8
– Abschriften **II. O.** *9 20*
– Akteneinsicht **II. O.** 10 *5*
– Auskunft **II. O.** 9
– Aussetzung des Rechtsstreits **II. O.** 11 *3*
– Einzelrichter **II. O.** *9 15*
– Erfindungsbegriff **II. O.** *9 21*
– formelle Klageerwiderung **II. O.** 10
– Gebrauchsmusterrolle **II. O.** *9 19*
– Gestehungskosten **II. O.** *9 10a*
– Güteverhandlung **II. O.** *9 16*
– Insbesondere-Antrag **II. O.** *9 8*
– Konkretisierte Verletzungshandlung **II. O.** *9 7*
– materielle Klageerwiderung **II. O.** 11
– Merkmalsanalyse **II. O.** *9 25*
– Mitteilung des Anmeldetages **II. O.** *9 17*
– Nebenanträge **II. O.** *9 14*
– Patentanwalt **II. O.** *9 30*
– Priorität **II. O.** 9
– Prüfungszeitraum **II. O.** *9 8a*
– Rechnungslegung **II. O.** *9 28*
– Schutzansprüche **II. O.** *9 24*
– Schutzumfang des Gebrauchsmusters **II. O.** *9 24*
– Stand der Technik **II. O.** 9
– Strafandrohungsklausel **II. O.** *9 4*
– Streitwert **II. O.** *9 3*
– Unionspriorität **II. O.** *9 17*
– Unterlassungsanspruch **II. O.** *9 31*
– Vernichtungsanspruch **II. O.** *9 12*
– Verschulden **II. O.** *9 27*
– Wirtschaftsprüfervorbehalt **II. O.** *9 11*
– Zuständigkeit **II. O.** *9 1*
Gebühren, Abrechnung **I. A.** 8
– Abrechnung nach Versäumnisurteil bei Vergleich über nicht rechtshängige Gegenstände **I. A.** 10
– Abrechnung Verfügungsverfahren **I. A.** 9
– Abrechnung Vergleich **I. A.** 9
– Anrechnung **I. A.** 10 *18*
– Auftraggebermehrheit **I. A.** 10 *2*
– Benutzung des eigenen Kraftfahrzeugs **I. A.** 10 *16*
– bei Beratungshilfe **I. A.** 7
– Beweisgebühr im einstweiligen Verfügungsverfahren **I. A.** *9 5*
– dieselbe Angelegenheit iSd. § 13 Abs. 2 S. 1 BRAGO **I. A.** 8 *3*
– elektronisch gespeicherte Daten **I. A.** 10 *14*
– bei elektronisch gespeicherten Daten **I. A.** 10 *14*
– Erhöhung gem. § 6 BRAGO **I. A.** 10 *8*
– Erstattungspflicht bei Abmahnung **I. A.** *9 7*
– gesonderte Angelegenheit iSd. § 50 BRAGO **I. A.** 8 *5*
– Kostenfestsetzung **I. A.** 11
– Nebenkosten **I. A.** 10 *17*
– Pauschsatz gem. § 26 S. 2 BRAGO **I. A.** 8 *4*
– Prozeßbevollmächtigter/Terminsvertreter **I. A.** 10
– Vollziehungsgebühr **I. A.** *9 3*
– *s. Kosten und Gebühren*
Gebührenteilung I. A. 1 *2*
Gebührenvorschuß I. A. 2 *4*
Gefährdungshaftung und Verkehrsunfall II. E. 16
Gefahr im Verzug und Durchsuchungsanordnung **III. A.** 11 *7*
Gefahrgeneigte Tätigkeit IV. C. 2 *3*
Gegenantrag im selbständigen Beweisverfahren **I. H.** 11
Gegendarstellung im Presserecht II. P. 1
– Abdruckpflicht **II. P.** 1 *1f*
– Ablehnung der Veröffentlichung **II. P.** 3
– Antrag auf Abweisung eines Antrages auf Veröffentlichung **II. P.** 5
– Antrag auf Anordnung der Veröffentlichung einer Gegendarstellung **II. P.** 4
– Aufforderung zum Abdruck **II. P.** 2
– Berechtigte **II. P.** 1 *1c*
– Einwendungen **II. P.** 5
– Inhalt **II. P.** 1 *5*
– Rechtsgrundlagen **II. P.** 1 *1a*

– Rechtsnatur **II. P.** 1 *1b*
– gegenüber Tatsachenbehauptungen **II. P.** 1 *4*
– Verpflichtete **II. P.** 1 *1d*
– Voraussetzungen **II. P.** 1 *1e*
– Zwangsvollstreckung **II. P.** 6
Gegenstand der Erfindung II. O. 1 *12*
Gegenstandswert, Festsetzung im Sozialgerichtsprozeß **VIII.** 30 *2*
– im Verfassungsbeschwerdeverfahren **VI.** 17
Gegenvorstellung I. O. 7
Gehaltsfortzahlung IV. B. 2
– im Krankheitsfall **IV. A.** 3, *s. Entgeltfortzahlung*
Gehörsrüge I. N. *5*
– im Arbeitsgerichtsprozeß **IV. D.** 3
– Rügeschrift **I. N.** *5 1*
– Statthaftigkeit **IV. D.** 3 *3, 4*
– Voraussetzungen **I. N.** *5 1*
Geldakkord IV. A. *7 3*
Geldforderungen, Pfändung **III. B.** 14
Geldrente, Bemessung der Höhe **II. E.** 6 *9*
– Gebührenstreitwert **II. E.** 6 *4*
– und Kapitalabfindung **II. E.** 6 *8, 9*
– nach § 843 BGB **II. E.** 6
Gelegenheitsursache im Sozialrecht **VIII.** *9 3*
Geltendmachung von Reisemängeln **II. D.** 1, *s. Geltendmachung im Reisevertragsrecht*
Geltendmachung im Reisevertragsrecht, Adressat **II. D.** 1 *2*
– Anwendungsbereich **II. D.** 1 *15*
– Beweislast **II. D.** 1 *20*
– Form **II. D.** 1 *1*
– Frist **II. D.** 1 *5*
– und Mängelanzeige **II. D.** 1 *12*
– mehrere Personen **II. D.** 1 *4*
– Prospektangaben **II. D.** 1 *11*
– Zugang **II. D.** 1 *1*
Gemeinschaftlicher Erbschein II. J. 17
Gemeinschaftsanteile, Pfändung **III. B.** 26
Gemeinschaftspatent II. O. 1 *6*
Gemeinschaftspatentübereinkommen II. O. 1 *6*
Genehmigung nach § 1587 o BGB II. I. 6 *15*
– gegen einen die Genehmigung aufhebenden Widerspruchsbescheid **V. E.** 8
Genossenschaftsanteile, Pfändung **III. B.** 26 *14, 15*
Gericht, Bezeichnung bei Klageerhebung **I. D.** 1 *1*
Gericht Erster Instanz der Europäischen Gemeinschaften, Rechtsmittel gegen Entscheidungen des ... **IX.** 12, *s. Rechtsmittel (225 EG)*
– Streithilfe nach Artt. 115, 116 EuG-VerfO **IX.** 13, *s. Streithilfe (EuG/EuGH)*
Gerichtsbescheid im Sozialgerichtsprozeß **VIII.** 20 *1*
Gerichtsstand im Geschmacksmusterrecht **II. O.** 14 *37*
– bei Klage wegen mängelbehafteter Ferienwohnung im Ausland **II. D.** 3 *1*
– der unerlaubten Handlung **II. E.** 1 *1*, **II. O.** 18 *31*
Gerichtsstandsvereinbarung, internationale **I. T.** 4 *15*
Gerichtsvollzieher, Erinnerung gegen seine Maßnahmen **III. A.** 14
– als Sequester **III. E.** 1 *7*
– Zustellungsauftrag **III. A.** 6
Gerümpel in der Zwangsvollstreckung **III. C.** 2 *4*
Gesamtgut und § 771 ZPO **III. A.** 19 *10*
Gesamtschuld im Gesellschaftsrecht **II. K.** *6 2*
– im Markenrecht **II. O.** 18 *26*
Gesamtschuldnerische Haftung von Architekt und Werkunternehmer **II. C.** 12 *2, 3*
– von Fahrzeughalter und Versicherung **II. E.** 6 *7*
– gestörter gesamtschuldnerischer Ausgleich **II. C.** 12 *3*
– Wirkung eines Vergleichs **II. C.** 13 *3*
Geschäftsbedingungen, Empfehlung **II. L.** 7
Geschäftsbesorgung II. F. 1
Geschäftsführungsbefugnis, einstweilige Verfügung auf Entziehung nach HGB **II. K.** 4
– Entziehungsgrund **II. K.** 3 *7*
– Klage auf Entziehung der ... und Vertretungsmacht **II. K.** 3
– Regelung zur Entziehung im Gesellschaftsvertrag **II. K.** 3 *6*
– Teilentziehung **II. K.** 3 *4*
Geschäftsraummiete, Abrechnungszeitraum für Nebenkosten **II. B.** 3 *4*
– Betriebskostennachzahlung **II. B.** 3
– Zuständigkeit **II. B.** 3 *1*
Geschäftswert im Verfahren nach WEG **II. H.** 1 *10*, 4 *11*
Geschlechtsdiskriminierung, Beweisregeln **IV. A.** 17 *1*
– Frist **IV. A.** 17 *4*
– hinsichtlich des Lohnanspruchs, mittelbare **IV. A.** 16 *5*
– Klage **IV. A.** 17
– Rechtsfolgen **IV. A.** 17 *2*
– Stellenausschreibung **IV. A.** 17 *3*
Geschmacksmusterberühmungsklage II. O. 17
Geschmacksmusterrecht, Auskunftsanspruch **II. O.** 17 *3*
– einstweilige Verfügung **II. O.** 14 *39*
– Pfändung **III. B.** 25 *1*
– Unterlassungsanspruch **II. O.** 14 *39*
Geschmacksmusterunfähigkeit II. O. 14 *22*
Geschmacksmusterverletzung, Abmahnung **II. O.** 13
Geschmacksmusterverletzungsklage, Anspruch auf Rechnungslegung **II. O.** 14 *8, 33*
– Bedeutung der Eintragung **II. O.** 14 *17*

– Eigentümlichkeit **II. O.** 14 *26*
– Einzelrichter **II. O.** 14 *13*
– Feststellungsantrag **II. O.** 14 *31*
– flächenhafte Erzeugnisse **II. O.** 14 *22*
– formelle Klageerwiderung **II. O.** 15
– Gerichtsstand der unerlaubten Handlung **II. O.** 14 *37*
– Geschmacksmusterakten **II. O.** 15 *7*
– Gestaltungshöhe **II. O.** 16 *4*
– Güteverhandlung **II. O.** 14 *14a*
– materielle Klageerwiderung **II. O.** 16
– Merkmalskombinationen **II. O.** 16 *2, 4*
– Mitteilung des Anmeldetages **II. O.** 14 *16*
– Nachbildung **II. O.** 14 *20, 29*
– Nachbildungswille **II. O.** 16 *6*
– Nebenanträge **II. O.** 14 *12*
– Neuheitschonfrist **II. O.** 16 *3*
– Neuheitsvermutung **II. O.** 14 *25*
– objektive Übereinstimmung **II. O.** 16 *7*
– Patentstreitkammer **II. O.** 14 *1*
– Prima-facie-Beweis bei Nachbildungen **II. O.** 16 *6*
– Raumform **II. O.** 14 *22*
– schriftliches Vorverfahren **II. O.** 14 *12*
– Schuldvorwurf **II. O.** 14 *32*
– Schutzfähigkeit **II. O.** 14 *22*
– Strafandrohungsklausel **II. O.** 14 *4*
– Streitwert **II. O.** 14 *3*
– Unterlassungsanspruch **II. O.** 14 *39*
– und UWG **II. O.** 14 *38*
– Vernichtungsanspruch **II. O.** 14 *10, 36*
– Verwechslungsgefahr **II. O.** 14 *19*
– Verweisung **II. O.** 14 *1*
– Vorverbreitung **II. O.** 16 *3*
– Wirkung der Eintragung **II. O.** 14 *17*
– Wirkung der Niederlegung **II. O.** 16 *3*
– Wirtschaftsprüfervorbehalt **II. O.** 14 9
– Zivilkammer **II. O.** 14 *1*
– Zuständigkeit **II. O.** 14 *1*
Gesellschafter, Auskunfts- und Einsichtsrecht **II. K.** 15 *6*
– Ausschließung bei GmbH **II. K.** 16
– Ausschließung nach § 140 HGB **II. K.** 2
– Klage auf Aufwendungsersatz **II. K.** 9
– Klage des ausgeschiedenen ... auf Abfindung **II. K.** 6
– Klage gegen ... nach §§ 176, 128 HGB **II. K.** 8
– Nachschußpflicht **II. K.** 12
– Vertreter bei Klage wegen § 181 BGB **II. K.** 9
– Weigerung zu Klagen **II. K.** 4 *4*
Gesellschafterbeschluß auf Ausschließung **II. K.** 16 *9*
Gesellschafterdarlehen II. K. 13 *4*
Gesellschaftsanteile, Pfändung **III. B.** 26
Gesetz, Verfassungsbeschwerde (Art. 12 GG) **VI.** 10
– Verfassungsbeschwerde (Art. 3 GG) **VI.** 11
– Verfassungsbeschwerde (Rückwirkungsverbot) **VI.** 12
– Verfassungsbeschwerde (Unterlassen) **VI.** 9
Gesetzliche Erbfolge II. J. 16
Gesetzlicher Forderungsübergang II. E. 1 *6, 5 9*
Gesetzlicher Richter VI. 2
– Europäischer Gerichtshof **IX.** 1 *4*
Gesonderte Feststellung von Besteuerungsgrundlagen **VII.** 2 *4*
Geständnis I. E. 3 *5;* **M.** 7
Gestaltungshöhe im Geschmacksmusterrecht **II. O.** 13 *9*
Gestattung, vorzeitige **II. M.** 4, *s. vorzeitige Gestattung*
Gestehungskosten, Gebrauchsmusterverletzungsklage **II. O.** 9 *10a*
– im Geschmacksmusterrecht **II. O.** 13 *18a*
– Patentverletzungsklage **II. O.** 3 *10b*
Getrenntleben der Ehegatten, Begriff **II. I.** 7 *9*
– einstweilige Anordnung **II. I.** 25
– mindestens 1–3 Jahre **II. I.** 7
– weniger als 1 Jahr **II. I.** 6 *11*
Getrenntlebens-Unterhalt, Beginn der Zahlurgen **II. I.** 26 *4*
– Zuständigkeit **II. I.** 26 *1*
Gewährleistung im Reisevertragsrecht **II. D.** 4 *1*
Gewährung von Kindergeld, Klage auf ... **VII.** 17
Gewaltschutzgesetz II. I. 16 *3*
– vorläufiger Rechtsschutz **II. I.** 25 *4*
Gewerbliches Zwischenmietverhältnis, Eintritt des Vermieters **II. B.** 5 *6*
– Erheblichkeit des Zahlungsrückstandes **II. B.** 5 *4*
– Klage auf Räumung **II. B.** 5
– Voraussetzungen **II. B.** 5 *5*
– Zuständigkeit **II. B.** 5 *1*
Gewillkürte Prozeßstandschaft I. J. 1
Gläubigeranfechtung III. F. 2
Glaubhaftmachung durch anwaltliche Versicherung **I. F.** 1 *10*
– bei einstweiliger Anordnung im Verwaltungsverfahren **V. D.** 6 *8*
– im Insolvenzverfahren **III. F.** 11 *8, 9,* 13 *9*
– im Sozialgerichtsprozeß **VIII.** 21 *6*
Gleichbehandlungsgrundsatz im Arbeitsrecht **IV. A.** 16 *2, 3*
Gleichheitssatz VI. 11
– und Sozialstaatsprinzip **VI.** 4
GmbH, Anfechtung von Gesellschafterbeschlüssen **II. K.** 14
– Auflösung **II. K.** 17
– Ausschluß eines Gesellschafters **II. K.** 16
– eigenkapitalersetzendes Darlehen **II. K.** 13 *4, 6, 7, 8*
– Feststellung nach §§ 51 a, 51 b GmbHG **II. K.** 15
– Gesellschaftszweck **II. K.** 17 *5*
– Haftung in der Vorgesellschaft **II. K.** 11

– Kreditunwürdigkeit **II. K.** 13 *9*
– Nachschußpflicht **II. K.** 12
– Verweigerung der Information **II. K.** 15 *7*
GmbH-Stammeinlage, Pfändung **III. B.** 13
Grad der Behinderung VIII. 8 *3*
Grobe Unbilligkeit im Unterhaltsrecht **II. I.** 13 *7*
Gründer einer GmbH II. K. 11
Grundbuch, Berichtigung **I. R.** 8
– Einstweilige Verfügung **I. R.** 7
– Eintragung **II. G.** 4
– Eintragungsersuchen **II. G.** 3 *9, 10*
– Klage auf Berichtigung **II. G.** *5*
– Löschung **II. G.** 4
– Widerspruch gegen die Richtigkeit **II. G.** 6
Grundbuchberichtigung II. G. *5*
Grunderwerbsteuerbescheid, Einspruch **VII.** 4
Grundlagenbescheid, Aussetzung der Vollziehung **VII.** 2 *8*
– im Steuerrecht **VII.** 2 *4*
– Stundung **VII.** 2 *8*
Grundrechtsbeeinträchtigung VI. 1 *16*
Grundrechtsrüge VI. 1 *6*
Grundsatzrevision im Sozialgerichtsprozeß **VIII.** 13
Grundschuldklage II. G. 12 *1*
Grundschuld, Duldung der Zwangsvollstreckung nach Anfechtungsgesetz **III. F.** 4
– im Insolvenzverfahren **III. F.** 16 *14*
– Pfändung von Rückübertragungsansprüchen **III. B.** 29
– Pfändungsantrag **III. B.** 9
– Vollstreckungsauftrag **III. B.** 1 *1*
Grundstück, Eintragung einer Zwangshypothek **III. B.** 32
– Kaufpreisminderung **II. A.** 7
– Pfändung der Auflassungsanwartschaft **III. B.** 28
– Zwangsversteigerungsantrag **III. B.** 33
Grundurteil, Antrag **I. L.** 5 *4*
– im Sozialgerichtsprozeß **VIII.** 6 *3*
– verbunden mit Teilurteil **I. L.** 4 *1*
– im Zivilprozeß **I. L.** 5
Gruppenakkord IV. A. 7 *3*
Gruppenwahl bei Betriebsratswahlen **IV. E.** 2
Güterrechtsvertrag, Anfechtbarkeit **III. F.** 4 *3*
Gütestelle, Einigungsversuch vor Klageerhebung **I. D.** 1 *12*
– erfolgloser Einigungsversuch als Zulässigkeitsvoraussetzung **I. D.** 5 *4, 5*
Güteverhandlung, Antrag auf Absehen von der ... **I. D.** 1 *12;* **F.** 6
– erkennbare Aussichtslosigkeit **I. F.** 6 *4*
– Gebrauchsmusterverletzungsklage **II. O.** 9 *16*
– bei Geschmacksmusterverletzungsklage **II. O.** 14 *14a*
– Kosten und Gebühren **I. F.** 6
– bei Mahnverfahren **I. B.** 1 *1*
– bei Patentverletzungsklage **II. O.** 3 *17a*
– im Wechselprozeß **I. Q.** 3 *11*
– bei wettbewerbsrechtlicher Klage **II. N.** 9 *9*

Haager Abkommen im Geschmacksmusterrecht **II. O.** 13 *3*
Härtescheidung, Gründe **II. I.** 6 *10*
Haftbefehl und Durchsuchungsanordnung **III. D.** 5 *7*
– und § 901 ZPO **III. D.** *5*
Haftpflichtklage II. E. 6
Haftpflichtversicherung des Mandanten **II. E.** 12
Haftpflichtversicherung als Anspruchsgegner II. E. 10 *13*
Haftung für administratives Unrecht **IX.** *5*
– des Arbeitnehmers **IV. C.** 2 *3*
– des Kommanditisten **II. K.** 8 *4, 5, 6, 7*
– für legislatives Unrecht **IX.** 4, *s. legislatives Unrecht (EG)*
– im Steuerrecht **VII.** 6 *3*
– in der Vorgesellschaft **II. K.** 11 *1*
– in Vorgesellschaften **II. K.** 11 *1*
Haftungsausfüllende Kausalität im Sozialrecht **VIII.** 9 *3*
Haftungsausgleich zwischen Architekt und Werkunternehmer **II. C.** 12
Haftungsbegründende Kausalität im Sozialrecht **VIII.** 9 *3*
Haftungsbescheid im Steuerrecht **VII.** 6
Haftungsbeschränkung im AGB-Recht **II. Q.** 5
– als Einmalbedingung **I. A.** 4 *4*
– des Erben **II. J.** 15 *8*
– inhaltliche Zulässigkeit **I. A.** 4 *1*
– Schriftform **I. A.** 4 *9*
– Vereinbarung **I. A.** 4
– Verjährungsregelung **I. A.** 4 *6*
Handakten des Anwalts I. A. 5 *2*
Handelsbilanz II. K. 5 *4*
Handelssache, Ansprüche aus Handelsvertreterverträgen **I. D.** 11 2
– Vorschriften über den Einzelrichter **I. D.** 2 *8*
– Wechselansprüche **I. Q.** 3 *3*
– Zuständigkeit **I. D.** 2 2
Handlungshaftung nach § 11 Abs. 2 GmbHG **II. K.** 11 *2*
Handwerksrecht V. B. 4
Hauptfürsorgestelle, Zustimmung **IV. C.** 5
Hauptsache, Erledigung **I. M.** 10
Haushaltsführung und Schadensersatz II. E. 6 *16*
Haushaltskosten II. E. 7 *18*
Hausrat, Begriff **II. I.** 16 *8*
– und persönliche Gebrauchsgegenstände **II. I.** 25 *4*
– und Zugewinn **II. I.** 16 *8*
Hausratszuteilung II. I. 16
– Auskunftsanspruch **II. I.** 16 *8*

– Gewaltschutzgesetz **II. I.** 16 *3*
– Rückschaffung entzogener Haushaltsgegenstände **II. I.** 16 *1*
– Verfahren **II. I.** 16 *3*
Haustürgeschäft, Beweislast für Ausschluß **II. A.** 2 *5*
– Widerrufsrecht des Kunden **II. A.** 2 *4*
Heilung von Form- und Verfahrensfehlern in einem Bebauungsplan **V. A.** 2 *4*
– von Mängeln eines Bebauungsplans **V. G.** 1 *10*
Hemmung der Verjährung durch Anrufung der Einigungsstelle **II. N.** 11 *4*
– bei Antrag auf Bestimmung der Zuständigkeit **I. I.** *5*
– bei Aussetzung des Rechtsstreits **I. L.** 1
– durch Forderungsanmeldung **III. F.** 15 *1*
– durch Hilfsantrag **I. K.** 4
– durch Klageerhebung **I. D.** 1
– durch Kündigungsschutzklage **IV. B.** 2 *3*
– durch Mahnbescheid **I. B.** 1
– durch Prozeßaufrechnung **I. E.** 6 *1*
– Prozeßkostenhilfe **I. C.** 1 *1*
– im schiedsgerichtlichen Verfahren **I. S.** 1 *4*
– durch selbständiges Beweisverfahren **I. H.** 10 *1*
– durch Streitverkündung **I. J.** 2 *1*
– bei Teilklage **I. D.** 12 *1*
– bei Tod der Partei **I. L.** 2 *1*
– im Wettbewerbsrecht **II. N.** 4 *4*
Herabsetzung der Vorauszahlungen auf Einkommensteuer **VII.** 1 *11*
Herausgabe einer Bürgschaftsurkunde **II. F.** 4
Herausgabe beweglicher Sachen, Vollstreckungsauftrag **III. C.** 1
Herausgabe eines Geschenks an den Erben **II. J.** 8
Herausgabe eines Kindes, vorläufige Anordnung **II. I.** 24 *4*
– Zuständigkeit **II. I.** 24 *1*
Herausgabe von Arbeitspapieren IV. B. 17
Herausgabeanspruch, Einstweilige Verfügung **I. R.** 4
– Pfändung **III. B.** 27
Herausgabeklage I. D. 7
– Bezeichnung der Sache **I. D.** 7 *4*
– Fristsetzung **II. A.** 3 *7*
– nach § 861 BGB **II. G.** 1
– nach § 985 BGB **II. G.** 9
– und Schadensersatz **II. A.** 3 *7, 8*
– Streitwert **I. D.** 7 *3*
– auf Unterlagen des WEG-Verwalters **II. H.** 6
Hilfsantrag I. K. 4
– bei Aufrechnung im Prozeß **I. L.** 6 *2*
Hilfsaufrechnung I. E. 6 *1*
– Gebührenstreitwert **I. E.** 6 *4*
– im Urkundenprozeß **I. Q.** 2 *5*
Hilfsmittel im Sozialrecht **VIII.** 11 *5*
Hilfspfändung des Hypothekenbriefs **III. B.** 9 *7*
Hilfswiderklage I. E. 6 *2*
Hinausschiebung der Urteilszustellung **I. N.** 6
Hinterlegung durch den Drittschuldner **III. B.** 16
– im Geschmacksmusterrecht **II. O.** 14 *7*
– Klage auf Bewilligung der Freigabe **II. F.** 5
Hinterlegungsanzeige des Drittschuldners **III. B.** 16
Hinweispflicht des Reisebüros **II. D.** 2 *5*
– des Vorsitzenden im Sozialgerichtsprozeß **VIII.** 2 *5*
Hinweisschreiben bei Gebrauchsmuster **II. O.** 8 *1*
Hochschulzulassung, Aufnahmekapazität **V. D.** 7 *1, 3, 4, 6*
– Kapazitätsermittlung **V. D.** 7 *19*
– numerus-clausus-Fächer **V. D.** 7 *4*
– private Hochschulen **V. D.** 7 *6*
– Streitwert **V. D.** 7 *9*
– Studienplatztausch **V. D.** 7 *7*
Höchstbetragshypothek im Fall der Arresthypothek **III. E.** 3 *4*
– Pfändung **III. B.** 9 *1*
Honorar des Rechtsanwalts im Beschlußverfahren **IV. E.** 20
Honorarrechnung, Prüffähigkeit **II. C.** 15 *5*
Honorarvereinbarung I. A. 3
– Auslagenpauschale **I. A.** 3 *4*
– Regelungen **I. A.** 3 *1*
Hypothek, Hilfspfändung des Hypothekenbriefs **III. B.** 9 *7*
– Pfändungsantrag **III. B.** 9
– Zwangshypothek **III. B.** 32
Hypothekenklage, selbständige ... **II. G.** 3 *1*
Hypothekenklage nach § 1147 BGB II. G. 12
– Zug-um-Zug-Antrag **II. G.** 12 *9*

Identität im Markenrecht **II. O.** 18 *21*
Immaterieller Schaden, Ersatz im Urheberrecht **II. O.** 23 *11*
– im Presserecht **II. P.** 19 *10*
– im Reisevertragsrecht **II. D.** 5 *2*
Immissionsschutzrecht V. B. 15
– Antrag an das Verwaltungsgericht auf Anordnung der sofortigen Vollziehung **V. E.** 6
– Antrag an die Behörde auf Anordnung der sofortigen Vollziehung **V. E.** 5
Indossable Forderungspapiere, Pfändung **III. B.** 8 *2*
Informationsverordnung im Reisevertragsrecht **II. D.** 2 *5*
Inhalt des Eigentums VI. 3
Inkassozessionar I. J. 1 *1*
Insbesondere-Antrag II. O. 9 *8*
– im Wettbewerbsrechtsstreit **II. N.** 10 *6*

Insolvenz, Zwangsversteigerung **III. B.** 35 *9*
Insolvenzgrund zur Eröffnung des Insolvenzverfahrens **III. F.** 10 *4*
Insolvenzrecht, Absonderungsberechtigung **III. F.** 16 *3*
– Arbeitnehmer **III. F.** 21 *8, 10*
– Aussonderungsberechtigung **III. F.** 16 *4*
– Eigenverwaltung **III. F.** 12 *3*
– Haftung des Insolvenzverwalters bei Masseunzulänglichkeit **III. F.** 21 *6*
– Insolvenztabelle **III. F.** 15
– Massegläubiger **III. F.** 21 *1*
– Masseunzulänglichkeit **III. F.** 21
– Masseverbindlichkeit **III. F.** 20 *1 b,* 21 *1, 7*
– streitig gebliebene Insolvenzforderung **III. F.** 19
Insolvenztabelle III. F. 15
Insolvenzverfahren, Absonderungsberechtigung **III. F.** 16 *3*
– Anmeldung einer Ausfallforderung **III. F.** 16
– Anmeldung einer Insolvenzforderung zur Insolvenztabelle **III. F.** 15
– Antrag auf Eröffnung des ... über das Vermögen einer KG **III. F.** 12 *5*
– Antrag des Gläubigers auf Aufhebung der Eigenverwaltung **III. F.** 13
– Antrag des Gläubigers auf Eröffnung **III. F.** 11
– Antrag des Schuldners auf Eröffnung **III. F.** 10
– Antragsberechtigung **III. F.** 11 *7*
– Antragsverpflichtung **III. F.** 10 *1*
– und Arbeitnehmer **III. F.** 21 *8, 10*
– Aufnahme eines unterbrochenen Rechtsstreits **III. F.** 20
– Auskunftsanspruch des aus- und absonderungsberechtigten Gläubigers **III. F.** 16 *24*
– Aussonderungsberechtigung **III. F.** 16 *4*
– Bestreiten einer Forderung durch Schuldner **III. F.** 15 *14*
– eidesstattliche Versicherung **III. F.** 14
– Eigentumsvorbehalt **III. F.** 16 *21,* 18 *7*
– Ersatzaussonderung **III. F.** 18 *8*
– Feststellung der Masseunzulänglichkeit durch Insolvenzverwalter **III. F.** 21 *2*
– Feststellung einer streitig gebliebenen Insolvenzforderung **III. F.** 19
– Forderungsanmeldung **III. F.** 14 *1,* 15
– Glaubhaftmachung der Forderung **III. F.** 11 *8, 9*
– Glaubhaftmachung des Eröffnungsgrundes **III. F.** 11 *9*
– Grundschuld **III. F.** 16 *14*
– Insolvenzfähigkeit **III. F.** 10 *3*
– Insolvenzgrund **III. F.** 10 *4*
– Klage auf Schadensersatz gegen Insolvenzverwalter **III. F.** 18
– Klage eines Arbeitnehmers **IV. B.** 15
– Klage eines Massegläubigers bei Masseunzulänglichkeit **III. F.** 21
– Kosten bei Aufnahme des unterbrochenen Rechtsstreits **III. F.** 20 *5*
– Ladung des Schuldners zur Abgabe der eidesstattlichen Versicherung **III. F.** 14 *9*
– Masseunzulänglichkeit **III. F.** 18 *9,* 21 *1, 6*
– Mittelpunkt der Tätigkeit **III. F.** 10 *1*
– Ordnungsmittel **III. F.** 14 *10*
– Prognose **III. F.** 12 *12–16*
– Rechtsschutzinteresse **III. F.** 11 *9*
– Unterbrechung der Prozeßverfahren des Schuldners **III. F.** 20
– Vermögensübersicht **III. F.** 10 *6*
– Verwertung des Absonderungsguts **III. F.** 16 *3, 13, 14, 19*
– Vollmacht **III. F.** 11 *5*
– Zinsen **III. F.** 15 *11*
– Zuständigkeit **III. F.** 10 *1*
– Zuständigkeit für eidesstattliche Versicherung **III. F.** 14 *3*
– Zustimmung des Sachwalters bei Eigenverwaltung **III. F.** 13 *6*
Insolvenzverwalter, Aufnahme eines unterbrochenen Rechtsstreits **III. F.** 20 *1*
– Feststellung der Masseunzulänglichkeit **III. F.** 21 *2*
– Haftung bei Masseunzulänglichkeit **III. F.** 21 *6*
– Partei kraft Amtes **III. F.** 21 *4*
– Schadensersatzpflicht **III. F.** 18 *5, 11*
– Verwaltungs- und Verfügungsrecht **III. F.** 21 *4*
Interessenausgleich bei Betriebsänderung **IV. E.** 13 *1*
Internationales Zivilprozeßrecht I. T.
Internet-Domain, Pfändung **III. B.** 25 *1*
Interventionswirkung im Zivilprozeß **I. J.** 2 *1*
Irreführende Werbung II. N. 3, 9 *13*
Isolierte Anfechtungsklage VIII. 2
Isolierte Leistungsklage im Sozialgerichtsprozeß **VIII.** 3 *1*

Jahresabschluß II. K. 5 *4*
Jugendvertreter, Entbindung von der Weiterbeschäftigung **IV. E.** 10
– Weiterbeschäftigung **IV. E.** 11

Kammer für Baulandsachen V. B. 11
Kammer für Handelssachen, Feststellung des angemessenen Ausgleichs **II. K.** 24 *1*
– bei Klage auf Feststellung nach §§ 51 a, 51 b GmbH **II. K.** 15 *1*
– im Markenrecht **II. O.** 18 *2*
– Verweisung **I. I.** 1
– Zuständigkeit **II. K.** 8 *1*
– Zuständigkeit allgemein **I. D.** 2
– Zuständigkeit bei Auflösungsklage **II. K.** 1 *1*

– Zuständigkeit bei Ausschließungsklage **II. K.** 2 *1*
– Zuständigkeit bei wettbewerbsrechtlichen Streitigkeiten **II. N.** 2 *1*
Kapazitätsabbauplan bei Strukturkrisenkartell **II. L.** 10 *1*
Kapitalersetzendes Darlehen II. K. 13 *4*
Karenzentschädigung, Anrechnung von Arbeitslosengeld **IV. A.** 8 *5*
– Berechnung **IV. A.** 8 *4*
Kartell, Einkaufskooperation **II. L.** 5
– Empfehlungen für Geschäfts- Liefer- und Zahlungsbedingungen **II. L.** 7
– Erzeugervereinigung **II. L.** 8
– Konditionenkartell **II. L.** 1
– Ministerkartell **II. L.** 15
– Mittelstandskartell **II. L.** 4, *s. dort*
– Normen- oder Typenempfehlungen **II. L.** 6
– Normen- oder Typenkartell **II. L.** 2
– Rationalisierungskartell **II. L.** 11, *s. dort*
– Rationalisierungsverband **II. L.** 2 *5*
– Sonderkartell **II. L.** 15
– sonstiges Kartell **II. L.** 13
– Spezialisierungskartell **II. L.** 3, *s. dort*
– Strukturkrisenkartell **II. L.** 10, *s. dort*
– Versicherungsunternehmen **II. L.** 9
– Wirtschaftsvereinigung **II. L.** 16
Kartellbehörde, Verfügungen **II. L.** 23 *2*
Kartellrecht, Akteneinsicht **II. L.** 21 *6*
– Anfechtungsbeschwerde nach GWB **II. L.** 23, *s. dort*
– Anordnung der aufschiebenden Wirkung **II. L.** 25
– Antrag auf Erlaß einer einstweiligen Anordnung im Kartellrecht **II. L.** 27
– Beiladung **II. L.** 21
– Berufung **II. L.** 31
– Fortsetzungsfeststellungsbeschwerde **II. L.** 23 *9*
– Klage auf Belieferung **II. L.** 30, *s. Belieferungsklage*
– Leistungsbeschwerde nach GWB **II. L.** 24 *3*
– Nichtzulassungsbeschwerde **II. L.** 28
– Rechtsbeschwerde **II. L.** 29
– Revision **II. L.** 32
– Untätigkeitsbeschwerde nach GWB **II. L.** 24 *2*
– Verpflichtungsbeschwerde nach GWB **II. L.** 24, *s. dort*
– Wiederherstellung der aufschiebenden Wirkung **II. L.** 26
– Zuständigkeit **II. L.** 30 *1*
Kartellverbot, Antrag auf Verlängerung der Freistellung **II. L.** 14
Kartellvertrag, Unterschrift **II. L.** 1 *8*
– Wirksamkeit **II. L.** 1 *2*, 2 *2*, 3 *2*, 4 *2*
Kartellvertreter II. L. 1 *6*
Kaskoversicherung II. E. 15 *5*
Kassenpfändung III. B. 1
Kaufmännische Orderpapiere, Pfändung **III. B.** 8 *2*
Kaufpreisklage, bewegliche Sachen **II. A.** 1 *5*
– und Feststellungsantrag **II. A.** 1 *3*
– örtliche Zuständigkeit **II. A.** 1 *1*
– sachliche Zuständigkeit **II. A.** 1 *1*
– Schlüssigkeit **II. A.** 1 *2, 6*
– Zahlung Zug um Zug **II. A.** 1 *3, 4*
Kaufpublikum II. N. *9 14*
Kaufrecht II. A. 1 ff.
– Abnahme der Kaufsache **II. A.** 2
– Haustürgeschäft **II. A.** 2
– Kaufpreisklage **I. D.** 1
– Lieferung **II. A.** 3
– Minderung beim Grundstückskauf **II. A.** 7
– Nacherfüllung **II. A.** 4
Kausalität im Sozialrecht **VIII.** 9 *3*
Kaution, getrennte Anlage **II. B.** 8 *9*
– im Mietrecht **II. B.** 8
– im Mietrecht, Höhe **II. B.** 8 *6*
– im Mietrecht, Verzinsung **II. B.** 8 *7*
– Rückforderung vom Erwerber **II. B.** 8 *9*
– Verzinsung **II. B.** 8 *10*
KG, Pfändung **III. B.** 26 *9*
Kindergeld, Klage auf Gewährung **VII.** 17
– Pfändung **III. B.** 10 *4*
– Rechtsweg zu den Finanzgerichten **VII.** 17 *1*
– Vorverfahren **VII.** 17 *5*
– Zulässigkeitsvoraussetzungen **VII.** 17 *6*
Kindesunterhalt II. I. 12
– Abänderung **II. I.** 4
– Anwaltszwang **II. I.** 12 *3*
– Beweislast **II. I.** 12 *8*
– Düsseldorfer Tabelle **II. I.** 4 *10*, 12 *14*
– einstweilige Anordnung **II. I.** 26
– Einwendungen des Antragsgegners **II. I.** 13 *9*
– Klage auf … **II. I.** 2
– nach Regelbeiträgen **II. I.** 3
– Sättigungsgrenze **II. I.** 13 *9*
– Stufenklage **II. I.** 12 *7*
– vereinfachtes Verfahren **II. I.** 3 *Vorbem., 3, 5, 7*, 4 *1*
– Verfahrensmöglichkeiten **II. I.** 2 *5*
– für die Vergangenheit **II. I.** 2 *7*
– Vertretungsbefugnisse **II. I.** 12 *2*
– Zuständigkeit **II. I.** 3 *1*, 12 *1*
Kindschaftssachen, Zuständigkeit **II. I.** 1 *1*, 2 *1*
Klage auf Abänderung des Unterhalts **II. I.** 4
– auf Abgabe einer eidesstattlichen Versicherung im Erbrecht **II. J.** 6
– auf Abgabe einer Willenserklärung **I. D.** 8
– auf Abnahme der Kaufsache **II. A.** 2
– auf Abnahme einer Bauleistung **II. C.** 9
– auf Abwehr der Vollstreckung **III. A.** 16
– auf aktienrechtliche Anfechtung **II. K.** 22
– auf aktienrechtliche Nichtigkeit **II. K.** 23
– auf Anerkennung eines ausländischen Urteils **I. P.** 5; **T.** 5

– auf Anfechtung eines Verwaltungsakts V. B. 1
– auf Anfechtung im Sozialgerichtsprozeß VIII. 2
– Anfechtungs- und Leistungsklage im Sozialgerichtsprozeß VIII. 7
– Anpassung des Ruhegeldes IV. A. 13
– des Arbeitnehmers im Insolvenzverfahren IV. B. 15
– des Arbeitnehmers wegen Geschlechtsdiskriminierung IV. A. 17
– auf Architektenhonorar II. C. 15
– auf Aufhebung der Ehe II. I. 5
– auf Aufhebung des Schiedsspruchs I. S. 13
– auf Auflassung II. G. 8
– auf Auflösung einer GmbH II. K. 17
– auf Auflösung nach § 133 HGB II. K. 1
– auf Aufwendungsersatz eines Gesellschafters II. K. 9
– des ausgeschiedenen Gesellschafters auf Abfindung II. K. 6
– auf Auskunft I. D. 11; II. F. 1
– auf Auskunft im Arbeitsrecht IV. A. 6
– auf Auskunft im Erbrecht II. J. 6
– auf Ausschließung nach § 140 HGB II. K. 2
– auf Ausschluß eines GmbH-Gesellschafters II. K. 16
– auf Befreiung von der Bürgschaft II. F. 2
– wegen beitragsorientierter betrieblicher Altersversorgung IV. A. 12
– wegen Belästigung, sexueller IV. A. 18
– auf Belieferung nach Kartellrecht II. L. 30, *s. Belieferungsklage*
– auf Bescheidung im Finanzgerichtsprozeß VII. 15 *4*
– auf Bescheidung im Sozialgerichtsprozeß VIII. 4
– auf Bescheidung im Verwaltungsprozeß V. B. 5
– auf Beschlußfeststellung II. K. 14
– auf Beseitigung einer Besitzstörung II. G. 2
– auf Beseitigung eines gemeinschaftswidrigen Zustands nach § 43 WEG II. H. 1
– auf Beseitigung nach § 1004 BGB II. G. 10
– auf Betriebskostennachzahlung II. B. 3
– auf Bewilligung der Freigabe eines hinterlegten Betrages II. F. 5
– auf Bilanzmitteilung II. K. 5
– dienstrechtliche Klage gemäß Art. 236 EG IX. 8
– auf Dokumentation der Ruhegeldanwartschaft IV. A. 14
– gegen Drittschuldner auf Arbeitslohn III. B. 24
– auf Duldung I. D. 9
– auf Duldung baulicher Veränderungen durch den Vermieter II. B. 6
– auf Duldung der Zwangsvollstreckung nach Anfechtungsgesetz III. F. 2, 4
– auf Ehegattenunterhalt nach Scheidung II. I. 12
– auf eidesstattliche Versicherung I. D. 11
– aufgrund einer Schiedsklausel gemäß Art. 238 EG IX. 9
– gegen Einkommensteuerbescheid VII. 9, *s. Finanzgerichtsprozeß*
– auf Einräumung eines Notwegerechts I. D. 9; II. G. 7
– bei einverständlicher Scheidung II. I. 7
– auf Entgeltumwandlung IV. A. 11
– auf Entziehung der Geschäftsführungsbefugnis und Vertretungsmacht II. K. 3
– auf Entziehung des Wohnungseigentums II. H. 9
– auf Erbauseinandersetzung II. J. 11
– des Erben auf Herausgabe eines Geschenks II. J. 8
– des Erben bei einem Vertrag zugunsten eines Dritten auf den Todesfall II. J. 10
– wegen Erbunwürdigkeit II. J. 4
– auf Erfüllung eines Vermächtnisses II. J. 9
– wegen erheblichen Reisemangels II. D. 5
– auf Erstattung der erforderlichen Aufwendungen II. C. 10
– auf Erstattung der Selbstbeseitigungskosten II. C. 10
– auf Erteilung der Vollstreckungsklausel III. A. 5
– auf Erteilung einer Akkordabrechnung IV. A. 7
– wegen fehlerhafter Ausübung des Direktionsrechts IV. A. 19
– wegen fehlerhafter Eingruppierung IV. A. 1
– auf Feststellung der Erledigung I. M. 13
– auf Feststellung der Vaterschaft II. I. 2
– auf Feststellung der Versorgungsanwartschaft IV. A. 9
– auf Feststellung des Erbrechts II. J. 1
– auf Feststellung einer streitig gebliebenen Insolvenzforderung III. F. 19
– auf Feststellung im Sozialgerichtsprozeß VIII. 8
– auf Feststellung im Verwaltungsprozeß V. B. 8
– auf Feststellung künftigen Schadens I. D. 4
– auf Feststellung wegen Baumängeln II. C. 8
– auf Fortsetzungsfeststellung im Verwaltungsprozeß V. B. 13
– auf Freistellung II. E. 1
– wegen Gebrauchsmusterverletzung II. O. 9
– auf Geldrente nach § 843 BGB II. E. 6
– auf gesamtschuldnerischen Haftungsausgleich II. C. 12
– auf Geschäftsbesorgung II. F. 1
– wegen Geschlechtsdiskriminierung IV. A. 17

– wegen Geschmacksmusterberühmung **II. O.** 17
– wegen Geschmacksmusterverletzung **II. O.** 14
– gegen einen Gesellschafter nach §§ 176, 128 HGB **II. K.** 8
– auf Gewährung von Kindergeld **VII.** 17
– bei gewerblichem Zwischenmietverhältnis **II. B.** 5
– auf Grundbuchberichtigung **II. G.** 5
– aus der Grundschuld **II. G.** 12 *1*
– bei Härtescheidung **II. I.** 6
– gegen einen handelnden Gründer nach § 11 Abs. 2 GmbHG **II. K.** 11
– auf Herausgabe einer Bürgschaftsurkunde **II. F.** 4
– auf Herausgabe nach § 861 BGB **II. G.** 1
– auf Herausgabe nach § 985 BGB **II. G.** 9
– auf Herausgabe von Arbeitspapieren **IV. B.** 17
– auf Herausgabe von Unterlagen durch den abberufenen WEG-Verwalter **II. H.** 6
– auf Hinterlegung durch den Drittschuldner **III. B.** 16
– aus der Hypothek nach § 1147 BGB **II. G.** 12
– wegen immateriellen Schadens **II. E.** 8
– des Jugendvertreters auf Weiterbeschäftigung **IV. E.** 11
– auf Kaufpreiszahlung **I. D.** 1
– auf Kindesunterhalt **II. I.** 2
– auf Kündigungsschutz **IV. B.** 1
– auf künftige Leistung **I. D.** 10
– auf Leistung im Sozialgerichtsprozeß **VIII.** 3
– auf Leistung im Verwaltungsprozeß **V. B.** 9
– auf Lieferung der Kaufsache **II. A.** 3
– auf Löschung einer nichtigen Marke **II. O.** 18
– auf Lohnzahlung **IV. A.** 1
– wegen mängelbehafteter Ferienwohnung im Ausland **II. D.** 3
– auf Mängelbeseitigung **II. C.** 1
– wegen Mängeln des Gemeinschaftseigentums **II. C.** 9
– wegen markenrechtlicher Löschung **II. O.** 18
– wegen Markenverletzung **II. O.** 18
– eines Massegläubigers bei Masseunzulänglichkeit **III. F.** 21
– wegen Mehrarbeitsstundenvergütung **IV. A.** 2
– des Mieters auf Rückzahlung der Kaution **II. B.** 8
– auf Mietzinszahlung **II. B.** 1
– auf Minderung des Kaufpreises **II. A.** 6
– auf Minderung gegen einen Architekten **II. C.** 5
– eines Miterben auf Erfüllung einer Nachlaßforderung **II. J.** 14
– gegen Miterben auf Erfüllung einer Nachlaßverbindlichkeit **II. J.** 15
– auf Mitwirkung bei der Eintragung einer OHG **II. K.** 7
– eines Nacherben auf Nachschuß gegen GmbH-Gesellschafter **II. K.** 12
– des Nacherben gegen einen beschenkten Dritten **II. J.** 13
– auf Nacherfüllung **II. A.** 4
– Nichtigkeitsklage **I. P.** 1
– Nichtigkeitsklage gegen einen Rechtsakt der Europäischen Gemeinschaft (Art. 230 Abs. 4 EG) **IX.** 2
– öffentliche Zustellung **I. F.** 3
– aus § 323 ZPO **I. P.** 4
– nach § 771 ZPO **III. A.** 19
– gem. § 826 BGB **I. P.** 3
– nach § 878 ZPO **III. B.** 31
– wegen Patentberühmung **II. O.** 7
– wegen Patentnichtigkeit **II. O.** 6
– wegen Patentverletzung **II. O.** 3
– auf Pflichtteilsergänzung **II. J.** 7
– auf Planänderung nach § 159 ZVG **III. B.** 43
– auf Räumung gewerblich genutzten Geländes **II. B.** 7
– auf Räumung von Wohnraum wegen Zahlungsrückstandes **II. B.** 4
– auf Rechenschaft **II. F.** 1
– auf Rechnungslegung des WEG-Verwalters **II. H.** 6
– wegen Reisepreisminderung **II. D.** 4
– aus der Rentenschuld **II. G.** 12 *1*
– Restitutionsklage **I. P.** 2
– auf Rückgewähr des Kaufpreises bei Rücktritt **II. A.** 5
– auf Rückgewähr eines Wohnungseigentümers **II. C.** 6
– auf Rücknahme kreditgefährdender Äußerungen **II. E.** 4
– auf Rücktritt **II. C.** 6
– auf Schadensersatz beim Grundstückskauf **II. A.** 7
– auf Schadensersatz durch eine Wohnungseigentümergemeinschaft **II. C.** 11
– auf Schadensersatz gegen Bauunternehmer **II. C.** 3
– auf Schadensersatz gegen Insolvenzverwalter **III. F.** 18
– auf Schadensersatz im Presserecht **II. P.** 19
– auf Schadensersatz nach § 37b Abs. 1 Nr. 1 WpHG **II. K.** 26
– auf Schadensersatz nach § 635 BGB **II. C.** 7
– auf Schadensersatz nach § 717 Abs. 2 ZPO **III. A.** 23
– auf Schadensersatz wegen unerlaubter Handlung **II. E.** 1
– auf Schadensersatz wegen Verletzung der Beratungs- und Belehrungspflicht **IV. A.** 15
– wegen Schadensersatzanspruch des Arbeitgebers **IV. C.** 2
– wegen Schadensersatzes und Schmerzensgeld im Reisevertragsrecht **II. D.** 6

– wegen Schadensersatzhöhe bei Markenverletzung **II. O.** 21
– im Scheckprozeß **I. Q.** 1
– im schiedsgerichtlichen Verfahren **I. S.** *5*
– auf Schmerzensgeld **II. E.** 8
– wegen sexueller Belästigung **IV. A.** 18
– Stufenklage **I. D.** 11
– wegen Tötung des Unterhaltspflichtigen **II. E.** 7 *3*
– auf Übereignung **I. D.** 8
– wegen Überstundenvergütung **IV. A.** 2
– gegen Umsatzsteuerbescheid **VII.** 11
– wegen Untätigkeit gemäß Art. 232 EG **IX.** 3
– wegen Untätigkeit im Sozialgerichtsprozeß **VIII.** 5
– wegen Untätigkeit im Verwaltungsprozeß **V. B.** 4
– auf Unterlassung gegen einen anderen Wohnungseigentümer **II. H.** 4
– auf Unterlassung im Presserecht **II. P.** 19
– auf Unterlassung im Zivilprozeß **I. D.** 6
– auf Unterlassung nach AGB-Recht **II. Q.** 3
– auf Unterlassung nach § 1004 BGB **I. D.** 6; **II. G.** 11
– auf Unterlassung von Wettbewerb nach § 112 HGB **II. K.** 10
– wegen Urheberrechtsverletzung **II. O.** 23
– auf Urkundeneinsicht **II. F.** 3
– im Urkundenprozeß **I. Q.** 1
– auf Urlaubsabgeltung **IV. A.** 5
– auf Vergütung des Bauunternehmers **II. C.** 14
– auf Vergütungsfortzahlung im Krankheitsfall **IV. A.** 3
– wegen Verkehrssicherungspflichtverletzung **II. E.** 2
– bei Verkehrsunfall, aus Gefährdungshaftung **II. E.** 16
– bei Verkehrsunfall und Alleinverschulden des Gegners **II. E.** 7 *13*, 13
– bei Verkehrsunfall und Mitverschulden **II. E.** 14
– wegen Verletzung des Grundsatzes der Lohngleichheit **IV. A.** 16
– bei Verletzung durch Gebäude **II. E.** 5
– wegen Verletzung eines Unternehmenskennzeichens **II. O.** 20
– wegen Verlustfeststellung **VII.** 13
– auf Verpflichtung im Sozialgerichtsprozeß **VIII.** 4
– auf Verpflichtung zum Erlaß eines Verwaltungsaktes **V. B.** 3
– auf Vertragsstrafe für nicht rechtzeitig erbrachte Bauleistungen **II. C.** 18
– wegen Verzögerungsschadens gegen VOB-Unternehmer **II. C.** 4
– auf Vollstreckbarerklärung eines ausländischen Exequaturutteils **I. T.** 16
– auf Vollstreckbarerklärung eines ausländischen Urteils **I. T.** 4 *3*
– auf Vollstreckbarkeit eines ausländischen Urteils **I. T.** 4; **III. A.** 2
– des Vorerben gegen den Nacherben auf Einwilligung in eine Grundstücksveräußerung **II. J.** 12
– des Vormerkungsberechtigten auf Zustimmung zur Eintragung bzw. zur Löschung **II. G.** 4
– auf Vornahme einer Handlung **I. D.** 5
– auf Vorschuß bei Mängelbeseitigung **II. C.** 2
– auf vorzugsweise Befriedigung **III. A.** 21
– im Wechselprozeß **I. Q.** 1
– im Wettbewerbsrecht **II. N.** 9, *s. wettbewerbsrechtliche Klage*
– wegen Wettbewerbsverbot im Arbeitsrecht **IV. C.** 1
– auf Widerruf im Presserecht **II. P.** 19
– auf Widerruf kreditgefährdender Äußerungen **II. E.** 4
– auf Widerruf nach AGB-Recht **II. Q.** 4
– auf Wiederaufnahme im Sozialgerichtsverfahren **VIII.** 18
– wegen Wohngeldforderung **II. H.** 2
– eines Wohnungseigentümers auf Leistung von Schadensersatz nach WEG **II. H.** 4
– auf Zahlung des Kaufpreises **II. A.** 1
– auf Zahlung des Pflichtteils **II. J.** 6
– auf Zahlung einer Karenzentschädigung **IV. A.** 8
– auf Zahlung im Anfechtungsrecht **III. F.** 3
– auf Zahlung nach § 135 InsO **II. K.** 13
– auf Zahlung von Ruhegeld **IV. A.** 9
– auf Zeugniserteilung **IV. B.** 17
– auf Zustimmung zum Realsplitting **II. I.** 14
– auf Zustimmung zur Mieterhöhung **II. B.** 2

Klageänderung I. K. 1
– nach § 68 FGO **VII.** 18
– durch Parteiwechsel **I. J.** 5 *1*
– im Revisionsverfahren im Finanzgerichtsprozeß **VII.** 18 *1*
– nach ZPO-Reform **I. K.** 1 *1*

Klagebeantwortung auf eine Schiedsklage der Europäischen Kommission **IX.** 10

Klagebefugnis bei Ausschluß aus Zweimann-Gesellschaft **II. K.** 16 *2*
– bei Drittwiderspruchsklage (Artt. 39 EuGH-Stzg (EWG), 40 EuGH-Stzg (EAG), 36 EuGH-Stzg (EGKS), 97 EuGH-VerfO/123 EuG-VerfO **IX.** 14
– Drittwiderspruchsklage (EuG/EuGH) **IX.** 14 *4*
– bei Klage wegen Untätigkeit (Art. 232 EG) **IX.** 3 *13*
– bei Nichtigkeitsklage gegen einen Rechtsakt der Europäischen Gemeinschaften (Art. 230 Abs. 4 EG) **IX.** 2 *5*
– im Wettbewerbsrecht **II. N.** 1 *4*

Klagebegehren bei Anfechtungsklage im finanzgerichtlichen Prozeß **VII.** 9 *6*

Klageerhebung, Abschriften **I. D.** 1 *23*
– Angabe der Beweismittel **I. D.** 1 *16,* 17
– Angabe des Rechtsanwalts **I. D.** 1 *5*
– Angabe des Streitgegenstandes **I. D.** 1 *6*
– Angabe des Streitwerts **I. D.** 1 *7*
– Anlagen **I. D.** 1 *18*
– Antrag auf Anerkenntnisurteil **I. D.** 1 *14*
– Antrag auf ... im selbständigen Beweisverfahren **I. H.** 12
– Antrag auf Versäumnisurteil **I. D.** 1 *14*
– Bankbürgschaft **I. D.** 1 *11*
– Begründung **I. D.** 1 *16*
– bestimmter Antrag **I. D.** 1 *8*
– Bezeichnung des Gerichts **I. D.** 1 *1*
– Eingehen auf Einwendungen des Beklagten **I. D.** 1 *21*
– Einzelrichter **I. D.** 1 *15*
– früher erster Termin **I. D.** 1 *13*
– Kostenentscheidung **I. D.** 1 *9;* **E.** 1
– Parteibezeichnung **I. D.** 1 *2, 23*
– schriftliches Vorverfahren **I. D.** 1 *13*
– Schutzantrag nach § 712 ZPO **I. D.** 1 *11, 14*
– Sicherheitsleistung **I. D.** 1 *11*
– Übertragung auf den Einzelrichter **I. D.** 1 *15*
– Unterschrift **I. D.** 1 *24*
– vorläufige Vollstreckbarkeit **I. D.** 1 *10;* **E.** 4 *1*
– Zinsansprüche **I. D.** 1 *22*
Klageerweiterung durch Hilfsantrag **I. K.** 2, 4
– subjektive **I. J.** 6
Klageerwiderung I. E. 1 ff.
– Aufrechnung **I. E.** 4 *5*
– Drittwiderklage **I. E.** 5 *3*
– formelle ... bei Gebrauchsmusterverletzungsklage **II. O.** 10
– formelle ... bei Geschmacksmusterverletzungsklage **II. O.** 15
– formelle ... bei Patentverletzungsstreitigkeiten **II. O.** 4
– früher erster Termin **I. E.** 1
– Gliederung **I. E.** 4 *6*
– Grundmuster **I. E.** 4
– Güteverhandlung **I. E.** 1 *6*
– Hilfswiderklage **I. E.** 6 *2*
– Kosten und Gebühren **I. E.** 3–6
– materielle ... bei Gebrauchsmusterverletzungsklage **II. O.** 11
– materielle ... bei Geschmacksmusterverletzungsklage **II. O.** 16
– materielle ... bei Patentverletzungsstreitigkeiten **II. O.** 5
– negative Feststellungsklage **I. E.** 7 *2*
– im Presserecht **II. P.** 20
– Prozeßaufrechnung **I. E.** 6 *1*
– Prozeßförderungspflicht des Beklagten **I. E.** 4 *5*
– schriftliches Vorverfahren **I. E.** 2
– Teilanerkenntnis **I. E.** 3
– im Urkundenprozeß **I. Q.** 2
– Vertretungsanzeige **I. E.** 1–3
– Verwahrung gegen die Kosten **I. E.** 3
– im Verwaltungsprozeß **V. B.** 12
– im Wechselprozeß **I. Q.** 4
– gegenüber Werklohnklage **I. E.** 4
– Widerklage **I. E.** 5
Klagegegenstand, dienstrechtliche Klage (Art. 236 EG) **IX.** 8 *15*
– Drittwiderspruchsklage (EuG/EuGH) **IX.** 14 *6*
– Nichtigkeitsklage gegen einen Rechtsakt der Europäischen Gemeinschaften (Art. 230 Abs. 4 EG) **IX.** 2 *8, 9*
Klagenhäufung, eventuelle **I. K.** 4
– uneigentlich eventuelle **I. K.** 5
– bei Vollstreckbarerklärung ausländischer Urteile **I. T.** 4 *8*
Klagerücknahme, Kostenantrag **I. M.** *5 2, 4*
– Kostenentscheidung bei ... vor Rechtshängigkeit **I. M.** 12 *3*
– vor Rechtshängigkeit **I. M.** 12
– im Zivilprozeß **I. M.** 4
– ZPO-Reform **I. M.** 12 *1*
– Zustimmung des Beklagten **I. M.** 5
Klageschrift, Abschriften **I. D.** 1 *23*
– Grundmuster **I. D.** 1
– Haftung für legislatives Unrecht (EG) **IX.** 6
– öffentliche Zustellung **I. F.** 3
– im schiedsgerichtlichen Verfahren **I. S.** 7 *3*
Klageverzicht I. M. 6
Klauselerteilung nach Art. 40 EuGÜbK und LugÜ **I. T.** 7
– Beschwerde gegen die Ablehnung nach Art. 40 EuGÜbK/LugÜ **I. T.** 9
– Beschwerde gegen die Entscheidung nach Art. 43 EuGVVO **I. T.** 8
– Beschwerde gegen die ... nach Art. 36 EuGÜbK/LugÜ **I. T.** 10
– für ein ausländisches Urteil **I. T.** 6
– nach EuGÜbK und LugÜ **I. T.** 7, 9
– nach EuGVVO **I. T.** 6 *1*
– ordre-public-Verstöße bei ... für ausländische Urteile **I. T.** 6 *9*
– Rechtsbeschwerde nach Artt. 44 EuGVVO, 37 Abs. 2 EuGÜbK/LugÜ **I. T.** 11
Klauselerteilungsverfahren nach EG-Recht I. T. 6 ff.
– im Zivilprozeßrecht **I. T.** 4; **III. A.** 3
Kleine und mittlere Unternehmen, Kartellvertrag **II. L.** 4
Kombinierte Anfechtungs-, Feststellungs- und Leistungsklage im Sozialgerichtsprozeß **VIII.** 9
Kombinierte Anfechtungs- und Leistungsklage und § 54 Abs. 4 SGG **VIII.** 6
Kommanditgesellschaft, Vertretung **II. K.** 9 *2*
Kommanditist, Ausschluß von der Geschäftsführung **II. K.** 1 *10*
– Haftung **II. K.** 8 *4, 5, 6, 7*

– Zustimmung zur Geschäftsaufnahme II. K. 8 *3*
Konditionenkartell II. L. 1
Kontoguthaben, Pfändung **III. B.** 12
Kontokorrent, Pfändung **III. B.** 12 *7*
Kontopfändung III. B. 12
– Schuldnerantrag **III. B.** 23
Korrespondenzanwalt, Gebühren **I. A.** 1 *2*
– Haftung **I. A.** 1 *3*
– Übernahmebestätigung **I. A.** 1 *3*
Kosten bei Einlagerung **III. C.** 2 *4*
Kosten und Gebühren I. G. 1
– bei Abänderungsklage **II. I.** 4
– Ablehnung des Richters im Zivilprozeß **I. L.** 7
– Abmahnung im Patentrecht **II. O.** 1
– der Abmahnung nach AGB-Recht **II. Q.** 1 *10*
– Abmahnung wegen Patentverletzung und Übersendung eines Klageentwurfs **II. O.** 2
– Abrechnung nach DAV-Abkommen **II. E.** 10 *19,* 13 *22*
– bei Abschlußschreiben im Presserecht **II. P.** 12 *5*
– Abschlußschreiben im Wettbewerbsrecht **II. N.** 4
– Änderungskündigung **IV. B.** 9
– bei aktienrechtlicher Anfechtungsklage **II. K.** 22
– bei aktienrechtlicher Nichtigkeitsklage **II. K.** 23
– bei anderer Verwertung **III. B.** *5*
– Anerkenntnis **I. M.** 8
– Anerkenntnisurteil **I. M.** 9
– bei Anerkennung ausländischer Ehescheidungen nach Art. 7 § 1 FamRÄndG **I. T.** 13
– Anerkennung eines ausländischen Ehescheidung nach Art. 14 Abs. 3 VO (EG) Nr. 1347/2000 **I. T.** 12
– bei Anfechtung einer Betriebsratswahl **IV. E.** 2
– wegen Anfechtung von Beschlüssen der Wohnungseigentümerversammlung **II. H.** 5
– bei Anfechtungsbeschwerde nach GWB **II. L.** 23
– bei Anfechtungsklage im Sozialgerichtsprozeß **VIII.** 2
– Anfechtungsklage im Verwaltungsprozeß **V. B.** 1
– bei Anmeldung eines Konditionenkartells **II. L.** 1
– bei Anmeldung eines Mittelstandskartells **II. L.** 4
– Anmeldung eines Normen- oder Typenkartells **II. L.** 2
– bei Anmeldung eines Zusammenschlusses nach § 39 Abs. 2 GWB **II. L.** 18 *19*
– bei Anmeldung von Empfehlungen für Geschäfts-, Lieferungs- und Zahlungsbedingungen **II. L.** 7
– bei Anregung an das Gericht, einen Rechtsstreit auszusetzen und dem Europäischen Gerichtshof zur Vorabentscheidung vorzulegen (Art. 234 EG) **IX.** 1
– Anrufung der Einigungsstelle **II. N.** 11
– Anspruchsbegründung nach Überleitung in das streitige Verfahren **I. B.** 7
– bei Anträgen im Prozeßkostenhilfe-Verfahren **I. C.** 1
– bei Antrag auf Abänderung einer einstweiligen Anordnung **II. I.** 27
– bei Antrag auf abweichende Versteigerungsbedingungen **III. B.** 38
– bei Antrag auf Anerkennung von Wettbewerbsregeln **II. L.** 17 *5*
– Antrag auf Anordnung der aufschiebenden Wirkung **V. D.** 2
– bei Antrag auf Auflösung des Betriebsrats **IV. E.** 6
– bei Antrag auf Ausländersicherheit **I. T.** 1
– bei Antrag auf Auslegung eines Urteils gem. Artt. 40 EuGH-Stzg (EWG), 41 EuGH-Stzg (EAG), 37 EuGH-Stzg (EGKS), 102 EuGH-VerfO, 129 EuGH-VerfO **IX.** 16
– Antrag auf Ausschluß des Versorgungsausgleichs **II. I.** 18
– bei Antrag auf Ausschluß eines Betriebsratsmitglieds **IV. E.** 6
– bei Antrag auf Aussetzung der Vollziehung im Steuerrecht **VII.** 10–12
– Antrag auf Beiladung gem. § 109 GWB **II. M.** 3
– bei Antrag auf Bestellung eines Wahlvorstandes zur Betriebsratswahl **IV. E.** 1
– Antrag auf einstweilige Anordnung im Verwaltungsprozeß **V. D.** 6
– bei Antrag auf Erlaß einer einstweiligen Anordnung wegen Ehewohnung **II. I.** 25
– bei Antrag auf Erlaß einer einstweiligen Anordnung wegen Getrenntlebens **II. I.** 25
– bei Antrag auf Erlaß einer einstweiligen Anordnung wegen Herausgabe eines Kindes **II. I.** 24
– bei Antrag auf Erlaß einer einstweiligen Anordnung wegen persönlicher Gebrauchsgegenstände **II. I.** 25
– bei Antrag auf Erlaß einer einstweiligen Anordnung wegen Prozeßkostenvorschuß **II. I.** 23
– bei Antrag auf Erlaß einer einstweiligen Anordnung wegen Regelung der elterlichen Sorge **II. I.** 24
– Antrag auf Errichtung einer Einigungsstelle im Arbeitsrecht **IV. E.** 19
– bei Antrag auf Ersetzung der Zustimmung des Betriebsrats **IV. E.** 7

- bei Antrag auf Erstattung von Anwaltskosten im arbeitsgerichtlichen Verfahren **IV. E.** 20
- bei Antrag auf Festsetzung von Zwangsmitteln **III. C.** 4
- Antrag auf Feststellung der Unbedenklichkeit nach § 16 Abs. 3 UmwG **II. K.** 25
- bei Antrag auf gerichtliche Entscheidung gegen Feststellungen nach Art. 7 § 1 FamRÄndG **I. T.** 14
- Antrag auf gerichtliche Feststellung nach §§ 304, 305 AktG **II. K.** 24
- bei Antrag auf Kindesunterhalt nach Regelbeiträgen **II. I.** 3
- bei Antrag auf Löschung im Schuldnerverzeichnis **III. D.** 6
- bei Antrag auf mündliche Verhandlung im Sozialgerichtsprozeß **VIII.** 20
- bei Antrag auf mündliche Verhandlung über eine einstweilige Anordnung **II. I.** 27
- bei Antrag auf Terminverlegung bei Terminkollision **I. F.** 7
- bei Antrag auf Urteilsberichtigung gem. Artt. 66 EuGH-VerfO/84 EuG-VerfO **IX.** 15
- bei Antrag auf Vollstreckungsklausel bei bedingter Leistung **III. A.** 3
- bei Antrag auf Wiederaufnahme des Verfahrens gem. Artt. 41 EuGH-Stzg (EWG), 42 EuGH-Stzg (EAG), 38 EuGH-Stzg (EGKS), 98 ff. EuGH-VerfO/125 EuG-VerfO **IX.** 17
- Antrag auf Zulassung der Berufung **V. C.** 2
- bei Antrag auf Zustimmung zur Kündigung **IV. C.** 5
- bei Antrag nach § 733 ZPO **III. A.** 7
- bei Antrag nach § 850c Abs. 4 ZPO **III. B.** 19
- bei Antragsschrift gemäß Art. 242, 243 EG **IX.** 11
- Anwaltsvergleich **I. M.** 2
- bei Arrestaufhebung **I. R.** 3
- bei Arrestpfändung in eingetragenes Schiff **III. E.** 2
- Arztanhörung **VIII.** 22
- bei Aufhebung der Beschlagnahme von Zubehör **III. B.** 37
- Auskunftserzwingungsverfahren **II. K.** 21
- bei Auslandszustellung **I. F.** 4
- bei Aussetzung der Verwertung **III. B.** 4
- Aussetzung der Vollziehung im Sozialgerichtsprozeß **VIII.** 27
- Aussetzung des Rechtsstreits **I. L.** 1
- bei Austauschpfändung **III. B.** 3
- im Bauprozeß **II. C.** 14 6
- Beiordnung eines Rechtsanwalts für auswärtige Beweisaufnahme **I. C.** 6
- bei Beitritt zur Zwangsversteigerung **III. B.** 34
- bei Berichtigung des Rubrums **III. A.** 8
- Berufung im Arbeitsgerichtsprozeß **IV. D.** 6
- Berufung im Arbeitsgerichtsprozeß wegen Verwerfung eines Einspruchs gegen Versäumnisurteil **IV. D.** 2
- Berufung im Sozialgerichtsprozeß **VIII.** 10
- Berufung im Verwaltungsprozeß **V. C.** 1
- Berufung im Zivilprozeß **I. O.** 1
- bei Berufungsbeschwerde gegen FGG-Entscheidung **II. I.** 31
- bei Beschlußanfechtung nach WEG **II. H.** 5
- Beschwerde gegen Ablehnung der Prozeßkostenhilfe **I. C.** 8
- Beschwerde gegen die Ablehnung der Klauselerteilung nach Art. 40 EuGÜbK/LugÜ **I. T.** 9
- Beschwerde gegen die Klauselerteilung nach Art. 36 EuGÜbK/LugÜ **I. T.** 10
- bei Beschwerde gegen Verkehrswertfestsetzung **III. B.** 36
- bei Beschwerde gegen Zuschlagsbeschluß **III. B.** 39
- bei Beschwerde gemäß Art. 90 Abs. 2 Beamtenstatut **IX.** 7
- bei Beschwerde im arbeitsrechtlichen Beschlußverfahren **IV. F.** 1
- bei Beschwerde im Finanzgerichtsprozeß **VII.** 23
- bei Beschwerde im Sozialgerichtsprozeß **VIII.** 19
- bei Beschwerde im Verfahren nach WEG **II. H.** 8
- Beschwerde im Verwaltungsprozeß **V. C.** 13
- im Beschwerdeverfahren nach FGG **II. H.** 7
- Bestimmung des zuständigen Gerichts **I. I.** 5
- Betriebsratsschulung **IV. E.** 3
- Beweisantrag **VIII.** 21
- im Beweissicherungsverfahren **II. C.** 14 4
- im Beweisverfahren **I. H.** 1
- bei dienstrechtlicher Klage gemäß Art. 236 EG **IX.** 8
- bei dinglichem Arrest **I. R.** 1
- bei dinglicher Gläubigersicherung **III. A.** 20
- bei Drittschuldnerklage **III. B.** 24
- bei Drittwiderspruchsklage **III. A.** 19
- bei Drittwiderspruchsklage gem. Artt. 39 EuGH-Stzg (EWG), 40 EuGH-Stzg (EAG), 36 EuGH-Stzg (EGKS), 97 EuGH-VerfO/Art. 123 EuG-VerfO **IX.** 14
- für Durchsuchungsanordnung **III. A.** 11
- bei Eheaufhebungsklage **II. I.** 5
- bei eidesstattlicher Versicherung nach §§ 807, 900 ZPO **III. D.** 1
- Einspruch gegen Einkommensteuerbescheid **VII.** 1
- Einspruch gegen Versäumnisurteil **I. G.** 5
- bei Einspruch gegen Vollstreckungsbescheid **I. B.** 4
- bei Einstellung der Zwangsversteigerung **III. B.** 35

– einstweilige Anordnung im Normenkontrollverfahren **V. G.** 2
– einstweilige Anordnung im Sozialgerichtsprozeß **VIII.** 28
– einstweilige Anordnung zur Leistung eines Prozeßkostenvorschusses **I. C.** 7
– einstweilige Verfügung gegen ausländisches Beweisersuchen **I. T.** 3
– bei einstweiliger Anordnung nach GWB **II. L.** 22
– bei einstweiliger Einstellung der Zwangsvollstreckung **III. A.** 12
– bei einstweiliger Verfügung auf Eintragung einer Vormerkung **II. G.** 3
– bei einstweiliger Verfügung im arbeitsgerichtlichen Beschlußverfahren **IV. E.** 17
– bei Eintragung einer Zwangshypothek **III. B.** 32
– bei einverständlicher Scheidung **II. I.** 7
– Entscheidung über Zeugnisverweigerungsrecht **I. H.** 3
– für Erbscheinserteilung **III. A.** 9
– bei Ergänzung der eidesstattlichen Versicherung nach §§ 807, 900 ZPO **III. D.** 2
– Erhöhung des Pfandfreibetrags **III. B.** 21
– Erlaß des Vollstreckungsbescheids **I. B.** 3
– Erlaß einer einstweiligen Anordnung vor dem BVerfG **VI.** 13
– bei Erlaubnisantrag für Rationalisierungskartell **II. L.** 11 *7*
– bei Erledigung der Hauptsache im Finanzgerichtsprozeß **VII.** 19
– Erledigung der Hauptsache im Verwaltungsprozeß **V. B.** 14
– Erledigungserklärung des Klägers im Zivilprozeß **I. M.** 10
– bei Ersatzvornahme nach § 887 ZPO **III. C.** 3
– für Erteilung der Vollstreckungsklausel **III. A.** 1
– bei Festsetzung von Vollstreckungskosten **III. A.** 10
– bei Feststellung der Vaterschaft **II. I.** 2
– bei Fortsetzung des Rechtsstreits nach Vorbehaltsurteil **I. Q.** 7, 8
– bei Gebrauchsmusterlöschungsantrag **II. O.** 12 *6*
– bei Gebrauchsmusterverletzung **II. O.** 9
– bei Gehörsrüge **I. N.** 5
– Geltendmachung im Reisevertragsrecht **II. D.** 1
– Geschmacksmusterverletzungsklage **II. O.** 14
– bei Grundurteil **I. L.** 5
– in der Güteverhandlung **I. F.** 6
– bei Härtescheidung **II. I.** 6
– bei Hausratszuteilung **II. I.** 16
– Hilfsantrag **I. K.** 4
– Hilfsaufrechnung **I. E.** 6
– bei Hinausschieben der Urteilszustellung **I. N.** 6
– isolierte Leistungsklage im Sozialgerichtsprozeß **VIII.** 3
– bei Klage auf Ehegattenunterhalt **II. I.** 12
– bei Klage auf Erteilung der Vollstreckungsklausel **III. A.** 5
– bei Klage auf Herausgabe von Arbeitspapieren **IV. B.** 17
– Klage auf Hinterlegung des Drittschuldners **III. B.** 16
– bei Klage auf Kindesunterhalt **II. I.** 2
– bei Klage auf Mehrarbeitsstundenvergütung **IV. A.** 2
– bei Klage auf Planänderung nach § 159 ZVG **III. B.** 43
– Klage auf Ruhegeld **IV. A.** 9
– bei Klage auf Überstundenvergütung **IV. A.** 2
– bei Klage auf Vergütungsfortzahlung im Krankheitsfall **IV. A.** 3
– bei Klage auf Weiterbeschäftigung **IV. B.** 2
– bei Klage auf Zeugniserteilung **IV. B.** 17
– bei Klage eines Miterben auf Erfüllung einer Nachlaßforderung **II. J.** 14
– Klage gegen das Reisebüro **II. D.** 2
– bei Klage gegen den abberufenen WEG-Verwalter **II. H.** 6
– Klage gegen Einkommensteuerbescheid **VII.** 9
– bei Klage nach § 717 Abs. 2 ZPO **III. A.** 23
– bei Klage nach § 878 ZPO **III. B.** 31
– Klage wegen fehlerhafter Eingruppierung **IV. A.** 1
– bei Klage wegen Verlustfeststellungsbescheid **VII.** 13
– bei Klage wegen Versorgungsanwartschaft **IV. A.** 10
– Klage wegen Wettbewerbsverbot **IV. C.** 1
– Klageänderung **I. K.** 1
– Klagerücknahme **I. M.** 4
– bei Klageschrift gemäß Art. 235 i. V. m. Art. 288 Abs. 2 EG (Haftung für legislatives Unrecht) **IX.** 6
– bei Klauselerteilungsverfahren nach EG-Recht **I. T.** 6
– im konkreten Normenkontrollverfahren nach Art. 100 Abs. 1 GG **VI.** 14
– bei Kostenfestsetzung gem. Artt. 74 EuGH-VerfO/92 EuG-VerfO **IX.** 18
– Kostenwiderspruch **II. N.** 7
– Kündigungsschutzklage **IV. B.** 1
– bei Leistung eines Kostenvorschusses nach § 887 ZPO **III. C.** 3
– Lohnzahlungsklage **IV. A.** 1
– Mahnverfahren **I. B.** 1
– Markenverletzungsklage **II. O.** 18
– Nachprüfungsantrag **II. M.** 2
– Nebenintervention **I. J.** 3

– Nichtigkeitsklage gegen einen Rechtsakt der Europäischen Gemeinschaft (Art. 230 Abs. 4 EG) **IX.** 2
– Nichtzulassungsbeschwerde im Arbeitsgerichtsprozeß **IV. D.** 8
– bei Nichtzulassungsbeschwerde im Arbeitsgerichtsprozeß **IV. F.** 2
– bei Nichtzulassungsbeschwerde im Finanzgerichtsprozeß **VII.** 24
– bei Nichtzulassungsbeschwerde im Sozialgerichtsprozeß (Berufung) **VIII.** 11
– Nichtzulassungsbeschwerde im Sozialgerichtsprozeß (Revision) **VIII.** 12
– Nichtzulassungsbeschwerde im Verwaltungsprozeß **V. C.** 8
– bei Normenkontrolle nach § 47 VwGO **V. G.** 1
– bei Notfristzeugnis **III. A.** 1
– gegen die öffentliche Hand, Zwangsvollstreckung **V. F.** 2
– öffentliche Zustellung **I. F.** 3
– wegen örtlicher Unzuständigkeit **I. I.** 2
– bei Ordnungsmittelantrag **III. C.** 5
– Ordnungsmittelbeschluß **I. H.** 2
– Parteierweiterung **I. J.** 6
– Parteiwechsel **I. J.** 5
– Patentnichtigkeitsklage **II. O.** 6, 7
– bei Patentverletzungsklage **II. O.** 3
– im personalvertretungsrechtlichen Beschlußverfahren **V. B.** 10
– bei Pfändung eines Herausgabeanspruchs **III. B.** 27
– bei Pfändung von Arbeitseinkommen **III. B.** 17
– bei Pfändung von drittschuldnerlosem Recht **III. B.** 25
– bei Pfändung von Grundschulden **III. B.** 9
– bei Pfändung von Hypotheken **III. B.** 9
– bei Pfändungs- und Überweisungsbeschluß **III. B.** 6
– bei Pfändungsantrag bei Sicherungsverfügung **III. E.** 1
– bei Prozeßkostenhilfe **I. C.** 1–5
– Prozeßkostenhilfe im Rechtsmittelverfahren **I. C.** 3
– Prozeßkostenhilfe im Sozialgerichtsprozeß **VIII.** 25
– Prozeßkostenhilfeantrag im finanzgerichtlichen Verfahren **VII.** 33
– Prozeßstandschaft **I. J.** 1 *1*
– Räumungsantrag nach § 149 Abs. 2 ZVG **III. B.** 42
– Rechtsbeschwerde nach Artt. 44 EuGVVO, 37 Abs. 2 EuGÜbK/LugÜ **I. T.** 11
– bei Rechtskraftzeugnis **III. A.** 1
– bei Rechtsmittelantrag gegen Entscheidung des Gerichts erster Instanz gemäß Art. 225 EG zum EuGH **IX.** 12
– bei Regelung der elterlichen Sorge **II. I.** 10
– bei Revision im Arbeitsgerichtsprozeß **IV. D.** 10
– Revision im Finanzgerichtsprozeß **VII.** 27
– bei Revision im Finanzgerichtsprozeß **VII.** 27–31
– bei Revision im Sozialgerichtsprozeß **VIII.** 16
– Revision im Verwaltungsprozeß **V. C.** 6
– Revision im Zivilprozeß **I. O.** 5
– wegen sachlicher Unzuständigkeit **I. I.** 3
– im Scheckprozeß **I. Q.** 1
– im schiedsgerichtlichen Verfahren **I. S.** 1
– Schutzschrift im Wettbewerbsrecht **II. N.** 2
– im selbständigen Beweisverfahren, **I. H.** 10; **II. C.** 16
– sofortige Beschwerde im Zivilprozeß **I. O.** 6
– sofortige Beschwerde zur Wiederherstellung des Suspensiveffekts **II. M.** 5
– bei sofortiger Beschwerde nach § 793 ZPO **III. A.** 22
– für Sonderkartell **II. L.** 15
– im sozialgerichtlichen Vorverfahren **VIII.** 1
– im steuerrechtlichen Einspruchs- und Beschwerdeverfahren **VII.** 1–8
– bei streitiger Scheidung **II. I.** 8
– Streitverkündung im Zivilprozeß **I. J.** 2
– bei Stufenklage **I. D.** 11
– bei Tatbestandsberichtigung **I. N.** 4
– bei Tatbestandsberichtigung im Finanzgerichtsprozeß **VII.** 21
– Teilanerkenntnis **I. E.** 3
– Teilklage **I. D.** 12
– bei Teilungsversteigerung **III. B.** 44
– bei Teilurteil **I. L.** 4
– übereinstimmende Erledigungserklärung **I. M.** 11
– bei Überweisungsantrag nach §§ 831, 835 ZPO **III. B.** 8
– Umgangsrecht **II. I.** 11
– bei Untätigkeitsklage gemäß Art. 232 EG **IX.** 3
– bei Untätigkeitsklage im Sozialgerichtsprozeß **VIII.** 5
– bei Unterlassungsklage nach § 112 HGB **II. K.** 10
– bei unzulässigem Rechtsweg **I. I.** 4
– bei Urheberrechtsverletzungen **II. O.** 23
– im Urkundenprozeß **I. Q.** 1 *7, 8*
– bei Urteilsberichtigung **I. N.** 1
– bei Urteilsberichtigung im Finanzgerichtsprozeß **VII.** 20
– bei Urteilsergänzung **I. N.** 3
– bei Urteilsergänzung im Finanzgerichtsprozeß **VII.** 22
– Vaterschaftsanfechtung **II. I.** 1
– bei Vereinbarung nach § 91 Abs. 2 ZVG **III. B.** 40
– im Verfahren auf Entziehung des Wohnungseigentums nach WEG **II. H.** 9
– im Verfahren nach Lage der Akten **I. G.** 8

– im Verfahren nach § 46a WEG **II. H.** 3
– im Verfahren nach § 80 Abs. 7 VwGO **V. D.** 5; **V. E.** 7
– im Verfahren nach WEG **II. H.** 1
– im Verfassungsbeschwerdeverfahren **VI.** 1–12
– im Vergleich **I. M.** 1
– bei Verhaftungsauftrag **III. D.** 5
– im Versäumnisverfahren **I. G.** 1–7
– bei Versorgungsausgleich **II. I.** 17–22
– bei Verteidigungsanzeige **I. E.** 2
– im Verwaltungsvorverfahren **V. A.** 5
– bei Verweisung an die Kammer für Handelssachen **I. I.** 1
– bei Verweisung im Sozialgerichtsprozeß **VIII.** 24
– Verzicht **I. M.** 6
– bei Vollstreckbarerklärung eines ausländischen Schiedsspruchs **I. T.** 15
– bei Vollstreckbarkeitserklärung für ein ausländisches Urteil **I. T.** 4
– bei Vollstreckung im verwaltungsgerichtlichen Prozeß, zugunsten der öffentlichen Hand **V. F.** 1
– bei Vollstreckungsabwehrklage **III. A.** 16
– bei Vollstreckungsauftrag nach § 751 ZPO **III. B.** 2
– bei Vollstreckungsauftrag nach § 754 ZPO **III. B.** 1
– bei Vollstreckungsauftrag wegen der Räumung von Wohnraum **III. C.** 2
– bei Vollstreckungsauftrag wegen Herausgabe beweglicher Sachen **III. C.** 1
– bei Vollstreckungsklausel für und gegen Rechtsnachfolger **III. A.** 4
– bei Vollstreckungsschutz nach § 765a ZPO **II. B.** 14
– bei Vollstreckungsschutzantrag **III. A.** 13
– Vorabentscheidung über den Zuschlag gem. § 121 GWB **II. M.** 7
– Vorbehaltsurteil **I. L.** 6
– bei Vorpfändung **III. B.** 7
– vorzeitige Gestattung **II. M.** 4
– bei vorzugsweiser Befriedigung **III. A.** 21
– im Wechselprozeß **I. Q.** 1, 3
– im Wettbewerbsprozeß **II. N.** 1
– Widerklage **I. E.** 5
– bei Widerspruch gegen belastenden Verwaltungsakt **V. A.** 4
– Widerspruch gegen Mahnbescheid **I. B.** 2
– Widerspruch gegen Teilungsplan **III. B.** 30
– bei Widerspruch nach § 900 Abs. 5 ZPO **III. D.** 4
– Wiedereinsetzung in den vorigen Stand **I. F.** 1
– bei wiederholter eidesstattlicher Versicherung nach § 903 ZPO **III. D.** 3
– bei Wohngeldforderung **II. H.** 2
– im Zivilprozeß, Klageerwiderung **I. E.** 4–6
– im Zivilprozeß, Klageverfahren **I. D.** 1, 2
– bei Zugewinnausgleich **II. I.** 15
– bei Zustellung im Ausland **I. T.** 2
– bei Zustellungsaufträgen **III. A.** 6
– Zustimmung zur Klagerücknahme **I. M.** 5
– Zwangsversteigerungsantrag **III. B.** 33
– Zwangsverwaltung **III. B.** 41
– Zweites Versäumnisurteil **I. G.** 6
Kostenentscheidung, Antrag bei Klageerhebung **I. D.** 1 *9*
– im Schiedsspruch **I. S.** 10 *6*
– im Sozialgerichtsprozeß **VIII.** 29 *4*
Kostenermittlung bei Architektenhonorar **II. C.** 15 *7*
Kostenerstattung des Betriebsrats für Hilfsmaterial **IV. E.** 5
– bei Nichtigkeitsklage gegen einen Rechtsakt der Europäischen Gemeinschaft (Art. 230 Abs. 4 EG) **IX.** 2 *12*
– im selbständigen Beweisverfahren **I. H.** 12
– im steuerrechtlichen Vorverfahren **VII.** 9 *9*
– im Verwaltungsvorverfahren **V. A.** *5 3, 4*
Kostenfestsetzung I. A. 11
– gemäß Art. 74 EuGH-VerfO/Art. 92 EuG-VerfO **IX.** 18, *s. Kostenfestsetzung EuG/EuGH*
– im Finanzgerichtsprozeß **VII.** 32
– im Sozialgerichtsprozeß **VIII.** 30
– im Verfassungsbeschwerdeverfahren **VI.** 18
– Zinsen **I. A.** 11
Kostenfestsetzung (EuG/EuGH), Bestimmung der Kosten **IX.** 18 *4*
– erstattungsfähige Kosten **IX.** 18 *11*
– Kostenarten **IX.** 18 *11*
– Statthaftigkeit **IX.** 18 *10*
– Verfahren, Gegenerwiderung **IX.** 18 *4*
– Zuständigkeit **IX.** 18 *2*
Kostenregelung bei Anwaltsvergleich **I. M.** 2 *8*
– bei Prozeßvergleich **I. M.** 1 *11*
– bei Vergleich in der Berufungsinstanz **I. M.** 3 *9*
Kostenvoranschlag II. C. 2
Kostenvorschuß nach § 887 ZPO **III. C.** 3
– für Räumung und Einlagerung **III. C.** 2 *4*
– im Sozialgerichtsprozeß **VIII.** 22 *4*
– bei Verfahren nach WEG **II. H.** 1 *11*
– im Werkvertragsrecht **II. C.** 2 *1*
Kostenwiderspruch bei einstweiliger Verfügung **II. N.** 7
– Verzicht auf das Antragsrecht zur Hauptsache **II. N.** 7 *6*
Kraftfahrzeug, Benutzung des eigenen, Gebühren **I. A.** 10 *16*
Krankengeld, Pfändung **III. B.** 10 *4*
Krankheit und Abgabe der eidesstattlichen Versicherung **III. D.** 4 *6*
– Begriff **IV. B.** 1 *1*
– Informationspflichten des Arbeitnehmers **IV. B.** 4 *8*
– als Kündigungsgrund **IV. B.** 4 *1*

Krankheitsfall, Vergütungsfortzahlung **IV. A.** 3, *s. Entgeltfortzahlung*
Kreditgefährdende Äußerungen II. E. 4
Kündigung im Arbeitsrecht, Behördenzustimmung **IV. C.** 5
– außerordentliche **IV. B.** 11
– eines Bauvertrages **I. R.** 12 *2*
– aus betriebsbedingten Gründen **IV. B.** 6
– eines Betriebsratsmitglieds **IV. E.** 9
– in der Insolvenz **IV. B.** 15
– des Mandatsverhältnisses **I. A.** 5
– personenbedingte Gründe **IV. B.** 4
– im Reisevertragsrecht **II. D.** 5 *7, 8*
– Replik wegen fehlerhafter Sozialauswahl **IV. B.** 7
– aus verhaltensbedingten Gründen **IV. B.** 5
– Zustimmung des Betriebsrats **IV. E.** 9
– Zustimmung von Behörden **IV. C.** 5
Kündigungsfrist bei außerordentlicher Kündigung **IV. B.** 11 *6*
Kündigungsschutz und Beschlußverfahren **IV. E.** 13
– besonderer **IV. B.** 14
Kündigungsschutzklage IV. B. 1–3
– Abfindungen **IV. B.** 1 *6*
– Abmahnung **IV. B.** 5 *3*
– Änderungskündigung **IV. B.** 9
– Anhörung des Betriebsrats **IV. B.** 1 *17,* 11 *9*
– Annahmeverzug **IV. B.** 2 *1, 8*
– Anträge **IV. B.** 1 *2, 3*
– Auflösungsantrag **IV. B.** 1 *3, 4, 14,* 8, 9 *4,* 11 *2*
– Ausgleichsquittung **IV. B.** 6 *3*
– Ausschlußklauseln im Tarifvertrag **IV. B.** 2 *3*
– außerordentliche Kündigung **IV. B.** 11
– Auswirkung auf Arbeitslosengeld **IV. B.** 1 *8, 9, 10*
– Beschleunigung **IV. B.** 1 *12*
– bei besonderem Kündigungsschutz **IV. B.** 14
– Bestehen eines Arbeitsverhältnisses **IV. B.** 1 *12*
– Darlegungs- und Beweislast des Klägers **IV. B.** 1 *12*
– Eventualklage **IV. B.** 1 *2*
– und Feststellungsklage **IV. B.** 1 *2*
– Feststellungsantrag **IV. B.** 1 *2*
– Frist **IV. B.** 1 *1, 2*
– Gehaltsfortzahlung **IV. B.** 2
– Gesetzesübersicht der Anrechnung der Abfindung auf das Arbeitslosengeld **IV. B.** 1 *8*
– Hemmung der Verjährung **IV. B.** 2 *3*
– Höhe der Abfindung **IV. B.** 1 *15*
– Klagefrist bei Insolvenz **IV. B.** 15 *3*
– Klagenhäufung **IV. B.** 1 *2*
– Kündigung aus betriebsbedingten Gründen **IV. B.** 6
– Kündigung aus personenbedingten Gründen **IV. B.** 4
– Kündigung aus verhaltensbedingten Gründen **IV. B.** 5
– nachträgliche Zulassung **IV. B.** 3
– Organvertreter juristischer Personen **IV. B.** 1 *12,* 5 *3*
– Prüfungsmaßstab bei Änderungskündigung **IV. B.** 8 *7*
– punktuelle Streitgegenstandstheorie **IV. B.** 1 *2*
– Verschulden des Prozeßbevollmächtigten **IV. B.** 3 *3*
– Vorbehalt bei Änderungskündigung **IV. B.** 8 *6*
– Weiterbeschäftigungsanspruch **IV. B.** 2 *4, 5*
– Widerruf von arbeitsvertraglichen Regeln **IV. B.** 10 *3*
– Wiedereinstellungsanspruch **IV. B.** 7 *7*
– Wirksamkeit der Kündigung **IV. B.** 1 *2*
Künftige Leistung, hilfsweiser Feststellungsantrag **I. D.** 10 *2*
– Klage **I. D.** 10, 11
– Zinsen **I. D.** 10 *3*
Kur, Entgeltfortzahlung **IV. A.** 4 *1*
Kursrelevante Tatsachen II. K. 26 *1*
Kurzarbeit, Mitbestimmung des Betriebsrats **IV. E.** 17 *3*
– Verbot der Einführung **IV. E.** 17 *3*

Ladung, öffentliche Zustellung **I. F.** 3
– zum Rechtsfertigungsverfahren **I. R.** 5
– zur Wohnungseigentümerversammlung **II. H.** *5 18*
Ladungsfähige Anschrift von Zeugen **I. H.** 1 *3, 4, 5*
Lagerhalle II. B. 7
Lagerplatz, gewerblicher II. B. 7
Last-Minute-Reisen II. D. 2 *4*
Lebenspartnerschaftssachen, Anwaltszwang **II. I.** 22 *3*
– einstweiliger Rechtsschutz **II. I.** 22 *6*
– Trennungsunterhalt **II. I.** 22 *6*
– Verbundverfahren **II. I.** 22 *5*
– Wohnungszuweisung **II. I.** 22 *6*
Lebensversicherung, Pfändung **III. B.** 14 *7–11*
Legislatives Unrecht (EG), Anforderungen an die Klageschrift **IX.** 6 *13*
– außervertragliche Haftung **IX.** 4 *3*
– Grundsatz des Vertrauensschutzes **IX.** 4 *9*
– Klageschrift **IX.** 6
– und Nichtigkeitsklage **IX.** 6 *1*
– Schadensberechnung **IX.** 4 *13*
– Voraussetzungen **IX.** 4 *2*
– Zinsen **IX.** 4 *14,* 6 *8*
– Zuständigkeit **IX.** 6 *3*
– Zustellungsanschrift **IX.** 6 *12*
Leistungsbeschwerde im Kartellrecht **II. L.** 24 *3*
Leistungsklage im Sozialgerichtsprozeß **VIII.** 3
– im Verwaltungsprozeß **V. B.** 9

Leistungsklage im Zivilprozeß, freie Schadensschätzung **I. D.** 4 *1*
– Streitwert bei unbestimmtem Antrag **I. D.** 4 *3, 5*
– unbestimmter Antrag **I. D.** 4 *1*
Leistungsort bei Arbeitsverhältnis **IV. A.** 19 *2*
Leistungsträger, Klage auf Erstattung **VIII.** 3
Leistungsverfügung im Zivilprozeß **I. R.** 10
Leistungszusage, beitragsorientierte ... **IV. A.** 12 *1*
Letztverbraucher II. N. 11 *2*
Letztwillige Verfügung, Entziehung des Pflichtteils **II. J.** 5 *6*
Lieferbedingungen, Empfehlung **II. L.** 7
Lizenzanalogie im Patentrecht **II. O.** 1 *14, 19*
Löschung im Schuldnerverzeichnis **III. D.** 6
Löschungsantrag im Gebrauchsmusterrecht **II. O.** 11 *3*
Löschungsklage, zeichenrechtliche **II. O.** 18
Löschungsverfahren im Markenrecht **II. O.** 18 *11, 29, 30*
Löschungsvoraussetzungen im Gebrauchsmusterrecht **II. O.** 12 *1*
Lohn, rückständiger **IV. A.** 1
Lohnausfallprinzip IV. A. 3 *5,* 4 *2;* **E.** 3 *4*
Lohnfortzahlung im Krankheitsfall **IV. A.** 3, *s. Entgeltfortzahlung*
Lohngleichheit im Arbeitsrecht **IV. A.** 16 *4*
– Rechtsprechung **IV. A.** 16 *5*
Lohnkosten bei Betriebsratsschulung **IV. E.** 3
Lohnsteuerjahresausgleich und Pfändung **III. B.** 11 *5*
Lohnsteuerpflicht bei Karenzentschädigungen **IV. A.** 8 *5*
Lokalisierungsgrundsatz, Aufhebung **I. A.** 1 *1*

Mängel am Bau II. C. 8
– am Wohnungseigentum **II. C.** 10 *1*
Mängelanzeige im Reisevertragsrecht **II. D.** 1 *12,* 4 *11*
Mängelbeseitigungsklage, Aufforderung nach § 13 Nr. 5 Abs. 1 S. 1 VOB (B) **II. C.** 1 *6, 10*
– Begriff **II. C.** 1 *1*
– Beweisführung **II. C.** 1 *8*
– Erfüllungsklage **II. C.** 1 *1, 8*
– Gegenstand des Anspruchs **II. C.** 1 *4, 5*
– Schriftform **II. C.** 1 *10*
– und VOB **II. C.** 1 *1, 6*
– Wahlrecht **II. C.** 1 *2*
– Zuständigkeit **II. C.** 1 *3*
Mängelklage des Käufers **II. A.** 5
Mahnbescheid I. B. 1
– im Verfahren nach § 46a WEG **II. H.** 3
– Widerspruch **I. B.** 2
Mahnverfahren, Abgabe an das Streitgericht **I. B.** 4 *6,* 7 *2,* 8 *2*
– amtlicher Vordruck **I. B.** 1 *3*
– Anspruch **I. B.** 1 *5*
– Anspruchsbegründung **I. B.** 7
– Anspruchsbegründung nach Einspruch gegen Vollstreckungsbescheid **I. B.** 8
– Antragsgegner **I. B.** 1 *5*
– Antragsteller **I. B.** 1 *5*
– Anwaltszwang **I. B.** 1 *1*
– im Arbeitsrecht **I. B.** 1 *2*
– ausländische Währung **I. B.** 1 *1 d*
– automatische Datenverarbeitung **I. B.** 1 *3*
– Einspruch gegen Vollstreckungsbescheid **I. B.** 4
– nach Einspruch gegen Vollstreckungsbescheid **I. B.** 8
– Einstellung der Zwangsvollstreckung **I. B.** 4 *5*
– Gerichtskosten **I. B.** 1 *5*
– und Güteverhandlung **I. B.** 1 *1*
– Inkassobüro **I. B.** 1 *5*
– Mahnantrag **I. B.** 1 *5*
– Mahnbescheid **I. B.** 1
– Mahngerichte **I. B.** 1 *3*
– maschinelles Verfahren **I. B.** 1 *5*
– offensichtlicher Irrtum **I. B.** 1 *5*
– Prozeßkostenhilfe **I. B.** 1 *5*
– Scheck-Mahnbescheid **I. B.** 5
– streitiges Verfahren **I. B.** 1 *5*
– Überleitung in das streitige Verfahren **I. B.** 7 *2*
– Unterbrechung bei Insolvenzeröffnung **III. F.** 20 *1*
– Unzulässigkeit **I. B.** 1 *1*
– gegen Urkunden-, Wechsel- und Scheck-Mahnbescheid **I. B.** 6
– Urkunden-Mahnbescheid **I. B.** 5
– Verbraucherkredite **I. B.** 1 *1 a, 5*
– Verfahren nach Einspruch **I. B.** 4 *6*
– Vollstreckungsbescheid **I. B.** 3
– Wechsel-Mahnbescheid **I. B.** 5
– Widerspruch gegen Mahnbescheid **I. B.** 2
– wegen Wohngeldforderung nach § 46a WEG **II. H.** 2 *1*
– Zinsen **I. B.** 1 *5*
– Zug-um-Zug-Antrag **I. B.** 1 *1 b, 5*
– Zuständigkeit **I. B.** 1 *5*
– Zustellung im Ausland **I. B.** 1 *1 e*
– Zweites Versäumnisurteil **I. B.** 8 *6*
Maklervertrag und AGB-Recht **II. Q.** 3 *3*
Mandatsniederlegung, Anzeige an das Gericht **I. A.** 5 *2*
Mandatsübernahme I. A. 1
– Bestätigung **I. A.** 2
Mandatsverhältnis, Abrechnung **I. A.** 8
– Anzeige der Niederlegung **I. A.** 5
– Gebührenteilung **I. A.** 1 *2*
– Gebührenvorschuß **I. A.** 2 *4*
– Haftungsbeschränkungsvereinbarung **I. A.** 4
– Honorarvereinbarung **I. A.** 3
– Korrespondenzanwalt **I. A.** 1 *1, 2*
– Kostenfestsetzung **I. A.** 11

– Kündigung durch den Anwalt **I. A.** 5
– Mandatsübernahme **I. A.** 1
– Mandatsübernahmebestätigung **I. A.** 2
– Mediationsvertrag **I. A.** 6
– Untervollmacht **I. A.** 1 *1*
– Verkehrsanwalt **I. A.** 1 *1*
Mankohaftung IV. C. 3
Markenrecht, Abmahnung **II. O.** 18 *1*
– Auskunftsanspruch **II. O.** 18 *8*
– Beginn des Schutzes von Unternehmenskennzeichen **II. O.** 20 *11*
– Bekanntheitsgrad des Zeichens **II. O.** 21
– einstweilige Verfügung **II. O.** 19, *s. einstweilige Verfügung wegen Markenverletzung*
– Eintragungsbewilligungsklage **II. O.** 22
– freie Schadensschätzung **II. O.** 21
– Kammer für Handelssachen **II. O.** 18 *2*
– Klage wegen Verletzung eines Unternehmenskennzeichens **II. O.** 20
– Lizenzanalogie **II. O.** 21
– Lizenzgebühr **II. O.** 21
– Lizenzsatz **II. O.** 21 *3*
– Löschungsverfahren **II. O.** 18 *11, 29, 30*
– Regelungen im MarkenG **II. O.** 18 *1*
– Schadensberechnung **II. O.** 21 *5, 6*
– Schadensersatzhöheklage **II. O.** 21
– Strafandrohungsklausel **II. O.** 18 *5*
– Streitwert **II. O.** 18 *4*
– Streitwertherabsetzung, Kosten und Gebühren **II. O.** 18
– Verletzungshandlung **II. O.** 18 *7*
– Verwechslungsgefahr **II. O.** 21
– Warengleichartigkeit **II. O.** 21
– Warenidentität **II. O.** 21
Markenverletzungsklage II. O. 18
– Ähnlichkeit **II. O.** 18 *19*
– einstweilige Verfügung **II. O.** 18 *32*
– Feststellungsantrag **II. O.** 18 *28*
– Gerichtsstand der unerlaubten Handlung **II. O.** 18 *31*
– Gesamtschuld **II. O.** 18 *26*
– Grenzbeschlagnahme **II. O.** 18 *34*
– Identität **II. O.** 18 *21*
– Klagebegründung **II. O.** 18 *18*
– markenmäßige Benutzung **II. O.** 18 *15, 16, 20*
– Nebenanträge **II. O.** 18 *13*
– Rechnungslegung **II. O.** 18 *9*
– Schadensberechnung **II. O.** 18 *9*
– Schadensersatz **II. O.** 18 *12*
– Übertragung der Sache auf den Einzelrichter **II. O.** 18 *14*
– Unterlassungsanspruch **II. O.** 18 *18*
– Vernichtungsanspruch **II. O.** 18 *10*
– Verteidigungsmöglichkeiten **II. O.** 18 *33*
– Verwässerungsgefahr **II. O.** 18 *18*
– Verwechselbarkeit **II. O.** 18 *18*
– Warengleichartigkeit **II. O.** 18 *19*
– Zivilkammer **II. O.** 18 *14*
Marktbeherrschende Stellung bei Rationalisierungskartell **II. L.** 11 *10*
– bei Spezialisierungskartell **II. L.** 3 *7*
Massegläubiger III. F. 21 *1*
Massenänderungskündigung IV. B. 9 *2*
Masseunzulänglichkeit III. F. 21 *1*
– Feststellung durch den Insolvenzverwalter **III. F.** 21 *2*
– Haftung des Insolvenzverwalters **III. F.** 21 6
– und Leistungsklage **III. F.** 21 *6*
Masseverbindlichkeit III. F. 20 *1 b*, 21 *1, 7*
Maßgeblicher Zeitpunkt im Sozialgerichtsprozeß **VIII.** 2 *1*
Mediation und anwaltliches Berufsrecht **I. A.** 6 *1*
– Verfahren **I. A.** 6 *Vorbem.*
Mediationsvertrag I. A. 6
Mehrarbeit IV. A. 2 *1*
Mehrarbeitsstundenvergütung IV. A. 2
Meinungsäußerung im Presserecht **II. P.** 1 *4*
Merkmalsanalyse II. O. 1 *12*, 3 *28*
Mieterverein und AGB-Recht **II. Q.** 1 *2*
Mietrecht, Anforderungen an Betriebskostenabrechnung **II. B.** 3 *5*
– bauliche Veränderungen **II. B.** 6
– Belegeinsicht **II. B.** 3 6
– Beseitigung vom Schuldner errichteter Bauwerke **II. B.** 7 2
– Duldung von Modernisierungsarbeiten **II. B.** 6 *1*
– Erhaltungsmaßnahmen **II. B.** 6 *3*
– Erheblichkeit des Zahlungsrückstandes bei gewerblichem Zwischenmietverhältnis **II. B.** 5 *4*
– Fälligkeit der Miete **II. B.** 4 *9*
– Form und Begründung des Erhöhungsverlangens **II. B.** 2 *8*
– Heilungswirkung **II. B.** 4 *15, 16*
– Kaution, getrennte Anlage **II. B.** 8 *9*
– Kaution, Rückforderung vom Erwerber **II. B.** 8 *9*
– Kaution, Verzinsung **II. B.** 8 *7, 10*
– Kautionshöhe **II. B.** 8 *6*
– Klage auf Betriebskostennachzahlung **II. B.** 3
– Klage auf Rückzahlung der Kaution **II. B.** 8
– Maßnahmen zur Einsparung von Energie **II. B.** 6 *3*
– Mieterhöhung **II. B.** 2
– Mietzins **II. B.** 1
– Räumung von gewerblich genutzten Räumen **II. B.** 7
– Räumung von Wohnraum **II. B.** 4, 5
– Räumungsfrist bei Räumungsvergleich **II. B.** 13
– Räumungsfrist nach § 721 ZPO **II. B.** 9 *3*
– Räumungsfrist, sofortige Beschwerde **II. B.** 13
– Übernahmeerklärung bei Wohnraummiete **II. B.** 4 *14*

– Urteilsergänzung **II. B.** 10
– Verbesserungsmaßnahmen **II. B.** 6 *3*
– Verlängerung **II. B.** 11
– Vermietung eines Grundstücks **II. B.** 7 *4*
– Vollstreckungsschutz **II. B.** 13, 15
– Voraussetzungen für ein gewerbliches Zwischenmietverhältnis **II. B.** 5 *5*
– Widerspruch gegen Fortsetzung des Gebrauchs **II. B.** 4 *13*
– Zahlungsverzug **II. B.** 4 *11*
– Zumutbarkeitsprüfung **II. B.** 6 *3*
Mietspiegel, qualifizierter **II. B.** 2 *10*
Mietwagenkosten II. E. 10 *9,* 13 *17*
Mietzinserhöhungsklage, Form und Begründung des Erhöhungsverlangens **II. B.** 2 *8*
– Fristen **II. B.** 2 *6*
– Gesamtschuldner **II. B.** 2 *4*
– Kappungsgrenze **II. B.** 2 *6*
– Klagefrist **II. B.** 2 *3 a, 8*
– Leistungsklage **II. B.** 2 *2*
– bei Mietverhältnissen auf bestimmte Zeit **II. B.** 2 *5*
– Prozeßstandschaft **II. B.** 2 *6 a*
– qualifizierter Mietspiegel **II. B.** 2 *10*
– Sachverständigengutachten **II. B.** 2 *8*
– Streitwert **II. B.** 2 *3*
– Tatbestandsvoraussetzungen **II. B.** 2 *6*
– Zuständigkeit **II. B.** 2 *1*
– Zustimmungsfrist **II. B.** 2 *7*
Mietzinsklage, Minderungsrecht des Mieters **II. B.** 1 *4*
– schriftliches Vorverfahren **II. B.** 1 *6*
– Streitwert **II. B.** 1 *2*
– Verzug **II. B.** 1 *3*
– Zulässigkeit des Urkundenprozesses **II. B.** 1 *1 a*
– Zuständigkeit **II. B.** 1 *1*
Minderung, Bemessung im Reisevertragsrecht **II. D.** 4 *12*
– Berechnung **II. A.** 6 *3*
– Ermittlung durch Schätzung **II. A.** 6 *4*
– beim Grundstückskauf **II. A.** 7 *3*
– des Kaufpreises **II. A.** 6
– Nacherfüllungsfrist **II. A.** 6 *2*
– wegen zu geringer Wohnfläche bei Eigentumswohnung **II. A.** 7 *5*
Minderung der Erwerbsfähigkeit VIII. 9 *6*
Minderungsklage gegen Architekten **II. C.** 5
– im Reisevertragsrecht **II. D.** 4
Ministererlaubnis II. L. 15
Ministerkartell II. L. 15
Mißbrauchsgebühr VI. 1
Mitbestimmungsrecht des Betriebsrats **IV. E.** 15
– Vorabentscheidungsverfahren über Umfang **IV. E.** 16
Miteigentum, anfechtbare Übertragung **III. F.** 4 *4*
Miterbe, Klage **II. J.** 14, 17
Mitgewahrsam und Pfändung **III. B.** 1
Mittelbare Patentverletzung II. O. 1 *12*
Mittelgebühr im Sozialgerichtsprozeß **VIII.** 30 *8*
Mittelstandskartell, Begründung **II. L.** 4 *6*
– und Einkaufskooperation **II. L.** 4 *1*
– Marktbeeinträchtigung **II. L.** 4 *9*
– Rationalisierung **II. L.** 4 *8*
Mitunternehmerschaft im Steuerrecht **VII.** 3
Mitverschulden des Arbeitgebers **IV. C.** 2 *3*
– bei Verkehrsunfällen **II. E.** 14
– im Wertpapierrecht **II. K.** 26 *10*
Mitwirkung bei der Eintragung einer OHG **II. K.** 7
Mobiliarvollstreckung III. C. 1
Monopolkommission II. L. 20 *3*
Mündliche Verhandlung im Arrestverfahren **I. R.** 1 *2*
– über einstweilige Anordnung **II. I.** 27
– Entbehrlichkeit bei öffentlicher Zustellung **I. F.** 3 *4*
– im schiedsgerichtlichen Verfahren **I. S.** 7 *5*
Mündliche Vernehmung des Sachverständigen **I. H.** *5*
Mutwillenskosten im Sozialgerichtsprozeß **VIII.** 2

Nachbar, Widerspruch gegen Baugenehmigung **V. E.** 1
Nachbarschutz im Zivilrecht, Klage auf Duldung **I. D.** *9*
– Klage auf Vornahme einer Handlung **I. D.** *5*
– Unterlassungsklage **I. D.** 6
Nacherbe, Erbschein **II. J.** 18
– Klage gegen beschenkten Dritten **II. J.** 13
Nacherbschaft, Pfändung **III. B.** 25 *1*
Nacherfüllung, Fristsetzung **II. A.** 4 *3*
– Wahlrecht des Käufers **II. A.** 4 *4*
Nacherfüllungsklage II. C. 1 *1*
– des Käufers **II. A.** 4
– bei Verbrauchsgüterkauf **II. A.** 4 *6*
Nachlaßforderungen II. J. 14
Nachlaßgläubiger, Erbschein **II. J.** 20
Nachlaßverbindlichkeiten II. J. 15
– Zwangsvollstreckung **II. J.** 15 *3*
Nachprüfungsantrag, Akteneinsicht **II. M.** 2 *8*
– Begründung **II. M.** 2 *9, 10, 12, 13*
– Beteiligte **II. M.** 2 *6*
– Beweismittel **II. M.** 2 *12*
– Frist **II. M.** 2 *2*
– Inhalt **II. M.** 2 *5*
– Schwellenwert **II. M.** 2 *14*
– an die Vergabekammer **II. M.** 2
– Zulässigkeit **II. M.** 2 *14*
Nachschußklage II. K. 12
Nachteilsausgleich VIII. 8 *3*
– bei Betriebsänderung **IV. E.** 12 *4*
Nachträgliche Ergänzung im Presserecht **II. P.** 17

Nachverfahren, Antrag auf Durchführung durch den Kläger **I. Q.** 8
– Antragserfordernis **I. Q.** 7 *3*
– Entscheidung durch den Vorsitzenden **I. Q.** 7 *7*
– im Urkunden-, Wechsel- und Scheckprozeß **I. Q.** 7, 8
Ne bis in idem und Art. 103 Abs. 3 GG **VI.** 8
Nebenintervention im AGB-Prozeß **II. Q.** 5
– Beitritt **I. J.** 3
– im Verfahren nach WEG **II. H.** 4 *9*
Nebenkosten, Gebühren **I. A.** 10 *17*
Negative Feststellungsklage I. E. 7
– bei Fortbestand einer einstweiligen Anordnung **II. I.** 28
– und Prozeßaufrechnung **I. E.** 6 *1*
– prozessuale Folgen **I. E.** 7 *2*
– des Verwenders von AGB **II. Q.** 5
– als Widerklage **I. E.** 7 *3*
Negative Steuerschuld im Umsatzsteuerrecht **VII.** 11 *4*
Negativer Gewinnfeststellungsbescheid, Klage auf ... **VII.** 15 *4*, *s. Verlustfeststellungsbescheid*
Negativer Kompetenzkonflikt I. I. 5 *1*
Nettolohnmethode II. E. 1 *10*
Neuheitsschädliche Vorwegnahme im Patentrecht **II. O.** 6
Neuherstellung eines Werkes **II. C.** 1 *2*
Nichtberücksichtigung von Unterhaltsberechtigten bei Pfändung **III. B.** 19
Nichteheliche Lebensgemeinschaft II. E. 7 *14*
– Anspruch auf Geldrente **II. E.** 6 *17*
Nichteheliches Kind, Vertretung **II. I.** 2 *3*
Nichtigkeit eines Testaments II. J. 1
Nichtigkeitsklage I. P. 1
– aktienrechtliche **II. K.** 23
– im Patentrecht **II. O.** 6
– gegen einen Rechtsakt der Europäischen Gemeinschaft gemäß Art. 230 Abs. 4 EG **IX.** 2, *s. Nichtigkeitsklage (EG)*
Nichtigkeitsklage (EG), Abschriften **IX.** 2 *4*
– Anforderungen an die Klageschrift **IX.** 2 *16*
– Anlageverzeichnis **IX.** 2 *22*
– Anträge **IX.** 2 *10, 11*
– Anwaltszwang **IX.** 2 *7*
– Klagebefugnis **IX.** 2 *5*
– Klagegegenstand **IX.** 2 *8, 9*
– Kostenerstattung **IX.** 2 *12*
– Materielle Rügen **IX.** 2 *20*
– Präklusion **IX.** 2 *21*
– Verfahrensfehler **IX.** 2 *20*
– Zuständigkeit **IX.** 2 *3*
– Zustellungsanschrift **IX.** 2 *15*
Nichtzulassungsbeschwerde im Arbeitsgerichtsprozeß *s. Nichtzulassungsbeschwerde im Arbeitsgerichtsprozeß*
– im Finanzgerichtsprozeß **VII.** 24, *s. dort*
– nach GWB **II. L.** 28
– und Verfassungsbeschwerde **VI.** 3 *3*, 4 *2*, 5 *2*
– im Verwaltungsprozeß *s. Nichtzulassungsbeschwerde im Verwaltungsprozeß*
Nichtzulassungsbeschwerde im Arbeitsgerichtsprozeß IV. D. 8
– im arbeitsrechtlichen Beschlußverfahren **IV. F.** 2
– Begründung der Divergenz **IV. D.** 5, 6, 8 *4*
– Begründung der fehlerhaften Tarifauslegung **IV. D.** 9 *6, 7*
– Begründung der grundsätzlichen Bedeutung **IV. D.** 9 *4, 5, 7, 8*
– wegen Divergenz **IV. D.** 8
– wegen fehlerhafter Tarifauslegung **IV. D.** 9
– Form **IV. D.** 8 *2, 3*
– wegen grundsätzlicher Bedeutung **IV. D.** 9
– Zulässigkeitsvoraussetzungen **IV. D.** 8 *1*
Nichtzulassungsbeschwerde im Finanzgerichtsprozeß VII. 24 *5*
– Begründungsfrist **VII.** 24 *4*
– Darlegungspflichten **VII.** 24 *5 e*
– wegen Divergenz **VII.** 24 *5*
– Divergenz **VII.** 24 *5 c*
– Frist **VII.** 24 *4*
– Grundsätzliche Bedeutung **VII.** 24 *5 b*
– wegen grundsätzlicher Bedeutung **VII.** 24 *5*
– wegen mangelnder Sachaufklärung **VII.** 25
– wegen Rechtsfortbildung **VII.** 24 *5*
– wegen Verfahrensfehlers **VII.** 24 *5*, 25
– Verfahrensmangel **VII.** 24 *5 d*
– wegen Verletzung rechtlichen Gehörs **VII.** 26
Nichtzulassungsbeschwerde im Sozialgerichtsprozeß (Berufung), Begründung **VIII.** 11 *4*
– Divergenzrevision **VIII.** 11 *2*
– Frist **VIII.** 11 *2*
– Grundsatzrevision **VIII.** 11 *2*
– Schriftform **VIII.** 11 *2*
– Statthaftigkeit **VIII.** 10 *1*
– Verfahrensrevision **VIII.** 11 *2*
– Verfahrensrüge **VIII.** 11 *6*
– Vertretungszwang **VIII.** 11 *4*
– Zuständigkeit **VIII.** 11 *2*
Nichtzulassungsbeschwerde im Sozialgerichtsprozeß (Revision), Abschriften **VIII.** 12 *6*
– Begründung **VIII.** 12 *7*
– Begründung der Divergenz **VIII.** 14
– Begründung der grundsätzlichen Bedeutung **VIII.** 13
– Begründung des Verfahrensmangels **VIII.** 15
– Divergenz **VIII.** 14
– Einlegung zur Fristwahrung **VIII.** 12
– Frist **VIII.** 12 *3*
– Grundsätzliche Bedeutung **VIII.** 13
– Schriftform **VIII.** 12 *2*
– Verfahrensmangel **VIII.** 15
– Verlängerung der Begründungsfrist **VIII.** 12 *8*

– Vertretungszwang **VIII.** 12 *5*
– Wiedereinsetzung in den vorigen Stand **VIII.** 12 *2*
– Zuständigkeit **VIII.** 12 *4*
Nichtzulassungsbeschwerde im Verwaltungsprozeß V. C. 8
– wegen Abweichung **V. C.** 10
– Begründung **V. C.** 9
– Begründungsfrist **V. C.** 9 *2*
– Frist **V. C.** 8
– Inhalt der Begründung **V. C.** 9 *3, 4, 5, 6*
– Umdeutung einer Revision in ... **V. C.** 8
– wegen Verfahrensmangels **V. C.** 11
Niederlegung im Geschmacksmusterrecht **II. O.** 13 *3*
Normenempfehlungen II. L. 6
Normenkartell II. L. 2
Normenkontrollverfahren, Antrag **V. G.** 1
– als Aussetzungsgrund **I. L.** 1 *2*
– Beiladung **V. G.** 1 *6*
– einstweilige Anordnung **V. G.** 2
– ergänzendes Verfahren **V. G.** 1 *10*
– Frist **V. G.** 1 *9*
– konkretes ... nach Art. 100 Abs. 1 GG **VI.** 14
– Kosten und Gebühren **V. G.** 1
– nach § 47 VwGO **V. G.** 1
– Rechtsverletzung **V. G.** 1 *12*
– Streitwert **V. G.** 1 *7*
Notfristzeugnis III. A. 1
Notweg I. D. 9 *1;* **II. G.** 7
– Gestaltungsurteil **I. D.** 9 *4*
Novenrecht, Berufung im Arbeitsgerichtsprozeß **IV. D.** 6 *16*
Nutzungsausfall, Berechnung **II. E.** 10 *11*
– bei Verkehrsunfall **II. E.** 10 *9,* 13 *17, 18*

Obergutachten I. H. 6
Öffentliche Zustellung I. F. 3
– Entbehrlichkeit der mündlichen Verhandlung **I. F.** 3 *4*
– Fristen und Rechtsmittel **I. F.** 3
– der Klageschrift **I. F.** 3
– Kosten und Gebühren **I. F.** 3
– der Ladung **I. F.** 3
– nach Mahnverfahren **I. B.** 1 *1c*
– des Versäumnisurteils **I. G.** 1 *5*
Offenbare Unrichtigkeit eines Urteils, im Finanzgerichtsprozeß **VII.** 20 *4*
Offenbarungseid *s. eidesstattliche Versicherung*
Offene Handelsgesellschaft, Eintragung **II. K.** 7
Offenkundige Vorbenutzung im Patentrecht **II. O.** 6 *13, 16, 17*
Offenlegungsschrift im Patentrecht **II. O.** 1 *6*
Offensichtlicher Irrtum im Mahnverfahren **I. B.** 1 *5*
OHG, Pfändung **III. B.** 26 *9*
Ordnungsgeld gegen Zeugen **I. H.** 2 *1*
Ordnungsmittel, Androhung **III. C.** 5 *7*
– im Insolvenzverfahren **III. F.** 14 *10*
– im Wettbewerbsrecht **II. N.** 3 *5*
Ordnungsmittelantrag III. C. *5*
Ordnungsmittelbeschluß gegen Zeugen **I. H.** 2 *1*
Ortsbesichtigung des Sachverständigen **I. H.** *5 3*

Parteiänderung I. J. 4 *1*
Parteianhörung, Anordnung des persönlichen Erscheinens **I. H.** 9 *2*
Parteiberichtigung I. J. 4
– im Urteil **I. N.** 2
Parteibezeichnung, Berichtigung **I. J.** 4; **N.** 2
– fehlerhafte **III. A.** 8 *3*
Parteien, Bezeichnung bei Klageerhebung **I. D.** 1 *2*
– Entbindung von der Pflicht zum persönlichen Erscheinen **I. F.** 6 *3*
Parteierweiterung I. J. 6
Parteivernehmung I. H. 9
– Im Urkundenprozeß **I. Q.** 1 *8*
– Waffengleichheit **I. H.** 9 *3*
Parteiwechsel, gesetzlicher **I. L.** 3 *3*
– Zustimmung des Beklagten **I. J.** *5 1*
Patenanwalt II. O. 3 *42*
Patentanmeldung, Ansprüche **II. O.** 3 *19*
Patentanspruch II. O. 1 *9,* 3 *27*
Patentberühmung II. O. 7
Patenterteilung, Benutzungsrecht **II. O.** 1 *6*
– Einspruch **II. O.** 1 *6*
– gesetzliche Wirkungen **II. O.** 1 *6*
– Prüfungskompetenz **II. O.** *5 4*
– Schutzbereich **II. O.** 1 *6*
– Tatbestandswirkung **II. O.** *5 4*
– Verbietungsrechte **II. O.** 1 *6*
– Verwaltungsakt **II. O.** *5 4*
Patentfähigkeit, fehlende **II. O.** 6
Patentnichtigkeitsklage, Antrag **II. O.** 6 *5*
– Begründung **II. O.** 6 *11, 12, 13*
– Beklagter **II. O.** 6 *3*
– Beweisführung **II. O.** 6 *17*
– Gebühren **II. O.** 6 *7*
– Gerichtsgebühren **II. O.** 6 *8*
– inländische offenkundige Vorbenutzung **II. O.** 6 *13, 16, 17*
– Kostenantrag **II. O.** 6 *6*
– mangelnde Erfindungshöhe **II. O.** 6 *18*
– mangelnde Offenbarung **II. O.** 6 *19*
– neuheitsschädliche Vorwegnahme **II. O.** 6
– offenkundige Vorbenutzung **II. O.** 6 *13, 16, 17*
– Stand der Technik **II. O.** 6
– Subsidiarität **II. O.** *5 3*
– Unteransprüche **II. O.** 6 *20*
– unzulässige Erweiterung des erteilten Patents **II. O.** 6 *19*
– Vollmacht **II. O.** 6 *10*
– widerrechtliche Entnahme **II. O.** 6 *19*
– Zahlungsweg für Gerichtsgebühren **II. O.** 6 *9*
– Zuständigkeit **II. O.** 6 *1*

Patentrecht, Abmahnung **II. O.** 1,
s. Abmahnung wegen Patentverletzung
– Auskunftsanspruch **II. O.** 1 *13*
– Benutzungsmonopol **II. O.** 3 *33*
– europäisches Patentrecht **II. O.** 1 *6*
– Pfändung **III. B.** 25 *1, 3*
– Schutzumfang **II. O.** 1 *12*
– Vorbenutzung **II. O.** *5*
Patentschrift II. O. 1
Patentstreitkammer II. O. 3 *1*
– Zuständigkeit in Gebrauchsmustersachen **II. O.** 9 *1*
– Zuständigkeit in Geschmacksmustersachen **II. O.** 14 *1*
Patentstreitsachen II. O. 3 *1*
Patentverletzung, Abmahnung **II. O.** 1
Patentverletzungsklage, Abschriften **II. O.** 3 *23*
– Akteneinsicht **II. O.** 3 *22*
– Anerkenntnisurteil **II. O.** 3 *18*
– Ansprüche aus Patentanmeldung **II. O.** 3 *19*
– Auskunftsanspruch **II. O.** 3 *10*
– Aussetzung des Rechtsstreits **II. O.** 5 *4*
– Bekanntmachungsbeschluß **II. O.** 3 *21*
– Benutzungshandlungen **II. O.** 3 *7*
– einstweilige Verfügung **II. O.** 3 *43, 44*
– entgangener Gewinn **II. O.** 3 *10*
– Erfindung **II. O.** 3 *24*
– Ersatz des unmittelbaren Schadens **II. O.** 3 *10*
– Feststellungsantrag **II. O.** 3 *15*
– formelle Klageerwiderung **II. O.** 4
– früher erster Termin **II. O.** 3 *18*
– Gestehungskosten **II. O.** 3 *10b*
– Güteverhandlung **II. O.** 3 *17a*
– kennzeichnender Teil **II. O.** 3 *6*
– Kostenerstattung **II. O.** 3
– Lizenzgebühr **II. O.** 3 *10*
– Lizenznehmer **II. O.** 3 *19*
– materielle Klageerwiderung **II. O.** *5*
– mehrere Patente **II. O.** 3 *32*
– Merkmalsanalyse **II. O.** 3 *28*
– Mitteilung des Anmeldetages **II. O.** 3 *20*
– Nebenanträge **II. O.** 3 *16*
– Oberbegriff **II. O.** 3 *6*
– Patentansprüche **II. O.** 3 *27*
– Patentanwalt **II. O.** 3 *42*
– Patentverletzungen vor dem 1. 5. 1992 **II. O.** 3 *12a*
– Prozeßstandschaft **II. O.** 3 *19*
– Rechnungslegung **II. O.** 3 *10*
– Rollenauszug **II. O.** 3 *22*
– Schadensberechnung **II. O.** 3 *10*
– schriftliches Vorverfahren **II. O.** 3 *18*
– Strafandrohungsklausel **II. O.** 3 *4*
– Streitwert **II. O.** 3 *3*
– Stufenklage **II. O.** 3 *15*
– Übertragung der Sache auf den Einzelrichter **II. O.** 3 *17*
– Verletzergewinn **II. O.** 3 *10*
– Verletzungsform **II. O.** 3 *6*
– Versäumnisurteil **II. O.** 3 *18*
– Wirtschaftsprüfervorbehalt **II. O.** 3 *11*
– Zuständigkeit **II. O.** 3 *1*
– Zwangsvollstreckung des Vernichtungsanspruchs **II. O.** 3 *13*
Pauschgebühr im Sozialgerichtsprozeß **VIII.** 2
Pensionskasse IV. A. 9 *2*
Persönlicher Arrest I. R. 2
Persönliches Erscheinen des Beteiligten, im Sozialgerichtsprozeß **VIII.** 19 *4*
Persönliches Erscheinen der Parteien, Entbindung von der Pflicht **I. F.** 6 *3*
Personalvertretungsrecht V. B. 10
Personelle Mitwirkung des Betriebsrats **IV. E.** 8
Personenbedingte Kündigung IV. B. 4
Personenbeförderung, Haftungsausschluß **II. E.** 16 *2*
Pfändbare Bezüge, Pfändung **III. B.** 18
Pfändung, Altersrente **III. B.** 10 *4*
– von Anderkonten **III. B.** 12 *10*
– des Anspruchs auf „Kreditlinie" **III. B.** 12 *15*
– von Anwartschaften **III. B.** 28
– des Anwartschaftsrechts **III. B.** 1 *15*
– von Arbeitseinkommen **III. B.** 17
– Arbeitslosengeld **III. B.** 10 *4*
– Arbeitslosenhilfe **III. B.** 10 *4*
– Auflassungsanwartschaft **III. B.** 28
– Ausgleichsrente **III. B.** 10 *4*
– Austauschpfändung **III. B.** 1 *11*
– Bankschließfach **III. B.** 1 *14*
– Bausparsumme **III. B.** 14 *2*
– bedingt pfändbare Bezüge **III. B.** 18
– besonderer Vermögensgegenstände **III. B.** 1 *9a*
– BGB-Gesellschaft **III. B.** 26 *6, 7, 8, 8a*
– Blankowechsel **III. B.** 8 *3*
– Bruchteilsgemeinschaft **III. B.** 26
– bei Drittgewahrsam **III. B.** 1 *13*
– bei drittschuldnerlosem Recht **III. B.** 25
– Eigentümergrundschuld **III. B.** 25 *1*
– bei Eigentumsvorbehalt **III. B.** 1
– Erbengemeinschaft **III. B.** 26 *16, 17*
– einer Forderung **III. B.** 6
– bei Forderung aus unerlaubter Handlung **III. B.** 20
– Gebrauchsmusterrechte **III. B.** 25 *1*
– Gemeinschaftsanteil **III. B.** 26
– Genossenschaftsanteil **III. B.** 26 *15*
– Geschmacksmusterrecht **III. B.** 25 *1*
– bei Gesellschaftsanteilen **III. B.** 26
– GmbH **III. B.** 26 *10*
– GmbH-Stammeinlage **III. B.** 13
– Grundschuld **III. B.** 9
– Herausgabeanspruch **III. B.** 27
– Höchstbetragshypothek **III. B.** 9 *1*
– Hypothek **III. B.** 9
– Internet-Domain **III. B.** 25 *1*
– kaufmännische Orderpapiere **III. B.** 8 *2*

– KG **III. B.** 26 *9*
– Kindergeld **III. B.** 10 *4*
– bei Konten Postbank AG **III. B.** 12 *11*
– Kontoguthaben **III. B.** 12
– Kontokorrent **III. B.** 12 *7, 8*
– Krankengeld **III. B.** 10 *4*
– laufender Bezüge **III. B.** 17
– Lebensversicherung **III. B.** 14 *7–11*
– Miteigentumsanteil **III. B.** 26
– bei Mitgewahrsam **III. B.** 1
– Nacherbschaft **III. B.** 25 *1*
– in Nebenwohnsitz **III. B.** 1 *10*
– Nichtberücksichtigung von Unterhaltsberechtigten **III. B.** 19
– OHG **III. B.** 26 *9*
– Patentrecht **III. B.** 25 *1, 3*
– Pfändungsanordnung bei eingetragenem Schiff **III. E.** 2 *2*
– Pflichtteilsanspruch **III. B.** 14 *6*
– Pflichtteilsergänzungsanspruch **III. B.** 14 *5*
– Reallast **III. B.** 9 *1*
– Rentenschuld **III. B.** 9 *1*
– Rückforderungsanspruch des verarmten Schenkers **III. B.** 14 *6*
– rückständige Nebenleistungen **III. B.** 9 *1*
– Rückübertragungsansprüche bei Grundschulden **III. B.** 29
– Scheck **III. B.** 8 *2*
– Schmerzensgeldanspruch **III. B.** 14 *6*
– Schuldnerantrag nach § 850 i ZPO **III. B.** 22
– und Sequestration **III. E.** 1 *6*
– Sicherungshypothek für Inhaberpapiere **III. B.** 9 *1*
– bei Sicherungsverfügung **III. E.** 1
– bei Sonderkonten **III. B.** 12 *10*
– sonstige Geldforderungen **III. B.** 14
– bei Sozialleistungen **III. B.** 10
– bei Sparguthaben auf den Todesfall **III. B.** 12 *6*
– Steuererstattungsanspruch **III. B.** 11
– Taschengeldanspruch **III. B.** 18
– Unfallrente **III. B.** 10 *4*
– Urheberrechte **III. B.** 25 *1*
– auf Verdacht **III. B.** 14 *2*
– Vermächtnis **III. B.** 14 *5*
– Vorwegpfändung **III. B.** 1 *12*
– Warenzeichen **III. B.** 25 *1*
– Wechsel **III. B.** 8 *2*
– Wertpapiere **III. B.** 8 *2*
– Wintergeld **III. B.** 10 *4*
– Witwenrente **III. B.** 10 *4*
– Wohngeld **III. B.** 10 *4*
– Zugewinnausgleichsanspruch **III. B.** 14 *6*
Pfändungs- und Überweisungsantrag III. B. 6
Pfändungsfreigrenzen III. B. 17 *1, 6*
Pfandfreibetrag, Erhöhung **III. B.** 21
Pflichtteil, Anrechnung von Leistungen auf den ... **II. J.** 6 *9*
– Auskunftsanspruch **II. J.** 6 *5*
– Entziehung **II. J.** *5 6*
– Wertermittlungsanspruch **II. J.** 6 *7*
Pflichtteilsanspruch II. J. 6
– Anfechtungsgesetz **III. F.** 2 *4*, 4 *3*
– Pfändung **III. B.** 14 *6*
Pflichtteilsberechtigter, Übergehung **II. J.** 3 *7*
Pflichtteilsentziehung I. D. 3; **II. I.** 5
Pflichtteilsergänzungsanspruch II. J. 7
– Anspruchsgegner **II. J.** 7 *5*
– Frist **II. J.** 7 *6*
– Pfändung **III. B.** 14 *5*
Pflichtteilszahlung II. J. 6
Planungsschaden V. A. 3
Polizeiverkehrsdienst, Schreiben bei Verkehrsunfall **II. E.** 11
Postulationsfähigkeit, neue Bundesländer **I. A.** 1 *1*
Prägung der ehelichen Lebensverhältnisse II. I. 13 *6*
Präklusionsvorschriften der ZPO und rechtliches Gehör **VI.** 7
Preisabsprache und Rationalisierungskartell **II. L.** 12
Presserecht, Abmahnung **II. P.** 7
– Abschlußschreiben **II. P.** 12
– Antrag auf Unterlassungsverfügung **II. P.** 10
– berichtigende Ergänzung **II. P.** 15, 16
– Distanzierung **II. P.** 15
– eingeschränkter Widerruf **II. P.** 14
– Gegendarstellung **II. P.** 1–5
– Klage auf Schadensersatz **II. P.** 19
– Klage auf Unterlassung **II. P.** 19
– Klageerwiderung **II. P.** 20
– Schutzschrift **II. P.** 9
– Unterlassungsanspruch **II. P.** 7 *1*
– Verpflichtungserklärung **II. P.** 8
– vorläufiger Widerruf **II. P.** 18
– Widerruf **II. P.** 13
– Zwangsvollstreckung **II. P.** 6
Pre-trial-discovery I. T. 3 *1*
Privaturkunde, formelle und materielle Beweiskraft **I. H.** 7 *1*
Prognose im Insolvenzverfahren **III. F.** 12 *12–16*
Prorogation, örtliche Zuständigkeit **I. I.** 2 *1*
– sachliche Zuständigkeit **I. I.** 3 *1*
Prospektangaben im Reisevertragsrecht **II. D.** 1 *11*
Protokollberichtigung I. F. 9
– wegen rechtlichen Hinweises **I. F.** 10
Protokollierung eines Vergleichs **I. M.** 1 *1, 13*
Provision, verdiente **IV. A.** 6
Provisionsstaffel IV. A. 6 *2*
Prozeßaufrechnung I. E. 6
– Bestimmtheitsgrundsatz **I. E.** 6 *5*
Prozeßführungsbefugnis I. J. 1
Prozeßkostenhilfe I. F. 2 *1*
– Änderung der Bewilligung **I. C.** 5

– Änderung der wirtschaftlichen Verhältnisse **I. C.** 4
– Antrag auf Änderung der Ratenzahlungsanordnung **I. C.** 4
– Antrag auf Bewilligung **I. C.** 1
– Antrag des Beklagten **I. C.** 2
– Antrag des Berufungsklägers **I. C.** 3
– Anwaltszwang **I. C.** 1 *7*
– Ausschluß **I. C.** 1 *Vorbem.*
– für auswärtige Beweisaufnahme **I. C.** 6
– Beiordnung eines Rechtsanwalts **I. C.** 1 *3, 9*
– Beiordnung eines Rechtsanwalts für auswärtige Beweisaufnahme **I. C.** 6
– für das Berufungsverfahren **I. C.** 3
– Beschwerde gegen Ablehnung **I. C.** 8
– Beschwerde gegen Änderungsbeschluß **I. C.** *5*
– Beweismittel **I. C.** 1 *11*
– Beweissicherungsverfahren **I. C.** 1 *Vorbem.*
– für das Bewilligungsverfahren **I. C.** 1 *Vorbem.*
– Einkommen **I. C.** 1 *10*
– einstweilige Anordnung zur Leistung eines Prozeßkostenvorschusses **I. C.** 7
– Erfolgsaussichten der Klage **I. C.** 1 *11*
– im finanzgerichtlichen Verfahren, Kosten und Gebühren **VII.** *9*
– im Finanzgerichtsprozeß **VII.** 33
– Folgen der Bewilligung **I. C.** 1 *2*
– Gebührenanspruch des Rechtsanwalts **I. C.** 1 *2*
– Hemmung der Verjährung **I. C.** 1 *1*
– Klageentwurf **I. C.** 1 *6*
– Kostenerstattung **I. C.** 1
– im Mahnverfahren **I. B.** 1 *5*
– Mutwilligkeit **I. C.** 1 *11*
– persönliche Verhältnisse **I. C.** 1 *10*
– und Prozeßkostenvorschuß **I. C.** 1 *Vorbem., 7;* **II. I.** 23 *5*
– Ratenzahlungsanordnung **I. C.** 1 *2*
– Rechtsmittelverfahren **I. C.** 3; **O.** 1 *9*
– Reisekosten **I. C.** 1 *2*
– rückwirkende Bewilligung **I. C.** 1 *8,* 8 *1, 4*
– Schonvermögen **I. C.** *5 3*
– im Sozialgerichtsprozeß **VIII.** 25
– Streitverhältnis **I. C.** 1 *11*
– Tod der Partei **I. C.** 1 *2*
– Verbindung mit Klage **I. C.** 1 *1*
– Vordruck **I. C.** 1 *10*
– Wiedereinsetzung in den vorigen Stand **I. C.** 3 *1*
– wirtschaftliche Verhältnisse **I. C.** 1 *10*
– wirtschaftliche Verhältnisse, Verschlechterung **I. C.** 4 *1*
– Zuständigkeit **I. C.** 1 *4*
– Zwangsvollstreckungsverfahren **I. C.** 1 *8*
Prozeßkostenhilfe im Sozialgerichtsprozeß, besonderer Vertreter **VIII.** 25 *4*
– Verbandsvertreter **VIII.** 25 *4*
– Wiedereinsetzung in den vorigen Stand **VIII.** 25 *1*
Prozeßkostenvorschuß, einstweilige Anordnung **I. C.** 7; **II. I.** 23
– und Prozeßkostenhilfe **I. C.** 1 *Vorbem.;* **II. I.** 23 *5*
– Rechtsgrundlagen **II. I.** 23 *11*
Prozeßstandschaft, gesetzliche **I. J.** 1 *1*
– gewillkürte **I. J.** 1 *1*
– bei Patentverletzungsklage **II. O.** 3 *19*
– des Verwalters einer Wohnungseigentümergemeinschaft **II. C.** 11 *2*
Prozeßvertreter, Hinweise **IX.** 19
Prozeßvollmacht im Sozialgerichtsprozeß **VIII.** 2 *4*
– im Zivilprozeß **I. A.** 2 *3*
Prüfbarkeit der Abrechnung **II. C.** 14 *4*
Prüfungskompetenz, Annahme zur Entscheidung **VI.** 1 *11–15*

Qualifizierter Mietspiegel II. B. 2 *10*
Quotenvorrecht II. E. 15

Räumung von Wohnraum III. C. 2
Räumungsanspruch, sofortiges Anerkenntnis **II. B.** 9, 11
Räumungsantrag nach § 149 Abs. 2 ZVG III. B. 42
Räumungsfrist, Antrag des Mieters **II. B.** 9
– bei Räumungsvergleich **II. B.** 13
– sofortige Beschwerde **II. B.** 13
– Verlängerung **II. B.** 11
Räumungsklage, Beseitigung vom Schuldner errichteter Bauwerke **II. B.** 7 *2*
– Bezeichnung der Mieträume **II. B.** 4 *5*
– bei gewerblich genutzten Räumen **II. B.** 7
– bei gewerblichem Zwischenmietverhältnis **II. B.** *5*
– Heilungswirkung **II. B.** 4 *15, 16*
– Streitwert **II. B.** 4 *4*
– bei Wohnraum **II. B.** 4
Räumungsvergleich II. B. 13
Rahmengebühr im Sozialgerichtsprozeß **VIII.** 30 *8*
Ratenabwicklung in der Zwangsvollstreckung **III. B.** 4 *5, 6*
Ratenzahlungsanordnung, Beschwerde gegen Änderungsbeschluß **I. C.** 5
– bei Prozeßkostenhilfe **I. C.** 1 *2*
Rationalisierung II. L. 4 *8*
– Begriff **II. L.** 11 *4*
Rationalisierungskartell, Begriff der Rationalisierung **II. L.** 11 *4*
– Freistellungsantrag **II. L.** 11
– mit gemeinsamen Beschaffungseinrichtungen oder Vertriebseinrichtungen oder Preisabsprachen **II. L.** 12
– marktbeherrschende Stellung **II. L.** 11 *10*

Rationalisierungsverband, Begriff **II. L.** 2 *5*
Reallast, Pfändung **III. B.** 9 *1*
Realsplitting im Unterhaltsrecht **II. I.** 14
Rechnungslegung, Anspruch im Geschmacksmusterrecht **II. O.** 13 *18*, 14 *8, 33*
– im Gebrauchsmusterrecht **II. O.** 9 *28*
– im Markenrecht **II. O.** 18 *9*
– bei Patentverletzung **II. O.** 3 *10*
– im Urheberrecht **II. O.** 23 *9*
– bei Verletzung von Unternehmenskennzeichen **II. O.** 20 *7*
– des WEG-Verwalters **II. H.** 6
Rechtfertigungsverfahren I. R. 5
Rechtlicher Hinweis, Protokollberichtigung **I. F.** 10
Rechtliches Gehör VI. 7
– Beweisaufnahme **VI.** 7
– im Finanzgerichtsprozeß **VII.** 26 *6*, 30 *3*
– Rüge der Verletzung **IV. D.** 3, *s. Gehörsrüge*
– im schiedsgerichtlichen Verfahren **I. S.** 7 *2*
– im Sozialgerichtsprozeß **VIII.** 15
Rechtsakt, Nichtigkeitsklage gegen einen … der Europäischen Gemeinschaften (Art. 230 Abs. 4 EG) **IX.** 2
Rechtsanwalt, Honoraranspruch im arbeitsgerichtlichen Verfahren **IV. E.** 20
– Zuziehung im Verwaltungsvorverfahren **V. A.** *5 4, 8*
Rechtsanwaltskosten bei Abfindungsvergleich **II. E.** 17 *9*
Rechtsbeschwerde im Arbeitsgerichtsprozeß **IV. D.** 4 *2, 3, 4,* 11
– im arbeitsrechtlichen Beschlußverfahren **IV. F.** 3
– nach Artt. 44 EuGVVO, 37 Abs. 2 EuGÜbK/LugÜ **I. T.** 11
– in Familiensachen **II. I.** 30 *16*
– nach GWB **II. L.** 29
– gegen Vollstreckbarerklärung des Schiedsspruchs **I. S.** 12
Rechtskraft, Durchbrechung bei Klage gem. § 826 BGB **I. P.** 3
Rechtskraftzeugnis III. A. 1
Rechtsmißbrauch I. R. 12 *3*
Rechtsmittel *s. Fristen und Rechtsmittel*
Rechtsmittel (225 EG), Anforderungen an die Rechtsmittelschrift **IX.** 12 *4, 5, 10*
– Anträge **IX.** 12 *7*
– Rüge der Unzuständigkeit **IX.** 12 *13*
– unrichtige Rechtsanwendung **IX.** 12 *15*
– Verfahrensrüge **IX.** 12 *14*
– Zuständigkeit **IX.** 12 *3*
Rechtsmittel im Beschlußverfahren IV. F.
Rechtsmittel und Rechtsbehelfe, Anschlußberufung **I. O.** 3
– Berufung im Zivilprozeß **I. O.** 1
– Berufungsbegründung **I. O.** 2
– im Zivilprozeß **I. O.** 1 ff.
Rechtsmittelantrag gegen Entscheidung des Gerichts erster Instanz gemäß Art. 225 EG zum EuGH **IX.** 12
Rechtsschutz, effektiver im Asylverfahren **V. B.** 6 *12*
Rechtsschutzbedürfnis bei der Feststellungsklage wegen Baumängeln **II. C.** 8 *5*
Rechtsverletzung, iSd. § 47 VwGO **V. G.** 1 *12*
Rechtsweg zu den Sozialgerichten **VIII.** 24 *3*
– sofortige Beschwerde über die Zulässigkeit, im Arbeitsgerichtsprozeß **IV. D.** *5*
– unzulässiger **I. I.** 4
Rechtsweggarantie VI. 2
Regelbeiträge für Kindesunterhalt **II. I.** 3
Regelungsanordnung im Verwaltungsprozeß **V. D.** 7
Regelungsverfügung im Zivilprozeß **I. R.** 9
Rehabilitation, Entgeltfortzahlung **IV. A.** 4 *1*
Reisebüro, Hinweispflichten **II. D.** 2 *5*
– Klage **II. D.** 2
– gegen das Reisebüro **II. D.** 2
– Reiseveranstalter **II. D.** 2 *1*
– Reisevermittler **II. D.** 2 *1*
– Zurechnung zu Veranstalter **II. D.** 2 *6*
Reisemängel, erhebliche **II. D.** *5 8*
– Geltendmachung **II. D.** 1
Reisepreisminderung II. D. 4
Reiserecht II. D. 1 ff.; *s. Reisevertragsrecht*
Reiseveranstalter II. D. 2 *1*
– deliktische Haftung **II. D.** 6 *5, 6*
– Zurechnung des Reisebüros **II. D.** 2 *6*
Reisevertragsrecht II. D. 1 ff.
– Anwendung des deutschen Rechts bei Ferienwohnung im Ausland **II. D.** 3 *3*
– Bemessung der Minderung **II. D.** 4 *12*
– Beweislast **II. D.** 4 *17*
– Beweislast für Kündigung und Urlaubsentschädigung **II. D.** *5 23*
– Beweislast für Schadensersatz und Schmerzensgeld **II. D.** 6 *9*
– deliktische Haftung des Reiseveranstalter **II. D.** 6 *5, 6*
– erheblicher Mangel **II. D.** *5 8*
– Ferienwohnung im Ausland **II. D.** 3
– Geltendmachung von Reisemängeln **II. D.** 1, *s. Geltendmachung im Reisevertragsrecht*
– Gewährleistungsrechte **II. D.** 4 *1*
– Klage gegen das Reisebüro **II. D.** 2
– Kündigung **II. D.** *5 7, 8*
– Last-Minute-Reisen **II. D.** 2 *4*
– Leistungsänderung **II. D.** 4 *8*
– Mängelanzeige **II. D.** 4 *11*
– Reisepreisminderung **II. D.** 4
– Reiseveranstalter **II. D.** 2 *1*
– Rückbeförderung nach Kündigung **II. D.** *5 9, 10*
– Schadensersatz **II. D.** 4, 6
– Schmerzensgeld **II. D.** 6
– Selbstabhilfe **II. D.** 4 *13*

– Substantiierung **II. D.** 4 *10*
– Überbuchung **II. D.** 5 *5*
– vertane Urlaubszeit **II. D.** 5 *17, 20, s. dort*
Reisevertragsrecht, Mängelanzeige **II. D.** 1 *12*
– Prospektangaben **II. D.** 1 *11*
Relatives Veräußerungsverbot nach § 771 ZPO **III. A.** 19 *10*
Relevanter Markt bei Zusammenschluß nach § 39 Abs. 2 GWB **II. L.** 18 *14*
Rente wegen Erwerbsminderung **VIII.** 10 *7*
– Erwerbsunfähigkeitsrente **VIII.** 6 *5*
– Notwegsrente **II. G.** 7 *6*
– zweistufige Erwerbsminderungsrente **VIII.** 6 *5*
Rentenbeginn VIII. 6 *2*
Rentenentziehung VIII. 2 *1*
Rentenschuld, Pfändung **III. B.** 9 *1*
Rentenschuldklage II. G. 12 *1*
Reparaturkosten bei Verkehrsunfall **II. E.** 7, 10 *6*, 13 *14*
Restitutionsklage I. P. 2
Revision im Arbeitsgerichtsprozeß IV. D. 10
– Aufklärungsrüge **IV. D.** 10 *7*
– Beweisrüge **IV. D.** 10 *8*
– Inhalt der Revisionsbegründung **IV. D.** 10 *3*
– neues Vorbringen **IV. D.** 10 *4*
– Revisionsbegründungsfrist **IV. D.** 10 *1*
– Revisionsfrist **IV. D.** 10 *1*
– Verfahrensfehler **IV. D.** 10 *3, 5*
– Verlängerung der Revisionsbegründungsfrist **IV. D.** 10 *1*
– Zulassung **IV. D.** 10 *1*
Revision im Finanzgerichtsprozeß, Bedingungsfeindlichkeit **VII.** 27 *3 e*
– Begründung **VII.** 27–31
– Begründungsfrist **VII.** 27 *4*, 28 *3 a*
– Einlegung **VII.** 27 *1*
– Erhebungsfrist **VII.** 27 *3 a*
– fehlende Entscheidungsgründe **VII.** 31
– Fristberechnung **VII.** 27 *3 b*
– Fristen und Rechtsmittel **VII.** 27–31
– Inhalt der Begründung **VII.** 28 *3 b*
– mangelnde Sachaufklärung **VII.** 29
– Verlängerung der Begründungsfrist **VII.** 27 *4*
– Verletzung materiellen Rechts **VII.** 28
– Verletzung rechtlichen Gehörs **VII.** 30
– Vertretungszwang vor dem BFH **VII.** 27 *2*
Revision im Sozialgerichtsprozeß, Abschriften **VIII.** 16 *6*
– Antrag **VIII.** 16 *7*
– Begründung **VIII.** 17
– Formalien **VIII.** 16 *6*
– Frist **VIII.** 16 *5*
– Schriftform **VIII.** 16 *5*
– Sprungrevision **VIII.** 16 *2*
Revision im Verwaltungsprozeß, Anwaltszwang **V. C.** 6 *2*
– Begründung **V. C.** 7
– Begründungsfrist **V. C.** 7 *1*
– Einlegung **V. C.** 6
– Inhalt der Begründung **V. C.** 7 *5*
Revision im Zivilprozeß, Einlegung **I. O.** 5
– Fristen und Rechtsmittel **I. O.** 5
– ZPO-Reform **I. O.** 5 *1*
– Zulassung der Revision **I. O.** 5 *1*
– Zuständigkeit **I. O.** 5 *2*
Revision in Kartellsachen, Verweisung **II. L.** 32 *2*
– Zuständigkeit **II. L.** 32 *1*
Revisionsbeschwerde IV. D. 4 *1*
Richterablehnung im Finanzgerichtsprozeß **VII.** 23 *5*
Richterliche Rechtsfortbildung VI. 6 *7*
Riester-Rente IV. A. 11 *4, 5*
Rotbetrag im Umsatzsteuerrecht **VII.** 11 *4*, 12 *5*
Rubrum, Berichtigung **III. A.** 8
Rückbeförderung nach Kündigung **II. D.** 5 *9, 10*
Rückforderung zu Unrecht erbrachter Sozialleistungen **VIII.** 2 *1*
Rückforderungsanspruch des verarmten Schenkers, Pfändung **III. B.** 14 *6*
Rückgewährsanspruch nach § 135 InsO **II. K.** 13
Rückgewährsklage II. C. 6
Rückgriffsansprüche gegen Scheckaussteller **I. Q.** 5 *4*
Rücknahme der Klage **I. M.** 4, *s. auch Klagerücknahme*
– rechtswidriger begünstigender Verwaltungsakte **VIII.** 2 *1*
– im Sozialrecht **VIII.** 29 *1*
Rückständige Nebenleistungen, Pfändung **III. B.** 9 *1*
Rückständiger Lohn IV. A. 1
Rücktritt, Fristsetzung **II. A.** 5 *5*
– Klage auf Rückgewähr des Kaufpreises **II. A.** 5
– und Schadensersatz **II. A.** 5 *6*
Rückübertragungsansprüche, Pfändung **III. B.** 29
Rückwirkung der Entscheidung über die aufschiebende Wirkung **VII.** 10 *5*
Rückwirkungsverbot VI. 12
Rückzahlung der Kaution **II. B.** 8
– der Kaution bei mehreren Mietern **II. B.** 8 *2*
– der Kaution, Fälligkeit **II. B.** 8 *4*
Rüge von Form- und Verfahrensfehlern in einem Bebauungsplan **V. A.** 2 *4, 5, 6*
– der Verletzung rechtlichen Gehörs **I. N.** 5
Rüge im Vergaberecht, Inhalt **II. M.** 1 *5*
– gem. § 107 Abs. 3 GWB **II. M.** 1
– Rügefrist **II. M.** 1 *2*
– Verwaltungsverfahren **II. M.** 1 *4*
Rüge wegen Verletzung rechtlichen Gehörs im Arbeitsgerichtsprozeß **IV. D.** 3, *s. Gehörsrüge*
Rügeschrift bei Gehörsrüge **IV. D.** 3 *2*
– notwendiger Inhalt **I. N.** 5 *6*

Ruhegeld, Anpassung **IV. A.** 13 *1, 2*
– Anspruch **IV. A.** 9 *3*
– Anspruchsvoraussetzungen **IV. A.** 9 *4*
– Anwartschaft **IV. A.** 9 *3*
– Auskunftsanspruch auf Dokumentation **IV. A.** 14 *1*
– Bemessung der Anpassung **IV. A.** 13
– Beratungs- und Belehrungspflichten **IV. A.** 15
– Berücksichtigung der Sozialversicherungsrente bei Anpassung **IV. A.** 13 *9*
– betriebliche Altersvorsorge **IV. A.** 10 *2*
– Blankettzusage **IV. D.** 10 *6*
– Direktzusage **IV. A.** 9 *2*
– Entfallen der Anpassungspflicht **IV. A.** 13 *5, 8*
– Entgeltumwandlung **IV. A.** 11
– Feststellungsklage **IV. A.** 13 *3*
– Inhalt der Auskunft über Dokumentation **IV. A.** 14 *2*
– in der Insolvenz **IV. A.** 10 *2*
– Obergrenze **IV. A.** 13 *9*
– bei Teilzeitbeschäftigung **IV. A.** 16 *3*
– Verpflichtung **IV. A.** 9
– Vorschaltzeit **IV. A.** 9 *3*
– Widerruf **IV. C.** 6
– Zusage **IV. A.** 9 *3*
Rundschreiben bei Auflösung einer Sozietät **I. R.** 13 *3*

Sachbefugnis des Wohnungseigentümers **II. C.** 10 *2*
Sachdienlichkeit bei Klageänderung **I. K.** 1
– bei Parteierweiterung **I. J.** 6
– bei Parteiwechsel **I. J.** 5
Sachverständigengutachten im Beweisverfahren **I. H.** 4
– Ablehnung des Sachverständigen **I. H.** 6
– Anordnungen an den Sachverständigen durch das Gericht **I. H.** 4 *6*
– Antrag auf Ortsbesichtigung **I. H.** 5 *3*
– Antragstellung **I. H.** 4 *3*
– Auswahl des Sachverständigen **I. H.** 4 *5*
– Beweisantritt **I. H.** 4 *2*
– Einwendungen **I. H.** 5 *1*
– falsche tatsächliche Voraussetzungen **I. H.** 6 *2*
– fehlende Sachkunde **I. H.** 6 *2*
– Formulierung der Fragen **I. H.** 5 *4*
– grobe Mängel **I. H.** 6 *2*
– Haftung **I. H.** 4
– Hilfskräfte **I. H.** 5 *1*
– mündliche Vernehmung **I. H.** 5
– im Sozialgerichtsprozeß **VIII.** 21 *1, 4*
– im Verfahren nach WEG **II. H.** 4 *19*
– Vorlage beweiserheblicher Unterlagen **I. H.** 4 *4*
– weiteres Gutachten **I. H.** 6 *2*
– widersprüchliche Ausführungen **I. H.** 6 *2*
– Zweitgutachten **I. H.** 6
Sättigungsgrenze im Unterhaltsrecht **II. I.** 13 *9*
Säumnis im Verfahren nach WEG **II. H.** 1 *17*
Säumniszuschläge auf Einkommensteuer **VII.** 1 *10*
– im Finanzgerichtsprozeß **VII.** 10 *5*
Schadensbemessung im Sozialrecht **VIII.** 9 *6*
Schadensberechnung im Geschmacksmusterrecht **II. O.** 13 *18*
– bei Patentverletzung **II. O.** 3 *10*
– bei Unterhaltsschaden **II. E.** 7 *17, 18*
– bei Verletzung von Unternehmenskennzeichen **II. O.** 20 *7*
Schadensersatz im Reisevertragsrecht **II. D.** 4
Schadensersatz im Gebrauchsmusterrecht **II. O.** 9
– wegen legislativen Unrechts **IX.** 4, *s. legislatives Unrecht (EG)*
– im Markenrecht **II. O.** 13 *12*, 21
– neben der Leistung **II. A.** 7 *2*
– nach § 37b Abs. 1 Nr. 1 WpHG **II. K.** 26
– nach § 37b Abs. 1 Nr. 1 WpHG, Mitverschulden **II. K.** 26 *10*
– nach § 113 HGB **II. K.** 10 *3*
– nach § 635 BGB **II. C.** 7
– im Presserecht **II. P.** 19
– im Reisevertragsrecht **II. D.** 6
– im Reisevertragsrecht, Voraussetzungen **II. D.** 4 *9*
– statt der Leistung **II. A.** 7 *2*
– wegen Tötung des Unterhaltspflichtigen **II. E.** 7
– wegen ungerechtfertigter Abmahnung wegen Patentverletzung **II. O.** 1 *1*
– bei Verschmelzung nach § 16 Abs. 3 UmwG **II. K.** 25 *15*
– im Wettbewerbsrecht **II. N.** 9 *7*
– wegen zu geringer Grundstücksfläche **II. A.** 7
Schadensersatzhöheklage, Zinsen **II. O.** 21 *4*
Schadensersatzklage gegen Bauunternehmer **II. C.** 3
– entgangener Gebrauchsvorteil im Werkvertragsrecht **II. C.** 3 *5*
– gegen Insolvenzverwalter **III. F.** 18
– nach § 717 Abs. 2 ZPO **III. A.** 23
– wegen sexueller Belästigung **IV. A.** 18 *6*
Schadensfreiheitsrabatt **II. E.** 15 *10*
Schadensschätzung nach § 287 BGB **I. D.** 4 *1*
Scheck, Anspruch aus dem Arbeitsverhältnis **I. Q.** 5 *2*
– im Ausland ausgestellt **I. Q.** 5 *8*
– belegloses Scheckeinzugsverfahren **I. B.** 5 *1*; **I. Q.** 5 *1*
– Pfändung **III. B.** 8 *2*
– Prozeß **I. Q.** 5, 6
Scheck-Mahnbescheid **I. B.** 5
Scheckprozeß **I. Q.** 5
– Abstehen vom **I. Q.** 6
– gegen Aussteller **I. Q.** 5

– belegloses Scheckeinzugsverfahren **I. B.** *5 1;* **I. Q.** *5 1*
– Darlegung der formellen Berechtigung **I. Q.** *5 6*
– Fortsetzung nach Vorbehaltsurteil **I. Q.** 7, 8
– Klageerwiderung **I. Q.** 2
– Mahnbescheid **I. B.** *5*
– vorläufige Vollstreckbarkeit **I. Q.** 5 *5*
– Zuständigkeit **I. Q.** 5 *2*
Scheidung, einverständliche **II. I.** 7 *8*
– Härtescheidung **II. I.** 6, *s. dort*
– streitige Scheidung **II. I.** 8, *s. dort*
Scheidungsverfahren, Abtrennung einzelner Fragen **II. I.** 8 *22*
– Anwaltszwang **II. I.** 6 *2*
– Aussetzung **II. I.** 9 *8*
– Berufung gegen Verbundurteil **II. I.** 25
– Eheprognose **II. I.** 7 *10*
– einheitlicher Streitgegenstand **II. I.** 9 *3*
– einstweilige Anordnung wegen Ehewohnung, Getrenntleben, persönlicher Gebrauchsgegenstände **II. I.** 25
– einstweilige Anordnung wegen Prozeßkostenvorschuß **II. I.** 23
– einverständliche Scheidung **II. I.** 7 *8*
– elterliche Sorge **II. I.** 7 *14, s. dort*
– Folgesachen **II. I.** 6 *13*
– Gegenstandswert **II. I.** 6 *4*
– Genehmigung nach § 1587o BGB **II. I.** 6 *15*
– Getrenntleben **II. I.** 6
– Härteklauseln, positive **II. I.** 6 *10*
– Härtescheidung **II. I.** 6 *10*
– Hausratszuteilung **II. I.** 16, *s. dort*
– Staatsangehörigkeit **II. I.** 6 *7*
– streitige Scheidung **II. I.** 8, *s. dort*
– Umgang mit Kindern **II. I.** 11
– Unterhaltsverzicht **II. I.** 6 *14*
– Verbundschriftsatz **II. I.** 8 *12*
– Verbundverfahren **II. I.** 10 *4*
– Versorgungsausgleich **II. I.** 17–22, *s. dort*
– vorläufige Anordnung wegen elterliche Sorge und Herausgabe eines Kindes **II. I.** 24
– Zuständigkeit **II. I.** 6 *1*
– Zuteilung der Ehewohnung **II. I.** 16, *s. Hausratszuteilung*
Schenkung und Pflichtteilsergänzungsanspruch **II. J.** 7 *1*
Schenkungsanfechtung III. F. 3 *3*
Schiedseinrede I. E. 8; **S.** *5*
– Anwaltszwang **I. E.** 8 *2*
– Beweislast **I. E.** 8 *4*
– Feststellungsantrag **I. S.** 5 *2*
– Unbeachtlichkeit **I. E.** 8 *1*
Schiedsgerichtliches Verfahren, Ablehnung des Schiedsrichters **I. S.** 4
– Antrag auf einstweiligen Rechtsschutz **I. S.** 6
– Antrag auf Ernennung abweichend von der vereinbarten Ernennungsregelung **I. S.** 3
– Antrag zur Vollstreckbarkeit **I. S.** 10 *1, 4*
– Aufforderung zur Bezeichnung eines Schiedsrichters **I. S.** 1
– Aufforderung zur Bezeichnung eines Schiedsrichters durch einen Dritten **I. S.** 2
– Aufhebung des Schiedsspruchs **I. S.** 13
– Aussetzungsantrag bei Ablehnung eines Schiedsrichters **I. S.** 4 a
– Auswahl der Schiedsrichter **I. S.** 1 *1*, 2
– Beteiligung eines Verbrauchers **I. S.** 1 *3*
– Entscheidung über die Höhe der Kosten **I. S.** 11
– Ernennung des Schiedsrichters **I. S.** 1 *1*
– Form der Schiedsvereinbarung **I. S.** 1 *3*
– gemäßigtes Amtsermittlungsprinzip **I. S.** 7 *2*
– Gesuch um Entscheidung über Ablehnung an das staatliche Gericht **I. S.** 4 b
– Hemmung der Verjährung **I. S.** 1 *4*
– Klage **I. S.** 7
– Klageschrift **I. S.** 7 *3*
– Kostenentscheidung **I. S.** 7 *7*
– mündliche Verhandlung **I. S.** 7 *5*
– Schiedsvergleich als Schiedsspruch mit vereinbartem Wortlaut **I. S.** 9 *1*
– Schiedsrichtervertrag **I. S.** 7 *7*
– Schiedsvereinbarung **I. S.** 1 *2, 3*
– Schiedsvergleich **I. S.** 9
– Vergütung des Schiedsrichters **I. S.** 7 *7*
– Vollstreckung ausländischer Schiedssprüche **I. S.** 10 *2*
– Vorschuß **I. S.** 7 *7*
– Zuständigkeit für eidliche Zeugenvernehmung **I. S.** 8 *3*
– Zwangsvollstreckung **I. S.** 7 *4*
Schiedsgerichtsbarkeit der AAA **I. T.** 16 *4*
Schiedsklage, Klagebeantwortung auf eine ... der Europäischen Kommission **IX.** 10
Schiedsklausel, Klage aufgrund einer ... gemäß Art. 238 EG **IX.** 9
Schiedsspruch, Klage auf Aufhebung **I. S.** 13
– Kostenentscheidung **I. S.** 10 *6*
– mit vereinbartem Wortlaut **I. S.** 9
– Vollstreckbarerklärung **I. S.** 9 *3*, 10
– Vollstreckbarerklärung eines ausländischen ... **I. S.** 10 *2;* **T.** 15
Schiedsvergleich I. S. 9
Schiedsvertrag I. E. 8 *4*
Schiff, Arrestpfändung **III. E.** 2
Schlechtwettergeld, Pfändung **III. B.** 10 *4*
Schlußerbe II. J. 12 *4*
Schlußrechnung II. C. 14 *1*
Schlußurteil bei Teilanerkenntnis **I. M.** 9 6
Schlußzahlung, vorbehaltlose Annahme **I. D.** 4; **II. C.** 14 *5, 6*
Schmerzensgeld, Anspruchsgrundlagen **I. D.** 4 *12*
– im Reisevertragsrecht **II. D.** 4 *1*, 6
Schmerzensgeldanspruch, Pfändung **III. B.** 14 6

Schmerzensgeldklage II. E. 8 *2*
– Abänderungsklage I. D. 4; II. E. 8 *8*
– allgemeines Persönlichkeitsrecht II. E. 8 *11*
– Angabe eines Mindestbetrages I. D. 4 *4;* II. E. 8 *4*
– Bemessung II. E. 8 *5*
– Beschränkung des Antrags II. E. 8 *6, 13*
– Feststellungsinteresse II. E. 8 *9*
– Feststellungsklage I. D. 4 *11;* II. E. 8
– Gesamtstreitwert II. E. 8 *2*
– und Mitverschulden II. E. 14 *5*
– Rente II. E. 8 *8*
– Streitwert I. D. 4 *3;* II. E. 8 *2*
– unbezifferter Antrag I. D. 4; II. E. 8 *4*
– Unfallhergang II. E. 8 *12*
– Vererblichkeit II. E. 8 *7*
– verschuldensunabhängiger Anspruch bei Gefährdungshaftung II. E. 8 *3*
– Zahlungsklage I. D. 4
– Zuständigkeit II. E. 8 *1*
Schonvermögen bei Prozeßkostenhilfe I. C. 5 *3*
Schonzeit, Entgeltfortzahlung IV. A. 4 *2*
Schranken des Eigentums VI. 3
Schriftliche Zeugenaussage I. H. 1 *11*
Schriftliches Gutachten des Sachverständigen I. H. *5*
Schriftliches Vorverfahren, Antrag auf Anerkenntnisurteil I. D. 2 *7*
– Antrag auf Versäumnisurteil I. D. 2 *7*
– bei Handelssachen I. D. 2 *6*
– nach Mahnverfahren I. B. 7 *5*
– in Mietsachen II. B. 1 *6*
– Versäumnisurteil I. G. 2
– Verteidigungsanzeige I. E. 2 *2*
– im Zivilprozeß I. D. 1 *13*
Schriftsatznachlaß I. F. 11 *2*
Schuldnerverzeichnis, Antrag auf Löschung III. D. 6
Schuldrechtsmodernisierungsgesetz II. O. 21 *4; s. Schuldrechtsreform*
Schuldrechtsreform und AGB-Recht II. Q. 1 *Vorbem.*
– Annahmeverzug des Arbeitgebers IV. B. 2 *1*
– Auswirkungen auf Werkvertragsrecht II. C. 3 *1, 4*
– Beweislast des Arbeitnehmers IV. C. 2 *2*
– Gewährleistung im Kaufrecht II. A. *5 4*
– Gewährleistungsansprüche II. A. 4 *2*
– Hemmung der Verjährung durch selbständiges Beweisverfahren I. H. 10 *1*
– Herausgabeklage und Schadensersatz gem. § 283 BGB a. F. II. A. 3 *6*
– Informationsverordnung II. D. 2 *5*
– Kündigung aus wichtigem Grund II. B. 4 *7a*
– Minderung II. A. 6 *2*
– Rücktritt im Werkvertragsrecht II. C. 6 *1*
– Schadensersatz, kleiner und großer I. K. 2 *5, 6*
– Zinsen bei Lizenzzahlungen II. O. 21 *4*
Schulungskosten bei Betriebsratsschulung IV. E. 3
Schulungsveranstaltung für Betriebsratsmitglieder IV. E. 4
Schutzantrag nach § 712 ZPO I. D. 1 *11*
Schutzfähigkeit im Geschmacksmusterrecht II. O. 14 *22*
Schutzrechtshinweis und Abmahnung wegen Patentverletzung II. O. 1 *1*
Schutzschrift, Dringlichkeit II. N. 2 *13*
– bei einstweiliger Verfügung I. R. 13
– Kostenantrag II. N. 2 *9*
– im Presserecht II. P. 9
– im Wettbewerbsprozeß II. N. 2 *3*
Schutzumfang des Patents II. O. 1 *12*
Schwellenwert im Vergaberecht II. M. 2 *14*
Schwerbehinderteneigenschaft im Sozialrecht VIII. 8 *3*
Schwerbehindertengesetz, Feststellung nach dem ... VIII. 8 *3*
Selbstabhilfe im Reisevertragsrecht II. D. 4 *13*
Selbständiges Beweisverfahren, Ablehnung des Sachverständigen I. H. 10 *8*
– Antrag I. H. 10 *1*
– Antrag auf Klageerhebung I. H. 12
– Antragsgegner I. H. 10 *4*
– Anwaltszwang I. H. 10 *3*
– Auswahl des Sachverständigen I. H. 10 *8*
– Auswahlrecht des Gerichts II. C. 16 *5*
– Ausweitung des Beweisthemas I. H. 10 *7*
– wegen Baumängeln II. C. 16
– Besorgnis des Beweismittelverlustes I. H. 10 *1*
– Beweisthema I. H. 10 *7*
– Darstellung des Sachverhaltes I. H. 10 *9*
– Feststellung des Zustandes einer Sache I. H. 10 *1*
– Gegenantrag I. H. 11
– Hemmung der Verjährung I. H. 10 *1*
– Identität der Parteien I. H. 10 *4*
– Kostenerstattung I. H. 12
– Kostenvorschuß I. H. 10 *12*
– mündliche Vernehmung des Sachverständigen I. H. 10 *6*
– Rechtsschutzinteresse I. H. 10 *10*
– schriftliches Gutachten des Sachverständigen I. H. 10 *6*
– Streitverkündung I. H. 10 *4*
– Streitwert I. H. 10 *5*
– unbekannter Gegner I. H. 10 *4*
– zuständiges Gericht I. H. 10 *2;* II. C. 16 *1*
– Zustimmung des Gegners I. H. 10 *1*
Selbstbeseitigungskosten II. C. 10
Sequestration bei Arrest III. E. 1 *6*
– durch den Gerichtsvollzieher III. E. 1 *7*
– Vergütung III. E. 1 *8*
Sexuelle Belästigung im Arbeitsrecht IV. A. 18
– Begriff IV. A. 18 *2*
– Beschäftigtenschutzgesetz IV. A. 18 *1*
– Pflichten des Arbeitgebers IV. A. 18 *3*

– Rechte des Betroffenen **IV. A.** 18 *5*
– Schadensersatz **IV. A.** 18 *6*
Sicherer Drittstaat, Asylrecht **V. B.** 6 *12*
Sicherheitsgurt und Lohnfortzahlung **IV. A.** 3 *7*
Sicherheitsleistung I. D. 1 *11*
– Ausschluß, im Steuerrecht **VII.** 2
– durch Bürgschaft **I. D.** 1 *11*
– bei Einstellung der Zwangsvollstreckung nach Vollstreckungsbescheid **I. B.** 4 *5*
– bei Vollstreckungsauftrag **III. B.** 2 *4*
Sicherungsanordnung im Verwaltungsprozeß **V. D.** 6
Sicherungshypothek und AGB **II. G.** 3 *1, 11*
– für Inhaberpapiere, Pfändung **III. B.** 9 *1*
Sicherungsverfügung im Zivilprozeß **I. R.** 4 *1*
Simultanzulassung I. A. 1 *1*
Sofortige Beschwerde, Abänderung und mündliche Verhandlung über einstweilige Anordnung **II. I.** 27 *4*
– bei Bewilligung von Räumungsfrist **II. B.** 13
– im Familienrecht **II. I.** 29
– im Finanzgerichtsprozeß **VII.** 23 *4*
– Gerichtsvollziehermaßnahmen **III. A.** 14
– wegen „greifbarer Gesetzwidrigkeit" **II. I.** 29
– Leistung eines Kostenvorschusses (§ 887 ZPO) **III. C.** 3
– Mieterantrag auf Gewährung einer Räumungsfrist nach § 721 ZPO **II. B.** 10–13
– gem. § 116ff. GWB **II. M.** 6
– nach § 793 ZPO **III. A.** 22
– Räumungsvergleich **II. B.** 13
– Richterliche Durchsuchungsanordnung **III. A.** 11
– Urteilsberichtigung **I. N.** 1
– im Versäumnisverfahren **I. G.** 4
– zur Wiederherstellung des Suspensiveffekts **II. M.** 5
– im Zivilprozeß **I. O.** 6 *1*
– über die Zulässigkeit des Rechtswegs im Arbeitsgerichtsprozeß **IV. D.** 5
Sofortige Beschwerde gem. § 116ff. GWB, Anträge **II. M.** 6 *6, 7*
– Anwaltszwang **II. M.** 6 *4*
– Begründung **II. M.** 6 *9*
– Beschwer **II. M.** 6 *12*
– Beschwerdeberechtigung **II. M.** 6 *11*
– Frist **II. M.** 6 *2*
– Interessenabwägung **II. M.** 6 *15*
– Schriftform **II. M.** 6 *3*
– Statthaftigkeit **II. M.** 6 *10*
– Zuständigkeit **II. M.** 6 *1*
Sofortige Erinnerung, Pfändungs- und Überweisungsantrag **III. B.** 6
Sofortige Vollziehung, Antrag an das Verwaltungsgericht **V. E.** 6
– Antrag an die Behörde auf Anordnung **V. E.** *5*
– Notwendigkeit eines vorherigen Antrags an die Behörde **V. E.** 6 *5*
Sonderangebot II. N. 10 *9*
Sonderfälle, Vollstreckungsauftrag **III. B.** 2
Sonderkartell II. L. 15
Sondernutzungsrechte im Verfahren nach WEG **II. H.** 1 *23*
Sonderveranstaltung, unzulässige **II. N.** 10 *9*
Sonstiges Kartell, Freistellungsantrag **II. L.** 13
– Gegenstand **II. L.** 13 2
Sorgerecht, gemeinsames **II. I.** 7 *14, s. elterliche Sorge*
Sorgerechtsverfahren II. I. 10; *s. elterliche Sorge*
Sozialauswahl bei Kündigung im Arbeitsrecht, Auskunftsanspruch gegen Arbeitgeber **IV. B.** 7 *3*
– zu berücksichtigende Umstände (Kerndaten) **IV. B.** 7 *3*
– Duplik aus § 1 Abs. 3 S. 2 KSchG **IV. B.** 7 6
– bei Insolvenz **IV. B.** 15 *4*
– Interessenausgleich **IV. B.** 7 *3*
– Kollektivrechtliche Einflüsse **IV. B.** 7 *3*
– Replik wegen fehlerhafter Sozialauswahl **IV. B.** 7
– Wachstums- und Beschäftigungsförderungsgesetz **IV. B.** 7 6
Sozialdaten im Arbeitsgerichtsprozeß **IV. A.** 1 *4*
Sozialgerichtsprozeß, Amtsermittlungsgrundsatz **VIII.** 2 7
– Amtsermittlungsgrundsatz, Verletzung **VIII.** 15
– Anfechtungs- und Leistungsklage **VIII.** 6, 7
– Anfechtungsklage **VIII.** 2
– Anhörung des Sachverständigen **VIII.** 21 *2*
– Anhörung eines bestimmten Arztes **VIII.** 22 *1*
– Anordnung des persönlichen Erscheinens **VIII.** 19 *4*
– Anschlußberufung **VIII.** 10 *3*
– Antrag auf Kostenentscheidung **VIII.** 29
– Antrag auf mündliche Verhandlung **VIII.** 20
– Armenrecht **VIII.** 25 *s. Prozeßkostenhilfe*
– Aufhebung der Vollziehung **VIII.** 27
– Aufklärungspflicht **VIII.** 2 7
– Ausführungsbescheid **VIII.** 6 *3*
– Aussetzung der Vollziehung **VIII.** 27
– Beiladung **VIII.** 3 *3*, 23
– Berufung **VIII.** 10
– Berufungsfrist **VIII.** 10 2
– Bescheidungsklage **VIII.** 4 *4*
– Beschwerde **VIII.** 19
– Beweisantrag **VIII.** 21 *4*
– Beweislast **VIII.** 21 6
– Beweissicherungsverfahren **VIII.** 21 *3*
– Divergenzrevision **VIII.** 14
– einstweilige Anordnung **VIII.** 28
– Elementenfeststellungsklage **VIII.** 8 *1*
– Erledigung der Hauptsache **VIII.** 5 *1*
– Erstattung zwischen Leistungsträgern **VIII.** 3
– Festsetzung des Gegenstandswerts **VIII.** 30 2

– Feststellungsklage **VIII.** 8 *1*
– Folgebescheid **VIII.** 2 *6*
– Fortsetzungsfeststellungsklage **VIII.** 8 *2,* 9 *2*
– Fremdrentengesetz **VIII.** 21 *6*
– Gerichtsbescheid **VIII.** 20 *1*
– Glaubhaftmachung **VIII.** 21 *6*
– Grundsätze und Besonderheiten **VIII.** 2 *Vorbem.*
– Grundsatzrevision **VIII.** 13
– Grundurteil **VIII.** 6 *3*
– Hinweispflicht des Vorsitzenden **VIII.** 2 *5*
– isolierte Anfechtungsklage nach § 54 Abs. 1 SGG **VIII.** 2
– isolierte Leistungsklage **VIII.** 3 *1*
– Kombinierte Anfechtungs-, Feststellungs- und Leistungsklage **VIII.** 9
– kombinierte Anfechtungs- und Leistungsklage **VIII.** 6
– Kostenentscheidung **VIII.** 29 *4*
– Kostenfestsetzung **VIII.** 30
– Kostenvorschuß **VIII.** 22 *4*
– Leistungsklage **VIII.** 3
– Mutwillenskosten **VIII.** 2
– Nichtzulassungsbeschwerde (Berufung) **VIII.** 11
– Nichtzulassungsbeschwerde (Revision) wegen Divergenz **VIII.** 14
– Nichtzulassungsbeschwerde (Revision) wegen grundsätzlicher Bedeutung **VIII.** 13
– Nichtzulassungsbeschwerde (Revision) wegen Verfahrensmangels **VIII.** 15
– Nichtzulassungsbeschwerde zur Fristwahrung (Revision) **VIII.** 12
– Pauschgebühr **VIII.** 2
– Prozeßkostenhilfe **VIII.** 25
– rechtliches Gehör **VIII.** 15
– Rechtsweg zu den Sozialgerichten **VIII.** 24 *3*
– Revision **VIII.** 16
– Revisionsbegründung **VIII.** 17
– Sprungrevision **VIII.** 16 *2*
– Untätigkeitsklage nach § 88 SGG **VIII.** 5
– Untersuchungsgrundsatz **VIII.** 2 *7*
– Verfahrensrevision **VIII.** 15
– Verpflichtungsklage **VIII.** 4
– Versäumnisurteil **VIII.** 26 *2*
– verspätetes Vorbringen **VIII.** 22 *1*
– Vertretungszwang **VIII.** 2 *4*
– Verweisung **VIII.** 24
– Vollmacht **VIII.** 2 *4*
– Vollstreckung **VIII.** 6 *3*
– vorläufiger Rechtsschutz **VIII.** 27
– Vorverfahren **VIII.** 1–19
– Vorwegnahme der Hauptsache **VIII.** 28 *3*
– Widerspruch im Vorverfahren **VIII.** 1
– Wiederaufnahme des Verfahrens **VIII.** 18
– Wiedereinsetzung **VIII.** 2 2
– Zinsen **VIII.** 6 *4*
– Zuständigkeit **VIII.** 24 2

Sozialgerichtsurteil und Verfassungsbeschwerde **VI.** 4
Sozialleistungen, Begriff **VIII.** 7 *1*
– Pfändung **III. B.** 10
Sozialleistungsansprüche, Übersicht **VIII.** 6
Sozialplan IV. B. 6 *5;* **VI.** 6
– Feststellung der Unwirksamkeit **IV. E.** 14
– bei Insolvenz **IV. E.** 14 *3*
– Widerruf **IV. E.** 14 *4*
Sozialrecht, Änderung **VIII.** 2 *9*
– Anhörung **VIII.** 2 *8*
– Antrag auf Rente aus der gesetzlichen Rentenversicherung **VIII.** 6 *2*
– Arbeitserlaubnis **VIII.** 4, 28 *6*
– Arbeitsunfall **VIII.** 9 *2*
– Beginn der Rente **VIII.** 6 *2*
– Behinderung **VIII.** 8 *3*
– Berufskrankheit **VIII.** 9 *2, 3*
– Berufsunfähigkeitsrente **VIII.** 10
– Bindungswirkung **VIII.** 7
– Ermessensleistung **VIII.** 4 *1, 2*
– Erwerbsunfähigkeitsrente **VIII.** 6 *5*
– Feststellung im Schwerbehindertenrecht **VIII.** 8 *3*
– Herstellungsanspruch **VIII.** 6 *1*
– Hilfsmittel **VIII.** 11 *5*
– Kausalität **VIII.** 9 *3*
– Minderung der Erwerbsfähigkeit **VIII.** 9 *6*
– Nachteilsausgleich **VIII.** 8 *3*
– Pflichtleistungen **VIII.** 6 *1*
– Rente wegen Erwerbsminderung **VIII.** 10 *7*
– Schadensbemessung **VIII.** 9 *6*
– Sozialleistungen **VIII.** 7 *1*
– Sozialleistungsansprüche **VIII.** 6
– Stützrente **VIII.** 9 *6*
– Unfallversicherung **VIII.** 9
– ursächlicher Zusammenhang **VIII.** 9 *2*
– Verletztengeld **VIII.** 9 *7*
– Versicherungsschutz in der gesetzlichen Unfallversicherung **VIII.** 9
– Wahlfeststellung **VIII.** 17 *6*
– Wegeunfall **VIII.** 9 *2,* 17 *6*
– zweistufige Erwerbsminderungsrente **VIII.** 6 *5*
Sozialstaatsprinzip VI. 4
Sozialversicherung VI. 4
Spätfolgen und Abfindungsvergleich **II. E.** 17 *2*
Sperrzeit VIII. 1 *7*
Spezialisierungskartell, marktbeherrschende Stellung **II. L.** 3 *7*
– Zusatzvereinbarungen **II. L.** 3 *6*
Sprungklage im Finanzgerichtsprozeß **VII.** 15 *4*
Sprungrevision im Sozialgerichtsprozeß **VIII.** 16 *2*
– im Verwaltungsprozeß **V. C.** 12
Statthaftigkeit des Antrags auf Kostenfestsetzung beim EuG/EuGH **IX.** 18 *4*

Steuerberater, Zeugnisverweigerungsrecht **I. H.** 3 *3*
Steuerbilanz II. K. 5 *4*
Steuererstattungsansprüche, Pfändung **III. B.** 11
Steuerfreiheit von Abfindungen **IV. B.** 1 *6*, 16 *8*
Steuerrecht, Beschwerde **VII.** 7 *4*
– Haftung **VII.** 6 *3*
– Untätigkeitseinspruch im finanzgerichtlichen Vorverfahren **VII.** 8 *3*
Steuerschuld im Umsatzsteuerrecht **VII.** 11 *4*
Stillegung, Antrag auf Abänderung **V. E.** 7
– von Bauarbeiten **V. E.** 3
Strafandrohungsklausel bei Gebrauchmusterverletzungsklage **II. O.** 9 *4*
– im Geschmacksmusterrecht **II. O.** 13 *12*
– bei Geschmacksmusterverletzungsklage **II. O.** 14 *4*
– im Markenrecht **II. O.** 18 *5*
– bei Patentverletzungsklage **II. O.** 3 *4*
– Unternehmenskennzeichenverletzungsklage **II. O.** 20 *5*
Strafbefehl und rechtliches Gehör **VI.** 2
Strafbewehrte Unterlassungsverpflichtung bei Vergleich im Wettbewerbsrecht **II. N.** 12 *3*
– im Wettbewerbsrecht **II. N.** 1 *6*
Strafgerichtsurteil, Verfassungsbeschwerde **VI.** 2
Streitgegenstand I. K.
– Angabe bei Klageerhebung **I. D.** 1 *6*
– im Sozialgerichtsprozeß **VIII.** 2 *3*
Streitgenossen, notwendige, im Gesellschaftsrecht **II. K.** 1 *2*, 2 *4*, 3, 2
Streithilfe nach Art. 115, 116 EuG-VerfO **IX.** 13
Streithilfe nach Art. 93 § 2 EuGH-VerfO, berechtigtes Interesse **IX.** 13 *7*, *9*
Streitige Scheidung, anwaltlicher Vortrag **II. I.** 8 *7*
– Aussetzung nach § 614 ZPO **II. I.** 9 *8*
– Beweisfragen **II. I.** 8 *3*
– Ehezeit **II. I.** 8 *18*
– Einwendungen des Antragsgegners **II. I.** 9
– elterliche Sorge **II. I.** 8 *13*
– Härteklauseln, negative **II. I.** 9 *9*
– internationale Zuständigkeit **II. I.** 8 *8*
– Prognose **II. I.** 9 *6*
– Scheidungstermin **II. I.** 8 *6*
– Scheitern der Ehe **II. I.** 8
– Unterhaltsansprüche **II. I.** 8 *15*
– Verbundprobleme **II. I.** 8 *12*
– Versöhnungszeiten **II. I.** 8 *9*
– wirtschaftliche Umstände **II. I.** 9 *10*
– Zugewinnausgleich **II. I.** 15
– Zusammenleben über längere Zeit **II. I.** 9 *7*
Streitiges Verfahren nach Mahnbescheid **I. B.** 1 *1*
– Überleitung nach Widerspruch gegen Mahnbescheid **I. B.** 7 *2*
Streitverkündung, Beitritt des Streitverkündeten **I. J.** 3
– im Beweissicherungsverfahren (selbständigen Beweisverfahren) **I. H.** 10 *4*
– bei Drittschuldnerklage **III. B.** 24
– Hemmung der Verjährung **I. J.** 2 *1*
– bei Klage auf Hinterlegung durch den Drittschuldner **III. B.** 16
– im selbständigen Beweisverfahren **I. J.** 2 *2*
– im Verfahren nach WEG **II. H.** 4 *9*
– im Zivilprozeß **I. J.** 2
Streitwert bei Anfechtungsklage **III. F.** 2 *1*
– Anfechtungsklage gegen Baugenehmigung **V. E.** 2 *4*
– Angabe bei Klageerhebung **I. D.** 1 *7*
– Antrag auf elterliche Sorge **II. I.** 10 *5*
– bei Antrag auf Veröffentlichung einer Gegendarstellung im Presserecht **II. P.** 4 *3*
– Auflösungsklage nach § 133 HGB **II. K.** 1 *4*
– bei Auskunftsklage **I. D.** 11 *3*; **II. F.** 1 *2*
– Ausschließungsklage nach § 140 HGB **II. K.** 2 *2*
– in Bausachen **V. B.** 3 *4*
– Bescheidungsklage **V. B.** 5 *4*
– Beweissicherungsverfahren **I. H.** 10 *5*
– bei Eheaufhebungsklage **II. I.** 5 *4*
– einstweilige Verfügung wegen Markenverletzung **II. O.** 19 *2*
– bei einstweiliger Anordnung im Verwaltungsverfahren **V. D.** 6 *2*
– Erledigung der Hauptsache im Finanzgerichtsprozeß **VII.** 19
– Festsetzung durch das Gericht bei unbeziffertem Antrag **I. D.** 4 *11*
– Feststellungsklage **I. D.** 4 *3*; **II. E.** 1 *2*
– Feststellungsklage im Insolvenzverfahren **III. F.** 19 *3*
– bei Feststellungsklage, im Zivilprozeß **I. D.** 3 *3*
– im Finanzgerichtsprozeß **VII.** 9
– bei Gebrauchsmusterverletzung **II. O.** 9 *3*
– bei Geschmacksmusterverletzungsklage **II. O.** 14 *3*
– bei Herausgabeklage **I. D.** 7 *3*
– bei Hochschulzulassung **V. D.** 7 *9*
– bei Klage auf Abgabe einer Willenserklärung **I. D.** 8 *3*
– bei Klage auf Duldung **I. D.** 9 *3*
– bei Klage auf Erteilung der Vollstreckungsklausel **III. A.** 5 *3*
– Klage auf Vornahme einer Handlung **I. D.** 5 *2*
– bei Klagen nach UWG **II. N.** 9 *3*
– in Markensachen **II. O.** 18 *4*
– im Normenkontrollverfahren **V. G.** 1 *7*
– bei Patentverletzungsklage **II. O.** 3 *3*
– personalvertretungsrechtliche Streitigkeiten **V. B.** 10
– bei Pflichtteilsklage **II. J.** 6

– bei positiver Feststellungsklage **I. D.** 4 *3, 5*
– bei Rechtsstreitigkeiten aufgrund des AGB-Rechtes **II. Q.** 2 *3, 4*
– selbständiges Beweisverfahren **I. H.** 10 *5*
– Streitwertspaltung **II. K.** 22 *10*
– bei Stufenklage **I. D.** 11 *3;* **II. F.** 1 *2*
– bei Teilklage **I. D.** 12 *2*
– bei unbeziffertem Antrag **I. D.** 4 *3*
– Unterlassungsklage **I. D.** 6 *3;* **II. F.** 11
– Unternehmenskennzeichenverletzungsklage **II. O.** 20 *4*
– bei Urheberrechtsverletzungen **II. O.** 23 *4*
– bei Verfahren nach § 80 VwGO **V. D.** 2 *1*
– im Verwaltungsprozeß **V. B.** 1 *4*
– Vollstreckbarerklärung eines ausländischen Schiedsspruchs **I. T.** 15 *6*
– bei Vollstreckungsabwehrklage **III. A.** 16 *4*
– im Vollstreckungsrecht bei Drittwiderspruchsklage **III. A.** 19
– Wehrpflichtsachen **V. B.** 7 *2*
– bei zeichenrechtlicher Eintragungsbewilligungsklage **II. O.** 22 *3*
Streitwertherabsetzung im Markenrecht, Kosten und Gebühren **II. O.** 18
Streupflicht II. E. 2 *1, 5, 7*
Strukturkrisenkartell, Freistellungsantrag **II. L.** 10
– Kapazitätsabbauplan **II. L.** 10 *1*
– Nachhaltigkeit **II. L.** 10 *10*
Studienplatztausch V. D. 7 *7*
Stützrente VIII. 9 *6*
Stufenklage I. D. 11 *1*
– bei Abänderungsklage **II. I.** 4 *13*
– auf Abgabe der eidesstattlichen Versicherung, Auskunft und Rechenschaft **II. F.** 1 *9*
– bei Anfechtungsklage **III. F.** 8
– im Arbeitsrecht **IV. A.** 6, 7
– auf Auskunft, eidesstattliche Versicherung und Zahlung des Pflichtteils **II. J.** 6
– auf Auskunft, Feststellung des Erbrechts und Herausgabe des Nachlasses **II. J.** 2
– auf Ehegatten- und Kindesunterhalt nach Scheidung **II. I.** 12
– bei Ehegatten- und Kindesunterhaltsklage **II. I.** 12 *7*
– Erledigungserklärung **I. D.** 11 *9*
– Fristen und Rechtsmittel **I. D.** 11
– Kosten und Gebühren **I. D.** 11
– bei Patentverletzung **II. O.** 3 *15*
– bei Versorgungsausgleich **II. I.** 17 *4*
– auf Zugewinnausgleich **II. I.** 15
– Zuständigkeitsstreitwert **I. D.** 11 *3*
Stundung bei Einkommensteuer **VII.** 1 *9a, 10*
– bei Feststellung von Einkünften **VII.** 2 *8*
– Zinsen **VII.** 1 *10*
Subjektive Klageerweiterung I. J. 6
Substantiierung I. D. 1 *14, 16;* **E.** 4 *5*
Suspensiveffekt, Aufhebung gem. § 115 Abs. 2 GWB **II. M.** 4
– sofortige Beschwerde zur Wiederherstellung **II. M.** *5*
– Verlängerung gem. § 118 Abs. 1 Satz 3 GWB **II. M.** 6 *7*

Tarifbindung IV. A. 1 *6*
Taschengeld, Pfändung **III. B.** 18
Taschenpfändung III. B. 1
Tatbestand, Beweiskraft **I. N.** 4 *1*
Tatbestandsberichtigung I. N. 4
– eines Finanzgerichtsurteils **VII.** 21 *4,* 31 *3*
– Fristen und Rechtsmittel **I. N.** 4
– als Vorbereitung für Urteilsergänzung **I. N.** 4 *2*
Tatbestandswirkung der Patenterteilung **II. O.** 5 *4*
Tatsachen, kursrelevante **II. K.** 26 *1*
Tatsachenbehauptung II. E. 4 *5*
– im Presserecht **II. P.** 1 *4,* 4, *5*
Teilanerkenntnis I. E. 3 *3*
Teilanerkenntnisurteil I. M. 9 *2, 3*
Teilklage I. D. 12; **E.** 7
– Bestimmtheit **I. D.** 12 *1, 7*
– Kosten und Gebühren **I. D.** 12
– Streitwert **I. D.** 12 *2*
– Hemmung der Verjährung **I. D.** 12 *1*
Teilkündigung IV. B. 10
Teilungsanordnung im Erbrecht **II. J.** 11
Teilungserklärung nach WEG II. H. 1 *22*
Teilungsplan, Widerspruch **III. B.** 30
Teilungsversteigerungsantrag III. B. 26 *4*
Teilurteil I. L. 4
– bei Stufenklage **I. D.** 11 *9*
– verbunden mit Grundurteil **I. L.** 4 *1*
– und Vorbehaltsurteil **I. L.** 6 *1*
– Zulässigkeit **I. L.** 4 *1*
Teilzeitbeschäftigung, Ruhegeld **IV. A.** 16 *3*
– Verbot der Ungleichbehandlung **IV. A.** 16 *3*
Telefonwerbung II. N. 1 *5*
Termine I. F.
Terminverlegung, Fristen und Rechtsmittel **I. F.** 7
– bei Terminkollision **I. F.** 7
Testament, Anfechtung **II. J.** 3
– Anfechtungsfrist **II. J.** 3 *5*
– Auslegung **II. J.** 2 *6*
– Berliner Testament **II. J.** 8 *6*
– Irrtum des Erblassers **II. J.** 3 *7*
– Nichtigkeit **II. J.** 1
– sittenwidriges **II. J.** 1 *8,* 3
– Unterschrift **II. J.** 1 *6*
– Vermächtnis **II. J.** 9 *1*
Testamentarische Erbfolge, Erbschein **II. J.** 17
Tod der Partei I. L. 2
Tötung des Unterhaltspflichtigen, Anrechnung von Einkünften **II. E.** 7 *12, 20*
– Aufteilung des Familieneinkommens **II. E.** 7 *19*

- Beweislast **II. E.** 7 *6*
- Eigenbedarf **II. E.** 7 *19*
- Feststellungsantrag **II. E.** 7 *7, 13*
- Gesamtbetrag **II. E.** 7 *9*
- Gesamtgläubiger **II. E.** 7 *9*
- Haushaltskosten **II. E.** 7 *18*
- Kindergeld **II. E.** 7 *20*
- Lebensversicherung **II. E.** 7 *20*
- Mitarbeit des Ehegatten **II. E.** 7 *15, 19*
- Rentendauer **II. E.** 7 *6*
- Rentenhöhe **II. E.** 7 *10*
- rückständige Rentenbeträge **II. E.** 7 *8*
- Schadensberechnung **II. E.** 7 *17, 18*
- Schadensersatzanspruch **II. E.** 7 *5*
- Schadensminderungspflicht **II. E.** 7 *16*
- Streitwert **II. E.** 7 *4*
- Unterhaltsanspruch **II. E.** 7 *14*
- Wiederheirat **II. E.** 7 *20*
- Zusammentreffen von Ansprüchen **II. E.** 7 *11*
- Zuständigkeit **II. E.** 7 *2, 3*

Totalschadenfall II. E. 13

Trennungsunterhalt bei Lebenspartnerschaftssachen **II. I.** 22 *6*

Typenempfehlungen II. L. 6

Typenkartell II. L. 2

Überarbeit IV. A. 2 *1*

Überbuchung II. D. 5 *5*

Übereignung, Klage **I. D.** 8

Übergang ins schriftliche Verfahren I. F. 11 *2*

Überstundenvergütung IV. A. 2
- Entgeltfortzahlung **IV. A.** 4 *2*

Übertragbarkeit des Urheberrechts **II. O.** 23 *19*

Überweisungsantrag bei verbrieften Forderungen **III. B.** 8

Umdeutung der außerordentlichen in eine ordentliche Kündigung **IV. B.** 11 *7, 8*

Umgang mit Kindern im Scheidungsverfahren **II. I.** 11

Umgruppierung, Zustimmung des Betriebsrats **IV. E.** 7 *3*

Umsatzsteuerbescheid, Aussetzung der Vollziehung **VII.** 12
- Fristen und Rechtsmittel **VII.** 11
- Klage **VII.** 11

Umsatzsteuerrecht, negative Steuerschuld **VII.** 11 *4*
- Rotbetrag **VII.** 11 *4,* 12 *5*

Unbedenklichkeitserklärung, Antrag auf Feststellung nach § 16 Abs. 3 UmwG **II. K.** 25
- Antragsbefugnis **II. K.** 25 *2*
- Begründetheit **II. K.** 25 *12*
- Begründung **II. K.** 25 *8*
- Verfahren **II. K.** 25 *4*
- Zuständigkeit **II. K.** 25 *1*

Unbezifferter Antrag I. D. 4 *1*
- Kostenvorteile **I. D.** 4 *14*
- Streitwertfestsetzung durch das Gericht **I. D.** 4 *11*

Unerlaubte Handlung, Feststellungsantrag **II. E.** 1
- Forderungspfändung **III. B.** 20
- Freistellungsantrag **II. E.** 1 *4*
- Geldrente, nach § 843 BGB **II. E.** 6
- Haftpflichtklage **II. E.** 6
- immaterieller Schaden **II. E.** 8
- kreditgefährdende Äußerungen **II. E.** 4
- nach § 844 Abs. 2 BGB **II. E.** 7
- Rücknahmeklage **II. E.** 4
- Schadensersatz **II. E.** 1
- Schmerzensgeld **II. E.** 8
- Verkehrsunfall **II. E.** 6
- vorbeugende Unterlassungsklage **II. E.** 3
- Widerrufsklage **II. E.** 4
- Zukunftsschaden **II. E.** 8

Unfallflucht II. E. 9 *1*

Unfallhinterbliebenenrente, Pfändung **III. B.** 10 *4*

Unfallrente, Pfändung **III. B.** 10 *4*

Unfallversicherung, Rente **VIII.** 9 *5*

Unkosten, Pauschale bei Verkehrsunfall **II. E.** 10 *16*

Unmittelbare Patentverletzung II. O. 1 *12*

Unmittelbarer Gegenstand der Erfindung II. O. 1 *12*

Unpfändbarkeitsbescheinigung III. D. 1 *14*
- bei Ergänzung der eidesstattlichen Versicherung nach §§ 807, 900 ZPO **III. D.** 2 *4*
- bei wiederholter eidesstattlicher Versicherung nach § 903 ZPO **III. D.** 3 *3*

Untätigkeitsbeschwerde nach GWB **II. L.** 24 *2*

Untätigkeitseinspruch im Steuerrecht **VII.** 8 *3*

Untätigkeitsklage gemäß Art. 232 EG **IX.** 3, *s. Untätigkeitsklage (EG)*
- im Finanzgerichtsprozeß **VII.** 8 *3*
- im Sozialgerichtsprozeß **VIII.** 5
- im Verwaltungsprozeß **V. B.** 4

Untätigkeitsklage (EG), Anforderungen an die Klageschrift **IX.** 3 *3*
- Anwaltszwang **IX.** 3 *8*
- Feststellung eines Verstoßes **IX.** 3 *6*
- Frist **IX.** 3 *14*
- Klagebefugnis **IX.** 3 *13*
- Passivlegitimation **IX.** 3 *4*
- Prozeßvollmacht **IX.** 3 *7*
- Zuständigkeit **IX.** 3 *2*
- Zustellungsanschrift **IX.** 3 *10*

Unterbrechung der Prozeßverfahren des Schuldners bei Insolvenzeröffnung **III. F.** 20

Unterhalt, Abänderung einer einstweiligen Anordnung **II. I.** 27 *4*
- des Ehegatten **II. I.** 12, *s. Ehegattenunterhalt*
- wegen Ehegatten-Getrenntlebens **II. I.** 26, *s. Getrenntlebens-Unterhalt*
- Fortbestand einer einstweiligen Anordnung **II. I.** 28 *3*

– des Kindes **II. I.** 2–4, 12, *s. auch Kindesunterhalt*
– Prägung der ehelichen Lebensverhältnisse **II. I.** 13 *6*
Unterhaltsabänderungsbegehren I. P. 4 *1*
Unterhaltsanspruch, zeitliche Begrenzung **II. I.** 13 *7*
Unterhaltsklage, Erwiderung **II. I.** 13
– und Prozeßkostenhilfe **I. C.** 7
Unterhaltspflichtiger und Schadensersatz **II. E.** 7
Unterhaltstitel, Abänderung **II. I.** 4
– ausländischer **I. T.** *5*
Unterhaltsverwirkungsklausel II. I. 12 *14*
Unterhaltsverzicht II. I. 6 *14*
Unterlassen des Gesetzgebers **VI.** 9
– von Wettbewerb nach § 112 HGB **II. K.** 10 *3*
Unterlassung der Inanspruchnahme einer Bürgschaft **I. R.** 12 *1*
– von Wettbewerb im Arbeitsrecht **IV. C.** 1
Unterlassungsanspruch des Betriebsrats **IV. E.** 17 *3*
– im Gebrauchsmusterrecht **II. O.** *9 31*
– im Geschmacksmusterrecht **II. O.** 13 *13*, 14 *39*
– der Gewerkschaft gegen tarifwidrige Betriebsvereinbarung **IV. E.** 18
– im Markenrecht **II. O.** 18 *18*
– im Patentrecht **II. O.** 3
– im Presserecht **II. P.** 7, *1*, 17
– bei Unternehmenskennzeichen **II. O.** 20 *14*
– im Urheberrecht **II. O.** 23 *16*
– im Wettbewerbsrecht **II. N.** 1
Unterlassungserklärung II. P. 8
Unterlassungsklage I. D. 6
– Abmahnung **I. D.** 6 *6*
– nach AGB-Recht **II. Q.** 3
– Androhung von Ordnungsmitteln **I. D.** 6 *5*
– und Anspruch auf Schmerzensgeld **I. D.** 6 *1*
– des Besitzers **II. G.** 2 *5*
– bestimmter Antrag **I. D.** 6 *4*
– nach § 1004 BGB, auf Einstellung eines Betriebs **II. G.** 10
– nach § 1004 BGB, bei erstmals drohender Beeinträchtigung **II. G.** 11
– im Presserecht **II. P.** 19
– sachliche Zuständigkeit **I. D.** 6 *2*
– vorbeugende **II. E.** 3 *1*
Unterlassungsverfügung I. R. 11
Unterlassungsverfügung im Presserecht II. P. 10
– Abschlußschreiben **II. P.** 12
– Zwangsvollstreckung **II. P.** 6
Unterlassungsverpflichtungserklärung im Patentrecht **II. O.** 1 *12*
Unterliegensgebühr VI. 1
Unternehmenskennzeichen, Beginn des Schutzes **II. O.** 20 *11*
– Klage wegen Verletzung **II. O.** 20, *s. Unternehmenskennzeichenverletzungsklage*
Unternehmenskennzeichenverletzungsklage, Abmahnung **II. O.** 20 *13*
– Löschung der gesamten Firma **II. O.** 20 *23*
– Namensfunktion eines Wortes **II. O.** 20 *16*
– Rechnungslegung **II. O.** 20 *7*
– Schadensberechnung **II. O.** 20 *7*
– Strafandrohungsklausel **II. O.** 20 *5*
– Streitwert **II. O.** 20 *4*
– Unterlassungsanspruch **II. O.** 20 *14*
– Verkehrsgeltung **II. O.** 20 *15*
– Verletzungstatbestand **II. O.** 20 *6*
– Verwechslungsgefahr **II. O.** 20 *18*
– Zuständigkeit **II. O.** 20 *1*
Unterschrift I. B. 2 *6*; **D.** 1 *24*
– bei Einspruch gegen Vollstreckungsbescheid **I. B.** 4 *7*
Unterstützungskasse IV. A. *9 2*
Untersuchungsgrundsatz im Sozialgerichtsprozeß **VIII.** 2 *7*
Unvertretbare Handlungen III. C. 3 *2*, 4 *6*
Unzuständigkeit, sachliche **I. I.** 3
– im Zivilprozeß, örtliche **I. I.** 2
Urheberrecht, Klage wegen Verletzung **II. O.** 23
– Pfändung **III. B.** 25 *1*
Urheberrechtsverletzungsklage, Abmahnung **II. O.** 23 *1*
– Aktivlegitimation **II. O.** 23 *16*
– Anspruchsvoraussetzungen **II. O.** 23 *16*
– Dauer des Urheberrechts **II. O.** 23 *24*
– immaterieller Schaden **II. O.** 23 *11*
– Kammer für Handelssachen **II. O.** 23 *2*
– Nebenentscheidungen **II. O.** 23 *13*
– Prozeßstandschaft **II. O.** 23 *16*
– Rechnungslegung **II. O.** 23 *9*
– Schadensersatz **II. O.** 23 *11*
– Schutzfähigkeit **II. O.** 23 *16*
– Schutzvoraussetzungen **II. O.** 23 *17*
– Sterbedatum des Künstlers **II. O.** 23 *15*
– Strafandrohungsklausel **II. O.** 23 *5*
– Streitwert **II. O.** 23 *4*
– Vernichtungsanspruch **II. O.** 23 *10*
– Veröffentlichung des Urteils **II. O.** 23 *12*
– Verschulden **II. O.** 23 *22*
– Vorlage von Abbildungen **II. O.** 23 *6*
– Wiederholungsgefahr **II. O.** 23 *16*
– Wirtschaftsprüfervorbehalt **II. O.** 23 *9*
– Zuständigkeit **II. O.** 23 *2*
Urkunde, äußere Mängel **I. H.** 7 *1*
– Beweiskraft **I. H.** 7 *1*
– Echtheit **I. Q.** 1 *8*
– Privaturkunde **I. H.** 7 *1*
Urkundenbeweis, Abschrift der Urkunde **I. H.** 7 *2*
– Beweisantritt **I. H.** 7 *1*
– freie Beweiswürdigung **I. H.** 7 *1*
– Fristen und Rechtsmittel **I. H.** 7
– Gegenbeweis **I. H.** 7 *1*
– Kopie der Urkunde **I. H.** 7 *2*
– Original der Urkunde **I. H.** 7 *2*

– prozessuale Vorlegungspflicht **I. H.** 7 *5*, 8 *1*
– Vermutung der Vollständigkeit und Richtigkeit **I. H.** 7 *1*
– Verpflichtung des Gegners zur Vorlage der Urkunde **I. H.** 7 *3*, *4*
– Vorlage der Urkunde **I. H.** 7 2
– Vorlage durch Dritte **I. H.** 8
– ZPO-Reform **I. H.** 8
Urkundeneinsicht II. F. 3
Urkundenerteilung gem. § 792 ZPO **III. A.** 9
Urkunden-Mahnbescheid I. B. 5
Urkundennachweis I. Q. 1 *7*, 6
Urkundenprozeß, Abstehen vom **I. Q.** 6
– Anerkenntnis **I. Q.** 2 *1*
– beglaubigte Abschriften **I. Q.** 1 *10*
– Beweismittel **I. Q.** 1 *1*
– Echtheit der Urkunden **I. Q.** 1 *8*
– Einwendungen **I. Q.** 2 *5*
– Fristen und Rechtsmittel **I. Q.** 1
– Klage **I. Q.** 1
– Klagebegründung **I. Q.** 1 *5*, 6
– Klageerwiderung **I. Q.** 2
– Mahnbescheid **I. B.** 5
– Nachverfahren **I. Q.** 2 *1*
– Parteivernehmung **I. Q.** 1 *8*
– unstatthafte Prozeßart **I. Q.** 1 *3*, *7*, 2 2
– Versäumnisurteil **I. Q.** 1 *1*
– Vorbehaltsantrag **I. Q.** 2 *4*
– Vorbehaltsurteil **I. Q.** 1 *1*
– Vorlage der Urkunden **I. Q.** 1 *7*, 6
– Zinsanspruch **I. Q.** 1 *9*
– Zuständigkeit der Kammer für Handelssachen **I. Q.** 1 *2*
Urlaubsabgeltung, Berechnung **IV. A.** 5 *3*
Urlaubsanspruch, Erlöschen **IV. A.** 5 *4*
Urlaubszeit, vertane **II. D.** 5 *17*, *18*, *20*
Ursächlicher Zusammenhang im Sozialrecht **VIII.** 9 *2*
Urteil, Anerkennung eines ausländischen … **I. T.** 5
– Antrag auf Klauselerteilung für ein ausländisches … **I. T.** 6
– Vollstreckbarerklärung eines ausländischen … **I. T.** 4
Urteilsauslegung gemäß Artt. 40 EuGH-Stzg (EWG), 41 EuGH-Stzg (EAG), 37 EuGH-Stzg (EGKS), 102 EuGH-VerfO, 129 EuG-VerfO **IX.** 16
Urteilsberichtigung I. N. 1
– Antrag auf Urteilsberichtigung gem. Artt. 66 EuGH-VerfO/84 EuG-VerfO **IX.** 15, *s. Urteilsberichtigung (EuG/EuGH)*
– Anwaltszwang **I. N.** 1 2
– Begünstigter **I. N.** 1 *1*
– Fristen und Rechtsmittel **I. N.** 1
– Kosten und Gebühren **I. N.** 1
Urteilsberichtigung (EuG/EuGH), Antragsberechtigung **IX.** 15 *5*
– berichtigungsfähige Fehler **IX.** 15 *9*
– bei Beschlüssen **IX.** 15 *4*
– Zuständigkeit **IX.** 15 *3*
Urteilsergänzung I. N. 1 *5*
– im Finanzgerichtsprozeß **VII.** 22 *4*
– Fristen und Rechtsmittel **I. N.** 3, 4
– im Mietrecht **II. B.** 10
Urteilsrente im Sozialgerichtsprozeß **VIII.** 10 *1*
Urteilszustellung, Fristen und Rechtsmittel **I. N.** 6
– Hinausschieben **I. N.** 6
UWG *s. Wettbewerbsrecht*

Vaterschaftsanfechtung II. I. 1
Vaterschaftsfeststellung II. I. 2
Vaterschaftsvermutung II. I. 1 *10*
Veränderungssperre im Baurecht **V. B.** 13
Verbandsempfehlung II. Q. 4 *1*
Verbot der Doppelbestrafung **VI.** 8
Verbraucher im schiedsgerichtlichen Verfahren **I. S.** 1 *3*
Verbraucherkreditrecht, Mahnbescheid **I. B.** 1 *1 a*
– Vergleich **I. M.** 1 *9*
– Wechsel- und Scheckverbot **I. Q.** 4 *4*
Verbraucherverbände, Zuständigkeit nach AGB- Gesetz **II. Q.** 1 *2*
Verbundverfahren und Folgesachen **II. I.** 10 *4*
– bei Lebenspartnerschaftssachen **II. I.** 22 *5*
– Schriftsatz **II. I.** 8 *9*
Verdeckte Teilklage I. D. 12 *1*
Vereinbarung nach § 91 Abs. 2 ZVG **III. B.** 40
Vereinfachtes Verfahren, amtliche Vordrucke **II. I.** 3 *Vorbem.*, *3*, *5*, *7*, 4 *1*
Vereinigung von Erzeugervereinigungen, § 28 Abs. 1 Satz 1 GWB **II. L.** 8
Verfahren bei Abänderung von Kindesunterhalt **II. I.** 4 *3*
– Möglichkeiten bei Kindesunterhalt **II. I.** 2 *5*
– vereinfachtes Verfahren **II. I.** 3 *Vorbem.*, *3*, *5*, *7*, 4 *1*
– bei Versorgungsausgleich **II. I.** 17 *3*
– bei Zugewinnausgleich **II. I.** 15 *2*
– bei Zuteilung von Ehewohnung und Hausrat **II. I.** 16 *3*
Verfahren nach WEG, Abberufung des Verwalters **II. H.** 6
– Abgabeverfahren **II. H.** 2
– Anfechtung von Beschlüssen der Wohnungseigentümerversammlung **II. H.** 5
– Antrag **II. H.** 1 *2*, *12*
– Antrag auf Erlaß eines Mahnbescheids nach § 46 a WEG **II. H.** 3
– Antragsgegner **II. H.** 1 *8*, 3 *11*
– Beibringungsgrundsatz **II. H.** 1 *17*
– Beschwerde **II. H.** 7
– Beschwerdeberechtigung **II. H.** 8 *3*
– Beseitigung eines gemeinschaftswidrigen Zustandes **II. H.** 1
– Beteiligte **II. H.** 1 *4*

– einstweilige Anordnung **II. H.** 6
– Ermächtigung **II. H.** 2 *4*
– Geschäftswert **II. H.** 1 *10*
– Herausgabe von Verwalterunterlagen **II. H.** 6
– Jahresgesamtabrechnung **II. H.** 6 *13, 22, 28,* 7 *15*
– Kosten und Gebühren **II. H.** 1–9
– Kostenvorschuß **II. H.** 1 *11*
– Ladung zur Wohnungseigentümerversammlung **II. H.** 5 *18*
– Mahnverfahren **II. H.** 2
– Prozeßförderungspflicht **II. H.** 1 *17*
– Rechnungslegung des Verwalters **II. H.** 6
– Säumnis **II. H.** 1 *17*
– Schadensersatz des Wohnungseigentümers **II. H.** 4
– Sondernutzungsrechte **II. H.** 1 *4, 23,* 4 *8, 9*
– Teileigentum **II. H.** 1 *18*
– Teilungserklärung **II. H.** 1 *22*
– Terminsantrag **II. H.** 1 *16*
– Unterlassungsanspruch des Wohnungseigentümers **II. H.** 4
– Verfahrenskosten **II. H.** 1 *14*
– Verfahrensvollmacht **II. H.** 1 *7*
– Verwalter **II. H.** 1 *5*
– Vollstreckbarkeit **II. H.** 1 *15*
– weitere Beschwerde **II. H.** 7
– Wiedereinsetzung **II. H.** 5 *11, 23*
– Wohngeldforderung **II. H.** 2
– Wohnungseigentümer, Aktivlegitimation **II. H.** 4 *1*
– Wohnungseigentümergemeinschaft **II. H.** 1 *3,* 4 *11*
– Wohnungseigentümerversammlung und Beschlüsse **II. H.** 5 *15*

Verfahrenrevision im Sozialgerichtsprozeß **VIII.** 15

Verfallfrist IV. A. 7 *4*
– im Arbeitsrecht **IV. A.** 6

Verfallklausel bei Ratenzahlungsvereinbarung im Vergleich **I. M.** 1 *8*

Verfassungsbeschwerde, Ablehnung eines Richters **VI.** 16
– Anwaltszwang **VI.** 1 *1*
– gegen Arbeitsgerichtsurteil **VI.** 6
– als Aussetzungsgrund **I. L.** 1 *2*
– Begründungspflicht **VI.** 1 *7*
– Beteiligte **VI.** 1 *2*
– Betroffenheit **VI.** 9
– gegen ein Gesetz **VI.** 9–12
– einstweilige Anordnung **VI.** 13
– Erschöpfung des Rechtswegs **VI.** 1 *10*
– gegen Finanzgerichtsurteil **VI.** 5
– Fristen und Rechtsmittel **VI.** 1
– Gegenstandswert **VI.** 17
– gegen Gesetz (Art. 12 GG) **VI.** 10
– gegen Gesetz (Art. 3 GG) **VI.** 11
– gegen Gesetz (Rückwirkungsverbot) **VI.** 12
– gegen Gesetz (Unterlassen) **VI.** 9
– Grundrechtsrüge **VI.** 1 *6*
– Grundsatz rechtlichen Gehörs **VI.** 7
– Kosten und Gebühren **VI.** 1–12
– Kostenfestsetzung **VI.** 18
– Mißbrauchsgebühr **VI.** 1
– und Nichtzulassungsbeschwerde **VI.** 3 *2,* 4 *2,* 5 *2*
– Prüfungsumfang **VI.** 1–6
– richterliche Rechtsfortbildung **VI.** 6 *7*
– gegen Sozialgerichtsurteil **VI.** 4
– gegen Strafgerichtsurteil **VI.** 2
– gegen Verwaltungsgerichtsurteil **VI.** 3
– Vollmacht **VI.** 15
– Wiedereinsetzung in den vorigen Stand **VI.** 1 *9*
– gegen Zivilurteil **VI.** 1
– gegen Zwischenentscheidung **VI.** 8

Verfügungen der Kartellbehörde II. L. 23 *2*

Verfügungsverfahren, Abrechnung **I. A.** 9

Vergaberecht, Antrag auf Nachprüfung **II. M.** 2, *s. Nachprüfungsantrag*
– Aufhebung des Suspensiveffekts gem. § 115 Abs. 2 GWB **II. M.** 4
– Beiladung gem. § 109 GWB **II. M.** 3
– Rüge gem. § 107 Abs. 3 GWB **II. M.** 1
– sofortige Beschwerde gem. § 116 ff. GWB **II. M.** 6, *s. dort*
– sofortige Beschwerde zur Wiederherstellung des Suspensiveffekts **II. M.** 5
– Verlängerung des Suspensiveffekts gem. § 118 Abs. 1 Satz 3 GWB **II. M.** 6 *7*
– Vorabentscheidung über den Zuschlag gem. § 121 GWB **II. M.** 7
– vorzeitige Gestattung **II. M.** 4
– Zuschlagsverbot **II. M.** 5

Vergleich, Abrechnung **I. A.** 9
– Abrechnung nach Versäumnisurteil **I. A.** 10
– Anwaltsvergleich **I. M.** 2
– Aufhebung des Prozeßvergleichs **I. M.** 1 *2*
– im Bauprozeß **II. C.** 13
– wegen Beendigung des Arbeitsverhältnisses **IV. B.** 16
– in der Berufungsinstanz **I. M.** 3 *9*
– Fortsetzung des Rechtsstreits nach Aufhebung des Prozeßvergleichs **I. M.** 1 *2*
– Generalquittung **I. M.** 3 *7*
– Kostenregelung bei Prozeßvergleich **I. M.** 1 *11*
– Protokollierung **I. M.** 1 *1, 13*
– Ratenzahlungsvereinbarung **I. M.** 1 *8*
– auf schriftlichen Vorschlag des Gerichts **I. M.** 3
– Verbraucherkreditrecht **I. M.** 1 *9*
– Verfallklausel **I. M.** 1 *8*
– Vollstreckung aus verwaltungsgerichtlichem Vergleich **V. F.** 4
– im Wettbewerbsrecht **II. N.** 12, *s. wettbewerbsrechtlicher Vergleich*
– Widerrufsvorbehalt bei Prozeßvergleich **I. M.** 1 *12*

– Wirkung gegenüber Gesamtschuldner **II. C.** 13 *3*
– im Zivilprozeß **I. M.** 1
– ZPO-Reform **I. M.** 3
Vergleichsgebühr im Sozialgerichtsprozeß **VIII.** 2
Vergütung, Festsetzung der ... des beigeordneten Vertreters im finanzgerichtlichen Verfahren **VII.** 34
– Festsetzung der ... des beigeordneten Vertreters im finanzgerichtlichen Verfahren gegenüber dem unterlegenen Gegner **VII.** 35
Vergütungsfortzahlung bei Betriebsratsschulung **IV. E.** 3 *4*
– im Krankheitsfall **IV. A.** 3, *s. Entgeltfortzahlung*
– bei persönlicher Verhinderung **IV. A.** 3 *1*
Verhältnismäßigkeit, Grundsatz **VI.** 10
Verhältniswahl bei Betriebsratswahlen **IV. E.** 2
Verhaftungsauftrag III. D. 5
Verhaltensbedingte Kündigung IV. B. 5
– wegen sexueller Belästigung **IV. A.** 18 *4*
Verhinderung, persönliche ... im Arbeitsrecht **IV. A.** 3 *1*
– des Rechtsanwalts **I. F.** 7 *1*
Verjährung, Hemmung durch Mahnbescheid **I. B.** 1
– im Wettbewerbsrecht **II. N.** 4 *4*
Verkehrsgeltung im Markenrecht **II. O.** 20 *15*
Verkehrsrecht im Scheidungsverfahren **II. I.** 11
Verkehrssicherungspflicht II. E. 2, 5
– bei Gebäuden **II. E.** 5 *6*
Verkehrsunfall I. D. 4
– Abfindungsvergleich **II. E.** 17
– Abrechnung nach DAV-Abkommen **II. E.** 10 *19*, 13 *22*
– Abschleppkosten **II. E.** 10 *14*
– Aktenauszug **II. E.** 10 *4*
– Anspruchsschreiben an gegnerische Haftpflichtversicherung **II. E.** 10
– ausländische Streitkräfte **II. E.** 9 *5*
– ausländische Versicherung **II. E.** 9 *3*
– im Ausland **II. E.** 9 *4*
– außergerichtliches Schreiben **II. E.** 9
– Berechnung des Nutzungsausfalls **II. E.** 10 *11*
– Ermittlung des Haftpflichtversicherers **II. E.** 9 *2*
– fiktive Schadensberechnung **II. E.** 10 *7*
– Haftung des Fahrers **II. E.** 13 *3*
– Haftungsausschluß bei Personenbeförderung **II. E.** 16 *2*
– Inanspruchnahme der Kaskoversicherung **II. E.** 15
– Klage aus Gefährdungshaftung **II. E.** 16
– Klage bei Alleinverschulden des Gegners **II. E.** 13
– Kreditkosten **II. E.** 10 *15*
– Leasingfahrzeug **II. E.** 10 *5*
– Mietwagenkosten **II. E.** 10, *9*, 13 *17*
– Mitverschulden **II. E.** 14, 15
– Nutzungsausfall **II. E.** 10 *9*
– Polizeiverkehrsdienst **II. E.** 11
– Quotenvorrecht **II. E.** 15
– Rechtsanwaltskosten **II. E.** 10 *17–19*
– Reparaturkosten **II. E.** 10 *6*
– Sachverständigenkosten **II. E.** 10 *8*
– Schadensersatzklage des Arbeitgebers **IV. C.** 2
– Schadenspositionen **II. E.** 10 *2*
– Schreiben an die Haftpflichtversicherung des Mandanten **II. E.** 12
– Unfallflucht **II. E.** 9 *1*
– Unkostenpauschale **II. E.** 10 *16*
– unversichertes Fahrzeug **II. E.** 9 *1*
– Vollkaskoversicherung **II. E.** 10 *20*
– Vorschuß **II. E.** 9 *10*
– Wertminderung **II. E.** 10 *12, 13*
Verkehrsverständnis im Wettbewerbsrecht **II. N.** 9 *14*
Verkehrswertfestsetzung, Beschwerde **III. B.** 36
Verlängerung der Freistellung vom Kartellverbot **II. L.** 14
– der Klageerwiderungsfrist **I. E.** 1 *5*, 2 *3*; **F.** 5 *4*
– der Räumungsfrist **II. B.** 11
– der Räumungsfrist bei Räumungsvergleich **II. B.** 13
Verlegung des Termins I. F. 7
Verletztengeld VIII. 9 *7*
Verletztenrente in der gesetzlichen Unfallversicherung **VIII.** 9 *5*
Verletzung des Amtsermittlungsgrundsatzes im Sozialgerichtsprozeß **VIII.** 15
– des rechtlichen Gehörs im Sozialgerichtsprozeß **VIII.** 15
Verletzung eines Unternehmenskennzeichens, Klage **II. O.** 20, *s. Unternehmenskennzeichenverletzungsklage*
Verletzung rechtlichen Gehörs, Rüge **I. N.** 5
Verletzungsform, kennzeichnender Teil der Verletzungsform **II. O.** 3 *8*
Verletzungshandlung im Gebrauchsmusterrecht **II. O.** 9 *7*
– im Wettbewerbsrecht **II. N.** 1 *6*
Verlustfeststellungsbescheid VII. 12 *5*
– Fristen und Rechtsmittel **VII.** 13 *9*
– Klage auf ... **VII.** 15 *4*
Vermächtnis, Klage auf Erfüllung **II. J.** 9
– Pfändung **III. B.** 14 *5*
Vermessungsingenieur II. C. 7 *2*
Vermögensübersicht im Insolvenzverfahren **III. F.** 10 *6*
Vermutung der Vaterschaft **II. I.** 1 *10*
Vernichtungsanspruch, Gebrauchsmusterverletzungsklage **II. O.** 9 *12*, 14 *10, 36*
– im Geschmacksmusterrecht **II. O.** 13 *20*
– im Markenrecht **II. O.** 18 *10*
– im Urheberrecht **II. O.** 23 *10*

Veröffentlichung im Wertpapierrecht **II. K.** 26
Veröffentlichungsbefugnis bei Klagen nach AGB-Recht **II. Q.** 3 *4*
– bei Urheberrechtsverletzungen **II. O.** 23 *12*
Verpflichtungsbeschwerde nach GWB, Begründetheit **II. L.** 24 *1 b*
– Zulässigkeit **II. L.** 24 *1 a*
Verpflichtungserklärung im Presserecht **II. P.** 8
Verpflichtungsklage im Finanzgerichtsprozeß **VII.** 9 *4*
– kombinierte Anfechtungs- und ... **V. B.** 6
– im Sozialgerichtsprozeß **VIII.** 4
– im Verwaltungsprozeß **V. B.** 3
Verrechnung im Sozialrecht **VIII.** 2 *1*
Versäumnisurteil, Antrag auf Einstellung der Zwangsvollstreckung **I. G.** *5*
– Antrag auf Verwerfung des unzulässigen Einspruchs **I. G.** 7
– Anwaltsprozeß **I. G.** 1 *1*
– Berufung wegen Verwerfung eines Einspruchs im Arbeitsgerichtsprozeß **IV. D.** 2
– Einspruch **I. G.** *5*
– Einspruch im Arbeitsgerichtsprozeß **IV. D.** 1
– Einspruchsfrist **I. G.** *5*
– Einstellung der Zwangsvollstreckung **I. G.** *5 9*
– kein ... im Sozialgerichtsprozeß **VIII.** 26 2
– gegen den Kläger **I. G.** 3
– Kosten der Säumnis **I. G.** *5 13*
– Ladung **I. G.** 1 *1*
– Nichterscheinen **I. G.** 1 *1*
– Nichtverhandeln **I. G.** 1 *1*
– öffentliche Zustellung **I. G.** 1 *5*
– Rechtsmittel und Rechtsbehelfe **I. G.** *5* 2
– Säumnis im Termin **I. G.** 1 *1*
– Schlüssigkeit **I. G.** 1 *1*
– im schriftlichen Vorverfahren **I. G.** 2
– sofortige Beschwerde bei Zurückweisung des Antrags **I. G.** 4
– Teileinspruch **I. G.** *5 8*
– unzulässiger Einspruch **I. G.** 7
– im Urkundenprozeß **I. G.** 1 *1*
– Verkündung **I. G.** 1 *1*
– bei versäumter Verteidigungsanzeige **I. E.** 2 2
– Vertagung **I. G.** 1 *4*, 3 2
– Voraussetzungen **I. G.** 1 *1*
– vorläufige Vollstreckbarkeit **I. G.** 1 *1*
– Zulässigkeit der Klage **I. G.** 1 *1*
– Zurückweisung des Antrags **I. G.** 1 *4*, 3 2
– Zustellung der Klage **I. G.** 1 *1*
– zweites Versäumnisurteil **I. G.** 6
Versäumnisverfahren im Zivilprozeß, Antrag auf Festsetzung der Einspruchsfrist **I. G.** 1 *6*
– Antrag auf Verwerfung des unzulässigen Einspruchs **I. G.** 7
– Einstellung der Zwangsvollstreckung **I. G.** *5*
– Entscheidung nach Lage der Akten **I. G.** 8
– Kosten und Gebühren **I. G.** 1–8
– sofortige Beschwerde gegen Vertagungsbeschluß **I. G.** 4
– Versäumnisurteil gegen den Beklagten **I. G.** 1
– zweites Versäumnisurteil **I. G.** 6
Versäumung der Einspruchsfrist **I. F.** 1, 2 2
Versagung von Leistungen wegen fehlender Mitwirkung **VIII.** 2 *1*
Verschmelzung, Hauptversammlungsbeschluß **II. K.** 25 *6*
– Klagefrist **II. K.** 25 *7*
Verschwiegenheitspflicht und Zeugnisverweigerungsrecht **I. H.** 1 *10*
Versetzungsrecht IV. E. 9 *9*
– im Betrieb **IV. A.** 19 *4, 5*
Versicherung, ausländischer Streitkräfte **II. E.** 9 *4, 5*
Versicherungsschutz in der gesetzlichen Unfallversicherung **VIII.** 9
Versicherungsunternehmen, Kartellvertrag **II. L.** 9
Versöhnungsversuch II. I. 8 *9*
Versorgungsanwartschaft IV. A. 10
Versorgungsausgleich, Abtrennung einzelner Fragen **II. I.** 17 *4*
– Altersruhegeld **II. I.** 17 *4*
– von Amts wegen **II. I.** 17 *4*
– Antrag auf anderweitige Regelung **II. I.** 20
– Antrag auf Ausschluß **II. I.** 18
– Antrag auf Herabsetzung **II. I.** 19
– Antrag auf Nichtstattfinden **II. I.** 17
– Antrag auf schuldrechtliche Regelung **II. I.** 21
– Anwaltszwang **II. I.** 17 *2*
– Auskünfte der Versorgungsträger **II. I.** 17 *10*
– Auskunftsanspruch **II. I.** 17 *4*
– Auslandsversorgungsansprüche **II. I.** 17 *4*
– Ausschluß **II. I.** 17 *4*
– Beruhen auf gemeinsamer Leistung **II. I.** 17 *4*
– Betriebsrente **II. I.** 17 *4*
– Billigkeitserwägungen **II. I.** 17 *4*
– Ehezeit **II. I.** 17 *8*
– Ermittlung bestehender Anwartschaften **II. I.** 17 *4*
– Feststellungsantrag zum schuldrechtlichen ... **II. I.** 21 *1*
– Genehmigung nach § 1587 o BGB **II. I.** 6 *15*, 17 *6*
– Herabsetzung wegen Unbilligkeit **II. I.** 19
– nach Parteiwillen **II. I.** 17 *4*
– Regelung in anderer Weise **II. I.** 17 *4*
– Rentenbereiterklärung **II. I.** 17 *4*
– schuldrechtlicher **II. I.** 17 *4*, 20
– Stufenklage **II. I.** 17 *4*
– Stundung **II. I.** 17 *4*
– Tatsachenvortrag **II. I.** 17 *4*
– Übersicht **II. I.** 17 *4*
– Unbilligkeit **II. I.** 18 *2*
– im Verbund **II. I.** 21 *1*
– Verfahren **II. I.** 17 *3*

– Versorgungswert **II. I.** 17 *5*
– Zuständigkeit **II. I.** 17 *1*
Verspätetes Vorbringen im Finanzgerichtsprozeß **VII.** 9 *6*
– im frühen ersten Termin **I. E.** 4 *1*
– im Sozialgerichtsprozeß **VIII.** 22 *1*
Versteigerungsbedingungen, abweichende **III. B.** 38
Vertane Urlaubszeit, Berechnung der Entschädigung **II. D.** 5 *17, 18, 20*
Verteidigungsanzeige bei schriftlichem Vorverfahren **I. E.** 2, 4 *3*
– und Versäumnisurteil **I. E.** 2 *2*
– im Zivilprozeß **I. E.** 1 *3*
Verteilungsplan, Änderung nach § 159 ZVG **III. B.** 43
Verteilungsverfahren III. B. 30–32
Vertrag zugunsten eines Dritten auf den Todesfall **II. J.** 10
Vertragsbruch des Arbeitnehmers **IV. C.** 4
Vertragsstrafe, Angemessenheit **II. C.** 18 *4*
– im Arbeitsrecht **IV. C.** 1 *2*
– für nicht rechtzeitig erbrachte Bauleistungen **II. C.** 18
– Vorbehalt bei Abnahme **II. C.** 18 *7*
Vertragsstrafeversprechen im Patentrecht **II. O.** 1 *9, 10*
– im Wettbewerbsrecht **II. N.** 1 *6*
Vertretbare Handlungen III. C. 3 *2*
Vertreter bei Klage einer KG **II. K.** 9 *2*
Vertretung des nichtehelichen Kindes **II. I.** 2 *3*
Vertretungsanzeige I. E. 1–3
– bei schriftlichem Vorverfahren **I. E.** 1 *2, 3*
Vertretungsmacht, einstweilige Verfügung auf Entziehung nach HGB **II. K.** 4
– Entziehung nach HGB **II. K.** 3
Vertretungszwang bei Revision im Finanzgerichtsprozeß **VII.** 27 *2*
Vertriebseinrichtung, gemeinsame und Rationalisierungskartell **II. L.** 12
Vervielfältigung im Urheberrecht **II. O.** 23 *7*
Verwahrung gegen die Kosten I. E. 3 *4*
Verwalter nach WEG II. H. 1 *5*
Verwaltungsakt mit Doppelwirkung im Sozialrecht **VIII.** 23 *4*
Verwaltungsakt mit Drittwirkung, Problematik **V. E.** 1 *3*, 3
Verwaltungsgerichtsurteil, Verfassungsbeschwerde **VI.** 3
Verwaltungsprozeß, allgemeine Leistungsklage **V. B.** 9
– Anordnung der aufschiebenden Wirkung **V. D.** 2
– Anschlußberufung **V. C.** 5
– Antrag an die Behörde auf Aussetzung der Vollziehung **V. D.** 1
– Antrag auf Zulassung der Berufung **V. C.** 2
– Aufhebung der Anordnung der aufschiebenden Wirkung nach § 80 Abs. 7 VwGO **V. D.** 5
– Aufhebung der Vollziehung **V. D.** 4
– Baulandsachen **V. B.** 11
– Begründung des Antrags auf Zulassung der Berufung **V. C.** 3
– Begründungspflicht **V. B.** 1 *11*
– Beiladung **V. B.** 15
– Beiziehung von Akten **V. B.** 1
– Berufung **V. C.** 1–5, *s. Berufung im Verwaltungsprozeß*
– Berufungsbegründung **V. C.** 4
– Bescheidungsklage **V. B.** 5
– Beschwerde **V. C.** 13, *s. Beschwerde im Verwaltungsprozeß*
– einstweilige Anordnung bei Normenkontrollverfahren **V. G.** 2
– Erledigung **V. B.** 4 *5*
– Feststellungsklage **V. B.** 8
– Fortsetzungsfeststellungsklage **V. B.** 13
– isolierte Anfechtungsklage gegen Widerspruchsbescheid **V. B.** 2; **E.** 8
– Klage gegen einen die Genehmigung aufhebenden Widerspruchsbescheid **V. E.** 8
– Klageerwiderung **V. B.** 12
– Kombinierte Anfechtungs- und Bescheidungsklage **V. B.** 7
– kombinierte Anfechtungs- und Verpflichtungsklage **V. B.** 6
– Nichtzulassungsbeschwerde **V. C.** 8, *s. Nichtzulassungsbeschwerde im Verwaltungsprozeß*
– Normenkontrollverfahren nach § 47 VwGO **V. G.** 1
– Personalvertretungsrecht **V. B.** 10
– Regelungsanordnung **V. D.** 7
– Revision **V. C.** 6–12, *s. Revision im Verwaltungsprozeß*
– Revisionsbegründung **V. C.** 7
– Schriftform **V. B.** 1 *16*
– Sicherungsanordnung **V. D.** 6
– Sprungrevision **V. C.** 12
– Streitwert **V. B.** 1 *4*
– Streitwert in Bausachen **V. B.** 3 *4*
– Untätigkeitsklage **V. B.** 4
– Verpflichtungsklage **V. B.** 3
– Vollmacht **V. B.** 1 *5*
– Vollstreckung **V. F.** 1, *s. Vollstreckung im Verwaltungsprozeß*
– Vollstreckungsabwehrklage **V. F.** 5
– vorläufige Vollstreckbarkeit **V. B.** 1 *9*
– Wiederherstellung der aufschiebenden Wirkung **V. D.** 3, 4
– zugelassene Berufung **V. C.** 1
– Zuziehung eines Anwalts **V. B.** 1 *8*
Verwaltungsvorverfahren V. A. 5
– Kostenerstattung **V. A.** 5 *3, 4*
– Zuziehung eines Anwalts **V. A.** 5 *4, 8*

Verwarnung bei Gebrauchsmuster **II. O.** 8
– wegen Geschmacksmusterverletzung **II. O.** 13
– im Patentrecht **II. O.** 1, *s. Abmahnung wegen Patentverletzung*
Verwechslungsgefahr im Geschmacksmusterrecht **II. O.** 14 *19*
– bei Unternehmenskennzeichen **II. O.** 20 *18*
Verweisung an die Kammer für Handelssachen **I. I.** 1
– nach Mahnverfahren **I. B.** 1 *5*
– bei örtlicher Unzuständigkeit **I. I.** 2
– bei sachlicher Unzuständigkeit **I. I.** 3
– im Sozialgerichtsprozeß **VIII.** 24
– wegen Unzulässigkeit des Rechtswegs **I. I.** 4
Verweisungsantrag im Zivilprozeß bei örtlicher Unzuständigkeit I. I. 2
– Antragstellung **I. I.** 2 *2*
– Bezeichnung des zuständigen Gerichts **I. I.** 2 *5*
– hilfsweise **I. I.** 2 *4*
– im Landgerichtsprozeß **I. I.** 2 *1*
– Prorogation **I. I.** 2 *1*
– Rüge des Gegners **I. I.** 2 *1, 3*
– durch vorbereitenden Schriftsatz **I. I.** 2 *2*
– Wahlrecht **I. I.** 2 *5*
– Widerklage **I. I.** 2 *1*
Verweisungsantrag im Zivilprozeß bei sachlicher Unzuständigkeit I. I. 3 *1*
– Gegenvorstellungen **I. I.** 3 *1*
– Prorogation **I. I.** 3 *1*
– bei Widerklage **I. I.** 3 *1*
– Zuständigkeit des Amtsgerichts **I. I.** 3 *1*
– Zuständigkeit des Familiengerichts **I. I.** 3 *1*
– Zuständigkeit des Landgerichts **I. I.** 3 *1*
Verwender von AGB II. Q. *5*
Verwerfung des Einspruchs gegen Vollstreckungsbescheid **I. B.** 9
Verwertung des Absonderungsguts **III. F.** 16 *3, 13, 14, 19*
– von Aussagen aus dem Strafverfahren **I. L.** 1 *1*
Verwirkung des Ehegattenunterhaltsanspruchs **II. I.** 13 *7*
Verzicht I. M. 6
Verzichtsurteil I. M. 7
Verzögerungsschaden, Aufwendungsersatz **II. C.** 4 *4*
– Voraussetzungen **II. C.** 4 *1*
– Wahlrecht des Auftraggebers **II. C.** 4 *3, 4*
Verzögerungsschadensklage gegen VOB-Unternehmer **II. C.** 4
Verzugszinsen I. D. 1 *22,* 2, 3, 10, 11
– Antrag bei wechselnder Höhe **I. D.** 1 *22*
– Mehrwertsteuer **I. D.** 2 *13*
Vollmacht, besondere .. in Ehesachen **II. I.** 5 *5*, 9 *4*
– im Finanzgerichtsprozeß **VII.** 9 *3*
– für das Insolvenzverfahren **III. F.** 11 *5*
– im Normenkontrollverfahren **VI.** 15
– im Sozialgerichtsprozeß **VIII.** 2 *4*
– im Verfassungsbeschwerdeverfahren **VI.** 15
– im Verwaltungsprozeß **V. B.** 1 *5*
Vollmachtsformular I. A. 2 *3*
Vollstreckbare Ausfertigung, Klage auf Klauselerteilung **III. A.** *5*
– für und gegen Rechtsnachfolger **III. A.** 4
– weitere **III. A.** 7
Vollstreckbarerklärung des ausländischen Schiedsspruchs **I. T.** 15, *s. dort*
Vollstreckbarerklärung ausländischer Urteile, Feststellung ausländischen Rechts **I. T.** 4 *18*
– internationale Gerichtsstandsvereinbarung **I. T.** 4 *15*
– Kammer für Handelssachen **I. T.** 4 *2*
– Klageabweisendes Urteil **I. T.** 4 *7*
– Klagehäufung **I. T.** 4 *8*
– Kostenentscheidung **I. T.** 4 *7*
– Leistungsklage **I. T.** 4 *8*
– Nachprüfungsbefugnis des Gerichts **I. T.** 4 *12*
– schriftliches Vorverfahren **I. T.** 4 *6*
– Umrechnung in Euro **I. T.** 4 *5*
– Untersuchungsmaxime **I. T.** 4 *13*
– Urkunden- und Wechselprozeß **I. T.** 4 *4*
– vollstreckbare Urkunde **I. T.** 4 *7*
– Zuständigkeit **I. T.** 4 *1, 2, 3;* **III. A.** 2
Vollstreckbarerklärung des ausländischen Schiedsspruchs, Anwaltszwang **I. T.** 15 *5*
– anwendbares Recht **I. T.** 15 *2*
– Exequatururteil **I. T.** 15 *3*
– Günstigkeitsprinzip **I. T.** 15 *1*
– Kostenentscheidung **I. T.** 15 *7*
– Streitwert **I. T.** 15 *6*
– Verbindlichkeit **I. T.** 15 *11*
– Zuständigkeit **I. T.** 15 *4*
Vollstreckbarerklärung des Schiedsspruchs I. S. 9 *3,* 10
– Rechtsbeschwerde **I. S.** 12
– Zuständigkeit **I. S.** 10 *3*
Vollstreckbarkeit des Anwaltsvergleichs **I. M.** 2 *6, 9*
– ausländischer Urteile **I. T.** 4; **III. A.** 2
– im Verfahren nach WEG **II. H.** 1 *15*
Vollstreckung in Arbeitseinkommen **III. B.** 17 ff.
– in sonstige Rechte **III. B.** 25 ff.
– wegen sonstiger Ansprüche **III. C.** 1 ff.
– im Sozialgerichtsprozeß **VIII.** 6 *3*
– der Übereignung **II. A.** 3 *6*
– der Übergabepflicht **II. A.** 3 *6*
– in das unbewegliche Vermögen **III. B.** 32 ff.
Vollstreckung im verwaltungsgerichtlichen Prozeß gegen die öffentliche Hand **V. F.** 2
– aus einem Verpflichtungsurteil **V. F.** 3
– aus einem verwaltungsgerichtlichen Vergleich **V. F.** 4
– Vollstreckungsabwehrklage **V. F.** *5*

– Vollstreckungsanordnung **V. F.** 1 *8*
– Vollstreckungsbehörde **V. F.** 1 *3*
– Vollstreckungsklausel **V. F.** 2 *5*
– Vollstreckungstitel **V. F.** 1 *1*
– vorläufige Vollstreckbarkeit **V. F.** 3 *5*
– und VwVG **V. F.** 1 *2*
– zugunsten der öffentlichen Hand **V. F.** 1
Vollstreckungsabwehrklage III. A. 16
– im Verwaltungsprozeß **V. F.** 5
– gegen Vollstreckungsklausel **III. A.** 18
Vollstreckungsauftrag bei betagter Vollstreckbarkeit **III. B.** 2
– wegen Herausgabe beweglicher Sachen **III. C.** 1
– Kostenaufstellung **III. B.** 1 *3*
– nach § 751 ZPO **III. B.** 2
– wegen Räumung **III. C.** 2
– bei Sicherheitsleistung **III. B.** 2 *4*
– bei Sicherheitsvollstreckung **III. B.** 2
– bei Sonderfällen **III. B.** 2
– Wirkung des Vollstreckungsauftrags **III. B.** 1
– bei Zug-um-Zug-Leistung **III. B.** 2 *5*
Vollstreckungsbescheid, Anspruchsbegründung nach Einspruch **I. B.** 8
– Antrag **I. B.** 3 *1*
– Einspruch **I. B.** 4
– Einspruchsbegründung **I. B.** 4 *3*
– Einspruchsfrist **I. B.** 4 *3*
– Einstellung der Zwangsvollstreckung **I. B.** 4 *5*
– Gerichtskosten **I. B.** 3 *2*
– Sicherheitsleistung **I. B.** 4 *5*
– Verfahren nach Einspruch **I. B.** 4 *6*
– Verweisung **I. B.** 1 *5*
– Verwerfung des Einspruchs **I. B.** 9
– Vorbehalts-Vollstreckungsbescheid **I. B.** 6
– Vordruck **I. B.** 3 *2*
– Zulässigkeit **I. B.** 3 *2*
– Zustellung **I. B.** 3 *2*
– Zweites Versäumnisurteil **I. B.** 8 *6;* **G.** 6 *1*
Vollstreckungsgericht, Antrag auf einstweilige Einstellung **III. A.** 17
– Erinnerung **III. A.** 15
– Zuständigkeit **III. A.** 13 *1*
Vollstreckungsklausel bei Arrestbefehl **III. A.** 1 *6*
– bei bedingter Leistung **III. A.** 3
– einfache **III. A.** 1
– bei Erbfolge **III. A.** 4 *5*
– Erinnerung **III. A.** 12
– bei Firmenübernehmer **III. A.** 4 *5*
– bei Forderungsabtretung **III. A.** 4 *5*
– bei gesetzlichem Forderungsübergang **III. A.** 4 *5*
– bei Insolvenzverwalter **III. A.** 4 *5*
– bei Kanzleiabwickler **III. A.** 4 *5*
– bei Kostenfestsetzungsbeschluß **III. A.** 1 *6*
– bei Miterben **III. A.** 4 *5*
– bei Nacherben **III. A.** 4 *5*
– bei Nachlaßverwaltung **III. A.** 4 *5*
– bei Parteien kraft Amtes **III. A.** 4 *5*
– bei Pfändungspfandgläubiger **III. A.** 4 *5*
– bei Pfleger **III. A.** 4 *5*
– bei Sequester **III. A.** 4 *5*
– bei Testamentsvollstrecker **III. A.** 4 *5*
– für und gegen Rechtsnachfolger **III. A.** 4
– bei Vollstreckung gegen die öffentliche Hand **V. F.** 2 *5*
– Vollstreckungsabwehrklage **III. A.** 18
– bei Vollstreckungsbescheid **III. A.** 1 *6*
– Wortlaut **III. A.** 1 *6*
– bei Zwangsverwalter **III. A.** 4 *5*
Vollstreckungsschutzantrag nach § 765 a ZPO **II. B.** 14; **III. A.** 13
– Zuständigkeit **II. B.** 14 *2*
Vollziehbarkeit bei Einspruch gegen Einkommensteuerbescheid **VII.** 1 *9a*
– einstweiliger Maßnahmen im schiedsgerichtlichen Verfahren **I. S.** 6 *1*
Vollziehung des angefochtenen Verwaltungsaktes **VII.** 10 *4*
– des Arrests **III. E.** 1 ff.
– der einstweiligen Anordnung im Verwaltungsprozeß **V. D.** 6 *14*
– der einstweiligen Verfügung im Wettbewerbsrecht **II. N.** 3 *14*
Vorabentscheidung über die Zulässigkeit des Rechtwegs **I. I.** 4
Vorabentscheidung im Vergaberecht, Begründung **II. M.** 7 *6, 7, 8*
– Frist **II. M.** 7 *3*
– Interessenabwägung **II. M.** 7 *11, 12*
– Rechtsschutzbedürfnis **II. M.** 7 *9*
– über den Zuschlag gem. § 121 GWB **II. M.** 7
Vorabentscheidungsverfahren im Arbeitsrecht **IV. E.** 16
– bei einstweiliger Anordnung **IX.** 1 *4*
– beim Europäischen Gerichtshof **II. N.** 13; **IX.** 1
– beim Europäischen Gerichtshof im Arbeitsrecht **IV. G.**
– Gegenstand des Verfahrens **IV. G.,** *2;* **IX.** 1 *2*
– Vorlageberechtigung **IV. G.,** *3;* **IX.** 1 *4*
– Vorlagebeschluss **IV. G.,** *5*
– Vorlagefrage **IV. G.,** *4;* **IX.** 1 *5–7*
Vorauszahlungen auf Einkommensteuer **VII.** 1
Vorauszahlungsbeschluß nach § 887 ZPO **III. C.** 3 *5*
Vorbehaltsantrag I. L. 3 *5*
– im Urkundenprozeß **I. Q.** 2 *4*
Vorbehaltsurteil, Bindungswirkung **I. Q.** 7 *1*
– Fortsetzung des Rechtsstreits im Nachverfahren **I. Q.** 7, 8
– Im Urkundenprozeß **I. Q.** 1 *1*
– bei Prozeßaufrechnung **I. L.** 6 *1*
– und Teilurteil **I. L.** 6 *1*
– im Urkunden-, Wechsel- und Scheckprozeß **I. Q.** 7, 8
Vorbenutzung im Patentrecht **II. O.** 5

Vorbeugende Unterlassungsklage II. E. 3
– Androhung von Ordnungsmitteln **II. E.** 3 *5*
– Anspruchsvoraussetzungen **II. E.** 3 *6*
Vordienstzeiten, Anrechnung **IV. A.** 10 *3*
Vorerbe, Erbschein **II. J.** 18
– Klage gegen den Nacherben auf Einwilligung in eine Grundstücksveräußerung **II. J.** 12
– unentgeltliche Verfügung **II. J.** 13
– Verfügungsbeschränkungen **II. J.** 12 *5*
Vorgesellschaften, Haftung **II. K.** 11 *1*
Vorläufige Verlustfeststellung im Wege der Aussetzung der Vollziehung **VII.** 16
Vorläufige Vollstreckbarkeit des Arrests **I. R.** 1 *13*
– bei ausländischen Urteilen **I. T.** 4 *9*
– bei Baulandsachen **V. B.** 11 *10*
– bei Entziehung des Wohnungseigentums **II. H.** *9 13*
– im Finanzgerichtsprozeß **VII.** *9 8*
– im Scheckprozeß **I. Q.** *5 5*
– Schutzanträge **I. D.** 1 *11*
– bei Teilurteil **I. L.** 4 *3*
– im Urkundenprozeß **I. Q.** 1 *1*, 4
– von Versäumnisurteilen **I. G.** *5 3*
– im Verwaltungsprozeß **V. B.** 1 *9*
– im Wechselprozeß **I. Q.** 3 *8*
– im Zivilprozeß **I. D.** 1 *10*
Vorläufige Vollstreckung III. A. 23
Vorläufiger Rechtsschutz, einstweilige Einstellung der Zwangsvollstreckung **II. I.** 28 *6*
– im Finanzgerichtsprozeß **VII.** 1
– im Finanzgerichtsprozeß gegen Gewinnfeststellungsbescheide **VII.** 13 *4*, 16 *5*
– im Sozialgerichtsprozeß **VIII.** 27
– im Verwaltungsprozeß **V. D.** 1 ff.
– bei Zuteilung von Ehewohnung und Hausrat **II. I.** 16 *3*
Vorläufiger Widerruf im Presserecht **II. P.** 18
Vorlagepflicht nach § 810 BGB **I. H.** 7
Vorlegungsfrist für Scheck I. Q. 5 *8*
Vormerkung, Einstweilige Verfügung **I. R.** 7
– Klage auf Zustimmung zur Eintragung **II. G.** 4
– zur Sicherung einer Bauhandwerkersicherungshypothek **II. G.** 3
Vormerkungsberechtigter II. G. 4
Vornahme einer Handlung, Klage **I. D.** 5
– vollstreckungsfähiger Antrag **I. D.** 5 *3*
Vorpfändung III. B. 7
Vorschaltzeit bei Ruhegeld **IV. A.** 9 *3*
Vorschuß bei Verkehrsunfällen II. E. 9 *10*
Vorschußanspruch nach VOB II. C. 2
Vorschußklage nach VOB II. C. 2
– Abrechnung **II. C.** 2 *11*
– Antrag **II. C.** 2 *4*
– Aufforderung nach § 13 Nr. 5 Abs. 1 VOB (B) **II. C.** 2 *9*
– Aufwendungsersatz **II. C.** 2 *10*
– Mängelvorbehalte **II. C.** 2 *8*
– Nachzahlung **II. C.** 2 *11*
– Rechtsgrundlage **II. C.** 2 *1*
– Rückzahlung **II. C.** 2 *11*
– und Schadensersatz **II. C.** 2 *2*
– Verjährung **II. C.** 2 *12*
– Zinsanspruch **II. C.** 2 *3*
Vorsorgeunterhalt II. I. 12 *16*
Vorstandsbestellung, AG **II. K.** 18
Vorverfahren bei dienstrechtlicher Klage gem. Art. 236 EG **IX.** 8 *3*, 14
Vorverfahren im Finanzgerichtsprozeß VII. 1
Vorverfahren im Sozialgerichtsprozeß VIII. 1
– Kosten und Gebühren **VIII.** 1
– Widerspruch **VIII.** 1
Vorverfahren im Verwaltungsprozeß V. A. 5; *s. Verwaltungsvorverfahren*
Vorwegnahme der Hauptsache bei einstweiliger Anordnung im Verwaltungsprozeß **V. D.** 7 *12*
– im Sozialgerichtsprozeß **VIII.** 28 *3*
Vorwegpfändung III. B. 1 *12*
Vorzeitige Gestattung, Begründung **II. M.** 4 *7*
– Interessenabwägung **II. M.** 4 *9*, *10*, *11*
– Vorwegnahme der Hauptsache **II. M.** 4 *8*
Vorzugsklage III. A. 21
Vorzugsweise Befriedigung III. A. 21

Waffengleichheit im Zivilprozeß durch Parteivernehmung **I. H.** 9 *3*
Wahlanfechtung einer Betriebsratswahl **IV. E.** 2
Wahlfeststellung im Sozialrecht **VIII.** 17 *6*
Wahlvorstand bei Betriebsratswahl **IV. E.** 1
Warengleichartigkeit im Markenrecht **II. O.** 18 *19*
Warenidentität im Warenzeichenrecht **II. O.** 21
Warenzeichen, Bekanntheitsgrad **II. O.** 21
– Benutzungshandlungen **II. O.** 21
– Löschungsreife **II. O.** 22 *12*
– Pfändung **III. B.** 25 *1*
– prioritätsälteres Firmenrecht **II. O.** 22
– Verwechslungsgefahr **II. O.** 21
Wechsel, Pfändung **III. B.** 8 *2*
Wechsel-Mahnbescheid I. B. 5
Wechselprozeß I. Q. 3
– Abstehen vom **I. Q.** 6
– gegen Annehmer **I. Q.** 3
– Aushändigung des Wechsels **I. Q.** 3 *7*
– gegen Aussteller **I. Q.** 3
– Echtheit der Urkunden **I. Q.** 3 *14*
– Einwendungen gegen den Wechsel **I. Q.** 3 *12*, 4 *3*
– Einwendungen gegen Zweiterwerber **I. Q.** 4 *3c*
– Erklärung gem. § 604 Abs. 1 ZPO **I. Q.** 3 *4*
– gesamtschuldnerische Haftung **I. Q.** 3 *6*
– Güteverhandlung **I. Q.** 3 *11*
– gegen Indossanten **I. Q.** 3
– Klageerwiderung **I. Q.** 4

– Kosten und Gebühren **I. Q.** 3
– Mahnbescheid **I. B.** 5
– Protest **I. Q.** 3 *15*
– Rückgriffsansprüche **I. Q.** 3 *6*
– Schiedsvereinbarung **I. Q.** 3 *1*
– Streitwert **I. Q.** 3 *5*
– und Verbraucherkreditrecht **I. Q.** 4 *4, 6*
– Verkürzung der Einlassungsfrist **I. Q.** 3 *9*
– Verzugsschaden **I. Q.** 3 *17*
– vorläufige Vollstreckbarkeit **I. Q.** 3 *8*
– Vorlage des Originalwechsels **I. Q.** 3 *13*
– Wechselfähigkeit der BGB-Gesellschaft **I. Q.** 3 *6*
– Zug-um-Zug-Ansprüche **I. Q.** 3 *3, 7*
– in Zusammenhang mit einem Arbeitsverhältnis **I. Q.** 3 *2*
– Zuständigkeit **I. Q.** 3 *2, 3*
Wegerecht V. B. 8
Wegeunfall VIII. 9 *2,* 17 *6*
Wehrdienstbeschädigungen VIII. 9 *4*
Wehrpflichtrecht, Streitwert **V. B.** 7 *2*
– Widerspruchsfrist **V. B.** 7
– Zurückstellung **V. B.** 7 *5*
Weiterbeschäftigungsanspruch IV. B. 2 *4, 5*
– eines Jugendvertreters **IV. E.** 10 *1,* 11
Weitere Beschwerde im Verfahren nach WEG **II. H.** 8
Werbemaßnahmen und UWG **II. N.** 10 *10*
Werklohnklage, Abrechnung **II. C.** 14 *4*
– Ausschluß von Nachforderungen **II. C.** 14 *6*
– Fälligkeit **II. C.** 14 *1*
– Schlußrechnung **II. C.** 14 *1*
– Schlußzahlung **II. C.** 14 *5*
Werkunternehmer, gesamtschuldnerische Haftung **II. C.** 12
Werkvertrag, Berichtspflicht bei Verträgen mit der EU-Kommission **IX.** *9 11*
Werkvertragsrecht II. C. 1 ff.
– Abnahme **II. C.** 9 *1*
– Abnahmeklage **II. C.** 9
– Abschlagszahlung **II. C.** 14 *1*
– Angemessenheit der Vertragsstrafe **II. C.** 18 *4*
– Antrag auf einstweilige Verfügung in Bausachen **II. C.** 17
– Architektenhaftung **II. C.** 12
– Architektenhonorar **II. C.** 5
– Architektenvertrag **II. C.** 15 *1*
– Aufwendungen **II. C.** 10
– Baumängel **II. C.** 8, 12, 15
– Bauträgervertrag **II. C.** 6 *2*
– Bauunternehmer **II. C.** 14
– Beweissicherung bei Baumängeln **II. C.** 16
– entgangener Gebrauchsvorteil **II. C.** 3 *5*
– Feststellungsklage wegen Baumängeln **II. C.** 8
– Feststellungsklage wegen Haftungsausgleich **II. C.** 12
– Fristsetzung **II. C.** 3 *4*
– Gemeinschaftseigentum **II. C.** 10
– gesamtschuldnerische Haftung **II. C.** 12
– Haftungsausgleich **II. C.** 12
– Klage auf Vertragsstrafe **II. C.** 18
– Klage auf Werklohn **I. D.** 2
– Klage wegen Verzögerungsschadens **II. C.** 4
– Klageerwiderung **I. E.** 4
– Kosten und Gebühren **II. C.** 14
– Kündigung eines Bauvertrages **I. R.** 12 *2*
– Mängelbeseitigung **II. C.** 1
– Minderungsklage **II. C.** 5
– Nachbesserungspflicht des Architekten **II. C.** 5 *7*
– Rückgewährsklage eines Wohnungseigentümers **II. C.** 6
– Rücktritt **II. C.** 6 *1*
– Schadensersatzklage einer Wohnungseigentümergemeinschaft **II. C.** 11
– Schadensersatzklage gegen Bauunternehmer **II. C.** 3
– Schadensersatzklage gegen Werkunternehmer **II. C.** 7
– Schallschutz **II. C.** 6 *3*
– Selbstbeseitigungskosten **II. C.** 10
– Vergleich **II. C.** 13
– Vergütungsklage **II. C.** 14
– Vermessungsingenieur **II. C.** 7 *2*
– VOB-Vertrag **II. C.** 14
– Vorbehalt der Vertragsstrafe bei Abnahme **II. C.** 18 *7*
– Vorschußklage **II. C.** 2
– Werkunternehmer **II. C.** 7, 11
– Wohnungseigentümer **II. C.** 6, 9
– Wohnungseigentümergemeinschaft **II. C.** 11
Wertermittlungsanspruch im Erbrecht **II. J.** 6 *7*
Wertminderung wegen Verkehrsunfalls **II. E.** 10 *12, 13*
Wertpapiere, Pfändung **III. B.** 8 *2*
Werturteil II. E. 4 *5*
Wesentliche Änderung der Verhältnisse im Sozialrecht **VIII.** 2 *9*
Wesentliche Bedingung im Sozialrecht **VIII.** 9 *2*
Wettbewerb, Unterlassung von ... im Arbeitsrecht **IV. C.** 1
Wettbewerbsrecht, Abmahnung **II. N.** 1, *s. Abmahnung im Wettbewerbsrecht*
– Abschlußschreiben **II. N.** 4
– Aktivlegitimation **II. N.** 1 *4*
– Alleinstellungswerbung **II. N.** 9 *1*
– Ankündigung der Sonderveranstaltung **II. N.** 10 *13*
– Anregung eines Vorabentscheidungsverfahrens beim Europäischen Gerichtshof **II. N.** 13
– Auskunftsanspruch **II. N.** 4 *9*
– Beweisfragen **II. N.** 9 *14*
– Dringlichkeit **II. N.** 2 *13,* 3 *13*
– Durchschnittsverbraucher **II. N.** 9 *14*
– Einigungsstelle **II. N.** 11 *2*
– einstweilige Verfügung **II. N.** 3, *s. einstweilige Verfügung im Wettbewerbsrecht*

– fliegender Gerichtsstand **II. N.** 2 *1*
– formeller Widerspruch gegen einstweilige Verfügung **II. N.** *5*
– Fortsetzungszusammenhang **II. N.** 12 *4*
– Fristen und Rechtsmittel **II. N.** 1
– Hemmung der Verjährung **II. N.** 4 *4*
– „Insbesondere-Teil" **II. N.** 10 *6*
– irreführende Werbung **II. N.** 3 *10, 9 13*
– Kammer für Handelssachen **II. N.** 2 *1*
– Klage **II. N.** 9, *s. wettbewerbsrechtliche Klage*
– Klagebefugnis **II. N.** 1 *4*
– Kosten und Gebühren **II. N.** 1
– Kostenwiderspruch **II. N.** 7
– Letztverbraucher **II. N.** 11 *2*
– Ordnungsmittel **II. N.** 3 *5*
– Schutzschrift **II. N.** 2 *3*
– Sonderangebot **II. N.** 10 *9*
– Sonderveranstaltung **II. N.** 10 *9*
– Streitwert **II. N.** *9 3*
– Unterlassungsanspruch **II. N.** 1
– Vergleich **II. N.** 12
– Verjährung **II. N.** 4 *4*
– Verkehrsverständnis **II. N.** *9 14*
– Verletzungshandlung **II. N.** 10 *6*
– Verzicht auf das Antragsrecht zur Hauptsache durch Kostenwiderspruch **II. N.** 7 *6*
– Werbemaßnahmen **II. N.** 10 *10*
– Werbung **II. N.** *9*
– Widerspruch mit Ankündigung einer Unterlassungsverpflichtungserklärung **II. N.** 8
– Widerspruch mit Anträgen und Begründung **II. N.** *6*

Wettbewerbsrechtliche Klage, Abmahnung **II. N.** *9 12*
– Alleinstellungswerbung **II. N.** *9 1*
– Antragstellung **II. N.** *9 5*
– Auskunft **II. N.** *9 6*
– Beweisfragen **II. N.** *9 14*
– Einzelrichter **II. N.** *9 8*
– Feststellungsantrag **II. N.** *9 7*
– fliegender Gerichtsstand **II. N.** *9 18*
– Güteverhandlung **II. N.** *9 9*
– Kaufpublikum **II. N.** *9 13*
– Schadensersatz **II. N.** *9 7*
– schriftliches Vorverfahren **II. N.** *9 9*
– Strafandrohungsklausel **II. N.** *9 4*
– Streitwert **II. N.** *9 3*
– Unterlassungsanspruch **II. N.** 9
– Zuständigkeit **II. N.** *9 2*

Wettbewerbsrechtlicher Vergleich II. N. 12
– strafbewehrte Unterlassungsverpflichtung **II. N.** 12 *3*

Wettbewerbsregeln, Antrag auf Anerkennung nach GWB **II. L.** 17

Wettbewerbsverbot IV. C. 1
– erhöhte Abrechnungsgrenze **IV. A.** 8 *3*
– und GWB **II. K.** 10 *6*
– nach § 112 HGB **II. K.** 10

Wichtiger Grund für Abberufung eines Aufsichtsratsmitglieds **II. K.** 19 *7*
– für Auflösung der GmbH **II. K.** 17 *5*
– Auflösungsklage nach § 133 HGB **II. K.** 1 *7, 8, 9*
– Ausschließungsklage nach § 140 HGB **II. K.** 2 *7*
– für Ausschluß eines Gesellschafters **II. K.** 16 *7*
– außerordentliche Kündigung **IV. E.** *9 5*

Widerklage I. E. *5*
– Anschlußberufung **I. O.** 3 *1*
– Berufung **I. O.** 2 *7*
– Drittwiderklage **I. E.** *5 3*
– Erhebung **I. E.** *5 6*
– Erleichterungen **I. E.** *5 4*
– Hilfswiderklage **I. E.** 6

Widerruf von arbeitsvertraglichen Regelungen **IV. B.** 10 *3*
– bei gemeinschaftlichem Testament **II. J.** 9 *6*
– von kreditgefährdenden Äußerungen **II. E.** 4
– im Presserecht **II. P.** 12, 13, 16, 17
– eines Ruhegeldes **IV. C.** 6
– eines Sozialplans **IV. E.** 14 *4*
– und Unterlassung **II. E.** 4 *1*
– vorläufiger ... im Presserecht **II. P.** 18
– wechselbezüglicher Verfügungen **II. J.** 8 *7*

Widerrufsanspruch, Voraussetzungen **II. E.** 4 *5*

Widerrufsklage nach AGB-Recht **II. Q.** 4
– im Presserecht **II. P.** 19

Widerrufsrecht, Beweislast bei Ausschluß nach Haustürgeschäft **II. A.** 2 *5*
– nach Haustürgeschäft **II. A.** 2 *4*

Widerrufsvorbehalt bei Prozeßvergleich **I. M.** 1 *12*

Widerspruch mit Ankündigung einer Unterlassungsverpflichtungserklärung **II. N.** 8
– mit Anträgen und Begründung im Wettbewerbsrecht **II. N.** 6
– gegen Baugenehmigung **V. E.** 1
– gegen belastenden Verwaltungsakt **V. A.** 4
– gegen einstweilige Verfügung **I. R.** 6
– formeller ... gegen einstweilige Verfügung im Wettbewerbsrecht **II. N.** *5*
– gegen Fortsetzung des Gebrauchs im Mietrecht **II. B.** 4 *13*
– im Grundbuch **I. R.** 8
– der Kartellbehörde **II. L.** 1 2
– gegen Mahnbescheid **I. B.** 2
– gegen Richtigkeit des Grundbuchs **II. G.** 6
– gegen Scheck-, Urkunden- und Wechsel-Mahnbescheid **I. B.** 6
– gegen Teilungsplan **III. B.** 30
– gegen Termin zur Abgabe der eidesstattlichen Versicherung **III. D.** 4

Widerspruch im sozialgerichtlichen Verfahren, aufschiebende Wirkung **VIII.** 1 *1*
– Fristversäumnis **VIII.** 1 *4*
– Verfahrensvoraussetzung **VIII.** 1 *1*

Widerspruchsbescheid, isolierte Anfechtungsklage **V. B.** 2
Widerspruchsklage gegen beteiligte Gläubiger **III. B.** 31
Wiederaufgreifen eines Verfahrens **V. A.** 6
Wiederaufnahme des Verfahrens gem. Artt. 41 EuGH-Stzg (EWG), 42 EuGH-Stzg (EAG), 38 EuGH-Stzg (EGKS), 98 ff. EuGH-VerfO/125 EuG-VerfO **IX.** 17
– Begründetheit des Verfahren vor dem EuG/EuGH **IX.** 17 *12*
– im Sozialgerichtsprozeß **VIII.** 18
Wiederbeschaffungswert II. E. 10 *6*, 13 *14*
Wiedereinsetzung in den vorigen Stand bei Antrag auf Prozeßkostenhilfe **I. F.** 2 *2*
– bei Antrag auf Prozeßkostenhilfe im finanzgerichtlichen Verfahren **VII.** 33 *4*
– Anwaltszwang bei Verbindung mit Berufung **I. F.** 2 *3*
– Ausschlußfrist **I. F.** 1 *2*
– Berufungsbegründungsfrist **I. F.** 1 *2*, 2
– Berufungsfrist **I. F.** 2
– im Berufungsverfahren **I. F.** 2
– Beschränkung der Verhandlung auf den Wiedereinsetzungsantrag **I. F.** 1 *8*
– Büroversehen **I. F.** 1 *1*, *2*, *9*
– Einstellung der Zwangsvollstreckung **I. F.** 1 *7*
– Fehlerquellen bei Fristversäumung **I. F.** 2 *1*, *2*, *5*
– im finanzgerichtlichem Vorverfahren **VII.** 1 *3*
– Form **I. F.** 1 *2*
– Frist **I. F.** 1 *2*
– Fristeintragung **I. F.** 1 *1*
– Fristen und Rechtsmittel **I. F.** 1
– bei Fristversäumung **I. F.** 1 *1*, *11*
– Gegenantrag **I. F.** 1 *6*
– Glaubhaftmachung **I. F.** 1 *2*, 2
– Grund **I. F.** 1 *1*
– Kontrolle **I. F.** 1 *1*
– Nachholung der Prozeßhandlung **I. F.** 1 *4*
– Nachprüfungspflicht des Prozeßbevollmächtigten **I. F.** 1 *1*
– Notfrist **I. F.** 1 *1*, 2
– bei Prozeßkostenhilfe **I. C.** 3 *1*
– Rechtsmittelfrist **I. F.** 1 *1*
– im Sozialgerichtsprozeß **VIII.** 12 *2*
– Terminsversäumung **I. F.** 1 *1*
– Unkenntnis der Zustellung **I. F.** 1 *1*
– im Verfassungsbeschwerdeverfahren **VI.** 1 *9*
– Versäumung der Berufungsfrist **I. F.** 2
– Versäumung der Einspruchsfrist **I. F.** 1
– Verschulden des Prozeßbevollmächtigten **I. F.** 1 *1*
– Verstreichenlassen des Fristendes **I. F.** 1 *1*
– Vortrag **I. F.** 1 *2*
– Widerspruchsfrist bei Mahnbescheid **I. F.** 1 *1*
– Zuständigkeit **I. F.** 1 *3*, *10*
Wiedereinsetzungsantrag nach § 22 Abs. 2 FGG II. H. 5
Wiedereinstellungsanspruch IV. B. 7 *7*
Wiedereröffnung der mündlichen Verhandlung, Darlegungspflichten **I. F.** 12 *4*
– gem. § 156 Abs. 2 ZPO **I. F.** 12
Wiederherstellung der aufschiebenden Wirkung von Beschwerden nach GWB **II. L.** 26
Wiederholungsgefahr I. D. 6 *1*, *6*
– im Urheberrechtsstreit **II. O.** 23 *16*
– im Wettbewerbsrecht **II. N.** 1 *11*
Willenserklärung, Klage auf Abgabe **I. D.** 8 *1*
Wirtschaftsprüfervorbehalt II. O. 3 *11*
– im Geschmacksmusterrecht **II. O.** 13 *19*, 14 *19*
– im Patentrecht **II. O.** 1 *13*, *14*, *17*
Wirtschaftsvereinigung, Aufnahmeantrag **II. L.** 16
Wohngeld II. H. 2 *1*, *13*
– Nachzahlungspflicht **II. H.** 2 *14*
– Pfändung **III. B.** 10 *4*
Wohngeldforderung nach WEG II. H. 2
Wohnräume, Vollstreckungsauftrag wegen Räumung **III. C.** 2
Wohnraum, Klage auf Räumung von ... wegen Zahlungsrückstandes **II. B.** 4
– Übernahmeerklärung **II. B.** 4 *14*
Wohnungseigentümer, Abberufung des Verwalters **II. H.** 6 *24*
– Abgabe **II. H.** 2 *3*
– Abgabe bei Mahnverfahren **II. H.** 3 *6*
– Abhilfeverlangen **II. H.** 4
– Abrechnung **II. H.** 2 *14*
– Abwehransprüche **II. H.** 4 *4*
– Abwehrklage **II. H.** 4 *1*
– actio pro socio **II. H.** 4 *1*
– Aktivlegitimation **II. H.** 4 *1*
– Amtsermittlungsprinzip **II. H.** 1 *21*
– Anfechtung eines Beschlusses der Eigentümerversammlung **II. H.** 5
– Angabe des Verwalters im Beschlußanfechtungsverfahren **II. H.** 5 *5*
– Anspruch auf Rechnungslegung **II. H.** 6 *18*
– Antrag **II. H.** 1 *2*
– Antrag auf Bestellung eines Verwalters **II. H.** 7
– Antrag auf Feststellung des Fehlens eines Verwalters **II. H.** 7
– Antrag auf Herausgabe von Verwalterunterlagen **II. H.** 6
– Antrag auf Rechnungslegung **II. H.** 6
– Antrag auf Ungültigerklärung eines Beschlusses einer Eigentümerversammlung **II. H.** 5
– Antrag gegen einen Wohnungseigentümer auf Erfüllung seiner Pflichten **II. H.** 1 *6*
– Antrag im Beschlußanfechtungsverfahren **II. H.** 5 *9*
– Antragsbefugnis bei Verwalterstreitigkeiten **II. H.** 6 *2*
– Antragsbegründung **II. H.** 1 *17*

- Antragsberechtigung zur Beschlußanfechtung **II. H.** *5 2*
- Antragsgegner **II. H.** 1 *8*
- Antragsgegner im Beschlußanfechtungsverfahren **II. H.** 5 *4*
- Antragsrücknahme **II. H.** 1 *17*
- Aufrechnung **II. H.** 2 *17*
- Außenmauer **II. H.** 1 *19*
- Bauliche Veränderungen **II. H.** 1 *20*
- Begründungserfordernisse bei der Beschlußanfechtung **II. H.** 5 *14*
- Beschwerde nach § 45 WEG **II. H.** 8
- Beseitigungsansprüche **II. H.** 4 *3*
- Besonderheiten beim Verfahren nach § 46a WEG **II. H.** 3 *4*
- bestimmter Antrag **II. H.** 1 *12*
- Beteiligte **II. H.** 1 *4*, 4 *7*
- Beweisanträge **II. H.** 1 *21*
- Bruchteilsgemeinschaft **II. H.** 2 *12*
- Einstehen für Dritte **II. H.** 4 *18*
- Einstimmigkeit **II. H.** 5 *25*
- einstweilige Anordnung **II. H.** 6 *21*
- Einziehungsermächtigung **II. H.** 2 *5*
- erforderliche Aufwendungen **II. C.** 10
- Erfüllungsansprüche nach § 10ff. WEG **II. H.** 4 *2*
- Erfüllungs-Nachbesserungsansprüche **II. C.** 11 *1*
- Erstattung der Selbstbeseitigungskosten **II. C.** 10
- Frist für die Beschlußanfechtung **II. H.** 5 *10*
- Gerichtskosten **II. H.** 1 *6, 14*
- Geschäftswert **II. H.** 1 *10*
- gewillkürte aktive Verfahrensstandschaft **II. H.** 2 *4*
- Instandhaltungsrücklage **II. H.** 5 *16*
- Jahresgesamtabrechnung **II. H.** 6 *13*
- Klage **II. C.** 11
- Klage auf Entziehung des Wohnungseigentums **II. H.** 9
- Klage auf Schadensersatz nach WEG **II. H.** 4
- Klage auf Unterlassung gegen einen anderen Wohnungseigentümer **II. H.** 4
- Klage gegen den abberufenen Verwalter **II. H.** 6 *10, 13, 18*
- Kostenantrag **II. H.** 1 *14*
- Kostenentscheidung **II. H.** 2 *10*
- Kostenvorschuß **II. H.** 1 *11*
- Mahnbescheid **II. H.** 3
- Mahnverfahren **II. H.** 2 *1*
- Minderungsansprüche **II. C.** 11 *1*
- nachbarrechtliche Verpflichtungen **II. H.** 4 *18*
- Nachzahlungspflicht von Wohngeld **II. H.** 2 *14*
- Nebenintervention **II. H.** 4 *9*
- Rechtsstellung des Mieters **II. H.** 4 *8*
- Sachbefugnis **II. C.** 10 *2*
- Sachverständigenbeweis **II. H.** 4 *19*
- Säumnis **II. H.** 1 *17*
- Schadensersatzansprüche **II. C.** 11 *1*
- Sondernutzungsrechte **II. H.** 1 *23*
- Stellung des Verwalters **II. H.** 6
- Streitverkündung **II. H.** 4 *9*
- Teileigentum **II. H.** 1 *18*, 4 *11*
- Terminantrag **II. H.** 1 *16*
- Unterlassungsansprüche **II. H.** 4 *3*
- Vereinbarungen **II. H.** 1 *22*
- Verfahrensbeteiligung **II. H.** 1 *3*
- Verfahrensvollmacht **II. H.** 6 *5*
- Verwalter **II. H.** 1 *5*
- Verwalterbestellung **II. H.** 7 *18*
- Verwalterpflichten **II. H.** 6 *9, 18*
- Vollstreckbarkeit **II. H.** 1 *15*
- weitere Beschwerde **II. H.** 8
- Wiedereinsetzungsantrag **II. H.** 5 *11*
- Wirtschaftsplan **II. H.** 2 *14a*, 6 *15*
- Wohngeld **II. H.** 2 *1, 13*
- Wohngeldforderung **II. H.** 2
- Wohngeldkonten **II. H.** 6 *14*
- Wohnlasten **II. H.** 2 *13, 15*
- Wohnungseigentümergemeinschaft, Aktivlegitimation **II. H.** 1 *3, 11*, 4 *11*
- Zahlungsaufforderung **II. H.** 2 *18*
- Zinsanspruch **II. H.** 2 *9*
- Zurückbehaltungsrecht **II. H.** 2 *17*
- Zuständigkeiten **II. H.** 4 *2*, 5 *4*
- Zustellung an Verwalter **II. H.** 5 *7*
- Zustellung bei Fehlen eines Verwalters **II. H.** 7 *8*
- Zwangsvollstreckung **II. H.** 4 *12*

Wohnungseigentümergemeinschaft, Sachbefugnis **II. C.** 11 *1*

Wohnungseigentümerversammlung, Anfechtbarkeit und Nichtigkeit der Beschlüsse **II. H.** *5 12*
- Anfechtung von Beschlüssen **II. H.** 5
- Angabe der Tagesordnung **II. H.** 5 *24*
- Beschlußfähigkeit **II. H.** 5 *19*
- Einstimmigkeit **II. H.** 5 *25*
- Einstweilige Anordnung auf Ermächtigung zur Einberufung einer ... **II. H.** 7 *15*
- Entziehung des Wohnungseigentums **II. H.** 9 *16*
- Eventualeinladung **II. H.** 5 *18*
- Feststellung der Stimmenmehrheit **II. H.** 5 *20*
- Ladung **II. H.** 5 *18*
- Nichtbeschluss **II. H.** 5 *23*
- Scheinbeschluß **II. H.** 5 *23*
- Verwalterbestellung **II. H.** 7 *18*
- Willensbildung **II. H.** 5 *15*
- Zustimmungserfordernisse **II. H.** 5 *26*
- Zweitbeschluß **II. H.** 5 *15*

Wohnungseigentum, Eintragung einer Zwangshypothek **III. B.** 32 *9*
- Klage auf Entziehung **II. H.** 9
- Zwangsversteigerungsantrag **III. B.** 33

Wohnungseigentümergemeinschaft, Prozeßstandschaft des Verwalters **II. C.** 11 *2*
Wohnungszuweisung in Lebenspartnerschaftssachen **II. I.** 22 *6*

Zahlungsbedingungen, Empfehlung **II. L.** 7
Zahlungsklage im Arbeitsrecht **IV. A.** 1
Zahlungsklage im Zivilprozeß I. D. 1
– mit unbezifferten Antrag **I. D.** 4
Zahlungsrückstand, Klage auf Räumung von Wohnraum **II. B.** 4
Zahlungsunfähigkeit, drohende **III. F.** 12 *2, 8*
Zeitakkord IV. A. 7 *3*
Zeithonorar I. A. 3 *3*
Zeitliche Begrenzung von Unterhaltsansprüchen **II. I.** 13 *7*
Zentralruf der Autoversicherer **II. E.** 9 *2*
Zeuge, Indizienbeweis **I. H.** 1 *2*
Zeugen, Beifahrer **I. H.** 1 *8*
– Beweisantritt **I. H.** 1 *2*
– Dolmetscher **I. H.** 1 *9*
– Entschuldigung bei Nichterscheinen **I. H.** 2 *1*
– innere Tatsachen **I. H.** 1 *2*
– ladungsfähige Anschrift **I. H.** 1 *3, 4, 5*
– Nichterscheinen **I. H.** 2
– Ordnungsgeld **I. H.** 2 *1*
– Pflichten **I. H.** 1 *6*
– Rechtshilfe **I. H.** 1 *7*
– sachverständiger Zeuge **I. H.** 6 *1*
– schriftliche Aussage **I. H.** 1 *11*
– Stellung **I. H.** 1 *1*
– Verwertung von Aussagen aus dem Strafverfahren **I. L.** 1 *1*
– Vorbereitung der Aussage **I. H.** 1 *6*
– Vorschuß **I. H.** 1
– Zeugnisverweigerung **I. H.** 1 *10*
– Zeugnisverweigerungsrecht **I. H.** 3
Zeugenbeweis, Plausibilitätskontrolle **I. H.** 1 *1*
Zeugenentschädigung I. H. 1
Zeugenvernehmung I. H. 1
– Nichterscheinen des Zeugen **I. H.** 2
– im Wege der Rechtshilfe durch ein auswärtiges Gericht **I. C.** 4
Zeugnis, arbeitsrechtliches **IV. B.** 17
Zeugnisverweigerungsrecht I. H. 3
Zinsen auf gestundete Einkommensteuer **VII.** 1 *10*
– im Insolvenzverfahren **III. F.** 15 *11*
– unter Kaufleuten **I. D.** 2 *5*
– im Markenrecht **II. O.** 21 *4*
– im Schadensersatzrecht **II. E.** 1 *3*
– im Scheckprozeß **I. Q.** 5 *4*
– im Sozialleistungsrecht **VIII.** 6 *4*
– bei Zahlungsklagen **I. D.** 1 *22*
Zinsen im Markenprozeß, Auflaufzinsen **II. O.** 21 *4*
– Fälligkeitszinsen **II. O.** 21 *4*
– Rechtshängigkeitszinsen **II. O.** 21 *4*
– Verzugszinsen **II. O.** 21 *4*
– Zinshöhe **II. O.** 21 *4*
– Zinslauf **II. O.** 21 *4*
Zinshöhe bei Markenzeichenverletzung **II. O.** 21 *4*
Zinspflicht bei Klage nach § 110 HGB **II. K.** 9 *4*
Zivilprozeß, Abänderungsklage **I. P.** 4
– Ablehnung des Richters **I. L.** 7
– Anerkenntnis unter Verwahrung gegen die Kosten **I. M.** 8
– Anerkenntnisurteil **I. M.** 9 *1*
– Antragsänderung **I. K.** 3
– Aufnahme des Rechtsstreits durch die Erben **I. L.** 3
– Aussetzung des Rechtsstreits bei Tod der Partei **I. L.** 2
– Aussetzung des Rechtsstreits wegen Strafverfahrens **I. L.** 1
– Befangenheit **I. L.** 7
– Berufung **I. O.** 1
– Berufungserwiderung **I. O.** 4
– Bestimmung des zuständigen Gerichts **I. I.** 5
– Betragsverfahren **I. L.** *5 1, 2*
– Erledigungserklärung des Klägers **I. M.** 10, 13
– Feststellung der Erledigung **I. M.** 13
– Gegenvorstellung **I. O.** 7
– Grundurteil **I. L.** 5
– Hilfsantrag **I. K.** 4
– Kammer für Handelssachen **I. I.** 1
– Klage auf Anerkennung eines ausländischen Urteils **I. P.** 5
– Klage gem. § 826 BGB **I. P.** 3
– Klageänderung **I. K.** 1
– Klageerweiterung **I. K.** 2
– Klageerweiterung durch Hilfsantrag **I. K.** 4
– Klagenhäufung **I. K.** 4
– Klagerücknahme **I. M.** 4
– Klagerücknahme vor Rechtshängigkeit **I. M.** 12
– Nebenintervention **I. J.** 3
– Nichtigkeitsklage **I. P.** 1
– örtliche Zuständigkeit **I. I.** 2
– Parteiberichtigung **I. J.** 4
– Parteierweiterung **I. J.** 6
– Parteiwechsel **I. J.** *5 1*
– Prozeßstandschaft **I. J.** 1
– Restitutionsklage **I. P.** 2
– Revision **I. O.** 5
– sachliche Zuständigkeit **I. I.** 3
– sofortige Beschwerde **I. O.** 6
– Streitverkündung **I. J.** 2
– subjektive Klageerweiterung **I. J.** 6
– Teilurteil **I. L.** 4
– Tod der Partei **I. L.** 2
– übereinstimmende Erledigungserklärung **I. M.** 11
– Vergleich **I. M.** 1
– Vergleich auf schriftlichen Vorschlag des Gerichts **I. M.** 3

– Verwertung von Aussagen aus dem Strafverfahren **I. L.** 1 *1*
– Verzicht **I. M.** 6
– Verzichtsurteil **I. M.** 7
– Vorabentscheidung über die Zulässigkeit des Rechtswegs **I. I.** 4
– Vorbehaltsantrag **I. L.** 3 *5*
– Vorbehaltsurteil **I. L.** 6
– Zurücknahme der Klage **I. M.** 4
– Zustimmung zur Klagerücknahme **I. M.** *5*
Zivilurteil, Verfassungsbeschwerde **VI.** 1
ZPO-Reform, Angriffs- und Verteidigungsmittel in der Berufungsinstanz, Arbeitsgerichtsprozeß **IV. D.** 6 *16,* 7 *4, 5*
– Beginn der Berufungsfrist im Arbeitsgerichtsprozeß **IV. D.** 6 *3*
– Berufung **I. O.** 1 *1*
– Berufungseinlegung vor Urteilszustellung im Arbeitsgerichtsprozeß **IV. D.** 6 *4*
– Berufungsgründe **I. O.** 2 *7*
– Beschwerdesystem im Familienrecht **II. I.** 29 *1,* 31 *2*
– Beschwerdeverfahren im Arbeitsgerichtsprozeß **IV. D.** 11 *1*
– Entscheidung über Einspruch **IV. D.** 2 *1*
– Erledigung vor Rechtshängigkeit **I. M.** 10 *4*
– Gehörsrüge **IV. D.** 3
– Klageänderung **I. K.** 1
– Klagerücknahme vor Rechtshängigkeit **I. M.** 12 *1*
– neue Angriffs- und Verteidigungsmittel in der Berufung **I. O.** 2 *9*
– Prüfungsumfang bei Berufung im Arbeitsgerichtsprozeß **IV. D.** 6 *17*
– Revision **I. O.** 5 *1*
– Statthaftigkeit der Berufung **I. O.** 1 *5*
– Urkundenbeweis **I. H.** 8
– Vergleich außerhalb der mündlichen Verhandlung **I. M.** 3
Zubehör, Aufhebung der Beschlagnahme **III. B.** 37
Zugewinnausgleich, Angabe wertbildender Faktoren **II. I.** 15 *8*
– Anwaltszwang **II. I.** 15 *3*
– Auskunftsanspruch **II. I.** 15 *7*
– Berechnungszeitpunkte **II. I.** 15 *6*
– Pfändung **III. B.** 14 *6*
– Verfahren **II. I.** 15 *2*
– Zuständigkeit **II. I.** 15 *1*
Zug-um-Zug-Antrag bei Hypothekenklagen **II. G.** 12 *9*
Zukunftsschaden II. E. 8
Zulässigkeit der Zwischenfeststellungsklage **I. D.** 13 *4*
Zulassung, Entziehung der vertragsärztlichen **VIII.** 2 *1*
Zulassung der Berufung, Anwaltszwang **V. C.** 2 *4*
– Begründung des Antrags **V. C.** 3
– Frist **V. C.** 2 *5*
– Zulassungsgründe **V. C.** 3 *5*
Zumutbare Weiterbeschäftigung IV. B. 6 *1*
Zurückbehaltung der Handakten I. A. *5 2*
Zurückbehaltungsrecht bei Auskunftsanspruch **II. I.** 13 *4*
– hinsichtlich der Arbeitsleistung wegen sexueller Belästigung **IV. A.** 18 *5*
Zurücknahme der Klage im Zivilprozeß **I. M.** 4, *s. auch Klagerücknahme*
Zurückstellung vom Wehrdienst **V. B.** 7
Zurückweisung von verspätetem Vorbringen **I. E.** 4 *1;* **F.** 11 *1*
– von Vorbringen im Nachverfahren **I. Q.** 7 *1,* 8
Zusage im Verwaltungsrecht **V. C.** 7
Zusammenfassung in der Patentschrift **II. O.** 1 *6*
Zusammenschluß, Anmeldepflicht **II. L.** 18 *1, 4, 5*
– Anzeige eines vollzogenen ... **II. L.** 19
– Beteiligte **II. L.** 18 *9*
– einstweilige Anordnung **II. L.** 27 *3*
– Erlaubnisantrag (§ 42 GWB) **II. L.** 20
– Formen **II. L.** 18 *1.1*
– mittelbar Beteiligte **II. L.** 18 *9.2*
– relevanter Markt **II. L.** 18 *14*
– unmittelbar Beteiligte **II. L.** 18 *9.1*
– Zusammenschlußkontrolle **II. L.** 18 *1.2*
Zuschlagsbeschluß, Beschwerde **III. B.** 39
– als Vollstreckungstitel **II. B.** 14 *3*
Zuschlagsverbot II. M. 5
Zuschlagsversagung III. A. 13 *3*
Zuständigkeit I. R. 1 *1*
– bei Anerkennung ausländischer Ehescheidungen nach Art. 14 Abs. 3 VO (EG) Nr. 1347/2000 **I. T.** 12 *2*
– bei Anerkennung ausländischer Ehescheidungen nach Art. 7 § 1 FamRÄndG **I. T.** 13 *2*
– bei Antrag auf Auslegung eines Urteils gem. Artt. 40 EuGH-Stzg (EWG), 41 EuGH-Stzg (EAG), 37 EuGH-Stzg (EGKS), 102 EuGH-VerfO, 129 EuG-VerfO **IX.** 16 *1*
– Antrag auf elterliche Sorge **II. I.** 10 *1*
– bei Antrag auf Kostenfestsetzung gem. Artt. 74 EuGH-VerfO/92 EuG-VerfO **IX.** 18 *2*
– bei Antrag auf Urteilsberichtigung gem. Artt. 66 EuGH-VerfO/84 EuG-VerfO **IX.** 15 *3*
– bei Antrag auf Wiederaufnahme des Verfahrens gem. Artt. 41 EuGH-Stzg (EWG), 42 EuGH-Stzg (EAG), 38 EuGH-Stzg (EGKS), 98 ff. EuGH-VerfO/125 EuG-VerfO **IX.** 17 *2*
– bei Antrag auf Zuteilung von Ehewohnung und Hausrat **II. I.** 16 *1*

– bei Antragsschrift gemäß Art. 242, 243 EG **IX.** 11 *1*
– bei Auskunftsklagen **II. F.** 1 *2*
– bei Berufung gegen Verbundurteil **II. I.** 30 *1*
– Berufung in Kartellsachen **II. L.** 31 *1, 4*
– Bestimmung des zuständigen Gerichts **I. I.** 5
– bei dienstrechtlicher Klage gemäß Art. 236 EG **IX.** 8 *2*
– bei Drittwiderspruchsklage gem. Artt. 39 EuGH-Stzg (EWG), 40 EuGH-Stzg (EAG), 36 EuGH-Stzg (EGKS), 97 EuGH-VerfO/123 EuG-VerfO **IX.** 14 *2*
– bei Eheaufhebungsklage **II. I.** 5 *1*
– für Ehegatten- und Kindesunterhaltsklagen **II. I.** 12 *1*
– in Gebrauchsmustersachen **II. O.** 9 *1*
– bei Geschmacksmusterverletzungsklage **II. O.** 14 *1*
– für Getrenntlebens-Unterhalt **II. I.** 26 *1*
– bei güterrechtlichen Auseinandersetzungen **II. I.** 15 *1*
– Herausgabe eines Kindes **II. I.** 24 *1*
– im Insolvenzverfahren **III. F.** 10 *1*
– in Kartellsachen **II. L.** 30 *1*
– bei Kindesunterhalt **II. I.** 3 *1*
– Kindschaftssachen **II. I.** 1 *1*, 2 *1*
– bei Klage aufgrund einer Schiedsklausel gemäß Art. 238 EG **IX.** 9 *1*
– Klage wegen mängelbehafteter Ferienwohnung im Ausland **II. D.** 3 *1*
– negativer Kompetenzkonflikt **I. I.** 5 *1*
– bei Nichtigkeitsklagen gegen einen Rechtsakt der Europäischen Gemeinschaften (Art. 230 Abs. 4 EG) **IX.** 2 *3*
– in Patentsachen **II. O.** 3 *1*
– bei Rechtsmittelantrag gegen Entscheidung des Gerichts erster Instanz gemäß Art. 225 EG zum EuGH **IX.** 12 *3*
– Revision in Kartellsachen **II. L.** 31
– sachliche, bei Klage auf Schadensersatz aus unerlaubter Handlung **II. E.** 1 *2*
– bei Scheidungsverfahren **II. I.** 6 *1*
– bei sofortiger Beschwerde im Familienrecht **II. I.** 29 *4*
– im Sozialgerichtsprozeß **VIII.** 24 *2*
– für Streitigkeiten aus AGB-Recht **II. Q.** 3 *2*
– für Unternehmenskennzeichenverletzungsklage **II. O.** 20 *1*
– bei Urheberrechtsverletzungen **II. O.** 23 *2*
– für Versorgungsausgleich **II. I.** 17 *1*
– Verweisung **I. I.** 1
– Vollstreckbarerklärung ausländischer Urteile **I. T.** 4 *1, 2, 3;* **III. A.** 2
– zur Vollstreckbarerklärung eines ausländischen Schiedsspruchs **I. T.** 15 *4*
– in Warenzeichensachen **II. O.** 18 *2*
– nach WEG **II. H.** 4 *2*
– bei Widerrufsklage wegen kreditgefährdender Äußerungen **II. E.** 4 *3*

Zustellung I. F. 1 ff.
– im Ausland **I. F.** 4 *1;* **T.** 2
– im Ausland bei Mahnverfahren **I. B.** 1 *1 e*
– bei Fehlen eines Verwalters **II. H.** 7 *8*
– Hinausschieben der Urteilszustellung **I. N.** 6
– der Ladung **I. F.** 3
– öffentliche **I. F.** 3
– öffentliche ... im Mahnverfahren **I. B.** 1 *1*
– des Urteils im Zivilprozeß **I. N.** 6; **III. A.** 6 *4*
– des Versäumnisurteils **I. G.** 1
– an Verwalter nach WEG **II. H.** 5 *7*
– in der Zwangsvollstreckung **III. B.** 6 *11*
Zustellung im Ausland, Arrestbefehl **I. T.** 2 *2, 7*
– Möglichkeiten **I. T.** 2
Zustellungsauftrag III. A. 6
Zustimmung zur Eintragung ins Grundbuch **II. G.** 4
– gerichtliche, zur Durchführung einer Betriebsänderung **IV. E.** 12
– des Gesellschafters zur Klage **II. K.** 4 *4*
– zur Klagerücknahme **I. M.** 5
– zur Löschung im Grundbuch **II. G.** 4
– zur Mieterhöhung **II. B.** 2
– zum Realsplitting **II. I.** 14
Zuziehung des Anwalts im verwaltungsgerichtlichen Vorverfahren **V. A.** 5 *4, 8*
– im Verwaltungsprozeß **V. B.** 1 *8*
Zwangsgeld im Betriebsverfassungsrecht **IV. E.** 8 *3*
– nach § 888 ZPO **III. C.** 4 *2, 5*
Zwangshaft nach § 888 ZPO **III. C.** 4 *3, 5*
Zwangshypothek bei Erbbaurecht, Grundstück, Wohnungseigentum **III. B.** 32
Zwangsmittel, Festsetzung **III. C.** 4
Zwangsversteigerung, Antrag auf ... für Grundstück, Erbbaurecht, Heimstätte, Wohnungseigentum **III. B.** 33
– Einstellung **III. B.** 35
– und Insolvenz **III. B.** 35 *9*
Zwangsversteigerungsbeitritt III. B. 34
Zwangsverwaltung, Antrag **III. B.** 41
Zwangsvollstreckung, abweichende Versteigerungsbedingungen **III. B.** 38
– Änderung nach § 159 ZVG **III. B.** 43
– andere Verwertung nach § 825 ZPO **III. B.** 5
– andere Verwertung nach § 844 ZPO **III. B.** 15
– Antrag auf einstweilige Einstellung an das Vollstreckungsgericht **III. A.** 17
– Antrag auf Festsetzung von Vollstreckungskosten **III. A.** 10
– Antrag auf Gestattung der Austauschpfändung **III. B.** 3
– Antrag auf Klauselerteilung für und gegen Rechtsnachfolger **III. A.** 4
– Antrag auf richterliche Durchsuchungsanordnung für Schuldnerwohnung **III. A.** 11

- Antrag auf Rubrumsberichtigung **III. A.** 8
- Antrag auf Urkundenerteilung für Gläubiger **III. A.** 9
- Anwesenheit des Gläubigers bei Durchsuchung **III. A.** 11 *4;* **B.** 1 *9*
- Arresthypothek **III. E.** 3
- Arrestpfändung in eingetragenes Schiff **III. E.** 2
- Aufhebung der Beschlagnahme von Zubehör **III. B.** 37
- ausländischer Urteile **I. T.** 4; **III. A.** 2
- Auslandsfälle **III. B.** 6 *12*
- Ausschluß der Einwendungen gem. § 767 Abs. 2 ZPO **III. A.** 16 *7*
- Aussetzung der Verwertung **III. B.** 4
- bei bedingter Leistung **III. A.** 3
- Beschwerde gegen Verkehrswertfestsetzung **III. B.** 36
- Beschwerde gegen Zuschlagsbeschluß **III. B.** 39
- Bestehenbleiben **III. B.** 40
- Bestrafungsantrag **III. C.** *5*
- in bewegliche Sachen **III. B.** 1 ff.
- dingliche Gläubigersicherung **III. A.** 20
- drittschuldnerlose Rechte **III. B.** *25*
- Drittwiderspruchsklage **III. A.** 19
- Duldung der ... nach Anfechtungsgesetz **III. F.** 3 *4*, 4 *1*
- eidesstattliche Versicherung nach §§ 807, 900 ZPO **III. D.** 1
- Einstellung der Zwangsversteigerung **III. B.** 35
- einstweilige Einstellung **III. A.** 12, 16 *7*
- einstweilige Einstellung aufgrund Gehörsrüge **I. N.** 5 *5*
- einstweilige Einstellung im Wege des vorläufigen Rechtsschutzes **II. I.** 28 *6*
- einstweilige Einstellung nach Versäumnisurteil **I. G.** *5*
- einstweilige Einstellung nach Vollstreckungsbescheid **I. B.** 4
- Ergänzung der eidesstattlichen Versicherung **III. D.** 2
- Erhöhung des Pfandbeitrags **III. B.** 21
- Erinnerung gegen Maßnahmen des Gerichtsvollziehers **III. A.** 14
- Erinnerung gegen Maßnahmen des Vollstreckungsgerichts **III. A.** 15
- Ersatzvornahme **III. C.** 3
- in Geldforderungen **III. B.** 6 ff.
- Gemeinschaftsanteil **III. B.** 26
- Genossenschaftsanteil **III. B.** 26
- Gesellschaftsanteil **III. B.** 26
- Herausgabe beweglicher Sacher **III. C.** 1
- Hilfspfändung des Hypothekenbriefs **III. B.** 9 *7*
- Hinterlegung durch den Drittschuldner **III. B.** 16
- Klage auf Klauselerteilung **III. A.** *5*
- Klage auf Schadensersatz nach § 717 Abs. 2 ZPO **III. A.** 23
- Klage gegen Drittschuldner auf Arbeitslohn **III. B.** 24
- Löschung im Schuldnerverzeichnis **III. D.** 6
- von Nachlaßverbindlichkeiten **II. J.** 15 *3*
- Nichtberücksichtigung von Unterhaltsberechtigten **III. B.** 19
- Notfristzeugnis **III. A.** 1
- Ordnungsmittelantrag **III. C.** *5*
- Pfändung bedingt pfändbarer Bezüge **III. B.** 18
- Pfändung bei Forderungen aus unerlaubter Handlung **III. B.** 20
- Pfändung bei Herausgabeanspruch **III. B.** 27
- Pfändung einer GmbH-Stammeinlage **III. B.** 13
- Pfändung sonstiger Geldforderungen **III. B.** 14
- Pfändung von Anwartschaften **III. B.** 28
- Pfändung von Arbeitseinkommen **III. B.** 17
- Pfändung von Kontoguthaben **III. B.** 12
- Pfändung von Rückübertragungsansprüchen **III. B.** 29
- Pfändung von Sozialleistungen **III. B.** 10
- Pfändung von Steuererstattungsansprüchen **III. B.** 11
- Pfändungs- und Überweisungsantrag **III. B.** 6
- Pfändungsantrag bei Hypotheken und Grundschulden **III. B.** 9
- im Presserecht **II. P.** 6, 11
- Räumung von Wohnraum **III. C.** 2
- Räumungsantrag nach § 149 Abs. 2 ZVG **III. B.** 42
- Ratenabwicklung **III. B.** 4 *5, 6*
- Rechtsbehelfe **III. A.** 12–23
- Rechtskraftzeugnis **III. A.** 1
- im schiedsgerichtlichen Verfahren **I. S.** 7 *4*
- Schuldnerantrag gegen Kontenpfändung **III. B.** 23
- Schuldnerantrag nach § 850 i ZPO **III. B.** 22
- Schuldnerverzeichnis **III. D.** 6 *1*
- Sequestration **III. E.** 1 *6, 7*
- bei Sicherungsverfügung **III. E.** 1
- sofortige Beschwerde nach § 793 ZPO **III. A.** 22
- Teilungsplan **III. B.** 30
- Teilungsversteigerungsantrag **III. B.** 44
- Überweisungsantrag bei verbrieften Forderungen **III. B.** 8
- Verhaftungsauftrag **III. D.** *5*
- des Vernichtungsanspruchs bei Patentverletzung **II. O.** 3 *13*
- Verteilungsverfahren **III. B.** 30–32
- Vollstreckungsabwehrklage **III. A.** 16, 18
- Vollstreckungsauftrag **III. B.** 1
- Vollstreckungsauftrag bei Sonderfällen **III. B.** 2
- nach Vollstreckungsbescheid **I. B.** 4
- Vollziehungspflicht bei Arrest **III. E.** 1 *3*

– nach Vorbehaltsurteil **I. Q.** 7 *4*
– Vorpfändung **III. B.** 7
– Vorzugsklage **III. A.** 21
– vorzugsweise Befriedigung **III. A.** 21
– nach WEG **II. H.** 4 *12*
– weitere vollstreckbare Ausfertigung **III. A.** 7
– nach Widerspruch gegen einstweilige Verfügung **I. R.** 6
– Widerspruch gegen Termin zur Abgabe der eidesstattlichen Versicherung **III. D.** 4
– Widerspruchsklage gegen beteiligte Gläubiger **III. B.** 31
– im Wiedereinsetzungsverfahren **I. F.** 1 *7*
– wiederholte eidesstattliche Versicherung nach § 903 ZPO **III. D.** 3
– Zuschlagsbeschluß **III. B.** 39
– Zuschlagsversagung **III. A.** 13 *3*
– Zustellung **III. B.** 6 *11*
– Zustellungsauftrag **III. A.** 6
– Zwangshypothek **III. B.** 32
– Zwangsmittel **III. C.** 4
– Zwangsversteigerungsantrag **III. B.** 33
– Zwangsversteigerungsbeitritt **III. B.** 34
– Zwangsverwaltung **III. B.** 41
– Zwischenantrag **III. A.** 23 *1*
Zweites Versäumnisurteil I. G. 6
– Berufung **I. O.** 1 *1*
Zweitgutachten I. H. 6
Zwischenantrag III. A. 23 *1*
Zwischenentscheidung, Verfassungsbeschwerde **VI.** 8
Zwischenfeststellungsklage I. D. 13
– Klageerhebung **I. D.** 13 2
– Zulässigkeit **I. D.** 13 *4*
Zwischenmietverhältnis II. B. 5